NomosKommentar

Prof. Dr. Dr. h.c. mult. Spiros Simitis
Prof. Dr. Gerrit Hornung, LL.M.
Prof. Dr. Indra Spiecker genannt Döhmann, LL.M. [Hrsg.]

Datenschutzrecht

DSGVO mit BDSG

Jan Philipp Albrecht, LL.M., Minister für Energiewende, Landwirtschaft, Umwelt, Natur und Digitalisierung Schleswig-Holstein, Kiel | **Prof. Dr. Franziska Boehm**, FIZ Karlsruhe – Leibniz-Institut für Informationsinfrastruktur/Karlsruher Institut für Technologie, Karlsruhe | **Prof. Dr. Johannes Caspar**, Der Hamburgische Beauftragte für Datenschutz und Informationsfreiheit, Hamburg | **Dr. Alexander Dix**, LL.M., ehem. Landesbeauftragter für Datenschutz und Informationsfreiheit in Berlin und Brandenburg | **Dr. Stefan Drewes**, Rechtsanwalt und Fachanwalt für gewerblichen Rechtsschutz, Bonn | **Dr. Eugen Ehmann**, Regierungsvizepräsident von Mittelfranken, Ansbach | Dipl.-Inform. **Marit Hansen**, Die Landesbeauftragte für Datenschutz Schleswig-Holstein, Unabhängiges Landeszentrum für Datenschutz Schleswig-Holstein, Kiel | **Prof. Dr. Gerrit Hornung**, LL.M., Universität Kassel | **Dr. Moritz Karg**, Projektleiter, Digitale Agenda und zentrales IT-Management der Landesregierung Schleswig-Holstein, Kiel | **Prof. Dr. Jan Henrik Klement**, Universität Mannheim | **Prof. Dr. Thomas Petri**, Der Bayerische Landesbeauftragte für den Datenschutz, München | **Dr. Sven Polenz**, LL.M., Referatsleiter beim Unabhängigen Landeszentrum für Datenschutz Schleswig-Holstein, Kiel | **Prof. Dr. Alexander Roßnagel**, Universität Kassel | **Dr. Peter Schantz**, Bundesministerium der Justiz und für Verbraucherschutz, z.Z. Bereichsleiter Innen- und Rechtspolitik der FDP-Bundestagsfraktion, Berlin | **Prof. Dr. Stephanie Schiedermair**, Universität Leipzig | **Dr. Christoph Schnabel**, LL.M., Referatsleiter beim Hamburgischen Beauftragten für Datenschutz und Informationsfreiheit, Hamburg | **Dr. Philip Scholz**, Bundesministerium der Justiz und für Verbraucherschutz, Berlin | **Prof. Dr. Achim Seifert**, Friedrich-Schiller-Universität Jena | **Prof. Dr. Dr. h.c. mult. Spiros Simitis**, Goethe-Universität Frankfurt am Main | **Prof. Dr. Indra Spiecker** gen. Döhmann, LL.M., Goethe-Universität Frankfurt am Main

Nomos

Die Deutsche Nationalbibliothek verzeichnet diese Publikation in
der Deutschen Nationalbibliografie | detaillierte bibliografische
Daten sind im Internet über http://dnb.d-nb.de abrufbar.

ISBN 978-3-8487-3590-7

1. Auflage 2019

Vorwort

Mit der Datenschutz-Grundverordnung der EU ist ein neues Zeitalter des Datenschutzes eingeläutet worden: Seit dem 25.5.2018 gibt es ein einheitliches europäisches Datenschutzrecht, das die Verarbeitung personenbezogener Daten europaweit regelt. In einem Kraftakt haben Kommission, Parlament und Rat 2016 eine Einigung herbeigeführt, die wesentliche inhaltliche Grundprinzipien des bisherigen Datenschutzrechts unter der EU-Datenschutz-Richtlinie beibehält, wie etwa das Verbotsprinzip, die Zweckbindung, die Betroffenenrechte und die Prüfung durch unabhängige Aufsichtsbehörden, gleichzeitig aber in erheblicher Weise bisherige Schwachstellen in der Durchsetzung der materiellen Rechtsstandards bearbeitet, etwa durch Vereinheitlichung der aufsichtsbehördlichen Praxis (Kohärenzverfahren/One-Stop-Shop), Datenschutz-Folgenabschätzung und strengere Sanktionen bei Fehlverhalten. Vor allem aber gilt nunmehr durch das gewählte Instrument der Verordnung im Kern ein einheitliches, unmittelbar anwendbares europäisches Recht statt eines vielfach kritisierten und zur Umgehung regelrecht anregenden, historisch bedingten Dickichts an nationalstaatlichen Umsetzungen der inhaltlich überkommenen Datenschutz-Richtlinie von 1995.

Die Einflüsse der DSGVO reichen über Europa deutlich hinaus: Das neue Marktortprinzip des Art. 3 Abs. 2 und ein – im Sinne der Rechtsprechung des EuGH – erweiterter Verarbeitungsbegriff in Art. 4 Nr. 2 verpflichten nun in erheblichem größerem Umfang auch international agierende Informationsdienstleister aller Art, ihre Verarbeitungsprozesse an die europäischen Standards anzupassen und künftig dazu beizutragen, dass Persönlichkeitsrechte, Privatheit im europäischen Sinne und informationelle Freiheitlichkeit gewahrt bleiben können, ein Recht des Stärkeren zurück gedrängt wird und ein level-playing field im europäischen Rechtsraum entstehen kann.

Die Ausstrahlungswirkung der DSGVO lässt sich bereits jetzt ablesen: Zahlreiche Staaten weltweit haben sich in den letzten Monaten ein neues, zum Teil auch erstmalig überhaupt ein Datenschutzrecht gegeben, das sich häufig an die Vorschriften der DSGVO anlehnt.[1] Dabei ist angesichts der vielen unbestimmten Rechtsbegriffe, die das europäische Gesetzeswerk enthält, und der vielen Öffnungsklauseln in zahlreichen Bereichen noch nicht ausgemacht, in welche konkrete Richtung sich die Auslegung und damit auch die Rechtsgestaltung der Adressaten entwickeln wird. Dies betrifft vor allem die Konkretisierung der Abwägungsentscheidungen zwischen den Rechten des Verantwortlichen oder eines Dritten und den Rechten der Betroffenen nach Art. 6 Abs. 1 UAbs. 1 lit. f. Diese Norm wird – neben der Einwilligung – künftig die Rechtmäßigkeit des Datenumgangs im privaten Bereich wesentlich bestimmen, während im öffentlichen Bereich zahlreiche Öffnungsklauseln zumindest für die Ausgestaltung der Rechtfertigung auf mitgliedstaatliches Recht verweisen. Das neu geschaffene Gremium, der Europäische Datenschutzausschuss, wird im Rahmen seiner Entscheidungen im Kohärenzverfahren erst im Laufe der nächsten Jahre wesentliche Impulse zur Operationalisierung setzen; der EuGH wird nach ohnehin bereits reger Tätigkeit im Datenschutzrecht auch künftig eine wichtige Rolle zur Bestimmung der rechtlichen Grenzen und Möglichkeiten der Datenverarbeiter sowie der Mitgliedstaaten im Gebrauch der Öffnungsklauseln einnehmen.

Die vorliegende Kommentierung der DSGVO analysiert diese spannende Mischung aus fortgeltenden Traditionslinien und innovativen Instrumenten aus einem spezifischen Blickwinkel. Sie nimmt die Herangehensweise und Ausrichtung auf, die den über mehr als 35 Jahre von *Spiros Simitis* zum Bundesdatenschutzgesetz herausgegebenen Kommentar geprägt hat: Das Datenschutzrecht ist ein nicht hinweg zu denkender Garant für Freiheitlichkeit im demokratischen Rechtsstaat. An diesem in Art. 7 und Art. 8 GRCh primärrechtlich verankerten Leitgedanken, wie ihn etwa auch Art. 1 DSGVO formuliert, werden Auslegung, Systematisierung und Strukturierung der einzelnen Normen immer wieder ausgerichtet; diese verfassungsrechtliche Prägung durchzieht die einzelnen Kommentierungen und eint alle Beitragenden. Von Anfang an haben Herausgeber und Autorinnen und Autoren auf dieser verbindenden Basis immer wieder eigene Auffassungen und Erfahrungen miteinander abgeglichen.

---

1 Siehe zu den Datenschutzgesetzen auch im internationalen Bereich z.T. mit Einführungen in die Rechtslage *Spiecker gen. Döhmann/Bretthauer*, Dokumentation zum Datenschutz, 69. Auflage 2018.

Diesem Geist entspricht, dass die Mehrzahl der Autoren und Autorinnen des BDSG-Kommentars auch in diesem Kommentar mitwirken und dass sie alle mit dem Datenschutzrecht seit vielen Jahren in einer intensiven Verbindung in theoretischer, institutioneller und praktischer Weise stehen. Das Ergebnis ist ein Werk, das die einzelnen Vorschriften der DSGVO intensiv beleuchtet, in enger Anlehnung an den Wortlaut, die Systematik und die Zielrichtung erläutert und dem Nutzer die Bezüge zwischen Recht und Technik konsequent vor Augen führt. Das Werk richtet sich an den Praktiker ebenso wie an den Wissenschaftler; es stellt Argumentationslinien ebenso wie konkrete Beispiele vor und ermöglicht auf dieser Basis die Entwicklung eigenständiger Beurteilungen in diesem hochdynamischen Feld. Nicht aus dem Blick verloren werden dabei sowohl die parallel verabschiedete JI-Richtlinie für den öffentlichen Bereich sowie vor allem die begleitenden Vorschriften des neuen BDSG, die sich auf Öffnungsklauseln der DSGVO stützen. Sie werden jeweils in Verbindung mit der modifizierenden Norm der DSGVO kommentiert.[2] Angesichts der noch nicht erfolgten Überarbeitung der ePrivacy-Richtlinie hin zu einer ePrivacy-Verordnung werden die Besonderheiten der Online-Datenverarbeitung unter dem jetzt geltenden Rechtsregime kommentiert.

Ein solches Werk wäre ohne das produktive Zusammenwirken vieler Personen nicht möglich. Unser Dank geht zunächst an den Nomos Verlag, insbesondere an Gisela Krausnick, die uns vertrauensvoll begleitet hat. Er gilt ferner unseren Autorinnen und Autoren, die sich auf die intensiven Diskussionen, vielen Überlegungen und Hinweise eingelassen haben. Welche Zumutungen das zum Teil bedeutet hat, ist uns bewusst, hat aber das Werk auch erst zu dem gemacht, was es jetzt ist. Zudem haben an der Recherche und den Formalia viele Mitarbeiterinnen und Mitarbeiter beider beteiligter Lehrstühle an den Universitäten Frankfurt a.M. und Kassel mitgewirkt, wofür wir uns herzlich bedanken. Besonders nennen möchten wir als wissenschaftliche Mitarbeiterinnen und Mitarbeiter Katharina Wentland, Dr. Julian Wagner, Bernd Wagner, Jana Schneider, Stephan Schindler, Dirk Müllmann, Helmut Lurtz, Kai Hofmann, Constantin Herfurth, Dr. Olga Grigorjew, Thilo Goeble, Wiebke Fröhlich, Malte Feldmann, Dr. Sebastian Bretthauer, Anja Benner-Tischler, Alexander Benecke sowie als studentische Hilfskräfte Mona Winau, Loic Reissner, Stefanie Modjesch, Viktor Limberger, Laura Gerber, Friederike Engel und Anne Borell. Und schließlich danken wir den Familien Hornung und Spiecker genannt Döhmann, die immer wieder die Aufmerksamkeit der Herausgeber mit dem Kommentar teilen mussten.

Frankfurt/Kassel, im Oktober 2018

Prof. Dr. Dr. h.c. mult. Spiros Simitis
Prof. Dr. Gerrit Hornung
Prof. Dr. Indra Spiecker gen. Döhmann

---

2 S. die Tabelle mit den Fundstellen zu den einzelnen Normen des BDSG nF auf S. 1411.

Inhaltsverzeichnis

Kapitel I
Allgemeine Bestimmungen

Kapitel II
Grundsätze

Kapitel III
Rechte der betroffenen Person

Abschnitt 1
Transparenz und Modalitäten

Abschnitt 2
Informationspflicht und Recht auf Auskunft zu personenbezogenen Daten

Abschnitt 3
Berichtigung und Löschung

Kapitel V
Übermittlungen personenbezogener Daten an Drittländer oder an internationale Organisationen

Kapitel VI
Unabhängige Aufsichtsbehörden

Abschnitt 1
Unabhängigkeit

Abschnitt 2
Zuständigkeit, Aufgaben und Befugnisse

Kapitel VII
Zusammenarbeit und Kohärenz

Abschnitt 1
Zusammenarbeit

Abschnitt 2
Kohärenz

Abschnitt 3
Europäischer Datenschutzausschuss

Kapitel VIII
Rechtsbehelfe, Haftung und Sanktionen

Kapitel IX
Vorschriften für besondere Verarbeitungssituationen

Kapitel X
Delegierte Rechtsakte und Durchführungsrechtsakte

Kapitel XI
Schlussbestimmungen

Bearbeiterverzeichnis

Jan Philipp Albrecht, LL.M.	Modernisierungsbedarf und Gesetzgebungsverfahren (Einleitung IV. 2.), Art. 6 Einführung
Prof. Dr. Franziska Böhm	Art. 77-84
Prof. Dr. Johannes Caspar	Art. 21, Art. 89, Art. 90
Dr. Alexander Dix, LL.M.	Art. 4 Nr. 3, Art. 4 Nr. 12, Art. 12-20, Art. 23, Art. 33, Art. 34, Art. 85
Dr. Stefan Drewes	Art. 4 Nr. 18, Art. 4 Nr. 19, Art. 37-39
Dr. Eugen Ehmann	Anh. 2 zu Art. 6 (Verbraucherkredite, Scoring und Bonitätsauskünfte), Anh. 3 zu Art. 6 (Werbung), Anh. 4 zu Art. 6 (Markt- und Meinungsforschung)
Dipl. Inform. Marit Hansen	Art. 4 Nr. 5, Art. 11, Art. 25, Art. 32, Art. 87
Prof. Dr. Gerrit Hornung, LL.M.	Einleitung; Art. 1, Art. 3, Art. 4 Nr. 17, Art. 27, Art. 94, Art. 99
Dr. Moritz Karg	Art. 4 Nr. 1, Art. 35, Art. 36, Art. 95
Prof. Dr. Jan Hendrik Klement	Art. 4 Nr. 11, Art. 4 Nr. 25, Art. 7, Art. 8
Dr. Thomas Petri	Art. 4 Nr. 7-10 und Nr. 13-15, Art. 9, Art. 10, Art. 24, Art. 26, Art. 28-30
Dr. Sven Polenz, LL.M.	Art. 4 Nr. 16 und Nr. 21-23, Art. 31, Art. 51-62
Prof. Dr. Alexander Roßnagel	Art. 2, Art. 4 Nr. 2 und Nr. 6, 5, Art. 6 Abs. 1 lit. c, e, Abs. 2-4, Art. 40, Art. 41, Art. 98
Dr. Peter Schantz	Art. 4 Nr. 20, Art. 6 Abs. 1 lit. a, b, d, f, Art. 44-49
Prof. Dr. Stephanie Schiedermair	Grundrechtliche Rahmenbedingungen (Einleitung IV 1. b), Art. 4 Nr. 26, Art. 50, Art. 68-76, Art. 92, Art. 93, Art. 96, Art. 97
Dr. Christoph Schnabel, LL.M.	Art. 86
Dr. Philip Scholz	Art. 4 Nr. 4, Anh. 1 zu Art. 6 (Videoüberwachung), Art. 22, Art. 42, Art. 43
Prof. Dr. Achim Seifert	Art. 88, Art. 91
Prof Dr. Drs. h.c. Spiros Simitis	Einleitung
Prof. Dr. Indra Spiecker gen. Döhmann, LL.M.	Einleitung; Art. 1, Art. 4 Nr. 24, Art. 63-67, Art. 94, Art. 99

Abkürzungsverzeichnis

A	Ansicht
aA	anderer Ansicht
ÄA	Änderungsantrag
ABDSG-E	Allgemeines Bundesdatenschutzgesetz (zurückgezogener Referentenentwurf vom August 2016)
ABl.	Amtsblatt der Europäischen Union
ABl. C	Amtsblatt der Europäischen Union – Teil C: Mitteilungen und Bekanntmachungen
ABl. L	Amtsblatt der Europäischen Union – Teil L: Rechtsvorschriften
Abs.	Absatz
Abschn.	Abschnitt
ACM	Communications of the Association for Computing Machinery (Zeitschrift)
ADV	Automatisierte Datenverarbeitung
AEUV	Vertrag über die Arbeitsweise der Europäischen Union
AfP	Archiv für Presserecht (Zeitschrift)
AG	Die Aktiengesellschaft (Zeitschrift) / Amtsgericht
AGB	Allgemeine Geschäftsbedingungen
AGG	Allgemeines Gleichbehandlungsgesetz
AktG	Aktiengesetz
Anm.	Anmerkung
AnwBl	Anwaltsblatt (Zeitschrift)
AO	Abgabenordnung
AöR	Archiv für öffentliches Recht (Zeitschrift)
ArbG	Arbeitsgericht
ArbGG	Arbeitsgerichtsgesetz
ArbR-Aktuell	Arbeitsrecht Aktuell (Zeitschrift)
ArbRB	Der Arbeits-Rechtsberater (Zeitschrift)
ArbZG	Arbeitszeitgesetz
ARD	Arbeitsgemeinschaft der öffentlich-rechtlichen Rundfunkanstalten der Bundesrepublik Deutschland
Art.	Artikel
Art.-29-Gruppe	Art.-29-Datenschutzgruppe
Art.-29-Gruppe, 14/DE WP224, S. xxx	Art.-29-Datenschutzgruppe Stellungnahmen, z.B. Stellungnahme 9/2014 zur Anwendung der Richtlinie 2002/58/EG auf die Nutzung des virtuellen Fingerabdrucks, 14/DE WP 224, S. xxx
ASiG	Arbeitssicherheitsgesetz
AuA	Arbeit und Arbeitsrecht (Zeitschrift)
Aufl.	Auflage
AÜG	Arbeitnehmerüberlassungsgesetz
AuR	Arbeit und Recht (Zeitschrift)
AZRG	Ausländerzentralregistergesetz
BaFin	Bundesanstalt für Finanzdienstleistungsaufsicht
BAföG	Bundesausbildungsförderungsgesetz
BAG	Bundesarbeitsgericht
BAGE	Entscheidungen des Bundesarbeitsgerichts: Amtliche Sammlung
BAnz	Bundesanzeiger (Zeitschrift)
BArchG	Bundesarchivgesetz
BAT	Bundes-Angestelltentarifvertrag / best available techniques

BayLDA	Landesamt für Datenschutzaufsicht in der Regierung von Mittelfranken = Bayerische Datenaufsichtsbehörde für den nicht-öffentlichen Bereich, Regierung Mittelfranken
BayDSB	Bayerische Datenschutzbeauftragte
BayDSG	Bayerisches Datenschutzgesetz
BayVBl.	Bayerische Verwaltungsblätter (Zeitschrift)
BayVGH	Bayerischer Verwaltungsgerichtshof
BB	Der Betriebsberater (Zeitschrift)
BBDI	Berliner Beauftragte für Datenschutz und Informationsfreiheit
BBesG	Bundesbesoldungsgesetz
BBG	Bundesbeamtengesetz
Bbg DSG	Gesetz zum Schutz personenbezogener Daten im Land Brandenburg (Brandenburgisches Datenschutzgesetz)
BBiG	Berufsbildungsgesetz
BCR	Binding Corporate Rules
BDSG nF	Bundesdatenschutzgesetz. Gesetz zur Anpassung des Datenschutzrechts an die VO (EU) 2016/679 und zur Umsetzung der RL (EU) 2016/680 (Datenschutz-Anpassungs- und -Umsetzungsgesetz EU – DSAnpUG-EU) vom 30.6.2017, Art. 1
BDSG aF	Bundesdatenschutzgesetz von 2001 bzw. mit Änderungen von 2009
BDSG 1977	Gesetz zum Schutz vor Missbrauch personenbezogener Daten bei der Datenverarbeitung (Bundesdatenschutzgesetz) vom 27.1.1977
BeamtStG	Beamtenstatusgesetz
Bek.	Bekanntmachung
BerHessL	Bericht der Landesregierung über die Tätigkeit der für den Datenschutz im nicht-öffentlichen Bereich in Hessen zuständigen Aufsichtsbehörden
BetrVG	Betriebsverfassungsgesetz
BfDI	Bundesbeauftragte/r für den Datenschutz und die Informationsfreiheit
BFH	Bundesfinanzhof
BGB	Bürgerliches Gesetzbuch
BGBl.	Bundesgesetzblatt
BGH	Bundesgerichtshof
BGHZ	Sammlung der Entscheidungen des Bundesgerichtshofs in Zivilsachen
BGleiG	Bundesgleichstellungsgesetz; Entscheidungssammlung zum BGleiG
BITKOM	Bundesverband Informationswirtschaft, Telekommunikation und neue Medien
BKR	Zeitschrift für Bank- und Kapitalmarktrecht
BlnDSB	s. BBDI
BlnDSG	Berliner Datenschutzgesetz
BMG	Bundesmeldegesetz
BMI	Bundesminister/ium des Inneren
BMJ	Bundesminister/ium der Justiz
BND	Bundesnachrichtendienst
BNDG	Gesetz über den Bundesnachrichtendienst
BNotO	Bundesnotarordnung
BPersVG	Bundespersonalvertretungsgesetz
BPolG	Bundespolizeigesetz
BR	Bundesrat
BRAO	Bundesrechtsanwaltsordnung
BR-Drs.	Bundesrats-Drucksache
BrDSG	Bremisches Datenschutzgesetz
BrLfD	Landesbeauftragte für Datenschutz und Informationsfreiheit der Freien Hansestadt Bremen

BSG	Bundessozialgericht
BSI	Bundesamt für Sicherheit in der Informationstechnik
BSIG	Gesetz zur Einrichtung des Bundesamts für Sicherheit in der Informationstechnik
bspw.	beispielsweise
BStatG	Gesetz über die Statistik für Bundeszwecke (Bundesstatistikgesetz)
BT	Bundestag
BT-Drs.	Bundestags-Drucksache
BT-InnA	Bundestag-Innenausschuss
BvD	Berufsverband der Datenschutzbeauftragten Deutschland
BVerfG	Bundesverfassungsgericht
BVerfGE	Amtliche Sammlung der Entscheidungen des Bundesverfassungsgerichts
BVerfSchG	Bundesverfassungsschutzgesetz
BVerwG	Bundesverwaltungsgericht
BVerwGE	Sammlung der Entscheidungen des Bundesverwaltungsgerichts
BW	Baden-Württemberg
BZRG	Bundeszentralregistergesetz
CC	Common Criteria
CCZ	Corporate Compliance Zeitschrift
CD-ROM	compact disk – read only memory
CJEU	Court of Justice of the European Union
CMLR	Common Market Law Review (Zeitschrift)
CNIL	Commission Nationale de l'Informatique et des Libertés
CoE	Council of Europe
CONV	Dokument des Europäischen Konvents
COPPA	Children's Online Privacy Protection Act
CR	Computer und Recht (Zeitschrift)
CRi	Computer und Recht International, jetzt Computer Law Review International (Zeitschrift)
CuA	Computer und Arbeit, Fachzeitschrift für Betriebs- und Personalräte
DAFTA	Datenschutzfachtagung (Jahr)/(Hrsg.) Gesellschaft für Datenschutz und Datensicherung – Köln, Bonn
DAR	Deutsches Autorecht (Zeitschrift)
DB	Der Betrieb (Zeitschrift)
DDV	Deutscher Dialogmarketing Verband eV
ders.	derselbe
DGRI	Deutsche Gesellschaft für Recht und Informatik eV
dh	das heißt
digma	digma: Zeitschrift für Datenrecht und Informationssicherheit (Schweiz)
DJT	Deutscher Juristentag
DLRL	Richtlinie 2006/123/EG des Europäischen Parlaments und des Rates über Dienstleistungen im Binnenmarkt vom 12. Dezember 2006 (Dienstleistungsrichtlinie)
DöD	Der öffentliche Dienst (Zeitschrift)
Dok.	Dokument
DÖV	Die öffentliche Verwaltung (Zeitschrift)
DRiG	Deutsches Richtergesetz
DRiZ	Deutsche Richter-Zeitung
DSB	Datenschutz-Berater (Zeitschrift)
DSB	Datenschutzbeauftragter (Land; behördlicher/betrieblicher …)
DSG LSA	Gesetz zum Schutz personenbezogener Daten der Bürger (Sachsen-Anhalt)

DSG MV	Gesetz zum Schutz des Bürgers bei der Verarbeitung seiner Daten (Landesdatenschutzgesetz von Mecklenburg-Vorpommern)
DSG NW	Gesetz zum Schutz personenbezogener Daten (Datenschutzgesetz Nordrhein-Westfalen)
DSGVO	Verordnung (EU) 2016/679 v. 27. April 2016 zum Schutz natürlicher Personen bei der Verarbeitung personenbezogener Daten, zum freien Datenverkehr und zur Aufhebung der Richtlinie 95/46/EG (Datenschutz-Grundverordnung)
DSRITB	Deutsche Stiftung für Recht und Informatik: Tagungsband Herbstakademie 2015
DSRL	Richtlinie 95/46/EG des Europäischen Parlaments und des Rates vom 24. Oktober.1995zum Schutz natürlicher Personen bei der Verarbeitung personenbezogener Daten und zum freien Datenverkehr
DSVO 45/2001/EG	Verordnung (EG) Nr. 45/2001 v. 18. Dezember 2000 zum Schutz natürlicher Personen bei der Verarbeitung personenbezogener Daten durch die Organe und Einrichtungen der Gemeinschaft und zum freien Datenverkehr
DSWR	Datenverarbeitung in Steuer, Wirtschaft und Recht (Zeitschrift)
DuD	Datenschutz und Datensicherheit (Zeitschrift)
DVBl.	Deutsches Verwaltungsblatt (Zeitschrift)
DVR	Datenverarbeitung im Recht (Zeitschrift)
DW	Die Wohnungswirtschaft (Zeitschrift)
DZWir	Deutsche Zeitschrift für Wirtschafts- und Insolvenzrecht (Zeitschrift)
EAID	Europäische Akademie für Informationsfreiheit und Datenschutz
ECHR	European Court of Human Rights
ECLI	European Case Law Identifier
eCommerce-RL	Richtlinie 2000/31/EG über den elektronischen Geschäftsverkehr
EDPL	European Data Protection Law Review
EDPS	European Data Protection Supervisor = Europäischer Datenschutzbeauftragter
EDSA	Europäischer Datenschutzausschuss
EDSB	Europäischer Datenschutzbeauftragter
EDV	Elektronische Datenverarbeitung
EEG	Erneuerbare-Energien-Gesetz
EG	Europäische Gemeinschaft
EG	Erwägungsgrund
EGBGB	Einführungsgesetz zum Bürgerlichen Gesetzbuche
EGGVG	Einführungsgesetz zum Gerichtsverfassungsgesetz
EGMR	Europäischer Gerichtshof für Menschenrechte
EGMR-E	Deutschsprachige Sammlung der Rechtsprechung des Europäischen Gerichtshofs für Menschenrechte
EGV	Vertrag zur Gründung der Europäischen Gemeinschaft
EKD	Evangelische Kirche in Deutschland
EMRK	Konvention zum Schutz der Menschenrechte und Grundfreiheiten
EN	Entwurf
endg.	endgültig
ENISA	Europäische Agentur für Netz- und Informationssicherheit
EnWG	Gesetz über die Elektrizitäts- und Gasversorgung (Energiewirtschaftsgesetz)
EnzEuR	Enzyklopädie Europarecht
EP	Europäisches Parlament

ePrivacyRL	Richtlinie 2002/58/EG vom 12. Juli 2002 über die Verarbeitung personenbezogener Daten und den Schutz der Privatsphäre in der elektronischen Kommunikation
ePrivacyVO(-E)	Verordnung über die Achtung des Privatlebens und den Schutz personenbezogener Daten in der elektronischen Kommunikation und zur Aufhebung der Richtlinie 2002/58/EG (Verordnung über Privatsphäre und elektronische Kommunikation) (Entwurf)
EStG	Einkommensteuergesetz
EU	Europäische Union
EuG	Gericht der Europäischen Union
EuGH	Europäischer Gerichtshof
EuGRZ	Europäische Grundrechte (Zeitschrift)
EuGVVO	Verordnung (EG) Nr. 44/2001 des Rates vom 22. Dezember 2000 über die gerichtliche Zuständigkeit und die Anerkennung und Vollstreckung von Entscheidungen in Zivil- und Handelssachen
EuR	Europarecht (Zeitschrift)
Eurodac	Europäisches daktyloskopisches Fingerabdrucksystem zur Identifizierung von Asylbewerbern
Eurodac	European Dactyloscopy
Europol	Europäisches Polizeiamt
EUV	Vertrag über die Europäische Union
EuZW	Europäische Zeitschrift für Wirtschaftsrecht
EWG	Europäische Wirtschaftsgemeinschaft
EWHC	High Court of England and Wales
EWR	Europäischer Wirtschaftsraum
EWS	Europäisches Wirtschafts- und Steuerrecht (Zeitschrift)
f./ff.	folgende(n)
Fn.	Fußnote
FS	Festschrift, Festgabe
GA	Generalanwalt/Generalanwältin
GBl.	Gesetzblatt
GBO	Grundbuchordnung
GDD	Gesellschaft für Datenschutz und Datensicherung eV
gem.	gemäß
GenDG	Gendiagnostikgesetz
GewArch	Gewerbe-Archiv, Zeitschrift für Gewerbe- und Wirtschaftsverwaltungsrecht (Zeitschrift)
GewO	Gewerbeordnung
GG	Grundgesetz
ggf.	gegebenenfalls
GmbHG	Gesetz betreffend die Gesellschaften mit beschränkter Haftung
GPS	Global Positioning System
GRCh	Grundrechte Charta
grds.	grundsätzlich
GRUR	Gewerblicher Rechtsschutz und Urheberrecht (Zeitschrift)
GVBl.	Gesetz- und Verordnungsblatt
GVG	Gerichtsverfassungsgesetz
HdB	Handbuch
HDSB	Hessische Datenschutzbeauftragte
HDSG	Hessisches Datenschutzgesetz
HFR	Höchstrichterliche Finanzrechtsprechung
HGB	Handelsgesetzbuch
hM	herrschende Meinung

HmbBfDI	Hamburgische Beauftragte für Datenschutz und Informationsfreiheit
Hrsg.	Herausgeber
Hs.	Halbsatz
HTML	Hypertext Markup Language
HTTPS	Hypertext Transfer Protocol Secure
HUDOC	EGMR, Entscheidungsnachweis (Datenbank)
ICO	Information Comissioner's Office
idF	in der Fassung
IDPL	International Data Privacy Law (Zeitschrift)
idR	in der Regel
idS	in diesem Sinne
iE	im Ergebnis
IFG	Informationsfreiheitsgesetz
IfSG	Infektionsschutzgesetz
ILO	International Labour Organization (Internationale Arbeitsorganisation)
insbes.	insbesondere
IP-Adresse	Internet Protokoll Adresse
iRd	im Rahmen der/des
iSd	im Sinne des
iSv	im Sinne von
IT	Informationstechnik
iÜ	Im Übrigen
jew.	jeweilige
JI	Rat der EU für „Justiz und Inneres"
JI-Richtlinie	Richtlinie (EU) 2016/680 des Europäischen Parlaments und des Rates vom 27. April 2016 zum Schutz natürlicher Personen bei der Verarbeitung personenbezogener Daten durch die zuständigen Behörden zum Zwecke der Verhütung, Ermittlung, Aufdeckung oder Verfolgung von Straftaten oder der Strafvollstreckung sowie zum freien Datenverkehr und zur Aufhebung des Rahmenbeschlusses 2008/977/JI des Rates
JR	Juristische Rundschau (Zeitschrift)
JurPC	Internet-Zeitschrift für Rechtsinformation und Informationsrecht
JuS	Juristische Schulung (Zeitschrift)
JZ	Juristenzeitung
K&R	Kommunikation & Recht (Zeitschrift)
KDO	Anordnung über den kirchlichen Datenschutz
KG	Kammergericht
KOM	Dokument der EU-Kommission
KOM	Kommission
KOM-E	Entwurf der Europäischen Kommission zur Datenschutz-Grundverordnung vom 25.01.2012 (KOM(2012)11 endgültig)
KUG	Gesetz betreffend das Urheberrecht an Werken der bildenden Künste und der Photographie
KuR	Kirche & Recht (Zeitschrift)
KWG	Gesetz über das Kreditwesen; Kommunalwahlgesetz
LAG	Landesarbeitsgericht
LDSG	Landesdatenschutzgesetz(e)
LDSG NRW	Landesdatenschutzgesetz Nordrhein-Westfalen
LDSG RP	Landesdatenschutzgesetz Rheinland-Pfalz
Lfg.	Lieferung
LG	Landgericht

LIBE	Ausschuss des Europäischen Parlaments für Bürgerliche Freiheiten, Justiz und Inneres
lit.	Litera
MAD	Militärischer Abschirmdienst
MDR	Monatschrift für Deutsches Recht (Zeitschrift)
MedR	Medizinrecht (Zeitschrift)
MMR	MultiMedia und Recht (Zeitschrift)
mwN	mit weiteren Nachweisen
NJ	Neue Justiz (Zeitschrift)
NJW	Neue Juristische Wochenschrift (Zeitschrift)
NJW-RR	NJW-Rechtsprechungs-Report, Zivilrecht (Zeitschrift)
NRW	Nordrhein-Westfalen
NVwZ	Neue Zeitschrift für Verwaltungsrecht
NVwZ-RR	Neue Zeitschrift für Verwaltungsrecht, Rechtsprechungs-Report
NWB	Neue Wirtschafts-Briefe für Steuer- und Wirtschaftsrecht (Zeitschrift)
NWVBl.	Nordrhein-Westfälische Verwaltungsblätter
NZA	Neue Zeitschrift für Arbeitsrecht
NZA-RR	NZA-Rechtsprechungsreport (Zeitschrift)
NZS	Neue Zeitschrift für Sozialrecht
oä	oder ähnlich
öDSG	Datenschutzgesetz (Österreich)
OECD	Organisation für wirtschaftliche Zusammenarbeit und Entwicklung
OLG	Oberlandesgericht
ÖVD	Öffentliche Verwaltung und Datenverarbeitung (Zeitschrift)
OVG	Oberverwaltungsgericht
OWiG	Gesetz über Ordnungswidrigkeiten
Parl-E	Entwurf der Datenschutz-Grundverordnung des Europäischen Parlaments vom 27.03.2014 (2012/0011 (COD); 7427/1/14, REV 1)
PinG	Privacy in Germany (Zeitschrift)
Rat-E	Entwurf der EU-Datenschutz-Grundverordnung des Rates vom 11./15.06.2015 (2012/0011 (COD); 9565/15)
Ratsdok.	Ratsdokument
RDG	Gesetz über außergerichtliche Rechtsdienstleistungen – Rechtsdienstleistungsgesetz
RDV	Recht der Datenverarbeitung (Zeitschrift)
ReNEUAL	Research Network on EU Administrative Law
RFID	Radio Frequency Identification (Technik und Funkchip)
RL	Richtlinie
Rom-I-VO	Verordnung (EG) Nr. 593/2008 des europäischen Parlaments und des Rates vom 17. Juni 2008 über das auf vertragliche Schuldverhältnisse anzuwendende Recht (Rom I)
Rom-II-VO	Verordnung (EG) Nr. 864/2007 des europäischen Parlaments und des Rates vom 11. Juli 2007 über das auf außervertragliche Schuldverhältnisse anzuwendende Recht (Rom II)
Rs.	Rechtssache
SächsDSG	Gesetz zum Schutz der informationellen Selbstbestimmung im Freistaat Sachsen (Sächsisches Datenschutzgesetz)
SCHUFA	Schutzgemeinschaft für allgemeine Kreditsicherung
SDSG	Saarländisches Datenschutzgesetz
SDÜ	Schengener Durchführungsübereinkommen

SGB	Sozialgesetzbuch (I: Allgemeiner Teil; II: Grundsicherung für Arbeitssuchende; III: Arbeitsförderung; IV: Sozialversicherung; V: Krankenversicherung; VI: Rentenversicherung; VII: Unfallversicherung; VIII: Kinder- und Jugendhilfe; IX: Rehabilitation und Teilhabe behinderter Menschen; X: Sozialverwaltungsverfahren und Sozialdatenschutz; XI: Pflegeversicherung; XII: Sozialhilfe)
Slg.	Sammlung der Entscheidungen des Europäischen Gerichtshofes
SMS	Short Message Service
st. Rspr.	Ständige Rechtsprechung
Stan. L. Rev.	Stanford Technology Law Review
StGB	Strafgesetzbuch
StPO	Strafprozessordnung
str.	streitig
SWIFT	Society for Worldwide Interbank Financial Telecommunication
TB	Tätigkeitsbericht
TDDSG	Teledienstedatenschutzgesetz
TDR	Transnational Data Report (Zeitschrift)
ThürDSG	Thüringer Datenschutzgesetz
TK	Telekommunikation
TKG	Telekommunikationsgesetz
TMG	Telemediengesetz
TVG	Tarifvertragsgesetz
ua	und andere(s); unter anderem
UAbs.	Unterabsatz
UIG	Umweltinformationsgesetz
UKlaG	Gesetz über Unterlassungsklagen bei Verbraucherrechts- und anderen Verstößen
ULD	Unabhängiges Landeszentrum für Datenschutz Schleswig-Holstein
UN	United Nations/Vereinte Nationen
uU	unter Umständen
Var.	Variante
VBlBW	Verwaltungsblätter für Baden-Württemberg
VerwArch	Verwaltungsarchiv (Zeitschrift)
VG	Verwaltungsgericht
VGH	Verwaltungsgerichtshof
vgl.	vergleiche
VO	Verordnung
Vol.	Volume
Vorb.	Vorbemerkung/en
VR	Verwaltungsrundschau (Zeitschrift)
VSSR	Vierteljahresschrift für Sozialrecht (Zeitschrift)
VuR	Verbraucher und Recht (Zeitschrift)
VVDStRL	Veröffentlichungen der Vereinigung der Deutschen Staatsrechtslehrer
VwGO	Verwaltungsgerichtsordnung
VwVfG	Verwaltungsverfahrensgesetz
WP	Working Paper = Arbeitspapiere der Art. 29-Gruppe
WRV	Weimarer Reichsverfassung
WVK	Wiener Übereinkommen über das Recht der Verträge vom 23.5.1969
ZaöRV	Zeitschrift für ausländisches öffentliches Recht und Völkerrecht
zB	zum Beispiel
ZD	Zeitschrift für Datenschutz
ZEuP	Zeitschrift für Europäisches Privatrecht
ZEVIS	Zentrales Verkehrs-Informations-System

ZevKR	Zeitschrift für evangelisches Kirchenrecht
ZfA	Zeitschrift für Arbeitsrecht
Ziff.	Ziffer
ZPO	Zivilprozessordnung
ZRP	Zeitschrift für Rechtspolitik
zT	zum Teil
ZTR	Zeitschrift für Tarifrecht
ZUM	Zeitschrift für Urheber- und Medienrecht
ZUM-RD	Zeitschrift für Urheber- und Medienrecht-Rechtsprechungsdienst

Allgemeines Literaturverzeichnis

Albrecht, Jan Philipp/Jotzo, Florian, Das neue Datenschutzrecht der EU. Grundlagen, Gesetzgebungsverfahren, Synopse, Baden-Baden 2016 (zitiert: *Albrecht/Jotzo*, Teil x Rn. y)

Auernhammer, hrsg. von Eßer, Martin/Kramer, Philipp/v. Lewinski, Kai, DSGVO/BDSG, Datenschutz-Grundverordnung/Bundesdatenschutzgesetz und Nebengesetze, 5. Auflage, Köln 2017 (zitiert: Auernhammer/*Bearbeiter* DSGVO Art. x Rn. y bzw. Auernhammer/*Bearbeiter* BDSG § x Rn. y)

Bergmann, Lutz/Möhrle, Roland/Herb, Armin, Datenschutzrecht. Kommentar zum Bundesdatenschutzgesetz, den Datenschutzgesetzen der Länder und zum bereichsspezifischen Datenschutz, Loseblatt, Stuttgart 1977, Stand 2018 (zitiert: *Bergmann/Möhrle/Herb*, BDSG § x Rn. y, etc.)

Calliess, Christian/Ruffert, Matthias (Hrsg.), EUV/AEUV, 5. Auflage, München 2016 (zitiert: Calliess/Ruffert/*Bearbeiter* EUV Art. x Rn. y bzw. Calliess/Ruffert/*Bearbeiter* AEUV Art. x Rn. y, etc.)

Dammann, Ulrich/Simitis, Spiros, EG-Datenschutzrichtlinie, Baden-Baden 1997 (zitiert: *Dammann/Simitis* Art. x Rn. y)

Däubler, Wolfgang/Klebbe, Thomas/Wedde, Peter/Weichert, Thilo, Bundesdatenschutzgesetz. Kompaktkommentar zum BDSG, 5. Auflage, Köln 2016 (zitiert: DKWW/*Bearbeiter* § x Rn. y)

Däubler, Wolfgang/Wedde, Peter/Weichert, Thilo/Sommer, Imke, DSGVO und BDSG-neu. Kompaktkommentar, Köln 2018 (zitiert: DWWS/*Bearbeiter*, DSGVO Art. x Rn. y bzw. DWWS/Bearbeiter, BDSG § x Rn. y)

Ehmann, Eugen/Helfrich, Marcus, EG-Datenschutzrichtlinie: Kurzkommentar, Köln 1999 (zitiert: *Ehmann/Helfrich* Art. x Rn. y)

Ehmann, Eugen/Selmayr, Martin (Hrsg.), Datenschutz-Grundverordnung, München 2017 (zitiert: Ehmann/Selmayr/*Bearbeiter* Art. x Rn. y)

Feiler, Lukas/Forgó, Nikolaus, EU-DSGVO. EU-Datenschutz-Grundverordnung, Wien 2016 (zitiert: *Feiler/Forgó* Art. x Rn. y)

Gierschmann, Sibylle/Schlender, Katharina/Stentzel, Rainer/Veil, Winfried (Hrsg.), Kommentar Datenschutz-Grundverordnung, Köln 2017 (zitiert: Gierschmann/Schlender/Stentzel/Veil/*Bearbeiter* Art. x Rn. y)

Gola, Peter (Hrsg.), DS-GVO. Datenschutz-Grundverordnung – VO (EU) 2016/679, München 2017 (zitiert: Gola/*Bearbeiter* Art. x Rn. y)

Gola, Peter/Schomerus, Rudolf, BDSG. Bundesdatenschutzgesetz. Kommentar, 12. Auflage, München 2015 (zitiert: *Gola/Schomerus* § x Rn. y)

Grabitz, Eberhard/Hilf, Meinhard/Nettesheim, Martin (Hrsg.), Das Recht der Europäischen Union: EUV/AEUV, Loseblatt, München, Stand 64. Auflage 2018 (zitiert: Grabitz/Hilf/Nettesheim/*Bearbeiter* EUV Art. x Rn. y bzw. Grabitz/Hilf/Nettesheim/*Bearbeiter* AEUV Art. x Rn. y bzw. Grabitz/Hilf/Nettesheim/*Bearbeiter* DSRL Art. x Rn. y, etc.)

von der Groeben, Hans/Schwarze, Jürgen/Hatje, Armin (Hrsg.), Europäisches Unionsrecht. Vertrag über die Europäische Union. Vertrag über die Arbeitsweise der Europäischen Union. Charta der Grundrechte der Europäischen Union, 7. Auflage, Baden-Baden 2015 (zitiert: von der Groeben/Schwarze/Hatje/*Bearbeiter* EUV Art. x Rn. y bzw. von der Groeben/Schwarze/Hatje/*Bearbeiter* AEUV Art. x Rn. y)

Härting, Niko, Datenschutzgrundverordnung: Das neue Datenschutzrecht in der betrieblichen Praxis, Köln 2016 (zitiert: *Härting*, Rn. x)

Hoeren, Thomas/Sieber, Ulrich/Holznagel, Bernd (Hrsg.), Handbuch Multimedia-Recht. Rechtsfragen des elektronischen Geschäftsverkehrs, Loseblatt, München, Stand Januar 2018 (zitiert: Hoeren/Sieber/Holznagel/*Bearbeiter*, Teil x Rn. y)

Jarass, Hans D., Charta der Grundrechte der Europäischen Union. Kommentar, 3. Auflage, München 2016 (zitiert: *Jarass* Art. x Rn. y)

Jarass, Hans D./Pieroth, Bodo, Grundgesetz für die Bundesrepublik Deutschland. Kommentar, 14. Auflage, München 2016 (zitiert: *Jarass/Pieroth* Art. x Rn. y)

Kühling, Jürgen/Buchner, Benedikt (Hrsg.), DS-GVO. Datenschutzgrundverordnung. Kommentar, München 2017 (zitiert: Kühling/Buchner/*Bearbeiter* Art. x Rn. y)

Kühling, Jürgen/Martini, Mario et al., Die Datenschutz-Grundverordnung und das nationale Recht. Erste Überlegungen zum innerstaatlichen Regelungsbedarf, Monsenstein und Vannerdat, Münster 2016 (zitiert: *Kühling/Martini et al.*, S. x)

Krüger, Wolfgang/Rauscher, Thomas (Hrsg.), Münchener Kommentar zur Zivilprozessordnung mit Gerichtsverfassungsgesetz und Nebengesetzen, Band 1, §§ 1-354, 5. Auflage, München 2016 (zitiert: MüKo ZPO/*Bearbeiter* § x Rn. y)

Laue, Philip/Nink, Judith/Kremer, Sascha, Das neue Datenschutzrecht in der Praxis, Baden-Baden 2016 (zitiert: *Laue/Nink/Kremer*, § x Rn. y)

Maunz, Theodor/Dürig, Günter, Grundgesetz. Loseblatt-Kommentar, 83. EL, München 2018 (zitiert: Maunz/Düring/*Bearbeiter* Art. x Rn. y)

Meyer, Jürgen (Hrsg.), Charta der Grundrechte der Europäischen Union, 4. Auflage, Baden-Baden 2014 (zitiert: Meyer/*Bearbeiter* Art. x Rn. y)

Meyer-Ladewig, Jens/Nettesheim, Martin/Raumer, Stefan von (Hrsg.), EMRK. Europäische Menschenrechtskonvention. Handkommentar, 4. Auflage, Baden-Baden 2017 (zitiert: Meyer-Ladewig/Nettesheim/Raumer/*Bearbeiter* Art. x Rn. y)

Plath, Kai-Uwe (Hrsg.), BDSG/DSGVO. Kommentar zu DSGVO, BDSG und den Datenschutzbestimmungen des TMG und TKG, 3. Auflage, Köln 2018 (zitiert: Plath/*Bearbeiter* DSGVO Art. x Rn. y bzw. Plath/*Bearbeiter* BDSG § x Rn. y, etc.)

Paal, Boris P./Pauly, Daniel A. (Hrsg.), Datenschutz-Grundverordnung/Bundesdatenschutzgesetz: DSGVO/BDSG, 2. Aufl., München 2018 (zitiert: Paal/Pauly/*Bearbeiter* Art. x Rn. y)

Roßnagel, Alexander (Hrsg.), Handbuch Datenschutzrecht. Die neuen Grundlagen für Wirtschaft und Verwaltung, München 2003 (zitiert: Roßnagel/*Bearbeiter*, HB DSR, Kap. x Rn. y)

Roßnagel, Alexander (Hrsg.), Beck'scher Kommentar zum Recht der Telemediendienste, München 2013 (zitiert: BeckRTD/*Bearbeiter* TMG § x Rn. y, etc.)

Roßnagel, Alexander (Hrsg.), Europäische Datenschutzgrundverordnung. Vorrang des Unionsrechts – Anwendbarkeit des nationalen Rechts, Baden-Baden 2017 (zitiert: Roßnagel/*Bearbeiter*, Europ. DSGVO, § x Rn. y)

Roßnagel, Alexander (Hrsg.), Das neue Datenschutzrecht. Europäische Datenschutz-Grundverordnung und deutsche Datenschutzgesetze, Baden-Baden 2018 (zitiert: Roßnagel/*Bearbeiter*, Das neue DSR, § x Rn. y)

Roßnagel, Alexander/Pfitzmann, Andreas/Garstka, Hans-Jürgen, Modernisierung des Datenschutzrechts, Gutachten im Auftrag des Bundesministeriums des Innern, 2001 (zitiert: *Roßnagel/Pfitzmann/Garstka*, S. x)

Schaffland, Hans-Jürgen/Wiltfang, Noeme, Datenschutz-Grundverordnung (DS-GVO)/Bundesdatenschutzgesetz (BDSG) – mit Aktualisierungsservice. Kommentar, Berlin 2018 (zitiert: Schaffland/Wiltfang/*Bearbeiter*, DSGVO Art. x Rn. y bzw. Schaffland/Wiltfang/*Bearbeiter*, BDSG Art. x Rn. y, etc.)

Schantz, Peter/Wolff, Heinrich Amadeus, Das neue Datenschutzrecht. Datenschutzgrundverordnung und Bundesdatenschutzgesetz in der Praxis, München 2017 (zitiert: Schantz/Wolff/*Bearbeiter*, Rn. x)

Schwartmann, Rolf/Jaspers, Andreas/Thüsing, Gregor/Kugelmann, Dieter (Hrsg.), DS-GVO/BDSG. Datenschutz-Grundverordnung mit Bundesdatenschutzgesetz, Heidelberg 2018 (zitiert: Schwartmann/Jaspers/Thüsing/Kugelmann/*Bearbeiter*, Art. x Rn. y)

Simitis, Spiros (Hrsg.), Bundesdatenschutzgesetz. Kommentar, 8. Auflage, Baden-Baden 2014 (zitiert: Simitis/*Bearbeiter* § x Rn. y)

Spindler, Gerald/Schuster, Fabian (Hrsg.), Recht der elektronischen Medien. Kommentar, 3. Auflage, München 2015 (zitiert: Spindler/Schuster/*Bearbeiter*, § x TKG Rn. y, etc.)

Streinz, Rudolf (Hrsg.), EUV/AEUV. Vertrag über die Europäische Union, Vertrag über die Arbeitsweise der Europäischen Union, Charta der Grundrechte der Europäische Union, 3. Auflage, München 2018 (zitiert: Streinz/*Bearbeiter* EUV Art. x Rn. y bzw. Streinz/*Bearbeiter* AEUV Art. x Rn. y)

Sydow, Gernot (Hrsg.), Europäische Datenschutzgrundverordnung. Handkommentar, Baden-Baden 2017 (zitiert: Sydow/*Bearbeiter* Art. x Rn. y)

Taeger, Jürgen/Gabel, Detlev (Hrsg.), EU-DSGVO und BDSG 2018, 3. Auflage, Frankfurt 2018 (zitiert: Taeger/Gabel/*Bearbeiter* BDSG § x Rn. y bzw. Taeger/Gabel/*Bearbeiter* TKG § x Rn. y bzw. Taeger/Gabel/*Bearbeiter* TMG § x Rn. y)

Tinnefeld, Marie-Theres/Buchner, Benedikt/Petri, Thomas/Hof, Hans-Joachim, Einführung in das Datenschutzrecht. Datenschutz und Informationsfreiheit in europäischer Sicht, 6. Auflage, Oldenburg 2017 (zitiert: *Tinnefeld/Buchner/Petri/Hof*, S. x)

Vorwerk, Volkert/Wolf, Christian (Hrsg.), Beck'scher Online-Kommentar ZPO, 23. Edition, München 2016 (zitiert: BeckOK ZPO/*Bearbeiter* § x Rn. y)

Wolff, Heinrich Amadeus/Brink, Stefan (Hrsg.), BeckOK Datenschutzrecht in Bund und Ländern, München 2013ff. (zitiert: BeckOK DatenschutzR/*Bearbeiter* DSGVO Art. x Rn. y bzw. BeckOK DatenschutzR/*Bearbeiter* BDSG § x Rn. y, etc.)

Wybitul, Tim, Handbuch EU-Datenschutz-Grundverordnung, Frankfurt 2017 (zitiert: *Wybitul*, Kap. x Rn. y)

Verordnung (EU) 2016/679 des Europäischen Parlaments und des Rates vom 27. April 2016 zum Schutz natürlicher Personen bei der Verarbeitung personenbezogener Daten, zum freien Datenverkehr und zur Aufhebung der Richtlinie 95/46/EG (Datenschutz-Grundverordnung)

(ABl. L 119 vom 4.5.2016, S. 1; berichtigt in ABl. L 314 vom 22.11.2016, S. 72 und ABl. L 127 vom 23.5.2018, S. 2)

DAS EUROPÄISCHE PARLAMENT UND DER RAT DER EUROPÄISCHEN UNION –

gestützt auf den Vertrag über die Arbeitsweise der Europäischen Union, insbesondere auf Artikel 16,

auf Vorschlag der Europäischen Kommission,

nach Zuleitung des Entwurfs des Gesetzgebungsakts an die nationalen Parlamente,

nach Stellungnahme des Europäischen Wirtschafts- und Sozialausschusses[*],

nach Stellungnahme des Ausschusses der Regionen[**],

gemäß dem ordentlichen Gesetzgebungsverfahren[***],

in Erwägung nachstehender Gründe:

(1) Der Schutz natürlicher Personen bei der Verarbeitung personenbezogener Daten ist ein Grundrecht. Gemäß Artikel 8 Absatz 1 der Charta der Grundrechte der Europäischen Union (im Folgenden „Charta") sowie Artikel 16 Absatz 1 des Vertrags über die Arbeitsweise der Europäischen Union (AEUV) hat jede Person das Recht auf Schutz der sie betreffenden personenbezogenen Daten.

(2) Die Grundsätze und Vorschriften zum Schutz natürlicher Personen bei der Verarbeitung ihrer personenbezogenen Daten sollten gewährleisten, dass ihre Grundrechte und Grundfreiheiten und insbesondere ihr Recht auf Schutz personenbezogener Daten ungeachtet ihrer Staatsangehörigkeit oder ihres Aufenthaltsorts gewahrt bleiben. Diese Verordnung soll zur Vollendung eines Raums der Freiheit, der Sicherheit und des Rechts und einer Wirtschaftsunion, zum wirtschaftlichen und sozialen Fortschritt, zur Stärkung und zum Zusammenwachsen der Volkswirtschaften innerhalb des Binnenmarkts sowie zum Wohlergehen natürlicher Personen beitragen.

(3) Zweck der Richtlinie 95/46/EG des Europäischen Parlaments und des Rates[****] ist die Harmonisierung der Vorschriften zum Schutz der Grundrechte und Grundfreiheiten natürlicher Personen bei der Datenverarbeitung sowie die Gewährleistung des freien Verkehrs personenbezogener Daten zwischen den Mitgliedstaaten.

(4) Die Verarbeitung personenbezogener Daten sollte im Dienste der Menschheit stehen. Das Recht auf Schutz der personenbezogenen Daten ist kein uneingeschränktes Recht; es muss im Hinblick auf seine gesellschaftliche Funktion gesehen und unter Wahrung des Verhältnismäßigkeitsprinzips gegen andere Grundrechte abgewogen werden. Diese Verordnung steht im Einklang mit allen Grundrechten und achtet alle Freiheiten und Grundsätze, die mit der Charta anerkannt wurden und in den Europäischen Verträgen verankert sind, insbesondere Achtung des Privat- und Familienlebens, der Wohnung und der Kommunikation, Schutz personenbezogener Daten, Gedanken-, Gewissens- und Religionsfreiheit, Freiheit der Meinungsäußerung und Informationsfreiheit, unternehmerische Freiheit, Recht auf einen wirksamen Rechtsbehelf und ein faires Verfahren und Vielfalt der Kulturen, Religionen und Sprachen.

(5) Die wirtschaftliche und soziale Integration als Folge eines funktionierenden Binnenmarkts hat zu einem deutlichen Anstieg des grenzüberschreitenden Verkehrs personenbezogener Daten geführt. Der unionsweite Austausch personenbezogener Daten zwischen öffentlichen und privaten Akteuren ein-

---

[*] ABl. C 229 vom 31.7.2012, S. 90.

[**] ABl. C 391 vom 18.12.2012, S. 127.

[***] Standpunkt des Europäischen Parlaments vom 12. März 2014 (noch nicht im Amtsblatt veröffentlicht) und Standpunkt des Rates in erster Lesung vom 8. April 2016 (noch nicht im Amtsblatt veröffentlicht). Standpunkt des Europäischen Parlaments vom 14. April 2016.

[****] Richtlinie 95/46/EG des Europäischen Parlaments und des Rates vom 24. Oktober 1995 zum Schutz natürlicher Personen bei der Verarbeitung personenbezogener Daten und zum freien Datenverkehr (ABl. L 281 vom 23.11.1995, S. 31).

schließlich natürlichen Personen, Vereinigungen und Unternehmen hat zugenommen. Das Unionsrecht verpflichtet die Verwaltungen der Mitgliedstaaten, zusammenzuarbeiten und personenbezogene Daten auszutauschen, damit sie ihren Pflichten nachkommen oder für eine Behörde eines anderen Mitgliedstaats Aufgaben durchführen können.

(6) Rasche technologische Entwicklungen und die Globalisierung haben den Datenschutz vor neue Herausforderungen gestellt. Das Ausmaß der Erhebung und des Austauschs personenbezogener Daten hat eindrucksvoll zugenommen. Die Technik macht es möglich, dass private Unternehmen und Behörden im Rahmen ihrer Tätigkeiten in einem noch nie dagewesenen Umfang auf personenbezogene Daten zurückgreifen. Zunehmend machen auch natürliche Personen Informationen öffentlich weltweit zugänglich. Die Technik hat das wirtschaftliche und gesellschaftliche Leben verändert und dürfte den Verkehr personenbezogener Daten innerhalb der Union sowie die Datenübermittlung an Drittländer und internationale Organisationen noch weiter erleichtern, wobei ein hohes Datenschutzniveau zu gewährleisten ist.

(7) Diese Entwicklungen erfordern einen soliden, kohärenteren und klar durchsetzbaren Rechtsrahmen im Bereich des Datenschutzes in der Union, da es von großer Wichtigkeit ist, eine Vertrauensbasis zu schaffen, die die digitale Wirtschaft dringend benötigt, um im Binnenmarkt weiter wachsen zu können. Natürliche Personen sollten die Kontrolle über ihre eigenen Daten besitzen. Natürliche Personen, Wirtschaft und Staat sollten in rechtlicher und praktischer Hinsicht über mehr Sicherheit verfügen.

(8) Wenn in dieser Verordnung Präzisierungen oder Einschränkungen ihrer Vorschriften durch das Recht der Mitgliedstaaten vorgesehen sind, können die Mitgliedstaaten Teile dieser Verordnung in ihr nationales Recht aufnehmen, soweit dies erforderlich ist, um die Kohärenz zu wahren und die nationalen Rechtsvorschriften für die Personen, für die sie gelten, verständlicher zu machen.

(9) Die Ziele und Grundsätze der Richtlinie 95/46/EG besitzen nach wie vor Gültigkeit, doch hat die Richtlinie nicht verhindern können, dass der Datenschutz in der Union unterschiedlich gehandhabt wird, Rechtsunsicherheit besteht oder in der Öffentlichkeit die Meinung weit verbreitet ist, dass erhebliche Risiken für den Schutz natürlicher Personen bestehen, insbesondere im Zusammenhang mit der Benutzung des Internets. Unterschiede beim Schutzniveau für die Rechte und Freiheiten von natürlichen Personen im Zusammenhang mit der Verarbeitung personenbezogener Daten in den Mitgliedstaaten, vor allem beim Recht auf Schutz dieser Daten, können den unionsweiten freien Verkehr solcher Daten behindern. Diese Unterschiede im Schutzniveau können daher ein Hemmnis für die unionsweite Ausübung von Wirtschaftstätigkeiten darstellen, den Wettbewerb verzerren und die Behörden an der Erfüllung der ihnen nach dem Unionsrecht obliegenden Pflichten hindern. Sie erklären sich aus den Unterschieden bei der Umsetzung und Anwendung der Richtlinie 95/46/EG.

(10) Um ein gleichmäßiges und hohes Datenschutzniveau für natürliche Personen zu gewährleisten und die Hemmnisse für den Verkehr personenbezogener Daten in der Union zu beseitigen, sollte das Schutzniveau für die Rechte und Freiheiten von natürlichen Personen bei der Verarbeitung dieser Daten in allen Mitgliedstaaten gleichwertig sein. Die Vorschriften zum Schutz der Grundrechte und Grundfreiheiten von natürlichen Personen bei der Verarbeitung personenbezogener Daten sollten unionsweit gleichmäßig und einheitlich angewandt werden. Hinsichtlich der Verarbeitung personenbezogener Daten zur Erfüllung einer rechtlichen Verpflichtung oder zur Wahrnehmung einer Aufgabe, die im öffentlichen Interesse liegt oder in Ausübung öffentlicher Gewalt erfolgt, die dem Verantwortlichen übertragen wurde, sollten die Mitgliedstaaten die Möglichkeit haben, nationale Bestimmungen, mit denen die Anwendung der Vorschriften dieser Verordnung genauer festgelegt wird, beizubehalten oder einzuführen. In Verbindung mit den allgemeinen und horizontalen Rechtsvorschriften über den Datenschutz zur Umsetzung der Richtlinie 95/46/EG gibt es in den Mitgliedstaaten mehrere sektorspezifische Rechtsvorschriften in Bereichen, die spezifischere Bestimmungen erfordern. Diese Verordnung bietet den Mitgliedstaaten zudem einen Spielraum für die Spezifizierung ihrer Vorschriften, auch für die Verarbeitung besonderer Kategorien von personenbezogenen Daten (im Folgenden „sensible Daten"). Diesbezüglich schließt diese Verordnung nicht Rechtsvorschriften der Mitgliedstaaten aus, in denen die Umstände besonderer Verarbeitungssituationen festgelegt werden, einschließlich einer genaueren Bestimmung der Voraussetzungen, unter denen die Verarbeitung personenbezogener Daten rechtmäßig ist.

(11) Ein unionsweiter wirksamer Schutz personenbezogener Daten erfordert die Stärkung und präzise Festlegung der Rechte der betroffenen Personen sowie eine Verschärfung der Verpflichtungen für diejenigen, die personenbezogene Daten verarbeiten und darüber entscheiden, ebenso wie – in den Mitgliedstaaten – gleiche Befugnisse bei der Überwachung und Gewährleistung der Einhaltung der Vorschriften zum Schutz personenbezogener Daten sowie gleiche Sanktionen im Falle ihrer Verletzung.

(12) Artikel 16 Absatz 2 AEUV ermächtigt das Europäische Parlament und den Rat, Vorschriften über den Schutz natürlicher Personen bei der Verarbeitung personenbezogener Daten und zum freien Verkehr solcher Daten zu erlassen.

(13) Damit in der Union ein gleichmäßiges Datenschutzniveau für natürliche Personen gewährleistet ist und Unterschiede, die den freien Verkehr personenbezogener Daten im Binnenmarkt behindern könnten, beseitigt werden, ist eine Verordnung erforderlich, die für die Wirtschaftsteilnehmer einschließlich Kleinstunternehmen sowie kleiner und mittlerer Unternehmen Rechtssicherheit und Transparenz schafft, natürliche Personen in allen Mitgliedstaaten mit demselben Niveau an durchsetzbaren Rechten ausstattet, dieselben Pflichten und Zuständigkeiten für die Verantwortlichen und Auftragsverarbeiter vorsieht und eine gleichmäßige Kontrolle der Verarbeitung personenbezogener Daten und gleichwertige Sanktionen in allen Mitgliedstaaten sowie eine wirksame Zusammenarbeit zwischen den Aufsichtsbehörden der einzelnen Mitgliedstaaten gewährleistet. Das reibungslose Funktionieren des Binnenmarkts erfordert, dass der freie Verkehr personenbezogener Daten in der Union nicht aus Gründen des Schutzes natürlicher Personen bei der Verarbeitung personenbezogener Daten eingeschränkt oder verboten wird. Um der besonderen Situation der Kleinstunternehmen sowie der kleinen und mittleren Unternehmen Rechnung zu tragen, enthält diese Verordnung eine abweichende Regelung hinsichtlich des Führens eines Verzeichnisses für Einrichtungen, die weniger als 250 Mitarbeiter beschäftigen. Außerdem werden die Organe und Einrichtungen der Union sowie die Mitgliedstaaten und deren Aufsichtsbehörden dazu angehalten, bei der Anwendung dieser Verordnung die besonderen Bedürfnisse von Kleinstunternehmen sowie von kleinen und mittleren Unternehmen zu berücksichtigen. Für die Definition des Begriffs „Kleinstunternehmen sowie kleine und mittlere Unternehmen" sollte Artikel 2 des Anhangs zur Empfehlung 2003/361/EG der Kommission[v] maßgebend sein.

(14) Der durch diese Verordnung gewährte Schutz sollte für die Verarbeitung der personenbezogenen Daten natürlicher Personen ungeachtet ihrer Staatsangehörigkeit oder ihres Aufenthaltsorts gelten. Diese Verordnung gilt nicht für die Verarbeitung personenbezogener Daten juristischer Personen und insbesondere als juristische Person gegründeter Unternehmen, einschließlich Name, Rechtsform oder Kontaktdaten der juristischen Person.

(15) Um ein ernsthaftes Risiko einer Umgehung der Vorschriften zu vermeiden, sollte der Schutz natürlicher Personen technologieneutral sein und nicht von den verwendeten Techniken abhängen. Der Schutz natürlicher Personen sollte für die automatisierte Verarbeitung personenbezogener Daten ebenso gelten wie für die manuelle Verarbeitung von personenbezogenen Daten, wenn die personenbezogenen Daten in einem Dateisystem gespeichert sind oder gespeichert werden sollen. Akten oder Aktensammlungen sowie ihre Deckblätter, die nicht nach bestimmten Kriterien geordnet sind, sollten nicht in den Anwendungsbereich dieser Verordnung fallen.

(16) Diese Verordnung gilt nicht für Fragen des Schutzes von Grundrechten und Grundfreiheiten und des freien Verkehrs personenbezogener Daten im Zusammenhang mit Tätigkeiten, die nicht in den Anwendungsbereich des Unionsrechts fallen, wie etwa die nationale Sicherheit betreffende Tätigkeiten. Diese Verordnung gilt nicht für die von den Mitgliedstaaten im Rahmen der Gemeinsamen Außen- und Sicherheitspolitik der Union durchgeführte Verarbeitung personenbezogener Daten.

(17) Die Verordnung (EG) Nr. 45/2001 des Europäischen Parlaments und des Rates[v*] gilt für die Verarbeitung personenbezogener Daten durch die Organe, Einrichtungen, Ämter und Agenturen der Union. Die Verordnung (EG) Nr. 45/2001 und sonstige Rechtsakte der Union, die diese Verarbeitung personenbezogener Daten regeln, sollten an die Grundsätze und Vorschriften der vorliegenden Verordnung angepasst und im Lichte der vorliegenden Verordnung angewandt werden. Um einen soliden und kohärenten Rechtsrahmen im Bereich des Datenschutzes in der Union zu gewährleisten, sollten die erforderlichen Anpassungen der Verordnung (EG) Nr. 45/2001 im Anschluss an den Erlass der vorliegenden Verordnung vorgenommen werden, damit sie gleichzeitig mit der vorliegenden Verordnung angewandt werden können.

(18) Diese Verordnung gilt nicht für die Verarbeitung von personenbezogenen Daten, die von einer natürlichen Person zur Ausübung ausschließlich persönlicher oder familiärer Tätigkeiten und somit ohne Bezug zu einer beruflichen oder wirtschaftlichen Tätigkeit vorgenommen wird. Als persönliche oder

---

v Empfehlung der Kommission vom 6. Mai 2003 betreffend die Definition der Kleinstunternehmen sowie der kleinen und mittleren Unternehmen (C (2003) 1422) (ABl. L 124 vom 20.5.2003, S. 36).

v* Verordnung (EG) Nr. 45/2001 des Europäischen Parlaments und des Rates vom 18. Dezember 2000 zum Schutz natürlicher Personen bei der Verarbeitung personenbezogener Daten durch die Organe und Einrichtungen der Gemeinschaft und zum freien Datenverkehr (ABl. L 8 vom 12.1.2001, S. 1).

familiäre Tätigkeiten könnte auch das Führen eines Schriftverkehrs oder von Anschriftenverzeichnissen oder die Nutzung sozialer Netze und Online-Tätigkeiten im Rahmen solcher Tätigkeiten gelten. Diese Verordnung gilt jedoch für die Verantwortlichen oder Auftragsverarbeiter, die die Instrumente für die Verarbeitung personenbezogener Daten für solche persönlichen oder familiären Tätigkeiten bereitstellen.

(19) Der Schutz natürlicher Personen bei der Verarbeitung personenbezogener Daten durch die zuständigen Behörden zum Zwecke der Verhütung, Ermittlung, Aufdeckung oder Verfolgung von Straftaten oder der Strafvollstreckung, einschließlich des Schutzes vor und der Abwehr von Gefahren für die öffentliche Sicherheit, sowie der freie Verkehr dieser Daten sind in einem eigenen Unionsrechtsakt geregelt. Deshalb sollte diese Verordnung auf Verarbeitungtätigkeiten dieser Art keine Anwendung finden. Personenbezogene Daten, die von Behörden nach dieser Verordnung verarbeitet werden, sollten jedoch, wenn sie zu den vorstehenden Zwecken verwendet werden, einem spezifischeren Unionsrechtsakt, nämlich der Richtlinie (EU) 2016/680 des Europäischen Parlaments und des Rates[v**] unterliegen. Die Mitgliedstaaten können die zuständigen Behörden im Sinne der Richtlinie (EU) 2016/680 mit Aufgaben betrauen, die nicht zwangsläufig für die Zwecke der Verhütung, Ermittlung, Aufdeckung oder Verfolgung von Straftaten oder der Strafvollstreckung, einschließlich des Schutzes vor und der Abwehr von Gefahren für die öffentliche Sicherheit, ausgeführt werden, so dass die Verarbeitung von personenbezogenen Daten für diese anderen Zwecke insoweit in den Anwendungsbereich dieser Verordnung fällt,

als sie in den Anwendungsbereich des Unionsrechts fällt. In Bezug auf die Verarbeitung personenbezogener Daten durch diese Behörden für Zwecke, die in den Anwendungsbereich dieser Verordnung fallen, sollten die Mitgliedstaaten spezifischere Bestimmungen beibehalten oder einführen können, um die Anwendung der Vorschriften dieser Verordnung anzupassen. In den betreffenden Bestimmungen können die Auflagen für die Verarbeitung personenbezogener Daten durch diese zuständigen Behörden für jene anderen Zwecke präziser festgelegt werden, wobei der verfassungsmäßigen, organisatorischen und administrativen Struktur des betreffenden Mitgliedstaats Rechnung zu tragen ist. Soweit diese Verordnung für die Verarbeitung personenbezogener Daten durch private Stellen gilt, sollte sie vorsehen, dass die Mitgliedstaaten einige Pflichten und Rechte unter bestimmten Voraussetzungen mittels Rechtsvorschriften beschränken können, wenn diese Beschränkung in einer demokratischen Gesellschaft eine notwendige und verhältnismäßige Maßnahme zum Schutz bestimmter wichtiger Interessen darstellt, wozu auch die öffentliche Sicherheit und die Verhütung, Ermittlung, Aufdeckung und Verfolgung von Straftaten oder die Strafvollstreckung zählen, einschließlich des Schutzes vor und der Abwehr von Gefahren für die öffentliche Sicherheit. Dies ist beispielsweise im Rahmen der Bekämpfung der Geldwäsche oder der Arbeit kriminaltechnischer Labors von Bedeutung.

(20) Diese Verordnung gilt zwar unter anderem für die Tätigkeiten der Gerichte und anderer Justizbehörden, doch könnte im Unionsrecht oder im Recht der Mitgliedstaaten festgelegt werden, wie die Verarbeitungsvorgänge und Verarbeitungsverfahren bei der Verarbeitung personenbezogener Daten durch Gerichte und andere Justizbehörden im Einzelnen auszusehen haben. Damit die Unabhängigkeit der Justiz bei der Ausübung ihrer gerichtlichen Aufgaben einschließlich ihrer Beschlussfassung unangetastet bleibt, sollten die Aufsichtsbehörden nicht für die Verarbeitung personenbezogener Daten durch Gerichte im Rahmen ihrer justiziellen Tätigkeit zuständig sein. Mit der Aufsicht über diese Datenverarbeitungsvorgänge sollten besondere Stellen im Justizsystem des Mitgliedstaats betraut werden können, die insbesondere die Einhaltung der Vorschriften dieser Verordnung sicherstellen, Richter und Staatsanwälte besser für ihre Pflichten aus dieser Verordnung sensibilisieren und Beschwerden in Bezug auf derartige Datenverarbeitungsvorgänge bearbeiten sollten.

(21) Die vorliegende Verordnung berührt nicht die Anwendung der Richtlinie 2000/31/EG des Europäischen Parlaments und des Rates[v***] und insbesondere die der Vorschriften der Artikel 12 bis 15 jener Richtlinie zur Verantwortlichkeit von Anbietern reiner Vermittlungsdienste. Die genannte Richtlinie soll dazu beitragen, dass der Binnenmarkt einwandfrei funktioniert, indem sie den freien Verkehr von Diensten der Informationsgesellschaft zwischen den Mitgliedstaaten sicherstellt.

[v**] Richtlinie (EU) 2016/680 des Europäischen Parlaments und des Rates vom 27. April 2016 zum Schutz natürlicher Personen bei der Verarbeitung personenbezogener Daten durch die zuständigen Behörden zum Zwecke der Verhütung, Aufdeckung, Untersuchung oder Verfolgung von Straftaten oder der Strafvollstreckung sowie zum freien Datenverkehr und zur Aufhebung des Rahmenbeschlusses 2000/383/JI des Rates (siehe Seite 89 dieses Amtsblatts).

[v***] Richtlinie 2000/31/EG des Europäischen Parlaments und des Rates vom 8. Juni 2000 über bestimmte rechtliche Aspekte der Dienste der Informationsgesellschaft, insbesondere des elektronischen Geschäftsverkehrs, im Binnenmarkt („Richtlinie über den elektronischen Geschäftsverkehr") (ABl. L 178 vom 17.7.2000, S. 1).

(22) Jede Verarbeitung personenbezogener Daten im Rahmen der Tätigkeiten einer Niederlassung eines Verantwortlichen oder eines Auftragsverarbeiters in der Union sollte gemäß dieser Verordnung erfolgen, gleich, ob die Verarbeitung in oder außerhalb der Union stattfindet. Eine Niederlassung setzt die effektive und tatsächliche Ausübung einer Tätigkeit durch eine feste Einrichtung voraus. Die Rechtsform einer solchen Einrichtung, gleich, ob es sich um eine Zweigstelle oder eine Tochtergesellschaft mit eigener Rechtspersönlichkeit handelt, ist dabei nicht ausschlaggebend.

(23) Damit einer natürlichen Person der gemäß dieser Verordnung gewährleistete Schutz nicht vorenthalten wird, sollte die Verarbeitung personenbezogener Daten von betroffenen Personen, die sich in der Union befinden, durch einen nicht in der Union niedergelassenen Verantwortlichen oder Auftragsverarbeiter dieser Verordnung unterliegen, wenn die Verarbeitung dazu dient, diesen betroffenen Personen gegen Entgelt oder unentgeltlich Waren oder Dienstleistungen anzubieten. Um festzustellen, ob dieser Verantwortliche oder Auftragsverarbeiter betroffenen Personen, die sich in der Union befinden, Waren oder Dienstleistungen anbietet, sollte festgestellt werden, ob der Verantwortliche oder Auftragsverarbeiter offensichtlich beabsichtigt, betroffenen Personen in einem oder mehreren Mitgliedstaaten der Union Dienstleistungen anzubieten. Während die bloße Zugänglichkeit der Website des Verantwortlichen, des Auftragsverarbeiters oder eines Vermittlers in der Union, einer E-Mail-Adresse oder anderer Kontaktdaten oder die Verwendung einer Sprache, die in dem Drittland, in dem der Verantwortliche niedergelassen ist, allgemein gebräuchlich ist, hierfür kein ausreichender Anhaltspunkt ist, können andere Faktoren wie die Verwendung einer Sprache oder Währung, die in einem oder mehreren Mitgliedstaaten gebräuchlich ist, in Verbindung mit der Möglichkeit, Waren und Dienstleistungen in dieser anderen Sprache zu bestellen, oder die Erwähnung von Kunden oder Nutzern, die sich in der Union befinden, darauf hindeuten, dass der Verantwortliche beabsichtigt, den Personen in der Union Waren oder Dienstleistungen anzubieten.

(24) Die Verarbeitung personenbezogener Daten von betroffenen Personen, die sich in der Union befinden, durch einen nicht in der Union niedergelassenen Verantwortlichen oder Auftragsverarbeiter sollte auch dann dieser Verordnung unterliegen, wenn sie dazu dient, das Verhalten dieser betroffenen Personen zu beobachten, soweit ihr Verhalten in der Union erfolgt. Ob eine Verarbeitungstätigkeit der Beobachtung des Verhaltens von betroffenen Personen gilt, sollte daran festgemacht werden, ob ihre Internetaktivitäten nachvollzogen werden, einschließlich der möglichen nachfolgenden Verwendung von Techniken zur Verarbeitung personenbezogener Daten, durch die von einer natürlichen Person ein Profil erstellt wird, das insbesondere die Grundlage für sie betreffende Entscheidungen bildet oder anhand dessen ihre persönlichen Vorlieben, Verhaltensweisen oder Gepflogenheiten analysiert oder vorausgesagt werden sollen.

(25) Ist nach Völkerrecht das Recht eines Mitgliedstaats anwendbar, z.B. in einer diplomatischen oder konsularischen Vertretung eines Mitgliedstaats, so sollte die Verordnung auch auf einen nicht in der Union niedergelassenen Verantwortlichen Anwendung finden.

(26) Die Grundsätze des Datenschutzes sollten für alle Informationen gelten, die sich auf eine identifizierte oder identifizierbare natürliche Person beziehen. Einer Pseudonymisierung unterzogene personenbezogene Daten, die durch Heranziehung zusätzlicher Informationen einer natürlichen Person zugeordnet werden könnten, sollten als Informationen über eine identifizierbare natürliche Person betrachtet werden. Um festzustellen, ob eine natürliche Person identifizierbar ist, sollten alle Mittel berücksichtigt werden, die von dem Verantwortlichen oder einer anderen Person nach allgemeinem Ermessen wahrscheinlich genutzt werden, um die natürliche Person direkt oder indirekt zu identifizieren, wie beispielsweise das Aussondern. Bei der Feststellung, ob Mittel nach allgemeinem Ermessen wahrscheinlich zur Identifizierung der natürlichen Person genutzt werden, sollten alle objektiven Faktoren, wie die Kosten der Identifizierung und der dafür erforderliche Zeitaufwand, herangezogen werden, wobei die zum Zeitpunkt der Verarbeitung verfügbare Technologie und technologische Entwicklungen zu berücksichtigen sind. Die Grundsätze des Datenschutzes sollten daher nicht für anonyme Informationen gelten, d.h. für Informationen, die sich nicht auf eine identifizierte oder identifizierbare natürliche Person beziehen, oder personenbezogene Daten, die in einer Weise anonymisiert worden sind, dass die betroffene Person nicht oder nicht mehr identifiziert werden kann. Diese Verordnung betrifft somit nicht die Verarbeitung solcher anonymer Daten, auch für statistische oder für Forschungszwecke.

(27) Diese Verordnung gilt nicht für die personenbezogenen Daten Verstorbener. Die Mitgliedstaaten können Vorschriften für die Verarbeitung der personenbezogenen Daten Verstorbener vorsehen.

(28) Die Anwendung der Pseudonymisierung auf personenbezogene Daten kann die Risiken für die betroffenen Personen senken und die Verantwortlichen und die Auftragsverarbeiter bei der Einhaltung

ihrer Datenschutzpflichten unterstützen. Durch die ausdrückliche Einführung der „Pseudonymisierung" in dieser Verordnung ist nicht beabsichtigt, andere Datenschutzmaßnahmen auszuschließen.

(29) Um Anreize für die Anwendung der Pseudonymisierung bei der Verarbeitung personenbezogener Daten zu schaffen, sollten Pseudonymisierungsmaßnahmen, die jedoch eine allgemeine Analyse zulassen, bei demselben Verantwortlichen möglich sein, wenn dieser die erforderlichen technischen und organisatorischen Maßnahmen getroffen hat, um – für die jeweilige Verarbeitung – die Umsetzung dieser Verordnung zu gewährleisten, wobei sicherzustellen ist, dass zusätzliche Informationen, mit denen die personenbezogenen Daten einer speziellen betroffenen Person zugeordnet werden können, gesondert aufbewahrt werden. Der für die Verarbeitung der personenbezogenen Daten Verantwortliche, sollte die befugten Personen bei diesem Verantwortlichen angeben.

(30) Natürlichen Personen werden unter Umständen Online-Kennungen wie IP-Adressen und Cookie-Kennungen, die sein Gerät oder Software-Anwendungen und -Tools oder Protokolle liefern, oder sonstige Kennungen wie Funkfrequenzkennzeichnungen zugeordnet. Dies kann Spuren hinterlassen, die insbesondere in Kombination mit eindeutigen Kennungen und anderen beim Server eingehenden Informationen dazu benutzt werden können, um Profile der natürlichen Personen zu erstellen und sie zu identifizieren.

(31) Behörden, gegenüber denen personenbezogene Daten aufgrund einer rechtlichen Verpflichtung für die Ausübung ihres offiziellen Auftrags offengelegt werden, wie Steuer- und Zollbehörden, Finanzermittlungsstellen, unabhängige Verwaltungsbehörden oder Finanzmarktbehörden, die für die Regulierung und Aufsicht von Wertpapiermärkten zuständig sind, sollten nicht als Empfänger gelten, wenn sie personenbezogene Daten erhalten, die für die Durchführung – gemäß dem Unionsrecht oder dem Recht der Mitgliedstaaten – eines einzelnen Untersuchungsauftrags im Interesse der Allgemeinheit erforderlich sind. Anträge auf Offenlegung, die von Behörden ausgehen, sollten immer schriftlich erfolgen, mit Gründen versehen sein und gelegentlichen Charakter haben, und sie sollten nicht vollständige Dateisysteme betreffen oder zur Verknüpfung von Dateisystemen führen. Die Verarbeitung personenbezogener Daten durch die genannten Behörden sollte den für die Zwecke der Verarbeitung geltenden Datenschutzvorschriften entsprechen.

(32) Die Einwilligung sollte durch eine eindeutige bestätigende Handlung erfolgen, mit der freiwillig, für den konkreten Fall, in informierter Weise und unmissverständlich bekundet wird, dass die betroffene Person mit der Verarbeitung der sie betreffenden personenbezogenen Daten einverstanden ist, etwa in Form einer schriftlichen Erklärung, die auch elektronisch erfolgen kann, oder einer mündlichen Erklärung. Dies könnte etwa durch Anklicken eines Kästchens beim Besuch einer Internetseite, durch die Auswahl technischer Einstellungen für Dienste der Informationsgesellschaft oder durch eine andere Erklärung oder Verhaltensweise geschehen, mit der die betroffene Person in dem jeweiligen Kontext eindeutig ihr Einverständnis mit der beabsichtigten Verarbeitung ihrer personenbezogenen Daten signalisiert. Stillschweigen, bereits angekreuzte Kästchen oder Untätigkeit der betroffenen Person sollten daher keine Einwilligung darstellen. Die Einwilligung sollte sich auf alle zu demselben Zweck oder denselben Zwecken vorgenommenen Verarbeitungsvorgänge beziehen. Wenn die Verarbeitung mehreren Zwecken dient, sollte für alle diese Verarbeitungszwecke eine Einwilligung gegeben werden. Wird die betroffene Person auf elektronischem Weg zur Einwilligung aufgefordert, so muss die Aufforderung in klarer und knapper Form und ohne unnötige Unterbrechung des Dienstes, für den die Einwilligung gegeben wird, erfolgen.

(33) Oftmals kann der Zweck der Verarbeitung personenbezogener Daten für Zwecke der wissenschaftlichen Forschung zum Zeitpunkt der Erhebung der personenbezogenen Daten nicht vollständig angegeben werden. Daher sollte es betroffenen Personen erlaubt sein, ihre Einwilligung für bestimmte Bereiche wissenschaftlicher Forschung zu geben, wenn dies unter Einhaltung der anerkannten ethischen Standards der wissenschaftlichen Forschung geschieht. Die betroffenen Personen sollten Gelegenheit erhalten, ihre Einwilligung nur für bestimmte Forschungsbereiche oder Teile von Forschungsprojekten in dem vom verfolgten Zweck zugelassenen Maße zu erteilen.

(34) Genetische Daten sollten als personenbezogene Daten über die ererbten oder erworbenen genetischen Eigenschaften einer natürlichen Person definiert werden, die aus der Analyse einer biologischen Probe der betreffenden natürlichen Person, insbesondere durch eine Chromosomen, Desoxyribonukleinsäure (DNS)- oder Ribonukleinsäure (RNS)-Analyse oder der Analyse eines anderen Elements, durch die gleichwertige Informationen erlangt werden können, gewonnen werden.

(35) Zu den personenbezogenen Gesundheitsdaten sollten alle Daten zählen, die sich auf den Gesundheitszustand einer betroffenen Person beziehen und aus denen Informationen über den früheren, gegenwärtigen und künftigen körperlichen oder geistigen Gesundheitszustand der betroffenen Person hervorgehen. Dazu gehören auch Informationen über die natürliche Person, die im Zuge der Anmel-

dung für sowie der Erbringung von Gesundheitsdienstleistungen im Sinne der Richtlinie 2011/24/EU des Europäischen Parlaments und des Rates[*x] für die natürliche Person erhoben werden, Nummern, Symbole oder Kennzeichen, die einer natürlichen Person zugeteilt wurden, um diese natürliche Person für gesundheitliche Zwecke eindeutig zu identifizieren, Informationen, die von der Prüfung oder Untersuchung eines Körperteils oder einer körpereigenen Substanz, auch aus genetischen Daten und biologischen Proben, abgeleitet wurden, und Informationen etwa über Krankheiten, Behinderungen, Krankheitsrisiken, Vorerkrankungen, klinische Behandlungen oder den physiologischen oder biomedizinischen Zustand der betroffenen Person unabhängig von der Herkunft der Daten, ob sie nun von einem Arzt oder sonstigem Angehörigen eines Gesundheitsberufes, einem Krankenhaus, einem Medizinprodukt oder einem In-Vitro-Diagnostikum stammen.

(36) Die Hauptniederlassung des Verantwortlichen in der Union sollte der Ort seiner Hauptverwaltung in der Union sein, es sei denn, dass Entscheidungen über die Zwecke und Mittel der Verarbeitung personenbezogener Daten in einer anderen Niederlassung des Verantwortlichen in der Union getroffen werden; in diesem Fall sollte die letztgenannte als Hauptniederlassung gelten. Zur Bestimmung der Hauptniederlassung eines Verantwortlichen in der Union sollten objektive Kriterien herangezogen werden; ein Kriterium sollte dabei die effektive und tatsächliche Ausübung von Managementtätigkeiten durch eine feste Einrichtung sein, in deren Rahmen die Grundsatzentscheidungen zur Festlegung der Zwecke und Mittel der Verarbeitung getroffen werden. Dabei sollte nicht ausschlaggebend sein, ob die Verarbeitung der personenbezogenen Daten tatsächlich an diesem Ort ausgeführt wird. Das Vorhandensein und die Verwendung technischer Mittel und Verfahren zur Verarbeitung personenbezogener Daten oder Verarbeitungstätigkeiten begründen an sich noch keine Hauptniederlassung und sind daher kein ausschlaggebender Faktor für das Bestehen einer Hauptniederlassung. Die Hauptniederlassung des Auftragsverarbeiters sollte der Ort sein, an dem der Auftragsverarbeiter seine Hauptverwaltung in der Union hat, oder – wenn er keine Hauptverwaltung in der Union hat – der Ort, an dem die wesentlichen Verarbeitungstätigkeiten in der Union stattfinden. Sind sowohl der Verantwortliche als auch der Auftragsverarbeiter betroffen, so sollte die Aufsichtsbehörde des Mitgliedstaats, in dem der Verantwortliche seine Hauptniederlassung hat, die zuständige federführende Aufsichtsbehörde bleiben, doch sollte die Aufsichtsbehörde des Auftragsverarbeiters als betroffene Aufsichtsbehörde betrachtet werden und diese Aufsichtsbehörde sollte sich an dem in dieser Verordnung vorgesehenen Verfahren der Zusammenarbeit beteiligen. Auf jeden Fall sollten die Aufsichtsbehörden des Mitgliedstaats oder der Mitgliedstaaten, in dem bzw. denen der Auftragsverarbeiter eine oder mehrere Niederlassungen hat, nicht als betroffene Aufsichtsbehörden betrachtet werden, wenn sich der Beschlussentwurf nur auf den Verantwortlichen bezieht. Wird die Verarbeitung durch eine Unternehmensgruppe vorgenommen, so sollte die Hauptniederlassung des herrschenden Unternehmens als Hauptniederlassung der Unternehmensgruppe gelten, es sei denn, die Zwecke und Mittel der Verarbeitung werden von einem anderen Unternehmen festgelegt.

(37) Eine Unternehmensgruppe sollte aus einem herrschenden Unternehmen und den von diesem abhängigen Unternehmen bestehen, wobei das herrschende Unternehmen dasjenige sein sollte, das zum Beispiel aufgrund der Eigentumsverhältnisse, der finanziellen Beteiligung oder der für das Unternehmen geltenden Vorschriften oder der Befugnis, Datenschutzvorschriften umsetzen zu lassen, einen beherrschenden Einfluss auf die übrigen Unternehmen ausüben kann. Ein Unternehmen, das die Verarbeitung personenbezogener Daten in ihm angeschlossenen Unternehmen kontrolliert, sollte zusammen mit diesen als eine „Unternehmensgruppe" betrachtet werden.

(38) Kinder verdienen bei ihren personenbezogenen Daten besonderen Schutz, da Kinder sich der betreffenden Risiken, Folgen und Garantien und ihrer Rechte bei der Verarbeitung personenbezogener Daten möglicherweise weniger bewusst sind. Ein solcher besonderer Schutz sollte insbesondere die Verwendung personenbezogener Daten von Kindern für Werbezwecke oder für die Erstellung von Persönlichkeits- oder Nutzerprofilen und die Erhebung von personenbezogenen Daten von Kindern bei der Nutzung von Diensten, die Kindern direkt angeboten werden, betreffen. Die Einwilligung des Trägers der elterlichen Verantwortung sollte im Zusammenhang mit Präventions- oder Beratungsdiensten, die unmittelbar einem Kind angeboten werden, nicht erforderlich sein.

(39) Jede Verarbeitung personenbezogener Daten sollte rechtmäßig und nach Treu und Glauben erfolgen. Für natürliche Personen sollte Transparenz dahingehend bestehen, dass sie betreffende personenbezogene Daten erhoben, verwendet, eingesehen oder anderweitig verarbeitet werden und in welchem

---

[*x] Richtlinie 2011/24/EU des Europäischen Parlaments und des Rates vom 9. März 2011 über die Ausübung der Patientenrechte in der grenzüberschreitenden Gesundheitsversorgung (ABl. L 88 vom 4.4.2011, S. 45).

Umfang die personenbezogenen Daten verarbeitet werden und künftig noch verarbeitet werden. Der Grundsatz der Transparenz setzt voraus, dass alle Informationen und Mitteilungen zur Verarbeitung dieser personenbezogenen Daten leicht zugänglich und verständlich und in klarer und einfacher Sprache abgefasst sind. Dieser Grundsatz betrifft insbesondere die Informationen über die Identität des Verantwortlichen und die Zwecke der Verarbeitung und sonstige Informationen, die eine faire und transparente Verarbeitung im Hinblick auf die betroffenen natürlichen Personen gewährleisten, sowie deren Recht, eine Bestätigung und Auskunft darüber zu erhalten, welche sie betreffende personenbezogene Daten verarbeitet werden. Natürliche Personen sollten über die Risiken, Vorschriften, Garantien und Rechte im Zusammenhang mit der Verarbeitung personenbezogener Daten informiert und darüber aufgeklärt werden, wie sie ihre diesbezüglichen Rechte geltend machen können. Insbesondere sollten die bestimmten Zwecke, zu denen die personenbezogenen Daten verarbeitet werden, eindeutig und rechtmäßig sein und zum Zeitpunkt der Erhebung der personenbezogenen Daten feststehen. Die personenbezogenen Daten sollten für die Zwecke, zu denen sie verarbeitet werden, angemessen und erheblich sowie auf das für die Zwecke ihrer Verarbeitung notwendige Maß beschränkt sein. Dies erfordert insbesondere, dass die Speicherfrist für personenbezogene Daten auf das unbedingt erforderliche Mindestmaß beschränkt bleibt. Personenbezogene Daten sollten nur verarbeitet werden dürfen, wenn der Zweck der Verarbeitung nicht in zumutbarer Weise durch andere Mittel erreicht werden kann. Um sicherzustellen, dass die personenbezogenen Daten nicht länger als nötig gespeichert werden, sollte der Verantwortliche Fristen für ihre Löschung oder regelmäßige Überprüfung vorsehen. Es sollten alle vertretbaren Schritte unternommen werden, damit unrichtige personenbezogene Daten gelöscht oder berichtigt werden. Personenbezogene Daten sollten so verarbeitet werden, dass ihre Sicherheit und Vertraulichkeit hinreichend gewährleistet ist, wozu auch gehört, dass Unbefugte keinen Zugang zu den Daten haben und weder die Daten noch die Geräte, mit denen diese verarbeitet werden, benutzen können.

(40) Damit die Verarbeitung rechtmäßig ist, müssen personenbezogene Daten mit Einwilligung der betroffenen Person oder auf einer sonstigen zulässigen Rechtsgrundlage verarbeitet werden, die sich aus dieser Verordnung oder – wann immer in dieser Verordnung darauf Bezug genommen wird – aus dem sonstigen Unionsrecht oder dem Recht der Mitgliedstaaten ergibt, so unter anderem auf der Grundlage, dass sie zur Erfüllung der rechtlichen Verpflichtung, der der Verantwortliche unterliegt, oder zur Erfüllung eines Vertrags, dessen Vertragspartei die betroffene Person ist, oder für die Durchführung vorvertraglicher Maßnahmen, die auf Anfrage der betroffenen Person erfolgen, erforderlich ist.

(41) Wenn in dieser Verordnung auf eine Rechtsgrundlage oder eine Gesetzgebungsmaßnahme Bezug genommen wird, erfordert dies nicht notwendigerweise einen von einem Parlament angenommenen Gesetzgebungsakt; davon unberührt bleiben Anforderungen gemäß der Verfassungsordnung des betreffenden Mitgliedstaats. Die entsprechende Rechtsgrundlage oder Gesetzgebungsmaßnahme sollte jedoch klar und präzise sein und ihre Anwendung sollte für die Rechtsunterworfenen gemäß der Rechtsprechung des Gerichtshofs der Europäischen Union (im Folgenden „Gerichtshof") und des Europäischen Gerichtshofs für Menschenrechte vorhersehbar sein.

(42) Erfolgt die Verarbeitung mit Einwilligung der betroffenen Person, sollte der Verantwortliche nachweisen können, dass die betroffene Person ihre Einwilligung zu dem Verarbeitungsvorgang gegeben hat. Insbesondere bei Abgabe einer schriftlichen Erklärung in anderer Sache sollten Garantien sicherstellen, dass die betroffene Person weiß, dass und in welchem Umfang sie ihre Einwilligung erteilt. Gemäß der Richtlinie 93/13/EWG des Rates[x] sollte eine vom Verantwortlichen vorformulierte Einwilligungserklärung in verständlicher und leicht zugänglicher Form in einer klaren und einfachen Sprache zur Verfügung gestellt werden, und sie sollte keine missbräuchlichen Klauseln beinhalten. Damit sie in Kenntnis der Sachlage ihre Einwilligung geben kann, sollte die betroffene Person mindestens wissen, wer der Verantwortliche ist und für welche Zwecke ihre personenbezogenen Daten verarbeitet werden sollen. Es sollte nur dann davon ausgegangen werden, dass sie ihre Einwilligung freiwillig gegeben hat, wenn sie eine echte oder freie Wahl hat und somit in der Lage ist, die Einwilligung zu verweigern oder zurückzuziehen, ohne Nachteile zu erleiden.

(43) Um sicherzustellen, dass die Einwilligung freiwillig erfolgt ist, sollte diese in besonderen Fällen, wenn zwischen der betroffenen Person und dem Verantwortlichen ein klares Ungleichgewicht besteht, insbesondere wenn es sich bei dem Verantwortlichen um eine Behörde handelt, und es deshalb in Anbe-

---

x Richtlinie 93/13/EWG des Rates vom 5. April 1993 über missbräuchliche Klauseln in Verbraucherverträgen (ABl. L 95 vom 21.4.1993, S. 29).

tracht aller Umstände in dem speziellen Fall unwahrscheinlich ist, dass die Einwilligung freiwillig gegeben wurde, keine gültige Rechtsgrundlage liefern. Die Einwilligung gilt nicht als freiwillig erteilt, wenn zu verschiedenen Verarbeitungsvorgängen von personenbezogenen Daten nicht gesondert eine Einwilligung erteilt werden kann, obwohl dies im Einzelfall angebracht ist, oder wenn die Erfüllung eines Vertrags, einschließlich der Erbringung einer Dienstleistung, von der Einwilligung abhängig ist, obwohl diese Einwilligung für die Erfüllung nicht erforderlich ist.

(44) Die Verarbeitung von Daten sollte als rechtmäßig gelten, wenn sie für die Erfüllung oder den geplanten Abschluss eines Vertrags erforderlich ist.

(45) Erfolgt die Verarbeitung durch den Verantwortlichen aufgrund einer ihm obliegenden rechtlichen Verpflichtung oder ist die Verarbeitung zur Wahrnehmung einer Aufgabe im öffentlichen Interesse oder in Ausübung öffentlicher Gewalt erforderlich, muss hierfür eine Grundlage im Unionsrecht oder im Recht eines Mitgliedstaats bestehen. Mit dieser Verordnung wird nicht für jede einzelne Verarbeitung ein spezifisches Gesetz verlangt. Ein Gesetz als Grundlage für mehrere Verarbeitungsvorgänge kann ausreichend sein, wenn die Verarbeitung aufgrund einer dem Verantwortlichen obliegenden rechtlichen Verpflichtung erfolgt oder wenn die Verarbeitung zur Wahrnehmung einer Aufgabe im öffentlichen Interesse oder in Ausübung öffentlicher Gewalt erforderlich ist. Desgleichen sollte im Unionsrecht oder im Recht der Mitgliedstaaten geregelt werden, für welche Zwecke die Daten verarbeitet werden dürfen. Ferner könnten in diesem Recht die allgemeinen Bedingungen dieser Verordnung zur Regelung der Rechtmäßigkeit der Verarbeitung personenbezogener Daten präzisiert und es könnte darin festgelegt werden, wie der Verantwortliche zu bestimmen ist, welche Art von personenbezogenen Daten verarbeitet werden, welche Personen betroffen sind, welchen Einrichtungen die personenbezogenen Daten offengelegt, für welche Zwecke und wie lange sie gespeichert werden dürfen und welche anderen Maßnahmen ergriffen werden, um zu gewährleisten, dass die Verarbeitung rechtmäßig und nach Treu und Glauben erfolgt. Desgleichen sollte im Unionsrecht oder im Recht der Mitgliedstaaten geregelt werden, ob es sich bei dem Verantwortlichen, der eine Aufgabe wahrnimmt, die im öffentlichen Interesse liegt oder in Ausübung öffentlicher Gewalt erfolgt, um eine Behörde oder um eine andere unter das öffentliche Recht fallende natürliche oder juristische Person oder, sofern dies durch das öffentliche Interesse einschließlich gesundheitlicher Zwecke, wie die öffentliche Gesundheit oder die soziale Sicherheit oder die Verwaltung von Leistungen der Gesundheitsfürsorge, gerechtfertigt ist, eine natürliche oder juristische Person des Privatrechts, wie beispielsweise eine Berufsvereinigung, handeln sollte.

(46) Die Verarbeitung personenbezogener Daten sollte ebenfalls als rechtmäßig angesehen werden, wenn sie erforderlich ist, um ein lebenswichtiges Interesse der betroffenen Person oder einer anderen natürlichen Person zu schützen. Personenbezogene Daten sollten grundsätzlich nur dann aufgrund eines lebenswichtigen Interesses einer anderen natürlichen Person verarbeitet werden, wenn die Verarbeitung offensichtlich nicht auf eine andere Rechtsgrundlage gestützt werden kann. Einige Arten der Verarbeitung können sowohl wichtigen Gründen des öffentlichen Interesses als auch lebenswichtigen Interessen der betroffenen Person dienen; so kann beispielsweise die Verarbeitung für humanitäre Zwecke einschließlich der Überwachung von Epidemien und deren Ausbreitung oder in humanitären Notfällen insbesondere bei Naturkatastrophen oder vom Menschen verursachten Katastrophen erforderlich sein.

(47) Die Rechtmäßigkeit der Verarbeitung kann durch die berechtigten Interessen eines Verantwortlichen, auch eines Verantwortlichen, dem die personenbezogenen Daten offengelegt werden dürfen, oder eines Dritten begründet sein, sofern die Interessen oder die Grundrechte und Grundfreiheiten der betroffenen Person nicht überwiegen; dabei sind die vernünftigen Erwartungen der betroffenen Personen, die auf ihrer Beziehung zu dem Verantwortlichen beruhen, zu berücksichtigen. Ein berechtigtes Interesse könnte beispielsweise vorliegen, wenn eine maßgebliche und angemessene Beziehung zwischen der betroffenen Person und dem Verantwortlichen besteht, z.B. wenn die betroffene Person ein Kunde des Verantwortlichen ist oder in seinen Diensten steht. Auf jeden Fall wäre das Bestehen eines berechtigten Interesses besonders sorgfältig abzuwägen, wobei auch zu prüfen ist, ob eine betroffene Person zum Zeitpunkt der Erhebung der personenbezogenen Daten und angesichts der Umstände, unter denen sie erfolgt, vernünftigerweise absehen kann, dass möglicherweise eine Verarbeitung für diesen Zweck erfolgen wird. Insbesondere dann, wenn personenbezogene Daten in Situationen verarbeitet werden, in denen eine betroffene Person vernünftigerweise nicht mit einer weiteren Verarbeitung rechnen muss, könnten die Interessen und Grundrechte der betroffenen Person das Interesse des Verantwortlichen überwiegen. Da es dem Gesetzgeber obliegt, per Rechtsvorschrift die Rechtsgrundlage für die Verarbeitung personenbezogener Daten durch die Behörden zu schaffen, sollte diese Rechtsgrundlage nicht für Verarbeitungen durch Behörden gelten, die diese in Erfüllung ihrer Aufga-

ben vornehmen. Die Verarbeitung personenbezogener Daten im für die Verhinderung von Betrug unbedingt erforderlichen Umfang stellt ebenfalls ein berechtigtes Interesse des jeweiligen Verantwortlichen dar. Die Verarbeitung personenbezogener Daten zum Zwecke der Direktwerbung kann als eine einem berechtigten Interesse dienende Verarbeitung betrachtet werden.

(48) Verantwortliche, die Teil einer Unternehmensgruppe oder einer Gruppe von Einrichtungen sind, die einer zentralen Stelle zugeordnet sind können ein berechtigtes Interesse haben, personenbezogene Daten innerhalb der Unternehmensgruppe für interne Verwaltungszwecke, einschließlich der Verarbeitung personenbezogener Daten von Kunden und Beschäftigten, zu übermitteln. Die Grundprinzipien für die Übermittlung personenbezogener Daten innerhalb von Unternehmensgruppen an ein Unternehmen in einem Drittland bleiben unberührt.

(49) Die Verarbeitung von personenbezogenen Daten durch Behörden, Computer-Notdienste (Computer Emergency Response Teams – CERT, beziehungsweise Computer Security Incident Response Teams – CSIRT), Betreiber von elektronischen Kommunikationsnetzen und -diensten sowie durch Anbieter von Sicherheitstechnologien und -diensten stellt in dem Maße ein berechtigtes Interesse des jeweiligen Verantwortlichen dar, wie dies für die Gewährleistung der Netz- und Informationssicherheit unbedingt notwendig und verhältnismäßig ist, d.h. soweit dadurch die Fähigkeit eines Netzes oder Informationssystems gewährleistet wird, mit einem vorgegebenen Grad der Zuverlässigkeit Störungen oder widerrechtliche oder mutwillige Eingriffe abzuwehren, die die Verfügbarkeit, Authentizität, Vollständigkeit und Vertraulichkeit von gespeicherten oder übermittelten personenbezogenen Daten sowie die Sicherheit damit zusammenhängender Dienste, die über diese Netze oder Informationssysteme angeboten werden bzw. zugänglich sind, beeinträchtigen. Ein solches berechtigtes Interesse könnte beispielsweise darin bestehen, den Zugang Unbefugter zu elektronischen Kommunikationsnetzen und die Verbreitung schädlicher Programmcodes zu verhindern sowie Angriffe in Form der gezielten Überlastung von Servern („Denial of service"-Angriffe) und Schädigungen von Computer- und elektronischen Kommunikationssystemen abzuwehren.

(50) Die Verarbeitung personenbezogener Daten für andere Zwecke als die, für die die personenbezogenen Daten ursprünglich erhoben wurden, sollte nur zulässig sein, wenn die Verarbeitung mit den Zwecken, für die die personenbezogenen Daten ursprünglich erhoben wurden, vereinbar ist. In diesem Fall ist keine andere gesonderte Rechtsgrundlage erforderlich als diejenige für die Erhebung der personenbezogenen Daten. Ist die Verarbeitung für die Wahrnehmung einer Aufgabe erforderlich, die im öffentlichen Interesse liegt oder in Ausübung öffentlicher Gewalt erfolgt, die dem Verantwortlichen übertragen wurde, so können im Unionsrecht oder im Recht der Mitgliedstaaten die Aufgaben und Zwecke bestimmt und konkretisiert werden, für die eine Weiterverarbeitung als vereinbar und rechtmäßig erachtet wird. Die Weiterverarbeitung für im öffentlichen Interesse liegende Archivzwecke, für wissenschaftliche oder historische Forschungszwecke oder für statistische Zwecke sollte als vereinbarer und rechtmäßiger Verarbeitungsvorgang gelten. Die im Unionsrecht oder im Recht der Mitgliedstaaten vorgesehene Rechtsgrundlage für die Verarbeitung personenbezogener Daten kann auch als Rechtsgrundlage für eine Weiterverarbeitung dienen. Um festzustellen, ob ein Zweck der Weiterverarbeitung mit dem Zweck, für den die personenbezogenen Daten ursprünglich erhoben wurden, vereinbar ist, sollte der Verantwortliche nach Einhaltung aller Anforderungen für die Rechtmäßigkeit der ursprünglichen Verarbeitung unter anderem prüfen, ob ein Zusammenhang zwischen den Zwecken, für die die personenbezogenen Daten erhoben wurden, und den Zwecken der beabsichtigten Weiterverarbeitung besteht, in welchem Kontext die Daten erhoben wurden, insbesondere die vernünftigen Erwartungen der betroffenen Personen, die auf ihrer Beziehung zu dem Verantwortlichen beruhen, in Bezug auf die weitere Verwendung dieser Daten, um welche Art von personenbezogenen Daten es sich handelt, welche Folgen die beabsichtigte Weiterverarbeitung für die betroffenen Personen hat und ob sowohl beim ursprünglichen als auch beim beabsichtigten Weiterverarbeitungsvorgang geeignete Garantien bestehen.

Hat die betroffene Person ihre Einwilligung erteilt oder beruht die Verarbeitung auf Unionsrecht oder dem Recht der Mitgliedstaaten, was in einer demokratischen Gesellschaft eine notwendige und verhältnismäßige Maßnahme zum Schutz insbesondere wichtiger Ziele des allgemeinen öffentlichen Interesses darstellt, so sollte der Verantwortliche die personenbezogenen Daten ungeachtet der Vereinbarkeit der Zwecke weiterverarbeiten dürfen. In jedem Fall sollte gewährleistet sein, dass die in dieser Verordnung niedergelegten Grundsätze angewandt werden und insbesondere die betroffene Person über diese anderen Zwecke und über ihre Rechte einschließlich des Widerspruchsrechts unterrichtet wird. Der Hinweis des Verantwortlichen auf mögliche Straftaten oder Bedrohungen der öffentlichen Sicherheit und die Übermittlung der maßgeblichen personenbezogenen Daten in Einzelfällen oder in mehreren Fällen, die im Zusammenhang mit derselben Straftat oder derselben Bedrohung der öffentlichen Sicherheit stehen, an eine zuständige Behörde sollten als berechtigtes Interesse des Verantwortlichen gelten. Eine derartige Übermittlung personenbezogener Daten im berechtigten Interesse des Verantwortlichen oder deren Weiterverarbeitung sollte jedoch unzulässig sein, wenn die Verarbeitung mit einer rechtlichen, beruflichen oder sonstigen verbindlichen Pflicht zur Geheimhaltung unvereinbar ist.

(51) Personenbezogene Daten, die ihrem Wesen nach hinsichtlich der Grundrechte und Grundfreiheiten besonders sensibel sind, verdienen einen besonderen Schutz, da im Zusammenhang mit ihrer Verarbeitung erhebliche Risiken für die Grundrechte und Grundfreiheiten auftreten können. Diese personenbezogenen Daten sollten personenbezogene Daten umfassen, aus denen die rassische oder ethnische Herkunft hervorgeht, wobei die Verwendung des Begriffs „rassische Herkunft" in dieser Verordnung nicht bedeutet, dass die Union Theorien, mit denen versucht wird, die Existenz verschiedener menschlicher Rassen zu belegen, gutheißt. Die Verarbeitung von Lichtbildern sollte nicht grundsätzlich als Verarbeitung besonderer Kategorien von personenbezogenen Daten angesehen werden, da Lichtbilder nur dann von der Definition des Begriffs „biometrische Daten" erfasst werden, wenn sie mit speziellen technischen Mitteln verarbeitet werden, die die eindeutige Identifizierung oder Authentifizierung einer natürlichen Person ermöglichen. Derartige personenbezogene Daten sollten nicht verarbeitet werden, es sei denn, die Verarbeitung ist in den in dieser Verordnung dargelegten besonderen Fällen zulässig, wobei zu berücksichtigen ist, dass im Recht der Mitgliedstaaten besondere Datenschutzbestimmungen festgelegt sein können, um die Anwendung der Bestimmungen dieser Verordnung anzupassen, damit die Einhaltung einer rechtlichen Verpflichtung oder die Wahrnehmung einer Aufgabe im öffentlichen Interesse oder die Ausübung öffentlicher Gewalt, die dem Verantwortlichen übertragen wurde, möglich ist. Zusätzlich zu den speziellen Anforderungen an eine derartige Verarbeitung sollten die allgemeinen Grundsätze und andere Bestimmungen dieser Verordnung, insbesondere hinsichtlich der Bedingungen für eine rechtmäßige Verarbeitung, gelten. Ausnahmen von dem allgemeinen Verbot der Verarbeitung dieser besonderen Kategorien personenbezogener Daten sollten ausdrücklich vorgesehen werden, unter anderem bei ausdrücklicher Einwilligung der betroffenen Person oder bei bestimmten Notwendigkeiten, insbesondere wenn die Verarbeitung im Rahmen rechtmäßiger Tätigkeiten bestimmter Vereinigungen oder Stiftungen vorgenommen wird, die sich für die Ausübung von Grundfreiheiten einsetzen.

(52) Ausnahmen vom Verbot der Verarbeitung besonderer Kategorien von personenbezogenen Daten sollten auch erlaubt sein, wenn sie im Unionsrecht oder dem Recht der Mitgliedstaaten vorgesehen sind, und – vorbehaltlich angemessener Garantien zum Schutz der personenbezogenen Daten und anderer Grundrechte – wenn dies durch das öffentliche Interesse gerechtfertigt ist, insbesondere für die Verarbeitung von personenbezogenen Daten auf dem Gebiet des Arbeitsrechts und des Rechts der sozialen Sicherheit einschließlich Renten und zwecks Sicherstellung und Überwachung der Gesundheit und Gesundheitswarnungen, Prävention oder Kontrolle ansteckender Krankheiten und anderer schwerwiegender Gesundheitsgefahren. Eine solche Ausnahme kann zu gesundheitlichen Zwecken gemacht werden, wie der Gewährleistung der öffentlichen Gesundheit und der Verwaltung von Leistungen der Gesundheitsversorgung, insbesondere wenn dadurch die Qualität und Wirtschaftlichkeit der Verfahren zur Abrechnung von Leistungen in den sozialen Krankenversicherungssystemen sichergestellt werden soll, oder wenn die Verarbeitung im öffentlichen Interesse liegenden Archivzwecken, wissenschaftlichen oder historischen Forschungszwecken oder statistischen Zwecken dient. Die Verarbeitung solcher personenbezogener Daten sollte zudem ausnahmsweise erlaubt sein, wenn sie erforderlich ist, um rechtliche Ansprüche, sei es in einem Gerichtsverfahren oder in einem Verwaltungsverfahren oder einem außergerichtlichen Verfahren, geltend zu machen, auszuüben oder zu verteidigen.

(53) Besondere Kategorien personenbezogener Daten, die eines höheren Schutzes verdienen, sollten nur dann für gesundheitsbezogene Zwecke verarbeitet werden, wenn dies für das Erreichen dieser Zwecke im Interesse einzelner natürlicher Personen und der Gesellschaft insgesamt erforderlich ist, insbesondere im Zusammenhang mit der Verwaltung der Dienste und Systeme des Gesundheits- oder Sozialbereichs, einschließlich der Verarbeitung dieser Daten durch die Verwaltung und die zentralen nationalen Gesundheitsbehörden zwecks Qualitätskontrolle, Verwaltungsinformationen und der allgemeinen nationalen und lokalen Überwachung des Gesundheitssystems oder des Sozialsystems und zwecks Gewährleistung der Kontinuität der Gesundheits- und Sozialfürsorge und der grenzüberschreitenden Gesundheitsversorgung oder Sicherstellung und Überwachung der Gesundheit und Gesundheitswarnungen oder für im öffentlichen Interesse liegende Archivzwecke, zu wissenschaftlichen oder historischen Forschungszwecken oder statistischen Zwecken, die auf Rechtsvorschriften der Union oder der Mitgliedstaaten beruhen, die einem im öffentlichen Interesse liegenden Ziel dienen müssen, sowie für Studien, die im öffentlichen Interesse im Bereich der öffentlichen Gesundheit

durchgeführt werden. Diese Verordnung sollte daher harmonisierte Bedingungen für die Verarbeitung besonderer Kategorien personenbezogener Gesundheitsdaten im Hinblick auf bestimmte Erfordernisse harmonisieren, insbesondere wenn die Verarbeitung dieser Daten für gesundheitsbezogene Zwecke von Personen durchgeführt wird, die gemäß einer rechtlichen Verpflichtung dem Berufsgeheimnis unterliegen. Im Recht der Union oder der Mitgliedstaaten sollten besondere und angemessene Maßnahmen zum Schutz der Grundrechte und der personenbezogenen Daten natürlicher Personen vorgesehen werden. Den Mitgliedstaaten sollte gestattet werden, weitere Bedingungen einschließlich Beschränkungen – in Bezug auf die Verarbeitung von genetischen Daten, biometrischen Daten oder Gesundheitsdaten beizubehalten oder einzuführen. Dies sollte jedoch den freien Verkehr personenbezogener Daten innerhalb der Union nicht beeinträchtigen, falls die betreffenden Bedingungen für die grenzüberschreitende Verarbeitung solcher Daten gelten.

(54) Aus Gründen des öffentlichen Interesses in Bereichen der öffentlichen Gesundheit kann es notwendig sein, besondere Kategorien personenbezogener Daten auch ohne Einwilligung der betroffenen Person zu verarbeiten. Diese Verarbeitung sollte angemessenen und besonderen Maßnahmen zum Schutz der Rechte und Freiheiten natürlicher Personen unterliegen. In diesem Zusammenhang sollte der Begriff „öffentliche Gesundheit" im Sinne der Verordnung (EG) Nr. 1338/2008 des Europäischen Parlaments und des Rates[x*] ausgelegt werden und alle Elemente im Zusammenhang mit der Gesundheit wie den Gesundheitszustand einschließlich Morbidität und Behinderung, die sich auf diesen Gesundheitszustand auswirkenden Determinanten, den Bedarf an Gesundheitsversorgung, die der Gesundheitsversorgung zugewiesenen Mittel, die Bereitstellung von Gesundheitsversorgungsleistungen und den allgemeinen Zugang zu diesen Leistungen sowie die entsprechenden Ausgaben und die Finanzierung und schließlich die Ursachen der Mortalität einschließen. Eine solche Verarbeitung von Gesundheitsdaten aus Gründen des öffentlichen Interesses darf nicht dazu führen, dass Dritte, unter anderem Arbeitgeber oder Versicherungs- und Finanzunternehmen, solche personenbezogene Daten zu anderen Zwecken verarbeiten.

(55) Auch die Verarbeitung personenbezogener Daten durch staatliche Stellen zu verfassungsrechtlich oder völkerrechtlich verankerten Zielen von staatlich anerkannten Religionsgemeinschaften erfolgt aus Gründen des öffentlichen Interesses.

(56) Wenn es in einem Mitgliedstaat das Funktionieren des demokratischen Systems erfordert, dass die politischen Parteien im Zusammenhang mit Wahlen personenbezogene Daten über die politische Einstellung von Personen sammeln, kann die Verarbeitung derartiger Daten aus Gründen des öffentlichen Interesses zugelassen werden, sofern geeignete Garantien vorgesehen werden.

(57) Kann der Verantwortliche anhand der von ihm verarbeiteten personenbezogenen Daten eine natürliche Person nicht identifizieren, so sollte er nicht verpflichtet sein, zur bloßen Einhaltung einer Vorschrift dieser Verordnung zusätzliche Daten einzuholen, um die betroffene Person zu identifizieren. Allerdings sollte er sich nicht weigern, zusätzliche Informationen entgegenzunehmen, die von der betroffenen Person beigebracht werden, um ihre Rechte geltend zu machen. Die Identifizierung sollte die digitale Identifizierung einer betroffenen Person beispielsweise durch Authentifizierungsverfahren etwa mit denselben Berechtigungsnachweisen, wie sie die betroffene Person verwendet, um sich bei dem von dem Verantwortlichen bereitgestellten Online-Dienst anzumelden – einschließen.

(58) Der Grundsatz der Transparenz setzt voraus, dass eine für die Öffentlichkeit oder die betroffene Person bestimmte Information präzise, leicht zugänglich und verständlich sowie in klarer und einfacher Sprache abgefasst ist und gegebenenfalls zusätzlich visuelle Elemente verwendet werden. Diese Information könnte in elektronischer Form bereitgestellt werden, beispielsweise auf einer Website, wenn sie für die Öffentlichkeit bestimmt ist. Dies gilt insbesondere für Situationen, wo die große Zahl der Beteiligten und die Komplexität der dazu benötigten Technik es der betroffenen Person schwer machen, zu erkennen und nachzuvollziehen, ob, von wem und zu welchem Zweck sie betreffende personenbezogene Daten erfasst werden, wie etwa bei der Werbung im Internet. Wenn sich die Verarbeitung an Kinder richtet, sollten aufgrund der besonderen Schutzwürdigkeit von Kindern Informationen und Hinweise in einer dergestalt klaren und einfachen Sprache erfolgen, dass ein Kind sie verstehen kann.

(59) Es sollten Modalitäten festgelegt werden, die einer betroffenen Person die Ausübung der Rechte, die ihr nach dieser Verordnung zustehen, erleichtern, darunter auch Mechanismen, die dafür sorgen, dass sie unentgeltlich insbesondere Zugang zu personenbezogenen Daten und deren Berichtigung

---

x* Verordnung (EG) Nr. 1338/2008 des Europäischen Parlaments und des Rates vom 16. Dezember 2008 zu Gemeinschaftsstatistiken über öffentliche Gesundheit und über Gesundheitsschutz und Sicherheit am Arbeitsplatz (ABl. L 354 vom 31.12.2008, S. 70).

oder Löschung beantragen und gegebenenfalls erhalten oder von ihrem Widerspruchsrecht Gebrauch machen kann. So sollte der Verantwortliche auch dafür sorgen, dass Anträge elektronisch gestellt werden können, insbesondere wenn die personenbezogenen Daten elektronisch verarbeitet werden. Der Verantwortliche sollte verpflichtet werden, den Antrag der betroffenen Person unverzüglich, spätestens aber innerhalb eines Monats zu beantworten und gegebenenfalls zu begründen, warum er den Antrag ablehnt.

(60) Die Grundsätze einer fairen und transparenten Verarbeitung machen es erforderlich, dass die betroffene Person über die Existenz des Verarbeitungsvorgangs und seine Zwecke unterrichtet wird. Der Verantwortliche sollte der betroffenen Person alle weiteren Informationen zur Verfügung stellen, die unter Berücksichtigung der besonderen Umstände und Rahmenbedingungen, unter denen die personenbezogenen Daten verarbeitet werden, notwendig sind, um eine faire und transparente Verarbeitung zu gewährleisten. Darüber hinaus sollte er die betroffene Person darauf hinweisen, dass Profiling stattfindet und welche Folgen dies hat. Werden die personenbezogenen Daten bei der betroffenen Person erhoben, so sollte dieser darüber hinaus mitgeteilt werden, ob sie verpflichtet ist, die personenbezogenen Daten bereitzustellen, und welche Folgen eine Zurückhaltung der Daten nach sich ziehen würde. Die betreffenden Informationen können in Kombination mit standardisierten Bildsymbolen bereitgestellt werden, um in leicht wahrnehmbarer, verständlicher und klar nachvollziehbarer Form einen aussagekräftigen Überblick über die beabsichtigte Verarbeitung zu vermitteln. Werden die Bildsymbole in elektronischer Form dargestellt, so sollten sie maschinenlesbar sein.

(61) Dass sie betreffende personenbezogene Daten verarbeitet werden, sollte der betroffenen Person zum Zeitpunkt der Erhebung mitgeteilt werden oder, falls die Daten nicht von ihr, sondern aus einer anderen Quelle erlangt werden, innerhalb einer angemessenen Frist, die sich nach dem konkreten Einzelfall richtet. Wenn die personenbezogenen Daten rechtmäßig einem anderen Empfänger offengelegt werden dürfen, sollte die betroffene Person bei der erstmaligen Offenlegung der personenbezogenen Daten für diesen Empfänger darüber aufgeklärt werden. Beabsichtigt der Verantwortliche, die personenbezogenen Daten für einen anderen Zweck zu verarbeiten als den, für den die Daten erhoben wurden, so sollte er der betroffenen Person vor dieser Weiterverarbeitung Informationen über diesen anderen Zweck und andere erforderliche Informationen zur Verfügung stellen. Konnte der betroffenen Person nicht mitgeteilt werden, woher die personenbezogenen Daten stammen, weil verschiedene Quellen benutzt wurden, so sollte die Unterrichtung allgemein gehalten werden.

(62) Die Pflicht, Informationen zur Verfügung zu stellen, erübrigt sich jedoch, wenn die betroffene Person die Information bereits hat, wenn die Speicherung oder Offenlegung der personenbezogenen Daten ausdrücklich durch Rechtsvorschriften geregelt ist oder wenn sich die Unterrichtung der betroffenen Person als unmöglich erweist oder mit unverhältnismäßig hohem Aufwand verbunden ist. Letzteres könnte insbesondere bei Verarbeitungen für im öffentlichen Interesse liegende Archivzwecke, zu wissenschaftlichen oder historischen Forschungszwecken oder zu statistischen Zwecken der Fall sein. Als Anhaltspunkte sollten dabei die Zahl der betroffenen Personen, das Alter der Daten oder etwaige geeignete Garantien in Betracht gezogen werden.

(63) Eine betroffene Person sollte ein Auskunftsrecht hinsichtlich der sie betreffenden personenbezogenen Daten, die erhoben worden sind, besitzen und dieses Recht problemlos und in angemessenen Abständen wahrnehmen können, um sich der Verarbeitung bewusst zu sein und deren Rechtmäßigkeit überprüfen zu können. Dies schließt das Recht betroffene Personen auf Auskunft über ihre eigenen gesundheitsbezogenen Daten ein, etwa Daten in ihren Patientenakten, die Informationen wie beispielsweise Diagnosen, Untersuchungsergebnisse, Befunde der behandelnden Ärzte und Angaben zu Behandlungen oder Eingriffen enthalten. Jede betroffene Person sollte daher ein Anrecht darauf haben zu wissen und zu erfahren, insbesondere zu welchen Zwecken die personenbezogenen Daten verarbeitet werden und, wenn möglich, wie lange sie gespeichert werden, wer die Empfänger der personenbezogenen Daten sind, nach welcher Logik die automatische Verarbeitung personenbezogener Daten erfolgt und welche Folgen eine solche Verarbeitung haben kann, zumindest in Fällen, in denen die Verarbeitung auf Profiling beruht. Nach Möglichkeit sollte der Verantwortliche den Fernzugang zu einem sicheren System bereitstellen können, der der betroffenen Person direkten Zugang zu ihren personenbezogenen Daten ermöglichen würde. Dieses Recht sollte die Rechte und Freiheiten anderer Personen, etwa Geschäftsgeheimnisse oder Rechte des geistigen Eigentums und insbesondere das Urheberrecht an Software, nicht beeinträchtigen. Dies darf jedoch nicht dazu führen, dass der betroffenen Person jegliche Auskunft verweigert wird. Verarbeitet der Verantwortliche eine große Menge von Informationen über die betroffene Person, so sollte er verlangen können, dass die betroffene Person präzisiert, auf welche Information oder welche Verarbeitungsvorgänge sich ihr Auskunftsersuchen bezieht, bevor er ihr Auskunft erteilt.

(64) Der Verantwortliche sollte alle vertretbaren Mittel nutzen, um die Identität einer Auskunft suchenden betroffenen Person zu überprüfen, insbesondere im Rahmen von Online-Diensten und im Fall von Online-Kennungen. Ein Verantwortlicher sollte personenbezogene Daten nicht allein zu dem Zweck speichern, auf mögliche Auskunftsersuchen reagieren zu können.

(65) Eine betroffene Person sollte ein Recht auf Berichtigung der sie betreffenden personenbezogenen Daten besitzen sowie ein „Recht auf Vergessenwerden", wenn die Speicherung ihrer Daten gegen diese Verordnung oder gegen das Unionsrecht oder das Recht der Mitgliedstaaten, dem der Verantwortliche unterliegt, verstößt. Insbesondere sollten betroffene Personen Anspruch darauf haben, dass ihre personenbezogenen Daten gelöscht und nicht mehr verarbeitet werden, wenn die personenbezogenen Daten hinsichtlich der Zwecke, für die sie erhoben bzw. anderweitig verarbeitet wurden, nicht mehr benötigt werden, wenn die betroffenen Personen ihre Einwilligung in die Verarbeitung widerrufen oder Widerspruch gegen die Verarbeitung der sie betreffenden personenbezogenen Daten eingelegt haben oder wenn die Verarbeitung ihrer personenbezogenen Daten aus anderen Gründen gegen diese Verordnung verstößt. Dieses Recht ist insbesondere wichtig in Fällen, in denen die betroffene Person ihre Einwilligung noch im Kindesalter gegeben hat und insofern die mit der Verarbeitung verbundenen Gefahren nicht in vollem Umfang absehen konnte und die personenbezogenen Daten – insbesondere die im Internet gespeicherten – später löschen möchte. Die betroffene Person sollte dieses Recht auch dann ausüben können, wenn sie kein Kind mehr ist. Die weitere Speicherung der personenbezogenen Daten sollte jedoch rechtmäßig sein, wenn dies für die Ausübung des Rechts auf freie Meinungsäußerung und Information, zur Erfüllung einer rechtlichen Verpflichtung, für die Wahrnehmung einer Aufgabe, die im öffentlichen Interesse liegt oder in Ausübung öffentlicher Gewalt erfolgt, die dem Verantwortlichen übertragen wurde, aus Gründen des öffentlichen Interesses im Bereich der öffentlichen Gesundheit, für im öffentlichen Interesse liegende Archivzwecke, zu wissenschaftlichen oder historischen Forschungszwecken oder zu statistischen Zwecken oder zur Geltendmachung, Ausübung oder Verteidigung von Rechtsansprüchen erforderlich ist.

(66) Um dem „Recht auf Vergessenwerden" im Netz mehr Geltung zu verschaffen, sollte das Recht auf Löschung ausgeweitet werden, indem ein Verantwortlicher, der die personenbezogenen Daten öffentlich gemacht hat, verpflichtet wird, den Verantwortlichen, die diese personenbezogenen Daten verarbeiten, mitzuteilen, alle Links zu diesen personenbezogenen Daten oder Kopien oder Replikationen der personenbezogenen Daten zu löschen. Dabei sollte der Verantwortliche, unter Berücksichtigung der verfügbaren Technologien und der ihm zur Verfügung stehenden Mittel, angemessene Maßnahmen – auch technischer Art – treffen, um die Verantwortlichen, die diese personenbezogenen Daten verarbeiten, über den Antrag der betroffenen Person zu informieren.

(67) Methoden zur Beschränkung der Verarbeitung personenbezogener Daten könnten unter anderem darin bestehen, dass ausgewählte personenbezogenen Daten vorübergehend auf ein anderes Verarbeitungssystem übertragen werden, dass sie für Nutzer gesperrt werden oder dass veröffentliche Daten vorübergehend von einer Website entfernt werden. In automatisierten Dateisystemen sollte die Einschränkung der Verarbeitung grundsätzlich durch technische Mittel so erfolgen, dass die personenbezogenen Daten in keiner Weise weiterverarbeitet werden und nicht verändert werden können. Auf die Tatsache, dass die Verarbeitung der personenbezogenen Daten beschränkt wurde, sollte in dem System unmissverständlich hingewiesen werden.

(68) Um im Fall der Verarbeitung personenbezogener Daten mit automatischen Mitteln eine bessere Kontrolle über die eigenen Daten zu haben, sollte die betroffene Person außerdem berechtigt sein, die sie betreffenden personenbezogenen Daten, die sie einem Verantwortlichen bereitgestellt hat, in einem strukturierten, gängigen, maschinenlesbaren und interoperablen Format zu erhalten und sie einem anderen Verantwortlichen zu übermitteln. Die Verantwortlichen sollten dazu aufgefordert werden, interoperable Formate zu entwickeln, die die Datenübertragbarkeit ermöglichen. Dieses Recht sollte dann gelten, wenn die betroffene Person die personenbezogenen Daten mit ihrer Einwilligung zur Verfügung gestellt hat oder die Verarbeitung zur Erfüllung eines Vertrags erforderlich ist. Es sollte nicht gelten, wenn die Verarbeitung auf einer anderen Rechtsgrundlage als ihrer Einwilligung oder eines Vertrags erfolgt. Dieses Recht sollte naturgemäß nicht gegen Verantwortliche ausgeübt werden, die personenbezogenen Daten in Erfüllung ihrer öffentlichen Aufgaben verarbeiten. Es sollte daher nicht gelten, wenn die Verarbeitung der personenbezogenen Daten zur Erfüllung einer rechtlichen Verpflichtung, der der Verantwortliche unterliegt, oder für die Wahrnehmung einer ihm übertragenen Aufgabe, die im öffentlichen Interesse liegt oder in Ausübung einer ihm übertragenen öffentlichen Gewalt erfolgt, erforderlich ist. Das Recht der betroffenen Person, sie betreffende personenbezogene Daten zu übermitteln oder zu empfangen, sollte für den Verantwortlichen nicht die Pflicht begründen, technisch kompatible Datenverarbeitungssysteme zu übernehmen oder beizubehalten. Ist im Fall

eines bestimmten Satzes personenbezogener Daten mehr als eine betroffene Person tangiert, so sollte das Recht auf Empfang der Daten die Grundrechte und Grundfreiheiten anderer betroffener Personen nach dieser Verordnung unberührt lassen. Dieses Recht sollte zudem das Recht der betroffenen Person auf Löschung ihrer personenbezogenen Daten und die Beschränkungen dieses Rechts gemäß dieser Verordnung nicht berühren und insbesondere nicht bedeuten, dass die Daten, die sich auf die betroffene Person beziehen und von ihr zur Erfüllung eines Vertrags zur Verfügung gestellt worden sind, gelöscht werden, soweit und solange diese personenbezogenen Daten für die Erfüllung des Vertrags notwendig sind. Soweit technisch machbar, sollte die betroffene Person das Recht haben, zu erwirken, dass die personenbezogenen Daten direkt von einem Verantwortlichen einem anderen Verantwortlichen übermittelt werden.

(69) Dürfen die personenbezogenen Daten möglicherweise rechtmäßig verarbeitet werden, weil die Verarbeitung für die Wahrnehmung einer Aufgabe, die im öffentlichen Interesse liegt oder in Ausübung öffentlicher Gewalt – die dem Verantwortlichen übertragen wurde, – oder aufgrund des berechtigten Interesses des Verantwortlichen oder eines Dritten erforderlich ist, sollte jede betroffene Person trotzdem das Recht haben, Widerspruch gegen die Verarbeitung der sich aus ihrer besonderen Situation ergebenden personenbezogenen Daten einzulegen. Der für die Verarbeitung Verantwortliche sollte darlegen müssen, dass seine zwingenden berechtigten Interessen Vorrang vor den Interessen oder Grundrechten und Grundfreiheiten der betroffenen Person haben.

(70) Werden personenbezogene Daten verarbeitet, um Direktwerbung zu betreiben, so sollte die betroffene Person jederzeit unentgeltlich insoweit Widerspruch gegen eine solche – ursprüngliche oder spätere – Verarbeitung einschließlich des Profilings einlegen können, als sie mit dieser Direktwerbung zusammenhängt. Die betroffene Person sollte ausdrücklich auf dieses Recht hingewiesen werden; dieser Hinweis sollte in einer verständlichen und von anderen Informationen getrennten Form erfolgen.

(71) Die betroffene Person sollte das Recht haben, keiner Entscheidung – was eine Maßnahme einschließen kann – zur Bewertung von sie betreffenden persönlichen Aspekten unterworfen zu werden, die ausschließlich auf einer automatisierten Verarbeitung beruht und die rechtliche Wirkung für die betroffene Person entfaltet oder sie in ähnlicher Weise erheblich beeinträchtigt, wie die automatische Ablehnung eines Online-Kreditantrags oder Online-Einstellungsverfahren ohne jegliches menschliche Eingreifen. Zu einer derartigen Verarbeitung zählt auch das „Profiling", das in jeglicher Form automatisierter Verarbeitung personenbezogener Daten unter Bewertung der persönlichen Aspekte in Bezug auf eine natürliche Person besteht, insbesondere zur Analyse oder Prognose von Aspekten bezüglich Arbeitsleistung, wirtschaftliche Lage, Gesundheit, persönliche Vorlieben oder Interessen, Zuverlässigkeit oder Verhalten, Aufenthaltsort oder Ortswechsel der betroffenen Person, soweit dies rechtliche Wirkung für die betroffene Person entfaltet oder sie in ähnlicher Weise erheblich beeinträchtigt. Eine auf einer derartigen Verarbeitung, einschließlich des Profilings, beruhende Entscheidungsfindung sollte allerdings erlaubt sein, wenn dies nach dem Unionsrecht oder dem Recht der Mitgliedstaaten, dem der für die Verarbeitung Verantwortliche unterliegt, ausdrücklich zulässig ist, auch um im Einklang mit den Vorschriften, Standards und Empfehlungen der Institutionen der Union oder der nationalen Aufsichtsgremien Betrug und Steuerhinterziehung zu überwachen und zu verhindern und die Sicherheit und Zuverlässigkeit eines vom Verantwortlichen bereitgestellten Dienstes zu gewährleisten, oder wenn dies für den Abschluss oder die Erfüllung eines Vertrags zwischen der betroffenen Person und einem Verantwortlichen erforderlich ist oder wenn die betroffene Person ihre ausdrückliche Einwilligung hierzu erteilt hat. In jedem Fall sollte eine solche Verarbeitung mit angemessenen Garantien verbunden sein, einschließlich der spezifischen Unterrichtung der betroffenen Person und des Anspruchs auf direktes Eingreifen einer Person, auf Darlegung des eigenen Standpunkts, auf Erläuterung der nach einer entsprechenden Bewertung getroffenen Entscheidung sowie des Rechts auf Anfechtung der Entscheidung. Diese Maßnahme sollte kein Kind betreffen.

Um unter Berücksichtigung der besonderen Umstände und Rahmenbedingungen, unter denen die personenbezogenen Daten verarbeitet werden, der betroffenen Person gegenüber eine faire und transparente Verarbeitung zu gewährleisten, sollte der für die Verarbeitung Verantwortliche geeignete mathematische oder statistische Verfahren für das Profiling verwenden, technische und organisatorische Maßnahmen treffen, mit denen in geeigneter Weise insbesondere sichergestellt wird, dass Faktoren, die zu unrichtigen personenbezogenen Daten führen, korrigiert werden und das Risiko von Fehlern minimiert wird, und personenbezogene Daten in einer Weise sichern, dass den potenziellen Bedrohungen für die Interessen und Rechte der betroffenen Person Rechnung getragen wird und unter anderem verhindern, dass es gegenüber natürlichen Personen aufgrund von Rasse, ethnischer Herkunft, politischer Meinung, Religion oder Weltanschauung, Gewerkschaftszugehörigkeit, genetischer Anlagen oder Gesundheitszustand sowie sexueller Orientierung zu diskriminierenden Wirkungen oder zu einer Verarbeitung kommt, die eine solche Wirkung hat.

Automatisierte Entscheidungsfindung und Profiling auf der Grundlage besonderer Kategorien von personenbezogenen Daten sollten nur unter bestimmten Bedingungen erlaubt sein.

(72) Das Profiling unterliegt den Vorschriften dieser Verordnung für die Verarbeitung personenbezogener Daten, wie etwa die Rechtsgrundlage für die Verarbeitung oder die Datenschutzgrundsätze. Der durch diese Verordnung eingerichtete Europäische Datenschutzausschuss (im Folgenden „Ausschuss") sollte, diesbezüglich Leitlinien herausgeben können.

(73) Im Recht der Union oder der Mitgliedstaaten können Beschränkungen hinsichtlich bestimmter Grundsätze und hinsichtlich des Rechts auf Unterrichtung, Auskunft zu und Berichtigung oder Löschung personenbezogener Daten, des Rechts auf Datenübertragbarkeit und Widerspruch, Entscheidungen, die auf der Erstellung von Profilen beruhen, sowie Mitteilungen über eine Verletzung des Schutzes personenbezogener Daten an eine betroffene Person und bestimmten damit zusammenhängenden Pflichten der Verantwortlichen vorgesehen werden, soweit dies in einer demokratischen Gesellschaft notwendig und verhältnismäßig ist, um die öffentliche Sicherheit aufrechtzuerhalten, wozu unter anderem der Schutz von Menschenleben insbesondere bei Naturkatastrophen oder vom Menschen verursachten Katastrophen, die Verhütung, Aufdeckung und Verfolgung von Straftaten oder die Strafvollstreckung – was auch den Schutz vor und die Abwehr von Gefahren für die öffentliche Sicherheit einschließt – oder die Verhütung, Aufdeckung und Verfolgung von Verstößen gegen Berufsstandsregeln bei reglementierten Berufen, das Führen öffentlicher Register aus Gründen des allgemeinen öffentlichen Interesses sowie die Weiterverarbeitung von archivierten personenbezogenen Daten zur Bereitstellung spezifischer Informationen im Zusammenhang mit dem politischen Verhalten unter ehemaligen totalitären Regimen gehört, und zum Schutz sonstiger wichtiger Ziele des allgemeinen öffentlichen Interesses der Union oder eines Mitgliedstaats, etwa wichtige wirtschaftliche oder finanzielle Interessen, oder die betroffene Person und die Rechte und Freiheiten anderer Personen, einschließlich in den Bereichen soziale Sicherheit, öffentliche Gesundheit und humanitäre Hilfe, zu schützen. Diese Beschränkungen sollten mit der Charta und mit der Europäischen Konvention zum Schutz der Menschenrechte und Grundfreiheiten im Einklang stehen.

(74) Die Verantwortung und Haftung des Verantwortlichen für jedwede Verarbeitung personenbezogener Daten, die durch ihn oder in seinem Namen erfolgt, sollte geregelt werden. Insbesondere sollte der Verantwortliche geeignete und wirksame Maßnahmen treffen müssen und nachweisen können, dass die Verarbeitungstätigkeiten im Einklang mit dieser Verordnung stehen und die Maßnahmen auch wirksam sind. Dabei sollte er die Art, den Umfang, die Umstände und die Zwecke der Verarbeitung und das Risiko für die Rechte und Freiheiten natürlicher Personen berücksichtigen.

(75) Die Risiken für die Rechte und Freiheiten natürlicher Personen – mit unterschiedlicher Eintrittswahrscheinlichkeit und Schwere – können aus einer Verarbeitung personenbezogener Daten hervorgehen, die zu einem physischen, materiellen oder immateriellen Schaden führen könnte, insbesondere wenn die Verarbeitung zu einer Diskriminierung, einem Identitätsdiebstahl oder -betrug, einem finanziellen Verlust, einer Rufschädigung, einem Verlust der Vertraulichkeit von dem Berufsgeheimnis unterliegenden personenbezogenen Daten, der unbefugten Aufhebung der Pseudonymisierung oder anderen erheblichen wirtschaftlichen oder gesellschaftlichen Nachteilen führen kann, wenn die betroffenen Personen um ihre Rechte und Freiheiten gebracht oder daran gehindert werden, die sie betreffenden personenbezogenen Daten zu kontrollieren, wenn personenbezogene Daten, aus denen die rassische oder ethnische Herkunft, politische Meinungen, religiöse oder weltanschauliche Überzeugungen oder die Zugehörigkeit zu einer Gewerkschaft hervorgehen, und genetische Daten, Gesundheitsdaten oder das Sexualleben oder strafrechtliche Verurteilungen und Straftaten oder damit zusammenhängende Sicherungsmaßregeln betreffende Daten verarbeitet werden, wenn persönliche Aspekte bewertet werden, insbesondere wenn Aspekte, die die Arbeitsleistung, wirtschaftliche Lage, Gesundheit, persönliche Vorlieben oder Interessen, die Zuverlässigkeit oder das Verhalten, den Aufenthaltsort oder Ortswechsel betreffen, analysiert oder prognostiziert werden, um persönliche Profile zu erstellen oder zu nutzen, wenn personenbezogene Daten schutzbedürftiger natürlicher Personen, insbesondere Daten von Kindern, verarbeitet werden oder wenn die Verarbeitung eine große Menge personenbezogener Daten und eine große Anzahl von betroffenen Personen betrifft.

(76) Eintrittswahrscheinlichkeit und Schwere des Risikos für die Rechte und Freiheiten der betroffenen Person sollten in Bezug auf die Art, den Umfang, die Umstände und die Zwecke der Verarbeitung bestimmt werden. Das Risiko sollte anhand einer objektiven Bewertung beurteilt werden, bei der festgestellt wird, ob die Datenverarbeitung ein Risiko oder ein hohes Risiko birgt.

(77) Anleitungen, wie der Verantwortliche oder Auftragsverarbeiter geeignete Maßnahmen durchzuführen hat und wie die Einhaltung der Anforderungen nachzuweisen ist, insbesondere was die Ermittlung des mit der Verarbeitung verbundenen Risikos, dessen Abschätzung in Bezug auf Ursache, Art, Eintrittswahrscheinlichkeit und Schwere und die Festlegung bewährter Verfahren für dessen Eindämmung betrifft, könnten insbesondere in Form von genehmigten Verhaltensregeln, genehmigten Zertifizierungsverfahren, Leitlinien des Ausschusses oder Hinweisen eines Datenschutzbeauftragten gegeben werden. Der Ausschuss kann ferner Leitlinien für Verarbeitungsvorgänge ausgeben, bei denen davon auszugehen ist, dass sie kein hohes Risiko für die Rechte und Freiheiten natürlicher Personen mit sich bringen, und angeben, welche Abhilfemaßnahmen in diesen Fällen ausreichend sein können.

(78) Zum Schutz der in Bezug auf die Verarbeitung personenbezogener Daten bestehenden Rechte und Freiheiten natürlicher Personen ist es erforderlich, dass geeignete technische und organisatorische Maßnahmen getroffen werden, damit die Anforderungen dieser Verordnung erfüllt werden. Um die Einhaltung dieser Verordnung nachweisen zu können, sollte der Verantwortliche interne Strategien festlegen und Maßnahmen ergreifen, die insbesondere den Grundsätzen des Datenschutzes durch Technik (data protection by design) und durch datenschutzfreundliche Voreinstellungen (data protection by default) Genüge tun. Solche Maßnahmen könnten unter anderem darin bestehen, dass die Verarbeitung personenbezogener Daten minimiert wird, personenbezogene Daten so schnell wie möglich pseudonymisiert werden, Transparenz in Bezug auf die Funktionen und die Verarbeitung personenbezogener Daten hergestellt wird, der betroffenen Person ermöglicht wird, die Verarbeitung personenbezogener Daten zu überwachen, und der Verantwortliche in die Lage versetzt wird, Sicherheitsfunktionen zu schaffen und zu verbessern. In Bezug auf Entwicklung, Gestaltung, Auswahl und Nutzung von Anwendungen, Diensten und Produkten, die entweder auf der Verarbeitung von personenbezogenen Daten beruhen oder zur Erfüllung ihrer Aufgaben personenbezogene Daten verarbeiten, sollten die Hersteller der Produkte, Dienste und Anwendungen ermutigt werden, das Recht auf Datenschutz bei der Entwicklung und Gestaltung der Produkte, Dienste und Anwendungen zu berücksichtigen und unter gebührender Berücksichtigung des Stands der Technik sicherzustellen, dass die Verantwortlichen und die Verarbeiter in der Lage sind, ihren Datenschutzpflichten nachzukommen. Den Grundsätzen des Datenschutzes durch Technik und durch datenschutzfreundliche Voreinstellungen sollte auch bei öffentlichen Ausschreibungen Rechnung getragen werden.

(79) Zum Schutz der Rechte und Freiheiten der betroffenen Personen sowie bezüglich der Verantwortung und Haftung der Verantwortlichen und der Auftragsverarbeiter bedarf es – auch mit Blick auf die Überwachungs- und sonstigen Maßnahmen von Aufsichtsbehörden – einer klaren Zuteilung der Verantwortlichkeiten durch diese Verordnung, einschließlich der Fälle, in denen ein Verantwortlicher die Verarbeitungszwecke und -mittel gemeinsam mit anderen Verantwortlichen festlegt oder ein Verarbeitungsvorgang im Auftrag eines Verantwortlichen durchgeführt wird.

(80) Jeder Verantwortliche oder Auftragsverarbeiter ohne Niederlassung in der Union, dessen Verarbeitungstätigkeiten sich auf betroffene Personen beziehen, die sich in der Union aufhalten, und dazu dienen, diesen Personen in der Union Waren oder Dienstleistungen anzubieten – unabhängig davon, ob von der betroffenen Person eine Zahlung verlangt wird – oder deren Verhalten, soweit dieses innerhalb der Union erfolgt, zu beobachten, sollte einen Vertreter benennen müssen, es sei denn, die Verarbeitung erfolgt gelegentlich, schließt nicht die umfangreiche Verarbeitung besonderer Kategorien personenbezogener Daten oder die Verarbeitung von personenbezogenen Daten über strafrechtliche Verurteilungen und Straftaten ein und bringt unter Berücksichtigung ihrer Art, ihrer Umstände, ihres Umfangs und ihrer Zwecke wahrscheinlich kein Risiko für die Rechte und Freiheiten natürlicher Personen mit sich oder bei dem Verantwortlichen handelt es sich um eine Behörde oder öffentliche Stelle. Der Vertreter sollte im Namen des Verantwortlichen oder des Auftragsverarbeiters tätig werden und den Aufsichtsbehörden als Anlaufstelle dienen. Der Verantwortliche oder der Auftragsverarbeiter sollte den Vertreter ausdrücklich bestellen und schriftlich beauftragen, in Bezug auf die ihm nach dieser Verordnung obliegenden Verpflichtungen an seiner Stelle zu handeln. Die Benennung eines solchen Vertreters berührt nicht die Verantwortung oder Haftung des Verantwortlichen oder des Auftragsverarbeiters nach Maßgabe dieser Verordnung. Ein solcher Vertreter sollte seine Aufgaben entsprechend dem Mandat des Verantwortlichen oder Auftragsverarbeiters ausführen und insbesondere mit den zuständigen Aufsichtsbehörden in Bezug auf Maßnahmen, die die Einhaltung dieser Verordnung sicherstellen sollen, zusammenarbeiten. Bei Verstößen des Verantwortlichen oder Auftragsverarbeiters sollte der bestellte Vertreter Durchsetzungsverfahren unterworfen werden.

(81) Damit die Anforderungen dieser Verordnung in Bezug auf die vom Auftragsverarbeiter im Namen des Verantwortlichen vorzunehmende Verarbeitung eingehalten werden, sollte ein Verantwortlicher, der einen Auftragsverarbeiter mit Verarbeitungstätigkeiten betrauen will, nur Auftragsverarbeiter

heranziehen, die – insbesondere im Hinblick auf Fachwissen, Zuverlässigkeit und Ressourcen – hinreichende Garantien dafür bieten, dass technische und organisatorische Maßnahmen – auch für die Sicherheit der Verarbeitung – getroffen werden, die den Anforderungen dieser Verordnung genügen. Die Einhaltung genehmigter Verhaltensregeln oder eines genehmigten Zertifizierungsverfahrens durch einen Auftragsverarbeiter kann als Faktor herangezogen werden, um die Erfüllung der Pflichten des Verantwortlichen nachzuweisen. Die Durchführung einer Verarbeitung durch einen Auftragsverarbeiter sollte auf Grundlage eines Vertrags oder eines anderen Rechtsinstruments nach dem Recht der Union oder der Mitgliedstaaten erfolgen, der bzw. das den Auftragsverarbeiter an den Verantwortlichen bindet und in dem Gegenstand und Dauer der Verarbeitung, Art und Zwecke der Verarbeitung, die Art der personenbezogenen Daten und die Kategorien von betroffenen Personen festgelegt sind, wobei die besonderen Aufgaben und Pflichten des Auftragsverarbeiters bei der geplanten Verarbeitung und das Risiko für die Rechte und Freiheiten der betroffenen Person zu berücksichtigen sind. Der Verantwortliche und der Auftragsverarbeiter können entscheiden, ob sie einen individuellen Vertrag oder Standardvertragsklauseln verwenden, die entweder unmittelbar von der Kommission erlassen oder aber nach dem Kohärenzverfahren von einer Aufsichtsbehörde angenommen und dann von der Kommission erlassen wurden. Nach Beendigung der Verarbeitung im Namen des Verantwortlichen sollte der Auftragsverarbeiter die personenbezogenen Daten nach Wahl des Verantwortlichen entweder zurückgeben oder löschen, sofern nicht nach dem Recht der Union oder der Mitgliedstaaten, dem der Auftragsverarbeiter unterliegt, eine Verpflichtung zur Speicherung der personenbezogenen Daten besteht.

(82) Zum Nachweis der Einhaltung dieser Verordnung sollte der Verantwortliche oder der Auftragsverarbeiter ein Verzeichnis der Verarbeitungstätigkeiten, die seiner Zuständigkeit unterliegen, führen. Jeder Verantwortliche und jeder Auftragsverarbeiter sollte verpflichtet sein, mit der Aufsichtsbehörde zusammenzuarbeiten und dieser auf Anfrage das entsprechende Verzeichnis vorzulegen, damit die betreffenden Verarbeitungsvorgänge anhand dieser Verzeichnisse kontrolliert werden können.

(83) Zur Aufrechterhaltung der Sicherheit und zur Vorbeugung gegen eine gegen diese Verordnung verstoßende Verarbeitung sollte der Verantwortliche oder der Auftragsverarbeiter die mit der Verarbeitung verbundenen Risiken ermitteln und Maßnahmen zu ihrer Eindämmung, wie etwa eine Verschlüsselung, treffen. Diese Maßnahmen sollten unter Berücksichtigung des Stands der Technik und der Implementierungskosten ein Schutzniveau – auch hinsichtlich der Vertraulichkeit – gewährleisten, das den von der Verarbeitung ausgehenden Risiken und der Art der zu schützenden personenbezogenen Daten angemessen ist. Bei der Bewertung der Datensicherheitsrisiken sollten die mit der Verarbeitung personenbezogener Daten verbundenen Risiken berücksichtigt werden, wie etwa – ob unbeabsichtigt oder unrechtmäßig – Vernichtung, Verlust, Veränderung oder unbefugte Offenlegung von oder unbefugter Zugang zu personenbezogenen Daten, die übermittelt, gespeichert oder auf sonstige Weise verarbeitet wurden, insbesondere wenn dies zu einem physischen, materiellen oder immateriellen Schaden führen könnte.

(84) Damit diese Verordnung in Fällen, in denen die Verarbeitungsvorgänge wahrscheinlich ein hohes Risiko für die Rechte und Freiheiten natürlicher Personen mit sich bringen, besser eingehalten wird, sollte der Verantwortliche für die Durchführung einer Datenschutz-Folgenabschätzung, mit der insbesondere die Ursache, Art, Besonderheit und Schwere dieses Risikos evaluiert werden, verantwortlich sein. Die Ergebnisse der Abschätzung sollten berücksichtigt werden, wenn darüber entschieden wird, welche geeigneten Maßnahmen ergriffen werden müssen, um nachzuweisen, dass die Verarbeitung der personenbezogenen Daten mit dieser Verordnung in Einklang steht. Geht aus einer Datenschutz-Folgenabschätzung hervor, dass Verarbeitungsvorgänge ein hohes Risiko bergen, das der Verantwortliche nicht durch geeignete Maßnahmen in Bezug auf verfügbare Technik und Implementierungskosten eindämmen kann, so sollte die Aufsichtsbehörde vor der Verarbeitung konsultiert werden.

(85) Eine Verletzung des Schutzes personenbezogener Daten kann – wenn nicht rechtzeitig und angemessen reagiert wird – einen physischen, materiellen oder immateriellen Schaden für natürliche Personen nach sich ziehen, wie etwa Verlust der Kontrolle über ihre personenbezogenen Daten oder Einschränkung ihrer Rechte, Diskriminierung, Identitätsdiebstahl oder -betrug, finanzielle Verluste, unbefugte Aufhebung der Pseudonymisierung, Rufschädigung, Verlust der Vertraulichkeit von dem Berufsgeheimnis unterliegenden Daten oder andere erhebliche wirtschaftliche oder gesellschaftliche Nachteile für die betroffene natürliche Person. Deshalb sollte der Verantwortliche, sobald ihm eine Verletzung des Schutzes personenbezogener Daten bekannt wird, die Aufsichtsbehörde von der Verletzung des Schutzes personenbezogener Daten unverzüglich und, falls möglich, binnen höchstens 72 Stunden, nachdem ihm die Verletzung bekannt wurde, unterrichten, es sei denn, der Verantwortliche kann im

Einklang mit dem Grundsatz der Rechenschaftspflicht nachweisen, dass die Verletzung des Schutzes personenbezogener Daten voraussichtlich nicht zu einem Risiko für die persönlichen Rechte und Freiheiten natürlicher Personen führt. Falls diese Benachrichtigung nicht binnen 72 Stunden erfolgen kann, sollten in ihr die Gründe für die Verzögerung angegeben werden müssen, und die Informationen können schrittweise ohne unangemessene weitere Verzögerung bereitgestellt werden.

(86) Der für die Verarbeitung Verantwortliche sollte die betroffene Person unverzüglich von der Verletzung des Schutzes personenbezogener Daten benachrichtigen, wenn diese Verletzung des Schutzes personenbezogener Daten voraussichtlich zu einem hohen Risiko für die persönlichen Rechte und Freiheiten natürlicher Personen führt, damit diese die erforderlichen Vorkehrungen treffen können. Die Benachrichtigung sollte eine Beschreibung der Art der Verletzung des Schutzes personenbezogener Daten sowie an die betroffene natürliche Person gerichtete Empfehlungen zur Minderung etwaiger nachteiliger Auswirkungen dieser Verletzung enthalten. Solche Benachrichtigungen der betroffenen Person sollten stets so rasch wie nach allgemeinem Ermessen möglich, in enger Absprache mit der Aufsichtsbehörde und nach Maßgabe der von dieser oder von anderen zuständigen Behörden wie beispielsweise Strafverfolgungsbehörden erteilten Weisungen erfolgen. Um beispielsweise das Risiko eines unmittelbaren Schadens mindern zu können, müssten betroffene Personen sofort benachrichtigt werden, wohingegen eine längere Benachrichtigungsfrist gerechtfertigt sein kann, wenn es darum geht, geeignete Maßnahmen gegen fortlaufende oder vergleichbare Verletzungen des Schutzes personenbezogener Daten zu treffen.

(87) Es sollte festgestellt werden, ob alle geeigneten technischen Schutz- sowie organisatorischen Maßnahmen getroffen wurden, um sofort feststellen zu können, ob eine Verletzung des Schutzes personenbezogener Daten aufgetreten ist, und um die Aufsichtsbehörde und die betroffene Person umgehend unterrichten zu können. Bei der Feststellung, ob die Meldung unverzüglich erfolgt ist, sollten die Art und Schwere der Verletzung des Schutzes personenbezogener Daten sowie deren Folgen und nachteilige Auswirkungen für die betroffene Person berücksichtigt werden. Die entsprechende Meldung kann zu einem Tätigwerden der Aufsichtsbehörde im Einklang mit ihren in dieser Verordnung festgelegten Aufgaben und Befugnissen führen.

(88) Bei der detaillierten Regelung des Formats und der Verfahren für die Meldung von Verletzungen des Schutzes personenbezogener Daten sollten die Umstände der Verletzung hinreichend berücksichtigt werden, beispielsweise ob personenbezogene Daten durch geeignete technische Sicherheitsvorkehrungen geschützt waren, die die Wahrscheinlichkeit eines Identitätsbetrugs oder anderer Formen des Datenmissbrauchs wirksam verringern. Überdies sollten solche Regeln und Verfahren den berechtigten Interessen der Strafverfolgungsbehörden in Fällen Rechnung tragen, in denen die Untersuchung der Umstände einer Verletzung des Schutzes personenbezogener Daten durch eine frühzeitige Offenlegung in unnötiger Weise behindert würde.

(89) Gemäß der Richtlinie 95/46/EG waren Verarbeitungen personenbezogener Daten bei den Aufsichtsbehörden generell meldepflichtig. Diese Meldepflicht ist mit einem bürokratischen und finanziellen Aufwand verbunden und hat dennoch nicht in allen Fällen zu einem besseren Schutz personenbezogener Daten geführt. Diese unterschiedslosen allgemeinen Meldepflichten sollten daher abgeschafft und durch wirksame Verfahren und Mechanismen ersetzt werden, die sich stattdessen vorrangig mit denjenigen Arten von Verarbeitungsvorgängen befassen, die aufgrund ihrer Art, ihres Umfangs, ihrer Umstände und ihrer Zwecke wahrscheinlich ein hohes Risiko für die Rechte und Freiheiten natürlicher Personen mit sich bringen. Zu solchen Arten von Verarbeitungsvorgängen gehören insbesondere solche, bei denen neue Technologien eingesetzt werden oder die neuartig sind und bei denen der Verantwortliche noch keine Datenschutz-Folgenabschätzung durchgeführt hat bzw. bei denen aufgrund der seit der ursprünglichen Verarbeitung vergangenen Zeit eine Datenschutz-Folgenabschätzung notwendig geworden ist.

(90) In derartigen Fällen sollte der Verantwortliche vor der Verarbeitung eine Datenschutz-Folgenabschätzung durchführen, mit der die spezifische Eintrittswahrscheinlichkeit und die Schwere dieses hohen Risikos unter Berücksichtigung der Art, des Umfangs, der Umstände und der Zwecke der Verarbeitung und der Ursachen des Risikos bewertet werden. Diese Folgenabschätzung sollte sich insbesondere mit den Maßnahmen, Garantien und Verfahren befassen, durch die dieses Risiko eingedämmt, der Schutz personenbezogener Daten sichergestellt und die Einhaltung der Bestimmungen dieser Verordnung nachgewiesen werden soll.

(91) Dies sollte insbesondere für umfangreiche Verarbeitungsvorgänge gelten, die dazu dienen, große Mengen personenbezogener Daten auf regionaler, nationaler oder supranationaler Ebene zu verarbeiten, eine große Zahl von Personen betreffen könnten und – beispielsweise aufgrund ihrer Sensibilität – wahrscheinlich ein hohes Risiko mit sich bringen und bei denen entsprechend dem jeweils aktuellen

Stand der Technik in großem Umfang eine neue Technologie eingesetzt wird, sowie für andere Verarbeitungsvorgänge, die ein hohes Risiko für die Rechte und Freiheiten der betroffen Personen mit sich bringen, insbesondere dann, wenn diese Verarbeitungsvorgänge den betroffenen Personen die Ausübung ihrer Rechte erschweren. Eine Datenschutz-Folgenabschätzung sollte auch durchgeführt werden, wenn die personenbezogenen Daten für das Treffen von Entscheidungen in Bezug auf bestimmte natürliche Personen im Anschluss an eine systematische und eingehende Bewertung persönlicher Aspekte natürlicher Personen auf der Grundlage eines Profilings dieser Daten oder im Anschluss an die Verarbeitung besonderer Kategorien von personenbezogenen Daten, biometrischen Daten oder von Daten über strafrechtliche Verurteilungen und Straftaten sowie damit zusammenhängende Sicherungsmaßregeln verarbeitet werden. Gleichermaßen erforderlich ist eine Datenschutz-Folgenabschätzung für die weiträumige Überwachung öffentlich zugänglicher Bereiche, insbesondere mittels optoelektronischer Vorrichtungen, oder für alle anderen Vorgänge, bei denen nach Auffassung der zuständigen Aufsichtsbehörde die Verarbeitung wahrscheinlich ein hohes Risiko für die Rechte und Freiheiten der betroffenen Personen mit sich bringt, insbesondere weil sie die betroffenen Personen an der Ausübung eines Rechts oder der Nutzung einer Dienstleistung bzw. Durchführung eines Vertrags hindern oder weil sie systematisch in großem Umfang erfolgen. Die Verarbeitung personenbezogener Daten sollte nicht als umfangreich gelten, wenn die Verarbeitung personenbezogene Daten von Patienten oder von Mandanten betrifft und durch einen einzelnen Arzt, sonstigen Angehörigen eines Gesundheitsberufes oder Rechtsanwalt erfolgt. In diesen Fällen sollte eine Datenschutz-Folgenabschätzung nicht zwingend vorgeschrieben sein.

(92) Unter bestimmten Umständen kann es vernünftig und unter ökonomischen Gesichtspunkten zweckmäßig sein, eine Datenschutz-Folgenabschätzung nicht lediglich auf ein bestimmtes Projekt zu beziehen, sondern sie thematisch breiter anzulegen – beispielsweise wenn Behörden oder öffentliche Stellen eine gemeinsame Anwendung oder Verarbeitungsplattform schaffen möchten oder wenn mehrere Verantwortliche eine gemeinsame Anwendung oder Verarbeitungsumgebung für einen gesamten Wirtschaftssektor, für ein bestimmtes Marktsegment oder für eine weit verbreitete horizontale Tätigkeit einführen möchten.

(93) Anlässlich des Erlasses des Gesetzes des Mitgliedstaats, auf dessen Grundlage die Behörde oder öffentliche Stelle ihre Aufgaben wahrnimmt und das den fraglichen Verarbeitungsvorgang oder die fraglichen Arten von Verarbeitungsvorgängen regelt, können die Mitgliedstaaten es für erforderlich erachten, solche Folgeabschätzungen vor den Verarbeitungsvorgängen durchzuführen.

(94) Geht aus einer Datenschutz-Folgenabschätzung hervor, dass die Verarbeitung bei Fehlen von Garantien, Sicherheitsvorkehrungen und Mechanismen zur Minderung des Risikos ein hohes Risiko für die Rechte und Freiheiten natürlicher Personen mit sich bringen würde, und ist der Verantwortliche der Auffassung, dass das Risiko nicht durch in Bezug auf verfügbare Technologien und Implementierungskosten vertretbare Mittel eingedämmt werden kann, so sollte die Aufsichtsbehörde vor Beginn der Verarbeitungstätigkeiten konsultiert werden. Ein solches hohes Risiko ist wahrscheinlich mit bestimmten Arten der Verarbeitung und dem Umfang und der Häufigkeit der Verarbeitung verbunden, die für natürliche Personen auch eine Schädigung oder eine Beeinträchtigung der persönlichen Rechte und Freiheiten mit sich bringen können. Die Aufsichtsbehörde sollte das Beratungsersuchen innerhalb einer bestimmten Frist beantworten. Allerdings kann sie, auch wenn sie nicht innerhalb dieser Frist reagiert hat, entsprechend ihren in dieser Verordnung festgelegten Aufgaben und Befugnissen eingreifen, was die Befugnis einschließt, Verarbeitungsvorgänge zu untersagen. Im Rahmen dieses Konsultationsprozesses kann das Ergebnis einer im Hinblick auf die betreffende Verarbeitung personenbezogener Daten durchgeführten Datenschutz-Folgenabschätzung der Aufsichtsbehörde unterbreitet werden; dies gilt insbesondere für die zur Eindämmung des Risikos für die Rechte und Freiheiten natürlicher Personen geplanten Maßnahmen.

(95) Der Auftragsverarbeiter sollte erforderlichenfalls den Verantwortlichen auf Anfrage bei der Gewährleistung der Einhaltung der sich aus der Durchführung der Datenschutz-Folgenabschätzung und der vorherigen Konsultation der Aufsichtsbehörde ergebenden Auflagen unterstützen.

(96) Eine Konsultation der Aufsichtsbehörde sollte auch während der Ausarbeitung von Gesetzes- oder Regelungsvorschriften, in denen eine Verarbeitung personenbezogener Daten vorgesehen ist, erfolgen, um die Vereinbarkeit der geplanten Verarbeitung mit dieser Verordnung sicherzustellen und insbesondere das mit ihr für die betroffene Person verbundene Risiko einzudämmen.

(97) In Fällen, in denen die Verarbeitung durch eine Behörde – mit Ausnahmen von Gerichten oder unabhängigen Justizbehörden, die im Rahmen ihrer justiziellen Tätigkeit handeln –, im privaten Sektor durch einen Verantwortlichen erfolgt, dessen Kerntätigkeit in Verarbeitungsvorgängen besteht, die eine regelmäßige und systematische Überwachung der betroffenen Personen in großem Umfang erfor-

dern, oder wenn die Kerntätigkeit des Verantwortlichen oder des Auftragsverarbeiters in der umfangreichen Verarbeitung besonderer Kategorien von personenbezogenen Daten oder von Daten über strafrechtliche Verurteilungen und Straftaten besteht, sollte der Verantwortliche oder der Auftragsverarbeiter bei der Überwachung der internen Einhaltung der Bestimmungen dieser Verordnung von einer weiteren Person, die über Fachwissen auf dem Gebiet des Datenschutzrechts und der Datenschutzverfahren verfügt, unterstützt werden. Im privaten Sektor bezieht sich die Kerntätigkeit eines Verantwortlichen auf seine Haupttätigkeiten und nicht auf die Verarbeitung personenbezogener Daten als Nebentätigkeit. Das erforderliche Niveau des Fachwissens sollte sich insbesondere nach den durchgeführten Datenverarbeitungsvorgängen und dem erforderlichen Schutz für die von dem Verantwortlichen oder dem Auftragsverarbeiter verarbeiteten personenbezogenen Daten richten. Derartige Datenschutzbeauftragte sollten unabhängig davon, ob es sich bei ihnen um Beschäftigte des Verantwortlichen handelt oder nicht, ihre Pflichten und Aufgaben in vollständiger Unabhängigkeit ausüben können.

(98) Verbände oder andere Vereinigungen, die bestimmte Kategorien von Verantwortlichen oder Auftragsverarbeitern vertreten, sollten ermutigt werden, in den Grenzen dieser Verordnung Verhaltensregeln auszuarbeiten, um eine wirksame Anwendung dieser Verordnung zu erleichtern, wobei den Besonderheiten der in bestimmten Sektoren erfolgenden Verarbeitungen und den besonderen Bedürfnissen der Kleinstunternehmen sowie der kleinen und mittleren Unternehmen Rechnung zu tragen ist. Insbesondere könnten in diesen Verhaltensregeln – unter Berücksichtigung des mit der Verarbeitung wahrscheinlich einhergehenden Risikos für die Rechte und Freiheiten natürlicher Personen – die Pflichten der Verantwortlichen und der Auftragsverarbeiter bestimmt werden.

(99) Bei der Ausarbeitung oder bei der Änderung oder Erweiterung solcher Verhaltensregeln sollten Verbände und/oder andere Vereinigungen, die bestimmte Kategorien von Verantwortlichen oder Auftragsverarbeitern vertreten, die maßgeblichen Interessenträger, möglichst auch die betroffenen Personen, konsultieren und die Eingaben und Stellungnahmen, die sie dabei erhalten, berücksichtigen.

(100) Um die Transparenz zu erhöhen und die Einhaltung dieser Verordnung zu verbessern, sollte angeregt werden, dass Zertifizierungsverfahren sowie Datenschutzsiegel und -prüfzeichen eingeführt werden, die den betroffenen Personen einen raschen Überblick über das Datenschutzniveau einschlägiger Produkte und Dienstleistungen ermöglichen.

(101) Der Fluss personenbezogener Daten aus Drittländern und internationalen Organisationen und in Drittländer und internationale Organisationen ist für die Ausweitung des internationalen Handels und der internationalen Zusammenarbeit notwendig. Durch die Zunahme dieser Datenströme sind neue Herausforderungen und Anforderungen in Bezug auf den Schutz personenbezogener Daten entstanden. Das durch diese Verordnung unionsweit gewährleistete Schutzniveau für natürliche Personen sollte jedoch bei der Übermittlung personenbezogener Daten aus der Union an Verantwortliche, Auftragsverarbeiter oder andere Empfänger in Drittländern oder an internationale Organisationen nicht untergraben werden, und zwar auch dann nicht, wenn aus einem Drittland oder von einer internationalen Organisation personenbezogene Daten an Verantwortliche oder Auftragsverarbeiter in demselben oder einem anderen Drittland oder an dieselbe oder eine andere internationale Organisation weiterübermittelt werden. In jedem Fall sind derartige Datenübermittlungen an Drittländer und internationale Organisationen nur unter strikter Einhaltung dieser Verordnung zulässig. Eine Datenübermittlung könnte nur stattfinden, wenn die in dieser Verordnung festgelegten Bedingungen zur Übermittlung personenbezogener Daten an Drittländer oder internationale Organisationen vorbehaltlich der übrigen Bestimmungen dieser Verordnung von dem Verantwortlichen oder dem Auftragsverarbeiter erfüllt werden.

(102) Internationale Abkommen zwischen der Union und Drittländern über die Übermittlung von personenbezogenen Daten einschließlich geeigneter Garantien für die betroffenen Personen werden von dieser Verordnung nicht berührt. Die Mitgliedstaaten können völkerrechtliche Übereinkünfte schließen, die die Übermittlung personenbezogener Daten an Drittländer oder internationale Organisationen beinhalten, sofern sich diese Übereinkünfte weder auf diese Verordnung noch auf andere Bestimmungen des Unionsrechts auswirken und ein angemessenes Schutzniveau für die Grundrechte der betroffenen Personen umfassen.

(103) Die Kommission darf mit Wirkung für die gesamte Union beschließen, dass ein bestimmtes Drittland, ein Gebiet oder ein bestimmter Sektor eines Drittlands oder eine internationale Organisation ein angemessenes Datenschutzniveau bietet, und auf diese Weise in Bezug auf das Drittland oder die internationale Organisation, das bzw. die für fähig gehalten wird, ein solches Schutzniveau zu bieten, in der gesamten Union Rechtssicherheit schaffen und eine einheitliche Rechtsanwendung sicherstellen. In derartigen Fällen dürfen personenbezogene Daten ohne weitere Genehmigung an dieses Land oder

diese internationale Organisation übermittelt werden. Die Kommission kann, nach Abgabe einer ausführlichen Erklärung, in der dem Drittland oder der internationalen Organisation eine Begründung gegeben wird, auch entscheiden, eine solche Feststellung zu widerrufen.

(104) In Übereinstimmung mit den Grundwerten der Union, zu denen insbesondere der Schutz der Menschenrechte zählt, sollte die Kommission bei der Bewertung des Drittlands oder eines Gebiets oder eines bestimmten Sektors eines Drittlands berücksichtigen, inwieweit dort die Rechtsstaatlichkeit gewahrt ist, der Rechtsweg gewährleistet ist und die internationalen Menschenrechtsnormen und -Standards eingehalten werden und welche allgemeinen und sektorspezifischen Vorschriften, wozu auch die Vorschriften über die öffentliche Sicherheit, die Landesverteidigung und die nationale Sicherheit sowie die öffentliche Ordnung und das Strafrecht zählen, dort gelten. Die Annahme eines Angemessenheitsbeschlusses in Bezug auf ein Gebiet oder einen bestimmten Sektor eines Drittlands sollte unter Berücksichtigung eindeutiger und objektiver Kriterien wie bestimmter Verarbeitungsvorgänge und des Anwendungsbereichs anwendbarer Rechtsnormen und geltender Rechtsvorschriften in dem Drittland erfolgen. Das Drittland sollte Garantien für ein angemessenes Schutzniveau bieten, das dem innerhalb der Union gewährleisteten Schutzniveau der Sache nach gleichwertig ist, insbesondere in Fällen, in denen personenbezogene Daten in einem oder mehreren spezifischen Sektoren verarbeitet werden. Das Drittland sollte insbesondere eine wirksame unabhängige Überwachung des Datenschutzes gewährleisten und Mechanismen für eine Zusammenarbeit mit den Datenschutzbehörden der Mitgliedstaaten vorsehen, und den betroffenen Personen sollten wirksame und durchsetzbare Rechte sowie wirksame verwaltungsrechtliche und gerichtliche Rechtsbehelfe eingeräumt werden.

(105) Die Kommission sollte neben den internationalen Verpflichtungen, die das Drittland oder die internationale Organisation eingegangen ist, die Verpflichtungen, die sich aus der Teilnahme des Drittlands oder der internationalen Organisation an multilateralen oder regionalen Systemen insbesondere im Hinblick auf den Schutz personenbezogener Daten ergeben, sowie die Umsetzung dieser Verpflichtungen berücksichtigen. Insbesondere sollte der Beitritt des Drittlands zum Übereinkommen des Europarates vom 28. Januar 1981 zum Schutz des Menschen bei der automatischen Verarbeitung personenbezogener Daten und dem dazugehörigen Zusatzprotokoll berücksichtigt werden. Die Kommission sollte den Ausschuss konsultieren, wenn sie das Schutzniveau in Drittländern oder internationalen Organisationen bewertet.

(106) Die Kommission sollte die Wirkungsweise von Feststellungen zum Schutzniveau in einem Drittland, einem Gebiet oder einem bestimmten Sektor eines Drittlands oder einer internationalen Organisation überwachen; sie sollte auch die Wirkungsweise der Feststellungen, die auf der Grundlage des Artikels 25 Absatz 6 oder des Artikels 26 Absatz 4 der Richtlinie 95/46/EG erlassen werden, überwachen. In ihren Angemessenheitsbeschlüssen sollte die Kommission einen Mechanismus für die regelmäßige Überprüfung von deren Wirkungsweise vorsehen. Diese regelmäßige Überprüfung sollte in Konsultation mit dem betreffenden Drittland oder der betreffenden internationalen Organisation erfolgen und allen maßgeblichen Entwicklungen in dem Drittland oder der internationalen Organisation Rechnung tragen. Für die Zwecke der Überwachung und der Durchführung der regelmäßigen Überprüfungen sollte die Kommission die Standpunkte und Feststellungen des Europäischen Parlaments und des Rates sowie die anderen einschlägigen Stellen und Quellen berücksichtigen. Die Kommission sollte innerhalb einer angemessenen Frist die Wirkungsweise der letztgenannten Beschlüsse bewerten und dem durch diese Verordnung eingesetzten Ausschuss im Sinne der Verordnung (EU) Nr. 182/2011 des Europäischen Parlaments und des Rates[x**] sowie dem Europäischen Parlament und dem Rat über alle maßgeblichen Feststellungen Bericht erstatten.

(107) Die Kommission kann feststellen, dass ein Drittland, ein Gebiet oder ein bestimmter Sektor eines Drittlands oder eine internationale Organisation kein angemessenes Datenschutzniveau mehr bietet. Die Übermittlung personenbezogener Daten an dieses Drittland oder an diese internationale Organisation sollte daraufhin verboten werden, es sei denn, die Anforderungen dieser Verordnung in Bezug auf die Datenübermittlung vorbehaltlich geeigneter Garantien, einschließlich verbindlicher interner Datenschutzvorschriften und auf Ausnahmen für bestimmte Fälle werden erfüllt. In diesem Falle sollten Konsultationen zwischen der Kommission und den betreffenden Drittländern oder internationalen Organisationen vorgesehen werden. Die Kommission sollte dem Drittland oder der internationalen Organisation frühzeitig die Gründe mitteilen und Konsultationen aufnehmen, um Abhilfe für die Situation zu schaffen.

[x**] Verordnung (EU) Nr. 182/2011 des Europäischen Parlaments und des Rates vom 16. Februar 2011 zur Festlegung der allgemeinen Regeln und Grundsätze, nach denen die Mitgliedstaaten die Wahrnehmung der Durchführungsbefugnisse durch die Kommission kontrollieren (ABl. L 55 vom 28.2.2011, S. 13).

(108) Bei Fehlen eines Angemessenheitsbeschlusses sollte der Verantwortliche oder der Auftragsverarbeiter als Ausgleich für den in einem Drittland bestehenden Mangel an Datenschutz geeignete Garantien für den Schutz der betroffenen Person vorsehen. Diese geeigneten Garantien können darin bestehen, dass auf verbindliche interne Datenschutzvorschriften, von der Kommission oder von einer Aufsichtsbehörde angenommene Standarddatenschutzklauseln oder von einer Aufsichtsbehörde genehmigte Vertragsklauseln zurückgegriffen wird. Diese Garantien sollten sicherstellen, dass die Datenschutzvorschriften und die Rechte der betroffenen Personen auf eine der Verarbeitung innerhalb der Union angemessene Art und Weise beachtet werden; dies gilt auch hinsichtlich der Verfügbarkeit von durchsetzbaren Rechten der betroffenen Person und von wirksamen Rechtsbehelfen einschließlich des Rechts auf wirksame verwaltungsrechtliche oder gerichtliche Rechtsbehelfe sowie des Rechts auf Geltendmachung von Schadenersatzansprüchen in der Union oder in einem Drittland. Sie sollten sich insbesondere auf die Einhaltung der allgemeinen Grundsätze für die Verarbeitung personenbezogener Daten, die Grundsätze des Datenschutzes durch Technik und durch datenschutzfreundliche Voreinstellungen beziehen. Datenübermittlungen dürfen auch von Behörden oder öffentlichen Stellen an Behörden oder öffentliche Stellen in Drittländern oder an internationale Organisationen mit entsprechenden Pflichten oder Aufgaben vorgenommen werden, auch auf der Grundlage von Bestimmungen, die in Verwaltungsvereinbarungen – wie beispielsweise einer gemeinsamen Absichtserklärung –, mit denen den betroffenen Personen durchsetzbare und wirksame Rechte eingeräumt werden, aufzunehmen sind. Die Genehmigung der zuständigen Aufsichtsbehörde sollte erlangt werden, wenn die Garantien in nicht rechtsverbindlichen Verwaltungsvereinbarungen vorgesehen sind.

(109) Die dem Verantwortlichen oder dem Auftragsverarbeiter offenstehende Möglichkeit, auf die von der Kommission oder einer Aufsichtsbehörde festgelegten Standard-Datenschutzklauseln zurückzugreifen, sollte den Verantwortlichen oder den Auftragsverarbeiter weder daran hindern, die Standard-Datenschutzklauseln auch in umfangreicheren Verträgen, wie zum Beispiel Verträgen zwischen dem Auftragsverarbeiter und einem anderen Auftragsverarbeiter, zu verwenden, noch ihn daran hindern, ihnen weitere Klauseln oder zusätzliche Garantien hinzuzufügen, solange diese weder mittelbar noch unmittelbar im Widerspruch zu den von der Kommission oder einer Aufsichtsbehörde erlassenen Standard-Datenschutzklauseln stehen oder die Grundrechte und Grundfreiheiten der betroffenen Personen beschneiden. Die Verantwortlichen und die Auftragsverarbeiter sollten ermutigt werden, mit vertraglichen Verpflichtungen, die die Standard-Schutzklauseln ergänzen, zusätzliche Garantien zu bieten.

(110) Jede Unternehmensgruppe oder jede Gruppe von Unternehmen, die eine gemeinsame Wirtschaftstätigkeit ausüben, sollte für ihre internationalen Datenübermittlungen aus der Union an Organisationen derselben Unternehmensgruppe oder derselben Gruppe von Unternehmen, die eine gemeinsame Wirtschaftstätigkeit ausüben, genehmigte verbindliche interne Datenschutzvorschriften anwenden dürfen, sofern diese sämtliche Grundprinzipien und durchsetzbaren Rechte enthalten, die geeignete Garantien für die Übermittlungen beziehungsweise Kategorien von Übermittlungen personenbezogener Daten bieten.

(111) Datenübermittlungen sollten unter bestimmten Voraussetzungen zulässig sein, nämlich wenn die betroffene Person ihre ausdrückliche Einwilligung erteilt hat, wenn die Übermittlung gelegentlich erfolgt und im Rahmen eines Vertrags oder zur Geltendmachung von Rechtsansprüchen, sei es vor Gericht oder auf dem Verwaltungswege oder in außergerichtlichen Verfahren, wozu auch Verfahren vor Regulierungsbehörden zählen, erforderlich ist. Die Übermittlung sollte zudem möglich sein, wenn sie zur Wahrung eines im Unionsrecht oder im Recht eines Mitgliedstaats festgelegten wichtigen öffentlichen Interesses erforderlich ist oder wenn sie aus einem durch Rechtsvorschriften vorgesehenen Register erfolgt, das von der Öffentlichkeit oder Personen mit berechtigtem Interesse eingesehen werden kann. In letzterem Fall sollte sich eine solche Übermittlung nicht auf die Gesamtheit oder ganze Kategorien der im Register enthaltenen personenbezogenen Daten erstrecken dürfen. Ist das betreffende Register zur Einsichtnahme durch Personen mit berechtigtem Interesse bestimmt, sollte die Übermittlung nur auf Anfrage dieser Personen oder nur dann erfolgen, wenn diese Personen die Adressaten der Übermittlung sind, wobei den Interessen und Grundrechten der betroffenen Person in vollem Umfang Rechnung zu tragen ist.

(112) Diese Ausnahmen sollten insbesondere für Datenübermittlungen gelten, die aus wichtigen Gründen des öffentlichen Interesses erforderlich sind, beispielsweise für den internationalen Datenaustausch zwischen Wettbewerbs-, Steuer- oder Zollbehörden, zwischen Finanzaufsichtsbehörden oder zwischen für Angelegenheiten der sozialen Sicherheit oder für die öffentliche Gesundheit zuständigen Diensten, beispielsweise im Falle der Umgebungsuntersuchung bei ansteckenden Krankheiten oder zur Verringerung und/oder Beseitigung des Dopings im Sport. Die Übermittlung personenbezogener

Daten sollte ebenfalls als rechtmäßig angesehen werden, wenn sie erforderlich ist, um ein Interesse, das für die lebenswichtigen Interessen – einschließlich der körperlichen Unversehrtheit oder des Lebens – der betroffenen Person oder einer anderen Person wesentlich ist, zu schützen und die betroffene Person außerstande ist, ihre Einwilligung zu geben. Liegt kein Angemessenheitsbeschluss vor, so können im Unionsrecht oder im Recht der Mitgliedstaaten aus wichtigen Gründen des öffentlichen Interesses ausdrücklich Beschränkungen der Übermittlung bestimmter Kategorien von Daten an Drittländer oder internationale Organisationen vorgesehen werden. Die Mitgliedstaaten sollten solche Bestimmungen der Kommission mitteilen. Jede Übermittlung personenbezogener Daten einer betroffenen Person, die aus physischen oder rechtlichen Gründen außerstande ist, ihre Einwilligung zu erteilen, an eine internationale humanitäre Organisation, die erfolgt, um eine nach den Genfer Konventionen obliegende Aufgabe auszuführen oder um dem in bewaffneten Konflikten anwendbaren humanitären Völkerrecht nachzukommen, könnte als aus einem wichtigen Grund im öffentlichen Interesse notwendig oder als im lebenswichtigen Interesse der betroffenen Person liegend erachtet werden.

(113) Übermittlungen, die als nicht wiederholt erfolgend gelten können und nur eine begrenzte Zahl von betroffenen Personen betreffen, könnten auch zur Wahrung der zwingenden berechtigten Interessen des Verantwortlichen möglich sein, sofern die Interessen oder Rechte und Freiheiten der betroffenen Person nicht überwiegen und der Verantwortliche sämtliche Umstände der Datenübermittlung geprüft hat. Der Verantwortliche sollte insbesondere die Art der personenbezogenen Daten, den Zweck und die Dauer der vorgesehenen Verarbeitung, die Situation im Herkunftsland, in dem betreffenden Drittland und im Endbestimmungsland berücksichtigen und angemessene Garantien zum Schutz der Grundrechte und Grundfreiheiten natürlicher Personen in Bezug auf die Verarbeitung ihrer personenbezogener Daten vorsehen. Diese Übermittlungen sollten nur in den verbleibenden Fällen möglich sein, in denen keiner der anderen Gründe für die Übermittlung anwendbar ist. Bei wissenschaftlichen oder historischen Forschungszwecken oder bei statistischen Zwecken sollten die legitimen gesellschaftlichen Erwartungen in Bezug auf einen Wissenszuwachs berücksichtigt werden. Der Verantwortliche sollte die Aufsichtsbehörde und die betroffene Person von der Übermittlung in Kenntnis setzen.

(114) In allen Fällen, in denen kein Kommissionsbeschluss zur Angemessenheit des in einem Drittland bestehenden Datenschutzniveaus vorliegt, sollte der Verantwortliche oder der Auftragsverarbeiter auf Lösungen zurückgreifen, mit denen den betroffenen Personen durchsetzbare und wirksame Rechte in Bezug auf die Verarbeitung ihrer personenbezogenen Daten in der Union nach der Übermittlung dieser Daten eingeräumt werden, damit sie weiterhin die Grundrechte und Garantien genießen können.

(115) Manche Drittländer erlassen Gesetze, Vorschriften und sonstige Rechtsakte, die vorgeben, die Verarbeitungstätigkeiten natürlicher und juristischer Personen, die der Rechtsprechung der Mitgliedstaaten unterliegen, unmittelbar zu regeln. Dies kann Urteile von Gerichten und Entscheidungen von Verwaltungsbehörden in Drittländern umfassen, mit denen von einem Verantwortlichen oder einem Auftragsverarbeiter die Übermittlung oder Offenlegung personenbezogener Daten verlangt wird und die nicht auf eine in Kraft befindliche internationale Übereinkunft wie etwa ein Rechtshilfeabkommen zwischen dem ersuchenden Drittland und der Union oder einem Mitgliedstaat gestützt sind. Die Anwendung dieser Gesetze, Verordnungen und sonstigen Rechtsakte außerhalb des Hoheitsgebiets der betreffenden Drittländer kann gegen internationales Recht verstoßen und dem durch diese Verordnung in der Union gewährleisteten Schutz natürlicher Personen zuwiderlaufen. Datenübermittlungen sollten daher nur zulässig sein, wenn die Bedingungen dieser Verordnung für Datenübermittlungen an Drittländer eingehalten werden. Dies kann unter anderem der Fall sein, wenn die Offenlegung aus einem wichtigen öffentlichen Interesse erforderlich ist, das im Unionsrecht oder im Recht des Mitgliedstaats, dem der Verantwortliche unterliegt, anerkannt ist.

(116) Wenn personenbezogene Daten in ein anderes Land außerhalb der Union übermittelt werden, besteht eine erhöhte Gefahr, dass natürliche Personen ihre Datenschutzrechte nicht wahrnehmen können und sich insbesondere gegen die unrechtmäßige Nutzung oder Offenlegung dieser Informationen zu schützen. Ebenso kann es vorkommen, dass Aufsichtsbehörden Beschwerden nicht nachgehen oder Untersuchungen nicht durchführen können, die einen Bezug zu Tätigkeiten außerhalb der Grenzen ihres Mitgliedstaats haben. Ihre Bemühungen um grenzüberschreitende Zusammenarbeit können auch durch unzureichende Präventiv- und Abhilfebefugnisse, widersprüchliche Rechtsordnungen und praktische Hindernisse wie Ressourcenknappheit behindert werden. Die Zusammenarbeit zwischen den Datenschutzaufsichtsbehörden muss daher gefördert werden, damit sie Informationen austauschen und mit den Aufsichtsbehörden in anderen Ländern Untersuchungen durchführen können. Um Mechanismen der internationalen Zusammenarbeit zu entwickeln, die die internationale Amtshilfe

bei der Durchsetzung von Rechtsvorschriften zum Schutz personenbezogener Daten erleichtern und sicherstellen, sollten die Kommission und die Aufsichtsbehörden Informationen austauschen und bei Tätigkeiten, die mit der Ausübung ihrer Befugnisse in Zusammenhang stehen, mit den zuständigen Behörden der Drittländer nach dem Grundsatz der Gegenseitigkeit und gemäß dieser Verordnung zusammenarbeiten.

(117) Die Errichtung von Aufsichtsbehörden in den Mitgliedstaaten, die befugt sind, ihre Aufgaben und Befugnisse völlig unabhängig wahrzunehmen, ist ein wesentlicher Bestandteil des Schutzes natürlicher Personen bei der Verarbeitung personenbezogener Daten. Die Mitgliedstaaten sollten mehr als eine Aufsichtsbehörde errichten können, wenn dies ihrer verfassungsmäßigen, organisatorischen und administrativen Struktur entspricht.

(118) Die Tatsache, dass die Aufsichtsbehörden unabhängig sind, sollte nicht bedeuten, dass sie hinsichtlich ihrer Ausgaben keinem Kontroll- oder Überwachungsmechanismus unterworfen werden bzw. sie keiner gerichtlichen Überprüfung unterzogen werden können.

(119) Errichtet ein Mitgliedstaat mehrere Aufsichtsbehörden, so sollte er mittels Rechtsvorschriften sicherstellen, dass diese Aufsichtsbehörden am Kohärenzverfahren wirksam beteiligt werden. Insbesondere sollte dieser Mitgliedstaat eine Aufsichtsbehörde bestimmen, die als zentrale Anlaufstelle für eine wirksame Beteiligung dieser Behörden an dem Verfahren fungiert und eine rasche und reibungslose Zusammenarbeit mit anderen Aufsichtsbehörden, dem Ausschuss und der Kommission gewährleistet.

(120) Jede Aufsichtsbehörde sollte mit Finanzmitteln, Personal, Räumlichkeiten und einer Infrastruktur ausgestattet werden, wie sie für die wirksame Wahrnehmung ihrer Aufgaben, einschließlich derer im Zusammenhang mit der Amtshilfe und Zusammenarbeit mit anderen Aufsichtsbehörden in der gesamten Union, notwendig sind. Jede Aufsichtsbehörde sollte über einen eigenen, öffentlichen, jährlichen Haushaltsplan verfügen, der Teil des gesamten Staatshaushalts oder nationalen Haushalts sein kann.

(121) Die allgemeinen Anforderungen an das Mitglied oder die Mitglieder der Aufsichtsbehörde sollten durch Rechtsvorschriften von jedem Mitgliedstaat geregelt werden und insbesondere vorsehen, dass diese Mitglieder im Wege eines transparenten Verfahrens entweder – auf Vorschlag der Regierung, eines Mitglieds der Regierung, des Parlaments oder einer Parlamentskammer – vom Parlament, der Regierung oder dem Staatsoberhaupt des Mitgliedstaats oder von einer unabhängigen Stelle ernannt werden, die nach dem Recht des Mitgliedstaats mit der Ernennung betraut wird. Um die Unabhängigkeit der Aufsichtsbehörde zu gewährleisten, sollten ihre Mitglieder ihr Amt integer ausüben, von allen mit den Aufgaben ihres Amts nicht zu vereinbarenden Handlungen absehen und während ihrer Amtszeit keine andere mit ihrem Amt nicht zu vereinbarende entgeltliche oder unentgeltliche Tätigkeit ausüben. Die Aufsichtsbehörde sollte über eigenes Personal verfügen, das sie selbst oder eine nach dem Recht des Mitgliedstaats eingerichtete unabhängige Stelle auswählt und das ausschließlich der Leitung des Mitglieds oder der Mitglieder der Aufsichtsbehörde unterstehen sollte.

(122) Jede Aufsichtsbehörde sollte dafür zuständig sein, im Hoheitsgebiet ihres Mitgliedstaats die Befugnisse auszuüben und die Aufgaben zu erfüllen, die ihr mit dieser Verordnung übertragen wurden. Dies sollte insbesondere für Folgendes gelten: die Verarbeitung im Rahmen der Tätigkeiten einer Niederlassung des Verantwortlichen oder Auftragsverarbeiters im Hoheitsgebiet ihres Mitgliedstaats, die Verarbeitung personenbezogener Daten durch Behörden oder private Stellen, die im öffentlichen Interesse handeln, Verarbeitungstätigkeiten, die Auswirkungen auf betroffene Personen in ihrem Hoheitsgebiet haben, oder Verarbeitungstätigkeiten eines Verantwortlichen oder Auftragsverarbeiters ohne Niederlassung in der Union, sofern sie auf betroffene Personen mit Wohnsitz in ihrem Hoheitsgebiet ausgerichtet sind. Dies sollte auch die Bearbeitung von Beschwerden einer betroffenen Person, die Durchführung von Untersuchungen über die Anwendung dieser Verordnung sowie die Förderung der Information der Öffentlichkeit über Risiken, Vorschriften, Garantien und Rechte im Zusammenhang mit der Verarbeitung personenbezogener Daten einschließen.

(123) Die Aufsichtsbehörden sollten die Anwendung der Bestimmungen dieser Verordnung überwachen und zu ihrer einheitlichen Anwendung in der gesamten Union beitragen, um natürliche Personen im Hinblick auf die Verarbeitung ihrer Daten zu schützen und den freien Verkehr personenbezogener Daten im Binnenmarkt zu erleichtern. Zu diesem Zweck sollten die Aufsichtsbehörden untereinander und mit der Kommission zusammenarbeiten, ohne dass eine Vereinbarung zwischen den Mitgliedstaaten über die Leistung von Amtshilfe oder über eine derartige Zusammenarbeit erforderlich wäre.

(124) Findet die Verarbeitung personenbezogener Daten im Zusammenhang mit der Tätigkeit einer Niederlassung eines Verantwortlichen oder eines Auftragsverarbeiters in der Union statt und hat der Verantwortliche oder der Auftragsverarbeiter Niederlassungen in mehr als einem Mitgliedstaat oder hat die Verarbeitungstätigkeit im Zusammenhang mit der Tätigkeit einer einzigen Niederlassung eines Ver-

antwortlichen oder Auftragsverarbeiters in der Union erhebliche Auswirkungen auf betroffene Personen in mehr als einem Mitgliedstaat bzw. wird sie voraussichtlich solche Auswirkungen haben, so sollte die Aufsichtsbehörde für die Hauptniederlassung des Verantwortlichen oder Auftragsverarbeiters oder für die einzige Niederlassung des Verantwortlichen oder Auftragsverarbeiters als federführende Behörde fungieren. Sie sollte mit den anderen Behörden zusammenarbeiten, die betroffen sind, weil der Verantwortliche oder Auftragsverarbeiter eine Niederlassung im Hoheitsgebiet ihres Mitgliedstaats hat, weil die Verarbeitung erhebliche Auswirkungen auf betroffene Personen mit Wohnsitz in ihrem Hoheitsgebiet hat oder weil bei ihnen eine Beschwerde eingelegt wurde. Auch wenn eine betroffene Person ohne Wohnsitz in dem betreffenden Mitgliedstaat eine Beschwerde eingelegt hat, sollte die Aufsichtsbehörde, bei der Beschwerde eingelegt wurde, auch eine betroffene Aufsichtsbehörde sein. Der Ausschuss sollte – im Rahmen seiner Aufgaben in Bezug auf die Herausgabe von Leitlinien zu allen Fragen im Zusammenhang mit der Anwendung dieser Verordnung – insbesondere Leitlinien zu den Kriterien ausgeben können, die bei der Feststellung zu berücksichtigen sind, ob die fragliche Verarbeitung erhebliche Auswirkungen auf betroffene Personen in mehr als einem Mitgliedstaat hat und was einen maßgeblichen und begründeten Einspruch darstellt.

(125) Die federführende Behörde sollte berechtigt sein, verbindliche Beschlüsse über Maßnahmen zu erlassen, mit denen die ihr gemäß dieser Verordnung übertragenen Befugnisse ausgeübt werden. In ihrer Eigenschaft als federführende Behörde sollte diese Aufsichtsbehörde für die enge Einbindung und Koordinierung der betroffenen Aufsichtsbehörden im Entscheidungsprozess sorgen. Wird beschlossen, die Beschwerde der betroffenen Person vollständig oder teilweise abzuweisen, so sollte dieser Beschluss von der Aufsichtsbehörde angenommen werden, bei der die Beschwerde eingelegt wurde.

(126) Der Beschluss sollte von der federführenden Aufsichtsbehörde und den betroffenen Aufsichtsbehörden gemeinsam vereinbart werden und an die Hauptniederlassung oder die einzige Niederlassung des Verantwortlichen oder Auftragsverarbeiters gerichtet sein und für den Verantwortlichen und den Auftragsverarbeiter verbindlich sein. Der Verantwortliche oder Auftragsverarbeiter sollte die erforderlichen Maßnahmen treffen, um die Einhaltung dieser Verordnung und die Umsetzung des Beschlusses zu gewährleisten, der der Hauptniederlassung des Verantwortlichen oder Auftragsverarbeiters im Hinblick auf die Verarbeitungstätigkeiten in der Union von der federführenden Aufsichtsbehörde mitgeteilt wurde.

(127) Jede Aufsichtsbehörde, die nicht als federführende Aufsichtsbehörde fungiert, sollte in örtlichen Fällen zuständig sein, wenn der Verantwortliche oder Auftragsverarbeiter Niederlassungen in mehr als einem Mitgliedstaat hat, der Gegenstand der spezifischen Verarbeitung aber nur die Verarbeitungstätigkeiten in einem einzigen Mitgliedstaat und nur betroffene Personen in diesem einen Mitgliedstaat betrifft, beispielsweise wenn es um die Verarbeitung von personenbezogenen Daten von Arbeitnehmern im spezifischen Beschäftigungskontext eines Mitgliedstaats geht. In solchen Fällen sollte die Aufsichtsbehörde unverzüglich die federführende Aufsichtsbehörde über diese Angelegenheit unterrichten. Nach ihrer Unterrichtung sollte die federführende Aufsichtsbehörde entscheiden, ob sie den Fall nach den Bestimmungen zur Zusammenarbeit zwischen der federführenden Aufsichtsbehörde und anderen betroffenen Aufsichtsbehörden gemäß der Vorschrift zur Zusammenarbeit zwischen der federführenden Aufsichtsbehörde und anderen betroffenen Aufsichtsbehörden (im Folgenden „Verfahren der Zusammenarbeit und Kohärenz") regelt oder ob die Aufsichtsbehörde, die sie unterrichtet hat, den Fall auf örtlicher Ebene regeln sollte. Dabei sollte die federführende Aufsichtsbehörde berücksichtigen, ob der Verantwortliche oder der Auftragsverarbeiter in dem Mitgliedstaat, dessen Aufsichtsbehörde sie unterrichtet hat, eine Niederlassung hat, damit Beschlüsse gegenüber dem Verantwortlichen oder dem Auftragsverarbeiter wirksam durchgesetzt werden. Entscheidet die federführende Aufsichtsbehörde, den Fall selbst zu regeln, sollte die Aufsichtsbehörde, die sie unterrichtet hat, die Möglichkeit haben, einen Beschlussentwurf vorzulegen, dem die federführende Aufsichtsbehörde bei der Ausarbeitung ihres Beschlussentwurfs im Rahmen dieses Verfahrens der Zusammenarbeit und Kohärenz weitestgehend Rechnung tragen sollte.

(128) Die Vorschriften über die federführende Behörde und das Verfahren der Zusammenarbeit und Kohärenz sollten keine Anwendung finden, wenn die Verarbeitung durch Behörden oder private Stellen im öffentlichen Interesse erfolgt. In diesen Fällen sollte die Aufsichtsbehörde des Mitgliedstaats, in dem die Behörde oder private Einrichtung ihren Sitz hat, die einzige Aufsichtsbehörde sein, die dafür zuständig ist, die Befugnisse auszuüben, die ihr mit dieser Verordnung übertragen wurden.

(129) Um die einheitliche Überwachung und Durchsetzung dieser Verordnung in der gesamten Union sicherzustellen, sollten die Aufsichtsbehörden in jedem Mitgliedstaat dieselben Aufgaben und wirksamen Befugnisse haben, darunter, insbesondere im Fall von Beschwerden natürlicher Personen, Untersuchungsbefugnisse, Abhilfebefugnisse und Sanktionsbefugnisse und Genehmigungsbefugnisse und

beratende Befugnisse, sowie – unbeschadet der Befugnisse der Strafverfolgungsbehörden nach dem Recht der Mitgliedstaaten – die Befugnis, Verstöße gegen diese Verordnung den Justizbehörden zur Kenntnis zu bringen und Gerichtsverfahren anzustrengen. Dazu sollte auch die Befugnis zählen, eine vorübergehende oder endgültige Beschränkung der Verarbeitung, einschließlich eines Verbots, zu verhängen. Die Mitgliedstaaten können andere Aufgaben im Zusammenhang mit dem Schutz personenbezogener Daten im Rahmen dieser Verordnung festlegen. Die Befugnisse der Aufsichtsbehörden sollten in Übereinstimmung mit den geeigneten Verfahrensgarantien nach dem Unionsrecht und dem Recht der Mitgliedstaaten unparteiisch, gerecht und innerhalb einer angemessenen Frist ausgeübt werden. Insbesondere sollte jede Maßnahme im Hinblick auf die Gewährleistung der Einhaltung dieser Verordnung geeignet, erforderlich und verhältnismäßig sein, wobei die Umstände des jeweiligen Einzelfalls zu berücksichtigen sind, das Recht einer jeden Person, gehört zu werden, bevor eine individuelle Maßnahme getroffen wird, die nachteilige Auswirkungen auf diese Person hätte, zu achten ist und überflüssige Kosten und übermäßige Unannehmlichkeiten für die Betroffenen zu vermeiden sind. Untersuchungsbefugnisse im Hinblick auf den Zugang zu Räumlichkeiten sollten im Einklang mit besonderen Anforderungen im Verfahrensrecht der Mitgliedstaaten ausgeübt werden, wie etwa dem Erfordernis einer vorherigen richterlichen Genehmigung. Jede rechtsverbindliche Maßnahme der Aufsichtsbehörde sollte schriftlich erlassen werden und sie sollte klar und eindeutig sein; die Aufsichtsbehörde, die die Maßnahme erlassen hat, und das Datum, an dem die Maßnahme erlassen wurde, sollten angegeben werden und die Maßnahme sollte vom Leiter oder von einem von ihm bevollmächtigten Mitglied der Aufsichtsbehörde unterschrieben sein und eine Begründung für die Maßnahme sowie einen Hinweis auf das Recht auf einen wirksamen Rechtsbehelf enthalten. Dies sollte zusätzliche Anforderungen nach dem Verfahrensrecht der Mitgliedstaaten nicht ausschließen. Der Erlass eines rechtsverbindlichen Beschlusses setzt voraus, dass er in dem Mitgliedstaat der Aufsichtsbehörde, die den Beschluss erlassen hat, gerichtlich überprüft werden kann.

(130) Ist die Aufsichtsbehörde, bei der die Beschwerde eingereicht wurde, nicht die federführende Aufsichtsbehörde, so sollte die federführende Aufsichtsbehörde gemäß den Bestimmungen dieser Verordnung über Zusammenarbeit und Kohärenz eng mit der Aufsichtsbehörde zusammenarbeiten, bei der die Beschwerde eingereicht wurde. In solchen Fällen sollte die federführende Aufsichtsbehörde bei Maßnahmen, die rechtliche Wirkungen entfalten sollen, unter anderem bei der Verhängung von Geldbußen, den Standpunkt der Aufsichtsbehörde, bei der die Beschwerde eingereicht wurde und die weiterhin befugt sein sollte, in Abstimmung mit der zuständigen Aufsichtsbehörde Untersuchungen im Hoheitsgebiet ihres eigenen Mitgliedstaats durchzuführen, weitestgehend berücksichtigen.

(131) Wenn eine andere Aufsichtsbehörde als federführende Aufsichtsbehörde für die Verarbeitungstätigkeiten des Verantwortlichen oder des Auftragsverarbeiters fungieren sollte, der konkrete Gegenstand einer Beschwerde oder der mögliche Verstoß jedoch nur die Verarbeitungstätigkeiten des Verantwortlichen oder des Auftragsverarbeiters in dem Mitgliedstaat betrifft, in dem die Beschwerde eingereicht wurde oder der mögliche Verstoß aufgedeckt wurde, und die Angelegenheit keine erheblichen Auswirkungen auf betroffene Personen in anderen Mitgliedstaaten hat oder haben dürfte, sollte die Aufsichtsbehörde, bei der eine Beschwerde eingereicht wurde oder die Situationen, die mögliche Verstöße gegen diese Verordnung darstellen, aufgedeckt hat bzw. auf andere Weise darüber informiert wurde, versuchen, eine gütliche Einigung mit dem Verantwortlichen zu erzielen; falls sich dies als nicht erfolgreich erweist, sollte sie die gesamte Bandbreite ihrer Befugnisse wahrnehmen. Dies sollte auch Folgendes umfassen: die spezifische Verarbeitung im Hoheitsgebiet des Mitgliedstaats der Aufsichtsbehörde oder im Hinblick auf betroffene Personen im Hoheitsgebiet dieses Mitgliedstaats; die Verarbeitung im Rahmen eines Angebots von Waren oder Dienstleistungen, das speziell auf betroffene Personen im Hoheitsgebiet des Mitgliedstaats der Aufsichtsbehörde ausgerichtet ist; oder eine Verarbeitung, die unter Berücksichtigung der einschlägigen rechtlichen Verpflichtungen nach dem Recht der Mitgliedstaaten bewertet werden muss.

(132) Auf die Öffentlichkeit ausgerichtete Sensibilisierungsmaßnahmen der Aufsichtsbehörden sollten spezifische Maßnahmen einschließen, die sich an die Verantwortlichen und die Auftragsverarbeiter, einschließlich Kleinstunternehmen sowie kleiner und mittlerer Unternehmen, und an natürliche Personen, insbesondere im Bildungsbereich, richten.

(133) Die Aufsichtsbehörden sollten sich gegenseitig bei der Erfüllung ihrer Aufgaben unterstützen und Amtshilfe leisten, damit eine einheitliche Anwendung und Durchsetzung dieser Verordnung im Binnenmarkt gewährleistet ist. Eine Aufsichtsbehörde, die um Amtshilfe ersucht hat, kann eine einstweilige Maßnahme erlassen, wenn sie nicht binnen eines Monats nach Eingang des Amtshilfeersuchens bei der ersuchten Aufsichtsbehörde eine Antwort von dieser erhalten hat.

(134) Jede Aufsichtsbehörde sollte gegebenenfalls an gemeinsamen Maßnahmen von anderen Aufsichtsbehörden teilnehmen. Die ersuchte Aufsichtsbehörde sollte auf das Ersuchen binnen einer bestimmten Frist antworten müssen.

(135) Um die einheitliche Anwendung dieser Verordnung in der gesamten Union sicherzustellen, sollte ein Verfahren zur Gewährleistung einer einheitlichen Rechtsanwendung (Kohärenzverfahren) für die Zusammenarbeit zwischen den Aufsichtsbehörden eingeführt werden. Dieses Verfahren sollte insbesondere dann angewendet werden, wenn eine Aufsichtsbehörde beabsichtigt, eine Maßnahme zu erlassen, die rechtliche Wirkungen in Bezug auf Verarbeitungsvorgänge entfalten soll, die für eine bedeutende Zahl betroffener Personen in mehreren Mitgliedstaaten erhebliche Auswirkungen haben. Ferner sollte es zur Anwendung kommen, wenn eine betroffene Aufsichtsbehörde oder die Kommission beantragt, dass die Angelegenheit im Rahmen des Kohärenzverfahrens behandelt wird. Dieses Verfahren sollte andere Maßnahmen, die die Kommission möglicherweise in Ausübung ihrer Befugnisse nach den Verträgen trifft, unberührt lassen.

(136) Bei Anwendung des Kohärenzverfahrens sollte der Ausschuss, falls von der Mehrheit seiner Mitglieder so entschieden wird oder falls eine andere betroffene Aufsichtsbehörde oder die Kommission darum ersuchen, binnen einer festgelegten Frist eine Stellungnahme abgeben. Dem Ausschuss sollte auch die Befugnis übertragen werden, bei Streitigkeiten zwischen Aufsichtsbehörden rechtsverbindliche Beschlüsse zu erlassen. Zu diesem Zweck sollte er in klar bestimmten Fällen, in denen die Aufsichtsbehörden insbesondere im Rahmen des Verfahrens der Zusammenarbeit zwischen der federführenden Aufsichtsbehörde und den betroffenen Aufsichtsbehörden widersprüchliche Standpunkte zu dem Sachverhalt, vor allem in der Frage, ob ein Verstoß gegen diese Verordnung vorliegt, vertreten, grundsätzlich mit einer Mehrheit von zwei Dritteln seiner Mitglieder rechtsverbindliche Beschlüsse erlassen.

(137) Es kann dringender Handlungsbedarf zum Schutz der Rechte und Freiheiten von betroffenen Personen bestehen, insbesondere wenn eine erhebliche Behinderung der Durchsetzung des Rechts einer betroffenen Person droht. Eine Aufsichtsbehörde sollte daher hinreichend begründete einstweilige Maßnahmen in ihrem Hoheitsgebiet mit einer festgelegten Geltungsdauer von höchstens drei Monaten erlassen können.

(138) Die Anwendung dieses Verfahrens sollte in den Fällen, in denen sie verbindlich vorgeschrieben ist, eine Bedingung für die Rechtmäßigkeit einer Maßnahme einer Aufsichtsbehörde sein, die rechtliche Wirkungen entfalten soll. In anderen Fällen von grenzüberschreitender Relevanz sollte das Verfahren der Zusammenarbeit zwischen der federführenden Aufsichtsbehörde und den betroffenen Aufsichtsbehörden zur Anwendung gelangen, und die betroffenen Aufsichtsbehörden können auf bilateraler oder multilateraler Ebene Amtshilfe leisten und gemeinsame Maßnahmen durchführen, ohne auf das Kohärenzverfahren zurückzugreifen.

(139) Zur Förderung der einheitlichen Anwendung dieser Verordnung sollte der Ausschuss als unabhängige Einrichtung der Union eingesetzt werden. Damit der Ausschuss seine Ziele erreichen kann, sollte er Rechtspersönlichkeit besitzen. Der Ausschuss sollte von seinem Vorsitz vertreten werden. Er sollte die mit der Richtlinie 95/46/EG eingesetzte Arbeitsgruppe für den Schutz der Rechte von Personen bei der Verarbeitung personenbezogener Daten ersetzen. Er sollte aus dem Leiter einer Aufsichtsbehörde jedes Mitgliedstaats und dem Europäischen Datenschutzbeauftragten oder deren jeweiligen Vertretern gebildet werden. An den Beratungen des Ausschusses sollte die Kommission ohne Stimmrecht teilnehmen und der Europäische Datenschutzbeauftragte sollte spezifische Stimmrechte haben. Der Ausschuss sollte zur einheitlichen Anwendung der Verordnung in der gesamten Union beitragen, die Kommission insbesondere im Hinblick auf das Schutzniveau in Drittländern oder internationalen Organisationen beraten und die Zusammenarbeit der Aufsichtsbehörden in der Union fördern. Der Ausschuss sollte bei der Erfüllung seiner Aufgaben unabhängig handeln.

(140) Der Ausschuss sollte von einem Sekretariat unterstützt werden, das von dem Europäischen Datenschutzbeauftragten bereitgestellt wird. Das Personal des Europäischen Datenschutzbeauftragten, das an der Wahrnehmung der dem Ausschuss gemäß dieser Verordnung übertragenen Aufgaben beteiligt ist, sollte diese Aufgaben ausschließlich gemäß den Anweisungen des Vorsitzes des Ausschusses durchführen und diesem Bericht erstatten.

(141) Jede betroffene Person sollte das Recht haben, bei einer einzigen Aufsichtsbehörde insbesondere in dem Mitgliedstaat ihres gewöhnlichen Aufenthalts eine Beschwerde einzureichen und gemäß Artikel 47 der Charta einen wirksamen gerichtlichen Rechtsbehelf einzulegen, wenn sie sich in ihren Rechten gemäß dieser Verordnung verletzt sieht oder wenn die Aufsichtsbehörde auf eine Beschwerde hin nicht tätig wird, eine Beschwerde teilweise oder ganz abweist oder ablehnt oder nicht tätig wird, obwohl dies zum Schutz der Rechte der betroffenen Person notwendig ist. Die auf eine Beschwerde fol-

gende Untersuchung sollte vorbehaltlich gerichtlicher Überprüfung so weit gehen, wie dies im Einzelfall angemessen ist. Die Aufsichtsbehörde sollte die betroffene Person innerhalb eines angemessenen Zeitraums über den Fortgang und die Ergebnisse der Beschwerde unterrichten. Sollten weitere Untersuchungen oder die Abstimmung mit einer anderen Aufsichtsbehörde erforderlich sein, sollte die betroffene Person über den Zwischenstand informiert werden. Jede Aufsichtsbehörde sollte Maßnahmen zur Erleichterung der Einreichung von Beschwerden treffen, wie etwa die Bereitstellung eines Beschwerdeformulars, das auch elektronisch ausgefüllt werden kann, ohne dass andere Kommunikationsmittel ausgeschlossen werden.

(142) Betroffene Personen, die sich in ihren Rechten gemäß dieser Verordnung verletzt sehen, sollten das Recht haben, nach dem Recht eines Mitgliedstaats gegründete Einrichtungen, Organisationen oder Verbände ohne Gewinnerzielungsabsicht, deren satzungsmäßige Ziele im öffentlichem Interesse liegen und die im Bereich des Schutzes personenbezogener Daten tätig sind, zu beauftragen, in ihrem Namen Beschwerde bei einer Aufsichtsbehörde oder einen gerichtlichen Rechtsbehelf einzulegen oder das Recht auf Schadensersatz in Anspruch zu nehmen, sofern dieses im Recht der Mitgliedstaaten vorgesehen ist. Die Mitgliedstaaten können vorsehen, dass diese Einrichtungen, Organisationen oder Verbände das Recht haben, unabhängig vom Auftrag einer betroffenen Person in dem betreffenden Mitgliedstaat eine eigene Beschwerde einzulegen, und das Recht auf einen wirksamen gerichtlichen Rechtsbehelf haben sollten, wenn sie Grund zu der Annahme haben, dass die Rechte der betroffenen Person infolge einer nicht im Einklang mit dieser Verordnung stehenden Verarbeitung verletzt worden sind. Diesen Einrichtungen, Organisationen oder Verbänden kann unabhängig vom Auftrag einer betroffenen Person nicht gestattet werden, im Namen einer betroffenen Person Schadenersatz zu verlangen.

(143) Jede natürliche oder juristische Person hat das Recht, unter den in Artikel 263 AEUV genannten Voraussetzungen beim Gerichtshof eine Klage auf Nichtigerklärung eines Beschlusses des Ausschusses zu erheben. Als Adressaten solcher Beschlüsse müssen die betroffenen Aufsichtsbehörden, die diese Beschlüsse anfechten möchten, binnen zwei Monaten nach deren Übermittlung gemäß Artikel 263 AEUV Klage erheben. Sofern Beschlüsse des Ausschusses einen Verantwortlichen, einen Auftragsverarbeiter oder den Beschwerdeführer unmittelbar und individuell betreffen, so können diese Personen binnen zwei Monaten nach Veröffentlichung der betreffenden Beschlüsse auf der Website des Ausschusses im Einklang mit Artikel 263 AEUV eine Klage auf Nichtigerklärung erheben. Unbeschadet dieses Rechts nach Artikel 263 AEUV sollte jede natürliche oder juristische Person das Recht auf einen wirksamen gerichtlichen Rechtsbehelf bei dem zuständigen einzelstaatlichen Gericht gegen einen Beschluss einer Aufsichtsbehörde haben, der gegenüber dieser Person Rechtswirkungen entfaltet. Ein derartiger Beschluss betrifft insbesondere die Ausübung von Untersuchungs-, Abhilfe- und Genehmigungsbefugnissen durch die Aufsichtsbehörde oder die Ablehnung oder Abweisung von Beschwerden. Das Recht auf einen wirksamen gerichtlichen Rechtsbehelf umfasst jedoch nicht rechtlich nicht bindende Maßnahmen der Aufsichtsbehörden wie von ihr abgegebene Stellungnahmen oder Empfehlungen. Verfahren gegen eine Aufsichtsbehörde sollten bei den Gerichten des Mitgliedstaats angestrengt werden, in dem die Aufsichtsbehörde ihren Sitz hat, und sollten im Einklang mit dem Verfahrensrecht dieses Mitgliedstaats durchgeführt werden. Diese Gerichte sollten eine uneingeschränkte Zuständigkeit besitzen, was die Zuständigkeit, sämtliche für den bei ihnen anhängigen Rechtsstreit maßgebliche Sach- und Rechtsfragen zu prüfen, einschließt. Wurde eine Beschwerde von einer Aufsichtsbehörde abgelehnt oder abgewiesen, kann der Beschwerdeführer Klage bei den Gerichten desselben Mitgliedstaats erheben.

Im Zusammenhang mit gerichtlichen Rechtsbehelfen in Bezug auf die Anwendung dieser Verordnung können einzelstaatliche Gerichte, die eine Entscheidung über diese Frage für erforderlich halten, um ihr Urteil erlassen zu können, bzw. müssen einzelstaatliche Gerichte in den Fällen nach Artikel 267 AEUV den Gerichtshof um eine Vorabentscheidung zur Auslegung des Unionsrechts – das auch diese Verordnung einschließt – ersuchen. Wird darüber hinaus der Beschluss einer Aufsichtsbehörde zur Umsetzung eines Beschlusses des Ausschusses vor einem einzelstaatlichen Gericht angefochten und wird die Gültigkeit des Beschlusses des Ausschusses in Frage gestellt, so hat dieses einzelstaatliche Gericht nicht die Befugnis, den Beschluss des Ausschusses für nichtig zu erklären, sondern es muss im Einklang mit Artikel 267 AEUV in der Auslegung des Gerichtshofs den Gerichtshof mit der Frage der Gültigkeit befassen, wenn es den Beschluss für nichtig hält. Allerdings darf ein einzelstaatliches Gericht den Gerichtshof nicht auf Anfrage einer natürlichen oder juristischen Person mit Fragen der Gültigkeit des Beschlusses des Ausschusses befassen, wenn diese Person Gelegenheit hatte, eine Klage auf Nichtigerklärung dieses Beschlusses zu erheben – insbesondere wenn sie unmittelbar und individuell von dem Beschluss betroffen war –, diese Gelegenheit jedoch nicht innerhalb der Frist gemäß Artikel 263 AEUV genutzt hat.

(144) Hat ein mit einem Verfahren gegen die Entscheidung einer Aufsichtsbehörde befasstes Gericht Anlass zu der Vermutung, dass ein dieselbe Verarbeitung betreffendes Verfahren – etwa zu demselben Gegenstand in Bezug auf die Verarbeitung durch denselben Verantwortlichen oder Auftragsverarbeiter oder wegen desselben Anspruchs – vor einem zuständigen Gericht in einem anderen Mitgliedstaat anhängig ist, so sollte es mit diesem Gericht Kontakt aufnehmen, um sich zu vergewissern, dass ein solches verwandtes Verfahren existiert. Sind verwandte Verfahren vor einem Gericht in einem anderen Mitgliedstaat anhängig, so kann jedes später angerufene Gericht das Verfahren aussetzen oder sich auf Anfrage einer Partei auch zugunsten des zuerst angerufenen Gerichts für unzuständig erklären, wenn dieses später angerufene Gericht für die betreffenden Verfahren zuständig ist und die Verbindung von solchen verwandten Verfahren nach seinem Recht zulässig ist. Verfahren gelten als miteinander verwandt, wenn zwischen ihnen eine so enge Beziehung gegeben ist, dass eine gemeinsame Verhandlung und Entscheidung geboten erscheint, um zu vermeiden, dass in getrennten Verfahren einander widersprechende Entscheidungen ergehen.

(145) Bei Verfahren gegen Verantwortliche oder Auftragsverarbeiter sollte es dem Kläger überlassen bleiben, ob er die Gerichte des Mitgliedstaats anruft, in dem der Verantwortliche oder der Auftragsverarbeiter eine Niederlassung hat, oder des Mitgliedstaats, in dem die betroffene Person wohnt; dies gilt nicht, wenn es sich bei dem Verantwortlichen um eine Behörde eines Mitgliedstaats handelt, die in Ausübung ihrer hoheitlichen Befugnisse tätig geworden ist.

(146) Der Verantwortliche oder der Auftragsverarbeiter sollte Schäden, die einer Person aufgrund einer Verarbeitung entstehen, die mit dieser Verordnung nicht im Einklang steht, ersetzen. Der Verantwortliche oder der Auftragsverarbeiter sollte von seiner Haftung befreit werden, wenn er nachweist, dass er in keiner Weise für den Schaden verantwortlich ist. Der Begriff des Schadens sollte im Lichte der Rechtsprechung des Gerichtshofs weit auf eine Art und Weise ausgelegt werden, die den Zielen dieser Verordnung in vollem Umfang entspricht. Dies gilt unbeschadet von Schadenersatzforderungen aufgrund von Verstößen gegen andere Vorschriften des Unionsrechts oder des Rechts der Mitgliedstaaten. Zu einer Verarbeitung, die mit der vorliegenden Verordnung nicht im Einklang steht, zählt auch eine Verarbeitung, die nicht mit den nach Maßgabe der vorliegenden Verordnung erlassenen delegierten Rechtsakten und Durchführungsrechtsakten und Rechtsvorschriften der Mitgliedstaaten zur Präzisierung von Bestimmungen der vorliegenden Verordnung im Einklang steht. Die betroffenen Personen sollten einen vollständigen und wirksamen Schadenersatz für den erlittenen Schaden erhalten. Sind Verantwortliche oder Auftragsverarbeiter an derselben Verarbeitung beteiligt, so sollte jeder Verantwortliche oder Auftragsverarbeiter für den gesamten Schaden haftbar gemacht werden. Werden sie jedoch nach Maßgabe des Rechts der Mitgliedstaaten zu demselben Verfahren hinzugezogen, so können sie im Verhältnis zu der Verantwortung anteilmäßig haftbar gemacht werden, die jeder Verantwortliche oder Auftragsverarbeiter für den durch die Verarbeitung entstandenen Schaden zu tragen hat, sofern sichergestellt ist, dass die betroffene Person einen vollständigen und wirksamen Schadenersatz für den erlittenen Schaden erhält. Jeder Verantwortliche oder Auftragsverarbeiter, der den vollen Schadenersatz geleistet hat, kann anschließend ein Rückgriffsverfahren gegen andere an derselben Verarbeitung beteiligte Verantwortliche oder Auftragsverarbeiter anstrengen.

(147) Soweit in dieser Verordnung spezifische Vorschriften über die Gerichtsbarkeit – insbesondere in Bezug auf Verfahren im Hinblick auf einen gerichtlichen Rechtsbehelf einschließlich Schadenersatz gegen einen Verantwortlichen oder Auftragsverarbeiter – enthalten sind, sollten die allgemeinen Vorschriften über die Gerichtsbarkeit, wie sie etwa in der Verordnung (EU) Nr. 1215/2012 des Europäischen Parlaments und des Rates[x***] enthalten sind, der Anwendung dieser spezifischen Vorschriften nicht entgegenstehen.

(148) Im Interesse einer konsequenteren Durchsetzung der Vorschriften dieser Verordnung sollten bei Verstößen gegen diese Verordnung zusätzlich zu den geeigneten Maßnahmen, die die Aufsichtsbehörde gemäß dieser Verordnung verhängt, oder an Stelle solcher Maßnahmen Sanktionen einschließlich Geldbußen verhängt werden. Im Falle eines geringfügigeren Verstoßes oder falls voraussichtlich zu verhängende Geldbuße eine unverhältnismäßige Belastung für eine natürliche Person bewirken würde, kann anstelle einer Geldbuße eine Verwarnung erteilt werden. Folgendem sollte jedoch gebührend Rechnung getragen werden: der Art, Schwere und Dauer des Verstoßes, dem vorsätzlichen Charakter

---

[x***] Verordnung (EU) Nr. 1215/2012 des Europäischen Parlaments und des Rates vom 12. Dezember 2012 über die gerichtliche Zuständigkeit und die Anerkennung und Vollstreckung von Entscheidungen in Zivil- und Handelssachen (ABl. L 351 vom 20.12.2012, S. 1).

des Verstoßes, den Maßnahmen zur Minderung des entstandenen Schadens, dem Grad der Verantwortlichkeit oder jeglichem früheren Verstoß, der Art und Weise, wie der Verstoß der Aufsichtsbehörde bekannt wurde, der Einhaltung der gegen den Verantwortlichen oder Auftragsverarbeiter angeordneten Maßnahmen, der Einhaltung von Verhaltensregeln und jedem anderen erschwerenden oder mildernden Umstand. Für die Verhängung von Sanktionen einschließlich Geldbußen sollte es angemessene Verfahrensgarantien geben, die den allgemeinen Grundsätzen des Unionsrechts und der Charta, einschließlich des Rechts auf wirksamen Rechtsschutz und ein faires Verfahren, entsprechen.

(149) Die Mitgliedstaaten sollten die strafrechtlichen Sanktionen für Verstöße gegen diese Verordnung, auch für Verstöße gegen auf der Grundlage und in den Grenzen dieser Verordnung erlassene nationale Vorschriften, festlegen können. Diese strafrechtlichen Sanktionen können auch die Einziehung der durch die Verstöße gegen diese Verordnung erzielten Gewinne ermöglichen. Die Verhängung von strafrechtlichen Sanktionen für Verstöße gegen solche nationalen Vorschriften und von verwaltungsrechtlichen Sanktionen sollte jedoch nicht zu einer Verletzung des Grundsatzes „ne bis in idem", wie er vom Gerichtshof ausgelegt worden ist, führen.

(150) Um die verwaltungsrechtlichen Sanktionen bei Verstößen gegen diese Verordnung zu vereinheitlichen und ihnen mehr Wirkung zu verleihen, sollte jede Aufsichtsbehörde befugt sein, Geldbußen zu verhängen. In dieser Verordnung sollten die Verstöße sowie die Obergrenze der entsprechenden Geldbußen und die Kriterien für ihre Festsetzung genannt werden, wobei diese Geldbußen von der zuständigen Aufsichtsbehörde in jedem Einzelfall unter Berücksichtigung aller besonderen Umstände und insbesondere der Art, Schwere und Dauer des Verstoßes und seiner Folgen sowie der Maßnahmen, die ergriffen worden sind, um die Einhaltung der aus dieser Verordnung erwachsenden Verpflichtungen zu gewährleisten und die Folgen des Verstoßes abzuwenden oder abzumildern, festzusetzen sind. Werden Geldbußen Unternehmen auferlegt, sollte zu diesem Zweck der Begriff „Unternehmen" im Sinne der Artikel 101 und 102 AEUV verstanden werden. Werden Geldbußen Personen auferlegt, bei denen es sich nicht um Unternehmen handelt, so sollte die Aufsichtsbehörde bei der Erwägung des angemessenen Betrags für die Geldbuße dem allgemeinen Einkommensniveau in dem betreffenden Mitgliedstaat und der wirtschaftlichen Lage der Personen Rechnung tragen. Das Kohärenzverfahren kann auch genutzt werden, um eine kohärente Anwendung von Geldbußen zu fördern. Die Mitgliedstaaten sollten bestimmen können, ob und inwieweit gegen Behörden Geldbußen verhängt werden können. Auch wenn die Aufsichtsbehörden bereits Geldbußen verhängt oder eine Verwarnung erteilt haben, können sie ihre anderen Befugnisse ausüben oder andere Sanktionen nach Maßgabe dieser Verordnung verhängen.

(151) Nach den Rechtsordnungen Dänemarks und Estlands sind die in dieser Verordnung vorgesehenen Geldbußen nicht zulässig. Die Vorschriften über die Geldbußen können so angewandt werden, dass die Geldbuße in Dänemark durch die zuständigen nationalen Gerichte als Strafe und in Estland durch die Aufsichtsbehörde im Rahmen eines Verfahrens bei Vergehen verhängt wird, sofern eine solche Anwendung der Vorschriften in diesen Mitgliedstaaten die gleiche Wirkung wie die von den Aufsichtsbehörden verhängten Geldbußen hat. Daher sollten die zuständigen nationalen Gerichte die Empfehlung der Aufsichtsbehörde, die die Geldbuße in die Wege geleitet hat, berücksichtigen. In jedem Fall sollten die verhängten Geldbußen wirksam, verhältnismäßig und abschreckend sein.

(152) Soweit diese Verordnung verwaltungsrechtliche Sanktionen nicht harmonisiert oder wenn es in anderen Fällen – beispielsweise bei schweren Verstößen gegen diese Verordnung – erforderlich ist, sollten die Mitgliedstaaten eine Regelung anwenden, die wirksame, verhältnismäßige und abschreckende Sanktionen vorsieht. Es sollte im Recht der Mitgliedstaaten geregelt werden, ob diese Sanktionen strafrechtlicher oder verwaltungsrechtlicher Art sind.

(153) Im Recht der Mitgliedstaaten sollten die Vorschriften über die freie Meinungsäußerung und Informationsfreiheit, auch von Journalisten, Wissenschaftlern, Künstlern und/oder Schriftstellern, mit dem Recht auf Schutz der personenbezogenen Daten gemäß dieser Verordnung in Einklang gebracht werden. Für die Verarbeitung personenbezogener Daten ausschließlich zu journalistischen Zwecken oder zu wissenschaftlichen, künstlerischen oder literarischen Zwecken sollten Abweichungen und Ausnahmen von bestimmten Vorschriften dieser Verordnung gelten, wenn dies erforderlich ist, um das Recht auf Schutz der personenbezogenen Daten mit dem Recht auf Freiheit der Meinungsäußerung und Informationsfreiheit, wie es in Artikel 11 der Charta garantiert ist, in Einklang zu bringen. Dies sollte insbesondere für die Verarbeitung personenbezogener Daten im audiovisuellen Bereich sowie in Nachrichten- und Pressearchiven gelten. Die Mitgliedstaaten sollten daher Gesetzgebungsmaßnahmen zur Regelung der Abweichungen und Ausnahmen erlassen, die zum Zwecke der Abwägung zwischen diesen Grundrechten notwendig sind. Die Mitgliedstaaten sollten solche Abweichungen und Ausnahmen in Bezug auf die allgemeinen Grundsätze, die Rechte der betroffenen Person, den Verant-

wortlichen und den Auftragsverarbeiter, die Übermittlung von personenbezogenen Daten an Drittländer oder an internationale Organisationen, die unabhängigen Aufsichtsbehörden, die Zusammenarbeit und Kohärenz und besondere Datenverarbeitungssituationen erlassen. Sollten diese Abweichungen oder Ausnahmen von Mitgliedstaat zu Mitgliedstaat unterschiedlich sein, sollte das Recht des Mitgliedstaats angewendet werden, dem der Verantwortliche unterliegt. Um der Bedeutung des Rechts auf freie Meinungsäußerung in einer demokratischen Gesellschaft Rechnung zu tragen, müssen Begriffe wie Journalismus, die sich auf diese Freiheit beziehen, weit ausgelegt werden.

(154) Diese Verordnung ermöglicht es, dass bei ihrer Anwendung der Grundsatz des Zugangs der Öffentlichkeit zu amtlichen Dokumenten berücksichtigt wird. Der Zugang der Öffentlichkeit zu amtlichen Dokumenten kann als öffentliches Interesse betrachtet werden. Personenbezogene Daten in Dokumenten, die sich im Besitz einer Behörde oder einer öffentlichen Stelle befinden, sollten von dieser Behörde oder Stelle öffentlich offengelegt werden können, sofern dies im Unionsrecht oder im Recht der Mitgliedstaaten, denen sie unterliegt, vorgesehen ist. Diese Rechtsvorschriften sollten den Zugang der Öffentlichkeit zu amtlichen Dokumenten und die Weiterverwendung von Informationen des öffentlichen Sektors mit dem Recht auf Schutz personenbezogener Daten in Einklang bringen und können daher die notwendige Übereinstimmung mit dem Recht auf Schutz personenbezogener Daten gemäß dieser Verordnung regeln. Die Bezugnahme auf Behörden und öffentliche Stellen sollte in diesem Kontext sämtliche Behörden oder sonstigen Stellen beinhalten, die vom Recht des jeweiligen Mitgliedstaats über den Zugang der Öffentlichkeit zu Dokumenten erfasst werden. Die Richtlinie 2003/98/EG des Europäischen Parlaments und des Rates **** lässt das Schutzniveau für natürliche Personen in Bezug auf die Verarbeitung personenbezogener Daten gemäß den Bestimmungen des Unionsrechts und des Rechts der Mitgliedstaaten unberührt und beeinträchtigt diesen in keiner Weise, und sie bewirkt insbesondere keine Änderung der in dieser Verordnung dargelegten Rechte und Pflichten. Insbesondere sollte die genannte Richtlinie nicht für Dokumente gelten, die nach den Zugangsregelungen der Mitgliedstaaten aus Gründen des Schutzes personenbezogener Daten nicht oder nur eingeschränkt zugänglich sind, oder für Teile von Dokumenten, die nach diesen Regelungen zugänglich sind, wenn sie personenbezogene Daten enthalten, bei denen Rechtsvorschriften vorsehen, dass ihre Weiterverwendung nicht mit dem Recht über den Schutz natürlicher Personen in Bezug auf die Verarbeitung personenbezogener Daten vereinbar ist.

(155) Im Recht der Mitgliedstaaten oder in Kollektivvereinbarungen (einschließlich „Betriebsvereinbarungen") können spezifische Vorschriften für die Verarbeitung personenbezogener Beschäftigtendaten im Beschäftigungskontext vorgesehen werden, und zwar insbesondere Vorschriften über die Bedingungen, unter denen personenbezogene Daten im Beschäftigungskontext auf der Grundlage der Einwilligung des Beschäftigten verarbeitet werden dürfen, über die Verarbeitung dieser Daten für Zwecke der Einstellung, der Erfüllung des Arbeitsvertrags einschließlich der Erfüllung von durch Rechtsvorschriften oder durch Kollektivvereinbarungen festgelegten Pflichten, des Managements, der Planung und der Organisation der Arbeit, der Gleichheit und Diversität am Arbeitsplatz, der Gesundheit und Sicherheit am Arbeitsplatz sowie für Zwecke der Inanspruchnahme der mit der Beschäftigung zusammenhängenden individuellen oder kollektiven Rechte und Leistungen und für Zwecke der Beendigung des Beschäftigungsverhältnisses.

(156) Die Verarbeitung personenbezogener Daten für im öffentlichen Interesse liegende Archivzwecke, zu wissenschaftlichen oder historischen Forschungszwecken oder zu statistischen Zwecken sollte geeigneten Garantien für die Rechte und Freiheiten der betroffenen Person gemäß dieser Verordnung unterliegen. Mit diesen Garantien sollte sichergestellt werden, dass technische und organisatorische Maßnahmen bestehen, mit denen insbesondere der Grundsatz der Datenminimierung gewährleistet wird. Die Weiterverarbeitung personenbezogener Daten zu im öffentlichen Interesse liegende Archivzwecken, zu wissenschaftlichen oder historischen Forschungszwecken oder zu statistischen Zwecken erfolgt erst dann, wenn der Verantwortliche geprüft hat, ob es möglich ist, diese Zwecke durch die Verarbeitung von personenbezogenen Daten, bei der die Identifizierung von betroffenen Personen nicht oder nicht mehr möglich ist, zu erfüllen, sofern geeignete Garantien bestehen (wie z.B. die Pseudonymisierung von personenbezogenen Daten). Die Mitgliedstaaten sollten geeignete Garantien in Bezug auf die Verarbeitung personenbezogener Daten für im öffentlichen Interesse liegende Archivzwecke, zu wissenschaftlichen oder historischen Forschungszwecken oder zu statistischen Zwecken vorsehen. Es sollte den Mitgliedstaaten erlaubt sein, unter bestimmten Bedingungen und vorbe-

---

**** Richtlinie 2003/98/EG des Europäischen Parlaments und des Rates vom 17. November 2003 über die Weiterverwendung von Informationen des öffentlichen Sektors (ABl. L 345 vom 31.12.2003, S. 90).

haltlich geeigneter Garantien für die betroffenen Personen Präzisierungen und Ausnahmen in Bezug auf die Informationsanforderungen sowie der Rechte auf Berichtigung, Löschung, Vergessenwerden, zur Einschränkung der Verarbeitung, auf Datenübertragbarkeit sowie auf Widerspruch bei der Verarbeitung personenbezogener Daten zu im öffentlichen Interesse liegende Archivzwecken, zu wissenschaftlichen oder historischen Forschungszwecken oder zu statistischen Zwecken vorzusehen. Im Rahmen der betreffenden Bedingungen und Garantien können spezifische Verfahren für die Ausübung dieser Rechte durch die betroffenen Personen vorgesehen sein – sofern dies angesichts der mit der spezifischen Verarbeitung verfolgten Zwecke angemessen ist – sowie technische und organisatorische Maßnahmen zur Minimierung der Verarbeitung personenbezogener Daten im Hinblick auf die Grundsätze der Verhältnismäßigkeit und der Notwendigkeit. Die Verarbeitung personenbezogener Daten zu wissenschaftlichen Zwecken sollte auch anderen einschlägigen Rechtsvorschriften, beispielsweise für klinische Prüfungen, genügen.

(157) Durch die Verknüpfung von Informationen aus Registern können Forscher neue Erkenntnisse von großem Wert in Bezug auf weit verbreitete Krankheiten wie Herz-Kreislauferkrankungen, Krebs und Depression erhalten. Durch die Verwendung von Registern können bessere Forschungsergebnisse erzielt werden, da sie auf einen größeren Bevölkerungsanteil gestützt sind. Im Bereich der Sozialwissenschaften ermöglicht die Forschung anhand von Registern es den Forschern, entscheidende Erkenntnisse über den langfristigen Zusammenhang einer Reihe sozialer Umstände zu erlangen, wie Arbeitslosigkeit und Bildung mit anderen Lebensumständen. Durch Register erhaltene Forschungsergebnisse bieten solide, hochwertige Erkenntnisse, die die Basis für die Erarbeitung und Umsetzung wissensgestützter politischer Maßnahmen darstellen, die Lebensqualität zahlreicher Menschen verbessern und die Effizienz der Sozialdienste verbessern können. Zur Erleichterung der wissenschaftlichen Forschung können daher personenbezogene Daten zu wissenschaftlichen Forschungszwecken verarbeitet werden, wobei sie angemessenen Bedingungen und Garantien unterliegen, die im Unionsrecht oder im Recht der Mitgliedstaaten festgelegt sind.

(158) Diese Verordnung sollte auch für die Verarbeitung personenbezogener Daten zu Archivzwecken gelten, wobei darauf hinzuweisen ist, dass die Verordnung nicht für verstorbene Personen gelten sollte. Behörden oder öffentliche oder private Stellen, die Aufzeichnungen von öffentlichem Interesse führen, sollten gemäß dem Unionsrecht oder dem Recht der Mitgliedstaaten rechtlich verpflichtet sein, Aufzeichnungen von bleibendem Wert für das allgemeine öffentliche Interesse zu erwerben, zu erhalten, zu bewerten, aufzubereiten, zu beschreiben, mitzuteilen, zu fördern, zu verbreiten sowie Zugang dazu bereitzustellen. Es sollte den Mitgliedstaaten ferner erlaubt sein vorzusehen, dass personenbezogene Daten zu Archivzwecken weiterverarbeitet werden, beispielsweise im Hinblick auf die Bereitstellung spezifischer Informationen im Zusammenhang mit dem politischen Verhalten unter ehemaligen totalitären Regimen, Völkermord, Verbrechen gegen die Menschlichkeit, insbesondere dem Holocaust, und Kriegsverbrechen.

(159) Diese Verordnung sollte auch für die Verarbeitung personenbezogener Daten zu wissenschaftlichen Forschungszwecken gelten. Die Verarbeitung personenbezogener Daten zu wissenschaftlichen Forschungszwecken im Sinne dieser Verordnung sollte weit ausgelegt werden und die Verarbeitung für beispielsweise die technologische Entwicklung und die Demonstration, die Grundlagenforschung, die angewandte Forschung und die privat finanzierte Forschung einschließen. Darüber hinaus sollte sie dem in Artikel 179 Absatz 1 AEUV festgeschriebenen Ziel, einen europäischen Raum der Forschung zu schaffen, Rechnung tragen. Die wissenschaftlichen Forschungszwecke sollten auch Studien umfassen, die im öffentlichen Interesse im Bereich der öffentlichen Gesundheit durchgeführt werden. Um den Besonderheiten der Verarbeitung personenbezogener Daten zu wissenschaftlichen Forschungszwecken zu genügen, sollten spezifische Bedingungen insbesondere hinsichtlich der Veröffentlichung oder sonstigen Offenlegung personenbezogener Daten im Kontext wissenschaftlicher Zwecke gelten. Geben die Ergebnisse wissenschaftlicher Forschung insbesondere im Gesundheitsbereich Anlass zu weiteren Maßnahmen im Interesse der betroffenen Person, sollten die allgemeinen Vorschriften dieser Verordnung für diese Maßnahmen gelten.

(160) Diese Verordnung sollte auch für die Verarbeitung personenbezogener Daten zu historischen Forschungszwecken gelten. Dazu sollte auch historische Forschung und Forschung im Bereich der Genealogie zählen, wobei darauf hinzuweisen ist, dass diese Verordnung nicht für verstorbene Personen gelten sollte.

(161) Für die Zwecke der Einwilligung in die Teilnahme an wissenschaftlichen Forschungtätigkeiten im Rahmen klinischer Prüfungen sollten die einschlägigen Bestimmungen der Verordnung (EU) Nr. 536/2014 des Europäischen Parlaments und des Rates[xv] gelten.

(162) Diese Verordnung sollte auch für die Verarbeitung personenbezogener Daten zu statistischen Zwecken gelten. Das Unionsrecht oder das Recht der Mitgliedstaaten sollte in den Grenzen dieser Verordnung den statistischen Inhalt, die Zugangskontrolle, die Spezifikationen für die Verarbeitung personenbezogener Daten zu statistischen Zwecken und geeignete Maßnahmen zur Sicherung der Rechte und Freiheiten der betroffenen Personen und zur Sicherstellung der statistischen Geheimhaltung bestimmen. Unter dem Begriff „statistische Zwecke" ist jeder für die Durchführung statistischer Untersuchungen und die Erstellung statistischer Ergebnisse erforderliche Vorgang der Erhebung und Verarbeitung personenbezogener Daten zu verstehen. Diese statistischen Ergebnisse können für verschiedene Zwecke, so auch für wissenschaftliche Forschungszwecke, weiterverwendet werden. Im Zusammenhang mit den statistischen Zwecken wird vorausgesetzt, dass die Ergebnisse der Verarbeitung zu statistischen Zwecken keine personenbezogenen Daten, sondern aggregierte Daten sind und diese Ergebnisse oder personenbezogenen Daten nicht für Maßnahmen oder Entscheidungen gegenüber einzelnen natürlichen Personen verwendet werden.

(163) Die vertraulichen Informationen, die die statistischen Behörden der Union und der Mitgliedstaaten zur Erstellung der amtlichen europäischen und der amtlichen nationalen Statistiken erheben, sollten geschützt werden. Die europäischen Statistiken sollten im Einklang mit den in Artikel 338 Absatz 2 AEUV dargelegten statistischen Grundsätzen entwickelt, erstellt und verbreitet werden, wobei die nationalen Statistiken auch mit dem Recht der Mitgliedstaaten übereinstimmen müssen. Die Verordnung (EG) Nr. 223/2009 des Europäischen Parlaments und des Rates[xv*] enthält genauere Bestimmungen zur Vertraulichkeit europäischer Statistiken.

(164) Hinsichtlich der Befugnisse der Aufsichtsbehörden, von dem Verantwortlichen oder vom Auftragsverarbeiter Zugang zu personenbezogenen Daten oder zu seinen Räumlichkeiten zu erlangen, können die Mitgliedstaaten in den Grenzen dieser Verordnung den Schutz des Berufsgeheimnisses oder anderer gleichwertiger Geheimhaltungspflichten durch Rechtsvorschriften regeln, soweit dies notwendig ist, um das Recht auf Schutz der personenbezogenen Daten mit einer Pflicht zur Wahrung des Berufsgeheimnisses in Einklang zu bringen. Dies berührt nicht die bestehenden Verpflichtungen der Mitgliedstaaten zum Erlass von Vorschriften über das Berufsgeheimnis, wenn dies aufgrund des Unionsrechts erforderlich ist.

(165) Im Einklang mit Artikel 17 AEUV achtet diese Verordnung den Status, den Kirchen und religiöse Vereinigungen oder Gemeinschaften in den Mitgliedstaaten nach deren bestehenden verfassungsrechtlichen Vorschriften genießen, und beeinträchtigt ihn nicht.

(166) Um die Zielvorgaben dieser Verordnung zu erfüllen, d.h. die Grundrechte und Grundfreiheiten natürlicher Personen und insbesondere ihr Recht auf Schutz ihrer personenbezogenen Daten zu schützen und den freien Verkehr personenbezogener Daten innerhalb der Union zu gewährleisten, sollte der Kommission die Befugnis übertragen werden, gemäß Artikel 290 AEUV Rechtsakte zu erlassen. Delegierte Rechtsakte sollten insbesondere in Bezug auf die für Zertifizierungsverfahren geltenden Kriterien und Anforderungen, die durch standardisierte Bildsymbole darzustellenden Informationen und die Verfahren für die Bereitstellung dieser Bildsymbole erlassen werden. Es ist von besonderer Bedeutung, dass die Kommission im Zuge ihrer Vorbereitungsarbeit angemessene Konsultationen, auch auf der Ebene von Sachverständigen, durchführt. Bei der Vorbereitung und Ausarbeitung delegierter Rechtsakte sollte die Kommission gewährleisten, dass die einschlägigen Dokumente dem Europäischen Parlament und dem Rat gleichzeitig, rechtzeitig und auf angemessene Weise übermittelt werden.

(167) Zur Gewährleistung einheitlicher Bedingungen für die Durchführung dieser Verordnung sollten der Kommission Durchführungsbefugnisse übertragen werden, wenn dies in dieser Verordnung vorgesehen ist. Diese Befugnisse sollten nach Maßgabe der Verordnung (EU) Nr. 182/2011 des Europäischen

---

xv Verordnung (EU) Nr. 536/2014 des Europäischen Parlaments und des Rates vom 16. April 2014 über klinische Prüfungen mit Humanarzneimitteln und zur Aufhebung der Richtlinie 2001/20/EG Text von Bedeutung für den EWR (ABl. L 158 vom 27.5.2014, S. 1).

xv* Verordnung (EG) Nr. 223/2009 des Europäischen Parlaments und des Rates vom 11. März 2009 über europäische Statistiken und zur Aufhebung der Verordnung (EG, Euratom) Nr. 1101/2008 des Europäischen Parlaments und des Rates über die Übermittlung von unter die Geheimhaltungspflicht fallenden Informationen an das Statistische Amt der Europäischen Gemeinschaften, der Verordnung (EG) Nr. 322/97 des Rates über die Gemeinschaftsstatistiken und des Beschlusses 89/382/EWG, Euratom des Rates zur Einsetzung eines Ausschusses für das Statistische Programm der Europäischen Gemeinschaften (ABl. L 87 vom 31.3.2009, S. 164).

Parlaments und des Rates ausgeübt werden. In diesem Zusammenhang sollte die Kommission besondere Maßnahmen für Kleinstunternehmen sowie kleine und mittlere Unternehmen erwägen.

(168) Für den Erlass von Durchführungsrechtsakten bezüglich Standardvertragsklauseln für Verträge zwischen Verantwortlichen und Auftragsverarbeitern sowie zwischen Auftragsverarbeitern; Verhaltensregeln; technische Standards und Verfahren für die Zertifizierung; Anforderungen an die Angemessenheit des Datenschutzniveaus in einem Drittland, einem Gebiet oder bestimmten Sektor dieses Drittlands oder in einer internationalen Organisation; Standardschutzklauseln; Formate und Verfahren für den Informationsaustausch zwischen Verantwortlichen, Auftragsverarbeitern und Aufsichtsbehörden im Hinblick auf verbindliche interne Datenschutzvorschriften; Amtshilfe; sowie Vorkehrungen für den elektronischen Informationsaustausch zwischen Aufsichtsbehörden und zwischen Aufsichtsbehörden und dem Ausschuss sollte das Prüfverfahren angewandt werden.

(169) Die Kommission sollte sofort geltende Durchführungsrechtsakte erlassen, wenn anhand vorliegender Beweise festgestellt wird, dass ein Drittland, ein Gebiet oder ein bestimmter Sektor in diesem Drittland oder eine internationale Organisation kein angemessenes Schutzniveau gewährleistet, und dies aus Gründen äußerster Dringlichkeit erforderlich ist.

(170) Da das Ziel dieser Verordnung, nämlich die Gewährleistung eines gleichwertigen Datenschutzniveaus für natürliche Personen und des freien Verkehrs personenbezogener Daten in der Union, von den Mitgliedstaaten nicht ausreichend verwirklicht werden kann, sondern vielmehr wegen des Umfangs oder der Wirkungen der Maßnahme auf Unionsebene besser zu verwirklichen ist, kann die Union im Einklang mit dem in Artikel 5 des Vertrags über die Europäische Union (EUV) verankerten Subsidiaritätsprinzip tätig werden. Entsprechend dem in demselben Artikel genannten Grundsatz der Verhältnismäßigkeit geht diese Verordnung nicht über das für die Verwirklichung dieses Ziels erforderliche Maß hinaus.

(171) Die Richtlinie 95/46/EG sollte durch diese Verordnung aufgehoben werden. Verarbeitungen, die zum Zeitpunkt der Anwendung dieser Verordnung bereits begonnen haben, sollten innerhalb von zwei Jahren nach dem Inkrafttreten dieser Verordnung mit ihr in Einklang gebracht werden. Beruhen die Verarbeitungen auf einer Einwilligung gemäß der Richtlinie 95/46/EG, so ist es nicht erforderlich, dass die betroffene Person erneut ihre Einwilligung dazu erteilt, wenn die Art der bereits erteilten Einwilligung den Bedingungen dieser Verordnung entspricht, so dass der Verantwortliche die Verarbeitung nach dem Zeitpunkt der Anwendung der vorliegenden Verordnung fortsetzen kann. Auf der Richtlinie 95/46/EG beruhende Entscheidungen bzw. Beschlüsse der Kommission und Genehmigungen der Aufsichtsbehörden bleiben in Kraft, bis sie geändert, ersetzt oder aufgehoben werden.

(172) Der Europäische Datenschutzbeauftragte wurde gemäß Artikel 28 Absatz 2 der Verordnung (EG) Nr. 45/2001 konsultiert und hat am 7. März 2012[xv**] eine Stellungnahme abgegeben.

(173) Diese Verordnung sollte auf alle Fragen des Schutzes der Grundrechte und Grundfreiheiten bei der Verarbeitung personenbezogener Daten Anwendung finden, die nicht den in der Richtlinie 2002/58/EG des Europäischen Parlaments und des Rates[xv***] bestimmte Pflichten, die dasselbe Ziel verfolgen, unterliegen, einschließlich der Pflichten des Verantwortlichen und der Rechte natürlicher Personen. Um das Verhältnis zwischen der vorliegenden Verordnung und der Richtlinie 2002/58/EG klarzustellen, sollte die Richtlinie entsprechend geändert werden. Sobald diese Verordnung angenommen ist, sollte die Richtlinie 2002/58/EG einer Überprüfung unterzogen werden, um insbesondere die Kohärenz mit dieser Verordnung zu gewährleisten –

HABEN FOLGENDE VERORDNUNG ERLASSEN:

Kapitel I
Allgemeine Bestimmungen

Artikel 1 Gegenstand und Ziele

(1) Diese Verordnung enthält Vorschriften zum Schutz natürlicher Personen bei der Verarbeitung personenbezogener Daten und zum freien Verkehr solcher Daten.

---

xv** ABl. C 192 vom 30.6.2012, S. 7.

xv*** Richtlinie 2002/58/EG des Europäischen Parlaments und des Rates vom 12. Juli 2002 über die Verarbeitung personenbezogener Daten und den Schutz der Privatsphäre in der elektronischen Kommunikation (Datenschutzrichtlinie für elektronische Kommunikation) (ABl. L 201 vom 31.7.2002, S. 37).

(2) Diese Verordnung schützt die Grundrechte und Grundfreiheiten natürlicher Personen und insbesondere deren Recht auf Schutz personenbezogener Daten.

(3) Der freie Verkehr personenbezogener Daten in der Union darf aus Gründen des Schutzes natürlicher Personen bei der Verarbeitung personenbezogener Daten weder eingeschränkt noch verboten werden.

Artikel 2   Sachlicher Anwendungsbereich

(1) Diese Verordnung gilt für die ganz oder teilweise automatisierte Verarbeitung personenbezogener Daten sowie für die nichtautomatisierte Verarbeitung personenbezogener Daten, die in einem Dateisystem gespeichert sind oder gespeichert werden sollen.

(2) Diese Verordnung findet keine Anwendung auf die Verarbeitung personenbezogener Daten

a)   im Rahmen einer Tätigkeit, die nicht in den Anwendungsbereich des Unionsrechts fällt,

b)   durch die Mitgliedstaaten im Rahmen von Tätigkeiten, die in den Anwendungsbereich von Titel V Kapitel 2 EUV fallen,

c)   durch natürliche Personen zur Ausübung ausschließlich persönlicher oder familiärer Tätigkeiten,

d)   durch die zuständigen Behörden zum Zwecke der Verhütung, Ermittlung, Aufdeckung oder Verfolgung von Straftaten oder der Strafvollstreckung, einschließlich des Schutzes vor und der Abwehr von Gefahren für die öffentliche Sicherheit.

(3) [1]Für die Verarbeitung personenbezogener Daten durch die Organe, Einrichtungen, Ämter und Agenturen der Union gilt die Verordnung (EG) Nr. 45/2001. [2]Die Verordnung (EG) Nr. 45/2001 und sonstige Rechtsakte der Union, die diese Verarbeitung personenbezogener Daten regeln, werden im Einklang mit Artikel 98 an die Grundsätze und Vorschriften der vorliegenden Verordnung angepasst.

(4) Die vorliegende Verordnung lässt die Anwendung der Richtlinie 2000/31/EG und speziell die Vorschriften der Artikel 12 bis 15 dieser Richtlinie zur Verantwortlichkeit der Vermittler unberührt.

Artikel 3   Räumlicher Anwendungsbereich

(1) Diese Verordnung findet Anwendung auf die Verarbeitung personenbezogener Daten, soweit diese im Rahmen der Tätigkeiten einer Niederlassung eines Verantwortlichen oder eines Auftragsverarbeiters in der Union erfolgt, unabhängig davon, ob die Verarbeitung in der Union stattfindet.

(2) Diese Verordnung findet Anwendung auf die Verarbeitung personenbezogener Daten von betroffenen Personen, die sich in der Union befinden, durch einen nicht in der Union niedergelassenen Verantwortlichen oder Auftragsverarbeiter, wenn die Datenverarbeitung im Zusammenhang damit steht

a)   betroffenen Personen in der Union Waren oder Dienstleistungen anzubieten, unabhängig davon, ob von diesen betroffenen Personen eine Zahlung zu leisten ist;

b)   das Verhalten betroffener Personen zu beobachten, soweit ihr Verhalten in der Union erfolgt.

(3) Diese Verordnung findet Anwendung auf die Verarbeitung personenbezogener Daten durch einen nicht in der Union niedergelassenen Verantwortlichen an einem Ort, der aufgrund Völkerrechts dem Recht eines Mitgliedstaats unterliegt.

Artikel 4   Begriffsbestimmungen

Im Sinne dieser Verordnung bezeichnet der Ausdruck:

1.   „personenbezogene Daten" alle Informationen, die sich auf eine identifizierte oder identifizierbare natürliche Person (im Folgenden „betroffene Person") beziehen; als identifizierbar wird eine natürliche Person angesehen, die direkt oder indirekt, insbesondere mittels Zuordnung zu einer Kennung wie einem Namen, zu einer Kennnummer, zu Standortdaten, zu einer Online-Kennung oder zu einem oder mehreren besonderen Merkmalen, die Ausdruck der physischen, physiologischen, genetischen, psychischen, wirtschaftlichen, kulturellen oder sozialen Identität dieser natürlichen Person sind, identifiziert werden kann;

2.   „Verarbeitung" jeden mit oder ohne Hilfe automatisierter Verfahren ausgeführten Vorgang oder jede solche Vorgangsreihe im Zusammenhang mit personenbezogenen Daten wie das Erheben, das Erfas-

sen, die Organisation, das Ordnen, die Speicherung, die Anpassung oder Veränderung, das Auslesen, das Abfragen, die Verwendung, die Offenlegung durch Übermittlung, Verbreitung oder eine andere Form der Bereitstellung, den Abgleich oder die Verknüpfung, die Einschränkung, das Löschen oder die Vernichtung;

3. „Einschränkung der Verarbeitung" die Markierung gespeicherter personenbezogener Daten mit dem Ziel, ihre künftige Verarbeitung einzuschränken;

4. „Profiling" jede Art der automatisierten Verarbeitung personenbezogener Daten, die darin besteht, dass diese personenbezogenen Daten verwendet werden, um bestimmte persönliche Aspekte, die sich auf eine natürliche Person beziehen, zu bewerten, insbesondere um Aspekte bezüglich Arbeitsleistung, wirtschaftliche Lage, Gesundheit, persönliche Vorlieben, Interessen, Zuverlässigkeit, Verhalten, Aufenthaltsort oder Ortswechsel dieser natürlichen Person zu analysieren oder vorherzusagen;

5. „Pseudonymisierung" die Verarbeitung personenbezogener Daten in einer Weise, dass die personenbezogenen Daten ohne Hinzuziehung zusätzlicher Informationen nicht mehr einer spezifischen betroffenen Person zugeordnet werden können, sofern diese zusätzlichen Informationen gesondert aufbewahrt werden und technischen und organisatorischen Maßnahmen unterliegen, die gewährleisten, dass die personenbezogenen Daten nicht einer identifizierten oder identifizierbaren natürlichen Person zugewiesen werden;

6. „Dateisystem" jede strukturierte Sammlung personenbezogener Daten, die nach bestimmten Kriterien zugänglich sind, unabhängig davon, ob diese Sammlung zentral, dezentral oder nach funktionalen oder geografischen Gesichtspunkten geordnet geführt wird;

7. „Verantwortlicher" die natürliche oder juristische Person, Behörde, Einrichtung oder andere Stelle, die allein oder gemeinsam mit anderen über die Zwecke und Mittel der Verarbeitung von personenbezogenen Daten entscheidet; sind die Zwecke und Mittel dieser Verarbeitung durch das Unionsrecht oder das Recht der Mitgliedstaaten vorgegeben, so kann der Verantwortliche beziehungsweise können die bestimmten Kriterien seiner Benennung nach dem Unionsrecht oder dem Recht der Mitgliedstaaten vorgesehen werden;

8. „Auftragsverarbeiter" eine natürliche oder juristische Person, Behörde, Einrichtung oder andere Stelle, die personenbezogene Daten im Auftrag des Verantwortlichen verarbeitet;

9. „Empfänger" eine natürliche oder juristische Person, Behörde, Einrichtung oder andere Stelle, der personenbezogene Daten offengelegt werden, unabhängig davon, ob es sich bei ihr um einen Dritten handelt oder nicht. Behörden, die im Rahmen eines bestimmten Untersuchungsauftrags nach dem Unionsrecht oder dem Recht der Mitgliedstaaten möglicherweise personenbezogene Daten erhalten, gelten jedoch nicht als Empfänger; die Verarbeitung dieser Daten durch die genannten Behörden erfolgt im Einklang mit den geltenden Datenschutzvorschriften gemäß den Zwecken der Verarbeitung;

10. „Dritter" eine natürliche oder juristische Person, Behörde, Einrichtung oder andere Stelle, außer der betroffenen Person, dem Verantwortlichen, dem Auftragsverarbeiter und den Personen, die unter der unmittelbaren Verantwortung des Verantwortlichen oder des Auftragsverarbeiters befugt sind, die personenbezogenen Daten zu verarbeiten;

11. „Einwilligung" der betroffenen Person jede freiwillig für den bestimmten Fall, in informierter Weise und unmissverständlich abgegebene Willensbekundung in Form einer Erklärung oder einer sonstigen eindeutigen bestätigenden Handlung, mit der die betroffene Person zu verstehen gibt, dass sie mit der Verarbeitung der sie betreffenden personenbezogenen Daten einverstanden ist;

12. „Verletzung des Schutzes personenbezogener Daten" eine Verletzung der Sicherheit, die, ob unbeabsichtigt oder unrechtmäßig, zur Vernichtung, zum Verlust, zur Veränderung, oder zur unbefugten Offenlegung von beziehungsweise zum unbefugten Zugang zu personenbezogenen Daten führt, die übermittelt, gespeichert oder auf sonstige Weise verarbeitet wurden;

13. „genetische Daten" personenbezogene Daten zu den ererbten oder erworbenen genetischen Eigenschaften einer natürlichen Person, die eindeutige Informationen über die Physiologie oder die Gesundheit dieser natürlichen Person liefern und insbesondere aus der Analyse einer biologischen Probe der betreffenden natürlichen Person gewonnen wurden;

14. „biometrische Daten" mit speziellen technischen Verfahren gewonnene personenbezogene Daten zu den physischen, physiologischen oder verhaltenstypischen Merkmalen einer natürlichen Person, die die eindeutige Identifizierung dieser natürlichen Person ermöglichen oder bestätigen, wie Gesichtsbilder oder daktyloskopische Daten;

15. „Gesundheitsdaten" personenbezogene Daten, die sich auf die körperliche oder geistige Gesundheit einer natürlichen Person, einschließlich der Erbringung von Gesundheitsdienstleistungen, beziehen und aus denen Informationen über deren Gesundheitszustand hervorgehen;

16. „Hauptniederlassung"

   a) im Falle eines Verantwortlichen mit Niederlassungen in mehr als einem Mitgliedstaat den Ort seiner Hauptverwaltung in der Union, es sei denn, die Entscheidungen hinsichtlich der Zwecke und Mittel der Verarbeitung personenbezogener Daten werden in einer anderen Niederlassung des Verantwortlichen in der Union getroffen und diese Niederlassung ist befugt, diese Entscheidungen umsetzen zu lassen; in diesem Fall gilt die Niederlassung, die derartige Entscheidungen trifft, als Hauptniederlassung;

   b) im Falle eines Auftragsverarbeiters mit Niederlassungen in mehr als einem Mitgliedstaat den Ort seiner Hauptverwaltung in der Union oder, sofern der Auftragsverarbeiter keine Hauptverwaltung in der Union hat, die Niederlassung des Auftragsverarbeiters in der Union, in der die Verarbeitungstätigkeiten im Rahmen der Tätigkeiten einer Niederlassung eines Auftragsverarbeiters hauptsächlich stattfinden, soweit der Auftragsverarbeiter spezifischen Pflichten aus dieser Verordnung unterliegt;

17. „Vertreter" eine in der Union niedergelassene natürliche oder juristische Person, die von dem Verantwortlichen oder Auftragsverarbeiter schriftlich gemäß Artikel 27 bestellt wurde und den Verantwortlichen oder Auftragsverarbeiter in Bezug auf die ihnen jeweils nach dieser Verordnung obliegenden Pflichten vertritt;

18. „Unternehmen" eine natürliche oder juristische Person, die eine wirtschaftliche Tätigkeit ausübt, unabhängig von ihrer Rechtsform, einschließlich Personengesellschaften oder Vereinigungen, die regelmäßig einer wirtschaftlichen Tätigkeit nachgehen;

19. „Unternehmensgruppe" eine Gruppe, die aus einem herrschenden Unternehmen und den von diesem abhängigen Unternehmen besteht;

20. „verbindliche interne Datenschutzvorschriften" Maßnahmen zum Schutz personenbezogener Daten, zu deren Einhaltung sich ein im Hoheitsgebiet eines Mitgliedstaats niedergelassener Verantwortlicher oder Auftragsverarbeiter verpflichtet im Hinblick auf Datenübermittlungen oder eine Kategorie von Datenübermittlungen personenbezogener Daten an einen Verantwortlichen oder Auftragsverarbeiter derselben Unternehmensgruppe oder derselben Gruppe von Unternehmen, die eine gemeinsame Wirtschaftstätigkeit ausüben, in einem oder mehreren Drittländern;

21. „Aufsichtsbehörde" eine von einem Mitgliedstaat gemäß Artikel 51 eingerichtete unabhängige staatliche Stelle;

22. „betroffene Aufsichtsbehörde" eine Aufsichtsbehörde, die von der Verarbeitung personenbezogener Daten betroffen ist, weil

   a) der Verantwortliche oder der Auftragsverarbeiter im Hoheitsgebiet des Mitgliedstaats dieser Aufsichtsbehörde niedergelassen ist,

   b) diese Verarbeitung erhebliche Auswirkungen auf betroffene Personen mit Wohnsitz im Mitgliedstaat dieser Aufsichtsbehörde hat oder haben kann oder

   c) eine Beschwerde bei dieser Aufsichtsbehörde eingereicht wurde;

23. „grenzüberschreitende Verarbeitung" entweder

   a) eine Verarbeitung personenbezogener Daten, die im Rahmen der Tätigkeiten von Niederlassungen eines Verantwortlichen oder eines Auftragsverarbeiters in der Union in mehr als einem Mitgliedstaat erfolgt, wenn der Verantwortliche oder Auftragsverarbeiter in mehr als einem Mitgliedstaat niedergelassen ist, oder

   b) eine Verarbeitung personenbezogener Daten, die im Rahmen der Tätigkeiten einer einzelnen Niederlassung eines Verantwortlichen oder eines Auftragsverarbeiters in der Union erfolgt, die jedoch erhebliche Auswirkungen auf betroffene Personen in mehr als einem Mitgliedstaat hat oder haben kann;

24. „maßgeblicher und begründeter Einspruch" einen Einspruch gegen einen Beschlussentwurf im Hinblick darauf, ob ein Verstoß gegen diese Verordnung vorliegt oder ob beabsichtigte Maßnahmen gegen den Verantwortlichen oder den Auftragsverarbeiter im Einklang mit dieser Verordnung steht, wobei aus diesem Einspruch die Tragweite der Risiken klar hervorgeht, die von dem Beschlussentwurf in Bezug auf die Grundrechte und Grundfreiheiten der betroffenen Personen und gegebenenfalls den freien Verkehr personenbezogener Daten in der Union ausgehen;

25. „Dienst der Informationsgesellschaft" eine Dienstleistung im Sinne des Artikels 1 Nummer 1 Buchstabe b der Richtlinie (EU) 2015/1535 des Europäischen Parlaments und des Rates[1];

---

1 Richtlinie (EU) 2015/1535 des Europäischen Parlaments und des Rates vom 9. September 2015 über ein Informationsverfahren auf dem Gebiet der technischen Vorschriften und der Vorschriften für die Dienste der Informationsgesellschaft (ABl. L 241 vom 17.9.2015, S. 1).

26. „internationale Organisation" eine völkerrechtliche Organisation und ihre nachgeordneten Stellen oder jede sonstige Einrichtung, die durch eine zwischen zwei oder mehr Ländern geschlossene Übereinkunft oder auf der Grundlage einer solchen Übereinkunft geschaffen wurde.

Kapitel II
Grundsätze

Artikel 5 Grundsätze für die Verarbeitung personenbezogener Daten

(1) Personenbezogene Daten müssen

a) auf rechtmäßige Weise, nach Treu und Glauben und in einer für die betroffene Person nachvollziehbaren Weise verarbeitet werden („Rechtmäßigkeit, Verarbeitung nach Treu und Glauben, Transparenz");

b) für festgelegte, eindeutige und legitime Zwecke erhoben werden und dürfen nicht in einer mit diesen Zwecken nicht zu vereinbarenden Weise weiterverarbeitet werden; eine Weiterverarbeitung für im öffentlichen Interesse liegende Archivzwecke, für wissenschaftliche oder historische Forschungszwecke oder für statistische Zwecke gilt gemäß Artikel 89 Absatz 1 nicht als unvereinbar mit den ursprünglichen Zwecken („Zweckbindung");

c) dem Zweck angemessen und erheblich sowie auf das für die Zwecke der Verarbeitung notwendige Maß beschränkt sein („Datenminimierung");

d) sachlich richtig und erforderlichenfalls auf dem neuesten Stand sein; es sind alle angemessenen Maßnahmen zu treffen, damit personenbezogene Daten, die im Hinblick auf die Zwecke ihrer Verarbeitung unrichtig sind, unverzüglich gelöscht oder berichtigt werden („Richtigkeit");

e) in einer Form gespeichert werden, die die Identifizierung der betroffenen Personen nur so lange ermöglicht, wie es für die Zwecke, für die sie verarbeitet werden, erforderlich ist; personenbezogene Daten dürfen länger gespeichert werden, soweit die personenbezogenen Daten vorbehaltlich der Durchführung geeigneter technischer und organisatorischer Maßnahmen, die von dieser Verordnung zum Schutz der Rechte und Freiheiten der betroffenen Person gefordert werden, ausschließlich für im öffentlichen Interesse liegende Archivzwecke oder für wissenschaftliche und historische Forschungszwecke oder für statistische Zwecke gemäß Artikel 89 Absatz 1 verarbeitet werden („Speicherbegrenzung");

f) in einer Weise verarbeitet werden, die eine angemessene Sicherheit der personenbezogenen Daten gewährleistet, einschließlich Schutz vor unbefugter oder unrechtmäßiger Verarbeitung und vor unbeabsichtigtem Verlust, unbeabsichtigter Zerstörung oder unbeabsichtigter Schädigung durch geeignete technische und organisatorische Maßnahmen („Integrität und Vertraulichkeit");

(2) Der Verantwortliche ist für die Einhaltung des Absatzes 1 verantwortlich und muss dessen Einhaltung nachweisen können („Rechenschaftspflicht").

Artikel 6 Rechtmäßigkeit der Verarbeitung

(1) Die Verarbeitung ist nur rechtmäßig, wenn mindestens eine der nachstehenden Bedingungen erfüllt ist:

a) Die betroffene Person hat ihre Einwilligung zu der Verarbeitung der sie betreffenden personenbezogenen Daten für einen oder mehrere bestimmte Zwecke gegeben;

b) die Verarbeitung ist für die Erfüllung eines Vertrags, dessen Vertragspartei die betroffene Person ist, oder zur Durchführung vorvertraglicher Maßnahmen erforderlich, die auf Anfrage der betroffenen Person erfolgen;

c) die Verarbeitung ist zur Erfüllung einer rechtlichen Verpflichtung erforderlich, der der Verantwortliche unterliegt;

d) die Verarbeitung ist erforderlich, um lebenswichtige Interessen der betroffenen Person oder einer anderen natürlichen Person zu schützen;

e) die Verarbeitung ist für die Wahrnehmung einer Aufgabe erforderlich, die im öffentlichen Interesse liegt oder in Ausübung öffentlicher Gewalt erfolgt, die dem Verantwortlichen übertragen wurde;

f) die Verarbeitung ist zur Wahrung der berechtigten Interessen des Verantwortlichen oder eines Dritten erforderlich, sofern nicht die Interessen oder Grundrechte und Grundfreiheiten der betroffenen Person, die den Schutz personenbezogener Daten erfordern, überwiegen, insbesondere dann, wenn es sich bei der betroffenen Person um ein Kind handelt.

Unterabsatz 1 Buchstabe f gilt nicht für die von Behörden in Erfüllung ihrer Aufgaben vorgenommene Verarbeitung.

(2) Die Mitgliedstaaten können spezifischere Bestimmungen zur Anpassung der Anwendung der Vorschriften dieser Verordnung in Bezug auf die Verarbeitung zur Erfüllung von Absatz 1 Buchstaben c und e beibehalten oder einführen, indem sie spezifische Anforderungen für die Verarbeitung sowie sonstige Maßnahmen präziser bestimmen, um eine rechtmäßig und nach Treu und Glauben erfolgende Verarbeitung zu gewährleisten, einschließlich für andere besondere Verarbeitungssituationen gemäß Kapitel IX.

(3) Die Rechtsgrundlage für die Verarbeitungen gemäß Absatz 1 Buchstaben c und e wird festgelegt durch

a) Unionsrecht oder
b) das Recht der Mitgliedstaaten, dem der Verantwortliche unterliegt.

[1]Der Zweck der Verarbeitung muss in dieser Rechtsgrundlage festgelegt oder hinsichtlich der Verarbeitung gemäß Absatz 1 Buchstabe e für die Erfüllung einer Aufgabe erforderlich sein, die im öffentlichen Interesse liegt oder in Ausübung öffentlicher Gewalt erfolgt, die dem Verantwortlichen übertragen wurde. [2]Diese Rechtsgrundlage kann spezifische Bestimmungen zur Anpassung der Anwendung der Vorschriften dieser Verordnung enthalten, unter anderem Bestimmungen darüber, welche allgemeinen Bedingungen für die Regelung der Rechtmäßigkeit der Verarbeitung durch den Verantwortlichen gelten, welche Arten von Daten verarbeitet werden, welche Personen betroffen sind, an welche Einrichtungen und für welche Zwecke die personenbezogenen Daten offengelegt werden dürfen, welcher Zweckbindung sie unterliegen, wie lange sie gespeichert werden dürfen und welche Verarbeitungsvorgänge und -verfahren angewandt werden dürfen, einschließlich Maßnahmen zur Gewährleistung einer rechtmäßig und nach Treu und Glauben erfolgenden Verarbeitung, wie solche für sonstige besondere Verarbeitungssituationen gemäß Kapitel IX. [3]Das Unionsrecht oder das Recht der Mitgliedstaaten müssen ein im öffentlichen Interesse liegendes Ziel verfolgen und in einem angemessenen Verhältnis zu dem verfolgten legitimen Zweck stehen.

(4) Beruht die Verarbeitung zu einem anderen Zweck als zu demjenigen, zu dem die personenbezogenen Daten erhoben wurden, nicht auf der Einwilligung der betroffenen Person oder auf einer Rechtsvorschrift der Union oder der Mitgliedstaaten, die in einer demokratischen Gesellschaft eine notwendige und verhältnismäßige Maßnahme zum Schutz der in Artikel 23 Absatz 1 genannten Ziele darstellt, so berücksichtigt der Verantwortliche – um festzustellen, ob die Verarbeitung zu einem anderen Zweck mit demjenigen, zu dem die personenbezogenen Daten ursprünglich erhoben wurden, vereinbar ist – unter anderem

a) jede Verbindung zwischen den Zwecken, für die die personenbezogenen Daten erhoben wurden, und den Zwecken der beabsichtigten Weiterverarbeitung,
b) den Zusammenhang, in dem die personenbezogenen Daten erhoben wurden, insbesondere hinsichtlich des Verhältnisses zwischen den betroffenen Personen und dem Verantwortlichen,
c) die Art der personenbezogenen Daten, insbesondere ob besondere Kategorien personenbezogener Daten gemäß Artikel 9 verarbeitet werden oder ob personenbezogene Daten über strafrechtliche Verurteilungen und Straftaten gemäß Artikel 10 verarbeitet werden,
d) die möglichen Folgen der beabsichtigten Weiterverarbeitung für die betroffenen Personen,
e) das Vorhandensein geeigneter Garantien, wozu Verschlüsselung oder Pseudonymisierung gehören kann.

Artikel 7   Bedingungen für die Einwilligung

(1) Beruht die Verarbeitung auf einer Einwilligung, muss der Verantwortliche nachweisen können, dass die betroffene Person in die Verarbeitung ihrer personenbezogenen Daten eingewilligt hat.

(2) [1]Erfolgt die Einwilligung der betroffenen Person durch eine schriftliche Erklärung, die noch andere Sachverhalte betrifft, so muss das Ersuchen um Einwilligung in verständlicher und leicht zugänglicher Form in einer klaren und einfachen Sprache so erfolgen, dass es von den anderen Sachverhalten klar zu unterscheiden ist. [2]Teile der Erklärung sind dann nicht verbindlich, wenn sie einen Verstoß gegen diese Verordnung darstellen.

(3) [1]Die betroffene Person hat das Recht, ihre Einwilligung jederzeit zu widerrufen. [2]Durch den Widerruf der Einwilligung wird die Rechtmäßigkeit der aufgrund der Einwilligung bis zum Widerruf erfolgten Verarbeitung nicht berührt. [3]Die betroffene Person wird vor Abgabe der Einwilligung hiervon in Kenntnis gesetzt. [4]Der Widerruf der Einwilligung muss so einfach wie die Erteilung der Einwilligung sein.

(4) Bei der Beurteilung, ob die Einwilligung freiwillig erteilt wurde, muss dem Umstand in größtmöglichem Umfang Rechnung getragen werden, ob unter anderem die Erfüllung eines Vertrags, einschließlich der Er-

bringung einer Dienstleistung, von der Einwilligung zu einer Verarbeitung von personenbezogenen Daten abhängig ist, die für die Erfüllung des Vertrags nicht erforderlich sind.

Artikel 8 Bedingungen für die Einwilligung eines Kindes in Bezug auf Dienste der Informationsgesellschaft

(1) [1]Gilt Artikel 6 Absatz 1 Buchstabe a bei einem Angebot von Diensten der Informationsgesellschaft, das einem Kind direkt gemacht wird, so ist die Verarbeitung der personenbezogenen Daten des Kindes rechtmäßig, wenn das Kind das sechzehnte Lebensjahr vollendet hat. [2]Hat das Kind noch nicht das sechzehnte Lebensjahr vollendet, so ist diese Verarbeitung nur rechtmäßig, sofern und soweit diese Einwilligung durch den Träger der elterlichen Verantwortung für das Kind oder mit dessen Zustimmung erteilt wird.

Die Mitgliedstaaten können durch Rechtsvorschriften zu diesen Zwecken eine niedrigere Altersgrenze vorsehen, die jedoch nicht unter dem vollendeten dreizehnten Lebensjahr liegen darf.

(2) Der Verantwortliche unternimmt unter Berücksichtigung der verfügbaren Technik angemessene Anstrengungen, um sich in solchen Fällen zu vergewissern, dass die Einwilligung durch den Träger der elterlichen Verantwortung für das Kind oder mit dessen Zustimmung erteilt wurde.

(3) Absatz 1 lässt das allgemeine Vertragsrecht der Mitgliedstaaten, wie etwa die Vorschriften zur Gültigkeit, zum Zustandekommen oder zu den Rechtsfolgen eines Vertrags in Bezug auf ein Kind, unberührt.

Artikel 9 Verarbeitung besonderer Kategorien personenbezogener Daten

(1) Die Verarbeitung personenbezogener Daten, aus denen die rassische und ethnische Herkunft, politische Meinungen, religiöse oder weltanschauliche Überzeugungen oder die Gewerkschaftszugehörigkeit hervorgehen, sowie die Verarbeitung von genetischen Daten, biometrischen Daten zur eindeutigen Identifizierung einer natürlichen Person, Gesundheitsdaten oder Daten zum Sexualleben oder der sexuellen Orientierung einer natürlichen Person ist untersagt.

(2) Absatz 1 gilt nicht in folgenden Fällen:

a) Die betroffene Person hat in die Verarbeitung der genannten personenbezogenen Daten für einen oder mehrere festgelegte Zwecke ausdrücklich eingewilligt, es sei denn, nach Unionsrecht oder dem Recht der Mitgliedstaaten kann das Verbot nach Absatz 1 durch die Einwilligung der betroffenen Person nicht aufgehoben werden,

b) die Verarbeitung ist erforderlich, damit der Verantwortliche oder die betroffene Person die ihm bzw. ihr aus dem Arbeitsrecht und dem Recht der sozialen Sicherheit und des Sozialschutzes erwachsenden Rechte ausüben und seinen bzw. ihren diesbezüglichen Pflichten nachkommen kann, soweit dies nach Unionsrecht oder dem Recht der Mitgliedstaaten oder einer Kollektivvereinbarung nach dem Recht der Mitgliedstaaten, das geeignete Garantien für die Grundrechte und die Interessen der betroffenen Person vorsieht, zulässig ist,

c) die Verarbeitung ist zum Schutz lebenswichtiger Interessen der betroffenen Person oder einer anderen natürlichen Person erforderlich und die betroffene Person ist aus körperlichen oder rechtlichen Gründen außerstande, ihre Einwilligung zu geben,

d) die Verarbeitung erfolgt auf der Grundlage geeigneter Garantien durch eine politisch, weltanschaulich, religiös oder gewerkschaftlich ausgerichtete Stiftung, Vereinigung oder sonstige Organisation ohne Gewinnerzielungsabsicht im Rahmen ihrer rechtmäßigen Tätigkeiten und unter der Voraussetzung, dass sich die Verarbeitung ausschließlich auf die Mitglieder oder ehemalige Mitglieder der Organisation oder auf Personen, die im Zusammenhang mit deren Tätigkeitszweck regelmäßige Kontakte mit ihr unterhalten, bezieht und die personenbezogenen Daten nicht ohne Einwilligung der betroffenen Personen nach außen offengelegt werden,

e) die Verarbeitung bezieht sich auf personenbezogene Daten, die die betroffene Person offensichtlich öffentlich gemacht hat,

f) die Verarbeitung ist zur Geltendmachung, Ausübung oder Verteidigung von Rechtsansprüchen oder bei Handlungen der Gerichte im Rahmen ihrer justiziellen Tätigkeit erforderlich,

g) die Verarbeitung ist auf der Grundlage des Unionsrechts oder des Rechts eines Mitgliedstaats, das in angemessenem Verhältnis zu dem verfolgten Ziel steht, den Wesensgehalt des Rechts auf Datenschutz wahrt und angemessene und spezifische Maßnahmen zur Wahrung der Grundrechte und Interessen der betroffenen Person vorsieht, aus Gründen eines erheblichen öffentlichen Interesses erforderlich,

h) die Verarbeitung ist für Zwecke der Gesundheitsvorsorge oder der Arbeitsmedizin, für die Beurteilung der Arbeitsfähigkeit des Beschäftigten, für die medizinische Diagnostik, die Versorgung oder Behandlung im Gesundheits- oder Sozialbereich oder für die Verwaltung von Systemen und Diensten im Gesundheits- oder Sozialbereich auf der Grundlage des Unionsrechts oder des Rechts eines Mitgliedstaats oder aufgrund eines Vertrags mit einem Angehörigen eines Gesundheitsberufs und vorbehaltlich der in Absatz 3 genannten Bedingungen und Garantien erforderlich,

i) die Verarbeitung ist aus Gründen des öffentlichen Interesses im Bereich der öffentlichen Gesundheit, wie dem Schutz vor schwerwiegenden grenzüberschreitenden Gesundheitsgefahren oder zur Gewährleistung hoher Qualitäts- und Sicherheitsstandards bei der Gesundheitsversorgung und bei Arzneimitteln und Medizinprodukten, auf der Grundlage des Unionsrechts oder des Rechts eines Mitgliedstaats, das angemessene und spezifische Maßnahmen zur Wahrung der Rechte und Freiheiten der betroffenen Person, insbesondere des Berufsgeheimnisses, vorsieht, erforderlich, oder

j) die Verarbeitung ist auf der Grundlage des Unionsrechts oder des Rechts eines Mitgliedstaats, das in angemessenem Verhältnis zu dem verfolgten Ziel steht, den Wesensgehalt des Rechts auf Datenschutz wahrt und angemessene und spezifische Maßnahmen zur Wahrung der Grundrechte und Interessen der betroffenen Person vorsieht, für im öffentlichen Interesse liegende Archivzwecke, für wissenschaftliche oder historische Forschungszwecke oder für statistische Zwecke gemäß Artikel 89 Absatz 1 erforderlich.

(3) Die in Absatz 1 genannten personenbezogenen Daten dürfen zu den in Absatz 2 Buchstabe h genannten Zwecken verarbeitet werden, wenn diese Daten von Fachpersonal oder unter dessen Verantwortung verarbeitet werden und dieses Fachpersonal nach dem Unionsrecht oder dem Recht eines Mitgliedstaats oder den Vorschriften nationaler zuständiger Stellen dem Berufsgeheimnis unterliegt, oder wenn die Verarbeitung durch eine andere Person erfolgt, die ebenfalls nach dem Unionsrecht oder dem Recht eines Mitgliedstaats oder den Vorschriften nationaler zuständiger Stellen einer Geheimhaltungspflicht unterliegt.

(4) Die Mitgliedstaaten können zusätzliche Bedingungen, einschließlich Beschränkungen, einführen oder aufrechterhalten, soweit die Verarbeitung von genetischen, biometrischen oder Gesundheitsdaten betroffen ist.

Artikel 10 Verarbeitung von personenbezogenen Daten über strafrechtliche Verurteilungen und Straftaten

[1]Die Verarbeitung personenbezogener Daten über strafrechtliche Verurteilungen und Straftaten oder damit zusammenhängende Sicherungsmaßregeln aufgrund von Artikel 6 Absatz 1 darf nur unter behördlicher Aufsicht vorgenommen werden oder wenn dies nach dem Unionsrecht oder dem Recht der Mitgliedstaaten, das geeignete Garantien für die Rechte und Freiheiten der betroffenen Personen vorsieht, zulässig ist. [2]Ein umfassendes Register der strafrechtlichen Verurteilungen darf nur unter behördlicher Aufsicht geführt werden.

Artikel 11 Verarbeitung, für die eine Identifizierung der betroffenen Person nicht erforderlich ist

(1) Ist für die Zwecke, für die ein Verantwortlicher personenbezogene Daten verarbeitet, die Identifizierung der betroffenen Person durch den Verantwortlichen nicht oder nicht mehr erforderlich, so ist dieser nicht verpflichtet, zur bloßen Einhaltung dieser Verordnung zusätzliche Informationen aufzubewahren, einzuholen oder zu verarbeiten, um die betroffene Person zu identifizieren.

(2) [1]Kann der Verantwortliche in Fällen gemäß Absatz 1 des vorliegenden Artikels nachweisen, dass er nicht in der Lage ist, die betroffene Person zu identifizieren, so unterrichtet er die betroffene Person hierüber, sofern möglich. [2]In diesen Fällen finden die Artikel 15 bis 20 keine Anwendung, es sei denn, die betroffene Person stellt zur Ausübung ihrer in diesen Artikeln niedergelegten Rechte zusätzliche Informationen bereit, die ihre Identifizierung ermöglichen.

Kapitel III
Rechte der betroffenen Person
Abschnitt 1
Transparenz und Modalitäten

Artikel 12 Transparente Information, Kommunikation und Modalitäten für die Ausübung der Rechte der betroffenen Person

(1) [1]Der Verantwortliche trifft geeignete Maßnahmen, um der betroffenen Person alle Informationen gemäß den Artikeln 13 und 14 und alle Mitteilungen gemäß den Artikeln 15 bis 22 und Artikel 34, die sich auf die Verarbeitung beziehen, in präziser, transparenter, verständlicher und leicht zugänglicher Form in einer klaren und einfachen Sprache zu übermitteln; dies gilt insbesondere für Informationen, die sich speziell an Kinder richten. [2]Die Übermittlung der Informationen erfolgt schriftlich oder in anderer Form, gegebenenfalls auch elektronisch. [3]Falls von der betroffenen Person verlangt, kann die Information mündlich erteilt werden, sofern die Identität der betroffenen Person in anderer Form nachgewiesen wurde.

(2) [1]Der Verantwortliche erleichtert der betroffenen Person die Ausübung ihrer Rechte gemäß den Artikeln 15 bis 22. [2]In den in Artikel 11 Absatz 2 genannten Fällen darf sich der Verantwortliche nur dann weigern, aufgrund des Antrags der betroffenen Person auf Wahrnehmung ihrer Rechte gemäß den Artikeln 15 bis 22 tätig zu werden, wenn er glaubhaft macht, dass er nicht in der Lage ist, die betroffene Person zu identifizieren.

(3) [1]Der Verantwortliche stellt der betroffenen Person Informationen über die auf Antrag gemäß den Artikeln 15 bis 22 ergriffenen Maßnahmen unverzüglich, in jedem Fall aber innerhalb eines Monats nach Eingang des Antrags zur Verfügung. [2]Diese Frist kann um weitere zwei Monate verlängert werden, wenn dies unter Berücksichtigung der Komplexität und der Anzahl von Anträgen erforderlich ist. [3]Der Verantwortliche unterrichtet die betroffene Person innerhalb eines Monats nach Eingang des Antrags über eine Fristverlängerung, zusammen mit den Gründen für die Verzögerung. [4]Stellt die betroffene Person den Antrag elektronisch, so ist sie nach Möglichkeit auf elektronischem Weg zu unterrichten, sofern sie nichts anderes angibt.

(4) Wird der Verantwortliche auf den Antrag der betroffenen Person hin nicht tätig, so unterrichtet er die betroffene Person ohne Verzögerung, spätestens aber innerhalb eines Monats nach Eingang des Antrags über die Gründe hierfür und über die Möglichkeit, bei einer Aufsichtsbehörde Beschwerde einzulegen oder einen gerichtlichen Rechtsbehelf einzulegen.

(5) [1]Informationen gemäß den Artikeln 13 und 14 sowie alle Mitteilungen und Maßnahmen gemäß den Artikeln 15 bis 22 und Artikel 34 werden unentgeltlich zur Verfügung gestellt. [2]Bei offenkundig unbegründeten oder – insbesondere im Fall von häufiger Wiederholung – exzessiven Anträgen einer betroffenen Person kann der Verantwortliche entweder

a) ein angemessenes Entgelt verlangen, bei dem die Verwaltungskosten für die Unterrichtung oder die Mitteilung oder die Durchführung der beantragten Maßnahme berücksichtigt werden, oder

b) sich weigern, aufgrund des Antrags tätig zu werden.

Der Verantwortliche hat den Nachweis für den offenkundig unbegründeten oder exzessiven Charakter des Antrags zu erbringen.

(6) Hat der Verantwortliche begründete Zweifel an der Identität der natürlichen Person, die den Antrag gemäß den Artikeln 15 bis 21 stellt, so kann er unbeschadet des Artikels 11 zusätzliche Informationen anfordern, die zur Bestätigung der Identität der betroffenen Person erforderlich sind.

(7) [1]Die Informationen, die den betroffenen Personen gemäß den Artikeln 13 und 14 bereitzustellen sind, können in Kombination mit standardisierten Bildsymbolen bereitgestellt werden, um in leicht wahrnehmbarer, verständlicher und klar nachvollziehbarer Form einen aussagekräftigen Überblick über die beabsichtigte Verarbeitung zu vermitteln. [2]Werden die Bildsymbole in elektronischer Form dargestellt, müssen sie maschinenlesbar sein.

(8) Der Kommission wird die Befugnis übertragen, gemäß Artikel 92 delegierte Rechtsakte zur Bestimmung der Informationen, die durch Bildsymbole darzustellen sind, und der Verfahren für die Bereitstellung standardisierter Bildsymbole zu erlassen.

Abschnitt 2
Informationspflicht und Recht auf Auskunft zu personenbezogenen Daten

Artikel 13   Informationspflicht bei Erhebung von personenbezogenen Daten bei der betroffenen Person

(1) Werden personenbezogene Daten bei der betroffenen Person erhoben, so teilt der Verantwortliche der betroffenen Person zum Zeitpunkt der Erhebung dieser Daten Folgendes mit:

a)   den Namen und die Kontaktdaten des Verantwortlichen sowie gegebenenfalls seines Vertreters;

b)   gegebenenfalls die Kontaktdaten des Datenschutzbeauftragten;

c)   die Zwecke, für die die personenbezogenen Daten verarbeitet werden sollen, sowie die Rechtsgrundlage für die Verarbeitung;

d)   wenn die Verarbeitung auf Artikel 6 Absatz 1 Buchstabe f beruht, die berechtigten Interessen, die von dem Verantwortlichen oder einem Dritten verfolgt werden;

e)   gegebenenfalls die Empfänger oder Kategorien von Empfängern der personenbezogenen Daten und

f)   gegebenenfalls die Absicht des Verantwortlichen, die personenbezogenen Daten an ein Drittland oder eine internationale Organisation zu übermitteln, sowie das Vorhandensein oder das Fehlen eines Angemessenheitsbeschlusses der Kommission oder im Falle von Übermittlungen gemäß Artikel 46 oder Artikel 47 oder Artikel 49 Absatz 1 Unterabsatz 2 einen Verweis auf die geeigneten oder angemessenen Garantien und die Möglichkeit, wie eine Kopie von ihnen zu erhalten ist, oder wo sie verfügbar sind.

(2) Zusätzlich zu den Informationen gemäß Absatz 1 stellt der Verantwortliche der betroffenen Person zum Zeitpunkt der Erhebung dieser Daten folgende weitere Informationen zur Verfügung, die notwendig sind, um eine faire und transparente Verarbeitung zu gewährleisten:

a)   die Dauer, für die die personenbezogenen Daten gespeichert werden oder, falls dies nicht möglich ist, die Kriterien für die Festlegung dieser Dauer;

b)   das Bestehen eines Rechts auf Auskunft seitens des Verantwortlichen über die betreffenden personenbezogenen Daten sowie auf Berichtigung oder Löschung oder auf Einschränkung der Verarbeitung oder eines Widerspruchsrechts gegen die Verarbeitung sowie des Rechts auf Datenübertragbarkeit;

c)   wenn die Verarbeitung auf Artikel 6 Absatz 1 Buchstabe a oder Artikel 9 Absatz 2 Buchstabe a beruht, das Bestehen eines Rechts, die Einwilligung jederzeit zu widerrufen, ohne dass die Rechtmäßigkeit der aufgrund der Einwilligung bis zum Widerruf erfolgten Verarbeitung berührt wird;

d)   das Bestehen eines Beschwerderechts bei einer Aufsichtsbehörde;

e)   ob die Bereitstellung der personenbezogenen Daten gesetzlich oder vertraglich vorgeschrieben oder für einen Vertragsabschluss erforderlich ist, ob die betroffene Person verpflichtet ist, die personenbezogenen Daten bereitzustellen, und welche mögliche Folgen die Nichtbereitstellung hätte und

f)   das Bestehen einer automatisierten Entscheidungsfindung einschließlich Profiling gemäß Artikel 22 Absätze 1 und 4 und – zumindest in diesen Fällen – aussagekräftige Informationen über die involvierte Logik sowie die Tragweite und die angestrebten Auswirkungen einer derartigen Verarbeitung für die betroffene Person.

(3) Beabsichtigt der Verantwortliche, die personenbezogenen Daten für einen anderen Zweck weiterzuverarbeiten als den, für den die personenbezogenen Daten erhoben wurden, so stellt er der betroffenen Person vor dieser Weiterverarbeitung Informationen über diesen anderen Zweck und alle anderen maßgeblichen Informationen gemäß Absatz 2 zur Verfügung.

(4) Die Absätze 1, 2 und 3 finden keine Anwendung, wenn und soweit die betroffene Person bereits über die Informationen verfügt.

Artikel 14   Informationspflicht, wenn die personenbezogenen Daten nicht bei der betroffenen Person erhoben wurden

(1) Werden personenbezogene Daten nicht bei der betroffenen Person erhoben, so teilt der Verantwortliche der betroffenen Person Folgendes mit:

a)   den Namen und die Kontaktdaten des Verantwortlichen sowie gegebenenfalls seines Vertreters;

b)   zusätzlich die Kontaktdaten des Datenschutzbeauftragten;

c) die Zwecke, für die die personenbezogenen Daten verarbeitet werden sollen, sowie die Rechtsgrundlage für die Verarbeitung;

d) die Kategorien personenbezogener Daten, die verarbeitet werden;

e) gegebenenfalls die Empfänger oder Kategorien von Empfängern der personenbezogenen Daten;

f) gegebenenfalls die Absicht des Verantwortlichen, die personenbezogenen Daten an einen Empfänger in einem Drittland oder einer internationalen Organisation zu übermitteln, sowie das Vorhandensein oder das Fehlen eines Angemessenheitsbeschlusses der Kommission oder im Falle von Übermittlungen gemäß Artikel 46 oder Artikel 47 oder Artikel 49 Absatz 1 Unterabsatz 2 einen Verweis auf die geeigneten oder angemessenen Garantien und die Möglichkeit, eine Kopie von ihnen zu erhalten, oder wo sie verfügbar sind.

(2) Zusätzlich zu den Informationen gemäß Absatz 1 stellt der Verantwortliche der betroffenen Person die folgenden Informationen zur Verfügung, die erforderlich sind, um der betroffenen Person gegenüber eine faire und transparente Verarbeitung zu gewährleisten:

a) die Dauer, für die die personenbezogenen Daten gespeichert werden oder, falls dies nicht möglich ist, die Kriterien für die Festlegung dieser Dauer;

b) wenn die Verarbeitung auf Artikel 6 Absatz 1 Buchstabe f beruht, die berechtigten Interessen, die von dem Verantwortlichen oder einem Dritten verfolgt werden;

c) das Bestehen eines Rechts auf Auskunft seitens des Verantwortlichen über die betreffenden personenbezogenen Daten sowie auf Berichtigung oder Löschung oder auf Einschränkung der Verarbeitung und eines Widerspruchsrechts gegen die Verarbeitung sowie des Rechts auf Datenübertragbarkeit;

d) wenn die Verarbeitung auf Artikel 6 Absatz 1 Buchstabe a oder Artikel 9 Absatz 2 Buchstabe a beruht, das Bestehen eines Rechts, die Einwilligung jederzeit zu widerrufen, ohne dass die Rechtmäßigkeit der aufgrund der Einwilligung bis zum Widerruf erfolgten Verarbeitung berührt wird;

e) das Bestehen eines Beschwerderechts bei einer Aufsichtsbehörde;

f) aus welcher Quelle die personenbezogenen Daten stammen und gegebenenfalls ob sie aus öffentlich zugänglichen Quellen stammen;

g) das Bestehen einer automatisierten Entscheidungsfindung einschließlich Profiling gemäß Artikel 22 Absätze 1 und 4 und – zumindest in diesen Fällen – aussagekräftige Informationen über die involvierte Logik sowie die Tragweite und die angestrebten Auswirkungen einer derartigen Verarbeitung für die betroffene Person.

(3) Der Verantwortliche erteilt die Informationen gemäß den Absätzen 1 und 2

a) unter Berücksichtigung der spezifischen Umstände der Verarbeitung der personenbezogenen Daten innerhalb einer angemessenen Frist nach Erlangung der personenbezogenen Daten, längstens jedoch innerhalb eines Monats,

b) falls die personenbezogenen Daten zur Kommunikation mit der betroffenen Person verwendet werden sollen, spätestens zum Zeitpunkt der ersten Mitteilung an sie, oder,

c) falls die Offenlegung an einen anderen Empfänger beabsichtigt ist, spätestens zum Zeitpunkt der ersten Offenlegung.

(4) Beabsichtigt der Verantwortliche, die personenbezogenen Daten für einen anderen Zweck weiterzuverarbeiten als den, für den die personenbezogenen Daten erlangt wurden, so stellt er der betroffenen Person vor dieser Weiterverarbeitung Informationen über diesen anderen Zweck und alle anderen maßgeblichen Informationen gemäß Absatz 2 zur Verfügung.

(5) Die Absätze 1 bis 4 finden keine Anwendung, wenn und soweit

a) die betroffene Person bereits über die Informationen verfügt,

b) die Erteilung dieser Informationen sich als unmöglich erweist oder einen unverhältnismäßigen Aufwand erfordern würde; dies gilt insbesondere für die Verarbeitung für im öffentlichen Interesse liegende Archivzwecke, für wissenschaftliche oder historische Forschungszwecke oder für statistische Zwecke vorbehaltlich der in Artikel 89 Absatz 1 genannten Bedingungen und Garantien oder soweit die in Absatz 1 des vorliegenden Artikels genannte Pflicht voraussichtlich die Verwirklichung der Ziele dieser Verarbeitung unmöglich macht oder ernsthaft beeinträchtigt In diesen Fällen ergreift der Verantwortliche geeignete Maßnahmen zum Schutz der Rechte und Freiheiten sowie der berechtigten Interessen der betroffenen Person, einschließlich der Bereitstellung dieser Informationen für die Öffentlichkeit,

c) die Erlangung oder Offenlegung durch Rechtsvorschriften der Union oder der Mitgliedstaaten, denen der Verantwortliche unterliegt und die geeignete Maßnahmen zum Schutz der berechtigten Interessen der betroffenen Person vorsehen, ausdrücklich geregelt ist oder

d) die personenbezogenen Daten gemäß dem Unionsrecht oder dem Recht der Mitgliedstaaten dem Berufsgeheimnis, einschließlich einer satzungsmäßigen Geheimhaltungspflicht, unterliegen und daher vertraulich behandelt werden müssen.

Artikel 15   Auskunftsrecht der betroffenen Person

(1) Die betroffene Person hat das Recht, von dem Verantwortlichen eine Bestätigung darüber zu verlangen, ob sie betreffende personenbezogene Daten verarbeitet werden; ist dies der Fall, so hat sie ein Recht auf Auskunft über diese personenbezogenen Daten und auf folgende Informationen:

a) die Verarbeitungszwecke;
b) die Kategorien personenbezogener Daten, die verarbeitet werden;
c) die Empfänger oder Kategorien von Empfängern, gegenüber denen die personenbezogenen Daten offengelegt worden sind oder noch offengelegt werden, insbesondere bei Empfängern in Drittländern oder bei internationalen Organisationen;
d) falls möglich die geplante Dauer, für die die personenbezogenen Daten gespeichert werden, oder, falls dies nicht möglich ist, die Kriterien für die Festlegung dieser Dauer;
e) das Bestehen eines Rechts auf Berichtigung oder Löschung der sie betreffenden personenbezogenen Daten oder auf Einschränkung der Verarbeitung durch den Verantwortlichen oder eines Widerspruchsrechts gegen diese Verarbeitung;
f) das Bestehen eines Beschwerderechts bei einer Aufsichtsbehörde;
g) wenn die personenbezogenen Daten nicht bei der betroffenen Person erhoben werden, alle verfügbaren Informationen über die Herkunft der Daten;
h) das Bestehen einer automatisierten Entscheidungsfindung einschließlich Profiling gemäß Artikel 22 Absätze 1 und 4 und – zumindest in diesen Fällen – aussagekräftige Informationen über die involvierte Logik sowie die Tragweite und die angestrebten Auswirkungen einer derartigen Verarbeitung für die betroffene Person.

(2) Werden personenbezogene Daten an ein Drittland oder an eine internationale Organisation übermittelt, so hat die betroffene Person das Recht, über die geeigneten Garantien gemäß Artikel 46 im Zusammenhang mit der Übermittlung unterrichtet zu werden.

(3) [1]Der Verantwortliche stellt eine Kopie der personenbezogenen Daten, die Gegenstand der Verarbeitung sind, zur Verfügung. [2]Für alle weiteren Kopien, die die betroffene Person beantragt, kann der Verantwortliche ein angemessenes Entgelt auf der Grundlage der Verwaltungskosten verlangen. [3]Stellt die betroffene Person den Antrag elektronisch, so sind die Informationen in einem gängigen elektronischen Format zur Verfügung zu stellen, sofern sie nichts anderes angibt.

(4) Das Recht auf Erhalt einer Kopie gemäß Absatz 3 darf die Rechte und Freiheiten anderer Personen nicht beeinträchtigen.

Abschnitt 3
Berichtigung und Löschung

Artikel 16   Recht auf Berichtigung

[1]Die betroffene Person hat das Recht, von dem Verantwortlichen unverzüglich die Berichtigung sie betreffender unrichtiger personenbezogener Daten zu verlangen. [2]Unter Berücksichtigung der Zwecke der Verarbeitung hat die betroffene Person das Recht, die Vervollständigung unvollständiger personenbezogener Daten – auch mittels einer ergänzenden Erklärung – zu verlangen.

Artikel 17   Recht auf Löschung („Recht auf Vergessenwerden")

(1) Die betroffene Person hat das Recht, von dem Verantwortlichen zu verlangen, dass sie betreffende personenbezogene Daten unverzüglich gelöscht werden, und der Verantwortliche ist verpflichtet, personenbezogene Daten unverzüglich zu löschen, sofern einer der folgenden Gründe zutrifft:

a) Die personenbezogenen Daten sind für die Zwecke, für die sie erhoben oder auf sonstige Weise verarbeitet wurden, nicht mehr notwendig.

b) Die betroffene Person widerruft ihre Einwilligung, auf die sich die Verarbeitung gemäß Artikel 6 Absatz 1 Buchstabe a oder Artikel 9 Absatz 2 Buchstabe a stützte, und es fehlt an einer anderweitigen Rechtsgrundlage für die Verarbeitung.

c) Die betroffene Person legt gemäß Artikel 21 Absatz 1 Widerspruch gegen die Verarbeitung ein und es liegen keine vorrangigen berechtigten Gründe für die Verarbeitung vor, oder die betroffene Person legt gemäß Artikel 21 Absatz 2 Widerspruch gegen die Verarbeitung ein.

d) Die personenbezogenen Daten wurden unrechtmäßig verarbeitet.

e) Die Löschung der personenbezogenen Daten ist zur Erfüllung einer rechtlichen Verpflichtung nach dem Unionsrecht oder dem Recht der Mitgliedstaaten erforderlich, dem der Verantwortliche unterliegt.

f) Die personenbezogenen Daten wurden in Bezug auf angebotene Dienste der Informationsgesellschaft gemäß Artikel 8 Absatz 1 erhoben.

(2) Hat der Verantwortliche die personenbezogenen Daten öffentlich gemacht und ist er gemäß Absatz 1 zu deren Löschung verpflichtet, so trifft er unter Berücksichtigung der verfügbaren Technologie und der Implementierungskosten angemessene Maßnahmen, auch technischer Art, um für die Datenverarbeitung Verantwortliche, die die personenbezogenen Daten verarbeiten, darüber zu informieren, dass eine betroffene Person von ihnen die Löschung aller Links zu diesen personenbezogenen Daten oder von Kopien oder Replikationen dieser personenbezogenen Daten verlangt hat.

(3) Die Absätze 1 und 2 gelten nicht, soweit die Verarbeitung erforderlich ist

a) zur Ausübung des Rechts auf freie Meinungsäußerung und Information;

b) zur Erfüllung einer rechtlichen Verpflichtung, die die Verarbeitung nach dem Recht der Union oder der Mitgliedstaaten, dem der Verantwortliche unterliegt, erfordert, oder zur Wahrnehmung einer Aufgabe, die im öffentlichen Interesse liegt oder in Ausübung öffentlicher Gewalt erfolgt, die dem Verantwortlichen übertragen wurde;

c) aus Gründen des öffentlichen Interesses im Bereich der öffentlichen Gesundheit gemäß Artikel 9 Absatz 2 Buchstaben h und i sowie Artikel 9 Absatz 3;

d) für im öffentlichen Interesse liegende Archivzwecke, wissenschaftliche oder historische Forschungszwecke oder für statistische Zwecke gemäß Artikel 89 Absatz 1, soweit das in Absatz 1 genannte Recht voraussichtlich die Verwirklichung der Ziele dieser Verarbeitung unmöglich macht oder ernsthaft beeinträchtigt, oder

e) zur Geltendmachung, Ausübung oder Verteidigung von Rechtsansprüchen.

Artikel 18 Recht auf Einschränkung der Verarbeitung

(1) Die betroffene Person hat das Recht, von dem Verantwortlichen die Einschränkung der Verarbeitung zu verlangen, wenn eine der folgenden Voraussetzungen gegeben ist:

a) die Richtigkeit der personenbezogenen Daten von der betroffenen Person bestritten wird, und zwar für eine Dauer, die es dem Verantwortlichen ermöglicht, die Richtigkeit der personenbezogenen Daten zu überprüfen,

b) die Verarbeitung unrechtmäßig ist und die betroffene Person die Löschung der personenbezogenen Daten ablehnt und stattdessen die Einschränkung der Nutzung der personenbezogenen Daten verlangt;

c) der Verantwortliche die personenbezogenen Daten für die Zwecke der Verarbeitung nicht länger benötigt, die betroffene Person sie jedoch zur Geltendmachung, Ausübung oder Verteidigung von Rechtsansprüchen benötigt, oder

d) die betroffene Person Widerspruch gegen die Verarbeitung gemäß Artikel 21 Absatz 1 eingelegt hat, solange noch nicht feststeht, ob die berechtigten Gründe des Verantwortlichen gegenüber denen der betroffenen Person überwiegen.

(2) Wurde die Verarbeitung gemäß Absatz 1 eingeschränkt, so dürfen diese personenbezogenen Daten – von ihrer Speicherung abgesehen – nur mit Einwilligung der betroffenen Person oder zur Geltendmachung, Ausübung oder Verteidigung von Rechtsansprüchen oder zum Schutz der Rechte einer anderen natürlichen oder juristischen Person oder aus Gründen eines wichtigen öffentlichen Interesses der Union oder eines Mitgliedstaats verarbeitet werden.

(3) Eine betroffene Person, die eine Einschränkung der Verarbeitung gemäß Absatz 1 erwirkt hat, wird von dem Verantwortlichen unterrichtet, bevor die Einschränkung aufgehoben wird.

Artikel 19 Mitteilungspflicht im Zusammenhang mit der Berichtigung oder Löschung personenbezogener Daten oder der Einschränkung der Verarbeitung

[1]Der Verantwortliche teilt allen Empfängern, denen personenbezogenen Daten offengelegt wurden, jede Berichtigung oder Löschung der personenbezogenen Daten oder eine Einschränkung der Verarbeitung nach Artikel 16, Artikel 17 Absatz 1 und Artikel 18 mit, es sei denn, dies erweist sich als unmöglich oder ist mit einem unverhältnismäßigen Aufwand verbunden. [2]Der Verantwortliche unterrichtet die betroffene Person über diese Empfänger, wenn die betroffene Person dies verlangt.

Artikel 20 Recht auf Datenübertragbarkeit

(1) Die betroffene Person hat das Recht, die sie betreffenden personenbezogenen Daten, die sie einem Verantwortlichen bereitgestellt hat, in einem strukturierten, gängigen und maschinenlesbaren Format zu erhalten, und sie hat das Recht, diese Daten einem anderen Verantwortlichen ohne Behinderung durch den Verantwortlichen, dem die personenbezogenen Daten bereitgestellt wurden, zu übermitteln, sofern

a) die Verarbeitung auf einer Einwilligung gemäß Artikel 6 Absatz 1 Buchstabe a oder Artikel 9 Absatz 2 Buchstabe a oder auf einem Vertrag gemäß Artikel 6 Absatz 1 Buchstabe b beruht und

b) die Verarbeitung mithilfe automatisierter Verfahren erfolgt.

(2) Bei der Ausübung ihres Rechts auf Datenübertragbarkeit gemäß Absatz 1 hat die betroffene Person das Recht, zu erwirken, dass die personenbezogenen Daten direkt von einem Verantwortlichen einem anderen Verantwortlichen übermittelt werden, soweit dies technisch machbar ist.

(3) [1]Die Ausübung des Rechts nach Absatz 1 des vorliegenden Artikels lässt Artikel 17 unberührt. [2]Dieses Recht gilt nicht für eine Verarbeitung, die für die Wahrnehmung einer Aufgabe erforderlich ist, die im öffentlichen Interesse liegt oder in Ausübung öffentlicher Gewalt erfolgt, die dem Verantwortlichen übertragen wurde.

(4) Das Recht gemäß Absatz 1 darf die Rechte und Freiheiten anderer Personen nicht beeinträchtigen.

Abschnitt 4
Widerspruchsrecht und automatisierte Entscheidungsfindung im Einzelfall

Artikel 21 Widerspruchsrecht

(1) [1]Die betroffene Person hat das Recht, aus Gründen, die sich aus ihrer besonderen Situation ergeben, jederzeit gegen die Verarbeitung sie betreffender personenbezogener Daten, die aufgrund von Artikel 6 Absatz 1 Buchstaben e oder f erfolgt, Widerspruch einzulegen; dies gilt auch für ein auf diese Bestimmungen gestütztes Profiling. [2]Der Verantwortliche verarbeitet die personenbezogenen Daten nicht mehr, es sei denn, er kann zwingende schutzwürdige Gründe für die Verarbeitung nachweisen, die die Interessen, Rechte und Freiheiten der betroffenen Person überwiegen, oder die Verarbeitung dient der Geltendmachung, Ausübung oder Verteidigung von Rechtsansprüchen.

(2) Werden personenbezogene Daten verarbeitet, um Direktwerbung zu betreiben, so hat die betroffene Person das Recht, jederzeit Widerspruch gegen die Verarbeitung sie betreffender personenbezogener Daten zum Zwecke derartiger Werbung einzulegen; dies gilt auch für das Profiling, soweit es mit solcher Direktwerbung in Verbindung steht.

(3) Widerspricht die betroffene Person der Verarbeitung für Zwecke der Direktwerbung, so werden die personenbezogenen Daten nicht mehr für diese Zwecke verarbeitet.

(4) Die betroffene Person muss spätestens zum Zeitpunkt der ersten Kommunikation mit ihr ausdrücklich auf das in den Absätzen 1 und 2 genannte Recht hingewiesen werden; dieser Hinweis hat in einer verständlichen und von anderen Informationen getrennten Form zu erfolgen.

(5) Im Zusammenhang mit der Nutzung von Diensten der Informationsgesellschaft kann die betroffene Person ungeachtet der Richtlinie 2002/58/EG ihr Widerspruchsrecht mittels automatisierter Verfahren ausüben, bei denen technische Spezifikationen verwendet werden.

(6) Die betroffene Person hat das Recht, aus Gründen, die sich aus ihrer besonderen Situation ergeben, gegen die sie betreffende Verarbeitung sie betreffender personenbezogener Daten, die zu wissenschaftlichen oder historischen Forschungszwecken oder zu statistischen Zwecken gemäß Artikel 89 Absatz 1 erfolgt, Widerspruch einzulegen, es sei denn, die Verarbeitung ist zur Erfüllung einer im öffentlichen Interesse liegenden Aufgabe erforderlich.

Artikel 22 Automatisierte Entscheidungen im Einzelfall einschließlich Profiling

(1) Die betroffene Person hat das Recht, nicht einer ausschließlich auf einer automatisierten Verarbeitung – einschließlich Profiling – beruhenden Entscheidung unterworfen zu werden, die ihr gegenüber rechtliche Wirkung entfaltet oder sie in ähnlicher Weise erheblich beeinträchtigt.

(2) Absatz 1 gilt nicht, wenn die Entscheidung

a) für den Abschluss oder die Erfüllung eines Vertrags zwischen der betroffenen Person und dem Verantwortlichen erforderlich ist,

b) aufgrund von Rechtsvorschriften der Union oder der Mitgliedstaaten, denen der Verantwortliche unterliegt, zulässig ist und diese Rechtsvorschriften angemessene Maßnahmen zur Wahrung der Rechte und Freiheiten sowie der berechtigten Interessen der betroffenen Person enthalten oder

c) mit ausdrücklicher Einwilligung der betroffenen Person erfolgt.

(3) In den in Absatz 2 Buchstaben a und c genannten Fällen trifft der Verantwortliche angemessene Maßnahmen, um die Rechte und Freiheiten sowie die berechtigten Interessen der betroffenen Person zu wahren, wozu mindestens das Recht auf Erwirkung des Eingreifens einer Person seitens des Verantwortlichen, auf Darlegung des eigenen Standpunkts und auf Anfechtung der Entscheidung gehört.

(4) Entscheidungen nach Absatz 2 dürfen nicht auf besonderen Kategorien personenbezogener Daten nach Artikel 9 Absatz 1 beruhen, sofern nicht Artikel 9 Absatz 2 Buchstabe a oder g gilt und angemessene Maßnahmen zum Schutz der Rechte und Freiheiten sowie der berechtigten Interessen der betroffenen Person getroffen wurden.

Abschnitt 5
Beschränkungen

Artikel 23 Beschränkungen

(1) Durch Rechtsvorschriften der Union oder der Mitgliedstaaten, denen der Verantwortliche oder der Auftragsverarbeiter unterliegt, können die Pflichten und Rechte gemäß den Artikeln 12 bis 22 und Artikel 34 sowie Artikel 5, insofern dessen Bestimmungen den in den Artikeln 12 bis 22 vorgesehenen Rechten und Pflichten entsprechen, im Wege von Gesetzgebungsmaßnahmen beschränkt werden, sofern eine solche Beschränkung den Wesensgehalt der Grundrechte und Grundfreiheiten achtet und in einer demokratischen Gesellschaft eine notwendige und verhältnismäßige Maßnahme darstellt, die Folgendes sicherstellt:

a) die nationale Sicherheit;

b) die Landesverteidigung;

c) die öffentliche Sicherheit;

d) die Verhütung, Ermittlung, Aufdeckung oder Verfolgung von Straftaten oder die Strafvollstreckung, einschließlich des Schutzes vor und der Abwehr von Gefahren für die öffentliche Sicherheit;

e) den Schutz sonstiger wichtiger Ziele des allgemeinen öffentlichen Interesses der Union oder eines Mitgliedstaats, insbesondere eines wichtigen wirtschaftlichen oder finanziellen Interesses der Union oder eines Mitgliedstaats, etwa im Währungs-, Haushalts- und Steuerbereich sowie im Bereich der öffentlichen Gesundheit und der sozialen Sicherheit;

f) den Schutz der Unabhängigkeit der Justiz und den Schutz von Gerichtsverfahren;

g) die Verhütung, Aufdeckung, Ermittlung und Verfolgung von Verstößen gegen die berufsständischen Regeln reglementierter Berufe;

h) Kontroll-, Überwachungs- und Ordnungsfunktionen, die dauernd oder zeitweise mit der Ausübung öffentlicher Gewalt für die unter den Buchstaben a bis e und g genannten Zwecke verbunden sind;

i) den Schutz der betroffenen Person oder der Rechte und Freiheiten anderer Personen;

j) die Durchsetzung zivilrechtlicher Ansprüche.

(2) Jede Gesetzgebungsmaßnahme im Sinne des Absatzes 1 muss insbesondere gegebenenfalls spezifische Vorschriften enthalten zumindest in Bezug auf

a) die Zwecke der Verarbeitung oder die Verarbeitungskategorien,

b) die Kategorien personenbezogener Daten,

c) den Umfang der vorgenommenen Beschränkungen,

d) die Garantien gegen Missbrauch oder unrechtmäßigen Zugang oder unrechtmäßige Übermittlung;

e) die Angaben zu dem Verantwortlichen oder den Kategorien von Verantwortlichen,

f) die jeweiligen Speicherfristen sowie die geltenden Garantien unter Berücksichtigung von Art, Umfang und Zwecken der Verarbeitung oder der Verarbeitungskategorien,

g) die Risiken für die Rechte und Freiheiten der betroffenen Personen und

h) das Recht der betroffenen Personen auf Unterrichtung über die Beschränkung, sofern dies nicht dem Zweck der Beschränkung abträglich ist.

Kapitel IV
Verantwortlicher und Auftragsverarbeiter

Abschnitt 1
Allgemeine Pflichten

Artikel 24   Verantwortung des für die Verarbeitung Verantwortlichen

(1) [1]Der Verantwortliche setzt unter Berücksichtigung der Art, des Umfangs, der Umstände und der Zwecke der Verarbeitung sowie der unterschiedlichen Eintrittswahrscheinlichkeit und Schwere der Risiken für die Rechte und Freiheiten natürlicher Personen geeignete technische und organisatorische Maßnahmen um, um sicherzustellen und den Nachweis dafür erbringen zu können, dass die Verarbeitung gemäß dieser Verordnung erfolgt. [2]Diese Maßnahmen werden erforderlichenfalls überprüft und aktualisiert.

(2) Sofern dies in einem angemessenen Verhältnis zu den Verarbeitungstätigkeiten steht, müssen die Maßnahmen gemäß Absatz 1 die Anwendung geeigneter Datenschutzvorkehrungen durch den Verantwortlichen umfassen.

(3) Die Einhaltung der genehmigten Verhaltensregeln gemäß Artikel 40 oder eines genehmigten Zertifizierungsverfahrens gemäß Artikel 42 kann als Gesichtspunkt herangezogen werden, um die Erfüllung der Pflichten des Verantwortlichen nachzuweisen.

Artikel 25   Datenschutz durch Technikgestaltung und durch datenschutzfreundliche Voreinstellungen

(1) Unter Berücksichtigung des Stands der Technik, der Implementierungskosten und der Art, des Umfangs, der Umstände und der Zwecke der Verarbeitung sowie der unterschiedlichen Eintrittswahrscheinlichkeit und Schwere der mit der Verarbeitung verbundenen Risiken für die Rechte und Freiheiten natürlicher Personen trifft der Verantwortliche sowohl zum Zeitpunkt der Festlegung der Mittel für die Verarbeitung als auch zum Zeitpunkt der eigentlichen Verarbeitung geeignete technische und organisatorische Maßnahmen – wie z.B. Pseudonymisierung –, die dafür ausgelegt sind, die Datenschutzgrundsätze wie etwa Datenminimierung wirksam umzusetzen und die notwendigen Garantien in die Verarbeitung aufzunehmen, um den Anforderungen dieser Verordnung zu genügen und die Rechte der betroffenen Personen zu schützen.

(2) [1]Der Verantwortliche trifft geeignete technische und organisatorische Maßnahmen, die sicherstellen, dass durch Voreinstellung nur personenbezogene Daten, deren Verarbeitung für den jeweiligen bestimmten Verarbeitungszweck erforderlich ist, verarbeitet werden. [2]Diese Verpflichtung gilt für die Menge der erhobenen personenbezogenen Daten, den Umfang ihrer Verarbeitung, ihre Speicherfrist und ihre Zugänglichkeit. [3]Solche Maßnahmen müssen insbesondere sicherstellen, dass personenbezogene Daten durch Vorein-

stellungen nicht ohne Eingreifen der Person einer unbestimmten Zahl von natürlichen Personen zugänglich gemacht werden.

(3) Ein genehmigtes Zertifizierungsverfahren gemäß Artikel 42 kann als Faktor herangezogen werden, um die Erfüllung der in den Absätzen 1 und 2 des vorliegenden Artikels genannten Anforderungen nachzuweisen.

Artikel 26 Gemeinsam Verantwortliche

(1) [1]Legen zwei oder mehr Verantwortliche gemeinsam die Zwecke der und die Mittel zur Verarbeitung fest, so sind sie gemeinsam Verantwortliche. [2]Sie legen in einer Vereinbarung in transparenter Form fest, wer von ihnen welche Verpflichtung gemäß dieser Verordnung erfüllt, insbesondere was die Wahrnehmung der Rechte der betroffenen Person angeht, und wer welchen Informationspflichten gemäß den Artikeln 13 und 14 nachkommt, sofern und soweit die jeweiligen Aufgaben der Verantwortlichen nicht durch Rechtsvorschriften der Union oder der Mitgliedstaaten, denen die Verantwortlichen unterliegen, festgelegt sind. [3]In der Vereinbarung kann eine Anlaufstelle für die betroffenen Personen angegeben werden.

(2) [1]Die Vereinbarung gemäß Absatz 1 muss die jeweiligen tatsächlichen Funktionen und Beziehungen der gemeinsam Verantwortlichen gegenüber betroffenen Personen gebührend widerspiegeln. [2]Das wesentliche der Vereinbarung wird der betroffenen Person zur Verfügung gestellt.

(3) Ungeachtet der Einzelheiten der Vereinbarung gemäß Absatz 1 kann die betroffene Person ihre Rechte im Rahmen dieser Verordnung bei und gegenüber jedem einzelnen der Verantwortlichen geltend machen.

Artikel 27 Vertreter von nicht in der Union niedergelassenen Verantwortlichen oder Auftragsverarbeitern

(1) In den Fällen gemäß Artikel 3 Absatz 2 benennt der Verantwortliche oder der Auftragsverarbeiter schriftlich einen Vertreter in der Union.

(2) Die Pflicht gemäß Absatz 1 des vorliegenden Artikels gilt nicht für

a)   eine Verarbeitung, die gelegentlich erfolgt, nicht die umfangreiche Verarbeitung besonderer Datenkategorien im Sinne des Artikels 9 Absatz 1 oder die umfangreiche Verarbeitung von personenbezogenen Daten über strafrechtliche Verurteilungen und Straftaten im Sinne des Artikels 10 einschließt und unter Berücksichtigung der Art, der Umstände, des Umfangs und der Zwecke der Verarbeitung voraussichtlich nicht zu einem Risiko für die Rechte und Freiheiten natürlicher Personen führt, oder

b)   Behörden oder öffentliche Stellen.

(3) Der Vertreter muss in einem der Mitgliedstaaten niedergelassen sein, in denen die betroffenen Personen, deren personenbezogene Daten im Zusammenhang mit den ihnen angebotenen Waren oder Dienstleistungen verarbeitet werden oder deren Verhalten beobachtet wird, sich befinden.

(4) Der Vertreter wird durch den Verantwortlichen oder den Auftragsverarbeiter beauftragt, zusätzlich zu diesem oder an seiner Stelle insbesondere für Aufsichtsbehörden und betroffene Personen bei sämtlichen Fragen im Zusammenhang mit der Verarbeitung zur Gewährleistung der Einhaltung dieser Verordnung als Anlaufstelle zu dienen.

(5) Die Benennung eines Vertreters durch den Verantwortlichen oder den Auftragsverarbeiter erfolgt unbeschadet etwaiger rechtlicher Schritte gegen den Verantwortlichen oder den Auftragsverarbeiter selbst.

Artikel 28 Auftragsverarbeiter

(1) Erfolgt eine Verarbeitung im Auftrag eines Verantwortlichen, so arbeitet dieser nur mit Auftragsverarbeitern, die hinreichend Garantien dafür bieten, dass geeignete technische und organisatorische Maßnahmen so durchgeführt werden, dass die Verarbeitung im Einklang mit den Anforderungen dieser Verordnung erfolgt und den Schutz der Rechte der betroffenen Person gewährleistet.

(2) [1]Der Auftragsverarbeiter nimmt keinen weiteren Auftragsverarbeiter ohne vorherige gesonderte oder allgemeine schriftliche Genehmigung des Verantwortlichen in Anspruch. [2]Im Fall einer allgemeinen schrift-

lichen Genehmigung informiert der Auftragsverarbeiter den Verantwortlichen immer über jede beabsichtigte Änderung in Bezug auf die Hinzuziehung oder die Ersetzung anderer Auftragsverarbeiter, wodurch der Verantwortliche die Möglichkeit erhält, gegen derartige Änderungen Einspruch zu erheben.

(3) ¹Die Verarbeitung durch einen Auftragsverarbeiter erfolgt auf der Grundlage eines Vertrags oder eines anderen Rechtsinstruments nach dem Unionsrecht oder dem Recht der Mitgliedstaaten, der bzw. das den Auftragsverarbeiter in Bezug auf den Verantwortlichen bindet und in dem Gegenstand und Dauer der Verarbeitung, Art und Zweck der Verarbeitung, die Art der personenbezogenen Daten, die Kategorien betroffener Personen und die Pflichten und Rechte des Verantwortlichen festgelegt sind. ²Dieser Vertrag bzw. dieses andere Rechtsinstrument sieht insbesondere vor, dass der Auftragsverarbeiter

a) die personenbezogenen Daten nur auf dokumentierte Weisung des Verantwortlichen – auch in Bezug auf die Übermittlung personenbezogener Daten an ein Drittland oder eine internationale Organisation – verarbeitet, sofern er nicht durch das Recht der Union oder der Mitgliedstaaten, dem der Auftragsverarbeiter unterliegt, hierzu verpflichtet ist; in einem solchen Fall teilt der Auftragsverarbeiter dem Verantwortlichen diese rechtlichen Anforderungen vor der Verarbeitung mit, sofern das betreffende Recht eine solche Mitteilung nicht wegen eines wichtigen öffentlichen Interesses verbietet;

b) gewährleistet, dass sich die zur Verarbeitung der personenbezogenen Daten befugten Personen zur Vertraulichkeit verpflichtet haben oder einer angemessenen gesetzlichen Verschwiegenheitpflicht unterliegen;

c) alle gemäß Artikel 32 erforderlichen Maßnahmen ergreift;

d) die in den Absätzen 2 und 4 genannten Bedingungen für die Inanspruchnahme der Dienste eines weiteren Auftragsverarbeiters einhält;

e) angesichts der Art der Verarbeitung den Verantwortlichen nach Möglichkeit mit geeigneten technischen und organisatorischen Maßnahmen dabei unterstützt, seiner Pflicht zur Beantwortung von Anträgen auf Wahrnehmung der in Kapitel III genannten Rechte der betroffenen Person nachzukommen;

f) unter Berücksichtigung der Art der Verarbeitung und der ihm zur Verfügung stehenden Informationen den Verantwortlichen bei der Einhaltung der in den Artikeln 32 bis 36 genannten Pflichten unterstützt;

g) nach Abschluss der Erbringung der Verarbeitungsleistungen alle personenbezogenen Daten nach Wahl des Verantwortlichen entweder löscht oder zurückgibt und die vorhandenen Kopien löscht, sofern nicht nach dem Unionsrecht oder dem Recht der Mitgliedstaaten eine Verpflichtung zur Speicherung der personenbezogenen Daten besteht;

h) dem Verantwortlichen alle erforderlichen Informationen zum Nachweis der Einhaltung der in diesem Artikel niedergelegten Pflichten zur Verfügung stellt und Überprüfungen – einschließlich Inspektionen –, die vom Verantwortlichen oder einem anderen von diesem beauftragten Prüfer durchgeführt werden, ermöglicht und dazu beiträgt.

Mit Blick auf Unterabsatz 1 Buchstabe h informiert der Auftragsverarbeiter den Verantwortlichen unverzüglich, falls er der Auffassung ist, dass eine Weisung gegen diese Verordnung oder gegen andere Datenschutzbestimmungen der Union oder der Mitgliedstaaten verstößt.

(4) ¹Nimmt der Auftragsverarbeiter die Dienste eines weiteren Auftragsverarbeiters in Anspruch, um bestimmte Verarbeitungstätigkeiten im Namen des Verantwortlichen auszuführen, so werden diesem weiteren Auftragsverarbeiter im Wege eines Vertrags oder eines anderen Rechtsinstruments nach dem Unionsrecht oder dem Recht des betreffenden Mitgliedstaats dieselben Datenschutzpflichten auferlegt, die in dem Vertrag oder anderen Rechtsinstrument zwischen dem Verantwortlichen und dem Auftragsverarbeiter gemäß Absatz 3 festgelegt sind, wobei insbesondere hinreichende Garantien dafür geboten werden muss, dass die geeigneten technischen und organisatorischen Maßnahmen so durchgeführt werden, dass die Verarbeitung entsprechend den Anforderungen dieser Verordnung erfolgt. ²Kommt der weitere Auftragsverarbeiter seinen Datenschutzpflichten nicht nach, so haftet der erste Auftragsverarbeiter gegenüber dem Verantwortlichen für die Einhaltung der Pflichten jenes anderen Auftragsverarbeiters.

(5) Die Einhaltung genehmigter Verhaltensregeln gemäß Artikel 40 oder eines genehmigten Zertifizierungsverfahrens gemäß Artikel 42 durch einen Auftragsverarbeiter kann als Faktor herangezogen werden, um hinreichende Garantien im Sinne der Absätze 1 und 4 des vorliegenden Artikels nachzuweisen.

(6) Unbeschadet eines individuellen Vertrags zwischen dem Verantwortlichen und dem Auftragsverarbeiter kann der Vertrag oder das andere Rechtsinstrument im Sinne der Absätze 3 und 4 des vorliegenden Artikels ganz oder teilweise auf den in den Absätzen 7 und 8 des vorliegenden Artikels genannten Standardvertragsklauseln beruhen, auch wenn diese Bestandteil einer dem Verantwortlichen oder dem Auftragsverarbeiter gemäß den Artikeln 42 und 43 erteilten Zertifizierung sind.

(7) Die Kommission kann im Einklang mit dem Prüfverfahren gemäß Artikel 93 Absatz 2 Standardvertragsklauseln zur Regelung der in den Absätzen 3 und 4 des vorliegenden Artikels genannten Fragen festlegen.

(8) Eine Aufsichtsbehörde kann im Einklang mit dem Kohärenzverfahren gemäß Artikel 63 Standardvertragsklauseln zur Regelung der in den Absätzen 3 und 4 des vorliegenden Artikels genannten Fragen festlegen.

(9) Der Vertrag oder das andere Rechtsinstrument im Sinne der Absätze 3 und 4 ist schriftlich abzufassen, was auch in einem elektronischen Format erfolgen kann.

(10) Unbeschadet der Artikel 82, 83 und 84 gilt ein Auftragsverarbeiter, der unter Verstoß gegen diese Verordnung die Zwecke und Mittel der Verarbeitung bestimmt, in Bezug auf diese Verarbeitung als Verantwortlicher.

Artikel 29   Verarbeitung unter der Aufsicht des Verantwortlichen oder des Auftragsverarbeiters

Der Auftragsverarbeiter und jede dem Verantwortlichen oder dem Auftragsverarbeiter unterstellte Person, die Zugang zu personenbezogenen Daten hat, dürfen diese Daten ausschließlich auf Weisung des Verantwortlichen verarbeiten, es sei denn, dass sie nach dem Unionsrecht oder dem Recht der Mitgliedstaaten zur Verarbeitung verpflichtet sind.

Artikel 30   Verzeichnis von Verarbeitungstätigkeiten

(1) [1]Jeder Verantwortliche und gegebenenfalls sein Vertreter führen ein Verzeichnis aller Verarbeitungstätigkeiten, die ihrer Zuständigkeit unterliegen. [2]Dieses Verzeichnis enthält sämtliche folgenden Angaben:

a)   den Namen und die Kontaktdaten des Verantwortlichen und gegebenenfalls des gemeinsam mit ihm Verantwortlichen, des Vertreters des Verantwortlichen sowie eines etwaigen Datenschutzbeauftragten;

b)   die Zwecke der Verarbeitung;

c)   eine Beschreibung der Kategorien betroffener Personen und der Kategorien personenbezogener Daten;

d)   die Kategorien von Empfängern, gegenüber denen die personenbezogenen Daten offengelegt worden sind oder noch offengelegt werden, einschließlich Empfänger in Drittländern oder internationalen Organisationen;

e)   gegebenenfalls Übermittlungen von personenbezogenen Daten an ein Drittland oder an eine internationale Organisation, einschließlich der Angabe des betreffenden Drittlands oder der betreffenden internationalen Organisation, sowie bei den in Artikel 49 Absatz 1 Unterabsatz 2 genannten Datenübermittlungen die Dokumentierung geeigneter Garantien;

f)   wenn möglich, die vorgesehenen Fristen für die Löschung der verschiedenen Datenkategorien;

g)   wenn möglich, eine allgemeine Beschreibung der technischen und organisatorischen Maßnahmen gemäß Artikel 32 Absatz 1.

(2) Jeder Auftragsverarbeiter und gegebenenfalls sein Vertreter führen ein Verzeichnis zu allen Kategorien von im Auftrag eines Verantwortlichen durchgeführten Tätigkeiten der Verarbeitung, die Folgendes enthält:

a)   den Namen und die Kontaktdaten des Auftragsverarbeiters oder der Auftragsverarbeiter und jedes Verantwortlichen, in dessen Auftrag der Auftragsverarbeiter tätig ist, sowie gegebenenfalls des Vertreters des Verantwortlichen oder des Auftragsverarbeiters und eines etwaigen Datenschutzbeauftragten;

b)   die Kategorien von Verarbeitungen, die im Auftrag jedes Verantwortlichen durchgeführt werden;

c)   gegebenenfalls Übermittlungen von personenbezogenen Daten an ein Drittland oder an eine internationale Organisation, einschließlich der Angabe des betreffenden Drittlands oder der betreffenden internationalen Organisation, sowie bei den in Artikel 49 Absatz 1 Unterabsatz 2 genannten Datenübermittlungen die Dokumentierung geeigneter Garantien;

d)   wenn möglich, eine allgemeine Beschreibung der technischen und organisatorischen Maßnahmen gemäß Artikel 32 Absatz 1.

(3) Das in den Absätzen 1 und 2 genannte Verzeichnis ist schriftlich zu führen, was auch in einem elektronischen Format erfolgen kann.

(4) Der Verantwortliche oder der Auftragsverarbeiter sowie gegebenenfalls der Vertreter des Verantwortlichen oder des Auftragsverarbeiters stellen der Aufsichtsbehörde das Verzeichnis auf Anfrage zur Verfügung.

(5) Die in den Absätzen 1 und 2 genannten Pflichten gelten nicht für Unternehmen oder Einrichtungen, die weniger als 250 Mitarbeiter beschäftigen, es sei denn, die von ihnen vorgenommene Verarbeitung birgt ein Risiko für die Rechte und Freiheiten der betroffenen Personen, die Verarbeitung erfolgt nicht nur gelegentlich oder es erfolgt eine Verarbeitung besonderer Datenkategorien gemäß Artikel 9 Absatz 1 bzw. die Verarbeitung von personenbezogenen Daten über strafrechtliche Verurteilungen und Straftaten im Sinne des Artikels 10.

Artikel 31   Zusammenarbeit mit der Aufsichtsbehörde

Der Verantwortliche und der Auftragsverarbeiter und gegebenenfalls deren Vertreter arbeiten auf Anfrage mit der Aufsichtsbehörde bei der Erfüllung ihrer Aufgaben zusammen.

Abschnitt 2
Sicherheit personenbezogener Daten

Artikel 32   Sicherheit der Verarbeitung

(1) Unter Berücksichtigung des Stands der Technik, der Implementierungskosten und der Art, des Umfangs, der Umstände und der Zwecke der Verarbeitung sowie der unterschiedlichen Eintrittswahrscheinlichkeit und Schwere des Risikos für die Rechte und Freiheiten natürlicher Personen treffen der Verantwortliche und der Auftragsverarbeiter geeignete technische und organisatorische Maßnahmen, um ein dem Risiko angemessenes Schutzniveau zu gewährleisten; diese Maßnahmen schließen gegebenenfalls unter anderem Folgendes ein:

a)   die Pseudonymisierung und Verschlüsselung personenbezogener Daten;

b)   die Fähigkeit, die Vertraulichkeit, Integrität, Verfügbarkeit und Belastbarkeit der Systeme und Dienste im Zusammenhang mit der Verarbeitung auf Dauer sicherzustellen;

c)   die Fähigkeit, die Verfügbarkeit der personenbezogenen Daten und den Zugang zu ihnen bei einem physischen oder technischen Zwischenfall rasch wiederherzustellen;

d)   ein Verfahren zur regelmäßigen Überprüfung, Bewertung und Evaluierung der Wirksamkeit der technischen und organisatorischen Maßnahmen zur Gewährleistung der Sicherheit der Verarbeitung.

(2) Bei der Beurteilung des angemessenen Schutzniveaus sind insbesondere die Risiken zu berücksichtigen, die mit der Verarbeitung verbunden sind, insbesondere durch – ob unbeabsichtigt oder unrechtmäßig – Vernichtung, Verlust, Veränderung oder unbefugte Offenlegung von beziehungsweise unbefugten Zugang zu personenbezogenen Daten, die übermittelt, gespeichert oder auf andere Weise verarbeitet wurden.

(3) Die Einhaltung genehmigter Verhaltensregeln gemäß Artikel 40 oder eines genehmigten Zertifizierungsverfahrens gemäß Artikel 42 kann als Faktor herangezogen werden, um die Erfüllung der in Absatz 1 des vorliegenden Artikels genannten Anforderungen nachzuweisen.

(4) Der Verantwortliche und der Auftragsverarbeiter unternehmen Schritte, um sicherzustellen, dass ihnen unterstellte natürliche Personen, die Zugang zu personenbezogenen Daten haben, diese nur auf Anweisung des Verantwortlichen verarbeiten, es sei denn, sie sind nach dem Recht der Union oder der Mitgliedstaaten zur Verarbeitung verpflichtet.

Artikel 33   Meldung von Verletzungen des Schutzes personenbezogener Daten an die Aufsichtsbehörde

(1) [1]Im Falle einer Verletzung des Schutzes personenbezogener Daten meldet der Verantwortliche unverzüglich und möglichst binnen 72 Stunden, nachdem ihm die Verletzung bekannt wurde, diese der gemäß Artikel 55 zuständigen Aufsichtsbehörde, es sei denn, dass die Verletzung des Schutzes personenbezogener Daten voraussichtlich nicht zu einem Risiko für die Rechte und Freiheiten natürlicher Personen führt. [2]Erfolgt die Meldung an die Aufsichtsbehörde nicht binnen 72 Stunden, so ist ihr eine Begründung für die Verzögerung beizufügen.

(2) Wenn dem Auftragsverarbeiter eine Verletzung des Schutzes personenbezogener Daten bekannt wird, meldet er diese dem Verantwortlichen unverzüglich.

(3) Die Meldung gemäß Absatz 1 enthält zumindest folgende Informationen:

a) eine Beschreibung der Art der Verletzung des Schutzes personenbezogener Daten, soweit möglich mit Angabe der Kategorien und der ungefähren Zahl der betroffenen Personen, der betroffenen Kategorien und der ungefähren Zahl der betroffenen personenbezogenen Datensätze;

b) den Namen und die Kontaktdaten des Datenschutzbeauftragten oder einer sonstigen Anlaufstelle für weitere Informationen;

c) eine Beschreibung der wahrscheinlichen Folgen der Verletzung des Schutzes personenbezogener Daten;

d) eine Beschreibung der von dem Verantwortlichen ergriffenen oder vorgeschlagenen Maßnahmen zur Behebung der Verletzung des Schutzes personenbezogener Daten und gegebenenfalls Maßnahmen zur Abmilderung ihrer möglichen nachteiligen Auswirkungen.

(4) Wenn und soweit die Informationen nicht zur gleichen Zeit bereitgestellt werden können, kann der Verantwortliche diese Informationen ohne unangemessene weitere Verzögerung schrittweise zur Verfügung stellen.

(5) ¹Der Verantwortliche dokumentiert Verletzungen des Schutzes personenbezogener Daten einschließlich aller im Zusammenhang mit der Verletzung des Schutzes personenbezogener Daten stehenden Fakten, von deren Auswirkungen und der ergriffenen Abhilfemaßnahmen. ²Diese Dokumentation muss der Aufsichtsbehörde die Überprüfung der Einhaltung der Bestimmungen dieses Artikels ermöglichen.

Artikel 34   Benachrichtigung der von einer Verletzung des Schutzes personenbezogener Daten betroffenen Person

(1) Hat die Verletzung des Schutzes personenbezogener Daten voraussichtlich ein hohes Risiko für die persönlichen Rechte und Freiheiten natürlicher Personen zur Folge, so benachrichtigt der Verantwortliche die betroffene Person unverzüglich von der Verletzung.

(2) Die in Absatz 1 genannte Benachrichtigung der betroffenen Person beschreibt in klarer und einfacher Sprache die Art der Verletzung des Schutzes personenbezogener Daten und enthält zumindest die in Artikel 33 Absatz 3 Buchstaben b, c und d genannten Informationen und Maßnahmen.

(3) Die Benachrichtigung der betroffenen Person gemäß Absatz 1 ist nicht erforderlich, wenn eine der folgenden Bedingungen erfüllt ist:

a) der Verantwortliche geeignete technische und organisatorische Sicherheitsvorkehrungen getroffen hat und diese Vorkehrungen auf die von der Verletzung betroffenen personenbezogenen Daten angewandt wurden, insbesondere solche, durch die die personenbezogenen Daten für alle Personen, die nicht zum Zugang zu den personenbezogenen Daten befugt sind, unzugänglich gemacht werden, etwa durch Verschlüsselung;

b) der Verantwortliche durch nachfolgende Maßnahmen sichergestellt hat, dass das hohe Risiko für die Rechte und Freiheiten der betroffenen Personen gemäß Absatz 1 aller Wahrscheinlichkeit nach nicht mehr besteht;

c) dies mit einem unverhältnismäßigen Aufwand verbunden wäre. In diesem Fall hat stattdessen eine öffentliche Bekanntmachung oder eine ähnliche Maßnahme zu erfolgen, durch die die betroffenen Personen vergleichbar wirksam informiert werden.

(4) Wenn der Verantwortliche die betroffene Person nicht bereits über die Verletzung des Schutzes personenbezogener Daten benachrichtigt hat, kann die Aufsichtsbehörde unter Berücksichtigung der Wahrscheinlichkeit, mit der die Verletzung des Schutzes personenbezogener Daten zu einem hohen Risiko führt, von dem Verantwortlichen verlangen, dies nachzuholen, oder sie kann mit einem Beschluss feststellen, dass bestimmte der in Absatz 3 genannten Voraussetzungen erfüllt sind.

Abschnitt 3
Datenschutz-Folgenabschätzung und vorherige Konsultation

Artikel 35 Datenschutz-Folgenabschätzung

(1) [1]Hat eine Form der Verarbeitung, insbesondere bei Verwendung neuer Technologien, aufgrund der Art, des Umfangs, der Umstände und der Zwecke der Verarbeitung voraussichtlich ein hohes Risiko für die Rechte und Freiheiten natürlicher Personen zur Folge, so führt der Verantwortliche vorab eine Abschätzung der Folgen der vorgesehenen Verarbeitungsvorgänge für den Schutz personenbezogener Daten durch. [2]Für die Untersuchung mehrerer ähnlicher Verarbeitungsvorgänge mit ähnlich hohen Risiken kann eine einzige Abschätzung vorgenommen werden.

(2) Der Verantwortliche holt bei der Durchführung einer Datenschutz-Folgenabschätzung den Rat des Datenschutzbeauftragten, sofern ein solcher benannt wurde, ein.

(3) Eine Datenschutz-Folgenabschätzung gemäß Absatz 1 ist insbesondere in folgenden Fällen erforderlich:

a) systematische und umfassende Bewertung persönlicher Aspekte natürlicher Personen, die sich auf automatisierte Verarbeitung einschließlich Profiling gründet und die ihrerseits als Grundlage für Entscheidungen dient, die Rechtswirkung gegenüber natürlichen Personen entfalten oder diese in ähnlich erheblicher Weise beeinträchtigen;

b) umfangreiche Verarbeitung besonderer Kategorien von personenbezogenen Daten gemäß Artikel 9 Absatz 1 oder von personenbezogenen Daten über strafrechtliche Verurteilungen und Straftaten gemäß Artikel 10 oder

c) systematische umfangreiche Überwachung öffentlich zugänglicher Bereiche.

(4) [1]Die Aufsichtsbehörde erstellt eine Liste der Verarbeitungsvorgänge, für die gemäß Absatz 1 eine Datenschutz-Folgenabschätzung durchzuführen ist, und veröffentlicht diese. [2]Die Aufsichtsbehörde übermittelt diese Listen dem in Artikel 68 genannten Ausschuss.

(5) [1]Die Aufsichtsbehörde kann des Weiteren eine Liste der Arten von Verarbeitungsvorgängen erstellen und veröffentlichen, für die keine Datenschutz-Folgenabschätzung erforderlich ist. [2]Die Aufsichtsbehörde übermittelt diese Listen dem Ausschuss.

(6) Vor Festlegung der in den Absätzen 4 und 5 genannten Listen wendet die zuständige Aufsichtsbehörde das Kohärenzverfahren gemäß Artikel 63 an, wenn solche Listen Verarbeitungstätigkeiten umfassen, die mit dem Angebot von Waren oder Dienstleistungen für betroffene Personen oder der Beobachtung des Verhaltens dieser Personen in mehreren Mitgliedstaaten im Zusammenhang stehen oder die den freien Verkehr personenbezogener Daten innerhalb der Union erheblich beeinträchtigen könnten.

(7) Die Folgenabschätzung enthält zumindest Folgendes:

a) eine systematische Beschreibung der geplanten Verarbeitungsvorgänge und der Zwecke der Verarbeitung, gegebenenfalls einschließlich der von dem Verantwortlichen verfolgten berechtigten Interessen;

b) eine Bewertung der Notwendigkeit und Verhältnismäßigkeit der Verarbeitungsvorgänge in Bezug auf den Zweck;

c) eine Bewertung der Risiken für die Rechte und Freiheiten der betroffenen Personen gemäß Absatz 1 und

d) die zur Bewältigung der Risiken geplanten Abhilfemaßnahmen, einschließlich Garantien, Sicherheitsvorkehrungen und Verfahren, durch die der Schutz personenbezogener Daten sichergestellt und der Nachweis dafür erbracht wird, dass diese Verordnung eingehalten wird, wobei den Rechten und berechtigten Interessen der betroffenen Personen und sonstiger Betroffener Rechnung getragen wird.

(8) Die Einhaltung genehmigter Verhaltensregeln gemäß Artikel 40 durch die zuständigen Verantwortlichen oder die zuständigen Auftragsverarbeiter ist bei der Beurteilung der Auswirkungen der von diesen durchgeführten Verarbeitungsvorgänge, insbesondere für die Zwecke einer Datenschutz-Folgenabschätzung, gebührend zu berücksichtigen.

(9) Der Verantwortliche holt gegebenenfalls den Standpunkt der betroffenen Personen oder ihrer Vertreter zu der beabsichtigten Verarbeitung unbeschadet des Schutzes gewerblicher oder öffentlicher Interessen oder der Sicherheit der Verarbeitungsvorgänge ein.

(10) Falls die Verarbeitung gemäß Artikel 6 Absatz 1 Buchstabe c oder e auf einer Rechtsgrundlage im Unionsrecht oder im Recht des Mitgliedstaats, dem der Verantwortliche unterliegt, beruht und falls diese Rechtsvorschriften den konkreten Verarbeitungsvorgang oder die konkreten Verarbeitungsvorgänge regeln

und bereits im Rahmen der allgemeinen Folgenabschätzung im Zusammenhang mit dem Erlass dieser Rechtsgrundlage eine Datenschutz-Folgenabschätzung erfolgte, gelten die Absätze 1 bis 7 nur, wenn es nach dem Ermessen der Mitgliedstaaten erforderlich ist, vor den betreffenden Verarbeitungstätigkeiten eine solche Folgenabschätzung durchzuführen.

(11) Erforderlichenfalls führt der Verantwortliche eine Überprüfung durch, um zu bewerten, ob die Verarbeitung gemäß der Datenschutz-Folgenabschätzung durchgeführt wird; dies gilt zumindest, wenn hinsichtlich des mit den Verarbeitungsvorgängen verbundenen Risikos Änderungen eingetreten sind.

Artikel 36   Vorherige Konsultation

(1) Der Verantwortliche konsultiert vor der Verarbeitung die Aufsichtsbehörde, wenn aus einer Datenschutz-Folgenabschätzung gemäß Artikel 35 hervorgeht, dass die Verarbeitung ein hohes Risiko zur Folge hätte, sofern der Verantwortliche keine Maßnahmen zur Eindämmung des Risikos trifft.

(2) ¹Falls die Aufsichtsbehörde der Auffassung ist, dass die geplante Verarbeitung gemäß Absatz 1 nicht im Einklang mit dieser Verordnung stünde, insbesondere weil der Verantwortliche das Risiko nicht ausreichend ermittelt oder nicht ausreichend eingedämmt hat, unterbreitet sie dem Verantwortlichen und gegebenenfalls dem Auftragsverarbeiter innerhalb eines Zeitraums von bis zu acht Wochen nach Erhalt des Ersuchens um Konsultation entsprechende schriftliche Empfehlungen und kann ihre in Artikel 58 genannten Befugnisse ausüben. ²Diese Frist kann unter Berücksichtigung der Komplexität der geplanten Verarbeitung um sechs Wochen verlängert werden. ³Die Aufsichtsbehörde unterrichtet den Verantwortlichen oder gegebenenfalls den Auftragsverarbeiter über eine solche Fristverlängerung innerhalb eines Monats nach Eingang des Antrags auf Konsultation zusammen mit den Gründen für die Verzögerung. ⁴Diese Fristen können ausgesetzt werden, bis die Aufsichtsbehörde die für die Zwecke der Konsultation angeforderten Informationen erhalten hat.

(3) Der Verantwortliche stellt der Aufsichtsbehörde bei einer Konsultation gemäß Absatz 1 folgende Informationen zur Verfügung:

a)   gegebenenfalls Angaben zu den jeweiligen Zuständigkeiten des Verantwortlichen, der gemeinsam Verantwortlichen und der an der Verarbeitung beteiligten Auftragsverarbeiter, insbesondere bei einer Verarbeitung innerhalb einer Gruppe von Unternehmen;
b)   die Zwecke und die Mittel der beabsichtigten Verarbeitung;
c)   die zum Schutz der Rechte und Freiheiten der betroffenen Personen gemäß dieser Verordnung vorgesehenen Maßnahmen und Garantien;
d)   gegebenenfalls die Kontaktdaten des Datenschutzbeauftragten;
e)   die Datenschutz-Folgenabschätzung gemäß Artikel 35 und
f)   alle sonstigen von der Aufsichtsbehörde angeforderten Informationen.

(4) Die Mitgliedstaaten konsultieren die Aufsichtsbehörde bei der Ausarbeitung eines Vorschlags für von einem nationalen Parlament zu erlassende Gesetzgebungsmaßnahmen oder von auf solchen Gesetzgebungsmaßnahmen basierenden Regelungsmaßnahmen, die die Verarbeitung betreffen.

(5) Ungeachtet des Absatzes 1 können Verantwortliche durch das Recht der Mitgliedstaaten verpflichtet werden, bei der Verarbeitung zur Erfüllung einer im öffentlichen Interesse liegenden Aufgabe, einschließlich der Verarbeitung zu Zwecken der sozialen Sicherheit und der öffentlichen Gesundheit, die Aufsichtsbehörde zu konsultieren und deren vorherige Genehmigung einzuholen.

Abschnitt 4
Datenschutzbeauftragter

Artikel 37   Benennung eines Datenschutzbeauftragten

(1) Der Verantwortliche und der Auftragsverarbeiter benennen auf jeden Fall einen Datenschutzbeauftragten, wenn

a)   die Verarbeitung von einer Behörde oder öffentlichen Stelle durchgeführt wird, mit Ausnahme von Gerichten, soweit sie im Rahmen ihrer justiziellen Tätigkeit handeln,
b)   die Kerntätigkeit des Verantwortlichen oder des Auftragsverarbeiters in der Durchführung von Verarbeitungsvorgängen besteht, welche aufgrund ihrer Art, ihres Umfangs und/oder ihrer Zwecke eine um-

fangreiche regelmäßige und systematische Überwachung von betroffenen Personen erforderlich machen, oder

c) die Kerntätigkeit des Verantwortlichen oder des Auftragsverarbeiters in der umfangreichen Verarbeitung besonderer Kategorien von Daten gemäß Artikel 9 oder von personenbezogenen Daten über strafrechtliche Verurteilungen und Straftaten gemäß Artikel 10 besteht.

(2) Eine Unternehmensgruppe darf einen gemeinsamen Datenschutzbeauftragten ernennen, sofern von jeder Niederlassung aus der Datenschutzbeauftragte leicht erreicht werden kann.

(3) Falls es sich bei dem Verantwortlichen oder dem Auftragsverarbeiter um eine Behörde oder öffentliche Stelle handelt, kann für mehrere solcher Behörden oder Stellen unter Berücksichtigung ihrer Organisationsstruktur und ihrer Größe ein gemeinsamer Datenschutzbeauftragter benannt werden.

(4) ¹In anderen als den in Absatz 1 genannten Fällen können der Verantwortliche oder der Auftragsverarbeiter oder Verbände und andere Vereinigungen, die Kategorien von Verantwortlichen oder Auftragsverarbeitern vertreten, einen Datenschutzbeauftragten benennen; falls dies nach dem Recht der Union oder der Mitgliedstaaten vorgeschrieben ist, müssen sie einen solchen benennen. ²Der Datenschutzbeauftragte kann für derartige Verbände und andere Vereinigungen, die Verantwortliche oder Auftragsverarbeiter vertreten, handeln.

(5) Der Datenschutzbeauftragte wird auf der Grundlage seiner beruflichen Qualifikation und insbesondere des Fachwissens benannt, das er auf dem Gebiet des Datenschutzrechts und der Datenschutzpraxis besitzt, sowie auf der Grundlage seiner Fähigkeit zur Erfüllung der in Artikel 39 genannten Aufgaben.

(6) Der Datenschutzbeauftragte kann Beschäftigter des Verantwortlichen oder des Auftragsverarbeiters sein oder seine Aufgaben auf der Grundlage eines Dienstleistungsvertrags erfüllen.

(7) Der Verantwortliche oder der Auftragsverarbeiter veröffentlicht die Kontaktdaten des Datenschutzbeauftragten und teilt diese Daten der Aufsichtsbehörde mit.

Artikel 38 Stellung des Datenschutzbeauftragten

(1) Der Verantwortliche und der Auftragsverarbeiter stellen sicher, dass der Datenschutzbeauftragte ordnungsgemäß und frühzeitig in alle mit dem Schutz personenbezogener Daten zusammenhängenden Fragen eingebunden wird.

(2) Der Verantwortliche und der Auftragsverarbeiter unterstützen den Datenschutzbeauftragten bei der Erfüllung seiner Aufgaben gemäß Artikel 39, indem sie die für die Erfüllung dieser Aufgaben erforderlichen Ressourcen und den Zugang zu personenbezogenen Daten und Verarbeitungsvorgängen sowie die zur Erhaltung seines Fachwissens erforderlichen Ressourcen zur Verfügung stellen.

(3) ¹Der Verantwortliche und der Auftragsverarbeiter stellen sicher, dass der Datenschutzbeauftragte bei der Erfüllung seiner Aufgaben keine Anweisungen bezüglich der Ausübung dieser Aufgaben erhält. ²Der Datenschutzbeauftragte darf von dem Verantwortlichen oder dem Auftragsverarbeiter wegen der Erfüllung seiner Aufgaben nicht abberufen oder benachteiligt werden. ³Der Datenschutzbeauftragte berichtet unmittelbar der höchsten Managementebene des Verantwortlichen oder des Auftragsverarbeiters.

(4) Betroffene Personen können den Datenschutzbeauftragten zu allen mit der Verarbeitung ihrer personenbezogenen Daten und mit der Wahrnehmung ihrer Rechte gemäß dieser Verordnung im Zusammenhang stehenden Fragen zu Rate ziehen.

(5) Der Datenschutzbeauftragte ist nach dem Recht der Union oder der Mitgliedstaaten bei der Erfüllung seiner Aufgaben an die Wahrung der Geheimhaltung oder der Vertraulichkeit gebunden.

(6) ¹Der Datenschutzbeauftragte kann andere Aufgaben und Pflichten wahrnehmen. ²Der Verantwortliche oder der Auftragsverarbeiter stellt sicher, dass derartige Aufgaben und Pflichten nicht zu einem Interessenkonflikt führen.

Artikel 39 Aufgaben des Datenschutzbeauftragten

(1) Dem Datenschutzbeauftragten obliegen zumindest folgende Aufgaben:

a) Unterrichtung und Beratung des Verantwortlichen oder des Auftragsverarbeiters und der Beschäftigten, die Verarbeitungen durchführen, hinsichtlich ihrer Pflichten nach dieser Verordnung sowie nach sonstigen Datenschutzvorschriften der Union bzw. der Mitgliedstaaten;

b) Überwachung der Einhaltung dieser Verordnung, anderer Datenschutzvorschriften der Union bzw. der Mitgliedstaaten sowie der Strategien des Verantwortlichen oder des Auftragsverarbeiters für den Schutz personenbezogener Daten einschließlich der Zuweisung von Zuständigkeiten, der Sensibilisierung und Schulung der an den Verarbeitungsvorgängen beteiligten Mitarbeiter und der diesbezüglichen Überprüfungen;

c) Beratung – auf Anfrage – im Zusammenhang mit der Datenschutz-Folgenabschätzung und Überwachung ihrer Durchführung gemäß Artikel 35;

d) Zusammenarbeit mit der Aufsichtsbehörde;

e) Tätigkeit als Anlaufstelle für die Aufsichtsbehörde in mit der Verarbeitung zusammenhängenden Fragen, einschließlich der vorherigen Konsultation gemäß Artikel 36, und gegebenenfalls Beratung zu allen sonstigen Fragen.

(2) Der Datenschutzbeauftragte trägt bei der Erfüllung seiner Aufgaben dem mit den Verarbeitungsvorgängen verbundenen Risiko gebührend Rechnung, wobei er die Art, den Umfang, die Umstände und die Zwecke der Verarbeitung berücksichtigt.

Abschnitt 5
Verhaltensregeln und Zertifizierung

Artikel 40 Verhaltensregeln

(1) Die Mitgliedstaaten, die Aufsichtsbehörden, der Ausschuss und die Kommission fördern die Ausarbeitung von Verhaltensregeln, die nach Maßgabe der Besonderheiten der einzelnen Verarbeitungsbereiche und der besonderen Bedürfnisse von Kleinstunternehmen sowie kleinen und mittleren Unternehmen zur ordnungsgemäßen Anwendung dieser Verordnung beitragen sollen.

(2) Verbände und andere Vereinigungen, die Kategorien von Verantwortlichen oder Auftragsverarbeitern vertreten, können Verhaltensregeln ausarbeiten oder ändern oder erweitern, mit denen die Anwendung dieser Verordnung beispielsweise zu dem Folgenden präzisiert wird:

a) faire und transparente Verarbeitung;

b) die berechtigten Interessen des Verantwortlichen in bestimmten Zusammenhängen;

c) Erhebung personenbezogener Daten;

d) Pseudonymisierung personenbezogener Daten;

e) Unterrichtung der Öffentlichkeit und der betroffenen Personen;

f) Ausübung der Rechte betroffener Personen;

g) Unterrichtung und Schutz von Kindern und Art und Weise, in der die Einwilligung des Trägers der elterlichen Verantwortung für das Kind einzuholen ist;

h) die Maßnahmen und Verfahren gemäß den Artikeln 24 und 25 und die Maßnahmen für die Sicherheit der Verarbeitung gemäß Artikel 32;

i) die Meldung von Verletzungen des Schutzes personenbezogener Daten an Aufsichtsbehörden und die Benachrichtigung der betroffenen Person von solchen Verletzungen des Schutzes personenbezogener Daten;

j) die Übermittlung personenbezogener Daten an Drittländer oder an internationale Organisationen oder

k) außergerichtliche Verfahren und sonstige Streitbeilegungsverfahren zur Beilegung von Streitigkeiten zwischen Verantwortlichen und betroffenen Personen im Zusammenhang mit der Verarbeitung, unbeschadet der Rechte betroffener Personen gemäß den Artikeln 77 und 79.

(3) [1]Zusätzlich zur Einhaltung durch die unter diese Verordnung fallenden Verantwortlichen oder Auftragsverarbeiter können Verhaltensregeln, die gemäß Absatz 5 des vorliegenden Artikels genehmigt wurden und gemäß Absatz 9 des vorliegenden Artikels allgemeine Gültigkeit besitzen, auch von Verantwortlichen oder Auftragsverarbeitern, die gemäß Artikel 3 nicht unter diese Verordnung fallen, eingehalten werden, um geeignete Garantien im Rahmen der Übermittlung personenbezogener Daten an Drittländer oder internationale Organisationen nach Maßgabe des Artikels 46 Absatz 2 Buchstabe e zu bieten. [2]Diese Verantwortli-

chen oder Auftragsverarbeiter gehen mittels vertraglicher oder sonstiger rechtlich bindender Instrumente die verbindliche und durchsetzbare Verpflichtung ein, die geeigneten Garantien anzuwenden, auch im Hinblick auf die Rechte der betroffenen Personen.

(4) Die Verhaltensregeln gemäß Absatz 2 des vorliegenden Artikels müssen Verfahren vorsehen, die es der in Artikel 41 Absatz 1 genannten Stelle ermöglichen, die obligatorische Überwachung der Einhaltung ihrer Bestimmungen durch die Verantwortlichen oder die Auftragsverarbeiter, die sich zur Anwendung der Verhaltensregeln verpflichten, vorzunehmen, unbeschadet der Aufgaben und Befugnisse der Aufsichtsbehörde, die nach Artikel 55 oder 56 zuständig ist.

(5) [1]Verbände und andere Vereinigungen gemäß Absatz 2 des vorliegenden Artikels, die beabsichtigen, Verhaltensregeln auszuarbeiten oder bestehende Verhaltensregeln zu ändern oder zu erweitern, legen den Entwurf der Verhaltensregeln bzw. den Entwurf zu deren Änderung oder Erweiterung der Aufsichtsbehörde vor, die nach Artikel 55 zuständig ist. [2]Die Aufsichtsbehörde gibt eine Stellungnahme darüber ab, ob der Entwurf der Verhaltensregeln bzw. der Entwurf zu deren Änderung oder Erweiterung mit dieser Verordnung vereinbar ist und genehmigt diesen Entwurf der Verhaltensregeln bzw. den Entwurf zu deren Änderung oder Erweiterung, wenn sie der Auffassung ist, dass er ausreichende geeignete Garantien bietet.

(6) Wird durch die Stellungnahme nach Absatz 5 der Entwurf der Verhaltensregeln bzw. der Entwurf zu deren Änderung oder Erweiterung genehmigt und beziehen sich die betreffenden Verhaltensregeln nicht auf Verarbeitungstätigkeiten in mehreren Mitgliedstaaten, so nimmt die Aufsichtsbehörde die Verhaltensregeln in ein Verzeichnis auf und veröffentlicht sie.

(7) Bezieht sich der Entwurf der Verhaltensregeln auf Verarbeitungstätigkeiten in mehreren Mitgliedstaaten, so legt die nach Artikel 55 zuständige Aufsichtsbehörde – bevor sie den Entwurf der Verhaltensregeln bzw. den Entwurf zu deren Änderung oder Erweiterung genehmigt – ihn nach dem Verfahren gemäß Artikel 63 dem Ausschuss vor, der zu der Frage Stellung nimmt, ob der Entwurf der Verhaltensregeln bzw. der Entwurf zu deren Änderung oder Erweiterung mit dieser Verordnung vereinbar ist oder – im Fall nach Absatz 3 dieses Artikels – geeignete Garantien vorsieht.

(8) Wird durch die Stellungnahme nach Absatz 7 bestätigt, dass der Entwurf der Verhaltensregeln bzw. der Entwurf zu deren Änderung oder Erweiterung mit dieser Verordnung vereinbar ist oder – im Fall nach Absatz 3 – geeignete Garantien vorsieht, so übermittelt der Ausschuss seine Stellungnahme der Kommission.

(9) [1]Die Kommission kann im Wege von Durchführungsrechtsakten beschließen, dass die ihr gemäß Absatz 8 übermittelten genehmigten Verhaltensregeln bzw. deren genehmigte Änderung oder Erweiterung allgemeine Gültigkeit in der Union besitzen. [2]Diese Durchführungsrechtsakte werden gemäß dem Prüfverfahren nach Artikel 93 Absatz 2 erlassen.

(10) Die Kommission trägt dafür Sorge, dass die genehmigten Verhaltensregeln, denen gemäß Absatz 9 allgemeine Gültigkeit zuerkannt wurde, in geeigneter Weise veröffentlicht werden.

(11) Der Ausschuss nimmt alle genehmigten Verhaltensregeln bzw. deren genehmigte Änderungen oder Erweiterungen in ein Register auf und veröffentlicht sie in geeigneter Weise.

Artikel 41 Überwachung der genehmigten Verhaltensregeln

(1) Unbeschadet der Aufgaben und Befugnisse der zuständigen Aufsichtsbehörde gemäß den Artikeln 57 und 58 kann die Überwachung der Einhaltung von Verhaltensregeln gemäß Artikel 40 von einer Stelle durchgeführt werden, die über das geeignete Fachwissen hinsichtlich des Gegenstands der Verhaltensregeln verfügt und die von der zuständigen Aufsichtsbehörde zu diesem Zweck akkreditiert wurde.

(2) Eine Stelle gemäß Absatz 1 kann zum Zwecke der Überwachung der Einhaltung von Verhaltensregeln akkreditiert werden, wenn sie

a) ihre Unabhängigkeit und ihr Fachwissen hinsichtlich des Gegenstands der Verhaltensregeln zur Zufriedenheit der zuständigen Aufsichtsbehörde nachgewiesen hat;

b) Verfahren festgelegt hat, die es ihr ermöglichen, zu bewerten, ob Verantwortliche und Auftragsverarbeiter die Verhaltensregeln anwenden können, die Einhaltung der Verhaltensregeln durch die Verantwortlichen und Auftragsverarbeiter zu überwachen und die Anwendung der Verhaltensregeln regelmäßig zu überprüfen;

c) Verfahren und Strukturen festgelegt hat, mit denen sie Beschwerden über Verletzungen der Verhaltensregeln oder über die Art und Weise, in der die Verhaltensregeln von dem Verantwortlichen oder dem

Auftragsverarbeiter angewendet werden oder wurden, nachgeht und diese Verfahren und Strukturen für betroffene Personen und die Öffentlichkeit transparent macht, und

d) zur Zufriedenheit der zuständigen Aufsichtsbehörde nachgewiesen hat, dass ihre Aufgaben und Pflichten nicht zu einem Interessenkonflikt führen.

(3) Die zuständige Aufsichtsbehörde übermittelt den Entwurf der Anforderungen an die Akkreditierung einer Stelle nach Absatz 1 gemäß dem Kohärenzverfahren nach Artikel 63 an den Ausschuss.

(4) [1]Unbeschadet der Aufgaben und Befugnisse der zuständigen Aufsichtsbehörde und der Bestimmungen des Kapitels VIII ergreift eine Stelle gemäß Absatz 1 vorbehaltlich geeigneter Garantien im Falle einer Verletzung der Verhaltensregeln durch einen Verantwortlichen oder einen Auftragsverarbeiter geeignete Maßnahmen, einschließlich eines vorläufigen oder endgültigen Ausschlusses des Verantwortlichen oder Auftragsverarbeiters von den Verhaltensregeln. [2]Sie unterrichtet die zuständige Aufsichtsbehörde über solche Maßnahmen und deren Begründung.

(5) Die zuständige Aufsichtsbehörde widerruft die Akkreditierung einer Stelle gemäß Absatz 1, wenn die Anforderungen an ihre Akkreditierung nicht oder nicht mehr erfüllt sind oder wenn die Stelle Maßnahmen ergreift, die nicht mit dieser Verordnung vereinbar sind.

(6) Dieser Artikel gilt nicht für die Verarbeitung durch Behörden oder öffentliche Stellen.

Artikel 42   Zertifizierung

(1) [1]Die Mitgliedstaaten, die Aufsichtsbehörden, der Ausschuss und die Kommission fördern insbesondere auf Unionsebene die Einführung von datenschutzspezifischen Zertifizierungsverfahren sowie von Datenschutzsiegeln und -prüfzeichen, die dazu dienen, nachzuweisen, dass diese Verordnung bei Verarbeitungsvorgängen von Verantwortlichen oder Auftragsverarbeitern eingehalten wird. [2]Den besonderen Bedürfnissen von Kleinstunternehmen sowie kleinen und mittleren Unternehmen wird Rechnung getragen.

(2) [1]Zusätzlich zur Einhaltung durch die unter diese Verordnung fallenden Verantwortlichen oder Auftragsverarbeiter können auch datenschutzspezifische Zertifizierungsverfahren, Siegel oder Prüfzeichen, die gemäß Absatz 5 des vorliegenden Artikels genehmigt worden sind, vorgesehen werden, um nachzuweisen, dass die Verantwortlichen oder Auftragsverarbeiter, die gemäß Artikel 3 nicht unter diese Verordnung fallen, im Rahmen der Übermittlung personenbezogener Daten an Drittländer oder internationale Organisationen nach Maßgabe von Artikel 46 Absatz 2 Buchstabe f geeignete Garantien bieten. [2]Diese Verantwortlichen oder Auftragsverarbeiter gehen mittels vertraglicher oder sonstiger rechtlich bindender Instrumente die verbindliche und durchsetzbare Verpflichtung ein, diese geeigneten Garantien anzuwenden, auch im Hinblick auf die Rechte der betroffenen Personen.

(3) Die Zertifizierung muss freiwillig und über ein transparentes Verfahren zugänglich sein.

(4) Eine Zertifizierung gemäß diesem Artikel mindert nicht die Verantwortung des Verantwortlichen oder des Auftragsverarbeiters für die Einhaltung dieser Verordnung und berührt nicht die Aufgaben und Befugnisse der Aufsichtsbehörden, die gemäß Artikel 55 oder 56 zuständig sind.

(5) [1]Eine Zertifizierung nach diesem Artikel wird durch die Zertifizierungsstellen nach Artikel 43 oder durch die zuständige Aufsichtsbehörde anhand der von dieser zuständigen Aufsichtsbehörde gemäß Artikel 58 Absatz 3 oder – gemäß Artikel 63 – durch den Ausschuss genehmigten Kriterien erteilt. [2]Werden die Kriterien vom Ausschuss genehmigt, kann dies zu einer gemeinsamen Zertifizierung, dem Europäischen Datenschutzsiegel, führen.

(6) Der Verantwortliche oder der Auftragsverarbeiter, der die von ihm durchgeführte Verarbeitung dem Zertifizierungsverfahren unterwirft, stellt der Zertifizierungsstelle nach Artikel 43 oder gegebenenfalls der zuständigen Aufsichtsbehörde alle für die Durchführung des Zertifizierungsverfahrens erforderlichen Informationen zur Verfügung und gewährt ihr den in diesem Zusammenhang erforderlichen Zugang zu seinen Verarbeitungstätigkeiten.

(7) [1]Die Zertifizierung wird einem Verantwortlichen oder einem Auftragsverarbeiter für eine Höchstdauer von drei Jahren erteilt und kann unter denselben Bedingungen verlängert werden, sofern die einschlägigen Kriterien weiterhin erfüllt werden. [2]Die Zertifizierung wird gegebenenfalls durch die Zertifizierungsstellen nach Artikel 43 oder durch die zuständige Aufsichtsbehörde widerrufen, wenn die Kriterien für die Zertifizierung nicht oder nicht mehr erfüllt werden.

(8) Der Ausschuss nimmt alle Zertifizierungsverfahren und Datenschutzsiegel und -prüfzeichen in ein Register auf und veröffentlicht sie in geeigneter Weise.

Artikel 43   Zertifizierungsstellen

(1) [1]Unbeschadet der Aufgaben und Befugnisse der zuständigen Aufsichtsbehörde gemäß den Artikeln 57 und 58 erteilen oder verlängern Zertifizierungsstellen, die über das geeignete Fachwissen hinsichtlich des Datenschutzes verfügen, nach Unterrichtung der Aufsichtsbehörde – damit diese erforderlichenfalls von ihren Befugnissen gemäß Artikel 58 Absatz 2 Buchstabe h Gebrauch machen kann – die Zertifizierung. [2]Die Mitgliedstaaten stellen sicher, dass diese Zertifizierungsstellen von einer oder beiden der folgenden Stellen akkreditiert werden:

a)   der gemäß Artikel 55 oder 56 zuständigen Aufsichtsbehörde;

b)   der nationalen Akkreditierungsstelle, die gemäß der Verordnung (EG) Nr. 765/2008 des Europäischen Parlaments und des Rates[1] im Einklang mit EN-ISO/IEC 17065/2012 und mit den zusätzlichen von der gemäß Artikel 55 oder 56 zuständigen Aufsichtsbehörde festgelegten Anforderungen benannt wurde.

(2) Zertifizierungsstellen nach Absatz 1 dürfen nur dann gemäß dem genannten Absatz akkreditiert werden, wenn sie

a)   ihre Unabhängigkeit und ihr Fachwissen hinsichtlich des Gegenstands der Zertifizierung zur Zufriedenheit der zuständigen Aufsichtsbehörde nachgewiesen haben;

b)   sich verpflichtet haben, die Kriterien nach Artikel 42 Absatz 5, die von der gemäß Artikel 55 oder 56 zuständigen Aufsichtsbehörde oder – gemäß Artikel 63 – von dem Ausschuss genehmigt wurden, einzuhalten;

c)   Verfahren für die Erteilung, die regelmäßige Überprüfung und den Widerruf der Datenschutzzertifizierung sowie der Datenschutzsiegel und -prüfzeichen festgelegt haben;

d)   Verfahren und Strukturen festgelegt haben, mit denen sie Beschwerden über Verletzungen der Zertifizierung oder die Art und Weise, in der die Zertifizierung von dem Verantwortlichen oder dem Auftragsverarbeiter umgesetzt wird oder wurde, nachgehen und diese Verfahren und Strukturen für betroffene Personen und die Öffentlichkeit transparent machen, und

e)   zur Zufriedenheit der zuständigen Aufsichtsbehörde nachgewiesen haben, dass ihre Aufgaben und Pflichten nicht zu einem Interessenkonflikt führen.

(3) [1]Die Akkreditierung von Zertifizierungsstellen nach den Absätzen 1 und 2 erfolgt anhand der Anforderungen, die von der gemäß Artikel 55 oder 56 zuständigen Aufsichtsbehörde oder – gemäß Artikel 63 – von dem Ausschuss genehmigt wurden. [2]Im Fall einer Akkreditierung nach Absatz 1 Buchstabe b des vorliegenden Artikels ergänzen diese Anforderungen diejenigen, die in der Verordnung (EG) Nr. 765/2008 und in den technischen Vorschriften, in denen die Methoden und Verfahren der Zertifizierungsstellen beschrieben werden, vorgesehen sind.

(4) [1]Die Zertifizierungsstellen nach Absatz 1 sind unbeschadet der Verantwortung, die der Verantwortliche oder der Auftragsverarbeiter für die Einhaltung dieser Verordnung hat, für die angemessene Bewertung, die der Zertifizierung oder dem Widerruf einer Zertifizierung zugrunde liegt, verantwortlich. [2]Die Akkreditierung wird für eine Höchstdauer von fünf Jahren erteilt und kann unter denselben Bedingungen verlängert werden, sofern die Zertifizierungsstelle die Anforderungen dieses Artikels erfüllt.

(5) Die Zertifizierungsstellen nach Absatz 1 teilen den zuständigen Aufsichtsbehörden die Gründe für die Erteilung oder den Widerruf der beantragten Zertifizierung mit.

(6) [1]Die Anforderungen nach Absatz 3 des vorliegenden Artikels und die Kriterien nach Artikel 42 Absatz 5 werden von der Aufsichtsbehörde in leicht zugänglicher Form veröffentlicht. [2]Die Aufsichtsbehörden übermitteln diese Anforderungen und Kriterien auch dem Ausschuss.

(7) Unbeschadet des Kapitels VIII widerruft die zuständige Aufsichtsbehörde oder die nationale Akkreditierungsstelle die Akkreditierung einer Zertifizierungsstelle nach Absatz 1, wenn die Voraussetzungen für die

---

1   Verordnung (EG) Nr. 765/2008 des Europäischen Parlaments und des Rates vom 9. Juli 2008 über die Vorschriften für die Akkreditierung und Marktüberwachung im Zusammenhang mit der Vermarktung von Produkten und zur Aufhebung der Verordnung (EWG) Nr. 339/93 des Rates (ABl. L 218 vom 13.8.2008, S. 30).

Akkreditierung nicht oder nicht mehr erfüllt sind oder wenn eine Zertifizierungsstelle Maßnahmen ergreift, die nicht mit dieser Verordnung vereinbar sind.

(8) Der Kommission wird die Befugnis übertragen, gemäß Artikel 92 delegierte Rechtsakte zu erlassen, um die Anforderungen festzulegen, die für die in Artikel 42 Absatz 1 genannten datenschutzspezifischen Zertifizierungsverfahren zu berücksichtigen sind.

(9) ¹Die Kommission kann Durchführungsrechtsakte erlassen, mit denen technische Standards für Zertifizierungsverfahren und Datenschutzsiegel und -prüfzeichen sowie Mechanismen zur Förderung und Anerkennung dieser Zertifizierungsverfahren und Datenschutzsiegel und -prüfzeichen festgelegt werden. ²Diese Durchführungsrechtsakte werden gemäß dem in Artikel 93 Absatz 2 genannten Prüfverfahren erlassen.

Kapitel V
Übermittlungen personenbezogener Daten an Drittländer oder an internationale Organisationen

Artikel 44   Allgemeine Grundsätze der Datenübermittlung

¹Jedwede Übermittlung personenbezogener Daten, die bereits verarbeitet werden oder nach ihrer Übermittlung an ein Drittland oder eine internationale Organisation verarbeitet werden sollen, ist nur zulässig, wenn der Verantwortliche und der Auftragsverarbeiter die in diesem Kapitel niedergelegten Bedingungen einhalten und auch die sonstigen Bestimmungen dieser Verordnung eingehalten werden; dies gilt auch für die etwaige Weiterübermittlung personenbezogener Daten aus dem betreffenden Drittland oder der betreffenden internationalen Organisation an ein anderes Drittland oder eine andere internationale Organisation. ²Alle Bestimmungen dieses Kapitels sind anzuwenden, um sicherzustellen, dass das durch diese Verordnung gewährleistete Schutzniveau für natürliche Personen nicht untergraben wird.

Artikel 45   Datenübermittlung auf der Grundlage eines Angemessenheitsbeschlusses

(1) ¹Eine Übermittlung personenbezogener Daten an ein Drittland oder eine internationale Organisation darf vorgenommen werden, wenn die Kommission beschlossen hat, dass das betreffende Drittland, ein Gebiet oder ein oder mehrere spezifische Sektoren in diesem Drittland oder die betreffende internationale Organisation ein angemessenes Schutzniveau bietet. ²Eine solche Datenübermittlung bedarf keiner besonderen Genehmigung.

(2) Bei der Prüfung der Angemessenheit des gebotenen Schutzniveaus berücksichtigt die Kommission insbesondere das Folgende:

a) die Rechtsstaatlichkeit, die Achtung der Menschenrechte und Grundfreiheiten, die in dem betreffenden Land bzw. bei der betreffenden internationalen Organisation geltenden einschlägigen Rechtsvorschriften sowohl allgemeiner als auch sektoraler Art – auch in Bezug auf öffentliche Sicherheit, Verteidigung, nationale Sicherheit und Strafrecht sowie Zugang der Behörden zu personenbezogenen Daten – sowie die Anwendung dieser Rechtsvorschriften, Datenschutzvorschriften, Berufsregeln und Sicherheitsvorschriften einschließlich der Vorschriften für die Weiterübermittlung personenbezogener Daten an ein anderes Drittland bzw. eine andere internationale Organisation, die Rechtsprechung sowie wirksame und durchsetzbare Rechte der betroffenen Person und wirksame verwaltungsrechtliche und gerichtliche Rechtsbehelfe für betroffene Personen, deren personenbezogene Daten übermittelt werden,

b) die Existenz und die wirksame Funktionsweise einer oder mehrerer unabhängiger Aufsichtsbehörden in dem betreffenden Drittland oder denen eine internationale Organisation untersteht und die für die Einhaltung und Durchsetzung der Datenschutzvorschriften, einschließlich angemessener Durchsetzungsbefugnisse, für die Unterstützung und Beratung der betroffenen Personen bei der Ausübung ihrer Rechte und für die Zusammenarbeit mit den Aufsichtsbehörden der Mitgliedstaaten zuständig sind, und

c) die von dem betreffenden Drittland bzw. der betreffenden internationalen Organisation eingegangenen internationalen Verpflichtungen oder andere Verpflichtungen, die sich aus rechtsverbindlichen Übereinkünften oder Instrumenten sowie aus der Teilnahme des Drittlands oder der internationalen Organisation an multilateralen oder regionalen Systemen insbesondere in Bezug auf den Schutz personenbezogener Daten ergeben.

(3) [1]Nach der Beurteilung der Angemessenheit des Schutzniveaus kann die Kommission im Wege eines Durchführungsrechtsaktes beschließen, dass ein Drittland, ein Gebiet oder ein oder mehrere spezifische Sektoren in einem Drittland oder eine internationale Organisation ein angemessenes Schutzniveau im Sinne des Absatzes 2 des vorliegenden Artikels bieten. [2]In dem Durchführungsrechtsakt ist ein Mechanismus für eine regelmäßige Überprüfung, die mindestens alle vier Jahre erfolgt, vorzusehen, bei der allen maßgeblichen Entwicklungen in dem Drittland oder bei der internationalen Organisation Rechnung getragen wird. [3]Im Durchführungsrechtsakt werden der territoriale und der sektorale Anwendungsbereich sowie gegebenenfalls die in Absatz 2 Buchstabe b des vorliegenden Artikels genannte Aufsichtsbehörde bzw. genannten Aufsichtsbehörden angegeben. [4]Der Durchführungsrechtsakt wird gemäß dem in Artikel 93 Absatz 2 genannten Prüfverfahren erlassen.

(4) Die Kommission überwacht fortlaufend die Entwicklungen in Drittländern und bei internationalen Organisationen, die die Wirkungsweise der nach Absatz 3 des vorliegenden Artikels erlassenen Beschlüsse und der nach Artikel 25 Absatz 6 der Richtlinie 95/46/EG erlassenen Feststellungen beeinträchtigen könnten.

(5) [1]Die Kommission widerruft, ändert oder setzt die in Absatz 3 des vorliegenden Artikels genannten Beschlüsse im Wege von Durchführungsrechtsakten aus, soweit dies nötig ist und ohne rückwirkende Kraft, soweit entsprechende Informationen – insbesondere im Anschluss an die in Absatz 3 des vorliegenden Artikels genannte Überprüfung – dahingehend vorliegen, dass ein Drittland, ein Gebiet oder ein oder mehrere spezifischer Sektor in einem Drittland oder eine internationale Organisation kein angemessenes Schutzniveau im Sinne des Absatzes 2 des vorliegenden Artikels mehr gewährleistet. [2]Diese Durchführungsrechtsakte werden gemäß dem Prüfverfahren nach Artikel 93 Absatz 2 erlassen.

In hinreichend begründeten Fällen äußerster Dringlichkeit erlässt die Kommission gemäß dem in Artikel 93 Absatz 3 genannten Verfahren sofort geltende Durchführungsrechtsakte.

(6) Die Kommission nimmt Beratungen mit dem betreffenden Drittland bzw. der betreffenden internationalen Organisation auf, um Abhilfe für die Situation zu schaffen, die zu dem gemäß Absatz 5 erlassenen Beschluss geführt hat.

(7) Übermittlungen personenbezogener Daten an das betreffende Drittland, das Gebiet oder einen oder mehrere spezifische Sektoren in diesem Drittland oder an die betreffende internationale Organisation gemäß den Artikeln 46 bis 49 werden durch einen Beschluss nach Absatz 5 des vorliegenden Artikels nicht berührt.

(8) Die Kommission veröffentlicht im *Amtsblatt der Europäischen Union* und auf ihrer Website eine Liste aller Drittländer beziehungsweise Gebiete und spezifischen Sektoren in einem Drittland und aller internationalen Organisationen, für die sie durch Beschluss festgestellt hat, dass sie ein angemessenes Schutzniveau gewährleisten bzw. nicht mehr gewährleisten.

(9) Von der Kommission auf der Grundlage von Artikel 25 Absatz 6 der Richtlinie 95/46/EG erlassene Feststellungen bleiben so lange in Kraft, bis sie durch einen nach dem Prüfverfahren gemäß den Absätzen 3 oder 5 des vorliegenden Artikels erlassenen Beschluss der Kommission geändert, ersetzt oder aufgehoben werden.

Artikel 46   Datenübermittlung vorbehaltlich geeigneter Garantien

(1) Falls kein Beschluss nach Artikel 45 Absatz 3 vorliegt, darf ein Verantwortlicher oder ein Auftragsverarbeiter personenbezogene Daten an ein Drittland oder eine internationale Organisation nur übermitteln, sofern der Verantwortliche oder der Auftragsverarbeiter geeignete Garantien vorgesehen hat und sofern den betroffenen Personen durchsetzbare Rechte und wirksame Rechtsbehelfe zur Verfügung stehen.

(2) Die in Absatz 1 genannten geeigneten Garantien können, ohne dass hierzu eine besondere Genehmigung einer Aufsichtsbehörde erforderlich wäre, bestehen in

a) einem rechtlich bindenden und durchsetzbaren Dokument zwischen den Behörden oder öffentlichen Stellen,

b) verbindlichen internen Datenschutzvorschriften gemäß Artikel 47,

c) Standarddatenschutzklauseln, die von der Kommission gemäß dem Prüfverfahren nach Artikel 93 Absatz 2 erlassen werden,

d) von einer Aufsichtsbehörde angenommenen Standarddatenschutzklauseln, die von der Kommission gemäß dem Prüfverfahren nach Artikel 93 Absatz 2 genehmigt wurden,

e) genehmigten Verhaltensregeln gemäß Artikel 40 zusammen mit rechtsverbindlichen und durchsetzbaren Verpflichtungen des Verantwortlichen oder des Auftragsverarbeiters in dem Drittland zur Anwendung der geeigneten Garantien, einschließlich in Bezug auf die Rechte der betroffenen Personen, oder

f) einem genehmigten Zertifizierungsmechanismus gemäß Artikel 42 zusammen mit rechtsverbindlichen und durchsetzbaren Verpflichtungen des Verantwortlichen oder des Auftragsverarbeiters in dem Drittland zur Anwendung der geeigneten Garantien, einschließlich in Bezug auf die Rechte der betroffenen Personen.

(3) Vorbehaltlich der Genehmigung durch die zuständige Aufsichtsbehörde können die geeigneten Garantien gemäß Absatz 1 auch insbesondere bestehen in

a) Vertragsklauseln, die zwischen dem Verantwortlichen oder dem Auftragsverarbeiter und dem Verantwortlichen, dem Auftragsverarbeiter oder dem Empfänger der personenbezogenen Daten im Drittland oder der internationalen Organisation vereinbart wurden, oder

b) Bestimmungen, die in Verwaltungsvereinbarungen zwischen Behörden oder öffentlichen Stellen aufzunehmen sind und durchsetzbare und wirksame Rechte für die betroffenen Personen einschließen.

(4) Die Aufsichtsbehörde wendet das Kohärenzverfahren nach Artikel 63 an, wenn ein Fall gemäß Absatz 3 des vorliegenden Artikels vorliegt.

(5) ¹Von einem Mitgliedstaat oder einer Aufsichtsbehörde auf der Grundlage von Artikel 26 Absatz 2 der Richtlinie 95/46/EG erteilte Genehmigungen bleiben so lange gültig, bis sie erforderlichenfalls von dieser Aufsichtsbehörde geändert, ersetzt oder aufgehoben werden. ²Von der Kommission auf der Grundlage von Artikel 26 Absatz 4 der Richtlinie 95/46/EG erlassene Feststellungen bleiben so lange in Kraft, bis sie erforderlichenfalls mit einem nach Absatz 2 des vorliegenden Artikels erlassenen Beschluss der Kommission geändert, ersetzt oder aufgehoben werden.

Artikel 47 Verbindliche interne Datenschutzvorschriften

(1) Die zuständige Aufsichtsbehörde genehmigt gemäß dem Kohärenzverfahren nach Artikel 63 verbindliche interne Datenschutzvorschriften, sofern diese

a) rechtlich bindend sind, für alle betreffenden Mitglieder der Unternehmensgruppe oder einer Gruppe von Unternehmen, die eine gemeinsame Wirtschaftstätigkeit ausüben, gelten und von diesen Mitgliedern durchgesetzt werden, und dies auch für ihre Beschäftigten gilt,

b) den betroffenen Personen ausdrücklich durchsetzbare Rechte in Bezug auf die Verarbeitung ihrer personenbezogenen Daten übertragen und

c) die in Absatz 2 festgelegten Anforderungen erfüllen.

(2) Die verbindlichen internen Datenschutzvorschriften nach Absatz 1 enthalten mindestens folgende Angaben:

a) Struktur und Kontaktdaten der Unternehmensgruppe oder Gruppe von Unternehmen, die eine gemeinsame Wirtschaftstätigkeit ausüben, und jedes ihrer Mitglieder;

b) die betreffenden Datenübermittlungen oder Reihen von Datenübermittlungen einschließlich der betreffenden Arten personenbezogener Daten, Art und Zweck der Datenverarbeitung, Art der betroffenen Personen und das betreffende Drittland beziehungsweise die betreffenden Drittländer;

c) interne und externe Rechtsverbindlichkeit der betreffenden internen Datenschutzvorschriften;

d) die Anwendung der allgemeinen Datenschutzgrundsätze, insbesondere Zweckbindung, Datenminimierung, begrenzte Speicherfristen, Datenqualität, Datenschutz durch Technikgestaltung und durch datenschutzfreundliche Voreinstellungen, Rechtsgrundlage für die Verarbeitung, Verarbeitung besonderer Kategorien von personenbezogenen Daten, Maßnahmen zur Sicherstellung der Datensicherheit und Anforderungen für die Weiterübermittlung an nicht an diese internen Datenschutzvorschriften gebundene Stellen;

e) die Rechte der betroffenen Personen in Bezug auf die Verarbeitung und die diesen offenstehenden Mittel zur Wahrnehmung dieser Rechte einschließlich des Rechts, nicht einer ausschließlich auf einer automatisierten Verarbeitung – einschließlich Profiling – beruhenden Entscheidung nach Artikel 22 unterworfen zu werden sowie des in Artikel 79 niedergelegten Rechts auf Beschwerde bei der zuständigen Aufsichtsbehörde beziehungsweise auf Einlegung eines Rechtsbehelfs bei den zuständigen Gerichten der Mitgliedstaaten und im Falle einer Verletzung der verbindlichen internen Datenschutzvorschriften Wiedergutmachung und gegebenenfalls Schadenersatz zu erhalten;

f) die von dem in einem Mitgliedstaat niedergelassenen Verantwortlichen oder Auftragsverarbeiter übernommene Haftung für etwaige Verstöße eines nicht in der Union niedergelassenen betreffenden Mitglieds der Unternehmensgruppe gegen die verbindlichen internen Datenschutzvorschriften; der Verantwortliche oder der Auftragsverarbeiter ist nur dann teilweise oder vollständig von dieser Haftung befreit, wenn er nachweist, dass der Umstand, durch den der Schaden eingetreten ist, dem betreffenden Mitglied nicht zur Last gelegt werden kann;

g) die Art und Weise, wie die betroffenen Personen über die Bestimmungen der Artikel 13 und 14 hinaus über die verbindlichen internen Datenschutzvorschriften und insbesondere über die unter den Buchstaben d, e und f dieses Absatzes genannten Aspekte informiert werden;

h) die Aufgaben jedes gemäß Artikel 37 benannten Datenschutzbeauftragten oder jeder anderen Person oder Einrichtung, die mit der Überwachung der Einhaltung der verbindlichen internen Datenschutzvorschriften in der Unternehmensgruppe oder Gruppe von Unternehmen, die eine gemeinsame Wirtschaftstätigkeit ausüben, sowie mit der Überwachung der Schulungsmaßnahmen und dem Umgang mit Beschwerden befasst ist;

i) die Beschwerdeverfahren;

j) die innerhalb der Unternehmensgruppe oder Gruppe von Unternehmen, die eine gemeinsame Wirtschaftstätigkeit ausüben, bestehenden Verfahren zur Überprüfung der Einhaltung der verbindlichen internen Datenschutzvorschriften. Derartige Verfahren beinhalten Datenschutzüberprüfungen und Verfahren zur Gewährleistung von Abhilfemaßnahmen zum Schutz der Rechte der betroffenen Person. Die Ergebnisse derartiger Überprüfungen sollten der in Buchstabe h genannten Person oder Einrichtung sowie dem Verwaltungsrat des herrschenden Unternehmens einer Unternehmensgruppe oder der Gruppe von Unternehmen, die eine gemeinsame Wirtschaftstätigkeit ausüben, mitgeteilt werden und sollten der zuständigen Aufsichtsbehörde auf Anfrage zur Verfügung gestellt werden;

k) die Verfahren für die Meldung und Erfassung von Änderungen der Vorschriften und ihre Meldung an die Aufsichtsbehörde;

l) die Verfahren für die Zusammenarbeit mit der Aufsichtsbehörde, die die Befolgung der Vorschriften durch sämtliche Mitglieder der Unternehmensgruppe oder Gruppe von Unternehmen, die eine gemeinsame Wirtschaftstätigkeit ausüben, gewährleisten, insbesondere durch Offenlegung der Ergebnisse von Überprüfungen der unter Buchstabe j genannten Maßnahmen gegenüber der Aufsichtsbehörde;

m) die Meldeverfahren zur Unterrichtung der zuständigen Aufsichtsbehörde über jegliche für ein Mitglied der Unternehmensgruppe oder Gruppe von Unternehmen, die eine gemeinsame Wirtschaftstätigkeit ausüben, in einem Drittland geltenden rechtlichen Bestimmungen, die sich nachteilig auf die Garantien auswirken könnten, die die verbindlichen internen Datenschutzvorschriften bieten, und

n) geeignete Datenschutzschulungen für Personal mit ständigem oder regelmäßigem Zugang zu personenbezogenen Daten.

(3) ¹Die Kommission kann das Format und die Verfahren für den Informationsaustausch über verbindliche interne Datenschutzvorschriften im Sinne des vorliegenden Artikels zwischen Verantwortlichen, Auftragsverarbeitern und Aufsichtsbehörden festlegen. ²Diese Durchführungsrechtsakte werden gemäß dem Prüfverfahren nach Artikel 93 Absatz 2 erlassen.

Artikel 48   Nach dem Unionsrecht nicht zulässige Übermittlung oder Offenlegung

Jegliches Urteil eines Gerichts eines Drittlands und jegliche Entscheidung einer Verwaltungsbehörde eines Drittlands, mit denen von einem Verantwortlichen oder einem Auftragsverarbeiter die Übermittlung oder Offenlegung personenbezogener Daten verlangt wird, dürfen unbeschadet anderer Gründe für die Übermittlung gemäß diesem Kapitel jedenfalls nur dann anerkannt oder vollstreckbar werden, wenn sie auf eine in Kraft befindliche internationale Übereinkunft wie etwa ein Rechtshilfeabkommen zwischen dem ersuchenden Drittland und der Union oder einem Mitgliedstaat gestützt sind.

Artikel 49   Ausnahmen für bestimmte Fälle

(1) Falls weder ein Angemessenheitsbeschluss nach Artikel 45 Absatz 3 vorliegt noch geeignete Garantien nach Artikel 46, einschließlich verbindlicher interner Datenschutzvorschriften, bestehen, ist eine Übermittlung oder eine Reihe von Übermittlungen personenbezogener Daten an ein Drittland oder an eine internationale Organisation nur unter einer der folgenden Bedingungen zulässig:

a) die betroffene Person hat in die vorgeschlagene Datenübermittlung ausdrücklich eingewilligt, nachdem sie über die für sie bestehenden möglichen Risiken derartiger Datenübermittlungen ohne Vorliegen eines Angemessenheitsbeschlusses und ohne geeignete Garantien unterrichtet wurde,

b) die Übermittlung ist für die Erfüllung eines Vertrags zwischen der betroffenen Person und dem Verantwortlichen oder zur Durchführung von vorvertraglichen Maßnahmen auf Antrag der betroffenen Person erforderlich,

c) die Übermittlung ist zum Abschluss oder zur Erfüllung eines im Interesse der betroffenen Person von dem Verantwortlichen mit einer anderen natürlichen oder juristischen Person geschlossenen Vertrags erforderlich,

d) die Übermittlung ist aus wichtigen Gründen des öffentlichen Interesses notwendig,

e) die Übermittlung ist zur Geltendmachung, Ausübung oder Verteidigung von Rechtsansprüchen erforderlich,

f) die Übermittlung ist zum Schutz lebenswichtiger Interessen der betroffenen Person oder anderer Personen erforderlich, sofern die betroffene Person aus physischen oder rechtlichen Gründen außerstande ist, ihre Einwilligung zu geben,

g) die Übermittlung erfolgt aus einem Register, das gemäß dem Recht der Union oder der Mitgliedstaaten zur Information der Öffentlichkeit bestimmt ist und entweder der gesamten Öffentlichkeit oder allen Personen, die ein berechtigtes Interesse nachweisen können, zur Einsichtnahme offensteht, aber nur soweit die im Recht der Union oder der Mitgliedstaaten festgelegten Voraussetzungen für die Einsichtnahme im Einzelfall gegeben sind.

[1]Falls die Übermittlung nicht auf eine Bestimmung der Artikel 45 oder 46 – einschließlich der verbindlichen internen Datenschutzvorschriften – gestützt werden könnte und keine der Ausnahmen für einen bestimmten Fall gemäß dem ersten Unterabsatz anwendbar ist, darf eine Übermittlung an ein Drittland oder eine internationale Organisation nur dann erfolgen, wenn die Übermittlung nicht wiederholt erfolgt, nur eine begrenzte Zahl von betroffenen Personen betrifft, für die Wahrung der zwingenden berechtigten Interessen des Verantwortlichen erforderlich ist, sofern die Interessen oder die Rechte und Freiheiten der betroffenen Person nicht überwiegen, und der Verantwortliche alle Umstände der Datenübermittlung beurteilt und auf der Grundlage dieser Beurteilung geeignete Garantien in Bezug auf den Schutz personenbezogener Daten vorgesehen hat. [2]Der Verantwortliche setzt die Aufsichtsbehörde von der Übermittlung in Kenntnis. [3]Der Verantwortliche unterrichtet die betroffene Person über die Übermittlung und seine zwingenden berechtigten Interessen; dies erfolgt zusätzlich zu den der betroffenen Person nach den Artikeln 13 und 14 mitgeteilten Informationen.

(2) [1]Datenübermittlungen gemäß Absatz 1 Unterabsatz 1 Buchstabe g dürfen nicht die Gesamtheit oder ganze Kategorien der im Register enthaltenen personenbezogenen Daten umfassen. [2]Wenn das Register der Einsichtnahme durch Personen mit berechtigtem Interesse dient, darf die Übermittlung nur auf Anfrage dieser Personen oder nur dann erfolgen, wenn diese Personen die Adressaten der Übermittlung sind.

(3) Absatz 1 Unterabsatz 1 Buchstaben a, b und c und sowie Absatz 1 Unterabsatz 2 gelten nicht für Tätigkeiten, die Behörden in Ausübung ihrer hoheitlichen Befugnisse durchführen.

(4) Das öffentliche Interesse im Sinne des Absatzes 1 Unterabsatz 1 Buchstabe d muss im Unionsrecht oder im Recht des Mitgliedstaats, dem der Verantwortliche unterliegt, anerkannt sein.

(5) [1]Liegt kein Angemessenheitsbeschluss vor, so können im Unionsrecht oder im Recht der Mitgliedstaaten aus wichtigen Gründen des öffentlichen Interesses ausdrücklich Beschränkungen der Übermittlung bestimmter Kategorien von personenbezogenen Daten an Drittländer oder internationale Organisationen vorgesehen werden. [2]Die Mitgliedstaaten teilen der Kommission derartige Bestimmungen mit.

(6) Der Verantwortliche oder der Auftragsverarbeiter erfasst die von ihm vorgenommene Beurteilung sowie die angemessenen Garantien im Sinne des Absatzes 1 Unterabsatz 2 des vorliegenden Artikels in der Dokumentation gemäß Artikel 30.

Artikel 50   Internationale Zusammenarbeit zum Schutz personenbezogener Daten

In Bezug auf Drittländer und internationale Organisationen treffen die Kommission und die Aufsichtsbehörden geeignete Maßnahmen zur

a) Entwicklung von Mechanismen der internationalen Zusammenarbeit, durch die die wirksame Durchsetzung von Rechtsvorschriften zum Schutz personenbezogener Daten erleichtert wird,

b) gegenseitigen Leistung internationaler Amtshilfe bei der Durchsetzung von Rechtsvorschriften zum Schutz personenbezogener Daten, unter anderem durch Meldungen, Beschwerdeverweisungen, Amtshilfe bei Untersuchungen und Informationsaustausch, sofern geeignete Garantien für den Schutz personenbezogener Daten und anderer Grundrechte und Grundfreiheiten bestehen,

c) Einbindung maßgeblicher Interessenträger in Diskussionen und Tätigkeiten, die zum Ausbau der internationalen Zusammenarbeit bei der Durchsetzung von Rechtsvorschriften zum Schutz personenbezogener Daten dienen,

d) Förderung des Austauschs und der Dokumentation von Rechtsvorschriften und Praktiken zum Schutz personenbezogener Daten einschließlich Zuständigkeitskonflikten mit Drittländern.

Kapitel VI
Unabhängige Aufsichtsbehörden

Abschnitt 1
Unabhängigkeit

Artikel 51 Aufsichtsbehörde

(1) Jeder Mitgliedstaat sieht vor, dass eine oder mehrere unabhängige Behörden für die Überwachung der Anwendung dieser Verordnung zuständig sind, damit die Grundrechte und Grundfreiheiten natürlicher Personen bei der Verarbeitung geschützt werden und der freie Verkehr personenbezogener Daten in der Union erleichtert wird (im Folgenden „Aufsichtsbehörde").

(2) ¹Jede Aufsichtsbehörde leistet einen Beitrag zur einheitlichen Anwendung dieser Verordnung in der gesamten Union. ²Zu diesem Zweck arbeiten die Aufsichtsbehörden untereinander sowie mit der Kommission gemäß Kapitel VII zusammen.

(3) Gibt es in einem Mitgliedstaat mehr als eine Aufsichtsbehörde, so bestimmt dieser Mitgliedstaat die Aufsichtsbehörde, die diese Behörden im Ausschuss vertritt, und führt ein Verfahren ein, mit dem sichergestellt wird, dass die anderen Behörden die Regeln für das Kohärenzverfahren nach Artikel 63 einhalten.

(4) Jeder Mitgliedstaat teilt der Kommission bis spätestens 25. Mai 2018 die Rechtsvorschriften, die er aufgrund dieses Kapitels erlässt, sowie unverzüglich alle folgenden Änderungen dieser Vorschriften mit.

Artikel 52 Unabhängigkeit

(1) Jede Aufsichtsbehörde handelt bei der Erfüllung ihrer Aufgaben und bei der Ausübung ihrer Befugnisse gemäß dieser Verordnung völlig unabhängig.

(2) Das Mitglied oder die Mitglieder jeder Aufsichtsbehörde unterliegen bei der Erfüllung ihrer Aufgaben und der Ausübung ihrer Befugnisse gemäß dieser Verordnung weder direkter noch indirekter Beeinflussung von außen und ersuchen weder um Weisung noch nehmen sie Weisungen entgegen.

(3) Das Mitglied oder die Mitglieder der Aufsichtsbehörde sehen von allen mit den Aufgaben ihres Amtes nicht zu vereinbarenden Handlungen ab und üben während ihrer Amtszeit keine andere mit ihrem Amt nicht zu vereinbarende entgeltliche oder unentgeltliche Tätigkeit aus.

(4) Jeder Mitgliedstaat stellt sicher, dass jede Aufsichtsbehörde mit den personellen, technischen und finanziellen Ressourcen, Räumlichkeiten und Infrastrukturen ausgestattet wird, die sie benötigt, um ihre Aufgaben und Befugnisse auch im Rahmen der Amtshilfe, Zusammenarbeit und Mitwirkung im Ausschuss effektiv wahrnehmen zu können.

(5) Jeder Mitgliedstaat stellt sicher, dass jede Aufsichtsbehörde ihr eigenes Personal auswählt und hat, das ausschließlich der Leitung des Mitglieds oder der Mitglieder der betreffenden Aufsichtsbehörde untersteht.

(6) Jeder Mitgliedstaat stellt sicher, dass jede Aufsichtsbehörde einer Finanzkontrolle unterliegt, die ihre Unabhängigkeit nicht beeinträchtigt und dass sie über eigene, öffentliche, jährliche Haushaltspläne verfügt, die Teil des gesamten Staatshaushalts oder nationalen Haushalts sein können.

Artikel 53 Allgemeine Bedingungen für die Mitglieder der Aufsichtsbehörde

(1) Die Mitgliedstaaten sehen vor, dass jedes Mitglied ihrer Aufsichtsbehörden im Wege eines transparenten Verfahrens ernannt wird, und zwar

- vom Parlament,
- von der Regierung,
- vom Staatsoberhaupt oder
- von einer unabhängigen Stelle, die nach dem Recht des Mitgliedstaats mit der Ernennung betraut wird.

(2) Jedes Mitglied muss über die für die Erfüllung seiner Aufgaben und Ausübung seiner Befugnisse erforderliche Qualifikation, Erfahrung und Sachkunde insbesondere im Bereich des Schutzes personenbezogener Daten verfügen.

(3) Das Amt eines Mitglieds endet mit Ablauf der Amtszeit, mit seinem Rücktritt oder verpflichtender Versetzung in den Ruhestand gemäß dem Recht des betroffenen Mitgliedstaats.

(4) Ein Mitglied wird seines Amtes nur enthoben, wenn es eine schwere Verfehlung begangen hat oder die Voraussetzungen für die Wahrnehmung seiner Aufgaben nicht mehr erfüllt.

Artikel 54 Errichtung der Aufsichtsbehörde

(1) Jeder Mitgliedstaat sieht durch Rechtsvorschriften Folgendes vor:
a) die Errichtung jeder Aufsichtsbehörde;
b) die erforderlichen Qualifikationen und sonstigen Voraussetzungen für die Ernennung zum Mitglied jeder Aufsichtsbehörde;
c) die Vorschriften und Verfahren für die Ernennung des Mitglieds oder der Mitglieder jeder Aufsichtsbehörde;
d) die Amtszeit des Mitglieds oder der Mitglieder jeder Aufsichtsbehörde von mindestens vier Jahren; dies gilt nicht für die erste Amtszeit nach 24. Mai 2016, die für einen Teil der Mitglieder kürzer sein kann, wenn eine zeitlich versetzte Ernennung zur Wahrung der Unabhängigkeit der Aufsichtsbehörde notwendig ist;
e) die Frage, ob und – wenn ja – wie oft das Mitglied oder die Mitglieder jeder Aufsichtsbehörde wiederernannt werden können;
f) die Bedingungen im Hinblick auf die Pflichten des Mitglieds oder der Mitglieder und der Bediensteten jeder Aufsichtsbehörde, die Verbote von Handlungen, beruflichen Tätigkeiten und Vergütungen während und nach der Amtszeit, die mit diesen Pflichten unvereinbar sind, und die Regeln für die Beendigung des Beschäftigungsverhältnisses.

(2) [1]Das Mitglied oder die Mitglieder und die Bediensteten jeder Aufsichtsbehörde sind gemäß dem Unionsrecht oder dem Recht der Mitgliedstaaten sowohl während ihrer Amts- beziehungsweise Dienstzeit als auch nach deren Beendigung verpflichtet, über alle vertraulichen Informationen, die ihnen bei der Wahrnehmung ihrer Aufgaben oder der Ausübung ihrer Befugnisse bekannt geworden sind, Verschwiegenheit zu wahren. [2]Während dieser Amts- beziehungsweise Dienstzeit gilt diese Verschwiegenheitpflicht insbesondere für die von natürlichen Personen gemeldeten Verstößen gegen diese Verordnung.

Abschnitt 2
Zuständigkeit, Aufgaben und Befugnisse

Artikel 55 Zuständigkeit

(1) Jede Aufsichtsbehörde ist für die Erfüllung der Aufgaben und die Ausübung der Befugnisse, die ihr mit dieser Verordnung übertragen wurden, im Hoheitsgebiet ihres eigenen Mitgliedstaats zuständig.

(2) [1]Erfolgt die Verarbeitung durch Behörden oder private Stellen auf der Grundlage von Artikel 6 Absatz 1 Buchstabe c oder e, so ist die Aufsichtsbehörde des betroffenen Mitgliedstaats zuständig. [2]In diesem Fall findet Artikel 56 keine Anwendung.

(3) Die Aufsichtsbehörden sind nicht zuständig für die Aufsicht über die von Gerichten im Rahmen ihrer justiziellen Tätigkeit vorgenommenen Verarbeitungen.

Artikel 56   Zuständigkeit der federführenden Aufsichtsbehörde

(1) Unbeschadet des Artikels 55 ist die Aufsichtsbehörde der Hauptniederlassung oder der einzigen Niederlassung des Verantwortlichen oder des Auftragsverarbeiters gemäß dem Verfahren nach Artikel 60 die zuständige federführende Aufsichtsbehörde für die von diesem Verantwortlichen oder diesem Auftragsverarbeiter durchgeführte grenzüberschreitende Verarbeitung.

(2) Abweichend von Absatz 1 ist jede Aufsichtsbehörde dafür zuständig, sich mit einer bei ihr eingereichten Beschwerde oder einem etwaigen Verstoß gegen diese Verordnung zu befassen, wenn der Gegenstand nur mit einer Niederlassung in ihrem Mitgliedstaat zusammenhängt oder betroffene Personen nur ihres Mitgliedstaats erheblich beeinträchtigt.

(3) ¹In den in Absatz 2 des vorliegenden Artikels genannten Fällen unterrichtet die Aufsichtsbehörde unverzüglich die federführende Aufsichtsbehörde über diese Angelegenheit. ²Innerhalb einer Frist von drei Wochen nach der Unterrichtung entscheidet die federführende Aufsichtsbehörde, ob sie sich mit dem Fall gemäß dem Verfahren nach Artikel 60 befasst oder nicht, wobei sie berücksichtigt, ob der Verantwortliche oder der Auftragsverarbeiter in dem Mitgliedstaat, dessen Aufsichtsbehörde sie unterrichtet hat, eine Niederlassung hat oder nicht.

(4) ¹Entscheidet die federführende Aufsichtsbehörde, sich mit dem Fall zu befassen, so findet das Verfahren nach Artikel 60 Anwendung. ²Die Aufsichtsbehörde, die die federführende Aufsichtsbehörde unterrichtet hat, kann dieser einen Beschlussentwurf vorlegen. ³Die federführende Aufsichtsbehörde trägt diesem Entwurf bei der Ausarbeitung des Beschlussentwurfs nach Artikel 60 Absatz 3 weitestgehend Rechnung.

(5) Entscheidet die federführende Aufsichtsbehörde, sich mit dem Fall nicht selbst zu befassen, so befasst die Aufsichtsbehörde, die die federführende Aufsichtsbehörde unterrichtet hat, sich mit dem Fall gemäß den Artikeln 61 und 62.

(6) Die federführende Aufsichtsbehörde ist der einzige Ansprechpartner der Verantwortlichen oder der Auftragsverarbeiter für Fragen der von diesem Verantwortlichen oder diesem Auftragsverarbeiter durchgeführten grenzüberschreitenden Verarbeitung.

Artikel 57   Aufgaben

(1) Unbeschadet anderer in dieser Verordnung dargelegter Aufgaben muss jede Aufsichtsbehörde in ihrem Hoheitsgebiet
a)   die Anwendung dieser Verordnung überwachen und durchsetzen;
b)   die Öffentlichkeit für die Risiken, Vorschriften, Garantien und Rechte im Zusammenhang mit der Verarbeitung sensibilisieren und sie darüber aufklären. Besondere Beachtung finden dabei spezifische Maßnahmen für Kinder;
c)   im Einklang mit dem Recht des Mitgliedsstaats das nationale Parlament, die Regierung und andere Einrichtungen und Gremien über legislative und administrative Maßnahmen zum Schutz der Rechte und Freiheiten natürlicher Personen in Bezug auf die Verarbeitung beraten;
d)   die Verantwortlichen und die Auftragsverarbeiter für die ihnen aus dieser Verordnung entstehenden Pflichten sensibilisieren;
e)   auf Anfrage jeder betroffenen Person Informationen über die Ausübung ihrer Rechte aufgrund dieser Verordnung zur Verfügung stellen und gegebenenfalls zu diesem Zweck mit den Aufsichtsbehörden in anderen Mitgliedstaaten zusammenarbeiten;
f)   sich mit Beschwerden einer betroffenen Person oder Beschwerden einer Stelle, einer Organisation oder eines Verbandes gemäß Artikel 80 befassen, den Gegenstand der Beschwerde in angemessenem Umfang untersuchen und den Beschwerdeführer innerhalb einer angemessenen Frist über den Fortgang und das Ergebnis der Untersuchung unterrichten, insbesondere, wenn eine weitere Untersuchung oder Koordinierung mit einer anderen Aufsichtsbehörde notwendig ist;
g)   mit anderen Aufsichtsbehörden zusammenarbeiten, auch durch Informationsaustausch, und ihnen Amtshilfe leisten, um die einheitliche Anwendung und Durchsetzung dieser Verordnung zu gewährleisten;
h)   Untersuchungen über die Anwendung dieser Verordnung durchführen, auch auf der Grundlage von Informationen einer anderen Aufsichtsbehörde oder einer anderen Behörde;

i) maßgebliche Entwicklungen verfolgen, soweit sie sich auf den Schutz personenbezogener Daten auswirken, insbesondere die Entwicklung der Informations- und Kommunikationstechnologie und der Geschäftspraktiken;

j) Standardvertragsklauseln im Sinne des Artikels 28 Absatz 8 und des Artikels 46 Absatz 2 Buchstabe d festlegen;

k) eine Liste der Verarbeitungsarten erstellen und führen, für die gemäß Artikel 35 Absatz 4 eine Datenschutz-Folgenabschätzung durchzuführen ist;

l) Beratung in Bezug auf die in Artikel 36 Absatz 2 genannten Verarbeitungsvorgänge leisten;

m) die Ausarbeitung von Verhaltensregeln gemäß Artikel 40 Absatz 1 fördern und zu diesen Verhaltensregeln, die ausreichende Garantien im Sinne des Artikels 40 Absatz 5 bieten müssen, Stellungnahmen abgeben und sie billigen;

n) die Einführung von Datenschutzzertifizierungsmechanismen und von Datenschutzsiegeln und -prüfzeichen nach Artikel 42 Absatz 1 anregen und Zertifizierungskriterien nach Artikel 42 Absatz 5 billigen;

o) gegebenenfalls die nach Artikel 42 Absatz 7 erteilten Zertifizierungen regelmäßig überprüfen;

p) die Anforderungen an die Akkreditierung einer Stelle für die Überwachung der Einhaltung der Verhaltensregeln gemäß Artikel 41 und einer Zertifizierungsstelle gemäß Artikel 43 abfassen und veröffentlichen;

q) die Akkreditierung einer Stelle für die Überwachung der Einhaltung der Verhaltensregeln gemäß Artikel 41 und einer Zertifizierungsstelle gemäß Artikel 43 vornehmen;

r) Vertragsklauseln und Bestimmungen im Sinne des Artikels 46 Absatz 3 genehmigen;

s) verbindliche interne Vorschriften gemäß Artikel 47 genehmigen;

t) Beiträge zur Tätigkeit des Ausschusses leisten;

u) interne Verzeichnisse über Verstöße gegen diese Verordnung und gemäß Artikel 58 Absatz 2 ergriffene Maßnahmen und

v) jede sonstige Aufgabe im Zusammenhang mit dem Schutz personenbezogener Daten erfüllen.

(2) Jede Aufsichtsbehörde erleichtert das Einreichen von in Absatz 1 Buchstabe f genannten Beschwerden durch Maßnahmen wie etwa die Bereitstellung eines Beschwerdeformulars, das auch elektronisch ausgefüllt werden kann, ohne dass andere Kommunikationsmittel ausgeschlossen werden.

(3) Die Erfüllung der Aufgaben jeder Aufsichtsbehörde ist für die betroffene Person und gegebenenfalls für den Datenschutzbeauftragten unentgeltlich.

(4) [1]Bei offenkundig unbegründeten oder – insbesondere im Fall von häufiger Wiederholung – exzessiven Anfragen kann die Aufsichtsbehörde eine angemessene Gebühr auf der Grundlage der Verwaltungskosten verlangen oder sich weigern, aufgrund der Anfrage tätig zu werden. [2]In diesem Fall trägt die Aufsichtsbehörde die Beweislast für den offenkundig unbegründeten oder exzessiven Charakter der Anfrage.

Artikel 58   Befugnisse

(1) Jede Aufsichtsbehörde verfügt über sämtliche folgenden Untersuchungsbefugnisse, die es ihr gestatten,

a) den Verantwortlichen, den Auftragsverarbeiter und gegebenenfalls den Vertreter des Verantwortlichen oder des Auftragsverarbeiters anzuweisen, alle Informationen bereitzustellen, die für die Erfüllung ihrer Aufgaben erforderlich sind,

b) Untersuchungen in Form von Datenschutzüberprüfungen durchzuführen,

c) eine Überprüfung der nach Artikel 42 Absatz 7 erteilten Zertifizierungen durchzuführen,

d) den Verantwortlichen oder den Auftragsverarbeiter auf einen vermeintlichen Verstoß gegen diese Verordnung hinzuweisen,

e) von dem Verantwortlichen und dem Auftragsverarbeiter Zugang zu allen personenbezogenen Daten und Informationen, die zur Erfüllung ihrer Aufgaben notwendig sind, zu erhalten,

f) gemäß dem Verfahrensrecht der Union oder dem Verfahrensrecht des Mitgliedstaats Zugang zu den Räumlichkeiten, einschließlich aller Datenverarbeitungsanlagen und -geräte, des Verantwortlichen und des Auftragsverarbeiters zu erhalten.

(2) Jede Aufsichtsbehörde verfügt über sämtliche folgenden Abhilfebefugnisse, die es ihr gestatten,

a) einen Verantwortlichen oder einen Auftragsverarbeiter zu warnen, dass beabsichtigte Verarbeitungsvorgänge voraussichtlich gegen diese Verordnung verstoßen,

b) einen Verantwortlichen oder einen Auftragsverarbeiter zu verwarnen, wenn er mit Verarbeitungsvorgängen gegen diese Verordnung verstoßen hat,

c) den Verantwortlichen oder den Auftragsverarbeiter anzuweisen, den Anträgen der betroffenen Person auf Ausübung der ihr nach dieser Verordnung zustehenden Rechte zu entsprechen,

d) den Verantwortlichen oder den Auftragsverarbeiter anzuweisen, Verarbeitungsvorgänge gegebenenfalls auf bestimmte Weise und innerhalb eines bestimmten Zeitraums in Einklang mit dieser Verordnung zu bringen,

e) den Verantwortlichen anzuweisen, die von einer Verletzung des Schutzes personenbezogener Daten betroffene Person entsprechend zu benachrichtigen,

f) eine vorübergehende oder endgültige Beschränkung der Verarbeitung, einschließlich eines Verbots, zu verhängen,

g) die Berichtigung oder Löschung von personenbezogenen Daten oder die Einschränkung der Verarbeitung gemäß den Artikeln 16, 17 und 18 und die Unterrichtung der Empfänger, an die diese personenbezogenen Daten gemäß Artikel 17 Absatz 2 und Artikel 19 offengelegt wurden, über solche Maßnahmen anzuordnen,

h) eine Zertifizierung zu widerrufen oder die Zertifizierungsstelle anzuweisen, eine gemäß den Artikel 42 und 43 erteilte Zertifizierung zu widerrufen, oder die Zertifizierungsstelle anzuweisen, keine Zertifizierung zu erteilen, wenn die Voraussetzungen für die Zertifizierung nicht oder nicht mehr erfüllt werden,

i) eine Geldbuße gemäß Artikel 83 zu verhängen, zusätzlich zu oder anstelle von in diesem Absatz genannten Maßnahmen, je nach den Umständen des Einzelfalls,

j) die Aussetzung der Übermittlung von Daten an einen Empfänger in einem Drittland oder an eine internationale Organisation anzuordnen.

(3) Jede Aufsichtsbehörde verfügt über sämtliche folgenden Genehmigungsbefugnisse und beratenden Befugnisse, die es ihr gestatten,

a) gemäß dem Verfahren der vorherigen Konsultation nach Artikel 36 den Verantwortlichen zu beraten,

b) zu allen Fragen, die im Zusammenhang mit dem Schutz personenbezogener Daten stehen, von sich aus oder auf Anfrage Stellungnahmen an das nationale Parlament, die Regierung des Mitgliedstaats oder im Einklang mit dem Recht des Mitgliedstaats an sonstige Einrichtungen und Stellen sowie an die Öffentlichkeit zu richten,

c) die Verarbeitung gemäß Artikel 36 Absatz 5 zu genehmigen, falls im Recht des Mitgliedstaats eine derartige vorherige Genehmigung verlangt wird,

d) eine Stellungnahme abzugeben und Entwürfe von Verhaltensregeln gemäß Artikel 40 Absatz 5 zu billigen,

e) Zertifizierungsstellen gemäß Artikel 43 zu akkreditieren,

f) im Einklang mit Artikel 42 Absatz 5 Zertifizierungen zu erteilen und Kriterien für die Zertifizierung zu billigen,

g) Standarddatenschutzklauseln nach Artikel 28 Absatz 8 und Artikel 46 Absatz 2 Buchstabe d festzulegen,

h) Vertragsklauseln gemäß Artikel 46 Absatz 3 Buchstabe a zu genehmigen,

i) Verwaltungsvereinbarungen gemäß Artikel 46 Absatz 3 Buchstabe b zu genehmigen

j) verbindliche interne Vorschriften gemäß Artikel 47 zu genehmigen.

(4) Die Ausübung der der Aufsichtsbehörde gemäß diesem Artikel übertragenen Befugnisse erfolgt vorbehaltlich geeigneter Garantien einschließlich wirksamer gerichtlicher Rechtsbehelfe und ordnungsgemäßer Verfahren gemäß dem Unionsrecht und dem Recht des Mitgliedstaats im Einklang mit der Charta.

(5) Jeder Mitgliedstaat sieht durch Rechtsvorschriften vor, dass seine Aufsichtsbehörde befugt ist, Verstöße gegen diese Verordnung den Justizbehörden zur Kenntnis zu bringen und gegebenenfalls die Einleitung eines gerichtlichen Verfahrens zu betreiben oder sich sonst daran zu beteiligen, um die Bestimmungen dieser Verordnung durchzusetzen.

(6) [1]Jeder Mitgliedstaat kann durch Rechtsvorschriften vorsehen, dass seine Aufsichtsbehörde neben den in den Absätzen 1, 2 und 3 aufgeführten Befugnissen über zusätzliche Befugnisse verfügt. [2]Die Ausübung dieser Befugnisse darf nicht die effektive Durchführung des Kapitels VII beeinträchtigen.

Artikel 59   Tätigkeitsbericht

[1]Jede Aufsichtsbehörde erstellt einen Jahresbericht über ihre Tätigkeit, der eine Liste der Arten der gemeldeten Verstöße und der Arten der getroffenen Maßnahmen nach Artikel 58 Absatz 2 enthalten kann. [2]Diese Berichte werden dem nationalen Parlament, der Regierung und anderen nach dem Recht der Mitglied-

staaten bestimmten Behörden übermittelt. ³Sie werden der Öffentlichkeit, der Kommission und dem Ausschuss zugänglich gemacht.

Kapitel VII
Zusammenarbeit und Kohärenz

Abschnitt 1
Zusammenarbeit

Artikel 60 Zusammenarbeit zwischen der federführenden Aufsichtsbehörde und den anderen betroffenen Aufsichtsbehörden

(1) ¹Die federführende Aufsichtsbehörde arbeitet mit den anderen betroffenen Aufsichtsbehörden im Einklang mit diesem Artikel zusammen und bemüht sich dabei, einen Konsens zu erzielen. ²Die federführende Aufsichtsbehörde und die betroffenen Aufsichtsbehörden tauschen untereinander alle zweckdienlichen Informationen aus.

(2) Die federführende Aufsichtsbehörde kann jederzeit andere betroffene Aufsichtsbehörden um Amtshilfe gemäß Artikel 61 ersuchen und gemeinsame Maßnahmen gemäß Artikel 62 durchführen, insbesondere zur Durchführung von Untersuchungen oder zur Überwachung der Umsetzung einer Maßnahme in Bezug auf einen Verantwortlichen oder einen Auftragsverarbeiter, der in einem anderen Mitgliedstaat niedergelassen ist.

(3) ¹Die federführende Aufsichtsbehörde übermittelt den anderen betroffenen Aufsichtsbehörden unverzüglich die zweckdienlichen Informationen zu der Angelegenheit. ²Sie legt den anderen betroffenen Aufsichtsbehörden unverzüglich einen Beschlussentwurf zur Stellungnahme vor und trägt deren Standpunkten gebührend Rechnung.

(4) Legt eine der anderen betroffenen Aufsichtsbehörden innerhalb von vier Wochen, nachdem sie gemäß Absatz 3 des vorliegenden Artikels konsultiert wurde, gegen diesen Beschlussentwurf einen maßgeblichen und begründeten Einspruch ein und schließt sich die federführende Aufsichtsbehörde dem maßgeblichen und begründeten Einspruch nicht an oder ist der Ansicht, dass der Einspruch nicht maßgeblich oder nicht begründet ist, so leitet die federführende Aufsichtsbehörde das Kohärenzverfahren gemäß Artikel 63 für die Angelegenheit ein.

(5) ¹Beabsichtigt die federführende Aufsichtsbehörde, sich dem maßgeblichen und begründeten Einspruch anzuschließen, so legt sie den anderen betroffenen Aufsichtsbehörden einen überarbeiteten Beschlussentwurf zur Stellungnahme vor. ²Der überarbeitete Beschlussentwurf wird innerhalb von zwei Wochen dem Verfahren nach Absatz 4 unterzogen.

(6) Legt keine der anderen betroffenen Aufsichtsbehörden Einspruch gegen den Beschlussentwurf ein, der von der federführenden Aufsichtsbehörde innerhalb der in den Absätzen 4 und 5 festgelegten Frist vorgelegt wurde, so gelten die federführende Aufsichtsbehörde und die betroffenen Aufsichtsbehörden als mit dem Beschlussentwurf einverstanden und sind an ihn gebunden.

(7) ¹Die federführende Aufsichtsbehörde erlässt den Beschluss und teilt ihn der Hauptniederlassung oder der einzigen Niederlassung des Verantwortlichen oder gegebenenfalls des Auftragsverarbeiters mit und setzt die anderen betroffenen Aufsichtsbehörden und den Ausschuss von dem betreffenden Beschluss einschließlich einer Zusammenfassung der maßgeblichen Fakten und Gründe in Kenntnis. ²Die Aufsichtsbehörde, bei der eine Beschwerde eingereicht worden ist, unterrichtet den Beschwerdeführer über den Beschluss.

(8) Wird eine Beschwerde abgelehnt oder abgewiesen, so erlässt die Aufsichtsbehörde, bei der die Beschwerde eingereicht wurde, abweichend von Absatz 7 den Beschluss, teilt ihn dem Beschwerdeführer mit und setzt den Verantwortlichen in Kenntnis.

(9) ¹Sind sich die federführende Aufsichtsbehörde und die betreffenden Aufsichtsbehörden darüber einig, Teile der Beschwerde abzulehnen oder abzuweisen und bezüglich anderer Teile dieser Beschwerde tätig zu werden, so wird in dieser Angelegenheit für jeden dieser Teile ein eigener Beschluss erlassen. ²Die federführende Aufsichtsbehörde erlässt den Beschluss für den Teil, der das Tätigwerden in Bezug auf den Verantwortlichen betrifft, teilt ihn der Hauptniederlassung oder einzigen Niederlassung des Verantwortlichen oder des Auftragsverarbeiters im Hoheitsgebiet ihres Mitgliedstaats mit und setzt den Beschwerdeführer hiervon in Kenntnis, während die für den Beschwerdeführer zuständige Aufsichtsbehörde den Beschluss für

den Teil erlässt, der die Ablehnung oder Abweisung dieser Beschwerde betrifft, und ihn diesem Beschwerdeführer mitteilt und den Verantwortlichen oder den Auftragsverarbeiter hiervon in Kenntnis setzt.

(10) [1]Nach der Unterrichtung über den Beschluss der federführenden Aufsichtsbehörde gemäß den Absätzen 7 und 9 ergreift der Verantwortliche oder der Auftragsverarbeiter die erforderlichen Maßnahmen, um die Verarbeitungstätigkeiten all seiner Niederlassungen in der Union mit dem Beschluss in Einklang zu bringen. [2]Der Verantwortliche oder der Auftragsverarbeiter teilt der federführenden Aufsichtsbehörde die Maßnahmen mit, die zur Einhaltung des Beschlusses ergriffen wurden; diese wiederum unterrichtet die anderen betroffenen Aufsichtsbehörden.

(11) Hat – in Ausnahmefällen – eine betroffene Aufsichtsbehörde Grund zu der Annahme, dass zum Schutz der Interessen betroffener Personen dringender Handlungsbedarf besteht, so kommt das Dringlichkeitsverfahren nach Artikel 66 zur Anwendung.

(12) Die federführende Aufsichtsbehörde und die anderen betroffenen Aufsichtsbehörden übermitteln einander die nach diesem Artikel geforderten Informationen auf elektronischem Wege unter Verwendung eines standardisierten Formats.

Artikel 61   Gegenseitige Amtshilfe

(1) [1]Die Aufsichtsbehörden übermitteln einander maßgebliche Informationen und gewähren einander Amtshilfe, um diese Verordnung einheitlich durchzuführen und anzuwenden, und treffen Vorkehrungen für eine wirksame Zusammenarbeit. [2]Die Amtshilfe bezieht sich insbesondere auf Auskunftsersuchen und aufsichtsbezogene Maßnahmen, beispielsweise Ersuchen um vorherige Genehmigungen und eine vorherige Konsultation, um Vornahme von Nachprüfungen und Untersuchungen.

(2) [1]Jede Aufsichtsbehörde ergreift alle geeigneten Maßnahmen, um einem Ersuchen einer anderen Aufsichtsbehörde unverzüglich und spätestens innerhalb eines Monats nach Eingang des Ersuchens nachzukommen. [2]Dazu kann insbesondere auch die Übermittlung maßgeblicher Informationen über die Durchführung einer Untersuchung gehören.

(3) [1]Amtshilfeersuchen enthalten alle erforderlichen Informationen, einschließlich Zweck und Begründung des Ersuchens. [2]Die übermittelten Informationen werden ausschließlich für den Zweck verwendet, für den sie angefordert wurden.

(4) Die ersuchte Aufsichtsbehörde lehnt das Ersuchen nur ab, wenn

a)   sie für den Gegenstand des Ersuchens oder für die Maßnahmen, die sie durchführen soll, nicht zuständig ist oder

b)   ein Eingehen auf das Ersuchen gegen diese Verordnung verstoßen würde oder gegen das Unionsrecht oder das Recht der Mitgliedstaaten, dem die Aufsichtsbehörde, bei der das Ersuchen eingeht, unterliegt.

(5) [1]Die ersuchte Aufsichtsbehörde informiert die ersuchende Aufsichtsbehörde über die Ergebnisse oder gegebenenfalls über den Fortgang der Maßnahmen, die getroffen wurden, um dem Ersuchen nachzukommen. [2]Die ersuchte Aufsichtsbehörde erläutert gemäß Absatz 4 die Gründe für die Ablehnung des Ersuchens.

(6) Die ersuchten Aufsichtsbehörden übermitteln die Informationen, um die von einer anderen Aufsichtsbehörde ersucht wurde, in der Regel auf elektronischem Wege unter Verwendung eines standardisierten Formats.

(7) [1]Ersuchte Aufsichtsbehörden verlangen für Maßnahmen, die sie aufgrund eines Amtshilfeersuchens getroffen haben, keine Gebühren. [2]Die Aufsichtsbehörden können untereinander Regeln vereinbaren, um einander in Ausnahmefällen besondere aufgrund der Amtshilfe entstandene Ausgaben zu erstatten.

(8) [1]Erteilt eine ersuchte Aufsichtsbehörde nicht binnen eines Monats nach Eingang des Ersuchens einer anderen Aufsichtsbehörde die Informationen gemäß Absatz 5, so kann die ersuchende Aufsichtsbehörde eine einstweilige Maßnahme im Hoheitsgebiet ihres Mitgliedstaats gemäß Artikel 55 Absatz 1 ergreifen. [2]In diesem Fall wird von einem dringenden Handlungsbedarf gemäß Artikel 66 Absatz 1 ausgegangen, der einen im Dringlichkeitsverfahren angenommenen verbindlichen Beschluss des Ausschuss gemäß Artikel 66 Absatz 2 erforderlich macht.

(9) ¹Die Kommission kann im Wege von Durchführungsrechtsakten Form und Verfahren der Amtshilfe nach diesem Artikel und die Ausgestaltung des elektronischen Informationsaustauschs zwischen den Aufsichtsbehörden sowie zwischen den Aufsichtsbehörden und dem Ausschuss, insbesondere das in Absatz 6 des vorliegenden Artikels genannte standardisierte Format, festlegen. ²Diese Durchführungsrechtsakte werden gemäß dem in Artikel 93 Absatz 2 genannten Prüfverfahren erlassen.

Artikel 62 Gemeinsame Maßnahmen der Aufsichtsbehörden

(1) Die Aufsichtsbehörden führen gegebenenfalls gemeinsame Maßnahmen einschließlich gemeinsamer Untersuchungen und gemeinsamer Durchsetzungsmaßnahmen durch, an denen Mitglieder oder Bedienstete der Aufsichtsbehörden anderer Mitgliedstaaten teilnehmen.

(2) ¹Verfügt der Verantwortliche oder der Auftragsverarbeiter über Niederlassungen in mehreren Mitgliedstaaten oder werden die Verarbeitungsvorgänge voraussichtlich auf eine bedeutende Zahl betroffener Personen in mehr als einem Mitgliedstaat erhebliche Auswirkungen haben, ist die Aufsichtsbehörde jedes dieser Mitgliedstaaten berechtigt, an den gemeinsamen Maßnahmen teilzunehmen. ²Die gemäß Artikel 56 Absatz 1 oder Absatz 4 zuständige Aufsichtsbehörde lädt die Aufsichtsbehörde jedes dieser Mitgliedstaaten zur Teilnahme an den gemeinsamen Maßnahmen ein und antwortet unverzüglich auf das Ersuchen einer Aufsichtsbehörde um Teilnahme.

(3) ¹Eine Aufsichtsbehörde kann gemäß dem Recht des Mitgliedstaats und mit Genehmigung der unterstützenden Aufsichtsbehörde den an den gemeinsamen Maßnahmen beteiligten Mitgliedern oder Bediensteten der unterstützenden Aufsichtsbehörde Befugnisse einschließlich Untersuchungsbefugnisse übertragen oder, soweit dies nach dem Recht des Mitgliedstaats der einladenden Aufsichtsbehörde zulässig ist, den Mitgliedern oder Bediensteten der unterstützenden Aufsichtsbehörde gestatten, ihre Untersuchungsbefugnisse nach dem Recht des Mitgliedstaats der unterstützenden Aufsichtsbehörde auszuüben. ²Diese Untersuchungsbefugnisse können nur unter der Leitung und in Gegenwart der Mitglieder oder Bediensteten der einladenden Aufsichtsbehörde ausgeübt werden. ³Die Mitglieder oder Bediensteten der unterstützenden Aufsichtsbehörde unterliegen dem Recht des Mitgliedstaats der einladenden Aufsichtsbehörde.

(4) Sind gemäß Absatz 1 Bedienstete einer unterstützenden Aufsichtsbehörde in einem anderen Mitgliedstaat im Einsatz, so übernimmt der Mitgliedstaat der einladenden Aufsichtsbehörde nach Maßgabe des Rechts des Mitgliedstaats, in dessen Hoheitsgebiet der Einsatz erfolgt, die Verantwortung für ihr Handeln, einschließlich der Haftung für alle von ihnen bei ihrem Einsatz verursachten Schäden.

(5) ¹Der Mitgliedstaat, in dessen Hoheitsgebiet der Schaden verursacht wurde, ersetzt diesen Schaden so, wie er ihn ersetzen müsste, wenn seine eigenen Bediensteten ihn verursacht hätten. ²Der Mitgliedstaat der unterstützenden Aufsichtsbehörde, deren Bedienstete im Hoheitsgebiet eines anderen Mitgliedstaats einer Person Schaden zugefügt haben, erstattet diesem anderen Mitgliedstaat den Gesamtbetrag des Schadenersatzes, den dieser an die Berechtigten geleistet hat.

(6) Unbeschadet der Ausübung seiner Rechte gegenüber Dritten und mit Ausnahme des Absatzes 5 verzichtet jeder Mitgliedstaat in dem Fall des Absatzes 1 darauf, den in Absatz 4 genannten Betrag des erlittenen Schadens anderen Mitgliedstaaten gegenüber geltend zu machen.

(7) ¹Ist eine gemeinsame Maßnahme geplant und kommt eine Aufsichtsbehörde binnen eines Monats nicht der Verpflichtung nach Absatz 2 Satz 2 des vorliegenden Artikels nach, so können die anderen Aufsichtsbehörden eine einstweilige Maßnahme im Hoheitsgebiet ihres Mitgliedstaats gemäß Artikel 55 ergreifen. ²In diesem Fall wird von einem dringenden Handlungsbedarf gemäß Artikel 66 Absatz 1 ausgegangen, der eine im Dringlichkeitsverfahren angenommene Stellungnahme oder einen im Dringlichkeitsverfahren angenommenen verbindlichen Beschluss des Ausschusses gemäß Artikel 66 Absatz 2 erforderlich macht.

Abschnitt 2
Kohärenz

Artikel 63 Kohärenzverfahren

Um zur einheitlichen Anwendung dieser Verordnung in der gesamten Union beizutragen, arbeiten die Aufsichtsbehörden im Rahmen des in diesem Abschnitt beschriebenen Kohärenzverfahrens untereinander und gegebenenfalls mit der Kommission zusammen.

Artikel 64 Stellungnahme des Ausschusses

(1) [1]Der Ausschuss gibt eine Stellungnahme ab, wenn die zuständige Aufsichtsbehörde beabsichtigt, eine der nachstehenden Maßnahmen zu erlassen. [2]Zu diesem Zweck übermittelt die zuständige Aufsichtsbehörde dem Ausschuss den Entwurf des Beschlusses, wenn dieser

a) der Annahme einer Liste der Verarbeitungsvorgänge dient, die der Anforderung einer Datenschutz-Folgenabschätzung gemäß Artikel 35 Absatz 4 unterliegen,

b) eine Angelegenheit gemäß Artikel 40 Absatz 7 und damit die Frage betrifft, ob ein Entwurf von Verhaltensregeln oder eine Änderung oder Ergänzung von Verhaltensregeln mit dieser Verordnung in Einklang steht,

c) der Billigung der Anforderungen an die Akkreditierung einer Stelle nach Artikel 41 Absatz 3, einer Zertifizierungsstelle nach Artikel 43 Absatz 3 oder der Kriterien für die Zertifizierung gemäß Artikel 42 Absatz 5 dient,

d) der Festlegung von Standard-Datenschutzklauseln gemäß Artikel 46 Absatz 2 Buchstabe d und Artikel 28 Absatz 8 dient,

e) der Genehmigung von Vertragsklauseln gemäß Artikels 46 Absatz 3 Buchstabe a dient, oder

f) der Annahme verbindlicher interner Vorschriften im Sinne von Artikel 47 dient.

(2) Jede Aufsichtsbehörde, der Vorsitz des Ausschusses oder die Kommission können beantragen, dass eine Angelegenheit mit allgemeiner Geltung oder mit Auswirkungen in mehr als einem Mitgliedstaat vom Ausschuss geprüft wird, um eine Stellungnahme zu erhalten, insbesondere wenn eine zuständige Aufsichtsbehörde den Verpflichtungen zur Amtshilfe gemäß Artikel 61 oder zu gemeinsamen Maßnahmen gemäß Artikel 62 nicht nachkommt.

(3) [1]In den in den Absätzen 1 und 2 genannten Fällen gibt der Ausschuss eine Stellungnahme zu der Angelegenheit ab, die ihm vorgelegt wurde, sofern er nicht bereits eine Stellungnahme zu derselben Angelegenheit abgegeben hat. [2]Diese Stellungnahme wird binnen acht Wochen mit der einfachen Mehrheit der Mitglieder des Ausschusses angenommen. [3]Diese Frist kann unter Berücksichtigung der Komplexität der Angelegenheit um weitere sechs Wochen verlängert werden. [4]Was den in Absatz 1 genannten Beschlussentwurf angeht, der gemäß Absatz 5 den Mitgliedern des Ausschusses übermittelt wird, so wird angenommen, dass ein Mitglied, das innerhalb einer vom Vorsitz angegebenen angemessenen Frist keine Einwände erhoben hat, dem Beschlussentwurf zustimmt.

(4) Die Aufsichtsbehörden und die Kommission übermitteln unverzüglich dem Ausschuss auf elektronischem Wege unter Verwendung eines standardisierten Formats alle zweckdienlichen Informationen, einschließlich – je nach Fall – einer kurzen Darstellung des Sachverhalts, des Beschlussentwurfs, der Gründe, warum eine solche Maßnahme ergriffen werden muss, und der Standpunkte anderer betroffener Aufsichtsbehörden.

(5) Der Vorsitz des Ausschusses unterrichtet unverzüglich auf elektronischem Wege

a) unter Verwendung eines standardisierten Formats die Mitglieder des Ausschusses und die Kommission über alle zweckdienlichen Informationen, die ihm zugegangen sind. Soweit erforderlich stellt das Sekretariat des Ausschusses Übersetzungen der zweckdienlichen Informationen zur Verfügung und

b) je nach Fall die in den Absätzen 1 und 2 genannte Aufsichtsbehörde und die Kommission über die Stellungnahme und veröffentlicht sie.

(6) Die in Absatz 1 genannte zuständige Aufsichtsbehörde nimmt den in Absatz 1 genannten Beschlussentwurf nicht vor Ablauf der in Absatz 3 genannten Frist an.

(7) Die in Absatz 1 genannte zuständige Aufsichtsbehörde trägt der Stellungnahme des Ausschusses weitestgehend Rechnung und teilt dessen Vorsitz binnen zwei Wochen nach Eingang der Stellungnahme auf elektronischem Wege unter Verwendung eines standardisierten Formats mit, ob sie den Beschlussentwurf beibehalten oder ändern wird; gegebenenfalls übermittelt sie den geänderten Beschlussentwurf.

(8) Teilt die in Absatz 1 genannte zuständige Aufsichtsbehörde dem Vorsitz des Ausschusses innerhalb der Frist nach Absatz 7 des vorliegenden Artikels unter Angabe der maßgeblichen Gründe mit, dass sie beabsichtigt, der Stellungnahme des Ausschusses insgesamt oder teilweise nicht zu folgen, so gilt Artikel 65 Absatz 1.

Artikel 65 Streitbeilegung durch den Ausschuss

(1) Um die ordnungsgemäße und einheitliche Anwendung dieser Verordnung in Einzelfällen sicherzustellen, erlässt der Ausschuss in den folgenden Fällen einen verbindlichen Beschluss:

a) wenn eine betroffene Aufsichtsbehörde in einem Fall nach Artikel 60 Absatz 4 einen maßgeblichen und begründeten Einspruch gegen einen Beschlussentwurf der federführenden Aufsichtsbehörde eingelegt hat und sich die federführende Aufsichtsbehörde dem Einspruch nicht angeschlossen hat oder den Einspruch als nicht maßgeblich oder nicht begründet abgelehnt hat. Der verbindliche Beschluss betrifft alle Angelegenheiten, die Gegenstand des maßgeblichen und begründeten Einspruchs sind, insbesondere die Frage, ob ein Verstoß gegen diese Verordnung vorliegt;

b) wenn es widersprüchliche Standpunkte dazu gibt, welche der betroffenen Aufsichtsbehörden für die Hauptniederlassung zuständig ist,

c) wenn eine zuständige Aufsichtsbehörde in den in Artikel 64 Absatz 1 genannten Fällen keine Stellungnahme des Ausschusses einholt oder der Stellungnahme des Ausschusses gemäß Artikel 64 nicht folgt. In diesem Fall kann jede betroffene Aufsichtsbehörde oder die Kommission die Angelegenheit dem Ausschuss vorlegen.

(2) [1]Der in Absatz 1 genannte Beschluss wird innerhalb eines Monats nach der Befassung mit der Angelegenheit mit einer Mehrheit von zwei Dritteln der Mitglieder des Ausschusses angenommen. [2]Diese Frist kann wegen der Komplexität der Angelegenheit um einen weiteren Monat verlängert werden. [3]Der in Absatz 1 genannte Beschluss wird begründet und an die federführende Aufsichtsbehörde und alle betroffenen Aufsichtsbehörden übermittelt und ist für diese verbindlich.

(3) [1]War der Ausschuss nicht in der Lage, innerhalb der in Absatz 2 genannten Fristen einen Beschluss anzunehmen, so nimmt er seinen Beschluss innerhalb von zwei Wochen nach Ablauf des in Absatz 2 genannten zweiten Monats mit einfacher Mehrheit der Mitglieder des Ausschusses an. [2]Bei Stimmengleichheit zwischen den Mitgliedern des Ausschusses gibt die Stimme des Vorsitzes den Ausschlag.

(4) Die betroffenen Aufsichtsbehörden nehmen vor Ablauf der in den Absätzen 2 und 3 genannten Fristen keinen Beschluss über die dem Ausschuss vorgelegte Angelegenheit an.

(5) [1]Der Vorsitz des Ausschusses unterrichtet die betroffenen Aufsichtsbehörden unverzüglich über den in Absatz 1 genannten Beschluss. [2]Er setzt die Kommission hiervon in Kenntnis. [3]Der Beschluss wird unverzüglich auf der Website des Ausschusses veröffentlicht, nachdem die Aufsichtsbehörde den in Absatz 6 genannten endgültigen Beschluss mitgeteilt hat.

(6) [1]Die federführende Aufsichtsbehörde oder gegebenenfalls die Aufsichtsbehörde, bei der die Beschwerde eingereicht wurde, trifft den endgültigen Beschluss auf der Grundlage des in Absatz 1 des vorliegenden Artikels genannten Beschlusses unverzüglich und spätestens einen Monat, nachdem der Europäische Datenschutzausschuss seinen Beschluss mitgeteilt hat. [2]Die federführende Aufsichtsbehörde oder gegebenenfalls die Aufsichtsbehörde, bei der die Beschwerde eingereicht wurde, setzt den Ausschuss von dem Zeitpunkt, zu dem ihr endgültiger Beschluss dem Verantwortlichen oder dem Auftragsverarbeiter bzw. der betroffenen Person mitgeteilt wird, in Kenntnis. [3]Der endgültige Beschluss der betroffenen Aufsichtsbehörden wird gemäß Artikel 60 Absätze 7, 8 und 9 angenommen. [4]Im endgültigen Beschluss wird auf den in Absatz 1 genannten Beschluss verwiesen und festgelegt, dass der in Absatz 1 des vorliegenden Artikels genannte Beschluss gemäß Absatz 5 auf der Website des Ausschusses veröffentlicht wird. [5]Dem endgültigen Beschluss wird der in Absatz 1 des vorliegenden Artikels genannte Beschluss beigefügt.

Artikel 66 Dringlichkeitsverfahren

(1) [1]Unter außergewöhnlichen Umständen kann eine betroffene Aufsichtsbehörde abweichend vom Kohärenzverfahren nach Artikel 63, 64 und 65 oder dem Verfahren nach Artikel 60 sofort einstweilige Maßnahmen mit festgelegter Geltungsdauer von höchstens drei Monaten treffen, die in ihrem Hoheitsgebiet rechtliche Wirkung entfalten sollen, wenn sie zu der Auffassung gelangt, dass dringender Handlungsbedarf besteht, um Rechte und Freiheiten von betroffenen Personen zu schützen. [2]Die Aufsichtsbehörde setzt die anderen betroffenen Aufsichtsbehörden, den Ausschuss und die Kommission unverzüglich von diesen Maßnahmen und den Gründen für deren Erlass in Kenntnis.

(2) Hat eine Aufsichtsbehörde eine Maßnahme nach Absatz 1 ergriffen und ist sie der Auffassung, dass dringend endgültige Maßnahmen erlassen werden müssen, kann sie unter Angabe von Gründen im Dringlichkeitsverfahren um eine Stellungnahme oder einen verbindlichen Beschluss des Ausschusses ersuchen.

(3) Jede Aufsichtsbehörde kann unter Angabe von Gründen, auch für den dringenden Handlungsbedarf, im Dringlichkeitsverfahren um eine Stellungnahme oder gegebenenfalls einen verbindlichen Beschluss des Ausschusses ersuchen, wenn eine zuständige Aufsichtsbehörde trotz dringenden Handlungsbedarfs keine geeignete Maßnahme getroffen hat, um die Rechte und Freiheiten von betroffenen Personen zu schützen.

(4) Abweichend von Artikel 64 Absatz 3 und Artikel 65 Absatz 2 wird eine Stellungnahme oder ein verbindlicher Beschluss im Dringlichkeitsverfahren nach den Absätzen 2 und 3 binnen zwei Wochen mit einfacher Mehrheit der Mitglieder des Ausschusses angenommen.

Artikel 67 Informationsaustausch

Die Kommission kann Durchführungsrechtsakte von allgemeiner Tragweite zur Festlegung der Ausgestaltung des elektronischen Informationsaustauschs zwischen den Aufsichtsbehörden sowie zwischen den Aufsichtsbehörden und dem Ausschuss, insbesondere des standardisierten Formats nach Artikel 64, erlassen.

Diese Durchführungsrechtsakte werden gemäß dem Prüfverfahren nach Artikel 93 Absatz 2 erlassen.

Abschnitt 3
Europäischer Datenschutzausschuss

Artikel 68 Europäischer Datenschutzausschuss

(1) Der Europäische Datenschutzausschuss (im Folgenden „Ausschuss") wird als Einrichtung der Union mit eigener Rechtspersönlichkeit eingerichtet.

(2) Der Ausschuss wird von seinem Vorsitz vertreten.

(3) Der Ausschuss besteht aus dem Leiter einer Aufsichtsbehörde jedes Mitgliedstaats und dem Europäischen Datenschutzbeauftragten oder ihren jeweiligen Vertretern.

(4) Ist in einem Mitgliedstaat mehr als eine Aufsichtsbehörde für die Überwachung der Anwendung der nach Maßgabe dieser Verordnung erlassenen Vorschriften zuständig, so wird im Einklang mit den Rechtsvorschriften dieses Mitgliedstaats ein gemeinsamer Vertreter benannt.

(5) [1]Die Kommission ist berechtigt, ohne Stimmrecht an den Tätigkeiten und Sitzungen des Ausschusses teilzunehmen. [2]Die Kommission benennt einen Vertreter. [3]Der Vorsitz des Ausschusses unterrichtet die Kommission über die Tätigkeiten des Ausschusses.

(6) In den in Artikel 65 genannten Fällen ist der Europäische Datenschutzbeauftragte nur bei Beschlüssen stimmberechtigt, die Grundsätze und Vorschriften betreffen, die für die Organe, Einrichtungen, Ämter und Agenturen der Union gelten und inhaltlich den Grundsätzen und Vorschriften dieser Verordnung entsprechen.

Artikel 69 Unabhängigkeit

(1) Der Ausschuss handelt bei der Erfüllung seiner Aufgaben oder in Ausübung seiner Befugnisse gemäß den Artikeln 70 und 71 unabhängig.

(2) Unbeschadet der Ersuchen der Kommission gemäß Artikel 70 Absätze 1 und 2 ersucht der Ausschuss bei der Erfüllung seiner Aufgaben oder in Ausübung seiner Befugnisse weder um Weisung noch nimmt er Weisungen entgegen.

Artikel 70 Aufgaben des Ausschusses

(1) [1]Der Ausschuss stellt die einheitliche Anwendung dieser Verordnung sicher. [2]Hierzu nimmt der Ausschuss von sich aus oder gegebenenfalls auf Ersuchen der Kommission insbesondere folgende Tätigkeiten wahr:

a) Überwachung und Sicherstellung der ordnungsgemäßen Anwendung dieser Verordnung in den in den Artikeln 64 und 65 genannten Fällen unbeschadet der Aufgaben der nationalen Aufsichtsbehörden;

b) Beratung der Kommission in allen Fragen, die im Zusammenhang mit dem Schutz personenbezogener Daten in der Union stehen, einschließlich etwaiger Vorschläge zur Änderung dieser Verordnung;

c) Beratung der Kommission über das Format und die Verfahren für den Austausch von Informationen zwischen den Verantwortlichen, den Auftragsverarbeitern und den Aufsichtsbehörden in Bezug auf verbindliche interne Datenschutzvorschriften;

d) Bereitstellung von Leitlinien, Empfehlungen und bewährten Verfahren zu Verfahren für die Löschung gemäß Artikel 17 Absatz 2 von Links zu personenbezogenen Daten oder Kopien oder Replikationen dieser Daten aus öffentlich zugänglichen Kommunikationsdiensten;

e) Prüfung – von sich aus, auf Antrag eines seiner Mitglieder oder auf Ersuchen der Kommission – von die Anwendung dieser Verordnung betreffenden Fragen und Bereitstellung von Leitlinien, Empfehlungen und bewährten Verfahren zwecks Sicherstellung einer einheitlichen Anwendung dieser Verordnung;

f) Bereitstellung von Leitlinien, Empfehlungen und bewährten Verfahren gemäß Buchstabe e des vorliegenden Absatzes zur näheren Bestimmung der Kriterien und Bedingungen für die auf Profiling beruhenden Entscheidungen gemäß Artikel 22 Absatz 2;

g) Bereitstellung von Leitlinien, Empfehlungen und bewährten Verfahren gemäß Buchstabe e des vorliegenden Absatzes für die Feststellung von Verletzungen des Schutzes personenbezogener Daten und die Festlegung der Unverzüglichkeit im Sinne des Artikels 33 Absätze 1 und 2, und zu den spezifischen Umständen, unter denen der Verantwortliche oder der Auftragsverarbeiter die Verletzung des Schutzes personenbezogener Daten zu melden hat;

h) Bereitstellung von Leitlinien, Empfehlungen und bewährten Verfahren gemäß Buchstabe e des vorliegenden Absatzes zu den Umständen, unter denen eine Verletzung des Schutzes personenbezogener Daten voraussichtlich ein hohes Risiko für die Rechte und Freiheiten natürlicher Personen im Sinne des Artikels 34 Absatz 1 zur Folge hat;

i) Bereitstellung von Leitlinien, Empfehlungen und bewährten Verfahren gemäß Buchstabe e des vorliegenden Absatzes zur näheren Bestimmung der in Artikel 47 aufgeführten Kriterien und Anforderungen für die Übermittlungen personenbezogener Daten, die auf verbindlichen internen Datenschutzvorschriften von Verantwortlichen oder Auftragsverarbeitern beruhen, und der dort aufgeführten weiteren erforderlichen Anforderungen zum Schutz personenbezogener Daten der betroffenen Personen;

j) Bereitstellung von Leitlinien, Empfehlungen und bewährten Verfahren gemäß Buchstabe e des vorliegenden Absatzes zur näheren Bestimmung der Kriterien und Bedingungen für die Übermittlungen personenbezogener Daten gemäß Artikel 49 Absatz 1;

k) Ausarbeitung von Leitlinien für die Aufsichtsbehörden in Bezug auf die Anwendung von Maßnahmen nach Artikel 58 Absätze 1, 2 und 3 und die Festsetzung von Geldbußen gemäß Artikel 83;

l) Überprüfung der praktischen Anwendung der Leitlinien, Empfehlungen und bewährten Verfahren;

m) Bereitstellung von Leitlinien, Empfehlungen und bewährten Verfahren gemäß Buchstabe e des vorliegenden Absatzes zur Festlegung gemeinsamer Verfahren für die von natürlichen Personen vorgenommene Meldung von Verstößen gegen diese Verordnung gemäß Artikel 54 Absatz 2;

n) Förderung der Ausarbeitung von Verhaltensregeln und der Einrichtung von datenschutzspezifischen Zertifizierungsverfahren sowie Datenschutzsiegeln und -prüfzeichen gemäß den Artikeln 40 und 42;

o) Genehmigung der Zertifizierungskriterien gemäß Artikel 42 Absatz 5 und Führung eines öffentlichen Registers der Zertifizierungsverfahren sowie von Datenschutzsiegeln und -prüfzeichen gemäß Artikel 42 Absatz 8 und der in Drittländern niedergelassenen zertifizierten Verantwortlichen oder Auftragsverarbeiter gemäß Artikel 42 Absatz 7;

p) Genehmigung der in Artikel 43 Absatz 3 genannten Anforderungen im Hinblick auf die Akkreditierung von Zertifizierungsstellen gemäß Artikel 43;

q) Abgabe einer Stellungnahme für die Kommission zu den Zertifizierungsanforderungen gemäß Artikel 43 Absatz 8;

r) Abgabe einer Stellungnahme für die Kommission zu den Bildsymbolen gemäß Artikel 12 Absatz 7;

s) Abgabe einer Stellungnahme für die Kommission zur Beurteilung der Angemessenheit des in einem Drittland oder einer internationalen Organisation gebotenen Schutzniveaus einschließlich zur Beurteilung der Frage, ob das Drittland, das Gebiet, ein oder mehrere spezifische Sektoren in diesem Drittland oder eine internationale Organisation kein angemessenes Schutzniveau mehr gewährleistet. Zu diesem Zweck gibt die Kommission dem Ausschuss alle erforderlichen Unterlagen, darunter den Schriftwechsel mit der Regierung des Drittlands, dem Gebiet oder spezifischen Sektor oder der internationalen Organisation;

t) Abgabe von Stellungnahmen im Kohärenzverfahren gemäß Artikel 64 Absatz 1 zu Beschlussentwürfen von Aufsichtsbehörden, zu Angelegenheiten, die nach Artikel 64 Absatz 2 vorgelegt wurden und um Erlass verbindlicher Beschlüsse gemäß Artikel 65, einschließlich der in Artikel 66 genannten Fälle;

u) Förderung der Zusammenarbeit und eines wirksamen bilateralen und multilateralen Austauschs von Informationen und bewährten Verfahren zwischen den Aufsichtsbehörden;

v) Förderung von Schulungsprogrammen und Erleichterung des Personalaustausches zwischen Aufsichtsbehörden sowie gegebenenfalls mit Aufsichtsbehörden von Drittländern oder mit internationalen Organisationen;

w) Förderung des Austausches von Fachwissen und von Dokumentationen über Datenschutzvorschriften und -praxis mit Datenschutzaufsichtsbehörden in aller Welt;

x) Abgabe von Stellungnahmen zu den auf Unionsebene erarbeiteten Verhaltensregeln gemäß Artikel 40 Absatz 9 und

y) Führung eines öffentlich zugänglichen elektronischen Registers der Beschlüsse der Aufsichtsbehörden und Gerichte in Bezug auf Fragen, die im Rahmen des Kohärenzverfahrens behandelt wurden.

(2) Die Kommission kann, wenn sie den Ausschuss um Rat ersucht, unter Berücksichtigung der Dringlichkeit des Sachverhalts eine Frist angeben.

(3) Der Ausschuss leitet seine Stellungnahmen, Leitlinien, Empfehlungen und bewährten Verfahren an die Kommission und an den in Artikel 93 genannten Ausschuss weiter und veröffentlicht sie.

(4) [1]Der Ausschuss konsultiert gegebenenfalls interessierte Kreise und gibt ihnen Gelegenheit, innerhalb einer angemessenen Frist Stellung zu nehmen. [2]Unbeschadet des Artikels 76 macht der Ausschuss die Ergebnisse der Konsultation der Öffentlichkeit zugänglich.

Artikel 71   Berichterstattung

(1) [1]Der Ausschuss erstellt einen Jahresbericht über den Schutz natürlicher Personen bei der Verarbeitung in der Union und gegebenenfalls in Drittländern und internationalen Organisationen. [2]Der Bericht wird veröffentlicht und dem Europäischen Parlament, dem Rat und der Kommission übermittelt.

(2) Der Jahresbericht enthält eine Überprüfung der praktischen Anwendung der in Artikel 70 Absatz 1 Buchstabe l genannten Leitlinien, Empfehlungen und bewährten Verfahren sowie der in Artikel 65 genannten verbindlichen Beschlüsse.

Artikel 72   Verfahrensweise

(1) Sofern in dieser Verordnung nichts anderes bestimmt ist, fasst der Ausschuss seine Beschlüsse mit einfacher Mehrheit seiner Mitglieder.

(2) Der Ausschuss gibt sich mit einer Mehrheit von zwei Dritteln seiner Mitglieder eine Geschäftsordnung und legt seine Arbeitsweise fest.

Artikel 73   Vorsitz

(1) Der Ausschuss wählt aus dem Kreis seiner Mitglieder mit einfacher Mehrheit einen Vorsitzenden und zwei stellvertretende Vorsitzende.

(2) Die Amtszeit des Vorsitzenden und seiner beiden Stellvertreter beträgt fünf Jahre; ihre einmalige Wiederwahl ist zulässig.

Artikel 74   Aufgaben des Vorsitzes

(1) Der Vorsitz hat folgende Aufgaben:

a) Einberufung der Sitzungen des Ausschusses und Erstellung der Tagesordnungen,

b) Übermittlung der Beschlüsse des Ausschusses nach Artikel 65 an die federführende Aufsichtsbehörde und die betroffenen Aufsichtsbehörden,

c) Sicherstellung einer rechtzeitigen Ausführung der Aufgaben des Ausschusses, insbesondere der Aufgaben im Zusammenhang mit dem Kohärenzverfahren nach Artikel 63.

(2) Der Ausschuss legt die Aufteilung der Aufgaben zwischen dem Vorsitzenden und dessen Stellvertretern in seiner Geschäftsordnung fest.

Artikel 75   Sekretariat

(1) Der Ausschuss wird von einem Sekretariat unterstützt, das von dem Europäischen Datenschutzbeauftragten bereitgestellt wird.

(2) Das Sekretariat führt seine Aufgaben ausschließlich auf Anweisung des Vorsitzes des Ausschusses aus.

(3) Das Personal des Europäischen Datenschutzbeauftragten, das an der Wahrnehmung der dem Ausschuss gemäß dieser Verordnung übertragenen Aufgaben beteiligt ist, unterliegt anderen Berichtspflichten als das Personal, das an der Wahrnehmung der dem Europäischen Datenschutzbeauftragten übertragenen Aufgaben beteiligt ist.

(4) Soweit angebracht, erstellen und veröffentlichen der Ausschuss und der Europäische Datenschutzbeauftragte eine Vereinbarung zur Anwendung des vorliegenden Artikels, in der die Bedingungen ihrer Zusammenarbeit festgelegt sind und die für das Personal des Europäischen Datenschutzbeauftragten gilt, das an der Wahrnehmung der dem Ausschuss gemäß dieser Verordnung übertragenen Aufgaben beteiligt ist.

(5) Das Sekretariat leistet dem Ausschuss analytische, administrative und logistische Unterstützung.

(6) Das Sekretariat ist insbesondere verantwortlich für

a) das Tagesgeschäft des Ausschusses,
b) die Kommunikation zwischen den Mitgliedern des Ausschusses, seinem Vorsitz und der Kommission,
c) die Kommunikation mit anderen Organen und mit der Öffentlichkeit,
d) den Rückgriff auf elektronische Mittel für die interne und die externe Kommunikation,
e) die Übersetzung sachdienlicher Informationen,
f) die Vor- und Nachbereitung der Sitzungen des Ausschusses,
g) die Vorbereitung, Abfassung und Veröffentlichung von Stellungnahmen, von Beschlüssen über die Beilegung von Streitigkeiten zwischen Aufsichtsbehörden und von sonstigen vom Ausschuss angenommenen Dokumenten.

Artikel 76   Vertraulichkeit

(1) Die Beratungen des Ausschusses sind gemäß seiner Geschäftsordnung vertraulich, wenn der Ausschuss dies für erforderlich hält.

(2) Der Zugang zu Dokumenten, die Mitgliedern des Ausschusses, Sachverständigen und Vertretern von Dritten vorgelegt werden, wird durch die Verordnung (EG) Nr. 1049/2001 des Europäischen Parlaments und des Rates[1] geregelt.

Kapitel VIII
Rechtsbehelfe, Haftung und Sanktionen
Artikel 77   Recht auf Beschwerde bei einer Aufsichtsbehörde

(1) Jede betroffene Person hat unbeschadet eines anderweitigen verwaltungsrechtlichen oder gerichtlichen Rechtsbehelfs das Recht auf Beschwerde bei einer Aufsichtsbehörde, insbesondere in dem Mitgliedstaat ihres gewöhnlichen Aufenthaltsorts, ihres Arbeitsplatzes oder des Orts des mutmaßlichen Verstoßes, wenn die betroffene Person der Ansicht ist, dass die Verarbeitung der sie betreffenden personenbezogenen Daten gegen diese Verordnung verstößt.

---

1 Verordnung (EG) Nr. 1049/2001 des Europäischen Parlaments und des Rates vom 30. Mai 2001 über den Zugang der Öffentlichkeit zu Dokumenten des Europäischen Parlaments, des Rates und der Kommission (ABl. L 145 vom 31.5.2001, S. 43).

(2) Die Aufsichtsbehörde, bei der die Beschwerde eingereicht wurde, unterrichtet den Beschwerdeführer über den Stand und die Ergebnisse der Beschwerde einschließlich der Möglichkeit eines gerichtlichen Rechtsbehelfs nach Artikel 78.

Artikel 78 Recht auf wirksamen gerichtlichen Rechtsbehelf gegen eine Aufsichtsbehörde

(1) Jede natürliche oder juristische Person hat unbeschadet eines anderweitigen verwaltungsrechtlichen oder außergerichtlichen Rechtsbehelfs das Recht auf einen wirksamen gerichtlichen Rechtsbehelf gegen einen sie betreffenden rechtsverbindlichen Beschluss einer Aufsichtsbehörde.

(2) Jede betroffene Person hat unbeschadet eines anderweitigen verwaltungsrechtlichen oder außergerichtlichen Rechtbehelfs das Recht auf einen wirksamen gerichtlichen Rechtsbehelf, wenn die nach den Artikeln 55 und 56 zuständige Aufsichtsbehörde sich nicht mit einer Beschwerde befasst oder die betroffene Person nicht innerhalb von drei Monaten über den Stand oder das Ergebnis der gemäß Artikel 77 erhobenen Beschwerde in Kenntnis gesetzt hat.

(3) Für Verfahren gegen eine Aufsichtsbehörde sind die Gerichte des Mitgliedstaats zuständig, in dem die Aufsichtsbehörde ihren Sitz hat.

(4) Kommt es zu einem Verfahren gegen den Beschluss einer Aufsichtsbehörde, dem eine Stellungnahme oder ein Beschluss des Ausschusses im Rahmen des Kohärenzverfahrens vorangegangen ist, so leitet die Aufsichtsbehörde diese Stellungnahme oder diesen Beschluss dem Gericht zu.

Artikel 79 Recht auf wirksamen gerichtlichen Rechtsbehelf gegen Verantwortliche oder Auftragsverarbeiter

(1) Jede betroffene Person hat unbeschadet eines verfügbaren verwaltungsrechtlichen oder außergerichtlichen Rechtsbehelfs einschließlich des Rechts auf Beschwerde bei einer Aufsichtsbehörde gemäß Artikel 77 das Recht auf einen wirksamen gerichtlichen Rechtsbehelf, wenn sie der Ansicht ist, dass die ihr aufgrund dieser Verordnung zustehenden Rechte infolge einer nicht im Einklang mit dieser Verordnung stehenden Verarbeitung ihrer personenbezogenen Daten verletzt wurden.

(2) [1]Für Klagen gegen einen Verantwortlichen oder gegen einen Auftragsverarbeiter sind die Gerichte des Mitgliedstaats zuständig, in dem der Verantwortliche oder der Auftragsverarbeiter eine Niederlassung hat. [2]Wahlweise können solche Klagen auch bei den Gerichten des Mitgliedstaats erhoben werden, in dem die betroffene Person ihren gewöhnlichen Aufenthaltsort hat, es sei denn, es handelt sich bei dem Verantwortlichen oder dem Auftragsverarbeiter um eine Behörde eines Mitgliedstaats, die in Ausübung ihrer hoheitlichen Befugnisse tätig geworden ist.

Artikel 80 Vertretung von betroffenen Personen

(1) Die betroffene Person hat das Recht, eine Einrichtung, Organisationen oder Vereinigung ohne Gewinnerzielungsabsicht, die ordnungsgemäß nach dem Recht eines Mitgliedstaats gegründet ist, deren satzungsmäßige Ziele im öffentlichem Interesse liegen und die im Bereich des Schutzes der Rechte und Freiheiten von betroffenen Personen in Bezug auf den Schutz ihrer personenbezogenen Daten tätig ist, zu beauftragen, in ihrem Namen eine Beschwerde einzureichen, in ihrem Namen die in den Artikeln 77, 78 und 79 genannten Rechte wahrzunehmen und das Recht auf Schadensersatz gemäß Artikel 82 in Anspruch zu nehmen, sofern dieses im Recht der Mitgliedstaaten vorgesehen ist.

(2) Die Mitgliedstaaten können vorsehen, dass jede der in Absatz 1 des vorliegenden Artikels genannten Einrichtungen, Organisationen oder Vereinigungen unabhängig von einem Auftrag der betroffenen Person in diesem Mitgliedstaat das Recht hat, bei der gemäß Artikel 77 zuständigen Aufsichtsbehörde eine Beschwerde einzulegen und die in den Artikeln 78 und 79 aufgeführten Rechte in Anspruch zu nehmen, wenn ihres Erachtens die Rechte einer betroffenen Person gemäß dieser Verordnung infolge einer Verarbeitung verletzt worden sind.

Artikel 81   Aussetzung des Verfahrens

(1) Erhält ein zuständiges Gericht in einem Mitgliedstaat Kenntnis von einem Verfahren zu demselben Gegenstand in Bezug auf die Verarbeitung durch denselben Verantwortlichen oder Auftragsverarbeiter, das vor einem Gericht in einem anderen Mitgliedstaat anhängig ist, so nimmt es mit diesem Gericht Kontakt auf, um sich zu vergewissern, dass ein solches Verfahren existiert.

(2) Ist ein Verfahren zu demselben Gegenstand in Bezug auf die Verarbeitung durch denselben Verantwortlichen oder Auftragsverarbeiter vor einem Gericht in einem anderen Mitgliedstaat anhängig, so kann jedes später angerufene zuständige Gericht das bei ihm anhängige Verfahren aussetzen.

(3) Sind diese Verfahren in erster Instanz anhängig, so kann sich jedes später angerufene Gericht auf Antrag einer Partei auch für unzuständig erklären, wenn das zuerst angerufene Gericht für die betreffenden Klagen zuständig ist und die Verbindung der Klagen nach seinem Recht zulässig ist.

Artikel 82   Haftung und Recht auf Schadenersatz

(1) Jede Person, der wegen eines Verstoßes gegen diese Verordnung ein materieller oder immaterieller Schaden entstanden ist, hat Anspruch auf Schadenersatz gegen den Verantwortlichen oder gegen den Auftragsverarbeiter.

(2) ¹Jeder an einer Verarbeitung beteiligte Verantwortliche haftet für den Schaden, der durch eine nicht dieser Verordnung entsprechende Verarbeitung verursacht wurde. ²Ein Auftragsverarbeiter haftet für den durch eine Verarbeitung verursachten Schaden nur dann, wenn er seinen speziell den Auftragsverarbeitern auferlegten Pflichten aus dieser Verordnung nicht nachgekommen ist oder unter Nichtbeachtung der rechtmäßig erteilten Anweisungen des für die Datenverarbeitung Verantwortlichen oder gegen diese Anweisungen gehandelt hat.

(3) Der Verantwortliche oder der Auftragsverarbeiter wird von der Haftung gemäß Absatz 2 befreit, wenn er nachweist, dass er in keinerlei Hinsicht für den Umstand, durch den der Schaden eingetreten ist, verantwortlich ist.

(4) Ist mehr als ein Verantwortlicher oder mehr als ein Auftragsverarbeiter bzw. sowohl ein Verantwortlicher als auch ein Auftragsverarbeiter an derselben Verarbeitung beteiligt und sind sie gemäß den Absätzen 2 und 3 für einen durch die Verarbeitung verursachten Schaden verantwortlich, so haftet jeder Verantwortliche oder jeder Auftragsverarbeiter für den gesamten Schaden, damit ein wirksamer Schadensersatz für die betroffene Person sichergestellt ist.

(5) Hat ein Verantwortlicher oder Auftragsverarbeiter gemäß Absatz 4 vollständigen Schadenersatz für den erlittenen Schaden gezahlt, so ist dieser Verantwortliche oder Auftragsverarbeiter berechtigt, von den übrigen an derselben Verarbeitung beteiligten für die Datenverarbeitung Verantwortlichen oder Auftragsverarbeitern den Teil des Schadenersatzes zurückzufordern, der unter den in Absatz 2 festgelegten Bedingungen ihrem Anteil an der Verantwortung für den Schaden entspricht.

(6) Mit Gerichtsverfahren zur Inanspruchnahme des Rechts auf Schadenersatz sind die Gerichte zu befassen, die nach den in Artikel 79 Absatz 2 genannten Rechtsvorschriften des Mitgliedstaats zuständig sind.

Artikel 83   Allgemeine Bedingungen für die Verhängung von Geldbußen

(1) Jede Aufsichtsbehörde stellt sicher, dass die Verhängung von Geldbußen gemäß diesem Artikel für Verstöße gegen diese Verordnung gemäß den Absätzen 4, 5 und 6 in jedem Einzelfall wirksam, verhältnismäßig und abschreckend ist.

(2) ¹Geldbußen werden je nach den Umständen des Einzelfalls zusätzlich zu oder anstelle von Maßnahmen nach Artikel 58 Absatz 2 Buchstaben a bis h und j verhängt. ²Bei der Entscheidung über die Verhängung einer Geldbuße und über deren Betrag wird in jedem Einzelfall Folgendes gebührend berücksichtigt:

a)   Art, Schwere und Dauer des Verstoßes unter Berücksichtigung der Art, des Umfangs oder des Zwecks der betreffenden Verarbeitung sowie der Zahl der von der Verarbeitung betroffenen Personen und des Ausmaßes des von ihnen erlittenen Schadens;

b)   Vorsätzlichkeit oder Fahrlässigkeit des Verstoßes;

c) jegliche von dem Verantwortlichen oder dem Auftragsverarbeiter getroffenen Maßnahmen zur Minderung des den betroffenen Personen entstandenen Schadens;

d) Grad der Verantwortung des Verantwortlichen oder des Auftragsverarbeiters unter Berücksichtigung der von ihnen gemäß den Artikeln 25 und 32 getroffenen technischen und organisatorischen Maßnahmen;

e) etwaige einschlägige frühere Verstöße des Verantwortlichen oder des Auftragsverarbeiters;

f) Umfang der Zusammenarbeit mit der Aufsichtsbehörde, um dem Verstoß abzuhelfen und seine möglichen nachteiligen Auswirkungen zu mindern;

g) Kategorien personenbezogener Daten, die von dem Verstoß betroffen sind;

h) Art und Weise, wie der Verstoß der Aufsichtsbehörde bekannt wurde, insbesondere ob und gegebenenfalls in welchem Umfang der Verantwortliche oder der Auftragsverarbeiter den Verstoß mitgeteilt hat;

i) Einhaltung der nach Artikel 58 Absatz 2 früher gegen den für den betreffenden Verantwortlichen oder Auftragsverarbeiter in Bezug auf denselben Gegenstand angeordneten Maßnahmen, wenn solche Maßnahmen angeordnet wurden;

j) Einhaltung von genehmigten Verhaltensregeln nach Artikel 40 oder genehmigten Zertifizierungsverfahren nach Artikel 42 und

k) jegliche anderen erschwerenden oder mildernden Umstände im jeweiligen Fall, wie unmittelbar oder mittelbar durch den Verstoß erlangte finanzielle Vorteile oder vermiedene Verluste.

(3) Verstößt ein Verantwortlicher oder ein Auftragsverarbeiter bei gleichen oder miteinander verbundenen Verarbeitungsvorgängen vorsätzlich oder fahrlässig gegen mehrere Bestimmungen dieser Verordnung, so übersteigt der Gesamtbetrag der Geldbuße nicht den Betrag für den schwerwiegendsten Verstoß.

(4) Bei Verstößen gegen die folgenden Bestimmungen werden im Einklang mit Absatz 2 Geldbußen von bis zu 10 000 000 EUR oder im Fall eines Unternehmens von bis zu 2 % seines gesamten weltweit erzielten Jahresumsatzes des vorangegangenen Geschäftsjahrs verhängt, je nachdem, welcher der Beträge höher ist:

a) die Pflichten der Verantwortlichen und der Auftragsverarbeiter gemäß den Artikeln 8, 11, 25 bis 39, 42 und 43;

b) die Pflichten der Zertifizierungsstelle gemäß den Artikeln 42 und 43;

c) die Pflichten der Überwachungsstelle gemäß Artikel 41 Absatz 4.

(5) Bei Verstößen gegen die folgenden Bestimmungen werden im Einklang mit Absatz 2 Geldbußen von bis zu 20 000 000 EUR oder im Fall eines Unternehmens von bis zu 4 % seines gesamten weltweit erzielten Jahresumsatzes des vorangegangenen Geschäftsjahrs verhängt, je nachdem, welcher der Beträge höher ist:

a) die Grundsätze für die Verarbeitung, einschließlich der Bedingungen für die Einwilligung, gemäß den Artikeln 5, 6, 7 und 9;

b) die Rechte der betroffenen Person gemäß den Artikeln 12 bis 22;

c) die Übermittlung personenbezogener Daten an einen Empfänger in einem Drittland oder an eine internationale Organisation gemäß den Artikeln 44 bis 49;

d) alle Pflichten gemäß den Rechtsvorschriften der Mitgliedstaaten, die im Rahmen des Kapitels IX erlassen wurden;

e) Nichtbefolgung einer Anweisung oder einer vorübergehenden oder endgültigen Beschränkung oder Aussetzung der Datenübermittlung durch die Aufsichtsbehörde gemäß Artikel 58 Absatz 2 oder Nichtgewährung des Zugangs unter Verstoß gegen Artikel 58 Absatz 1.

(6) Bei Nichtbefolgung einer Anweisung der Aufsichtsbehörde gemäß Artikel 58 Absatz 2 werden im Einklang mit Absatz 2 des vorliegenden Artikels Geldbußen von bis zu 20 000 000 EUR oder im Fall eines Unternehmens von bis zu 4 % seines gesamten weltweit erzielten Jahresumsatzes des vorangegangenen Geschäftsjahrs verhängt, je nachdem, welcher der Beträge höher ist.

(7) Unbeschadet der Abhilfebefugnisse der Aufsichtsbehörden gemäß Artikel 58 Absatz 2 kann jeder Mitgliedstaat Vorschriften dafür festlegen, ob und in welchem Umfang gegen Behörden und öffentliche Stellen, die in dem betreffenden Mitgliedstaat niedergelassen sind, Geldbußen verhängt werden können.

(8) Die Ausübung der eigenen Befugnisse durch eine Aufsichtsbehörde gemäß diesem Artikel muss angemessenen Verfahrensgarantien gemäß dem Unionsrecht und dem Recht der Mitgliedstaaten, einschließlich wirksamer gerichtlicher Rechtsbehelfe und ordnungsgemäßer Verfahren, unterliegen.

(9) ¹Sieht die Rechtsordnung eines Mitgliedstaats keine Geldbußen vor, kann dieser Artikel so angewandt werden, dass die Geldbuße von der zuständigen Aufsichtsbehörde in die Wege geleitet und von den zuständigen nationalen Gerichten verhängt wird, wobei sicherzustellen ist, dass diese Rechtsbehelfe wirksam sind und die gleiche Wirkung wie die von Aufsichtsbehörden verhängten Geldbußen haben. ²In jeden Fall müs-

sen die verhängten Geldbußen wirksam, verhältnismäßig und abschreckend sein. [3]Die betreffenden Mitgliedstaaten teilen der Kommission bis zum 25. Mai 2018 die Rechtsvorschriften mit, die sie aufgrund dieses Absatzes erlassen, sowie unverzüglich alle späteren Änderungsgesetze oder Änderungen dieser Vorschriften.

Artikel 84 Sanktionen

(1) [1]Die Mitgliedstaaten legen die Vorschriften über andere Sanktionen für Verstöße gegen diese Verordnung – insbesondere für Verstöße, die keiner Geldbuße gemäß Artikel 83 unterliegen – fest und treffen alle zu deren Anwendung erforderlichen Maßnahmen. [2]Diese Sanktionen müssen wirksam, verhältnismäßig und abschreckend sein.

(2) Jeder Mitgliedstaat teilt der Kommission bis zum 25. Mai 2018 die Rechtsvorschriften, die er aufgrund von Absatz 1 erlässt, sowie unverzüglich alle späteren Änderungen dieser Vorschriften mit.

Kapitel IX
Vorschriften für besondere Verarbeitungssituationen

Artikel 85 Verarbeitung und Freiheit der Meinungsäußerung und Informationsfreiheit

(1) Die Mitgliedstaaten bringen durch Rechtsvorschriften das Recht auf den Schutz personenbezogener Daten gemäß dieser Verordnung mit dem Recht auf freie Meinungsäußerung und Informationsfreiheit, einschließlich der Verarbeitung zu journalistischen Zwecken und zu wissenschaftlichen, künstlerischen oder literarischen Zwecken, in Einklang.

(2) Für die Verarbeitung, die zu journalistischen Zwecken oder zu wissenschaftlichen, künstlerischen oder literarischen Zwecken erfolgt, sehen die Mitgliedstaaten Abweichungen oder Ausnahmen von Kapitel II (Grundsätze), Kapitel III (Rechte der betroffenen Person), Kapitel IV (Verantwortlicher und Auftragsverarbeiter), Kapitel V (Übermittlung personenbezogener Daten an Drittländer oder an internationale Organisationen), Kapitel VI (Unabhängige Aufsichtsbehörden), Kapitel VII (Zusammenarbeit und Kohärenz) und Kapitel IX (Vorschriften für besondere Verarbeitungssituationen) vor, wenn dies erforderlich ist, um das Recht auf Schutz der personenbezogenen Daten mit der Freiheit der Meinungsäußerung und der Informationsfreiheit in Einklang zu bringen.

(3) Jeder Mitgliedstaat teilt der Kommission die Rechtsvorschriften, die er aufgrund von Absatz 2 erlassen hat, sowie unverzüglich alle späteren Änderungsgesetze oder Änderungen dieser Vorschriften mit.

Artikel 86 Verarbeitung und Zugang der Öffentlichkeit zu amtlichen Dokumenten

Personenbezogene Daten in amtlichen Dokumenten, die sich im Besitz einer Behörde oder einer öffentlichen Einrichtung oder einer privaten Einrichtung zur Erfüllung einer im öffentlichen Interesse liegenden Aufgabe befinden, können von der Behörde oder der Einrichtung gemäß dem Unionsrecht oder dem Recht des Mitgliedstaats, dem die Behörde oder Einrichtung unterliegt, offengelegt werden, um den Zugang der Öffentlichkeit zu amtlichen Dokumenten mit dem Recht auf Schutz personenbezogener Daten gemäß dieser Verordnung in Einklang zu bringen.

Artikel 87 Verarbeitung der nationalen Kennziffer

[1]Die Mitgliedstaaten können näher bestimmen, unter welchen spezifischen Bedingungen eine nationale Kennziffer oder andere Kennzeichen von allgemeiner Bedeutung Gegenstand einer Verarbeitung sein dürfen. [2]In diesem Fall darf die nationale Kennziffer oder das andere Kennzeichen von allgemeiner Bedeutung nur unter Wahrung geeigneter Garantien für die Rechte und Freiheiten der betroffenen Person gemäß dieser Verordnung verwendet werden.

Artikel 88   Datenverarbeitung im Beschäftigungskontext

(1) Die Mitgliedstaaten können durch Rechtsvorschriften oder durch Kollektivvereinbarungen spezifischere Vorschriften zur Gewährleistung des Schutzes der Rechte und Freiheiten hinsichtlich der Verarbeitung personenbezogener Beschäftigtendaten im Beschäftigungskontext, insbesondere für Zwecke der Einstellung, der Erfüllung des Arbeitsvertrags einschließlich der Erfüllung von durch Rechtsvorschriften oder durch Kollektivvereinbarungen festgelegten Pflichten, des Managements, der Planung und der Organisation der Arbeit, der Gleichheit und Diversität am Arbeitsplatz, der Gesundheit und Sicherheit am Arbeitsplatz, des Schutzes des Eigentums der Arbeitgeber oder der Kunden sowie für Zwecke der Inanspruchnahme der mit der Beschäftigung zusammenhängenden individuellen oder kollektiven Rechte und Leistungen und für Zwecke der Beendigung des Beschäftigungsverhältnisses vorsehen.

(2) Diese Vorschriften umfassen geeignete und besondere Maßnahmen zur Wahrung der menschlichen Würde, der berechtigten Interessen und der Grundrechte der betroffenen Person, insbesondere im Hinblick auf die Transparenz der Verarbeitung, die Übermittlung personenbezogener Daten innerhalb einer Unternehmensgruppe oder einer Gruppe von Unternehmen, die eine gemeinsame Wirtschaftstätigkeit ausüben, und die Überwachungssysteme am Arbeitsplatz.

(3) Jeder Mitgliedstaat teilt der Kommission bis zum 25. Mai 2018 die Rechtsvorschriften, die er aufgrund von Absatz 1 erlässt, sowie unverzüglich alle späteren Änderungen dieser Vorschriften mit.

Artikel 89   Garantien und Ausnahmen in Bezug auf die Verarbeitung zu im öffentlichen Interesse liegenden Archivzwecken, zu wissenschaftlichen oder historischen Forschungszwecken und zu statistischen Zwecken

(1) [1]Die Verarbeitung zu im öffentlichen Interesse liegenden Archivzwecken, zu wissenschaftlichen oder historischen Forschungszwecken oder zu statistischen Zwecken unterliegt geeigneten Garantien für die Rechte und Freiheiten der betroffenen Person gemäß dieser Verordnung. [2]Mit diesen Garantien wird sichergestellt, dass technische und organisatorische Maßnahmen bestehen, mit denen insbesondere die Achtung des Grundsatzes der Datenminimierung gewährleistet wird. [3]Zu diesen Maßnahmen kann die Pseudonymisierung gehören, sofern es möglich ist, diese Zwecke auf diese Weise zu erfüllen. [4]In allen Fällen, in denen diese Zwecke durch die Weiterverarbeitung, bei der die Identifizierung von betroffenen Personen nicht oder nicht mehr möglich ist, erfüllt werden können, werden diese Zwecke auf diese Weise erfüllt.

(2) Werden personenbezogene Daten zu wissenschaftlichen oder historischen Forschungszwecken oder zu statistischen Zwecken verarbeitet, können vorbehaltlich der Bedingungen und Garantien gemäß Absatz 1 des vorliegenden Artikels im Unionsrecht oder im Recht der Mitgliedstaaten insoweit Ausnahmen von den Rechten gemäß der Artikel 15, 16, 18 und 21 vorgesehen werden, als diese Rechte voraussichtlich die Verwirklichung der spezifischen Zwecke unmöglich machen oder ernsthaft beeinträchtigen und solche Ausnahmen für die Erfüllung dieser Zwecke notwendig sind.

(3) Werden personenbezogene Daten für im öffentlichen Interesse liegende Archivzwecke verarbeitet, können vorbehaltlich der Bedingungen und Garantien gemäß Absatz 1 des vorliegenden Artikels im Unionsrecht oder im Recht der Mitgliedstaaten insoweit Ausnahmen von den Rechten gemäß der Artikel 15, 16, 18, 19, 20 und 21 vorgesehen werden, als diese Rechte voraussichtlich die Verwirklichung der spezifischen Zwecke unmöglich machen oder ernsthaft beeinträchtigen und solche Ausnahmen für die Erfüllung dieser Zwecke notwendig sind.

(4) Dient die in den Absätzen 2 und 3 genannte Verarbeitung gleichzeitig einem anderen Zweck, gelten die Ausnahmen nur für die Verarbeitung zu den in diesen Absätzen genannten Zwecken.

Artikel 90   Geheimhaltungspflichten

(1) [1]Die Mitgliedstaaten können die Befugnisse der Aufsichtsbehörden im Sinne des Artikels 58 Absatz 1 Buchstaben e und f gegenüber den Verantwortlichen oder den Auftragsverarbeitern, die nach Unionsrecht oder dem Recht der Mitgliedstaaten oder nach einer von den zuständigen nationalen Stellen erlassenen Verpflichtung dem Berufsgeheimnis oder einer gleichwertigen Geheimhaltungspflicht unterliegen, regeln, soweit dies notwendig und verhältnismäßig ist, um das Recht auf Schutz der personenbezogenen Daten mit der Pflicht zur Geheimhaltung in Einklang zu bringen. [2]Diese Vorschriften gelten nur in Bezug auf perso-

nenbezogene Daten, die der Verantwortliche oder der Auftragsverarbeiter bei einer Tätigkeit erlangt oder erhoben hat, die einer solchen Geheimhaltungspflicht unterliegt.

(2) Jeder Mitgliedstaat teilt der Kommission bis zum 25. Mai 2018 die Vorschriften mit, die er aufgrund von Absatz 1 erlässt, und setzt sie unverzüglich von allen weiteren Änderungen dieser Vorschriften in Kenntnis.

Artikel 91   Bestehende Datenschutzvorschriften von Kirchen und religiösen Vereinigungen oder Gemeinschaften

(1) Wendet eine Kirche oder eine religiöse Vereinigung oder Gemeinschaft in einem Mitgliedstaat zum Zeitpunkt des Inkrafttretens dieser Verordnung umfassende Regeln zum Schutz natürlicher Personen bei der Verarbeitung an, so dürfen diese Regeln weiter angewandt werden, sofern sie mit dieser Verordnung in Einklang gebracht werden.

(2) Kirchen und religiöse Vereinigungen oder Gemeinschaften, die gemäß Absatz 1 umfassende Datenschutzregeln anwenden, unterliegen der Aufsicht durch eine unabhängige Aufsichtsbehörde, die spezifischer Art sein kann, sofern sie die in Kapitel VI niedergelegten Bedingungen erfüllt.

Kapitel X
Delegierte Rechtsakte und Durchführungsrechtsakte
Artikel 92   Ausübung der Befugnisübertragung

(1) Die Befugnis zum Erlass delegierter Rechtsakte wird der Kommission unter den in diesem Artikel festgelegten Bedingungen übertragen.

(2) Die Befugnis zum Erlass delegierter Rechtsakte gemäß Artikel 12 Absatz 8 und Artikel 43 Absatz 8 wird der Kommission auf unbestimmte Zeit ab dem 24. Mai 2016 übertragen.

(3) [1]Die Befugnisübertragung gemäß Artikel 12 Absatz 8 und Artikel 43 Absatz 8 kann vom Europäischen Parlament oder vom Rat jederzeit widerrufen werden. [2]Der Beschluss über den Widerruf beendet die Übertragung der in diesem Beschluss angegebenen Befugnis. [3]Er wird am Tag nach seiner Veröffentlichung im *Amtsblatt der Europäischen Union* oder zu einem im Beschluss über den Widerruf angegebenen späteren Zeitpunkt wirksam. [4]Die Gültigkeit von delegierten Rechtsakten, die bereits in Kraft sind, wird von dem Beschluss über den Widerruf nicht berührt.

(4) Sobald die Kommission einen delegierten Rechtsakt erlässt, übermittelt sie ihn gleichzeitig dem Europäischen Parlament und dem Rat.

(5) [1]Ein delegierter Rechtsakt, der gemäß Artikel 12 Absatz 8 und Artikel 43 Absatz 8 erlassen wurde, tritt nur in Kraft, wenn weder das Europäische Parlament noch der Rat innerhalb einer Frist von drei Monaten nach Übermittlung dieses Rechtsakts an das Europäische Parlament und den Rat Einwände erhoben haben oder wenn vor Ablauf dieser Frist das Europäische Parlament und der Rat beide der Kommission mitgeteilt haben, dass sie keine Einwände erheben werden. [2]Auf Veranlassung des Europäischen Parlaments oder des Rates wird diese Frist um drei Monate verlängert.

Artikel 93   Ausschussverfahren

(1) [1]Die Kommission wird von einem Ausschuss unterstützt. [2]Dieser Ausschuss ist ein Ausschuss im Sinne der Verordnung (EU) Nr. 182/2011.

(2) Wird auf diesen Absatz Bezug genommen, so gilt Artikel 5 der Verordnung (EU) Nr. 182/2011.

(3) Wird auf diesen Absatz Bezug genommen, so gilt Artikel 8 der Verordnung (EU) Nr. 182/2011 in Verbindung mit deren Artikel 5.

Kapitel XI
Schlussbestimmungen

Artikel 94 Aufhebung der Richtlinie 95/46/EG

(1) Die Richtlinie 95/46/EG wird mit Wirkung vom 25. Mai 2018 aufgehoben.

(2) [1]Verweise auf die aufgehobene Richtlinie gelten als Verweise auf die vorliegende Verordnung. [2]Verweise auf die durch Artikel 29 der Richtlinie 95/46/EG eingesetzte Gruppe für den Schutz von Personen bei der Verarbeitung personenbezogener Daten gelten als Verweise auf den kraft dieser Verordnung errichteten Europäischen Datenschutzausschuss.

Artikel 95 Verhältnis zur Richtlinie 2002/58/EG

Diese Verordnung erlegt natürlichen oder juristischen Personen in Bezug auf die Verarbeitung in Verbindung mit der Bereitstellung öffentlich zugänglicher elektronischer Kommunikationsdienste in öffentlichen Kommunikationsnetzen in der Union keine zusätzlichen Pflichten auf, soweit sie besonderen in der Richtlinie 2002/58/EG festgelegten Pflichten unterliegen, die dasselbe Ziel verfolgen.

Artikel 96 Verhältnis zu bereits geschlossenen Übereinkünften

Internationale Übereinkünfte, die die Übermittlung personenbezogener Daten an Drittländer oder internationale Organisationen mit sich bringen, die von den Mitgliedstaaten vor dem 24. Mai 2016 abgeschlossen wurden und die im Einklang mit dem vor diesem Tag geltenden Unionsrecht stehen, bleiben in Kraft, bis sie geändert, ersetzt oder gekündigt werden.

Artikel 97 Berichte der Kommission

(1) [1]Bis zum 25. Mai 2020 und danach alle vier Jahre legt die Kommission dem Europäischen Parlament und dem Rat einen Bericht über die Bewertung und Überprüfung dieser Verordnung vor. [2]Die Berichte werden öffentlich gemacht.

(2) Im Rahmen der Bewertungen und Überprüfungen nach Absatz 1 prüft die Kommission insbesondere die Anwendung und die Wirkungsweise

a)   des Kapitels V über die Übermittlung personenbezogener Daten an Drittländer oder an internationale Organisationen insbesondere im Hinblick auf die gemäß Artikel 45 Absatz 3 der vorliegenden Verordnung erlassenen Beschlüsse sowie die gemäß Artikel 25 Absatz 6 der Richtlinie 95/46/EG erlassenen Feststellungen,

b)   des Kapitels VII über Zusammenarbeit und Kohärenz.

(3) Für den in Absatz 1 genannten Zweck kann die Kommission Informationen von den Mitgliedstaaten und den Aufsichtsbehörden anfordern.

(4) Bei den in den Absätzen 1 und 2 genannten Bewertungen und Überprüfungen berücksichtigt die Kommission die Standpunkte und Feststellungen des Europäischen Parlaments, des Rates und anderer einschlägiger Stellen oder Quellen.

(5) Die Kommission legt erforderlichenfalls geeignete Vorschläge zur Änderung dieser Verordnung vor und berücksichtigt dabei insbesondere die Entwicklungen in der Informationstechnologie und die Fortschritte in der Informationsgesellschaft.

Artikel 98 Überprüfung anderer Rechtsakte der Union zum Datenschutz

[1]Die Kommission legt gegebenenfalls Gesetzgebungsvorschläge zur Änderung anderer Rechtsakte der Union zum Schutz personenbezogener Daten vor, damit ein einheitlicher und kohärenter Schutz natürlicher Personen bei der Verarbeitung sichergestellt wird. [2]Dies betrifft insbesondere die Vorschriften zum Schutz

natürlicher Personen bei der Verarbeitung solcher Daten durch die Organe, Einrichtungen, Ämter und Agenturen der Union und zum freien Verkehr solcher Daten.

Artikel 99   Inkrafttreten und Anwendung

(1) Diese Verordnung tritt am zwanzigsten Tag nach ihrer Veröffentlichung im *Amtsblatt der Europäischen Union* in Kraft.

(2) Sie gilt ab dem 25. Mai 2018.

Diese Verordnung ist in allen ihren Teilen verbindlich und gilt unmittelbar in jedem Mitgliedstaat.

Geschehen zu Brüssel am 27. April 2016.

Bundesdatenschutzgesetz (BDSG)[*]

Vom 30. Juni 2017 (BGBl. I S. 2097)
(FNA 204-4)

Teil 1 Gemeinsame Bestimmungen

Kapitel 1
Anwendungsbereich und Begriffsbestimmungen

§ 1 Anwendungsbereich des Gesetzes

(1) [1]Dieses Gesetz gilt für die Verarbeitung personenbezogener Daten durch

1. öffentliche Stellen des Bundes,
2. öffentliche Stellen der Länder, soweit der Datenschutz nicht durch Landesgesetz geregelt ist und soweit sie
   a) Bundesrecht ausführen oder
   b) als Organe der Rechtspflege tätig werden und es sich nicht um Verwaltungsangelegenheiten handelt.

[2]Für nichtöffentliche Stellen gilt dieses Gesetz für die ganz oder teilweise automatisierte Verarbeitung personenbezogener Daten sowie die nicht automatisierte Verarbeitung personenbezogener Daten, die in einem Dateisystem gespeichert sind oder gespeichert werden sollen, es sei denn, die Verarbeitung durch natürliche Personen erfolgt zur Ausübung ausschließlich persönlicher oder familiärer Tätigkeiten.

(2) [1]Andere Rechtsvorschriften des Bundes über den Datenschutz gehen den Vorschriften dieses Gesetzes vor. [2]Regeln sie einen Sachverhalt, für den dieses Gesetz gilt, nicht oder nicht abschließend, finden die Vorschriften dieses Gesetzes Anwendung. [3]Die Verpflichtung zur Wahrung gesetzlicher Geheimhaltungspflichten oder von Berufs- oder besonderen Amtsgeheimnissen, die nicht auf gesetzlichen Vorschriften beruhen, bleibt unberührt.

(3) Die Vorschriften dieses Gesetzes gehen denen des Verwaltungsverfahrensgesetzes vor, soweit bei der Ermittlung des Sachverhalts personenbezogene Daten verarbeitet werden.

(4) [1]Dieses Gesetz findet Anwendung auf öffentliche Stellen. [2]Auf nichtöffentliche Stellen findet es Anwendung, sofern

1. der Verantwortliche oder Auftragsverarbeiter personenbezogene Daten im Inland verarbeitet,
2. die Verarbeitung personenbezogener Daten im Rahmen der Tätigkeiten einer inländischen Niederlassung des Verantwortlichen oder Auftragsverarbeiters erfolgt oder
3. der Verantwortliche oder Auftragsverarbeiter zwar keine Niederlassung in einem Mitgliedstaat der Europäischen Union oder in einem anderen Vertragsstaat des Abkommens über den Europäischen Wirtschaftsraum hat, er aber in den Anwendungsbereich der Verordnung (EU) 2016/679 des Europäischen Parlaments und des Rates vom 27. April 2016 zum Schutz natürlicher Personen bei der Verarbeitung personenbezogener Daten, zum freien Datenverkehr und zur Aufhebung der Richtlinie 95/46/EG (Datenschutz-Grundverordnung) (ABl. L 119 vom 4.5.2016, S. 1; L 314 vom 22.11.2016, S. 72) fällt.

[3]Sofern dieses Gesetz nicht gemäß Satz 2 Anwendung findet, gelten für den Verantwortlichen oder Auftragsverarbeiter nur die §§ 8 bis 21, 39 bis 44.

(5) Die Vorschriften dieses Gesetzes finden keine Anwendung, soweit das Recht der Europäischen Union, im Besonderen die Verordnung (EU) 2016/679 in der jeweils geltenden Fassung, unmittelbar gilt.

(6) [1]Bei Verarbeitungen zu Zwecken gemäß Artikel 2 der Verordnung (EU) 2016/679 stehen die Vertragsstaaten des Abkommens über den Europäischen Wirtschaftsraum und die Schweiz den Mitgliedstaaten der Europäischen Union gleich. [2]Andere Staaten gelten insoweit als Drittstaaten.

(7) [1]Bei Verarbeitungen zu Zwecken gemäß Artikel 1 Absatz 1 der Richtlinie (EU) 2016/680 des Europäischen Parlaments und des Rates vom 27. April 2016 zum Schutz natürlicher Personen bei der Verarbei-

---

[*] Verkündet als Art. 1 des G v. 30.6.2017 (BGBl. I S. 2097); Inkrafttreten gem. Art. 8 Abs. 1 dieses Gesetzes am 25.5.2018.

tung personenbezogener Daten durch die zuständigen Behörden zum Zwecke der Verhütung, Ermittlung, Aufdeckung oder Verfolgung von Straftaten oder der Strafvollstreckung sowie zum freien Datenverkehr und zur Aufhebung des Rahmenbeschlusses 2008/977/JI des Rates (ABl. L 119 vom 4.5.2016, S. 89) stehen die bei der Umsetzung, Anwendung und Entwicklung des Schengen-Besitzstands assoziierten Staaten den Mitgliedstaaten der Europäischen Union gleich. ²Andere Staaten gelten insoweit als Drittstaaten.

(8) Für Verarbeitungen personenbezogener Daten durch öffentliche Stellen im Rahmen von nicht in die Anwendungsbereiche der Verordnung (EU) 2016/679 und der Richtlinie (EU) 2016/680 fallenden Tätigkeiten finden die Verordnung (EU) 2016/679 und die Teile 1 und 2 dieses Gesetzes entsprechend Anwendung, soweit nicht in diesem Gesetz oder einem anderen Gesetz Abweichendes geregelt ist.

§ 2 Begriffsbestimmungen

(1) Öffentliche Stellen des Bundes sind die Behörden, die Organe der Rechtspflege und andere öffentlich-rechtlich organisierte Einrichtungen des Bundes, der bundesunmittelbaren Körperschaften, der Anstalten und Stiftungen des öffentlichen Rechts sowie deren Vereinigungen ungeachtet ihrer Rechtsform.

(2) Öffentliche Stellen der Länder sind die Behörden, die Organe der Rechtspflege und andere öffentlich-rechtlich organisierte Einrichtungen eines Landes, einer Gemeinde, eines Gemeindeverbandes oder sonstiger der Aufsicht des Landes unterstehender juristischer Personen des öffentlichen Rechts sowie deren Vereinigungen ungeachtet ihrer Rechtsform.

(3) ¹Vereinigungen des privaten Rechts von öffentlichen Stellen des Bundes und der Länder, die Aufgaben der öffentlichen Verwaltung wahrnehmen, gelten ungeachtet der Beteiligung nichtöffentlicher Stellen als öffentliche Stellen des Bundes, wenn

1. sie über den Bereich eines Landes hinaus tätig werden oder
2. dem Bund die absolute Mehrheit der Anteile gehört oder die absolute Mehrheit der Stimmen zusteht.

²Andernfalls gelten sie als öffentliche Stellen der Länder.

(4) ¹Nichtöffentliche Stellen sind natürliche und juristische Personen, Gesellschaften und andere Personenvereinigungen des privaten Rechts, soweit sie nicht unter die Absätze 1 bis 3 fallen. ²Nimmt eine nichtöffentliche Stelle hoheitliche Aufgaben der öffentlichen Verwaltung wahr, ist sie insoweit öffentliche Stelle im Sinne dieses Gesetzes.

(5) ¹Öffentliche Stellen des Bundes gelten als nichtöffentliche Stellen im Sinne dieses Gesetzes, soweit sie als öffentlich-rechtliche Unternehmen am Wettbewerb teilnehmen. ²Als nichtöffentliche Stellen im Sinne dieses Gesetzes gelten auch öffentliche Stellen der Länder, soweit sie als öffentlich-rechtliche Unternehmen am Wettbewerb teilnehmen, Bundesrecht ausführen und der Datenschutz nicht durch Landesgesetz geregelt ist.

Kapitel 2
Rechtsgrundlagen der Verarbeitung personenbezogener Daten
§ 3 Verarbeitung personenbezogener Daten durch öffentliche Stellen

Die Verarbeitung personenbezogener Daten durch eine öffentliche Stelle ist zulässig, wenn sie zur Erfüllung der in der Zuständigkeit des Verantwortlichen liegenden Aufgabe oder in Ausübung öffentlicher Gewalt, die dem Verantwortlichen übertragen wurde, erforderlich ist.

§ 4 Videoüberwachung öffentlich zugänglicher Räume

(1) ¹Die Beobachtung öffentlich zugänglicher Räume mit optisch-elektronischen Einrichtungen (Videoüberwachung) ist nur zulässig, soweit sie

1. zur Aufgabenerfüllung öffentlicher Stellen,
2. zur Wahrnehmung des Hausrechts oder
3. zur Wahrnehmung berechtigter Interessen für konkret festgelegte Zwecke

erforderlich ist und keine Anhaltspunkte bestehen, dass schutzwürdige Interessen der Betroffenen überwiegen. ²Bei der Videoüberwachung von

1. öffentlich zugänglichen großflächigen Anlagen, wie insbesondere Sport-, Versammlungs- und Vergnügungsstätten, Einkaufszentren oder Parkplätzen, oder

2. Fahrzeugen und öffentlich zugänglichen großflächigen Einrichtungen des öffentlichen Schienen-, Schiffs- und Busverkehrs

gilt der Schutz von Leben, Gesundheit oder Freiheit von dort aufhältigen Personen als ein besonders wichtiges Interesse.

(2) Der Umstand der Beobachtung und der Name und die Kontaktdaten des Verantwortlichen sind durch geeignete Maßnahmen zum frühestmöglichen Zeitpunkt erkennbar zu machen.

(3) [1]Die Speicherung oder Verwendung von nach Absatz 1 erhobenen Daten ist zulässig, wenn sie zum Erreichen des verfolgten Zwecks erforderlich ist und keine Anhaltspunkte bestehen, dass schutzwürdige Interessen der Betroffenen überwiegen. [2]Absatz 1 Satz 2 gilt entsprechend. [3]Für einen anderen Zweck dürfen sie nur weiterverarbeitet werden, soweit dies zur Abwehr von Gefahren für die staatliche und öffentliche Sicherheit sowie zur Verfolgung von Straftaten erforderlich ist.

(4) [1]Werden durch Videoüberwachung erhobene Daten einer bestimmten Person zugeordnet, so besteht die Pflicht zur Information der betroffenen Person über die Verarbeitung gemäß den Artikeln 13 und 14 der Verordnung (EU) 2016/679. [2]§ 32 gilt entsprechend.

(5) Die Daten sind unverzüglich zu löschen, wenn sie zur Erreichung des Zwecks nicht mehr erforderlich sind oder schutzwürdige Interessen der Betroffenen einer weiteren Speicherung entgegenstehen.

<h2 style="text-align:center">Kapitel 3
Datenschutzbeauftragte öffentlicher Stellen</h2>

§ 5 Benennung

(1) [1]Öffentliche Stellen benennen eine Datenschutzbeauftragte oder einen Datenschutzbeauftragten. [2]Dies gilt auch für öffentliche Stellen nach § 2 Absatz 5, die am Wettbewerb teilnehmen.

(2) Für mehrere öffentliche Stellen kann unter Berücksichtigung ihrer Organisationsstruktur und ihrer Größe eine gemeinsame Datenschutzbeauftragte oder ein gemeinsamer Datenschutzbeauftragter benannt werden.

(3) Die oder der Datenschutzbeauftragte wird auf der Grundlage ihrer oder seiner beruflichen Qualifikation und insbesondere ihres oder seines Fachwissens benannt, das sie oder er auf dem Gebiet des Datenschutzrechts und der Datenschutzpraxis besitzt, sowie auf der Grundlage ihrer oder seiner Fähigkeit zur Erfüllung der in § 7 genannten Aufgaben.

(4) Die oder der Datenschutzbeauftragte kann Beschäftigte oder Beschäftigter der öffentlichen Stelle sein oder ihre oder seine Aufgaben auf der Grundlage eines Dienstleistungsvertrags erfüllen.

(5) Die öffentliche Stelle veröffentlicht die Kontaktdaten der oder des Datenschutzbeauftragten und teilt diese Daten der oder dem Bundesbeauftragten für den Datenschutz und die Informationsfreiheit mit.

§ 6 Stellung

(1) Die öffentliche Stelle stellt sicher, dass die oder der Datenschutzbeauftragte ordnungsgemäß und frühzeitig in alle mit dem Schutz personenbezogener Daten zusammenhängenden Fragen eingebunden wird.

(2) Die öffentliche Stelle unterstützt die Datenschutzbeauftragte oder den Datenschutzbeauftragten bei der Erfüllung ihrer oder seiner Aufgaben gemäß § 7, indem sie die für die Erfüllung dieser Aufgaben erforderlichen Ressourcen und den Zugang zu personenbezogenen Daten und Verarbeitungsvorgängen sowie die zur Erhaltung ihres oder seines Fachwissens erforderlichen Ressourcen zur Verfügung stellt.

(3) [1]Die öffentliche Stelle stellt sicher, dass die oder der Datenschutzbeauftragte bei der Erfüllung ihrer oder seiner Aufgaben keine Anweisungen bezüglich der Ausübung dieser Aufgaben erhält. [2]Die oder der Datenschutzbeauftragte berichtet unmittelbar der höchsten Leitungsebene der öffentlichen Stelle. [3]Die oder der Datenschutzbeauftragte darf von der öffentlichen Stelle wegen der Erfüllung ihrer oder seiner Aufgaben nicht abberufen oder benachteiligt werden.

(4) [1]Die Abberufung der oder des Datenschutzbeauftragten ist nur in entsprechender Anwendung des § 626 des Bürgerlichen Gesetzbuchs zulässig. [2]Die Kündigung des Arbeitsverhältnisses ist unzulässig, es sei denn, dass Tatsachen vorliegen, welche die öffentliche Stelle zur Kündigung aus wichtigem Grund ohne Einhaltung einer Kündigungsfrist berechtigen. [3]Nach dem Ende der Tätigkeit als Datenschutzbeauftragte oder als Datenschutzbeauftragter ist die Kündigung des Arbeitsverhältnisses innerhalb eines Jahres unzulässig, es sei denn, dass die öffentliche Stelle zur Kündigung aus wichtigem Grund ohne Einhaltung einer Kündigungsfrist berechtigt ist.

(5) [1]Betroffene Personen können die Datenschutzbeauftragte oder den Datenschutzbeauftragten zu allen mit der Verarbeitung ihrer personenbezogenen Daten und mit der Wahrnehmung ihrer Rechte gemäß der Verordnung (EU) 2016/679, diesem Gesetz sowie anderen Rechtsvorschriften über den Datenschutz im Zusammenhang stehenden Fragen zu Rate ziehen. [2]Die oder der Datenschutzbeauftragte ist zur Verschwiegenheit über die Identität der betroffenen Person sowie über Umstände, die Rückschlüsse auf die betroffene Person zulassen, verpflichtet, soweit sie oder er nicht davon durch die betroffene Person befreit wird.

(6) [1]Wenn die oder der Datenschutzbeauftragte bei ihrer oder seiner Tätigkeit Kenntnis von Daten erhält, für die der Leitung oder einer bei der öffentlichen Stelle beschäftigten Person aus beruflichen Gründen ein Zeugnisverweigerungsrecht zusteht, steht dieses Recht auch der oder dem Datenschutzbeauftragten und den ihr oder ihm unterstellten Beschäftigten zu. [2]Über die Ausübung dieses Rechts entscheidet die Person, der das Zeugnisverweigerungsrecht aus beruflichen Gründen zusteht, es sei denn, dass diese Entscheidung in absehbarer Zeit nicht herbeigeführt werden kann. [3]Soweit das Zeugnisverweigerungsrecht der oder des Datenschutzbeauftragten reicht, unterliegen ihre oder seine Akten und andere Dokumente einem Beschlagnahmeverbot.

§ 7 Aufgaben

(1) [1]Der oder dem Datenschutzbeauftragten obliegen neben den in der Verordnung (EU) 2016/679 genannten Aufgaben zumindest folgende Aufgaben:

1. Unterrichtung und Beratung der öffentlichen Stelle und der Beschäftigten, die Verarbeitungen durchführen, hinsichtlich ihrer Pflichten nach diesem Gesetz und sonstigen Vorschriften über den Datenschutz, einschließlich der zur Umsetzung der Richtlinie (EU) 2016/680 erlassenen Rechtsvorschriften;
2. Überwachung der Einhaltung dieses Gesetzes und sonstiger Vorschriften über den Datenschutz, einschließlich der zur Umsetzung der Richtlinie (EU) 2016/680 erlassenen Rechtsvorschriften, sowie der Strategien der öffentlichen Stelle für den Schutz personenbezogener Daten, einschließlich der Zuweisung von Zuständigkeiten, der Sensibilisierung und der Schulung der an den Verarbeitungsvorgängen beteiligten Beschäftigten und der diesbezüglichen Überprüfungen;
3. Beratung im Zusammenhang mit der Datenschutz-Folgenabschätzung und Überwachung ihrer Durchführung gemäß § 67 dieses Gesetzes;
4. Zusammenarbeit mit der Aufsichtsbehörde;
5. Tätigkeit als Anlaufstelle für die Aufsichtsbehörde in mit der Verarbeitung zusammenhängenden Fragen, einschließlich der vorherigen Konsultation gemäß § 69 dieses Gesetzes, und gegebenenfalls Beratung zu allen sonstigen Fragen.

[2]Im Fall einer oder eines bei einem Gericht bestellten Datenschutzbeauftragten beziehen sich diese Aufgaben nicht auf das Handeln des Gerichts im Rahmen seiner justiziellen Tätigkeit.

(2) [1]Die oder der Datenschutzbeauftragte kann andere Aufgaben und Pflichten wahrnehmen. [2]Die öffentliche Stelle stellt sicher, dass derartige Aufgaben und Pflichten nicht zu einem Interessenkonflikt führen.

(3) Die oder der Datenschutzbeauftragte trägt bei der Erfüllung ihrer oder seiner Aufgaben dem mit den Verarbeitungsvorgängen verbundenen Risiko gebührend Rechnung, wobei sie oder er die Art, den Umfang, die Umstände und die Zwecke der Verarbeitung berücksichtigt.

Kapitel 4
Die oder der Bundesbeauftragte für den Datenschutz und die Informationsfreiheit
§ 8 Errichtung

(1) [1]Die oder der Bundesbeauftragte für den Datenschutz und die Informationsfreiheit (Bundesbeauftragte) ist eine oberste Bundesbehörde. [2]Der Dienstsitz ist Bonn.

(2) Die Beamtinnen und Beamten der oder des Bundesbeauftragten sind Beamtinnen und Beamte des Bundes.

(3) [1]Die oder der Bundesbeauftragte kann Aufgaben der Personalverwaltung und Personalwirtschaft auf andere Stellen des Bundes übertragen, soweit hierdurch die Unabhängigkeit der oder des Bundesbeauftragten nicht beeinträchtigt wird. [2]Diesen Stellen dürfen personenbezogene Daten der Beschäftigten übermittelt werden, soweit deren Kenntnis zur Erfüllung der übertragenen Aufgaben erforderlich ist.

§ 9 Zuständigkeit

(1) [1]Die oder der Bundesbeauftragte ist zuständig für die Aufsicht über die öffentlichen Stellen des Bundes, auch soweit sie als öffentlich-rechtliche Unternehmen am Wettbewerb teilnehmen. [2]Die Vorschriften dieses Kapitels gelten auch für Auftragsverarbeiter, soweit sie nichtöffentliche Stellen sind, bei denen dem Bund die Mehrheit der Anteile gehört oder die Mehrheit der Stimmen zusteht und der Auftraggeber eine öffentliche Stelle des Bundes ist.

(2) Die oder der Bundesbeauftragte ist nicht zuständig für die Aufsicht über die von den Bundesgerichten im Rahmen ihrer justiziellen Tätigkeit vorgenommenen Verarbeitungen.

§ 10 Unabhängigkeit

(1) [1]Die oder der Bundesbeauftragte handelt bei der Erfüllung ihrer oder seiner Aufgaben und bei der Ausübung ihrer oder seiner Befugnisse völlig unabhängig. [2]Sie oder er unterliegt weder direkter noch indirekter Beeinflussung von außen und ersucht weder um Weisung noch nimmt sie oder er Weisungen entgegen.

(2) Die oder der Bundesbeauftragte unterliegt der Rechnungsprüfung durch den Bundesrechnungshof, soweit hierdurch ihre oder seine Unabhängigkeit nicht beeinträchtigt wird.

§ 11 Ernennung und Amtszeit

(1) [1]Der Deutsche Bundestag wählt ohne Aussprache auf Vorschlag der Bundesregierung die Bundesbeauftragte oder den Bundesbeauftragten mit mehr als der Hälfte der gesetzlichen Zahl seiner Mitglieder. [2]Die oder der Gewählte ist von der Bundespräsidentin oder dem Bundespräsidenten zu ernennen. [3]Die oder der Bundesbeauftragte muss bei ihrer oder seiner Wahl das 35. Lebensjahr vollendet haben. [4]Sie oder er muss über die für die Erfüllung ihrer oder seiner Aufgaben und Ausübung ihrer oder seiner Befugnisse erforderliche Qualifikation, Erfahrung und Sachkunde insbesondere im Bereich des Schutzes personenbezogener Daten verfügen. [5]Insbesondere muss die oder der Bundesbeauftragte über durch einschlägige Berufserfahrung erworbene Kenntnisse des Datenschutzrechts verfügen und die Befähigung zum Richteramt oder höheren Verwaltungsdienst haben.

(2) [1]Die oder der Bundesbeauftragte leistet vor der Bundespräsidentin oder dem Bundespräsidenten folgenden Eid: „Ich schwöre, dass ich meine Kraft dem Wohle des deutschen Volkes widmen, seinen Nutzen mehren, Schaden von ihm wenden, das Grundgesetz und die Gesetze des Bundes wahren und verteidigen, meine Pflichten gewissenhaft erfüllen und Gerechtigkeit gegen jedermann üben werde. So wahr mir Gott helfe." [2]Der Eid kann auch ohne religiöse Beteuerung geleistet werden.

(3) [1]Die Amtszeit der oder des Bundesbeauftragten beträgt fünf Jahre. [2]Einmalige Wiederwahl ist zulässig.

§ 12 Amtsverhältnis

(1) Die oder der Bundesbeauftragte steht nach Maßgabe dieses Gesetzes zum Bund in einem öffentlich-rechtlichen Amtsverhältnis.

(2) [1]Das Amtsverhältnis beginnt mit der Aushändigung der Ernennungsurkunde. [2]Es endet mit dem Ablauf der Amtszeit oder mit dem Rücktritt. [3]Die Bundespräsidentin oder der Bundespräsident enthebt auf Vorschlag der Präsidentin oder des Präsidenten des Bundestages die Bundesbeauftragte ihres oder den Bundesbeauftragten seines Amtes, wenn die oder der Bundesbeauftragte eine schwere Verfehlung begangen hat oder die Voraussetzungen für die Wahrnehmung ihrer oder seiner Aufgaben nicht mehr erfüllt. [4]Im Fall der

Beendigung des Amtsverhältnisses oder der Amtsenthebung erhält die oder der Bundesbeauftragte eine von der Bundespräsidentin oder dem Bundespräsidenten vollzogene Urkunde. ⁵Eine Amtsenthebung wird mit der Aushändigung der Urkunde wirksam. ⁶Endet das Amtsverhältnis mit Ablauf der Amtszeit, ist die oder der Bundesbeauftragte verpflichtet, auf Ersuchen der Präsidentin oder des Präsidenten des Bundestages die Geschäfte bis zur Ernennung einer Nachfolgerin oder eines Nachfolgers für die Dauer von höchstens sechs Monaten weiterzuführen.

(3) ¹Die Leitende Beamtin oder der Leitende Beamte nimmt die Rechte der oder des Bundesbeauftragten wahr, wenn die oder der Bundesbeauftragte an der Ausübung ihres oder seines Amtes verhindert ist oder wenn ihr oder sein Amtsverhältnis endet und sie oder er nicht zur Weiterführung der Geschäfte verpflichtet ist. ²§ 10 Absatz 1 ist entsprechend anzuwenden.

(4) ¹Die oder der Bundesbeauftragte erhält vom Beginn des Kalendermonats an, in dem das Amtsverhältnis beginnt, bis zum Schluss des Kalendermonats, in dem das Amtsverhältnis endet, im Fall des Absatzes 2 Satz 6 bis zum Ende des Monats, in dem die Geschäftsführung endet, Amtsbezüge in Höhe der Besoldungsgruppe B 11 sowie den Familienzuschlag entsprechend Anlage V des Bundesbesoldungsgesetzes. ²Das Bundesreisekostengesetz und das Bundesumzugskostengesetz sind entsprechend anzuwenden. ³Im Übrigen sind § 12 Absatz 6 sowie die §§ 13 bis 20 und 21 a Absatz 5 des Bundesministergesetzes mit den Maßgaben anzuwenden, dass an die Stelle der vierjährigen Amtszeit in § 15 Absatz 1 des Bundesministergesetzes eine Amtszeit von fünf Jahren tritt. ⁴Abweichend von Satz 3 in Verbindung mit den §§ 15 bis 17 und 21 a Absatz 5 des Bundesministergesetzes berechnet sich das Ruhegehalt der oder des Bundesbeauftragten unter Hinzurechnung der Amtszeit als ruhegehaltsfähige Dienstzeit in entsprechender Anwendung des Beamtenversorgungsgesetzes, wenn dies günstiger ist und die oder der Bundesbeauftragte sich unmittelbar vor ihrer oder seiner Wahl zur oder zum Bundesbeauftragten als Beamtin oder Beamter oder als Richterin oder Richter mindestens in dem letzten gewöhnlich vor Erreichen der Besoldungsgruppe B 11 zu durchlaufenden Amt befunden hat.

§ 13   Rechte und Pflichten

(1) ¹Die oder der Bundesbeauftragte sieht von allen mit den Aufgaben ihres oder seines Amtes nicht zu vereinbarenden Handlungen ab und übt während ihrer oder seiner Amtszeit keine andere mit ihrem oder seinem Amt nicht zu vereinbarende entgeltliche oder unentgeltliche Tätigkeit aus. ²Insbesondere darf die oder der Bundesbeauftragte neben ihrem oder seinem Amt kein anderes besoldetes Amt, kein Gewerbe und keinen Beruf ausüben und weder der Leitung oder dem Aufsichtsrat oder Verwaltungsrat eines auf Erwerb gerichteten Unternehmens noch einer Regierung oder einer gesetzgebenden Körperschaft des Bundes oder eines Landes angehören. ³Sie oder er darf nicht gegen Entgelt außergerichtliche Gutachten abgeben.

(2) ¹Die oder der Bundesbeauftragte hat der Präsidentin oder dem Präsidenten des Bundestages Mitteilung über Geschenke zu machen, die sie oder er in Bezug auf das Amt erhält. ²Die Präsidentin oder der Präsident des Bundestages entscheidet über die Verwendung der Geschenke. ³Sie oder er kann Verfahrensvorschriften erlassen.

(3) ¹Die oder der Bundesbeauftragte ist berechtigt, über Personen, die ihr oder ihm in ihrer oder seiner Eigenschaft als Bundesbeauftragte oder Bundesbeauftragter Tatsachen anvertraut haben, sowie über diese Tatsachen selbst das Zeugnis zu verweigern. ²Dies gilt auch für die Mitarbeiterinnen und Mitarbeiter der oder des Bundesbeauftragten mit der Maßgabe, dass über die Ausübung dieses Rechts die oder der Bundesbeauftragte entscheidet. ³Soweit das Zeugnisverweigerungsrecht der oder des Bundesbeauftragten reicht, darf die Vorlegung oder Auslieferung von Akten oder anderen Dokumenten von ihr oder ihm nicht gefordert werden.

(4) ¹Die oder der Bundesbeauftragte ist, auch nach Beendigung ihres oder seines Amtsverhältnisses, verpflichtet, über die ihr oder ihm amtlich bekanntgewordenen Angelegenheiten Verschwiegenheit zu bewahren. ²Dies gilt nicht für Mitteilungen im dienstlichen Verkehr oder über Tatsachen, die offenkundig sind oder ihrer Bedeutung nach keiner Geheimhaltung bedürfen. ³Die oder der Bundesbeauftragte entscheidet nach pflichtgemäßem Ermessen, ob und inwieweit sie oder er über solche Angelegenheiten vor Gericht oder außergerichtlich aussagt oder Erklärungen abgibt; wenn sie oder er nicht mehr im Amt ist, ist die Genehmigung der oder des amtierenden Bundesbeauftragten erforderlich. ⁴Unberührt bleibt die gesetzlich begründete Pflicht, Straftaten anzuzeigen und bei einer Gefährdung der freiheitlichen demokratischen Grundordnung für deren Erhaltung einzutreten. ⁵Für die Bundesbeauftragte oder den Bundesbeauftragten und ihre oder seine Mitarbeiterinnen und Mitarbeiter gelten die §§ 93, 97 und 105 Absatz 1, § 111 Absatz 5 in Ver-

bindung mit § 105 Absatz 1 sowie § 116 Absatz 1 der Abgabenordnung nicht. [6]Satz 5 findet keine Anwendung, soweit die Finanzbehörden die Kenntnis für die Durchführung eines Verfahrens wegen einer Steuerstraftat sowie eines damit zusammenhängenden Steuerverfahrens benötigen, an deren Verfolgung ein zwingendes öffentliches Interesse besteht, oder soweit es sich um vorsätzlich falsche Angaben der oder des Auskunftspflichtigen oder der für sie oder ihn tätigen Personen handelt. [7]Stellt die oder der Bundesbeauftragte einen Datenschutzverstoß fest, ist sie oder er befugt, diesen anzuzeigen und die betroffene Person hierüber zu informieren.

(5) [1]Die oder der Bundesbeauftragte darf als Zeugin oder Zeuge aussagen, es sei denn, die Aussage würde

1. dem Wohl des Bundes oder eines Landes Nachteile bereiten, insbesondere Nachteile für die Sicherheit der Bundesrepublik Deutschland oder ihre Beziehungen zu anderen Staaten, oder
2. Grundrechte verletzen.

[2]Betrifft die Aussage laufende oder abgeschlossene Vorgänge, die dem Kernbereich exekutiver Eigenverantwortung der Bundesregierung zuzurechnen sind oder sein könnten, darf die oder der Bundesbeauftragte nur im Benehmen mit der Bundesregierung aussagen. [3]§ 28 des Bundesverfassungsgerichtsgesetzes bleibt unberührt.

(6) Die Absätze 3 und 4 Satz 5 bis 7 gelten entsprechend für die öffentlichen Stellen, die für die Kontrolle der Einhaltung der Vorschriften über den Datenschutz in den Ländern zuständig sind.

§ 14 Aufgaben

(1) [1]Die oder der Bundesbeauftragte hat neben den in der Verordnung (EU) 2016/679 genannten Aufgaben die Aufgaben,

1. die Anwendung dieses Gesetzes und sonstiger Vorschriften über den Datenschutz, einschließlich der zur Umsetzung der Richtlinie (EU) 2016/680 erlassenen Rechtsvorschriften, zu überwachen und durchzusetzen,
2. die Öffentlichkeit für die Risiken, Vorschriften, Garantien und Rechte im Zusammenhang mit der Verarbeitung personenbezogener Daten zu sensibilisieren und sie darüber aufzuklären, wobei spezifische Maßnahmen für Kinder besondere Beachtung finden,
3. den Deutschen Bundestag und den Bundesrat, die Bundesregierung und andere Einrichtungen und Gremien über legislative und administrative Maßnahmen zum Schutz der Rechte und Freiheiten natürlicher Personen in Bezug auf die Verarbeitung personenbezogener Daten zu beraten,
4. die Verantwortlichen und die Auftragsverarbeiter für die ihnen aus diesem Gesetz und sonstigen Vorschriften über den Datenschutz, einschließlich den zur Umsetzung der Richtlinie (EU) 2016/680 erlassenen Rechtsvorschriften, entstehenden Pflichten zu sensibilisieren,
5. auf Anfrage jeder betroffenen Person Informationen über die Ausübung ihrer Rechte aufgrund dieses Gesetzes und sonstiger Vorschriften über den Datenschutz, einschließlich der zur Umsetzung der Richtlinie (EU) 2016/680 erlassenen Rechtsvorschriften, zur Verfügung zu stellen und gegebenenfalls zu diesem Zweck mit den Aufsichtsbehörden in anderen Mitgliedstaaten zusammenzuarbeiten,
6. sich mit Beschwerden einer betroffenen Person oder Beschwerden einer Stelle, einer Organisation oder eines Verbandes gemäß Artikel 55 der Richtlinie (EU) 2016/680 zu befassen, den Gegenstand der Beschwerde in angemessenem Umfang zu untersuchen und den Beschwerdeführer innerhalb einer angemessenen Frist über den Fortgang und das Ergebnis der Untersuchung zu unterrichten, insbesondere, wenn eine weitere Untersuchung oder Koordinierung mit einer anderen Aufsichtsbehörde notwendig ist,
7. mit anderen Aufsichtsbehörden zusammenzuarbeiten, auch durch Informationsaustausch, und ihnen Amtshilfe zu leisten, um die einheitliche Anwendung und Durchsetzung dieses Gesetzes und sonstiger Vorschriften über den Datenschutz, einschließlich der zur Umsetzung der Richtlinie (EU) 2016/680 erlassenen Rechtsvorschriften, zu gewährleisten,
8. Untersuchungen über die Anwendung dieses Gesetzes und sonstiger Vorschriften über den Datenschutz, einschließlich der zur Umsetzung der Richtlinie (EU) 2016/680 erlassenen Rechtsvorschriften, durchzuführen, auch auf der Grundlage von Informationen einer anderen Aufsichtsbehörde oder einer anderen Behörde,
9. maßgebliche Entwicklungen zu verfolgen, soweit sie sich auf den Schutz personenbezogener Daten auswirken, insbesondere die Entwicklung der Informations- und Kommunikationstechnologie und der Geschäftspraktiken,

10. Beratung in Bezug auf die in § 69 genannten Verarbeitungsvorgänge zu leisten und

11. Beiträge zur Tätigkeit des Europäischen Datenschutzausschusses zu leisten.

²Im Anwendungsbereich der Richtlinie (EU) 2016/680 nimmt die oder der Bundesbeauftragte zudem die Aufgabe nach § 60 wahr.

(2) ¹Zur Erfüllung der in Absatz 1 Satz 1 Nummer 3 genannten Aufgabe kann die oder der Bundesbeauftragte zu allen Fragen, die im Zusammenhang mit dem Schutz personenbezogener Daten stehen, von sich aus oder auf Anfrage Stellungnahmen an den Deutschen Bundestag oder einen seiner Ausschüsse, den Bundesrat, die Bundesregierung, sonstige Einrichtungen und Stellen sowie an die Öffentlichkeit richten. ²Auf Ersuchen des Deutschen Bundestages, eines seiner Ausschüsse oder der Bundesregierung geht die oder der Bundesbeauftragte ferner Hinweisen auf Angelegenheiten und Vorgänge des Datenschutzes bei den öffentlichen Stellen des Bundes nach.

(3) Die oder der Bundesbeauftragte erleichtert das Einreichen der in Absatz 1 Satz 1 Nummer 6 genannten Beschwerden durch Maßnahmen wie etwa die Bereitstellung eines Beschwerdeformulars, das auch elektronisch ausgefüllt werden kann, ohne dass andere Kommunikationsmittel ausgeschlossen werden.

(4) ¹Die Erfüllung der Aufgaben der oder des Bundesbeauftragten ist für die betroffene Person unentgeltlich. ²Bei offenkundig unbegründeten oder, insbesondere im Fall von häufiger Wiederholung, exzessiven Anfragen kann die oder der Bundesbeauftragte eine angemessene Gebühr auf der Grundlage der Verwaltungskosten verlangen oder sich weigern, aufgrund der Anfrage tätig zu werden. ³In diesem Fall trägt die oder der Bundesbeauftragte die Beweislast für den offenkundig unbegründeten oder exzessiven Charakter der Anfrage.

§ 15 Tätigkeitsbericht

¹Die oder der Bundesbeauftragte erstellt einen Jahresbericht über ihre oder seine Tätigkeit, der eine Liste der Arten der gemeldeten Verstöße und der Arten der getroffenen Maßnahmen, einschließlich der verhängten Sanktionen und der Maßnahmen nach Artikel 58 Absatz 2 der Verordnung (EU) 2016/679, enthalten kann. ²Die oder der Bundesbeauftragte übermittelt den Bericht dem Deutschen Bundestag, dem Bundesrat und der Bundesregierung und macht ihn der Öffentlichkeit, der Europäischen Kommission und dem Europäischen Datenschutzausschuss zugänglich.

§ 16 Befugnisse

(1) ¹Die oder der Bundesbeauftragte nimmt im Anwendungsbereich der Verordnung (EU) 2016/679 die Befugnisse gemäß Artikel 58 der Verordnung (EU) 2016/679 wahr. ²Kommt die oder der Bundesbeauftragte zu dem Ergebnis, dass Verstöße gegen die Vorschriften über den Datenschutz oder sonstige Mängel bei der Verarbeitung personenbezogener Daten vorliegen, teilt sie oder er dies der zuständigen Rechts- oder Fachaufsichtsbehörde mit und gibt dieser vor der Ausübung der Befugnisse des Artikels 58 Absatz 2 Buchstabe b bis g, i und j der Verordnung (EU) 2016/679 gegenüber dem Verantwortlichen Gelegenheit zur Stellungnahme innerhalb einer angemessenen Frist. ³Von der Einräumung der Gelegenheit zur Stellungnahme kann abgesehen werden, wenn eine sofortige Entscheidung wegen Gefahr im Verzug oder im öffentlichen Interesse notwendig erscheint oder ihr ein zwingendes öffentliches Interesse entgegensteht. ⁴Die Stellungnahme soll auch eine Darstellung der Maßnahmen enthalten, die aufgrund der Mitteilung der oder des Bundesbeauftragten getroffen worden sind.

(2) ¹Stellt die oder der Bundesbeauftragte bei Datenverarbeitungen durch öffentliche Stellen des Bundes zu Zwecken außerhalb des Anwendungsbereichs der Verordnung (EU) 2016/679 Verstöße gegen die Vorschriften dieses Gesetzes oder gegen andere Vorschriften über den Datenschutz oder sonstige Mängel bei der Verarbeitung oder Nutzung personenbezogener Daten fest, so beanstandet sie oder er dies gegenüber der zuständigen obersten Bundesbehörde und fordert diese zur Stellungnahme innerhalb einer von ihr oder ihm zu bestimmenden Frist auf. ²Die oder der Bundesbeauftragte kann von einer Beanstandung absehen oder auf eine Stellungnahme verzichten, insbesondere wenn es sich um unerhebliche oder inzwischen beseitigte Mängel handelt. ³Die Stellungnahme soll auch eine Darstellung der Maßnahmen enthalten, die aufgrund der Beanstandung der oder des Bundesbeauftragten getroffen worden sind. ⁴Die oder der Bundesbeauftragte kann den Verantwortlichen auch davor warnen, dass beabsichtigte Verarbeitungsvorgänge voraussicht-

lich gegen in diesem Gesetz enthaltene und andere auf die jeweilige Datenverarbeitung anzuwendende Vorschriften über den Datenschutz verstoßen.

(3) [1]Die Befugnisse der oder des Bundesbeauftragten erstrecken sich auch auf

1. von öffentlichen Stellen des Bundes erlangte personenbezogene Daten über den Inhalt und die näheren Umstände des Brief-, Post- und Fernmeldeverkehrs und

2. personenbezogene Daten, die einem besonderen Amtsgeheimnis, insbesondere dem Steuergeheimnis nach § 30 der Abgabenordnung, unterliegen.

[2]Das Grundrecht des Brief-, Post- und Fernmeldegeheimnisses des Artikels 10 des Grundgesetzes wird insoweit eingeschränkt.

(4) Die öffentlichen Stellen des Bundes sind verpflichtet, der oder dem Bundesbeauftragten und ihren oder seinen Beauftragten

1. jederzeit Zugang zu den Grundstücken und Diensträumen, einschließlich aller Datenverarbeitungsanlagen und -geräte, sowie zu allen personenbezogenen Daten und Informationen, die zur Erfüllung ihrer oder seiner Aufgaben notwendig sind, zu gewähren und

2. alle Informationen, die für die Erfüllung ihrer oder seiner Aufgaben erforderlich sind, bereitzustellen.

(5) [1]Die oder der Bundesbeauftragte wirkt auf die Zusammenarbeit mit den öffentlichen Stellen, die für die Kontrolle der Einhaltung der Vorschriften über den Datenschutz in den Ländern zuständig sind, sowie mit den Aufsichtsbehörden nach § 40 hin. [2]§ 40 Absatz 3 Satz 1 zweiter Halbsatz gilt entsprechend.

Kapitel 5
Vertretung im Europäischen Datenschutzausschuss, zentrale Anlaufstelle, Zusammenarbeit der Aufsichtsbehörden des Bundes und der Länder in Angelegenheiten der Europäischen Union

§ 17 Vertretung im Europäischen Datenschutzausschuss, zentrale Anlaufstelle

(1) [1]Gemeinsamer Vertreter im Europäischen Datenschutzausschuss und zentrale Anlaufstelle ist die oder der Bundesbeauftragte (gemeinsamer Vertreter). [2]Als Stellvertreterin oder Stellvertreter des gemeinsamen Vertreters wählt der Bundesrat eine Leiterin oder einen Leiter der Aufsichtsbehörde eines Landes (Stellvertreter). [3]Die Wahl erfolgt für fünf Jahre. [4]Mit dem Ausscheiden aus dem Amt als Leiterin oder Leiter der Aufsichtsbehörde eines Landes endet zugleich die Funktion als Stellvertreter. [5]Wiederwahl ist zulässig.

(2) Der gemeinsame Vertreter überträgt in Angelegenheiten, die die Wahrnehmung einer Aufgabe betreffen, für welche die Länder allein das Recht zur Gesetzgebung haben, oder welche die Einrichtung oder das Verfahren von Landesbehörden betreffen, dem Stellvertreter auf dessen Verlangen die Verhandlungsführung und das Stimmrecht im Europäischen Datenschutzausschuss.

§ 18 Verfahren der Zusammenarbeit der Aufsichtsbehörden des Bundes und der Länder

(1) [1]Die oder der Bundesbeauftragte und die Aufsichtsbehörden der Länder (Aufsichtsbehörden des Bundes und der Länder) arbeiten in Angelegenheiten der Europäischen Union mit dem Ziel einer einheitlichen Anwendung der Verordnung (EU) 2016/679 und der Richtlinie (EU) 2016/680 zusammen. [2]Vor der Übermittlung eines gemeinsamen Standpunktes an die Aufsichtsbehörden der anderen Mitgliedstaaten, die Europäische Kommission oder den Europäischen Datenschutzausschuss geben sich die Aufsichtsbehörden des Bundes und der Länder frühzeitig Gelegenheit zur Stellungnahme. [3]Zu diesem Zweck tauschen sie untereinander alle zweckdienlichen Informationen aus. [4]Die Aufsichtsbehörden des Bundes und der Länder beteiligen die nach den Artikeln 85 und 91 der Verordnung (EU) 2016/679 eingerichteten spezifischen Aufsichtsbehörden, sofern diese von der Angelegenheit betroffen sind.

(2) [1]Soweit die Aufsichtsbehörden des Bundes und der Länder kein Einvernehmen über den gemeinsamen Standpunkt erzielen, legen die federführende Behörde oder in Ermangelung einer solchen der gemeinsame Vertreter und sein Stellvertreter einen Vorschlag für einen gemeinsamen Standpunkt vor. [2]Einigen sich der gemeinsame Vertreter und sein Stellvertreter nicht auf einen Vorschlag für einen gemeinsamen Standpunkt, legt in Angelegenheiten, die die Wahrnehmung von Aufgaben betreffen, für welche die Länder allein das

Recht der Gesetzgebung haben, oder welche die Einrichtung oder das Verfahren von Landesbehörden betreffen, der Stellvertreter den Vorschlag für einen gemeinsamen Standpunkt fest. ³In den übrigen Fällen fehlenden Einvernehmens nach Satz 2 legt der gemeinsame Vertreter den Standpunkt fest. ⁴Der nach den Sätzen 1 bis 3 vorgeschlagene Standpunkt ist den Verhandlungen zu Grunde zu legen, wenn nicht die Aufsichtsbehörden von Bund und Ländern einen anderen Standpunkt mit einfacher Mehrheit beschließen. ⁵Der Bund und jedes Land haben jeweils eine Stimme. ⁶Enthaltungen werden nicht gezählt.

(3) ¹Der gemeinsame Vertreter und dessen Stellvertreter sind an den gemeinsamen Standpunkt nach den Absätzen 1 und 2 gebunden und legen unter Beachtung dieses Standpunktes einvernehmlich die jeweilige Verhandlungsführung fest. ²Sollte ein Einvernehmen nicht erreicht werden, entscheidet in den in § 18 Absatz 2 Satz 2 genannten Angelegenheiten der Stellvertreter über die weitere Verhandlungsführung. ³In den übrigen Fällen gibt die Stimme des gemeinsamen Vertreters den Ausschlag.

§ 19 Zuständigkeiten

(1) ¹Federführende Aufsichtsbehörde eines Landes im Verfahren der Zusammenarbeit und Kohärenz nach Kapitel VII der Verordnung (EU) 2016/679 ist die Aufsichtsbehörde des Landes, in dem der Verantwortliche oder der Auftragsverarbeiter seine Hauptniederlassung im Sinne des Artikels 4 Nummer 16 der Verordnung (EU) 2016/679 oder seine einzige Niederlassung in der Europäischen Union im Sinne des Artikels 56 Absatz 1 der Verordnung (EU) 2016/679 hat. ²Im Zuständigkeitsbereich der oder des Bundesbeauftragten gilt Artikel 56 Absatz 1 in Verbindung mit Artikel 4 Nummer 16 der Verordnung (EU) 2016/679 entsprechend. ³Besteht über die Federführung kein Einvernehmen, findet für die Festlegung der federführenden Aufsichtsbehörde das Verfahren des § 18 Absatz 2 entsprechende Anwendung.

(2) ¹Die Aufsichtsbehörde, bei der eine betroffene Person Beschwerde eingereicht hat, gibt die Beschwerde an die federführende Aufsichtsbehörde nach Absatz 1, in Ermangelung einer solchen an die Aufsichtsbehörde eines Landes ab, in dem der Verantwortliche oder der Auftragsverarbeiter eine Niederlassung hat. ²Wird eine Beschwerde bei einer sachlich unzuständigen Aufsichtsbehörde eingereicht, gibt diese, sofern eine Abgabe nach Satz 1 nicht in Betracht kommt, die Beschwerde an die Aufsichtsbehörde am Wohnsitz des Beschwerdeführers ab. ³Die empfangende Aufsichtsbehörde gilt als die Aufsichtsbehörde nach Maßgabe des Kapitels VII der Verordnung (EU) 2016/679, bei der die Beschwerde eingereicht worden ist, und kommt den Verpflichtungen aus Artikel 60 Absatz 7 bis 9 und Artikel 65 Absatz 6 der Verordnung (EU) 2016/679 nach.

Kapitel 6
Rechtsbehelfe

§ 20 Gerichtlicher Rechtsschutz

(1) ¹Für Streitigkeiten zwischen einer natürlichen oder einer juristischen Person und einer Aufsichtsbehörde des Bundes oder eines Landes über Rechte gemäß Artikel 78 Absatz 1 und 2 der Verordnung (EU) 2016/679 sowie § 61 ist der Verwaltungsrechtsweg gegeben. ²Satz 1 gilt nicht für Bußgeldverfahren.

(2) Die Verwaltungsgerichtsordnung ist nach Maßgabe der Absätze 3 bis 7 anzuwenden.

(3) Für Verfahren nach Absatz 1 Satz 1 ist das Verwaltungsgericht örtlich zuständig, in dessen Bezirk die Aufsichtsbehörde ihren Sitz hat.

(4) In Verfahren nach Absatz 1 Satz 1 ist die Aufsichtsbehörde beteiligungsfähig.

(5) ¹Beteiligte eines Verfahrens nach Absatz 1 Satz 1 sind

1. die natürliche oder juristische Person als Klägerin oder Antragstellerin und
2. die Aufsichtsbehörde als Beklagte oder Antragsgegnerin.

²§ 63 Nummer 3 und 4 der Verwaltungsgerichtsordnung bleibt unberührt.

(6) Ein Vorverfahren findet nicht statt.

(7) Die Aufsichtsbehörde darf gegenüber einer Behörde oder deren Rechtsträger nicht die sofortige Vollziehung gemäß § 80 Absatz 2 Satz 1 Nummer 4 der Verwaltungsgerichtsordnung anordnen.

§ 21 Antrag der Aufsichtsbehörde auf gerichtliche Entscheidung bei angenommener Rechtswidrigkeit eines Beschlusses der Europäischen Kommission

(1) Hält eine Aufsichtsbehörde einen Angemessenheitsbeschluss der Europäischen Kommission, einen Beschluss über die Anerkennung von Standardschutzklauseln oder über die Allgemeingültigkeit von genehmigten Verhaltensregeln, auf dessen Gültigkeit es für eine Entscheidung der Aufsichtsbehörde ankommt, für rechtswidrig, so hat die Aufsichtsbehörde ihr Verfahren auszusetzen und einen Antrag auf gerichtliche Entscheidung zu stellen.

(2) [1]Für Verfahren nach Absatz 1 ist der Verwaltungsrechtsweg gegeben. [2]Die Verwaltungsgerichtsordnung ist nach Maßgabe der Absätze 3 bis 6 anzuwenden.

(3) Über einen Antrag der Aufsichtsbehörde nach Absatz 1 entscheidet im ersten und letzten Rechtszug das Bundesverwaltungsgericht.

(4) [1]In Verfahren nach Absatz 1 ist die Aufsichtsbehörde beteiligungsfähig. [2]An einem Verfahren nach Absatz 1 ist die Aufsichtsbehörde als Antragstellerin beteiligt; § 63 Nummer 3 und 4 der Verwaltungsgerichtsordnung bleibt unberührt. [3]Das Bundesverwaltungsgericht kann der Europäischen Kommission Gelegenheit zur Äußerung binnen einer zu bestimmenden Frist geben.

(5) Ist ein Verfahren zur Überprüfung der Gültigkeit eines Beschlusses der Europäischen Kommission nach Absatz 1 bei dem Gerichtshof der Europäischen Union anhängig, so kann das Bundesverwaltungsgericht anordnen, dass die Verhandlung bis zur Erledigung des Verfahrens vor dem Gerichtshof der Europäischen Union auszusetzen sei.

(6) [1]In Verfahren nach Absatz 1 ist § 47 Absatz 5 Satz 1 und Absatz 6 der Verwaltungsgerichtsordnung entsprechend anzuwenden. [2]Kommt das Bundesverwaltungsgericht zu der Überzeugung, dass der Beschluss der Europäischen Kommission nach Absatz 1 gültig ist, so stellt es dies in seiner Entscheidung fest. [3]Andernfalls legt es die Frage nach der Gültigkeit des Beschlusses gemäß Artikel 267 des Vertrags über die Arbeitsweise der Europäischen Union dem Gerichtshof der Europäischen Union zur Entscheidung vor.

Teil 2 Durchführungsbestimmungen für Verarbeitungen zu Zwecken gemäß Artikel 2 der Verordnung (EU) 2016/679

Kapitel 1
Rechtsgrundlagen der Verarbeitung personenbezogener Daten

Abschnitt 1
Verarbeitung besonderer Kategorien personenbezogener Daten und Verarbeitung zu anderen Zwecken

§ 22 Verarbeitung besonderer Kategorien personenbezogener Daten

(1) Abweichend von Artikel 9 Absatz 1 der Verordnung (EU) 2016/679 ist die Verarbeitung besonderer Kategorien personenbezogener Daten im Sinne des Artikels 9 Absatz 1 der Verordnung (EU) 2016/679 zulässig

1. durch öffentliche und nichtöffentliche Stellen, wenn sie

   a) erforderlich ist, um die aus dem Recht der sozialen Sicherheit und des Sozialschutzes erwachsenden Rechte auszuüben und den diesbezüglichen Pflichten nachzukommen,

   b) zum Zweck der Gesundheitsvorsorge, für die Beurteilung der Arbeitsfähigkeit des Beschäftigten, für die medizinische Diagnostik, die Versorgung oder Behandlung im Gesundheits- oder Sozialbereich oder für die Verwaltung von Systemen und Diensten im Gesundheits- und Sozialbereich oder aufgrund eines Vertrags der betroffenen Person mit einem Angehörigen eines Gesundheitsberufs erforderlich ist und diese Daten von ärztlichem Personal oder durch sonstige Personen, die einer entsprechenden Geheimhaltungspflicht unterliegen, oder unter deren Verantwortung verarbeitet werden, oder

   c) aus Gründen des öffentlichen Interesses im Bereich der öffentlichen Gesundheit, wie des Schutzes vor schwerwiegenden grenzüberschreitenden Gesundheitsgefahren oder zur Gewährleistung hoher

Qualitäts- und Sicherheitsstandards bei der Gesundheitsversorgung und bei Arzneimitteln und Medizinprodukten erforderlich ist; ergänzend zu den in Absatz 2 genannten Maßnahmen sind insbesondere die berufsrechtlichen und strafrechtlichen Vorgaben zur Wahrung des Berufsgeheimnisses einzuhalten,

2. durch öffentliche Stellen, wenn sie

   a) aus Gründen eines erheblichen öffentlichen Interesses zwingend erforderlich ist,
   b) zur Abwehr einer erheblichen Gefahr für die öffentliche Sicherheit erforderlich ist,
   c) zur Abwehr erheblicher Nachteile für das Gemeinwohl oder zur Wahrung erheblicher Belange des Gemeinwohls zwingend erforderlich ist oder
   d) aus zwingenden Gründen der Verteidigung oder der Erfüllung über- oder zwischenstaatlicher Verpflichtungen einer öffentlichen Stelle des Bundes auf dem Gebiet der Krisenbewältigung oder Konfliktverhinderung oder für humanitäre Maßnahmen erforderlich ist

und soweit die Interessen des Verantwortlichen an der Datenverarbeitung in den Fällen der Nummer 2 die Interessen der betroffenen Person überwiegen.

(2) ¹In den Fällen des Absatzes 1 sind angemessene und spezifische Maßnahmen zur Wahrung der Interessen der betroffenen Person vorzusehen. ²Unter Berücksichtigung des Stands der Technik, der Implementierungskosten und der Art, des Umfangs, der Umstände und der Zwecke der Verarbeitung sowie der unterschiedlichen Eintrittswahrscheinlichkeit und Schwere der mit der Verarbeitung verbundenen Risiken für die Rechte und Freiheiten natürlicher Personen können dazu insbesondere gehören:

1. technisch organisatorische Maßnahmen, um sicherzustellen, dass die Verarbeitung gemäß der Verordnung (EU) 2016/679 erfolgt,
2. Maßnahmen, die gewährleisten, dass nachträglich überprüft und festgestellt werden kann, ob und von wem personenbezogene Daten eingegeben, verändert oder entfernt worden sind,
3. Sensibilisierung der an Verarbeitungsvorgängen Beteiligten,
4. Benennung einer oder eines Datenschutzbeauftragten,
5. Beschränkung des Zugangs zu den personenbezogenen Daten innerhalb der verantwortlichen Stelle und von Auftragsverarbeitern,
6. Pseudonymisierung personenbezogener Daten,
7. Verschlüsselung personenbezogener Daten,
8. Sicherstellung der Fähigkeit, Vertraulichkeit, Integrität, Verfügbarkeit und Belastbarkeit der Systeme und Dienste im Zusammenhang mit der Verarbeitung personenbezogener Daten, einschließlich der Fähigkeit, die Verfügbarkeit und den Zugang bei einem physischen oder technischen Zwischenfall rasch wiederherzustellen,
9. zur Gewährleistung der Sicherheit der Verarbeitung die Einrichtung eines Verfahrens zur regelmäßigen Überprüfung, Bewertung und Evaluierung der Wirksamkeit der technischen und organisatorischen Maßnahmen oder
10. spezifische Verfahrensregelungen, die im Fall einer Übermittlung oder Verarbeitung für andere Zwecke die Einhaltung der Vorgaben dieses Gesetzes sowie der Verordnung (EU) 2016/679 sicherstellen.

§ 23   Verarbeitung zu anderen Zwecken durch öffentliche Stellen

(1) Die Verarbeitung personenbezogener Daten zu einem anderen Zweck als zu demjenigen, zu dem die Daten erhoben wurden, durch öffentliche Stellen im Rahmen ihrer Aufgabenerfüllung ist zulässig, wenn

1. offensichtlich ist, dass sie im Interesse der betroffenen Person liegt und kein Grund zu der Annahme besteht, dass sie in Kenntnis des anderen Zwecks ihre Einwilligung verweigern würde,
2. Angaben der betroffenen Person überprüft werden müssen, weil tatsächliche Anhaltspunkte für deren Unrichtigkeit bestehen,
3. sie zur Abwehr erheblicher Nachteile für das Gemeinwohl oder einer Gefahr für die öffentliche Sicherheit, die Verteidigung oder die nationale Sicherheit, zur Wahrung erheblicher Belange des Gemeinwohls oder zur Sicherung des Steuer- und Zollaufkommens erforderlich ist,
4. sie zur Verfolgung von Straftaten oder Ordnungswidrigkeiten, zur Vollstreckung oder zum Vollzug von Strafen oder Maßnahmen im Sinne des § 11 Absatz 1 Nummer 8 des Strafgesetzbuchs oder von Erziehungsmaßregeln oder Zuchtmitteln im Sinne des Jugendgerichtsgesetzes oder zur Vollstreckung von Geldbußen erforderlich ist,
5. sie zur Abwehr einer schwerwiegenden Beeinträchtigung der Rechte einer anderen Person erforderlich ist oder

6. sie der Wahrnehmung von Aufsichts- und Kontrollbefugnissen, der Rechnungsprüfung oder der Durchführung von Organisationsuntersuchungen des Verantwortlichen dient; dies gilt auch für die Verarbeitung zu Ausbildungs- und Prüfungszwecken durch den Verantwortlichen, soweit schutzwürdige Interessen der betroffenen Person dem nicht entgegenstehen.

(2) Die Verarbeitung besonderer Kategorien personenbezogener Daten im Sinne des Artikels 9 Absatz 1 der Verordnung (EU) 2016/679 zu einem anderen Zweck als zu demjenigen, zu dem die Daten erhoben wurden, ist zulässig, wenn die Voraussetzungen des Absatzes 1 und ein Ausnahmetatbestand nach Artikel 9 Absatz 2 der Verordnung (EU) 2016/679 oder nach § 22 vorliegen.

§ 24 Verarbeitung zu anderen Zwecken durch nichtöffentliche Stellen

(1) Die Verarbeitung personenbezogener Daten zu einem anderen Zweck als zu demjenigen, zu dem die Daten erhoben wurden, durch nichtöffentliche Stellen ist zulässig, wenn

1. sie zur Abwehr von Gefahren für die staatliche oder öffentliche Sicherheit oder zur Verfolgung von Straftaten erforderlich ist oder
2. sie zur Geltendmachung, Ausübung oder Verteidigung zivilrechtlicher Ansprüche erforderlich ist,

sofern nicht die Interessen der betroffenen Person an dem Ausschluss der Verarbeitung überwiegen.

(2) Die Verarbeitung besonderer Kategorien personenbezogener Daten im Sinne des Artikels 9 Absatz 1 der Verordnung (EU) 2016/679 zu einem anderen Zweck als zu demjenigen, zu dem die Daten erhoben wurden, ist zulässig, wenn die Voraussetzungen des Absatzes 1 und ein Ausnahmetatbestand nach Artikel 9 Absatz 2 der Verordnung (EU) 2016/679 oder nach § 22 vorliegen.

§ 25 Datenübermittlungen durch öffentliche Stellen

(1) [1]Die Übermittlung personenbezogener Daten durch öffentliche Stellen an öffentliche Stellen ist zulässig, wenn sie zur Erfüllung der in der Zuständigkeit der übermittelnden Stelle oder des Dritten, an den die Daten übermittelt werden, liegenden Aufgaben erforderlich ist und die Voraussetzungen vorliegen, die eine Verarbeitung nach § 23 zulassen würden. [2]Der Dritte, an den die Daten übermittelt werden, darf diese nur für den Zweck verarbeiten, zu dessen Erfüllung sie ihm übermittelt werden. [3]Eine Verarbeitung für andere Zwecke ist unter den Voraussetzungen des § 23 zulässig.

(2) [1]Die Übermittlung personenbezogener Daten durch öffentliche Stellen an nichtöffentliche Stellen ist zulässig, wenn

1. sie zur Erfüllung der in der Zuständigkeit der übermittelnden Stelle liegenden Aufgaben erforderlich ist und die Voraussetzungen vorliegen, die eine Verarbeitung nach § 23 zulassen würden,
2. der Dritte, an den die Daten übermittelt werden, ein berechtigtes Interesse an der Kenntnis der zu übermittelnden Daten glaubhaft darlegt und die betroffene Person kein schutzwürdiges Interesse an dem Ausschluss der Übermittlung hat oder
3. es zur Geltendmachung, Ausübung oder Verteidigung rechtlicher Ansprüche erforderlich ist

und der Dritte sich gegenüber der übermittelnden öffentlichen Stelle verpflichtet hat, die Daten nur für den Zweck zu verarbeiten, zu dessen Erfüllung sie ihm übermittelt werden. [2]Eine Verarbeitung für andere Zwecke ist zulässig, wenn eine Übermittlung nach Satz 1 zulässig wäre und die übermittelnde Stelle zugestimmt hat.

(3) Die Übermittlung besonderer Kategorien personenbezogener Daten im Sinne des Artikels 9 Absatz 1 der Verordnung (EU) 2016/679 ist zulässig, wenn die Voraussetzungen des Absatzes 1 oder 2 und ein Ausnahmetatbestand nach Artikel 9 Absatz 2 der Verordnung (EU) 2016/679 oder nach § 22 vorliegen.

Abschnitt 2
Besondere Verarbeitungssituationen

§ 26 Datenverarbeitung für Zwecke des Beschäftigungsverhältnisses

(1) [1]Personenbezogene Daten von Beschäftigten dürfen für Zwecke des Beschäftigungsverhältnisses verarbeitet werden, wenn dies für die Entscheidung über die Begründung eines Beschäftigungsverhältnisses oder nach Begründung des Beschäftigungsverhältnisses für dessen Durchführung oder Beendigung oder zur Ausübung oder Erfüllung der sich aus einem Gesetz oder einem Tarifvertrag, einer Betriebs- oder Dienstvereinbarung (Kollektivvereinbarung) ergebenden Rechte und Pflichten der Interessenvertretung der Beschäftigten erforderlich ist. [2]Zur Aufdeckung von Straftaten dürfen personenbezogene Daten von Beschäftigten nur dann verarbeitet werden, wenn zu dokumentierende tatsächliche Anhaltspunkte den Verdacht begründen, dass die betroffene Person im Beschäftigungsverhältnis eine Straftat begangen hat, die Verarbeitung zur Aufdeckung erforderlich ist und das schutzwürdige Interesse der oder des Beschäftigten an dem Ausschluss der Verarbeitung nicht überwiegt, insbesondere Art und Ausmaß im Hinblick auf den Anlass nicht unverhältnismäßig sind.

(2) [1]Erfolgt die Verarbeitung personenbezogener Daten von Beschäftigten auf der Grundlage einer Einwilligung, so sind für die Beurteilung der Freiwilligkeit der Einwilligung insbesondere die im Beschäftigungsverhältnis bestehende Abhängigkeit der beschäftigten Person sowie die Umstände, unter denen die Einwilligung erteilt worden ist, zu berücksichtigen. [2]Freiwilligkeit kann insbesondere vorliegen, wenn für die beschäftigte Person ein rechtlicher oder wirtschaftlicher Vorteil erreicht wird oder Arbeitgeber und beschäftigte Person gleichgelagerte Interessen verfolgen. [3]Die Einwilligung bedarf der Schriftform, soweit nicht wegen besonderer Umstände eine andere Form angemessen ist. [4]Der Arbeitgeber hat die beschäftigte Person über den Zweck der Datenverarbeitung und über ihr Widerrufsrecht nach Artikel 7 Absatz 3 der Verordnung (EU) 2016/679 in Textform aufzuklären.

(3) [1]Abweichend von Artikel 9 Absatz 1 der Verordnung (EU) 2016/679 ist die Verarbeitung besonderer Kategorien personenbezogener Daten im Sinne des Artikels 9 Absatz 1 der Verordnung (EU) 2016/679 für Zwecke des Beschäftigungsverhältnisses zulässig, wenn sie zur Ausübung von Rechten oder zur Erfüllung rechtlicher Pflichten aus dem Arbeitsrecht, dem Recht der sozialen Sicherheit und des Sozialschutzes erforderlich ist und kein Grund zu der Annahme besteht, dass das schutzwürdige Interesse der betroffenen Person an dem Ausschluss der Verarbeitung überwiegt. [2]Absatz 2 gilt auch für die Einwilligung in die Verarbeitung besonderer Kategorien personenbezogener Daten; die Einwilligung muss sich dabei ausdrücklich auf diese Daten beziehen. [3]§ 22 Absatz 2 gilt entsprechend.

(4) [1]Die Verarbeitung personenbezogener Daten, einschließlich besonderer Kategorien personenbezogener Daten von Beschäftigten für Zwecke des Beschäftigungsverhältnisses, ist auf der Grundlage von Kollektivvereinbarungen zulässig. [2]Dabei haben die Verhandlungspartner Artikel 88 Absatz 2 der Verordnung (EU) 2016/679 zu beachten.

(5) Der Verantwortliche muss geeignete Maßnahmen ergreifen, um sicherzustellen, dass insbesondere die in Artikel 5 der Verordnung (EU) 2016/679 dargelegten Grundsätze für die Verarbeitung personenbezogener Daten eingehalten werden.

(6) Die Beteiligungsrechte der Interessenvertretungen der Beschäftigten bleiben unberührt.

(7) Die Absätze 1 bis 6 sind auch anzuwenden, wenn personenbezogene Daten, einschließlich besonderer Kategorien personenbezogener Daten, von Beschäftigten verarbeitet werden, ohne dass sie in einem Dateisystem gespeichert sind oder gespeichert werden sollen.

(8) [1]Beschäftigte im Sinne dieses Gesetzes sind:

1. Arbeitnehmerinnen und Arbeitnehmer, einschließlich der Leiharbeitnehmerinnen und Leiharbeitnehmer im Verhältnis zum Entleiher,
2. zu ihrer Berufsbildung Beschäftigte,
3. Teilnehmerinnen und Teilnehmer an Leistungen zur Teilhabe am Arbeitsleben sowie an Abklärungen der beruflichen Eignung oder Arbeitserprobung (Rehabilitandinnen und Rehabilitanden),
4. in anerkannten Werkstätten für behinderte Menschen Beschäftigte,
5. Freiwillige, die einen Dienst nach dem Jugendfreiwilligendienstegesetz oder dem Bundesfreiwilligendienstgesetz leisten,
6. Personen, die wegen ihrer wirtschaftlichen Unselbständigkeit als arbeitnehmerähnliche Personen anzusehen sind; zu diesen gehören auch die in Heimarbeit Beschäftigten und die ihnen Gleichgestellten,

7. Beamtinnen und Beamte des Bundes, Richterinnen und Richter des Bundes, Soldatinnen und Soldaten sowie Zivildienstleistende.

[2]Bewerberinnen und Bewerber für ein Beschäftigungsverhältnis sowie Personen, deren Beschäftigungsverhältnis beendet ist, gelten als Beschäftigte.

§ 27 Datenverarbeitung zu wissenschaftlichen oder historischen Forschungszwecken und zu statistischen Zwecken

(1) [1]Abweichend von Artikel 9 Absatz 1 der Verordnung (EU) 2016/679 ist die Verarbeitung besonderer Kategorien personenbezogener Daten im Sinne des Artikels 9 Absatz 1 der Verordnung (EU) 2016/679 auch ohne Einwilligung für wissenschaftliche oder historische Forschungszwecke oder für statistische Zwecke zulässig, wenn die Verarbeitung zu diesen Zwecken erforderlich ist und die Interessen des Verantwortlichen an der Verarbeitung die Interessen der betroffenen Person an einem Ausschluss der Verarbeitung erheblich überwiegen. [2]Der Verantwortliche sieht angemessene und spezifische Maßnahmen zur Wahrung der Interessen der betroffenen Person gemäß § 22 Absatz 2 Satz 2 vor.

(2) [1]Die in den Artikeln 15, 16, 18 und 21 der Verordnung (EU) 2016/679 vorgesehenen Rechte der betroffenen Person sind insoweit beschränkt, als diese Rechte voraussichtlich die Verwirklichung der Forschungs- oder Statistikzwecke unmöglich machen oder ernsthaft beinträchtigen[1] und die Beschränkung für die Erfüllung der Forschungs- oder Statistikzwecke notwendig ist. [2]Das Recht auf Auskunft gemäß Artikel 15 der Verordnung (EU) 2016/679 besteht darüber hinaus nicht, wenn die Daten für Zwecke der wissenschaftlichen Forschung erforderlich sind und die Auskunftserteilung einen unverhältnismäßigen Aufwand erfordern würde.

(3) [1]Ergänzend zu den in § 22 Absatz 2 genannten Maßnahmen sind zu wissenschaftlichen oder historischen Forschungszwecken oder zu statistischen Zwecken verarbeitete besondere Kategorien personenbezogener Daten im Sinne des Artikels 9 Absatz 1 der Verordnung (EU) 2016/679 zu anonymisieren, sobald dies nach dem Forschungs- oder Statistikzweck möglich ist, es sei denn, berechtigte Interessen der betroffenen Person stehen dem entgegen. [2]Bis dahin sind die Merkmale gesondert zu speichern, mit denen Einzelangaben über persönliche oder sachliche Verhältnisse einer bestimmten oder bestimmbaren Person zugeordnet werden können. [3]Sie dürfen mit den Einzelangaben nur zusammengeführt werden, soweit der Forschungs- oder Statistikzweck dies erfordert.

(4) Der Verantwortliche darf personenbezogene Daten nur veröffentlichen, wenn die betroffene Person eingewilligt hat oder dies für die Darstellung von Forschungsergebnissen über Ereignisse der Zeitgeschichte unerlässlich ist.

§ 28 Datenverarbeitung zu im öffentlichen Interesse liegenden Archivzwecken

(1) [1]Abweichend von Artikel 9 Absatz 1 der Verordnung (EU) 2016/679 ist die Verarbeitung besonderer Kategorien personenbezogener Daten im Sinne des Artikels 9 Absatz 1 der Verordnung (EU) 2016/679 zulässig, wenn sie für im öffentlichen Interesse liegende Archivzwecke erforderlich ist. [2]Der Verantwortliche sieht angemessene und spezifische Maßnahmen zur Wahrung der Interessen der betroffenen Person gemäß § 22 Absatz 2 Satz 2 vor.

(2) Das Recht auf Auskunft der betroffenen Person gemäß Artikel 15 der Verordnung (EU) 2016/679 besteht nicht, wenn das Archivgut nicht durch den Namen der Person erschlossen ist oder keine Angaben gemacht werden, die das Auffinden des betreffenden Archivguts mit vertretbarem Verwaltungsaufwand ermöglichen.

(3) [1]Das Recht auf Berichtigung der betroffenen Person gemäß Artikel 16 der Verordnung (EU) 2016/679 besteht nicht, wenn die personenbezogenen Daten zu Archivzwecken im öffentlichen Interesse verarbeitet werden. [2]Bestreitet die betroffene Person die Richtigkeit der personenbezogenen Daten, ist ihr die Möglichkeit einer Gegendarstellung einzuräumen. [3]Das zuständige Archiv ist verpflichtet, die Gegendarstellung den Unterlagen hinzuzufügen.

---

1 Richtig wohl: „beeinträchtigen".

(4) Die in Artikel 18 Absatz 1 Buchstabe a, b und d, den Artikeln 20 und 21 der Verordnung (EU) 2016/679 vorgesehenen Rechte bestehen nicht, soweit diese Rechte voraussichtlich die Verwirklichung der im öffentlichen Interesse liegenden Archivzwecke unmöglich machen oder ernsthaft beeinträchtigen und die Ausnahmen für die Erfüllung dieser Zwecke erforderlich sind.

§ 29 Rechte der betroffenen Person und aufsichtsbehördliche Befugnisse im Fall von Geheimhaltungspflichten

(1) [1]Die Pflicht zur Information der betroffenen Person gemäß Artikel 14 Absatz 1 bis 4 der Verordnung (EU) 2016/679 besteht ergänzend zu den in Artikel 14 Absatz 5 der Verordnung (EU) 2016/679 genannten Ausnahmen nicht, soweit durch ihre Erfüllung Informationen offenbart würden, die ihrem Wesen nach, insbesondere wegen der überwiegenden berechtigten Interessen eines Dritten, geheim gehalten werden müssen. [2]Das Recht auf Auskunft der betroffenen Person gemäß Artikel 15 der Verordnung (EU) 2016/679 besteht nicht, soweit durch die Auskunft Informationen offenbart würden, die nach einer Rechtsvorschrift oder ihrem Wesen nach, insbesondere wegen der überwiegenden berechtigten Interessen eines Dritten, geheim gehalten werden müssen. [3]Die Pflicht zur Benachrichtigung gemäß Artikel 34 der Verordnung (EU) 2016/679 besteht ergänzend zu der in Artikel 34 Absatz 3 der Verordnung (EU) 2016/679 genannten Ausnahme nicht, soweit durch die Benachrichtigung Informationen offenbart würden, die nach einer Rechtsvorschrift oder ihrem Wesen nach, insbesondere wegen der überwiegenden berechtigten Interessen eines Dritten, geheim gehalten werden müssen. [4]Abweichend von der Ausnahme nach Satz 3 ist die betroffene Person nach Artikel 34 der Verordnung (EU) 2016/679 zu benachrichtigen, wenn die Interessen der betroffenen Person, insbesondere unter Berücksichtigung drohender Schäden, gegenüber dem Geheimhaltungsinteresse überwiegen.

(2) Werden Daten Dritter im Zuge der Aufnahme oder im Rahmen eines Mandatsverhältnisses an einen Berufsgeheimnisträger übermittelt, so besteht die Pflicht der übermittelnden Stelle zur Information der betroffenen Person gemäß Artikel 13 Absatz 3 der Verordnung (EU) 2016/679 nicht, sofern nicht das Interesse der betroffenen Person an der Informationserteilung überwiegt.

(3) [1]Gegenüber den in § 203 Absatz 1, 2 a und 3 des Strafgesetzbuchs genannten Personen oder deren Auftragsverarbeitern bestehen die Untersuchungsbefugnisse der Aufsichtsbehörden gemäß Artikel 58 Absatz 1 Buchstabe e und f der Verordnung (EU) 2016/679 nicht, soweit die Inanspruchnahme der Befugnisse zu einem Verstoß gegen die Geheimhaltungspflichten dieser Personen führen würde. [2]Erlangt eine Aufsichtsbehörde im Rahmen einer Untersuchung Kenntnis von Daten, die einer Geheimhaltungspflicht im Sinne des Satzes 1 unterliegen, gilt die Geheimhaltungspflicht auch für die Aufsichtsbehörde.

§ 30 Verbraucherkredite

(1) Eine Stelle, die geschäftsmäßig personenbezogene Daten, die zur Bewertung der Kreditwürdigkeit von Verbrauchern genutzt werden dürfen, zum Zweck der Übermittlung erhebt, speichert oder verändert, hat Auskunftsverlangen von Darlehensgebern aus anderen Mitgliedstaaten der Europäischen Union genauso zu behandeln wie Auskunftsverlangen inländischer Darlehensgeber.

(2) [1]Wer den Abschluss eines Verbraucherdarlehensvertrags oder eines Vertrags über eine entgeltliche Finanzierungshilfe mit einem Verbraucher infolge einer Auskunft einer Stelle im Sinne des Absatzes 1 ablehnt, hat den Verbraucher unverzüglich hierüber sowie über die erhaltene Auskunft zu unterrichten. [2]Die Unterrichtung unterbleibt, soweit hierdurch die öffentliche Sicherheit oder Ordnung gefährdet würde. [3]§ 37 bleibt unberührt.

§ 31 Schutz des Wirtschaftsverkehrs bei Scoring und Bonitätsauskünften

(1) Die Verwendung eines Wahrscheinlichkeitswerts über ein bestimmtes zukünftiges Verhalten einer natürlichen Person zum Zweck der Entscheidung über die Begründung, Durchführung oder Beendigung eines Vertragsverhältnisses mit dieser Person (Scoring) ist nur zulässig, wenn

1. die Vorschriften des Datenschutzrechts eingehalten wurden,
2. die zur Berechnung des Wahrscheinlichkeitswerts genutzten Daten unter Zugrundelegung eines wissenschaftlich anerkannten mathematisch-statistischen Verfahrens nachweisbar für die Berechnung der Wahrscheinlichkeit des bestimmten Verhaltens erheblich sind,
3. für die Berechnung des Wahrscheinlichkeitswerts nicht ausschließlich Anschriftendaten genutzt wurden und
4. im Fall der Nutzung von Anschriftendaten die betroffene Person vor Berechnung des Wahrscheinlichkeitswerts über die vorgesehene Nutzung dieser Daten unterrichtet worden ist; die Unterrichtung ist zu dokumentieren.

(2) [1]Die Verwendung eines von Auskunfteien ermittelten Wahrscheinlichkeitswerts über die Zahlungsfähig- und Zahlungswilligkeit einer natürlichen Person ist im Fall der Einbeziehung von Informationen über Forderungen nur zulässig, soweit die Voraussetzungen nach Absatz 1 vorliegen und nur solche Forderungen über eine geschuldete Leistung, die trotz Fälligkeit nicht erbracht worden ist, berücksichtigt werden,

1. die durch ein rechtskräftiges oder für vorläufig vollstreckbar erklärtes Urteil festgestellt worden sind oder für die ein Schuldtitel nach § 794 der Zivilprozessordnung vorliegt,
2. die nach § 178 der Insolvenzordnung festgestellt und nicht vom Schuldner im Prüfungstermin bestritten worden sind,
3. die der Schuldner ausdrücklich anerkannt hat,
4. bei denen
    a) der Schuldner nach Eintritt der Fälligkeit der Forderung mindestens zweimal schriftlich gemahnt worden ist,
    b) die erste Mahnung mindestens vier Wochen zurückliegt,
    c) der Schuldner zuvor, jedoch frühestens bei der ersten Mahnung, über eine mögliche Berücksichtigung durch eine Auskunftei unterrichtet worden ist und
    d) der Schuldner die Forderung nicht bestritten hat oder
5. deren zugrunde liegendes Vertragsverhältnis aufgrund von Zahlungsrückständen fristlos gekündigt werden kann und bei denen der Schuldner zuvor über eine mögliche Berücksichtigung durch eine Auskunftei unterrichtet worden ist.

[2]Die Zulässigkeit der Verarbeitung, einschließlich der Ermittlung von Wahrscheinlichkeitswerten, von anderen bonitätsrelevanten Daten nach allgemeinem Datenschutzrecht bleibt unberührt.

Kapitel 2
Rechte der betroffenen Person

§ 32 Informationspflicht bei Erhebung von personenbezogenen Daten bei der betroffenen Person

(1) Die Pflicht zur Information der betroffenen Person gemäß Artikel 13 Absatz 3 der Verordnung (EU) 2016/679 besteht ergänzend zu der in Artikel 13 Absatz 4 der Verordnung (EU) 2016/679 genannten Ausnahme dann nicht, wenn die Erteilung der Information über die beabsichtigte Weiterverarbeitung

1. eine Weiterverarbeitung analog gespeicherter Daten betrifft, bei der sich der Verantwortliche durch die Weiterverarbeitung unmittelbar an die betroffene Person wendet, der Zweck mit dem ursprünglichen Erhebungszweck gemäß der Verordnung (EU) 2016/679 vereinbar ist, die Kommunikation mit der betroffenen Person nicht in digitaler Form erfolgt und das Interesse der betroffenen Person an der Informationserteilung nach den Umständen des Einzelfalls, insbesondere mit Blick auf den Zusammenhang, in dem die Daten erhoben wurden, als gering anzusehen ist,
2. im Fall einer öffentlichen Stelle die ordnungsgemäße Erfüllung der in der Zuständigkeit des Verantwortlichen liegenden Aufgaben im Sinne des Artikels 23 Absatz 1 Buchstabe a bis e der Verordnung (EU) 2016/679 gefährden würde und die Interessen des Verantwortlichen an der Nichterteilung der Information die Interessen der betroffenen Person überwiegen,
3. die öffentliche Sicherheit oder Ordnung gefährden oder sonst dem Wohl des Bundes oder eines Landes Nachteile bereiten würde und die Interessen des Verantwortlichen an der Nichterteilung der Information die Interessen der betroffenen Person überwiegen,
4. die Geltendmachung, Ausübung oder Verteidigung rechtlicher Ansprüche beeinträchtigen würde und die Interessen des Verantwortlichen an der Nichterteilung der Information die Interessen der betroffenen Person überwiegen oder

5. eine vertrauliche Übermittlung von Daten an öffentliche Stellen gefährden würde.

(2) [1]Unterbleibt eine Information der betroffenen Person nach Maßgabe des Absatzes 1, ergreift der Verantwortliche geeignete Maßnahmen zum Schutz der berechtigten Interessen der betroffenen Person, einschließlich der Bereitstellung der in Artikel 13 Absatz 1 und 2 der Verordnung (EU) 2016/679 genannten Informationen für die Öffentlichkeit in präziser, transparenter, verständlicher und leicht zugänglicher Form in einer klaren und einfachen Sprache. [2]Der Verantwortliche hält schriftlich fest, aus welchen Gründen er von einer Information abgesehen hat. [3]Die Sätze 1 und 2 finden in den Fällen des Absatzes 1 Nummer 4 und 5 keine Anwendung.

(3) Unterbleibt die Benachrichtigung in den Fällen des Absatzes 1 wegen eines vorübergehenden Hinderungsgrundes, kommt der Verantwortliche der Informationspflicht unter Berücksichtigung der spezifischen Umstände der Verarbeitung innerhalb einer angemessenen Frist nach Fortfall des Hinderungsgrundes, spätestens jedoch innerhalb von zwei Wochen, nach.

§ 33 Informationspflicht, wenn die personenbezogenen Daten nicht bei der betroffenen Person erhoben wurden

(1) Die Pflicht zur Information der betroffenen Person gemäß Artikel 14 Absatz 1, 2 und 4 der Verordnung (EU) 2016/679 besteht ergänzend zu den in Artikel 14 Absatz 5 der Verordnung (EU) 2016/679 und der in § 29 Absatz 1 Satz 1 genannten Ausnahme nicht, wenn die Erteilung der Information

1. im Fall einer öffentlichen Stelle

    a) die ordnungsgemäße Erfüllung der in der Zuständigkeit des Verantwortlichen liegenden Aufgaben im Sinne des Artikels 23 Absatz 1 Buchstabe a bis e der Verordnung (EU) 2016/679 gefährden würde oder

    b) die öffentliche Sicherheit oder Ordnung gefährden oder sonst dem Wohl des Bundes oder eines Landes Nachteile bereiten würde

und deswegen das Interesse der betroffenen Person an der Informationserteilung zurücktreten muss,

2. im Fall einer nichtöffentlichen Stelle

    a) die Geltendmachung, Ausübung oder Verteidigung zivilrechtlicher Ansprüche beeinträchtigen würde oder die Verarbeitung Daten aus zivilrechtlichen Verträgen beinhaltet und der Verhütung von Schäden durch Straftaten dient, sofern nicht das berechtigte Interesse der betroffenen Person an der Informationserteilung überwiegt, oder

    b) die zuständige öffentliche Stelle gegenüber dem Verantwortlichen festgestellt hat, dass das Bekanntwerden der Daten die öffentliche Sicherheit oder Ordnung gefährden oder sonst dem Wohl des Bundes oder eines Landes Nachteile bereiten würde; im Fall der Datenverarbeitung für Zwecke der Strafverfolgung bedarf es keiner Feststellung nach dem ersten Halbsatz.

(2) [1]Unterbleibt eine Information der betroffenen Person nach Maßgabe des Absatzes 1, ergreift der Verantwortliche geeignete Maßnahmen zum Schutz der berechtigten Interessen der betroffenen Person, einschließlich der Bereitstellung der in Artikel 14 Absatz 1 und 2 der Verordnung (EU) 2016/679 genannten Informationen für die Öffentlichkeit in präziser, transparenter, verständlicher und leicht zugänglicher Form in einer klaren und einfachen Sprache. [2]Der Verantwortliche hält schriftlich fest, aus welchen Gründen er von einer Information abgesehen hat.

(3) Bezieht sich die Informationserteilung auf die Übermittlung personenbezogener Daten durch öffentliche Stellen an Verfassungsschutzbehörden, den Bundesnachrichtendienst, den Militärischen Abschirmdienst und, soweit die Sicherheit des Bundes berührt wird, andere Behörden des Bundesministeriums der Verteidigung, ist sie nur mit Zustimmung dieser Stellen zulässig.

§ 34 Auskunftsrecht der betroffenen Person

(1) Das Recht auf Auskunft der betroffenen Person gemäß Artikel 15 der Verordnung (EU) 2016/679 besteht ergänzend zu den in § 27 Absatz 2, § 28 Absatz 2 und § 29 Absatz 1 Satz 2 genannten Ausnahmen nicht, wenn

1. die betroffene Person nach § 33 Absatz 1 Nummer 1, 2 Buchstabe b oder Absatz 3 nicht zu informieren ist, oder

2. die Daten

    a) nur deshalb gespeichert sind, weil sie aufgrund gesetzlicher oder satzungsmäßiger Aufbewahrungsvorschriften nicht gelöscht werden dürfen, oder

    b) ausschließlich Zwecken der Datensicherung oder der Datenschutzkontrolle dienen

und die Auskunftserteilung einen unverhältnismäßigen Aufwand erfordern würde sowie eine Verarbeitung zu anderen Zwecken durch geeignete technische und organisatorische Maßnahmen ausgeschlossen ist.

(2) [1]Die Gründe der Auskunftsverweigerung sind zu dokumentieren. [2]Die Ablehnung der Auskunftserteilung ist gegenüber der betroffenen Person zu begründen, soweit nicht durch die Mitteilung der tatsächlichen und rechtlichen Gründe, auf die die Entscheidung gestützt wird, der mit der Auskunftsverweigerung verfolgte Zweck gefährdet würde. [3]Die zum Zweck der Auskunftserteilung an die betroffene Person und zu deren Vorbereitung gespeicherten Daten dürfen nur für diesen Zweck sowie für Zwecke der Datenschutzkontrolle verarbeitet werden; für andere Zwecke ist die Verarbeitung nach Maßgabe des Artikels 18 der Verordnung (EU) 2016/679 einzuschränken.

(3) [1]Wird der betroffenen Person durch eine öffentliche Stelle des Bundes keine Auskunft erteilt, so ist sie auf ihr Verlangen der oder dem Bundesbeauftragten zu erteilen, soweit nicht die jeweils zuständige oberste Bundesbehörde im Einzelfall feststellt, dass dadurch die Sicherheit des Bundes oder eines Landes gefährdet würde. [2]Die Mitteilung der oder des Bundesbeauftragten an die betroffene Person über das Ergebnis der datenschutzrechtlichen Prüfung darf keine Rückschlüsse auf den Erkenntnisstand des Verantwortlichen zulassen, sofern dieser nicht einer weitergehenden Auskunft zustimmt.

(4) Das Recht der betroffenen Person auf Auskunft über personenbezogene Daten, die durch eine öffentliche Stelle weder automatisiert verarbeitet noch nicht automatisiert verarbeitet und in einem Dateisystem gespeichert werden, besteht nur, soweit die betroffene Person Angaben macht, die das Auffinden der Daten ermöglichen, und der für die Erteilung der Auskunft erforderliche Aufwand nicht außer Verhältnis zu dem von der betroffenen Person geltend gemachten Informationsinteresse steht.

§ 35 Recht auf Löschung

(1) [1]Ist eine Löschung im Fall nicht automatisierter Datenverarbeitung wegen der besonderen Art der Speicherung nicht oder nur mit unverhältnismäßig hohem Aufwand möglich und ist das Interesse der betroffenen Person an der Löschung als gering anzusehen, besteht das Recht der betroffenen Person auf und die Pflicht des Verantwortlichen zur Löschung personenbezogener Daten gemäß Artikel 17 Absatz 1 der Verordnung (EU) 2016/679 ergänzend zu den in Artikel 17 Absatz 3 der Verordnung (EU) 2016/679 genannten Ausnahmen nicht. [2]In diesem Fall tritt an die Stelle einer Löschung die Einschränkung der Verarbeitung gemäß Artikel 18 der Verordnung (EU) 2016/679. [3]Die Sätze 1 und 2 finden keine Anwendung, wenn die personenbezogenen Daten unrechtmäßig verarbeitet wurden.

(2) [1]Ergänzend zu Artikel 18 Absatz 1 Buchstabe b und c der Verordnung (EU) 2016/679 gilt Absatz 1 Satz 1 und 2 entsprechend im Fall des Artikels 17 Absatz 1 Buchstabe a und d der Verordnung (EU) 2016/679, solange und soweit der Verantwortliche Grund zu der Annahme hat, dass durch eine Löschung schutzwürdige Interessen der betroffenen Person beeinträchtigt würden. [2]Der Verantwortliche unterrichtet die betroffene Person über die Einschränkung der Verarbeitung, sofern sich die Unterrichtung nicht als unmöglich erweist oder einen unverhältnismäßigen Aufwand erfordern würde.

(3) Ergänzend zu Artikel 17 Absatz 3 Buchstabe b der Verordnung (EU) 2016/679 gilt Absatz 1 entsprechend im Fall des Artikels 17 Absatz 1 Buchstabe a der Verordnung (EU) 2016/679, wenn einer Löschung satzungsgemäße oder vertragliche Aufbewahrungsfristen entgegenstehen.

§ 36 Widerspruchsrecht

Das Recht auf Widerspruch gemäß Artikel 21 Absatz 1 der Verordnung (EU) 2016/679 gegenüber einer öffentlichen Stelle besteht nicht, soweit an der Verarbeitung ein zwingendes öffentliches Interesse besteht, das die Interessen der betroffenen Person überwiegt, oder eine Rechtsvorschrift zur Verarbeitung verpflichtet.

§ 37 Automatisierte Entscheidungen im Einzelfall einschließlich Profiling

(1) Das Recht gemäß Artikel 22 Absatz 1 der Verordnung (EU) 2016/679, keiner ausschließlich auf einer automatisierten Verarbeitung beruhenden Entscheidung unterworfen zu werden, besteht über die in Artikel 22 Absatz 2 Buchstabe a und c der Verordnung (EU) 2016/679 genannten Ausnahmen hinaus nicht, wenn die Entscheidung im Rahmen der Leistungserbringung nach einem Versicherungsvertrag ergeht und

1. dem Begehren der betroffenen Person stattgegeben wurde oder
2. die Entscheidung auf der Anwendung verbindlicher Entgeltregelungen für Heilbehandlungen beruht und der Verantwortliche für den Fall, dass dem Antrag nicht vollumfänglich stattgegeben wird, angemessene Maßnahmen zur Wahrung der berechtigten Interessen der betroffenen Person trifft, wozu mindestens das Recht auf Erwirkung des Eingreifens einer Person seitens des Verantwortlichen, auf Darlegung des eigenen Standpunktes und auf Anfechtung der Entscheidung zählt; der Verantwortliche informiert die betroffene Person über diese Rechte spätestens zum Zeitpunkt der Mitteilung, aus der sich ergibt, dass dem Antrag der betroffenen Person nicht vollumfänglich stattgegeben wird.

(2) [1]Entscheidungen nach Absatz 1 dürfen auf der Verarbeitung von Gesundheitsdaten im Sinne des Artikels 4 Nummer 15 der Verordnung (EU) 2016/679 beruhen. [2]Der Verantwortliche sieht angemessene und spezifische Maßnahmen zur Wahrung der Interessen der betroffenen Person gemäß § 22 Absatz 2 Satz 2 vor.

Kapitel 3
Pflichten der Verantwortlichen und Auftragsverarbeiter

§ 38 Datenschutzbeauftragte nichtöffentlicher Stellen

(1) [1]Ergänzend zu Artikel 37 Absatz 1 Buchstabe b und c der Verordnung (EU) 2016/679 benennen der Verantwortliche und der Auftragsverarbeiter eine Datenschutzbeauftragte oder einen Datenschutzbeauftragten, soweit sie in der Regel mindestens zehn Personen ständig mit der automatisierten Verarbeitung personenbezogener Daten beschäftigen. [2]Nehmen der Verantwortliche oder der Auftragsverarbeiter Verarbeitungen vor, die einer Datenschutz-Folgenabschätzung nach Artikel 35 der Verordnung (EU) 2016/679 unterliegen, oder verarbeiten sie personenbezogene Daten geschäftsmäßig zum Zweck der Übermittlung, der anonymisierten Übermittlung oder für Zwecke der Markt- oder Meinungsforschung, haben sie unabhängig von der Anzahl der mit der Verarbeitung beschäftigten Personen eine Datenschutzbeauftragte oder einen Datenschutzbeauftragten zu benennen.

(2) § 6 Absatz 4, 5 Satz 2 und Absatz 6 finden Anwendung, § 6 Absatz 4 jedoch nur, wenn die Benennung einer oder eines Datenschutzbeauftragten verpflichtend ist.

§ 39 Akkreditierung

[1]Die Erteilung der Befugnis, als Zertifizierungsstelle gemäß Artikel 43 Absatz 1 Satz 1 der Verordnung (EU) 2016/679 tätig zu werden, erfolgt durch die für die datenschutzrechtliche Aufsicht über die Zertifizierungsstelle zuständige Aufsichtsbehörde des Bundes oder der Länder auf der Grundlage einer Akkreditierung durch die Deutsche Akkreditierungsstelle. [2]§ 2 Absatz 3 Satz 2, § 4 Absatz 3 und § 10 Absatz 1 Satz 1 Nummer 3 des Akkreditierungsstellengesetzes finden mit der Maßgabe Anwendung, dass der Datenschutz als ein dem Anwendungsbereich des § 1 Absatz 2 Satz 2 unterfallender Bereich gilt.

Kapitel 4
Aufsichtsbehörde für die Datenverarbeitung durch nichtöffentliche Stellen

§ 40 Aufsichtsbehörden der Länder

(1) Die nach Landesrecht zuständigen Behörden überwachen im Anwendungsbereich der Verordnung (EU) 2016/679 bei den nichtöffentlichen Stellen die Anwendung der Vorschriften über den Datenschutz.

(2) [1]Hat der Verantwortliche oder Auftragsverarbeiter mehrere inländische Niederlassungen, findet für die Bestimmung der zuständigen Aufsichtsbehörde Artikel 4 Nummer 16 der Verordnung (EU) 2016/679 entsprechende Anwendung. [2]Wenn sich mehrere Behörden für zuständig oder für unzuständig halten oder wenn die Zuständigkeit aus anderen Gründen zweifelhaft ist, treffen die Aufsichtsbehörden die Entschei-

dung gemeinsam nach Maßgabe des § 18 Absatz 2. ³§ 3 Absatz 3 und 4 des Verwaltungsverfahrensgesetzes findet entsprechende Anwendung.

(3) ¹Die Aufsichtsbehörde darf die von ihr gespeicherten Daten nur für Zwecke der Aufsicht verarbeiten; hierbei darf sie Daten an andere Aufsichtsbehörden übermitteln. ²Eine Verarbeitung zu einem anderen Zweck ist über Artikel 6 Absatz 4 der Verordnung (EU) 2016/679 hinaus zulässig, wenn

1. offensichtlich ist, dass sie im Interesse der betroffenen Person liegt und kein Grund zu der Annahme besteht, dass sie in Kenntnis des anderen Zwecks ihre Einwilligung verweigern würde,
2. sie zur Abwehr erheblicher Nachteile für das Gemeinwohl oder einer Gefahr für die öffentliche Sicherheit oder zur Wahrung erheblicher Belange des Gemeinwohls erforderlich ist oder
3. sie zur Verfolgung von Straftaten oder Ordnungswidrigkeiten, zur Vollstreckung oder zum Vollzug von Strafen oder Maßnahmen im Sinne des § 11 Absatz 1 Nummer 8 des Strafgesetzbuchs oder von Erziehungsmaßregeln oder Zuchtmitteln im Sinne des Jugendgerichtsgesetzes oder zur Vollstreckung von Geldbußen erforderlich ist.

³Stellt die Aufsichtsbehörde einen Verstoß gegen die Vorschriften über den Datenschutz fest, so ist sie befugt, die betroffenen Personen hierüber zu unterrichten, den Verstoß anderen für die Verfolgung oder Ahndung zuständigen Stellen anzuzeigen sowie bei schwerwiegenden Verstößen die Gewerbeaufsichtsbehörde zur Durchführung gewerberechtlicher Maßnahmen zu unterrichten. ⁴§ 13 Absatz 4 Satz 4 bis 7 gilt entsprechend.

(4) ¹Die der Aufsicht unterliegenden Stellen sowie die mit deren Leitung beauftragten Personen haben einer Aufsichtsbehörde auf Verlangen die für die Erfüllung ihrer Aufgaben erforderlichen Auskünfte zu erteilen. ²Der Auskunftspflichtige kann die Auskunft auf solche Fragen verweigern, deren Beantwortung ihn selbst oder einen der in § 383 Absatz 1 Nummer 1 bis 3 der Zivilprozessordnung bezeichneten Angehörigen der Gefahr strafgerichtlicher Verfolgung oder eines Verfahrens nach dem Gesetz über Ordnungswidrigkeiten aussetzen würde. ³Der Auskunftspflichtige ist darauf hinzuweisen.

(5) ¹Die von einer Aufsichtsbehörde mit der Überwachung der Einhaltung der Vorschriften über den Datenschutz beauftragten Personen sind befugt, zur Erfüllung ihrer Aufgaben Grundstücke und Geschäftsräume der Stelle zu betreten und Zugang zu allen Datenverarbeitungsanlagen und -geräten zu erhalten. ²Die Stelle ist insoweit zur Duldung verpflichtet. ³§ 16 Absatz 4 gilt entsprechend.

(6) ¹Die Aufsichtsbehörden beraten und unterstützen die Datenschutzbeauftragten mit Rücksicht auf deren typische Bedürfnisse. ²Sie können die Abberufung der oder des Datenschutzbeauftragten verlangen, wenn sie oder er die zur Erfüllung ihrer oder seiner Aufgaben erforderliche Fachkunde nicht besitzt oder im Fall des Artikels 38 Absatz 6 der Verordnung (EU) 2016/679 ein schwerwiegender Interessenkonflikt vorliegt.

(7) Die Anwendung der Gewerbeordnung bleibt unberührt.

Kapitel 5
Sanktionen

§ 41 Anwendung der Vorschriften über das Bußgeld- und Strafverfahren

(1) ¹Für Verstöße nach Artikel 83 Absatz 4 bis 6 der Verordnung (EU) 2016/679 gelten, soweit dieses Gesetz nichts anderes bestimmt, die Vorschriften des Gesetzes über Ordnungswidrigkeiten sinngemäß. ²Die §§ 17, 35 und 36 des Gesetzes über Ordnungswidrigkeiten finden keine Anwendung. ³§ 68 des Gesetzes über Ordnungswidrigkeiten findet mit der Maßgabe Anwendung, dass das Landgericht entscheidet, wenn die festgesetzte Geldbuße den Betrag von einhunderttausend Euro übersteigt.

(2) ¹Für Verfahren wegen eines Verstoßes nach Artikel 83 Absatz 4 bis 6 der Verordnung (EU) 2016/679 gelten, soweit dieses Gesetz nichts anderes bestimmt, die Vorschriften des Gesetzes über Ordnungswidrigkeiten und der allgemeinen Gesetze über das Strafverfahren, namentlich der Strafprozessordnung und des Gerichtsverfassungsgesetzes, entsprechend. ²Die §§ 56 bis 58, 87, 88, 99 und 100 des Gesetzes über Ordnungswidrigkeiten finden keine Anwendung. ³§ 69 Absatz 4 Satz 2 des Gesetzes über Ordnungswidrigkeiten findet mit der Maßgabe Anwendung, dass die Staatsanwaltschaft das Verfahren nur mit Zustimmung der Aufsichtsbehörde, die den Bußgeldbescheid erlassen hat, einstellen kann.

§ 42   Strafvorschriften

(1) Mit Freiheitsstrafe bis zu drei Jahren oder mit Geldstrafe wird bestraft, wer wissentlich nicht allgemein zugängliche personenbezogene Daten einer großen Zahl von Personen, ohne hierzu berechtigt zu sein,

1.   einem Dritten übermittelt oder
2.   auf andere Art und Weise zugänglich macht

und hierbei gewerbsmäßig handelt.

(2) Mit Freiheitsstrafe bis zu zwei Jahren oder mit Geldstrafe wird bestraft, wer personenbezogene Daten, die nicht allgemein zugänglich sind,

1.   ohne hierzu berechtigt zu sein, verarbeitet oder
2.   durch unrichtige Angaben erschleicht

und hierbei gegen Entgelt oder in der Absicht handelt, sich oder einen anderen zu bereichern oder einen anderen zu schädigen.

(3) ¹Die Tat wird nur auf Antrag verfolgt. ²Antragsberechtigt sind die betroffene Person, der Verantwortliche, die oder der Bundesbeauftragte und die Aufsichtsbehörde.

(4) Eine Meldung nach Artikel 33 der Verordnung (EU) 2016/679 oder eine Benachrichtigung nach Artikel 34 Absatz 1 der Verordnung (EU) 2016/679 darf in einem Strafverfahren gegen den Meldepflichtigen oder Benachrichtigenden oder seine in § 52 Absatz 1 der Strafprozessordnung bezeichneten Angehörigen nur mit Zustimmung des Meldepflichtigen oder Benachrichtigenden verwendet werden.

§ 43   Bußgeldvorschriften

(1) Ordnungswidrig handelt, wer vorsätzlich oder fahrlässig

1.   entgegen § 30 Absatz 1 ein Auskunftsverlangen nicht richtig behandelt oder
2.   entgegen § 30 Absatz 2 Satz 1 einen Verbraucher nicht, nicht richtig, nicht vollständig oder nicht rechtzeitig unterrichtet.

(2) Die Ordnungswidrigkeit kann mit einer Geldbuße bis zu fünfzigtausend Euro geahndet werden.

(3) Gegen Behörden und sonstige öffentliche Stellen im Sinne des § 2 Absatz 1 werden keine Geldbußen verhängt.

(4) Eine Meldung nach Artikel 33 der Verordnung (EU) 2016/679 oder eine Benachrichtigung nach Artikel 34 Absatz 1 der Verordnung (EU) 2016/679 darf in einem Verfahren nach dem Gesetz über Ordnungswidrigkeiten gegen den Meldepflichtigen oder Benachrichtigenden oder seine in § 52 Absatz 1 der Strafprozessordnung bezeichneten Angehörigen nur mit Zustimmung des Meldepflichtigen oder Benachrichtigenden verwendet werden.

Kapitel 6
Rechtsbehelfe

§ 44   Klagen gegen den Verantwortlichen oder Auftragsverarbeiter

(1) ¹Klagen der betroffenen Person gegen einen Verantwortlichen oder einen Auftragsverarbeiter wegen eines Verstoßes gegen datenschutzrechtliche Bestimmungen im Anwendungsbereich der Verordnung (EU) 2016/679 oder der darin enthaltenen Rechte der betroffenen Person können bei dem Gericht des Ortes erhoben werden, an dem sich eine Niederlassung des Verantwortlichen oder Auftragsverarbeiters befindet. ²Klagen nach Satz 1 können auch bei dem Gericht des Ortes erhoben werden, an dem die betroffene Person ihren gewöhnlichen Aufenthaltsort hat.

(2) Absatz 1 gilt nicht für Klagen gegen Behörden, die in Ausübung ihrer hoheitlichen Befugnisse tätig geworden sind.

(3) ¹Hat der Verantwortliche oder Auftragsverarbeiter einen Vertreter nach Artikel 27 Absatz 1 der Verordnung (EU) 2016/679 benannt, gilt dieser auch als bevollmächtigt, Zustellungen in zivilgerichtlichen Verfahren nach Absatz 1 entgegenzunehmen. ²§ 184 der Zivilprozessordnung bleibt unberührt.

Teil 3 Bestimmungen für Verarbeitungen zu Zwecken gemäß Artikel 1 Absatz 1 der Richtlinie (EU) 2016/680

Kapitel 1
Anwendungsbereich, Begriffsbestimmungen und allgemeine Grundsätze für die Verarbeitung personenbezogener Daten

§ 45 Anwendungsbereich

[1]Die Vorschriften dieses Teils gelten für die Verarbeitung personenbezogener Daten durch die für die Verhütung, Ermittlung, Aufdeckung, Verfolgung oder Ahndung von Straftaten oder Ordnungswidrigkeiten zuständigen öffentlichen Stellen, soweit sie Daten zum Zweck der Erfüllung dieser Aufgaben verarbeiten. [2]Die öffentlichen Stellen gelten dabei als Verantwortliche. [3]Die Verhütung von Straftaten im Sinne des Satzes 1 umfasst den Schutz vor und die Abwehr von Gefahren für die öffentliche Sicherheit. [4]Die Sätze 1 und 2 finden zudem Anwendung auf diejenigen öffentlichen Stellen, die für die Vollstreckung von Strafen, von Maßnahmen im Sinne des § 11 Absatz 1 Nummer 8 des Strafgesetzbuchs, von Erziehungsmaßregeln oder Zuchtmitteln im Sinne des Jugendgerichtsgesetzes und von Geldbußen zuständig sind. [5]Soweit dieser Teil Vorschriften für Auftragsverarbeiter enthält, gilt er auch für diese.

§ 46 Begriffsbestimmungen

Es bezeichnen die Begriffe:

1. „personenbezogene Daten" alle Informationen, die sich auf eine identifizierte oder identifizierbare natürliche Person (betroffene Person) beziehen; als identifizierbar wird eine natürliche Person angesehen, die direkt oder indirekt, insbesondere mittels Zuordnung zu einer Kennung wie einem Namen, zu einer Kennnummer, zu Standortdaten, zu einer Online-Kennung oder zu einem oder mehreren besonderen Merkmalen, die Ausdruck der physischen, physiologischen, genetischen, psychischen, wirtschaftlichen, kulturellen oder sozialen Identität dieser Person sind, identifiziert werden kann;

2. „Verarbeitung" jeden mit oder ohne Hilfe automatisierter Verfahren ausgeführten Vorgang oder jede solche Vorgangsreihe im Zusammenhang mit personenbezogenen Daten wie das Erheben, das Erfassen, die Organisation, das Ordnen, die Speicherung, die Anpassung, die Veränderung, das Auslesen, das Abfragen, die Verwendung, die Offenlegung durch Übermittlung, Verbreitung oder eine andere Form der Bereitstellung, den Abgleich, die Verknüpfung, die Einschränkung, das Löschen oder die Vernichtung;

3. „Einschränkung der Verarbeitung" die Markierung gespeicherter personenbezogener Daten mit dem Ziel, ihre künftige Verarbeitung einzuschränken;

4. „Profiling" jede Art der automatisierten Verarbeitung personenbezogener Daten, bei der diese Daten verwendet werden, um bestimmte persönliche Aspekte, die sich auf eine natürliche Person beziehen, zu bewerten, insbesondere um Aspekte der Arbeitsleistung, der wirtschaftlichen Lage, der Gesundheit, der persönlichen Vorlieben, der Interessen, der Zuverlässigkeit, des Verhaltens, der Aufenthaltsorte oder der Ortswechsel dieser natürlichen Person zu analysieren oder vorherzusagen;

5. „Pseudonymisierung" die Verarbeitung personenbezogener Daten in einer Weise, in der die Daten ohne Hinzuziehung zusätzlicher Informationen nicht mehr einer spezifischen betroffenen Person zugeordnet werden können, sofern diese zusätzlichen Informationen gesondert aufbewahrt werden und technischen und organisatorischen Maßnahmen unterliegen, die gewährleisten, dass die Daten keiner betroffenen Person zugewiesen werden können;

6. „Dateisystem" jede strukturierte Sammlung personenbezogener Daten, die nach bestimmten Kriterien zugänglich sind, unabhängig davon, ob diese Sammlung zentral, dezentral oder nach funktionalen oder geografischen Gesichtspunkten geordnet geführt wird;

7. „Verantwortlicher" die natürliche oder juristische Person, Behörde, Einrichtung oder andere Stelle, die allein oder gemeinsam mit anderen über die Zwecke und Mittel der Verarbeitung von personenbezogenen Daten entscheidet;

8. „Auftragsverarbeiter" eine natürliche oder juristische Person, Behörde, Einrichtung oder andere Stelle, die personenbezogene Daten im Auftrag des Verantwortlichen verarbeitet;

9. „Empfänger" eine natürliche oder juristische Person, Behörde, Einrichtung oder andere Stelle, der personenbezogene Daten offengelegt werden, unabhängig davon, ob es sich bei ihr um einen Dritten han-

delt oder nicht; Behörden, die im Rahmen eines bestimmten Untersuchungsauftrags nach dem Unionsrecht oder anderen Rechtsvorschriften personenbezogene Daten erhalten, gelten jedoch nicht als Empfänger; die Verarbeitung dieser Daten durch die genannten Behörden erfolgt im Einklang mit den geltenden Datenschutzvorschriften gemäß den Zwecken der Verarbeitung;

10. „Verletzung des Schutzes personenbezogener Daten" eine Verletzung der Sicherheit, die zur unbeabsichtigten oder unrechtmäßigen Vernichtung, zum Verlust, zur Veränderung oder zur unbefugten Offenlegung von oder zum unbefugten Zugang zu personenbezogenen Daten geführt hat, die verarbeitet wurden;

11. „genetische Daten" personenbezogene Daten zu den ererbten oder erworbenen genetischen Eigenschaften einer natürlichen Person, die eindeutige Informationen über die Physiologie oder die Gesundheit dieser Person liefern, insbesondere solche, die aus der Analyse einer biologischen Probe der Person gewonnen wurden;

12. „biometrische Daten" mit speziellen technischen Verfahren gewonnene personenbezogene Daten zu den physischen, physiologischen oder verhaltenstypischen Merkmalen einer natürlichen Person, die die eindeutige Identifizierung dieser natürlichen Person ermöglichen oder bestätigen, insbesondere Gesichtsbilder oder daktyloskopische Daten;

13. „Gesundheitsdaten" personenbezogene Daten, die sich auf die körperliche oder geistige Gesundheit einer natürlichen Person, einschließlich der Erbringung von Gesundheitsdienstleistungen, beziehen und aus denen Informationen über deren Gesundheitszustand hervorgehen;

14. „besondere Kategorien personenbezogener Daten"

   a) Daten, aus denen die rassische oder ethnische Herkunft, politische Meinungen, religiöse oder weltanschauliche Überzeugungen oder die Gewerkschaftszugehörigkeit hervorgehen,

   b) genetische Daten,

   c) biometrische Daten zur eindeutigen Identifizierung einer natürlichen Person,

   d) Gesundheitsdaten und

   e) Daten zum Sexualleben oder zur sexuellen Orientierung;

15. „Aufsichtsbehörde" eine von einem Mitgliedstaat gemäß Artikel 41 der Richtlinie (EU) 2016/680 eingerichtete unabhängige staatliche Stelle;

16. „internationale Organisation" eine völkerrechtliche Organisation und ihre nachgeordneten Stellen sowie jede sonstige Einrichtung, die durch eine von zwei oder mehr Staaten geschlossene Übereinkunft oder auf der Grundlage einer solchen Übereinkunft geschaffen wurde;

17. „Einwilligung" jede freiwillig für den bestimmten Fall, in informierter Weise und unmissverständlich abgegebene Willensbekundung in Form einer Erklärung oder einer sonstigen eindeutigen bestätigenden Handlung, mit der die betroffene Person zu verstehen gibt, dass sie mit der Verarbeitung der sie betreffenden personenbezogenen Daten einverstanden ist.

§ 47 Allgemeine Grundsätze für die Verarbeitung personenbezogener Daten

Personenbezogene Daten müssen

1. auf rechtmäßige Weise und nach Treu und Glauben verarbeitet werden,

2. für festgelegte, eindeutige und rechtmäßige Zwecke erhoben und nicht in einer mit diesen Zwecken nicht zu vereinbarenden Weise verarbeitet werden,

3. dem Verarbeitungszweck entsprechen, für das Erreichen des Verarbeitungszwecks erforderlich sein und ihre Verarbeitung nicht außer Verhältnis zu diesem Zweck stehen,

4. sachlich richtig und erforderlichenfalls auf dem neuesten Stand sein; dabei sind alle angemessenen Maßnahmen zu treffen, damit personenbezogene Daten, die im Hinblick auf die Zwecke ihrer Verarbeitung unrichtig sind, unverzüglich gelöscht oder berichtigt werden,

5. nicht länger als es für die Zwecke, für die sie verarbeitet werden, erforderlich ist, in einer Form gespeichert werden, die die Identifizierung der betroffenen Personen ermöglicht, und

6. in einer Weise verarbeitet werden, die eine angemessene Sicherheit der personenbezogenen Daten gewährleistet; hierzu gehört auch ein durch geeignete technische und organisatorische Maßnahmen zu gewährleistender Schutz vor unbefugter oder unrechtmäßiger Verarbeitung, unbeabsichtigtem Verlust, unbeabsichtigter Zerstörung oder unbeabsichtigter Schädigung.

Kapitel 2
Rechtsgrundlagen der Verarbeitung personenbezogener Daten

§ 48 Verarbeitung besonderer Kategorien personenbezogener Daten

(1) Die Verarbeitung besonderer Kategorien personenbezogener Daten ist nur zulässig, wenn sie zur Aufgabenerfüllung unbedingt erforderlich ist.

(2) [1]Werden besondere Kategorien personenbezogener Daten verarbeitet, sind geeignete Garantien für die Rechtsgüter der betroffenen Personen vorzusehen. [2]Geeignete Garantien können insbesondere sein

1. spezifische Anforderungen an die Datensicherheit oder die Datenschutzkontrolle,
2. die Festlegung von besonderen Aussonderungsprüffristen,
3. die Sensibilisierung der an Verarbeitungsvorgängen Beteiligten,
4. die Beschränkung des Zugangs zu den personenbezogenen Daten innerhalb der verantwortlichen Stelle,
5. die von anderen Daten getrennte Verarbeitung,
6. die Pseudonymisierung personenbezogener Daten,
7. die Verschlüsselung personenbezogener Daten oder
8. spezifische Verfahrensregelungen, die im Fall einer Übermittlung oder Verarbeitung für andere Zwecke die Rechtmäßigkeit der Verarbeitung sicherstellen.

§ 49 Verarbeitung zu anderen Zwecken

[1]Eine Verarbeitung personenbezogener Daten zu einem anderen Zweck als zu demjenigen, zu dem sie erhoben wurden, ist zulässig, wenn es sich bei dem anderen Zweck um einen der in § 45 genannten Zwecke handelt, der Verantwortliche befugt ist, Daten zu diesem Zweck zu verarbeiten, und die Verarbeitung zu diesem Zweck erforderlich und verhältnismäßig ist. [2]Die Verarbeitung personenbezogener Daten zu einem anderen, in § 45 nicht genannten Zweck ist zulässig, wenn sie in einer Rechtsvorschrift vorgesehen ist.

§ 50 Verarbeitung zu archivarischen, wissenschaftlichen und statistischen Zwecken

[1]Personenbezogene Daten dürfen im Rahmen der in § 45 genannten Zwecke in archivarischer, wissenschaftlicher oder statistischer Form verarbeitet werden, wenn hieran ein öffentliches Interesse besteht und geeignete Garantien für die Rechtsgüter der betroffenen Personen vorgesehen werden. [2]Solche Garantien können in einer so zeitnah wie möglich erfolgenden Anonymisierung der personenbezogenen Daten, in Vorkehrungen gegen ihre unbefugte Kenntnisnahme durch Dritte oder in ihrer räumlich und organisatorisch von den sonstigen Fachaufgaben getrennten Verarbeitung bestehen.

§ 51 Einwilligung

(1) Soweit die Verarbeitung personenbezogener Daten nach einer Rechtsvorschrift auf der Grundlage einer Einwilligung erfolgen kann, muss der Verantwortliche die Einwilligung der betroffenen Person nachweisen können.

(2) Erfolgt die Einwilligung der betroffenen Person durch eine schriftliche Erklärung, die noch andere Sachverhalte betrifft, muss das Ersuchen um Einwilligung in verständlicher und leicht zugänglicher Form in einer klaren und einfachen Sprache so erfolgen, dass es von den anderen Sachverhalten klar zu unterscheiden ist.

(3) [1]Die betroffene Person hat das Recht, ihre Einwilligung jederzeit zu widerrufen. [2]Durch den Widerruf der Einwilligung wird die Rechtmäßigkeit der aufgrund der Einwilligung bis zum Widerruf erfolgten Verarbeitung nicht berührt. [3]Die betroffene Person ist vor Abgabe der Einwilligung hiervon in Kenntnis zu setzen.

(4) [1]Die Einwilligung ist nur wirksam, wenn sie auf der freien Entscheidung der betroffenen Person beruht. [2]Bei der Beurteilung, ob die Einwilligung freiwillig erteilt wurde, müssen die Umstände der Erteilung be-

rücksichtigt werden. [3]Die betroffene Person ist auf den vorgesehenen Zweck der Verarbeitung hinzuweisen. [4]Ist dies nach den Umständen des Einzelfalles erforderlich oder verlangt die betroffene Person dies, ist sie auch über die Folgen der Verweigerung der Einwilligung zu belehren.

(5) Soweit besondere Kategorien personenbezogener Daten verarbeitet werden, muss sich die Einwilligung ausdrücklich auf diese Daten beziehen.

§ 52 Verarbeitung auf Weisung des Verantwortlichen

Jede einem Verantwortlichen oder einem Auftragsverarbeiter unterstellte Person, die Zugang zu personenbezogenen Daten hat, darf diese Daten ausschließlich auf Weisung des Verantwortlichen verarbeiten, es sei denn, dass sie nach einer Rechtsvorschrift zur Verarbeitung verpflichtet ist.

§ 53 Datengeheimnis

[1]Mit Datenverarbeitung befasste Personen dürfen personenbezogene Daten nicht unbefugt verarbeiten (Datengeheimnis). [2]Sie sind bei der Aufnahme ihrer Tätigkeit auf das Datengeheimnis zu verpflichten. [3]Das Datengeheimnis besteht auch nach der Beendigung ihrer Tätigkeit fort.

§ 54 Automatisierte Einzelentscheidung

(1) Eine ausschließlich auf einer automatischen Verarbeitung beruhende Entscheidung, die mit einer nachteiligen Rechtsfolge für die betroffene Person verbunden ist oder sie erheblich beeinträchtigt, ist nur zulässig, wenn sie in einer Rechtsvorschrift vorgesehen ist.

(2) Entscheidungen nach Absatz 1 dürfen nicht auf besonderen Kategorien personenbezogener Daten beruhen, sofern nicht geeignete Maßnahmen zum Schutz der Rechtsgüter sowie der berechtigten Interessen der betroffenen Personen getroffen wurden.

(3) Profiling, das zur Folge hat, dass betroffene Personen auf der Grundlage von besonderen Kategorien personenbezogener Daten diskriminiert werden, ist verboten.

Kapitel 3
Rechte der betroffenen Person
§ 55 Allgemeine Informationen zu Datenverarbeitungen

Der Verantwortliche hat in allgemeiner Form und für jedermann zugänglich Informationen zur Verfügung zu stellen über

1. die Zwecke der von ihm vorgenommenen Verarbeitungen,
2. die im Hinblick auf die Verarbeitung ihrer personenbezogenen Daten bestehenden Rechte der betroffenen Personen auf Auskunft, Berichtigung, Löschung und Einschränkung der Verarbeitung,
3. den Namen und die Kontaktdaten des Verantwortlichen und der oder des Datenschutzbeauftragten,
4. das Recht, die Bundesbeauftragte oder den Bundesbeauftragten anzurufen, und
5. die Erreichbarkeit der oder des Bundesbeauftragten.

§ 56 Benachrichtigung betroffener Personen

(1) Ist die Benachrichtigung betroffener Personen über die Verarbeitung sie betreffender personenbezogener Daten in speziellen Rechtsvorschriften, insbesondere bei verdeckten Maßnahmen, vorgesehen oder angeordnet, so hat diese Benachrichtigung zumindest die folgenden Angaben zu enthalten:

1. die in § 55 genannten Angaben,
2. die Rechtsgrundlage der Verarbeitung,
3. die für die Daten geltende Speicherdauer oder, falls dies nicht möglich ist, die Kriterien für die Festlegung dieser Dauer,

4. gegebenenfalls die Kategorien von Empfängern der personenbezogenen Daten sowie
5. erforderlichenfalls weitere Informationen, insbesondere, wenn die personenbezogenen Daten ohne Wissen der betroffenen Person erhoben wurden.

(2) In den Fällen des Absatzes 1 kann der Verantwortliche die Benachrichtigung insoweit und solange aufschieben, einschränken oder unterlassen, wie andernfalls

1. die Erfüllung der in § 45 genannten Aufgaben,
2. die öffentliche Sicherheit oder
3. Rechtsgüter Dritter

gefährdet würden, wenn das Interesse an der Vermeidung dieser Gefahren das Informationsinteresse der betroffenen Person überwiegt.

(3) Bezieht sich die Benachrichtigung auf die Übermittlung personenbezogener Daten an Verfassungsschutzbehörden, den Bundesnachrichtendienst, den Militärischen Abschirmdienst und, soweit die Sicherheit des Bundes berührt wird, andere Behörden des Bundesministeriums der Verteidigung, ist sie nur mit Zustimmung dieser Stellen zulässig.

(4) Im Fall der Einschränkung nach Absatz 2 gilt § 57 Absatz 7 entsprechend.

§ 57 Auskunftsrecht

(1) [1]Der Verantwortliche hat betroffenen Personen auf Antrag Auskunft darüber zu erteilen, ob er sie betreffende Daten verarbeitet. [2]Betroffene Personen haben darüber hinaus das Recht, Informationen zu erhalten über

1. die personenbezogenen Daten, die Gegenstand der Verarbeitung sind, und die Kategorie, zu der sie gehören,
2. die verfügbaren Informationen über die Herkunft der Daten,
3. die Zwecke der Verarbeitung und deren Rechtsgrundlage,
4. die Empfänger oder die Kategorien von Empfängern, gegenüber denen die Daten offengelegt worden sind, insbesondere bei Empfängern in Drittstaaten oder bei internationalen Organisationen,
5. die für die Daten geltende Speicherdauer oder, falls dies nicht möglich ist, die Kriterien für die Festlegung dieser Dauer,
6. das Bestehen eines Rechts auf Berichtigung, Löschung oder Einschränkung der Verarbeitung der Daten durch den Verantwortlichen,
7. das Recht nach § 60, die Bundesbeauftragte oder den Bundesbeauftragten anzurufen, sowie
8. Angaben zur Erreichbarkeit der oder des Bundesbeauftragten.

(2) Absatz 1 gilt nicht für personenbezogene Daten, die nur deshalb verarbeitet werden, weil sie aufgrund gesetzlicher Aufbewahrungsvorschriften nicht gelöscht werden dürfen oder die ausschließlich Zwecken der Datensicherung oder der Datenschutzkontrolle dienen, wenn die Auskunftserteilung einen unverhältnismäßigen Aufwand erfordern würde und eine Verarbeitung zu anderen Zwecken durch geeignete technische und organisatorische Maßnahmen ausgeschlossen ist.

(3) Von der Auskunftserteilung ist abzusehen, wenn die betroffene Person keine Angaben macht, die das Auffinden der Daten ermöglichen, und deshalb der für die Erteilung der Auskunft erforderliche Aufwand außer Verhältnis zu dem von der betroffenen Person geltend gemachten Informationsinteresse steht.

(4) Der Verantwortliche kann unter den Voraussetzungen des § 56 Absatz 2 von der Auskunft nach Absatz 1 Satz 1 absehen oder die Auskunftserteilung nach Absatz 1 Satz 2 teilweise oder vollständig einschränken.

(5) Bezieht sich die Auskunftserteilung auf die Übermittlung personenbezogener Daten an Verfassungsschutzbehörden, den Bundesnachrichtendienst, den Militärischen Abschirmdienst und, soweit die Sicherheit des Bundes berührt wird, andere Behörden des Bundesministeriums der Verteidigung, ist sie nur mit Zustimmung dieser Stellen zulässig.

(6) [1]Der Verantwortliche hat die betroffene Person über das Absehen von oder die Einschränkung einer Auskunft unverzüglich schriftlich zu unterrichten. [2]Dies gilt nicht, wenn bereits die Erteilung dieser Informationen eine Gefährdung im Sinne des § 56 Absatz 2 mit sich bringen würde. [3]Die Unterrichtung nach Satz 1 ist zu begründen, es sei denn, dass die Mitteilung der Gründe den mit dem Absehen von oder der Einschränkung der Auskunft verfolgten Zweck gefährden würde.

(7) ¹Wird die betroffene Person nach Absatz 6 über das Absehen von oder die Einschränkung der Auskunft unterrichtet, kann sie ihr Auskunftsrecht auch über die Bundesbeauftragte oder den Bundesbeauftragten ausüben. ²Der Verantwortliche hat die betroffene Person über diese Möglichkeit sowie darüber zu unterrichten, dass sie gemäß § 60 die Bundesbeauftragte oder den Bundesbeauftragten anrufen oder gerichtlichen Rechtsschutz suchen kann. ³Macht die betroffene Person von ihrem Recht nach Satz 1 Gebrauch, ist die Auskunft auf ihr Verlangen der oder dem Bundesbeauftragten zu erteilen, soweit nicht die zuständige oberste Bundesbehörde im Einzelfall feststellt, dass dadurch die Sicherheit des Bundes oder eines Landes gefährdet würde. ⁴Die oder der Bundesbeauftragte hat die betroffene Person zumindest darüber zu unterrichten, dass alle erforderlichen Prüfungen erfolgt sind oder eine Überprüfung durch sie stattgefunden hat. ⁵Diese Mitteilung kann die Information enthalten, ob datenschutzrechtliche Verstöße festgestellt wurden. ⁶Die Mitteilung der oder des Bundesbeauftragten an die betroffene Person darf keine Rückschlüsse auf den Erkenntnisstand des Verantwortlichen zulassen, sofern dieser keiner weitergehenden Auskunft zustimmt. ⁷Der Verantwortliche darf die Zustimmung nur insoweit und solange verweigern, wie er nach Absatz 4 von einer Auskunft absehen oder sie einschränken könnte. ⁸Die oder der Bundesbeauftragte hat zudem die betroffene Person über ihr Recht auf gerichtlichen Rechtsschutz zu unterrichten.

(8) Der Verantwortliche hat die sachlichen oder rechtlichen Gründe für die Entscheidung zu dokumentieren.

§ 58 Rechte auf Berichtigung und Löschung sowie Einschränkung der Verarbeitung

(1) ¹Die betroffene Person hat das Recht, von dem Verantwortlichen unverzüglich die Berichtigung sie betreffender unrichtiger Daten zu verlangen. ²Insbesondere im Fall von Aussagen oder Beurteilungen betrifft die Frage der Richtigkeit nicht den Inhalt der Aussage oder Beurteilung. ³Wenn die Richtigkeit oder Unrichtigkeit der Daten nicht festgestellt werden kann, tritt an die Stelle der Berichtigung eine Einschränkung der Verarbeitung. ⁴In diesem Fall hat der Verantwortliche die betroffene Person zu unterrichten, bevor er die Einschränkung wieder aufhebt. ⁵Die betroffene Person kann zudem die Vervollständigung unvollständiger personenbezogener Daten verlangen, wenn dies unter Berücksichtigung der Verarbeitungszwecke angemessen ist.

(2) Die betroffene Person hat das Recht, von dem Verantwortlichen unverzüglich die Löschung sie betreffender Daten zu verlangen, wenn deren Verarbeitung unzulässig ist, deren Kenntnis für die Aufgabenerfüllung nicht mehr erforderlich ist oder diese zur Erfüllung einer rechtlichen Verpflichtung gelöscht werden müssen.

(3) ¹Anstatt die personenbezogenen Daten zu löschen, kann der Verantwortliche deren Verarbeitung einschränken, wenn

1. Grund zu der Annahme besteht, dass eine Löschung schutzwürdige Interessen einer betroffenen Person beeinträchtigen würde,
2. die Daten zu Beweiszwecken in Verfahren, die Zwecken des § 45 dienen, weiter aufbewahrt werden müssen oder
3. eine Löschung wegen der besonderen Art der Speicherung nicht oder nur mit unverhältnismäßigem Aufwand möglich ist.

²In ihrer Verarbeitung nach Satz 1 eingeschränkte Daten dürfen nur zu dem Zweck verarbeitet werden, der ihrer Löschung entgegenstand.

(4) Bei automatisierten Dateisystemen ist technisch sicherzustellen, dass eine Einschränkung der Verarbeitung eindeutig erkennbar ist und eine Verarbeitung für andere Zwecke nicht ohne weitere Prüfung möglich ist.

(5) ¹Hat der Verantwortliche eine Berichtigung vorgenommen, hat er einer Stelle, die ihm die personenbezogenen Daten zuvor übermittelt hat, die Berichtigung mitzuteilen. ²In Fällen der Berichtigung, Löschung oder Einschränkung der Verarbeitung nach den Absätzen 1 bis 3 hat der Verantwortliche Empfängern, denen die Daten übermittelt wurden, diese Maßnahmen mitzuteilen. ³Der Empfänger hat die Daten zu berichtigen, zu löschen oder ihre Verarbeitung einzuschränken.

(6) ¹Der Verantwortliche hat die betroffene Person über ein Absehen von der Berichtigung oder Löschung personenbezogener Daten oder über die an deren Stelle tretende Einschränkung der Verarbeitung schriftlich zu unterrichten. ²Dies gilt nicht, wenn bereits die Erteilung dieser Informationen eine Gefährdung im Sinne

des § 56 Absatz 2 mit sich bringen würde. [3]Die Unterrichtung nach Satz 1 ist zu begründen, es sei denn, dass die Mitteilung der Gründe den mit dem Absehen von der Unterrichtung verfolgten Zweck gefährden würde.

(7) § 57 Absatz 7 und 8 findet entsprechende Anwendung.

§ 59 Verfahren für die Ausübung der Rechte der betroffenen Person

(1) [1]Der Verantwortliche hat mit betroffenen Personen unter Verwendung einer klaren und einfachen Sprache in präziser, verständlicher und leicht zugänglicher Form zu kommunizieren. [2]Unbeschadet besonderer Formvorschriften soll er bei der Beantwortung von Anträgen grundsätzlich die für den Antrag gewählte Form verwenden.

(2) Bei Anträgen hat der Verantwortliche die betroffene Person unbeschadet des § 57 Absatz 6 und des § 58 Absatz 6 unverzüglich schriftlich darüber in Kenntnis zu setzen, wie verfahren wurde.

(3) [1]Die Erteilung von Informationen nach § 55, die Benachrichtigungen nach den §§ 56 und 66 und die Bearbeitung von Anträgen nach den §§ 57 und 58 erfolgen unentgeltlich. [2]Bei offenkundig unbegründeten oder exzessiven Anträgen nach den §§ 57 und 58 kann der Verantwortliche entweder eine angemessene Gebühr auf der Grundlage der Verwaltungskosten verlangen oder sich weigern, aufgrund des Antrags tätig zu werden. [3]In diesem Fall muss der Verantwortliche den offenkundig unbegründeten oder exzessiven Charakter des Antrags belegen können.

(4) Hat der Verantwortliche begründete Zweifel an der Identität einer betroffenen Person, die einen Antrag nach den §§ 57 oder 58 gestellt hat, kann er von ihr zusätzliche Informationen anfordern, die zur Bestätigung ihrer Identität erforderlich sind.

§ 60 Anrufung der oder des Bundesbeauftragten

(1) [1]Jede betroffene Person kann sich unbeschadet anderweitiger Rechtsbehelfe mit einer Beschwerde an die Bundesbeauftragte oder den Bundesbeauftragten wenden, wenn sie der Auffassung ist, bei der Verarbeitung ihrer personenbezogenen Daten durch öffentliche Stellen zu den in § 45 genannten Zwecken in ihren Rechten verletzt worden zu sein. [2]Dies gilt nicht für die Verarbeitung von personenbezogenen Daten durch Gerichte, soweit diese die Daten im Rahmen ihrer justiziellen Tätigkeit verarbeitet haben. [3]Die oder der Bundesbeauftragte hat die betroffene Person über den Stand und das Ergebnis der Beschwerde zu unterrichten und sie hierbei auf die Möglichkeit gerichtlichen Rechtsschutzes nach § 61 hinzuweisen.

(2) [1]Die oder der Bundesbeauftragte hat eine bei ihr oder ihm eingelegte Beschwerde über eine Verarbeitung, die in die Zuständigkeit einer Aufsichtsbehörde in einem anderen Mitgliedstaat der Europäischen Union fällt, unverzüglich an die zuständige Aufsichtsbehörde des anderen Staates weiterzuleiten. [2]Sie oder er hat in diesem Fall die betroffene Person über die Weiterleitung zu unterrichten und ihr auf deren Ersuchen weitere Unterstützung zu leisten.

§ 61 Rechtsschutz gegen Entscheidungen der oder des Bundesbeauftragten oder bei deren oder dessen Untätigkeit

(1) Jede natürliche oder juristische Person kann unbeschadet anderer Rechtsbehelfe gerichtlich gegen eine verbindliche Entscheidung der oder des Bundesbeauftragten vorgehen.

(2) Absatz 1 gilt entsprechend zugunsten betroffener Personen, wenn sich die oder der Bundesbeauftragte mit einer Beschwerde nach § 60 nicht befasst oder die betroffene Person nicht innerhalb von drei Monaten nach Einlegung der Beschwerde über den Stand oder das Ergebnis der Beschwerde in Kenntnis gesetzt hat.

Kapitel 4
Pflichten der Verantwortlichen und Auftragsverarbeiter

§ 62 Auftragsverarbeitung

(1) [1]Werden personenbezogene Daten im Auftrag eines Verantwortlichen durch andere Personen oder Stellen verarbeitet, hat der Verantwortliche für die Einhaltung der Vorschriften dieses Gesetzes und anderer Vorschriften über den Datenschutz zu sorgen. [2]Die Rechte der betroffenen Personen auf Auskunft, Berichtigung, Löschung, Einschränkung der Verarbeitung und Schadensersatz sind in diesem Fall gegenüber dem Verantwortlichen geltend zu machen.

(2) Ein Verantwortlicher darf nur solche Auftragsverarbeiter mit der Verarbeitung personenbezogener Daten beauftragen, die mit geeigneten technischen und organisatorischen Maßnahmen sicherstellen, dass die Verarbeitung im Einklang mit den gesetzlichen Anforderungen erfolgt und der Schutz der Rechte der betroffenen Personen gewährleistet wird.

(3) [1]Auftragsverarbeiter dürfen ohne vorherige schriftliche Genehmigung des Verantwortlichen keine weiteren Auftragsverarbeiter hinzuziehen. [2]Hat der Verantwortliche dem Auftragsverarbeiter eine allgemeine Genehmigung zur Hinzuziehung weiterer Auftragsverarbeiter erteilt, hat der Auftragsverarbeiter den Verantwortlichen über jede beabsichtigte Hinzuziehung oder Ersetzung zu informieren. [3]Der Verantwortliche kann in diesem Fall die Hinzuziehung oder Ersetzung untersagen.

(4) [1]Zieht ein Auftragsverarbeiter einen weiteren Auftragsverarbeiter hinzu, so hat er diesem dieselben Verpflichtungen aus seinem Vertrag mit dem Verantwortlichen nach Absatz 5 aufzuerlegen, die auch für ihn gelten, soweit diese Pflichten für den weiteren Auftragsverarbeiter nicht schon aufgrund anderer Vorschriften verbindlich sind. [2]Erfüllt ein weiterer Auftragsverarbeiter diese Verpflichtungen nicht, so haftet der ihn beauftragende Auftragsverarbeiter gegenüber dem Verantwortlichen für die Einhaltung der Pflichten des weiteren Auftragsverarbeiters.

(5) [1]Die Verarbeitung durch einen Auftragsverarbeiter hat auf der Grundlage eines Vertrags oder eines anderen Rechtsinstruments zu erfolgen, der oder das den Auftragsverarbeiter an den Verantwortlichen bindet und der oder das den Gegenstand, die Dauer, die Art und den Zweck der Verarbeitung, die Art der personenbezogenen Daten, die Kategorien betroffener Personen und die Rechte und Pflichten des Verantwortlichen festlegt. [2]Der Vertrag oder das andere Rechtsinstrument haben insbesondere vorzusehen, dass der Auftragsverarbeiter

1. nur auf dokumentierte Weisung des Verantwortlichen handelt; ist der Auftragsverarbeiter der Auffassung, dass eine Weisung rechtswidrig ist, hat er den Verantwortlichen unverzüglich zu informieren;
2. gewährleistet, dass die zur Verarbeitung der personenbezogenen Daten befugten Personen zur Vertraulichkeit verpflichtet werden, soweit sie keiner angemessenen gesetzlichen Verschwiegenheitspflicht unterliegen;
3. den Verantwortlichen mit geeigneten Mitteln dabei unterstützt, die Einhaltung der Bestimmungen über die Rechte der betroffenen Person zu gewährleisten;
4. alle personenbezogenen Daten nach Abschluss der Erbringung der Verarbeitungsleistungen nach Wahl des Verantwortlichen zurückgibt oder löscht und bestehende Kopien vernichtet, wenn nicht nach einer Rechtsvorschrift eine Verpflichtung zur Speicherung der Daten besteht;
5. dem Verantwortlichen alle erforderlichen Informationen, insbesondere die gemäß § 76 erstellten Protokolle, zum Nachweis der Einhaltung seiner Pflichten zur Verfügung stellt;
6. Überprüfungen, die von dem Verantwortlichen oder einem von diesem beauftragten Prüfer durchgeführt werden, ermöglicht und dazu beiträgt;
7. die in den Absätzen 3 und 4 aufgeführten Bedingungen für die Inanspruchnahme der Dienste eines weiteren Auftragsverarbeiters einhält;
8. alle gemäß § 64 erforderlichen Maßnahmen ergreift und
9. unter Berücksichtigung der Art der Verarbeitung und der ihm zur Verfügung stehenden Informationen den Verantwortlichen bei der Einhaltung der in den §§ 64 bis 67 und § 69 genannten Pflichten unterstützt.

(6) Der Vertrag im Sinne des Absatzes 5 ist schriftlich oder elektronisch abzufassen.

(7) Ein Auftragsverarbeiter, der die Zwecke und Mittel der Verarbeitung unter Verstoß gegen diese Vorschrift bestimmt, gilt in Bezug auf diese Verarbeitung als Verantwortlicher.

§ 63 Gemeinsam Verantwortliche

[1]Legen zwei oder mehr Verantwortliche gemeinsam die Zwecke und die Mittel der Verarbeitung fest, gelten sie als gemeinsam Verantwortliche. [2]Gemeinsam Verantwortliche haben ihre jeweiligen Aufgaben und datenschutzrechtlichen Verantwortlichkeiten in transparenter Form in einer Vereinbarung festzulegen, soweit diese nicht bereits in Rechtsvorschriften festgelegt sind. [3]Aus der Vereinbarung muss insbesondere hervorgehen, wer welchen Informationspflichten nachzukommen hat und wie und gegenüber wem betroffene Personen ihre Rechte wahrnehmen können. [4]Eine entsprechende Vereinbarung hindert die betroffene Person nicht, ihre Rechte gegenüber jedem der gemeinsam Verantwortlichen geltend zu machen.

§ 64 Anforderungen an die Sicherheit der Datenverarbeitung

(1) [1]Der Verantwortliche und der Auftragsverarbeiter haben unter Berücksichtigung des Stands der Technik, der Implementierungskosten, der Art, des Umfangs, der Umstände und der Zwecke der Verarbeitung sowie der Eintrittswahrscheinlichkeit und der Schwere der mit der Verarbeitung verbundenen Gefahren für die Rechtsgüter der betroffenen Personen die erforderlichen technischen und organisatorischen Maßnahmen zu treffen, um bei der Verarbeitung personenbezogener Daten ein dem Risiko angemessenes Schutzniveau zu gewährleisten, insbesondere im Hinblick auf die Verarbeitung besonderer Kategorien personenbezogener Daten. [2]Der Verantwortliche hat hierbei die einschlägigen Technischen Richtlinien und Empfehlungen des Bundesamtes für Sicherheit in der Informationstechnik zu berücksichtigen.

(2) [1]Die in Absatz 1 genannten Maßnahmen können unter anderem die Pseudonymisierung und Verschlüsselung personenbezogener Daten umfassen, soweit solche Mittel in Anbetracht der Verarbeitungszwecke möglich sind. [2]Die Maßnahmen nach Absatz 1 sollen dazu führen, dass

1. die Vertraulichkeit, Integrität, Verfügbarkeit und Belastbarkeit der Systeme und Dienste im Zusammenhang mit der Verarbeitung auf Dauer sichergestellt werden und
2. die Verfügbarkeit der personenbezogenen Daten und der Zugang zu ihnen bei einem physischen oder technischen Zwischenfall rasch wiederhergestellt werden können.

(3) [1]Im Fall einer automatisierten Verarbeitung haben der Verantwortliche und der Auftragsverarbeiter nach einer Risikobewertung Maßnahmen zu ergreifen, die Folgendes bezwecken:

1. Verwehrung des Zugangs zu Verarbeitungsanlagen, mit denen die Verarbeitung durchgeführt wird, für Unbefugte (Zugangskontrolle),
2. Verhinderung des unbefugten Lesens, Kopierens, Veränderns oder Löschens von Datenträgern (Datenträgerkontrolle),
3. Verhinderung der unbefugten Eingabe von personenbezogenen Daten sowie der unbefugten Kenntnisnahme, Veränderung und Löschung von gespeicherten personenbezogenen Daten (Speicherkontrolle),
4. Verhinderung der Nutzung automatisierter Verarbeitungssysteme mit Hilfe von Einrichtungen zur Datenübertragung durch Unbefugte (Benutzerkontrolle),
5. Gewährleistung, dass die zur Benutzung eines automatisierten Verarbeitungssystems Berechtigten ausschließlich zu den von ihrer Zugangsberechtigung umfassten personenbezogenen Daten Zugang haben (Zugriffskontrolle),
6. Gewährleistung, dass überprüft und festgestellt werden kann, an welche Stellen personenbezogene Daten mit Hilfe von Einrichtungen zur Datenübertragung übermittelt oder zur Verfügung gestellt wurden oder werden können (Übertragungskontrolle),
7. Gewährleistung, dass nachträglich überprüft und festgestellt werden kann, welche personenbezogenen Daten zu welcher Zeit und von wem in automatisierte Verarbeitungssysteme eingegeben oder verändert worden sind (Eingabekontrolle),
8. Gewährleistung, dass bei der Übermittlung personenbezogener Daten sowie beim Transport von Datenträgern die Vertraulichkeit und Integrität der Daten geschützt werden (Transportkontrolle),
9. Gewährleistung, dass eingesetzte Systeme im Störungsfall wiederhergestellt werden können (Wiederherstellbarkeit),
10. Gewährleistung, dass alle Funktionen des Systems zur Verfügung stehen und auftretende Fehlfunktionen gemeldet werden (Zuverlässigkeit),
11. Gewährleistung, dass gespeicherte personenbezogene Daten nicht durch Fehlfunktionen des Systems beschädigt werden können (Datenintegrität),
12. Gewährleistung, dass personenbezogene Daten, die im Auftrag verarbeitet werden, nur entsprechend den Weisungen des Auftraggebers verarbeitet werden können (Auftragskontrolle),

13. Gewährleistung, dass personenbezogene Daten gegen Zerstörung oder Verlust geschützt sind (Verfügbarkeitskontrolle),
14. Gewährleistung, dass zu unterschiedlichen Zwecken erhobene personenbezogene Daten getrennt verarbeitet werden können (Trennbarkeit).

²Ein Zweck nach Satz 1 Nummer 2 bis 5 kann insbesondere durch die Verwendung von dem Stand der Technik entsprechenden Verschlüsselungsverfahren erreicht werden.

§ 65 Meldung von Verletzungen des Schutzes personenbezogener Daten an die oder den Bundesbeauftragten

(1) ¹Der Verantwortliche hat eine Verletzung des Schutzes personenbezogener Daten unverzüglich und möglichst innerhalb von 72 Stunden, nachdem sie ihm bekannt geworden ist, der oder dem Bundesbeauftragten zu melden, es sei denn, dass die Verletzung voraussichtlich keine Gefahr für die Rechtsgüter natürlicher Personen mit sich gebracht hat. ²Erfolgt die Meldung an die Bundesbeauftragte oder den Bundesbeauftragten nicht innerhalb von 72 Stunden, so ist die Verzögerung zu begründen.

(2) Ein Auftragsverarbeiter hat eine Verletzung des Schutzes personenbezogener Daten unverzüglich dem Verantwortlichen zu melden.

(3) Die Meldung nach Absatz 1 hat zumindest folgende Informationen zu enthalten:
1. eine Beschreibung der Art der Verletzung des Schutzes personenbezogener Daten, die, soweit möglich, Angaben zu den Kategorien und der ungefähren Anzahl der betroffenen Personen, zu den betroffenen Kategorien personenbezogener Daten und zu der ungefähren Anzahl der betroffenen personenbezogenen Datensätze zu enthalten hat,
2. den Namen und die Kontaktdaten der oder des Datenschutzbeauftragten oder einer sonstigen Person oder Stelle, die weitere Informationen erteilen kann,
3. eine Beschreibung der wahrscheinlichen Folgen der Verletzung und
4. eine Beschreibung der von dem Verantwortlichen ergriffenen oder vorgeschlagenen Maßnahmen zur Behandlung der Verletzung und der getroffenen Maßnahmen zur Abmilderung ihrer möglichen nachteiligen Auswirkungen.

(4) Wenn die Informationen nach Absatz 3 nicht zusammen mit der Meldung übermittelt werden können, hat der Verantwortliche sie unverzüglich nachzureichen, sobald sie ihm vorliegen.

(5) ¹Der Verantwortliche hat Verletzungen des Schutzes personenbezogener Daten zu dokumentieren. ²Die Dokumentation hat alle mit den Vorfällen zusammenhängenden Tatsachen, deren Auswirkungen und die ergriffenen Abhilfemaßnahmen zu umfassen.

(6) Soweit von einer Verletzung des Schutzes personenbezogener Daten personenbezogene Daten betroffen sind, die von einem oder an einen Verantwortlichen in einem anderen Mitgliedstaat der Europäischen Union übermittelt wurden, sind die in Absatz 3 genannten Informationen dem dortigen Verantwortlichen unverzüglich zu übermitteln.

(7) § 42 Absatz 4 findet entsprechende Anwendung.

(8) Weitere Pflichten des Verantwortlichen zu Benachrichtigungen über Verletzungen des Schutzes personenbezogener Daten bleiben unberührt.

§ 66 Benachrichtigung betroffener Personen bei Verletzungen des Schutzes personenbezogener Daten

(1) Hat eine Verletzung des Schutzes personenbezogener Daten voraussichtlich eine erhebliche Gefahr für Rechtsgüter betroffener Personen zur Folge, so hat der Verantwortliche die betroffenen Personen unverzüglich über den Vorfall zu benachrichtigen.

(2) Die Benachrichtigung nach Absatz 1 hat in klarer und einfacher Sprache die Art der Verletzung des Schutzes personenbezogener Daten zu beschreiben und zumindest die in § 65 Absatz 3 Nummer 2 bis 4 genannten Informationen und Maßnahmen zu enthalten.

(3) Von der Benachrichtigung nach Absatz 1 kann abgesehen werden, wenn

1. der Verantwortliche geeignete technische und organisatorische Sicherheitsvorkehrungen getroffen hat und diese Vorkehrungen auf die von der Verletzung des Schutzes personenbezogener Daten betroffenen Daten angewandt wurden; dies gilt insbesondere für Vorkehrungen wie Verschlüsselungen, durch die die Daten für unbefugte Personen unzugänglich gemacht wurden;

2. der Verantwortliche durch im Anschluss an die Verletzung getroffene Maßnahmen sichergestellt hat, dass aller Wahrscheinlichkeit nach keine erhebliche Gefahr im Sinne des Absatzes 1 mehr besteht, oder

3. dies mit einem unverhältnismäßigen Aufwand verbunden wäre; in diesem Fall hat stattdessen eine öffentliche Bekanntmachung oder eine ähnliche Maßnahme zu erfolgen, durch die die betroffenen Personen vergleichbar wirksam informiert werden.

(4) ¹Wenn der Verantwortliche die betroffenen Personen über eine Verletzung des Schutzes personenbezogener Daten nicht benachrichtigt hat, kann die oder der Bundesbeauftragte förmlich feststellen, dass ihrer oder seiner Auffassung nach die in Absatz 3 genannten Voraussetzungen nicht erfüllt sind. ²Hierbei hat sie oder er die Wahrscheinlichkeit zu berücksichtigen, dass die Verletzung eine erhebliche Gefahr im Sinne des Absatzes 1 zur Folge hat.

(5) Die Benachrichtigung der betroffenen Personen nach Absatz 1 kann unter den in § 56 Absatz 2 genannten Voraussetzungen aufgeschoben, eingeschränkt oder unterlassen werden, soweit nicht die Interessen der betroffenen Person aufgrund der von der Verletzung ausgehenden erheblichen Gefahr im Sinne des Absatzes 1 überwiegen.

(6) § 42 Absatz 4 findet entsprechende Anwendung.

§ 67 Durchführung einer Datenschutz-Folgenabschätzung

(1) Hat eine Form der Verarbeitung, insbesondere bei Verwendung neuer Technologien, aufgrund der Art, des Umfangs, der Umstände und der Zwecke der Verarbeitung voraussichtlich eine erhebliche Gefahr für die Rechtsgüter betroffener Personen zur Folge, so hat der Verantwortliche vorab eine Abschätzung der Folgen der vorgesehenen Verarbeitungsvorgänge für die betroffenen Personen durchzuführen.

(2) Für die Untersuchung mehrerer ähnlicher Verarbeitungsvorgänge mit ähnlich hohem Gefahrenpotential kann eine gemeinsame Datenschutz-Folgenabschätzung vorgenommen werden.

(3) Der Verantwortliche hat die Datenschutzbeauftragte oder den Datenschutzbeauftragten an der Durchführung der Folgenabschätzung zu beteiligen.

(4) Die Folgenabschätzung hat den Rechten der von der Verarbeitung betroffenen Personen Rechnung zu tragen und zumindest Folgendes zu enthalten:

1. eine systematische Beschreibung der geplanten Verarbeitungsvorgänge und der Zwecke der Verarbeitung,

2. eine Bewertung der Notwendigkeit und Verhältnismäßigkeit der Verarbeitungsvorgänge in Bezug auf deren Zweck,

3. eine Bewertung der Gefahren für die Rechtsgüter der betroffenen Personen und

4. die Maßnahmen, mit denen bestehenden Gefahren abgeholfen werden soll, einschließlich der Garantien, der Sicherheitsvorkehrungen und der Verfahren, durch die der Schutz personenbezogener Daten sichergestellt und die Einhaltung der gesetzlichen Vorgaben nachgewiesen werden sollen.

(5) Soweit erforderlich, hat der Verantwortliche eine Überprüfung durchzuführen, ob die Verarbeitung den Maßgaben folgt, die sich aus der Folgenabschätzung ergeben haben.

§ 68 Zusammenarbeit mit der oder dem Bundesbeauftragten

Der Verantwortliche hat mit der oder dem Bundesbeauftragten bei der Erfüllung ihrer oder seiner Aufgaben zusammenzuarbeiten.

§ 69 Anhörung der oder des Bundesbeauftragten

(1) ¹Der Verantwortliche hat vor der Inbetriebnahme von neu anzulegenden Dateisystemen die Bundesbeauftragte oder den Bundesbeauftragten anzuhören, wenn

1. aus einer Datenschutz-Folgenabschätzung nach § 67 hervorgeht, dass die Verarbeitung eine erhebliche Gefahr für die Rechtsgüter der betroffenen Personen zur Folge hätte, wenn der Verantwortliche keine Abhilfemaßnahmen treffen würde, oder
2. die Form der Verarbeitung, insbesondere bei der Verwendung neuer Technologien, Mechanismen oder Verfahren, eine erhebliche Gefahr für die Rechtsgüter der betroffenen Personen zur Folge hat.

²Die oder der Bundesbeauftragte kann eine Liste der Verarbeitungsvorgänge erstellen, die der Pflicht zur Anhörung nach Satz 1 unterliegen.

(2) ¹Der oder dem Bundesbeauftragten sind im Fall des Absatzes 1 vorzulegen:

1. die nach § 67 durchgeführte Datenschutz-Folgenabschätzung,
2. gegebenenfalls Angaben zu den jeweiligen Zuständigkeiten des Verantwortlichen, der gemeinsam Verantwortlichen und der an der Verarbeitung beteiligten Auftragsverarbeiter,
3. Angaben zu den Zwecken und Mitteln der beabsichtigten Verarbeitung,
4. Angaben zu den zum Schutz der Rechtsgüter der betroffenen Personen vorgesehenen Maßnahmen und Garantien und
5. Name und Kontaktdaten der oder des Datenschutzbeauftragten.

²Auf Anforderung sind ihr oder ihm zudem alle sonstigen Informationen zu übermitteln, die sie oder er benötigt, um die Rechtmäßigkeit der Verarbeitung sowie insbesondere die in Bezug auf den Schutz der personenbezogenen Daten der betroffenen Personen bestehenden Gefahren und die diesbezüglichen Garantien bewerten zu können.

(3) ¹Falls die oder der Bundesbeauftragte der Auffassung ist, dass die geplante Verarbeitung gegen gesetzliche Vorgaben verstoßen würde, insbesondere weil der Verantwortliche das Risiko nicht ausreichend ermittelt oder keine ausreichenden Abhilfemaßnahmen getroffen hat, kann sie oder er dem Verantwortlichen und gegebenenfalls dem Auftragsverarbeiter innerhalb eines Zeitraums von sechs Wochen nach Einleitung der Anhörung schriftliche Empfehlungen unterbreiten, welche Maßnahmen noch ergriffen werden sollten. ²Die oder der Bundesbeauftragte kann diese Frist um einen Monat verlängern, wenn die geplante Verarbeitung besonders komplex ist. ³Sie oder er hat in diesem Fall innerhalb eines Monats nach Einleitung der Anhörung den Verantwortlichen und gegebenenfalls den Auftragsverarbeiter über die Fristverlängerung zu informieren.

(4) ¹Hat die beabsichtigte Verarbeitung erhebliche Bedeutung für die Aufgabenerfüllung des Verantwortlichen und ist sie daher besonders dringlich, kann er mit der Verarbeitung nach Beginn der Anhörung, aber vor Ablauf der in Absatz 3 Satz 1 genannten Frist beginnen. ²In diesem Fall sind die Empfehlungen der oder des Bundesbeauftragten im Nachhinein zu berücksichtigen und sind die Art und Weise der Verarbeitung daraufhin gegebenenfalls anzupassen.

§ 70 Verzeichnis von Verarbeitungstätigkeiten

(1) ¹Der Verantwortliche hat ein Verzeichnis aller Kategorien von Verarbeitungstätigkeiten zu führen, die in seine Zuständigkeit fallen. ²Dieses Verzeichnis hat die folgenden Angaben zu enthalten:

1. den Namen und die Kontaktdaten des Verantwortlichen und gegebenenfalls des gemeinsam mit ihm Verantwortlichen sowie den Namen und die Kontaktdaten der oder des Datenschutzbeauftragten,
2. die Zwecke der Verarbeitung,
3. die Kategorien von Empfängern, gegenüber denen die personenbezogenen Daten offengelegt worden sind oder noch offengelegt werden sollen,
4. eine Beschreibung der Kategorien betroffener Personen und der Kategorien personenbezogener Daten,
5. gegebenenfalls die Verwendung von Profiling,
6. gegebenenfalls die Kategorien von Übermittlungen personenbezogener Daten an Stellen in einem Drittstaat oder an eine internationale Organisation,
7. Angaben über die Rechtsgrundlage der Verarbeitung,
8. die vorgesehenen Fristen für die Löschung oder die Überprüfung der Erforderlichkeit der Speicherung der verschiedenen Kategorien personenbezogener Daten und
9. eine allgemeine Beschreibung der technischen und organisatorischen Maßnahmen gemäß § 64.

(2) Der Auftragsverarbeiter hat ein Verzeichnis aller Kategorien von Verarbeitungen zu führen, die er im Auftrag eines Verantwortlichen durchführt, das Folgendes zu enthalten hat:

1. den Namen und die Kontaktdaten des Auftragsverarbeiters, jedes Verantwortlichen, in dessen Auftrag der Auftragsverarbeiter tätig ist, sowie gegebenenfalls der oder des Datenschutzbeauftragten,

2. gegebenenfalls Übermittlungen von personenbezogenen Daten an Stellen in einem Drittstaat oder an eine internationale Organisation unter Angabe des Staates oder der Organisation und

3. eine allgemeine Beschreibung der technischen und organisatorischen Maßnahmen gemäß § 64.

(3) Die in den Absätzen 1 und 2 genannten Verzeichnisse sind schriftlich oder elektronisch zu führen.

(4) Verantwortliche und Auftragsverarbeiter haben auf Anforderung ihre Verzeichnisse der oder dem Bundesbeauftragten zur Verfügung zu stellen.

§ 71 Datenschutz durch Technikgestaltung und datenschutzfreundliche Voreinstellungen

(1) [1]Der Verantwortliche hat sowohl zum Zeitpunkt der Festlegung der Mittel für die Verarbeitung als auch zum Zeitpunkt der Verarbeitung selbst angemessene Vorkehrungen zu treffen, die geeignet sind, die Datenschutzgrundsätze wie etwa die Datensparsamkeit wirksam umzusetzen, und die sicherstellen, dass die gesetzlichen Anforderungen eingehalten und die Rechte der betroffenen Personen geschützt werden. [2]Er hat hierbei den Stand der Technik, die Implementierungskosten und die Art, den Umfang, die Umstände und die Zwecke der Verarbeitung sowie die unterschiedliche Eintrittswahrscheinlichkeit und Schwere der mit der Verarbeitung verbundenen Gefahren für die Rechtsgüter der betroffenen Personen zu berücksichtigen. [3]Insbesondere sind die Verarbeitung personenbezogener Daten und die Auswahl und Gestaltung von Datenverarbeitungssystemen an dem Ziel auszurichten, so wenig personenbezogene Daten wie möglich zu verarbeiten. [4]Personenbezogene Daten sind zum frühestmöglichen Zeitpunkt zu anonymisieren oder zu pseudonymisieren, soweit dies nach dem Verarbeitungszweck möglich ist.

(2) [1]Der Verantwortliche hat geeignete technische und organisatorische Maßnahmen zu treffen, die sicherstellen, dass durch Voreinstellungen grundsätzlich nur solche personenbezogenen Daten verarbeitet werden können, deren Verarbeitung für den jeweiligen bestimmten Verarbeitungszweck erforderlich ist. [2]Dies betrifft die Menge der erhobenen Daten, den Umfang ihrer Verarbeitung, ihre Speicherfrist und ihre Zugänglichkeit. [3]Die Maßnahmen müssen insbesondere gewährleisten, dass die Daten durch Voreinstellungen nicht automatisiert einer unbestimmten Anzahl von Personen zugänglich gemacht werden können.

§ 72 Unterscheidung zwischen verschiedenen Kategorien betroffener Personen

[1]Der Verantwortliche hat bei der Verarbeitung personenbezogener Daten so weit wie möglich zwischen den verschiedenen Kategorien betroffener Personen zu unterscheiden. [2]Dies betrifft insbesondere folgende Kategorien:

1. Personen, gegen die ein begründeter Verdacht besteht, dass sie eine Straftat begangen haben,

2. Personen, gegen die ein begründeter Verdacht besteht, dass sie in naher Zukunft eine Straftat begehen werden,

3. verurteilte Straftäter,

4. Opfer einer Straftat oder Personen, bei denen bestimmte Tatsachen darauf hindeuten, dass sie Opfer einer Straftat sein könnten, und

5. andere Personen wie insbesondere Zeugen, Hinweisgeber oder Personen, die mit den in den Nummern 1 bis 4 genannten Personen in Kontakt oder Verbindung stehen.

§ 73 Unterscheidung zwischen Tatsachen und persönlichen Einschätzungen

[1]Der Verantwortliche hat bei der Verarbeitung so weit wie möglich danach zu unterscheiden, ob personenbezogene Daten auf Tatsachen oder auf persönlichen Einschätzungen beruhen. [2]Zu diesem Zweck soll er, soweit dies im Rahmen der jeweiligen Verarbeitung möglich und angemessen ist, Beurteilungen, die auf persönlichen Einschätzungen beruhen, als solche kenntlich machen. [3]Es muss außerdem feststellbar sein, wel-

che Stelle die Unterlagen führt, die der auf einer persönlichen Einschätzung beruhenden Beurteilung zugrunde liegen.

§ 74 Verfahren bei Übermittlungen

(1) [1]Der Verantwortliche hat angemessene Maßnahmen zu ergreifen, um zu gewährleisten, dass personenbezogene Daten, die unrichtig oder nicht mehr aktuell sind, nicht übermittelt oder sonst zur Verfügung gestellt werden. [2]Zu diesem Zweck hat er, soweit dies mit angemessenem Aufwand möglich ist, die Qualität der Daten vor ihrer Übermittlung oder Bereitstellung zu überprüfen. [3]Bei jeder Übermittlung personenbezogener Daten hat er zudem, soweit dies möglich und angemessen ist, Informationen beizufügen, die es dem Empfänger gestatten, die Richtigkeit, die Vollständigkeit und die Zuverlässigkeit der Daten sowie deren Aktualität zu beurteilen.

(2) [1]Gelten für die Verarbeitung von personenbezogenen Daten besondere Bedingungen, so hat bei Datenübermittlungen die übermittelnde Stelle den Empfänger auf diese Bedingungen und die Pflicht zu ihrer Beachtung hinzuweisen. [2]Die Hinweispflicht kann dadurch erfüllt werden, dass die Daten entsprechend markiert werden.

(3) Die übermittelnde Stelle darf auf Empfänger in anderen Mitgliedstaaten der Europäischen Union und auf Einrichtungen und sonstige Stellen, die nach den Kapiteln 4 und 5 des Titels V des Dritten Teils des Vertrags über die Arbeitsweise der Europäischen Union errichtet wurden, keine Bedingungen anwenden, die nicht auch für entsprechende innerstaatliche Datenübermittlungen gelten.

§ 75 Berichtigung und Löschung personenbezogener Daten sowie Einschränkung der Verarbeitung

(1) Der Verantwortliche hat personenbezogene Daten zu berichtigen, wenn sie unrichtig sind.

(2) Der Verantwortliche hat personenbezogene Daten unverzüglich zu löschen, wenn ihre Verarbeitung unzulässig ist, sie zur Erfüllung einer rechtlichen Verpflichtung gelöscht werden müssen oder ihre Kenntnis für seine Aufgabenerfüllung nicht mehr erforderlich ist.

(3) [1]§ 58 Absatz 3 bis 5 ist entsprechend anzuwenden. [2]Sind unrichtige personenbezogene Daten oder personenbezogene Daten unrechtmäßig übermittelt worden, ist auch dies dem Empfänger mitzuteilen.

(4) Unbeschadet in Rechtsvorschriften festgesetzter Höchstspeicher- oder Löschfristen hat der Verantwortliche für die Löschung von personenbezogenen Daten oder eine regelmäßige Überprüfung der Notwendigkeit ihrer Speicherung angemessene Fristen vorzusehen und durch verfahrensrechtliche Vorkehrungen sicherzustellen, dass diese Fristen eingehalten werden.

§ 76 Protokollierung

(1) In automatisierten Verarbeitungssystemen haben Verantwortliche und Auftragsverarbeiter mindestens die folgenden Verarbeitungsvorgänge zu protokollieren:

1. Erhebung,
2. Veränderung,
3. Abfrage,
4. Offenlegung einschließlich Übermittlung,
5. Kombination und
6. Löschung.

(2) Die Protokolle über Abfragen und Offenlegungen müssen es ermöglichen, die Begründung, das Datum und die Uhrzeit dieser Vorgänge und so weit wie möglich die Identität der Person, die die personenbezogenen Daten abgefragt oder offengelegt hat, und die Identität des Empfängers der Daten festzustellen.

(3) Die Protokolle dürfen ausschließlich für die Überprüfung der Rechtmäßigkeit der Datenverarbeitung durch die Datenschutzbeauftragte oder den Datenschutzbeauftragten, die Bundesbeauftragte oder den Bundesbeauftragten und die betroffene Person sowie für die Eigenüberwachung, für die Gewährleistung der Integrität und Sicherheit der personenbezogenen Daten und für Strafverfahren verwendet werden.

(4) Die Protokolldaten sind am Ende des auf deren Generierung folgenden Jahres zu löschen.

(5) Der Verantwortliche und der Auftragsverarbeiter haben die Protokolle der oder dem Bundesbeauftragten auf Anforderung zur Verfügung zu stellen.

§ 77 Vertrauliche Meldung von Verstößen

Der Verantwortliche hat zu ermöglichen, dass ihm vertrauliche Meldungen über in seinem Verantwortungsbereich erfolgende Verstöße gegen Datenschutzvorschriften zugeleitet werden können.

Kapitel 5
Datenübermittlungen an Drittstaaten und an internationale Organisationen

§ 78 Allgemeine Voraussetzungen

(1) Die Übermittlung personenbezogener Daten an Stellen in Drittstaaten oder an internationale Organisationen ist bei Vorliegen der übrigen für Datenübermittlungen geltenden Voraussetzungen zulässig, wenn

1. die Stelle oder internationale Organisation für die in § 45 genannten Zwecke zuständig ist und
2. die Europäische Kommission gemäß Artikel 36 Absatz 3 der Richtlinie (EU) 2016/680 einen Angemessenheitsbeschluss gefasst hat.

(2) ¹Die Übermittlung personenbezogener Daten hat trotz des Vorliegens eines Angemessenheitsbeschlusses im Sinne des Absatzes 1 Nummer 2 und des zu berücksichtigenden öffentlichen Interesses an der Datenübermittlung zu unterbleiben, wenn im Einzelfall ein datenschutzrechtlich angemessener und die elementaren Menschenrechte wahrender Umgang mit den Daten beim Empfänger nicht hinreichend gesichert ist oder sonst überwiegende schutzwürdige Interessen einer betroffenen Person entgegenstehen. ²Bei seiner Beurteilung hat der Verantwortliche maßgeblich zu berücksichtigen, ob der Empfänger im Einzelfall einen angemessenen Schutz der übermittelten Daten garantiert.

(3) ¹Wenn personenbezogene Daten, die aus einem anderen Mitgliedstaat der Europäischen Union übermittelt oder zur Verfügung gestellt wurden, nach Absatz 1 übermittelt werden sollen, muss diese Übermittlung zuvor von der zuständigen Stelle des anderen Mitgliedstaats genehmigt werden. ²Übermittlungen sind nur dann zulässig, wenn die Übermittlung erforderlich ist, um eine unmittelbare und ernsthafte Gefahr für die öffentliche Sicherheit eines Staates oder für die wesentlichen Interessen eines Mitgliedstaats abzuwehren, und die vorherige Genehmigung nicht rechtzeitig eingeholt werden kann. ³Im Fall des Satzes 2 ist die Stelle des anderen Mitgliedstaats, die für die Erteilung der Genehmigung zuständig gewesen wäre, unverzüglich über die Übermittlung zu unterrichten.

(4) ¹Der Verantwortliche, der Daten nach Absatz 1 übermittelt, hat durch geeignete Maßnahmen sicherzustellen, dass der Empfänger die übermittelten Daten nur dann an andere Drittstaaten oder andere internationale Organisationen weiterübermittelt, wenn der Verantwortliche diese Übermittlung zuvor genehmigt hat. ²Bei der Entscheidung über die Erteilung der Genehmigung hat der Verantwortliche alle maßgeblichen Faktoren zu berücksichtigen, insbesondere die Schwere der Straftat, den Zweck der ursprünglichen Übermittlung und das in dem Drittstaat oder der internationalen Organisation, an das oder an die die Daten weiterübermittelt werden sollen, bestehende Schutzniveau für personenbezogene Daten. ³Eine Genehmigung darf nur dann erfolgen, wenn auch eine direkte Übermittlung an den anderen Drittstaat oder die andere internationale Organisation zulässig wäre. ⁴Die Zuständigkeit für die Erteilung der Genehmigung kann auch abweichend geregelt werden.

§ 79 Datenübermittlung bei geeigneten Garantien

(1) Liegt entgegen § 78 Absatz 1 Nummer 2 kein Beschluss nach Artikel 36 Absatz 3 der Richtlinie (EU) 2016/680 vor, ist eine Übermittlung bei Vorliegen der übrigen Voraussetzungen des § 78 auch dann zulässig, wenn

1. in einem rechtsverbindlichen Instrument geeignete Garantien für den Schutz personenbezogener Daten vorgesehen sind oder

2. der Verantwortliche nach Beurteilung aller Umstände, die bei der Übermittlung eine Rolle spielen, zu der Auffassung gelangt ist, dass geeignete Garantien für den Schutz personenbezogener Daten bestehen.

(2) ¹Der Verantwortliche hat Übermittlungen nach Absatz 1 Nummer 2 zu dokumentieren. ²Die Dokumentation hat den Zeitpunkt der Übermittlung, die Identität des Empfängers, den Grund der Übermittlung und die übermittelten personenbezogenen Daten zu enthalten. ³Sie ist der oder dem Bundesbeauftragten auf Anforderung zur Verfügung zu stellen.

(3) ¹Der Verantwortliche hat die Bundesbeauftragte oder den Bundesbeauftragten zumindest jährlich über Übermittlungen zu unterrichten, die aufgrund einer Beurteilung nach Absatz 1 Nummer 2 erfolgt sind. ²In der Unterrichtung kann er die Empfänger und die Übermittlungszwecke angemessen kategorisieren.

§ 80   Datenübermittlung ohne geeignete Garantien

(1) Liegt entgegen § 78 Absatz 1 Nummer 2 kein Beschluss nach Artikel 36 Absatz 3 der Richtlinie (EU) 2016/680 vor und liegen auch keine geeigneten Garantien im Sinne des § 79 Absatz 1 vor, ist eine Übermittlung bei Vorliegen der übrigen Voraussetzungen des § 78 auch dann zulässig, wenn die Übermittlung erforderlich ist

1. zum Schutz lebenswichtiger Interessen einer natürlichen Person,
2. zur Wahrung berechtigter Interessen der betroffenen Person,
3. zur Abwehr einer gegenwärtigen und erheblichen Gefahr für die öffentliche Sicherheit eines Staates,
4. im Einzelfall für die in § 45 genannten Zwecke oder
5. im Einzelfall zur Geltendmachung, Ausübung oder Verteidigung von Rechtsansprüchen im Zusammenhang mit den in § 45 genannten Zwecken.

(2) Der Verantwortliche hat von einer Übermittlung nach Absatz 1 abzusehen, wenn die Grundrechte der betroffenen Person das öffentliche Interesse an der Übermittlung überwiegen.

(3) Für Übermittlungen nach Absatz 1 gilt § 79 Absatz 2 entsprechend.

§ 81   Sonstige Datenübermittlung an Empfänger in Drittstaaten

(1) Verantwortliche können bei Vorliegen der übrigen für die Datenübermittlung in Drittstaaten geltenden Voraussetzungen im besonderen Einzelfall personenbezogene Daten unmittelbar an nicht in § 78 Absatz 1 Nummer 1 genannte Stellen in Drittstaaten übermitteln, wenn die Übermittlung für die Erfüllung ihrer Aufgaben unbedingt erforderlich ist und

1. im konkreten Fall keine Grundrechte der betroffenen Person das öffentliche Interesse an einer Übermittlung überwiegen,
2. die Übermittlung an die in § 78 Absatz 1 Nummer 1 genannten Stellen wirkungslos oder ungeeignet wäre, insbesondere weil sie nicht rechtzeitig durchgeführt werden kann, und
3. der Verantwortliche dem Empfänger die Zwecke der Verarbeitung mitteilt und ihn darauf hinweist, dass die übermittelten Daten nur in dem Umfang verarbeitet werden dürfen, in dem ihre Verarbeitung für diese Zwecke erforderlich ist.

(2) Im Fall des Absatzes 1 hat der Verantwortliche die in § 78 Absatz 1 Nummer 1 genannten Stellen unverzüglich über die Übermittlung zu unterrichten, sofern dies nicht wirkungslos oder ungeeignet ist.

(3) Für Übermittlungen nach Absatz 1 gilt § 79 Absatz 2 und 3 entsprechend.

(4) Bei Übermittlungen nach Absatz 1 hat der Verantwortliche den Empfänger zu verpflichten, die übermittelten personenbezogenen Daten ohne seine Zustimmung nur für den Zweck zu verarbeiten, für den sie übermittelt worden sind.

(5) Abkommen im Bereich der justiziellen Zusammenarbeit in Strafsachen und der polizeilichen Zusammenarbeit bleiben unberührt.

Kapitel 6
Zusammenarbeit der Aufsichtsbehörden

§ 82 Gegenseitige Amtshilfe

(1) ¹Die oder der Bundesbeauftragte hat den Datenschutzaufsichtsbehörden in anderen Mitgliedstaaten der Europäischen Union Informationen zu übermitteln und Amtshilfe zu leisten, soweit dies für eine einheitliche Umsetzung und Anwendung der Richtlinie (EU) 2016/680 erforderlich ist. ²Die Amtshilfe betrifft insbesondere Auskunftsersuchen und aufsichtsbezogene Maßnahmen, beispielsweise Ersuchen um Konsultation oder um Vornahme von Nachprüfungen und Untersuchungen.

(2) Die oder der Bundesbeauftragte hat alle geeigneten Maßnahmen zu ergreifen, um Amtshilfeersuchen unverzüglich und spätestens innerhalb eines Monats nach deren Eingang nachzukommen.

(3) Die oder der Bundesbeauftragte darf Amtshilfeersuchen nur ablehnen, wenn

1. sie oder er für den Gegenstand des Ersuchens oder für die Maßnahmen, die sie oder er durchführen soll, nicht zuständig ist oder
2. ein Eingehen auf das Ersuchen gegen Rechtsvorschriften verstoßen würde.

(4) ¹Die oder der Bundesbeauftragte hat die ersuchende Aufsichtsbehörde des anderen Staates über die Ergebnisse oder gegebenenfalls über den Fortgang der Maßnahmen zu informieren, die getroffen wurden, um dem Amtshilfeersuchen nachzukommen. ²Sie oder er hat im Fall des Absatzes 3 die Gründe für die Ablehnung des Ersuchens zu erläutern.

(5) Die oder der Bundesbeauftragte hat die Informationen, um die sie oder er von der Aufsichtsbehörde des anderen Staates ersucht wurde, in der Regel elektronisch und in einem standardisierten Format zu übermitteln.

(6) Die oder der Bundesbeauftragte hat Amtshilfeersuchen kostenfrei zu erledigen, soweit sie oder er nicht im Einzelfall mit der Aufsichtsbehörde des anderen Staates die Erstattung entstandener Ausgaben vereinbart hat.

(7) ¹Ein Amtshilfeersuchen der oder des Bundesbeauftragten hat alle erforderlichen Informationen zu enthalten; hierzu gehören insbesondere der Zweck und die Begründung des Ersuchens. ²Die auf das Ersuchen übermittelten Informationen dürfen ausschließlich zu dem Zweck verwendet werden, zu dem sie angefordert wurden.

Kapitel 7
Haftung und Sanktionen

§ 83 Schadensersatz und Entschädigung

(1) ¹Hat ein Verantwortlicher einer betroffenen Person durch eine Verarbeitung personenbezogener Daten, die nach diesem Gesetz oder nach anderen auf ihre Verarbeitung anwendbaren Vorschriften rechtswidrig war, einen Schaden zugefügt, ist er oder sein Rechtsträger der betroffenen Person zum Schadensersatz verpflichtet. ²Die Ersatzpflicht entfällt, soweit bei einer nicht automatisierten Verarbeitung der Schaden nicht auf ein Verschulden des Verantwortlichen zurückzuführen ist.

(2) Wegen eines Schadens, der nicht Vermögensschaden ist, kann die betroffene Person eine angemessene Entschädigung in Geld verlangen.

(3) Lässt sich bei einer automatisierten Verarbeitung personenbezogener Daten nicht ermitteln, welche von mehreren beteiligten Verantwortlichen den Schaden verursacht hat, so haftet jeder Verantwortliche beziehungsweise sein Rechtsträger.

(4) Hat bei der Entstehung des Schadens ein Verschulden der betroffenen Person mitgewirkt, ist § 254 des Bürgerlichen Gesetzbuchs entsprechend anzuwenden.

(5) Auf die Verjährung finden die für unerlaubte Handlungen geltenden Verjährungsvorschriften des Bürgerlichen Gesetzbuchs entsprechende Anwendung.

§ 84   Strafvorschriften

Für Verarbeitungen personenbezogener Daten durch öffentliche Stellen im Rahmen von Tätigkeiten nach § 45 Satz 1, 3 oder 4 findet § 42 entsprechende Anwendung.

Teil 4   Besondere Bestimmungen für Verarbeitungen im Rahmen von nicht in die Anwendungsbereiche der Verordnung (EU) 2016/679 und der Richtlinie (EU) 2016/680 fallenden Tätigkeiten

§ 85   Verarbeitung personenbezogener Daten im Rahmen von nicht in die Anwendungsbereiche der Verordnung (EU) 2016/679 und der Richtlinie (EU) 2016/680 fallenden Tätigkeiten

(1) [1]Die Übermittlung personenbezogener Daten an einen Drittstaat oder an über- oder zwischenstaatliche Stellen oder internationale Organisationen im Rahmen von nicht in die Anwendungsbereiche der Verordnung (EU) 2016/679 und der Richtlinie (EU) 2016/680 fallenden Tätigkeiten ist über die bereits gemäß der Verordnung (EU) 2016/679 zulässigen Fälle hinaus auch dann zulässig, wenn sie zur Erfüllung eigener Aufgaben aus zwingenden Gründen der Verteidigung oder zur Erfüllung über- oder zwischenstaatlicher Verpflichtungen einer öffentlichen Stelle des Bundes auf dem Gebiet der Krisenbewältigung oder Konfliktverhinderung oder für humanitäre Maßnahmen erforderlich ist. [2]Der Empfänger ist darauf hinzuweisen, dass die übermittelten Daten nur zu dem Zweck verwendet werden dürfen, zu dem sie übermittelt wurden.

(2) Für Verarbeitungen im Rahmen von nicht in die Anwendungsbereiche der Verordnung (EU) 2016/679 und der Richtlinie (EU) 2016/680 fallenden Tätigkeiten durch Dienststellen im Geschäftsbereich des Bundesministeriums der Verteidigung gilt § 16 Absatz 4 nicht, soweit das Bundesministerium der Verteidigung im Einzelfall feststellt, dass die Erfüllung der dort genannten Pflichten die Sicherheit des Bundes gefährden würde.

(3) [1]Für Verarbeitungen im Rahmen von nicht in die Anwendungsbereiche der Verordnung (EU) 2016/679 und der Richtlinie (EU) 2016/680 fallenden Tätigkeiten durch öffentliche Stellen des Bundes besteht keine Informationspflicht gemäß Artikel 13 Absatz 1 und 2 der Verordnung (EU) 2016/679, wenn

1. es sich um Fälle des § 32 Absatz 1 Nummer 1 bis 3 handelt oder
2. durch ihre Erfüllung Informationen offenbart würden, die nach einer Rechtsvorschrift oder ihrem Wesen nach, insbesondere wegen der überwiegenden berechtigten Interessen eines Dritten, geheim gehalten werden müssen, und deswegen das Interesse der betroffenen Person an der Erteilung der Information zurücktreten muss.

[2]Ist die betroffene Person in den Fällen des Satzes 1 nicht zu informieren, besteht auch kein Recht auf Auskunft. [3]§ 32 Absatz 2 und § 33 Absatz 2 finden keine Anwendung.

Einleitung

I. Geschichte und Motive der nationalen Datenschutzgesetzgebung

Literatur: *Bäumler, H.,* Normenklarheit als Instrument der Transparenz, JR 1984, 361; *Benda, E.,* Privatsphäre und „Persönlich-keitsprofil". Ein Beitrag zur Datenschutzdiskussion, in: FS für W. Geiger, 1974, 23; *ders.,* Das Recht auf informationelle Selbstbe-stimmung und die Rechtsprechung des Bundesverfassungsgerichts, DuD 1984, 86; *Brühann, U./Zerdick, Th.,* Umsetzung der EG-Datenschutzrichtlinie, CR 1996, 429; *Büllesbach, A.,* Informationstechnologie und Datenschutz, 1985; *Bull, H. P.,* Datenschutz als Informationsrecht und Gefahrenabwehr, NJW 1979, 1177; *ders.,* Zur verfassungsrechtlichen Verankerung des Datenschutzes,

ÖVD 11/1979, 3; *ders.,* Ziele und Mittel des Datenschutzes, 1981; *Burgsdorff, Chr. v.,* Die Umsetzung der EG-Datenschutzrichtlinien im nicht-öffentlichen Bereich, 2003; *Dammann, U.,* Strukturwandel der Information und Datenschutz, DVR 3 (1974), 267; *ders./Karhausen, M./Müller, P./Steinmüller, W.,* Datenbanken und Datenschutz, 1974; *Di Martino, A.,* Datenschutz im europäischen Recht, 2005; *DJT,* Grundsätze für eine gesetzliche Regelung des Datenschutzes – Bericht der Datenschutzkommission des DJT, 1974; *DJT,* Geben moderne Technologien und die europäische Integration Anlass, Notwendigkeit und Grenzen des Datenschutzes neu zu bestimmen?, Verhandlungen des 62. DJT: *Kloepfer, M.,* Gutachten, Bd. I 1998, D 1 sowie *Pitschas, R./Hamm, R./ Redeker, H.,* Referate, Bd. II (1998), M 9; *Donos, P. K.,* Datenschutz – Prinzipien und Ziele, 1998; *Ehmann, H.,* Informationsschutz und Informationsverkehr im Zivilrecht, AcP 188 (1988), 298; *ders.,* Neue Reformvorstellungen zum Datenschutzrecht – Die neuesten Regelungsvorschläge im nicht-öffentlichen Bereich und ihre Grundlagen, RDV 1989, 64; *Hartleb, U.,* Das Urteil des Bundesverfassungsgerichts zum Volkszählungsgesetz und das Sozialrecht, DVR 13 (1984), 99; *Heußner, H.,* Aufgaben und Mittel des Datenschutzes, VSSR 7 (1979), 293; *ders.,* Zur Funktion des Datenschutzes und zur Notwendigkeit bereichsspezifischer Regelungen, in: FS für G. Wannagat, 1981, 173.; *ders.,* Das informationelle Selbstbestimmungsrecht in der Rechtsprechung des Bundesverfassungsgerichts, SGB 7/1984, 279; *Hoffmann, G. E./Tietze, B./Podlech, A.* (Hrsg.), Numerierte Bürger, 1975; *Hufen, F.,* Das Volkszählungsurteil des Bundesverfassungsgerichts und das Grundrecht auf informationelle Selbstbestimmung – eine juristische Antwort auf „1984"?, JZ 1984, 1072; *ders.,* Schutz der Persönlichkeit und Recht auf informationelle Selbstbestimmung, in: Badura, P./Dreier, H. (Hrsg.), 50 Jahre Bundesverfassungsgericht, Bd. 2, 2001, 105; *Kilian, W.,* Europäisches Datenschutzrecht – Persönlichkeitsrecht und Binnenmarkt, in: Tinnefeld, M. Th./Philipps, L./ Heil, S. (Hrsg.), Informationsgesellschaft und Rechtskultur in Europa, 1995, 98; *Kilian, W./Lenk, K./Steinmüller, W.,* Datenschutz, 1973; *Kloepfer, M.,* Datenschutz als Grundrecht, 1980; *Krause, P.,* Das Recht auf informationelle Selbstbestimmung, BVerfGE 65, 1, JuS 1984, 268; *Mallmann, O.,* Zielfunktionen des Datenschutzes, 1977; *ders.,* Volkszählung und Grundgesetz, JZ 1983, 651; *ders.,* Zweigeteilter Datenschutz? – Auswirkungen des Volkszählungsurteils auf die Privatwirtschaft, CR 1988, 93; *Meister, H.,* Datenschutz im Zivilrecht, 1977; *ders.,* Orwell, Recht und Hysterie. Eine Bemerkung zum informationellen Selbstbestimmungsrecht, DuD 1984, 164; *ders.,* Schutz vor Datenschutz?, DuD 1986, 173; *Podlech, A.,* Datenschutz im Bereich der öffentlichen Verwaltung, 1973; *ders.,* Aufgaben und Problematik des Datenschutzes, DVR 5 (1976), 23; *ders.,* Gesellschaftstheoretische Grundlagen des Datenschutzes, in: Dierstein, R./Fiedler, H./ Schulz, A., Datenschutz und Datensicherung, 1976, 311; *ders.,* Individualdatenschutz – Systemdatenschutz, in: FS für H. Grüner, 1982, 451; *ders.,* Die Begrenzung staatlicher Informationsverarbeitung durch die Verfassung angesichts der Möglichkeit unbegrenzter Informationsverarbeitung mittels der Technik, Leviathan 1984, 85; *Rogall, K.,* Moderne Fahndungsmethoden im Lichte gewandelten Grundrechtsverständnisses, GA 132 (1985), 1; *Rudolf, W.,* Die europäische Datenschutz-Richtlinie und die Organisation der Datenschutzkontrolle, DuD 1995, 446; *Sasse, Ch.,* Persönlichkeitsrecht und Datenschutzgesetzgebung in Deutschland, in: Trifterer, O./Zezschwitz, F. v. (Hrsg.), FS für W. Mallmann, 1978, 213; *Schlink, B.,* Das Recht der informationellen Selbstbestimmung, Der Staat 25 (1986), 233; *Schmidt, W.,* Die bedrohte Entscheidungsfreiheit, JZ 1974, 241; *Schoch, F./Kloepfer, M.,* Informationsfreiheitsgesetz, 2002; *Scholz, R./Pitschas, R.,* Informationelle Selbstbestimmung und staatliche Informationsverantwortung, 1984; *Simitis, S.,* Chancen und Gefahren der elektronischen Datenverarbeitung, NJW 1971, 673; *ders.,* Datenschutz – Notwendigkeit und Voraussetzungen einer rechtlichen Regelung, DVR 2 (1973/74), 138; *ders.,* Reicht unser Datenschutzrecht angesichts der technischen Revolution? – Strategien zur Wahrung der Freiheitsrechte, in: Informationsgesellschaft oder Überwachungsstaat, Strategien zur Wahrung der Freiheitsrechte im Computerzeitalter, Symposium der Hessischen Landesregierung II, 1984, 27; *ders.,* Die informationelle Selbstbestimmung – Grundbedingung einer verfassungskonformen Informationsordnung, NJW 1984, 398; *ders.,* Von der Amtshilfe zur Informationshilfe, NJW 1986, 2795; *ders.,* Zur Datenschutzgesetzgebung: Vorgaben und Perspektiven, CR 1987, 602; *ders.,* Reviewing Privacy in an Information Society, U. Penn. L. Rev. 135 (1987), 707; *ders.,* Zwanzig Jahre Datenschutz in Hessen – eine kritische Bilanz, abgdr. im Anhang zu HDSB, 19. TB, 138; *ders.,* Datenschutz – Rückschritt oder Neubeginn?, NJW 1998, 2473; *ders.,* „Sensitive Daten" – Zur Geschichte und Wirkung einer Fiktion, in: Brem, E. (Hrsg.), FS für M. M. Pedrazzini, 1990, 469; *ders.,* Die Entscheidung des Bundesverfassungsgerichts zur Volkszählung – 10 Jahre danach, KritV 77 (1994), 121; *ders.,* Das Volkszählungsurteil oder der lange Weg zur Informationsaskese – BVerfGE 65, 1, KritV 83 (2000), 359; *Steinmüller, W.* (Hrsg.), Informationsrecht und Informationspolitik, 1976; *ders.,* Datenverkehrsrecht oder informationelles Selbstbestimmungsrecht des Bürgers, in: Datenschutz, Schriftenreihe der Bundeszentrale für politische Bildung, Bd. 149, 1979, 51; *ders.,* Das Volkszählungsurteil des Bundesverfassungsgerichts, DuD 1984, 91; *ders./Lutterbeck, B./Mallmann, Chr./Harbort, U./Kolb, G./Schneider, J.,* Grundfragen des Datenschutzes, Gutachten im Auftrag des Bundesministers des Innern, Juli 1971, BT-Drs. VI/3826, 5; *Tiedemann, K./Sasse, Ch.,* Delinquenzprophylaxe, Kreditsicherung und Datensicherung in der Wirtschaft, 1973; *Tinnefeld, M.,* Die Novellierung des BDSG im Zeichen des Gemeinschaftsrechts, NJW 2001, 3078; *Vogelgesang, K.,* Grundrecht auf informationelle Selbstbestimmung?, 1987; *Westin, A.,* Privacy and freedom, 1967; *Zöllner, W.,* Die gesetzgeberische Trennung des Datenschutzes für öffentliche und private Datenverarbeitung, RDV 1985, 3.

1. Die Anfänge: Von der Verabschiedung des 1. HDSG bis zum BDSG. a) Gesetzliche Ursprünge und Begrifflichkeiten. Die **Geschichte der Datenschutzgesetzgebung** beginnt mit dem 30.9.1970, dem Tag der Verabschiedung des 1. Hessischen Datenschutzgesetzes.[1] Das HDSG war auch weltweit das erste Datenschutzgesetz. Wohl hat es noch vor seiner Verabschiedung besonders in den USA, und zwar ebenfalls unter dem Eindruck der automatisierten Verarbeitung personenbezogener Daten, Forderungen nach einer gesetzlichen

1

---

1 GVBl. I 1970, 625; dazu *Birkelbach,* IBM-Nachrichten 24 (1974), S. 241, 333; *Reh,* Gegenstand und Aufgabe des Datenschutzes in der öffentlichen Verwaltung, 1974, insbes. S. 23ff.; *Simitis,* Zwanzig Jahre Datenschutz in Hessen – eine kritische Bilanz, Anhang zu HDSB, 19. TB, S. 138ff., sowie *HDSB,* 1. TB, S. 7ff. Vgl. freilich *v. Lewinski* in: Arndt et al. (Hrsg.), Freiheit – Sicherheit – Öffentlichkeit, 2009, 196ff. Regelungsvorgaben, wie etwa die „Amtsverschwiegenheit" und erst recht der Persönlichkeitsschutz, mögen sicherlich lange vor den Datenschutzgesetzen eine wichtige Rolle, auch und gerade beim Umgang mit personenbezogenen Informationen, gespielt haben. Der Datenschutz ist allerdings durchweg vor dem Hintergrund der automatisierten Datenverarbeitung entstanden. Sie hat die Reflexion über Notwendigkeit und Inhalt einer besonderen rechtlichen Regelung geprägt, damit aber zugleich ihre Einzigartigkeit bestimmt, dazu → Rn. 6ff., 13. Missverständnisse und Fehlinterpretationen generierende Vergangenheitsanalysen lassen sich deshalb so lange ausschließen, wie genau dieser Zusammenhang konsequent bedacht wird.

Regelung gegeben.[2] Anders aber als in Hessen richteten sich die Erwartungen auf einzelne Verarbeitungsbereiche und dabei vor allem auf den Kreditsektor. Deshalb überraschte es nicht weiter, dass nur wenige Tage nach dem HDSG, am 26.10.1970, der Fair Credit Reporting Act verabschiedet wurde. Keine vier Jahre später folgte Rheinland-Pfalz dem hessischen Beispiel.[3] Am 12.11.1976 zog dann der BT den Schlussstrich unter eine ebenso lange wie mühevolle Debatte über die Notwendigkeit und den Inhalt einer gesetzlichen Regelung der Verarbeitung personenbezogener Daten.[4] Kurz darauf, am 1.2.1977, wurde das 1. BDSG im Bundesgesetzblatt verkündet.[5] Die Landesgesetzgeber, soweit sie sich nicht, wie etwa Hessen,[6] damit begnügen konnten, vorhandene Bestimmungen zu novellieren, schlossen sich mit eigenen Vorschriften an.[7]

2 Der erste Abschnitt in der Geschichte der Datenschutzgesetzgebung war damit beendet.[8] Was zunächst ganz nach einer Besonderheit einzelner Landesgesetze aussah, blieb nirgends unbeachtet. Bundes- und Landesgesetzgeber legten gleichermaßen Wert darauf, die Verarbeitung personenbezogener Angaben zu regeln. Sie fassten zudem ihre Vorstellungen durchweg mit dem Kürzel „**Datenschutz**" zusammen, verwendeten also jene Formel, die zum ersten Mal im Rahmen der Vorarbeiten zum 1. HDSG auftauchte[9] und sich seither weit über die Bundesrepublik hinaus[10] durchgesetzt hat. Gewiss, die Wortwahl ist nicht gerade glücklich. Sie suggeriert förmlich den Eindruck, der Gesetzgeber wolle mit seinem Eingriff lediglich die zum Schutz der Daten notwendigen Vorkehrungen treffen. Genau dies ist freilich nicht der Fall. Die gesetzliche Regelung sucht einzig und allein den Schutz vor den Folgen sicherzustellen, die eine Verarbeitung personenbezogener Angaben für die jeweils davon Betroffenen haben kann, wenn auch keineswegs nur für sie (→ Art. 1 Rn. 3ff.).[11]

3 Die Bereitschaft, einen offenkundig missverständlichen, zu Recht immer wieder kritisierten, inzwischen freilich praktisch weltweit (wenn auch nicht mit einheitlichem Verständnis) verwendeten Begriff[12] zu gebrauchen, überrascht dennoch nicht. Sie lässt sich jedenfalls nachvollziehen, sobald man sich vergegenwärtigt, dass die Forderung nach verbindlichen, möglichst gesetzlich festgelegten Verarbeitungsbedingungen unter dem Eindruck der Automatisierung entstanden ist und sich daher an den Besonderheiten einer automatisierten Verarbeitung orientierte (→ Rn. 6ff.). So gesehen lag es nahe, den Blick ganz auf die technische Entwicklung zu konzentrieren und für jede in ihrem Umfeld entstehende Frage technisch-organisatorische Antworten zu suchen. Das Stichwort dazu war die „**Datensicherung**". Sie konsequent auszubauen, galt deshalb als das letztlich einzig richtige Mittel, um einer Gefährdung des Verarbeitungsprozesses ebenso zu begegnen wie mögliche, von ihm ausgehende Gefahren abzuwenden.[13] Nur langsam und gegen erhebliche Widerstände setzte sich die Einsicht durch, dass wie immer geartete technisch-organisatorische Maßnahmen gerade dort nicht ausreichen, wo der Schutz der Betroffenen garantiert werden soll.[14] Der Schwerpunkt muss vielmehr bei **normativen Anforderungen** liegen. Nur sie und nicht die technischen Vorkehrun-

---

2 Vgl. insbes. *Miller*, Der Einbruch in die Privatsphäre, 1973, S. 29ff. sowie → Rn. 6ff.

3 GVBl. 1974, 31.

4 Vgl. dazu die Simitis/*ders*. 3. Aufl., Einl. Rn. 35ff.; sowie *Dammann* DVR 1974, 267; *DJT*, Grundsätze für eine gesetzliche Regelung des Datenschutzes – Bericht der Datenschutzkommission des DJT, 1974; *Podlech* in: Dierstein/Fiedler/Schulz (Hrsg.), Datenschutz und Datensicherung, 1976, 311; *Schmidt* JZ 1974, 241; *Simitis* NJW 1971, 673; *ders*. DVR 1973/74, 138; *Steinmüller et al.*, Grundfragen des Datenschutzes, 1971, S. 5ff.; *Tiedemann/Sasse*, Delinquenzprophylaxe, Kreditsicherung und Datensicherung in der Wirtschaft, 1973.

5 BGBl. I, 201; dazu *Auernhammer* BB 1977, 205; *Bull* NJW 1979, 1177; *Dammann* NJW 1978, 1931; *Simitis* NJW 1977, 729.

6 GVBl. I 1978, 377; vgl. dazu den 6., 7ff. und den 7. TB des *HDSB*, S. 7ff.; sowie *Simitis* in: Meyer/Stolleis (Hrsg.), Hessisches Staats- und Verwaltungsrecht, 1986, 110, *ders*., Zwanzig Jahre Datenschutz in Hessen – eine kritische Bilanz, Anhang zu HDSB, 19. TB, S. 138ff.

7 Dazu *Gola* MDR 1980, 181; *Simitis* VersR 1981, 197; zuletzt Hamburg am 31.3.1981, GVBl. I, 71.

8 Dazu auch Roßnagel/*Abel*, HB DSR, Kap. 2.7 Rn. 13ff.

9 Vgl. etwa *Hessische Zentrale für Datenverarbeitung*, Großer Hessenplan, Entwicklungsprogramm für den Ausbau der Datenverarbeitung in Hessen, 1970, S. 21 f.; die Begründung des 1. HDSG, LT-Drs. 6/3065, 7ff.; sowie *HDSB*, 1. TB, S. 8ff.

10 „Data protection", statt aller Council of Europe, Legislation and Data Protection, Proceedings of the Rome Conference on problems relating to the development and application of legislation on data protection, 1983; *Flaherty*, Protecting Privacy in Surveillance Societies, 1989, insbes. S. 10ff., S. 397ff.; „protection des données", insbes. Council of Europe, ebd; „protezioni dei dati", dazu *Rodotà*, Rivista Critica del Diritto Privato 2 (1984), 721; „protección de datos", Consejo de Europa, Problemas legislativos de le protección de datos, Conferencia Internacional Madrid, 11–13 junio 1984, 1986.

11 Bezeichnenderweise spricht *Fiedler* in: Steinmüller (Hrsg.), Informationsrecht und Informationspolitik, 1976, 194, vom „Verdatungsschutz"; *Schimmel* in: Steinmüller (Hrsg.), ADV und Recht, 1975, 145, vom Schutz des Einzelnen „vor den Daten"; *Reisinger*, Rechtsinformatik, 1977, S. 277, vom „Schutz vor unerwünschter Datenverarbeitung".

12 Vgl. etwa *Simitis* NJW 1971, 673 (676); *Schneider* in: Siemens AG (Hrsg.), Datenschutz – Datensicherung, 5 (1971), 27; *Egloff* ZSR 96 (1977) 350; *Bull* NJW 1979, 1177 (1178).

13 Statt aller *Schulze* in: Datenverarbeitung und Recht, IBM-Beiträge zur Datenverarbeitung, 1973, S. 89.

14 Vgl. etwa *Hessische Zentrale für Datenverarbeitung*, Großer Hessenplan, Entwicklungsprogramm für den Ausbau der Datenverarbeitung in Hessen, 1970, S. 21 f.; *Seidel* NJW 1970, 1581 (1583); *Kamlah* DÖV 1970, 361 (364); *Simitis* NJW 1971, 673 (676); *Schneider* in: Siemens AG (Hrsg.), Datenschutz – Datensicherung 5 (1971), 27; *Steinmüller et. al.*, Grundfragen des Datenschutzes, 1971, S. 34, 71ff.; *Schimmel* in: Steinmüller (Hrsg.), ADV und Recht, 145.

Simitis/Hornung/Spiecker gen. Döhmann

gen können bestimmen, ob und welche Daten wann verarbeitet werden dürfen. Weil jedoch rechtliche Vorgaben, zumindest zunächst, lediglich als ein zusätzlicher Aspekt einer generell auf die Abwehr äußerer Einflüsse auf die Verarbeitung bedachten „Datensicherung" wahrgenommen wurden, wurde es für mehr oder weniger selbstverständlich gehalten, sie als „Datenschutz"[15] zu bezeichnen, kurzum eine Formel zu verwenden, die bereits aus den Diskussionen über die Datensicherung geläufig war und deshalb die Verbindung zu ihr deutlich zu erkennen gab.

So sehr sich jedoch die Einordnung in die „Datensicherung" aufzudrängen schien, sie ließ sich nicht lange 4 aufrechterhalten. Der „Datenschutz" entwickelte sich zusehends zu einem eigenen Regelungsbereich, bis sich schließlich das Verhältnis beider umkehrte, die „Datensicherung" also als notwendiger Teil eines ebenso konsequenten wie wirksamen „Datenschutzes" gesehen und behandelt wurde.[16] Der Gesetzgeber zog es freilich vor, es bei der einmal gewählten Formulierung zu belassen. Allen immer wieder aufflammenden Zweifeln zum Trotz ist es mithin beim „Datenschutz" geblieben, und damit bei einer Formel, die zwar in den Sprachduktus einer frühen Diskussionsphase über die Notwendigkeit gesetzlicher Vorschriften zur Verarbeitung personenbezogener Daten passt, aber auch und gerade den Wunsch zum Ausdruck bringt, den für diese Phase typischen, dezidiert technizistischen Regelungsansatz zu überwinden. Mit diesem Verständnis wurde der Begriff später auch auf europäischer Ebene verwendet.

b) Anlässe und Motive der frühen Gesetzgebung. **Vier Gesichtspunkte** haben in der Anfangszeit des Daten- 5 schutzes die legislative Intervention bestimmt, ohne Rücksicht im Übrigen auf die zuweilen beträchtlichen Unterschiede zwischen den einzelnen Gesetzen. Diese motivieren im Prinzip auch heute noch das Datenschutzrecht, sowohl auf der nationalen wie der europäischen Ebene:

aa) Automatisierte Datenverarbeitung. Der Gesetzgeber hat, erstens, mit seiner Entscheidung, verbindliche 6 Regeln für den Umgang mit personenbezogenen Daten aufzustellen, durchweg auf den radikalen Wandel der Informationstechnologie reagiert, genauer, auf die **Automatisierung der Datenverarbeitung**. Sowohl für die öffentliche Verwaltung als auch für private Unternehmen stand spätestens seit Mitte 1960 fest, dass ihre ständig zunehmenden, immer komplizierteren, nicht zuletzt personenbezogenen Informationserwartungen mit Hilfe konventioneller Verarbeitungsmethoden nicht mehr erfüllt werden konnten.[17]

Eine **öffentliche Verwaltung**, die sich mehr und mehr zur Leistungsverwaltung entwickelt, ist, um funkti- 7 onsfähig zu bleiben, in wachsendem Maße auf Angaben zur Person der Leistungsempfänger angewiesen. Ganz gleich deshalb, ob es um Krankheits- oder Ausbildungsbeihilfen, Kinder- oder Wohngeld, Alters- oder Unfallrenten geht, überall manifestiert sich die Dialektik von Leistung und Informationsbedarf. Hinzu kommt die für weite Bereiche der öffentlichen Verwaltung längst selbstverständliche mittel- oder langfristige Vorausplanung der staatlichen Aufgaben. Die Konsequenz ist einmal mehr ein erheblicher Zuwachs der gerade an die Adresse der Bürger gerichteten Informationswünsche. Umgekehrt aber erwarten auch die Bürger zunehmend eine bürgernahe, leicht erreichbare und transparente Verwaltung im Sinne eines E-Government. Alles zusammen lässt das Dilemma deutlich erkennen: Der strukturelle Wandel der öffentlichen Verwaltung setzt neue Formen der Informationsverarbeitung voraus.[18] Solange es daher nicht gelingt, die Grenzen der herkömmlichen Verarbeitungsmethoden zu überwinden, droht der angestrebte Wandel allein schon an einer sich kontinuierlich verschärfenden Informationskrise zu scheitern.

Ähnlich dringlich stellt sich im **nicht-öffentlichen Bereich** die Frage nach anderen und besseren Verarbei- 8 tungstechniken. Wer etwa nicht nur den steigenden Informationsanforderungen der Personalverwaltung entsprechen, sondern auch den Schritt in eine den eigenen Produktionsabläufen konsequent angepasste Ressourcenplanung vollziehen will, neue Kredit- und Bezahlformen möglichst breit vermitteln und sich zugleich gegen die damit verbundenen Risiken absichern möchte, wer immer weiter verfeinerte Marketingstrategien zu den Grundvoraussetzungen unternehmerischer Politik zählt, wer personalisierte, nutzerfreundliche Dienstleistungen anbieten will oder neue datenbasierte Geschäftsmodelle im Umgang mit Kunden-, Mitarbeiter- oder Maschinendaten anstrebt, verabschiedet sich zwangsläufig von den bisherigen Verarbeitungsformen und verknüpft seine weitere unternehmerische Tätigkeit mit der Forderung nach einer Informationstechnologie, die ihn erst in die Lage zu versetzen vermag, die für seine veränderten Ziele benötigten Daten jederzeit abrufen sowie gezielt nutzen zu können.

So gesehen ist die **Automatisierung der Datenverarbeitung** kein Zufallsprodukt, vielmehr die technologisch 9 zwingende Antwort auf die mit der veränderten Aufgabenstruktur der öffentlichen Verwaltung und der

---

15 Vgl. etwa *Schulze* in: Datenverarbeitung und Recht, IBM-Beiträge zur Datenverarbeitung, 1973, S. 89.

16 Dazu auch Simitis/*Ernestus* § 9 Rn. 2 f.

17 Dazu statt aller *Westin,* Privacy and freedom, 1967; *Miller,* Der Einbruch in die Privatsphäre, 1973, insbes. S. 29ff., 66ff.; *Rodotà,* Elaboratori elettronici e controllo sociale, 1973; *Simitis* NJW 1971, 673; *ders.* U. Penn. L. Rev. 135 (1987), 707.

18 Vgl. aus den Anfangszeiten etwa *Bull*, Verwaltung durch Maschinen, 1964; *Grimmer*, Informationstechnik in öffentlichen Verwaltungen, 1986; *Reinermann et al.*, Neue Informationstechniken – Neue Verwaltungsstrukturen, 1988.

modifizierten Unternehmensausrichtung unmittelbar verbundenen Änderungen der Informationserwartungen. Konsequenterweise haben weder die öffentliche Verwaltung noch die privaten Unternehmen auch nur einen Augenblick lang gezögert, die Automatisierung einzuleiten und fortlaufend auszubauen.[19] Allzu offenkundig war der Vorteil. Zum ersten Mal nahm die Chance greifbare Gestalt an, jede nur gewünschte Menge an Daten speichern, mühelos wiederauffinden, beliebig miteinander kombinieren und für die verschiedensten Zwecke verwenden zu können. Die kurz zuvor noch für unüberwindbar gehaltenen quantitativen Grenzen der Sammlung und Aufbewahrung von Daten erschienen auf einmal ebenso obsolet wie jegliche Zweifel an einem nicht zuletzt durch die Schnelligkeit sowie die Verlässlichkeit des Zugriffs und noch mehr durch die jederzeit mögliche **multifunktionale Nutzung der Daten** illustrierten qualitativen Wandel der Verarbeitung.

10 Die Kehrseite lässt sich freilich ebenso wenig übersehen. Genau jene Vorzüge, die für eine Automatisierung sprechen, verschärfen um ein Vielfaches die **Verletzlichkeit** des Einzelnen, ja der Gesellschaft überhaupt[20] – schon deshalb, weil fehlerhafte Angaben, dank der Intensität der Verarbeitung, ein ganz anderes Gewicht bekommen. Die Automatisierung akzeleriert die Proliferation der Fehlinformationen und setzt damit die Betroffenen der Gefahr einer wirtschaftlichen, sozialen oder politischen Diskriminierung in einem bis dahin schwerlich, wenn überhaupt möglichen Umfang aus.

11 Jede Automatisierung hat zudem, jedenfalls tendenziell, einen **Kontextverlust** zur Folge – nicht nur weil der Automatisierungsprozess, wie die Erfahrung zeigt, in aller Regel schon allein wegen der Transferierung in die binären Strukturen der **Digitalisierung** mit einer Verkürzung der ursprünglichen Information verbunden ist, sondern vor allem in Hinblick darauf, dass die mit der Automatisierung angestrebte multifunktionale Verwendung der jeweiligen Daten zwangsläufig die einzelnen Angaben gegenüber dem anfänglichen Verarbeitungszusammenhang verselbstständigt. Anders und konkreter ausgedrückt: Weshalb jemand krank war, warum er zu bestimmten Zeiten an seinem Arbeitsplatz nicht erschienen ist, wieso er sich geweigert hat, die Raten für das von ihm gekaufte Fernsehgerät weiterzubezahlen, oder welches genau die Gründe für die sich auf ihn beziehenden Vermerke in den polizeilichen Akten gewesen sind, tritt mehr und mehr in den Hintergrund. Übrig bleibt nur der Hinweis auf die Erkrankung, die Fehlzeiten, die Nichterfüllung vertraglicher Verpflichtungen und die polizeiliche Registrierung. Fast jede dieser Angaben kann aber sehr schnell dazu verleiten, Schlüsse zu ziehen, die es dem Betroffenen beträchtlich erschweren könnten, sich etwa beruflich zu verbessern oder überhaupt den von ihm gewünschten Arbeitsplatz zu bekommen.[21] Gerade in Verbindung mit vergleichbaren, ebenfalls de-kontextualisierten Daten anderer, erst recht im Zeitalter von Big Data, kann so schnell ein Bild des Betroffenen entstehen, das ihn einerseits in Schablonen presst und ihn andererseits mis-repräsentiert.

12 Schließlich: Als Rationalisierungsinstrument und Planungsvehikel begünstigt die Automatisierung nicht nur **Monopolisierungstendenzen** bei der Informationsverteilung und damit potenziell eine Verzerrung der Entscheidungsabläufe. Datenbanken der öffentlichen Verwaltung oder von Unternehmen leiten eben keineswegs lediglich zu einer effizienteren Information, sie begründen zugleich einen **Informationsvorsprung,** der leicht in eine Übermacht umschlagen kann.[22] Die Automatisierung schafft auch die Voraussetzungen für eine intensive **Überwachung des Einzelnen,** die oft nur Vorstufe des Versuches ist, seine Vorstellungen und Entscheidungen langfristig zu beeinflussen.

13 Symptomatisch dafür waren schon die Auseinandersetzungen um das allgemeine Personenkennzeichen und den maschinenlesbaren Ausweis,[23] ebenso wie die Diskussion über die Auswirkungen der Personalinforma-

---

19 Vgl. statt aller den 2. Bericht der Bundesregierung über die Anwendung der elektronischen Datenverarbeitung in der Bundesverwaltung v. 17.4.1970, BT-Drs. 6/648, S. 5ff.; *Hessische Zentrale für Datenverarbeitung*, Großer Hessenplan, Entwicklungsprogramm für den Ausbau der Datenverarbeitung in Hessen, 1970, S. 7ff., 23ff.; *Ostermann* Verw 1970, 129; *Miller*, Der Einbruch in die Privatsphäre, 1973, S. 66ff.

20 Dazu *Simitis* U. Penn. L. Rev. 135 (1987), 710.

21 Vgl. etwa *BayDSB*, 7. TB, S. 31 f.

22 Vgl. *HDSB*, 1. TB, S. 27ff.; sowie *HDSB*, Zwischenbericht v. 6.2.1976, LT-Drs. 8/2239; *Birkelbach*, IBM-Nachrichten 24 (1974), 339 f.

23 Vgl. etwa den die Unzulässigkeit eines allgemeinen Personenkennzeichens ausdrücklich betonenden Beschlusses des Rechtsausschusses des BT, BT-Drs. 7/5277, S. 3; *BfD*, 2. TB, S. 11ff. und 6. TB, S. 6ff.; *HDSB*, 12. TB, S. 52ff. und 13. TB, S. 93ff.; sowie Personal Privacy in an Information Society – The Report of the Privacy Protection Study Commission, 1977, S. 605ff.; Canadian Human Rights Commission, Report of the Privacy Commissioner on the Use of the Social Insurance Number, 1981, S. 26ff.; *Hoffmann/Tietze/Podlech,* Numerierte Bürger, 1975; *Flaherty*, The Origins and Development of Social Insurance Numbers in Canada, 1981; *Hornung*, Die digitale Identität, 2005, S. 159ff.; die Frage wird nunmehr durch Art. 87 den Mitgliedstaaten überlassen.

tionssysteme oder die Auswertung von Patientendaten im Rahmen einer Krankenversicherungsreform.[24] Vordergründig stand fast durchweg die Forderung zur Debatte, alle verfügbaren Daten um einer rationelleren, nicht zuletzt kostengünstigeren Organisation willen auszuwerten. Genauso wie der Zugriff auf die Patientendaten Fehlentwicklungen und Kostenstrukturen mit dem Ziel offen legen soll, die Leistungsfähigkeit der Krankenversicherung sicherzustellen, richtet sich an die Verarbeitung der Arbeitnehmerdaten in erster Linie die Erwartung, den „richtigen" Arbeitnehmer für den „richtigen" Arbeitsplatz zu ermitteln, damit aber sowohl die Wirksamkeit als auch die Flexibilität der Arbeitsorganisation zu maximieren, und verbindet sich mit dem **Personenkennzeichen** die Hoffnung, verstreute, zudem kaum noch überschaubare Datenbestände miteinander zu verknüpfen, um Effizienz und Wirtschaftlichkeit der öffentlichen Verwaltung oder der Unternehmenstätigkeit zu garantieren. Wer aber aus Gründen, die unter Organisations- und Rationalisierungsaspekten durchaus plausibel erscheinen, den „optimalen" Versicherten, Patienten oder Arbeitnehmer zu definieren sucht, schlägt bewusst oder unbewusst die Brücke zur **permanenten Kontrolle** der Betroffenen, ja zur Steuerung ihres Verhaltens und zur **Diskriminierung**. Wenn das jeweilige Organisations- und Rationalisierungsziel mehr als eine unverbindliche Reflexion sein soll, dann spricht in der Tat auf den ersten Blick alles dafür, genau zu verfolgen, ob die Reaktionen und Aktivitäten der einzelnen Patienten, Beschäftigten und Versicherten, um es bei diesen Beispielen zu belassen, mit den konkret formulierten „Optimierungs"-Vorgaben in Einklang stehen und wie künftig „abweichende", die Verwirklichung der je spezifischen Ziele gefährdende Verhaltensweisen verhindert werden können.

Beides zusammen, die tendenzielle Monopolisierung der Information sowie die latenten Auswirkungen auf die Entscheidungs- und Handlungschancen der von einer Verarbeitung ihrer Daten betroffenen Personen, hat zunächst den hessischen Gesetzgeber bewogen, die Notwendigkeit einer **Automatisierung** zwar nicht in Frage zu stellen, jeden weiteren Schritt in Richtung auf eine automatisierte Verarbeitung aber von der Einhaltung bestimmter, gesetzlich definierter Bedingungen abhängig zu machen. In der Begründung des 1. HDSG[25] hieß es deshalb ausdrücklich: „Angesichts der neuen Möglichkeiten der Erfassung, Speicherung, Verarbeitung und Weitergabe von Informationen wie auch des schnelleren Zugriffs auf gespeicherte Informationen erscheint es ratsam, die vorhandenen Regelungen über die Geheimhaltung und die Verteilung und Kontrolle öffentlicher Befugnisse zu ergänzen, um eine Beeinträchtigung des privaten Bereiches der Bürger und eine Gewichtsverlagerung zwischen Legislative und Exekutive sowie zwischen Staatsverwaltung und Selbstverwaltung zu vermeiden." Auch der damalige hessische Ministerpräsident, *Albert Osswald*, ließ bei der Einbringung des Gesetzes 1970[26] keinen Zweifel am Ziel der vorgeschlagenen Regelung aufkommen: Es gelte, „das jetzt für den Schutz der Bürger und die Sicherung einer demokratischen Regierung und Verwaltung Mögliche und Notwendige zu tun." Die legislative Intervention war insofern keinesfalls Ausdruck nicht näher definierter „Ängste" oder gar irrationaler Technikfeindlichkeit.[27] Zur Debatte standen vielmehr von Anfang an die **sozialen** und **politischen Konsequenzen** einer automatisierten Verarbeitung. Ihnen galt es zu begegnen; an ihnen orientierten sich deshalb auch alle Auseinandersetzungen über Notwendigkeit und Umfang einer gesetzlichen Regelung.[28] Kurzum, schon an der ersten legislativen Reaktion zeigte sich: Die Automatisierung der Verarbeitung war für den Gesetzgeber kein ausschließlich unter technisch-organisatorischen Aspekten zu betrachtendes und zu behandelndes Problem, sondern eine eminent **verfassungspolitische Frage.**[29]

So deutlich jedoch die legislative Intervention mit der **Automatisierung** zusammenhängt, so wenig hat sich der Gesetzgeber auf Vorschriften zur automatisierten Verarbeitung beschränkt. Keineswegs nur deshalb, weil sich automatisierte und **konventionelle Verarbeitung** nicht ohne Weiteres voneinander trennen lassen, sondern sich im Gegenteil in einer Vielzahl von Fällen ergänzen, wie etwa das Beispiel der automatisierten Aktenverweisungssysteme zeigt.[30] Ebenso wenig war es der Wunsch, Umgehungsstrategien zu vermeiden,

14

15

---

24 Dazu *Simitis*, Schutz von Arbeitnehmerdaten, Regelungsdefizite – Lösungsvorschläge, 1980; *ders.* RDV 1989, 49; *Zöllner*, Daten- und Informationsschutz im Arbeitsverhältnis, 1983, S. 80ff.; *Küpferle/Wohlgemuth*, Personaldatenverarbeitende Systeme, 1987; *Klebe/Roth* CR 1987, 693; *Meyer-Degenhardt/Steinmüller/Däubler*, EDV-Systeme als „Technische Einrichtungen" zur Arbeitnehmerkontrolle, 1988; *Kilian*, Computerrechts-HB, Kap. 75 Rn. 41ff.; zur Verarbeitung von Patientendaten vgl. etwa *BfD*, 11. TB, S. 55 f.; *HDSB*, 12. TB, S. 73ff., 13. TB, S. 78ff., 14. TB, S. 43 f. und 17. TB, S. 87 f.; aber auch CNIL, 7 e, 1985 (1986), S. 165ff., 9 e, 1987 (1988), S. 129ff., 10 e rapport d'activité 1988 (1989), S. 199ff.
25 LT-Drs. 6/3065, S. 7.
26 Hessischer Landtag, 6. Wahlperiode, 77. Sitzung, Sten.Ber., 4058.
27 Vgl. freilich *Sasse*, Sinn und Unsinn des Datenschutzes, 1976, S. 8 f.
28 Vgl. auch den Bericht der vom französischen Staatspräsidenten 1974 eingesetzten Kommission Informatique et libertés I 7 (1975), S. 23ff.; sowie *Simitis*, Zwanzig Jahre Datenschutz in Hessen, – eine kritische Bilanz, Anhang zu HDSB, 19. TB, S. 141.
29 S. dazu unter Berücksichtigung der jüngeren Erscheinungen der Fragmentierung, die seinerzeit noch nicht in das Blickfeld geraten war, *Spiecker gen. Döhmann* VVDStRL 2018, 9 (55).
30 Zur Bedeutung und Tragweite solcher Systeme vgl. die Diskussion über den beim BKA geführten bundesweiten Kriminalaktennachweis (KAN) vgl. insbes. *BfD*, 3. TB, S. 48ff. und 4. TB, S. 25 f.; *LfD BW*, 1. TB, S. 18ff.; sowie *HDSB*, 11. TB, S. 67ff. und 12. TB, S. 33 f.

eine im Übrigen in Anbetracht der Automatisierungsgründe reichlich irreale Annahme, der letztlich zu einem breiteren Regelungsansatz führte.[31] Die Beschäftigung mit den potenziellen Automatisierungsfolgen hat vielmehr zugleich den Blick für die durchaus vergleichbaren Konsequenzen geschärft, die ein konventioneller Zugriff auf personenbezogene Angaben haben kann. Polizeiliche Unterlagen, Personalakten und Informationssammlungen von Auskunfteien bieten sich fast von selbst als Anschauungsmaterial an. Der ursprünglich scheinbar allein interessierende Anknüpfungspunkt, die Automatisierung, verwandelte sich deshalb zunehmend in den Einstieg in eine Auseinandersetzung mit jeder Verarbeitung personenbezogener Daten.

16 Während sich also sowohl das 1. HDSG als auch das 1. LDatG RhPf, ähnlich wie etwa das schwedische Datengesetz von 1973[32] und das französische Gesetz über die elektronische Datenverarbeitung, die Dateien und die Freiheitsrechte,[33] noch voll auf die „maschinelle" Datenverarbeitung konzentrierten, löste sich das BDSG seit 1977 von der Verknüpfung der Verarbeitungsanforderungen mit einer bestimmten Verarbeitungsform. Gleichwohl stand die Terminologie, wenn auch nicht immer das Verständnis, erheblich unter dem Eindruck der Automatisierung.[34]

17 **bb) Notwendige Verrechtlichung des Datenschutzes.** Der Gesetzgeber hat, zweitens, mit seiner Entscheidung, die Verarbeitungsanforderungen festzuschreiben, der Überzeugung entsprochen, dass es keine Alternative zu einer **gesetzlichen Regelung** gibt. Der Grund ist bereits in den Beratungen über das 1. HDSG angedeutet.[35] Weil, so das wohl wichtigste Argument, die Automatisierungsfolgen die Geltung zentraler verfassungsrechtlicher Grundsätze gefährdeten, wie etwa der Gewaltenteilung oder der „Unantastbarkeit des Privatlebens", könne und dürfe niemand anderes als der Gesetzgeber selbst die Aufgabe übernehmen, für die notwendigen Korrektive zu sorgen. Ähnliche Überlegungen finden sich in den Vorarbeiten zum BDSG[36] ebenso wie in dessen Begründung.[37] Nicht zuletzt deshalb haben sowohl der hessische als auch, wenngleich nicht ganz so deutlich, der Bundesgesetzgeber einer Regelung den Vorzug gegeben, die unter den gesetzlich näher definierten Voraussetzungen jeglichen Umgang mit personenbezogenen Angaben an bestimmte Bedingungen knüpft, bewusst also darauf verzichtet, sich **am Inhalt der einzelnen Daten** zu orientieren.[38] Ansatz- und Orientierungspunkt der legislativen Intervention war, anders ausgedrückt, die **Verarbeitung selbst.** Sie sollte, um ihren möglichen Folgen entgegenzuwirken, von vornherein in verbindlich vorgezeichnete Bahnen gelenkt werden. Der Gesetzgeber hat daher seiner Entscheidung eine eindeutig **präventive Funktion** beigemessen.[39] Die Verarbeitungsregelung hat also von Anfang nicht den Zweck verfolgt, schon vorhandene, auf den nachträglichen Ausgleich bereits entstandener Schäden bedachte rechtliche Vorkehrungen, wie beispielsweise die Vorschriften zum Persönlichkeitsschutz, zu ergänzen und auszubauen. Ihre primäre Aufgabe war es vielmehr, verarbeitungsbedingte Gefährdungen mit Hilfe zwingend vorgeschriebener Verhaltensmaßstäbe auszuschließen.

18 Mehr als eine Reihe **allgemeiner Verhaltensrichtlinien** wurde freilich nicht verlangt. So überrascht auch der mindestens ebenso verbreitete Konsens nicht weiter, dass es der öffentlichen Verwaltung nach wie vor überlassen bleiben müsste, die für sie geltenden Verarbeitungsanforderungen grundsätzlich selbst festzulegen. Die Folgen werden mit am besten an der Kontroverse über die „Kriminalpolizeilichen personenbezogenen Sammlungen" (KpS) sichtbar, bei denen sich die Datenschutzbeauftragten mit ihrer Forderung nach einer gesetzlichen Regelung nicht durchsetzen konnten; vielmehr blieb es zunächst bei allerdings veröffentlichten und damit gerade Außenstehenden jederzeit zugänglichen „Richtlinien" für die Dateien des BKA und die kriminalpolizeilichen Sammlungen der LKA.[40]

19 **cc) Querschnittscharakter des Datenschutzrechts.** Der Gesetzgeber ist bei seiner Entscheidung für eine Regelung der Verarbeitungsanforderungen, drittens, von der Vorstellung ausgegangen, sich mit **Problemen** auseinander setzen zu müssen, die sich quer durch die einzelnen Verarbeitungszusammenhänge stellen und

---

31 Vgl. freilich *Auernhammer*, BDSG, 3. Aufl., Einf. Rn. 52; aber auch die Begr. des BDSG-RegE, BT-Drs. 7/1027, Allg. Teil 3.6.
32 *Dammann/Mallmann/Simitis*, Die Gesetzgebung zum Datenschutz, 1977, S. 129ff.
33 *Dammann/Mallmann/Simitis*, Die Gesetzgebung zum Datenschutz, 1977, S. 54ff.
34 Vgl. dazu Simitis/*ders*. 3. Aufl., § 2 Rn. 74ff., 172ff.; *Auernhammer*, BDSG, 3. Aufl., § 3 Rn. 8ff.
35 Vgl. insbes. die Verhandlungen des Hessischen Landtags, 6. Wahlperiode, 77. Sitzung, Sten.Ber., 4057ff.
36 Vgl. etwa die Dokumentation der Anhörung zum RefE eines BDSG v. 7. bis 9.11.1972 (1973) insbes. 1ff.; die öffentliche Anhörung des InnenA v. 6.5.1974, Zur Sache, Themen parlamentarischer Beratung 5/74, insbes. 22ff.; *Steinmüller et al.*, Grundfragen des Datenschutzes, 1971, S. 36ff.; *DJT*, Grundsätze für eine gesetzliche Regelung des Datenschutzes – Bericht der Datenschutzkommission des DJT, 1974, S. 11, 15ff.; *Simitis* DVR 2 (1973/74), 141.
37 BT-Drs. 7/1027, insbes. Allg. Teil 2.1, 2.2.
38 Vgl. etwa *Birkelbach*, Rede zur Einbringung des 3. TB des HDSB im Hessischen Landtag, 7. Wahlperiode, 97. Sitzung, Sten.Ber., 1974, 5227 f.: „Datenverkehrs-Ordnung"; sa *ders.*, IBM-Nachrichten 24 (1974), 248; *Auernhammer*, BDSG, 3. Aufl., Einf. Rn. 48.
39 Vgl. etwa die Begr. des 1. HDSG, LT-Drs. 6/3065, 7; *Reh*, Gegenstand und Aufgabe des Datenschutzes in der öffentlichen Verwaltung, 1974, S. 25; *Simitis* Schweizerische Aktiengesellschaft 47 (1975), 1 (7 f.).
40 Vgl. dazu Simitis/*ders*. Einl. Rn. 17 mwN.

für die deshalb im Prinzip ohne weiteres ein einheitliches, in ein einziges Gesetz aufzunehmendes Lösungsschema entwickelt werden könnte. Verabschiedet wurden, mit anderen Worten, Vorschriften, die gezielt davon absahen, sich an einem spezifischen Verarbeitungskontext zu orientieren und stattdessen einen **globalen Regelungsanspruch** formulierten. Das Datenschutzrecht ist seither eine Querschnittsmaterie.

Es mag sein, dass sich darin auch die Unsicherheit widerspiegelt, unter der verständlicherweise die ersten 20 legislativen Reaktionen litten. Der Gesetzgeber war sich zwar der Notwendigkeit einer Intervention bewusst, sah sich aber mit einem **Regelungsgegenstand** konfrontiert, dem es zwangsläufig noch an klaren Konturen fehlte, weil die Automatisierung gerade begonnen hatte. Die Intervention duldete dennoch keinen Aufschub, zumindest solange der Gesetzgeber nicht dazu bereit war, sein primäres Ziel preiszugeben, präventiv einzugreifen. Eine Verzögerung hätte nichts am Ausbau der Automatisierung geändert und damit an der Verfestigung jener Informationsstrukturen, deren Entstehung mit Hilfe der gesetzlichen Bestimmungen möglichst verhindert werden sollte. So gesehen sprach in der Tat manches dafür, zu versuchen, den mit der Unbestimmtheit des Regelungsgegenstandes verbundenen Risiken durch überaus allgemein gehaltene Aussagen zu entgehen.

Der Preis war freilich hoch: Vor allem das BDSG geriet zu einer Ansammlung von **Generalklauseln**[41] (zum 21 vergleichbaren Regelungsansatz der DSGVO → Rn. 250ff.). Einen besseren Weg, um der doppelten Erwartung zu genügen, einerseits sämtliche Verarbeitungssituationen einzubeziehen, ohne sich jedoch andererseits im Hinblick auf die Unschärfen des Regelungsgegenstandes allzu sehr festzulegen, gibt es auf den ersten Blick nicht (dazu auch → Rn. 73, 82). In Wirklichkeit stellte der Gesetzgeber aber dadurch die eigene Regelung in Frage. Der weite Interpretationsspielraum bot jedem, der personenbezogene Daten verarbeitete, die Chance, das Gesetzeziel gleichsam ins Gegenteil zu verkehren, statt also die eigene Verarbeitungspraxis vor dem Hintergrund der gesetzlichen Verarbeitungsanforderungen kritisch zu überprüfen sowie einzuschränken, sie unter dem Deckmantel der Generalklauseln aufrechtzuerhalten und fortzuführen.[42] Nicht von ungefähr hatte der HDSB[43] bereits zu einem sehr frühen Zeitpunkt auf die Notwendigkeit aufmerksam gemacht, sorgfältig zwischen den einzelnen Verarbeitungszusammenhängen zu differenzieren. Erst eine dezidiert **bereichsspezifische**, sich mithin strikt an den Besonderheiten bestimmter Verarbeitungsprozesse orientierende **Regelung** vermag Vorgaben zu formulieren, die sich auf einen konkreten Verarbeitungskontext gründen und deshalb nicht dem Zwang ausgesetzt sind, die unterschiedlichsten Sachverhalte mit Hilfe nichtssagender, divergierender, ja gegensätzliche Interpretationen förmlich provozierender Formeln abdecken zu müssen.

dd) Datenschutz und die Macht des Wissens. Bleibt ein vierter Punkt, der allerdings zugleich einen wichti- 22 gen Unterschied zwischen den **einzelnen Datenschutzgesetzen** signalisiert. Für den hessischen Gesetzgeber waren der potenzielle Verlust jeglicher Kontroll- und Initiativmöglichkeiten des Parlaments durch einen systematisch ausgebauten, technisch abgesicherten Informationsvorsprung der Regierung und die dank der zunehmenden Verarbeitung personenbezogener Daten tendenzielle Degradierung der Betroffenen zu beliebig steuerbaren Objekten Teil ein und derselben, die **Existenz einer demokratischen Gesellschaft** unmittelbar berührenden Frage. Konsequenterweise entschied sich der hessische Gesetzgeber[44] von Anfang an (§§ 2ff., 6 des 1. HDSG) für eine zweispurige Regelung, die sowohl das **Informationsgleichgewicht** zwischen Regierung und Parlament zu sichern als auch den Umgang mit personenbezogenen Daten an verbindliche Regeln zu knüpfen suchte.[45] Demgegenüber sprach sich der Bundes- ebenso wie die Mehrzahl der Landesgesetzgeber für ein **Regelungskonzept** aus, das ausschließlich auf die Verarbeitung personenbezogener Angaben eingeht und somit die besondere Problematik der Gewalten- und Informationsteilung zwischen Legislative und Exekutive ausblendet.

Auf den ersten Blick haben sich damit die meisten Gesetzgeber für einen Weg entschieden, der durchaus 23 einleuchtet. Schon die Komplexität der Probleme legt es nahe, sich nicht allzu viel auf einmal vorzunehmen, sondern sich im Gegenteil, sei es ganz auf die **Verarbeitung personenbezogener Daten**, sei es ausschließlich auf das **Informationsgleichgewicht** zu konzentrieren.[46] In Wirklichkeit wird aber auf diese Weise der Zusammenhang zwischen zwei eng miteinander verbundenen Fragenbereichen aufgelöst. Die Konsequenz ist eine bereits im Ansatz ebenso verzerrte wie verfehlte Sicht der **Verarbeitungsprobleme**. Ganz gleich, ob man den Zugang der Oppositionsparteien zu den von der Regierung erhobenen und verarbeiteten Daten nimmt,

---

41 Dazu *Auernhammer* BB 1977, 206; *Simitis* NJW 1977, 731; *Sasse* in: FS Mallmann, 1978, 224ff.
42 Dazu *Simitis* in: Informationsgesellschaft II, 29ff.
43 2. TB, S. 14.
44 Vgl. auch die §§ 1 Abs. 2 Nr. 2 BlnDSG, 21 LDatG RhPf, 15 SDSG, 27 Abs. 2 BrDSG; sowie *Tuner* DSWR 1979, 89.
45 Vgl. dazu *HDSB*, 1. TB, S. 17; *Simitis*, Zwanzig Jahre Datenschutz in Hessen – eine kritische Bilanz, Anhang zu HDSB, 19. TB, S. 147 f.
46 Vgl. dazu auch die Antwort der Bundesregierung für die Fragestunde des BT am 16.2.1979, Sten.Ber. über die 139. Sitzung, 11061; sowie *Auernhammer*, BDSG, 3. Aufl., Einf. Rn. 3, 21ff.

oder ob die Nutzung personenbezogener Angaben zur Debatte steht, im einen wie im anderen Fall geht es, bei aller Unterschiedlichkeit der Ansatzpunkte, zunächst und vor allem darum, wie sich, um der Funktionsfähigkeit einer demokratischen Gesellschaft willen, der Zugriff auf Informationen und ihre Verwendung gestalten muss.[47] Nicht zuletzt die fehlende gesetzliche Regelung der Oppositionsrechte hat zu einer umfassenden Judikatur des BVerfG zu dieser Frage geführt.[48]

24 Die die Demokratie betreffenden Problembereiche gelten auch für einen weiteren, zunächst als **„Aktenöffentlichkeit"** und später als **„Informationsfreiheit"** und inzwischen noch weiter als „Transparenz" umschriebenen Problemkomplex, der allerdings erst Ende der Siebziger-, Anfang der Achtzigerjahre aufgegriffen wurde und seither zunehmend an Bedeutung gewonnen hat.[49] Im Mittelpunkt steht dabei einmal mehr der **Informationszugang**, diesmal freilich nicht des Parlaments, sondern der Bürger, noch genauer, ihr Recht, Zugang zu allen bei den Behörden vorhandenen Informationen zu haben, ohne Rücksicht im Übrigen darauf, ob sie selbst davon betroffen sind oder nicht. Die weitere Entwicklung führt zur daran anschließenden Fragestellung der Verwertung öffentlicher Informationen durch Private. Ähnlich wie beim Informationsgleichgewicht zwischen Parlament und Exekutive wurde auch bei der Informationsfreiheit die Verbindung zum Datenschutz nur vereinzelt betont,[50] etwa im 3. HDSG von 1986 (§ 25), ansonsten aber aus der Diskussion über die Verabschiedung und Reform der Datenschutzgesetze und vor allem des BDSG ausgeklammert.

25 Wo jedoch der gemeinsame Regelungshintergrund aus dem Blick gerät, ist mindestens zweierlei die Folge. Zunächst: Die Bereitschaft, jede Verarbeitung personenbezogener Daten an gesetzlich festgeschriebene, ihre Abschottung garantierende Voraussetzungen zu knüpfen, wurde zwischenzeitlich mehr und mehr zum Anlass genommen, um eine ähnlich dezidierte gesetzliche Verankerung des **freien Zugangs zu den Verwaltungsunterlagen** zu verweigern. „Datenschutz" und **„Informationsfreiheit"** wurden nicht als Elemente einer ihrer ganzen Grundlage und Zielsetzung nach einheitlichen Regelung wahrgenommen,[51] sondern weit eher als höchst unterschiedliche, sich prinzipiell widersprechende und deshalb tendenziell ausschließende Regelungsansätze. Das BDSG leitete damit eine Entwicklung ein, die der Bundesgesetzgeber auch Jahrzehnte später fortführte, unbeirrt von den offenkundig zunehmenden Bestrebungen der Landesgesetzgeber, Informationszugangsgesetze zu verabschieden und sie zugleich mit den ebenfalls reformierten Datenschutzgesetzen sorgfältig abzustimmen.[52] Umso mehr fällt der Unterschied zu manchen ausländischen Gesetzgebern auf, die sich, wie vor allem in Kanada,[53] von Anfang an intensiv bemüht haben, den Schutz der personenbezogenen Daten und die Öffentlichkeit der Verwaltungsunterlagen gemeinsam anzugehen und zu regeln. Fast dreißig Jahre nach dem 1. BDSG hat der BT schließlich, ganz nach dem Vorbild der Landesgesetze, 2006 doch noch ein freilich von den Widerständen gegen jegliche Regelung gezeichnetes Gesetz zur Informationsfreiheit verabschiedet.[54] Die Verbindung zum Datenschutz ist schon deshalb kaum zu übersehen,

---

47 *Simitis*, Zwanzig Jahre Datenschutz in Hessen – eine kritische Bilanz, Anhang zu HDSB, 19. TB, S. 147; *ders.* in: FS Coing II, 1982, 511; vgl. auch *Schmidt* JZ 1974, 241; *Egloff*, DVR 7 (1978), 115; *Scherer* JZ 1979, 389; *Bull* ÖVD 11 (1979), 7 f.

48 S. zuletzt va BVerfGE 124, 78; 137, 185; NVwZ 2018, 51; in der Sache haben die beiden Komplexe sich in sehr unterschiedliche Richtungen entwickelt.

49 Zur ursprünglichen Entwicklung vgl. *Bull* in: ders. (Hrsg.), Verwaltungspolitik, 1979, 119; *Schwan*, Amtsgeheimnis oder Aktenöffentlichkeit?, 1984; *Burkert*, Informationszugang und Datenschutz, 1992; *Weber* RDV 2005, 243; zum aktuellen Stand zB *Schoch*, IFG, 2. Aufl. 2016, Einl.; Dreier/Fischer/van Raay/Spiecker gen. Döhmann (Hrsg.), Zugang und Verwertung öffentlicher Information, 2016.

50 Datenschutzrechtliche Belange dagegen sind in allen IFG von Bund und Ländern als dem Zugangsbegehren entgegenstehende Belange normiert (zB § 5 IFG Bund), wobei die konkrete Ausgestaltung des Gegenrechts variiert.

51 Dazu *HDSB*, 14. TB, S. 22 f., 165 ff. und 18. TB, S. 45 ff.; *BlnDSB* JB 1990, 8; *Simitis*, Zwanzig Jahre Datenschutz in Hessen – eine kritische Bilanz, Anhang zu HDSB, 19. TB, S. 147 f.; *Sokol* DuD 1997, 380; *dies.* in: Bäumler (Hrsg.), Der neue Datenschutz, 1998, 35; *Burkert* in: LfD NW (Hrsg.), Neue Instrumente im Datenschutz, 1999, 88; *Dix* in: Freundesgabe für Büllesbach, 2002, 169; *Roßnagel* MMR 2007, 16; und demgegenüber *Langer*, Informationsfreiheit als Grenze informationeller Selbstbestimmung, 1992, insbes. S. 66 ff., 149 ff.; aber auch *Scholz/Pitschas*, Informationelle Selbstbestimmung, 1984, S. 103 ff.; sowie *HDSB/Präsident des Hessischen Landtages*, Informationsfreiheit und Datenschutz, 15. Wiesbadener Forum Datenschutz, 2006; *Ibler*, FS für Peine, 2016, 457 (465 ff.).

52 Vgl. die ersten Informationszugangsgesetze der Länder Brandenburg v. 20.3.1998, GVBl. I, 46, Berlin v. 29.10.1999, GVBl. I, 561, Schleswig-Holstein v. 9.2.2000, GVBl. 2000, 166 und Nordrhein-Westfalen v. 27.11.2001, GVBl. 2001, 806; sowie *LfD Bbg*, TB 2000, S. 130 ff.; *ULD SH*, TB 2001, S. 139 ff., 2004, 159 ff.; *LfD NW*, 16. TB, S. 183 ff.; dazu insbes. Roßnagel/*Sokol*, HB DSR, Kap. 9.1 Rn. 21 ff.; *Dix* DuD 1999, 316; *Bäumler* NJW 2000, 1982; *Weichert* DuD 2000, 262; *Nordmann* RDV 2001, 71; *Sokol* in: FS v. Zezschwitz, 2005, 206.

53 Vgl. insbes. Open and Shut: Enhancing the Right to Know and the Right to Privacy, Report of the Standing Committee on Justice and Solicitor General on the Review of the Access to Information Act and the Privacy Act, 1987; Une vie privée mieux respectée – Un citoyen mieux informé, Commission d'accès à l'information du Québec, Rapport sur la mise en oeuvre de la Loi sur l'accès aux documents des organismes publics et sur la protection des renseignements personnels, 1987; sowie *Burkert*, Informationszugang, 28 ff., 157 ff.

54 Gesetz zur Regelung des Zugangs zu Informationen des Bundes (Informationsfreiheitsgesetz – IFG), BGBl. I, 2005, 2722; dazu insbes. *Rossi*, Informationsfreiheitsgesetz, 2006; *Sokol* CR 2005, 835; vgl. auch *Burkert* in: Lamnek/Tinnefeld (Hrsg.), Globalisierung und informationelle Rechtskultur in Europa, 1998, S. 113; *Trute* VVDStRL 57 (1998), 216; *Angelov*, Grundlagen und Grenzen eines staatsbürgerlichen Informationszugangsanspruchs, 2000; *Kloepfer*, Informationsrecht, 2002; *Schoch/Kloepfer*, Informationsfreiheitsgesetz, 2002; *Masing* VVDStRL 63 (2004), 379.

Simitis/Hornung/Spiecker gen. Döhmann

weil die Aufgaben des eigens eingerichteten „Informationsbeauftragten" dem BfDI übertragen wurden (§ 12 IFG),[55] eine Entscheidung, die sich im Übrigen ganz an das Vorbild der entsprechenden Landesgesetze hält. Hinzu kommen besondere Anforderungen an den Umgang mit Unterlagen, die personenbezogene Daten enthalten (§ 5 IFG).[56]

Zudem: Je weniger der enge Zusammenhang zwischen dem Datenschutz einerseits und der Informationsfreiheit sowie dem Informationsgleichgewicht andererseits bedacht wird, desto deutlicher setzt sich ein privatistisches Verständnis der **gesetzlichen Anforderungen an die Verarbeitung personenbezogener Daten** durch. Allein schon aus Gründen einer besseren Legitimation, aber auch im Hinblick auf eine möglichst unkomplizierte rechtliche Zuordnung, spricht sicherlich viel dafür, die Verarbeitungsvorschriften nur als ein weiteres Beispiel aus der ohnehin recht langen Reihe der Anwendungsfälle des **allgemeinen Persönlichkeitsrechts** anzusehen.[57] Schließlich geht es um die Bedingungen, unter denen Angaben verwertet werden dürfen, die sich auf ganz bestimmte, jederzeit präzisierbare Personen beziehen, deren Interessen also unmittelbar tangiert sind. Insofern ist es in der Tat nur zu verständlich, wenn auf genau jene Rechtsfigur zurückgegriffen wird, die den Einzelnen vor Verletzungen seiner Persönlichkeit schützen soll.[58]

In dem Maße freilich, in dem die Verarbeitung personenbezogener Daten zum Unterfall des **allgemeinen Persönlichkeitsrechts** erklärt wird, verengt sich auch die Regelungsperspektive. Die Auseinandersetzung mit der Verarbeitung und ihren Folgen, mit daraus resultierenden Machtungleichgewichten und Verengungen der Freiheitlichkeit, gerät zum rein individuellen Problem, für dessen Lösung, so scheint es, lediglich die Grundsätze in Betracht kommen können, die ansonsten ebenfalls bei der rechtlichen Bewertung von Eingriffen in individuelle Rechtspositionen zu beachten sind. Schon der zumindest früher hartnäckige Versuch, die Verarbeitung einer bestimmten „Persönlichkeitssphäre" zuzuordnen, ist typisch dafür.[59] Mindestens ebenso bezeichnend sind Konstruktionen, die etwa mit Hilfe eines „Rechts am eigenen Datum" einen individuellen, eigentumsähnlichen Abwehranspruch zu begründen suchen,[60] oder gar die Verarbeitungsanforderungen aus dem „Dateneigentum" der jeweils Betroffenen ableiten.[61] Die Konsequenzen des Verarbeitungsprozesses für die Kommunikationsstruktur einer demokratischen Gesellschaft rücken damit in den Hintergrund. Das Feld beherrschen die Überlegungen darüber, wie sich ein dogmatisch überzeugender Ausgleich zwischen den Herrschaftsansprüchen der einzelnen „Dateneigentümer" erzielen lässt.[62]

2. Die Zäsur: Das Volkszählungsurteil des BVerfG. Der zweite Abschnitt der Geschichte der Datenschutzes steht, anders als die Jahre zuvor, nicht im Vorzeichen der legislativen Aktivität, sondern ganz unter dem Eindruck einer richterlichen Entscheidung: dem **Urteil des BVerfG** v. 15.12.1983 zum VZG 83.[63] Seine Bedeutung ist freilich schwer zu erkennen, solange man sich an den eigentlichen Entscheidungsgegenstand hält, die Verfassungsmäßigkeit des 1982 einstimmig von BT und BR verabschiedeten **Volkszählungsgesetzes.**[64] Weder kann davon die Rede sein, dass sich das BVerfG zum ersten Mal mit den verfassungsrechtlichen Aspekten statistischer Erhebungen beschäftigen musste,[65] noch lässt sich ernsthaft behaupten, der Gesetzgeber habe die Betroffenen dazu zwingen wollen, ähnlich detaillierte Informationen über ihren Gesund-

---

55 Kritisch dazu *Ibler,* FS für Peine, 2016, 457 (465ff. mwN).
56 S. nunmehr die Regelung in Art. 86 und die dortige Kommentierung.
57 Vgl. etwa die Begr. zum RegE eines BDSG, BT-Drs. 7/1027, S. 22; *Gola/Schomerus* § 1 Rn. 6; *Sasse* in: FS Mallmann, 213; *Woertge,* Prinzipien, 1984, S. 80 f.; *Vogelgesang,* Grundrecht auf informationelle Selbstbestimmung?, 1987, S. 39ff. jeweils mwA; aber auch *Pedrazzini* in: FS Furgler, 1984, 316; sowie *Hufen* in: Badura/Dreier (Hrsg.), 50 Jahre BVerfG Bd. 2, 2001, 105 (113 f.).
58 Dazu *Simitis* in: FS für Pedrazzini, 1990, 469 (483 f.); sowie *Hufen* in: Badura/Dreier (Hrsg.), 50 Jahre BVerfG Bd. 2, 2001, 105 (110ff., 116).
59 Dazu insbes. *Tiedemann/Sasse,* Delinquenzprophylaxe, S. 124ff.; *Loschelder* Der Staat 20 (1981), 359 (368); *Gola/Schomerus* § 1 Rn. 6 und demgegenüber *Schmidt* JZ 1974, 241 (243); *Mallmann,* Zielfunktionen, 1977, S. 24ff.; *Eberle* in: Schmidt (Hrsg.), Rechtsdogmatik und Rechtspolitik, 1977, 92; *Simitis* in: FS Pedrazzini, 1990, 469 (482ff.).
60 Vgl. etwa *Meister,* Datenschutz, 1977, S. 117ff.; *ders.* DuD 1983, 163; *ders.* DuD 1984, 162; *ders.* DuD 1986, 173; *Buchner,* Informationelle Selbstbestimmung im Privatrecht, 2006.
61 So schon *Westin,* Privacy and freedom, 1967, S. 324 f.; *Miller,* Der Einbruch in die Privatsphäre, 1973, S. 254ff. Eine Position, die später von Posner im Rahmen einer ökonomischen Analyse des Rechts neu begründet, vgl. *Posner,* Economic analysis of law, 9. Aufl. 2014; *ders.,* 12 Ga.L.Rev. 393 (1978); *ders.,* Overcoming Law, 1995, S. 532, und zumeist in Anlehnung an seine Überlegungen weiter ausgebaut wurde, vgl. etwa *Rule/Hunter* in: Bennett/Grant (Hrsg.), Visions of privacy: Policy choices for the digital age, 1999, S. 168ff.; *Janger* 54 Hastings L.J. 899 (2003); sowie *Kilian* CR 2002, 921; *Ladeur* DuD 2000, 12.
62 Zur aktuellen Diskussion → Rn. 310; zur grds. Kritik vgl. *Simitis* NJW 1984, 398 (400); *Vogelgesang,* Grundrecht auf informationelle Selbstbestimmung?, 1987, S. 141ff.; *Rogall* GA 132 (1985) 11; *Trute* JZ 1998, 825; Roßnagel/*Trute,* HB DSR, Kap. 2.5 Rn. 19ff.; *Pitschas* DuD 1998, 148; *Di Martino,* Datenschutz im europäischen Recht, 2005, S. 47ff.; aber auch *Roßnagel* ZRP 1997, 30; *Weichert* in: FS Kilian, 2004, 281ff.; *Buchner,* Informationelle Selbstbestimmung im Privatrecht, 2006, S. 207 f., 230.
63 BVerfGE 65, 1.
64 BGBl. I 1982, 369. Zu den teilweise gravierenden Mängeln des Gesetzes, vor allem der mangelnden Trennung von Statistik und Verwaltungsvollzug vgl. den Zwischenbericht des *HDSB* zur Volkszählung 1983 v. 14.3.1983, LT-Drs. 10/573; *Simitis* NJW 1984, 398 (404).
65 Vgl. BVerfGE 27, 1.

heitszustand oder gar ihre privaten Lebensgewohnheiten preiszugeben, wie etwa beim Anfang der Sechzigerjahre durchgeführten Mikrozensus.

29 Die Tragweite der Entscheidung wird vielmehr erst verständlich, wenn man den **Symbolwert** der für 1983 geplanten **Volkszählung** bedenkt. Was zunächst ganz nach einem reinen Routinevorgang aussah, geriet zunehmend zum Kristallisationspunkt all jener Befürchtungen, die eine bei jedem Behördengang genauso wie am eigenen Arbeitsplatz tagtäglich erfahrbare, dank einer ständig weiterentwickelten Informationstechnologie konsequent verfeinerte Datenerhebung weckte. Mit der Volkszählung schlug gleichsam eine bis dahin nur individuelle Erfahrung in ein kollektives Erlebnis um: Jede Bürgerin und jeder Bürger sah sich zu genau dem gleichen Zeitpunkt mit genau den gleichen Informationsanforderungen konfrontiert. Kein Wunder, wenn sich deshalb Zweifel und Kritik keineswegs auf einen bestimmten Bevölkerungsteil beschränkten. Vor allem die Erfahrungen der Datenschutzbeauftragten belegen deutlich genug: Der **Protest gegen die Volkszählung** lässt sich mit traditionellen Kriterien wie etwa dem Beruf, dem Einkommen, der sozialen Stellung, dem Bildungsgrad oder den politischen Überzeugungen weder lokalisieren noch erklären.[66] Genauso wenig überrascht es aber auch, dass sich der Protest, so unterschiedlich er im Übrigen ausgefallen sein mag, immer wieder um die eine Frage drehte, ob die Volkszählung nicht doch die Grundlage für eine schrankenlose, durch die automatisierte Verarbeitung begünstigte Verknüpfung der unzähligen, von den verschiedensten staatlichen und privaten Stellen bereits gespeicherten Daten abgeben könnte. Kurzum, im Widerstand gegen die Volkszählung manifestierte sich das tiefe Misstrauen gegenüber einer in ihren Konsequenzen kaum durchschaubaren, allein schon ihres rasanten Wandels wegen immer unheimlicheren Informationstechnologie, die aus der Perspektive der Betroffenen allzu leicht dazu führen könnte, steuernd in ihr Verhalten einzugreifen und ihnen damit jede Chance nehmen würde, ihr Leben nach ihren Vorstellungen zu gestalten.[67]

30 Genau dieser Hintergrund bestimmt die Argumentation des BVerfG. Konkret: Das Gericht verzichtet bewusst darauf, den nächstliegenden Weg zu gehen, sich also ausschließlich zum VZG zu äußern. Die Reaktion der Bevölkerung, ihre „Furcht vor einer unkontrollierten Persönlichkeitserfassung" ist in den Augen des Gerichts Anlass genug, um sich zunächst ausführlich damit auseinanderzusetzen, welche Anforderungen die Verfassung an die Verarbeitung personenbezogener Daten stellt.[68] Eben deshalb reicht die Bedeutung der Entscheidung weit über den konkreten Konflikt hinaus. Das Gericht hat – teilweise aufbauend auf wissenschaftlichen Vorüberlegungen[69] – mit seinen insofern in der Tat bewusst programmatischen Aussagen[70] den Rahmen für alle künftigen Überlegungen zum **Umgang mit personenbezogenen Daten in Deutschland** – jedenfalls bis zur zunehmenden Europäisierung – verbindlich abgesteckt. Der Entscheidung lassen sich besonders **acht Vorgaben** entnehmen.

31 Die **Zulässigkeit der Verarbeitung** ist, erstens, zunächst und vor allem eine **verfassungsrechtliche Frage**. Wer nicht weiß, ob und von wem Informationen zu seiner Person zusammengestellt werden, büßt die Chance ein, die Konsequenzen seines Verhaltens ebenso wie die Reaktionen seiner Kommunikationspartner verlässlich einzuschätzen, und verzichtet mit zunehmender Unsicherheit auf die Ausübung seiner Grundrechte. Die Verarbeitung bedroht aber damit nicht nur die „individuellen Entfaltungschancen des Einzelnen", sie gefährdet vielmehr zugleich die Funktionsfähigkeit „eines auf die Handlungs- und Mitwirkungsfähigkeit seiner Bürger begründeten freiheitlichen demokratischen Gemeinwesens".[71] Genau genommen kehrt das Gericht mit diesen Feststellungen zum Ausgangspunkt der Diskussion über die Notwendigkeit einer Regelung der Verarbeitung personenbezogener Daten zurück. Es stellt in einer freilich sehr viel deutlicheren und präziseren Sprache den schon vom hessischen Gesetzgeber[72] betonten, vom Bundesgesetzgeber dagegen vernachlässigten verfassungsrechtlichen Konnex wieder her: **Datenschutz ist als Grundrechtschutz** Rückgrat einer freiheitlichen Demokratie.[73]

32 Weil die Möglichkeiten des Einzelnen, sich den eigenen Vorstellungen entsprechend zu entwickeln, auch und gerade vom **Umgang mit den Daten**, die seine Person betreffen, abhängen, muss, zweitens, die Entscheidung, ob und in welchem Umfang die jeweiligen Angaben verarbeitet werden dürfen, zuvörderst ihm überlassen bleiben. In einer Gesellschaft, in der dank der automatisierten Datenverarbeitung personenbezo-

---

66 Vgl. *HDSB*, 12. TB, S. 9 f.; *Simitis* KritV 77 (1994), 122 f.
67 Dazu *Simitis* KritV 83 (2000), 359.
68 BVerfGE 65, 1 (41 ff.).
69 S. zB bei *Steinmüller et al.*, Grundfragen des Datenschutzes, 1971; *Podlech*, Datenschutz im Bereich der öffentlichen Verwaltung, 1973; *ders.* DVR 5 (1976), 23; *Benda*, FS Geiger, 1974, 23 ff.; *Gallwas* Der Staat 18 (1979), 507; *Heußner* VSSR 7 (1979), 293; *ders.*, FS Wannagat, 1981, 173; *Bull*, Ziele und Mittel des Datenschutzes, 1981; sa *Hornung*, Grundrechtsinnovationen, 2015, S. 266 ff.
70 *Bäumler* JR 1984, 361; *Simitis* KritV 83 (2000), 361.
71 BVerfG 65, 1 (43).
72 → Rn. 13; *Simitis*, Zwanzig Jahre Datenschutz in Hessen – eine kritische Bilanz, Anhang zu HDSB, 19. TB, S. 141 ff.
73 *Spiecker gen. Döhmann* VVDStRL 2018, 9 (55).

gene Angaben unbegrenzt speicherbar, zudem „jederzeit ohne Rücksicht auf Entfernungen in Sekundenschnelle abrufbar sind" und schließlich „mit anderen Datensammlungen zu einem teilweise oder weitgehend vollständigen Persönlichkeitsbild zusammengefügt werden (können), ohne dass der Betroffene dessen Richtigkeit und Verwendung zureichend kontrollieren kann",[74] zählt deshalb die **„informationelle Selbstbestimmung"**[75] zu den Grundvoraussetzungen einer freien Entfaltung der Persönlichkeit.

Die Anbindung der informationellen Selbstbestimmung an die Verfassung zwingt, drittens, dazu, mögliche 33 **Einschränkungen** in einer für die Betroffenen ebenso erkennbaren wie klaren Weise gesetzlich zu regeln,[76] ein Ziel das sich letztlich nur mit Hilfe **bereichsspezifischer** Vorschriften erreichen lässt.

Der Vorrang der informationellen Selbstbestimmung mag, viertens, noch so klar feststehen, sie ist dennoch 34 **nicht uneingeschränkt gewährleistet.** Personenbezogene Daten vermitteln keineswegs nur Informationen über die jeweils konkret Betroffenen, sie sind zugleich „Abbild sozialer Realität"[77] und insofern tendenziell stets auch Ansatzpunkt einer nicht zuletzt auf die Kenntnis der individuellen Situation angewiesenen gesellschaftlichen, wirtschaftlichen und staatlichen Aktivität. Die Priorität der informationellen Selbstbestimmung hat aber zur Folge, dass der Betroffene nur ausnahmsweise übergangen werden darf, genauer, lediglich in den Fällen, in denen ein „überwiegendes Allgemeininteresse" für eine Verarbeitung spricht.[78] Die Entscheidung der Betroffenen ist, anders ausgedrückt, keine beliebig überwindbare Barriere. Zudem: Mit dem bloßen Hinweis auf ein wie immer näher umschriebenes „überwiegendes Allgemeininteresse" ist es nicht getan. Die Daten bleiben vielmehr so lange unzugänglich wie die je spezifischen Informationserwartungen nicht vom Gesetzgeber sanktioniert worden sind, und zwar mit Vorschriften, die es auch und vor allem den Betroffenen ermöglichen, jederzeit nachzuvollziehen, unter welchen Bedingungen eine Verarbeitung überhaupt in Betracht kommt.[79]

Weder das Vorrecht der Betroffenen, selbst über die Verarbeitung zu entscheiden, noch die Verpflichtung, 35 Ausnahmen gesetzlich festzuschreiben, sind, fünftens, an die Nutzung ganz bestimmter Angaben gebunden. Welche Folgen die Verarbeitung haben kann, lässt sich erst beurteilen, wenn Gewissheit darüber besteht, wofür die einzelnen Angaben jeweils verwendet werden sollen. **„Belanglose" Daten** gibt es deshalb nicht.[80] Die Verarbeitungsregelung muss sich infolgedessen ausschließlich an der „Personenbezogenheit" und nicht an der „Art der Angaben" orientieren.

Sowohl die Betroffenen als auch der Gesetzgeber können sich, sechstens, lediglich so lange ein verlässliches 36 Bild der potenziellen Verarbeitungsfolgen machen, wie sie in der Lage sind, den Verarbeitungsprozess möglichst genau zu überblicken. Je konsequenter freilich der wahrscheinlich markanteste Vorteil einer automatisierten Verarbeitung genutzt wird, die **multifunktionale Verwendung** der jeweils gespeicherten Angaben in Rekombination mit anderen Datenbeständen, desto undurchsichtiger gestaltet sich der Verarbeitungsprozess. Abhilfe kann unter diesen Umständen lediglich eine strenge **Zweckbindung** schaffen.[81]

Die Verpflichtung, jede Verarbeitung an einem von vornherein festgelegten, klar erkennbaren Zweck auszurichten, schränkt, siebtens, nicht nur Übermittlungen zwischen privaten Stellen, sondern auch und gerade 37 die Weiterleitung personenbezogener Daten innerhalb der öffentlichen Verwaltung ein. Die Übermittlung darf die Bindung an den ursprünglichen Erhebungszweck nicht gefährden. Eine Weitergabe kommt daher grundsätzlich nur in Betracht, wenn die jeweils zur Debatte stehenden Daten von den beteiligten Stellen zur Erfüllung dieses Zwecks benötigt werden. Die **öffentliche Verwaltung** ist – ebenso wie verflochtene Unternehmen der Privatwirtschaft – keine Informationseinheit, innerhalb derer personenbezogene Angaben grundsätzlich frei ausgetauscht werden können. Der Gesetzgeber muss deshalb für einen **„amtshilfefesten Schutz gegen Zweckentfremdung"** sorgen[82] und darüber hinaus die im Interesse einer **„informationellen Gewaltenteilung"** notwendigen Vorkehrungen treffen.[83] Dies entspricht dem Schutzauftrag im privatwirtschaftlichen Bereich gegen ubiquitäre und zweckfremde Datenübermittlungen.

Ein **wirksamer Schutz der informationellen Selbstbestimmung** setzt, achtens, mehr voraus als nur ein Entscheidungsvorrecht der Betroffenen sowie eine gezielte Intervention des Gesetzgebers überall dort, wo dieses 38 Vorrecht eingeschränkt werden soll. Beides trägt sicherlich dazu bei, den Verarbeitungsprozess durch-

---

74 BVerfG 65, 1 (42).
75 BVerfG 65, 1 (43); dieser Begriff findet sich wohl erstmals bei *Steinmüller et al.*, Grundfragen des Datenschutzes, 1971, S. 93; zur Begriffsgenese und zur Innovationsgeschichte des Rechts auf informationelle Selbstbestimmung s. *Hornung*, Grundrechtsinnovationen, 2015, S. 266ff.
76 BVerfG 65, 1 (44), aber auch 46.
77 BVerfG 65, 1 (44).
78 BVerfG 65, 1 (44); sowie BVerfGE 78, 77 (85); 84, 192 (195).
79 BVerfG 65, 1 (46).
80 BVerfG 65, 1 (45).
81 BVerfG 65, 1 (45).
82 BVerfG 65, 1 (46).
83 BVerfG 65, 1 (69).

sichtiger zu gestalten sowie dessen Konsequenzen rechtzeitig offen zu legen. Den Chancen der Betroffenen, die Verarbeitungs- und Verwaltungsabläufe wirklich zu durchschauen, sind freilich allein schon im Hinblick auf die Komplexität des Verarbeitungsprozesses Grenzen gesetzt. Erst recht dürften sie kaum in der Lage sein, auf die konstante Veränderung der Informations- und Kommunikationstechnologie mit Vorschlägen zu reagieren, die es erlauben könnten, den Auswirkungen auf die Verarbeitung personenbezogener Daten zuvorzukommen. Nichts anderes gilt letztlich für die gesetzliche Regelung. Sie beschränkt sich zwangsläufig auf abstrakte Vorgaben, sagt also nichts über die Art und Weise aus, in der sich der Umgang mit den jeweiligen Daten tatsächlich abspielt. Die gesetzlichen Vorschriften spiegeln zudem, wie sich gerade an der Erfahrung mit den Verarbeitungsbestimmungen leicht ablesen lässt (→ Rn. 6ff.),[84] immer nur einen bestimmten Technologiestand wider. Wenn deshalb nicht nur ein Höchstmaß an **Transparenz** gesichert, sondern auch die **Präventivfunktion** der gesetzlichen Vorschriften garantiert werden soll, muss der Verarbeitungsprozess in jeder seiner Phasen der **Kontrolle** durch eine eigens dafür eingerichtete, **unabhängige Instanz**, den **Datenschutzbeauftragten** bzw. die **Aufsichtsbehörde**, unterliegen.[85]

39 Das BVerfG hat mit dem Volkszählungsurteil die Bedingungen der Verarbeitung personenbezogener Daten neu definiert. Die unmittelbare Anbindung der informationellen Selbstbestimmung an das Grundgesetz schließt jeden Zweifel an der Bedeutung der Datenschutzgesetze aus, die unmissverständliche Forderung nach einer klaren Zweckbindung schränkt den Verarbeitungsradius von vornherein nachhaltig ein, die ausdrückliche Bekräftigung der Notwendigkeit einer **unabhängigen Kontrollinstanz** stärkt schließlich die Stellung der Datenschutzbeauftragten und erteilt allen Bestrebungen eine Absage, ihre Rechte zu unterlaufen. Die Erwartungen an den Gesetzgeber waren, so gesehen, groß.[86] Er konnte sich in Anbetracht der vom BVerfG formulierten Grundsätze weder einer gründlichen Revision des BDSG noch und erst recht der Verabschiedung einer Vielzahl bereichsspezifischer Regeln entziehen.[87] Doch so deutlich die Vorgaben des Gerichts waren, so ausgeprägt waren auch die **Widerstände** gegen jeden Versuch, sie konsequent umzusetzen.[88] Die ungewöhnlich heftige Kritik der Entscheidung, ja die unverhohlene Aufforderung, sie möglichst schnell zu den Akten zu legen, ist bezeichnend dafür.[89]

40 Die Folgen machten sich sehr bald bemerkbar, zunächst indirekt: Bund und Länder waren sich in einem Punkt sofort einig. Welche Korrekturen wann erfolgen müssten, dürfe nur vom jeweils zuständigen Gesetzgeber bestimmt werden. Etwas anderes habe lediglich für das vom BVerfG beanstandete VZG zu gelten. Seine Revision dulde keinen Aufschub.[90] Ansonsten könne der Gesetzgeber wie in allen anderen vergleichbaren Fällen einen „Übergangsbonus" für sich in Anspruch nehmen.[91] Diese grds. zutreffende Überlegung hätte den Gesetzgeber allerdings nicht von der Verpflichtung entbinden können, zumindest einen Zeitplan, nicht zuletzt mit Hilfe einer Prioritätenskala der erforderlichen Regelungen, aufzustellen.[92] So verdichtete sich unweigerlich der Eindruck, dass nicht die Revision des geltenden Rechts, sondern die Aufrechterhaltung des status quo das eigentliche Ziel war.[93]

41 Im Ergebnis hat sich vor allem eine Reihe von Landesgesetzgebern, in erster Linie aber der hessische Gesetzgeber,[94] bemüht, den Anforderungen des Volkszählungsurteils ohne einen allzu großen Zeitverlust gerecht zu werden. Der Bundesgesetzgeber hat dagegen ausgesprochen zögerlich reagiert.[95] Soweit es zudem überhaupt zu Regelungen kam, war der Regelungsgrund lange Zeit nicht so sehr eine an den Anforderungen des Volkszählungsurteils orientierte kritische Überprüfung bestehender Verarbeitungsaktivitäten, sondern vor allem die gesetzliche Absicherung neuer, aus der Perspektive der öffentlichen Stellen besonders

---

84 Sa *Simitis*, Zwanzig Jahre Datenschutz in Hessen – eine kritische Bilanz, Anhang zu HDSB, 19. TB, S. 152 f.; *ders.* in: Sokol (Hrsg.), Neue Instrumente, 5ff.

85 BVerfG 65, 1 (46); vgl. auch BVerfGE 67, 157 (185).

86 Dazu *Benda* DuD 1984, 86; *Heußner* SGB 7/1984, 279; *ders.* AuR 1985, 309; *Simitis* NJW 1984, 398; *ders.* CR 1987, 602.

87 Vgl. Tätigkeitsbericht des Bundesbeauftragten für Datenschutz 1984, BT-Drs. 10/2777, 87ff; Stellungnahme des *BfD* DÖV 1984, 504; sowie *HDSB*, 12. TB, S. 14ff.

88 Dazu *Simitis* KritV 83 (2000), 359.

89 Vgl. etwa *Schneider* DÖV 1984, 161; *Meister* DuD 1984, 162; *ders.* DuD 1985, 173; *Rogall* GA 132 (1985), 1; *Zöllner* RDV 1985, 3; *Miller* DuD 1986, 7 (13); *Ehmann* RDV 1989, 64 (64 f.), dazu auch *Donos*, Datenschutz, 1998, S. 71ff.; *Di Martino*, Datenschutz im europäischen Recht, 2005, S. 36ff.

90 Die Neufassung wurde in der Tat keine zwei Jahre später vorgelegt, vgl. das Gesetz über eine Volks-, Berufs-, Gebäude-, Wohnungs- und Arbeitsstättenzählung v. 8.11.1985, BGBl. I, 2078.

91 Dazu aus der Rspr. vor dem Volkszählungsurteil BVerfGE 33, 1 (12 f.); 33, 303 (347 f.); 41, 251 (266); 51, 268 (287).

92 Vgl. *BfD*, 9. TB, S. 7; *HDSB*, 15. TB, S. 20; sowie *Simitis* CR 1987, 602 (604 f.); *Simitis/Fuckner* NJW 1990, 2714.

93 S. Simitis/*ders.* Einl. Rn 39ff. mwN.

94 Neben der Novellierung des HDSG (GVBl. I 1986, 309) betraf das auch die Verabschiedung des ArchG (GVBl. I 1989, 270), des KrankHG (GVBl. I 1989, 452), des HSOG (GVBl. I 1990, 197) und des LVerfSchG (GVBl. I 1990, 753).

95 Vgl. auch *Simitis* KritV 83 (2000), 370 f.

dringlicher Verarbeitungsvorhaben.[96] Ganz in diesem Sinn wurden die vorhandenen Informationssysteme, etwa durch das „Zentrale Verkehrsinformationssystem" (ZEVIS),[97] genauso konsequent weiter ausgebaut, wie dem Wunsch der öffentlichen Verwaltung Rechnung getragen, einen „maschinenlesbaren Personalausweis"[98] einzuführen, um die Vorteile der Automatisierung für einen breiteren Informationsaustausch besser zu nutzen. **Sieben Jahre dauerte es dagegen bis zur Verabschiedung des novellierten BDSG** im Dezember 1990 (→ Rn. 59ff.). Weitere sieben mussten vergehen, ehe es endlich zu einer Regelung der Verarbeitung personenbezogener Daten durch das **BKA** kam.[99] Manches unter Verarbeitungsgesichtspunkten überaus wichtige Gesetz, wie die **StPO**, wurde überdies, zumeist freilich im Hinblick auf neue Tatbestände, nur sehr zögerlich korrigiert. Eine Entscheidung darüber, wann und unter welchen Bedingungen es zu einer neuen **Volkszählung** kommen konnte, ist erst 2001 gefällt worden. Mehr als siebzehn Jahre hat es also gedauert, bis, ganz nach den Vorstellungen des BVerfG,[100] mit dem „registergestützten Zensus" eine Alternative zur scheinbar unersetzlichen „Totalerhebung" gefunden wurde.[101] In anderen, mindestens ebenso zentralen Verarbeitungsbereichen fehlte es schließlich nach wie vor an einer bereichsspezifischen gesetzlichen Regelung.

Bei dem Versuch, die Übergangsfrist zu instrumentalisieren, um die notwendigen Korrekturen und Ergänzungen, wenn nicht zu verhindern, so doch soweit wie möglich zu verzögern, ist es jedoch nicht geblieben. Parallel dazu verstärkten sich die Bestrebungen, Bedeutung und Tragweite der Entscheidung zur Volkszählung direkt in Frage zu stellen. Typisch dafür waren schon die gleich nach ihrer Verkündung einsetzenden (und erst nach etwa einer Dekade abebbenden) Bemühungen, ihren Anwendungsbereich einzuschränken.[102] Keiner dieser Kritikpunkte hat sich durchsetzen können, und das **Recht auf informationelle Selbstbestimmung** hat im Anschluss sowohl in der Rspr. des BVerfG und anderer Gerichte als auch in der Literatur eine **beeindruckende Diffusionsgeschichte** erfahren.[103] Mit Verschiebungen des normativen Inhalts (die durch andere Rechtsprechungstraditionen und andere textliche Grundlagen bedingt sind) gilt dies auch für die Rspr. des EuGH, des EGMR und ausländischer Gerichte. 42

Aber auch das Volkszählungsurteil selbst wurde, so überraschend es zunächst klingen mag, herangezogen, um unerwünschte Verarbeitungsbarrieren möglichst auszuschließen. Als Anknüpfungspunkt diente jene Passage, in der das BVerfG ausdrücklich feststellt, dass die informationelle Selbstbestimmung im „überwiegenden Allgemeininteresse" eingeschränkt werden kann.[104] Das Gericht hatte allerdings ebenso deutlich betont, dass die schlichte Berufung auf dieses keinesfalls ausreicht.[105] Erst eine sorgfältige Abwägung der jeweils präzise anzugebenden Verarbeitungsinteressen der Allgemeinheit und der potenziellen Verarbeitungskonsequenzen für die Betroffenen kann ergeben, inwieweit das „Allgemeininteresse" den Vorrang verdient. Weil zudem jede Einschränkung der informationellen Selbstbestimmung eine entsprechende gesetzliche Regelung voraussetzt,[106] müssen die an einer Verarbeitung interessierten staatlichen Stellen ihre Erwartungen öffentlich legitimieren und können sie nur in dem Umfang den Betroffenen gegenüber geltend machen, indem sie vom Gesetzgeber akzeptiert worden sind. 43

---

96 Mikrozensusgesetz, BGBl. I 1985, 955; Paßgesetz und Gesetz zur Änderung personalausweisrechtlicher Vorschriften, BGBl. I 1986, 545; Bundesstatistikgesetz, BGBl. I 1987, 462; Gesetz zur Änderung des Straßenverkehrsgesetzes, BGBl. I 1987, 486; Bundesarchivgesetz, BGBl. I 1988, 62.

97 Dazu *BfD*, 7., S. 27f. und 8. TB, S. 23ff.; *HDSB*, 13. TB, S. 99ff.; *HmbDSB*, 3. TB, S. 85ff. und 5. TB, S. 74 f.; sowie *LfD BW*, 5. TB, S. 63ff.

98 Dazu *BfD*, 6. TB, S. 6ff., 7. TB, S. 7ff., 8. TB, S. 8ff. und 9. TB, S. 14 f.; *HDSB*, 12. TB, S. 52ff., 13. TB, S. 93ff. und 14. TB, S. 190 f.; sowie *LfD BW*, 5. TB, S. 15 f.; *Hornung*, Die digitale Identität, 2005, S. 405ff. mwN.

99 Gesetz über das Bundeskriminalamt und die Zusammenarbeit des Bundes und der Länder in kriminalpolizeilichen Angelegenheiten, BGBl. I 1997, 1650.

100 BVerfG 65, 1 (55 f.).

101 Gesetz zur Vorbereitung eines registergestützten Zensus, BGBl. I 2001, 1882.

102 Sie sei, so hieß es wieder und wieder, nur bei künftigen statistischen Erhebungen zu beachten (*Hartleb* DVR 13 (1984), 99 (104)), wirke sich lediglich auf die automatisierte Verarbeitung aus (*Roewer* NJW 1985, 775; *Rogall* GA 132 (1985), 13; *Ehmann* RDV 1989, 64 (66)), ändere nichts an der Amtshilfe (*Krause* JuS 1984, 268 (273); *Meydam* DuD 1985, 17) und spiele grundsätzlich keine Rolle bei einer Verwendung personenbezogener Daten durch nicht-öffentliche Stellen (*Zöllner* RDV 1985, 3; vgl. auch *Ehmann* AcP 188 (1988), 298 (303)). Was schließlich die generellen Überlegungen zur informationellen Selbstbestimmung angehe, so könnten sie über die Fälle einer zwangsweisen Erhebung hinaus ohnehin nur wenig eine Bindungswirkung beanspruchen (so *Vogelgesang*, Grundrecht auf informationelle Selbstbestimmung?, 1987, S. 87; *Kniesel* Die Polizei, 1985, 171; *Ehmann* AcP 188 (1988), 298 (301 f.); *ders.* RDV 1989, 64; vgl. auch *Rebmann* NJW 1985, 4; *Vahle* DSB 10/1986, 2 f.), wie die Bemerkungen zur Erforderlichkeit einer Kontrolle des Verarbeitungsprozesses durch unabhängige Datenschutzbeauftragte (*Vogelgesang*, Grundrecht auf informationelle Selbstbestimmung?, 1987, S. 88). Die Notwendigkeit einer umfassenden Regelung auch für den nicht-öffentlichen Bereich wurde damit genauso offen angezweifelt wie ein tendenziell uneingeschränktes Kontrollrecht der Datenschutzbeauftragten und Aufsichtsbehörden.

103 S. nur ein gutes halbes Jahr später BVerfGE 67, 100 (143 f.); zur Verbreitung in Deutschland und (eingeschränkt) im Ausland näher *Hornung*, Grundrechtsinnovationen, 2015, S. 273ff. mwN.

104 BVerfG 65, 1 (44).

105 Dazu auch *Simitis* KritV 83 (2000), 365.

106 BVerfG 65, 1.

44 Genau diese Reihenfolge wurde freilich von manchen nicht eingehalten, sondern auf den Kopf gestellt, indem der Akzent eindeutig auf die „Allgemeininteressen" gelegt wurde.[107] So fiel es auch nicht schwer, sich auf den Standpunkt zu stellen, dass das Volkszählungsurteil letztlich mit der **Priorität der „Allgemeininteressen"** nur den Grundsatz bestätigt hat, nach dem sich die öffentliche Verwaltung ohnehin richtet.[108] Die „Allgemeininteressen" verwandeln sich damit in eine Art „Über-Generalklausel", die es dank ihrer kaum zu übertreffenden Elastizität erlaubt, nahezu jede von öffentlichen Stellen nicht zuletzt unter Berufung auf die Rationalität und Effizienz ihrer Tätigkeit formulierte Verarbeitungserwartung zu erfüllen.[109] Mehr noch, die „Allgemeininteressen" werden in Verbindung mit der vom BVerfG ebenfalls betonten „Gemeinschaftsbezogenheit und Gemeinschaftsgebundenheit" des Einzelnen[110] auch als Gestaltungsrichtlinie für die Regelung der Verarbeitungsvorgänge im nicht-öffentlichen Bereich angesehen.[111] Deutlicher denn je wird aber damit die Entscheidungsprämisse des BVerfG ins Gegenteil verkehrt. Nicht die Einschränkung der informationellen Selbstbestimmung muss begründet, sondern das Entscheidungsvorrecht der Betroffenen gerechtfertigt werden.

45 Den im Volkszählungsurteil formulierten Verarbeitungsgrundsätzen wurde schließlich eine **Reihe von Gegenprinzipien** gegenübergestellt. So wurde die informationelle Selbstbestimmung mit dem „Grundrecht auf Sicherheit" konfrontiert,[112] die Zweckbindung und das damit verbundene Verbot einer Datensammlung auf Vorrat mit der staatlichen Pflicht zur „Informationsvorsorge",[113] die Forderung nach einer strikt funktionalen Trennung der Verarbeitung mit dem rechtsstaatlichen Gebot „administrativer Verfahrenseffizienz"[114] sowie die Erwartung, gerade die Gefahren einer automatisierten Verarbeitung besonders zu bedenken, mit dem nachdrücklichen Hinweis auf die besondere Bedeutung, die besonders dieser Verarbeitungsform für eine Erfüllung staatlicher Aufgaben zukomme.[115] Das Ziel liegt auf der Hand: Der Kontrast soll einen Abwägungsprozess gleichsam erzwingen und so eine direkte Anwendung der vom BVerfG aufgestellten Grundsätze verhindern. Einmal mehr geht es also darum, die Bedeutung des Volkszählungsurteils möglichst zu **relativieren**.

46 **Zweifel** und **Widerstände** ließen etwa zehn Jahre nach dem Urteil nach. Dazu trug die Erkenntnis bei, dass die Entscheidung des BVerfG zum VZG 83, in den Worten der Autoren einer der wohl schärfsten kritischen Analysen des Volkszählungsurteils,[116] ein „Meilenstein auf dem Weg in die Zukunft der Informationsgesellschaft" ist. Das rechtliche Fundament der informationellen Selbstbestimmung war also, dank der Entscheidung des BVerfG und der weiteren Entwicklung der Rechtsprechung, solider denn je. Die Regelungsinstrumente wurden dafür umso brüchiger.

47 Die Zeit, in der Bundes- und Landesgesetzgeber meinten, grundsätzlich mit einem einzigen Gesetz auskommen zu können, war spätestens mit dem Volkszählungsurteil beendet. Wenn der Forderung nach einer gesetzlichen Grundlage, aus der sich die jeweiligen Beschränkungen der informationellen Selbstbestimmung „klar und für den Bürger erkennbar" ergeben müssen,[117] wirklich Rechnung getragen werden soll, dann muss sich der Akzent eindeutig auf **bereichsspezifische Regelungen** verschieben. Dem Gesetzgeber bleibt, so gesehen, nichts anderes übrig, als sich mehr und mehr auf die konkreten Verarbeitungszusammenhänge zu konzentrieren, um in Kenntnis ihrer Besonderheiten ein verfassungskonformes Normengerüst zu entwickeln.[118] Generelle Aussagen, wie sie bis zur Entscheidung des BVerfG üblich gewesen sind, werden in den Hintergrund gedrängt. Sie haben nur noch eine komplementäre „Auffangfunktion", helfen also dort aus, wo es an bereichsspezifischen Bestimmungen fehlt.[119] Es gilt also ein breit gefächertes, an genau umschrie-

---

107 Vgl. auch *Simitis* CR 1987, 602 (604).
108 Vgl. zu diesem Grundsatz schon BVerwG, NJW 1988, 1863; NJW 1990, 2761 (2762); NJW 1990, 2765 (2766); NJW 1990, 2768 (2769 f.).
109 Dazu auch *Nitsch* ZRP 1995, 361 (364); *Hoffmann-Riem* AöR 123 (1998), 513; *Pitschas* in: Verhandlungen des 62. DJT, Bd. II/1 (1998) M 9; sowie *Simitis* KritV 83 (2000), 361.
110 BVerfG, 65, 1.
111 So zB *Vogelgesang*, Grundrecht auf informationelle Selbstbestimmung?, 1987, S. 189, 194ff.
112 *Isensee*, Das Grundrecht auf Sicherheit, 1983, insbes. S. 21 f., 2ff.; *Scholz/Pitschas*, Informationelle Selbstbestimmung, 1984, S. 110ff.; aber auch *Vogelgesang*, Grundrecht auf informationelle Selbstbestimmung?, 1987, S. 193 f.
113 *Scholz/Pitschas*, Informationelle Selbstbestimmung, 1984, S. 101ff., 132ff.; *Vogelgesang*, Grundrecht auf informationelle Selbstbestimmung?, 1987, S. 190 f.
114 *Scholz/Pitschas*, Informationelle Selbstbestimmung, 1984, S. 116ff.; *Scholz* Der Landkreis 1987, 156 (157); *Hartleb* DVR 13 (1984), 99 (105 f.); *Schickedanz* BayVBl. 1984, 705 (708).
115 *Scholz* Der Landkreis 1987, 156; vgl. auch *Loschelder* Der Staat 20 (1981), 359 (372); *Isensee* DÖV 1983, 565 (568 f.); *Kloepfer*, Datenschutz als Grundrecht, 1980, S. 10.
116 *Scholz/Pitschas*, Informationelle Selbstbestimmung, 1984, S. 12.
117 BVerfGE 65, 1 (44).
118 Vgl. *HDSB*, 12. TB, S. 14ff.; sowie *Bäumler* JR 1984, 361; *Benda* DuD 1984, 89 f.; *Simitis* NJW 1984, 398 (402); ders. CR 1987, 602 (605 f.); allgemein für die DSGVO → Rn. 226ff.; diese lässt nach Art. 6 Abs. 2 und 3 insbes. bereichsspezifische Regelungen im öffentlichen Bereich zu, → Art. 6 Abs. 1 Rn. 1ff.
119 *Simitis* CR 1987, 602 (605).

Simitis/Hornung/Spiecker gen. Döhmann

benen Verarbeitungszusammenhängen orientiertes Regelsystem aufzubauen, das die Anwendung der allgemeinen Vorschriften zwar gezielt reduziert, nicht jedoch eliminiert. Der unbestreitbare Vorrang bereichsspezifischer Bestimmungen kommt mit anderen Worten keineswegs einem, sei es auch nur langfristigen, Verzicht auf jegliche übergreifende Regelung gleich.

Inwieweit es jedoch einer eigenen Regelung bedarf oder ob es bei bestimmten, für eine Reihe anderer Verarbeitungszusammenhänge ebenso geltenden und deshalb allgemeiner formulierten Erwartungen bleiben kann, lässt sich erst beantworten, wenn über die Verarbeitungsinteressenten, ihre Motivationen und Ziele, die vorgesehenen Verarbeitungsmodalitäten sowie die gewünschten Daten Klarheit besteht, und so auch und gerade über die potenziellen Auswirkungen auf die Betroffenen. Zudem: Eine bereichsspezifische Reaktion setzt nicht notwendigerweise eine besondere, gleichsam als Gegenstück zu den Datenschutzgesetzen konzipierte, ausschließlich auf einen präzise umrissenen Verarbeitungszusammenhang beschränkte gesetzliche Regelung voraus.[120] Im Gegenteil, Zweck und Tragweite der jeweils in Frage kommenden Verarbeitungsvorschriften sind nur richtig zu beurteilen, wenn sie, wie sich etwa an den Bestimmungen über Meldedaten, die Verwertung von Patientendaten im Krankenhausbereich oder der polizeiliche Datenverarbeitung zeigt, von Anfang als Teil einer Gesamtregelung konzipiert werden, die in erster Linie dazu dient, Struktur, Funktion und Kompetenzen der konkret verantwortlichen Stelle festzulegen.[121] Der Regelungsumfang richtet sich im Übrigen einmal mehr nach den sich aus dem je spezifischen Verarbeitungszusammenhang ergebenden Erfordernissen. Intensität und Dichte der legislativen Intervention mögen sich deshalb, gemessen an ihrem bisherigen Verlauf, zwangsläufig beträchtlich erhöhen. Die vom BVerfG postulierte **Priorität bereichsspezifischer Regelungen** muss aber deshalb weder eine schier grenzenlose Normeninflation, noch und erst recht ein Normendickicht zur Folge haben, das selbst den besten Vorsatz illusorisch erscheinen lässt, die vom Gericht im Interesse des Betroffenen geforderte Transparenz der Verarbeitung sicherzustellen.[122] 48

3. Die Neubestimmung der gesetzlichen Grundlagen: Vom 3. HDSG bis zur Novellierung des BDSG. 1986, 49 sechzehn Jahre nach dem ersten weltweiten Datenschutzgesetz, war es **wiederum der hessische Gesetzgeber**, der als erster nicht nur die Konsequenzen aus der Entscheidung des BVerfG zum 1. VZG[123] zog, sondern auch den nicht zuletzt von einer sich konstant verändernden Informations- und Kommunikationstechnologie geprägten Erfahrungen der vergangenen Jahre Rechnung trug.[124] Das 3. HDSG[125] löste sich von der Vorstellung, der Gesetzgeber müsse sich lediglich mit einer „missbräuchlichen" Verwendung personenbezogener Angaben beschäftigen, verwarf die Verknüpfung der gesetzlichen Anforderungen mit einer Verarbeitung in „Dateien", bezog die Akten ausdrücklich ein, stellte klar, dass es für die Erhebung genauso gesetzlicher Bestimmungen bedarf wie für jede andere Verarbeitungsphase, schrieb die Zweckbindung fest, räumte dem Datenschutzbeauftragten ein uneingeschränktes Kontrollrecht ein und formulierte zugleich eine Reihe bereichsspezifischer Vorschriften vor allem für die Verarbeitung von Arbeitnehmerdaten sowie die Verwendung personenbezogener Angaben im Rahmen der wissenschaftlichen Forschung.[126]

In den folgenden drei Jahren wurden das bremische, das nordrhein-westfälische, das hamburgische und das 50 Berliner LDSG novelliert. Unterschiede gab es durchaus; diese änderten allerdings nichts am klaren, sich in den weitgehend wortgleichen Formulierungen widerspiegelnden **Konsens über die Grundprinzipien** einer verfassungskonformen Verarbeitungsregelung.[127] Ein besonders bezeichnendes Beispiel dafür ist die einhellige Ablehnung der vom BDSG 1977 (§ 1 Abs. 2 S. 2) postulierten und seinerzeit von sämtlichen Landesgesetzen übernommenen Sonderregelung für „interne Daten".[128] Alle fünf Landesgesetze konkretisierten die Vorgaben des BVerfG und legten damit zugleich einen neuen, gemeinsamen legislativen Rahmen für die Verarbeitung personenbezogener Daten fest.

Zur **Novellierung des BDSG** kam es erst 1990.[129] Vorausgegangen war eine ebenso lange wie kontroverse, 51 von komplizierten parlamentarischen Verhandlungen begleitete Diskussion. Genau genommen hatte die Novellierungsdebatte, so seltsam es auch klingen mag, fast unmittelbar nach der Verabschiedung des BDSG 1977 begonnen. Schon die ersten Reaktionen waren eher zurückhaltend, ja geradezu skeptisch.[130] Insofern

---

120 Vgl. freilich *Zöllner*, Daten- und Informationsschutz im Arbeitsverhältnis, 2. Aufl. 1983, insbes. S. 3 f., 101 f.
121 Vgl. dazu auch *Simitis* CR 1987, 602 (605).
122 Vgl. freilich *Denninger* in: Informationsgesellschaft I, S. 315; *Vogelgesang*, Grundrecht auf informationelle Selbstbestimmung?, 1987, S. 152 f.
123 BVerfGE 65, 1.
124 Dazu *Simitis*, Zwanzig Jahre Datenschutz in Hessen – eine kritische Bilanz, Anhang zu HDSB, 19. TB, S. 145 f.
125 GVBl. I 1986, 309.
126 Vgl. *Simitis/Walz* RDV 1987, 157.
127 S. Simitis/*ders.* Einl. Rn. 51.
128 Vgl. dazu die Begr. des RegE, BT-Drs. 7/1027, S. 18; *BfD*, 1. TB, S. 124; und Simitis/*ders.* 3. Aufl., § 1 Rn. 28ff.; sowie Roßnagel/*Abel*, HB DSR, Kap. 2.7 Rn. 40ff.
129 BGBl. I, 2954.
130 Dazu *Simitis* NJW 1977, 729 (730 f.); sowie Simitis/*ders.* 3. Aufl., Einl. Rn. 2ff. mwN.

Simitis/Hornung/Spiecker gen. Döhmann 173

war es nicht verwunderlich, wenn sowohl die Regierung als auch die Opposition nur wenige Monate nach dem Abschluss des Gesetzgebungsprozesses keinen Zweifel an der Notwendigkeit ließen, das BDSG möglichst bald zu überarbeiten.[131] Dies schlug sich 1980 in zwei Gesetzesentwürfen nieder,[132] die jedoch ebenso erfolglos blieben wie Referentenentwürfe in der nächsten Legislaturperiode.[133] Erst 1986 brachten CDU/CSU und FDP sowie die Bundesregierung übereinstimmende Vorschläge ein, die neben der Änderung des BDSG eine Neuregelung des VwVfG, des BVerfSchG und des StVG vorsahen.[134] Nicht von ungefähr wurde deshalb kaum noch vom BDSG, sondern global von den „Sicherheitsgesetzen" gesprochen. Hintergrund war vor allem die Befürchtung, eine **vorweggenommene Revision des BDSG** könnte weitreichende einschränkende Konsequenzen für die **Sicherheitsbehörden** haben.[135] Die Entwürfe von Koalition und Regierung scheiterten jedoch ebenso wie Vorschläge der SPD-regierten Bundesländer[136] am Ablauf der Legislaturperiode.

52   In der nächsten Legislaturperiode mündeten Referentenentwürfe vom 10.3., 1.6. und 5.11.1987 in den am 20.12.1988 verabschiedeten Regierungsentwurf eines „Gesetz zur Fortentwicklung der Datenverarbeitung und des Datenschutzes".[137] Noch davor hatte freilich die SPD-Fraktion zwei Entwürfe vorgelegt. Der erste betraf die Wahl des **BfDI auf Vorschlag der Bundesregierung durch den BT**; dies sollte auch verfassungsrechtlich abgesichert werden.[138] Der zweite griff die früheren Vorschläge der SPD auf und formulierte genauere Vorgaben zu Kontrollbefugnissen des BfDI und materiellen Verarbeitungsbedingungen.[139] Der Regierungsentwurf hielt demgegenüber an den zuvor eingenommenen Positionen fest und enthielt neben der **BDSG-Novellierung** umfangreiche Regelungen zur Datenverarbeitung der Sicherheitsbehörden.

53   Leitlinie aller Überlegungen war im Übrigen nach wie vor die Überzeugung, dass die „Grundkonzeption" des BDSG beibehalten werden müsse.[140] Wie schwierig sich die weitere Diskussion gestalten sollte, ließen schon die über 80 am 10.2.1989 beschlossenen **Einwände des BR**[141] erkennen. Allein 52 davon richteten sich gegen die Vorschläge zum BDSG. Neben der **fehlenden Einbeziehung der Akten** wurde der Mangel an Vorschriften über die **Erhebung** ebenso moniert wie die unzureichende **Zweckbindung** oder die nicht ausreichende Verwertung der Kontrollerfahrungen im **nicht-öffentlichen Bereich**.[142] Die Bundesregierung stimmte in ihrer Gegenäußerung zwar etlichen Vorschlägen des BR zu,[143] hielt jedoch bei den wirklich entscheidenden Punkten entweder an ihrer Position fest oder verschob die Auseinandersetzung auf die späteren parlamentarischen Beratungen.

54   Die Folgen machten sich sehr schnell bemerkbar. Die Verabschiedung des Gesetzes verzögerte sich erneut: Erst am 29.5.1990 legte der **Innenausschuss** seine **Beschlussempfehlung** vor.[144] Er spiegelte den in der Koalition nach langen Verhandlungen gefundenen **Kompromiss** wider. So befürwortete die Beschlussempfehlung ausdrücklich eine **Wahl des BfDI durch den BT**.[145] Fast genauso radikal fiel die Kehrtwende bei den **Akten** und der **Erhebung** aus; beides wurde für Verarbeitungsvorgänge im öffentlichen Bereich einbezo-

131   Vgl. die Antwort der Bundesregierung v. 4.4.1977 auf eine Kleine Anfrage, BT-Drs. 8/191.

132   S. den Entwurf der CDU/CSU (BT-Drs. 8/3608) sowie von SPD und F.D.P. (BT-Drs. 8/3703); zu den Inhalten und zur weiteren Entwicklung s. Simitis/*ders.* Einl. Rn. 55ff.

133   Zum einen von 1982 (abgedr. in Datenschutz-Berater 1982, H. 5, 2ff.; zur Kritik vgl. insbes. *BfD*, 5. TB, S. 110ff.; sowie *Simitis* in: Tagungsband der 6. DAFTA (1983) 29ff.), zum anderen von 1983 (abgedr. in DuD 1983, 260; zur Kritik vgl. insbes. die Erklärung der DSBK v. 4.11.1983, 6. Tätigkeitsbericht zum Datenschutz 1983, BT-Drs. 10/877, Anlage 2; *BfD*, 6. TB, S. 56 f.; *HDSB*, 12. TB, S. 17ff.).

134   BT-Drs. 10/4737; sa die gleichlautenden Änderungsvorschläge der Bundesregierung (BT-Drs. 10/5343), die durch Entwürfe für ein MAD-G (BT-Drs. 10/5342) und ein Gesetz über die informationelle Zusammenarbeit verschiedener Sicherheitsbehörden (BT-Drs. 10/5344) ergänzt wurden. Zu Inhalten und Kritik s. Simitis/*ders.* Einl. Rn. 59ff.

135   Der Bundesinnenminister hatte bereits am 25.4.1984 vor einem „Stillstand der Verwaltung" und einem „erheblichen Bürokratiezuwachs" als Folge einer „maximalistischen Interpretation" der Aussagen des BVerfG gewarnt, s. Das Volkszählungsgesetz-Urteil des Bundesverfassungsgerichts v. 15.12.1983 – 1 BvR 209/83 ua, Erste Folgerungen, Az.: 0I4 – 191501/2 c, S. 4.

136   BR-Drs. 121/86.

137   BR-Drs. 618/88; sa die Stellungnahme des BR und die Gegenäußerung der Bundesregierung, BT-Drs. 11/4306.

138   BT-Drs. 11/3729; vgl. dazu auch den Entwurf der GRÜNEN, BT-Drs. 11/2175, sowie *HDSB*, 17. TB, S. 35 f.

139   BT-Drs. 11/3730.

140   BT-Drs. 11/4306, S. 35 f.; s. näher Simitis/*ders.* Einl. Rn. 66 f zum Inhalt und der Konzeption der Entwürfe.

141   BT-Drs. 11/4306, S. 72ff.; s. zu den Einwänden des BR und den eigenen Einwänden, 11. Tätigkeitsbericht des BfD, BT-Drs. 11/6458, 91 f.

142   Zu anderen Fragen, va der Möglichkeit eines Betroffenenwiderspruchs gegen die Kontrolle durch die Datenschutzbeauftragten, s. Simitis/*ders.* Einl. Rn. 68.

143   BT-Drs. 11/4306, S. 89ff.

144   BT-Drs. 11/7235; zu den Einflüssen der verschiedenen Sachverständigenanhörungen s. Simitis/*ders.* Einl. Rn. 70; Änderungsanträge der SPD (BT-Drs. 11/7273) sowie GRÜNEN (BT-Drs. 11/7276) blieben erfolglos.

145   BT-Drs. 11/7235, § 20 Abs. 1; sa die Äußerung des F.D.P.-Abgeordneten *Dr. Hirsch*: „Wir bringen damit zum Ausdruck, dass der Datenschutzbeauftragte unser verlängerter Arm, unser Ohr, unser Prüfungsinstrument ist." (Sten.Ber. über die 214. Sitzung des BT am 31.5.1990, 16783 f.).

gen.[146] Die generalklauselhaften Einschränkungen des **Auskunftsrechts** sollten durch eine Interessenabwägung minimiert werden.[147] Beschränkt wurden auch die Möglichkeiten der **listenmäßigen Übermittlungen**.[148] Umso mehr fallen jene Teile des Regierungsentwurfs auf, bei denen sich die Beschlussempfehlung zu keinen Kompromissen bereitfand. Dazu rechnen beispielsweise die Restriktionen der **Kontrollrechte des BfDI**[149] und die deutlich geringeren Anforderungen an die Verarbeitung im **nicht-öffentlichen Bereich**.[150] Der Regierungsentwurf[151] wurde in der Fassung der Beschlussempfehlung[152] am 31.5.1990 in zweiter und dritter Lesung gegen die Stimmen der Opposition angenommen.[153]

Die Novellierung des BDSG war damit freilich nicht abgeschlossen. Der **BR** beharrte auf seiner Kritik am Gesetzespaket und rief deshalb am 22.6.1990 den **Vermittlungsausschuss** an.[154] Dessen Beschlussempfehlung[155] griff zwar weder den **grenzüberschreitenden Datenaustausch** noch den Anwendungsbereich oder den **Direktzugriff** auf. Er sprach sich aber ebenfalls dafür aus, die **Erhebung** personenbezogener Daten durch nicht-öffentliche Stellen nicht weiter unberücksichtigt zu lassen und übernahm hierfür eine Formulierung aus Art. 5 lit. a der Datenschutzkonvention des Europarats: Personenbezogene Daten müssten „nach Treu und Glauben und auf rechtmäßige Weise" erhoben werden.[156] Der Vermittlungsausschuss folgte außerdem weitgehend der Forderung des BR, die Zweckbindung bei Übermittlungen nicht-öffentlicher Stellen besser zu gewährleisten.[157] Demgegenüber blieb es bei anderen Fragen (Bestimmungen über die „internen" **Dateien**; Einbeziehung von Akten nur bei öffentlichen Stellen) im Wesentlichen bei der Position des BT, während zu den **Kontrollbefugnissen des BfDI** ein komplizierter Kompromiss gefunden wurde.[158] Am 19.9.1990 nahm der BT gegen die Stimmen der GRÜNEN die Beschlussempfehlung des Vermittlungsausschusses an.[159] Am 20.12.1990, fast auf den Tag genau sieben Jahre nach dem Volkszählungsurteil, wurde das novellierte BDSG **verkündet**.[160]

Kein Zweifel: Die Regierungsvorschläge hatten sich in vielen, gerade vor dem Hintergrund des Volkszählungsurteils besonders wichtigen Punkten nicht durchgesetzt. Wer allerdings nach einer derart langen Vorbereitungsphase und den eingehenden Diskussionen eine in sich geschlossene, klar formulierte, von Widersprüchen unbelastete Regelung erwartete, fand in Wirklichkeit ein **Flickwerk** vor. Auf scheinbar verbindliche Positionsbestimmungen folgten Kompromisse, die den einmal eingenommenen Standpunkt verwässerten, ja ins Gegenteil verkehrten.[161] Verarbeitungsanforderungen, die auf deutlich restriktiven Erwartungen beruhten, wurden, kaum ausgesprochen, an Bedingungen geknüpft, die, vorsichtig ausgedrückt, schwerlich mit den verfassungsrechtlichen, vom BVerfG genau umschriebenen Vorgaben in Einklang zu bringen waren. Die vielen missglückten Formulierungen verwischten schließlich in einer beträchtlichen Zahl von Fällen die Intentionen des Gesetzgebers und provozierten förmlich Interpretationskonflikte.

Zu den Vorschriften, die fast jedes dieser Merkmale aufwiesen, gehörten vor allem die Regelungen in § 24 BDSG 1990 zu den **Kontrollbefugnissen des BfDI** und den Rechten der **Kontrollinstanzen der Länder**.[162] Neben den offenkundigen Mängeln einzelner Vorschriften waren es aber vor allem drei weitaus prinzipiellere Gründe, die schon bei der Verabschiedung deutlich erkennen ließen, dass die gesetzliche Regelung nicht lange Bestand haben würde.[163] Das BDSG 1990 hat erstens nicht dazu beigetragen, den Datenschutz einheitlich zu regeln, sondern die Kluft zwischen dem BDSG und den LDSG nur noch weiter vertieft. Diese **Divergenz** war niemals zuvor so groß gewesen.[164] Jede Datenschutzregelung hat, zweitens, von Anfang an unter dem Vorbehalt einer sich ständig weiterentwickelnden **Informations- und Kommunikationstechnolo-**

55

56

57

---

146 BT-Drs. 11/7235, §§ 1 Abs. 2, 3 Abs. 2a, 13 Abs. 5, 17 Abs. 1 Nr. 2, 18 Abs. 1, 4a, 22 Abs. 1; für nicht-öffentliche Stellen galt dies nur, wenn in den Akten „offensichtlich aus einer Datei entnommene" Daten verarbeitet würde (§ 25 Abs. 2).
147 BT-Drs. 11/7235, § 17 Abs. 3.
148 BT-Drs. 11/7235, § 24 Abs. 2; zu beiden Fragen näher Simitis/*ders.* Einl. Rn. 73.
149 BT-Drs. 11/4306, § 22.
150 Beispielsweise beim Anwendungsbereich, den aufsichtsbehördlichen Befugnissen und dem Schadensersatzanspruch; näher Simitis/*ders.* Einl. Rn. 74f.
151 BT-Drs. 11/4306.
152 BT-Drs. 11/7235.
153 Vgl. den Sten.Ber. über die 214. Sitzung des BT, 16793f., 16850f.
154 BR-Drs. 379/90 (B); vgl. auch den Sten.Ber. über die 615. Sitzung des BR, 362, 374ff.; zum Inhalt der Kritik Simitis/*ders.* Einl. Rn. 78.
155 BT-Drs. 11/7843; vgl. dazu auch den Bericht des Abgeordneten *Hüsch*, Sten.Ber. über die 225. Sitzung des BT am 19.9.1990, 17786ff.
156 BT-Drs. 11/7843, Nr. 6b; nach Ansicht des Berichterstatters, des Abgeordneten *Hüsch*, ergibt sich diese Formulierung eigentlich bereits aus dem BGB, s. Sten.Ber. über die 225. Sitzung des BT am 19.9.1990, 17786.
157 BT-Drs. 11/7843, s. Sten.Ber. über die 225. Sitzung des BT am 19.9.1990, Nrn. 6d, 7b.
158 Näher Simitis/*ders.* Einl. Rn. 80.
159 *Hüsch*, Sten. Ber. über die 225. Sitzung des BT am 19.9.1990, 17789.
160 BGBl. I, 2955.
161 Vgl. auch *Walz* CR 1991, 364: „Kompromiss als Leitprinzip".
162 S. zu Inhalt und Kritik Simitis/*ders.* Einl. Rn. 83ff. mwN.
163 S. zum Folgenden ausführlich Simitis/*ders.* Einl. Rn. 86ff. mwN.
164 Vgl. auch *Einwag* Datenschutz-Berater 1991, H. 2, 2.

gie gestanden (→ Rn. 6ff).[165] Das BDSG 1990 hat dennoch, allen Mahnungen zum Trotz,[166] die seit 1976 eingetretenen technologischen Veränderungen weitgehend übergangen.[167] So setzte es sich weder mit den Konsequenzen einer zunehmend selbstverständlichen **Verknüpfung** der verschiedenen Daten wirklich auseinander, noch versuchte es, etwa die Folgen der **Videotechnologie** wenigstens anzusprechen. Von einer flexiblen, der weiteren Entwicklung gegenüber offenen Regelung, die es erlauben könnte, wenigstens die sich bereits abzeichnenden Modifikationen der Verarbeitungstechnologie aufzufangen, konnte deshalb nicht die Rede sein. Verarbeitungsvorschriften, die diese Erwartung nicht erfüllen, haben aber sehr schnell mit der täglichen Verarbeitungspraxis kaum noch etwas zu tun und verwirken damit ihren Geltungsanspruch.[168]

58 Drittens fällte der Bundesgesetzgeber seine Entscheidung zu einem Zeitpunkt, zu dem sich eine **supranationale Regelung** bereits abzeichnete. Die KOM hatte nach längerem Zögern, nicht zuletzt unter dem Eindruck der herannahenden Vollendung des Gemeinsamen Marktes, im Jahre 1990 einen ersten Entwurf für eine DSRL vorgelegt.[169] Er bestätigte die bereits in den Vorarbeiten sichtbar gewordenen, gravierenden Unterschiede zur Novellierung des BDSG.

59 **4. Die Verlagerung der Regelungsschwerpunkte: Anpassung an die
DSRL – nachträgliche Korrekturen des BDSG.** Das BDSG wurde etwas über ein Jahrzehnt nach der Revision von 1990 erneut novelliert. Anders als 1976 und 1990 waren es nicht nationale Erfahrungen und Entwicklungen, sondern supranationale Aktivitäten, die den Gesetzgeber zur Intervention veranlassten. Mit der **DSRL** v. 24.10.1995 (→ Rn. 133ff.) veränderten sich auch die Regelungsprämissen. Die RL steckte den **Handlungsrahmen der nationalen Gesetzgeber** ab und zwang sie, ihre Rechte bis zum 24.10.1998 den Gemeinschaftsvorgaben anzupassen.

60 Weder der Bund noch die Länder hielten diese Frist ein. Einige **Länder** reagierten zuerst.[170] Vor allem das LDSG SH und das BbgDSG setzten dabei mit ihren Bestimmungen zur Datenvermeidung und Datensparsamkeit, zum Datenschutzaudit, zur Systemwartung, zu mobilen Verarbeitungssystemen, zur Videoüberwachung und zu einer Vereinheitlichung der Kontrolle Maßstäbe für die weitere Entwicklung des Datenschutzes.

61 Im **Bundesbereich** blieb es dagegen bis zum Ende der Legislaturperiode bei internen Entwürfen des BMI, die durchweg von der Überzeugung gekennzeichnet waren, dass einige wenige, zumal eher geringfügige Korrekturen des BDSG völlig ausreichten, um der DSRL Rechnung zu tragen.[171] Auch nach der Bundestagswahl 1998 blieb das BMI bei Entwürfen, die deutlich darauf bedacht waren, das BDSG 1990 soweit wie nur irgend möglich beizubehalten und war etwa zur Einbeziehung der Erhebung, zur Zweckbindung, zu den Rechten des BfDI und überhaupt zur Verarbeitungskontrolle bestenfalls zu punktuellen Konzessionen bereit. Ebenso bezeichnend waren die Versuche, manche offensichtlich als besonders störend empfundene Vorgaben der DSRL in eine völlig wertlose Vorschrift zu verwandeln. Dies betraf zB die Beschränkung des Rechts der **Beauftragten für den Datenschutz** im öffentlichen Bereich, sich an den BfDI zu wenden.[172]

62 Gewiss, Ansätze einer **Modernisierung** des BDSG gab es auch. So enthielt bereits der Entwurf v. 11.3.1999 Vorschriften zur Pseudonymisierung, zur Datenvermeidung und Datensparsamkeit, zur Videoüberwachung, zu den mobilen personenbezogenen Speicher- und Verarbeitungsmedien sowie zum Datenschutzaudit. Keine dieser Bestimmungen war freilich ein originärer Beitrag zur Entwicklung des Datenschutzes. Mit jeder von ihnen wurden vielmehr vor allem im LDSG SH und den Telekommunikationsgesetzen bereits vorgesehene Regelungen aufgegriffen. Insbes. das **Prinzip der Datensparsamkeit** brauchte gar nicht erst neu entdeckt zu werden. Dieses zählte von Anfang an zu den elementaren Datenschutzgrundsätzen und ist spätestens durch die vom BVerfG, zunächst jedenfalls, nachdrücklich betonte Ablehnung einer Verarbeitung personenbezogener Daten auf Vorrat,[173] noch einmal klar in den Vordergrund gerückt worden. Anders und schärfer formuliert: Mit der Restriktion auf die jeweils „erforderlichen" Daten allein ist es nicht getan. Ver-

---

165 Vgl. auch *Simitis* in: Informationsgesellschaft II, S. 37ff.; *ders.*, Zwanzig Jahre Datenschutz in Hessen – eine kritische Bilanz, Anhang zu HDSB, 19. TB, S. 138ff.; *ders.* DuD 2000, 716 (716 f.).

166 Vgl. etwa die Beschlüsse der DSBK v. 14.3.1986, II 1, 9. TB des BfD, BT-Drs. 10/6816, Anlage 2; 11. TB des BfD, BT-Drs. 11/3932, Anlage 4.

167 Vgl. dazu auch *HmbDSB*, 8. TB, S. 3ff.; sowie *HDSB*, 19. TB, S. 25.

168 Vgl. dazu auch Simitis, CR 1987, 602 (613).

169 Vorschlag für eine RL des Rats zum Schutz von Personen bei der Verarbeitung personenbezogener Daten, KOM (90) 314 endg. – SYN 287.

170 Brandenburg (GVBl. I, 1998, 243), Hessen (GVBl. I, 1999, 98), Schleswig-Holstein (GVBl. 2000, 169), Baden-Württemberg (GBl. 2000, 450), Nordrhein-Westfalen (GV. 2000, 542) und Bayern (GVBl. 2000, 752).

171 Vgl. insbes. *Weber* CR 1995, 297, aber auch *Wuermeling* Datenschutzberater 2/95, 4 f., sowie *Christians* RDV 2000, Sonderdruck zur BDSG-Novellierung, 4.

172 Vgl. auch *von Burgsdorff*, Die Umsetzung der EG-Datenschutzrichtlinien im nicht-öffentlichen Bereich, 2003, 90ff.; näher zu den Inhalten und zum Folgenden Simitis/*ders.* Einl. Rn. 92ff.

173 BVerfGE 65, 1 (47).

antwortliche Stellen müssen vielmehr zunächst prüfen, ob sie nicht ohne personenbezogene Angaben auskommen können, und sich, soweit es eine Alternative gibt, dafür entscheiden. Datensparsamkeit ist deshalb keine Frage, die sich nur bei „Datenverarbeitungssystemen", sondern bei jeder Verwendung personenbezogener Angaben stellt.

Beides, die Widerstände gegen eine konsequente Umsetzung der DSRL und das mangelnde Regelungskonzept, hätten für eine mindestens ebenso intensive Auseinandersetzung mit den Revisionsplänen wie im Vorfeld des BDSG 1990 gesprochen. Doch dazu ist es nicht gekommen. Den Diskussionsverlauf bestimmten sicherheitspolitische Bedenken gegen die geplante Regelung der Videoüberwachung, die scharfe Kritik betrieblicher Datenschutzbeauftragter am vorgeschlagenen Datenschutzaudit[174] und der von einzelnen Ländern vehement verlangte Verzicht auf jeden Versuch, die Überwachungsaufgaben einer einzigen, wirklich unabhängigen Instanz zu übertragen. Die während dieser Diskussionen erfolgende **Überschreitung der Umsetzungsfrist** blieb nicht ohne Folgen. Die KOM leitete am 1.12.2000 ein **Vertragsverletzungsverfahren** gegen Deutschland und weitere vier Mitgliedstaaten (Frankreich, Irland, Luxemburg und die Niederlande) ein.[175] 63

Als Reaktion entschied sich das BMI im Jahre 2000 zu einem zweistufigen Vorgehen: Auf eine **erste** mehr oder weniger ausschließlich der Anpassung an die EG-Vorgaben gewidmete **Novellierungsstufe** sollte möglichst bald eine **zweite Phase** folgen, deren Ziel eine konsequente **Modernisierung** des Datenschutzes sein müsste. Die Beratungen des BT-InnA zu dem auf diese erste Stufe beschränkten Entwurf[176] wurden am 4.4.2001 mit dem Bericht und der Beschlussempfehlung abgeschlossen.[177] Bereits am 6.4.2001 verabschiedete der BT mit den Stimmen von SPD und BÜNDNIS 90/DIE GRÜNEN gegen die Stimmen der PDS bei Stimmenthaltung von CDU/CSU und F.D.P. das „Gesetz zur Änderung des Bundesdatenschutzgesetzes und anderer Gesetze". Es trat am 22.5.2001 in Kraft.[178] 64

Die im Vergleich zum BDSG 1990 (→ Rn. 51ff.) auffällige Kürze der parlamentarischen Verhandlungen sagt weit mehr über den Zeitdruck als über die Qualität des Gesetzes aus. Vor allem dem **BR** ist es zu verdanken, dass trotzdem einige im Interesse eines besseren Datenschutzes unerlässliche Korrekturen vorgenommen wurden.[179] Das Ergebnis war trotzdem befremdlich. Der BT **verabschiedete** zwar das Gesetz, aber mit der erklärten Intention, es möglichst bald wieder **aufzuheben**, ein in der Geschichte der Bundesrepublik wohl ziemlich einmaliger Vorgang.[180] 65

Zudem war die gesetzliche Regelung gleich in mehrfacher Hinsicht kaum zu vertreten. Vor allem fehlte es an einem **Mindestmaß an Verständlichkeit und Lesbarkeit**. Das BDSG 2001 fiel noch weit hinter die oft und scharf kritisierten[181] BDSG 1977 und 1990 zurück.[182] Eine ganze Reihe zentraler Bestimmungen war mit der vom BVerfG[183] ausdrücklich verlangten **Normenklarheit** unvereinbar. Eine auffällig exzessive Verwendung von Generalklauseln und unbestimmten Rechtsbegriffen zB in den §§ 28ff. BDSG aF, die Überfrachtung mit schwer abschätzbaren Ausnahmeregelungen, kaum nachzuvollziehende Verweisungen und eindeutig nicht aufeinander abgestimmte Vorschriften machten das Gesetz unleserlich und die Interpretation vollends zum Risiko. Schließlich: Die Mitgliedstaaten waren nicht nur verpflichtet, die DSRL konsequent umzusetzen. EG 10 DSRL ließ sich vielmehr genauso deutlich entnehmen: **Schwachstellen** der bisherigen Vorschriften mussten korrigiert werden, und **neue Datenschutzdefizite** durften nicht entstehen. Beides hat der Gesetzgeber bestenfalls partiell erfüllt.[184] Wohl hat es gemessen am BDSG 1990 durchaus Verbesserungen gegeben, zB die Einbeziehung neuer Verarbeitungskonstellationen, die Korrektur unstreitig datenschutzwidriger Regelungen bei der Videoüberwachung (§ 6 b BDSG aF), der Ausbau der Rechte des BfDI (§ 24 BDSG aF) sowie die Rücknahme mancher Privilegierung der öffentlichen Stellen (§ 4 g BDSG aF). Zugleich wurden offenkundige Verstöße gegen die DSRL nicht beseitigt, etwa die mangelnde Unabhängigkeit der Beauftragten für den Datenschutz (§ 4 f BDSG aF) oder die Regelung der Kontrolle im nicht-öffentli- 66

---

174 Vgl. demgegenüber die Entschließung der DSBK v. 12./13.10.2000 zur Novellierung des BDSG, abgedr. im 18. TB des *BfD*, S. 228 (Anlage 24).

175 KOM gegen BRD, Rechtssache C-443/00; sa die Klagebeantwortung der BRD II; sowie *Christians* RDV 2000, Sonderdruck, 4 f.

176 BR-Drs. 461/00; s. die Stellungnahme des BR, BR-Drs. 461/1/00.

177 BT-Drs. 14/5793 zu BT-Drs. 14/4329.

178 BGBl. I, 904.

179 Vgl. die BR-Drs. 461/1/00, die Gegenäußerung der Bundesregierung, BT-Drs. 14/4458, sowie die Beschlussempfehlung und den Bericht des BT-InnA, BT-Drs. 14/5793, S. 83f.; die erfolgreichen Änderungsforderungen betrafen va die §§ 4 g, 6 b, 6 c, 28 Abs. 4 S. 2 BDSG aF.

180 Vgl. auch *Christians* RDV 2000, Sonderdruck, 5, sowie *von Burgsdorff*, Die Umsetzung der EG-Datenschutzrichtlinien im nicht-öffentlichen Bereich, 2003, 213 f.; *Schild* DuD 1997, 720.

181 Dazu Simitis/*ders.* 4. Aufl., § 1 Rn. 16, 196.

182 Vgl. auch *LfD Bbg*, TB 1999, S. 17 f., sowie *HDSB*, 28. TB, S. 18.

183 BVerfGE 65, 1 (44).

184 Vgl. freilich *BfD*, 18. TB, S. 25 und demgegenüber etwa *von Burgsdorff*, Die Umsetzung der EG-Datenschutzrichtlinien im nicht-öffentlichen Bereich, 2003, S. 212ff.

chen Bereich (§ 38 BDSG aF). Die Bestimmung über die Medien (§ 41 BDSG aF) war ein inakzeptabler Rückschritt gegenüber dem zuvor geltenden Recht (§ 41 BDSG 1990), der auch und erst recht nicht mit den Vorgaben der DSRL (Art. 9) begründet werden konnte.[185]

67 Die einst so kategorisch verkündete **Modernisierungsabsicht** hatte sich verflüchtigt und bekam bis zur DSGVO keinen neuen Schwung. Der Gesetzgeber griff zwar 2009 gleich dreimal ein,[186] allerdings nicht, um die längst fälligen Korrekturen des BDSG systematisch anzugehen. Alle drei Interventionen konzentrierten sich vielmehr auf **Einzelfragen.** Manche der neuen Bestimmungen, wie der Kündigungsschutz für den Beauftragten für Datenschutz (§ 4 f Abs. 3 BDSG aF), reagierten auf Mängel, die schon bei den Beratungen des BDSG 1977 moniert wurden. Andere, etwa die Vorschrift zum Scoring (§ 28 b BDSG aF), holten bislang vor allem am Widerstand der verarbeitenden Stellen gescheiterte Anforderungen an die Verwendung personenbezogener Daten nach. Weit auffälliger waren freilich die vielen, nur **schwer verständlichen** und **kaum nachvollziehbaren Regelungen,**[187] insbes. zum Listenprivileg (§ 28 Abs. 3 BDSG aF), zu den nur eingeschränkten Meldepflichten (§ 42 a BDSG aF) und zum Beschäftigtendatenschutz (§ 32 BDSG aF). Insbes. die letzte Norm setzte an Stelle der erforderlichen bereichsspezifischen Vorschriften eine Kumulation von Generalklauseln und erwies sich als Musterbeispiel misslungener legislativer Intervention,[188] da die erforderliche spezifische Konkretisierung in der Folge immer wieder verschoben wurde.

68 Der Gesetzgeber hatte mit der Entscheidung für eine „**Modernisierung**" zwar die Diskussion über die Zukunft des Datenschutzes eingeleitet.[189] Diese wurde in der Folgezeit auch in erheblicher Intensität geführt,[190] blieb allerdings bis zur DSGVO weitgehend folgenlos. Während zunächst noch Konsens darüber zu bestehen schien, dass die Anpassung an die DSRL und die Modernisierung in ein und derselben Legislaturperiode erfolgen sollte, verblasste der zeitliche Rahmen für die Modernisierung zusehends. An der Überzeugung, dass Struktur, Instrumente und Wirkungsmöglichkeiten der Datenschutzregelungen von Grund auf überprüft werden müssen, änderte sich aber nichts. Hierzu wurde bereits vor der Verabschiedung des BDSG 2001 von den Koalitionsfraktionen SPD und BÜNDNIS 90/DIE GRÜNEN mit Unterstützung des BMI ein „**Begleitausschuss**" eingesetzt und ein **Gutachten zur Modernisierung** vergeben.[191]

69 Dieses Gutachten erarbeitete konkrete Anregungen für eine weitreichende strukturelle und inhaltliche Revision des BDSG. Anders als bisher sollte nicht mehr nur eine unter vielen Datenschutzregelungen, sondern die eindeutig verbindliche Grundlage aller rechtlichen Vorgaben zum Datenschutz sein. Seine Vorschriften müssten deshalb zwar allgemein gehalten, aber trotzdem so präzise wie möglich formuliert werden und auf den Verarbeitungsverlauf sowie die Organisation und Kontrolle des Datenschutzes eingehen, die Chancen einer Selbstregulierung wahrnehmen, und die gezielte Verwendung technischer Schutzvorkehrungen sicherstellen. Konsequenterweise sprach sich das Gutachten für eine **Stärkung der Selbstbestimmung der Betroffenen,** etwa durch eine klare opt-in Regelung, genauso dezidiert aus wie für eine **Restriktion der Profilbildung,** einen **nachhaltigen Ausbau des Selbstdatenschutzes,** eine **verbesserte Rolle unternehmensspezifischer Selbstregelungen,** ein **integriertes Datenschutzmanagementsystem** und eine **datenschutzgerechte Verarbeitungstechnologie.** Insgesamt verfolgte das Gutachten an vielen Stellen neue Datenschutzkonzepte.[192] Praktische Auswirkungen hatte es bis zur DSGVO ebenso wenig wie sonstige Vorschläge zur grundsätzlichen Modernisierung des Datenschutzrechts.

II. Internationale Entwicklung

Literatur: *Auernhammer, H.,* Die Europäische Datenschutzkonvention und ihre Auswirkungen auf den grenzüberschreitenden Datenverkehr, DuD 1985, 7; *Bergmann, M.,* Grenzüberschreitender Datenschutz, 1985; *Bing, J.,* A Comparative Outline of Privacy Legislation, Comparative Law Yearbook 2 (1979), 149; *ders.,* The Council of Europe Convention and the OECD Guidelines on Data Protection, Michigan Yearbook of International Legal Studies 5 (1984), 271; *Bing, J./Selmer, K.* (Hrsg.), A Decade of Computers and Law, 1980; *Blume, P.* (Hrsg.), Nordic Data Protection, 2001; *Burkert, H.,* Die Konvention des Europarates zum Datenschutz, CR 1988, 751; *Cate, F. H./Cullen, P./Mayer-Schönberger, V.,* Data protection principles for the 21st century, 2013;

---

185 Dazu Simitis/*Dix.*, 3. Aufl., § 41 Rn. 1ff., 27ff., sowie *LfD Bbg,* TB 2000, S. 18.

186 Gesetz zur Änderung des BDSG v. 29.7.2009, BGBl. I, 2254; Gesetz zur Änderung datenschutzrechtlicher Vorschriften v. 14.8.2009, BGBl. I, 2814; Gesetz zur Umsetzung der VerbraucherkreditRL, des zivilrechtlichen Teils der ZahlungsdiensteRL sowie zur Neuordnung der Vorschriften über das Widerrufs- und Rückgaberecht v. 29.7.2009, BGBl. I, 2355.

187 S. Simitis/*ders.* Einl. Rn. 102.

188 Vorschläge wie der Entwurf des Bundesministeriums für Arbeit und Soziales für ein Beschäftigtendatenschutzgesetz (abgedr. in *Däubler,* Gläserne Belegschaften, 6. Aufl. 2009, S. 497ff.), der kurz darauf von der Fraktion der SPD übernommen wurde (BT-Drs. 17/69) konnten sich nicht durchsetzen; dazu etwa *Roßnagel* NJW 2009, 2716; *Gola/Klug* NJW 2009, 2577 (2579); *Hanloser* MMR 2009, 594; *Thüsing* NZA 2009, 865.

189 Vgl. die Begründung des Entwurfs zum BDSG 2001, BR-Drs. 461/00, S. 74 f.; aber auch *Tauss/Özdemir* RDV 2000, 143.

190 S. die Darstellung bei Simitis/*ders.* Einl. Rn. 103ff. mwN.

191 *Roßnagel/Pfitzmann/Garstka.*

192 Vgl. vor allem *Roßnagel/Pfitzmann/Garstka,* S. 22ff.; aber auch *Tauss* in: Freundesgabe für Büllesbach, 2002, insbes. 122ff.; sowie Modernisierung des Datenschutzrechts – Anhörung des InnA am 5.3.2007, BT-Drs. 16/1169, 16/1499, 16/1683, 16/1867.

Simitis/Hornung/Spiecker gen. Döhmann

Ellger, R., Der Datenschutz im grenzüberschreitenden Datenverkehr, 1990; *Flaherty, D.,* Protecting Privacy in Surveillance Societies, 1989; *Gassmann, H. P.,* The Activities of the OECD in the Field of Transnational Data Regulation, in: Online Conferences Ltd. (Hrsg.), Data Regulation and Third World Realities, 1978, 177; *Henke, F.,* Die Datenschutzkonvention des Europarates, 1986; *Hondius, F.,* Emerging Data Protection in Europe, 1975; *ders.,* A Decade of International Data Protection, Netherlands International Law Review 30 (1983), 103; *Kirby, M.,* Transborder Data Flows and the Basic Rules of Data Privacy, Stanford Journal of International Studies 1980, 19; *Kirsch, W. J.,* The Protection of Privacy and Transborder Flows of Personal Data. The Work of the Council of Europe, the Organization for Economic Co-operation and the European Economic Community, Law Review of the Europa Instituut, University of Amsterdam 1981, 21; *Mayer-Schönberger, V.,* Generational development of Data-Protection in Europe, in: Agre, Ph. E./Rosenberg, M. (Hrsg.), Technology and Privacy: The New Landscape, 1998, 219; *OECD* (Hrsg.), Transborder Data Flows and the Protection of Privacy, 1979; *Patrick, P. H.,* Privacy Restriction on Transnational Data Flows: A Comparison of the Council of Europe Draft Convention and the OECD-Guidelines, Jurimetrics Journal, 21 (1981), 405; *Schwartz, P. M./Reidenberg, J.,* Data Privacy Law, 1996; *Schweizer, R.,* Europäisches Datenschutzrecht – Was zu tun bleibt, DuD 1989, 542; *Seipel, P.,* Transborder Flows of Personal Data. Reflections on the OECD-Guidelines, TDR 1981, 32; *Siemen, B.,* Datenschutz als europäisches Grundrecht, 2006; *Simitis, S.,* Reviewing Privacy in an Information Society, 135 U. Penn. L. Rev. (1987), 707; *ders.,* Datenschutz und Europäische Gemeinschaft, RDV 1990, 3; *ders.,* Verarbeitung von Arbeitnehmerdaten – Die Empfehlung des Europarates, CR 1991, 161; *ders.,* Zur Internationalisierung des Arbeitnehmerdatenschutzes – Die Verhaltensregeln der Internationalen Arbeitsorganisation, in: Hanau, P./Heither, F./Kühling, J. (Hrsg.), FS für Dieterich, 1999, 601; *Wochner, L. N.,* Der Persönlichkeitsschutz im grenzüberschreitenden Datenverkehr, 1981.

1. Nationale Rechte. Die internationale Entwicklung des Datenschutzes lässt sich in **vier Entwicklungs-** **70** **schritte** unterteilen. In der ersten Phase entwickeln sich ab 1970 in verschiedenen Staaten Regulierungsmodelle, die sich teils stark unterscheiden. Diese werden zweitens konsolidiert durch die erfolgreichen Arbeiten und die Verabschiedung der Konvention 108 des Europarats im Jahre 1981, die in der Folgezeit eine erhebliche Vorbildwirkung für die weitere Entwicklung gewinnt. Nach dieser Verabschiedung folgt eine Phase erheblicher nationaler Gesetzgebungsaktivitäten, die durch gegenseitige Lernprozesse geprägt ist. Der vierte Entwicklungsschritt beginnt mit den Gesetzgebungsaktivitäten innerhalb der EU und führt in zwei Stufen (DSRL und DSGVO) zur zunehmenden Supranationalisierung des (europäischen) Datenschutzrechts.

a) Gesetzliche Ursprünge und konkurrierende nationale Regelungsmodelle. Der **erste Abschnitt**[193] beginnt **71** mit dem HDSG von 1970 und setzt sich mit dem schwedischen Datengesetz von 1973, dem US-amerikanischen Privacy Act von 1974, dem Privacy Committee Act der australischen Provinz New South Wales von 1975 und dem kanadischen Human Rights Act von 1977 fort. 1978 folgten dann das französische Gesetz über die elektronische Datenverarbeitung, die Dateien und die Freiheitsrechte, das dänische Gesetz über die privaten Register, das 1987 durch ein Gesetz über die Register der Behörden ergänzt wurde, das norwegische Gesetz über Personendaten-Register und das österreichische Datenschutzgesetz. Ein Jahr später wurde schließlich das luxemburgische Gesetz über die Verwendung von personenbezogenen Daten bei der Datenverarbeitung verabschiedet, die letzte gesetzliche Regelung vor der Datenschutzkonvention des Europarats von 1981 (→ Rn. 78ff., 92ff.), die auch das Ende dieser ersten Periode markiert.

Anders als in den meisten Fällen einer legislativen Intervention konnte der Gesetzgeber nirgends auf ein **72** umfangreiches, über lange Jahre hinweg gesammeltes, womöglich noch mit Hilfe einer Vielzahl richterlicher Entscheidungen aufgearbeitetes Fallmaterial zurückgreifen. Die mit der Automatisierung verbundenen Probleme begannen sich vielmehr erst abzuzeichnen, durften aber nicht weiter vernachlässigt werden, wollte der Gesetzgeber seine Chance wahren, die politischen und gesellschaftlichen Folgen der radikal geänderten Verarbeitungsbedingungen aufzufangen. Die legislative Aufgabe war deshalb mit einem ungewöhnlich hohen Maß an Unsicherheitsfaktoren belastet. So gesehen hatte der Gesetzgeber keine Wahl: Er musste Regelungsformen den Vorzug geben, die den Nachteil eines nur vage beschreibbaren Regelungsgegenstandes durch ein Höchstmaß an Flexibilität kompensierten. Die Reaktion fiel allerdings keineswegs einheitlich aus. Genau genommen lassen sich **drei Regelungsmodelle** unterscheiden:

Das **BDSG** und das **österreichische DSG**[194] waren besonders typische Beispiele einer allumfassenden Rege- **73** lung und konsequenterweise sehr allgemein gehalten. Das Informationsdefizit des Gesetzgebers verbarg sich mit anderen Worten hinter einer Vielzahl von **Generalklauseln**. Der Gesetzgeber sah in ihrer Dehnbarkeit das am ehesten geeignete Mittel, um sowohl eine denkbar umfassende als auch eine möglichst anpassungsfähige Regelung zu erzielen.

Den genau umgekehrten Weg schlug der **schwedische Gesetzgeber** ein.[195] Das Informationsdefizit wurde **74** gar nicht erst bestritten oder verhüllt. Der Gesetzgeber hat deshalb offen davon abgesehen, den Verarbeitungsverlauf an detailliert formulierte Bedingungen zu knüpfen, sondern sich stattdessen darauf be-

---

193 Zu den Gesetzestexten vgl. *Dammann/Mallmann/Simitis* (Hrsg.), Die Gesetzgebung zum Datenschutz, 1977, S. 129ff.
194 Dazu insbes. *Dohr* ÖVD 11/1974, 513; *Stadler* in: Pawlikowsky (Hrsg.), Datenschutz, Leitfaden und Materialien, 1979, 46ff.
195 Dazu insbes. *Seipel*, ABD och juridik, 1975; *Hellner* in: FS Schmidt 1976, 265ff.; *Freese* in: Online (Hrsg.), Transnational Data Regulation, 1979, 197ff.; *Flaherty*, Protecting Privacy in Surveillance Societies, 1989, S. 93ff.

schränkt, eine **Kontrollinstanz** einzurichten und zugleich jede automatisierte Verarbeitung personenbezogener Daten von einer **Genehmigung** dieser Instanz abhängig zu machen. Der Schwerpunkt lag also bei einem Verfahren, das zur **Offenlegung der Verarbeitungsziele und -modalitäten** zwang. Die **Genehmigungspflicht** eröffnete der Kontrollinstanz die Chance, gezielt zu reagieren, ihre Erwartungen von der jeweiligen Situation her zu formulieren und so den Schutz der Betroffenen durch präzise Auflagen zu maximieren.[196] Aus eben diesen Gründen ging der **norwegische Gesetzgeber** sogar noch einen Schritt weiter. Anders als in Schweden blieb die Genehmigungspflicht nicht auf automatisierte Verarbeitungen beschränkt, sondern erfasste auch Personendaten-Register mit sensiblen Daten, also etwa Angaben zur Gesundheit der Betroffenen oder zu ihren Vorstrafen (§ 9 S. 2).

75 Einen **dritten**, wiederum ganz anders gestalteten Weg haben schließlich vor allem die **USA** verfolgt.[197] Der Gesetzgeber fand sich zwar durchaus bereit, bestimmte Vorstellungen zum Ablauf des Verarbeitungsprozesses in die gesetzlichen Vorschriften aufzunehmen, verzichtete jedoch bewusst auf eine allgemeine Regelung zugunsten eines eindeutig **bereichsspezifischen Ansatzes**.[198] Typisch dafür war schon der Fair Credit Reporting Act von 1970. Die **Kreditvergabe** war einer der Fälle, an denen sich vor allem in den USA die Diskussion über die Gefahren einer „Dossiergesellschaft"[199] entzündete.[200] So überraschte es nicht, dass sich der Bundesgesetzgeber, zumal vor dem Hintergrund eines sich verstärkenden Verbraucherschutzes, bei seiner ersten Reaktion auf die Verarbeitung personenbezogener Daten ganz auf die Kreditinstitute konzentrierte.[201] Der Anlass der legislativen Intervention bestimmte freilich auch ihre Grenzen: Sie sollte sich keineswegs generell mit Datenschutzfragen auseinander setzen, vielmehr lediglich auf die Probleme eingehen, die sich beim **Konsumentenkredit** stellen.

76 Nichts anderes gilt für die später verabschiedeten gesetzlichen Regelungen, etwa im Rahmen des Public Health Services Act, des Drug Abuse Office and Treatment Act oder des Family Educational Rights and Privacy Act.[202] Der Gesetzgeber blieb auch dort bei einer **dezidiert punktuellen Reaktion**, wo, wie beim Privacy Act von 1974, alle Bundesbehörden angesprochen werden.[203] Die ohnehin recht knapp gehaltenen Verarbeitungsrichtlinien sind fast durchweg an den Vorbehalt einer aufgabenorientierten Präzisierung gebunden. Konsequenterweise hat es die im Privacy Act ausdrücklich vorgesehene (sec. 5) Kommission zur Bewertung seiner Auswirkungen ausdrücklich abgelehnt, eine allgemeine Datenschutzregelung zu empfehlen und stattdessen lediglich weitere bereichsspezifische Vorschriften gefordert, etwa für die Verarbeitung von Arbeitnehmerdaten, die Verwendung personenbezogener Angaben im Versicherungsbereich oder den besseren Schutz der Sozialdaten.[204]

77 Nicht jedes Gesetz entsprach freilich einem der drei Regelungsmodelle. Mancher Gesetzgeber versuchte vielmehr, die verschiedenen Ansätze miteinander zu verbinden. So erinnerte das **französische DSG**[205] zunächst durchaus an die schwedische Regelung. Wie dort bestand die Pflicht (Art. 15), personenbezogene Daten nur nach einer Genehmigung durch die Commission Nationale de l'Informatique et des Libertés (CNIL)[206] zu verarbeiten. Das Gesetz sah aber in der Genehmigung, anders als in Schweden, nicht das eigentliche und entscheidende Regelungsmittel, sondern nur eine zusätzliche, im Prinzip auf den öffentlichen Bereich beschränkte Schutzvorkehrung. Für nicht-öffentliche Stellen war dagegen lediglich eine Anmeldung vorgesehen (Art. 16). Konsequenterweise verschob sich der Schwerpunkt auf eine Vielzahl materieller Aussagen zur Verarbeitung (Art. 25ff.), die durchaus auf der Linie der entsprechenden Vorschriften in der Bundesrepublik oder in Österreich lagen.

---

196 Vgl. auch *Bing* Comparative Law Yearbook 2 (1978), 149 (151 f., 167).

197 Dazu insbes. *Westin*, Privacy and Freedom, 1967; *Miller*, Der Einbruch in die Privatsphäre, 1973; *Flaherty*, Protecting Privacy in Surveillance Societies, 1989, S. 305ff.; *Schwartz/Reidenberg*, Data Privacy Law, 1996, S. 6ff.; *Schwartz*, American Journal of Comparative Law 37 (1989), 675; *ders.* RDV 1989, 153.

198 Vgl. auch Records, Computers and the Rights of Citizens, Report of the Secretary's Advisory Committee on Automated Personal Data Systems, U.S. Department of Health, Education & Welfare, 1973; sowie *Schwartz/Reidenberg*, Data Privacy Law, 1996, insbes. S. 19ff.

199 *Miller*, Der Einbruch in die Privatsphäre, 1973, S. 29ff.

200 Dazu statt aller Personal Privacy in an Information Society – The Report of the Privacy Protection Study Commission, 1977, S. 41ff.

201 Dazu *Schwartz/Reidenberg*, Data Privacy Law, 1996, S. 286ff.

202 Dazu Personal Privacy in an Information Society – The Report of the Privacy Protection Study Commission, 1977, S. 277ff., 393ff., 445ff.

203 Dazu insbes. Personal Privacy in an Information Society – The Report of the Privacy Protection Study Commission, 1977, S. 497ff.; *Schwartz/Reidenberg*, Data Privacy Law, 1996, S. 91ff.

204 Personal Privacy in an Information Society – The Report of the Privacy Protection Study Commission, 1977, va S. 155ff., 223ff., 445ff., 497ff. sowie Appendix 4: The Privacy Act of 1974: An Assessment; sa *Schwartz/Reidenberg*, Data Privacy Law, 1996, S. 352ff.

205 Dazu insbes. *Lucas*, Le droit de l'informatique, 1987, S. 35ff.; *Delahaie/Paoletti*, Informatique et libertés, 1987; *Huet/Maisl*, Droit de l'informatique et des télécommunications, 1989, S. 133ff.; sowie *CNIL*, Dix ans d'informatique et libertés, 1988.

206 Dazu insbes. *Mitrou*, Die Entwicklung der institutionellen Kontrolle des Datenschutzes, 1993, S. 185ff.

Simitis/Hornung/Spiecker gen. Döhmann

b) Der Einfluss der Konvention 108 des Europarats. Wesentlichen Einfluss nahm die im Januar 1981 zur   78
Zeichnung aufgelegte **Konvention des Europarats** zum Schutz des Menschen bei der automatisierten Verarbeitung personenbezogener Daten (→ Rn. 92ff.). Sie hatte erhebliche **Auswirkungen auf die Gesetzgebungstätigkeit** der folgenden Jahre,[207] auch wenn sie genau genommen keine neuen Gesichtspunkte brachte, sondern sich in Wirklichkeit darauf beschränkte, einige der wichtigsten, bis dahin die Diskussion beherrschenden Grundsätze zusammenzufassen. Durch die Verankerung in einem internationalen, von der Autorität einer ebenfalls internationalen Organisation getragenen Dokument erhielten sie freilich eine neue Qualität. Keiner dieser Grundsätze ließ sich fortan als partikuläre Erwartung eines bestimmten nationalen Gesetzgebers abtun, sondern musste vielmehr als Teil international akzeptierter Verhaltensregeln betrachtet werden, auch und gerade im Hinblick darauf, dass die Konvention im ständigen Meinungsaustausch mit der OECD entstand (→ Rn. 93). Kurzum, der Europarat sprengte mit der Konvention endgültig den Rahmen **isolierter nationaler Reaktionen** auf die Notwendigkeit, rechtlich verbindliche Regeln für die Verarbeitung personenbezogener Daten vorzusehen, und bot zugleich all jenen Gesetzgebern eine Handlungsgrundlage an, die sich aus welchem Grunde auch immer noch nicht zur Intervention entschlossen hatten.[208]

Die **Internationalisierung der Verarbeitungsgrundsätze** trug zudem entscheidend dazu bei, die passive, wenn   79
nicht ablehnende Haltung mancher Gesetzgeber zu überwinden. Spätestens seit der Konvention war die Gefahr kaum zu übersehen, sich künftig wegen der fehlenden eigenen Datenschutzregelung überhaupt nicht mehr an einem internationalen Datenaustausch beteiligen zu können, und damit sowohl den Zugang zu einer Vielzahl gerade für einzelne Unternehmensbranchen wichtiger Informationen einzubüßen als auch auf wirtschaftlich nicht minder interessante Verarbeitungsaufträge verzichten zu müssen. Die Geschichte der **britischen Datenschutzgesetzgebung** ist das wohl beste Beispiel dafür. Erst unter dem Eindruck des Übereinkommens und seiner möglichen Folgen fand sich die britische Regierung bereit, einen Entwurf einzubringen,[209] der ganz im Zeichen der Konventionsvorgaben stand.[210]

c) Konsolidierung und wechselseitige Lernprozesse. Nach 1980 setzte eine **Revision der ursprünglichen Re-**   80
gelungsvorstellungen ein. Allzu deutlich hatte sich mittlerweile gezeigt, dass keines der Regelungsmodelle wirklich der Aufgabe gerecht werden konnte, den Verarbeitungsverlauf an wirksame Bedingungen zu knüpfen und zugleich eine essentiell präventive Kontrolle sicherzustellen.

So ist beispielsweise das **Lizenzierungsmodell** allein schon an dem mit seiner Realisierung zwangsläufig ver-   81
bundenen **Übermaß an Bürokratisierung** gescheitert.[211] Je selbstverständlicher es erschien, personenbezogene Daten automatisiert zu verarbeiten, desto schwerer fiel es, mit der wachsenden Zahl der Genehmigungsanträge Schritt zu halten. Die Erwartung, genaue, der konkreten Verarbeitungssituation angepasste Anforderungen vorschreiben zu können, geriet damit mehr und mehr zur Fiktion. Nicht von ungefähr verschob sich in **Frankreich** der Schwerpunkt zunehmend auf die in Art. 17 des DSG vorgesehene vereinfachte Anmeldung.[212] Mit dieser vordergründig durchaus hilfreichen Reaktion wurde freilich der Anspruch aufgegeben, die Verarbeitung von Anfang an in ein möglichst konkretes Regelungsschema einzubinden, eine Erfahrung, die sich bei den von der CNIL entwickelten „nationalen Modellen"[213] wiederholte. Erst recht galt dies dort, wo das Gesetz, wie in **Großbritannien**, nicht nur die Lizenzierung in eine streng formalisierte Registrierung verwandelte (sec. 6), sondern offensichtlich bemüht war, korrigierende Eingriffe des „Registrators" möglichst zu unterbinden (sec. 7).

Genauso hat – und dies ist durchaus auch für die DSGVO von Belang (→ Rn. 250ff.) – aber jenes Rege-   82
lungsmodell versagt, das mit wenigen, möglichst allgemein gehaltenen Vorschriften auszukommen meinte. Die **Generalklauseln** erwiesen sich eben nicht als ideale Instrumente einer fortwährenden Anpassung an die vielfältigen Auswirkungen einer sich konstant verändernden Verarbeitungstechnologie. Sie wurden vielmehr zunehmend dafür verwendet, die bisherige Verarbeitungspraxis ebenso zu legitimieren wie neue Verarbeitungswünsche (→ Rn. 21).[214] Die bewusst vage formulierten gesetzlichen Bestimmungen provozieren förmlich höchst unterschiedliche, ja sich widersprechende Interpretationen und stärken damit eindeutig die Position der verantwortlichen Stellen. Sie leiten nicht nur den Verarbeitungsprozess ein, sondern sind auch

---

207 ZB die Datenschutzgesetze Islands und Israels (beide 1981), des Vereinigten Königreichs (1984), Finnlands (1987), Irlands, Australiens und Japans (alle 1988), Portugals (1991) und der Schweiz (1992).
208 Für Beispiele des Einflusses s. Simitis/*ders.* Einl. Rn. 138 f.
209 Dazu *Panagiotides,* Der Data Protection Act 1984, 1998, S. 151ff.; sowie Data Protection Registrar, First Report (1985) 13; *Michael* Public Law 1982, 360; *Savage/Edwards,* International and Comparative Law Quarterly 35 (1986), 710.
210 Vgl. *Panagiotides,* Der Data Protection Act 1984, 1998, S. 170ff.; sowie *Savage/Edwards,* A Guide to the Data Protection Act 1984, 1984, S. 8; *Niblett,* Data Protection Act 1984, 1984, S. 8.
211 Vgl. auch *Flaherty,* Protecting Privacy in Surveillance Societies, 1989, S. 395.
212 Dazu CNIL, Dix ans, S. 70 f.; *Huet/Maisl,* Droit, S. 171ff.; *Lucas,* Droit, S. 48ff.
213 Dazu statt aller CNIL, 3 e rapport d'activité 1982 (1983), S. 56 f.
214 Sa *Simitis* in: Informationsgesellschaft II, S. 29ff.

als erste angesprochen, wenn es um die Frage geht, unter welchen Bedingungen er sich abspielen darf. Den verantwortlichen Stellen bleibt es insofern, zunächst jedenfalls, überlassen, die Interpretationsakzente zu setzen. Solange es deshalb an präzisen, an den jeweiligen Verarbeitungskonstellationen ausgerichteten Regeln fehlt, ist es nur zu verständlich, dass sie in aller Regel der Interpretation den Vorrang einräumen, die ihren Interessen am ehesten entgegenkommt.

83 Schließlich hat auch das konsequent **bereichsspezifische Regelungsmodell** nicht dazu verholfen, die Verarbeitungsprobleme ebenso effizient wie überzeugend anzugehen. Der von Anfang an begrenzte Regelungsgegenstand bietet zwar die Chance einer möglichst genauen legislativen Reaktion. Wo sich jedoch der Gesetzgeber bewusst mit punktuellen Interventionen zufrieden gibt und sich dabei nicht von einem Regelungskonzept leiten lässt, das die Interventionsziele ebenso klar festlegt wie eine Reihe von Verarbeitungsprinzipien, muss es, wie etwa das Beispiel des US-amerikanischen Computer Matching Act von 1988[215] deutlich zeigt, unweigerlich zu einer zerfaserten, letztlich völlig willkürlich zusammengesetzten Regelung kommen.[216] Mehr denn je sehen sich unter diesen Umständen die verantwortlichen Stellen in der Lage, ihre Erwartungen durchzusetzen, zumal dann, wenn nicht einmal eine Kontrollinstanz besteht, die mit Hilfe einer systematischen Überprüfung der verschiedenen Verarbeitungsbereiche dafür sorgen könnte, zumindest die eklatantesten Widersprüche zwischen den jeweiligen Regelungen abzumildern.[217]

84 Kurzum, keines der ersten, zwischen 1970 und 1980 entwickelten Regelungsmodelle kann den Anspruch erheben, den einzig richtigen Weg für eine überzeugende Auseinandersetzung mit der Verarbeitung personenbezogener Daten gewiesen zu haben. Jedes von ihnen ist vielmehr unter **bestimmten historischen Bedingungen** entstanden und gibt deshalb nur so lange eine ebenso verständliche wie legitime Reflexionsgrundlage für eine Verarbeitungsregelung ab, wie es bei diesen Bedingungen bleibt. Nur eine als permanenter, nicht zuletzt durch den Wandel der Verarbeitungstechnologie geprägter **Lernprozess** verstandene Datenschutzgesetzgebung kann ihrer Aufgabe gerecht werden.[218]

85 Die **Revisionsbestrebungen** in den einzelnen Ländern[219] verliefen verständlicherweise nicht immer gleich. Trotzdem wiesen sie eine Reihe **gemeinsamer Tendenzen** auf. Je deutlicher sich etwa der Akzent von allgemeinen Überlegungen zum Datenschutz auf die Frage nach der Wirksamkeit normativer Anforderungen verschob, desto **differenzierter** geriet der **Regelungsprozess**. Wohl hielt der Gesetzgeber am Ziel fest, generell geltende Anforderungen zu formulieren. Fast immer ging es nach wie vor um jenen **harten Kern von Verarbeitungsgrundsätzen**, der sich im Volkszählungsurteil des BVerfG[220] (→ Rn. 28ff.) ebenso findet wie in der Datenschutzkonvention des Europarats (Art. 5, → Rn. 92ff.). Die eigentliche Verarbeitungsregelung verlagerte sich dagegen mehr und mehr in Bestimmungen, die unmittelbar auf einzelne Verarbeitungssituationen zugeschnitten waren.[221]

86 Nachdrücklicher denn je insistierten die Gesetzgeber zudem auf einer **umfassenden Kontrolle**. Den Kontrollinstanzen wurden deshalb mit immer größerer Selbstverständlichkeit Rechte eingeräumt, die ihnen präventive Eingriffe ebenso gestatteten wie eine korrigierende, bis zu einem Verarbeitungsverbot reichende Intervention.[222] Die **Eingriffsbefugnisse** hatten freilich ihren Preis. Die mit mehr Kompetenzen ausgestattete **Überwachungsinstanz** musste sich seitdem **ihrerseits der Kontrolle unterwerfen**. Dass damit kontroverse, die Kontrollinstanz letztlich zur Revision der eigenen Position zwingende Interpretationen der Datenschutzvorschriften durchaus verbunden sein können, zeigten vor allem die Erfahrungen in Frankreich.[223]

87 Schließlich weitete sich der Anwendungsbereich der **normativ abgesicherten Verarbeitungsanforderungen** erheblich aus. Die Mehrzahl der DSGe interessierte sich lediglich dafür, ob personenbezogene Daten verarbeitet werden sollen,[224] fragte also nicht zunächst nach der Verarbeitungsform,[225] eine im Übrigen bereits vom BDSG 1977 (§§ 1 Abs. 2, 2 Abs. 2) akzeptierte Regelungsmaxime.[226] Konsequenterweise rückten die mühseligen Auseinandersetzungen darüber, wann eine **Automatisierung** vorliegt und wo nur von einer ma-

---

215 Dazu insbes. *Flaherty*, Protecting Privacy in Surveillance Societies, 1989, S. 344ff.; *Strong* Software Law Journal 2 (1988), 391.

216 Vgl. dazu auch *Schwartz*, American Journal of Comparative Law 37 (1989), 697; *ders.* RDV 1989, 153 (153f.); *ders.* Hastings Law Journal 43 (1992), 1322.

217 Dazu insbes. *Flaherty*, Protecting Privacy in Surveillance Societies, 1989, S. 310ff.; *Rotenberg*, Government Information Quarterly 8 (1991), 79; *Schwartz*, Hastings Law Journal 43 (1992), 1374.

218 S. *Simitis* U. Penn. L. Rev. 135 (1987), 741; *ders.* in: Falkenburg (Hrsg.), Wem dient die Technik?, 2004, 35ff.; zum Folgenden näher Simitis/*ders.* Einl. Rn. 143ff. (auch zu Revisionsklauseln).

219 S. dazu zB Simitis/*ders.* Einleitung Rn. 144 f. mwN (va zu den Niederlanden, Schweden, Finnland und Kanada).

220 BVerfGE 65, 1.

221 Vgl. auch *Flaherty*, Protecting Privacy in Surveillance Societies, 1989, S. 404 f.

222 Dazu auch *Flaherty*, Protecting Privacy in Surveillance Societies, 1989, S. 380ff.; *Simitis* U. Penn. L. Rev. 135 (1987), 742.

223 Dazu *CNIL*, 8 e rapport d'activité 1986 (1987), S. 28ff.; *Huet/Maisl*, Droit, S. 198ff., 235ff.; *Simitis* in: FS Pedrazzini, 1990, 469 (481 f).

224 Vgl. etwa § 1 f. des finnischen, sec. 6 des australischen und § 1 des niederländischen DSG.

225 So noch das britische (sec. 1) oder das irische DSG (sec. 1); dazu auch *Bing* Comparative Law Yearbook 2 (1978), 149 (156 f.).

226 Dazu die Simitis/*ders.* 3. Aufl., Einl. Rn. 48, § 2 Rn. 74.

nuellen Verarbeitung gesprochen werden kann, in den Hintergrund. Stattdessen dominierten die Versuche, den **Anwendungsbereich** der verbindlich vorgeschriebenen Verarbeitungsvoraussetzungen funktional einzugrenzen, also etwa die aus rein „persönlichen Gründen" oder lediglich für „normale private Zwecke" vorgenommenen Verarbeitungen auszunehmen.

d) Die Supranationalisierung des Datenschutzrechts. Die **vierte Entwicklungsstufe** ist – spezifisch in Europa – durch einen merklichen **Rückgang der Regelungskompetenz nationaler Gesetzgeber** gekennzeichnet. Die Handlungs- und Entscheidungsmöglichkeiten der Mitgliedstaaten der EU richteten sich seit 1995 grundsätzlich nach den Vorgaben der DSRL sowie aller weiterer die Verarbeitung personenbezogener Daten betreffenden Rechtsakte der Union (→ Rn. 133ff.). Anders also als bei der Datenschutzkonvention des Europarats (→ Rn. 92ff.) hatten die Mitgliedstaaten keine Wahl. Es ist daher kaum verwunderlich, wenn deshalb Mitgliedstaaten wie Griechenland und Italien, die trotz langer, teilweise bis in die Achtzigerjahre zurückreichender Diskussionen noch keine Regelung hatten, als erste Datenschutzgesetze verabschiedeten.[227] Ebenso wenig überrascht es aber auch, dass sich die Umsetzung der DSRL dort als besonders schwierig erwies, ja es einer Klage der KOM bedurfte (→ Rn. 63),[228] wo, wie in Frankreich und Deutschland, der Datenschutz auf eine lange Tradition zurückblicken konnte. Die schon bei den Beratungen der RL im Rat sichtbar gewordenen Bemühungen, möglichst viel von den eigenen Vorstellungen durchzusetzen,[229] wiederholten sich bei der Anpassung. 88

Faktisch reichte der **Einflussbereich der DSRL** über die damalige EG hinaus. Die Verpflichtung, personenbezogene Daten nur in Drittstaaten zu übermitteln, die ein „**angemessenes Datenschutzniveau**" gewährleisteten (Art. 25 Abs. 1 DSRL, nunmehr Art. 45 Abs. 1), begünstigte und beförderte eine fortschreitende Angleichung der Datenschutzgesetzgebung. Art. 25 DSRL gab zwar zu erkennen, dass der Weg zu einem der RL entsprechenden „Schutzniveau" durchaus verschieden sein konnte.[230] Das gemeinsame Ziel blieb aber nicht ohne Folgen für die Regelungsinhalte. Der zunehmend intensive, zumal global angelegte Austausch personenbezogener Daten verstärkte das Interesse an möglichst einheitlichen Verarbeitungsregeln. Weitgehend aufeinander abgestimmte Vorschriften sind eine der wichtigsten Voraussetzungen für einen ebenso schnellen wie reibungslosen Zugriff auf die jeweils gewünschten Daten. Ähnlich wie zuvor die Datenschutzkonvention des Europarats (→ Rn. 92ff.) entwickelte sich deshalb auch die DSRL zu einem **international genutzten Regelungsmodell**. Die 2000 verabschiedeten Neufassungen des **isländischen** und des **norwegischen DSG** waren typisch dafür und passten sich der DSRL an. Mehr und mehr bemühte sich zudem der Europarat, der DSRL bei seinen Beratungen über neue Empfehlungen Rechnung zu tragen. In dem Maße schließlich, in dem die „**Angemessenheit**" von der KOM geprüft und festgestellt wurde, verstärkte sich auch der Einfluss der RL.[231] 89

Die DSGVO bildet – zusammen mit der geplanten ePrivacyVO – den **vorläufigen Abschluss dieser Supranationalisierung** des (europäischen) Datenschutzrechts. Mit dem Übergang zum Instrument der Verordnung und der erheblichen Ausweitung des Regelungsumfangs einschließlich der Etablierung des EDSA als letztentscheidender Instanz im Kohärenzverfahren verlieren die Mitgliedstaaten in erheblichem Umfang Kompetenzen zur Rechtssetzung und behördlichen Entscheidung an die Unionsebene. Dies gilt trotz aller Öffnungsklauseln der DSGVO. Der Einfluss auf die nationalen Datenschutzgesetze der Mitgliedstaaten sowie der Staaten des EWR ist beträchtlich. Aufgrund des Regelungsinhalts der DSGVO und des Normwiederholungsverbots[232] verbleiben wie im BDSG nF sichtbar nur noch Rumpfregelungen. Diese mögen noch in Teilbereichen spezifische nationale Besonderheiten widerspiegeln, können aber nicht mehr den Anspruch eines kohärenten eigenen Regulierungsansatzes erheben. Dies gilt auch im öffentlichen Bereich. Hier bestehen zwar gegenüber der privaten Datenverarbeitung nach wie vor erhebliche nationale Spielräume, dem Gesetzgeber kommt aber die „Grundregulierung" durch ein allgemein und subsidiär geltendes Datenschutzgesetz abhanden. Ob dies zu einer weiter zunehmenden Fragmentierung und zu Inkonsistenzen im bereichsspezifischen Datenschutzrecht führen wird, weil es an einem allgemeinen nationalen Datenschutzrecht fehlt, bleibt abzuwarten. 90

Zudem treibt die DSGVO durch das **Marktortprinzip** die Anpassung des Rechts von Nicht-EU-Staaten erheblich voran: Nicht nur bleibt die Angemessenheit im Bereich der Übermittlung an Drittländer das bestimmende Kriterium für die Zulässigkeit; vielmehr verlangt die DSGVO nunmehr auch aktiv die Beachtung bei 91

---

227 Italien Ende 1996, Griechenland Anfang 1997, vgl. *Mitrou* RDV 1998, 56.
228 Ähnlich schwierig erwies sich aus durchaus vergleichbaren Gründen die Umsetzung in Dänemark und Schweden, dazu *Blume* in: ders. (Hrsg.), Nordic Data Protection, 2001, 15ff.; *Seipel* ebd. 122ff.
229 Vgl. *Simitis* in: Tinnefeld/Philipps/Heil (Hrsg.), Informationsgesellschaft und Rechtskultur in Europa, 1995, 51 (53ff.).
230 Vgl. *Dammann/Simitis* Einl. Rn. 29, Art. 25 Rn. 8ff.; *Simitis* in: Collected Courses, 118ff.
231 So zB ABl. L 215/1 v. 25.8.2000 (Schweiz), ABl. L 2/13 v. 4.1.2002 (Kanada), ABl. L 168 v. 5.7.2003 (Argentinien), ABl. L 27/39 v. 1.2.2011 (Israel), ABl. L 227/11 v. 23.8.2012 (Uruguay), ABl. L 28 v. 30.1.2013 (Neuseeland).
232 Dazu *Benecke/Wagner* DVBl. 2016, 600 (604f.) → Rn. 233.

Datenverarbeitungen in Drittländern, wenn diese damit im Zusammenhang stehen, betroffenen Personen in der Union Waren oder Dienstleistungen anzubieten oder aber deren Verhalten in der Union zu beobachten (Art. 3 Abs. 2). Damit entfaltet die DSGVO noch weitergehende faktische Wirkungen auf die globale Ausgestaltung des Datenschutzrechts. Welche Impulse davon langfristig ausgehen werden, wird sich noch zeigen.

92 **2. Völkerrechtliche Regelungen. a) Europarat. aa) Entstehungsgeschichte und Systematik der Konvention 108.** Keine andere internationale Organisation hat die Entwicklung des Datenschutzes – jedenfalls bis zur DSGVO – auch nur annähernd so nachhaltig beeinflusst wie der **Europarat**. Bereits 1968 hatte die **Beratende Versammlung** das Ministerkomitee aufgefordert, zu prüfen, ob die 1950 unterzeichnete **EMRK** und die nationalen Rechtsordnungen genügten, um den Einzelnen ausreichend gegen die Folgen des Technologiewandels bei der Verwendung personenbezogener Daten abzuschirmen. Die Antwort konnte freilich, auch und vor allem soweit es um die EMRK ging, nur negativ ausfallen. Der in Art. 8 garantierte Anspruch der einzelnen Person auf „Achtung ihres Privat- und Familienlebens" war bis dahin nicht zu einem Datenschutzgrundrecht weiterentwickelt worden (zur späteren Entwicklung → Rn. 167ff.).[233] Fünf Jahre danach verabschiedete das **Ministerkomitee** eine erste **Entschließung** zur Verarbeitung personenbezogener Daten im nicht-öffentlichen Bereich.[234] 1974 folgte die zweite, diesmal dem öffentlichen Bereich gewidmete Resolution.[235] 1976 beauftragte das Ministerkomitee eine Expertenkommission mit der Vorbereitung einer Konvention, die auch den grenzüberschreitenden Datenaustausch berücksichtigen sollte.[236] Im Mai 1979 legte die Kommission einen Entwurf vor. Ein Jahr später verabschiedete das Ministerkomitee den von einer zweiten Expertengruppe überarbeiteten Text. Am 28.1.1981 wurde schließlich das **„Übereinkommen zum Schutz des Menschen bei der automatisierten Verarbeitung personenbezogener Daten"**[237] zur Zeichnung aufgelegt. Es trat am 1.10.1985 nach der Ratifikation durch Frankreich, Norwegen, Schweden, Spanien und die Bundesrepublik zunächst zwischen diesen fünf Staaten in Kraft (Art. 22 Abs. 2).

93 Der Europarat war von Anfang an auf eine **breite Wirkung** der Konvention bedacht. Deshalb strebte er nicht nur eine intensive Kooperation mit der OECD an,[238] sondern sprach sich auch für ein **offenes**, also nicht auf seine Mitgliedstaaten beschränktes **Übereinkommen** aus (Art. 23). Ebenso deutlich steht aber fest: Der Europarat wollte zwar möglichst viele nationale Gesetzgeber zur Intervention veranlassen, nicht jedoch die konkret erforderlichen legislativen Eingriffe substituieren.[239] Die Konvention enthält, so gesehen, eine Reihe von Anregungen, die einerseits **Ansatzpunkte für nationale Regelungen** liefern, andererseits aber auch ein Mindestmaß an Übereinstimmung zwischen diesen Regelungen garantieren sollen. Art. 4 Abs. 1 fordert die Vertragsparteien auf, die für eine Verwirklichung der im Übereinkommen aufgezählten Verarbeitungsgrundsätze notwendigen Maßnahmen zu treffen. Aus dem gleichen Grund vermeidet es die Konvention, sich bei besonders kritischen Punkten festzulegen. Sie regelt zB weder, welche Restriktionen mit Rücksicht auf die „öffentliche Sicherheit" oder die „monetären Interessen" des Staates (Art. 9 Abs. 2 lit. a) in Kauf genommen werden müssen, noch wie die in Art. 6 für die Verarbeitung sensibler Daten geforderten „angemessenen" Schutzvorkehrungen auszusehen haben. Von einem auch nur teilweise **unmittelbar anwendungsfähigen Übereinkommen** kann unter diesen Umständen keine Rede sein.[240] Die Konvention ist im Gegenteil ihrer ganzen Geschichte und Intention nach eindeutig ein **„non self-executing treaty"**, aus dem deshalb keinerlei Rechte direkt abgeleitet werden können.[241]

94 **bb) Wesentliche normative Inhalte.** Der Anwendungsbereich der Konvention erfasst lediglich die **automatisierte Verarbeitung** personenbezogener Daten (Art. 1) sowohl im **öffentlichen oder im nicht-öffentlichen Bereich** (Art. 3 Abs. 1). Die Auseinandersetzung mit den Automatisierungsfolgen erschien dem Europarat als

---

233 Ausführlich zum Folgenden Simitis/*ders.* Einl. Rn. 151ff.

234 Entschließung (73) 22.

235 Entschließung (74) 29.

236 Zur Vorgeschichte vgl. insbes. *Hondius,* Emerging data protection in Europe, 1975, S. 63ff.; *ders.* Netherlands International Law Review 30 (1983), 112; *Henke,* Die Datenschutzkonvention des Europarates, 1986, S. 44ff.

237 European Treaty Series No. 108, EU DS, EuRAT-Conv. Die Konvention wurde in der Bundesrepublik am 19.6.1985 ratifiziert (BGBl. II 1985, 538) und ist am 1.10.1985 in Kraft getreten.

238 Council of Europe, Explanatory Report on the Convention for the Protection of Individuals with regard to Automatic Processing of Personal Data, 1981, Nr. 14.

239 Explanatory Report, Nr. 20; vgl. auch *Henke,* Die Datenschutzkonvention des Europarates, 1986, S. 57ff.; *Simitis* RDV 1990, 3 (9); *Ellger* RDV 1991, 57 (62).

240 Vgl. freilich *Schweizer* in: Informatique et protection de la personnalité (1981), 278; *ders.* DuD 1989, 542 (543); aber auch *Garzon Clariana,* Revista de Instituciones Europeas, 1981, S. 18.

241 Explanatory Report, Nr. 38; vgl. auch *Hondius* Netherlands International Law Review 30 (1983), 116; *Auernhammer* DuD 1985, 7 (8); *Henke,* Die Datenschutzkonvention des Europarates, 1986, S. 60 f.; *Simitis* RDV 1990, 3 (10); *Ellger,* Der Datenschutz im grenzüberschreitenden Datenverkehr, 1990, S. 463.

die vordringlichste Aufgabe.[242] Die Vertragsstaaten können aber explizit entscheiden, ob sie das Übereinkommen auch auf die **manuelle Verarbeitung** anwenden (Art. 3 Abs. 2 lit. c). Umgekehrt ist es nach Art. 3 Abs. 2 lit. a zulässig, nach Notifizierung die Konvention auf bestimmte Arten von **automatisierten Dateien** oder Datensammlungen nicht anzuwenden.[243]

Art. 3 Abs. 1 iVm Art. 2 lit. a beschränkt den Anwendungsbereich auf den Schutz **natürlicher Personen** gegen die Automatisierungsfolgen. Dies war zum Zeitpunkt der Erarbeitung nicht so selbstverständlich wie heute. Unter den ersten DSG gab es vielmehr mehrere Staaten, die sich, allerdings aus durchaus unterschiedlichen Gründen, gegen die Beschränkung auf natürliche Personen ausgesprochen hatten.[244] Der Europarat entschied sich daher für einen **Kompromiss**. Der **nationale Gesetzgeber** entscheidet, ob die Konvention auf Personengruppen, Vereinigungen Stiftungen, Gesellschaften, Körperschaften oder andere Stellen mit und ohne juristische Persönlichkeit anwendbar ist (Art. 3 Abs. 2 lit. b). 95

Die Konvention stellt fünf **Verarbeitungsgrundsätze** auf (Art. 5), die, neben den Sondervorschriften über die Verarbeitung sensibler Angaben (Art. 6) und den Rechten der Betroffenen (Art. 8) den „harten", durch gezielte innerstaatliche Sanktionen abzusichernden (Art. 10) Kern des Datenschutzes ausmachen:[245] Personenbezogene Daten sind, erstens, in einer rechtlich einwandfreien sowie den Grundsätzen von **Treu und Glauben** entsprechenden Weise zu **erheben** und zu **verarbeiten**; dürfen, zweitens, nur für **genau festgelegte, rechtmäßige Zwecke** genutzt werden; müssen, drittens, für den jeweiligen **Verarbeitungszweck relevant** und vom Umfang her **angemessen** sein; haben, viertens, **sachlich richtig** und **auf dem neuesten Stand** zu sein; und sind, fünftens, stets so **aufzubewahren**, dass die Betroffenen lediglich innerhalb der für den jeweiligen Zweck **erforderlichen Verarbeitungszeit identifiziert** werden können. 96

Für **sensible Daten** gelten Sonderregeln (Art. 6).[246] Dieser Ansatz hat sich über Art. 8 DSRL nunmehr in Art. 9 DSGVO durchgesetzt, ist jedoch nach wie vor nicht befriedigend umgesetzt (→ Art. 9 Rn. 10ff.). Die zahlreichen, auf den ersten Blick sehr wohl vergleichbaren Bestimmungen in den verschiedenen vor und nach der Konvention verabschiedeten Datenschutzgesetzen täuschen einen Konsens vor. Ein Blick in die **Listen** reicht, um festzustellen, wie sehr die Vorstellungen darüber abweichen und abwichen, welche Angaben den geforderten besonderen Schutz verdienen.[247] 97

Es ist kaum verwunderlich, wenn es deshalb allen Versuchen zum Trotz[248] nicht gelungen ist, Maßstäbe zu entwickeln, die es erlauben, die **Sensibilität** eindeutig zu bestimmen. Ebenso wenig überraschen die immer längeren Listen der Fälle, in denen die zunächst sehr restriktiv formulierten Bedingungen gelockert werden, mit der Folge, dass sich die Verarbeitung zu guter Letzt „normalisiert".[249] Entscheidend sind eben nicht die Daten, maßgeblich ist vielmehr allein der jeweilige **Verarbeitungszusammenhang**.[250] Genauso wenig lässt sich wohl bestreiten, dass etwa der Grad an Sensibilität von Gesundheitsdaten höchst unterschiedlich ist, je nachdem, ob sie von einem Krankenhaus oder von einer Auskunftei verarbeitet werden sollen. 98

Art. 6 listet die **sensiblen Daten** auf. Angaben zur rassischen Herkunft, zu den politischen und religiösen Überzeugungen sowie zu den Vorstrafen zählen ebenso dazu wie Daten über die Gesundheit und das Sexualleben. Die **Aufzählung** ist allerdings **nicht abschließend**. Den nationalen Gesetzgebern steht es vielmehr frei, sie zu ergänzen.[251] Art. 6 verbietet die automatisierte Verarbeitung dieser Daten nicht, sondern suspendiert sie bis zur Einführung „angemessener" Schutzvorkehrungen im Rahmen des jeweiligen nationalen 99

---

242 Explanatory Report, Nr. 1; vgl. auch *Henke*, Die Datenschutzkonvention des Europarates, 1986, S. 78ff.

243 S. die Liste unter https://www.coe.int/en/web/conventions/full-list/-/conventions/treaty/108/declarations.

244 S. *Simitis/ders.* Einl. Rn. 156 mwN. Hinter den österreichischen DSG von 1978 (§ 3 Nr. 2) und dem luxemburgischen DSG von 1979 (Art. 1) Gesichtspunkte formaler Gleichbehandlung. Für den von Lichtenstein (DSG Art. 2 Abs. 1) übernommenen Art. 2 Abs. 1 des schweizerischen DSG von 1993 wurde argumentiert, nach schweizerischer Rechtstradition werde auch juristischen Personen das Persönlichkeitsrecht eingeräumt. Die Rechtfertigung des norwegischen DSG (§ 1) lag in der Überlegung, der Einzelne müssen datenschutzrechtlich auch in seinen sozialen Aktivitäten geschützt werden. § 1 dänisches DSG schützte die finanziellen Verhältnisse von „Personen, Gesellschaften und Unternehmen".

245 Dazu *Hondius* Netherlands International Law Review 30 (1983), 116; *Wochner*, Persönlichkeitsschutz im grenzüberschreitenden Datenverkehr, 1981, S. 250; *Bergmann*, Grenzüberschreitender Datenschutz, 1985, S. 155; *Ellger*, Der Datenschutz im grenzüberschreitenden Datenverkehr, 1990, S. 465.

246 Dazu insbes. *Simitis* in: FS Pedrazzini, 1990, 469; *Henke*, Die Datenschutzkonvention des Europarates, 1986, S. 112ff. Die Konvention entsprach damit sowohl einer Forderung des Ministerrats als auch der Mehrzahl der bis dahin verabschiedeten DSGe (Schweden, Frankreich, Norwegen, Luxemburg, Dänemark), s. *Simitis/ders.* Einl. Rn. 159.

247 Dazu *Simitis* in: FS Pedrazzini, 1990, 469 (470ff).

248 Dazu insbes. *Bing* in: Selmer (Hrsg.), Data Banks and Society, 1972, 98ff., *ders.* in: Bing/Selmer (Hrsg.), A Decade of Computers and Law, 1980, 78ff.

249 Vgl. statt aller § 7 des finnischen DSG von 1987.

250 BVerfGE 65, 1 (45); *Simitis* DVR 2 (1973), 143; *ders.* in: FS Pedrazzini, 1990, 469. Im Unterschied zum abstrakten, auf die Daten beschränkten Hinweis im Konventionstext, findet sich in der Begründung manche Bemerkung, die in diese Richtung weist, vgl. Explanatory Report, Nr. 48.

251 Explanatory Report, Nr. 48.

Rechts. Die scheinbar so kategorische Aussage zugunsten verschärfter Verarbeitungsbedingungen verliert damit viel von ihrer Bedeutung.

100 Art. 8 schreibt die **Rechte** der Betroffenen fest,[252] nämlich **Auskunft, Berichtigung** und **Löschung**. Die Betroffenen sind keineswegs nur über die **konkret verwendeten Daten** und den **Verarbeitungszweck** zu unterrichten, sondern genauso über den **gewöhnlichen Aufenthaltsort** oder den Sitz des jeweils **Verantwortlichen** (Art. 8 lit. a). Art. 8 verlangt daneben eine **regelmäßige**, in einer für die Betroffenen verständlichen Form verfasste **Information** (lit. b). Die nationalen Rechte müssen ferner **Rechtsmittel** zur Durchsetzung vorsehen (Art. 8 lit. d).

101 **cc) Organisatorische Vorgaben.** Die Konvention selbst enthält aufgrund von Meinungsverschiedenheiten der Mitgliedstaaten keine Regelung zu **unabhängigen Kontrollinstanzen**. Erst unter dem Eindruck weiterer nationaler DSGe und Art. 28 DSRL wurde dies durch ein **Zusatzprotokoll zur Konvention** nachgeholt.[253] Das Protokoll bringt freilich nichts Neues, wie schon der eng an Art. 28 DSRL angelehnte Wortlaut der einschlägigen Bestimmung (Art. 1) beweist. Genauso wie die DSRL[254] sieht das Zusatzprotokoll davon ab, irgendeines der bestehenden nationalen Kontrollmodelle festzuschreiben.

102 Die Kontrollinstanz muss ihre Aufgaben in „**völliger Unabhängigkeit**" erfüllen (Art. 1 Abs. 3 des Zusatzprotokolls). Der Europarat wiederholte und bestätigte damit das in den nationalen Rechten und Art. 28 Abs. 1 S. 2 DSRL verankerte Grundprinzip einer glaubwürdigen, wirksamen Verarbeitungskontrolle. Das Zusatzprotokoll sieht im Übrigen vor, dass die Kontrollinstanz mit **Untersuchungs- und Eingriffsbefugnissen** ausgestattet sowie berechtigt sein muss, sich bei einer Verletzung der von den nationalen Gesetzgebern umzusetzenden Verarbeitungsvorgaben an das **zuständige Gericht** zu wenden (Art. 1 Abs. 2 lit. a), unterstreicht das **Recht jedes Einzelnen**, die Kontrollinstanz anzurufen (Art. 1 Abs. 2 lit. b), spricht sich für die Möglichkeit einer **gerichtlichen Überprüfung der Entscheidungen der Kontrollinstanz** aus (Art. 2 Abs. 4) und betrachtet die **Kooperation der Kontrollinstanzen** als Teil der von der Konvention (Art. 13ff.) ohnehin angestrebten Zusammenarbeit der Vertragsparteien.

103 **dd) Internationaler Datenverkehr.** Der Europarat hat in Art. 12 Regeln zum **grenzüberschreitenden Datenaustausch** aufgenommen.[255] Diese gelten nach Art. 12 Abs. 1 nicht nur für automatisch verarbeitete Daten, sondern auch für solche, die manuell für eine solche Verarbeitung beschafft worden sind. Es ist also nicht etwa eine automatisierte Weitergabe erforderlich; das Transportmittel spielt keine Rolle.[256] Art. 12 Abs. 2 legt fest, dass der bloße Hinweis auf den Schutz der Persönlichkeit der Betroffenen nicht dazu legitimiert, die Übermittlung personenbezogener Daten in das Hoheitsgebiet anderer Vertragsparteien zu unterbinden oder von einer besonderen Genehmigung abhängig zu machen. Die Konvention entscheidet sich infolgedessen im Widerstreit zwischen „freiem Informationsaustausch" und „Datenschutz", allen gegenteiligen Behauptungen zum Trotz, **keineswegs für eine prinzipiell ungehinderte internationale Zirkulation** personenbezogener Angaben.[257] Erst die Existenz einer von allen Vertragsstaaten akzeptierten Mindestregelung ebnet vielmehr den Weg zu einem grenzüberschreitenden Transfer der Daten. Dies kommt auch in Art. 2 des **Zusatzprotokolls** zum Ausdruck, der Datenübermittlungen in Empfängerländer, die nicht Vertragsparteien der Konvention sind, grundsätzlich an ein angemessenes Schutzniveau bindet.

104 Beschränkungen unterhalb der Ebene prohibitiver Eingriffe, beispielsweise eine **Meldepflicht**, bleiben zulässig. Die **nationalen Vorschriften** bilden außerdem auch den Maßstab für die Zulässigkeit der Übermittlung.[258] Die **Bundesrepublik** hat daher anlässlich der Hinterlegung der Ratifikationsurkunde in einer **interpretatorischen Erklärung** zu Art. 12 Abs. 2 klargestellt, dass ihrer Meinung nach innerstaatliche Bestimmungen, nach denen Übermittlungen schutzwürdige Belange der Betroffenen nicht verletzen dürften, voll in Einklang mit der Konvention stünden.[259]

105 Die Konvention durchbricht Art. 12 Abs. 2 in zwei Fällen. Zunächst: Soweit nationales Recht für bestimmte Arten von personenbezogenen Daten oder automatisierten Dateien/Datensammlungen wegen der Beschaffenheit dieser Daten besondere Vorschriften enthält, dürfen höhere Anforderungen gestellt werden, solange im Empfängerstaat keine „**gleichwertigen**" Schutzvorkehrungen bestehen (Art. 12 Abs. 3 lit. a). Der Anknüpfungspunkt ähnelt Art. 6, ist mit ihm aber nicht deckungsgleich, da Art. 12 Abs. 3 lit. a gerade kei-

---

252 Dazu auch *Henke*, Die Datenschutzkonvention des Europarates, 1986, S. 127ff.

253 Zusatzprotokoll v. 8.11.2001 zur Konvention Nr. 108 von 1981, European Treaty Series Nr. 181, EU DS, EuRAT-Conv., in Kraft getreten am 1.7.2004. Deutschland hat das Protokoll am 8.11.2001 unterschrieben und am 12.3.2003 ratifiziert.

254 Dazu insbes. *Dammann/Simitis* Einl. Rn. 40, Art. 28 Rn. 3ff.

255 Dazu auch *Simitis* RDV 1990, 3 (11).

256 Vgl. auch Explanatory Report, Nr. 63.

257 Vgl. etwa *Ulbrich* CR 1990, 602 (604).

258 Explanatory Report, Nr. 67; vgl. auch *Auernhammer* DuD 1985, 7 (9); *Henke*, Die Datenschutzkonvention des Europarates, 1986, S. 168; *Ellger*, Der Datenschutz im grenzüberschreitenden Datenverkehr, 1990, S. 473 f.

259 Bekanntmachung v. 26.9.1985, BGBl. II 1985, 1134.

Simitis/Hornung/Spiecker gen. Döhmann

ne Kategorien aufzählt.[260] So sind etwa **Sozialdaten** nicht in Art. 6 enthalten, dürfen aber nur unter bestimmten gesetzlich geregelten Bedingungen verarbeitet werden (§§ 67ff. SGB X). Allein schon deshalb lassen sich der Konvention keine Einwände gegen die speziell auf Übermittlungen ins Ausland bezogene Vorschrift des § 77 SGB X entnehmen.

Die zweite Ausnahme soll dem Versuch vorbeugen, **Vertragsstaaten als Zwischenstationen** zu nutzen, um die personenbezogenen Daten letztlich in einem Land zu verarbeiten, das nicht an die Vorgaben der Konvention gebunden ist (Art. 12 Abs. 3 lit. b). Wo die Übermittlung lediglich den Weg in einen solchen „datenschutzfreien" **Drittstaat** bahnen soll, ist jeder Mitgliedstaat berechtigt, den **Transfer zu untersagen**. Die Anwendung von Art. 12 Abs. 3 lit. b gestaltet sich allerdings kompliziert, da die Weiterübermittlungsabsicht schwer nachzuweisen sein wird und unklar ist, ob die Norm auch greift, wenn die Daten nicht gleich weitertransferiert, sondern im Zwischenstaat zunächst verarbeitet werden.[261] 106

Die Konvention selbst äußert sich nicht zur **Übermittlung** personenbezogener Daten **in Staaten**, die das Übereinkommen **nicht ratifiziert** haben.[262] Erst das **Zusatzprotokoll** (→ Rn. 101) brachte auch hier die notwendige Klarheit. Sein Art. 2 Abs. 1 verlangt wie Art. 25 DSRL die Beschränkung auf Übermittlungen in Drittstaaten, die über ein **angemessenes Datenschutzniveau** verfügen. Anders als in der DSRL fehlt allerdings ein Mechanismus, um dieses Niveau zu bestimmen. Ähnlich wie Art. 26 DSRL, allerdings deutlich pauschaler, fallen die Ausnahmen aus: **spezifische Interessen der Betroffenen** und **legitime**, vor allem **öffentliche Interessen** (Art. 2 Abs. 2 lit. a) sowie Garantien, die sich va aus **Vertragsklauseln** ergeben können, wenn diese von der jeweils Kontrollinstanz für ausreichend befunden werden (Art. 2 Abs. 2 lit. b). 107

ee) Gegenseitige Unterstützung. Die Konvention verpflichtet im Interesse einer sowohl konsequenten als auch einheitlichen Anwendung des Übereinkommens die **Vertragsstaaten, sich gegenseitig zu unterstützen** (Art. 13 Abs. 1) und schreibt zugleich ein Verfahren vor, dessen Ziel es ist, einerseits einen reibungslosen Informationsaustausch über die rechtliche sowie die faktische Lage des Datenschutzes in den einzelnen Vertragsstaaten sicherzustellen (Art. 13 Abs. 3), und andererseits den Betroffenen die Möglichkeit zu geben, ihre in Art. 8 der Konvention verbrieften Rechte selbst dann geltend zu machen, wenn sie sich im Ausland aufhalten. Beide Aufgaben sind von Stellen wahrzunehmen, die eigens von den einzelnen Vertragsstaaten benannt werden müssen (Art. 13 Abs. 2). Durchweg geht es dabei um Stellen, die wohl in erster Linie Ansprechpartner für die je spezifischen Informationserwartungen sind (Art. 13 Abs. 3). Ihnen obliegt es aber auch, Anträge an die jeweils konkret in Frage kommenden Adressaten in anderen Vertragsstaaten weiterzuleiten, sofern die Betroffenen sie nicht vorziehen sollten, sich direkt an diese zu wenden (Art. 14 Abs. 2). 108

Der Konventionstext enthält keinerlei Hinweis darauf, welche Instanz nach Meinung des Europarats diese Aufgaben am ehesten und besten übernehmen könnte. Die Begründung lässt dagegen eine deutliche Präferenz für die mit der **Kontrolle des Datenschutzes betrauten Stellen** erkennen. Die **Bundesrepublik** hat stattdessen im Bundesbereich dem Bundesminister des Innern und im Landesbereich mit Ausnahme Hamburgs (Senatsamt für Verwaltungsdienst) den **Innenministern bzw. -senatoren** den Vorzug gegeben.[263] Die auf den ersten Blick überraschende Wahl[264] erklärt sich historisch mit den Aufgaben der zu benennenden Stellen. Sie müssen keineswegs nur Anträge der Betroffenen entgegennehmen und weiterleiten (Art. 14), oder Informationen vermitteln (Art. 13 Abs. 3), sondern sind auch berechtigt, sowohl Anträge als auch Informationsersuchen abzulehnen (Art. 16). Hierin liegen Verwaltungsakte mit Eingriffsqualität. Zum Zeitpunkt der Benennung hatten die DSGe des Bundes und der Länder jedoch noch darauf verzichtet, den Datenschutzbeauftragten **Eingriffsbefugnisse** einzuräumen. Dieser Grund hat sich allerdings seit der Einführung von § 38 BDSG aF mit dem BDSG 1990 (s. nunmehr die neuen Befugnisse in Art. 55ff. DSGVO) erledigt. 109

Die in Art. 13ff. vorgesehenen Verfahren tragen zwar zu einer besseren Anwendung der Konvention bei, eignen sich allerdings weder dazu, eine möglichst **einheitliche Anwendung** noch gar **Korrektur** oder gar **Weiterentwicklung** des Übereinkommens sicherzustellen. Hierzu wurde ein **Beratender Ausschuss** eingerichtet (Art. 18). Er soll Vorschläge zur Erleichterung oder Verbesserung der Anwendung des Übereinkommens sowie für notwendige Änderungen machen, aber auch zu einzelnen, von den Vertragsstaaten aufgeworfe- 110

---

260 Vgl. auch Explanatory Report, Nr. 69; *Henke*, Die Datenschutzkonvention des Europarates, 1986, S. 1271 f.; *Schweizer* DuD 1989, 542 (543 f.); *Simitis* RDV 1990, 3 (11).

261 Dazu auch *Henke*, Die Datenschutzkonvention des Europarates, 1986, S. 172ff.; *Bergmann*, Grenzüberschreitender Datenschutz, 1985, S. 159; *Wochner*, Persönlichkeitsschutz, 1981, S. 260 f.; *Ellger*, Der Datenschutz im grenzüberschreitenden Datenverkehr, 1990, S. 477ff.

262 Zur Kritik vgl. auch *Henke*, Die Datenschutzkonvention des Europarates, 1986, S. 166; *Bergmann*, Grenzüberschreitender Datenschutz, 1985, S. 177; *Ellger*, Der Datenschutz im grenzüberschreitenden Datenverkehr, 1990, S. 472.

263 Vgl. Art. 2 des Gesetzes zu dem Übereinkommen v. 28.1.1981 zum Schutz des Menschen bei der automatischen Verarbeitung personenbezogener Daten v. 13.3.1985, BGBl. II 1985, 538 sowie die Bek. v. 18.12.1987, BGBl. II 1988, 73 f., 15ff.

264 Vgl. etwa die Kritik von *Ellger*, Der Datenschutz im grenzüberschreitenden Datenverkehr, 1990, S. 483; aber auch *Henke*, Die Datenschutzkonvention des Europarates, 1986, S. 182.

nen Fragen Stellung nehmen (Art. 19).[265] Ob sich diese Ziele erreichen lassen, hängt freilich in ganz besonderem Maße von der **Zusammensetzung** des Ausschusses ab.[266] Bis zum Inkrafttreten der Konvention hatten die meisten Mitgliedstaaten unabhängige Sachverständige benannt, während sie im Anschluss zur Benennung reiner **Regierungsvertreter** tendieren, eine Entscheidung, die dem Ausschuss viel von den Chancen einer offenen, auch und gerade auf die Fortschreibung der Konvention bedachten Kritik nimmt.

111 **ff) Die Modernisierung der Konvention.** Auch wenn die Datenschutzkonvention des Europarats wie jede Datenschutzvorschrift auf die Informationstechnologie reagiert und deshalb an den Vorbehalt einer fortlaufenden, an der Technologie orientierten Überprüfung gebunden sein muss, hat der Europarat von einer regelmäßigen Revision abgesehen. Reflexionen über eine „Modernisierung" setzten erst 2010 ein, nicht zuletzt unter Hinweis auf die zunehmende Bedeutung von Cloud Computing und Sozialen Netzwerken.[267] 2012 legte der Beratende Ausschuss detaillierte **Vorschläge für eine Überarbeitung** der Konvention vor,[268] die 2016 durch ein ad hoc committee on data protection (CAHDATA) konsolidiert wurden.[269] Zu den wichtigsten Neuerungen zählen:

a) eine deutliche Spezifizierung der Datenschutzgrundsätze in Art. 5

b) eine Erweiterung des Katalogs der sensiblen Daten (Art. 6);

c) Vorgaben zur Datensicherheit und eine Pflicht zur Benachrichtigung (nur) der Aufsichtsbehörde im Falle von gravierenden Sicherheitsverletzungen (Art. 7);

d) eine deutlich verstärkte Transparenz der Verarbeitung für die Betroffenen (Art. 8);

e) eine Erweiterung der Betroffenenrechte (Art. 9);

f) Pflichten zu technischen und organisatorischen Maßnahmen, einschließlich Vorgaben zur Gestaltung der Verarbeitungsprozesse (Art. 10)

g) genaue Hinweise auf die Voraussetzungen eines angemessenen Datenschutzes bei grenzüberschreitenden Übermittlungen personenbezogener Daten (Art. 14 Abs. 3).

112 Der Vorschlag für die Revision der Datenschutzkonvention wurde am **18.5.2018** vom Ministerkomitee des Europarats **angenommen**. Es tritt nach Art. 37 Abs. 1 des Protokolls grds. erst in Kraft, sobald es alle Parteien der Konvention akzeptiert haben.

113 Der Europarat musste allerdings schon vor dieser Revisionsbemühung sehr bald einsehen, dass **allgemeine Verarbeitungsgrundsätze**, wie sie die Konvention enthält, nicht ausreichen. Er sprach sich daher schon sehr früh dafür aus, die Konvention durch eine Reihe von **Empfehlungen** zu ergänzen.[270] Das Ministerkomitee verabschiedete die erste dieser Empfehlungen (zu automatisierten medizinischen Datenbanken) bereits fünf Tage, bevor die Konvention zur Unterzeichnung aufgelegt wurde.[271] Es folgten Empfehlungen zur Verwendung personenbezogener Daten in den Bereichen der wissenschaftlichen Forschung und der Statistik, der Direktwerbung, der sozialen Sicherheit, der polizeilichen Tätigkeit, den Arbeitsbeziehungen, dem Zahlungsverkehr, der Information Dritter durch öffentliche Stellen, den Telekommunikationsdiensten, dem Umgang mit medizinischen Daten, dem Internet, den Versicherungen, dem Profiling sowie den Sozialen Netzwerken und der Netzneutralität.[272]

114 So verschieden die Ansatzpunkte sind, so deutlich durchzieht alle Empfehlungen eine Überzeugung: Die Wirksamkeit des Datenschutzes hängt entscheidend von der Fähigkeit ab, gezielt auf konkrete, gerade aus der Perspektive der Betroffenen besonders wichtige Verarbeitungssituationen zu reagieren.[273] Im Laufe dieser **bereichsspezifischen Konkretisierung** wurden auch manche von der Konvention eingenommene Posi-

265 Dazu auch *Henke*, Die Datenschutzkonvention des Europarates, 1986, S. 197ff.; *Schweizer* DuD 1989, 542 (544).

266 Vgl. auch *Schweizer* DuD 1989, 542 (544).

267 S. die Entscheidung der Justizminister zum Datenschutz und zur Privatheit im Dritten Millenium, 30th Council of Europe Conference of Ministers of Justice (Istanbul, Turkey, 24. – 26.11.2010), Resolution No. 3 on data protection and privacy in the third millenium, 26.11., MJU-30 (2010) RESOL. 3 E.

268 The Consultative Committee of the Convention for the Protection of Individuals with regard to Automatic Processing of Personal Data (ETS No. 108), Proposition of a Modernisation, DG I – Human Rights and Rule of Law, T-PD_2012_04_rev 4_E.

269 S. zur Bewertung zB *Lauer*, Informationshilfe im Rahmen der polizeilichen und justiziellen Zusammenarbeit in Strafsachen, 2017, S. 429.

270 Dazu *Simitis* CR 1991, 161 (163 f.); *Burkert* CR 1988, 751 (756 f.); *Ellger*, Der Datenschutz im grenzüberschreitenden Datenverkehr, 1990, S. 489ff.

271 Regulations for Automated Medical Data Banks, Empfehlung Nr. R(81)1 v. 23.1.1981 (abgelöst durch Nr. (97)5 v. 13.2.1997).

272 Die Empfehlungen sind abrufbar unter https://www.coe.int/en/web/data-protection/legal-instruments.

273 Dazu *Simitis* CR 1991, 161 (163 f.).

Simitis/Hornung/Spiecker gen. Döhmann

tionen in Frage gestellt, beispielsweise die (von der Ausnahme des Art. 12 Abs. 1 abgesehen) Begrenzung auf die **automatisierte Verarbeitung**.[274]

Empfehlungen bieten zwar die Chance, flexibler und zugleich innovativer zu reagieren, haben aber den 115 Nachteil, völlig **unverbindlich** zu sein. Ihre **Wirkung** darf dennoch **nicht unterschätzt** werden. Sie knüpfen nicht nur an eine Konvention an, deren internationale Ausstrahlung unbestritten ist, sondern behandeln durchweg Fragen, die in jedem der Mitgliedstaaten eine zentrale Rolle spielen, denen also das nationale Recht nicht aus dem Weg gehen kann. Die Empfehlungen dokumentieren den Konsens über die Notwendigkeit, die Verarbeitungsbedingungen in den konkret angesprochenen Bereichen festzulegen, und geben deutlich zu erkennen, welches die Eckwerte einer solchen Regelung sein müssten. Es ist daher kaum verwunderlich, wenn sich einzelne Mitgliedstaaten immer wieder veranlasst gesehen haben, von der Möglichkeit Gebrauch zu machen, **Vorbehalte** anzubringen.[275] Mit jedem Vorbehalt bestätigt sich freilich auch, dass die Empfehlungen des Europarats durchaus in der Lage sind, das nationale Recht zu beeinflussen und die Regelung der Verarbeitung personenbezogener Daten weiterzuentwickeln.

gg) Verhältnis zur EU und fortdauernde Relevanz der Regelungen des Europarats. Konvention, Zusatzpro- 116 tokoll und Empfehlungen illustrieren die Intensität, mit der sich der Europarat fast vier Jahrzehnte lang mit Datenschutzfragen beschäftigt und damit auch die Voraussetzungen für eine breite internationale Anerkennung des Datenschutzes geschaffen hat. Sein **Einfluss** ist allerdings seit der Annahme der **DSRL immer weiter zurückgegangen**. Für eine längere Zeit gehörten fast alle Staaten, die die Konvention mitgestaltet oder sich unter ihrem Eindruck für eine Datenschutzregelung entschlossen hatten, auch der EG an. Für die Handlungs- und Entscheidungsbedingungen dieser Länder gab fortan die DSRL den Ton an. Mehr noch, die KOM ist deutlicher denn je auf eine möglichst einheitliche Stellungnahme der Unionsstaaten im Europarat bedacht. Die Teilnahme von Kommissionsvertretern an den Ausschüssen des Europarats und besonders am „Beratenden Ausschuss" ist ebenso bezeichnend dafür wie die unmittelbaren Reaktionen der KOM auf einzelne Regelungsvorschläge.

Mit der DSRL erhielt die Konvention besondere Bedeutung nunmehr für die Mitglieder des Europarats, die 117 nicht zugleich solche der Union oder des EWR sind,[276] sowie für Staaten, die auf Einladung des Ministerkomitees gemäß Art. 23 der Konvention beitreten.[277] Je nach Ergebnis der **Brexit-Entwicklung** könnte die Konvention insoweit eine erhebliche Renaissance erlangen, wenn nicht das Vereinigte Königreich auch diese kündigt.[278] Für die Mitgliedstaaten der Union kommt der Konvention dagegen nur noch eine **Hilfsfunktion** zu. Insofern verwundert es kaum, dass auch der Europarat seine Vorgaben, wie sich am Zusatzprotokoll und der aktuellen Reformdiskussion zeigt, dem Unionsrecht anpasst.

Der Europarat hat freilich zugleich eine **zweite Rolle** übernommen. Die Mitgliedstaaten der EU nutzten die 118 Existenz seiner Rechtsregeln, wenn sie zwar gemeinsame Regelungen anstrebten, es jedoch vermeiden wollten, die im Vergleich zur Konvention von 1981 sehr viel deutlicheren und schärferen Vorgaben der DSRL zu übernehmen. Artt. 38, 117, 126, 129 des Schengener Durchführungsübereinkommens[279] verbindet die Datenschutzbestimmungen mit einem Hinweis auf die Europaratskonvention von 1981; dasselbe gilt für Artt. 10, 14 der Europol-Konvention[280] und noch 2009 für Art. 27 des Europol-Beschlusses.[281] Die Bestrebungen, den Europarat einzuschalten, verstärken sich zudem, wenn, wie bei der Cybercrime-Konvention,[282] außereuropäische Staaten, in erster Linie die USA, einbezogen werden sollen. Im Ergebnis entwickelt

---

274 Art. 1 Nr. 1.1 der Empfehlung zur wissenschaftlichen Forschung und Statistik (Nr. R(83)10 v. 23.9.1983, EU DS, EuRat-R(83)10) gibt die Unterscheidung zwischen automatisierter und manueller Verarbeitung offen auf. Die für Beschäftigungszwecke vorgeschlagenen Verarbeitungsgrundsätze gelten jedenfalls dann auch für manuell verarbeitete Angaben, wenn ihre Einbeziehung für das Verständnis der automatisierten Daten erforderlich ist (Art. 1 Nr. 1.1 Abs. 2 der Empfehlung Nr. R(89)2 v. 18.1.1989, EU DS, EuRat-R(89)2); dazu *Simitis* CR 1991, 161 (167 f.).

275 Vgl. Rules of procedure for the meetings of the Ministers´ Deputies, 4th rev. ed. 2005 Strasbourg, Art. 9 Nr. 1 iVm 10 Nr. 2 lit. c.

276 Dies betrifft Albanien, Andorra, Armenien, Aserbaidschan, Bosnien und Herzegowina, Georgien, Monaco, Montenegro, Moldawien, Russland, San Marino, Serbien, Mazedonien, die Türkei und die Ukraine.

277 Dies sind bisher Mauritius, Senegal, Tunesien und Uruguay.

278 Da die DSGVO vor einem etwaigen Brexit wirksam wurde, erlangte sie jedenfalls vorläufig auch im Vereinigten Königreich Geltung. Zu denkbaren Modellen nach einem Brexit Ehmann/Selmayr/*Selmayr/Ehmann* Einf. Rn. 105.

279 Übereinkommen zur Durchführung des Übereinkommens von Schengen v. 14.6.1985 zwischen den Regierungen der Staaten der Benelux-Wirtschaftsunion, der Bundesrepublik Deutschland und der Französischen Republik betreffend den schrittweisen Abbau der Kontrollen an den gemeinsamen Grenzen einschließlich der Erklärungen zum Recht der Nacheile v. 19.6.1990, BGBl. II 1993, 1013.

280 Übereinkommen aufgrund von Artikel K.3 des Vertrags über die Europäische Union über die Errichtung eines Europäischen Polizeiamts v. 26.7.1995, ergänzt durch den Beschluss des Rats v. 3.12.1998, ABl. 1995 C 316/2, 1999 C 26/21.

281 Beschluss des Rats 2009/371/JI v. 6.2.2009 zur Errichtung des Europäischen Polizeiamts (Europol), ABl. 2009 L 121/37.

282 Zum Inhalt *Gercke* CR 2004, 782; *Valerius* K&R 2004, 513; zu den Datenschutzfragen *Bäumler* DuD 2001, 348; *Dix* DuD 2001, 588; *Breyer* DuD 2001, 592.

sich der Europarat in diesen Fällen zu einem gezielt genutzten Mittel, um **Kompromisse durchzusetzen**, die zulasten des national und supranational erreichten Datenschutzes gehen.[283]

119 **b) OECD.** Die **Organisation für wirtschaftliche Zusammenarbeit und Entwicklung (OECD)** hat sich, wie der Europarat, schon sehr früh für eine Regelung der Verarbeitung personenbezogener Daten ausgesprochen.[284] Anders als für den **Europarat** stand dabei nicht die konsequente Fortführung eines Grundrechtsdokuments (der **EMRK**) im Vordergrund, sondern die Befürchtung, nationale Datenschutzvorschriften könnten zugleich Vorboten eines neuen Protektionismus sein.[285] Einer internationalen Regelung zum grenzüberschreitenden Datenaustausch kam daher aus der Sicht der OECD zuvörderst die Aufgabe zu, potenzielle **Handelshemmnisse** zu verhindern und den **freien Informationsfluss** zu schützen.[286] Die Vorarbeiten führten schließlich zu den am 23.9.1980 vom Rat der OECD verabschiedeten „**Richtlinien über Datenschutz und grenzüberschreitende Ströme personenbezogener Daten**".[287] Im Unterschied zur Konvention des Europarats sind diese kein völkerrechtlich verbindliches Dokument, sondern nur Vorschläge.[288] Die 1980 verabschiedeten Richtlinien wurden mit Rücksicht auf die Entwicklung der Informationstechnologie und die Globalisierung der Datenverarbeitung 2013 durch eine überarbeitete Regelung abgelöst.[289] Diese formuliert, neben diversen Straffungen, eine Reihe neuer Vorschriften.

120 Die Richtlinien beginnen mit einem **allgemeinen Teil** und beziehen öffentliche und nicht-öffentliche Stellen gleichermaßen ein (Nr. 2). Die eigentlichen Vorgaben werden mit **zwei ausdrücklichen Warnungen** eingeleitet. Die Richtlinien dürfen erstens keineswegs in einer Weise interpretiert werden, die dazu führen könnte, differenzierte, der Art der Daten und dem Verarbeitungskontext angepasste Erwartungen auszuschließen, und zweitens nicht die Meinungsfreiheit unangemessen einschränken (Nr. 3). Nr. 4 fordert, Sicherheitsmaßnahmen sowie Verweisungen auf den ordre public so gering wie möglich zu halten und zudem öffentlich bekanntzugeben. Die Richtlinien werden schließlich gemäß Nr. 6 explizit als Mindestbedingungen definiert, die ergänzt und ausgebaut werden könnten, selbst wenn sich der internationale Datenaustausch dadurch erschweren sollte.

121 Die Richtlinien sehen **acht Verarbeitungsgrundsätze** vor (Nr. 7–14), die sich mit den Prinzipien der Europaratskonvention (→ Rn. 92ff.) decken. Die Verpflichtung, personenbezogene Daten rechtmäßig zu erheben und, soweit angebracht, in Kenntnis oder mit Zustimmung der Betroffenen zu erheben (Nr. 7), wird ebenso erwähnt wie die Notwendigkeit einer klaren Zweckbindung (Nr. 8–10), die Pflicht zu Sicherheitsmaßnahmen (Nr. 11) sowie einer transparenten Verarbeitung (Nr. 12). Betroffene haben ein Auskunftsrecht (Nr. 13), und der Verantwortliche ist für die Einhaltung der Prinzipien verantwortlich (Nr. 14). Die revidierten Richtlinien fügten 2013 in Nr. 15 spezifisch die Pflicht zu einem „privacy management programme" sowie zum Nachweis seiner Ordnungsgemäßheit gegenüber den Aufsichtsbehörden hinzu; signifikante Sicherheitsvorfälle sind diesen zu melden.

122 Der **grenzüberschreitende Datenaustausch** wird in Nr. 16–18 angesprochen. Verarbeitende Stellen bleiben für den Umgang mit den von ihnen verwendeten Daten ohne Rücksicht darauf verantwortlich, wo sich die Daten befinden (Nr. 16). Nr. 17 fordert, den Datenaustausch nicht einzuschränken, wenn der Empfängerstaat entweder grundsätzlich die Richtlinien anwendet oder hinreichende Garantien bereitstellt, die einen den Richtlinien entsprechenden, kontinuierlichen Schutz gewährleisten. Einschränkungen grenzüberschrei-

---

283 Dazu *Simitis* in: Collected Courses, 2001, S. 117 f.
284 Erste Ansätze wurden bereits 1974 formuliert; s. Policy Issues in Data Protection and Privacy, Proceedings of the OECD-Seminar 24th to 26th June, 1974, OECD Informatics Studies 10 (1976); näher *Hondius*, Emerging Data Protection in Europe, 1975, S. 57ff.; *Gassmann* in: Online Conferences Ltd. (Hrsg.), Data Regulation – European and Third World Realities, 1978, 177; *Kirby* Stanford Journal of International Studies 1980, 19; *Seipel* TDR 1981, 32; näher zur historischen Entwicklung Simitis/*ders.* Einl. Rn. 184ff.
285 Dazu *Bing* Michigan Yearbook of International Legal Studies 5 (1984), 271 (282 f.).
286 *Gassmann* in: Online Conferences Ltd. (Hrsg.), Data Regulation – European and Third World Realities, 1978, 177; aber auch Roßnagel/*Burkert*, HB DSR, Kap. 2.3 Rn. 23. Dieses Ziel kehrt in vielen Regulierungsvorschlägen der OECD wieder und wird zudem dem jeweiligen Kontext und den je spezifischen Ansatzpunkten angepasst. So geben sich etwa die OECD Guidelines on Human Biobanks and Genetic Research Databases von 2009 nicht damit zufrieden, einen grenzüberschreitenden Austausch wissenschaftlicher Erkenntnisse sicherzustellen, sondern versuchen den evidenten Kommerzialisierungstendenzen ebenso Rechnung zu tragen; vgl. auch OECD Creation and Governance of Human Genetic Research Databases, 2006.
287 So die Übersetzung der OECD (http://www.oecd.org/internet/ieconomy/15589558.pdf); s. *OECD*, Guidelines governing the Protection of Privacy and Transborder Flows of Personal Data, Document C (80) 58 (Final) v. 1.10.1980, Bekanntgabe im BAnz. Amtl. Teil v. 14.11.1981, Nr. 215. Vgl. auch *OECD*, Recommendation on Cross-border Cooperation in the Enforcement of Laws Protecting Privacy, 2007.
288 Dazu auch *Schweizer* in: Informatique et protection de la personnalité (1981), 274; *Patrick* Jurimetrics Journal 21 (1981), 407; *Ellger*, Der Datenschutz im grenzüberschreitenden Datenverkehr, 1990, S. 515; Roßnagel/*Burkert*, HB DSR, Kap. 2.3 Rn. 30ff.
289 Recommendation of the Council concerning Guidelines governing the Protection of Privacy and Transborder Flows of Personal Data, C(0)58/FINAL, as amended on 11 July 2013 by C(2013)79. Schon in einer 1985 angenommenen „Datendeklaration" bekräftigte das Ministerkomitee der OECD die Richtlinien und betonte zugleich das Interesse an einem ungehinderten Informationsaustausch, also auch und gerade am Abbau der mit Datenschutzbestimmungen zusammenhängenden Handelsbarriere.

Simitis/Hornung/Spiecker gen. Döhmann

tender Verarbeitungen müssen verhältnismäßig sein, also den mit dem konkreten Transfer, vor allem durch seinen Zweck, seinen Kontext sowie der Sensibilität der Daten einhergehenden Risiken entsprechen (Nr. 18). Die Internationalisierung der Verarbeitung ist für die OECD einer der wichtigsten Regelungsbereiche; dies kommt auch in den Regelungen zur verstärkten Kooperation der Mitgliedstaaten und zur Interoperabilität zum Ausdruck (Nr. 20–23).

Nr. 19 enthält Maßnahmen zur Umsetzung der Richtlinien. Diese umfassen nationale Datenschutzstrategien, gesetzliche Maßnahmen, Aufsichtsbehörden, Mechanismen der Selbstregulierung, durchsetzbare Betroffenenrechte, Sanktionen für Datenschutzverstöße, Bildungsmaßnahmen, die Inbezugnahme weiterer Akteure außer den Verantwortlichen sowie Maßnahmen zur Verhinderung von Diskriminierung. Die Instrumente der **Selbstregulierung** werden auch in Nr. 19 lit. d der neuen Richtlinien (anders als beim Vorbild des Europarats)[290] auf dieselbe Stufe wie gesetzliche Regelungen gestellt. Konsequenterweise müssten bei grenzüberschreitenden Übermittlungen Rechtsordnungen als gleichwertig angesehen werden, die zwar über keine Verarbeitungsvorschriften verfügen, verantwortliche Stellen aber durchaus auf einschlägige Bestimmungen zurückgreifen, die sie selbst verfasst haben. Ein solches Verständnis wäre allerdings ein eindeutiger Widerspruch zu den Grundsätzen des Europarats und den Artt. 44ff. DSGVO. | 123

Das primäre Interesse der OECD lässt sich vor allem ihren wiederholten Bemühungen entnehmen, den **grenzüberschreitenden Datenaustausch** vor störenden Restriktionen zu bewahren und sich zugleich sowohl bei national orientierten als auch bei international ausgerichteten Verarbeitungen dezidiert für eine **Selbstregulierung** einzusetzen. Die Richtlinien zur Kryptographie[291] und die Erklärung zum Datenschutz in Globalen Netzwerken[292] deuteten bereits in diese Richtung. Ein besonders gutes Beispiel für die konsequent angestrebte **Selbstregulierung** war der Anfang 2000 vorgestellte „Datenschutz-Generator".[293] Dieser enthält neben Anweisungen für ein internes **Datenschutz-Audit** und einem darauf abgestimmten Fragebogen, Informationen über private Organisationen, die bei der Formulierung der Verarbeitungsregeln und Angaben zu den verschiedenen nicht zuletzt mit der Verarbeitungskontrolle betrauten Instanzen. Die OECD setzte sich zudem dafür ein, das Ergebnis der Selbstüberprüfung ebenso wie die konkret getroffenen Datenschutzmaßnahmen zu publizieren. | 124

Die von der OECD unterstützten Bemühungen, Interventionen der Kontrollinstanzen und erst recht der Gerichte durch eigens auf Datenschutzkonflikte zugeschnittene Mediationsverfahren abzulösen, sind durchaus vergleichbar mit einer tendenziell möglichst autonomen Selbstregulierung. In dem Maße freilich, in dem auch und gerade vor dem Hintergrund einer konstitutionellen Absicherung des Datenschutzes national wie supranational verbindliche Verarbeitungsgrundsätze festgeschrieben werden, kann es auch keinen beliebigen Umgang mit den gesetzlichen Garantien geben. **Mediationsverfahren** mögen deshalb die Überwindung von Verarbeitungskonflikten erleichtern. Sie können aber nicht als Verzicht auf oder gar Gegenmittel für die **Anwendung der verfassungsrechtlichen Vorgaben** sowie der mit ihnen unmittelbar verbundenen gesetzlichen Bestimmungen gesehen und behandelt werden. | 125

c) Vereinte Nationen. Historisch gesehen reichen die Bemühungen der **UN**, Datenschutzgrundsätze auszuarbeiten,[294] genauso weit zurück wie die entsprechenden Bestrebungen des Europarats (→ Rn. 92ff.). Am 19.12.1968[295] forderte die **Generalversammlung** den Generalsekretär auf, die Auswirkungen der wissenschaftlich-technischen Entwicklung (einschließlich automatisierter Verarbeitungsverfahren) auf die Menschenrechte zu untersuchen und zu prüfen, welchen Einschränkungen derartige Verfahren in einer demokratischen Gesellschaft unterliegen müssten.[296] Auf ihr Verlangen legte der für die „Verhütung von Diskriminierungen sowie den Schutz von Minderheiten, die Menschenrechte und die wissenschaftlich-technische Entwicklung" zuständige Unterausschuss am 23.6.1985 im Auftrag der Menschenrechtskommission einen | 126

---

290 Explanatory Report, Nr. 39.
291 *OECD*, Guidelines for Cryptography Policy, 1997; vgl. aber auch die Recommendation concerning Guidelines for the Security of Information Systems, OECD Document C (92) 188 (Final) v. 26.1.1992; sowie *OECD*, Working Party on Information Security and Privacy, Radio Frequency Identification (RFID): A Focus on Information and Privacy, DSTI/ICCP/REG (2007) 9/Final.
292 *OECD*, Transborder Data Flow Contracts in the wider framework of mechanisms for privacy protection on global networks, 1999, DSTI/ICC/REG(99)15 /Final v. 21.9.2000.
293 *OECD*, Privacy Policy Statement Generator, 2000.
294 Dazu insbes. *Hondius*, Emerging Data Protection in Europe, 1975, S. 59ff.; *Ellger*, Der Datenschutz im grenzüberschreitenden Datenverkehr, 1990, S. 564ff.; sa Simitis/*ders.* Einl. Rn. 192ff. mwN.
295 *UN*, Resolution 2450 (XXIII) adopted by the General Assembly: Human Rights and Scientific Technological Developments, 1748th Plenary Meeting, 19 December 1968, General Assembly, Twenty-Third Session, S. 54.
296 Zu den historischen Einzelheiten s. Simitis/*ders.* Einl. Rn. 193ff. mwN; s. va *UN*, Economic and Social Council, Human Rights and Scientific and Technological Developments, Uses of electronics which may affect the rights of the person and the limits which should be placed on such uses in a democratic society, Report of the Secretary General, 31.1.1974, UN-Doc. E/CN. 4/1192.

Entwurf für **Richtlinien zur Verarbeitung personenbezogener Daten in automatisierten Dateien** vor.[297] Eine leicht modifizierte Fassung wurde 1988 von der Menschenrechtskommission[298] angenommen und am 14.12.1990 von der Generalversammlung verabschiedet.[299]

127 Die **UN-Richtlinien** enthalten genauso wie die OECD-Richtlinien (→ Rn. 119ff.) lediglich eine Reihe von **Empfehlungen**, die sich zudem ausdrücklich auf einen „**Mindeststandard**" beschränken (Teil A – Überschrift). Diese wenden sich an die Mitgliedstaaten. Sodann erklärt Teil B die an deren Adresse formulierten Verarbeitungsgrundsätze auch zur Grundlage für die interne Regelung **internationaler Organisationen** (Teil B). Ebenso wie die Datenschutzkonvention des Europarats und die OECD-Richtlinien verzichten die UN-Richtlinien darauf, eine Verarbeitungsregelung nur für bestimmte Stellen vorzuschlagen und beziehen sowohl den öffentlichen als auch den nicht-öffentlichen Bereich ein.

128 Die Richtlinien lassen dennoch eine Ausnahme zu: Den Mitgliedstaaten steht es frei, sich bei **Dateien**, die der „**humanitären Hilfe**" oder dem „**Schutz der Menschenrechte und Grundfreiheiten**" dienen, nicht an die ansonsten zu beachtenden Verarbeitungsgrundsätze zu halten.[300] Die UN haben damit versucht, den besonders für das Internationale Rote Kreuz, Amnesty International oder den UN-Hochkommissar für Flüchtlinge typischen Verarbeitungsbedingungen Rechnung zu tragen.[301] Keine dieser Organisationen könnte in der Tat etwa den Opfern politischer Verfolgung oder rassischer Diskriminierung helfen, sollte sie beispielsweise nur Daten speichern dürfen, für die eine Einwilligung der Betroffenen vorliegt. Die Richtlinien tolerieren deshalb eine **Modifikation** der generell anwendbaren Verarbeitungsgrundsätze, ohne allerdings zu präzisieren, wie weit sie im Einzelnen reichen darf. Dies lässt angesichts der deutlichen Unterschiede zwischen den in Betracht kommenden Organisationen erhebliche Spielräume.

129 Bei den **Verarbeitungsgrundsätzen** lehnen sich die UN-Richtlinien eng an die Datenschutzkonvention des Europarats und die OECD-Richtlinien an. So sehen die Richtlinien neben der Verpflichtung, bei der **Erhebung Treu und Glauben** zu respektieren (1) und nur ebenso **richtige** wie **vollständige**, aber auch **kontinuierlich aktualisierte** Daten zu verarbeiten (2), eine **Zweckbindung** vor (3), garantieren den Betroffenen bestimmte **Rechte** (4) und fordern Sonderregeln für **sensible Angaben** (5). In einer Beziehung gehen die Richtlinien allerdings weiter: Sie sind das erste internationale Dokument, das ausdrücklich die Einrichtung einer **unabhängigen Kontrollinstanz** verlangt (8). Die Richtlinien nehmen schließlich auch zum **grenzüberschreitenden Datenaustausch** Stellung (9). Wie die Datenschutzkonvention des Europarats räumen sie dem Datenschutz den Vorrang ein, vermeiden es jedoch, sich auf eine ähnlich komplizierte Regelung einzulassen. Stattdessen stellen sie lediglich fest, dass ein Austausch so lange frei verlaufen muss, wie im Empfängerstaat eine **gleichwertige Regelung** besteht. Sollte es daran fehlen, dürfen nur die für einen Schutz der Betroffenen erforderlichen Einschränkungen vorgesehen werden.

130 Auf der Ebene der UN wurde die Rechtsentwicklung im Übrigen maßgeblich durch die **Spruchpraxis des Menschenrechtsausschusses** beeinfluss (→ Rn. 162). Überdies haben in jüngerer Zeit die Enthüllungen der Überwachungspraxis der NSA zu weiteren Aktivitäten geführt. Maßgeblich auf Initiative Deutschlands und Brasiliens verabschiedete die UN-Generalversammlung 2013 und 2014 Resolutionen zum „Recht auf Privatheit im digitalen Zeitalter".[302] Im Jahre 2015 wurde überdies ein **Sonderberichterstatter für den Datenschutz** ernannt (*Joseph A. Cannataci*). Im Rahmen seines durch den Menschenrechtsausschuss erteilten Mandats[303] hat er maßgeblich beratende Funktionen, sammelt Informationen über Datenschutzrecht und -praxis, berichtet aber auch über Verletzungen von Art. 12 AEMR und Art. 17 IPbpR. Anfang 2018 legte *Cannataci* ein „Working Draft Legal Instrument on Government-led Surveillance and Privacy" vor.[304]

131 Unter dem Dach der UN existiert daneben der **Verhaltenskodex der Internationalen Arbeitsorganisation**.[305] Er richtet sich primär an Arbeitgeber und Beschäftigte, versteht sich aber auch als Ergänzung bestehender

---

297 *UN*, Economic and Social Council, Commission on Human Rights, Sub-Commission on Prevention of Discrimination and Protection of Minorities, Thirty-Eighth Session, Item 10 of the Provisional Agenda: Human Rights and Scientific and Technology Developments, Draft Guidelines for the Regulation of Computerized Personal Data Files. Report Submitted by Mr. *Louis Joinet*, 23.6.1985, UN-Doc. E/CN. 4/Sub.2/1985/21.

298 *UN*, Economic and Social Council, Commission on Human Rights, Sub-Commission on Prevention of Discrimination and Protection of Minorities, Fortieth Session, Item 11 of the Provisional Agenda: Human Rights and Scientific and Technology Developments, Guidelines for the Regulation of Computerized Personal Data Files. Final Report Submitted by Mr. *Louis Joinet*, Special Rapporteur, 21.7.1988, UN-Doc. E/CN. 4/Sub.2/1988/22.

299 *UN*, Guidelines on the Use of Computerized Personal Data Flow. Resolution 44/132, 14.12.1990, UN-Doc. E7CN. 4/Sub.2/1988/22.

300 *UN*, Guidelines on the Use of Computerized Personal Data Flow. Resolution 44/132, 14.12.1990, UN-Doc. E7CN. 4/Sub.2/1988/22, Teil B Abs. 3.

301 Darauf hat der Berichterstatter *Joinet* unter anderem in einem Vortrag vor der 12. Internationalen Konferenz der Datenschutzbeauftragten ausdrücklich hingewiesen, abgedr. in CNIL, 11 e rapport d'activité 1990 (1991), S. 77.

302 UN-Resolutionen 68/167 und 69/166; zu den Aktivitäten der UN *Hullmann/Masloch/Niemann/Özbek* VN 2015, 125.

303 Human Rights Council Resolution 28/16; näher http://www.ohchr.org/EN/Issues/Privacy/SR/Pages/SRPrivacyIndex.aspx.

304 S. https://www.ohchr.org/Documents/Issues/Privacy/SR_Privacy/2018AnnualReportAppendix7.pdf.

305 Protection of worker's personal data. An ILO Code of practice (1997); dazu *Simitis* CR 1991, 161; sowie *ders*. in: FS Dieterich, 601.

gesetzlicher Bestimmungen oder als Vorstadium einer gesetzlichen Regelung. Dies bot sich an, da die geringe Anzahl an nationalen Datenschutzgesetzen und die zuweilen beträchtlichen Unterschiede zwischen den nationalen arbeitsrechtlichen Vorschriften alle Bemühungen, international verbindliche Regeln zu vereinbaren, außerordentlich erschwerten.

Der Verhaltenskodex rückt vor allem fünf Problemkomplexe in den Mittelpunkt. Er bezieht erstens gezielt **Unternehmens- und Personalberater** ein (13.1), auf die zunehmend wichtige Teile der Rekrutierung verlagert werden. Zweitens sieht er in der **Einwilligung** der Betroffenen keine vollwertige Alternative zu gesetzlichen Vorschriften und bindet die Zulässigkeit der Verarbeitung in einer Reihe ausdrücklich aufgezählter Fälle, etwa bei der Verwendung **medizinischer** (6.7) oder **genetischer Daten** (6.12), an eine gesetzlichen Regelung. Er verlangt drittens eine regelmäßige **Überprüfung der Verarbeitungsmodalitäten** mit dem Ziel, den Zugriff auf personenbezogene Daten möglichst zu verringern (5.7), schränkt viertens die Verarbeitungsmodalitäten der Arbeitnehmervertretungen ein (10.10) und hebt schließlich die Notwendigkeit **kollektivrechtlicher Regelungen** hervor (12.2).

132

III. Sekundärrechtliche supranationale Regelungen bis zur DSGVO

Literatur: *Baldus, M.*, Transnationales Polizeirecht, 2000; *Birnhack, M. D.*, The EU Data Protection Directive: An engine of a global regime, Computer Law & Security Report 24 (2008) 508; *Brühann, U.*, Die europäische und internationale Datenschutzlandschaft nach Inkrafttreten der EG-Richtlinie, DuD 1998, 700; *ders.*, Mindeststandards oder Vollharmonisierung, EuZW 2009, 639; *Di Martino, A.*, Datenschutz im europäischen Recht, 2005; *Ellger, R.*, Datenschutz und europäischer Binnenmarkt, RDV 1991, 57; *Ennulat, M.*, Datenschutzrechtliche Verpflichtungen der Gemeinschaftsorgane und -einrichtungen, 2008; *Esser, R.*, Europäischer Datenschutz – Allgemeiner Teil – Mindeststandards der Europäischen Menschenrechtskonvention, in: Wolter, J./Schenke, W.-R./Hilger, H./Ruthig, J./ Zöller, M. (Hrsg.), Alternativentwurf Europol und europäischer Datenschutz, 2008, 281; *Gundel, J.*, Vorratsdatenspeicherung und Binnenmarktkompetenz: Die ungebrochene Anziehungskraft des Art. 95 EGV, EuR 2009, 536; *Gusy, Ch.*, Europäischer Datenschutz, in: Wolter, J./Schenke, W.-R./Hilger, H./Ruthig, J./ Zöller, M. (Hrsg.), Alternativentwurf Europol und europäischer Datenschutz, 2008, 265; *Heißl, G.*, Können juristische Personen in ihrem Grundrecht auf Datenschutz verletzt sein?, EuR 2017, 561; *Hornung, G.*, Die europäische Datenschutzreform – Stand, Kontroversen und weitere Entwicklung, in: Scholz, M. (Hrsg.), DGRI Jahrbuch 2012, 2013, 1; *Kübler, J.*, Die Säulen der Europäischen Union: einheitliche Grundrechte?, 2002; *Kuner, Ch.*, European Data Protection Law, 2. Aufl., 2007; *Nugter, A. C. M.*, Transborder Flow of Personal Data within the EC, 1990; *Petri, Th.*, Europol – Grenzüberschreitende polizeiliche Zusammenarbeit, 2001; *ders.*, Zur Rechtsgrundlage der Richtlinie 2006/24 EG, EuZW 2009, 214; *Siemen, B.*, Datenschutz als europäisches Grundrecht (2006); *Simitis, S.*, Datenschutz und Europäische Gemeinschaft, RDV 1990, 3; *ders.*, Vom Markt zur Polis: Die EU-Richtlinie zum Datenschutz, in: Tinnefeld, M. Th./ Philipps, L./Heil, S., Informationsgesellschaft und Rechtskultur in Europa, 1995, 51; *ders.*, Data Protection in the European Union – The Quest for Common Rules, in: Collected Courses of the Academy of European Law 1997, Bd. VIII – 1 (2001) 95; *ders.*, Der verkürzte Datenschutz, 2004; *ders.*, Übermittlung der Daten von Flugpassagieren in die USA: Dispens vom Datenschutz?, NJW 2006, 2011; *ders.*, Der EuGH und die Vorratsspeicherung oder die verfehlte Kehrtwende bei der Kompetenzregelung, NJW 2009, 1782; *ders.*, Die EG-Datenschutzrichtlinie: eine überfällige Reformaufgabe, in: FS für W. Hassemer (2010), 1235; *Viethen, A.*, Datenschutz als Aufgabe der EG – Bestandsaufnahme des datenschutzspezifischen Sekundärrechts und Analyse anhand der Kompetenzordnung des EG-Vertrages, 2003; *Weßlau, E.*, Datenübermittlungen und Datenverarbeitung in den Informationssystemen von Europol, in: Wolter, J./Schenke, W.-R./Hilger, H./Ruthig, J./Zöller, M. (Hrsg.), Alternativentwurf Europol und europäischer Datenschutz, 2008, 318.

1. Die Europäische Datenschutzrichtlinie. a) Entstehungsgeschichte. Die EG hat lange gezögert, sich für eigene Datenschutzvorschriften zu entscheiden.[306] Zwar hatte sich das **EP** gleich viermal (1975, 1976, 1979 und 1982)[307] nachdrücklich für eine Regelung ausgesprochen. Die **KOM** zweifelte jedoch an der eigenen Kompetenz und vertrat hartnäckig die Meinung,[308] eine Ratifikation der Datenschutzkonvention des Europarats durch die Mitgliedstaaten reiche völlig aus. Zugleich verfolgten KOM und Rat eine Politik, die nicht nur die Entwicklung der Datenverarbeitung konsequent unterstützte, sondern auch den Austausch personenbezogener Daten innerhalb der Gemeinschaft forcierte.[309] In der Konsequenz wurde die DSRL auf die **allgemeine Binnenmarktkompetenz des Art. 100 a EGV** gestützt (später Art. 95 EGV, nunmehr Art. 114 AEUV), während sich der Rat im Rahmen der Dritten Säule für den Rahmenbeschluss 2008/977/JI auf Art. 30, 31 und 34 Abs. 2 lit. b EUV berief. Konsequenterweise wurde die DSRL im Mitentscheidungsverfahren (Art. 251 EGV) verabschiedet.

133

---

306 Ausführlich zum Folgenden Simitis/*ders.* Einl. Rn. 203ff.; zum Verlauf der Diskussion in der EG vgl. *Hondius*, Emerging Data Protection in Europe, 1975, S. 69ff.; *Simitis* RDV 1990, 3; *Ellger*, Der Datenschutz im grenzüberschreitenden Datenverkehr, 1990, S. 532ff.; *ders.* RDV 1991, 57 (59ff.); *Nugter*, Transborder Flow of Personal Data within the EC, 1990, S. 284ff.; *Viethen*, Datenschutz als Aufgabe der EG, 2003, S. 20ff.

307 Entschließung v. 13.3.1975, ABl. EG C 60/48; Entschließung v. 3.5.1976, ABl. EG C 100/27; Entschließung v. 8.5.1979, ABl. EG C 140/34; Entschließung v. 9.3.1982, ABl. EG C 87/39.

308 Statt aller Empfehlung der KOM v. 29.7.1981, ABl. L 246/31 v. 29.8.1981.

309 Dazu *Simitis* RDV 1990, 3 (7ff.); *Ellger*, Der Datenschutz im grenzüberschreitenden Datenverkehr, 1990, S. 532ff.; *ders.* RDV 1991, 57 (60).

134 Die **KOM** änderte ihre Ausrichtung erst im September 1990 und legte gleich ein ganzes Bündel von Vorschlägen vor.[310] Neben je einer RL zum Schutz von Personen bei der Verarbeitung personenbezogener Daten sowie zu den speziellen Datenschutzproblemen im Telekommunikationsbereich waren darin der Entwurf einer Entschließung über die Anwendung der in Aussicht genommenen Verarbeitungsgrundsätze auf den gesamten öffentlichen Bereich der Mitgliedstaaten, eine Erklärung zum Datenschutz innerhalb der Gemeinschaftsorgane und -einrichtungen, Empfehlungen zur Aufnahme von Verhandlungen über den Beitritt zur Datenschutzkonvention des Europarats und schließlich ein Aktionsplan zur Informationssicherheit enthalten. Mit der wichtigste Grund für den Meinungswandel war sicherlich die immer näher rückende **Vollendung des Gemeinsamen Marktes**. Nach wie vor verfügten fünf der Mitgliedstaaten, Belgien, Griechenland, Italien, Spanien und Portugal, über keine Datenschutzvorschriften; dies hätte den Austausch personenbezogener Daten massiv behindert.[311] Zudem hatte sich mittlerweile der Akzent eindeutig von der wirtschaftlichen auf die **politische Union** verlagert.[312] Eine solche konnte es sich vor dem Hintergrund der damals schon in der Präambel der Einheitlichen Europäischen Akte betonten Bindung der EG an die Grundrechte[313] sowie der beginnenden Rechtsprechung des EuGH[314] nicht weiter leisten, auf eine Verarbeitungsregelung zu verzichten.

135 Im Oktober 1992 legte die KOM eine **zweite, revidierte Fassung** ihrer Vorschläge vor.[315] An den Grundprinzipien änderte sich wenig, am Aufbau und den einzelnen Regelungskomplexen dafür umso mehr. Die Aufspaltung zwischen öffentlichen und nicht-öffentlichen Stellen wurde aufgegeben, die Rechte der Betroffenen wurden klarer formuliert, die Meldepflichten übersichtlicher gestaltet und die Befugnisse der Kontrollinstanz ausgebaut sowie zugleich genauer umrissen. In der Überschrift wurde der „**freie Datenverkehr**" hinzugefügt und eine konkretisierende Beschränkung auf „**natürliche Personen**" vorgenommen.[316] Nicht ausgeschlossen war, den Umgang mit Daten, die juristische Personen betreffen, besonders zu regeln; dies wurde beispielsweise in Österreich und Luxemburg beibehalten.

136 Mit der Vorlage der zweiten Fassung verlagerte sich zugleich der Schwerpunkt der Diskussion über die RL von der KOM auf den **Rat**. Die Verhandlungen dauerten fast drei Jahre und standen von Anfang an ganz im Vorzeichen einer deutlich widersprüchlichen Haltung innerhalb der Mitgliedstaaten. Die Bereitschaft, **datenschutzfreundliche Korrekturen** anzubringen, war ebenso ausgeprägt wie der Wunsch, **nationale Vorstellungen** auf Kosten der Kohärenz und der Effizienz der angestrebten gemeinsamen Regelung durchzusetzen, oder die eigenen, staatlichen Aktivitäten möglichst aus dem Geltungsbereich der RL auszunehmen. So fügte etwa der Rat hinzu, die DSRL finde auf Verarbeitungen im Sicherheitsbereich „auf keinen Fall" Anwendung (Art. 3 Abs. 2 DSRL). Durch diese Einschränkung wurde der **Datenschutz** in einem entscheidenden, an Bedeutung ständig zunehmenden Aktivitätsbereich der Mitgliedstaaten der EG **massiv verkürzt**.[317] Die stereotypen Verweisungen der Mitgliedstaaten auf die Europaratskonvention von 1981 (→ Rn. 92ff.) und die ebenfalls vom Europarat verabschiedete Empfehlung zur Verarbeitung polizeilicher Daten[318] änderten daran nichts, weil sie hinter der DSRL zurückblieben. Die Einschränkungen standen in einem grundsätzlichen **Widerspruch zu Art. 1 Abs. 1 DSRL**, der ausdrücklich feststellte, dass die DSRL die **Gewährleistung der Grundrechte und Grundfreiheiten** der Betroffenen bezweckte (sa EG 1, 10, 11 DSRL).[319] Der Sicherheitsbereich blieb bis zu der rudimentären Regelung im Rahmenbeschluss 2008/977JI (→ Rn. 153ff.) völlig ungeregelt und erlangte erst mit der JI-Richtlinie einen zwar immer noch von den sonstigen Regelungen abweichenden, aber immerhin relativ umfassenden Schutz personenbezogener Daten (→ Rn. 215ff.).

---

310 KOM (90) 314 endg.-SYN 287-288.

311 Dazu *HDSB*, 17. TB, S. 28ff.; 18. TB, S. 27ff. und 19. TB, S. 35 f.; *Simitis* RDV 1990, 3 (11 f., 21ff.); aber auch *CNIL*, 10 e rapport d'activité 1989, 1990, S. 32ff.

312 Vgl. statt aller die Erklärung des Stuttgarter Gipfels von 1983, Bull. 6/83, 18ff., sowie die Einheitliche Europäische Akte v. 28.2.1986, ABl. EG L 169/1 v. 29.6.1987.

313 Weißbuch, Grundrechte und Freiheiten der Europäischen Bürger, EP, FS 115, 274/endg, Abs. 3.

314 Statt aller Rs. 36/75 Slg. 1975, 1219 (1232) – Rutili; Rs. 44/79 Slg. 1979, 3727 (3745) – Hauer; Rs. 222/84 Slg. 1986, 1663 (1682) – Johnston.

315 EU DS, EG-KOM SYN 287, KOM (92) 422 endg.-SYN 287 v. 15.10.1992.

316 Näher Simitis/*ders*. Einl. Rn. 206 mwN zur Anwendung auf juristische Personen in den Mitgliedstaaten und im sonstigen Sekundärrecht; sa → Art. 4 Rn. 39ff.

317 Vgl. *Dammann/Simitis* Einl. Rn. 58ff.; *Simitis* in: Collected Courses, 115ff.

318 Empfehlung Nr. R(87) an die Mitgliedstaaten über die Nutzung personenbezogener Daten im Polizeibereich v. 17.9.1987, EU-DS, EuRAT(87)15.

319 Vgl. auch Grabitz/Hilf/Nettesheim/*Brühann* DSRL Vorbem. Rn. 10ff., Art. 1 Rn. 5.

Die Debatten waren mühsam und langwierig und drohten zwischendurch vollständig zu scheitern.[320] Die **137** RL wurde dann doch noch nach der Billigung durch den Rat[321] und das EP[322] sowie der Unterzeichnung durch die Präsidenten des Rates und des EP **am 24.10.1995 angenommen**.[323]

b) Wesentliche Inhalte. Die **DSRL** beruhte auf **vier** im Richtlinientext ausdrücklich angesprochenen **Prämis-** **138** **sen**. Sie bezog erstens ihre Legitimation aus der Verpflichtung der EG, die **Grundrechte und Grundfreiheiten des Einzelnen** zu gewährleisten (Art. 1 Abs. 1; EG 1, 9, 10 DSRL).[324] Der unmittelbare Zusammenhang zwischen den Grundrechten und den Datenschutzvorschriften verpflichtete zweitens auf ein „hohes Schutzniveau" (EG 10 DSRL).[325] Dieses Ziel setzte drittens eine Regelung voraus, die **alle verantwortlichen Stellen** einbezog; entscheidend war lediglich, ob personenbezogene Daten verarbeitetet werden (Art. 3 Abs. 1; EG 12 DSRL). Art. 100 a EWG Vertrag (= Art. 95 Abs. 1 EGV) **ermächtigte** viertens die **EG, alle** im Interesse eines ebenso überzeugenden wie wirksamen Datenschutzes **erforderlichen Maßnahmen zu treffen** (Präambel).[326]

Die **Kompetenzklausel** war überaus vorsichtig formuliert. Die Präambel verwies „insbesondere" auf **139** Art. 100 a EGV und gab damit zu erkennen, dass es sich dabei zwar um den wichtigsten, aber keineswegs um den einzigen Anknüpfungspunkt handelte.[327] Soweit es also nötig war, konnten auch andere Vorschriften, etwa Art. 308 EGV, herangezogen werden. Noch in einer weiteren Hinsicht sicherte die Präambel die Kompetenz der KOM ab. Der Hinweis auf Art. 100 a EGV war bewusst allgemein gehalten. Die Reichweite der Binnenmarktkompetenz hat im Folgenden weniger für die DSRL, sondern im Bereich der Vorratsspeicherung von Telekommunikationsdaten und der Übermittlung von Flugpassagierdaten in Drittländer eine Rolle gespielt.[328] Kompetenzfragen haben auch weiterhin datenschutzrechtliche Spezial- und notwendige bereichs-, verarbeitungs- und technikspezifische Regelungen blockiert, ua deshalb, weil für die Querschnittsmaterie Datenschutz innerhalb der KOM unterschiedliche Generaldirektionen zuständig waren und sind.[329]

Die **DSRL** brachte **kein neues Regelungssystem**. Die KOM war vielmehr, allein schon um der Akzeptanz **140** ihrer Vorschläge willen, bestrebt, Leitprinzipien der nationalen Datenschutzgesetze miteinander zu kombinieren.[330] Gleichwohl – wie am Beispiel der „Datei" deutlich wird – konnten die den Datenschutzgesetzen der Mitgliedstaaten entnommenen Regelungsgrundsätze nur noch vor dem Hintergrund der DSRL sowie der je spezifischen Vorstellungen und Aufgaben der EG gelesen und ausgelegt werden.[331] Die RL war dementsprechend allerdings den **bereits bestehenden Regelungskonzepten** verhaftet, wie sich allein schon an der Bedeutung zeigte, die sie der Registrierung beimaß (Art. 18 f. DSRL). Sie drohte deshalb genau wie jedes dieser Konzepte von einer Entwicklung überholt zu werden, die mehr denn je von einem immer schnelleren Wandel der Informations- und Kommunikationstechnologie gekennzeichnet war.

Inhaltlich[332] definierte Art. 2 DSRL zunächst (deutlich weniger als nunmehr Art. 4 DSGVO) **Begriffe**. Im **141** Anschluss legte Art. 3 DSRL den **sachlichen Anwendungsbereich** fest und knüpfte ihn an die automatisierte bzw. dateimäßige Verarbeitung; ausgeschlossen blieben Tätigkeiten außerhalb des Anwendungsbereichs des Unionsrechts sowie in Ausübung ausschließlich persönlicher oder familiärer Tätigkeiten (→ Art. 2 Rn. 2 f.).[333] Art. 4 DSRL grenzte den **Anwendungsbereich der nationalen Umsetzungsvorschriften** voneinander ab (→ Art. 3 Rn. 5). Artt. 5 und 6 DSRL enthielten Regelungsaufträge für die Mitgliedstaaten für Vorgaben zur Rechtmäßigkeit der Datenverarbeitung und **Grundsätze für die „Qualität der Daten"** (→

---

320 *Simitis* in: Tinnefeld/Philipps/Heil (Hrsg.), Informationsgesellschaft, 51 (54 ff., 59 f.); *ders.* in: Collected Courses, 111 ff.
321 Gemeinsamer Standpunkt des Rats v. 20.2.1995, ABl. C 93/1 v. 13.4.1995.
322 Beschluss v. 15.6.1995, ABl. C 166 v. 3.7.1995.
323 RL 95/46/EG v. 24.10.1995, ABl. EG L 281/31, v. 23.11.1995.
324 Dazu *Dammann/Simitis* Einl. Rn. 3; Grabitz/Hilf/Nettesheim/*Brühann* DSRL Vorbem. Rn. 36 f., Art. 1 Rn. 7; *Simitis* in: Collected Courses, 105.
325 Dazu *Dammann/Simitis* Einl. Rn. 10; Grabitz/Hilf/Nettesheim/*Brühann* DSRL Vorbem. Rn. 36 f., Art. 1 Rn. 8.
326 Dazu *Dammann/Simitis* Einl. Rn. 3 ff.
327 Zu den Kompetenzproblemen vgl. auch *Karpenstein* in: GS für Sasse II, 1981, 889; *Simitis* RDV 1990, 3 (13); *Ellger,* Der Datenschutz im grenzüberschreitenden Datenverkehr, 1990, S. 534 ff.; *Nugter,* Transborder Flow of Personal Data within the EC, 1990, S. 316 f.; *Viethen,* Datenschutz als Aufgabe der EG, 2003, S. 70 ff.; *Di Martino,* Datenschutz im europäischen Recht, 2005, S. 30 f.
328 S. EuGH C-317 u. C-318/04, NJW 2006, 2029; *Gundel,* EuR 2009, 536; sa Simitis/*ders.* Einl. Rn. 213 ff. (dort auch zu den Zuständigkeitsfragen und -konflikten innerhalb der KOM).
329 Zu den Zuständigkeitsstrukturen in KOM, Rat und EP seit 1990 s. *Karaboga,* in: Friedewald (Hrsg.), Privatheit und selbstbestimmtes Leben in der digitalen Welt, 2018, 127 ff.
330 Dazu *Simitis* in: Tinnefeld/Philipps/Heil (Hrsg.), Informationsgesellschaft, 51 (54 ff.); *ders.* in: Collected Courses, 111 f.; zu den Vorbildern *Dammann/Simitis* Einl. Rn. 11 f.; sa die Beispiele bei Simitis/*ders.* Einl. Rn. 219 f.
331 Näher zum Komplex s. Simitis/*ders.* Einl. Rn. 219 ff.
332 S. zur Historie der einzelnen Vorschriften der DSRL, sofern sie für die Regelungen der DSGVO Bedeutung entfalten, jeweils vor den einzelnen Artikeln.
333 Sa Simitis/*ders.* Einl. Rn. 221 ff.

Art. 5 Rn. 5ff.). Der zentrale Art. 7 DSRL enthielt **Bedingungen für die Zulässigkeit** (→ Art. 6 Abs. 1 Rn. 1, 38, 45, 64, 85, → Art. 7 Rn. 12 f.), die durch Art. 8 DSRL für **besondere Kategorien** von Daten verschärft wurden (→ Art. 9 Rn. 8). Art. 9 DSRL sah einen Regelungsauftrag für das **Verhältnis zwischen Datenschutz und Meinungsfreiheit** vor (→ Art. 85 Rn. 3). Artt. 10 und 11 DSRL enthielten **Informationspflichten** (→ Art. 13 Rn. 3). Die Betroffenenrechte, insbes. das **Recht auf Auskunft**, waren in Art. 12 DSRL geregelt (→ Art. 15 Rn. 5). Art. 13 DSRL eröffnete den Mitgliedstaaten eine Reihe von **Abweichungsmöglichkeiten** für viele der vorgenannten Bestimmungen (→ Art. 23 Rn. 7). Als weitere Betroffenenrechte waren das **Widerspruchsrecht** (Art. 14 DSRL → Art. 21 Rn. 1) und das grundsätzliche **Verbot der automatisierten Einzelentscheidung** (Art. 15 DSRL → Art. 22 Rn. 12) enthalten. Als besondere Pflichten der Verarbeiter wurden die **Vertraulichkeit** (Art. 16 DSRL → Art. 29 Rn. 2) sowie die **Sicherheit** (Art. 17 DSRL → Art. 32 Rn. 4) hervorgehoben. Detaillierte Regelungen enthielten die Art. 18ff. DSRL zur **Meldung der Verarbeitung bei der Kontrollstelle nebst Vorabkontrolle** (→ Art. 36 Rn. 2). Knappe Bestimmungen waren auch zu **Rechtsbehelfen** (Art. 22 DSRL → Art. 77 Rn. 2), **Haftung** (Art. 23 DSRL → Art. 82 Rn. 3) und **Sanktionen** (Art. 24 DSRL → Art. 83 Rn. 6) enthalten. Die Artt. 25, 26 DSRL normierten Beschränkungen für die **Übermittlung in Drittländer** (→ Art. 44 Rn. 1, → Art. 45 Rn. 1, → Art. 46 Rn. 2, → Art. 49 Rn. 1). In Art. 27 waren Förderpflichten für **Verhaltensregeln** enthalten (→ Art. 40 Rn. 8 f.).

142 Wohl keine anderen Vorschriften der DSRL demonstrierten ihr Ziel so klar wie die Verpflichtung, **personenbezogene Daten immer nur für bestimmte im Voraus festgelegte Zwecke zu verarbeiten** (Art. 6 Abs. 1 lit. b → Art. 5 Rn. 63ff.), und die Entscheidung für eine ebenso umfassende wie konsequente **Kontrolle des** Verarbeitungsprozesses durch **externe Kontrollinstanzen** (Art. 28 → Art. 51 Rn. 1ff.). In beiden Fällen ging es um kardinale Voraussetzungen des Datenschutzes. Ohne Zweckbindung gibt es keine überschaubare Verarbeitung und ohne die Überwachung durch außenstehende, „völlig unabhängige" Instanzen keine kontrollierbare Verwendung. Mit den Regelungen hatte der Rat zugleich die Überzeugung bekräftigt, dass es ohne einen normativen, gesetzlich vorbestimmten Verarbeitungsrahmen Datenschutz nicht gehen kann.

143 Die Überwachung der Verarbeitung personenbezogener Daten blieb also **nationalen Instanzen** vorbehalten. Die DSRL führte ergänzend eine freilich auf konsultative Funktionen beschränkte „**Gruppe**" ein, die sog. **Art.-29-Gruppe** (Art. 29 DSRL → Art. 68 Rn. 2, 4), die in erster Linie drei Aufgaben hatte: die **Defizite** bei der Durchführung der RL **offen zu legen** und mögliche **Auswege aufzuzeigen**, das **Schutzniveau in Drittstaaten zu bewerten** und schließlich die **KOM** bei weiteren Datenschutzmaßnahmen **zu beraten** (Art. 30).

144 Die Geschichte der Artt. 29 und 30 ist von den Bemühungen geprägt, die **Stellung der Art. 29-Gruppe** zu stärken, etwa durch den Verzicht auf den zunächst vorgesehenen Vorsitz eines Kommissionsvertreters, die ausdrückliche Anerkennung der Berechtigung, von sich aus jeden ihr wichtig erscheinenden Punkt aufzugreifen, oder die bewusste Einbeziehung des EP in den Kreis der Adressaten ihres jährlichen Berichts.[334] Der EDSA als ihr Nachfolger wird in den nächsten Jahren mutmaßlich zu einem entscheidenden Akteur für die Konkretisierung der abstrakten materiellrechtlichen Anforderungen der DSGVO werden (→ Rn. 257, → Art 68 Rn. 4). Die Zuordnung der Art.-29-Gruppe zur **Generaldirektion „Binnenmarkt"** mit Rücksicht auf deren damalige Zuständigkeit für den Datenschutz erwies sich allerdings als problematisch, wie sich spätestens am Konflikt über die Übermittlung personenbezogener Daten in die USA gezeigt hat. Die Generaldirektion „Binnenmarkt" hat nicht nur die mit ihrer auf Art. 29 Abs. 2 DSRL gegründeten Beteiligung an der Art. 29-Gruppe verbundenen Informationsvorteile, sondern auch das Vorrecht, dem Ausschuss nach Art. 31 die jeweils erforderlichen Maßnahmen vorzuschlagen, konsequent genutzt, um sich über die eindeutig gegenteiligen Vorstellungen der Art. 29-Gruppe hinwegzusetzen. Umso bedauerlicher ist es, dass die DSGVO trotz der eigenen Rechtspersönlichkeit (→ Art. 68 Rn. 5) durch die **Anbindung des EDSA an den EDSB** auf administrativer Ebene (→ Art. 75 Rn. 3ff.) zwar eine Lösung von der KOM, aber noch keine vollständige Selbständigkeit geschaffen hat, die solchen Einflussmöglichkeiten entgegenwirkt.

145 **c) Umsetzung in nationales Recht.** Art. 32 Abs. 1 S. 1 DSRL schrieb den Mitgliedstaaten vor, die DSRL drei Jahren nach ihrer Annahme, also bis zum 24.10.1998, anzupassen.[335] Von einer rechtzeitigen **Umsetzung** konnte allerdings keine Rede sein. Nur Italien und Griechenland (die einzigen Mitgliedstaaten, die kein Datenschutzgesetz hatten) sowie Großbritannien, Portugal und Schweden hielten die Frist ein. Mit einer geringen Fristüberschreitung folgten Belgien und Finnland. Österreich, Spanien und Dänemark schlossen dagegen erst 2000 die Revision ihrer Datenschutzregelungen ab.

146 Am schwierigsten gestaltete sich die Umsetzung in Deutschland und Frankreich, weil diese den Entscheidungsspielraum der DSRL nutzen wollten, um so nahe wie möglich an der bisherigen Regelung zu bleiben.

---

334 Dazu insbes. die in *Dammann/Simitis* Art. 29 Rn. 30 wiedergegebenen Begründungen zu den Änderungen der ursprünglich von der KOM befürworteten Regelungen; *Ehmann/Helfrich* Art. 29 Rn. 7ff.; vgl. auch *Di Martino*, Datenschutz im europäischen Recht, 2005, S. 56ff.

335 Dazu *Dammann/Simitis* Art. 32 Rn. 2; zu den einzelnen Gesetzen s. *Simitis/Dammann/Geiger*, Dokumentation zum BDSG.

So kam es in Deutschland erst im Mai 2001 zu einer notdürftigen Novellierung des BDSG (→ Rn. 59ff.). Frankreich änderte dagegen sein DSG erst 2004 als letzter Mitgliedstaat. 2003 legte die **KOM** den ersten und einzigen ihrer in Art. 33 Abs. 1 DSRL vorgesehenen **Berichte** vor.[336] Er enthielt neben einigen kritischen Bemerkungen an die Adresse der Mitgliedstaaten (3.2) Überlegungen zur besseren Interpretation und Anwendung einzelner Teile der DSRL, etwa ihrer Vorschriften zu den sensiblen Daten (4.2) oder zur Übermittlung personenbezogener Daten in Drittstaaten (4.4.5), sah aber von Vorschlägen zur Revision ab.

So sehr die DSRL den **Umsetzungsprozess** bestimmte, schimmerten doch weiterhin **nationale Traditionen** durch, wie sich allein schon an den griechischen (Art. 15ff.) und spanischen Bestimmungen (Art. 34ff.) zur Kontrollinstanz zeigte. Besonders dort, wo die DSRL **kritische Verarbeitungsbereiche** ansprach, fielen die Reaktionen sehr unterschiedlich aus. Wohl kein anderes Beispiel war so bezeichnend dafür wie die sehr unterschiedliche Umsetzung der Medienklausel des Art. 9 DSRL.[337] Dieses Bestreben, nationale Eigenheiten beizubehalten, entsprach insoweit der Regelungsintention der DSRL, als sich diese, vor allem mit Rücksicht auf die Grundrechtsrelevanz der Datenschutzbestimmungen, gegen eine **unkritische Harmonisierung** und für eine kontinuierliche kritische Überprüfung durch die Mitgliedstaaten entschieden hatte. Allerdings vertrat der EuGH seit der Lindqvist-Entscheidung die Auffassung, dass die DSRL eine „grundsätzlich umfassende Harmonisierung" herbeiführe[338] und berief sich dabei in erster Linie auf EG 8. Er überging aber EG 9, der gezielt genau die vom EuGH betonten Überlegungen präzisierte und relativierte und dabei die Spielräume der Mitgliedstaaten betonte. Der EuGH verwies zwar in allgemeiner Form auf die Handlungsspielräume der Mitgliedstaaten.[339] Das Gericht hat die Regelungsspielräume der Mitgliedstaaten in seiner weiteren Rspr. aber erheblich verengt[340] und in seiner Rspr. zur DSRL insgesamt einen stark harmonisierenden, grds. rechtsstaatlichen und datenschutzfreundlichen Ansatz gewählt.[341]

2. Weitere Rechtsakte des Sekundärrechts bis zur DSGVO. Die EG begann bereits relativ rasch nach der **148** Verabschiedung der DSRL mit der Erarbeitung weiterer Rechtsakte zum Datenschutz. Diese waren teilweise originär datenschutzrechtlich motiviert, zB im Fall der **ePrivacyRL**.[342] In anderen Fällen ging der europäische Gesetzgeber ähnlich wie der deutsche dazu über, bei der Regulierung bestimmter Sachfragen die spezifisch auftretenden Datenschutzprobleme bereichsspezifisch mit zu regulieren.[343] Nicht in allen Fällen führten die Bemühungen zum Erfolg, wie die langwierigen Auseinandersetzungen über Vorgaben zum Schutz von Arbeitnehmerdaten zeigen.[344]

Für die **Institutionen, Organe und Einrichtungen der EG** stellten Rat und KOM schon in einer gemeinsa- **149** men Erklärung zu EG 12 DSRL klar, dass für sie nichts anderes gelten dürfe als für die Mitgliedstaaten.[345] Der in Art. 16 AEUV aufgegangene Art. 286 EGV bekräftigte diese Absicht (Abs. 1) und sah zugleich die Bestellung einer **unabhängigen Kontrollinstanz** vor (Abs. 2). Die Einzelheiten wurden in der DSVO 45/2001/EG festgelegt (→ Rn. 219ff.).[346]

Auch die Datenverarbeitung im **Innen- und Justizbereich** wurde in der Zeit nach der Verabschiedung der **150** DSRL als regulierungsbedürftig erkannt. Sie stand allerdings unter anderen regulatorischen Rahmenbedingungen, folgte anderen Regulierungszielen und wurde zunächst ausschließlich fragmentarisch umgesetzt. Regulatorisch war die Position des Rats in der bis zum Vertrag von Lissabon existierenden **Dritten Säule der EG** erheblich stärker. Sie entsprach dem Interesse der Mitgliedstaaten, dem Datenschutz im Sicherheitsbereich nicht dasselbe Gewicht zuzubilligen wie im Anwendungsbereich der DSRL. Daraus resultierten

---

336 KOM, Erster Bericht über die Durchführung der DSRL (95/46/EG), KOM(2003) 265 endg. Dazu *Kuner*, European Data Protection Law, 2007, Rn. 1.95ff. In einer Mitteilung an den Rat v. 7.3.2007 (KOM(2007)87 endg.) hat sich die KOM lediglich zum Stand des Arbeitsprogramms für eine bessere Durchführung der DSRL geäußert.

337 S. dazu Simitis/*ders.* Einl. Rn. 230 mwN zu den nationalen Besonderheiten; sa *Brühann* DuD 1998, 700; sowie *BfD*, 18. TB, S. 31.

338 EuGH C-101/01, DuD 2004, 244 Rn. 96; vgl. auch *Brühann* DuD 2004, 201; *ders.* AfP 2004, 22; *ders.* EuZW 2009, 639; sowie *Taraschka* CR 2004, 280; *Hoeren* RDV 2009, 89.

339 EuGH C-101/01, DuD 2004, 244 Rn. 97 f.

340 S. va EuGH C-468/10 u. 469/10, EuZW 2012, 37 – ASNEF und FECEMD und C-582/14, NJW 2016, 3579 – Breyer.

341 S. zur Rspr. zB Kühling/Buchner/*Kühling/Raab* Einf. Rn. 62ff.; Schantz/Wolff/*Wolff*, Rn. 96ff., jeweils mwN.

342 RL 97/66/EG v. 15.12.1997 über die Verarbeitung personenbezogener Daten und den Schutz der Privatsphäre im Bereich der Telekommunikation, ABl. L 24/1 v. 30.1.1988, ersetzt durch die RL 2002/58/EG v. 12.7.2002 über die Verarbeitung personenbezogener Daten und den Schutz der Privatsphäre in der elektronischen Kommunikation, ABl. 2002 L 201/37.

343 ZB in der RL 1999/93/EG v. 13.12.1999 über gemeinschaftliche Rahmenbedingungen für elektronische Signaturen, ABl. 2000 L 13/12; zur Bedeutung und Funktion bereichsspezifischer Regelungen im Rahmen des Europäischen Datenschutzrechts vgl. auch *Gusy* in: Wolter et al. (Hrsg.), Alternativentwurf Europol und europäischer Datenschutz, 2008, 267ff.

344 S. Simitis/*ders.* Einl. Rn. 214; zum Gesamtsystem des Datenschutzrechts vor der letzten Reform zB *Westphal* in: Bauer/Reimer (Hrsg.), Hdb Datenschutzrecht, 2009, S. 53ff.

345 Dazu *Dammann/Simitis* Einl. Rn. 53ff.

346 VO (EG) Nr. 45/2001 v. 18.12.2001 zum Schutz natürlicher Personen bei der Verarbeitung personenbezogener Daten durch die Organe und Einrichtungen der Gemeinschaft und zum freien Datenverkehr, ABl. L 8 v. 12.1.2001, dazu Simitis/*ders.* § 4 b Rn. 30ff.; vgl. auch von der Groeben/Schwarze/Hatje/*Brühann* AEUV Art. 16 Rn. 116ff.

auch die Widerstände gegen ein übergreifendes Regelungsinstrument, die erst 2008 überwunden werden konnten.[233]

151 Die scheinbar so klare Kompetenzabgrenzung zwischen den Säulen erwies sich allerdings mehr und mehr als brüchig, ua wegen der fortschreitenden Veränderung der EG von einer reinen Wirtschaftsgemeinschaft in eine seit den Verträgen von Maastricht, Amsterdam und Nizza immer ausgeprägtere politische Union. Dies betraf insbes. Regelungen sowie bilaterale Abmachungen, die eine Verwendung personenbezogener Angaben zur Finanzierung des **Terrorismus** unterbinden sollen,[347] oder Übermittlungen der **Daten von Fluggästen**, um terroristische Aktivitäten zu verhindern.[348] Vordergründig ließ sich die Zuständigkeit der KOM mit Hinweisen wie etwa auf die Prädominanz finanzieller Aspekte oder die dem Gemeinschaftsrecht unterliegende Beurteilung der „Angemessenheit" einer Weitergabe personenbezogener Angaben in Drittländer vielleicht begründen. Durchweg ging es jedoch um Sicherheitsfragen. Konsequenterweise hat der EuGH in seiner Entscheidung zu den Fluggastdaten die Kompetenz der KOM ausdrücklich verneint.[349] Demgegenüber stellte das Gericht bei der Richtlinie zur **Speicherung von Vorratsdaten**[350] seine kompetenziellen Bedenken zurück[351] und enthielt sich zunächst auch jeglicher inhaltlichen Beurteilung.

152 Neben diese Rechtsakte zur Erhebung und Übermittlung personenbezogener Daten traten in der Folge Bestimmungen zur institutionalisierten Zusammenarbeit der Sicherheitsbehörden in der Union. Dies betraf sowohl die direkte Zusammenarbeit der nationalen Behörden als auch die Etablierung europäischer Institutionen. Dazu zählen der in einem Beschluss des Rates vom 20.5.1999[352] zusammengefasste „**Schengen-Besitzstand**",[353] das Europol-Übereinkommen[354] und die Vielzahl der damit zusammenhängenden Protokolle und Durchführungsbestimmungen[355] sowie die mit diesen verbundenen **Informationssysteme** von **Europol**[356] **und Schengen** (SIS, s. Art. 92 bis 119 SDÜ).[357] Die zunehmend intensivere Kooperation bei der Bekämpfung und Verhütung von Straftaten manifestierte sich nicht nur in Konventionen wie dem **Übereinkommen über die gegenseitige Amtshilfe und Zusammenarbeit der Zollverwaltungen**,[358] sondern auch in dem durch das Übereinkommen über den Einsatz der Informationstechnologie im Zollbereich[359] geschaffenen **Zollinformationssystem** (ZIS). Ähnlich war es bei der justitiellen Kooperation nach Art. 31 EUV. Die Koordinierung der Strafverfolgungsmaßnahmen konkretisierte sich in der Einrichtung von **Eurojust**.[360] Insgesamt war der Rat bestrebt, vorhandene Datenbestände zu vernetzen und konsequent den Anforderungen einer möglichst einheitlichen europäischen Sicherheits- und Justizpolitik anzupassen. Die explizit vorgese-

---

347 Vgl. etwa die RL 2005/60/EG v. 26.10.2005 zur Verhinderung der Nutzung des Finanzsystems zum Zwecke der Geldwäsche und der Terrorismusfinanzierung, ABl. 2005 L 309/15, oder die VO v. 15.11.2006 über die Übermittlung von Angaben zum Auftraggeber bei Geldtransfers, ABl. 2006 L 345/1. Der Versuch des Rats, unmittelbar vor Inkrafttreten des Vertrags von Lissabon ein Abkommen zur Nutzung von Zahlungsverkehrsdaten zu verabschieden, wurde durch das EP gestoppt; s. nunmehr das Abkommen zwischen der EU und den USA über die Verarbeitung von Zahlungsverkehrsdaten und deren Übermittlung aus der EU an die USA für die Zwecke des Programms zum Aufspüren der Finanzierung des Terrorismus von 2010, ABl. L 195 S. 5 (sog. SWIFT-Abkommen).

348 Entscheidung 2004/535/EG der KOM v. 14.5.2004 über die Angemessenheit des Schutzes der personenbezogenen Daten, die in den Passenger Name Records enthalten sind, welche dem United States Bureau of Customs and Border Protection übermittelt werden, ABl. 2004 L 235/11.

349 EuGH C-317 und C-318/04, NJW 2006, 2029 – EP/Rat; s. *Simitis* NJW 2006, 2011; *Westphal* EuZW 2006, 406; *Kuner*, European Data Protection Law, 2007, Rn. 1.44 f.

350 RL 2006/24 EG v. 15.3.2006 über die Vorratsspeicherung von Daten, die bei der Bereitstellung öffentlich zugänglicher elektronischer Kommunikationsdienste oder öffentlicher Kommunikationsnetze erzeugt oder verarbeitet werden, und zur Änderung der RL 2002/58/EG, ABl. L 105/54.

351 EuGH C-301/2006, NJW 2009, 1801; s. *Simitis* NJW 2009, 1782, *Petri* EuZW 2009, 214; s. näher zu den institutionellen Konflikten Simitis/*ders*. Einl. Rn. 233ff.

352 ABl. 1999 L 176/11.

353 ABl. 2000 L 239/1.

354 Übereinkommen auf Grund von Artikel K 3 über die Errichtung eines Europäischen Polizeiamtes, ABl. 1995 C 316/1; sowie Beschluss des Rats 2009/371/JI vom 6.4.2009 zur Errichtung des Europäischen Polizeiamts (Europol), ABl. L 121/37 v. 15.5.2009. Vgl. auch die Beiträge in: Wolter et. al. (Hrsg.), Alternativentwurf Europol und europäischer Datenschutz, 2008, 95ff.

355 Dazu *Petri*, Europol, 2001, S. 31ff., 52ff., 153ff.; *Baldus*, Transnationales Polizeirecht, 2000, S. 302ff., 322ff., 355ff.; *Kübler*, Die Säulen der Europäischen Union: einheitliche Grundrechte?, 2002, S. 98ff.

356 Dazu Art. 7ff. des Europol-Übereinkommens sowie die Rechtsakte des Rats v. 3.11.1998 über die Durchführungsbestimmungen für die von Europol geführten Arbeitsdateien zu Analysezwecken, ABl. 1999 C 26/1; zur Festlegung der Bestimmungen über die Übermittlung von personenbezogenen Daten durch Europol an Drittstaaten und Drittstellen, ABl. 1999 C 88/1; im Anschluss Beschluss des Rats 2009/371/JI, ABl. L 121, S. 37 sowie nunmehr die Europol-VO 2016/794, ABl. L 135, S. 53; vgl. auch *Kübler*, Die Säulen der Europäischen Union: einheitliche Grundrechte?, 2002, S. 104ff.; *Baldus*, Transnationales Polizeirecht, 2000, S. 302ff.; *Weßlau* in: Wolter et. al. (Hrsg.), Alternativentwurf Europol und europäischer Datenschutz, 2008, 318.

357 Dazu *Baldus*, Transnationales Polizeirecht, 2000, S. 299ff.; *Thym* ZaöRV 2006, 863 (894ff.); *Herdegen*, Europarecht, § 20 Rn. 5ff.

358 „Neapel II-Übereinkommen" v. 18.12.1997, ABl. 1998 C 24/1.

359 S. Übereinkommen über den Einsatz der Informationstechnologie im Zollbereich, ABl. 1995 C 316, S. 34; ersetzt durch Beschluss 2009/917/JI, ABl. L 323; s. *Zurkinden/Gellert* in: Sieber/Satzger/von Heintschel-Heinegg (Hrsg.), Europ. Strafrecht, 2014, § 42 Rn. 37ff.

360 S. die Beschlüsse des Rats v. 28.2.2002 (ABl. 2002 L 63, S. 1), 18.6.2003 (ABl. L 245, S. 44) und 16.12.2008 (ABl. L 138, S. 14).

Simitis/Hornung/Spiecker gen. Döhmann

hene Verwendung von **Europol-Analysen** illustrierte diese Tendenz genauso wie die **Verknüpfung von Eurojust mit dem Europäischen Justitiellen Netz** (EJN).[361] Auf die Vergemeinschaftung der Bereiche Visa, Asyl und Einwanderung durch den Vertrag von Amsterdam (Art. 61 EGV), die zwangsläufig eine Verarbeitung personenbezogener Daten erforderten, reagierte der Rat mit der **Eurodac-VO**.[362]

Die unterschiedlichen Ansatzpunkte – **intergouvernementale Vereinbarungen** einerseits und **Gemeinschafts-** 153
recht andererseits – begünstigten die Verabschiedung von Datenschutzvorschriften, die durch fehlende Abstimmung, mangelnde Klarheit und zunehmende Inkonsistenz auffielen.[363] Der Rat verfolgte **keine kohärente Regelungsvorstellung,** sondern reagierte nur punktuell. Dies war auch dem mangelnden Konsens über ein Mindestmaß an generell anwendbaren Datenschutzgrundsätzen geschuldet, der überdies die Erarbeitung eines allgemeinen Datenschutzinstruments für die Dritte Säule erschwerte. Diese begannen 1998[364] und mündeten nach längeren Diskussionen in einen Regelungsvorschlag, den der **Rat 2005** dem **EDSB** zur Stellungnahme vorlegte.[365] Die größtenteils auch vom EDSB monierten schwerwiegenden Mängel wie etwa die überaus unklare Zweckbindung, die entschieden viel zu ungenauen Übermittlungsbedingungen oder die unzulängliche Regelung der Verwendung biometrischer Daten waren freilich untrügliche Vorzeichen einer weiteren langwierigen Auseinandersetzung. Der Rat zog es deshalb vor, keine einheitlichen Grundsätze zu verabschieden und sich stattdessen auf einen **Rahmenbeschluss** über den Schutz der bei einer polizeilichen und justitiellen Zusammenarbeit verwendeten personenbezogenen Angaben zu verständigen.[366]

Begründet wurde der Rahmenbeschluss mit der Notwendigkeit, „ein hohes Maß an öffentlicher Sicherheit 154
zu gewährleisten" (Art. 1 Abs. 1) und zugleich eine grundrechtskonforme Verarbeitung der jeweils benutzten Daten zu garantieren (Art. 1 Abs. 2). Im Einzelnen bemühte sich der Beschluss zwar die Zweckbindung zu präzisieren (Art. 3), untersagte eine Löschung, die schutzwürdige Interessen der Betroffenen beeinträchtigen würde (Art. 4 Abs. 3), verlangte eine verfahrensrechtliche Absicherung der Löschungs- und Prüfungsfristen (Art. 5) und forderte eine Beachtung innerstaatlicher Verarbeitungsbeschränkungen (Art. 12). Fast überall begnügte sich der Beschluss jedoch mit überaus **allgemeinen und dementsprechend interpretationsoffenen Anknüpfungspunkten,** insbes. der Betonung der schutzwürdigen Interessen der Betroffenen ohne präzise Vorgaben, wie dies zu erfolgen hatte. Vorschriften wie die Bestimmungen zur Übermittlung von Daten an nicht-öffentliche Stellen der Mitgliedstaaten (Art. 14) oder zum Auskunftsrecht der Betroffenen (Art. 17) waren nur zwei Beispiele dafür.[367] Leitlinie aller Überlegungen war letztlich ein möglichst breit angelegter Zugriff der öffentlichen Stellen auf die Angaben mit der Folge einer systematischen Verwendung von Formulierungen, die es letztlich doch noch erlaubten, an die jeweils gewünschten Angaben heranzukommen.

IV. Die DSGVO: Hintergründe, Gesetzgebungsverfahren und übergreifende Rechtsfragen

Literatur: *Albrecht, J.-P.,* Das neue EU-Datenschutzrecht – von der Richtlinie zur Verordnung, CR 2016, 88; *ders.,* Finger weg von unseren Daten. Wie wir entmündigt und ausgenommen werden, 2014; *ders./Janson, N.,* Datenschutz und Meinungsfreiheit nach der Datenschutzgrundverordnung CR 2016, 500; *Bäcker, M./Hornung, G.,* EU-Richtlinie für die Datenverarbeitung bei Polizei und Justiz in Europa, ZD 2012, 147; *Benecke, A./Wagner, J.,* Öffnungsklauseln in der Datenschutz-Grundverordnung und das deutsche BDSG – Grenzen und Gestaltungsspielräume für ein nationales Datenschutzrecht, DVBl. 2016, 600; *Britz, G.,* Europäisierung des grundrechtlichen Datenschutzes?, EuGRZ 2009, 1; *dies.,* Grundrechtsschutz durch das Bundesverfassungsgericht und den Europäischen Gerichtshof, EuGRZ 2015, 269; *Dieterich, T.,* Rechtsdurchsetzungsmöglichkeiten der DSGVO, ZD 2016, 260; *Gemini, C.,* Risikoadäquate Regelungen für das Internet der Dienste und Dinge?, DuD 2017, 295; *v. Grafenstein, M.,* The Principle of Purpose Limitation in Data Protection Laws. The Risk-based Approach, Principles, and Private Standards as Elements for Regulating Innovation, 2018; *Greve, H.,* Das neue Bundesdatenschutzgesetz, NVwZ 2017, 737; *Hornung, G.,* Die europäische Datenschutzreform – Stand, Kontroversen und weitere Entwicklung, in: Funk, A. / Scholz, M. (Hrsg.), DGRI-Jahrbuch 2012, Köln 2013, 1; *ders.,* Sind neue Technologien datenschutzrechtlich regulierbar? Herausforderungen durch „Smart Everything", in: Roßnagel, A. / Friedewald, M. / Hansen, M. (Hrsg.), Die Fortentwicklung des Datenschutzes, 2018, iE; *ders./Schindler, S./Schneider, J.,* Die Europäisierung des strafverfahrensrechtlichen Datenschutzes. Zum Anwendungsbereich der neuen Datenschutz-Richtlinie für Polizei und Justiz, ZIS 2018, iE; *Johannes, P. C./Weinhold, R.,* Das neue Datenschutzrecht bei Polizei und Justiz, 2018; *Jung, A.,* Die Risikobestimmung im Rahmen der Datenschutzgrundverordnung. Ansätze zur Risikoermittlung unter Betrachtung

---

361 Rechtsakt v. 29.6.1998 zur Einrichtung eines Europäischen Justitiellen Netzes, ABl. 1998 L 191/4.
362 VO 2725/2000, ABl. 2000 Nr. L 316, S. 1; s. nunmehr die Eurodac-VO 603/2013, ABl. L 180, S. 1; *Schröder* ZAR 2001, 71; *EDPS,* Annual Report 2004, S. 29 f.
363 Dazu *Simitis,* Der verkürzte Datenschutz, 2004, S. 14ff., 20ff.; Bsp. bei Simitis/*ders.* Einl. Rn. 237 f. mwN.
364 S. va die „Allgemeinen Grundsätze des Datenschutzes im Rahmen der Dritten Säule" des portugiesischen Ratsvorsitzes v. 22.12.1999 (11.01) 14302/99, JAI 121; sowie Aufzeichnung des portugiesischen Vorsitzes für die Gruppe „Informationssysteme und Datenschutz" v. 31.1.2000 (04.02) 5552/00 JAI 10; näher zur Entwicklung Simitis/*ders.* Einl. Rn. 238ff.
365 Proposal for a Council Framework Decision on the protection of personal data processed in the framework of police and judicial cooperation in criminal matters (COM (2005) 475 final); sowie EDPS, Opinion on the Proposal v. 19.12.2005.
366 Rat der EU Rahmenbeschluss 2008/977JI v. 27.11.2008 über den Schutz personenbezogener Daten, die im Rahmen der polizeilichen und justiziellen Zusammenarbeit in Strafsachen verarbeitet werden, ABl. 2008 L 350/60.
367 Zur Kritik am Rahmenbeschluss s. Simitis/*ders.* Einl. Rn. 241.

der unterschiedlichen Anwendungsbereiche, CB 2018, 170; *Klar, M.*, Privatsphäre und Datenschutz in Zeiten technischen und legislativen Umbruchs, DÖV 2013, 103; *Kühling, J.*, Neues Bundesdatenschutzgesetz – Anpassungsbedarf bei Unternehmen, NJW 2017, 1985; *ders./Martini, M.*, Die Datenschutz-Grundverordnung: Revolution oder Evolution im europäischen und deutschen Datenschutzrecht?, EuZW 2016, 448; *Lübbe-Wolff, G.*, Der Grundrechtsschutz nach der Europäischen Menschenrechtskonvention bei konfligierenden Individualrechten. Plädoyer für eine Korridorlösung, in: Hochhuth, M. (Hrsg.), Nachdenken über Staat und Recht. Kolloquium zum 60. Geburtstag von Dietrich Murswiek, Berlin 2010, 193; *Marsch, N.*, Das europäische Datenschutzgrundrecht. Grundlagen – Dimensionen – Verflechtungen, 2018; *Masing, J.*, Herausforderungen des Datenschutzes, NJW 2012, 2305; *Matz-Lück, N./Hong, M.* (Hrsg.), Grundrechte und Grundfreiheiten im Mehrebenensystem – Konkurrenzen und Interferenzen, 2012; *Nguyen, A.*, Die Subsidiaritätsrüge des Deutschen Bundesrates gegen den Vorschlag der EU-Kommission für eine Datenschutz-Grundverordnung, ZEuS 2013, 277; *Pohl D.*, Durchsetzungsdefizite der DSGVO?, PinG 2017, 85; *Reding V.*, Sieben Grundbausteine der europäischen Datenschutzreform, ZD 2012, 195; *Roßnagel, A.*, Die neue Vorratsdatenspeicherung. Der nächste Schritt im Ringen um Sicherheit und Grundrechtsschutz, NJW 2016, 533; *ders.*, Datenschutzgesetzgebung für öffentliche Interessen und den Beschäftigungskontext, DuD 2017, 290; *ders./Kroschwald, S.*, Was wird aus der Datenschutzgrundverordnung? Die Entschließung des Europäischen Parlaments über ein Verhandlungsdokument, ZD 2014, 495; *Roßnagel, A./Nebel, M./Richter, P.*, Was bleibt vom Europäischen Datenschutzrecht?, Überlegungen zum Ratsentwurf der DS-GVO, ZD 2015, 455; *Sauer, H.*, Jurisdiktionskonflikte im Mehrebenensystem, 2008; *Schantz, P.*, Die Datenschutz-Grundverordnung – Beginn einer neuen Zeitrechnung im Datenschutzrecht, NJW 2016, 1841; *Schiedermair, S.*, Der Schutz des Privaten als internationales Grundrecht, 2012; *dies./Mrozek, A.*, Die Vorratsdatenspeicherung im Zahnräderwerk des europäischen Mehrebenensystems, ZD 2014, 271; *Schneider, J.-P.*, Stand und Perspektiven des europäischen Datenverkehrs- und Datenschutzrechts, Verw 2011, 499; *Skouris, V.*, Leitlinien der Rechtsprechung des EUGH zum Datenschutz, NVwZ 2016, 1359; *Spiecker gen. Döhmann, I.*, A new framework for information markets: Google Spain, CMLR 52 (2015), 1033; *dies./Eisenbarth, M.*, Kommt das „Volkszählungsurteil" nun durch den EuGH?, Der Europäische Datenschutz nach Inkrafttreten des Vertrags von Lissabon, JZ 2011, 169; *Sydow, G./Kring, M.*, Die Datenschutzgrundverordnung zwischen Technikneutralität und Technikbezug, ZD 2014, 271; *Veil, W.*, DS-GVO: Risikobasierter Ansatz statt rigides Verbotsprinzip. Eine erste Bestandsaufnahme ZD 2015, 347; *ders.*, Die Datenschutz-Grundverordnung: des Kaisers neue Kleider, NVwZ 2018, 686.

155 Die DSGVO ist ein markanter Wegstein in der Entwicklung des europäischen Datenschutzrechts. Sie wurde im Rahmen anderer **primärrechtlicher Grundlagen** als die DSRL verabschiedet (→ Rn. 156ff.), sie reagiert – in einem umstrittenen Maße – auf den seit der DSRL entstandenen **Modernisierungsbedarf** (→ Rn. 184ff.), sie verändert zusammen mit der JI-Richtlinie die **Grundsystematik des Datenschutzrechts** ins Europa (→ Rn. 207ff.), und sie bringt eine Fülle neuer **übergreifender Rechtsfragen** mit sich (→ Rn. 235ff.).

156 **1. Primärrechtliche Grundlagen. a) Kompetenzen.** Bis zum **Vertrag von Lissabon** waren die Kompetenzen der Gemeinschaft zur Regulierung des Datenschutzrechts aufgespalten. Während sich die DSRL noch auf die **allgemeine Binnenmarktkompetenz** des Art. 100 a EGV stützte (später Art. 95 EGV, nunmehr Art. 114 AEUV (→ Rn. 133ff.), berief sich der Rat im Rahmen der Dritten Säule für den Rahmenbeschluss 2008/977/JI (→ Rn. 153ff.) auf Artt. 30, 31 und 34 Abs. 2 lit. b EUV.

157 Nunmehr verfügt die Union mit **Art. 16 Abs. 2 UAbs. 1 S. 1 AEUV** über eine **umfassende Kompetenz** zur Verabschiedung von Vorschriften über den Schutz natürlicher Personen bei der Verarbeitung personenbezogener Daten. Diese gilt für alle Politikfelder und erfordert keinen Bezug zum Binnenmarkt, auch wenn dieser Bereich weiterhin der wichtigste Anwendungsfall bleiben wird. Die Kompetenz betrifft sowohl die Organe, Einrichtungen und sonstigen Stellen der Union als auch die Mitgliedstaaten im Anwendungsbereich des Unionsrechts; hinzu kommt mit dem „freien Datenverkehr" eine besondere Ausprägung der allgemeinen Binnenmarktkompetenz.[368] Letztere lässt Rechtsvorschriften für Private zu und ist nicht auf grenzüberschreitende Fälle begrenzt.[369] Art. 16 Abs. 2 AEUV trat überdies an die Stelle von Art. 286 EGV. Dieser ordnete seit dem Vertrag von Amsterdam die Erstreckung des an die Mitgliedstaaten gerichteten Sekundärrechts auf die Organe und Einrichtungen der Gemeinschaft an. Zusammen mit den allgemeinen **Kompetenzschranken des Art. 5 EUV** (begrenzte Einzelermächtigung, Subsidiarität, Verhältnismäßigkeit)[370] bildet Art. 16 AEUV den Kompetenzrahmen für das sekundäre Datenschutzrecht der Union. Inhaltlich bewegt sich die DSGVO trotz gelegentlich geäußerter Zweifel[371] innerhalb dieses Kompetenzrahmens.

158 Art. 16 Abs. 2 UAbs. 2 S. 1 AEUV bestimmt die Anwendung des **ordentlichen Gesetzgebungsverfahrens** (Artt. 289 Abs. 1, 294 AEUV). Hierzu bestehen allerdings trotz der Aufgabe der Säulenstruktur weiterhin Besonderheiten. Insbes. entscheidet der Rat im Bereich der **GASP** gemäß Art. 16 Abs. 2 UAbs. 2 AEUV, Art. 39 EUV weiterhin alleine.[372] Überdies verbleiben spezifische Regulierungskompetenzen des Rats im Bereich von Titel V AEUV, die auch datenschutzrechtliche Vorschriften umfassen können. Dies betrifft bei-

---

368 S. Calliess/Ruffert/*Kingreen* AEUV Art. 16 Rn. 4; zu den primärrechtlichen Änderungen im Bereich des Datenschutzrechts durch den Lissabon-Vertrag s. *Spiecker gen. Döhmann/Eisenbarth* JZ 2011, 169; zum Verhältnis zwischen Art. 16 Abs. 2 und Art. 114 AEUV von der Groeben/Schwarze/Hatje/*Brühann* AEUV Art. 16 Rn. 34ff.

369 Von der Groeben/Schwarze/Hatje/*Brühann* AEUV Art. 16 Rn. 65ff.

370 Dazu mit Blick auf die DSGVO *Albrecht/Jotzo*, Teil 1 Rn. 21ff.

371 *Ronellenfitsch* DuD 2012, 561 (562 f.); *Wagner* DuD 2012, 676 (677 f.); *Franzen* DuD 2012, 322 (325 f.).

372 Anders als nach der allgemeinen Regelung in Art. 31 Abs. 1 EUV sind insoweit explizit auch „Vorschriften" (also Gesetzgebungsakte) zulässig, nämlich in Form verbindlicher Beschlüsse; näher Grabitz/Hilf/Nettesheim/*Sobotta* AEUV Art. 16 Rn. 30.

Hornung/Spiecker gen. Döhmann

spielsweise Bestimmungen zu Identitätspapieren (Art. 77 Abs. 3 AEUV), die verstärkte Zusammenarbeit in Strafsachen (Art. 82 Abs. 3 UAbs. 2 AEUV), die Einsetzung einer Europäischen Staatsanwaltschaft (Art. 86 Abs. 1 AEUV) oder die operative Kooperation der Polizeibehörden (Art. 87 Abs. 3 AEUV).

Inhaltlich begrenzt Art. 16 Abs. 2 UAbs. 1 S. 1 AEUV die Kompetenz der Union explizit auf den **Anwen-** **dungsbereich des Unionsrechts**.[373] Zulässig sind überdies nur Vorschriften zum Schutz **natürlicher Personen**; auch die Begriffe der personenbezogenen Daten und der Verarbeitung werden als Rahmen vorgegeben. Alles dies vollzieht der Unionsgesetzgeber in Art. 2 iVm Art. 4 Nr. 1 und 2 nach. Überschneidungen mit anderen Kompetenznormen sind angesichts der Weite der in Art. 16 AEUV vorgegebenen Begriffe Verarbeitung und personenbezogene Daten kaum zu vermeiden. Die Regulierungskompetenz für das Datenschutzrecht verschafft der Union angesichts dessen Querschnittscharakters eine **potentiell** ganz erhebliche Möglichkeit der Verabschiedung spezifischer Regeln, die **in andere Politikbereiche hineinragen** und mit den dortigen Kompetenzvorschriften in Konflikt kommen können (zB beim Beschäftigtendatenschutz Art. 153 Abs. 2 lit. b AEUV, der nur Mindestvorschriften und keine Verordnungen zulässt).[374] Bisher haben sich aber keine Regeln herausgebildet, um Art. 16 Abs. 2 AEUV gegen derartige Normen abzugrenzen. 159

Art. 16 Abs. 2 AEUV umfasst nunmehr auch den Bereich der polizeilichen und justiziellen Zusammenarbeit in Strafsachen, sodass sich **auch die JI-Richtlinie** auf diese Norm stützt. Zulässig sind daneben Regelungen für Organe, Einrichtungen und sonstigen Stellen der Union. Dies gilt ohne Ausnahme und erfasst auch die GASP (da Art. 39 EUV nur die Mitgliedstaaten betrifft)[375] sowie den EuGH. 160

b) Grundrechtliche Rahmenbedingungen (GRCh, EMRK). aa) Datenschutz als Menschenrecht. Die **DSGVO** trifft in der EU auf fruchtbaren Boden. Sowohl der EGMR als auch der EuGH haben den Schutz personenbezogener Daten als grundrechtliche Verbürgung schon früh anerkannt (→ Rn. 163, 167). Diese Rechtsprechung erfolgte zunächst auf der Basis des Art. 8 EMRK und beim EuGH als allgemeiner Rechtsgrundsatz des Europarechts. Mittlerweile ist die Union aber auch eine Vorreiterin hinsichtlich des expliziten grundrechtlichen Schutzes personenbezogener Daten: Art. 8 GRCh enthält erstmals auf internationaler Ebene ein ausdrückliches, verbindliches Grundrecht auf Datenschutz, wie es in vielen Staaten in Europa verankert ist.[376] 161

Auf **globaler Ebene** ist der Datenschutz grundrechtlich in **Art. 17 des Internationalen Paktes über bürgerliche und politische Rechte (IPbpR)** kodifiziert, der mit dem Recht auf Privatheit auch den Schutz der personenbezogenen Daten mitumfasst.[377] Art. 17 IPbpR stellt die in die Form eines verbindlichen völkerrechtlichen Vertrags gegossene Fassung des unverbindlichen Art. 12 der Allgemeinen Erklärung der Menschenrechte (AEMR) dar.[378] Als universelles Grundrecht bildet Art. 17 IPbpR den menschenrechtlichen Ausgangspunkt für den internationalen Datenschutz.[379] Die Auslegung des Art. 17 IPbpR erfolgt durch den Menschenrechtsausschuss der Vereinten Nationen. Grundsätzlich sind die Vorgaben des Menschenrechtsausschusses auch für die Auslegung der europäischen Grundrechte (Art. 8 EMRK, Art. 7 und 8 GRCh) von Bedeutung. In der Praxis des EuGH und des EGMR spielt dies jedoch wegen der elaborierten eigenen Rechtsprechung gerade zum Persönlichkeitsschutz faktisch keine Rolle. 162

(1) Europäische Menschenrechtskonvention. Im europäischen Raum regelt **Art. 8 EMRK** als regionales Völkerrecht für die Mitgliedstaaten des Europarats – wozu auch alle Mitgliedstaaten der EU zählen – den Schutz der Privatheit und umfasst dabei auch den Datenschutz. Gemäß Art. 52 Abs. 3 S. 1 GRCh besitzen diejenigen Rechte aus der GRCh, die eine Entsprechung in der EMRK aufweisen, die gleiche Bedeutung und Tragweite wie die entsprechenden Rechte aus der EMRK. Die Rechtsprechung des EGMR zu Art. 8 EMRK ist damit für die Auslegung des unmittelbar korrespondierenden Art. 7 GRCh, aufgrund der weiten Auslegung von Art. 8 EMRK durch den EGMR aber auch für Art. 8 GRCh von grundsätzlicher Bedeutung. Dementsprechend verweist etwa EG 41 auch sowohl auf die Rechtsprechung des EuGH als auch des EGMR. 163

---

373 Restriktive Auslegung dieses Merkmals bei *Klement* JZ 2017, 161 (165 f.).
374 S. *Franzen* DuD 2012, 322 (326); *Gola/Schulz* RDV 2013, 1 (4).
375 von der Groeben/Schwarze/Hatje/*Brühann* AEUV Art. 16 Rn. 64.
376 In Deutschland enthalten inzwischen auch zehn Landesverfassungen entsprechende Regelungen, nämlich die Verfassungen Berlins, Brandenburgs, Bremens, Mecklenburg-Vorpommerns, Nordrhein-Westfalens, Rheinland-Pfalz, des Saarlands, Sachsens, Sachsen-Anhalts und Thüringens, s. zu den normativen Unterschieden und zur Entwicklung *Hornung*, Grundrechtsinnovationen, 2015, S. 296ff.
377 So ausdrücklich der Menschenrechtsausschuss in seiner Allgemeinen Bemerkung zu Art. 17 IPbpR, http://www.refworld.org/docid/45 3883f922.html.
378 Die AEMR wurde am 10.12.1948 als Resolution der Generalversammlung der Vereinten Nationen verabschiedet, A/RES/217 A (III), http://www.un.org/depts/german/menschenrechte/aemr.pdf. Anders als die gemäß Art. 25 UNCh verbindlichen Beschlüsse des Sicherheitsrats besitzen die Resolutionen der Generalversammlung nur empfehlenden Charakter und stellen kein rechtlich bindendes Völkerrecht dar.
379 Vgl. *Schiedermair*, Der Schutz des Privaten als internationales Grundrecht, 2012, S. 83.

164 Mit der Entsprechungsklausel des Art. 52 Abs. 3 S. 1 GRCh ist allerdings kein völliger Gleichlauf verbunden, da die Rechte aus der GRCh nach Art. 52 Abs. 3 S. 2 und 53 GRCh einen weiter reichenden Schutz als die entsprechenden Rechte der EMRK gewährleisten können. Die Anwendung von Art. 52 Abs. 3 S. 2 und 53 GRCh stößt jedoch bei **mehrpoligen Grundrechtsverhältnissen**, wo sich der Datenschutz auf der einen und etwa die Pressefreiheit auf der anderen Seite gegenüberstehen, auf Schwierigkeiten.[380] In diesen Fällen wirkt das eine Grundrecht zu Lasten des anderen Grundrechts, so dass ein grundrechtliches Mindestniveau nicht sofort ermittelt werden kann. Es ist dann letztlich Aufgabe der Rechtsprechung, einen Ausgleich zwischen den betroffenen Grundrechten zu finden.

165 Der **EGMR** hat sich in einer Vielzahl von **Urteilen zu Art. 8 EMRK** mit verschiedenen Aspekten des Datenschutzes befasst, etwa der Überwachung der privaten Internetnutzung des Arbeitnehmers durch den Arbeitgeber[381] oder der Rechtmäßigkeit von Überwachungsmaßnahmen der Polizei zur Terrorismusbekämpfung.[382] Im Urteil Copland bezog der EGMR den Schutz personenbezogener Daten unter dem Aspekt der Korrespondenz ausdrücklich in den Schutz der Privatheit nach Art. 8 EMRK ein.[383] Beschränkungen dieses Aspektes des Privatheitsschutzes bedürfen gemäß Art. 8 Abs. 2 EMRK einer Grundlage im nationalen Recht des Mitgliedstaats, die mit der rule of law und dabei insbes. mit dem Bestimmtheitsgrundsatz vereinbar sein muss.[384] Werden personenbezogene Daten aus einem privaten Raum, wozu nach dem EGMR auch die Geschäftsräume zählen, erhoben, wie etwa bei der Beschlagnahme von Dokumenten im Rahmen einer Durchsuchung, so fällt dieser Vorgang unter den Schutz des privaten Raumes gemäß Art. 8 EMRK.[385] Aber auch unabhängig von einem Kommunikationsvorgang und unabhängig vom privatem Raum hat der Gerichtshof den Schutz aller Arten von personenbezogenen Daten dem allgemeinen Schutz des Privatlebens nach Art. 8 EMRK unterstellt. So bildet das gesprochene Wort ein personenbezogenes Datum, das unter den Schutz des Art. 8 EMRK fällt.[386] Auch die Überwachung einer Person mittels GPS hat der Gerichtshof als Eingriff in den Schutz personenbezogener Daten gewertet.[387] Die Überwachung eines öffentlichen Platzes berührt nach dem EGMR ebenfalls das Grundrecht aus Art. 8 EMRK.[388] Insgesamt hat der EGMR damit materiell ein Grundrecht auf Datenschutz anerkannt, wenngleich er diesen Ausdruck in seiner Rechtsprechung nicht verwendet.[389]

166 Der EGMR hat sich in mehreren Urteilen mit der **Abwägung** zwischen dem Datenschutz aus **Art. 8 EMRK** einerseits und den in **Art. 10 EMRK** garantierten Rechten andererseits befasst.[390] Dabei betont der EGMR regelmäßig die besondere Bedeutung der Meinungsfreiheit[391] und auch der Pressefreiheit[392] für jede demokratische Gesellschaft, verlangt aber gleichzeitig ein legitimes öffentliches Interesse an der Berichterstattung, was er bei der bloßen Boulevardberichterstattung tendenziell verneint.[393] Vielmehr müsse die von Art. 10 EMRK umfasste Äußerung einen **Beitrag zu einer Debatte von generellem Interesse** leisten.[394] Trotz der besonderen Bedeutung, die Art. 10 EMRK in der Judikatur des EGMR einnimmt, geht der Gerichtshof davon aus, dass weder Art. 8 noch Art. 10 EMRK grundsätzlich Vorrang beanspruchen können.[395] Dementsprechend gibt der EGMR im Einzelfall auch Art. 8 EMRK den Vorzug.[396] In seinem Springer-Urteil hat der EGMR als weitere Abwägungskriterien die Bekanntheit der Person und den Gegenstand der Berichterstattung, eine eventuelle vorherige Kooperation der betreffenden Person mit den Medien, die Art und Weise der Informationserlangung und die Richtigkeit der Information, die Art und Weise der Publikation und deren Verbreitung sowie, falls eine Sanktion verhängt wurde, auch die Schwere der Sanktion angewendet.[397]

---

380 Dazu etwa *Lübbe-Wolff* in: Hochhuth (Hrsg.), Nachdenken über Staat und Recht, 2010, 193.
381 Vgl. EGMR Rs. 61496/08 Rn. 52–63. Dieser Fall, in dem der EGMR keinen Verstoß gegen Art. 8 EMRK erkannte, wurde 2016 der Großen Kammer des EGMR vorgelegt.
382 S. EGMR Rs. 37138/14, NJOZ 2017, 1372, Rn. 52–89. Der EGMR hat hier im Ergebnis einen Verstoß gegen Art. 8 EMRK festgestellt.
383 S. EGMR Rs. 62617/00, Rep. 2007-I, 317 Rn. 43 f. – Copland v. Großbritannien.
384 EGMR Rs. 62617/00, Rep. 2007-I, 317 Rn. 44 f. – Copland v. Großbritannien.
385 Vgl. EGMR Rs. 72/1991/324/396, EuGRZ 1993, 65, 66 Rn. 29 – Niemitz v. Deutschland; Rs. 37971/97, Rn. 41 f. – Société Colas Est ua v. Frankreich.
386 S. EGMR Rs. 44787/98, Rep. 2001-IX Rn. 57ff. – P.G. und J.H. v. Großbritannien.
387 Vgl. EGMR Rs.35623/05, Rep. 2010-VI Rn. 49ff. – Uzun v. Deutschland.
388 S. EGMR 44647/98, Rep. 2003-I Rn. 59 – Peck v. Großbritannien.
389 Ähnlich Kühling/Buchner/*Kühling/Raab* Einf. Rn. 18; zur Rspr. des EGMR auch *Marsch*, Das europäische Datenschutzgrundrecht, 2018, S. 8 ff.
390 Hierzu bei Ehmann/Selmayr/*Schiedermair* Art. 85 Rn. 15ff.
391 Grundlegend insoweit EGMR Urt. v. 7.12.1976 – 5493/72, EuGRZ 1977, 38 Rn. 49 – Handyside v. Großbritannien.
392 Etwa EGMR Urt. v. 7.2.2012, 40660/08 und 60641/08 Rn. 102 – Caroline von Hannover v. Deutschland (Nr. 2).
393 Vgl. etwa EGMR Urt. v. 10.5.2011, 48009/08, Rn. 114 – Mosley v. United Kingdom.
394 EGMR Urt. v. 7.2.2012, 39954/08 Rn. 90 – Axel Springer AG v. Deutschland.
395 S. etwa EGMR Urt. v. 10.5.2011, 48009/08, Rn. 111 – Mosley v. United Kingdom.
396 So etwa in EGMR Urt. v. 24.6.2004, 59320/00, NJW 2004, 2647 Rn. 58ff. – Hannover v. Deutschland.
397 EGMR Urt. v. 7.2.2012, 39954/08 Rn. 95ff. – Axel Springer AG v. Deutschland.

Schiedermair

(2) Das Grundrecht auf Datenschutz in der EU. (a) Normative Grundlagen. Die **GRCh** knüpft an die mit   167
Art. 8 EMRK bereits vorhandene menschenrechtliche Basis an und führt sie weiter fort. Neben dem Schutz
der Privatheit in Art. 7 GRCh normiert die Charta den Schutz personenbezogener Daten ausdrücklich in
Art. 8 GRCh.[398] Der EuGH sieht zwischen den beiden Artikeln einen „engen Zusammenhang",[399] allerdings kein lex specialis-Verhältnis, sondern Grundrechte mit sich überschneidenden Schutzbereichen.[400]
Der EuGH prüft die beiden Grundrechte daher grundsätzlich gemeinsam.[401] Das EU-Datenschutz-Grund-
recht existiert als explizite Regelung erst durch die am 7.12.2000 in Nizza proklamierte GRCh, die mit
dem Inkrafttreten des Vertrags von Lissabon am 1.12.2009 gemäß Art. 6 Abs. 1 S. 1 EUV verbindliches Primärrecht geworden ist.[402] Damit erfolgte die grundrechtliche Normierung des Datenschutzes in Art. 8
GRCh erst, nachdem der Datenschutz bereits auf sekundärrechtlicher Ebene in der EU insbes. durch die
DSRL und die ePrivacy-RL ausführliche Regelung erfahren hatte.[403]

Art. 7 GRCh schützt seinem Wortlaut nach dieselben Rechte wie Art. 8 Abs. 1 EMRK, nämlich Privat- und   168
Familienleben, Wohnung und Kommunikation (in Art. 8 Abs. 1 EMRK noch ohne Bedeutungsunterschied
„Korrespondenz" genannt). Ohne besondere Normierung wäre – schon aufgrund von Art. 52 Abs. 3 S. 1
GRCh (→ Rn. 163ff.) der grundrechtliche Datenschutz von Art. 7 GRCh erfasst gewesen. Der europäische
Konvent hat sich jedoch entschieden, der besonderen Bedeutung des Datenschutzes durch eine explizite Re-
gelung Ausdruck zu geben. Art. 8 GRCh verleiht jeder Person das Recht auf den Schutz der sie betreffenden
personenbezogenen Daten. Begünstigte des Art. 8 GRCh sind zunächst natürliche Personen, aber – unter
bestimmten Voraussetzungen[404] – auch juristische Personen.[405] Verpflichtet aus Art. 8 GRCh werden neben
den Organen, Einrichtungen und sonstigen Stellen der EU auch die Mitgliedstaaten bei der Ausübung von
Tätigkeiten, die in den Anwendungsbereich des Unionsrechts fallen.[406] Das Grundrecht auf Datenschutz
gilt auch für das Handeln der EU und der Mitgliedstaaten im Bereich der GASP.[407]

(b) Grundlegende Aussagen der Rechtsprechung. Der EuGH hat das Grundrecht auf Datenschutz schon   169
vor und auch seit der Geltung des Art. 8 GRCh in einigen **bedeutenden Urteilen** weiter konkretisiert. Bereits
sein erstes Urteil zu den Grundrechten, das Urteil **Stauder** von 1969, befasst sich lange vor der Existenz der
GRCh mit einem **Grundrecht auf Datenschutz**, auch wenn der EuGH dieses Recht damals noch nicht ausdrücklich so bezeichnet.[408] In der Folge hat sich das Grundrecht auf Datenschutz zu einem wichtigen Recht
in der Grundrechtsrechtsprechung des EuGH entwickelt, wobei immer wieder Streitigkeiten vor deutschen
Gerichten den Ausgangspunkt bildeten. So hat der Gerichtshof etwa das Arztgeheimnis[409] und das Recht
jeder Person, ihren Gesundheitszustand geheim zu halten,[410] als wichtige Elemente des Schutzes personenbezogener Daten anerkannt. In seinem grundlegenden Lindqvist-Urteil hat der EuGH als **Gesundheitsdaten**
iSv Art. 8 Abs. 1 DSRL „alle Informationen, die die Gesundheit einer Person unter allen Aspekten – körperlichen wie psychischen – betreffen", definiert.[411] Art. 4 Nr. 15 definiert entsprechend als „Gesundheitsdaten" alle personenbezogenen Daten, die sich auf die körperliche oder geistige Gesundheit einer natürlichen
Person, einschließlich der Erbringung von Gesundheitsdienstleistungen, beziehen und aus denen Informationen über deren Gesundheitszustand hervorgehen. Die Verarbeitung von Gesundheitsdaten ist gemäß

---

398   Vgl. auch Roßnagel/*Johannes*, Europ. DSGVO, § 2 Rn. 53ff.; *Marsch*, Das europäische Datenschutzgrundrecht, 2018, S. 127ff.
399   EuGH Rs. C-92/09 und C-93/09, EuZW 2010, 939 Rn. 47.
400   Vgl. etwa EuGH Rs. C-92/09 und C-93/09, EuZW 2010, 939 Rn. 52; vgl. auch *Jarass* Art. 8 Rn. 4; für ein echtes Kombinationsgrund-
        recht *Marsch*, Das europäische Datenschutzgrundrecht, 2018, S. 203ff.
401   So auch der Befund von Calliess/Ruffert/*Kingreen* GRCh Art. 8 Rn. 1.
402   Vor der Geltung des Art. 8 GRCh hat der EuGH den Schutz personenbezogener Daten im allgemeinen Schutz des Privatlebens veran-
        kert, den er – wie sämtliche Grundrechte vor der Geltung der GRCh – als allgemeinen Rechtsgrundsatz aus einer Zusammenschau des
        Art. 8 EMRK und der verschiedenen Regelungen in den Rechtsordnungen der Mitgliedstaaten abgeleitet hat, s. hierzu *Streinz*, Europa-
        recht, 10. Aufl. 2016, Rn. 748.
403   Diese Entwicklung ist parallel zur verfassungsrechtlichen Entwicklung in Deutschland, wo das BVerfG erst im Volkszählungsurteil
        vom 15.12.1983 das Recht auf informationelle Selbstbestimmung aus Art. 2 Abs. 1 GG iVm Art. 1 Abs. 1 GG abgeleitet und damit
        dem bereits einfachgesetzlich verankerten Datenschutz den grundrechtlichen Ritterschlag verliehen hat, vgl. BVerfGE 65, 1.
404   S. hierzu EuGH C-92/09 und C-93/09, Slg. 2010, I-11063, → Rn. 167, 172.
405   Auf Basis einer Abwägung iE auch so *Heißl* EuR 2017, 561 (570); AA wohl Grabitz/Hilf/Nettesheim/*Sobotta* AEUV Art. 16 Rn. 17,
        der bezweifelt, dass juristische Personen das Grundrecht auf Datenschutz beanspruchen können.
406   S. hierzu den Wortlaut des Art. 16 Abs. 2 AEUV. Zur Frage des Anwendungsbereichs des Unionsrechts vgl. etwa EuGH C-617/10,
        NJW 2013, 1415, Rn. 28; EuGH C-399/11, NJW 2013, 1215, Rn. 55–64. Zur Problematik der Rechtsprechung des EuGH zu dieser
        Frage etwa *Schiedermair/Mrozek* DÖV 2016, 89 (91ff.) mwN.
407   Vgl. hierzu EuGH C-402/05 und C-415/05, Slg. 2008, I-6351.
408   S. EuGH Rs. 29/69, Slg. 1969, 419 Rn. 7.
409   Vgl. EuGH C-62/90, Slg. 1992, I-2575 Rn. 23.
410   S. EuGH C-404/92, Slg. 1994, I-4737 Rn. 17. In diesem Fall ging es um einen heimlich durchgeführten Gesundheitstest, der die HIV-
        Infektion des Beschwerdeführers nahelegte, obwohl der Bewerber einen HIV-Test ausdrücklich verweigert hatte. Der Gerichtshof be-
        jahte im Ergebnis einen Grundrechtsverstoß, da er den heimlich ausgeführten Test für unverhältnismäßig hielt.
411   EuGH C-101/01, Slg. 2003 I-12971 Rn. 50.

Art. 9 Abs. 1 grundsätzlich untersagt. Ausnahmen sind in Art. 9 Abs. 2 enthalten (→ Art. 9 Rn. 24ff.). Unter den Schutz personenbezogener Daten gehört nach dem EuGH auch die Verpflichtung der Organe der EU, die **Anonymität von Informanten** zu wahren, die etwa der KOM Hinweise auf Wettbewerbsverstöße geben.[412] Auch der **Datenschutz der Beschäftigten der Europäischen Union** fällt unter das Grundrecht auf Datenschutz.[413]

170 Wie auch das Lindqvist-Urteil befasst sich eine Reihe von Urteilen des EuGH mit der **Anwendung und Auslegung der DSRL**.[414] Diese Rechtsprechung kann allerdings nicht unbesehen auf die DSGVO übertragen werden. Vielmehr ist im Einzelfall zu prüfen, ob es sich um eine Regelung handelt, die in jeder Hinsicht gleich geblieben ist oder ob sich die Regelung selbst oder auch deren Rahmenbedingungen durch die DSGVO geändert haben. Allerdings hat der EuGH schon vor Inkrafttreten der DSGVO häufig keine ganz trennscharfe Unterscheidung zwischen der grundrechtlichen Dimension des Datenschutzes einerseits und dessen sekundärrechtlicher Konkretisierung in der DSRL andererseits vorgenommen. Auch nach dem Inkrafttreten der DSGVO wird die Rechtsprechung des EuGH zum einfachgesetzlichen Datenschutz in der Union weiter von der grundrechtlichen Dimension beeinflusst werden.

171 Ein weiterer zentraler Bereich der Rechtsprechung des EuGH zum Datenschutz betrifft die **Kollision des Schutzes personenbezogener Daten mit anderen Rechtsgütern**.[415] Der EuGH hat in diesen Fällen **bisher auf die Vorgaben der DSRL** für die Zulässigkeit der Erhebung und Verarbeitung personenbezogener Daten verwiesen und dies teilweise durch den europäischen Grundrechtsschutz an personenbezogenen Daten und den konfligierenden Interessen (v. a. Wirtschafts- und Kommunikationsgrundrechte) abgesichert. Allerdings stellt auch der Gerichtshof fest, dass erhebliche **Spielräume für die Abwägung** bleiben. Deren Ausgestaltung obliegt nach dem EuGH im Wesentlichen den **Behörden und den Gerichten der Mitgliedstaaten**.[416] In der Entscheidung Bavarian Lager löste der EuGH[417] – anders als das EuG[418] – die Kollision zwischen dem Recht auf Zugang zu Dokumenten und dem Datenschutz anhand des vorhandenen Sekundärrechts auf. Auch im Fall Promusicae zog der Gerichtshof dieses heran und überließ die Abwägung im Wesentlichen den Mitgliedstaaten.[419]

172 Eine eigene **grundrechtliche Abwägung** unter ausdrücklicher Heranziehung der Art. 7 und 8 GRCh hat der EuGH in Urteil Schecke Eifert vorgenommen.[420] Neben der interessanten Feststellung des EuGH, dass sich **juristische Personen** auf Art. 8 GRCh nur insofern berufen können, als der Name der juristischen Person eine oder mehrere natürliche Personen bestimmt[421] – was bei der GbR im Ausgangsverfahren zutraf –, nahm der Gerichtshof in diesem Urteil eine Abwägung zwischen dem Gebot der Transparenz im Hinblick auf die Verwendung von EU-Finanzmitteln auf der einen und dem Datenschutz auf der anderen Seite vor. Dabei befasste sich der Gerichtshof intensiv mit der Prüfung der Verhältnismäßigkeit der Veröffentlichung der strittigen Daten und stellte im Ergebnis zumindest für den Bereich natürlicher Personen einen Verstoß gegen das Grundrecht auf Datenschutz fest.[422] Im Urteil Google Spain hat der Gerichtshof hingegen nur Anhaltspunkte für die Abwägung zwischen dem Datenschutz auf der einen Seite und der Presse- und Informationsfreiheit auf der anderen Seite gegeben und ist damit seiner grundsätzlichen Rechtsprechung treu geblieben.[423]

173 **(c) Jüngere Rechtsprechung.** In den letzten Jahren hat der EuGH dem Datenschutz zunehmend mehr Bedeutung beigemessen und so die datenschutzrechtlichen Anforderungen verschärft.[424] Mehrere **grundlegende Urteile des EuGH zum Datenschutz** wurden nicht nur in der rechtlichen Gemeinschaft wahrgenommen, sondern haben auch politisch Aufsehen erregt. Das erste ist das Urteil der Großen Kammer des Gerichtsho-

412 S. EuGH C-145/83, Slg. 1985, 3539, 3587; EuG T-194/04, Slg. 2007, II-4523 Rn. 152.

413 Vgl. Art. 1 DSVO 45/2001. Zur Frage der Kontrolle von E-Mails von Beschäftigten der EU vgl. EuG T-197/02, Slg. 2003, FP-I-A-149, II-733 Rn. 27-33 – Pflugradt/EZB; EuG T-320/02, Slg. 2004, FP-I-A-19, II-79 Rn. 55-62 – Esch-Leonhardt ua/EZB.

414 Etwa EuGH C-465/00, Slg. 2003, I-4989 Rn. 68ff.; EuGH C-101/01, Slg. 2003 I-12971 Rn. 40ff., 95ff.; EuGH C-524/06, NVwZ 2009, 379 Rn. 52ff.; EuGH C-73/07, EuZW 2009, 108 Rn. 35ff.; EuGH C-553/07, EuZW 2009, 546 Rn. 59. Bereits vor dem Inkrafttreten der DSRL hat der EuGH deren Grundsätze in seiner Rechtsprechung herangezogen, vgl. etwa EuGH C-369/98, Slg. 2000, I-6751 Rn. 33 f.

415 S. zu diesem Aspekt in der Rspr. auch *Schneider* Verw 2011, 499 (511ff.).

416 S. EuGH C-101/01, Slg. 2003 I-12971 Rn. 88ff.; EuGH C-73/07, 2008 I-09831 Rn. 35ff.

417 S. EuGH C-28/08 P, EuZW 2010, 617.

418 Vgl. EuG T-194/04, Slg. 2007, II-4523.

419 Vgl. EuGH C-275/06, 2008 I-00271, Rn 63ff.

420 S. EuGH C-92/09 und C-93/09, Slg. 2010 I-11063.

421 Vgl. EuGH C-92/09 und C-93/09, Slg. 2010 I-11063 Rn. 53 f.; zur Problematik des grundrechtlichen Schutzes von Daten juristischer Personen in der Rspr. des EuGH s. *Schneider* Verw 2011, 499 (509 f. mwN); *Guckelberger* EuZW 2011, 126 (128 f.).

422 S. EuGH C-92/09 und C-93/09, Slg. 2010 I-11063 Rn. 81ff.

423 Vgl. hierzu EuGH C-131/12, NJW 2014, 2257 Rn. 81, 97ff.

424 *Skouris* NVwZ 2016, 1359; *Giegerich* ZEuS 2016, 301 (315ff.); Kühling/Buchner/*Kühling/Raab* Einf. Rn. 10. Die Rspr. führt dabei die in der früheren Rspr. angelegten Tendenzen fort, s. BeckOK DatenschutzR/*Schneider* DSGVO Grundlagen B Rn. 34.

Schiedermair

fes in der Sache Digital Rights Ireland von 2014.[425] In diesem hat der EuGH die Richtlinie zur **Vorratsdatenspeicherung** für unvereinbar mit europäischen Grundrechten, nämlich dem Schutz des Privatlebens und dem Schutz personenbezogener Daten, erklärt.[426] In einem weiteren Urteil zur DSRL für elektronische Kommunikation hat die Große Kammer des EuGH die allgemeine, unterschiedslose Vorratsspeicherung sämtlicher Verkehrs- und Standortdaten aller Teilnehmer und registrierten Nutzer in Bezug auf alle elektronischen Kommunikationsmittel zur Straftatenbekämpfung für grundrechtlich unzulässig erachtet.[427] Damit verschwand die Vorratsdatenspeicherung zumindest zunächst von der politischen Agenda der EU.[428]

Das nunmehr in Art. 17 vorgesehene Recht auf Löschung personenbezogener Daten („Recht auf Vergessenwerden") (→ Art. 17 Rn. 21ff.) hat den EuGH bereits im Urteil **Google Spain** vom 13.5.2014 beschäftigt, in dem der Gerichtshof ein Recht der von einer Datenverarbeitung durch einen Suchmaschinenbetreiber betroffenen Person postuliert hat, unter bestimmten Umständen vom Suchmaschinenbetreiber verlangen zu können, dass Informationen nicht mehr durch eine Ergebnisliste mit ihrem Namen verknüpft werden, auch wenn es sich um zutreffende Informationen handelt.[429] Grundlegend an der Entscheidung des EuGH war, dass sich der Anspruch nicht nur gegen denjenigen richten kann, der die strittige Information auf seiner Webseite publiziert hat – in diesem Fall eine spanische Zeitung –, sondern auch gegen den Anbieter einer Suchmaschine, in diesem Fall gegen Google. Die räumliche Anwendung der europäischen DSRL auf Google[430] sowie die Anwendung des Begriffs der Datenverarbeitung auf die Tätigkeit einer Suchmaschine[431] machten dabei den Weg frei für die Inanspruchnahme von Google. Darüber hinaus hat der EuGH in seinem Urteil zumindest einige **Hinweise für die Abwägung** zwischen dem Schutz personenbezogener Daten einerseits und der Informationsfreiheit andererseits geliefert.[432] So verlangt der EuGH, dass berücksichtigt wird, **wie sensibel** eine Information im Hinblick auf das Privatleben des Betroffenen ist und welches **Interesse** die **Öffentlichkeit** am Zugang zu der Information besitzt. Letzteres hängt auch davon ab, ob die betreffende Person eine Rolle im öffentlichen Leben spielt oder nicht.[433] Im Fall Google Spain verneinte der EuGH tendenziell ein überwiegendes Informationsinteresse der Öffentlichkeit, da die Veröffentlichung der Kreditwürdigkeit des Betroffenen sensible Daten und ein bereits 16 Jahre zurückliegendes Ereignis betraf, wobei er die abschließende Beurteilung dem spanischen Gericht überließ.[434] Der EuGH bezieht damit auch die **Aktualität der Information** als Kriterium in die Abwägung mit ein. Auf die vorhandene Judikatur des EGMR zu diesen Abwägungsfragen (→ Rn. 166) hat der EuGH allerdings nicht zurückgegriffen.[435] Im Ergebnis befürwortete der EuGH einen Anspruch gegen den Suchmaschinenbetreiber, nicht aber zwangsläufig auch gegen die Zeitung, welche die Informationen ursprünglich veröffentlicht hatte.[436] Google sah sich in der Folge des Urteils mit einer Vielzahl von Löschungsbegehren konfrontiert.[437]

Schließlich hat die Große Kammer des EuGH in der Rechtssache **Schrems** in 2015 die Entscheidung der KOM vom 26.7.2000 für ungültig erklärt. In dieser Entscheidung hatte die KOM festgestellt, dass im Rahmen von Datenexporten in die USA eine individuelle Unterwerfung des Datenempfängers unter die Safe Harbour-Regelungen und die entsprechende Kontrolle durch die US-Behörden ein angemessenes Schutzniveau übermittelter personenbezogener Daten gewährleisten.[438] Die amerikanische **Safe Harbour-Regelung** war damit nicht mehr für Datenexporte aus den Mitgliedstaaten der Europäischen Union anwendbar. Darüber hinaus befand der Gerichtshof, dass auch die mit einer Beschwerde befassten nationalen Datenschutzbehörden prüfen können, ob bei der Datenübermittlung in die USA die Anforderungen des Unionsrechts an den Schutz dieser Daten eingehalten werden. Die Behörden und die betroffene Person können zur

174

175

---

425 S. EuGH C-293/12, NJW 2014, 2169.
426 Hierzu etwa *Spiecker gen. Döhmann* JZ 2014, 1109.
427 Vgl. EuGH C-203/15 und C-698/15, NJW 2017, 717. Dazu auch OVG Münster NVwZ-RR 2018, 43. Hierzu auch *Oehmichen/Mickler* NZWiSt 2017, 298.
428 Anders in Deutschland, wo die Vorratsdatenspeicherung mit dem Gesetz zur Einführung einer Speicherpflicht und einer Höchstspeicherfrist für Verkehrsdaten vom 10.12.2015 wieder eingeführt worden ist, BGBl. I 2015, 2218. Hierzu *Roßnagel* NJW 2016, 533. Zur Frage, ob und wie sich dieses Gesetz in das europäische Mehrebenensystem einfügt, vgl. *Schiedermair/Mrozek* DÖV 2016, 89.
429 Vgl. EuGH C-131/12, NJW 2014, 2257 Rn. 98. Dazu etwa *Schiedermair* JM 2015, 334; *Spiecker gen. Döhmann* CMLR 52 (2015), 1033; *van Eecke/Cornette* CRI 2014, 101.
430 Vgl. EuGH C-131/12, NJW 2014, 2257, Rn. 45ff.
431 S. EuGH C-131/12, NJW 2014, 2257Rn. 28ff.
432 S. EuGH C-131/12, NJW 2014, 2257Rn. 81, 97f.
433 EuGH C-131/12, NJW 2014, 2257Rn. 81.
434 EuGH C-131/12, NJW 2014, 2257Rn. 98.
435 Umgekehrt bezieht aber der EGMR die Judikatur des EuGH in Datenschutzfragen in seine Rechtsprechung ein. Deutlich etwa EGMR Urt. v. 27.6.2017, 931/13 Rn. 20, 70ff. – Satakunnan Markkinapörssi Oy and Satamedia Oy v. Finland.
436 Vgl. EuGH C-131/12, NJW 2014, 2257 Rn. 85, 99. Der Grund für diese unterschiedliche Behandlung liegt darin, dass der EuGH Google die Berufung auf das Medienprivileg nach Art. 9 DSRL verweigerte. Ausführlich zum Medienprivileg → Art. 85 Rn. 9ff., 26ff.
437 Google hat daraufhin ein standardisiertes Formular für Löschungsbegehren eingerichtet, vgl. https://support.google.com/websearch/answer/2744324.
438 EuGH C-362/14, NJW 2015, 3151 → Art. 45 Rn. 44ff.

Prüfung dieser Frage die nationalen Gerichte anrufen, welche gegebenenfalls ein Ersuchen um Vorabentscheidung nach Art. 267 AEUV an den EuGH stellen. Inzwischen ist die Nachfolgeregelung (Privacy Shield) in Kraft, die freilich eigene Probleme aufwirft (→ Art. 45 Rn. 41ff.).

176 Auch über diese Urteile hinaus befasst sich der EuGH immer wieder mit Datenschutzfragen von grundlegender Bedeutung. So hat der EuGH etwa im Urteil **Breyer** festgestellt, dass es sich bei IP-Adressen um personenbezogene Daten für einen Webseitenbetreiber handelt, wenn er über rechtliche Mittel verfügt, die es ihm erlauben, die betreffende Person anhand der Zusatzinformationen, über die der Internetzugangsanbieter dieser Person verfügt, bestimmen zu lassen.[439] Damit hat das Gericht Klarheit in einer wichtigen Rechtsfrage gebracht.

177 **bb) Sonstige Datenschutzregelungen im Primärrecht der Union.** Der Datenschutz ist in der Union nicht nur in der GRCh, sondern auch darüber hinaus primärrechtlich kodifiziert. Die besondere Bedeutung des Datenschutzes innerhalb des Rechts der EU findet auch darin Ausdruck, dass das Grundrecht auf Datenschutz mit dem zu Art. 8 Abs. 1 GRCh wortgleichen **Art. 16 Abs. 1 AEUV** seit dem Vertrag von Lissabon auch in einem Europäischen Gründungsvertrag verankert ist.[440] Art. 16 Abs. 1 AEUV und Art. 8 Abs. 1 GRCh unterscheiden sich lediglich in der Formulierung von Schranken. Während Art. 16 Abs. 1 AEUV keine Schranke nennt, weist Art. 8 Abs. 2 GRCh eine vergleichsweise detaillierte Schrankenregelung auf, zu der die Vorgaben aus Art. 52 Abs. 1 GRCh noch hinzutreten.[441] Auch wenn Art. 52 Abs. 2 GRCh für die Ausübung von Grundrechten aus der Charta, die auch in den Europäischen Verträgen geregelt sind, auf die Verträge verweist, ist im Falle des Art. 16 Abs. 1 AEUV die **differenzierte Schrankenregelung des Art. 8 Abs. 2 GRCh** gleichwohl **anzuwenden**.[442] Art. 52 Abs. 2 GRCh ist insoweit teleologisch zu reduzieren, da ansonsten die Schrankenregelung des Art. 8 Abs. 2 GRCh ins Leere liefe. Eine eigenständige Bedeutung besitzt der eher symbolisch zu verstehende Art. 16 Abs. 1 AEUV also nicht.[443]

178 Darüber hinaus verleiht **Art. 16 Abs. 2 AEUV** dem Rat zusammen mit dem EP die Kompetenz für den Erlass von Vorschriften über den Schutz natürlicher Personen bei der Verarbeitung personenbezogener Daten durch die Organe, Einrichtungen und sonstigen Stellen der Union sowie durch die Mitgliedstaaten, soweit sie Tätigkeiten im Anwendungsbereich des Vertrags ausüben, und über den freien Datenverkehr. Art. 16 Abs. 2 UAbs. 1 S. 1 AEUV bildet folglich die **Rechtsgrundlage für eine einheitliche europäische Datenschutzpolitik**.[444] Eines Rückgriffs auf die früher genutzte Binnenmarktkompetenz bedarf es daher nicht mehr.[445] Zugleich ist in dieser Ermächtigungsgrundlage auch eine Kompetenz zum Abschluss entsprechender internationaler Abkommen im Sinne von Art. 3 Abs. 2 AEUV und der AETR-Rechtsprechung des EuGH[446] zu sehen.[447]

179 Für datenschutzrechtliche Regelungen des Sekundärrechts im Bereich der **GASP** verweist Art. 16 Abs. 2 UAbs. 2 AEUV auf **Art. 39 EUV** als eigene Rechtsgrundlage. Der Datenschutz ist damit dreifach im europäischen Primärrecht verankert. Anders als bei Art. 16 Abs. 2 AEUV, wo das ordentliche Gesetzgebungsverfahren gilt, obliegt es im Bereich der GASP nach Art. 39 EUV allein dem Rat, einen Beschluss über Datenschutzvorschriften betreffend die **Datenverarbeitung durch die Mitgliedstaaten** zu fassen. Das **EP** ist hieran **nicht beteiligt**, da es sich um **Datenschutz im** intergouvernementalen und damit **völkerrechtlich strukturierten Bereich der GASP** handelt. Der Rat entscheidet gemäß Art. 31 Abs. 1 EUV entsprechend der völkerrechtlichen Struktur der GASP einstimmig; ein Fall nach Art. 31 Abs. 2 EUV, der eine Entscheidung des Rats mit qualifizierter Mehrheit vorsehen würde, ist nicht gegeben. Das EP wird nach Art. 36 Abs. 1 S. 1 EUV lediglich durch den Hohen Vertreter für Außen- und Sicherheitspolitik informiert.[448] Das **Verfahren zum Erlass der Datenschutzvorschriften** ist folglich im Bereich der GASP **ein anderes** als im supranationalen EU-Bereich.[449] Allerdings ist der inhaltliche Spielraum für Datenschutzvorschriften im Bereich der GASP, die von denjenigen im supranationalen Bereich abweichen, begrenzt, da das Grundrecht auf Datenschutz

---

439 Vgl. EuGH C-582/14, NJW 2016, 3579 Rn. 31–49 → Art. 4 Nr. 1 Rn. 57ff.

440 Ebenso Streinz/*Herrmann* AEUV Art. 16 Rn. 3; Calliess/Ruffert/*Kingreen* AEUV Art. 16 Rn. 4; Grabitz/Hilf/Nettesheim/*Sobotta* AEUV Art. 16 Rn. 16. Zu der Frage, ob Art. 16 AEUV ein Grundrecht darstellt, auch Streinz/*Herrmann* AEUV Art. 16 Rn. 4ff.

441 Umfassend zum Streitstand, welche Schrankenregelung daraus folgt, *Schneider* Verw 2011, 499 (502ff.).

442 S. nur von der Groeben/Schwarze/Hatje/*Brühann* AEUV Art. 16 Rn. 31; Streinz/*Herrmann* AEUV Art. 16 Rn. 4; Sydow/*ders.* Einl. Rn. 9; *Jarass* Art. 8 Rn. 1, 11; Calliess/Ruffert/*Kingreen* GRCh Art. 8 Rn. 14.

443 Vgl. dazu Calliess/Ruffert/*Kingreen* AEUV Art. 16 Rn. 3; *Spiecker gen. Döhmann/Eisenbarth* JZ 2011, 169 (172); iE ebenso mit abweichender Begründung *Marsch*, Das europäische Datenschutzgrundrecht, 2018, S. 63 ff.

444 Vgl. etwa Streinz/*Herrmann* AEUV Art. 16 Rn. 8.

445 *Schneider* Verw 2011, 499 (505).

446 S. EuGH Rs. 22/70, Slg. 1971, 263 Rn. 17, 18 und 31 – KOM/Rat („AETR"); EuGH Gutachten 1/03, Slg. 2006, I-1145 Rn. 115, 116, 118, 122 bis 126 – Übereinkommen von Lugano.

447 Vgl. Grabitz/Hilf/Nettesheim/*Sobotta* AEUV Art. 16 Rn. 29.

448 S. auch von der Groeben/Schwarze/Hatje/*Brühann* EUV Art. 39 Rn. 8.

449 Vgl. auch Geiger/Khan/Kotzur/*Geiger*, European Union Treaties, 2015, Art. 39 Rn. 3.

auch im intergouvernementalen Bereich der GASP gilt.[450] Die Kontrolle der Einhaltung der Vorschriften im Bereich der GASP ist von unabhängigen Behörden, insbes. von den Datenschutzkontrollstellen der Mitgliedstaaten vorzunehmen. Insofern gelten keine Abweichungen zum Datenschutz im supranationalen Unionsrecht.[451]

cc) Die DSGVO im europäischen Mehrebenensystem. Das datenschutzrechtliche Gefüge der EU erhält mit der DSGVO sowie der bis zum 6.5.2018 umzusetzenden JI-Richtlinie einen **neuen sekundärrechtlichen Kern.** Dieses Mehrebenensystem – zu dem die Konvention Nr. 108 des Europarats hinzutritt (→ Rn. 92ff.) – macht Änderungen und Abstimmungen nötig. Hier sind insbes. die nationalen Gesetzgeber, Behörden und Gerichte und auf europäischer Ebene der EU-Gesetzgeber und die europäische Rechtsprechung gefordert. Die in vielen Artikeln der DSGVO enthaltenen Öffnungsklauseln führen dazu, dass neben der DSGVO weiterhin zahlreiche nationale Datenschutzbestimmungen existieren werden. Damit verbunden stellen sich grundlegende Fragen, insbes. auch die Frage des Grundrechtsschutzes im europäischen Mehrebenensystem. 180

Der **Grundrechtsschutz im Mehrebenensystem der Union** und die damit einhergehende **Frage der gerichtlichen Zuständigkeit** werden schon länger intensiv wissenschaftlich diskutiert.[452] Normativer Ausgangspunkt der Diskussion ist **Art. 51 Abs. 1 S. 1 GRCh,** der die Geltung der GRCh für die Organe, Einrichtungen und sonstigen Stellen der Union anordnet und für die Mitgliedstaaten ausschließlich bei der Durchführung des Rechts der Union. Unter die Durchführung des Unionsrechts fallen die legislative Umsetzung, der exekutive Vollzug und die judikative Durchführung des Unionsrechts.[453] Nach dem EuGH sind „alle unionsrechtlich geregelten Fallgestaltungen" hiervon erfasst.[454] Besonders problematisch wird die Frage, ob es sich noch um eine „Durchführung von Unionsrecht" handelt, in denjenigen Bereichen, in denen die Union den Mitgliedstaaten Gestaltungsspielräume lässt. Der **EuGH** geht auch hier tendenziell von einer Anwendbarkeit der GRCh und damit von einer unionsrechtlichen Prüfungskompetenz aus, während das **BVerfG** deutlich gemacht hat, dass es im Bereich der nationalen Gestaltungsspielräume deutsche Grundrechte anwendet.[455] 181

Für die **DSGVO** bedeutet dies, dass sie zunächst der grundrechtlichen Überprüfung durch den EuGH am Maßstab der Unionsgrundrechte unterliegt. Komplizierter ist die Lage bei den nationalen Vorschriften, die in Umsetzung der Öffnungsklauseln ergehen.[456] Diese werden als nationale Normen grundsätzlich weiterhin der **Kontrolle durch die nationalen Verfassungsgerichte** am Maßstab der jeweiligen nationalen Grundrechte unterliegen. Zusätzlich sind die Vorgaben der EMRK zu beachten, die alle EU-Mitgliedstaaten unterzeichnet und ratifiziert haben. Entsprechend besteht für das Individuum auch die Möglichkeit, nach Ausschöpfung des nationalen Rechtswegs (Art. 35 Abs. 1 EMRK) den **EGMR** im Wege der Individualbeschwerde (Art. 34 EMRK) anzurufen. Schließlich stellt sich die Ausübung mitgliedstaatlicher Spielräume, die durch europäisches Recht eingeräumt worden sind, nach dem EuGH als Handeln im Anwendungsbereich des Unionsrechts und damit als „Durchführung" von Unionsrecht im Sinne des Art. 51 Abs. 1 GRCh dar, so dass das mitgliedstaatliche Handeln auch am Maßstab der europäischen Grundrechte zu messen ist und vom EuGH entsprechend überprüft werden kann.[457] Daneben besteht weiter die Möglichkeit, in einem nationalen Verfahren den EuGH im Wege des Vorabentscheidungsverfahren nach Art. 267 AEUV anzurufen, um die Auslegung des Europarechts einschließlich der Verträge sowie des Sekundärrechts wie der DSGVO klären zu lassen, womit etwa auch die Reichweite der Öffnungsklauseln in der DSGVO[458] geklärt werden könnte. Auch dies kann letztlich den mitgliedstaatlichen Spielraum beschränken. Ob der EuGH, soweit er sich in diesem Rahmen auf die europäischen Grundrechte bezieht, an Begründungsstränge des BVerfG zum Recht auf informationelle Selbstbestimmung wie beispielsweise dessen demokratietheoretische Fundierung 182

---

450 So auch Grabitz/Hilf/Nettesheim/*Kaufmann-Bühler* EUV Art. 39 Rn. 6–8; von der Groeben /Schwarze/Hatje/*Brühann* EUV Art. 39 Rn. 11ff.

451 Vgl. auch Streinz/*Kugelmann* EUV Art. 39 Rn. 8.

452 S. nur etwa *Britz* EuGRZ 2009, 1; *dies.* EuGRZ 2015, 269; *Matz-Lück/Hong* (Hrsg.), Grundrechte und Grundfreiheiten im Mehrebenensystem, 2012, passim; *Sauer,* Jurisdiktionskonflikte im Mehrebenensystem, 2008, S. 99ff.; *Rohleder,* Grundrechtsschutz im europäischen Mehrebenensystem, 2009, S. 365ff.; *Bleckmann,* Nationale Grundrechte im Anwendungsbereich des Rechts der Europäischen Union, 2011, S. 15ff.; *Hentschel-Bednorz,* Derzeitige Rolle und zukünftige Perspektive des EuGH im Mehrebenensystem des Grundrechtsschutzes in Europa, 2012, S. 41 ff.; zum Verhältnis EU und UN s. auch *Méndez Escobar,* Komplementärer Grundrechtsschutz im internationalen Mehrebenensystem, 2016, S. 241ff.

453 S. etwa *Jarass* Art. 51 Rn. 21ff.

454 EuGH C-390/12, EuZW 2014, 597Rn. 31ff.; grundlegend hierzu EuGH C-617/10, NJW 2013, 1415 Rn. 17ff.

455 Hierzu BVerfGE 121, 1 (15); 133, 277 (316).

456 Sa *Marsch*, Das europäische Datenschutzgrundrecht, 2018, S. 306ff.

457 EuGH C-617/10, NJW 2013, 1415 Rn. 19ff. – Åklagare/Åkerberg Fransson; EuGH C-399/11, NJW 2013, 1215 Rn. 55ff. – Melloni/ Ministerio Fiscal. Das BVerfG betont hingegen die Jurisdiktionshoheit der mitgliedstaatlichen Verfassungsgerichte im Bereich der nationalen Gestaltungsspielräume, vgl. etwa BVerfGE 133, 277 (313 ff.) – Antiterrordatei.

458 Zu den Öffnungsklauseln der DSGVO *Benecke/Wagner* DVBl. 2016, 600 (601ff.).

anknüpfen wird, bleibt abzuwarten. Auf die vorhandene Rechtsprechung des EGMR – insbes. zu grundrechtlichen Abwägungsfragen (→ Rn. 166) – greift der EuGH jedenfalls nicht zurück.

183 Bei der datenschutzrechtlichen Rechtsprechung auf europäischer Ebene wird der **EuGH** eine **zentrale Rolle** einnehmen.[459] Allerdings ist noch nicht klar, wie sich das nicht abschließend geregelte Verhältnis des EuGH zum EGMR gestalten wird. Der in Art. 6 Abs. 2 EUV vorgeschriebene Beitritt der EU zur EMRK erscheint nach dem letzten Gutachten des EuGH in weiter Ferne.[460] Wie sich der Grundrechtsschutz in Europa zwischen EGMR, EuGH sowie dem BVerfG und den sonstigen Verfassungsgerichten der Mitgliedstaaten weiter entfalten wird, bleibt offen, da weder das Rangverhältnis noch die sich dahinter verbergenden institutionellen Kompetenzkonflikte abschließend gelöst sind.[461] Dies gilt insbes. für die verbliebenen Regelungsbefugnisse der Mitgliedstaaten. Der EuGH, der schon bei der DSRL von einer grundsätzlich umfassenden Harmonisierung ausging,[462] wird nicht nur die DSGVO selbst, sondern auch die nationalen datenschutzrechtlichen Vorschriften am Maßstab der Unionsgrundrechte messen.[463] Es ist daher zu erwarten, dass die vorhandenen grundlegenden Kompetenzkonflikte auch anlässlich der DSGVO wieder aufleben werden.

184 **2. Modernisierungsbedarf und Gesetzgebungsverfahren. a) Hintergrund und Vorgeschichte.** Das Verfahren zur DSGVO dauerte von der Einleitung des Konsultationsverfahrens im Mai 2009 bis zum Eintritt des Anwendungszeitpunktes im Mai 2018 **insgesamt neun Jahre.** Der eigentliche Gesetzgebungsprozess fand zwischen der Veröffentlichung des KOM-E am 25.1.2012 und der Unterzeichnung des finalen Kompromisstextes durch EP und Rat am 27.4.2016 statt.[464] Bereits vor 2009 hatte es immer wieder Debatten über eine Reform der **DSRL gegeben, die als Vorgängerin der DSGVO das** Herz des unionsrechtlichen Datenschutzes darstellte (→ Rn. 133ff.). Die DSGVO setzt damit eine **lange, gewachsene europäische Rechtskultur** im Bereich des Schutzes personenbezogener Daten fort und entwickelt diese **entscheidend weiter.**[465] Schon die DSRL baute als ihre Vorgängerin auf der **Datenschutzkonvention Nr. 108 des Europarates** und deren Zusatzprotokoll (→ Rn. 92ff.) sowie **Art. 8 EMRK** auf. Sie wurde als bereits sehr eng umschriebene Rechtsverpflichtung (eine sog. vollharmonisierende Richtlinie) für alle Mitgliedstaaten zum Katalysator des Datenschutzes in der EU. Um sie herum entstanden in den Jahren nach 1995 **zahlreiche spezialgesetzliche EU-Rechtsvorschriften**, die gemeinsam mit der DSGVO einer Reform unterworfen wurden oder derzeit noch sind. Die JI-Richtlinie ist gemeinsam mit der DSGVO verabschiedet worden und war bis zum 6.5.2018 von den Mitgliedstaaten umzusetzen (→ Rn. 216ff.). Für den speziell geregelten Bereich der ePrivacyRL sowie der DSVO 45/2001/EG hat die KOM am 10.1.2017 jeweils einen Verordnungsvorschlag vorgelegt,[466] die nun in EP und Rat beraten werden.

185 **Auslöser für die umfassende Reform** des EU-Datenschutzrechts war nicht nur das in der GRCh verankerte Datenschutz-Menschenrecht in **Art. 8 GRCh** (→ Rn. 167) sowie die im Zuge der Lissaboner Vertragsreform nunmehr ausdrücklich im Primärrecht geregelte Gesetzgebungskompetenz in **Art. 16 AEUV.** Ausschlaggebend war ebenso die Tatsache, dass das bisherige EU-Datenschutzrecht ausgehend von der DSRL aus den frühen 1990er Jahren stammte (das Gesetzgebungsverfahren hierzu hatte bereits 1992 begonnen → Rn. 135), als das Internet noch in den Kinderschuhen steckte. An Smartphones, Social Media, Cloud Computing, Internet der Dinge oder Big Data dachte damals im Gesetzgebungsverfahren niemand. Dank des technikneutralen Ansatzes der DSRL konnten mit ihr zwar auch Fragen gelöst werden, die mo-

---

459 Dazu auch *Spiecker gen. Döhmann/Eisenbarth* JZ 2011, 169 (173ff.).

460 Vgl. das EuGH Gutachten 2/13, DÖV 2016, 36 – Beitritt der EU zur EMRK, in dem der Gerichtshof grundlegende Einwände gegen einen Beitritt der EU zur EMRK geltend macht. Demgegenüber sieht die Generalanwältin Kokott keine unüberwindbaren Hindernisse für einen Beitritt, vgl. GA Kokott, Stellungnahme v. 13.6.2014, Gutachtenverfahren 2/13, ECLI:EU:C:2014:2475. Faktisch hält auch sie allerdings einen Beitritt bis auf Weiteres für nicht realisierbar, vgl. ihre Aussage im Europaausschuss des BT am 11.11.2015, wiedergegeben in Deutscher BT, Kurzmeldung v. 11.11.2015 (hib 595/2015), S. 1.

461 Hierzu etwa *Huber* NJW 2011, 2385. Zusammenfassend zur diesbezüglichen Rechtsprechung des BVerfG und des EuGH Roßnagel/*Johannes*, Europ. DSGVO, § 2 Rn. 67ff.

462 S. EuGH C-468/10 ua, Slg. I 2011, 12186, 1 Rn. 28 f.

463 So auch Roßnagel/*Hoidn*, Europ. DSGVO, § 2 Rn. 106.

464 Einen entscheidenden Teil der Gesetzgebungsprozesse in EP und Rat bis Anfang 2014 dokumentiert eindrucksvoll der mehrfach ausgezeichnete Film „Democracy – im Rausch der Daten" von *David Bernet*. Ihm wurde es erstmals erlaubt, die internen Verhandlungen innerhalb der EU-Institutionen zu filmen.

465 Zur Vorgeschichte im Rahmen der DSRL vgl. auch Kühling/Buchner/*Kühling/Raab* Einf. Rn. 46ff. sowie Ehmann/Selmayr/*Selmayr/Ehmann* Einf. Rn. 13ff.

466 Vorschlag der KOM 2017/0003 für eine VO über die Achtung des Privatlebens und den Schutz personenbezogener Daten in der elektronischen Kommunikation und zur Aufhebung der RL 2002/58/EG (VO über Privatsphäre und elektronische Kommunikation) und Vorschlag der KOM 2017/0002 für eine VO zum Schutz natürlicher Personen bei der Verarbeitung personenbezogener Daten durch die Organe, Einrichtungen und sonstigen Stellen der Union, zum freien Datenverkehr und zur Aufhebung der VO (EG) Nr. 45/2001 und des Beschlusses Nr. 1247/2002/EG.

derne Verarbeitungsstrukturen heute an das Datenschutzrecht stellen.[467] Letztlich **schützte sie die Betroffenen** aber **nicht mehr ausreichend** vor den Risiken des aktuellen digitalen Umfelds (s. EG 6).

Auch die **Fragmentierung der Regeln für die Verarbeitung** personenbezogener Daten in der EU hatte sich   186
immer häufiger als großes Problem für den effektiven Grundrechtsschutz gezeigt. Der wachsende Anteil grenzüberschreitender Dienste und Maßnahmen zur Datenverarbeitung und der zunehmend automatisch stattfindende grenzüberschreitende Austausch von Daten erforderten einen EU-weit einheitlichen und besser durchsetzbaren Schutz für die betroffenen Bürgerinnen und Bürger.[468] Zudem zeigte sich zunehmend, dass die Durchsetzung der bestehenden datenschutzrechtlichen Regelungen in den Mitgliedstaaten sehr unterschiedlich erfolgte und für viele Dienste der Informationsgesellschaft europäisches Datenschutzrecht umgangen werden konnte.[469] Insbes. größere Anbieter wie etwa Google, Facebook und Amazon konnten durch ihre **relativ flexible Standortwahl** für Hauptniederlassungen in der EU die für sie günstigsten Bedingungen erreichen, etwa aus steuerrechtlicher Sicht, aber auch bezüglich des Datenschutzes. Auch mit Blick auf die Situation von Verantwortlichen und betroffenen Personen im Binnenmarkt war dringend Handlung geboten. Immer deutlicher wurde, dass die unterschiedliche Umsetzung und Durchsetzung der gemeinsamen Regeln der DSRL zu massiven Wettbewerbsverzerrungen zwischen den Unternehmen in den unterschiedlichen Mitgliedstaaten führte. Zudem wurden Bürgerinnen und Bürger zunehmend von ihren eigenen Aufsichtsbehörden und Gerichten an **Aufsichtsbehörden und Gerichte anderer Mitgliedstaaten verwiesen.** Daher rührte auch die Forderung, das Datenschutzrecht in Europa endlich lückenlos für den Binnenmarkt zu regeln und – ähnlich dem Wettbewerbsrecht – eine extraterritoriale Wirkung einzuführen. Dieses Marktortprinzip sah der EuGH in der Folge bereits in Art. 4 Abs. 1 lit. a DSRL angelegt.[470]

Von Anfang an begleiteten breite Diskussionen in der europäischen und den nationalen Öffentlichkeiten   187
den Gesetzgebungsprozess. Zwar waren sich viele im Ausgangspunkt einig,[471] dass unionsweit geltende, einheitliche Regeln die einzig passende Antwort auf die Herausforderungen sein können, die der grenzenlose digitale Raum für den Schutz von personenbezogenen Daten darstellt. Dennoch musste der europäische Gesetzgeber auf dem Weg dorthin **zahlreiche Hürden nehmen und Abstriche bei diesem Ziel** machen. Beispielhaft steht hierfür das Spannungsverhältnis zwischen den Grundrechten auf Datenschutz einerseits und auf Presse- und Medienfreiheit andererseits. Dies ist nur eines von mehreren durch die Reform betroffenen Politikfeldern, die noch immer stark von den verschiedenen **Rechtstraditionen der Mitgliedstaaten** dominiert werden und sich deshalb noch immer einer Vereinheitlichung entziehen. Trotz aller Harmonisierungsbestrebungen musste daher auch die DSGVO in diesem Bereich den Mitgliedstaaten Raum für eigene Wertentscheidungen lassen und sieht dafür eine Öffnungsklausel für diese Abwägung in Art. 85 vor (→ Art. 85 Rn. 9ff.).[472] Durch den Aufstieg von global agierenden Informationsdienstleistern rückte zudem stärker in den Fokus, welchen Wert Daten als zentrales Wirtschaftsgut mittlerweile haben.[473]

Eine zentrale Herausforderung bestand darin, die **Mitgliedstaaten** für die Reform zu gewinnen. Mit der   188
DSGVO geben sie auch formal ihre eigenen nationalen Regeln in einem bedeutenden Politikfeld weitgehend auf und überlassen dieses der Regelungshoheit der EU.[474] Daneben wächst die Bedeutung von Datenverarbeitung beim Kampf gegen die international organisierte Kriminalität, die Steuerflucht und den Terrorismus – alles Politikbereiche, in denen sich die Mitgliedstaaten gegenüber ihren Bürgerinnen und Bürgern in einer besonderen Verantwortung sehen. Während der Verhandlungen stellte sich heraus, dass Vertreter des „Datenschutz-Mutterlandes" Deutschland[475] im Gesetzgebungsverfahren für weniger hohe, einheitliche europäische Schutzstandards eintraten.[476] Im Rat sorgten daher andere für den **Durchbruch des Datenschutzes.** Hierzu zählen insbes. die Ratspräsidentschaften von Irland und Luxemburg – beides Länder, in

---

467   *Art.-29-Gruppe*, WP 168, S. 14.
468   So auch *EP*, Entschließung vom 6.7.2011 zum Gesamtkonzept der KOM, 2011/2025(INI), Ziff. 9.
469   *Spiecker gen. Döhmann* K&R 2012, 717.
470   Dazu ausführlich Kühling/Buchner/*Kühling/Raab* Einf. Rn. 66.
471   Kritisch dagegen *Masing* NJW 2012, 2305 (2310 f.), der das „Entdeckungspotenzial" föderaler Strukturen betont.
472   *Albrecht/Janson* CR 2016, 500 (501ff.).
473   Vgl. Dreier/Fischer/van Raay/Spiecker gen. Döhmann (Hrsg.), Zugang und Verwertung öffentlicher Informationen, 2016; *Vodafone Institut*, Big Data. A European Survey on the Opportunities and Risks of Data Analytics, http://www.vodafone-institut.de/wp-content/uploads/2016/01/VodafoneInstitute-Survey-BigData-en.pdf, 2016; zahlreiche Beispiele in *Albrecht*, Finger weg von unseren Daten, 2014, S. 53ff.
474   Vgl. dazu Kühling/Buchner/*Kühling/Raab* Einf. Rn. 75 f.
475   So wörtlich *Viviane Reding* im Interview mit der Deutschen Welle vom 6.9.2013, http://www.dw.com/de/ein-weckruf-f.%C3%BCr-den-datenschutz/a-17071363.
476   Schon kurz vor der Vorstellung des KOM-E hatte der deutsche Innenminister *Friedrich* (CSU) den Gesetzesentwurf frontal angegriffen und stattdessen mehr Selbstregulierung eingefordert, s. etwa DER SPIEGEL 3/2012 vom 16.1.2012, S. 16. Im weiteren Verfahren erhob die BR (erfolglos) eine Subsidiaritätsrüge (Art. 12 lit. b EUV iVm Art. 6 Subsidiaritätsprotokoll) gegen die DSGVO, BR-Drs. 52/12, Beschl. vom 30.3.2012. Dazu ausführlich *Nguyen* ZEuS 2013, 277. Zur Rolle der Bundesregierung auch: Machtprobe mit Silicon Valley, FAZ vom 11.3.2014.

denen große US-amerikanische Informationsdienstleister ihre Europazentralen haben. Daneben setzten sich vor allem Österreich, Polen und Frankreich für einen starken Datenschutz ein.

189 **b) Konsultationsprozess.** Im Lichte der vorangehenden Debatte über eine Reform der DSRL leitete die KOM im Mai 2009 eine umfangreiche **Konsultation** ein, um den Bedarf und die Anforderungen für eine Reform der europäischen Datenschutzregeln zu ermitteln. Der Rat unterstützte sie dabei und ersuchte die *KOM* im Rahmen des Stockholmer Programms im Dezember 2009 formal, den bestehenden Rechtsrahmen zu überprüfen.[477] Das EP tat dasselbe in seiner Entschließung zum Stockholmer Programm.[478] Im **November 2010** veröffentlichte die KOM die **Ergebnisse der Konsultationen**[479] und eine **Mitteilung über ein Gesamtkonzept für den Datenschutz der EU.**[480] Darin legte sie die Grundlinien ihrer Reformpläne dar. Zentral war es danach, den Rechtsrahmen an die Realitäten der globalisierten Welt anzupassen und diesen zukunftstauglich zu machen. Dazu formulierte die KOM auch erstmals den Gedanken eines Rechts auf Vergessenwerden sowie der Möglichkeiten zur Portabilität personenbezogener Daten.[481] Zur besseren Durchsetzung der Betroffenenrechte wurde die Möglichkeit von Sammelklagen erwogen.[482] Zudem benötigten laut der Kommissionsmitteilung auch Unternehmen rechtssichere und vorhersehbare Lösungen, unter welchen Voraussetzungen sie grenzüberschreitend Daten verarbeiten dürfen.[483] Insbes. die unklaren Zuständigkeiten der Datenschutzbehörden im gemeinsamen Binnenmarkt bereiteten vielen Unternehmen große Schwierigkeiten, die sich sehr unterschiedlichen Anforderungen gegenübergestellt sahen.

190 **Das EP** nahm zu dieser Mitteilung im **Juli 2011** ausführlich und mit einer fast einstimmig verabschiedeten Resolution **Stellung**.[484] Die Abgeordneten forderten darin, dass die KOM einen mutigen Schritt hin zu einem besseren Datenschutz für die gesamte EU gehen solle und betonten, dass die Standards und Grundsätze der DSRL einen idealen Ausgangspunkt darstellten, um sie im Rahmen eines modernen Datenschutzrechts weiterzuentwickeln, zu erweitern und zu stärken.[485] Des Weiteren forderte das EP von der KOM die volle Harmonisierung auf höchstem Niveau, die für Rechtssicherheit und ein einheitliches hohes Schutzniveau für den Einzelnen unter allen Umständen sorgt.[486] Künftig sollten die Zuständigkeiten klarer abgegrenzt und das neue Recht kohärenter von den Behörden der Mitgliedstaaten durchgesetzt werden.[487] Das EP forderte zudem in seiner Resolution ein einheitliches Instrument für alle Bereiche – also inklusive der Datenverarbeitung durch EU-Institutionen, im Bereich der Strafverfolgung und der elektronischen Kommunikation.[488] Dieses Vorhaben scheiterte aber bereits im Rahmen des Entwurfs, da die KOM hier eine eindeutige Ablehnung der Mitgliedstaaten befürchtete.

191 **c) Kommissionsentwurf.** Am 25.1.2012 legte die damalige Justizkommissarin *Viviane Reding* ihren **Vorschlag für das Reformpaket** vor und leitete damit das „ordentliche Gesetzgebungsverfahren" (Art. 289 iVm Art. 294 AEUV) ein. Neben dem KOM-E – als Ersatz für die DSRL – enthielt das Paket den Vorschlag für die JI-Richtlinie,[489] die den Rahmenbeschluss 2008/977/JI ablösen sollte.[490] Das Echo aus dem EP und der Datenschutz-Fachöffentlichkeit war zunächst grundsätzlich positiv, obwohl bereits während des internen Abstimmungsprozesses einige Vorschläge der Generaldirektion Justiz auf Drängen einiger Interessensgruppen und Mitgliedstaaten abgeändert worden waren. Noch im Dezember 2011 wurde ein **erster Entwurf** der zuständigen Generaldirektion Justiz für die Ressortabstimmung mit den anderen Generaldirektionen auf der Internetseite statewatch.org **geleakt**,[491] woraufhin noch vor Verabschiedung des ersten Entwurfs intensiv von außen auf den Text Einfluss genommen wurde. Sichtbar wurde dieser Einfluss etwa beim ursprünglichen Art. 42 des Vorentwurfs, der einen Datentransfer auf Grundlage drittstaatlicher Entscheidungen untersagte, die nicht durch ein Abkommen mit der EU oder eine Rechtsgrundlage innerhalb der EU erlaubt

---

477 *Rat,* Das Stockholmer Programm – Ein offenes und sicheres Europa im Dienste und zum Schutz der Bürger, ABl. 2010 C 155, S. 1, 10 f.

478 *EP,* Entschließung vom 25.11.2009 zum Stockholm-Programm.

479 GD Justiz: "Summary of Replies to the public consultation about the future legal framework for protecting personal data" v. 4.11.2010, http://ec.europa.eu/justice/data-protection/reform/files/summary_replies_en.pdf.

480 KOM(2010) 609 v. 4.11.2010, Gesamtkonzept für den Datenschutz in der EU.

481 KOM(2010) 609 v. 4.11.2010, Gesamtkonzept für den Datenschutz in der EU, S. 8 f.

482 KOM(2010) 609 v. 4.11.2010, Gesamtkonzept für den Datenschutz in der EU, S. 10.

483 KOM(2010) 609 v. 4.11.2010, Gesamtkonzept für den Datenschutz in der EU, S. 17 ff.

484 *EP,* Entschließung vom 6.7.2011 zum Gesamtkonzept der KOM, 2011/2025(INI).

485 *EP,* Entschließung vom 6.7.2011 zum Gesamtkonzept der KOM, 2011/2025(INI), Ziff. 2.

486 *EP,* Entschließung vom 6.7.2011 zum Gesamtkonzept der KOM, 2011/2025(INI), Ziff. 9.

487 *EP,* Entschließung vom 6.7.2011 zum Gesamtkonzept der KOM, 2011/2025(INI), Ziff. 16.

488 *EP,* Entschließung vom 6.7.2011 zum Gesamtkonzept der KOM, 2011/2025(INI), Ziff. 6.

489 KOM (2012) 10 endg; dazu *Reding* ZD 2012, 195.

490 Zur Erläuterung der Vorschläge veröffentlichte die *KOM* zugleich eine Mitteilung über den „Schutz der Privatsphäre in einer vernetzten Welt – Ein europäischer Datenschutzrahmen für das 21. Jahrhundert", KOM(2012) 9 endg.

491 http://statewatch.org/news/2011/dec/eu-com-draft-dp-reg-inter-service-consultation.pdf.

Albrecht

sind (sog. Anti-FISA-Klausel). Dieser Art. tauchte im KOM-E nur noch in einer abgeschwächten Form in EG 90 auf. Die Generaldirektionen Inneres und Handel hatten die Regelung innerhalb der KOM blockiert.[492] Die zahlreichen in Brüssel ansässigen Beratungsunternehmen und Anwaltskanzleien im Bereich des Datenschutzes und der Cybersicherheit sowie die US-Handelskammer und entsprechende europäische Wirtschaftsverbände waren bereits im frühen Stadium damit beauftragt worden, die Reform des Datenschutzrechts mit umfassenden Mitteln und Personal zu begleiten.[493]

Grundsätzlich **schrieb der KOM-E allerdings das bestehende Schutzniveau der DSRL fort**, wie dies auch   192 vom EP eingefordert worden war. Das Kernstück war der in der Sache ebenso vom EP verlangte[494] sog. „Konsistenz-Mechanismus", der in Verbindung mit dem sog. „One-Stop-Shop"-Prinzip für ein größeres Maß an Rechtssicherheit und eine einheitliche Durchsetzung sorgen sollte. Einerseits soll danach jeder Verarbeiter, der unter den Anwendungsbereich der DSGVO fällt, einen festen Ansprechpartner bei den Aufsichtsbehörden haben, andererseits soll jeder Betroffene sich an die Behörde seines Landes wenden können, unabhängig vom Niederlassungsort des Verantwortlichen. Diese Neuregelung soll neben der Klärung von Zuständigkeiten auch gleiche Wettbewerbsbedingungen (sog. „Level Playing Field") für unternehmerische Verarbeitung personenbezogener Daten im gemeinsamen Markt der EU schaffen.

d) Mandat des Europäischen Parlaments. Nachdem die KOM ihre Vorschläge den Parlamenten der Mit-   193 gliedstaaten, dem EP und dem Rat zugeleitet hatte, beauftragte der im EP als federführend erklärte **Ausschuss für Bürgerliche Freiheiten, Justiz und Inneres (LIBE)** am 12.4.2012 den Abgeordneten *Jan Philipp Albrecht* damit, einen Bericht mit Änderungen des EP zum Vorschlag der KOM zu erstellen, diesen also in seinem Auftrag zu überarbeiten. Diese Änderungsvorschläge sind die Grundlage für einen eigenen Standpunkt des EP in der ersten Lesung (Art. 294 Abs. 3 AEUV). Am **16.1.2013 legte der Berichterstatter dem Ausschuss einen geänderten Gesetzestext** (Berichtsentwurf) vor.[495] Danach konnten die Abgeordneten des federführenden Ausschusses aller vier beteiligten Ausschüsse[496] eigene Änderungen vorschlagen. Diese Möglichkeit nutzten sie in einem bislang nicht gekannten Ausmaß. Insgesamt wurden im federführenden Ausschuss **3.999 Änderungsanträge** eingereicht, zu denen auch die bereits abgestimmten Stellungnahmen aus den beratenden Ausschüssen gehörten. Die Plattform LobbyPlag dokumentierte deren Ursprünge, indem sie die Änderungsanträge mit den Stellungnahmen von Interessengruppen verglich und identische Stellen dokumentierte.[497]

Der geänderte Bericht wurde im **Oktober 2013 Im Innen- und Justizausschuss des EP** als Verhandlungs-   194 mandat mit großer Mehrheit **verabschiedet**.[498] Gerade im Bereich der Transparenz ging dieser über die Vorschläge der KOM hinaus. Dazu gehörten erweiterte Auskunfts- und Informationsansprüche in den Artt. 14 und 15 sowie der Vorschlag einfacher standardisierter Symbole im Rahmen eines neuen Art. 13 a. Auf Initiative des Berichterstatters wurde auch die Grundlage für technische Standards etwa im Bereich des automatisierten Widerspruchs durch Browser-Einstellungen (sog. „Do Not Track"-Standard) geschaffen. Zudem sah der Parlamentsbericht die Ausdrücklichkeit der Einwilligung und die umfangreichere Benennungspflicht von Datenschutzbeauftragten sowie Meldepflichten bei Datenschutzverletzungen vor. Eine **zentrale Änderung gegenüber dem KOM-E** lag darin, den neu zu schaffenden EDSA mit der Befugnis auszustatten, für die Aufsichtsbehörden verbindliche Beschlüsse zu fassen. Anders als im KOM-E sollte nicht die KOM das letzte Wort bei Streitigkeiten im Rahmen des Kohärenz-Mechanismus haben, sondern die Aufsichtsbehörden sollten im Ausschuss die sie bindenden Entscheidungen gemeinsam fällen. So sollte die Unabhängigkeit der Datenschutzbehörden gewahrt und gleichzeitig eine kohärente Anwendung des Datenschutzrechts garantiert werden.

Das EP wollte mit seiner ausführlichen, aber dennoch zügigen Beratung ursprünglich eine Verabschiedung   195 der DSGVO noch vor den Europawahlen 2014 erzielen.[499] Nachdem der Rat allerdings zwar unter irischer Ratspräsidentschaft Fortschritte erzielen, aber in den folgenden Präsidentschaften Litauens und Griechenlands kein Verhandlungsmandat verabschieden konnte, wurde dieses Ziel unrealistisch. In der Folge ent-

492   Zu den Zuständigkeitsstrukturen in KOM, Rat und EP seit 1990 s. *Karaboga*, in: Friedewald (Hrsg.), Privatheit und selbstbestimmtes Leben in der digitalen Welt, 2018, 127ff.

493   Vgl. Ehmann/Selmayr/*Selmayr/Ehmann* Einf. Rn. 46 f.

494   *EP*, Entschließung vom 6.7.2011 zum Gesamtkonzept der KOM, 2011/2025(INI), Ziff. 42 f.

495   *EP*, Berichtsentwurf vom 16.1.2013, PR/924343DE.doc, http://www.europarl.europa.eu/meetdocs/2009_2014/documents/libe/pr/924 /924343/924343de.pdf.

496   Neben dem federführenden Ausschuss für Bürgerliche Freiheiten, Inneres und Justiz (LIBE) waren die Ausschüsse für Recht (JURI), Industrie, Forschung und Energie (ITRE), Binnenmarkt und Verbraucherschutz (IMCO) sowie Beschäftigung und soziale Angelegenheiten (EMPL) beratend beteiligt.

497   http://lobbyplag.eu/map.

498   Den abgestimmten Text für den Bericht leitete der Ausschuss dem Plenum am 22.11.2013 für die erste Lesung zu, Dokumentennummer A7-0402/2013, http://www.europarl.europa.eu/sides/getDoc.do?type=REPORT&reference=A7-2013-0402&language=DE.

499   Vgl. hierzu *Albrecht* im Interview, NJW-aktuell 13/2013, 12 f.

schied sich das EP, das Verhandlungsmandat des EP durch das Plenum zu verabschieden, damit dieses **auch nach den Europawahlen im Mai 2014** Bestand haben würde. Am 11.3.2014 debattierten die Parlamentsabgeordneten im Plenum den Beschluss des Ausschusses[500] und nahmen diesen als legislativen Standpunkt mit einer breiten Mehrheit von 621 zu 10 Stimmen bei 22 Enthaltungen **am 12.3.2014 in erster Lesung** an.[501]

196 **e) Position des Rates.** Auch im Rat war das heftige Ringen um die DSGVO von Beginn an spürbar. Die zuständige Ratsarbeitsgruppe **DAPIX (Data Protection and Information Exchange)** war von Frühjahr 2012 bis Frühjahr 2015 – also **drei Jahre lang** – damit beschäftigt, eine allgemeine Ausrichtung der Mitgliedstaaten – also ein Mandat für die Verhandlungen mit dem EP – zu finden. Sieben Ratspräsidentschaften hatten die Formulierung einer solchen Verhandlungsposition auf ihrer Agenda stehen. Die Tatsache, dass das EP in erster Lesung seine Position bereits vor der Europawahl im Mai 2014 verabschiedet hatte und die Verhandlungen im Rat erst im Frühjahr 2015 zu einem Abschluss im Rahmen einer „generellen Ausrichtung" kamen, führte dazu, dass die Position des Rats sich bereits teilweise an der Position des EP orientieren konnte. In den Verhandlungen des Ministerrats setzten sich dann die entsprechenden Formulierungen zum Kohärenz-Mechanismus und zahlreichen anderen Änderungen, die das EP am KOM-E vorgenommen hatte, als Grundlage durch. Dies erlaubte es, nach Verabschiedung der generellen Ausrichtung des Ministerrates unmittelbar in die Trilog-Verhandlungen einzusteigen und diese bis Ende des Jahres 2015 zum Abschluss zu bringen. Dieses Ziel war mehrfach durch die Staats- und Regierungschefs vorgegeben worden,[502] die gegenüber der Öffentlichkeit **vor allem nach den Snowden-Enthüllungen** unter Druck standen, endlich einen Abschluss der Reform vorlegen zu können.

197 **Im Rat hatte es immer wieder Schwierigkeiten gegeben,** in den Verhandlungen substantiell voranzukommen. Während unter der irischen Ratspräsidentschaft 2013 weite Teile der DSGVO in einer Position des Rates vorläufig ausgearbeitet wurden, stockte der Prozess in den weiteren Ratspräsidentschaften bis Ende 2014. Der Durchbruch zu einem Verhandlungsmandat des Rates wurde unter der lettischen Ratspräsidentschaft im Frühjahr 2015 erzielt. **Hauptgrund für die ständigen Verzögerungen** im Ministerrat war eine Gruppe von Mitgliedstaaten, die immer wieder den Gesamtprozess und die Grundlagen der DSGVO infrage stellten. Neben Großbritannien und Dänemark, die in vielen Bereichen der EU-Gesetzgebung regelmäßig große Zurückhaltung anmelden, war dies **vor allen Dingen Deutschland.** Die zur Zeit des Vorschlags im Amt befindliche Bundesregierung aus CDU/CSU und FDP hatte bereits seit dem Jahr 2009 einen Prozess zur Reform des BDSG innerhalb des Bundesministeriums des Innern vorbereitet, zu dem es dann nicht gekommen war. Dieses federführende Ministerium wollte den bestehenden Datenschutz substantiell abschwächen.[503] Mit der Initiative zur DSGVO war die damalige Kommissarin *Reding* diesem Vorhaben zuvorgekommen. Ihr Vorschlag basierte maßgeblich auf den in Deutschland entwickelten Grundsätzen des Datenschutzes, die bereits bei der DSRL Vorbild waren.[504]

198 Obwohl im Ministerrat immer wieder grundlegende Veränderungen am Entwurf für die DSGVO vorgeschlagen wurden, kam es am **15.5.2015 zu einer Verhandlungsposition,**[505] die sich in vielen Teilen deutlich stärker als zunächst erwartet am KOM-E sowie an der Position des EP orientierte. Ähnlich wie bereits das EP zuvor strich der Rat weitere Ermächtigungen für den Erlass sog. delegierter Rechtsakte durch die KOM. Im **Unterschied zu EP und KOM** betonte der Rat in seiner Verhandlungsposition den sog. **„risikobasierten Ansatz",** der je nach Ausmaß und Eintrittswahrscheinlichkeit eines Risikos durch die Datenverarbeitung abgestufte Rechte der Betroffenen und Pflichten für die Verarbeiter vorsah (→ Rn. 200, 242).[506] Weiterhin sah der Rat weitgehende Erlaubnistatbestände für die Weiterverarbeitung einmal erhobener Daten zu anderen Zwecken vor, was in dieser Form sowohl im KOM-E als auch in der Parlamentsposition nicht enthalten war und dort bereits vor Verabschiedung des Ra-E auf vehementen Widerstand stieß. Ähnlich verhielt es sich mit dem Vorschlag des Rates, die Einwilligung insgesamt nur noch als „unwidersprüchlichen" Akt, nicht aber ausdrückliche Handlung zu formulieren. Darüber hinaus formulierte der Rat vor allem den Konsistenz-Mechanismus, mit dem Konfliktfälle zwischen den Datenschutzbehörden der EU-Staaten aufgelöst

500 *EP,* Text Nr. PV 11/03/2014 – 13, http://www.europarl.europa.eu/sides/getDoc.do?type=CRE&reference=20140311&secondRef=ITE M-013&language=DE&ring=A7-2013-0402. Dazu *Roßnagel/Kroschwald* ZD 2014, 495.

501 *EP,* Text Nr. P7_TA(2014)0212, http://www.europarl.europa.eu/sides/getDoc.do?pubRef=-//EP//TEXT+TA+P7-TA-2014-0212+0+D OC+XML+V0//DE.

502 Schlussfolgerungen zum *Europäischen Rat* vom 25.10.2013 in Brüssel, EUCO 169/13, Punkt 8, http://data.consilium.europa.eu/d ocument/ST-169-2013-INIT/de/pdf und Schlussfolgerungen zum *Europäischen Rat* vom 25.6.2014 in Brüssel, EUCO 79/14, Punkt 4, https://www.consilium.europa.eu/uedocs/cms_data/docs/pressdata/de/ec/143498.pdf.

503 Vgl. *Sagatz,* „Facebook gefällt die Selbstkontrolle" im Tagesspiegel vom 8.9.2011, http://www.tagesspiegel.de/medien/digitale-welt/da tenschutz-facebook-gefaellt-die-selbstkontrolle/4590292.html.

504 Vgl. *Albrecht/Jotzo,* Teil 1 Rn. 1 f.

505 *Rat,* Dokumenten-Nr. 9565/15. Dazu *Roßnagel/Nebel/Richter* ZD 2015, 455.

506 Zum Risikoansatz Schantz/Wolff/*Wolff,* Rn. 469 und *Albrecht* CR 2016, 88 (94); *v. Grafenstein,* The Principle of Purpose Limitation in Data Protection Laws, 2018, S. 79ff., 597ff.; zur Risikobestimmung zB *Jung* CB 2018, 170.

werden sollen, detaillierter aus, als dies der KOM-E getan hatte. Dem Parlaments-Vorschlag bindender Mehrheitsentscheidungen durch den EDSA folgte der Rat in seiner Verhandlungsposition.

f) Trilogverhandlungen. Nachdem die Position des Rates als allgemeine Ausrichtung durch die Minister angenommen war, konnte die eingehende luxemburgische Ratspräsidentschaft ab Juli 2015 in den Trilog mit der KOM und dem EP eintreten. Die **Verhandlungen** bis zum Ergebnis des Trilogs am 15.12.2015 **bedurften 13 formaler Runden**, die jeweils bis zu 11 Stunden andauerten und durch intensive Vor- und Nachbereitungen seitens aller drei Institutionen begleitet wurden. Voraussetzung für eine Einigung war von Beginn an die Forderung des EP, dass das bestehende Datenschutzniveau nicht unterwandert und eine weitmögliche Einheitlichkeit der Rechtsordnung erreicht werden sollte. Die **Vertreter des EP** drängten darüber hinaus vor allem auf starke individuelle Rechte der Betroffenen, transparentere Pflichten der Verantwortlichen und effektive Sanktionsbefugnisse der Aufsichtsbehörden. **Von Seiten des Rates** wurden der risikobasierte Ansatz sowie geringstmögliche bürokratische Belastungen für die Unternehmen forciert. Besonders gegensätzlich waren die Ansichten von EP und Rat bei der Form der Einwilligung, der Verarbeitung zu legitimen Zwecken sowie der Weiterverarbeitung zu anderen Zwecken, den Benennungs-, Dokumentations- und Meldepflichten sowie bei den Einschränkungsmöglichkeiten und Ausgestaltungsspielräume im für die öffentliche Verwaltung. **Auch die JI-Richtlinie** war bis zuletzt stark **umstritten**.

Über die Frage des risikobasierten Ansatzes wurde zu Beginn der Verhandlungen **ausführlich diskutiert**. Bereits der KOM-E wies einen risikobasierten Ansatz auf, ua durch die grundlegende Entscheidung der KOM, die Vorabmeldung von Datenverarbeitungsprozessen bei den Datenschutzbehörden (Art. 18 ff. DSRL) komplett zu streichen und stattdessen das sog. Prinzip der Rechenschaftspflicht (Art. 5 Abs. 2), das bereits aus der DSRL bekannt war, wieder aufzugreifen. Durch diesen Grundsatz wird der Datenverarbeiter selbst verpflichtet, für die Einhaltung der Regeln zu sorgen. Mit diesem Schritt trägt die DSGVO der Tatsache Rechnung, dass sich die Anzahl und der Umfang von Datenverarbeitungsprozessen seit 1995 erheblich ausgeweitet haben und die Vorabmeldung ohnehin in den Mitgliedstaaten sehr unterschiedlich umgesetzt worden war. Bereits im KOM-E war zudem eine Abstufung der Pflichten der Verantwortlichen enthalten, etwa wenn es um die Kriterien für eine Datenschutz-Folgeabschätzung oder für den betrieblichen Datenschutzbeauftragten ging. Auch am Modell der Unterscheidung zwischen „normalen" und sensiblen Daten wurde in der DSGVO festgehalten. Dennoch wurde im Rahmen des Gesetzgebungsprozesses sowohl im Rat als auch im EP an weiteren Abstufungen entlang von Risikofaktoren gearbeitet, da insbes. aus der Wirtschaft der Wunsch angetragen wurde, unterschiedliche Datenverarbeitungssituationen und Geschäftsmodelle auch auf der Basis eines unterschiedlichen Risikos verschieden zu behandeln. Der daraufhin im Rat entwickelte risikobasierte Ansatz, nach dem eine zentrale Normen generelle Risiko-Abwägungskriterien enthalten sollte, die dann die verschiedenen Pflichten in Relation zu einem Risiko stellt, konnte sich nicht durchsetzen. Das EP hatte lediglich begrenzte Ausnahmen ganz konkreter Pflichten vorgesehen wie etwa bei der Datenschutz-Folgeabschätzung oder bei der Benennung betrieblicher Datenschutzbeauftragter. Im Ergebnis **setzte sich dieser begrenzte risikobasierte Ansatz durch**, wurde aber durch den Rat auf deutlich mehr Pflichten ausgedehnt als das vom EP gewünscht war. Der überwiegende Pflichtenkatalog der DSGVO allerdings ist für alle Verarbeitungssituationen gleich, und auch die individuellen Rechte werden für den Betroffenen in immer gleicher Art gewährleistet.

In den Verhandlungen wurde zunächst – bereits im Juli 2015 – ein **Kompromiss über das Kapitel V zu den Bestimmungen für internationale Datentransfers** gefunden, verbunden mit der Maßgabe, dass nach einer für Herbst 2015 erwarteten **EuGH-Entscheidung im Fall *Schrems*** unter Umständen noch nachverhandelt würde. Dies war dann tatsächlich der Fall,[507] und entscheidende Elemente des Urteils wurden Ende 2015 auf Drängen des EP in Kapitel V bzw. den entsprechenden EG aufgegriffen. Nach der parlamentarischen Sommerpause 2015 wurden zunächst Annäherungen und einfachere Kompromisse bei den ersten Kapiteln zum Geltungsbereich, den Prinzipien und den Betroffenenrechten erzielt. So akzeptierte der Rat sehr schnell zB den Vorschlag des EP, die **Grundsätze in Art. 5** durch kurze Schlagwörter sichtbarer zu machen. Diese waren von der Novellierung des LDSG SH 2012 inspiriert.[508] Viele Kernfragen blieben aber offen, etwa nach abgestuften Einwilligungsqualitäten oder der Weiterverarbeitung für andere Zwecke. Dies änderte sich, als das EP dem Rat beim Risikoansatz zahlreicher Pflichten für die Verantwortlichen und bei der konkreten Form des Konsistenz-Mechanismus' weit entgegenkam. Nun waren auch die Mitgliedstaaten bereit, dem EP etwa bei den **Betroffenenrechten** und den **Transparenzbestimmungen** nachzugeben. Auch bei den **Ausgestaltungsspielräumen für die öffentlichen Behörden** sowie den **Einschränkungsmöglichkeiten der Betroffenenrechte** konnte in Verbindung mit der Frage der Abgrenzung zur JI-Richtlinie am Ende ein Kom-

---

507 EuGH C-362/14, ZD 2015, 549 mAnm *Spies* – Schrems.
508 § 5 Schleswig-Holsteinisches Gesetz zum Schutz personenbezogener Informationen vom 9.2.2000, GVOBl. 2000, 169.

promiss zwischen den beiden Institutionen gefunden werden, der zwar zahlreiche Ausgestaltungs- und Einschränkungstatbestände vorsieht, diese aber an enge Grenzen und hohe Rechtfertigungsanforderungen knüpft. In den letzten Verhandlungsrunden lagen lediglich die Form der Einwilligung, die Höhe der Bußgelder und die Verarbeitung zu Forschungszwecken auf dem Tisch. Am **Abend des 15.12.2015** verständigen sich die Vertreter im Trilog auf einen **Kompromisstext über alle noch offenen Punkte.**[509]

202 Der federführende Ausschuss im EP und die Runde der EU-Botschafter im Rat nahmen die Einigung in der Folge noch im Dezember 2015 jeweils nahezu einstimmig an. Anschließend wurden die englischen Texte der DSGVO und der ebenfalls verabschiedeten, sie begleitenden JI-Richtlinie in die anderen 23 Amtssprachen der EU übersetzt und von Rechtslinguisten sprachlich überarbeitet. Am **7.4.2016 passierte der finale Text den Rat** und **eine Woche später in früher zweiter Lesung das Plenum des EP**. Die am 27.4.2016 vom Parlamentspräsidenten und dem niederländischen Ratsvorsitz in Brüssel **unterzeichnete** DSGVO wurde am 4.5.2016 als Verordnung (EU) 2016/679 im Amtsblatt veröffentlicht.[510] Zwanzig Tage später trat sie in Kraft und ist **seit 25.5.2018 unmittelbar anwendbares Recht** (Art. 99).

203 **g) Bewertung und Ausblick.** Die DSGVO gilt als eines der **ambitioniertesten sekundärrechtlichen Vorhaben** der EU. Auch wegen der bislang als eher technisch denn normativ wahrgenommenen Materie des Datenschutzes stellt die DSGVO nicht nur einen Meilenstein bei der Schaffung von umfangreichen Regeln für das Zusammenleben und Wirtschaften im digitalen Zeitalter dar. Sie markiert auch den Schritt hin zur Schaffung EU-weit einheitlicher Regelungen in zentralen Grundrechtsbereichen, die bislang unter Geltung der DSRL in weiten Teilen dem nationalen Gesetzgeber überlassen waren. Mit der DSGVO nimmt die unmittelbare Wirkung des EU-Rechts gegenüber privatwirtschaftlichen Akteuren, Behörden und Verbrauchern eine neue Qualität an. Zum ersten Mal regelt eine EU-Verordnung direkt im Recht der Mitgliedstaaten die **Fragen alltäglicher Grundrechtsabwägungen.**

204 Seit ihrem Inkrafttreten am 24.5.2016 haben eine Reihe von **Mitgliedsstaaten** ihre Gesetzgebung zumindest teilweise **an die DSGVO angepasst,** um Rechtsklarheit über deren Geltung zu schaffen und etwaige Konkretisierungen im Rahmen der DSGVO vorzunehmen.[511] In zahlreichen Rechtsbereichen bleibt die Anpassung nationaler Vorschriften an die DSGVO allerdings **weit hinter dem Notwendigen zurück** und schafft damit die unglückliche Situation, dass Rechtsanwender und Bürger zwar ihr jeweiligen mitgliedstaatlichen Gesetze im Blick haben, diese aber in zahlreichen Fällen wegen des Gesetzesvorrangs der unmittelbar geltenden DSGVO in dieser Form gar nicht mehr anwendbar sind. Umso wichtiger wird es sein, die Normenhierarchie des neuen EU-Rechts eindeutig zu vermitteln und keinen Zweifel über die europarechtlichen Grundsätze zu lassen. Einige Gesetzesentwürfe zur Anpassung des mitgliedstaatlichen Rechts – darunter allen voran auch der Entwurf zum BDSG nF – hatten diesbezüglich **deutliche Mängel** und mussten erst mühsam durch die KOM und im Gesetzgebungsverfahren (in Deutschland war dies vor allem der BR, in dem es zu diesem Zeitpunkt ein klares Bekenntnis zum Respekt der Entscheidungen des EU-Gesetzgebers gegeben hatte) korrigiert werden.

205 Die **teilweise massive Kritik** einiger, vor allem global agierender, Unternehmen und Wirtschaftsverbände an der DSGVO **verstummte relativ schnell** nach deren Verabschiedung und wurde zunehmend von einem wohlwollenden Anerkenntnis der gesetzgeberischen Leistung verdrängt. Nachdem die Entscheidungen gefallen waren, wurde die grundsätzliche Einigkeit betont, dass die Ersetzung der 28 mitgliedstaatlichen Regelungen durch einen einheitlichen Rechtsrahmen für den Datenschutz auf dem gemeinsamen Markt der EU ein massiver Vorteil für die Wirtschaft und den Standort EU darstellt. Zudem wurde zunehmend sichtbar, dass die EU auf einige Zeit wohl der einzige handlungsfähige gesetzgeberische Akteur bleiben würde, der es zustande gebracht hatte, eine grundlegende Antwort auf eine Schlüsselfrage der Digitalisierung und der veränderten Marktrealitäten zu geben. Bereits vor dem Beginn der Anwendung am 25.5.2018 wurde offensichtlich, dass die EU mit der DSGVO nicht nur den Rechtsstandard zum Datenschutz im EU-Recht und damit auf dem EU-Markt, sondern **praktisch einen weltweiten Standard** gesetzt hatte. Zahlreiche im globalen Markt tätige große Konzerne kündigten bereits zu diesem frühen Zeitpunkt an, die neuen Anforderungen der EU in ihrem weltweiten Geschäft anzuwenden.[512]

206 Am Ende ist der EU tatsächlich das gelungen, was zuvor immer als illusorisch abgetan wurde: Den Hebel ihrer Wirtschaftsmacht als größter einheitlicher Binnenmarkt der Welt dazu zu nutzen, die **eigenen Standards für den Datenschutz sogar gegenüber den US-amerikanischen und asiatischen Wirtschaftsräumen**

---

509 Zu den Hintergründen der Einigung im Trilog vgl. *Abrecht* CR 2016, 88.
510 ABl. 2016 L 119, S. 1ff.
511 So etwa Deutschland mit dem BDSG nF und Österreich mit dem Datenschutz-Anpassungsgesetz 2018 zur Änderung des DSG 2000.
512 *Frenkel*, Tech Giants Brace for Europe's New Data Privacy Rules, New York Times, 28.1.2018, https://www.nytimes.com/2018/01/28/technology/europe-data-privacy-rules.html.

durchzusetzen und durch eine frühe und konsequente Entscheidung das Wettrennen um diese Frage zu entscheiden.

3. Die Systematik des einfachgesetzlichen europäischen Datenschutzrechts. Die DSGVO hat die Komplexi- 207
tät und Bedeutung des Datenschutzrechts in Europa nicht reduziert, sondern vielmehr auf eine neue Ebene
gehoben. Durch den Übergang zur Verordnung werden auf sekundärrechtlicher Ebene verbindliche Vorgaben gemacht, die jedoch auf derselben Ebene durch weitere Rechtsakte einerseits ergänzt, andererseits verdrängt werden. Auf mitgliedstaatlicher Ebene lässt die DSGVO zwar nunmehr keine allgemeine Grundregulierung wie im BDSG aF mehr zu. Durch die vielen Öffnungsklauseln verbleiben jedoch substantielle Regelungsspielräume sowohl für allgemeine nationale Normen als auch für weite Bereiche des bisherigen nationalen besonderen Datenschutzrechts. **Allen datenschutzrechtlichen Regelungen** auf europäischer und
mitgliedstaatlicher Ebene **gemein** ist die Anknüpfung an den **weiten Begriff der Verarbeitung personenbezogener Daten** (Art. 4 Nr. 1).

a) Die DSGVO als Herzstück der Datenschutzregulierung. Mit der DSGVO reagiert der Unionsgesetzgeber 208
einerseits auf die technischen Entwicklungen seit der DSRL, ohne diese direkt zu adressieren. Wohl den
wichtigsten Wandel hat das **Internet**, allein schon durch die radikal modifizierte Kommunikationsstruktur,
bewirkt. Nie zuvor haben betroffene Personen selbst eine auch nur annähernd vergleichbare Anzahl ihrer
Daten öffentlich mitgeteilt.[513] Nie zuvor hat es deshalb eine derart ergiebige, jederzeit zugängliche sowie
tendenziell unbeschränkt nutzbare Informationsquelle gegeben. Alltägliche Erfahrungen mit Facebook oder
Google bestätigen nur die nachhaltige Umgestaltung der Verarbeitungsmodalitäten.[514] Mit dem Internet ist
zugleich eine **Globalisierung der Verarbeitung** verbunden, die eine Regulierung internationaler Datenflüsse
erforderlich macht. Diese Entwicklungen hatte die DSRL angesichts ihrer fehlenden Aktualisierung und
Überarbeitung rechtlich nicht aufgearbeitet, auch wenn sich grundsätzlich angesichts der abstrakten und
technologieneutralen Fassung der DSRL auch viele Entwicklungen durch das Internet noch unter ihre Vorschriften subsumieren ließen. Allerdings illustriert etwa die Diskussion um die Zuordnung des Cloud Computing zur Auftragsdatenverarbeitung[515] oder um die Einordnung des Dienstes Google Street View,[516] dass
man von einer präzisen Regulierung weit entfernt war.

Zudem reagiert der Europäische Gesetzgeber mit der DSGVO auf die Erkenntnisse zur Wirkmächtigkeit 209
der DSRL. Diese litt unter einem erheblichen **Vollzugsdefizit**:[517] Ihre Regelungen wurden häufig missachtet;
mangels effektiver Vollstreckungsmaßnahmen, erheblicher Rechtsunsicherheiten und divergierender Vorstellungen zum materiellen Recht war das Datenschutzrecht zum zahnlosen Tiger verkommen.

Trotz der vielen weiteren europäischen und nationalen Rechtsakte bildet die DSGVO das Herzstück des 210
Datenschutzrechts in Europa.[518] Dies wird maßgeblich durch den Übergang zum Instrument der Verordnung sowie dadurch bewirkt, dass diese wie die DSRL sowohl für nicht-öffentliche Datenverarbeiter als
auch für fast alle staatlichen Stellen gilt, soweit diese nicht unter die JI-Richtlinie (→ Rn. 215ff.) fallen. Dieser **Grundsatz der gemeinsamen Regelung des öffentlichen und nicht-öffentlichen Bereichs** wird allerdings
va durch die (fakultativen) Art. 6 Abs. 2 und Abs. 3 **erheblich durchbrochen** (→ Rn. 226ff.).

Sieht man von den wenigen obligatorischen Handlungsaufträgen an die Mitgliedstaaten ab (→ Rn. 228), 211
handelt es sich um eine **selbstständige Vollregulierung**. Zwar lässt die DSGVO viele konkrete Fragen offen,
insbes. im Bereich des materiellen Rechts. Wenn Mitgliedstaaten jedoch mit der daraus entstehenden
Rechtsunsicherheit zB im Bereich der öffentlichen Verwaltung leben wollen (zumindest bis zur Konkretisierung durch Aufsichtsbehörden, EDSA und Gerichte), ist so gut wie keine Normsetzungstätigkeit der Mitgliedstaaten erforderlich. Auch Staaten, die die Öffnungsklauseln (→ Rn. 226ff.) ausfüllen oder sogar zu
dehnen versuchen, bleibt angesichts des Verordnungscharakters in Verbindung mit dem grds. geltenden
Normwiederholungsverbot (s. aber EG 8 → Rn. 233) nur noch, Rumpfregelungen wie in Teil 1 und 2
BDSG nF zu erlassen.

Inhaltlich behält die DSGVO zunächst **zentrale Kernaussagen** der DSRL und des bisherigen Datenschutz- 212
rechts in Europa bei. **Dazu gehören insbes.:**

---

513 „ ... wir alle (werden) in ganz anderem Umfang zu öffentlichen Personen als das noch vor Kurzem vorstellbar war", *Masing* NJW
2012, 2311.

514 Zur Entwicklung beider und zu den damit für den Datenschutz verbundenen Konsequenzen vgl. etwa *Hill/Martini/Wagner* (Hrsg.),
Facebook, Google & Co., Chancen und Risiken, 2013; sa *Hornung/Müller-Terpitz* (Hrsg.), Rechtshandbuch Social Media, 2015.

515 *Borges* in: Borges/Meents (Hrsg.), Cloud Computing, § 7; *Funke/Wittmann* ZD 2013, 221; *Engels* K&R 2011, 548.

516 S. nur statt vieler *Dreier/Spiecker gen. Döhmann*, Die systematische Aufnahme des Straßenbildes – zur rechtlichen Zulässigkeit von
Online-Diensten wie „Google Street View", 2010; *Spiecker gen. Döhmann* CR 2010, 311, jeweils mwN.

517 Statt vieler *Kühling/Sivridis/Schwuchow/Burghardt* DuD 2009, 335.

518 S. als Überblick neben den Einl. der DSGVO-Kommentare zB *Albrecht* CR 2016, 88; *Dammann* ZD 2016, 307; *Kühling/Martini*
EuZW 2016, 448; *Piltz* K&R 2016, 557, 629, 709, 777 und 2017, 85; *Raab*, Die Harmonisierung des einfachgesetzlichen Datenschutzes, 2015, S. 151ff.; *Schantz* NJW 2016, 1841; *Spindler* DB 2016, 937.

Hornung/Spiecker gen. Döhmann   215

- Die Technikneutralität (EG 15)
- Die Absage an ein eigentumsrechtliches Konzept sowie Konzepte von Post-Privacy
- Das Niederlassungsprinzip (Art. 3 Abs. 1)
- Den Begriff der personenbezogenen Daten (Art. 4 Nr. 1)
- Das weite und allumfassende Verständnis von Datenverarbeitung einschließlich des Anknüpfens des Datenschutzrechts bereits beim ersten Vorgang, dem Erheben (Art. 4 Nr. 2)
- Das Konzept des Verantwortlichen (Art. 4 Nr. 7)
- Das Verbotsprinzip (Art. 6 Abs. 1) einschließlich der starken Stellung der weitgehend unveränderten Einwilligung als Ausdruck des Selbstbestimmungsrechts der betroffenen Person (Artt. 6 Abs. 1 lit. a, 7 und 8)
- Die Zweckbindung (Art. 5 Abs. 1 lit. b)
- Das Gebot der Datensparsamkeit (Art. 5 Abs. 1 lit. c, d und e)
- Das Prinzip der Erforderlichkeit (Art. 5 Abs. 1 lit. c und e)
- Die parallele Regelung der Datenverarbeitung von nicht-öffentlichen und öffentlichen Stellen (Art. 6 Abs. 1, wenngleich in Art. 6 Abs. 2 und 3 erheblich durchbrochen)
- Die gesteigerte Schutzwürdigkeit von besonders sensiblen Daten (Art. 9)
- Die Durchsetzung des Datenschutzrechts durch unabhängige Aufsichtsbehörden (Artt. 51ff.)
- Die – dazu parallele – grundsätzliche Zuweisung von individuellen Rechten an die Betroffen (Artt. 13ff.)

213 Gleichwohl bringt die DSGVO eine **ganze Reihe von Neuerungen** mit sich. Zu nennen sind insbes.:[519]

- Die Ausweitung des räumlichen Anwendungsbereichs durch das Marktortprinzip (Artt. 3 Abs. 2, 27)
- Die Fortschreibung der Grundsätze der Verarbeitung (Art. 5 Abs. 1) um die Prinzipien von Transparenz, Integrität und Vertraulichkeit und ihre Ergänzung durch die Rechenschaftspflicht (Art. 5 Ab. 2 und Art. 24 Abs. 1)
- Die Beibehaltung des Abstraktionsgrads von Art. 7 DSRL bei der Regelung der Rechtmäßigkeitsanforderungen für die nicht-öffentliche Datenverarbeitung in Art. 6; diese Beibehaltung ist – anders als es scheinen könnte – gerade eine zentrale Änderung der materiellen Rechtslage in diesem Bereich[520]
- Die Regelungen zum Schutz von Minderjährigen, insbes. bei der Einwilligung (Art. 8), aber auch in EG 38, 58, 65, 71, 75 sowie Artt. 6 Abs. 1 UAbs. 1 lit. f, 12, 40, 57 Abs. 1 lit. b
- Die wesentlich erweiterten und ausgebauten Transparenzpflichten in den Artt. 12ff.
- Die Präzisierung der Betroffenenrechte und ihre Ergänzung um das Recht auf Datenübertragbarkeit in Art. 20[521]
- Die Einführung einer verbindlichen Regelung zum Datenschutz durch Technikgestaltung und durch datenschutzfreundliche Voreinstellungen (Art. 25)
- Die deutlich präziseren Vorgaben für die Einbindung von Auftragsverarbeitern (Art. 28)
- Die Einführung einer Meldepflicht bei Verletzungen des Schutzes personenbezogener Daten gegenüber der Aufsichtsbehörde und den betroffenen Personen (Art. 33, 34)
- Die Etablierung der Datenschutz-Folgenabschätzung als verbindliches Instrument der Risikokalkulation (Art. 35)
- Die europaweit verbindlichen Vorgaben für die Bestellung von Datenschutzbeauftragten (Art. 37)
- Die Bestimmungen zu Verhaltensregeln (Artt. 40 f.) und Zertifizierung (Art. 42 f.)
- Die erheblich detaillierten und tlw. verschärften Grundsätze zur Übermittlung personenbezogener Daten an Drittländer und internationale Organisationen (Art. 44ff.)
- Der Ausbau der Regeln für Aufsichtsbehörden, va zur Unabhängigkeit und Ausstattung sowie zu Aufgaben und Befugnissen (Artt. 51ff.)
- Die Einführung eines verbindlichen Abstimmungsmechanismus mit Mehrheitsprinzip für wichtige, va grenzüberschreitende Fragen des Datenschutzes (Kohärenzverfahren, Art. 60ff.) im EDSA (Art. 68ff.)
- Die Einführung einer einzigen Aufsichtsbehörde als Ansprechpartner für Unternehmen im Sinne eines One-Stop-Shops (Art. 56 Abs. 1)
- Die weitgehende Aufgabe von Anmeldepflichten

---

519 Zu den Einzelheiten s. jeweils die Kommentierung der jeweiligen Artikel.

520 Dies gilt jedenfalls für diejenigen Mitgliedstaaten, die Art. 7 DSRL zulässigerweise spezifiziert hatten (zB in §§ 28ff. BDSG aF, §§ 12ff. TMG) und dies nun nicht mehr (bzw. nach Art. 6 Abs. 2 und 3 nur noch für den öffentlichen Bereich) können; sa *Gierschmann/Schlender/Stentzel/Veil/Buchholtz/Stenzel* Art. 1 Rn. 8ff.

521 Das häufig ebenfalls als Innovation erwähnte Recht auf Vergessenwerden ist demgegenüber allenfalls eine marginale Rechtsänderung (→ Art. 17 Rn. 3, 21ff.); es sogar an die erste Stelle der materiell-rechtlichen Änderungen zu setzen (*Ehmann/Selmayr/Selmayr/Ehmann* Einf. Rn. 63), ist eine völlige Überzeichnung.

Hornung/Spiecker gen. Döhmann

■ Die Erweiterung der Sanktionen (Art. 77ff.) ua um einen allgemeinen immateriellen Schadensersatzanspruch, ein fakultatives Verbandsklagerecht und erheblich ausgedehnte Bußgeldtatbestände

In der Gesamtschau zeigt sich, dass die Reform einen klaren **Schwerpunkt im prozeduralen Bereich** und auf der Ebene der **Rechtsdurchsetzung** hat.[522] Zwar enthalten auch die materiell-rechtlichen Inhalte der DSGVO deutliche Änderungen gegenüber der DSRL. Schon allein vom Umfang her überwiegen aber die verfahrensrechtlichen Regelungen, und hier finden sich auch völlig neuartige Strukturen wie der Kohärenzmechanismus (→ Art. 63 Rn. 1ff.). Der Gesetzgeber nimmt sich also zurück, verzichtet auf die Beantwortung vieler konkreter Zulässigkeitsfragen und vertraut auf eine spezifische **Prozeduralisierung des Datenschutzrechts**. Diese Verschiebung entsprang tlw. der Überzeugung der Akteure, tlw. aber auch der Unfähigkeit, sich im Trilog auf konkrete Vorgaben zu einigen. Welche **Auswirkungen** die Verschiebung auf die Verfahrensseite gerade für Mitgliedstaaten wie Deutschland hat, die bisher relativ detaillierte gesetzliche Vorgaben hatten (wie zB §§ 28ff. BDSG aF), **bleibt abzuwarten**.   214

b) Die JI-Richtlinie: Gesetzgebungsverfahren, Abweichungen von der DSGVO. Mit der parallel zur DSGVO verabschiedeten JI-Richtlinie hat der Unionsgesetzgeber für den Bereich von Polizei und (Straf-)Justiz ebenfalls weitreichende Neuerungen verabschiedet. Die JI-Richtlinie tritt an die Stelle des Rahmenbeschlusses (→ Rn. 153 f.). Der **Anwendungsbereich der JI-Richtlinie** ist komplementär zu dem der DSGVO. Missverständlich ist insbes. die Formulierung der Datenverarbeitung für die Abwehr von Gefahren für die öffentliche Sicherheit (Art. 2 Abs. 2 lit. d DSGVO, Art. 1 Abs. 1 JI-Richtlinie). Damit ist nicht etwa wie nach deutscher Terminologie das gesamte Gefahrenabwehrrecht (also zB einschließlich weiter Teile des Gewerbe- oder Gesundheitsrechts) gemeint, sondern die Abwehr straftatbezogener Gefahren (→ Art. 2 Rn. 37ff.).   215

Auch wenn der Entwurf der KOM zur JI-Richtlinie parallel zu dem der DSGVO veröffentlicht wurde,[523] stand die JI-Richtlinie im **Gesetzgebungsverfahren** unverkennbar im Schatten der DSGVO. Im EP herrschte deutlich weniger Geschlossenheit als hinsichtlich der DSGVO,[524] und immer wieder gab es Bestrebungen der Mitgliedstaaten, das Gesetzgebungsverfahren aufzuteilen oder auf die DSGVO zu beschränken. KOM und EP verfolgten jedoch mit Nachdruck den Plan einer gemeinsamen Verabschiedung[525] und setzten sich letztlich damit durch. Der Rat einigte sich in erheblich kürzerer Zeit als zur DSGVO auf eine Position, sodass der Trilog **weitgehend parallel** durchgeführt werden konnte. Im Ergebnis trägt auch die JI-Richtlinie als Datum den 27.4.2016.[526] Sie war gemäß Art. 63 Abs. 1 JI-Richtlinie bis zum 6.5.2018 durch die Mitgliedstaaten umzusetzen. Für Deutschland ist dies auf Bundesebene mit dem BDSG nF sowie mit diversen Neufassungen und Ergänzungen der Ländergesetze auch jenseits der LDSGe erfolgt (→ Rn. 274ff., 285ff.).   216

Der wohl wichtigste Unterschied zum Rahmenbeschluss ist, dass die JI-Richtlinie nicht nur grenzüberschreitende Übermittlungen und solche an die Behörden der Union erfasst (Art. 1 Abs. 2 Rahmenbeschluss), sondern nach Art. 2 JI-Richtlinie **auch innerstaatliche Sachverhalte**.[527] Viele Regelungsbereiche der JI-Richtlinie entsprechen im Übrigen denen der DSGVO. Im Detail offenbaren sich freilich zT **erhebliche Unterschiede**. Der offensichtlichste ist die Wahl des Rechtsinstruments der Richtlinie, die den Mitgliedstaaten für die JI-Richtlinie deutlich mehr Spielräume lässt. Daneben umfassen die Unterschiede insbes.:[528]   217

■ Bei den **Grundsätzen der Datenverarbeitung** (Art. 4 JI-Richtlinie) fehlt der für den Datenschutz eminent wichtige Transparenzgrundsatz (s. Art. 5 Abs. 1 lit. a), und der Grundsatz der Datenminimierung (Art. 4 Abs. 1 lit. c JI-Richtlinie) ist abgeschwächt (die Daten dürfen in Bezug auf den Verarbeitungszweck lediglich „nicht übermäßig" sein, statt – wie nach Art. 5 Abs. 1 lit. c – „auf das notwendige Maß beschränkt" zu werden).

■ Eine **Unterscheidung zwischen verschiedenen Kategorien** betroffener Personen und Kategorien für die Datenqualität sehen nur Artt. 6 und 7 JI-Richtlinie vor.

■ Anders als Artt. 7, 8 enthält die JI-Richtlinie **keine Norm zur Einwilligung**. Während für die DSGVO umstritten ist, ob Behörden sich auf eine Einwilligung stützen können (→ Art. 7 Rn. 51 f.), soll dies aus-

522 Ebenso die Einschätzung bei Ehmann/Selmayr/*Selmayr/Ehmann* Einf. Rn. 60ff.; Roßnagel/*ders.*, Europ. DSGVO, § 1 Rn. 8ff.; *Kühling/Martini* EuZW 2016, 448 (450ff.); vgl. auch *Pohl* PinG 2017, 85; *Dieterich* ZD 2016, 260.
523 KOM 2012 (10) endg.; dazu *Bäcker/Hornung* ZD 2012, 147; *Kugelmann* DuD 2012, 581.
524 S. Schantz/Wolff/*Schantz*, Rn. 204.
525 Das EP hatte sich 2011 sogar für einen einheitlichen Rechtsakt ausgesprochen, s. Entschließung v. 6.7.2011, 2011/2015 (INI), unter 6.
526 RL (EU) 2016/680 v. 27.4.2016, ABl. L 119, S. 89; s. umfassend *Johannes/Weinhold*, Das neue Datenschutzrecht bei Polizei und Justiz, 2018; ferner *dies.* DVBl. 2016, 1501; *Schwichtenberg* DuD 2016, 605; Schantz/Wolff/*Wolff*, Rn. 235ff.; *Petri* in: Tinnefeld/Buchner/Petri/Hof, Einf. in das Datenschutzrecht, 2018, 335ff.; zur Abgrenzung der Anwendungsbereiche *Hornung/Schindler/Schneider* ZIS 2018, iE.
527 Für kompetenzwidrig hält dies Schantz/Wolff/*Wolff*, Rn. 235ff.
528 S. zur folgenden Übersicht bereits *Hornung/Schindler/Schneider* ZIS 2018, iE.

weislich EG 35 JI-Richtlinie nicht der Fall sein, wenn eine gesetzliche Erhebungsbefugnis der Sicherheitsbehörde besteht. EG 35 beschränkt die Einwilligung sodann auf Fälle, in denen sie explizit durch nationale Rechtsvorschriften zugelassen wird.

- Während Art. 9 DSGVO für nationale Verarbeitungsbefugnisse zu **besonderen Kategorien personenbezogener Daten** spezifische Vorgaben macht, lässt Art. 10 lit. a JI-Richtlinie diese umfassend zu und enthält nur die pauschale Anforderung, dass die Verarbeitung „unbedingt erforderlich" sein und geeigneten Garantien unterliegen muss.
- Das **Verbot der automatisierten Einzelentscheidung** in Art. 11 Abs. 1 JI-Richtlinie ist zumindest vom Wortlaut her insoweit enger, als es sich nur auf Entscheidungen mit „nachteiliger" Rechtsfolge erstreckt (ebenso § 54 Abs. 1 BDSG nF), während Art. 22 diese Einschränkung nicht enthält.[529]
- **Zwei Betroffenenrechte fehlen**, nämlich das Widerspruchsrecht (Art. 21)[530] und das Recht auf Datenübertragbarkeit (Art. 20).
- Die Bestimmungen zur **Einbindung von Auftragsverarbeitern** in Art. 22 JI-Richtlinie sind lockerer formuliert als in Art. 28 und enthalten beispielsweise keine Pflicht des Auftragnehmers zur Gewährleistung allgemeiner Datensicherheitsmaßnahmen.[531]
- Art. 25 JI-Richtlinie enthält eine **spezifische Vorgabe zur Protokollierung** (umgesetzt in § 76 BDSG nF), während die DSGVO hierzu schweigt.
- Das neue Instrument der **Datenschutz-Folgenabschätzung** wird in Art. 35 relativ spezifisch beschrieben, während Art. 27 JI-Richtlinie erheblich mehr Spielraum für die Mitgliedstaaten eröffnet.[532]
- Die JI-Richtlinie enthält **keine Regelungen zur Zertifizierung** (s. Art. 42, 43).[533]
- Die **Stellung des behördlichen Datenschutzbeauftragten** ist erheblich schwächer ausgestaltet. Art. 33 JI-Richtlinie enthält anders als Art. 38 Abs. 3 weder eine Regelung zur Weisungsfreiheit des Beauftragten noch ein Verbot der Abberufung oder Benachteiligung aufgrund der Tätigkeit; auch die unmittelbare Berichtspflicht zur Behördenleitung fehlt. Es gibt noch nicht einmal ein Verbot der Übernahme weiterer Aufgaben und Pflichten, wenn diese zu Interessenkonflikten führen können (Art. 38 Abs. 6).[534]
- Die Bestimmungen zur **Datenübermittlung in Drittländer** sind zwar in weiten Teilen wortgleich. In wichtigen Punkten (va Artt. 37 Abs. 1 lit. b, 38) bestehen jedoch Abweichungen, die in problematischer Weise Übermittlungen in Länder ohne angemessenes Datenschutzniveau zulassen (→ Art. 38 Rn. 3).[535] Ein Gegenstück zu Art. 39 JI-Richtlinie, der die Übermittlung an andere Empfänger als die zuständigen Behörden in Drittstaaten regelt (etwa bei besonderer Eilbedürftigkeit zum Schutz des Lebens einer Person, die von einer Straftat bedroht wird),[536] besteht in der DSGVO nicht.[537]
- Die **Befugnisse der Aufsichtsbehörden** in Art. 47 JI-Richtlinie sind eingeschränkt und deutlich offener formuliert als in Art. 58. Die Anweisung, fortan die JI-Richtlinie einzuhalten sowie das als ultima ratio nach Art. 58 Abs. 2 lit. f mögliche Verbot werden in Art. 47 JI-Richtlinie lediglich beispielhaft genannt. Der Bundesgesetzgeber hat diese Abweichung genutzt und stattdessen als „schärfstes Schwert" außerhalb des Anwendungsbereichs der DSGVO lediglich eine formelle Beanstandung vorgesehen (§ 16 Abs. 2 BDSG nF).[538]
- Anders als nach Art. 77 Abs. 1 (→ Art. 77 Rn. 8) hat die betroffene Person **kein allgemeines Recht auf Einreichung einer Beschwerde** bei der Aufsichtsbehörde ihres **Aufenthaltsorts**. Geht es um einen Ver-

---

529 Ob man Art. 22 entsprechend einschränken muss, ist str., s. Paal/Pauly/*Martini* Art. 22 Rn. 28; *Abel* ZD 2018, 304 (306) → Art. 22 Rn. 32 f.

530 Dieses wird zwar in EG 40 JI-Richtlinie erwähnt; darin dürfte aber ein Redaktionsfehler in Übernahme des entsprechenden EG 59 liegen.

531 Dies hat der Bundesgesetzgeber (im Wege einer zulässigen Konkretisierung) dennoch vorgesehen, s. § 62 Abs. 5 S. 2 Nr. 8 BDSG nF → Art. 28 Rn. 17.

532 Der Bundesgesetzgeber hat in § 67 Abs. 4 BDSG nF insoweit weitgehend Art. 35 Abs. 7 übernommen → Art. 35 Rn. 3. Der KOM-E zur JI-Richtlinie hatte noch gar keine dementsprechende Regelung enthalten, s. dazu *Hornung* in: Funk/Scholz (Hrsg.), DGRI-Jahrbuch 2012, 2013, 1 (19 f.).

533 Kritisch *Hornung* in: Funk/Scholz (Hrsg.), DGRI-Jahrbuch 2012, 2013, 1 (20).

534 Zumindest auf Bundesebene ist dieses Problem gelöst, weil die §§ 5-7 BDSG nF sowohl für den Bereich der DSGVO als auch für den der JI-Richtlinie gelten und entsprechende Bestimmungen enthalten → Art. 38 Rn. 5.

535 Kritisch schon *Bäcker/Hornung* ZD 2012, 147 (151); *Hornung* in: Funk/Scholz (Hrsg.), DGRI-Jahrbuch 2012, 2013, 1 (22 f.). Positiv zu sehen ist, dass Art. 38 JI-Richtlinie gegenüber Art. 36 des KOM-E deutlich enger gefasst wurde und nunmehr va auch in lit. d das Erfordernis des Einzelfalls enthält. Ohne diese Einschränkung wäre alleine diese Bestimmung geeignet gewesen, das System der Drittlandsübermittlung auszuhebeln (s. die Kritik ebd.).

536 S. EG 73 JI-Richtlinie.

537 Art. 39 JI-Richtlinie ist in § 81 BDSG nF umgesetzt.

538 Ob diese sehr weite Zurücknahme der Befugnisse der Aufsichtsbehörden mit der JI-Richtlinie vereinbar ist, ist zweifelhaft; dies kann hier nicht vertieft werden.

stoß in einem anderen Mitgliedstaat, wird die Beschwerde vielmehr nach Art. 52 Abs. 2 JI-Richtlinie dorthin weitergeleitet; die „eigene" Behörde hat lediglich eine fortdauernde Unterstützungspflicht.

- Art. 55 JI-Richtlinie enthält zwar ein Recht zur Vertretung im Beschwerde- und Klageverfahren, anders als der ansonsten parallele Art. 80 aber **keine (fakultative) Verbandsklage** (→ Art. 80 Rn. 12).
- Art. 57 JI-Richtlinie statuiert zwar eine Pflicht zur Normierung von wirksamen, verhältnismäßigen und abschreckenden **Sanktionen**, überlässt deren **Ausgestaltung jedoch ansonsten vollständig den Mitgliedstaaten**. Hingegen regelt Art. 83 ausführlich die Verhängung von Geldbußen, während Art. 84 weitgehend Art. 57 JI-Richtlinie entspricht. Geldbußen gegen Behörden sind allerdings auch im Anwendungsbereich der DSGVO nicht vorgesehen (Art. 83 Abs. 7, § 43 BDSG nF → Art. 83 Rn. 55), was den Unterschied zumindest auf Bundesebene wieder relativiert.

c) Weitere sekundärrechtliche Regelungen. DSGVO und JI-Richtlinie erfassen nicht die Datenverarbeitung 218 durch die Organe und Einrichtungen der EU selbst. Für diese gilt die **DSVO 45/2001/EG**. Gemeinsam bilden diese drei Rechtsakte die Grundregulierung des Datenschutzes in der Union. Hinzu treten bereichsspezifische Bestimmungen insbes. zum Datenschutz in der **Telekommunikation** und im **Sicherheitsbereich**. Derartige Bestimmungen sind besonders wichtig für die Spezifikationen besonderer Verarbeitungssituationen. Sie dürfen aber die Grundvorstellungen der DSGVO nicht konterkarieren.

aa) Die DSVO 45/2001/EG. Die DSVO 45/2001/EG war der Sache nach eine Umsetzung der DSRL und 219 der ePrivacyRL für die Organe und Einrichtungen der EG; sie veränderte deren Regeln allerdings an mehreren Stellen.[539] Art. 4ff. enthalten **Anforderungen an die Verarbeitung**, Art. 34ff. Sonderregeln für die Nutzung interner Telekommunikationsnetze. Daneben finden sich Bestimmungen, die Stellung und Aufgaben des **EDSB** präzisieren (Art. 41ff.).[540] Obwohl die Regelungen der DSVO 45/2001/EG ebenso überarbeitungsbedürftig waren wie die der DSRL und des Rahmenbeschlusses, hatte die KOM – wenig einleuchtend – in ihrem Vorschlag für ein Gesamtkonzept für den Datenschutz keinen Vorschlag für eine Neuregelung aufgenommen. Seit Anfang 2017 liegt nunmehr ein Entwurf der KOM vor, der sich weitgehend an der DSGVO orientiert;[541] Positionen des EP und des Rats fehlen bislang.

Der **EDSB** musste sich in der Anfangszeit seine Position und seine Ressourcen in vielen Bereichen selbst er- 220 kämpfen. Auch gab es zumindest zu Beginn erhebliche Widerstände gegen die Kontrolltätigkeit, die häufig, wie bei der Europäischen Zentralbank, mit dem Versuch verbunden waren, sich einen Sonderstatus zuzusprechen, der allenfalls eine Selbstkontrolle rechtfertigen könnte. Demgegenüber würde gerade umgekehrt eine wirksame Kontrolle voraussetzen, die **Kontrollkompetenz des EDSB** auf sämtliche Tätigkeiten der EU zu erstrecken und damit nicht zuletzt auf die für die Betroffenen besonders wichtigen Verarbeitungsvorgänge im justiziellen und polizeilichen Bereich.[542]

bb) ePrivacyRL und geplante ePrivacyVO. Mit der ersten ePrivacyRL von 1997 und der Überarbeitung von 221 2002 (→ Rn. 148) hat der europäische Gesetzgeber schon relativ rasch nach der Verabschiedung der DSRL auf die **Besonderheiten der elektronischen Kommunikation** reagiert und bestimmte technische Funktionalitäten sowie die mit ihnen zusammenhängenden Datenschutzfragen bereichsspezifisch geregelt. Die ePrivacyRL war **lex specialis zur DSRL**, und Art. 95 ordnet dies auch für die DSGVO an (→ Art. 95 Rn. 1 mwN). Ursprünglich hatte der Unionsgesetzgeber geplant, bis zum Wirksamwerden der DSGVO auch eine ePrivacyVO zu verabschieden. EG 173 enthält sogar einen entsprechenden Normierungsauftrag. Die KOM legte 2017 einen heftig umstrittenen Entwurf vor,[543] seither gab es nur einige Diskussionspapiere des Rats unter verschiedenen Präsidentschaften.[544] Es erwies sich als zeitlich nicht möglich, sich bis zum 25.5.2018 auf einen Rechtsakt zu einigen, sodass es vorläufig bei dem komplizierten Nebeneinander zwischen DSGVO und dem in Umsetzung der ePrivacyRL ergangenen mitgliedstaatlichen Recht bleibt (→ Art. 95 Rn. 19ff.).

Inhaltlich regelt die ePrivacyRL die Verarbeitung personenbezogener Daten in Verbindung mit der Bereit- 222 stellung **öffentlich zugänglicher elektronischer Kommunikationsdienste** in öffentlichen Kommunikationsnetzen (Art. 3). Sie enthält Vorgaben für technische und organisatorische Maßnahmen (Art. 4, einschließlich einer Benachrichtigungspflicht bei Datenschutzverletzungen) und die Vertraulichkeit der Kommunikati-

---

539   Von der Groeben/Schwarze/Hatje/*Brühann* AEUV Art. 16 Rn. 116 f.
540   Vgl. auch *EDPS*, Annual Report 2004, 9ff.; sowie von der Groeben/Schwarze/Hatje/*Brühann* Art. 16 AEUV Rn. 116ff.
541   S. KOM(2017) 8 endg.: Vorschlag für eine VO um Schutz natürlicher Personen bei der Verarbeitung personenbezogener Daten durch die Organe, Einrichtungen und sonstigen Stellen der Union, zum freien Datenverkehr und zur Aufhebung der Verordnung (EG) Nr. 45/2001 und des Beschlusses Nr. 1247/2002/EG.
542   Dazu *Simitis*, Der verkürzte Datenschutz, 2004, S. 74ff.; Simitis/*ders.* Einl. Rn. 238ff.; *EDPS*, Annual Report 2004, insbes. S. 34ff.
543   KOM(2017) 10 endg.; s zB *Engeler/Felber* ZD 2017, 251; *Maier/Schaller* ZD 2017, 373.
544   5.12.2017 durch Estland: http://data.consilium.europa.eu/doc/document/ST-15333-2017-INIT/en/pdf; 7.03.2018 durch Bulgarien, https://www.parlament.gv.at/PAKT/EU/XXVI/EU/01/38/EU_13835/imfname_10792028.pdf.

on (Art. 5; insbes. die sowohl de lege lata als auch de lege ferenda stark umstrittenen Vorgaben zur **Einwilligung bei Cookies** in Abs. 3) sowie insbes. Sonderregeln für die Verarbeitung von Verkehrsdaten (Art. 6), Daten zum Einzelgebührennachweis (Art. 7), Rufnummernunterdrückung (Art. 8), weiterer Standortdaten (Art. 9), Anrufweiterschaltung (Art. 11) und Teilnehmerverzeichnissen (Art. 12). Art. 13 regelt die va wettbewerbsrechtlich relevante Zulässigkeit unerbetener Nachrichten (insbes. im Bereich der Direktwerbung). Die Umsetzung ist in Deutschland va in den §§ 91ff. TKG, teilweise auch in den §§ 12ff. TMG und in § 7 UWG erfolgt.

223 **cc) Spezifische Rechtsakte im Sicherheitsbereich.** Im Sicherheitsbereich gibt es neben der JI-Richtlinie keine weiteren Rechtsakte für die innerstaatliche Datenverarbeitung, wohl aber für den grenzüberschreitenden Datenaustausch und den Aufbau europäischer Institutionen und Informationssysteme. Diese Aktivitäten gehen zurück auf das Europäische Übereinkommen über die Rechtshilfe in Strafsachen des Europarats vom 20.4.1959 und verfolgen seit dem Haager Programm das eher vage Ziel des „**Grundsatzes der Verfügbarkeit**".[545]

224 Das Übereinkommen des Europarats wird ergänzt durch das **Schengener Durchführungsübereinkommen (SDÜ)**[546] und das **Rechtshilfeübereinkommen der EU**.[547] Ein Datenaustausch findet daneben im Rahmen des Vertrags von Prüm statt,[548] der 2008 teilweise in den Rechtsrahmen der Union überführt wurde.[549] Wichtige Schritte waren die Etablierung von **Europol** durch das Europol-Übereinkommen[550] und von **Eurojust**[551] auf der Basis von Artt. 30, 31 EUV aF (nunmehr Artt. 85, 88 AEUV → Rn. 152).

225 Durch diese Rechtsakte wird vielfach nicht nur ein direkter Informationsaustausch im Einzelfall, sondern auch der Aufbau technischer Informationssysteme ermöglicht. Dies betrifft va das **Europol-Informationssystem** (s. Kap. IV, V und VI der Europol-VO und § 3 Europol-Gesetz) und das **Schengener Informationssystem** (SIS bzw. SIS II).[552] Hinzu treten spezifische Systeme wie das **Zollinformationssystem** (ZIS),[553] das **Visa-Informationssystem**[554] und die **Eurodac**-Datenbank.[555] Insgesamt ist die Politik des Rats vielfach darauf gerichtet, **vorhandene Datenbestände zu vernetzen** und konsequent den Anforderungen einer möglichst einheitlichen europäischen Sicherheits- und Justizpolitik anzupassen.

226 **d) Verbleibende Kompetenzen der Mitgliedstaaten: Öffnungsklauseln.** Die DSGVO ist angesichts der vielen Öffnungsklauseln als „hybrider Zwischenschritt"[556] auf dem Weg zu einer vollständigen Harmonisierung des europäischen Datenschutzrechts bezeichnet worden. Auch wenn dies formal rechtlich nicht zutrifft – es handelt sich um eine nach Art. 288 Abs. 2 AEUV unmittelbar geltende Verordnung –, umschreibt es doch zutreffend, dass in vielen Bereichen der Übergang von der DSRL zur DSGVO die Spielräume der Mitgliedstaaten nur unwesentlich eingeengt hat. Je nach Zählweise enthält die DSGVO **bis zu 70 explizite Öffnungsklauseln**.[557] Hinzu tritt die Frage, inwieweit offene, konkretisierungsbedürftige Normen der Verordnung eine Art implizite Ermächtigung für Präzisierungen, Konkretisierungen und Ergänzungen durch die Mitgliedstaaten beinhalten.[558]

---

545 Dazu umfassend *Schmidt*, Der Grundsatz der Verfügbarkeit. Ziel, Rechtsstand und Perspektiven des strafrechtlichen Informationsaustauschs in der Europäischen Union, 2018; s. ferner *Boehm*, Information Sharing and Data Protection in the Area of Freedom, Security and Justice, 2011.

546 BGBl. II 1993, S. 1013; in das Gemeinschaftsrecht überführt durch den „Schengen-Besitzstand", ABl. 2000 L 239, S. 1; zuletzt geändert durch die VO (EU) Nr. 610/2014, ABl. L 182, S. 1; die polizeiliche Rechtshilfe (Informationsaustausch) ist dort in Art. 39ff. geregelt.

547 Übereinkommen über die Rechtshilfe in Strafsachen zwischen den Mitgliedstaaten der EU, ABl. C 197, S. 3.

548 Vertrag über die Vertiefung der grenzüberschreitenden Zusammenarbeit, insbesondere zur Bekämpfung des Terrorismus, der grenzüberschreitenden Kriminalität und der illegalen Migration, BGBl. II 2006, S. 626.

549 S. die Beschlüsse 2008/615/JI und 2008/616/JI des Rats, ABl. 2008 L 210, S. 1 bzw. 12; näher *Hummer* EuR 2007, 517; *Papayannis* ZEuS 2008, 219.

550 ABl. 1995 C 316, S. 1; s. im Anschluss Beschluss des Rats 2009/371/JI, ABl. L 121, S. 37 sowie nunmehr die Europol-VO 2016/794, ABl. L 135, S. 53.

551 S. die Beschlüsse des Rats v. 28.2.2002 (ABl. 2002 L 63, S. 1), 18.6.2003 (ABl. L 245, S. 44) und 16.12.2008 (ABl. L 138, S. 14).

552 S. Art. 92ff. SDÜ bzw. Beschluss 2007/533/JI, ABl. L 205, S. 63.

553 S. Übereinkommen über den Einsatz der Informationstechnologie im Zollbereich, ABl. 1995 C 316, S. 34; ersetzt durch Beschluss 2009/917/JI, ABl. L 323; s. *Zurkinden/Gellert* in: Sieber/Satzger/von Heintschel-Heinegg (Hrsg.), Europ. Strafrecht, 2014, § 42 Rn. 37ff.

554 VO 767/2008, ABl. Nr. L 218, S. 60 sowie VIS-Beschluss 2008/633/JI, ABl. L 218, S. 129.

555 VO 2725/2000, ABl. 2000 Nr. L 316, S. 1; s. nunmehr die Eurodac-VO 603/2013, ABl. L 180, S. 1; s. *Schröder* ZAR 2001, 71; *EDPS*, Annual Report 2004, S. 29 f.

556 So Kühling/Buchner/*Kühling/Raab* Einf. Rn. 2.

557 Diese Zahl bei Roßnagel/*ders.*, Das neue DSR, § 1 Rn. 52; anders zB *Kühling/Martini* EuZW 2016, 448 (rund vier Dutzend); die Divergenz ist auf unterschiedliche Zählweisen zurückzuführen. Ehmann/Selmayr/*Selmayr/Ehmann* Einf. Rn. 84 plädieren für die Bezeichnung als „Spezifizierungsklauseln", um dem Eindruck entgegenzutreten, mit ihnen sei eine Ermächtigung zur Abweichung vom Schutzniveau der DSGVO verbunden.

558 Roßnagel/*ders.*, Das neue DSR, § 1 Rn. 34, § 2 Rn. 17ff., 23 f.; *ders.* DuD 2017, 290.

Die Öffnungsklauseln sind ein **Zugeständnis an mitgliedstaatliche Sonderwege und Sonderinteressen und** 227 **an bestehendes eigenes Recht.** Um sie und ihre Reichweite ist entsprechend gerungen worden;[559] zum Teil mögen sie auch einer Kraftlosigkeit der Verhandlungspartner eines schier endlos erscheinenden Verhandlungsmarathons unter erheblichem Zeitdruck (→ Rn. 184ff.) geschuldet sein. Sie stehen sicherlich auch der gewünschten **Vollharmonisierung** jedenfalls in Teilen entgegen.[560] Selbst die weitesten Öffnungsklauseln des Art. 6 Abs. 2 und 3 erlauben aber kein selbständiges Sonderrecht der Mitgliedstaaten, denn unverändert beanspruchen die sonstigen Regelungen der DSGVO auch in diesen Bereichen ihre Geltung. So bleiben auch die Bestimmungen des BDSG nF unselbständig: Ohne die DSGVO würden sie ihren Zusammenhang, ihre innere Verständlichkeit und ihre Struktur verlieren. Und auch Art. 23, der die wichtigen Rechte der betroffenen Personen der Möglichkeit einer Einschränkung durch mitgliedstaatliches Recht unterwirft, verlangt gleichwohl, dass substituierende Maßnahmen den Verlust an Rechten ausgleichen müssen, und zwar nach dem Maßstab der DSGVO (→ Art. 23 Rn. 37ff.). Damit bleibt stets die DSGVO bestimmend, und an ihr müssen auch die mitgliedstaatlichen Gesetze auf der Basis von Öffnungsklauseln gemessen werden.

Die Öffnungsklauseln enthalten zT **explizite Regelungsaufträge** an die Mitgliedstaaten (etwa Artt. 51 228 Abs. 1, 54 Abs. 1, 84 Abs. 1, 85 Abs. 1 und Abs. 2), es überwiegen aber **fakultative Handlungsoptionen.** Einige Klauseln sind an bestimmte Bedingungen geknüpft, andere lassen lediglich eine Präzisierung durch „spezifischere Bestimmungen" zu (zB Art. 6 Abs. 2).[561] Die Öffnungsklauseln folgen keinem in sich geschlossenen System, sondern sind Ergebnis politischer Kompromisse im Rat und zwischen den Institutionen im Trilog. Während KOM und EP tendenziell für eine stärkere Supranationalisierung plädierten, versuchten viele Mitgliedstaaten, über den Rat nationale Kompetenzen beizubehalten. Das Ergebnis ist eine schwer überschaubare Vielfalt nationaler Handlungsspielräume, deren Tragweite sich häufig erst auf den zweiten Blick erschließt.

Die **Intentionen** hinter den Öffnungsklauseln **variieren.** Sie sind Ausdruck fehlender Kompetenzen der Uni- 229 on (zB im Medienbereich, Art. 85), Sachfragen mit traditionell extremer nationaler Divergenz (zB Kennziffern, Art. 87), mangelnder Einigungsfähigkeit zu spezifischen Regelungen (zB beim Beschäftigtendatenschutz, Art. 88, beim Verbandsklagerecht, Art. 80 Abs. 2, oder bei der Einwilligungsfähigkeit von Kindern, Art. 8 Abs. 1 UAbs. 2) und dem Anliegen vieler Mitgliedstaaten wie Deutschland, bereichsspezifisches Datenschutzrecht zu erhalten (zB für den öffentlichen Bereich, Art. 6 Abs. 2 und 3).

Schon mit Blick auf diese unterschiedlichen Regelungszwecke ist **jede Öffnungsklausel** in ihrer Reichweite 230 **selbstständig zu interpretieren.** Dabei darf der Harmonisierungseffekt der DSGVO nicht sabotiert werden, zumal dieser in EG 9 und 10 besonders betont wird. Daher sind die Klauseln zumeist eng zu interpretieren.[562] In einigen Fällen können Wortlaut, Historie oder Intention des Gesetzgebers aber auch für eine andere Auslegung streiten, so dass sich zB wie bei Art. 6 Abs. 2 und 3 sowohl nach dem Wortlaut als auch nach der Intention des Rats, der sich hier durchgesetzt hat, eine erhebliche tatbestandliche Weite ergeben kann.[563]

Die Öffnungsklauseln führen zumindest potentiell dazu, dass der **Harmonisierungseffekt der DSGVO ge-** 231 **schwächt wird.** In bestimmten Fragen ist dies mutmaßlich unschädlich und mit Blick auf das Subsidiaritätsprinzip (Art. 5 Abs. 3 EUV) auch angemessen. Schwer verständlich ist freilich, wieso Internetanbieter mit potentiell 28 verschiedenen Regelungen für die Einwilligungsfähigkeit Minderjähriger herumschlagen sollen (Art. 8 Abs. 1 UAbs. 2). Auch divergierende Vorschriften zum Beschäftigtendatenschutz können multinationale Konzerne vor erhebliche Herausforderungen stellen. Bestimmte Öffnungsklauseln haben überdies einen erheblichen Querschnittscharakter; dies gilt zB für Art. 88 (→ Art. 88 Rn. 16ff.).

Schließlich sind die umfassenden Öffnungsklauseln für die öffentliche Verwaltung kritisch, weil diese schon 232 seit jeher ein wichtiger Nachfrager nach Daten und ein intensiv agierender Datenverarbeiter ist. Die faktische Herauslösung der Verarbeitungsgrundlagen aus der DSGVO ist daher für die Wahrung einheitlicher und effektiver Datenschutzvorstellungen problematisch. Die DSGVO lässt allerdings trotz der Öffnungsklauseln für den öffentlichen Bereich den Anspruch erkennen, dass weiterhin ein einheitliches Datenschutzrecht sowohl **für den öffentlichen als auch für den nicht-öffentlichen Bereich**[564] gelten soll. Während die

---

559 *Albrecht/Jotzo*, Teil 9 Rn. 4.
560 In diese Richtung auch Kühling/Buchner/*Buchner* Art. 1 Rn. 7; *Kühling/Martini* EuZW 2016, 448 (454); *Laue* ZD 2016, 463 (463 f.).
561 S. zur Systematisierung und zu den einzelnen Inhalten va *Kühling/Martini et al.*; ferner *Benecke/Wagner* DVBl. 2016, 600; *Wagner/ Benecke* EDPL 2017, 528; *Schantz* NJW 2016, 1841.
562 Gegen eine generelle Auslegungsregel, sämtliche Klauseln eng zu interpretieren, Roßnagel/*ders.*, Das neue DSR, § 2 Rn. 20; aA *Albrecht/Janson* CR 2016, 500 (501); *Culik/Döpke* ZD 2017, 226 (229); Ehmann/Selmayr/*Selmayr/Ehmann* Einf. Rn. 79ff.
563 *Buchner* DuD 2016, 155 (161), *Kühling/Martini* EuZW 2016, 448 (449); aA Vertreter der KOM (Ehmann/Selmayr/*Selmayr/Ehmann* Einf. Rn. 79ff.; Ehmann/Selmayr/*Heberlein* Art. 6 Rn. 33) und des EP (*Albrecht/Jotzo*, Teil 3 Rn. 46); s. den Hinweis von Roßnagel/ *ders.*, Das neue DSR, § 2 Rn. 21 (dort Fn. 64).
564 Zur Zweiteilung (mit Kritik) statt vieler *Tinnefeld/Buchner/Petri/Hof*, S. 215 f.; aus verfassungsrechtlicher Perspektive Auernhammer/*von Lewinski*, 4. Aufl. 2014, Einl. Rn. 61, 105.

Mitgliedstaaten also bereichsspezifische Verarbeitungsgrundlagen iSv Art. 6 Abs. 2 und 3 verabschieden können, sollen die grundlegenden Schutzinstrumente der DSGVO gerade für beide Bereiche gelten. Dieses einheitliche Regime ist für das deutsche Recht mit seiner nach wie vor durchgehaltenen Trennung zwischen dem Öffentlichen Recht und dem Zivilrecht weiterhin eine Besonderheit. Das BDSG nF (→ Rn. 274ff.) als Nachfolgeregelung für ein allgemeines datenschutzrechtliches Rechtsregime schafft damit auch nicht etwa einen vollumfänglichen mitgliedstaatlichen Sonderweg, sondern ist Ausdruck des **Kompromisses auf europäischer Ebene**, gewachsene Rechtsvorstellungen der Mitgliedstaaten zu ermöglichen, gleichzeitig aber auch ein Einheitsrecht zu schaffen.[565]

233 Soweit Mitgliedstaaten von den Öffnungsklauseln Gebrauch machen, stellt sich die Frage einer Einbettung in nationales Recht an Stelle des für den Rechtsanwender unübersichtlichen Zusammenspiels mit der DSGVO. Insofern gibt es von dem grundsätzlich geltenden **Normwiederholungsverbot** lediglich punktuelle Ausnahmen in der Rspr. des EuGH.[566] Diese werden durch EG 8 aufgegriffen, aber nicht erweitert.

234 Grundsätzlich ist davon auszugehen, dass in diesen Fällen **sowohl EU-Recht als auch das nationale Verfassungsrecht** zu beachten ist. Die genaue Klärung des Verhältnisses, insbes. bei widerstreitenden und unvereinbaren Anforderungen, obliegt noch dem EuGH[567] und den nationalen Gerichten[568] (→ Rn. 180ff., 264ff.).

235 **4. Übergreifende Rechtsfragen in der DSGVO. a) Allgemeine Ziele und Prinzipien des Datenschutzrechts.** Die DSGVO führt in Art. 1 die Zielrichtung der DSRL fort und schützt zum einen **Grundrechte und Grundfreiheiten** natürlicher Personen (Art. 1 Abs. 2), zum anderen den **freien Datenverkehr** im Binnenmarkt (Art. 1 Abs. 3). Darin liegt eine gewisse Grundspannung der Regulierung (→ Art. 1 Rn. 25ff.). Der Unionsgesetzgeber hat die **demokratieorientierte Begründung** des Datenschutzrechts (→ Rn. 31) nicht explizit aufgenommen; diese liegt aber implizit der DSGVO zugrunde. Mit der Betonung der grundrechtlichen Fundierung und dem Verweis auf das Recht auf Schutz personenbezogener Daten (Art. 8 GRCh) in Art. 1 Abs. 2 hat der Gesetzgeber zugleich jedem Versuch einer Relativierung des Datenschutzes eine Absage erteilt. Dies betrifft sowohl Kritiker der sog. „post-privacy"-Bewegung,[569] bei denen die Vehemenz des Vorgehens ohnehin in Widerspruch zur Argumentationsstärke steht, als auch maßgeblich aus Deutschland vorgetragene Versuche, das Verbotsprinzip umzukehren, die Datenverarbeitung regelhaft zuzulassen und nur in begründeten Fällen einzuschränken.[570]

236 Die DSGVO folgt gewissen allgemeinen Prinzipien, die zT überwiegend schon in der DSRL enthalten waren, teilweise aber auch noch weiter zurückreichen. Sie sind nunmehr vor allem in Art. 5 DSGVO zusammengefasst. Nach Art. 5 Abs. 1 lit. a muss sich jede Datenverarbeitung auf eine Rechtsgrundlage stützen, andernfalls ist sie verboten (**Prinzip der Rechtmäßigkeit**; bisher in Deutschland als **Verbotsprinzip** bekannt und in §§ 4 Abs. 1 BDSG aF, 12 Abs. 1 TMG geregelt). Eine Rechtsgrundlage für die Datenverarbeitung kann sich entweder aus der DSGVO oder dem sonstigen Unionsrecht oder aus dem Recht der Mitgliedstaaten ergeben; in der DSGVO ist Art. 6 insoweit die zentrale Vorschrift mit konkreten Anforderungen. Ebenfalls in Art. 5 Abs. 1 lit. a DSGVO ist die Vorgabe der **Verarbeitung nach Treu und Glauben** normiert. Diese bereits in der DSRL enthaltene und zwischenzeitlich durch Art. 8 Abs. 2 S. 1 GRCh abgesicherte[571] Vorgabe gab es bislang im deutschen Recht jedenfalls nicht in expliziter Form. Art. 5 Abs. 1 lit. a DSGVO enthält schließlich das **Transparenzprinzip** (sa EG 39), dessen Bedeutung schon das BVerfG im Volkszählungsurteil hervorgehoben hat.[572]

237 Nach Art. 5 Abs. 1 lit. b müssen personenbezogene Daten für festgelegte, eindeutige und legitime Zwecke erhoben werden und dürfen nicht in einer mit diesen Zwecken nicht zu vereinbarenden Weise weiterverarbeitet werden. Dieser Grundsatz der **Zweckbindung** soll mögliche Daten- und Informationsströme eingrenzen.[573] Er ist einer der elementaren Grundsätze des Datenschutzrechts. Eine spätere Weiterverarbeitung der personenbezogenen Daten zu anderen Zwecken ist nur unter den strengen Voraussetzungen von Art. 5

---

565 So auch *Albrecht/Jotzo*, Teil 3 Rn. 46; *Laue* ZD 2016, 463 (464); skeptisch Kühling/Buchner/*Buchner* Art. 1 Rn. 7.

566 S. *Benecke/Wagner* DVBl. 2016, 600 (604ff.) mwN.

567 EuGH C-144/04, NJW 2005, 3695 – Mangold; *Frenz*, Europarecht, S. 47ff.; *Forschner* ZJS 2011, 456.

568 BVerfGE 113, 273 – Europ. Haftbefehl; näher *Polzin*, Verfassungsidentität, 2018.

569 Vgl. dazu statt vieler *Heller*, Post-Privacy, 2011 und *Klar* DÖV 2013, 103 mwN.

570 ZB *Bull*, Sinn und Unsinn des Datenschutzes, 2015; *Schneider/Härting* CR 2014, 306; *Härting/Schneider* CR 2015, 819; *Veil* NVwZ 2018, 686 (695); entgegen der dort und anderenorts (zB *Stenzel* PinG 2016, 185) vorgebrachten Kritik ist auch das Schutzgut des Datenschutzes nicht unklar, sondern folgt der langen Entwicklung in Rechtsprechung und Gesetzgebung (→ Rn. 2ff.; → Art. 1 Rn. 3ff.).

571 Näher *Marsch*, Das europäische Datenschutzgrundrecht, 2018, S. 170ff.

572 BVerfGE 65, 1 (42); sa *Roßnagel/Pfitzmann/Garstka*, S. 82.

573 S. *Britz* EuGRZ 2009, 1 (10); Paal/Pauly/*Frenzel* Art. 5 Rn. 23; zur Verankerung in Art. 8 Abs. 2 GRCh *Marsch*, Das europäische Datenschutzgrundrecht, 2018, S. 157ff.; s. nunmehr umfassend *v. Grafenstein*, The Principle of Purpose Limitation in Data Protection Laws, 2018.

Abs. 1 lit. b und Art. 6 Abs. 4 möglich. Eng mit der Zweckbindung hängt der Grundsatz der **Datenminimierung** nach Art. 5 Abs. 1 lit. c zusammen (in bisheriger Terminologie: Erforderlichkeitsprinzip). Verantwortliche müssen nach EG 39 zunächst prüfen, ob überhaupt personenbezogene Daten zur Zielerreichung erforderlich sind; falls ja, ist die Verarbeitung auf das erforderliche Maß zu beschränken. Dies gilt hinsichtlich des Umfangs, aber auch – wie der Grundsatz der **Speicherbegrenzung** nach Art. 5 Abs. 1 lit. e hervorhebt – in zeitlicher Hinsicht. Ist die Datenspeicherung also sachlich oder zeitlich zur Zweckerreichung nicht mehr erforderlich, so sind die Daten auch ohne Verlangen der betroffenen Person zu löschen (→ Art. 17 Rn. 10).

Nach Art. 5 Abs. 1 lit. d müssen personenbezogene Daten sachlich richtig und erforderlichenfalls auf dem **238** neuesten Stand sein. Dieser Grundsatz der **Datenrichtigkeit** soll gewährleisten, dass die personenbezogenen Daten die Realität richtig abbilden und damit ausschließen, dass die betroffene Person durch die Verwendung fehlerhafter Daten Nachteile erleidet[574] oder Fehleinschätzungen unterliegt. Im nationalen Recht war hieran der Ausfluss des Persönlichkeitsrechts erkennbar: Der Einzelne hat ein rechtlich geschütztes Interesse, das eigene Bild bei anderen akkurat zu halten.

Gemäß Art. 5 Abs. 1 lit. f müssen personenbezogene Daten in einer Weise verarbeitet werden, die eine angemessene Sicherheit der personenbezogenen Daten gewährleistet. Die betroffene Person soll durch diesen **239** Grundsatz der **Integrität und Vertraulichkeit** davor geschützt werden, dass Dritte unbefugt auf ihre personenbezogenen Daten zugreifen können. Damit ist nunmehr **IT-Sicherheit** als eigenständiges Prinzip des Datenschutzrechts anerkannt; umgekehrt gehört der Datenschutz zu den Prinzipien der IT-Sicherheit.

Schließlich hat der Gesetzgeber mit Art. 5 Abs. 2 und Art. 24 Abs. 1 S. 2 besonders hervorgehoben, dass der **240** Verantwortliche für die Einhaltung der Grundprinzipien der Datenverarbeitung nach Art. 5 Abs. 1 verantwortlich ist und ihre Einhaltung nachweisen können muss. Dieser im Deutschen **Rechenschaftspflicht** genannte und gegenüber dem bisherigen Verantwortlichkeitsprinzip (Artt. 2 lit. d, 6 und EG 25 DSRL) deutlich erstarkte Grundsatz entstammt als „accountability" dem common law[575] und wird in Zukunft mutmaßlich erheblichen Einfluss auf die Verhaltens- und Nachweispflichten der Verantwortlichen haben.[576]

Die DSGVO enthält daneben weitere übergreifende Prinzipien, die teils explizit erwähnt, teils implizit geregelt werden. Insbes. wählt sie gemäß EG 15 S. 1 ausdrücklich einen **technikneutralen Ansatz** mit hohem **241** Abstraktionsgrad der einzelnen Regelungen. Dies entspricht dem Fehlen praktisch jeglicher technikspezifischen Regeln oder auch nur Hinweisen in den EG;[577] die einzige echte Ausnahme bilden einige Bestimmungen zu Diensten der Informationsgesellschaft (Artt. 8, 17 Abs. 1 lit. f, 21 Abs. 5). Über die Vorzüge und Probleme dieses Ansatzes besteht seit jeher keine Einigkeit.[578] Während die einen eine möglichst spezifische und detaillierte Technikregulierung fordern, um den Herausforderungen einzelner Verarbeitungsformen und Verarbeitungsbereiche möglichst exakt begegnen zu können, erscheint dies für andere als innovationsfeindliche Überregulierung.[579] Letzteres lässt sich hingegen nicht pauschal sagen. Während nämlich eine technikneutrale Erlaubnisnorm den Einsatz einer neuen Technologie prima facie zulässt, wird dieser durch eine technikneutrale Verbotsnorm gerade verhindert.[580] Eine wohlverstandene Technikneutralität kann allerdings ein Instrument sein, um das Problem der immer kürzeren technischen Innovationszyklen zu lösen. Rechtliche Regeln müssen nicht auf jede technische Änderung reagieren, wenn sie sich auf **Anforderungen an technische Funktionalitäten** beziehen, die durch unterschiedliche technische Designs erfüllt werden können.[581] Ein Eingreifen des Gesetzgebers ist dann nur erforderlich, wenn technische Innovationen disruptiv ganz neue Funktionalitäten der automatisierten Datenverarbeitung oder der technikgestützten sozialen Kommunikation ermöglichen. In der DSGVO werden jedoch kaum technische Funktionalitäten geregelt. Dies führt zu einem erheblichen Bedarf an spezifischen Konkretisierungen, die teilweise bereichsspezifisch wie in der künftigen ePrivacyVO enthalten sein werden, damit aber immer wieder Gefahr laufen, den Gehalt und die Systematik der DSGVO zu unterlaufen. In praktisch allen anderen Bereichen muss die **Konkretisierungsleistung jedoch durch andere Akteure** erbracht werden (→ Rn. 250 ff.).

In den Verhandlungen wurde ein „**risikobasierter Ansatz**" insbes. als Alternative zum Verbotsprinzip ins **242** Spiel gebracht (→ Rn. 198). Dies hat sich richtigerweise nicht durchgesetzt; denn dahinter steht die Vorstellung, es gebe Daten und Datenverarbeitungen, die sich per se als problematisch oder unproblematisch ein-

---

574 Paal/Pauly/*Frenzel* Art. 5 Rn. 39; BeckOK DatenschutzR/*Schantz* DSGVO Art. 5 Rn. 27; sa Simitis/*Mallmann* § 20 Rn. 14.
575 S. *Hornung* Innovation 2013, 181 (188 f.).
576 Zum Grundsatz und seinen Ausprägungen vgl. *Art.-29-Gruppe*, WP 173.
577 S. *Reding* ZD 2012, 198; näher Sydow/*Kring* ZD 2014, 271.
578 S. zum Folgenden *Hornung* in: Roßnagel/Friedewald/Hansen (Hrsg.), Die Fortentwicklung des Datenschutzes, 2018, iE.
579 S. allgemein zum Problem der Technikneutralität s. *Roßnagel* in: Eifert/Hoffmann-Riem (Hrsg.), Innovationsfördernde Regulierung, 2009, 323; zur DSGVO s. Sydow/*Kring* ZD 2014, 271; *Roßnagel*, Datenschutzaufsicht nach der EU-Datenschutz-Grundverordnung, 2017, S. 165ff.
580 S. ausführlich *Roßnagel* in: Eifert/Hoffmann-Riem (Hrsg.), Innovationsfördernde Regulierung, 2009, 323.
581 S. hierzu *Roßnagel* in: Roßnagel/Friedewald/Hansen (Hrsg.), Die Fortentwicklung des Datenschutzes, 2018, iE.

Hornung/Spiecker gen. Döhmann

ordnen ließen. Hier gilt aber weiterhin, was das BVerfG schon ganz früh auf den Punkt gebracht hat: „unter den Bedingungen der automatisierten Datenverarbeitung gibt es kein belangloses Datum".[582] Die immer latent existierende Rekombinationsfähigkeit von Daten, die konkret herangezogenen Daten und die verschiedenen Zwecke der Datenverarbeitung können die Beurteilung einer Datenverarbeitung mal rechtlich problematisch und mal rechtlich unproblematisch ausfallen lassen. Konsequenterweise enthalten daher weder die Grundsätze des Art. 5 noch die zentrale Zulässigkeitsnorm des Art. 6 risikobasierte Elemente. Hinzugekommen sind allenfalls eine Reihe von Anforderungen der DSGVO, die von einer Bewertung des Risikos abhängen, das durch die Datenverarbeitung für die Grundrechte und Grundfreiheiten der betroffenen Personen bewirkt wird (zB Artt. 27, 30 Abs. 5, 33 Abs. 1, 34 Abs. 1, 35 Abs. 1, 36 Abs. 1 und 37 Abs. 1).[583] Für die Anwendung dieser Normen bedarf es einer übergreifenden **Methodik zur Bestimmung der Risiken**, die insbes. im Rahmen der Datenschutz-Folgenabschätzung Bedeutung erlangen wird (→ Art. 35 Rn. 21ff.; → Art. 32 Rn. 58ff.).[584] Dabei darf freilich nicht übersehen werden, dass das Datenschutzrecht auch bisher schon auf besondere Risikolagen und die Bedürfnisse wenig leistungsfähiger Verantwortlicher Rücksicht genommen hat, insbes. im Bereich von Abwägungen und Verhältnismäßigkeitsklauseln. Der risikobasierte Ansatz ist also **weniger neu als** dies mitunter in der Diskussion **erscheint**.[585]

243 Zudem **leiden die existierenden Elemente eines risikobasierten Ansatzes daran**, dass kein klares Konzept von Gefahr, Risiko und Unsicherheit existiert,[586] auch nicht im Datenschutz und schon gar nicht im europäischen Recht. Herkömmlich wird auf ein dem ökonomischen und haftungsrechtlichen Bereich entstammendes Konzept abgestellt, das im Kern auf den Erwartungswert ausgerichtet ist, also die Wahrscheinlichkeit des Eintritts eines Schadens und seiner Bedeutung (→ Einl. Rn. 198; → Art. 4 Nr. 4 Rn. 41; → Art. 6 Abs. 1 Rn. 107 f.; → Art. 24 Rn. 3ff.; → Art. 32 Rn. 58ff.). Eine klare Abgrenzung zur Gefahr ist dadurch aber ebenso wenig möglich, wie ein Umgang mit den Ungewissheiten. Dies gilt insbes. deshalb, weil auf Seiten des Datenschutzrechts fast immer nur potentielle Schädigungen in die Waagschale der Abwägung eines Risikos geworfen werden, auf Seiten der Nutznießer der Datenverarbeitung aber zumeist sehr konkrete Nutzungsvorstellungen.[587] Auch insofern verheißt dieses Konzept mehr als es tatsächlich einzulösen imstande ist und **bedarf erheblicher Konkretisierung**.

244 **b) Insbesondere: das Verhältnis zwischen Recht und Technik.** Das Verhältnis zwischen Recht und Technik[588] ist im Datenschutz[589] regelrecht symptomatisch zwiespältig ausgestaltet. Erstens bewirken technische Innovationen, die sich erkennbar hin zu einer ubiquitären und sogar zu einer selbstlernenden und auch selbständig Zwecke setzenden Datenverarbeitung bewegen, **neue datenschutzrechtliche Bedrohungslagen und Herausforderungen** für die Regelungsprinzipien des Datenschutzrechts, auf das dieses eine Antwort entwickeln muss. Dementsprechend bilden das Aufkommen neuer Technologien und die Erkenntnis, dass das überkommene Datenschutzrecht für diese keine adäquaten Maximen zur Bewältigung der wirtschaftlichen, persönlichen, sozialen, gesellschaftlichen und sonstigen Auswirkungen bereithält, eine zentrale Motivation für die DSGVO; dies wird prominent in EG 6 zum Ausdruck gebracht. Die technische Entwicklung vollzog sich jedenfalls unter Geltung der DSRL vielfach jenseits oder sogar gegen die Vorgaben des jeweils geltenden Rechts; das Datenschutzrecht ist insoweit ein prominentes Beispiel für die Probleme einer Steuerung der Wirklichkeit durch rechtliche Normen.

245 Zweitens hat sich schon seit vielen Jahren die Erkenntnis durchgesetzt, dass Datenschutz **mehr ist bzw. sein muss als Datenschutzrecht**. In Zeiten einer global vernetzten Datenverarbeitung stoßen nicht nur nationalstaatliche, sondern auch trans- und internationale und damit auch europäische Regelungen an Grenzen – weniger in Bezug auf das, was sie regeln, als eher in Bezug auf das, was vollzogen werden kann. Zudem sind die Möglichkeiten des Einzelnen, Datenschutzrechtsverstöße zu erkennen und seine Rechte gegenüber dem Verantwortlichen geltend zu machen, aus technischen, kognitiven, kapazitären und zeitlichen Gründen begrenzt.[590] Deshalb ist es vielfach effektiver, die Wirksamkeit und Effektivität rechtlicher Anforderungen dadurch zu bewirken und zu verstärken, dass technische und organisatorische Sicherungsinstrumente Da-

---

582 BVerfGE 65, 1 (45).
583 Zum risikobasierten Ansatz *Veil* ZD 2015, 347; *Gellert* CLSR 34 (2018), 279; sa *v. Grafenstein*, The Principle of Purpose Limitation in Data Protection Laws, 2018, S. 79ff., 597ff.; Vorschläge zur Risikobestimmung bei *Jung* CB 2018, 170; kritisch *Roßnagel* DuD 2016, 565; befürwortend *Schmitz* ZD 2018, 5.
584 Zur Risikoanalyse zB *Bieker* DuD 2018, 27; *Jung* CB 2018, 170 (172ff.).
585 S. pointiert *Gellert* EDPL 2016, 481: „we have always managed risks in data protection law".
586 S. *Spiecker gen. Döhmann*, Staatliche Entscheidungen unter Unsicherheit, i.E. 2019.
587 *Spiecker gen. Döhmann* KritV 2014, 28 (36 f.).
588 S. grundlegend *Roßnagel*, Rechtswissenschaftliche Technikfolgenforschung, 1993, S. 105ff. et passim; Beiträge in *Schulte/Schröder* (Hrsg.), HB des Technikrechts, 2011.
589 *Federrath* in: Schulte/Schröder (Hrsg.), HB des Technikrechts, 2011, 857ff.
590 *Spiecker gen. Döhmann* KritV 2014, 28 (40 f.); *Halfmeier* NJW 2016, 1126.

tenschutzverstöße faktisch verhindern. Die betroffenen Personen müssen dann nicht in die Einhaltung normativer Vorgaben vertrauen oder ihrerseits Kontrollen vornehmen (sofern ihnen dies überhaupt zu Gebote steht), sondern können weitgehend sicher sein, dass ihre Daten rechtskonform verarbeitet werden. Derartige technische und organisatorische Sicherungsinstrumente betreffen nicht nur die klassischen Fragen der **IT-Sicherheit** (Art. 32), denn diese ist zwar ein eine **notwendige, aber keine hinreichende Bedingung** für die Einhaltung des Datenschutzrechts (→ Art. 32 Rn. 10ff.). Erforderlich ist darüber hinaus die technische Absicherung aller Datenschutzgrundsätze des Art. 5 sowie der sonstigen Anforderungen der DSGVO. Eine zentrale Innovation der DSGVO ist es deshalb, diesen **Datenschutz durch Technikgestaltung** in Art. 25 Abs. 1 **rechtsverbindlich** und nach Art. 83 Abs. 4 lit. a **bußgeldbewehrt** normiert zu haben.[591] Die Konzepte des **Privacy-by-Design** und der „**Privacy Enhancing Technologies (PET)**" erhalten damit eine erhebliche Aufwertung. Dies gilt insbes. für die in vielen Normen der DSGVO verbindlich oder beispielhaft genannte **Pseudonymisierung.**[592]

Damit wird gleichzeitig auch ein gewisser „**Selbstdatenschutz**" durch Technik ermöglicht, der sich gerade   246
vor dem Hintergrund fehlender oder ungenauer gesetzlicher Verarbeitungsvorschriften als ein ebenso willkommenes wie naheliegendes Selbstverteidigungsmittel erweisen kann. Die auf sich gestellten Betroffenen haben damit zumindest die Möglichkeit, selbst Barrieren gegen einen von ihnen nicht gebilligten Zugriff auf ihre Daten aufzurichten. Schutzlosigkeit ist so gesehen nicht Schicksal. Wer die Herrschaft über die eigenen Daten behalten will, dem wird die Chance dazu vor allem durch eine wachsende Anzahl technischer Instrumente geboten.[593]

Drittens und eng mit dem Vorstehenden verbunden ist die Erkenntnis, dass die Bedingungen und **Standards**   247
der Technik häufig normative Regelungen vorgeben („Code is Law").[594] Wie andere **Technikrechte** auch muss das Datenschutzrecht sich also auch damit auseinandersetzen, dass nicht-demokratische Institutionen und vor allem die technischen Vorgaben der Digitalisierung bestimmte rechtliche Regelungen ad absurdum führen, sie unmöglich machen oder schlichtweg vorwegnehmen. So ist eine echte Anonymisierung zunehmend schwer zu erreichen, lässt sich das Prinzip der Datenminimierung im Ubiquitous Computing kaum aufrechterhalten und kann die Übermittlung aus der EU heraus im Rahmen des Cloud Computing nicht eingedämmt werden. Die seitens der DSGVO **betonten Instrumente der Selbstregulierung und Zertifizierung** öffnen Tür und Tor nicht nur für technische Standards, sondern auch für von einseitigen Interessen getriebene technische Lösungen, die dann über diese Instrumente als Maßstab des Datenschutzes eingeführt werden. Ihre **Kontrolle ist daher besonders wichtig.**

Viertens ist das Zusammenspiel zwischen Recht und Technik im Datenschutz eine Herausforderung für den   248
Prozess der Gestaltung neuer Technologien und Anwendungen. Hier springt die DSGVO zu kurz, weil sie zu wenige Anreize für eine datenschutzfreundliche (also das Recht absichernde, im Idealfall sogar „übererfüllende") Technikgestaltung enthält. Erforderlich sind – methodisch komplexe – Vorgehensmodelle zur **Überführung abstrakter normativer Anforderungen in konkrete technische Gestaltungsvorschläge**, um technischen Forschern und Entwicklern Leitlinien an die Hand zu geben und rechtliche Konflikte zu antizipieren und nach Möglichkeit zu vermeiden.[595] Nur wenn diese in die Praxis überführt werden, haben Verantwortliche, Auftragsverarbeiter, aber auch die betroffenen Personen selbst die Möglichkeit, selbstbestimmt über den Einsatz datenschutzkonformer Technologie zu entscheiden. Es ist deshalb zu bedauern, dass die DSGVO die **Hersteller von Systemen und Verfahren** zu wenig in den Blick nimmt und an den entscheidenden Stellen (zB Artt. 32, 42) **nur mittelbar** adressiert (→ Art. 32 Rn. 16 f.; → Art. 42 Rn. 19). Damit bleibt es im Wesentlichen dem Vertrags- und Haftungsrecht und damit auch dem Machtverhältnis zwischen Herstellern und Verwendern überlassen, inwieweit hier an der Wurzel datenschutzfreundliche Services entwickelt werden. Das Anliegen des Datenschutzrechts, informationelle und technisch bedingte Machtungleichgewichte zu verhindern, wird so nicht beachtet.

Fünftens ist das Datenschutzrecht als – neben dem Urheberrecht und dem Informationszugangsrecht – zen-   249
trales Informationsumgangsrecht zwar angesichts der umfassenden Veränderungen durch die Digitalisierung in besonderer Weise herausgefordert. Gleichzeitig ist aber zu konstatieren, dass das Datenschutzrecht seine Wurzeln im Technik-, Technikfolgen- und Technikregulierungsrecht findet. Es ist somit eingebettet in

---

591 Diese rechtliche Absicherung ist auch geeignet, den grds. Bedenken gegen eine zu starke Verlagerung der Schutzinstrumente auf Selbstdatenschutz und Systemdatenschutz zu begegnen; s. dazu Simitis/*ders.* Einl. Rn. 113ff.
592 Dazu umfassend *Roßnagel* ZD 2018, 243.
593 Zur rechtlichen Verankerung und zu technischen Umsetzungsmöglichkeiten s. *Johannes/Roßnagel*, Der Rechtsrahmen für einen Selbstschutz der Grundrechte in der Digitalen Welt, 2016.
594 *Lessig*, Code and other Laws of Cyberspace, 1999.
595 Zu Beispielen einer Umsetzung dieses Ansatzes im Bereich des technischen Datenschutzes nach der Methode KORA (Konkretisierung rechtlicher Anforderungen) s. *Roßnagel* in: Eifert/Hoffmann-Riem (Hrsg.), Innovation, Recht und öffentliche Kommunikation, 2011, 41ff.

Hornung/Spiecker gen. Döhmann   225

ein grundlegendes Verständnis des Miteinanders von Technik und Recht. Dazu gehört auch, dass **rechtliche Regulierung** zwar Impulse für die technische Entwicklung und auch deren Ausrichtung setzen kann, zwangsläufig aber **der technischen Innovationskraft häufig nachfolgt**, um deren negativen Folgen zu begrenzen.[596] Dies entspricht einem freiheitlichen Verständnis der Rechtsordnung, die nur ausnahmsweise technische Entwicklungen vollständig unterbricht oder beendet.[597]

250   **c) Konkretisierung der abstrakten Vorgaben der DSGVO.** Die DSGVO enthält eine Vielzahl neuer, begrüßenswerter und innovativer Instrumente im Bereich technisch-organisatorischer Verfahren,[598] für die Abstimmung im EDSA und insbes. auf der Ebene der Sanktionen.[599] Demgegenüber sind die **materiellrechtlichen Anforderungen** nur auf einer **außerordentlich abstrakten Ebene** geregelt und wirken auf den unbefangenen Beobachter nicht wie eine Verordnung, sondern wie eine Richtlinie.[600] Dies wird beispielsweise beim Vergleich zwischen Art. 7 DSRL und Art. 6 deutlich.

251   Die Interessenabwägung nach **Art. 6 Abs. 1 UAbs. 1 lit. f** ist beispielsweise die wichtigste materiellrechtliche Vorgabe für ganze Wirtschaftszweige wie die Werbeindustrie (→ Anh. 3 zu Art. 6 Rn. 1ff.), Datenverarbeitung in Sozialen Netzwerken (→ Art. 6 Abs. 1 Rn. 129ff.) oder für eingriffsintensive Überwachungstechnologien wie moderne Videoüberwachungsanlagen (→ Anh. 1 zu Art. 6 Rn. 1ff.). **Inhaltliche Aussagen** für die Zulässigkeit – noch weniger für die Gestaltung – dieser Anwendungen lassen sich der Norm ganz **offensichtlich nicht entnehmen.** Die unter der DSRL erfolgten Konkretisierungen in den Mitgliedstaaten, auch wenn sie durchaus unterschiedlicher Ausprägung waren, sind von der DSGVO gerade nicht aufgenommen worden. Bis sich eine Konkretisierung herauskristallisiert hat, bedeutet dies einen erheblichen Rückschritt und große Rechtsunsicherheit für alle Beteiligten. Gleichzeitig liegt darin die Gefahr, dass die Erfolge der DSGVO für den Datenschutz auf diese Weise wieder schleichend rückgängig gemacht oder aufgegeben werden.

252   Für die erforderliche Konkretisierung der Bestimmungen der DSGVO kommt eine **Vielzahl von Akteuren** in Betracht: die Gesetzgeber der Mitgliedstaaten, die KOM, nationale und europäische Gerichte, Aufsichts- und sonstige Behörden, der EDSA, Verantwortliche oder Gruppen von Verantwortlichen sowie die betroffenen Personen und deren Zusammenschlüsse. Diese Gemengelage der konkretisierenden Akteure kann demokratietheoretisch durchaus als problematisch angesehen werden.

253   In der Praxis wird sich mutmaßlich ein **komplexes Geflecht verschiedener Konkretisierungsleistungen** herausbilden. Dieses besteht aus:

- Bereichsspezifischen Konkretisierungen des Unionsgesetzgebers (zB durch die geplante ePrivacyVO, daneben durch spezielle Regelungen wie die eIDAS-VO)
- Bereichsspezifische Konkretisierungen der nationalen Gesetzgeber im Rahmen der Öffnungsklauseln (und – bis zu einer Kontrolle durch den EuGH – über diese hinaus)[601]
- Tertiäre Rechtsetzung durch die KOM in den wenigen Fällen, in denen dies nach dem Trilog-Kompromiss noch möglich ist[602]
- Konkretisierungen durch die aufsichtsbehördliche Praxis auf mitgliedstaatlicher Ebene und insbes. durch die unionsweit verbindlichen Beschlüsse des EDSA
- „weiche" Konkretisierungen des EDSA durch Stellungnahmen, Leitlinien und Empfehlungen
- Gerichtliche Konkretisierungen auf mitgliedstaatlicher Ebene sowie durch den EuGH, sobald dieser mit Fällen aus der Datenverarbeitungspraxis, mit dem Handeln der Aufsichtsbehörden und mit der Frage befasst wird, ob die Mitgliedstaaten sich bei der Regulierung an die Grenzen der Öffnungsklauseln halten

---

596   Vgl. etwa *Hoffmann-Riem*, Innovation und Recht – Recht und Innovation, 2016, S. 197ff.; *Spindler/Thorun* MMR-Beil. 2016, 1 (6, 9); *Collin* in: Darnacutella i Gardella/Esteve Pardo/ Spiecker gen. Döhmann (Hrsg.), Strategien des Rechts im Angesicht von Ungewissheit und Globalisierung, 2015, 280 ff.

597   *Spiecker gen. Döhmann*, Staatliche Entscheidungen unter Unsicherheit, i.E. 2019; *dies.*, in: Darnacutella i Gardella/Esteve Pardo/ Spiecker gen. Döhmann (Hrsg.), Strategien des Rechts im Angesicht von Ungewissheit und Globalisierung, 2015, 43 (57ff.) mwN.

598   Etwa hinsichtlich der Transparenzvorgaben (Art. 12ff.), der Sicherheit der Verarbeitung (Art. 32), der Meldepflichten (Art. 33 f.), der Datenschutz-Folgenabschätzung (Art. 35), aber auch bei fakultativen Instrumenten wie Verhaltensregeln (Art. 40 f.) und Zertifizierung (Art. 42 f.).

599   Zu den folgenden Überlegungen s. bereits *Hornung* in: Roßnagel/Friedewald/Hansen (Hrsg.), Die Fortentwicklung des Datenschutzes, 2018, iE.

600   Zur Kritik zB Gierschmann/Schlender/Stentzel/Veil/*Buchholtz/Stenzel* Art. 1 Rn. 8ff.; *Kühling/Martini* EuZW 2016, 448 (449); sa *Kühling* NJW 2017, 1985.

601   S. zur Frage, ob das BDSG nF sich innerhalb der Öffnungsklauseln der DSGVO bewegt zurückhaltend und mwN *Greve* NVwZ 2017, 737 (743 f.); zu den Strategien einer Ausdehnung des mitgliedstaatlichen Handlungsspielraums *Hornung* in: Roßnagel/Friedewald/ Hansen (Hrsg.), Die Fortentwicklung des Datenschutzes, 2018, iE.

602   Delegierte Rechtsakte finden sich nur noch in Artt. 12 Abs. 8, 43 Abs. 8, Durchführungsrechtsakte in Artt. 28 Abs. 7, 40 Abs. 9, 43 Abs. 9, 45 Abs. 3, Abs. 5 UAbs. 1, 46 Abs. 2 lit. c und d, 47 Abs. 3, 61 Abs. 9 und 67.

- Konkretisierungen durch regulierte Selbstregulierung, insbes. durch Verhaltensregeln nach Artt. 40 f. und Zertifizierungen nach Artt. 42 f.

Das Gesamtbild ist sogar **noch komplexer**. Erstens ist zu berücksichtigen, dass die genannten Akteure zum Teil auch durch nicht unmittelbar auf eine Normkonkretisierung bezogene Handlungen Einfluss auf die Auslegung der DSGVO nehmen können. Vorstellbar ist beispielsweise, dass völkerrechtliche Vereinbarungen zum Datenschutz (insbes. durch die KOM) auf die Interpretation und Auslegung der DSGVO rückwirken. Mittelbare Rückwirkungen können sich auch aus nationalen Regelungen zu angrenzenden Fragen ergeben. Wenn beispielsweise ein Mitgliedstaat (zulässigerweise) die Videoüberwachung durch öffentliche Stellen spezifisch regelt, liegt es nahe, dass sich die Akteure dieses Mitgliedstaats auch für die nach Art. 6 Abs. 1 UAbs. 1 lit. f zu beurteilende private Videoüberwachung an einer solchen Regelung orientieren werden, auch wenn eine explizite Regelung dieser Art durch den Mitgliedstaat europarechtswidrig wäre. Zweitens treten zusätzliche Akteure hinzu, die zwar nicht unmittelbar die DSGVO konkretisieren, wohl aber einen Rahmen für die Konkretisierung setzen. Dies trifft beispielsweise auf den EGMR zu, der über Art. 52 Abs. 3 S. 1 GRCh Einfluss auf die Rspr. des EuGH nimmt (→ Rn. 164). Drittens erbringen auch die unmittelbar für die Verarbeitung Verantwortlichen und weitere Beteiligte „softe" Konkretisierungsleistungen, die zwar weder Aufsichtsbehörden noch Gerichte binden, aber erhebliche faktische Festlegungen bewirken können. Dies betrifft Konkretisierungen durch eine allgemeine Praxis sowie verbreitete Informationsdienstleistungen und Datenverarbeitungen, die rechtlich kaum noch rückgängig zu machen sein dürften. Auch technische Leitlinien durch internationale Standardisierungen spielen eine Rolle; sie können eigenständige europäische Vorgaben schon in ihrer Entwicklung beeinflussen. Schließlich können wirtschaftlich mächtige Akteure Regeln entwickeln, die über Vertragsbedingungen Vorgaben für die Ausgestaltung der Verarbeitung und die Ausfüllung der Anforderungen der DSGVO machen. Dies könnte zB durch die Versicherungswirtschaft erfolgen, wenn diese Standards für die Versicherbarkeit datenschutzbezogener Risiken setzt.

Alle diese Akteure unterliegen **verschiedenen, und zwar ihren jeweils eigenen, Handlungsrationalitäten**:[603] Nationale Parlamente operieren nach demokratischen, entschleunigenden Verfahrensanforderungen zur Allgemeinwohlsicherung, Gerichte zielen auf einzelfallorientierte Konfliktentscheidung, Behörden verfolgen je nach Selbstverständnis und politischen Vorgaben interventionistische oder deregulierende Zielsetzungen, Verantwortliche unterliegen dem Druck von wirtschaftlicher Gewinnmaximierung oder behördlicher Aufgabenerfüllung; Verbände verfolgen die Interessenmaximierung der Mitglieder, die sie vertreten. Die letztverbindliche Konkretisierungsentscheidung durch **Gerichte** muss dabei nicht unbedingt nachteilhaft sein. Gerichtliche Verfahren eröffnen – ein entsprechendes Entscheidungsverhalten vorausgesetzt – die Möglichkeit, durch eine konsistente Rechtsprechung Vorgaben für die Praxis zu entwickeln und zugleich angemessene Einzelfallentscheidungen zu treffen. Sie erlauben außerdem aufgrund ihrer Einzelfallorientierung bei gleichzeitiger Ausstrahlungswirkung eine Diskussion in Gang zu setzen, durch die schwierige Abwägungsfragen vorstrukturiert und vordiskutiert werden können.[604] Als **problematisch** dürften sich allerdings gleich **drei Faktoren** erweisen: der teilweise erhebliche **Zeitraum** bis zum Beginn eines klärenden Gerichtsverfahrens[605] sowie für die finale Entscheidung, die **kapazitären Beschränkungen** des EuGH sowie dessen **Urteilstechnik**, die oftmals nur den konkreten Fall entscheidet, ohne Rechtsanwendern Leitlinien für vergleichbar gelagerte Fälle zu geben.

Insbes. die zeitlichen Beschränkungen und das fehlende Initiativrecht der Gerichte verlagert die Konkretisierungskompetenz auf andere Akteure. Die **regulierte Selbstregulierung** durch Verhaltensregeln und Zertifizierungen würde ein weites Spektrum für bereichsspezifische Konkretisierungen durch Verantwortliche und ihre Verbände eröffnen. Dies wird durch die Einbeziehung externer Privater in die Kontrolle erweitert. Diese ist sowohl bei der Einhaltung von Verhaltensregeln (Kontrolle gemäß Art. 41) als auch bei der Zertifizierung (private Zertifizierungsstellen nach Art. 43) und schließlich bei der in Art. 37 Abs. 6 vorgesehenen Möglichkeit der Bestellung externer Datenschutzbeauftragter vorgesehen. Die damit verbundenen Interessenkollisionen zwischen einerseits Überwachungsaufgabe und andererseits wirtschaftlicher Notwendigkeit, dem Auftraggeber möglichst wenige datenschutzrechtliche Hürden in den Weg zu stellen, um weiterhin mit der Aufgabenerfüllung betraut zu werden, liegen auf der Hand[606] und dürften der Verwirklichung der Ziele der DSGVO nicht unbedingt förderlich sein.

254

255

256

---

603 S. zum Folgenden *Hornung* in: Roßnagel/Friedewald/Hansen (Hrsg.), Die Fortentwicklung des Datenschutzes, 2018, iE.

604 Am Beispiel Google Spain etwa *Spiecker gen. Döhmann* CMLR 2015, 1033 (1046ff.).

605 S. nur EuGH C-582/14, NJW 2016, 3579 – Breyer/Deutschland, in der das Gericht 19 Jahre (!) nach Verabschiedung von § 6 TDDSG 1997 (BGBl. I, 1870, 1871) die Nachfolgeregelung in §§ 12, 15 TMG zur Zweckbindung für mit Art. 7 lit. f DSRL unvereinbar erklärte. Ähnlich der Ablauf im Falle der Safe Harbor-Entscheidung der KOM von 2000, die erst 2015 aufgehoben wurde (EuGH C-362/14, NJW 2015, 3151 – Schrems/Data Protection Commissioner).

606 Zu der gleichgelagerten Problematik bei den Rating-Agenturen, die wesentlich zur Entstehung der Finanzkrise beigetragen hat, s. zB *Bauer*, Ein Organisationsmodell zur Regulierung der Rating-Agenturen, 2009.

257 Bisher sind noch keine größeren Aktivitäten in Richtung Verhaltensregeln und Zertifizierung erkennbar. In der Praxis wird sich deshalb jedenfalls zunächst der **EDSA als mächtiger Akteur der Konkretisierung** erweisen. Der lange Aufgabenkatalog in Art. 70 symbolisiert die Zuständigkeit für viele materiell- und verfahrensrechtliche Bereiche der Verordnung. Mit dem **Kohärenzverfahren** besteht auch die Möglichkeit, verbindliche Mehrheitsbeschlüsse zur Anwendung des neuen Datenschutzrechts in den Mitgliedstaaten zu fällen und damit wegweisende Akzente zu setzen. Zwar können die Beschlüsse des Ausschusses gerichtlich kontrolliert werden.[607] Mit Blick auf die beschriebenen Beschränkungen dieser gerichtlichen Kontrolle spricht aber dennoch viel dafür, dass die entscheidenden Weichenstellungen für das europäische Datenschutzrecht künftig im Ausschuss gefällt werden. Die damit verbundenen **Legitimationsfragen** bedürfen allerdings weiterer Untersuchung.[608]

258 **d) Das Verhältnis der DSGVO zur internationalen Entwicklung.** In den Ratsberatungen und im Trilog ist deutlich geworden, dass es in Europa nach wie vor erheblich divergierende Auffassungen gibt, welches Maß an Datenschutz, welche Betonung konfligierender Interessen sowie welcher Detaillierungsgrad der rechtlichen Regulierung grundsätzlich und im Einzelfall angemessen ist. Die **Unterschiede zwischen Europa und anderen Regionen** dieser Welt sind freilich ungleich größer. Die USA haben sowohl traditionell als auch aktuell völlig andere Vorstellungen vom Gewicht des Datenschutzes, die sich exemplarisch an der Betonung der Meinungsfreiheit, wirtschaftlicher Interessen und staatlicher Überwachungstätigkeit zeigen. Dies hängt wesentlich damit zusammen, dass keine Vorstellung von einem allgemeinen Datenschutz besteht, sondern dieser in hohem Maße bereichsspezifisch ausgestaltet ist, so dass die Wurzel des Datenschutzrechts weniger wie in Europa im Persönlichkeitsrecht, denn im Hausfriedensbruch („trespass") verankert wird. Mit China drängt daneben ein Akteur immer weiter nach vorne, der zumindest im staatlichen Bereich überhaupt kein Datenschutzrecht europäischer Prägung (wie allgemein keine Grundrechte) kennt.[609] Ohne den individuellen Ausprägungen des historisch, rechtlich und geographisch divers gewachsenen asiatischen Rechtsraums im Einzelnen Rechnung tragen zu können, lässt sich immerhin beobachten, dass in diesem zunehmend ein Bewusstsein für den Datenschutz entsteht, ohne dass sich aber bereits bestimmen ließe, in welche Richtung dieses weist.[610] Ähnlich unentschieden erscheinen der afrikanische und südamerikanische Raum, wo zum Teil kaum, zum Teil am europäischen, zum Teil am US-amerikanischen Verständnis entlang datenschutzrechtliche Vorstellungen entwickelt werden.[611] So ist jüngst in Brasilien ein Datenschutzrecht angelehnt an die DSGVO verabschiedet worden.[612]

259 Nationale oder regionale Datenschutzgesetze kommen in der globalisiert-vernetzten Welt nicht umhin, sich zu Datenschutzgesetzen anderer Staaten zu verhalten.[613] Die DSGVO adressiert dieses Problem va an zwei Stellen. Zum einen enthält Art. 3 Abs. 2 mit dem **Marktortprinzip** einen sowohl intuitiv als auch rechtssystematisch überzeugenden Regelungsansatz (→ Art. 3 Rn. 39ff.). Diesen kann man schlagwortartig so zusammenfassen: Wer in der EU Geschäfte machen will, soll sich auch an die hier geltenden Regeln halten. Das Marktortprinzip schließt sich damit einem Kollisionsrecht an, wie es auch für andere Produkte und Dienstleistungen gilt: Wer in der EU Chemikalien auf den Markt bringen will, muss europäisches Chemikalienrecht beachten; wer in der EU Autos verkaufen will, muss sich europäischem Zulassungsrecht unterwerfen. Zum anderen binden die Artt. 44ff. die **Übermittlung an andere Staaten und internationale Organisationen** grundsätzlich an ein dort geltendes **angemessenes Datenschutzniveau** (Art. 45), verlangen also die Einhaltung grundsätzlicher europäischer Standards auch im Drittstaat, auch wenn keine exakte Identität gefordert wird. Auch bei den Ausnahmen (Art. 46ff.) gilt gemäß Art. 44 S. 2, dass das durch die DSGVO gewährleistete Schutzniveau für natürliche Personen „nicht untergraben" werden darf.

260 Beide Instrumente sind machtvolle Werkzeuge zur **Exportierung normativer Standards.** Dies ist bereits jetzt daran erkennbar, dass während der Übergangszeit bis zum Wirksamwerden der DSGVO mehrere Länder damit begonnen haben, einen Überarbeitungsbedarf ihres Datenschutzrechts zu identifizieren, um einen

---

607 Dies gilt auch durch die Gerichte der Mitgliedstaaten, sodass bis zu einer Klärung durch den EuGH wiederum die Gefahr divergierender nationaler Rechtspraktiken entsteht.

608 Krit. zB Gierschmann/Schlender/Stentzel/Veil/*Buchholtz/Stenzel* Art. 1 Rn. 16.

609 Anders tlw. im privaten Bereich, zB beim Kunden- bzw. Verbraucherdatenschutz (*Ma/Roth* RIW 2014, 355; *Binding* ZD 2014, 327), ansatzweise auch beim Beschäftigtendatenschutz (*Kramer* DSB 2012, 15).

610 Zu Korea s. *Bier* DuD 2013, 457; zu Japan *Geminn/Fujiwara* ZD 2016, 363; *Hoeren/Wada* ZD 2018, 3; *Geminn/Laubach/Fujiwara* ZD 2018, 413.

611 Für einen Rechtsvergleich am Beispiel des Profiling s. *Spiecker gen. Döhmann et. al.* EDPL 2016, 535.

612 Bundesgesetz Nr. 13.709/2018, inoffizielle englische Version unter https://www.pnm.adv.br/wp-content/uploads/2018/08/Brazilian-General-Data-Protection-Law.pdf.

613 Zum Problem der internationalen Regulierung des Datenschutzes zB *v. Arnauld* in: Dethloff/Nolte/Reinisch, Freiheit und Regulierung in der Cyberwelt – Rechtsidentifikation zwischen Quelle und Gericht, 2016, 1.

Hornung/Spiecker gen. Döhmann

Angemessenheitsbeschluss der KOM nach Art. 45 zu ermöglichen.[614] Insbes. für Staaten mit engen wirtschaftlichen Verflechtungen zur EU wird dies von erheblicher Attraktivität sein – umso mehr, wenn sie als eine Art verlängerte Werkbank für datenintensive Verarbeitungsprozesse von Unternehmen mit Sitz in der Union dienen.

Eine solche Übernahme europäischer Standards wirft eine Vielzahl von Problemen auf, die bislang nur unzureichend identifiziert, geschweige denn gelöst sind. Dies beginnt bereits bei einem Durchdringen der jeweiligen Rechtsordnung und ihrer inhärenten Kontroll- und Durchsetzungsmechanismen, die eine **sehr hohe Rechtskenntnis der anderen Rechtsordnung voraussetzen**. Das Beispiel des Safe Harbor Agreements und jetzt Privacy Shields mit den USA zeigt dies eindrucksvoll: Beim Safe Harbor Agreement scheiterte die Angemessenheit letztlich nicht an einer vom Gericht geprüften und bejahten Unangemessenheit der datenschutzrechtlichen Regelungen, sondern schon an deren fehlender Kontroll- und gerichtlichen Überprüfungsmöglichkeit; beim Privacy Shield wird dagegen weitergehend die unverändert fortbestehende sehr weite Zugriffsmöglichkeit der Sicherheitsbehörden durch Drittgesetze und die gleichfalls weiterhin fehlende direkte Zugangsmöglichkeit europäischer Betroffener zu den amerikanischen Gerichten bemängelt (→ Art. 45 Rn. 69 f.). Diese – oder auch je nach Rechtsordnung andere – Angemessenheitsprobleme sind nur bei sehr genauer Kenntnis nicht nur der Rechtsregeln, sondern auch ihrer konkreten Umsetzung und Durchsetzung bis hin zu den prozessualen Regelungen im Drittstaat erkennbar. Erforderlich sind daher va **völlig neuartige Kontrollstrukturen**, weil die europäischen Aufsichtsbehörden faktisch (und vielfach auch rechtlich) daran gehindert sind, Prüfungen in Drittländern durchzuführen und ihnen dafür auch die fachlichen Kompetenzen fehlen. Eine Möglichkeit könnte die Einholung gezielter rechtsvergleichender Gutachten sein, wie sie derzeit bereits von den nationalen Gerichten zB im Familien- oder Erbrecht von MPIs oder Professoren angefordert werden. 261

Daneben müssen Lösungen für das Problem der **drohenden Weiterübermittlung** in Länder ohne angemessenes Schutzniveau gefunden werden. Hier könnten zB in besonderer Weise technische Schutzvorkehrungen die Schwierigkeit einer auf rechtlichen Instrumenten basierenden Kontrolle beheben (→ Rn. 244ff.). Unklar ist auch die **Vollstreckung europäischer Maßnahmen und Sanktionen** der Aufsichtsbehörden bei Verantwortlichen ohne Niederlassung und ohne Vermögen innerhalb der EU. Ein Rückgriff auf Vollstreckungsabkommen scheitert regelmäßig daran, dass diese nur zivilgerichtliche Ansprüche erfassen. Problematisch ist zudem, wie mit entgegenstehenden gerichtlichen Entscheidungen außerhalb der EU umgegangen werden soll: Vorstellbar ist, dass ein Nicht-EU-Unternehmen ein günstiges Urteil über die Zulässigkeit seiner Datenverarbeitung durch ein Nicht-EU-Gericht erreicht und dieses Urteil nach den allgemeinen Regeln zur Anerkennung ausländischer Gerichte zu beachten wäre. Eine Reihe weiterer, besonders aus dem Zivilprozessrecht bereits bekannter, Problembereiche wird sich zukünftig auch für die Durchsetzung der DSGVO insbes. durch die betroffene Person stellen; dazu gehört nicht zuletzt die Frage des anwendbaren Prozessrechts einschließlich vorprozessualer Handlungen wie etwa der Discovery, aber auch die Erstattung von Anwaltskosten im Erfolgsfall (die eine erhebliche Auswirkung auf die Klageneigung hat), die Initiierung und Durchführung von Massenklageverfahren nach ausländischem Prozessrecht, die Reichweite der Regelung des Art. 80 auf internationale Verfahren etc. 262

Schließlich stellen sich (**auch völkerrechtliche**) **Legitimationsfragen** angesichts der territorialen Reichweite der DSGVO. Im Verhältnis zu den USA und ihrer Wirtschaftsmacht aufgrund der dort beheimateten **Oligopole der Internet- und Informationsdienstleistungswirtschaft** und den **ausufernden nachrichtendienstlichen Datenerhebungen** lässt sich praktisch jedes Beharren auf europäischen Standards mit notwehrähnlichen Argumenten zum gebotenen Schutz der EU-Bürger rechtfertigen. In Bezug auf Anbieter aus Staaten, die im Verhältnis zur EU in einer unterlegenen Position sind und praktisch keine Alternative zur Übernahme der europäischen Standards haben, sieht dies völlig anders aus. 263

5. Die Anwendung der DSGVO. Für die Anwendung der DSGVO ist zum einen ihr **Verhältnis zu anderen Rechtsvorschriften**, zum anderen die Methode ihre **Auslegung** zu klären. Andere Rechtsvorschriften auf Unionsebene enthält zum einen das Primärrecht (→ Rn. 156ff.), dem die DSGVO entsprechen muss und das Auslegungsvorgaben für die Anwendung enthält. Zum anderen bestehen sekundärrechtliche Vorschriften, die teilweise wie die JI-Richtlinie (→ Rn. 215ff.) komplementär, teilweise spezieller Natur sind (→ Rn. 218ff.). 264

Das Verhältnis zum Recht der Mitgliedstaaten wird durch den **Anwendungsvorrang des Unionsrechts** bestimmt. Dieser ist in Grenzbereichen umstritten, grundsätzlich jedoch allgemein anerkannt, da es ohne ihn 265

---

614 Dies betrifft zB Japan und Indien, die sich an der DSGVO orientieren, vgl. *Selmayr* ZD 2018, 197. Anfang September 2018 gab die KOM bekannt, dass das Verfahren zur Annahme der Angemessenheitsfeststellung für Japan eingeleitet wurde. Daneben hat Brasilien im August 2018 ein Datenschutzrecht verabschiedet, das sich an die DSGVO anlehnt.

keinen einheitlichen Rechtsraum in der Union geben würde.[615] Die DSGVO geht also wie andere europäische Rechtsakte im Grundsatz jedem mitgliedstaatlichen Recht – auch den nationalen Verfassungen – vor. Nationales Recht muss nicht aufgehoben werden, tritt aber im Einzelfall zurück, sofern ein Konflikt vorliegt. Ob dies der Fall ist, ist im Wege der Auslegung beider Rechtsakte unter Berücksichtigung der Möglichkeiten europarechtskonformer Auslegung des nationalen Rechts zu ermitteln.[616]

266 Nur in extremen Ausnahmefällen sind von diesen Regeln Ausnahmen zu machen, deren konkrete Reichweite umstritten und beständig in Veränderung ist. Das BVerfG reklamiert seit der Solange-II-Entscheidung einen allgemeinen Kontrollvorbehalt im Falle eines prinzipiellen Absinkens der europäischen Grundrechtsstandards,[617] der va nach Inkrafttreten der GRCh und der vermehrten Aktivitäten des EuGH als Verfassungsgericht[618] kaum noch vorstellbar ist. Speziell zum grundrechtlichen Datenschutz hat der EuGH in jüngerer Zeit eine Rechtsprechung entwickelt, die sicher nicht hinter der des BVerfG zurückbleibt.[619] Daneben soll es in zwei Fallgruppen die Möglichkeit einer Kontrolle europäischen (Sekundär-)Rechts vor dem BVerfG geben, nämlich zum einen bei sog. „ausbrechenden Rechtsakten" (**ultra-vires-Kontrolle**), zum anderen im Falle der Verletzung der **Verfassungsidentität** der Bundesrepublik.[620] Beides ist **durch die DSGVO nicht gegeben.**

267 Die eigentliche Herausforderung liegt in der Frage, wann tatsächlich ein **Konflikt zwischen DSGVO und nationalem Recht** vorliegt. Hierzu wird zT sehr weitgehend vertreten, dies sei nicht der Fall, solange kein expliziter Widerspruch vorliege, sondern nur eine Präzisierung unbestimmter Rechtsbegriffe, eine Konkretisierung ausfüllungsbedürftiger Vorgaben, die Ergänzung unvollständiger Regelungen oder die Schließung von Regelungslücken, ohne das Regelungsziel der Verordnung zu verletzten.[621] Dem wird man nur teilweise und nur mit Blick auf die konkrete Regelung zustimmen können. Ein hoher Abstraktionsgrad einer Bestimmung kann nämlich vom Unionsgesetzgeber auch exakt so und als abschließend gewollt sein und eine bewusste Entscheidung gegen detaillierte Normen, dh für eine Konkretisierung durch die Rechtsanwender (→ Rn. 250ff.), darstellen. Für den nationalen Gesetzgeber bleibt dann gerade kein Raum mehr, so dass er sich europarechtswidrig verhielte, wenn er gleichwohl Konkretisierungen vornähme. Dieser Umstand ist zwar rechtspolitisch zu kritisieren,[622] wie überhaupt die hohe Abstraktion der DSGVO gerade in materiellrechtlichen Fragen wenig glücklich ist (→ Rn. 250), muss aber gleichwohl als Wille des europäischen Gesetzgebers bei der Rechtsanwendung berücksichtigt werden. Eine Grenze für den Abstraktionsgrad bilden **rechtsstaatliche Bestimmtheitsanforderungen**, die aber nicht nach nationalen Verfassungsvorgaben oder Rechtstraditionen, sondern am Maßstab von Art. 49 Abs. 1 S. 1 GRCh zu bestimmen sind. Nur weil eine nationale Norm eine solche der DSGVO „ergänzt", ist sie deshalb noch nicht zulässig.

268 Die Bestimmungen der DSGVO sind **autonom, dh nach europäischen Maßstäben auszulegen.**[623] Ein direkter Rückgriff auf das bisherige nationale Recht verbietet sich und läuft Gefahr, einen wesentlichen gesetzgeberischen Anlass zu unterlaufen, nämlich die divergierende Umsetzung der DSRL in den Mitgliedstaaten (EG 9) zu beheben. Dies schließt freilich in keiner Weise aus, eine Auslegung bisheriger nationaler Normen auch für die DSGVO zu übernehmen, sofern die fortbestehende Validität der Argumente geprüft wurde. In vielen Fällen wird sogar alles dafür sprechen, derartige **Argumente fortzuführen**, weil die DSGVO zwar neue Instrumente und Anforderungen enthält, wesentliche Grundzüge des Datenschutzrechts aber übernimmt und lediglich fortschreibt. Vor allem hat die DSGVO gerade keine Abkehr von den inhaltlichen Überzeugungen und Grundprinzipien vorgenommen (→ Rn. 212). Auch bisher stärker detaillierte nationale Rechtsnormen wie §§ 28ff. BDSG aF können Anhaltspunkte für die Interpretation abstrakter gefasster Regeln wie Art. 6 Abs. 1 UAbs. 1 lit. f bieten, jedenfalls solange sich noch keine einheitliche europäische Auslegung dazu herausgebildet hat, etwa durch Stellungnahmen des EDSA (→ Rn. 252ff.). Ebenso wie die schlichte Übernahme bisheriger Argumente und Strukturen verbietet sich also auch der Umkehrschluss:

615 St. Rspr. seit EuGH, Rs. 6/64, Slg. 1964, 1251 (1269 f.) – Costa/ENEL; sa Rs. 11/70, Slg. 1970, 1125 Rn. 3 – Internationale Handelsgesellschaft; Rs. C-399/11, NJW 2013, 1215 Rn. 59ff. – Melloni; das BVerfG hat diese Sicht akzeptiert, s. BVerfGE 126, 286 (301 ff.); näher Calliess/Ruffert/*Ruffert* AEUV Art. 1 Rn. 16ff. mwN.

616 Calliess/Ruffert/*Ruffert* AEUV Art. 1 Rn. 24; *Nettesheim* AöR 119 (1994), 161 (267ff.); *Gänswein*, Der Grundsatz unionsrechtskonformer Auslegung nationalen Rechts, 2009.

617 BVerfGE 73, 339.

618 S. dazu *Spiecker gen. Döhmann/Eisenbarth* JZ 2011, 169 (175 f.); *Spiecker gen. Döhmann* CMLR 2015, 1033 (1055 f.).

619 In manchen Punkten geht der Schutz eher weiter, zB zur Vorratsspeicherung von TK-Daten, s. EuGH C-293, 594/12, NJW 2014, 2169; C-203/15 ua, NJW 2014, 2169 gegenüber BVerfGE 125, 260; sa *Skouris* NVwZ 2016, 1359 (1364).

620 BVerfGE 89, 155; 113, 273; 123, 267; 126, 286.

621 Roßnagel/*ders.*, Europ. DSGVO, § 1 Rn. 32, § 2 Rn. 10ff., 15ff.; *ders.* DuD 2017, 290; aA Schantz/Wolff/*Wolff*, Rn. 216.

622 S. zB Roßnagel/*ders.*, Europ. DSGVO, § 1 Rn. 29ff.; vgl. ferner *Kühling* NJW 2017, 1985 f.

623 Zu den Grundlagen s. zB *Martens*, Methodenlehre des Unionsrechts, 2014; *Riesenhuber* (Hrsg.), Europäische Methodenlehre, 3. Aufl. 2015; zur Notwendigkeit eines einheitlichen Begriffsverständnisses s. EuGH C-34/10, EuZW 2011, 908 Rn. 25 mwN – Brüstle/Greenpeace.

Nur weil der Unionsgesetzgeber abstraktere Vorgaben gemacht hat, hat er sich nicht gegen bisherige Konkretisierungen gewandt.

Methodisch ähneln die va durch den EuGH entwickelten und praktizierten **Auslegungsregeln** weitgehend denjenigen des deutschen Rechts. In der Rspr. erlangen allerdings systematische und teleologische Argumente eine besondere Bedeutung,[624] während insbes. das Wortlautargument zurücktritt.[625] Ersteres betrifft va die Berücksichtigung des **effet utile**,[626] also der Maßgabe, dass dem Unionsrecht durch die Auslegung größtmögliche praktische Wirksamkeit zu verschaffen ist. Für die DSGVO bedeutet dies angesichts der Grundrechtsrelevanz des Datenschutzrechts insbes., dass den grundrechtlichen Maßstäben der Artt. 7, 8 GRCh eine erhebliche Relevanz zukommt und der Schutz der betroffenen Personen nicht nur auf dem Papier bestehen darf, sondern in der Praxis effektiv umgesetzt werden muss.

Angesichts ihres erheblichen textlichen Umfangs und ihrer Detailtiefe nehmen die **EG eine wichtige Bedeutung** für die Auslegung des Normtexts der DSGVO ein.[627] Anders als in den Artikeln finden sich hier auch Aussagen zu bestimmten Technologien und Geschäftsmodellen. In mehreren Fällen wurden außerdem Vorschläge einzelner Akteure des Gesetzgebungsprozesses für gesetzliche Bestimmungen in die EG verschoben, wenn kein echter Konsens erzielt werden konnte. Damit dürfte die Hoffnung der jeweiligen Gegner verbunden gewesen sein, der Aussage an Durchschlagskraft zu nehmen. Ob sich dies bewahrheitet, ist angesichts der Unbestimmtheit vieler Aussagen des Normtexts eher zu bezweifeln. Denn die EG weisen gegenüber anderen Gesetzesmaterialien eine herausgehobene Stellung auf; sie sind gewichtiger als etwa die Begründungen der Gesetzentwürfe im nationalen Recht. Ihre gesteigerte Bedeutung stammt auch daher, dass sie von den Akteuren mit verabschiedet werden und somit Teil der demokratischen Entscheidung sind. Rechtssystematisch dienen die EG der **kondensierten Wiedergabe der Entstehungsgeschichte** und sind oftmals nicht widerspruchsfrei. Sie veranschaulichen und begründen einzelne Normen und erläutern mitunter ihre Anwendung auf bestimmte Einzelfälle. Der Rechtsanwender kann sie deshalb als **Rechtserkenntnisquelle** verwenden. Sie weisen jedoch **keine Bindungswirkung** auf,[628] müssen deshalb insbes. im Falle eines Konflikts mit dem Normtext zurücktreten und können keinesfalls herangezogen werden, um von den Bestimmungen des betreffenden Rechtsakts abzuweichen.

Eine Besonderheit in der Auslegung europäischer Gesetzestexte kommt schließlich an mehreren Stellen auch für die DSGVO zum Tragen. Aufgrund der Gleichwertigkeit der nationalen Sprachen in der Union sind – zumindest in der Theorie – **alle Sprachfassungen gleichwertig** und für die Auslegung heranzuziehen.[629] In der Praxis ist dies schon aufgrund der Sprachbarrieren zwar unrealistisch. Zumindest die Hauptsprachen der EU und insbes. die englische Fassung sind jedoch immer dann zu berücksichtigen, wenn es um Wortlautargumente geht. Das Englische hat zwar nicht rechtlich, wohl aber faktisch eine hervorgehobene Stellung, weil der Trilog in ihm geführt und die einzelnen **Versionen aus dem Englischen** in die anderen Sprachen **übersetzt** wurden. Dies ist an einer ganzen Reihe von Textstellen nicht überzeugend gelungen, sodass sich durch **missverständliche oder sogar falsche Übersetzungen** einige Auslegungsprobleme anders darstellen als nach der deutschen Version. So werden in der deutschen Version Begriffe missverständlich vereinheitlicht, die im Englischen divergieren;[630] umgekehrt werden im Englischen einheitlich verwendete Begriffe in völlig unterschiedlicher Art und Weise übersetzt;[631] es finden sich abweichende Übersetzungen von Begriffen, die in den englischen Fassungen von DSRL und DSGVO einheitlich verwendet wurden;[632] bei der Übersetzung entfallen Begriffe, mit denen prima facie ganz erhebliche Bedeutungsunterschiede verbun-

269

270

271

624 Näher Grabitz/Hilf/Nettesheim/*Mayer* Art. 19 Rn. 53ff. mwN; dort auch zu Besonderheiten.
625 Vgl. statt vieler *Streinz* in: Giller/Rill, Rechtstheorie, 2011, 223 (241ff.) mwN.
626 Seit EuGH Rs. 8/55, Slg. 1955/56, 197 (312) – Fédération charbonnière de Belgique.
627 ZB Paal/Pauly/*Paal/Pauly* Einl. Rn. 10.
628 EuGH C-162/97, Slg 1998, I-7477 Rn. 54; C-136/04, Slg 2005, I-10095; C-345/13, EuZW 2014, 703.
629 S. schon EuGH C-283/81, NJW 1983, 1257 Rn. 18; näher Calliess/Ruffert/*Wichard* AEUV Art. 342 Rn. 17 f. mwN.
630 S. zB das englische „undertaking" in Art. 83 Abs. 4 und 5, das gerade nicht ein „enterprise" iSv Art. 4 Nr. 18 bezeichnet, im Deutschen aber in beiden Fällen mit „Unternehmen" übersetzt wird, was zu Auslegungsproblemen führt (→ Art. 4 Nr. 18 Rn. 5; → Art. 83 Rn. 41).
631 ZB das englische assess bzw. assessment, das in gleich vier verschiedenen Varianten auftaucht (beurteilen, bewerten, abschätzen und prüfen → Art. 32 Rn. 62).
632 So wird das englische „recording" für Art. 2 lit. b DSRL mit „Speichern", für Art. 4 Nr. 2 DSGVO aber mit „Erfassen" übersetzt. Ebenso „storage" (Art. 2 lit. b DSRL: „Aufbewahrung" in der DSRL, aber „Speicherung" in der DSGVO) und „use" (Art. 2 lit. b DSRL: „Benutzung" in der DSRL, aber „Verwendung" in der DSGVO).

den sind;[633] und mitunter wird der sprachliche Sinn durch manche Übersetzungen sogar völlig verzerrt.[634] Diese Konflikte sollten **nicht durch eine schlichte Übernahme der englischen Fassung** bereinigt werden,[635] diese wird allerdings ein **deutliches Indiz** für die Lösung darstellen. Wünschenswert wäre auch nach der Änderungsfassung vom April 2018[636] eine erneute Überarbeitung der deutschen (wie auch der sonstigen) Sprachfassung, um den Gleichlauf mit der englischen Fassung stärker zu verwirklichen.

272 Das **Letztentscheidungsrecht** über die Auslegung und das Verständnis der DSGVO und des mitgliedstaatlichen Rechts auf der Basis der Öffnungsklauseln steht dem **EuGH** zu. Es ist damit zu rechnen, dass dieser in einer Vielzahl von Fragen angerufen werden wird, denn es sind nicht nur eine Vielzahl unbestimmter Rechtsbegriffe, sondern auch dem Unions- und Datenschutzrecht bisher unbekannte Rechtsbegriffe verwendet worden. Überdies steht zu erwarten, dass die Rechtsstreitigkeiten angesichts der erweiterten Befugnisse einschließlich neuer Sanktionsmöglichkeiten der Aufsichtsbehörden, der nunmehr bestehenden Verbindlichkeit von Entscheidungen des EDSA im Kohärenzverfahren sowie der Erweiterung des Rechtsschutzes betroffener Personen zunehmen werden. Jedenfalls die bisher in Deutschland eher praktizierte **Zurückhaltung der Aufsichtsbehörden**, zu der nicht nur der weitgehende Verzicht auf Datenverarbeitungen beschränkende Verwaltungsakte, sondern oftmals auch die Kommunikation und Abstimmung mit den Regelungsadressaten in Problemfällen gehörte und die deshalb zu wenig gerichtlicher Überprüfung Anlass gab, wird voraussichtlich schon deshalb ein Ende finden, weil andere mitgliedstaatliche Aufsichtsbehörden weniger zurückhaltend sind und damit ein einheitliches und strikteres Vorgehen einfordern werden.

273 Diese verstärkte Beteiligung des EuGH entspricht seiner neuen Rolle. Die Entstehung der DSGVO ist begleitet worden durch die **Rechtsprechung des EuGH**, der während der laufenden Verhandlungen und nach deren Abschluss mehrere wegweisende Urteile gefällt hat (→ Rn. 173ff.). Dazu gehört zum einen die Entscheidung zu **Google Spain**,[637] mittels derer gleich mehrere umstrittene Fragestellungen zugunsten des Datenschutzrechts entschieden wurde. Da absehbar war, dass die Regelungen, denen diese Rechtsprechung zugrunde lag, in der DSGVO weitgehend weiterbestehen würden, wirkten die diesbezüglichen Aussagen des EuGH wie ein Signal angesichts der zeitweise schleppend verlaufenden Schritte bis zur Verabschiedung der DSGVO. Mit der zweiten[638] und dritten[639] Entscheidung zur **Vorratsdatenspeicherung**, dem **Gutachten zum Fluggastdatenabkommen mit Kanada**[640] und der Entscheidung über die Unangemessenheit des **Safe Harbor Abkommens** für den Datenverkehr mit den USA[641] (→ Art. 45 Rn. 44ff.) hat der EuGH Bestrebungen, Sicherheitsinteressen per se über Freiheit zu stellen, einen Riegel vorgeschoben. Es lässt sich auch ablesen, dass der EuGH jedenfalls nicht zögert, im europäischen Rechtsraum im Bereich der Gestaltung und Beschränkung von Datenverarbeitungen zur Wahrung des Datenschutzes auch Rechtspositionen zu vertreten, die ihn nunmehr in ganz anderer Weise als bisher als „Motor Europas" etablieren. Der EuGH ist jedenfalls im Bereich des Datenschutzrechts ein **echtes Verfassungsgericht** geworden.[642] Die genannten Leitlinien seiner Rechtsprechung werden deshalb aller Voraussicht nach auch die Anwendung der DSGVO nachhaltig zugunsten eines effektiven Schutzes der Betroffenen prägen.

V. Das deutsche Datenschutzrecht nach dem Wirksamwerden der DSGVO

Literatur: S. bei Kap. IV.

274 **1. Das neue BDSG.** Bedingt durch die anstehende BT-Wahl im Herbst 2017 hat der Bundesgesetzgeber in kurzer Zeit und **unter hohem Zeitdruck** mit der Anpassung des allgemeinen (bundes-)gesetzlichen Datenschutzrechts begonnen und mit dem **BDSG nF** eine Regelung verabschiedet, die den obligatorischen Regelungsaufträgen der DSGVO nachkommt und Gebrauch von einigen ihrer Öffnungsklauseln macht. Weitere Anpassungen des bereichsspezifischen Datenschutzrechts sind tlw. bereits erfolgt, tlw. noch zu erwarten (→ Rn. 303ff.).

---

633 Bspw. verpflichtet die englische Fassung von Art. 85 die Mitgliedstaaten zur Regelung des Spannungsverhältnisses zwischen Datenschutz und (ua) „processing for [...] the purposes of academic, artistic or literary expression", während die deutsche Version einfach „zu wissenschaftlichen, künstlerischen oder literarischen Zwecken" formuliert. Im Englischen geht es also um den Ausdruck („expression"), dh gerade die nach außen gerichtete Publikation entsprechender Ergebnisse oder Aktivitäten, während die deutsche Fassung zB auch den vorgelagerten Umgang mit Forschungsdaten erfassen würde (→ Art. 85 Rn. 18).

634 So stellt Art. 3 Abs. 3 in der englischen Version auf die Niederlassung des Verantwortlichen, in der deutschen Fassung jedoch auf den Ort der Datenverarbeitung ab (*Hornung/Hofmann* ZD-Beilage 4/2017, 1 (12 f.) → Art. 3 Rn. 67).

635 *Albrecht/Jotzo*, Teil 1 Rn. 27.

636 S. die Änderungen der deutschen Fassung in ABl. L 127/2.

637 EuGH C-131/12, NJW 2014, 2257 – Google Spain.

638 EuGH C-293/12 und C-594/12, NJW 2014, 2169 – Digital Rights Ireland.

639 EuGH C-203/15 und C-698/15, NJW 2017, 717 – Tele2 Sverige.

640 EuGH Gutachten 1/15, EWS 2017, 219 – PNR-Abkommen mit Kanada.

641 EuGH C-362/14, NJW 2015, 3151 – Schrems.

642 S. zu dieser Erwartung bereits *Spiecker gen. Döhmann/Eisenbarth* JZ 2011, 169 (173, insbes. 175).

Ein **erster noch interner Entwurf** des BMI vom 5.8.2016[643] gelangte ebenso wie die deutliche **Kritik des** 275
BMJV an die Öffentlichkeit[644] und wurde erheblich überarbeitet, bevor am 23.11.2016 ein Referentenentwurf in die Verfahren zur **Beteiligung der Länder und Verbände** gegeben wurde.[645] Nach einigen Modifizierungen verabschiedete die **Bundesregierung** den Entwurf am 1.2.2017.[646]

Der **BR** forderte in seiner Stellungnahme vom 10.3.2017 eine ganze Reihe von Nachbesserungen und Er- 276
gänzungen. Unter anderem sei § 32 Abs. 1 Nr. 1 BDSG des Entwurfs, der Einschränkungen der Informationspflicht gegenüber Betroffenen wegen „unverhältnismäßigen Aufwandes" vorsah, zu streichen. Die DSGVO erlaube es den Mitgliedstaaten gerade nicht, die Informationspflicht aus Art. 13 DSGVO *allgemein* zu beschränken.[647] Ähnliche Probleme erblickte der BR in den Einschränkungen, die der Entwurf bei den Auskunftsrechten der Betroffenen vorsah.[648] Darüber hinaus forderte er eine deutlichere Einbindung der LfD in die Vertretung der Bundesrepublik im EDSA.[649] Ihre Stellung sei schon deshalb zu stärken, weil sie die Hauptvollzugsverantwortung treffe. In Kontext des Vollzugs regte der BR zudem eine Zuständigkeitskonzentration auch für innerstaatliche Sachverhalte nach dem Vorbild des aus der DSGVO bekannten One-Stop-Shop-Prinzips an.[650]

In ihrer **Gegenäußerung** vom 23.3.2017[651] stimmte die Bundesregierung den Bedenken des BR nur in Tei- 277
len zu. Die Zuständigkeitskontrolle für Inlandsachverhalte werde zwar geprüft.[652] Die Einschränkung der Informationspflichten aus Art. 13 DSGVO durch § 32 Abs. 1 Nr. 1 BDSG der Entwurfsfassung stehe jedoch im Einklang mit der Öffnungsklausel des Art. 23 DSGVO.[653] Einen erheblicheren Einfluss der Aufsichtsbehörden der Länder lehnte die Bundesregierung pauschal wegen des „föderalen Zusammenspiel[s]" zwischen Vollzug durch die Länder im Innenverhältnis und der Repräsentation durch den Bund im Außenverhältnis ab.[654]

Auf der Basis einer Sachverständigenanhörung im InnA ergaben sich nochmals wesentliche Änderungen.[655] 278
Insbes. wurde § 32 Abs. 1 Nr. 1 BDSG vollständig neu gefasst und von einer Einschränkung der Informationspflichte wegen „unverhältnismäßigen Aufwandes" abgesehen.[656] Auch die vom BR gerügte Beschneidung der Auskunftsrechte der Betroffenen wurde aufgeweicht.[657] Ein stärkerer Einfluss der LfD wurde zwar nicht berücksichtigt. Andererseits fand der Vorschlag des BR zur Einführung eines inländischen One-Stop-Shop-Prinzips in modifizierter Form Berücksichtigung.[658] In dieser Form wurde der Entwurf sodann am **27.4.2017 vom BT und am 12.5.2017 vom BR** angenommen. Das Datenschutz-Anpassungs- und -Umsetzungsgesetz EU (DSAnpUG-EU) mit dem BDSG nF als Herzstück wurde am 5.7.2017 im BGBl. veröffentlicht[659] und trat am 25.5.2018 gemeinsam mit der DSGVO, für die Umsetzung der JI-Richtlinie mithin knapp drei Wochen zu spät, in Kraft.[660]

Inhaltlich gliedert sich das BDSG nF in **drei große Bereiche,** nämlich gemeinsame Bestimmungen (Teil 1, 279
§§ 1–21 BDSG nF), Durchführungsbestimmungen für die DSGVO (Teil 2, §§ 22–44 BDSG nF) sowie Normen zur Umsetzung der JI-Richtlinie (Teil 3, §§ 45–84 BDSG nF). Der **allgemeine Teil** enthält neben dem Anwendungsbereich (§ 1 BDSG nF → Art. 2 Rn. 37 ff., → Art. 3 Rn. 9; ua eine deklaratorische Bestätigung des Vorrangs des Unionsrechts in § 1 Abs. 5 BDSG nF) insbes. eine Regelung zur Videoüberwachung (§ 4 BDSG nF → Art. 6 Abs. 4 Rn. 21, 28 ff.) sowie Bestimmungen zu Datenschutzbeauftragten öffentlicher Stellen (§§ 5–7 BDSG nF → Art. 37 Rn. 5; Art. 39 Rn. 4) und für die oder den BfDI (§§ 8–16 BDSG nF). Hinzu kommen die erforderlichen Durchführungsbestimmungen zur **Vertretung Deutschlands im EDSA,** die auf-

643 https://cdn.netzpolitik.org/wp-upload/2016/09/Referentenentwurf_DSAnpUG_EU.pdf.
644 https://cdn.netzpolitik.org/wp-upload/2016/09/BMJV_Stellungnahme_DSAnpUG_EU.pdf; kritisiert wurden va ein für Behörden, Unternehmer und Bürger/innen gleichermaßen unverständliches Regelungskonzept, dessen Komplexität sowie insbes. ein Verstoß gegen das Normwiederholungsverbot.
645 Abrufbar unter http://www.brak.de/w/files/newsletter_archiv/berlin/2016/2016_606anlage.pdf.
646 BR-Drs. 110/17 = BT-Drs. 18/11325.
647 BR-Drs. 110/1/17, S. 44.
648 BR-Drs. 110/1/17, S. 53.
649 BR-Drs. 110/1/17, S. 11.
650 BR-Drs. 110/1/17, S. 14.
651 BT-Drs. 18/11655.
652 BT-Drs. 18/11655, S. 28.
653 BT-Drs. 18/11655, S. 32.
654 BT-Drs. 18/11655, S. 28.
655 S. den Bericht des Ausschusses, BT-Drs. 18/12144, und die Beschlussempfehlung, BT-Drs. 18/12084; die Stellungnahmen sind im Sitzungsprotokoll des Ausschusses Nr. 18/110 enthalten.
656 BT-Drs. 18/12084, S. 7, sa BT-Drs. 18/12144, S. 4; *Greve* NVwZ 2017, 737 (739 f.).
657 BT-Drs. 18/12144, S. 5.
658 BT-Drs. 18/12144, S. 6.
659 BGBl. I, 2097.
660 S. die Darstellungen bei *Geminn* DuD 2017, 295; *Greve* NVwZ 2017, 737; *Kremer* CR 2017, 367; *Kühling* NJW 2017, 1985; *Roßnagel* DuD 2017, 277; *Schmidl/Tannen* DB 2017, 1633.

grund der föderalen Struktur Deutschlands erforderlich ist (§§ 17–19 BDSG nF → Art. 68 Rn. 9ff.). Es folgen die Rechtswegbestimmung in § 20 BDSG nF (→ Art. 78 Rn. 5) sowie die Befugnis der Aufsichtsbehörden zum Antrag auf gerichtliche Entscheidung gegen Beschlüsse der KOM (§ 21 BDSG nF → Art. 58 Rn. 72).

280 Im **Abschnitt zur DSGVO** hat der Gesetzgeber in Kap. 1 **wichtige Verarbeitungsbefugnisse** normiert. § 22 BDSG nF macht von den Öffnungsklauseln des Art. 9 Gebrauch (→ Art. 9 Rn. 24, 85, 101ff.), während die §§ 23–25 BDSG nF eine Reihe von Zweckänderungen zulassen (→ Art. 6 Abs. 4 Rn. 29; → Art. 10 Rn. 22). § 26 BDSG nF enthält wichtige Bestimmungen zum Beschäftigtendatenschutz (→ Art. 88 Rn. 50ff.). §§ 27, 28 BDSG nF normieren für Datenverarbeitungen zu wissenschaftlichen oder historischen Forschungszwecken, zu statistischen Zwecken und zu Archivzwecken Verarbeitungsbefugnisse für besondere Kategorien personenbezogener Daten und schränken viele Betroffenenrechte ein (→ Art. 9 Rn. 97ff., → Art. 16 Rn. 36, → Art. 89 Rn. 53, 58). § 29 BDSG nF schränkt ebenfalls Transparenzrechte ein, nämlich im Falle von Geheimhaltungspflichten (→ Art. 14 Rn. 30, → Art. 16 Rn. 36, → Art. 23 Rn. 34, → Art. 34 Rn. 12). Schließlich enthalten die §§ 30, 31 BDSG nF Bestimmungen zu Verbraucherkrediten, Scoring und Bonitätsauskünften (→ Anh. 2 zu Art. 6 Rn. 2ff.).

281 **Kap. 2 ist** mit „**Rechte der betroffenen Person**" betitelt, dient allerdings praktisch ausschließlich dazu, diese **einzuschränken**. Dies betrifft Informationspflichten (§§ 32, 33 BDSG nF → Art. 13 Rn. 23ff., → Art. 14 Rn. 28), das Auskunftsrecht (§ 34 BDSG nF → Art. 15 Rn. 11, → Art. 16 Rn. 36), das Recht auf Löschung (§ 35 BDSG nF → Art. 17 Rn. 29, 32), das Widerspruchsrecht (§ 36 BDSG nF → Art. 21 Rn. 42) und das grds. Verbot der automatisierten Einzelentscheidung (§ 37 BDSG nF → Art. 22 Rn. 48ff.).[661] Gerade diese Einschränkungen der Betroffenenrechte sind hinsichtlich ihrer Vereinbarkeit mit dem Europarecht heftig umstritten (→ Rn. 283).

282 **Kap. 3** schreibt in § 38 BDSG nF im Wesentlichen die bisherigen Regeln zur Bestellung von **Datenschutzbeauftragten** fort (→ Art. 37 Rn. 37, 39ff., 58 f.) und regelt die Akkreditierung von Zertifizierungsstellen (§ 39 BDSG nF → Art. 43 Rn. 6). **Kap. 4** enthält in § 40 BDSG nF Regelungen zu den **Aufsichtsbehörden** für die nichtöffentlichen Stellen (→ Art. 58 Rn. 13, 17 f., 22, 74 f.). Schließlich normiert **Kap. 5** die Anwendung von OWiG und StPO (§ 41 BDSG nF → Art. 39 Rn. 56 f.; → Art. 84 Rn. 59 f.), **Strafvorschriften** (§ 42 BDSG nF → Art. 58 Rn. 71; → Art. 84 Rn. 15) und Bußgeldtatbestände für § 30 BDSG nF (§ 43 BDSG nF → Art. 83 Rn. 59 f.; → Art. 84 Rn. 15 f.). In **Kap. 6** ist schließlich mit § 44 BDSG nF eine Regelung zur **örtlichen Zuständigkeit** von Klagen betroffener Personen enthalten (→ Art. 79 Rn. 23).

283 Insgesamt hat der Gesetzgeber die Öffnungsklauseln tendenziell dazu genutzt, **Verarbeitungsbefugnisse zu erweitern** und **Rechte der betroffenen Personen einzuschränken**.[662] Dies ist nicht unzulässig, solange es sich im Rahmen der jeweiligen Öffnungsklausel bewegt. An einigen Stellen hat der Gesetzgeber diese von der DSGVO gesetzten Grenzen allerdings deutlich überschritten. Dies betrifft zB die spezielle Regelung zur Videoüberwachung in § 4 BDSG nF, soweit sie Private betrifft (→ Anh. 1 zu Art. 6 Rn. 4, 23ff.), aber auch die Verarbeitung besonderer Kategorien personenbezogener Daten zu wissenschaftlichen und statistischen Zwecken in § 27 BDSG nF (→ Art. 16 Rn. 36; → Art. 22 Rn. 43); zudem dürften auch einige der Einschränkungen der Betroffenenrechte nicht mehr mit der DSGVO vereinbar sein (zB → Art. 13 Rn. 7, 23; → Art. 14 Rn. 28, 30; → Art. 16 Rn. 36; → Art. 17 Rn. 29, 32; → Art. 22 Rn. 43; → Art. 23 Rn. 25, 28, 31, 34). Auch die Vorschriften zum Scoring (§ 31 BDSG nF → Anh. 2 zu Art. 6 Rn. 17 f., → Art. 22 Rn. 45) sowie die §§ 33ff. BDSG nF (→ Art. 14 Rn. 26, 28, 30) begegnen ernsthaften Bedenken wegen einer möglichen Europarechtswidrigkeit.

284 Jenseits des Anwendungsbereichs der DSGVO enthalten die **§§ 45ff. BDSG nF** allgemeine Umsetzungsnormen für den Bereich der **JI-Richtlinie**.[663] Diese müssen im **bereichsspezifischen Sicherheitsrecht** nachgezogen werden, wie dies zB für das BKAG bereits erfolgt ist (→ Rn. 304). § 1 Abs. 8 BDSG nF erstreckt den Anwendungsbereich vieler Normen des Gesetzes überdies auch auf solche **Datenverarbeitungen**, die **weder unter die DSGVO noch unter die JI-Richtlinie** fallen.[664]

285 **2. Landesdatenschutzgesetze.** Weder der Geltungsbereich der DSGVO noch ihr Anwendungsvorrang nehmen Rücksicht auf die föderale Struktur der Mitgliedstaaten. Auch die **Länder** müssen deshalb den **Regelungsaufträgen** der DSGVO nachkommen, sofern sie – zB im Medienbereich – hierfür nach der Kompetenzordnung des GG zuständig sind. Sie (und nicht der Bund) können außerdem für das durch sie erlassene be-

---

661 Übersicht bei *Kremer* CR 2017, 367 (375ff.).
662 Kritisch zB Roßnagel/*ders.*, Europ. DSGVO, § 1 Rn. 58; *Geminn* DuD 2017, 295 (296ff.); *Roßnagel* DuD 2017, 277 (279ff.); Interview mit *Albrecht* und *Wybitul* in ZD 2017, 51 sowie eine Vielzahl von Sachverständigen in der Anhörung des InnA → Rn. 278.
663 Dazu *Johannes/Weinhold*, Das neue Datenschutzrecht bei Polizei und Justiz, 2018.
664 Zu den Besonderheiten im Bereich der Nachrichtendienste Schantz/Wolff/*Schantz*, Rn. 208.

reichsspezifische Datenschutzrecht und ihre Landesverwaltungen entscheiden, ob und in welchem Ausmaß sie von **optionalen Öffnungsklauseln** wie va Art. 6 Abs. 2 und Abs. 3 Gebrauch machen.

Hinsichtlich der bisher bestehenden LDSGe haben die Länder **erheblich später reagiert als der Bund**. Die 286 meisten Länder haben es dennoch geschafft, ihre LDSGe bis zum 25.5.2018 zu novellieren. Nicht alle berücksichtigen dabei allerdings auch die JI-Richtlinie. Die bestehenden Unterschiede zwischen den Gesetzen wurden bei der Novellierung nicht verringert. Vielmehr gehen die Länder nach wie vor sehr unterschiedliche regulatorische Wege.

Verspätet hat **Baden-Württemberg** am 6.6.2018 ein Gesetz zur Anpassung des allgemeinen Datenschutzrechts und sonstiger Vorschriften an die DSGVO beschlossen.[665] Der Landtag beschränkt sich im LDSG 287 BW auf die Berücksichtigung der Vorgaben der DSGVO und sieht zunächst bewusst von einer Umsetzung der JI-Richtlinie ab; sie soll zu einem späteren Zeitpunkt erfolgen.[666] Schon ausweislich des Regierungsentwurfs, aber auch in der endgültigen Fassung zu finden sind Einschränkungen der Betroffenenrechte. Baden-Württemberg hat hier umfassend Gebrauch von der entsprechenden Öffnungsklausel „im öffentlichen Interesse"[667] gemacht (vgl. §§ 8 ff. LDSG BW. Zudem wurde die bisherige Anbindung des/der LfD an das Landesparlament aufgehoben (vgl. §§ 20ff. LDSG BW), um künftig seine/ihre völlige Unabhängigkeit zu gewährleisten.

Ebenfalls über ein neues LDSG verfügt **Bayern**.[668] Das BayDSG vom 15.5.2018 enthält sowohl Bestimmungen zur Durchführung der DSGVO (Artt. 1–27 BayDSG) als auch zur Umsetzung der JI-Richtlinie 288 (Artt. 28–37 BayDSG). Es dient ausdrücklich als Auffanggesetz und greift nur, soweit nicht besondere Vorschriften über den Datenschutz als bereichsspezifisches Recht vorgehen (vgl. Art. 1 Abs. 5 BayDSG). Nach Art. 2 Abs. 1 BayDSG gelten die Vorschriften der DSGVO auch dann, wenn eine Verarbeitung personenbezogener Daten nicht dem sachlichen Anwendungsbereich der DSGVO (Art. 2 Abs. 1 und 2) unterfällt. Die Erstreckung des Anwendungsbereichs dient der Vermeidung von Abgrenzungsschwierigkeiten im Vollzug.[669] Wie zu erwarten, hat auch Bayern Gebrauch von dem durch Öffnungsklauseln vermittelten Spielraum zur Einschränkung von Betroffenenrechten gemacht (vgl. Artt. 9, 10 BayDSG).

Berlin hat ein neues LDSG auf Grundlage des Regierungsentwurfs[670] mit kleineren Änderungen[671] am 289 31.5.2018 verabschiedet. Das Gesetz sieht sowohl Durchführungsbestimmungen zur DSGVO (Teil 2) als auch Vorschriften zur Umsetzung der JI-Richtlinie (Teil 3) vor. Auffällig ist, dass das Gesetz eine Vielzahl von Einschränkungen der Betroffenenrechte enthält. Während des Gesetzgebungsverfahrens hatte schon die Berliner LfDI auf zahlreiche Makel und Unionsrechtswidrigkeiten des Regelungskonzepts hingewiesen. Nicht nur seien die Informations- und Auskunftsrechte Betroffener erheblich und in Überdehnung der unionsrechtlichen Öffnungsklauseln beschnitten worden (so zB durch eine de facto Bereichsausnahme für Datenverarbeitungen durch den Rechnungshof). Auch seien die Behördenbefugnisse der Datenschutzaufsicht im Bereich der JI-Richtlinie derart beschränkt, dass das Schutzniveau hinter das durch diese vorgegebene zurückfalle.[672]

Auch **Brandenburg** hat sich zu einer unmittelbaren Durchführung der DSGVO und Umsetzung der JI- 290 Richtlinie in einem LDSG entschlossen – hinsichtlich der JI-Richtlinie jedoch nur auf Zeit. Das Gesetz vom 8.5.2018[673] sieht in § 35 Abs. 2 Bbg LDSG die Geltung des Gesetzes für die Verarbeitung personenbezogener Daten durch die Polizei bei der Verhütung, Ermittlung, Aufdeckung und Verfolgung von Straftaten oder Ordnungswidrigkeiten sowie dem Schutz vor und der Abwehr von Gefahren für die öffentliche Sicherheit nur so lange vor, bis das Land ein eigenes Umsetzungsgesetz für die JI-Richtlinie erlassen hat; letzteres ist bislang nicht geschehen.

Ohne Umsetzung der JI-Richtlinie kommt das **Bremische LDSG** vom 8.5.2018 aus.[674] Schon ausweislich 291 des Gesetzeszwecks (§ 1 Brm. LDSG) soll sich das Gesetz vor allem auf ergänzende Regelungen zur Durchführung der DSGVO beschränken. Auffällig ist insbes., dass die Betroffenenrechte (§§ 8ff. Brm. LDSG) vergleichsweise wenig beschnitten werden. Die vorhandenen Öffnungsklauseln werden vor allem für ergänzende Präzisierungen und Spezifizierungen genutzt.[675]

---

665 Baden-Württemberg LT-Drs. 16/4203.
666 Vgl. § 30 Abs. 1 LDSG BW.
667 Baden-Württemberg LT-Drs. 16/4203, S. 2.
668 BayGVBl. 2018, 230.
669 Bayern LT-Drs. 17/19628, S. 32.
670 Berlin LT-Drs. 18/1033.
671 Berlin LT-Drs. 18/1080.
672 Vgl. Plenarprotokoll der 18. Wahlperiode (31. Mai 2018), 3117ff.
673 Brandenburg LT-Drs. 6/8622; GVBl. 7/2018.
674 GVBl. 38/2018, 131.
675 S. schon die Gesetzesbegründung Bremen LT-Drs. 19/1501, 23.

292 Anders als etwa das vorgenannte Brm.LDSG sieht das **Hamburgische DSG** vom 18.5.2018[676] umfassende Beschränkungen der Betroffenenrechte vor (vgl. §§ 15–18 HmbDSG). Andererseits wurde auch hier auf eine Umsetzung der JI-Richtlinie verzichtet (vgl. auch § 2 Abs. 4 HmbDSG); nach § 1 HmbDSG bezweckt das Gesetz ausschließlich die Durchführung des DSGVO. Ähnlich wie das BayDSG erstreckt auch das HmbDSG die Anwendung der DSGVO auf öffentliche Stellen, die nicht in den Anwendungsbereich der Verordnung fallen (§ 2 Abs. 4 HmbDSG).

293 Im Wesentlichen dem BDSG nF nachempfunden ist das **Hessische** Datenschutz- und Informationsfreiheitsgesetz vom 3.5.2018.[677] Das HDSIG enthält sowohl Bestimmungen zur Durchführung der Verordnung (§§ 20–39 HDSIG) als auch zur Umsetzung der JI-Richtlinie (§§ 40–79 HDSIG). Wie viele andere LDSG enthält auch das HDSIG erhebliche Einschränkungen der Betroffenenrechte (§§ 31–35 HDSIG) sowie Vorschriften zur Videoüberwachung (§ 4 HDSIG). Diese formuliert – mit Blick auf unionsrechtliche Vorgaben bedenklich – sehr allgemein, dass die Verarbeitung personenbezogener Daten zugelassen ist, soweit sie „zur Aufgabenerfüllung öffentlicher Stellen" erforderlich sind und keine Anhaltspunkte bestehen, dass schutzwürdige Interessen der Betroffenen überwiegen.[678]

294 Eine einfachere Regelungstechnik als dem deutlich umfassenderen HDSIG liegt dem **DSG Mecklenburg-Vorpommern** vom 22.5.2018 zugrunde.[679] Auch dieses sieht in einem einheitlichen Gesetz Durchführungs- und Umsetzungsbestimmungen für DSGVO und JI-Richtlinie vor (vgl. § 1 Abs. 1 DSG M-V). Anders als viele andere Bundesländer beschränkt sich das Land jedoch darauf, zur Umsetzung der JI-Richtlinie kurzerhand die entsprechende Anwendung der Regelungen der DSGVO und des DSG M-V anzuordnen, soweit nicht gesetzlich etwas anderes bestimmt ist (§ 3 DSG M-V). Der Verzicht auf die Formulierung eines gänzlich separaten Regelungsregimes zur Umsetzung der JI-Richtlinie verschlankt das Gesetz. Ähnlich dem Brem. LDSG kommt auch das DSG M-V mit einer relativ zurückhaltenden Beschränkung der Betroffenenrechte aus (vgl. §§ 5–7 DSG M-V).

295 **Niedersachsen** hat sein „Gesetz zur Neuordnung des niedersächsischen Datenschutzrechts" am 16.5.2018, also noch vor Anwendungsbeginn der DSGVO, erlassen.[680] Auch dieses Gesetz bezweckt zeitgleich die Durchführung der DSGVO und die Umsetzung der JI-Richtlinie. Auffällig ist, dass die Vorschriften zur Umsetzung der JI-Richtlinie (§§ 23–58 NDSG) im Verhältnis zu den ergänzenden Vorschriften zur Durchführung der DSGVO (§§ 1–22 NDSG) üppig ausfallen. Niedersachsen hat im letzten Teil insbes. das Betroffenenrecht auf Auskunftserteilung (§ 9 NDSG) stark beschränkt; die Regelung zur Videoüberwachung (§ 14 NDSG) begegnet ähnlichen europarechtlichen Bedenken wie die hessische Regelung (→ Rn. 293).

296 Deutlich strikter und detaillierter fallen demgegenüber die Vorgaben zur Videoüberwachung durch das **DSG Nordrhein-Westfalen** vom 17.5.2018 aus.[681] Eine allgemeine Klausel ist nicht vorgesehen; vielmehr werden in § 20 Abs. 1 DSG NRW abschließende Tatbestände für die Zulässigkeit der Videoüberwachung aufgelistet (zB Schutz des Lebens, der Gesundheit, Wahrnehmung des Hausrechts). Darüber hinaus beinhaltet auch das DSG NRW sowohl Vorgaben zur Durchführung der DSGVO (§§ 6–34 DSG NRW) als auch Vorgaben zur Umsetzung der JI-Richtlinie (§§ 35–69 DSG NRW).

297 Vergleichsweise früh hat sich **Rheinland-Pfalz** am 16.3.2018 ein neues LDSG gegeben.[682] Ähnlich dem HDSIG enthält das Gesetz überschaubar viele Vorgaben zur Durchführung der DSGVO (§§ 3–25 LDSG RP), im Verhältnis dazu aber ein sehr umfassendes Konzept zur Umsetzung der JI-Richtlinie (§§ 26–72 LDSG RP). Wie in den meisten anderen Bundesländern sieht das LDSG RP Einschränkungen der Betroffenenrechte vor (§§ 11–13 LDSG RP). Zudem enthält es – dem HSOIG (→ Rn. 293) vergleichbar – im Bereich der Videoüberwachung einen allgemein gehaltenen Tatbestand zur Zulässigkeit der Datenverarbeitung, wenn sie „zur Wahrnehmung einer Aufgabe im öffentlichen Interesse" erforderlich ist (§ 21 Abs. 1 S. 1 Nr. 1 LDSG RP).

298 Mit dem LDSG Saarl. vom 16.5.2018[683] sieht das **Saarland** zunächst von einem einheitlichen Gesetzgebungsakt auch zur Umsetzung der JI-Richtlinie ab und regelt vorläufig nur die Durchführung der DSGVO. Das lediglich 27 Paragraphen umfassende Gesetz enthält ebenso wie die meisten anderen LDSG erhebliche Einschränkungen der Betroffenenrechte (§§ 10–12 LDSG Saarl.). Demgegenüber fallen die Voraussetzungen zur Videoüberwachung geboten restriktiv aus; § 25 LDSG Saarl. stellt sie unter weitreichende Vorbehalte, die abschließend enummeriert sind.

---

676 HmbGVBl. 19/2018, 145.
677 GVBl. 6/2018, 82.
678 Anders und restriktiver demgegenüber bspw. Art. 24 BayDSG.
679 GVOBl. M-V 2018, 193.
680 Nds. GVBl. 6/2018, 64.
681 GV. NRW. 12/2018, 234.
682 LT.-Drs. 17/5703.
683 ABl. des Saarlandes Teil I vom 24.5.2018.

Hornung/Spiecker gen. Döhmann

Das neue **Sächsische DSG** datiert vom 24.5.2018 und sieht lediglich Bestimmungen zur Durchführung der 299 DSGVO vor. Das Gesetz enthält ua weitreichende Einschränkungen der Betroffenenrechte in §§ 7–10 SächsDSG, die ihrem Umfang nach denen der meisten anderen Bundesländer entsprechen. Ähnlich den Bestimmungen des HSOIG (→ Rn. 293) ist eine Videoüberwachung schon dann zulässig, „soweit dies jeweils zur Wahrnehmung einer im öffentlichen Interesse liegenden Aufgabe oder in Ausübung des Hausrechts erforderlich ist und keine Anhaltspunkte dafür bestehen, dass schutzwürdige Interessen betroffener Personen überwiegen" (§ 13 SächsDSG).

Anders als alle übrigen Bundesländer verzichtet **Sachsen-Anhalt** vorerst auf eine vollständige Neukonzeption seines DSG. Zwar soll das Gesetz zur Organisationsfortentwicklung des Landesbeauftragten für den Datenschutz und zur Änderung des Informationszugangsgesetzes Sachsen-Anhalt vom 28.2.2018[684] Vorgaben der DSGVO und JI-Richtlinie durchführen bzw. umsetzen. Allerdings geschieht dies nur ausschnittsweise, im Falle der DSGVO etwa durch Ausfüllung der verordnungsrechtlichen Vorschriften zur Datenschutzaufsicht (Artt. 51–58 DSGVO) und im Falle der JI-Richtlinie durch Umsetzung der Artt. 41–47 JI-Richtlinie. 300

Schleswig-Holstein setzt demgegenüber, wie nahezu alle Bundesländer, auf den Erlass eines völlig neuen 301 LDSG. Das LDSG S-H vom 17.5.2018[685] dient sowohl der Anpassung an die Vorgaben der DSGVO als auch der Umsetzung der JI-Richtlinie, legt aber ähnlich wie etwa Rheinland-Pfalz einen deutlichen Schwerpunkt auf diese Umsetzung (§§ 20–68 LDSG S-H). Bemerkenswerterweise hält Schleswig-Holstein an der Einrichtung des Landesdatenschutzzentrums als Anstalt des öffentlichen Rechts fest. Darüber hinaus ist die Vorgabe zur Videoüberwachung (§ 14 LDSG S-H) weitgehend unbestimmt und begegnet verfassungs- sowie unionsrechtlichen Bedenken.[686]

Das verspätete **Thüringer DSG** vom 6.6.2018[687] sieht gemeinsame Vorschriften (§§ 1–15 ThürDSG) sowie 302 spezifische Normen zur Durchführung der DSGVO (§§ 16–30 ThürDSG) und zur Umsetzung der JI-Richtlinie (§§ 31–65 ThürDSG) vor. Wie einige andere LDSG enthält das ThürDSG Vorgaben zur Videoüberwachung (§ 30 ThürDSG); ähnlich etwa dem HSOIG (→ Rn. 293) ist die Videoüberwachung zulässig, „wenn dies zur Wahrnehmung einer im öffentlichen Interesse liegenden Aufgabe" unter weiteren Voraussetzungen (etwa dem Schutz von Personen, die der überwachenden Stelle angehören oder sie aufsuchen) erforderlich ist. Auch hier ist die Tatbestandsvoraussetzung also bewusst allgemein und offen gehalten worden.

3. Bereichsspezifisches nationales Datenschutzrecht. Die Öffnungsklauseln der DSGVO in Art. 6 Abs. 2 303 und Abs. 3 lassen insbes. für die vielen Bereiche des Sonderverwaltungsrechts Raum für die **Beibehaltung und Neuregelung bereichsspezifischer datenschutzrechtlicher Bestimmungen**. Diese sind in kaum zu überschauender Zahl im Bundes- und Landesrecht enthalten und können an dieser Stelle nicht aufgezählt werden.[688] Wichtige Bereiche bilden der Sozialdatenschutz (im SGB I und X, aber auch in anderen Büchern des SGB), der Datenschutz in der Steuerverwaltung (AO), im Melde-, Ausweis- und Passrecht (BMG, PAuswG, PassG) sowie im Sicherheitsrecht (StPO und Polizei- und Ordnungsgesetze der Länder). Diese und weitere Gesetze folgen der zutreffenden und auch fortgeltenden Überlegung, dass abstrakte Bestimmungen wie die der DSGVO oder des BDSG nF alleine nicht hinreichend sind, um datenschutzrechtliche Konflikte in Lebens- oder Rechtsbereichen zu lösen, die spezifische Besonderheiten aufweisen.

Allerdings müssen die Normen des bisherigen bereichsspezifischen Datenschutzrechts – durch den jeweiligen 304 Normgeber, also je nach Bereich durch Bund oder Länder – **an die DSGVO angepasst** werden, weil ansonsten für den Rechtsanwender eine erhebliche Rechtsunsicherheit entstehen würde. Schon aufgrund der abweichenden Terminologie wäre vielfach kaum zu erkennen, an welchen Stellen der Anwendungsvorrang der DSGVO greift und wo sich überkommene spezialgesetzliche Regelungen in den Bahnen der Öffnungsklauseln bewegen. Bundes- und Landesgesetzgeber stehen deshalb vor der Aufgabe, die praktisch unübersehbaren Bestimmungen des bereichsspezifischen Datenschutzrechts möglichst rasch an die DSGVO anzupassen. Dies ist für einige Regelungen mit dem **Gesetz zur Änderung des Bundesversorgungsgesetzes und anderer Vorschriften** vom 24.7.2017[689] erfolgt. Es ändert insbes. die Bestimmungen des Sozialdatenschutzes im SGB I (Art. 19) und SGB X (Art. 24),[690] die Datenschutzregeln der AO (Art. 17),[691] sowie einige Einzelnormen in anderen

---

684 GVBl. LSA 2/2018, 10ff.

685 GVBl. S-H 17/2018, 161ff.

686 Vergleiche Stellungnahme des ULD vom 24.1.2018, 4 f., https://www.datenschutzzentrum.de/uploads/ldsg/20180124_ULD-Stellungnahme_Artikelgesetz-Umsetzung-DSGVO.pdf.

687 GVBl. 2018, 229.

688 Eine Abschätzung ergab schon im Jahre 2001 über 1.000 Gesetze des Bundes und der Länder mit datenschutzrechtlichen Regelungen, s. *Roßnagel/Pfitzmann/Garstka*, S. 30.

689 BGBl. I, 2541.

690 Dazu *Bieresborn* NZS 2017, 887; *ders.* NZS 2017, 926; *Roßnagel/Hoidn*., Europ. DSGVO, § 7 Rn. 110ff. mwN.

691 Näher *Baum* NWB 2017, 3143, 3203, 3281, 3351 und 3415.

Gesetzen, die dort gewährte Betroffenenrechte analog zum BDSG nF beschränken. Auch für den Bereich der JI-Richtlinie ist der Bundesgesetzgeber bereits tätig geworden und hat mit dem **Gesetz zur Neustrukturierung des BKAG** vom 1.7.2017 diesen wichtigen Bereich an die JI-Richtlinie angepasst.[692] Für die Anpassung der datenschutzrechtlichen Bestimmungen in weiteren 154 Fachgesetzen beschloss die Bundesregierung am 4.9.2018 den durch das BMI vorgelegten Entwurf eines Zweiten Gesetzes zur Anpassung des Datenschutzrechts an die Verordnung (EU) 2016/679 und zur Umsetzung der Richtlinie (EU) 2016/680.[693]

VI. Ausblick

Literatur: S. bei Kap. IV.

305 Die Regulierung des Datenschutzes ist mit der europäischen Reform und den nationalen Anpassungsgesetzen **noch nicht einmal zwischenzeitlich abgeschlossen**. Die Konflikte um die ePrivacyVO sind dementsprechend nur die Vorboten für weitere Regulierungen sowohl auf der europäischen als auch auf der nationalen Ebene.

306 Das Diktum, dass jede Datenschutzgesetzgebung unter dem **Vorbehalt der Passgenauigkeit mit einer sich ständig weiterentwickelnden Informations- und Kommunikationstechnologie** steht (→ Rn. 57), gilt auch für die DSGVO. Wie fast jedes Gesetzeswerk geht auch die DSGVO von relativ konstanten sozialen und ökonomischen Folgen bekannter Technologien aus; echte Unsicherheitsbewältigung betreibt sie nicht.[694] Immerhin versucht sie mit dem Prinzip der Technikneutralität (EG 15 → Rn. 241) eine Begleitung der Technik zu ermöglichen, die technische Veränderungen jedenfalls im Prinzip in sich aufnehmen und bearbeiten kann. Diese Entwicklungen sind allerdings vielfältig und beschleunigen sich weiter, und sie führen zu erheblichen sozialen, wirtschaftlichen, gesellschaftlichen, psychologischen und weiteren Veränderungen, deren Abbildung in der DSGVO und ihren Regelungsansätzen zumindest fraglich ist. Die **enormen Möglichkeiten einer personalisierten Datenverarbeitung** durch Smartphones[695] und die Erweiterungen von Gegenständen um IT-gestützte Funktionen wie Smart Watches, Wearables und Body Area Networks,[696] aber auch von Automobilen, Kühlschränken, Lichtmasten oder der Energieversorgung potenzieren sich in umfassenden Lebensszenarien wie Smart Health,[697] Smart Cars,[698] Smart Homes[699] oder Smart Cities.[700] Mit der Einführung cyber-physischer Systeme in der produzierenden Industrie (Industrie 4.0) erreichen auch die Fragen des Beschäftigtendatenschutzes neue Dimensionen.[701] Die durch diese Innovationen entstehenden Datenmengen (Big Data) sind zunehmend ökonomisch interessant und werden mittels elaborierter, vielfach selbstlernender Algorithmen ausgewertet.[702]

307 Abzusehen ist daher, dass eine **systemische Digitalisierung**[703] Platz greift, in der eine Reihe von herkömmlichen Vorstellungen des Rechts und damit auch der DSGVO herausgefordert werden. Insbes. die Frage nach

---

692 BGBl. I, 1354.

693 https://www.bmi.bund.de/SharedDocs/downloads/DE/veroeffentlichungen/2018/dsanpug.pdf;jsessionid=8F60733EF8D752D664BAD2ED8FDA5A4D.1_cid364?__blob=publicationFile&v=2.

694 Vgl. zu solchen Konzepten *Spiecker gen Döhmann*, Staatliche Entscheidungen unter Unsicherheit, 2019 i.E.

695 Diese haben insbes. die Datenschutzfragen von Mobilitätsdaten in den Mittelpunkt gerückt, s. zB *Schnabel*, Datenschutz bei profilbasierten Location Based Services, 2009; sa *Mantz* K&R 2013, 7; *Lober/Falker* K&R 2013, 357; *Bodden/Rasthofer/Richter/Roßnagel* DuD 2013, 720; *Maier/Ossoinig* VuR 2015, 330; s. zum Folgenden auch *Hornung* in: Roßnagel/Friedewald/Hansen (Hrsg.), Die Fortentwicklung des Datenschutzes, 2013.

696 S. *Hohmann*, Datenschutz bei Wearable Computing, 2016; *Wilmer* K&R 2016, 382; zum Einsatz am Arbeitsplatz *Weichert* NZA 2017, 565; zu den Möglichkeiten einer Vernetzung mit dem Körper selbst s. *Hornung/Sixt* CR 2015, 828.

697 S. im Kontext der DSGVO zB *Jandt* DuD 2016, 571; näher *Dochow*, Grundlagen und normativer Rahmen der Telematik im Gesundheitswesen, 2017; einzelne Bausteine bilden die Gesundheitskarte (dazu zB *Hornung*, Die digitale Identität, 2005, S. 207ff., 246ff., 362ff. et passim; *ders.* in: Anzinger/Hamacher/Katzenbeisser (Hrsg.), Schutz genetischer, medizinischer und sozialer Daten als multidisziplinäre Aufgabe, 2013, 51ff.) oder Gesundheits-Clouds (*Hornung/Sädtler* DuD 2013, 148; *Holzner* ZMGR 2016, 222).

698 Zum vernetzten Automobil s. *Frinken*, Die Verwendung von Daten aus vernetzten Fahrzeugen, 2017; ferner *Roßnagel* DuD 2015, 353; *Lüdemann* ZD 2015, 247; *Hornung/Goeble* CR 2015, 265; *Hornung* DuD 2015, 359; *Wagner/Goeble* ZD 2017, 263.

699 S. etwa *Skistims*, Smart Homes, 2016.

700 S. zB *Kaczorowski*, Die smarte Stadt. Den digitalen Wandel intelligent gestalten – Handlungsfelder, Herausforderungen, Strategien, 2014.

701 Zu den Rechtsfragen zB *Bräutigam/Klindt*, Digitalisierte Wirtschaft/Industrie 4.0, 2015; *Hornung/Hofmann* in: Hirsch-Kreinsen/Ittermann/Niehaus (Hrsg.), Digitalisierung industrieller Arbeit, 2015, 165; *dies.*, Industrie 4.0 und das Recht: Drei zentrale Herausforderungen, 2017; *Roßnagel/Jandt/Marschall* in: Vogel-Heuser/Bauernhansl/ten Hompel (Hrsg.), HB Industrie 4.0, 2017, 491 sowie die Beiträge in *Hornung* (Hrsg.), Rechtsfragen der Industrie 4.0. Datenhoheit – Verantwortlichkeit – rechtliche Grenzen der Vernetzung, 2018.

702 Zu den Herausforderungen von Big Data *Fasel/Meier*, Big Data: Grundlagen, Systeme und Nutzungspotenziale, 2016; aus datenschutzrechtlicher Perspektive *Roßnagel* ZD 2013, 562; *Weichert* ZD 2013, 251; *Martini* DVBl. 2014, 1481; *Hoffmann-Riem* AöR 2017, 1, 7; *Spiecker gen. Döhmann* Spektrum der Wissenschaften Spezial 2017, 56; *Hornung/Herfurth* in: König/Schröder/Wiegand (Hrsg.), Big Data – Chancen, Risiken, Entwicklungstendenzen, 2018, 149; *Hornung* in: Hoffmann-Riem (Hrsg.), Big Data – Regulative Herausforderungen, 2018, 81; zu den Vorentwicklungen des Data Mining *Roßnagel/Scholz*, HB DSR, Kap. 9.2.

703 S. zum Begriff und zum Folgenden *Spiecker gen. Döhmann* CR 2016, 698 (699ff.).

der Adressatenstellung und damit der Rolle des Verantwortlichen wird in einer von selbstlernenden Algorithmen beherrschten Umwelt, die zT auch eigene Zwecksetzungen vornehmen können, neu zu beantworten sein. Damit wird eine Entwicklung, die mit der Plattformstruktur eingesetzt hat, noch weiter vorangetrieben: Schon die Sozialen Netzwerke als typische Plattformdienstleistung mit ihren nutzerspezifischen Ausgestaltungen haben gezeigt, dass klassische Zuschreibungen wie Anbieter und Nutzer und die dahinterstehenden Risikokonzepte nur noch unzureichend funktionieren;[704] unter der DSRL und dem BDSG aF hat sich das am Merkmal des „Erhebens" als problematisch erwiesen, weil damit die erste relevante Datenverarbeitung bei nicht-europäischen Plattformbetreibern typischerweise außerhalb der EU und damit – vor Geltung des Marktortprinzips der DSGVO nach Art. 3 Abs. 2 – unerreichbar für die Anforderungen des europäischen Datenschutzrechts erfolgte. Nunmehr werden in der systemischen Digitalisierung rechtliche Konstrukte wie die der Person aufgelöst,[705] was sich unmittelbar auf die Bestimmung des Verantwortlichen und/oder Auftragsverarbeiters auswirken wird.

Hinzu tritt die spätestens seit den 2000er Jahren Fahrt aufnehmende **Vorstellung, dass Informationen möglichst vielfältig und mit niedrigen Zugangshindernissen jedermann zur Verfügung** stellen sollten. Diese Vorstellung findet ihren prägnantesten Ausdruck in der Open-Access-Bewegung und in den Informationsfreiheitsgesetzen zur Ermöglichung eines Jedermann-Zugangs zu öffentlichen Informationen; gespiegelt wird sie durch die erhebliche Selbstdarstellung des Einzelnen etwa in den Sozialen Netzwerken, in Blogs oder anderen Formen des Internets.[706] Prinzipiell mag diese Ausrichtung erstrebenswert sein; derzeit wird aber noch verkannt, dass mit der Frage des Zugangs die Frage der (ökonomischen) Verwertung und der Teilhabe an diesen Nutzungen völlig ungeklärt ist und daher bestehende Machtungleichgewichte auf der Basis von Informationen zusätzlich verstärkt.[707] Nicht derjenige, der die Informationen in der Hand hält, kann Entscheidungen determinieren, sondern derjenige, der über die Mittel zur Auswertung verfügt.[708] Das Prinzip der Datensparsamkeit, dem ein Prinzip des Datenreichtums und der Datenverfügbarkeit entgegengesetzt werden könnte, gerät damit zusätzlich unter Druck – und nicht als einziges Prinzip des Datenschutzrechts.

Schließlich: Die **Glaubwürdigkeit** aller Forderungen, sich für präzisere und vor allem engere Verarbeitungsgrenzen zu entscheiden, schwindet in dem Maße, in dem der einst so selbstverständliche **Schutz der Privatheit** verblasst. In einer Gesellschaft, in der die Datenverarbeitung längst allgegenwärtig ist („Ubiquitous Computing"), in der in Kenntnis der Betroffenen und mit ihrer Hilfe aus eindeutig kommerziellen Gründen zusammengestellte und immer weiter perfektionierte Profile zum Alltag gehören, in der RFID-Chips den Haushalt organisieren und zugleich personenbezogene Daten externalisieren und kommerzialisieren, in der sich der Einzelne, angefangen beim Mobiltelefon bis hin zum Internet, selbst veröffentlicht, ja sich als Werbefläche anbietet und den eigenen Körper versteigert,[709] und in der in der Konsequenz der Einzelne sich selbst keinerlei Einfluss auf die Kontrolle seiner Daten zuschreibt,[710] kann Privatheit zum Relikt einer überholten historischen Epoche verkommen. Mehr denn je stellt sich damit aber auch und gerade die Frage, **welchen Wert der Datenschutz** noch hat.[711]

Vor dem Hintergrund dieser Herausforderungen werden die hergebrachten Schutzkonzepte des Datenschutzrechts – die die DSGVO va in Artt. 5 und 6 fortschreibt – auch weiterhin unter Druck bleiben, schon aus **wirtschaftlichen Motiven der Informationsdienstleister**. Im internationalen Vergleich gilt dies ohnehin, da trotz der Regeln zum Marktortprinzip und zu Transfers in Drittländer (→ Rn. 259) zumindest kurz- und mittelfristig nicht zu erwarten ist, dass mächtige Staaten mit anderen Vorstellungen zum Umgang mit personenbezogenen Daten wie die USA oder China sich europäischen Datenschutzvorstellungen ohne weiteres angleichen werden. Schon jetzt ist ein erhebliches Anwachsen der Interessenvertreter nicht-europäischer Unternehmen und Institutionen in Brüssel zu beobachten. Aber auch in Deutschland und dem sonstigen

308

309

310

704 *Spiecker gen. Döhmann* K&R 2012, 717.
705 Vgl. *Beck* AI & Soc 31 (2016), 473 (479 ff.); *Gless* GA 2017, 324; vgl. ferner den Sammelband *Gless/Seelmann*, Intelligente Agenten und das Recht, 2016.
706 Die Gemeinsamkeiten und Unterschiede dieser Phänomene, der hinter ihnen stehenden Interessen und normativen Paradigmen sollen hier nicht diskutiert werden; zentral ist die gemeinsame Ausrichtung hin zu mehr (informationeller) Transparenz, der sich auch das Datenschutzrecht nur schwer entziehen kann.
707 *Spiecker gen. Döhmann* in: Dreier/Fischer/van Raay/Spiecker gen. Döhmann (Hrsg.), Zugang und Verwertung öffentlicher Informationen, 2016, 587 ff.
708 *Spiecker gen. Döhmann* VVDStRL 2018, 9 (41 ff.).
709 Dazu statt aller *Turkle*, Life on the Screen, 1995; *Rosen*, The Unwanted Gaze, 2000, insbes. S. 26 ff., 54 ff., 159 ff.; *ders.*, Naked Crowd, 2004, insbes. S. 20 ff., 40 ff.; *O'Harrow*, No Place to Hide, 2005, insbes. S. 34 ff., 74 ff., 281 ff.; sowie *BfD*, 20. TB, S. 45 ff.; *ULD*, 26. TB, S. 156 ff.; *Roßnagel/Müller* CR 2004, 625; *Westerholt/Döring* CR 2004, 710; *Eisenberg/Puschke/Singelnstein* ZRP 2005, 9; *Taeger* in: *Taeger/Wiebe* (Hrsg.), Mobilität-Telematik-Recht, 2005, 95 ff.; *Rule*, Privacy in Peril, 2007; *Simitis* in: Summa, S. 512 ff.
710 Vgl. etwa *Hermstrüwer*, Informationelle Selbstgefährdung, 2016, S. 308 ff.
711 *Simitis*, in: Summa, S. 523 ff.; *ders.* RDV 2007, 143; *Solove*, Digital Person, 2004, insbes. S. 27 ff., 93 ff.; *ders.*, Understanding Privacy, 2008, S. 39 ff., 171 ff.

Europa gibt es immer wieder Versuche, unter Schlagworten wie „Dateneigentum" oder „Datensouveränität" neue Ideen in der Debatte zu verankern, von denen nicht immer klar ist, ob sie – zB durch eine Hinzunahme vertragsrechtlicher oder ökonomischer Argumente – erstens die im datenschutzrechtlichen Sinne betroffenen Personen stärken, zweitens nicht womöglich deren Rechte gerade umgekehrt zugunsten ökonomischer Verwertungsinteressen schleifen oder drittens lediglich innerhalb des datenschutzrechtlich vorgegebenen Rahmens neue Abwägungsargumente liefern und außerhalb dieses Rahmens (dh für anonyme Daten) rechtliche Zuordnungskriterien liefern wollen.[712] Gerade die Versuche, eine Ökonomisierung des Datenschutzes zu erreichen und das Prinzip „Dienst gegen Daten" zu etablieren, verkennt aber die Zwecke des Datenschutzes und seine Bedeutung für eine freiheitliche Gesellschaft und zur Verhinderung von Machtmissbrauch auf der Basis überlegener Informationen (→ Rn. 10ff.).

311 **Welche Halbwertszeit** der mit der DSGVO und der JI-Richtlinie erreichte Zwischenstand des Datenschutzrechts haben wird, muss davon abhängen, ob der gewählte Regelungsansatz der Reform **zu angemessenen Ergebnissen führt.** Der praktisch vollständige Verzicht auf technikspezifische Regelungen vertraut auf eine erhebliche Prozeduralisierung der durch die technischen Innovationen verursachten Konflikte (→ Rn. 214). Diese Instrumente müssen nunmehr mit Leben gefüllt werden. Dies ist keine kleine Aufgabe für die Adressaten, zumal die DSGVO die Konkretisierung einer Vielzahl von Akteuren mit widerstreitenden Interessen überlässt (→ Rn. 82, 93, 171, 247, 255 f, 310). Dasselbe gilt für die gestärkten Elemente einer regulierten Selbstregulierung, insbes. da die Angemessenheit dieses Ansatzes nach wie vor grundsätzlich umstritten ist.[713] Je nach Umfang und Angemessenheit der Konkretisierungsleistungen der Aufsichtsbehörden, des EDSA, der Gerichte und der Verantwortlichen (→ Rn. 250ff.) könnte die praktisch völlige Technikneutralität der DSGVO zu einem ganz erheblichen Problem werden. Auf materiell-rechtlicher Ebene gibt die DSGVO so gut wie keinem Verantwortlichen eine konkrete Antwort auf die Frage nach der Zulässigkeit einer spezifischen Datenverarbeitung, eines bestehenden IT-Systems oder eines geplanten Geschäftsmodells. Sollte die erforderliche Typisierung von Risiken für die betroffenen Personen nicht zügig und belastbar durch die Praxis geleistet werden, **wäre erneut der europäische Gesetzgeber gefordert**, wenn der DSGVO nicht ein ähnliches Schicksal wie der DSRL drohen soll.

312 Am Ende wird sich die Reform **an drei zentralen Punkten messen lassen** müssen. Zum einen ist es für die Praxis von kaum zu überschätzender Bedeutung, in welchem Zeitraum die durch die DSGVO bereitgestellten **Konkretisierungsinstrumente zu Rechtssicherheit** für die beteiligten Akteure (betroffene Personen, Verantwortliche und Auftragsverarbeiter, Aufsichtsbehörden) führen. Zum zweiten wird der Erfolg davon abhängen, inwieweit diese rechtlichen Konkretisierungsleistungen **auch eine tatsächliche Beachtung** bewirken. Hier sind insbes. die Aufsichtsbehörden gefordert, mit einer effektiven, angesichts der Vielfältigkeit der Aufgaben arbeitsteiligen und abgestimmten Vollzugspolitik der DSGVO zur Geltung zu verhelfen. Zudem gilt es, Bestrebungen der KOM entgegenzuwirken, insbes. durch völkerrechtliche Verträge zum Datentransfer, den rechtlichen Standard und die Ausstrahlungswirkung der DSGVO zu unterlaufen. Damit würden das durch die DSGVO geschaffene **„level playing field"** für europäische Informationstechnologie und Informationsdienstleistungen vorschnell aufgegeben und die gerade erst geschaffenen Marktchancen wieder beseitig werden. Zum dritten wird die mittel- und langfristige Bewertung davon abhängen, ob die DSGVO ihr in EG 2 S. 1 formuliertes Hauptziel erreicht, **nämlich die Grundrechte und Grundfreiheiten und insbes. das Recht auf Schutz personenbezogener Daten zu wahren.**[714] Die historisch gewachsene doppelte Begründung des Rechts auf Datenschutz als zentraler Baustein des individuellen Persönlichkeitsschutzes und unverzichtbares Element einer freiheitlichen Demokratie hat nichts von seiner Überzeugungskraft eingebüßt. Beide Dimensionen auch künftig in starker und effektiver Weise zu Wirksamkeit zu verhelfen, bleibt die andauernde Aufgabe der Regulierung des Datenschutzes.

712 S. zu den historischen Ursprüngen der Debatte um „Dateneigentum" → Rn. 27; zur aktuellen Diskussion zB *Hoeren* MMR 2013, 486; *Dorner* CR 2014, 617; *Zech* CR 2015, 137; *Hornung/Goeble* CR 2015, 265; *Grützmacher* CR 2016, 485; *Fezer* MMR 2017, 3; *ders.* ZD 2017, 99; *Wiebe/Schur* ZUM 2017, 461; *Caspar* PinG 2016, 1; ein „Grundrecht auf Datensouveränität" propagiert *Seidel* ZG 2014, 153; sa den Vorschlag der KOM für eine Verordnung über einen Rahmen für den freien Verkehr nicht personenbezogener Daten in der EU, COM/2017/495 final.

713 S. grundsätzlich Simitis/*ders.* Einl. Rn. 109 f.; aus historischer Perspektive zum Verständnis der Kritik am Konzept *Collin et al.* (Hrsg.), Regulierte Selbstregulierung im frühen Interventions- und Sozialstaat, 2012.

714 Diese Dimensionen sind in den letzten Jahren weiter theoretisch unterfüttert worden, s. zB *Nicoll/Prins/van Dellen* (Hrsg.), Digital Anonymity and the Law, 2003; *Solove* U. Pa. L. Rev. 154 (2006), 477; *ders.* San Diego L. Rev. 44 (2007), 745; *Rouvroy/Poullet* in: Gutwirth et al. (Hrsg.), Reinventing Data Protection?, 2009, 45ff.; *Haggerty/Samatas* (Hrsg.), Surveillance and Democracy, 2010; *Ohm* UCLA L. Rev. 57 (2010), 1701; *Rost* DuD 2013, 85; *Gusy* KritV 2015, 430; *Boehme-Neßler* DVBl. 2015, 1282; *Geminn* Verw-Arch 107 (2016), 601; *Becker/Seubert* DuD 2016, 73; *Marsch*, Das europäische Datenschutzgrundrecht, 2018, S. 80 ff., 127 ff.; zu den Diskussionen um ein „paternalistisches" Nudging zugunsten des Datenschutzes s. *Sandfuchs*, Privatheit wider Willen? Verhinderung informationeller Preisgabe im Internet nach deutschem und US-amerikanischem Verfassungsrecht, 2015.

Kapitel I
Allgemeine Bestimmungen

Artikel 1 Gegenstand und Ziele

(1) Diese Verordnung enthält Vorschriften zum Schutz natürlicher Personen bei der Verarbeitung personenbezogener Daten und zum freien Verkehr solcher Daten.

(2) Diese Verordnung schützt die Grundrechte und Grundfreiheiten natürlicher Personen und insbesondere deren Recht auf Schutz personenbezogener Daten.

(3) Der freie Verkehr personenbezogener Daten in der Union darf aus Gründen des Schutzes natürlicher Personen bei der Verarbeitung personenbezogener Daten weder eingeschränkt noch verboten werden.

Literatur: *Albers, M.*, Informationelle Selbstbestimmung als vielschichtiges Bündel von Rechtsbindungen und Rechtspositionen, in: Friedewald, M./Lamla, J./Roßnagel, A. (Hrsg.), Informationelle Selbstbestimmung im digitalen Wandel, 2017, 11; *dies.*, Informationelle Selbstbestimmung, 2005; *Bergt, M.*, Sanktionierung von Verstößen gegen die Datenschutz-Grundverordnung, DuD 2017, 555; *Collin, P. / Horstmann, T.*, Das Wissen des Staates – Zugänge zu einem Forschungsthema, in: dies., Das Wissen des Staates, 2004, 9; *Drackert, S.*, Die Risiken der Verarbeitung personenbezogener Daten, 2014; *Giesen, T.*, Das Grundrecht auf Datenverarbeitung, JZ 2007, 918; *Hennemann, M.*, Personalisierte Medienangebote im Datenschutz- und Vertragsrecht, ZUM 2017, 544; *Laue, P.*, Öffnungsklauseln in der DS-GVO – Öffnung wohin?, ZD 2016, 463; *Linde, F.*, Ökonomie der Information, 2005; *Sandfuchs, B.*, Privatheit wider Willen?, 2015; *Scholz, R. / Pitschas, R.*, Informationelle Selbstbestimmung und staatliche Informationsverantwortung, 1984; *Spiecker gen. Döhmann, I.*, Kontexte der Demokratie: Parteien, Medien und Sozialstrukturen, VVDStRL 77 (2018), 9; *dies.*, A New Framework for Information Markets – The ECJ Google Spain Decision, CMLR 52 (2015), 1033; *Vacca, T.*, Das vermögenswerte Persönlichkeitsbild, 2017; *von Lewinski, K.*, Die Matrix des Datenschutzes, 2014; *Zech, H.*, Information als Schutzgegenstand, 2012. S. ferner die grundlegende Literatur zur DSGVO Einl. vor Kap. 4.

I. Ziel und Funktion der Vorschrift

Art. 1 ist die **Leitnorm** der DSGVO: Sie formuliert die generelle Zwecksetzung, nämlich den Schutz der personenbezogenen Daten und den Schutz des freien Datenverkehrs. Gleichzeitig macht Abs. 1 Vorgaben für den Ausgleich zwischen beiden Zielen, wenn es zu einem Konflikt kommt. Die Vorschrift bündelt damit die Kernaussagen; sie ist als **Interpretationsdirektive** zu verstehen. Sie dient als **Auslegungshilfe** für alle Normen der DSGVO, insbes. die vielfältigen **unbestimmten Rechtsbegriffe**. Dies gilt auch für die Vorschriften, die, gestützt auf **Öffnungsklauseln** der DSGVO, in den Mitgliedstaaten erlassen wurden. Zudem leitet die Vorschrift, zusammen mit den Grundprinzipien des Art. 5 (→ Art. 5 Rn. 20ff.) an, wie **Beurteilungs- und Ermessensspielräume** ausgefüllt werden; auch zur Schließung von Regelungslücken und zur Bestimmung von Analogiefähigkeit und Interessenvergleichbarkeit kann sie dienlich sein. Ihr zugeordnet sind die EG 1 bis 14.

Gleichzeitig ist die Vorschrift eine Anleitung für den normativen **Umgang mit Unsicherheit,**[1] ob also eher Risiken der Datenverarbeitung vermieden oder eher Chancen genutzt werden sollen und wie sich das auf konkrete offene Rechtsfragen und Auslegungen auswirkt. Art. 1 ist insoweit, erneut zusammen mit den Grundprinzipien des Art. 5 (→ Art. 5 Rn. 20ff., 26), eine wesentliche Vorschrift, um zu große Wertungsspielräume bei Entscheidungen unter Unsicherheit zu begrenzen. Angesichts der systematischen Einordnung des Datenschutzrechts als Technikrecht (→ Rn. 4) bedeutet dies, dass eine eher **vorsorgeorientierte Deutung** zukünftiger Verläufe den Einschätzungen unter Unsicherheit zugrunde zu legen ist. **Risikobasierte Ansätze** der DSGVO (→ Einl. Rn. 242), wie zB in Art. 35 (→ Art. 35 Rn. 2), sind entsprechend zu konkretisieren.

Schutzgut ist zum einen, wie in Art. 1 Abs. 1 DSRL, der **Schutz personenbezogener Daten** (Abs. 2), wie sie in Art. 4 Nr. 1 definiert sind. Art. 1 spezifiziert dahinterstehende Begründungsansätze nicht.[2] Aus der Entstehungsgeschichte heraus lässt sich aber ermitteln, dass die europäische Datenschutzrechtstradition fortgeführt wird (→ Einl. Rn. 133ff.). Datenschutzrecht bezweckt damit den **Schutz des Einzelnen vor der Preis-**

---

1 *Spiecker gen. Döhmann*, Staatliche Entscheidungen unter Unsicherheit, i.E. 2019.
2 Allgemein zu datenschutzrechtlichen Schutzgütern, -zielen und -zwecken *Albers* in: Friedewald/Lamla/Roßnagel (Hrsg.), Informationelle Selbstbestimmung im digitalen Wandel, 2017, 11 (11ff.).

gabe und Verwendung seiner Daten.[3] Damit wird der Einseitigkeit der Nutzbarkeit von Informationen entgegengewirkt; die betroffene Person kann die Grundlagen von sie betreffenden Entscheidungen überblicken.[4] Betroffene Personen sollen ihrer sich immer stärker abzeichnenden Steuerbarkeit durch die Verarbeitung ihrer Daten ihr Recht entgegen halten können, selbst über die Zulässigkeit und die Modalitäten des Zugriffs auf ihre Daten zu befinden.[5] Art. 1 Abs. 1 sowie weitere Artt. und EG der DSRL sprachen vom Schutz der Privatsphäre,[6] während dieser Begriff in der DSGVO nicht vorkommt. Die gesamten Regelungen ließen aber erkennen, dass mit der Formulierung in der DSRL ein viel weiterer Begriff verstanden war.[7]

4 Der Schutz personenbezogener Daten ist **präventiv** ausgerichtet.[8] Auch hier zeigt sich der technikrechtliche Ansatz (→ Einl. Rn. 247); er ist aber durch die **Eigenschaften von Daten** noch einmal besonders gestärkt, nämlich zum einen durch die Eigenschaft von Informationen als öffentliche Güter im ökonomischen Sinne,[9] zum anderen durch deren Bedeutung für nachfolgende Entscheidungen. Als **öffentliche Güter** können Informationen typischerweise vielfach verarbeitet werden, ohne dadurch an Aussagekraft zu verlieren. Es fehlt ihnen an der Rivalität im Konsum.[10] Die Digitalisierung hat zudem ihre Rekombinierbarkeit schnell, preiswert und einfach gemacht. Daher gelingt es häufig nicht, sie dem Zugriff und der Kenntnisnahme anderer zu entziehen. Dies gilt für personenbezogene Daten in besonderem Maße, weil sie die Grundlage für soziale Beziehungen darstellen. Andere sind von ihrer Nutzung also häufig auch nicht ausschließbar.[11] Zudem werden Informationen zumeist nicht um ihrer selbst willen nachgefragt, sondern um auf ihrer Basis **Entscheidungen vorzubereiten und zu treffen.**[12] Daher kann ein effektiver Schutz von Daten nur darin ansetzen, die Verarbeitung zu regulieren und der betroffenen Person durch Kenntnis vom Verbleib ihrer Daten zu ermöglichen, ihre Einwirkungsrechte auszuüben und so ein gewisses Maß an Kontrolle über die nachfolgende Entscheidung zu erlangen. Dies aber gelingt nur **präventiv**, zunächst ohne Ansehen des konkret angestrebten, auf der erlangten Information basierenden Entscheidungsergebnisses. Der eigentliche und entscheidende Ansatzpunkt ist insofern **nicht die Schädigung, sondern die Gefährdung** der betroffenen Personen.[13]

5 Das zweite **Schutzgut** der DSGVO ist der **freie Datenverkehr** im Binnenmarkt (Abs. 3 → Rn. 41). Damit schließt Art. 1 eines der ältesten Ziele des **europäischen Integrationsprozesses** in sich ein,[14] nämlich die Herstellung eines europäischen vereinheitlichten Binnenmarktes. Auch dieses Schutzgut war bereits in der DSRL enthalten (Art. 1 Abs. 2 und EG 3, 6, 8, 9, 56 DSRL).

6 Die DSGVO erhebt den Anspruch, in ihrem Anwendungsbereich (Artt. 2, 3) **vollumfänglich sämtliche Datenverarbeitungen** zu regeln und damit umfassend die mit der Verwendung personenbezogener Daten verbundenen Gefahren regulieren zu können. Dies ergibt sich schon aus dem unverändert beibehaltenen Prinzip der **Technikneutralität** (EG 15 S. 1), das einer technikspezifischen Regelung, etwa für das Internet, für vernetzte Systeme, für Big Data und Profiling oder für Cloud Computing entgegensteht.[15] Das erschließt sich aber auch daraus, dass in den EG von parallelen, weiteren oder gar **sektorspezifischen Regelungen** auf der Ebene des Sekundärrechts allein für den Bereich der Telekommunikation (ePrivacyVO), nicht aber systematisch die Rede ist. Dies ist auch kein Versehen, denn der KOM wird ausdrücklich zugestanden, für bestimmte Sektoren die Übermittlung in Drittländer als angemessen festzustellen (Art. 45 Abs. 1). Die Überlegung, dass Datenverarbeitungen in bestimmten Branchen, in bestimmten Sektoren oder überhaupt in einem bestimmten Umfeld eigenständig geregelt werden können, ist also der DSGVO durchaus inhärent, aber sie

---

3 Vgl. BVerfGE 65, 1 (43); vgl. auch Simitis/*ders.* § 1 Rn. 23ff.

4 Vgl. BVerfGE 65, 1 (43).

5 Simitis/*ders.* § 1 Rn. 26.

6 Artt. 9, 13 Abs. 2, 25 Abs. 6, 26 Abs. 2, Abs. 3, sowie EG 2, 7, 9, 10, 11, 33, 34, 68 DSRL.

7 AA Sydow/*ders.* Art. 1 Rn. 10ff.

8 Das zeigt schon das das gesamte Datenschutzrecht überspannende Regelungsprinzip des grundsätzlichen (Verarbeitungs-)Verbots, s. etwa *Tinnefeld/Buchner/Petri/Hof,* S. 234 f.; *Fuhrmann* ZfRSoz 23 (2002), 115 (125); *Ehmann* RDV 1999, 12.

9 Umfassend zu Informationsgütern *Linde,* Ökonomie der Information, 2005, S. 16ff.; *Cowen* in: ders., Public Goods and Market Failures, 1999, 1 (21ff.).

10 *Zech,* Information als Schutzgegenstand, 2012, S. 118; *ders.* CR 2015, 137 (139); zu Einschränkungen *Linde,* Ökonomie der Information, 2005, S. 14.

11 *Spiecker gen. Döhmann* Rechtswissenschaft 2010, 247 (258 f.); *dies./Benecke* in: Terhechte (Hrsg.), Verwaltungsrecht der Europäischen Union, i.E. 2019; *Hermstrüwer,* Informationelle Selbstgefährdung, 2016, S. 134ff.; *Fairfield/Engel* Duke Law Journal 65 (2015), 385 (423ff.); mit – allerdings nicht immer zutreffenden – Einschränkungen *Zech,* Information als Schutzgegenstand, 2012, S. 118 f.; aA wohl *Dewenter/Lüth* in: Körber/Immenga (Hrsg.), Daten und Wettbewerb in der digitalen Ökonomie, S. 10 (12).

12 *Spiecker gen. Döhmann,* Staatliche Entscheidungen unter Unsicherheit, i.E. 2019.

13 Vgl. Simitis/*ders.* § 1 Rn. 79 unter Verweis auf Roßnagel/*Trute,* HB DSR, Kap. 2.5, Rn. 13, 23; *Scholz/Pitschas,* Informationelle Selbstbestimmung und staatliche Informationsverantwortung, 1984, S. 82f.; *Bull* in: Gedächtnisschrift für *Sasse* II 879 f.; *Gallwas* Der Staat 18 (1979), 510 f.; *Bizer* in: Schulte (Hrsg.), HB des Technikrechts, 2003, 564, (566 f., 569 f.); *Albers,* Informationelle Selbstbestimmung, 2005, insbes. 462ff.; *Hermstrüwer,* Informationelle Selbstgefährdung, 2016, S. 40 f.

14 So auch Ehmann/Selmayr/*Zerdick* Art. 1 Rn. 2; ähnlich Gola/*Pötters* Art. 1 Rn. 1ff.; mit Hinweis auf fehlende kompetenzielle Notwendigkeit Sydow/*ders.* Art. 1 Rn. 19.

15 Zu den Folgeproblemen für die Konkretisierung der Anforderungen der DSGVO → Einl. Rn. 241, 250.

verzichtet gezielt auf die Nutzung solcher Instrumente zur Regelung des weiten Felds des Datenschutzes. Die vielfachen Öffnungsklauseln für Unionsrecht (Artt. 4 Nr. 7 und Nr. 8; 6 Abs. 3 lit. a; 9 Abs. 2 lit. a, b, g, h, i, j und Abs. 3; 10; 14 Abs. 5 lit. d; 17 Abs. 2 lit. e; 28 Abs. 3, Abs. 4; 29; 35 Abs. 10; 49 Abs. 5; 86; 89 Abs. 2 und Abs. 3 sowie 90) sehen nur unter den Rahmenbedingungen der DSGVO Regelungen vor. Und auch Art. 98, der von der KOM weitere sekundärrechtlich einzuordnende Gesetzgebungsaktivitäten auf dem Gebiete des Datenschutzes verlangt, lässt erkennen, dass diese Pflicht zum einen als zum gegenwärtigen Zeitpunkt nicht zwingend relevant angesehen wird („gegebenenfalls"), vor allem aber, dass sie lediglich der Herstellung eines einheitlichen und kohärenten Schutzes dient. Dieser Schutzstandard wird durch die DSGVO vorgegeben, nicht etwa durch andere, zB sektorspezifische Gesetzgebungsaktivitäten. Dem entspricht schließlich, dass lediglich Art. 95 mit dem Verhältnis zur ePrivacyRL eine konkrete existente weitere Regelung mit Bezügen zum Datenschutzrecht anspricht. Nur Art. 95 formuliert in diesem Kontext einen Ausnahmetatbestand, nämlich indem diese ePrivacyRL bzw. ihre Nachfolgeregelung.

Dieser Anspruch eines **umfassenden Datenschutzrechts** geht einerseits **zu weit**. Das Ziel, sämtliche Datenverarbeitungsvorgänge in Bezug auf personenbezogene Daten zu regeln, wird sich mittel- und langfristig nur mit Hilfe einer differenzierten, an den jeweiligen Verarbeitungsvorgängen orientierten Reaktion erreichen lassen.[16] Die DSGVO wird lediglich allgemeine Pflöcke einschlagen können, anhand derer die äußeren Leitlinien für legale Datenverarbeitungen bestimmt werden. Ihrem eigenen Anspruch wird sie auch nicht gerecht, denn gerade die Öffnungsklauseln des Art. 6 Abs. 1 lit. c und f, Abs. 2 und 3 ermöglichen den Mitgliedstaaten weitgehende Sonderregelungen im öffentlichen Bereich. Allerdings wird durch die Regelungstechnik des Einsatzes von Öffnungsklauseln in einer Verordnung auch deutlich, dass die DSGVO zwar weitere Regelungen zulässt, dies aber nur in einem (je nach Öffnungsklausel mehr oder weniger)[17] engen und von ihr bestimmten Rahmen vorsieht. 7

Ein **umfassendes Datenschutzrecht** zu gewährleisten, greift in seinem Anspruch andererseits aber auch **zu kurz**. Denn das Datenschutzrecht ist nur eines von vielen Rechten, die sich mit dem Umgang mit Informationen im weiten Sinne befassen. Und die Herausforderungen durch die auf der Basis der Digitalisierung erfolgende Transformation sind nicht auf den Datenschutz beschränkt, auch wenn die technischen Möglichkeiten überhaupt erst die Notwendigkeit eines solchen haben entstehen lassen. Auch wenn die DSGVO sich in ihrem Anwendungsbereich selbst auf den Umgang mit personenbezogenen Daten beschränkt, so genügt dies nicht, um damit eine klare Grenzziehung zu anderen Informationsrechten und anderen Regelungsregimen in der Digitalisierung zu bewirken. So sind urheberrechtlich geschützte Werke personenbezogene Daten; gleichwohl stehen beide Rechtsregime in **Konkurrenz** zu- oder günstigstenfalls im **Gleichlauf** miteinander.[18] Gewinnung, Nutzung, Verwertung, Transfer, Diffusion, Archivierung, Haltbarkeit und Löschung sind nur einige Elemente dessen, was ein Informationsrecht bearbeiten muss; Infrastruktur, Formate, Sicherheit oder Zugriff sind andere, aber noch lange nicht alle.[19] Hinzu kommt die diffizile Unterscheidung zwischen Daten, Information und Wissen.[20] Da Daten und Information, die vom Datenschutzrecht erfasst werden, die Grundlage von Wissen sind,[21] hat jede Wissensregulierung zwangsläufig Auswirkungen auf die Regulierungswirkungen des Datenschutzrechts und umgekehrt. 8

Immerhin muss der DSGVO zugutegehalten werden, dass sie einen nicht nur beiläufigen Versuch unternimmt, angesichts jahrzehntelanger Erstarrung des europäischen Datenschutzrechts und stagnierender Bemühungen um ein Digitalisierungsfolgenrecht während der exponentiell weiterentwickelten Informations- und Kommunikationstechnologie unter den Bedingungen der Digitalisierung **Recht und Technik wieder einander anzugleichen** und den Schutz personenbezogener Daten effektiv auszugestalten. Dazu gehören vor allem auch ihre ersichtlichen Bestrebungen, die **Durchsetzungsmechanismen zu stärken**.[22] Schon im Vorfeld 9

---

16 Für das BDSG aF so schon Simitis/*ders.* § 1 Rn. 23.

17 Dazu → Einl. Rn. 226ff.

18 S. etwa zum Nebeneinander von Datenschutzrecht und anderen Rechten *Dreier/Spiecker gen. Döhmann*, Die systematische Aufnahme des Straßenbildes – zur rechtlichen Zulässigkeit von Online-Diensten wie „Google Street View", 2010. Jüngst zum Verhältnis zwischen KUG und DSGVO OLG Köln WRP 2018, 1006.

19 S. zum Wissenszyklus *Spiecker gen. Döhmann*, Rechtswissenschaft 2010, 247; erste Ansätze einer Zusammenstellung und Systematisierung finden sich zB in *Kloepfer*, Informationsrecht, 2002.

20 S. dazu etwa *Collin/Horstmann* in: dies. (Hrsg.), Wissen des Staates, 2002, 9 (11ff.) mwN; *Albers* in: Friedewald/Lamla/Roßnagel, Informationelle Selbstbestimmung im digitalen Wandel, 2017, 11 (23ff.) mwN; *Trute* in: Röhl (Hrsg.), Wissen – Zur kognitiven Dimension des Rechts. Die Verwaltung. Beihefte, 9 (2010), 11 (13ff.) mwN.

21 So etwa *Scherzberg* in: Hoffmann-Riem/Schmidt-Aßmann (Hrsg.), Verwaltungsrecht in der Informationsgesellschaft, 2000, 195 (200) oder zur Kategorisierung von Wissen als organisierter und systematisierter Form zB *Wollenschläger*, Wissensgenerierung im Verfahren, 2009, S. 30; ähnlich *Voßkuhle* in: Hoffmann-Riem/Schmidt-Aßmann (Hrsg.), Verwaltungsrecht in der Informationsgesellschaft 2000, 349 (353). S. zum Überblick über die Diskussion *Trute* in Röhl (Hrsg.), Wissen – Zur kognitiven Dimension des Rechts. Die Verwaltung. Beihefte, 9 (2010), 11ff.; *Albers* in: Friedewald/Lamla/Roßnagel (Hrsg.), Informationelle Selbstbestimmung im digitalen Wandel, 2017, 11 (23ff.).

22 Vgl. *Spindler* ZD 2016, 114; *Bergt* DuD 2016, 555.

der Geltung der DSGVO ab dem 25.5.2018 (Art. 99 Abs. 2) ließ sich statuieren, dass tatsächlich das Datenschutzrecht nunmehr (wieder) wahrgenommen wird und dass Unternehmen, Behörden und Privatpersonen mit großer Aufmerksamkeit die neue Rechtsordnung zur Kenntnis genommen haben und Anpassungsanstrengungen unternehmen.

10 **Adressat** der Vorschrift sind alle, denen die DSGVO im Rahmen ihres Anwendungsbereichs Rechte und Pflichten zuweist, also insbes. Verantwortliche, Auftragsverarbeiter, (Aufsichts-)Behörden und betroffene Personen. Aber auch die nationalen und der europäische Gesetzgeber (wenn dieser innerhalb der Öffnungsklauseln tätig wird)[23] sind Adressaten, die im Rahmen der Ziele zu einer stringenten Auslegung und Instrumentenverwendung gehalten sind, insbes. bei der Ausgestaltung des Umgangs mit Unsicherheit, etwa bei Auslegung und Anwendung der Vorschriften und der Bewertung des Sachverhalts.[24] Dies gilt angesichts von Art. 95 gerade auch für die zu erwartende ePrivacyVO, welche die ePrivacyRL ablösen soll.

11 Art. 1 kommt auch eine Wirkung in Bezug auf die **Öffnungsklauseln** zu. Neben der Bedeutung als **Leitlinie für das mitgliedstaatliche Recht**, das von einer spezifischen Öffnungsklausel Gebrauch macht, steht aber noch ein anderer Zweck im Raum: Weil Abs. 3 bestimmt, dass der freie Verkehr nicht zugunsten des Datenschutzes eingeschränkt werden darf, müssen die mitgliedstaatlichen Regelungen im Rahmen der DSGVO auch insgesamt in einer **Gesamtbeurteilung** betrachtet werden: Sie dürfen auch in der **Gesamtheit** nicht dazu führen, dass der freie Verkehr auf diesem Wege gehindert wird. Diese Beschränkung ist nicht beiläufig zu gewichten, weil die unterschiedlichen mitgliedstaatlichen Regelungen und die unterschiedliche Durchsetzung der bestehenden DSRL ein Hauptgrund für ihre Überarbeitung und Überführung in das Instrument der Verordnung waren (→ Rn. 33; Einl. Rn. 185ff.). Allerdings dürfte die Frage einer Beschränkung der „Gesamtausfüllung" nur schwer justiziabel sein, da die Mitgliedstaaten grds. nicht daran gehindert sind, von sämtlichen Öffnungsklauseln der DSGVO Gebrauch zu machen.

12 Die DSGVO geht vom Menschen aus und stellt den **Menschen in den Mittelpunkt** ihrer Regulierung: Datenverarbeitungen haben im Dienste der Menschheit zu erfolgen (EG 4). Nicht die Technik bestimmt ihre eigenen Anwendbarkeiten, ihre eigene Dynamik und ihre eigene Begrenzung und Begrenzbarkeit, sondern das Recht beansprucht, den Risiken und Gefahren, die aus der automatisierten Datenverarbeitung entstehen können, entgegenzuwirken – und dies auch um den Preis der Beschränkung der Möglichkeiten der Technik. Damit greift die DSGVO die technikrechtlichen Ursprünge der Vorgängerregelungen und des Datenschutzrechts insgesamt auf. Dem entspricht, dass die DSGVO nicht allein missbräuchlichen Datenverarbeitungen entgegenwirken will.[25]

II. Entstehungsgeschichte und Vorgängerregelungen

13 **Art. 1 DSRL** war parallel zu Art. 1 Abs. 2 und 3 DSGVO aufgebaut: Während Art. 1 Abs. 1 DSRL den Schutz der Grundrechte und Grundfreiheiten, insbes. den Schutz der Privatsphäre, als Zweck nannte, stellte Art. 1 Abs. 2 DSRL vergleichbar Art. 1 Abs. 3 DSGVO klar, dass aus Gründen des Schutzes der Grundrechte und Grundfreiheiten der freie Verkehr personenbezogener Daten nicht eingeschränkt werden durfte. An einer übergreifenden Regelung des Abs. 1 zum Verhältnis der beiden Vorschriften fehlte es in der DSRL. Wegen des Richtliniencharakters war die Zielrichtung der DSRL in besonderer Weise auch für die mitgliedstaatlichen Umsetzungen wichtig; für die DSGVO ist diese Bedeutung wegen des Verordnungscharakters zwar grundsätzlich reduziert, wegen der vielfachen Öffnungsklauseln aber trotzdem nicht nur von beiläufigem Inhalt.

14 **§ 1 BDSG aF** fasste die Zielsetzungen dagegen deutlich enger: Die Vorschrift enthielt ein klares Bekenntnis zum **persönlichkeitsrechtlichen Ansatz des Datenschutzrechts** und reduzierte damit dessen Bedeutung. Zudem – vielfach kritisiert[26] – konzentrierte sie sich auf „Beeinträchtigungen" der Rechte.

15 Das **BDSG nF** verzichtet auf eine Zwecksetzung und auf Zielvorgaben. Dies ist konsequent angesichts der engen Anbindung des Gesetzes an die DSGVO und die JI-Richtlinie, wäre aber im Hinblick auf die Anleitung gerade der Vorschriften, die von den Öffnungsklauseln der DSGVO und den Umsetzungsspielräumen der JI-Richtlinie Gebrauch machen, hilfreich gewesen.

16 Die **Historie der Norm** ist unspektakulär: Der KOM-E formulierte Art. 1 identisch zum verabschiedeten Normtext. Dies wurde im Parl-E beibehalten. Der Rat-E fügte ohne sonstige Änderungen gegenüber dem

---

23 Kompetenzrechtlich bewirken die Öffnungsklauseln für den europäischen Sekundärgesetzgeber keine Bindung, da dieser – sofern er die Grenzen von Artt. 7, 8 GRCh und Art. 16 AEUV einhält – durch einen nachfolgenden Rechtsakt auch Regeln aufstellen könnte, die die Öffnungsklauseln überschreiten. Rein praktisch wird dieser Fall kaum auftreten, weil die Grenzen den primärrechtlichen Vorgaben vielfach entsprechen. Im Ergebnis werden bereichsspezifische Rechtsgrundlagen der Mitgliedstaaten und der Union sich deshalb idR ähnlich in die Systematik der DSGVO einfügen.

24 Sa *Spiecker gen. Döhmann*, Staatliche Entscheidungen unter Unsicherheit, i.E. 2019.

25 So schon für das BDSG aF, das diesbezüglich vom Wortlaut her allerdings stärker formuliert war, Simitis/*ders.* § 1 Rn. 24.

26 S. nur Simitis/*ders.* Art. 1 Rn. 81ff. mwN.

KOM-E einen Abs. 2 a ein, der im Trilog de facto wörtlich[27] in den jetzigen Art. 6 Abs. 2 verschoben wurde (→ Art. 6 Abs. 2 Rn. 2ff.). Diese Öffnungsklausel für „spezifischere Bestimmungen" für Verarbeitungen nach Art. 6 Abs. 1 UAbs. 1 lit. c und e sowie für besondere Verarbeitungssituationen nach Kapitel IX entsprach der Ratsposition, dass trotz Verabschiedung einer Verordnung den Mitgliedstaaten möglichst weitreichende eigene Gestaltungsspielräume vorbehalten bleiben sollten. Durch die Aufnahme in Art. 6 Abs. 2 hat sich der Rat damit durchgesetzt, insbes. im Bereich der öffentlichen Aufgabenerfüllung den Mitgliedstaaten einen weiten Gestaltungsspielraum zu eröffnen, den das BDSG nF (→ Einl. Rn. 274ff.), die LDSGe (→ Einl. Rn. 285ff.) sowie weitere Gesetze (→ Einl. Rn. 303ff.) auch bereits ausschöpfen und teilweise auch auszureizen versuchen. Da sich die Zuordnung zum zentralen Art. 1 jedoch nicht durchsetzen konnte, handelt es sich nicht um eine Kernstruktur. Man kann also in der diesbezüglichen Öffnungsklausel kein Grundprinzip der DSGVO sehen.

Der europäische Gesetzgeber hat das **Instrument einer Verordnung** gewählt und damit die Wirkungen des **17** Art. 288 Abs. 2 AEUV aufgerufen: Die DSGVO ist in allen ihren Vorschriften unmittelbar geltendes Recht und bindet ihre Adressaten in den Mitgliedstaaten direkt. Schon früh zeichnete sich der Wille der KOM ab, angesichts der divergenten Umsetzung, Anwendung, Auslegung und Durchsetzung der DSRL nunmehr vom scharfen Schwert der Verordnung Gebrauch zu machen, um eine echte **Harmonisierung** zu erzielen. EG 9 verweist noch einmal darauf, dass der vorherige Zustand auch den Zielen des Binnenmarkts zuwiderlief (→ Rn. 21).

Von Anfang an kritisch beäugt worden ist die Tendenz der DSGVO, trotz ihres Verordnungscharakters **Ele- 18 mente einer Richtlinie** zu beinhalten. Dies lag vor allem an zwei Ausgestaltungen des KOM-E. Zum einen sah dieser eine Vielzahl an delegierten Rechtsakten zugunsten der KOM vor, war also in der Rechtsetzungstechnik eher auf generelle Zwecksetzungen ausgerichtet und wies dadurch gegenüber anderen Verordnungen ein ungewöhnlich geringes Maß an **Bestimmtheit** auf, wie es eigentlich für Richtlinien typisch ist. Vor allem aber war die DSGVO von Anfang an von vielfachen **Öffnungsklauseln** durchzogen, die es den **Mitgliedstaaten** ermöglichen, neben der DSGVO ihr mitgliedstaatliches Recht jedenfalls in Teilen zu bewahren. Besonders ausgeprägt gilt dies für die Rechtsgrundlagen im Bereich der öffentlichen Datenverarbeitung (Art. 6 Abs. 1 lit. c und e iVm Art. 6 Abs. 2 und 3). Die Erläuterung, bei der DSGVO handele sich daher um ein „Hybrid aus Richtlinie und Verordnung",[28] geht aber zu weit und missversteht die Regelungstechnik der DSGVO.[29] Auch wenn eine Vielzahl unterschiedlichster Öffnungs- und Spezifikationsklauseln vorhanden ist, die sich einer Systematisierung angesichts ihrer Spannbreite weitgehend entziehen (→ Einl. Rn. 226ff.),[30] so bleibt der Anspruch der DSGVO doch uneingeschränkt bestehen, umfassend und vor allem einheitlich zu regeln. Diesen löst sie auch ein.

Die **JI-Richtlinie**, die die Datenverarbeitung durch die zuständigen Behörden zum Zwecke der Verhütung, **19** Ermittlung, Aufdeckung oder Verfolgung von Straftaten oder der Strafvollstreckung, einschließlich des Schutzes vor und der Abwehr von Gefahren für die öffentliche Sicherheit abdeckt (→ Einl. Rn. 215ff.), stellt sich dem Wortlaut ihres Art. 1 Abs. 1 nach ganz in den Dienst des Schutzes der personenbezogenen Daten natürlicher Personen. Allerdings enthält Art. 1 Abs. Abs. 2 JI-Richtlinie eine **ähnliche Struktur wie Art. 1 DSGVO**. Formuliert wird nämlich zum einen eine Pflicht der Mitgliedstaaten, die Grundrechte und Grundfreiheiten natürlicher Personen zu schützen (lit. a). Zum anderen haben sie sicherzustellen, dass der Austausch personenbezogener Daten zwischen den zuständigen Behörden der Union nicht aus Gründen, die mit dem Schutz natürlicher Personen bei der Verarbeitung personenbezogener Daten verbunden sind, eingeschränkt oder verboten wird (lit. b); dies entspricht der Binnenmarktkomponente in Art. 1 Abs. 3 DSGVO. Die JI-Richtlinie schreibt ausdrücklich nur eine Mindestharmonisierung vor, lässt also nach Art. 1 Abs. 3 strengere Regelungen der Mitgliedstaaten zum Schutz der personenbezogenen Daten zu.

III. Systematik und systematische Stellung

Von der **Systematik** her ist die Vorschrift unglücklich aufgebaut. Diese bringt das grundlegende **Spannungs- 20 verhältnis** der Normierung datenschutzrechtlicher Regelungen im europäischen Binnenmarkt zum Ausdruck. Während Abs. 1 die zentrale Ausgleichsklausel enthält, wonach beide Ziele verfolgt werden, benennen Abs. 2 und 3 diese überhaupt erst: Schutz personenbezogener Daten einerseits und Schutz des freien Verkehrs dieser Daten andererseits. Die Anordnung der Absätze gibt diese Systematik nur annähernd präzise wider; eine Umkehrung der Absätze in der Abfolge hätte mehr Deutlichkeit gehabt. Zudem lässt sich

---

27 Lediglich die Art des Verweises auf Art. 6 Abs. 1 UAbs. 1 lit. c und e wurde verändert.
28 *Kühling/Martini* EuZW 2016, 448 (449).
29 Noch eingeschränkter Roßnagel/*Roßnagel*, Europ. DSGVO, § 1 Rn. 26 („Ko-Regulierung") bzw. 51 („Nebeneinander").
30 *Benecke/Wagner* DVBl. 2016, 600 (insbes. 604).

Abs. 1 auch eine allgemeine Aussage über das Verhältnis des Datenschutzgrundrechts zu anderen Rechten entnehmen.

21 **Zielkonflikte** sind angesichts mehr als eines Ziels der DSGVO **unvermeidlich, aber nicht in jedem Einzelfall zwingend.** Beide Zwecksetzungen können ähnliche Ergebnisse bewirken und somit gleichlaufen. Dies war von Anfang an im europäischen Datenschutzrecht mitgedacht,[31] zumal es der Binnenmarktkompetenz des damaligen Art. 100 a EGV bedurfte, um die DSRL überhaupt verabschieden zu können (→ Einl. Rn. 139).[32] Die Zielsetzungen bedingen einander häufig, etwa wenn Datenschutzrecht verhindert, dass einzelne Unternehmen sich für umfassende Datensammlungen und -auswertungen Wettbewerbsvorteile gegenüber Wettbewerbern verschaffen, weil diese strengeren Vorschriften unterliegen oder durchgesetzt werden. Zudem erfolgt eine Stärkung des Binnenmarkts im Bereich von Informations- und Kommunikationstechnologie im weiteren Sinne gerade durch das normative Ziel eines einheitlichen Datenschutzes, das gemeinschaftlich verwirklicht wird.[33] In der Folge werden damit die unter diesen Bedingungen entwickelten Produkte, Dienste und Techniken möglicherweise sogar mittelbar zu einer weiteren Stärkung des Binnenmarkts beitragen. Denn die Rechtsbedingungen des vereinheitlichten europäischen **Marktes für datenschutzgerechte Datenverarbeitungen** führen dazu, dass sich europäische Angebote nunmehr gegenüber den Globalisierungstendenzen im Informationsmarkt möglicherweise besser behaupten können, da im Verhältnis zu außereuropäischen Wettbewerbern der Datenschutz nunmehr, wegen des neu eingeführten Marktortprinzips (→ Art. 3 Rn. 4, 39ff.), eine bedeutende Rolle spielt. Zwingend ist allerdings der Einsatz des Datenschutzrechts zur Verwirklichung des Binnenmarkts entgegen EG 10 nicht: Ein Wettbewerb unter Bedingungen eines **level-playing-field** in einem gemeinsamen Binnenmarkt könnte grundsätzlich auch durch eine Ausrichtung am kleinsten gemeinsamen Nenner des Datenschutzrechts oder sogar durch einen Verzicht auf datenschutzrechtliche Vorschriften bewirkt werden.

22 Daher ist die Betonung, etwa in EG 10 S. 1, unverzichtbar, dass das Ziel des europäischen Datenschutzrechts ein **gleichmäßiges** *und* gleichzeitig ein **hohes Datenschutzniveau** ist. Dessen Verwirklichung darf zwar nicht dazu führen, dass datenschutzrechtliche Erwägungen vorgeschoben werden, um den Binnenmarkt zu beschränken. Aber das primäre und vorrangige Ziel (→ Rn. 28ff.) ist dieses **hohe Datenschutzniveau**.

23 Art. 1 steht in einem engen Zusammenhang mit den unionsrechtlichen (Art. 2 Abs. 2 lit. a und b, Abs. 3), sachlichen (Art. 2 Abs. 2 lit. d), technischen (Art. 2 Abs. 1), persönlichen (Art. 2 Abs. 1 und Abs. 2 lit c) und räumlichen (Art. 3) **Anwendungsbereich** der DSGVO, denn nur wenn dieser eröffnet ist, können die Ziele und Zwecke überhaupt Berücksichtigung finden. So gilt das Verbot der Einschränkungen des Datenverkehrs in Abs. 3 nur insoweit als die DSGVO anwendbar ist, und auch die familiäre und persönliche Verarbeitung hat sich nicht an den Regelungen der DSGVO, sondern an etwaigen nationalen Bestimmungen zB des Persönlichkeitsrechts sowie – im Rahmen der im einzelnen umstrittenen Drittwirkung[34] – an Artt. 7 und 8 GRCh und am nationalen Verfassungsrecht auszurichten. Unverändert können die Mitgliedstaaten also im Bereich fehlender Kompetenzen der EU eigenständige Regelungen treffen, die lediglich ihrem eigenen **Verfassungsrecht** genügen müssen. Im Bereich der Verteidigung beispielsweise führt dies bei Datenverarbeitungen dazu, dass nur die vom BVerfG aufgestellten Grundsätze zu beachten sind, auch wenn diese durchaus in Teilen mit den Grundsätzen der DSGVO, wenn auch nicht in den Details, übereinstimmen. So wird aus Art. 1 Abs. 1 iVm Art. 2 Abs. 1 GG abgeleitet ein grundsätzliches Auskunftsrecht des Soldaten über ihn betreffende Daten bestehen, das durch die Interessen der militärischen Sicherheit vielfach, aber eben nicht immer eingeschränkt sein wird, während andererseits eine Informationspflicht iSv Art. 13 DSGVO gar nicht erst besteht, weil sich eine solche im Gegensatz zum Auskunftsrecht aus dem Grundgesetz bisher nicht unmittelbar ableiten lässt und die DSGVO nicht einschlägig ist.

24 Ist die DSGVO anwendbar, sind die Ziele und Zwecke des Art. 1 eingebettet in ein **gesamteuropäisches Datenschutzrechtsregime.** Auch deshalb kann trotz des Anspruchs der Vollharmonisierung kaum von einem umfassenden Datenschutzrecht durch die DSGVO gesprochen werden (→ Rn. 6ff.). Dazu gehört neben den Vorschriften der GRCh auch der sonstige europa- und völkerrechtliche Rahmen (→ Einl. Rn. 88ff.), also insbes. auch die **EMRK** mit ihren datenschutzrechtlichen Präzisierungen (→ Einl. Rn. 92ff.) sowie die JI-Richtlinie (→ Rn. 19; → Einl. Rn. 215ff.). Künftig wird dazu auch die **ePrivacyVO** zählen.

IV. Ausgleich verschiedener Rechtspositionen (Abs. 1)

25 Abs. 1 ist zu verstehen als **Ausgleichsnorm** zwischen dem Schutz personenbezogener Rechte einerseits (→ Rn. 3 f., 36ff.) und womöglich entstehenden Konflikten mit dem Binnenmarktziel (→ Rn. 5, 41ff.) anderer-

---

31 Vgl. *Dammann/Simitis* Art. 1 Rn. 1; kritisch Sydow/*ders.* Art. 1 Rn. 2 f.
32 Sa Sydow/*ders.* Art. 1 Rn. 17; Simitis/*ders.* Einl. Rn. 213; *Brühann* EuZW 2009, 639 (640).
33 Zu eng nur darauf ausgerichtet Sydow/*ders.* Art. 1 Rn. 4.
34 Zur Drittwirkung von Artt. 7, 8 GRCh *Marsch*, Das europäische Datenschutzgrundrecht, 2018, S. 247ff.

seits. Gleichzeitig steht dahinter eine allgemeine Aussage über das Verhältnis des Schutzes personenbezogener Daten und anderen, womöglich im Einzelfall oder auch generell entgegenstehenden Rechten. **Zielkonflikte sind möglich, aber nicht zwingend** (→ Rn. 21). Diese enge Verflechtung beider Ziele des Abs. 2 und Abs. 3 spiegelt sich auch konsequent wider in den Aufgaben der Aufsichtsbehörden (Art. 51 Abs. 1), wobei dort sogar positiv von einer „Erleichterung" des freien Datenverkehrs die Rede ist.

Im **Verhältnis** zueinander besteht zwischen den beiden Kern-Zielen und -Zwecken ein gewisser, aber nicht 26 absoluter **Vorrang des Schutzes der personenbezogenen Daten.**[35] Dieser gilt auch gegenüber anderen Rechtspositionen. Dies ergibt sich – **auch im Verhältnis zu anderen Rechten** – aus den im Primärrecht zum Tragen kommenden Bedeutungen des Datenschutzrechts, zudem aus der Historie und nicht zuletzt aus der Zielrichtung der DSGVO selbst, wie sie bspw. den EG zu entnehmen ist (→ Rn. 28ff.).

Datenschutz ist dabei nicht etwa per se ein Hinderungsgrund für freien Datenverkehr: Er ist offen für Da-27 tenverarbeitungen und schafft sogar eine rechtliche Grundlage dafür. Er ist gerade nicht darauf gerichtet, Daten zu entziehen, und er ermöglicht der betroffenen Person auch nicht, jegliche Daten über sie selbst anderen vorzuenthalten. Hier kann die Aussage des BVerfG gedanklich als Grundverständnis des Datenschutzes fortgelten: Der Mensch „ist [...] eine sich innerhalb der sozialen Gemeinschaft entfaltende, **auf Kommunikation angewiesene Persönlichkeit**", weshalb dem Einzelnen kein „Recht im Sinne einer absoluten, uneinschränkbaren Herrschaft über "seine" Daten" zukommt".[36] EG 4 verdeutlicht dies, wonach das Recht auf Schutz personenbezogener Daten **kein uneingeschränktes Recht** ist. Gerade ein selbstbestimmter und der eigenen Kontrolle unterworfener Umgang mit Daten, wie er dem Datenschutzrecht vorschwebt, ermöglicht verantwortliche und nachhaltige Datenverkehre und Datenverarbeitungen, jedenfalls solange er im Dienste der Menschheit steht (EG 4 S. 1). Die in EG 4 S. 2 getroffene Aussage, dass der Datenschutz mit anderen Rechten abgewogen werden muss, steht dem nicht entgegen, sondern ist in diesem Sinne zu verstehen.

Der grundsätzliche, aber stets im Einzelfall zu prüfende und ggf. zu bejahende **Vorrang des allgemeinen** 28 **Schutzes personenbezogener Daten** ergibt sich bereits aus dem **allgemeinen Primärrecht.** Dort sind sowohl der persönlichkeitsrechtlich initiierte, aber längst darüber hinaus reichende Grundrechtsschutz in Artt. 7 und 8 GRCh verankert als auch weitere Menschen- und Bürgerrechte, wie etwa der Schutz des Binnenmarktes insbes. durch die Grundfreiheiten, die Wirtschaftsfreiheit über Art. 15 Abs. 1 GRCh oder auch die Kommunikationsgrundrechte nach Artt. 11 und 12 GRCh. Mit diesen und weiteren Grundrechten und -freiheiten kann der Schutz personenbezogener Daten in Konflikt treten. Der EuGH hat in Streitfällen, die ihn erreicht haben, bisher häufig Behörden und Gerichten erhebliche Abwägungsspielräume zugestanden (→ Einl. Rn. 171ff.) bzw. nur vorsichtige Kriterien zum Ausfüllen dann erforderlicher Abwägungen zwischen den verschiedenen Grundrechtspositionen entwickelt.[37] Dies ist auch deshalb sinnvoll und geboten, weil sich häufig **Dreiecks- und Mehreckskonstellationen** ergeben, in denen verschiedene Rechtsgutsträger unterschiedlich betroffen sind,[38] und die zusätzlich zur inhaltlichen Schwierigkeit auch derzeit noch dogmatisch kaum bearbeitbar sind. Nicht vernachlässigt werden darf zudem, dass es in **Art. 16 AEUV** einen **Regelungs- und Schutzauftrag** zugunsten des Datenschutzes gibt, der in dieser Reichweite ansonsten seinesgleichen sucht.

Zu beachten bleibt in jeder Abwägung – und daraus resultiert ein grundsätzlicher Vorrang dieser Rechte –, 29 dass die Privatheits-, Persönlichkeits- und Datenschutzgrundrechte als **Rückgrat der Grundrechte und -freiheiten einer freien Rechtsordnung** einzustufen sind. Wer keine Kontrolle über seine Daten hat, wer sich überwacht fühlt, wer umfassender Verhaltensanalyse unterworfen ist, wem eine personalisierte, von Treffräumen freie virtuelle Welt dargestellt wird,[39] in der er nur noch „Adressat optimierter Verhaltenserwartungen"[40] ist, wer von chilling effects[41] erfasst wird, wer nicht nachvollziehen kann, welchen Entscheidungen er aus welchen Gründen und auf der Basis welcher Informationen unterliegt, kann seine gesamten

---

35 So auch Simitis/*ders.* § 1 Rn. 28 für das nationale Recht mwN, insbes. Bezugnahme auf die einschlägigen Entscheidungen des BVerfGs.

36 BVerfGE 65, 1 (44).

37 Dies gilt insbes. für die Entscheidung EuGH C-131/12, NJW 2014, 2257 Rn. 81, 97ff. – Google Spain, wo der Gerichtshof lediglich Kriterien wie Zeitablauf, Wahrheitsgehalt, Bedeutung u.a. für die Zeitgeschichte, fortdauernde Zugänglichkeit der Information an anderen Stellen, benannte, sich einer konkreten Abwägung mit der Meinungs-, Presse- und Informationsfreiheit aber entzog, da er sie im konkreten Fall nicht geboten an sah. Darin kann auch durchaus ein kluges Vorgehen anerkannt werden, *Spiecker gen. Döhmann* CMRL 2015, 1033 (1046ff.).

38 *Spiecker gen. Döhmann* CMRL 2015, 1033 (1046ff.); vgl. auch *Spindler* GRUR-Beilage 2014, 101 (108). Typisch dafür war die Entscheidung Google Spain, EuGH C-131/12, NJW 2014, 2257, in der mindestens Datenschutzrecht, Meinungs-, Informations-, Presse-, Berufsfreiheit von gleich mehreren Rechtsinhabern miteinander abzuwägen waren.

39 *Spiecker gen. Döhmann* VVDStRL 77 (2018), 9 (36ff.).

40 Simitis/*ders.* § 1 Rn. 36.

41 Zu ihnen statt vieler *Hermstrüwer*, Informationelle Selbstgefährdung, 2016, S. 41ff. mwN; *Staben*, Der Abschreckungseffekt auf die Grundrechtsausübung, 2016.

Grundrechte nicht mehr in freier und autonomer Weise ausüben.[42] Entwicklungen wie der „**Citizen Score**" in China[43] verdeutlichen dies: Zugang zu privaten und öffentlichen Leistungen, Teilhabe an gesellschaftlichen Funktionen sowie Verwirklichung von Autonomie und Freiheitlichkeit sind unter solchen Bedingungen nicht mehr möglich.[44] Die Wirkungen des Schutzes personenbezogener Daten gehen also längst über die damit erreichbaren kommunikativen Kompetenzen[45] hinaus. Denn die Bedeutung von Informationen ist längst nicht mehr nur auf Teilhabe an Kommunikation beschränkt. Der Einzelne soll nicht nur **nicht Informationsobjekt** sein,[46] sondern er soll auch darüber hinaus **Handlungs- und Entscheidungssubjekt** bleiben. Er soll die Grundlagen der ihn betreffenden Einschätzungen und Entscheidungen kennen und beeinflussen können.

30 Die **negativen externen Effekte von Datenschutzeinschränkungen**[47] sind also beträchtlich. Sie sind in Abwägungen hineinzulesen und begründen deshalb einen grundsätzlichen Vorrang des Datenschutzes, auch um die Grundlagen eines freiheitlichen Gemeinwesens überhaupt zu schaffen, zu ermöglichen und zu erhalten. Deshalb sind auch nicht nur die Privatheit, die Privatsphäre und der private Bereich,[48] sondern das **gesamte intime, private und auch das soziale Datenumfeld** einer Person vom Schutz personenbezogener Daten erfasst. Und deshalb zielt Datenschutzrecht auf Eingriffe in den Verarbeitungsprozess ab, um ihn von Anfang an in Bahnen zu lenken, die mit den Existenzbedingungen einer auf die Selbstbestimmung des Einzelnen gegründeten demokratischen Gesellschaft vereinbar sind.[49] Daher gibt es bei aller Verständlichkeit, ja Berechtigung der Informationserwartungen öffentlicher und nicht-öffentlicher Stellen gerade keinen prinzipiell vorrangigen Informationsanspruch der jeweils interessierten Stelle oder auch nur eine grundsätzliche Vermutung zugunsten ihrer Erwartung, alle von ihr jeweils gewünschten Daten zusammenzutragen und zu verarbeiten.[50] Der Vorrang des Datenschutzrechts zeigt sich dann darin, dass die Verarbeitung legitimiert werden muss und nicht etwa „die Weigerung, den Zugriff auf die eigenen Daten zu dulden".[51]

31 Weitergedacht unterstützt die DSGVO auch die Anti-Diskriminierungs-Anliegen der Artt. 20ff. GRCh, verhindert sie doch zB mit Vorschriften wie Artt. 9 und 21 oder den gesteigerten inhaltlichen und verfahrensrechtlichen Anforderungen an Big Data und Profiling eine rechtlich unerwünschte **Diskriminierung** und setzt der zunehmenden Machtfülle auf Seiten der Informationsinhaber durch Personalisierungstendenzen[52] damit Grenzen.[53] Dies ist aber nur die weitergedachte Funktion des Datenschutzes: Wenn die Daten als Entscheidungsgrundlagen bekannt sind, kann dann auch die Entscheidung selbst kontrolliert werden, etwa im Hinblick auf mögliche illegitime Diskriminierungen. In diesem Zusammenhang ist auch zu beachten, dass das Datenschutzrecht auch umgekehrt eine Differenzierung einfordert: Auch Ungleiches ist ungleich zu behandeln; dies zieht insbes. einer übermäßigen Profilbildung und Verallgemeinerung, etwa auf der Basis von Big Data und statistischen Auswertungen, Grenzen.

32 **Verstärkung** erfahren die datenschutzrechtlichen Rechtspositionen **durch andere Rechte**. Dies gilt nicht nur in Bezug auf externe und gesamtgesellschaftliche Effekte, sondern erst recht auch für andere gleichgerichtete Grundrechte und Grundfreiheiten. So wie der freie Datenverkehr durchaus auch im Gleichlauf mit dem Datenschutz sein kann (→ Rn. 21, 27), so können im konkreten Fall auch andere Grundrechte den datenschutzrechtlichen Schutzgehalt verstärken wie etwa das Recht auf körperliche Unversehrtheit nach Art. 3 Abs. 1 GRCh – etwa bei physischen Eingriffen, die mit Datenerhebung einhergehen wie der Entnahme einer Blutprobe, die Religions- und Gewissensfreiheit nach Art. 10 Abs. 1 GRCh – etwa bei einer Befragung zur Religionszugehörigkeit, die Meinungsfreiheit nach Art. 11 Abs. 1 GRCh – etwa bei der Einschränkung anonymer Meinungsäußerungen, die Versammlungsfreiheit nach Art. 12 GRCh – etwa bei der Überwachung von Massenveranstaltungen, um nur diese zu erwähnen. Die DSGVO selbst nennt in EG 4 S. 3 die Achtung

---

42 Vgl. dazu schon früh – und nach wie vor inhaltlich zutreffend auch darüber hinaus – für das deutsche Recht BVerfGE 65, 1 (43). S. zu den Konsequenzen für Demokratie, Meinungsfreiheit und die Parteien auch *Spiecker gen. Döhmann* VVDStRL 77 (2018), 9ff.

43 *Chen/Cheung* The Journal of Comparative Law 12 (2017), 356ff.; *Backer* Proceedings of the Chinese Social Credit System, Shanghai Jiaotong University, Sept. 21 2017; *Diab* Journal of Critical Library and Informations Studies, No. 1 (2017), 1; *Pils*, Human Rights in China: A Social Practice in the Shadows of Authoritarianism, 2018.

44 *Spiecker gen. Döhmann* VVDStRL 77 (2018), 9 (45ff.).

45 So noch Simitis/*ders.* § 1 Rn. 36.

46 S. Simitis/*ders.* § 1 Rn. 36.

47 Zu externen Effekten von Datensammlungen *Choiy/Jeon/Kim* Working Paper No 18-887 (https://ssrn.com/abstract=3115049; *Acquisti*, The Economics of Personal Data and the Economics of Privacy, Draft 2010, 10ff. (https://www.heinz.cmu.edu/~acquisti/papers/acquisti-privacy-OECD-22-11-10.pdf).

48 Dies ist ein wesentlicher Unterschied zum US-amerikanischen Recht und zu Privatheitskonzepten.

49 Vgl. zu § 1 BDSG aF Simitis/*ders.* § 1 Rn. 10; vgl. ferner *Hermstrüwer*, Informationelle Selbstgefährdung, 2016, S. 43.

50 Simitis/*ders.* § 1 Rn. 27; *Simitis* DVR 2 (1973/74), 146ff.

51 Simitis/*ders.* § 1 Rn. 27.

52 S. dazu zB *Spiecker gen. Döhmann* VVDStRL 77 (2018), 9 (36ff.); vgl. auch *Hennemann* ZUM 2017, 544 (549ff.); *Riedl*, IEEE Internet Computing Vol. 5 (2001), 29ff.; *Sandfuchs*, Privatheit wider Willen?, 2015, S. 23ff.

53 So auch *Kühling/Buchner/Buchner* Art. 1 Rn. 14.

Hornung/Spiecker gen. Döhmann

des Privat- und Familienlebens, der Wohnung und der Kommunikation, Schutz personenbezogener Daten, Gedanken-, Gewissens- und Religionsfreiheit, Freiheit der Meinungsäußerung und Informationsfreiheit, unternehmerische Freiheit, Recht auf einen wirksamen Rechtsbehelf und ein faires Verfahren sowie Vielfalt der Kulturen, Religionen und Sprachen.

Die **Historie der DSGVO** spiegelt diese zunehmende **Betonung auf der sekundärrechtlichen Ebene** wider. 33
Aus kompetenzrechtlichen Gründen (seinerzeit Art. 100 a EGV) war die DSRL auf die Harmonisierung des Binnenmarkts gestützt worden und nannte daher in Art. 1 DSRL neben dem Datenschutzrecht (Abs. 1) auch den freien Verkehr von Daten (Abs. 2). Eine rein datenschutzrechtlich orientierte Regulierung wäre aus Kompetenzgründen europarechtsrechtswidrig gewesen (→ Einl. Rn. 133, 139). Gleichwohl formulierte Art. 1 Abs. 1 DSRL ein klares Schutzkonzept in Bezug auf personenbezogene Daten. Dieses gilt, wie EG 9 S. 1. 1. HS statuiert, nunmehr fort. Die weiteren Ausführungen des EG 9 machen zudem wie auch die Entstehungsgeschichte deutlich, dass Anlass für die Neuregelung die datenschutzrechtlichen Vollzugsdefizite und damit die Gefährdungen für die Rechte der betroffenen Personen waren und nicht etwa vorrangig oder auch nur gleichberechtigt damit einhergehende Einschränkungen des freien Verkehrs. Denn dort ist von der Möglichkeit eines „Hemmnis für die unionsweite Ausübung von Wirtschaftstätigkeiten" die Rede (EG 9), während die Unterschiede im Schutzniveau und die Vollzugsdefizite bestehenden Rechts zu Recht im Indikativ als feststehend festgestellt werden (zB EG 6, 9, 11). EG 11 befasst sich vollständig nur mit den datenschutzrechtlichen Anforderungen an eine effektive Regulierung, nämlich Stärkung und Präzisierung der Rechte der betroffenen Personen sowie Verschärfung der Verpflichtung für die Datenverarbeiter. Ein Äquivalent für den freien Datenverkehr fehlt. Dem entspricht auch die Motivationslage, die überhaupt zur **Änderung der DSRL** in eine DSGVO geführt hat: Die gravierenden Vollzugsdefizite im Schutz der betroffenen Personen waren der vorrangige Anlass, weniger die unterschiedliche Regulierungsdichte in den Mitgliedstaaten auf der Basis der DSRL als Datenverkehrshindernis (→ Einl. Rn. 184ff., 209). Daher finden sich an vielen Stellen der DSGVO Anforderungen an den Schutz personenbezogener Daten, die nicht von einem Schutz des freien Datenverkehrs begleitet werden und auch dadurch den leichten Vorrang signalisieren, zB Artt. 4 Nr. 20, 6 Abs. 1 lit. f, 35 Abs. 7 lit. d, 38 Abs. 1, 39 Abs. 1 lit. b, 45 Abs. 2 lit. c und 49 Abs. 1 S. 2 sowie 50 lit. a, b, c und d (wobei diese Vorschriften die internationale Zusammenarbeit betreffen, bei der ohnehin die binnenmarktorientierte Verkehrsfreiheit keine Rolle spielt), 57 Abs. 1 lit. i und v, 58 Abs. 3 lit. b, 70 Abs. 1 lit. b und i, 85 Abs. 1, 86, 98. Bemerkenswert ist hier insbes., dass die Beratungsaufgaben etwa der Aufsichtsbehörden (Art. 58 Abs. 3 lit. b) und des EDSA (Art. 70 Abs. 1 lit. b) nur in Bezug auf den Schutz personenbezogener Daten statuiert sind, nicht aber auch auf den freien Datenverkehr, und dass auch die Öffnungsklauseln (zB Art. 85 Abs. 1 oder Art. 86) häufig **nur den Schutz personenbezogener Daten, nicht aber gleichzeitig auch den freien Datenverkehr** in Bezug nehmen. Auch dies spricht für eine gewisse Priorisierung der Anliegen des Datenschutzes.

Schließlich lässt sich der Fortgeltung der DSRL-Erwägungen auch entnehmen, dass die DSGVO wie ihre 34
Vorgängerin in ihren konkreten Regelungen bereits wesentliche **Abwägungen mit potentiell entgegenstehenden anderen Rechten integriert** (EG 4), diese Gegenrechte also außer in Ausnahmefällen nicht mehr gesondert zu berücksichtigen sind. Besonders deutlich wird dies an Art. 6 Abs. 1 UAbs. 1 lit. f, dessen Maßstab durch die DSGVO festgelegt wird: Nur ein Vorrang des Überwiegens der Rechte der betroffenen Person kann eine Datenverarbeitung aus entgegenstehenden Interessen des Datenverarbeiters hindern. EG 4 S. 3 sieht die DSGVO-Regelungen daher von vornherein im Einklang mit den Rechten auf Achtung des Privat- und Familienlebens, der Wohnung und der Kommunikation, Schutz personenbezogener Daten, Gedanken-, Gewissens- und Religionsfreiheit, Freiheit der Meinungsäußerung und Informationsfreiheit, unternehmerische Freiheit, Recht auf einen wirksamen Rechtsbehelf und ein faires Verfahren und Vielfalt der Kulturen, Religionen und Sprachen. Soweit diese Rechte dem Datenschutz entgegenstehen könnten, sind sie also nur in besonderen Fällen noch einmal zu berücksichtigen. In den konkreten Regelungen der DSGVO findet sich vor allem die Abwägung mit den allgemeinen Rechten der Verarbeiter, also insbes. der Berufsfreiheit aus Art. 15 Abs. 1 GRCh, aber auch mit Interessen der Allgemeinheit. Der gesteigerte Schutz bestimmter Datenkategorien in Art. 9 erfasst besondere zusätzliche Schutzgehalte wie die Religions- oder Vereinigungsfreiheit. Dagegen sind Abwägungen mit einzelnen Grundrechten, die für die Demokratie und Freiheitlichkeit ähnlich gewichtig sind wie das Datenschutzrecht, also insbes. die Meinungs- und Pressefreiheit, konsequent, wenn auch wenig wünschenswert, weiterhin den Mitgliedstaaten überlassen (Art. 85). Das Ergebnis dieser der DSGVO inhärenten Abwägungen zeigt häufig den vorsichtigen Vorrang des Datenschutzanliegens, gestützt vom technikrechtsbasierten **Vorsorgeprinzip**.

Dies vorausgeschickt bleibt die Bedeutung von Art. 1 allerdings deutlich hinter einer Kollisionsnorm für 35
den Umgang mit anderen Grundrechten oder dem Allgemeinwohl zurück. Die Vorschrift ist eben **keine materiell-rechtliche Kollisionsnorm**, wie mit Konflikten mit anderen Rechtsgütern und Grundrechten umzugehen ist. Sie befindet lediglich, dass es keine Binnenmarktbeschränkungen aufgrund des Datenschutzes geben

darf. Dies aber ist nichts anderes als das dem Grundkonzept der EU stets innewohnende Anliegen des einheitlichen Binnenmarkts, wie es in Art. 26 AEUV statuiert wird. Datenschutz und Binnenmarktanliegen befinden sich insoweit für die DSGVO grundsätzlich im Gleichlauf: Beide wünschen eine einheitliche Umsetzung der bestehenden Vorschriften, um einem materiellen und prozessualen „Forum Shopping" und der Umgehung von Regulierungsanstrengungen des europäischen Gesetzgebers Einhalt zu gebieten und innerhalb der gesamten EU Datenverarbeiter und betroffene Personen vergleichbaren, wenn nicht sogar gleichen Regelungen zu unterwerfen, und das mit dem Hauptziel eines starken und gleichmäßigen Datenschutzes.

V. Schutz der Grundrechte und Grundfreiheiten (Abs. 2)

36 Während Abs. 1 nur allgemein vom „Schutz" natürlicher Personen spricht, präzisiert Abs. 2, was genau insoweit durch die DSGVO geschützt wird.[54] Abs. 2 statuiert, dass die DSGVO – wie andere Regelungen zum Datenschutzrecht – nicht nur auf den Schutz des Datenschutzgrundrechts abzielt. Denn geschützt werden die Grundrechte und Grundfreiheiten insgesamt; der Schutz personenbezogener Daten wird dann im 2. HS herausgehoben und durch die Formulierung als „insbesondere" auch präzisiert. Diesem Konnex lässt sich entnehmen, dass die **Bedeutung des Datenschutzrechts für die Verwirklichung anderer Grundrechte und Grundfreiheiten** (→ Rn. 29, 32) anerkannt wird. Zudem wird damit verdeutlicht, dass häufig nicht allein das Datenschutzrecht, sondern auch andere Grundrechte und Grundfreiheiten zum Gelingen eines effektiven Datenschutzes beitragen und diesen verstärken.

37 Zentral für die Bedeutung des Abs. 2 sind die **Artt. 7 und 8 GRCh** (→ Einl. Rn. 167 f.), auch wenn in EG 1 verkürzt lediglich Art. 8 GRCh und Art. 16 AEUV genannt sind. Denn Datenschutz ist auch Teil des Schutzes des Privat- und Familienlebens, der Wohnung und der Kommunikation. Aber er ist nicht darauf beschränkt, ebenso wie umgekehrt der Schutzgehalt von Art. 7 nicht auf den Datenschutz beschränkt ist (→ Einl. Rn. 167 f.). Wie die genaue **Abgrenzung von Art. 7 zu Art. 8** GRCh zu erfolgen hat, ist umstritten; der EuGH hat sich bisher nicht eindeutig positioniert. Entscheidungen, in denen Art. 7 GRCh besonders herausgehoben wurde,[55] betrafen (Tele-)Kommunikation, so dass die besondere Nennung dieses Schutzbereichs in Art. 7 GRCh dessen Heranziehung nahelegte. Daher kann jedenfalls davon ausgegangen werden, dass der EuGH weder eine Spezialität eines der beiden Grundrechte annimmt noch eine Alternativität.[56]

38 Integriert in den Schutz der Grundrechte und Grundfreiheiten ist auch das Schutzkonzept der **EMRK** (→ Einl. Rn. 163 ff.). Auch wenn diese kein explizites Recht auf Schutz personenbezogener Daten enthält, hat sich doch im Laufe der Jahre ein solcher weitreichender Schutz aus dem Grundrecht auf Achtung der Familie und des Privatlebens in Art. 8 EMRK entwickelt.

39 Geschützt werden die personenbezogenen Daten **natürlicher Personen**, nach EG 12 aber nicht die juristischer Personen (→ Art. 4 Nr. 1 Rn. 43 ff.). Auch **Nicht-EU-Bürger** können sich auf die DSGVO berufen; deren Anwendung ist unabhängig von Staatsangehörigkeit oder Aufenthaltsort (EG 2; → Art. 3 Rn. 41). **Verstorbene** sind vom Persönlichkeitsrecht weiter geschützt, wenngleich das Datenschutzrecht für sie nicht gilt (EG 27; → Art. 4 Nr. 1 Rn. 39). Dagegen ist der **nasciturus** noch keine Person im rechtlichen Sinne und daher nicht eigenständig Träger von Rechten an seinen Daten, die über das Datenschutzrecht erfasst sein könnten. Ihm kann allenfalls ein abgemilderter Vorfeldschutz zuteilwerden (→ Art. 4 Nr. 1 Rn. 41 f.).

40 Wenn Abs. 2 vom Schutz von **Grundrechten und Grundfreiheiten** spricht, sind damit eng verbunden auch diejenigen Freiheitsrechte, die dem Datenschutz besonders nahestehen und durch ihn eine **Verstärkung** erfahren und ihn selbst verstärken (→ Rn. 36 f.). Aus der Hervorhebung des Datenschutzes lässt sich entnehmen, dass hiermit im konkreten Fall gleichgerichtete Grundrechte und Grundfreiheiten gemeint sind. Die GRCh und darauf aufbauend die DSGVO kennen eine Reihe solcher Rechte, die teilweise über die in EG 4 genannten hinausgehen, nämlich insbes. das Persönlichkeitsrecht, die Meinungsfreiheit, die Informationsfreiheit, die Kommunikationsfreiheit, das Versammlungsrecht, den Schutz der Wohnung und der Familie, die Religionsfreiheit oder auch Antidiskriminierungsrechte. Dazu treten auch solche Rechte wie das auf Vielfalt der Kulturen. In Einzelfällen ist auch vorstellbar, dass auch andere Grundrechte wie etwa die Wirtschaftsfreiheit durch den Datenschutz verstärkt werden können. Insgesamt finden sich in der DSGVO vielfache Bezüge nicht allein auf den Schutz der personenbezogenen Daten, sondern der Grundrechte und Grundfreiheiten, so zB in Artt. 4 Nr. 25, 6 Abs. 1 lit. f, 23 Abs. 1.

---

54 S. zum Schutzgut und zum Gedanken der Gefahrenvorsorge auch *Grimm* JZ 2013, 585; zum Schutz gegen Private *Bäcker* Der Staat 51 (2012), 91; *Schneider* Die Verwaltung 2011, 499.

55 EuGH C-293/12 und C-594/12, NJW 2014, 2169 – Digital Rights Ireland; EuGH C-203/15, C-698/15, NJW 2017, 717 – Tele2 Sverige v Post- och telestyrelsen.

56 *Spiecker gen. Döhmann/Benecke* in: Terhechte (Hrsg.), Verwaltungsrecht der Europäischen Union, i.E. 2019; für ein echtes Kombinationsgrundrecht *Marsch*, Das europäische Datenschutzgrundrecht, 2018, S. 203 ff.

VI. Keine Einschränkung des freien Datenverkehrs (Abs. 3)

Mit Abs. 3 werden **Daten** sowohl als **selbstständiges Wirtschaftsgut** als auch als **Voraussetzung für viele** **41** **weitere wirtschaftliche Aktivitäten** einbezogen in die Gewährleistung des Binnenmarkts, welche unverändert auch unter der DSGVO gilt. Damit sorgt Abs. 3 für die Integration des Datenschutzes in das **Recht des Europäischen Binnenmarkts** und damit in den **Kerngehalt** der Union. Der freie Verkehr erfasst jeglichen durch die **Marktfreiheiten geschützten** Verkehr innerhalb der EU, wobei die Dienstleistungsfreiheit wohl die zentrale Freiheit sein dürfte. Der freie Datenverkehr findet vor allem Erwähnung in den EG (5, 6, 9, 10, 12, 13, 16, 18, 19, 21, 53, 123, 166, 170) sowie in einigen Artikeln (Artt. 4 Nr. 24, 35 Abs. 6, Art. 51 Abs. 1, Art. 98). Art. 26 Abs. 2 AEUV sieht im Binnenmarkt einen Raum ohne Binnengrenzen, in dem der freie Verkehr von Waren, Personen, Dienstleistungen und Kapital gewährleistet ist. Ob darunter auch virtuelle Güter wie Informationen und virtuelle Märkte für Informationsdienstleistungen zu fassen sind, ist angesichts eines weiten Begriffsverständnisses teleologisch zu bejahen. Innerhalb dieses Binnenmarkts gilt ein **freier und unverfälschter Wettbewerb**. Die Relevanz von Abs. 3 hat angesichts der gestiegenen Bedeutung von Informations- und Kommunikationstechnologie und darauf aufsetzender Dienste und Dienstleistungen gegenüber der DSRL noch einmal erheblich zugenommen. Dass Daten außerdem inzwischen ein wichtiges Wirtschaftsgut sind, ist unzweifelhaft.[57] Daher ist es nur konsequent, dass Abs. 3 – wie schon Art. 1 Abs. 2 DSRL – klarstellt, dass der Datenschutz kein Grund für eine Beschränkung des Binnenmarkts sein kann.

Der Wortlaut von Abs. 3 ist allerdings (ebenso wie der von Art. 1 Abs. 2 DSRL) zu weit geraten. Dass der **42** „freie" Datenverkehr „weder eingeschränkt noch verboten" werden darf, ist nicht etwa so zu verstehen, dass das Datenschutzrecht niemals einem solchen Verkehr entgegenstehen dürfte. Vielmehr ist genau dies die Folge einer Vielzahl von Regelungen der DSGVO, welche die Datenübermittlung an andere Verantwortliche (und damit auch an solche in anderen Mitgliedstaaten) einschränken, an bestimmte Bedingungen binden und im Einzelfall auch verhindern. Gemeint ist vielmehr, dass die **Mitgliedstaaten** keine zusätzlichen, dem Binnenmarkt zuwiderlaufenden Handlungen vornehmen dürfen. Der Grund dürfte darin liegen, dass Datenschutz als wesentliches Schutzziel zugleich als nicht-tarifäres Handelshemmnis missbraucht werden könnte.[58] Dies zu hindern entspricht im Übrigen auch der Vorstellung des Datenschutzes selbst: Dieser schafft kein abgeschottetes Dasein des Einzelnen, sondern trägt dem Umstand Rechnung, dass der Mensch als kommunikatives und soziales Wesen zwangsläufig personenbezogene Daten verbreitet und dass diese zur Kenntnis genommen und verarbeitet werden können (→ Rn. 27). Insofern ist die **angebliche Wirtschaftsfeindlichkeit des Datenschutzrechts** eine verkürzte Darstellung: Datenschutzrecht setzt lediglich einer ubiquitären Fremdnutzung personenbezogener Daten Grenzen und schützt damit die Freiheitlichkeit der Rechtsordnung.

Mit der DSGVO wird auch ein freier und unverfälschter Wettbewerb wieder möglich, weil mit ihr die **43** Chance auf ein **level-playing-field** und damit eine Abkehr vom Recht des Stärkeren besteht, das insbes. in der Online-Datenverarbeitung in den letzten Jahren um sich gegriffen hat. Jedenfalls dürfte sich das Ungleichgewicht zwischen Informationsdienstleistern mit Sitz in der Union und solchen mit Sitz außerhalb der Union (die trotz der EuGH-Rspr. häufig nicht an die DSRL und ihre Umsetzungsgesetze gebunden waren) nunmehr verringern. Möglicherweise entstehen sogar gänzlich **neue Märkte für datenschutzgerechte Dienstleistungen und Produkte.**

Abs. 3 ist mit seinem Bezug auf die binnenmarktbezogenen Grundfreiheiten als Abwehrrecht zu verstehen **44** und enthält **keine direkten positiven, auf Leistung oder Schutz ausgerichteten Elemente.**[59] Daher kann darauf auch nicht etwa gestützt werden, dass der Einzelne für die Fremdnutzung seiner Daten entschädigt oder an den Gewinnen, die auch mit seinen Daten erwirtschaftet werden, beteiligt werden müsse. Der Gesetzgeber mag über solche Konzepte in der Folge von zunehmender **Datenverwertung** nachdenken, und dies mag auch geboten sein;[60] Abs. 3 lässt sich derartiges aber nicht entnehmen.

Die Schutzwirkung des Abs. 3 gilt nur **innerhalb des Binnenmarkts**, nämlich „in der Union", und schließt **45** daher außereuropäische Wirkungen von der Berücksichtigung aus. Daher besteht beispielsweise kein Widerspruch zwischen Abs. 3 und den weitreichenden Beschränkungen für den **Datentransfer in Drittländer.** Hier setzt sich vielmehr das datenschutzrechtliche Anliegen uneingeschränkt durch. Die Prüfung der **Angemessenheit des Datenschutzrechtsniveaus** im Drittland (Art. 45) oder das Verlangen nach geeigneten Garan-

---

57 *Vacca*, Das vermögenswerte Persönlichkeitsbild, 2017, S. 49 f.; *Wandtke* MMR 2017, 6 (8); *Giesen* JZ 2007, 918 (919).

58 Vgl. *Drackert,* Die Risiken der Verarbeitung personenbezogener Daten, 2014, S. 21 ff.; von der Groeben/Schwarze/Hatje/*Brühann* AEUV Art. 16 Rn. 72 ff.

59 So auch Gola/*Pötters* Art. 1 Rn. 17; aA Sydow/*ders.* Art. 1 Rn. 22, im Weiteren dann allerdings mit Einschränkungen.

60 Vgl. zum Problemfeld *Dreier* in Dreier/Fischer/Van Raay/Spiecker gen. Döhmann (Hrsg.), Informationen der Öffentlichen Hand – Zugang und Nutzung, 2016, 13 (insbes. 18); *Spiecker gen. Döhmann* in Dreier/Fischer/Van Raay/Spiecker gen. Döhmann (Hrsg.), Informationen der Öffentlichen Hand – Zugang und Nutzung, 2016, 585 (587 ff., 589 ff.).

tien (Art. 46) beschränkt zwar den freien Datenverkehr, aber eben nicht im Binnenmarkt. Die EWR-Länder waren Drittländer, bis die DSGVO in das EWR-Abkommen aufgenommen wurde (→ Art. 3 Rn. 69); mit dem vollzogenen Brexit wird das Vereinigte Königreich voraussichtlich nicht mehr zum Binnenmarkt gehören.

46 Die **territoriale Beschränkung** von Abs. 3 im Hinblick auf das Vorliegen von Datentransfers „in der Union" ergibt sich zunächst aus dem mit dem Datenverkehr grundsätzlich verbundenen **Ortswechsel der Daten**: Dieser muss einerseits zwischen verschiedenen Mitgliedstaaten stattfinden; darüber hinaus dürfen die Daten aber andererseits nicht die EU verlassen. Ansonsten würden die strengeren Vorschriften zum Datentransfer in Drittländer keinen Sinn ergeben. Was für die Annahme eines solchen Ortswechsels erforderlich ist, ergibt sich aus der Berücksichtigung verschiedener Faktoren. Diese folgen vorrangig aus der DSGVO selbst und nicht aus den allgemeinen Vorstellungen vom Binnenmarkt, denn Abs. 3 ist eine Vorschrift zur **Selbstbindung innerhalb der DSGVO**. Daher ist jedenfalls der Wechsel von Daten innerhalb eines Verantwortlichen oder von einem Verantwortlichen zu einem anderen erfasst, wenn es dabei zu einer Grenzüberschreitung kommt; zudem zwischen verschiedenen Niederlassungen. Auch eine Auftragsverarbeitung in unterschiedlichen Mitgliedstaaten fällt darunter. Dagegen ist der Datenverkehr innerhalb dieser Entitäten ohne Grenzüberschreitung nicht erfasst.

47 Der **Schutz des freien Verkehrs** erfasst typische Einschränkungen und befindet sich daher in unmittelbarer Nähe zum Wettbewerbsrecht. Das Datenschutzrecht enthält angesichts der Bedeutung, die Daten mittlerweile als Wirtschaftsgut erlangt haben, Elemente eines **Wirtschaftsregulierungsrechts**. **Einschränkungen des freien Datenverkehrs** sind daher vielfach vorstellbar; ein **Verbot** wäre die stärkste Einschränkung. Denkbar sind zB Genehmigungsvorbehalte, Beschränkungen für einzelne Datenarten, mengenmäßige Beschränkungen, Zölle und Abgaben. Vorrangig dürften die Übermittlung, der Zugriff und die Verwertung von Daten Gegenstand solcher Einschränkungen sein, aber auch jegliche andere Verarbeitung kann grundsätzlich verkehrsorientiert gedacht werden. Hier gilt die allgemeine europarechtliche Dogmatik, wann Einschränkungen überhaupt als solche verstanden werden, denn auch ein freier Datenverkehr kann durchaus eingeschränkt werden, solange damit **keine Beschränkungen und Diskriminierungen** ohne Rechtfertigung einhergehen.[61] Dem **Verbotsprinzip** steht Abs. 3 nicht entgegen; dieses gilt für jegliche Datenverarbeitung und ist keine Einschränkung des freien Datenverkehrs.

48 Da die DSGVO mit den **Öffnungsklauseln** mitgliedstaatliches Recht zulässt, kann es durch unterschiedliches Recht in den einzelnen Mitgliedstaaten dazu kommen, dass unterschiedliche Vorgaben für Datenverarbeitungen bestehen. Die dadurch entstehenden Ungleichartigkeiten, die als Einschränkung des freien Datenverkehrs eingeordnet werden können, sind aber von der DSGVO gerade bezweckt bzw. zugelassen und stellen daher keinen Verstoß gegen Abs. 3 dar; im Übrigen macht sich hier auch der Vorrang des Datenschutzanliegens (→ Rn. 26ff.) ein weiteres Mal bemerkbar.

49 Häufig werden aber die **Ziele des Abs. 3 und die Ziele des Abs. 2 ohnehin durch ähnliches Vorgehen verwirklicht** werden: Wer nicht sicher ist, ob seine Daten in einem anderen Mitgliedsstaat der Union nach den ihm bekannten Standards geschützt werden, wird sich ggf. davon abhalten lassen, von den Freiheiten Gebrauch zu machen. Die Bestellung von Waren, das Reisen oder Arbeiten im europäischen Ausland, das Bestellen oder Anbieten von Dienstleistungen und erst recht der freie Zahlungs- und Kapitalverkehr erfordern bei ihrer Ausübung immer auch, dass personenbezogene Daten angegeben werden, die auf diese Weise in das Ausland gelangen. In diesen Fällen stehen aber nicht die Daten im Zentrum des Geschehens. Ein **einheitliches und hohes Schutzniveau** für die Grundrechte und Grundfreiheiten dient deshalb gerade **auch dem freien Verkehr** personenbezogener Daten im Binnenmarkt.

Artikel 2   Sachlicher Anwendungsbereich

(1) Diese Verordnung gilt für die ganz oder teilweise automatisierte Verarbeitung personenbezogener Daten sowie für die nichtautomatisierte Verarbeitung personenbezogener Daten, die in einem Dateisystem gespeichert sind oder gespeichert werden sollen.

(2) Diese Verordnung findet keine Anwendung auf die Verarbeitung personenbezogener Daten

a)   im Rahmen einer Tätigkeit, die nicht in den Anwendungsbereich des Unionsrechts fällt,

b)   durch die Mitgliedstaaten im Rahmen von Tätigkeiten, die in den Anwendungsbereich von Titel V Kapitel 2 EUV fallen,

c)   durch natürliche Personen zur Ausübung ausschließlich persönlicher oder familiärer Tätigkeiten,

---

61   S. nur statt vieler Streinz/*Schröder* AEUV Art. 26 Rn. 23.

d) durch die zuständigen Behörden zum Zwecke der Verhütung, Ermittlung, Aufdeckung oder Verfolgung von Straftaten oder der Strafvollstreckung, einschließlich des Schutzes vor und der Abwehr von Gefahren für die öffentliche Sicherheit.

(3) [1]Für die Verarbeitung personenbezogener Daten durch die Organe, Einrichtungen, Ämter und Agenturen der Union gilt die Verordnung (EG) Nr. 45/2001. [2]Die Verordnung (EG) Nr. 45/2001 und sonstige Rechtsakte der Union, die diese Verarbeitung personenbezogener Daten regeln, werden im Einklang mit Artikel 98 an die Grundsätze und Vorschriften der vorliegenden Verordnung angepasst.

(4) Die vorliegende Verordnung lässt die Anwendung der Richtlinie 2000/31/EG und speziell die Vorschriften der Artikel 12 bis 15 dieser Richtlinie zur Verantwortlichkeit der Vermittler unberührt.

Literatur: *Barlag, C.*, Anwendungsbereich der Datenschutzgrundverordnung, in: Roßnagel (Hrsg.), Europäische Datenschutz-Grundverordnung. Vorrang des Unionsrechts – Anwendbarkeit des nationalen Rechts, 2017, 108; *Gola, P./Lepperhoff, N.*, Reichweite des Haushalts- und Familienprivilegs bei der Datenverarbeitung. Aufnahme und Umfang der Ausnahmeregelung in der DS-GVO, ZD 2016, 9; *Husemann, C.*, Anwendungsbereich des Datenschutzgrundverordnung, in: Roßnagel (Hrsg.), Das neue Datenschutzrecht – Europäische Datenschutz-Grundverordnung und deutsche Datenschutzgesetze, 2018, 83; *Johannes, P. C./Weinhold, R.*, Neues Datenschutzrecht für Polizei, Strafverfolgung und Gefahrenabwehr, 2018; *Kugelmann, D.*, Die Anpassung der Fachgesetze an die DSGVO, DuD 2018, 482 *Roßnagel, A.*, Datenschutz in einem informatisierten Alltag, 2007; *Roßnagel, A./Geminn, C. L./Jandt, S./Richter, P.*, Datenschutzrecht 2016 – „Smart" genug für die Zukunft? Ubiquitous Computing und Big Data als Herausforderungen des Datenschutzrechts, 2016; *Roßnagel, A./Kroschwald, S.*, Was wird aus der Datenschutzgrundverordnung? Die Entschließung des Europäischen Parlaments über ein Verhandlungsdokument, ZD 2014, 495; *Roßnagel, A./Nebel, M./Richter, P.*, Was bleibt vom Europäischen Datenschutzrecht? Überlegungen zum Ratsentwurf der DS-GVO, ZD 2015, 455; *Weinhold, R.*, Datenschutz im Bereich der öffentlichen Sicherheit, in: Roßnagel (Hrsg.), Das neue Datenschutzrecht – Europäische Datenschutz-Grundverordnung und deutsche Datenschutzgesetze, 2018, 281; *Weinhold, R./Johannes, P. C.*, Europäischer Datenschutz in Strafverfolgung und Gefahrenabwehr, DVBl. 2017, 1501.

I. Ziel und Funktion der Vorschrift

Die Vorschrift regelt den **sachlichen Anwendungsbereich** der gesamten DSGVO. Sie ist damit die Grundlage 1 für die Anwendung aller in ihr enthaltenen Vorschriften. Sie wählt in Abs. 1 eine sehr breite Grundlage für die Anwendung der Verordnung und macht diese nur von der Verarbeitung personenbezogener Daten abhängig. Diesem breiten Anwendungsbereich stellt sie in Abs. 2 vier Ausnahmen gegenüber. Die Abs. 3 und 4 klären Konkurrenzen zur Verordnung über den Datenschutz in Organen und Einrichtungen der EU und zur eCommerce-RL.

II. Entstehungsgeschichte

Die Vorschrift orientiert sich sehr an der vergleichbaren Regelung in der DSRL. Sie war daher im Gesetzge- 2 bungsprozess auch wenig umstritten.

1. Datenschutzrichtlinie. Die Vorschrift geht zurück auf die Regelung des sachlichen Anwendungsbereichs 3 in **Art. 3 DSRL.** Ihr Abs. 1 enthält den identischen Wortlaut wie in Art. 3 Abs. 1 DSRL. Auch in Abs. 2 lit. a bis c ist die Vorschrift inhaltlich identisch mit Art. 3 Abs. 2 DSRL. Nur lit. d, der den Vorrang der JI-Richtlinie regelt, ist in Abs. 2 der Vorschrift neu. Auch die Abgrenzung zur VO 45/2001 in Abs. 3 und zur eCommerce-RL 2000/31/EG in Abs. 4 sind neu, weil beide Regelungen 1995 noch nicht bestanden.

2. Bundesdatenschutzgesetz. In Umsetzung der DSRL bestimmte § 1 Abs. 2 BDSG aF seit 2001 den sachli- 4 chen Anwendungsbereich des BDSG aF. Im Gegensatz zur Richtlinie verwendete es weitere **Differenzierungen,** kam im Ergebnis aber zu einem vergleichbaren Anwendungsbereich. Es knüpfte zum einen den Anwendungsbereich nicht an einen weiten Begriff der Verarbeitung personenbezogener Daten, sondern unterschied zwischen Erhebung, Verarbeitung und Nutzung personenbezogener Daten. Zum anderen differenzierte es zwischen öffentlichen und nicht-öffentlichen Stellen. Das BDSG aF war auf alle **Erhebungen, Verarbeitungen und Nutzungen** personenbezogener Daten anwendbar. Mit diesen drei Begriffen erfasste es jeden Umgang mit personenbezogenen Daten (→ Art. 4 Nr. 2 Rn. 2). Durch die Definitionen des Erhebens in § 3 Abs. 3 BDSG, des Verarbeitens und seiner fünf Formen in § 3 Abs. 4 BDSG und des Nutzens in § 3 Abs. 5 BDSG konnte es diese Phasen des Umgangs mit personenbezogenen Daten gezielter und rechtssicherer regeln, als wenn es nur einen weiten und undifferenzierten Begriff der Datenverarbeitung – wie in der DSGVO – zur Verfügung gehabt hätte.[1]

5 **3. Gesetzgebungsprozess.** KOM, EP und Rat waren sich hinsichtlich der wesentlichen inhaltlichen Bestimmungen zum sachlichen Anwendungsbereich der DSGVO **einig**. Leichte Differenzen gab es nur zu sprachlichen Präzisierungen. Diese wurden überwiegend vom EP vorgeschlagen, das sich aber – mit einer unwesentlichen Ausnahme – nicht durchsetzen konnte.

6 Überwiegend bestimmten die **Entwürfe des Rats** den verabschiedeten Verordnungstext. Abs. 1 und der Vorspann zu Abs. 2 entsprechen dem Vorschlag der KOM, den der Rat übernommen hat. Mit Abs. 2 lit. a setzte sich der Rat durch. Abs. 2 lit. b entspricht der Version der KOM, das EP konnte jedoch die Ergänzung um „Titel V" als einzigen Erfolg bezogen auf den gesamten Text der Vorschrift durchsetzen. Die Formulierung in Abs. 2 lit. d entspricht dem Vorschlag des Rats. Abs. 3 entstand erst im Trilog. Eine solche Regelung war im Entwurf des EPs nicht vorgesehen, in den Entwürfen von KOM und Rat war eine vergleichbare, kürzere Formulierung in Abs. 2 lit. b enthalten. Abs. 4 entspricht dem KOM-E. Der Rat hatte auf eine solche Regelung verzichtet.

7 Allein um die Formulierungen in der Ausnahme für **persönliche und familiäre Tätigkeiten** in Abs. 2 lit. c wurde gerungen. Nach dem KOM-E sollten alle Verarbeitungen zu „ausschließlich persönlichen oder familiären Zwecken ohne jede Gewinnerzielungsabsicht" aus dem Anwendungsbereich der DSGVO ausgeschlossen sein. Das EP strich das Merkmal der fehlenden Gewinnerzielungsabsicht. Stattdessen weitete es die Ausnahme aus und nahm neben der Verarbeitung zu persönlichen oder familiären Zwecken allgemein alle Datenverarbeitungen vom Anwendungsbereich aus, bei denen davon auszugehen ist, dass sie nur einer begrenzten Anzahl von Personen zugänglich sein werden.[2] Mit seiner erweiterten Ausnahme konnte sich das EP aber nicht durchsetzen. Der Rat kehrte wieder zur Formulierung in der Richtlinie zurück und war mit dieser erfolgreich. Außerdem sorgte er dafür, dass in dem verabschiedeten EG 18 die Rückausnahme aufgenommen wurde, dass die ausgenommene Datenverarbeitung keinen „Bezug zu einer beruflichen oder wirtschaftlichen Tätigkeit" aufweisen darf.[3]

8 **Erläuterungen** zum Anwendungsbereich finden sich in EG 13 (Notwendigkeit der Verordnung), EG 14 (keine Geltung zum Schutz juristischer Personen), EG 15 (Technologieneutralität), EG 16 (Ausnahmen nicht vom Unionsrecht erfasster Sachverhalte), EG 17 (Abgrenzung zur DSVO 45/2001/EG), EG 18 (Ausnahme für persönliche oder familiäre Tätigkeiten), EG 19 (Ausnahmen hinsichtlich der JI-Richtlinie) EG 20 (Geltung für den Justizbereich), EG 21 (Abgrenzung zur eCommerce-RL) und EG 27 (keine Geltung zum Schutz Verstorbener).

III. Systematische Stellung

9 Die Vorschrift legt den **Anwendungsbereich für alle Vorschriften** der DSGVO fest. Die Verordnung findet Anwendung, soweit es um die Verarbeitung personenbezogener Daten geht. Ihre Anwendung scheidet aus, soweit die Daten nicht personenbezogen sind oder nicht verarbeitet werden.

10 Die Vorschrift nimmt Bezug zu den **Legaldefinitionen** in Art. 4. Der Begriff „personenbezogene Daten" wird in Art. 4 Nr. 1 (→ Art. 4 Nr. 1 Rn. 24), der Begriff „Verarbeitung" in Art. 4 Nr. 2 (→ Art. 4 Nr. 2 Rn. 10) und der Begriff „Dateisystem" in Art. 4 Nr. 6 (→ Art. 4 Nr. 6 Rn. 7) erläutert.

11 Die Vorschrift wird durch **Art. 95** ergänzt. Nach dieser Regelung bleibt die ePrivacyRL in Kraft und geht der DSGVO als lex specialis vor (Art. 95).

12 **Art. 98** beauftragt die KOM zudem, Gesetzgebungsvorschläge für die Rechtsakte der Union zum Schutz personenbezogener Daten vorzulegen, die außerhalb des Anwendungsbereichs der DSGVO Fragen des Datenschutzes regeln. Die Novellierung dieser Rechtsakte soll einen einheitlichen und kohärenten Schutz natürlicher Personen bei der Verarbeitung personenbezogener Daten sicherstellen (→ Art. 98 Rn. 1). Dies betrifft insbes. die Vorschriften zum Schutz natürlicher Personen bei der Verarbeitung solcher Daten durch die Organe, Einrichtungen, Ämter und Agenturen der Union und zum freien Verkehr solcher Daten in der DS-

---

1 S. hierzu ausführlich und kritisch Roßnagel/*Schild*, HB DSR, Kap. 4.2 Rn. 22 f.
2 *Roßnagel/Kroschwald* ZD 2014, 495 (496).
3 S. hierzu kritisch *Roßnagel/Nebel/Richter* ZD 2015, 455; *Gola/Lepperhoff* ZD 2016, 9 (12).

VO Nr. 45/2001/EG (→ Art. 98 Rn. 19). Diese Aufgabe wird auch in Abs. 3 der Vorschrift aufgegriffen (→ Rn. 44).

IV. Sachlicher Anwendungsbereich

Die Vorschrift bestimmt den sachlichen **Anwendungsbereich** der DSGVO **sehr weit.**[4] Sie gilt sowohl für die **13** ganz oder teilweise automatisierte Verarbeitung personenbezogener Daten als auch für die nichtautomatisierte Verarbeitung personenbezogener Daten, die in einem Dateisystem gespeichert sind oder gespeichert werden sollen. Auf die Art und Weise der Verarbeitung, automatisiert oder manuell, kommt es somit grundsätzlich nicht an.[5]

Die DSGVO ist anwendbar, wenn es sich um eine ganz oder teilweise automatisierte Verarbeitung perso- **14** nenbezogener Daten handelt. Dabei ist sowohl der Begriff der Verarbeitung gemäß Art. 4 Nr. 2 (→ Art. 4 Nr. 2 Rn. 10) als auch der Begriff der personenbezogenen Daten gemäß Art. 4 Nr. 1 (→ Art. 4 Nr. 1 Rn 2410) jeweils weit auszulegen. Erfolgt die Datenverarbeitung **ganz oder teilweise automatisiert**, kommt es auf die Ordnung der Daten in einem Dateisystem nicht an. Auch die Art und Form der Daten spielt keine Rolle. Die DSGVO ist auch auf Ton- und Bilddaten sowie andere Daten und alle Datenformate anwendbar.[6] Die Spanne erfasster Sammlungen reicht somit von relationalen Datenbanken und Big Data-Analysesystemen bis hin zu einem unformatierten Fließtext.[7] Automatisiert ist die Verarbeitung, wenn sie durch Informationstechnik unterstützt wird und nicht vollständig manuell erfolgt. Es genügt, wenn die Verarbeitung teilweise automatisiert erfolgt. Dies ist der Fall, wenn auch nur eine Funktion des gesamten Vorgangs der Verarbeitung personenbezogener Daten durch Informationstechnik unterstützt wird. Dies ist etwa der Fall, wenn ein Aktensystem durch einen automatisierten Index erschlossen werden kann.[8] Auch erfasst sind Hybrid-Akten, bei denen die Papierakte mit der elektronischen Akte über eine Aktennummer, einen Barcode oder eine RFID-Marke[9] verbunden ist. Die papierne Akte ist in diesem Fall nur die physische Ergänzung des elektronisch vorhandenen Datenbestands.[10] Eine teilweise automatisierte Datenverarbeitung ist somit durch mindestens einen Medienbruch gekennzeichnet.

Mit den E-Government-Gesetzen des Bundes[11] und der Länder[12] wird in die Bundes- und Landesverwal- **15** tungen die **elektronische Akte** eingeführt. Nach § 6 Abs. 1 S. 1 EGovG des Bundes sollen die Behörden des Bundes ihre Akten elektronisch führen.[13] Diese Regelung tritt am 1.1.2020 in Kraft.[14] Um eine vollständig elektronische Aktenführung zu erreichen, sollen sie nach § 7 Abs. 1 S. 1 EGovG des Bundes an Stelle von Papierdokumenten deren elektronische Wiedergabe in der elektronischen Akte aufbewahren.[15] Nach § 7 Abs. 2 EGovG des Bundes sollen die Papierdokumente nach der Übertragung in elektronische Dokumente vernichtet oder zurückgegeben werden, sobald eine weitere Aufbewahrung nicht mehr aus rechtlichen Gründen oder zur Qualitätssicherung des Übertragungsvorgangs erforderlich ist.[16] Bis zum 1.1.2020 sollen alle Papierakten in elektronische Akten überführt sein und ab diesem Zeitpunkt alle papiernen Schriftstücke, die bei Behörden eingehen, in elektronische Dokumente umgewandelt werden. Dies bedeutet, dass ab Geltung der DSGVO zum 25.5.2018 alle Papierakten und alle Papiereingänge – bis auf geringe Ausnahmen, für die das Führen elektronischer Akten bei langfristiger Betrachtung unwirtschaftlich ist – als personenbezogene Daten angesehen werden müssen, die in einem Dateisystem gespeichert werden sollen. Ab dem Jahr 2020 wird es im Bund und in den Ländern zunehmend keine Papierakten mehr geben, sondern nur noch automatisierte Verarbeitungen personenbezogener Daten, die alle grundsätzlich in den Anwendungsbereich der DSGVO fallen.

Für die **nichtautomatisierte Verarbeitung** personenbezogener Daten ist die Anwendbarkeit der DSGVO auf **16** die Fälle beschränkt, in denen die personenbezogenen Daten in einem Dateisystem gespeichert sind oder ge-

---

4 S. zB Kühling/Buchner/*Kühling/Raab* Art. 2 Rn. 15; für die identische DSRL *Ehmann/Helfrich* Art. 3 Rn. 16.
5 EG 15; s. für die identische DSRL *Dammann/Simitis* Einl. Rn. 19; *Ehmann/Helfrich* Art. 3 Rn. 6.
6 Für die identische DSRL *Dammann/Simitis* Art. 3 Rn. 3.
7 Für die identische DSRL *Dammann/Simitis* Art. 3 Rn. 3.
8 Für die identische DSRL *Dammann/Simitis* Art. 3 Rn. 4; *Ehmann/Helfrich* Art. 3 Rn. 12, 15.
9 Zum Datenschutz bei RFID s. ausführlich *Müller*, Auto-ID-Verfahren im Kontext allgegenwärtiger Datenverarbeitung. Datenschutzrechtliche Betrachtung des Einsatzes von RFID-Systemen, 2017.
10 S. auch für die identische DSRL *Ehmann/Helfrich* Art. 3 Rn. 13.
11 E-GovG v. 25.7.2013, BGBl. I 2749.
12 S. zB EGovG NRW v. 8.7.2016, GVBl. 551.
13 S. hierzu *Roßnagel* NJW 2013, 2710 (2713 f.); *Johannes* MMR 2013, 694; *Albrecht/Schmid* K&R 2013, 529.
14 S. Art. 31 Abs. 5 des Gesetzes zur Förderung der elektronischen Verwaltung v. 25.7.2013, BGBl. I 2749. Für NRW gilt die vergleichbare Regelung ab dem 1.1.2022, s. § 9 Abs. 3 EGovG NRW.
15 S. hierzu *BSI*, Technische Richtlinie 03138: Ersetzendes Scannen, 2013, sowie *Roßnagel/Johannes*, BSI Technische Richtlinie 03138: Ersetzendes Scannen – Anlage R: Unverbindliche rechtliche Hinweise, Version 1.1, 2018.
16 Zu diesem ersetzenden Scannen s. *Roßnagel/Nebel* NJW 2014, 886.

speichert werden sollen. Was ein Dateisystem ist, definiert Art. 4 Nr. 6 (→ Art. 4 Nr. 6 Rn. 7). Danach ist ein Dateisystem „jede strukturierte Sammlung personenbezogener Daten, die nach bestimmten Kriterien zugänglich sind, unabhängig davon, ob diese Sammlung zentral, dezentral oder nach funktionalen oder geografischen Gesichtspunkten geordnet geführt wird". Der Schutz natürlicher Personen soll nach EG 15 nicht davon abhängig sein, ob die Verarbeitung personenbezogener Daten automatisiert oder manuell erfolgt. Daher fallen nach S. 3 des EG 15 lediglich unstrukturierte Akten oder Aktensammlungen sowie ihre Deckblätter oder Zettelkästen[17] – wie auch nach der DSRL – aus dem Anwendungsbereich der DSGVO heraus. Diese Einschränkung dürfte in der Praxis allerdings nur in dem wenig relevanten Fall eine Rolle spielen, dass eine Ansammlung von Papier wahllos und nach keinerlei Kriterien geordnet in einen Aktenordner abgeheftet wird.[18] Der Schutz durch die DSGVO beginnt nicht erst, wenn die Daten in ein Dateisystem eingegeben werden sollen, sondern bei jeder Form der Erhebung (auch Befragung oder Beobachtung), wenn die Daten erhoben werden, um sie in einem Dateisystem zu speichern.[19] Diese Absicht muss noch nicht endgültig feststehen, wenn nach den Umständen und der Lebenserfahrung im Regelfall mit einer Aufnahme in ein Dateisystem zu rechnen ist.[20] Dies gilt zum Zeitpunkt der Geltung der DSGVO in den Mitgliedstaaten für alle Akten der Bundes- und Landesverwaltungen, da für diese grundsätzlich das gesetzliche Ziel des ersetzendes Scannens und der elektronische Akte besteht (→ Rn. 15). Sie enthalten damit zumindest personenbezogene Daten, die in einem Dateisystem gespeichert werden sollen (→ Art. 4 Nr. 6 Rn. 7 ff.). Nicht von der DSGVO werden jedoch die Beobachtung von natürlichen Personen durch persönliche Überwachung,[21] durch Live-Videoübertragung in einen Kontrollraum,[22] durch einen Lauschangriff oder durch das Aufschalten auf eine Telefonverbindung erfasst – es sei denn, die Bild- oder Tondaten werden, wenn auch nur kurz, gespeichert oder die wesentlichen Erkenntnisse werden in eine (Ermittlungs-)Datei aufgenommen.[23] Daher sind alle Videoerfassungen mit (Zwischen)Speicherung oder Bearbeitung der Bilddaten von der DSGVO[24] erfasst – unabhängig davon, ob die Daten von einer übliche Videokamera, Dashcam, Bodycam oder Drohnenkamera aufgenommen werden.[25]

V. Ausnahmen (Abs. 2)

17 Obwohl jede Verarbeitung personenbezogener Daten nach Abs. 1 eigentlich in den Anwendungsbereich der DSGVO fällt, lässt Abs. 2 in **vier Verarbeitungsbereichen** eine Ausnahme gelten. Darüber hinaus sind die folgenden zwei Verarbeitungsbereiche zu beachten:

18 Die **Verarbeitung eigener personenbezogener Daten** durch die betroffene Person ist nicht vom Schutzzweck der DSGVO erfasst. Der Schutz der Grundrechte und Grundfreiheiten natürlicher Personen bei der Verarbeitung personenbezogener Daten ist nur erforderlich, wenn die Datenverarbeitung durch andere erfolgt. Die DSGVO bezweckt daher keinen Schutz der betroffenen Person gegen sich selbst. Deren Verarbeitung eigener Daten fällt somit nicht in den Anwendungsbereich der DSGVO – auch wenn diese Ausnahme nicht im Text der Vorschrift erfasst ist. Dies gilt etwa für Selfies auf dem eigenen Smartphone oder für die im eigenen Smart Car erzeugten Daten. Eine von der DSGVO erfasste Datenverarbeitung liegt jedoch dann vor, wenn andere Personen betroffen oder andere Datenverarbeiter involviert sind. Andere Personen sind betroffen, wenn sie ebenfalls auf dem Bild zu sehen sind oder wenn die Aussagen über einen selbst auch andere Personen betreffen. Andere Datenverarbeiter sind involviert, wenn etwa das eigene Bild in einer Cloud gespeichert, von einer App weitergegeben oder in Social Media dargestellt oder wenn die Daten aus dem Smart Car zu einem anderen Verantwortlichen übertragen werden.

19 Nicht ausgenommen ist die Verarbeitung personenbezogener Daten in **Gerichten** und anderen Justizbehörden. Soweit die Datenverarbeitung jedoch deren justizielle Tätigkeiten betrifft, soll nach Art. 55 Abs. 3 die Unabhängigkeit der Gerichte dadurch gewahrt werden, dass zu ihrer Überprüfung nicht die Aufsichtsbehörden, sondern besondere Stellen im Justizsystem des jeweiligen Mitgliedstaats zuständig sind (→ Art. 55 Rn. 19).[26]

20 **1. Kein Anwendungsbereich des Unionsrechts.** Die erste Ausnahme gilt nach Abs. 2 lit. a für alle Verarbeitungen personenbezogener Daten, die im Rahmen einer Tätigkeit, die nicht in den Anwendungsbereich des

17 S. zu diesen zB Plath/*Plath* Art. 2 Rn. 7; Kühling/Buchner/*Kühling/Raab*, Art. 2 Rn. 19; Gierschmann et al./*Grafenstein*, Art. 2 Rn. 27 ff.
18 S. zB *Laue/Nink/Kremer*, S. 32; Gola/*Gola* Art. 2 Rn. 8.
19 S. zB Kühling/Buchner/*Kühling/Raab* Art. 2 Rn. 18.
20 Für die identische DSRL *Dammann/Simitis* Art. 3 Rn. 5.
21 S. zB Gola/*Gola* Art. 2 Rn. 6.
22 S. zB auch *Seifert* DuD 2013, 650 (65 f.); Kühling/Buchner/*Kühling/Raab* Art. 2 Rn. 15.
23 S. Roßnagel/*ders.*,, Das neue DSR, § 2 Rn. 37.
24 S. EuGH C-212/13, EuZW 2015, 234 – Rynes; s. auch die Anmerkung in *Klar* NJW 2015, 463 (465 f.).
25 Kühling/Buchner/*Kühling/Raab* Art. 2 Rn. 15.
26 S. hierzu auch EG 20.

Unionsrechts fällt, vorgenommen werden. Da die Verträge der EU nur bestimmte Hoheitsrechte von den Mitgliedstaaten auf die Union übertragen,[27] ist der Anwendungsbereich des Unionsrechts jeweils positiv zu bestimmen. Nach der Rechtsprechung des EuGH ist der **Anwendungsbereich des Unionsrechts** jedenfalls dann eröffnet, wenn Unionsrecht durchgeführt oder vollzogen wird, insbes. wenn eine bestimmte Frage Gegenstand einer sekundärrechtlichen Regelung ist.[28] Dagegen ist nach EG 16 kein Anwendungsbereich des Unionsrechts jedenfalls für Tätigkeiten der Mitgliedstaaten anzunehmen, die die nationale Sicherheit betreffen.[29]

Nicht in den Anwendungsbereich des Unionsrechts fallen auch Datenverarbeitungen in nicht unionsrecht- 21 lich geregelten Bereichen. Soweit die DSGVO nach Art. 16 Abs. 2 S. 1 AEUV „den freien Datenverkehr" erfassen kann, ist sie auf den grenzüberschreitenden Austausch personenbezogener Daten im Binnenmarkt beschränkt. Rein innerstaatliche Sachverhalte, die keinen grenzüberschreitenden Datenaustausch betreffen, kann sie nicht erfassen.[30] Beispiele hierfür sind die Datenverarbeitung deutscher Behörden, die nur Sachverhalte betreffen, die allein und ausschließlich in Deutschland stattfinden und nur die inneren Angelegenheiten in Deutschland betreffen – wie etwa die Datenverarbeitung in Einwohnermeldeämtern, Standesämtern oder Grundbuchämtern oder die Datenverarbeitung für Infrastrukturleistungen deutscher Kommunen (zB Müllabfuhr), soweit nicht ausnahmsweise grenzüberschreitende Übermittlungen personenbezogener Daten vorgesehen sind.[31]

2. Gemeinsame Außen- und Sicherheitspolitik. Die zweite Ausnahme betrifft nach Abs. 2 lit. b alle Verar- 22 beitungen personenbezogener Daten, die die Mitgliedstaaten im Rahmen von Tätigkeiten durchführen, die in den Anwendungsbereich von Titel V Kapitel 2 EUV fallen. Dieses Kapitel betrifft die gemeinsame Außen- und Sicherheitspolitik. Abschnitt 1 regelt in den Artt. 23 bis 41 EUV gemeinsame Bestimmungen für diesen Bereich und Abschnitt 2 in den Artt. 42 bis 46 die gemeinsame Sicherheits- und Verteidigungspolitik. Für den Tätigkeitsbereich der gemeinsamen Außen- und Sicherheitspolitik kann der Rat nach Art. 39 EUV, abweichend von Art. 16 Abs. 2 AEUV, eigene Datenschutzregelungen für die Mitgliedstaaten durch Beschluss festlegen. Der Datenschutz in diesem Bereich soll sich allein nach diesen Regelungen richten.[32] Für eine solche Regelung ist nach Art. 31 EUV Einstimmigkeit im Rat erforderlich. Soweit noch keine solche Regelungen bestehen,[33] richtet sich der Datenschutz nach den Vorschriften der Mitgliedstaaten.[34]

3. Persönliche oder familiäre Tätigkeiten. Die dritte Ausnahme gilt nach Abs. 2 lit. c für alle Verarbeitun- 23 gen personenbezogener Daten, die natürliche Personen zur Ausübung ausschließlich persönlicher oder familiärer Tätigkeiten durchführen. Mit dieser Regelung bezweckt die DSGVO einen **Ausgleich zwischen den Grundrechten** des Datenverarbeiters und der betroffenen Person.[35] Soweit die Datenverarbeitung ausschließlich auf den Bereich persönlicher oder familiärer Tätigkeiten des Datenverarbeiters beschränkt ist, erscheinen die Risiken für die Grundrechte und Freiheiten der betroffenen Person so gering, dass sie ihr zugunsten der Grundrechtsausübung des Datenverarbeiters zugemutet werden können. In diesem Fall soll die Freiheit, von staatlicher Überwachung – auch zum Schutz der Grundrechte Dritter – verschont zu werden, überwiegen. Diese Abwägung trifft die DSGVO generell und unabhängig vom Einzelfall, indem sie die Datenverarbeitung für ausschließlich persönliche oder familiäre Tätigkeiten vollständig aus ihrem Anwendungsbereich ausnimmt. Dies gilt selbst dann, wenn besondere Kategorien personenbezogener Daten verarbeitet werden.[36] Da eine Einzelfallabwägung unabhängig von den tatsächlichen Risiken nicht – wie etwa nach Art. 6 Abs. 1 UAbs. 1 lit. f (→ Art. 6 Abs. 1 Rn. 101ff.) – stattfindet, ist die Ausnahme nicht allein we-

---

27 S. zum Grundsatz der beschränkten Einzelermächtigung Art. 5 Abs. 2 EUV und Art. 2 AEUV.

28 EuGH C-29/95, ECLI:EU:C:1997:28 – Pastoors; EuGH C-123/08, NJW 2010, 283 – Wolzenburg; EuGH C-628/11, ECLI:EU:C:2014:171, Rn. 34 – International Jet Management; Calliess/Ruffert/*Epiney* EUV Art. 18 Rn. 15ff.

29 Zur Ausnahme nach Abs. 2 lit. d für die Datenverarbeitung zum Zweck der Verhütung, Ermittlung, Aufdeckung oder Verfolgung von Straftaten oder der Strafvollstreckung, einschließlich des Schutzes vor und der Abwehr von Gefahren für die öffentliche Sicherheit, s. näher → Rn. 37.

30 Roßnagel/*ders.* Das neue DSR, § 2 Rn. 34 f.

31 Diese Ausnahme gilt aber nur für diese Übermittlungen, nicht für alle – auch rein innerstaatlichen – Datenverarbeitungen nach dem jeweiligen Gesetz.

32 Calliess/Ruffert/*Kingreen/Cremer* EUV Art. 39 Rn. 1.

33 S. zB die Spezialregelung in Art. 2 Abs. 4 des Beschlusses (GASP) 2015/778 des Rats v. 18.5.2015 über eine Militäroperation der EU im südlichen zentralen Mittelmeer (EUNAVFORMED), ABl. L 122, 31; nach Ehmann/Selmayr/*Zerdick* Art. 2 Rn. 9 soll noch kein solcher Beschluss ergangen sein.

34 AA Paal/Pauly/*Ernst* Art. 2 Rn. 12.

35 S. zB *Dammann/Simitis* Art. 2 Rn. 7; *Ehmann/Helfrich* Art. 3 Rn. 22; *Gola/Lepperhoff* ZD 2016, 9 (1); *Albrecht/Jotzo*, Teil 3 Rn. 30; Simitis/*Dammann* § 1 Rn. 149.

36 S. Sydow/*Ennöckl* Art. 2 Rn. 11.

gen ihres Ausnahmecharakters,[37] sondern vor allem wegen des von ihr geschaffenen unkalkulierbaren Risikos und der Gewährleistung eines effektiven Datenschutzes besonders **eng und streng auszulegen**.[38] Der generellen Grundrechtsabwägung, die zur Festlegung dieser Ausnahme geführt hat, liegen bestimmte Vorstellungen zugrunde, welche Risiken von der Datenverarbeitung für persönliche und familiäre Tätigkeiten üblicherweise ausgehen. Übersteigen die tatsächlichen Risiken diese angenommenen üblichen Risiken beträchtlich, fordern die Grundrechte eine Abwägung im Einzelfall (→ Rn. 33).

24 Die Datenverarbeitung darf nur zu persönlichen oder familiären Tätigkeiten erfolgen. **Persönliche Tätigkeiten** sind Tätigkeiten, die der eigenen Selbstentfaltung und Freiheitsausübung in der Freizeit oder im privaten Raum dienen. Nicht erforderlich ist, dass zu jeder betroffenen Person eine persönliche Beziehung besteht. So kann als persönliche Tätigkeit auch zB das Sammeln von Informationen über Film- oder Fußballstars gelten.[39] Zu den persönlichen Tätigkeiten gehört auch die Pflege von echten Freundschaften. Nicht in den Kreis der persönlichen Tätigkeiten können die „Freundeslisten" in sog Sozialen Netzwerken gezählt werden, die über Hunderte von Freunden umfassen können und nach außen dargestellt werden.

25 **Familiäre Tätigkeiten** sind alle Tätigkeiten, die der Pflege familiärer Beziehungen und des familiären Zusammenhalts dienen. Der Begriff „familiär" ist nicht rein familienrechtlich auszulegen. Er umfasst unabhängig von Ehe, Kindschaft und Verwandtschaft jede Beziehung, die eine vergleichbare persönliche Nähe aufweist und von der Verkehrsanschauung als familiär angesehen wird.[40] Dies gilt für Lebenspartnerschaften oder ein eheähnliches Zusammenleben, je nach Nähe der Beziehungen sogar für Wohngemeinschaften, nicht aber für den Freundeskreis, mit dem der Datenverarbeiter nicht familienförmig zusammenlebt.

26 Nach EG 18 ist die Inanspruchnahme dieser Ausnahme ausgeschlossen, wenn die Datenverarbeitung mit einem „**Bezug zu einer beruflichen oder wirtschaftlichen Tätigkeit** vorgenommen wird". Dabei ist es unerheblich, ob diese Tätigkeiten selbstständig oder unselbständig ausgeübt werden. Auch vorbereitende Tätigkeiten wie etwa Marktforschung gelten als beruflich.[41] Bewerbungen sowie die eigenen, individuellen Unterlagen und Mitschriften in der Aus- und Weiterbildung sind jedoch als persönliche Tätigkeiten anzusehen.[42] Keine Ausnahme besteht auch für andere als rein persönliche Zwecksetzungen wie politische, gewerkschaftliche, gemeinnützige, ehrenamtliche, altruistische, religiöse, kulturelle oder **sonstige weitergehende Zwecke**.[43] Jegliche nach außen gerichtete, über den persönlichen oder familiären Kreis hinaustretende Tätigkeit verlässt den Rahmen, der die Nichtanwendung der DSGVO rechtfertigt.[44] Ob es sich um persönliche oder familiäre Tätigkeiten handelt, ist nach der Verkehrsanschauung zu bestimmen.[45]

27 Nach EG 18 sind **Beispiele** für persönliche oder familiäre Tätigkeiten „das Führen eines Schriftverkehrs oder von Anschriftenverzeichnissen". Weitere Beispiele für die rein persönliche oder familiäre Datenverarbeitung im **Offline-Bereich** sind persönliche Verzeichnisse von Telefonnummern, Gästelisten für ein privates Fest, Listen von Geburtstagen von Verwandten, Freunden und Bekannten oder die mit diesen geführte Korrespondenz.[46] Auch der Umgang mit Daten des persönlichen Konsums wie Bestellungen, Rechnungen und Kontoführungen oder im Bereich der Freizeit wie etwa Daten zu Tauschpartnern oder Vereinsfreunden fällt unter die Ausnahme.[47] Die Verwaltung privaten Vermögens gehört ebenfalls zu den persönlichen Tätigkeiten, solange sie nach Form und Umfang nicht geschäftlichen Charakter annimmt und zum Erwerb des Lebensunterhalts dient.[48] Auch außerhalb des Anwendungsbereichs bleiben Unterlagen zur Ahnenforschung und Stammbäume, handschriftliche oder elektronische Tagebücher sowie Fotos und Filme aus dem Urlaub oder von Familienfeiern.[49] Die Tätigkeiten müssen jedoch immer auf den engen Bereich des Persönlichen

---

37 Zum Ausnahmecharakter s. zB Paal/Pauly/*Ernst* Art. 2 Rn. 21; *Dammann/Simitis* Einl. Rn. 23; *Ehmann/Helfrich* Art. 3 Rn. 29; Simitis/*Dammann* § 1 Rn. 148.

38 EuGH C-212/13, EuZW 2015, 234 Rn. 28 f. – Ryneš; zB Roßnagel/*Husemann*, Das neue DSR, § 3 Rn. 9; Kühling/Buchner/*Kühling/Raab* Art. 2 Rn. 23; Ehmann/Selmayr/*Zerdick* Art. 2 Rn. 10; zum Gebot der restriktiven Auslegung, um der Datenschutzkonvention des Europarats (Konvention 108, BGBl. II 1985, 538) zu genügen, die diese Ausnahme nicht kennt, s. Sydow/*Ennöckl* Art. 2 Rn. 10; Simitis/*Dammann* § 1 Rn. 148.

39 Paal/Pauly/*Ernst* Art. 2 Rn. 17; Simitis/*Dammann* § 1 Rn. 152.

40 Paal/Pauly/*Ernst* Art. 2 Rn. 17; Simitis/*Dammann* § 1 Rn. 151.

41 S. auch Simitis/*Dammann* § 1 Rn. 151; Kühling/Buchner/*Kühling/Raab* Art. 2 Rn. 26; aA Gierschmann et al./*Grafenstein*, Art. 2 Rn. 42.

42 S. auch Simitis/*Dammann* § 1 Rn. 151.

43 *Gola/Lepperhoff* ZD 2016, 9 (10); Paal/Pauly/*Ernst* Art. 2 Rn. 17; aA Gierschmann et al./*Grafenstein*, Art. 2 Rn. 41

44 EuGH C-212/13, EuZW 2015, 234 Rn. 31 – Ryneš; s. auch Simitis/*Dammann* § 1 Rn. 150; *Schantz* NJW 2016, 1841 (1843); Kühling/Buchner/*Kühling/Raab* Art. 2 Rn. 25; aA Gierschmann et al./*Grafenstein*, Art. 2 Rn. 46 f.

45 Paal/Pauly/*Ernst* Art. 2 Rn. 18; Simitis/*Dammann* § 1 Rn. 151.

46 S. zB Gola/*Gola* Art. 2 Rn. 15; *Dammann/Simitis* Art. 2 Rn. 8.; *Gola/Lepperhoff* ZD 2016, 9 (11); *Albrecht/Jotzo*, Teil 3 Rn. 30; Simitis/*Dammann* § 1 Rn. 151; Auernhammer/*von Lewinski* Art. 2 Rn. 23.

47 S. zB *Gola/Lepperhoff* ZD 2016, 9 (10); Gola/*Gola* Art. 2 Rn. 17; Kühling/Buchner/*Kühling/Raab* Art. 2 Rn. 24; *Dammann/Simitis* Art. 2 Rn. 8.

48 *Gola/Lepperhoff* ZD 2016, 9 (10); Paal/Pauly/*Ernst* Art. 2 Rn. 19; Kühling/Buchner/*Kühling/Raab* Art. 2 Rn. 24; Simitis/*Dammann* § 1 Rn. 151; Auernhammer/*von Lewinski* Art. 2 Rn. 26.

49 *Gola/Lepperhoff* ZD 2016, 9 (10 f.); Gola/*Gola* Art. 2 Rn. 15. Auernhammer/*von Lewinski* Art. 2 Rn. 25.

und Familiären begrenzt sein. Bereits der Informationsaustausch innerhalb einer Organisation, etwa innerhalb eines Vereins, einer Kirchengemeinde oder einer Selbsthilfegruppe, überschreitet den persönlich-familiären Bereich.[50]

Die Datenverarbeitung muss „**ausschließlich**" für persönliche oder familiäre Tätigkeiten erfolgen. Die Nutzung der personenbezogenen Daten für andere Zwecke lässt die Ausnahme entfallen,[51] auch wenn der Zweck der persönlichen oder familiären Tätigkeiten überwiegt.[52] Die Sammlung von Daten für gemischte Kontakte – beruflich und privat – unterfällt der DSGVO. Eine doppelte Nutzungsmöglichkeit, etwa wenn die Telefonliste im Smartphone für private und berufliche Zwecke genutzt wird, lässt die Ausnahme entfallen.[53]   **28**

Die Nutzung sog sozialer Netzwerke und andere **Online-Tätigkeiten** können nach EG 18 dann unter die Ausnahme fallen, wenn sie für das Führen eines Schriftverkehrs oder von Anschriftenverzeichnissen eingesetzt werden, wenn sichergestellt ist, dass nur der Nutzer auf die Daten zugreifen kann. Unter persönliche oder familiäre Tätigkeiten fallen auch private Mails, Chats, Suchergebnisse, Bookmarks oder die History der privaten Browsernutzung, unabhängig davon, welches Endgerät genutzt wird und wem dieses gehört.[54] Dies gilt auch für Kommunikationsmöglichkeiten, die der Arbeitgeber zur Verfügung stellt, wenn der Nutzer andere, einschließlich des Arbeitgebers, davon ausschließen kann, auf die privat genutzten Daten zuzugreifen.[55] Von der Ausnahme erfasst ist ebenso, wenn in sog sozialen Netzwerken, Messenger-Diensten und ähnlichen Austauschplattformen geschlossene Gruppen zum Kommunikationsaustausch ausschließlich zwischen Familienangehörigen oder engsten Freunden eingerichtet werden.[56] Nicht unter die Ausnahme fällt jedoch der Informationsaustausch in größeren Teilnehmerkreisen, auch wenn die Teilnehmer in der Kommunikationsplattform „Freunde" genannt werden.[57] Werden personenbezogene Daten schließlich einer unbestimmten Zahl von Personen zur Kenntnis gegeben, ist der Bereich der ausschließlich persönlichen oder familiären Tätigkeiten immer überschritten.[58] Bereits der Informationsaustausch innerhalb einer Organisation, etwa innerhalb eines Vereins, einer Kirchengemeinde oder einer Selbsthilfegruppe, überschreitet den persönlich-familiären Bereich.[59] Die Verarbeitung personenbezogener Daten in Online-Spielen kann für die Daten, die im Endgerät des Spielers gespeichert werden, persönlicher Natur sein, alle in anderen Geräten gespeicherten Daten unterfallen der DSGVO. Dies gilt auch für alle Daten, die bei Dienstleistern gespeichert werden, wenn nicht sichergestellt ist, dass ausschließlich der Nutzer Zugriff auf diese Daten hat.[60] Bilder in einer Cloud, auf die auch der Cloud-Betreiber zugreifen kann, Daten in einer App, die an Dritte weitergeleitet werden können, oder aus dem Smart Car, die an das Vehicle Backend des Herstellers oder an den Server anderer Verarbeiter übertragen werden, fallen daher nicht unter die Ausnahme.[61]   **29**

Schwieriger wird die Beurteilung von Anwendungen des **Ubiquitous Computing**. Diese nutzen Gegenstände der körperlichen Welt, die mit Informations- und Kommunikationstechnik ausgestattet sind. Diese „smarten" Gegenstände trägt der Nutzer am eigenen Körper oder begegnet ihnen in seiner alltäglichen Lebensumgebung. Sie erheben Daten des alltäglichen Lebensvollzugs und nutzen sie im Hintergrund, um den Nutzer zu unterstützen.[62] Sie können unter die Ausnahme fallen, wenn sie sich tatsächlich auf persönliche und familiäre Tätigkeiten beschränken. Dies wäre etwa bei Kamerasystemen im oder am eigenen Einfamilienhaus oder in Drohnen der Fall, wenn nur die eigene Wohnung oder das eigene Grundstück oder nur die eigene Person, enge Freunde oder Familienangehörige aufgenommen werden.[63] Dies ist bei Wearables (etwa Fitness-Armbändern) der Fall, wenn diese Fitness- und Gesundheitsdaten nur für ihren Träger aufnehmen   **30**

---

50   Paal/Pauly/*Ernst* Art. 2 Rn. 19; Simitis/*Dammann* § 1 Rn. 151.
51   S. zB Simitis/*Dammann* § 1 Rn. 150; Simitis/*Simitis* § 27 Rn. 47ff.; Taeger/Gabel/*Buchner* § 27 Rn. 19.
52   AA Gola/*Lepperhoff* ZD 2016, 9 (10), die aus Praktikabilitätsgründen auf den Schwerpunkt der Tätigkeit abstellen.
53   S. zB Kühling/Buchner/*Kühling/Raab* Art. 2 Rn. 26; Gola/*Gola* Art. 2 Rn. 18.
54   S. auch Simitis/*Dammann* § 1 Rn. 151.
55   S. auch Simitis/*Dammann* § 1 Rn. 151.
56   S. zB Gola/*Lepperhoff* ZD 2016, 9 (10); *Albrecht/Jotzo*, Teil 3 Rn. 30; Sydow/*Ennöckl* Art. 2 Rn. 13; Simitis/*Dammann* § 1 Rn. 151, 153; *Hornung* in: Hornung/Müller-Terpitz (Hrsg.), Rechtshandbuch Social Media, 2015, Kap. 4 Rn. 45ff. mwN.
57   Ein Kriterium, um die Grenze echter persönlicher Tätigkeit festzustellen, könnte die tatsächliche individuelle Kommunikation in regelmäßigen Abständen sein.
58   S. EuGH C-101/01, EuZW 2004, 245 Rn. 37ff. – Lindquist, Anm. *Roßnagel* MMR 2004, 99 f.; *Dammann* RDV 2004, 19; s. auch zB Paal/Pauly/*Ernst* Art. 2 Rn. 21; Sydow/*Ennöckl* Art. 2 Rn. 13; Kühling/Buchner/*Kühling/Raab* Art. 2 Rn. 25; *Dammann/Simitis* Art. 2 Rn. 8; *Albrecht/Jotzo*, Teil 3 Rn. 30; Gola/*Gola* Art. 2 Rn. 16; Simitis/*Dammann* § 1 Rn. 151; aA Auernhammer/*von Lewinski* Art. 2 Rn. 24.
59   Kühling/Buchner/*Kühling/Raab* Art. 2 Rn. 26; Simitis/*Dammann* § 1 Rn. 151.
60   Paal/Pauly/*Ernst* Art. 2 Rn. 21; zur Datenverarbeitung durch den Dienstleister s. Rn. 30.
61   EG 18 S. 2 kann nur so verstanden werden, dass bei der Nutzung von Online-Diensten keine personenbezogenen Daten gegenüber dem Betreiber offengelegt werden, sondern auch gegenüber diesem geschützt sind.
62   S. hierzu näher *Roßnagel*, Datenschutz in einem informatisierten Alltag, 2007, S. 10ff.
63   S. zB Gola/*Gola* Art. 2 Rn. 15.

Roßnagel

und nur dieser sie zur Kenntnis nehmen und auswerten kann.[64] Dies gilt bei vernetzten Autos allenfalls für die Daten, die im Auto erhoben und nur zur Unterstützung des Fahrers eingesetzt werden.[65] Dies gilt schließlich für die Datenverarbeitung im Smart Home, sofern diese im eigenen Heim stattfindet und nur den Wohnungsinhaber und seine Familie betrifft.[66] Soweit die genannten Nutzungsbeschränkungen nicht sichergestellt sind, ist im Zweifel von einer Anwendung der DSGVO auszugehen.

31   Nicht mehr unter die Ausnahme des Abs. 2 lit. c fallen bei der gebotenen, grundrechtskonformen engen Interpretation der Ausnahmeregelung (→ Rn. 23) jedoch alle Datenverarbeitungen, die **hinsichtlich der Daten oder ihrer Zwecke den persönlichen oder familiären Bereich überschreiten**. Nehmen Kamerasysteme am eigenen Haus, in Autos[67] oder in Drohnen[68] Bilder von anderen Grundstücken oder aus dem öffentlichen Raum auf, fallen sie in den Anwendungsbereich der DSGVO.[69] Dies gilt auch für Smart Glasses, Smart Watches oder andere Wearables, mit denen der Träger seine Umgebung in Bild und Ton erfassen kann.[70] Nicht auf persönliche oder familiäre Tätigkeiten beschränkt sind Datenverarbeitungen, die im Smart Car Daten von anderen Fahrzeugen, der Verkehrsinfrastruktur oder aus der Umgebung aufnehmen und mit anderen Verkehrsteilnehmern, Herstellern, Versicherungen und anderen Interessenten austauschen.[71] Im Smart Home entfällt der ausschließlich persönliche oder familiäre Zweck, wenn die Daten an Messstellenbetreiber, Energieversorger oder andere Dienstleister weitergegeben, wenn Gäste, Zusteller, Handwerker und andere Dritte erfasst[72] und die Daten Dritten offengelegt werden.[73]

32   Aber auch da, wo formal eine Datenverarbeitung für persönliche und familiäre Tätigkeiten stattfindet, verändert sich durch die enorme **technische Aufrüstung des Einzelnen** (→Rn. 52) die zu bewertende Situation grundlegend.[74] Die neuen technischen Möglichkeiten erlauben die vollständige Überwachung der Kinder, der Mitbewohner und der Lebenspartner.[75] Beispiele sind etwa die Vollüberwachung mit täglicher Zustellung der Aktivitätsberichte der Computernutzung des Partners oder der Kinder, das Mitlesen von Chats und SMS, die Verhaltensüberwachung durch das Heimvideosystem, das Tracking des Standorts und die Erstellung von Bewegungsprofilen.[76]

33   Die Ausnahme von der Anwendung der DSGVO und damit die generelle Freistellung von jeder Rechtmäßigkeitsprüfung, jeder Datenschutzverpflichtung und jedem Datenschutzrecht kann aber nur gelten, soweit **ausschließlich** das **Risiko** besteht, das mit den anerkannten Fallgruppen der Datenverarbeitung für persönliche und familiäre Tätigkeiten verbunden ist (→ Rn. 27 f.). Soweit dieses Risiko für die Grundrechte und Freiheiten der betroffenen Person aber diese Risikodimension deutlich übersteigt, würde die Anwendung der Ausnahme dazu führen, dass der betroffenen Person generell der Schutz vor der Datenverarbeitung durch Familienmitglieder und andere Personen entzogen wäre, die persönliche Zwecke verfolgen.[77] In den Fällen umfassender Überwachung kann die Berufung auf den persönlichen oder familiären Zweck jedoch nicht mehr genügen, um die Datenverarbeitung aus jeder datenschutzrechtlichen Bewertung vollständig auszunehmen.[78] Entsprechend der Rechtsprechung des EuGH zu dieser Ausnahme[79] fordert das Grundrecht aus Artt. 7 und 8 GRCh zumindest eine Interessenabwägung im Einzelfall.

34   Der **Umfang** der Datenverarbeitung ist nicht entscheidend, solange die Datenverarbeitung für ausschließlich persönliche oder familiäre Tätigkeiten erfolgt. Eine sehr umfangreiche Datenverarbeitung kann aller-

---

64 *Jandt* DuD 2016, 571.
65 *Roßnagel*, Datenschutz im vernetzten Fahrzeug, in: Hilgendorf (Hrsg.), Autonome Systeme und neue Mobilität, 2017, 23 (32).
66 *Geminn* DuD 2015, 575; *Auernhammer/von Lewinski* Art. 2 Rn. 30: auch in Bezug auf Gäste.
67 Die Ausnahme wird geltend gemacht für Bildaufnahmen von DashCams – s. zu den widerstreitenden Argumenten *Reibach* DuD 2015, 157; *Kinast/Kühnl* NJW 2014, 3057; *Knyrim/Trieb* ZD 2014, 547; *Atzert/Franck* RDV 2014, 136; *Balzer/Nugel* NJW 2014, 1622; *Greger* NVZ 2015, 114.
68 *Bischof* DuD 2017, 142 (144 f.); Kühling/Buchner/*Kühling/Raab* Art. 2 Rn. 27.
69 EuGH C-212/13, EuZW 2015, 234, Rn. 34 f. – Ryneš; *Gola/Lepperhoff* ZD 2016, 9 (10); Paal/Pauly/*Ernst* Art. 2 Rn. 19; Gola/*Gola* Art. 2 Rn. 15; *Stöber* NJW 2016, 3681 (3682).
70 *Hohmann*, Datenschutz bei Wearable Computing – Eine juristische Analyse am Beispiel von Google Glass, 2016; *Rose* DuD 2017, 137 (138 f.); *Solmecke/Kocatepe* ZD 2014, 22; *Schwenke* DuD 2015, 161.
71 *Roßnagel et al.*, Datenschutz 2016 – „Smart" genug für die Zukunft?, 2016, S. 59 f.
72 S. hierzu ausführlich *Skistims*, Smart Homes – Rechtsprobleme intelligenter Haussysteme unter besonderer Beachtung des Grundrechts auf Gewährleistung der Vertraulichkeit und Integrität informationstechnischer Systeme, 2016, S. 393ff.
73 *Roßnagel et al.*, Datenschutz 2016 – „Smart" genug für die Zukunft?, 2016, S. 117.
74 Zur notwendigen Einschränkung dieser Ausnahme bei Ubiquitous Computing s. *Roßnagel*, Datenschutz in einem informatisierten Alltag, 2007, S. 131, 192 f.
75 *Gola/Lepperhoff* ZD 2016, 9 (12); s. auch Gola/*Gola* Art. 2 Rn. 215; *Roßnagel/Kroschwald* ZD 2014, 495; s. Roßnagel/*Husemann*, Das neue DSR, § 3 Rn. 9.
76 *Gola/Lepperhoff* ZD 2016, 9 (11 f.).
77 *Gola/Lepperhoff* ZD 2016, 9 (12).
78 So wohl auch *Albrecht/Jotzo*, Teil 3 Rn. 30.
79 S. EuGH C-101/01, EuZW 2004, 245 Rn. 37 ff. – Lindqvist, Anm. *Roßnagel* MMR 2004, 99 f.; *Dammann* RDV 2004, 19; EuGH C-212/13, EuZW 2015, 234 Rn. 34 f. – Ryneš.

dings darauf hindeuten, dass die Grenze einer ausschließlich persönlichen oder familiären Tätigkeit über-schritten ist.[80] Entscheidend sind vielmehr die **Zwecke**, zu denen der Datenverarbeiter die Daten sammelt, und die Formen, in denen er mit den Daten umgeht. Solange er sie nur für seine persönlichen Zwecke sammelt und nur selbst zur Kenntnis nimmt und ohne jeden Außenbezug verwendet, gehen von diesen Daten grundsätzlich nur geringe Risiken für die betroffenen Personen aus.[81] Wenn er die personenbezogenen Daten aber außerhalb der rein persönlichen Verwendung zu weiteren Zwecken einsetzt, wenn er sie verbreitet oder der Öffentlichkeit zugänglich macht, handelt es sich nicht mehr um eine Datenverarbeitung zu ausschließlich persönlichen oder familiären Tätigkeiten. Diese Tätigkeiten sind öffentlichkeitsfeindlich.[82]

Die Ausnahme kann nur die jeweilige **natürliche Person** selbst in Anspruch nehmen, die die persönliche oder familiäre Tätigkeit ausübt. Um den familiären Zusammenhalt zu stärken, kann auch eine Mehrheit von Familienmitgliedern diese Ausnahme gemeinsam beanspruchen.[83] Bezogen auf rein persönliche Tätigkeiten kann dies aber nicht für Zusammenschlüsse natürlicher Personen zu Gruppen oder Vereinen gelten.[84] Hier ist immer nur die jeweilige persönliche Datenverarbeitung ausgenommen. Der Informationsaustausch innerhalb einer Organisation wie einem Verein, einer Bürgerinitiative, einer Gemeinde oder einer sonstigen Interessengruppe ist nicht persönlich.[85] Daher können sich **juristische Personen** nie auf die Ausnahme berufen. Sie unterfallen immer der DSGVO. | 35

Die Ausnahme gilt für die Verarbeitung personenbezogener Daten für persönliche oder familiäre Tätigkeiten. Nicht gefordert ist eine persönliche oder familiäre Datenverarbeitung. Die Daten müssen nicht in der Wohnung des Datenverarbeiters und auf eigenen Informationstechniksystemen oder in eigenen Akten verarbeitet werden. Auch für persönliche oder familiäre Tätigkeiten können die Dienstleistungen von **Auftragsverarbeitern** in Anspruch genommen werden, die die Daten nicht für eigene Zwecke verarbeiten oder an Dritte weitergeben. Aber für diesen handelt es sich nicht um eine persönliche oder familiäre Tätigkeit. Seine Datenverarbeitung unterfällt daher ohne Abstriche der DSGVO. Nach EG 18 gilt die Ausnahme ausdrücklich nicht „für die Verantwortlichen oder Auftragsverarbeiter, die die Instrumente für die Verarbeitung personenbezogener Daten für solche persönliche oder familiäre Tätigkeiten bereitstellen". Dies gilt nicht nur für Auftragsverarbeiter, sondern erst recht für Soziale Netzwerke, Kontaktbörsen, Freundefinder, Ehemaligen-Websites oder sonstige Austauschplattformen.[86] Für die von einzelnen Nutzern in Anspruch genommenen Plattformen findet die DSGVO ohne Abstriche Anwendung.[87] | 36

4. Straftatenbekämpfung und Gefahrenabwehr. Die vierte Ausnahme gilt nach Abs. 2 lit. d für alle Verarbeitungen personenbezogener Daten, die die zuständigen Behörden „zum Zwecke der Verhütung, Ermittlung, Aufdeckung oder Verfolgung von Straftaten oder der Strafvollstreckung, einschließlich des Schutzes vor und der Abwehr von Gefahren für die öffentliche Sicherheit" vornehmen. Diese Datenverarbeitungen sind in der zeitgleich zur DSGVO erlassenen JI-Richtlinie geregelt. Deshalb schließt Abs. 2 lit. d diese Verarbeitungstätigkeiten aus der Anwendung der DSGVO aus.[88] | 37

Die JI-Richtlinie löst den Rahmenbeschluss 2008/977 vom 27.11.2008 über den Schutz personenbezogener Daten, die im Rahmen der polizeilichen und justiziellen Zusammenarbeit in Strafsachen verarbeitet werden (JI-Rahmenbeschluss),[89] ab und erweitert dessen Anwendungsbereich und Regelungsinstrumentarium.[90] Der JI-Rahmenbeschluss war in seiner Anwendung beschränkt auf grenzüberschreitende Datenverarbeitungen. Demgegenüber soll die neue Richtlinie darüber hinaus auch innerstaatliche Datenverarbeitungen erfassen.[91] Für diese Datenverarbeitungen soll die Richtlinie einen durchweg hohen Datenschutz gewährleisten. Dabei soll sie den neuen Herausforderungen begegnen, die mit der raschen technologischen Entwicklung und der Globalisierung für den Datenschutz verbunden sind.[92] Die Richtlinie gilt nach Art. 2 Abs. 2 JI-Richtlinie wie die DSGVO für die ganz oder teilweise automatisierte Verarbeitung personenbezogener Da- | 38

---

80 S. zB *Dammann/Simitis* Art. 2 Rn. 8; *Simitis/Dammann* § 1 Rn. 150.
81 Mit Ausnahme der in Rn. 40 genannten Fallgruppen.
82 EuGH C-101/01, EuZW 2004, 245, Rn. 37ff. – Lindquist; Anm. *Roßnagel* MMR 2004, 99 f.; *Dammann* RDV 2004, 19; Paal/Pauly/*Ernst* Art. 2 Rn. 21.
83 Paal/Pauly/*Ernst* Art. 2 Rn. 14.
84 *Dammann/Simitis* Art. 2 Rn. 7.
85 Paal/Pauly/*Ernst* Art. 2 Rn. 19; vgl. auch zum BDSG aF Simitis/*Dammann* § 1 Rn. 151.
86 Paal/Pauly/*Ernst* Art. 2 Rn. 20.
87 Soweit nicht die ePrivacyRL und künftig die ePrivacyVO Anwendung findet.
88 S. hierzu Roßnagel/*Barlag*, Europ. DSGVO, § 3 Rn. 13; Roßnagel/*Weinhold*, Das neue DSR, § 3 Rn. 53ff.; *Weinhold/Johannes* DVBl. 2017, 1501 (1502); *Johannes/Weinhold*, Neues Datenschutzrecht für Polizei, Strafverfolgung und Gefahrenabwehr, 2018; *Albrecht/Jotzo*, Teil 3 Rn. 27, Teil 10 Rn. 8 f.; *Bäcker/Hornung* ZD 2014, 147; *Kugelmann* DuD 2012, 581.
89 ABl. L 350, 60.
90 S. EG 6 JI-Richtlinie.
91 *Kugelmann* DuD 2012, 581 (582); Roßnagel/*Weinhold*, Das neue DSR, § 7 Rn. 53 f.; *Weinhold/Johannes* DVBl. 2017, 1501 (1503).
92 S. EG 3 JI-Richtlinie; Roßnagel/*Weinhold*, Das neue DSR, § 7 Rn. 53; *Weinhold/Johannes* DVBl. 2017, 1501.

ten sowie für die nichtautomatisierte Verarbeitung personenbezogener Daten, die in einem Dateisystem gespeichert sind oder gespeichert werden sollen. Ihr Anwendungsbereich korrespondiert mit dem der DSGVO. Beide **Anwendungsbereiche** sind so aufeinander abgestimmt, dass die Sachverhalte, die positiv von der JI-Richtlinie erfasst sind, negativ von Abs. 2 lit. d ausgeschlossen sind.[93]

39 Für die Abgrenzung der Anwendungsbereiche der DSGVO und der JI-Richtlinie kommt es nach EG 19 auf die **Zwecke** an, die die zuständigen Behörden mit der Datenverarbeitung verfolgen. Dient sie der Verhütung, Ermittlung, Aufdeckung oder Verfolgung von Straftaten oder der Strafvollstreckung, einschließlich des Schutzes vor und der Abwehr von Gefahren für die öffentliche Sicherheit, greifen Art. 1 Abs. 1 JI-Richtlinie und die Umsetzungsgesetze der Mitgliedstaaten. Dient die Datenverarbeitung der gleichen Behörden anderen Zwecken, fällt diese in den Anwendungsbereich der DSGVO, soweit diese Tätigkeiten dem Anwendungsbereich des Unionsrechts unterliegen. In diesem Fall können die Mitgliedstaaten spezifischere Bestimmungen beibehalten oder einführen, um die Anwendung der Vorschriften der DSGVO anzupassen. Auf diese Weise können sie die Auflagen für die Verarbeitung personenbezogener Daten durch die zuständigen Behörden für jene anderen Zwecke präziser festlegen und der verfassungsmäßigen, organisatorischen und administrativen Struktur des jeweiligen Mitgliedstaats Rechnung tragen.

40 Die Ergänzung „einschließlich des Schutzes vor und der Abwehr von Gefahren für die öffentliche Sicherheit" stellt klar, dass die Verhütung, Ermittlung, Aufdeckung oder Verfolgung von Straftaten auch im Bereich der öffentlichen Sicherheit unter die JI-Richtlinie fällt. Damit wird aber nicht der gesamte **Bereich der Gefahrenabwehr** und der öffentlichen Sicherheit von der JI-Richtlinie erfasst, sondern nur insoweit, als die Gefahrenabwehrmaßnahmen der Verhütung, Ermittlung, Aufdeckung oder Verfolgung von Straftaten dienen. Der weite Bereich der allgemeinen Gefahrenabwehr etwa im Bereich des Gewerberechts, Baurechts, Umweltrechts, Ausländerrechts, Lebensmittelrechts oder Verkehrsrechts, unterfällt folglich der DSGVO.[94] Entscheidend ist der Schwerpunkt der Tätigkeiten, denen die Datenverarbeitung dient.[95]

41 Damit die zuständigen Behörden ihre Aufgaben erfüllen können, sieht die DSGVO in Art. 23 Abs. 1 lit. c und d vor, dass die Mitgliedstaaten **Rechte betroffener Personen** mittels Rechtsvorschriften **beschränken** können, wenn diese Beschränkungen in einer demokratischen Gesellschaft eine notwendige und verhältnismäßige Maßnahme zum Schutz der öffentlichen Sicherheit darstellen. Hierzu gehören auch die Zwecke der Verhütung, Ermittlung, Aufdeckung und Verfolgung von Straftaten, der Strafvollstreckung sowie des Schutzes vor und der Abwehr von Gefahren. Dies ist nach EG 19 zB „im Rahmen der Bekämpfung der Geldwäsche oder der Arbeit kriminaltechnischer Labors von Bedeutung".

42 Die JI-Richtlinie ist nach Art. 63 Abs. 1 S. 1 JI-Richtlinie bis zum 6.5.2018 – zwei Jahre nach ihrer Verkündung – umzusetzen. In Deutschland ist dies durch Teil 3 des BDSG nF (§§ 45 bis 84) für das Bundesrecht erfolgt.

43 Neben der JI-Richtlinie gibt es noch eine Reihe **weiterer Verordnungen und Richtlinien** der Union, die die Datenverarbeitung zu Zwecken der Verhütung, Ermittlung, Aufdeckung oder Verfolgung von Straftaten oder der Strafvollstreckung, einschließlich des Schutzes vor und der Abwehr von Gefahren für die öffentliche Sicherheit regeln und die als leges speciales der DSGVO vorgehen (→ Art. 98 Rn. 23).

VI. Verarbeitung durch Institutionen der Union (Abs. 3)

44 Nach Abs. 3 S. 1 gilt für die Verarbeitung personenbezogener Daten durch die Organe, Einrichtungen, Ämter und Agenturen der Union nicht die DSGVO, sondern die **DSVO 45/2001/EG**.[96] Diese soll zwar nach Abs. 3 S. 2 im Einklang mit Art. 98 an die Grundsätze und Vorschriften der DSGVO angepasst werden (→ Art. 98 Rn. 19ff.), um einen soliden und kohärenten Rechtsrahmen im Bereich des Datenschutzes in der Union zu gewährleisten. Diese Anpassungen sollen nach EG 17 so rechtzeitig erfolgen, „dass sie gleichzeitig mit der vorliegenden Verordnung angewandt werden können". Bis dies geschehen ist, soll die DSVO 45/2001/EG nach EG 17 „im Lichte" der DSGVO angewandt werden. Da die Verordnung am 25.5.2016 in Kraft getreten ist, ist diese Vorgabe bereits anzuwenden, auch wenn die Verordnung für die Mitgliedstaaten erst ab dem 25.5.2018 gilt.

45 Die KOM hat am 10.1.2017 einen **Vorschlag einer Verordnung** über den Schutz personenbezogener Daten in den Organen und Einrichtungen der EU[97] in den Gesetzgebungsprozess eingeführt. Diese Verordnung soll bis zum 28.5.2018 in Kraft getreten sein und gleichzeitig mit der DSGVO zur Anwendung gelangen.

---

93 Roßnagel/*Weinhold*, Das neue DSR, § 7 Rn. 58; *Weinhold/Johannes* DVBl. 2017, 1501 (1502).
94 Hierzu sind aber die Öffnungsklauseln des Art. 6 Abs. 2 und 3 zu beachten.
95 *Albrecht/Jotzo*, S. 65, 140.
96 ABl. 2001 L 8, 1
97 COM(2017) 10 endg.

VII. Verantwortlichkeit von Informationsvermittlern (Abs. 4)

Die **eCommerce-RL** enthält zwar keine Datenschutzregelungen, aber in den Artt. 12 bis 15 spezielle Vor- 46
schriften zur Verantwortung von Providern, die bestimmte Vermittlungsdienste in Kommunikationsnetzen
erbringen. Die deutsche Umsetzung erfolgte in den §§ 7 bis 10 TMG. Abs. 4 bestimmt, dass die DSGVO
die Anwendung der Richtlinie und speziell diese Regelungen zur Verantwortlichkeit der Vermittler unberührt lässt. Nach EG 21 sollen diese Regelungen durch die DSGVO nicht berührt werden, damit „der Binnenmarkt einwandfrei funktioniert", indem die Richtlinie „den freien Verkehr von Diensten der Informationsgesellschaft zwischen den Mitgliedstaaten sicherstellt". Umgekehrt haben diese spezifischen Regelungen
zur Verantwortung von Providern keine Auswirkungen auf deren Verantwortung nach Art. 24 (→ Art. 24
Rn. 9ff.).

VIII. Anwendungsbereich im neuen BDSG

Für die an die DSGVO und die JI-Richtlinie angepassten Regelungen des BDSG nF bestimmt § 1 den sachli- 47
chen Anwendungsbereich. Er unterscheidet – im Gegensatz zur DSGVO – zwischen der Geltung des Gesetzes für öffentliche Stellen und für nichtöffentliche Stellen. Diese Abweichung von der DSGVO ist aufgrund
der Öffnungsklausel des Art. 6 Abs. 2 (→ Art. 6 Abs. 2 Rn. 22ff.) zulässig.[98]

Nach § 1 Abs. 1 S. 1 BDSG nF gilt das Gesetz für die Verarbeitung personenbezogener Daten durch **öffent-** 48
liche Stellen des Bundes[99] und der **Länder**.[100] Für die Datenverarbeitung durch öffentliche Stellen der Länder gilt das BDSG nF jedoch nur, soweit der Datenschutz nicht durch Landesgesetz geregelt ist und soweit
sie Bundesrecht ausführen oder als Organe der Rechtspflege tätig werden und es sich nicht um Verwaltungsangelegenheiten handelt.[101] Für die allermeisten öffentlichen Stellen der Länder sind damit die **Lan-**
desdatenschutzgesetze anwendbar, die noch an die DSGVO anzupassen sind.[102] Gegenüber öffentlichen
Stellen ist das Gesetz bezogen auf jede Verarbeitung personenbezogener Daten, also auch bezogen auf nichtautomatisierte Verarbeitungen, und erfasst alle Phasen der Datenverarbeitung. Die Einschränkung der DSGVO, dass sie nur für automatisierte oder teilautomatisierte Datenverarbeitung gilt, wird nicht
übernommen.[103] Insoweit geht § 1 Abs. 1 S. 1 BDSG nF über die DSGVO hinaus.[104] Dies ist durch die Öffnungsklausel des Art. 6 Abs. 2 DSGVO (→ Art. 6 Abs. 2 Rn. 22ff.) gedeckt.

§ 1 Abs. 1 S. 2 BDSG nF verpflichtet **nichtöffentliche Stellen**.[105] Hierfür wiederholt die Regelung – überflüs- 49
sigerweise – den Wortlaut des Art. 2 Abs. 1 DSGVO, kombiniert mit der Ausnahme des Art. 2 Abs. 2 lit. c
DSGVO. Das BDSG nF gilt also für nichtöffentliche Stellen nur, soweit sie für die ganz oder teilweise automatisierte Verarbeitung personenbezogener Daten sowie die nichtautomatisierte Verarbeitung personenbezogener Daten, die in einem Dateisystem gespeichert sind oder gespeichert werden sollen. Für nichtöffentliche Stellen gilt das BDSG nF daher im Rahmen des sachlichen Anwendungsbereichs der DSGVO[106] und
geht nicht – wie bei öffentlichen Stellen – über diesen hinaus. Insofern bleiben hinsichtlich der nichtautomatisierten Datenverarbeitung Schutzlücken, die auch vom BDSG nF nicht geschlossen werden. Was die
Datenverarbeitung zu ausschließlich persönlichen oder familiären Tätigkeiten angeht, ist nicht nur der Anwendungsbereich der DSGVO, sondern auch der des BDSG nF nicht eröffnet, so dass dieser Bereich datenschutzrechtlich ungeregelt bleibt.[107]

Nach § 1 Abs. 2 S. 1 BDSG nF ist das Gesetz – anders als die DSGVO – gegenüber anderen Rechtsvor- 50
schriften des Bundes über den Datenschutz **subsidiär**.[108] Regeln sie einen Sachverhalt, für den das BDSG nF
gilt, nicht oder nicht abschließend, finden die Vorschriften dieses Gesetzes Anwendung. Der Vorrang der
bereichsspezifischen Spezialregelung setzt allerdings eine Tatbestandskongruenz im Einzelfall voraus – un-

---

98 S. zB auch Kühling/Buchner/*Kühling/Raab* Art. 2 Rn. 34; *Kühling/Martini et al.,* S. 303.
99 Öffentliche Stellen sind in § 2 Abs. 1 BDSG nF legaldefiniert. Die Begriffsbestimmung entspricht der Definition des § 2 Abs. 1 S. 1
    BDSG aF im Wortlaut. Einzige Änderung: § 2 Abs. 1 S. 2 BDSG aF wurde gestrichen. Dort hieß es: „Als öffentliche Stellen gelten die
    aus dem Sondervermögen der Deutsche Bundespost durch Gesetz hervorgegangenen Unternehmen, solange ihnen ein ausschließliches
    Recht nach dem Postgesetz zusteht.".
100 Die Begriffsbestimmung für öffentliche Stellen der Länder ergibt sich aus § 2 Abs. 2 BDSG nF und entspricht wortgleich der Begriffs-
    bestimmung in § 2 Abs. 2 BDSG aF.
101 Von der in EG 20 erwähnten Möglichkeit für Mitgliedstaaten, die Datenverarbeitung im Rahmen der Tätigkeit von Gerichten und
    anderer Justizbehörden durch eigenständige Vorschriften vom Anwendungsbereich der DSGVO auszunehmen, s. Kühling/Buchner/
    Kühling/Raab Art. 2 Rn. 15, macht das BDSG nF keinen Gebrauch.
102 Roßnagel/*Husemann,* Das neue DSR, § 3 Rn. 26; *Kugelmann,* DuD 2018, 482ff.
103 BeckOK DatenschutzR/*Schild* DSGVO Art. 4 Rn. 32ff.
104 BT-Drs. 18/11325, 77; Roßnagel/*Husemann,* Das neue DSR, § 3 Rn. 28.
105 Zur Definition s. § 2 Abs. 4 und 5 BDSG nF.
106 BT-Drs. 18/11325, 79.
107 S. Roßnagel/*Husemann,* Das neue DSR, § 3 Rn. 9.
108 BT-Drs. 18/11325, 78.

abhängig davon, ob in der tatbestandskongruenten Vorschrift eine im Vergleich zum BDSG nF weitergehende oder engere gesetzliche Regelung getroffen ist.[109] Die Verpflichtung zur Wahrung gesetzlicher Geheimhaltungspflichten oder von Berufs- oder besonderen Amtsgeheimnissen, die nicht auf gesetzlichen Vorschriften beruhen, bleibt unberührt. Allerdings geht das BDSG nF nach seinem § 1 Abs. 3 dem VwVfG des Bundes vor, soweit bei der Ermittlung des Sachverhalts personenbezogene Daten verarbeitet werden.

51 § 1 Abs. 5 BDSG nF hält den Grundsatz des Anwendungsvorrangs des Unionsrechts fest und bestimmt deklaratorisch, dass die Vorschriften des BDSG nF keine Anwendung finden, soweit die DSGVO unmittelbar gilt. Dies gilt nach § 1 Abs. 8 BDSG nF aber auch für Verarbeitungen personenbezogener Daten durch öffentliche Stellen, die nicht in die Anwendungsbereiche der DSGVO und der JI-Richtlinie fallen. Für diese gelten außerdem die Teile 1 und 2 des BDSG nF Beides steht unter dem Vorbehalt, dass gesetzlich Abweichendes geregelt ist.

IX. Ausblick

52 Der **weite sachliche Anwendungsbereich** der DSGVO ist zu begrüßen.[110] Er entspricht dem breiten Querschnittscharakter der Verarbeitung personenbezogener Daten in allen Lebens-, Wirtschafts- und Verwaltungsbereichen.

53 Die **Ausnahmen** sind sachlich sinnvoll und grundsätzlich auch rechtlich zwingend. Allerdings wird die Abgrenzung der Datenverarbeitung zum Zweck der Verhütung, Ermittlung, Aufdeckung oder Verfolgung von Straftaten oder der Strafvollstreckung, einschließlich des Schutzes vor und der Abwehr von Gefahren für die öffentliche Sicherheit von anderen Zwecken der Gefahrenabwehr, der öffentlichen und staatlichen Sicherheit im Einzelfall sehr schwer fallen. Hier wären objektivere Kriterien hilfreich, die besser bestimmbar und nachvollziehbar sind.

54 Die DSGVO versagt jedoch grundsätzlich bei der risikoadäquaten Regelung des Schutzes der Grundrechte und Freiheiten der betroffenen Person.[111] Dies wird auch bei der Ausnahme für persönliche und familiäre Tätigkeiten deutlich. Die Vorschrift entspricht wörtlich der Regelung in Art. 3 DSRL und ignoriert damit völlig die gewaltige **technische Aufrüstung des Einzelnen** und die damit verbundene enorme Steigerung der Risiken für die Grundrechte der betroffenen Personen in den letzten 22 Jahren. Allein in seinem Laptop oder seinem Mobiltelefon trägt dieser mehr Rechenkapazität mit sich herum, als zur Entstehungszeit der DSRL in einem großen Mainframe-Rechner verfügbar war. Diese Aufrüstung verdoppelt sich weiterhin nicht nur hinsichtlich der Kapazität der Datenspeicherung, -verarbeitung und -übermittlung spätestens alle zwei Jahre, sondern wird vor allem hinsichtlich der Fähigkeit, vielfältigste Daten automatisch zu erheben und zu verarbeiten, permanent erheblich gesteigert. Alle Formen von Sensoren versetzen den Einzelnen in die Lage, ohne sein Zutun seine gesamte Umgebung in vielfältiger Hinsicht rund um die Uhr aufzunehmen und die Daten nach beliebigen Zwecken auszuwerten und zu nutzen.[112]

55 In einer solchen Welt haben sich die Grundlagen, die zur Ausnahme der Datenverarbeitung zu persönlichen und familiären Tätigkeiten geführt haben, vollständig verändert. Angesichts des Risikopotentials der privaten allgegenwärtigen Datenverarbeitung ist eine vollständige Ausnahme von der Geltung des Datenschutzrechts nicht mehr zu rechtfertigen.[113] Für die Datenverarbeitung für persönliche und familiäre Zwecke muss **risikoadäquat differenziert** werden – entweder durch Klassenbildung, durch Fallbeispiele oder durch eine Risiko-Abwägungsklausel. Allerdings sollte die zwar technisch aufgerüstete, aber immer noch für private oder familiäre Tätigkeiten erfolgende Datenverarbeitung nicht vollständig dem Datenschutzrecht unterworfen werden. Dies dürfte vielfach zu unverhältnismäßigen Folgen führen.[114] Daher wurde schon mehrfach gefordert, auch die persönliche Datenverarbeitung risikoadäquat zumindest einigen ausgewählten Regelungen des Datenschutzrechts zu unterwerfen.[115] Hierzu sollten zum Beispiel die Regelungen zur Interessenabwägung, zum Schadensersatz, zur Datensicherung und zur Auftragsverarbeitung gehören. Außerdem sollten angepasste Regelungen zur Signalisierung und Identifizierung sowie zur Auskunft vorgesehen werden.

---

109 BT-Drs. 18/11325, 78.
110 S. allerdings zur Definition der „Verarbeitung" in Art. 4 Nr. 2 kritisch → Art. 4 Nr. 2 Rn. 35.
111 S. *Roßnagel*, DuD 2016, 561; *Roßnagel et al.*, Datenschutzrecht 2016 – „Smart" genug für die Zukunft?, 2016, 175ff. Einen Risikoansatz verwendet die DSGVO nur für die Beschränkung der Pflichten der Verantwortlichen und der Auftragsverarbeiter in den Artt. 25ff.
112 S. hierzu ausführlich *Roßnagel*, Datenschutz in einem informatisierten Alltag, 2007, 192ff.; *Roßnagel et al.*, Datenschutzrecht 2016 – „Smart" genug für die Zukunft?, 2016, 1ff.
113 *Roßnagel/Nebel/Richter* ZD 2015, 455; *Gola/Lepperhoff* ZD 2016, 9 (12).
114 S. *Dammann/Simitis* Einl. Rn. 22.
115 *Roßnagel*, Datenschutz in einem informatisierten Alltag, 2007, 193f.; *Jandt/Roßnagel* ZD 2011, 160; *Roßnagel/Richter/Nebel* ZD 2013, 104.

Roßnagel

Artikel 3   Räumlicher Anwendungsbereich

(1) Diese Verordnung findet Anwendung auf die Verarbeitung personenbezogener Daten, soweit diese im Rahmen der Tätigkeiten einer Niederlassung eines Verantwortlichen oder eines Auftragsverarbeiters in der Union erfolgt, unabhängig davon, ob die Verarbeitung in der Union stattfindet.

(2) Diese Verordnung findet Anwendung auf die Verarbeitung personenbezogener Daten von betroffenen Personen, die sich in der Union befinden, durch einen nicht in der Union niedergelassenen Verantwortlichen oder Auftragsverarbeiter, wenn die Datenverarbeitung im Zusammenhang damit steht

a)   betroffenen Personen in der Union Waren oder Dienstleistungen anzubieten, unabhängig davon, ob von diesen betroffenen Personen eine Zahlung zu leisten ist;

b)   das Verhalten betroffener Personen zu beobachten, soweit ihr Verhalten in der Union erfolgt.

(3) Diese Verordnung findet Anwendung auf die Verarbeitung personenbezogener Daten durch einen nicht in der Union niedergelassenen Verantwortlichen an einem Ort, der aufgrund Völkerrechts dem Recht eines Mitgliedstaats unterliegt.

Literatur: *Art.-29-Gruppe,* Arbeitspapier über die Frage der internationalen Anwendbarkeit des EU-Datenschutzrechts bei der Verarbeitung personenbezogener Daten im Internet durch Websites außerhalb der EU, WP 56, 2002; *dies.,* Stellungnahme 8/2010 zum anwendbaren Recht, WP 179, 2010; *dies.,* Stellungnahme 01/2012 zu den Reformvorschlägen im Bereich des Datenschutzes, WP 191, 2012; *Borges, G.,* Anwendbares Datenschutzrecht und Zuständigkeit der Aufsichtsbehörden, in: Forgó, N./Helfrich, M./ Schneider, J. (Hrsg.), Betrieblicher Datenschutz, 2. Aufl., München 2017, Teil VI Kap. 5; *Däubler, W.,* Das Kollisionsrecht des neuen Datenschutzes, RIW 2018, 405; *Golland, A.,* Der räumliche Anwendungsbereich der DS-GVO, DuD 2018, 351; *de Hert, P./ Czerniawski, M.,* Expanding the European data protection scope beyond territory: Article 3 of the General Data Protection Regulation in its wider context, International Data Privacy Law 2016, 230; *Kremer, S./Buchalik, B.,* Zum anwendbaren Datenschutzrecht im internationalen Geschäftsverkehr, CR 2013, 789; *Laue, P.,* Öffnungsklauseln in der DS-GVO – Öffnung wohin?, ZD 2016, 463; *Piltz, C.,* Rechtswahlfreiheit im Datenschutzrecht?, K&R 2012, 640; *Lüttringhaus, J.,* Das internationale Datenprivatrecht: Baustein des Wirtschaftskollisionsrechts des 21. Jahrhunderts. Das IPR der Haftung für Verstöße gegen die EU-Datenschutzgrundverordnung, ZVglRWiss 117 (2018), 50; *Piltz, C.,* Der räumliche Anwendungsbereich des Datenschutzrechts, K&R 2013, 292; *Piltz, C.,* Die Datenschutz-Grundverordnung. Teil 1: Anwendungsbereich, Definitionen und Grundlagen der Verarbeitung, K&R 2016, 557; *Schwartz, P.,* Information Privacy in the Cloud, U. Pa. L. Rev. 161 (2013), 1623; *Svantesson, D.,* The Extraterritoriality of Data Privacy Law – its theoretical Justification and ist pracitical Effect on U.S. Business, Stan. J. Int'l L. 50 (2014), 53; *ders.,* Extraterritoriality and Targeting in EU Data Privacy Law: the Weak Spot Undermining the Regulation, International Data Privacy Law 2015, 230; *Uecker, P.,* Extraterritoriale Regelungshoheit im Datenschutzrecht, 2017; *Wieczorek, M.,* Der räumliche Anwendungsbereich der EU-Datenschutz-Grundverordnung, DuD 2013, 644.

I.   Ziel und Funktion der Vorschrift

Art. 3 bestimmt den **räumlichen Anwendungsbereich** der DSGVO. Die Norm wählt dafür drei unterschiedliche Ansatzpunkte in den Abs. 1 bis 3, nämlich das Niederlassungsprinzip (Abs. 1), das Marktortprinzip (Abs. 2) und das Prinzip der Anwendung aufgrund völkerrechtlicher Vorgaben (Abs. 3). Ziel ist es, alle Sachverhalte mit Unionsbezug zu erfassen und – va durch das Marktortprinzip – einheitliche Regeln für **1** inner- und außereuropäische Anbieter im Binnenmarkt aufzustellen.[1] **Keine (explizite) Regelung** enthält die Vorschrift zum Anwendungsbereich des **nationalen Rechts** der Mitgliedstaaten, das in Ausübung der Öffnungsklauseln erlassen wird.[2] Hierzu schweigt die DSGVO mit Ausnahme von EG 153 S. 6 ganz (→ Rn. 10ff.).

2 So gut wie nie thematisiert wird die Tatsache, dass die Vorschrift durchgängig an den Begriff der Niederlassung anknüpft und deshalb den räumlichen Anwendungsbereich für die Datenverarbeitung **durch öffentliche Stellen der Mitgliedstaaten nicht regelt.** Für diese wird die Anwendbarkeit vielmehr durch die allgemeine und unmittelbare Geltung (Art. 288 Abs. 2 AEUV) und den Grundsatz der Gesetzesbindung der Verwaltung bewirkt. Angesichts des Fehlens einer expliziten Bestimmung dürfte es zulässig sein, wenn die Mitgliedstaaten dies deklaratorisch normieren (s. § 1 Abs. 1 S. 1, Abs. 4 S. 1 BDSG nF). **Behörden von Drittländern** werden durch Art. 288 Abs. 2 AEUV nicht erfasst. Insoweit ist der Niederlassungsbegriff in Abs. 2 weit zu verstehen und erfasst auch diese Behörden, weil ansonsten die Ausnahme von der Pflicht zur Bestellung eines Vertreters in Art. 27 Abs. 2 lit. b keinen Sinn ergäbe.[3] Es steht allerdings kaum zu erwarten, dass die Anwendbarkeit von Drittländern (insbes. den USA) akzeptiert werden wird.

3 Die wesentlichen Probleme der Vorschrift liegen aus mehreren Gründen in der Anwendung auf **Verantwortliche und Auftragsverarbeiter in Drittländern** (Abs. 2). Erstens ist unter Schutzzweckgesichtspunkten eine Ausdehnung über das Territorium der Union hinaus nahezu zwingend erforderlich, weil personenbezogene Daten in Zeiten globalisierter Waren- und Dienstleistungserbringung nicht an nationalstaatlichen Grenzen halt machen und insbes. im Internet eine Datenverarbeitung vielfach durch weltweit agierende Oligopole stattfindet, die ihren (Haupt-)Sitz in den USA haben. Zweitens ist die Erstreckung auf derartige Anbieter ein grundsätzliches, auch völkerrechtliches Problem, weil der damit verbundene „Export" europäischer Datenschutzstandards zwar aus hiesiger Perspektive überaus sinnvoll ist, gleichzeitig aber die Gefahr birgt, insbes. schwächeren Partnern als den USA fremde Rechtsstandards aufzuoktroyieren.[4] Drittens stellen sich fundamentale Probleme im Bereich der Rechtsdurchsetzung, weil die Kontrolle der nach Art. 3 geltenden Standards in Drittländern nicht (oder jedenfalls nicht im selben Maße) mittels der üblichen Mechanismen (Betroffenenrechte, gerichtliche Rechtsbehelfe, aufsichtsbehördliche Maßnahmen) möglich ist.

4 Diese Probleme versucht Abs. 2 zumindest teilweise zu lösen, indem mittels des Marktortprinzips der Anwendungsbereich der DSGVO auf Verantwortliche und Auftragsverarbeiter in Drittländern erstreckt wird. Einen Schritt in diese Richtung war der EuGH bereits mittels einer weiten Interpretation von Art. 4 Abs. 1 lit. a DSRL gegangen, indem er die Formulierung „im Rahmen der Tätigkeiten einer Niederlassung" mittels marktortorientierter Kriterien sehr weit auslegte (→ Rn. 28ff.).[5] Abs. 2 geht noch darüber hinaus, weil eindeutig geregelt ist, dass auch Anbieter, die den europäischen Binnenmarkt adressieren, ohne (irgend) eine Niederlassung in der Union zu haben, sich an europäisches Datenschutzrecht halten müssen. Diese Bestätigung und Erweiterung der Judikatur des EuGH ist eine der **wichtigsten materiellen Änderungen der Reform.**[6] Sie rief im Reformprozess zwar deutliche Skepsis im Ausland hervor, welche aber vielfach interessengeleitet war: Anbieter aus Drittländern wollten der Bindung an europäisches Datenschutzrecht entgehen, obwohl sie im Binnenmarkt wirtschaftlich aktiv sind. Das Marktortprinzip ist – trotz der im Folgenden erläuterten Probleme sowie der Folgefragen va des Vollzugs in Drittländern[7] (sa → Art. 27 Rn. 34ff.) – der richtige Ansatz für die Regelung des räumlichen Anwendungsbereichs.[8] Es geht davon aus, dass diejenigen Akteure, die in der Union geschäftlich tätig sind, sich auch an die Regeln des Binnenmarkts halten und keinen Vorteil vor in diesem niedergelassenen Anbietern haben sollen. Diese nachvollziehbare Idee ist über-

---

1 *Albrecht* CR 2016, 88 (90).

2 Dazu *Laue* ZD 2016, 463; *Laue/Nink/Kremer*, § 1 Rn. 97ff.; Auernhammer/*v. Lewinski* DSGVO Art. 3 Rn. 26.

3 Auch die KOM geht davon aus, dass Abs. 2 anwendbar ist, wenn Behörden aus Drittstaaten Dienstleistungen in der Union anbieten, also beispielsweise gezielt Informationen bereitstellen, s. Antwort der KOM im Ratsdokument 8004/13, 50 (dort Fn. 59); im Anschluss daran Gola/*Piltz* Art. 3 Rn. 25.

4 Zur völkerrechtlichen Perspektive umfassend *Uecker*, Extraterritoriale Regelungshoheit im Datenschutzrecht, 2017, va S. 41ff. (extraterritorialer Regelungsbedarf im Datenschutzrecht), S. 49ff. (zulässige Anknüpfungspunkte), S. 98ff. (Rechtsvergleich) und S. 176ff. (völkerrechtliche Herausbildung eines „datenschutzspezifischen Anknüpfungsprinzips"), s. ferner *Svantesson* Stan. J. Int'l L. 2014, 53 (76ff.).

5 EuGH C-131/12, NJW 2014, 2257 Rn. 45ff. – Google Spain; s. zB *Kühling* EuZW 2014, 527; *Spiecker gen. Döhmann* CMLR 2015, 1033 (1041ff.).

6 *Albrecht* CR 2016, 88 (90); *Schantz* NJW 2016, 1841 (1842); *Kühling/Martini* EuZW 2016, 448 (450); Plath/*ders.* Art. 3 Rn. 11; Gola/*Piltz* Art. 3 Rn. 1; Kühling/Buchner/*Klar* Art. 3 Rn. 26ff.

7 S. zB *Uecker*, Extraterritoriale Regelungshoheit im Datenschutzrecht, 2017, S. 76ff.; Auernhammer/*v. Lewinski* DSGVO Art. 3 Rn. 3; Kühling/Buchner/*Klar* Art. 3 Rn. 26ff.

8 Kühling/Buchner/*Klar* Art. 3 Rn. 18ff.; Paal/Pauly/*Ernst*, Art. 3 Rn. 13, jeweils mwN; die mit dem Marktortprinzip potentiell einhergehenden Probleme einer übermäßigen ökonomischen Perspektive (*Uecker*, Extraterritoriale Regelungshoheit im Datenschutzrecht, 2017, S. 208ff.) sind bedenkenswert, sollten aber beherrschbar sein; insgesamt kritisch zB *Svantesson*, Stan. J. Int'l L. 50 (2014), 53; *Svantesson, D.*, The Extraterritoriality of Data Privacy Law – its theoretical Justification and ist pracitical Effect on U.S. Business, Stan. J. Int'l L. 50 (2014), 53; *ders.*, International Data Privacy Law 2015, 230.

dies der Grund dafür, dass das Marktortprinzip auch in vielen anderen Rechtsbereichen sowie im US-Datenschutzrecht gilt.[9]

II. Entstehungsgeschichte und Vorgängerregelungen

Die Vorschrift hat eine Vorgängerregelung in **Art. 4 Abs. 1 DSRL** (sa EG 18–21 DSRL).[10] Dieser regelte allerdings, anders als Art. 3, auch den räumlichen Anwendungsbereich zwischen den nationalen Rechten der Mitgliedstaaten. Die Norm gab den Mitgliedstaaten vor, ihr nationales Datenschutzrecht in drei Fällen der Verarbeitung anzuwenden, nämlich auf eine solche   5

- im Rahmen der Tätigkeiten einer Niederlassung im eigenen Hoheitsgebiet (lit. a; nunmehr mit leichten Modifikationen Abs. 1 → Rn. 18ff.),
- durch Verantwortliche mit Niederlassungen an Orten außerhalb dieses Gebiets, an denen aber das nationale Recht gemäß völkerrechtlichen Regelungen anwendbar ist (lit. b; nunmehr in Abs. 3 im Wesentlichen identisch geregelt, in der deutschen Fassung allerdings grob missverständlich formuliert → Rn. 67), sowie
- durch Verantwortliche in Drittländern, wenn diese zum Zwecke der Verarbeitung personenbezogener Daten auf automatisierte oder nicht automatisierte Mittel zurückgreifen, die im Hoheitsgebiet des Mitgliedstaats belegen sind, es sei denn, dass dies nur zum Zweck der Durchfuhr erfolgt (lit. c; nunmehr durch das Marktortprinzip in Abs. 2 ersetzt → Rn. 39ff.).

In Deutschland wurden diese Vorgaben durch § 1 Abs. 2 und Abs. 5 **BDSG aF** umgesetzt. Allerdings erfolgte dies in problematisch abweichender Form. Der Anwendungsbereich war danach für Stellen im Inland eröffnet (§ 1 Abs. 2 BDSG aF) und gemäß § 1 Abs. 5 S. 1 BDSG aF ausgeschlossen, wenn eine in einem anderen Mitgliedstaat der EU oder Vertragsstaat des EWR „belegene verantwortliche Stelle personenbezogene Daten im Inland erhebt, verarbeitet oder nutzt, es sei denn, dies erfolgt durch eine Niederlassung im Inland". Diese Diskrepanz führte zu Unklarheiten hinsichtlich einer etwaigen Unterscheidung zwischen der verantwortlichen Stelle (so der Bezugspunkt im BDSG) und der Niederlassung (so Art. 4 Abs. 1 lit. a DSRL).[11] Auch bei Art. 4 Abs. 1 lit. c DSRL erfolgte eine Abweichung: Statt auf die Nutzung in Deutschland belegener Mittel abzustellen, knüpfte § 1 Abs. 5 S. 2 BDSG nF an den technischen Vorgang der Erhebung, Verarbeitung oder Nutzung „im Inland" an und enthielt keine Ausnahme für den Fall, dass dies durch eine Niederlassung in einem anderen Mitgliedstaat erfolgte.[12]   6

Im **Gesetzgebungsverfahren** war die Vorschrift nicht sehr umstritten und wurde nur in wenigen Teilen verändert.[13] Abs. 1 entspricht der Position der KOM [14] und des Rats bis auf den letzten Hs. Diesen konnte das EP durchsetzen; er befand sich allerdings genau so auch in EG 19 S. 1 KOM-E und Rat-E. In Abs. 2 hatten die KOM und der Rat eine Anwendung auf die Verarbeitung personenbezogener Daten von betroffenen Personen vorgeschlagen, die in der Union „ansässig" sind. Das EP konnte hier die nicht unbedeutende Erstreckung auf alle Personen, die sich „in der Union befinden" sowie die Einbeziehung von Auftragsverarbeitern durchsetzen.[15] In der Formulierung von Abs. 2 lit. a wurde auf Initiative des EP die Klarstellung aufgenommen, dass es nicht auf die Kostenpflichtigkeit der Waren oder Dienstleistungen ankommt; Art. 3 Abs. 2 Rat-E hatte das übernommen. Abs. 2 lit. b entspricht im ersten Hs. dem KOM-E (das EP hatte vergeblich vorgeschlagen, nicht auf das Beobachten des Verhaltens, sondern der Person abzustellen), der einschränkende zweite Hs. („Verhalten in der Union") geht auf den Rat-E zurück.[16] Abs. 3 war in allen Positionen in identischer Form enthalten und wurde im Trilog nur minimal sprachlich geändert. Über EG 22 und 25 bestand ebenfalls Einigkeit (s. EG 19 und 22 KOM-E, Parl-E und Rat-E). EG 23 wurde hingegen   7

---

9   Kühling/Buchner/*Klar* Art. 3 Rn. 6ff.; s. ausführlich *Uecker*, Extraterritoriale Regelungshoheit im Datenschutzrecht, 2017, S. 147ff., der im Wesentlichen eine Übereinstimmung mit DSGVO konstatiert (S. 159 f.).

10   Zur Auslegung s. EuGH C-131/12, NJW 2014, 2257 – Google Spain; C-230/14, NJW 2015, 3636 – Weltimmo; C-191/15, NJW 2016, 2727 – Amazon; *Art.-29-Gruppe*, WP 56; *dies.*, WP 179; sa *Bygrave* CLSR 2000, 252 sowie die im Folgenden zitierte Literatur.

11   S. Simitis/*Dammann* § 1 Rn. 200ff. mwN auch zur Umsetzung in anderen Mitgliedstaaten.

12   Zu den umstrittenen Rechtsfolgen dieser Abweichung s. mit unterschiedlichen Lösungen VG Schleswig ZD 2013, 245; VG Hamburg ZD 2016, 243; LG Berlin ZD 2016, 182; KG ZD 2014, 412; OVG Schleswig NJW 2013, 1977; *Kremer/Buchalik* CR 2013, 789; *Karg* ZD 2013, 371; *Beyers/Herbrich* ZD 2014, 558; Simitis/*Dammann* § 1 Rn. 197ff., 214ff.; *Hornung* in: Hornung/Müller-Terpitz (Hrsg.), Rechtshandbuch Social Media, 2014, Kap. 4 Rn. 19ff.

13   Sa *de Hert/Czerniawski* International Data Privacy Law 2016, 230 (236ff.).

14   Zu dieser *Wieczorek* DuD 2013, 644.

15   Weitere sprachliche Abweichungen zwischen den Positionen der Institutionen und der endgültigen Fassung finden sich zwar in der deutschen Übersetzung, nicht aber in den englischen Texten. Dies betrifft insbes. die Formulierung „im Zusammenhang damit steht" in Abs. 2. Hier hatte die deutsche Version aller drei Positionen stattdessen den Begriff „dient" verwendet, während das englische „are related to" sowohl in den Entwürfen als auch im finalen Text enthalten ist.

16   Die unterschiedlichen Formulierungen zur erfassten Tätigkeit (KOM-E und Rat-E: „Beobachtung", Parl-E: „Überwachung") finden sich nur in den deutschen Übersetzungen; im Englischen wird durchgehend „monitoring" verwendet.

erheblich erweitert und hinsichtlich der Frage präzisiert, wann Waren und Dienstleistungen Personen in der Union angeboten werden. Dabei entstammen EG 23 S. 2 dem Parl-E, S. 3 dem Rat-E. EG 24 S. 2 war in allen Entwürfen noch anders gefasst und sollte die Nachvollziehung der Internetaktivität der betroffenen Personen nur dann erfassen, wenn ein Profil erstellt wird. Nunmehr bezieht sich die Formulierung auf den Nachvollzug selbst und schließt die nachfolgende Profilbildung lediglich mit ein.[17]

III. Systematische Stellung

8 Die Vorschrift steht im engen Zusammenhang mit den Regelungen zum sachlichen Anwendungsbereich (Art. 2). Nähere Hinweise zum Verständnis finden sich in EG 22–25. Bezüge bestehen insbes. zu **Art. 27**, demzufolge Verantwortliche und Auftragsverarbeiter im Fall der **Anwendbarkeit der DSGVO auf Drittländer** gemäß Abs. 2 einen Vertreter in der Union zu benennen haben. Während Art. 3 die Anwendung der DSGVO in Drittländern anordnet, eröffnet die Verordnung auch die – freiwillige – Erstreckung von Verhaltensregeln (Art. 40 Abs. 3 → Art. 40 Rn. 50ff.) und Zertifizierungsverfahren (Art. 42 Abs. 2 → Art. 40 Rn. 27ff.), um für eine Datenübermittlung in Drittländer ohne angemessenes Schutzniveau geeignete Garantien nach Art. 46 Abs. 2 lit. e und f zu gewährleisten. Das Erfordernis derartiger Garantien gilt unabhängig von Abs. 2. Mit anderen Worten muss eine Übermittlung **auch dann nach Art. 44ff. gerechtfertigt werden**, wenn der Datenempfänger im Drittland nach Abs. 2 **selbst an die DSGVO gebunden** ist.[18]

9 In der **Konvention 108** des Europarats knüpft Art. 1 allein an das „Hoheitsgebiet" der Vertragsstaaten an.[19] Die **JI-Richtlinie** beinhaltet keine echte Parallelnorm zum räumlichen Anwendungsbereich. Aus Art. 2 Abs. 1 JI-Richtlinie ergibt sich mittelbar, dass die Umsetzungsgesetze der Mitgliedstaaten jeweils ihre eigenen („zuständigen") Behörden erfassen müssen. Eine Erstreckung auf Behörden von Drittländern (als Parallelfall zu Abs. 2) sieht die Richtlinie nicht vor. Der Datenschutz bei diesen Behörden ist teilweise Gegenstand spezifischer Abkommen der Union, beispielsweise zur Übermittlung von Fluggastdaten (→ Einl. Rn. 273).[20]

IV. Nationales Recht

10 Für das BDSG nF hat der Bundesgesetzgeber in **§ 1 Abs. 4 BDSG nF** eine Regelung zum räumlichen Anwendungsbereich erlassen. Dieser Ansatz ist trotz des Fehlens einer Öffnungsklausel in Abs. 1 grundsätzlich korrekt, weil die DSGVO nur in einem einzigen Fall in EG 153 S. 6 eine Vorgabe dazu enthält, welchen räumlichen Anwendungsbereich mitgliedstaatliche Regelungen haben müssen, die in **Ausübung der Öffnungsklauseln** ergehen. Danach soll für nationale Rechtsvorschriften, die den Datenschutz nach Art. 85 Abs. 1 mit Meinungsäußerungs- und Informationsfreiheit in Einklang bringen, das Recht des Mitgliedstaats angewendet werden, „dem der Verantwortliche unterliegt". Da es sich um eine Kollisionsfrage handelt, kann dies nicht für den konkreten Fall, sondern nur abstrakt iSd Niederlassungsprinzips gemeint sein. Dies ist bei den notwendigen Anpassungen des deutschen Rechts (→ Art. 85 Rn. 9ff.) zu beachten.

11 Im Übrigen fehlt es an Regelungen zum Anwendungsbereich nationalen Rechts. Allerdings verbleibt die Möglichkeit, **den einzelnen Öffnungsklauseln** – mittelbar – **im Wege der Auslegung** jeweils eine solche Regelung zu entnehmen (→ Rn. 16).[21] Abs. 1 gilt jedenfalls nicht analog.[22]

12 Nach § 1 Abs. 4 S. 1 BDSG nF findet das Gesetz auf öffentliche Stellen (des Bundes)[23] Anwendung. Zweifelhaft sind die Regelungen zu **nichtöffentlichen Stellen**. Hier erweist sich das Fehlen einer europäischen Regelung als problematisch und als klares Versäumnis des Gesetzgebers, das zu erheblicher Rechtsunsicherheit führt.[24] Der deutsche Gesetzgeber wählt einen pauschalen Ansatz, der nicht nach den einzelnen Öffnungsklauseln differenziert, sondern an **übergreifende Kriterien** anknüpft. Das BDSG nF ist auf nichtöffentliche Stellen anwendbar, sofern ein Verantwortlicher oder Auftragsverarbeiter personenbezogene Daten „im

---

17 Dies war durch *Art.-29-Gruppe*, WP 191, S. 10 gefordert worden.

18 Ebenso Gierschmann/Schlender/Stentzel/Veil/*Schlender* Art. 3 Rn. 9.

19 S. *de Hert/Czerniawski* International Data Privacy Law 2016, 230 (231ff.), auch zum Reformprozess.

20 S. für die USA das Abkommen über die Verwendung von Fluggastdatensätzen und deren Übermittlung an das United States Department of Homeland Security, ABl. EU Nr. L 215 v. 11.8.2012, S. 5.

21 Dazu *Laue* ZD 2016, 463; *Laue/Nink/Kremer*, § 1 Rn. 97ff.

22 S. *Laue* ZD 2016, 463 (464).

23 § 1 Abs. 4 S. 1 BDSG nF muss mit § 1 Abs. 1 S. 1 Nr. 2 BDSG nF zusammengelesen werden, wonach das Gesetz für Stellen der Länder insbes. dann nicht gilt, wenn diese ein LDSG erlassen haben. Da dies durchgängig der Fall ist, gilt das BDSG nF (wie die aF) iE nur für öffentliche Stellen des Bundes.

24 Kritisch zB *Piltz* K&R 2016, 557 (559); unzutreffend Ehmann/Selmayr/*Zerdick* Art. 3 Rn. 1 und *Tinnefeld/Buchner/Petri/Hof*, S. 220, wonach das Problem entfallen soll; angesichts des erheblichen Regelungsumfangs des BDSG nF ist es ebenfalls unzutreffend anzunehmen, dass die Abgrenzung zwischen nationalen Rechtsordnungen „weithin überflüssig" sein soll, so aber Schwartmann/Jaspers/Thüsing/Kugelmann/*Pabst* Art. 3 Rn. 7.

Hornung

Inland verarbeitet" (§ 1 Abs. 4 S. 2 Nr. 1 BDSG nF), die Verarbeitung „im Rahmen der Tätigkeit einer inländischen Niederlassung" des Verantwortlichen oder Auftragsverarbeiters erfolgt (Nr. 2) oder dieser keine Niederlassung in der Union oder dem EWR hat, „er aber in den Anwendungsbereich der DSGVO" fällt (Nr. 3). Wenn keine der Nr. aus S. 2 eingreift, gelten für den Verantwortlichen oder Auftragsverarbeiter nach § 1 Abs. 4 S. 3 BDSG nF nur die §§ 8–21, 39–44 BDSG nF, also die Normen zur BfDI und zu den Aufsichtsbehörden, zur Akkreditierung und zu den Sanktionen.

Jede der Alternativen in S. 2 wirft Probleme auf. Die Anknüpfung an den inländischen Verarbeitungsort in **13** **§ 1 Abs. 4 S. 2 Nr. 1 BDSG nF** erfasst – da inländische Niederlassungen Gegenstand von Nr. 2 und Niederlassungen in Drittstaaten Gegenstand von Nr. 3 sind – offenbar Verantwortliche und Auftragsverarbeiter, die in anderen Mitgliedstaaten niedergelassen sind, aber im Inland Daten verarbeiten (Messestände, Handelsvertreter, Verarbeitung auf Servern).[25] In diesen Fällen ordnete § 1 Abs. 5 S. 1 BDSG aF gerade umgekehrt an, dass deutsches Datenschutzrecht nicht anwendbar sein sollte. Wieso der Gesetzgeber dieses Prinzip umkehrt, ist **weder ersichtlich, noch wird es begründet**. Nach Art. 4 Abs. 1 lit. a DSRL wäre eine solche Regelung sogar richtlinienwidrig gewesen. Wenn andere Mitgliedstaaten dem folgen, drohen sich widersprechende Regelungen, wenn beispielsweise ein in nur einem Mitgliedstaat niedergelassener Verantwortlicher Daten auf Servern in verschiedenen anderen Mitgliedstaaten speichert. Ohnehin ist für bestimmte Regelungen des BDSG nF nicht ersichtlich, warum sie in einem solchen Fall Geltung beanspruchen sollen. Das gilt etwa für die Pflicht zur Bestellung eines Datenschutzbeauftragten nach § 38 BDSG nF, die nach § 1 Abs. 4 S. 2 Nr. 1 BDSG nF zB für einen in Frankreich niedergelassenen Verantwortlichen allein deshalb gilt, weil er Daten auf einem Server in Deutschland speichert.

Für das **Niederlassungsprinzip in Nr. 2** spricht prima facie, dass dies auch in Art. 3 Abs. 1 verankert ist und **14** der alten Regelung in Art. 4 Abs. 1 lit. a DSRL entspricht. Dementsprechend dürfte die Regelung in den meisten Fällen zu angemessenen Lösungen führen. In bestimmten Fällen setzen sich allerdings die **Probleme des bisherigen Rechts fort**. Diese betreffen Konstellationen, in denen eine Niederlassung in einem anderen Mitgliedstaat die eigentliche Datenverarbeitung durchführt und verantwortet, während eine Niederlassung in Deutschland lediglich Werbe- und sonstige Aktivitäten entfaltet, die wirtschaftlich aber untrennbar mit der Hauptniederlassung verbunden sind. Versteht man die Verarbeitung „im Rahmen der Tätigkeiten einer inländischen Niederlassung" entsprechend der Auslegung des EuGH zu Art. 4 Abs. 1 lit. a DSRL (→ Rn. 28 ff.),[26] so reicht letzteres aus. Die Datenverarbeitung der Hauptniederlassung wäre damit an das BDSG nF gebunden. Auch dies würde im Falle von weiteren Niederlassungen in anderen Mitgliedstaaten mutmaßlich zu Konflikten führen.

§ 1 Abs. 4 S. 2 Nr. 3 BDSG nF ist zumindest seinem Wortlaut nach viel zu breit gefasst. Das Gesetz soll danach auf Verantwortliche und Auftragsverarbeiter in Drittländern anwendbar sein, wenn diese in den Anwendungsbereich der DSGVO fallen, konkret also von Abs. 2 erfasst werden. Hier fehlt jeder Bezug zu Deutschland.[27] MaW würde das BDSG nF beispielsweise gelten, wenn ein Anbieter aus den USA einem Spanier eine Dienstleistung in Spanien anbietet (Abs. 2 lit. a) oder das Verhalten einer Person in Griechenland beobachtet (lit. b). Dieses evident unangemessene Ergebnis muss **teleologisch reduziert** werden. Die Gesetzesbegründung hilft nicht weiter, weil sie – klar unzutreffend – angibt, § 1 Abs. 4 S. 2 Nr. 3 BDSG nF entspreche § 1 Abs. 5 S. 2 BDSG aF[28] Eine sinnvolle Beschränkung der Regelung (die freilich im Wortlaut keinen Anknüpfungspunkt hat) besteht darin, einen **hinreichenden Inlandsbezug zu verlangen**. Dies könnte erfolgen, indem die Kriterien von Abs. 2 auf Deutschland verengt werden. Mit anderen Worten würde das BDSG nF gelten, wenn die Datenverarbeitung im Zusammenhang damit steht, betroffenen Personen in Deutschland Waren oder Dienstleistungen anzubieten (Abs. 2 lit. a) bzw. ihr Verhalten zu beobachten, soweit dieses in Deutschland erfolgt (lit. b).[29] Problematisch wird dies allerdings, wenn sich das Angebot auf die ganze Union erstreckt und wenn das Verhalten einer betroffenen Person beobachtet wird, die sich – etwa auf Reisen – in verschiedenen Mitgliedstaaten aufhält. Ob es in diesen Fällen wirklich sinnvoll bzw. mit der DSGVO zu vereinbaren ist, dass ein nur im Drittland niedergelassener Anbieter sämtliche nationalen

---

25 Eine alternative Deutung würde Nr. 1 als zentrale Aussage dahin sehen, dass jegliche Verarbeitung in Deutschland dem BDSG nF unterfällt, während Nr. 2 ergänzend die Fälle einer Niederlassung im Inland abdeckt, die Daten im Ausland verarbeitet. Das im folgenden Text beschriebene Problem bliebe dabei aber bestehen.

26 Zwingend ist die entsprechende Auslegung keineswegs. Zum einen sollte der EuGH sie für Abs. 1 ohnehin einschränken (→ Rn. 30 f.), zum anderen kann § 1 Abs. 4 S. 2 Nr. 2 BDSG nF mangels europäischer Vorgaben abweichend ausgelegt werden.

27 BeckOK DatenschutzR/*Hanloser* DSGVO Art. 3 Rn. 9.

28 BT-Drs. 18/11325, S. 80. Nach der aF kam es darauf an, ob ein im Drittland niedergelassener Anbieter personenbezogene Daten im Inland erhob, verarbeitete oder nutzte (→ Rn. 6). Dies durch das Marktortprinzip in Abs. 2 zu ersetzen, ist gerade die wesentliche Änderung der Reform.

29 Ähnlich *Laue* ZD 2016, 463 (465).

Rechtsvorschriften anzuwenden hat, ist zweifelhaft. Nimmt man diese Lösung an, so entsteht jedenfalls ein deutlicher Anreiz für Anbieter aus Drittländern zur Begründung einer Niederlassung in der Union.

16 Die erläuterten Probleme sprechen dafür, dass eine **differenzierte Lösung** für einzelne Gruppen von Öffnungsklauseln und das ihnen zugeordnete Recht der Mitgliedstaaten gefunden werden muss. Die hierfür erforderliche Analyse der Bestimmungen der DSGVO ist in vielen Bereichen noch zu leisten,[30] wird in vielen Fällen aber auf das Niederlassungs- bzw. Herkunftslandprinzip hinauslaufen, das zumindest für manche Öffnungsklauseln auch in den EG angesprochen wird.[31] Deutlich ist jedenfalls, dass es bei bestimmten nationalen Regelungen wie der Bestellung von Datenschutzbeauftragten (§ 38 BDSG nF) oder den Vorgaben zum Beschäftigtendatenschutz (§ 26 BDSG nF) sachlich unangemessen ist, sie allein aufgrund einer inländischen Verarbeitung (§ 1 Abs. 4 S. 2 Nr. 1 BDSG nF) anzuwenden. In beiden Fällen sollte die Anwendung auf Niederlassungen in Deutschland beschränkt bleiben.[32] Soweit man die Vorgabe einer differenzierten Regelung auf die DSGVO stützt, sind die pauschalen Regelungen in § 1 Abs. 4 S. 2 BDSG nF zumindest partiell europarechtswidrig.[33]

V. Räumlicher Anwendungsbereich

17 Die Vorschrift folgt in ihren drei Absätzen unterschiedlichen Regelungsprinzipien (→ Rn. 1). Sie zielen auf unterschiedliche Verarbeitungssituationen, haben aber alle den Zweck, den betroffenen Personen den Schutz der DSGVO zu gewähren, wenn ein entsprechender Unionsbezug besteht (s. EG 23 S. 1 für Abs. 2).

18 **1. Niederlassungsprinzip (Abs. 1).** Schon nach Art. 4 Abs. 1 lit. a DSRL war die Anwendung mitgliedstaatlichen Rechts auf Tätigkeiten einer Niederlassung angeordnet, die der Verantwortliche im Hoheitsgebiet eines Mitgliedstaats besaß. Dies überträgt Abs. 1 auf die DSGVO und erweitert es auf Auftragsverarbeiter. Die neue Formulierung rekurriert nicht mehr auf die Hoheitsgebiete, sondern auf Niederlassungen „in der Union" und nimmt damit auf Art. 52 EUV, Art. 355 AEUV Bezug. Entgegen teilweiser Bezeichnung[34] enthält Abs. 1 **kein Sitz- sondern ein Niederlassungsprinzip.** Der Unternehmenssitz ist vielmehr höchstens mittelbar relevant, weil er ein Indiz für das Vorliegen einer Niederlassung sein kann; hinreichend ist dies alleine nicht (insbes. bei „Briefkastenfirmen").[35]

19 Verfügt der Verantwortliche oder Auftragsverarbeiter nur über eine einzige Niederlassung und liegt diese in der Union, ergeben sich keine Schwierigkeiten. Problematisch sind demgegenüber Fälle **grenzüberschreitender Verflechtungen**, und zwar insbes. dann, wenn die etwaige Niederlassung in der Union wirtschaftlichfaktisch (erheblich) unbedeutender ist als eine solche in einem Drittland. Insoweit vertritt der EuGH mit Blick auf das Ziel der DSRL, einen wirksamen und umfassenden Schutz der Grundfreiheiten und Grundrechte natürlicher Personen zu gewährleisten, einen weiten Niederlassungsbegriff.[36] Angesichts der Ähnlichkeit sowohl der Normen als auch der EG (s. einerseits EG 22 S. 2 und 3, andererseits EG 19 S. 1 und 2 DSRL) ist diese **Rechtsprechung** im Wesentlichen (allerdings nicht hinsichtlich der Argumentation zum Marktort → Rn. 30 f.) **übertragbar.**

20 Anders als nach Abs. 2 (→ Rn. 40) ist auch die Verarbeitung von Daten **betroffener Personen** erfasst, die sich **nicht in der Union** (Art. 52 EUV, Art. 355 AEUV) **befinden;**[37] dies entspricht EG 2 und 14. Verarbeitet also eine Niederlassung in der Union Daten von Kunden aus Drittländern, so ist die DSGVO auch dann anwendbar, wenn diese Kunden keinerlei Beziehungen zur Union haben; dies gilt nach Abs. 1 aE sogar dann, wenn die Daten im Drittland verarbeitet werden (also zB in dem Land, in dem die Kunden leben).

21 **a) Vorliegen einer Niederlassung.** Die DSGVO definiert in Art. 4 Nr. 16 lediglich den Begriff der Hauptniederlassung (sa EG 36), der für die Frage der federführenden Aufsichtsbehörde (Art. 56 Abs. 1, Art. 60 Abs. 7 und 9, Art. 65 Abs. 1 lit. b) relevant ist. Eine Definition der Niederlassung fehlt und kann auch Art. 4 Nr. 16 nicht entnommen werden. Hinweise geben EG 22 S. 2 und 3 (ähnlich bisher EG 19 DSRL). Aus diesen ergibt sich ein spezifisch **datenschutzrechtliches Verständnis der Niederlassung**, sodass Begriffs-

---

30 S. für einige Öffnungsklauseln *Laue* ZD 2016, 463; *Laue/Nink/Kremer*, § 1 Rn. 97ff.
31 S. Schantz/Wolff/*Schantz*, Rn. 354: EG 53 S. 5 (für Art. 9 Abs. 4) und EG 153 S. 6 (für Art. 85 Abs. 2).
32 Auernhammer/*v. Lewinski* DSGVO Art. 3 Rn. 29 (ebenso für die auf Art. 23 ergangenen Einschränkungen: ebd., Rn. 27).
33 So insgesamt für Nr. 1 und Nr. 3: BeckOK DatenschutzR/*Hanloser* DSGVO Art. 3 Rn. 9.
34 ZB Paal/Pauly/*Ernst* Art. 3 Rn. 3 f.; *Franzen* EuZA 2017, 313 (320); *Piltz* K&R 2013, 292, 296; Gola/*Piltz* Art. 3 Rn. 6.
35 S. BeckOK DatenschutzR/*Hanloser* DSGVO Art. 3 Rn. 18; aA Paal/Pauly/*Ernst* Art. 3 Rn. 3, wo unzutreffend (und mit Blick auf Rn. 8 widersprüchlich) aus EuGH C-131/12, NJW 2014, 2257 Rn. 49 – Google Spain; C-230/14, NJW 2015, 3636 Rn. 29 – Weltimmo, gefolgert wird, der Sitz eines Unternehmens sei datenschutzrechtlich stets auch eine Niederlassung. Wie *Ernst* auch *Däubler* RIW 2018, 405 (406); DWWS/*Däubler* DSGVO Art. 3 Rn. 7.
36 EuGH C-131/12, NJW 2014, 2257 Rn. 53 – Google Spain; C-230/14, NJW 2015, 3636 Rn. 25 – Weltimmo, (dazu zB *Kartheuser/Schmitt* ZD 2016, 153); für einen weiten Begriff schon *Dammann/Simitis* Art. 4 Rn. 3.
37 Paal/Pauly/*Ernst*, Art. 3 Rn. 4; Kühling/Buchner/*Klar* Art. 3 Rn. 36; DWWS/*Däubler* DSGVO Art. 3 Rn. 8.

bildungen aus dem Europa- und Gewerberecht nur eingeschränkt übertragbar sind.[38] Insbes. ist in den Grenzen von Art. 2 Abs. 2 lit. c auch eine nicht-kommerzielle Tätigkeit ausreichend.

Ausweislich EG 22 S. 2 erfordert eine Niederlassung die **effektive und tatsächliche Ausübung** einer Tätig- 22 keit durch eine **feste Einrichtung**. Deren Rechtsform spielt nach EG 22 S. 3 keine Rolle; insbes. sind sowohl Zweigstellen als auch Tochtergesellschaften mit eigener Rechtspersönlichkeit erfasst. Es kommt also nicht darauf an, ob die Niederlassung rechtlich mit Behörden, anderen Stellen oder betroffenen Personen inter-agieren kann. Eine Registereintragung ist erst recht nicht erforderlich.[39]

Ob eine „feste Einrichtung" vorliegt und diese ihre Tätigkeit „effektiv und tatsächlich" ausübt (EG 22 23 S. 3), ist in einer wertenden Gesamtbetrachtung zu ermitteln. Der EuGH wendet zur DSRL eine **„flexible Konzeption des Begriffs der Niederlassung"** an,[40] die die beiden Merkmale aus EG 22 S. 3 sehr weit ver-steht. Es kommt nicht auf bestimmte Betriebsorganisationen oder Betriebsmittel an. „Fest" können sowohl Produktionsstätten als auch Verwaltungseinheiten, aber auch das Vorhandensein eines einzigen Vertreters[41] sein. Dies kann zu Abgrenzungsproblemen führen, weil im Falle der Verantwortlichkeit nach Abs. 2 gemäß Art. 27 ein Vertreter zu bestellen ist. In diesem Fall ist zu prüfen, ob sich der Vertreter im Rahmen seiner Aufgaben als Anlaufstelle nach Art. 27 Abs. 4 bewegt (→ Art. 27 Rn. 13; dann liegt keine Niederlassung nach Abs. 1 vor, weil ansonsten Abs. 2 weitgehend funktionslos werden würde), oder weitergehende Tätig-keiten wahrnimmt, die die Schwelle zur Niederlassung überschreiten.[42] Nicht ausreichend ist ein Briefkas-ten,[43] auch wenn darin ein Indiz liegen kann.[44] Bei Servern ist zu differenzieren: Die reine Anmietung eines Servers in der Union (mit Fernzugriff) reicht nicht aus,[45] wohl aber regelmäßig der selbstständige Betrieb eines Servers, mit dem weitergehende Geschäftsaktivitäten (Räumlichkeiten, Wartung etc.) verbunden sind.[46] Zu verlangen ist eine gewisse Dauerhaftigkeit,[47] sodass mobile Verkaufs- oder Messestände sowie Aufenthaltsorte von Außendienstmitarbeitern nicht erfasst werden[48] (hier kann aber Abs. 2 lit. a eingreifen → Rn. 51). Im Übrigen reicht aber jede, auch geringfügige Tätigkeit aus.[49] Beispiele sind die Pflege von Ge-schäftskontakten, Verhandlungen mit Kunden, Behörden oder Gerichten, die Abwicklung von Bankge-schäften oder für die eigentliche Unternehmenstätigkeit relevante Hilfstätigkeiten. Bei Internetangeboten kommt es neben dem Grad an Beständigkeit auch auf die effektive Ausübung der wirtschaftlichen Tätigkei-ten in einem Mitgliedstaat an, die mit Blick auf den besonderen Charakter dieser Tätigkeiten und der in Rede stehenden Dienstleistungen auszulegen ist.[50]

Nicht hinreichend für das Vorliegen einer Niederlassung ist, dass aus der Union auf eine **Webseite eines Un-** 24 **ternehmens zugegriffen** werden kann, das sich in einem Drittland befindet.[51] In solchen Fällen kann nur Abs. 2 eingreifen. Demgegenüber soll es nach der Rechtsprechung des EuGH zu Art. 4 Abs. 1 lit. a DS-RL aber ausreichen, wenn eine Webseite auf einen Mitgliedstaat „ausgerichtet ist" (konkret: der Vermitt-lung dortiger Immobilien dient und in der Landessprache verfasst ist) und der Verantwortliche zusätzlich über einen Vertreter in diesem Mitgliedstaat verfügt.[52] Diese zur Abgrenzung zweier nationaler Regelungen unter der DSRL ergangene Rechtsprechung kann nur mit Modifizierungen fortgeführt werden, weil das Marktortprinzip jedenfalls im Verhältnis zu Anbietern aus Drittländern nunmehr in Abs. 2 enthalten ist.

38 S. Kühling/Buchner/*Klar*, Art. 3 Rn. 42.
39 S. zur DSRL EuGH C-230/14, NJW 2015, 3636 Rn. 29 – Weltimmo.
40 EuGH C-230/14, NJW 2015, 3636 Rn. 29 – Weltimmo.
41 Zur DSRL EuGH C-230/14, NJW 2015, 3636 Rn. 30 – Weltimmo; *Art.-29-Gruppe*, WP 179, S. 15.
42 Diese Abgrenzung ist entsprechend den im Folgenden genannten Kriterien zu leisten. Es ist also keineswegs so, dass jeder Vertreter (ins-bes. ein solcher wie im Fall von EuGH C-230/14, NJW 2015, 3636 – Weltimmo) unter Art. 27 fällt; aA offenbar BeckOK Daten-schutzR/*Hanloser* Art. 3 Rn. 15.
43 Paal/Pauly/*Ernst* Art. 3 Rn. 8; *Däubler* RIW 2018, 405 (407); DWWS/*Däubler* DSGVO Art. 3 Rn. 12; aA für ein Postfach Ehmann/Selmayr/*Zerdick* Art. 3 Rn. 8; Auernhammer/*v. Lewinski* DSGVO Art. 3 Rn. 6; für eine Einbeziehung von „Scheinniederlassungen" *Golland* DuD 2018, 351 (353 f.).
44 So in EuGH C-230/14, NJW 2015, 3636 Rn. 33 – Weltimmo (ebenso für ein Bankkonto).
45 AA Schantz/Wolff/*Schantz*, Rn. 330; der Hinweis, die Servermiete sei „schon nach bisheriger Rechtslage" von Art. 4 Abs. 1 lit. c DS-RL erfasst gewesen (ebd.), ist nicht weiterführend, weil die DSGVO gerade anders anknüpft; tlw. aA auch Schwartmann/Jaspers/Thüsing/Kugelmann/*Pabst* Art. 3 Rn. 18 (ferngewarteter Server als Indiz für Niederlassung).
46 Ebenso zum bisherigen Recht wohl Simitis/*Dammann* § 1 Rn. 203, wo nur ferngesteuerte Server aus dem Anwendungsbereich ausge-gliedert werden; pauschal gegen die Annahme einer Niederlassung aufgrund des Betriebs eines Servers dagegen Laue/Nink/*Kremer*, § 1 Rn. 72; Kühling/Buchner/*Klar* Art. 3 Rn. 46; Ehmann/Selmayr/*Zerdick* Art. 3 Rn. 8; DWWS/*Däubler* DSGVO Art. 3 Rn. 13; ebenso *Art.-29-Gruppe*, WP 179, S. 15 für die DSRL.
47 EuGH C-230/14, NJW 2015, 3636 Rn. 77 – Weltimmo; C-191/15, NJW 2016, 2727 Rn. 77 – Amazon.
48 S. für das bisherige Recht Simitis/*Dammann* § 1 Rn. 203.
49 EuGH C-230/14, NJW 2015, 3636 Rn. 31 – Weltimmo; C-191/15, NJW 2016, 2727 Rn. 75 – Amazon.
50 EuGH C-230/14, NJW 2015, 3636 Rn. 29 – Weltimmo.
51 In diesem Sinne für die DSRL EuGH C-191/15, NJW 2016, 2727 Rn. 76 – Amazon.
52 EuGH C-230/14, NJW 2015, 3636 Rn. 19ff – Weltimmo.

Allerdings dürfte die durch den EuGH entschiedene Konstellation auch weiterhin unter Abs. 1 zu subsummieren sein, weil der „Vertreter" im Zielland offenbar die eigentliche Entscheidungsgewalt hatte.[53]

25 Zweifelhaft ist der **Niederlassungsbegriff bei natürlichen Personen**, die Daten nicht nur zur Ausübung ausschließlich persönlicher oder familiärer Tätigkeiten verarbeiten und deshalb nach Art. 2 Abs. 2 lit. d an die DSGVO gebunden sind. Im Sachverhalt der Lindqvist-Entscheidung des EuGH beschränkte sich die Datenverarbeitung zB auf das Einstellen von Informationen auf einer Webseite.[54] Darin lässt sich kaum eine „effektive und tatsächliche Ausübung einer Tätigkeit durch eine feste Einrichtung" (EG 22 S. 2) sehen. Dieses Problem wurde im Gesetzgebungsverfahren offenbar nicht gesehen. Da es bei vielen Verarbeitungen durch natürliche Personen auftreten kann und es nicht plausibel ist, dass der Gesetzgeber diese vom räumlichen Anwendungsbereich ausnehmen wollte, ist der Niederlassungsbegriff über EG 22 S. 2 hinaus in diesen Fällen **weit auszulegen** und bezieht sich auf den **Wohnsitz bzw. gewöhnlichen Aufenthaltsort**.[55] Dies führt freilich zu Abgrenzungsproblemen etwa im Verhältnis zu gewerblich tätigen Einzelpersonen.

26 **b) Verarbeitung im Rahmen der Tätigkeit der Niederlassung. aa) Grundkonstellation.** Die Verarbeitung erfolgt jedenfalls dann im Rahmen der Tätigkeit der Niederlassung, wenn diese selbst die Verarbeitung technisch vornimmt oder sie **maßgeblich steuert**. Im Internet ist hierfür insbes. die Veröffentlichung personenbezogener Daten ausreichend.[56]

27 Abs. 1 stellt am Ende klar, dass es **nicht darauf ankommt**, ob die **Verarbeitung in der Union** stattfindet (ebenso EG 22 S. 1). Auch wenn es weder in Art. 4 Abs. 1 lit. a DSRL noch in § 1 Abs. 2 BDSG aF explizit erwähnt wurde, war dies schon nach bisherigem Recht der Fall.[57] Verantwortliche und Auftragsverarbeiter können sich also nicht der Bindung an die DSGO entziehen, indem sie Verarbeitungsprozesse in Drittländer auslagern. In Zeiten weitreichender Cloud Computing-Anwendungen ist diese Regelung unter Schutzzweckgesichtspunkten zwingend, weil ein Abstellen auf den tatsächlichen Ort der Verarbeitung entweder zu völlig willkürlichen Ergebnissen oder zu einer Wahlfreiheit der Verantwortlichen und Auftragsverarbeiter führen würde, ob sie an die DSGVO gebunden sein wollen.

28 **bb) Eingeschränkte Übertragbarkeit der EuGH-Rechtsprechung.** Darüber hinaus wird aber auch dieses Tatbestandsmerkmal durch den EuGH im Rahmen von Art. 4 Abs. 1 lit. a DSRL weit ausgelegt. Eine Verarbeitung „im Rahmen der Tätigkeit" einer Niederlassung soll danach nicht dasselbe sein wie eine solche „durch die" Niederlassung.[58] Insbes. sei es deshalb **nicht erforderlich**, dass diese selbst mit der **technischen Verarbeitung** befasst sei. Vielmehr reiche es aus, dass eine Tochtergesellschaft in einem Mitgliedstaat der Union das Geschäftsmodell der Muttergesellschaft im Drittland dadurch fördere, dass Werbeflächen für die Internetseite verkauft würden, und die Tätigkeit der Tochter „auf die Einwohner dieses Staates ausgerichtet" sei.[59]

29 Ob sich diese weite Auslegung wirklich aus dem Wortlaut von Art. 4 Abs. 1 lit. a DSRL ergibt, ist eher zweifelhaft.[60] Unter **Schutzzweckgesichtspunkten** ließ sich die damit verbundene Erweiterung des Anwendungsbereichs dennoch rechtfertigen, um insbes. Anbietern aus Drittländern nicht die Option zu eröffnen, sich mittels ihrer internen Technikorganisation innerhalb untrennbar miteinander verflochtener Unternehmensteile[61] dem Anwendungsbereich der DSRL zu entziehen. Offen blieb allerdings das Problem des anwendbaren Rechts und der zuständigen Aufsichtsbehörde im Fall von mehreren Tochtergesellschaften (→ Rn. 35ff.).

30 Unter Art. 3 werden die Kriterien des EuGH freilich problematisch, weil das Gericht in den Begriff der Niederlassung marktortbezogene Kriterien hineinliest, die es im Wortlaut von Art. 4 DSRL nicht gab, die nunmehr aber **eindeutig Abs. 2 zuzuordnen** sind (→ Rn. 39ff.). Will man die Unterscheidung zwischen Abs. 1 und Abs. 2 nicht verwischen, muss der Niederlassungsbegriff der DSGVO deshalb gegenüber der Auslegung

---

53 S. EuGH C-230/14, NJW 2015, 3636 Rn. 16 – Weltimmo; bei der Bewertung der Entscheidung sollte dementsprechend allgemein nicht übersehen werden, dass nach den Angaben der ungarischen Aufsichtsbehörde (die Webseite war auf Ungarn ausgerichtet) der Sitz des Verantwortlichen in der Slowakei offenbar nur pro forma bestand.

54 EuGH C-101/01, MMR 2004, 95 Rn. 12ff. – Lindqvist.

55 Für diese Lösung auch *Golland* DuD 2018, 351 (355).

56 EuGH C-101/01, MMR 2004, 95 Rn. 25 – Lindqvist; C-131/12, NJW 2014, 2257 Rn. 26 – Google Spain; C-230/14, NJW 2015, 3636 Rn. 37 – Weltimmo.

57 S. für Art. 4 Abs. 1 lit. a DSRL *Dammann/Simitis* Art. 4 Rn. 2, für § 1 Abs. 2 BDSG aF Simitis/*Dammann* § 1 Rn. 198.

58 EuGH C-131/12, NJW 2014, 2257 Rn. 52 – Google Spain; C-230/14, NJW 2015, 3636 Rn. 37ff. – Weltimmo; C-191/15, NJW 2016, 2727 Rn. 78 – Amazon.

59 EuGH C-131/12, NJW 2014, 2257 Rn. 60 – Google Spain; C-230/14, NJW 2015, 3636 Rn. 41 – Weltimmo.

60 Kritisch zB *Pauly/Ritzer/Geppert* ZD 2013, 423 (424ff.); *Ziebarth* ZD 2014, 394 (395); *Arning/Moos/Schefzig* CR 2014, 447 (449 f.); sa *Spiecker gen. Döhmann* CMLR 2015, 1033 (1041ff.).

61 In dieser engen Verflochtenheit dürfte deshalb ein maßgebliches Kriterium des EuGH liegen, s. EuGH C-131/12, NJW 2014, 2257 Rn. 57 – Google Spain.

des EuGH zur DSRL verengt werden.[62] Es ist deshalb nicht zutreffend, dass diese Auslegung einfach fortgeführt werden kann.[63]

Zwar haben Abs. 1 und Abs. 2 die identische Rechtsfolge der Anwendbarkeit der Verordnung. Eine präzise **31** Abgrenzung ist aber wichtig (und die Anwendbarkeit kann deshalb **nicht wahlweise auf Abs. 1 oder Abs. 2** gestützt werden),[64] weil die Systematik der DSGVO eine Unterscheidung erfordert. Insbes. greift bei einer Anwendung von Abs. 2 die Pflicht zur Bestellung eines Vertreters (Art. 27 Abs. 1). Wenn also ein Unternehmen aus einem Drittland zunächst lediglich von dort aus Waren oder Dienstleistungen in der Union anbietet, später aber eine Tochtergesellschaft in der Union gründet und deren Geschäftstätigkeit sukzessive ausbaut, muss entschieden werden, ob und ab wann eine Niederlassung vorliegt. Hierfür kann man durchaus die nicht direkt marktortbezogenen Kriterien des EuGH anwenden, insbes. die enge Verflechtung einer Niederlassung in der Union mit der Muttergesellschaft im Drittland.[65] Wenn beide so zusammenwirken, dass die technischen Verarbeitungsaktivitäten ohne die Betätigung der Tochtergesellschaft oder Zweigstelle wirtschaftlich sinnlos wären, spricht dies dafür, eine Datenverarbeitung (auch) „im Rahmen der Tätigkeit" der Niederlassung in der Union anzunehmen. Demgegenüber sollte die Frage der Ausrichtung des Geschäftsmodells nicht mehr als Kriterium nach Abs. 1 herangezogen werden, sondern entfaltet ihre Wirkung im Rahmen von Abs. 2.

c) **Anwendbarkeit für Verantwortliche und Auftragsverarbeiter.** Der räumliche Anwendungsbereich nach **32** Art. 3 ist für Verantwortliche und Auftragsverarbeiter **separat zu bestimmen**.[66] Dies kann ergeben, dass entweder beide, keiner oder nur einer von ihnen an die DSGVO gebunden ist. In den ersten beiden Fällen treten keine zusätzlichen Probleme durch die Aufgabenteilung auf. Dies gilt im Wesentlichen auch dann, wenn nur der Verantwortliche in der Union niedergelassen ist. In diesem Fall besteht zwar keine Bindung des Auftragsverarbeiters nach Abs. 1 (ggf. aber nach Abs. 2 → Rn. 54, 62). Der Verantwortliche muss aber die Regeln für die Auftragsverarbeitung (Art. 28 f.) und die Übermittlung in Drittländer (Art. 44 ff.) einhalten, da die Weitergabe von Daten an einen Auftragsverarbeiter nach der DSGVO sowohl innerhalb als auch außerhalb der Union eine Übermittlung ist.[67]

Für die umgekehrte Konstellation (nur Auftragsverarbeiter in der Union niedergelassen) ist im Rahmen von **33** Abs. 1 insbes. zu beachten, dass der **Auftragsverarbeiter nicht als Niederlassung** des Verantwortlichen anzusehen ist.[68] Beauftragt also ein ausschließlich im Drittland niedergelassener Verantwortlicher einen Auftragsverarbeiter in der Union, greift Abs. 1 nur für letzteren. Die Norm impliziert für diesen Fall auch keine mittelbare Anwendung der DSGVO auf den Verantwortlichen.[69] Allerdings wird in dieser Konstellation vielfach ein Angebot oder eine Verhaltensbeobachtung nach Abs. 2 vorliegen, sodass der Verantwortliche über diese Vorschrift ebenfalls erfasst ist.

Unabhängig von einer parallel bestehenden Bindung des Verantwortlichen hat der **Auftragsverarbeiter** alle **34** Pflichten der DSGVO zu erfüllen, die sich auf ihn beziehen. Dabei ist va Art. 28 zu beachten, weil ansonsten ein privilegierter Auftragsverarbeiter in der Union ohne einen der DSGVO unterworfenen Verantwortlichen im Drittland entstehen könnte.[70] Überdies hat der Auftragsverarbeiter auch die **Regeln für die Übermittlung in Drittländer** nach Art. 44 ff. einzuhalten. Weder diese noch die Bestimmungen zur Auftragsverarbeitung sehen eine Privilegierung für eine Weitergabe von Daten durch Auftragsverarbeiter in der Union an einen Verantwortlichen im Drittland vor; vielmehr erfasst der eindeutige Wortlaut zB von Art. 44, 46 und 48 auch diesen Fall (→ Art. 44 Rn. 12). Entgegen aA[71] gilt dies auch dann, wenn der Auftragsverarbeiter Daten an den Verantwortlichen im Drittland zurückübermittelt, die er von diesem erhalten hat. Dafür spricht nicht nur die unpraktikable Unterscheidung zwischen verschiedenen Datenquellen, die beim Auftragsverarbeiter sonst getrennten Regimen unterfallen würden, obwohl sie im Rahmen desselben Auftrags verarbeitet werden. Hinzu kommt, dass in dieser Konstellation die Daten typischerweise durch den Auf-

---

62 Ähnlich *Borges* in: Feiler/Helfrich/Forgó (Hrsg.), Betrieblicher Datenschutz, 2017, Teil VI Kap. 5 Rn. 163, 166; ohne echtes Ergebnis („nicht mehr erforderlich") Auernhammer/*v. Lewinski* DSGVO Art. 3 Rn. 8.

63 So aber Ehmann/Selmayr/*Zerdick* Art. 3 Rn. 9 ff.; Gola/*Piltz* Art. 3 Rn. 15; Roßnagel/*Barlag*, Europ. DSGVO, § 3 Rn. 16; *de Hert/Czerniawski* International Data Privacy Law 2016, 230, 238; *Golland* DuD 2018, 351 (353 f.); *Lüttringhaus* ZVglRWiss 117 (2018), 50 (61); Kühling/Buchner/*Klar* Art. 3 Rn. 54; demgegenüber zutreffende, aber im Ergebnis unklare Überlegungen (Abs. 2 als „sachnähere Vorschrift in Betracht zu ziehen"; „keine zwingende Notwendigkeit" für Anwendung von Abs. 1) ebd. Rn. 59.

64 So aber wohl *Laue/Nink/Kremer*, § 1 Rn. 78; Sydow/*Ennöckl* Art. 3 Rn. 10.

65 Enger *Borges* in: Feiler/Helfrich/Forgó (Hrsg.), Betrieblicher Datenschutz, 2017, Teil VI Kap. 5 Rn. 163, 166.

66 Zur Rechtslage für Auftragsverarbeiter nach bisherigem Recht s. *Voigt* ZD 2014, 15, 20 f.

67 Anders nach § 3 Abs. 4 S. 2 Nr. 3, Abs. 8 S. 3 BDSG aF für Auftragsverarbeiter in der Union und im EWR.

68 Kühling/Buchner/*Klar* Art. 3 Rn. 38.

69 Kühling/Buchner/*Klar* Art. 3 Rn. 38 (dies war für die DSRL umstritten, s. die Nachweise ebd.).

70 In diesem Sinne kann man davon sprechen, dass die Anforderungen der DSGVO „exportiert" werden, so Schantz/Wolff/*Schantz*, Rn. 329.

71 Kühling/Buchner/*Klar* Art. 3 Rn. 38.

tragsverarbeiter verändert oder mit anderen Daten verknüpft werden, sodass durch die Rückübermittlung gerade nicht lediglich der vorherige Zustand wieder hergestellt wird.

35 **d) Folgen für die Anwendbarkeit nationalen Rechts und die Zuständigkeit der Aufsichtsbehörden.** Wie nach dem alten System verbleibt die Schwierigkeit, dass über die Bejahung der Niederlassungseigenschaft bei einer Zweigstelle oder Tochtergesellschaft letztlich **datenschutzrechtliche Pflichten der Muttergesellschaft** begründet werden (in der EuGH-Entscheidung zu Google Spain SL wurde nicht diese Gesellschaft, sondern die US-Mutter Google Inc. verpflichtet, bestimmte Links aus der Liste der Suchergebnisse zu löschen; wenn die Niederlassung in der Union keine eigene Rechtspersönlichkeit hat, ist dies sogar zwingend).[72] Dies ist ein oft vernachlässigtes **Kernproblem der EuGH-Rechtsprechung**, das virulent wird, wenn mehrere Tochtergesellschaften existieren. Es tritt zum einen materiellrechtlich auf, weil es bisher zu divergierenden Vorgaben für die Muttergesellschaft aufgrund der Anwendung abweichender Normen derjenigen Mitgliedstaaten kommen konnte, in denen Niederlassungen bestehen. Zum anderen ist auch die Durchsetzungsebene (Zuständigkeit von Aufsichtsbehörden und Gerichten) ungeklärt, wenn Sachverhalte mehrerer Mitgliedstaaten betreffen.[73]

36 **Materiellrechtlich** ist die Problematik durch die unmittelbar geltende DSGVO nunmehr abgeschwächt, wegen der im Rahmen der Öffnungsklauseln fortbestehenden mitgliedstaatlichen Regelungen aber nicht aufgehoben. Bestehen mehrere ähnliche Tochtergesellschaften in mehreren Mitgliedstaaten (die beispielsweise alle nicht mit der eigentlichen technischen Datenverarbeitung befasst sind, aber dennoch die o.g. Kriterien für eine Niederlassung nach Abs. 1 erfüllen), so muss entschieden werden, **welches mitgliedstaatliche Recht** über den Weg der Niederlassung Pflichten auch für die **Muttergesellschaft im Drittland** begründen darf. Hierfür bietet die DSGVO keine Lösung (→ Rn. 10ff.).

37 Die **Zuständigkeitsprobleme bleiben** demgegenüber auch für die in der DSGVO selbst geregelten materiellrechtlichen Fragen **bestehen**. Im vorgenannten Beispiel existieren mehrere „gleichrangige" Niederlassungen, die alle keine Daten verarbeiten. Dann gibt es weder eine Hauptniederlassung (Art. 4 Nr. 16) noch eine einzige Niederlassung, sodass Art. 56 Abs. 1 nicht weiterhilft. Im Fall von Abs. 1 ist überdies der bei Abs. 2 denkbare Weg einer Anknüpfung an den Vertreter nach Art. 27 (→ Rn. 65) versperrt, weil ein solcher bei Abs. 1 nicht zu bestellen ist. Es muss dann bei der **Zuständigkeit jeder Aufsichtsbehörde** für ihr Hoheitsgebiet nach Art. 55 Abs. 1 bleiben (sa EG 122). Gerade dies führt aber zu unklaren Verantwortlichkeiten mit Blick auf die Pflichten des Unternehmens im Drittland.

38 Schließlich verbleibt es bei der Möglichkeit für Drittland-Anbieter, mittels unternehmensinterner Gestaltung anhand der Kriterien von Art. 4 Nr. 16 die Hauptniederlassung in einem ausgewählten Mitgliedstaat zu begründen und so die Zuständigkeit der Aufsichtsbehörden sowie das anwendbare nationale Recht zu beeinflussen, das in Ausübung von Öffnungsklauseln ergeht. Dass Art. 3 ein **Forum Shopping** innerhalb der Union verhindert,[74] ist deshalb ausschließlich für die materiellrechtlichen Vorgaben der DSGVO zutreffend; da sich das Forum Shopping schon in der Vergangenheit weniger auf das materielle Recht als auf die Aufsichtspraxis der Behörden bezog, dürfte der Effekt kleiner sein als man zunächst vermuten mag.

39 **2. Marktortprinzip (Abs. 2).** Anders als Abs. 1 adressiert Abs. 2 Verantwortliche und Auftragsverarbeiter **in Drittländern** und folgt einem anderen Regelungsprinzip (Marktortprinzip). Drittländer sind alle Länder, die nicht der Union angehören. Dies galt bis zur Aufnahme der DSGVO in das EWR-Abkommen zum 20.7.2018 (→ Rn. 69) auch für die Länder des EWR.[75] Ob das Drittland ein **angemessenes Schutzniveau** (Art. 45) bietet, ist **unerheblich**.[76]

40 **a) Übergreifende Anforderungen. aa) Daten betroffener Personen, die sich in der Union befinden.** Nach beiden Alternativen von Abs. 2 muss es um eine Verarbeitung personenbezogener Daten von Personen gehen, die sich „in der Union befinden" (Art. 52 EUV, Art. 355 AEUV).[77] Das läuft **an sich EG 2 S. 1 zuwider**, wonach das Recht auf Schutz personenbezogener Daten gerade nicht vom Aufenthaltsort abhängen soll. Die Einschränkung ist **dennoch erforderlich**, weil mit ihr und den weiteren Kriterien aus lit. a und lit. b

---

72 Sa *Laue/Nink/Kremer*, § 1 Rn. 71.
73 S. für einen ähnlichen Fall nach der DSRL EuGH C-210/16 ECLI:EU:C:2018:388 (auf Vorlage des BVerwG ZD 2016, 393), allerdings mit der Abweichung, dass im dortigen Fall die irische Niederlassung von Facebook nach neuem Recht als Hauptniederlassung iSv Art. 56 Abs. 1 zu qualifizieren wäre.
74 *Kühling/Buchner/Klar* Art. 3 Rn. 10.
75 *Ehmann/Selmayr/Zerdick* Art. 3 Rn. 21 (dort Fn. 39).
76 Sa *Lüttringhaus* ZVglRWiss 117 (2018), 50 (64 f.); Vorschlag für eine Berücksichtigung de lege ferenda bei *Uecker*, Extraterritoriale Regelungshoheit im Datenschutzrecht, 2017, S. 233ff.
77 Dies wird in Online-Kontexten nicht immer sicher feststellbar sein. Eine Analyse auf Basis der IP-Adresse wird insoweit typischerweise ausreichend sein. Jedenfalls kann der Verantwortliche nicht etwa eine weitreichende Datensammlung und Analyse zB von Kommunikationsdaten mit dem Hinweis rechtfertigen, er müsse nach Abs. 2 feststellen, wo sich die betroffene Person befinde.

ein **hinreichender Bezug zur Union** hergestellt wird, der – trotz potentiell auftretender Jurisdiktionskonflikte – die europäische Regulierung von Anbietern aus Drittländern legitimiert.[78] Insbes. wird ein Ausufern des räumlichen Anwendungsbereichs verhindert, das beispielsweise eingetreten wäre, wenn an die Staatsbürgerschaft oder den Wohnsitz (europäischer) betroffener Personen angeknüpft worden wäre.[79] Verarbeitet also ein im Drittland ansässiger Verantwortlicher oder Auftragsverarbeiter Daten von Europäern, die sich zum relevanten Zeitpunkt (→ Rn. 42) dauerhaft oder auf Geschäfts- oder Urlaubsreisen im Drittland aufhalten, findet die DSGVO keine Anwendung. Dasselbe gilt für die Daten von Staatsangehörigen von Drittländern.

Andererseits ist das Tatbestandsmal des in der Union Befindens immer noch relativ weit, weil es **keine Einschränkung auf europäische Staatsbürger** enthält.[80] Mit anderen Worten nimmt der Gesetzgeber für sich in Anspruch, nach dem Marktortprinzip auch die personenbezogenen Daten der Angehörigen von Drittländern zu schützen, wenn diese sich – dauerhaft oder temporär, ungeachtet des konkreten Reisezwecks und auch dann, wenn der Aufenthalt rechtswidrig ist – in der Union befinden. **41**

In zeitlicher Hinsicht stellt Abs. 2 **keine Mindestdauer für den Aufenthalt** auf. Ausreichend ist folglich das Befinden in der Union im Zeitpunkt der Verarbeitung, auch wenn es sich um eine kurze Durchreise handelt. Abzustellen ist auf den Beginn der Verarbeitung.[81] Mit anderen Worten verlieren betroffene Personen den Schutz der DSGVO nicht, wenn sie im Anschluss die Union verlassen und die während des Aufenthalts in der Union erhobenen Daten zeitlich nachgelagert weiterverarbeitet werden. Für diese Anwendung der DSGVO gibt es keine zeitliche Grenze. **42**

Ein Sonderproblem stellt die Konstellation dar, dass ein Anbieter aus einem Drittland betroffenen Personen **in der Union eine Dienstleistung anbietet** (Abs. 2 lit. a), eine konkrete Person diese aber **während eines Aufenthalts im Drittland nutzt**. Dieser Fall kann sowohl bei einzelnen Dienstleistungen als auch bei Dauerschuldverhältnissen auftreten. Wenn bspw. ein **Anbieter vom Drittlandort** aus eine örtlich organisierte Reise oder ein **örtliches Hotel** anbietet und dabei spezifisch den europäischen Markt adressiert, ist der Tatbestand von Abs. 2 lit. a erfüllt. Dementsprechend greift die DSGVO für alle Daten, die bei der Vertragsanbahnung oder Abwicklung über die Webseite erfasst werden. Dagegen dürfte es zu weit gehen, auch weitere, vor Ort erhobene Daten der Verordnung zu unterwerfen. Wenn also während der Reise im Drittland ein Meldezettel ausgefüllt wird, Zusatzleistungen gebucht werden oä, so richtet sich diese Datenverarbeitung trotz des von der Union aus geschlossenen Vertrags nicht nach der DSGVO. Bei **Dauerschuldverhältnissen** kann ein ähnlicher Fall sehr leicht auftreten (zB bei der Nutzung eines sozialen Netzwerks). Bezieht man das Anbieten hier auf die Teilleistung, die während des Aufenthalts erbracht wird (zB Vorschläge für die Urlaubsgestaltung vor Ort), so ist die damit verbundene Datenverarbeitung nicht von Abs. 2 erfasst. Dies ergibt Sinn, wenn die für die Teilleistung (der Sache nach als eigene „Dienstleistung" iSv Abs. 2 lit. a) erhobenen Daten im Anschluss gelöscht werden. Integriert der Anbieter sie dagegen in das Nutzerprofil, so ist von einem einheitlichen Angebot auszugehen, das in der Union angeboten wurde und seinen Charakter nicht dadurch ändert, dass ein begrenzter Auslandsaufenthalt vorliegt.[82] Eine andere Lösung würde zu erheblichen Friktionen führen, weil die Nutzungsdaten eines solchen Dienstes nur mit einer Unterbrechung der DSGVO unterfallen würden. **Zumindest nach der Wiedereinreise** in das Unionsgebiet muss Abs. 2 lit. a jedenfalls so verstanden werden, dass auch die während des Aufenthalts im Drittland erhobenen Daten iSv Abs. 2 „im Zusammenhang damit" stehen, (weiterhin) die Dienstleistung anzubieten. Spätestens ab diesem Zeitpunkt ist die Verordnung folglich anwendbar. **43**

bb) Keine Niederlassung in der Union. Mit dem Tatbestandsmerkmal der fehlenden Niederlassung in der Union wird Abs. 2 **gegen Abs. 1 abgegrenzt**. Sollte der EuGH bei seinem weiten Verständnis der Niederlassung und der Verarbeitung im Rahmen von deren Tätigkeit bleiben, würde dies den Anwendungsbereich von Abs. 2 substantiell einengen (→ Rn. 28ff.). Die Norm würde dann nur Fälle von Anbietern aus Drittländern erfassen, die in keinem Mitgliedstaat eine auch nur halbwegs fest organisierte Zweigstelle unterhal- **44**

---

78 S. Ehmann/Selmayr/*Zerdick* Art. 3 Rn. 13 mit Verweis auf ähnliche Regelungen in anderen Rechtsgebieten; eine hinreichende völkerrechtliche Legitimation nur für Abs. 2 lit. a, nicht aber für lit. b, bejaht *Uecker*, Extraterritoriale Regelungshoheit im Datenschutzrecht, 2017, S. 122 f.

79 Dies wurde von *Nebel/Richter* ZD 2012, 407 (410); *Roßnagel/Richter/Nebel* ZD 2013, 103 (104) gefordert; s. zur Diskussion Kühling/Buchner/*Klar* Art. 3 Rn. 19 mwN; unzutreffend *Härting*, Rn. 210: „Anspruch der Geltung für alle Datenverarbeitungsprozesse, die sich auf personenbezogene Daten europäischer Bürger beziehen"; gegen den Wortlaut (im Englischen noch deutlicher: „who are in the Union") und die Entstehungsgeschichte (→ Rn. 7) nimmt *Golland* DuD 2018, 351 (355 f.) an, Abs. 1 1. Hs. knüpfe an den gewöhnlichen Aufenthaltsort an.

80 Dies hatten KOM und Rat vergeblich gefordert → Rn. 7.

81 Ebenso Kühling/Buchner/*Klar* Art. 3 Rn. 63; wohl auch Plath/*ders.* DSGVO Art. 3 Rn. 14.

82 *Borges* in: Feiler/Helfrich/Forgó (Hrsg.), Betrieblicher Datenschutz, 2017, Teil VI Kap. 5 Rn. 171 f., plädiert für eine Anwendbarkeit der DSGVO, wenn die Nutzung im Drittland über die „gewohnte", auf die Union zielende ccTLD erfolgt.

ten bzw. deren Zweigstellen ausschließlich Tätigkeiten erbringen, die nicht eng mit dem Geschäftsmodell verbunden sind.

45 Diese Auslegung hat auch Auswirkungen auf die Frage, wie groß eine etwaige **Lücke zwischen Abs. 1 und Abs. 2** ist. Dem Wortlaut nach schließen beide nämlich nicht genau aneinander an. Wenn ein Verantwortlicher oder Auftragsverarbeiter den Hauptsitz in einem Drittland hat und in der Union eine Niederlassung betreibt, die Datenverarbeitung aber nicht im Rahmen ihrer Tätigkeit stattfindet, so greift weder Abs. 1 (keine relevante Tätigkeit), noch Abs. 2 (weil das Tatbestandsmerkmal „nicht in der Union niedergelassen" zu verneinen ist).[83] Unter teleologischen Gesichtspunkten sollte dies so gelöst werden, dass Abs. 2 auch diese Fälle erfasst; „nicht" ist dementsprechend (wie bei Abs. 3 → Rn. 67) iSv „nicht in einem nach Abs. 1 maßgeglichen Sinn" zu verstehen.[84]

46 **cc) Irrelevanz des Orts der technischen Datenverarbeitung; Durchleitung.** Auch wenn Abs. 2 – anders als Abs. 1 – den Ort der technischen Datenverarbeitung nicht erwähnt, wird man davon ausgehen müssen, dass dieser ebenso wie dort **unbeachtlich ist.** Der Anbieter aus dem Drittland kann sich der Bindung an die DSGVO also nicht dadurch entziehen, dass er zB seine Dienstleistung lediglich über das Internet anbietet, seine Server aber im Drittland betreibt. Umgekehrt führt allerdings auch der rein technische Betrieb von Servern in der Union durch einen Anbieter aus einem Drittland nicht zu einer Anwendung der DSGVO, wenn weder der Serverbetrieb die Schwelle zur Niederlassung nach Abs. 1 überschreitet (→ Rn. 23) noch der Anbieter den Tatbestand von Abs. 2 erfüllt. Dies ist insbes. für die Nutzung europäischer Cloud-Angebote durch solche Anbieter bedeutsam. Liegt der Ort der Datenverarbeitung in internationalen Gewässern,[85] so fehlt es nicht etwa an einer Anknüpfung,[86] da ein solcher Server durch einen Anbieter betrieben werden wird, der eine Niederlassung hat.

47 Anders als Art. 4 Abs. 1 lit. c DSRL existiert keine ausdrückliche Regelung mehr, dass im Falle der **Durchfuhr von Daten** durch das Gebiet der Union die DSGVO keine Anwendung findet. Man kann insoweit davon sprechen, dass das Kriterium aufgegeben wurde.[87] Allerdings ist die reine Durchleitung – sofern sie überhaupt eine Verarbeitung iSv Art. 4 Nr. 2 darstellt – noch nicht einmal ein Indiz für das Eingreifen von Abs. 2, sodass es bei der bisherigen Rechtslage bleibt.[88]

48 **b) Varianten des Bezugs zur Union und zum Binnenmarkt. aa) Angebot von Waren oder Dienstleistungen in der Union (lit. a).** Die erste Variante von Abs. 2 zielt auf Angebote, die die Grenzen der Union überschreiten. Der Drittland-Anbieter muss der betroffenen Person entweder eine Ware oder eine Dienstleistung anbieten und die Datenverarbeitung im Zusammenhang mit dieser Tätigkeit stehen. Die **Begriffe der Waren und Dienstleistungen** können nur mit Einschränkungen aus der Auslegung anderer Normen übertragen werden, weil sie dort typischerweise geldwerte Gegenstände bezeichnen (was nach Abs. 2 lit. a gerade unerheblich ist) und teilweise andere Funktionen haben. Versteht man Waren zB ähnlich wie nach Art. 28 AEUV als alle beweglichen körperlichen Gegenstände, die als Erzeugnisse einen Geldwert haben und Gegenstand von Handelsgeschäften sein können,[89] so muss der Geldwert gerade ausgegliedert und die Beschränkung auf physische Gegenstände hinterfragt werden, weil die Vorschrift von ihrer Zielrichtung her auch Geschäfte über Rechte und digitale Inhalte erfasst. Diese müssen also entweder als Dienstleistungen eingeordnet[90] oder unter einen erweiterten Warenbegriff subsummiert werden. Außerdem spielt die primärrechtliche Ausgliederung bestimmter Objekte wie Betäubungsmittel, Falschgeld oder Körperteile[91] für die Vorschrift keine Rolle, da die **Warenverkehrsfreiheit eine andere Zielrichtung** hat als der Warenbegriff der DSGVO.[92] Für Dienstleistungen kann an Art. 57 AEUV (gewerbliche, kaufmännische, handwerkliche und freiberufliche Tätigkeiten) und Art. 4 Nr. 1 DLRL (jede von Art. 50 EGV bzw. Art. 57 AEUV erfasste, selbstständige Tätigkeit) angeknüpft werden.[93] Auch hier kommt es aber nicht auf die Entgeltlichkeit an, die nach Art. 57 AEUV, Art. 4 Nr. 1 DLRL jeweils grundsätzlich Tatbestandselement ist.

---

83 S. Gola/*Piltz* Art. 3 Rn. 34 f.
84 In diesem Sinne schon für Art. 4 DSRL *Art.-29-Gruppe*, WP 179, S. 22, 24; ähnlich *Golland* DuD 2018, 351 (352); für eine Analogie zu Abs. 2 DWWS/*Däubler* DSGVO Art. 3 Rn. 22.
85 Zu „ocean-based server farms" grundsätzlich *Swanson*, Connecticut Law Review 43 (2011), 709.
86 So aber Auernhammer/*v. Lewinski* DSGVO Art. 3 Rn. 4.
87 Kühling/Buchner/*Klar* Art. 3 Rn. 15.
88 Ebenso Paal/Pauly/*Ernst* Art. 3 Rn. 14; *Schwartz* U. Pa. L. Rev. 161 (2013), 1623 (1643).
89 S. Grabitz/Hilf/Nettesheim/*Herrmann* AEUV Art. 28 Rn. 40 mwN zur Rspr. des EuGH.
90 Für digitale Inhalte: Kühling/Buchner/*Klar* Art. 3 Rn. 78; dies entspricht der primärrechtlichen Abgrenzung, s. Grabitz/Hilf/Nettesheim/*Herrmann* AEUV Art. 28 Rn. 40.
91 S. die Nachweise bei Grabitz/Hilf/Nettesheim/*Herrmann* AEUV Art. 28 Rn. 41.
92 Ebenso Kühling/Buchner/*Klar* Art. 3 Rn. 76ff.
93 Kühling/Buchner/*Klar* Art. 3 Rn. 71ff.

Die Klarstellung im zweiten Hs. von Abs. 2 lit. a, dass es auf die **Zahlungspflichtigkeit** des Angebots **nicht** 49
ankommt, ist bedeutsam, weil sich sehr viele Anbieter von Internet-Dienstleistungen entschieden haben, auf
werbe- statt auf entgeltfinanzierte Geschäftsmodelle zu setzen und der Anwendungsbereich der Verordnung
nicht von dieser unternehmerischen Entscheidung der Anbieter abhängen darf.[94] Dies gilt umso mehr, als
der datenschutzrechtliche Schutzbedarf bei der Werbefinanzierung sogar noch höher ist, weil diese vielfach
von der Verarbeitung personenbezogener Daten (oftmals in Form von Profilen) profitiert.

Das Element des „Anbietens" impliziert eine aktive Tätigkeit. EG 23 S. 2 stellt darauf ab, ob der Verant- 50
wortliche oder Auftragsverarbeiter **„offensichtlich beabsichtigt"**, in der Union (Art. 52 EUV, Art. 355
AEUV) **Angebote** zu machen. Zweifelsfälle müssen damit zugunsten des Anbieters entschieden werden. Allerdings ist nicht erforderlich, dass der Anbieter seine gesamte Tätigkeit, oder auch nur einen wesentlichen
Teil davon, auf die Union ausrichtet. Mit anderen Worten ist es hinreichend, dass der Anbieter seine Waren
oder Dienstleistungen explizit[95] weltweit ohne räumliche Einschränkung anbietet, weil dies „offensichtlich"
auch ein Angebot in der Union umfasst.[96] Erfasst sind außerdem Konstellationen, in denen ein Anbieter
lediglich in einem Einzelfall aktiv auf eine betroffene Person in der Union zukommt.[97] Schließlich ist „anzubieten" nicht im zivilrechtlichen Sinne einer Willenserklärung gemeint, sondern erfasst **auch eine invitatio
ad offerendum**; da va der Warenvertrieb im Internet praktisch immer über eine solche erfolgt,[98] würden andernfalls weite Teile des E-Commerce von der Norm nicht erfasst.

Relativ einfach zu beurteilen ist das offensichtliche Anbieten in der Union, wenn Mitarbeiter des Verant- 51
wortlichen in der EU tätig sind. **Mobile Verkaufs- oder Messestände** sowie Aufenthaltsorte von **Außendienstmitarbeitern** begründen zwar keine Niederlassung iSv Abs. 1 (→ Rn. 23), führen aber regelmäßig dazu, dass die mit ihnen verbundene Erhebung von Kundendaten über Abs. 2 lit. a die Anwendbarkeit der
DSGVO begründet. Lit. a ist also **nicht auf Internetsachverhalte beschränkt**. Werden durch Außendienst-
mitarbeiter großflächig personenbezogene Daten aus dem öffentlichen Raum in der Union erhoben, um
diese später im Rahmen eines weltweiten Internetangebots (auch) als Dienstleistung in der Union anzubieten, so ist dies ebenfalls für Abs. 2 lit. a hinreichend. Dies betrifft insbes. Geodatendienste wie Google Street
View.

Zweifelhaft ist der Fall, dass eine in der Union befindliche Person **aktiv einen Anbieter im Drittland** kon- 52
taktiert, der an sich ausschließlich auf den Markt seines Heimatstaates ausgerichtet ist. Der Wortlaut von
Abs. 2 lit. a deutet einerseits darauf hin, dass im ersten Schritt ein Angebot oder eine invitatio ad offerendum des Verantwortlichen oder Auftragsverarbeiters erforderlich ist. Andererseits ist die Abgrenzung
schwierig (die betroffene Person könnte nachfragen, ob das Angebot auch für die Union gilt, und im Fall
der Bejahung würde Abs. 2 lit. a greifen), und der Schutzbedarf hängt kaum davon ab, welche Vertragspartei den ersten Schritt unternimmt. EG 23 S. 2 und 3 deuten zwar darauf hin, dass der Gesetzgeber tatsächlich auf die Zielrichtung des Anbieters (konkret die Webseitengestaltung) abstellen wollte.[99] Es spricht aber
viel dafür, dass damit nur eine Anwendung der DSGVO auf Anbieter in Drittländern ausgeschlossen werden sollte, die damit gar nicht rechnen (müssen); diese **Schutzbedürftigkeit entfällt**, wenn der Anbieter sich
im Einzelfall zu einem Vertragsschluss mit einem Partner **in der EU entscheidet**. Zumindest sollte die Vorschrift wegen der Formulierung „im Zusammenhang" so verstanden werden, dass auch eine mittelbare Verbindung mit dem Angebot ausreichend ist. Neben der invitatio ad offerendum kann dies zB eine vertrags-
anbahnende Werbeveranstaltung sein.[100]

Ein Anbieten „in der Union" wird bei Waren leichter zu beurteilen sein als bei Dienstleistungen, weil man 53
hier aus dem Angebot des Versands in die Union ein maßgebliches Indiz ableiten kann. **Komplizierter** ist die
Beurteilung bei Dienstleistungen, insbes. wenn diese ausschließlich elektronisch erbracht werden. Als **Indizien** kommen verschiedene Elemente in Betracht.[101] Dies betrifft beispielsweise die Gestaltung der Produkte
(Produkteigenschaften, die europäischen technischen oder rechtlichen Vorgaben entsprechen; spezifische

---

94 Sa *Kühling* EuZW 2014, 527 (529); erfasst sind freilich auch Angebote, die keinerlei Umsätze generieren.
95 Anders bei nur faktischer weltweiter Zugänglichkeit → Rn. 53.
96 AA wohl *Borges* in: Feiler/Helfrich/Forgó (Hrsg.), Betrieblicher Datenschutz, 2017, Teil VI Kap. 5 Rn. 184.
97 S. Kühling/Buchner/*Klar* Art. 3 Rn. 70 mit dem zutreffenden systematischen Hinweis auf Art. 27 Abs. 2 lit. a. Danach entfällt die
    Pflicht zur Bestellung eines Vertreters bei lediglich gelegentlichen Verarbeitungen (→ Art. 27 Rn. 15). Daraus folgt, dass diese grund-
    sätzlich in den Anwendungsbereich von Abs. 2 fallen.
98 BGH NJW 2005, 976 f.; NJW 2005, 3567 (3568); Staudinger/*Bork* BGB § 145 Rn. 9 mwN.
99 Weitergehend Plath/*ders.* DSGVO Art. 3 Rn. 20, wonach die DSGVO „erst recht" zur Anwendung kommen muss, wenn sich ein An-
    bieter trotz nicht auf die Union ausgerichteten Angebots im Einzelfall zum Vertragsschluss mit einer in der Union befindlichen Person
    entscheidet.
100 Kühling/Buchner/*Klar* Art. 3 Rn. 66ff.
101 Für eine Orientierung an Art. 17 Abs. 1 lit. c EuGVVO und Art. 6 Abs. 1 lit. b Rom I-VO: *Piltz* K&R 2013, 292 (297); *Schantz* NJW
    2016, 1841 (1842); *Laue/Nink/Kremer*, § 1 Rn. 84; *Borges* in: Feiler/Helfrich/Forgó (Hrsg.), Betrieblicher Datenschutz, 2017, Teil VI
    Kap. 5 Rn. 177ff.

Wünsche europäischer Kunden) oder des technisch-organisatorischen Angebots (Gestaltung von AGB unter Einhaltung europäischen Rechts, Abrechnung in Euro oder einer anderen Währung eines Mitgliedstaats, spezifische Lieferbedingungen). Eindeutig für ein Anbieten in der Union sprechen lokale Werbeaktivitäten (Außen- oder Fernsehwerbung). Bei **Webseiten** ist zu **differenzieren**. Dass diese faktisch in der Union zugänglich sind, ist nicht entscheidend[102] (anders bei explizit weltweitem Angebot → Rn. 50). Eine spezifische Gestaltung für einen oder alle Mitgliedstaaten ist aber ein wichtiges Indiz. Dies kann durch kulturspezifische Werbung, aber auch durch eine auf die Union gerichtete Suchmaschinenoptimierung der Webseite,[103] die Wahl einer ccTDL eines Mitgliedstaats,[104] den Betrieb einer nationalen Telefonnummer oder durch sonstige optische oder textliche Elemente mit Bezug zum lokalen Markt erfolgen (zB Anfahrtsbeschreibungen oder nach EG 23 S. 3 erkennbar durch Unionsangehörige verfasste Kundenbewertungen).[105] Für die verwendete Sprache gilt dies, wenn sie nur oder maßgeblich in der Union gesprochen wird (s. EG 23 S. 3). Auch ein Angebot in mehreren Sprachen kann zumindest dann für ein internationales Angebot sprechen, wenn diese nicht alle innerhalb des Drittlands verbreitet sind. Dagegen kann aus der Verwendung der Sprache des Drittlands kein Schluss gezogen werden; dieses selbstverständliche Vorgehen kann dem Anbieter auch dann nicht zum Nachteil gereichen, wenn diese Sprache in vielen anderen Ländern ebenfalls verwendet wird. Im Fall von Sprachen, die auch in der Union als Muttersprache vorkommen oder verbreitet sind (dies betrifft im Zuge weltweiter Migration praktisch alle Sprachen) müssen also weitere Indizien hinzukommen.[106] Fehlt es an diesen, ist der Anwendungsbereich wegen der Zweifelsregelung des EG 23 S. 2 abzulehnen. Schließlich ist ein Disclaimer ("kein Angebot für Personen in der EU") ein Indiz gegen das Anbieten in der Union, kann aber durch eine gegenläufige Praxis widerlegt werden.[107]

54 Im Sonderfall von **Cloud Computing-Angeboten**[108] ist zu differenzieren: Bietet ein Cloud Provider aus einem Drittland Privatpersonen in der Union einen Cloud Dienst an, so sind letztere (sofern sie überhaupt personenbezogene Daten Dritter in der Cloud verarbeiten) regelmäßig nach Art. 2 Abs. 2 lit. c nicht von der DSGVO erfasst. Der Cloud Provider ist dann Verantwortlicher[109] und nach Abs. 2 lit. a gebunden. Transferiert dagegen ein in der EU ansässiges Unternehmen seine Kundendaten an einen Cloud Provider als Auftragsverarbeiter im Drittland, so ist wiederum zu differenzieren. Sofern es um eine rein interne Datenverarbeitung im Verhältnis zwischen Verantwortlichem und Auftragsverarbeiter geht (zB im Modell des Storage-as-a-Service), wirkt letzterer zwar rein technisch an der Erbringung des Angebots mit. Dies kann aber für Abs. 2 lit. a nicht ausreichen, weil sonst jeder Auftragsverarbeiter in einem Drittland erfasst wäre. Der Beitrag des Cloud Provider erfolgt also nicht iSd Norm „im Zusammenhang mit" dem Angebot des Verantwortlichen an dessen Kunden. Anders ist dies, wenn der Auftragsverarbeiter für den Verantwortlichen eine Infrastruktur betreibt, die sich an die betroffenen Personen in der Union richtet. Hier wirkt der Auftragsverarbeiter im Drittland an einem Angebot des Verantwortlichen mit, das gezielt und iSv EG 23 S. 2 offensichtlich auf die Union ausgerichtet ist. Er wird deshalb selbst von Art. 2 lit. a erfasst[110] (zu den Folgen → Rn. 64 f.).

55 **bb) Beobachtung von Verhalten in der Union (lit. b).** Abs. 2 lit. b greift unabhängig von der Frage einer Vertragsbeziehung. Mit anderen Worten kann die Verhaltensbeobachtung **sowohl aus eigener Initiative** des Verantwortlichen oder Auftragsverarbeiters als auch deshalb erfolgen, weil sie **Inhalt eines Vertrags** ist. Letzteres betrifft beispielsweise stark personalisierte Dienstleistungsangebote.

56 Der **Begriff des Verhaltens** ist denkbar weit. Er umfasst jede Form von Äußerungen und Kommunikation, aber auch Bewegungen und sonstige körperliche Handlungen. Letztlich geht es um alle messbaren physischen Aktivitäten eines Menschen. Fraglich ist, ob auch eine **Aufzeichnung physiologischer Zustände** des Körpers erfasst ist.[111] Dies hängt davon ab, ob man unter einem Verhalten ausschließlich bewusst gesteuerte Vorgänge versteht. In diesem Fall wäre eine umfassende Erhebung von Vital- oder Gesundheitsdaten

---

102 Kühling/Buchner/*Klar* Art. 3 Rn. 81.
103 S. für das Parallelproblem nach der EuGVVO: EuGH C-585/08 ua, NJW 2011, 505 Rn. 81 – Alpenhof.
104 *Schwartz* U. Pa. L. Rev. 161 (2013), 1623 (1651); Kühling/Buchner/*Klar* Art. 3 Rn. 84.
105 S. EuGH C-585/08 ua, NJW 2011, 505 Rn. 83 – Alpenhof für die EuGVVO.
106 Kühling/Buchner/*Klar* Art. 3 Rn. 86 f.
107 Ebenso *Laue/Nink/Kremer*, § 1 Rn. 82; *Borges* in: Feiler/Helfrich/Forgó (Hrsg.), Betrieblicher Datenschutz, 2017, Teil VI Kap. 5 Rn. 182; die Einschränkung fehlt bei Kühling/Buchner/*Klar* Art. 3 Rn. 82, ist aber wichtig, weil es ansonsten völlig im Belieben der Anbieter stünde, sich der Bindung an die DSGVO zu entziehen.
108 Zu den Auswirkungen der Reform auf das Cloud Computing s. mit Blick auf den KOM-E *Hornung/Sädtler* CR 2012, 638.
109 Unzutreffend Kühling/Buchner/*Klar* Art. 3 Rn. 88: Auftragsverarbeiter.
110 Dies war nach Art. 3 Abs. 2 KOM-E noch nicht der Fall, weil dieser Auftragsverarbeiter noch nicht einschloss; s. auf der Basis des Entwurfs *Hornung/Sädtler* CR 2012, 638 (640).
111 Diese Frage wird sich in Zeiten von Body Area Networks und vernetzten Körpersensoren zur Erfassung und Übermittlung von Vitaldaten zumindest in Zukunft auch dann stellen, wenn man eine Anwendung von Abs. 2 lit. b auf Offline-Sachverhalte ablehnt (→ Rn. 58).

nicht erfasst, weil diese physiologischen Vorgänge entweder (wie bei Verletzungen) extern hervorgerufen oder durch das vegetative Nervensystem gesteuert werden. Angesichts des Schutzzwecks der Verordnung spricht allerdings mehr dafür, auch in diesen – immerhin auf den menschlichen Körper bezogenen und von ihm ausgehenden – Vorgängen ein „Verhalten" iSd Vorschrift zu verstehen.

Beobachtet wird das Verhalten, wenn es zielgerichtet erfasst und in Form personenbezogener Daten gespei-   57
chert wird; eine anschließende Analyse ist nicht zwingend erforderlich. Eine objektiv lediglich punktuelle Erfassung eines Zustands ist nicht ausreichend,[112] andererseits aber auch keine systematische Überwachung erforderlich.[113] Wenn eine Aufzeichnung von einer gewissen Dauer erfolgen soll, ist **bereits die erste Daten-erhebung** erfasst. Auf eine etwaige Sensibilität des beobachteten Verhaltens kommt es nicht an. Auch das Motiv der Beobachtung ist unerheblich,[114] sodass sowohl wirtschaftliche Zwecke wie individualisierte Werbung oder Webseitenoptimierung, als auch gemeinnützige Aktivitäten, wissenschaftliche Beobachtungen oder reine Neugier erfasst sind.

Trotz des Wortlauts von EG 24 S. 2 ist auch eine **Beobachtung in Offline-Kontexten** von Abs. 2 lit. b er-   58
fasst.[115] Zwar wird dort für die Beurteilung, ob eine Verhaltensbeobachtung vorliegt, ausschließlich auf Internetaktivitäten abgestellt. Der Wortlaut von Abs. 2 lit. b enthält eine solche Einschränkung allerdings nicht, sodass davon ausgegangen werden sollte, dass in EG 24 lediglich der wichtigste Fall der Beobachtung durch einen Drittland-Anbieter näher beschrieben wird.[116] Fälle außerhalb des Internets werden nämlich regelmäßig viel einfacher zu beurteilen sein. Wenn beispielsweise ein Drittland-Anbieter einen Privatdetektiv mit einer Observation beauftragt (und dieser nicht in der Union niedergelassen ist und damit unter Abs. 1 fällt), ist die DSGVO unter den Voraussetzungen von Art. 2 Abs. 1 anwendbar. Dasselbe würde für eine Beobachtung mittels Satellitenaufnahmen oder anderen Methoden aus dem Luftraum gelten,[117] sofern diese nicht nur singuläre Momente aufzeichnen.

Der **Hauptanwendungsfall** von Abs. 2 lit. b wird allerdings im Internet liegen. Ein „Verhalten in der Union"   59
ist zu bejahen, wenn sich die betroffene Person während der Nutzung des Internets physisch in einem in Art. 52 EUV, Art. 355 AEUV bezeichneten Territorium aufhält.[118] Für die Frage, ob ein Internetanbieter das Verhalten beobachtet, ist entsprechend EG 24 S. 2 darauf abzustellen, ob die Internetaktivitäten der betroffenen Person nachvollzogen werden. Dies – also der **Nachvollzug des Surfverhaltens** – ist das entscheidende Merkmal, nicht etwa die Erstellung von Profilen (anders noch die Entwürfe der drei Institutionen → Rn. 7). EG 24 S. 2 stellt allerdings klar, dass die „mögliche" nachfolgende Verwendung von Techniken zur Verarbeitung personenbezogener Daten, die auf die Profilerstellung abzielt, ein entscheidendes Indiz ist. Insbesondere geht es um Profile, die entweder die Grundlage für die betroffene Person betreffende Entscheidungen bilden oder anhand derer ihre „persönlichen Vorlieben, Verhaltensweisen oder Gepflogenheiten analysiert oder vorausgesagt werden sollen". Die Vorbereitung relevanter Entscheidungen betrifft nicht nur die automatisierte Einzelentscheidung nach Art. 22, sondern erfasst auch manuelle Entscheidungen auf der Basis von Profilen. Die Analyse und Vorhersage individueller Präferenzen oder Verhaltensweisen wird bereits heute in vielen Bereichen der zielgerichteten Werbung und Webseitenanalyse durch Profile und Nutzertracking eingesetzt. Sie wird in Zukunft sogar noch mehr Bedeutung erlangen, da sie die Grundlage für praktisch jede Form personalisierter Angebote bildet.

Wenn also ein Drittland-Anbieter das Surfverhalten einer identifizierten oder identifizierbaren Person in der   60
Union (Abs. 2 lit. b erfasst explizit nur die Verarbeitung personenbezogener Daten) durch **Cookies, Social Plug-Ins, Browser-Fingerprinting oder andere Webseiten-Trackingtools** aufzeichnet (→ Art. 4 Nr. 1 Rn. 66), so ist er von der DSGVO erfasst, selbst wenn im Anschluss kein Profil angelegt wird.[119] Vielfach ist dies

---

112 *Klar* ZD 2013, 109 (113); Ehmann/Selmayr/*Zerdick* Art. 3 Rn. 19; offen gelassen von *Wieczorek* DuD 2013, 644 (648).
113 Schantz/Wolff/*Schantz*, Rn. 339 mit dem zutreffenden Hinweis, dass an anderen Stellen ausdrücklich von einer „systematischen" Überwachung gesprochen wird (Art. 35 Abs. 3 lit. c, Art. 37 Abs. 1 lit. b).
114 Paal/Pauly/*Ernst* Art. 3 Rn. 20; Kühling/Buchner/*Klar* Art. 3 Rn. 97; Ehmann/Selmayr/*Zerdick* Art. 3 Rn. 19.
115 AA Kühling/Buchner/*Klar* Art. 3 Rn. 92 f.; wohl auch BeckOK DatenschutzR/*Hanloser* Art. 3 Rn. 37ff.; offengelassen von *Piltz* K&R 2016, 557 (559); wie hier wohl Ehmann/Selmayr/*Zerdick* Art. 3 Rn. 19 („vor allem […] Internetaktivitäten").
116 Entgegen Kühling/Buchner/*Klar* Art. 3 Rn. 92 f. ist auch die Entstehungsgeschichte insoweit nicht eindeutig. Zwar hatte EG 21 Parl-E vorgeschlagen, die Formulierung vom Internet zu lösen und die Überwachung daran festzumachen, ob sie „unabhängig von dem Ursprung der Daten und unabhängig davon, ob andere Daten, einschließlich Daten aus öffentlichen Registern und Bekanntmachungen in der Union, die von außerhalb der Union zugänglich sind, einschließlich mit der Absicht der Verwendung, oder der möglichen nachfolgenden Verwendung über sie erhoben werden." Damit wurden freilich so viele Änderungen vorgeschlagen, dass der genaue Grund ihrer Ablehnung offenbleibt.
117 AA Kühling/Buchner/*Klar* Art. 3 Rn. 92; der dort genannte Fall von Google Earth ist aber schon deshalb nicht erfasst, weil mit dieser Anwendung (jedenfalls bisher) nicht das Verhalten von Personen beobachtet werden kann.
118 BeckOK DatenschutzR/*Hanloser* DSGVO Art. 3 Rn. 41; Kühling/Buchner/*Klar* Art. 3 Rn. 99; beim „digitalen Aufenthalt", dh der Nutzung einer Webseite eines in der Union niedergelassenen Anbieters, greift Abs. 1.
119 S. schon *Hornung* ZD 2012, 99 (102); *Hornung* in: Hornung/Müller-Terpitz (Hrsg.), Rechtshandbuch Social Media, 2014, Kap. 4 Rn. 93; aA Tinnefeld/Buchner/Petri/*Hof*, S. 221, die nur auf die Bildung von Profilen abstellen.

allerdings der Fall, insbes. in der Variante der Verhaltensanalyse und -vorhersage. Dies erfasst beispielsweise Anbieter von Targeted Advertising, wenn damit Vorlieben betroffener Personen erfasst werden, um zielgruppenspezifische Werbung zu ermöglichen. Wenn dies durch Social Media-Anbieter hinsichtlich der Vorlieben ihrer Kunden in der Union erfolgt oder Anbieter personalisierter Assistenzsysteme von Drittländern aus agieren, ist sowohl Abs. 2 lit. a als auch lit. b einschlägig. Bedeutsam ist die Anwendbarkeit von Abs. 2 lit. b in diesen Konstellationen, wenn Anbieter und betroffene Person grundsätzlich im Drittland ansässig sind, dort einen Vertrag geschlossen haben, und die Verhaltensbeobachtung nur deshalb in der Union stattfindet, weil sich die Person kurzfristig im Rahmen einer Reise dort aufhält.

61 Eine **erhebliche Reichweite** erhält die Regelung dadurch, dass weder Abs. 2 lit. b noch EG 24 darauf abstellen, dass eine Verhaltensbeobachtung in der Union offensichtlich beabsichtigt ist (wie EG 23 S. 2 dies für das Merkmal des Anbietens in Abs. 2 lit. a festhält → Rn. 50). Dies führt dazu, dass **jeder Webseitenbetreiber weltweit**, der seine Nutzer in identifizierter oder **identifizierbarer Weise trackt**, auch dann vom Anwendungsbereich der DSGVO **erfasst ist**, wenn er nach den für Abs. 2 lit. a geltenden Kriterien gerade nicht betroffenen Personen in der Union Waren oder Dienstleistungen anbietet, sondern nur auf seinen Heimatmarkt zielt.[120] Diese substantielle Erweiterung sollte jedoch nicht kritisiert,[121] sondern als Ausfluss grundrechtlicher Schutzpflichten gegen solche Anbieter aus Drittländern begriffen werden, die personenbezogene Daten von betroffenen Personen in der Union aufzeichnen.[122] Der Konflikt entsteht im Übrigen nur, wenn ein Anbieter solche Personen trotz seines nicht auf die Union gerichteten Angebots iSv Art. 4 Nr. 1 identifizieren kann und kann deshalb durch Anonymisierungsverfahren zumindest erheblich entschärft werden.

62 **c) Anwendbarkeit für Verantwortliche und Auftragsverarbeiter.** Auch nach Abs. 2 ist der Anwendungsbereich für Verantwortliche und Auftragsverarbeiter separat zu bestimmen. Nach dem eindeutigen Wortlaut von **Abs. 2 lit. a** muss sich das Angebot an eine betroffene Person richten, nicht also an Unternehmen, die in der Union ansässig sind. Das ist bedeutsam für Auftragsverarbeiter in Drittländern. Diese unterfallen nicht Abs. 2 lit. a, wenn sie in der Union niedergelassenen Unternehmen anbieten, deren Kunden- oder Beschäftigtendaten in rein internen Verfahren zu verarbeiten – wohl aber, wenn sie an einem Angebot des Verantwortlichen mitwirken, das sich an die betroffenen Personen richtet (s. am Beispiel des Cloud Computings → Rn. 54). Da der Auftraggeber im ersten Fall nach Abs. 1 gebunden ist, richtet sich die Zulässigkeit dieser Zusammenarbeit nach Art. 28 f. iVm Kapitel 5 (→ Rn. 8, 32). Sind sowohl **Auftraggeber als auch Auftragsverarbeiter außerhalb der Union** niedergelassen und ist ersterer von Abs. 2 lit. a umfasst, so muss er die gesamte Verordnung einhalten und darf den Auftragsverarbeiter folglich ebenfalls nur nach Art. 28 f. beauftragen. Fraglich ist, ob in diesem Fall auch der Auftragnehmer die für Auftragsverarbeiter geltenden Pflichten der DSGVO einhalten muss. Dies ist ebenso zu entscheiden wie in der vorgenannten Konstellation. Bleibt der Auftragsverarbeiter also nicht im reinen Innenverhältnis, sondern wirkt an den Prozessen mit, mittels derer in der Union Waren oder Dienstleistungen angeboten werden, so steht die durch ihn durchgeführte Verarbeitung – was nach Abs. 2 ausreicht – „im Zusammenhang" mit einem solchen Angebot.

63 **Abs. 2 lit. b** führt zu leicht abweichenden Ergebnissen. Da Abs. 2 lit. b – anders als lit. a – für den Auftragsverarbeiter nicht verlangt, dass er ein Angebot an betroffene Personen in der Union richtet oder an einem solchen mitwirkt, ist er in jedem Fall selbst aus Abs. 2 lit. b verpflichtet, wenn die im Rahmen des Auftrags durchgeführte Verarbeitung im Zusammenhang mit der Beobachtung steht. Dasselbe gilt (wie bei lit. a), wenn auch der Auftraggeber außerhalb der Union niedergelassen ist.

64 **d) Folgen für die Anwendbarkeit nationalen Rechts und die Zuständigkeit der Aufsichtsbehörden.** Wenn die DSGVO nach Abs. 2 greift, so ist noch schwieriger als bei Abs. 1 (→ Rn. 35ff.) zu beantworten, welches nationale Recht anwendbar sein soll, das in **Ausübung von Öffnungsklauseln** ergeht. Dieses Problem lässt die DSGVO völlig ungeregelt. Keine Lösung ist es jedenfalls, wie nach § 1 Abs. 4 S. 2 Nr. 3 BDSG nF nationales Recht zu erlassen, das sämtliche Fälle von Abs. 2 erfasst, ohne auch nur ansatzweise einen Bezug zum konkreten Mitgliedstaat aufzuweisen. In der Logik von Abs. 2 läge es demgegenüber, iSe „**kleinen Marktortprinzips**" auf den Aufenthaltsort der adressierten Personen abzustellen, also den Mitgliedstaat, in dem sich diese befinden (→ Rn. 15). Letztlich ist die Anwendbarkeit aber iSe differenzierten Systems für die einzelnen Normen der DSGVO zu entscheiden (→ Rn. 16).

65 Auch bei Abs. 2 ist die **Zuständigkeit der Aufsichtsbehörden unklar**. Aufgrund der obligatorischen Bestellung eines **Vertreters nach Art. 27 Abs. 1** wäre eine Anknüpfung an dessen Niederlassung denkbar und der

---

120 Schantz/Wolff/*Schantz*, Rn. 338; aA *Borges* in: Feiler/Helfrich/Forgó (Hrsg.), Betrieblicher Datenschutz, 2017, Teil VI Kap. 5 Rn. 191 f.; darin dürfte das eigentliche Problem der Regelung liegen, weniger in der Anknüpfung (auch) an das Verhalten von Personen, die sich nur vorübergehend in der Union aufhalten (so aber *Uecker*, Extraterritoriale Regelungshoheit im Datenschutzrecht, 2017, S. 123.

121 In diese Richtung *Härting* BB 2012, 459 (462); *Svantesson* Stan. J. Int'l L. 2014, 53 (71 f.); Kühling/Buchner/*Klar* Art. 3 Rn. 23ff.

122 Sa *de Hert/Czerniawski* International Data Privacy Law 2016, 230 (240 f.).

Sache nach auch sinnvoll. Sie findet im Wortlaut von Art. 56 Abs. 1 aber **keinen Anhaltspunkt** und ist auch systematisch zweifelhaft, weil die DSGVO überall dort, wo sie außer an Verantwortliche und Auftragsverarbeiter auch an den Vertreter anknüpfen möchte, diesen explizit nennt (zB Art. 13 Abs. 1 lit. a, Art. 14 Abs. 1 lit. a, Art. 30 Abs. 1, Abs. 2, Abs. 4, Art. 31, Art. 58 Abs. 1 lit. a). Ob die Funktionsbeschreibung als „Anlaufstelle" in Art. 27 Abs. 4 (→ Art. 27 Rn. 23ff.) eine – alleinige – behördliche Zuständigkeit begründen kann, ist ebenfalls offen, mangels Anhaltspunkt in der DSGVO iE aber abzulehnen. Damit bleibt es wie bei Abs. 1 bei der Zuständigkeit nach Art. 55 für das jeweilige Hoheitsgebiet. Dieser soll ausweislich EG 122 S. 2 eine Zuständigkeit für Verarbeitungstätigkeiten eines Verantwortlichen oder Auftragsverarbeiters ohne Niederlassung in der Union begründen, sofern sie auf betroffene Personen mit Wohnsitz in ihrem Hoheitsgebiet ausgerichtet sind (→ Art. 55 Rn. 14ff.). Eine Zentralisierung der Zuständigkeit ergibt sich auch aus EG 122 nicht. Damit werden im Ergebnis bei Anbietern aus einem Drittland, die auf die gesamte Union zielen, **sämtliche Aufsichtsbehörden** in allen Mitgliedstaaten zuständig (→ Art. 56 Rn. 12).

3. Prinzip der Anwendung aufgrund völkerrechtlicher Vorgaben (Abs. 3). Abs. 3 erstreckt den Anwen   **66** dungsbereich der DSGVO auf Orte, die nicht zum Unionsgebiet gehören, an denen aber nach Völkerrecht das Recht eines Mitgliedstaats gilt. Ausweislich EG 25 erfasst Abs. 3 insbes. **diplomatische und konsularische Vertretungen.** Darüber hinaus kommen auch Schiffe oder Flugzeuge in Betracht.[123] Die Norm hat wenig praktische Bedeutung, da sie mit dem Begriff der Niederlassung an nichtöffentliche Verantwortliche gerichtet ist, die nur sehr selten in derartigen Territorien niedergelassen sein werden.

Abs. 3 ist auf nicht in der Union niedergelassene Verantwortliche anwendbar; wie bei Abs. 2 (→ Rn. 45) ist   **67** dies als „nicht iSv Abs. 1 relevant niedergelassen" zu verstehen.[124] Entgegen dem grob missverständlichen Wortlaut der deutschen Fassung ist Tatbestandsvoraussetzung, dass der **Ort der Niederlassung in dem** nach Völkerrecht erfassten **Territorium** liegt.[125] Die anderen Sprachfassungen stellen nämlich auf die Niederlassung,[126] nicht etwa – wie die deutsche Version – auf den Ort der Datenverarbeitung ab. Mit Blick auf die Gleichrangigkeit der Fassungen kann sich der singuläre deutsche Text nicht durchsetzen. Das gilt insbes., weil diese Variante nicht nur zu einer erkennbar nicht gewollten Abweichung zu Art. 4 Abs. 1 lit. b DSRL führen würde. Bei wörtlicher Auslegung träten auch ganz erhebliche Abweichungen zu Abs. 1 und Abs. 2 auf, die sachlich nicht zu rechtfertigen wären und den Verantwortlichen unangemessene Gestaltungsmöglichkeiten eröffnen würden.[127]

Eine Abweichung von Abs. 1 und Abs. 2 weisen freilich alle Sprachfassungen auf: **Auftragsverarbeiter** sind   **68** von Abs. 3 nicht erfasst. Ein Grund für diese Abweichung ist aus den Materialien nicht ersichtlich. Angesichts des sonst bestehenden Gleichlaufs sollte von einem **Redaktionsversehen** ausgegangen werden.

VI. Anwendbarkeit der DSGVO im EWR

Die DSRL war aufgrund ihrer Aufnahme in das EWR-Abkommen auch für die Staaten des EWR (Island,   **69** Liechtenstein und Norwegen) verbindlich und von diesen umzusetzen. Am 6.7.2018 hat der Gemeinsame EWR-Ausschuss die entsprechende Übernahme der DSGVO in das EWR-Abkommen zum 20.7.2018 beschlossen. Nach Art. 7 lit. a EWR-Abkommen müssen die EWR-Staaten die DSGVO **in ihr innerstaatliches Recht übernehmen.**[128]

VII. Rechtswahlklauseln

Die DSGVO enthält keine Regelung zu der bereits für die DSRL umstrittenen Frage der Zulässigkeit einer   **70** Rechtswahl. Dieses Problem stellt sich nur für nichtöffentliche Verantwortliche (weil staatliche Stellen sich

---

123 S. für die DSRL *Art.-29-Gruppe,* WP 179, S. 22.
124 S. für die DSRL *Art.-29-Gruppe,* WP 179, S. 22.
125 S. Kühling/Buchner/*Klar* Art. 3 Rn. 103; dies wird übersehen von Schantz/Wolff/*Schantz,* Rn. 341.
126 S. exemplarisch die englische („by a controller not established in the Union, but in a place where Member State law applies") und die französische Fassung („par un responsable du traitement qui n'est pas établi dans l'Union mais dans un lieu où le droit d'un État membre s'applique").
127 Wenn ein Drittland-Anbieter, der nicht unter Abs. 2 fällt (also nur seinem Heimatrecht unterliegt), Daten auf Servern in einem Territorium nach Abs. 3 verarbeitet, würde er in den Anwendungsbereich fallen, obwohl dies bei Servern in der Union selbst nicht der Fall ist (→ Rn. 23). Die Abweichung von Abs. 1 wäre noch gravierender: Ist nämlich ein Verantwortlicher oder Auftragsverarbeiter in einer Region niedergelassen, die von Abs. 3 erfasst wird, so würde dies – anders als nach Abs. 1 – nur dann zu einer Anwendbarkeit der DSGVO führen, wenn auch die Datenverarbeitung dort stattfindet. Der Anbieter könnte also durch die Wahl des Verarbeitungsorts entscheiden, ob er der Bindung an europäisches Datenschutzrecht unterliegt. Diese Gestaltungsfreiheit ist mit der Ratio von Abs. 1 unvereinbar und sachlich unangemessen. Sie könnte höchstens durch eine Anwendung auch von Abs. 2 abgemildert werden, um nicht das völlig unsinnige Ergebnis zu erzielen, dass ein Anbieter, der in einem Territorium ansässig ist, das von Abs. 3 erfasst wird, geringeren Bindungen unterliegt als Anbieter in sonstigen Drittländern.
128 Näher Ehmann/Selmayr/*Zerdick* Art. 3 Rn. 21; sa ebd. Rn. 22 für die Situation in der Schweiz.

nicht mittels Rechtswahl der Gesetzesbindung entziehen können) und bei diesen vor allem dort, wo die Verarbeitung im Zusammenhang mit einem Vertrag steht (also va Art. 6 Abs. 1 lit. b, ggf. auch lit. a).[129] In diesem Fall wird teilweise vertreten, dass eine Rechtswahlklausel über Art. 3 Abs. 1 S. 1 Rom I-VO zulässig ist.[130] Dies ist jedoch abzulehnen. Datenschutzrechtliche Vorschriften sind Eingriffsnormen iSv Art. 9 Abs. 1 Rom I-VO, weil sich andernfalls der Verantwortliche der Anwendung des europäischen (bzw. im Bereich der nationalen Gesetzgebung nach den Öffnungsklauseln deutschen) Datenschutzrechts entziehen könnte und der Normzweck für das Vorliegen einer Eingriffsnorm spricht.[131] Eine **Rechtswahl** ist folglich gemäß Art. 9 Abs. 2 Rom I-VO[132] **unzulässig.**

Artikel 4 Nr. 1 Begriffsbestimmung „Personenbezogenes Datum"

Im Sinne dieser Verordnung bezeichnet der Ausdruck:

1. **„personenbezogene Daten" alle Informationen, die sich auf eine identifizierte oder identifizierbare natürliche Person (im Folgenden „betroffene Person") beziehen; als identifizierbar wird eine natürliche Person angesehen, die direkt oder indirekt, insbesondere mittels Zuordnung zu einer Kennung wie einem Namen, zu einer Kennnummer, zu Standortdaten, zu einer Online-Kennung oder zu einem oder mehreren besonderen Merkmalen, die Ausdruck der physischen, physiologischen, genetischen, psychischen, wirtschaftlichen, kulturellen oder sozialen Identität dieser natürlichen Person sind, identifiziert werden kann;**

Literatur *Art.-29-Gruppe*, Stellungnahme 4/2007 zum Begriff „personenbezogene Daten" vom 20. Juni 2007, WP 136; *dies.*, Stellungnahme 5/2014 zu Anonymisierungstechniken vom 10. April 2014, WP 216; *Bergt, M.*, Die Bestimmbarkeit als Grundproblem des Datenschutzrechts, ZD 2015, 365; *Boehme-Neßler, V.*, Das Ende der Anonymität, DuD 2016, 419; *Brink, S./Eckhardt, J.*, Wann ist ein Datum ein personenbezogenes Datum?, ZD 2015, 205; *Dieterich, T.*, Canvas Fingerprinting – Rechtliche Anforderungen an neue Methoden der Nutzerprofilerstellung, ZD 2015, 199; *Dreier, T./Spiecker gen. Döhmann, I.*, Die systematische Aufnahme des Straßenbildes – zur rechtlichen Zulässigkeit von Online-Diensten wie „Google Street View", Baden-Baden 2010; *Forgó, N./ Krügel, T.*, Der Personenbezug von Geodaten, MMR 2010, 17; *dies.*, Das personenbezogene Datum nach der DS-GVO, ZD 2017, 455; *Haase, M.*, Datenschutzrechtliche Fragen des Personenbezugs, 2015; *Herbst, T.*, Was sind personenbezogen Daten, NVwZ 2016, 902; *Hofert, E.*, Blockchain-Profiling, ZD 2017, 161; *Hofmann, J. M. /Johannes, P. C.*, Anleitung zur autonomen Auslegung des Personenbezugs, ZD 2017, 221; *Hornung, G.*, Der Personenbezug biometrischer Daten, DuD 2004, 429; *ders./Schindler, S.*, Das biometrische Auge der Polizei, ZD 2017, 203; *Karg, M.*, Datenschutz für Geodaten, DuD 2010, 824; *ders*, Die Rechtsfigur des personenbezogenen Datums, ZD 2012, 255; *Kroschwald, S.*, Verschlüsseltes Cloud Computing – Auswirkung der Kryptografie auf den Personenbezug in der Cloud, ZD 2014, 75; *Kühling, J./Klar, M.*, Unsicherheitsfaktor Datenschutzrecht, NJW 2013, 3611; *Marnau, N.*, Anonymisierung, Pseudonymisierung, und Transparenz für Big Data, DuD 2016, 428; *Meyerdierks, P.*, Sind IP-Adressen personenbezogene Daten?, MMR 2009, 8; *Nink, J./Pohle, J.*, Die Bestimmbarkeit des Personenbezugs, MMR 2015, 563; *Roßnagel, A./Scholz, P.*, Datenschutz durch Anonymität und Pseudonymität, MMR 2000, 721; *Sarunski, M.*, Big Data – Ende der Anonymität?, DuD 2016, 424; *Spiecker gen. Döhmann, I.*, Datenschutzrechtliche Fragen und Antworten in Bezug auf Panorama-Abbildungen im Internet, CR 2010, 311; *Weichert, T.*, Geodaten – datenschutzrechtliche Erfahrungen, Erwartungen und Empfehlungen, DuD 2009, 347; *Weinhold, R.*, EuGH; Dynamische IP-Adresse ist personenbezogenes Datum, ZD-Aktuell 2016, 05366.

---

129 Denkbar wäre daneben eine nachträgliche Rechtswahl, wenn es zum Streit über die Zulässigkeit einer auf andere Zulässigkeitstatbestände gestützte Datenverarbeitung kommt.

130 LG Berlin ZD 2012, 276 (278); das KG Berlin DuD 2014, 417 (421) unterscheidet zwischen den zivilrechtlichen und öffentlich-rechtlichen Regelungen des BDSG aF und bestätigt mit diesem Argument die Entscheidung.

131 VG Schleswig-Holstein ZD 2013, 245 (246); der anschließende Beschluss des OVG Schleswig-Holstein (NJW 2013, 1977) äußert sich nicht zu dieser Frage; für eine Anwendung von Art. 9 Rom I-VO für die DSRL *Piltz* K&R 2012, 640ff.; für die DSGVO Gola/*Piltz* Art. 3 Rn. 38ff.; *Kremer/Buchalik* CR 2013, 789 (791ff.); Kühling/Buchner/*Klar* Art. 3 Rn. 105 f.; grds. auch *Lüttringhaus* ZVglRWiss 117 (2018), 50 (73 f.); sa *Karg* ZD 2013, 247 (248); zum anwendbaren AGB-Recht s. *Solmecke/Dam* MMR 2012, 71.

132 Die DSGVO ist als unmittelbar geltendes Recht Teil des „Rechts des angerufenen Gerichts" iSd Vorschrift mit der Folge, sodass sie für die Frage der Zulässigkeit einer Rechtswahl wie nationales Recht einer Einzelfallprüfung zu unterziehen ist (*Staudinger* in: Ferrari u.a., Internationales Vertragsrecht, 2. Aufl. 2012, Art. 9 Rn. 15); zu dieser Prüfung s. Fn. 131.

I. Überblick

Der Begriff des personenbezogenen Datums ist das zentrale Tatbestandsmerkmal der DSGVO.[1] Auf sekundärrechtlicher Ebene löst dessen Vorhandensein die Anwendung des Datenschutzrechts aus und eröffnet damit den materiellen Anwendungsbereich der DSGVO.[2] Er stellt die Verknüpfung zwischen der technischen Datenverarbeitung und der rechtlichen Betroffenheit der natürlichen Person her.[3] Zudem eröffnet er den Anwendungsbereich des primär- und verfassungsrechtlichen Schutzes personenbezogener Daten und des Rechts auf informationelle Selbstbestimmung iSd Art. 7 und 8 GRCh sowie Art. 2 Abs. 1 iVm Art. 1 Abs. 1 GG.[4] Zwischen dem primär- sowie verfassungsrechtlichen und dem sekundär- und einfachgesetzlichen Begriff besteht insoweit eine Bedeutungsidentität. Der Schutzbereich des Grundrechts schlägt damit auf die sekundärrechtliche Ebene durch und es kommt zu einer Verpflichtung der Verantwortlichen zur Beachtung des Grundrechts.[5] Dies zeigt sich ebenfalls in anderen Bereichen der DSGVO. So muss im Rahmen der gesetzlichen Grundlage für die Verarbeitung gemäß Art. 6 Abs. 1 lit. f das berechtigte Interesse der verantwortlichen Stelle mit den *Interessen und Grundrechten und Grundfreiheiten der betroffenen Person* abgewogen werden.

Die Auslegung des Begriffes (zur Abgrenzung zwischen Information und Datum → Rn. 25) muss autonom[6] und im Kontext des europäischen Rechts und der entsprechenden europäischen Methodenlehre erfolgen.[7] Vorrangig werden daher bei der Auslegung und Anwendung der Definition die primärrechtlichen Vorgaben, die Rechtsprechung des EuGH und die Auffassung des EDSA bzw. der Art.-29-Gruppe[8] herangezogen werden müssen. Die bestehende nationale Rechtsprechung behält im Lichte dieser Vorgaben allerdings für den nationalen Rechtsanwender weiterhin ihre Bedeutung. Denn sowohl nationale Gerichte als auch nationale Rechtsanwender legen eigenständig europäisches Recht aus, wobei deren Auslegungen jedoch der „letztinstanzlichen Auslegungskontrolle" des EuGH unterliegen.[9]

Nach ganz herrschender Meinung muss der Begriff des personenbezogenen Datums weit ausgelegt werden.[10] Nur so kann ein möglichst effektiver und umfassender Schutz der Betroffenen gewährleistet werden.[11] Die Auslegung hat sich vor allem am Sinn und Zweck der DSGVO zu orientieren.[12] Insoweit sind bei der telelogischen Auslegung des Begriffs die in Art. 1 Abs. 1 gesetzten Ziele heranzuziehen. Zweck der Verordnung ist der **Schutz der personenbezogenen Daten** und der **Grundrechte und Grundfreiheiten natürlicher Personen**. Der Schutz der Daten bei der Verarbeitung ist kein reiner Selbstzweck. Ziel der DSGVO ist nicht vorrangig der (technische) Schutz der personenbezogenen Daten, sondern die Wahrung und Beachtung der Grundrechte und Grundfreiheiten der von der Verarbeitung betroffenen Person (→ Art. 1 Rn. 36ff.).[13] Bei der Bewertung des Personenbezugs einer Information sind die Implikationen auf die weiteren Grundrechte der betroffenen Personen und die Folgen der Verarbeitung über die betroffenen Personen hinaus für die „strukturellen Konsequenzen im politisch-gesellschaftliche Bereich" mit in Betracht zu ziehen.[14]

Darüber hinaus betrachtet der EuGH bei der Auslegung des Begriffs die sich aus der Anwendung des Datenschutzrechts bzw. deren Versagung ergebenen Folgen für die Betroffenen im Hinblick auf die **spezifischen Schutzrechte** wie zB dem Recht auf Auskunft und Zugang zu den Daten, dem Recht auf Widerspruch der Verarbeitung oder der Berichtigung falscher Daten. Die Versagung dieser spezifischen Datenschutzrechte aufgrund des Fehlens des Personenbezuges der Informationen muss in Einklang mit dem Ziel und Zweck der zum Schutz der Betroffenen erlassen datenschutzrechtlichen Regeln stehen.[15]

Bei der Auslegung und Anwendung des Nr. 1 sind darüber hinaus maßgeblich die EG 26–30 heranzuziehen. Diese erfassen zwar nicht die gesamte Bandbreite der Definition; sie sind dennoch maßgeblich für die Be-

---

1 So für das BDSG aF bereits Simitis/*Dammann* § 3 Rn. 2; *Boehme-Neßler* DuD 2016, 419.
2 *Hofmann/Johannes* ZD 2017, 221 (222).
3 *Art.-29-Gruppe*, WP 136, S. 4, 6.
4 EuGH C-141/12 u. C-372/12, NVwZ-RR 2014, 736 Rn. 41 f.; Paal/Pauly/*Ernst* Art. 1 Rn. 7; *Haase*, Datenschutzrechtliche Fragen des Personenbezugs, 2015, S. 85 f.; Streinz/*Michl* EuZW 2011, 384 (387).
5 Ehmann/Selmayr/*Klabunde* § 4 Rn. 5.
6 *Riesenhuber* in: ders. (Hrsg.), Europäische Methodenlehre, 3. Aufl., 2015, § 10 Rn. 4; konkret für die DSGVO *Hofmann/Johannes* ZD 2017, 221; Ehmann/Selmayr/*Selmayr/Ehmann* Einf. Rn. 91.
7 *Albrecht/Jotzo*, Teil 1 D Rn. 26 f.
8 EDSA, Endorsement 1/2018 v. 25.5.2018.
9 *Pechstein/Drechsler* in: Riesenhuber (Hrsg.), Europäische Methodenlehre, 3. Aufl., 2015, § 7 Rn. 14.
10 EuGH C-465/00, C-138/01 und C-139/01, EUR 2004, 276 Rn. 43; EuGH C-553/07, EuZW 2009, 546 Rn. 59; *Art.-29-Gruppe*, WP 136, S. 4; *Härting*, Rn. 285; *Schefzig* DSRITB 2014, 103 (104).
11 *Albrecht/Jotzo*, Teil 3 B I Rn. 23.
12 So für die Auslegung nach der DSRL EuGH C-141/12 und C-372/12, NVwZ-RR 2014, 736 Rn. 41.
13 EuGH C-465/00, C-138/01 und C-139/01, EUR 2004, 276 Rn. 68; Paal/Pauly/*Ernst* Art. 1 Rn. 11.
14 EG 4; Simitis/*Simitis* § 1 Rn. 34, 40.
15 S. dazu EuGH C-141/12 und C-372/12, NVwZ-RR 2014, 736 Rn. 43 f; EuGH C-553/07, EuZW 2009, 546 Rn. 49, 54.

stimmung der einzelnen Elemente des Begriffs des personenbezogenen Datums und dessen konkrete Anwendung.

II. Historische Entwicklung und Genese

6 **1. Verhältnis zu europäischen und nationalen Definitionen.** Konzeptionell hat sich die Definition des Begriffs und des Tatbestandes auf europäischer Ebene im Verhältnis zur Vorgängerversion in Art. 2 lit. a DS-RL nicht wesentlich geändert. Danach waren personenbezogene Daten alle Informationen über eine bestimmte oder bestimmbare natürliche Person. Als **bestimmbar** galt eine Person, wenn diese direkt oder indirekt identifiziert werden konnte, insbes. durch Zuordnung zu einer Kennnummer oder zu einem oder mehreren spezifischen Elementen, die Ausdruck ihrer physischen, physiologischen, psychischen, wirtschaftlichen, kulturellen oder sozialen Identität waren. Vergleicht man diese Formulierung mit der nunmehr gültigen, fällt auf, dass die Begriffe „bestimmte oder bestimmbare" nunmehr der Formulierung „identifizierte oder identifizierbare" Person gewichen sind. Freilich handelt es sich dabei nur um eine Abweichung in der deutschen Fassung; in der englischen heißt es wie zuvor „identified or identifiable". Schon deswegen ist nicht zu erwarten, dass die Änderung der deutschen Fassung zu einer wesentlichen materiellen Änderung des Begriffsverständnisses auf der europäischen Ebene führen wird. Terminologisch besteht zudem kein Unterschied zu der Definition des Begriffs in Art. 3 Nr. 1 JI-Richtlinie. Diese verwendet die identische Formulierung wie in der DSGVO. Das weist auf ein einheitliches terminologisches Verständnis auf europäischer Ebene hin.

7 Nr. 1 ersetzt die Definition des Begriffs in § 3 Abs. 1 BDSG aF und, soweit die DSGVO anwendbar ist, alle anderen bisherigen nationalen Definitionen. Obwohl in der praktischen Anwendung kaum wesentliche Änderungen zu erwarten sind, führt die Definition des Nr. 1 im Verhältnis zu den bisher im deutschen Rechtsraum genutzten Terminologie zu einer verbesserten rechtlichen Konturierung des Begriffs. Denn die bisherige Formulierung des § 3 Abs. 1 BDSG aF spiegelte nicht die komplexere Formulierung der DSRL wieder. So ist zwar der Meinungsstreit über die Frage der Bestimmbarkeit bzw. Identifizierbarkeit einer Person ($\rightarrow$ Rn. 46) nach der Entscheidung des EuGH zum Personenbezug dynamisch vergebener IP-Adressen[16] und mit dem Inkrafttreten des DSGVO nicht endgültig beigelegt. Die Definition der DSGVO und EG 26 stellen jedoch zur überkommenen nationalen Terminologie eine Verbesserung im Hinblick auf die Rechtssicherheit bei der Anwendung und Auslegung des Begriffs dar. Denn die Legaldefinition und die Erwägungsgründe beinhalten Vorgaben zu den Mitteln, die sich Verantwortliche im Hinblick auf die **Identifizierbarkeit** zurechnen lassen müssen ($\rightarrow$ Rn. 61).

8 So macht die **interpretationsoffene** („insbesondere") Aufzählung der Kennzeichen im 2. Hs. deutlich, dass die Anwendung der DSGVO nicht auf die Verarbeitung von Informationen zu einem bestimmten Merkmal zur Identifikation oder eine abgeschlossene Gruppe bestimmter Arten von Merkmalen beschränkt ist. Hierin wird der Anspruch des Gesetzgebers erkennbar, technologieneutrale Regelungen zu schaffen.[17] Klarer ist zudem die Formulierung, dass mehrere Merkmale zur Identifikation einer Person herangezogen werden können ($\rightarrow$ Rn. 52). Damit wird zudem deutlich, dass eine Identifizierung nicht direkt erfolgen muss, um die Anwendung der DSGVO auszulösen ($\rightarrow$ Rn. 57).

9 Der nationale Gesetzgeber hat mit dem Erlass des BDSG nF im DSAnpUG im Einklang mit Art. 288 AEUV keine eigenständige Definition des Begriffs mehr vorgesehen. Auf nationaler Ebene gelten demnach die Vorgaben der DSGVO unmittelbar, soweit diese Anwendung findet.

10 **2. Entwicklung der Norm im Gesetzgebungsprozess.** Im KOM-E war die **Definition** des personenbezogenen Datums und die Bedingungen, unter welchen eine Person bestimmt bzw. bestimmbar ist, zweigeteilt. In Art. 4 Nr. 2 KOM-E wurden personenbezogene Daten als Informationen, die einer betroffenen Person zugeordnet sind, definiert. In Art. 4 Nr. 1 KOM-E hingegen fanden sich die Ausführungen zum Begriff des Betroffenen und wie diese/r identifiziert (bestimmt) werden kann. Die KOM traf zudem eine Aussage zum Maßstab bei der Bestimmung der zur Identifizierung einer betroffenen Person anzuwendenden Mittel. Diese Vorgaben finden sich nunmehr in EG 26.

11 Der Parl-E übernahm diese sprachliche Trennung nicht und zog beide Begriffsdefinitionen zusammen. Die Definition des Parlaments stand der überkommenen Definition des Art. 2 lit. a DSRL näher und verschob die Aussagen zum Maßstab zur Bestimmung der anzuwendenden Mittel bei der Identifizierung der betroffenen Person in die Erwägungsgründe. Zugleich sah der Parl-E eine Definition verschlüsselter Daten vor. Gemäß des Vorschlags wurden verschlüsselte Daten als *„personenbezogene Daten, die durch technische Schutzmaßnahmen für Personen, die nicht zum Zugriff auf die Daten befugt sind, unverständlich gemacht*

---

16 EuGH C-582/14, NJW 2016, 3579 Rn. 31ff.
17 EG 15; *Dammann* ZD 2016, 307 (309).

wurden" definiert. Der Vorschlag des EP wurde nicht in die DGVO übernommen. Diese greift den Begriff der Verschlüsselung zwar an verschiedenen Stellen auf,[18] definiert sie allerdings nicht. Das ist ärgerlich. Denn die Antwort auf die Frage, ob bei der Verarbeitung verschlüsselter Daten Stellen, die nicht Inhaber des Schlüssels sind, das Datenschutzrecht zu beachten haben, ist umstritten.[19]

In der Formulierung des EP lässt sich allerdings ein Unterschied zu der verabschiedeten Version ausmachen. 12
Danach sind personenbezogene Daten Informationen *über* eine natürliche Person. KOM-E und Rat-E verwenden hier eine leicht geänderte Fassung. Danach sind personenbezogene Daten Informationen, *die* sich auf eine natürliche Person *beziehen*. Rat und KOM haben mit ihren Formulierungen den Bezug zwischen der Information und der Person enger ausgestaltet, denn grammatikalisch lassen sich in die Formulierung „über" eine Person auch Umstände einbeziehen, die zB das Umfeld einer Person betreffen, wie Umwelt- und Klimainformationen, die dennoch einen Aussagegehalt zu der betreffenden Person beinhalten. Anders hingegen Informationen, die sich auf eine Person „beziehen". Denn Angaben zur Umwelt oder Gegenständen „beziehen" sich primär nicht auf eine natürliche Person (→ Rn. 27).

Ins Auge fällt, dass alle Entwürfe in der deutschen Sprachfassung die bereits in der DSRL und den nationa- 13
len Gesetzen verwendete Formulierung *bestimmt* bzw. *bestimmbar* verwenden. In der finalen Version wird dagegen nunmehr das Begriffspaar *identifiziert* und *identifizierbar* genutzt. Die veränderte Formulierung der deutschen Sprachversion korreliert allerdings nicht mit den Änderungen der englischen Textversionen im Verlauf des Gesetzgebungsprozesses. Sowohl die DSRL als auch sämtliche Entwurfsfassungen der KOM, des Parlaments und Rates nutzten die Formulierung *identified* oder *identifiable*. Dies lässt den Schluss zu, dass mit der geänderten Formulierung in der deutschen Textversion keine materiellrechtliche Änderung intendiert war,[20] auch wenn der deutsche Wortsinn eine solche nahelegen könnte. Denn im umgangssprachlichen Verständnis ist der Begriff des Identifizierens mit der Feststellung der Identität einer Person verbunden, während der Begriff des Bestimmens eher in Richtung einer eindeutigen Festlegung verstanden wird.

III. Konzept des Personenbezugs und verwandte Konzepte

1. Binäre Natur des Personenbezugs und Abwägungsfeindlichkeit. Das Konzept des personenbezogenen 14
Datums ist binär. Die Verarbeitung der betreffenden Informationen fällt entweder vollständig oder gar nicht unter die Vorgaben der DSGVO. Dies ist letztlich für eine normenklare Regelung der **Grenzen des Anwendungsbereiches der DSGVO** unabdingbar. Dieses Konzept und die Grenzen der teleologischen Auslegung des Begriffs personenbezogenes Datum werden missachtet, wenn bei der Subsumtion einer Information unter den Begriff des personenbezogenen Datums eine teleologische Reduktion der Definition auf der Grundlage einer Gefährdungsprognose erfolgt oder die Existenz eines graduellen Personenbezugs konstruiert wird. Teilweise verstehen Literatur und Rechtsprechung, ua zur Lösung des Konflikts zwischen der absoluten und relativen Theorie des Personenbezuges (→ Rn. 58), die Definition – iS einer Erlaubnisnorm – als einen abwägungsfähigen Tatbestand.[21] Danach sollen bei der Bewertung des Personenbezugs einer Information die Interessen der verantwortlichen Stelle an der Verarbeitung der Information ins Verhältnis zu den Rechten und Interessen der betroffenen Person gesetzt werden.[22] Auf der Grundlage eines risikobasierten Ansatzes soll das „Privatheitsinteresse"[23] der betroffenen Person bereits in die Bewertung der Information als personenbezogenen einfließen,[24] weil nur dies dem Interesse der Betroffenen, welches auch in der Veröffentlichung von Informationen bestehen kann, entsprechen würde.[25] Das derzeit streng binäre Verständnis vom Personenbezug einer Information wäre damit überholt.[26]

Für eine graduelle, risiko- bzw. privatheitsbezogene oder eine einer Rechtsgüterabwägung zugängliche Defi- 15
nition des personenbezogenen Datums lässt Nr. 1 jedoch keinen Raum. Die Formulierung der Norm und das Konzept des Personenbezugs erlauben keine „ansteigende" Personenbeziehbarkeit auf der Grundlage normativer Wertungen, und sie knüpfen nicht an ein wie auch immer geartetes Privatheitsverständnis an. Rechtsfolge dieser Sichtweise wäre eine graduelle Anwendbarkeit der DSGVO. Darauf ist diese in ihrer binären Struktur nicht angelegt. Konsequenz wäre eine kaum überschaubare Rechtsunsicherheit im Hinblick auf den sachlichen Anwendungsbereich.

---

18 ZB EG 83, Art. 6 Abs. 4 lit. e, Art. 32 Abs. 1 lit. a und Art. 34 Abs. 3.
19 *Nink/Pohle* MMR 2015, 563 (565); *Kroschwald* ZD 2014, 75 (77); *Art.-29-Gruppe*, WP 136, S. 21ff.
20 So Plath/*Schreiber* DSGVO Art. 4 Rn. 7.
21 Vgl. *Herbst* NVwZ 2016, 902 (905); LG Berlin ZD 2013, 618 (620).
22 LG Berlin ZD 2013,618 (620).
23 *Hohmann-Dennhardt* NJW 2006, 545 f.
24 *Haase*, Datenschutzrechtliche Fragen des Personenbezugs, 2015, S. 107.
25 *Haase*, Datenschutzrechtliche Fragen des Personenbezugs, 2015, S. 103 f.
26 *Herbst* NVwZ 2016, 902 (906).

16 Gegen die Vorverlagerung der Abwägung spricht zudem die damit einhergehende Verkürzung des Schutzbereiches der Art. 7 und 8 GRCh. Durch die Beachtung der Interessen der verarbeitenden Stelle bereits bei der Prüfung der sachlichen Anwendbarkeit der DSGVO bzw. des Schutzbereiches des Art. 8 GRCh würde sich der **Schutz der betroffenen Person** durch die DSGVO nur auf diejenigen Sachverhaltskonstellationen beschränken, in denen die Interessen der verantwortlichen Stelle oder anderweitiger gesellschaftlicher Interessen die Rechte der betroffenen Person nicht überwiegen. Den Betroffenen würden gerade in der Situation, in denen ein Eingriff in ihre Rechte erfolgt, die in der DSGVO enthaltenen Informations-, Kontroll- und Abwehrrechte[27] entzogen. Dies gälte auch für die in der GRCh vorgesehenen Schranken-Schranken in Art. 8 Abs. 2 GRCh. Denn durch die Beschränkung des Schutzbereiches des Art. 8 GRCh durch eine normative Abwägung widerstreitender Interessen wäre dem Eingriff keine rechtlichen Grenzen mehr gesetzt. Die Wirkung des Schutzes des Art. 8 GRCh und der DSGVO würden in einer derartigen Eingriffssituation leerlaufen.

17 Vergleichbares gilt für die **Bestimmung des Personenbezuges** unter Hinzuziehung einer Rechtsgüterabwägung bereits auf der Ebene des Anwendungsbereichs.[28] Primär- und verfassungsrechtlich betrachtet vorverlagert diese Auffassung die Güterabwägung, die üblicherweise bei der Prüfung der Rechtfertigung des Eingriffs erfolgt, auf die Ebene der Prüfung des Schutzbereiches. Zwar greift der EuGH zur Bestimmung des Umfangs des Begriffs des personenbezogenen Datums ebenfalls auf den Zweck des Datenschutzrechts und verwandter Grundrechte zurück.[29] Allerdings erfolgt dies nur, um die materielle Reichweite des Begriffs zu definieren. Eine vorherige Abwägung mit möglichen Interessen Dritter nimmt er dabei nicht vor, sondern orientiert sich ausschließlich an den der verantwortlichen Stelle zur Verfügung stehenden Mittel, ohne eine normativ wertende Aussage zur Bedeutung der Information im Hinblick auf die schutzwürdigen Interessen der betroffenen Person zu treffen.[30]

18 Für die Vorverlagerung der **Abwägung zwischen den Rechtsgütern** der betroffenen Person und der verantwortlichen Stelle besteht zudem keine rechtliche Notwendigkeit. Denn entweder hat der Gesetzgeber diese Güterabwägung bereits durch die Formulierung der Normen zur Zulässigkeit der Verarbeitung personenbezogener Daten vorweggenommen, oder er hat ausdrücklich Normen formuliert, die der verantwortlichen Stelle einen Bewertungsspielraum einräumen, wie zB Art. 6 Abs. 1 lit. f.[31] Erst über solche Abwägungsklauseln erfolgt der erforderliche Interessensausgleich.

19 **2. Nicht personenbezogene Daten.** Soweit nach den Vorgaben des Nr. 1 die Information keiner Person zugeordnet ist oder zugeordnet werden kann, liegt kein Personenbezug vor[32] und die Vorgaben der DSGVO finden **keine Anwendung**. Anonyme Daten unterfallen nicht dem Schutz der DSGVO.[33]

20 Ebenso wie die DSRL[34] definiert die DSGVO, anders als zB § 3 Abs. 6 BDSG aF, den Begriff des anonymen Datums oder des Anonymisierens nicht im Normtext. Die Verarbeitung **anonymer Daten** wird von der DSGVO nicht normiert. Zwar wird der Anwendungsbereich nicht explizit dahingehend eingeschränkt, jedoch bestätigt Art. 89 Abs. 1 indirekt die Nichtanwendbarkeit der DSGVO auf die Verarbeitung anonymer Daten.[35] Lediglich EG 26 enthält eine Begriffsbestimmung, wonach die Verordnung nicht auf die Verarbeitung „anonyme[r] Informationen [...], dh [...] Informationen, die sich nicht auf eine identifizierte oder identifizierbare natürliche Person beziehen, oder personenbezogene Daten, die in einer Weise anonymisiert worden sind, dass die betroffene Person nicht oder nicht mehr identifiziert werden kann", anzuwenden ist. Anonyme Daten sind iSd DSGVO folglich das Gegenstück zu personenbezogenen Daten.[36]

21 Eine Definition von **Sachdaten** fehlt in der DSGVO ebenfalls. Diese sind bereits aus sich heraus nicht personenbezogen, da sich ihr Informationsgehalt, also die in der Information verkörperte Aussage, nicht auf eine Person, sondern einen Gegenstand bezieht.[37] Wird allerdings mit der Sachinformation gleichfalls eine Aussage zur Person getroffen, unterfällt die Verarbeitung dieser Information der DSGVO.[38] So sind Standortdaten eines Mobiltelefons technisch gesehen zunächst eine georeferenzierte Beschreibung des Ortes, an dem sich das jeweils genutzte technische Gerät befindet. In der Regel besteht zwischen diesem Gerät und dem

---

27 Vgl. die Regelungen in Kapitel III.
28 *Haase*, Datenschutzrechtliche Fragen des Personenbezugs, 2015, S. 103 f.
29 EuGH C-131/12, NJW 2014, 2257 Rn. 68 f.; EuGH C-291/12, NVwZ 2014, 435 Rn. 26 mwN.
30 EuGH C-582/14, NJW 2016, 3579 Rn. 36 f.; EuGH C-553/07, EuZW 2009, 546 Rn. 42 mwN.
31 Darauf verweist die *Art.-29-Gruppe*, WP 136, S. 5.
32 S. zur alten Rechtslage *Meyerdierks* MMR 2009, 8 (10).
33 EG 26; für die DSRL *Nink/Pohle* MMR 2015, 563 (564).
34 S. allerdings EG 26 DSRL.
35 *Hofmann/Johannes* ZD 2017, 221 (223).
36 S. *Marnau* DuD 2016 428 (430); *Art.-29-Gruppe*, WP 216, S. 9; *Piltz* K&R 2016, 557 (561).
37 BeckOK DatenschutzR/*Schild* DSGVO Art. 4 Rn. 22; *Forgó/Krügel* MMR 2010, 17 (20 f.).
38 *Karg* ZD 2010 255 (256 f.); aA wohl *Krügel* ZD 2017, 455 (457), die in diesen Fällen den Verarbeitungskontext zur Bestimmung des Personenbezugs heranzieht.

Nutzer des Geräts aber eine derart enge Nutzungsbeziehung, dass eben doch regelmäßig ein Personenbezug iSv Nr. 1 angenommen werden muss. Dementsprechend hat auch der Gesetzgeber diese Daten als personenbezogen bewertet und ihre Verarbeitung in § 98 TKG datenschutzrechtlichen Regeln unterworfen. Sachdaten fallen daher nur solange aus dem Anwendungsbereich der DSGVO, wie deren inhaltliche Aussagen sich exklusiv auf ein Objekt beziehen. Werden allerdings diese Informationen mit personenbezogenen Informationen verknüpft, teilen sie das rechtliche Schicksal der personenbezogenen Daten und bei deren Verarbeitung sind die Vorgaben der DSGVO zu beachten.

3. Beurteilung nach Verarbeitungskontext. Die DSGVO unterscheidet im Hinblick auf die Anwendung 22
ihrer Regeln auf die Verarbeitung von Informationen nicht nach einer grundsätzlich angenommenen **Sensibilität der Information.** Denn die konkrete Intensität des durch die Verarbeitung der Information hervorgerufenen Eingriffs in die Rechte und Freiheiten der betroffenen Person ergibt sich aus dem Kontext, in dem die Daten verarbeitet werden.[39] Maßgeblich ist lediglich, ob die jeweilige Information sich auf eine identifizierte oder identifizierbare natürliche Person bezieht. Nach der Konzeption des Datenschutzrechts existieren demnach keine belanglosen personenbezogenen Informationen.[40] Denn der Stellenwert einer Information und der Umfang des Eingriffs in den rechtlich geschützten Bereich der betroffenen Person ergibt sich aus ihrer Nutzbarkeit und den Verwendungsmöglichkeiten, dem Zweck, der Art und dem Umfang der Verarbeitung.[41] Insbesondere die genutzte Informationstechnologie hat maßgeblichen Einfluss auf die Eingriffsintensität.[42] Somit können je nach Verwendungszweck und Kontext, in dem die Verarbeitung erfolgt, die Auswirkungen für die betroffenen Personen trotz der Identität der Information unterschiedlich sein. So begründet zB die Speicherung von Kommunikationsdaten im Rahmen der sog Vorratsdatenspeicherung bereits einen Eingriff in die Freiheiten der Betroffenen. Erst durch den Abruf, also einem weiteren Verarbeitungsschritt, verdichtet sich der Eingriff und kann in einen irreparablen Schaden für die betroffene Person münden.[43] Maßgeblich ist dabei nicht der Umstand, dass überhaupt die Daten verarbeitet werden. Vielmehr begründen die Art der Verarbeitung und der damit verfolgte Zweck eine Änderung in der Intensität der Beeinträchtigung, die zu einer veränderten Sensibilität der Verarbeitung der Daten für die Interessen des Betroffen führt.

So sah der EuGH in der Speicherung von Gehaltsdaten von Arbeitnehmern durch den Arbeitgeber keine 23
relevante Verletzung der Privatsphäre. Die Beeinträchtigung der schutzwürdigen Interessen bejahte er allerdings, sobald diese Informationen Dritten gegenüber offenbart wurden.[44]

IV. Tatbestandsmerkmale

Die einzelnen Elemente, die den Personenbezug einer Information ausmachen, müssen **kumulativ** erfüllt 24
sein. Sie bedingen sich zum Teil wechselseitig und sind inhaltlich miteinander verschränkt. Dies führt zu inhaltlichen Überschneidungen, die einer trennscharfen Abgrenzung der einzelnen Elemente entgegenstehen können.[45]

1. Begriff der Information. Ein zentrales Element des Tatbestandsmerkmals des personenbezogenen Datums ist der Begriff der **Information**, welcher grundsätzlich weit zu verstehen ist.[46] Die Form der Verkörperung der Information ist für die Anwendung des DSGVO irrelevant,[47] solange diese im Sinn der Definition gemäß Nr. 2 (→ Art. 4 Nr. 2 Rn. 10ff.) verarbeitet werden. Lediglich über den Verarbeitungsbegriff erfolgt eine Beschränkung des Datenbegriffs. Denn nur wenn die Information iSd Art. 4 Nr. 2 verarbeitet werden kann, erfolgt ein Eingriff in die geschützten Rechte der betroffenen Person iSd DSGVO.

Der Begriff der Information selbst wird von der DSGVO nicht legaldefiniert und zudem im Recht uneinheitlich verwendet.[48] Ausgangspunkte in den Definitionen verschiedener Disziplinen sind dabei teilweise die Eigenschaften von Information (Unteilbarkeit, Irreversibilität), deren Wirkungen („Informiertheit", Diffe-

---

39 S. Paal/Pauly/*Frenzel* Art. 9 Rn. 6; von der Groeben/Schwarze/Hatje/*Augsberg* GRCh Art. 8 Rn. 6; aA *Haase*, Datenschutzrechtliche Fragen des Personenbezugs, 2015, S. 107.
40 EuGH C-293/12 und C-594/12, NJW 2014, 2169 Rn. 33; BVerfGE 65, 1 (44 f.).
41 BVerfGE 120, 274 Rn. 197 f; *Nebel* ZD 2015, 517 (519).
42 Zur Abhängigkeit der Eingriffsintensität von der genutzten Technologie bei der Videoüberwachung *Hornung/Schindler* ZD 2017, 203 (205 f.).
43 BVerfG ZD 2016, 433 (434 Rn. 19).
44 EuGH C-465/00, C-138/01 und C-139/01, EUR 2004, 276 Rn. 74.
45 *Art.-29-Gruppe*, WP 136, S. 6.
46 Kühling/Buchner/*Klar/Kühling* Art. 4 Rn. 8.
47 *Art.-29-Gruppe*, WP 136, S. 8.
48 S. etwa *Druey*, Information als Gegenstand des Rechts, 1996, S. 5 f.; *Spiecker gen. Döhmann*, Rechtswissenschaft 2010, 247 (250ff. mwN).

renzierungsfähigkeit, Überraschung), deren Dimensionen (Information als Vorgang, Inhalt oder Zustand)[49] sowie die begrifflichen Ebenen (syntaktisch, semantisch, pragmatisch)[50]. Rechtlich hat der Begriff insbes. durch die Informationsfreiheitsgesetze Konturen erhalten.

27 Für die Anwendung des Datenschutzrechts ist allerdings maßgeblich, dass die Information sich dem Wortlaut nach auf eine Person *bezieht*[51]. Andernfalls handelt es sich nicht um ein personenbezogenes Datum. Notwendig ist demnach zum einen, dass die Information in Verbindung mit einer Person steht und sie im weitesten Sinn eine Aussage **zur** Person trifft.[52]

28 Wie auch in den bisherigen Vorgaben in Art. 2 lit. a DSRL legt die DSGVO keinen Numerus clausus geschützter Inhalte oder Themen fest, wie sich aus dem Wort **alle** bei grammatikalischer Auslegung ergibt. Bestätigt wird dieser Befund durch EG 26 S. 1, der dies unmissverständlich verdeutlicht. Danach gelten die Grundsätze des Datenschutzes für **sämtliche** Informationen, die sich auf eine natürliche Person beziehen. Bestrebungen, eine thematische Beschränkung der erfassten Informationen vorzunehmen,[53] um diese einer erleichterten Verarbeitung zugänglich zu machen, widersprechen dem Ziel eines umfassenden Schutzes der betroffenen Personen und führen zu einer Beschränkung des Schutzbereiches des Art. 7 und 8 GRCh. Sie haben sich deshalb zu Recht nicht durchgesetzt.

29 Welche **Art** von Informationen über die Person verarbeitet werden, welchen Aussagegehalt diese haben und welche Folgen mit der Verarbeitung verbunden sind, ist für die Frage des Anwendungsbereichs der DSGVO irrelevant.[54] Von ihr werden „objektive" Informationen und Tatsachen, wie das Vorhandensein körperlicher Spuren oder beschreibender Merkmale einer Person ebenso erfasst, wie Informationen über Sachen, soweit letztere über rechtliche Zuweisungen oder tatsächliche Umstände wie der Geolokalisierung einer Person zugewiesen werden können.[55] Es ist zudem unerheblich, ob diese „wahr" oder „bewiesen" sind. Ebenso zählen zu den personenbezogenen Daten „subjektive" Informationen, wie Meinungen oder Beurteilungen von und über eine Person. Gerade wertende Informationen spielen im Wirtschaftsverkehr eine bedeutende Rolle, zB im Bank- und Versicherungswesen bei der Beurteilung der Kreditwürdigkeit oder des Risikos des Eintritts eines Versicherungsfalls.[56]

30 Unerheblich ist, aus welcher **Sphäre** der betroffenen Person die Informationen stammen. Zwar werden gerade Angaben aus der Intim-, Privat-, oder Familiensphäre dem Zweck der DSGVO entsprechend geschützt.[57] Allerdings bleibt die sachliche Anwendung der DSGVO darauf nicht beschränkt und erfasst sämtliche Informationen über die sozialen, rechtlichen, wirtschaftlichen und sonstigen gesellschaftlichen Beziehungen einer Person mit ihrer Umwelt, die letztlich auch deren Persönlichkeit ausmachen.[58] Diesem weiten Verständnis folgt der EuGH und erstreckte den Schutz der Privatsphäre aus Art. 8 EMRK – in Ermangelung eines zum Zeitpunkt der Entscheidung anderweitig existierenden bindenden Grundrechts für gemeinschaftsrechtliche Sachverhalte – auch auf die Verarbeitung von Informationen, die aus der beruflichen Sphäre der Betroffenen stammten[59] und zog in einer späteren Entscheidung eine Parallele zum Schutz des Art. 8 GRCh. Er wendete zur Prüfung der Rechtmäßigkeit des mit der Verarbeitung der berufsbezogenen Informationen einhergehenden Eingriffs in den Schutzbereich des Art. 8 GRCH dessen Schrankensystematik an.[60]

31 Entsprechend dem Bedürfnis des Menschen auf Kommunikation und Interaktion werden auch die (**Weiter-)Verarbeitung** von personenbezogenen Daten, die die Betroffenen selbst veröffentlicht haben, zB in Sozialen Netzwerken oder auf allgemein zugänglichen Plattformen im Internet, von den Vorgaben der DSGVO erfasst.[61] Das gilt somit auch für sonstige öffentliche Informationen, die sich auf eine natürliche Person beziehen,[62] zB eine Aufnahme mittels Videoüberwachung im öffentlichen Raum[63] oder berufsbezogene Informationen. Natürliche Personen sind auch und gerade in der Öffentlichkeit „privat". Denn die DSGVO schützt nicht allein „Privatheit" oder „Abgeschiedenheit" im Sinn eines „Allein-gelassen-Wer-

---

49 Vgl. *Druey*, Information als Gegenstand des Rechts, 1996, S. 5 f.
50 S. nur *Kloepfer*, Informationsrecht, 2002, S. 24 f.
51 Paal/Pauly/*Ernst* Art. 4 Rn. 3.
52 Vgl. *Art.-29-Gruppe*, WP 136, S. 10.
53 Vgl. zB zum Thema Geodaten *Krügel* ZD 2017, 455 (457); *Forgó/Krügel* MMR 2010, 17 (21).
54 *Piltz* K&R 2016, 557 (561); *Albrecht/Jotzo*, Teil 3 Rn. 3; Paal/Pauly/*Ernst* Art. 4 Rn. 3; Ehmann/Selmayr/*Klabunde* Art. 4 Rn. 7.
55 Exemplarisch insbes. zur Problematik georeferenzierter Straßenansichten *Spiecker gen. Döhmann* CR 2010, 311 (314 f.) mwN.
56 *Art.-29-Gruppe*, WP 136, S. 7.
57 *Art.-29-Gruppe*, WP 136 S. 8, allerdings findet nach dem deutschen Verständnis die Sphärentheorie im Datenschutzrecht keine Anwendung mehr vgl. *Nebel* ZD 2015, 517 (519).
58 *Nebel* ZD 2015, 517 (519); AK-GG/*Podlech* Art. 2 Abs. 1 Rn. 39, 40.
59 EuGH C-465/00, C-138/01 und C-139/01, EUR 2004, 276 Rn. 73 f.
60 EuGH C-92/09 und C-93/09, NJW 2011, 1338 Rn. 44 f., 59.
61 *Konferenz der Datenschutzbeauftragten des Bundes und der Länder*, Orientierungshilfe „Soziale Netzwerke", 14.3.2013, 11 f.
62 *Klar* PinG 2014, 231 (232).
63 BVerfG NVwZ 2007, 688 (690).

dens", sondern in einem weiteren Verständnis die informationelle Selbstbestimmung und Individualität des Einzelnen in all ihren Facetten und ist nicht auf die der Öffentlichkeit entzogenen Sachverhalte beschränkt.[64] Dies wird zudem deutlich durch die Überschneidungen der Schutzbereiche des Art. 7 und 8 GRCh sowie anderer Grundrechte,[65] wie zum Beispiel der Wahrnehmung von Äußerungsrechten in der Öffentlichkeit.[66] Die Erhebung und Auswertung von Informationen über das Verhalten einer Person in der Öffentlichkeit sind daher ebenso Teil der Identität wie das nichtöffentliche Ausleben intimer Wünsche und Neigungen unabhängig von der Bewertung der Bedeutung dieser Informationen für die Persönlichkeit durch die betroffene Person selbst oder Dritte. Auch belanglose Informationen unterfallen dem Anwendungsbereich des Datenschutzrechts.

Deutlich wird das **weite Begriffsverständnis** auch durch die Aufzählung der identifizierenden Merkmale in **32** Nr. 1 aE, die Ausdruck der physischen, physiologischen, genetischen, psychischen, wirtschaftlichen, kulturellen oder sozialen Identität der Person sein können. Der Gesetzgeber hat hierbei den Versuch unternommen, die mannigfaltigen Beziehungen einer Person im privaten und gesellschaftlichen Kontext darzustellen. Eine sachliche oder thematische Beschränkung der erfassten Informationen würde diesem Ziel zuwiderlaufen zudem dem Umstand nicht gerecht werden, dass Informationen beliebig zueinander ins Verhältnis gesetzt werden und somit ihre thematischen Bezüge verändern können.

Dem Datenschutzrecht unterfällt nicht die Verarbeitung sämtlicher Informationen, sondern nur personen- **33** bezogener bzw. personenbeziehbarer. Daher ist teleologisch erforderlich, dass ein **Persönlichkeitsbezug** der Information zur betroffenen Person existiert und somit eine Abgrenzung zu nicht-personenbezogenen Informationen erfolgt.[67] Läge der Personenbezug nicht vor, entfiele die Rechtfertigung für die Beschränkung der Verarbeitung aus den Motiven des Datenschutzrechts heraus. An den inhaltlichen Bezug zu der Person sind allerdings keine überzogenen Anforderungen zu stellen. Systematisch betrachtet bezieht sich eine Information auf eine Person, wenn nach Auffassung der europäischen Aufsichtsbehörden die Information alternativ oder kumulativ ein Inhalts-, Zweck- oder Ergebniselement aufweist.[68]

Eine Information erfüllt die Anforderung an die inhaltliche Aussage mit Bezug zu einer Person, wenn eines **34** der genannten Kriterien erfüllt wird. Eine trennscharfe Abgrenzung der Kriterien ist freilich nicht immer durchführbar und **Überschneidungen** sind möglich. Mit dem „Inhaltselement" wird das im üblichen Verständnis des Wortes „beziehen" ausgedrückte Verhältnis zwischen der Information und der Person konkretisiert. Eine Information „bezieht" sich auf eine Person, wenn sie eine Aussage zur Person trifft, wobei die jeweiligen Begleitumstände zu beachten sind.[69] Der Informationsgehalt variiert je nach Bezugspunkt(en). So wäre ein Fingerabdruck auf einem Gegenstand eine Information nicht nur im Hinblick auf den Fingerabdruck,[70] sondern auch im Hinblick auf die Aussage, dass die Trägerin des Fingerabdrucks den Gegenstand berührt hat.

Mit dem sogenannten „Zweckelement" werden Informationen erfasst, die verarbeitet werden oder verarbeitet werden können, um eine Person zu beurteilen, sie in einer bestimmten Weise zu behandeln oder ihre **35** Stellung oder ihr Verhalten zu beeinflussen.[71] Hiervon sind vor allem Informationen betroffen, die Grundlage für die **Bildung von Profilen** sind und zu diesem Zweck kombiniert werden.[72] So sind technischen Angaben zur Nutzungshistorie einer bestimmten Internetdienstleistung oder verschiedener Internetdienste Informationen im Sinne des Datenschutzrechts, wenn diese zum Zweck der Generierung von Aussagen über das (zukünftige) Verhalten einer Person zusammengefasst werden.[73]

Informationen, die ein sogenanntes „Ergebniselement" beinhalten, beziehen sich auf eine Person, wenn sie **36** sich auf deren **Rechte** oder Interessen auswirken.[74] Zu dieser Art von Informationen zählen ua Statusinformationen oder Informationen zur Zugehörigkeit der Person zu einer bestimmten Gruppe, mit der rechtliche oder tatsächliche Konsequenzen für die Person verbunden sind, zB durch die Eintragung in eine Interessendatenbank für bestimmte Produkte oder eine Liste für Personen mit einer bestimmten Charakteristik wie zB „Schuldner", „zahlungskräftiger Kunde", Risikopatient" etc.

---

64 *Simitis* NJW 1984, 398 (399).
65 BVerfG NJW 2007, 2464 (2466) Rn. 85 f.
66 BVerfG NVwZ 2009, 441 (446) Rn. 131; VG Münster 21.8.2009 – 1 K 1403/08, BeckRS 2009, 37985; *Hornung/Schindler* ZD 2017, 203 (205).
67 *Weichert* DuD 2009, 347 (350).
68 Ehmann/Selmayr/*Klabunde* Art. 4 Rn. 8; *Spiecker gen. Döhmann* CR 2010, 311 (314); *Art.-29-Gruppe*, WP 136, S. 11.
69 *Art.-29-Gruppe*, WP 136, S. 11.
70 EuGH C-291/12, NVwZ 2014, 435 Rn. 27.
71 *Art.-29-Gruppe*, WP 136, S. 11 f.
72 Ehmann/Selmayr/*Klabunde* Art. 4 Rn. 8.
73 *Art.-29-Gruppe*, WP 171, S. 11.
74 *Art.-29-Gruppe*, WP 136, S. 13.

37 Informationen können zudem Aussagen zu mehreren Personen oder **Gruppen** treffen und sich dennoch auf eine einzelne Person „beziehen". Dies trifft zu, wenn sich die Angaben zumindest **auch** auf die betreffende Person beziehen und dabei eine individuelle Aussage getroffen wird. So ist die Information über den Telefonanruf einer Person zu einer anderen Person nicht allein eine Information zur ersten Person, sondern trifft auch eine Aussage mit Bezug zu der angerufenen Person.[75] Ebenso ist die Information zB in einer Patientenakte über den Namen des behandelnden Arztes auch eine Information zur Person des Arztes über seine Behandlung eines Patienten mit den in der Akte vermerkten Erkrankungen. Das Recht auf Schutz personenbezogener Daten ist zwar gemäß Art. 8 GRCh kein Eigentumsrecht im Sinne eines Ausschließlichkeits- und Verfügungsrechts, das andere vollständig auszuschließen imstande wäre.[76] Allerdings schränkt die Zuweisung einer Information zu einer Person die freie Verfügung des anderen Trägers über den Umgang mit der Information ein. Die dadurch entstehenden **Interessenkollisionen** sind allerdings nicht im Hinblick auf die Bestimmung der Information als personenbezogenes Datum aufzulösen (→ Rn. 15 f.).[77] Systematisch erfolgt der Interessenausgleich bei der Prüfung der Rechtmäßigkeit der Verarbeitung gemäß Art. 5 und 6.

38 **2. Betroffene Person, ungeborenes Leben und verstorbene Personen.** Der Begriff des personenbezogenen Datums erfasst ausschließlich Informationen natürlicher Personen. **Juristische Personen** des Privat- und des Öffentlichen Rechts sind nicht erfasst. Als Ausfluss des Schutzes der Privatsphäre und der Persönlichkeitsrechte führt eine teleologische Auslegung im Hinblick auf die Zwecke der DSGVO zu keinem anderen Ergebnis. Sie zielt auf die Umsetzung des in Art. 7 und Art. 8 GRCh vorausgesetzten Schutz der Persönlichkeits- bzw. Privatheitsrechte eines Menschen selbst und nicht den von ihm abgeleiteten Informationen.[78] Das Datenschutzrecht wurzelt zumindest in der deutschen Rechtstradition in einem engen Bezug zur Menschenwürde. Im deutschen Verfassungsrecht wird dies durch die klare Bezugnahme auf Art. 1 Abs. 1 GG deutlich.[79] Eine juristische Person kann aber keine Würde für sich beanspruchen. Daher sind auch sachbezogene Informationen nur insoweit erfasst, als sie einen Bezug zu einer natürlichen Person aufweisen.

39 Die Anwendbarkeit der DSGVO auf die Informationen einer Person enden mit dem **Tod** dieser Person.[80] Die bisher dazu in Deutschland geführte Debatte[81] über die unmittelbare Anwendung des Datenschutzrechts auf Informationen zu Verstorbenen hat insoweit keine Grundlage mehr. Damit ist allerdings keine Aussage zum (zivilrechtlichen) Schutz des postmortalen Persönlichkeitsrechts verbunden. Der Schutz des postmortalen Persönlichkeitsrechts begründet sich nach dem deutschen Verfassungsrecht auf dem Schutz der Menschenwürde, die über den Tod hinausreicht. Allerdings erstreckt sich dieser Schutz nicht auf die allgemeine Handlungsfreiheit gemäß Art. 2 Abs. 1 GG, die nur von Lebenden wahrgenommen werden kann.[82] Letztere ist allerdings relevanter Teil des Rechts auf informationelle Selbstbestimmung, welche die Entscheidungsbefugnis und -freiheit des Einzelnen beinhaltet,[83] womit eine Erstreckung dieses verfassungsrechtlichen Schutzes auf Verstorbene nur schwer vertreten werden kann. Vergleichbar erstreckt sich der Schutz des zivilrechtlichen postmortalen Persönlichkeitsrechts auf die ideellen und vermögenswerten Bestandteile,[84] beinhaltet jedoch keine datenschutzrechtliche Abwehrkomponente.

40 Keine Aussage trifft die DSGVO zum Schutz der Informationen des **ungeborenen Lebens**. Da EG 27 explizit die Anwendung der DSGVO auf die Informationen über Verstorbene ausschließt, könnte entgegen der bisher im deutschen Rechtsraum offenbar herrschenden Meinung[85] im Umkehrschluss von einer Anwendung der DSGVO auf die Verarbeitung von Informationen über den nasciturus ausgegangen werden.[86] Anderenfalls hätte sich der Gesetzgeber zumindest im Erwägungsgrund zu den Grenzen des Anwendungsbereiches äußern und den Schutz auf das geborene Leben eingrenzen können.

41 Für eine Anwendung der DSGVO auf Informationen, die sich auf den nasciturus beziehen, spricht vor allem das Ziel des Datenschutzes, nämlich ein möglichst wirksamer Persönlichkeitsschutz der Betroffenen. Die technische Weiterentwicklung erlaubt bereits vor der Geburt eine umfassende Diagnostik und Prädikti-

---

75 Simitis/*Dammann* § 3 Rn. 41 mit weiteren Fallgruppen.
76 So zuletzt *Paal/Hennemann* NJW 2017, 1697 (1698); aA *Fezer* ZD 2017, 99 (101) jeweils mwN. Ein Überblick über die umfassende rechtspolitische Diskussion bei *Wiebe* GRUR Int. 2016, 877 (880).
77 AA *Haase*, Datenschutzrechtliche Fragen des Personenbezugs, 2015, S. 106.
78 *Albrecht/Jotzo*, Teil 3 Rn. 3.
79 BVerfG NJW 2007, 2464 (2466) Rn. 87 f.
80 EG 27; Ehmann/Selmayr/*Klabunde* Art. 4 Rn. 10; Kühling/Buchner/*Klar/Kühling* Art. 4 Rn. 5; BeckOK DatenschutzR/*Schild* DSGVO Art. 4 Rn. 11.
81 Zusammenfassend *Haase*, Datenschutzrechtliche Fragen des Personenbezugs, 2015, S. 94 f.
82 BVerfG NJW 2001, 2957 (2958).
83 Simitis/*Simitis* § 1 Rn. 27.
84 BGH NJW 2007, 684 (685).
85 Simitis/*Dammann* § 3 Rn. 17.
86 So im Ergebnis auch BeckOK DatenschutzR/*Schild* DSGVO Art. 4 Rn. 9.

on.[87] Mit den sich immer weiterentwickelnden Analysemöglichkeiten und der damit einhergehenden Verbesserung und Verfeinerung der Prognosen kann sich bereits vor der Geburt die Verarbeitung von Informationen über den nasciturus auf dessen spätere Lebensgestaltung und Persönlichkeitsentwicklung auswirken. Im Sinne eines umfassenden Schutzes der (zukünftigen) natürlichen Person sind Informationen, die zu einem Ungeborenen verarbeitet werden, als personenbezogen in Bezug auf diesen selbst und nicht allein die Eltern oder sonstigen Verwandten anzusehen.

Dem kann nicht mit der bisher herrschenden deutschen Literatur entgegengehalten werden, der nasciturus   42 sei im Sinne eines Selbstbestimmungsrechts nicht fähig, sein Recht eigenständig auszuüben.[88] So spricht Art. 8 Kindern, die jünger als 16 bzw. 13 Jahre sind, die rechtliche Befugnis ab, über den Umgang mit ihren personenbezogenen Daten zu entscheiden, und delegiert sie auf deren Eltern. Dabei kann nicht ernsthaft behauptet werden, dass es sich bei Informationen zu Minderjährigen nicht um personenbezogene Daten handeln würde. Außerdem schützt Art. 8 GRCh, anders als Art. 2 Abs. 1 iVm Art. 1 Abs. 1 GG, unabhängig von der konkreten Entscheidungs**fähigkeit** der betroffenen Person die Verarbeitung personenbezogener Daten. Auf die tatsächliche Ausübung des Selbstbestimmungsrechts bzw. die Fähigkeit zur Ausübung kommt es gerade nicht an. Ähnliches dürfte grundsätzlich auch für den **Verstorbenen** gelten.

3. Juristische Personen. Die DSGVO schützt keine Informationen juristischer Personen. Die Eröffnung des   43 Anwendungsbereiches des Datenschutzrechts auf juristische Personen wie zB im österreichischen[89] und schweizerischen[90] Datenschutzrecht wird zwar auch in Deutschland immer wieder unter dem Blickwinkel des verfassungsrechtlichen Schutzes von Unternehmensdaten in Erwägung gezogen.[91] Nach der Rechtsprechung des EuGH hingegen ist eine unmittelbare Anwendung des Schutzes des Art. 8 GRCh auf juristische Personen nur dann möglich, soweit der Name der juristischen Person eine oder mehrere natürliche Personen bestimmt.[92] Bereits EG 24 DSRL hatte die Anwendbarkeit des Datenschutzrechts auf juristische Personen ausgeschlossen.[93]

Diese strenge Auffassung modifizierte der EuGH zumindest unter der Geltung der DSRL und machte sich   44 dabei die bereits in Deutschland herrschende Auffassung zu Eigen. Danach ist der Anwendungsbereich des Datenschutzrechts bei der Verarbeitung von Informationen juristischer Personen eröffnet, wenn die Informationen der juristischen Person sich (auch) auf die hinter dieser stehenden natürlichen Personen beziehen,[94] zB indem Informationen über die juristische Person gleichzeitig auch Aussagen über die für sie handelnden natürlichen Personen treffen[95] oder die Verarbeitung der Informationen sich unmittelbar auf die natürlichen Personen auswirken und gleichsam auf diese „durchschlagen".[96] Teilweise wurde ein Recht auf „informationelle Selbstbestimmung" für juristische Personen aus Art. 14 GG konstruiert[97] Der EuGH erstreckte zudem die Anwendung des Art. 8 GRCh auf einen Sachverhalt, bei dem die Benennung der juristischen Person mittels der Namen der sie tragenden natürlichen Personen erfolgte. Die Veröffentlichung von Angaben zu dieser juristischen Person beeinflusste das Privatleben der dahinterstehenden natürlichen Personen unmittelbar. Deswegen ließ der EuGH einen Rückgriff der juristischen Person auf den Schutz des Art. 8 GRCH zu.[98] Personenbezogene Informationen sind Angaben zu natürlichen Personen, die in ihrer Eigenschaft als Organwalter für die Organe juristischer Personen handeln und deren Informationen in entsprechenden Registern aufgenommen werden.[99]

Die DSGVO beschränkt nunmehr diese Konstruktion und schließt die Anwendung des Datenschutzrechts   45 gemäß EG 14 aus, selbst wenn die Verarbeitung des Namens, der Rechtsform oder Kontaktdaten einen Eingriff in die Rechte der natürlichen Person darstellen. Soweit zB der Name einer juristischen Person mit dem der dahinterstehen natürlichen Person oder die Geschäftsadresse mit der Privatadresse der betroffenen Person identisch sind, soll die DSGVO keine Anwendung finden. Dies kann allerdings nur gelten, soweit diese Daten im Kontext mit der juristischen Person verarbeitet werden. Erfolgt die Verarbeitung dagegen

---

87 *Art.-29-Gruppe*, WP 136, S. 27.
88 *Haase*, Datenschutzrechtliche Fragen des Personenbezugs, 2015, S. 97 mwN.
89 Art. 4 § 2 Nr. 1 und 3 DSG 2000.
90 Art. 2 DSG.
91 Vgl. BVerwGE 115, 319 Rn. 11.
92 EuGH C-92/09 und C-93/09, NJW 2011, 1338 Rn. 53.
93 *Art.-29-Gruppe*, WP 136, S. 27.
94 BeckOK DatenschutzR/*Schild* DSGVO Art. 4 Rn. 6; krit. Simitis/*Dammann* § 3 Rn. 18.
95 Zur verfassungsrechtlichen Beschränkung des Beweiserhebungsrechts eines Untersuchungsausschusses des Bundestages aufgrund des Datenschutzes bei der Herausgabe von Aufsichtsratsprotokollen BVerfG 77, 1 = NJW 1988, 890 (893, 896).
96 BeckOK DatenschutzR/*Worms* BDSG § 19 Rn. 16.1; *Gola/Schomerus/Körffer* § 3 Rn. 11 a.
97 BVerwGE 115, 319 Rn. 18.
98 EuGH C-92/09 und C-93/09, NJW 2011, 1338 Rn. 53.
99 EuGH C-398/15, BB 2017, 652 Rn. 34.

erkennbar mit Inhalt-, Zweck- oder Ergebnisbezug (→ Rn. 33ff.) zu der hinter der juristischen Person stehenden natürlichen Person, sind die Vorgaben der DSGVO auf diese Verarbeitung anzuwenden.[100]

46   **4. Identifizierte und Identifizierbare Person.** Personenbezug liegt nur vor, wenn zwischen der Information und der Person eine Verbindung hergestellt werden kann. Diese Anforderung wird in **zwei Konstellationen** erreicht, nämlich dann, wenn die Person direkt über die Information identifiziert wird oder durch Hinzuziehung weiterer Informationen oder Zwischenschritte die Person identifizierbar ist. Für die Anwendung der DSGVO auf die Verarbeitung personenbezogener Informationen ist es unerheblich, welche Fallvariante Anwendung findet.[101]

47   Bei der Feststellung der Identifikation der Person geht die Rechtsprechung bisher gestuft vor. Danach hat die verantwortliche Stelle zuerst zu **prüfen**, ob die vorliegende Information für sich ausreicht, um die Person zu identifizieren. Ist das nicht der Fall, hat die verantwortliche Stelle in im zweiten Schritt zu prüfen, ob mittels weiterer Zwischenschritte zwischen der Information und der Person eine Verbindung hergestellt werden kann.[102] Fallen beide Prüfschritte negativ aus, findet die DSGVO auf die Verarbeitung dieser Information keine Anwendung.

48   **a) Begriff der Identifikation.** Gemäß Nr. 1 liegt Personenbezug vor, wenn die Person identifiziert oder identifizierbar ist. Im herkömmlichen Sprachgebrauch versteht man darunter zwar die namentliche Benennung einer Person mittels deren bürgerlichen Namens oder im strafprozessrechtlichen Sinn zB gemäß § 127 Abs. 1 StPO, die Kenntnis über den amtlichen Namen und die bürgerliche Identität der Person.[103]

49   Ein derart enges Verständnis des Begriffs der Identifizierung sieht die DSGVO nicht vor,[104] und es würde dem Zweck eines umfassenden Schutzes der betroffenen Personen nicht gerecht werden.[105] Ausreichend ist, dass die Person durch oder mithilfe der entsprechenden Information **individualisiert** oder erkennbar[106] gemacht werden kann.[107] Insoweit muss die verantwortliche Stelle keine Informationen wie den bürgerlichen Namen oder Angaben aus dem Personenstands- oder Melderegister zusammen mit den infrage stehenden Informationen verarbeiten, damit der Personenbezug besteht. Maßgeblich ist lediglich, dass aus der Perspektive der verantwortlichen Stelle die Informationen ein- und derselben Person zugeordnet ist bzw. werden kann[108] und die Person singularisiert ist.[109] Dies ist der Fall, wenn mittels der verwendeten Information die Person wiedererkannt wird bzw. erneut adressiert werden kann und/oder eine Verwechslung ausgeschlossen ist.[110]

50   Diese Auslegung wird durch den Wortlaut gestützt. Denn gemäß Nr. 1 ist es lediglich erforderlich, dass die Person **mittels Zuordnung** zu einer Kennung wie unter anderem einem Namen oder zu einer Kennnummer, zu Standortdaten, zu einer Online-Kennung oder zu einem oder mehreren besonderen Merkmalen, die Ausdruck der physischen, physiologischen, genetischen, psychischen, wirtschaftlichen, kulturellen oder sozialen Identität dieser natürlichen Person sind, identifiziert oder identifizierbar ist. Der Name ist nur eine von mehreren Möglichkeiten, durch welche die Person individualisiert wird. Auch willkürlich vergebene Zeichenfolgen, eben eine Kennung, reichen für die Individualisierung aus, solange sie zumindest für den Zeitraum der Verarbeitung mit einer einzelnen Person verbunden sind. Mit dem Bezug auf die verschiedenen Formen der Identität wird ausgedrückt, dass auch durch einzelne oder eine Kombination aus Eigenschaften einer Person eine Identifikation möglich ist.[111] Die Merkmale sind im konkreten Wortsinn zu verstehen.[112] Zu ihnen zählen ua Informationen zur Beschäftigung (zB Bundeskanzlerin, erster Deutscher im All), zur Herkunft und Lebenssituation (zB jüngstes Mädchen auf Hallig Hooge), zur beruflichen und wirtschaftlichen Situation (zB reichste Deutsche im Jahr 2017 oder bestverdienender aktiver Fußballspieler in der Bundesliga) und vergleichbare Informationen, die Ausdruck der verschiedenen Facetten der menschlichen Identität und Persönlichkeit sind.

51   Explizit erwähnt EG 26 auch die Möglichkeit einer sozusagen negativen Identifizierung durch das Aussondern der Person. Daran wird deutlich, dass es nicht auf eine Identifikation im absoluten Sinn ankommt. Die

---

100   Vgl. zur Veröffentlichung von Personalien in Unternehmensregistern EuGH C-389/15, BB 2017, 652.
101   Zur DSRL *Mantz* NJW 2016, 3579 (3580); *Klar* ZD 2017, 24 (28).
102   EuGH C-582/14, NJW 2016, 3579 Rn. 38, 39.
103   Bspw. Meyer-Goßner/*Schmitt* StPO § 127 Rn. 11.
104   Paal/Pauly/*Ernst* Art. 4 Rn. 8.
105   So *Haase*, Datenschutzrechtliche Fragen des Personenbezugs, 2015, S. 277.
106   EuGH C-101/01, EuZW 2004, 245 Rn. 27.
107   *Europarat/Agentur der Europäischen Union für Grundrechte*, HdB zum Europäischen Datenschutzrecht, 2014, 42.
108   *Art.-29-Gruppe*, WP 171, S. 11.
109   *Art.-29-Gruppe*, WP 136, S. 16.
110   *Haase*, Datenschutzrechtliche Fragen des Personenbezugs, 2015, S. 41; BFH DStR 2012, 283 (286).
111   *Art.-29-Gruppe*, WP 136, S. 16 f.; *Spiecker gen. Döhmann*, CR 2010, 311 (313).
112   *Haase*, Datenschutzrechtliche Fragen des Personenbezugs, 2015, S. 207 f.

Individualisierung muss im Verhältnis zu den anderen tatsächlich in Betracht kommenden Personen erfolgen. So kann der bürgerliche Name einer Person aus einer abgrenzbaren Gruppe eindeutig sein und keine weiteren Zusatzinformationen erfordern, um darüber die betroffene Person zu individualisieren. Die Verwendung desselben Namens bei einer internetweiten Suche kann allerdings dazu führen, dass mehrere Personen Träger dieses Namens sind und damit der Personenbezug ohne weitere Zusatzinformationen verneint werden muss.

Weiterhin ist nicht erforderlich, dass die Individualisierung aufgrund einer einzelnen Information erfolgt. 52
Eine Individualisierung einer Person kann durch das Verschneiden oder die Rekombination mehrerer einzelner Informationen erfolgen.[113] Die einzelnen Informationen müssen dabei nicht notwendigerweise selbst personenbezogen sein. Nach der Definition des Nr. 1 kann die Identifikation auch durch *mehrere besondere Merkmale* erreicht werden. Eine derartige Technik ist zB das sogenannte Device-Fingerprinting, bei der mehrere zunächst rein gerätebezogene Daten miteinander kombiniert und zu einem digitalen Fingerabdruck ihres Nutzers zusammengeführt werden. Dieser Fingerabdruck ist dann einzigartig, erlaubt den Verwender des Gerätes eindeutig zu individualisieren und ist in seiner Gesamtheit damit personenbezogen.[114]

Die zunehmenden Auswertungspotentiale der Informations- und Kommunikationstechnologie verbessern 53
dabei stetig die Fähigkeit, Personen anhand der unterschiedlichsten und letztlich nur scheinbar anonymen oder rein sachbezogenen Informationen zu individualisieren. Wissenschaftliche Untersuchungen zeigen, dass die eindeutige Markierung zB eines Browsers und der nutzenden Person aufgrund der über einen längeren Zeitraum erfassten Nutzungshistorie und **verhaltensbasierten Verkettung** von Internetsitzungen möglich ist. Das Muster des Aufrufs der Internetseiten über einen längeren Beobachtungszeitraum erlaubt eine Individualisierung der Nutzer[115] und führt damit zu einem Personenbezug der ansonsten nicht mit der Person in Verbindung zu bringenden Informationen.

b) Identifizierte Person. Personenbezug liegt in der ersten Fallvariante des Nr. 1 vor, wenn die Person durch 54
die Information unmittelbar identifiziert wird.[116] Dies trifft in der Regel zu, wenn die Information derart einzigartig ist, dass sie eindeutig und objektiv einer Person zugeordnet ist[117] bzw. auf diese verweist. Ob die Information ausreicht, die Person hinreichend genau zu individualisieren, hängt allerdings vom Kontext, von den objektiven Umständen, in denen die Information verarbeitet wird, sowie der Semantik der Information selbst ab (→ Rn. 29).

Identifiziert ist eine Person zudem, wenn die Erhebung von Informationen bei der Anwesenheit der Person 55
erfolgt (sog *handshake identification*). Denn dann ist die Person für die Dauer der Anwesenheit individualisiert und jede Information, die mit ihr im Zusammenhang steht, ist personenbezogen.[118]

Der thematische Umfang an Informationen, die betroffenen Personen iSd Nr. 1 eindeutig identifizieren, ist 56
daher gering. In der Regel erfolgt die **Zuordnung einer Information** zu einer Person über mehrere Verarbeitungsschritte hinweg und unter Hinzuziehung weiterer Informationen. Zu den eindeutig identifizierenden Angaben zählen vor allem körperliche Merkmale oder einer Person einzigartige zugewiesene Identifikationsmerkmale, wie zB der Fingerabdruck,[119] digitale Templates biometrischer Merkmale,[120] oder die Steueridentifikationsnummer.[121]

c) Identifizierbare Person. Für den Personenbezug einer Information reicht es zudem aus, wenn die betroffene 57
Person identifizierbar ist, Nr. 1 Alt. 2, wenn also durch eine Anzahl von weiteren Verarbeitungsschritten oder durch Zusatzwissen zwischen der Information und der Person eine **Beziehung hergestellt** werden kann.[122] Der Wortlaut der Definition legt nahe, dass die DSGVO keine Beschränkungen bei der Nutzung verschiedener Techniken vorsieht. Explizit werden die Nutzung von Kennungen und Kennzeichen sowie Standortdaten oder Online-Kennung genannt. Die Verwendung einer solchen Kennung zur Identifizierung kann zB dadurch erfolgen, dass eine dynamisch vergebene IP-Adresse mit Namen und Adresse einer Person verbunden wird. Die IP-Adresse ist dann zweifelsfrei ein personenbezogenes Datum.[123]

---

113 *Art.-29-Gruppe*, WP 136, S. 16.
114 *Art.-29-Gruppe*, WP 181 S. 9; WP171, S. 11; *Karg/Kühn* ZD 2014, 285 (287); *Karg* ZD 2012, 255 (257); aA *Dietrich* ZD 2015, 199 (202).
115 *Federrath/Gerber/Hermann* DuD 2011, 791 (792, 796).
116 EuGH C-582/14, NJW 2016, 3579 Rn. 38.
117 EuGH C-291/12, NVwZ 2014, 435 Rn. 27; *Art.-29-Gruppe*, WP 136, S. 15.
118 Simitis/*Dammann* § 3 Rn. 22; krit. bezüglich der Praxis der Datenverarbeitung *Haase*, Datenschutzrechtliche Fragen des Personenbezugs, 2015, S. 279.
119 EuGH, C-291/12, NVwZ 2014, 435 Rn. 27.
120 *Thiel* ZRP 2016, 218 (219); *Karg* HFR 2012, 120 (124) Rn. 14; differenzierend *Hornung* DuD 2004, 429 (430).
121 BeckOK DatenschutzR/*Schild* DSGVO Art. 4 Rn. 17.
122 Paal/Pauly/*Ernst* Art. 4 Rn. 11; BeckOK DatenschutzR/*Schild* DSGVO Art. 4 Rn. 17; *Art.-29-Gruppe*, WP 136, S. 15 f.
123 EuGH C-461/10, EuZW 2012, 517 Rn. 51.

58 Unter dem BDSG aF und der DSRL war allerdings umstritten, welches Zusatzwissen und welche Mittel sich die verantwortliche Stelle zurechnen lassen muss, um zwischen der Information und der Person eine Verbindung herstellen zu können.[124] Vor allem durch die Aufsichtsbehörden[125] und in Teilen der Literatur wurde die sogenannte **objektive** oder absolute Theorie[126] vertreten. Danach wird eine Information als personenbezogen angesehen, wenn die verantwortliche Stelle oder ein beliebiger Dritter in der Lage sind, die Information auf eine Person zu beziehen.[127] Ob die verantwortliche Stelle tatsächlich von den bestehenden Möglichkeiten der Verknüpfung Gebrauch macht, ist für die Herstellung des Personenbezugs der Information nach dieser Auffassung unerheblich; die individuellen Fähigkeiten und Mittel der verantwortlichen Stellen bleiben außer Betracht. Nur bei einer praktisch ausgeschlossenen Verknüpfungsmöglichkeit zwischen Information und Person wäre ein Personenbezug abzulehnen.[128] Hinzu kommt, dass selbst dann eine Personenbeziehbarkeit anzunehmen ist, wenn die Verknüpfung zwar technisch möglich, rechtlich allerdings unzulässig wäre.[129] Diese Auffassung konnte für sich in Anspruch nehmen, eng am Wortlaut der DSRL zu sein, die in EG 26 vorsieht, dass auch die Mittel Dritter Berücksichtigung zu finden haben. Zudem führte diese Auffassung zu keiner Schutzlücke im Hinblick auf einen möglichst umfassenden Schutz personenbezogener Daten, da bei der Anwendung dieser Auffassung zu erwarten ist, dass der Personenbezug einer Information leicht festgestellt werden kann.[130]

59 Dem entgegen steht die als herrschend bezeichnete,[131] sogenannte **subjektive** oder relative[132] Theorie. Danach sind lediglich die Mittel zu berücksichtigen, die der jeweiligen verantwortlichen Stelle tatsächlich[133] und im konkreten Einzelfall[134] zur Verfügung stehen, um den Personenbezug festzustellen. Dies gilt ebenso für vorhandenes Zusatzwissen.[135] In Betracht zu ziehen sind daher nicht allein die faktisch existierenden Mittel, sondern auch der Aufwand, wie Arbeitskraft, Kosten und Zeit, welche durch die verantwortliche Stelle aufgebracht werden müssten, um die Person zu identifizieren.[136] Eine Information wäre nach dieser Auffassung dann nicht personenbezogen, wenn der Bezug zwar theoretisch herstellbar wäre, die verantwortliche Stelle jedoch aller Voraussicht nach den Aufwand scheuen wird. Der Personenbezug der Information wäre nach dieser Auffassung zudem ausgeschlossen, wenn dieser nur unter Inkaufnahme der Anwendung rechtswidriger Mittel herstellbar wäre.[137] Der Personenbezug bestimmt sich damit in Abhängigkeit von der jeweils für die konkrete Verarbeitung verantwortlichen Stelle.[138] Diese Auffassung kann für sich in Anspruch nehmen, „näher" an den Interessen der verantwortlichen Stellen zu sein. „Unverhältnismäßige Belastungen"[139] der objektiven Theorie werden dadurch vermieden und relevante Rechtsschutzlücken seien demnach nicht zu erwarten.[140] Allerdings werden diese Vorteile mit einer erhöhten Rechtsunsicherheit über die Frage der Anwendbarkeit des Datenschutzrechts im konkreten Fall und einer Erschwerung der Kontrolle der Einhaltung gesetzlicher Vorgaben, vor allem auf Seiten der Betroffenen, erkauft. Denn der Wissenstand und die Fähigkeiten der verantwortlichen Stelle liegen nicht immer offen zu Tage.[141]

60 Die Rechtsprechung[142] und die DSGVO haben diese Frage nunmehr wohl zugunsten der **relativen** Theorie, allerdings unter starker Beschränkung und Übernahme einiger Elemente der absoluten Theorie, beantwortet.[143] Die rechtlichen Auseinandersetzungen werden zwar nicht mehr auf dem teilweise stark abstrakten

---

124 *Moos/Rothkegel* MMR 2016, 842 (846); *Herbst* NVwZ 2016, 902 (903); *Bergt* ZD 2015, 365 (366 f.); *Brink/Eckhardt* ZD 2015, 205 (205); *Kroschwald* ZD 2014, 75 (76); *Schefzig* DSRITB 2014, 103 (106); *Meyerdierks* MMR 2009, 8 (9); *Weichert* DuD 2009, 347 (351); *Roßnagel/Scholz* MMR 2000, 721 (722).

125 Zur Verarbeitung technischer Daten mobiler Endgeräte *Art.-29-Gruppe*, WP 202, S. 10 und *Düsseldorfer Kreis*, Orientierungshilfe zu den Datenschutzanforderungen an App-Entwickler und App-Anbieter 16.6.2014, S. 5, sowie zum Personenbezug verschlüsselter Daten *ders.*, Orientierungshilfe Cloud Computing, 9.10.2014, 12; *Kühling/Klar* NJW 2013, 3611 (3614).

126 Zum Begriff *Brink/Eckhardt* ZD 2015, 205 (205).

127 *Pahlen-Brandt* DuD 2008, 34 (38 f.); *Weichert* DuD 2007, 113 (115).

128 *Spiecker gen. Döhmann* CR 2010, 311 (313).

129 LG Berlin ZD 2013,618 (619).

130 *Brink/Eckhardt* ZD 2015, 205 (206).

131 BGH GRUR 2015, 192 (194); *Kühling/Buchner/Klar/Kühling* Art. 4 Rn. 26; *Brink/Eckhardt* ZD 2015, 205 (206); *Kühling/Klar* NJW 2013, 3611 (3615) jeweils mwN.

132 *Simitis/Dammann* § 3 Rn. 32.

133 *Voigt* MMR 2009, 377 (379).

134 *Hornung* DuD 2004, 429 (430).

135 *Simitis/Dammann* § 3 Rn. 26.

136 *Plath/Plath/Schreiber* BDSG § 3 Rn. 15 und wohl auch *Kühling/Klar* NJW 2013, 3611 (3615).

137 *Simitis/Dammann* § 3 Rn. 33; *Meyerdierks* MMR 2009, 8 (11 f.).

138 BGH GRUR 2015, 192 (195).

139 *Plath/Plath/Schreiber* BDSG § 3 Rn. 14.

140 *Kühling/Klar* NJW 2013, 3611 (3615).

141 So auch *Spiecker gen. Döhmann* CR 2010, 311 (313).

142 EuGH C-582/14, NVwZ 2017, 213.

143 *Moos* MMR 2016, 842 (846); *Richter* EuZW 2016, 909 (913); *Mantz* NJW 2016, 3579 (3580).

Niveau geführt werden. In der Praxis sind jedoch weiterhin unterschiedliche Sichtweisen bei konkreten Fällen zu erwarten.

Nach der Rechtsprechung des EuGH müssen verantwortliche Stellen die Mittel berücksichtigen, die sie **61** selbst oder eine andere Person nach allgemeinem Ermessen wahrscheinlich nutzen werden. Es ist somit nicht Bedingung, dass alle für die Herstellung des Personenbezugs notwendigen Informationen oder Mittel für die verantwortliche Stelle unmittelbar und im konkreten Einzelfall verfügbar sind oder eingesetzt werden.[144] Es ist gerade nicht *erforderlich [...], dass sich alle zur Identifizierung der betreffenden Person erforderlichen Informationen in den Händen einer einzigen Person befinden.*[145] Anders formuliert muss sich die verantwortliche Stelle das abstrakt verfügbare Drittwissen und die für Dritte zur Verfügung stehenden Mittel zurechnen lassen.[146] Allerdings gilt dies nur, soweit das Wissen und die Mittel durch die verantwortliche Stelle vernünftigerweise eingesetzt werden (können).[147] Neben dem Aufwand und der tatsächlichen Verfügbarkeit des Wissens bzw. der Mittel stellt der EuGH dabei im Wesentlichen auf die rechtliche Zulässigkeit des Zugangs zu dem Wissen bzw. der Verwendung der Mittel ab.[148] Ausreichend soll allerdings schon sein, wenn – hier im Kontext des Personenbezugs von IP-Adressen – sich die verantwortliche Stelle an eine Behörde wenden kann, die wiederum den Zugangsprovider auffordern kann und darf, die dynamisch vergebene IP-Adresse einem Anschlussinhaber zuzuordnen.[149] Die Rechtsprechung des EuGH begrenzt die Anwendung der Prinzipien der relativen Theorie damit deutlich. Denn verantwortliche Stellen müssen sich demnach nicht allein die Fähigkeiten und das Wissen, das einer dritten Stelle selbst und unmittelbar vorliegt, zurechnen lassen. Auch die Bestimmbarkeit „über Bande", also unter Hinzuziehung von den Fähigkeiten vierter Stellen, auf die die dritte Stelle zugreifen kann, muss in Betracht gezogen werden. Der EuGH erweitert den Umfang des zu betrachtenden Wissens und der technischen Möglichkeiten durch diese Vorgaben. Der EuGH fügt allerdings ein deutliches Korrektiv ein. Nur wenn die Verknüpfung rechtlich zulässig ist **und** der Zugriff auf die Mittel und das Wissen anderer Stellen vernünftiger Weise durch die Stelle vorgenommen werden könnte, liegt Personenbezug vor. Das Gericht formuliert in Anlehnung an den EG 26 der DSRL diese Bedingungen im Konjunktiv.[150] Danach muss die Herstellung des Personenbezugs nicht tatsächlich erfolgt sein. Das Potential es zu tun, reicht aus.

Der Wortlaut des Art. 4 Nr. 1 enthält keine Hinweise, welcher Ansicht der Gesetzgeber bei dem Erlass des **62** DSGVO folgen wollte.[151] Nach EG 26 haben Verantwortliche bei der Bestimmung des Personenbezugs einer Information sämtliche Mittel zu berücksichtigen, die sie selbst oder Dritte nutzen können. Danach und im Lichte der Rechtsprechung des EuGH (→ Rn. 62) haben Verantwortliche daher nicht allein die eigenen, sondern ebenso die Mittel und Fähigkeiten Dritter mit zu berücksichtigen. Dies gilt für den möglichen Zugriff eines Verantwortlichen auf die Verknüpfungsmöglichkeiten, die sein Auftragsverarbeiter von dessen Subunternehmern oder anderen Stellen abrufen kann oder die Inanspruchnahme der Fähigkeiten von Behörden, Zugangsprovidern und ähnlichen Stellen,[152] deren Aufgabe zB die Zuordnung von Kennnummern und Kennzeichen zu natürlichen Personen ist. Dabei reicht die **Möglichkeit der Verknüpfung** aus. Bereits unter der DSRL hat der EuGH mit Blick auf Anbieter von Online-Mediendiensten festgestellt, dass diese über Mittel verfügen, die *vernünftiger Weise eingesetzt werden könnten.*[153] Dies entspricht dem Vorsorgeprinzip des Technikrechts. Nicht erforderlich ist es deshalb, dass der Verantwortliche die Identifikation ggf. unter Zuhilfenahme des Dritten tatsächlich vornimmt. Das Potential der Identifizierung ist für die Eröffnung der Anwendbarkeit der DSGVO hinreichend. Anderenfalls läge es vollständig in der Entscheidungsbefugnis der Verantwortlichen, ob der Personenbezug besteht und die Verarbeitung der Daten in den Anwendungsbereich der DSGVO fällt. Ein derartiges Verständnis führt zurück zur extrem relativen Theorie, die ausschließlich die tatsächlich durch die Stelle genutzten Mittel in die Bewertung aufnehmen will.[154] Sie ist mit dem Wortlaut der DSGVO und der Rechtsprechung des EuGH nicht mehr in Einklang zu bringen.

---

144 *Kühling/Klar* ZD 2017, 24 (28).
145 EuGH C-582/14, NVwZ 2017, 213 Rn. 43.
146 Krit. *Krügel* ZD 2017, 455 (456).
147 So *Richter* EuZW 2016, 909 (913), der allerdings darauf abstellt, dass die verantwortliche Stelle selbst die Mittel des Dritten nutzen können muss.
148 EuGH C-582/14, NVwZ 2017, 213 Rn. 46.
149 EuGH C-582/14, NVwZ 2017, 213 Rn. 47.
150 EuGH C-582/14, NVwZ 2017, 213 Rn. 48.
151 *Hofmann/Johannes* ZD 2017, 221 (222).
152 Ehmann/Selmayr/*Klabunde* Art. 4 Rn. 13; Kühling/Buchner/*Klar/Kühling* Art. 4 Rn. 30; zu den zu beachtenden Mitteln beim Block-chain-Profiling vgl. *Hofert* ZD 2017, 161 (164).
153 EuGH C-582/14, NVwZ 2017, 213 Rn. 48; so wohl auch *Kühling/Klar* ZD 2017, 24 (28); offengelassen von *Moos/Rothkegel* MMR 2016, 842 (846).
154 *Meyerdierks* MMR 2009, 8 (12).

63 Der Umfang der zu berücksichtigenden Mittel und Fähigkeiten ist allerdings nur ein Aspekt. Nur wenn iSd EG 26 der Verantwortliche diese Mittel und Fähigkeiten nach allgemeinen Ermessen wahrscheinlich einsetzt, liegt Personenbezug vor. Rein **fiktive Zuordnungsmöglichkeiten** fallen aus der Betrachtung daher heraus.[155] Die Wahrscheinlichkeit der Verwendung der Mittel wird anhand objektiver Faktoren, wie der Kosten und des Zeitaufwands unter Beachtung der *zum Zeitpunkt der Verarbeitung verfügbare Technologie und technologische Entwicklungen* bestimmt. Der Personenbezug von Informationen und die Anwendung datenschutzrechtlicher Vorschriften ist insofern ein dynamischer Prozess, der maßgeblich vom Stand der Technik zum Zeitpunkt der rechtlichen Würdigung des Sachverhaltes abhängt. Dies führt dazu, dass die zunehmende Verbindbarkeit von Informationen im Laufe der technischen Entwicklung zu unterschiedlichen Beurteilungen führen kann: Eine Verarbeitung von derzeit anonymen Daten kann zu einem späteren Zeitpunkt sehr wohl eine Verarbeitung personenbezogener Daten sein. Das impliziert die Pflicht der Verantwortlichen zu einer kontinuierlichen Überprüfung und Risikoanalyse,[156] ob als anonym verarbeitete Informationen weiterhin als solche gelten können.

64 Im Einklang mit der Rechtsprechung des EuGH[157] wird man nach allgemeinem Ermessen davon ausgehen müssen, dass Verantwortliche oder Dritte keine **rechtswidrigen Mittel** einsetzen, um den Personenbezug herzustellen.[158] Grundlage dieser Argumentation ist allerdings die Annahme, dass sich datenverarbeitende Stellen grundsätzlich rechtskonform verhalten.[159] Betrachtet man die tatsächliche Situation bei der Verarbeitung durch nichtöffentliche und öffentliche Stellen,[160] sind an dieser Annahme allerdings Zweifel angebracht. Dies gilt vor allem dann, wenn trotz rechtlicher Verbote die tatsächlichen Hürden der Zusammenführung gering sind, zB aufgrund der Nähe zum Auftragsverarbeiter[161] oder wenn überwiegende wirtschaftliche Interessen vorrangig erscheinen.[162] Die Problematik dieser Ansicht liegt vor allem darin, dass gerade das Datenschutzrecht selbst gesetzliche Beschränkungen im Hinblick auf den Schutz der (potenziell) Betroffen vorsieht. Das Verbot der Zusammenführung bzw. der Reidentifizierung gem. § 21 BStatG setzt zB die Existenz personenbezogener Daten voraus. Das bedeutet, dass letztlich nur in den Fällen, in denen bereits der Gesetzgeber den Personenbezug annimmt und dann durch eine rechtliche Fiktion diesen für bestimmte Verantwortliche entzieht, diese Beschränkung zum Tragen kommt. Für die Bestimmung des Personenbezugs im datenschutzrechtlich unregulierten Bereich oder der Verschneidung verschiedener nichtpersonenbezogener Daten zu Profilen fördert diese Beschränkung den Erkenntnisgewinn kaum. Von einem Personenbezug ist freilich auszugehen, wenn die verantwortliche Stelle trotz des rechtlichen Verbotes faktisch den Personenbezug hergestellt hat. Anderenfalls würde der Verstoß gegen ein gesetzliches Verbot keine datenschutzrechtlichen Sanktionen auslösen. Zudem wäre die verantwortliche Stelle in der Lage, trotz des damit einhergehenden Eingriffs in die Rechte der betroffenen Person die Daten weiterhin ohne die Vorgaben der DSGVO zu verarbeiten.

65 Abzulehnen sind unter der Geltung der DSGVO Auffassungen, die für eine engere Auslegung des Begriffs des personenbezogenen Datums plädieren und dies mit den Gefahren eines zu weiten Verständnisses des Merkmals begründen, weil dadurch seine begrenzende Funktion entfallen würde.[163] Bei einer zu extensive Betrachtung der anzuwenden Mittel würden danach fast sämtliche Datenverarbeitungsvorgänge dem Anwendungsbereich des Datenschutzrechts unterfallen. Denn die technischen Möglichkeiten lasse mittlerweile die Verknüpfung fast jeden Datums mit einer Person zu.[164] Daran trifft zu, dass aufgrund der sich stetig **verbessernden Verknüpfungsmöglichkeiten** von Informationen und der Erhöhung der Rechnerkapazitäten ein quantitativer und vor allem qualitativer Anstieg der Aussagekraft von Informationen auch bezüglich einzelner Personen einhergeht.[165] Wegen dieser steigenden Auswertungsmöglichkeiten jedoch eine Begrenzung der Definition des personenbezogenen Datums vorzunehmen, liefe auf eine Verkürzung des Schutzbereiches des Art. 8 GRCh hinaus, die den Schutz gerade dort verengt, wo er durch die technischen Herausforderungen erweitert sein müsste. Gerade in der Situation, in der die Möglichkeiten der Erfassung der Per-

---

155 BeckOK DatenschutzR/*Schild* DSGVO Art. 4 Rn. 18.

156 Kühling/Buchner/*Klar/Kühling* Art. 4 Rn. 22.

157 EuGH C-582/14, NVwZ 2017, 213 Rn. 49.

158 Kühling/Buchner/*Klar/Kühling* Art. 4 Rn. 29.

159 *Krügel* ZD 2017, 455 (459).

160 Beispielhaft zum Missbrauch der Marktmacht unter Missachtung des Datenschutzrechts durch Facebook *Rempe* DSRITB 2016, 187 (192); *Paal/Hennemann* NJW 2017, 1697 (1699 f.); zu Google allgemein *Voigt* MMR 2009, 377 und einem Überblick über die datenschutzrechtliche Bewertung staatlicher Überwachung der Kommunikation *Petri* ZD 2013, 557.

161 Kühling/Buchner/*Klar/Kühling* Art. 4 Rn. 29.

162 *Becker/Schwab* ZD 2015, 151 (152); zur wirtschaftlichen Bedeutung und Anonymität von Patientendaten in der Pharmakologie *Kunze* in: DIE ZEIT 45/2013 v. 31.10.2013; http://www.zeit.de/2013/45/patientendaten-marktforschung-pharmaindustrie/.

163 Wohl *Haase*, Datenschutzrechtliche Fragen des Personenbezugs, 2015, S. 293 f. unter Bezug auf LG Berlin ZD 2013, 618 (619).

164 *Forgó/Krügel* MMR 2010, 17 (19); *Simitis/Dammann* § 3 Rn. 57 f.

165 BVerfGE 120, 274 Rn. 174 f.

Karg

sönlichkeit Einzelner in all ihren Facetten technologisch stetig einfacher und kostengünstiger wird, ist nicht die Verkürzung, sondern vielmehr eine Ausweitung des Anwendungsbereiches des Art. 8 GRCh und letztlich damit auch der DSGVO erforderlich. Die Ausweitung des Anwendungsbereiches der DSGVO wird nicht durch eine extensive Auslegung des Begriffs des personenbezogenen Datums verursacht, sondern durch die stetig steigenden Analysefähigkeiten der Informations- und Kommunikationstechnologie und den damit einhergehenden Erkenntnisgewinn über die Persönlichkeit. Die Anwendung des Datenschutzrechts auf immer mehr Geschäftsprozesse und Verfahren ist dem technischen Potential der Datenverarbeitung und ihrer Allgegenwärtigkeit geschuldet. Gerade deswegen würde ein begrenztes Verständnis der in Betracht zu ziehenden Mittel dem Zweck der DSGVO zuwiderlaufen. Der ggf. notwendige Ausgleich zwischen den Interessen der Gesellschaft, der Wirtschaft oder des Staates mit den schutzwürdigen Rechten der Betroffenen erfolgt nicht auf der Anwendungsebene, sondern auf der Ebene der **Rechtmäßigkeit** der Verarbeitung der Daten, vor allem gemäß Art. 5 und Art. 6. Hier ist auch der Ort für Interessenausgleiche und Wertungen, nicht aber in der Definition des personenbezogenen Datums.

5. Einzelfälle. Der EuGH hatte zwar erst im *Breyer-Fall*[166] die Gelegenheit, eine Auslegung der konkreten **66** Tatbestandsvoraussetzungen vor allem im Hinblick auf die Anforderungen an die Identifizierbarkeit vorzunehmen. Allerdings existiert bereits eine umfangreiche Rechtsprechung, in der das Gericht inzident zur Frage des Personenbezuges einzelner Daten Stellung nehmen musste. In mehreren Fällen bejahte der EuGH den Personenbezug von dynamisch vergebenen **IP-Adressen**. In den Fällen *Promusicae*,[167] *Scarlet Extended* [168] und *Bonnier Audio AB*[169] ging der EuGH davon aus, dass **dynamisch vergebene IPv 4-Adressen** für den Zugangsprovider personenbezogene Daten sind.[170] Dies war jeweils unstreitig, da die IPv 4-Adressen durch diesen vergeben und damit einem bestimmten Kunden des Providers mittels Zeitstempel zugeordnet werden können.[171] In der Entscheidung Breyer hatte der EuGH die Gelegenheit, auch zum Personenbezug von IP-Adressen Stellung zu nehmen, wenn diese nicht von Zugangsprovidern verarbeitet werden. Nach Auffassung des Gerichts handelt es sich bei ihnen für die verantwortlichen Stellen um personenbezogene Daten, wenn diese in rechtlich zulässiger, zB auch über die Hinzuziehung von Behörden, und technisch zumutbarer Weise zwischen der IPv 4-Adresse und dem Verwender der Adresse eine Verbindung herstellen konnten.[172] Der EuGH entschied sich, der herrschenden Literaturmeinung zufolge für die als relative Ansicht zu bezeichnende Theorie bei der Bestimmung des Personenbezugs.[173] Ob diese Auffassung wirklich zutrifft bleibt allerdings abzuwarten. Denn im Hinblick auf die zu berücksichtigenden Mittel hat das Gericht eher einen weiten Ansatz gewählt und die Auswirkungen für die jeweilige Stelle durch das Kriterium der Wahrscheinlichkeit (→ Rn. 61) begrenzt. Die praktischen Auswirkungen der Urteile im Hinblick auf die IP-Adresse werden allerdings begrenzt bleiben. Denn zur Individualisierung von Nutzern bei der Verwendung von Internetdienstleistungen kommen mittlerweile auch andere eindeutige Kennungen, wie Geräte-IDs zum Einsatz, die, wenn sie technisch als einzigartige Kennungen verarbeitet werden, dem Wortlaut des Nr. 1 nach als personenbezogene Informationen einzustufen sind.[174] Dazu zählen ebenso Cookies, wenn sie technisch so gestalten werden, dass sie zur Reidentifizierung eingesetzt werden können[175] oder zum gleichen Zweck erstellte Device-Fingerprints.[176]

Ohne weitere, tiefergehende Begründung nahm der EuGH zudem im *Lindquist-Fall* an, dass die Nennung **67** des Namens einer Person und deren **Telefonnummern** sowie Informationen über deren **Arbeitsverhältnis** oder **Freizeitbeschäftigungen** personenbezogene Daten seien.[177] Hinzuweisen ist allerdings auf die konkrete Formulierung des Gerichts. Danach müssen diese Angaben *in Verbindung* mit der *Nennung des Namens* stehen. Der Gerichtshof hatte die Frage zu beantworten, ob die Veröffentlichung derartiger Informationen in einer Weise, die die betroffen Personen erkennbar machen, eine Verarbeitung personenbezogener Daten im Sinne der damals geltenden DSRL war. Diese Bewertung lag auch der Entscheidung des EuGH im Fall Google-Spain zugrunde, wonach die Weiterverbreitung von Daten, die mit dem Namen der betroffen

---

166 EuGH C-582/14, NVwZ 2017, 213.
167 EuGH C-275/06, NJW 2008, 743.
168 EuGH C-70/10, MMR 2012, 174.
169 EuGH C-461/10, MMR 2012, 471.
170 Zum Personenbezug von IP-V6 Adressen vgl. *Freund/Schnabel* MMR 2011, 495 (496).
171 EuGH C-70/10, MMR 2012, 174 Rn. 51; *Venzke* ZD 2011, 114 (115).
172 EuGH C-582/14, NVwZ 2017, 213 Rn. 46, 49.
173 *Ziegenhorn* NVwZ 2017, 213 (217); *Kühling/Klar* ZD 2017, 24 (27); *Moos/Rothkegel* MMR 2016, 842 (845); *Mantz/Spittka* NJW 2016, 3579 (3582); offengelassen von *Richter* EuZW 2016, 909 (912).
174 So bereits für IMEI, UDID, IMSI, MAC-Adressen und MSISDN der *Düsseldorfer Kreis*, Orientierungshilfe zu den Datenschutzanforderungen an App-Entwickler und App-Anbieter 16.6.2014, S. 5.
175 *Kühling/Buchner/Klar/Kühling* Art. 4 Rn. 36.
176 *Karg/Kühn* ZD 2014, 285 (287).
177 EuGH C-101/01, EuZW 2004, 245 Rn. 24.

Person in Verbindung stehen, eine Verarbeitung personenbezogener Daten in Form einer Profilbildung[178] darstellt.

68 Die Veröffentlichung des Erhalts von europäischen Agrarbeihilfen auf einer Internetseite der Bundesanstalt für Landwirtschaft und Ernährung unter Nennung des **Namens der Empfänger, des Orts mit Postleitzahl und der Höhe der Jahresbeträge** ist eine Verarbeitung personenbezogener Daten. Sie bedarf daher einer entsprechenden Rechtsgrundlage, die im konkreten Fall in den jeweiligen Verordnungen mit dem Ziel der Herstellung von Transparenz bei der Vergabe von Agrarbeihilfen normiert waren.[179] Auch das Veröffentlichen von Ergebnissen der Suche eines Namens im Internet durch eine **Internetsuchmaschine** ist eine Verarbeitung personenbezogener Daten.[180]

69 Im Verfahren *Österreichischer Rundfunk* bewertete der EuGH Informationen über Höhe und Herkunft von an eine Person gezahlten Bezügen als personenbezogene Information.[181] Ebenso personenbezogen sind Aufzeichnungen über die **Arbeitszeiten**, die die Angabe der Uhrzeit, zu der ein Arbeitnehmer seinen Arbeitstag beginnt und beendet, sowie der Pausen bzw. der nicht in die Arbeitszeit fallenden Zeiten enthalten.[182]

70 In behördlichen, schriftlichen Entwürfen staatlicher Entscheidungen – im konkreten Fall handelte es sich um Aufenthaltstitelentwürfe – enthaltene Informationen zum **Namen, Geburtsdatum, Staatsangehörigkeit, Geschlecht, ethnische Zugehörigkeit, Religion und Sprache** sind **zweifelsfrei** personenbezogene Informationen. Streitig war allerdings in einem Verfahren vor dem EuGH, ob auch die in diesen Entwürfen enthaltenen, in Verbindung mit einer Person getätigten und teilweise abstrakten **rechtlichen Bewertungen** als personenbezogen zu gelten haben.[183] Das Gericht entschied, dass die der Entscheidung zugrundliegen Tatsachenfeststellung vom Datenschutzrecht erfasst werden, da diese individuell auf die betroffene Person bezogen sind. Dies gelte allerdings nicht für die vom konkreten Fall abtrennbare rechtliche Analyse. Denn eine Auskunft der verantwortlichen Stelle über eine abstrakte rechtliche Bewertung würde nicht dem Interesse des Betroffenen an dem Schutz seiner Privatsphäre, sondern dem Zugang zu behördlichen Verwaltungsvorgängen dienen. Nur wenn die der Entscheidung zugrundeliegenden Tatsachen mit der rechtlichen Analyse in einem Bescheid bzw. dem Entwurf miteinander verknüpft würden, läge Personenbezug vor.[184]

71 Die Verarbeitung von **Fingerabdrücken** unterfällt der DSGVO, weil diese Art von Information objektiv und unverwechselbar eine Person identifiziert.[185] Ebenso unterfallen von einer **Kamera aufgezeichnete Bilder** einer Person unter den Begriff der personenbezogenen Daten, sofern sie die Identifikation der betroffenen Person ermöglichen.[186] Dies ist (derzeit) technisch nicht für jeden Verantwortlichen realisierbar. Mit der fortschreitenden qualitativen Verbesserung und tatsächlichen Verfügbarkeit der biometrischen Gesichtserkennung, die einen Eingriff nicht allein in das Recht auf informationelle Selbstbestimmung darstellen kann,[187] muss allerdings davon ausgegangen werden, dass Bildaufnahmen in jedem Verarbeitungskontext und unabhängig vom jeweils Verantwortlichen als personenbezogen anzusehen sind.

72 **Kontoinformationen** oder **Steuerangaben sind personenbezogene Daten**, auch wenn sie Gegenstand eines Verfahrens sind, welches sich nicht auf die betroffene Person direkt beziehen. Erforderlich ist allerdings, dass die Angaben in dem Verfahren der jeweiligen betroffenen Person zugeordnet werden können.[188]

Artikel 4 Nr. 2 Begriffsbestimmung „Verarbeitung"

Im Sinne dieser Verordnung bezeichnet der Ausdruck:

2. „Verarbeitung" jeden mit oder ohne Hilfe automatisierter Verfahren ausgeführten Vorgang oder jede solche Vorgangsreihe im Zusammenhang mit personenbezogenen Daten wie das Erheben, das Erfassen, die Organisation, das Ordnen, die Speicherung, die Anpassung oder Veränderung, das Auslesen, das Abfragen, die Verwendung, die Offenlegung durch Übermittlung, Verbreitung oder eine andere Form der Bereitstellung, den Abgleich oder die Verknüpfung, die Einschränkung, das Löschen oder die Vernichtung;

---

178 EuGH C-131/12, NJW 2014, 2257 Rn. 37.
179 EuGH C-92/09 und C-93/09, NJW 2011, 1338 Rn. 64.
180 EuGH C-131/12, NJW 2014, 2257 Rn. 28.
181 EuGH C-465/00, C-138/01 und C-139/01, EUR 2004, 276 Rn. 73 f.
182 EuGH C-342/12, NZA 2013, 723 Rn. 22.
183 EuGH C-141/12 und C-372/12, NVwZ-RR 2014, 736 Rn. 35ff.
184 EuGH C-141/12 und C-372/12, NVwZ-RR 2014, 736 Rn. 46, 48.
185 EuGH C-291/12, NVwZ 2014, 435 Rn. 27.
186 EuGH C-212/13, NJW 2015, 463 Rn. 22.
187 *Hornung/Schindler* ZD 2017, 203 (205).
188 EuGH C-73/07, EuZW 2009, 108 Rn. 35; BVerwG NZI 2016, 220 (221).

I. Ziel und Funktion der Definition

Die Vorschrift definiert einen **zentralen Begriff** der DSGVO. Die „Verarbeitung" personenbezogener Daten 1
(→ Rn. 24ff.) beschreibt den sachlichen Anwendungsbereich der Verordnung (→ Art. 2 Rn. 13ff.) und ist
der Anknüpfungspunkt der Rechte betroffenen Personen, der Pflichten der Verantwortlichen und Auftragsverarbeiter und der Überwachungstätigkeit der Aufsichtsbehörden. Der Begriff der „Verarbeitung" beschreibt Tätigkeiten, die bezogen auf personenbezogene Daten in der digitalen Welt in allen Gesellschafts-,
Wirtschafts- und Verwaltungsbereichen stattfinden. Er muss daher entsprechend weit gefasst werden.

II. Entstehungsgeschichte

Die Vorschrift führt die Definition der DSRL nahezu wörtlich fort und war im Gesetzgebungsprozess **nicht** 2
umstritten. Dieser führte lediglich zu kleineren Veränderungen an den Beispielen der Datenverarbeitung.

1. Datenschutz-Richtlinie. Die **Unterschiede** zwischen der Vorschrift und der Definition in Art. 2 lit. b DS- 3
RL sind gering und beschränken sich praktisch komplett auf die deutsche Sprachfassung (→ Rn. 16, 25 f.).
Ergänzend zu dieser Definition führt sie als Beispiel der Verarbeitung das „Erfassen", das „Ordnen" und
den „Abgleich" an. Statt „Benutzung" verwendet sie die Bezeichnung „Verwendung", statt „Weitergabe
durch Übermittlung" die Bezeichnung „Offenlegung durch Übermittlung" und statt „Sperrung" die Bezeichnung „Einschränkung" (→ Art. 18 Rn. 2). Nicht übernommen hat sie die zwei Begriffe der „Aufbewahrung" und der „Kombination". Aufgrund dieser hohen und in der englischen Fassung praktisch vollständigen Übereinstimmung können Erkenntnisse zur DSRL praktisch komplett auf die Verordnung übertragen werden.

2. Bundesdatenschutzgesetz aF. Die Definition der Verarbeitung im BDSG aF unterschied sich von der De- 4
finition in der DSRL. Bereits vor dieser hatte es den Begriff der Verarbeitung definiert. Dabei verwendete es
den Ansatz einer **systematischen Definition**, nicht den Ansatz der Richtlinie (und der Verordnung) einer
beispielhaften Definition. Das Gesetz kannte zwei Begriffe der Verarbeitung:[1] In § 3 Abs. 2 S. 1 BDSG aF
wurde die „automatisierte Verarbeitung" verstanden als „die Erhebung, Verarbeitung oder Nutzung personenbezogener Daten unter Einsatz von Datenverarbeitungsanlagen". Dagegen begriff § 3 Abs. 4 BDSG aF
den Begriff des „Verarbeitens" als „das Speichern, Verändern, Übermitteln, Sperren und Löschen personenbezogener Daten ... ungeachtet der dabei angewendeten Verfahren". Diese fünf Tätigkeiten wurden in § 3
Abs. 4 S. 2 Nr. 1 bis 5 BDSG aF jeweils näher definiert.[2] Dem umfassenden Begriff der „Verarbeitung" in
der DSRL entsprach im BDSG aF der Begriff des „Umgangs" mit personenbezogenen Daten, wie er in § 1
Abs. 1 BDSG verwendet wurde. Dieser Umgang gliederte sich nach § 3 BDSG aF in die drei Tätigkeitsberei-
che des Erhebens (Abs. 3),[3] des Verarbeitens (Abs. 4) und des Nutzens (Abs. 5)[4] der personenbezogenen Daten. In diesem Sinn war „Verarbeiten" eine von drei Stufen des Datenumgangs. Dagegen erfasst die „Verarbeitung" im Sinn der Vorschrift unsystematisch alle denkbaren Vorgänge im Zusammenhang mit personenbezogenen Daten. Das Vorbild einer systematischen Definition konnte sich in der rechtspolitischen Diskussion in der Union gegen die Orientierung an der von allen Beteiligten akzeptierten Definitionsweise der DS-
RL nicht durchsetzen.

---

1 S. hierzu Roßnagel/*Schild*, HB DSch, Kap. 4 Rn. 32.
2 S. näher Roßnagel/*Schild*, HB DSch, Kap. 4 Rn. 55ff.
3 S. Roßnagel/*Schild*, HB DSch, Kap. 4 Rn. 35ff.
4 S. Roßnagel/*Schild*, HB DSch, Kap. 4 Rn. 86.

5 **3. Gesetzgebungsprozess.** Die Definition **entspricht weitgehend der DSRL.** Die KOM hat sie vorschlagen, und das EP hat sie unverändert übernommen. Der Rat hat lediglich die Bezeichnung „Sperrung" durch „Einschränkung" ersetzt. Dies hat der Trilog akzeptiert. Er tauschte schließlich noch die Bezeichnung „Weitergabe" gegen die Bezeichnung „Offenlegung" aus. In dieser Form wurde die Definition dann Verordnungstext.

6 Eine gewisse Erläuterung der Vorschrift findet sich in EG 15 S. 2 (→ Rn. 13).

III. Systematische Stellung

7 Die Definition der „Verarbeitung" ist zusammen mit der Definition der „personenbezogenen Daten" (→ Nr. 1 Rn. 24ff.) die definitorische Grundlage der **sachlichen Anwendbarkeit** der DSGVO. Deren Anwendungsbereich ist nur eröffnet, wenn es um die *Verarbeitung* personenbezogener Daten geht (→ Art. 2 Rn. 21). Art. 2 Abs. 1 verweist für den sachlichen Anwendungsbereich der Verordnung inhaltlich auf diese Definition. Insofern ist das Vorliegen dieser Definitionsmerkmale ein **ungeschriebenes Tatbestandsmerkmal aller Vorschriften** der Verordnung.

8 Der Begriff der Verarbeitung wird **in vielen Vorschriften** der DSGVO genutzt, um die geregelte Tätigkeit zu beschreiben und um Rechte der betroffenen Personen, Pflichten der Verantwortlichen und Auftragsverarbeiter sowie Aufgaben und Befugnisse der Aufsichtsbehörde zu begründen.

9 Auch einige der beispielhaft genannten **Erscheinungsformen** der Datenverarbeitung werden in der Verordnung genutzt. Dies gilt für die Begriffe der Speicherung,[5] der Veränderung,[6] der Offenlegung,[7] der Verwendung,[8] der Verknüpfung,[9] der Einschränkung,[10] der Löschung,[11] der Vernichtung[12] und vor allem der Übermittlung.[13] Außer der Einschränkung, die in Nr. 3 der Vorschrift definiert ist (→ Nr. 3 Rn. 1), fehlt für alle diese Begriffe eine Definition (→ Rn. 10, 35), was für das Verständnis der Verordnung hinderlich ist.[14]

IV. Verarbeitung

10 Die **Definition** des Begriffs „Verarbeitung" (in der englischen Übersetzung „processing") erfolgt durch eine Kombination einer höchst abstrakten Begriffsbestimmung und zahlreichen Beispielen, die sie illustrieren. Die abstrakte Begriffsbestimmung eines jeden mit oder ohne Hilfe automatisierter Verfahren (→ § 2 Rn. 14) ausgeführten Vorgangs oder jeder solchen Vorgangsreihe im Zusammenhang mit personenbezogenen Daten ist denkbar weit.[15] Sie ist in dieser Form aus Art. 2 lit. b DSRL übernommen.

11 Datenverarbeitung ist nach dieser Definition jeder **Vorgang** (in der englischen Übersetzung „operation"), der irgendwie im Zusammenhang mit personenbezogenen Daten steht. Sie erfasst nicht nur typische Datenverwendungen wie die Speicherung, Übermittlung oder Veränderung von Daten, sondern sämtliche Formen des Umgangs mit personenbezogenen Daten von der Erhebung bis zur endgültigen Vernichtung.[16] Die Ergänzung der Definition aus Art. 2 lit. b DSRL um „jede solche **Vorgangsreihe**" soll wohl der technischen Entwicklung gerecht werden, nach der Daten nicht mehr nur in einem zusammenhängenden Vorgang verarbeitet werden. Ob die Verarbeitung in einem einzelnen Vorgang oder in einer Reihe mehr oder weniger eng zusammenhängender Vorgänge erfolgt, ist rechtlich irrelevant. Aus welchen und wie vielen Vorgangschritten der Umgang mit personenbezogenen Daten besteht und ob diese unmittelbar hintereinander, am gleichen Ort oder zeitlich oder räumlich verteilt stattfinden, ist für den Begriff der Verarbeitung ohne Bedeutung. Er differenziert auch nicht zwischen der internen und externen Sphäre eines Verantwortlichen. Vielmehr soll die Definition sicherstellen, dass vom Begriff „Verarbeitung" auch jene Fälle erfasst sind, die sich

---

5 Art. 4 Nr. 12, 18 Abs. 2, 28 Abs. 3 lit. g; EG 62, 65, 81 und 83.
6 Art. 4 Nr. 12, 32 Abs. 2; EG 83.
7 Art. 4 Nr. 12, 14 Abs. 3 lit. c und Abs. 5 lit. c, 30 Abs. 1 lit. d, 32 Abs. 2, 47 Abs. 2 lit. l, 48 Abs. 1; EG 31, 61, 62, 83, 88, 115, 116 und 159.
8 EG 38, 50 und 154.
9 EG 31 und 157.
10 Art. 13 Abs. 2 lit. b, 14 Abs. 2 lit. c, 15 Abs. 1 lit. e, 18, 19 und 58 Abs. 2 lit. g; EG 67 und 156.
11 Art. 17 Abs. 1; EG 65, 66 und 81.
12 Art. 4 Nr. 12, 32 Abs. 2; EG 83.
13 Art. 4 Nr. 20, 12 Abs. 1, 13 Abs. 1 lit. f, 14 Abs. 1 lit. f, 15 Abs. 2, 23 Abs. 2 lit. d, 28 Abs. 3 lit. a, 30 Abs. 1 lit. e und Abs. 2 lit. c, 40 Abs. 2 lit. j und Abs. 3, 42 Abs. 2, das gesamte Kapitel V, Art. 58 Abs. 2 lit. j, 70 Abs. 1 lit. i und j, 83 Abs. 5 lit. c und e, 85 Abs. 2, 88 Abs. 2, 96 und 97 Abs. 2 lit. a; EG 6, 48, 50, 101 bis 115, 153.
14 Hier haben die Definitionen des § 3 BDSG aF konkretisierend für die DSRL gewirkt. Ebenso hätten entsprechende Definitionen im BDSG nF unterstützend wirken können.
15 EuGH C-131/12, NJW 2014, 2257 Rn. 53 – Google Spain; *Roßnagel/Barlag*, Europ. DSGVO, § 3 Rn. 7; *Roßnagel/Husemann*, Das neue DSR, § 3 Rn. 28; *Kühling/Buchner/Herbst* Art. 4 Nr. 2 Rn. 15; *Sydow/Reimer* Art. 4 Rn. 43; *Ehmann/Helfrich* Art. 2 Rn. 28.
16 *Laue/Nink/Kremer*, S. 31; *Kühling/Buchner/Herbst* Art. 4 Nr. 2 Rn. 15; *Dammann/Simitis* Art. 3 Rn. 5; *Ehmann/Helfrich* Art. 2 Rn. 28.

Roßnagel

in der internen Sphäre einer Organisation oder eines Unternehmens abspielen.[17] Auch unterscheidet der Begriff weder nach der Intensität noch nach der Dauer des Umgangs mit den Daten. Auch wenn die Daten etwa im Cache eines Browsers nur kurzzeitig zwischengespeichert werden, stellt dies ebenso eine Verarbeitung dar wie die bloße Anzeige einer Datei auf einem Bildschirm oder die Weitergabe eines mobilen Speichermediums.[18] Auch die kurzfristige Speicherung von Bilddaten, die Extraktion des Kfz-Kennzeichens aus dem Bild, der Abgleich des Kennzeichens mit einer Suchliste und das Löschen der erhobenen Bilddaten und der verarbeiteten Kennzeichendaten sind – entgegen BVerfG[19] – Datenverarbeitungsvorgänge.[20]

Der Vorgang muss im **Zusammenhang mit personenbezogenen Daten** stehen. Der Begriff der personenbezogenen Daten ist in Nr. 1 definiert (→ Nr. 1 Rn. 24ff.). Soweit ein Datum einen Personenbezug hat, ist jeder Vorgang, der auch nur in irgendeinem Zusammenhang mit diesen Daten steht, eine Datenverarbeitung, die unter die DSGVO fällt. Dies gilt auch für die Anonymisierung, Pseudonymisierung und Löschung von personenbezogenen Daten. **12**

Ob der Vorgang mit oder ohne Hilfe automatisierter Verfahren ausgeführt wird, spielt – wie nach der DS-RL – für den rechtlichen Begriff der „Datenverarbeitung" keine Rolle. Nach EG 15 S. 2 gilt der „Schutz natürlicher Personen … für die automatisierte Verarbeitung personenbezogener Daten ebenso … wie für die manuelle Verarbeitung von personenbezogenen Daten". Allerdings schränkt Art. 2 Abs. 1 die Anwendbarkeit der Verordnung im Fall der manuellen Datenverarbeitung darauf ein, dass die personenbezogenen Daten in einem Dateisystem (→ Nr. 6 Rn. 7ff) gespeichert sind oder gespeichert werden sollen (→ Art. 2 Rn. 16). **13**

V. Beispiele

Nach der abstrakten Definition wird diese durch Beispiele erläutert. Diese sind nicht abschließend, sondern **exemplarisch**.[21] Jeder Vorgang im Zusammenhang mit personenbezogenen Daten fällt unter die Definition der Verarbeitung – unabhängig von der konkreten Tätigkeitsform. Daher sind auch die Änderungen an den Beispielen, die im Gesetzgebungsprozess im Vergleich zur Definition der „Verarbeitung" in Art. 2 lit. b DS-RL vorgenommen wurden, ohne rechtliche Bedeutung. Sie lassen die Beispiele allenfalls zeitgemäßer oder umfassender erscheinen. Die Beispiele sind beliebig ausgewählt und entsprechen keinem System. Sie gehören unterschiedlichen Ordnungssystemen an, befinden sich nicht auf einer gleichen Abstraktionsebene, sind zum Teil ein Unterbeispiel zu einem anderen Beispiel oder überschneiden sich.[22] Wenn im Folgenden die Beispiele näher beschrieben werden, hat dies keine einschließende oder ausschließende Wirkung, sondern dient ausschließlich der Erläuterung, welche Formen der „Datenverarbeitung" auftreten können. Leider nicht in den Beispielen erfasst ist die **Pseudonymisierung** personenbezogener Daten, obwohl Nr. 5 diese ausdrücklich als eine Form der Verarbeitung definiert (→ Nr. 5 Rn. 1ff.). Auch fehlt das Beispiel der **Anonymisierung** personenbezogener Daten. Zwar fallen die anonymisierten Daten mangels Personenbezug aus dem Anwendungsbereich der DSGVO heraus, nicht aber der Vorgang, personenbezogene Daten den Personenbezug zu nehmen. **14**

1. Erheben. Erheben ist das **Beschaffen** (in der englischen Übersetzung „collecting") von Daten über eine betroffene Person.[23] Erheben bezeichnet damit einen Vorgang, durch den die erhebende Stelle Kenntnis von den betreffenden Daten erhält oder die Verfügungsmacht über die Daten begründet.[24] Erheben setzt ein aktives Handeln des Verantwortlichen voraus. Daten können zum einen gezielt erhoben werden, indem Daten technisch – etwa durch einen Sensor, eine Kamera oder ein anderes Datenaufnahmegerät – erfasst (→ Rn. 16) werden.[25] Alternativ kann ein Mensch die Daten wahrnehmen und in ein informationstechnisches System eingeben. Dies kann der Verantwortliche, ein Auftragsverarbeiter oder die betroffene Person selbst sein. Zum anderen können Daten dem Verantwortlichen übermittelt werden. Darin besteht noch kein Erheben, da der Empfänger sich die Daten nicht beschafft hat.[26] Das Erheben findet dann dadurch statt, dass dieser die Daten nicht sofort löscht, sondern in einen eigenen Vorgang zum Umgang mit personenbezogenen Daten übernimmt. **15**

---

17 *Ehmann/Helfrich* Art. 2 Rn. 30.
18 Zu diesen Beispielen *Laue/Nink/Kremer*, S. 32.
19 BVerfGE 120, 378 (399).
20 S. näher *Roßnagel* NJW 2008, 2547 (2548) mwN.
21 *Kühling/Buchner/Herbst* Art. 4 Nr. 2 Rn. 20; *Sydow/Reimer* Art. 4 Rn. 43, 53.
22 AA *Sydow/Reimer* Art. 4 Rn. 54, der unterstellt, dass die „zahlreichen Beispiele vom Verordnungsgeber grundsätzlich als überscheidungsfrei gedacht sein dürften", dies aber bei den Kommentierungen der Beispiele nicht einlösen kann.
23 S. die Definition in § 3 Abs. 3 BDSG aF.
24 S. zB *Kühling/Buchner/Herbst* Art. 4 Nr. 2 Rn. 21; *Sydow/Reimer* Art. 4 Rn. 55; *Simitis/Dammann* § 3 Rn. 102.
25 S. zB *Paal/Pauly/Ernst* Art. 4 Rn. 23.
26 S. zB *Simitis/Dammann* § 3 Rn. 104 zum BDSG aF.

16 **2. Erfassen.** Statt von Erfassen war in Art. 2 lit. b DSRL noch von „Speichern" die Rede. Damit ist keine Bedeutungsänderung verbunden; vielmehr handelt es sich um unterschiedliche Übersetzungen des englischen „recording". Auch § 3 Abs. 4 Nr. 1 BDSG aF sah „Erfassen" als eine bestimmte Form des Speicherns. Der Vorgang des Erfassens bzw. Speicherns hängt sehr eng mit der Erhebung von personenbezogenen Daten zusammen und bezeichnet die **technische Formgebung** erhobener Daten.[27] Sie werden in einem bestimmten Format „erfasst", das die weitere technische Verarbeitung ermöglicht.[28] Das Erfassen kann bei nicht automatisierter Datenverarbeitung etwa im Aufschreiben bestehen.[29]

17 **3. Organisation.** Organisation personenbezogener Daten (in der englischen Übersetzung „organisation") bezeichnet das Ergebnis des Sammelns und Ordnens von Daten. Die Organisation beruht in der Regel auf einer **systematischen Strukturierung** der Sammlung.[30] Sie soll die Möglichkeiten des Auffindens und Auswertens personenbezogener Daten vereinfachen oder verbessern.[31]

18 **4. Ordnen.** Ordnen ist die Tätigkeit, die zu einer organisierten Datensammlung führt. Sie ist ein Unterfall der Organisation.[32] Diese Variante ist gegenüber Art. 2 lit. b DSRL neu hinzugekommen. Das Ordnen (in der englischen Übersetzung „structuring") erfolgt im Rahmen einer **Struktur**, nach der die personenbezogenen Daten aufbewahrt und wiedergefunden und aufgerufen werden können.

19 **5. Speicherung.** Speicherung ist der technische Vorgang und Zustand der **Aufbewahrung** (so noch Art. 2 lit. b DSRL in anderer Übersetzung des englischen „storage", das beide Normen verwenden) von personenbezogenen Daten zum Zweck ihrer weiteren Verarbeitung oder Nutzung. § 3 Abs. 4 Nr. 1 BDSG aF definierte Speichern als „das Erfassen, Aufnehmen oder Aufbewahren personenbezogener Daten auf einem Datenträger".[33] Für die Speicherung ist es nicht erforderlich, dass der Verantwortliche die tatsächliche Sachherrschaft über den Datenträger hat.[34] Er kann daher auch personenbezogene Daten auf dem Datenträger eines Auftragsverarbeiters oder in einer Cloud aufbewahren, wenn diese Aufbewahrung unter seiner Herrschaft stattfindet.[35]

20 **6. Veränderung.** Veränderung (in der englischen Übersetzung „alteration") der Daten ist ein Vorgang, der dazu führt, dass die Daten selbst oder ihre Zuordnung inhaltlich **umgestaltet** werden.[36] Inhaltliches Umgestalten ist jede Maßnahme durch die der Informationsgehalt (Semantik) des Datums geändert wird.[37] Eine Veränderung der Daten selbst ist etwa eine Berichtigung. Sie können aber auch dadurch verändert werden, dass sie ergänzt oder in einen neuen Zusammenhang gestellt oder für einen anderen Zweck verwendet werden. Eine Veränderung kann, muss aber nicht mit einer Bedeutungsänderung der personenbezogenen Daten verbunden sein. Wenn Pseudonymisieren und Anonymisieren personenbezogener Daten unter eines der genannten Beispiele gefasst werden sollten, würde es sich anbieten, sie als eine Form der Veränderung von Daten anzusehen. Besser wäre es jedoch sie als selbstständige, nicht in Nr. 2 genannte (→ Rn. 14) Formen der Verarbeitung personenbezogener Daten anzusehen, die systemwidrig in der Auflistung fehlen.

21 **7. Anpassung.** Anpassung (in der englischen Übersetzung „adaption") ist ein Beispiel für eine **Veränderung**. Dabei werden die personenbezogenen Daten so verändert, dass sie zu anderen Daten,[38] anderen Zwecken, anderen Ordnungssystemen oder anderen Vorgängen passen. Ein Beispiel ist eine periodische Fortschreibung eines bestimmten Datums wie etwa des Alters oder des Semesters.[39]

22 **8. Auslesen.** Auslesen von personenbezogenen Daten (in der englischen Übersetzung „retrieval") hat eine doppelte Bedeutung. Auslesen liegt zum einen vor, wenn die Daten der **Sehfunktion** eines Menschen zugänglich gemacht werden.[40] Sie werden dafür auf einem Display oder einem anderen Endgerät sichtbar ge-

27 AA Kühling/Buchner/*Herbst* Art. 4 Nr. 2 Rn. 22: „kontinuierliche Aufzeichnung eines Datenstroms".
28 AA Sydow/*Reimer* Art. 4 Rn. 57: beschränkt auf die Erstspeicherung.
29 S. zB Paal/Pauly/*Ernst* Art. 4 Rn. 24.
30 S. auch Paal/Pauly/*Ernst* Art. 4 Rn. 26.
31 S. zB Kühling/Buchner/*Herbst* Art. 4 Nr. 2 Rn. 23.
32 S. zB Sydow/*Reimer* Art. 4 Rn. 59.
33 S. zB Paal/Pauly/*Ernst* Art. 4 Rn. 25; Simitis/*Dammann* § 3 Rn. 114 zum BDSG aF.
34 S. zB Kühling/Buchner/*Herbst* Art. 4 Nr. 2 Rn. 24.
35 Dass er Zugang zu den Daten hat, reicht für das „Speichern" nicht aus – so aber Kühling/Buchner/*Herbst* Art. 4 Nr. 2 Rn. 24.
36 S. zB Paal/Pauly/*Ernst* Art. 4 Rn. 27; § 3 Abs. 4 Nr. 2 BDSG aF definierte Verändern als „das inhaltliche Umgestalten gespeicherter personenbezogener Daten"; s. zB Simitis/*Dammann* § 3 Rn. 128ff.
37 Simitis/*Dammann* § 3 Rn. 129.
38 Hierauf beschränkt Kühling/Buchner/*Herbst* Art. 4 Nr. 2 Rn. 26 die Anpassung.
39 S. zu dem Beispiel Paal/Pauly/*Ernst* Art. 4 Rn. 27.
40 S. zB Sydow/*Reimer* Art. 4 Rn. 63.

macht. Zum anderen kann unter Auslesen auch verstanden werden, Daten aus einem Datenträger auszulesen, um sie einer weiteren Bearbeitung zugänglich zu machen.[41]

9. Abfragen. Das Abfragen (in der englischen Übersetzung „consultation") von personenbezogenen Daten   23
ist weitgehend ein Unterfall des Auslesens. Mit Abfragen verbindet man begrifflich einerseits eine einigermaßen gezielte **Suche**,[42] andererseits aber auch eine andere Ausgabe als nur eine solche, die dem Sehsinn ermöglicht, das Datum wahrzunehmen.[43]

10. Verwendung. Die Verwendung (in der englischen Übersetzung „use", in Art. 2 lit. b DSRL noch als   24
„Benutzung" übersetzt) von personenbezogenen Daten ist ein Begriff auf höchster Abstraktionshöhe. Alle Beispiele außer Erheben und Erfassen sind Unterbeispiele von Verwenden. Alles gezielte Umgehen mit personenbezogenen Daten kann als Verwenden der Daten bezeichnet werden. Verwenden ist ein **Auffangbeispiel**, das alle nicht durch ein Beispiel erfassten Vorgänge im Zusammenhang mit personenbezogenen Daten erfasst.[44]

11. Offenlegung. Offenlegung bezeichnet einen Vorgang, der dazu führt, dass Daten für andere zugänglich   25
werden und diese sie auslesen oder abfragen können. Dass der Trilog die Bezeichnung „Weitergabe" (so auch noch Art. 2 lit. b DSRL) gegen die Bezeichnung „Offenlegung" austauschte, ist rechtlich irrelevant. Dafür spricht nicht nur, dass es sich um ein reines Problem der deutschen Sprachfassung handelt (Art. 2 lit. b DSRL sowie die Entwürfe aller Beteiligten verwenden im Englischen „disclosure"), sondern auch inhaltliche Überlegungen. Zwar könnte mit „Offenlegung" die **Zugänglichmachung** gegenüber einer größeren Anzahl von Empfängern gemeint sein, während „Weitergabe" auch die Übergabe von Daten an eine einzige, vielleicht sogar ebenfalls zur Geheimhaltung verpflichtete Person umfassen könnte. Da beides jedoch Vorgänge im Zusammenhang mit personenbezogenen Daten sind, unterfallen beide Tätigkeitsformen dem Begriff der „Datenverarbeitung".

Für die Offenlegung nennt die Vorschrift beispielhaft[45] drei Tätigkeitsformen, durch die sie erfolgen kann.   26
Die erste Tätigkeitsform ist die „**Übermittlung**" von Daten (in der englischen Übersetzung „transmission"). Dies ist die gezielte Weitergabe[46] von Daten an einen oder mehrere Empfänger („Push") iSd Nr. 9.[47] Dies muss kein Dritter sein. Eine Übermittlung kann an jeden erfolgen, der die Daten entgegennimmt – auch bei einer Übertragung an den Auftragsverarbeiter.[48] Insofern unterscheidet sich das Übermitteln nach Nr. 2 vom Übermitteln nach § 3 Abs. 4 Nr. 3 BDSG aF, das nur gegenüber Dritten, nicht aber gegenüber dem Auftragsverarbeiter möglich war. Dagegen ist die „**Verbreitung**" (in der englischen Übersetzung „dissemination") eine ungezielte Weitergabe an einen größeren und unbestimmten Kreis von Empfängern oder Personen, denen dadurch der Zugang zu den Daten ermöglicht wird. Schließlich nennt die Vorschrift „eine andere Form der **Bereitstellung**" (in der englischen Übersetzung „otherwise making available"). Diese Tätigkeitsform spricht eher eine passive Form der Offenlegung an, die anderen ermöglicht, durch eigenes Tätigwerden („Pull") auf die Daten zugreifen zu können. Offenlegung kann beispielsweise durch mündliche Weitergabe, durch Übersenden eines Briefs, durch Übermittlung einer Mail, durch die Ermöglichung einer Abfrage einer Datenbank, einer Website oder eines Internet-Forums erfolgen.[49] Offenlegung kann auch durch Bereitstellen von Daten auf einer Website[50] oder durch die Angabe von Suchergebnissen erfolgen.[51]

12. Abgleich. Ein Abgleich personenbezogener Daten (in der englischen Übersetzung „alignment") setzt   27
zwei Datensätze voraus, die auf **Übereinstimmungen oder Unterschiede** untersucht werden können. Denkbar wäre auch, dass ein Datenbestand nach bestimmten Merkmalen durchsucht wird. Ein typisches Beispiel für einen Abgleich ist eine Rasterfahndung.

13. Verknüpfung. Eine Verknüpfung von personenbezogenen Daten (in der englischen Übersetzung „com-   28
bination") setzt im Regelfall mehrere **Datenbestände** voraus, die so **zusammengeführt** werden, dass Daten zu bestimmten Merkmalen oder bestimmten Personen verbunden werden, dass sich der Aussagewert der Daten deutlich erhöht.[52] Ein typisches Beispiel von Verknüpfung ist die Erstellung von Persönlichkeitsprofi-

41 S. die Bedeutung von „information retrieval".
42 S. EuGH C-131/12, NJW 2014, 2257 Rn. 28 – Google Spain.
43 AA Paal/Pauly/*Ernst* Art. 4 Rn. 28.
44 Paal/Pauly/*Ernst* Art. 4 Rn. 29; Kühling/Buchner/*Herbst* Art. 4 Nr. 2 Rn. 28; aA Sydow/*Reimer* Art. 4 Rn. 67.
45 AA Sydow/*Reimer* Art. 4 Rn. 69: abschließend.
46 S. EuGH C-101/01, EuZW 2004, 245 Rn. 56ff. – Lindqvist.
47 S. zB Sydow/*Reimer* Art. 4 Rn. 69.
48 Kühling/Buchner/*Herbst* Art. 4 Nr. 2 Rn. 29 f.
49 S. zu den Beispielen Paal/Pauly/*Ernst* Art. 4 Rn. 30.
50 EuGH C-101/01, EuZW 2004, 245 Rn. 25–27 – Lindqvist.
51 EuGH C-131/12, NJW 2014, 2257 Rn. 28 – Google Spain.
52 Ähnlich Paal/Pauly/*Ernst* Art. 4 Rn. 31.

len, indem Daten zu einer bestimmten Person aus verschiedenen Datenbeständen zusammengeführt werden und dadurch eine reichhaltigere Aussage über diese Person entsteht.

29 **14. Einschränkung.** Die „Einschränkung der Verarbeitung" von personenbezogenen Daten (in der englischen Übersetzung „restriction") ist nach Nr. 3 der Vorschrift „die Markierung gespeicherter personenbezogener Daten mit dem Ziel, ihre künftige Verarbeitung einzuschränken" (→ Nr. 3 Rn. 1).[53] Im BDSG aF sowie nach der DSRL entsprach dem die Bezeichnung „**Sperrung**", die in § 3 Abs. 4 Nr. 4 BDSG aF in gleicher Weise definiert war.[54] Das Recht auf Einschränkung der Datenverarbeitung ist in Art. 18 geregelt (→ Art. 18 Rn. 3).

30 **15. Löschen.** „Löschen" (in der englischen Übersetzung „erasure") beschreibt jede Handlungsform, die dazu dient, dass Daten nicht mehr verwendet werden können. In § 3 Abs. 4 Nr. 5 BDSG aF war „Löschen" als „das **Unkenntlichmachen** gespeicherter personenbezogener Daten" definiert.[55] Löschen ist nur auf einem elektronischen Datenträger möglich.[56] Das Löschen muss irreversibel sein. Unzureichend ist das schlichte Entfernen eines Verweises auf bestimmte Daten in einem Register oder das Überschreiben der Daten in einer Datei, da beides regelmäßig informationstechnisch reversibel ist.[57] Notwendig ist, dass die Daten nach dem Löschen nicht wiederhergestellt und in irgendeiner sinnvollen Weise verwendet werden können. Das Löschen kann auf unterschiedliche Weise erfolgen – in der Regel durch ein mehrfaches Überschreiben, das eine Rekonstruktion der ursprünglichen Daten ausschließt.[58]

31 Kein Löschen erfolgt durch Verschlüsselung oder durch Anonymisierung der Daten. Ein **Verschlüsseln** der Daten erschwert oder verhindert zwar für alle, die den Schlüssel nicht kennen, die Wahrnehmung oder andere Formen der Verarbeitung, begründen aber keinen irreversiblen Zustand, der eine weitere Verarbeitung der Daten konsequent ausschließt. Schließlich kann jeder, der den Schlüssel kennt, die Daten wieder entschlüsseln oder weiterverarbeiten. Wird nach einem Verschlüsseln der Daten der Schlüssel vernichtet, könnte dies als einem Löschen gleichwertig angesehen werden, wenn die verschlüsselten Daten auch durch kryptanalytische Methoden sicher nicht entschlüsselt werden können.

32 Eine **Anonymisierung** führt dazu, dass die Identifizierungsmerkmale entfernt werden. Insofern muss jede Anonymisierung auch ein teilweises Löschen der personenbezogenen Daten (bis sie nicht mehr personenbezogen sind) enthalten. Löschen soll jedoch dazu führen, dass gespeicherte personenbezogene Daten vollständig unkenntlich gemacht werden, so dass sie nicht mehr verarbeitet, ausgelesen oder wahrgenommen werden können. Dagegen verändert Anonymisieren nur die gespeicherten Daten. Dies erfolgt zwar auf eine Weise, dass die Daten nicht mehr einer betroffenen Person zugeordnet werden können. Die Daten sind aber weiterhin gespeichert, bearbeitbar, auslesbar und wahrnehmbar. Anonymisieren und Löschen führen somit zu unterschiedlichen Ergebnissen. Insofern kann Löschen nicht durch Anonymisieren der Daten erfolgen. Dies entspricht auch der Wertung des Unionsgesetzgebers in EG 65 S. 2 und 3. Löschen und Anonymisieren sind für die betroffenen Personen nicht gleichwertig, weil sie zu unterschiedlichen Risiken führen. Löschung heißt, dass das Risiko eines Missbrauchs der Daten vollkommen beseitigt ist. Eine faktische Anonymisierung, die nach Art. 4 Abs. 1 DSGVO für eine Aufhebung des Personenbezugs ausreichend ist, bewirkt zwar, dass die Zuordnung der Daten zu einer betroffenen Person nach allgemeinem Ermessen ausgeschlossen ist, führt aber zu einem Restrisiko, das beim Löschen nicht mehr besteht.

33 **16. Vernichtung.** Eine „Vernichtung" der Daten (in der englischen Übersetzung „destruction") könnte, wenn man darin einen Unterschied zum Löschen sehen will, in der **physischen Beseitigung** der Daten sehen.[59] Dies wäre etwa durch Zerstören der Datenträger möglich, wenn man sicher sein kann, dass die Daten nur auf den zerstörten Datenträgern gespeichert waren.

VI. Verarbeitung personenbezogener Daten im BDSG nF

34 Das neue BDSG enthält trotz der 26 Definitionen in Art. 4 DSGVO in § 2 zwar fünf Konkretisierungen der Definition des Verantwortlichen in Art. 4 Nr. 7 DSGVO, aber **keine Konkretisierungen** zum Begriff der Verarbeitung oder seiner Beispiele. Hier hätte der Bundesgesetzgeber den höchst abstrakten Begriff der Verar-

---

53 S. auch EG 67.
54 S. Simitis/*Dammann* § 3 Rn. 164ff.
55 Simitis/*Dammann* § 3 Rn. 172ff.; s. auch Kühling/Buchner/*Herbst* Art. 4 Rn. 36 und Art. 17 Rn. 37; Sydow/*Reimer* Art. 4 Rn. 75: das Datum soll „nicht mehr ausgelesen" werden können.
56 Paal/Pauly/*Ernst* Art. 4 Rn. 34.
57 S. auch Kühling/Buchner/*Herbst* Art. 4 Rn. 36, Art. 17 Rn. 37; Sydow/*Reimer* Art. 4 Rn. 75.
58 S. zum Löschmanagement *Hammer/Fraenkel* DuD 2011, 890; zum Löschkonzept s. DIN 66398; *Hammer*, DuD 2016, 528; *DIN/Hammer/Schuler*, Leitlinie zur Entwicklung eines Löschkonzepts mit Ableitung von Löschfristen für personenbezogene Daten, 2015.
59 Paal/Pauly/*Ernst* Art. 4 Rn. 34; Sydow/*Reimer* Art. 4 Rn. 76.

beitung präzisieren und die unklaren Begriffe seiner Beispiele systematisieren können,[60] wie dies bezogen auf Art. 2 lit. b DSRL durch § 3 Abs. 3, 4 und 5 BDSG aF erfolgt ist. Für das BDSG nF gilt nun die Definition des Art. 4 Nr. 2 DSGVO mit all ihren Mängeln.

VII. Ausblick

Die Vorschrift wählt für die Beschreibung der von der DSGVO erfassten Tätigkeiten die Sammelbezeichnung „Datenverarbeitung". Diese wird nur höchst abstrakt definiert und durch Beispiele für ihre vielfältigen Erscheinungsformen umschrieben. Diese Vorgehensweise ist rechtstechnisch dann sinnvoll, wenn in den anderen Vorschriften der Verordnung immer nur diese Sammelbezeichnung Verwendung findet. Tatsächlich differenzieren aber andere Vorschriften der Verordnung nach diesen **unterschiedlichen Erscheinungsformen** der Datenverarbeitung. Neun der in der Definition erwähnten Begriffe werden in den Vorschriften und Erwägungsgründen der Verordnung differenziert verwendet (→ Rn. 11). Für diese fehlt jedoch eine spezifische Definition. Die Definition der „Datenverarbeitung" hilft in diesen Fällen zum Verständnis der Verordnung nicht weiter. Dies ist für die rechtssichere und einheitliche Anwendung der Verordnung ein großes **Manko**, das in einer Überarbeitung der Verordnung beseitigt werden muss. 35

Artikel 4 Nr. 3   Begriffsbestimmung „Einschränkung der Verarbeitung"

Im Sinne dieser Verordnung bezeichnet der Ausdruck:

3. „Einschränkung der Verarbeitung" die Markierung gespeicherter personenbezogener Daten mit dem Ziel, ihre künftige Verarbeitung einzuschränken;

Literatur: *Casassa Mont, M./Sharma, V./Pearson, S.*, EnCoRe: Dynamic Consent, Policy Enforcement and Accountable Information Sharing within and across Organisations, http://www.hpl.hp.com/techreports/2012/HPL-2012-36.pdf; *Gao, J./Li, S./Park, Y.*, A Sticky Policy Framework for Big Data Security, https://www.researchgate.net/publication/273635349_A_Sticky_Policy_Framework_for_Big_Data_Security; *Piltz, C.*, Die Datenschutz-Grundverordnung, Teil 2: Rechte der Betroffenen und korrespondierende Pflichten des Verantwortlichen, K&R 2016, 629.

Die Vorschrift definiert die Einschränkung der Verarbeitung, deren Voraussetzungen und Rechtsfolgen in Art. 18 spezifiziert werden. Die Einschränkung ist zunächst selbst eine Form der Verarbeitung iSd Art. 4 Nr. 2 (→ Art. 4 Nr. 2 Rn. 29). Allerdings ist die **Legaldefinition** in Art. 4 Nr. 3 in mehrfacher Hinsicht **unvollständig**.[1] 1

Sie beschränkt sich nur auf eine wesentliche Voraussetzung der Einschränkung, nämlich die **Markierung** von Datensätzen, deren Verarbeitung eingeschränkt werden soll. Die Markierung oder Kennzeichnung hat eine Hinweisfunktion für Nutzer der Daten, dass deren Verarbeitung eingeschränkt ist. Sie muss nach EG 67 **unmissverständlich** sein. Das Versehen der betroffenen Datensätze mit bestimmten Zusätzen (zB Klammern oder Sternchen) ist nur dann unmissverständlich, wenn alle Nutzer die Bedeutung dieser Zeichen kennen. Ansonsten sollten die Datensätze mit dem Zusatz „eingeschränkt", „gesperrt" oder anderen unmissverständlichen Zusätzen versehen werden. Was unter Einschränkung der Verarbeitung selbst zu verstehen ist, definiert Art. 4 Nr. 3 dagegen nicht, sondern wiederholt den Begriff lediglich. Wie bei der Sperrung[2] nach bisherigem Recht handelt es sich um die in die Zukunft gerichtete Entscheidung oder Verpflichtung des Verantwortlichen, bestimmte Daten nur noch in dem in Art. 18 Abs. 2 beschriebenen Umfang zu verarbeiten (→ Art. 18 Rn. 11ff.).[3] 2

Die Markierung von Datensätzen ist unproblematisch möglich bei papiergestützter (analoger) Informationsverarbeitung, zB in Akten, soweit diese der DSGVO nach Art. 2 Abs. 1 unterliegen. Sie ist auch bei **automatisierter Verarbeitung** geboten, stößt dort aber auf technische Schwierigkeiten, die mit jeder digitalisierten Datenverarbeitung verbunden sind. EG 67 spricht davon, dass „in automatisierten Dateisystemen die Einschränkung der Verarbeitung grundsätzlich durch technische Mittel so erfolgen" sollte, „dass die personenbezogenen Daten in keiner Weise weiterverarbeitet werden und nicht verändert werden können." Das betrifft nicht nur die eigentlichen Datensätze, sondern auch deren Markierung. Es ist aber gerade ein Merkmal der automatisierten Datenverarbeitung, dass die verarbeiteten Daten **spurlos verändert** werden 3

---

60 S. auch *Kühling/Martini et al.*, S. 309 f.

1 Krit. auch Kühling/Buchner/*Herbst* Art. 4 Rn. 6, der die Vorschrift als „semantisch misslungen" bezeichnet. Diesen Mangel wies auch schon die Legaldefinition in § 3 Abs. 4 BDSG aF auf, vgl. Simitis/*Dammann* § 3 Rn. 165.

2 Zur Uneindeutigkeit sowohl des Begriffs der Sperrung als auch der Einschränkung der Verarbeitung Kühling/Buchner/*Herbst* Art. 18 Rn. 28.

3 Vgl. zum BDSG aF Simitis/*Dammann* § 3 Rn. 165.

können. Auch Markierungen können also unbemerkt entfernt und damit die Einschränkung der Verarbeitung umgangen werden. Dieses Problem lässt sich auch durch eine lückenlose **Protokollierung** sämtlicher Zugriffe nicht lösen. Allenfalls können unbefugte Zugriffe rekonstruiert werden.

4 Neben der Markierung sind **weitere Maßnahmen geboten**, um die Verarbeitung der fraglichen Daten tatsächlich einzuschränken.[4] Hierfür nennt EG 67 verschiedene Methoden wie zB die vorübergehende **Auslagerung** der Datensätze, deren Verarbeitung einzuschränken ist, **auf ein anderes Datenverarbeitungssystem.** Bei einer an dieser Stelle ebenfalls als mögliche Methode genannten Sperrung für Nutzer ist allerdings zu berücksichtigen, dass die Speicherung und Anzeige der eingeschränkt zu verarbeitenden Daten zulässig bleibt. Folgerichtig nennt EG 67 bezüglich automatisierter Dateisysteme die Einschränkung durch technische Mittel, die eine weitere Verarbeitung und Veränderung der Daten ausschließen. Zugriffe nach Art. 18 Abs. 2 für die dort genannten Zwecke und auch die Aufhebung der Einschränkung nach dem Wegfall ihrer Voraussetzungen (zB nach Feststellung der Richtigkeit der Daten nach Art. 18 Abs. 1 lit. a → Art. 18 Rn. 4 f.) bleiben zulässig. Sinnvoll kann allerdings ein differenziertes Berechtigungs- und Rollenkonzept[5] für den Datenzugriff mit entsprechender Protokollierung sein. Bei einer Veröffentlichung im Internet kommt nach dem EG 67 auch eine vorübergehende **Entfernung von der Website** in Frage. Diese Formen der Verarbeitungsbeschränkung sind neben der in Art. 4 Nr. 3 definierten Form der Markierung häufig von größerer praktischer Bedeutung. Die bloße **Archivierung** von Datensätzen zB mithilfe spezieller Archivierungsprogramme ist keine Einschränkung iSd DSGVO,[6] denn sie erhält die Verfügungsbefugnis des Verantwortlichen und trennt sie nur vom operativen Geschäft.[7]

5 Das Problem der spurlosen Veränderung von Markierungen iSd Art. 4 Nr. 3 bleibt allerdings virulent in Fällen, in denen Daten trotz eingeschränkter Verarbeitung in zulässiger Weise offengelegt werden bzw. der Zugriff auf sie erlaubt wird (zB in Fällen des Art. 18 Abs. 2 → Art. 18 Rn. 11ff.). Dann nämlich muss die **Markierung dem Empfänger mitgeteilt** werden, um die Einschränkung der Verarbeitung, die zugleich eine **Verschärfung und Präzisierung der Zweckbindung** ist,[8] auch nach der Offenlegung bzw. dem Zugriff sicherzustellen. Eine unbemerkte Entfernung der Markierung lässt sich bisher nicht zuverlässig ausschließen. Allerdings gibt es Bestrebungen, mit Methoden des **Digital Rights Management** oder der sog **Sticky Privacy Policies** die betreffenden Datensätze mit unveränderlichen Merkmalen zu versehen, die auch nach einer Übermittlung oder Verbreitung innerhalb einer Organisation erhalten bleiben.[9] Diese technischen Methoden, die auch zur Sicherung der Reichweite von Einwilligungen und der Zweckbindung im allgemeinen genutzt werden könnten, sind allerdings noch nicht ausgereift. Denkbar sind auch der **Einsatz kryptografischer Verfahren oder die Einschaltung vertrauenswürdiger Dritter** (Trusted Third Parties) als Methoden zur Einschränkung der Verarbeitung im Sinne der Verordnung.

Artikel 4 Nr. 4   Begriffsbestimmung „Profiling"

Im Sinne dieser Verordnung bezeichnet der Ausdruck:

4. **„Profiling" jede Art der automatisierten Verarbeitung personenbezogener Daten, die darin besteht, dass diese personenbezogenen Daten verwendet werden, um bestimmte persönliche Aspekte, die sich auf eine natürliche Person beziehen, zu bewerten, insbesondere um Aspekte bezüglich Arbeitsleistung, wirtschaftliche Lage, Gesundheit, persönliche Vorlieben, Interessen, Zuverlässigkeit, Verhalten, Aufenthaltsort oder Ortswechsel dieser natürlichen Person zu analysieren oder vorherzusagen;**

Literatur: *Art.-29-Gruppe*, Guidelines on Automated individual decision-making and Profiling for the purposes of Regulation 2016/679, 17/EN WP251rev. 01; *Boehme-Neßler, V.*, Das Ende der Anonymität – Wie Big Data das Datenschutzrecht verändert, DuD 2016, 419; *Britz, G.*, Einzelfallgerechtigkeit versus Generalisierung – Verfassungsrechtliche Grenzen statistischer Diskriminierung, 2008; *Deutsches Institut für Vertrauen und Sicherheit im Internet (DIVSI)*, Big Data, 2016; *Jandt, S./Laue, Ph.*, Voraussetzungen und Grenzen der Profilbildung bei Location Based Services, K&R 2006, 316; *Kugelmann, D.*, Datenfinanzierte Internetangebote – Regelungs- und Schutzmechanismen der DSGVO, DuD 2016, 566; *Marnau, N.*, Anonymisierung, Pseudonymisierung und Transparenz für Big Data, DuD 2016, 428; *Martini, M.*, Big Data als Herausforderung für den Persönlichkeitsschutz und das Datenschutzrecht, DVBl 2014, 1481; *Ohm, P.*, Broken Promises of Privacy: Responding to the Surprising Failure of An-

---

4 Missverständlich insoweit Sydow/*Peuker* Art. 18 Rn. 7, der weitere Maßnahmen neben der Markierung für möglich hält.
5 So auch *Piltz* K&R 2016, 629 (633).
6 Ebenso BeckOK DatenschutzR/*Schild* DSGVO Art. 4 Rn. 63.
7 Sydow/*Helfrich* Art. 4 Rn. 83, hält allerdings die institutionalisierte Archivierung personenbezogener Daten in staatlichen Archiven für eine Form der eingeschränkten Verarbeitung.
8 Vgl. Simitis/*Dix* § 35 Rn. 55.
9 Vgl. *Casassa Mont/Sharma/Pearson*, http://www.hpl.hp.com/techreports/2012/HPL-2012-36.pdf; *Gao/Li/Park*, https://www.researchgate .net/publication/273635349_A_Sticky_Policy_Framework_for_Big_Data_Security.

onymization, UCLA Law Review 2010, 1701; *Richter, P.*, Big Data, Statistik und die Datenschutz-Grundverordnung, DuD 2016, 581; *Roßnagel, A.*, Datenschutz in einem informatisierten Alltag, 2007; *ders.*, Big Data – Small Privacy? Konzeptionelle Herausforderungen für das Datenschutzrecht, ZD 2013, 562; *Roßnagel, A./Pfitzmann, A./Garstka, H.*, Modernisierung des Datenschutzrechts, 2001; *Spiecker gen. Döhmann, I./Tambou, O./Bernal, P./Hu, M/Molinaro, C. A.,/Negre, E. /Sarlet, I. W./Schertel Mendes, L./Witzleb, N./Yger, F.*, The Regulation of Commercial Profiling – A Comparative Analysis, EDPL 2016, 535; *Unabhängiges Landeszentrum für Datenschutz Schleswig-Holstein/GP Forschungsgruppe*, Scoring nach der Datenschutz-Novelle 2009 und neue Entwicklungen, 2014; *Weichert, T.*, Big Data und Datenschutz – Chancen und Risiken einer neuen Form der Datenanalyse, ZD 2013, 251; *ders.*, Scoring in Zeiten von Big Data, ZRP 2014, 168; *Zahariev, M.*, The evolution of EU data protection law on automated data profiling, PinG 2017, 73.

Die Vorschrift definiert das Profiling als jede automatisierte Datenverarbeitung, die zu dem Zweck erfolgt, bestimmte **Persönlichkeitsaspekte** eines Menschen zu **bewerten**, insbes. um Aussagen über dessen künftiges Verhalten zu treffen. Die DSGVO knüpft an das Profiling eine Reihe von spezifischen Regelungen zum Schutz der betroffenen Personen, insbes. um mehr Transparenz bei der Verarbeitung zu gewährleisten (→ Rn. 12). Damit reagiert der europäische Gesetzgeber auf die mit dem Profiling und den zugrunde liegenden Datenanalyse-Verfahren („Big Data") verbundenen hohen Risiken für die persönlichen Rechte und Freiheiten der Einzelnen. Angesprochen ist hier neben den Grundrechten auf Privatsphäre und **Datenschutz** (Art. 7 und 8 GRC) auch das Recht auf **Nichtdiskriminierung** (Art. 21 GRC). Vor diesem Hintergrund muss die Definition als wenig gelungen bezeichnet werden. Sie führt zu erheblichen Auslegungsschwierigen.[1] Eine klare, rechtssichere Abgrenzung des Profilings von der „einfachen" Verarbeitung nach Art. 4 Nr. 2 wird mangels handhabbarer Kriterien in vielen Fällen nur schwer möglich sein. 1

Der Begriff des Profilings als solcher wird weder in der **DSRL** noch im bisherigen deutschen Datenschutzrecht verwendet.[2] Auch die **KOM** verzichtete in ihrem Entwurf für die DSGVO auf eine eigenständige Definition. Allerdings entspricht die Formulierung in Art. 20 Abs. 1 KOM-E („Auf Profiling basierende Maßnahmen") – die ihrerseits an Art. 15 Abs. 1 DSRL anknüpft (→ Art. 22 Rn. 12) – bereits weitgehend der Definition des Profilings in Nr. 4.[3] Als gesonderte Begriffsbestimmung wurde sie aber erst auf Vorschlag des **EP** in die Verordnung aufgenommen (Art. 4 Nr. 3 a Parl-E). Eine vergleichbare Definition – die durchaus als Vorlage gelten kann – findet sich in einer Empfehlung des **Europarates** zu Profiling und Datenschutz aus dem Jahr 2010.[4] Anders als beispielsweise die französische („profilage"), spanische („elaboración de perfiles") oder italienische („profilazione") Fassung behält die deutsche Übersetzung der DSGVO den englischen Begriff des „Profiling" bei. Dieser umfasst schon sprachlich nicht nur die Erstellung eines Profils („Profilbildung"), sondern auch dessen weitere Anwendung in Bezug auf eine natürliche Person. 2

Das Profiling nach der DSGVO setzt zunächst eine **automatisierte Verarbeitung** personenbezogener Daten voraus.[5] Es muss daher mithilfe automatisierter Verfahren durchgeführt werden (Art. 2 Abs. 1, Art. 4 Nr. 2). Eine bloß manuelle Verknüpfung und Analyse von Daten zum Zweck der Persönlichkeitsbewertung wird von der Definition nicht erfasst.[6] Ebenso wenig fällt die Auswertung anonymisierter Datenbestände unter die Begriffsbestimmung. Ganz im Sinne des Anwendungsbereichs der Verordnung muss das Profiling auf der Verarbeitung **personenbezogener Daten** beruhen, sich also auf eine identifizierte oder identifizierbare natürliche Person beziehen (Art. 2 Abs. 1, Art. 4 Nr. 1).[7] Dabei ist allerdings zu berücksichtigen, dass aus der Fülle der zu analysierenden Daten häufig schon wenige spezifische Merkmale ausreichen, um eine Person – auch ohne Namen – ausreichend zu individualisieren (→ Art. 4 Nr. 5 Rn. 50ff.).[8] Zudem nehmen die technischen Möglichkeiten der Zuordnung von Datensätzen zu Einzelpersonen – etwa durch die Kombina- 3

---

1 Vgl. *Zahariev* PinG 2017, 73 (74ff.).

2 Im BDSG aF findet sich der Begriff an keiner Stelle. § 15 Abs. 3 TMG regelt die Erstellung von Nutzungsprofilen unter Pseudonym, ohne dass der Begriff des Nutzerprofils allerdings näher definiert wird (dazu Plath/*Hullen/Roggenkamp* TMG § 15 Rn. 18ff.; Taeger/Gabel/*Zscherpe* TMG § 15 Rn. 58ff.). § 13 Abs. 6 SächsDSG verbietet die Zusammenführung von zu Persönlichkeitsprofilen. Zu diesem Verbot kritisch *Roßnagel/Pfitzmann/Garstka*, S. 119. S. auch *Schnabel*, Datenschutz bei profilbasierten Location Based Services, 2009, S. 175ff. und die rechtsvergleichende Untersuchung zur gesetzlichen Definition des Profilings von *Spiecker gen. Döhmann/Tambou et al.* EDPL 2016, 535 (543ff.).

3 Im KOM-E wird ebenfalls auf die „Auswertung bestimmter Merkmale" einer Person und die „Analyse beziehungsweise Voraussage etwa ihrer beruflichen Leistungsfähigkeit, ihrer wirtschaftlichen Situation, ihres Aufenthaltsorts, ihres Gesundheitszustands, ihrer persönlichen Vorlieben, ihrer Zuverlässigkeit oder ihres Verhaltens" abgestellt.

4 Vgl. *Ministerkomitee des Europarates*, Empfehlung CM/Rec(2010)13 an die Mitgliedstaaten über den Schutz des Menschen bei der automatischen Verarbeitung personenbezogener Daten im Zusammenhang mit Profiling (angenommen am 23.11.2010). Im Sinne der Empfehlung bedeutet „Profiling" ein „Verfahren der automatisierten Verarbeitung von Daten, das darin besteht, einer natürlichen Person ein ‚Profil' zuzuordnen, um insbes. Entscheidungen in Bezug auf ihre Person zu treffen oder um ihre persönlichen Vorlieben, Verhaltensweisen und Einstellungen zu analysieren oder vorherzusagen". Dazu *ULD/GP*, Scoring nach der Datenschutz-Novelle 2009, S. 165 f.; *Spiecker gen. Döhmann/Tambou et al.* EDPL 2016, 535 (539 f.).

5 So auch *Art.-29-Gruppe*, 17/EN WP251rev. 01, S. 6.

6 Vgl. Kühling/Buchner/*Buchner* Art. 4 Nr. 4 Rn. 5.

7 Kritisch *Zahariev* PinG 2017, 73 (75).

8 In Bezug auf Big-Data-Analysen auch *Roßnagel* ZD 2013, 562 (563); *EDPS*, Bewältigung der Herausforderungen in Verbindung mit Big Data, Stellungnahme 7/2015, S. 7 f.

tion und Korrelation verschiedener für sich betrachtet anonymer Daten – ständig zu.[9] Jedes scheinbar irrelevante Datum kann in der Vernetzung mit anderen Daten zu neuen Informationen über eine einzelne Person führen.[10]

4 Unter Profiling wird **jede Art der automatisierten Datenverarbeitung** verstanden, die die weiteren Ziele der Definition verfolgt. Unerheblich ist, wie der konkrete Verarbeitungsprozess ausgestaltet ist.[11] Sämtliche der unter die Definition des Art. 4 Nr. 2 fallenden Verarbeitungsformen und -varianten kommen daher in Betracht. Maßgeblich für das Profiling ist daher das mit der Verarbeitung verfolgte Ziel, nämlich die Bewertung bestimmter persönlicher Aspekte einer natürlichen Person.[12] Zu diesen **Persönlichkeitsaspekten** zählt die Vorschrift exemplarisch[13] („insbesondere") die Arbeitsleistung einer natürlichen Person, deren wirtschaftliche Lage, Gesundheit, persönliche Vorlieben, Interessen, Zuverlässigkeit, Verhalten, Aufenthaltsort und Ortswechsel. Die große Bandbreite der in der Vorschrift genannten Beispiele legt eine weite Auslegung nahe. Mit „persönlichen Aspekten" sind daher sämtliche eine bestimmte Person beschreibenden oder sie charakterisierenden Umstände, Merkmale, Eigenschaften, Verhältnisse und Beziehungen gemeint. Eine präzise Abgrenzung zum Begriff des personenbezogenen Datums ist damit kaum möglich.[14] **Auch ein einzelnes Datum** kann einen Persönlichkeitsaspekt darstellen, wenn es sich aufgrund einer gewissen Komplexität und gemessen an dem jeweiligen Verarbeitungskontext zur Beurteilung einer Person eignet.[15] Man denke etwa an eine sensitive Information über die Gesundheit oder ein biometrisches Merkmal, mit dem Aussagen über die ethnische Zugehörigkeit oder das Geschlecht getroffen werden. Selbst ein bloßes Anschriftendatum oder der Kontostand können zu diesen Aspekten zählen, wenn daraus zB auf die Zahlungsfähigkeit eines Kunden geschlossen wird.

5 Die Definition des Profilings macht keine genauen Vorgaben hinsichtlich der **Anzahl** der für die Bewertung heranzuziehenden **Persönlichkeitsaspekte**. Nach dem Wortlaut („persönliche Aspekte") dürfte es ausreichen, wenn wenigstens zwei Datensätze verwendet werden. Ein solches Verständnis widerspricht auch nicht dem Schutzzweck der an das Profiling anknüpfenden Regelungen der Verordnung. Die Menge der zur Bewertung verwendeten Informationen kann sich zwar auf die Aussagekraft der gezogenen Schlussfolgerungen auswirken, ein Mehr an Daten bedeutet aber nicht zwangsläufig auch eine größere Bedrohung für die Persönlichkeitsrechte der betroffenen Personen.[16] Ohnehin ließe sich eine präzise quantitative Grenze, ab der ein Profiling vorliegen soll, nicht bestimmen.

6 Um den Begriff des Profilings daher sinnvoll eingrenzen zu können, kommt es entscheidend auf das weitere Element der Definition an. Ein Profiling ist nur dann gegeben, wenn die Persönlichkeitsaspekte die Grundlage für eine automatisierte **Bewertung** bilden, insbes. um Vorlieben, Interessen oder Verhalten einer Person zu analysieren oder vorherzusagen. Eine solche zielgerichtete Bewertung liegt immer dann vor, wenn nicht nur die durch einen bestimmten persönlichen Aspekt repräsentierte Information als solche übernommen wird, sondern diese Information allein oder in Kombination mit anderen interpretiert wird.[17] Kennzeichnend – und für das Vorliegen eines Profilings notwendige Voraussetzung – ist, dass durch die Sammlung, Verknüpfung und Analyse einzelner Merkmale **neue Informationen** und weiterführende Erkenntnisse über die Persönlichkeit der betroffenen Person **generiert** werden.[18] Die bloße Abfrage, das bloße Zusammenführen oder die bloße Verifikation von vorhandenen Informationen stellen folglich noch keine Bewertung dar.[19] Beim Profiling kommt es vielmehr darauf an, das Erkenntnispotential von – unter Umständen, aber nach der Definition nicht notwendigerweise, umfangreichen und verschiedene Merkmale umfassenden –

---

9 Mit zunehmender Menge, Heterogenität, Komplexität und Dynamik von Datenbeständen verlieren Anonymitätskonzepte an Wirksamkeit, so *Marnau* DuD 2016, 428 (429). Zu den (technischen) Möglichkeiten der Deanonymisierung auch umfassend *Ohm* UCLA Law Review 2010, 1701 (1716ff.).

10 Das BVerfGE 65, 1 (45) hat schon im Volkszählungsurteil ausgeführt, dass es „insoweit unter den Bedingungen der automatischen Datenverarbeitung kein ‚belangloses' Datum mehr gibt". *Boehme-Neßler* DuD 2016, 419 (422 f.) geht davon aus, dass im Zeitalter von Big Data keine dauerhafte Anonymisierung mehr möglich ist.

11 Anders als bei Art. 22 ist für das Profiling keine Voraussetzung, dass die Verarbeitung ausschließlich automatisiert erfolgt, vgl. *Art.-29-Gruppe*, 17/EN WP251rev. 01, S. 6.

12 Vgl. Kühling/Buchner/*Buchner* Art. 4 Nr. 4 Rn. 5.

13 So auch *Zahariev* PinG 2017, 73 (75 f.).

14 Nach BeckOK DatenschutzR/*v. Lewinski* BDSG § 6a Rn. 9; BeckOK DatenschutzR/*v. Lewinski* DSGVO Art. 22 Rn. 11 sollen jedenfalls (äußere) Parameter (Sachverhaltsmerkmale), wie etwa die Entfernung des Wohnorts vom Arbeitsplatz, keine persönlichen Merkmale iSd Profiling sein.

15 In diesem Sinne schon zu Art. 15 DSRL und § 6a BDSG aF *Dammann/Simitis* Art. 15 Rn. 4; DKWW/*Weichert* § 6a Rn. 3; Gola/*Schomerus* § 6a Rn. 9; kritisch BeckOK DatenschutzR/*v. Lewinski* BDSG § 6a Rn. 8.1.

16 Vgl. *Schnabel*, Datenschutz bei profilbasierten Location Based Services, 2009, S. 178.

17 So BeckOK DatenschutzR/*v. Lewinski* BDSG § 6a Rn. 10.

18 Dazu bereits *Roßnagel/Pfitzmann/Garstka*, S. 118; Simitis/*Scholz* § 6a Rn. 21; *Schnabel*, Datenschutz bei profilbasierten Location Based Services, 2009, S. 179.

19 Vgl. Auernhammer/*Herbst* BDSG § 6a Rn. 11.

Datenbeständen zu erschließen, um aus ihnen neue Bedeutungen und Zusammenhänge in Bezug auf eine bestimmte Person abzuleiten, diese Person zu kategorisieren und ihr künftiges Verhalten oder ihre Entscheidungen in bestimmten Situationen zu prognostizieren.[20] Je mehr Daten aus unterschiedlichen Quellen zur Auswertung herangezogen werden, desto **aussagekräftiger** sind die daraus gewonnenen **Profile**. Mit ihnen können Präferenzen, Einstellungen, Bedürfnisse, Gewohnheiten, soziale Beziehungen oder Bewegungen der betroffenen Person präzise beschrieben werden. Auf diese Weise entstehen digitale **Persönlichkeitsteilbilder**, mit denen bestimmte Verhaltensweisen einer Person vorhersehbar gemacht werden können.[21]

Als Datenbasis für ein Profiling ist vor allem das individuelle **Kommunikations- und Nutzungsverhalten** im 7
Internet[22] relevant, wie etwa die Aktivitäten in sozialen Netzwerken,[23] besuchte Webseiten und -angebote (Browserverlauf), getätigte Online-Käufe, Suchanfragen[24] oder eingesetzte Zahlungsmittel. Zur Bildung von detaillierten **Bewegungsprofilen** kommt insbes. die Auswertung von Telekommunikationsverkehrsdaten (zB Standortdaten aus der Nutzung von Smartphones oder Wearables) in Betracht. Zunehmend spielen auch Daten aus der „intelligenten" Videoüberwachung (→ Anh. 1 zu Art. 6 Rn. 14 f.) oder aus **„smarten" Alltagsumgebungen** eine Rolle, etwa zum Fahrverhalten (Smart Cars), zum Energieverbrauch und Fernsehkonsum (Smart Homes) oder zu Vitalwerten (Fitness-Armbänder).[25] Aus diesen Informationen können sehr genaue Rückschlüsse auf das Privat- und Berufsleben des Einzelnen gezogen werden, etwa auf das soziale Umfeld und die Beziehungen zu einer Vielzahl anderer Personen, auf Gewohnheiten des täglichen Lebens, das Konsumverhalten, ständige oder vorübergehende Aufenthaltsorte, tägliche oder in anderem Rhythmus erfolgende Ortsveränderungen, ausgeübte Tätigkeiten oder den aktuellen körperlichen Zustand. Mit **Big-Data-Anwendungen** (→ Art. 22 Rn. 9ff.) stehen heute die passenden Verfahren zur (Echtzeit-)Analyse dieser Datenbestände zur Verfügung. Je mehr unterschiedliche Daten vernetzt werden können, desto leistungsfähiger sind die Big-Data-Technologien. Neue Daten und neue Verknüpfungen ergeben neue Erkenntnisse und ermöglichen neue Prognosen (weitere Beispiele → Art. 22 Rn. 22ff.).

Typische Instrumente des Profilings sind das **Tracking**, bei dem das Verhalten einer Person in ihrem zeitli- 8
chen Verlauf hinsichtlich einer bestimmten Eigenschaft – insbes. des Aufenthaltsortes – verfolgt wird[26], und das **Scoring**, bei dem durch Auswertung bestimmter Merkmale einer Person ein künftiges Verhalten mit einem Wahrscheinlichkeitswert prognostiziert wird. Scoring-Verfahren werden von der Privatwirtschaft zB bei der Kreditvergabe, im Online- und Versandhandel, zur Feststellung von Versicherungsrisiken, zur Bewertung von Arbeitnehmern oder zur Adressierung von Marketing-Maßnahmen eingesetzt.[27]

Die beim Profiling vorgenommene **Persönlichkeitsbewertung** beruht regelmäßig auf Korrelationen und 9
Wahrscheinlichkeiten, hinter denen keine Kausalitäten stehen müssen.[28] Allein auf statistisch-mathematischen Analyseverfahren (Algorithmen) beruhende Aussagen und Verhaltensprognosen können sich als individuell falsch herausstellen.[29] Die automatisierte Beurteilung einzelner Persönlichkeitsaspekte kann daher im konkreten Fall auch zu einer **fehlerhaften**, ungerechten und **diskriminierenden Kategorisierung einer Person** führen, der sie sich nur schwer entziehen kann und die ihre Persönlichkeitsrechte erheblich beeinträchtigt (→ Art. 22 Rn. 10).[30] Hinzu kommt, dass die betroffenen Personen die dem Profiling zugrundeliegenden Verarbeitungsprozesse in der Regel weder nachvollziehen noch die Richtigkeit eines bestimmten Auswertungsergebnisse hinreichend kontrollieren können (→ Art. 22 Rn. 10).[31] Die mittels Profiling gewonnenen Informationen können zudem über das hinausgehen, was das Individuum über sich selbst weiß. Das daraus resultierende Gefühl des Ausgeliefertseins und das Wissen um die Fremdbeobachtung erhöhen den

20 Dazu *Jandt/Laue* K&R 2006, 316 (318). In diesem Sinne auch *Art.-29-Gruppe*, 17/EN WP251rev. 01, S. 7.
21 Vgl. DKWW/*Weichert* Einl. Rn. 46 unterscheidet bei Persönlichkeitsprofilen zwischen einer zeitlichen (Langzeitprofile) und einer sektorübergreifenden Dimension (Querschnittsprofile).
22 Vgl. Paal/Pauly/*Ernst* Art. 4 Rn. 39 unter Bezugnahme auf EG 24. Zur Möglichkeit der Erstellung aussagekräftiger Persönlichkeits- und Bewegungsprofile aus Telekommunikationsverkehrsdaten BVerfGE 125, 260 Rn. 211, 227; EuGH C-203/15, C-698/15, NJW 2017, 717 Rn. 99.
23 Vgl. *ULD/GP*, Scoring nach der Datenschutz-Novelle 2009, S. 124ff.
24 Zu den Möglichkeiten der Erstellung detaillierter Profile einer Person bei der Nutzung von Internet-suchmaschinen EuGH C-131/12, NJW 2014, 2257 Rn. 36ff., 80.
25 Vgl. *DIVSI*, Big Data, 2016, S. 54ff., 80ff. Zur erhöhten Aussagekraft der durch Systeme der allgegenwärtigen Datenverarbeitung erhobenen Daten s. *Roßnagel*, Datenschutz in einem informatisierten Alltag, S. 91ff.
26 Vgl. *Weichert* ZD 2013, 251 (255); *DIVSI*, Big Data, 2016, S. 24ff.
27 Dazu *Weichert* ZRP 2014, 168.
28 Vgl. dazu *Martini* DVBl. 2014, 1481 (1485); *Weichert* ZRP 2014, 168 (170). S. auch *Mayer-Schoenberger/Cukier*, Big Data, 2013.
29 Zum Problem des „Generalisierungsunrechts" und der der statistischen Diskriminierung *Britz*, Einzelfallgerechtigkeit versus Generalisierung, 2008.
30 Zu den Persönlichkeitsgefährdungen bei der Profilbildung bereits *Roßnagel/Pfitzmann/Garstka*, S. 117 f.; *Scholz*, Datenschutz beim Internet-Einkauf, 2003, S. 100ff. jeweils mwN.
31 Das BVerfG hat schon früh hingewiesen, dass vor allem bei der Integration automatisierter Informationssysteme die Gefahr entsteht, dass Personendaten zu einem „teilweisen oder weitgehend vollständigen Persönlichkeitsprofil zusammengefügt" werden, „ohne dass der Betroffene dessen Richtigkeit und Verwendung zureichend kontrollieren kann" (BVerfGE 65, 1 (53 f.)).

Anpassungsdruck zu konformem und unauffälligen Verhalten.[32] Für freie, selbstbestimmte Entscheidungen des Einzelnen bleibt dann kein Raum, wenn der Geschäfts- oder Kommunikationspartner schon vorher umfassend informiert ist und das Verhalten in seinem Sinne steuern und beeinflussen kann. Genau das wird mit dem Profiling provoziert. Daher müssen die Rechtmäßigkeits- und Transparenzanforderungen an das Profiling möglichst hoch angesetzt werden.[33]

10 Die DSGVO enthält allerdings keine eigenständige, risikoadäquate Rechtsgrundlage für das Profiling (zur Abgrenzung zu Art. 22 → Art. 22 Rn. 5).[34] Die **datenschutzrechtliche Zulässigkeit** beurteilt sich vielmehr nach den allgemeinen Regeln der Verordnung über die Grundsätze und die Rechtmäßigkeit der Datenverarbeitung in Art. 5 und 6.[35] Das ergibt sich aus Art. 21 Abs. 1 S. 1 Hs. 2, der als mögliche Rechtsgrundlage für das Profiling auf Art. 6 Abs. 1 UAbs. 1 lit. e und f verweist (zum Kreditscoring → Anh. 2 zu Art. 6 Rn. 28ff.), und EG 72, wonach das Profiling „den Vorschriften der Verordnung für die Verarbeitung personenbezogener Daten" unterliegen soll. Wesentliche Fragen des Profilings sind daher nicht detailliert geregelt und bedürfen mit Blick auf die spezifischen Grundrechtsgefährdungen (Diskriminierung, Manipulation, Fremdbestimmung) einer Konkretisierung im Einzelfall.[36]

11 Lediglich im nicht verfügenden Teil formuliert die Verordnung nähere **Verfahrensanforderungen** an das Profiling. Nach EG 71 UAbs. 2 S. 1 soll der Verantwortliche nur **geeignete mathematische oder statistische Verfahren** für das Profiling verwenden sowie technische und organisatorische Maßnahmen treffen, mit denen insbes. sichergestellt wird, dass Faktoren, die zu unrichtigen personenbezogenen Daten führen, korrigiert werden, das Risiko von Fehlern minimiert wird und **diskriminierende Wirkungen** ausgeschlossen werden. Aus diesen Anforderungen wird man die Verpflichtung ableiten müssen, von vornherein nur solche Datenarten für das Profiling zu verwenden, die für die Bewertung eines bestimmten Persönlichkeitsaspekts nach der angewandten Methode erheblich, d.h. auch inhaltlich zutreffend sind (→ Anh. 2 zu Art. 6 Rn. 43ff.).[37] Zudem sollte das Profiling einer regelmäßigen und kontinuierlichen **Beobachtung** und **Überprüfung** durch den Verantwortlichen unterzogen werden, um dessen Qualität zu sichern.[38] Dies ist besonders dann erforderlich, wenn selbstlernende Algorithmen verwendet werden, die sich selbst weiterentwickeln.[39] Das Profiling bietet sich auch als Gegenstand einer Datenschutzzertifizierung (Art. 42) an.

12 Um eine gegenüber den betroffenen Personen **faire und transparente Verarbeitung** (EG 60) und insgesamt einen hohen Grundrechtsschutz der vom Profiling betroffenen Personen zu gewährleisten, enthält die DSGVO eine Reihe von **spezifischen Regelungen**, die teils allein das Profiling als automatisierte Datenverarbeitung betreffen, teils darüber hinausgehend automatisierte Einzelentscheidungen, die auf einem Profiling beruhen. So sehen Art. 13 Abs. 2 lit. f und Art. 14 Abs. 2 lit. g weitreichende **Informationspflichten** des Verantwortlichen im Falle einer „automatisierten Entscheidungsfindung einschließlich Profiling" vor (→ Art. 13 Rn. 16). Die Information muss sich auch auf die involvierte Logik und die angestrebten Auswirkungen einer derartigen Verarbeitung für die betroffenen Personen erstrecken. Korrespondierend dazu verpflichtet Art. 15 Abs. 1 lit. h zu einer entsprechenden **Auskunft** gegenüber den betroffenen Personen (→ Art. 15 Rn. 25 f.). Art. 21 Abs. 1 sieht zudem ein **Widerspruchsrecht** gegen das Profiling vor, das die betroffene Person bei Vorliegen von Gründen, die sich aus ihrer besonderen Situation ergeben, jederzeit geltend machen kann. Ein weitergehendes Widerspruchsrecht sieht Art. 21 Abs. 2 für den Fall vor, dass das Profiling mit Direktwerbung in Verbindung steht (→ Art. 21 Rn. 14ff., 20). Darüber hinaus begründet Art. 22 ein grundsätzliches Verbot, Entscheidungen, die eine rechtliche Wirkung oder wesentliche Beeinträchtigung für die betroffene Person nach sich ziehen, ausschließlich auf eine automatisierte Verarbeitung zu stützen. Erfasst werden davon ausdrücklich auch **automatisierte Einzelentscheidungen**, die auf Basis eines Profilings ergehen (→ Art. 22 Rn. 20). Nach Art. 35 Abs. 3 lit. a ist im Falle einer automatisierten Datenverarbeitung einschließlich Profiling, die auf eine automatisierte Entscheidungsfindung abzielt, eine **Datenschutz-Folgen-**

---

32 BVerfGE 125, 260 Rn. 212 geht im Zusammenhang mit der Speicherung von Telekommunikationsverkehrsdaten davon aus, dass ein „diffus bedrohliches Gefühl des Beobachtetseins" die unbefangene Wahrnehmung der Grundrechte in vielen Bereichen beeinträchtigen kann.

33 Zur Gewichtung im Rahmen der Abwägung nach Art. 6 Abs. 1 UAbs. 1 lit. f Schantz/Wolff/*Schantz*, Rn. 733 f. mit Verweis auf EuGH C-131/12, NJW 2014, 2257; *Art.-29-Gruppe*, 17/EN WP251rev. 01, S, 21.

34 Die *DSBK*, Stellungnahme zum Entwurf der Datenschutz-Grundverordnung v. 11.6.2012 hat darauf hingewiesen, dass schon die Profilbildung selbst in erheblicher Weise in das Grundrecht auf Datenschutz eingreift und deshalb regelungsbedürftig ist. In diese Richtung auch *Kugelmann* DuD 2016, 566 (570).

35 So auch Kühling/Buchner/*Buchner* Art. 4 Nr. 4 Rn. 2; Art. 22 Rn. 4, 11; Gola/*Gola* Art. 4 Nr. 4 Rn. 35; *Richter* DuD 2016, 581 (585); *Kugelmann* DuD 2016, 566 (570); *Härting*, Rn. 608 f.

36 Zu den allgemeinen datenschutzrechtlichen Anforderungen an das Profiling *Art.-29-Gruppe*, 17/EN WP251rev. 01, S. 9ff.

37 Zu der vergleichbaren Regelung in § 28 b Nr. 1 BDSG aF (jetzt § 31 Abs. 1 Nr. 2 BDSG nF) Auernhammer/*Kramer* BDSG § 28 b Rn. 27 f.; Simitis/*Ehmann* § 28 b Rn. 33ff.

38 Vgl. Plath/*Kamlah* DSGVO Art. 22 Rn. 17; *Art.-29-Gruppe*, 17/EN WP251rev. 01, S. 16 f.

39 So Schantz/Wolff/*Schantz*, Rn. 749.

abschätzung erforderlich (→ Art. 35 Rn. 37ff.). Schließlich soll der EDSA gemäß Art. 70 Abs. 1 lit. f **Leitli-nien**, Empfehlungen und bewährte Verfahren zur näheren Bestimmung der Kriterien und Bedingungen für die auf Profiling beruhenden Entscheidungen bereitstellen.

Artikel 4 Nr. 5 Begriffsbestimmung „Pseudonymisierung"

Im Sinne dieser Verordnung bezeichnet der Ausdruck:

5.   „Pseudonymisierung" die Verarbeitung personenbezogener Daten in einer Weise, dass die personenbe-zogenen Daten ohne Hinzuziehung zusätzlicher Informationen nicht mehr einer spezifischen betroffe-nen Person zugeordnet werden können, sofern diese zusätzlichen Informationen gesondert aufbewahrt werden und technischen und organisatorischen Maßnahmen unterliegen, die gewährleisten, dass die personenbezogenen Daten nicht einer identifizierten oder identifizierbaren natürlichen Person zugewie-sen werden;

Literatur *Art.-29-Gruppe,* Stellungnahme 4/2007 zum Begriff „personenbezogene Daten", 07/DE WP 136; *dies.,* Opinion 03/2013 on purpose limitation, 13/EN WP 203; *dies.,* Stellungnahme 5/2014 zu Anonymisierungstechniken, 14/DE WP 216; *Brink, S./Eckhardt, J.,* Wann ist ein Datum ein personenbezogenes Datum?, ZD 2015, 205; *Bäumler, H./Mutius, A. v. (Hrsg.),* Anonymität im Internet, 2003; *Hansen, M.,* Linkage Control – Integrating the Essence of Privacy Protection into Identity Manage-ment Systems, Proc. eChallenges 2008, 1585; *Hansen, M./Meissner, S. (Hrsg.),* Verkettung digitaler Identitäten, 2007; *Härting, N.,* Anonymität und Pseudonymität im Datenschutzrecht, NJW 2013, 2065; *Hornung, G./Engemann, C. (Hrsg.),* Der digitale Bürger und seine Identität, 2016; *Krügel, T.,* Das personenbezogene Datum nach der DS-GVO, ZD 2017, 455; *Pfitzmann, A./ Hansen, M.,* A terminology for talking about privacy by data minimization: Anonymity, Unlinkability, Undetectability, Unob-servability, Pseudonymity, and Identity Management, Version 0.34, 10.8.2010 <http://dud.inf.tu-dresden.de/literatur/Anon_Termi nology_v 0.34.pdf>; *Roßnagel, A./Scholz, Ph.,* Datenschutz durch Anonymität und Pseudonymität – Rechtsfolgen der Verwen-dung anonymer und pseudonymer Daten, MMR 2000, 721; *Schleipfer, S.,* Datenschutzkonformes Webtracking nach Wegfall des TMG, ZD 2017, 460; *Schwartmann, R./Weiß, S. (Hrsg.),* Whitepaper zur Pseudonymisierung der Fokusgruppe Datenschutz der Plattform Sicherheit, Schutz und Vertrauen für Gesellschaft und Wirtschaft im Rahmen des Digital-Gipfels 2017 – Leitlinien für die rechtsichere Nutzung von Pseudonymisierungslösungen unter Berücksichtigung der Datenschutz-Grundverordnung –, Bundes-ministerium des Innern, 2017.

I. Überblick

Zentral für die Anwendung des Datenschutzrechts ist der **Personenbezug** von Daten (→ Art. 4 Nr. 1 Rn. 1). **1** Gemäß dem Datenschutzgrundsatz der Datenminimierung (→ Art. 5 Abs. 1 lit. c Rn. 116ff.) müssen die verarbeiteten Daten auf das für die Zwecke der Verarbeitung notwendige Maß beschränkt sein. Mithilfe von Anonymisierung oder Pseudonymisierung ist es im Sinne der **Datenminimierung** möglich, personenbe-zogene Daten so zu verändern, dass der Personenbezug nicht mehr bzw. nur bei Hinzuziehen weiterer In-formationen hergestellt werden kann. Damit wird eine **Entkopplung** der ursprünglich personenbezogenen Daten von den betroffenen Personen erreicht. Im Folgenden wird der Begriff der Pseudonymisierung gemäß Art. 4 Nr. 5 erläutert: Es handelt sich demnach um eine Verarbeitung von personenbezogenen Daten derart, dass das Resultat ohne Hinzuziehung zusätzlicher Informationen nicht mehr einer spezifischen betroffenen Person zugeordnet werden kann. Ergänzend wird im Folgenden die nicht in der DSGVO explizit legaldefi-nierte Anonymisierung beschrieben, die auch im BDSG nF mehrfach Erwähnung findet (§§ 27 Abs. 3 S. 1, 38 Abs. 1 S. 2, 50 S. 2, 73 Abs. 1 S. 3 BDSG nF). Während der Personenbezug bei pseudonymisierten Daten noch besteht, kann bei einer effektiven Anonymisierung der Personenbezug nicht mehr aus den resultieren-den anonymisierten Daten hergestellt werden.

Anonymisierung und Pseudonymisierung dienen der Wahrung der Grundrechte und Grundfreiheiten natür- **2** licher Personen. Zum einen können Anonymisierung oder Pseudonymisierung zum Datenschutzgrundsatz der Datenminimierung (→ Art. 5 Abs. 1 lit. c Rn. 132) sowie zur Umsetzung der Verpflichtung zu Datenschutz durch Technikgestaltung und durch datenschutzfreundliche Voreinstellungen (→ Art. 25 Rn. 2)[1] beitragen. Insoweit handelt es sich um **technisch-organisatorische Maßnahmen**, um das Risiko für die Rechte und Freiheiten natürlicher Personen zu reduzieren. Zum anderen besteht für Daten, die nicht oder nicht mehr personenbezogen sind, eine **Privilegierung der Verarbeitung**: Anonyme Informationen, dh Daten ohne Personenbezug, unterfallen nicht der DSGVO (→ Art. 4 Nr. 1 Rn. 19); Pseudonymisierung kann eine Verarbeitung erleichtern oder ermöglichen (→ Rn. 17).

3 Während das deutsche Datenschutzrecht die Begriffe Anonymisierung und Pseudonymisierung seit vielen Jahren kennt und in § 3 Abs. 6, Abs. 6 a legaldefiniert, fehlten in der DSRL eine Definition und die Klarheit über die damit zusammenhängenden Konsequenzen. Pseudonymisierung wird neben der eigentlichen Definition unmittelbar als Begriff in der DSGVO verwendet (→ Art. 6 Abs. 4 Rn. 60ff., → Art. 25 Rn. 70, → Art. 32 Abs. 1 lit. a Rn 33 f., → Art. 40 Abs. 2 lit. d Rn. 42, → Art. 89 Abs. 1 Rn. 50ff.). In Art. 11 spielen die Pseudonymisierung und die Nutzung von Diensten unter Pseudonym als ein der Regelung zugrunde liegendes Konzept eine wesentliche Rolle (→ Art. 11 Rn. 2). Bei der Interpretation der Begriffe Pseudonymisierung und Anonymisierung sind insbes. die EG 26, 28, 29, 75, 78, 85 und 156 heranzuziehen. Diese tragen zum Verständnis der Konzepte und zur korrekten Interpretation der Regelungen in der DSGVO bei. Im Gegensatz zu der häufigen Erwähnung der Pseudonymisierung in der DSGVO werden die Begriffe „anonym" und „anonymisiert" lediglich in EG 26 verwendet.

II. Entstehungsgeschichte

4 **1. Definitionen in nationalem Recht.** Der Begriff des Pseudonyms leitet sich aus dem Griechischen ab und bedeutet „falscher Name". Im Datenschutzrecht wird unter Pseudonymisierung verstanden, dass personenbezogene Daten durch Ersetzen identifizierender Merkmale durch andere Kennungen so verändert werden, dass rein auf Basis des entstandenen Datenbestands, dh **ohne zusätzliche Informationen, kein Personenbezug hergestellt** werden kann und damit eine Identifizierung der betroffenen Personen nicht möglich ist. Dagegen ist im üblichen Sprachgebrauch die Verwendung eines Pseudonyms nicht unbedingt damit verbunden, dass der Personenbezug Dritten unbekannt ist, beispielsweise bei Künstlernamen.

5 Die DSRL definierte den Begriff der Pseudonymisierung nicht, jedoch enthielten das BDSG aF und mehrere LDSGe unterschiedliche Definitionen zur Pseudonymisierung. So lautete die Definition in § 3 Abs. 6 a BDSG aF: „Pseudonymisieren ist das Ersetzen des Namens und anderer Identifikationsmerkmale durch ein Kennzeichen zu dem Zweck, die Bestimmung des Betroffenen auszuschließen oder wesentlich zu erschweren." Demnach stellte Pseudonymisieren einen Verarbeitungsprozess dar, durch den Identifikationsmerkmale in den Daten derart ersetzt werden, dass ein Personenbezug nicht oder nur wesentlich erschwert hergestellt werden kann.[2] Dieser Begriff wurde im BDSG aF nur an einer Stelle aufgegriffen, nämlich im § 3 a, der den **Grundsatz der Datenvermeidung und Datensparsamkeit** normierte.[3]

6 Ähnliche Definitionen fanden sich in LDSGen, beispielsweise in § 2 Abs. 2 Nr. 7 LDSG SH aF, der im Gegensatz zum BDSG aF den Begriff einer **Zuordnungsfunktion** zwischen den pseudonymisierten Daten und der betroffenen Person verwendete: „Pseudonymisieren [...] das Verändern personenbezogener Daten derart, dass die Einzelangaben über persönliche oder sachliche Verhältnisse ohne Nutzung der Zuordnungsfunktion nicht oder nur mit einem unverhältnismäßigen Aufwand einer bestimmten oder bestimmbaren natürlichen Person zugeordnet werden können". An die Nutzbarkeit der **Zuordnungsfunktion** wurden Bedingungen gestellt, wie beispielsweise § 11 Abs. 6 LDGS SH aF zur Zulässigkeit der Datenverarbeitung verdeutlichte: „Pseudonymisierte Daten dürfen nur von solchen Stellen verarbeitet werden, die keinen Zugriff auf die Zuordnungsfunktion haben. Die Übermittlung pseudonymisierter Daten ist zulässig, wenn die Zuordnungsfunktion im alleinigen Zugriff der übermittelnden Stelle verbleibt." Auch enthielten die Regelungen über Ordnungswidrigkeiten eine Bestimmung für den Fall, dass sich jemand entgegen den Vorschriften des Gesetzes Zugriff auf die Zuordnungsfunktion verschafft (§ 44 Abs. 2 Nr. 2 LDSG SH aF). Die „zusätzlichen Informationen" aus der Definition in der DSGVO umfassten die Zuordnungsfunktion des LDSG SH aF, gingen aber noch darüber hinaus, da damit auch Daten bezeichnet werden können, die nicht explizit auf eine Zuordnung abzielen, jedoch zum Zuordnen verwendet werden können.

7 Ebenso wie für den Begriff der Pseudonymisierung fehlte in der DSRL eine Legaldefinition für das **Anonymisieren**, nicht aber im BDSG aF sowie in mehreren LDSGen: „Anonymisieren" bedeutete gemäß § 3 Abs. 6 BDSG aF „das Verändern personenbezogener Daten derart, dass die Einzelangaben über persönliche oder sachliche Verhältnisse nicht mehr oder nur mit einem unverhältnismäßig großen Aufwand an Zeit,

---

1 So auch deutlich EG 78: „Solche Maßnahmen könnten unter anderem darin bestehen, dass [...] personenbezogene Daten so schnell wie möglich pseudonymisiert werden [...]".
2 So für das BDSG aF Simitis/*Scholz* § 3 Rn. 214.
3 Simitis/*Scholz* § 3 Rn. 212.

Kosten und Arbeitskraft einer bestimmten oder bestimmbaren natürlichen Person zugeordnet werden können." Zudem verwenden einige Rechtsnormen Begriffe wie „anonym" oder „unter Pseudonym" (bspw. § 13 Abs. 6 TMG) oder „Benutzung eines Pseudonyms" (bspw. Art. 5 Abs. 2 Verordnung (EU) Nr. 910/2014, sog eIDAS-VO, im Kontext der Zertifikate für elektronische Signaturen). Der Begriff des Pseudonyms ist nicht mit der Pseudonymisierung gleichzusetzen (→ Rn. 19).

2. Entwicklung der Norm im Gesetzgebungsprozess. Der KOM-E enthielt keine Definition zu Pseudonymi- 8
sierung. Art. 4 Nr. 2 a Parl-E sah eine Definition für **„pseudonymisierte Daten"** (in der englischen Fassung hieß es „pseudonymous data" statt „pseudonymised data"), nicht aber für Pseudonymisierung vor. Der Sache nach waren aber die wesentlichen Begriffselemente bereits enthalten. Der finale Normtext mit einer Definition zur Pseudonymisierung basiert hauptsächlich auf Art. 4 Nr. 3 b Rat-E.

Die Begriffsdefinition berücksichtigt nicht den von der deutschen Delegation eingebrachte Zusatz, nach 9
dem die Herstellung des Personenbezugs von pseudonymisierten Daten nicht absolut ausgeschlossen gewesen wäre, sondern analog zu der Formulierung zur Begriffsdefinition „Anonymisieren" in § 3 Abs. 6 BDSG aF auch die Möglichkeit der Zuordnung zu einer bestimmten oder bestimmbaren natürlichen Person „nur mit einem unverhältnismäßigen Aufwand an Zeit, Kosten und Arbeitskraft möglich" vorgesehen gewesen wäre („can be attributed to such person only with the investment of a disproportionate amount of time, expense and manpower").[4] Dieser Gedanke wird allerdings in EG 26 aufgegriffen. Auch EG 28, der die Pseudonymisierung motiviert, stammt aus der Feder der deutschen Delegation (→ Rn. 16). Weiterhin hat sich die deutsche Delegation in demselben Schreiben dafür eingesetzt, die Bedingungen für ein späteres Wiederherstellen des Personenbezugs pseudonymisierter Daten („re-identification") zu regeln[5] und **eine Erleichterung für die Pseudonymisierung** zu schaffen,[6] wie dies in EG 29 Eingang fand (→ Rn. 34). Eine wirkliche Privilegierung der Verarbeitung pseudonymisierter Daten, wie früh im Gesetzgebungsprozess vorgeschlagen worden war, wurde nicht aufgenommen.[7]

Nicht in die finale Fassung der DSGVO eingegangen ist der Vorschlag der deutschen Delegation für einen 10
eigenen Artikel, der das Recht beschrieb, **unter Pseudonym Online-Angebote zu nutzen** und darüber informiert zu werden: „Right to use aliases in information society services".[8] Ein eigener Artikel zur Nutzung eines Pseudonyms statt des Klarnamens („alias, nickname or assumed name instead of their real name") wurde in der endgültigen Fassung der DSGVO nicht aufgenommen und kann – je nach Zweck – nur indirekt abgeleitet werden (Datenschutzgrundsatz der Datenminimierung: → Art. 5 Abs. 1 lit. c Rn. 125ff.; Datenschutzgrundsatz der Speicherbegrenzung: → Art. 5 Abs. 1 lit. e Rn. 156; Datenschutz durch Technikgestaltung: → Art. 25 Rn. 68). Die ebenfalls im Textvorschlag der deutschen Delegation enthaltene Betonung, dass sich das Auskunftsrecht auch auf die Nutzung unter Pseudonym („alias") erstreckt und in solchen Fällen unter diesem Pseudonym wahrgenommen werden kann,[9] wurde nicht in jener Formulierung in die endgültige DSGVO aufgenommen, ergibt sich aber bei Vorliegen geeigneter Pseudonyme[10] aus Art. 11 Abs. 2 (→ Art. 11 Rn. 20).

Im Gegensatz zu Pseudonymisierung fehlt für die **Anonymisierung** in der DSGVO eine Begriffsdefinition, 11
obwohl in EG 26 die Formulierungen „anonyme Informationen" und „anonymisiert" verwendet und erklärt werden. Die DSRL enthielt ebenfalls keine explizite Begriffsdefinition, obwohl anonymisierte Daten (Englisch: „data rendered anonymous") in EG 26 DSRL vorkam („Daten, die derart anonymisiert sind, dass die betroffene Person nicht mehr identifizierbar ist").

Zudem hat sich die Art.-29-Gruppe in mehreren Stellungnahmen mit Anonymisierung und Pseudonymisie- 12
rung sowie mit verwandten Fragen des Personenbezugs beschäftigt.[11]

---

4   Schreiben 14705/1/14 der deutschen Delegation vom 24.10.2014 sowie Schreiben 14705/1/14 REV1 vom 15.1.2015 an die Working Party on Information Exchange and Data Protection, Betreff „Pseudonymisation", 5, http://data.consilium.europa.eu/doc/document/ST -14705-2014-INIT/en/pdf bzw. http://data.consilium.europa.eu/doc/document/ST-14705-2014_REV_1/en/pdf.

5   Schreiben 14705/1/14 der deutschen Delegation vom 24.10.2014, 2, 10.

6   Schreiben 14705/1/14 der deutschen Delegation vom 24.10 2014, 5.

7   Kühling/Buchner/*Buchner/Petri* Art. 6 Rn. 154 mit Verweis auf PE506.146 v 01-00 (DE) v. 4.3.2013 Änderungsantrag 887 Valean/ Rohde: Vorschlag zur Aufnahme eines Erlaubnistatbestands in Art. 6: „Die Verarbeitung ist beschränkt auf pseudonymisierte Daten und dem Leistungsempfänger wird ein Widerspruchsrecht nach Artikel 19 Absatz 3 eingeräumt".

8   Schreiben 14705/1/14 REV1 der deutschen Delegation vom 15.1.2015, 4, 8.

9   Schreiben 14705/1/14 REV1 der deutschen Delegation vom 15.1.2015, 9.

10 *Roßnagel/Pfitzmann/Garstka*, S. 109, 175, 236, 242 sowie *ENISA Ad-Hoc-Arbeitsgruppe zu Datenschutz und Technologie*, 2008, 24ff.: Für eine Auskunft ist der Nachweis erforderlich, dass die ersuchende Person dazu berechtigt ist (Authentifizierung). Dies ist beispielsweise möglich, wenn der Verantwortliche die personenbezogenen Daten über ein unter Pseudonym geführtes Nutzerkonto zur Verfügung stellt oder sog „digitale Pseudonyme", dh auf kryptographischen Funktionen basierende pseudonyme Berechtigungsnachweise, verwendet werden.

11 *Art.-29-Gruppe*, WP 136, S. 21, 24 f.; *dies.*, WP 216, S. 9ff.

III. Kommentierung des Normtexts

13 **1. Begriffsbildung und Funktionen der Anonymisierung und der Pseudonymisierung.** Das Datenschutzrecht unterscheidet zwischen personenbezogenen (→ Art. 4 Nr. 1 Rn. 14) und nichtpersonenbezogenen, dh anonymen, Daten[12] (→ Art. 4 Nr. 1 Rn. 19). Wenn personenbezogene Daten so transformiert werden, dass der Personenbezug entfernt wird, spricht man von **anonymisierten Daten** (→ Art. 4 Nr. 1 Rn. 20). Daten können auch bereits anonym vorliegen, beispielsweise Sachdaten, die keinen Personenbezug aufweisen (→ Art. 4 Nr. 1 Rn. 21).

14 Wird der Personenbezug nicht irreversibel entfernt, sondern werden personenbezogene Daten so verändert, dass die **Daten von den zugehörigen betroffenen Personen entkoppelt** werden, handelt es sich um eine Pseudonymisierung. Die Verkettbarkeit der Daten zu spezifischen betroffenen Personen wird damit eingeschränkt und kann unter Bedingungen gestellt werden. Die Art.-29-Gruppe beschreibt dies als Identitätsverschleierung[13] bzw. als Verringerung der Verknüpfbarkeit eines Datenbestands mit der wahren Identität einer betroffenen Person.[14]

15 Während Daten ohne Personenbezug dem Anwendungsbereich der DSGVO nicht unterfallen (→ Art. 4 Nr. 1 Rn. 19), besteht laut **EG 26 der Personenbezug bei einer Pseudonymisierung** fort. Dies bedeutet auch, dass die datenschutzrechtlichen **Anforderungen an Transparenz und Betroffenenrechte** ebenfalls im Falle von pseudonymisierten Daten einzuhalten sind.[15] Auch wenn der Geltungsbereich der DSGVO eröffnet ist, kann die Pseudonymisierung Vorteile für den Verantwortlichen entfalten: einerseits als Schutzfunktion, andererseits als Ermöglichungs- und Erleichterungsfunktion.[16]

16 In der **Schutzfunktion** dient die Pseudonymisierung als technisch-organisatorische Maßnahme zur Gewährleistung der Rechte und Freiheiten natürlicher Personen. Damit sollen insbes. der Datenschutzgrundsatz der Datenminimierung (→ Art. 5 Nr. 1 lit. c Rn. 132), die Umsetzung des Prinzips Datenschutz durch Technikgestaltung und durch datenschutzfreundliche Voreinstellungen (→ Art. 25 Rn. 68) sowie die Anforderungen an die Sicherheit (→ Art. 32 Abs. 1 lit. a Rn. 33 f.) realisiert und gefördert werden. Pseudonymisierung soll zum einen risikomindernd wirken, zum anderen wird sie als Mittel gesehen, um die Verantwortlichen und die Auftragsverarbeiter bei der Einhaltung ihrer Datenschutzpflichten zu unterstützen (EG 28), wobei EG 28 betont, dass daneben andere Datenschutzmaßnahmen bestehen können.

17 In der **Ermöglichungs- und Erleichterungsfunktion** kann Pseudonymisierung zur Zulässigkeit einer Verarbeitung beitragen. Dies betrifft insbes. die Möglichkeit einer zweckändernden Datenverarbeitung nach Art. 6 Abs. 4 lit. e (→ Art. 6 Abs. 4 Rn. 60ff.), für die Pseudonymisierung als Möglichkeit für das geforderte Vorhandensein geeigneter Garantien angeführt wird. Ähnliches gilt für die Verarbeitung für im öffentlichen Interesse liegende Archivzwecke, für wissenschaftliche oder historische Forschungszwecke (→ Art. 5 Abs. 1 lit. b Rn. 108), wofür Pseudonymisierung als mögliche Maßnahme in Art. 89 Abs. 1 S. 2 sowie in EG 156 (→ Art. 89 Rn. 50ff.) genannt wird. Ebenso kann Pseudonymisierung im Sinne einer Risikoreduzierung in der Interessenabwägung berücksichtigt werden, wie dies beispielsweise in Art. 6 Abs. 1 UAbs. 1 lit. f (→ Art. 6 Abs. 1 Rn. 114 f.) bezüglich einer Verarbeitung zur Wahrung berechtigter Interessen des Verantwortlichen oder eines Dritten vorgesehen ist.[17] Auch die Nennung der Pseudonymisierung in Art. 40 Abs. 2 lit. d (→ Art. 40 Rn. 42) als möglicher Bestandteil der genehmigten Verhaltensregeln folgt dem Ansatz einer Ermöglichung oder Erleichterung einer branchenspezifischen Verarbeitung.

18 Einen Sonderfall nimmt Art. 11 (Verarbeitung, für die eine Identifizierung der betroffenen Person nicht erforderlich ist) ein, da dieser Artikel **nicht explizit auf die Pseudonymisierung nach der DSGVO** abstellt, sondern auch weitere Möglichkeiten für eine aus Sicht des Verantwortlichen fehlenden Personenbezug umfasst. Hier sieht Art. 11 Abs. 1 vor, dass für den Fall, dass für die Zwecke der Verarbeitung eine Identifizierung der betroffenen Person nicht erforderlich ist, der Verantwortliche nicht dazu verpflichtet ist, identifizierende Daten vorzuhalten oder sich zu verschaffen. Pseudonymisierte Daten ohne Zugriff auf die zusätzlichen Informationen wären nur ein Beispiel für einen Sachverhalt, der in Art. 11 adressiert wird (→ Art. 11 Rn. 19). Alternativ könnten die Daten auch anonym für den Verantwortlichen vorliegen. Kann der Verantwortliche nachweisen, dass ihm die Identifizierung nicht möglich ist, beispielsweise weil er nicht auf die zusätzlichen Informationen zugreifen kann, gelten für ihn die Pflichten zur Erfüllung der Betroffenenrechte

---

12 *Art.-29-Gruppe,* WP 136, S. 24.
13 *Simitis/Scholz* § 3 Rn. 214; *Art.-29-Gruppe,* WP 136, S. 21. Allerdings wird der Blick in dieser Stellungnahme verengt auf ein mögliches Ziel der Pseudonymisierung, „weitere Daten über eine Person zu sammeln, ohne die Identität der Person zu kennen. Dies ist in den Bereichen Forschung und Statistik von besonderer Relevanz." Pseudonymisierung kann aber auch sinnvoll zum Einsatz kommen, wenn keine weitere Datensammlung beabsichtigt ist.
14 *Art.-29-Gruppe,* WP 216, S. 24.
15 *Schwartmann/Weiß (Hrsg.),* Whitepaper zur Pseudonymisierung, 2017, S. 16ff.
16 *Schwartmann/Weiß (Hrsg.),* Whitepaper zur Pseudonymisierung, 2017, S. 11ff.
17 *Kühling/Buchner/Buchner/Petri* Art. 6 Rn. 154.

gemäß Art. 15–20 nicht (→ Art. 11 Rn. 28). Allerdings besteht dann eine Ausnahme, wenn die betroffene Person bei der Ausübung dieser Rechte selbst die identifizierenden Daten beibringt (→ Art. 11 Rn. 34 f.).

2. Charakteristika von Pseudonymisierung, Anonymisierung und der Verwendung von Pseudonymen. Der **19** Personenbezug nimmt im Datenschutzrecht und auch in der DSGVO eine zentrale Rolle ein. Für das Verständnis der Facetten eines nicht, nicht mehr, noch nicht oder nur unter bestimmten Bedingungen vorhandenen Personenbezugs müssen weitere Begriffe aus dem Feld Anonymität und Pseudonymität in den Blick genommen werden. Dazu gehören insbes. **Pseudonymisierung, Anonymisierung und das Verwenden von Pseudonymen,** wie dies im Folgenden überblicksartig ausgeführt wird. Von diesen Begriffen definiert die DSGVO lediglich die Pseudonymisierung, mit der jedoch nicht alle Abstufungen des Personenbezugs, die in der Praxis vorkommen, erfasst werden. Letztlich muss der Personenbezug für den jeweils vorliegenden Fall geklärt werden (→ Art. 4 Nr. 1 Rn. 46).

Während Anonymität für das Fehlen eines Personenbezugs steht, ist der Begriff Pseudonymität im üblichen **20** Sprachgebrauch nicht klar darauf festgelegt, inwieweit ein Personenbezug gegeben ist. Während im Sinne der Datenminimierung Anonymität idR zu bevorzugen ist, kann es für den Zweck der Verarbeitung geboten sein, eine **Verkettbarkeit** von Datensätzen oder Nutzungsvorgängen aufrechtzuerhalten und neue Daten zur selben Person korrekt zuzuordnen, die **Wahrnehmung der Betroffenenrechte unter Pseudonym** zu unterstützen sowie in gewissen Fällen eine **gezielte Re-Identifizierung** (**Aufdeckung**) der betroffenen Personen durchzuführen. Dies können Verfahren der Pseudonymität leisten.[18]

a) Pseudonymisierung als Verarbeitung. Gemäß Art. 4 Nr. 5 handelt es sich bei der „Pseudonymisierung" **21** um eine Verarbeitung von personenbezogenen Daten iSv Art. 4 Nr. 2 (→ Art. 4 Rn. 12): Aus dem Originalbestand personenbezogener Daten ergibt sich durch die Pseudonymisierung ein pseudonymisierter Datenbestand. Mit Pseudonymisierung lässt sich erreichen, dass eine **Zuordnung** rein auf Basis der entstehenden, pseudonymisierten Daten zu einer spezifischen betroffenen Person **nicht mehr möglich** ist, es sei denn, es werden **zusätzliche Informationen** hinzugezogen. Für diese zusätzlichen Informationen gilt nach der Definition der Pseudonymisierung, dass sie gezielt von den pseudonymisierten Daten separiert werden müssen und nicht dafür genutzt werden können, um den Personenbezug wiederzustellen (→ Rn. 31ff.). Im Umkehrschluss bedeutet dies, dass mit diesen zusätzlichen Informationen die Zuordnung zu einer betroffenen Person, dh deren Identifizierung, möglich ist.

Der Verantwortliche, der nach Art. 4 Nr. 7 (→ Art. 4 Nr. 7 Rn. 20ff.) dadurch charakterisiert wird, dass er **22** über die Zwecke und Mittel der Verarbeitung personenbezogener Daten entscheidet, **bestimmt auch über Zwecke und Mittel der Pseudonymisierung.** Dabei kann er sich Dienstleistern bedienen. Die Pseudonymisierung betrifft die personenbezogenen Daten im Bereich des Verantwortlichen und kann beispielsweise während der Erhebung oder nach der Speicherung der Daten stattfinden. Erst durch eine Veränderung der vorhandenen personenbezogenen Daten durch die Pseudonymisierung wird das Ziel erreicht, dass die betroffenen Personen ohne das Zusatzwissen nicht mehr identifizierbar sind. Von der Pseudonymisierung nach Art. 4 Nr. 5 abzugrenzen ist die Verwendung von Pseudonymen, die beispielsweise von der betroffenen Person selbstgewählt sein können (→ Rn. 26–29, 36). Allerdings können auch Verfahren, in denen die Pseudonymisierung im Bereich der betroffenen Person durchgeführt wird, die Anforderungen nach Art. 4 Nr. 5 erfüllen (→ Rn. 37).

b) Anonymisierung als Verarbeitung. Bei einer Anonymisierung handelt es sich ebenfalls um eine Verarbei- **23** tung von personenbezogenen Daten, über deren Zwecke und Mittel der Verantwortliche bestimmt.[19] Ziel der Anonymisierung ist das **unumkehrbare Entfernen des Personenbezugs.** Das Resultat ist ein anonymisierter Datenbestand. Eine Identifizierung der betroffenen Personen ist demnach ausgeschlossen. Da die Daten vor der Anonymisierung personenbezogen vorliegen, **unterfallen die Verarbeitungsvorgänge der Anonymisierung selbst dem Datenschutzrecht.** Davon getrennt zu betrachten sind solche anonymen Informationen, die von vornherein keinen Personenbezug aufweisen und daher auch keiner Anonymisierung unterliegen.

Solange die aus der Anonymisierung resultierenden anonymisierten Daten keinen Personenbezug aufwei- **24** sen, sind diese Daten nicht vom Anwendungsbereich der DSGVO umfasst; nach EG 26 gelten die Grundsätze des Datenschutzes in diesem Fällen nicht. Allerdings gibt die Art.-29-Gruppe zu bedenken, dass es ein Fehler sein kann, bei der Nutzung ordnungsgemäß anonymisierter Daten die **Auswirkungen auf die betroffenen Personen** nicht zu berücksichtigen:[20] Dies gelte insbes. für Verarbeitungen, die auf Profiling basierten oder die, ggf. in Kombination mit anderen Daten, genutzt würden, Entscheidungen zu treffen, die Auswirkungen auf Personen hätten. Solche Verarbeitungen könnten eine Verletzung der Privatsphäre zur Folge ha-

---

18 Simitis/*Scholz* § 3 Rn. 216.
19 *Art.-29-Gruppe,* WP 216, S. 8.
20 *Art.-29-Gruppe,* WP 216, S. 12 f.

ben und damit einen Verstoß gegen Art. 8 EMRK und Art. 7 GRCh darstellen, selbst wenn die Datenschutzvorschriften wegen der Anonymisierung der Daten keine Anwendung fänden. Die Art.-29-Gruppe fordert, die berechtigten Erwartungen der betroffenen Personen hinsichtlich der Weiterverarbeitung ihrer Daten zu respektieren.[21]

25 c) **Verwendung von Pseudonymen.** Wie bereits erklärt, ist die ursprüngliche Bedeutung des Begriffs Pseudonym „falscher Name". Dies kann man so verstehen, dass der echte Name einer Person, der sich beispielsweise aus behördlichen Dokumenten ergibt, ersetzt wird durch eine Zeichenkette, das sog **Pseudonym**.[22] Jedoch ergibt sich der Personenbezug nicht nur aus einem Namen, sondern es können auch zugeordnete Identifikatoren wie Kontonummern, die Steuer-ID, Kundennummern, Benutzernamen, E-Mail-Adressen, Geräte-IDs oder biometrische Merkmale eine Person identifizieren. In der digitalen Welt sind Identifikatoren bei jeder Transaktion gängig; ob eine Zeichenkette den echten Namen einer Person darstellt oder nicht, spielt für einen Computer keine Rolle.

26 Während die Pseudonymisierung unter Verantwortung des Verantwortlichen durchgeführt wird, ist ein **Verwenden eines Pseudonyms auch durch die betroffene Person selbst** – beispielsweise im Rahmen des Selbstdatenschutzes (→ Art. 25 Rn. 65) – oder durch andere natürliche Personen ohne Beteiligung des Verantwortlichen möglich. So können beispielsweise selbst- oder fremdvergebene Spitznamen oder Künstlernamen genutzt werden. In diesen Fällen ist der Personenbezug oft unmittelbar gegeben, zB wenn der Spitzname in einem Kontext (beispielsweise im Sportverein) oder kontextübergreifend zum Ansprechen der Person verwendet wird oder der Künstler unter diesem Namen auftritt. Diese Art von Pseudonymen soll verkettbar sein, dh die betroffene Person will diesen Namen mehrfach verwenden und kann auch darunter eine Reputation aufbauen. Dabei muss es sich nicht um natürlichsprachlich verwendbare Zeichenketten halten; beispielsweise fungiert ein selbstgenerierter öffentlicher kryptographischer Schlüssel, der sich zum Verschlüsseln oder zum Prüfen einer digitalen Signatur einsetzen lässt, als ein solches Pseudonym. Ebenso können die den kryptographischen Schlüsseln zugeordneten Bezeichner Pseudonyme beinhalten. Dies gilt auch für die Zertifikate für elektronische Signaturen nach Art. 3 Abs. 1 Nr. 14 eIDAS-VO. In Art. 5 Abs. 2 eIDAS-VO ist geregelt, dass die Benutzung derartiger Pseudonyme bei elektronischen Transaktionen nicht untersagt werden darf.

27 Bei mehrfacher Verwendung desselben Pseudonyms sind diese Aktionen miteinander verkettbar. Wenn häufig dasselbe Pseudonym genutzt wird, können diese Daten zu einem Profil über die dem Pseudonym zugeordnete Person zusammengeführt werden. Die Wiederverwendung eines Pseudonyms in einem Anwendungszusammenhang (Kontext), zB gegenüber demselben Kommunikationspartner oder in derselben Rolle, kann von den Beteiligten gewollt sein, um beispielsweise eine Reputation aufzubauen oder an vorherige Kommunikation anzuknüpfen. Vorschläge zu einem **datenschutzfördernden Identitätenmanagement**[23] setzen hier an, um identifizierende Daten bei der Nutzung von Online-Diensten zu minimieren und im Fall von längerfristigen Kommunikationsbeziehungen die Nutzenden in der Verwaltung digitaler Identitäten und insbes. kontextspezifischer Pseudonyme[24] zu unterstützen, die eine übergreifende Verkettung und umfangreiche Profilbildung erschweren.[25]

28 Im Fall eines **Gruppenpseudonyms**[26] ist die Verwendung nicht auf eine Person beschränkt, sondern dieses kann von mehreren Personen gleichzeitig verwendet werden. Ähnliches gilt für **übertragbare Pseudonyme**,[27] die von einer Person an eine andere weitergegeben werden können. Beispiele für Pseudonyme, die nicht eindeutig einer Person zugeordnet sind, sind IP-Adressen von einem Computer mit verschiedenen Nutzenden oder übertragbare Fahrkarten. Manchmal ist den betroffenen Personen gar nicht bewusst, dass ein Identifikator über die Zeit nicht an nur eine Person gebunden ist, beispielsweise wenn eine Telefonnummer nach dem Abmelden erneut vergeben wird.

29 Statt ein Pseudonym von mehreren Personen verwenden zu lassen, um einen eindeutigen Personenbezug im Fall einer Profilbildung zu unterbinden, kann auch eine Person **ständig wechselnde Transaktionspseudony-**

---

21 *Art.-29-Gruppe,* WP 216, S. 12 f.; *dies.,* WP 203, S. 24 f.
22 *Pfitzmann/Hansen,* A terminology for talking about privacy by data minimization, 2010, S. 21.
23 *ULD/Studio Notarile Genghini (SNG),* Identity Management Systems (IMS): Identification and Comparison Study, Studie im Auftrag des Institute for Prospective Technological Studies, Joint Research Centre Seville, Spanien, 2013, S. 201ff.
24 Insbesondere „role-relationship pseudonyms", vgl. *Pfitzmann/Hansen,* A terminology for talking about privacy by data minimization, 2010, S. 26.
25 *Arbeitskreis „Technik" der Datenschutzbeauftragten des Bundes und der Länder,* Datenschutzförderndes Identitätsmanagement, Hintergrundpapier zur Entschließung „Datenschutzförderndes Identitätsmanagement statt Personenkennzeichen", Version 1.0, 5.3.2008, S. 5ff.
26 „Group pseudonym", vgl. *Pfitzmann/Hansen,* A terminology for talking about privacy by data minimization, 2010, S. 23.
27 „Transferable pseudonym", vgl. *Pfitzmann/Hansen,* A terminology for talking about privacy by data minimization, 2010, S. 23.

me[28] nutzen, die ebenfalls der Profilbildung entgegenstehen. Technische Lösungen für eine Pseudonymisierung auf Nutzerseite, die nicht auf von der betroffenen Person ausgedachten Kennungen, sondern im eigenen Bereich kryptographisch erzeugten, wechselnden, nichtverkettbaren Pseudonymen beruhen, gibt es beispielsweise in Form von attributbasierten Berechtigungsnachweisen, die für eine datenminimierende Online-Authentifizierung einsetzbar sind.[29] Dies hat den Vorteil, dass die betroffene Person selbst über den Schlüssel zu ihren Daten verfügt. Eine Verkettbarkeit über das Pseudonym besteht nicht, weil jedes Pseudonym nur einmal verwendet wird.[30]

3. Pseudonymisierung. a) Die zusätzlichen Informationen. Wesentlich für die Pseudonymisierung sind die   30
zusätzlichen Informationen. Aus der Formulierung ergibt sich im Umkehrschluss, dass bei Hinzuziehen dieser zusätzlichen Informationen die Daten einer spezifischen betroffenen Person zugeordnet werden können. Hierbei kann es sich um eine **Zuordnungsfunktion** (→ Rn. 6) handeln, die beispielsweise als Tabelle oder als mathematische Funktion zur (rückrechenbaren) Umwandlung von Identifikationswerten umgesetzt sein können.[31] Die Art.-29-Gruppe beschreibt in ihrer Stellungnahme zu Anonymisierungstechniken primär kryptographische Funktionen zur Pseudonymisierung; bei den zusätzlichen Informationen handelt es sich dann um geheime Schlüssel.[32]

Für eine Pseudonymisierung fordert Art. 4 Nr. 5 erstens, dass diese zusätzlichen Informationen, mit denen   31
eine Zuordnung zu einer spezifischen betroffenen Person möglich ist, **gesondert aufbewahrt** werden. Dies bedeutet zugleich ein gezieltes Nicht-Verfügbar-Machen für diejenigen, die die pseudonymisierten Daten verarbeiten sollen, als auch die Notwendigkeit, dass diese Informationen weiterhin vorhanden sein sollen. Die gesonderte Aufbewahrung kann sowohl durch eine räumliche Trennung der Aufbewahrung als auch durch eine Separierung durch wirksame technische und organisatorische Maßnahmen geschehen. Die Anforderung der gesonderten Aufbewahrung kann auch durch den Einsatz von Datentreuhändern[33] erreicht werden. Bei Weitergabe von pseudonymisierten Datensätzen ist darauf zu achten, dass die gesonderte Aufbewahrung der zusätzlichen Informationen während und nach der Weitergabe garantiert bleibt.

Zweitens sind weitere technische und organisatorische Maßnahmen zu treffen, die gewährleisten, dass die   32
personenbezogenen Daten **tatsächlich nicht einer identifizierten oder identifizierbaren natürlichen Person zugewiesen** werden. Dies kann beispielsweise über einen Schutz vor unautorisiertem Zugriff durch Verschlüsselung oder ein umgesetztes Berechtigungskonzept realisiert werden. Für den Fall, dass zwar idR mit pseudonymisierten Daten gearbeitet wird, aber unter bestimmten Bedingungen eine Re-Identifizierung von einzelnen Personen erforderlich wird, muss diese Anforderung bei der Konzeption der technischen und organisatorischen Maßnahmen berücksichtigt werden.[34] Bei einer Re-Identifizierung wären die entsprechenden Daten nicht mehr pseudonymisiert.

Es muss also erstens gesichert sein, dass **ohne Hinzuziehung zusätzlicher Informationen die Zuordnung zu**   33
einer spezifischen betroffenen Person nicht möglich ist, und zweitens, dass diese **Informationen** gesondert aufbewahrt und durch entsprechende technische und organisatorische Maßnahmen so behandelt werden, dass sie **nicht für eine Zuweisung der Daten zu der betroffenen Person verwendet** werden. Wenn nicht beide

---

28 „Transaction pseudonym" / „one-time-use pseudonym", vgl. *Pfitzmann/Hansen,* A terminology for talking about privacy by data minimization, 2010, S. 26.

29 Beispielsweise mit der Technik der datenschutzfördernden attributbasierten Berechtigungsnachweise (Privacy-Enhancing Attribute-Based Credentials): *Rannenberg/Camenisch/Sabouri (Hrsg.),* Attribute-based Credentials for Trust: Identity in the Information Society, 2015; *Camenisch/Lysyanskaya,* An efficient system for non-transferable anonymous credentials with optional anonymity revocation, in: Proc. EUROCRYPT 2001, LNCS 2045, 93; *Alpár/Hoepman/Siljee,* The Identity Crisis – Security, Privacy and Usability Issues in Identity Management, Journal of Information System Security, 9 (1), 2013, 23.

30 Im Sinne einer Minimierung der Risiken für die Rechte und Freiheiten betroffener Personen sollten Anonymität oder, sofern dies nicht möglich ist, anonymitätsnahe Arten von Pseudonymen bei der Verarbeitung vorrangig zum Einsatz kommen, s. *Roßnagel/Pfitzmann/Garstka,* S. 16.

31 *Albrecht/Jotzo* stellen es wie folgt dar: „Hier verfügt der Verantwortliche typischerweise über die nötigen zusätzlichen Informationen (Schlüssel), um die Daten zu reindividualisieren." (S. 59, Rn. 3).

32 *Art.-29-Gruppe,* WP 216, S. 24 f.

33 *Telematikplattform für Medizinische Forschungsnetze eV,* Bestandsaufnahme und Charakterisierung von Biobanken – Systematisierung, wissenschaftliche Bewertung, Finanzierungsmodelle und Konzepte zu Datenschutz und Patienteneinwilligung, Gutachten für das Büro für Technikfolgen-Abschätzung beim Deutschen Bundestag (TAB), Version 1.20, 30.6.2006, S. 20; *ULD,* Datenschutzrechtliches Gutachten „Datentreuhänderschaft in der Biobank-Forschung – bdc\Audit (Biobank Data Custodianship/Audit Methodology and Criteria) – Methoden, Kriterien und Handlungsempfehlungen für die datenschutzrechtliche Auditierung der Datentreuhänderschaft in der Biobank-Forschung", Schlussbericht v 1.1, 30.4.2009.

34 Eine Aufdeckung der Pseudonymisierung sollte nur kontrolliert und unter vorab definierten Bedingungen in einem dokumentierten Verfahren geschehen. Für den Einsatz der attributbasierten Berechtigungszertifikate ist dies beispielhaft beschrieben in *Bieker/Hansen/Zwingelberg,* Towards a privacy-preserving inspection process for authentication solutions with conditional identification, Proc. Open Identity Summit 2014, 85.

Bedingungen erfüllt sind, handelt es sich nicht um eine Pseudonymisierung gemäß Art. 4 Nr. 5.[35] Würden die zusätzlichen Informationen nicht gesondert aufbewahrt, sondern gelöscht werden, würde aus der Pseudonymisierung eine Anonymisierung hervorgehen, da dann keine Möglichkeit mehr bestünde, um den Personenbezug herzustellen.[36]

34 Zur Vereinfachung der Pseudonymisierung verdeutlicht EG 29, dass der Verantwortliche für „Pseudonymisierungsmaßnahmen, die jedoch eine allgemeine Analyse zulassen" nicht zwangsläufig einen **Dritten zur Durchführung der Pseudonymisierung** oder **Aufbewahrung der zusätzlichen Informationen** einbinden muss.[37] Es ist demnach möglich, dass **beim Verantwortlichen selbst** die zusätzlichen Informationen aufbewahrt werden, die eine Zuordnung der Daten zu einer betroffenen Person ermöglichen, sofern diese geeignet gegen unbefugte Zugriffe geschützt sind. Die Einbindung eines externen Treuhänders zu diesem Zweck ist also in einem solchen Fall nicht notwendig. Die Pflicht zur gesonderten Aufbewahrung darf damit nicht unterlaufen werden: Der Verantwortliche muss die für die Einhaltung der DSGVO erforderlichen technischen und organisatorischen Maßnahmen getroffen haben, beispielsweise durch strikte Trennung der Rollen und Berechtigungen der Beschäftigten. Als weitere Bedingung ist genannt, dass die Namen der **befugten Personen bei ihm benennen** muss. Damit ist nicht gemeint, dass die Namen der Beschäftigten zu veröffentlichen sind. Diese Bedingung folgt vielmehr der Anforderung der Verantwortlichkeit für die Datenverarbeitung gemäß Art. 24 Abs. 1, nach der der Verantwortliche die Einhaltung der DSGVO nachweisen können muss. Daraus ergibt sich, dass der Verantwortliche im Rahmen seines Datenschutzmanagements (→ Art. 25 Rn. 34; → Art. 32 Rn. 57) die Information über die befugten Personen zu dokumentieren und in aktueller Fassung vorzuhalten hat. Diese Verpflichtung soll Unklarheiten in den Zuständigkeiten, die zu einer Aufdeckung der Pseudonymisierung führen könnten, verhindern. Die „befugten Personen" umfassen insbes. diejenigen mit Zugriffsberechtigung auf die zusätzlichen Informationen, die nicht identisch mit denen sein dürfen, die mit den pseudonymisierten Daten arbeiten. Darüber hinaus könnten sich in einer weiten Interpretation des EG 29 die „befugten Personen" auch auf diejenigen erstrecken, die auf andere Weise Einfluss auf eine Re-Identifizierung von betroffenen Personen innerhalb des Pseudonymisierungsverfahrens nehmen könnten, zB durch Veränderung von Parametern bei der Pseudonymisierung (→ Rn. 39 u. 49). Sofern eine Aufdeckung der Pseudonymisierung unter bestimmten Bedingungen vorgesehen ist, muss schon aus diesem Grund das zugehörige Verfahren einschließlich der zuständigen Personen dokumentiert sein.

35 Bei der Auswahl der Maßnahmen ist gemäß Art. 24 das Risiko für die Rechte und Freiheiten natürlicher Personen zu berücksichtigen. In diesem Fall betrifft dies insbes. das Risiko einer unbefugten Aufhebung der Pseudonymisierung (EG 75 und 85), da diese zu einem physischen, materiellen oder immateriellen Schaden führen könnte. Liegt bei der Verarbeitung ein hohes Risiko vor, wie es beispielsweise im Fall von Biobanken, auf deren Basis Forschung mit genetischen Daten stattfindet, gegeben sein kann, ist die **Einbindung** eines oder mehrerer **externer Treuhänder** sinnvoll oder sogar geboten. Eine Verteilung der zusätzlichen Daten auf mehrere unabhängige Treuhänder oder eine Mehrfach-Pseudonymisierung,[38] die mehrere Stellen einbezieht, kann das Risiko der Aufhebung der Pseudonymisierung eindämmen, wenn nur bei einem Zusammenführen der Informationen von allen beteiligten Stellen eine Re-Identifizierung möglich ist.

36 Die Definition der Pseudonymisierung in der DSGVO richtet sich an den Verantwortlichen und die Auftragsverarbeiter. Sie ist nicht idR so zu interpretieren, dass die **betroffenen Personen selbst die Pseudonymisierung ihrer Daten** nach ihren eigenen Vorstellungen durchführen und dann beispielsweise unter einem selbstgewählten Pseudonym auftreten.[39] Zwar könnten die betroffenen Personen in diesem Fall die Zuordnungsinformationen selbst gesondert aufbewahren. Jedoch können Verantwortliche oder Auftragsverarbeiter sich idR nicht darauf verlassen, dass diese Informationen gegen einen Zugriff ausreichend geschützt sind. Auch können sie nicht davon ausgehen, dass die betroffenen Personen bei selbstgewählten Pseudonymen oder bei deren einmaliger oder mehrfacher Verwendung darauf achten, die Möglichkeit der Identifizierung konsequent auszuschließen. Somit kann es vielfach möglich sein, betroffene Personen, die ein Pseudonym statt ihres Klarnamens verwenden, aus einem Datenbestand zu identifizieren, selbst wenn der Verant-

---

35 Die in der deutschen Fassung von Art. 4 Nr. 5 verwendeten Begriffe „zugeordnet" und „zugewiesen" sind als synonym anzusehen, denn die englische Sprachfassung kommt an beiden Stellen mit einem Begriff aus („attributed"); dh es geht um das Herstellen des Personenbezugs zu einer identifizierten oder identifizierbaren natürlichen Person.

36 So für das BDSG aF *Simitis/Scholz* § 3 Rn. 217 a.

37 *Albrecht/Jotzo*, S. 59, Rn. 3.

38 *ULD*, Datenschutzrechtliches Gutachten „Datentreuhänderschaft in der Biobank-Forschung – bdc\Audit (Biobank Data Custodianship/Audit Methodology and Criteria) – Methoden, Kriterien und Handlungsempfehlungen für die datenschutzrechtliche Auditierung der Datentreuhänderschaft in der Biobank-Forschung", Schlussbericht v 1.1, 30.4.2009, S. 55 f.

39 *Arbeitskreis „Technik" der Datenschutzbeauftragten des Bundes und der Länder,* Datenschutzförderndes Identitätsmanagement, Hintergrundpapier zur Entschließung „Datenschutzförderndes Identitätsmanagement statt Personenkennzeichen", Version 1.0, 5.3.2008, S. 6 f.; *Leenes/Schallaböck/Hansen,* PRIME White Paper v 3, Projekt PRIME – Privacy and Identity Management for Europe, 2008, 13.

wortliche oder die Auftragsverarbeiter nicht selbst über die unmittelbaren Informationen der Zuordnung verfügen. Zumeist kann der Verantwortliche also nicht von der Ermöglichungs- und Erleichterungsfunktion der Pseudonymisierung (→ Rn. 17) profitieren, sofern er nicht beispielsweise mit einer zusätzlichen **Über-Pseudonymisierung** der verfügbaren Daten die notwendigen Garantien realisiert.

Denkbar ist jedoch eine Ausgestaltung der **Pseudonymisierung im Bereich der betroffenen Person** in einer Art, 37 die für den Verantwortlichen die notwendige Verlässlichkeit bezüglich der gesonderten Aufbewahrung der zusätzlichen Informationen und der Nichtzuordnung der pseudonymisierten Daten zu den Personen bietet. Beispielsweise könnten die Pseudonyme auf einer manipulationsgeschützten Hardware im Bereich der betroffenen Person generiert und gespeichert werden, wie dies bei der Erzeugung von kryptographischen Signaturschlüsseln der Fall ist.[40] Auch die eID-Funktion des elektronischen Personalausweises erlaubt die Verwendung von jeweils berechneten Pseudonymen in Abhängigkeit des Zertifikates aufseiten des Kommunikationspartners und ermöglicht so eine Wiedererkennung der nutzenden Person.[41] In solchen Fällen, in denen eine **Pseudonymisierungseinheit** im Bereich der betroffenen Person beispielsweise durch eine definierte Hardware-/Software-Ausstattung[42] und kontrolliertem Datenaustausch beschränkt auf die vorgegebenen Verfahren realisiert wird, kann der Verantwortliche seiner Pflicht zur Entkopplung des Personenbezugs im Sinne der Definition nach Art. 4 Nr. 5 nachkommen. In den zu betrachtenden Fällen wären jedoch weitere mögliche Anforderungen an das jeweilige Verfahren zu klären, da idR nicht ausgeschlossen werden kann, dass die betroffene Person absichtlich oder versehentlich eine Nutzung ihrer Pseudonyme durch andere Personen ermöglicht und so keine eindeutige Zuordnung zu einer Person besteht oder dass temporär oder endgültig keine Verfügbarkeit der gesondert aufzubewahrenden zusätzlichen Informationen gegeben ist, zB durch Verlust der Pseudonymisierungseinheit. Diese Fragen können künftig über eine größere Verbreitung von Kryptochips in Computern und Smartphones sowie in Szenarien wie Smart Cars eine größere Relevanz erhalten.

b) Methoden der Pseudonymisierung. Eine einfache Methode der Pseudonymisierung besteht darin, die 38 **identifizierenden Merkmale durch andere Daten zu ersetzen.** Beispielsweise könnten in einer Liste mit den Attributen „Vorname, Nachname, Eigenschaft" die Werte für „Vorname" und „Nachname" durch eine andere Kennung – das **Referenzpseudonym**[43] – ersetzt werden, wobei diese Zuordnung in einer Tabelle getrennt und gesichert von dem pseudonymisierten Datenbestand aufbewahrt würde. Offensichtlich sind mit Hinzuziehung dieser Zuordnungstabelle die betroffenen Personen identifizierbar. Bei der Zuordnungstabelle würde es sich um die „zusätzlichen Informationen" handeln, die gesondert aufzubewahren wäre.

Eine andere Möglichkeit der Pseudonymisierung besteht darin, die **Kennungen jeweils aus den identifizie-** 39 **renden Daten zu berechnen,**[44] statt eine Tabelle mit manueller Zuordnung zu erstellen. Eine solche Pseudonymisierung kann zB auf einem Hashwert- oder Verschlüsselungsverfahren basieren, mit denen sich aus vorgegebenen Daten eindeutige Kennungen berechnen lassen.[45] In diesem Fall handelt es sich bei den gewählten geheim zuhaltenden Schlüsseln und ggf. weiteren Parametern (zB geheimer Schlüssel bei Verschlüsselungs- oder Hashwertverfahren, Salt-Wert bei Hashwertverfahren) um die zusätzlichen Informationen.[46]

Sowohl bei einer Zuordnungstabelle als auch bei einer berechenbaren Zuordnungsfunktion würden neue 40 Datensätze, die mit denselben identifizierenden Daten versehen sind, auch dieselben Kennungen erhalten. Dies ermöglicht eine **Verkettung** der zugehörigen Datensätze. Beispielsweise könnten so pseudonyme Profile gebildet werden. Ein wesentlicher Einsatzbereich dieses Vorgehens liegt im Bereich medizinischer Langzeitstudien und sonstiger Forschungsvorhaben[47] (→ Art. 89 Rn. 55).

Gemäß Art. 24 muss der Verantwortliche geeignete technische und organisatorische Maßnahmen umsetzen, 41 um sicherzustellen und nachweisen zu können, dass die Anforderungen der DSGVO an die Verarbeitung umgesetzt werden (→ Art. 24 Rn. 16ff., zusätzlich auch → Art. 25 Rn. 2 sowie → Art. 32 Rn. 53ff.). Diese Regelung ist so zu interpretieren, dass die Bedingungen für die Verarbeitung und die umgesetzten Maßnahmen in einem Gesamtkonzept als Teil des Datenschutz- und Informationssicherheitsmanagements festgelegt und

---

40 Technische Norm im Rahmen der eIDAS-VO: DIN EN 419211-2:2013 — Schutzprofile für sichere Signaturerstellungseinheiten — Teil 2: Einheiten mit Schlüsselerzeugung.

41 Hornung/*Möller/Möller* PAuswG § 18 Rn. 3ff.; *Hornung,* in: Hornung/Engemann (Hrsg.), Der digitale Bürger und seine Identität, 2016, 169.

42 Es handelt sich um mobile personenbezogene Speicher- und Verarbeitungsmedien, wie in § 6c BDSG aF geregelt, vgl. Simitis/*Scholz* § 6c Rn. 20.

43 *AK Technik der Datenschutzbeauftragten des Bundes und der Länder,* Arbeitspapier „Datenschutzfreundliche Technologien", 1997.

44 Beispielsweise als sog Einweg-Pseudonyme auf Basis von kryptographischen Einweg-Funktionen, vgl. *AK Technik der Datenschutzbeauftragten des Bundes und der Länder,* Arbeitspapier „Datenschutzfreundliche Technologien", 1997.

45 *Art.-29-Gruppe,* WP 216, S. 24 f.; *Schwartmann/Weiß (Hrsg.),* Whitepaper zur Pseudonymisierung, 2017, S. 17ff.; BSI, Kryptographische Verfahren: Empfehlungen und Schlüssellängen, Technische Richtlinie, BSI TR-02102-1, 8.2.2017,

46 *Schwartmann/Weiß (Hrsg.),* Whitepaper zur Pseudonymisierung, 2017, S. 22ff.

47 *Pommerening/Drepper/Helbing/Ganslandt,* Leitfaden zum Datenschutz in medizinischen Forschungsprojekten, Generische Lösungen der TMF 2.0, Schriftenreihe der TMF Band 11, MWV, Berlin 2014.

ihre Umsetzung dokumentiert werden. In diesem Gesamtkonzept sind ebenfalls die Pseudonymisierungsmaßnahmen zu beschreiben. Ausgangspunkt dieses **Pseudonymisierungskonzepts** sind die Anforderungen an die Pseudonymisierung, die sich aus der Art, dem Umfang, den Umständen und den Zwecken der Verarbeitung sowie der unterschiedlichen Eintrittswahrscheinlichkeit und Schwere bezüglich des Risikos für die Rechte und Freiheiten natürlicher Personen ergeben (→ Art. 24 Rn. 11ff.). Zu dokumentieren sind insbes. das verwendete Pseudonymisierungsverfahren, der genaue Prozess der Pseudonymisierung auf Basis des Originaldatenbestands, ggf. das Hinzunehmen von und Verknüpfen mit weiteren pseudonymisierten Datensätzen, der Umgang mit den pseudonymisierten Daten (beispielsweise im Falle der Weitergabe), die gesonderte Aufbewahrung der zusätzlichen Informationen und die weiteren Maßnahmen zur Regulierung des Zugriffs auf diese Informationen sowie die Bedingungen, unter denen eine Re-Identifizierung erfolgen darf oder muss.

42 Die Beschreibung der Pseudonymisierung ist die Grundlage dafür, dass der Verantwortliche die diesbezüglichen Verpflichtungen zu **Transparenz** (Artt. 12–14, → Art. 12 Rn. 1)[48] und **Betroffenenrechten** (insbes. Artt. 15–22 sowie 34, → Art. 12 Rn. 6)[49] erfüllt. Dies umfasst beispielsweise, dass die betroffenen Personen über etwa vorgesehene Möglichkeiten und Bedingungen einer Aufhebung der Pseudonymisierung informiert werden.

43 Damit der Verantwortliche seiner Verantwortung für die Datenverarbeitung nach Art. 24 nachkommen kann, muss er im Rahmen des Datenschutzmanagements die Entwicklung des Risikos für die Rechte und Freiheiten natürlicher Personen **regelmäßig**[50] in den Blick nehmen (→ Art. 24 Rn. 19ff.). Dazu gehört auch eine Pflicht zur **Überprüfung** des Pseudonymisierungskonzepts auf seine Geeignetheit und Wirksamkeit im Rahmen einer Risikoanalyse.[51] Der Verantwortliche muss dabei klären, ob die Anforderungen an den Umgang mit den zusätzlichen Informationen und an den Ausschluss einer unerwünschten Re-Identifizierung von betroffenen Personen angesichts der konkreten Umsetzung der Maßnahmen und der technologischen Entwicklung weiterhin erfüllt sind.[52]

44 Für die Pseudonymisierung als Technik zur Verringerung der „Verknüpfbarkeit eines Datenbestands mit der wahren Identität einer betroffenen Person"[53] macht die Art.-29-Gruppe **häufige Fehler** aus, die es zu vermeiden gilt.[54] Dazu gehören etwa die Verwendung desselben Schlüssels in unterschiedlichen Datenbanken, weil dies eine übergreifende Verknüpfung und Anreicherung der Informationen aus verschiedenen Kontexten erlaubt; die Verwendung unterschiedlicher Schlüssel („rotierender Schlüssel") für unterschiedliche Personen, die oft Muster in den Datenbeständen erkennen lässt; oder Unzulänglichkeiten in der Aufbewahrung des geheimen Schlüssels, der ohne ausreichende Sicherung oder sogar gemeinsam mit den pseudonymisierten Daten verwahrt wird.[55] Diese Hinweise sind bei der Ausgestaltung des Pseudonymisierungskonzepts zu beachten; ihre Nicht-Beachtung kann in die Beurteilung eventueller Sanktionen einfließen.

45 **c) Identifizierungsmöglichkeiten.** Während die Definitionen für Anonymisierung (§ 3 Abs. 6 BDSG aF)[56] und Pseudonymisierung (§ 3 Abs. 6 a BDSG aF)[57] im BDSG aF nicht absolut ausschließen, dass eine Zuordnung zu einer betroffenen Person vorgenommen werden kann, ist der Normtext der DSGVO für die Pseudonymisierung darauf ausgerichtet, dass ohne die zusätzlichen Informationen **keine Möglichkeit** mehr besteht, die **Daten einer spezifischen betroffenen Person zuzuordnen** (→ Art. 4 Nr. 1 Rn. 61). Für die Bewertung, ob Personen aufgrund der Daten – ohne die zusätzlichen Informationen – identifizierbar sind, gibt EG 26 Hinweise, die zwar weniger absolut formuliert, aber dennoch als weitergehend gegenüber den Anforderungen des BDSG aF zu verstehen sind: Es „sollten alle Mittel berücksichtigt werden, die von dem Verantwortlichen oder einer andere Person nach allgemeinem Ermessen wahrscheinlich genutzt werden, um die natürliche Person direkt oder indirekt zu identifizieren" (EG 26 S. 3, → Art. 4 Nr. 1 Rn. 62). Dabei sollten „**alle objektiven Faktoren**, wie die **Kosten** der Identifizierung und der dafür erforderliche **Zeitaufwand**, herangezogen werden, wobei die zum Zeitpunkt der Verarbeitung **verfügbare Technologie** und technologische Entwicklungen zu berücksichtigen sind." (EG 26 S. 4). Der Verantwortliche darf nicht darauf vertrauen, dass andere Personen vermutlich keine Identifizierung vornehmen wollen, sondern es muss für die Bewer-

---

48 *Schwartmann/Weiß (Hrsg.)*, Whitepaper zur Pseudonymisierung, 2017, S. 23 f.
49 *Schwartmann/Weiß (Hrsg.)*, Whitepaper zur Pseudonymisierung, 2017, S. 24ff.
50 Dies galt auch schon für die DSRL: „periodic review of their policy on the release of data and of the techniques used to anonymise it, based on current and foreseeable future threats", *Art.-29-Gruppe*, WP 203, S. 49.
51 Kühling/Buchner/*Klar/Kühling* Art. 4 Rn. 22.
52 *Art.-29-Gruppe*, WP 216, S. 29 f.: „Aufgrund des Restrisikos der Identifizierung sollte er [Anm.: der Verantwortliche] 1. regelmäßig neue Risiken ermitteln und das Restrisiko erneut evaluieren, 2. prüfen, ob die Kontrollmechanismen für die ermittelten Risiken ausreichen, und diese gegebenenfalls entsprechend anpassen, UND [sic!] 3. die Risiken überwachen und steuern."
53 *Art.-29-Gruppe*, WP 216, S. 24.
54 *Art.-29-Gruppe*, WP 216, S. 26ff.
55 *Art.-29-Gruppe*, WP 216, S. 13ff.
56 Simitis/*Dammann* § 3 Rn. 23.
57 Simitis/*Scholz* § 3 Rn. 217 a.

tung des Risikos auf die heute und zukünftig verfügbaren Mittel auch bei anderen Personen abgestellt werden (→ Art. 4 Nr. 1 Rn. 63).

Die explizite Nennung der technologischen Entwicklung verdeutlicht die Notwendigkeit des Vorsorgeprin- 46
zips für den technischen Datenschutz.[58] Das Risiko einer Re-Identifizierung kann im Zeitverlauf steigen und ist auch von technologischen Entwicklungen abhängig.[59] Zunächst muss sich der Verantwortliche bei der Bewertung des Risikos für die aktuell verfügbare Technologie am **Stand der Technik** orientieren.[60] Bezüglich technologischer Entwicklungen wird zwar kaum zu fordern sein, dass der Verantwortliche jede vage Möglichkeit des technischen Fortschritts in Betracht zu ziehen hat. Auch kann man nicht voraussetzen, dass jeder mit der wissenschaftlichen Diskussion neuer Technikentwicklung vertraut ist. Dem stünde auch der Begriff „nach allgemeinem Ermessen wahrscheinlich genutzt" entgegen,[61] der wohl nicht Zukunftsszenarien adressiert, von denen unklar ist, ob sie eintreten werden oder nicht. Gleichwohl darf der Verantwortliche **Risiken**, die sich am Horizont der Entwicklung abzeichnen oder von denen bekannt wird, dass sie sich möglicherweise schon eingetreten sind, nicht ignorieren. Die Art.-29-Gruppe weist insbes. auf drei Risiken[62] hin (Herausgreifen, Verknüpfbarkeit und Inferenz, → Rn. 50) und erwartet vom Verantwortlichen eine „dynamische Prüfung, die den Stand der Technik zum Zeitpunkt der Verarbeitung und die **Entwicklungsmöglichkeiten** in dem Zeitraum berücksichtigen sollte, für den die Daten verarbeitet werden".[63]

Während bei einer Verwendung von pseudonymisierten Daten lediglich im internen Bereich beim Verant- 47
wortlichen die Risiken einer Re-Identifizierung zuverlässig kontrolliert werden können, ist dies sehr viel schwieriger, wenn sie den Schutzbereich des Verantwortlichen verlassen, dh bei einer Weitergabe oder gar Veröffentlichung dieser Daten.[64] Insbesondere kann der Verantwortliche in vielen Fällen nicht sicher sein, ob bei einer Weitergabe oder Veröffentlichung der pseudonymisierten Daten auch ohne Rückgriff auf die gesondert aufbewahrten zusätzlichen Informationen eine Re-Identifizierung bezüglich einer oder mehrerer betroffener Personen ermöglicht wird. Beispielsweise könnte **Zusatzwissen über Zusammenhänge oder Informationen** zu den betroffenen Personen – verknüpft mit dem Datenbestand – für einzelne oder alle Datensätze eine Zuordnung zu den spezifischen betroffenen Personen erlauben. Daraus kann sich ergeben, dass zwar eine interne Verarbeitung der pseudonymisierten Daten zulässig ist, das Risiko einer Re-Identifizierung bei einer Weitergabe oder Veröffentlichung jedoch nicht verlässlich eingedämmt werden kann und daher diese weitergehenden Arten der Verarbeitung aufgrund des zu hohen Risikos unterbleiben müssen.

Doch auch bei einer rein internen Verwendung der pseudonymisierten Daten ist denkbar, dass durch Ver- 48
knüpfung der pseudonymisierten Datensätze mit weiteren (uU auch pseudonymisierten) Daten Profile erstellt und angereichert werden. So könnte ein Verschneiden zweier mit denselben Verfahren pseudonymisierten Datenbestände, die für sich allein nicht auf die betroffenen Personen schließen lassen, zu einer Re-Identifizierung führen.[65] Um die Wirksamkeit der Pseudonymisierung bezüglich der Entkopplung von den betroffenen Personen zu gewährleisten, müssen die geeigneten technischen und organisatorischen Maßnahmen getroffen werden, mit denen eine **Zuordnung zu den spezifischen betroffenen Personen aufgrund der fortschreitenden Verknüpfung** mit zugehörigen Datensätzen verhindert wird. Ansonsten bestünde das Risiko, dass eine Re-Identifizierung auch ohne Zugriff auf die zusätzlichen Informationen möglich würde. In diesem Fall handelte es sich nicht mehr um eine Pseudonymisierung nach Art. 4 Nr. 5; der Nutzen aus der Ermöglichungs- und Erleichterungsfunktion der Pseudonymisierung (→ Rn. 17) ginge verloren.

Zusätzlich können – je nach vorliegendem Schutzbedarf der Daten – weitere Vorsorgemaßnahmen sinnvoll 49
oder geboten sein, die eine schnelle Reaktion des Verantwortlichen für den Fall erlauben, dass die implementierten Pseudonymisierungsmaßnahmen das aktuelle oder künftig zu erwartende Risiko nicht ausreichend eindämmen. Beispielsweise könnten die Pseudonymisierungsmaßnahmen so gestaltet werden, dass sich das zugrunde liegende **Pseudonymisierungsverfahren gegen ein anderes Verfahren austauschen** lässt, was die Resilienz (Belastbarkeit) steigern würde (→ Art. 32 Abs. 1 lit. b Rn. 42ff.). Auch könnte notwendig sein, Schlüssel- oder Parameterwechsel vorzusehen. Es ist dabei zu bedenken, dass aus Änderungen am Verfahren resultieren kann, dass die Verkettbarkeit von nach dem neuen Verfahren pseudonymisierten Datensätzen mit dem bisherigen pseudonymisierten Datenbestand nicht mehr gegeben ist.

---

58 *Roßnagel,* in: Eifert/Hoffmann-Riem, Innovation und Recht, 2011, 44 f.
59 *Art.-29-Gruppe,* WP 216, S. 10.
60 *Art.-29-Gruppe,* WP 216, S. 13.
61 *Krügel* ZD 2017, 455 (456).
62 *Art.-29-Gruppe,* WP 216, S. 13.
63 *Art.-29-Gruppe,* WP 136, S. 18.
64 *Arning/Forgó/Krügel* DuD 2006, 700 (705); *Hornung* DuD 2004, 429 (430).
65 Besondere Bedeutung haben hierbei verkettungsermöglichende Daten, die selbst keinen Personenbezug aufweisen müssen, aber mit deren Hilfe andere Datenbestände verknüpfbar werden: *Hansen,* Linkage Control – Integrating the Essence of Privacy Protection into Identity Management Systems, 2008, 1585 (1587).

50 **4. Methoden der Anonymisierung.** Anonymisierungsverfahren gehören ebenso wie Pseudonymisierungsverfahren zu den Methoden, die die Umsetzung der Anforderungen von Datenschutz durch Technikgestaltung beitragen können (→ Art. 25 Rn. 68). Die Art.-29-Gruppe weist ausdrücklich darauf hin, dass es zum **zuverlässigen Ausschließen einer Identifizierung** nicht ausreicht, wenn die unmittelbar identifizierenden Merkmale ersetzt werden.[66] Für eine wirksame Anonymisierung wird gefordert, „dass keine Partei in der Lage ist, eine Person aus einem Datenbestand herauszugreifen, eine **Verbindung**[67] zwischen zwei Datensätzen eines Datenbestands (oder zwischen zwei unabhängigen Datenbeständen) herzustellen oder durch **Inferenz** Informationen aus einem solchen Datenbestand abzuleiten".[68]

51 Unter **Herausgreifen**[69] wird die Möglichkeit verstanden, dass aus einem Datenbestand Datensätze isoliert werden, die die Identifizierung einer betroffenen Person ermöglichen. Diese Vorstellung der Vermeidung des Herausgreifens findet sich als „**Aussondern**" (englisch „**singling out**") nunmehr in EG 26.[70] Das Risiko des Herausgreifens ist zu berücksichtigen, auch wenn eine Identifizierung nur von einzelnen und nicht von allen Personen möglich ist, beispielsweise diese eindeutige oder selten vorkommende Merkmale[71] aufweisen, die sie von anderen Datensätzen im Datenbestand abheben. Die Möglichkeit des Herausgreifens hängt also vom Datenbestand ab; der gleiche Datensatz kann in dem einen Datenbestand isolierbar sein, in einem anderen aber nicht.[72] Beispielsweise ist der Nachname eines Schülers in einer Schulklasse oft eindeutig identifizierend, jedoch nicht bezüglich aller Einwohner einer Stadt.[73] Für die Möglichkeit des Herausgreifens ist nicht entscheidend, ob der Name der Person bekannt ist; im Beispiel der Schulklasse könnte auch eine Beschreibung wie „das Mädchen mit dem gestreiften Pullover" eindeutig personenbezogen sein.

52 **Verknüpfbarkeit**[74] im Sinne von WP 216 bezeichnet die Fähigkeit, mindestens zwei Datensätze, die dieselbe Person oder Personengruppe betreffen, zu verknüpfen. Dies kann beispielsweise über die Gleichheit von Werten, zB bei gleichen Pseudonymen oder Koordinaten, oder über andere angenommene Korrelationen geschehen. Es spielt keine Rolle, ob sie in derselben Datenbank oder in verschiedenen Datenbanken gespeichert sind. Verknüpfbarkeit bedingt keine Herausgreifbarkeit, dh für die Verknüpfbarkeit reicht es aus, dass Datensätzen miteinander in Beziehung gesetzt werden können, auch wenn keine einzelne betroffene Person herausgegriffen werden kann. Allerdings kann eine Verknüpfbarkeit dazu beitragen, einzelne Personen herauszufiltern oder die infrage kommenden Personen auf kleinere Gruppen einzugrenzen, zB durch Schnittmengenbildung. Verknüpfbarkeit hat damit Einfluss auf das Risiko.

53 **Inferenz**[75] beschreibt die Möglichkeit, den Wert eines Merkmals mit einer signifikanten Wahrscheinlichkeit von den Werten einer Reihe anderer Merkmale abzuleiten. Das Risiko für die betroffene Person besteht darin, dass sich aus den vorhandenen Daten Rückschlüsse oder zumindest wahrscheinliche Annahmen über weitere Informationen über diese Person ergeben können. Auch dies kann durch Anreicherung des Wissens über eine Person zu einer Identifizierung führen.

54 Die Art.-29-Gruppe teilt die Anonymisierungsansätze, die für Datenbestände zum Einsatz kommen können, in zwei Kategorien ein: Randomisierung und Generalisierung, die sich auch kombinieren lassen.[76] **Randomisierung**[77] bedeutet eine Veränderung der Daten, so dass die Zuordenbarkeit zwischen anonymisierten Daten und der betroffenen Person nicht mehr gegeben ist. Auch wenn die einzelnen Datensätze damit verfälscht werden, kann man durch geeignete Gestaltung die statistischen Eigenschaften des gesamten Datenbestands erhalten, beispielsweise durch Vertauschung von Werten. Unter **Generalisierung**[78] versteht man das Verändern von Daten durch weniger spezifische Werte, zB durch die Aggregation von detaillierten

---

66 *Art.-29-Gruppe,* WP 216, S. 11.
67 Im Englischen: „linking" (11). An anderer Stelle bezeichnet die Art.-29-Gruppe die Möglichkeit der Verbindung auch als „Verknüpfbarkeit", zB *Art.-29-Gruppe,* WP 216, S. 13. Zudem ist der Begriff „Verkettbarkeit" („linkability") in der Literatur üblich, hier jedoch oft in allgemeinerer Bedeutung, um jegliche Art von Verkettung zu beschreiben (Verkettung zwischen Datensätzen, Verkettung zwischen Datensatz und Person), zB *Pfitzmann/Hansen,* A terminology for talking about privacy by data minimization, 2010, S. 12.
68 *Art.-29-Gruppe,* WP 216, S. 11.
69 *Art.-29-Gruppe,* WP 216, S. 11.
70 In den deutschen Übersetzungen der Texte der Art.-29-Gruppe hat sich noch kein einheitlicher Begriff für „singling out" durchgesetzt, der bereits 2007 in WP 136 „Opinion 04/2007 on the concept of personal data" verwendet wird. Die deutsche Fassung des Dokuments variiert dies durch Formulierungen wie „Rückschluss auf eine bestimmte Person" (WP 136, S. 16), „singularisiert" (WP 136, S. 16), „Bestimmung der Person" (WP 136, S. 17) oder lässt „singling out" im deutschen Satz ganz weg (WP 136, S. 15). Die deutsche Übersetzung von WP 216 nutzt zudem die Formulierung „Risiko, dass Einzelpersonen ausgewählt werden können" (WP 216, S. 29).
71 Quasi-Identifikatoren, *Art.-29-Gruppe,* WP 216, S. 14.
72 Bei isolierbaren Datensätzen besteht die Anonymitätsmenge der infrage kommenden betroffenen Personen nur aus einem Eintrag, vgl. „anonymity set", *Pfitzmann/Hansen,* A terminology for talking about privacy by data minimization, 2010, S. 9.
73 *Art.-29-Gruppe,* WP 216, S. 15.
74 *Art.-29-Gruppe,* WP 216, S. 11.
75 *Art.-29-Gruppe,* WP 216, S. 11.
76 *Art.-29-Gruppe,* WP 216, S. 13ff.
77 *Art.-29-Gruppe,* WP 216, S. 14ff.
78 *Art.-29-Gruppe,* WP 216, S. 19ff.

Einzelangaben: Angabe von größeren Regionen statt von einzelnen PLZ-Bereichen oder Ersetzen von exakten Zeitangaben durch Tages- oder Monatsangaben. Auch das Löschen oder Hinzufügen von Werten oder Datensätzen kann zur Generalisierung beitragen. Im Fall der k-Anonymität[79] werden die Datensätze so verändert, dass jede Gruppe, die herausgegriffen werden kann, mindestens die Anzahl von k Personen umfasst.[80] Durch die künstlich eingefügte Unschärfe kann das Risiko von Herausgreifbarkeit, Verknüpfbarkeit und Inferenz reduziert werden.

Wirksame Anonymisierungstechniken für gespeicherte Daten verändern also die Datenbestände, so dass **55** unscharfe oder verfälschte Daten entstehen. Welche Vorgehensweise infrage kommt, um eine Anonymisierung zu erreichen, hängt in aller Regel vom **konkreten Datenbestand** mit Hinblick auf möglicherweise **verfügbares Hintergrundwissen** über die betroffenen Personen und den **Zweck der Auswertung** ab.

Neben der Anonymisierung von Datenbeständen spielt auch die **Entkopplung des Personenbezugs bei Kom- 56 munikationsnetzen** eine Rolle, die für Sender und/oder Empfänger umgesetzt werden kann.[81] Beispielsweise ist für den Sender, der Informationen per „Broadcast" wie bei einer Radiostation sendet, nicht erkennbar, wer die Empfänger der Nachrichten sind; sie sind ihm gegenüber anonym. Durch Geräte-IDs und IP-Adressen weist dagegen ein Abruf von Informationen von einer Webseite einen Personenbezug auf (→ Art. 4 Nr. 1 Rn. 52 f., 57). Eine weitgehende Entkopplung des Personenbezugs zum Schutz vor einer Identifizierung durch den Webseiten-Anbieter kann beispielsweise durch das Gleichmachen der übertragenen Daten wie der IP-Adresse erreicht werden. Umsetzen lässt sich dies durch eine Zwischenschaltung eines Rechners oder – für einen besseren Schutz gegen Identifizierung – mehrerer Rechner, die die Entkopplung des Personenbezugs vornehmen. Beispielsweise können **Mix-Netze**,[82] bestehend aus mehreren Rechnern, die jeweils nur über beschränkte Informationen der durch sie durchgeleiteten Daten verfügen, eine solche Entkopplung erreichen.[83] Obwohl diese Systeme im Sprachgebrauch als Anonymisierungstechnik bezeichnet werden, handelt es sich um eine **Pseudonymisierung**, für die eine Aufdeckung durch ein Zusammenwirken aller beteiligten Rechner möglich ist.

Wie auch bei der Pseudonymisierung ist es für die Anonymisierung erforderlich, das genaue Verfahren in **57** einem Konzept zu beschreiben und das Risiko einer Re-Identifizierung im Blick zu behalten (→ Rn. 43). Dies gilt nicht nur für die Anonymisierung selbst, sondern auch für eine etwaige Weitergabe oder Veröffentlichung der anonymisierten Daten. **Typische Fehler** wie das Beibehalten von Quasi-Identifikatoren oder von ungeplant verkettungsermöglichenden Daten, die unzureichende Berücksichtigung des Hintergrundwissens oder übertriebene oder unplausible Änderungen im Datenbestand, die sich leicht herausrechnen lassen, sind zu vermeiden.[84]

Artikel 4 Nr. 6   Begriffsbestimmung „Dateisystem"

Im Sinne dieser Verordnung bezeichnet der Ausdruck:

6. **„Dateisystem" jede strukturierte Sammlung personenbezogener Daten, die nach bestimmten Kriterien zugänglich sind, unabhängig davon, ob diese Sammlung zentral, dezentral oder nach funktionalen oder geografischen Gesichtspunkten geordnet geführt wird;**

79 *Sweeney*, k-anonymity: A Model for Protecting Privacy, International Journal on Uncertainty, Fuzziness and Knowledge-based Systems, 10 (5), 2002, 557.

80 Weitere Ansätze adressieren Schwächen der k-anonymity bezüglich Verknüpfbarkeit und Inferenz und haben das Konzept weiterentwickelt: l-diversity (*Machanavajjhala/Kifer/Gehrke/Venkitasubramaniam*, l-diversity: Privacy Beyond k-anonymity, ACM Trans. Knowl. Discov. Data, 1 (1), 2007) und t-closeness (*Li/Li/Venkatasubramanian*, t-Closeness: Privacy Beyond k-Anonymity and l-Diversity, IEEE 23rd International Conference on Data Engineering, 2007, 106).

81 *Pfitzmann/Hansen*, A terminology for talking about privacy by data minimization, 2010.

82 *Chaum*, Untraceable Electronic Mail, Return Addresses, and Digital Pseudonyms, Comm. ACM, 24, 2, 1981, 84.

83 Man unterscheidet zwischen festgelegten Mix-Kaskaden (cascade network) und freier Mix-Wahl (free-route network), woraus sich unterschiedliche Sicherheitseigenschaften ergeben. Bei Mix-Kaskaden ist die Reihenfolge der Mixe, über welche die Nachrichten geleitet werden, vorgegeben (zB im Projekt „AN.ON – Anonymität online" mit der Software JAP oder JonDo). Der bekannteste Vertreter für freie Mix-Wahl ist „Tor – The Onion Router").

84 *Art.-29-Gruppe*, WP 216, S. 13ff., 28ff.

I. Ziel und Funktion der Definition

1 Die Vorschrift definiert einen **nur einmal verwendeten Begriff** der DSGVO. Er wird nur zur Bestimmung des sachlichen Anwendungsbereichs der Verordnung für die nichtautomatisierte Verarbeitung in Art. 2 Abs. 1 verwendet (→ Art. 2 Rn. 24). In diesem Fall unterliegt die Verarbeitung personenbezogener Daten nur der Verordnung, wenn sie in einem Dateisystem gespeichert sind oder gespeichert werden sollen.

II. Entstehungsgeschichte

2 Die Vorschrift führt die Definition der DSRL fort und war im Gesetzgebungsprozess **nicht umstritten**.

3 **1. Datenschutz-Richtlinie.** Die Definition des Dateisystems entspricht in der englischen Fassung vollständig, in der deutschen nahezu wörtlich der Definition in Art. 2 lit. c DSRL. Mit Ausnahmen der Ersetzung der Bezeichnung Datei durch die des Dateisystems und des Wortes „gleichgültig" durch die Worte „unabhängig davon" sind die Definitionen der DSRL und der DSGVO **identisch**. Daher können Erkenntnisse zur DSRL weitgehend auf die DSGVO übertragen werden.

4 **2. Bundesdatenschutzgesetz aF.** Die Definition aus Art. 2 lit. c DSRL wurde von § 3 Abs. 2 S. 2 BDSG aF teilweise übernommen. Diese Regelung definierte den Begriff der **„nicht automatisierten Datei"** als jede nicht automatisierte Sammlung personenbezogener Daten, die gleichartig aufgebaut ist und nach bestimmten Merkmalen zugänglich ist und ausgewertet werden kann. Eine Bestimmung des allgemeinen Begriffs „Datei" enthielt das BDSG aF nicht.

5 **3. Gesetzgebungsprozess.** Die Definition entspricht der DSRL und wurde von der KOM vorgeschlagen. EP und Rat haben sie unverändert übernommen. Sie ist unverändert auch im Verordnungstext. Lediglich die deutsche Bezeichnung wurde im Trilog von Datei zu Dateisystem verändert (die englischen Entwürfe sprechen wie die verabschiedete Fassung durchgängig von „filing system"). Eine gewisse Erläuterung der Vorschrift findet sich in **EG 15** S. 2 und 3.

III. Systematische Stellung

6 Nach Art. 2 Abs. 1 ist die DSGVO auch auf die nichtautomatisierte Verarbeitung personenbezogener Daten anwendbar, sofern diese in einem Dateisystem gespeichert sind oder gespeichert werden sollen (→ Art. 2 Rn. 16). Was ein Dateisystem ist, bestimmt die Vorschrift. Sie ist damit ein **ungeschriebenes Tatbestandsmerkmal des Art. 2 Abs. 1** und letztlich jeder anderen Vorschrift der DSGVO, da diese bei einer nichtautomatisierten Verarbeitung ohne dieses Tatbestandsmerkmal nicht anwendbar ist. Der Begriff Dateisystem wird ansonsten in keiner Vorschrift der DSGVO verwendet. Er wird lediglich in den EG 15, 31 und 67 erwähnt.

IV. Dateisystem

7 Die Definition stellt für ein Dateisystem und damit für die Anwendbarkeit der DSGVO auf die nichtautomatisierte Datenverarbeitung (→ Art. 2 Rn. 16) nur zwei Anforderungen: Die Datensammlung muss strukturiert sein, und die einzelnen Daten müssen entsprechend dieser Struktur zugänglich sein. Damit werden von dem Begriff des Dateisystems nicht nur elektronische Datensammlungen erfasst, sondern auch individuelle Akten.[1]

8 Eine strukturierte **Sammlung** ist eine planmäßige Zusammenstellung einzelner Angaben, die durch die Gleichartigkeit der Informationen oder des Zwecks ihrer Aufbewahrung zum Ausdruck kommt.[2] Weil die DSGVO auf eine möglichst breite Geltung angelegt ist,[3] ist eine Sammlung personenbezogener Daten (→ Art. 2 Rn. 16) schon dann **strukturiert**, wenn sie nach einem einzigen Merkmal geordnet ist.[4] Die Daten müssen nicht nach der betroffenen Person geordnet sein. Es genügt, wenn die Akten etwa nach dem Datum, nach der Vorgangs- oder Aktennummer, nach dem Namen des Betroffenen oder nach sonstigen Merkmalen strukturiert sind.[5] Nach EG 15 sollen lediglich Akten oder Aktensammlungen sowie ihre Deckblätter, die nicht nach bestimmten Kriterien geordnet sind, nicht in den Anwendungsbereich dieser Verordnung fallen und damit auch nicht als Dateisystem gelten. Dies trifft nur für die ungeordnete Aufbewahrung beliebiger loser Blätter zu.[6]

---

1 Ehmann/Selmayr/*Helfrich* Art. 2 Rn. 32.
2 S. zB Kühling/Buchner/*Kühling/Raab* Art. 4 Nr. 6 Rn. 2.
3 S. EG 15; Ehmann/Selmayr/*Helfrich* Art. 2 Rn. 16.
4 S. Sydow/*Ennöckl* Art. 4 Rn. 112; so auch für die DSRL *Dammann/Simitis* Einl. Rn. 21, Art. 3 Rn. 8.
5 S. zB Kühling/Buchner/*Kühling/Raab*, Art. 4 Nr. 6 Rn. 3.
6 So auch Ehmann/Selmayr/*Klabunde* Art. 4 Rn. 24.

Roßnagel

Der Wechsel von der Bezeichnung Datei zu **Dateisystem** hat keine rechtliche Bedeutung, weil mit Blick auf **9** die Definition in Art. 2 lit. c DSRL und in der Vorschrift inhaltlich das Gleiche gemeint ist und die englische Fassung bereits in Art. 2 lit. c DSRL von „filing system" sprach. Die Bezeichnung Dateisystem bringt vielleicht stärker zum Ausdruck, dass es sich dabei nicht um eine einzige geschlossene Sammlung von personenbezogenen Daten in einem bestimmten Format handeln muss, sondern auch die verteilte Aufbewahrung unterschiedlich formatierter Daten ein System von Daten und Dateien bilden kann, das die strukturierte und gezielte Verarbeitung personenbezogener Daten ermöglicht.

Die zweite Voraussetzung für ein Dateisystem ist, dass die personenbezogenen Daten **nach bestimmten Kri-** **10** **terien zugänglich** sein müssen. Während für die Sammlung ein Kriterium genügt (→ Rn. 8), fordert der Begriff der Zugänglichkeit mindestens zwei Kriterien, da diese im Plural aufgeführt sind.[7] Das Dateisystem muss nicht schon nach diesen bestimmten Kriterien geordnet sein. Entscheidend ist die Auswertbarkeit der personenbezogenen Daten nach bestimmten Kriterien, dass also die Daten vom Verantwortlichen oder von Dritten für ihre Zwecke – zur besseren Information über die betroffenen Personen – verwendet werden können.[8] Auch eine Sammlung, die zwar nach nur einem Merkmal geordnet ist, aber nach mehr als einem bestimmten Kriterium ausgewertet werden kann, gilt als Dateisystem. Sind etwa bestimmte Formulare nach ihrer Nummerierung geordnet und stehen in jedem Formular der Name und die Anschrift der betroffenen Person, kann die Sammlung nach diesen beiden Kriterien ausgewertet werden.[9]

Der zweite Satzteil, dass die Feststellung eines Dateisystems **„unabhängig davon"** zu erfolgen hat, ob diese **11** Sammlung zentral, dezentral oder nach funktionalen oder geografischen Gesichtspunkten geordnet geführt wird, scheidet diese Merkmale als Voraussetzungen des Begriffs aus. Daher spielt es keine Rolle, wo die Daten gesammelt werden – an einem Ort oder auf mehrere Orte verteilt. Ebenso wenig ist relevant, nach welchen Gesichtspunkten die Sammlung geordnet wird. Funktionale oder geografische Gesichtspunkte sind nur Beispiele für die Irrelevanz der Inhalte der Gesichtspunkte. Entscheidend ist nur, dass die Sammlung nach irgendeinem Gesichtspunkt geordnet ist.[10]

V. Ausblick

Durch die Einführung der **elektronischen Akte** in den Bundes- und Landesverwaltungen gemäß den E-Go- **12** vernment-Gesetzen des Bundes und der Länder wird es ab dem Jahr 2020 – bis auf wenige Ausnahmen – zunehmend keine Papierakten mehr geben (→ Art. 2 Rn. 15 f.). Unternehmen führen ohnehin schon ihre Akten überwiegend elektronisch. Die Rechtsfrage, unter welchen Voraussetzungen Papierakten ein Dateisystem darstellen, wird in näherer Zukunft also nur noch in Sonderfällen eine Rolle spielen und von der technischen Entwicklung vermutlich überholt werden.

Artikel 4 Nr. 7   Begriffsbestimmung „Verantwortlicher"

Im Sinne dieser Verordnung bezeichnet der Ausdruck:

7.   „Verantwortlicher" die natürliche oder juristische Person, Behörde, Einrichtung oder andere Stelle, die allein oder gemeinsam mit anderen über die Zwecke und Mittel der Verarbeitung von personenbezogenen Daten entscheidet; sind die Zwecke und Mittel dieser Verarbeitung durch das Unionsrecht oder das Recht der Mitgliedstaaten vorgegeben, so kann der Verantwortliche beziehungsweise können die bestimmten Kriterien seiner Benennung nach dem Unionsrecht oder dem Recht der Mitgliedstaaten vorgesehen werden;

Literatur: *Art. 29-Gruppe*, Stellungnahme 1/2010 zu den Begriffen „für die Verarbeitung Verantwortlicher" und „Auftragsverarbeiter", WP 169; *Raab, J.*, Die Harmonisierung des einfachgesetzlichen Datenschutzes: Von der umsetzungsdefizitären Datenschutzrichtlinie 95/46/EG zur Datenschutz-Grundverordnung, 2015; s. im Übrigen Literatur bei Art. 24 und Art. 26.

---

7 Gola/*Gola* Art. 4 Rn. 46; Kühling/Buchner/*Kühling/Raab* Art. 4 Nr. 6 Rn. 5; aA für die DSRL – nur ein Merkmal – *Dammann/Simitis* Art. 3 Rn. 9.
8 So auch Kühling/Buchner/*Kühling/Raab* Art. 4 Nr. 6 Rn. 5.
9 S. hierzu auch Gola/*Gola* Art. 4 Rn. 43.
10 S. auch *Dammann/Simitis* Art. 3 Rn. 10.

I. Allgemeines

1 **1. Überblick, Parallelvorschrift.** Die Definition in **Nr. 7 Hs. 1** lässt sich dahin gehend zusammenfassen, dass eine Stelle verantwortlich ist, wenn sie allein oder gemeinsam mit anderen über die **Zwecke und Mittel** der Verarbeitung personenbezogener Daten entscheidet. Erst die Verantwortlichkeit einer Stelle ermöglicht es den von einer Verarbeitung betroffenen Personen, ihre Rechte zu adressieren und effektiv auszuüben. Zugleich verdeutlicht Art. 5 Abs. 2 („Rechenschaftspflicht" → Art. 5 Rn. 174ff.) das zentrale Prinzip, dass der für die Verarbeitung Verantwortliche fortlaufend für die Einhaltung aller wesentlichen Grundsätze der Datenqualität zu sorgen hat.[1] Geben Rechtsvorschriften die Zwecke und Mittel der Verarbeitung vor, können die Verantwortlichen nach Hs. 2 auch gesetzlich bestimmt werden oder zumindest die Kriterien benannt werden, mit deren Hilfe die jeweiligen Verantwortlichen zu bestimmen sind. Dabei ist zu berücksichtigen, dass Hs. 2 in einem engen systematischen Zusammenhang mit Art. 6 Abs. 3 S. 2 steht (→ Rn. 25ff.).

2 Die **JI-Richtlinie** enthält in Art. 3 Abs. 8 eine gegenüber Nr. 7 engere Legaldefinition. Verantwortlicher ist danach „die zuständige Behörde, die allein oder mit anderen über die Zwecke und Mittel der Verarbeitung von personenbezogenen Daten entscheidet". Danach kann nur eine „zuständige Behörde" iSd Art. 3 Nr. 7 JI-Richtlinie ein für die Verarbeitung Verantwortlicher sein. Insofern ist kaum nachvollziehbar, warum der deutsche Bundesgesetzgeber zur Umsetzung der JI-Richtlinie in § 46 Nr. 7 BDSG nF inhaltlich die allgemeine Definition des Verantwortlichen in Art. 4 Nr. 7 DSGVO wiederholt.

3 **2. Vorläufervorschriften.** Das **Datenschutzübereinkommen des Europarats** vom 28.1.1981[2] (DSÜ 1981) definiert in Art. 2 lit. d den Begriff des Verantwortlichen noch so: „'Verantwortlicher für die Datei/Datensammlung' [bedeutet] die natürliche oder juristische Person, die Behörde, die Einrichtung oder jede andere Stelle, die nach dem innerstaatlichen Recht zuständig ist, darüber zu entscheiden, welchen Zweck die automatisierte Datei/Datensammlung haben soll, welche Arten personenbezogener Daten gespeichert und welche Verarbeitungsverfahren auf sie angewendet werden sollen."

4 Bereits Art. 2 lit. d S. 1 **DSRL** bezieht die Verantwortlichkeit nicht mehr auf die Datei oder Datensammlung,[3] sondern auf die Verarbeitung. Überdies ersetzt die DSRL die formalistische Zuordnung der Verantwortlichkeit nach Entscheidungszuständigkeiten durch eine Verantwortlichkeit nach **tatsächlich ausgeübter Entscheidungshoheit.**[4] Der Begriff der Verantwortlichkeit hat hierdurch einen deutlich weiter gefassten und dynamischeren Sinn erhalten.[5] Werden im Rahmen einer Verarbeitung mehrere Akteure tätig, soll der Begriff des Verantwortlichen zugleich klären, welche Akteure nach den Art. 24ff. für eine Verarbeitung umfassend verantwortlich sind und welche Akteure lediglich im Auftrag von Verantwortlichen handeln (Nr. 8) und daher nur sehr eingeschränkt für die Rechtmäßigkeit der von ihnen vorgenommenen Verarbeitungen einstehen müssen.

5 Seit der DSRL sehen die gemeinschaftsrechtlichen Datenschutzrechtsakte sinngemäß vor, dass die **Verantwortlichkeit auch mehreren Stellen zugewiesen** werden kann („Gemeinsame Verantwortlichkeit").[6] Diese Klarstellung berücksichtigt die Entwicklung zu einer zunehmend arbeitsteiligen Verwaltung und Unternehmenswelt. Diese organisatorischen Veränderungen werden durch die extrem beschleunigte Entwicklung der Informations- und Kommunikationstechnologien befördert.[7]

6 **3. Entstehungsgeschichte und Änderungen gegenüber der DSRL.** In ihrem **Vorschlag zu einer DSGVO** regte die KOM an, an die Legaldefinition des Art. 2 lit. d DSRL anzuknüpfen und das Bestimmungsrecht des für die Verarbeitung Verantwortlichen auf die **Bedingungen** der Verarbeitung zu erweitern. Dieses zusätzliche Kriterium hätte klargestellt, dass es ein Wesensmerkmal der Verantwortlichkeit ist, wenn die verantwortliche Stelle über die jetzt in Art. 28 Abs. 3 S. 2 aufgelisteten, bei einer Auftragsverarbeitung zwingend zu regelnden Bestimmungen (→ Art. 28 Rn. 51ff.) entscheidet. Der Vorschlag der KOM fand aber sowohl im

---

1 *Art.-29-Gruppe*, WP 169, S. 5.
2 SEV Nr. 108.
3 Ein erster Regelungsvorschlag der KOM nahm noch auf Dateien Bezug (ABl EG C 277 v. 5.11.1990), fand aber im EP und Rat keine Zustimmung. Die Anregung, die Verantwortung nicht am schon damals veralternden Dateibegriff, sondern an der Verarbeitung anzuknüpfen, stammt vom EP (ABl EG C 94 v. 11.3.1993, S. 173, 177). Vgl. dazu auch *Ehmann/Helfrich* Art. 2 Rn. 39–44.
4 Zu dem Merkmal der Entscheidungshoheit vgl. *Art.-29-Gruppe*, WP 169, S. 10ff., insbes. 15.
5 *Art.-29-Gruppe*, WP 169, S. 5ff.
6 § 3 Abs. 7 BDSG aF sah eine solche gemeinsame Verantwortlichkeit nicht vor. Dies soll auf der üblichen Gesetzesredaktion beruhen und nicht im Widerspruch zur Richtlinie stehen, vgl. *Raab*, Die Harmonisierung des einfachgesetzlichen Datenschutzrechts, 2015, S. 71.
7 Ähnlich *Art.-29-Gruppe*, WP 169, S. 8.

EP[8] als auch im Rat letztlich keine Zustimmung. Der ITRE-Ausschuss des EP regte sogar an, die Verantwortlichkeit allein an die Entscheidungshoheit über die Zwecke einer Verarbeitung anzuknüpfen.[9] Die Kontrolle des Verarbeitungszwecks sei die „logische Grundlage für die Zuweisung unterschiedlicher Verantwortlichkeiten an die für die Verarbeitung Verantwortlichen, die dafür verantwortlich sind, welche Daten verarbeitet werden und zu welchem Zweck, und an jene, die für die Art der Verarbeitung zuständig sind."[10] Demgegenüber orientierte sich der Rat einhellig und von Beginn an eng am Text des Art. 2 lit. d DSRL.[11]

Art. 2 lit. d S. 2 DSRL regelte den Fall, dass die **Verarbeitungszwecke und die Mittel**, mit denen die Verar- 7
beitung erfolgte, bereits **durch Rechts- und Verwaltungsvorschriften festgelegt** worden waren. Diese Regelung sollte die „Vielgestaltigkeit der Verarbeitungsformen und deren sehr unterschiedlichen Verknüpfungen in der Praxis"[12] berücksichtigen. Beispielsweise konnte eine Rechts- oder Verwaltungsvorschrift die Verantwortungsbereiche einzelner Teilnehmer an Verbundsystemen festlegen.[13] In einem solchen Fall entscheidet nicht eine verarbeitende Stelle, sondern der Vorschriftengeber selbst über die Verarbeitungszwecke und -mittel. Um gleichwohl Betroffenenrechte adressieren zu können, konnte der Verantwortliche durch Unionsrecht[14] oder mitgliedstaatliches Recht direkt bestimmt werden. Alternativ konnte Unionsrecht oder mitgliedstaatliches Recht die „spezifischen Kriterien" für die Benennung des für die Verarbeitung Verantwortlichen bestimmen. In ihrem Entwurf einer DSGVO schlug die KOM demgegenüber zum späteren **Nr. 7** vor, die Festlegung der Verarbeitungszwecke und -mittel durch **Verwaltungsvorschriften nicht mehr zu benennen**. Dieser Streichvorschlag der KOM wurde von EP und Rat ohne erkennbare Diskussion übernommen. Eine Erklärung gibt der Text der DSGVO nicht, die Entscheidung ist aber schon angesichts der leichten Veränderbarkeit von Verwaltungsvorschriften aus Gründen der Rechtssicherheit nachvollziehbar.

Keinen Erfolg hatte eine Anregung aus dem EP, zwischen direkter und indirekter Verantwortlichkeit zu un- 8
terscheiden.[15] Die direkte Verantwortlichkeit sollte nach diesem Vorschlag aus der Datenerhebung und sonstigen Verarbeitung beim Betroffenen folgen.

4. Mitgliedstaatliche Vorschriften zur Anpassung an Art. 4 Nr. 7. Nach der Legaldefinition des § 3 Abs. 7 9
BDSG aF waren als verantwortliche Stellen solche Stellen anzusehen, die personenbezogene Daten für sich erhoben, verarbeiteten oder nutzten oder dies im Auftrag vornehmen ließen. Der Wortlaut dieser Vorschrift stand bereits nicht im Einklang mit der Legaldefinition in Art. 2 lit. d DSRL, die wie Nr. 7 an der Entscheidung über die Zwecke und Mittel der Verarbeitung anknüpfte. Maßgeblich für die Verantwortlichkeit war nach europäischem Recht also nicht wie in § 3 Abs. 7 BDSG aF vorgesehen die Verarbeitung, sondern die Steuerung der Verarbeitungsprozesse.[16]

Das **BDSG nF** wiederholt – anders als erste Regelungsentwürfe[17] nicht die Legaldefinitionen des Art. 4. Zur 10
Umsetzung der JI-Richtlinie sieht allerdings § 46 Nr. 7 BDSG nF eine Begriffsbestimmung vor, die Nr. 7 entspricht (vgl. aber → Rn. 2).

Das **Österreichische Datenschutzgesetz** verzichtet angesichts des Nr. 7 auf eigenständige Legaldefinition des 11
Verantwortlichen. **Regelungen anderer Mitgliedstaaten** sind zum Zeitpunkt der Drucklegung noch nicht bekannt.

In Bezug auf **allgemeine Datenschutzvorschriften der Länder** befasst sich beispielsweise[18] Art. 3 BayDSG 12
2018 mit dem Begriff des Verantwortlichen.[19] Nach Abs. 1 haben die obersten Dienststellen des Freistaats Bayern und die bayerischen Kommunen für ihren jeweiligen Geschäftsbereich die Ausführung der Datenvorschriften sicherzustellen. Abs. 2 bestimmt die für die Verarbeitung zuständige öffentliche Stelle zum für die Verarbeitung Verantwortlichen, soweit durch Rechtsvorschriften nichts anderes bestimmt wird. Diese

---

8 Der Berichterstatter hatte den KOM-E noch gebilligt, vgl. Entwurf eines Berichts vom 17.12.2012 – Dok. PE501.927 v 01-00 v. 17.12.2012.
9 Vgl. ÄA 746 Valean, Rohde, ÄA 747 Michel, ÄA 748 Voss ua, alle Dok. PE506.145 v 01-00 v. 4.3.2013.
10 ÄA 746, Valean, Rohde Dok. PE506.145 v 01-00 v. 4.3.2013.
11 Vgl. zB Ratsdok. 9398/1/13.
12 *Dammann/Simitis* Art. 2 Rn. 14.
13 Vgl. *Dammann/Simitis* Art. 2 Rn. 14.
14 Beispiele bei Grabitz/Hilf/Nettesheim/*Brühann* DSRL Art. 2 Rn. 21: VO EG/1469/95, Art. 11 Abs. 4 VO EG/745/96.
15 ÄA 745, Ilchev, Dok. PE506.145 v 01-00 v. 4.3.2013.
16 Ähnlich Kühling/Buchner/*Hartung* Art. 4 Nr. 7 Rn. 3. Vgl. nun auch EuGH, U. v. 5.6.2018 – C-210/16, Rn. 38, wonach die DSRL für eine gemeinsame Verantwortlichkeit mehrerer Betreiber nicht verlangt, dass für dieselbe Verarbeitung jeder Zugang zu den betreffenden personenbezogenen Daten hat.
17 Ein erster Referentenentwurf des BMI eines Allgemeinen Bundesdatenschutzgesetzes (nachfolgend RefE ABDSG) bildete Art. 4 Nr. 7 DSGVO durch einen § 3 Abs. 11 ABDSGE wohl inhaltsgleich ab. Insgesamt wurde der RefE ABDSG ua kritisiert, weil er den Definitionskatalog des Art. 4 DSGVO vollständig abgebildet hatte. Die umfangreichen Wiederholungen von Regelungen der DSGVO seien europarechtlich problematisch. Die Rspr. des EuGH lasse Wiederholungen nur ausnahmsweise zu. Speziell dazu vgl. EG 8.
18 Ähnlich § 2 Datenschutzgesetz Nordrhein-Westfalen vom 17.5.2017, GV NRW 2018, 244.
19 Bayerisches Datenschutzgesetz vom 15.5.2018, GVBl 2018, 230.

nur vordergründig formalistisch anmutende Zuweisung der Verantwortlichkeit erinnert an die Verantwortlichkeitsregel in Art. 2 lit. d DSÜ (→ Rn. 3). Ausweislich der Gesetzesbegründung soll sie iSd Nr. 7 Hs. 2 den Verantwortlichen bestimmen.[20]

II. Vorschrift im Einzelnen

13 **1. Stellen.** Normadressat kann jede Stelle sein, die über die Zwecke und Mittel einer Verarbeitung entscheidet. Als **Regelbeispiele für Verantwortliche** zählt die DSGVO wie bereits das DSÜ 1981 und die DSRL – anders als Art. 3 Nr. 8 JI-Richtlinie (→ Rn. 2) – natürliche oder juristische Personen, Behörden und Einrichtungen „sowie andere Stellen" auf. In den Erwägungsgründen werden diese Beispiele nicht näher erörtert;[21] sie dürften auch kaum trennscharf voneinander zu unterscheiden sein. Die Aufzählung steht in einer anglo-amerikanisch geprägten Rechtstradition, Legaldefinitionen durch möglichst zahlreiche Regelbeispiele zu veranschaulichen. Wenn damit Redundanzen verbunden und Abgrenzungsschwierigkeiten zwischen den Regelbeispielen denkbar sind, wird dies in Kauf genommen und ist letztlich unschädlich. Maßgeblich ist vielmehr, dass der oder die Verantwortliche entscheidungsfähig ist und Adressat von Rechten und Pflichten sein kann.[22]

14 **Natürliche Personen** kommen als für die Verarbeitung Verantwortliche typischerweise in Betracht, wenn sie beruflich als Selbständige tätig sind, zB weil sie einen freien Beruf ausüben (Ärzte, Rechtsanwälte usw), als Handwerker oder als Einzelkaufleute tätig sind.[23] Auch **Privatpersonen** können für eine Verarbeitung verantwortlich sein. In Bezug auf sie ist allerdings zu prüfen, ob der Anwendungsbereich der DSGVO nach Art. 2 Abs. 2 lit. d eröffnet ist. Die DSGVO gilt nicht für die Verarbeitung durch natürliche Personen, soweit sie „zur Ausübung ausschließlich persönlicher oder familiärer Tätigkeiten und somit ohne Bezug zu einer beruflichen oder wirtschaftlichen Tätigkeit vorgenommen wird" (EG 18 → Art. 2 Rn. 26).[24]

15 **Außerhalb des Anwendungsbereichs der DSGVO** kommt eine Verantwortlichkeit von Privatpersonen für die Verarbeitung personenbezogener Daten regelmäßig nur[25] in Betracht, wenn das Recht des jeweiligen Mitgliedstaates eine solche Verantwortlichkeit vorsieht. Beispielsweise kennt das deutsche Zivilrecht in den §§ 823ff., 1004 BGB unter dem Gesichtspunkt des Persönlichkeitsrechts jedenfalls Haftungs- und Unterlassungsansprüche gegen Privatpersonen.

16 Dass **juristische Personen, Einrichtungen oder andere Stellen** verantwortlich sein können, verdeutlicht, dass die DSGVO ebenso wie die DSRL und das DSÜ 1981 nicht eine eigene Rechtspersönlichkeit des für die Verarbeitung Verantwortlichen verlangt. Diesem **funktionalen Verständnis** entspricht auch Art. 2 lit. d DSVO 45/2001/EG,[26] wonach auch einzelne Referate der Kommission oder Verwaltungseinheiten als Verantwortliche in Betracht kommen. Normadressaten der DSGVO können also neben Unternehmen[27] beispielsweise auch nicht-rechtsfähige Vereine oder sonstige Vereinigungen sein. Im Zusammenhang mit dem Sozialdatenschutz legt § 67 Abs. 4 SGB X fest, dass – wenn Sozialdaten von einem Leistungsträger iSd § 12 SGB 1 verarbeitet werden – dieser grundsätzlich auch Verantwortlicher ist. Ist der Leistungsträger eine Gebietskörperschaft, so sind Verantwortliche die Organisationseinheiten, die eine Aufgabe nach einem besonderen Teil des SGB funktional durchführen. Art. 3 Abs. 2 BayDSG 2018 sieht vor, dass – vorbehaltlich spezieller Regelungen – verantwortlich grundsätzlich die für die Verarbeitung zuständige öffentliche Stelle ist. Regelmäßig dürfte bei der Verarbeitung im öffentlichen Interesse die zuständige Behörde auch die verantwortliche Stelle sein, weil und soweit sie die Entscheidungen über die Zwecke und Mittel der Verarbeitung trifft. Unselbständige Untergliederungen des Verantwortlichen wie etwa Referate oder gar einzelne Beschäftigte sind daher – jedenfalls regelmäßig – keine „Verantwortlichen".[28]

17 Die im deutschen Recht bislang übliche[29] und auch § 2 BDSG nF wieder aufgegriffene **Unterscheidung zwischen öffentlichen und nicht-öffentlichen Stellen** ist dem EU-Recht nicht unbekannt, spielt aber in der DSGVO eine eher untergeordnete Rolle. Vor allem bei der Verarbeitung nach Art. 6 Abs. 2 lit. e (Wahrnehmung einer Aufgabe im öffentlichen Interesse oder in Ausübung öffentlicher Gewalt → Art. 6 Abs. 1

---

20 S. die Gesetzesbegründung der Bayerischen Staatsregierung für ein Bayerisches Datenschutzgesetz vom 28.9.2017 (veröffentlicht unter www.stmi.bayern.de unter Service – Gesetzentwürfe), S. 70.

21 Im Ergebnis gilt das auch für die DSRL. EG 25 befasst sich zwar mit der Verantwortlichkeit, führt allerdings auch nicht zu einer begrifflichen Klärung. Er zählt als verantwortliche Stellen beispielhaft Personen, Behörden, Unternehmen und Geschäftsstellen auf.

22 Ähnlich *Art.-29 Gruppe*, WP 169, S. 14, die insoweit auf eine gewisse „Eigenständigkeit" des Verantwortlichen abstellt.

23 Vgl. *Dammann/Simitis* Art. 2 Rn. 11.

24 Vgl. dazu jüngst EuGH, U. v. 9.7.2018 – C-25/17.

25 Art. 3 JI-Richtlinie sieht lediglich die Verantwortlichkeit von „zuständigen Behörden", nicht aber von Privatpersonen vor.

26 Vgl. *Art. 29-Gruppe*, WP 169, S. 12.

27 Vgl. bereits EG 25 DSRL.

28 Ähnlich *Auernhammer/Eßer* DSGVO Art. 4 Nr. 7 Rn. 38.

29 Vgl. bereits § 2 BDSG aF.

Rn. 70 ff.) ist die Differenzierung allerdings relevant. Der Verordnungsgeber verlangt insoweit in EG 45 am Ende, dass das Recht der Mitgliedstaaten regeln sollte, „ob es sich bei dem Verantwortlichen … um eine Behörde oder um eine andere unter das öffentliche Recht fallende natürliche oder juristische Person oder […] eine natürliche oder juristische Person des Privatrechts, etwa eine Berufsvereinigung, handeln sollte." Überdies ist es nach Art. 83 Abs. 7 den Mitgliedstaaten freigestellt, ob und in welchem Umfang sie die Verhängung von Geldbußen gegen „öffentliche Stellen" vorsehen (→ Art. 83 Rn. 55).[30]

Letztlich werden die in § 2 BDSG nF als öffentliche Stellen bezeichneten Stellen zumeist auch **„unter das** **18** **öffentliche Recht fallende Personen"** im Sinne von EG 45 sein. Jedenfalls zählen hierzu Behörden, Organe der Rechtspflege und andere öffentlich-rechtlich organisierte Einrichtungen des Bundes oder eines Landes, öffentlich-rechtliche Körperschaften, Stiftungen und Anstalten sowie deren Vereinigungen ungeachtet ihrer Rechtsform.

Der Schlusssatz in EG 45 unterscheidet – ebenso wie bislang EG 32 DSRL – zwischen Behörden und „an- **19** deren Personen". Die DSGVO spricht damit der Organisationseinheit **„Behörde"** ausdrücklich den Status eines Verantwortlichen und einer (juristischen) Person zu. Insoweit ist die DSGVO freilich eher funktional als institutionell zu verstehen. In organisatorischer Hinsicht ist in Deutschland unter Behörde jede Stelle zu verstehen, die als selbstständiges Organ eines Verwaltungsträgers steht.[31] Behörden genießen zwar regelmäßig nicht den organisationsrechtlichen Status einer juristischen Person. In funktionaler Hinsicht können sie in Deutschland aber konkrete Adressatinnen von gesetzlichen Befugnissen und Pflichten sein. Angesichts der eher funktionalen Ausrichtung der DSGVO sind daher keine grundsätzlichen Konflikte des deutschen Rechts mit dem EU-Datenschutzrecht erkennbar.[32]

2. Entscheidungshoheit über Zweck und Mittel der Verarbeitung. Die Bestimmung des für eine Verarbei- **20** tung Verantwortlichen klärt die Frage, wer **im Außenverhältnis** die meisten datenschutzrechtlichen Pflichten einer Verarbeitung zu tragen hat und für Datenschutzverstöße haftet.[33] Die DSGVO knüpft diese Verantwortlichkeit nach wie vor an die Entscheidungshoheit über Zweck und Mittel einer Verarbeitung. Im Hinblick auf die Mittel soll verantwortlich sein, wer über die wesentlichen Aspekte der Verarbeitungsmittel entscheidet oder zumindest mitentscheidet (dann gemeinsame Verantwortlichkeit).[34] Ob und inwieweit der Verantwortliche selbst personenbezogene Daten tatsächlich verarbeitet, ist für die Verantwortlichkeit nicht unmittelbar relevant, solange er nur allein oder gemeinsam mit anderen die Entscheidungshoheit ausübt.[35] Verarbeitet eine Stelle personenbezogene Daten ohne eine eigene Entscheidungshoheit über Zweck und Mittel, ist insoweit eine Auftragsverarbeitung in Betracht zu ziehen (Nr. 8). Unglücklich, weil missverständlich, war die zur Umsetzung des Art. 2 lit. d DSRL geschaffene Legaldefinition des § 3 Abs. 7 BDSG aF, weil sie darauf abstellte, ob eine Person „personenbezogene Daten für sich selbst erhebt, verarbeitet oder nutzt oder dies durch eine im Auftrag vornehmen lässt."[36]

Die **Entscheidungshoheit** kann **allein oder gemeinsam** mit anderen ausgeübt werden. Wie die DSRL zielt die **21** DSGVO darauf ab, durch eine weite Bestimmung des Begriffs des „Verantwortlichen" einen wirksamen und umfassenden Schutz der betroffenen Personen zu gewährleisten.[37] Im Grundsatz kann die Verantwortlichkeit zwischen den Akteuren einer Verarbeitung aufgeteilt werden, soweit diese Aufteilung die tatsächlichen Funktionen und Beziehungen angemessen widerspiegelt und die betroffene Person hierdurch keine Nachteile erfährt (s. Art. 26).

Die Entscheidungshoheit bezieht sich auf die Entscheidung über die Zwecke und Mittel der **Verarbeitung**.[38] **22** Typischerweise wird die Verarbeitung wiederkehrende Prozesse betreffen; in der Legaldefinition zur Verarbeitung in Nr. 2 ist die Rede von der „Vorgangsreihe". Die Verantwortlichkeit kann sich aber auch auf einzelne Verarbeitungsschritte beziehen.

3. Festlegung oder Bestimmbarkeit des Verantwortlichen durch Rechtsvorschrift. Gibt das Unionsrecht **23** oder das Recht der Mitgliedstaaten die Zwecke und Mittel der Verarbeitung vor, so kann es nach Nr. 7

---

30 Der Bund hat in § 43 Abs. 3 BDSG nF festgelegt, dass gegen öffentliche Stellen des Bundes iSd § 2 Abs. 1 BDSG nF keine Geldbußen verhängt werden. Demgegenüber sieht Art. 22 BayDSG-E immerhin vor, dass gegen öffentliche Stellen Geldbußen verhängt werden können, soweit sie als Unternehmen am Wettbewerb teilnehmen.
31 Vgl. zB BeckOK VwVfG/*Ronellenfitsch* § 1 Rn. 65 f. mwN.
32 Ähnlich *Dammann/Simitis* Art. 2 Rn. 12 für Art. 2 lit. d DSRL.
33 Vgl. dazu zB § 11 BDSG aF.
34 *Horn* in: Knyrim (Hrsg.), DSGVO, 2016, S. 153 (157) unter Berufung auf *Art.-29-Gruppe*, WP 169, S. 39. Untechnisch gesprochen betreffen die „Mittel" das „Wie" der Verarbeitung.
35 Vgl. EuGH, U. v. 5.6.2018 – C-210/16, Rn. 28 ff. AA wohl noch Paal/Pauly/*Ernst* Art. 4 Rn. 55.
36 Diese Definition der verantwortlichen Stelle dürfte gleichwohl nicht richtlinienwidrig sein, da sie zumindest richtlinienkonform ausgelegt werden kann; vgl. dazu *Raab*, Die Harmonisierung des einfachgesetzlichen Datenschutzes, 2015, S. 71 mwN.
37 Vgl. etwa EuGH C-131/12, NJW 2014, 2257 (2259, Abs. 34) – Google Spain.
38 Dazu ausführlich Kühling/Buchner/*Hartung* Art. 4 Nr. 7 Rn. 12.

Hs. 2 auch den Verantwortlichen oder die Kriterien seiner Benennung vorsehen. Wie ein Vergleich mit anderen Sprachfassungen ergibt, bedeutet der jetzt in der DSGVO verwendete deutsche Begriff „vorgegeben" keine inhaltliche Änderung gegenüber Art. 2 lit. d DSRL, der noch darauf abstellte, dass die Zwecke und Mittel „festgelegt" sind. Soweit der Gesetzgeber die Entscheidungshoheit über die Zwecke und Mittel selbst ausübt, ist es im Hinblick auf einen effektiven Grundrechtsschutz geboten, dass er auch die datenschutzrechtlichen Pflichten und die Haftung bestimmten Stellen klar zuweist. Ansonsten könnten Betroffene ihre Rechte nicht geltend machen und die Aufsichtsbehörden ihre Befugnisse nicht effektiv ausüben. Wie eine Zusammenschau des Nr. 7 mit Art. 6 Abs. 3 S. 2 ergibt, sind Zweck und Mittel nur dann „vorgegeben", wenn sie entweder gesetzlich ausdrücklich festgelegt sind oder zumindest klar aus der Aufgabe hervorgehen, die der Gesetzgeber dem Verantwortlichen übertragen hat.

24 Nr. 7 Hs. 2 setzt voraus, dass der jeweilige Gesetzgeber über Zwecke und Mittel entscheiden kann. Mit anderen Worten enthält die DSGVO eine entsprechende **Öffnungsklausel in Bezug auf die Verarbeitungszwecke und -mittel.** Die Festlegung eines Verantwortlichen oder der Kriterien zu seiner Bestimmung wird dementsprechend nur im Anwendungsbereich des Art. 6 Abs. 1 lit. c und e in Betracht kommen.[39] Zugleich bezieht sich die Öffnungsklausel Nr. 7 Hs. 2 nur auf die Bestimmung des Verantwortlichen, nicht auf die Datenverarbeitung.[40]

25 Ob der Gesetzgeber den Verantwortlichen dabei ausdrücklich oder nur indirekt festlegt, ist gleich. Beispielsweise ist in § 1 Abs. 1 S. 2 AZRG, § 2 Abs. 5 BKA-G jeweils eine Stelle als Auftragsverarbeiter vorgesehen.[41] Soweit durch die Festlegung des Auftragsverarbeiters gleichzeitig auch der für die Verarbeitung Verantwortliche eindeutig vorgegeben ist, steht dies nicht im Widerspruch zu Nr. 7 – vorausgesetzt der Gesetzgeber hat zugleich die Zwecke und Mittel der Verarbeitung hinreichend konkret festgelegt.

26 Alternativ zur Benennung eines für die Verarbeitung Verantwortlichen kann das Unionsrecht oder das Recht eines Mitgliedstaats die **Kriterien der Benennung eines Verantwortlichen** festlegen. Solche Kriterien müssen nicht zwingend inhaltliche Vorgaben sein – denkbar ist auch, dass das Recht lediglich Verfahrensregeln für die Bestimmung des Verantwortlichen vorsieht. Dem Rechtsgedanken des Art. 26 Abs. 2 (→ Art. 26 Rn. 16ff.) folgend dürften solche Regelungen allerdings nur im Einklang mit der DSGVO stehen, wenn die Festlegungen die jeweiligen tatsächlichen Funktionen und Beziehungen der verarbeitenden Stellen gebührend widerspiegeln und dem Betroffenen nicht der Möglichkeit beraubt, seine Rechte gegenüber denjenigen Stellen geltend zu machen, die den faktisch größten Einfluss auf die Datenverarbeitung haben.

Artikel 4 Nr. 8   Begriffsbestimmung „Auftragsverarbeiter"

Im Sinne dieser Verordnung bezeichnet der Ausdruck:

8. **„Auftragsverarbeiter" eine natürliche oder juristische Person, Behörde, Einrichtung oder andere Stelle, die personenbezogene Daten im Auftrag des Verantwortlichen verarbeitet;**

Literatur: *Art. 29-Gruppe,* Stellungnahme 1/2010 zu den Begriffen „für die Verarbeitung Verantwortlicher" und „Auftragsverarbeiter", WP 169; *Petri,* Datenschutzrechtliche Verantwortlichkeit im Internet – Überblick und Bewertung der aktuellen Rechtsprechung, ZD 2015, 103-106; *Weichert,* Informationstechnische Arbeitsteilung und datenschutzrechtliche Verantwortung, ZD 2014, 605; *Werkmeister/Schröder,* OVG Schleswig: Facebook-Fanpages für Unternehmen weiterhin erlaubt, ZD .2014, 645-646.

I. Allgemeines und Entstehungsgeschichte

1 Die relativ junge[1] Legaldefinition, dass der Auftragsverarbeiter eine Stelle ist, die personenbezogene Daten im Auftrag eines für die Verarbeitung Verantwortlichen verarbeitet, ist zirkulär und damit **wenig aussagekräftig.** Dementsprechend ist es nicht abschließend geklärt, welche Entscheidungsspielräume ein Auftragsverarbeiter haben kann (→ Rn. 5ff.). Trotzdem ist Nr. 8 inhaltsgleich zu Art. 2 lit. e DSRL geblieben. Im EP gab es keine Änderungsvorschläge zum KOM-E. Im Rat wurde zwar anfangs diskutiert, die Legaldefinition des „Dritten" in die Legaldefinition des Auftragsverarbeiters einzubeziehen.[2] Letztlich ist die Vorschrift im Gesetzgebungsverfahren jedoch auch im Rat unverändert geblieben. Danach bleibt es dabei, dass Auftragsverarbeiter keine Dritten iSd Nr. 10 sind.

---

39 Vgl. *Kühling/Martini et al.,* S. 25 f. unter Berufung auf den englischen Wortlaut des Art. 4 Abs. 7 S. 2 „...*where* the purposes and means of such processing are determined by (...) Member State law".
40 Vgl. *Kühling/Martini et al.,* S. 25 f.
41 Auf Landesebene gilt zB für Art. 9 Abs. 2 S. 2 BayEGovG Entsprechendes.
1 Sie wurde mit Art. 2 lit. e DSRL neu eingeführt, vgl. *Art.-29-Gruppe,* WP 169, S. 7.
2 Vgl. Ratsdok 11028/14, Fn. 44: DE, DK, FR, LUX, NL. Deutschland mag dabei die Vorschrift des § 3 Abs. 8 S. 3 BDSG aF im Blick gehabt haben, wonach der Auftragsverarbeiter kein „Dritter" iSd § 3 Abs. 8 BDSG aF darstellte.

Das Begriffspaar des für die Verarbeitung Verantwortlichen und des Auftragsverarbeiters soll den „inneren 2
Kreis der Datenverarbeitung" beschreiben, während die Weitergabe an und die Verarbeitung durch Dritte
anderen Regeln folgen.[3] Nach dem deutschen Datenschutzrecht sollte nach § 11 BDSG aF die Weitergabe
von Daten an den Auftragnehmer deshalb insoweit „privilegiert" sein, als die Übermittlungsvoraussetzungen nicht gegeben sein müssen.[4]

Die Legaldefinition des Nr. 8 gleicht der Schwestervorschrift in Art. 4 Nr. 9 JI-Richtlinie. Sie wird in § 46 3
Nr. 8 BDSG nF wortgleich übernommen. Entsprechendes gilt für das österreichische Recht, vgl. § 36 Abs. 2
Nr. 9 ÖDSG nF Regelungsentwürfe anderer Mitgliedstaaten sind noch nicht bekannt.

II. Vorschrift im Einzelnen

Zu möglichen **Normadressaten** vgl. → Nr. 7 Rn. 13ff.   4

Rein begrifflich setzt Nr. 8 eine Verarbeitung „im Auftrag" voraus. Das wirft ua die Frage auf, welche Ent- 5
scheidungsspielräume ein Auftragsverarbeiter haben kann. Nach Art. 29 darf ein Auftragsverarbeiter personenbezogene Daten nur nach Weisung verarbeiten, es sei denn, er wird gesetzlich zu einer anderen Verarbeitung verpflichtet. Die Vorschrift verdeutlicht, dass die Gestaltungsspielräume des Auftragsverarbeiters
sehr begrenzt sind.

Typischerweise erfolgt ein solcher Auftrag durch den Verantwortlichen auf Grundlage eines Auftragsverar- 6
beitungsvertrags. Andere **Rechtsgrundlagen** sind allerdings nicht ausgeschlossen, soweit sie das Weisungsverhältnis zwischen Verantwortlichem und Auftragsverarbeiter hinreichend konkret festlegen, vgl. Art. 28
Abs. 3.[5] Es spricht dabei einiges dafür, die in Deutschland übliche Unterscheidung zwischen Auftragsverarbeitung und Funktionsübertragung[6] jedenfalls im Grundsatz beizubehalten (→ Art. 28 Rn. 11, 21).[7]

Vor allem **in Deutschland** ist umstritten, unter welchen Voraussetzungen eine Verarbeitung „im Auftrag" 7
eines Verantwortlichen erfolgt. Dies betrifft v.a. die Frage, ob die Nicht-Erfüllung der Voraussetzungen der
Auftragsverarbeitung schon eine Auftragsverarbeitung per se ausschließt oder ob dann eine – allerdings
rechtswidrige – Auftragsverarbeitung vorliegt. Bis zum Inkrafttreten des BDSG nF regelte § 11 BDSG aF
die Voraussetzungen einer rechtmäßigen Auftragsverarbeitung. Nach OVG Schleswig[8] liegt allerdings bereits begrifflich keine Auftragsverarbeitung vor, wenn der „Auftrag" die wesentlichen Voraussetzungen des
§ 11 BDSG aF nicht erfüllt.[9] Insbesondere wenn eine vertragliche Vereinbarung die Anforderungen des § 11
Abs. 2 BDSG aF nicht umsetzt, liegt danach keine Auftragsverarbeitung vor.[10] Das Gleiche gilt, wenn zwar
vertraglich eine Auftragsverarbeitung vereinbart ist, aber insoweit nicht gelebt wird, als die maßgeblichen
Entscheidungen durch den Auftragsverarbeiter getroffen werden.[11] Nach Auffassung der schleswig-holstei-
nischen Aufsichtsbehörde ist es hingegen für das Vorliegen eines Auftragsverhältnisses nicht erforderlich,
dass die Vereinbarung die in § 11 Abs. 2 BDSG aF (Art. 17 DSRL, Art. 23 DSVO 45/2001/EG) genannten
Punkte ausdrücklich regelt.[12] Werden die genannten Voraussetzungen in der Vereinbarung nicht abgebildet,
kann danach eine rechtswidrige Auftragsverarbeitung vorliegen. Damit bleibt der Auftraggeber in jedem
Fall datenschutzrechtlich verantwortlich.

Im Auftrag **„eines für die Verarbeitung Verantwortlichen"** muss die Verarbeitung erfolgen. Auftragsverar- 8
beiter müssen also stets in Bezug auf einen Verantwortlichen gebunden sein. Das schließt nicht generell aus,
dass der Auftragsverarbeiter Unterauftragsverhältnisse eingeht. Sie müssen allerdings ebenfalls die Voraussetzungen des Art. 28 erfüllen (→ Art. 28 Rn. 42, 84ff.).

---

3 So jedenfalls *Art. 29-Gruppe*, WP 169, S. 8.

4 Vgl. Roßnagel/*Barlag*, Europ. DSGVO, § 3 Rn. 3, 4; rechtssystematisch erfolgte dies dadurch, dass eine Übermittlung nach § 3 Abs. 4
   Nr. 3 BDSG aF eine Weitergabe an einen „Dritten" erforderte, der Auftragsverarbeiter jedoch nach § 3 Abs. 8 S. 2 BDSG aF – wie nach
   Art. 4 Nr. 10 – kein Dritter war.

5 Vgl. Paal/Paul/*Ernst* Art. 4 Rn. 56, wonach nur dann ein Auftragsverhältnis vorliegt, wenn der Auftragsverarbeiter quasi als „Marionet-
   te" des Verantwortlichen tätig werde. Nur dann sei er nicht Dritter iSd Art. 4 Abs. 10.

6 Unter Funktionsübertragung ist der Fall gemeint, dass dem Auftragsverarbeiter nicht nur die Verarbeitung von Daten, sondern auch die
   der Verarbeitung zugrundeliegende Aufgabe bzw. Funktion übertragen wird. Ausführlich dazu bereits Simitis/*Petri* § 11 Rn. 22ff.

7 So auch Paal/Pauly/*Schreiber* Art. 4 Rn. 28; aA – unter Vernachlässigung der Vorgaben aus Art. 28 und 29 DSGVO – *Härting*, Rn. 579.

8 Ähnlich *Petri* ZD 2015, 103 (105).

9 Vgl. OVG Schleswig ZD 2014, 643 (644) – zustimmend *Werkmeister/Schröder*, ZD 2014, 645 f.; vgl. auch OVG Schleswig NordÖR
   2011, 501 (502).

10 Uneinheitlich wird die Anschlussfrage beantwortet, welche Folgerungen aus dem Fehlen eines Auftragsvertrags zu ziehen sind. Nach
   OVG Schleswig ZD 2014, 643 (644 f.) soll die Verantwortlichkeit des „Auftraggebers" mangels Auftragserteilung entfallen. Nach Teilen der Literatur liegt zwar ein wirksames Auftragsverhältnis vor, die Auftragsabwicklung in Gestalt der Verarbeitung personenbezogener Daten durch den Auftragsverarbeiter soll aber unzulässig sein, weil die Privilegierungswirkungen des § 11 BDSG entfallen, vgl. zB
   Weichert ZD 2014, 605 (607).

11 Vgl. etwa *Art.-29-Gruppe*, WP 169, S. 11 zum Fall SWIFT.

12 Vgl. *Weichert* ZD 2014, 605 (607).

Artikel 4 Nr. 9 Begriffsbestimmung „Empfänger"

Im Sinne dieser Verordnung bezeichnet der Ausdruck:

9. „Empfänger" eine natürliche oder juristische Person, Behörde, Einrichtung oder andere Stelle, der personenbezogene Daten offengelegt werden, unabhängig davon, ob es sich bei ihr um einen Dritten handelt oder nicht. Behörden, die im Rahmen eines bestimmten Untersuchungsauftrags nach dem Unionsrecht oder dem Recht der Mitgliedstaaten möglicherweise personenbezogene Daten erhalten, gelten jedoch nicht als Empfänger; die Verarbeitung dieser Daten durch die genannten Behörden erfolgt im Einklang mit den geltenden Datenschutzvorschriften gemäß den Zwecken der Verarbeitung;

I. Allgemeines und Entstehungsgeschichte

1 Die **Definition** des Empfängers ist **notwendig**, insbes. um die Informationspflichten des Verantwortlichen gegenüber Betroffenen nach den Art. 13ff. einzugrenzen. Die Vorschrift entspricht dabei in wesentlichen Teilen der Vorgängervorschrift Art. 2 lit. g DSRL sowie Art. 2 lit. g DSVO 45/2001/EG. Die KOM schlug allerdings vor, den Empfänger iSd Art. 2 lit. g DSRL lediglich als Stelle zu definieren, die Daten erhält. Das EP teilte diesen Standpunkt. Der Rat hielt demgegenüber an der Legaldefinition der DSRL fest. Im Trilog verständigten sich die Institutionen darauf, die Legaldefinition der DSRL mit nur leichten sprachlichen Abweichungen, inhaltlich aber vollständig zu übernehmen. Sie wurde um die Klarstellung ergänzt, dass eine Behörde, die nicht als Empfänger gilt, bei der weiteren Verarbeitung gleichwohl die Vorgaben der Verordnung zu beachten hat.

2 Nr. 9 gleicht seiner Schwestervorschrift Art. 3 Nr. 10 JI-Richtlinie, der wortgleich in § 46 Nr. 10 BDSG nF übernommen worden ist. Entsprechendes gilt für das österreichische Recht, vgl. § 36 Abs. 2 Nr. 10 ÖDSG nF Regelungen anderer Mitgliedstaaten sind noch nicht bekannt.

II. Vorschrift im Einzelnen

3 **1. Adressaten, Datenoffenlegung (Art. 4 Nr. 9 S. 1).** Empfänger können nur andere Personen oder „Stellen" sein. Rein begrifflich setzt dies wohl eine **gewisse organisatorisch-institutionelle Eigenständigkeit** voraus (→ Nr. 7 Rn. 13ff.). Unklar ist die Situation bei Organisationseinheiten, die gesetzlich mit Sonderrechten und -pflichten ausgestattet sind, wie etwa betriebliche oder behördliche Interessenvertretungen.[1]

4 Nach Art. 2 lit. g Hs. 1 DSRL gilt zudem als Empfänger jede Stelle, die Daten „erhält". Die Richtlinie fügte ausdrücklich hinzu, dass es hinsichtlich des Empfängerbegriffs gleichgültig ist, ob es bei der Stelle um einen Dritten handelt oder nicht. Der deutsche Wortlaut des Nr. 9 stellt nicht mehr darauf ab, dass der Empfänger Daten erhält, sondern dass sie ihm „**offengelegt**" werden. Bei isolierter Betrachtungsweise des deutschen Wortlauts liegt damit eine Bedeutungsverschiebung gegenüber der DSRL nahe: Wenn eine Stelle Daten „erhält", wird keine Aussage darüber gemacht, durch welchen Datentransfer die Daten zur Stelle gelangen. Werden demgegenüber Daten „offengelegt", ist damit sprachlich jedenfalls eine bewusste Handlung eines anderen Akteurs verbunden.

Ein Blick in **andere Sprachfassungen** ergibt, dass insoweit die dortigen Legaldefinitionen zu denen des Art. 2 lit. g Hs. 1 DSRL wortgleich sind.[2] Allerdings sind dabei gewisse **Bedeutungsunterschiede** in den Sprachfassungen untereinander – etwa zwischen der englischen Fassung gegenüber der französischen und italienischen Fassung – nicht ausgeschlossen. Während die deutsche Fassung der Richtlinie dem eher weiten Verständnis der französischen und italienischen Fassung entspricht, nähert sich der Begriff des Offenlegens jetzt eher der wohl eher enger zu verstehenden englischen Fassung an.

---

1 Nach BAG NZA 1998, 385ff. sind Betriebsrat und Gesamtbetriebsrat gegenüber dem Unternehmen keine „Dritten".

2 Englische Fassung der DSRL: „'recipient' shall mean a natural or legal person, public authority, agency or any other body to whom data are disclosed, whether a third party or not;". französische Fassung, vgl. DSRL: „« destinataire »: la personne physique ou morale, l'autorité publique, le service ou tout autre organisme qui reçoit communication de données, qu'il s.'agisse ou non d'un tiers."; italienische Fassung: „«destinatario»:la persona fisica o giuridica, l'autorità pubblica, il servizio o un altro organismo che riceve comunicazione di dati, che si tratti o meno di terzi.". Art. 4 Abs. 9 ist in beiden Sprachfassungen insoweit wortgleich mit der DSRL bis auf die Klarstellung, dass es sich bei den empfangenen Daten um personenbezogene Daten handelt („personal data" bzw. „données à caractère personnel" bzw. „dati personali").

Petri

In der **Verarbeitungspraxis** wird die Unterscheidung zwischen einem „Erhalten" und einem „Offengelegt- 5
Werden" von Daten im Hinblick auf den Empfängerbegriff vermutlich selten relevant werden, denn die
DSGVO verwendet den Begriff des Empfängers stets im Zusammenhang mit (bewussten) Datenweitergaben
durch den Verantwortlichen oder einen Auftragsverarbeiter

2. Einschränkung des Empfängerbegriffs bei bestimmten behördlichen Untersuchungsaufträgen (S. 6
2). Nach S. 2 gelten bestimmte Behörden, die im Rahmen eines „bestimmten Untersuchungsauftrags" Daten erhalten, nicht als Empfänger. Diese Vorschrift lehnt sich an Art. 2 lit. g S. 2 DSRL an und wird gemein-
hin als Privilegierung von Behörden mit hoheitlichen Befugnissen verstanden.[3] Was allerdings unter einem
Untersuchungsauftrag konkret zu verstehen ist, geht weder aus der DSRL noch aus der DSGVO eindeutig
hervor und ist umstritten. Übereinstimmung besteht wohl nur darin, dass der **Begriff des bestimmten Un-**
tersuchungsauftrags als Ausnahmeregelung eng zu verstehen ist.[4] Nach einer Auffassung soll der Kreis der
begünstigten Behörden vom Gesetzgeber konkret zu bestimmen sein.[5] Einer anderen Lehrmeinung zufolge
sollen lediglich Ermittlungsmaßnahmen im Rahmen eines Strafverfahrens oder vergleichbare Untersuchungen betroffen sein.[6]

Die DSGVO klärt im neuen letzten Halbsatz des Nr. 9 S. 2, dass mit „Untersuchungsauftrag" nicht allein 7
Untersuchungen im Rahmen eines Strafverfahrens gemeint sein können. Denn die Vorschrift lässt das konkret anzuwendende Datenschutzregime wohl bewusst offen („die Verarbeitung … durch genannten Behörden erfolgt im Einklang mit den geltenden Datenschutzvorschriften gemäß den Zwecken der Verarbeitung"); wenn nur Strafverfahren gemeint wären, hätte konkret auf die JI-Richtlinie verwiesen werden können. Überdies zählt EG 31 beispielhaft Steuer- und Zollbehörden, Finanzermittlungsstellen, unabhängige
Verwaltungsbehörden oder die für die Regulierung und Aufsicht von Wertpapiermärkten zuständigen Finanzmarktbehörden als Behörden auf, die je nach den Umständen der Datenerhebung nicht als Empfänger
gelten sollten. Ungeachtet dieser Klarstellung in EG 31 wird die **konkrete Tragweite** des Nr. 9 S. 2 **nicht ab-**
schließend geklärt. Systematisch lässt sich heranziehen, dass nicht als Empfänger (nur) solche Behörden gelten sollten, gegenüber denen personenbezogene Daten aufgrund einer rechtlichen Verpflichtung „für die
Ausübung ihres offiziellen Auftrags" (EG 31 S. 1) offengelegt werden. Ganz offenkundig bezieht sich der
Erwägungsgrund dabei einerseits auf die Verarbeitung der nach Art. 6 Abs. 1 lit. c rechtlich verpflichteten
Stellen, andererseits auf behördliche Verarbeitungsbefugnisse nach Art. 6 Abs. 1 lit. e. Daraus folgt, dass jedenfalls nicht alle Datenoffenlegungen an Behörden im Rahmen ihrer Aufgabenerfüllung gemeint sind, son-
dern nur Behörden mit hoheitlichen Befugnissen. Zudem verlangt Nr. 9 S. 2 einen „bestimmten" Untersuchungsauftrag, der die Datenweitergabe durch die rechtlich verpflichtete Stelle verlangt. Damit wird dem
Bestimmtheitsgrundsatz und der Zweckbindung Rechnung getragen.

Die Behörde, die nach Nr. 9 S. 2 Daten erhält, muss bei der Wahrnehmung ihres Untersuchungsauftrags 8
grundlegende rechtsstaatlich gebotene Verfahrensregeln, insbes. das Zweckbindungsprinzip, beachten (EG
31 S. 2 und 3). Die an die Datenweitergabe anschließende weitere Verarbeitung durch die Behörde hat re-
gelgebunden nach dem jeweils anzuwendenden Datenschutzregime zu erfolgen, wie sich aus dem letzten
Halbsatz ergibt.

Artikel 4 Nr. 10   Begriffsbestimmung „Dritter"

Im Sinne dieser Verordnung bezeichnet der Ausdruck:

10. „Dritter" eine natürliche oder juristische Person, Behörde, Einrichtung oder andere Stelle, außer der
    betroffenen Person, dem Verantwortlichen, dem Auftragsverarbeiter und den Personen, die unter der
    unmittelbaren Verantwortung des Verantwortlichen oder des Auftragsverarbeiters befugt sind, die per-
    sonenbezogenen Daten zu verarbeiten;

I.   Entstehungsgeschichte

Dritte sind Stellen außerhalb des Verantwortungsbereichs des Verantwortlichen. Sie bilden eine Kategorie 1
von Datenempfängern (vgl. dazu Nr. 9) oder von Stellen, die in tatsächlicher Hinsicht potenzielle Datenempfänger sein können. Art. 2 lit. f DSRL definierte den Dritten dabei als Stelle „außer der betroffenen Person, dem für die Verarbeitung Verantwortlichen, dem Auftragsverarbeiter und den Personen, die unter der

---

3   Vgl. etwa *Ehmann/Helfrich* Art. 2 Rn. 62.
4   Bereits für die DSGVO ähnlich bereits *Kühling/Martini et al.*, S. 27: „in geringem Umfang Regelungsspielraum".
5   *Ehmann/Helfrich* Art. 2 Rn. 64.
6   So *Dammann/Simitis* Art. 2 Rn. 19.

unmittelbaren Verantwortung des für die Verarbeitung Verantwortlichen oder des Auftragsverarbeiters befugt sind, die personenbezogenen Daten zu verarbeiten".

2 Teilweise wurde diese Legaldefinition für die DSRL als missglückt angesehen.[1] Offenbar komme es darauf an, ob die betreffende Person dem gleichen Rechtssubjekt zugeordnet werden müsse oder ob sie aufgrund ihrer Verfassung ein anderes Rechtssubjekt darstelle. Nur so ließen sich die Differenzierungen zwischen verschiedenen Unternehmen und Betrieben mit Betriebsstätten dogmatisch begründen. Der Wortlaut der Richtlinie zwinge aber nicht zu dieser Auffassung.[2] Diese Kritik hat den Verordnungsgeber indes nicht daran gehindert, die Legaldefinition der Richtlinie in Nr. 10 inhaltsgleich zu übernehmen. Während der KOM-E noch auf sie verzichtet hatte, schlug Nr. 7 a Parl-E eine Definition vor, die mit nur geringfügigen sprachlichen Abweichungen übernommen wurde.

3 Nr. 10 hat in Art. 3 Nr. 10 JI-Richtlinie keine inhaltsgleiche Schwestervorschrift. Die Vorschrift wird auch nicht im Rahmen der Umsetzung der JI-Richtlinie in § 46 BDSG nF übernommen. Entsprechendes gilt für § 36 Abs. 2 ÖDSG nF.

II. Vorschrift im Einzelnen

4 Nr. 10 betrifft **Stellen außerhalb des Verantwortungsbereichs** des für die Verarbeitung Verantwortlichen bzw. der betroffenen Person. Vom Begriff des Dritten ausdrücklich ausgeklammert sind zunächst die betroffene Person[3] (vgl. Nr. 1), der Verantwortliche (vgl. Nr. 7) und Auftragsverarbeiter (vgl. Nr. 8). Keine Dritten sind auch Personen, die unter der unmittelbaren Verantwortung des für die Verarbeitung Verantwortlichen oder des Auftragsverarbeiters befugt sind, die personenbezogenen Daten zu verarbeiten.[4] Hierunter sind in erster Linie **Beschäftigte** des Verantwortlichen oder von Auftragsverarbeitern anzusehen.[5] Insoweit kann rechtsgedanklich an den Beschäftigtenbegriff in § 3 Abs. 11 BDSG aF bzw. § 28 Abs. 8 BDSG nF angeknüpft werden. Die Personen müssen allerdings „befugt" sein, die personenbezogenen Daten zu verarbeiten. Mit der Verarbeitungsbefugnis angesprochen sind insbes. Zugriffsrechte, die im Rahmen eines Datenschutzkonzepts vom jeweiligen Dienstherrn oder Arbeitgeber konkret festzulegen und zu vergeben sind (vgl. ua Art. 24 Abs. 1, Art. 25 Abs. 1).

Artikel 4 Nr. 11   Begriffsbestimmung „Einwilligung"

Im Sinne dieser Verordnung bezeichnet der Ausdruck:

11. **„Einwilligung" der betroffenen Person jede freiwillig für den bestimmten Fall, in informierter Weise und unmissverständlich abgegebene Willensbekundung in Form einer Erklärung oder einer sonstigen eindeutigen bestätigenden Handlung, mit der die betroffene Person zu verstehen gibt, dass sie mit der Verarbeitung der sie betreffenden personenbezogenen Daten einverstanden ist;**

1 Nr. 11 definiert den sekundärrechtlichen Begriff der **Einwilligung**. Eine Einwilligung ist demnach eine eindeutige bestätigende Handlung (→ Art. 7 Rn. 35ff.), mit der die betroffene Person freiwillig (→ Art. 7 Rn. 48ff.), für den bestimmten Fall (→ Art. 7 Rn. 67ff.), in informierter Weise (→ Art. 7 Rn. 72ff.) und unmissverständlich (→ Art. 7 Rn. 12, 36, 40, 77) zu verstehen gibt, dass sie mit der Verarbeitung der sie betreffenden personenbezogenen Daten einverstanden ist. Liegen diese Voraussetzungen nicht vollständig vor, ist schon begrifflich keine Einwilligung im Sinne der einschlägigen Erlaubnistatbestände (Art. 6 Abs. 1 UAbs. 1 lit. a und Art. 9 Abs. 2 lit. a) gegeben. Wenn nicht ersatzweise ein anderer Erlaubnistatbestand eingreift (→ Art. 7 Rn. 5, 34), ist die Datenverarbeitung mithin rechtswidrig.

2 Ergänzt wird Nr. 11 durch Art. 7 und Art. 8. Das Freiwilligkeitsmerkmal des Nr. 11 wird durch die verbreitet als Kopplungsverbot bezeichnete Regelung des Art. 7 Abs. 4 (→ Art. 7 Rn. 56 ff.) sowie die in Art. 8 geregelte Altersgrenze für die Einwilligung (→ Art. 8 Rn. 1 f., 10) konkretisiert. Außerdem enthalten Art. 7 und Art. 8 zusätzliche Wirksamkeitsbedingungen für eine Einwilligung (→ Art. 7 Rn. 7). Ob es schon an einem Begriffsmerkmal aus Nr. 11 oder „nur" an der Wirksamkeit der Einwilligung fehlt, spielt im Ergebnis keine Rolle (→ Art. 7 Rn. 8). Vom **sekundärrechtlichen Einwilligungsbegriff** zu unterscheiden ist der grundrechtliche Einwilligungsbegriff, der in Art. 8 Abs. 2 GRCh Verwendung findet (→ Art. 7 Rn. 18ff., 33).

---

1 *Ehmann/Helfrich* Art. 2 Rn. 57.
2 *Ehmann/Helfrich* Art. 2 Rn. 58 f.
3 Zur Problematik gesetzlicher Vertreter betroffener Personen s. Sydow/*Ziebarth* Art. 4 Rn. 163.
4 Ähnlich Sydow/*Ziebarth* Art. 4 Nr. 10 Rn. 162; weitere Bsp. bei BeckOK DatenschutzR/*Schild* DSGVO Art. 4 Nr. 10 Rn. 111ff.
5 Vgl. *Art.-29-Gruppe*, WP 169, S. 37.

Klement

Artikel 4 Nr. 12 Begriffsbestimmung „Verletzung des Schutzes personenbezogener Daten"

Im Sinne dieser Verordnung bezeichnet der Ausdruck:

12. „Verletzung des Schutzes personenbezogener Daten" eine Verletzung der Sicherheit, die, ob unbeabsichtigt oder unrechtmäßig, zur Vernichtung, zum Verlust, zur Veränderung, oder zur unbefugten Offenlegung von beziehungsweise zum unbefugten Zugang zu personenbezogenen Daten führt, die übermittelt, gespeichert oder auf sonstige Weise verarbeitet wurden;

Literatur: *Marschall, K.*, Datenpannen – „neue" Meldepflicht nach der europäischen DS-GVO?, DuD 2015, 183.

Die Definition des Begriffs „Verletzung des Schutzes personenbezogener Daten" ist von zentraler **Bedeutung für die Benachrichtigungspflichten nach Art. 33 und 34.** Zwar lösen nicht alle derartigen Verletzungen Benachrichtigungspflichten aus, die von weiteren Voraussetzungen abhängen. Liegt jedoch keine Schutzverletzung iSd Vorschrift vor, scheidet auch eine Benachrichtigungspflicht von vornherein aus. **1**

Die Verletzung des Schutzes personenbezogener Daten beschränkt sich auf Verletzungen der **Sicherheit** in technisch-organisatorischer Hinsicht. Während die englische Fassung den Begriff „security" verwendet, steht der deutsche Begriff „Sicherheit" sowohl für „security" als auch für „safety". Die gegen Angriffe von außen gerichtete „security" und die im Sinne der klassischen Industriesicherheit (Unfallprävention) verwendete „safety" wachsen aber gerade bei der modernen Datenverarbeitung zunehmend zusammen.[1] Die Definition entspricht der im US-amerikanischen Recht gebräuchlichen „data breach notification" oder „data security breach reporting",[2] die auch Vorbild für andere unionsrechtliche Regelungen zu Meldepflichten bei „Datenpannen" war. Art. 2 lit. e ePrivacyRL enthält eine nahezu wortgleiche Definition, die allerdings auf die Bereitstellung öffentlich zugänglicher Kommunikationsdienste begrenzt ist.[3] Den Begriff der Sicherheit definiert die DSGVO nicht. Allerdings hebt sie die Bedeutung der Datensicherheit an zahlreichen Stellen hervor.[4] Es gehört zu den Grundsätzen einer rechtmäßigen Datenverarbeitung nach Art. 5, dass personenbezogene Daten „in einer Weise verarbeitet werden, die eine angemessene Sicherheit der personenbezogenen Daten gewährleistet, einschließlich Schutz vor unbefugter oder unrechtmäßiger Verarbeitung und vor unbeabsichtigtem Verlust, unbeabsichtigter Zerstörung oder unbeabsichtigter Schädigung durch geeignete technische und organisatorische Maßnahmen (**„Integrität und Vertraulichkeit"**)[5] (Art. 5 Abs. 1 lit. f → Art. 5 Rn. 167ff.). Art. 32 verpflichtet die Verantwortlichen zur Sicherstellung eines dem Risiko für die Rechte und Freiheiten natürlicher Personen angemessenen Schutzniveaus, wozu ua ein Verfahren zur regelmäßigen Überprüfung, Bewertung und Evaluierung der Wirksamkeit der technischen und organisatorischen Maßnahmen zur Gewährleistung der Sicherheit der Verarbeitung gehört (Art. 32 Abs. 1 lit. d → Art. 32 Rn. 53ff.). Auch wenn der Begriff der Sicherheit bereits ein Risikoelement enthält, stellt die Legaldefinition des Art. 4 Nr. 12 anders als Art. 5 Abs. 1 lit. f und Art. 32 nicht allein auf eine Risikobetrachtung ab, sondern sie ordnet nur verwirklichte Verletzungen der Sicherheit als Schutzverletzungen ein, die bereits zu einer unbeabsichtigten oder unrechtmäßigen Vernichtung, zum Verlust, zur Veränderung, zur Offenlegung von oder zum Zugang zu bestimmten personenbezogenen Daten geführt haben. Schutzverletzungen können daher trotz der generellen Gewährleistung eines risikoadäquaten Schutzniveaus nach Art. 32 stattfinden. Während die Verletzung der Sicherheit als erste Stufe der Schutzverletzung[6] von der Vorschrift nicht näher eingegrenzt wird und daher jedes aktive oder passive Verhalten des Verantwortlichen oder Auftragsverarbeiters bei der Ausgestaltung von Datenverarbeitungssystemen einschließt,[7] sind die vorausgesetzten Folgen der Sicherheitsverletzung für die Datenverarbeitung auf der zweiten Stufe näher beschrieben (→ Rn. 7). Risikoerwägungen spielen nach Art. 33 Abs. 1 und Art. 34 Abs. 1 erst dann wieder eine Rolle, wenn eine Schutzverletzung iSd Art. 4 Nr. 12 vorliegt (→ Art. 33 Rn. 10ff., Art. 34 Rn. 4ff.). **2**

---

1 Vgl. *Springer*, Was ist der Unterschied zwischen Safety und Security?, https://www.tuev-nord.de/explore/de/erklaert/was-ist-der-unterschied-zwischen-safety-und-security/.

2 Vgl. das erste entsprechende Gesetz von 2002 im US-Bundesstaat Kalifornien, California Civil Code s. 1798.29 und s. 1798.82.

3 Diese Richtlinie soll nach dem Vorschlag der KOM v. 10.1.2017 ersetzt werden durch eine Verordnung über die Achtung des Privatlebens und den Schutz personenbezogener Daten in der elektronischen Kommunikation und zur Aufhebung der Richtlinie 2002/58/EG (Verordnung über Privatsphäre und elektronische Kommunikation) (COM(2017) 10 final). Diese Verordnung nimmt Bezug auf die Legaldefinitionen der Grundverordnung (Art. 4 Abs. 1 lit. a) und soll zeitgleich mit ihr in Kraft treten.

4 Vgl. zB EG 39, 49, 83ff.

5 Das Grundrecht auf Gewährleistung der Vertraulichkeit und Integrität informationstechnischer Systeme wurde erstmals vom BVerfG in BVerfGE 120, 274 Rn. 160ff. aus dem deutschen Grundrechtskatalog abgeleitet.

6 Kühling/Buchner/*Jandt* Art. 4 Nr. 12 Rn. 6 spricht von „Verletzungshandlung" und grenzt sie vom „Verletzungserfolg" der Vernichtung, des Verlusts oder der Veränderung von Daten ab.

7 Vgl. Kühling/Buchner/*Jandt* Art. 4 Nr. 12 Rn. 6.

3 Problematisch werden in der Praxis die Fälle sein, in denen der Verantwortliche nicht weiß oder wissen kann, ob tatsächlich eine **Schutzverletzung stattgefunden** hat. So ist zB beim Liegenlassen eines mobilen Computers oder Datenträgers in öffentlichen Verkehrsmitteln zunächst nicht sicher, dass die darauf gespeicherten Daten tatsächlich unbefugt offengelegt wurden. Allerdings ist in solchen Fällen jedenfalls der **Verlust** eindeutig, wenn das Notebook oder der Datenträger dem Verantwortlichen nicht zurückgegeben werden oder (was gerade bei immer kleiner werdenden Datenträgern wahrscheinlicher wird) schlicht verloren gegangen sind. Werden das mobile Endgerät oder der Datenträger dem Verantwortlichen zeitnah zurückgegeben, so wird er zu prüfen haben, ob sich Spuren eines unbefugten Zugriffs finden lassen. Auch im entstehenden „**Internet der Dinge**", bei **vernetzten Fahrzeugen**, im „**Smart Home**" oder bei intelligenten Versorgungsnetzen („**Smart Grids**") ist jeweils zu untersuchen, ob die mit der wachsenden Komplexität wahrscheinlicher werdenden Sicherheitsmängel auch zu unbefugten (zB überschießenden) Datenübermittlungen führen.

4 Nicht jede Verarbeitung personenbezogener Daten unter Verstoß gegen Bestimmungen der Verordnung oder sie präzisierende Rechtsvorschriften ist eine **Verletzung des Schutzes personenbezogener Daten** iSd Art. 4 Nr. 12.[8] Diese Vorschrift war zwar im Gesetzgebungsverfahren kaum kontrovers. Das EP hatte sich allerdings dafür ausgesprochen, die Beschränkung auf technische Sicherheitsverletzungen zu streichen, so dass jede rechtswidrige Vernichtung oder Offenlegung von personenbezogenen Daten als Schutzverletzung anzusehen gewesen wäre. Derart weit definieren einige deutsche LDSGe die Schutzverletzung mit entsprechenden Folgen für die Benachrichtigungspflicht.[9] Dieser Vorschlag fand jedoch keinen Eingang in die Verordnung. Eine Schutzverletzung liegt nicht bei jeder unbefugten Offenlegung von oder jedem unbefugten Zugang zu personenbezogenen Daten vor, sondern nur, wenn eine Verletzung der Sicherheit dazu geführt hat.[10] **Umgekehrt** setzt eine Schutzverletzung nach Art. 4 Nr. 12 nicht voraus, dass der Verantwortliche seine Pflichten zur Gewährleistung der Vertraulichkeit und Integrität verletzt hat. Sie kann auch gegeben sein, wenn er die nach Art. 5 Abs. 1 lit. f vorgeschriebenen Maßnahmen für eine angemessene Sicherheit der verarbeiteten Daten getroffen hat (zB wenn ein Beschäftigter des Verantwortlichen ein mobiles Datenverarbeitungsgerät oder einen Datenträger verliert).

5 Eine Schutzverletzung kann nur vorliegen, soweit die **Verarbeitung personenbezogener Daten** betroffen ist. Insofern ist auf die weit gefasste Legaldefinition des Art. 4 Nr. 1 zu verweisen. Anders als das bisherige deutsche Datenschutzrecht[11] beschränkt die Verordnung die Schutzverletzung nicht auf bestimmte Datenarten, deren Verarbeitung mit besonderen Risiken verbunden ist. Selbst „belanglose" Daten können Gegenstand einer Schutzverletzung sein.[12] Auch **verschlüsselte Daten** sind unter bestimmten Voraussetzungen als personenbezogen anzusehen (→ Art. 4 Rn. 57ff.). Werden sie einem anderen als dem Verantwortlichen zugänglich gemacht, so liegt darin eine Schutzverletzung.[13] Allerdings kann das konkret gewählte Verschlüsselungsverfahren unter bestimmten Voraussetzungen die Benachrichtigungspflichten gegenüber den betroffenen Personen entfallen lassen (→ Art. 34 Rn. 13).[14] Andererseits sind Verletzungen der Sicherheit einer IT-Infrastruktur, die nicht die in Art. 4 Nr. 12 genannten Auswirkungen auf die Verarbeitung personenbezogener Daten haben, keine Schutzverletzungen iSd der DSGVO, auch wenn sie Meldepflichten aufgrund anderer Vorschriften auslösen können.[15]

6 Der Schutz personenbezogener Daten ist nur dann verletzt, wenn es sich zum einen um solche **Daten** handelt, die übermittelt, gespeichert oder auf sonstige Weise iSd Art. 4 Nr. 2 verarbeitet wurden. Die Verarbeitungsformen der **Übermittlung** und **Speicherung** nennt der Verordnungsgeber nur beispielhaft. Auch andere Formen der Verarbeitung wie zB Erhebung, Erfassung, Veränderung, Auslesung machen personenbezogene Daten zum möglichen Gegenstand einer Schutzverletzung. Eine Speicherung der Daten bei dem Verantwortlichen ist im Gegensatz zum bisherigen deutschen Recht[16] keine Voraussetzung für eine Schutzverletzung.[17] Auch der Verlust von oder der Zugang zu unstrukturierten Akten ist zwar eine Verarbeitung im Sinne der Vorschrift, auf diese findet aber die Verordnung insgesamt keine Anwendung (Art. 2 Abs. 1).[18]

8 So auch BeckOK DatenschutzR/*Schild* DSGVO Art. 4 Rn. 133; Kühling/Buchner/*Jandt* Art. 4 Nr. 12 Rn. 3.
9 So zB § 18 a Abs. 1 BlnDSG (zuletzt geändert durch Gesetz v. 12.5.2016); § 27 a LDSG S-H idF v. 27.5.2015.
10 Dagegen sieht *Marschall* DuD 2015, 183 (184) in jeder unbefugten Weitergabe und jedem unbefugten Zugang eine Schutzverletzung. Differenzierend Ehmann/Selmayr/*Klabunde* Art. 4 Rn. 40.
11 Vgl. § 42 a S. 1 BDSG aF.
12 *Marschall* DuD 2015, 183 (184).
13 AA Sydow/*Sassenberg* Art. 33 Rn. 8 mwN.
14 Wie hier Paal/Pauly/*Ernst* Art. 4 Rn. 94.
15 Vgl. zB § 8 b Abs. 4 BSI-Gesetz idF des IT-Sicherheitsgesetzes, BGBl. I 2015, 1324 sowie Art. 14 Abs. 2 der NIS-Richtlinie 2016/1148, ABl. L 194/1.
16 § 42 a S. 1 BDSG aF.
17 *Marschall* DuD 2015, 183 (184).
18 Kühling/Buchner/*Herbst* Art. 4 Nr. 2 Rn. 19.

Dix

Zum anderen zählt die DSGVO die möglichen Schutzverletzungen abschließend auf, indem sie die unbeab- 7
sichtigte oder unrechtmäßige **Vernichtung**, den **Verlust** oder die **Veränderung** nennt. In allen diesen Varianten muss es sich entweder um einen von der verantwortlichen Stelle nicht beabsichtigten oder rechtswidrigen Verarbeitungsschritt[19] handeln.[20] Der Begriff der Vernichtung wird in Art. 4 Nr. 2 neben dem der Löschung genannt. Gleichwohl werden die Begriffe teilweise gleichgesetzt.[21] Selbst wenn man dem nicht folgt, ist in der **Löschung** ein Verlust der Daten IDs Art. 4 Nr. 12 zu sehen.[22] Der Verlust von Daten (zB durch Verlust eines Datenträgers) geht mit dem Verlust der Kontrolle und Nutzungsmöglichkeit hinsichtlich bestimmter personenbezogener Daten einher. Das gilt etwa auch bei einer Verschlüsselung einer Festplatte durch **Erpressungstrojaner** („Ransomware").[23] Darin liegt immer auch eine Verletzung der Verfügbarkeit[24] (Art. 32 Abs. 1 lit. c → Art. 32 Rn. 47ff.). Daneben begründet auch eine unbefugte **Offenbarung** von oder der unbefugte **Zugang** zu personenbezogenen Daten infolge der Sicherheitsverletzung eine Schutzverletzung nach Art. 4 Nr. 12 (→ Rn. 4). Wird eine Information unbefugt auf einer Website veröffentlicht, ist ein konkreter Abruf dieser Information nicht erforderlich.[25] Andere Formen der unrechtmäßigen Verarbeitung (zB die Verwendung) werden zwar nicht genannt, ihnen geht aber in aller Regel eine Offenlegung oder ein Zugang voraus. In dem theoretischen Fall, dass die Sicherheitsverletzung ausschließlich zu rechtmäßigen oder befugten Formen der Verarbeitung führt, liegt keine Schutzverletzung vor.

Weder Vorsatz noch Fahrlässigkeit werden beim Verlust, der Vernichtung, der Veränderung der Daten oder 8
bei ihrer Offenlegung oder dem Zugang zu ihnen vorausgesetzt. Entscheidend ist allein die **objektive Rechtswidrigkeit**.[26] Das erleichtert die Rechtsdurchsetzung insofern, als die subjektive Seite des Vorgangs (etwa Fahrlässigkeit eines Beschäftigten oder gezielter Hacking-Angriff von außen) unerheblich ist. Natürlich muss zumindest Fahrlässigkeit gegeben sein, bevor ein Bußgeld wegen Verletzung der Benachrichtigungspflichten nach Art. 83 Abs. 4 lit. a verhängt werden kann.

Artikel 4 Nr. 13　Begriffsbestimmung „Genetische Daten"

Im Sinne dieser Verordnung bezeichnet der Ausdruck:

13. „genetische Daten" personenbezogene Daten zu den ererbten oder erworbenen genetischen Eigenschaften einer natürlichen Person, die eindeutige Informationen über die Physiologie oder die Gesundheit dieser natürlichen Person liefern und insbesondere aus der Analyse einer biologischen Probe der betreffenden natürlichen Person gewonnen wurden;

Literatur *Arning, M./Forgó, N./Krügel, T.*, Datenschutzrechtliche Aspekte der Forschung mit genetischen Daten, DuD 2006, 700; *Deutscher Ethikrat*, Die Zukunft der genetischen Diagnostik – von der Forschung in die klinische Anwendung, Stellungnahme, Berlin 2013; *Engelbrecht, K.*, Gläserne Abstammung?, DÖV 2017, 393; *Genenger, A.*, Das neue Gendiagnostikgesetz, NJW 2010, 113; *Gräfin von Hardenberg, S.*, Genetische Gesundheitsdaten in der Individualisierten Medizin, ZD 2014, 115; *Jasserand, C.*, Legal Nature of Biometric Data, EDPL 2016, 297; *Neyer, F./Spinath, F.*, (Hrsg.), Anlage und Umwelt: Neue Perspektiven der Verhaltensgenetik und Entwicklungspsychologie, Stuttgart 2008; *Quade, G./Jansen, S.*, Der genetische Fingerabdruck als Kontrollverfahren für die Zuordnung einer Urinprobe zu einer Person, MedR 2017, 20; *Schaar, K.*, DSGVO: Geänderte Vorgaben für die Wissenschaft, ZD 2016, 224.

I. Allgemeines und Entstehungsgeschichte

Die DSGVO und die JI-Richtlinie verstehen unter **genetischen Daten** „personenbezogene Daten über die er- 1
erbten oder erworbenen genetischen Eigenschaften einer natürlichen Person [...], die aus der Analyse einer biologischen Probe der betreffenden natürlichen Person, insbesondere durch eine Chromosomen[-], Desoxyribonukleinsäure (DNS)- oder Ribonukleinsäure (RNS)-Analyse oder der Analyse eines anderen Elements, durch die gleichwertige Informationen erlangt werden können, gewonnen werden",[1] allerdings nur insoweit, als sie Aussagen über die Physiologie oder Gesundheit einer natürlichen Person enthalten.

19　Der Begriff des „Verlustes" wird in Art. 4 Nr. 2 nicht als Verarbeitungsschritt definiert; gemeint ist aber offenbar die unbeabsichtigte Löschung oder Vernichtung von Daten.
20　Eindeutiger als Art. 4 Nr. 12 („ob unbeabsichtigt oder unrechtmäßig") formuliert dies die Parallelvorschrift in Art. 2 lit. i der ePrivacyRL („auf unbeabsichtigte oder unrechtmäßige Weise").
21　So etwa Kühling/Buchner/*Herbst* Art. 4 Nr. 2 Rn. 37.
22　So Kühling/Buchner/*Jandt* Art. 4 Nr. 12 Rn. 7.
23　Sydow/*Mantz* Art. 4 Rn. 178.
24　*Marschall* DuD 2015, 183 (184).
25　Sydow/*Mantz* Art. 4 Rn. 179.
26　Paal/Pauly/*Ernst* Art. 4 Nr. 95; BeckOK DatenSchutzR/*Schild* DSGVO Art. 4 Rn. 135; Kühling/Buchner/*Jandt* Art. 4 Nr. 12 Rn. 7.
1　Vgl. EG 34 sowie EG 23 JI-Richtlinie.

2 Art. 4 Nr. 1 geht von der Grundannahme aus, dass eine natürliche Person unterschiedliche Arten der Identität hat (→ Art. 4 Nr. 1 Rn. 46ff.). Dieser bereits aus sprachlichen Gründen durchaus diskussionswürdige Ansatz hat zur Folge, dass bestimmte Aspekte einer Person genügen, um eine Zuordnung zu ermöglichen. Eine Person gilt als bestimmt, wenn und soweit Merkmale eine Zuordnung zu einer dieser Identitäten ermöglichen. Hierzu zählt die „**genetische Identität**", wohl auch weil der genetische Code[2] für jede Person einzigartig ist.[3]

3 Genetische Daten gehören zu den **besonderen Kategorien personenbezogener Daten** iSd Art. 9 Abs. 1. EG 23 JI-Richtlinie hebt die besondere Risikoträchtigkeit genetischer Daten ausdrücklich hervor: „Angesichts der Komplexität und Sensibilität genetischer Informationen besteht ein hohes Missbrauchs- und Wiederverwendungsrisiko für unterschiedliche Zwecke durch den Verantwortlichen. Jede Diskriminierung aufgrund genetischer Merkmale sollte grundsätzlich verboten sein." Die DSGVO enthält zwar eine solche ausdrückliche Klarstellung nicht, Art. 9 Abs. 4 erlaubt es aber den Mitgliedstaaten, in Bezug auf die Verarbeitung genetischer Daten strengere Datenschutzstandards vorzusehen (→ Art. 9 Rn. 101).

4 Die **DSRL** enthielt noch **keine Legaldefinition** der „genetischen Daten".[4] Teilweise wurden sie als „Daten über die Gesundheit" angesehen;[5] insgesamt dürften sie zum Zeitpunkt des Inkrafttretens der Richtlinie noch nicht annähernd die heutige datenschutzrechtliche Bedeutung gehabt haben.[6] Art. 4 Nr. 10 KOM-E schlug vor, „genetische Daten" als Daten jedweder Art zu den ererbten oder während der vorgeburtlichen Entwicklung erworbenen Merkmalen eines Menschen zu definieren.

5 An dem Regelungsansatz der KOM wurde sinngemäß kritisiert, dass die Legaldefinition nicht mit der Definition der humangenetischen Daten in der internationalen Erklärung der Vereinten Nationen über das menschliche Genom übereinstimme.[7] Gemäß dieser Erklärung seien genetische Daten als durch Nukleinsäureanalyse gewonnene Informationen über Erbmerkmale oder deren Veränderungen einer bestimmten oder bestimmbaren Person anzusehen.[8] Nach anderen Stellungnahmen soll der KOM-E zu weit ausgestaltet gewesen sein.[9] Die jetzige Fassung beruht im Wesentlichen auf Art. 4 Nr. 10 Rat-E.

6 In **Deutschland** wird die Verarbeitung genetischer Daten bislang insbes.[10] durch das Gesetz über genetische Untersuchungen bei Menschen (**Gendiagnostikgesetz** – GenDG[11]) geregelt. Nach § 3 Nr. 11 GenDG sind genetische Daten „die durch eine genetische Untersuchung oder durch die im Rahmen einer genetischen Untersuchung durchgeführte genetische Analyse gewonnenen Daten über genetische Eigenschaften." Anders als Art. 4 Nr. 13 stellt diese Legaldefinition – im Einklang mit der Internationalen Erklärung über humangenetische Daten[12] – maßgeblich auf die Gewinnung von Daten ab.[13] Es ist fraglich, ob und inwieweit die Legaldefinition des GenDG aufgrund der geringfügigen Abweichung deshalb an Art. 4 Nr. 13 angepasst werden sollte. Hierfür könnte allenfalls sprechen, dass Art. 9 Abs. 4 zwar weitergehende Schutzstandards der Mitgliedstaaten, nicht aber eine inhaltliche Umgestaltung durch abweichende Legaldefinitionen vorsieht. Die Neufassung des BDSG enthält ebenso wie bereits der Regierungsentwurf für eine bundesgesetzliche Anpassung des deutschen Datenschutzrechts an die DSGVO[14] keine besonderen Regeln.

7 Die Verarbeitung genetischer Daten richtet sich vor allem nach Art. 9. Soweit andere Vorschriften der DSGVO auf Art. 9 verweisen, sind sie insoweit auch relevant. Das betrifft insbes. Vorschriften zum technisch-organisatorischen Datenschutz, etwa die Verpflichtung zur Erstellung von Verzeichnissen von Verarbeitungstätigkeiten nach Art. 30 Abs. 5 und die Pflicht zur Bestellung von betrieblichen Datenschutzbeauftragten nach Art. 37 Abs. 1 lit. c. Jedenfalls wenn umfangreich genetische Daten zur Vorbereitung von Ent-

---

2 Grundlegend: Deutscher Ethikrat, Stellungnahme 2013, S. 8ff.
3 Vgl. Roßnagel/*Jandt*, Europ. DSGVO, § 4 Rn. 305; ähnlich *Schaar* ZD 2016, 224 (225).
4 Dieser Umstand wurde namentlich von *Simitis* kritisch gesehen, vgl. Simitis/*ders.* § 3 Rn. 275; ähnlich BeckOK DatenschutzR/*Schild* DSGVO Art. 4 Rn. 138.
5 Vgl. Grabitz/Hilf/*Brühann* DSRL Art. 8 Rn. 9 aE.
6 Vgl. zB *Laue/Nink/Kremer*, § 2 Rn. 59.
7 Vgl. Parlamentsdokument PE 506.145 v 01-00, ua ÄA 772 (Luhan) und ÄA 775 (Voss).
8 Vgl. UNESCO, International Declaration on Human Genetic Data 16.10.2003, Art. 2 Par 1.
9 Vgl. Parlamentsdokument PE 506.145 v 01-00, ua ÄA 772 (Alvaro) sowie Ratsdok 15395/14, S. 73 Fn. 55.
10 Weitere relevante Spezialvorschriften sind ua das Embryonenschutzgesetz sowie die darauf aufbauende Präimplantationsdiagnostikverordnung (PIDV). Sie regeln die in-vitro-Fertilisation. Soweit diese Rechtsvorschriften die Verarbeitung genetischer Daten betreffen, legen sie die Legaldefinition des § 3 Nr. 11 GenDG zugrunde. Einführung in das GenDG bei *Genenger* NJW 2010, 113. Neben den genannten bereichsspezifischen Regelungen kommt – insbes. in Bereichen der individualisierten Medizin – auch ein Rückgriff auf das BDSG in Betracht, vgl. etwa *von Hardenberg* ZD 2014, 115 (116); speziell hinsichtlich der Verwendung des genetischen Fingerabdrucks für die Zuordnung von Urinproben zu (drogenabhängigen) Personen im Rahmen von Substitutionsprogrammen *Quade/Jansen* MedR 2017, 20.
11 G. v. 31.7.2009 (BGBl. I S. 2529, 3672), zul. geänd. durch G. v. 4.11.2016 (BGBl. I S. 2460).
12 Vgl. UNESCO, International Declaration on Human Genetic Data 16.10.2003, Art. 2 Par 1.
13 Dazu Roßnagel/*Jandt*, Europ. DSGVO, § 4 Rn. 318.
14 Vgl. DSAnpG EU, BR-Drs. 110/17.

scheidungen in Bezug auf bestimmte natürliche Personen verarbeitet werden, ist eine **Datenschutz-Folgeabschätzung** iSd Art. 35 geboten.[15]

Nach Art. 22 Abs. 4 dürfen **automatisierte Entscheidungen im Einzelfall** grundsätzlich nicht auf besonderen 8 Arten personenbezogener Daten beruhen. Art. 22 Abs. 4 Hs. 2 lässt Ausnahmen nur nach Art. 9 Abs. 2 lit. a oder g zu, wenn angemessene Schutzmaßnahmen zugunsten der betroffenen Person getroffen werden. Mit diesen Vorgaben steht § 37 Abs. 1 Nr. 2 BDSG nF nicht im Einklang. Denn die Vorschrift gestattet für Versicherungsverträge automatisierte Einzelfallentscheidungen, sofern sie „auf der Anwendung verbindlicher Entgeltregelungen für Heilbehandlungen beruht". Ob die Bundesrepublik eine solche Beschränkung des Art. 22 Abs. 4, Art. 9 Abs. 2 vornehmen kann, dürfte zweifelhaft sein, weil das wirtschaftliche Interesse von Versicherungsunternehmen an einer kostengünstigen Verarbeitung wohl kaum ein gewichtiges öffentliches Interesse iSd Art. 23 Abs. 1 darstellt. Ob § 37 BDSG nF auch genetische Daten betrifft, ist für solche Fälle unklar, in denen genetische Daten zugleich Gesundheitsdaten sind. Dagegen sprechen systematische Gründe: Nach § 37 Abs. 2 S. 1 BDSG nF dürfen automatisierte Einzelentscheidungen (nur) auf der Verarbeitung von Gesundheitsdaten nach Art. 4 Nr. 15 beruhen.[16] Einen Verweis auf Art. 4 Nr. 13 enthält § 37 Abs. 2 BDSG nF aufgrund der bewussten Entscheidung des Gesetzgebers nicht.

II. Vorschrift im Einzelnen

Soweit genetische Daten als Angaben über **genetische Eigenschaften** beschrieben werden, wirkt Art. 4 9 Nr. 13 wie eine zirkuläre Begriffsbestimmung, die allerdings in EG 34 durch die Bezugnahme auf die biologischen Bausteine RNS und DNS konkretisiert wird. Überdies grenzt Art. 4 Nr. 13 den Begriff auf eindeutige Informationen über die Physiologie oder die Gesundheit einer natürlichen Person ein, die aus einer biologischen Probe der betreffenden Person gewonnen werden. Möglicherweise ist die Legaldefinition damit zu eng gefasst, um die mit der Analyse von biologischen Bausteinen menschlichen Lebens verbundenen datenschutzrechtlichen Risiken sachgerecht zu erfassen. Im Sinne eines effektiven Grundrechtsschutzes liegt es nahe, ein weites Verständnis der einzelnen Tatbestandselemente zugrunde zu legen. Insbesondere betrifft die Analyse einer biologischen Probe „**eindeutig**" Informationen über die Gesundheit einer natürlichen Person, wenn sie dazu geeignet ist, die genetische Dispositionen der betroffenen Person für künftige Erkrankungen aufzudecken.[17] Denn der Begriff „eindeutig" dürfte sich nicht auf die Physiologie oder Gesundheit, sondern auf die Zuordnung zu einer konkreten Person beziehen.

Bei der Verarbeitung genetischer Daten ist insbes. zu beachten, dass die Analyse genetischer Daten nicht 10 nur die Person betrifft, über die der Verantwortliche primär Erkenntnisse gewinnen will. Aufgrund der typischerweise hohen Übereinstimmung genetischer Merkmale können insbes. enge **biologische Verwandte** wie Kinder oder Eltern ebenfalls betroffen sein.[18]

Ob die genetischen Eigenschaften **ererbt oder erworben** sind, ist für die Begriffsbildung nach Art. 4 Nr. 13 11 im Ergebnis ohne Belang. Relevanter ist die Voraussetzung, dass die Daten **Informationen über die Physiologie oder die Gesundheit** liefern müssen. Der Begriff der Physiologie dürfte hier dem allgemeinen Sprachgebrauch entsprechen und alle Lebensvorgänge im gesunden Menschen betreffen.[19] Dementsprechend dürften hierunter auch Informationen über Lebensvorgänge erfasst sein, die mittlerweile in der Medizin gegenüber der Physiologie eine eigenständige Bedeutung[20] erlangt haben. Pathophysiologische Prozesse, also Lebensvorgänge im kranken Menschen, sind bereits als Daten über die Gesundheit eines Menschen anzusehen (Art. 4 Nr. 15 → Rn. 5).

Art. 4 Nr. 13 stellt darauf ab, dass genetische Daten „**insbesondere aus der Analyse einer biologischen Probe gewonnen**" 12 wurden. Dabei können biologische Proben einer natürlichen Person alle körpereigenen Substanzen sein, wie insbes. Körperflüssigkeiten, Haar, Haut- und Nagelpartikel sowie organisches Material bis hin zu einzelnen Körperzellen.[21] Das Wort „insbesondere" verdeutlicht, dass genetische Daten nicht nur im Wege der Analyse biologischer Proben erzeugt werden müssen, sondern der Begriff insoweit auch weitere technische Entwicklungen offen in sich aufzunehmen vermag.

---

15 Vgl. EG 91. Nach Art. 33 Abs. 1, Abs. 2 lit. d KOM-E sollte die Verarbeitung genetischer Daten generell einer Datenschutz-Folgeabschätzung unterliegen, soweit sie in „umfangreichen Dateien" erfolgt, vgl. *Laue/Nink/Kremer*, § 7 Rn. 73.

16 Vgl. BR-Drs. 110/17, S. 108.

17 Vgl. dazu ausführlich *Tinnefeld/Buchner/Petri/Hof*, Teil 1 Nr. 7.7.3.

18 Dazu vgl. zB *Engelbrecht* DÖV 2017, 393; *Kühling/Buchner/Weichert* Art. 4 Nr. 13 Rn. 5. Im Anwendungsbereich der JI-Richtlinie relevant ist die Definition für die Verwertung sog „Beinahetreffer" bei der DNA-Reihenuntersuchung nach § 81 g StPO, vgl. dazu BVerfG ZD 2015, 426.

19 Zum medizinischen Sprachgebrauch vgl. grundlegend etwa *Schmidt et al.* (Hrsg.), Physiologie des Menschen, 31. Aufl. 2011.

20 Zu denken wäre beispielsweise an biochemische Vorgänge im Körper.

21 Vgl. Roßnagel/*Jandt*, Europ. DSGVO, § 4 Rn. 307.

13 Aus dem menschlichen Genom lassen sich neben der Abstammung vor allem mit einer gewissen Wahrscheinlichkeit Aussagen über zukünftige Erkrankungen und gegebenenfalls sogar Heilungschancen ableiten.[22] Das wirft die Frage nach der **Abgrenzung** des Begriffs „genetische Daten" von dem Begriff der „**Gesundheitsdaten**" auf. Werden aus genetischen Daten Angaben abgeleitet, die Aussagen über Krankheiten, Behinderungen, Krankheitsrisiken, Vorerkrankungen, klinische Behandlungen oder den physiologischen oder biomedizinischen Zustand der betroffenen Person treffen, dann handelt es sich – zumindest auch – um Gesundheitsdaten iSd Art. 4 Nr. 15.[23] Die einer solchen Analyse zugrunde liegenden genetischen Codes sind hingegen genetische Daten iSv Art. 4 Nr. 13.

14 Aus der Analyse genetischer Veranlagungen lassen sich möglicherweise auch konkrete Erkenntnisse über gegenwärtige oder künftige **Verhaltensweisen** der betroffenen Person ableiten.[24] In der Regel dürften sich die Erkenntnisse auf pathologische Verhaltensweisen (zB Schizophrenie) beziehen. Dann stellt sich erneut die Frage nach einer Abgrenzung zu Gesundheitsdaten iSv Art. 4 Nr. 15 (→ Rn. 13).

Artikel 4 Nr. 14   Begriffsbestimmung „Biometrische Daten"

Im Sinne dieser Verordnung bezeichnet der Ausdruck:

14. „**biometrische Daten**" mit speziellen technischen Verfahren gewonnene personenbezogene Daten zu den physischen, physiologischen oder verhaltenstypischen Merkmalen einer natürlichen Person, die die eindeutige Identifizierung dieser natürlichen Person ermöglichen oder bestätigen, wie Gesichtsbilder oder daktyloskopische Daten;

Literatur: *Art.-29-Gruppe*, Stellungnahme 4/2007 zu personenbezogenen Daten, WP 136; *dies.*, Stellungnahme 3/2012 zu neueren Entwicklungen biometrischer Technologien, WP 193; *Busch, C.*, Biometrische Verfahren – Chancen, Stolpersteine und Perspektiven, in: *Schaar, P.* (Hrsg.), Biometrie und Datenschutz – Der vermessene Mensch, Tagungsband, Bonn 2006, 29; *Cornelius, K.*, Die Bereitstellung humaner Alt-Bioproben durch eine Biobank zu Zwecken der medizinischen Genomforschung, MedR 2017, 15; *Hänold, S.*, Neue Perspektiven für die Einbeziehung von Ethikkommissionen in die Forschung mit humanen Biomaterialien und Daten?, ZD-Aktuell 2015, 04504; *Hornung, G./Desoi, M.*, „Smart Cameras" und automatische Verhaltensanalyse, K&R 2011, 153; *Jansen, S./Quade, G. v.*, Der genetische Fingerabdruck als Kontrollverfahren für die Zuordnung einer Urinprobe zu einer Person, MedR 2017, 20; *Lepperhoff, N.*, Auf die Finger geschaut, KES 06/2016, 52ff.; *Nowotny, T./ Eisenberg, W. /Mohnike, K.*, Strittiges Alter – strittige Altersdiagnostik, Deutsches Ärzteblatt 18/2014, 786; *Roodsari, A. V.*, Sicher unsicher – Warum biometrische Verfahren leicht zu knacken sind, FAZ v. 1.2.2017.

I.   Allgemeines und Entstehungsgeschichte

1 Unter **Biometrie** wird weitläufig die automatisierte Erkennung von Personen anhand ihrer körperlichen Merkmale verstanden.[1] Um biometrische Verfahren für die Identifizierung oder Authentisierung von Personen einsetzen zu können, werden zusätzliche Peripherie-Geräte benötigt, die körperliche Merkmale in biometrische Daten übersetzen und die betroffenen Menschen später durch Abgleich ihrer körperlichen Merkmale mit den erstellten biometrischen Daten eindeutig authentifizieren können.[2] Hiervon ausgehend versteht die DSGVO unter biometrischen Daten nur solche personenbezogene Daten zu physischen, physiologischen oder verhaltenstypischen Merkmalen, die „mit speziellen technischen Verfahren gewonnen" werden.[3] Art. 4 Nr. 14 stellt also maßgeblich auf die Art der Datengewinnung ab. In Bezug auf datenschutzrechtliche Risiken deutlich relevanter dürfte allerdings die weitere Verwendung der biometrischen Daten sein.[4]

2 Für biometrische Daten ist es **charakteristisch**, dass sie **Informationen über objektiv unverwechselbare Merkmale natürlicher Personen** enthalten und besonders geeignet sind, sie zumeist lebenslang eindeutig zu

---

22 Vgl. Roßnagel/*Jandt*, Europ. DSGVO, § 4 Rn. 305; *Arning/Forgó/Krügel* DuD 2006, 700.

23 Vgl. EG 35.

24 Grundlegend aus verhaltensgenetischer Sicht dazu bereits die Beiträge im Sammelband von *Neyer/Spinath* (Hrsg.), Anlage und Umwelt, 2008, die allerdings im Verhältnis von genetischen Dispositionen und Umwelteinflüssen von einem relativ starken Einfluss der Umwelt ausgehen.

1 ZB Paal/Pauly/*Ernst* Art. 4 Rn. 99.

2 *Art.-29-Gruppe*, WP 136 S. 9.

3 Vgl. *Busch* in: Schaar (Hrsg.), Biometrie und Datenschutz, 2006, S. 29; Kühling/Buchner/*Weichert* Art. 4 Nr. 14 Rn. 1, 2 stellt insoweit auf die Vermessbarkeit von menschlichen Eigenschaften ab. Noch weiter VG Wiesbaden ZD 2017, 448 f. Rn. 33, wonach eine solche Identifizierung nicht notwendig automatisiert erfolgen muss.

4 Vgl. dazu zB *Art.-29-Gruppe*, WP 193 S. 5, 7ff.

identifizieren oder ihre Identität zu bestätigen (**Identifizierungs- und Authentifizierungsfunktion**).[5] Das gilt auch in Ansehung des Umstandes, dass „die in der Praxis angewandten Modelle für ihre technische Messung in gewissem Umfang auf Wahrscheinlichkeiten beruhen."[6] Deshalb sind biometrische Daten häufig die Grundlage für Profilbildungen.[7] Dabei können biometrische Daten „mit physischen Spuren abgeglichen werden (...), die von einer Person unfreiwillig zurückgelassen oder ohne deren Wissen gesammelt worden sind."[8] Fingerabdruck und Iris gelten als unveränderliche Körpermerkmale, zugleich sind auf sie gestützte gängige Authentifizierungsverfahren anfällig für nicht autorisierte Rekonstruktionen.[9] Ein Diebstahl von biometrischen Referenzdaten kann für die Betroffenen lebenslang Nachteile und Risiken zur Folge haben.[10]

Vor diesem Hintergrund zählen biometrische Daten jetzt zu den **besonderen Kategorien personenbezogener** 3 **Daten** und unterliegen damit dem grundsätzlichen Verarbeitungsverbot nach Art. 9 Abs. 1. Eine Verarbeitung kommt danach nur in Betracht, soweit Art. 9 Abs. 2 eine Ausnahme vom Verarbeitungsverbot vorsieht, eine Rechtsgrundlage iSd Art. 6 Abs. 1 gegeben ist und die weiteren allgemeinen Rechtmäßigkeitsvoraussetzungen des zweiten Kapitels erfüllt sind. Wie bei genetischen Daten und Gesundheitsdaten erlaubt Art. 9 Abs. 4 es den Mitgliedstaaten, zu biometrischen Daten strengere Datenschutzstandards vorzusehen (→ Art. 9 Rn. 101).

Die **DSRL** enthielt noch keine Legaldefinition der „biometrischen Daten". Allerdings konnten sie auch 4 nach dieser Richtlinie teilweise den besonderen Kategorien personenbezogener Daten zuzuordnen sein.[11] Das galt etwa für Daten zu Veränderungen der Iris, die auf bestimmte Erkrankungen hindeuten, oder zu menschlichen Eigenschaften, die auf die ethnische Herkunft der betroffenen Person hinweisen.[12] Ähnlich wie genetische Daten hatten biometrische Daten zum Zeitpunkt des Inkrafttretens der Richtlinie noch nicht die heutige datenschutzrechtliche Bedeutung gehabt.[13] Bereits seit 2004 enthält allerdings eine EG-Verordnung bereits Normen für Sicherheitsmerkmale und biometrische Daten in von den Mitgliedstaaten ausgestellten Pässen und Reisedokumenten.[14]

Im **Gesetzgebungsverfahren zur DSGVO** schlug die KOM – mit Zustimmung des EP[15] – in Art. 4 Nr. 11 5 KOM-E vor, dass „biometrische Daten" Daten zu den physischen, physiologischen oder verhaltenstypischen Merkmalen eines Menschen sein sollten, die dessen eindeutige Identifizierung ermöglichten, wie Gesichtsbilder oder daktyloskopische Daten. Die durchaus kritikwürdige Einschränkung auf durch spezielle technische Verfahren gewonnene Daten (→ Rn. 1) enthielt der KOM-E noch nicht. Sie wurde durch den Rat eingebracht[16] und im Trilog auch durchgesetzt.

Die **JI-Richtlinie** enthält in Art. 3 Nr. 13 eine wortgleiche Legaldefinition. Sie regelt die Verarbeitung biome- 6 trischer Daten insbes. in Art. 10. Andere EU-Rechtsakte zu Verarbeitungsbefugnissen von Sicherheitsbehörden ordnen biometrische Daten noch[17] nicht besonderen Datenkategorien zu, vgl. zB Art. 30 Abs. 2 Europol-Verordnung.[18]

5 EGMR E-Nr. 30562/04, EuGRZ 2009, 299 Rn. 68, 84 – Marper/Vereinigtes Königreich; darauf Bezug nehmend EuGH C-291/12, NVwZ 2014, 435 (437 Rn. 27) zu Art. 4 Abs. 3 VO EG 2252/2004 (Normen für Sicherheitsmerkmale und biometrische Daten in von den Mitgliedstaaten ausgestellten Pässen und Reisedokumenten). Zu den entsprechenden deutschen Anpassungsvorschriften vgl. Hornung/Möller/*Hornung*, PassG/PAuswG, 2011, insbes. PassG § 4 Rn. 46–49.
6 *Art.-29-Gruppe*, WP 136, S. 9.
7 Vgl. dazu Europarat, Committee of Ministers, Recommendation CM/REC(2010)13 on the protection of individuals with regard to automatic processing of personal data in the context of profiling. Der Europarat regt eine Erweiterung des Katalogs besonders schutzwürdiger Daten an. IErg ähnlich Hornung/Möller/*Hornung*, PassG/PAuswG, 2011, PassG § 4 Rn. 47, der eine besondere Eignung biometrischer Daten zum allgemeinen Personenkennzeichen (PKZ) ausmacht. Letztlich würde die Nutzung biometrischer Daten als PKZ zur umfassenden Profilbildung führen.
8 Französischer Conseil Constitutionnel, Entscheidung Nr. 2012-652 DC v. 22. 3.2012 (Gesetz zum Schutz der Identität), EG 10.
9 Vgl. etwa *Roodsari*, Sicher unsicher, FAZ 1.2.2017.
10 *Lepperhoff* kes 06/2016, S. 52 (55).
11 So auch im Ansatz Paal/Pauly/*Ernst* Art. 4 Nr. 14 Rn. 96.
12 Vgl. zB *Mengel*, Compliance und Arbeitsrecht, 2009, Kap. 7 Rn. 48.
13 Vgl. zB *Laue/Nink/Kremer*, § 2 Rn. 59.
14 VO EG/2252/2004 (ABl 2004 L 385/1).
15 Soweit ersichtlich gab es zum späteren Art. 4 Nr. 14 lediglich drei Änderungsanträge, wobei zwei lediglich redaktionelle Klarstellungen betrafen, vgl. EP, Ausschuss für bürgerliche Freiheiten, Justiz und Inneres, Entwurf eines Berichts vom 4.3.2013, PE 506.145 v 01-00. Der einzige inhaltliche Änderungsantrag zielte darauf ab, Unterschriften vom Begriff der biometrischen Daten auszunehmen (ÄA 780 MdEP *Stadler*).
16 Vgl. Ratsdok 9398/13 zu Art. 4 Nr. 11. Einige Verhandlungsdelegationen sahen selbst die gegenüber dem KOM-E deutlich engere Ratsfassung als zu weit gefasst an, vgl. aaO Fn. 20.
17 Ein Verordnungsvorschlag der KOM für den Datenschutz von EU-Stellen (COM (2017) 8 final vom 10.1.2017) sieht die Aufnahme der biometrischen Daten zur eindeutigen Identifizierung einer natürlichen Person in den Katalog besonderer Kategorien personenbezogener Daten ausdrücklich vor, vgl. Art. 10 Abs. 1.
18 VO (EU) 2016/794.

II. Vorschrift im Einzelnen

7 Biometrische Daten können physische, physiologische oder verhaltenstypische Merkmale betreffen. Mit **physischen Merkmalen** sind insbes. äußerlich erkennbare körperliche Eigenschaften gemeint. Wie genetische Daten nach Art. 4 Nr. 13 können biometrische Daten sich auf **physiologische Merkmale** beziehen. Die DSGVO klärt nicht eindeutig, wie die beiden Datenkategorien voneinander abzugrenzen sind – vermutlich, weil sie nebeneinander anwendbar sind und die DSGVO beide Datenkategorien durchweg gleich behandelt. Relevant ist die Unterscheidung, soweit die Mitgliedstaaten beide Datenkategorien im bereichsspezifischen Recht unterschiedlich regeln.[19] In Bezug auf **verhaltenstypische Merkmale** ist die Voraussetzung wesentlich, dass biometrische Daten mittels technischer Verfahren gewonnen werden – maW muss das Verhalten gemessen worden sein (→ Rn. 1).[20]

8 Die Daten – nicht die Merkmale – müssen mit **„speziellen technischen Verfahren"** gewonnen werden. Die Abgrenzung zu anderweitig gewonnenen Daten fällt nicht immer leicht: „Normale Lichtbilder" sollen keine biometrischen Daten sein. Obwohl Lichtbilder mittels Technik erstellt werden, soll es insoweit an einem „speziellen technischen Verfahren" fehlen (vgl. EG 51). Dahinter dürfte der Gedanke stehen, dass der auf biometrische Daten anwendbare Art. 9 ansonsten eine Vielzahl hergebrachter Verwendungen von Gesichtsbildern erheblich einschränken oder sogar verbieten würde. Demgegenüber zählen die in Identitätspapieren (Personalausweis, Reisepass, Führerschein, Aufenthaltstitel) integrierten, maschinenlesbaren Gesichtsbilder unzweifelhaft zu biometrischen Daten iSd Art. 4 Nr. 14.[21] Ein technisches Verfahren kann danach nur ein „spezielles technisches Verfahren" iSd Art. 4 Nr. 14 sein, wenn es auf die Gewinnung der Daten unmittelbar zum Zwecke der Identifizierung oder Authentifizierung abzielt. Um das Gebot eines effektiven Grundrechtsschutzes nicht zu verletzen, wird man insoweit nicht zu strenge Anforderungen stellen dürfen.

9 Biometrische Daten müssen geeignet sein, **natürliche Personen** – nicht notwendig weltweit[22] – **eindeutig zu identifizieren oder ihre Identität zu bestätigen**. Solche Authentifikations-oder Verifikationsanwendungen werden häufig für verschiedene Aufgaben in äußerst unterschiedlichen Bereichen eingesetzt. In der englischen und der französischen Sprachfassung wird jeweils das Wort „unique" verwendet. Dieser Begriff dürfte jeweils iSv „einmalig" bzw. „einzigartig" zu übersetzen sein, auch wenn das englische Wort „unique" die Nebenbedeutung „eindeutig" hat. Dementsprechend wird eine „eindeutige Identifizierung" ermöglicht, wenn die Verarbeitung biometrischer Daten die konkrete Zuordnung zu einer bestimmten Person ermöglicht.

10 **Positivbeispiele für biometrische Daten**: Art. 4 Nr. 14 nennt als Regelbeispiele ausdrücklich Gesichtsbilder und daktyloskopische Daten (zu Auslegungsschwierigkeiten bei Lichtbildern → Rn. 8).[23] Als Zugangssicherung für hochsensible Unternehmensbereiche weit verbreitet ist die Verwendung von Irisscans oder Fingerabdrücken.[24] Weitere Beispiele aus der betrieblichen Praxis sind Netzhautscans, Venenscans, Hand- und Gesichtsgeometrie[25] sowie der Einsatz von Gesichtserkennungssoftware.[26] Die Information über nicht vorhandene körperliche Merkmale sollte ebenfalls als biometrisches Datum zu werten sein.[27] Ergebnisse aus der Analyse von Tastenanschlägen oder von Stimmmerkmalen[28] zählen zu biometrischen Daten, die Aussagen über Verhaltensmerkmale treffen. Entsprechendes gilt für die automatisierte Analyse von individuellen Gangarten[29] oder die Identifizierung von sonstigen normabweichenden, „verdächtigen" Verhaltensmustern.[30] Röntgenbilder können biometrische Daten im Sinne der DSGVO sein, sofern sie zur Identifizierung oder Authentifizierung dienen. Soweit die Altersbestimmung gleichzeitig der Identifizierung dient, zählt

---

19 In Deutschland etwa gibt es umfassende bereichsspezifische Regelungen zu genetischen Daten (zB im GenDG), nicht aber zu biometrischen Daten.

20 Vgl. zur Verhaltensmessung durch „smarte" Kameras bereits *Hornung/Desoi* K&R 2011, 153.

21 BeckOK DatenschutzR/*Schild* DSGVO Art. 4 Rn. 141; vgl. dazu Art. 1 Abs. 2 VO (EG) 2252/2004.

22 *Kühling/Buchner/Weichert* Art. 4 Nr. 14 Rn. 2, vgl. auch – bezogen auf einzelne biometrische Merkmale – Roßnagel/*Gundermann/Probst*, HB DSch, Kap. 9.6 Rn. 15.

23 Die Erfassung von Fingerabdruckdaten in polizeilichen Datenbanken gehört zur „klassischen" polizeilichen Verarbeitung biometrischer Daten zum Zweck der Strafverfolgung – fällt aber nicht in den Anwendungsbereich der DSGVO, vgl. Art. 2 Abs. 2 lit. d.

24 Vgl. zB *Panzer-Heemeier* in: Oberthür/Seitz (Hrsg.), Betriebsvereinbarungen, 2. Aufl. 2016, Rn. 129. Hierunter sind auch Fußabdrücke zu verstehen, vgl. Paal/Pauly/*Ernst* Art. 4 Rn. 104.

25 Vgl. *Art.-29-Gruppe*, WP 193 S. 3.

26 Vgl. dazu auch *Art.-29-Gruppe*, Stellungnahme 02/2012 zur Gesichtserkennung bei Online- und Mobilfunkdiensten, WP 192; Paal/Pauly/*Ernst* Art. 4 Rn. 103.

27 Paal/Pauly/*Ernst* Art. 4 Rn. 10.

28 Vgl. BSI-Grundschutzkatalog (13. EL 2013), M 4.133 („Maßnahmenkatalog Hard- und Software"); vgl. *Gola/Schomerus* § 3 Rn. 6 mwN.

29 BeckOK DatenschutzR/*Schild* DSGVO Art. 4 Rn. 10; Plath/*Schreiber* DSGVO Art. 4 Rn. 50.

30 Vgl. zur automatisierten Analyse verdächtigen Verhaltens durch „smarte" Kameras bereits *Hornung/Desoi* K&R 2011, 153.

hierzu die rechtsstaatlich und medizinisch nicht unproblematische Praxis von einigen Ausländerbehörden, mithilfe von Röntgenaufnahmen der Handwurzel das Alter von jugendlichen Migranten zu ermitteln.[31]

Keine biometrischen Daten sind Proben menschlichen Körpermaterials wie Zellen, Gewebe, Blut und DNA. 11 Diese Proben dienen zwar als Quelle zur Gewinnung biometrischer Daten, sind aber selbst keine biometrischen Daten.[32] Biobanken haben deshalb häufig einen „Doppelcharakter", soweit mit ihnen Proben und Daten gesammelt werden.[33] Im Allgemeinen sollen Lichtbilder nach EG 51 S. 3 nicht als biometrische Daten gelten. Anderes gilt aber jedenfalls, wenn die Bilder gemäß EG 51 S. 3 Hs. 2 speziell zur Identifikation oder Authentifikation gewonnen werden[34] (zB zum Abgleich mit Fahndungsdateien). Auf Proben menschlichen Körpermaterials bezogene Daten sind keine biometrischen Daten, wenn sie nicht zu Identifizierungs- und Authentifizierungszwecken dienen, sondern zu anderen Zwecken, etwa zur medizinischen Forschung (→ Rn. 2).

III. Nationales Recht

Im DSAnpUG-EU enthält § 46 Nr. 12 BDSG nF eine Legaldefinition, die Art. 4 Nr. 14 inhaltlich vollständig 12 entspricht. Da die Vorschrift aber lediglich Art. 3 Nr. 14 JI-Richtlinie umsetzen soll, bestehen keine Bedenken hinsichtlich des unionsrechtlichen Normwiederholungsverbots in EG 8. Die Öffnungsklausel in Art. 9 Abs. 4 erstreckt sich auf Bedingungen und Beschränkungen der Verarbeitung biometrischer Daten (→ Art. 9 Rn. 101), nicht aber auf die Definition.

Artikel 4 Nr. 15   Begriffbestimmung „Gesundheitsdaten"

Im Sinne dieser Verordnung bezeichnet der Ausdruck:

15. **„Gesundheitsdaten" personenbezogene Daten, die sich auf die körperliche oder geistige Gesundheit einer natürlichen Person, einschließlich der Erbringung von Gesundheitsdienstleistungen, beziehen und aus denen Informationen über deren Gesundheitszustand hervorgehen;**

Literatur: *Buchner, B.*, Gesundheitsdatenschutz unter der Datenschutz-Grundverordnung, GuP 2016, 218; *ders.*, Datenschutz und Datensicherheit in der digitalisierten Medizin, MedR 2016, 660; *ders.* (Hrsg,), Datenschutz im Gesundheitswesen Loseblatt, Stand 11/2016; *Giesen, T.*, Ärztliche Abrechnung durch Privatärztliche Verrechnungsstellen ohne Einwilligung?, 2016; *Gräfin von Hardenberg, S.*, Genetische Gesundheitsdaten in der Individualisierten Medizin, ZD 2014, 115; *Karl, B.*, Rechtsfragen grenzüberschreitender telematischer Diagnostik und Therapie, MedR 2016, 675; *Kingreen, T./Kühling, J.*, Gesundheitsdatenschutzrecht, 2015; *Kircher, P.*, Der Schutz personenbezogener Gesundheitsdaten im Gesundheitswesen, 2016; *Schütze, B./Spyra, G.*, DS-GVO – was ändert sich im Gesundheitswesen? RDV 2016, 285; *Spindler, G.*, Big Data und Forschung mit Gesundheitsdaten in der gesetzlichen Krankenversicherung, MedR 2016, 691.

I. Allgemeines und Entstehungsgeschichte

Die **DSRL** definierte den Begriff der Gesundheitsdaten noch nicht,[1] verwendete ihn aber in Art. 8 Abs. 1 1 und Abs. 3. Nach der Literatur sollte der Begriff insoweit den früheren, den gegenwärtigen oder den zukünftigen physischen oder geistigen Gesundheitszustand einschließen.[2] Entsprechendes sollte für Daten zu Alkohol- oder sonstigem Drogenmissbrauch gelten.[3]

Die Definition in Nr. 15 ist in der Verordnung für die **einschränkenden Vorgaben in Art. 9** wichtig; außer in dieser Norm werden Gesundheitsdaten nur noch am Rande in Art. 4 Nr. 4 und Nr. 13, in EG 35, 53, 54, 63, 71 und 75 erwähnt.[4] Die Begriffsbestimmung geht auf Art. 4 Nr. 12 KOM-E zurück. Auf Vorschlag des EP wurde klargestellt, dass nur „personenbezogene" Daten die Definition erfüllen. Der Rat wollte die Daten für die Erbringung von Gesundheitsleistungen streichen, konnte sich damit aber nicht durchsetzen. Er-

---

31 Vgl. etwa *Nowotny/Eisenberg/Mohnike* Deutsches Ärzteblatt, 2014, S. 786.
32 Vgl. *Art.-29-Gruppe*, WP 136, S. 9 f.
33 Vgl. zB *Hänold* ZD-Aktuell 2015, 04504.
34 Fotografien auf Unternehmensausweisen sollen nach *Laue/Nink/Kremer*, § 2 Rn. 59 keine biometrischen Daten iSd Art. 4 sein, weil sie „lediglich der Sichtkontrolle" dienten. Das überzeugt nicht, weil Art. 4 Nr. 14 seinem eindeutigen Wortlaut nach nur in Bezug auf den Datengewinnungsprozess den Einsatz von speziellen technischen Verfahren voraussetzt, nicht aber bei dem späteren Identifizierungs- bzw. Authentifizierungsprozess.
1 Auch nicht in den EG, vgl. insbes. EG 33, 34 DSRL.
2 Vgl. *Ehmann/Helfrich* Art. 8 Rn. 8.
3 *Ehmann/Helfrich* Art. 8 Rn. 8.
4 Daneben gibt es – in unterschiedlichen Formulierungen – Regelungen für Datenverarbeitungen zu gesundheitlichen Zwecken (Art. 9 Abs. 2 lit. h und i, Art. 17 Abs. 3 lit. c, Art. 23 Abs. 1 lit. e, Art. 36 Abs. 5, Art. 88 Abs. 1 sowie EG 45, 52, 53, 54, 65, 73, 91, 112, 155 und 159). Dies umfasst regelmäßig, aber nicht notwendig die Verarbeitung von Gesundheitsdaten.

folgreich war dagegen der Vorschlag aus Art. 4 Nr. 12 Rat-E für die Einschränkung auf Daten, aus denen Informationen über den Gesundheitszustand hervorgehen.

II. Vorschrift im Einzelnen

2 „**Gesundheitsdaten**" sind nicht nur Einzelangaben über Erkrankungen, sondern können auch positive oder neutrale Informationen zum Gesundheitszustand darstellen.[5] Sie schließen nach EG 35 den früheren, den gegenwärtigen oder den zukünftigen physischen oder geistigen Gesundheitszustand ein.

3 Beispiele:

Ergebnisse **diagnostischer Untersuchungen** gehören ebenso zu Gesundheitsdaten wie Angaben zu einer **Schwangerschaft**,[6] wie sie etwa hinsichtlich der Meldepflichten in § 5 MuSchG vorgesehen sind. Ob die Daten im Einzelfall tatsächlich risikoträchtig sind, ist für die Einordnung nicht wesentlich. Der Gesundheitszustand muss auch nicht spezifisch beschrieben sein. Angaben über **Behinderungen** zählen unzweifelhaft ebenfalls zu Gesundheitsdaten.[7]

4 Schwieriger ist die rechtliche Einordnung von Daten, die den **Gesundheitszustand nicht direkt beschreiben**. Zur sachgerechten begrifflichen Eingrenzung soll es letztlich auf den jeweiligen **Verwendungszusammenhang** der Information ankommen.[8] Indirekte Informationen sind regelmäßig sensible Gesundheitsdaten, wenn sie den logischen und eindeutigen Schluss auf den Gesundheitszustand einer Person nahelegen,[9] wobei es nicht darauf ankommt, dass aus den indirekten Daten korrekte Schlüsse gezogen werden (siehe im Einzelnen auch → Art. 9 Rn. 12).[10]

5 Beispiele:

Angaben über den **Medikamentenkonsum** sind zumeist Gesundheitsdaten. Ausdrücklich einbezogen sind auch Angaben zur **Inanspruchnahme von Gesundheitsdienstleistungen**, aus denen Informationen über den Gesundheitszustand einer betroffenen Person hervorgehen.[11] Dazu zählt die Teilnahme an sog Disease-Management-Programmen der GKV,[12] weil sie den naheliegenden Schluss auf eine Erkrankung zulassen. Dementsprechend ist bei Daten über den **Versichertenstatus** zu unterscheiden: Der Umstand eines Versicherungsverhältnisses als solches sagt regelmäßig nichts über den Gesundheitszustand aus,[13] selektive Elemente eines Vertrags wie etwa Sonderleistungen für eine bestimmte Krankheit hingegen sehr wohl.[14] Informationen über **Krankheitsrisiken, Vorerkrankungen, klinische Behandlungen**, den **physiologischen oder biomedizinischen Zustand** einer Person werden in EG 35 allesamt ausdrücklich als Gesundheitsdaten bezeichnet. Als Gesundheitsdatum gilt auch die Mitteilung der **Arbeitsunfähigkeit** nach § 5 Abs. 1 EntgFG, auch wenn sie keine konkrete Diagnose enthält. Die Erfassung von **Ess- und Bewegungsverhalten** etwa durch Fitness-Apps bzw. Fitness-Tracker soll Rückschlüsse auf die körperliche Gesundheit ermöglichen. Soweit sie hierfür geeignet sind, stellen sie ebenfalls sensible Gesundheitsdaten dar.[15]

6 Art. 4 Nr. 15 erwähnt ausdrücklich die **körperliche** oder die **geistige Gesundheit** einer natürlichen Person. Damit stellt die Vorschrift klar, dass der Begriff der Gesundheitsdaten in dem Sinne weit zu verstehen ist, als er alle Informationen umfasst, die die Gesundheit einer Person unter allen Aspekten – körperlichen wie psychischen – betreffen.[16]

---

5 *Dammann/Simitis* Art. 8 Rn. 6; *Kircher*, Der Schutz personenbezogener Gesundheitsdaten im Gesundheitswesen, 2016, S. 27 noch zur Auslegung von Art. 8 DSRL und der deutschen Umsetzungsgesetze. Vgl. auch *Kühling/Seidel* in: Kingreen/Kühling (Hrsg.), Gesundheitsdatenschutzrecht, 2015, 34ff.

6 Ebenso *Kircher*, Der Schutz personenbezogener Gesundheitsdaten im Gesundheitswesen, 2016, S. 27.

7 So auch Gola/*ders.* Art. 4 Nr. 15 Rn. 76. Zur Einordnung als Gesundheitsdatum vgl. bereits BAG NJW 2012, 2058 (2060 Rn. 29). Zur behördlichen Feststellung der Schwerbehinderteneigenschaft vgl. Kühling/Buchner/*Weichert* Art. 4 Nr. 15 Rn. 6.

8 Kühling/Buchner/*Weichert* Art. 4 Nr. 15 Rn. 7.

9 *Dammann/Simitis* Art. 8 Rn. 7; zustimmend *Kircher*, Der Schutz personenbezogener Gesundheitsdaten im Gesundheitswesen, 2016, S. 27.

10 *Kircher*, Der Schutz personenbezogener Gesundheitsdaten im Gesundheitswesen, 2016, S. 27 im Anschluss an Simitis/*ders.* § 3 Rn. 263 f.

11 EG 35 mit Hinweis auf RL 2011/24/EU.

12 *Kircher*, Der Schutz personenbezogener Gesundheitsdaten im Gesundheitswesen, 2016, S. 28.

13 So in Kühling/Buchner/*Weichert* Art. 4 Nr. 15 Rn. 7; *Kühling/Seidel* in: Kingreen/Kühling (Hrsg.), Gesundheitsdatenschutzrecht, 2015, S. 36.

14 *Kircher*, Der Schutz personenbezogener Gesundheitsdaten im Gesundheitswesen, 2016, S. 27 f.

15 So auch Auernhammer/*Eßer* Art. 4 Nr. 15 Rn. 73 mit Verweis auf *Härting*, Rn. 539; zu Gesundheitsdaten bei Fitnesstrackern und Sportuhren *Dregelies* VuR 2017, 256ff.

16 Vgl. bereits EuGH C-101/01, MMR 2004, 95 Rn. 50 – Lindquist.

Gesundheitsdaten iSd Art. 4 Nr. 15 sind **Angaben über natürliche Personen**. Daten über Verstorbene zählen 7
hierzu ebenso wenig (s. EG 27 S. 1) wie Angaben zu juristischen Personen (s. EG 14 S. 2). Anderes gilt –
wegen Art. 9 Abs. 4 zulässigerweise – in Deutschland für Sozialdaten, vgl. § 35 Abs. 4, Abs. 5 SGB I.

Allgemeine statistische Wahrscheinlichkeiten genügen nicht, um aus allgemeinen Daten Rückschlüsse auf 8
Gesundheitsdaten zu ziehen. Andererseits können bestimmte Datenkategorien jedenfalls Rückschlüsse auf
den Gesundheitszustand nahelegen. Insoweit wird es auf den Einzelfall ankommen: Während ein mehrtägi-
ger Krankenhausaufenthalt den Schluss auf eine erhebliche Erkrankung nahelegt, lässt ein sehr kurzer
Krankenhausaufenthalt nicht einen solchen eindeutigen Schluss zu.[17]

Daten, die aus den Informationen über den Gesundheitszustand einer natürlichen Person hervorgehen, wer- 9
den in EG 35 beispielhaft, aber nicht abschließend aufgezählt: **Nummern, Symbole oder Kennzeichen**, die
einer natürlichen Person zugeordnet werden, um sie eindeutig für gesundheitliche Zwecke zu identifizieren,
sind gemäß EG 35 S. 2 Gesundheitsdaten iSd Art. 4 Nr. 15. Entsprechendes gilt für Kurzbezeichnungen für
Diagnosen (ICD), soweit sie einer natürlichen Person zugeordnet werden. Informationen über den Gesundheitszustand können auch aus der **Prüfung und Untersuchung eines Körperteils** oder einer **Körpersubstanz**
abgeleitet werden. Unter Untersuchungen fallen beispielsweise die gutachterlichen Stellungnahmen des Medizinischen Dienstes der Krankenversicherung (MDK) nach § 275 Abs. 1 SGB V. Klassischer Anwendungsfall der Untersuchung von Körpersubstanzen sind die Laboruntersuchungen von Körperproben. Derartige
Untersuchungen können auch genetische Daten oder biologische Proben betreffen; insoweit gibt es Überschneidungen zu Art. 4 Nr. 13 und 14.

Hinsichtlich der **Datenherkunft** geht die DSGVO ganz offenkundig davon aus, dass Gesundheitsdaten über- 10
wiegend im Rahmen von Gesundheitsdienstleistungen hervorgebracht werden. Als mögliche Datenquellen
nennt EG 35 Ärzte, sonstige Angehörige eines Gesundheitsberufs, Krankenhäuser, Medizinprodukte und
In-Vitro-Diagnostika. Abschließend ist diese Aufzählung jedoch nicht.

III. Nationales Recht

§ 46 Nr. 13 BDSG nF enthält eine zu Art. 4 Nr. 15 wortgleiche Legaldefinition. Dies ist zulässig, da damit 11
Art. 3 Nr. 14 JI-Richtlinie umgesetzt wird.

Artikel 4 Nr. 16   Begriffsbestimmung „Hauptniederlassung"

Im Sinne dieser Verordnung bezeichnet der Ausdruck:

16. „Hauptniederlassung"

  a) im Falle eines Verantwortlichen mit Niederlassungen in mehr als einem Mitgliedstaat den Ort sei-
      ner Hauptverwaltung in der Union, es sei denn, die Entscheidungen hinsichtlich der Zwecke und
      Mittel der Verarbeitung personenbezogener Daten werden in einer anderen Niederlassung des Ver-
      antwortlichen in der Union getroffen und diese Niederlassung ist befugt, diese Entscheidungen
      umsetzen zu lassen; in diesem Fall gilt die Niederlassung, die derartige Entscheidungen trifft, als
      Hauptniederlassung;

  b) im Falle eines Auftragsverarbeiters mit Niederlassungen in mehr als einem Mitgliedstaat den Ort
      seiner Hauptverwaltung in der Union oder, sofern der Auftragsverarbeiter keine Hauptverwaltung
      in der Union hat, die Niederlassung des Auftragsverarbeiters in der Union, in der die Verarbei-
      tungstätigkeiten im Rahmen der Tätigkeiten einer Niederlassung eines Auftragsverarbeiters haupt-
      sächlich stattfinden, soweit der Auftragsverarbeiter spezifischen Pflichten aus dieser Verordnung
      unterliegt;

Die Vorschrift regelt neu das Konzept der Hauptniederlassung, das insbes. für die Bestimmung der feder- 1
führenden Aufsichtsbehörde in Art. 56 zur Zuständigkeit der Aufsichtsbehörde von Bedeutung ist, wenn
ein Verantwortlicher Tätigkeiten **in mehreren Mitgliedstaaten** ausübt. Angeknüpft wird an die Hauptniederlassung auch in Art. 60 Abs. 7 und 9 sowie in EG 126 für die gemeinsame Beschlussfassung; die Zuständigkeit wird im Streitfall nach Art. 65 Abs. 1 lit. b durch den Ausschuss festgelegt (→ Art. 65 Rn. 14).
Art. 4 Nr. 16 legt fest, dass grundsätzlich der Sitz der Hauptverwaltung als Hauptniederlassung über die Bestimmung der Zuständigkeit der federführenden Aufsichtsbehörde heranzuziehen ist, wenn nicht die Mittel
und Zwecke durch eine andere Niederlassung determiniert werden. Dies gilt im Prinzip auch für den Auftragsverarbeiter (Nr. 16 lit. b) sowie Unternehmensgruppen (EG 36 aE).

---

17 *Kircher*, Der Schutz personenbezogener Gesundheitsdaten im Gesundheitswesen, 2016, S. 28.

2 Im Gesetzgebungsverfahren ist die Vorschrift nur unwesentlich verändert worden; es galt seit dem KOM-E unverändert die Orientierung nicht an dem durch die Rechtsform vorgegebenen Sitz, sondern an der Bestimmung der Mittel und Zwecke der Datenverarbeitung. Konkretisierungen bezüglich der objektiven Kriterien fanden sich im Parl-E; über den Rat-E sind Ergänzungen zum Auftragsverarbeiter aufgenommen worden.

3 Zum Begriff der **Niederlassung** gibt EG 22 Auskunft. Demnach sollte jede Verarbeitung personenbezogener Daten im Rahmen der Tätigkeiten einer Niederlassung eines Verantwortlichen sich an die Vorschriften der DSGVO halten, gleich, ob die Verarbeitung in oder außerhalb der Union stattfindet. Eine **Niederlassung** setzt nach EG 22 die **effektive und tatsächliche Ausübung einer Tätigkeit** durch eine feste Einrichtung voraus. Die Rechtsform einer solchen Einrichtung, gleich, ob es sich um eine rechtlich unselbständige Zweigstelle oder eine Tochtergesellschaft mit eigener Rechtspersönlichkeit handelt, ist demnach nicht ausschlaggebend.

4 Die Rechtslage hat sich bezüglich der Beurteilung, ob überhaupt eine Niederlassung vorliegt, nicht verändert: Die maßgeblichen Anforderungen an Niederlassungen ergaben sich bisher aus EG 19 DSRL.[1] Die bisher ergangene Rechtsprechung des EuGH zu dieser Thematik ist daher von großer Bedeutung.[2] Demnach reicht etwa für eine Tätigkeit **im Rahmen der Niederlassung**, dass ein Unternehmen den Verkauf von Werbeflächen steuert und die für den Zweck der Werbung ins Auge gefassten personenbezogenen Daten nicht selbst verarbeitet[3] (→ Art. 55 Rn. 7). Eine geringfügige Tätigkeit ist ausreichend, wie etwa die Unterhaltung eines Büros. Dabei kann etwa die Tätigkeit eines Handelsvertreters oder eine Bankverbindung eine Niederlassung begründen[4] (→ Art. 55 Rn. 8). Nicht ausreichend wäre es hingegen, wenn von einem Mitgliedstaat aus lediglich auf den Webauftritt eines Unternehmens in einem anderen Mitgliedstaat zugegriffen werden kann[5] (→ Art. 55 Rn. 9).

5 Im Grundfall gilt bei einem Verantwortlichen mit **Niederlassungen** in mehr als einem Mitgliedstaat der Ort seiner **Hauptverwaltung in der Union** als Hauptniederlassung. Der Begriff der Hauptverwaltung wird nicht definiert. Erwähnung in anderen Normen findet er vor allem in Vorschriften des internationalen Privatrechts. Im Zusammenhang mit vertraglichen Schuldverhältnissen in Zivil- und Handelssachen, die eine Verbindung zum Recht verschiedener Staaten aufweisen, gilt gemäß Art. 19 Abs. 1 der Rom I VO der Ort des gewöhnlichen Aufenthalts von Gesellschaften, Vereinen und juristischen Personen als Ort ihrer Hauptverwaltung. Gleiches gilt gemäß Art. 23 Abs. 1 der Rom II VO bezüglich der außervertraglichen Schuldverhältnisse in Zivil- und Handelssachen. Zur Bestimmung des Gerichtsstands und der Anerkennung und Vollstreckung von Entscheidungen in Zivil- und Handelssachen wird nach Art. 63 der EuGVVO für Gesellschaften und juristische Personen auf den satzungsgemäßen Sitz, den Ort der Hauptverwaltung oder den Ort der Hauptniederlassung abgestellt. Im Hinblick auf das Niederlassungsrecht in der EU bestimmt Art. 54 Abs. 1 AEUV, dass für die nach den Rechtsvorschriften eines Mitgliedstaats gegründeten Gesellschaften, die ihren **satzungsmäßigen Sitz**, ihre Hauptverwaltung oder ihre Hauptniederlassung innerhalb der Union haben, für die Anwendung der Art. 49–55 AEUV den natürlichen Personen gleichstehen, die Angehörige der Mitgliedstaaten sind.

6 Art. 54 Abs. 1 AEUV eröffnet die Sichtweise, dass vor allem der satzungsmäßige Sitz nicht mit dem Ort der Hauptverwaltung übereinstimmen muss. Im deutschen Gesellschaftsrecht mag der satzungsmäßige Sitz etwa für Registereintragungen maßgeblich sein, § 36 AktG und § 7 GmbHG. Davon zu trennen ist jedoch der Sitz der Hauptverwaltung. Unter Berücksichtigung von Art. 54 AEUV wird für Nr. 16 als Hauptverwaltung jener Ort in Betracht kommen, an dem die **Willensbildung und die eigentliche unternehmerische Leitung der juristischen Person** erfolgt, also meistens der Sitz der Organe.[6] Maßgeblich ist der Ort, an dem die **grundlegenden unternehmerischen Entscheidungen** getroffen werden, ohne dass es der Kundgabe eines entsprechenden Willens durch die juristische Person bedarf. Dies ist nach EG 36 S. 2 auf der Basis objektiver Kriterien zu beurteilen. Es ist weder notwendig, dass die juristische Person an diesem Ort die Eintragung einer Haupt- oder Zweigniederlassung beantragt noch dass in diesem Mitgliedstaat unter bloßer Beibehaltung des satzungsmäßigen Sitzes im Gründungsstaat die gesamte Geschäftstätigkeit ausgeübt wird.[7] Lediglich sekundäre Verwaltungsaufgaben, wie die Buchhaltung und die Regelung von Steuerangelegenheiten,

---

1 Paal/Pauly/*Ernst* Art. 4 Rn. 111.
2 EuGH C-131/12, EuZW 2014, 541 (545); EuGH C-230/14, NJW 2015, 3636 (3638); EuGH C-191/15, EuZW 2016, 754 (758); vgl. auch die Kommentierung zu → Art. 55 Rn. 8 ff. sowie → Art. 3 Rn. 28.
3 EuGH C-131/12, EuZW 2014, 541 (545).
4 EuGH C-230/14, NJW 2015, 3636 (3638).
5 EuGH C-191/15, EuZW 2016, 754.
6 BGH ZIP 2007, 1626 (1627).
7 BAG NJW 2008, 2797 (2798).

sind für die Bestimmung des Sitzes der Hauptverwaltung unerheblich;[8] auch der Ort der technisch erfolgenden Datenverarbeitung selbst ist kein Kriterium. Die Hauptverwaltung schließt vielmehr an die Vorstellung an, wo die zentrale Steuerung der Unternehmensvorgänge erfolgt und wo damit auch die Verantwortung für die Datenverarbeitung übernommen und getragen wird.

Dem entspricht auch der Gedanke des Nr. 16 lit. a: Werden Entscheidungen hinsichtlich der **Zwecke und** 7 **Mittel der Verarbeitung** personenbezogener Daten in einer anderen Niederlassung des Verantwortlichen in der Union getroffen und ist diese Niederlassung befugt, diese Entscheidungen umsetzen zu lassen, gilt der Ort der Hauptverwaltung nicht als Hauptniederlassung. Kriterien zur Bestimmung der Hauptniederlassung sind in dieser Konstellation nach EG 36 S. 2 etwa die effektive und tatsächliche Ausübung von **Managementtätigkeiten** durch eine feste Einrichtung, wobei nicht maßgebend ist, ob die Verarbeitung der personenbezogenen Daten tatsächlich an diesem Ort ausgeführt wird. Hinsichtlich der Formulierung in EG 36 S. 2, wonach allein das Vorhandensein und die Verwendung technischer Mittel und Verfahren zur Verarbeitung personenbezogener Daten oder Verarbeitungstätigkeiten an sich noch keine Hauptniederlassung begründen, ist zu bedenken, dass etwa die bloße Erreichbarkeit einer Unternehmenswebseite nicht einmal ausreicht, eine Niederlassung zu begründen.[9]

Hieraus wird deutlich, dass maßgeblich ist, an welchem Ort die **unternehmenspolitischen Entscheidungen** 8 in Bezug auf die Datenverarbeitung getroffen werden. Der Standort eines Servers wie überhaupt der Ort einer Datenverarbeitung sind für die Bestimmung der Hauptverwaltung ebenso wenig ausschlaggebend wie die Angaben im Impressum eines Webauftritts. Von Bedeutung ist vielmehr, an welchem Ort Fragen des strategischen Managements in Bezug auf die Datenverarbeitung entschieden werden, um eine geschäftliche Ausrichtung des Unternehmens, langfristige Geschäftsziele, die Positionierung am Markt, die Nutzung wettbewerbsrelevanter Ressourcen, relevante Aufgabenstrukturen und unternehmensinterne Infrastrukturen im Zusammenhang mit der Verarbeitung personenbezogener Daten festzulegen. Die Betonung von Nr. 16, dass es nicht nur auf das Entscheiden selbst ankommt, sondern auch darauf, diese Entscheidungen umsetzen zu lassen, verdeutlicht einmal mehr, dass die tatsächlichen Machtverhältnisse bestimmend sind und nicht etwa formale Zuschreibungen.

In der Konsequenz bedeutet dies, dass die Aufsichtsbehörde ihre Maßnahmen gegenüber der Hauptniederlassung 9 lassung erteilt und dies im Rahmen einer bestehenden Begründungspflicht auch kurz zu begründen hat. Ist in Abweichung von dem in Nr. 16 lit. a und b gleichermaßen vorgesehenen Regelfall der Hauptverwaltung eine andere Niederlassung die Hauptniederlassung, kann sich der Verantwortliche jedenfalls später nicht darauf berufen, die Maßnahme sei rechtswidrig durch eine unzuständige Aufsichtsbehörde ergangen,[10] wenn für die Aufsichtsbehörde dieser Sachverhalt nicht erkennbar war. Vielmehr dürfte eine Obliegenheit bestehen, die Aufsichtsbehörde darauf hinzuweisen, dass eine andere Niederlassung als Hauptniederlassung anzusehen ist.

Art. 4 Nr. 16 lit. b regelt den vergleichbaren Fall für den **Auftragsverarbeiter**. Danach gilt auch für einen 10 solchen mit mehreren Niederlassungen in den Mitgliedstaaten der Ort der **Hauptverwaltung** in der Union als Hauptniederlassung. Sofern der Auftragsverarbeiter keine Hauptverwaltung in der Union hat, ist die Niederlassung des Auftragsverarbeiters in den Union, in der die Verarbeitungtätigkeiten im Rahmen der Tätigkeiten einer Niederlassung eines Auftragsverarbeiters hauptsächlich stattfinden, wobei EG 36 S. 5 präzisiert, dass es ausreicht, wenn es sich um die wesentlichen Tätigkeiten handelt. Dies gilt, soweit der Auftragsverarbeiter spezifischen Pflichten aus der Verordnung unterliegt. Das Abstellen auf die hauptsächlichen Verarbeitungstätigkeiten im Rahmen der Tätigkeiten einer Niederlassung ist sachgerecht, da im Fall einer Auftragsverarbeitung eine Steuerung der Verarbeitung durch den weisungsgebundenen Auftragsverarbeiter ausscheidet und somit ein anderes Kriterium gefunden werden musste.[11]

Die Bestimmung der Hauptniederlassung ist vor allem von Bedeutung für die Bestimmung der federführenden 11 den Aufsichtsbehörde nach Art. 56. Für den Sonderfall, dass sowohl der Verantwortliche als auch der Auftragsverarbeiter Adressaten von Rechten und Pflichten sowie Maßnahmen der Aufsichtsbehörden und damit betroffen sind, gibt EG 36 S. 6 den Hinweis, dass die Aufsichtsbehörde des Mitgliedstaats, in dem der Verantwortliche seine Hauptniederlassung hat, die zuständige federführende Aufsichtsbehörde bleiben sollte. Auch hier gilt der Grundsatz, dass es auf denjenigen ankommt, der die wesentlichen Entscheidungen trifft, und dies wird in den allermeisten Fällen der Verantwortliche und nicht der Auftragsverarbeiter sein. Die Rechte des anderen Mitgliedstaats, in dem der Auftragsverarbeiter belegen ist, werden nach EG 36 S. 6 dadurch gewahrt, dass die Aufsichtsbehörde des Auftragsverarbeiters als **betroffene Aufsichtsbehörde** iSd

---

8 LG Essen NJW 1995, 1500 (1501).
9 EuGH C-191/15, EuZW 2016, 754.
10 So auch *Nguyen* ZD 2015, 265 (267).
11 *Laue/Nink/Kremer*, S. 287.

Nr. 22 betrachtet wird und diese Aufsichtsbehörde sich an dem in dieser Verordnung vorgesehenen Verfahren der Zusammenarbeit beteiligen soll. Teilweise wird darauf hingewiesen, dass eine solche Bestimmung der federführenden Aufsichtsbehörde nicht den Vorgaben des Art. 56 entspreche.[12] Dem ist entgegen zu halten, dass Art. 56 Abs. 1 die Federführung dem Verantwortlichen „oder" dem Auftragsverarbeiter zuweist. Letztlich wird dadurch nicht nur deutlich, dass die Bestimmung einer Hauptniederlassung für Verantwortliche und Auftragsverarbeiter grundsätzlich den gleichen Regeln folgt. Darüber hinaus wird mit der Vorschrift angedeutet, dass die Federführung nur für eine Stelle bestehen kann. EG 36 S. 2 gibt hierfür den wichtigen Hinweis, dass durch die Existenz eines entsprechenden Auftragsverarbeiters der Status des Verantwortlichen als Hauptniederlassung unangetastet bleiben soll. Dies entspricht sowohl den Grundsätzen der Aufgabenteilung zwischen Auftragsverarbeiter und Verantwortlichem als auch den Vorstellungen des Nr. 16 zu der Bestimmung der Hauptverwaltung: Jeweils kommt es darauf an, wer die für die Datenverarbeitung bedeutsamen Entscheidungen trifft.

12 EG 36 begrenzt gleichzeitig die Beteiligung anderer Aufsichtsbehörden: Als betroffen und damit zu beteiligende Aufsichtsbehörde sollen nämlich gerade nicht diejenigen Behörden zu betrachten sein, in deren Territorium sich Niederlassungen des Auftragsverarbeiters befinden. Dies gilt aber nur, wenn die Aufsichtsbehörde ihren Beschlussentwurf allein an den Verantwortlichen richtet.

13 EG 36 S. 8 geht schließlich über Nr. 16 insoweit hinaus als er auch die Bestimmung der Hauptniederlassung bei einer Datenverarbeitung in einer Unternehmensgruppe anspricht. Hier soll es maßgeblich auf das herrschende Unternehmen ankommen und dessen Hauptniederlassung als Hauptniederlassung der gesamten Gruppe gelten. Auch hier wird aber die Orientierung an den Mitteln und Zwecken der Datenverarbeitung als entscheidendem Kriterium deutlich, denn auch für die Unternehmensgruppe gilt abweichend vom Regelfall, dass die Hauptniederlassung dann bei einem anderen Unternehmen der Gruppe liegt, wenn dieses die Zwecke und Mittel der Datenverarbeitung festlegt.

Artikel 4 Nr. 17   Begriffsbestimmung „Vertreter"

17. „Vertreter" eine in der Union niedergelassene natürliche oder juristische Person, die von dem Verantwortlichen oder Auftragsverarbeiter schriftlich gemäß Artikel 27 bestellt wurde und den Verantwortlichen oder Auftragsverarbeiter in Bezug auf die ihnen jeweils nach dieser Verordnung obliegenden Pflichten vertritt;

1 Die DSGVO definiert den Begriff des Vertreters, verwendet diesen aber nicht konsistent, was angesichts seiner allgemeinsprachlichen Bedeutung wenig verwunderlich ist (zu anderen Vertretern im Text der DSGVO → Art. 27 Rn. 6). Wie einige andere Definitionen in Art. 4 vermischt auch Nr. 17 **definitorische Elemente** mit Merkmalen, die der Sache nach **Zulässigkeitsanforderungen** sind. Letzteres gilt insbes. für das Schriftlichkeitsgebot. Die Formulierung entspricht Art. 4 Nr. 14 Rat-E mit Ausnahme der Erstreckung auf Auftragsverarbeiter, die wie bei Art. 27 erst im Trilog aufgenommen wurde. Der Vertreter ist nach Art. 27 Abs. 1 zu bestellen, **wenn die DSGVO gemäß Art. 3 Abs. 2** auf Verantwortliche oder Auftragsverarbeiter in Drittländern anwendbar ist und dient der (beschränkten) Durchsetzung der daraus resultierten Verbindlichkeiten. Der Vertreter ist bei der Datenerhebung mitzuteilen (Art. 13 Abs. 1 lit. a → Art. 13 Rn. 8 und Art. 14 Abs. 1 lit. a → Art. 14 Rn. 3 f.). Ihn treffen eigene Pflichten nach Art. 30 und Art. 31, und er ist Adressat von Untersuchungsmaßnahmen nach Art. 58 Abs. 1 lit. a. Inwieweit zusätzliche Pflichten bestehen, ist umstritten (→ Art. 27 Rn. 30ff.).

2 Nr. 17 lässt als Vertreter explizit natürliche oder juristische Personen (→ Art. 4 Nr. 18 Rn. 1) zu. Als einzige weitere **Anforderung an die Person des Vertreters** wird die Niederlassung in der Union (Art. 52 EUV, Art. 355 AEUV) bestimmt, die allerdings durch Art. 27 Abs. 3 weiter eingeengt wird (→ Art. 27 Rn. 20 f.). Der Niederlassungsbegriff entspricht dabei dem von Art. 3 Abs. 1[1] (→ Art. 3 Rn. 21ff., → Art. 27 Rn. 21). Anders als etwa bei Datenschutzbeauftragten (Art. 37 Abs. 5) wird keine besondere Ausbildung oder Qualifikation vorausgesetzt; erforderlich ist aber, dass der Vertreter bzw. seine Mitarbeiter über die persönlichen Fähigkeiten (Fachkenntnisse, Zuverlässigkeit) verfügen, um die ihm nach der DSGVO zugewiesenen Aufgaben zu erfüllen.[2] Da dies die umfassende Vertretung des Verantwortlichen oder Auftragsverarbeiters nach der (gesamten) DSGVO betrifft, ist eine entsprechende datenschutzrechtliche Befähigung unumgänglich.

12 *Laue/Nink/Kremer*, S. 288.
1 Paal/Pauly/*Martini* Art. 27 Rn. 48; Gola/*Piltz* Art. 27 Rn. 18.
2 Paal/Pauly/*Martini* Art. 27 Rn. 25; aA Schwartmann/Jaspers/Thüsing/Kugelmann/*Kremer* Art. 27 Rn. 14.

Inkompatibilitäten werden in der DSGVO **nicht geregelt**. Der Vertreter darf deshalb gleichzeitig anderen 3
Tätigkeiten nachgehen, beispielsweise als Rechtsanwalt oder Berater. Zulässig ist es auch, für mehrere Verantwortliche oder Auftragsverarbeiter in Drittländern als Vertreter zu fungieren, solange damit keine Interessenkonflikte verbunden sind. Schließlich kann eine Zweigstelle, die nicht unter Art. 3 Abs. 1 fällt, als Vertreter benannt werden (→ Art. 27 Rn. 13).

Nr. 17 enthält auch eine Bestimmung zum Verhältnis des Vertreters zum Verantwortlichen oder Auftrags- 4
verarbeiter sowie zu seinen Tätigkeiten. Aus dem formallogisch ärgerlichen (weil dem zu definierenden Begriff als Verb entsprechenden) „vertritt" ergibt sich, dass der Vertreter **rechtsverbindliche Erklärungen mit Wirkung für und gegen den Verantwortlichen und Auftragsverarbeiter** abgibt und entgegennimmt;[3] hierauf bezieht sich sein „Mandat" (EG 80 S. 5).[4] Die Beschreibung als „Anlaufstelle" in Art. 27 Abs. 4 ist also nicht als Begrenzung auf eine Botschaft zu verstehen (→ Art. 27 Rn. 24). Diese Vertretungsmacht des Vertreters wird durch Nr. 17 gesetzlich auf den gesamten Pflichtenkreis der DSGVO erstreckt („in Bezug auf die […] nach dieser Verordnung obliegenden Pflichten"). Damit ist nicht gemeint, dass der Vertreter die materiellen Pflichten der Verordnung als Stellvertreter erfüllen soll; dies wäre angesichts der räumlichen Entfernung auch gar nicht möglich. Vielmehr bezieht es sich auf den Kontakt zu Aufsichtsbehörden, betroffenen Personen und sonstigen Stellen (Art. 27 Abs. 4 → Art. 27 Rn. 23ff.). Eine **eigene Verantwortlichkeit des Vertreters** besteht **nur insoweit**, als die DSGVO eigene materielle Pflichten normiert (Art. 30, 31) und in Art. 58 Abs. 1 lit. a die Befugnis der Aufsichtsbehörde vorsieht, den Vertreter zur Bereitstellung von Informationen anzuweisen (→ Art. 27 Rn. 30ff.).

Artikel 4 Nr. 18   Begriffsbestimmung „Unternehmen"

Im Sinne dieser Verordnung bezeichnet der Ausdruck:

18. „Unternehmen" eine natürliche oder juristische Person, die eine wirtschaftliche Tätigkeit ausübt, unabhängig von ihrer Rechtsform, einschließlich Personengesellschaften oder Vereinigungen, die regelmäßig einer wirtschaftlichen Tätigkeit nachgehen;

Literatur: *Faust, S./Spittka, J./Wybitul, T.,* Milliardenbußgelder nach der DS-GVO? – Ein Überblick über die neuen Sanktionen bei Verstößen gegen den Datenschutz, ZD 2016, 120; *Gola, P.,* Neues Recht – neue Fragen: einige aktuelle Interpretationsfragen zur DSGVO, K&R 2017, 145; *Neun, A./Lubitzsch, K.,* EU-Datenschutz-Grundverordnung – Behördenvollzug und Sanktionen, BB 2017, 1538; *Rost, M.,* Bußgeld im digitalen Zeitalter – Was bringt die DS-GVO? RDV 2017, 13.

Der Begriff des Unternehmens wird mit der DSGVO **neu eingeführt**. Die Definition geht auf Art. 4 Nr. 15 1
KOM-E zurück und wurde nur marginal verändert. Der Parl-E übernahm den KOM-E. In beiden war noch von einem „Gebilde, das eine wirtschaftliche Tätigkeit ausübt", die Rede; natürliche und juristische Personen waren lediglich Beispiele. Auf Initiative des Rats wurden diese zu echten Tatbestandsmerkmalen aufgewertet, ohne dass damit allerdings eine Bedeutungsverschiebung verbunden ist. Der Begriff umfasst jede natürliche oder juristische Person, die regelmäßig einer wirtschaftlichen Tätigkeit nachgeht. Nach dieser Definition werden alle Rechtsträger mit wirtschaftlicher Tätigkeit erfasst, die personenbezogene Daten verarbeiten. Diese Definition weist einige **Besonderheiten** auf: Alle Personen oder **Personenmehrheiten**, die einer wirtschaftlichen Tätigkeit nachgehen, werden als Unternehmen im Sinne der DSGVO angesehen. Diese Zuordnung von Personengesellschaften zum Begriff des Unternehmens erspart die Auseinandersetzung darüber, ob und in welchem Umfang Personengesellschaften eine eigene volle Rechtspersönlichkeit nach dem Recht der Mitgliedstaaten haben.[1] Unerheblich ist weiterhin die **Größe des Unternehmens**, so dass nach EG 13 auch Kleinstunternehmen erfasst werden. Auch der Handwerker oder eine wirtschaftlich tätige Vereinigung ist danach ein Unternehmen iSd DSGVO. Weiterhin unterfallen auch juristische Personen des öffentlichen Rechts, die regelmäßig wirtschaftlichen Tätigkeiten nachgehen, dem Unternehmensbegriff.

Die Frage, ob ein Unternehmen **wirtschaftlich tätig** ist, richtet sich nach dem maßgeblichen EU-Recht. Da- 2
nach ist jedes Anbieten von Gütern und Dienstleistungen auf einem bestimmten Markt gemeint.[2] Lediglich gemeinnützige Vereine oder in Form einer GmbH organisierte Forschungseinrichtungen gehen keiner wirtschaftlichen Tätigkeit nach. Keine wirtschaftliche Tätigkeit liegt weiterhin vor, wenn die sog Haushaltsaus-

---

3 Anders Gola/*Piltz* Art. 27 Rn. 6, 31ff.: Position zwischen Boten und Stellvertreter.
4 Zusätzlich gilt nach § 44 Abs. 3 S. 1 BDSG nF der Vertreter auch als bevollmächtigt, Zustellungen in zivilgerichtlichen Verfahren nach § 44 Abs. 1 BDSG nF entgegenzunehmen, soweit es sich um Klagen betroffener Personen handelt (→ Art. 27 Rn. 27).
1 Vgl. Ehmann/Selmayr/*Klabunde* Art. 4 Rn. 56.
2 Vgl. Plath/*Schreiber* DSGVO Art. 4 Rn. 70 sowie *Gola* K&R 2017, 145.

nahme in Art. 2 Abs. 2 lit. c und EG 18 greift und die Tätigkeit ausschließlich zu persönlichen oder familiären Zwecken erfolgt (→ Art. 2 Rn. 23).

3 Das Unternehmen ist nicht zu verwechseln mit dem Verantwortlichen, der in Nr. 7 geregelt wird (→ Art. 4 Nr. 7 Rn. 13ff.). Der Begriff des Unternehmens wird in der DSGVO genutzt, um bestimmte Verpflichtungen abzustufen. So sind Unternehmen mit weniger als 250 Mitarbeitern nach Art. 30 Abs. 5 von der Verpflichtung zur Führung eines Verzeichnisses von Verarbeitungstätigkeiten befreit, sofern nicht eine Rückausnahme vorliegt (→ Art. 30 Rn. 42). Auch im Übrigen wird es in der Systematik der DSGVO angesichts der Weite der Definition kaum zum Streit darüber kommen, ob ein Unternehmen vorliegt. Bedeutsamer ist die (von Nr. 18 nicht adressierte) Frage von Kleinstunternehmen und kleineren und mittleren Unternehmen, weil diese an mehreren Stellen privilegiert werden (s. Art. 40 Abs. 1, 42 Abs. 1 sowie EG 13, 98, 132, 167).

4 Der Begriff des Unternehmens wird in der deutschen Fassung der DSGVO nicht einheitlich verwendet. Bei der Bußgeldbemessung nach Art. 83 Abs. 4 und Abs. 5 soll ein erweiterter Unternehmensbegriff herangezogen werden. So soll nach EG 150 in Bezug auf die Sanktionierung der Begriff des Unternehmens iSv Art. 101 und 102 AEUV zu verstehen sein.[3] Somit soll für die Bußgeldbemessung ein wettbewerbsrechtlicher Unternehmensbegriff – der sog funktionale Unternehmensbegriff – angewendet werden (→ Art. 83 Rn. 40, 43). Danach ist jede eine wirtschaftliche Tätigkeit ausübende Einheit, unabhängig von ihrer Rechtsform und der Art ihrer Finanzierung, ein Unternehmen. Nach diesem Unternehmensbegriff bilden Mutter- und Tochterunternehmen eine wirtschaftliche Einheit. Der Gesetzgeber hat für den Bußgeldbereich den funktionalen Unternehmensbegriff gewollt, aber einen solchen nicht mit in die Begriffsbestimmungen des Art. 4 aufgenommen.[4] Der Sache nach entspricht die gesetzgeberische Absicht in Art. 83 Abs. 4 und Abs. 5 eher dem Begriff der Unternehmensgruppe (Nr. 19).

5 Es ist jedoch fraglich, ob der Begriff des Unternehmens innerhalb der DSGVO unterschiedlich verstanden werden kann. In Nr. 18 stellt die DSGVO explizit auf das Einzelunternehmen ab und kennt auch darüber hinaus kein Konzernprivileg (→ Art. 6 Abs. 1 Rn. 116). Vor diesem Hintergrund bestehen erhebliche Bedenken im Hinblick auf das Bestimmtheitsgebot gemäß Art. 49 Abs. 1 S. 1 GRCh, wenn derselbe Begriff innerhalb der DSGVO unterschiedlich ausgelegt werden soll. Ein solches Verständnis widerspricht zumindest in der deutschen, aber auch der französischen Fassung den Grenzen des Wortlauts und der Gesetzessystematik.[5] In der englischen Fassung, in der die Trilog-Verhandlungen geführt wurden, ist das Problem freilich erheblich geringer, weil diese zwischen „enterprise" (Nr. 18) und „undertaking" (Art. 83 Abs. 4 und Abs. 5) unterscheidet. Angesichts der erheblichen Relevanz der Auslegung des Begriffs Unternehmens dürfte zeitnah eine gerichtliche Klärung zu erwarten sein.

Artikel 4 Nr. 19 Begriffsbestimmung „Unternehmensgruppe"

Im Sinne dieser Verordnung bezeichnet der Ausdruck:

19. **„Unternehmensgruppe" eine Gruppe, die aus einem herrschenden Unternehmen und den von diesem abhängigen Unternehmen besteht;**

1 Die Definition entspricht Art. 4 Nr. 16 KOM-E und war im Trilog unstreitig. Eine „Unternehmensgruppe" besteht aus mindestens zwei Unternehmen: ein herrschendes und ein von diesem abhängiges Unternehmen. Zwar werden gesellschaftsrechtliche Verknüpfungen im Datenschutzrecht nicht berücksichtigt, aber die DSGVO macht hiervon punktuelle Ausnahmen, um Konzernbelangen bzw. Belangen von Unternehmensgruppen entgegenzukommen. Somit werden mit Einführung der „Unternehmensgruppe" in der DSGVO in begrenztem Umfang **wirtschaftliche Gegebenheiten anerkannt.**

2 Eine Unternehmensgruppe liegt vor, sofern ein Unternehmen einen **beherrschenden Einfluss** auf ein anderes Unternehmen ausüben kann. Dieser beherrschende Einfluss kann sich nach EG 37 aufgrund der Eigentumsverhältnisse, der finanziellen Beteiligung oder der für das Unternehmen geltenden Vorschriften ergeben. Es kommt somit nicht nur auf die rein finanzielle Beteiligung bzw. eine gesellschaftsrechtliche Struktur an. Auch die **faktische Einflussnahme** kann dazu führen, eine Unternehmensgruppe anzunehmen.[1]

---

3 Vgl. ausführlich *Faust/Spittka/Wybitul* ZD 2016, 120 f. .
4 Vgl. BeckOK DatenschutzR/*Schild* DSGVO Art. 4 Rn. 158 a.
5 So zutreffend Kühling/Buchner/*Schröder* Art. 4 Nr. 18 Rn. 2; ebenso *Gola* K&R 2017 145 (146); *Neun/Lubitzsch* BB 2017, 1538 (1543) mwN.
1 So zutreffend Kühling/Buchner/*Schröder* Art. 4 Nr. 18 Rn. 1; zu eng dagegen Paal/Pauly/*Ernst* Art. 4 Rn. 129, wonach eine Unternehmensgruppe nur bei Vorliegen eines „echten Konzerns" angenommen werden könne.

Die Annahme einer Unternehmensgruppe hat folgende Auswirkungen: Diese können nach Art. 37 Abs. 2   3
einen **gemeinsamen betrieblichen Datenschutzbeauftragten** bestellen (→ Art. 37 Rn. 30; sa EG 48). Weiterhin können Unternehmensgruppen nach Art. 47 Abs. 1 lit. a **verbindliche interne Datenschutzvorschriften** iSv Nr. 20 genehmigt erhalten, um auf dieser Basis personenbezogene Daten in Drittländer ohne angemessenes Datenschutzniveau übermitteln zu können (→ Art. 4 Nr. 20 Rn. 3; → Art. 47 Rn. 14; sa EG 110). Für eine Übermittlung von Daten auf Grundlage der Interessenabwägungsklausel nach Art. 6 Abs. 1 UAbs. 1 lit. f wird nach EG 48 das erforderliche **berechtigte Interesse bei Übermittlung innerhalb einer Unternehmensgruppe** vermutet (zur im Anschluss erforderlichen Interessenabwägung → Art. 6 Abs. 1 Rn. 116). Diese Anerkennung wirtschaftlicher Gegebenheiten erleichtert den konzerninternen Datenfluss.

Sowohl Art. 47 Abs. 1 lit. a, Abs. 2 lit. a, f, h, j, l und m betreffend verbindliche interne Datenschutzvorschriften   4
(→ Art. 47 Rn. 14) als auch Art. 88 Abs. 2 hinsichtlich der Datenverarbeitung im Beschäftigungskontext (→ Art. 88 Rn. 38) unterscheiden zwischen einer Unternehmensgruppe einerseits und einer **Gruppe von Unternehmen**, die eine gemeinsame Wirtschaftstätigkeit ausüben, andererseits.[2] Bei der Gruppe von Unternehmen handelt es sich um eine Ansammlung von Unternehmen zu einem gemeinsamen wirtschaftlichen Zweck, ohne dass tatsächlich ein beherrschender Einfluss vorliegt oder besondere Anforderungen an die Struktur der Gruppe gestellt werden.[3]

Artikel 4 Nr. 20   Begriffsbestimmung „Verbindliche interne Datenschutzvorschriften"

Im Sinne dieser Verordnung bezeichnet der Ausdruck:

20. „verbindliche interne Datenschutzvorschriften" Maßnahmen zum Schutz personenbezogener Daten, zu deren Einhaltung sich ein im Hoheitsgebiet eines Mitgliedstaats niedergelassener Verantwortlicher oder Auftragsverarbeiter verpflichtet im Hinblick auf Datenübermittlungen oder eine Kategorie von Datenübermittlungen personenbezogener Daten an einen Verantwortlichen oder Auftragsverarbeiter derselben Unternehmensgruppe oder derselben Gruppe von Unternehmen, die eine gemeinsame Wirtschaftstätigkeit ausüben, in einem oder mehreren Drittländern;

Nr. 20 definiert den Begriff der verbindlichen Unternehmensregeln, welche in der Praxis üblicherweise als   1
„Bindung Corporate Rules" (BCR) bezeichnet werden. Bedeutung haben diese als geeignete Garantien gemäß Art. 46 Abs. 1 lit. b, deren Voraussetzungen in Art. 47 näher definiert werden. Nr. 20 legt damit zugleich den **Anwendungsbereich von BCR** fest.

Charakteristisch für BCR ist folgende Konstruktion: Ein Verantwortlicher oder Auftragsverarbeiter in der   2
EU übernimmt – entsprechend des in Art. 5 Abs. 2 niedergelegten Ansatzes der Rechenschaftspflicht („accountability") – die Verpflichtung, dass andere Stellen in Drittländern die BCR einhalten, wenn diese Stellen Daten, die aus der EU übermittelt worden sind, verarbeiten. Hierdurch wird die externe Verbindlichkeit der BCR (→ Art. 47 Rn. 19) sichergestellt und gewährleistet, dass die betroffenen Personen und Behörden in der EU einen Ansprechpartner haben.

BCR konnten bisher nur innerhalb einer Unternehmensgruppe iSd Nr. 19, also einem **hierarchisch organi-**   3
sierten Konzern mit einer beherrschenden Muttergesellschaft und abhängigen Tochtergesellschaften, verwandt werden (vgl. EG 37). Über den Wortlaut des Nr. 20 hinaus bestehen keine Bedenken, verbindliche Unternehmensregeln auch dann anzunehmen, wenn sie sich nur auf ein einzelnes Unternehmen iSd Nr. 18 mit Niederlassungen in der EU und einem Drittland beziehen; in dieser Konstellation ist die interne Durchsetzbarkeit der BCR nicht weniger gewährleistet als bei rechtlich selbstständigen Unternehmen. Nr. 20 erweitert den Anwendungsbereich von BCR auf Gruppen von Unternehmen, die eine **gemeinsame Wirtschaftstätigkeit** ausüben, aber keiner Unternehmensgruppe angehören. Erfasst werden hiervon zB Gemeinschaftsunternehmen (**Joint Ventures**)[1] aber auch andere Formen der verfestigten Zusammenarbeit.[2] Eine Begrenzung der Anwendung von BCR außerhalb einer Unternehmensgruppe dürfte sich generell dadurch ergeben, dass es außerhalb einer Unternehmensgruppe sehr viel schwieriger ist, die interne Verbindlichkeit der BCR gemäß Art. 47 Abs. 1 lit. a sicherzustellen.

Nicht ausgeschlossen erscheint auch eine Anwendung auf einen in der EU ansässigen Verantwortlichen und   4
einen **Auftragsverarbeiter** in einem Drittland. Das EP hatte vorgeschlagen, diese in den Anwendungsbereich

---

2   Letztere wird auch adressiert in Nr. 20, in Art. 36 Abs. 3 lit. a sowie in EG 48 und 110.
3   Vgl. Ehmann/Selmayer/*Klabunde* Art. 4 Rn. 58; Paal/Pauly/*Ernst* Art. 4 Rn. 130.
1   Ehmann/Selmayr/*Zerdick* Art. 47 Rn. 8; skeptisch Kühling/Buchner/*Schröder* Art. 47 Rn. 13.
2   COM(2017) 7 final, S. 10 nennt als Beispiel die Tourismusbranche („travel industry").

der BCRs einzubeziehen (Art. 43 Abs. 1 lit. a Parl-E). Übernommen wurde letztlich eine Erweiterung des Anwendungsbereichs auf Unternehmen, die eine gemeinsame wirtschaftliche Tätigkeit ausüben, die der Rat vorgeschlagen hatte (Art. 43 Abs. 1 lit. a Rat-E). Dies spricht dafür, dass der Wunsch des EP in der weiteren Formulierung aufgegangen ist. Die Durchsetzbarkeit einheitlicher Standards dürfte im Verhältnis zwischen Auftragsverarbeiter und Verantwortlichem aufgrund der klaren Rollenverteilung sogar noch besser gewährleistet sein, als wenn unabhängige Unternehmen lediglich arbeitsteilig dauerhaft zusammenarbeiten.

Artikel 4 Nr. 21 Begriffsbestimmung „Aufsichtsbehörde"

Im Sinne dieser Verordnung bezeichnet der Ausdruck:

21. „Aufsichtsbehörde" eine von einem Mitgliedstaat gemäß Artikel 51 eingerichtete unabhängige staatliche Stelle;

1 Jeder Mitgliedstaat sieht nach Art. 51 Abs. 1 vor, dass **eine oder mehrere unabhängige Behörden** für die Überwachung der Anwendung dieser Verordnung zuständig sind, damit die Grundrechte und Grundfreiheiten natürlicher Personen bei der Verarbeitung geschützt werden und der freie Verkehr personenbezogener Daten in der Union erleichtert wird. Die Existenz einer **unabhängigen Datenschutzaufsicht** wird bereits durch das primäre Unionsrecht vorgegeben.[1] Zur Notwendigkeit der Unabhängigkeit von Aufsichtsbehörden hat der EuGH in seiner bisherigen Rechtsprechung mehrfach Stellung genommen.[2] Hervorgehoben wird in Art. 4 Nr. 21, dass es sich um eine **staatliche Stelle** handeln muss. Eine privatwirtschaftliche Stelle kommt für das Amt einer unabhängigen Datenschutzaufsicht damit nicht in Betracht; auch eine Beleihung scheidet daher aus.

Artikel 4 Nr. 22 Begriffsbestimmung „Betroffene Aufsichtsbehörde"

Im Sinne dieser Verordnung bezeichnet der Ausdruck:

22. „betroffene Aufsichtsbehörde" eine Aufsichtsbehörde, die von der Verarbeitung personenbezogener Daten betroffen ist, weil

a) der Verantwortliche oder der Auftragsverarbeiter im Hoheitsgebiet des Mitgliedstaats dieser Aufsichtsbehörde niedergelassen ist,

b) diese Verarbeitung erhebliche Auswirkungen auf betroffene Personen mit Wohnsitz im Mitgliedstaat dieser Aufsichtsbehörde hat oder haben kann oder

c) eine Beschwerde bei dieser Aufsichtsbehörde eingereicht wurde;

1 Mit Nr. 22 wird ein Begriff legal definiert, der für die Zuständigkeit der Aufsichtsbehörden zentrale Wirkung entfaltet, denn nur die betroffenen Aufsichtsbehörden sind im Kohärenzverfahren nach Art. 60ff. zwingend zu beteiligen; nur ihnen stehen nach der DSGVO bestimmte Rechte zur Entscheidung und Mitwirkung zu.

2 Die Einführung des Begriffs und Konzepts der betroffenen Aufsichtsbehörde ist ein Kompromiss, den der Rat erstmals vorgeschlagen hat, nachdem sich an den Vorstellungen der KOM Kritik entzündet hatte, eine Alleinzuständigkeit der Aufsichtsbehörde der Hauptniederlassung vorzusehen. Die Definition des Begriffs wurde nun erforderlich, nachdem das System zu einer koordinierten Zusammenarbeit der Aufsichtsbehörden im Trilog unter Leitung der federführenden Aufsichtsbehörde geändert wurde (**One-Stop-Shop-Prinzip**). In der DSRL gab es keinen Vorläuferbegriff.

3 Federführende und betroffene Aufsichtsbehörden arbeiten nach Art. 60ff. zusammen, insbes. ist die betroffene Aufsichtsbehörde im Kohärenzverfahren beteiligt. Die federführende Aufsichtsbehörde kann insbes. nach Art. 60 Abs. 2 jederzeit andere betroffene Aufsichtsbehörden um Amtshilfe gemäß Art. 61 ersuchen und gemeinsame Maßnahmen gemäß Art. 62 durchführen. So kann nach Art. 66 Abs. 1 unter außergewöhnlichen Umständen eine betroffene Aufsichtsbehörde abweichend vom Kohärenzverfahren oder dem Verfahren nach Art. 60 sofort **einstweilige Maßnahmen** mit festgelegter Geltungsdauer von höchstens drei Monaten treffen, die in ihrem Hoheitsgebiet rechtliche Wirkung entfalten sollen, wenn sie zu der Auffas-

---

1 Vgl. Art. 16 Abs. 2 AEUV sowie die Kommentierung zu Art. 51.
2 EuGH C-518/07, NJW 2010, 1265 (1266); EuGH C-614/10, ZD 2012, 563 (565); EuGH C-288/12, ZD 2014, 301 (302) sowie die Kommentierung zu Art. 52.

sung gelangt, dass dringender Handlungsbedarf besteht, um Rechte und Freiheiten von betroffenen Personen zu schützen. Im Verfahren der Streitbeilegung durch den EDSA haben betroffene Aufsichtsbehörden nach Maßgabe von Art. 65 Abs. 1 **Einspruchs- und Vorlagerechte.**

Für die Qualifizierung als betroffene Aufsichtsbehörde gibt es nach Nr. 22 drei mögliche alternative An- 4 knüpfungspunkte. Lit. a setzt am territorialen Bezug zum Datenverarbeiter durch dessen Niederlassung an, lit. b am territorialen Bezug zu Betroffenen und lit. c an dem territorialen Bezug einer konkreten Abwehrmaßnahme des Betroffenen, nämlich einer Beschwerde.

Erstens kann nach lit. a – im Sinne lokaler Anknüpfung – auf die Niederlassung eines Verantwortlichen 5 oder Auftragsverarbeiters abgestellt werden, der im Hoheitsgebiet des Mitgliedstaats dieser Aufsichtsbehörde **niedergelassen** ist. Diese Zuständigkeit als betroffene Aufsichtsbehörde knüpft an die vom EuGH in den letzten Jahren mehrfach ausgelegten und näher bestimmten Begriff der Niederlassung[1] an (→ Art. 3 Rn. 28 und → Art. 55 Rn. 7).

Die zweite Variante verlangt, dass die Verarbeitung personenbezogener Daten **erhebliche Auswirkungen auf** 6 **betroffene Personen** mit Wohnsitz im Mitgliedstaat dieser Aufsichtsbehörde hat oder haben kann. Der Begriff der Auswirkungen ist nicht definiert; der Wortlaut legt aber nahe, dass es sich nicht allein um rechtliche Wirkungen handeln muss, sondern auch tatsächliche Folgen genügen können. Diese Konsequenzen müssen nicht bereits eingetreten sein; es genügen nach dem Wortlaut („haben kann") potenzielle Auswirkungen.[2] Die Annahme **erheblicher** Auswirkungen ist jedenfalls zu bejahen, wenn nach Maßgabe von EG 75 **Risiken für die Rechte und Freiheiten** natürlicher Personen aus einer Verarbeitung personenbezogener Daten hervorgehen, die zu einem physischen, materiellen oder immateriellen Schaden führen könnten. Der Begriff der erheblichen Auswirkungen findet sich auch in den EG 124 und 135 sowie in Art. 4 Nr. 23 lit. b und Art. 62 Abs. 2, allerdings mit anderen Bezügen. EG 124 S. 4 verlangt vom EDSA, Leitlinien zur näheren Bestimmung in Art. 62 Abs. 2 auszugeben, ob eine Verarbeitung erhebliche Auswirkungen auf betroffene Personen in mehr als einem Mitgliedstaat hat. Jedenfalls in Bezug auf die Konkretisierung der Erheblichkeit können diese Leitlinien auch herangezogen werden für die Bestimmung in Nr. 22 lit. b. Die Formulierung in Nr. 22 lit. b verlangt keine bestimmte Personenanzahl. In Betracht kommen also auch kleine Personengruppen, wobei nicht etwa ein repräsentativer Bevölkerungsanteil eines Mitgliedstaats umfasst sein muss.

Letzte Variante für die Qualifizierung als betroffene Aufsichtsbehörde ist nach Nr. 22 lit. c der Umstand, 7 dass eine **Beschwerde** bei dieser Aufsichtsbehörde eingereicht wurde. Insbesondere Aufsichtsbehörden jenes Mitgliedstaats, in welchem die betroffene Person sich aufhält, sie ihren Arbeitsplatz hat oder wo sich der mutmaßliche Verstoß ereignete, kommen durch das in Art. 77 Abs. 1 geregelte Beschwerderecht als betroffene Aufsichtsbehörde in Betracht. Damit wird der Kreis der potenziell betroffenen Aufsichtsbehörden erheblich erweitert. Wichtige Folge ist, dass diese Behörde nach Art. 60 Abs. 8 einen ablehnenden Bescheid auch dann erlässt, wenn es sich nicht um die federführende Aufsichtsbehörde handelt und zuvor das Verfahren der Zusammenarbeit durchgeführt wurde (→ Art. 60 Rn. 18).

Die in Nr. 22 genannten Anforderungen müssen auch bei federführenden Aufsichtsbehörden vorliegen, so 8 dass es sich bei diesen Behörden zugleich um betroffene Aufsichtsbehörden handelt. Diese Sichtweise wird vom Wortlaut des Art. 60 Abs. 2 gestützt, wonach neben einer federführenden Aufsichtsbehörde „andere" betroffene Aufsichtsbehörden genannt sind.

Artikel 4 Nr. 23   Begriffsbestimmung „grenzüberschreitende Verarbeitung"

Im Sinne dieser Verordnung bezeichnet der Ausdruck:

23. „grenzüberschreitende Verarbeitung" entweder

    a) eine Verarbeitung personenbezogener Daten, die im Rahmen der Tätigkeiten von Niederlassungen eines Verantwortlichen oder eines Auftragsverarbeiters in der Union in mehr als einem Mitgliedstaat erfolgt, wenn der Verantwortliche oder Auftragsverarbeiter in mehr als einem Mitgliedstaat niedergelassen ist, oder

    b) eine Verarbeitung personenbezogener Daten, die im Rahmen der Tätigkeiten einer einzelnen Niederlassung eines Verantwortlichen oder eines Auftragsverarbeiters in der Union erfolgt, die jedoch **erhebliche Auswirkungen auf betroffene Personen in mehr als einem Mitgliedstaat hat oder haben kann;**

---

1 EuGH C-131/12, EuZW 2014, 541 (545); EuGH C-230/14, NJW 2015, 3636 (3638); EuGH C-191/15, EuZW 2016, 754 (758).
2 So auch Kühling/Buchner/*Boehm* Art. 4 Nr. 22 Rn. 5.

Literatur: *Art.-29-Gruppe*, Leitlinien für die Bestimmung der federführenden Aufsichtsbehörde eines Verantwortlichen oder Auftragsverarbeiters, 16/DE WP 244 rev. 01.

1 Der Begriff der grenzüberschreitenden Verarbeitung personenbezogener Daten ist insbes. von Bedeutung für die Bestimmung der federführenden Aufsichtsbehörde; er wird ausschließlich in EG 53 sowie in Art. 56 Abs. 1 und 6 erwähnt. Gleichwohl sah der Verordnungsgeber die Notwendigkeit einer Konkretisierung des Begriffs, handelt es sich doch um eine zentrale Weichenstellung. Die grenzüberschreitende Verarbeitung bezieht sich generell auf eine Verarbeitung **innerhalb der Union**, wobei mindestens zwei Mitgliedstaaten auf unterschiedliche Weisen betroffen sind. Lit. a erfasst Verarbeitungen von Datenverarbeitern mit Niederlassungen in mehr als einem Mitgliedstaat, lit. b Verarbeitungen eines Datenverarbeiters allein in einem Mitgliedstaat, die aber Effekte bei Betroffenen in mehr als einem Mitgliedstaat hervorrufen. Entgegen des üblichen Sprachgebrauchs sind gerade Datenverarbeitungen in Verbindung mit einem Drittland nicht erfasst, es sei denn, der außereuropäische Datenverarbeiter verfügt über eine Niederlassung in der EU (→ Art. 56 Rn. 10).

2 Nach Nr. 23 lit. a werden Verarbeitungen personenbezogener Daten im Rahmen der Tätigkeiten von **Niederlassungen** (zur Niederlassung vgl. → Art. 55 Rn. 8 ff. sowie → Art. 3 Rn. 28) eines Verantwortlichen oder Auftragsverarbeiters in der Union in mehr als einem Mitgliedstaat erfasst, wenn der Verantwortliche oder Auftragsverarbeiter in mehr als einem Mitgliedstaat niedergelassen ist. Die Datenverarbeitung muss im Rahmen der Tätigkeiten von Niederlassungen erfolgen; dies integriert die bisher ergangene Rechtsprechung des EuGH zu diesem Kriterium (→ Art. 3 Rn. 28 und → Art. 55 Rn. 8 ff.).[1] Diese Niederlassungen müssen sich in unterschiedlichen Mitgliedstaaten befinden. Die Verwendung des Plurals („Tätigkeiten von Niederlassungen") macht zudem deutlich, dass sich die Verarbeitungen in mehreren Niederlassungen abspielen müssen; der insoweit unklare EG 124 S. 1 tritt hinter die sprachliche Deutlichkeit des Nr. 23 lit. a zurück.[2]

3 Nicht von Nr. 23 lit. a erfasst ist eine Datenverarbeitung, wenn der grenzüberschreitende Charakter allein daraus folgt, dass ein Verantwortlicher und sein Auftragsverarbeiter in unterschiedlichen Mitgliedstaaten niedergelassen sind. Dies gilt auch, wenn der Verantwortliche und der Auftragsverarbeiter jeweils mehrere Niederlassungen in unterschiedlichen Mitgliedstaaten haben, solange die Datenverarbeitung nur an jeweils einer Niederlassung des Verantwortlichen und des Auftragsverarbeiters stattfindet, selbst wenn die datenverarbeitende Niederlassung des Verantwortlichen und die datenverarbeitende Niederlassung des Auftragsverarbeiters in unterschiedlichen Mitgliedstaaten belegen sind.[3] Denn auch hier ist die Pluralverwendung des Gesetzgebers wegweisend: Jeweils Verantwortlicher oder Auftragsverarbeiter müssen im Rahmen der Tätigkeiten von Niederlassungen agieren. Das entspricht dem Gedanken, dass eine grenzüberschreitende Verarbeitung besondere, vor allem verfahrensrechtliche Folgen auslöst, die gegenüber einfachen Verarbeitungen erheblich gesteigert sind. Ein wesentlicher Grund dafür ist, dass die grenzüberschreitende Verarbeitung zu Abstimmungsbedarfen der Aufsichtsbehörden führt, die mit dem One-Stop-Shop erledigt werden. Diese sind aber bei einer solchen Konstellation nicht über ein erhöhtes Gefährdungspotential (dies wird über lit. b abgedeckt) oder aber die Gefahr strategischer Niederlassungen von Datenverarbeitern zur Umgehung aufsichtsbehördlicher Maßnahmen begründbar.

4 Eine grenzüberschreitende Verarbeitung ist nach Nr. 23 lit. b auch dann gegeben, wenn die Verarbeitung personenbezogener Daten nur in einer einzigen Niederlassung des Verantwortlichen oder Auftragsverarbeiters in der Union erfolgt, jedoch erhebliche **Auswirkungen auf betroffene Personen in mehr als einem Mitgliedstaat** zu befürchten sind. Eine ähnliche Formulierung wird in Art. 62 Abs. 2 verwendet, wonach im Zusammenhang mit der Durchführung gemeinsamer Maßnahmen der Aufsichtsbehörden Verarbeitungsvorgänge voraussichtlich auf eine „bedeutende Zahl betroffener Personen in mehr als einem Mitgliedstaat erhebliche Auswirkungen haben". In Nr. 23 lit. b wird jedoch – wie in Nr. 22 lit. b (→ Art. 4 Nr. 22 Rn. 6) – auf das Erfordernis einer „bedeutenden Zahl betroffener Personen" verzichtet, und es wird durch die Formulierung „hat oder haben kann" auch der Fall erfasst, dass die erheblichen Auswirkungen erst in der Zukunft eintreten können.[4] Wie bei Nr. 22 lit. b (→ Art. 4 Nr. 22 Rn. 6) kommt es bezüglich der Auswirkungen nicht allein auf rechtliche, sondern auch auf sonstige tatsächliche Konsequenzen an.[5] Fehlt es an solchen erheblichen Auswirkungen, bleibt die nationale Aufsichtsbehörde allein zuständig.

---

1 Siehe dazu EuGH C 131/12, EuZW 2014, 541 (545); EuGH C 230/14, NJW 2015, 3636 (3638); EuGH C 191/15, EuZW 2016, 754 (758).
2 Im Ergebnis ebenso Kühling/Buchner/*Dix* Art. 4 Nr. 23 Rn. 3.
3 Ebenso Kühling/Buchner/*Dix* Art. 4 Nr. 23 Rn. 3.
4 Zu den erheblichen Auswirkungen → Art. 62 Abs. 2 Rn. 5.
5 So auch Kühling/Buchner/*Dix* Art. 4 Nr. 23 Rn. 4.

Artikel 4 Nr. 24   Begriffsbestimmung „maßgeblicher und begründeter Einspruch"

24. „maßgeblicher und begründeter Einspruch" einen Einspruch gegen einen Beschlussentwurf im Hinblick darauf, ob ein Verstoß gegen diese Verordnung vorliegt oder ob beabsichtigte Maßnahmen gegen den Verantwortlichen oder den Auftragsverarbeiter im Einklang mit dieser Verordnung steht, wobei aus diesem Einspruch die Tragweite der Risiken klar hervorgeht, die von dem Beschlussentwurf in Bezug auf die Grundrechte und Grundfreiheiten der betroffenen Personen und gegebenenfalls den freien Verkehr personenbezogener Daten in der Union ausgehen;

I. Ziele, Entstehungsgeschichte, Systematik

Die Vorschrift steht in **enger Verbindung mit Art. 60 Abs. 4 und Art. 65 Abs. 1 lit. a.** Sie betrifft den Fall, 1
dass es zu einem **Dissens zwischen der federführenden und einer betroffenen Aufsichtsbehörde** über einen Beschlussentwurf der federführenden Aufsichtsbehörde kommt und dieser Dissens bis hin in das Streitbeilegungsverfahren vor dem EDSA führen kann (→ Art. 65 Rn. 5ff.). Die Uneinigkeit entsteht dadurch, dass die betroffene Aufsichtsbehörde gegen einen Beschlussentwurf der federführenden Aufsichtsbehörde eben einen solchen Einspruch nach Nr. 24 erhebt, Art. 60 Abs. 4 und Abs. 6. Der EDSA ist nach **EG 124** gehalten, **Leitlinien** vorzulegen, wann ein Einspruch maßgeblich und begründet ist.

Als Legaldefinition, und dann als „relevanter und begründeter" („relevant and reasoned") Einspruch, kam 2
die Vorschrift als Nr. 19c erst durch den **Rat-E** hinzu und wurde so übernommen; aus „relevant" wurde dann in der deutschen Fassung wenig glücklich „maßgeblich".

II. Einzelne Begriffsmerkmale

Die Definition des Nr. 24 zielt darauf ab, dem Einspruch ein **Mindestmaß an inhaltlicher Berechtigung** zu- 3
zusprechen; auf die **tatsächliche Begründetheit** kommt es dagegen nicht an.[1] Er ist nur im Zusammenhang mit einem konkreten Beschlussentwurf nach Art. 60 Abs. 4 vorgesehen. Der Einspruch muss sich demnach auf eine von **zwei Alternativen** richten: Nach Alt. 1 beurteilt die betroffene Aufsichtsbehörde den Verstoß gegen die DSGVO anders, ist also anderer Auffassung über **Tatbestandsmerkmale** und **Voraussetzungen.** Denkbar ist auch, dass sie weitere Verstöße oder andere Verstöße erkennt. In Alt. 2 dagegen betrifft der Einspruch die **Rechtsfolgenseite,** ob die beabsichtigte Maßnahme im Einklang mit der DSGVO ist. In jedem Fall muss der Einspruch die **Tragweite der Risiken** klar benennen, die von dem Beschlussentwurf in Bezug auf die Freiheiten und Rechte betroffener Personen (→ Art. 1 Rn. 36ff.) und gegebenenfalls den freien Datenverkehr (→ Art. 1 Rn. 41ff.) ausgehen. Damit wird verdeutlicht, dass der Einspruch sich damit auseinandersetzen muss, warum der Beschlussentwurf dem adressierten Problem aus Sicht der betroffenen Aufsichtsbehörde **unzureichend gerecht** wird. Die Formulierung ist allerdings unglücklich, weil sie den Eindruck erweckt, dass ein maßgeblicher und begründeter Einspruch sich nur darauf richten könnte, im konkreten Fall einen gewichtigeren Eingriff oder eine eingriffsintensivere Maßnahme vorschlagen zu können. Tatsächlich aber kann ein solcher Einspruch auch darauf gerichtet sein, die **vorgeschlagene Bewertung und darauf basierende Maßnahme abzumildern.** Ein Einspruch iSv Nr. 24 kann allerdings nicht erhoben werden, wenn die federführende Aufsichtsbehörde einen Beschlussentwurf **gar nicht erst vorgelegt** hat. Das ergibt sich schon aus dem Wortlaut von Art. 60 Abs. 4, folgt aber zudem auch aus Art. 66 Abs. 3, wonach wegen Untätigkeit der Aufsichtsbehörde im Dringlichkeitsverfahren vorgegangen werden kann (→ Art. 66 Rn. 17).

Schwierig ist die Qualifikation des Einspruchs zu bestimmen: Nach dem deutschen Text muss es sich um 4
einen „**maßgeblichen und begründeten**" Einspruch handeln, die englische Fassung spricht dagegen von „relevant and reasoned". Da der Normgeber ganz offenbar einen Unterschied sieht, da er zwei verschiedene Begriffe gewählt hat, ist eine Auslegung dahingehend, Identität der Begriffe anzunehmen, nicht möglich;[2] es ist zu **differenzieren.** Der Begriff „maßgeblich" findet sich in verschiedenen Zusammenhängen in der DSGVO. In **Art. 13 Abs. 3 und Art. 14 Abs. 4** ist der Begriff im Hinblick auf Informationspflichten nach Zweckänderung so zu verstehen, dass damit die betroffene Person imstande gesetzt werden soll, sich über die Zweckänderung und die damit einhergehenden veränderten Informationen seit Datenerhebung zu orientieren.[3] **Art. 45 Abs. 3** kennt den Begriff im Rahmen des Erlasses eines Angemessenheitsbeschlusses durch einen Durchführungsrechtsakt der KOM; dort ist ein Mechanismus vorzusehen, der den maßgeblichen Entwicklungen im Drittland Rechnung trägt. Hier dürfte der Begriff so zu verstehen sein, dass die für die Ent-

---

1 Paal/Pauly/*Ernst* Art. 4 Rn. 141.
2 So aber Kühling/Buchner/*Dix* Art. 4 Nr. 24 Rn. 1.
3 Vgl. Kühling/Buchner/*Bäcker* Art. 13 Rn. 74 und klarer noch Art. 14 Rn. 48.

scheidung über den Fortbestand der Angemessenheit relevanten Informationen gemeint sind. Schließlich kennt auch **Art. 50 S. 1 lit. c** den Begriff, wo es um die Einbindung maßgeblicher Interessenträger in internationale Zusammenarbeit zum Datenschutz geht. Der Begriff meint also relevante Interessenträger. **Art. 57 Abs. 1 lit. i** umschreibt mit dem Begriff die selektive Beobachtung von Veränderungen. **Art. 60 Abs. 7** verlangt die Mitteilung der maßgeblichen Fakten und Gründe von der federführenden Aufsichtsbehörde für ihre Beschlussentscheidung. In **Art. 61 Abs. 1 und Abs. 2** übermitteln die Aufsichtsbehörden einander maßgebliche Informationen. **Art. 64 Abs. 8** verlangt von der zuständigen Aufsichtsbehörde, mit maßgeblichen Gründen ihre Nicht-Befolgung einer Stellungnahme mitzuteilen. Allen Verwendungen des Begriffs ist also gemeinsam, dass sie das Merkmal **Selektivität** umschreiben: Es sind nicht alle Informationen mitzuteilen, nicht alle Entwicklungen wahrzunehmen, nicht alle Fakten und Gründe anzugeben, sondern jeweils nur diejenigen, die **für eine konkrete Entscheidung Gewicht haben,** also – ganz im Sinne der englischen Sprachfassung – relevant sind, und zwar genau für diese konkrete Entscheidung. Im Falle von Nr. 24 ist der Einspruch also dann maßgeblich, wenn er sich auf den **konkreten Beschlussentwurf** bezieht, ersichtlich diesen argumentativ ins Visier nimmt und somit nicht allgemeine und generalisierte Bedenken vorträgt, sondern am konkreten Fall und auf diesen bezogen **präzise Einwände und Überlegungen** äußert. Diese Präzisierung wird durch die weiteren Vorgaben von Nr. 24 (→ Rn. 3) angeleitet, beschränkt sich aber nicht auf diese.

5 Das Adjektiv „**begründet**" verlangt, dass der Einspruch überhaupt **argumentativ begleitet** wird, so dass für die federführende Aufsichtsbehörde bzw. den EDSA erkennbar wird, warum die betroffene Aufsichtsbehörde sich gegen den Beschlussentwurf wendet. Die hier vorgebrachten Beweggründe müssen **legitim** und **rechtlich relevant** sein. Dass der begründete Einspruch auch überzeugt, ist nicht gefordert.

Artikel 4 Nr. 25   Begriffsbestimmung „Dienst der Informationsgesellschaft"

Im Sinne dieser Verordnung bezeichnet der Ausdruck:

25. „**Dienst der Informationsgesellschaft**" eine Dienstleistung im Sinne des Artikels 1 Nummer 1 Buchstabe b der Richtlinie (EU) 2015/1535 des Europäischen Parlaments und des Rates[1];

Literatur: *Hoeren, Th.*, Das Telemediengesetz, NJW 2007, 801; *ders.*, Vorschlag für eine EU-Richtlinie über E-Commerce, MMR 1999, 192; *Roßnagel, A.*, Das Telemediengesetz, NVwZ 2007, 743; *Spindler, G.*, Das neue Telemediengesetz – Konvergenz in sachten Schritten, CR 2007, 239; *ders.*, Der neue Vorschlag einer E-Commerce-Richtlinie, ZUM 1999, 775; *ders.*, E-Commerce in Europa, MMR-Beilage 2000, 4; *Waldenberger, A.*, Electronic Commerce: der Richtlinienvorschlag der EG-Kommission, EuZW 1999, 296.

I. Herkommen und Anwendungsbereich des Begriffs

1 Die von Nr. 25 in die Begriffswelt der DSGVO aufgenommenen Dienste der Informationsgesellschaft (Information Society Service; service de la société de l'information) gehören **zum allgemeinen Teil des europäischen Informationsrechts.** Eingeführt wurde der Begriff im Jahr 1998 durch eine Änderungsrichtlinie zur sog Notifizierungs-RL (RL 98/34/EG).[2] Diese hat den Abbau von Handelsbeschränkungen zum Gegenstand, die durch technische Vorschriften für Erzeugnisse und eben für Dienste der Informationsgesellschaft hervorgerufen werden. Sie gehört damit zu den Rechtsangleichungsvorschriften iSv Art. 114 Abs. 1 AEUV. Neben der DSGVO bedienen sich weitere Sekundärrechtsakte der vorgeprägten Begriffsdefinition. Zu nennen ist hier die ebenfalls auf den Binnenmarkt bezogene eCommerce-RL, die in Deutschland durch das TMG und den RStV umgesetzt wurde. Außerdem ist der Begriff des Dienstes der Informationsgesellschaft als negatives Merkmal in der Definition der elektronischen Kommunikationsdienste in Art. 2 lit. c Hs. 2 TK-Rahmen-RL[3] enthalten, die dem TKG zugrunde liegt (→ Art. 95 Rn. 7).

2 Entsprechend dem Gedanken einer die einzelnen Rechtsquellen überspannenden Definition des Dienstes der Informationsgesellschaft verweist Nr. 25 auf die Begriffsbestimmung des Art. 1 Nr. 1 lit. b der Notifizie-

---

1 Richtlinie (EU) 2015/1535 des EP und des Rates vom 9. September 2015 über ein Informationsverfahren auf dem Gebiet der technischen Vorschriften und der Vorschriften für die Dienste der Informationsgesellschaft (ABl. L 241 vom 17.9.2015, S. 1).
2 Art. 1 Nr. 2 lit. a RL 98/48/EG v. 20.7.1998 zur Änderung der RL 98/34/EG über ein Informationsverfahren auf dem Gebiet der Normen und technischen Vorschriften.
3 RL 2002/21/EG v. 7.3.2002 über einen gemeinsamen Rechtsrahmen für elektronische Kommunikationsnetze und -dienste.

rungs-RL in ihrer heutigen Fassung.[4] Im Anwendungsbereich der Verweisungsnorm wird das originäre Richtlinienrecht in den **Rang von Verordnungsrecht** erhoben und erlangt damit insoweit unmittelbare Rechtsverbindlichkeit in den mitgliedstaatlichen Rechtsordnungen (Art. 288 Abs. 2 AEUV). Der zur Umsetzung der eCommerce-RL im deutschen Recht geschaffene, nicht in jeder Hinsicht identische Begriff der Telemedien (§ 1 Abs. 1 S. 1 TMG; § 2 Abs. 1 S. 3 RStV; § 312 i Abs. 1 BGB) ist im Anwendungsbereich der DSGVO deshalb nicht maßgeblich.

Das Erfordernis eines einheitlichen Verständnisses schließt eine spezifisch **an die DSGVO angepasste Ausle**   3
gung des Begriffs des Dienstes der Informationsgesellschaft aus. Jedoch sind bei der Auslegung der Notifizierungs-RL auch die Funktionen zu berücksichtigen, welche der Begriff in den die Definition aufnehmenden Rechtsakten zu erfüllen hat. Jede Rezeption des Art. 1 Nr. 1 lit. b RL (EU) 2015/1535 in eine andere Rechtsnorm kann deshalb auf die vorgefundene Definition zurückwirken. Allein schon aufgrund ihrer Natur als Verordnung, die den Begriff des Dienstes der Informationsgesellschaft unmittelbar zum behördlichen und gerichtlichen Entscheidungsmaßstab erhebt, steht die DSGVO tendenziell für ein dichteres, die mitgliedstaatlichen Anwendungsspielräume enger fassendes Begriffsverständnis, als es bei einer bloßen Richtlinienvorgabe mit mitgliedstaatlicher Umsetzungsverpflichtung möglich wäre.

Die im Grundsatz **techniknneutrale DSGVO** (EG 15)[5] nimmt auf den Begriff des Dienstes der Informations   4
gesellschaft nur in wenigen Vorschriften Bezug. Zu nennen sind Art. 8 Abs. 1 UAbs. 1 (Bedingungen für die Einwilligung eines Kindes in Bezug auf Dienste der Informationsgesellschaft, → Art. 8 Rn. 1 f., 4, 13ff.), Art. 17 Abs. 1 lit. f (Recht auf Löschung bei Datenerhebung gemäß Art. 8 Abs. 1, → Art. 17 Rn. 6, 17) sowie Art. 21 Abs. 5 (Widerspruchsrecht bei Datenverarbeitung im Zusammenhang mit der Nutzung von Diensten der Informationsgesellschaft). Der Begriff der Informationsgesellschaft wird außerdem von Art. 97 Abs. 5 verwendet (→ Art. 97 Rn. 11).

II. Einzelne Begriffsmerkmale

Gemäß Art. 1 Nr. 1 lit. b RL (EU) 2015/1535 ist ein Dienst der Informationsgesellschaft „jede in der Regel   5
gegen Entgelt elektronisch im Fernabsatz und auf individuellen Abruf eines Empfängers erbrachte Dienstleistung".

1. Dienstleistung/Entgeltlichkeit. Zur Auslegung des in der RL nicht definierten **Dienstleistungsbegriffs**   6
zieht der EuGH weiterhin die Dienstleistungsfreiheit (heute Art. 57 Abs. 1 AEUV) und die hierzu ergangene Rechtsprechung heran,[6] auf die in EG 19 der Vorgänger-RL 98/48/EG noch ausdrücklich Bezug genommen wurde. Art. 57 Abs. 1 AEUV definiert Dienstleistungen als Leistungen, die „in der Regel gegen Entgelt erbracht" werden (positives Element) und nicht einer anderen Grundfreiheit zuzuordnen sind (negatives Element). In Abgrenzung zur Warenverkehrsfreiheit handelt es sich um nicht-körperliche Leistungen.[7]

Der Leistungsinhalt ist – abgesehen davon, dass er „im Fernabsatz" (→ Rn. 10) und „elektronisch" (→   7
Rn. 11 f.) erbracht werden können muss – nicht weiter beschränkt. Wie sich aus Art. 2 lit. c TK-Rahmen-RL ergibt, schließen sich die Begriffe der Dienste der Informationsgesellschaft und der **elektronischen Kommunikationsdienste** nicht gegenseitig aus (vgl. EG 10 TK-Rahmen-RL). Ein Dienst der Informationsgesellschaft kann daher auch ganz oder überwiegend in der Übertragung von Signalen über elektronische Kommunikationsnetze bestehen und damit (auch) der TK-Regulierung unterfallen (zB E-Mail-Übertragungsdienst, vgl. EG 10 TK-Rahmen-RL). In dieser Hinsicht ist der Begriff des Dienstes der Informationsgesellschaft weiter gefasst als der deutsche Begriff des **Telemediums**, der TK-Dienste nach § 3 Nr. 24 TKG, die ganz in der Übertragung von Signalen über Telekommunikationsnetze bestehen, sowie telekommunikationsgestützte Dienste nach § 3 Nr. 25 TKG ausgrenzt (§ 1 Abs. 1 S. 1 TMG; § 2 Abs. 1 S. 3 RStV).[8] Sprachtelefondienste gelten allerdings gemäß der Fiktion des Art. 1 lit. b S. 3 iVm Anhang I Nr. 2 RL 2015/1535 nicht als „elektronisch" erbracht und sind damit im Ergebnis keine Dienste der Informationsgesellschaft (→ Rn. 12).

Der Dienstleistungsbegriff ist unabhängig von der **vertragsrechtlichen Zuordnung** zum Typus des **Dienst**   8
leistungsvertrags.[9] Trotz der Bezugnahme auf Art. 57 AEUV kommt es letztlich auch nicht darauf an, ob die in Rede stehende Tätigkeit grundfreiheitsrechtlich durch die Dienstleistungsfreiheit oder eine andere, wegen der in Art. 57 Abs. 1 AEUV angeordneten Subsidiarität vorrangig anzuwendende Grundfreiheit ge-

---

4   RL (EU) 2015/1535 v. 9.9.2015 über ein Informationsverfahren auf dem Gebiet der technischen Vorschriften und der Vorschriften für die Dienste der Informationsgesellschaft.
5   Rechtspolitisch kritisch *Sydow/Kring* ZD 2014, 271 (273ff.); *Roßnagel* DuD 2016, 561 (564 f.); sa → Einl. Rn. 241.
6   EuGH C-484/14, NJW 2016, 3503 Rn. 37.
7   Grabitz/Hilf/Nettesheim/*Randelzhofer/Forsthoff* AEUV Art. 57 Rn. 35.
8   *Roßnagel* NVwZ 2007, 743 (745).
9   *Hoeren* MMR 1999, 192 (193).

schützt wird.[10] Beim Kauf von Waren auf einem Online-Portal ist die vertraglich geschuldete Leistung die Lieferung körperlicher Gegenstände. Diese ist durch die Warenverkehrsfreiheit geschützt; die Dienstleistungsfreiheit tritt gemäß Art. 57 Abs. 1 AEUV zurück. Schon mangels elektronischer Erbringung ist die Lieferung der Ware als solche auch kein Dienst der Informationsgesellschaft (vgl. EG 18 S. 3 eCommerce-RL). Dafür erfasst der Leistungsbegriff des Art. 1 Nr. 1 lit. b RL 2015/1535 aber die dem Kunden durch das Portal eröffnete Möglichkeit, den betreffenden Kaufvertrag online abzuschließen und den Zahlungsverkehr abzuwickeln (s. ausdrücklich EG 18 eCommerce-RL). Inwieweit von einem geschäftlichen Vorgang, der aus mehreren wirtschaftlich voneinander abhängigen Einzelkomponenten besteht, auch über diesen Fall hinaus eine einzelne elektronisch erbrachte Teilleistung abgespalten und als Dienst der Informationsgesellschaft erfasst werden kann, ist eine noch nicht abschließend geklärte Frage. Die Schutzzwecke der Notifizierungs-RL und der eCommerce-RL sprechen insoweit bei isolierter Betrachtung eher für ein restriktives Verständnis, weil die Liberalisierung nur einer untergeordneten Komponente einer komplexen Dienstleistung sinnlos wäre und Rechtsunsicherheit – auch bei der Abgrenzung der Regelungskompetenzen von EU und Mitgliedstaaten – hervorriefe.[11] Der EuGH tendiert insoweit zu einer Schwerpunktbetrachtung. Den von Uber angebotenen Dienst der Vermittlung innerstädtischer Fahrten mit Kraftfahrzeugen hat er auf dieser Grundlage insgesamt als Verkehrsdienstleistung und nicht als Dienst der Informationsgesellschaft qualifiziert.[12] Der Schutzzweck der DSGVO hingegen spricht grundsätzlich für eine Zerlegung der Dienstleistung in Einzelbestandteile, weil dann zumindest teilweise die speziellen Schutzvorschriften für Dienste der Informationsgesellschaft Anwendung finden können. Eine Dienstleistung liegt daher auch dann vor, wenn Bestellbestätigungen, Quittungen oder Wertpapiere (zB eine Fahrkarte) auf elektronischem Wege übermittelt werden. Die Konzeption eines einheitlichen Begriffs der Dienste der Informationsgesellschaft stößt hier an Grenzen. Keine Dienstleistung der Informationsgesellschaft ist auch im Anwendungsbereich der DSGVO das Versenden von E-Mails oder „gleichwertiger individueller Kommunikationen" zum Zwecke des Vertragsschlusses (vgl. EG 18 S. 8 eCommerce-RL).

9   Im Unterschied zum deutschen Begriff des Telemediums,[13] der im Anwendungsbereich der DSGVO nicht heranzuziehen ist (→ Rn. 2), ist eine Dienstleistung der Informationsgesellschaft nur eine **„in der Regel gegen Entgelt"** erbrachte Dienstleistung. Dieses schon in der Definition des Dienstleistungsbegriffs in Art. 57 Abs. 1 AEUV enthaltene Merkmal wird in der Begriffsdefinition der RL 2015/1535 unnötigerweise noch einmal als selbstständiges Merkmal aufgeführt. Entgeltlichkeit ist jedenfalls dann gegeben, wenn für den Erhalt der Leistung eine wirtschaftliche Gegenleistung (Geld) zu erbringen ist.[14] Eine Gewinnerzielungsabsicht des Leistungsanbieters ist nicht erforderlich.[15] Die Gegenleistung muss nicht vom Leistungsempfänger selbst, sondern kann auch von einem Dritten erbracht werden (EG 18 eCommerce-RL),[16] wie dies zB bei werbefinanzierten Onlinediensten[17] oder bei einem vom Anbieter zu eigenen Werbezwecken gratis zur Verfügung gestellten WLAN-Zugang[18] der Fall ist. Noch weitergehend halten der EuGH[19] und ihm folgend der BGH[20] eine zurechenbare Gegenleistungsbeziehung für das Merkmal der Entgeltlichkeit überhaupt nicht für erforderlich. Ihrer Ansicht nach genügt es, dass die erbrachte Dienstleistung bei wirtschaftlicher Betrachtung nur überhaupt von irgendjemand anderem bezahlt wird als vom Leistenden selbst. Sogar die frei zugängliche Webseite eines Unternehmens, auf der dieses für die eigenen Produkte wirbt, soll demzufolge ein entgeltliches Angebot sein, da die Kosten für die Werbung über den Verkauf des beworbenen Produkts refinanziert würden. „Entgeltlich" ist mithin nach der Rechtsprechung jedes zu wirtschaftlichen Zwecken oder jedenfalls kostendeckend (nicht altruistisch) über das Internet gemachte Angebot.[21] Dass die Entgeltlichkeit nach der RL außerdem nur „in der Regel"[22] gegeben sein muss, bringt angesichts dieses sehr weiten Verständnisses keine spürbare zusätzliche Einschränkung mehr.

10 Vgl. *Brömmelmeyer*, Internetwettbewerbsrecht, 2007, S. 81; MüKo BGB/*Wendehorst* BGB § 312 i Rn. 12.
11 GA Szpunar, ECLI:EU:C:2017:364, Rn. 31, 66.
12 EuGH C-434/15, GRUR 2018, 308 Rn. 40 f.; sa Schlussanträge GA Szpunar, ECLI:EU:C:2017:364, Rn. 35: Das „zentrale Element" müsse auf elektronischem Weg vollzogen werden.
13 BeckOK InfoMedienR/*Martini* TMG § 1 Rn. 3.
14 So etwa EuGH C-263/86, Slg 1988, 5365 Rn. 16 f.; EuGH C-109/92, NVwZ 1994, 366 Rn. 15.
15 EuGH C-281/06, EuZW 2008, 152 Rn. 33; Streinz/*Müller-Graff* AEUV Art. 56 Rn. 21.
16 EuGH C-352/85, NJW 1989, 2189 Rn. 16; EuGH C-422/01 Slg 2003, I-6817 Rn. 24; EuGH C-76/05, NJW 2008, 351 Rn. 41; BGH WRP 2018, 51 (53); Streinz/*Müller-Graff* AEUV Art. 56 Rn. 21; *Apel* WRP 2017, 55.
17 EuGH C-291/13, MMR 2016, 63 Rn. 30.
18 EuGH C-484/14, NJW 2016, 3503 Rn. 42; BGH WRP 2018, 51 (53); *Hoeren/Klein* MMR 2016, 764.
19 EuGH C-339/15, MMR 2017, 673 Rn. 37.
20 BGH WRP 2018, 51 (53 f.).
21 Ähnlich Kühling/Buchner/*Buchner/Kühling* Art. 4 Nr. 25 Rn. 6; Sydow/*Kampert* Art. 4 Rn. 268.
22 Zu diesem Merkmal von der Groeben/Schwarze/*Tiedje* AEUV Art. 57 Rn. 11; MüKo BGB/*Wendehorst* BGB § 312 i Rn. 14; aA Grabitz/Hilf/Nettesheim/*Randelzhofer/Forsthoff* AEUV Art. 57 Rn. 47.

2. Erbringung im Fernabsatz. „Im Fernabsatz" wird eine Dienstleistung gemäß Art. 1 Abs. 1 lit. b i) 10
RL 2015/1535 erbracht, wenn die geschuldete Leistungshandlung **nicht bei gleichzeitiger physischer Anwesenheit** der Vertragsparteien ausgeführt wird (zB bei Online-Diensten). Der Bezug dieses Merkmals auf die Leistungserbringung unterscheidet die Definition von der auf den Vertragsschluss bezogenen Definition des Fernabsatzvertrages in Art. 2 Nr. 7 Verbraucherrechte-RL[23] und § 312 c Abs. 1 BGB.[24] Befinden sich die Parteien bei der Leistungserbringung am gleichen Ort, wird die Leistung auch dann nicht im Fernabsatz erbracht, wenn elektronische Geräte oder Telekommunikationsnetze genutzt werden (zB Buchung eines Flugtickets im Reisebüro in Anwesenheit des Kunden; dieses und weitere Beispiele in Anhang I Nr. 1 RL 2015/1535). Der Begriff der Vertragsparteien ist untechnisch iSd am Leistungsaustausch beteiligten Personen zu verstehen, da der Dienstleistungsbegriff keine vertragliche Beziehung zwischen dem Leistenden und dem Leistungsempfänger impliziert.

3. Elektronische Erbringung. Elektronisch erbracht ist eine „Dienstleistung, die mittels Geräten für die 11
elektronische Verarbeitung (einschließlich digitaler Kompression) und Speicherung von Daten am Ausgangspunkt gesendet und am Endpunkt empfangen wird und die vollständig über Draht, über Funk, auf optischen oder anderem **elektromagnetischem Wege** gesendet, weitergeleitet und empfangen wird" (Art. 1 Abs. 1 lit. b ii) RL 2015/1535). Kurz gesprochen: Elektronisch erbracht ist eine über ein elektronisches Kommunikationsnetz (Art. 2 lit. a TK-Rahmen-RL; vgl. § 3 Nr. 27 TKG: Telekommunikationsnetz) übermittelte Dienstleistung. Nach Abschluss der elektronischen Übermittlung kann der Leistungsempfänger die erbrachte Leistung mitunter durchaus zur Herstellung körperlicher Gegenstände nutzen (zB Ausdruck einer E-Mail oder einer online erworbenen Fahrkarte).

Anhang I Nr. 2 RL 2015/1535 führt in drei Unterpunkten Dienste auf, die *nicht* elektronisch erbracht werden. 12
Jeder Unterpunkt enthält zunächst eine abstrakt-generelle Beschreibung der Ausnahme und sodann exemplarisch zu verstehende Konkretisierungen. „Dienste, die zwar mit elektronischen Geräten, aber in materieller Form erbracht werden" sind danach insbes. **Geldausgabe- und Fahrkartenautomaten.** Der am Bahnhof installierte Automat erbringt mithin keinen Dienst der Informationsgesellschaft, wohl aber das Internetportal der Bahngesellschaft, mit dessen Hilfe die Fahrkarte am heimischen PC oder über das Smartphone abgerufen werden kann. Diese Unterscheidung leuchtet nicht ein, weil auch der Automat über ein TK-Netz mit dem Zentralrechner verbunden ist. Zudem führt der weite Dienstleistungsbegriff (→ Rn. 6ff.) dazu, dass schon das (nicht in materieller Form erbrachte) Angebot, netzbasiert eine Fahrkarte zu kaufen, als Dienstleistung der Informationsgesellschaft anzusehen ist.[25] „Offline-Dienste" sind nach der insoweit antiquiert daherkommenden RL unter anderem der Vertrieb von CD-ROMs oder Software auf Disketten. Besonders weitreichend ist schließlich die Herausnahme von Diensten, „die nicht über elektronische Verarbeitungs- und Speicherungssysteme erbracht werden". Hierzu rechnet die RL Sprachtelefondienste und über Sprachtelefon erbrachte Dienste wie medizinische und anwaltliche Beratung sowie Direktmarketing.[26] Dem liegt offenbar die Vorstellung zugrunde, dass die Telekommunikationstechnik in diesen Fällen nur eine andere Vertriebsform einer etablierten, nicht neu regelungsbedürftigen Dienstleistung ermöglicht.

4. „Auf individuellen Abruf eines Empfängers". Anders als ein Telemedium[27] setzt ein Dienst der Informa- 13
tionsgesellschaft begrifflich voraus, dass er „auf individuellen Abruf eines Empfängers" erbracht wird. Wenig weiterführend definiert Art. 1 Abs. 1 lit. b iii) RL 2015/1535 dieses Merkmal dahin gehend, dass die Dienstleistung „durch die Übertragung von Daten auf individuelle Anforderung erbracht wird". Eine individuelle Anforderung ist eine auf die Erlangung der Leistung gerichtete **Willensäußerung des Empfängers.** Die Willensäußerung muss nicht individuell die einzelne Datenübertragung betreffen.[28] Der Abschluss eines Abonnements für einen auf wiederkehrende Leistungserbringung ohne wiederholte individuelle Anforderung gerichteten Informationsdienst (sog Push-Dienst)[29] genügt ebenso wie die Eintragung in eine Mailingliste.[30] Zur Vermeidung von Wertungswidersprüchen sind außerdem Dienstleistungen, die in unionsrechtswidriger Weise ohne vorherige Anforderung erbracht werden (zB nach Art. 8, 9 UGP-RL),[31] als Dienste der

23 RL 2011/83/EU v. 25.10.2011 über die Rechte der Verbraucher, zur Abänderung der RL 93/13/EWG und der RL 99/44/EG sowie zur Aufhebung der RL 85/577/EWG und der RL 97/7/EG.

24 Grabitz/Hilf/*Marly*, Stand: Oktober 2009, eCommerce-RL Art. 2 Rn. 10; MüKo BGB/*Wendehorst* BGB § 312 i Rn. 15.

25 So wohl auch MüKo BGB/*Wendehorst* BGB § 312 i Rn. 18.

26 Kritisch *Spindler* MMR-Beilage 2000, 4 (5).

27 BeckRTD/*Gitter* TMG § 1 TMG Rn. 16.

28 *Spindler* ZUM 1999, 775 (780); aA wohl *Waldenberger* EuZW 1999, 296 (296).

29 Zum Begriff *Leupold* ZUM 1998, 99 (100).

30 MüKo BGB/*Wendehorst* BGB § 312 i Rn. 20; Grabitz/Hilf/*Marly*, Stand: Oktober 2009, eCommerce-RL Art. 2 Rn. 14.

31 RL 2005/29/EG v. 11.5.2005 über unlautere Geschäftspraktiken im binnenmarktinternen Geschäftsverkehr zwischen Unternehmen und Verbrauchern und zur Änderung der RL 84/450/EWG, der RL 97/7/EG, 98/27/EG und 2002/65/EG sowie der VO (EG) Nr. 2006/2004.

Informationsgesellschaft anzusehen. Mit dem Wortlaut der RL nicht mehr vereinbar ist hingegen die Ansicht, dass die Dienstleistung nur „in der Regel" auf individuelle Anforderung erbracht werden müsse.[32]

14 Nicht auf individuelle Anforderung erbracht wird – wie aus Anhang I Nr. 3 RL 2015/1535 hervorgeht – ein Dienst, der im Wege einer Übertragung von Daten ohne individuellen Abruf gleichzeitig für eine unbegrenzte Zahl von einzelnen Empfängern bereitgestellt wird (Punkt-zu-Mehrpunkt-Übertragung). Die RL nennt in einer nicht als abschließend zu verstehenden Aufzählung Fernsehdienste iSv Art. 1 Abs. 1 lit. e AVMD-RL,[33] Hörfunkdienste und Teletext (über Fernsehsignal). Vom Begriff des Fernsehprogramms sind auch Angebote des Bezahlfernsehens erfasst, obwohl der Leistungserbringung hier eine individuelle Anforderung von Seiten des Empfängers vorausgeht. „Audiovisuelle Mediendienste auf Abruf" (Art. 1 Abs. 1 lit. g AVMD-RL) wie zB Angebote der Mediatheken sind hingegen von der Verweisung des Anhang I Nr. 3 lit. a RL 2015/1535 nicht erfasst, dh sie können Dienste der Informationsgesellschaft sein.

Artikel 4 Nr. 26   Begriffsbestimmung „Internationale Organisation"

Im Sinne dieser Verordnung bezeichnet der Ausdruck:

26. „internationale Organisation" eine völkerrechtliche Organisation und ihre nachgeordneten Stellen oder jede sonstige Einrichtung, die durch eine zwischen zwei oder mehr Ländern geschlossene Übereinkunft oder auf der Grundlage einer solchen Übereinkunft geschaffen wurde.

Literatur: *v. Arnauld, A.*, Völkerrecht, 3. Aufl., 2016; *Crawford, J.*, Brownlie's Principles of Public International Law, 8. Edit., 2012; *Herdegen, M.*, Völkerrecht, 15. Aufl., 2016; *Hobe, S.*, Einführung in das Völkerrecht, 10. Aufl., 2014; *Ipsen, K.*, Völkerrecht, 6. Aufl. 2014; *Kempen, B./Hillgruber, C.*, Völkerrecht, 2. Aufl., 2012; *Klein, E./Schmahl, S.*, Die Internationalen und die Supranationalen Organisationen, in: *Vitzthum, W./Proelß, A.* (Hrsg.), Völkerrecht, 7. Aufl., 2016, 237.

1 Die Tatsache, dass die Liste der Legaldefinitionen in Art. 4 auch eine Definition der internationalen Organisation enthält, belegt die Bedeutung, welche die DSGVO der internationalen Zusammenarbeit der EU mit anderen Staaten und mit anderen internationalen Organisationen im Datenschutz beimisst; diese Bedeutung kommt auch durch den neu eingeführten Art. 50 zur internationalen Zusammenarbeit zum Ausdruck. Dahinter steht die Erkenntnis, dass ein **effektiver Datenschutz im Internetzeitalter** nur gewährleistet werden kann, wenn er auch **grenzüberschreitend** durchgesetzt wird.

2 Neben Fragen der Zusammenarbeit mit internationalen Organisationen enthält die DSGVO auch Vorgaben für die Übermittlung personenbezogener Daten an diese; auch insoweit wird die Legaldefinition in Nr. 26 relevant. Die betrifft maßgeblich die Einschränkungen in den Art. 44ff., die neben der Übermittlung an Drittländer auch die an internationale Organisationen regeln. Auch an anderen Stellen nimmt die DSGVO auf internationale Organisationen Bezug, etwa bei den Transparenzpflichten (Art. 13 Abs. 1 lit. f, Art. 14 Abs. 1 lit. f), beim Auskunftsrecht (Art. 15 Abs. 1 lit. c, Abs. 2), bei der Vertragsgestaltung für Auftragsverarbeiter (Art. 28 Abs. 3 lit. a), beim Verarbeitungsverzeichnis (Art. 30 Abs. 1 lit. d, e, Abs. 2 lit. c), bei Verhaltensregeln (Art. 40 Abs. 2 lit. j, Abs. 3), bei der Zertifizierung (Art. 42 Abs. 2) und bei internationalen Übereinkünften (Art. 96).

3 Die Legaldefinition in Nr. 26 befand sich weder im KOM-E noch im Parl-E, sondern geht auf Art. 4 Nr. 21 Rat-E zurück. Dieser wurde im Trilog ohne Änderungen übernommen.[1]

4 Die Definition greift Aspekte der im internationalen öffentlichen Recht üblichen Definition der internationalen Organisation auf. Auch wenn keine allgemein verbindliche abschließende Definition der internationalen Organisation existiert, die alle Aspekte dieses Phänomens umfasst,[2] so weisen doch alle internationalen Organisationen gewisse Grundmerkmale auf. So versteht man unter einer „internationalen Organisation" im Völkerrecht generell einen **Zusammenschluss von zwei oder mehreren Völkerrechtssubjekten aufgrund eines völkerrechtlichen Vertrages auf dem Gebiet des Völkerrechts zur Verfolgung eines gemeinsamen Zweckes mit mindestens einem handlungsfähigen Organ.**[3] Nr. 26 entspricht überwiegend diesem allgemeinen Verständnis, weicht allerdings mit der Einbeziehung zwischenstaatlicher Einrichtungen vom Völkerrecht ab (→ Rn. 9).

---

32 MüKo BGB/*Wendehorst* BGB § 312 i Rn. 20.

33 RL 2010/13/EU des EP und des Rates vom 10.3.2010 zur Koordinierung bestimmter Rechts- und Verwaltungsvorschriften der Mitgliedstaaten über die Bereitstellung audiovisueller Mediendienste.

1 Vgl. auch Kühling/Buchner/*Schröder* Art. 4 Nr. 26 Rn. 3.

2 Vgl. etwa *Crawford*, Brownlie's. Principles of Public International Law, 2012, S. 166ff.

3 Ähnlich etwa *Herdegen*, Völkerrecht, 2016, S. 125; *Ipsen*, Völkerrecht, 2014, S. 198; *Stein/von Buttlar*, Völkerrecht, 2012, S. 118ff.; *Klein/Schmahl* in: Vitzthum/Proelß (Hrsg.), Völkerrecht, 2016, S. 237 (258); *v. Arnauld*, Völkerrecht, S. 48.

Erstes grundlegendes Merkmal einer internationalen Organisation ist die Tatsache, dass es sich um eine 5
zwischenstaatliche Organisation handelt, an der **Staaten** und **andere Völkerrechtssubjekte** beteiligt sind.[4]
Zu letzteren zählen neben den Staaten als den klassischen Völkerrechtssubjekten auch die seit dem 2. Welt-
krieg quantitativ und in ihrer Bedeutung enorm gewachsenen internationalen Organisationen sowie die Historischen Völkerrechtssubjekte, etwa der Heilige Stuhl. Nr. 26 nennt zwar – gegenüber diesem allgemeinen
Verständnis einschränkend – nur Staaten bzw. „Länder"; dies sollte aber nicht so verstanden werden, dass
Organisationen ausgeschlossen sind, an denen andere Völkerrechtssubjekte beteiligt sind.

Mit der Formulierung „völkerrechtliche Organisation" verweist Art. 26 Nr. 4 auf die Definition der zwi- 6
schenstaatlichen Organisation (**intergovernmental organization**) und schließt somit die sogenannten „non-
governmental organizations" aus der Definition der DSGVO aus.[5] Diese bestehen aus nichtstaatlichen Akteuren.[6] Zu ihnen zählen etwa Amnesty International, Greenpeace oder Ärzte ohne Grenzen (Médecins
Sans Frontières). Bei den non-governmental organizations handelt es sich um privatrechtliche Vereinigungen, die zwar einen internationalen Wirk- und Mitgliederkreis haben, aber nicht durch Völkerrechtssubjekte gegründet wurden und somit auch nicht dem Völkerrecht, sondern den jeweiligen nationalen Rechtsordnungen unterstehen.[7] Sie werden von Nr. 26 folglich nicht erfasst.

Die Gründung einer internationalen Organisation erfolgt **durch völkerrechtlichen Vertrag**. Auf diesen Grün- 7
dungsvertrag finden die Regeln der Wiener Vertragsrechtskonvention vom 23.5.1969[8] Anwendung.[9] Der
Gründungsvertrag enthält typischerweise Regelungen zum Ein- und Austritt aus der internationalen Organisation, zum Zweck der Organisation, zu ihrer Struktur sowie zum Inkrafttreten des Gründungsvertrages.
Zu welchem **Zweck** eine internationale Organisation gegründet wird, entscheiden die Völkerrechtssubjekte,
die die internationale Organisation ins Leben rufen. Allerdings muss es sich um einen **mit dem internationalen Recht grundsätzlich vereinbaren Zweck** handeln.[10] Ist dies nicht der Fall, so kann die internationale
Organisation auch nicht den Schutz des Völkerrechts beanspruchen. Typische Tätigkeitsfelder internationaler Organisationen sind die Friedenssicherung und die Verteidigung (UNO, NATO), Wirtschaft und Finan-
zen (WTO, IWF, OECD) sowie weitere alle Staaten betreffende Anliegen wie Arbeit, Gesundheit und Soziales (ILO, WHO, UNESCO).[11] Die Tätigkeitsfelder zeigen, dass Berührungspunkte der EU zu anderen internationalen Organisationen in Datenschutzfragen bestehen, etwa im Sicherheitsbereich, beim Datenschutz in
der Privatwirtschaft oder beim Gesundheitsdatenschutz.

Um auch unabhängig von den Mitgliedern handlungsfähig zu sein, muss die internationale Organisation 8
mit mindestens einem handlungsfähigen Organ ausgestattet werden. Hierbei handelt es sich um ein Organ
der internationalen Organisation, auf dessen Besetzung die Mitglieder zwar maßgeblichen Einfluss ausüben, das aber als solches unabhängig von diesen handeln kann. Während etwa die NATO mit dem durch
Art. 9 NATO-Vertrag geschaffenen NATO-Rat nur über ein Organ verfügt, weisen andere internationale
Organisationen eine vielfältige Organstruktur auf.[12] Nr. 26 spricht etwas untechnisch von einer „völkerrechtlichen Organisation" und den „ihr nachgeordneten Stellen". Hiervon sind zum einen die (Haupt- und
Neben-) Organe einer internationalen Organisation und zum anderen auch deren Unterorgane umfasst.
Insgesamt wird man hierunter **alle organisatorischen Einheiten** verstehen, die dem **Rechtssubjekt internationale Organisation zugeordnet** werden können. Hierzu zählen im Datenschutz etwa der UN-Sonderbericht-
erstatter für Datenschutz und die Datenschutzbeauftragte des Europarates.

Internationale Organisationen besitzen in der Regel partielle **Völkerrechtssubjektivität** und sind damit 9
handlungsfähige Akteure des internationalen öffentlichen Rechts.[13] Es steht allerdings im Belieben der
Gründungsmitglieder, ob und in welchem Ausmaß diese der von ihnen geschaffenen internationalen Orga-

---

4 S. *Herdegen*, Völkerrecht, 2016, S. 98. Teilweise wird dies auch als Staatenverbindung bezeichnet, wobei die internationale Organisation angesichts ihrer meist spezifischen Zweckrichtung eine Weiterentwicklung der klassischen Staatenbünde darstellt, vgl. dazu *Hobe*,
   Einführung in das Völkerrecht, 2014, S. 121ff.
5 So auch zB Plath/*Schreiber* DSGVO Art. 4 Rn. 101; Auernhammer/*Eßer* DSGVO Art. 4 Rn. 111.
6 Vgl. *Herdegen*, Völkerrecht, 2016, S. 98. Zu den non-governmental organizations s. ebd., S. 102ff.; *Ipsen*, Völkerrecht, 2014, S. 204ff.
7 S. hierzu *Kempen/Hillgruber*, Völkerrecht, 2012, S. 32 f.
8 BGBl. 1985 II S. 927.
9 S. hierzu den allerdings deklaratorischen Art. 5 WVK. Von Bedeutung sind insbes. die Regeln zum Abschluss und Inkrafttreten von völkerrechtlichen Verträgen (Art. 6ff., 24ff. WVK), zu den Vorbehalten (Art. 19ff. WVK), zur Auslegung von völkerrechtlichen Verträgen
   (Art. 31ff. WVK) sowie zu deren Änderung (Art. 39ff. WVK) und Beendigung (Art. 42ff. WVK).
10 So wäre etwa die Gründung einer internationalen Organisation zur Führung eines Angriffskrieges mit dem auch völkergewohnheitsrechtlich geltenden Gewaltverbot aus Art. 2 Abs. 4 UN-Charta unvereinbar.
11 S. *v. Arnauld*, Völkerrecht, 2016, S. 47.
12 Vgl. dazu die verschiedenen Organe der Vereinten Nationen gem. Art. 7 UN-Charta oder die hochkomplexe Organstruktur der EU
   nach Art. 13 EUV.
13 S. auch *Herdegen*, Völkerrecht, 2016, S. 124.

nisation in der Gründungssatzung Völkerrechtssubjektivität verleihen möchten.[14] Aus völkerrechtlicher Sicht steht es der EU frei, Daten auch an Einheiten zu übermitteln, die keine Völkerrechtssubjektivität besitzen.

10 Neben der „völkerrechtlichen Organisation" umfasst die Legadefinition des Nr. 26 „jede sonstige Einrichtung, die durch eine zwischen zwei oder mehr Ländern geschlossene Übereinkunft oder auf der Grundlage einer solchen Übereinkunft geschaffen wurde". Der völkerrechtliche Vertrag kann dabei entweder als Gründungsvertrag fungieren oder nur den Anstoß zur Gründung der Einrichtung geben. Auch von internationalen Organisationen gegründete Einrichtungen unterfallen somit der Definition des Nr. 26. Die Ergänzung bezieht **zwischenstaatliche Einrichtungen** in die Legaldefinition der „Internationalen Organisation" nach der DSGVO mit ein, die durch oder aufgrund eines völkerrechtlichen Vertrages eingerichtet wurden, die aber **nicht zwangsläufig dem internationalen Recht unterstellt** sind und die auch **nicht zwingend eine entsprechend verfestigte Organstruktur** aufweisen. Damit unterscheidet sich die Definition des Nr. 26 von der im Völkerrecht gängigen Definition und geht über diese hinaus. Dies erscheint angesichts des Bestrebens einer möglichst umfassenden Geltung der Vorschriften der DSGVO auf jedwede Datenübermittlung konsequent.

---

14 So besaß die EU bei ihrer Schaffung keine Völkerrechtssubjektivität – diese stand nur der EG zu. Seit dem Vertrag von Lissabon ist die EG aufgelöst und die EU alleinige Trägerin der Völkerrechtssubjektivität (vgl. Art. 47 EUV).

Kapitel II
Grundsätze
Artikel 5   Grundsätze für die Verarbeitung personenbezogener Daten

(1) Personenbezogene Daten müssen

a) auf rechtmäßige Weise, nach Treu und Glauben und in einer für die betroffene Person nachvollziehbaren Weise verarbeitet werden („Rechtmäßigkeit, Verarbeitung nach Treu und Glauben, Transparenz");

b) für festgelegte, eindeutige und legitime Zwecke erhoben werden und dürfen nicht in einer mit diesen Zwecken nicht zu vereinbarenden Weise weiterverarbeitet werden; eine Weiterverarbeitung für im öffentlichen Interesse liegende Archivzwecke, für wissenschaftliche oder historische Forschungszwecke oder für statistische Zwecke gilt gemäß Artikel 89 Absatz 1 nicht als unvereinbar mit den ursprünglichen Zwecken („Zweckbindung");

c) dem Zweck angemessen und erheblich sowie auf das für die Zwecke der Verarbeitung notwendige Maß beschränkt sein („Datenminimierung");

d) sachlich richtig und erforderlichenfalls auf dem neuesten Stand sein; es sind alle angemessenen Maßnahmen zu treffen, damit personenbezogene Daten, die im Hinblick auf die Zwecke ihrer Verarbeitung unrichtig sind, unverzüglich gelöscht oder berichtigt werden („Richtigkeit");

e) in einer Form gespeichert werden, die die Identifizierung der betroffenen Personen nur so lange ermöglicht, wie es für die Zwecke, für die sie verarbeitet werden, erforderlich ist; personenbezogene Daten dürfen länger gespeichert werden, soweit die personenbezogenen Daten vorbehaltlich der Durchführung geeigneter technischer und organisatorischer Maßnahmen, die von dieser Verordnung zum Schutz der Rechte und Freiheiten der betroffenen Person gefordert werden, ausschließlich für im öffentlichen Interesse liegende Archivzwecke oder für wissenschaftliche und historische Forschungszwecke oder für statistische Zwecke gemäß Artikel 89 Absatz 1 verarbeitet werden („Speicherbegrenzung");

f) in einer Weise verarbeitet werden, die eine angemessene Sicherheit der personenbezogenen Daten gewährleistet, einschließlich Schutz vor unbefugter oder unrechtmäßiger Verarbeitung und vor unbeabsichtigtem Verlust, unbeabsichtigter Zerstörung oder unbeabsichtigter Schädigung durch geeignete technische und organisatorische Maßnahmen („Integrität und Vertraulichkeit");

(2) Der Verantwortliche ist für die Einhaltung des Absatzes 1 verantwortlich und muss dessen Einhaltung nachweisen können („Rechenschaftspflicht").

Literatur: *AK Technik der Konferenz der unabhängigen Datenschutzbehörden des Bundes und der Länder*, Das Standard-Datenschutzmodell – Eine Methode zur Datenschutzberatung und -prüfung auf der Basis einheitlicher Gewährleistungsziele, V 1.1, 2018; *Albrecht, J. P.*, Das neue EU-Datenschutzrecht – von der Richtlinie zur Verordnung, CR 2016, 88; *Buchner, B.*, Grundsätze und Rechtmäßigkeit der Datenverarbeitung unter der DS-GVO, DuD 2016, 155; *Culik, N./Döpke, C.*, Zweckbindungsgrundsatz gegen unkontrollierten Einsatz von Big Data-Anwendungen. Analyse möglicher Auswirkungen der DS-GVO, ZD 2017, 226; *Ehmann, E.*, Abschied von der Verpflichtung auf das Datengeheimnis?, ZD 2017, 453; *Geminn, C. L.*, Risikoadäquate Regelungen für das Internet der Dienste und Dinge?, DuD 2017, 295; *Gierschmann, S.*, Was „bringt" deutschen Unternehmen die DS-GVO? Mehr Pflichten, aber die Rechtsunsicherheit bleibt, ZD 2016, 51; *von Grafenstein, M.*, Das Zweckbindungsprinzip zwischen Innovationsoffenheit und Rechtssicherheit, DuD 2015, 789; *Hoeren, T.*, Big Data und Datenqualität – ein Blick auf die DS-GVO, ZD 2016, 459; *Hoffmann, B.*, Zweckbindung als Kernpunkt eines prozeduralen Datenschutzansatzes, 1991; *Hornung, G.*, Datensparsamkeit – Zukunftsfähig statt überholt, Spektrum der Wissenschaften SPEZIAL 1.17, 62; *Johannes, P. C./Richter, P.*, Privilegierte Verarbeitung im BDSG-E – Regeln für Archivierung, Forschung und Statistik, DuD 2017, 300; *Kühling, J./Martini, M.*, Die Datenschutz-Grundverordnung: Revolution oder Evolution im europäischen und deutschen Datenschutzrecht?, EuZW 2016, 448; *Langheinrich, M.*, Die Privatsphäre im Ubiquitous Computing – Datenschutzaspekte der RFID-Technologie, in: Fleisch, E./Mattern, F. (Hrsg.), Das Internet der Dinge, 2005, 329; *Lepperhoff, N.*, Dokumentationspflichten in der DS-GVO, RDV 2016, 197; *Martini, M.*, Big Data als Herausforderung für den Persönlichkeitsschutz und das Datenschutzrecht, DVBl. 2014, 1481; *Monreal, M.*, Weiterverarbeitung nach einer Zweckänderung in der DS-GVO, ZD 2016, 507; *Podlech, A.*, Die Transformation des für Informationssysteme geltenden Informationsrechts in die Informationssysteme steuerndes Systemrecht, in: Bräutigam, L./Höller, H./Scholz, R. (Hrsg.), Datenschutz als Anforderung an die Systemgestaltung, 1990, 352; *Richter, P.*, Datenschutz zwecklos? – Das Prinzip der Zweckbindung im Ratsentwurf des DSGVO, DuD 2015, 735; *ders.*, Big Data, Statistik und die Datenschutz-Grundverordnung, DuD 2016, 581; *Roßnagel, A.*, Datenschutz in einem informatisierten Alltag, 2007; *ders.*, Selbst- oder Fremdbestimmung – die Zukunft des Datenschutzes, in: ders./Sommerlatte, T./Winand, U. (Hrsg.), Digitale Visionen – Zur Gestaltung allgegenwärtiger Informationstechnologien, 2008, 123; *ders.*, Big Data – Small Privacy? Konzeptionelle Herausforderungen für das Datenschutzrecht, ZD 2013, 562; *ders.*, Regulierung – was leistet unser Datenschutzrecht (nicht)? in: Hill, H. (Hrsg.), E-Transformation. Veränderung der Verwaltung durch digitale Medien, 2014, 78; *ders.*, Wie zukunftsfähig ist die Datenschutz-Grundverordnung?, DuD 2016, 561; *ders.*, Gesetzgebung im Rahmen der Datenschutz-Grundverordnung – Aufgaben und Spielräume des deutschen Gesetzgebers?, DuD 2017, 277; *ders.*, Datenschutzgesetzgebung für öffentliche Interessen und den Beschäftigungskontext – Chancen für risikoadäquate Datenschutzregelungen?, DuD 2017, 290; *ders.*, Datenschutzaufsicht nach der Datenschutz-Grundverordnung, 2017; *ders.*, Pseudonymisierung personenbezogener Daten. Ein zentrales Instrument im Datenschutz nach der DS-GVO, ZD 2018, 243; *ders./Geminn, C. L./Jandt, S./Richter, P.*, Datenschutzrecht 2016 – „Smart" genug für die Zukunft? Ubiquitous Computing und Big Data als Herausforderungen des Datenschutzrechts, 2016; *ders./Kroschwald, S.*, Was wird aus der Datenschutzgrundverordnung? Die Entschließung des Europäischen Parlaments über ein Verhandlungsdokument, ZD 2014, 495; *ders./Nebel, M./Richter, P.*, Was bleibt vom Europäischen Datenschutzrecht? Überlegungen zum Ratsentwurf der DS-GVO, ZD 2015, 455; *Schaar, K.*, DS-GVO: Geänderte Vorgaben für die Wissenschaft, ZD 2016, 224; *Spiecker gen. Döhmann, I.*, Big und Smart Data – Zweckbindung zwecklos?, Spektrum der Wissenschaften SPEZIAL 1.17, 56; *Veil, W.*, Risikobasierter Ansatz statt rigides Verbotsprinzip, ZD 2015, 347; *Wichtermann, M.*, Einführung eines Datenschutzmanagementsystems im Unternehmen – Pflicht oder Kür?, ZD 2016, 421; *Ziegenhorn, G./Heckel, K. von*, Datenverarbeitung durch Private nach der europäischen Datenschutzreform – Auswirkungen der Datenschutz-Grundverordnung auf die materielle Rechtmäßigkeit der Verarbeitung personenbezogener Daten, NVwZ 2016, 1585.

I. Ziel und Funktion der Vorschrift

1 Die Vorschrift regelt **allgemeine Grundsätze der Verarbeitung personenbezogener Daten** (→ Art. 4 Nr. 2 Rn. 10ff.). Die Grundsätze prägen die folgenden Vorschriften der DSGVO und sind bei deren Anwendung zu beachten (→ Rn. 15). Sie gelten unmittelbar und sind für alle Adressaten verbindlich (→ Rn. 4, 23).[1] Ein Verstoß gegen die Grundsätze macht die Datenverarbeitung rechtswidrig.

2 Die Vorschrift setzt **Art. 8 Abs. 2 GRCh** um. Dieser garantiert der betroffenen Person besonders wichtige Grundsätze der Verarbeitung personenbezogener Daten. Diese Ausprägung des Grundrechts auf Schutz personenbezogener Daten gibt der DSGVO in S. 1 die Grundsätze auf **Rechtmäßigkeit**, Datenverarbeitung nach **Treu und Glauben** und **Zweckbindung** vor. S. 2 gewährleistet das Recht auf Auskunft als Teil des Grundsatzes der **Transparenz** der Datenverarbeitung und das Recht auf Berichtigung als Ausprägung des Grundsatzes der **Richtigkeit** der Datenverarbeitung.

3 Die Grundsätze konkretisieren auch die allgemeinen Regelungen zum Grundrecht auf Datenschutz in **Art. 16 Abs. 2 AEUV** („Jede Person hat das Recht auf Schutz der sie betreffenden personenbezogener Daten"),[2] in **Art. 8 EMRK** („Jede Person hat das Recht auf Achtung ihres Privat- und Familienlebens")[3] und in **Art. 5 Datenschutzkonvention** Nr. 108 des Europarats zur „Qualität der Daten" vom 28.1.1981.

---

1 S. zB *Ziegenhorn/von Heckel* NVwZ 2016, 1585 (1589); Paal/Pauly/*Frenzel* Art. 5 Rn. 2; nach Sydow/*Reimer* Art. 5 Rn. 2 sollte die Grundsätze besser Grundpflichten heißen.
2 S. zB Calliess/Ruffert/*Kingreen* AEUV Art. 16 Rn. 3.
3 S. zB *Grabenwarter/Pabel*, EMRK, 2016, § 22 Rn. 10.

Die Grundsätze gelten **unmittelbar** für alle **Adressaten** der DSGVO,[4] in erster Linie jedoch, wie Abs. 2 deutlich macht, für den Verantwortlichen, der für ihre Einhaltung verantwortlich ist und ihre Einhaltung nachweisen können muss. Dies gilt auch, soweit er die Datenverarbeitung einem Auftragsverarbeiter überträgt (→ Art. 24 Rn. 9). Die Grundsätze leiten auch das Handeln der Aufsichtsbehörden. Sie haben die Grundsätze durch ihre Informationen, Beratungen, Hilfestellungen und Anordnungen anwendungsspezifisch zu konkretisieren (→ Art. 58 Rn. 3). Verstöße gegen die Grundsätze sind von ihnen nach Art. 57 Abs. 1 lit. a zu verhindern oder zu beseitigen (→ Art. 57 Rn. 7ff.).[5]

II. Entstehungsgeschichte

Die Vorschrift orientiert sich sehr an der vergleichbaren Regelung in der DSRL. Sie war daher im Gesetzgebungsprozess auch wenig umstritten.

1. Datenschutzrichtlinie. Die Vorschrift geht zurück auf Kapitel II Abschnitt I der DSRL „Grundsätze in Bezug auf die Qualität der Daten", dessen einzige Regelung **Art. 6 DSRL** war. Dieser enthielt in Abs. 1 die Grundsätze der Rechtmäßigkeit, Verarbeitung nach Treu und Glauben (lit. a), Zweckbindung (lit. b, c), Richtigkeit (lit. d) und Speicherbegrenzung (lit. e) mit teilweise von der DSGVO abweichenden Inhalten. Nach Art. 6 Abs. 2 DSRL hat der für die Verarbeitung Verantwortliche für die Einhaltung dieser Vorgaben zu sorgen.

Art. 6 DSRL entsprach in der Substanz weitgehend Art. 5 der Datenschutzkonvention 108 des Europarats zur „Qualität der Daten" vom 28.1.1981.[6] Er weist trotz des bisweilen anderen Wortlauts nur **geringe Unterschiede** zur Vorschrift auf. Rechtsprechung und Literatur zu Art. 6 DSRL können daher – unter Berücksichtigung der dogmatischen Unterschiede zwischen Richtlinie und Verordnung – weitgehend auf die Vorschrift übertragen werden.[7] Ein Unterschied zur DSGVO besteht darin, dass Art. 6 Abs. 1 DSRL weder den Grundsatz der Transparenz noch den Grundsatz der Integrität und Vertraulichkeit aufwies. Beide Grundsätze waren zwar nicht als solche in Art. 6 Abs. 1 DSRL genannt, lagen aber der Richtlinie zu Grunde und fanden ihren Ausdruck in mehreren Transparenzregelungen (ua den Informationspflichten in Art. 10, 11 und dem Recht der betroffenen Person auf Auskunft in Art. 12 DSRL) und in der Verpflichtung zu Sicherungsmaßnahmen in Art. 17 DSRL. Gegenüber der Vorschrift fehlt in Art. 6 Abs. 2 DSRL die Pflicht des Verantwortlichen, die Einhaltung der Grundsätze nachzuweisen.

2. Bundesdatenschutzgesetz. Das BDSG aF hatte die Regelung des Art. 6 DSRL **nicht unmittelbar übernommen.**[8] Im Rahmen der Richtlinie bilden die Datenschutzgrundsätze **Ziele**, die der Gesetzgeber des Mitgliedstaats in seiner Rechtsordnung umsetzen, aber nicht wörtlich übernehmen musste.[9] Diese Grundsätze waren im deutschen Datenschutzrecht in Form von Verarbeitungsvoraussetzungen (insbes. der Grundsatz der Rechtmäßigkeit in §§ 4, 28 Abs. 6 bis 9 BDSG aF, der Zweckbindung in § 28 Abs. 1 und 2 BDSG aF, von Treu und Glauben in §§ 28 Abs. 3 bis 5, 28 a bis 30 a aF) und Betroffenenrechte (insbes. der Grundsatz der Transparenz in §§ 19, 19 a sowie 33 und 34 BDSG aF, der Grundsatz der Richtigkeit in §§ 20 Abs. 1 und 4 sowie 35 Abs. 1 und 4 BDSG aF und der Grundsatz der Speicherbegrenzung in §§ 20 Abs. 2 und 3 sowie 35 Abs. 2 und 3 BDSG aF) umgesetzt, so dass Art. 6 DSRL keine spezifischen Umsetzungen erforderte.

Umgekehrt waren die Grundsätze des Art. 6 DSRL stark vom deutschen Datenschutzrecht und insbes. der Rechtsprechung des BVerfG geprägt. Da außerdem die DSRL das BDSG geprägt hat und die DSGVO auf der DSRL aufbaut und insbes. die Vorschrift Art. 6 DSRL weitgehend übernommen hat, können auch die Regelungen des bisherigen BDSG sowie die Rechtsprechung und Literatur zu ihm als **Orientierungspunkte** für die Anwendung der Vorschrift dienen.[10]

Nicht übernommen hat die DSGVO in ihrem Text mehrere Grundsätze, die das deutsche Datenschutzrecht bisher prägten. Hierzu gehören der Grundsatz der Direkterhebung beim Betroffenen (§ 4 Abs. 2 BDSG aF), der Datensparsamkeit (§ 3 a BDSG aF → Rn. 123 f.), das Datengeheimnis (§ 5 BDSG aF)[11] und der Grundsatz risikospezifischer Regulierung von Erlaubnistatbeständen, wie er unter anderen in den spezifischen Regelungen zur Zulässigkeit der Datenverarbeitung für Werbung (zB § 28 Abs. 3 bis 5 BDSG aF), Auskunfteien (§ 29 BDSG aF), Marktforschung (§ 30 a BDSG aF), Videoüberwachung (§ 6 b BDSG aF) und mobile

---

4   So auch Sydow/*Reimer* Art. 5 Rn. 9.
5   S. *Roßnagel*, Datenschutzaufsicht nach der DSGVO, 2017, S. 95ff.
6   S. auch *Dammann/Simitis* Art. 6 Rn. 1.
7   Ebenso Paal/Pauly/*Frenzel* Art. 5 Rn. 1, 5.
8   S. Sydow/*Reimer* Art. 5 Rn. 4; s. für den Grundsatz der Zweckbindung Roßnagel/*von Zezschwitz*, HB DSch, Kap. 3.1 Rn. 27.
9   S. auch Kühling/Buchner/*Herbst* Art. 5 Rn. 81; Paal/Pauly/*Frenzel* Art. 5 Rn. 1
10 So auch Paal/Pauly/*Frenzel* Art. 5 Rn. 53.
11 S. auch *Ehmann* ZD 2017, 453.

Verarbeitungsmedien (§ 6 c BDSG aF) zum Ausdruck kommt.[12] Soweit die Grundsätze Ausprägungen höherrangigen Rechts sind[13] oder im Rahmen der Öffnungsklauseln von dem deutschen Gesetzgeber wieder aufgegriffen werden,[14] führt dieser Verlust nicht zwingend zu Rechtsänderungen in der Praxis.

11 **3. Gesetzgebungsprozess.** KOM, EP und Rat waren sich hinsichtlich der wesentlichen Inhalte der Datenschutzgrundsätze weitgehend **einig.** Das EP konnte durchsetzen, dass die Grundsätze in den lit. a bis f und der Grundsatz der Verantwortlichkeit in Abs. 2 mit einer Kurzbezeichnung des Grundsatzes in Klammer ergänzt wurden. Soweit unterschiedliche Formulierungen oder Ergänzungen der Grundsätze im Streit standen, konnte im Trilog überwiegend der Rat seinen Vorschlag durchsetzen.

12 Hinsichtlich der Grundsätze der **Rechtmäßigkeit,** der Verarbeitung nach **Treu und Glauben** und der **Transparenz** in lit. a waren sich KOM, EP und Rat einig. Für den Grundsatz der **Zweckbindung** in lit. b konnte sich der Rat mit dem Zusatz im zweiten Hs. durchsetzen. Der Grundsatz der **Datenminimierung** in lit. c ist eine typische Kompromissregelung. Hinsichtlich des verabschiedeten Wortlauts konnten KOM und EP die gleichlautende erste Hälfte ihres Vorschlags gegenüber dem Rat durchsetzen, der diesen Grundsatz nicht übernehmen wollte. Sie mussten jedoch auf die zweite Hälfte ihres Vorschlags verzichten, der den Grundsatz verschärft hätte (→ Rn. 117). Der Grundsatz der **Richtigkeit** in lit. d war in seinem Wortlaut unstrittig. Lediglich hinsichtlich der Ergänzung um die Formulierung „erforderlichenfalls" setzte sich der Rat durch. Der Grundsatz der **Speicherbegrenzung** in lit. e entspricht – bis auf sprachliche Anpassungen – der Formulierung aus dem Vorschlag des Rats. Der Grundsatz der **Integrität und Vertraulichkeit** ist wiederum eine Kompromisslösung. Während im Vorschlag der KOM ein solcher Grundsatz fehlte, einigten sich Rat und EP, sich hinsichtlich der Sicherheit der personenbezogenen Daten an der Formulierung des Rats und hinsichtlich des Schutzes vor nachteiligen Ereignissen an dem Vorschlag des EPs zu orientieren. Mit seinem Vorschlag eines Grundsatzes der Wirksamkeit, der den „betroffenen Personen erlaubt, wirksam ihre Rechte wahrzunehmen", konnte sich das EP nicht durchsetzen.

13 Hinsichtlich der Regelung des Grundsatzes der **Rechenschaftspflicht** in Abs. 2 setzte sich der Rat mit seinem Vorschlag durch. Allerdings wurde dieser um die Nachweispflicht ergänzt, die im Vorschlag des Rats fehlte und in den Entwürfen von KOM und EP enthalten war. Diese beiden Entwürfe hatten diese Pflicht allerding als lit. f in eine Reihe mit den anderen Grundsätzen gestellt.

14 **EG 39** erläutert die Grundsätze für die Verarbeitung personenbezogener Daten. Er war unter Nr. 30 in kürzerer Form im KOM-E enthalten. Der Parl-E sah diesen EG nicht vor. In seiner verabschiedeten Form entspricht er weitgehend dem **Vorschlag des Rats.** Der Trilog hat ihn nur leicht redaktionell überarbeitet.

III. Systematische Stellung

15 Die Vorschrift beschreibt die Grundsätze, die bei jeder Verarbeitung personenbezogener Daten beachtet werden müssen. Alle folgenden Regelungen des materiellen Datenschutzrechts sind auf die **Umsetzung dieser Grundsätze** ausgerichtet.[15] Durch diese Zielsetzung beeinflusst die Vorschrift den Inhalt dieser Regelungen. Sie sind so zu interpretieren, dass die Grundsätze in der sozialen Wirklichkeit möglichst gut realisiert werden. Dies gilt aufgrund ihrer systematischen Stellung und auch aufgrund des Charakters von Grundsätzen auch dann, wenn die jeweilige Vorschrift die Grundsätze nicht ausdrücklich erwähnt. Sie können jedoch nicht gegen den klaren Wortlaut einer der Regelungen der DSGVO zur Anwendung gebracht werden.

16 Viele Vorschriften nehmen **ausdrücklich Bezug** auf die Grundsätze für die Verarbeitung personenbezogener Daten. So fordert Art. 25 Abs. 1 eine Systemgestaltung durch „geeignete technische und organisatorische Maßnahmen ..., die dafür ausgelegt sind, die Datenschutzgrundsätze wie etwa Datenminimierung wirksam umzusetzen" (→ Art. 25 Rn. 17). Nach Art. 47 Abs. 2 lit. d müssen verbindliche interne Datenschutzvorschriften Angaben zur Anwendung der allgemeinen Datenschutzgrundsätze enthalten (→ Art. 47 Rn. 24). Nach Art. 83 Abs. 5 werden Verstöße gegen die „Grundsätze für die Verarbeitung" mit Sanktionen geahndet (→ Rn. 18). Art. 89 Abs. 1 fordert für die Verarbeitung zu im öffentlichen Interesse liegenden Archivzwecken, zu wissenschaftlichen oder historischen Forschungszwecken oder zu statistischen Zwecken geeignete Garantien, die sicherstellen, dass technische und organisatorische Maßnahmen bestehen, mit denen insbes. die Achtung des Grundsatzes der Datenminimierung gewährleistet wird (→ Art. 89 Rn. 49).

17 Die Grundsätze können nach Art. 23 Abs. 1 durch Rechtsvorschriften der Union oder der Mitgliedstaaten insofern beschränkt werden, als die Bestimmungen den in den Art. 12 bis 22 vorgesehenen Rechten und Pflichten entsprechen. Dies gilt allerdings nur unter den Voraussetzungen, dass die **Beschränkungen** in Ge-

---

12 S. Roßnagel/*Roßnagel*, Das neue DSR, § 1 Rn. 11.
13 Wie zB die Datensparsamkeit → Rn. 124.
14 So im BDSG nF § 4 für die Videoüberwachung, § 30 für Verbraucherkredite und § 31 für Scoring und Bonitätsauskünfte.
15 S. auch *Albrecht* CR 2016, 88 (91); Ehmann/Selmayr/*Heberlein* Art. 5 Rn. 6.

setzen festgelegt werden, denen der Verantwortliche oder der Auftragsverarbeiter unterliegt, die den Wesensgehalt der Grundrechte und Grundfreiheiten achten und in einer demokratischen Gesellschaft eine notwendige und verhältnismäßige Maßnahme darstellen sowie eines der Ziele in lit. a bis j sicherstellen (→ Art. 23 Rn. 19ff.). Sie können außerdem nach Art. 85 Abs. 2 Beschränkungen durch gesetzliche Regelungen der Mitgliedstaaten erfahren, wenn diese für die Datenverarbeitung zu journalistischen Zwecken oder zu wissenschaftlichen, künstlerischen oder literarischen Zwecken erforderlich sind, um das Grundrecht auf Schutz der personenbezogenen Daten mit dem Grundrecht der Informations- und Meinungsfreiheit in Einklang zu bringen (→ Art. 85 Rn. 26ff.).[16]

Verstöße gegen die Grundsätze für die Verarbeitung können nach Art. 83 Abs. 5 lit. a mit Geldbußen von 18 bis zu 20.000.000 Euro oder im Fall eines Unternehmens von bis zu 4 Prozent des gesamten weltweit erzielten Jahresumsatzes des vorangegangenen Geschäftsjahrs geahndet werden (→ Art. 83 Rn. 47ff.). Die Grundsätze sind jedoch als Bußgeldtatbestände zu unbestimmt,[17] um in einem Bußgeldverfahren vollzogen werden zu können.[18] Praktisch relevant dürften sie aber im Rahmen des Art. 83 Abs. 6 werden, wenn Aufsichtsbehörden die Grundsätze anwendungsspezifisch in einer Anweisung nach Art. 58 Abs. 2 konkretisiert haben (→ Rn. 22). Bei der Nichtbefolgung einer solchen Anweisung der Aufsichtsbehörde drohen die gleichen Geldbußen wie nach Art. 85 Abs. 5 (→ Art. 83 Rn. 51).

Die Vorschrift wird auch vom **BDSG nF** in Bezug genommen: § 26 Abs. 5 BDSG nF fordert für Datenverar- 19 beitungen im Beschäftigungsverhältnis vom Verantwortlichen, geeignete Maßnahmen zu ergreifen um sicherzustellen, „dass insbesondere die in Artikel 5 der Verordnung (EU) 2016/679 dargelegten Grundsätze für die Verarbeitung personenbezogener Daten eingehalten werden".

IV. Bedeutung der Datenschutzgrundsätze

Als **Grundsätze** sind die Datenschutzgrundsätze der Vorschrift allgemeine fundamentale Regeln, die ande- 20 ren Regeln zugrunde liegen. Die Grundsätze für die Verarbeitung personenbezogener Daten ergeben sich als Antworten auf die Frage, welche Bedingungen bei der Verarbeitung personenbezogener Daten gegeben sein müssen, um Datenschutz und informationelle Selbstbestimmung zu gewährleisten.[19] Die Datenschutzgrundsätze sind somit die wesentlichen **Zielsetzungen des Schutzkonzepts** der DSGVO und als solche trotz ihres konkretisierungsbedürftigen Inhalts ihrerseits Konkretisierungen der Ziele in Art. 1.

Die Grundsätze beschreiben rechtlich erwünschte Zustände, die in der Verwirklichung des Rechts zu errei- 21 chen sind.[20] Sie enthalten somit **Zielsetzungen für die Gestaltung** der Datenverarbeitungssysteme und die Durchführung der Datenverarbeitungsvorgänge. Diese Zielsetzungen können je nach Inhalt unterschiedlich klare Grenzen angeben, ob sie erreicht worden sind oder nicht. So kann für den Grundsatz der Rechtmäßigkeit klar benannt werden, ob er erreicht worden ist. Ähnliches gilt für die Erforderlichkeit der Datenverarbeitung bezogen auf den Grundsatz der Datenminimierung und der Speicherbegrenzung. Dagegen ist für die Grundsätze von Treu und Glauben, der Transparenz, der Vereinbarkeit eines neuen Zwecks mit dem Primärzweck, die Erheblichkeit und Angemessenheit der Datenverarbeitung im Rahmen der Datenminimierung, angemessene Maßnahmen zur Herstellung der Richtigkeit im Hinblick auf die Zwecke der Datenverarbeitung, angemessene Sicherheit bezogen auf die Integrität und Vertraulichkeit der Daten kaum eindeutig festzustellen, wann sie erfüllt sind. Für diese Zielsetzungen gibt es keine klare Grenze. Sie können vielmehr immer mehr oder weniger gut erreicht sein. Bei ihnen geht es nicht um eine schlichte Befolgung, sondern um eine **Optimierung** der Verwirklichung des von ihnen angestrebten Idealzustands.[21]

Die Relativierung der Grundsätze ergibt sich nicht nur aus ihrem Charakter als Grundsätze, sondern auch 22 aus vielen Tatbestandsmerkmalen, die ausfüllungsbedürftig und abwägungsbezogen formuliert sind. Sie setzen immer eine Abwägung zwischen unterschiedlichen Interessen voraus. Die meisten Grundsätze sind aus beiden Gründen unzureichend bestimmt, um zweifelsfrei vollzogen und sanktioniert werden zu können. Sie setzen zumeist die **Konkretisierung** durch die Aufsichtsbehörde nach Art. 58 Abs. 2 lit. a bis d in einen ausreichend bestimmten Rechtsbefehl voraus, um an die nicht ausreichende Befolgung des Rechtsbefehls Abhilfemaßnahmen nach Art. 58 Abs. 2 lit. f bis h und j und **Sanktionen** nach Art. 58 Abs. 2 lit. i und 83 Abs. 6 knüpfen zu können. Die Grundsätze anwendungsbezogen zu konkretisieren wird Aufgabe der Auf-

---

16 Eine solche Regelung hat der Gesetzgeber für das BDSG nF versäumt.
17 Zum Bestimmtheitsgrundsatz des Art. 49 Abs. 1 GRCh s. zB Callies/Ruffert/*Blanke* GRCh Art. 49 Rn. 5.
18 Ebenso *Hoeren* ZD 2016, 462; s. auch → Art. 83 Rn. 52.
19 Roßnagel/*Roßnagel*, Das neue DSR, § 3 Rn. 42.
20 Sie sind nicht nur Verbote bestimmter Verhaltensmodalitäten – so Sydow/*Reimer* Art. 5 Rn. 11.
21 S. zum Charakter von Grundsätzen oder Prinzipien am Beispiel der Grundrechte *Alexy*, Theorie der Grundrechte, 1986, S. 71ff.

sichtsbehörden und des EDSA nach Art. 70 Abs. 1 sein.[22] Dies ist notwendig, um die Grundsätze vollzugsfähig zu machen und den Verantwortlichen ausreichende **Rechtssicherheit** zu geben

23 Dennoch sind die Grundsätze geltendes Recht und durchsetzbar. Während die Grundsätze in Art. 6 DS-RL sich an die Mitgliedstaaten richteten und für die Datenverarbeitung nicht unmittelbar verbindlich waren, sind die Grundsätze der Vorschrift **unmittelbar geltendes Recht**.[23] Abs. 1 legt ausdrücklich fest, dass „personenbezogene Daten" den Grundsätzen entsprechend verarbeitet werden „müssen". Die Grundsätze richten sich nach Abs. 2 vor allem an Verantwortliche – gebunden sind also alle hoheitlichen und nicht hoheitlichen datenverarbeitenden Stellen.[24]

24 Die Grundsätze sind die allgemeinsten Anforderungen an die Datenverarbeitung in der DSGVO. Sie beschreiben eine **allgemeine objektive Ordnung** des Datenschutzrechts.[25] Für diese können die einzelnen Grundsätze als Strukturprinzipien angesehen werden, die „sämtliche Einzelregelungen des EU-Datenschutzrechts als roten Faden durchweben".[26] Als objektives Recht mit Regelungsgehalt sind sie auch dann einzuhalten, wenn eine Aufsichtsbehörde keine entsprechende Anordnung trifft oder eine betroffene Person keinen entsprechenden Antrag stellt. Dementsprechend hat der Verantwortliche Informationen zu erteilen sowie Berichtigungen, Löschungen und Einschränkungen vorzunehmen, auch wenn die betroffene Person ihre Rechte aus Art. 12ff. und 16ff. nicht geltend macht.[27]

25 Die Grundsätze sind sehr **allgemein und abstrakt** und bedürfen für ihre Anwendung der Konkretisierung. Sie sind daher für eine unmittelbar geltende und vollziehbare Verordnung untypisch. Sie zeigen – neben den Öffnungsklauseln und vielen unfertigen und ausfüllungsbedürftigen Vorschriften – den Hybridcharakter der DSGVO als Richtlinie im Gewand einer Verordnung.[28] Für einzelne Grundsätze wie zur Rechtmäßigkeit,[29] zur Zweckbindung[30] sowie zur Datenminimierung und Speicherbegrenzung (Erforderlichkeit)[31] wird dies allerdings durch eine stabile Dogmatik in einer gefestigten Rechtsprechung und Literatur zur DSRL, auf die zurückgegriffen werden kann (→ Rn. 7), kompensiert. Für andere Grundsätze zu Treu und Glauben oder zur Integrität und Vertraulichkeit wird diese Dogmatik noch zu erarbeiten sein.

26 Die übrigen Vorschriften der DSGVO konkretisieren und operationalisieren die Grundsätze in spezifischen Zusammenhängen – etwa als Erlaubnisnormen, als Rechte der betroffenen Personen, als Pflichten der Verantwortlichen oder als Aufgaben der Aufsichtsbehörden. Da das Ziel all dieser Vorschriften ist, diese Grundsätze umzusetzen, sind sie auch **Leitlinien für die Auslegung** dieser Vorschriften.[32] Alle Vorschriften der DSGVO müssen im Zweifel daher so ausgelegt werden, dass sie die Grundsätze bestmöglich verwirklichen (→ Rn. 21).

27 Wie für alle Grundsätze gelten aber auch für die der Vorschrift **Ausnahmen**. Diese berücksichtigen die Grundrechte und allgemein überwiegende Interessen der Verantwortlichen. Ausnahmen können allerdings nicht durch freie Abwägungen begründet werden, sondern müssen in der DSGVO selbst geregelt sein.[33] Solche Ausnahmen sind zB in Art. 6 Abs. 4 bezogen auf den Grundsatz der Zweckbindung (→ Art. 6 Abs. 4 Rn. 17ff. und 24ff.), in Art. 23 bezogen auf die Grundsätze der Transparenz, der Richtigkeit und der Datenminimierung (→ Art. 23 Rn. 10), in Art. 85 und 89 bezogen auf die meisten Grundsätze (→ Art. 85 Rn. 26ff. und Art. 89 Rn. 32ff.) enthalten. Als Ausnahmen zu den Grundsätzen der Vorschrift sind diese eng auszulegen[34] und **restriktiv** zu handhaben.[35]

28 Ausnahmen zu den Grundsätzen können den jeweiligen Grundsatz nicht für einen bestimmten Bereich vollständig außer Kraft setzen, sondern nur im Sinn der grundsätzlichen Zielsetzung (→ Rn. 23) ein Weniger von dem Grundsatz zulassen. Die Grundsätze sind überwiegend durch Art. 8 Abs. 2 GRCh **primärrechtlich abgesichert** und können daher durch eine Verordnung höchstens eingeschränkt, nicht aber beseitigt wer-

---

22 S. *Roßnagel*, Datenschutzaufsicht nach der DSGVO, 2017, S. 161ff.

23 Ebenso *Albrecht/Jotzo*, S. 50; Paal/Pauly/*Frenzel* Art. 5 Rn. 1; Sydow/*Reimer* Art. 5 Rn. 2.

24 Hier zeigt sich auch die Drittwirkung des Datenschutzgrundrechts – EuGH C-291/12, NVwZ 2014, 435 Rn. 25 – Schwarz; EuGH C-131/12, NJW 2014, 2257 Rn. 69 – Google Spain.

25 S. zB auch Kühling/Buchner/*Herbst* Art. 5 Rn. 1.

26 Gola/*Pötters* Art. 5 Rn. 4.

27 Ebenso Kühling/Buchner/*Herbst* Art. 5 Rn. 1.

28 S. auch *Kühling/Martini* EuZW 2016, 448 (449); Paal/Pauly/*Frenzel* Art. 5 Rn. 9; *Roßnagel*, Datenschutzaufsicht nach der DSGVO, 2017, S. 31.

29 EuGH C-201/14, NVwZ 2016, 375 Rn. 30 – Bara; BVerfGE 84, 192 (195); 100, 313 (359f.); 110, 33 (52ff.); 120, 274 (315ff.).

30 BVerfGE 61, 1 (46); 100, 313 (360f.).

31 EuGH C-73/07, EuZW 2009, 108 – Satakunnan Markkinapörssi und Satamedia; EuGH C-92/09 und C-93/09, NJW 2011, 1338 Rn. 77 – Schecke und Eifert; EuGH C-293/12 und C-594/12, NJW 2014, 2169 – Digital Rights Ireland; EuGH C-362/14, NJW 2015, 3151 – Schrems; EuGH C-203/15 und C-698/15, NJW 2017, 717 – Tele2 Sverige.

32 S. zB EuGH C-201/14, NVwZ 2016, 375 Rn. 30 mwN – Bara, zu Art. 6 DSRL.

33 Paal/Pauly/*Frenzel* Art. 5 Rn. 10.

34 Paal/Pauly/*Frenzel* Art. 5 Rn. 4.

35 Paal/Pauly/*Frenzel* Art. 5 Rn. 10.

den. Soweit sie nicht in Art. 8 Abs. 2 GRCh ausdrücklich genannt sind, können sie aus Art. 8 Abs. 1 iVm dem Verhältnismäßigkeitsgrundsatz abgeleitet werden. Sowohl der EuGH als auch das BVerfG haben ihre konkreten verfassungsrechtlichen Anforderungen an die Datenverarbeitung aus dem Verhältnismäßigkeitsgrundsatz entwickelt.[36] Aus der grundrechtlichen Absicherung der Grundsätze ergibt sich, dass nach Art. 52 Abs. 1 S. 2 GRCh ihr **Wesensgehalt** erhalten bleiben muss.

Die in der Vorschrift ausdrücklich erwähnten Grundsätze sind **nicht abschließend.** Den Vorschriften der DSGVO liegen weitere Grundsätze zugrunde, die eine oder mehrere Regelungen prägen, ohne in der Vorschrift ausdrücklich genannt zu sein.[37] Sie sind induktiv zu finden und prägen nur die Vorschriften, als deren übergeordneter, verallgemeinernder Grundsatz sie erkannt werden können. Solche Grundsätze sind zB das Territorialitätsprinzip in Art. 3 Abs. 1 und das Marktortprinzip in Art. 3 Abs. 2 sowie der Grundsatz der Unabhängigkeit der Datenschutzaufsicht in den Art. 51ff.[38] Für die DSGVO gelten außerdem alle allgemeinen Grundsätze des Unionsrechts wie der Grundsatz der Effektivität[39] oder der Grundsatz der Verhältnismäßigkeit[40] und die aus ihnen ableitbaren Grundsätze der Erforderlichkeit (→ Rn. 67) und der Datenvermeidung und Datensparsamkeit (→ Rn. 124). **29**

Die Grundsätze sind seit 1981 im Grunde unverändert. Der Unionsgesetzgeber hat sie auch 2016 **nicht risikoadäquat** den modernen Herausforderungen gemäß **weiterentwickelt.** Sie gelten in ihrer überkommenen Form gleichermaßen für den „Bäcker um die Ecke" wie auch für Big Data, selbstlernende Algorithmen und Ubiquitous Computing. Die Ignoranz gegenüber spezifischen Gefährdungen der Grundsätze durch die Herausforderungen moderner und zukünftiger Formen der Datenverarbeitung führt dazu, dass die Grundsätze diesen Entwicklungen diametral entgegenstehen und diese eigentlich verhindern müssten.[41] Viel wahrscheinlicher ist jedoch, dass die normative Kraft des Faktischen dazu führt, dass die zukünftigen Entwicklungen die Grundsätze unterlaufen werden und diese ihre Funktion einbüßen.[42] Hierauf wird am Ende jeder Kommentierung zu dem jeweiligen Datenschutzgrundsatz hingewiesen. **30**

V. Grundsatz der Rechtmäßigkeit (Abs. 1 lit. a Alt. 1)

Nach Abs. 1 lit. a Alt. 1 müssen personenbezogene Daten „auf rechtmäßige Weise ... verarbeitet werden". Lit. a setzt damit Art. 8 Abs. 2 S. 1 GRCh um, der der betroffenen Person gewährleistet, dass ihre personenbezogenen Daten nur mit ihrer „Einwilligung ... oder auf einer sonstigen gesetzlich geregelten legitimen Grundlage verarbeitet werden" dürfen. Insoweit sichert die GRCh die einschlägigen Regelungen der DSGVO grundrechtlich ab. Das **Grundrecht auf Datenschutz** fordert für eine zulässige Datenverarbeitung entweder eine informierte Einwilligung in Kenntnis aller relevanten Umstände oder die Erfüllung von Erlaubnistatbeständen, wie sie in Art. 6 enthalten sind.[43] **31**

Dieser Grundsatz der Rechtmäßigkeit wird **in der DSGVO** durch Regelungen zur Zulässigkeit der Datenverarbeitung und durch Regelungen zur Art und Weise der Datenverarbeitung umgesetzt. Die Datenverarbeitung kann aber im Rahmen des Anwendungsvorrangs der DSGVO auch durch **Datenschutzregelungen der Mitgliedstaaten** erlaubt und hinsichtlich ihrer Art und Weise gesteuert werden.[44] Sie bestimmen in ihrer Gesamtheit, ob die Datenverarbeitung rechtmäßig oder rechtswidrig ist. **32**

Der Grundsatz der Rechtmäßigkeit ist eigentlich überflüssig.[45] Er selbst hat keine spezifischen rechtlichen Wirkungen, weil eine rechtswidrige Datenverarbeitung auch ohne den Grundsatz rechtswidrig ist und eine rechtmäßige Datenverarbeitung auch ohne ihn rechtmäßig. Er bringt als erster Grundsatz der Vorschrift jedoch **programmatisch** zum **Ausdruck,**[46] dass die Datenverarbeitung personenbezogener Daten kein rechtsfreier Raum ist, sondern als grundrechtssensitive Tätigkeit durchgängig gesetzlichen Regelungen unterstellt **33**

---

36 S. zB EuGH C-293/12 und C-594/12, NJW 2014, 2169 – Digital Rights Ireland; EuGH C-131/12, NJW 2014, 2257 – Google Spain; EuGH C-601/15 PPU, NVwZ 2016, 1789 – N.; BVerfGE 120, 274 – Online-Durchsuchung; BVerfGE 120, 378 – Automatisierte Kontrolle von Kfz-Kennzeichen; BVerfGE 125, 260 – Vorratsdatenspeicherung.

37 S. zu weiteren Grundsätzen auch Schantz/Wolff/*Wolff*, Rn. 450ff.

38 EuGH C-518/07, NJW 2010, 1265 – KOM/Deutschland; EuGH C-614/10, ZD 2012, 563 – Unabhängige Aufsichtsbehörde in Österreich; *Roßnagel*, Datenschutzaufsicht nach der DSGVO, 2017, S. 7ff.; *Albrecht/Jotzo*, S. 56.

39 S. Callies/Ruffert/*Ruffert* AEUV Art. 1 Rn. 22 mwN aus der Rspr. des EuGH.

40 S. zB EuGH C-293/12 und C-594/12, NJW 2014, 2169 – Digital Rights Ireland; EuGH C-601/15 PPU, NVwZ 2016, 1789 – N; EuGH C-203/15 und C-698/15, NJW 2017, 717 – Tele2 Sverige; *Roßnagel* NJW 2017, 696.

41 S. zu den Herausforderungen auch *Martini* DVBl. 2014, 1481; *Spicker gen. Döhmann* Spektrum der Wissenschaften SPEZIAL 1.17, 56; *Hornung* Spektrum der Wissenschaften SPEZIAL 1.17, 62 (64).

42 S. ausführlich *Roßnagel*, Datenschutz in einem informatisierten Alltag, 2007, S. 128ff.; *Roßnagel*, in: Hill (Hrsg.), E-Transformation, 2014, S. 82ff.; *Roßnagel et al.*, Datenschutz 2016 – „Smart" genug für die Zukunft?, 2016, S. 98ff.; *Roßnagel* DuD 2016, 561 (563 f.).

43 S. zB EuGH C-201/14, NVwZ 2016, 375 Rn. 30 – Bara; Meyer/*Bernsdorff* Art. 8 Rn. 21.

44 S. hierzu ausführlich Roßnagel/*Roßnagel*, Das neue DSR, § 2 Rn. 2ff.

45 S. hierzu *Ziegenhorn/von Heckel* NVwZ 2016, 1585 (1586); Sydow/*Reimer* Art. 5 Rn. 13; s. hierzu auch Paal/Pauly/*Frenzel* Art. 5 Rn. 14ff.

46 S. auch Sydow/*Reimer* Art. 5 Rn. 13.

Roßnagel   369

ist. Insofern bezieht er sich insoweit auf alle Regelungen der DSGVO und darüber hinaus sogar auf alle rechtlichen Datenschutzregelungen.

34 **1. Zulässigkeit der Datenverarbeitung.** Die Zulässigkeit der Datenverarbeitung folgt dem Prinzip des **Vorbehalts des Gesetzes.**[47] Jede Datenverarbeitung ist ein Eingriff in das Grundrecht auf Datenschutz, das durch Art. 8 Abs. 1 GRCh geschützt ist.[48] Jeder Eingriff in ein Grundrecht ist nach Art. 52 Abs. 1 GRCh nur zulässig, wenn er auf einer gesetzlichen Grundlage erfolgt.[49] Eine solche gesetzliche Grundlage stellt zB Art. 6 Abs. 1 UAbs. 1 dar (→ Art. 6 Einf. Rn. 1).

35 Der Grundsatz der Rechtmäßigkeit enthält **kein Verbotsprinzip**, wie vielfach unterstellt wird.[50] Die Datenverarbeitung ist nicht grundsätzlich verboten, sondern unter bestimmten, in den datenschutzrechtlichen Erlaubnistatbeständen genannten Bedingungen erlaubt. Den Erlaubnistatbeständen liegen Abwägungen des Grundrechts auf Datenschutz mit anderen Grundrechten zugrunde. Die Erlaubnistatbestände bilden die Grenzziehung zwischen den Grundrechten der Verantwortlichen oder den öffentlichen Interessen, die diese vertreten, und dem Grundrecht auf Datenschutz, wie die gesetzgeberische Schutzpflicht für die Grundrechte sie gebietet. Soweit der Gesetzgeber die Grundrechte der Verantwortlichen oder die von ihnen verfolgten öffentlichen Interessen für überwiegend hält, hat er die Datenverarbeitung freigegeben. Im Ergebnis begrenzt Art. 6 Abs. 1 die Datenverarbeitung kaum und gibt sie weitgehend frei.[51]

36 Der Grundsatz führt auch **nicht** zum einem **Verbot mit Erlaubnisvorbehalt**,[52] auch wenn dies überwiegend behauptet wird.[53] Ein Verbot mit Erlaubnisvorbehalt ist eine Regelung in einem Gesetz, die eine bestimmte Handlung verbietet, bis diese im Einzelfall von einer Verwaltungsbehörde in einem Genehmigungsverfahren überprüft und zugelassen worden ist.[54] Ein solches Verbot dient nicht einer Unterdrückung dieser Handlung, sondern einer geordneten Kontrolle, ob die Zulassungsvoraussetzungen erfüllt sind. Diese Kontrollerlaubnis gibt die materiell erwünschte Handlung nach Prüfung der Genehmigungsvoraussetzungen für den spezifischen Fall durch einen begünstigenden Verwaltungsakt frei. Das Verbot mit Erlaubnisvorbehalt ist im Technikrecht ein Instrument der Vormarktkontrolle, das eine präventive behördliche Überprüfung und Erlaubnis der Handlung zum Gegenstand hat. Dies ist bei den Regelungen zur Zulässigkeit der Datenverarbeitung nicht der Fall.

37 Unzutreffend ist die Behauptung, dass Datenverarbeitung im privaten Bereich eigentlich frei sei.[55] Dies würde ein Grundrecht über ein anderes setzen und ignorieren, dass auch die Datenverarbeitung eines privaten Verantwortlichen ein **Eingriff in das Grundrecht** auf Datenschutz und informationelle Selbstbestimmung der betroffenen Person ist.[56] Zwar ist richtig, dass der private Verantwortliche keiner Ermächtigung wie eine staatliche Stelle bedarf, die hoheitlich handelt. Aber er bedarf einer Erlaubnis der betroffenen Person oder des Gesetzgebers, um in das Grundrecht der betroffenen Person einzugreifen. Für das Grundrecht auf Datenschutz trifft den Unionsgesetzgeber eine **Schutzpflicht**.[57] Er hat aber auch die Pflicht, Meinungsfreiheit, Berufsausübung und unternehmerische Betätigung zu ermöglichen. Im Ausgleich zwischen diesen konkurrierenden Grundrechten geht es nicht um die einseitige Durchsetzung eines Grundrechts zulasten eines anderen, sondern um **praktische Konkordanz**, die für alle Grundrechte Ausübungsmöglichkeiten zu gewährleisten hat. Die notwendige Grenzziehung zwischen den Grundrechtssphären und der Ausgleich zwi-

---

47 S. zu diesem zB Callies/Ruffert/*Kingreen* GRCh Art. 52 Rn. 61ff.; der Grundsatz der Rechtmäßigkeit normiert nicht nur „der Sache nach so etwas wie einen Vorbehalt des Gesetzes" – so Schantz/Wolff/*Wolff*, Rn. 390.

48 S. EuGH C-201/14, NVwZ 2016, 375 Rn. 30 –- Bara; BVerfGE 100, 313 (366); dies gilt auch für die Datenverwendung durch private Stellen – s. BVerfGE 84, 192 (195); 117, 202 (229).

49 S. zB *Jarass* Art. 8 Rn. 12; Callies/Ruffert/*Kingreen* GRCh Art. 8 Rn. 14.

50 So *Schneider/Härting* ZD 2012, 199 (202); *Veil* ZD 2015, 347; *Buchner* DuD 2016, 155 (157); *Conrad* ZD 2016, 553; *Albrecht/Jotzo*, S. 33; Kühling/Buchner/*Buchner/Petri* Art. 6 Rn. 1, 10 f.; Gola/*Schulz* Art. 6 Rn. 2; Sydow/*Sydow* Einl. Rn. 71ff.

51 Roßnagel/*Roßnagel*, Das neue DSR, § 3 Rn. 50.

52 Ebenso Simitis/*Scholz/Sokol* § 4 Rn. 3; ähnlich *Albrecht/Jotzo*, S. 50 f.; „terminologisch unglücklich" nennt dies Gola/*Pötters* Art. 5 Rn. 6.

53 So zB *Gola/Schomerus* § 4 Rn. 3; Plath/*Plath* BDSG § 4 Rn. 2, *Buchner* DuD 2016, 155 (157); *von Grafenstein* DuD 2015, 789 (792); *Albrecht/Jotzo*, S. 33; *Laue/Nink/Kremer*, S. 77, 80. *Kühling/Martini et al.*, S. 27; *Kühling/Seidel/Sivridis*, Rn. 204; Kühling/Buchner/*Buchner/Petri* Art. 6 Rn. 1, 10 f.; Gola/*Schulz* Art. 6 Rn. 2; Ehmann/Selmayr/*Heberlein* Art. 6 Rn. 1; Sydow/*Sydow* Einl. Rn. 71; nach Schantz/Wolff/*Wolff*, Rn. 389 „bildet" der Grundsatz der Rechtmäßigkeit sogar ein Verbot mit Erlaubnisvorbehalt.

54 S. zB BVerfG NJW 2017, 217 Rn. 231 für die Regelung in § 7 AtG; BVerfGE 49, 89 (145ff.); BVerwG 40, 268; 56, 71; *Friauf* Jus 1962, 422; Wolff/Bachof/Stober/Kluth Verwaltungsrecht I, 13. Aufl. 2017, § 46 Rn. 38ff.; *Maurer/Waldhoff*, Allgemeines Verwaltungsrecht, 19. Aufl. 2017, § 9 Rn. 52ff.; *Erbguth/Guckelberger*, Allgemeines Verwaltungsrecht, 9. Aufl. 2017, S. 182; *Creifelds*, Rechtswörterbuch, Stichwort „Dispens".

55 So zB Gola/*Pötters* Art. 5 Rn. 7.

56 EuGH C-362/14, NJW 2015, 3151 – Schrems; EuGH C-101/01, MMR 2004, 95 – Lindqvist; BVerfGE 84, 192 (195); s. auch *Roßnagel* ZD 2013, 562 (563) mwN.

57 S. zB *Jarass* GRCh Art. 51 Rn. 5 und Art. 52 Rn. 17.

Roßnagel

schen ihrer gleichberechtigten Verwirklichung erfolgt durch die DSGVO und begründet den Grundsatz der Rechtmäßigkeit der Datenverarbeitung.[58]

2. Art und Weise der Datenverarbeitung. Der Grundsatz der Rechtmäßigkeit erschöpft sich allerdings nicht in der Forderung nach einer gesetzlichen Grundlage für die Zulässigkeit der Datenverarbeitung. Er bringt vielmehr zum Ausdruck, dass nicht nur das „Ob" der Datenverarbeitung, sondern auch das „Wie", die Art und Weise der Datenverarbeitung, rechtmäßig sein müssen.[59] Auch wenn die Datenverarbeitung nach Art. 6 Abs. 1 UAbs. 1 oder nach anderen Regelungen der DSGVO oder der Mitgliedstaaten zulässig ist, bestehen rechtsverbindliche **Pflichten** der Verantwortlichen und Auftragsverarbeiter, wie sie die Datenverarbeitung durchzuführen haben. Die Art und Weise der Datenverarbeitung betrifft auch die **Rechte** der betroffenen Personen, die diesen eine Mitwirkung an der Datenverarbeitung ermöglichen sollen. 38

Ein **Verstoß** gegen die rechtlichen Vorgaben zur Art und Weise der Datenverarbeitung macht zwar nicht per se die Datenverarbeitung unzulässig. Der Datenverarbeiter verstößt aber gegen Handlungspflichten oder ignoriert Rechte der betroffenen Personen. Die Datenverarbeitung ist daher **rechtswidrig**. Um einen rechtmäßigen Zustand herzustellen, hat die Aufsichtsbehörde Abhilfemaßnahmen nach Art. 58 Abs. 2 zu erlassen (→ Art. 58 Rn. 24ff.). Die betroffenen Personen oder die Verbände, die sie nach Art. 80 vertreten (→ Art. 80 Rn. 6ff.), können Leistungs-, Unterlassungs- oder Schadensersatzklagen geltend machen. Bei einem erheblichen Verstoß gegen eine Anordnung der Aufsichtsbehörde kann diese eine Sanktion nach Art. 83 Abs. 6 oder nationalem Recht (→ Art. 83 Rn. 51) verhängen und die Datenverarbeitung untersagen sowie die Löschung von Daten anordnen (→ Art. 58 Rn. 38ff.).[60] 39

3. Gefährdung des Grundsatzes der Rechtmäßigkeit. Durch Ausprägungen von Ubiquitous Computing und von Big Data wird der Grundsatz der Rechtmäßigkeit insbes. in der Ausprägung, dass die **Einwilligung** der betroffenen Person die Datenverarbeitung legitimiert, unter starken Druck geraten (→ Rn. 30). Selten werden die allgegenwärtigen Erhebungen und Verarbeitungen personenbezogener Daten in einer Welt voller Kameras und vielfältiger anderer Sensoren und Lokalisatoren sowie die Sammlungen und Auswertungen all dieser Daten der Erfüllung eines Vertrags mit den jeweils betroffenen Personen dienen. Die Forderung, für alle nicht durch Vertrag gedeckten Datenverarbeitungen jeweils eine nachweisbare Einwilligung einzuholen, wird jedoch angesichts der Fülle und Vielfalt der Vorgänge und der Vielzahl von (teilweise nur) Verantwortlichen zu einer Überforderung aller Beteiligten führen. Angesichts der potenziell großen Zahl von impliziten (Mini-)Interaktionen und der ebenso großen Bandbreite an Nutzerschnittstellen, der Weiterleitung der Daten an viele Dienste und Netze scheint es nicht praktikabel, bekannte Verfahren, wie zB ein Bestätigungsknopf, ein Häkchen oder gar eine elektronische Signatur, allgemein einsetzen zu wollen.[61] Für Big Data-Analysen ist es ausgeschlossen, dass die vielen – oft Millionen – betroffenen Personen vorher um ihre Einwilligung gebeten werden. In der Regel dürften sie dem Big Data-Anwender auch gar nicht bekannt sein. 40

In dieser Welt wird die Einwilligung als Instrument des Datenschutzrechts in bisher bekannter Form allenfalls in sehr generalisierter Anwendung überleben können. Bei vorher bekannten Dienstleistungen werden die Betroffenen in Rahmenverträgen mit allgemeinen Zweckbestimmungen ihre Einwilligung erteilen. Damit wird die **Steuerungskraft** der Einwilligung für die Zulässigkeit der Datenverarbeitung noch weiter sinken. Für spontane Kommunikation wird die Einwilligung ihre Bedeutung ganz verlieren.[62] Das Gleiche wird für die Legitimation der Datenverarbeitung durch **Interessenabwägung** nach Art. 6 Abs. 1 UAbs. 1 lit. f gelten. Die Umstände automatisierter Erfassung, insbes. durch selbstlernende Systeme, werden keine Abwägung im Einzelfall ermöglichen, sondern allenfalls eine sehr generalisierte Abwägung des Einsatzes bestimmter Systeme überhaupt. 41

Vielfach handelt es sich bei den „smarten" Informationstechniken um informationstechnische **Infrastrukturen** (Plattformen, Netzwerke, Basisdienste), die ihrem Infrastrukturcharakter entsprechend für vielfältige Anwendungen gleichmäßig zur Verfügung gestellt werden. Deren Merkmale können nicht zur Auswahl der Nutzer gestellt werden. Den Nutzern bleibt nur die Entscheidung, sie zu nutzen oder nicht („take it or leave it").[63] Wollen sie sie nutzen, ist dies nur zu den Bedingungen und mit den Merkmalen möglich, denen alle 42

---

58 S. für das deutsche Recht *Roßnagel/Pfitzmann/Garstka*, S. 48ff.
59 S. Sydow/*Reimer* Art. 5 Rn. 1.
60 S. hierzu näher *Roßnagel*, Datenschutzaufsicht nach der DSGVO, 2017, S. 97ff.
61 S. hierzu *Roßnagel et al.*, Datenschutzrecht 2016 – „Smart" genug für die Zukunft?, 2016, S. 102f.; *Roßnagel*, Datenschutz in einem informatisierten Alltag, 2007, S. 153ff.; s. bereits *Langheinrich*, Privatsphäre im Ubiquitous Computing, 2003, S. 338f.
62 S. *Roßnagel*, in: Roßnagel/Sommerlatte/Winand (Hrsg.), Digitale Visionen, S. 146.
63 S. zB *Roßnagel et al.*, Datenschutzrecht 2016 – „Smart" genug für die Zukunft?, 2016, S. 102f.

Infrastrukturnutzer unterliegen.[64] In diesem Fall ist die individuelle Einwilligung ein inhaltsleerer Formalismus, da bei Nutzung der Infrastruktur keine Wahlmöglichkeit besteht.[65]

43 Das Gleiche gilt auch für Anwendungen, die keinen Infrastrukturcharakter haben, aber dennoch die betroffenen Personen faktisch dazu zwingen, sich mit dem Zugriff auf ihre personenbezogenen Daten einverstanden zu erklären. Die technische Entwicklung wird dazu führen, dass alle immer mehr von unterstützenden Anwendungen abhängig sein werden, die für ihre Funktionalität den Umgang mit ihren Daten fordern. Im Einzelfall übt nicht der Verantwortliche **Zwang** aus, sondern die Faktizität **der Technik**. Unterstützt wird dieser Zwang durch die Kostenlosigkeit zahlreicher Dienstleistungen und das gesellschaftliche Ausgrenzungsrisiko bei einem Technikverzicht.[66]

VI. Grundsatz der Verarbeitung nach Treu und Glauben (Abs. 1 lit. a Alt. 2)

44 Nach Abs. 1 lit. a Alt. 2 müssen personenbezogene Daten nach Treu und Glauben verarbeitet werden. Diese Regelung setzt **Art. 8 Abs. 2 S. 1 GRCh** um, der der betroffenen Person gewährleistet, dass ihre personenbezogenen Daten nur „nach Treu und Glauben … verarbeitet werden" dürfen. Dieser Grundsatz der Verarbeitung nach Treu und Glauben betrifft die Art und Weise der Rechtsausübung im Verhältnis zwischen Verantwortlichem und betroffener Person.[67]

45 Die in Rechtsprechung und Literatur bisher genannten Beispiele[68] verborgener Techniken, heimlicher Verarbeitungen, Verstößen gegen die Zweckbindung oder Fehlen legitimer Zwecke werden alle bereits durch **andere Grundsätze** der Vorschrift erfasst. Dies gilt auch für die Anwendung dieses Grundsatzes durch den EuGH. Nach dieser Rechtsprechung verpflichtet dieser Grundsatz zB „eine Verwaltungsbehörde, die betroffenen Personen davon zu unterrichten, dass die personenbezogenen Daten an eine andere Verwaltungsbehörde weitergeleitet werden, um von dieser … weiterverarbeitet zu werden".[69] Allerdings kennt die DSRL, zu der die Entscheidung erging, in Art. 6 Abs. 1 lit. a keinen Grundsatz der Transparenz, so dass der EuGH diese Anforderung in den Grundsatz von Treu und Glauben „hineinlesen" musste. Im Rahmen von Abs. 1 lit. a Alt. 2 ergibt sich diese Anforderung aus dem Grundsatz der Transparenz.[70]

46 Der Grundsatz von „Treu und Glauben" steht zwar auch in der deutschen Übersetzung des Art. 5 lit. a der Datenschutzkonvention 108 des Europarats von 1981 und des Art. 6 lit. a DSRL und wurde von da in die deutsche Fassung der Vorschrift übernommen. Im deutschen Recht ist dieser Begriff aber schon besetzt. Dort kommt er ansonsten nur zum Einsatz, wenn es im **Privatrechtsverkehr** darum geht, gesetzlich nicht geregelte Konflikte zu bewältigen (so vor allem im Kontext des BGB und des UrhG). Auf das Verhältnis zwischen Staat und Bürger findet dieser Begriff bisher keine Anwendung.[71] Als Begriff in einer Unionsnorm kann „Treu und Glauben" aber nicht so ausgelegt werden, wie er im deutschen Recht bisher verwendet wurde, sondern ist „autonom" zu interpretieren. Wenn er also etwas anderes bedeuten soll, ist es verwirrend, ihn mit einem deutschen Wort zu besetzen, das ansonsten etwas ganz anderes meint.

47 In der englischen Fassung lautet der Begriff „fairness", in der französischen Fassung „loyautè". Statt ihn – wie vor 35 Jahren – mit dem unpassenden zivilrechtlichen Fachterminus „Treu und Glauben" zu übersetzen, wäre es im Rahmen der Vorschrift besser gewesen, ihn mit dem im Deutschen inzwischen geläufigen Wort „**Fairness**" auszudrücken.[72] Statt ihn mit rechtmäßigem Verhalten gleichzusetzen[73] und ihn damit angesichts des Grundsatzes der Rechtmäßigkeit überflüssig zu machen, könnte er mit der Bezeichnung „Fairness" als eine Art Auffangklausel angesehen werden, „um eine als unklar zu beanstandende Datenverarbeitung auch bei Fehlen einer einschlägigen Regelung als rechtswidrig qualifizieren zu können".[74] Als unfair sind zum einen Verhaltensweisen anzusehen, die Vertrauen missbrauchen. Berechtigtes Vertrauen kann explizit über Absprachen oder vorausgegangenes Verhalten hervorgerufen werden oder implizit über berechtigte Erwartungen in die Einhaltung von Verkehrs-, Handels- oder Berufsregeln. Vertrauen wird auch missbraucht, wenn eine Einwilligung gefordert wird, obwohl die Datenverarbeitung durch einen gesetzlichen

---

64 Diesem Dilemma kann man nur entkommen, wenn man für bestimmte Dienste alternative Angebote mit echten Wahlmöglichkeiten fordert.

65 Zur Kritik am Konzept der Einwilligung s. zB *Kamp/Rost* DuD 2013, 80; *Gundermann* VuR 2011, 74 (76); s. auch *Roßnagel* DuD 2016, 561 (553).

66 S. zB *Roßnagel*, in: Hill (Hrsg.), E-Transformation, 2014, S. 99ff.

67 S. zB *Albrecht/Jotzo*, S. 51; Ehmann/Selmayr/*Heberlein* Art. 5 Rn. 9.

68 S. zB Gola/*Pötters* Art. 5 Rn. 9; Kühling/Buchner/*Herbst* Art. 5 Rn. 15.

69 EuGH C-201/14, ZD 2015, 577 (578) Rn. 56 – Bara.

70 Ähnlich Kühling/Buchner/*Herbst* Art. 5 Rn. 16 unter Hinweis auf Art. 4 Abs. 1 JI-Richtlinie.

71 S. Paal/Pauly/*Frenzel* Art. 5 Rn. 19; Kühling/Buchner/*Herbst* Art. 5 Rn. 13; Ehmann/Selmayr/*Heberlein* Art. 5 Rn. 9.

72 Sydow/*Reimer* Art. 5 Rn. 14; Schantz/Wolff/*Wolff*, Rn. 392.

73 So zB *Ehmann/Helfrich* Art. 6 Rn. 3 für die DSRL.

74 *Dammann/Simitis* Art. 6 Rn. 3 für die DSRL; ebenso Sydow/*Reimer* Art. 5 Rn. 14; Kühling/Buchner/*Herbst* Art. 5 Rn. 17 für die DSGVO.

Erlaubnistatbestand erlaubt ist. In diesem Fall führt der nach Art. 7 Abs. 3 S. 3 geforderte Hinweis auf ein Widerspruchsrecht in die Irre, wenn bei dessen Ausübung die Datenverarbeitung dennoch fortgeführt wird, weil sie durch den gesetzlichen Erlaubnistatbestand erlaubt ist. Zum anderen kann der Grundsatz von Treu und Glauben verletzt sein,[75] wenn eine betroffene Person durch die Verarbeitung der sie betreffenden Daten einen Nachteil erfährt, der dem durch die DSGVO beschriebenen Gesamtbild eines Kräftegleichgewichts zwischen der betroffenen Person und dem Verantwortlichen widerspricht, ohne zwingend gegen gesetzliche Vorgaben zu verstoßen.[76] Dieser Aspekt von Treu und Glauben ist bei der Abwägung der widerstreitenden Interessen zwischen Verantwortlichem und betroffener Person nach Art. 6 Abs. 1 UAbs. 1 lit. f, bei der Bestimmung der Freiwilligkeit einer Einwilligung sowie des Kopplungsverbots nach Art. 7 Abs. 4, bei der Festlegung von Verhaltensregeln nach Art. 40 Abs. 2 zu berücksichtigen.[77] Aus beiden Gründen lässt sich über den Grundsatz von Treu und Glauben auch eine normative Brücke herstellen zur **Kontrolle von Datenschutzregelungen in AGB**. Um den Grundsatz zu operationalisieren, könnte eine Anknüpfung an treuwidrige, unfaire Verhaltensweisen erfolgen, wie sie die Rechtsprechung zum AGB-Recht und zum Recht des unlauteren Wettbewerbs herausgearbeitet hat.[78]

Die **Gefährdungen** des Grundsatzes **durch zukünftige Herausforderungen** (→ Rn. 30) sind geringer als bei 48 anderen Grundsätzen. Dies entspricht seiner geringeren Steuerungswirkung. Soweit er Schieflagen bei der Interessenabwägung oder bei der Einwilligung korrigieren soll (→ Rn. 47), leidet er ebenso an dem Steuerungsverlust dieser beiden Legitimationsgründe für Datenverarbeitungen wie diese selbst. Möglicherweise kann die Bedeutung des Grundsatzes – nicht für die allgemeine Steuerung der Datenverarbeitung personenbezogener Daten, aber für den nachträglichen Ausgleich der Interessen im Einzelfall – steigen, wenn Einwilligung und Interessenabwägung immer mehr zur Farce werden.

VII. Grundsatz der Transparenz (Abs. 1 lit. a Alt. 3)

Nach Abs. 1 lit. a Alt. 3 müssen personenbezogene Daten „in einer für die betroffene Person nachvollzieh- 49 baren Weise" verarbeitet werden. Der Grundsatz der Transparenz ist durch Art. 8 Abs. 2 S. 2 GRCh in der Weise **primärrechtlich explizit abgesichert**, als diese Regelung jeder Person das Recht gewährleistet, Auskunft über die sie betreffenden erhobenen Daten zu erhalten. Insoweit liegt Art. 8 Abs. 2 GRCh den einschlägigen Regelungen der DSGVO zugrunde.[79] Da die Auskunft aber nur ein Beispiel für Transparenz ist, gilt die grundrechtliche Fundierung implizit auch für die anderen Transparenzregelungen in der Verordnung.

Der Grundsatz der Transparenz beschränkt sich nicht auf ein Auskunftsrecht der betroffenen Person, son- 50 dern umfasst **alle Informationen und Informationsmaßnahmen**, die erforderlich sind, damit die betroffene Person überprüfen kann, ob die Datenverarbeitung rechtmäßig ist, und ihre Rechte wahrnehmen kann.[80] Ohne ausreichende Transparenz wird die betroffene Person faktisch rechtlos gestellt. Transparenz der Datenverarbeitung ist die notwendige Voraussetzung zur Wahrnehmung auch vieler anderer Grundrechte. Auch für die DSGVO gilt die Feststellung, die das BVerfG bereits 1983 getroffen hat: „Wer nicht mit hinreichender Sicherheit überschauen kann, welche ihn betreffende Informationen in bestimmten Bereichen seiner sozialen Umwelt bekannt sind, und wer das Wissen möglicher Kommunikationspartner nicht einigermaßen abzuschätzen vermag, kann in seiner Freiheit wesentlich gehemmt werden, aus eigener Selbstbestimmung zu planen oder zu entscheiden."[81]

1. Umsetzung der Transparenz. Der Grundsatz der Transparenz findet seinen Ausdruck in Rechten der be- 51 troffenen Person auf **Information und Auskunft** und in den korrespondierenden Pflichten des Verantwortlichen. Eigentlich setzt die Transparenz auch voraus, die Daten grundsätzlich bei der betroffenen Person zu erheben, wie dies § 4 Abs. 2 BDSG aF bis zur Geltung der DSGVO gefordert hat.[82] Diese wesentliche Voraussetzung der Transparenz ist durch die Verordnung jedoch verloren gegangen.[83]

Der Grundsatz begründet für den **Verantwortlichen Pflichten**, ausreichende Transparenz zu gewährleisten. 52 Erhebt er personenbezogene Daten bei der betroffenen Person, ist er nach Art. 13 verpflichtet, auch ohne

---

75 Ähnlich Schantz/Wolff/*Wolff*, Rn. 393.
76 Kühling/Buchner/*Herbst* Art. 5 Rn. 17.
77 Ehmann/Selmayr/*Heberlein* Art. 5 Rn. 10.
78 S. zB LG Berlin K&R 2014, 56; *Wendehorst/Westphalen* NJW 2016, 3745; *Meyer* K&R 2012, 309; *ders.* K&R 2014, 90; *Kremer* RDV 2014, 73.
79 Meyer/*Bernsdorff* Art. 8 Rn. 21 für die DSRL.
80 S. BVerfGE 65, 1 (46, 59). S. hierzu auch Gola/*Pötters* Art. 5 Rn. 11; *Roßnagel/Pfitzmann/Garstka*, S. 82ff.
81 BVerfGE 65, 1 (43).
82 S. hierzu zB Simitis/*Scholz/Sokol* § 4 Rn. 19ff.; *Roßnagel/Pfitzmann/Garstka*, S. 82 f.
83 S. hierzu Roßnagel/*Roßnagel*, Das neue DSR, § 1 Rn. 11; aA Schantz/Wolff/*Wolff*, Rn. 395: von Transparenzgrundsatz gefordert, Rn. 456 nur „gegebenenfalls".

dass eine betroffene Person dies einfordert, sie zum Zeitpunkt der Datenerhebung über die in Art. 13 Abs. 1 und Abs. 2 aufgelisteten Angaben zu informieren. Das Gleiche gilt nach Art. 13 Abs. 3, wenn der Verantwortliche beabsichtigt, die personenbezogenen Daten für einen anderen Zweck weiterzuverarbeiten als den, für den er sie erhoben hat. Erhebt er die Daten nicht bei der betroffenen Person, hat er ihr zu den in Art. 14 Abs. 3 genannten Zeitpunkten, längstens jedoch innerhalb eines Monats, die in Art. 14 Abs. 1 und Abs. 2 aufgelisteten Informationen mitzuteilen. Auch hier gilt das Gleiche bei einer Weiterverarbeitung zu einem anderen Zweck.

53 Die **betroffene Person** hat einen **Rechtsanspruch auf Auskunft** nach Art. 15. Sie kann vom Verantwortlichen eine Bestätigung darüber verlangen, ob sie betreffende personenbezogene Daten verarbeitet werden. Ist dies der Fall, so hat sie ein Recht auf Auskunft über diese personenbezogenen Daten und die in Art. 15 Abs. 1 und 2 aufgelisteten Informationen. Der Verantwortliche hat der betroffenen Person nach Art. 12 die Auskunft unverzüglich, in jedem Fall aber innerhalb eines Monats nach Eingang des Antrags zu erteilen. Nach Art. 15 Abs. 3 hat die betroffene Person einen Anspruch auf eine Kopie der personenbezogenen Daten, die Gegenstand der Verarbeitung sind.

54 Transparenz kann auch durch datenschutzgerechte **Systemgestaltung** und durch datenschutzfreundliche **Voreinstellungen** gemäß Art. 25 Abs. 1 und 2 gewährleistet werden.[84] Transparenz über die Datenverarbeitung kann auch über **Zertifizierungsverfahren** hergestellt sowie über Zertifikate, Datenschutzsiegel und -prüfzeichen nach Art. 42 ermöglicht werden.[85]

55 Hinsichtlich der **Inhalte der Transparenz** hält EG 39 fest, dass „für natürliche Personen … Transparenz dahin gehend bestehen [sollte], dass sie betreffende personenbezogene Daten erhoben, verwendet, eingesehen oder anderweitig verarbeitet werden und in welchem Umfang die personenbezogenen Daten verarbeitet werden und künftig noch verarbeitet werden". Der Grundsatz der Transparenz „setzt voraus, dass alle Informationen und Mitteilungen zur Verarbeitung dieser personenbezogenen Daten leicht zugänglich und verständlich und in klarer und einfacher Sprache abgefasst sind". Die Transparenz betrifft vor allem die Identität des Verantwortlichen, die verarbeiteten Daten, den Zweck der Datenverarbeitung, die Schritte der Datenverarbeitung, die Empfänger übermittelter Daten, die Quellen der Daten, die Rechtsgrundlage der Datenverarbeitung und „sonstige Informationen, die eine faire und transparente Verarbeitung im Hinblick auf die betroffenen natürlichen Personen gewährleisten, sowie deren Recht, eine Bestätigung und Auskunft darüber zu erhalten, welche sie betreffende personenbezogene Daten verarbeitet werden".

56 Die vom Grundsatz geforderte Transparenz betrifft aber nach Art. 13 Abs. 2 lit. f und Art. 14 Abs. 2 lit. g auch die „aussagekräftigen Informationen über die involvierte Logik" der Datenverarbeitung, „sowie die Tragweite und die angestrebten Auswirkungen einer derartigen Verarbeitung für die betroffene Person". Nach diesen Regelungen gilt diese Informationspflicht „zumindest" bei „Bestehen einer automatisierten Entscheidungsfindung einschließlich Profiling" gemäß Art. 22 Abs. 1 und 4. Diese Informationen über die **Struktur** und die Ziele der Verarbeitungsprozesse sowie die **Kriterien** und ihre **Entscheidungsfolgen** sind zB bei der Erstellung von Profilen wichtiger als die Transparenz über die einzelnen Daten, die in dem Profil zusammengeführt werden. Für welche Datenverarbeitungsvorgänge der Verantwortliche eine solche Information über das „zumindest" hinaus noch geben muss, regelt die DSGVO leider nicht. Man wird vergleichbare Fälle nach den möglichen Auswirkungen für die betroffene Person suchen müssen (→ Art. 13 Rn. 16). EG 71 S. 2 nennt in diesem Zusammenhang Datenverarbeitungen, die „insbesondere zur Analyse oder Prognose von Aspekten bezüglich Arbeitsleistung, wirtschaftliche Lage, Gesundheit, persönliche Vorlieben oder Interessen, Zuverlässigkeit oder Verhalten, Aufenthaltsort oder Ortswechsel der betroffenen Person" genutzt werden, „soweit dies rechtliche Wirkung für die betroffene Person entfaltet oder sie in ähnlicher Weise erheblich beeinträchtigt".

57 Der Bezug zu den Auswirkungen auf die Grundrechte und Freiheiten der betroffenen Person zeigt, dass der Grundsatz der Transparenz auch die **Systeme der Informationstechnik** betrifft und betreffen muss.[86] Transparenz in diesem Sinn bedeutet, dass mit angemessenem Aufwand durchschaubar ist, was das System einschließlich aller Betriebs- und Anwendungssoftware genau tut und tun kann und wie sich das System in der Zeit verändern kann.

58 Schließlich muss die Transparenz auch eine **Aufklärung** der betroffenen Person über ihre **Rechte** umfassen.[87] Nach EG 39 betrifft der Grundsatz insbes. auch die Informationen, „die eine faire und transparente Verarbeitung im Hinblick auf die betroffenen natürlichen Personen gewährleisten, sowie deren Recht, eine Bestätigung und Auskunft darüber zu erhalten, welche sie betreffende personenbezogene Daten verarbeitet

---

84 S. auch EG 78.
85 S. EG 100; zB Kühling/Buchner/*Herbst* Art. 5 Rn. 19.
86 S. EG 58 und 78.
87 Roßnagel/*Roßnagel*, Das neue DSR, § 3 Rn. 58.

werden. Natürliche Personen sollten über die Risiken, Vorschriften, Garantien und Rechte im Zusammenhang mit der Verarbeitung personenbezogener Daten informiert und darüber aufgeklärt werden, wie sie ihre diesbezüglichen Rechte geltend machen können."

2. Form der Transparenz. Der Grundsatz der Transparenz setzt nach EG 39 „voraus, dass alle Informationen und Mitteilungen zur Verarbeitung dieser personenbezogenen Daten **leicht zugänglich und verständlich** ... abgefasst sind." Sie sind nach Art. 12 Abs. 1 „in präziser, transparenter, verständlicher und leicht zugänglicher Form in einer klaren und einfachen Sprache zu übermitteln; dies gilt insbes. für Informationen, die sich speziell an Kinder richten." Die Übermittlung der Informationen erfolgt nach EG 59 schriftlich oder in anderer Form, gegebenenfalls auch elektronisch. Falls die betroffene Person dies verlangt, kann der Verantwortliche die Information mündlich erteilen, sofern die Identität der betroffenen Person in anderer Form nachgewiesen wurde. Nach Art. 12 Abs. 7 (s. auch EG 60) kann der Verantwortliche seine Informationen auch in Kombination mit standardisierten maschinenlesbaren Bildsymbolen bereitstellen, um in leicht wahrnehmbarer, verständlicher und klar nachvollziehbarer Form einen aussagekräftigen Überblick über die beabsichtigte Verarbeitung zu vermitteln (→ Art. 12 Rn. 38ff.). Die notwendigen Informationen dürfen sich also nicht an eine Person mit Fachkunde richten, sondern müssen auch für Laien verständlich sein. **59**

Zuviel Information kann das Verständnis des Sachverhalts und der möglichen Auswirkungen für die betroffene Person erschweren. Zur Kenntnis werden nur die jeweils relevanten Informationen genommen. Relevant sind nur die Informationen, die für die jeweilige Handlungs- oder Entscheidungssituation bedeutsam sind. Umfangreiche Datenschutzerklärungen über alle nur denkbaren Verarbeitungsschritte und Verwendungssituationen zum Zeitpunkt der Ersterhebung sind bei komplexeren Verarbeitungsprozessen das Gegenteil von „verständlich und leicht zugänglich". Relevant und bedeutsam sind nur die Informationen, die **situationsgerecht** dann gegeben werden, wenn sie für eine Entscheidung der betroffenen Person notwendig sind. Daraus sind für die Transparenz drei Schlüsse zu ziehen. Erstens sind Informationen jeweils situationsgerecht, also öfter als nur bei der Ersterhebung oder der Erstspeicherung zu geben.[88] Zweitens sind die Informationen in der jeweils gewünschten Tiefe und Ausführlichkeit zu geben (zB Multi-Layer-Technik). Drittens sind für besondere Situationen besondere Anforderungen notwendig, wie zB für audiovisuelle Systeme, biometrische Verfahren und Verarbeitung von Personenprofilen.[89] **60**

3. Gefährdung des Grundsatzes der Transparenz. Der Grundsatz der Transparenz stößt in der künftigen Welt der allgegenwärtigen Datenverarbeitung und des Big Data (→ Rn. 30) an **subjektive Grenzen**. Allein die zu erwartende Vervielfachung der Datenverarbeitungsvorgänge in allen Lebensbereichen übersteigt die mögliche Aufmerksamkeit, die zur Effektivität der Transparenz erforderlich ist, um ein Vielfaches. Zudem soll die „smarte" Informationstechnik im Alltag gerade im Hintergrund und damit unmerklich den Menschen bei vielen Alltagshandlungen unterstützen. Die Unsichtbarkeit der Erfassung ist ein Design-Merkmal der Technik und insofern kein behebbarer Fehler. Kommunikationsfähige Gegenstände und sensorbestückte Umgebungen sind fast immer aktiv und erheben eine enorme Menge Daten. Die Betroffenen wissen aber nie, ob und wenn ja welche Handlungen von ihnen beobachtet und registriert werden und welche Datensammlungen zusammengeführt werden. Niemand würde es akzeptieren, wenn er täglich hundertfach bei meist alltäglichen Verrichtungen Hinweise oder Unterrichtungen zur Kenntnis nehmen müsste.[90] **61**

Außerdem setzen hohe Komplexität und vielfältige Zwecke der möglichen Transparenz **objektive Grenzen**. Für viele Anwendungen wird bei der Datenerhebung unklar sein, ob die Daten personenbezogen sind. Sie erhalten den Personenbezug oft viel später. Eine einzelne Erhebung mag irrelevant erscheinen, besondere Bedeutung wird sie oft erst dadurch erlangen, dass die erhobenen Daten nachträglich mit vielen anderen Daten zusammengeführt werden. Dann besteht aber meist keine Möglichkeit mehr, die betroffene Person zu informieren. Für andere Anwendungen kann der Zweck der Datenverarbeitung mehrfach wechseln und sich auch unvorhergesehen einstellen (→ Rn. 112, 164). Selbst wenn die betroffene Person dies wollte, stehen bei datenverarbeitenden Alltagsgegenständen oft keine oder keine adäquaten Ausgabemedien für eine Information zur Verfügung.[91] **62**

---

88 S. auch EG 61.
89 S. zB *Roßnagel/Pfitzmann/Garstka*, S. 90.
90 S. hierzu *Roßnagel et al.*, Datenschutzrecht 2016 – „Smart" genug für die Zukunft?, 2016, S. 100 f.; *Roßnagel*, Datenschutz in einem informatisierten Alltag, 2007, S. 133ff.
91 S. hierzu *Roßnagel et al.*, Datenschutzrecht 2016 – „Smart" genug für die Zukunft?, 2016, S. 101; *Roßnagel*, Datenschutz in einem informatisierten Alltag, 2007, S. 133ff.

VIII. Grundsatz der Zweckbindung (Abs. 1 lit. b)

63 Nach Abs. 1 lit. b müssen personenbezogene Daten „für festgelegte, eindeutige und legitime Zwecke erhoben werden und dürfen nicht in einer mit diesen Zwecken nicht zu vereinbarenden Weise weiterverarbeitet werden". Dieser Grundsatz der Zweckbindung ist der **zentrale Grundsatz** des Datenschutzrechts in der Union und in Deutschland. Durch diesen Grundsatz unterscheidet sich diese Ausprägung des Datenschutzrechts von dem Datenschutzrecht anderer Rechtsordnungen.

64 Der Grundsatz der Zweckbindung ist **grundrechtlich geboten**. Art. 8 Abs. 2 S. 1 GRCh gewährleistet jeder betroffenen Person, dass ihre personenbezogenen Daten nur „für festgelegte Zwecke ... verarbeitet werden" dürfen. Mit diesem grundrechtlich abgesicherten Grundsatz soll die Verarbeitung begrenzt, die Zugriffsmöglichkeiten beschränkt, die Transparenz für die betroffene Person sichergestellt und die Verwendungsdauer der Daten festgelegt werden.[92]

65 Das **Grundrecht auf Datenschutz** wird nur dann gewahrt, wenn der Verantwortliche die konkreten Zwecke respektiert, zu deren Erfüllung die betroffene Person in die Datenverarbeitung eingewilligt hat. Hat der Gesetzgeber die Datenverarbeitung erlaubt, entspricht sie nur dann dem Grundrecht auf Datenschutz, wenn der Verantwortliche seinen Verarbeitungszweck konkret und präzise festgelegt hat.[93] Nur für diesen festgelegten Zweck muss die betroffene Person sich der Datenverarbeitung in dem dafür erforderlichen Ausmaß beugen. Für das Grundrecht auf Datenschutz sind dabei nicht nur die personenbezogenen Daten entscheidend, sondern vor allem der Verarbeitungszweck und der Verarbeitungskontext.

66 Der Grundsatz der Zweckbindung soll sicherstellen, dass die betroffene Person darauf **vertrauen** kann, dass die Datenverarbeitung nur zu dem von ihr oder dem Gesetz erlaubten Zweck erfolgt. Ihr soll möglichst genau bekannt sein, „wer was wann und bei welcher Gelegenheit über [sie] weiß",[94] damit sie ihr Verhalten frei von der Furcht, unbemerkt registriert zu werden, wählen und einrichten kann.[95] Damit verhindert der Grundsatz der Zweckbindung, dass die betroffene Person zum Objekt einer Datenverarbeitung wird, die sie aufgrund ihrer Komplexität und Intransparenz weder durchschauen noch beeinflussen kann.[96]

67 Der Zweck der Datenverarbeitung ist Bezugspunkt des **Grundsatzes der Erforderlichkeit**. Dieser besagt, dass nur die Datenverarbeitung zulässig ist, die für das Erreichen des Zwecks der Datenverarbeitung erforderlich ist. Dies bringt EG 39 durch folgenden Satz zum Ausdruck: „Personenbezogene Daten sollten nur verarbeitet werden dürfen, wenn der Zweck der Verarbeitung nicht in zumutbarer Weise durch andere Mittel erreicht werden kann." Dieses Erforderlichkeitsprinzip[97] ergibt sich unmittelbar aus der Zulässigkeit des Eingriffs in das Grundrecht auf Datenschutz.[98] Sie ist nur insoweit gegeben, wie der Grundrechtseingriff auf das geringstmögliche Maß reduziert ist.[99] In der Abgrenzung der Grundrechte des Verantwortlichen und der betroffenen Person bestimmt der Gesetzgeber durch eine Erlaubnisnorm den Zweck, zu dem das Interesse an Datenverarbeitung Vorrang vor dem Interesse an Datenschutz haben soll. In Ausübung der Erlaubnisnorm muss aber der Eingriff in das Grundrecht auf Datenschutz in der schonendsten Weise erfolgen. Diese ergibt sich über die Zweck-Mittel-Relation der Erforderlichkeit. Dieser Grundsatz der Erforderlichkeit ist in der DSGVO als solcher nicht ausdrücklich geregelt, ergibt sich aber aus Art. 52 Abs. 1 S. 2 GRCh.[100] In der Vorschrift sind aber die Grundsätze der Datenminimierung in Bezug auf den Umfang der Daten, der Speicherbegrenzung in Bezug auf den Zeitraum der Datenverarbeitung und der Datenberichtigung in Bezug auf den Inhalt der Daten aufgenommen worden, die jeweils einen Aspekt des Grundsatzes der Erforderlichkeit zum Ausdruck bringen und auf den Zweck der Datenverarbeitung beziehen.

68 **1. Zweck.** Personenbezogene Daten dürfen nur „für festgelegte, eindeutige und legitime Zwecke erhoben" werden. Der **Zweck** der Datenverarbeitung ist die Beschreibung des Zustands, der durch das Mittel der Datenverarbeitung erreicht werden soll.[101] Er ist ein Sollwert, der final und teleologisch das **Ziel** und den

---

92 S. zB Meyer/*Bernsdorff* Art. 8 Rn. 21; für Deutschland s. BVerfGE 65, 1 (46ff.).
93 BVerfGE 65, 1 (46ff.) für das Grundrecht auf informationelle Selbstbestimmung.
94 BVerfGE 65, 1 (43).
95 S. Roßnagel/*v. Zezschwitz,* HB DSch, Kap. 3.1 Rn. 4.
96 S. *Roßnagel/Pfitzmann/Garstka,* S. 111.
97 Es bezieht sich auf alle Aspekte des Grundrechtseingriffs – Umfang, Dauer, Phasen, Tiefe, Qualität, Modalitäten und Teilnehmer der Datenverarbeitung – s. *Roßnagel/Pfitzmann/Garstka,* S. 98 f.
98 Die Datenverarbeitung muss daher nach allen Erlaubnistatbeständen des Art. 6 Abs. 1 UAbs. 1 lit. b bis f erforderlich sein.
99 EuGH C-73/07, EuZW 2009, 108 – Satakunnan Markkinapörssi und Satamedia; EuGH C-92/09 und C-93/09, NJW 2011, 1338 Rn. 77 – Volker und Markus Schecke und Eifert; EuGH C-293/12 und C-594/12, NJW 2014, 2169 – Digital Rights Ireland; EuGH C-362/14, NJW 2015, 3151 – Schrems; EuGH C-203/15 und C-698/15, NJW 2017, 717 – Tele2 Sverige.
100 *Jarass* Art. 52 Rn. 39 f.
101 *Podlech* in Bräutigam/Höller/Scholz (Hrsg.), Datenschutz als Anforderung an die Systemgestaltung, 1990, S. 352; *Hoffmann,* Zweckbindung, 1991, S. 83.

Grund benennt, zu dem der Verantwortliche die Datenverarbeitung durchführt.[102] Der Zweck beantwortet die Frage des „Wozu".

Die rechtliche Anknüpfung an diesen Zweck legitimiert die Datenverarbeitung und begrenzt sie zugleich.[103] **69** Der Zweck ist die **steuernde Größe** für die Auswahl der Daten und die Prozessschritte der Datenverarbeitung.[104] Am Zweck knüpfen viele weitere Datenschutzgrundsätze an (→ Rn. 78ff.) und am Zweck orientiert sich die Prüfung der Verhältnismäßigkeit der Datenverarbeitung als Mittel.

Jede Datenverarbeitung verfolgt einen Zweck. Der Verantwortliche will mit dem Mittel der Datenverarbeitung **70** immer irgendetwas erreichen. Es gibt daher **keine zweckfreie Datenverarbeitung**.[105] Allerdings kann der Zweck so allgemein oder abstrakt gefasst sein, dass er keine die Datenverarbeitung begrenzende und steuernde Wirkung entfalten kann. Im Extremfall können alle Formen der Datenverarbeitung als Mittel geeignet sein und die Daten können vom Erhebungskontext beliebig entfernt werden, um den Zweck zu erreichen.

Zwecke sind **hierarchisch** und können auf verschiedenen Hierarchiestufen formuliert werden.[106] Je **präziser** **71** der Zweck gefasst wird, umso mehr Mittel, den Zweck zu erreichen, schließt er aus; je allgemeiner er gefasst wird, umso mehr Mittel der Datenverarbeitung lässt er zur Zweckerreichung zu.[107] Je **konkreter** der Zweck benannt wird, umso stärker bindet er die Datenverarbeitung an den Erhebungskontext, je abstrakter er beschrieben wird, umso weiter kann sich die Verarbeitung der Daten zur Zweckerfüllung von ihrem sozialen Erhebungskontext entfernen.[108] Die Zweckbestimmung für die einzelne Datenverarbeitung muss auf dem Kontinuum zwischen allgemeiner und abstrakter Umschreibung und konkreter und präziser Festlegung situations- und risikoadäquat das richtige Maß finden. Entsprechend dem Verhältnismäßigkeitsprinzip ist der Zweck so präzise und konkret zu bestimmen, dass die notwendige Flexibilität die Datenverarbeitung ermöglicht, zugleich aber der Schutz der Grundrechte der betroffenen Person gegenüber einem Kontextverlust und einer breiten Nutzung der Mittel der Datenverarbeitung gewahrt ist.

2. Zweckbestimmung. Personenbezogene Daten dürfen nur „für festgelegte, eindeutige und legitime Zwecke erhoben" werden. Nach EG 39 sollen „insbesondere ... die bestimmten Zwecke, zu denen die personenbezogenen Daten verarbeitet werden, eindeutig und rechtmäßig sein und zum Zeitpunkt der Erhebung der personenbezogenen Daten feststehen". Damit steht fest, dass eine Verarbeitung personenbezogener Daten, deren Verarbeitungszwecke nicht zum Zeitpunkt der Erhebung ausreichend präzise und konkret bestimmt sind, gegen den Grundsatz der Zweckbindung verstößt. Eine **Datenerhebung für abstrakte und allgemeine Zwecke** oder **auf Vorrat** für später zu konkretisierende Zwecke darf es danach **nicht** geben. Erst Recht ist eine weitere Datenverarbeitung zu unbestimmten Zwecken verboten. Mit dem Grundsatz der Zweckbindung ist „die Sammlung nicht anonymisierter Daten auf Vorrat zu unbestimmten oder noch nicht bestimmbaren Zwecken nicht zu vereinbaren".[109]

a) Festlegung. Da die Zweckbindung entscheidend ist um festzustellen, ob die Datenverarbeitung zulässig **73** ist und welche Anforderungen an sie zu stellen sind, muss der Verantwortliche zu Beginn der Datenverarbeitung **festlegen**, für welchen Zweck oder welche Zwecke die Daten verarbeitet werden. Den Zweck darf er – unter Berücksichtigung des Grundsatzes der Verhältnismäßigkeit und damit des Grundsatzes des geringstmöglichen Eingriffs (Datensparsamkeit) (→ Rn. 124) – nach seinen Präferenzen festlegen. Indem er ihn festlegt, bindet er sich selbst.[110] Bezogen auf diesen Zweck muss er die Zulässigkeit der Datenverarbeitung, den Inhalt und den Umfang der Daten, ihre Richtigkeit und den Datenverarbeitungsvorgang prüfen und muss die betroffenen Personen über ihn informieren.

Die Festlegung des Zwecks oder der Zwecke hat vor der ersten relevanten Datenverarbeitung zu erfolgen, **74** spätestens zum **Zeitpunkt der Datenerhebung** (→ Art. 4 Nr. 2 Rn. 15).[111] Speichert der Verantwortliche Da-

---

102 S. *Podlech* in Bräutigam/Höller/Scholz (Hrsg.), Datenschutz als Anforderung an die Systemgestaltung, 1990, S. 352; *Steinmüller*, Informationstechnologie und Gesellschaft, 1993, S. 188; *Hoffmann*, Zweckbindung, 1991, S. 31 f., mwN, zur Begriffsbildung S. 28 f.
103 S. zB *Hoffmann*, Zweckbindung, 1991, S. 20 f.: *Roßnagel/Pfitzmann/Garstka*, S. 111; Paal/Pauly/*Frenzel* Art. 5 Rn. 23.
104 S. auch *Monreal* ZD 2016, 507 (509).
105 So aber zB *Hoffmann*, Zweckbindung, 1991, S. 19; *Buchner* DuD 2016, 155 (156).
106 *Podlech* in: Bräutigam/Höller/Scholz (Hrsg.), Datenschutz als Anforderung an die Systemgestaltung, 1990, 352 (353).
107 S. auch *Hoffmann*, Zweckbindung, 1991, S. 64.
108 S. auch *Hoffmann*, Zweckbindung, 1991, S. 69 f.
109 S. EuGH C-293/12 und C-594/12, NJW 2014, 2169 Rn. 57ff. – Digital Rights Ireland; EuGH C-203/15 und C-698/15, NJW 2017, 717 Rn. 105ff. – Tele2 Sverige; *Roßnagel* NJW 2017, 696; BVerfGE 65, 1 (46); s. auch Roßnagel/*v. Zezschwitz*, HB DSch, Kap. 3.1 Rn. 3ff.; Simitis/*Geiger* § 13 Rn. 26; Kühling/Buchner/*Herbst* Art. 5 Rn. 22 jeweils mwN.
110 S. zB auch Paal/Pauly/*Frenzel* Art. 5 Rn. 27.
111 *Art.-29-Gruppe*, WP 203, S. 15.

ten, die er nicht selbst erhoben hat,[112] so ist für das **Speichern** (→ Art. 4 Nr. 2 Rn. 19) der Grundsatz der Zweckfestlegung entsprechend anzuwenden.[113]

75 Die **Form der Zweckfestlegung** regelt die Vorschrift nicht. Sie kann daher in jeder Form erfolgen, die einen ausreichend sicheren Schluss auf den Zweck ermöglicht. Dies kann sich im Rahmen des Üblichen und Erwartbaren auch aus den tatsächlichen Umständen der Datenverarbeitung ergeben.[114] Sie kann auch in der Information der betroffenen Person nach Art. 13 Abs. 1 lit. c und 14 Abs. 1 lit. c liegen.[115] Dennoch wird empfohlen, um der Rechtssicherheit auch des Verantwortlichen willen, den Verarbeitungszweck schriftlich zu fixieren.[116] Soweit der Verantwortliche nach Art. 30 Abs. 5 der Pflicht unterliegt, ein Verzeichnis zu führen (→ Art. 30 Rn. 42), muss er nach Art. 30 Abs. 1 lit. b in diesem ohnehin den Zweck festhalten (→ Art. 30 Rn. 21 f.).[117]

76 **b) Eindeutigkeit.** Entscheidend für die Möglichkeiten der weiteren Datenverarbeitung nach der Erhebung der Daten ist somit, wie weit oder wie eng der Zweck zu bestimmen ist (→ Rn. 72). Hierzu trifft der Wortlaut der Vorschrift nur die Aussage, dass der Zweck „eindeutig" festgelegt sein muss.[118] **Eindeutig** (in der englischen Fassung „explicit") kann der Zweck nur dann sein, wenn er von anderen möglichen Zwecken klar zu unterscheiden ist. EG 39 fordert für die Datenverarbeitung die Festlegung „bestimmter" Zwecke. Die Anforderung, die durch beide Adjektive zum Ausdruck gebracht wird, kann nur erfüllt sein, wenn der Zweck ausdrücklich benannt und inhaltlich präzise und konkret bestimmt ist (→ Rn. 72).[119] Der Verantwortliche muss ihn so klar zum Ausdruck bringen,[120] dass Zweifel daran, ob und in welchem Sinn er den Zweck festgelegt hat, ausgeschlossen sind.[121]

77 Eine enge Zweckbestimmung ist auch notwendig, damit die Zweckbindung ihre von der Vorschrift und der DSGVO vorgesehenen **Funktionen** erfüllen kann. In Abs. 1 beziehen sich die lit. a, c, d und e auf die Zweckbindung:

78 Der Grundsatz der **Transparenz** nach lit. a bezieht sich auch auf die Zwecke der Datenverarbeitung. Nach Art. 13 Abs. 1 lit. c, 14 Abs. 1 lit. c und 15 Abs. 1 lit. a ist die betroffene Person über die Zwecke der Datenverarbeitung zu informieren (→ Art. 13 Rn. 8, → Art. 14 Rn. 4, → Art. 15 Rn. 18). Diese Information verfehlt ihre Funktion, wenn eine nichtssagend weite Zweckfestlegung zulässig wäre. Die ohnehin kaum erreichbare Vorhersehbarkeit der vielfältigen, umfangreichen und komplexen Verarbeitungen von Daten für die betroffene Person wäre zusätzlich gefährdet, wenn die Einwilligung und die gesetzlichen Erlaubnistatbestände von dem Verantwortlichen ausgeweitet werden könnten. Eine abstrakte und allgemeine Umschreibung der Verarbeitungszwecke würde deshalb dem Transparenzgebot widersprechen.[122]

79 Auch das Erfordernis der **Legitimität der Zweckwahl** erfordert eine ausreichend präzise und konkrete Zweckbestimmung. Der Zweck muss so definiert sein, dass die Erhebung gerade für den definierten Zweck legitim und damit rechtmäßig ist. Der Zweck darf nicht so weit gefasst werden, dass er auch Verwendungen abdeckt, die nicht legitim oder rechtmäßig sind.[123]

80 Die Datenverarbeitung soll nach dem Grundsatz der **Datenminimierung** in lit. c „dem Zweck angemessen und erheblich sowie auf das für die Zwecke der Verarbeitung notwendige Maß beschränkt sein" (→ Rn. 116 ff.). Die Angemessenheit, Relevanz und Beschränkung der Datenverarbeitung soll von ihrem Zweck her bestimmt werden. Dies ist umso besser möglich, je präziser und konkreter der Zweck bestimmt ist. Bei abstrakten und generellen Zweckbestimmungen kann der Grundsatz der Datenminimierung nicht erfüllt werden.

81 Nach dem Grundsatz der **Richtigkeit** nach lit. d sind alle angemessenen Maßnahmen zu treffen, damit personenbezogene Daten, die im Hinblick auf die Zwecke ihrer Verarbeitung unrichtig sind, unverzüglich gelöscht oder berichtigt werden (→ Rn. 136 ff.). Ob Daten „im Hinblick auf die Zwecke ihrer Verarbeitung unrichtig sind", kann nur bestimmt werden, wenn die Zwecke ausreichend präzis und konkret sind. Ab-

112 Hier zeigt sich das Manko der DSGVO, nur den Begriff des „Verarbeitens" zu definieren, nicht aber einzelne Phasen der Verarbeitung, und dennoch diese Phasen differenziert zu regeln – s. hierzu kritisch → Art. 4 Nr. 2 Rn. 34.

113 Gola/*Pötters* Art. 5 Rn. 16; so bereits *Dammann/Simitis* Art. 6 Rn. 9 für die DSRL.

114 Paal/Pauly/*Frenzel* Art. 5 Rn. 27; aA Roßnagel/*von Zezschwitz*, HB DSch, Kap. 3.1 Rn. 6: keine konkludente Festlegung möglich.

115 *Art.-29-Gruppe*, WP 203, S. 18; Kühling/Buchner/*Herbst* Art. 5 Rn. 33.

116 *Art.-29-Gruppe*, WP 203, S. 18; Paal/Pauly/*Frenzel* Art. 5 Rn. 27.

117 S. näher Roßnagel/*Marschall*, Das neue DSR, Rn. 160ff.

118 Hierin sehen *Culik/Döpke* ZD 2017, 226 (228) „keine Aussage".

119 *Art.-29-Gruppe*, WP 203, S. 17; Gola/*Pötters* Art. 5 Rn. 14.

120 Auf das Merkmal des Erklärens verweist insbes. *Monreal* ZD 2016, 507 (509).

121 *Monreal* ZD 2016, 507 (509); Roßnagel/*v. Zezschwitz*, HB DSch, Kap. 3.1 Rn. 11; *Dammann/Simitis* Art. 6 Rn. 6 für die DSRL.

122 S. auch Roßnagel/*Nebel/Richter* ZD 2015, 455 (458); *von Grafenstein* DuD 2015, 789 (793); *Buchner* DuD 2016, 155 (157); *Schanz* NJW 2016, 1841 (1843 f.); Ehmann/Selmayr/*Heberlein* Art. 5 Rn. 14.

123 *Dammann/Simitis* Art. 6 Rn. 7 für die DSRL.

strakte und generelle Zweckbestimmungen wie „für Vertragszwecke", „für Zwecke der Telekommunikation" oder „für Zwecke von Verwaltungsverfahren" erlauben eine solche Feststellung nicht.

Der Grundsatz der **Speicherbegrenzung** nach lit. e fordert, dass die Daten „in einer Form gespeichert werden, die die Identifizierung der betroffenen Personen nur so lange ermöglicht, wie es für die Zwecke, für die sie verarbeitet werden, erforderlich ist" (→ Rn. 150ff.). Ob die Daten für die Verarbeitungszwecke (noch) erforderlich sind, kann nur bestimmt werden, wenn der Zweck ausreichend präzise und konkret bestimmt ist, um eine aussagekräftige Korrelation zwischen Zweck und (fortbestehender) Erforderlichkeit herstellen zu können.   82

Auch die **Rechenschaftspflicht** nach Abs. 2 (→ Rn. 174ff.) fordert die Festlegung präziser und konkreter Zwecke. Nur unter dieser Voraussetzung kann der Verantwortliche seiner Nachweispflicht nach Art. 24 Abs. 1 S. 1 nachkommen, alle Anforderungen des DSGVO zu erfüllen.[124]   83

Eine enge Zweckbestimmung ist somit geboten, wenn die **Zweckbindung** ihre verschiedenen **Funktionen** erfüllen soll. Die Zweckbestimmung ist zum einen bedeutsam für den Umfang der Zweckbindung. Diese ist erfüllt, wenn die weitere Datenverarbeitung mit dem Primärzweck vereinbar ist. Um festzustellen, ob dies der Fall ist, nennt Art. 6 Abs. 4 beispielhaft fünf Kriterien (→ Art. 6 Abs. 4 Rn. 32ff.). Würde der „bestimmte" und „eindeutige Zweck" nur abstrakt und allgemein bestimmt, gäbe es keine adäquate Möglichkeit, mithilfe der Kriterien des Art. 6 Abs. 4 die Vereinbarkeit des Primärzwecks mit dem Sekundärzweck sinnvoll zu bestimmen. Die Regelung des Art. 6 Abs. 4 fordert daher eine präzise und konkrete Festlegung des Primärzwecks (→ Art. 6 Abs. 4 Rn. 33).   84

In der DSGVO finden vielfältige Bezugnahmen auf die **Zwecke der Verarbeitung** statt. Alle Erlaubnistatbestände beziehen sich auf bestimmte Zwecke. Auch die Einwilligung erfordert nach Art. 7 und Art. 9 Abs. 2 lit. a eine eindeutige Bestimmung des Verarbeitungszwecks, weil sonst die betroffene Person nicht genau weiß, was sie mit ihrer Einwilligung erlaubt. Die Rechte der betroffenen Person sind auf die Zwecke der Datenverarbeitung bezogen; dies gilt für die Informationspflichten nach Art. 13 Abs. 1 lit. c und 14 Abs. 1 lit. c, für das Recht auf Auskunft nach Art. 15 Abs. 1 lit. a, das Recht auf Berichtigung nach Art. 16, das Recht auf Löschung nach Art. 17 Abs. 1 lit. a, das Recht auf Einschränkung nach Art. 18 Abs. 1 lit. c, das Recht auf Widerspruch nach Art. 21 und für die Einschränkungsmöglichkeiten nach Art. 23 und 85ff. Die Verarbeitungszwecke spielen für alle Pflichten des Verantwortlichen und für die Sanktionierung von Verstößen gegen diese nach Art. 83 eine Rolle.   85

Aus systematischer und teleologischer Perspektive spricht daher alles für das **Gebot einer engen, präzisen und konkreten Zweckbestimmung.**[125]   86

Die **Erlaubnisnormen des Art. 6 Abs. 1 UAbs. 1** benennen für die Zulässigkeit der Datenverarbeitung sehr allgemeine und abstrakte Zwecke. Dieser Abstraktions- und Allgemeinheitsgrad mag für die politische Zielsetzung, möglichst viele Verarbeitungen personenbezogener Daten für zulässig zu erklären, geeignet sein. Er umfasst jeweils eine möglichst breite und umfangreiche Klasse von Zwecken. Diese Zweckbestimmungen verfolgen aber das Gegenteil von Eindeutigkeit. Die Forderung der Vorschrift, für jede Datenverarbeitung einen eindeutigen Zweck festzulegen, kann daher nicht die bloße Auswahl eines Erlaubnistatbestands nach Art. 6 Abs. 1 UAbs. 1 meinen.[126] Vielmehr fordert die Vorschrift eine erheblich **präzisere und konkretere Festlegung** des Zwecks.[127]   87

Auch Zweckbestimmungen auf einer Hierarchiestufe unterhalb der in Art. 6 Abs. 1 UAbs. 1 genannten Zwecke sind **unzureichend.** So genügen allgemeine Hinweise auf Vertragszwecke wie „Gewährleistung individueller Leistungen", „Sicherung der Kundenzufriedenheit", auf berechtigte Interessen wie „Marketingzwecke" oder „Unterrichtung befreundeter Unternehmen" oder auf öffentliche Interessen wie „Versorgung mit Mobilitätsdienstleistungen" dem Gebot der Eindeutigkeit nicht.[128] Erst recht unzureichend bestimmt ist der Zweck,[129] Daten aus unterschiedlichen Quellen zu sammeln und für **Big Data-Auswertungen** zu noch nicht konkret benannten Zwecken zu verwenden,[130] etwa auch zur allgemeinen Wissensmehrung oder zur zufälligen Identifikation von Korrelationen.   88

---

124   S. zB *Richter* DuD 2015, 735; Ehmann/Selmayr/*Heberlein* Art. 5 Rn. 14.

125   *Monreal* ZD 2016, 507 (509); *von Grafenstein* DuD 2015, 789 (794 f.) weist darauf hin, dass auch viele weitere Grundrechte eine enge Zweckbestimmung fordern.

126   S. auch *Richter* DuD 2015, 735 (736); Schantz/Wolff/*Wolff*, Rn. 402; Ehmann/Selmayr/*Heberlein* Art. 5 Rn. 14; so aber sind *Albrecht/Jotzo*, S. 52, zu verstehen.

127   Roßnagel/*Roßnagel*, Das neue DSR, § 3 Rn. 66.

128   S. hierzu näher *Art.-29-Gruppe*, WP 203 S. 16, 52 mit weiteren negativen Beispielen.

129   Zur Praxis weiter Zweckbestimmungen *Culik/Döpke* ZD 2017, 226 (227).

130   *Roßnagel* ZD 2013, 562 (564); *Richter* DuD 2015, 735 (735); *Buchner* DuD 2016, 155 (156); *von Grafenstein* DuD 2015, 789 (790); Schantz/Wolff/*Wolff*, Rn. 406.

89 Vielmehr muss die **Zweckfestlegung** den präzisen und konkreten Geschäftszweck (Reise nach Mallorca im Mai 2018) oder Verwaltungszweck (Bearbeitung des Antrags auf Sondernutzungsgenehmigung vom 15.7.2018) oder das spezifische Interesse (Abwehr einer möglichen Schadensersatzforderung wegen der umstrittenen Fehlerhaftigkeit des am 16.8.2018 gelieferten Küchenschranks) nennen, um „eindeutig" und „bestimmt" zu sein.[131]

90 **c) Legitimität.** Der festgelegte, eindeutige Zweck muss **legitim** sein. Die DSRL fordert, dass der Zweck „rechtmäßig" sein muss. Die ist aber eine Übersetzung des englischen „legitimate" und des französischen „légitimes". Es ist daher davon auszugehen, dass mit dem Adjektiv „legitim" in Abs. 1 lit. b das Gleiche gemeint ist wie mit „rechtmäßig" in Art. 6 lit. b DSRL.[132] Durch die Auswechslung der Adjektive „rechtmäßig" in der DSRL in „legitim" in Abs. 1 lit. b ist somit keine inhaltliche Änderung der Anforderungen an den Zweck erfolgt.

91 Der Zweck ist dann legitim, wenn er von der Rechtsordnung gebilligt wird.[133] Er ist zum einen legitim, wenn die betroffene Person ihn durch ihre informierte und freie **Einwilligung** nach Art. 7 gebilligt hat. Zum anderen ist er dann legitim, wenn er – auch gegen den Willen der betroffenen Person – durch **Gesetz** gebilligt worden ist. Sehr abstrakte und großzügige Zweckbilligungen enthält Art. 6 Abs. 1 UAbs. 1. Solche Billigungen können sich aber auch aus anderen Rechtsakten der Union oder – im Rahmen der Öffnungsklauseln – aus Gesetzen der Mitgliedstaaten ergeben. Der Zweck darf aber nicht gegen andere Vorgaben der Rechtsordnung außerhalb des Datenschutzrechts verstoßen wie zB gegen Diskriminierungsverbote oder Verbraucherschutz- oder Wettbewerbsrecht.[134]

92 **3. Zweckbindung.** Personenbezogene Daten dürfen nach Abs. 1 lit. b nach der Erhebung „nicht in einer mit diesen Zwecken nicht zu vereinbarenden Weise weiterverarbeitet werden". Die Zulässigkeit der Datenverarbeitung ist an den festgelegten Zweck gebunden. Diese **Zweckbindung** steuert den Umgang mit den personenbezogenen Daten durch den Verantwortlichen. Ob die Datenverarbeitung sich im Rahmen der Zweckbestimmung hält, ist für jedes Datum sowie für jede Phase und Form der Datenverarbeitung gesondert festzustellen.

93 Das mit dem Gebot der Zweckbindung verbundene **Verbot der Zweckänderung** gilt nicht nur für den Verantwortlichen, der die Daten erhoben hat, sondern auch für alle Folgenutzer, denen der Erstverantwortliche die Daten zB übermittelt hat. Daher ist der Verantwortliche auch verpflichtet, die Informationen über den Erhebungszweck auch an den Folgenutzer weiterzugeben. Dies spiegelt sich auch in den Mitteilungspflichten des Art. 19 wieder.[135] Die Feststellung des BVerfG, dass zur Absicherung der Zweckbindung ein „Schutz gegen Zweckentfremdung durch [...] Verwertungsverbote erforderlich" ist,[136] gilt auch für die DSGVO.

94 Durch diese **Rückkopplung an den Erhebungskontext** soll primär gewährleistet werden, dass die personenbezogenen Daten einer betroffenen Person nicht für Zwecke verarbeitet werden, mit denen sie bei der Erhebung gar nicht rechnen musste. Dadurch wird sichergestellt, dass die betroffene Person in der Lage ist, zu wissen, wer welche Informationen über sie hat, und selbst darüber zu bestimmen, wem sie welche Informationen über sich preisgibt.[137] Die betroffene Person kann in einer digitalen Welt ihre Grundrechte nur dann ausüben, wenn sie (durch Vertrag oder Einwilligung) über den Zweck mitbestimmen kann oder ihn (bei einer Datenverarbeitung auf der Grundlage von Erlaubnisnormen) zumindest kennt. Dabei muss sie sich darauf verlassen können, dass die Daten nicht zu anderen Zwecken verwendet werden.

95 Die Zweckbindung gilt bis zum Zeitpunkt der **Zweckerfüllung**. Danach ist die Datenverarbeitung nicht mehr für die Erfüllung des Zwecks erforderlich und die Daten sind nach Art. 17 Abs. 1 lit. a grundsätzlich zu **löschen**.[138]

96 **a) Zweckvereinbare Weiterverarbeitung.** Da die **zweckändernde Datenverarbeitung** nicht mehr vom bisherigen Zweck gedeckt ist, sondern eine „neue" Datenverarbeitung ist, müssen für diese **alle Voraussetzungen** erfüllt werden wie für die erstmalige Datenverarbeitung. Dies heißt, sie ist nur zulässig, wenn sie auf eine Einwilligung der betroffenen Person gestützt werden kann oder von einem Erlaubnistatbestand gedeckt

---

131 *Roßnagel/Nebel/Richter* ZD 2015, 455 (458).
132 Kühling/Buchner/*Herbst* Art. 5 Rn. 37; Paal/Pauly/*Frenzel* Art. 5 Rn. 28; aA Ehmann/Selmayr/*Heberlein* Art. 5 Rn. 15; so für die DS-RL auch *Art.-29-Gruppe*, WP 203, S. 19 f.
133 *Art.-29-Gruppe*, WP 203, S. 20; *Monreal* ZD 2016, 507 (509).
134 Ehmann/Selmayr/*Heberlein* Art. 5 Rn. 15.
135 Paal/Pauly/*Frenzel* Art. 5 Rn. 29; Kühling/Buchner/*Herbst* Art. 5 Rn. 23.
136 BVerfGE 65, 1 (46).
137 S. BVerfGE 65, 1 (43).
138 Gola/*Pötters* Art. 5 Rn. 17.

Roßnagel

ist.[139] Zu weitgehend und von der Systematik der DSGVO nicht gedeckt ist die Ansicht, eine Zweckänderung sei auch auf einer neuen Rechtsgrundlage verboten.[140]

Eine **Zweckänderung**, die einer neuen datenschutzrechtlichen Erlaubnis bedarf, liegt allerdings nur dann 97 vor, wenn die Weiterverarbeitung mit dem Erhebungszweck **nicht vereinbar** ist.[141] Maßstab für die Vereinbarkeit ist der bei der Erhebung festgelegte Primärzweck. Die Prüfung der Vereinbarkeit erfordert einen wertenden Vergleich zwischen dem Primärzweck und dem Sekundärzweck. Ob der neue Zweck mit dem Erhebungszweck vereinbar ist, hängt meist von den spezifischen Konstellationen ab.[142] Zu berücksichtigen sind die Risiken für die betroffene Person, die Identität des Verantwortlichen, Garantien des Verantwortlichen und das berechtigte Vertrauen in den Umgang mit den Daten. Welche Aspekte für die Prüfung der Vereinbarkeit zu berücksichtigen sind, bestimmt grundsätzlich Art. 6 Abs. 4 (→ Art. 6 Abs. 4 Rn. 32ff.). Im Ausnahmefall trifft diese Feststellung auch der Gesetzgeber – wie im Hs. 2 für die im öffentlichen Interesse liegende Archivzwecke, für wissenschaftliche oder historische Forschungszwecke oder für statistische Zwecke (→ Rn. 103ff.).

Die Orientierung an der Vereinbarkeit lockert die Zweckbindung.[143] Die Daten dürfen nicht nur für den 98 gleichen Zweck weiterverarbeitet werden, sondern auch für andere Zwecke – wenn diese nur mit dem Primärzweck vereinbar sind. Für die Weiterverarbeitung zu einem anderen, aber vereinbaren Zweck benötigt der Verantwortliche **keine neue, eigene Rechtsgrundlage**. Vielmehr ist die zweckgeänderte Weiterverarbeitung weiterhin auf der Grundlage des Erlaubnistatbestands für die ursprüngliche Datenverarbeitung zu dem festgelegten Primärzweck zulässig.[144] Dies wird nicht nur durch EG 50 S. 2 belegt, nach dem „keine andere gesonderte Rechtsgrundlage erforderlich (ist) als diejenige für die Erhebung der personenbezogenen Daten"; wenn der neue Zweck mit dem alten vereinbar ist.[145] Dies wird auch durch EG 50 S. 5 bestätigt, nach dem in diesem Fall „die im Unionsrecht oder im Recht der Mitgliedstaaten vorgesehene Rechtsgrundlage für die Verarbeitung personenbezogener Daten … auch als Rechtsgrundlage für eine Weiterverarbeitung dienen" kann.

Die Gegenmeinung, dass die Weiterverarbeitung nicht nur mit dem ursprünglichen Zweck vereinbar sein 99 muss, sondern zusätzlich für den vereinbarten Zweck auch noch eine eigene Erlaubnisgrundlage nach Art. 6 Abs. 1 aufweisen muss,[146] verkennt die Funktion der Vereinbarkeitsprüfung. Die DSGVO unterscheidet, ohne dies zu definieren, implizit zwischen Datenverarbeitung und **Weiterverarbeitung**. In beiden Fällen geht es auf der Ebene der Realität um die gleichen Verarbeitungsschritte im Umgang mit personenbezogenen Daten (zB die Nutzung der Daten für ein weiteres Verkaufsangebot im Anschluss an einen erfüllten Vertrag). Die Einordnung dieser Handlung als Weiterverarbeitung ist dann möglich, wenn der Sekundärzweck mit dem Primärzweck vereinbar ist.[147] Ist er dies nicht, kann die gleiche Handlung als (neue) Datenverarbeitung vorgenommen werden, wenn der Verantwortliche sich auf einen eigenen Erlaubnistatbestand (im Beispielsfall der berechtigten Interessen) für die als Zweckänderung einzuordnende neue Datenverarbeitung beziehen kann.[148] Die Regelung zur Vereinbarkeit der Zwecke soll nun nicht die Weiterverarbeitung gegenüber der (neuen) zweckändernden Datenverarbeitung erschweren, indem sie Vereinbarkeit *und* eigenen Erlaubnistatbestand verlangt, sondern gerade **erleichtern**. Dies geht nur, wenn die Vereinbarkeit der Zwecke für die Zulässigkeit der Weiterverarbeitung genügt.

Unklar ist, wie die doppelte Verneinung, dass die Daten „nicht in einer mit diesen Zwecken nicht zu verein 100 baren Weise weiterverarbeitet werden" dürfen, zu verstehen ist. Zum einen könnte sie Ausdruck bringen, dass nachgewiesen werden muss, dass der neue Zweck mit dem alten Zweck unvereinbar ist.[149] Damit würde die DSGVO die Darlegungslast umkehren. Nicht der Verantwortliche müsste nachweisen, dass seine

139   *Spiecker gen. Döhmann* Spektrum der Wissenschaften SPEZIAL 1.17, 56 (58 f.); Ehmann/Selmayr/*Heberlein* Art. 5 Rn. 19.
140   So Albrecht CR 2016, 88 (92); Schantz/Wolff/*Wolff*, Rn. 399, 412.
141   Die Vereinbarkeit ist jedoch keine „Ausnahme" der Zweckbindung – so Gola/*Pötters* Art. 5 Rn. 18 –, sondern deren Grenze.
142   Kühling/Buchner/*Herbst* Art. 5 Rn. 43; *Dammann/Simitis* Art. 6 Rn. 8 für die DSRL.
143   S. *Roßnagel* DuD 2016, 561 (564); *Monreal* ZD 2016, 507 (509); aA *Albrecht/Jotzo*, S. 52, die dies für eine „strenge Zweckbindung" halten.
144   S. auch amtliche Begründung zum BDSG nF, BT-Drs. 18/11325, 98; *Richter* DuD 2015, 735 (736); *Richter* DuD 2016, 581 (584 f.); *Monreal* ZD 2016, 507 (510); *Kühling/Martini* EuZW 2016, 448 (451); *Piltz* K&R 2016, 557 (566); Paal/Pauly/*Frenzel* Art. 5 Rn. 31; *Hornung/Hofmann* ZD-Beilage 4/2017, 8; *Roßnagel/Nebel/Richter* ZD 2015, 457 f.; *Roßnagel et al.*, Datenschutzrecht 2016 – „Smart" genug für die Zukunft?, 2016, S. 161; *Culik/Döpke* ZD 2017, 330; Gola/*Schulz* Art. 6 Rn. 185; Schantz/Wolff/*Wolff*, Rn. 411.
145   *Schantz* NJW 2016, 1841 (1844) und Kühling/Buchner/*Herbst* Art. 5 Rn. 49 halten diesen Satz für ein Redaktionsversehen.
146   S. zB *Albrecht/Jotzo*, S. 76; *Schantz* NJW 2016, 1841 (1844); Ehmann/Selmayr/*Heberlein* Art. 5 Rn. 20; Kühling/Buchner/*Herbst* Art. 5 Rn. 28, 48 ff.; so auch *Art.-29-Gruppe*, WP 203, S. 21, 27 f., 36 zur DSRL.
147   AA *Monreal* ZD 2016, 507 (510): Fortsetzung einer bereits begonnenen Datenverarbeitung mit einer anderen Zweckbestimmung.
148   S. zB *Spiecker gen. Döhmann* Spektrum der Wissenschaften SPEZIAL 1.17, 56 (59).
149   S. Sydow/*Reimer* Art. 5 Rn. 26; *Laue/Nink/Kremer*, S. 96 f.; *Ziegenhorn/von Heckel* NVwZ 2016, 1585 (1590); kritisierend Paal/ Pauly/*Frenzel* Art. 5 Rn. 30; *Roßnagel* DuD 2016, 561 (564).

Datenverarbeitung zulässig ist, sondern die betroffene Person müsste nachweisen, dass der Sekundärzweck mit dem Primärzweck nicht vereinbar ist. Gegen diese Auslegung spricht der eindeutige Wortlaut des EG 50 S. 1 und 6, der diese Passage erläutert. Dagegen spricht auch der Wortlaut des Art. 6 Abs. 4, der systematisch aus Ausfüllung dieser Vereinbarkeitsregel zu verstehen ist (→ Art. 6 Abs. 4 Rn. 9). Außerdem ist zu berücksichtigen, dass Abs. 2 der Vorschrift ausdrücklich den Verantwortlichen für die Einhaltung der Grundsätze des Abs. 1 verantwortlich macht. Die Interpretation der doppelten Verneinung als Umkehr der Darlegungslast hinsichtlich der Zweckvereinbarkeit würde in der Praxis die Verwirklichung der Zweckbindung sehr erschweren.[150] Aus all diesen Gründen erscheint eine Interpretation allein der Wortwahl der doppelten Verneinung als Umkehr der Darlegungslast und der Gefährdung der Zweckbindung doch als überstrapaziert. Der **Nachweis** der Vereinbarkeit des alten und des neuen Zwecks **obliegt** daher im Zweifel **dem Verantwortlichen** und dem Auftragsverarbeiter.

101 Auch wenn die Zweckänderung mit dem originären Zweck vereinbar ist, muss der Verantwortliche diese Zweckänderung und ihre Vereinbarkeit nach Art. 30 **dokumentieren**, um seiner Rechenschaftspflicht nach Abs. 2 nachkommen zu können, und der betroffenen Person nach Art. 14 Abs. 1 lit. c **mitteilen**, dass der Zweck geändert wurde.[151] Die Grundsätze von Treu und Glauben und der Transparenz erfordern, dass die betroffene Person weiß, welche Zwecke der Verantwortliche mit ihren Daten verfolgt.[152] Dies sicherzustellen, ist eine Aufgabe des Datenschutzmanagementsystems. Diese Dokumentations- und Informationspflicht ist eine gewisse Sicherung gegen voreilige Zweckänderungen. Die Erleichterung, die der Datenverarbeiter und Auftragsverarbeiter durch die erweiternden vereinbaren Zwecke erhält, wird dadurch wieder eingehegt.

102 **b) Gesetzlich zugelassene Zweckänderung.** Der deutsche Gesetzgeber hat die Öffnungsklausel in Art. 6 Abs. 4 dafür genutzt, in §§ 23 und 24 BDSG nF Zweckänderungen durch gesetzliche Erlaubnis zuzulassen. In **§ 23 Abs. 1 BDSG nF** sind **sechs Ausnahmetatbestände** geregelt, nach denen eine Zweckänderung durch öffentliche Stellen zulässig ist. Dies ist ua zur Abwehr erheblicher Nachteile für das Gemeinwohl oder einer Gefahr für die öffentliche Sicherheit und zur Verfolgung von Straftaten oder Ordnungswidrigkeiten möglich, aber auch zur Überprüfung von Angaben der betroffenen Person, zur Wahrnehmung von Aufsichts- und Kontrollbefugnissen oder zu Ausbildungs- und Prüfungszwecken. Zu diesen Zwecken dürfen nach § 23 Abs. 2 BDSG nF auch besondere Kategorien personenbezogener Daten verarbeitet werden. § 24 Abs. 1 BDSG nF erlaubt zudem in einem Abwägungstatbestand eine **Zweckänderung durch nichtöffentliche Stellen**, wenn sie zur Abwehr von Gefahren für die staatliche oder öffentliche Sicherheit oder zur Verfolgung von Straftaten erforderlich ist oder wenn sie zur Geltendmachung, Ausübung oder Verteidigung zivilrechtlicher Ansprüche erforderlich ist, „sofern nicht die Interessen der betroffenen Person am Ausschluss der Verarbeitung überwiegen". Die besondere Zweckbindung der §§ 14 Abs. 4 und 31 BDSG aF entfällt künftig[153] und wird nur noch von der allgemeinen Zweckbindung erfasst.

103 **4. Weiterverarbeitung für Archiv-, Forschungs- und Statistikzwecke.** Nach Abs. 1 lit. b gilt „eine Weiterverarbeitung für im öffentlichen Interesse liegende Archivzwecke, für wissenschaftliche oder historische Forschungszwecke oder für statistische Zwecke … gemäß Artikel 89 Abs. 1 nicht als unvereinbar mit den ursprünglichen Zwecken". Diese Regelung, die erst im Rat-E in die DSGVO gekommen ist, aber der Regelung in Art. 6 Abs. 1 lit. b DSRL entspricht, enthält die **rechtliche Fiktion**,[154] dass die vier genannten Zwecke nicht als unvereinbar mit den ursprünglichen Zwecken gelten.[155] Als Ausnahme des Grundsatzes ist diese Regelung eng auszulegen.[156]

104 Der Grund für die erleichterte Zweckänderung ergibt sich nicht aus der generellen Höherwertigkeit der vier Zwecke.[157] Ein solcher Vorrang wäre nicht zu begründen. Vielmehr führen diese spezifischen Verwendungszwecke dazu, dass sich die Datenverarbeitung typischer Weise **nicht auf die Person bezieht**, deren Daten verarbeitet werden. Personenbezogene Daten sind der Ausgangspunkt der Verarbeitung, aber nicht das Ergebnis.[158] Die Ergebnisse sind in der Regel anonym, Personenbezug wird nur für die wissenschaftliche Untersuchung genutzt. Daher galt bereits für die DSRL, dass die Datenverarbeitung „nur unter dieser Vor-

---

150 S. zB *Roßnagel* DuD 2016, 561 (564); Paal/Pauly/*Frenzel* Art. 5 Rn. 30.

151 Sofern diese nicht schon nach Art. 13 Abs. 3 und 14 Abs. 4 über die beabsichtigte Weiterverarbeitung zu einem anderen, zu vereinbarenden Zweck informiert worden ist.

152 S. zB Ehmann/Selmayr/*Heberlein* Art. 5 Rn. 21; Kühling/Buchner/*Herbst* Art. 5 Rn. 24.

153 S. *Kühling/Martini et al*, S. 449 f.; Gola/*Pötters* Art. 5 Rn. 19; *Roßnagel* DuD 2017, 277 (280).

154 So auch Paal/Pauly/*Frenzel* Art. 5 Rn. 32.

155 Daher benötigen sie keine eigene Rechtsgrundlage – so aber Schantz/Wolff/*Wolff*, Rn. 413.

156 *Buchner* DuD 2016, 155 (157); *Ziegenhorn/von Heckel* NVwZ 2016, 1585 (1590); Roßnagel/*Johannes*, Das neue DSR, § 7 Rn. 250; Schantz/Wolff/*Wolff*, Rn. 413.

157 So aber Sydow/*Reimer* Art. 5 Rn. 27.

158 *Johannes/Richter* DuD 2017, 300 (301).

aussetzung privilegiert behandelt werden" kann.[159] Dies soll auch in der DSGVO so beibehalten werden. Bezogen auf statistische Zwecke stellt EG 162 fest: „Im Zusammenhang mit den statistischen Zwecken wird vorausgesetzt, dass die Ergebnisse der Verarbeitung zu statistischen Zwecken keine personenbezogenen Daten, sondern aggregierte Daten sind und diese Ergebnisse oder personenbezogenen Daten nicht für Maßnahmen oder Entscheidungen gegenüber einzelnen natürlichen Personen verwendet werden." Aus diesem Grund gilt die Fiktion nicht für alle Verfahren, die wissenschaftliche, historische oder statistische Methoden verwenden, sondern nur für solche, die auf nicht personenbezogene Ergebnisse zielen.[160] Die Fiktion erfasst daher keine Profiling- oder Scoringverfahren oder auf natürliche Personen bezogene Big Data-Analysen.[161]

Unter im öffentlichen Interesse liegende Archivzwecke ist die Archivierung von Archivgut nach den Archiv- 105 gesetzen des Bundes und der Länder (→ Art. 89 Rn. 26ff.) zu verstehen. Archivierung zu private Zwecke (zB Familienarchiv) fällt nicht unter die Fiktion.[162] Es geht nach EG 158 um „Aufzeichnungen von bleibendem Wert für das allgemeine öffentliche Interesse". Im öffentlichem Interesse wird das Archiv geführt, wenn das Recht der Union oder der Mitgliedstaaten der archivierenden Stelle die Aufgabe übertragen hat, Aufzeichnungen von bleibendem Wert für das allgemeine öffentliche Interesse zu erwerben, zu erhalten, zu bewerten, aufzubereiten, zu beschreiben, mitzuteilen, zu fördern, zu verbreiten sowie den Zugang dazu bereitzustellen.[163] Auch wenn das Interesse sich nicht vorrangig auf einzelne Personen bezieht, sondern der Rekonstruktion von Vorgängen von allgemeinem Interesse und insoweit die historische Forschung unterstützt, kann es doch vorkommen, dass einzelne Personen – insbes. Personen der Zeitgeschichte – in den Mittelpunkt des öffentlichen Interesses rücken. Um deren Persönlichkeitsrechte zu schützen, besteht zB nach § 5 Abs. 2 BArchG ein Zugang zu den Daten erst nach einer Schutzfrist von 30 Jahren nach deren Tod. Im Einzelfall kann daher nach den konkreten Umständen auch für die im öffentlichen Interesse liegende Archivierung die erleichterte Zweckänderung ausgeschlossen sein.[164] Die Nutzung der Daten im Archiv durch Dritte unterfällt nicht der erleichterten Zweckänderung.

Wissenschaftliche oder historische Forschungszwecke sind Zwecke im Allgemeininteresse, deren Verfolgung 106 auch von Grundrechten geschützt ist.[165] Sie erfordern vielfach die Verarbeitung personenbezogener Daten. Solche werden für wissenschaftliche Zwecke erhoben, aus ihnen werden Erkenntnisse gewonnen, beide werden aufbewahrt und dann, meist auch von anderen Stellen, weiterverarbeitet.[166] Historische Forschung ist ein Unterfall von wissenschaftlicher Forschung (→ Art. 89 Rn. 10ff.). Nach EG 159 sollen wissenschaftliche Forschungszwecke „weit ausgelegt werden und die Verarbeitung für beispielsweise die technologische Entwicklung und die Demonstration, die Grundlagenforschung, die angewandte Forschung und die privat finanzierte Forschung einschließen". Zu historischen Forschungszwecken zählt nach EG 160 auch die „Forschung im Bereich der Genealogie", wobei „darauf hinzuweisen ist, dass diese Verordnung nicht für verstorbene Personen" gilt. Forschung kann als unabhängige „Tätigkeit mit dem Ziel" verstanden werden, „in methodischer, systematischer und nachprüfbarer Weise neue Erkenntnisse zu gewinnen".[167] Die erleichterte Zweckänderung gilt somit auch für angewandte Forschung, die zu neuen Erkenntnissen strebt, nicht aber für die bloße Anwendung bereits gewonnener Erkenntnisse.[168] Untersuchungen nach wissenschaftlichen Standards, die zu Aufsichts- und Kontrollzwecken oder zur Markt- und Meinungsforschung durchgeführt werden, die keine neuen wissenschaftlichen Erkenntnisse für die Allgemeinheit generieren, fallen deswegen nicht unter den Wissenschaftsbegriff der DSGVO.[169] Bei wissenschaftlichen und historischen Zwecken ist die erleichterte Zweckänderung wegen des breiten Spektrums möglicher Verarbeitungen nicht von

---

159 *Dammann/Simitis* Art. 6 Rn. 10.
160 S. auch EG 29 DSRL; *Art.-29-Gruppe*, WP 203, S. 28; *Buchner* DuD 2016, 155 (157); Sydow/*Reimer* Art. 5 Rn. 27.
161 S. *Richter* DuD 2015, 735 (738 f.); *Richter* DuD 2016, 581 (584 f.); *Buchner* DuD 2016, 155 (157); *Johannes/Richter* DuD 2017, 300 (301); Ehmann/Selmayr/*Heberlein* Art. 5 Rn. 17.
162 Ebenso Roßnagel/*Johannes*, Das neue DSR, § 7 Rn. 196ff.; Kühling/Buchner/*Herbst* Art. 5 Rn. 53; Ehmann/Selmayr/*Heberlein* Art. 5 Rn. 17; Schantz/Wolff/*Wolff*, Rn. 414.
163 Roßnagel/*Johannes*, Das neue DSR, § 7 Rn. 197; *Johannes/Richter* DuD 2017, 300 (300).
164 *Schaar* ZD 2016, 224 (224 f.); Paal/Pauly/*Frenzel* Art. 5 Rn. 32.
165 S. Art. 13 GRCh und Art. 5 Abs. 3 GG – s. BVerfGE 35, 79 und 90, 1; EuGH C-40/05, NVwZ 2007, 559 – Lyyski/Umeå universitet; EuGH C-281/06, NVwZ 2008, 407 – Jundt ua/FA Offenburg.
166 S. zum Scientific Data Lifecycle *Johannes et al.*, Beweissicheres elektronisches Laborbuch, 2013, S. 17 f. mwN.
167 *Jarass* Art. 13 Rn. 6; *Hornung/Hofmann* ZD-Beilage 4/2017, 8; Big Data-Analysen sollen nach *Spiecker gen. Döhmann* Spektrum der Wissenschaften SPEZIAL 1.17, 56 (60), nur dann unter wissenschaftliche Tätigkeit fallen, wenn sie „nicht nur auf Korrelationen und Zufälligkeiten setzen, sondern tatsächlich echte statistische Auswertung und Forschung betreiben".
168 Roßnagel/*Johannes*, Das neue DSR, § 7 Rn. 247; *Hornung/Hofmann* ZD-Beilage 4/2017, 4.
169 Roßnagel/*Johannes*, Das neue DSR, § 7 Rn. 247; *Spiecker gen. Döhmann* Spektrum der Wissenschaften SPEZIAL 1.17, 56 (59); Gola/ Schomerus § 28 Rn. 74; Simitis/*ders.* § 4 a Rn. 49; Simitis/*ders.* § 40 Rn. 37 f.; Simitis/*Ehmann* § 30 a Rn. 55ff.; aA *Hornung/Hofmann* ZD-Beilage 4/2017, 4.

vornherein gewährleistet. Vielmehr kommt es auf die konkrete Ausgestaltung der Datenverarbeitung zu diesen Zwecken an.[170]

107 **Statistische Zwecke** betreffen allgemein den methodischen Umgang mit empirischen Daten, der darauf zielt, „eine systematische Verbindung zwischen Erfahrung (Empirie) und Theorie herzustellen".[171] Statistik ist eine methodische Grundlage für viele Wissenschaftsdisziplinen (→ Art. 89 Rn. 20ff.). Gemeint ist nach EG 163 allerdings nur die Statistik im öffentlichen Interesse. Für die DSRL ist anerkannt und ergibt sich auch aus der systematischen Einordnung der statistischen Zwecke zu den archivarischen, wissenschaftlichen und historischen Zwecken, dass die erleichterte Zweckänderung die Datenverarbeitung im öffentlichen Interessen fördern, kommerzielle Interessen aber nicht begünstigen soll.[172] Nur für die amtliche Statistik hat das BVerfG einen entsprechenden Vorrang im Allgemeininteresse anerkannt.[173] Für andere Zwecke, die statistische Verfahren einsetzen, gilt, dass unter dem Begriff „statistische Zwecke" nach EG 162 „jeder für die Durchführung statistischer Untersuchungen und die Erstellung statistischer Ergebnisse erforderliche Vorgang der Erhebung und Verarbeitung personenbezogener Daten zu verstehen (ist)". Diese statistischen Ergebnisse können für verschiedene Zwecke, so auch für wissenschaftliche Forschungszwecke, weiterverwendet werden. Auch für die statistischen Zwecken wird vorausgesetzt, dass sie nicht auf personenbezogene, sondern auf aggregierte Daten zielen.[174] Sie sollen gerade nicht für Maßnahmen gegenüber Einzelpersonen angewendet werden.[175] Daher fallen statistische Methoden, die – wie zB Scoring, Profiling, Direktmarketing oder personenbezogene Big Data-Analysen – auf bestimmte Personen angewendet werden, nicht unter die erleichterte Weiterverarbeitung.[176] Selbst bei amtlichen Statistiken entfällt die erleichterte Zweckänderung, wenn die Daten ausnahmsweise individualisiert bleiben (zB § 16 BStatG). Dann ist im konkreten Fall nach Art. 6 Abs. 4 zu prüfen, ob eine Zweckvereinbarkeit vorliegt.[177]

108 Die Fiktion steht unter der **Bedingung**, dass der Verantwortliche die Schutzvorkehrungen und Garantien für die Grundrechte und Freiheiten der betroffenen Person, die in Art. 89 Abs. 1 genannt sind, alle in ausreichendem Maß ergriffen hat.[178] So müssen zB nach EG 156 besondere technische und organisatorische Vorkehrungen als konkrete Sicherungsmaßnahmen garantieren, dass insbes. das Prinzip der Datenminimierung eingehalten wird. Vor allem aber dürfen nach Art. 89 Abs. 1 die für die erleichterte Zweckänderung benötigten Daten nur dann mit Personenbezug verarbeitet werden, wenn dies **erforderlich** ist. Die Weiterverarbeitung personenbezogener Daten darf nur dann erfolgen, wenn es nicht möglich ist, diese Zwecke durch die Verarbeitung von Daten ohne Personenbezug zu erfüllen. Soweit es möglich ist, müssen Daten vor der Weiterverarbeitung also anonymisiert werden. Dies begrenzt die erleichterte Zweckänderung deutlich,[179] ist aber eigentlich nur eine Klarstellung des Gebots der Datenminimierung nach Abs. 1 lit. c, das für alle Arten der Datenverarbeitung gilt. Wenn eine Anonymisierung zur Zweckverfolgung nicht geboten ist, sollen die Daten nur in pseudonymisierter Form weiterverarbeitet werden.[180]

109 Der **Rechtsgehalt der Fiktion** der Nichtunvereinbarkeit ergibt sich nicht aus dem Wortlaut der Vorschrift.[181] Hier kann allenfalls festgehalten werden, dass die Fiktion nicht lautet, dass der Sekundärzweck mit dem Primärzweck immer vereinbar ist.[182] Vielmehr hat der Gesetzgeber ausdrücklich die umständliche und ungewöhnliche doppelte Verneinung gewählt. Sie befreit den Verantwortlichen nicht davon, nach Art. 6 Abs. 4 die Vereinbarkeit nach Art. 6 Abs. 4 DSGVO im Einzelfall zu überprüfen.[183] Im **Regelfall** darf er jedoch davon ausgehen, dass die vier genannten Zwecke mit dem Primärzweck vereinbar sind.[184] Danach ist eine Weiterverarbeitung von personenbezogenen Daten, die zu anderen Zwecken erhoben wurden, zu den genannten Zwecken ohne gesonderte Rechtsgrundlage in der Regel möglich. Allerdings können in

170 *Schaar* ZD 2016, 224 (224 f.); Paal/Pauly/*Frenzel* Art. 5 Rn. 32.
171 *Rinne*, Taschenbuch der Statistik, 2008, S. 1; Roßnagel-*Richter*, Das neue DSR, § 7 Rn. 147ff.
172 *Richter* DuD 2015, 735 (738); *Roßnagel et al.*, Datenschutz 2016 – „Smart" genug für die Zukunft, 2016, S. 159; *Culik/Döpke* ZD 2017, 226 (230); Sydow/*Reimer* Art. 5 Rn. 27; aA Schantz/Wolff/*Wolff*, Rn. 416.
173 BVerfGE 65, 1 (47).
174 S. hierzu § 1 BStatG.
175 *Richter* DuD 2016, 581 (584); Johannes/Richter DuD 2017, 300 (301).
176 *Richter* DuD 2015, 735 (738 f.); *Richter* DuD 2016, 581 (584 f.); Roßnagel/*Richter*, Das neue DSR, § 7 Rn. 147ff., 153 f.; Johannes/Richter DuD 2017, 300 (301); Culik/Döpke ZD 2017, 226 (230).
177 Ebenso Paal/Pauly/*Frenzel* Art. 5 Rn. 32.
178 *Richter* DuD 2016, 581 (584); Roßnagel/*Johannes*, Das neue DSR, § 7 Rn. 249; Roßnagel/*Richter*, Das neue DSR, § 7 Rn. 156; Johannes/Richter DuD 2017, 300 (302); Kühling/Buchner/*Herbst* Art. 5 Rn. 51; Ehmann/Selmayr/*Heberlein* Art. 5 Rn. 17; Hornung/Hofmann ZD-Beilage 4/2017, 10.
179 So *Albrecht/Jotzo*, S. 82.
180 Johannes/Richter DuD 2017, 300 (302); Hornung/Hofmann ZD-Beilage 4/2017, 10.
181 Für eine unwiderlegliche Vermutung Sydow/*Reimer* Art. 5 Rn. 27; für die DSRL *Ehmann/Helfrich* Art. 6 Rn. 16.
182 So *Richter* DuD 2015, 735.
183 *Kastelitz* in: Knyrim (Hrsg.), Datenschutz-Grundverordnung, 2016, S. 99 (102).
184 S. Roßnagel/*Richter*, Das neue DSR, § 7 Rn. 152.

einem besonderen Ausnahmefall die möglichen Folgen für die betroffene Person gemäß Art. 6 Abs. 4 lit. d DSGVO dennoch zu beachten sein und dazu führen, dass ausnahmsweise doch eine gesonderte Rechtsgrundlage erforderlich ist.[185] Da die Fiktion eine Ausnahme zum Verbot der Zweckentfremdung ist,[186] entspricht diese Auslegung auch dem Gebot, die Ausnahme eng zu verstehen.[187]

Allerdings liegt die **Nachweislast** nicht bei den zweckändernden Verantwortlichen, sondern bei der betroffenen Person, die nachweisen muss, dass im konkreten Fall die Fiktion doch nicht gerechtfertigt ist.[188]   110

5. Gefährdung des Grundsatzes der Zweckbindung. Der Grundsatz der Zweckbindung widerspricht sowohl der Idee einer unbemerkten, komplexen und **spontanen** technischen **Unterstützung** des Nutzers als auch dem Ziel, durch das Zusammenführen und Auswerten möglichst vieler Daten aus vielfältigen Quellen neue Erkenntnisse zu gewinnen (→ Rn. 30). Je vielfältiger und umfassender die zu erfassenden Alltagshandlungen und je unterschiedlicher die Datenquellen sind, umso schwieriger wird es, den Zweck einzelner Datenverarbeitungen vorab festzulegen und zu begrenzen.[189]   111

Daher stellt sich die Frage, ob der bereichsspezifisch, klar und eindeutig festgelegte Zweck[190] noch das angemessene Kriterium sein kann, um die zulässige Datenverarbeitung abzugrenzen.[191] Werden Daten für vielfältige und wechselnde Zwecke erhoben, sind eine an einem begrenzten Zweck orientierte Abschottung von Daten, ein daran anknüpfender Zugriffsschutz und eine auf der Zweckunterscheidung aufbauende informationelle Gewaltenteilung schwierig zu verwirklichen, vielfach sogar unpassend.[192] Sollen „smarte" Informationstechniken die **Sinne des Nutzers erweitern**, können sie nicht nur für einen bestimmten Zweck Daten erheben. Sie müssen wie die Sinne des Nutzers die gesamte Umwelt wahrnehmen. Erst wenn diese Daten erhoben und gespeichert sind, kann nach und nach eine zweckorientierte Auswahl und Bewertung erfolgen. Erst danach können die Ergebnisse der „Sinneseindrücke" gelöscht werden. Dies ist allerdings nicht möglich, wenn sie dem Zweck dienen sollen, sich an etwas zu **erinnern**. Selbst wenn ein Zweck in diesem Sinn bestimmt wird, kann dieser so beschrieben sein, dass er die umfassende Verarbeitung vielfältiger Daten erfordert.[193]   112

Ähnlich verhält es sich mit dem **Verbot einer Datenhaltung auf Vorrat** und einer Profilbildung. Wenn viele Anwendungen ineinander greifen, Daten aus anderen Anwendungen übernehmen, für den Nutzer Erinnerungsfunktionen für künftige Zwecke erfüllen sollen, die noch nicht bestimmt werden können, sind Datenspeicherungen auf Vorrat nicht zu vermeiden.[194] Wenn die „smarten" Informationstechniken im Alltag kontextsensitiv und selbstlernend sein sollen, werden sie aus den vielfältigen Datenspuren, die der Nutzer bei seinen Alltagshandlungen hinterlässt, und seinen Präferenzen, die seinen Handlungen implizit entnommen werden können, vielfältige Profile erzeugen müssen. Für Profile, die die informationelle Selbstbestimmung gefährden, und Profile, die eine optimale Befriedigung der Nutzerinteressen gewährleisten, bedarf es weiterer Unterscheidungskriterien, die nicht allein an der Tatsache einer Profilbildung anknüpfen können.[195]   113

Schließlich könnten sich faktisch mit der vielfältigen – oft unbewussten – Verfügbarkeit über personenbezogene Daten **neue Offenbarungspflichten** ergeben, die zu einer nachträglichen Zweckänderung führen. Wenn die Dinge vieles um sich herum registrieren und speichern, könnte man durch Zusammenführung der gespeicherten Daten die Vergangenheit rekonstruieren und damit in vielen Fällen der Wahrheitsfindung dienen. Soll in der Familie, im Wohnumfeld, am Arbeitsplatz, im Rahmen der öffentlichen Sicherheit oder der gerichtlichen Beweisaufnahme geklärt werden, wie sich ein Ereignis zugetragen hat, könnte jeder sich verpflichtet fühlen oder verpflichtet werden, die Daten seiner „smarten" Gegenstände zur Verfügung zu stellen.[196]   114

---

185 *Johannes/Richter* DuD 2017, 300 (301).
186 So war sie auch vom Rat gemeint, s. *Albrecht* CR 2016, 88 (91).
187 *Richter* DuD 2015 735 (739); *Buchner* DuD 2016, 155 (157); *Ziegenhorn/von Heckel* NVwZ 2016, 1585 (1589).
188 Paal/Pauly/*Frenzel* Art. 5 Rn. 32.
189 S. hierzu *Martini* DVBl. 2014, 1481; *Spiecker gen. Döhmann* Spektrum der Wissenschaften SPEZIAL 1.17, 56; *Hornung* Spektrum der Wissenschaften SPEZIAL 1.17, 62 (65); *Roßnagel et al.*, Datenschutzrecht 2016 – „Smart" genug für die Zukunft?, 2016, S. 102 f.; *Roßnagel*, Datenschutz in einem informatisierten Alltag, 2007, S. 138ff.; *Geminn*, DuD 2017, 295ff.; *Roßnagel/Kroschwald*, ZD 2014, 495.
190 So BVerfGE 65, 1 (44, 46).
191 S. am Beispiel von mobilen Ad-Hoc-Netzen *Roßnagel*, Datenschutz in einem informatisierten Alltag, 2007, S. 139.
192 Weitere Beispiele in *Roßnagel*, Datenschutz in einem informatisierten Alltag, 2007, S. 140 f.
193 S. *Roßnagel*, in: Roßnagel/Sommerlatte/Winand (Hrsg.), Digitale Visionen, 2008, 147; *Roßnagel* DuD 2016, 561 (564).
194 S. weitere Beispiele in *Roßnagel*, in: Roßnagel/Sommerlatte/Winand (Hrsg.), Digitale Visionen, 2008, S. 150; *Roßnagel*, Datenschutz in einem informatisierten Alltag, 2007, S. 142.
195 S. hierzu bereits für Location Based Services *Jandt/Laue* K&R 2006, 316.
196 S. *Roßnagel*, in: Roßnagel/Sommerlatte/Winand (Hrsg.), Digitale Visionen, 2008, S. 146; *Roßnagel*, Datenschutz in einem informatisierten Alltag, 2007, S. 143ff.

115 Werden die Grundsätze von **Big Data** direkt auf personenbezogene Daten angewendet, widersprechen sie diametral den grundlegenden datenschutzrechtlichen Prinzipien, insbes. dem Prinzip der Zweckbindung.[197] Wenn aber gewünscht wird, dass durch Big Data-Auswertungen neue Korrelationen erkannt und aus diese neue Erkenntnisse gewonnen werden, geht das auf rechtmäßige Weise nur dann, wenn der Grundsatz der Zweckbindung für die verarbeiteten Daten aufgehoben wird. Für die Frage, wie mit diesem Konflikt umgegangen werden soll, bieten weder die Vorschrift noch die DSGVO auch nur ansatzweise eine Antwort.

IX. Grundsatz der Datenminimierung (Abs. 1 lit. c)

116 Nach Abs. 1 lit. c muss die Verarbeitung personenbezogener Daten „dem Zweck angemessen und erheblich sowie auf das für die Zwecke der Verarbeitung notwendige Maß beschränkt" sein. Dieser Grundsatz der **Datenminimierung** beschränkt die Datenverarbeitung und damit die Tiefe des Eingriffs in das Grundrecht auf Datenschutz der betroffenen Person. Der Grundsatz der Datenminimierung ist bezogen auf das Ausmaß der Daten[198] ein Ausfluss des Grundsatzes der Erforderlichkeit.[199] Der Grundsatz der Datenminimierung beschreibt eine Zweck-Mittel-Relation: Daten dürfen nur insoweit verarbeitet werden, als sie als Mittel zur Erreichung des Zwecks der Datenverarbeitung erforderlich sind. Damit unterstützt dieser Grundsatz den Grundsatz der Zweckbindung.[200] Diese inhaltlich bestimmte Erforderlichkeit wird durch den Grundsatz der Speicherbegrenzung in Abs. 1 lit. e als zeitlicher Ausdruck der Erforderlichkeit ergänzt.

117 Der Grundsatz der Datenminimierung in lit. c ist eine typische **Kompromissregelung**. Hinsichtlich des verabschiedeten Wortlauts konnten KOM und EP die gleichlautende erste Hälfte ihres Vorschlags gegenüber dem Rat durchsetzen. Der **Rat** wollte den Grundsatz der Datenminimierung aus Art. 6 lit. c DSRL nicht übernehmen. Er schlug als Text für lit. c vor: Personenbezogene Daten müssen „dem Verarbeitungszweck entsprechen, sachlich relevant und in Bezug auf die Zwecke, für die sie verarbeitet werden, verhältnismäßig sein". Danach wäre das Prinzip der Datenminimierung durch das Prinzip der Verhältnismäßigkeit ersetzt worden. Damit konnte sich der Rat jedoch nicht durchsetzen. Um dies zu verhindern, mussten umgekehrt die **KOM** und das **EP** auf die zweite Hälfte ihres Vorschlags verzichten, die den Grundsatz der Datenminimierung noch verschärft hätte. Danach hätten personenbezogene Daten nur verarbeitet werden dürfen, „wenn und solange die Zwecke der Verarbeitung nicht durch die Verarbeitung von anderen als personenbezogenen Daten erreicht werden können".

118 **1. Gründe der Datenminimierung.** Der Grundsatz der Minimierung kann sich aus **drei Gründen** ergeben,[201] die sich überlappen, aber auch jeweils für sich das Minimierungsgebot begründen können: Die Datenminimierung ist erforderlich, wenn die personenbezogenen Daten nicht dem Zweck angemessen, wenn sie nicht erheblich und wenn sie nicht auf das für die Zwecke der Verarbeitung notwendige Maß beschränkt sind.

119 Dem Zweck **angemessen** sind personenbezogene Daten, wenn sie bezogen auf den Zweck hinsichtlich Funktion, Inhalt und Umfang sachgerecht sind.[202] Die Daten müssen für den Zweck adäquat, also zweckgeeignet sein.[203] Für die Bewertung der Angemessenheit ist eine objektive Perspektive zu wählen.[204] Diese orientiert sich an den allgemeinen Bewertungsmaßstäben der Rechtsordnung, nicht an dem Interesse des Verantwortlichen oder am üblichen Umgang.[205] Für die Beurteilung der Kreditwürdigkeit mag das Datum des Wohnorts interessant, vielleicht sogar erheblich sein, wegen der Gefahr der Diskriminierung jedoch nicht angemessen.[206] Die Angemessenheit ist bei besonders schützenswerten Daten besonders in Zweifel zu ziehen, auch wenn zB die betroffene Person der Verarbeitung für einen bestimmten Zweck nach Art. 9 Abs. 2 lit. a grundsätzlich zugestimmt hat.

120 Für den Zweck **erheblich** sind die personenbezogenen Daten, wenn sie für die Erfüllung des Zwecks einen Unterschied bewirken. Sie müssen für den Zweck eine solche Bedeutung haben, dass sie jedenfalls für ir-

---

197 S. ausführlich *Roßnagel* ZD 2013, 562 (564); *Richter* DuD 2016, 581 (583); *Spiecker gen. Döhmann* Spektrum der Wissenschaften SPEZIAL 1.17, 56 (58 f.).

198 Der Grundsatz, der explizit nicht in der DSGVO aufgenommen wurde, ist erheblich weiter als nur das Gebot der Datenminimierung → Rn. 67.

199 S. auch *Hornung* Spektrum der Wissenschaften SPEZIAL 1.17, 62 (64).

200 S. auch Kühling/Buchner/*Herbst* Art. 5 Rn. 56.

201 Paal/Pauly/*Frenzel* Art. 5 Rn. 34, sieht dies als drei Anforderungen an die Datenverarbeitung.

202 Die Definitionen von Paal/Pauly/*Frenzel* Art. 5 Rn. 34: „wenn ihre Zuordnung nicht beanstandet werden kann", und von Kühling/Buchner/*Herbst* Art. 5 Rn. 57: „wenn sie überhaupt einen Bezug zum Verarbeitungszweck haben", erscheinen zu allgemein.

203 Ähnlich Sydow/*Reimer* Art. 5 Rn. 30; Schantz/Wolff/*Wolff*, Rn. 421; *Dammann/Simitis* Art. 6 Rn. 11 für die DSRL; dagegen Gola/*Pötters* Art. 5 Rn. 15: „zumutbar".

204 Paal/Pauly/*Frenzel* Art. 5 Rn. 35.

205 S. hierzu *Spiecker gen. Döhmann* Spektrum der Wissenschaften SPEZIAL 1.17, 56 (58).

206 Daher ist die Konformität von § 31 Abs. 1 Nr. 3 BDSG nF mit Art. 5 Abs. 1 lit. c zweifelhaft, weil er „nur" festlegt, dass nicht „ausschließlich Anschriftendaten" genutzt werden dürfen. Zu den Risiken des Geoscoring s. zB Simitis/*Ehmann* § 29 b Rn. 63ff.

gendeinen Aspekt des Zwecks entscheidend sind. So mag das Datum der Kontonummer für den Zweck der Vertragsabwicklung zwar angemessen sein; wenn aber Barzahlung vereinbart wurde, ist es nicht mehr erheblich, weil es für die Vertragsabwicklung ohne Bedeutung ist. Auch die Erheblichkeit ist objektiv und nicht nach den Präferenzen des Verantwortlichen zu bestimmen.[207] Unzutreffend ist, „erheblich" mit „geeignet und erforderlich" gleichzusetzen und dafür das Verhältnismäßigkeitsprinzip heranzuziehen.[208] „Geeignet" ist jeder noch so geringe Beitrag zu dem jeweiligen Zweck.[209] Erheblich meint dagegen keinen geringen, sondern einen entscheidenden Beitrag zur Zweckerreichung. „Erforderlich" dagegen entspricht dem dritten Grund, der Beschränkung auf das notwendige Maß.

Auf das für die Zwecke der Verarbeitung **notwendige Maß beschränkt** sind die personenbezogenen Daten, 121 wenn der Zweck ohne ihre Verarbeitung nicht erreicht werden kann. Dies ist der Fall, wenn die aus dem Zweck sich ergebende Aufgabe des Verantwortlichen ohne die Datenverarbeitung nicht, nicht rechtzeitig, nicht vollständig oder nur mit unverhältnismäßigem Aufwand erfüllt werden kann.[210] Auch wenn die Daten angemessen und erheblich sind, kann es dennoch sein, dass sie im Umfang, in der Genauigkeit, in der Dichte oder in Aussagekraft weiter gehen, als der Zweck dies unbedingt erfordert. Kann der verfolgte legitime Zweck mit einem geringeren Maß an Datenerhebung, -verarbeitung oder -nutzung genauso gut verwirklicht werden, ist der beabsichtigte Umgang nicht auf das notwendige Maß beschränkt.[211] Entscheidend ist also, ob im Einzelfall eine ebenso effektive Alternative mit geringerer Eingriffstiefe vorhanden ist.[212] Dies wäre zB der Fall, wenn zwar die Protokollierung eines Vorgangs angemessen und erheblich ist, aber keine Vollprotokollierung notwendig ist, sondern Auszüge genügen.[213] Für viele Zwecke ist es zB ausreichend zu erfassen, dass jemand an einer bestimmten Stelle ist, nicht aber seine Identität[214] und die Uhrzeit, dass die Person sich in einer bestimmten Gegend aufhält, aber nicht genau wo und wie lange, oder dass sie bestimmte Leistungen bezahlt hat, aber nicht wann und mit welcher Kreditkarte. Nicht von der Beschränkung auf das notwendige Maß umfasst sind Datenverarbeitungen zum Zweck der Arbeitserleichterung oder der Ersparnis künftig vielleicht nötig werdender Zusatzaufwendungen. Erst Recht verstößt eine Datenverarbeitung auf Vorrat gegen diesen Grundsatz.[215]

2. Umfang der Datenminimierung. In allen drei Gründen für das Gebot der Datenminimierung ist der Ver- 122 antwortliche frei, den **Zweck der Datenverarbeitung nach seinen Präferenzen** frei auszuwählen. Der Grundsatz gewährt ihm diese Freiheit und nimmt den von ihm gewählten Zweck zum unhinterfragten Ausgangspunkt.[216] So kann etwa der Zweck, Bilder, Filme, Musik oder Datenübertragungsleistungen abzurechnen, in unterschiedlichen Abrechnungsformen erfolgen. Besteht der Zweck darin, diese Leistungen nach Inhalten abzurechnen, ist eine Speicherung zu den übertragenen Inhalten notwendig, nicht aber der Zeit. Soll nach Zeit abgerechnet werden, ist die Speicherung der Zeitpunkte des Anfangs und des Endes der Datenübertragung notwendig, nicht aber des Inhalts. Ist der Zweck, den Datenumfang abzurechnen, sind die übertragenen Datenmengen zu speichern, und will der Anbieter eine Flatrate abrechnen, muss er gar keine Nutzungsdaten speichern. Je nach Zweckwahl sind die Daten angemessen, erheblich und auf das Notwendige begrenzt.

Dagegen fordert der **Grundsatz der Datensparsamkeit**, den konkreten Zweck so auszuwählen, dass mög- 123 lichst wenig personenbezogene Daten erhoben werden müssen.[217] Danach muss der Verantwortliche seine Zwecke im Sinn einer „datensparsamen" Konkretisierung überdenken: Er kann seine Verarbeitungszwecke auf unterschiedlichen Ebenen konkretisieren. Verfolgt er etwa den abstrakten Zweck, die erbrachte Leistung abzurechnen, muss er nach einer Gestaltung der Abrechnungsverfahren suchen, die diesen Zweck erfüllt, aber – soweit möglich – ohne die Verarbeitung personenbezogener Daten auskommt.[218] Da genau

---

207 Paal/Pauly/*Frenzel* Art. 5 Rn. 36.
208 So Gola/*Pötters* Art. 5 Rn. 15; Sydow/*Reimer* Art. 5 Rn. 31; Kühling/Buchner/*Herbst* Art. 5 Rn. 57: „geeignet".
209 S. zB BVerfGE 67, 157 (173, 175); 90, 145 (172); 100, 313 (373); 109, 279 (336).
210 In Übernahme einer von *Podlech* entwickelten Formulierung, s. zB Simitis/*Dammann* § 14 Rn. 15.
211 So auch Kühling/Buchner/*Herbst* Art. 5 Rn. 57.
212 S. *Roßnagel* et al., Datenschutz 2016 – „Smart" genug für die Zukunft?, 2016, S. 46.
213 *Dammann/Simitis* Art. 6 Rn. 12 für die DSRL.
214 Nach Kühling/Buchner/*Herbst* Art. 5 Rn. 57 ist soweit möglich, eine anonyme Datenverarbeitung zu wählen.
215 S. BVerfGE 65, 1 (46); s. auch Roßnagel/*v. Zezschwitz*, HB DSch, Kap. 3.1 Rn. 37; Schantz/Wolff/*Wolff*, Rn. 425 f.
216 S. auch *Hornung* Spektrum der Wissenschaften SPEZIAL 1.17, 62 (64).
217 *Roßnagel*, in: Eifert/Hoffmann-Riem (Hrsg.), Innovation und Recht, 2011, 41ff. und weitere Nachweise.
218 S. *Roßnagel/Pfitzmann/Garstka*, S. 101.

dies aber der Grundsatz der Datenminimierung nicht fordert, entspricht er auch nicht dem Grundsatz der Datensparsamkeit[219] – auch wenn dies vielfach behauptet wird.[220]

124 Auch wenn die Vorschrift den in § 3 a BDSG aF enthaltenen Grundsatz der Datensparsamkeit nicht kennt, ist dieser dennoch weiterhin zu beachten – als **Ausdruck des primärrechtlichen und damit vorrangigen Grundsatzes der Verhältnismäßigkeit.** Der Verantwortliche muss den Eingriff in das Grundrecht auf Datenschutz der betroffenen Person so gering wie möglich halten.[221] Dieses aus Art. 52 Abs. 1 S. 2 GRCh ableitbare Gebot gilt nicht nur für die Wahl der Mittel, sondern auch für die Wahl des Zwecks. Wenn er das Ziel seiner unternehmerischen und beruflichen Betätigung, der Ausübung seiner Meinungsäußerung oder seiner Persönlichkeitsentfaltung auch durch eine weniger eingriffsintensive Zweckkonkretisierung erreichen kann – die also weniger personenbezogene Daten benötigt –, so gebiet es die Rücksichtnahme auf die Interessen der betroffenen Person, die weniger eingriffsintensive Variante zu wählen.[222] Er kann sich nicht auf die Begrenzung der Daten beschränken, die für den von ihm ohne Rücksicht auf die betroffene Person gewählten Zweck erforderlich sind. Vielmehr muss er – auch unter Einbezug der von ihm konkretisierten Zwecke – sein Datenverarbeitungssystem und seinen Datenverarbeitungsvorgang so wählen, dass möglichst wenige Daten mit Personenbezug verarbeitet werden. Dieser Grundsatz der Datensparsamkeit als Gestaltungsziel ist eng verbunden mit dem Grundsatz der datenschutzgerechten Systemgestaltung, wie er in Art. 25 Abs. 1 normiert ist (→ Art. 25 Rn. 29ff.).

125 **3. Minimierung der personenbezogenen Daten.** Der Grundsatz fordert nicht eine Minimierung von Daten. Dies übersehen all diejenigen, die das Ziel einer Datensparsamkeit als überholt ansehen und der Datenarmut einen Datenreichtum als erstrebenswert entgegensetzen.[223] Vielmehr geht es um die Reduzierung des Grundrechtseingriffs auf das unvermeidbar Erforderliche. Daher geht es um die **Reduzierung des Personenbezugs** von Daten, nicht um die Minimierung der Daten selbst.

126 Der Personenbezug der zu verarbeitenden Daten muss im Rahmen der Zweckbindung **qualitativ und quantitativ begrenzt** werden.[224] Dies zu erreichen ist eine Aufgabe der datenschutzgerechten Systemgestaltung nach Art. 25 Abs. 1 (→ Art. 25 Rn. 29ff.) sowie der datenschutzfreundlichen Voreinstellungen nach Art. 25 Abs. 2 (→ Art. 25 Rn. 46ff.).[225]

127 **Minimierung** zielt auf eine möglichst weitgehende Begrenzung personenbezogener Daten.[226] Nach EG 39 sollen „die personenbezogenen Daten … auf das für die Zwecke ihrer Verarbeitung notwendige Maß beschränkt sein". Der Minimierung ist nicht ein begrenztes quantitatives Ziel vorgegeben, das erreicht werden, über das aber auch niemand hinausgehen muss. Vielmehr ist die Minimierung des Personenbezugs eine Aufgabe, die immer noch besser erfüllt werden kann. Dies entspricht dem Optimierungsziel der Grundsätze überhaupt (→ Rn. 21).

128 Diese Zielsetzung ist vor allem eine große Herausforderung für **Big Data-Analysen,**[227] lernende Systeme, Assistenzsysteme, die im Hintergrund individualisierte Dienste anbieten sollen, das Internet der Dinge, Profilbildungen für Direktmarketing und vergleichbare Anwendungen, die auf der Auswertung großer Mengen personenbezogener Daten beruhen. Sie müssen zum einen mit möglichst wenig personenbezogenen Daten als Ausgangsmaterial auskommen. Soweit es im Rahmen der legitimen Zwecksetzung der Anwendungen möglich ist, müssen die Daten, die in die Analysen einbezogen werden, zuvor anonymisiert werden. Zum anderen müssen sie auf Ergebnisse zielen, die möglichst wenig personenbezogene Daten beinhalten oder auf möglichst wenig individuelle Personen angewendet werden.

129 **4. Minimierung der Datenverarbeitung.** Der Grundsatz der Erforderlichkeit (→ Rn. 67ff.) zielt, weiter als die Datenminimierung, aber nicht nur auf Daten, sondern auch auf das **Maß der Datenverarbeitung** – also auf deren Phasen und Formen. Die in Art. 4 Nr. 2 beschriebenen Formen der Datenverarbeitung (→ Art. 4

219 S. *Roßnagel* DuD 2016, 561 (562); *Hornung* Spektrum der Wissenschaften SPEZIAL 1.17, 62 (64); Unterschiede sieht auch Kühling/Buchner/*Herbst* Art. 5 Rn. 55.

220 S. *Albrecht/Jotzo*, S. 52; *Buchner*, DuD 2016, 155 (156); Ehmann/Selmayr/*Heberlein* Art. 5 Rn. 22; Paal/Pauly/*Frenzel* Art. 5 Rn. 53; Schantz/Wolff/*Wolff*, Rn. 427; unter Verweis auf § 3 a BDSG zB Gola/*Pötters* Art. 5 Rn. 21: „grosso modo".

221 EuGH C-293/12 und C-594/12, NJW 2014, 2169 – Digital Rights Ireland; EuGH C-362/14, NJW 2015, 3151 – Schrems; EuGH C-203/15 und C-698/15, NJW 2017, 717 – Tele2 Sverige; BVerfGE 65, 1 (43, 46).

222 *Roßnagel/Pfitzmann/Garstka*, S. 101.

223 S. Nachweise in *Roßnagel et al.*, Datensparsamkeit oder Datenreichtum? Zur neuen politischen Diskussion über den datenschutzrechtlichen Grundsatz der Datensparsamkeit, Policy Paper des Forums „Privatheit und selbstbestimmtes Leben in der digitalen Welt", 2017, S. 1, www.forum-privatheit.de/.

224 Paal/Pauly/*Frenzel* Art. 5 Rn. 34.

225 Ehmann/Selmayr/*Heberlein* Art. 5 Rn. 23.

226 *Hornung* Spektrum der Wissenschaften SPEZIAL 1.17, 62 (66); Paal/Pauly/*Frenzel* Art. 5 Rn. 34.

227 Zur Herausforderung durch den Grundsatz der Zweckbindung → Rn. 116.

Nr. 2 Rn. 10ff.) dürfen nur in dem Maß zum Einsatz kommen, wie dies für das Erreichen des Zwecks der Datenverarbeitung erforderlich ist.

Der Grundsatz der Erforderlichkeit fordert, die **Anzahl und das Maß der Nutzungen** auf das Erforderliche zu minimieren. So soll zB nur lesender Zugriff gewährt werden, wenn dies für die Zweckerreichung ausreicht und ein Drucken und Vervielfältigen der Daten unterbunden werden. Das Speichern von personenbezogenen Daten soll nur dann erfolgen, wenn auf diese tatsächlich wieder zurückgegriffen werden muss. Die Übertragung der personenbezogenen Daten ist zu unterlassen, wenn der Verantwortliche den Zweck auch ohne die Kenntnisnahme Dritter erreichen kann. Die mehrfache Auswertung von unterschiedlichen Daten, die die gleiche Information enthalten, ist unzulässig.[228]   **130**

Schließlich ist der Grundrechtseingriff auch dadurch zu minimieren, dass die **Zahl der betroffenen Personen** so begrenzt wie möglich gehalten wird.[229] Insofern ist bei Big-Data-Analysen der Umkreis der erfassten Personen so eng wie möglich zu halten.   **131**

Der Grundsatz der Erforderlichkeit und seine Ausprägung der Datenminimierung sind vor allem bei der **Gestaltung des Systems** der Datenverarbeitung zu beachten (→ Art. 25 Rn. 28ff.). Bei der Konzeption der Architektur und der Prozessschritte der Datenverarbeitung ist darauf zu achten, dass die personenbezogenen Daten so verteilt und übermittelt werden, dass möglichst wenig Personen mit ihnen umgehen und sie nutzen können. Sogleich ist zu versuchen, den Personenbezug durch Anonymisierung und Pseudonymisierung zu minimieren.[230]   **132**

5. Gefährdung des Grundsatzes der Datenminimierung. Da die Prinzipien der Erforderlichkeit und der Datenminimierung, die inhaltlich und modal die Datenverarbeitung begrenzen sollen, am Zweck der Datenverarbeitung ausgerichtet sind, erleidet es durch die Herausforderungen der modernen Datenverarbeitung (→ Rn. 30) die gleiche Schwächung wie das Prinzip der Zweckbindung (→ Rn. 111ff.). Soll die Datenverarbeitung im Hintergrund ablaufen, auf Daten zugreifen, die durch andere Anwendungen bereits generiert wurden, und gerade durch die **Zusammenführung** einen besonderen **Mehrwert** erzeugen, wird es schwierig sein, für jede einzelne Anwendung eine Begrenzung der zu erhebenden Daten durchzusetzen. Die Einbeziehung von Daten aus unterschiedlichsten Quellen in einer dynamischen, also laufend aktualisierenden Weise beschränkt zudem die Begrenzungsfunktion des Prinzips der Datenminimierung. Sensorbestückte Gegenstände und Umgebungen sind fast immer aktiv und erheben eine enorme Menge Daten, um den Nutzern nach ihrem – sich ständig ändernden – Bedarf jederzeit ihre Dienste anbieten zu können.[231]   **133**

Das „**Gedächtnis**" der im Internet der Dinge vernetzten Gegenstände ermöglicht, eine Art „Fahrtenschreiber" der Dinge zu entwickeln und ihre „Lebensspur" zu rekonstruieren, immer zu wissen, wo sich ein Ding aufhält und verlorene Dinge immer wieder zu finden. Werden mehrere solcher dinglicher „Lebensspuren" miteinander abgeglichen, kann der gemeinsame Kontext verschiedener Dinge ermittelt werden – und damit zugleich auch der soziale Kontext ihrer Besitzer. Für die Funktion der Gedächtnisstütze sind alle erhobenen Daten angemessen, erheblich und vom notwendigen Maß umfasst.[232]   **134**

Viele weitere Datenverarbeitungszwecke setzen voraus, dass viele zusätzliche Daten verarbeitet werden, um ihre **Funktionen zu erbringen** oder abzurechnen. Dies gilt für alle Umsetzungen der Konzepts des „Pay per Use", für alle Systeme, die kontextsensitiv den Nutzer entlasten oder unterstützen sollen, die Präferenzen des Nutzers erkennen und ihnen gerecht werden sollen oder allgemein alle Assistenzsysteme, die sich selbstlernend verbessern an ihren Nutzer und ihre Umgebung anpassen sollen.[233] Sie alle können ihre Funktionen eigentlich nur richtig erfüllen, wenn sie den Grundsatz der Datenminimierung ignorieren.[234]   **135**

X. Grundsatz der Richtigkeit (Abs. 1 lit. d)

Nach Abs. 1 lit. d muss die Verarbeitung personenbezogener Daten „sachlich richtig und erforderlichenfalls auf dem neuesten Stand sein". Der Grundsatz der Richtigkeit der erhobenen und verarbeiteten Daten betrifft die **Datenqualität**. Sind die Daten unrichtig, fordert EG 39: „Es sollten alle vertretbaren Schritte unternommen werden, damit unrichtige personenbezogene Daten gelöscht oder berichtigt werden." Dies gilt für alle Formen und Phasen der Datenverarbeitung.[235]   **136**

---

228 Gola/*Pötters* Art. 5 Rn. 22.
229 Gola/*Pötters* Art. 5 Rn. 22.
230 Gola/*Pötters* Art. 5 Rn. 23.
231 S. hierzu *Roßnagel et al.*, Datenschutzrecht 2016 – „Smart" genug für die Zukunft?, 2016, S. 106 f.; *Roßnagel*, Datenschutz in einem informatisierten Alltag, 2007, S. 145ff.
232 S. *Roßnagel*, in: Roßnagel/Sommerlatte/Winand (Hrsg.), Digitale Visionen, 2008, 149; *Roßnagel* DuD 2016, 561 (564).
233 *Roßnagel*, Datenschutz in einem informatisierten Alltag, 2007, S. 146ff.
234 Zu möglichen Reaktionen des Gesetzgebers s. *Hornung* Spektrum der Wissenschaften SPEZIAL 1.17, 62 (66 f.).
235 EuGH C-131/12, NJW 2014, 2257 Rn. 73 – Google Spain; EuGH C-465/00, DVBl 2003, 1163 Rn. 65 – Österreichischer Rundfunk.

137 Korrekte Daten zu verarbeiten, liegt eigentlich im Eigeninteresse des Verantwortlichen.[236] Vielfach hängen wirtschaftlicher Erfolg und pflichtgemäße Aufgabenerfüllung davon ab, dass die richtigen Daten verarbeitet werden. Dies gilt etwa für den Sicherheitsbereich, die Verwaltungstätigkeit, die Finanzwirtschaft, das Gesundheitswesen und andere kritische Infrastrukturen sowie jede prognostische und entscheidungsverändernde Verwendung von Daten. Soweit nur die **betroffene Person Nachteile** von der Verarbeitung unrichtiger und veralteter Daten hat, stellt sich die Korrektur der Daten für den Verarbeiter oder Auftragsverarbeiter allerdings nur als nicht erfolgsrelevanter Aufwand dar. Zum Schutz der betroffenen Person verpflichtet jedoch der Grundsatz der Richtigkeit den Verantwortlichen, sachlich richtige und aktuelle Daten zu verarbeiten.

138 Nicht richtige und nicht aktuelle Daten sind im Regelfall weder erheblich noch auf das notwendige Maß beschränkt, so dass deren Verarbeitung nicht nur gegen den Grundsatz der Richtigkeit verstößt, sondern auch nach dem Grundsatz der **Datenminimierung** unzulässig ist.[237]

139 **1. Richtigkeit und Aktualität von Daten.** Daten vermitteln Informationen, die als gedankliches Modell bestimmte Ausschnitte der Realität repräsentieren. Sachlich **richtig** sind Daten, die bezogen auf den Zweck der Datenverarbeitung den relevanten Ausschnitt aus der Realität korrekt darstellen.[238] Die Unterscheidung zwischen „richtig" und „unrichtig" folgt einer digitalen Logik, die für die sprachliche Repräsentation von Wirklichkeit nicht immer gegeben ist. Das durch Daten angedeutete Wirklichkeitsmodell kann von Theorien, Annahmen und Perspektiven abhängen, deren Wahrheitsgehalt nicht nach richtig und unrichtig zu bestimmen ist. Der Grundsatz beschränkt sich daher auf solche Repräsentationen von Wirklichkeit, deren Richtigkeit **objektiv** zu bestimmen ist. Ob dies der Fall ist, hängt allerdings vom Datum, vom Zweck seiner Verarbeitung und vom Kontext ab, der seine Interpretation bestimmt.[239] Dies ergibt sich bereits aus dem Wortlaut des zweiten Hs., darüber hinaus aber auch aus der Funktion jeder grundrechtsschonenden Datenverarbeitung. Unrichtig können auch Daten sein, die die Wirklichkeit **unvollständig** repräsentieren.

140 Der Grundsatz ist allerdings nur für **Tatsachenangaben** anwendbar, die einem empirischen oder logischen Beweis zugänglich sind. Werturteile – soweit sie nicht beleidigend sind – können nicht „richtig" oder „unrichtig" sein.[240] Sie unterliegen als subjektive Qualifizierung nicht dem Grundsatz der Richtigkeit. Richtig oder unrichtig kann allerdings die Angabe sein, dass ein Werturteil von einer bestimmten Person geäußert oder (beispielsweise in einer Akte) dokumentiert wurde. Soweit Tatsachenbehauptungen und Werturteile vermischt sind, ist der Grundsatz außerdem jedenfalls auf den Tatsachenanteil anwendbar. Dies hat für „Fake News" über identifizierbare Personen aktuelle Bedeutung.

141 Nach lit. d müssen die Daten aber auch „erforderlichenfalls auf dem **neuesten Stand** sein". Nachträgliche Veränderungen der Wirklichkeit machen die Daten nicht falsch, wenn es auf die ursprüngliche Situation ankommt. Soweit der Verantwortliche gezielt solche historische Daten eines bestimmten Entwicklungsstands verarbeitet, die zu einem früheren Zeitpunkt richtig waren, müssen die Daten nicht der Entwicklung angepasst werden; eine solche Anpassung könnte – wenn sie nicht deutlich wird – sogar umgekehrt gegen den Grundsatz der Richtigkeit verstoßen. Kommt es für die Datenverarbeitung aber auf die tatsächlichen Veränderungen an, müssen die Daten grundsätzlich dem neuesten Stand der sachlichen und persönlichen Verhältnisse der betroffenen Person entsprechen.[241] Ob die Daten „erforderlichenfalls" auf dem neuesten Stand sein müssen, hängt davon ab, ob dies aus Sicht der betroffenen Person für den Zweck der Datenverarbeitung erheblich ist.[242] Wenn das falsche Datum zu einer unzutreffenden Rechtsfolge führen oder in anderer Weise für die betroffene Person nachteilig sein kann, dann ist die Aktualität der Daten erforderlich.[243] Wenn dies ausgeschlossen ist, müssen die Daten nicht auf dem neuesten Stand sein.

142 **2. Maßnahmen zur Berichtigung.** Nach dem zweiten Hs. des Abs. 1 lit. d „sind alle angemessenen Maßnahmen zu treffen, damit personenbezogene Daten, die im Hinblick auf die Zwecke ihrer Verarbeitung unrichtig sind, unverzüglich gelöscht oder berichtigt werden". Unverzüglich meint ohne schuldhaftes Zögern.

143 Dieser Grundsatz enthält zum einen eine **Verpflichtung des Verantwortlichen.** Er ist verpflichtet, die Richtigkeit der Daten aktiv zu überprüfen.[244] Er sollte etwa beim Profiling gemäß EG 71 technische und organisatorische Maßnahmen treffen, mit denen in geeigneter Weise sichergestellt wird, dass Faktoren, die zu un-

---

236 S. zB *Hoeren* ZD 2016, 459.
237 EuGH C-131/12, NJW 2014, 2257 Rn. 93 – Google Spain; Paal/Pauly/*Frenzel* Art. 5 Rn. 39.
238 Es geht nicht nur um das richtige Abbild des Datums auf dem Datenträger – so aber Sydow/*Reimer* Art. 5 Rn. 35.
239 So wohl auch Sydow/*Reimer* Art. 5 Rn. 37.
240 Kühling/Buchner/*Herbst* Art. 5 Rn. 60; s. auch Simitis/*Mallmann* § 20 Rn. 17ff.; Simitis/*Dix* § 35 Rn. 13.
241 *Albrecht/Jotzo*, S. 54.
242 S. auch Kühling/Buchner/*Herbst* Art. 5 Rn. 62; Sydow/*Reimer* Art. 5 Rn. 36: „im Hinblick auf den Zweck schädlich".
243 So für das Beispiel der Zutrittsberechtigung Kühling/Buchner/*Herbst* Art. 5 Rn. 61.
244 Gola/*Pötters* Art. 5 Rn. 24.

richtigen personenbezogenen Daten führen, korrigiert werden und das Risiko von Fehlern minimiert wird. [245]

Der Grundsatz führt zum anderen zu **Rechten der betroffenen Person**. Sie hat nach Art. 16 (→ Art. 16 **144** Rn. 6) das Recht, von dem Verantwortlichen unverzüglich die Berichtigung sie betreffender unrichtiger und die Vervollständigung unvollständiger personenbezogener Daten zu verlangen. Sie kann nach Art. 17 Abs. 1 lit. a (→ Art. 17 Rn. 10) von dem Verantwortlichen verlangen, dass sie betreffende personenbezogene Daten unverzüglich gelöscht werden, wenn sie – weil falsch – für die rechtmäßigen Verarbeitungszwecke nicht mehr notwendig sind. Schließlich hat die betroffene Person nach Art. 18 Abs. 1 lit. a (→ Art. 18 Rn. 3) das Recht, von dem Verantwortlichen die Einschränkung der Verarbeitung zu verlangen, wenn sie die Richtigkeit der Daten bestreitet – und zwar für eine Dauer, die es dem Verantwortlichen ermöglicht, die Richtigkeit der personenbezogenen Daten zu überprüfen.

Werden personenbezogene Daten ausschließlich für im öffentlichen Interesse liegende Archivzwecke oder **145** für wissenschaftliche und historische Forschungszwecke oder für statistische Zwecke gemäß Art. 89 Abs. 1 verarbeitet, können die Mitgliedstaaten **Ausnahmen** vom Berichtigungsanspruch vorsehen (→ Art. 89 Rn. 57ff.).[246] Von dieser Öffnungsklausel hat § **27 Abs. 2 BDSG nF** insoweit Gebrauch gemacht, als er die Rechte auf Berichtigung und Einschränkung „insoweit beschränkt, als diese Rechte voraussichtlich die Verwirklichung der Forschungs- oder Statistikzwecke unmöglich machen oder ernsthaft beinträchtigen und die Beschränkung für die Erfüllung der Forschungs- oder Statistikzwecke notwendig ist".

3. Gefährdung des Grundsatzes der Richtigkeit. Auch die Umsetzung des Grundsatzes der Richtigkeit wird **146** durch die zukünftigen **Herausforderungen moderner Informationstechnik** gefährdet (→ Rn. 30). Diese Gefährdung hängt zum einen mit der künftigen Schwäche des Transparenzgrundsatzes, zum anderen mit der Verselbständigung der Datenverarbeitung und der zunehmenden Irrelevanz der Richtigkeit individueller Daten zusammen.

Wenn die Aufgabe von Ubiquitous Computing-Anwendungen ist, den Nutzer im Hintergrund unbemerkt **147** zu unterstützen, ist nicht vorgesehen, ihm einzelne Daten zur Kenntnis zu bringen, damit er deren Richtigkeit prüfen kann. Wenn er subjektiv und objektiv überfordert ist, die enorme Menge der über ihn erhobenen und verarbeiteten Daten zur **Kenntnis** zu nehmen, kann er diese auch nicht kontrollieren und die Berichtigung falscher Daten einfordern. Das Gleiche gilt für den Verantwortlichen. Auch dieser ist nicht in der Lage, die Korrektheit der massenhaft von ihm verarbeiteten Daten zu überwachen und herzustellen. Beide, sowohl der Verantwortliche als auch die betroffene Person, können in gewissem Umfang die Suche nach unrichtigen Daten technischen Systemen übertragen, werden aber dann von diesen abhängig. Sie können letztlich die Unrichtigkeit von Daten allenfalls an Hand von Verarbeitungsergebnissen vermuten und sich dann im Einzelfall mühsam auf die Suche begeben, welchem falschen Datum das unplausible Ergebnis zu verdanken ist.

Künstliche Intelligenz und **selbstlernende Systeme** führen dazu, dass sich Verarbeitungssysteme selbstständig **148** dig fortentwickeln. Ein solches System wird mit der Zeit sowohl für den Verantwortlichen als auch erst Recht für die betroffene Person zu einer Black Box, deren Ergebnisse zwar wahrgenommen werden können, deren Struktur, Regeln und Daten aber nicht bekannt sind und allenfalls im Einzelfall mühsam rekonstruiert werden könnten. Auch in diesem Fall könnte nur von unplausiblen Ergebnissen auf das Vorliegen irgendwelcher Fehler geschlossen werden. Eine Berichtigung könnte dann nur in der Weise erfolgen, dass die Anwendung aus dem falschen Ergebnis lernt.

Big Data-Analysen führen vielfältige Daten zusammen und ermöglichen, Korrelationen[247] zu erkennen und **149** Wahrscheinlichkeitsaussagen zu treffen. Durch das Erkennen von abstrakten statistischen Mustern kann der Verantwortliche Lagen und Situationen besser beurteilen oder das Verhalten von Einzelnen und Gruppen prognostizieren. Diese statistischen Muster sind nicht personenbezogen, werden aber im Einzelfall Grundlage von Entscheidungen und Maßnahmen. Obwohl sie auf die einzelne betroffene Person nicht zutreffen können, werden alle nach dem statistischen Durchschnitt behandelt. Aufgrund dieser anonymen Vergemeinschaftung laufen Berichtigungsansprüche ins Leere. Es werden keine personenbezogenen Daten einer einzelnen Person gespeichert. Außerdem ist die Richtigkeit der Daten einer einzelnen Person irrelevant, weil diese ohnehin im Durchschnitt aller Daten untergeht.[248]

---

245 Gola/*Pötters* Art. 5 Rn. 24.
246 EG 156; *Albrecht/Jotzo*, S. 54.
247 Zur Problematik der Beschränkung auf Korrelationen s. *Spiecker gen. Döhmann* Spektrum der Wissenschaften SPEZIAL 1.17, 56 (56 f.).
248 S. *Roßnagel* DuD 2016, 561 (563).

XI. Grundsatz der Speicherbegrenzung (Abs. 1 lit. e)

150 Nach Abs. 1 lit. e müssen personenbezogene Daten „in einer Form gespeichert werden, die die Identifizierung der betroffenen Personen nur so lange ermöglicht, wie es für die Zwecke, für die sie verarbeitet werden, erforderlich ist". Dieser Grundsatz der zeitlichen Speicherbegrenzung ist ein Ausfluss des übergeordneten **Grundsatzes der Erforderlichkeit**. Während lit. c die Erforderlichkeit zur Zweckerreichung auf die Daten und die Datenverarbeitung bezieht, spricht der Grundsatz der Speicherbegrenzung die Dauer der Datenverarbeitung an.[249]

151 **1. Speicherbegrenzung.** Die Begrenzung der Datenverarbeitung ist nach lit. e auf das **Speichern** personenbezogener Daten bezogen. Was Speichern ist, bestimmt die DSGVO nicht. Auch das BDSG nF legt nicht fest, was unter Speichern im Rechtssinn zu verstehen ist. Daher kann zum Verständnis des Rechtsbegriffs des Speicherns auf die Definition des § 3 Abs. 5 Nr. 4 BDSG aF zurückgegriffen werden. Speichern ist danach der technische Vorgang und Zustand der Aufbewahrung von personenbezogenen Daten zum Zweck ihrer weiteren Verarbeitung oder Nutzung (→ Art. 4 Nr. 2 Rn. 19).

152 Der Grundsatz der Speicherbegrenzung ist vom Wortlaut her auf die Datenverarbeitungsform des Speicherns beschränkt. Die grundrechtliche Begründung dieses Grundsatzes und seine Fundierung im Grundsatz der Erforderlichkeit zwingen jedoch dazu, diese zeitliche Begrenzung auf **alle Formen der Datenverarbeitung** anzuwenden. Für die nach Art. 52 Abs. 1 S. 2 GRCh gebotene Begrenzung des Eingriffs in das Grundrecht auf Datenschutz auf das für die Zweckerfüllung geringstmögliche Maß[250] kann es keinen Unterschied machen, in welcher Form der Datenverarbeitung dieser Eingriff erfolgt. Auch eine Auswertung oder Nutzung der personenbezogenen Daten verstößt gegen den Grundsatz der Speicherbegrenzung, wenn sie zeitlich nicht mehr für die Zweckerreichung erforderlich ist.

153 Die Datenverarbeitung ist auf die für das Erreichen des Zwecks notwendigen **Phasen** zu beschränken. ZB ist eine Speicherung der Daten dann zulässig, wenn eine Erhebung der Daten nicht ausreicht, eine Übermittlung dann erlaubt, wenn die Kenntnisnahme des Dritten unverzichtbar ist.

154 Die Datenverarbeitung darf in dem **Zeitraum** erfolgen, in dem sie zur Zweckerreichung notwendig ist. Nach Art. 6 Abs. 1 lit. e DSRL sollen die Daten nicht länger in einer Form aufbewahrt werden, die eine Identifizierung der betroffenen Person ermöglicht, als dies für die Realisierung der Zwecke erforderlich ist, für die sie erhoben oder verarbeitet werden.[251] Dies erfordert die frühestmögliche Löschung der Daten.[252] EG 39 fordert ausdrücklich, „dass die Speicherfrist für personenbezogene Daten auf das unbedingt erforderliche Mindestmaß beschränkt bleibt". Erfordern gesetzliche Vorschriften die Aufbewahrung der Daten zu anderen Zwecken, sind die Daten zu anonymisieren oder, wenn der Personenbezug herstellbar sein muss, zu pseudonymisieren. Sofern dies im Einzelfall erforderlich ist, kann der Personenbezug wiederhergestellt werden.

155 Die Speicherbegrenzung ist nicht eigentlich auf das Speichern von Daten, sondern auf die **Bestimmbarkeit von personenbezogenen Daten** (→ Art. 4 Nr. 1 Rn. 24ff.) bezogen. Daher ist ein Löschen der Daten nicht notwendig, wenn der Personenbezug durch Anonymisierung oder Pseudonymisierung wirksam beseitigt werden kann.[253] Bei der Pseudonymisierung kann dies nur für einen Verantwortlichen gelten, der die Pseudonymität nicht wieder rückgängig machen kann. Erst recht nicht kann die schlichte Löschung des Namens oder der Anschrift genügen, wenn die verbleibenden Daten weiterhin einen Rückschluss auf die betroffene Person ermöglichen.[254] Nicht personenbezogene Daten unterliegen keiner Speicherbegrenzung. Der Grundsatz betrifft also vor allem die Weiterverarbeitung zu einem Sekundärzweck: Ist der Primärzweck erfüllt, ist die Verbindung zu den personenbezogene Daten aufzuheben, so dass anschließend nur noch nicht personenbezogene Daten verarbeitet werden dürfen.[255]

156 Nach dem Grundsatz der Speicherbegrenzung darf ein **Personenbezug** nur in dem Umfang hergestellt oder aufrechterhalten werden, in dem er für das Erreichen des Zwecks unverzichtbar ist. Die Begrenzung hat zwei Ausprägungen. Zum einen sind Daten im Verarbeitungsprozess so früh wie möglich zu anonymisieren oder zu pseudonymisieren, um so bald wie möglich ihren Personenbezug zu verlieren.[256] Zum anderen sind

---

249 Kühling/Buchner/*Herbst* Art. 5 Rn. 64 f.; Gola/*Pötters* Art. 5 Rn. 25; Paal/Pauly/*Frenzel* Art. 5 Rn. 43; Sydow/*Reimer* Art. 5 Rn. 39.
250 *Jarass* Art. 52 Rn. 39.
251 BVerfGE 65, 1 (51).
252 BVerfGE 100, 313 (362). Statt Löschung können die Daten auch mit einem Verwertungsverbot belegt werden. Zu prüfen ist, ob ihre Aufbewahrung für den Rechtsschutz der betroffenen Person nicht notwendig ist – BVerfGE 100, 313 (364 f.).
253 S. zu Anonymität und Pseudonymität ausführlich *Roßnagel/Pfitzmann/Garstka*, S. 102ff.
254 Paal/Pauly/*Frenzel*, Art. 5 Rn. 44; *Roßnagel*, ZD 2018, 243.
255 S. auch Paal/Pauly/*Frenzel* Art. 5 Rn. 43.
256 S. hierzu auch *Roßnagel/v. Zezschwitz*, HB DSch, Kap. 3.1 Rn. 75; *Roßnagel*, ZD 2018, 243.

Roßnagel

Daten, soweit dies für die Zweckerfüllung möglich ist, von Anfang an in anonymer oder pseudonymer Form zu verarbeiten (→ Art. 25 Rn. 30).[257]

Eine dem Grundsatz entsprechende frühzeitige Beseitigung des Personenbezugs verhindert, dass aus unterschiedlichen Datenbeständen personenbezogene **Profile**[258] aufgebaut werden.[259] Je fortgeschritter Big Data-Verfahren sind, umso mehr muss darauf geachtet werden, möglichst früh die Daten zu löschen oder zumindest ihren Personenbezug zu vermeiden.[260] 157

Im **Gegensatz zum Grundsatz der Datensparsamkeit** ist die Zweckfestsetzung im Rahmen des Grundsatzes der Speicherbegrenzung nicht begrenzt (→ Rn. 123). Der Verantwortliche kann den Zweck frei wählen, muss jedoch prüfen, ob er für diesen Zweck den Personenbezug noch benötigt. Der Grundsatz betrifft also ausschließlich die Zweck-Mittel-Relation, nicht die Auswahl des Zwecks und die Gestaltung des Verarbeitungsvorgangs in einer Weise, dass der Personenbezug nicht benötigt wird. 158

Der **Verantwortliche** muss zur Erfüllung seiner Verantwortung für alle Daten oder Datenkategorien jeweils eine Speicherfrist **festlegen**, die auf das unbedingt erforderliche Mindestmaß beschränkt ist, und Fristen bestimmen, nach denen er die personenbezogenen Daten löscht oder ihren Personenbezug beseitigt, oder eine regelmäßige Überprüfung der Daten vorsehen.[261] 159

Der Grundsatz wird durch zahlreiche Vorgaben der DSGVO **konkretisiert**: Nach Art. 13 Abs. 2 lit. a und 14 Abs. 2 lit. a muss der Verantwortliche der betroffenen Person die Speicherfristen für die auf sie bezogenen Daten mitteilen, nach Art. 15 Abs. 1 lit. d hat er ihr auf Antrag Auskunft über die Speicherfristen zu geben. Nach Art. 17 Abs. 1 lit. a kann die betroffene Person einen Anspruch auf Löschung und nach Art. 18 Abs. 1 einen Anspruch auf Einschränkung der Verarbeitung geltend machen. 160

2. Ausnahmen der Speicherbegrenzung. Nach dem zweiten Hs. von lit. e dürfen „personenbezogene Daten … länger gespeichert werden, soweit die personenbezogenen Daten vorbehaltlich der Durchführung geeigneter technischer und organisatorischer Maßnahmen, die von dieser Verordnung zum Schutz der Rechte und Freiheiten der betroffenen Person gefordert werden, ausschließlich für im öffentlichen Interesse liegende **Archivzwecke** oder für **wissenschaftliche und historische Forschungszwecke** oder für **statistische Zwecke** gemäß Artikel 89 Absatz 1 verarbeitet werden". 161

Die Ausnahme vom Grundsatz der Speicherbegrenzung hat zur Folge, dass für die genannten (Sekundär-)Zwecke (→ Rn. 103ff.) die Daten **länger gespeichert** werden dürfen, als dies für das Erreichen des ursprünglichen (Primär-)Zwecks erforderlich ist. Sie dürfen solange gespeichert werden, wie dies der genannte Sekundärzweck verlangt. Das heißt jedoch nicht, dass die Prüfung, ob die weitere Speicherung für diese Zwecke erforderlich ist, entfallen kann.[262] Vielmehr sind auch diese Daten zu löschen oder von ihrem Personenbezug zu befreien, wenn der Sekundärzweck dies nicht mehr erfordert.[263] So benötigen insbes. wissenschaftliche oder statistische Zwecke nur eine geringe Zeit die weitere Speicherung des Personenbezugs, nämlich oft nur, bis das Ergebnis der Forschung oder der Statistik feststeht. 162

Diese Ausnahme gilt jedoch nur dann, wenn für die weitere Speicherung der personenbezogenen Daten geeignete technische und organisatorische **Schutzmaßnahmen** durchgeführt werden.[264] Dies wird außerdem durch den Verweis auf Art. 89 gefordert (→ Art. 89 Rn. 49), der ebenfalls ausreichende Garantien verlangt.[265] Die geeigneten Garantien des Art. 89 müssen ebenso wie die im 2. Hs. genannten einen im Kern gleichwertigen Schutz (wie Anonymisierung) bieten und die Datenverarbeitung dementsprechend einschränken. Sie müssen die Verwendung der Daten für Maßnahmen oder Entscheidungen gegenüber Einzelnen ausschließen.[266] 163

3. Gefährdung des Grundsatzes der Speicherbegrenzung. Auch der Grundsatz der Speicherbegrenzung gerät durch seine Anknüpfung an den Speicherzweck und das Aufkommen neuer Speicherzwecke unter Druck und droht funktionslos zu werden (→ Rn. 30). Wenn Daten für **vielfältige und wechselnde Zwecke** erhoben werden, kann die Notwendigkeit der Speicherung nicht dadurch bestimmt werden, dass sie sich an der Erfüllung eines begrenzten Zwecks orientiert. So kann zB das eine Datum, dass ein Reisender einen Zugwaggon bestiegen hat, für die automatische Fahrscheinkontrolle, für das Reservierungssystem, das ihn zu seinem Platz geleiten soll, für das Bewirtungssystem, das ihm das bestellte Frühstück bringen soll, für 164

---

257   S. *Roßnagel/Pfitzmann/Garstka*, S. 99, zu Art. 6 Abs. 1 lit. e DSRL; *Roßnagel*, ZD 2018, 243.
258   BVerfGE 65, 1 (42).
259   S. hierzu auch Roßnagel/*v. Zezschwitz*, HB DSch, Kap. 3.1 Rn. 75.
260   S. *Roßnagel/Pfitzmann/Garstka*, S. 100.
261   EG 39; Ehmann/Selmayr/*Heberlein* Art. 5 Rn. 25.
262   So aber Kühling/Buchner/*Herbst* Art. 5 Rn. 69.
263   Roßnagel/*Johannes*, Das neue DSR, § 7 Rn. 249.
264   Roßnagel/*Johannes*, Das neue DSR, § 7 Rn. 249.
265   Kühling/Buchner/*Herbst* Art. 5 Rn. 70; Ehmann/Selmayr/*Heberlein* Art. 5 Rn. 26.
266   *Dammann/Simitis* Art. 6 Rn. 18 für die DSRL

das Bonussystem, das ihm automatisch „Meilen" gut schreibt, für das Telekommunikationssystem, das ihn am Platz mit seinen Telekommunikationszugängen versorgt, für das Reiseplanungssystem, das ihn im Zug lokalisiert und für viele weitere Systeme, die ihm während der Zugreise und danach noch weitere Dienstleistungen erbringen, benutzt werden. Alle diese Systeme können von unterschiedlichen Verantwortlichen betrieben werden und mit weiteren Systemen kooperieren, weitere Daten über den Reisenden besorgen oder Daten an die anderen Systeme abgeben. Solange unbekannt ist, welche Leistungen der Kunde noch in Anspruch nehmen will, müssen die Daten erhalten werden. Das kann je nach Anwendungsfeld erfordern, die personenbezogenen Daten für sehr lange Zeit und für noch unbekannte Zwecke vorzuhalten. Für Anwendungen, die auf ein umfassenderes Verständnis von Vorgängen angewiesen sind, könnte zum Beispiel aus einer Vielzahl von Messgrößen, die von unterschiedlichen Stellen zu ihren jeweiligen Zwecken erhoben worden sind, anschließend ein Kontextverständnis für bestimmte Situationen oder Personen generiert werden.[267] Das gilt ebenso für Big Data-Anwendungen, die aus vielfältigen Daten aus unterschiedlichsten Quellen Erkenntnisse sammeln und den Diensten, von denen sie die Daten haben, zurückspielen oder zu anderen Zwecken verwenden.[268]

165 Auch wenn Informationstechniksystemen eine **Gedächtnisfunktion** zukommt, lässt dies den Grundsatz der Speicherbegrenzung leerlaufen. Für diese Funktion sind alle erhobenen personenbezogenen Daten für sehr lange Zeit erforderlich, weil niemand wissen kann, an was man sich irgendwann einmal erinnern möchte.[269] Das Verbot der **Vorratsspeicherung** ist in einer Welt von sensorbestückten, kommunikationsfähigen Gegenständen, die sich an ihre „Erlebnisse" erinnern können und sollen, nicht mehr zu verwirklichen, es sei denn man würde ein „Gedächtnis" der Gegenstände und anderer Informationstechnik verbieten. Gewünschte Anwendungen würden verhindert, die eine nachträgliche Rekonstruktion des Ortsbezugs oder eine episodische Erinnerung der Gegenstände voraussetzen. Der Traum der Nutzer, ihr Gedächtnis durch solche Techniken zu erweitern, würde zerstört. Eine zentrale Idee allgegenwärtiger Datenverarbeitung liegt aber gerade in der Speicherung von Daten für zukünftige, jedoch a priori unbekannte Zwecke.[270]

166 Auch die vom Grundsatz der Speicherbegrenzung geforderte Beseitigung des Personenbezugs durch die Verarbeitung **anonymer und pseudonymer Daten** stößt an Grenzen. Diese ergeben sich zum einen dadurch, dass Sensoren die betroffene Person direkt wahrnehmen und trotz Anonymisierung oder Pseudonymisierung auch direkt wiedererkennen. Die enge Verknüpfung der Sensorinformation mit Ereignissen der realen Welt erlaubt selbst bei konsequenter Verwendung von Pseudonymen in vielen Fällen eine einfache Personenidentifikation.[271] Zum anderen können Big Data-Analysen die Wahrscheinlichkeit erheblich erhöhen, anonymisierte oder pseudonymisierte Daten zu deanonymisieren.[272]

XII. Grundsatz der Integrität und Vertraulichkeit (Abs. 1 lit. f)

167 Nach dem in Abs. 1 lit. f neu eingeführten Grundsatz dürfen personenbezogene Daten nur „in einer Weise verarbeitet werden, die eine angemessene Sicherheit der personenbezogenen Daten gewährleistet, einschließlich Schutz vor unbefugter oder unrechtmäßiger Verarbeitung und vor unbeabsichtigtem Verlust, unbeabsichtigter Zerstörung oder unbeabsichtigter Schädigung durch geeignete technische und organisatorische Maßnahmen". Dieser **Grundsatz des Systemdatenschutzes**[273] wird von der DSGVO Grundsatz der „Integrität und Vertraulichkeit" genannt. Diese Bezeichnung ist unzutreffend. Denn er geht im Schutz der Datenverarbeitung weit über die technischen Ziele der Integrität und Vertraulichkeit hinaus und umfasst auch die Ziele der Verfügbarkeit und Unversehrtheit der Daten sowie der Beschränkung des Zugangs zu und des Zugriffs auf die Daten. Dies wird durch EG 39 bestätigt, nach dem „personenbezogene Daten […] so verarbeitet werden [sollten], dass ihre Sicherheit und Vertraulichkeit hinreichend gewährleistet ist, wozu auch gehört, dass Unbefugte keinen Zugang zu den Daten haben und weder die Daten noch die Geräte, mit denen diese verarbeitet werden, benutzen können".

168 Der Grundsatz zielt auf die technische und organisatorische **Sicherung anderer Grundsätze** der Vorschrift. Er unterstützt dadurch die Verwirklichung der Grundsätze der Rechtmäßigkeit, der Zweckbindung, der Datenminimierung, der Richtigkeit und der Speicherbegrenzung. Er unterbindet vielfältige Möglichkeiten, die personenbezogenen Daten entgegen der Grundsätze zu verarbeiten.

---

267 *Roßnagel*, Datenschutz in einem informatisierten Alltag, 2007, S. 140 f.
268 S. *Roßnagel* ZD 2013, 562 (564).
269 S. *Roßnagel* in: Roßnagel/Sommerlatte/Winand (Hrsg.), Digitale Visionen, 2008, S. 149.
270 *Roßnagel*, Datenschutz in einem informatisierten Alltag, 2007, S. 142.
271 *Roßnagel*, Datenschutz in einem informatisierten Alltag, 2007, S. 148.
272 S. hierzu *Weichert* ZD 2013, 251 (258 f.); *Roßnagel* ZD 2013, 562 (565).
273 S. Roßnagel/*Dix*, HB DSch, Kap. 3.5 Rn. 7 ff.

Der Grundsatz zielt auf den **Schutz des Grundrechts auf Datenschutz** und damit auf Schutz der Interessen 169 der betroffenen Person und nicht auf Schutz der Interessen des Verantwortlichen. Wenn die Sicherungsmaßnahmen auch „Schutz vor unbefugter oder unrechtmäßiger Verarbeitung" gewährleisten sollen, richten sie sich zum Teil sogar gegen den Verantwortlichen. Sie zielen letztlich auf einen **Systemdatenschutz**, nach dem die verwendeten Produkte und die eingerichteten Datenverarbeitungsprozesse für die verarbeitenden Personen grundsätzlich nur die Maßnahmen zulassen sollen, die dem zulässigen Zweck der Datenverarbeitung entsprechen.[274] Ein Beispiel hierfür ist „informationelle Gewaltenteilung", die durch technisch-organisatorische Maßnahmen sicherstellt, dass Daten, die zu unterschiedlichen Zwecken erhoben worden sind, getrennt verarbeitet werden.[275] Diese getrennte Datenverarbeitung ist durch zweckgebundene Abschottung der erhobenen Daten und Datenverarbeitungsschritte zu ergänzen.[276] Außerdem sollten Daten, die nur zu einem besonderen Zweck erhoben werden durften, so gekennzeichnet werden, dass erkannt werden kann, wenn sie zu anderen Zwecken verwendet werden.[277]

Der Grundsatz setzt in Bezug auf personenbezogene Daten auch Ideen um, die das BVerfG als Teilaspekte 170 des **Grundrechts auf Gewährleistung von Vertraulichkeit und Integrität** selbstgenutzter informationstechnischer Systeme[278] anerkannt hat.[279] Soweit der Verantwortliche diese Systeme beeinflussen kann, ist er auch für die Vertraulichkeit und Integrität der dort gespeicherten Daten verantwortlich. Soweit die betroffene Person die Sicherheit ihrer selbstgenutzten informationstechnischen Systeme durch Maßnahmen des Selbstdatenschutzes sicherstellt, muss jeder Verantwortliche dies respektieren und – soweit möglich – durch eigene Maßnahmen (zB geeignete Schnittstellen) unterstützen.[280]

Der Grundsatz wird durch die Vorgaben zu einer datenschutzgerechten **Systemgestaltung** nach Art. 25 171 Abs. 1 und zur Datensicherheit nach Art. 32 Abs. 1 konkretisiert. Relevant sind auch die Informationspflichten nach Art. 33 und 34 bei einer Verletzung des Schutzes personenbezogener Daten.[281] Der Grundsatz der Vertraulichkeit wird außerdem insbes. durch die Verpflichtung, die unbefugte Offenbarung, den unbefugten Zugang und die unbefugte Verarbeitung personenbezogener Daten gemäß Art. 32 Abs. 2 und 4 sowie Art. 28 Abs. 3 S. 2 lit. b und Art. 29 zu verhindern, konkretisiert.[282]

Der Unionsgesetzgeber hat **versäumt**, weitere wichtige technisch-organisatorische Schutzziele, die in der 172 Fachdiskussion gefordert werden, in diesen Grundsatz mit aufzunehmen. Beispiele hierfür sind die Anforderungen der **Nichtverkettbarkeit** und der **Intervenierbarkeit**.[283] Nichtverkettbarkeit soll sicherstellen, dass die (insbes. von Internetnutzern) hinterlassenen Datenspuren nicht zu einem Profil verknüpft werden können.[284] Intervenierbarkeit soll gewährleisten, dass der Datenverarbeiter jederzeit in der Lage ist, die Rechte der betroffenen Person auf Auskunft, Korrektur und Löschung seiner Daten umzusetzen.[285] Außerdem wären Schnittstellen zu Selbstdatenschutz-Tools zu schaffen.

Der durch den Grundsatz der Integrität und Vertraulichkeit zu gewährleistende Systemdatenschutz soll die 173 anderen Grundsätze der Vorschrift technisch und organisatorisch absichern. Gegenüber den zukünftigen **Herausforderungen moderner Informationstechnikanwendungen** (→ Rn. 30) erleidet er daher die gleiche Schwächung wie die zu schützenden Grundsätze. Wenn die Grundsätze der Rechtmäßigkeit, der Zweckbindung, der Datenminimierung und der Speicherbegrenzung nicht mehr greifen, weil die verfolgten Zwecke kaum einzugrenzen sind, können auch die technisch-organisatorischen Maßnahmen nach dem Grundsatz der Integrität und Vertraulichkeit keinen Datenschutz bieten. Dagegen dürften sie Integrität und Vertraulichkeit im eigentlichen Sinn auch weiterhin gewährleisten können, da kryptographische Mechanismen auch im Ubiquitous Computing, bei Big Data, im Umfeld selbstlernender Algorithmen und anderen modernen Anwendungsbereichen greifen.

XIII. Rechenschaftspflicht (Abs. 2)

Nach Abs. 2 ist der Verantwortliche „für die Einhaltung des Absatzes 1 verantwortlich und muss dessen 174 Einhaltung nachweisen können". Diese Pflicht des Verantwortlichen hat zwei Ausprägungen. Zum einen

---

274 S. hierzu Roßnagel/*Dix*, HB DSch, Kap. 3.4 Rn. 1 ff.; *Roßnagel/Pfitzmann/Garstka*, S. 126.
275 S. zB Roßnagel/*v. Zezschwitz*, HB DSch, Kap. 3.1 Rn. 2.
276 S. BVerfGE 65, 1 (50).
277 S. BVerfGE 100, 313 (360 f.).
278 BVerfGE 120, 274 (302 ff.).
279 Plath/*Schreiber/Plath* DSGVO Art. 5 Rn. 19; Paal/Pauly/*Frenzel* Art. 5 Rn. 46; aA Gola/*Pötters* Art. 5 Rn. 28.
280 S. hierzu auch Roßnagel/*Schnabel* NJW 2008, 3534; *Bodden et al.* DuD 2013, 720.
281 Gola/*Pötters* Art. 5 Rn. 29.
282 Ehmann/Selmayr/*Heberlein* Art. 5 Rn. 28.
283 *Roßnagel* DuD 2017, 290 (294).
284 S. zB *KDSB*, Standard-Datenschutzmodell, 2018, S. 14 f., 21, 28, 31 f.; *Hansen/Rost* DuD 2003, 293.
285 S. zB *KDSB*, Standard-Datenschutzmodell, 2018, S. 15, 21 f., 29, 32 f.

macht Abs. 2 dem Verantwortlichen die **Einhaltung der Grundsätze** für die Verarbeitung personenbezogener Daten zur materiellen Pflicht. Er muss aktiv Maßnahmen ergreifen, um die Grundsätze in seinen Datenverarbeitungsvorgängen umzusetzen. Die Verantwortung war als Pflicht des Verantwortlichen, „für die Einhaltung des Absatzes 1 zu sorgen", bereits Gegenstand der Regelung des Art. 6 Abs. 2 DSRL. Zum anderen begründet Abs. 2 die formelle Pflicht, die Einhaltung der materiellen Pflicht zu dokumentieren und nachweisen zu können. Nur für diese zweite, formelle Pflicht passt die Bezeichnung „**Rechenschaftspflicht**", die die DSGVO für beide Pflichten gewählt hat. Beide Pflichten zusammen sind Ausdruck des Konzepts der „**Accountability**",[286] das eine Gesamtverantwortung des Verantwortlichen für seine Verarbeitung personenbezogene Daten begründet.[287]

175 **1. Erfüllungsverantwortung.** Die Verantwortung dafür, dass bei allen Verarbeitungstätigkeiten die in Abs. 1 genannten Grundsätze einzuhalten sind, verpflichtet den Verantwortlichen, geeignete Datenschutzvorkehrungen zu treffen, um in jedem Verarbeitungsvorgang alle Grundsätze zu verwirklichen.[288] Diese **Verantwortung** kann der Verantwortliche nicht auf einen Auftragsverarbeiter oder den internen Datenschutzbeauftragten übertragen.

176 Diese Verantwortung wird vor allem durch Art. 24 **konkretisiert** (→ Art. 24 Rn. 1), der geeignete technische und organisatorische Datenschutzvorkehrungen fordert, die in gebotenen Abständen zu überprüfen und zu aktualisieren sind. Der Verantwortliche muss hierfür ua interne Strategien festlegen und Maßnahmen ergreifen, die insbes. den Grundsätzen des Datenschutzes durch Systemgestaltung und datenschutzfreundliche Voreinstellungen entspricht.[289] Abs. 2 fordert daher die Einführung und Durchführung eines **Datenschutzmanagementsystems**.[290]

177 Weitere **Konkretisierungen** finden sich in den Verpflichtungen des Verantwortlichen zur Zusammenarbeit mit den Aufsichtsbehörden nach Art. 31, zur Meldung und Benachrichtigung von Datenschutzverletzungen in Art. 33 und 34, zur Durchführung einer Datenschutz-Folgenabschätzung und zur Konsultation der Aufsichtsbehörde nach Art. 35 und 36.

178 Nach Art. 24 Abs. 1 hat der Verantwortliche geeignete Maßnahmen allerdings nur unter Berücksichtigung der Art, des Umfangs, der Umstände und der Zwecke der Verarbeitung sowie der unterschiedlichen Eintrittswahrscheinlichkeit und Schwere der Risiken für die Rechte und Freiheiten natürlicher Personen umzusetzen. Dieser sogenannte **risikobasierte Ansatz** (→ Einl. Rn. 242 f.) dient dazu, Pflichten des Verantwortlichen zu reduzieren oder zu beschränken. Dies gilt etwa für die Pflicht, einen Vertreter zu bestellen (Art. 27), ein Verzeichnis zu führen (Art. 30 Abs. 5), die Aufsichtsbehörde oder die Betroffenen über Datenschutzverletzungen zu informieren (Art. 33 Abs. 1 und 34 Abs. 1), eine Datenschutzfolgenabschätzung durchzuführen (Art. 35 Abs. 1), die Aufsichtsbehörde zu konsultieren (Art. 36 Abs. 1) und einen betrieblichen Datenschutzbeauftragten zu bestellen (Art. 37 Abs. 1). Diese Einschränkungen führen dazu, dass nur ein kleiner **Bruchteil** aller Verantwortlichen die jeweiligen Pflichten erfüllen muss.[291]

179 Die Grundsätze sind **einzuhalten** und nicht bloß zu berücksichtigen oder zu beachten.[292] Sie können also nicht durch die Beachtung oder Berücksichtigung anderer Interessen überwunden werden. Lediglich ihre Verwirklichung kann in den eng zu verstehenden Ausnahmefällen (→ Rn. 27), die in der DSGVO ausdrücklich genannt sind, eingeschränkt werden.

180 Nicht durch die Rechenschaftspflicht des Abs. 2 verpflichtet sind **andere Adressaten** der DSGVO wie Auftragsverarbeiter, Zertifizierungsstellen, Kontrollstellen, Aufsichtsbehörden und der EDSA. Für diese gilt Abs. 1 unmittelbar. Abs. 2 schließt deren Verantwortung nicht aus, sondern betont nur die besondere Verantwortung des Verantwortlichen für ihre Verwirklichung. Auch andere Adressaten der DSGVO müssen die Grundsätze einhalten (→ Rn. 4).

181 **2. Rechenschaftsnachweis.** Der Verantwortliche muss den **Nachweis** dafür erbringen können, dass die Verarbeitung gemäß dieser DSGVO erfolgt. Die Maßnahmen, die die Einhaltung der Grundsätze sicherstellen, muss er erforderlichenfalls überprüfen und notfalls aktualisieren, anpassen oder austauschen. Er kann sich also nicht darauf verlassen, dass es genügt, geeignete Maßnahmen einmal umzusetzen und sie für die Zukunft unverändert beizubehalten. Die Vorschrift fordert eine umfassende Dokumentation sämtlicher Maß-

---

286 Nachweise zur Herkunft des Grundsatzes im Common Law bei *Hornung*, Regulating privacy enhancing technologies: seizing the opportunity of the future European Data Protection Framework, Innovation: The European Journal of Social Science Research 2013, 181 (188 f.).

287 S. auch *Art.-29-Gruppe*, WP 173, S. 9ff.

288 S. zB *Gierschmann* ZD 2016, 51 (52 f.).

289 S. näher EG 78.

290 *Wichtermann* ZD 2016, 421 (422); Ehmann/Selmayr/*Heberlein* Art. 5 Rn. 29.

291 S. zB *Veil* ZD 2015, 347; kritisch *Roßnagel* DuD 2016, 561 (565).

292 Hierauf weist auch Paal/Pauly/*Frenzel* Art. 5 Rn. 51, hin.

nahmen zur Sicherstellung des Datenschutzes, insbes. zur Wirksamkeit der technisch-organisatorischen Maßnahmen. Bei einer Auftragsverarbeitung muss nach Art. 28 Abs. 3 lit. h der Vertrag mit dem Auftragsverarbeiter vorsehen, dass dieser dem Verantwortlichen alle nötigen Informationen verschafft, damit dieser seiner Rechenschaftspflicht nachkommen kann (→ Art. 28 Rn. 80).[293]

Im Vergleich zur bisherigen Praxis statuiert die Vorschrift umfangreichere Dokumentations- und Nachweispflichten.[294] Datenschutz wird damit Teil der unternehmerischen **Compliance** und ist entsprechend nachzuweisen.[295] Die Aufsichtsbehörde kann den Nachweis nach Art. 58 Abs. 1 lit. a anfordern, um zu überprüfen, ob der Verantwortliche die Vorgaben der DSGVO einhält. **182**

Die **Form des Nachweises** ist nicht festgelegt. Sofern keine spezifische Konkretisierung erfolgt – wie nach Art. 30 – kann der Verantwortliche selbst bestimmen, in welcher Form er den Nachweis erbringen will. Empfehlenswert ist in jedem Fall eine schriftliche Dokumentation.[296] Eine **zeitliche Grenze** der Nachweispflicht bestimmt die Vorschrift nicht.[297] Es liegt also beim Verantwortlichen, welche Belastung er durch die Aufbewahrung der Dokumentation auf sich nimmt oder welches Risiko er – angesichts seiner Darlegungs- und Beweislast (→ Rn. 187) – eingeht.[298] **183**

Eine Konkretisierung der Nachweispflicht enthält Art. 30 (→ Art. 30 Rn. 1).[299] Danach muss der Verantwortliche ein **Verzeichnis aller Verarbeitungstätigkeiten** führen. Diese Verpflichtung gilt nach Art. 30 Abs. 5 allerdings nicht für Unternehmen oder Einrichtungen, die weniger als 250 Mitarbeiter beschäftigen oder die Datenverarbeitung besondere Risiken birgt. Diese Pflicht zur Führung eines Verzeichnisses besteht daher nur für einen Bruchteil der Verantwortlichen. Die meisten können selbst entscheiden, wie sie ihre Nachweispflicht erfüllen. **184**

Dieser Nachweis kann durch genehmigte **Verhaltensregeln** gemäß Art. 40 oder ein datenschutzspezifisches **Zertifikat** gemäß Art. 42 erleichtert werden. Ihre Einhaltung kann nach Art. 24 Abs. 3 als Gesichtspunkt herangezogen werden, um die Erfüllung der Pflichten des Verantwortlichen nachzuweisen. Der Nachweisführung kann auch die im Rahmen der **Datenschutz-Folgenabschätzung** erforderliche Beschreibung und Bewertung der geplanten Verarbeitungsvorgänge nach Art. 35 Abs. 7 dienen. **185**

In Streitfällen liegt die **Darlegungs- und Beweislast** für die Einhaltung der Grundsätze allerdings beim Verantwortlichen.[300] In jedem Fall ist das Fehlen von Nachweismöglichkeiten eine Verletzung der Nachweispflicht nach Abs. 2 und kann im Rahmen des Art. 83 Abs. 4 zu Sanktionen führen (→ Art. 83 Rn. 44 f.). Auch kann der Verantwortliche sich nach Art. 82 Abs. 3 nicht von einer Haftung befreien (→ Art. 82 Rn. 31).[301] **186**

3. Gefährdung der Rechenschaftspflicht. Auch die Rechenschaftspflicht und die Wahrnehmung der Verantwortung durch den Verantwortlichen ist durch die zukünftigen Herausforderungen der Informationstechnik (→ Rn. 30) gefährdet. Unter den Bedingungen allgegenwärtiger Datenverarbeitung werden grundsätzlich die schiere Menge der personenbezogenen Daten, die Vielzahl der beteiligten Akteure, die spontane Ver- und Entnetzung sowie der ständige Rollenwechsel zwischen Verantwortlichem und betroffener Person zu einer Zersplitterung der Verantwortlichkeit für die Datenverarbeitungsvorgänge führen und es erheblich erschweren, diese zu kontrollieren. Zu vielen Anwendungen tragen unter Umständen sehr viele indirekt miteinander vernetzte Objekte, Dienste und Institutionen bei, die für sich genommen kaum für den Gesamtvorgang verantwortlich gemacht werden können und erst in ihrem Zusammenwirken den äußerlich wahrnehmbaren Effekt bewirken. Die Problematik der „Dissipation der Verantwortung" dürfte mit Ubiquitous Computing stark an Bedeutung gewinnen:[302] In dieser Hinsicht schwierige Situationen können sich vor allem dann einstellen, wenn „Infrastrukturen" entstehen und vergehen oder wenn sie vielen Nutzern ohne Anmeldung zur Verfügung stehen. Neuartige Fragen können sich in dieser Hinsicht etwa für Ad-Hoc-Netze stellen, die sich kurzfristig etwa aus den Autos in einem Stau bilden, oder für Sensornetze, die grundsätzlich jeder als Informationsquelle nutzen kann. In solchen Fällen kann es schwierig bis unmöglich sein festzustellen, wer Daten erhoben und verarbeitet hat, und zu verfolgen, wohin die Daten gelangt sind.[303] **187**

---

293 *Albrecht/Jotzo*, S. 56.
294 S. Roßnagel/*Marschall*, Das neue DSR, § 5 Rn. 168ff.
295 *Lepperhoff* RDV 2016, 197; Gola/*Pötters* Art. 5 Rn. 33; Sydow/*Reimer* Art. 5 Rn. 53.
296 *Lepperhoff* RDV 2016, 197; Kühling/Buchner/*Herbst* Art. 5 Rn. 80.
297 S. hierzu auch Sydow/*Reimer* Art. 5 Rn. 55.
298 Eine zeitliche Begrenzung auf die Verjährung der Ansprüche Dritter ist nicht zu empfehlen – so aber Sydow/*Reimer* Art. 5 Rn. 55.
299 Roßnagel/*Marschall*, Das neue DSR, § 5 Rn. 168ff.
300 Gola/*Pötters* Art. 5 Rn. 34.
301 Kühling/Buchner/*Herbst* Art. 5 Rn. 79.
302 *Roßnagel*, Datenschutz in einem informatisierten Alltag, 2007, S. 128ff.
303 *Roßnagel*, Datenschutz in einem informatisierten Alltag, 2007, S. 128ff.; *Maier/Schaller* ZD 2017, 373.

XIV. Ausblick

188 Die Ausgestaltung der Datenschutzgrundsätze als **rechtsverbindliche Handlungsanweisungen** an alle Adressaten der DSGVO ist zu begrüßen. Sie sind nicht nur unverbindliche Programmsätze, sondern einzuhaltende Handlungsvorgaben, die rechtsfähige Schutzpositionen begründen.[304] Sie setzen der Datenverarbeitung klare Ziele, die sie durch ihre Gestaltung oder ihre Durchführung erreichen muss.

189 Sie sind jedoch als Grundsätze **auf Konkretisierungen angewiesen,** um für Vollzugsmaßnahmen und Sanktionen ausreichend bestimmt zu sein. Ein Verstoß gegen die Grundsätze wird ohne unmittelbaren eindeutigen Handlungsbefehl nicht festzustellen sein. Art. 83 Abs. 5 lit. a ist daher insoweit keine vollziehbare Vorschrift. Sanktionsrechtlich relevant können die Grundsätze nur dann sein, wenn eine Aufsichtsbehörde sie in einer datenschutzrechtlichen Anordnung nach Art. 58 Abs. 2 konkretisiert hat und den Verstoß gegen diese Anordnung nach Art. 83 Abs. 6 (→ Art. 83 Rn. 51) sanktioniert.[305]

190 Allerdings sind die Grundsätze nicht systematisch entwickelt. Ihr **Abstraktions- und Regelungsniveau** schwankt beträchtlich.[306] Während die Grundsätze der Rechtmäßigkeit und Transparenz durch die folgenden Vorschriften der DSGVO einigermaßen konkretisiert sind, ist der Grundsatz von Treu und Glauben extrem wertungs- und ausfüllungsbedürftig. Der Grundsatz der Datenminimierung und der Grundsatz der Speicherbegrenzung sind Untergrundsätze zu den Grundsätzen der Zweckbindung und der Erforderlichkeit. Der Grundsatz der Erforderlichkeit[307] fehlt jedoch und ist nur punktuell durch diese beiden Untergrundsätze repräsentiert. Auch der Grundsatz der Richtigkeit kann als Untergrundsatz zum Grundsatz der Zweckbindung gesehen werden. Der Grundsatz der Integrität und Vertraulichkeit ist hinsichtlich der technisch-organisatorischen Umsetzung der anderen Grundsätze von hoher Bedeutung, aber in dieser Funktion unvollständig. Dass der primärrechtlich gebotene Grundsatz der Datensparsamkeit und Datenminimierung (→ Rn. 125) fehlt, ist ein weiterer Mangel der Vorschrift. Sie bietet daher **kein vollständiges Bild der Grundsätze,** die eine datenschutzgerechte Datenverarbeitung prägen.[308]

191 Die Grundsätze werden durch offene wertungsbedürftige und ausfüllungsbedürftige Begriffe in ihrem normativen Gehalt stark **relativiert.** Begriffe wie „nachvollziehbar", „geeignet", „angemessen", „legitim", „vereinbar", „erheblich" und „erforderlichenfalls" schwächen die Bestimmtheit und Vollzugsfähigkeit der in den Grundsätzen enthaltenen Handlungsvorgaben zusätzlich. Sie werden damit sehr weitgehend differierenden Interpretationen zugänglich.[309] Diese können durch grundrechtsorientierte Interpretation mit der Zeit durch Gerichte und durch den EDSA reduziert werden. Hier kann die Orientierung an der bisherigen Konkretisierung der Grundsätze in der Rechtsprechung des BVerfG und der Literatur zum BDSG helfen. Dies braucht jedoch lange Zeit, die im Interesse der Rechtssicherheit durch den Unionsgesetzgeber hätte abgekürzt werden können. Hier zeigen sich die Nachteile der Unterkomplexität der DSGVO.[310]

192 Ob das Bemühen um ein einheitliches Verständnis der Grundsätze in der Europäischen Union und im Europäischen Wirtschaftsraum Erfolg haben wird, erscheint jedoch fraglich. 70 **Öffnungsklauseln** in der DSGVO verhindern ein einheitliches Datenschutzrecht. Gerade in der Konkretisierung der Grundsätze werden die Öffnungsklauseln entsprechend der Datenschutztradition des jeweiligen Mitgliedstaats sehr unterschiedlich gefüllt werden.[311]

193 Viel problematischer für den Gehalt der Grundsätze ist jedoch, dass der Unionsgesetzgeber sie **nicht risikoadäquat für künftige Herausforderungen** fortentwickelt und risikospezifisch konkretisiert hat. Er hat vielmehr die Risiken für Grundrechte und Freiheiten, die von modernen Technikanwendungen ausgehen (→ Rn. 30), fast völlig ignoriert.[312] Die Ziele, die mit dem Einsatz von Infrastrukturanwendungen im Internet, von „smarter" Informationstechnik im Alltag und Big Data verfolgt werden, widersprechen den Zielen, die mit den Grundsätzen des Datenschutzrechts verfolgt werden. In dem Konflikt zwischen beiden Zielen ist entscheidend sein, dass die neuen Technikanwendungen den betroffenen Personen in den meisten Fällen nicht aufgedrängt werden – in diesem Fall dürften die Grundsätze greifen –, sondern von diesen gewollt werden. Sie wollen sich mit ihrer Hilfe die Träume erfüllen, die sie sich von diesen Technikanwendungen erhof-

304 So auch Paal/Pauly/*Frenzel* Art. 5 Rn. 55; Sydow/*Reimer* Art. 5 Rn. 61.
305 S. *Roßnagel*, Datenschutzaufsicht nach der DSGVO, 2017, S. 132.
306 Ebenso Paal/Pauly/*Frenzel* Art. 5 Rn. 55; Sydow/*Reimer* Art. 5 Rn. 61.
307 Dieser hat in der Rechtsprechung des EuGH eine sehr hohe Relevanz – s. zB EuGH C-92/09 und C-93/09, NJW 2011, 1338 Rn. 77 – Volker und Markus Schecke und Eifert; EuGH C-293/12 und C-594/12, NJW 2014, 2169 – Digital Rights Ireland; EuGH C-362/14, NJW 2015, 3151 – Schrems; EuGH C-203/15 und C-698/15, NJW 2017, 717 – Tele2 Sverige.
308 Zu weiteren Grundsätzen der Datenverarbeitung → Rn. 29.
309 *Richter* DuD 2015, 735 (739); *Roßnagel/Nebel/Richter* ZD 2015, 455 (457 f.); Paal/Pauly/*Frenzel* Art. 5 Rn. 55.
310 S. hierzu *Roßnagel* DuD 2016, 561.
311 S. *Roßnagel/Roßnagel*, Das neue DSR, § 1 Rn. 29ff.
312 So auch *Spiecker gen. Döhmann* Spektrum der Wissenschaften SPEZIAL 1.17, 56 (58).

fen.[313] Sie werden dann als Konsequenz auch damit einverstanden sein müssen, dass die Hintergrundsysteme die notwendige Kenntnis über ihre Lebensweise, Gewohnheiten, Einstellungen und Präferenzen erhalten. Bei Datenauswertungen durch Big Data werden die Betroffenen die Datenverarbeitung nur dann merken, wenn diese zu automatisierten Entscheidungen führen. Wenn Big Data-Auswertungen nur zu statistischen Mustern führen, werden sie zwar unter diese subsumiert, sie werden dies aber nicht als Wirkung von Big-Data-Auswertungen erfahren. In diesen neuen Verhältnissen werden alle Grundsätze fundamental in Frage gestellt.[314] Ohne eine adäquate Neuorientierung der Grundsätze stehen diese in Gefahr, leer zu laufen und ihre Bedeutung für die Steuerung der Informationstechnik und den Schutz der Grundrechte zu verlieren.[315]

Einführung zu Artikel 6

Artikel 6   Rechtmäßigkeit der Verarbeitung

(1) Die Verarbeitung ist nur rechtmäßig, wenn mindestens eine der nachstehenden Bedingungen erfüllt ist:

a)   Die betroffene Person hat ihre Einwilligung zu der Verarbeitung der sie betreffenden personenbezogenen Daten für einen oder mehrere bestimmte Zwecke gegeben;

b)   die Verarbeitung ist für die Erfüllung eines Vertrags, dessen Vertragspartei die betroffene Person ist, oder zur Durchführung vorvertraglicher Maßnahmen erforderlich, die auf Anfrage der betroffenen Person erfolgen;

c)   die Verarbeitung ist zur Erfüllung einer rechtlichen Verpflichtung erforderlich, der der Verantwortliche unterliegt;

d)   die Verarbeitung ist erforderlich, um lebenswichtige Interessen der betroffenen Person oder einer anderen natürlichen Person zu schützen;

e)   die Verarbeitung ist für die Wahrnehmung einer Aufgabe erforderlich, die im öffentlichen Interesse liegt oder in Ausübung öffentlicher Gewalt erfolgt, die dem Verantwortlichen übertragen wurde;

f)   die Verarbeitung ist zur Wahrung der berechtigten Interessen des Verantwortlichen oder eines Dritten erforderlich, sofern nicht die Interessen oder Grundrechte und Grundfreiheiten der betroffenen Person, die den Schutz personenbezogener Daten erfordern, überwiegen, insbesondere dann, wenn es sich bei der betroffenen Person um ein Kind handelt.

Unterabsatz 1 Buchstabe f gilt nicht für die von Behörden in Erfüllung ihrer Aufgaben vorgenommene Verarbeitung.

(2) Die Mitgliedstaaten können spezifischere Bestimmungen zur Anpassung der Anwendung der Vorschriften dieser Verordnung in Bezug auf die Verarbeitung zur Erfüllung von Absatz 1 Buchstaben c und e beibehalten oder einführen, indem sie spezifische Anforderungen für die Verarbeitung sowie sonstige Maßnahmen präziser bestimmen, um eine rechtmäßig und nach Treu und Glauben erfolgende Verarbeitung zu gewährleisten, einschließlich für andere besondere Verarbeitungssituationen gemäß Kapitel IX.

(3) Die Rechtsgrundlage für die Verarbeitungen gemäß Absatz 1 Buchstaben c und e wird festgelegt durch

a)   Unionsrecht oder

b)   das Recht der Mitgliedstaaten, dem der Verantwortliche unterliegt.

[1]Der Zweck der Verarbeitung muss in dieser Rechtsgrundlage festgelegt oder hinsichtlich der Verarbeitung gemäß Absatz 1 Buchstabe e für die Erfüllung einer Aufgabe erforderlich sein, die im öffentlichen Interesse liegt oder in Ausübung öffentlicher Gewalt erfolgt, die dem Verantwortlichen übertragen wurde. [2]Diese Rechtsgrundlage kann spezifische Bestimmungen zur Anpassung der Anwendung der Vorschriften dieser Verordnung enthalten, unter anderem Bestimmungen darüber, welche allgemeinen Bedingungen für die Regelung der Rechtmäßigkeit der Verarbeitung durch den Verantwortlichen gelten, welche Arten von Daten verarbeitet werden, welche Personen betroffen sind, an welche Einrichtungen und für welche Zwecke die personenbezogenen Daten offengelegt werden dürfen, welcher Zweckbindung sie unterliegen, wie lange sie gespeichert werden dürfen und welche Verarbeitungsvorgänge und -verfahren angewandt werden dürfen,

---

313 S. zu diesen am Beispiel von Ubiquitous Computing ausführlich *Roßnagel*, Datenschutz in einem informatisierten Alltag, 2007, S. 13ff.

314 S. hierzu bezogen auf Ubiquitous Computing *Roßnagel*, Datenschutz in einem informatisierten Alltag, 2007, S. 128ff. und in Bezug auf Internetdienste Roßnagel in: Hill (Hrsg.), E-Transformation, 2014, 82ff.

315 *Roßnagel et al.*, Datenschutzrecht 2016 – „Smart" genug für die Zukunft?, 2016, S. 98ff.

einschließlich Maßnahmen zur Gewährleistung einer rechtmäßig und nach Treu und Glauben erfolgenden Verarbeitung, wie solche für sonstige besondere Verarbeitungssituationen gemäß Kapitel IX. [3]Das Unionsrecht oder das Recht der Mitgliedstaaten müssen ein im öffentlichen Interesse liegendes Ziel verfolgen und in einem angemessenen Verhältnis zu dem verfolgten legitimen Zweck stehen.

(4) Beruht die Verarbeitung zu einem anderen Zweck als zu demjenigen, zu dem die personenbezogenen Daten erhoben wurden, nicht auf der Einwilligung der betroffenen Person oder auf einer Rechtsvorschrift der Union oder der Mitgliedstaaten, die in einer demokratischen Gesellschaft eine notwendige und verhältnismäßige Maßnahme zum Schutz der in Artikel 23 Absatz 1 genannten Ziele darstellt, so berücksichtigt der Verantwortliche – um festzustellen, ob die Verarbeitung zu einem anderen Zweck mit demjenigen, zu dem die personenbezogenen Daten ursprünglich erhoben wurden, vereinbar ist – unter anderem

a) jede Verbindung zwischen den Zwecken, für die die personenbezogenen Daten erhoben wurden, und den Zwecken der beabsichtigten Weiterverarbeitung,

b) den Zusammenhang, in dem die personenbezogenen Daten erhoben wurden, insbesondere hinsichtlich des Verhältnisses zwischen den betroffenen Personen und dem Verantwortlichen,

c) die Art der personenbezogenen Daten, insbesondere ob besondere Kategorien personenbezogener Daten gemäß Artikel 9 verarbeitet werden oder ob personenbezogene Daten über strafrechtliche Verurteilungen und Straftaten gemäß Artikel 10 verarbeitet werden,

d) die möglichen Folgen der beabsichtigten Weiterverarbeitung für die betroffenen Personen,

e) das Vorhandensein geeigneter Garantien, wozu Verschlüsselung oder Pseudonymisierung gehören kann.

Literatur: Zur Literaturliste für Abs. 2, 3 und 4 hinzu:

Art.-29-Gruppe, Stellungnahme 3/2003 on purpose limitation, WP 203; *Art.-29-Gruppe*, Stellungnahme zum Begriff des berechtigten Interesses des für die Verarbeitung Verantwortlichen gemäß Artikel 7 der Richtlinie 95/46/EG, 14/DE WP 217 v. 9.4.2014; *dies.*, Guidelines on consent under Regulation 2016/679, 17/EN WP 259 rev. 01 v. 10.4.2018; Benecke, A./Wagner, J., Öffnungsklauseln in der Datenschutz-Grundverordnung und das deutsche BDSG, DVBl. 2016, 600; *Bräutigam, P.*, Das Nutzungsverhältnis bei sozialen Netzwerken, MMR 2012, 635 (637); *Buchner, B.*, Die Einwilligung im Datenschutzrecht, DuD 2010, 39; *Culik, N./ Döpke, C.*, Zweckbindungsgrundsatz gegen unkontrollierten Einsatz von Big Data-Anwendungen, ZD 2017, 226; Dammann, U., Erfolge und Defizite der EU-Datenschutzgrundverordnung, ZD 2016, 307; *Drewes, S.*, Dialogmarketing nach der DSGVO ohne Einwilligung der Betroffenen, CR 2016, 721; *Ferretti, F.*, Data protection and the legitimate interest of data controllers: Much ado about nothing or the winter of rights?, 51 CMLR 843 (2014); *Funke, M.*, Dogmatik und Voraussetzungen der datenschutzrechtlichen Einwilligung im Zivilrecht, 2017; *Greve, H.*, Das neue Bundesdatenschutzgesetz, NVwZ 2017, 737; *Hoidn, D./Roßnagel, A.*, Anpassung des Sozialdatenschutzes – Spielräume im Rahmen der europäischen Datenschutzreform, DuD 2018, 487; *Johannes, P. C./Richter, P.*, Privilegierte Verarbeitung im BDSG-E – Regeln für Archivierung, Forschung und Statistik, DuD 2017, 300; *Klement, J.*, Öffentliches Interesse an Privatheit, JZ 2017, 161; *Krüger, P.-L.*, Datensouveränität und Digitalisierung, ZRP 2016, 190; *Kühling, J.*, Neues Bundesdatenschutzgesetz – Anpassungsbedarf bei Unternehmen, NJW 2017, 1985; *ders./Martini, M.*, Die Datenschutz-Grundverordnung: Revolution oder Evolution im europäischen und deutschen Datenschutzrecht?, EuZW 2016, 448; *Monreal, M.*, Weiterverarbeitung nach einer Zweckänderung in der DS-GVO, ZD 2016, 507; *Metzger, A.*, Dienst gegen Daten: Ein synallagmatischer Vertrag, AcP 216 (2016) 817; *Richter, P.*, Datenschutz zwecklos? – Das Prinzip der Zweckbindung im Ratsentwurf der DSGVO, DuD 2015, 735; *ders.*, Big Data, Statistik und die Datenschutz-Grundverordnung, DuD 2016, 581; *Rogosch, P.*, Die Einwilligung im Datenschutzrecht, 2013; *Roßnagel, A.*, Wie zukunftsfähig ist die Datenschutz-Grundverordnung?, DuD 2016, 561; *ders.*, Gesetzgebung im Rahmen der Datenschutz-Grundverordnung – Aufgaben und Spielräume des deutschen Gesetzgebers?, DuD 2017, 277; *ders.*, Datenschutzgesetzgebung für öffentliche Interessen und den Beschäftigungskontext – Chancen für risikoadäquate Datenschutzregelungen?, DuD 2017, 290; *ders./Geminn, C. L./Jandt, S./Richter, P.*, Datenschutzrecht 2016 – „Smart" genug für die Zukunft? Ubiquitous Computing und Big Data als Herausforderungen des Datenschutzrechts, 2016; *ders./Nebel, M./Richter, P.*, Was bleibt vom europäischen Datenschutzrecht? Überlegungen zur Ratsentwurf zur Datenschutz-Grundverordnung, ZD 2015, 455; *ders.*, Pseudonymisierung personenbezogener Daten. Ein zentrales Instrument im Datenschutz nach der DS-GVO, ZD 2018, 243; *ders.*, Kontinuität oder Innovation? Der deutsche Spielraum in der Anpassung des bereichsspezifischen Datenschutzrechts, DuD 2018, 477; *ders.*, Datenschutz-Grundverordnung – was bewirkt sie für den Datenschutz? Vorgänge 221/222 (Mai 2018), 17; *Schantz, P.*, Datenschutz-Grundverordnung, NJW 2016, 1841; *Solove, D.*, Privacy Self-Management and the Consent Dilemma, 126 Harv. L. Rev. 1880 (2013); *Tavanti, P.*, Datenverarbeitung zu Werbezwecken nach der Datenschutz-Grundverordnung (Teil 2), RDV 2016, 295; *Graf v. Westphalen, F.*, Nutzungsbedingungen von Facebook – Kollision mit europäischem und deutschem AGB-Recht, VuR 2017, 323; *ders./Wendehorst, C.*, Hergabe personenbezogener Daten für digitale Inhalte – Gegenleistung, bereitzustellendes Material oder Zwangsbeitrag zum Datenbinnenmarkt?, BB 2016, 2179; *dies.*, Das Verhältnis zwischen Datenschutz-Grundverordnung und AGB-Recht, NJW 2016, 3745.

Einführung

1. Beibehaltung des Erlaubnisvorbehalts. Die **zentrale materielle Norm im neuen Datenschutzrecht** ist **1** Art. 6. Er regelt ausgehend von Art. 7 und 8 GRCh und dem in Art. 5 Abs. 1 lit. a festgelegten Grundsatz der Rechtmäßigkeit die gesetzliche Grundlage für die Verarbeitung personenbezogener Daten. Jede Verarbeitung personenbezogener Daten muss im Rahmen des datenschutzrechtlichen **Erlaubnisvorbehalts**[1] (bisher § 4 Abs. 1 BDSG aF) vollständig von den Bestimmungen dieses Art. gedeckt sein. Aus der Systematik des Gesetzes und der Historie des Gesetzgebungsprozesses ergibt sich zudem, dass jede Verarbeitung personenbezogener Daten von einem der in Abs. 1 UAbs. 1 lit. a bis f abschließend aufgelisteten Erlaubnistatbestände gedeckt sein muss,[2] ganz gleich, ob es sich dabei um eine neue Erhebung oder eine Weiterverarbeitung von personenbezogenen Daten handelt.

Damit stellt der Gesetzgeber die **Anforderungen des Art. 8 Abs. 2 S. 1 GRCh sicher** und schafft die nötige **2** Einheitlichkeit der Rechtsordnung im Rahmen des Anwendungsbereichs der DSGVO. Dank der primärrechtlichen Vorgabe konnte der Unionsgesetzgeber auch nicht vom Prinzip des Gesetzesvorbehalts abweichen, wie dies teilweise gefordert wurde.[3] Es kann daher auch keine Lesart geben, die einen Verarbeitungsvorgang ohne konkrete Rechtsgrundlage in Abs. 1 zulässt. **Abs. 2 bis 4 stellen keinerlei Rechtsgrundlagen** für die Verarbeitung personenbezogener Daten dar. Während die Abs. 2 und 3 die Möglichkeiten und Voraussetzungen der im Rahmen von Abs. 1 UAbs. 1 lit. c und e erforderlichen Spezialgesetze formulieren (→ Rn. 6ff.), stellt Abs. 4 klar, welche Gesichtspunkte ein Verantwortlicher heranziehen muss, um festzustellen, ob die Verarbeitung zu einem anderen Zweck mit demjenigen, zu dem die personenbezogenen Daten ursprünglich erhoben wurden, vereinbar ist (Kompatibilitätstest → Rn. 12ff.).

2. Das Gesamtsystem der Erlaubnistatbestände. Das System der Erlaubnistatbestände in Abs. 1 **basiert** im **3** Wesentlichen **auf Art. 7 DSRL**.[4] Dies gilt sowohl für die einzelnen Tatbestände (bei denen weder ein solcher hinzugefügt noch einer gestrichen wurde), als auch für ihre Reihenfolge und die meisten Formulierungen, auch wenn sich im Detail durchaus Unterschiede zB bei der Einwilligung ergeben. Demgegenüber umfassen die Regelungen in Abs. 2-4 wesentliche Neuerungen, um die im Gesetzgebungsverfahren gestritten wurde.

a) Rolle der Einwilligung (lit. a). Die in Abs. 1 abschließend aufgelisteten gesetzlichen Erlaubnisgründe set- **4** zen im Gegensatz zum klassischen verwaltungsrechtlichen Erlaubnisvorbehalt nicht etwa eine behördliche Genehmigung voraus.[5] Die Einwilligung nach Abs. 1 UAbs. 1 lit. a ist Ausdruck des Selbstbestimmungsrechts der betroffenen Person und auch im Zeitalter der Digitalisierung als Grundsatz, wie er in Art. 8 Abs. 2 S. 1 GRCh genannt wird, zeitgemäß.[6] Trotz der zentralen Rolle der Selbstbestimmung der betroffenen Person bezüglich des Schutzes personenbezogener Daten ist es bei der Einwilligung in der Praxis zunehmend zu einer **fremdbestimmten Vorgabe** durch die Verantwortlichen gekommen. Versteckte und verschachtelte Einwilligungsformeln, unverständliche und überlange Datenschutzerklärungen sowie regelrechte Erpressungssituationen haben die Einwilligung als Selbstbestimmungselement der betroffenen Person weitestgehend zerstört. Der Unionsgesetzgeber hat es sich daher **zum Ziel gesetzt**, den Erlaubnistatbestand der Einwilligung **wieder mit Bedeutung zu füllen**. Ein zentrales Anliegen des EP war es deshalb, die Definition der Einwilligung zu schärfen. Entsprechend findet sich in Art. 4 Nr. 11 eine Begriffsbestimmung, die darauf aufbaut, dass jede Einwilligung zumindest einer eindeutigen bestätigenden Handlung bedarf. Dies ist im Vergleich zur Rechtslage nach Art. 2 lit. h DSRL eine wichtige Klarstellung, die in Verbindung mit EG 32 jede implizite oder beiläufige Handlung ausschließt (→ Art. 7 Rn. 35 f.). Auch die sonstigen Anforderungen an die Einwilligung in Art. 7 sind in klarer Sprache verfasst. Eine Einwilligung muss in jedem Fall frei erfolgen, und Art. 7 Abs. 4 stellt in diesem Zusammenhang sogar klar, dass jede Kopplung mit einem Vertragsverhältnis diese Freiwilligkeit allein ausschließen kann. Damit lässt der Gesetzgeber auf Drängen des EP im Grunde genommen keinerlei Spielraum mehr für den Einsatz der Einwilligung zur Datenverarbeitung als wirtschaftliche Gegenleistung.[7]

Im Zusammenhang mit den Verarbeitungsgrundlagen der Einwilligung (Abs. 1 UAbs. 1 lit. a), des Vertrags **5** (lit. b → Rn. 15ff.) und der berechtigten Interessen (lit. f → Rn. 85ff.) sind zudem die sogar sanktionsbewehrten Ausführungen des Gesetzgebers in Art. 12 und den darauf folgenden Betroffenenrechten zu sehen, da auch hier der Wille des Gesetzgebers erkennbar ist, die **Selbstbestimmung der betroffenen Personen zu**

---

1 Es handelt sich bei Art. 6 DSGVO im Gegensatz zu Art. 9 DSGVO gerade nicht um ein Verbotsprinzip, sondern um eine Erlaubnistatbestandsnorm.
2 Vgl. *Albrecht/Jotzo*, Teil 2 Rn. 2.
3 Im Widerspruch zu Art. 8 GRCh forderten dies *Schneider/Härting* CRi 2013, Supplement 1, 19.
4 Zur Kontinuität vgl. Kühling/Buchner/*Buchner/Petri* Art. 6 Rn. 1ff.
5 Vgl. Ehmann/Selmayr/*Heberlein* Art. 6 Rn. 4.
6 Vgl. *Albrecht/Jotzo*, Teil 3 Rn. 37ff.
7 Vgl. *Albrecht/Jotzo*, Teil 3 Rn. 44.

stärken und die Verarbeitungsgrundlagen aus Art. 6 an etliche Rahmenbedingungen zu knüpfen, die den Einzelnen in die Lage versetzen, seinerseits jederzeit **auf die Verarbeitungsmöglichkeiten des Verantwortlichen einzuwirken.**

6   **b) Rechtliche Verpflichtungen und öffentliche Aufgaben (lit. c, e).** Während die Verarbeitungsgrundlage zum Schutz lebenswichtiger Interessen in Abs. 1 UAbs. 1 lit. d (→ lit. d Rn. 60ff.) wegen ihrer stark begrenzten Anwendungsfälle weniger Aufmerksamkeit erhielt, hatte es im Gesetzgebungsverfahren naturgemäß **intensive Auseinandersetzungen** zwischen KOM und EP einerseits und dem Rat andererseits bezüglich der Ausgestaltung von **Abs. 1 UAbs. 1 lit. c und e** gegeben. Sie gelten, wenn Stellen Daten verarbeiten, um eine rechtliche Verpflichtung (lit. c) oder eine Aufgabe wahrzunehmen (lit. e), die im öffentlichen Interesse liegt oder in Ausübung öffentlicher Gewalt erfolgt.[8] Beide Erlaubnisgründe setzen voraus, dass eine Rechtsvorschrift den Verantwortlichen zur entsprechenden Verarbeitung verpflichtet bzw. ermächtigt. Solche Rechtsgrundlagen folgen nach Abs. 3 S. 1 aus dem Unionsrecht und dem Recht der Mitgliedstaaten. Abs. 1 UAbs. 1 lit. c und e sind aber **nur scheinbar breite Öffnungsklauseln.**[9] Sie lassen weder der Union noch den Mitgliedstaaten einen weiten Gestaltungsraum, da deren Rechtsgrundlagen den Vorgaben in Abs. 2 und 3 genügen müssen. Der Verweis auf das nationale Recht ist vielmehr Ausdruck des hart errungenen Kompromisses zwischen dem angestrebten europäischen Einheitsrecht und dem gewachsenen Rechtssystem der Mitgliedstaaten.

7   Nach Abs. 2 können die Mitgliedstaaten ihre Regeln beibehalten, die sie bislang in Einklang mit Art. 7 lit. c DSRL erlassen haben und sogar neue einführen.[10] Damit aus Abs. 3 keine Hintertür zu einem eigenständigen Datenschutzrecht der Mitgliedstaaten wird, **begrenzt Abs. 2 deren Gestaltungsspielraum** (→ Abs. 2 Rn. 22ff.). Sie dürfen demnach nur spezifische Bestimmungen zur Anpassung der Anwendung der Vorschriften des DSGVO mit Bezug auf die Verarbeitung zur Erfüllung von Abs. 1 lit. c und e beibehalten oder einführen. Mit ihren nationalen Rechtsgrundlagen können die Mitgliedsstaaten daher letztlich nur die beiden Erlaubnisgründe präzisieren (Abs. 2) und zB regeln, welche Daten verarbeitet werden, welche Personen betroffen sind, welchen Einrichtungen die Daten offengelegt und für welche Zwecke bzw. wie lange die Daten gespeichert werden dürfen (sa EG 45). Die spezifischen Rechtsgrundlagen der Union und der Mitgliedstaaten iSv Abs. 1 UAbs. 1 lit. c und e müssen zudem einem **öffentlichen Interesse dienen und verhältnismäßig sein**; dies ergibt sich aus Abs. 3 S. 4 (→ Abs. 3 Rn. 32). Dass eine Rechtsgrundlage diesen Anforderungen nicht genügt, kann vor dem EuGH gerügt werden.

8   Wie schon die Vorgängervorschrift betreffen Abs. 1 UAbs. 1 lit. c und e klassische Staatsaufgaben,[11] so dass die nationalen Rechtvorschriften **weiterhin Unternehmen hoheitliche Aufgaben übertragen** können.[12] Dem gefundenen Kompromiss zu Abs. 1 UAbs. 1 lit. c und e widerspräche es aber, wenn die Mitgliedstaaten rein privatwirtschaftliche Tätigkeiten von Unternehmen zum öffentlichen Interesse erklären würden. Private Auskunfteien etwa mögen mit ihrem Profiling oder Scoring zwar die Kreditvergabe erleichtern. Dies ist aber kein öffentliches Interesse iSv Abs. 3, da es keine der typischen Staatsaufgaben ist.[13]

9   Datenverarbeitung zu solchen privatwirtschaftlichen Interessen erlaubt vielmehr Abs. 1 UAbs. 1 lit. f, soweit diese Interessen als berechtigte gegenüber denen der betroffenen Personen im Einzelfall überwiegen. Diese **Unterscheidung zwischen öffentlichen und privatwirtschaftlichen Zwecken** würden die Mitgliedstaaten umgehen, wenn sie das öffentliche Interesse in breitem Umfang auf Unternehmen ausdehnen könnten.[14]

10   **c) Berechtigte Interessen (lit. f).** Der Zulässigkeitsgrund der berechtigten Interessen wurde im Verhältnis zur bisherigen Regelung in Art. 7 lit. f. DSRL **etwas eingeschränkt.** Zwar sieht der Wortlaut weiterhin nur die Beschränkung durch die Rechte und Interessen der betroffenen Person vor, allerdings finden sich in den EG nur wenige, klar umgrenzte Beispiele für ein zulässiges berechtigtes Interesse, so dass dies den Rahmen möglicher Verarbeitungsmöglichkeiten enger als bisher umgrenzt. Zudem sieht EG 47 nun ausdrücklich vor, dass die vernünftige Erwartung der betroffenen Person, die auf ihrer Beziehung mit dem Verantwortlichen beruhen, zu berücksichtigen sind. Somit wird nun erstmals ausdrücklich die **Beziehung der betroffenen Person zum Verarbeiter** zu einem **entscheidenden Kriterium für die Zulässigkeit** einer Verarbeitung wegen berechtigter Interessen. Die Schwelle für eine Datenverarbeitung ohne Einwilligung der betroffenen Person auf Grundlage der berechtigten Interessen wurde damit in einigen Fällen deutlich angehoben.

---

8   Letzteres folgt aus Abs. 3 S. 4 und EG 45 → Rn. 7.
9   AA *Kühling/Martini* EuZW 2016, 448 (449) näher → Abs. 1 Rn. 45ff., → Einl. Rn. 226ff.
10   Zur Entstehung ausführlich Kühling/Buchner/*Buchner*/Petri Art. 6 Rn. 6.
11   *Dammann/Simitis* Art. 7 Rn. 10. Zu Art. 7 lit. e DSRL vgl. auch *Kuner,* European Data Protection Law, Rn. 5.28.
12   Hierzu vgl. auch die Anwendungsbeispiele bei Kühling/Buchner/*Buchner*/Petri Art. 6 Rn. 124ff.
13   *Dammann/Simitis* Art. 7 Rn. 10; wohl auch Kühling/Buchner/*Buchner*/Petri Art. 6 Rn. 139.
14   Zu Art. 7 DSRL so auch *Kuner,* European Data Protection Law, Rn. 5.28.

Zudem wird die Rechtsgrundlage für **Abs. 1 UAbs. 1 lit. f in UAbs. 2** ausdrücklich **für behördliche Daten-** **11** **verarbeitung ausgeschlossen.** Daran ändert auch die Erwähnung von Behörden in EG 49 nichts, da es hierbei um das berechtigte Interesse eines nicht-behördlichen Verantwortlichen geht, personenbezogene Daten an Behörden weiterzugeben, wenn dies für die Gewährleistung der Netz- und Informationssicherheit unbedingt notwendig und verhältnismäßig ist. Die jeweilige Behörde braucht ihrerseits stets eine eigene Rechtsgrundlage für die Verarbeitung personenbezogener Daten.

3. Das zentrale Problem der Zweckänderung. Während der **Verhandlungen** zum Verordnungstext sind die **12** **Beteiligten stets davon ausgegangen,** dass die **Zweckkompatibilität** lediglich eine Neuerhebung von personenbezogenen Daten, **nicht** aber **die Notwendigkeit einer Rechtsgrundlage in Abs. 1** für die weitere Verarbeitung dieser Daten **entbehrlich macht.**[15] Dies ergibt sich allein aus dem Grundsatz der Rechtmäßigkeit und des Gesetzesvorbehalts, an dem auch in der DSGVO klar festgehalten wird. Dementsprechend wird in EG 50 auch mehrfach auf den Begriff der Erhebung Bezug genommen. Mit diesen Ausführungen wollte der Gesetzgeber keinesfalls den Grundsatz von Abs. 1 in Frage stellen, nach dem es für jeden einzelnen Verarbeitungsvorgang einer Rechtsgrundlage in Abs. 1 UAbs. 1 lit. a bis f bedarf.

Es muss also nicht nur ein mit dem ursprünglichen Zweck kompatibler Verarbeitungszweck für eine Wei- **13** terverarbeitung vorliegen, sondern die über die Erhebung hinausgehende neue Verarbeitung **muss von einer** **Rechtsgrundlage in Abs. 1 vollständig abgedeckt** sein.[16] Anderenfalls könnte der datenschutzrechtliche Erlaubnisvorbehalt aus Art. 8 Abs. 2 S. 1 GRCh durch eine Weiterverarbeitung nach Abs. 4 umgangen werden. Zu keinem Zeitpunkt waren die Verhandlungsparteien davon ausgegangen, dass Abs. 4 eine eigene Rechtsgrundlage für Datenverarbeitungsprozesse darstellen soll. Hierfür spricht auch, dass bis zuletzt – auch unter Einbeziehung des juristischen Dienstes des Rates – darüber gestritten wurde, ob Abs. 2 KOM-E, der die Rechtmäßigkeit der Verarbeitung personenbezogener Daten zu historischen oder statistischen Zwecken sowie zu wissenschaftlichen Forschungszwecken betraf, eine gesonderte Rechtsgrundlage neben Abs. 1 darstellen könnte und die Verhandlungsparteien sich deshalb ausdrücklich für dessen Streichung entschieden haben, während diese Frage mit Blick auf Abs. 4 nie problematisiert worden ist. Stattdessen bezieht sich die in **EG 50 S. 2** auffindbare Erläuterung, dass bei einer Kompatibilität „keine andere gesonderte" Rechtsgrundlage erforderlich ist, allein **auf die Frage der dann nicht mehr nötigen Neuerhebung.** Die bereits zu anderem Zwecke erhobenen Daten können dann zum neuen Zweck weiterverarbeitet werden, aber eben nur insoweit die neue Verarbeitung auf eine der Varianten in Abs. 1 gestützt werden kann.[17]

Grundsätzlich kommen hierfür alle Tatbestände von Abs. 1 UAbs. 1 in Betracht. Im Lichte von Art. 8 **14** GRCh muss allerdings die **Möglichkeit einer Weiterverarbeitung nach Abs. 1 UAbs. 1 lit. f im Wege der te-** **leologischen Reduktion** eingeschränkt werden, weil der Gesetzgeber ansonsten keine hinreichend bestimmte Rechtsgrundlage entsprechend Art. 8 Abs. 2 S. 1 GRCh geschaffen hätte. Zwar ist die Weiterverarbeitung auf Grundlage von Abs. 1 UAbs. 1 lit. f nicht unmittelbar vom Wortlaut des Abs. 4 her ausgeschlossen. Aber eine Zweckänderung an sich bedeutet eine erhebliche Gefahr für die Interessen und Rechte der betroffenen Person, so dass bei der Rechtfertigung einer Weiterverarbeitung nach Abs. 1 UAbs. 1 lit. f eine erheblich höhere Schwelle als bei einer Neuerhebung besteht. Zudem spricht auch der in Abs. 4 lit. b genannte Zusammenhang der Datenerhebung, insbes. hinsichtlich des Verhältnisses zwischen der betroffenen Person und dem Verantwortlichen, für eine besonders hohe Schwelle einer Weiterverarbeitung zur Wahrung berechtigter Interessen des Verantwortlichen. **Die in Abs. 1 UAbs. 1 lit. f vorgesehene Rechtsgrundlage** im Sinne der berechtigten Interessen des Verantwortlichen wurde mithin **auch in ihren Voraussetzungen** im Vergleich zur bisherigen Formulierung in Art. 7 lit. f DSRL **deutlich eingeschränkt** (→ Rn. 10).[18]

Artikel 6 Abs. 1   Rechtmäßigkeit der Verarbeitung

---

15 Diese Frage ist in den Verhandlungen immer wieder thematisiert worden und zu keinem Zeitpunkt wurde von einer Seite die Auffassung vertreten, dass die Weiterverarbeitung bei Kompatibilität nicht den Rechtmäßigkeitsanforderungen aus Abs. 1 entsprechen müssten.
16 Ebenso *Schantz* NJW 2016, 1841 (1844); aA → *Roßnagel* Abs. 1 Rn. 93ff.; *Roßnagel/Nebel/Richter* ZD 2015, 455 (457 f.); *Richter* DuD 2016, 581 (585); *Monreal* ZD 2016, 507 (510); *Kühling/Martini* EuZW 2016, 448 (451); *Culik/Döpke* ZD 2017, 226 (330); *Hornung/Hofmann* ZD-Beilage 4/2017, 8; Begründung zum BDSG nF, BT-Drs. 18/11325, 98; *Gola/Schulz* Art. 6 Rn. 185.
17 Vgl. Schantz/Wolff/*Wolff*, Das neue Datenschutzrecht, Rn. 678 ff.
18 Vgl. *Heberlein* in Ehmann/Selmayr, Datenschutz-Grundverordnung, Art. 6 Rn. 48 f.

I. Einwilligung der betroffenen Person (Abs. 1 UAbs. 1 lit. a)

1 **1. Entstehungsgeschichte und systematische Einordnung.** Die Regelung in lit. a entspricht Art. 7 lit. a DS-RL, der wiederum in § 4 Abs. 1 BDSG aF und § 12 Abs. 1 TMG umgesetzt worden war. Legte Art. 7 lit. a DSRL noch fest, dass die Einwilligung ohne jeden Zweifel gegeben sein musste, hebt Abs. 1 UAbs. 1 lit. a nunmehr den Bezugspunkt der Einwilligung, die Verarbeitung für einen oder mehrere bestimmte Zwecke hervor (sog Bestimmtheitsgebot, → Art. 7 Rn. 67ff.). Die weiteren Anforderungen an die Wirksamkeit der Einwilligung ergeben sich nunmehr aus Art. 4 Nr. 11 und Art. 7 sowie den EG 32, 33, 42 und 43 (hierzu → Art. 7 Rn. 35ff.). Während der Verhandlungen wurde der **KOM-E letztlich nicht verändert**; die Beratungen konzentrierten sich auf Art. 4 Nr. 11 und Art. 7 sowie die EG. Parallele Regelungen zur Einwilligung enthalten Art. 9 Abs. 2 lit. a für die Verarbeitung besonderer Kategorien personenbezogener Daten, Art. 22 Abs. 2 lit. c für automatisierte Einzelfallentscheidungen sowie Art. 49 Abs. 1 UAbs. 1 lit. a für Übermittlungen in Drittländer; diese Einwilligungstatbestände verlangen – anders als lit. a – explizit eine ausdrückliche Einwilligung.

2 **Art. 8 JI-Richtlinie** führt die Einwilligung nicht als Rechtsgrundlage für die Verarbeitung der zuständigen Behörden für die Zwecke der JI-Richtlinie auf. Dies ist konsequent: Im Verhältnis zwischen Behörden und Bürger im Kontext von Strafverfolgung und Gefahrenabwehr wird es nur in absoluten Ausnahmefällen möglich sein, eine freiwillige Entscheidung eines Bürgers über die Verarbeitung seiner Daten zu diesen Zwecken durch die zuständigen Behörden anzunehmen (vgl. EG 35 S. 4 und 5 JI-Richtlinie). Die Mitgliedstaa-

ten können diese Ausnahmekonstellationen gesetzlich regeln (EG 35 S. 6 JI-Richtlinie); § 51 BDSG nF legt hierfür nur allgemeine Rahmenbedingungen fest, nicht aber die konkreten Anwendungsfälle.[1]

2. Bedeutung der Einwilligung. Die Einwilligung ist der „**genuine Ausdruck der informationellen Selbstbestimmung**".[2] Dementsprechend erwähnt auch Art. 8 Abs. 2 S. 1 GRCh die Einwilligung als eigenständige Rechtfertigung für Einschränkungen des Grundrechtsrechts auf Datenschutz neben gesetzlichen Beschränkungen des Grundrechts.[3] Die Bedeutung der Einwilligung ist in der Praxis sehr groß. Insbesondere im Vergleich zum gesetzlichen Erlaubnistatbestand der Interessenabwägung nach lit. f bietet sie ein höheres Maß an Rechtssicherheit. Ferner ist sie ein mächtiges Instrument, da sie selbst sehr intensive Formen der Datenverarbeitung legitimieren kann. Zugleich bietet sie der betroffenen Person – zumindest idealtypisch – das größte Maß an Kontrolle über die Verarbeitung ihrer Daten, da die Verarbeitung auf ihrem Willensentschluss beruhen muss und nicht einseitig vom Verantwortlichen oder Gesetzgeber bestimmt wird.   3

Es besteht in der Realität vielfach die berechtigte Befürchtung, die Einwilligung vermittle lediglich die **Fiktion einer Legitimation**.[4] In vielen Fällen liege eine gestörte Vertragsparität vor,[5] teilweise aufgrund der **Marktmacht** einzelner Anbieter (zB sozialer Netzwerke, Handelsplattformen oder Suchmaschinen), etwa wegen Netzwerkeffekten, oder mangels zumutbarer Alternativen (marktübliche Standards,[6] Lock-in-Effektive, Koppelung von Hard- und Software),[7] teilweise aufgrund des Versagens des Marktes für „datenschutzfreundliche Angebote"[8]. Hingewiesen wird zudem etwa auf die **kognitiven Schwierigkeiten** für betroffene Personen, komplexe Datenschutzerklärungen zu erfassen und zu bewerten.[9] Zu beobachten ist zudem ein „privacy paradox":[10] Viele Menschen schätzen den Schutz personenbezogener Daten abstrakt hoch ein, geben sie dann aber für kleine Vorteile leicht Preis. Ursache hierfür kann sein, dass die langfristigen Risiken der Preisgabe personenbezogener Daten häufig unterschätzt werden und sehr abstrakt sind.[11] Diese Problematik potenziert sich mit der Zunahme von datenschutzrelevanten Entscheidungen, welche die betroffen Person im Alltag treffen muss.[12]   4

Der Unionsgesetzgeber hat darauf reagiert, indem er die Anforderungen an eine wirksame Einwilligung stärker konturiert und heraufgesetzt hat. Hierdurch hat er die Bedeutung der Einwilligung noch einmal gestärkt. Diese Strategie ist richtig,[13] denn die Differenzen zwischen Idealbild und Realität sind aus dem Zivilrecht bekannt. Auch das Zivilrecht hat einen Prozess der **Materialisierung** durchlaufen, dessen Ziel nicht mehr allein die Anerkennung eines formalen Vertragsschlusses ist, sondern die Gewährleistung von Bedingungen, unter denen die Marktteilnehmer privatautonome Entscheidungen treffen können.[14] Es ist daher durchaus konsequent, wenn der Gesetzgeber die Regelungen zur Einwilligung näher an das Verbraucherschutzrecht heranrückt (vgl. etwa EG 42 S. 3). Soweit der Gesetzgeber auf Marktversagen reagiert, Entscheidungsspielräume erst schafft (vgl. zur differenzierten Einwilligung EG 43 S. 2 1. Alt.) und sicherstellt, dass eine Willensentscheidung der betroffenen Person vorliegt, kann der Vorwurf des Paternalismus[15] nicht überzeugen.[16] Der Unionsgesetzgeber setzt seine Präferenzen gerade nicht an die der betroffenen Personen.   5

---

1 S. zB § 81g Abs. 3 S. 1, § 81h Abs. 1 StPO.
2 *Roßnagel/Pfitzmann/Garstka*, S. 7 und 22; ähnlich Grabitz/Hilf/Nettesheim/*Brühann* DSRL Art. 6 Rn. 13 („vornehmster Ausdruck informationeller Selbstbestimmung"); ihn zitierend Ehmann/Selmayr/*Heberlein* Art. 6 Rn. 5.
3 Weitergehend und aus der Reihenfolge die Wertung ableitend Paal/Pauly/*Frenzel* Art. 6 Rn. 10; dagegen Gola/*Schulz* Art. 6 Rn. 10.
4 *Simitis/ders.* § 4a Rn. 3; *Hoffmann-Riem*, Innovation und Recht – Recht und Innovation, 2016, S. 646 (mit positivem Ausblick auf die Neuerungen durch die DSGVO); *Koops* 4 IDRL 250, 251ff. (2014); *Kamp/Rost* DuD 2013, 80.
5 Vgl. *v. Dannwitz* DuD 2015, 581 (585), der diese Bezeichnung sogar noch für euphemistisch hält.
6 *Kamp/Rost* DuD 2013, 80 (82 f.); vgl. zu den branchenüblichen Datenschutzregelungen in den AGB von Berufsunfähigkeitsversicherungen BVerfG MMR 2007, 93 – Schweigepflichtentbindung.
7 S. hierzu auch Schantz/Wolff/*Schantz*, Rn. 503ff.
8 *Becker* JZ 2017, 170 (174).
9 *Solove* 126 Harv. L. Rev. 1880, 1888 (2013); *Nissenbaum/Barocas* in: Lane et al. (Hrsg.), Privacy, Big Data, and the Public Good, 2014, S. 58 f.
10 *Arnold/Hillebrand/Waldburger* DuD 2015, 730 (733).
11 Zusammenfassend *Acquisti/Brandimare/Loewenstein* 347 Science 509ff. (2015).
12 *Roßnagel*, Datenschutz in einem informatisierten Alltag, 2007, S. 136 f., der vor einer Überforderung warnt.
13 Positiv auch *Krüger* ZRP 2016, 190ff.
14 Vgl. hierzu *Canaris* AcP 202 (2002) 275 (276ff.); *Auer*, Materialisierung, Flexibilisierung, Richterfreiheit, 2005, S. 22ff.; grundlegend *Habermas*, Faktizität und Geltung, 1998, S. 482 f.
15 Überzogen daher die Kritik bei *Klement* JZ 2017, 161 (168 f.); *Krönke* Der Staat 55 (2016) 319 (325ff.).
16 Positiv auch *Krüger* ZRP 2016, 190ff.; vgl. zur Schutzpflicht des Staates im deutschen Verfassungsrecht BVerfG MMR 2007, 93 – Schweigepflichtentbindung.

Einzig das Koppelungsverbot (→ Art. 7 Rn. 57ff.) schießt – bei einer sehr engen Auslegung[17] – möglicherweise darüber hinaus.[18]

6 Die stärkere Annäherung der Einwilligung an das Zivilrecht korrespondiert mit der zunehmenden Wahrnehmung von personenbezogenen Daten als **Wirtschaftsgut**. Die betroffene Person wird im privatrechtlichen Bereich nicht mehr vor allem als Grundrechtsträger wahrgenommen, sondern stärker als Marktteilnehmer, der entscheidet, ob und für welche Gegenleistung er die Nutzung seiner Daten erlauben möchte.[19] Das Instrument zur privatautonomen Ausübung der Verfügungsbefugnis über seine Daten ist die datenschutzrechtliche Einwilligung. Nach dem Entwurf der KOM über bestimmte vertragsrechtliche Aspekte der Bereitstellung digitaler Inhalte soll daher die Bereitstellung von **Daten als Gegenleistung** (genauer müsste es heißen: die Einwilligung in deren Verarbeitung) auch rechtlich anerkannt werden.[20] Die Verzahnung von zivilrechtlicher und datenschutzrechtlicher Dogmatik hat dabei erst jüngst eingesetzt; Probleme bereitet neben dem Koppelungsverbot des Art. 7 Abs. 4 vor allem die freie Widerruflichkeit der Einwilligung (Art. 7 Abs. 3), die mit dem zivilrechtlichen Grundsatz des *pacta sunt servanda* kollidiert.[21]

7 Nicht ansatzweise ausreichend diskutiert werden bisher die **Grenzen der Verfügungsbefugnis über die eigenen Daten**, denn die Preisgabe von Daten kann langfristige Folgen haben, die der Einzelne nicht übersehen kann. Ferner betrifft der Schutz personenbezogener Daten nicht nur die informationelle Selbstbestimmung der jeweils betroffenen Person: Aus der Analyse personenbezogener Daten können sich heute nicht nur Rückschlüsse auf die betroffene Person selbst ergeben, sondern mittels Big Data-Analysen auch auf Dritte.[22] Möglich ist auch eine Benachteiligung von Personen, die ihre Daten nicht offenlegen.[23] Und nicht zuletzt ist der Datenschutz eine Funktionsbedingung für eine freiheitliche, demokratische Gesellschaft und hat daher auch eine objektiv-rechtliche Dimension.[24]

8 **3. Verfügungsgegenstand der Einwilligung.** Die Einwilligung muss nach lit. a für einen oder mehrere bestimmte Zwecke abgegeben werden. Dieser **Bestimmtheitsgrundsatz** ist von großer Bedeutung, denn er legt die Reichweite der Legitimationswirkung der Einwilligung (generell zur Bestimmtheit vorformulierter Einwilligungserklärungen → Art. 7 Rn. 67 ff.) fest. Er beinhaltet vor allem die materielle Anforderung, wie genau der Zweck der Verarbeitung, in welche die betroffene Person einwilligt, formuliert sein muss. Ähnlich ist der Grundsatz des Art. 5 Abs. 1 lit. b 1. Hs. zu verstehen, dass eine Datenverarbeitung für festgelegte, eindeutige Zwecke erfolgen muss (hierzu → Art. 5 Rn. 72ff.); in der englischen Fassung wird in beiden Regelungen die Formulierung „specific purposes" verwendet.

9 Die DSGVO macht keine Vorgaben über den Grad der Bestimmtheit der Zwecksetzung. Allerdings meinte der Gesetzgeber, in EG 33 eine spezielle Regelung für die Einwilligung im Forschungsbereich vorsehen zu müssen („broad consent"). Danach darf sich eine Einwilligung statt auf konkrete Forschungsvorhaben auch auf bestimmte Forschungsbereiche beziehen, wenn die anerkannten ethischen Standards gewahrt werden und die betroffene Person ihre Einwilligung einschränken kann. Aus EG 33 lässt sich der Umkehrschluss ziehen, dass der Unionsgesetzgeber die **Zwecksetzung eher eng** versteht. Dies ist auch konsequent, wenn er die Kontrolle der betroffenen Person über ihre Daten stärken möchte (vgl. EG 7 S. 2); denn eine weite Zwecksetzung birgt immer die Gefahr, dass der Verantwortliche die Daten für Zwecke verwendet, an welche die betroffene Person bei der Abgabe der Einwilligung nicht gedacht hat. Die Art.-29-Gruppe hat daher zu Recht darauf hingewiesen, dass **abstrakte Zwecksetzungen** wie „Werbung" oder „IT-Sicherheit" dieser Vorgabe nicht genügen.[25] Hierbei dürfte der Grad der erforderlichen Bestimmtheit mit der Intensität der Beeinträchtigung der Interessen und Recht der betroffenen Person zunehmen.[26]

10 Werden mit einer Datenverarbeitung mehrere Zwecke verfolgt, muss sich die Einwilligung auf beide Zwecke beziehen (EG 32 S. 5). Soweit dies im Einzelfall angebracht ist, muss der Verantwortliche der betroffe-

---

17 Für eine einschränkende Auslegung Schantz/Wolff/*Schantz*, Rn. 516; darum bemüht auch *Art.-29-Gruppe*, WP 259 rev. 01, S. 9.

18 Zur Kritik *Krüger* ZRP 2016, 190 (191); Schantz/Wolff/*Schantz*, Rn. 514 f.; *Buchner* DuD 2016, 155 (158 f.); *Krönke* Der Staat 55 (2016) 319 (327); Ehmann/Selmayr/*Heckmann/Paschke* Art. 7 Rn. 53; positiver *Albrecht/Jotzo*, Teil 3 Rn. 40; *Dammann* ZD 2016, 307 (311).

19 Vgl. *Buchner* DuD 2010, 39ff.; *ders.*, Informationelle Selbstbestimmung im Zivilrecht, 2005, S. 101ff.; eher kritisch *Masing* NJW 2012, 2305 (2307); *Dix* ZEuP 2017, 1 (4).

20 COM (2015) 634 final, dort Art. 3 Abs. 1 des Entwurfs; hierzu *Helberger/Zuiverdeen Borgesius/Reyna* 53 CMLR (2017) 1427, 1442ff.

21 S. etwa Graf v. *Westphalen/Wendehorst* BB 2016, 2179 (2185ff.); *Langhanke/Schmidt-Kessel* EuCML 2015, 218 (221ff.); *Sattler* JZ 2017, 1036 (1038ff. und 1043ff.); *Specht* JZ 2017, 763 (766ff.).

22 *Fairfield/Engel* 65 Duke L. J. 385ff. (2015).

23 *Peppet* 105 Nw. U. L. Rev. 1153, insbes. 1176ff. (2011); *Hermstrüwer* JIPITEC 2017, 9 (14ff.).

24 Deutlich bereits BVerfGE 65, 1 (43) – Volkszählung; dies aufgreifend *Klement* JZ 2017, 161 (169 f.); *Boehme-Neßler* DVBl. 2015, 1282 (1286 f.); *Spiecker gen. Döhmann* VVDStRL 2018, S. 9ff.

25 *Art.-29-Gruppe*, WP 259 rev. 01, S. 11 f. unter Verweis auf *Art.-29-Gruppe*, WP 203, S. 16.

26 Kühling/Buchner/*Buchner/Kühling* Art. 7 Rn. 65.

nen Person die Möglichkeit geben, im Rahmen ihrer Einwilligung zwischen den verschiedenen Zwecken zu differenzieren (EG 43 S. 2 1. Alt.).[27]

4. Vorrang der Einwilligung? Vielfach wird die Frage aufgeworfen, ob der Einwilligung ein **Vorrang**[28] gegenüber den anderen Rechtsgrundlagen des Abs. 1 UAbs. 1 zukommt. Ein solcher Vorrang wird teilweise mit Verweis auf die Systematik des Abs. 1 abgelehnt, da dieser die verschiedenen Verarbeitungsgrundlagen gleichrangig nebeneinander aufführe und lediglich verlange, dass mindestens eine der aufgelisteten Rechtsgrundlagen vorliege.[29] Gleiches gelte auch für Art. 8 Abs. 2 S. 1 GRCh; auch dort stehe die Einwilligung neben den gesetzlichen Einschränkungen des Rechts auf Datenschutz.[30] Art. 8 Abs. 2 S. 1 GRCh führt aber auch deutlich vor Augen, dass alle anderen Rechtsgrundlagen gesetzliche Eingriffe in Artt. 7, 8 GRCh sind. Diese müssen verhältnismäßig und auf das „absolut Notwendige" begrenzt sein.[31] Ist daher die Einholung einer Einwilligung unter Berücksichtigung des Zwecks der Verarbeitung und des Kontextes möglich und zumutbar, wäre dies ein milderes Mittel; denn die betroffene Person erhält so die Möglichkeit, ihrem Willen Ausdruck zu verleihen und die Kontrolle über die Verarbeitung ihre Daten zu behalten (EG 7 S. 2). Damit wird es aber begründungsbedürftig, warum die Daten ohne oder gar gegen den Willen der betroffenen Person verarbeitet werden dürften. Dies ist kein absolutes Hindernis, das einem Rückgriff auf die Interessenabwägung nach lit. f entgegensteht. Die konkreten Umstände der Datenverarbeitung können aber vernünftige Erwartungen der betroffenen Person begründen (vgl. EG 47 S. 3 und 4 → Rn. 108), vor der Verarbeitung ihrer Daten gefragt zu werden über ihre Entscheidung, eine Einwilligung zu erteilen oder zu verweigern, zu berücksichtigen (ausführlich → Rn. 89).

5. Nebeneinander mit anderen Rechtsgrundlagen. Nicht ausgeschlossen ist es, die **Einwilligung als weitere Rechtsgrundlage** für eine Datenverarbeitung zu nutzen, sofern die betroffene Person über beide Rechtsgrundlagen informiert wird.[32] Dies bietet sich in den Fällen des lit. b und f. an, da die Auslegung dieser Rechtsgrundlagen auf absehbare Zeit erhebliche Unsicherheiten bergen wird.[33] Ausweislich des Wortlautes des Chapeaus des UAbs. 1 können mehrere Rechtsgrundlagen auf einen Datenverarbeitungsvorgang anwendbar sein.[34] Auch Art. 17 Abs. 1 lit. b setzt ein Nebeneinander verschiedener Rechtsgrundlagen voraus.[35] Allerdings besteht die Gefahr, dass bei der betroffenen Person hierdurch die Illusion hervorgerufen wird, sie könne die Datenverarbeitung kontrollieren; dies kann einem Rückgriff insbes. auf die Interessenabwägung nach lit. f entgegenstehen und gegen den Grundsatz von Treu und Glauben (Art. 5 Abs. 1 lit. a) verstoßen (ausführlich → Rn. 89).

6. Einwilligung im öffentlichen Bereich. Auch wenn die Einwilligung im Verhältnis zwischen **Bürger und Behörden** durch die DSGVO nicht ausgeschlossen ist, handelt es sich bei der Einwilligung in erster Linie um ein Instrument zu einer Gestaltung der Kommunikationsbeziehungen zwischen Privaten.[36] Wie EG 43 S. 1 andeutet, wird in vielen Konstellationen ein klares Ungleichgewicht zwischen Bürger und Behörde vorliegen, zB weil der Bürger auf eine bestimmte staatliche Leistung oder den Erlass eines begünstigenden Verwaltungsaktes angewiesen ist.[37]

Denkbar ist es, dass gesetzliche Grundlagen für die Datenverarbeitung zur Erfüllung öffentlicher Aufgaben die **Einwilligung als zusätzliche Verarbeitungsvoraussetzung** vorsehen. In diesem Fall handelt es sich aber nicht um eine Einwilligung nach lit. a und Art. 7; die Einwilligung ist dann Teil der gesetzlichen Rechtsgrundlage nach lit. c iVm Abs. 3 S. 1.

II.   Erforderlichkeit zur Erfüllung eines Vertrags mit der betroffenen Person (Abs. 1 UAbs. 1 lit. b Alt. 1)

1. Systematische Einordnung. Abs. 1 UAbs. 1 lit. b Alt. 1 erlaubt – wie schon Art. 7 lit. b DSRL – die Verarbeitung personenbezogener Daten einer betroffenen Person, soweit diese Verarbeitung für die Erfüllung ei-

11

12

13

14

15

---

27 *Art.-29-Gruppe*, WP 259 rev. 01, S. 10.
28 Hierfür ausdrücklich *Roßnagel/Pfitzmann/Garstka*, S. 72.
29 Kühling/Buchner/*Buchner/Kühling* Art. 7 Rn. 16; Gola/*Schulz* Art. 6 Rn. 10; Auernhammer/*Kramer* DSGVO Art. 6 Rn. 12; Ehmann/Selmayr/*Heckmann/Paschke* Art. 7 Rn. 17; *Piltz* K&R 2016, 557 (562); *Möhrke-Sobolewski/Klas* K&R 2016, 373 (376).
30 Ehmann/Selmayr/*Heckmann/Paschke* Art. 7 Rn. 17; *Piltz* K&R 2016, 557 (562); *Möhrke-Sobolewski/Klas* K&R 2016, 373 (376); aA Paal/Pauly/*Frenzel* Art. 7 Rn. 1 („vermittelt (…) in hervorgehobener Weise Legitimität)".
31 EuGH C-13/16, ZD 2017, 324 Rn. 30 – Rīgas satiksme mwN (zu Art. 7 lit. f DSRL).
32 *Art.-29-Gruppe*, WP 259 rev. 01, S. 23.
33 Vgl. Gola/*Schulz* Art. 6 Rn. 11 und 12; BeckOK DatenschutzR/*Albers* DSGVO Art. 6 Rn. 23; Plath/*Plath* DSGVO Art. 6 Rn. 5.
34 BeckOK DatenschutzR/*Albers* DSGVO Art. 6 Rn. 23.
35 Vgl. Gola/*Schulz* Art. 6 Rn. 11; Plath/*Plath* DSGVO Art. 6 Rn. 5; *Laue/Nink/Kremer*, § 2 Rn. 4 und § 4 Rn. 42; Auernhammer/*Kramer* DSGVO Art. 6 Rn. 11.
36 BeckOK DatenschutzR/*Albers* DSGVO Art. 6 Rn. 21.
37 Vgl. Schlussanträge GA Sharpston C-92/09 u. C-93/09, BeckEuRS 2010, 517757, Rn. 77ff. – Volker und Markus Schecke GbR (zur fehlenden Freiwilligkeit, wenn die Zuwendungen 30 bis 70% der Einkünfte ausmachen).

nes Vertrags mit der betroffenen Person erforderlich ist. Legitimationsgrundlage für die Verarbeitung ist also ein Vertrag mit der betroffenen Person und damit ihre **autonome Willensentscheidung**.[38] Strukturell weist diese Rechtsgrundlage daher eine Nähe zur Einwilligung auf, auch wenn deren strenge Anforderungen aus Art. 7 nicht einzuhalten sind (zum Verhältnis zur Einwilligung →Rn. 33). Die Regelung greift den Gedanken auf, dass es treuwidrig wäre, wenn eine Person sich einerseits entschließen würde, einen Vertrag abzuschließen, andererseits aber die mit dessen Erfüllung zwingend erforderliche Verarbeitung ihrer Daten nicht erlauben würde.[39] Aus diesem Grund findet – anders als im Rahmen von lit. f – auch keine Abwägung mit den Interessen der betroffenen Person statt.[40] Verhältnismäßig ist diese Ausklammerung der Interessen und Rechte der betroffenen Person aber nur, soweit die konkrete Verarbeitung bereits absehbar im Vertrag angelegt ist und damit auf den Willen der betroffenen Person zurückgeführt werden kann. Dies gilt erst recht, weil es einem Vertragspartner in der Regel ohne Weiteres möglich wäre, eine Einwilligung der betroffenen Person einzuholen. Für die Verarbeitung besonderer Kategorien personenbezogener Daten besitzt lit. b daher im Rahmen des Art. 9 Abs. 2 auch kein Pendant mit einem vergleichbar breiten Anwendungsbereich; sobald die Verarbeitung auch sensible Daten erfasst, liegt daher ein Rückgriff auf die Einwilligung nahe.

16 **2. Voraussetzungen. a) Anknüpfungspunkt: Vertrag mit der betroffenen Person.** Abs. 1 UAbs. 1 lit. b 1. Alt. setzt einen Vertrag mit der betroffenen Person voraus. Der Begriff des Vertrags ist unionsrechtlich auszulegen. Entscheidend ist, dass es sich um ein Rechtsverhältnis handelt, das die betroffene Person aufgrund seiner privatautonomen Entscheidung eingegangen ist. Als Vertrag iSd lit. b sind daher **zwei- oder mehrseitige** Schuldverhältnisse anzusehen, deren Partei die betroffene Person ist. Auch **einseitige** Rechtsgeschäfte (zB Auslobung oder Gewinnzusage) können unter lit. b 1. Alt. fallen, wenn die betroffene Person sich einseitig verpflichtet hat.[41] Ebenso hat die betroffene Person ihre **Mitgliedschaft in einer Gesellschaft oder einem Verein** willentlich durch ihren Beitritt begründet; auch eine Verarbeitung zur Erfüllung der gesellschaftsvertraglichen oder satzungsmäßigen Verpflichtungen kann daher auf diese Grundlage gestützt werden.[42]

17 Keine Verträge iSd dieser Vorschrift sind **gesetzliche Schuldverhältnisse**,[43] auch wenn deren Erfüllung wie im Rahmen der **Geschäftsführung ohne Auftrag**[44] im Interesse der betroffenen Person liegen und daher häufig auf lit. f gestützt werden kann. Gesetzliche Schuldverhältnisse beruhen nicht auf dem Willen der betroffenen Person. Gleiches gilt für **vorvertragliche Schuldverhältnisse** gemäß § 311 Abs. 2 und 3 BGB, die vertragliche Rücksichtnahmepflichten nach § 241 Abs. 2 BGB begründen (zB im Verhältnis zwischen einem Kaufhaus und seinen potenziellen Kunden); sie entstehen qua Gesetz. § 28 Abs. 1 S. 1 Nr. 1 BDSG aF ging hier noch weiter und erlaubte die Verarbeitung im Rahmen „rechtsgeschäftsähnlicher Schuldverhältnisse".[45] Der Unionsgesetzgeber sieht demgegenüber in lit. b 2. Alt. vorvertragliche Schuldverhältnisse nur in einem beschränkten Umfang als Rechtsgrundlage an. Soweit ein Vertrag **nichtig** ist oder wegen eines Willensmangels **angefochten** worden ist, kann eine Datenverarbeitung nicht auf ihn gestützt werden.[46]

18 Auch **Tarifverträge** und **Betriebsvereinbarungen** sind keine Verträge, deren Partei die betroffene Person ist oder die auf ihrem Willen beruhen. Sie gelten für die betroffene Person nur aufgrund einer gesetzlichen Anordnung.[47]

19 Im Falle von **Minderjährigen** stellt Art. 8 Abs. 3 klar, dass trotz der besonderen Anforderungen, die Art. 8 Abs. 1 für die Einwilligung formuliert, im Übrigen das nationale Vertragsrecht und damit die §§ 107ff. BGB maßgeblich sind. Dies gilt nicht nur im Kontext des Art. 8, sondern auch in allen anderen Konstellationen für das Verhältnis zwischen Einwilligungsfähigkeit und Geschäftsfähigkeit. Ohne eine Einwilligung des gesetzlichen Vertreters ist ein Rechtsgeschäft nach § 107 BGB nur zulässig, wenn es für den Minderjährigen allein rechtlich vorteilhaft ist. Die Datenverarbeitung zur Erfüllung des Vertrags ist allerdings kein immaterieller Nachteil, der für sich genommen dazu führen würde, dass ein Vertrag nicht rechtlich allein vorteilhaft wäre. Eine Verarbeitung der Daten über die Vertragserfüllung hinaus oder für andere Zwecke ist damit gerade nicht verbunden; die Risiken für den Minderjährigen sind daher im Vergleich zu einer Einwilligung, die sehr viel umfangreichere und schwerer einzuschätzende Datenverarbeitungen erlau-

---

38 Kühling/Buchner/*Buchner*/*Petri* Art. 6 Rn. 26.
39 Vgl. hierzu bereits *Buchner*, Informationelle Selbstbestimmung im Privatrecht, 2006, S. 257.
40 Missverständlich insoweit *Art.-29-Gruppe*, WP 217, S. 22 („Abwägung der Notwendigkeit").
41 Kühling/Buchner/*Buchner*/*Petri* Art. 6 Rn. 28.
42 Kühling/Buchner/*Buchner*/*Petri* Art. 6 Rn. 30; Schantz/Wolff/*Wolff*, Rn. 562.
43 Schantz/Wolff/*Wolff*, Rn. 546.
44 Kühling/Buchner/*Buchner*/*Petri* Art. 6 Rn. 31.
45 Ausführliche Darstellung und Kritik bei Simitis/*ders.* § 28 Rn. 86ff.
46 Kühling/Buchner/*Buchner*/*Petri* Art. 6 Rn. 31.
47 Kühling/Buchner/*Buchner*/*Petri* Art. 6 Rn. 32.

Schantz

ben kann, sehr begrenzt.[48] In der weitergehenden Geschäftsfähigkeit des Minderjährigen liegt aus diesem Grund auch kein Wertungswiderspruch zur datenschutzrechtlichen Einwilligungsfähigkeit. Ein Vertragsschluss kann gemäß § 107 BGB daher ohne Einwilligung der Erziehungsberechtigte erfolgen.[49] „Bezahlt" der Minderjährige mit seinen Daten, liegt der Fall anders; dann ist eine Einwilligung erforderlich.[50] Erfolgt der Vertragsschluss durch die Erziehungsberechtigten für den Minderjährigen (§ 1629 Abs. 1 S. 1 BGB), ist aufgrund des begrenzten Gefährdungspotentials auch nicht erforderlich, dass neben den Erziehungsberechtigten der Minderjährige zusätzlich einwilligt.[51]

Die Rechtsgrundlage des lit. b 1. Alt. verlangt einen **Vertrag mit der betroffenen Person**; ist diese selbst nicht   20
Vertragspartner, sondern eine andere Person, kommt eine Verarbeitung nur auf Basis von lit. f in Betracht.[52] Lit. b hilft daher in allen Fällen nicht weiter, in denen die Erfüllung des Vertrags die Verarbeitung der **Daten Dritter** erfordert (zB bei einer Überweisung die Verarbeitung der Daten über den Empfänger). Hierunter fallen auch drittbegünstigende Verträge (zB **Verträge zugunsten Dritter oder Bürgschaften**). In diesen Fällen mag zwar ein starkes Interesse des Begünstigten an der Verarbeitung bestehen; den Vertrag hat er in der Regel aber nicht abgeschlossen und damit die Verarbeitung nicht legitimiert.[53] Art. 49 Abs. 1 UAbs. 1 lit. c führt daher im Kontext der Drittstaatenübermittlung einen speziellen Erlaubnistatbestand für diese Konstellation neben der Erfüllung eines Vertrags mit der betroffenen Person (Art. 49 Abs. 1 UAbs. 1 lit. b) ein.

Wie ein Vertrag mit der betroffenen Person zustande kommt, richtet sich mangels unionsrechtlicher Regelungen weiterhin nach dem **nationalen Vertragsrecht**; Art. 8 Abs. 3 bestätigt dies auch für die Einwilligung   21
von Minderjährigen. Anwendbar sind daher grundsätzlich auch die Regelungen zur **Stellvertretung** der betroffenen Person (§§ 164ff. BGB), ebenso die Regelungen zur AGB-Kontrolle nach §§ 305ff. BGB[54] (hierzu → Rn. 21ff.).

Lit. b trifft demgegenüber – anders als die ähnlichen Regelungen für Vertragskontexte in Art. 49 Abs. 1   22
UAbs. 1 lit. b und Art. 22 Abs. 2 lit. b – keine Aussage zum **Vertragspartner** der betroffenen Person. Dies legt nahe, dass dieser nicht der Verantwortliche sein muss. Möglich erscheint nach dem Wortlaut **auch eine Datenverarbeitung durch einen Dritten**, den der Verantwortliche mit der Erfüllung seiner vertraglichen Pflichten betraut hat (zB einen Spediteur, welcher die vom Verantwortlichen an die betroffene Person verkaufte Ware liefert, oder ein anderes Konzernunternehmen), auch ohne dass eine Auftragsverarbeitung vorliegt.[55] Auch hierbei ist aber zunächst zu prüfen, ob die Übermittlung an den Dritten für die Vertragserfüllung objektiv erforderlich ist. Darüber hinaus wird man verlangen müssen, dass der konkrete Dritte oder zumindest abstrakt die Verarbeitung durch einen Dritten bereits zum Zeitpunkt des Vertragsschlusses feststeht und der Verantwortliche als Vertragspartner die betroffene Person vor der Übermittlung an den Dritten hierüber informiert (vgl. Art. 13 Abs. 1 lit. e; Art. 14 Abs. 1 lit. f). Aus Sicht der betroffenen Person kommt es nicht nur darauf an, zu welchem Zweck ihre Daten verarbeitet werden (hier: Vertragserfüllung), sondern auch durch wen. Die Regelung in lit. b 1. Alt. ist insoweit nicht nur Rechtsgrundlage für die Verarbeitung der Daten durch den Dritten, sondern auch für die Übermittlung der Daten vom Vertragspartner an ihn. Konsequent wäre es, der betroffenen Person ein Widerspruchsrecht einzuräumen, um eine Verarbeitung durch einen bestimmten Dritten zu verhindern; Art. 21 Abs. 1 S. 1 sieht jedoch im Fall des Abs. 1 UAbs. 1 lit. b kein Widerspruchsrecht vor, sondern nur im Rahmen der Interessenabwägung nach lit. f. Wenn aber der Dritte zum Zeitpunkt des Vertragsschlusses noch nicht feststeht, ist die Situation aus Sicht der betroffenen Person ähnlich fremdbestimmt wie im Falle des lit. f, was für eine analoge Anwendung des Widerspruchsrechts spricht.

Ähnliche Probleme stellen sich aus Sicht der betroffenen Person, wenn es zu einer **Auswechslung des Ver-**   23
tragspartners durch Universalsukzession (zB gemäß § 20 Abs. 1 Nr. 1 UmwG im Falle einer Verschmelzung durch Aufnahme oder Erbfolge gemäß § 1922 Abs. 1 BGB) oder Einzelrechtsnachfolge (zB Abtretung oder Vertragsübernahme). Eine Universalsukzession verändert das Vertragsverhältnis nicht. Da es sich nur um einen juristischen Vorgang handelt, ist die **Gesamtrechtsnachfolge** auch keine Übermittlung oder andere

---

48 *Spindler* JZ 2016, 805 (808); *Faust*, Gutachten zum 71. DJT, 2012, S. A20.
49 *Faust*, Gutachten zum 71. DJT, 2016, S. A19ff.; *Spindler* JZ 2016, 805 (807); *Gola/Schulz* ZD 2013, 475 (480); aA *Jandt/Roßnagel* MMR 2011, 637 (639 f.); *Wintermeier* ZD 2012, 230 (232), der über eine analoge Anwendung von § 110 BGB zum gleichen Ergebnis kommt.
50 *Bräutigam* MMR 2012, 635 (637); *Metzger* AcP 216 (2016) 817 (839).
51 *Metzger* AcP 216 (2016) 817 (839); *Rogosch*, Die Einwilligung im Datenschutzrecht, 2013, S. 47ff.; ausführlich zur „doppelten Einwilligung" (aber iErg offenlassend) *Funke*, Dogmatik und Voraussetzungen der datenschutzrechtlichen Einwilligung im Zivilrecht, 2017, S. 181ff.
52 Schantz/Wolff/*Wolff*, Rn. 545; zum bisherigen Recht *Cebulla* ZD 2015, 507 (508 f.); aA Simitis/*ders.* § 28 Rn. 62 f.; Taeger/Gabel/*Taeger* § 28 Rn. 41.
53 AA zum bisherigen Recht Taeger/Gabel/*Taeger* § 28 Rn. 42.
54 *Graf v. Westphalen* VuR 2017, 323 (324).
55 So Schantz/Wolff/*Wolff*, Rn. 550.

Form der Datenverarbeitung.[56] Auch die Datenverarbeitung durch den Gesamtrechtsnachfolger kann daher auf lit. b gestützt werden. Allerdings ist nicht auszuschließen, dass die betroffene Person im Einzelfall ein vertragliches Kündigungsrecht hat, wenn sie darlegt, dass es ihr nicht zumutbar ist, den Vertrag mit dem Rechtsnachfolger fortzusetzen.[57] Bei einer **Einzelrechtsnachfolge** in einen Vertrag muss die betroffene Person idR zustimmen. Wird eine Forderung durch Abtretung aus dem vertraglichen Kontext herausgelöst, kann der Zessionar die Verarbeitung nicht auf Abs. 1 UAbs. 1 lit. b stützen.

24 **b) Zweck: Vertragserfüllung.** Lit. b erlaubt nicht jede Datenverarbeitung im Zusammenhang mit einem Vertrag, sondern nur solche, die für dessen **Erfüllung** erforderlich sind.[58] § 28 Abs. 1 S. 1 Nr. 1 BDSG aF ging bereits über Art. 7 lit. b DSRL hinaus und erfasste alle Datenverarbeitungsvorgänge, die für die „Begründung, Durchführung oder Beendigung" erforderlich waren. „Erfüllung" ist lediglich die Herbeiführung des geschuldeten Leistungserfolgs durch den Vertragspartner und bezieht sich sowohl auf die **Hauptleistungspflicht** als auch auf vertragliche **Nebenpflichten**, die mit der Hauptleistung zusammenhängen.[59] Dies können auch nachvertragliche Pflichten sein.[60]

25 Der **Umfang des Pflichtenprogramms**, dessen Erfüllung die Verarbeitung der betroffenen Person dient, hängt vom einzelnen Vertragsverhältnis sowie den darin enthaltenen Verpflichtungen ab und kann daher von Fall zu Fall stark variieren. Entscheidend ist, was die Parteien im konkreten Fall vereinbart haben, denn nur insoweit ist die Datenverarbeitung auch vom Willen der betroffenen Person getragen.[61] Während die Datenverarbeitung bei einem Kaufvertrag aufgrund der punktuellen Leistungserbringung noch recht begrenzt ist, kann sie bei **personalisierten Dienstleistungen** sehr umfangreich sein. Dies muss für die betroffene Person auch erkennbar sein; nur so ist gewährleistet, dass sie beim Vertragsschluss auch absehen kann, welche Datenverarbeitungen sie hierdurch legitimiert.

26 Die erforderliche **Transparenz** wird zum einen durch die Informationspflichten nach Artt. 13, 14 hergestellt, da der Verantwortliche die betroffene Person darüber informieren muss, welche Daten er zu welchen Zwecken verarbeitet und auf welcher Rechtsgrundlage. Zudem wird es für eine faire und transparente Verarbeitung in der Regel erforderlich sein anzugeben, dass die Verarbeitung vertraglich vorgeschrieben ist, worunter die Verarbeitung auf Basis von Abs. 1 UAbs. 1 lit. b fällt,[62] und welche Folgen die Nichtbereitstellung der Daten hat (Art. 13 Abs. 2 lit. e); dies wird hier in der Regel die Unmöglichkeit der Vertragserfüllung sein.

27 Zum anderen können aber auch AGB **Leistungsbeschreibungen** enthalten, die eine Datenverarbeitung in einem erheblichen Umfang erfordern können; der Umfang der Datenverarbeitung kann für die betroffene Person überraschend sein (zB muss die Sprachsteuerung eines persönlichen Assistenten immer „mithören", aber nicht notwendigerweise alles Gehörte zur Verbesserung der Leistung an den Hersteller übertragen, damit die betroffene Person und andere Kunden noch besser verstanden werden; eine Internetsuchmaschine liefert bei einer personalisierten Suche bessere Ergebnisse, zwingend ist dies für ihre Funktionalität aber nicht).[63] Man könnte zwar argumentieren, dass diese Leistungsbeschreibungen die vertragliche Hauptpflicht überhaupt erst definieren und daher gemäß § 307 Abs. 3 S. 1 BGB / Art. 4 Abs. 2 Klausel-RL keiner Inhaltskontrolle unterliegen. Selbst Hauptleistungspflichten müssen jedoch einer **Transparenzkontrolle** genügen; sie sind nach der Rechtsprechung des EuGH nur von der Angemessenheitskontrolle ausgenommen, wenn der Unternehmer sie „klar und verständlich" abgefasst hat, da die Anforderungen des Art. 5 S. 1 Klausel-RL auch für Hauptleistungspflichten gelten.[64] Hierbei ist auch zu berücksichtigen, ob die AGB in einer **adressatengerechten Sprache** abgefasst sind (zB für Jugendliche oder Kinder). Sehr problematisch kann es daher sein, wenn eine andere Sprache als die Landessprache verwendet wird oder eine **fremdspra-**

---

56 Schantz/Wolff/*Wolff*, Rn. 547; ausführlich zur Problematik *Schröcker*, Datenschutz und Universalsukzession bei Verschmelzungen nach dem Umwandlungsgesetz, 2006; *Woerz*, Arbeitnehmerdatenschutz beim Betriebsübergang, 2011; *Kaiser*, Beschäftigtendatenschutz bei der Unternehmenskauftransaktion, 2015.

57 Vgl. OLG Karlsruhe NJW-RR 2001, 1492 (zum Bankgeheimnis); ähnlich zum bisherigen Recht Simitis/*ders.* § 28 Rn. 68.

58 Vgl. *Art.-29-Gruppe*, WP 217, S. 23; für eine an § 28 Abs. 1 S. 1 Nr. 1 BDSG aF orientierte Auslegung Gola/*Schulz* Art. 6 Rn. 27; iErg ebenso Auernhammer/*Kramer* DSGVO Art. 6 Rn. 13.

59 Gola/*Schulz* Art. 6 Rn. 27; Kühling/Buchner/*Buchner*/*Petri* Art. 6 Rn. 33.

60 Kühling/Buchner/*Buchner*/*Petri* Art. 6 Rn. 33.

61 Vgl. *Art.-29-Gruppe*, WP 217, S. 22 („Es kommt darauf an, die genauen Beweggründe des Vertrags zu bestimmen, dh dessen Inhalt und grundlegende Zielstellung (…)."); stärker auf den objektiven Kern des Vertrags abstellend Kühling/Buchner/*Buchner*/*Petri* Art. 6 Rn. 39 f. und 42 f.

62 Kühling/Buchner/*Bäcker* Art. 13 Rn. 43.

63 Vgl. zum Recht auf „datenerhebungsfreie Produkte", deren Datenverarbeitung auf das für die Basisfunktionen erforderliche Maß beschränkt ist *Becker* JZ 2017, 170 (176 f.).

64 EuGH C-484/08, NJW 2010, 2265 Rn. 31 f. – Caja de Ahorros; EuGH C-26/13, NJW 2014, 2335 Rn. 41 – Kásler ua/OTP Jelzálogbank Zrt; hierzu *Wendehorst/Graf v. Westphalen* NJW 2016, 3745 (3749); *Graf v. Westphalen* VuR 2017, 323 (324); iErg auch Gola/*Schulz* Art. 6 Rn. 35.

chige Fassung der AGB im Zweifelsfall maßgeblich ist.[65] Entscheidend ist, welche Sprache die Parteien in ihrer geschäftlichen Beziehung nutzen.[66] Soweit daher der Verantwortliche einheitlich für sein gesamtes Angebot eine **andere Sprache als die Landessprache** der betroffenen Person verwendet, ist davon auszugehen, dass die betroffene Person, die dieses Angebot in Anspruch nimmt, auch die AGB in der anderen Sprache versteht,[67] ebenso wenn die Vertragsverhandlungen in der anderen Sprache geführt worden sind.[68] Im deutschen AGB-Recht wäre eine Leistungsbeschreibung zudem auch nicht wirksam einbezogen, wenn sie für den Verbraucher **überraschend** ist (§ 305 c Abs. 1 BGB).[69]

Auch eine **Inhaltskontrolle** erscheint nicht ausgeschlossen. Die Leistungsbeschreibung betrifft nicht nur den Hauptgegenstand des Vertrags und damit das nicht überprüfbare Verhältnis zwischen Leistung und Gegenleistung. Zugleich bestimmt sie auch den Umfang der aufgrund von lit. b zulässigen Datenverarbeitung, ist also doppeltfunktional. In dieser Hinsicht erscheint es nur konsequent, sie an den Vorgaben der DSGVO, also insbes. den Grundsätzen des Art. 5 Abs. 1 oder des Art. 25[70] zu messen.[71] Hierzu gehören zB die Anforderungen, wie bestimmt und klar die Verarbeitung im Vertrag angelegt sein muss. Eine begrenzte inhaltliche Kontrolle erscheint auch erforderlich, damit kein Wertungswiderspruch zur Einwilligung entsteht; diese ist – wenn sie vorformuliert gestellt ist – einer AGB-Kontrolle unterworfen und darf keine missbräuchlichen Klauseln enthalten (EG 42 S. 2). Was im Rahmen einer Einwilligung unzulässig ist, muss im Rahmen eines Vertrags ebenso Bedenken begegnen.[72] 28

Entscheidend ist jedoch, dass die Verarbeitung zur Erfüllung des konkreten Vertrags erforderlich ist. Folge ist, dass bei umfangreichen oder langfristigen Geschäftsbeziehungen (zB im Bank- oder Versicherungsbereich) **nach den einzelnen Verträgen differenziert** werden muss, weil nicht alle Daten aus einer Geschäftsbeziehung für die Erfüllung des spezifischen Vertrags erforderlich sind.[73] Ebenso muss bei Dauerschuldverhältnissen prinzipiell zwischen den einzelnen Leistungen differenziert werden; allerdings wird die Speicherung der Vertragshistorie dann häufig auf lit. f gestützt werden können. 29

Nicht von lit. b erfasst wird aber die Verarbeitung im Hinblick auf die **Beendigung des Vertrags** (zB durch Kündigung oder Rücktritt), da diese nicht der Erfüllung des Vertrags dient.[74] Gleiches gilt für die Verarbeitung, welche der Verantwortliche unternimmt, um seine Ansprüche gegen die betroffene Person durchzusetzen (zB Einschaltung eines **Inkassounternehmens** oder **Abtretung der Forderung**).[75] Zweck ist auch hier nicht die Erfüllung des Vertrags, sondern die Wahrung der Interessen des Vertragspartners. Die Verarbeitung erfolgt aufgrund seiner alleinigen Entscheidung. Häufig wird die Verarbeitung aber auf lit. f gestützt werden können, der auch ermöglicht, die Interessen der betroffenen Person zu berücksichtigen; diese werden aber idR zurückstehen müssen, wenn sie vertragsbrüchig ist (→ Rn. 123ff.) und ihr nicht offenkundig Einreden oder Einwendungen zustehen. 30

Nicht der Erfüllung des Vertrags dient die Verarbeitung zu Zwecken der **Werbung**;[76] sie zielt auf die Anbahnung eines neuen Vertrags, nicht aber auf die Erfüllung des konkreten Vertrags. Auch das Anlegen von **Kunden- oder Nutzungsprofilen** dient in der Regel nicht der Erfüllung der konkreten vertraglichen Verpflichtung, da es nicht auf die Erbringung einer konkreten Leistung gerichtet ist.[77] Gleiches gilt für **Kundenbindungssysteme**: Der Anbieter darf hier nur Daten verarbeiten, um zu entscheiden, ob ein Kunde einen Anspruch auf eine bestimmte Vergünstigung hat, nicht aber, um sein Kaufverhalten auszuwerten.[78] Anders kann die Bewertung jedoch bei auf längere Dauer angelegten Verträgen und **Dauerschuldverhältnissen** ausfallen, wenn eine **stark personalisierte Leistung** vereinbart ist (zB persönliche Assistenten).[79] 31

65 *Graf v. Westphalen* VuR 2017, 323 (325 f.).
66 BGHZ 87, 112 (114 f.).
67 MüKo/*Basedow* BGB, 7. Aufl. 2016, § 305 Rn. 70.
68 BGHZ 87, 112 (114 f.); BGH NJW-RR 1995, 190 (190).
69 *Härting* CR 2016, 735 (740).
70 *Wendehorst/Graf v. Westphalen* NJW 2016, 3745 (3749); *Hennemann* ZUM 2017, 544 (548) (zur Einwilligung).
71 *Wendehorst/Graf v. Westphalen* NJW 2016, 3745 (3749).
72 Ähnlich bereits Grabitz/Hilf/Nettesheim/*Brühann* DSRL Art. 7 Rn. 14.
73 Simitis/*ders.* BDSG § 28 Rn. 59; Schantz/Wolff/*Wolff*, Rn. 549.
74 AA Gola/*Schulz* Art. 6 Rn. 27; Kühling/Buchner/*Buchner/Petri* Art. 6 Rn. 33; *Krämer* NJW 2018, 347 (347).
75 Vgl. *Art.-29-Gruppe*, WP 217, S. 23, die – etwas inkonsequent – in einem Mahnschreiben noch eine Maßnahme zur Vertragserfüllung sieht; aA Gola/*Schulz* Art. 6 Rn. 144; *Abel/Djagani* ZD 2017, 114 (117 und 118); Auernhammer/*Kramer* DSGVO Art. 6 Rn. 15; vgl. zur früheren Rechtslage BGHZ 171, 280 Rn. 33, worin der BGH die Zulässigkeit einer Abtretung zur Forderungseintreibung nicht als Verarbeitung im Kontext der Vertragsdurchführung auf § 28 Abs. 1 S. 1 Nr. 1 BDSG aF, sondern auf die Interessenabwägung nach § 28 Abs. 1 S. 1 Nr. 2 BDSG aF stützte.
76 Ehmann/Selmayr/*Heberlein* Art. 6 Rn. 13; aA *Tavanti* RDV 2016, 295 (295).
77 Ehmann/Selmayr/*Heberlein* Art. 6 Rn. 13; *Art.-29-Gruppe*, WP 217, S. 22; Plath/*Plath* BDSG/DSGVO § 28 Rn. 30 (zum BDSG aF); *Zuiderveen Borgesius* 5 IDPL 163, 167 (2015); aA zum bisherigen Recht Taeger/Gabel/*Taeger* § 28 Rn. 52 für Dienstleistungen, „bei denen der Servicegedanke eine außerordentliche Rolle spielt" (zB in der gehobenen Hotellerie).
78 Kühling/Buchner/*Buchner/Petri* Art. 6 Rn. 52 f.
79 Restriktiver wohl Kühling/Buchner/*Buchner/Petri* Art. 6 Rn. 43.

32 **c) Erforderlichkeit für die Vertragserfüllung.** Wann eine Datenverarbeitung für die Erfüllung eines Vertrags erforderlich ist, wird unterschiedlich interpretiert. Gerade die Aufsichtsbehörden vertreten eine enge Sichtweise; lit. b decke nur eine Datenverarbeitung, ohne die eine Erfüllung des Vertrags nicht möglich sei.[80] Für diese Sichtweise spricht, dass sich nach der ständigen Rechtsprechung des EuGH Einschränkungen der Artt. 7, 8 GRCh auf das „absolut Notwendige" beschränken müssen.[81] Andere wollen dem Verantwortlichen einen gewissen Spielraum zubilligen und halten eine Verarbeitung auch dann für erforderlich, wenn – unter Berücksichtigung aller betroffenen Interessen – eine zumutbare Alternative fehlt.[82] IErg läuft die Beurteilung der Zumutbarkeit dann auf eine Interessenabwägung hinaus,[83] so dass es systematisch konsequenter wäre, die Verarbeitung direkt auf lit. f zu stützen. Zudem stellt der Maßstab der Zumutbarkeit auf die falsche Perspektive ab: Entscheidend ist, ob eine Datenverarbeitung für die betroffene Person im Vertrag so deutlich angelegt war, dass der Verantwortliche sich, vermittelt über den Vertragsschluss, letztlich auf die Willensentschließung der betroffenen Person stützen kann, und die betroffene Person sich treuwidrig verhalten würde, wenn sie sich der Verarbeitung der Daten verschließen würde. Die Rechtsgrundlage in lit. b soll daher nicht dem Verantwortlichen die Möglichkeit geben, einseitig Datenverarbeitungen festzulegen,[84] die für die betroffene Person im Rahmen des Vertragsschlusses nicht absehbar waren. Dies spricht dafür, alle Verarbeitungsvorgänge als erforderlich anzusehen, mit denen die betroffene Person bei Vertragsverhältnissen der jeweiligen Art üblicherweise rechnen musste, da ohne sie eine Vertragsdurchführung nicht möglich ist, oder die im konkreten Vertrag angelegt sind.[85]

33 **Nicht erforderlich** ist insbes. eine Verarbeitung, die nicht unmittelbar der Erfüllung des Vertrags dient, sondern notwendig ist, damit das einseitig festgelegte Geschäftsmodell des Verarbeiters funktioniert. Typisch ist dies bei (scheinbar) kostenlosen Online-Angeboten, bei denen die betroffene Person mit ihren Daten „bezahlt". Hier könnte man argumentieren, dass die Verarbeitung der Daten erforderlich sei, um die Gegenleistung der betroffenen Person – die Verwertung ihrer Daten im wirtschaftlichen Interesse des Verantwortlichen – zu ermöglichen.[86] Auf diese Weise würden allerdings sämtlich Schutzmechanismen und Anforderungen, die der Unionsgesetzgeber für die Abgabe einer Einwilligung vorgesehen hat (vgl. Art. 4 Nr. 11 und Art. 7) umgangen werden.[87] Die Regelung in lit. b soll daher nur Konstellationen erfassen, in denen die Verarbeitung personenbezogener Daten akzessorisch zur Erfüllung der vertraglich vereinbarten Leistungen erfolgt, nicht aber Fälle, in denen die Gestattung der Datenverarbeitung selbst Vertragsgegenstand ist. Die Verarbeitung von **Daten als Entgelt** kann vielmehr nur auf die Einwilligung der betroffenen Person gestützt werden.[88] Die Abgabe der Einwilligungserklärung ist dann im Rahmen eines Vertrags mit dem Online-Anbieter die Erfüllungshandlung der betroffenen Person.

34 Typischerweise erforderlich sind für die Erfüllung eines Vertrags mit der betroffenen Person Informationen über den **Vertragsgegenstand** und Zahlungsinformationen bei entgeltlichen Angeboten.[89] Generell ist aber auch hier eine genaue Prüfung des Einzelfalls erforderlich.[90] Dies beginnt bereits bei der Frage, ob ein Vertrag überhaupt die Feststellung der **Identität des Vertragspartners** erfordert und welche Daten hierfür notwendig sind. So wird das **Geburtsdatum** in der Regel nur benötigt, wenn dies erforderlich ist, um aufgrund der hohen Zahl von Kunden eine Verwechslung zu vermeiden oder um das Alter der betroffenen Person festzustellen, wenn dies für das konkrete Vertragsverhältnis erforderlich ist;[91] vielfach wird die Angabe „volljährig" ausreichen. Während im Versandhandel Name und **Anschrift** bereits notwendig sind, um die

---

80 *Art.-29-Gruppe*, WP 217, S. 21 f.; *EDSB*, Opinion 4/2017 on the Proposal for a Directive on certain aspects concerning contracts for the supply of digital content v. 14.3.2017 Rn. 52.

81 Für die Rechtfertigungsgründe des Art. 7 DSRL anhand von lit. f EuGH C-13/16, ZD 2017, 324 Rn. 30 – Rīgas satiksme mwN; allgemein für eine einheitliche Auslegung der Erforderlichkeit *Bygrave*, Data Privacy Law, 2014, S. 150.

82 Kühling/Buchner/*Buchner/Petri* Art. 6 Rn. 45; Paal/Pauly/*Frenzel* Art. 6 Rn. 14; tendenziell noch weiter Gola/*Schulz* Art. 6 Rn. 36 („objektiv sinnvoll im Kontext des Vertragszwecks").

83 Vgl. Gola/*Schulz* Art. 6 Rn. 36; Kühling/Buchner/*Buchner/Petri* Art. 6 Rn. 45.

84 Hierauf weisen zurecht *Art.-29-Gruppe*, WP 217, S. 21 f.; *EDSB*, Opinion 4/2017 on the Proposal for a Directive on certain aspects concerning contracts for the supply of digital content v. 14.3.2017 Rn. 52 hin.

85 Ähnlich *Albrecht/Jotzo*, Teil 3 Rn. 43.

86 *Bräutigam* MMR 2012, 635 (640); Auernhammer/*Kramer* DSGVO Art. 6 Rn. 13; tendenziell auch *Härting* CR 2016, 735 (739 f.); Schantz/Wolff/*Wolff*, Rn. 544; *Funke* Dogmatik und Voraussetzungen der datenschutzrechtlichen Einwilligung im Zivilrecht, 2017, 271; *v. Westphalen/Wendehorst* BB 2016, 2179 (2184 f.); *dies.* NJW 2016, 3745 (3747 f.); *Tavanti* RDV 2016, 295 (296); offengelassen bei Kühling/Buchner/*Buchner/Petri* Art. 6 Rn. 40 f.

87 Dies befürchten gerade *v. Westphalen/Wendehorst* BB 2016, 2179 (2185); *dies.* NJW 2016, 3745 (3746 f.).

88 *Faust*, Gutachten zum 71. DJT, 2016, S. A20; *Langhanke/Schmidt-Keßel* EuCML 2015, 218 (220); Schantz/Wolff/*Schantz*, Rn. 473; *Albrecht/Jotzo*, Teil 3 Rn. 44; *Sattler* JZ 2017, 1036 (1040).

89 *Art.-29-Gruppe*, WP 217, S. 21.

90 Für eine generelle Befugnis zur Verarbeitung von Kontaktdaten Sydow/*Reimer* DSGVO Art. 6 Rn. 20; Auernhammer/*Kramer* DSGVO Art. 6 Rn. 13.

91 Vgl. zum bisherigen Recht OLG München MMR 2007, 47 (49) für ein Kundenbindungssystem mit 30 Mio. Teilnehmern; Gola/*Schulz* Art. 6 Rn. 36; für regelmäßig erforderlich hält das Geburtsdatum Auernhammer/*Kramer* DSGVO Art. 6 Rn. 13.

Schantz

Ware zuzustellen, werden Online-Angebote häufig keine Identifizierung erfordern. Möchte der Anbieter den Nutzer nur wiedererkennen, ist dies auch möglich, wenn der Nutzer ein selbstgewähltes Pseudonym verwenden kann.[92] Bei Online-Diensten (zB Sozialen Netzwerken) besteht die Leistung häufig gerade in der Verarbeitung durch den Verantwortlichen als Vertragspartner. Eine Rechtsgrundlage bietet lit. b aber nur in Bezug auf die Daten der betroffenen Person, nicht von Dritten.

Personenbezogene Daten müssen häufig im Rahmen der **Zahlungsabwicklung** verarbeitet werden (zB Kre- 35
ditkartendaten; Ermächtigung zum Lastschrifteinzug). Werden anonyme Möglichkeiten der Bezahlung angeboten, macht auch dies die Identifizierung des Kunden allein aus Gründen der Zahlungsabwicklung überflüssig, soweit die betroffene Person diese Option wählt. Auch im Rahmen des Versandhandels ist es bspw. nicht erforderlich, die Kontoverbindung oder Kreditkarteninformationen zu verarbeiten, wenn die Ware per Nachnahme[93] oder auf Rechnung geliefert wird.

Nicht erforderlich sind Maßnahmen, welche die **Vertragserfüllung lediglich effizienter** gestalten (zB Out- 36
sourcingmaßnahmen) oder der **Verbesserung des Angebots** des Verantwortlichen dienen (zB durch die Verwendung personenbezogener Daten im Rahmen maschinellen Lernens). In diesen Konstellationen steht nicht die Vertragsdurchführung im Vordergrund, sondern das wirtschaftliche Interesse des Verantwortlichen oder des Vertragspartners. Auch Maßnahmen zur **Betrugsprävention** (zB durch Versicherungen oder Kreditkartenunternehmen) können zwar mittelbar auch den Interessen der betroffenen Person dienen, stehen aber nicht im Zusammenhang mit der unmittelbaren Vertragserfüllung;[94] konsequenterweise hat der Unionsgesetzgeber sie als Fall des lit. f eingeordnet (vgl. EG 47 S. 6). Gleiches gilt für die Übermittlung von Daten über Kunden an **Auskunfteien** und **Warndateien**[95] oder an **Rückversicherer**.[96] In allen diesen Konstellationen kommt aber im Einzelfall eine Übermittlung auf Basis von lit. f in Betracht (→Rn. 137).

Eine praktisch wichtige Frage ist, wie lange die Daten der betroffenen Person auf Basis von lit. b gespei- 37
chert werden dürfen, wenn die primären vertraglichen Verpflichtungen erfüllt sind. Eine Speicherung ist nicht mehr erforderlich, wenn eine Inanspruchnahme durch Sekundäransprüche oder deren Geltendmachung ausscheidet, nachdem die Gewährleistungsfrist abgelaufen ist.[97] Häufig wird eine Löschung aber bereits vorher erfolgen müssen, da es auch für die Abwicklung von Gewährleistungsansprüchen eines Kunden nicht erforderlich ist, Daten über jeden Käufer auf Vorrat vorzuhalten, wenn dieser nachweisen muss, wann und wo er ein Produkt gekauft hat. Ebenso bedarf eine einseitig erklärte Herstellergarantie nicht zwingend der Verarbeitung von Kundendaten, bis sie in Anspruch genommen wird, da es nur auf das Kaufdatum des Produkts ankommt. Auch die Verarbeitung der Daten durch einen Hersteller zur **Produktbeobachtung** oder zur Vorbereitung eines **Rückrufs** ist nicht für die Erfüllung des eigentlichen Vertrags mit der betroffenen Person erforderlich, sondern dient der Einhaltung deliktischer Sorgfaltspflichten und produktsicherheitsrechtlicher Vorgaben.[98]

III. Erforderlichkeit zur Durchführung vorvertraglicher Maßnahmen auf Anfrage der betroffenen Person (Abs. 1 UAbs. 1 lit. b 2. Alt.)

1. Entstehungsgeschichte. Abs. 1 UAbs. 1 lit. b 2. Alt. entspricht in der englischen und französischen 38
Sprachfassung wörtlich Art. 7 lit. b 2. Alt. DSRL. Lediglich in der deutschen Sprachfassung wird „at the request" bzw. „à la demande" nun treffender mit „auf Anfrage" statt „auf Antrag" übersetzt,[99] weil damit nicht mehr impliziert wird, es würde möglicherweis auf einen förmlichen Antrag der betroffenen Person ankommen.[100] Im deutschen Recht wurde Art. 7 lit. b 2. Alt. DSRL bisher in § 28 Abs. 1 S. 1 Nr. 1 BDSG aF umgesetzt. Zulässig war danach die Verarbeitung zum einen, soweit sie zur Begründung eines rechtsgeschäftlichen Schuldverhältnisses erforderlich war; zum anderen bezog sich § 28 Abs. 1 S. 1 Nr. 1 BDSG aber auch auf die Begründung und Durchführung rechtsgeschäftsähnlicher Schuldverhältnisse. Der Gesetzgeber nahm hiermit auf die Terminologie des § 311 BGB Bezug;[101] rechtsgeschäftsähnliche Schuldverhältnisse

---

92 Kühling/Buchner/*Buchner*/*Petri* Art. 6 Rn. 62. Hiervon zu unterscheiden ist die Pflicht, die Nutzung von Telemediendiensten soweit wie möglich anonym oder unter Verwendung eines Pseudonyms zu ermöglichen und entsprechend anzubieten. Eine solche Pflicht zur Gestaltung von Internetangeboten lässt sich aber möglicherweise aus dem Grundsatz der Datensparsamkeit nach Art. 5 Abs. 1 lit. c (ggf. iVm Art. 25 Abs. 1) ableiten, s. *Schantz* NJW 2016, 1841 (1841 f.).

93 Zum bisherigen Recht Taeger/Gabel/*Taeger* § 28 Rn. 52.

94 *Art.-29-Gruppe*, WP 217, S. 22.

95 Kühling/Buchner/*Buchner*/*Petri* Art. 6 Rn. 67 und 71 f.; zum bisherigen Recht schon Simitis/*ders.* § 28 Rn. 75 und 79; Schantz/Wolff/*Wolff*, Rn. 585.

96 Simitis/*ders.* § 28 Rn. 78; aA Schantz/Wolff/*Wolff*, Rn. 586 f.

97 Kühling/Buchner/*Buchner*/*Petri* Art. 6 Rn. 65; zum bisherigen Recht Plath/*Plath* BDSG § 28 Rn. 30.

98 Vgl. zur alten Rechtslage *Piltz/Reusch* BB 2017, 841 (844).

99 Paal/Pauly/*Frenzel* Art. 6 Rn. 15.

100 Ehmann/Selmayr/*Heberlein* Art. 6 Rn. 14.

101 BT-Drs. 16/12011, S. 32; Simitis/*ders.* § 28 Rn. 56; Taeger/Gabel/*Taeger* § 28 Rn. 39.

entstehen nach § 311 Abs. 2 Nr. 1 und Nr. 2 BGB auch durch die Aufnahme von Vertragsverhandlungen und die Anbahnung eines Vertrags. Im Vergleich zu Art. 7 lit. b DSRL und zukünftig Abs. 1 UAbs. 1 lit. b war die Regelung des BDSG aF daher weiter und vager.[102]

39 **2. Systematische Einordnung.** Abs. 1 UAbs. 1 lit. b 2. Alt. setzt zeitlich in der Phase vor dem Abschluss eines Vertragsverhältnisses an, welches von Abs. 1 UAbs. 1 lit. b 1. Alt. erfasst wird. In dieser Phase fehlt es aber an einem Vertrag, der ein festgelegtes Pflichtenprogramm enthält, das auf den Willen der betroffenen Person zurückgeführt werden kann, und damit ein eindeutiger legitimatorischer Anknüpfungspunkt wäre. Dieser wird stattdessen dadurch gewonnen, dass die Verarbeitung nur auf Initiative des Betroffenen („auf Anfrage") erfolgen darf,[103] also auch hier letztlich auf den Willen der betroffenen Person gestützt werden kann.[104] Zudem kommt diese Rechtsgrundlage nur in einem sehr engen sachlichen Kontext zur Anwendung, nämlich im Hinblick auf den Abschluss eines konkreten Vertragsverhältnisses.[105]

40 **3. Voraussetzungen. a) Vorvertragliche Maßnahmen.** Der Begriff vorvertragliche Maßnahmen ist vergleichsweise unbestimmt und wird lediglich durch den Zeitpunkt des Vertragsschlusses zeitlich definiert. EG 44 grenzt den Begriff durch die Klarstellung ein, dass die Verarbeitung für den **geplanten Abschluss eines Vertrags** erforderlich sein muss. Im Vergleich zu § 311 Abs. 2 und 3 BGB wird damit ein stärkerer Bezug zur Anbahnung des konkreten Vertragsschlusses hergestellt, auf den sich die Anfrage (→ Rn. 41ff.) der betroffenen Person bezieht. Nicht erforderlich sind damit Maßnahmen, die zB dazu dienen, um vorvertragliche Verkehrssicherungspflichten gegenüber der betroffenen Person zu erfüllen. Typische Maßnahmen im Hinblick auf einen Vertragsabschluss sind die Erstellung eines Angebots für einen Kunden[106] oder die Reservierung eines Produkts für die betroffene Person.

41 **b) Anfrage der betroffenen Person.** Die vorvertragliche Maßnahme muss auf Anfrage der betroffenen Person erfolgen. Von ihr muss also nicht unbedingt die **Initiative** für den späteren Vertragsschluss ausgehen, wohl aber für die konkrete vorvertragliche Maßnahme.[107] Diese Voraussetzung stellt damit – wie im Rahmen von lit. b 1. Alt. der Vertragsschuss – sicher, dass sie die Kontrolle über den Umfang der Verarbeitung ihrer Daten behält. Die Verarbeitung von Daten der betroffenen Person zu Zwecken der **Direktwerbung** scheidet damit bereits aus, weil sie nicht auf Anfrage der betroffenen Person geschieht.[108]

42 Sehr praxisrelevant ist die Verarbeitung von Daten der betroffenen Person durch den Verantwortlichen, um sich eine **Kalkulations- und Entscheidungsgrundlage** zu verschaffen. Die Grenzziehung ist hier schwierig, da solche Maßnahmen sehr weitreichend sein[109] und ein Profiling (Art. 4 Nr. 4) der betroffenen Person beinhalten können. Soweit ein Vertrag ein Risikoelement enthält (zB **Darlehens- oder Versicherungsverträge**), muss der Verantwortliche das Risiko berechnen, um zu entscheiden, ob er einen Vertrag mit der betroffenen Person abschließen will und, wenn ja, zu welchen Konditionen. Zu weit wäre es, darauf abzustellen, welche Daten für die Einschätzung des Risikos im Zusammenhang mit dem konkreten Vertrag relevant sind.[110] Dieses Kriterium wird uferlos, wenn heute über Korrelationen im Rahmen von Big Data-Anwendungen nahezu alle Daten herangezogen werden können, um ein Risiko aus Sicht des Vertragspartners besser einzuschätzen; man denke nur an die Auswertung des Surfverhaltens einer Person oder ihrer Postings und Kontakte in sozialen Netzwerken. Entscheidend ist auch hier, ob es sich um Maßnahmen handelt, die sich unmittelbar auf die Initiative der betroffenen Person zurückführen lassen und damit auf ihren Willen. Genau hieran fehlt es aber, wenn der Verantwortliche über die betroffene Person Informationen bei Dritten einholt (zB durch Anfragen bei **Auskunfteien, Bankauskünfte** oder durch Einsicht in **Warndateien**).[111] Hierin liegt eine erhebliche Einengung der Verarbeitungsbefugnisse im Vergleich zum Verständnis von § 28 Abs. 1 S. 1 Nr. 1 BDSG aF; eine Rechtfertigung kann aber ggf. auf lit. f gestützt werden (→ Rn. 131ff.). Maßgebliches Kriterium ist allerdings nicht, ob der Verantwortliche für seine vertragsvorbereitenden Maßnahmen externe Informationsquellen heranzieht; wertungsmäßig kann es nicht darauf ankommen, ob der Verantwortliche bereits über umfangreiche Informationen über die betroffene Person verfügt oder sie sich

---

102 Zur Kritik ausführlich Simitis/*ders.* § 28 Rn. 87ff.

103 Zur einschränkenden Bedeutung dieser Voraussetzung bereits Grabitz/Hilf/Nettesheim/*Brühann* DSRL Art. 7 Rn. 15.

104 Gola/*Schulz* Art. 6 Rn. 26; Kühling/Buchner/*Buchner/Petri* Art. 6 Rn. 35 stellen demgegenüber auf die vom Willen beider Parteien getragenen Vertragsverhandlungen ab.

105 Vgl. Paal/Pauly/*Frenzel* Art. 6 Rn. 15.

106 Kühling/Buchner/*Buchner/Petri* Art. 6 Rn. 34; Ehmann/Selmayr/*Heberlein* Art. 6 Rn. 14.

107 Ähnlich Auernhammer/*Kramer* DSGVO Art. 6 Rn. 16.

108 *Art.-29-Gruppe*, WP 217, S. 22.

109 So schon Simitis/*ders.* § 28 Rn. 72; *Buchner* Informationelle Selbstbestimmung im Privatrecht, 2006, S. 257.

110 Simitis/*ders.* § 28 Rn. 73 und 77; ähnlich Kühling/Buchner/*Buchner/Petri* Art. 6 Rn. 46 („notwendige Entscheidungs- und Kalkulationsgrundlage für das konkrete Risikogeschäft").

111 *Art.-29-Gruppe*, WP 217, S. 23 f.; Ehmann/Selmayr/*Heberlein* Art. 6 Rn. 14; Kühling/Buchner/*Buchner/Petri* Art. 6 Rn. 48; aA Auernhammer/*Kramer* DSGVO Art. 6 Rn. 13; Kühling/Buchner/*Buchner/Petri* Art. 6 Rn. 48, 57, 66; Gola/*Schulz* Art. 6 Rn. 37.

erst verschaffen muss. Umfangreiche interne Risikoprüfungen sind für die betroffene Person nicht absehbar und erfolgen daher nicht auf ihre Initiative.[112] Gleiches gilt für die Verarbeitung von Daten über die betroffene Person, um einen **personalisierten Preis** festzulegen (zB die verwendete Hardware, mit der eine Website aufgerufen wird, oder die Häufigkeit der Anfrage).[113] Anders verhält es sich aber mit den Daten, welche die betroffen Person selbst zur Verfügung stellt, um ihr ein individuelles Angebot zu unterbreiten (zB bei einer Kfz-Versicherung Fahrzeugmodell, Fahrleistung pro Jahr und Beruf).[114] Hier besteht zwischen ihrer Anfrage und der Verarbeitung ein eindeutiger Zusammenhang.

c) Erforderlichkeit. Wie auch im Rahmen des lit. b 1. Alt. muss die Verarbeitung erforderlich sein; auf die   43
dort entwickelten Maßstäbe (→ Rn. 32ff.) kann zurückgegriffen werden. Welche Daten erforderlich sind, hängt auch davon ab, in welcher Phase der Vertragsverhandlungen sich die Parteien befinden.[115]

Eine wichtige Frage ist auch hier, wie lange die Daten der betroffenen Person gespeichert werden dürfen.   44
Da sie nur im Hinblick auf den späteren Vertragsschluss verarbeitet werden dürfen, müssen sie gelöscht werden, sobald dieses Ziel nicht mehr erreicht werden kann.[116] Dies ist der Fall, wenn die Vertragsverhandlungen abgebrochen worden sind und keine Anzeichen bestehen, dass sie wiederaufgenommen werden könnten. Eine gewisse Wartezeit vor einer Löschung ist daher akzeptabel, soweit der Verantwortliche selbst sein Angebot aufrechterhält und weiterhin zum Abschluss des Vertrags bereit ist.

IV.   Erfüllung rechtlicher Verpflichtung (Abs. 1 UAbs. 1 lit. c)

1. Entstehungsgeschichte. Der Erlaubnistatbestände des Abs. 1 UAbs. 1 lit. c führt den gleichen Erlaubnis-   45
tatbestand wie in Art. 7 lit. c **DSRL** fort. Er entspricht diesem nahezu wörtlich. Die Unterschiede sind im Wesentlichen nur sprachlicher Natur.

Das deutsche Recht hatte im BDSG aF und weiteren Gesetzen den Erlaubnistatbestand nicht wörtlich über-   46
nommen, sondern vielfältig konkretisiert sowie bestimmt und vollzugsfähig geregelt. Nach § 4 **Abs. 1
BDSG aF** war „die Erhebung, Verarbeitung und Nutzung personenbezogener Daten [...] zulässig, soweit dieses Gesetz oder eine andere Rechtsvorschrift dies [...] anordnet". Viele bereichsspezifische Regelungen ordneten (und ordnen weiterhin) die Pflicht zur Verarbeitung bestimmter Daten für bestimmte Zwecke an.

Die Rechtmäßigkeitsbedingung des Abs. 1 UAbs. 1 lit. c war im **Gesetzgebungsprozess** nicht umstritten.   47
Die KOM hat die Regelung nach dem Vorbild des Art. 7 lit. c DSRL vorschlagen, EP und Rat haben sie unverändert übernommen. Eine gewisse Erläuterung findet sich in EG 40.

2. Systematische Stellung. Abs. 2 enthält eine sehr weite **Öffnungsklausel** im Anwendungsbereich des   48
Abs. 1 UAbs. 1 lit. c. Danach können die Mitgliedstaaten spezifischere Bestimmungen zur Anpassung der Anwendung der Vorschriften dieser Verordnung beibehalten oder einführen, indem sie spezifische Anforderungen für die Verarbeitung sowie sonstige Maßnahmen präziser bestimmen, um eine rechtmäßig und nach Treu und Glauben erfolgende Verarbeitung zu gewährleisten (→ Abs. 2 Rn. 22ff.).

Nach Abs. 3 wird die **Rechtsgrundlage** für die Verarbeitungen gemäß Abs. 1 Uabs. 1 lit. c durch Unions-   49
recht oder das Recht der Mitgliedstaaten festgelegt, dem der Verantwortliche unterliegt. Der eigentliche Erlaubnistatbestand besteht nach Abs. 3 in der Rechtsgrundlage für die Datenverarbeitung, die die Union oder der Mitgliedstaat festlegen, weil sie zur Erfüllung einer rechtlichen Verpflichtung notwendig sind (→ Abs. 3 Rn. 13ff.). Abs. 3 bestimmt außerdem Themen, die in der Rechtsgrundlage geregelt sein müssen oder können (→ Abs. 3 Rn. 36ff.).

Auf die Rechtmäßigkeitsbedingung nehmen auch andere Vorschriften der DSGVO Bezug. Erfolgt die Da-   50
tenverarbeitung zur Erfüllung einer rechtlichen Verpflichtung, kann eine **Löschung** gemäß Art. 17 Abs. 2 lit. e geboten oder gemäß Art. 17 Abs. 3 lit. b ausgeschlossen sein. Gemäß Art. 35 Abs. 10 kann im Anwendungsbereich der Rechtmäßigkeitsbedingung die projektbezogene Datenschutz-Folgenabschätzung entfallen, wenn eine **allgemeine Folgenabschätzung** im Zusammenhang mit dem Erlass der Rechtsgrundlage nach Abs. 3 S. 1 der Vorschrift erfolgte (→ Art. 35 Rn. 56ff.). Gemäß Art. 55 Abs. 2 sind allein die **Aufsichtsbehörden** des jeweiligen Mitgliedstaats dafür zuständig, eine Datenverarbeitung zu überwachen, die auf die Rechtmäßigkeitsbedingung gestützt ist (→ Art. 55 Rn. 18). Die Vorschriften über die federführende Behörde und über das Verfahren der Zusammenarbeit und Kohärenz gelten nach EG 128 in diesem Fall nicht.

---

112   AA Kühling/Buchner/*Buchner/Petri* Art. 6 Rn. 46 und 47.
113   *Zuiderveen Borgesius/Poort* 40 J Consum Policy 347, 360 (2017).
114   Ebenso *Art.-29-Gruppe*, WP 217, S. 23 mit diesem Beispiel; ähnlich *DSK* , Verarbeitung von Positivdaten zu Privatpersonen durch Auskunfteien, Beschluss v. 11.6.2018 (Übermittlung zur Überprüfung von Konditionen zulässig).
115   Vgl. für Mietverhältnisse zum bisherigen Recht *DSK*, Orientierungshilfe zur „Einholung von Selbstauskünften bei Mietinteressenten" v. 30.1.2018, worin allerdings nicht klar zwischen den verschiedenen Rechtsgrundlagen unterschieden wird.
116   Vgl. Ehmann/Selmayr/*Heberlein* Art. 6 Rn. 14.

51 **3. Erfüllung einer rechtlichen Verpflichtung (Abs. 1 UAbs. 1 lit. c).** Die Datenverarbeitung ist ua rechtmäßig, wenn sie zur Erfüllung einer rechtlichen Verpflichtung erforderlich ist, der der Verantwortliche unterliegt. Über diese Pflicht bestimmt jedoch nicht der Verantwortliche. Vielmehr muss sich die rechtliche Verpflichtung zur Datenverarbeitung aus einer **gesetzlichen Pflicht** ergeben.[117] Die Begründung einer Verpflichtung durch privatautonome Vereinbarung ist hierfür nicht ausreichend.[118] Ob diese eine Datenverarbeitung legitimieren kann, ist nach Abs. 1 UAbs. 1 lit. b zu bestimmen. Die Begründung der rechtlichen Verpflichtung kann sich nur aus einer Rechtsgrundlage nach Abs. 3 S. 1 ergeben.

52 Aus der Verbindung mit Abs. 3 S. 1 ergibt sich, dass lit. c nur eine **Scharniernorm** ist und der **eigentliche Erlaubnistatbestand** in der „Rechtsgrundlage für die Verarbeitungen" der Union oder des Mitgliedstaats zu sehen ist. Die Regelung in lit. c allein kann keine Verarbeitung personenbezogener Daten rechtfertigen.[119] Sie bestimmt vielmehr die inhaltlichen Anforderungen an einen Erlaubnistatbestand der Union oder des Mitgliedstaats. Die Datenverarbeitung muss durch die gesetzliche Rechtsgrundlage erlaubt werden, die sie nur zulassen darf, wenn sie zur Erfüllung einer rechtlichen Verpflichtung erforderlich ist. Dies ist zugleich auch der Zweck der Datenverarbeitung nach Abs. 3 S. 2 (→ Abs. 3 Rn 19ff., 27 f.).

53 Die Verpflichtung muss im **öffentlichen Interesse** bestehen.[120] Die DSGVO selbst anerkennt vielfältige Ziele, die im öffentlichen Interesse liegen, etwa in den Vorschriften der Artt. 9 Abs. 2 lit. i und j und 23 Abs. 1 lit. a bis h. Bezogen auf diese Ziele können der Gesetzgeber oder die anderen Bestimmungsberechtigten (→ Abs. 3 Rn. 32) rechtliche Verpflichtungen begründen. Sie sind jedoch nicht auf diese Beispiele beschränkt.

54 Die rechtliche Verpflichtung kann für öffentliche wie für private Verantwortliche gelten.[121] Da für öffentliche Verantwortliche zugleich auch die Rechtmäßigkeitsbedingung des lit. e gilt,[122] ist die Rechtmäßigkeitsbedingung des lit. c in der Praxis vor allem für **private Verantwortliche** relevant, die öffentlichen Verpflichtungen unterliegen.[123] Die Datenverarbeitung kann zB erforderlich sein, um Dokumentationspflichten (zB §§ 238 f., 257 HGB, § 147 AO, § 17 MiLoG, § 28 RöV), Protokollierungspflichten (zB § 57 a StVZO, § 8 b BSIG), Mitteilungspflichten (zB § 236 FamFG, § 93 AO, §§ 70ff. EEG, § 28 a SGB IV, §§ 199ff. SGB V, §§ 190ff. SGB VI, §§ 165 SGB VII, §§ 11, 11 a, 14 GewO; § 22 GastG, §§ 13 Abs. 4, 28 Abs. 1 und 6 HwO, §§ 34, 88 BBiG, §§ 30 Abs. 4, 32 Abs. 1 und 2 BMG) und Auskunftspflichten (zB §§ 93 und 93 b AO, § 68 SGB X, §§ 3, 4, 8, 11 GwG, §§ 110ff. TKG, §§ 14 Abs. 2 und 15 Abs. 5 S. 4 TMG, § 25 h KWG), die Identifizierung von Kunden (zB § 111 TKG), die Vorratsspeicherung von Telekommunikationsverkehrsdaten (§ 115aff. TKG) und sonstige Pflichten zur Datenverarbeitung (zB §§ 29ff. MsbG) zu erfüllen.[124]

55 Verpflichtungen der **betroffenen Personen** zur Angabe von Informationen, die sie betreffen, können keine rechtlichen Verpflichtungen im Sinn der Vorschrift sein, da deren Adressat nur Verantwortliche sein können. Die betroffene Person kann aber bezogen auf sie betreffende Daten nie Verantwortlicher sein.

56 Pflichten aus **Rechtsvorschriften anderer Staaten** können nur als rechtliche Pflichten im Sinn der Vorschrift angesehen werden, wenn die Union oder der Mitgliedstaat sie in die eigene Rechtsordnung übernommen hat. Dies gilt auch dann, wenn diese Pflichten nach dem Recht des anderen Staates für Verantwortliche in der EU oder dem EWR gelten.

57 Die Erlaubnis zur Datenverarbeitung ist auf die **Erfüllung** der jeweiligen gesetzlichen Pflicht **beschränkt.** Sie darf nur die Daten, die Verarbeitungsschritte und die Speicherzeiträume umfassen, die zur Erfüllung der gesetzlichen Pflicht erforderlich sind (Grundsatz der Datenminimierung → Art. 5 Rn. 116ff.). Eine weitergehende Datenverarbeitung kann nicht auf diesen Erlaubnistatbestand gestützt werden. Die Zweckbindung der Daten erlaubt nur die Erfüllung der gesetzlichen Pflicht. Ist diese erfüllt, sind die Daten – sofern keine Aufbewahrungspflicht besteht (→ Art. 17 Rn. 32ff.) – zu löschen.

58 Die Verpflichtung muss den **Verantwortlichen** treffen. Der Erlaubnistatbestand darf nicht die Datenverarbeitung erlauben, um die Pflichterfüllung eines Dritten zu unterstützen.

59 Erfolgt die Datenverarbeitung zur Erfüllung einer rechtlichen Verpflichtung, die der Mitgliedstaat einer privaten Stelle auferlegt hat, sehen Art. 55 Abs. 2 und EG 128 diese Datenverarbeitung als eigene Angelegenheit des jeweiligen Mitgliedstaats an. In diesem Fall ist nur die **Aufsichtsbehörde des Mitgliedstaats**, in dem

---

117 Hierfür genügt ein Gesetz im materiellen Sinn, also auch eine Verordnung oder Satzung. Rechtspflichten des Arbeitgebers zur Datenerhebung können sich auch aus Tarifverträgen ergeben – Roßnagel/*Schaller*, Europ. DSGVO, S. 220; Schaffland/Wiltfang/*Schaffland/Holthaus* DSGVO Art. 6 Rn. 110.

118 S. bereits *Dammann/Simitis* Art. 7 Rn. 7.

119 Ebenso *Kühling/Martini et al.*, S. 30; Gierschmann et al./*Assion/Nolte/Veil*, Art. 6 Rn. 96.

120 S. Abs. 3 S. 4 sowie EG 45; das öffentliche Interesse bestimmt der Mitgliedstaat → Rn. 71.

121 Gierschmann et al./*Assion/Nolte/Veil*, Art. 6 Rn. 94.

122 Für öffentliche Stellen können ebenfalls besondere Pflichten relevant werden wie etwa nach dem IFG, dem UIG und dem VIG – s. Schaffland/Wiltfang/*Schaffland/Holthaus* DSGVO Art. 6 Rn. 111; näher zu diesem Bereich →Art. 86 Rn. 13ff.

123 *Roßnagel* DuD 2017, 291; Roßnagel/*Schaller*, Das neue DSR, S. 274; Paal/Pauly/*Frenzel* Art. 6 Rn. 17; aA *Albrecht/Jotzo*, S. 72.

124 S. zB Roßnagel/*Nebel*, Europ. DSGVO, S. 137; *Laue/Nink/Kremer*, S. 92; *Roßnagel* DuD 2017, 291.

der Verantwortliche seinen Sitz hat, zuständig. Die Vorschriften über die federführende Behörde und das Verfahren der Zusammenarbeit und Kohärenz findet keine Anwendung.

V. Schutz lebenswichtiger Interessen (Abs. 1 UAbs. 1 lit. d)

1. Entstehungsgeschichte. Die Regelung entspricht Art. 7 lit. d DSRL (umgesetzt etwa in § 13 Abs. 2 Nr. 3   60
BDSG aF) mit einer wichtigen Erweiterung, die auf Vorschlag des Rats eingefügt worden ist: Die Verarbeitung ist jetzt nicht nur zum Schutz lebenswichtiger Interessen der betroffenen Person zulässig, sondern auch Dritter. Parallele Regelungen finden sich in Art. 9 Abs. 2 lit. c für die Verarbeitung besonderer Kategorien von Daten und in Art. 49 Abs. 1 UAbs. 1 lit. f für die Übermittlung in Drittländer.

2. Voraussetzungen. Die Rechtsgrundlage in lit. d beruht letztlich auf der **typisierten Betrachtungsweise**,   61
dass in akuten Konfliktsituationen Artt. 7, 8 GRCh gegenüber den Grundrechten auf Leben und körperliche Unversehrtheit (Art. 2 Abs. 1, Art. 3 Abs. 1 GRCh) im Zweifelsfall zurückstehen müssen. Diese Grundrechte bilden den Kern der **lebenswichtigen Interessen** nach lit. d, wie sich in EG 112 S. 2 zur parallelen Formulierung in Art. 49 Abs. 1 UAbs. 1 lit. f zeigt.

Die Bedeutung der Regelung ist begrenzt. Zum einen stellt EG 46 S. 2 klar, dass auf sie nur **subsidiär** zu-   62
rückgegriffen werden darf, wenn andere Rechtsgrundlagen nicht in Betracht kommen. Wie weit diese Subsidiarität geht, betrifft vor allem die Frage des Vorrangs der Selbstbestimmung der betroffenen Person (→ Rn. 62). In vielen Fällen wird – wie EG 46 S. 3 verdeutlicht – eine Verarbeitung zugleich im öffentlichen Interesse erfolgen und damit auf lit. e iVm einer entsprechenden gesetzlichen Grundlage gestützt werden können. Zum anderen erfasst lit. d Ausnahmesituationen, in denen eine **unmittelbare Bedrohung** für lebenswichtige Interessen von Menschen besteht; dies zeigt auch die Nennung von humanitären Notfällen und Katastrophen in EG 46 S. 3. In Fällen auf „Leben und Tod" ist es evident, dass eine eng begrenzte Datenverarbeitung zum Schutz von Leben und Gesundheit zulässig sein muss. Die Beschränkung auf lebenswichtige Interessen einer Person macht deutlich, dass eine **konkrete Gefahrensituation** vorliegen muss und keine allgemeine Vorsorge zur Abwehr lebensbedrohlicher Risiken von lit. d erfasst ist (zB zur Vorbeugung von Pandemien oder Qualitätssicherung in der Medizin, hierzu Art. 9 Abs. 2 lit. i).[125]

Anders als im Rahmen von Art. 9 Abs. 2 lit. c und Art. 49 Abs. 1 UAbs. 1 lit. f ist nach lit. d eine Verarbei-   63
tung nicht auf Fälle begrenzt, in denen die betroffene Person rechtlich oder körperlich nicht in der Lage ist, in die Verarbeitung einzuwilligen; beide Regelungen erfassen damit Konstellationen einer mutmaßlichen Einwilligung. Wie ist das Fehlen dieser Einschränkung in lit. d zu bewerten? Einerseits lässt sich argumentieren, dass ein Rückgriff auf die Regelung in lit. d gar nicht erforderlich ist, wenn eine Einwilligung der betroffenen Person eingeholt werden kann.[126] Eine Einschränkung von Artt. 7, 8 GRCh wäre in dieser Konstellation unverhältnismäßig (s. generell zum Verhältnis der Einwilligung zu den anderen Rechtsgrundlagen → Rn. 11). Hierfür spricht auch die Subsidiarität des Erlaubnistatbestands nach EG 46 S. 2. Auch wenn die Aussage in EG 46 S. 2 auf die Verarbeitung zur Wahrung lebenswichtiger Interessen Dritter beschränkt ist, muss der Vorrang der Einwilligung erst recht gelten, wenn die betroffene Person über den Schutz ihrer eigenen Person entscheiden kann.[127] Andererseits lässt sich nicht übergehen, dass der Gesetzgeber zwischen den einzelnen Rechtsgrundlagen in Art. 9 Abs. 2 lit. c und Art. 49 Abs. 1 UAbs. 1 lit. f einerseits und lit. d differenzieren wollte[128] und die Tatbestände zwar im Hinblick auf die geschützten Personen (nunmehr auch Dritte) teilweise angeglichen hat, nicht aber in diesem Punkt. Dies spricht letztlich dafür, einen Vorrang der Einwilligung anzunehmen, ihn aber im Einzelfall weniger strikt zu handhaben als im Rahmen von Art. 9 Abs. 2 lit. c und Art. 49 Abs. 1 UAbs. 1 lit. f. Insbesondere sollte ein Rückgriff auf lit. d auch möglich sein, wenn die betroffene Person körperlich und rechtlich in der Lage wäre einzuwilligen (ausführlich → Art. 9 Rn. 46), aber nicht rechtzeitig kontaktiert werden kann und lebenswichtige Interessen Dritter auf dem Spiel stehen.[129]

VI. Wahrnehmung einer Aufgabe (Abs. 1 UAbs. 1 lit. e)

1. Entstehungsgeschichte. Der Erlaubnistatbestand des Abs. 1 Uabs. 1 lit. e führt den gleichen Erlaubnistat-   64
bestand wie in Art. 7 lit. e **DSRL** fort. Er entspricht ihm nahezu wörtlich. Die **Unterschiede** sind im Wesent-

125   Ebenso iErg *Art.-29-Gruppe,* WP 217, S. 26.
126   Gola/*Schulz* Art. 6 Rn. 44; Ehmann/Selmayr/*Heberlein* Art. 6 Rn. 17.
127   Für eine Differenzierung zwischen beiden Konstellationen mit Verweis auf den Wortlaut des EG 46 S. 2 Kühling/Buchner/*Buchner/ Petri* Art. 6 Rn. 110.
128   Paal/Pauly/*Frenzel* Art. 6 Rn. 21.
129   Ähnlich auch *Art.-29-Gruppe,* WP217, S. 26, wenn die Einholung der Einwilligung nicht „machbar" ist; Paal/Pauly/*Frenzel* Art. 6 Rn. 21.

lichen nur sprachlicher Natur. Der einzige inhaltliche Unterschied besteht in lit. e darin, dass die Passage „oder dem Dritten, dem die Daten übermittelt werden", in der Vorschrift entfallen sind.[130]

65   Das deutsche Recht hatte im BDSG aF und weiteren Gesetzen den Erlaubnistatbestand nicht wörtlich übernommen, sondern vielfältig konkretisiert sowie bestimmt und vollzugsfähig geregelt. Nach § 4 Abs. 1 **BDSG aF** war „die Erhebung, Verarbeitung und Nutzung personenbezogener Daten ... zulässig, soweit dieses Gesetz oder eine andere Rechtsvorschrift dies [...] erlaubt". Erlaubnisse zur Verarbeitung personenbezogener Daten für die Wahrnehmung einer Aufgabe im öffentlichen Interesse oder zur Ausübung öffentlicher Gewalt enthielten zB die §§ 12ff. BDSG aF sowie (weiterhin) viele bereichsspezifische Regelungen des deutschen Rechts.

66   Die Rechtmäßigkeitsbedingung des Abs. 1 Uabs. 1 lit. e war im **Gesetzgebungsprozess** nicht umstritten. Die KOM hat die Regelung nach dem Vorbild des Art. 7 lit. e DSRL vorschlagen, EP und Rat haben sie unverändert übernommen. Eine gewisse Erläuterung findet sich in EG 40.

67   **2. Systematische Stellung.** Abs. 2 enthält eine sehr weite **Öffnungsklausel** im Anwendungsbereich der Rechtmäßigkeitsbedingung des Abs. 1 UAbs. 1 lit. e. Danach können die Mitgliedstaaten spezifischere Bestimmungen zur Anpassung der Anwendung der Vorschriften dieser Verordnung beibehalten oder einführen, indem sie spezifische Anforderungen für die Verarbeitung sowie sonstige Maßnahmen präziser bestimmen, um eine rechtmäßig und nach Treu und Glauben erfolgende Verarbeitung zu gewährleisten (→ Abs. 2 Rn. 22ff.).

68   Nach Abs. 3 wird die **Rechtsgrundlage** für die Verarbeitungen gemäß Abs. 1 Uabs. 1 lit. e durch Unionsrecht oder das Recht der Mitgliedstaaten festgelegt, dem der Verantwortliche unterliegt. Der eigentliche Erlaubnistatbestand besteht nach Abs. 3 in der Rechtsgrundlage für die Datenverarbeitung, die die Union oder der Mitgliedstaat festlegen, weil sie zur Erfüllung einer rechtlichen Verpflichtung oder zur Wahrnehmung einer Aufgabe notwendig sind, die im öffentlichen Interesse liegt oder in Ausübung öffentlicher Gewalt erfolgt (→ Abs. 3 Rn. 13ff.). Abs. 3 bestimmt außerdem Themen, die in der Rechtsgrundlage geregelt sein müssen oder können (→ Abs. 3 Rn. 36ff.).

69   Auf die Rechtmäßigkeitsbedingung nehmen auch andere Vorschriften der DSGVO Bezug. Erfolgt die Datenverarbeitung zur Wahrnehmung einer Aufgabe, die im öffentlichen Interesse liegt oder in Ausübung öffentlicher Gewalt erfolgt, kann eine **Löschung** gemäß Art. 17 Abs. 2 lit. e geboten oder gemäß Art. 17 Abs. 3 lit. b ausgeschlossen sein. (→ Art. 17 Rn. 16, 32). Das Recht auf **Datenübertragung** gilt nach Art. 20 Abs. 3 nicht für eine Verarbeitung, die für die Wahrnehmung einer Aufgabe erforderlich ist, die im öffentlichen Interesse liegt oder in Ausübung öffentlicher Gewalt erfolgt, die dem Verantwortlichen übertragen wurde (→ Art. 20 Rn. 17). Gemäß Art. 35 Abs. 10 kann im Anwendungsbereich der Rechtmäßigkeitsbedingung die projektbezogene Datenschutz-Folgenabschätzung entfallen, wenn eine **allgemeine Folgenabschätzung** in Zusammenhang mit dem Erlass der Rechtsgrundlage nach Abs. 3 S. 1 der Vorschrift erfolgte (→ Art. 35 Rn. 56ff.). Gemäß Art. 55 Abs. 2 sind allein die **Aufsichtsbehörden** des jeweiligen Mitgliedstaats dafür zuständig, Datenverarbeitungen zu überwachen, die auf diese Rechtmäßigkeitsbedingung gestützt sind (→ Art. 55 Rn. 18). Die Vorschriften über die federführende Behörde und über das Verfahren der Zusammenarbeit und Kohärenz gelten nach EG 128 in diesem Fall nicht.

70   **3. Wahrnehmung einer Aufgabe im öffentlichen Interesse (Abs. 1 UAbs. 1 lit. e Var. 1).** Lit. e rechtfertigt in seiner **ersten Alternative** jede Datenverarbeitung, die für die Wahrnehmung einer **Aufgabe** erforderlich ist, die im öffentlichen Interesse liegt. Diese Aufgabe muss dem Verantwortlichen übertragen worden sein. Nach dem Wortlaut von lit. e bezieht sich der letzte Halbsatz, der dies festlegt, nur auf die „öffentliche Gewalt". Dann müsste dem Verantwortlichen in der ersten Alternative die „Aufgabe" nicht übertragen sein.[131] Eine solche Interpretation ergibt jedoch keinen Sinn, weil sich sonst jeder Verantwortliche für seine Datenverarbeitung auf eine ihm nicht übertragene Aufgabe berufen könnte, die er nicht wahrnehmen muss. Der Wortlaut ist insoweit missglückt. Nach Sinn und Zweck der Regelung muss sich der letzte Halbsatz auf die „Aufgabe" beziehen und gilt daher für beide Alternativen gleichermaßen.

71   Ob eine Aufgabe im öffentlichen Interesse besteht, die ein Verarbeitung personenbezogener Daten erfordert, bestimmt jedoch nicht der Verantwortliche. Vielmehr ergibt sich aus der Verbindung mit Abs. 3 S. 1, dass lit. e wie auch lit. c (→ Rn. 10) nur eine **Scharniernorm** ist und der **eigentliche Erlaubnistatbestand** in der „Rechtsgrundlage für die Verarbeitungen" der Union oder des Mitgliedstaats zu sehen ist.[132] Die Datenverarbeitung muss durch die gesetzliche Rechtsgrundlage erlaubt werden, die sie nur zulässt, wenn sie für die

---

130   S. zu Art. 7 lit. e DSRL EG 32 und zu lit. c die kurze Erwähnung in EG 30.
131   So könnte Ehmann/Selmayr/*Heberlein* Art. 6 Rn. 19 f. verstanden werden.
132   S. auch amtliche Begründung zum BDSG nF, BT-Drs. 18/11325, 79.

Wahrnehmung einer Aufgabe erforderlich, die im öffentlichen Interesse liegt. Dieser Zweck der Datenverarbeitung muss nach Abs. 3 S. 2 in der Rechtsgrundlage festgelegt werden (→ Abs. 3 Rn. 17ff.).

Die DSGVO selbst definiert weder, was sie unter **öffentlichem Interesse** versteht, noch, wie die Übertragung der Aufgabe zu erfolgen hat. Beides können die Union oder die Mitgliedstaaten im Rahmen der Rechtsgrundlage nach Abs. 3 S. 1 selbst bestimmen.[133] Da Hoheitsträger sich auf die zweite Alternative des lit. e berufen können, betrifft die Erfüllung von Aufgaben im öffentlichen Interesse in der Praxis vorrangig **nicht-öffentliche Verantwortliche**.[134] Im öffentlichen Interesse liegen vor allem Aufgaben der Daseinsvorsorge. Solche sind von der DSGVO selbst in mehreren EG angesprochen, wie die öffentliche Gesundheit, die soziale Sicherheit und die Verwaltung von Leistungen der Gesundheitsfürsorge (EG 45),[135] die Gesundheitsvorsorge (EG 52), humanitäre Zwecke (EG 46) oder sogar „wichtige wirtschaftliche oder finanzielle Interessen" des Mitgliedstaats (EG 73). Das öffentliche Interesse muss ein solches Gewicht haben, dass es verhältnismäßig ist, das Grundrecht auf Datenschutz einzuschränken.[136] Jedenfalls betrifft die erste Alternative von lit. e nicht nur die staatliche Verwaltung, sondern auch alle natürlichen und juristischen Personen des Privatrechts, die in der Erfüllung einer übertragenen Aufgabe im öffentlichen Interesse tätig sind.[137] Dies wird ua in Art. 55 Abs. 2 sowie in EG 122 und 128 bestätigt.

Überwiegend handeln öffentlich-rechtliche **Wettbewerbsunternehmen** im öffentlichen Interesse.[138] Wenn ihnen ihre Aufgabe im öffentlichen Interesse durch Rechtsakt übertragen worden ist, kann der Mitgliedstaat die Voraussetzungen ihrer Datenverarbeitung regeln.[139] Erbringen privatisierte Stadtwerke oder andere private Unternehmen die Versorgung mit Fernwärme, Elektrizität, Wasser und Mobilität oder die Entsorgung von Abwasser und Abfall, erfolgt dies in der Erfüllung von Aufgaben im öffentlichen Interesse. Dass diese Tätigkeiten öffentlich ausgeschrieben werden müssen und im Wettbewerb vergeben werden, spricht nicht dagegen, dass sie im öffentlichen Interesse liegen. 72

Rechtsanwälte sind nach § 1 BRAO zwar unabhängige Organe der Rechtspflege und üben insoweit ihren Beruf im öffentlichen Interesse aus.[140] Dass sie ihre anwaltliche Tätigkeit in einer gewissen Staatsferne durchführen, steht der Anerkennung ihrer Tätigkeit als im öffentlichen Interesse liegend nicht entgegen.[141] Allerdings üben Rechtsanwälte ihren Beruf sehr unterschiedlich aus. Sie sind keinesfalls auf die Rechtspflege beschränkt, so dass in § 1 BRAO nicht die „Übertragung" einer „Aufgabe im öffentlichen Interesse" auf alle Rechtsanwälte bei all ihren Tätigkeiten gesehen werden kann.[142] Ähnlich wird bei allen anderen **Berufsgeheimnisträgern** wie etwa Steuerberatern und Wirtschaftsprüfern, Ärzten und Therapeuten nicht davon ausgegangen werden können, dass ihnen in der Breite ihrer Berufsausübung eine Aufgabe im öffentlichen Interesse übertragen worden ist.[143] 73

Die **Videoüberwachung** von öffentlichen Plätzen und Einrichtungen kann im Einzelfall dem öffentlichen Interesse dienen. Sie ist jedoch keine Aufgabe, die privaten Verantwortlichen durch einen geeigneten Rechtsakt übertragen worden ist. Daher fällt die **Videoüberwachung durch private Einrichtungen nicht** unter die Bedingung des lit. e.[144] 74

Schuldnerverzeichnisse und Warndateien können im öffentlichen Interesse an einer funktionierenden Kredit- oder Versicherungswirtschaft liegen, sind aber ihren Betreibern nicht als Aufgaben im öffentlichen Interesse übertragen worden.[145] 75

Die Aufgabe muss den Verantwortlichen **übertragen** worden sein. Für die **Übertragung** genügt ein materielles Gesetz, etwa eine kommunale Satzung, die die städtische Wasserversorgung oder den öffentlichen Personennahverkehr einem privaten Anbieter überträgt.[146] Öffentlich-rechtliche Wettbewerbsunternehmen handeln nicht allein deshalb im öffentlichen Interesse, weil eine öffentliche Stelle die Mehrheit oder alle ihre 76

133　S. auch EG 10 S. 4; Roßnagel/*Schaller*, Das neue DSR, S. 272 f.; *Kühling/Martini et al.*, S. 31ff.; aA *Albrecht/Jotzo*, S. 73; Kühling/Buchner/*Buchner/Petri* Art. 6 Rn. 87.

134　S. auch Art. 55 Abs. 2; s. zB Roßnagel/*Nebel*, Europ. DSGVO, S. 137 f.; Paal/Pauly/*Frenzel* Art. 6 Rn. 32; Gierschmann et al./*Assion/Nolte/Veil*, Art. 6 Rn. 113.

135　S. genauer Kühling/Buchner/*Buchner/Petri* Art. 6 Rn. 137.

136　S. Schaffland/Wiltfang/*Schaffland/Holthaus* DSGVO Art. 6 Rn. 115.

137　EG 45 letzter Satz; *Roßnagel* DuD 2017, 292.

138　*Roßnagel* DuD 2017, 291; so für die Telekommunikation zB Roßnagel/*Geminn/Richter*, Das neue DSR, S. 351 f., allerdings dürfte dieser Bereich künftig der ePrivacy-VO und daher nicht mehr der Vorschrift unterfallen; aA Paal/Pauly/*Frenzel* Art. 6 Rn. 24.

139　AA Gola/*Schulz* Art. 6 Rn. 49 ohne Begründung.

140　*Deutscher Anwaltsverein*, Stellungnahme 39/2016 zu den Öffnungsklauseln der DSGVO, 7.

141　So aber Kühling/Buchner/*Buchner/Petri* Art. 6 Rn. 124.

142　Ebenso Kühling/Buchner/*Buchner/Petri* Art. 6 Rn. 124; unklar bei *Zikesch/Kramer* ZD 2015, 565 (566) einerseits und (568) andererseits.

143　So auch Kühling/Buchner/*Buchner/Petri* Art. 6 Rn. 126.

144　Zu den Legitimationsgründen → Anh. 1 zu Art. 6 (Videoüberwachung) Rn. 63ff.

145　Ebenso Kühling/Buchner/*Buchner/Petri* Art. 6 Rn. 132 und 139; näher → Rn. 133ff.

146　Roßnagel/*Schaller*, Das neue DSR, S. 273; Gierschmann et al./*Assion/Nolte/Veil*, Art. 6 Rn. 114.

Anteile hält. Vielmehr muss ihnen eine Aufgabe im öffentlichen Interesse durch einen Rechtsakt übertragen worden sein, damit ihre Datenverarbeitung unter lit. e fällt.[147]

77 Die Datenverarbeitung muss zur Wahrnehmung der Aufgabe **erforderlich** sein. Dies ist dann der Fall, wenn der Verantwortliche die Aufgabe im öffentlichen Interesse nur effektiv wahrnehmen kann, wenn er die personenbezogenen Daten in der vorgesehenen Weise verarbeitet (→ Art. 5 Rn. 121). Die Datenverarbeitung muss auf das absolut Notwendige beschränkt sein.[148] Dies ist allerdings auf den legitimen Zweck zu beziehen und kann neu zu bestimmen sein, wenn die Datenverarbeitung zu einer effizienteren Anwendung von Vorschriften führen soll.[149]

78 **4. Wahrnehmung einer Aufgabe in Ausübung öffentlicher Gewalt (Abs. 1 UAbs. 1 lit. e Var. 2).** Lit. e rechtfertigt in seiner **zweiten Alternative** jede Datenverarbeitung, die zur Wahrnehmung einer Aufgabe erforderlich ist, die „in Ausübung öffentlicher Gewalt erfolgt". Die Aufgabe muss dem Verantwortlichen übertragen worden sein.[150]

79 Auch die zweite Alternative von lit. e ist – wie lit. c und die erste Alternative von lit. e (→ Rn. 52 und 71) – als **Scharniernorm** anzusehen. Der **eigentliche Erlaubnistatbestand** ist in der „Rechtsgrundlage für die Verarbeitungen" der Union oder des Mitgliedstaats gemäß Abs. 3 S. 1 zu sehen.[151] Die Datenverarbeitung muss durch die gesetzliche Rechtsgrundlage erlaubt werden, die sie nur zulässt, wenn sie für die Wahrnehmung einer Aufgabe erforderlich ist, die in Ausübung öffentlicher Gewalt erfolgt. Dieser Zweck der Datenverarbeitung ist nach Abs. 3 S. 2 in der Rechtsgrundlage festzulegen (→ Abs. 3 Rn. 13ff.). Die Regelung in lit. e bestimmt die Anforderungen an die Erlaubnistatbestände der Union oder der Mitgliedstaaten.

80 Die DSGVO selbst definiert weder, was sie unter **öffentlicher Gewalt** versteht, noch, wie deren Übertragung zu erfolgen hat. Dies bestimmen die Union oder die Mitgliedstaaten in ihren Erlaubnistatbeständen und den ihnen zugeordneten Normen selbst.[152] Fest steht jedenfalls, dass die Ausübung öffentlicher Gewalt in jedem Fall die hoheitliche Tätigkeit der Behörden und anderer Träger hoheitlicher Gewalt umfasst.[153] In Deutschland gilt dieser Erlaubnistatbestand für alle öffentlichen Stellen nach § 2 Abs. 1 BDSG nF[154]

81 **Erforderlich** ist die Datenverarbeitung für die Aufgabenwahrnehmung, wenn ohne die personenbezogenen Daten und ohne die vorgesehenen Verarbeitungsschritte die Aufgabe in Ausübung öffentlicher Gewalt nicht effektiv wahrgenommen werden könnte (→ Art. 5 Rn. 121).

82 **5. Rechtsgrundlage für die Datenverarbeitung im BDSG.** Deutschland hat unter Beibehaltung der von der DSGVO nicht vorgesehenen Unterscheidung zwischen öffentlichen und nichtöffentlichen Stellen unter Ausnutzung der Öffnungsklausel des Art. 6 Abs. 2 überwiegend die Stellen als öffentliche Stellen bezeichnet, die ihren Aufgaben „in Ausübung öffentlicher Gewalt" erfüllen. **Öffentliche Stellen** sind nach § 2 Abs. 1 und 2 alle Behörden des Bundes und der Länder, der Gemeinden und Gemeindeverbände sowie der sonstigen der Aufsicht des Bundes oder eines Landes unterstehenden Körperschaften, Anstalten und Stiftungen des öffentlichen Rechts, soweit sie öffentlich-rechtliche Verwaltungstätigkeit ausüben. Als öffentliche Stellen gelten nach § 2 Abs. 3 BDSG auch Vereinigungen des privaten Rechts von öffentlichen Stellen des Bundes und der Länder, die Aufgaben der öffentlichen Verwaltung wahrnehmen.

83 Hoheitliche Gewalt üben auch Private aus, denen diese als **Beliehenen** übertragen worden ist. Für die Beleihung ist ein förmlicher Rechtsakt notwendig, der auf einer gesetzlichen Grundlage beruht. Sie gelten auch als Behörden und als öffentliche Stellen iSd § 2 BDSG.

84 Für diese öffentlichen Stellen enthält § 3 BDSG einen **Erlaubnistatbestand** in Form einer Generalklausel. Nach dieser Vorschrift ist die Verarbeitung personenbezogener Daten iSd Art. 4 Abs. 2 durch eine öffentliche Stelle zulässig, „wenn sie zur Erfüllung der in der Zuständigkeit des Verantwortlichen liegenden Aufgabe oder in Ausübung öffentlicher Gewalt, die dem Verantwortlichen übertragen wurde, erforderlich ist". Für öffentliche Stellen des Bundes ist dieser Erlaubnistatbestand entscheidend, nicht die Rechtmäßigkeitsbedingung des Abs. 1 UAbs. 1 lit. e. Sie ist anzuwenden, wenn nicht eine speziellere Norm eine Erlaubnis zur Datenverarbeitung „in Ausübung öffentlicher Gewalt" enthält.

---

147 Roßnagel/*Schaller*, Das neue DSR, S. 273.
148 So seit EuGH C-73/07, EuZW 2009, 108 Rn. 56 – Satakunnan Markkinapörssi und Satamedia, st. Rspr.
149 S. EuGH C-524/06, NVwZ 2009, 378 Rn. 52 – Huber.
150 Der letzte Hs. bezieht sich auf die „Aufgabe" und nicht auf die „öffentliche Gewalt" (→ Rn. 70).
151 S. auch amtliche Begründung zum BDSG nF BT-Drs. 18/11325, 79; amtliche Begründung zur Novellierung der AO BT-Drs. 18/12611, 84.
152 Roßnagel/*Schaller*, Das neue DSR, S. 273; *Kühling/Martini et al.*, S. 31ff.; aA *Albrecht/Jotzo*, S. 73.
153 Roßnagel/*Schaller*, Das neue DSR, S. 218, 273.
154 S. zB auch Roßnagel/*Nebel*, Das neue DSR, S. 109; Roßnagel/*Schaller*, Das neue DSR, S. 277.

VII. Überwiegende Interessen des Verantwortlichen oder Dritter (Abs. 1 UAbs. 1 lit. f)

1. Entstehungsgeschichte. Bereits Art. 7 lit. f DSRL enthielt eine Rechtsgrundlage für die Verarbeitung zur **85** Wahrung überwiegender berechtigter Interessen, die im deutschen Recht vor allem in §§ 28 ff. BDSG aF und §§ 12 ff. TMG umgesetzt wurde. Im Vergleich zu Art. 7 lit. f DSRL enthält Abs. 1 UAbs. 1 lit. f zwei Abweichungen: Zum einen wird der Kreis der Dritten ausgeweitet, in deren Interesse die Verarbeitung erfolgen kann. Während Art. 7 lit. f nur die Dritten erfasste, die Empfänger der Daten sein sollten, können es nun beliebige Dritte sein. Der KOM-E verzichtete auf die Nennung Dritter demgegenüber sogar vollkommen. Zum anderen hebt Abs. 1 UAbs. 1 lit. f als Beispiel für das Überwiegen der Interessen der betroffenen Person nun den Fall heraus, dass diese ein Kind ist. Die KOM konnte sich nicht mit ihrem Vorschlag durchsetzen, sie zu ermächtigen, zur Konkretisierung der Interessenabwägung delegierte Rechtsakte zu erlassen (Abs. 5 KOM-E). Auch Vorschläge des EP, die offene Abwägung in den EG zu konkretisieren (vgl. EG 39 a bis 39 c Parl-E), wurden nicht aufgegriffen.[155]

2. Bedeutung und systematische Einordnung. a) Bedeutung. Die Verarbeitung auf der Basis überwiegender **86** Interessen nach lit. f ist neben der Einwilligung in der Praxis die wichtigste Rechtsgrundlage für die private Datenverarbeitung. Ihr Vorteil ist ihre **Flexibilität**, die es ermöglicht, in allen Konstellationen den notwendigen Ausgleich zwischen den Rechten der betroffenen Person aus Artt. 7, 8 GRCh und vor allem den Interessen und Grundrechten Dritter zu erreichen (vgl. EG 4 S. 3).[156] Hierdurch relativiert sie die Rigorosität des Verbotsprinzips erheblich.[157] Kehrseite dieser Flexibilität ist die mangelnde Voraussehbarkeit für die betroffene Person und Rechtsunsicherheit für den Verantwortlichen. Denn der Tatbestand des lit. f ist denkbar allgemein gehalten und letztlich nur eine **umfassende Verhältnismäßigkeitsprüfung**. Üblicherweise verlangt der EuGH, dass Eingriffe in Artt. 7, 8 GRCh auf einer gesetzlichen Regelung beruhen, die „klare und präzise Regeln für die Tragweite und die Anwendung der betreffenden Maßnahme" vorsieht.[158] Diese Anforderungen hat der EuGH zwar für staatliche Maßnahmen aufgestellt; es ist daher nur konsequent, wenn sich Behörden im Rahmen ihrer Aufgabenwahrnehmung gemäß Abs. 1 UAbs. 2 nicht auf lit. f berufen können (ausführlich → Rn. 96 ff.). Natürlich lässt sich der Ausgleich der Interessen privater Stellen schon aufgrund der Vielgestalt möglicher Konstellationen nicht im gleichen Maße präzise gesetzlich prägen. Allerdings stellt sich die Frage, wann – auch für die Datenverarbeitung durch Private – eine speziellere gesetzliche Grundlage erforderlich ist und die Entscheidung über die Zulässigkeit der Datenverarbeitung nicht der Praxis von Verantwortlichen, Aufsichtsbehörden und Gerichten überlassen bleiben kann.[159] Dies dürfte insbes. der Fall sein, wenn den Unionsgesetzgeber – wie im Falle besonderer Kategorien von Daten nach Art. 9 oder Telekommunikationsdaten im Rahmen der ePrivacyRL – eine besondere Schutzpflicht trifft, zB aufgrund der Sensibilität und Aussagekraft der Daten, oder wenn über die Rechtsgrundlage des lit. f letztlich Gemeinwohlziele verwirklicht werden würden (→ Rn. 99). Für die Auslegung von lit. f ist diese Frage relevant, weil sich hierdurch **externe Grenzen für die Interessenabwägung** ergeben. Darüber hinaus erscheinen spezialgesetzliche Regelungen auch zumindest **rechtspolitisch** wünschenswert,[160] wenn es sich um Datenverarbeitungsvorgänge handelt, die im anonymen Massenverkehr auftreten und sich damit der Beeinflussung durch die betroffenen Personen entziehen (zB Augmented Reality wie Google Glass, Videoüberwachung, Connected Cars oder Drohnen). Eine gewisse Konkretisierung kann durch genehmigte Verhaltensregeln von Verbänden erfolgen (Art. 40 Abs. 2 lit. b).

Aus Sicht der betroffenen Person birgt die Datenverarbeitung auf der Grundlage von lit. f besondere Risi- **87** ken, weil sie allein auf der **Initiative des Verantwortlichen** beruht, und er die Zulässigkeit der Datenverarbeitung zunächst **selbstständig einschätzt**.[161] Hinzukommt, dass die meisten Verantwortlichen dazu neigen werden, eine Datenverarbeitung eher als rechtmäßig zu betrachten.[162] Die DSGVO sieht daher eine Reihe von Verfahrensregelungen vor, die gewährleisten sollen, dass der Verantwortliche in jedem Fall eine umfassende und sorgfältige Abwägung vornimmt (vgl. EG 47 S. 3) und die Interessenabwägung nach lit. f nicht

---

155 Vgl. *Albrecht* CR 2016, 88 (92).

156 Vgl. zu Art. 7 lit. f DSRL bereits EuGH C-131/12, NJW 2014, 2257 Rn. 81 – Google Spain; EuGH C-468/10 u. C-469/10, ZD 2012, 33 Rn. 43 – ASNEF u. FECEMD.

157 *Gola/Schulz* Art. 6 Rn. 4 („primärrechtlich bzw. von Verfassungs wegen erforderliches Korrektiv" zum Verbotsprinzip).

158 EuGH Gutachten 1/15, EWS 2017, 219 Rn. 141 – PNR-Abkommen mit Kanada; EuGH C-203/15 u. C-698/15, NJW 2017, 717 Rn. 109 und 117 – Tele2 Sverige und Watson; EuGH C-293/12 u. C-594/12, NJW 2014, 2169 Rn. 54 f. – Digital Rights Ireland.

159 Vgl. zu Art. 7 lit. f DSRL bereits *de Hert* EDPL 2017, 20 (29).

160 Vgl. auch die ähnliche Kritik aus Sicht der Wirtschaft bei *Gola/Schulz* DSGVO Art. 6 Rn. 5 f.; zur „Unterkomplexität" der DSGVO *Roßnagel/Nebel/Richter* ZD 2015, 455 (460).

161 *Feretti* 51 CMLR (2014) 843 (845 und 861); *Buchner* DuD 2016, 151 (155).

162 Zu diesem Bias Paal/Pauly/*Frenzel* Art. 6 Rn. 27 unter Verweis auf *Hoffmann-Riem* Recht und Innovation – Innovation und Recht, 726.

nur zu einer „argumentativen Fassade"[163] wird. So muss der Verantwortliche die betroffene Person über die berechtigten Interessen informieren, die er mit der Verarbeitung verfolgt (Art. 13 Abs. 1 lit. d; Art. 14 Abs. 2 lit. b). Darüber hinaus muss der Verantwortliche die Einhaltung des Grundsatzes der Rechtmäßigkeit der Datenverarbeitung (Art. 5 Abs. 1 lit. a) nachweisen können (Art. 5 Abs. 2).[164]

88 **b) Verhältnis zu anderen Rechtsgrundlagen. aa) Einwilligung (lit. a).** Die Interessenabwägung nach lit. f steht in bestimmten Konstellationen in einem **Spannungsverhältnis** zur Einwilligung nach lit. a – auch ohne einen strengen Vorrang der Einwilligung, der einen Rückgriff auf die Rechtsgrundlage des lit. f ausschließen würde (hierzu → Rn. 11). Dieses Spannungsverhältnis entsteht zu einen dann, wenn die Interessen des Verantwortlichen oder Dritter auch gewahrt werden könnten, indem der Verantwortliche die betroffene Person um ihre Einwilligung bittet. In vielen Fällen wird es für die Verarbeitung der Daten der betroffenen Person keine Alternative geben, welche die Interessen des Verantwortlichen oder Dritter gleichermaßen wahrt. Soweit der betroffenen Person aber eine **Wahlmöglichkeit** eingeräumt werden kann, ist ihr diese zu eröffnen. Die Verweigerung der Einwilligung kann für die betroffene Person zwar Nachteile mit sich bringen (zB schlechtere Finanzierungskonditionen oder Versicherungstarife). Die Einräumung einer solchen Wahlmöglichkeit ist hier im Vergleich zu einer einseitigen Entscheidung des Verantwortlichen aber trotzdem das mildere Mittel; die betroffene Person erhält so die Möglichkeit, ihrem Willen Ausdruck zu verleihen und die Kontrolle über die Verarbeitung ihrer Daten zu behalten (EG 7 S. 2). Vielfach dürfte auch die vernünftige Erwartung der betroffenen Person bestehen, diese Entscheidung selbst treffen zu können.

89 Probleme treten zudem beim Nebeneinander von Einwilligung und der Rechtsgrundlage des lit. f auf, wenn hierdurch bei der betroffenen Person die **Illusion der Kontrolle** über ihre Daten erweckt wird. Die Einwilligung vermittelt hier der betroffenen Person nur eine vermeintliche Kontrolle, weil sie die Datenverarbeitung durch den Widerruf ihrer Einwilligung nicht beenden kann (vgl. Art. 17 Abs. 1 lit. b). Würde sich der Verantwortliche erst später überraschend auf lit. f berufen, verstieße dies gegen den Grundsatz von **Treu und Glauben.**[165] Der Verantwortliche muss daher gemäß Art. 13 Abs. 1 lit. c, Art. 14 Abs. 1 lit. c über das Bestehen der anderen Rechtsgrundlage **informieren.**[166] Der Eindruck, der von der aktiven Erklärung einer Einwilligung ausgeht, ist allerdings sehr prägend; die Information über das Bestehen einer anderen Rechtsgrundlage muss daher der betroffenen Person sehr deutlich vermittelt werden. Dies gilt insbes. dann, wenn die betroffene Person im Zusammenhang mit der Einwilligung dem Verantwortlichen zusätzliche Daten zur Verfügung stellt, die dieser ohne ihre Mitwirkung nicht hätte erheben können. Widerruft die betroffene Person ihre Einwilligung, ist darin der Wunsch zu sehen, die Datenverarbeitung zu beenden; der Widerruf kann daher zugleich als Widerspruch gemäß Art. 21 interpretiert werden.[167] Ähnlich zu beurteilen ist die Konstellation, dass die betroffene Person ihre Einwilligung **verweigert.** Auch hier kann die Frage nach ihrer Einwilligung bei ihr den Eindruck hervorrufen, sie habe es in der Hand, ob ihre Daten verarbeitet werden. Dies kann im Rahmen der Abwägung als vernünftige Erwartungshaltung der betroffenen Person berücksichtigt werden.[168] Schließlich kann der Eindruck der Kontrolle über die Verarbeitung ihrer Daten dadurch entstehen, dass die betroffene Person eine **umfangreiche Einwilligungserklärung** abgibt. Hierdurch wird die nachvollziehbare Erwartung geweckt, dass diese abschließend alle Datenverarbeitungsvorgänge erfasst, welche sie betreffen.

90 Die DSGVO verschärft die Anforderungen an eine Einwilligung. **Scheitert eine Einwilligung** an den anspruchsvollen Anforderungen der DSGVO (zB weil der Verantwortliche es nicht ermöglicht hat, differenziert in die verschiedenen Datenverarbeitungsvorgänge einzuwilligen, vgl. EG 43 S. 2), ist es möglich, auf lit. f zurückzugreifen, wenn die betroffene Person über diese alternative Rechtsgrundlage informiert worden ist.[169] Im Rahmen der Interessenabwägung kann dabei dem **Willen der betroffenen Person** eine wichtige Rolle zukommen. Auch wenn ihre Willensäußerung nicht die formalen Anforderungen einer Einwilligung erfüllt, kann sie Ausdruck ihres Interesses an der Datenverarbeitung sein. Verliert die betroffene Person jedoch ihr Interesse an der Datenverarbeitung, ist zu fragen, ob die Interessen des Verarbeiters oder eines Dritten allein gegenüber ihren Interessen noch überwiegen. Ein Widerruf der unwirksamen Einwilligung kann zudem in einen Widerspruch umgedeutet werden; dieser wird regelmäßig begründet sein, da die Da-

---

163 Paal/Pauly/*Frenzel* Art. 6 Rn. 26.

164 Vgl. Ehmann/Selmayr/*Heberlein* Art. 6 Rn. 25 und 27.

165 Für die Unzulässigkeit des Rückgriffs auf andere Rechtsgrundlagen Kühling/Buchner/*Kühling/Petri* Art. 6 Rn. 23; *DSK*, Orientierungshilfe zur „Einholung von Selbstauskünften bei Mietinteressenten", Version 0.6 v. 30.1.2018, S. 1.

166 Auernhammer/*Kramer* DSGVO Art. 6 Rn. 11; Gola/*Scholz* Art. 6 Rn. 12; BeckOK DatenschutzR/*Albers* DSGVO Art. 6 Rn. 27; Kühling/Buchner/*Buchner/Kühling* Art. 7 Rn. 18.

167 Gola/*Scholz* Art. 6 Rn. 11 und Art. 21 Rn. 3.

168 Gola/*Scholz* Art. 6 Rn. 11; weitergehend für ein Verbot des Rückgriffs auf gesetzliche Erlaubnistatbestände Kühling/Buchner/*Kühling/Petri* Art. 6 Rn. 23; aA wohl BeckOK DatenschutzR/*Albers* DSGVO Art. 6 Rn. 27.

169 AA wohl *Art.-29-Gruppe*, WP 259 rev. 01, S. 23.

tenverarbeitung nur aufgrund der Interessen der betroffenen Person zulässig war und sie davon ausgehen musste, die Verarbeitung durch beenden zu können, indem sie ihre Einwilligung widerruft.

bb) Erfüllung eines Vertrags (lit. b). Die Übergänge zwischen den Rechtsgrundlagen nach lit. b und f. sind **91** fließend – nicht zuletzt, wenn man nach der hier vertretenen Auffassung den Anwendungsbereich des lit. b sehr eng auslegt und insbes. Maßnahmen der **Rechtsverfolgung und Risikobewertung** nicht darunter fasst (→ Rn. 30 und 36). Zudem erfasst lit. b nur die Verarbeitung der Daten des Vertragspartners. Es muss daher auf lit. f ausgewichen werden, sobald auch **Daten anderer betroffener Personen** im Rahmen der Vertragserfüllung verarbeitet werden, mit denen kein Vertragsverhältnis besteht (zB die Daten des Zahlungsempfängers bei einer Überweisung).[170] Häufig wird aber das Interesse des Vertragspartners als Drittem eine Verarbeitung nach lit. f rechtfertigen.

cc) Erfüllung einer rechtlichen Verpflichtung (lit. c). Zwischen den Rechtsgrundlagen des lit. c und lit. f besteht ein Ausschließlichkeitsverhältnis. Denn die Regelung in lit. f erfasst nur solche Konstellationen, in denen der Verantwortliche frei entscheiden kann, ob er die Daten zu einem Zweck verarbeiten möchte. Im Fall der Erfüllung einer gesetzlichen Verpflichtung besteht dieser Entscheidungsspielraum gerade nicht.[171]

3. Anwendungsbereich. a) Weiterverarbeitung (Verhältnis zu Abs. 4). Nach dem Wortlaut des Abs. 1 muss **93** für jede Datenverarbeitung eine der darin aufgelisteten Rechtsgrundlagen gegeben sein.[172] Nicht zwingend erforderlich ist dabei eine neue Rechtsgrundlage, soweit die Rechtsgrundlage, auf deren Basis die Daten erhoben wurden, auch die Weiterverarbeitung abdeckt (vgl. EG 50 S. 5).[173] Dies entspricht dem Grundsatz der Rechtmäßigkeit nach Art. 5 Abs. 1 lit. a. Allerdings hat EG 50 S. 2 daran zweifeln lassen, ob auch für die Weiterverarbeitung einmal erhobener Daten eine neue Rechtsgrundlage gemäß Abs. 1 erforderlich ist, wenn die bisherige Rechtsgrundlage nicht die Weiterverarbeitung legitimiert. Denn nach EG 50 S. 2 soll keine andere gesonderte Rechtsgrundlage als diejenige für die Erhebung der Daten erforderlich sein, sofern der Zweck der Weiterverarbeitung mit dem Erhebungszweck vereinbar ist.[174] Nähme man diesen Satz beim Wort, würde dies die bisherige Systematik des Datenschutzrechts erheblich verändern: Die bisher zentralen Rechtfertigungsgründe (Abs. 1) hätten im Rahmen der wichtigen datenschutzrechtlichen Problematik der zweckändernden Weiterverarbeitung keine Bedeutung mehr; es käme allein auf die Vereinbarkeit der Weiterverarbeitung mit dem Erhebungszweck (Art. 5 Abs. 1 lit. b 1. Hs.) an. Nach ständiger Rechtsprechung des EuGH war es jedoch eindeutig, dass jede Datenverarbeitung sowohl auf einer Rechtsgrundlage beruhen, als auch die Grundsätze der Datenverarbeitung einhalten musste.[175] Für einen solchen Systemwechsel fehlen jedoch im Normtext klare Anknüpfungspunkte.[176] Abs. 4 konkretisiert lediglich den Grundsatz der Zweckbindung gemäß Art. 5 Abs. 1 lit. b. und würde daher systematisch besser in Art. 5 passen;[177] dies hatte auch die Art.-29-Gruppe angeregt, auf deren Vorschlag die Regelung zurückgeht.[178] Auch an anderen Stellen der DSGVO zeigt sich, dass Abs. 4 nicht Abs. 1 verdrängen soll. So knüpft das Widerspruchsrecht des Art. 21 Abs. 1 S. 1 an die Rechtsgrundlage der Verarbeitung an (nur in den Fällen von lit. e und f.) und würde daher nicht in allen Konstellationen der Weiterverarbeitung greifen, obwohl das Widerspruchs gerade bei einer Zweckänderung ein wichtiges Korrektiv ist. Zudem soll Abs. 3 S. 2 den Mitgliedstaaten gerade Flexibilität zur Regelung der Verarbeitung im öffentlichen Interesse durch Behörden einräumen, auch in Bezug auf die Weiterverarbeitung und Zweckbindung; dieser Spielraum wäre aber empfindlich eingeschränkt, wenn in dieser Konstellation ausschließlich Abs. 4 anwendbar wäre. Käme es für die Zulässigkeit einer Weiterverarbeitung nur auf die Vereinbarkeit mit dem Erhebungszweck an, hätte dies schließlich zur Folge, dass die Datenverarbeitung für die Zwecke der historischen und wissenschaftlichen Forschung sowie für

---

170 Zum Umgang mit solchen „Kollateraldaten" nach altem Recht *Cebulla* ZD 2015, 507 (509).

171 EuGH C-13/16, ZD 2017, 324 Rn. 26 – Rīgas satiksme.

172 Ehmann/Selmayr/*Heberlein* Art. 5 Rn. 19 f.; *Albrecht/Jotzo*, Teil 3 Rn. 54; *Albrecht* CR 2016, 88 (92); *ders.* → Rn. 12 ff.; Kühling/Buchner/*Buchner/Petri* Art. 6 Rn. 183 f.; Kühling/Buchner/*Herbst* Art. 5 Rn. 48 f.; *Eichenhofer* PinG 2017, 135 (139 f.); *Schantz* NJW 2016, 1841 (1844).

173 Dies betonen *Monreal* ZD 2016, 507 (510); Ehmann/Selmayr/*Heberlein* DSGVO Art. 5 Rn. 19 f.; *Albrecht/Jotzo*, Teil 3 Rn. 54.

174 So etwa *Roßnagel* → Rn. 12 zu Abs. 4 in diesem Band; Gola/*Schulz* DSGVO Art. 6 Rn. 185 ff., der aber auch auf Systembrüche hierdurch hinweist; Auernhammer/*Kramer* DSGVO Art. 6 Rn. 48; *Kühling/Martini et al.*, S. 38; *Kühling/Martini* EuZW 2016, 448 (451); *Piltz* K&R 2016, 557 (566); *Richter* DuD 2016, 581 (584); *Härting* DSGVO Rn. 515; *Schantz/Wolff/Wolff*, Rn. 411; *Ziegenhorn/v. Heckel* NVwZ 2016, 1585 (1589); *Spiecker gen. Döhmann* Spektrum der Wissenschaften SPEZIAL 2017, S. 56 (59); *Hornung/Hoffmann* ZD-Beil. 2017, 1 (8).

175 EuGH C-201/14, ZD 2015, 577 Rn. 30 – Bara mwN; ebenso *Art.-29-Gruppe*, WP 203, S. 36; Grabitz/Hilf/Nettesheim/*Brühann* DS-RL Art. 6 Rn. 6 und 11; Kühling/Buchner/*Buchner/Petri* Art. 6 Rn. 184 unter Hinweis auf den Wortlaut von Art. 8 Abs. 2 GRCh, wo Zweckbindung und das Erfordernis einer Rechtsgrundlage nebeneinander genannt werden.

176 Kühling/Buchner/*Buchner/Petri* Art. 6 Rn. 183; Kühling/Buchner/*Herbst* Art. 5 Rn. 48.

177 Ehmann/Selmayr/*Heberlein* Art. 6 Rn. 3; Kühling/Buchner/*Buchner/Petri* Art. 6 Rn. 183.

178 *Art.-29-Gruppe*, WP 203, S. 23 ff.

statistische Zwecke ohne weitere Voraussetzungen immer zulässig wäre;[179] denn nach Art. 5 Abs. 1 lit. b 2. Hs. wird die Vertretbarkeit mit dem Erhebungszweck bei einer Weiterverarbeitung für diese Zwecke unwiderleglich vermutet. Ein derart undifferenzierter Vorrang dieser Zwecke vor den Interessen der betroffenen Personen wäre aber mit Artt. 7, 8 GRCh nicht vereinbar.[180]

94 Wie aber lässt sich EG 50 S. 2 erklären? Ursprung des Satzes war der Standpunkt des Rates (EG 40 S. 2 Rat-E). Der Rat wollte ebenso wie die KOM die Weiterverarbeitung auch in Fällen zulassen, in denen der neue Zweck mit dem Erhebungszweck unvereinbar ist, letztlich also den Grundsatz der Zweckbindung aufweichen (vgl. Abs. 4 KOM-E/Rat-E). EG 50 S. 2 war Teil dieses Ansatzes und sollte die Weiterverarbeitung zu Zwecken erleichtern, die mit dem Erhebungszweck kompatibel sind. Der Vorstoß von Rat und KOM zur Schwächung der Zweckbindung konnte sich aber iErg nicht durchsetzen.[181] Es spricht viel dafür, dass zwar Abs. 4 Rat-E gestrichen, aber in der letzten Phase des Trilogs vergessen wurde, EG 50 anzupassen.[182]

95 Vor dem Hintergrund der Entstehungsgeschichte des Art. 6 ist es auch nicht überzeugend, eine Weiterverarbeitung zu einem Zweck, der mit dem Erhebungszweck nicht vereinbar ist, auf eine Rechtsgrundlage nach Abs. 1 zu stützen.[183] Eine solche Auslegung würde dem Zweckbindungsgrundsatz nach Art. 5 Abs. 1 lit. b 1. Hs. seine Bedeutung vollständig nehmen. Vielmehr darf bei Inkompatibilität mit dem Erhebungszweck nicht auf den Datenbestand zurückgegriffen werden, sondern die Daten müssen neu bei der betroffenen Person erhoben werden;[184] nur so kann die Rückbindung an den Erhebungskontext und die Erwartungen der betroffenen Person wiederhergestellt werden.[185] Ausnahmen hiervon sieht Abs. 4 für die Ziele des Art. 23 vor sowie bei Vorliegen der Einwilligung der betroffenen Person (→ Abs. 4 Rn. 17ff.).

96 **b) Verarbeitung durch Behörden in Erfüllung ihrer Aufgaben (Abs. 1 UAbs. 2).** UAbs. 2 schließt es aus, eine Verarbeitung auf lit. f zu stützen, die eine Behörde („public authority") zur Erfüllung ihrer Aufgaben vornimmt; eine entsprechende Regelung fehlte in Art. 7 DSRL.[186] Hintergrund ist der Vorbehalt des Gesetzes. Danach obliegt es dem nationalen Gesetzgeber, die Datenverarbeitung durch Behörden zu regeln (EG 47 S. 5). Eine allgemeine Interessenabwägung, wie sie lit. f vorsieht, ist in vielen Konstellationen nicht ausreichend klar und präzise, um eine Datenverarbeitung für die betroffenen Personen so vorhersehbar zu regeln, wie dies Artt. 7, 8 iVm Art. 52 Abs. 1 GRCh voraussetzen.[187] Dementsprechend eröffnet Abs. 3 den Mitgliedstaaten nicht nur die Möglichkeit, ihr nationales Datenschutzrecht im öffentlichen Bereich beizubehalten, sondern stellt an die nationalen Rechtsgrundlagen auch Anforderungen. Eine Behörde könnte diese Anforderungen unterlaufen, wenn sie die Verarbeitung auf lit. f stützen würde.[188] Konsequenterweise enthält daher auch Art. 5 DSVO 45/2001/EG, der sich nur an die EU und ihre Organe wendet, keine Rechtsgrundlage für eine Verarbeitung auf der Basis überwiegender Interessen.

97 Ihrem Wortlaut nach stellt die Regelung auf die verarbeitende Stelle und nicht den Zweck der Verarbeitung ab.[189] UAbs. 2 weicht insoweit von lit. c ab, wonach die Verarbeitung im öffentlichen Interesse erfolgen muss oder in Ausübung öffentlicher Gewalt; die Regelung scheint daher enger zu sein und nicht alle Stellen zu erfassen, die Daten im öffentlichen Interesse verarbeiten (vgl. insoweit auch Art. 37 Abs. 1 lit. a).[190] Allerdings ist der Begriff der Behörde funktional zu verstehen. Es wäre mit dem Zweck der Rückausnahme des UAbs. 2 kaum vereinbar, wenn sie nicht alle Verarbeitungen abdecken würde, die nicht einer privaten Zielsetzung, sondern der Erfüllung öffentlicher Aufgaben dienen und daher unter lit. e fallen.[191]

98 **4. Voraussetzungen. a) Berechtigte Interessen des Verantwortlichen oder Dritter.** Der Begriff der berechtigten Interessen wird von der DSGVO nicht definiert und ist sehr weit zu verstehen. Er umfasst sowohl recht-

---

179 Hierfür die Bundesregierung in der Gesetzesbegründung zu § 27 BDSG nF, BT-Drs. 18/11325, 99; *Ziegenhorn/v. Heckel* NVwZ 2016, 1585 (1590).

180 Ebenfalls kritisch *Hornung/Hoffmann* ZD-Beil. 2017, 1 (8); für eine einschränkende Auslegung des Art. 5 Abs. 1 lit. b 2. Hs. daher *Schantz/Wolff/Wolff*, Rn. 413.

181 *Albrecht* CR 2016, 88 (92); *Albrecht/Jotzo*, Teil 3 Rn. 52.

182 Für einen „redaktionellen Fehler" *Schantz* NJW 2017, 1841 (1844); *Kühling/Buchner/Herbst* Art. 5 Rn. 49; *Eichenhofer* PinG 2017, 135 (139 f.); aA Gola/*Schulz* Art. 6 Rn. 185; *Ziegenhorn/v. Heckel* NVwZ 2016, 1585 (1590); *Monreal* ZD 2016, 507 (510); zweifelnd an einem Redaktionsversehen auch *Hornung/Hoffmann* ZD-Beil. 2017, 1 (8).

183 So aber Gola/*Schulz* Art. 6 Rn. 187 im Wege eines Umkehrschlusses aus EG 50 S. 2; *Roßnagel/Richter*, Europ. DSGVO, § 4 Rn. 121; aA Ehmann/Selmayr/*Heberlein* Art. 5 Rn. 16; *Kühling/Buchner/Buchner/Petri* Art. 6 Rn. 185.

184 *Kühling/Buchner/Buchner/Petri* Art. 6 Rn. 185.

185 Zu diesem Ziel der Zweckbindung Grabitz/Hilf/Nettesheim/*Brühann* DSRL Art. 6 Rn. 11.

186 Der EuGH wandte sogar ohne Bedenken Art. 7 lit. f DSRL auf die Übermittlung von Daten von der Polizei an ein staatliches Unternehmen an (EuGH C-13/16, ZD 2017, 324 Rn. 26ff. – Rīgas satiksme).

187 Vgl. zu diesem Erfordernis EuGH Gutachten 1/15, EWS 2017, 219 Rn. 141 – PNR-Abkommen mit Kanada; EuGH C-203/15 u. C-698/15, NJW 2017, 717 Rn. 109 und 117 – Tele2 Sverige und Watson mwN.

188 BeckOK DatenschutzR/*Albers* DSGVO Art. 6 Rn. 47; Paal/Pauly/*Frenzel* Art. 6 Rn. 26 („kein Auffangtatbestand für Hoheitsträger").

189 *Schantz/Wolff/Wolff*, Rn. 641.

190 Ehmann/Selmayr/*Heberlein* Art. 6 Rn. 21.

191 IErg ebenso Ehmann/Selmayr/*Heberlein* Art. 6 Rn. 21.

liche als auch wirtschaftliche[192] und ideelle Interessen.[193] Hinter diesen Interessen stehen in den meisten Fällen die Grundrechte des Verantwortlichen oder Dritter (zB die Meinungs-[194] und Informationsfreiheit,[195] das Eigentum[196] oder die unternehmerische Freiheit des Verantwortlichen), mit denen über die Interessenabwägung ein angemessener Ausgleich erreicht werden muss (vgl. EG 4).[197] Eine grundrechtliche Verankerung der berechtigten Interessen lässt sich zwar fast immer herstellen, weil die Verarbeitung auf Initiative des Verantwortlichen geschieht. Sie ist aber schon nach dem Wortlaut nicht zwingend, weil der Unionsgesetzgeber hier von Interessen spricht, aufseiten der betroffenen Person aber von Grundrechten und Grundfreiheiten. Berücksichtigt werden diese Interessen allerdings nur, wenn sie berechtigt sind, dh sich im **Einklang mit der Rechtsordnung** befinden. Es handelt sich – ebenso wie bei der Frage der Legitimität des Verarbeitungszwecks im Rahmen von Art. 5 Abs. 1 lit. b 1. Hs. – um einen sehr groben Filter. Als Vorfrage für die Rechtmäßigkeit der Verarbeitung dient er nur dazu, solche Interessen auszuschließen, die von der Rechtsordnung nicht anerkannt werden (zB die Verarbeitung zum Zwecke der Begehung einer Straftat).[198] EG 47 bis 50 stellen für einige Verarbeitungszwecke klar, dass an ihnen ein berechtigtes Interesse besteht (Betrugsprävention, IT-Sicherheit, Hinweise auf Straftaten an Behörden) oder zumindest bestehen kann (Direktwerbung, Konzernsachverhalte); in beiden Konstellation ist damit aber noch nicht das Ergebnis der Interessenabwägung vorgezeichnet.[199]

Berücksichtigt werden nicht nur die berechtigten Interessen des Verantwortlichen, sondern auch die **berechtigten Interessen Dritter** (zB das Eigentumsrecht sowie das Recht auf einen wirksamen Rechtsbehelf eines Inhabers von Immaterialgüterrechten[200]). Der Kreis der Dritten kann dabei weit gespannt sein. Insbesondere an Veröffentlichungen kann ein Informationsinteresse einer breiteren Öffentlichkeit bestehen.[201] Nicht erfasst werden in Abgrenzung zu lit. e jedoch **öffentliche Interessen**, die keinen Bezug zu einzelnen Personen haben. Solche öffentlichen Interessen können zwar einem berechtigten Interesse ein stärkeres Gewicht verleihen oder sich mit den berechtigten Interessen des Verantwortlichen oder Dritter decken (zB bei der Betrugsprävention oder IT-Sicherheit).[202] Ausgeschlossen ist jedoch, dass private Stellen eine Verarbeitung mit der Wahrnehmung von Allgemeininteressen (zB Terrorismusabwehr, Volksgesundheit) rechtfertigen.[203] Die Verfolgung dieser Ziele muss gesetzlich festgelegt sein (vgl. Abs. 3 S. 1). Einen gewissen Systembruch stellt daher die Feststellung in EG 50 S. 9 dar, dass die Mitteilung von Informationen über Straftaten oder drohende Gefahren für die öffentliche Sicherheit an die zuständigen Behörden dem berechtigten Interesse des Verantwortlichen dient; die Art.-29-Gruppe hatte dies bisher als Verarbeitung im öffentlichen Interesse (Art. 7 lit. e DSRL) eingestuft.[204] § 24 Abs. 1 Nr. 1 BDSG nF sieht hierfür auch eine spezielle Rechtsgrundlage vor. Kein berechtigtes Interesse stellen zudem – wie im Rahmen des Art. 49 Abs. 1 UAbs. 1 lit. d (→ Art. 49 Rn. 35) – **öffentliche Interessen ausländischer Staaten** dar; es kann aber ein berechtigtes Interesse des Verantwortlichen geben, Anforderungen des Rechts eines Drittlandes einzuhalten, um Sanktionen abzuwenden.[205]

b) Erforderlichkeit zur Wahrung der berechtigten Interessen. Die Datenverarbeitung muss zur Wahrung der berechtigten Interessen des Verantwortlichen oder Dritter auch erforderlich sein. Wenn daher die berechtigten Interessen auf anderem Wege ebenso effektiv verwirklicht werden können und hierbei die Rechte und Interessen der betroffenen Person weniger beeinträchtigt werden, ist die Datenverarbeitung bereits nicht erforderlich. Eine Verarbeitung ist beispielsweise dann nicht erforderlich, wenn ihr Ziel durch die Verarbeitung anonymisierter Daten erreicht werden kann[206] oder durch technische Ausgestaltung nach dem Grundsatz des privacy by design (Art. 25 Abs. 1) begrenzt werden kann.[207] Da Ausnahmen von Artt. 7, 8 GRCh auf das „absolut Notwendige" begrenzt sein müssen, ist auch die Erforderlichkeit im Rahmen des lit. f eng

192 Vgl. EuGH C-131/12, NJW 2014, 2257 Rn. 81, 97, 99 – Google Spain.
193 Kühling/Buchner/*Buchner/Petri* Art. 6 Rn. 146; sa zum bisherigen Recht *Art.-29-Gruppe*, WP 217, S. 31.
194 EuGH C-101/01, EuZW 2004, 245 Rn. 87 – Lindqvist.
195 EuGH C-131/12, NJW 2014, 2257 Rn. 81, 97, 99 – Google Spain.
196 EuGH C-212/13, NJW 2015, 463 Rn. 34 – Ryneš.
197 EuGH C-468/10 u. C-469/10, ZD 2012, 33 Rn. 43 – ASNEF u. FECEMD; Paal/Pauly/*Frenzel* Art. 6 Rn. 28.
198 Ehmann/Selmayr/*Heberlein* Art. 6 Rn. 22; *Art.-29-Gruppe*, WP 217, S. 32.
199 Kühling/Buchner/*Buchner/Petri* DSGVO Art. 6 Rn. 147; *Albrecht* CR 2016, 88 (92).
200 Vgl. EuGH C-275/06, NJW 2008, 743 Rn. 61ff. – Promusicae.
201 Vgl. EuGH C-131/12, NJW 2014, 2257 Rn. 81, 97ff. – Google Spain.
202 *Art.-29-Gruppe*, WP 217, S. 45.
203 Kühling/Buchner/*Buchner/Petri* Art. 6 Rn. 146; *Ferretti* 51 CMLR (2014) 843 (860); *Art.-29-Gruppe*, WP 217, S. 45.
204 *Art.-29-Gruppe*, WP 217, S. 27.
205 *Art.-29-Gruppe*, WP 217, S. 33.
206 Wolff/Schantz/*Wolff*, Rn. 647; vgl. auch zu Art. 7 lit. e DSRL EuGH C-524/06, EuZW 2009, 183 Rn. 65 – Huber.
207 Vgl. zum alten Recht BGH, Urt. v. 15.5.2018, Az. VI ZR 233/17, Rn. 25 f. – Dashcams.

auszulegen.[208] Daher kommt es nicht darauf an, ob das aus Sicht der betroffenen Person mildere Mittel wirtschaftlich sinnvoll ist.[209]

101   **c) Kein Überwiegen der Interessen und Rechte der betroffenen Person. aa) Interessen und Rechte der betroffenen Person.** Die Interessen und Grundrechte und Grundfreiheiten der betroffenen Person sind umfassend zu berücksichtigen. Der Wortlaut scheint dies einzuschränken, indem er darauf abstellt, diese müssten den Schutz personenbezogener Daten erfordern. Schon aus grundrechtlichen Erwägungen sind alle Folgen eines Eingriffs umfassend zu berücksichtigen – auch wenn der Eintritt dieser Folgen nicht sicher ist, es sich also „nur" um ein Risiko handelt.[210] Bereits durch die Verarbeitung ihrer Daten ohne ihre Einwilligung ist die betroffene Person in ihren Grundrechten aus Artt. 7, 8 GRCh betroffen, da hierdurch ihre Kontrolle über die Verarbeitung ihrer Daten eingeschränkt wird. Eine Datenverarbeitung kann aber auch Folgen für die wirtschaftlichen Interessen der betroffenen Person, ihr Ansehen in der Öffentlichkeit[211] sowie die Ausübung anderer Freiheitsrechte einschließlich Teilhabe- und Leistungsrechten[212] haben. Denkbar sind darüber hinaus auch diskriminierende Effekte (vgl. EG 75, umfassend zu den Folgen der Datenverarbeitung → Rn. 107).[213]

102   Wenig erörtert ist, ob über den Wortlaut des lit. f hinaus auch **andere Interessen als die der betroffenen Person** in die Abwägung einzubeziehen sind. So können weitere Personen durch eine Datenverarbeitung mittelbar betroffen sein, indem etwa ein Profiling mit dem Ziel der Einschätzung der Bonität einer Person auch wirtschaftliche Auswirkungen auf deren Ehepartner haben kann oder aber auf andere Personen, von denen man aufgrund von statistischen Korrelationen im Rahmen einer Big Data-Analyse annimmt, dass sie über die gleiche Bonität verfügen wie die betroffene Person.[214] Sobald aber eine solche Übertragung von Informationen über die betroffene Person auf Dritte erfolgt, handelt es sich auch in Bezug auf diese um personenbezogene Daten;[215] ihre Rechte und Interessen fließen daher schon aus diesem Grund in die Abwägung ein. Denkbar ist es auch, dass eine Datenverarbeitung eine **Vielzahl von Personen** betrifft. Dies kann dazu führen, dass sie als sehr viel schwererer Eingriff zu werten ist als bei einer Betrachtung jeder einzelnen betroffenen Person. Solche Maßnahmen können aufgrund ihrer Streubreite oder ihre Verbreitung[216] in besonderem Maße Auswirkungen auf das öffentliche Interesse am Datenschutz haben.[217] Denn Datenschutz gewährleistet nicht nur die Verhaltensfreiheit des Einzelnen, sondern auch die notwendigen Freiräume für die Ausübung der Meinungsfreiheit sowie anderer Grundrechte und damit für eine funktionierende Demokratie.[218]

103   **bb) Leitlinien der Abwägung.** Der Tatbestand des lit. f ist ausgesprochen offen formuliert und wird in der DSGVO kaum konturiert. Entsprechende Versuche des EP sind gescheitert; ebenso der Vorschlag der KOM, die Interessenabwägung im Wege delegierter Rechtsakte zu konkretisieren (→ Rn. 85). Anhaltspunkte für die Abwägung lassen sich auch den EG 47 bis 50 kaum entnehmen, da diese lediglich feststellen, dass ein berechtigtes Interesse besteht, das Ergebnis der Abwägung aber nicht vorgeben.[219] Kriterien für die Gewichtung der einzelnen Abwägungstopoi lassen sich jedoch aus der Gesamtsystematik der DSGVO gewinnen. Wenn der Unionsgesetzgeber die Datenverarbeitung für bestimmte Zwecke etwa mehrfach privilegiert (zB die Durchsetzung von zivilrechtlichen Ansprüchen → Rn. 123), lässt sich hieraus eine generelle Wertung ableiten, ebenso wenn er bestimmte Arten der Verarbeitung für so risikoreich hält, dass er sie besonderen Regelungen unterwirft, zB einer Datenschutz-Folgenabschätzung (Art. 35, EG 75). Auch erlauben die Erlaubnistatbestände des Art. 9 Abs. 2 für die Verarbeitung besonderer Kategorien von Daten den Schluss, dass eine Verarbeitung im Rahmen des lit. f unter ihren Voraussetzungen erst recht zulässig sein wird.[220]

---

208   EuGH C-13/16, ZD 2017, 324 Rn. 30 – Rīgas satiksme.
209   Auernhammer/*Kramer* DSGVO Art. 6 Rn. 34.
210   AA *Tavanti* RDV 2016, 295 (298) (nur Interessen, die unmittelbar mit dem Persönlichkeitsrecht in Verbindung stehen).
211   Vgl. EuGH C-73/16, EuZW 2017, 952 Rn. 114 – Puškár.
212   Vgl. *Spiecker gen. Döhmann* VVDStRL 2018, S. 9ff. mwN.
213   Ehmann/Selmayr/*Heberlein* Art. 6 Rn. 34.
214   Zu diesem Problem *Roßnagel* ZD 2013, 562 (566); zu dieser kollektiven Dimension des Datenschutzes *Fairfield/Engel* 65 Duke L. J. 385, 397ff. (2015).
215   Hierfür auch *Hoffmann*-Riem AöR 142 (2017) 1 (38 f.); sa Schantz/Wolff/*Schantz*, Rn. 296.
216   Vgl. BGH, Urt. v. 15.5.2018, Az. VI ZR 233/17, Rn. 26 – Dashcams.
217   Hierfür allgemein *Klement* JZ 2017, 161 (170).
218   So schon BVerfGE 65, 1 (43) – Volkszählung; *Boehme*-Neßler DVBl 2015, 1282, (1287); hierzu *Spiecker gen. Döhmann* VVDStRL 2018, S. 9ff.; auf die Folgen der Überwachung auf die Ausübung anderer Grundrechte hinweisend *Art.-29-Gruppe*, WP 217, S. 47.
219   Auernhammer/*Kramer* DSGVO Art. 6 Rn. 30.
220   Vgl. EuGH C-13/16, ZD 2017, 324 Rn. 29 – Rīgas satiksme (für Art. 7 lit. f DSRL); skeptischer *Art.-29-Gruppe*, WP 217, S. 19 f.

Die Formulierung des lit. f kann zu der Annahme verleiten, es handle sich um eine Regelung zur **Darlegungs- und Beweislast**.[221] Folge wäre, dass in einem Prozess die betroffene Person nachweisen müsste, dass ihre Interessen im Einzelfall überwiegen. Dies berücksichtigt jedoch nicht ausreichend, dass der Verantwortliche im Rahmen seiner **Rechenschaftspflicht** das Vorliegen einer Rechtsgrundlage iSd Abs. 1 sorgfältig umfassend prüfen und dokumentieren muss (Art. 24 Abs. 1, Art. 5 Abs. 2).[222] Ebenso verlangt EG 47 S. 3 eine sorgfältige Abwägung, ob ein berechtigtes Interesse besteht.[223]

cc) Gewichtungsfaktoren. Inwieweit eine Datenverarbeitung die Rechte und Interessen der betroffenen Person berührt, hängt entscheidend davon ab, welche Daten über ihn verarbeitet werden. Hierbei kann die **Art der verarbeiteten Daten** von Bedeutung sein, aber auch der **Umfang der Daten**, die über eine Person verarbeitet werden oder mit vorhandenen Daten zusammengeführt werden können. Ausgangpunkt ist, dass Artt. 7, 8 GRCh jedes personenbezogene Datum schützt.[224] Dies schließt aber nicht aus, in bestimmten Fällen höhere Voraussetzungen vorzusehen. Die DSGVO differenziert selbst, indem sie besondere Kategorien personenbezogener Dateien nach Art. 9 eigenständigen Verarbeitungsvoraussetzungen unterwirft. Die Anforderungen an die Verarbeitung bestimmter Daten können etwa höher sein, weil damit für die betroffene Person Nachteile verbunden sein können (ausführlich → Rn. 107); ein Beispiel hierfür sind Daten mit Bezug auf die **wirtschaftlichen und finanziellen Verhältnisse** einer Person. Die Verarbeitung anderer Daten ist besonders schwerwiegend, weil diese einen Bereich betreffen, der mit besonders hohen Vertraulichkeitserwartungen verbunden ist (zB die räumliche Privatsphäre oder die Intimsphäre; ausführlich → Rn. 131). Gleiches gilt für Daten, deren **Aussagegehalt** über eine Person besonders hoch ist. So erlauben etwa **Standortdaten** die Erstellung eines Bewegungsprofils, das erhebliche Rückschlüsse auf die Lebensgewohnheiten, Beziehungen und Interessen einer Person zulässt.[225]

Der **Umfang** der verarbeiteten Daten über eine Person oder auch die Möglichkeit, eine Vielzahl von Daten zusammenzuführen, erhöht aufgrund der damit verbundenen **Aussagekraft** ebenfalls die Schwere des Eingriffs in die Rechte der betroffenen Person.[226] Dies ist insbes. der Fall, wenn eine Datenverarbeitung ein „mehr oder weniger detailliertes Profil einer Person"[227] ergibt und dieses nicht nur einen, sondern mehrere Lebensbereiche einer Person umfasst.[228] In EG 38 S. 2 hebt die DSGVO selbst für Kinder deren besondere Schutzbedürftigkeit bei der Bildung von **Nutzer- und Persönlichkeitsprofilen** hervor. Diese sind vom Profiling (Art. 4 Nr. 4) zu unterscheiden, bei dem nicht der Umfang der Daten, sondern das bewertende Element im Vordergrund steht. Soweit ein mehr oder weniger detailliertes Profil einer Person erstellt wird, ist im Ausgangpunkt davon auszugehen, dass die Interessen der betroffenen Person überwiegen[229] und zumindest rein kommerzielle Interessen des Verantwortlichen die Verarbeitung nicht rechtfertigen können.[230] **Behavioural Targeting**, insbes. wenn es das Surfverhalten über mehrere Websites hinweg erfasst, kann daher nicht auf lit. f gestützt werden.[231] Auch muss die betroffene Person nicht mit einer solchen Datenverarbeitung rechnen, weil ein Angebot kostenlos ist.[232] Nicht jede Art der Werbung ist im gleichen Maße auf eine Person zugeschnitten und erfordert die Verarbeitung personenbezogener Daten.[233]

Wie stark die Rechte und Interessen der betroffenen Person durch eine Datenverarbeitung betroffen werden, hängt auch davon ab, welche **Folgen eine Datenverarbeitung** für die betroffene Person haben kann. Zwar folgt das europäische Datenschutzrecht keinem „*harm-based-approach*", der nur vor den negativen Folgen einer Datenverarbeitung schützt.[234] Drohen durch eine Datenverarbeitung aber negative Folgen, wird sie nach der DSGVO als besonders **risikoreich** eingestuft, was insbes. eine Datenschutzfolgeabschätzung nach Art. 35 Abs. 1 S. 1 erforderlich macht, aber auch im Rahmen der Interessenabwägung zu berück-

104

105

106

107

221 So Paal/Pauly/*Frenzel* Art. 6 Rn. 31; BeckOK DatenschutzR/*Albers* DSGVO Art. 6 Rn. 52.
222 *Art.-29-Gruppe*, WP 217, S. 55; anschaulich *Drewes* CR 2016, 721 (724); in diese Richtung ebenfalls Schantz/Wolff/*Wolff*, Rn. 662; *Gellert* EPDL 2016, 481 (486).
223 *Albrecht/Jotzo*, Teil 3 Rn. 51.
224 Vgl. bereits EuGH C-465/00, C-138/01 u. C-139/01, EuR 2004, 276 Rn. 75 – Österreichischer Rundfunk (bereits vor Verbindlichkeit der GRCh), wonach es nicht darauf ankomme, ob eine Information sensibel ist.
225 *Art.-29-Gruppe*, WP 217, S. 19 f.; *Zuiderveen Borgesius* 5 IDPL 163, 169 (2015); vgl. auch für den Aussagegehalt von Fluggastdaten EuGH Gutachten 1/15, EWS 2017, 219 Rn. 128 – PNR-Abkommen mit Kanada.
226 Vgl. EuGH C-291/22, ZD 2013, 608 Rn. 49 – Schwarz./. Stadt Bochum.
227 EuGH C-131/12, NJW 2014, 2257 Rn. 80 – Google Spain.
228 Vgl. *Art.-29-Gruppe,* WP 251, S. 21.
229 Kühling/Buchner/*Buchner/Petri* Art. 6 Rn. 152.
230 Vgl. EuGH C-131/12, NJW 2014, 2257 Rn. 80 f. – Google Spain.
231 Vgl. *Art.-29-Gruppe*, WP 217, S. 56 f. und 85 f.; *Zuiderveen Borgesius* 5 IDPL 163, 168 (2015) mit Beispielen zur bisherigen Behördenpraxis; *Moerel*, Big Data Protection. How to make the EU Draft Regulation Future Proof, 2014, S. 58.
232 So aber *Tavanti* RDV 2016, 295 (299).
233 *Zuiderveen Borgesius* 5 IDPL 163, 168 (2015).
234 EuGH C-465/00, C-138/01 u. C-139/01, EuR 2004, 276 Rn. 75 – Österreichischer Rundfunk.

sichtigen ist.[235] EG 75 S. 1 nennt beispielhaft als Folgen einer risikoreichen Datenverarbeitung Diskriminierung, Identitätsdiebstahl oder -betrug, finanzielle Verluste oder Rufschädigung[236]. Negative Folgen können auch aus Entscheidungen erwachsen, die auf der Basis der verarbeiteten Daten getroffen werden. So kann etwa eine negative Risikoeinschätzung dazu führen, dass eine betroffene Person keinen Kredit oder keine Versicherung mehr erhält und hierdurch ihre wirtschaftlichen und gesellschaftlichen Entfaltungschancen erheblich beeinträchtigt werden. Eine negative Folge kann auch sein, dass die **Verhandlungsposition** einer Person geschwächt wird, indem bestimmte Informationen über sie (zB ihre Zahlungsbereitschaft oder das aktuelle Gehalt) dem Verhandlungspartner aufgrund der Verarbeitung bekannt sind.[237] Ähnlich ist auch die Verarbeitung personenbezogener Daten zur Kalkulation **individualisierter Preise** einzuschätzen, die in der Regel nicht auf die Interessenabwägung nach lit. f gestützt werden kann.[238] Ein erhöhtes Risiko kann ferner in einem hohen **Missbrauchspotential** der verarbeiteten Daten durch einen unberechtigten Zugriff oder unberechtigte Nutzung liegen, dem dann durch kompensatorische Maßnahmen (→ Rn. 114) entgegengewirkt werden muss.[239] Die Folgen einer Datenverarbeitung können zudem durch ihre Verbreitung der Daten (etwa im durch eine Auskunftei an alle angeschlossenen Unternehmen) oder den **Verlust der Kontrolle** über sie (zB durch **Veröffentlichung im Internet**[240]) zunehmen.[241] Nachteile für die betroffene Person können sich insbes. daraus ergeben, wenn **unrichtige Daten** über sie verarbeitet werden – hieran besteht von vornherein kein berechtigtes Interesse – oder wenn Daten unvollständig oder herausgelöst aus ihrem Kontext verarbeitet werden und so ein falsches Bild über sie vermitteln.[242] Ebenso können die Rechte und Interessen der betroffenen Person durch **Prognosen** über sie berührt werden, die keinen professionellen Standards folgen und daher mit erhöhter Wahrscheinlichkeit fehlerhaft sind,[243] ohne dass im Umkehrschluss die Verwendung korrekter Prognosen stets die berechtigten Interessen der betroffenen Person zurückdrängte.

108 Für die Interessenabwägung spielt zudem der **Kontext der Erhebung** der Daten eine erhebliche Rolle. Wie bereits im Rahmen der Zweckbindung sind auch hier die **vernünftigen Erwartungen der betroffenen Person** zu berücksichtigen (EG 47 S. 1 2. Hs.). Dabei ist zu fragen, ob die betroffene Person im Zeitpunkt der Erhebung aufgrund des jeweiligen Kontexts absehen konnte, dass die Daten zu diesem Zweck verarbeitet werden würden oder gerade nicht mit einer weiteren Verarbeitung rechnen musste (EG 47 S. 3 und 4). Das Kriterium der vernünftigen Erwartungen des Betroffenen knüpft nur terminologisch an die Rechtsprechung des EGMR an („reasonable expectation of privacy"), wird aber hier anders verwendet.[244] Im Unterschied zur Rechtsprechung des EGMR begrenzen die Erwartungen des Betroffenen hier nicht den Schutzbereich des Art. 8 Abs. 1 EMRK, sondern sind nur ein Faktor im Rahmen der Abwägung. Durch die Berücksichtigung der Erwartungen der betroffenen Person wird das Spektrum möglicher Verarbeitungszwecke eingegrenzt. Damit wird gewährleistet, dass die Datenverarbeitung für die betroffene Person auch über den Erhebungszeitpunkt vorhersehbar bleibt. Letztlich wird die betroffene Person vor der Verarbeitung zu überraschenden Zwecken geschützt. Indem nur auf die „vernünftigen" Erwartungen abgestellt wird, wird der Maßstab durch die Heranziehungen gesellschaftlicher Erwartungen modifiziert;[245] allein die weite Verbreitung einer Verarbeitung führt aber idR nicht dazu, dass jede betroffene Person sie erwarten muss. Zwar kann Transparenz die Erwartungshaltung der betroffenen Person beeinflussen; zu weitgehend wäre es aber, bei einer ordnungsgemäßen Information nach Artt. 13, 14 generell zu vermuten, dass die vernünftigen Erwartungen der betroffenen Person mit der geplanten Verarbeitung im Einklang stehen.[246] Wäre dies so, hätten die Erwartungen der betroffenen Person, denen der Unionsgesetzgeber ein besonderes Gewicht zumessen wollte, angesichts der hohen Transparenzpflichten keine praktische Bedeutung. Entscheidend ist vielmehr eine Gesamtbetrachtung des Kontexts.

109 Hohe Vertraulichkeitserwartungen, die für ein grundsätzliches Überwiegen der Interessen der betroffenen Person sprechen, liegen etwa vor, wenn die Daten zugleich einem **Berufsgeheimnis** unterliegen (zB zwischen

---

235 Ehmann/Selmayr/*Heberlein* Art. 6 Rn. 24; *Härting*, Rn. 134.

236 Zum Schutz vor Rufschädigungen vgl. EuGH C-73/16, EuZW 2017, 952 Rn. 114 – Puškár.

237 So EuGH C-465/00, C-138/01 u. C-139/01, EuR 2004, 276 Rn. 79 – Österreichischer Rundfunk für die Offenlegung des aktuellen Gehalts; sa *Art.-29-Gruppe*, WP 217, S. 47.

238 *Art.-29-Gruppe*, WP 217, S. 41; *Zuiderveen Borgesius/Poort* 40 J Consum Policy 347, 360 (2017).

239 Vgl. zum Missbrauchspotential als Faktor EuGH C-293/12 u. C-594/12, NJW 2014, 2169 Rn. 54 – Digital Rights Ireland; *Art.-29-Gruppe*, 14/DE WP 217, S. 47 und 48.

240 Hierzu EuGH C-131/12, NJW 2014, 2257 Rn. 80 und 84 – Google Spain (zur Ubiquität des Internets und der Schwierigkeit, Veröffentlichungen dort zu beseitigen).

241 *Art.-29-Gruppe*, WP 217, S. 47.

242 Kühling/Buchner/*Buchner*/*Petri* Art. 6 Rn. 151.

243 *Art.-29-Gruppe*, WP 217, S. 50.

244 EGMR MMR 2007, 431 § 42 – Copland ./. Vereinigtes Königreich; EGMR, Urt. v. 26.7.2007, Beschwerde Nr. 64209/01, §§ 37ff. – Peev v. Bulgarien mwN.

245 Vgl. Gola/*Schulz* Art. 6 Rn. 57 (Maßstab „gemischt subjektiv-objektiv"); *Tavanti* RDV 2016, 295 (299).

246 So aber Gola/*Schulz* Art. 6 Rn. 58; *Tavanti* RDV 2016, 295 (299); in diese Richtung auch *Drewes* CR 2016, 721 (723).

Anwalt und Mandant);[247] auch **vertragliche Verschwiegenheitspflichten** begründen eine entsprechende Erwartung, insbes. wenn hinter ihnen wie im Fall des Bankgeheimnisses eine traditionell hohe Verschwiegenheitserwartung steht.[248] Der Verantwortliche kann aber auch selbst die Erwartungen der betroffenen Person hochschrauben, wenn er den Eindruck erweckt, Datenschutz würde höchste Priorität in seinem Geschäftsmodell einnehmen; hieran muss der Verantwortliche sich dann auch festhalten lassen.[249] Auch wenn der Verantwortliche die betroffene Person um ihre **Einwilligung bittet** und sie ihm diese verweigert oder sie später widerruft, hat der Verantwortliche dadurch bei der betroffenen Person die Erwartung genährt, sie könne die Datenverarbeitung beeinflussen; dies schränkt die Möglichkeit des Rückgriffs auf die Interessenabwägung nach lit. f als Rechtsgrundlage ein. Gleiches gilt, wenn sie durch eine **umfassende Einwilligungserklärung** erweckt den Eindruck, diese würde die Verarbeitung der Daten der betroffenen Person vollständig regeln (→ Rn. 89).

Die vernünftigen Erwartungen der betroffenen Person werden auch davon beeinflusst, ob es sich um **öffentlich verfügbare Informationen** handelt (ausführlich → Rn. 131). Sind die Daten erst einmal öffentlich, muss sie – im Rahmen der Vereinbarkeit mit dem Erhebungszweck (Art. 5 Abs. 1 lit. b) – mit ihrer weiteren Verarbeitung in sehr viel stärkerem Maße rechnen. Hat die betroffene Person die Daten sogar erkennbar selbst veröffentlicht, spricht dies für die Zulässigkeit der Verarbeitung (vgl. die Wertung in Art. 9 Abs. 2 lit. 2).   110

In die Abwägung einzustellen ist ferner die **Art und Weise, wie die Daten erhoben worden** sind. Fehlt es   111 hier an Transparenz (zB weil eine der Ausnahmen von Artt. 13, 14 vorliegt) oder geschieht die Erhebung sogar bewusst **heimlich**, erhöht dies die Eingriffstiefe erheblich. In dieser Konstellation hat die betroffene Person keinerlei Kontrolle über ihre Daten und kann sich mangels Kenntnis noch nicht einmal gegen die Verarbeitung wehren;[250] ferner erhöht die Unsicherheit die abschreckende Wirkung einer Überwachung, weil die betroffene Person nicht abschätzen kann, wann sie überwacht wird und wann nicht. Zu berücksichtigen ist auch, ob die **Erhebung rechtswidrig** erfolgt ist. Eine Verwertung rechtswidrig gewonnener Daten dürfte – wie bereits zum bisherigem deutschen Recht[251] – nur zulässig sein, wenn gewichtige Umstände zum schlichten Beweisinteresse des Verantwortlichen hinzutreten.

Deutlich hebt lit. f den Umstand hervor, dass die betroffene Person ein **Kind** ist. Bis zu welchem Alter eine   112 Person ein Kind ist, lässt die DSGVO offen. In Anlehnung an Art. 1 der UN-Kinderrechtskonvention ist jedoch von einer **Altersgrenze von 18 Jahren** auszugehen, wie dies auch Art. 4 Nr. 18 und EG 29 S. 2 KOM-E taten.[252] Die besondere Schutzbedürftigkeit von Kindern ist ein Grundgedanke, der die DSGVO durchzieht (s. etwa Art. 8, Art. 12 Abs. 1 S. 1, Art. 17 Abs. 1 lit. f). Hintergrund ist, dass Kinder sich der Risiken und Folgen der Verarbeitung ihrer Daten weniger bewusst sind und daher eines besonderen Schutzes bedürfen (EG 38 S. 1). Hierdurch soll sichergestellt werden, dass Kinder beim Übergang in das Erwachsenenalter nicht von „Jugendsünden" verfolgt werden, deren langfristige Folgen sie gar nicht einschätzen konnten (zB Partybilder, Posts in sozialen Netzwerken). Die Verarbeitung von Daten über Kinder wird in lit. f als ein Fall genannt, in dem die Interessen der betroffenen Personen eines besonderen Schutzes bedürfen; EG 38 S. 2 hebt dies für die Verarbeitung zu Zwecken der Werbung, die Erstellung von Nutzungs- und Persönlichkeitsprofilen sowie die Erhebung von Daten bei Diensten, die sich direkt an Kinder wenden, hervor. Das Ergebnis der Abwägung ist auch in diesem Fall nicht starr vorgegeben und lässt Raum für eine Betrachtung im Einzelfall. Allerdings spricht viel dafür, zumindest im Falle der Verarbeitungen, die EG 38 S. 2 nennt, ein Überwiegen der Rechte und Interessen des betroffenen Kindes zu vermuten.[253] Hierbei kann durchaus nach dem Alter des betroffenen Kindes differenziert werden; dies tut die DSGVO in Art. 8 Abs. 1 UAbs. 1 S. 1 auch selbst, indem sie Kindern über 16 Jahren im besonders risikoreichen Umfeld des Internets die Einwilligungsfähigkeit zuspricht und Kindern unter 13 Jahren in keinem Fall (vgl. Art. 8 Abs. 1 UAbs. 2).[254]

Neben Kindern können aber auch andere Personengruppe im Einzelfall eines besonderen Schutzes bedür-   113 fen, der im Rahmen der Interessenabwägung zu berücksichtigen ist. Denkbar sind etwa **psychisch Kranke** oder **ältere Personen**.[255]

---

247 Ehmann/Selmayr/*Heberlein* Art. 6 Rn. 24.
248 *Drewes* CR 2016, 721 (723 f.).
249 *Drewes* CR 2016, 721 (725).
250 Vgl. zum deutschen Recht BAGE 127, 276 Rn. 1; BAGE 145, 278 Rn. 31.
251 Grundlegend BVerfGE 106, 28 (49) – Mithörvorrichtung; BAGE 156, 370 Rn. 24; zuletzt BGH, Urt. v. 15.5.2018, Az. VI ZR 233/17, Rn. 25 f. – Dashcams Rn. 29ff. und 39ff.mwN.
252 Ehmann/Selmayr/*Heberlein* Art. 6 Rn. 26; Kühling/Buchner/*Buchner/Petri* Art. 6 Rn. 155.
253 Kühling/Buchner/*Buchner/Petri* Art. 6 Rn. 146.
254 Zu den Wertungen, die Art. 8 Abs. 1 zu entnehmen sind, s. Schantz/Wolff/*Schantz*, Rn. 488; ähnlich wie hier BeckOK DatenschutzR/ *Albers* DSGVO Art. 6 Rn. 51; differenzierend zwischen über und unter 16 Jahre Kühling/Buchner/*Buchner/Petri* Art. 6 Rn. 146; zurückhaltender Sydow/*Reimer* Art. 6 Rn. 64.
255 *Art.-29-Gruppe*, WP 217, S. 52.

114 Wie auch anhand Abs. 4 lit. e und Art. 9 Abs. 2 deutlich wird, sind geeignete Garantien ein Mittel, um die Beeinträchtigung der Rechte und Interessen der betroffenen Person abzumildern.[256] Hierbei handelt es sich um **kompensatorische Maßnahmen,** die über die Regelungen der DSGVO hinausgehen. Der deutsche Gesetzgeber hat einen Katalog möglicher geeigneter Garantien in § 22 Abs. 2 S. 2 BDSG nF aufgenommen, auf den zurückgegriffen werden kann. Denkbar sind zudem etwa

- ein voraussetzungsloses Widerspruchsrecht,[257]
- eine erleichterte Ausübung der Betroffenenrechte, die über die Vorgaben des Grundsatzes des Datenschutzes durch Technik nach Art. 25 Abs. 1 hinausgeht,[258]
- zusätzliche Informationen über Artt. 13, 14 hinaus, welche die Datenverarbeitung sowie die Bedeutung der Daten für den Verantwortlichen transparenter machen,
- Pseudonymisierung (vgl. auch Abs. 4 lit. e), Verschlüsselung[259] oder unverzügliche Anonymisierung nach Erhebung der Daten,
- Einschaltung eines Datentreuhänders, um die Nutzung der Daten für andere Zwecke zu verhindern,
- Möglichkeit zur Ergänzung oder Veränderung der Daten durch die betroffene Person.

115 Besonders schwerwiegend sind die Rechte und Interessen der betroffenen Person berührt, wenn geeignete Garantien wie Pseudonymisierung oder Anonymisierung durch eine **Re-Identifikation** der betroffenen Person aufgehoben werden. In dieser Konstellation musste die betroffene Person in der Regel nur damit rechnen, dass die Zuordnung der Daten zu ihrer Person nur in den vorher hierfür vorgesehenen Fällen stattfindet oder gar nicht mehr möglich ist.[260]

116 **5. Ausgewählte Verarbeitungssituationen. a) Konzern und Outsourcing.** Wie auch bisher sind Unternehmen desselben Konzerns datenschutzrechtlich Dritte (Art. 4 Nr. 10), so dass Übermittlungen innerhalb eines Konzerns weiterhin Datenverarbeitungsvorgänge sind, für die eine eigenständige Rechtsgrundlage vorliegen muss. Das EP schlug zwar ein begrenztes **Konzernprivileg** vor (Art. 22 Abs. 3 a Parl-E), das – ähnlich wie im Fall der Drittlandsübermittlung – auf internen Datenschutzregeln oder verbindlichen Unternehmensregelungen basierte; es konnte sich aber letztlich nicht durchsetzen. Übrig blieb EG 48 S. 1: Dieser betrifft zum einen Verantwortliche, die Teil einer Unternehmensgruppe nach Art. 4 Nr. 19 sind, also typische Konzernkonstellationen. Über Art. 4 Nr. 19 hinaus erfasst er – etwas nebulös – aber auch andere Fälle, in denen Einrichtungen einer zentralen Stelle zugeordnet sind. Ein berechtigtes Interesse kann danach an der Übermittlung für interne Verwaltungszwecke vorliegen, wobei als Beispiele die Daten von Kunden oder Beschäftigten genannt werden. Die **Zentralisierung** von IT-Dienstleistungen, zB in Form einer konzernübergreifenden Kundendatenbank oder der Personalverwaltung eines gesamten Konzerns (einschließlich zentraler Datenbanken über die Fähigkeiten der Mitarbeiter, gemeinsamer Lohnbuchhaltung oder konzernübergreifender Telefonverzeichnisse) dürfte hiervon gedeckt sein. Erforderlich bleibt aber noch immer eine Interessenabwägung.[261] Der nationale Gesetzgeber darf zum Schutz der **Beschäftigten** jedoch Regelungen für die Übermittlung ihrer Daten innerhalb einer Unternehmensgruppe vorsehen (Art. 88 Abs. 2); der deutsche Gesetzgeber hat in § 26 BDSG nF diese Option bisher ungenutzt gelassen.

117 Die Begrenzung auf interne Verwaltungszwecke zeigt, dass EG 48 primär die **Zentralisierung** bestimmter Funktionen innerhalb einer großen Organisation im Auge hat; das Interesse an einer **Effizienzsteigerung** hierdurch hatte der EuGH bereits im Zusammenhang mit einer zentralisierten behördlichen Datenbank als erforderlich akzeptiert.[262] Eine Privilegierung der berechtigten Interessen anderer Konzernunternehmen oder der Unternehmensgruppe insgesamt – als Konzerninteresse – ist damit nicht verbunden. Die Werbung für Produkte anderer Konzernunternehmen lässt sich daher nicht auf EG 48 S. 1 stützen. Entscheidend dürfte auch hier sein, ob die betroffene Person mit einer Verarbeitung der Daten zur Wahrung der berechtigten Interessen anderer Konzernunternehmen rechnen musste. Dies wird auch davon abhängen, wie die Unternehmensgruppe gegenüber der betroffenen Person aufgetreten ist. Ist der Verantwortliche, der die Daten erhebt, zwar eine eigenständige juristische Person (zB XY Niederlassung Berlin GmbH), aber gegenüber der betroffenen Person nur als Teil eines Konzerns in Erscheinung getreten, muss die betroffene Person eher

---

256 *Art.-29-Gruppe,* WP 217, S. 43 („zusätzliche Schutzmaßnahmen")

257 *Art.-29-Gruppe,* WP 217, S. 54 und 57 f.

258 Vgl. *Art.-29-Gruppe,* WP 217, S. 40.

259 Zur Frage, ob verschlüsselte Daten noch einen Personenbezug aufweisen oder anonymisiert sind s. *Spindler/Schmeichel* JIPITEC 2016, 163 Rn. 44 f.

260 *Schantz/Wolff/Schantz,* Rn. 306; für einen Schutz anonymisierter Daten daher *Günter/Hornung/Rannenberg/Roßnagel/Spieckermann/Waidner* Auch anonyme Daten brauchen Schutz, DIE ZEIT v. 14.3.2013.

261 BeckOK DatenschutzR/*Albers* DSGVO Art. 6 Rn. 49; Gola/*Schulz* Art. 6 Rn. 171; *Vogt* CR 2017, 428 (429); für ein generelles Überwiegen der Interessen des Verantwortlichen Plath/*Plath* DSGVO Art. 6 Rn. 22.

262 EuGH C-524/06, NVwZ 2009, 389 Rn. 62 – Huber.

mit einer Übermittlung innerhalb des Konzerns rechnen als zwischen Tochtergesellschaften eines Konzerns, die unter verschiedenen Marken in unterschiedlichen Branchen tätig sind.

Die DSGVO geht davon aus, dass in einer Unternehmensgruppe Entscheidungen von einer Stelle in allen **118** Teilen umgesetzt werden können (EG 37 S. 1). Die Wertungen des EG 48 lassen sich daher nicht auf **Out-sourcing**-Maßnahmen (zB im Rahmen des **Cloud Computings**) übertragen. Liegt hier keine Auftragsverarbeitung vor (hierzu → Art. 28 Rn. 18ff.), fehlt es an einer vergleichbaren Kontrolle über die Datenverarbeitung beim Empfänger der Daten. Die Übermittlung an einen Dritten, damit er Aufgaben im Interesse des Verantwortlichen effizienter erledigt, wird daher in der Regel nur zulässig sein, wenn vertragliche Schutzmechanismen vorliegen, die denen der Auftragsverarbeitung vergleichbar sind (insbes. eine mit einer Vertragsstrafe bewehrte Verpflichtung, die Daten nur nach den Weisungen des Auftraggebers zu verarbeiten)[263] und die Seriosität des Empfängers gewährleistet ist. Im Falle sehr sensibler Daten, die zB einem Berufsgeheimnis unterfallen, kann trotz eines hohen wirtschaftlichen Einsparpotentials die Beurteilung jedoch anders ausfallen. Keine Lösung bietet die Interessenabwägung nach lit. f, sobald auch sensible Daten betroffen sind (→ Art. 9 Rn. 26).

b) IT-Sicherheit. EG 49 S. 1 stellt klar, dass auch die Gewährleistung der IT-Sicherheit ein berechtigtes Interesse ist, soweit die ergriffenen Maßnahmen verhältnismäßig sind.[264] EG 49 S. 2 illustriert verschiedene Angriffsszenarien auf IT-Systeme, die hierunter fallen können, wie die Vermeidung von „Denial-of-Service"-Angriffen (DoS-Angriffen) durch gezielte Überlastung von Servern, den Zugriff unbefugter Personen auf IT-Systeme, deren Schädigung oder die Verbreitung von Schadprogrammen. Angesichts der Bedeutung, die der IT-Sicherheit inzwischen für die Informationsgesellschaft zukommt und der – wenn auch bei weitem nicht ausreichenden – Reaktionen des Gesetzgebers hierauf (vgl. RL (EU) 2016/1148 – sog NIS-RL), ist dies eine Selbstverständlichkeit. Entscheidend ist vielmehr, inwieweit hierfür die Verarbeitung personenbezogener Daten erforderlich und verhältnismäßig ist. So ist etwa zweifelhaft, ob zur Abwehr von DoS-Angriffen die Speicherung von IP-Adressen tatsächlich erforderlich ist[265] oder sie nur einen Hinweis auf den Angreifer geben und dessen Strafverfolgung ermöglichen soll.[266] Im Rahmen der Abwägungen ist im Übrigen eine **Gefahrenprognose** vorzunehmen, wie hoch aufgrund bisheriger Erfahrungen und eventueller zukünftiger Entwicklungen der „Angriffsdruck" und der drohende Schaden ist.[267]

c) Internet der Dinge und Big Data. Sensoren vernetzter Geräte (sog **Internet der Dinge**) erheben heute **120** auch im Alltag eine große Zahl von Daten. Diese können genutzt werden, um Angebote auf einen bestimmten Nutzer zuzuschneiden (zB eine Spracherkennungssoftware für einen konkreten Nutzer), aber auch um die technische Entwicklung eines Produkts generell zu verbessern (zB durch Sammlung von Kenntnissen für die Sprachentwicklung, Aussprache und Hintergrundgeräuschen für die Fortentwicklung einer Spracherkennungssoftware); häufig kommt hierbei **maschinelles Lernen** zum Einsatz.

Soweit auf Basis dieser Daten Profile der betroffenen Personen erstellt werden, handelt es sich um ein **Profiling**, das – je nach Breite und Tiefe der Datenverarbeitung sowie der daran geknüpften Folgen – erhöhte **121** Rechtfertigungsanforderungen auslöst. Viele vernetzte Geräte (zB SmartHomes, Connected Cars, Wearables, persönliche Assistenzsysteme) erlauben zudem – schon aufgrund ihrer Integration in den Alltag der betroffenen Personen – die Erhebung von Daten, die erhebliche Rückschlüsse auf die Lebensgewohnheiten und Eigenschaften einer Person zulassen. Die Erhebung geschieht zudem häufig durch Geräte, die für die betroffene Person Alltagsgegenstände sind und bei deren Benutzung sie daher nicht mit einer im Hintergrund laufenden Form der Datenverarbeitung rechnet, so dass sie sich in einer Situation vermeintlicher Vertraulichkeit befindet. Dies gilt insbes. dann, wenn durch vernetzte Geräte Informationen in der Wohnung als besonders geschützter räumlicher Privatsphäre erhoben werden.[268] Schließlich ist zu berücksichtigen, dass viele vernetzte Geräte der betroffenen Person nur begrenzt erlauben, Einstellungen zu modifizieren, so dass ihnen ein Selbstschutz häufig nicht möglich ist.[269] Dies spricht insgesamt dafür, dass eine Datenverarbeitung zur Erstellung von Profilen oder gar Werbezwecken nicht mit rein wirtschaftlichen Motiven gerechtfertigt werden kann.[270]

263 S. zur bisherigen Rechtslage Spindler/Schuster/*Spindler/Nink* BDSG § 28 Rn. 11.
264 So bereits EuGH C-582/14, NJW 2016, 3579 Rn. 60 – Breyer.
265 Hierzu etwa *Krügel* MMR 2017, 795 (796).
266 Sympathien für die generalpräventive Wirkung, die hiervon ausgeht, bei BGH NJW 2017, 2416 Rn. 43 – Breyer.
267 BGH NJW 2017, 2416 Rn. 41 – Breyer.
268 Hierzu *Forum Privatheit*, Das versteckte Internet, 2015, S. 7 f.
269 *Art.-29-Gruppe*, WP 223, S. 5ff.
270 *Art.-29-Gruppe*, EP223, S. 15 mit Verweis auf EuGH C-131/12, NJW 2014, 2257 Rn. 80 f. – Google Spain; Schantz/Wolff/*Wolff*, Rn. 670; *Schneider/Härting* CR 2014, 306 (309); für Zwecke der Personalisierung eine Widerspruchsmöglichkeit für ausreichend hält Gola/*Schulz* Art. 6 Rn. 199.

122 Soweit der Verantwortliche aus Sensordaten nur allgemeine Erkenntnisse gewinnen möchte, spielt die konkrete Person keine Rolle. Ähnlich wie bei vielen Formen der **Big Data-Analyse** ist das Erkenntnisinteresse das Aufspüren von Korrelationen, Wahrscheinlichkeiten und Mustern oder die Sammlung von Erfahrungswissen über das Gerät in der Praxis. Hierzu reicht in der Regel eine Verarbeitung anonymisierter oder pseudonymisierter Daten aus. Die Konstellation ähnelt daher zumindest der Verarbeitung für statistische Zwecke oder fällt möglicherweise sogar darunter, sofern auf Basis der Erkenntnisse keine Maßnahmen oder Entscheidungen gegenüber der betroffenen Person erfolgen (vgl. EG 162 S. 3 und 5; ausführlich → Art. 89 Rn. 24 f. u. 35).[271] Im Zeitpunkt ihrer Erhebung weisen jedoch Daten, die durch vernetzte Geräte erhoben werden, in den meisten Fällen schon aufgrund ihrer Einbettung in den Alltag bestimmter Personen oder eines Personenkreises zwangsläufig einen Personenbezug auf. Für eine Rechtfertigung der Verarbeitung ist damit entscheidend, dass die Daten schnellstmöglich nach ihrer Erhebung anonymisiert oder pseudonymisiert werden und während dieses Durchgangsstadiums für keine weiteren Zwecke verarbeitet werden können. Für die Bewertung möglicher Beeinträchtigungen der Rechte und Interessen durch die weitere Verarbeitung kommt es zudem darauf an, wie groß das Risiko der Re-Identifikation ist,[272] die allerdings nur unter hohen Voraussetzungen zulässig sein dürfte (→ Rn. 115). Gerade im Bereich vernetzter Alltagsgeräte ist schließlich zu berücksichtigen, dass die Datenerhebung tief in die Privatsphäre der betroffenen Personen eindringt – und dies auch vornehmlich nur aus wirtschaftlichen Interessen. Selbst wenn die Daten daher umgehend anonymisiert und pseudonymisiert werden, erscheint es daher angemessen, der betroffenen Person die Möglichkeit zu geben, dem Gefühl einer ständigen Überwachung ihres Alltags zu entgehen. Dies kann durch umfassende Transparenz und ein voraussetzungsloses Widerspruchsrecht geschehen,[273] dessen Ausübung der betroffenen Person durch die technische Gestaltung erleichtert werden sollte.

123 **d) Rechtsverfolgung.** Der Datenverarbeitung zur Geltendmachung, Ausübung und Verteidigung von Rechtsansprüchen misst der Unionsgesetzgeber einen sehr hohen Stellenwert zu.[274] Dies zeigt sich neben Art. 9 Abs. 2 lit. f, Art. 17 Abs. 3 lit. e und Art. 18 Abs. 2 besonders deutlich in Art. 21 Abs. 1 S. 2. Danach ist gegen die Verarbeitung zu diesen Zwecken kein Widerspruch mehr möglich; sogar eine Abwägung findet – anders als bei anderen zwingenden schutzwürdigen Gründen der Verarbeitung – nicht statt. Dies ist nachvollziehbar, denn die betroffene Person hat durch ihr rechtswidriges Verhalten Anlass zu der Datenverarbeitung gegeben.[275] Grundrechtlich sind im Rahmen der Interessenabwägung des lit. f. Artt. 7, 8 GRCh auf Seiten der betroffenen Person und die Grundrechte des Verantwortlichen oder Dritter (vor allem im Hinblick auf den Schutz des Eigentums nach Art. 17 GRCh) in einen angemessenen Ausgleich zu bringen.[276]

124 Entscheidend ist, welche Maßnahmen hierzu im Einzelfall erforderlich sind. Zweifellos gerechtfertigt sind Maßnahmen des Verantwortlichen, um selbst Ansprüche geltend zu machen, hierzu Rechtsanwälte über den Sachverhalt zu informieren oder von Gutachtern Experten anfertigen zu lassen. Gedeckt ist zudem die Verarbeitung von Daten zu Zwecken der **Beweissicherung**, sobald ein greifbarer Anlass besteht, dass es zu einem Rechtsstreit kommen könnte (zur Problematik von Dash-Cams[277] → Anh. 1 zu Art. 6 (Videoüberwachung) Rn. 51 u. 109). Weniger eindeutig ist Rechtmäßigkeit zu beurteilen, sobald der Verantwortliche weitere Dritte einschaltet, zB ein **Inkassounternehmen**, soweit es nicht als Auftragsverarbeiter tätig wird.[278] Strenggenommen ist die Einschaltung eines Dritten zur Durchsetzung von Ansprüchen nicht erforderlich, sondern lediglich effizienter. Im Kern handelt es sich also um Outsourcing (hierzu bereits → Rn. 118), wobei hier die Seriosität des Inkassounternehmens eine große Rolle spielt und die besondere Vertraulichkeitserwartung in Bezug auf Daten, die einem Berufsgeheimnis unterliegen, der Einschaltung eines Inkassounternehmens ohne Einwilligung der betroffenen Person entgegenstehen kann.[279] Gerade im Massenverkehr und bei kleinen Unternehmen, die über kein eigenes Forderungsmanagement verfügen,[280] dürfte eine Einschal-

271 Zum Streitstand s. Schantz/Wolff/*Schantz*, Rn. 1350 f.
272 Gola/*Schulz* Art. 6 Rn. 197; *Roßnagel* ZD 2013, 562 (565).
273 Vgl. *EDSB*, Opinion 7/2015 v. 19.11.2015, 11 f. allgemein für Big Data-Analysen.
274 Zur Anerkennung des Interesses der Rechtsdurchsetzung s. bereits EuGH C-13/16, ZD 2017, 324 Rn. 29 – Rīgas satiksme zu Art. 7 lit. f DSRL.
275 Schantz/Wolff/*Wolff*, Rn. 668.
276 Grundlegend EuGH C-275/06, NJW 2008, 748 Rn. 53 – Promusicae (zu Art. 15 ePrivacyRL).
277 Letztlich offenlassend, da bereits mehr Daten als erforderlich erhoben wurden, BGH, Urt. v. 15.5.2018, Az. VI ZR 233/17, Rn. 26 – Dashcams.
278 Vgl. zu weiten Verständnis der Auftragsverarbeitung im Rahmen des Factoring EuGH C-119/12, ZD 2013, 77 Rn. 25ff. – Josef Probst./. mr.nexnet GmbH (zu Art. 6 Abs. 5 ePrivacyRL und Art. 16 f. DSRL).
279 Ähnlich Schantz/Wolff/*Wolff*, Rn. 668; *Ziegenhorn/Gaub* PinG 2016, 89 (91); für die generelle Zulässigkeit Gola/*Schulz* Art. 6 Rn. 146; *Abel/Djagani* ZD 2017, 114 (118).
280 *Abel/Djagani* ZD 2017, 114 (118); auf EG 13 verweisend Gola/*Schulz* Art. 6 Rn. 146; *Ziegenhorn/Gaub* PinG 2016, 89 (91).

tung eines professionellen Dienstleisters auch den allgemeinen Verkehrserwartungen entsprechen.[281] Für den **Verkauf einer notleidenden Forderung** gelten diese Erwägungen entsprechend; der Verantwortliche entledigt sich so nicht nur des Aufwands des Forderungsmanagements, sondern auch des Bonitätsrisikos, was häufig seine Refinanzierung erleichtert. Die Zulässigkeit ergibt sich aber nicht bereits aus § 402 BGB, da diese Regelung zur Disposition der Parteien steht[282] und daher keine rechtliche Verpflichtung iSd des lit. c ist. Hat die betroffene Person ein besonderes Geheimhaltungsinteresse (zB bei Informationen, die einem Berufsgeheimnis unterliegen), kann dies eine Übermittlung der Daten im Rahmen einer Abtretung ausschließen.[283] In Betracht kommt dann nur eine Übernahme des Ausfallrisikos durch einen Dritten.[284]

Nicht ausgeschlossen ist auch die Verarbeitung zu Zwecken der **Rechtsverfolgung Dritter**. Hierauf können sich Verantwortliche stützen, die einem Dritten personenbezogene Daten über die betroffene Person übermitteln, damit er diese Informationen zur Durchsetzung eines Anspruchs gegen die betroffene Person nutzen kann (Bsp.: Auskunft des Websitebetreibers an Dritten zu den Bestandsdaten der betroffenen Person, damit der Dritte äußerungsrechtliche Ansprüche gegen die betroffene Person durchsetzen kann).[285] 125

e) Unternehmensveräußerungen und Due Diligence. Im Rahmen von Unternehmensveräußerungen ist zwischen der Übertragung der Anteile an einem Unternehmen (Share Deal) und der einzelnen Vermögensgegenstände eines Unternehmens (Asset Seal) zu unterscheiden. Ein **Share Deal** ist – wie eine Umwandlung (→ Rn. 23) – kein neuer Datenverarbeitungsvorgang und bedarf daher keiner neuen Rechtsgrundlage.[286] Sollen die Daten nach der Eingliederung in die neue Unternehmensgruppe im Interesse anderer Konzernunternehmen verarbeitet oder an diese übermittelt werden, sind allerdings die Erwartungen der betroffenen Person im Zeitpunkt der Erhebung zu berücksichtigen; möglicherweise sind die Verarbeitungszwecke, die sich aus dem neuen Konzernkontext erheben, für sie nicht absehbar gewesen. 126

Bei einem **Asset Deal** ist eine Verarbeitung durch den Erwerber unproblematisch möglich, wenn dieser die gesamte Kundenbeziehung im Rahmen eines dreiseitigen Vertrags übernimmt und die betroffene Person einwilligt. Ohne die Einwilligung der betroffenen Personen ist wiederum zwischen zwei Fällen zu unterscheiden:[287] Will der Verantwortliche zB Kundendaten veräußern und lediglich zur Erfüllung seines Vertrags mit dem Erwerber an diesen übermitteln, steht auf seiner Seite lediglich das Interesse, diese Daten zu verwerten.[288] Die Wertschöpfung aus Daten der betroffenen Person ist aber für sich allein kein ausreichendes Interesse, denn wer der Verantwortliche ist, ist für die betroffene Person ein prägender Umstand der Datenverarbeitung (vgl. nur Art. 13 Abs. 1 lit. a, Art. 14 Abs. 1 lit. a). Ist der Verantwortliche insolvent geworden, könnte der Insolvenzverwalter in Betracht ziehen, die Daten zu veräußern, um die Insolvenzmasse zu vergrößern. Das Interesse, die Gläubiger des Verantwortlichen zu befriedigen, ist jedoch ebenfalls nur ein wirtschaftliches Interesse und kann dem Insolvenzverwalter nicht weitergehende Verwertungsmöglichkeiten einräumen, als dem insolventen Unternehmen zuvor zur Verfügung standen.[289] IErg ist daher die Einwilligung der betroffenen Person erforderlich.[290] Von der Einwilligung lässt sich jedoch absehen, wenn – als zweite Fallgruppe – nicht nur die Daten, sondern der Betrieb in seiner Gesamtheit oder zusammenhängende Betriebsteile veräußert werden, also ein funktionales Äquivalent zum Share Deal vorliegt.[291] Würde man hier eine Einwilligung verlangen, würde dies die Veräußerung eines Unternehmens nahezu ausschließen und damit die wirtschaftliche Handlungsfreiheit und Vermögensinteressen des Verantwortlichen unangemessen einschränken. Die betroffene Person wird regelmäßig erwarten, dass bei einem Verkauf des Unternehmens – unabhängig von der rechtlichen Gestaltung – die Verarbeitung ihrer Daten für die bisherigen Zwecke vom Erwerber fortgesetzt wird.[292] Soweit die Auswechslung des Verantwortlichen die Rechte und 127

---

281 Gola/*Schulz* Art. 6 Rn. 146.

282 *Ashkar/Zieger* ZD 2016, 58 (61); *Schantz* VuR 2006, 464 (466) mwN; zur Abdingbarkeit des § 402 BGB s. BGHZ 171, 180 Rn. 19.

283 Vgl. BVerfG NJW 2007, 3707 (3708), wobei die Annahme des BVerfG, im Rahmen eines Darlehensvertrags seinen keine besonders sensiblen Daten betroffen, etwas realitätsfern erscheint.

284 Hierzu *Schantz* VuR 2006, 464 (466 f.) mwN.

285 Bis zur Einfügung der § 14 Abs. 3 bis 5 TMG war eine solche Auskunftserteilung aufgrund eines fehlenden Erlaubnistatbestands im TMG nicht möglich, obwohl ein zivilrechtlicher Auskunftsanspruch nach § 242 BGB vorliegt (BGH NJW 2014, 2651 Rn. 9ff. – Ärztebewertungsportal). Mit Anwendbarkeit der DSGVO stellt sich dieses Problem nicht mehr.

286 *Wehmeyer* PinG 2016, 215 (218); *Härting* CR 2017, 724 (725).

287 Wie im Folgenden *BayLDA*, 7. TB 2015/2016, 74 f. zum bisherigen Recht; ähnlich differenzierend *Wehmeyer* PinG 2016, 215 (218 f.); *Baranowski/Glaßl* BB 2017, 199 (202); ohne Differenzierung für eine Zulässigkeit nach lit. f *Härting* CR 2017, 724 (727); ebenso iErg *Nebel* CR 2016, 417 (423); *Beyer/Beyer* NZI 2016, 241 (244).

288 Zur Erhöhung des Rechtfertigungszwangs bei „Ausbeutung" des immanenten Wertes der Daten Gola/*Schulz* DSGVO Art. 6 Rn. 61.

289 AA *Beyer/Beyer* NZI 2016, 241 (244); dagegen (auch mit Hinweis auf das gesetzgeberische Ziel der Betriebsfortführung) *Berberisch/Kanschik* NZI 2017, 1 (9).

290 AA *Nebel* CR 2016, 417 (421 f.); vermittelnd Forgó/Helfrich/Schneider/*Schröder,* Betrieblicher Datenschutz, 2. Aufl. 2017, Kap. 4 Rn. 39, der eine Übermittlung bei wenig sensiblen Daten oder vergleichbaren Angeboten des Erwerbers für möglich hält.

291 Zur berechtigten rechtspolitischen Forderung der Gleichbehandlung der beiden Gestaltungsformen *Wehmeyer* PinG 2016, 215 (218).

292 Forgó/Helfrich/Schneider/*Schröder,* Betrieblicher Datenschutz, 2. Aufl. 2017, Kap. 4 Rn. 38.

Interessen der betroffenen Person dennoch berührt, kann dem dadurch Rechnung getragen werden, dass ihr ein zeitlich begrenztes voraussetzungsloses Widerspruchsrecht eingeräumt wird;[293] dies ist auch praktikabel, da keine Rückmeldung erforderlich ist, sondern nur die Information der betroffenen Personen und der Ablauf der Widerspruchsfrist. Mittels dieser Schritte könnte die Abwägung dann zugunsten des Erwerbers ausfallen, wenn sich im Übrigen keine größeren Veränderungen der Datenverarbeitung (zB aufgrund der Konzerneinbettung oder Verknüpfung mit anderen Datenbeständen → Rn. 126) ergeben.

128 Soweit eine Veräußerung zulässig ist, stellt sich die Frage, inwieweit bereits im Rahmen der Verhandlungen dem potenziellen Erwerber personenbezogene Daten von Kunden oder Arbeitnehmern offengelegt werden dürfen, damit er mittels einer **Due Diligence** deren Wert beurteilen kann (→ Art. 88 Rn. 181ff.). Ob es zu einem Verkauf an den konkreten Interessenten kommt, steht zu diesem Zeitpunkt noch nicht fest. Die Interessen des Verantwortlichen und des Veräußerers an einem Gelingen der Transaktion sind dabei regelmäßig sehr hoch zu bewerten. Allerdings setzt die Erreichung dieses Ziels nicht in jeder Phase eine Ofenlegung personenbezogener Daten voraus. Vielfach wird zunächst die Offenlegung anonymisierter oder pseudonymisierter Daten ausreichen oder die Einschaltung eines Treuhänders, der die Daten prüft (zB ein Wirtschaftsprüfungsunternehmen). Auch Stichproben könnten im Vergleich zur vollständigen Offenlegung eine schonendere Alternative sein. Eine Offenlegung personenbezogener Daten wird regelmäßig voraussetzen, dass sich die Verhandlungen bereits auf einen Interessenten konzentriert haben. Die Interessen der betroffenen Personen können zudem durch eine Vertraulichkeitsvereinbarung und die Vereinbarung entsprechender Vertragsstrafen gewahrt werden.[294]

129 **f) Veröffentlichungen im Internet und Suchmaschinen.** Die Veröffentlichung von personenbezogenen Daten, insbes. im Internet, steht häufig in einem Spannungsverhältnis zur Meinungs-, Informations- und Pressefreiheit (Art. 11 GRCh). Speziell für die Verarbeitung zu journalistischen Zwecken können die Mitgliedstaaten daher Ausnahmen von Art. 6 Abs. 1 vorsehen (vgl. Art. 85 Abs. 2, ausführlich → Art. 85 Rn. 26). Hierunter fallen auch die Internetauftritte von Zeitungen oder deren Archive (EG 153 S. 3). Da alle Arten der elektronischen Veröffentlichung, insbes. im Internet oder in sozialen Netzwerken, als automatisierte Verarbeitung unter die DSGVO fallen (Art. 2 Abs. 1), verdrängt die DSGVO insoweit die Regelungen des Zivilrechts und etwa das KUG für die Veröffentlichung von Bildnissen, es sei denn, man fasst Art. 85 Abs. 1 nicht nur als Anpassungsauftrag, sondern als Öffnungsklausel für den nationalen Gesetzgeber auf (→ Art. 85 Rn. 9ff.).[295] Intermediäre im Internet (zB soziale Netzwerke) können sich ggf. auf die Haftungsprivilegierung nach § 10 TMG stützen (vgl. Art. 2 Abs. 4); auf die Frage der Rechtmäßigkeit der Verarbeitung durch sie hat die Haftungsprivilegierung aber keinen Einfluss.

130 Weder aus der DSGVO noch der Rechtsprechung des EuGH lässt sich ein Vorrang des Datenschutzes oder der Meinungs- und Informationsfreiheit folgern.[296] Soweit der EuGH in der Rechtssache Google Spain davon ausging, die Rechte der betroffenen Person überwögen das Informationsinteresse der Internetnutzer,[297] hat er dies nur für die spezielle Konstellation einer Internetsuchmaschine entschieden. Deren Verarbeitung bewertete er als besonders schwerwiegend für die Rechte der betroffenen Person, weil eine Namenssuche ein „mehr oder weniger detailliertes Profil einer Person" liefere.[298] Der EuGH stellte zugleich klar, dass damit keine Aussage über die primäre Veröffentlichung getroffen ist.[299]

131 Als Faktoren der Abwägung nennt der EuGH selbst „die Art der betreffenden Information", „deren Sensibilität für das Privatleben der betroffenen Person" und das „Interesse der Öffentlichkeit am Zugang zu der Information", das „je nach der Rolle, die die Person im öffentlichen Leben spielt, variieren kann".[300] Hier lässt sich an die umfangreiche Rechtsprechung des EGMR anknüpfen,[301] auch wenn der EuGH bemerkenswerterweise in der Rechtssache Google Spain darauf nicht Bezug genommen hat. Anhaltspunkte für die Sensibilität einer Information können sich auch daraus ergeben, ob sie die Intim-, Privat- oder Sozialsphäre betrifft,[302] und ob die betroffene Person ihre Intim- oder Privatsphäre selbst für die Öffentlichkeit geöffnet

293 *BayLDA*, 7. TB 2015/2016, 74f.; *Berberich/Kanschik* NZI 2017, 1 (9f.); *Baranowski/Glaßl* BB 2017, 199 (202); das Widerspruchsrecht aus Art. 21 Abs. 1 S. 1 halten für ausreichend *Härting* CR 2017, 724 (727); *Wehmeyer* PinG 2016, 215 (218f.).

294 Zu den Gestaltungsmöglichkeiten Forgó/Helfrich/Schneider/*Schröder,* Betrieblicher Datenschutz, 2. Aufl. 2017, Kap. 4 Rn. 28; *Ashkar/Zieger* ZD 2016, 58 (62) anhand des Forderungsverkaufs.

295 Zum Streitstand anhand des KUG *Lauber-Rönsberg/Hartlaub* NJW 2017, 1057 (1061f.).

296 Kühling/Buchner/*Buchner/Petri* Art. 6 Rn. 169; sa *v. Danwitz* DuD 2015, 581 (584f.).

297 EuGH C-131/12, NJW 2014, 2257 Rn. 81, 97, 99 – Google Spain.

298 EuGH C-131/12, NJW 2014, 2257 Rn. 80f. – Google Spain.

299 EuGH C-131/12, NJW 2014, 2257 Rn. 87 – Google Spain.

300 EuGH C-131/12, NJW 2014, 2257 Rn. 81 – Google Spain.

301 Überblick etwa bei Paschke/Berlit/Meyer/*Kröner*, Hamburger Kommentar gesamtes Medienrecht, 3. Aufl. 2016, Art. 8 EMRK Rn. 20ff.

302 Vgl. etwa BVerfGE 120, 180 (209).

hat.[303] Dies gilt erst recht, wenn die betroffene Person die betreffenden Daten selbst veröffentlich hat (Erst-recht-Schluss aus Art. 9 Abs. 2 lit. e) oder ihr die Veröffentlichung zuzurechnen ist. Der EuGH hat auch deutlich gemacht, dass das Medium der Verbreitung den Eingriff in die Rechte der betroffenen Person vertiefen kann. Im Falle des Internets sind dies dessen „Ubiquität" und die erschwerte „Rückholbarkeit" einmal veröffentlichter Informationen.[304] Die Veröffentlichung von personenbezogenen Daten in einem Online-Archiv, dessen Inhalt auch von allgemeinen Internetsuchmaschinen erschlossen ist,[305] wiegt daher schwerer, als wenn die Information nur mittels einer gezielten Recherche dort aufgefunden werden kann[306] oder erst nach einer Registrierung.[307]

Ein besonders hohes Informationsinteresse besteht an Angelegenheiten, die Gegenstand **öffentlicher Diskussion** sind und das **öffentliche Leben** betreffen. Dementsprechend nimmt das Interesse an älteren Sachverhalten mit der **Zeit** typischerweise ab (zum „Recht auf Vergessenwerden" → Art. 17 Rn. 22).[308] Ein hohes Interesse besteht aber nicht nur an politischen, sondern auch an geschäftlichen Sachverhalten, die auch Gegenstand von **Verkäuferbewertungen** oder **Bewertungsportalen** im Internet sind. Das Interesse der betroffenen Person ist hier bereits aufgrund ihrer Teilnahme am Markt herabgesetzt, während auf der anderen Seite das Interesse der Öffentlichkeit an Transparenz und Wettbewerb groß ist.[309] Dementsprechend gewichtig ist im Gegenzug aber das Interesse der betroffenen Person an der **Richtigkeit** der veröffentlichten Daten. Maßnahmen zur Sicherstellung der Qualität (zB redaktionelle Bearbeitung, Qualitätsmaßstäbe, keine anonymen Äußerungen, Beschwerdemechanismen) können dem Rechnung tragen.[310] Erfolgt die Bewertung außerhalb von geschäftlichen/marktlichen Beziehungen, kann ein gesteigertes öffentliches Interesse sich aus der Kontrolle staatlichen Handelns ergeben (zB im öffentlichen Bereich bezüglich Bildungseinrichtungen).

g) Auskunfteien, Scoring und Betrugsprävention. In der Praxis spielt die Datenverarbeitung zu Zwecken   133
der Risikoeinschätzung, häufig in Form von **Scoring**, eine große Bedeutung. Bekanntestes Beispiel hierfür ist die Prognose der Zahlungsfähigkeit eines Vertragspartners durch den anderen Partner oder aber durch externe Anbieter wie **Kreditauskunfteien** (zB SCHUFA, infoscore, Creditreform, Arvato). Sobald Verträge ein kreditorisches Risiko enthalten (neben Darlehensverträgen auch alle Formen der Vorleistung, zB ein Kauf auf Rechnung, aber auch ein Miet- oder Mobilfunkvertrag), gibt es ein nachvollziehbares Interesse des kreditierenden Vertragspartners, dieses Risiko abschätzen zu können. Anderenfalls müsste er das Risiko auf alle Vertragspartner umlegen, auch wenn diese über eine hervorragende Bonität verfügen. Eine positive Bonitätsbewertung erlaubt es zudem einem Verbraucher, seine Kreditwürdigkeit auch ohne langjährige Geschäftsverbindung zu demonstrieren.[311] Auf der anderen Seite kann ein schlechtes Scoring bei einer Auskunftei aufgrund der Breite der abrufenden Unternehmen, welche das Scoring auch nur schwer überprüfen können, die wirtschaftlichen Entfaltungsmöglichkeiten eines Verbrauchers erheblich einschränken. Der deutsche Gesetzgeber hatte in Anbetracht dieser Interessenlage in §§ 28 a, 28 b BDSG aF spezielle Regelungen für die Übermittlung an Auskunfteien und deren Verarbeitung erlassen. Als Regulierung von Auskunfteien finden sie sich nunmehr in § 31 BDSG nF, wobei ihre unionsrechtliche Zulässigkeit zu hinterfragen ist (ausführlich → Datenverarbeitung bei Verbraucherkrediten, Scoring und Bonitätsauskünften Rn. 13ff.).[312]

Die DSGVO enthält demgegenüber keine speziellen Vorgaben für die Prognose über die Zahlungsfähigkeit   134
und Zahlungswilligkeit einer Person. Es handelt sich um **Profiling** iSd Art. 4 Nr. 4, dessen Zulässigkeit sich zwar weiterhin nach Art. 6 richtet (EG 72), aber an mehreren Stellen in der DSGVO als besonders risikoreich hervorgehoben wird.

Zwar hat der Gesetzgeber in EG 47 S. 6 die Selbstverständlichkeit festgestellt, dass die **Verhinderung von**   135
Betrug ein berechtigtes Interesse ist; dieses Interesse überschneidet sich aber nur teilweise mit dem Ziel der Verringerung des kreditorischen Risikos, da nicht jeder insolvente Schuldner bereits beim Vertragsabschluss zahlungsunfähig war. Unmittelbar auf die Verhinderung von Betrug durch „schwarze Schafe" ausgerichtet sind hingegen **Warndateien** (zB das Hinweis- und Informationssystem der deutschen Versicherer (HIS)).

Grundsätzlich sind bei Einschaltung einer Auskunftei drei Phasen der Verarbeitung zu unterscheiden: (1.)   136
die Übermittlung der Daten durch ein Unternehmen an eine Auskunftei, (2.) deren Verarbeitung der Daten

---

303   EGMR Beschwerde 39954/08, NJW 2014, 1058 § 101 – Axel Springer AG./. Deutschland.
304   EuGH C-131/12, NJW 2014, 2257 Rn. 80 und 84 – Google Spain.
305   Vgl. EuGH C-131/12, NJW 2014, 2257 Rn. 87 – Google Spain; vgl. auch BGHZ 202 (242 Rn. 3) – Ärztebewertungsportal II.
306   *Paal/Hennemann* K&R 2017, 18 (19ff.); aA BGH K&R 2013, 110ff. – Apollonia-Mörder.
307   Vgl. BGHZ 181, 328 Rn. 37 und 44 – spickmich.de zum damaligen deutschen Recht.
308   EuGH C-131/12, NJW 2014, 2257 Rn. 81, 97, 99 – Google Spain.
309   Vgl. BGHZ 202 (242 Rn. 32 und 35) – Ärztebewertungsportal II.
310   Vgl. BGHZ 202 (242 Rn. 32 und 36); BGHZ 181, 328 Rn. 39 – spickmich.de.
311   Vgl. EuGH C-238/05, EuZW 2006, 753 Rn. 55 f. – Asnef Equifax.
312   Ablehnend etwa Kühling/Buchner/*Buchner/Petri* Art. 6 Rn. 166.

und schließlich (3.) die Übermittlung des Ergebnisses, typischerweise in zusammengefasster und kondensierter Weise, etwa durch einen Score-Wert, an ein Unternehmen im Vorfeld eines Vertragsschlusses:

137 Die **Übermittlung von Daten an eine Auskunftei** erfolgt zum Schutze potenzieller Vertragspartner der betroffenen Person, welche Dritte iSv lit. f sind. Nicht allein ausreichend ist das Interesse der Verantwortlichen nach dem Prinzip der Gegenseitigkeit, selbst bei späteren Verträgen mit Dritten Bonitätsauskünfte einholen zu können.[313] Eine Übermittlung kommt von vornherein nur für Daten in Betracht, die für die Risikobeurteilung erforderlich sind; die Erforderlichkeit ist aber nur dann gegeben, wenn die Daten auch eine **nachweisbare mathematisch-statistische Relevanz** hierfür haben (vgl. EG 71 S. 6 zum Profiling).[314] Dies ist allerdings nur ein erster Filter, da zusätzlich die Interessen und Rechte der betroffenen Person sowie ihre Erwartungen (EG 47 S. 1, 3 und 4) zu berücksichtigen sind. Bei der Bewertung kommt es nur auf unionsrechtliche Maßstäbe an, nicht auf diejenigen des BDSG nF.[315] Zur ersten Systematisierung bieten sich allerdings die Kategorien an, welche die deutsche Rechtsprechung vor Erlass der §§ 28 a f. BDSG aF entwickelt hatte,[316] auch wenn diese in der unionsrechtlichen Diskussion – soweit ersichtlich – bisher keine Rolle spielen:

- Soweit eine Information eindeutig die Zahlungsunfähigkeit einer Person belegt (sog **harte Negativmerkmale**), wird das Interesse an der Übermittlung in der Regel überwiegen. Typisch für diese Informationen ist häufig die Beteiligung einer staatlichen Stelle, die diese Feststellung vornimmt, ohne dass der Verantwortliche einen Wertungsspielraum hätte. Diese Wertung liegt letztlich auch den Fallgruppen des § 31 Abs. 2 BDSG nF zugrunde; diese Fallgruppen können aber nur als Indizien dienen, sind nicht abschließend, und für die Auslegung des Europarechts auch in keiner Weise verbindlich.[317] So darf die „Drohung mit der SCHUFA"[318] nicht dazu führen, dass die betroffene Person davon abgeschreckt wird, ihre vertraglichen Rechte geltend zu machen. Selbst wenn sie vor Gericht unterliegt (vgl. § 31 Abs. 2 S. 1 Nr. 1 BDSG nF), ist dies kein Indiz für ihre fehlende Zahlungswilligkeit, solange die betroffene Person unverzüglich zahlt, sobald das Urteil rechtskräftig oder vorläufig vollstreckbar geworden ist.[319] Auf der anderen Seite kann es zweifelhaft sein, ob ein unsubstantiiertes Bestreiten einer Forderung bereits eine Meldung an eine Auskunftei verhindern können soll, da auch ein nachlässiges Zahlungsverhalten für ein Unternehmen erhebliche Schwierigkeiten bedeuten kann.[320]
- Schwieriger zu beurteilen ist die Übermittlung von Informationen, die lediglich ein Indiz für eine zukünftige Zahlungsunfähigkeit sind und keine gesicherte Auskunft darüber geben (sog **weiche Negativmerkmale**), sowie solcher Daten, die in keinem Zusammenhang mit einem vertragswidrigen Verhalten der betroffenen Person stehen und ihre Bonität ggf. sogar positiv beeinflussen können (sog **Positivmerkmale**). Der deutsche Gesetzgeber verweist für die Verarbeitung dieser Daten ausdrücklich auf die DSGVO (§ 31 Abs. 2 S. 2 BDSG nF). Im Gegensatz zu harten Negativmerkmalen haben diese Daten für die Bestimmung der Bonität ein erheblich geringeres Gewicht; auch das Interesse Dritter an ihrer Kenntnis ist daher weniger gewichtig. Zudem ist es zwar denkbar, zwischen den verschiedensten Informationen und der Zahlungsfähigkeit einer Person einen statistischen Zusammenhang zu begründen. Für die betroffene Person sind diese Zusammenhänge aber häufig überraschend (zB Kaufverhalten, Wohngegend, Kommunikations- und Sozialverhalten) und entsprechen nicht ihren Erwartungen, insbes. wenn sie in keinem Zusammenhang mit einem vertragswidrigen Verhalten ihrerseits stehen (zB ein wahrheitsgemäß angegebenes erhöhtes Risiko im Rahmen eines Versicherungsantrags). Die Übermittlung von weichen Negativmerkmalen und Positivmerkmalen wird daher vielfach unzulässig sein.[321] Hiergegen lässt sich auch nicht argumentieren, alle Beteiligten hätten ein Interesse an einem möglichst aktuellen und vollständigen Bild der betroffenen Person.[322] Dies gelte auch für die betroffene Person, soweit es sich um bonitätssteigernde Faktoren handelt.[323] Damit wäre eine Verarbeitung bereits bei

---

313 AA zum bisherigen Recht OLG Frankfurt ZD 2015, 336 (337 f.); ZD 2011, 35 (36).

314 Gola/*Schulz* Art. 6 Rn. 132; *v. Lewinski/Pohl* ZD 2018, 17 (20).

315 *v. Lewinski/Pohl* ZD 2018, 17 (18); aA *Ziegenhorn/v. Heckel* NVwZ 2016, 1585 (1591).

316 Hierzu Roßnagel/*Duhr*, HB DSch, Kap. 7.5 Rn. 32ff.

317 *DSK*, Einmeldung offener und bestrittener Forderungen in eine Wirtschaftsauskunftei unter Geltung der DS-GVO, Beschl. V. 23.3.2018; *Krämer* NJW 2018, 347 (348).

318 Vgl. BGH NJW 2015, 3508 Rn. 25 zum Hintergrund der Rechtslage nach dem BDSG aF.

319 So schon zum bisherigen Recht BeckOK DatenschutzR/*Kamp* BDSG aF § 28 a Rn. 68ff.

320 *Krämer* NJW 2018, 347 (348).

321 *DSK*, Verarbeitung von Positivdaten zu Privatpersonen durch Auskunfteien, Beschl. v. 11.6.2018; *Eichler* RDV 2017, 10 (11); zur Rechtslage vor Erlass von § 28 a BDSG aF Roßnagel/*Duhr*, HB DSch, Kap. 7.5 Rn. 32; aA Gola/*Schulz* Art. 6 Rn. 140; Kühling/Buchner/*Buchner/Petri* Art. 6 Rn. 164; *v. Lewinski/Pohl* ZD 2018, 17 (20 f.).

322 So noch BGH NJW 1986, 46; hierauf verweisend *v. Lewinski/Pohl* ZD 2018, 17 (20).

323 So Kühling/Buchner/*Buchner/Petri* Art. 6 Rn. 164; ebenso *v. Lewinski/Pohl* ZD 2018, 17 (20), da diese Daten weniger „stigmatisierend" seien.

Vorliegen einer statistisch begründbaren Relevanz eines Datums oder einem Korrelationszusammenhang zulässig. Dies wäre mit dem Grundgedanken der DSGVO (EG 7 S. 2) unvereinbar, die Kontrolle der betroffenen Person über ihre Daten auch angesichts der Möglichkeiten der Big Data-Analyse zu gewährleisten. Auch mit dem Grundsatz der Datenrichtigkeit lässt sich nicht die Erstellung eines möglichst vollständigen Gesamtprofils einer Person rechtfertigen; er bezieht sich nur auf die bereits rechtmäßig verarbeiteten Daten. Die große faktische Bedeutung von Auskunfteien und Warndateien birgt für die betroffenen Personen zudem das Potential erheblicher verhaltenslenkender Wirkung, wenn die betroffenen Personen schon befürchten müssen, dass neutrale Handlungen ihren Scorewert verschlechtern und ihre wirtschaftlichen Entfaltungsmöglichkeiten einschränken. Dies würde die Rechte und Interessen der betroffenen Personen erheblich beeinträchtigen. Unzulässig ist insbes. die Meldung der Abfrage von Konditionen (vgl. § 28 a Abs. 2 S. 4 BDSG aF); dies ist ein in einer auf Wettbewerb basierenden Wirtschaft ein nachvollziehbares Verhalten.[324]

Auch die **Verarbeitung durch die Auskunftei** richtet sich nach lit. f.[325] Aufgrund des Gewichts des Scorings **138** für die betroffene Person haben hier die Grundsätze der Datenverarbeitung nach Art. 5 Abs. 1 eine große Bedeutung, besonders der Grundsatz der Richtigkeit (lit. d) und der Speicherbegrenzung (lit. e) sowie die Vorgaben des EG 71 S. 6, die als Konkretisierung der Grundsätze des Art. 5 für das Profiling verstanden werden können.[326] Von Bedeutung ist hier vor allem die Speicherdauer. Anders als noch in § 35 Abs. 2 S. 2 Nr. 4 BDSG aF sieht die DSGVO keine starren Löschfristen mehr vor. Allerdings nimmt die Relevanz bestimmter Daten für die Abschätzung der Kreditwürdigkeit einer Person im Zeitverlauf ab.[327] Auskunfteien verarbeiten nicht nur die übermittelten Informationen von Unternehmen, sondern berücksichtigen auch Erkenntnisse aus öffentlich zugänglichen Quellen. Auch wenn Daten **öffentlich verfügbar** sind, ist die Zulässigkeit ihrer weiteren Verarbeitung noch immer vom Kontext abhängig. Die Verarbeitung der Daten öffentlicher Register (zB des Handels- oder Schuldnerregisters) ist daher zwar grundsätzlich zulässig, weil sie gerade der Information des Rechtsverkehrs und damit auch potenzieller Vertragspartner dienen;[328] die automatisierte Auswertung des Verhaltens betroffener Personen in sozialen Netzwerken wäre hingegen sehr zweifelhaft, weil diese Informationen zwar allgemein abrufbar sind, aber überwiegend keinen Bezug zu den wirtschaftlichen Beziehungen einer Person aufweisen.

Die letzte Phase der Verarbeitung ist schließlich die **Übermittlung von der Auskunftei an Unternehmen**, die **139** das Risiko eines Vertragsschlusses mit der betroffenen Person abschätzen möchten, häufig in Form eines zusammenfassenden Scorewertes. Dieser ist ein personenbezogenes Datum, jedenfalls sobald er auf eine konkrete Person als Teil der ermittelten Gruppenzugehörigkeit übertragen wird. Die Übermittlung ist nur gerechtfertigt, wenn der Empfänger sich gegenüber der betroffenen Person einem kreditorischen Risiko aussetzt.[329] Dies kann bei Dauerschuldverhältnissen eine Übermittlung nicht nur beim Vertragsabschluss, sondern auch während der Laufzeit rechtfertigen.[330] Für andere Zwecke (zB Abruf durch einen Arbeitgeber,[331] Werbung oder Erhöhung der Kundenzufriedenheit[332]) scheidet ein Abruf demgegenüber aus. Nach dem Grundsatz der Rechenschaftspflicht (Art. 5 Abs. 2) ist die Auskunftei grundsätzlich auch verpflichtet, die Übermittlungsvoraussetzungen und damit das Vorliegen eines berechtigten Interesses zu prüfen und zu dokumentieren.[333]

Artikel 6 Abs. 2   Öffnungsklausel

(2) Die Mitgliedstaaten können spezifischere Bestimmungen zur Anpassung der Anwendung der Vorschriften dieser Verordnung in Bezug auf die Verarbeitung zur Erfüllung von Absatz 1 Buchstaben c und e beibehalten oder einführen, indem sie spezifische Anforderungen für die Verarbeitung sowie sonstige Maßnahmen präziser bestimmen, um eine rechtmäßig und nach Treu und Glauben erfolgende Verarbeitung zu gewährleisten, einschließlich für andere besondere Verarbeitungssituationen gemäß Kapitel IX.

---

324 *DSK*, Verarbeitung von Positivdaten zu Privatpersonen durch Auskunfteien, Beschl. v. 11.6.2018.
325 Zum Streitstand *v. Lewinski/Pohl* ZD 2018, 17 (18).
326 Gola/*Schulz* Art. 6 Rn. 132.
327 Vgl. EuGH C-131/12, NJW 2015, 2297 Rn. 93 und 98 – Google Spain zu Berichten über die Zwangsversteigerung eines Grundstücks.
328 *v. Lewinski/Pohl* ZD 2018, 17 (21).
329 *Krämer* NJW 2018, 347 (349).
330 *DSK*, Keine fortlaufenden Bonitätsauskünfte an den Versandhandel, Beschl. v. 23.3.2018.
331 Gola/*Schulz* Art. 6 Rn. 135.
332 AA Gola/*Schulz* Art. 6 Rn. 135.
333 Wie bisher nach § 29 BDSG aF eine Glaubhaftmachung des Empfängers für ausreichend haltend Gola/*Schulz* Art. 6 Rn. 135.

I. Ziel und Funktion der Erlaubnistatbestände

1 Abs. 2 enthält eine **zentrale Öffnungsklausel** für die Mitgliedstaaten, die ihnen erlaubt, alle die Datenverarbeitungen, die ihre inneren Angelegenheiten betreffen und typischer Weise nicht unmittelbar den europäischen Binnenmarkt berühren, selbst zu regeln. Der Umfang der Öffnungsklausel wird durch den Verweis auf den Anwendungsbereich des Abs. 1 UAbs. 1 lit. c und e umschrieben.[1] Da sie alle Datenverarbeitungen öffentlicher und privater Verantwortlicher betrifft, die rechtlich als Verpflichtung zur Datenverarbeitung ausgestaltet sind oder zur Wahrnehmung von Aufgaben im öffentlichen Interesse oder in Ausübung hoheitlicher Gewalt erfolgen, überlässt die DSGVO einen extrem weiten Bereich der Datenverarbeitung in der digitalen Gesellschaft der Regelung durch die Mitgliedstaaten. Allein durch diese Öffnungsklausel, die von ca. 70 weiteren Öffnungsklauseln begleitet wird, verfehlt die DSGVO ihr Ziel,[2] ein einheitliches Datenschutzrecht für die gesamte EU und den EWR zu erreichen.[3] Abs. 2 ermöglicht aber ein hohes Maß an **Rechtssicherheit** und **Grundrechtsschutz**, da er den Mitgliedstaaten erlaubt, bewährte Regelungen beizubehalten und neue präzise und risikoadäquate Regelungen zu treffen. Dadurch können bestehende Regelungssysteme erhalten und ihnen weiterhin bisherige Erkenntnisse der Rechtsprechung zugrunde gelegt werden. Abs. 2 ist der stärkste Beleg dafür, dass das Datenschutzrecht in der EU und im EWR in einer **Ko-Regulierung** von Union und Mitgliedstaaten entsteht und fortentwickelt wird.[4]

II. Entstehungsgeschichte

2 Eine vergleichbare Regelung wie Abs. 2 war in der **DSRL nicht enthalten**. Sie war auch nicht notwendig, weil die Mitgliedstaaten nach Art. 288 Abs. 3 AEUV die Richtlinie umsetzten und damit das Datenschutzrecht im Rahmen der Richtlinie selbst erließen. Dies bringt Art. 5 DSRL zu Ausdruck.

3 Die Regelung des Abs. 2 war im Gesetzgebungsprozess sehr **umstritten**.[5] Der **KOM-E** enthielt keine entsprechende Öffnungsklausel. Vielmehr sah dieser vor, dass alle künftigen Fragen der Fortentwicklung des Datenschutzrechts in der EU von der KOM durch künftige Rechtsakte beantwortet werden sollten. Die 26 Ermächtigungen, die Verordnung durch delegierte Rechtsakte nachträglich zu konkretisieren, und die 23 Ermächtigungen, sie durch Durchführungsrechtsakte auszugestalten, stießen auf heftige Kritik.[6] Auch wurden unionsrechtliche Bedenken geltend gemacht, dass eine Kompetenzaufteilung, nach der der Gesetzgeber nur abstrakte Floskeln festlegt und die KOM wesentliche Inhalte regelt, sowohl gegen den Wesentlichkeitsals auch den Bestimmtheitsgrundsatz des Art. 290 AEUV verstoße.[7]

4 Das **EP** wehrte sich in seiner Stellungnahme vom 12.3.2014[8] zwar gegen den enormen Machtzuwachs, den die KOM für sich selbst vorgesehen hatte, und reduzierte die Ermächtigungen für delegierte Rechtsakte und Durchführungsrechtsakte beträchtlich. Der Kritik aus den Mitgliedstaaten gab das EP insofern nach, als es eine Öffnung für nationale Regelungen vorsah. Nach Art. 6 Abs. 3 lit. b S. 3 Parl-E sollten die Mitgliedstaaten Einzelheiten der Erlaubnistatbestände der klassischen Datenverarbeitung durch öffentliche Stellen selbst regeln können. Diese Regelungsmöglichkeit sollte für „Einzelheiten der Rechtmäßigkeit der Verarbeitung, insbes. zu den für die Verarbeitung Verantwortlichen, zur Zweckbestimmung der Verarbeitung und Zweckbindung, zur Art der Daten und zu den betroffenen Personen, zu Verarbeitungsvorgängen und -verfahren, zu Empfängern sowie zur Speicherdauer" gelten.

5 Der **Rat** ist in seinem Verhandlungsdokument vom 11.6.2015[9] viel radikaler als das EP einer Machtkonzentration bei der KOM entgegen getreten und strich nahezu alle Ermächtigungen der KOM. Die Macht, über die Zukunft der digitalen Gesellschaft zu bestimmen, sollte zu einem großen Teil bei den Mitgliedstaa-

---

1   Die DSGVO zitiert sich in Abs. 2 falsch, indem sie – im Gegensatz zu Abs. 1 UAbs. 2 – den UAbs. 1 unterschlägt.
2   S. EG 3, 9, 13.
3   *Roßnagel* DuD 2016, 561; Roßnagel/ *ders.*, Das neue DSR, S. 31ff.; amtliche Begründung zum BDSG nF, BT-Drs. 18/11325, 72.
4   Roßnagel/ *ders.*, Das neue DSR, S. 430.
5   S. zum Kampf um die künftige Datenschutzpolitik Roßnagel/ *ders.*, Das neue DSR, S. 27ff.; *ders.*, Vorgänge 221/222 (Mai 2018), 17ff.
6   S. zB *Hornung* ZD 2012, 99; *Roßnagel/Richter/Nebel* ZD 2013, 103 (104); *Richter* DuD 2012, 578; *Nebel/Richter* ZD 2012, 407; *von Lewinski* DuD 2012, 569 f.; *Schild/Tinnefeld* DuD 2012, 312 (317); *Wagner* DuD 2012, 677; *Gola/Schulz* RDV 2013, 3; *Schwartmann* RDV 2012, 55 f.; *Dehmel/Hullen* ZD 2013, 151 f.; *Weichert* RDV 2013, 8.
7   S. zB BT-Drs. 17/11325, 3; BR-Drs. 52/12, 1; Ausschuss der Regionen ABl. C vom 18.12.2012, 391/129, 131; *Hornung* ZD 2012, 99 (105); *Schild/Tinnefeld* DuD 2012, 312 (314); *Roßnagel* DuD 2012, 553; ders. ZD 2014, 545 f.; *Ronellenfitsch* DuD 2012, 561 (562 f.); *Jaspers* DuD 2012, 571; *Gießen* CR 2012, 550; *Wagner* DuD 2012, 677.
8   EP, P7_TA-PROV(2014)0212; s. kritisch zB *Roßnagel/Kroschwald* ZD 2014, 495; *Herrmann* ZD 2014, 439; *Leucker* PinG 2015, 195.
9   Ratsdok. 9565/15; s. zB *Roßnagel/Nebel/Richter* ZD 2015, 455; *Roßnagel* VuR 2015, 361.

ten bleiben – insbes., wenn es deren eigene Angelegenheiten und nicht den europäischen Binnenmarkt betrifft. Nach Art. 1 Abs. 2 a Rat-E sollten die Mitgliedstaaten spezifischere Bestimmungen als die Verordnungsregelungen im öffentlichen Bereich oder zur Erfüllung einer rechtlichen Verpflichtung beibehalten oder einführen dürfen.[10] Diese Regelung in der Vorschrift über Gegenstand und Ziele der Verordnung entsprach weitgehend dem späteren Abs. 2. Sie enthielt auch den Hinweis, dass sie „einschließlich für andere besondere Verarbeitungssituationen gemäß Kapitel IX" gelte.

Im **Trilog** setzte der Rat seine Ziele hinsichtlich des Verhältnisses der Union zu den Mitgliedstaaten uneingeschränkt durch.[11] Lediglich hinsichtlich des Orts der Regelung gab er dem EP nach. Eine Erläuterung des Abs. 2 bietet EG 10 S. 3, 4 und 6.   6

III. Systematische Stellung

Die Öffnungsklausel in Abs. 2 ist weiter als die **Öffnungsklausel in Abs. 3** und diese spezieller als diejenige in Abs. 2. Die Regelung in Abs. 3 betrifft nur die Zulässigkeit der Datenverarbeitung. Sie fordert neben den Mitgliedstaaten auch die Union auf, die im Rahmen der Bedingungen nach Abs. 1 UAbs. 1 lit. c und e erforderlichen Erlaubnistatbestände festzulegen (→ Abs. 1 Rn. 52, 71, 79). Allerdings ermöglicht Abs. 3 S. 3, in der Rechtsgrundlage der Union oder eines Mitgliedstaats „spezifische Bestimmungen zur Anpassung der Anwendung der Vorschriften dieser Verordnung" zu treffen. Diese können „unter anderem Bestimmungen" zu allgemeinen Bedingungen der Rechtmäßigkeit der Verarbeitung, zu Arten von Daten, zu betroffenen Personen, zu Offenlegungen personenbezogener Daten, zu ihrer Zweckbindung, zur Speicherdauer, zu zulässigen Verarbeitungsvorgängen und -verfahren sowie zu besonderen Verarbeitungsgarantien, „wie solche für sonstige besondere Verarbeitungssituationen gemäß Kapitel IX", umfassen. Diese Regelungsmöglichkeiten sind zwar auch von der Öffnungsklausel des Abs. 2 erfasst. Sie gehen aber als speziellere Vorgaben der Öffnungsklausel des Abs. 2 vor, soweit ihr Anwendungsbereich reicht (→ Rn. 22ff.). Die Öffnungsklausel des Abs. 2 kommt zu Anwendung, wenn die Öffnungsklausel des Abs. 3 nicht greift (→ Abs. 3 Rn. 12).   7

Abs. 2 nimmt Bezug auf die Grundsätze der Verarbeitung personenbezogener Daten in Art. 5 Abs. 1 lit. a, wenn er fordert, dass der jeweilige Mitgliedstaat in Anwendung der Öffnungsklausel eine „**rechtmäßig und nach Treu und Glauben**" erfolgende Verarbeitung" gewährleisten muss. Beide Anforderungen sind in der Weise zu verstehen, wie sie in Art. 5 Abs. 1 lit. a zur Anwendung kommen (→ Art. 5 Rn. 31ff.).   8

In der DSGVO nehmen **keine** anderen Vorschriften Bezug auf Abs. 2.   9

Abs. 2 gilt auch „für andere **besondere Verarbeitungssituationen gemäß Kapitel IX**". Für den Bereich, den die Bedingungen des Abs. 1 UAbs. 1 lit. c und e umfassen, geht die Öffnungsklausel des Abs. 2 den Vorgaben in Artt. 85 bis 91 vor. Denn die sprachliche Erweiterung der Öffnungsklausel im letzten Satzteil des Abs. 2 macht nur dann einen regulatorischen Sinn, wenn die Öffnungsklausel auch die dort genannten besonderen Verarbeitungssituationen erfasst.[12] Das bedeutet, dass jeder Mitgliedstaat im Anwendungsbereich der Öffnungsklausel des Abs. 2 eine eigene Regelung treffen kann. Umgekehrt bedeutet dies, dass die Regelungen der Artt. 85 bis 91 nur zur Anwendung kommen, soweit ihr Anwendungsbereich außerhalb der Öffnungsklausel des Abs. 2 liegt oder der Mitgliedstaat sich nicht auf diese Öffnungsklausel beruft. Die in den Artt. 85 bis 91 genannten Garantien für die Rechte und Freiheiten der betroffenen Person sind allerdings auch im Rahmen der Öffnungsklausel zu berücksichtigen, da sie Ausdruck dieser im Primärrecht verankerten Rechte und Freiheiten sind.   10

Für den Ausgleich von **Meinungsfreiheit** und Datenschutz, der in Art. 85 Abs. 1 geregelt ist (→ Art. 85 Rn. 10ff.), sowie für die Regelung der Datenverarbeitung, die zu journalistischen, wissenschaftlichen, künstlerischen und literarischen Zwecken erfolgt, nach Art. 85 Abs. 2 (→ Art. 85 Rn. 14ff.) ergibt sich dadurch kein wesentlicher Unterschied, weil die Vorgaben des Art. 85 Abs. 1 und 2 nur Anforderungen wiederholen, die nach der GRCh ohnehin zu beachten wären (→ Art. 85 Rn. 9). Auch hinsichtlich der Öffnungsklausel in Art. 86 für Regelungen des Zugangs und der Verarbeitung von amtlichen Dokumenten und hinsichtlich der Öffnungsklausel in Art. 87 für Regelungen zur Verarbeitung der nationalen Kennziffer ergibt sich kein materieller Unterschied, weil die beiden Öffnungsklauseln und Abs. 2 der Vorschrift dem Mitgliedstaat den gleichen Regelungsspielraum geben (→ Art. 86 Rn. 9ff. und Art. 87 Rn. 8ff.).   11

Ein Unterschied ergibt sich jedoch zur Regelung der Datenverarbeitung im **Beschäftigungskontext** nach Art. 88 Abs. 1 und 2. Wegen der ausdrücklichen Bezugnahme des Abs. 2 auf die besonderen Verarbeitungssituationen gilt dessen Öffnungsklausel – grob gesagt – für den Beschäftigtendatenschutz im öffentlichen   12

---

10 S. auch EG 8, 16, 16 a und 41 Rat-E.

11 S. zu den Unterschieden zwischen der Entwurfsfassung vom 28.1.2016 zur verkündeten Fassung im Detail die Synopse in *Roßnagel*, Arbeitshilfe zur DSGVO, ITeG Technical Report 4, 2016.

12 S. zB *Maier* DuD 2017, 169 (170); *Roßnagel* DuD 2017, 290 (292); Roßnagel/*Schaller*, Das neue DSR, S. 276; Ehmann/Selmayr/*Heberlein* Art. 6 Rn. 32; Schaffland/Wiltfang/*Schaffland/Holthaus* DSGVO Art. 6 Rn. 300; Sydow/*Reimer* Art. 6 Rn. 30.

Bereich und im Bereich der Wahrnehmung von Aufgaben im öffentlichen Interesse.[13] Gleichheit und Diversität, Gesundheit und Sicherheit am Arbeitsplatz, die Art. 88 Abs. 1 erwähnt, sind allerdings auch für Regelungen von Beschäftigungsverhältnisse zu beachten, die sich auf die Öffnungsklausel des Abs. 2 stützen. Das Gleiche gilt für die Wahrung der menschlichen Würde, der berechtigten Interessen und der Grundrechte der betroffenen Person, die Art. 88 Abs. 2 als Aufgaben spezifischer Regelungen benennt.

13 Soweit die Öffnungsklausel des Abs. 2 gilt, erfasst sie auch die Datenverarbeitung zu **Archivzwecken**, die im öffentlichen Interesse liegen, zu **wissenschaftlichen oder historischen Forschungszwecken oder** zu **statistischen Zwecken**. Erfolgen die in Art. 89 geregelten Datenverarbeitungen für Zwecke, die in der Erfüllung von Rechtspflichten oder in der Wahrnehmung von Aufgaben im öffentlichen Interesse oder in der Ausübung von hoheitlicher Gewalt liegen, hat die Öffnungsklausel des Abs. 2 Vorrang vor den Vorgaben des Art. 89. Die Datenverarbeitung für die amtliche Statistik, in staatlichen Hochschulen und Forschungseinrichtungen sowie in staatlichen Archiven können somit im Rahmen der Öffnungsklausel des Abs. 2 von den Mitgliedstaaten geregelt werden. Aber auch hier sind die in Art. 89 Abs. 1 genannten „geeigneten Garantien für die Rechte und Freiheiten der betroffenen Person" zu beachten.

14 Die Regelung zur **Datenschutzaufsicht über Berufsgeheimnisträger** in Art. 90 (→ Art. 90 Rn. 8ff.) wird ebenfalls durch die speziellere Regelung der Öffnungsklausel des Abs. 2 verdrängt, wenn mitgliedstaatliche Regelungen in ihren Anwendungsbereich fallen.[14] Ob die Berufsgeheimnisträger speziellen rechtlichen Verpflichtungen unterworfen sind, Datenverarbeitungen zur Erfüllung öffentlicher Interessen durchzuführen, oder ob ihnen Aufgaben übertragen wurden, die im öffentlichen Interesse liegen und spezielle Datenverarbeitungen erforderlich machen,[15] muss im Einzelfall geprüft werden. Dies dürfte für Ärzte und Apotheker anders sein als für Rechtsanwälte und Steuerberater oder für Jugendberater und Sozialarbeiter.

15 Bestehende Datenschutzvorschriften von **Kirchen und religiösen Vereinigungen oder Gemeinschaften** können nach Art. 91 Abs. 1 weitgehend beibehalten werden. Auch die Regelung des Art. 91 Abs. 2 zur Datenschutzaufsicht über die Datenverarbeitung von Kirchen und religiösen Vereinigungen oder Gemeinschaften findet überwiegend Anwendung. Da die Kirchen und religiösen Vereinigungen oder Gemeinschaften nicht im öffentlichen Interesse tätig sind und auch keine hoheitliche Gewalt ausüben, kann die Öffnungsklausel des Abs. 2 allenfalls dann zur Anwendung gelangen, wenn es um die Datenverarbeitung geht, die zur Erfüllung einer rechtlichen Verpflichtung der Verantwortlichen im öffentlichen Interesse erforderlich wäre. Dies betrifft nur Verpflichtungen, die andere Verantwortliche auch treffen.

IV. Rechtsnatur der Öffnungsklausel

16 Die Rechtsnatur der Öffnungsklausel des Abs. 2 ist **umstritten**. Der Streit hängt mit ihrer Geschichte (→ Rn. 5 f.) und ihrer systematischen Stellung (→ Rn. 7ff.) zusammen. Sie war vom Rat als Abs. 2 a in Art. 1 eingebracht worden, der Gegenstand und Ziele der Verordnung regelt. Mit ihr sollte klargestellt werden, dass die Mitgliedstaaten die gewachsenen Datenschutzregelungen ihrer „inneren Angelegenheiten", die nicht unmittelbar den Binnenmarkt berührten, beibehalten und selbst fortentwickeln können. Um zu verhindern, dass der Eindruck entsteht, als stünde diese mitgliedstaatliche Regulierung völlig außerhalb des Anwendungsbereichs der DSGVO, der erst in den folgenden Artikeln geregelt wird, wurde sie am Ende des Trilogs unverändert als Abs. 2 in die Vorschrift transferiert, ohne dass dies in den übrigen Absätzen der Vorschrift noch berücksichtigt wurde. Hierdurch sind nicht nur sprachliche **Ungereimtheiten, Dopplungen und Ungenauigkeiten** in der Vorschrift entstanden, sondern auch Unklarheiten über Rechtsnatur und Regelungsgehalt des Abs. 2.

17 Auf der einen Seite wird die Öffnungsklausel des Abs. 2 als „dem Grunde nach entbehrlich" angesehen.[16] Ihr Umfang sei identisch mit dem der Öffnungsklausel des Abs. 3, so dass sich die eigentliche Kompetenznorm für mitgliedstaatliches Recht aus Abs. 3 ergebe.[17] Zugleich soll ihr aber der Regelungsgehalt zukommen, dass die spezifischen Vorschriften der Mitgliedstaaten das in der DSGVO vorgesehene Datenschutzniveau nicht unterschreiten dürften.[18] Dennoch komme ihr nur eine „klarstellende Funktion" zu. Sie habe „in erster Linie eine **deklaratorische Bedeutung**". Ihre Existenz verdanke sie nur dem Bestreben Deutschlands, den bisherigen mitgliedstaatlichen Regelungsspielraum für den öffentlichen Bereich beizubehalten und diese Erwartung durch die Vorschrift zum Ausdruck zu bringen.[19]

---

13 S. *Maier* DuD 2017, 169 (171).
14 Dies übersehen *Albrecht/Jotzo*, S. 73.
15 S. hierzu *Zikesch/Kramer* ZD 2015, 565 (569 f.).
16 Kühling/Buchner/*Buchner/Petri* Art. 6 Rn. 2, 93; Sydow/*Reimer* Art. 6 Rn. 29.
17 Kühling/Buchner/*Buchner/Petri* Art. 6 Rn. 93, 194.
18 Kühling/Buchner/*Buchner/Petri* Art. 6 Rn. 93, 194.
19 Kühling/Buchner/*Buchner/Petri* Art. 6 Rn. 2.

Roßnagel

Auf der anderen Seite wird Abs. 2 als eine **selbstständige** und bedeutsame **Öffnungsklausel** angesehen, die 18
auch gegenüber Abs. 3 einen eigenständigen Regelungsgehalt habe.[20] Sie sei die Folge des Bestrebens der
Mitgliedstaaten, ihre eigenen „inneren Angelegenheiten" selbst zu regeln, und habe daher eine andere Zielsetzung als die Regelung des Abs. 3, die von den Mitgliedstaaten fordert, bestimmte Vorgaben für die Zulässigkeit der Datenverarbeitung nach Abs. 1 UAbs. 1 lit. c und e festzulegen. Innerhalb dieser Sicht wird
allerdings gestritten, ob Abs. 2 eine „allgemeine Öffnungsklausel" enthält[21] oder nur eine sehr enge Möglichkeit der Spezifizierung von Verordnungsregelungen biete.[22]

Vielfach wird zwischen Abs. 2 und Abs. 3 aber auch nicht differenziert und beide werden als eine **einheitli-** 19
che Öffnungsklausel für die Mitgliedstaaten angesehen, bestehendes Datenschutzrecht beizubehalten oder
einzuführen. Begründungen für diese Meinung werden nicht angegeben.[23] Dementsprechend werden die
Voraussetzungen in Abs. 3 S. 2 bis 4 auch auf die Öffnungsklausel des Abs. 2 angewendet. Dies erfolgt von
manchen aber selbst dann, wenn sie die Öffnungsklauseln eigentlich unterscheiden.[24]

Zutreffend ist Abs. 2 als **eigenständige** und sehr weite (→ Rn. 22ff.) **Öffnungsklausel mit eigenem Rege-** 20
lungsgehalt anzusehen. Von der Öffnungsklausel des Abs. 3 unterscheidet sie sich durch ihren engeren
Adressatenkreis (nur die Mitgliedstaaten), ihre weiteren Regelungsgegenstände (alle Vorschriften der Verordnung), ihren fehlenden funktionalen Zusammenhang mit Abs. 1 (keine Ausfüllung von Zulässigkeitsvoraussetzungen), ihre Zielsetzung (Spezifizierung) und ihre unterschiedlichen Voraussetzungen (→ Rn. 7). Sie
gibt den Mitgliedstaaten einen eigenständigen Regelungsbereich, der ihre Forderung nach datenschutzrechtlicher Regelung ihrer eigenen Angelegenheiten erfüllt. Insofern ist diese Öffnungsklausel in Art. 6, der in
den anderen Absätzen nur die Rechtmäßigkeit der Verarbeitung regelt, fehl am Platz.[25] Diese Fehlplatzie-
rung kann jedoch nicht Inhalt und Umfang der Öffnungsklausel (→ Rn. 2ff.) beeinträchtigen.

Nach Abs. 2 können die Mitgliedstaaten „**spezifischere Bestimmungen zur Anpassung der Anwendung** der 21
Vorschriften dieser Verordnung … beibehalten oder einführen". Hintergrund dieser Regelung ist, dass einerseits viele Regelungen der DSGVO unterkomplex sind, in ihrer hohen Abstraktheit oftmals für den unmittelbaren Vollzug nicht geeignet sind und dadurch eine hohe Rechtsunsicherheit verursachen.[26] Andererseits verfügen die Mitgliedstaaten, insbes. Deutschland, über sehr viele bereichsspezifische Regelungen zum
Datenschutz, die eingeübt sind und praktiziert werden, die den spezifischen Umständen und Risiken der
Datenverarbeitung entsprechen, zu denen es gefestigte Rechtsprechung und untergesetzliche Konkretisierungen gibt und die daher ein hohes Maß an Rechtssicherheit vermitteln. Diese Regelungen enthalten erheblich „spezifischere Bestimmungen" als die DSGVO. Daher sollen die Mitgliedstaaten sie weiterhin anwenden können.[27]

V. Umfang der Öffnungsklausel

Voraussetzung für die Anwendung der Öffnungsklausel ist, dass sie zur „Anwendung der Vorschriften die- 22
ser Verordnung" beiträgt. Die bereichsspezifischen Regelungen der Mitgliedstaaten müssen als „**Anpas-**
sung" der hochabstrakten Regelungen der DSGVO an die spezifischen Umstände und Risiken eines Anwendungsbereichs verstanden werden können. Sie dürfen den Regelungen der DSGVO nicht widersprechen, dürfen sie aber präzisieren oder konkretisieren. Dies dürfte, soweit die Vorgaben der DSGVO einen
ausreichend hohen Abstraktionsgrad haben, leicht zu erreichen sein. Für die bestehenden Regelungen des
deutschen Datenschutzrechts ist zu beachten, dass die DSGVO auf der DSRL aufbaut und deren Ziele und
Grundsätze übernimmt und fortführt.[28] Da die bestehenden deutschen Datenschutzregeln der DSRL entsprechen, spricht auch eine starke Vermutung dafür, dass sie nicht der DSGVO widersprechen, sondern mit
ihren abstrakten Vorgaben vereinbar sind.[29]

Eine Einschränkung erfährt die Öffnungsklausel für die weitere Anwendbarkeit mitgliedstaatlichen Daten- 23
schutzrechts durch die Vorgabe, dass sie „in Bezug auf die Verarbeitung zur Erfüllung von Abs. 1 lit. c und
e" stehen müssen. Die Formulierung dieser Bedingung ist misslungen. Die Datenverarbeitung findet nicht
„zur Erfüllung" von Abs. 1 UAbs. 1 lit. c und e statt. Dennoch ist klar, was gemeint ist. Die Öffnungsklau-

20 ZB *Kühling/Martini et al.,* S. 28ff.; Paal/Pauly/*Frenzel* Art. 6 Rn. 32, 40; Ehmann/Selmayr/*Heberlein* Art. 6 Rn. 2, 30; Schaffland/Wilt-
   fang/*Schaffland/Holthaus* DSGVO Art. 6 Rn. 300ff.
21 *Kühling/Martini et al.,* S. 28; *Kühling/Martini,* EuZW 2016, 448 (449).
22 So Vertreter der KOM wie zB Ehmann/Selmayr/*Heberlein* Art. 6 Rn. 33, und des EP wie zB *Albrecht/Jotzo,* S. 73.
23 *Schantz* NJW 2016, 1841 (1842); Gola/*Schulz* Art. 6 Rn. 172.
24 *Benneke/Wagner* DVBl. 2016, 600 (601); Ehmann/Selmayr/*Heberlein* Art. 6 Rn. 33.
25 Zum Zusammenhang mit Abs. 1 UAbs. 1 lit. c und e s. *Benneke/Wagner* DVBl. 2016, 600 (601).
26 S. ausführlich *Roßnagel* DuD 2016, 561 (564 f.); Roßnagel/*ders.,* Das neue DSR, S. 33 f.
27 S. EG 10; Roßnagel/*Schaller,* Das neue DSR, S. 276; Gierschmann et al./*Assion/Nolte/Veil,* Art. 6 Rn. 176.
28 EG 9; s. auch Roßnagel/ *ders.,* Das neue DSR, S. 26 f.
29 Diese sollen nach EG 10 S. 4 fortgeführt werden.

sel soll nur für die Datenverarbeitung gelten, die vom **Anwendungsbereich** der Bedingungen **des Abs. 1 UAbs. 1 lit. c und e** erfasst sind. Sie gilt somit für alle Datenverarbeitungen, die nach lit. c zur Erfüllung einer rechtlichen Verpflichtung, die der Mitgliedstaat festgelegt hat, erforderlich sind (→ Abs. 1 Rn. 51ff.). Sie gilt aber auch für alle Datenverarbeitungen, die nach lit. e für die Wahrnehmung einer Aufgabe erforderlich sind, die im öffentlichen Interesse liegt oder in Ausübung öffentlicher Gewalt erfolgt und die der Mitgliedstaat dem Verantwortlichen übertragen hat. Die Öffnungsklausel gilt nicht nur für die Gesetze, die die Ausübung hoheitlicher Gewalt unmittelbar regeln, sondern auch für die Regelungen, die ihr – wie etwa das TMG – für Verantwortliche im Anwendungsbereich von lit. c und e einen Handlungsrahmen vorgeben.[30]

24 Diese umfängliche Bestimmung der Öffnungsklausel macht auch Sinn: Sie gibt dem Mitgliedstaat eine Regelungskompetenz für den Datenschutz, wenn dieser Datenverarbeitungen betrifft, die **„innere Angelegenheiten"** des Mitgliedstaats betreffen. Da er für deren Regelung ohnehin zuständig ist, soll er auch für den Datenschutz in seinen „inneren Angelegenheiten" zuständig sein.[31] Die Öffnungsklausel betrifft nicht nur die Datenverarbeitung der staatlichen Verwaltung,[32] sondern auch die Datenverarbeitung aller privaten Verantwortlichen, soweit diese zur Erfüllung einer rechtlichen Verpflichtung durch den Mitgliedstaat oder zur Wahrnehmung einer Aufgabe im öffentlichen Interesse erfolgt, die der Mitgliedstaat dem Privaten übertragen hat (→ Abs. 1 Rn. 70ff.).

25 **Öffnungsklauseln** sind **nicht generell restriktiv** auszulegen – auch wenn dies als Auslegungsregel behauptet wird, um das Ziel einer einheitlichen Regulierung durch die DSGVO nicht zu gefährden.[33] Ein solches Ziel ist dem Text der DSGVO nicht zu entnehmen. Lediglich EG 3 und 9 zielen darauf ab, einen „kohärenten und durchsetzbaren Rechtsrahmen im Bereich des Datenschutzes in der Union" zu schaffen. Dagegen ist in Art. 1 Abs. 2 das Ziel der DSGVO festgehalten, „die Grundrechte und Grundfreiheiten natürlicher Personen und insbes. deren Recht auf Schutz personenbezogener Daten" zu schützen (→ Art. 1 Rn. 36ff.). Den Datenschutz angesichts der Herausforderungen der technischen Entwicklung zu modernisieren und den Schutz der Grundrechte zu verbessern, ist außerdem den EG 1, 2, 4 und 6 zu entnehmen. Ebenso ist Vertrauen und Rechtssicherheit für die digitale Wirtschaft, für den Staat und für natürliche Personen nach EG 7 ein weiteres Ziel der DSGVO. Weitere Ziele werden in anderen EG genannt.[34] Es gibt keinen Hinweis dafür, warum das Ziel der Rechtsvereinheitlichung gegenüber alle anderen Zielen vorrangig sein soll. Wenn die DSGVO Öffnungsklauseln vorsieht, um – gerade wie in Art. 6 – bei fehlenden einheitlichen Regelungen in der DSGVO die Ziele des Grundrechtsschutzes, der Vertrauensgenerierung und der Rechtssicherheit besser zu verwirklichen, gibt es keinen Grund, sie restriktiv auszulegen. Vielmehr spricht alles dafür, sie – nachdem die DSGVO selbst in vielen Vorschriften mit Öffnungsklauseln das Ziel der Vereinheitlichung hintangesetzt hat – sie so weit auszulegen, wie dies zur jeweiligen Zielerreichung erforderlich ist. Bei 70 Öffnungsklauseln mit unterschiedlichen Inhalten, Voraussetzungen und Beschränkungen[35] verbietet sich ohnehin eine generelle Auslegungsregel. Vielmehr ist jede **Öffnungsklausel aus sich selbst heraus zu interpretieren.**

26 Inhaltlich ist die Öffnungsklausel des Abs. 2 **sehr weit.**[36] Sie ist nicht – wie die Öffnungsklausel des Abs. 3 (→ Abs. 3 Rn. 14) – auf Regelungen beschränkt, die mit der Zulässigkeit der Datenverarbeitung im Zusammenhang stehen. Sie steht zwar in dem Artikel, der mit „Rechtmäßigkeit der Verarbeitung" überschrieben ist. Sie muss sich aber, wenn sie einen eigenen Regelungsgehalt haben soll, von der Öffnungsklausel des Abs. 3 unterscheiden. Da dieser eine Öffnungsklausel für alle Fragen der Rechtmäßigkeit der Datenverarbeitung im Anwendungsbereich des Abs. 1 UAbs. 1 lit. c und e enthält, muss die Öffnungsklausel des Abs. 2 – ihrem Wortlaut entsprechend – sich auf einen weiteren Regelungsbereich beziehen. Sie gilt für **alle Vorschriften der Verordnung** – soweit „innere Angelegenheiten" des Mitgliedstaats betroffen sind.[37]

27 Die Öffnungsklausel des Abs. 2 ermöglicht dem Mitgliedstaat, bezogen auf alle Vorschriften der DSGVO „spezifische Anforderungen für die Verarbeitung sowie sonstige Maßnahmen präziser [zu] bestimmen". Indem sie insbes. Anforderungen für die Verarbeitung personenbezogener Daten durch den Verantwortlichen sowie sonstige Maßnahmen, die der Verantwortliche zu ergreifen hat, thematisiert, unterscheidet sie sich auch dadurch von der Öffnungsklausel des Abs. 3. Die Möglichkeit, **„spezifische Anforderungen ... präzi-**

---

30 Roßnagel/*Schaller*, Das neue DSR, S. 276; aA – diesen Fall aber nicht betrachtend – zB *Schantz* NJW 2016, 1841.

31 Es ist sogar fraglich, ob die DSGVO diese Bereiche des Datenschutzrechts regeln darf – s. Roßnagel/ *ders.*, Das neue DSR, S. 52.

32 Die amtliche Begründung zum BDSG nF, BT-Drs. 18/11325, 72, bezieht sie nur auf den „öffentlichen Bereich".

33 So *Albrecht/Janson* CR 2016, 500 (501); *Culik/Döpke* ZD 2017, 226 (229).

34 Zu den Zielen der DSGVO und zur Zielerreichung s. näher Roßnagel/ *ders.*, Das neue DSR, S. 31ff.

35 Zu den Unterschieden der Öffnungsklauseln s. zB *Kühling/Martini* et al., S. 9ff.; *Benneke/Wagner* DVBl. 2016, 600.

36 S. auch Roßnagel/*ders.*, Das neue DSR, S. 49f.; Roßnagel/*Schaller*, Das neue DSR, S. 276; *BfDI*, DSGVO, 2016, 29; *Kühling/Martini* et al., S. 34; *Sydow/Reimer* Art. 6 Rn. 29; *Auernhammer/Kramer* Art. 6 Rn. 45; aA *Albrecht/Jotzo*, S. 73.

37 *Roßnagel* DuD 2017, 291 (292); ähnlich Gierschmann et al./*Assion/Nolte/Veil*, Art. 6 Rn. 186.

ser [zu] bestimmen", bezieht sich auf die besonderen Umstände der Datenverarbeitung und auf die spezifischen Risiken, die von der konkreten Datenverarbeitung für die Grundrechte und Freiheiten der betroffenen Personen ausgehen. Damit ermöglicht sie dem Mitgliedstaat, für die jeweilige konkrete Datenverarbeitungssituation eine **kohärente Gesamtregelung** zu treffen.[38] Hierzu gehören auch Regelungen zu den Rechten betroffener Personen und zu den Pflichten der Verantwortlichen und Auftragsverarbeiter, soweit diese mit den Zielen der DSGVO vereinbar sind und dadurch eine kohärente Gesamtregelung für eine bestimmte Datenverarbeitungssituation erreicht wird.[39]

Die Öffnungsklausel des Abs. 2 gilt nicht nur für die vielen bereichsspezifischen Erlaubnistatbestände des   **28** öffentlichen Bereichs,[40] sondern auch für die sie begleitenden **Definitionen, Schutzvorkehrungen, Berechtigungen und Anforderungen.** Daher hätte auch die bisherige deutsche Unterscheidung der Verarbeitung in Erhebung, Verarbeitung und Nutzung innerhalb der einzelnen Rechtsgrundlagen beibehalten werden können,[41] statt wie das BDSG nF die übergreifende Definition vorauszusetzen oder in § 46 Nr. 2 BDSG nF für den Bereich der JI-Richtlinie explizit zu übernehmen. Gemäß Art. 4 Nr. 2 umfasst der Begriff der Verarbeitung all diese Begriffe (→ Art. 4 Nr. 2 Rn. 10ff.). Eine Aufteilung in verschiedene Rechtsgrundlagen zur zusätzlichen Präzisierung ist den Mitgliedstaaten im Rahmen der Öffnungsklausel erlaubt.[42]

Die Regelungen des Mitgliedstaats müssen das Ziel verfolgen, „eine **rechtmäßig** und nach **Treu und Glau-**   **29** **ben** erfolgende Verarbeitung zu gewährleisten". Die Datenverarbeitung muss auf einer gesetzlichen Grundlage erfolgen und die Interessen aller Beteiligten fair berücksichtigen (→ Art. 5 Rn. 44ff.). Als Maßnahmen, die dies sicherstellen, nennt EG 45 S. 6 beispielhaft Zweckbegrenzungen und Speicherfristen. Obwohl Art. 5 Abs. 1 auch die **Transparenz** für die betroffene Person zu den Grundsätzen nach lit. a nennt, fehlt diese im Text des Abs. 2. Dies ist materiellrechtlich aber unschädlich, da die Grundsätze der Datenverarbeitung auch für den nationalen Gesetzgeber gelten und dieser daher den Transparenzgrundsatz ebenso zu beachten hat wie auch in Abs. 2 erwähnten Grundsätze.

Die spezifizierende Regelung darf den **unionsrechtlich vorgegebenen Schutzstandard** für das Grundrecht auf   **30** Datenschutz nicht verändern.[43] Der materielle Schutzstandard und das Abweichen von ihm ist allerdings bei den hochabstrakten, unfertigen und vielfach auf die Abwägung im Einzelfall abstellenden Regelungen der DSGVO oft nur sehr schwer zu bestimmen. Jedenfalls kann dies nicht für jede einzelne Vorschrift, sondern nur für die Gesamtregelung eines Verarbeitungsvorgangs bestimmt werden, für die Verbesserungen und Verschlechterungen der Schutzstandards gegeneinander abgewogen werden.

Der Mitgliedstaat kann konkretisierende und präzisierende schutzadäquate Regelungen „**beibehalten oder**   **31** **einführen**". Die Öffnungsklausel ist somit nicht nur rückwärtsgewandt und lässt zu, dass die Mitgliedstaaten für den weiten Bereich der Datenverarbeitung zu ihren inneren Angelegenheiten alle bewährten Datenschutzregelungen beibehalten. Sie ist auch zukunftsgerichtet und erlaubt den Mitgliedstaaten, für den Bereich ihrer inneren Angelegenheiten alle Datenschutzregeln selbst zu treffen.[44] Sie ermöglicht ihnen damit, auf zukünftige Herausforderungen des Datenschutzes adäquat zu reagieren und risikoorientierte Regelungen zu erlassen.[45] Dies gilt zB für Künstliche Intelligenz, selbstlernende Assistenzsysteme, Automatisierung und Roboter, Cloud Computing, individualisierte Produkte und vor allem die explosionsartige Zunahme personenbezogener Daten durch datengetriebene Geschäftsmodelle im Internet und Ubiquitous Computing mit seinen Anwendungen in der Industrie 4.0, im Smart Office, im Smart Car oder im Rahmen von Smart Health sowie deren gezielte Auswertung durch Big Data-Techniken,[46] soweit diese Techniken im Anwendungsbereich der Rechtmäßigkeitsbedingungen des Abs. 1 UAbs. 1 lit. c und e zum Einsatz kommen oder die dort genannten Pflichten und Aufgaben berühren.

Soweit Mitgliedstaaten Regelungen einer Unionsverordnung konkretisieren oder präzisieren, gilt ein Norm-   **32** wiederholungsverbot für den Text der DSGVO, um keine Verwirrung aufkommen zu lassen, von wem die Regelung stammt.[47] EG 8 verstärkt die anerkannte **Ausnahme** von diesem **Normwiederholungsverbot**, nach der „die Mitgliedstaaten Teile dieser Verordnung in ihr nationales Recht aufnehmen [können], soweit dies

---

38 Roßnagel/*Schaller*, Das neue DSR, S. 276; *Kühling/Martini* et al., S. 34; zurückhaltend Paal/Pauly/*Frenzel* Art. 6 Rn. 32.
39 *Roßnagel* DuD 2017, 291 (292).
· 40 Sofern nicht die speziellere Öffnungsklausel des Abs. 3 zur Anwendung kommt.
41 Dies hat die amtliche Begründung zu § 3 BDSG nF, BT-Drs. 18/11325, 80, bewusst abgelehnt.
42 Roßnagel/*Schaller*, Europ. DSGVO, S. 223.
43 Ebenso *Schantz* NJW 2016, 1841 (1842); Kühling/Buchner/*Buchner/Petri* Art. 6 Rn. 194; Gola/*Schulz* Art. 6 Rn. 175.
44 Roßnagel/*Schaller*, Das neue DSR, S. 276.
45 *Roßnagel* DuD 2017, 291 (292).
46 S. zu diesen *Roßnagel/Geminn/Jandt/Richter*, Datenschutzrecht 2016 – Smart genug für die Zukunft, 2016, S. 1ff.; *Roßnagel* DuD 2016, 561 (562 f.)
47 S. EuGH, Rs. 39/72, Italien, Slg 1973, 101; EuGH, Rs. 34/73, Variola, Slg 1973, 981, Rn. 9ff.; Streinz/*Schroeder* AEUV Art. 288, Rn. 58; s. auch *Bundesministerium der Justiz*, HdB der Rechtsförmlichkeit, 2008, Rn. 285; Roßnagel/ *ders.*, Das neue DSR, S. 51.

erforderlich ist, um die Kohärenz zu wahren und die nationalen Rechtsvorschriften für die Personen, für die sie gelten, verständlicher zu machen".[48]

VI. Regelungen im neuen Bundesdatenschutzrecht

33 Die amtliche Begründung zum **BDSG nF**[49] hat sich für **keine Vorschrift** auf die Öffnungsklausel des Abs. 2 berufen. Der Gesetzgeber hätte unter Berufung auf diese Klausel aber viele bewährte Regelungen des bisherigen Datenschutzrechts beibehalten können.[50] Vor allem aber hätte er im Anwendungsbereich des Abs. 1 UAbs. 1 lit. c und e Regelungen zu den modernen Herausforderungen des Datenschutzes treffen können, die in der DSGVO fehlen.[51]

34 Die Regelungen zum **Anwendungsbereich** des BDSG nF nach § 1 Abs. 1 bis 3 auf öffentliche Stellen, die Ergänzung der datenschutzrechtlichen **Definitionen** in § 2 sowie die Regelungen zum **behördlichen Datenschutzbeauftragten** nach §§ 5 bis 7 hätten auf Abs. 2 gestützt werden müssen.

35 Bezogen auf die **besonderen Verarbeitungssituationen** hat der deutsche Gesetzgeber den letzten Halbsatz des Abs. 2 übersehen oder nicht nutzen wollen. Er hat **nicht** zwischen dem Anwendungsbereich des Abs. 1 UAbs. 1 lit. c und e, für den sich die Öffnungsklausel aus Abs. 2 ergibt, und dem verbleibenden Anwendungsbereich, für den allein die Öffnungsklauseln der Art. 85 bis 91 Anwendung finden können, **differenziert**.[52] Vielmehr hat er sich für die Regelungen zum Beschäftigtendatenschutz in § 26 BDSG nF allein auf Art. 88,[53] für die Regelung der Verarbeitung zu wissenschaftlichen oder historischen Forschungszwecken und zu statistischen Zwecken in § 27 Abs. 2 BDSG nF allein auf Art. 89 Abs. 2[54] und für die Regelung der Datenverarbeitung zu im öffentlichen Interesse liegenden Archivzwecken in § 28 Abs. 2 bis 4 BDSG nF allein auf Art. 89 Abs. 3[55] berufen. Dies muss im Endergebnis allerdings keinen Unterschied machen, da der Mitgliedstaat sich nicht auf die Öffnungsklausel des Art. 6 Abs. 2 berufen muss (→ Rn. 10).

36 Bezüglich der Änderungen und Einfügungen zum Datenschutzrecht in die **Abgabenordnung** durch Art. 17 des Gesetzes zur Änderung des Bundesversorgungsgesetzes und anderer Vorschriften vom 17.7.2017 beruft sich der Gesetzgeber auf die Öffnungsklauseln der Abs. 2 und 3 der Vorschrift.[56] Bezogen auf die besondere Verarbeitungssituation der Statistik hat die Begründung zu § 30 c AO sich nicht auf den letzten Halbsatz des Abs. 2 berufen, sondern die Einschränkungen von Rechten der betroffenen Personen allein auf Art. 89 Abs. 2 gestützt.[57]

37 Die Neuregelung des **Sozialdatenschutzes** durch Art. 19 bis 24 des Gesetzes zur Änderung des Bundesversorgungsgesetzes und anderer Vorschriften vom 17.7.2017 wird durchgängig – ohne weitere Differenzierung – auf die die Öffnungsklauseln der Art. 6 Abs. 2 und 3 sowie Art. 9 Abs. 2 für den öffentlichen Bereich gestützt.[58] Der Bereich der sozialen Sicherheit stellt für Behörden eine Aufgabe in Ausübung öffentlicher Gewalt genauso wie für private Verpflichtete eine im öffentlichen Interesse liegende Aufgabe dar, die ihnen übertragen wurde. Die Öffnungsklauseln gelten daher insbes. für die Regelung des Sozialgeheimnisses in § 35 SGB I, die Definitionen in § 67 SGB X und die Erlaubnistatbestände in §§ 67 a SGB X nF Für die Regelung der Übermittlung von Sozialdaten für Forschungszwecke, § 75 SGB X nF, bezieht sich die amtliche Begründung nicht auf Art. 89, sondern auf den letzten Satzteil der Öffnungsklausel des Abs. 2.[59] Allerdings ist die amtliche Begründung hinsichtlich des Verhältnisses zur DSGVO widersprüchlich.[60] Einerseits geht sie davon aus, dass „die datenschutzrechtlichen Regelungen des Sozialdatenschutzes […] das bereichsspezifische Datenschutzrecht abschließend regeln". Andererseits nimmt sie an, dass die DSGVO unmittelbare Geltung habe und künftig unmittelbar neben den Regelungen zum Sozialdatenschutz anzuwenden sei.[61] Daher geht sie davon aus, dass die Erlaubnistatbestände des Art. 6 Abs. 1 neben den Erlaubnistatbeständen der §§ 67aff. SGB X nF zur Anwendung kommen und eine Beibehaltung des Sozialdatenschutzes als Vollre-

---

48 S. hierzu auch die amtliche Begründung zum BDSG nF, BT-Drs. 18/11325, 72 f.
49 S. zB *Kühling* NJW 2017, 1985; *Greve* NVwZ 2017, 737; zum Entwurf *Roßnagel* DuD 2017, 277.
50 S. ausführlich *Roßnagel* DuD 2017, 277ff. und DuD 2017, 290ff.
51 S. *Roßnagel* DuD 2017, 290 (293 f.).
52 Keine Differenzierung auch bei *Kühling* NJW 2017, 1985 (1988); *Greve* NVwZ 2017, 737 (739).
53 Amtliche Begründung zum BDSG nF, BT-Drs. 18/11325, 95; s. zur Notwendigkeit *Maier* DuD 2017, 169 (171).
54 Amtliche Begründung zum BDSG nF, BT-Drs. 18/11325, 98.
55 Amtliche Begründung zum BDSG nF, BT-Drs. 18/11325, 99.
56 Amtliche Begründung, BT-Drs. 18/12611, 84ff. Bezogen auf § 29 b erfolgt die Bezugnahme, ohne zwischen beiden Öffnungsklauseln zu differenzieren (84). Die Änderungen in § 30 AO werden allein auf die Öffnungsklausel des Abs. 2 gestützt (87).
57 Amtliche Begründung, BT-Drs. 18/12611, 91.
58 Amtliche Begründung, BT-Drs. 18/12611, 104 f., 110ff.
59 BT-Drs. 18/12611, 117; *Hoidn/Roßnagel* DuD 2018, 487ff.
60 BT-Drs. 18/12611, 105.
61 BT-Drs. 18/12611, 105.

Roßnagel

gelung nicht möglich sei.[62] Die Öffnungsklausel des Abs. 2 soll jedoch gerade dazu dienen, gewachsene hochkomplexe Datenschutzregelungen, wie sie für die Systeme der sozialen Sicherheit bestehen, die spezifische Eigenheiten der Mitgliedstaaten betreffen, beibehalten zu können. Daher kann auch der deutsche Regelungskomplex des Sozialdatenschutzes als ein in sich abgeschlossenes System beibehalten werden.[63]

Artikel 6 Abs. 3　Rechtmäßigkeit der Verarbeitung

(3) Die Rechtsgrundlage für die Verarbeitungen gemäß Absatz 1 Buchstaben c und e wird festgelegt durch

a)　Unionsrecht oder

b)　das Recht der Mitgliedstaaten, dem der Verantwortliche unterliegt.

[1]Der Zweck der Verarbeitung muss in dieser Rechtsgrundlage festgelegt oder hinsichtlich der Verarbeitung gemäß Absatz 1 Buchstabe e für die Erfüllung einer Aufgabe erforderlich sein, die im öffentlichen Interesse liegt oder in Ausübung öffentlicher Gewalt erfolgt, die dem Verantwortlichen übertragen wurde. [2]Diese Rechtsgrundlage kann spezifische Bestimmungen zur Anpassung der Anwendung der Vorschriften dieser Verordnung enthalten, unter anderem Bestimmungen darüber, welche allgemeinen Bedingungen für die Regelung der Rechtmäßigkeit der Verarbeitung durch den Verantwortlichen gelten, welche Arten von Daten verarbeitet werden, welche Personen betroffen sind, an welche Einrichtungen und für welche Zwecke die personenbezogenen Daten offengelegt werden dürfen, welcher Zweckbindung sie unterliegen, wie lange sie gespeichert werden dürfen und welche Verarbeitungsvorgänge und -verfahren angewandt werden dürfen, einschließlich Maßnahmen zur Gewährleistung einer rechtmäßig und nach Treu und Glauben erfolgenden Verarbeitung, wie solche für sonstige besondere Verarbeitungssituationen gemäß Kapitel IX. [3]Das Unionsrecht oder das Recht der Mitgliedstaaten müssen ein im öffentlichen Interesse liegendes Ziel verfolgen und in einem angemessenen Verhältnis zu dem verfolgten legitimen Zweck stehen.

I.　Ziel und Funktion der Öffnungsklausel

Abs. 3 enthält eine weitere **Öffnungsklausel** und legt fest, unter welchen Bedingungen die Union und die 1 Mitgliedstaaten Erlaubnistatbestände für die Datenverarbeitung zur Erfüllung von Verpflichtungen und die Erfüllung von Aufgaben, die im öffentlichen Interesse liegen oder in Ausübung öffentlicher Gewalt erfolgt, festlegen dürfen und müssen. Nach S. 1 können die Union oder die Mitgliedstaaten Regelungen erlassen, die die Erlaubnistatbestände des Abs. 1 UAbs. 1 lit. c und e ausfüllen.[1] Nach Abs. 1 UAbs. 1 lit. c ist jede Datenverarbeitung zulässig, die zur Erfüllung einer rechtlichen Verpflichtung erforderlich ist (→ Abs. 1 Rn. 51ff.). Diese Verpflichtung kann durch Regelungen der Union oder der Mitgliedstaaten festgelegt und die dafür erforderliche Datenverarbeitung zugelassen werden. Nach Abs. 1 UAbs. 1 lit. e ist jede Verarbeitung personenbezogener Daten zulässig, die für die Wahrnehmung einer Aufgabe erforderlich ist, die entweder im öffentlichen Interesse liegt oder in Ausübung öffentlicher Gewalt erfolgt, die dem Verantwortlichen übertragen wurde (→ Abs. 1 Rn. 71ff.). Sowohl die Aufgaben im öffentlichen Interesse als auch die Aufgaben, die in Ausübung öffentlicher Gewalt wahrzunehmen sind, als auch die Übertragungen der Verpflichtungen der Aufgaben an private und öffentliche Stellen können durch Vorschriften der Union oder eines Mitgliedstaats festgelegt werden.

Durch diese Öffnungsklausel wird die Zulässigkeit der Datenverarbeitung im öffentlichen Interesse oder im 2 öffentlichen Bereich weitgehend in die Hände der Mitgliedstaaten gelegt. Dies entspricht der Kompetenzverteilung innerhalb der EU, nach der die Mitgliedstaaten selbst für die Regelung von Sachverhalten zuständig sind, die innerstaatliche Angelegenheiten betreffen und den europäischen Binnenmarkt nicht unmit-

---

62　BT-Drs. 18/12611, 110.

63　*Hoidn/Roßnagel* DuD 2018, 487ff.

1　Auch in Abs. 3 zitiert sich die DSGVO falsch, indem sie – im Gegensatz zu Abs. 1 UAbs. 2 – den UAbs. 1 unterschlägt.

telbar berühren.[2] Auch mit dieser Öffnungsklausel[3] trägt die Verordnung selbst dazu bei, ihr Ziel[4] zu verfehlen, ein einheitliches Datenschutzrecht für die gesamte EU und den EWR zu erreichen. Stattdessen begründet sie eine **Ko-Regulierung des Datenschutzrechts** durch Union und Mitgliedstaaten.[5] Dies ermöglicht aber, andere wichtige Ziele zu erreichen, nämlich ein hohes Maß an **Rechtssicherheit** für Verantwortliche, betroffene Personen und Aufsichtsbehörden und eine **Modernisierung des Grundrechtsschutzes**. Indem die Mitgliedstaaten sicherstellen, dass bewährte Regelungen beibehalten und neue präzise und risikoadäquate Regelungen getroffen werden, ermöglichen sie, bestehende Praktiken beizubehalten und weiterhin auf der bewährten Rechtsprechung aufzubauen.

3 S. 2 bis 4 des Abs. 3 legen **Anforderungen an die Ausfüllung der Öffnungsklausel** des S. 1 fest, die die Union oder die Mitgliedstaaten bei der Festlegung der Verpflichtungen und Aufgaben beachten müssen. Sie enthalten in S. 2 Anforderungen an den Zweck der Datenverarbeitung, bestimmen in S. 3 mögliche Regelungen dieser Ausfüllungsbestimmungen und fordern in S. 4 die Verfolgung eines öffentlichen Interesses und die Beachtung des Prinzips der Verhältnismäßigkeit.

II. Entstehungsgeschichte

4 Eine vergleichbare Regelung enthielt die DSRL nicht, weil sie ohnehin von den Mitgliedstaaten umgesetzt werden musste. Dementsprechend machte das BDSG aF von einer Öffnungsklausel auch keinen Gebrauch. Abs. 3 war im Gesetzgebungsprozess der Verordnung hinsichtlich **S. 1 nicht umstritten**. Dagegen waren die Anforderungen an die Ausfüllung der Öffnungsklausel in den **Sätzen 2 bis 4 sehr umstritten**.[6]

5 Bezogen auf **S. 1 stimmten die Entwürfe** von KOM, EP und Rat weitgehend **überein**. Der Vorschlag der KOM entspricht weitgehend dem verabschiedeten S. 1. Das EP hat den Vorschlag der KOM wörtlich übernommen. Hierzu hat der Rat nur drei kleine Änderungen vorgeschlagen. Nach dem ersten Vorschlag sollte die Union oder der Mitgliedstaat nicht die „Verarbeitung", sondern die „Rechtsgrundlage der Verarbeitung" festlegen. Dieser Vorschlag wurde in der Verordnung übernommen. Nach dem zweiten Vorschlag sollte die Rechtsgrundlage statt „im Recht" „im Einklang mit dem Recht" der Union oder des Mitgliedstaats festgelegt werden. Dieser Vorschlag konnte sich nicht durchsetzen. Ebenso wurde auch der dritte Vorschlag des Rats nicht übernommen, nach dem in lit. b das „nationale" Recht des Mitgliedstaats die Rechtsgrundlage für die Verarbeitung festlegen sollte.

6 Bezogen auf die **Anforderungen an die Rechtsgrundlage** der Union oder des Mitgliedstaats gingen die Vorschläge von KOM, EP und Rat stark auseinander. Die **KOM** wollte die unvermeidbare Öffnungsklausel für die Mitgliedstaaten in S. 1 einschränken, indem sie forderte, dass die „einzelstaatliche Regelung [...] den Wesensgehalt des Rechts auf den Schutz personenbezogener Daten wahren und in einem angemessenen Verhältnis zu dem mit der Verarbeitung verfolgten legitimen Zweck stehen" muss. Das **EP** übernahm diesen Vorschlag, erweiterte aber den Spielraum der Mitgliedstaaten, indem es noch einen Satz anfügte, der dem späteren S. 3 nahe kommt. Der **Rat** hat die Einschränkung des Regelungsspielraums, den KOM und EP übereinstimmend vorgeschlagen hatten, nicht übernommen und dafür die Erweiterung des Spielraums für weitere Datenschutzregelungen der Union, aber vor allem der Mitgliedstaaten gegenüber dem Vorschlag des EP erheblich ausgeweitet. Dieser Vorschlag konnte sich als S. 2 und 3 des Abs. 3 – bis auf kleine Ergänzungen – durchsetzen. Im **Trilog** setzte der Rat seine Ziele hinsichtlich der Ausweitung der Regelungsmöglichkeiten der Mitgliedstaaten vollständig durch. Sein Regelungsvorschlag wurde sogar noch um die Möglichkeit zu bestimmen, welcher Zweckbindung die Daten unterliegen, erweitert. Der Rat musste allerdings den gemeinsamen Vorschlag der KOM und des EP zur Beschränkung der Regelungsbefugnis durch die – eigentlich selbstverständliche – Bindung der Regelungen an das öffentliche Interesse und das Prinzip der Verhältnismäßigkeit in S. 4 akzeptieren. Dagegen mussten KOM und EP auf die Erforderlichkeit zum „Schutz der Rechte und Freiheiten Dritter" und die Verpflichtung, „den Wesensgehalt des Rechts auf den Schutz personenbezogener Daten (zu) wahren", im Text der Vorschrift verzichten.[7] Eine gewisse Erläuterung der Vorschrift findet sich in **EG 45**.

III. Systematische Stellung

7 Die Öffnungsklausel in Abs. 3 ist **spezieller als die Öffnungsklausel in Abs. 2** und geht ihr deshalb vor (→ Abs. 2 Rn. 7). Im Ergebnis decken beide zusammen den gesamten Bereich des Datenschutzes ab, der

---

2 S. näher Roßnagel/*ders.*, Das neue DSR, S. 52.
3 Zur Öffnungsklausel des Abs. 2 → Abs. 2 Rn. 16ff.
4 S. EG 3, 9, 13.
5 *Roßnagel* DuD 2016, 561; Roßnagel/*ders.*, Das neue DSR, S. 31ff.
6 S. zum Kampf um die künftige Datenschutzpolitik Roßnagel/*ders.*, Das neue DSR, S. 27ff; *Roßnagel* Vogänge 221/222 (Mai 2018), 17ff.
7 Beides gilt allerdings ohnehin aufgrund seiner grundrechtlichen Fundierung.

sich auf die „inneren Angelegenheiten" eines Mitgliedstaats bezieht und den europäischen Binnenmarkt nicht unmittelbar berührt.

In der Ausfüllung der Öffnungsklausel des Abs. 3 werden die Mitgliedstaaten daher auch nicht durch die 8 Beschränkungen des Abs. 2 begrenzt.[8] Für die Ausfüllung der spezielleren Öffnungsklausel des Abs. 3 gelten die **speziellen Vorgaben des Abs. 3** und nicht die Vorgaben der allgemeinen Regelung des Abs. 2.[9]

In Bezug auf andere **speziellere Öffnungsklauseln**, die spezifische Daten betreffen, wie etwa Art. 9 Abs. 2 9 lit. b, g, h, i und j für besondere Kategorien von Daten, oder Datenverarbeitungsvorgänge, wie etwa Art. 22 Abs. 2 bezogen auf automatisierte Entscheidungen, oder Ausnahmen für spezifische Grundsätze und Rechte, wie sie nach Art. 23 Abs. 1 möglich sind, sind die Öffnungsklauseln nach Abs. 3 S. 1 und 3 nachrangig.

Abs. 3 nimmt Bezug auf die Grundsätze der Verarbeitung personenbezogener Daten in Art. 5 Abs. 1 lit. a, 10 wenn er festlegt, dass der jeweilige Mitgliedstaat in Anwendung der Öffnungsklausel „Maßnahmen zur Gewährleistung einer rechtmäßig und nach Treu und Glauben erfolgende Verarbeitung" vorsehen kann. **Rechtmäßigkeit und Treu und Glauben** sind in der Weise zu verstehen, wie sie in Art. 5 Abs. 1 lit. a zur Anwendung kommen (→ Art. 5 Rn. 31ff. und 44ff.).

In der DSGVO nehmen **keine** anderen Vorschriften Bezug auf Abs. 3 der Vorschrift. 11

Nach Abs. 3 S. 3 „kann" die Rechtsgrundlage „spezifische Bestimmungen zur Anpassung der Anwendung 12 der Vorschriften dieser Verordnung enthalten, unter anderem Bestimmungen darüber, … welche Verarbeitungsvorgänge und -verfahren angewandt werden dürfen, einschließlich Maßnahmen zur Gewährleistung einer rechtmäßig und nach Treu und Glauben erfolgenden Verarbeitung, wie solche für sonstige **besondere Verarbeitungssituationen** gemäß Kapitel IX". Nach dieser Regelung „kann" der Mitgliedstaat Maßnahmen, „wie solche für sonstige besondere Verarbeitungssituationen gemäß Kapitel IX" vorsehen, muss dies aber nicht. Dies korrespondiert mit der Regelung des Abs. 2, nach der er seine Öffnungsklausel für „innerstaatliche Angelegenheiten" auch „für andere besondere Verarbeitungssituationen gemäß Kapitel IX" nutzen kann. Da diese Öffnungsklausel den Regelungen in Artt. 85 bis 91 vorgeht (→ Abs. 2 Rn. 10ff.), ist er an die Vorgaben dieser Artikel nicht gebunden, soweit diese sich nicht aus der GRCh ergeben. Dies ist jedoch überwiegend der Fall (→ Abs. 2 Rn. 10ff.). Hier ist der Verweis auf die Garantien für die besonderen Verarbeitungssituationen als Beispiel für Maßnahmen zur Gewährleistung einer rechtmäßig und nach Treu und Glauben erfolgenden Verarbeitung gemeint (→ Rn. 46).

IV. Rechtsgrundlage im Unionsrecht und im Recht der Mitgliedstaaten (S. 1)

Erfolgt die Verarbeitung durch den Verantwortlichen aufgrund einer ihm obliegenden rechtlichen Verpflich- 13 tung oder ist die Verarbeitung zur Wahrnehmung einer Aufgabe im öffentlichen Interesse oder in Ausübung öffentlicher Gewalt erforderlich, muss nach EG 45 hierfür eine **Grundlage im Unionsrecht oder im Recht eines Mitgliedstaats** bestehen. Daher fordert Abs. 3 S. 1 für Datenverarbeitungen gemäß Abs. 1 UAbs. 1 lit. c und e, dass ihre Zulässigkeit durch Unionsrecht oder das Recht der Mitgliedstaaten, dem der Verantwortliche unterliegt, festgelegt wird. Die Notwendigkeit eines Gesetzes ergibt sich auch aus Art. 8 Abs. 2 GRCh.

Dies entspricht der Feststellung, dass die DSGVO „als Grund-Verordnung ergänzungsbedürftig [ist] und 14 […] den Datenschutz nur im Grundsatz abschließend" regelt.[10] Für den Anwendungsbereich des Abs. 1 UAbs. 1 lit. c und e hat sie die Rechtsgrundlagen der Verarbeitung nicht selbst geregelt, sondern gemäß Abs. 3 S. 1 anderen Regelungen der Union oder der Mitgliedstaaten überlassen (→ Abs. 1 Rn. 51, 71, 78). Der **eigentliche gesetzliche Erlaubnistatbestand** ist nicht in Abs. 1 UAbs. 1 lit. c und e zu finden. Diese sind nur „Scharniernormen", die auf die gesetzlichen Erlaubnistatbestände in den Rechtsgrundlagen nach Abs. 3 S. 1 verweisen, die die Union und die Mitgliedstaaten beibehalten können oder noch erlassen müssen.[11]

Nach EG 45 wird nicht für jede einzelne Verarbeitung ein spezifisches Gesetz verlangt. Ein allgemeines Ge- 15 setz als Grundlage für **mehrere Verarbeitungsvorgänge** kann ausreichend sein. Die Rechtsgrundlage nach S. 1 kann daher mehrere Verarbeitungsvorgänge in einem bestimmten Verwaltungsbereich regeln.[12]

1. Unionsrecht. Für Unionsrecht auf gleicher Hierarchiestufe wie die DSGVO ist eigentlich keine Öff- 16 nungsklausel notwendig. **Das neue Recht überregelt das alte.** Wenn die EU neue Regelungen zum Datenschutzrecht erlässt, kann sie auch von der DSGVO abweichen.[13]

---

8 So aber *Albrecht/Jotzo*, S. 73.
9 S. zB Roßnagel/*Nebel*, Europ. DSGVO, S. 138.
10 Amtliche Begründung zum BDSG nF, BT-Drs. 18/11325, 72.
11 Amtliche Begründung zum BDSG nF, BT-Drs. 18/11325, 72.
12 Roßnagel/*Schaller*, Das neue DSR, S. 274.
13 Ebenso Sydow/*Reimer* Art. 6 Rn. 26.

17 Vorgaben des Abs. 1 UAbs. 1 lit. c und e sowie des Abs. 3 sind für neue datenschutzrechtliche Unionsregelungen nicht in der Weise verbindlich, dass diese rechtswidrig werden, wenn sie gegen die DSGVO verstoßen. Insofern sind die Vorgaben in Abs. 1 UAbs. 1 lit. c und e sowie des Abs. 3 rechtspolitische **Absichtserklärungen**, an die sich der Unionsgesetzgeber beim Erlass künftiger datenschutzrechtlicher Unionsregelungen halten will.

18 Die unionsrechtliche Rechtsgrundlage muss jedoch die inhaltlichen Anforderungen des **Art. 8 Abs. 2 und 52 Abs. 1 GRCh** beachten. Sie muss außerdem „klar und präzise sein und ihre Anwendung sollte für die Rechtsunterworfenen gemäß der Rechtsprechung" des EuGH und des EGMR „vorhersehbar sein".[14]

19 **2. Mitgliedstaatliches Recht.** Für die Mitgliedstaaten ist Abs. 3 eine **echte Öffnungsklausel**, durch die die DSGVO anzeigt, dass sie im Anwendungsbereich des Abs. 1 UAbs. 1 lit. c und e keine abschließende Regelung enthält, sondern den Mitgliedstaaten unter den Vorgaben des Abs. 3 einen eigenständigen Regelungsspielraum einräumt. Die Mitgliedstaaten können ohne Verstoß gegen die DSGVO Pflichten im Allgemeininteresse begründen, Aufgaben im öffentlichen Interesse festlegen und Aufgaben bestimmen, die in Ausübung hoheitlicher Gewalt wahrzunehmen sind. Für diese Pflichten und Aufgaben dürfen sie die Verarbeitung personenbezogener Daten zulassen, die zu ihrer Erfüllung erforderlich sind.[15] Sie dürfen allerdings nicht die Zulässigkeitstatbestände des Abs. 1 UAbs. 1 lit. c und e erweitern, sondern müssen das dort vorgegebene **Datenschutzniveau einhalten.**[16]

20 Der **Anwendungsbereich des Abs. 3 S. 1** ist erdenklich weit.[17] Er betrifft die Zulässigkeit der Datenverarbeitung in allen Verwaltungsbereichen vom staatlichen Archiv bis zur Zollverwaltung, in der Verfolgung aller öffentlichen Interessen von der Bekämpfung der Arbeitslosigkeit bis hin zur Sicherstellung eines geordneten Zahlungsverkehrs sowie zur Erfüllen aller rechtlichen Pflichten im Allgemeininteresse von Auskunftspflichten bis hin zu Zugangskontrollen. Er erfasst die Datenverarbeitung zu allen Aspekten des Verhältnisses von Bürger und Staat, der innerstaatlichen Kommunikation sowie der gesellschaftlichen Durchsetzung von öffentlichen Interessen. Er ist nicht beschränkt auf bestehenden Ziele und Zwecke dieser Datenverarbeitungen, sondern entwickelt sich mit allen neuen staatlichen Aufgaben und bürgerschaftlichen Pflichten sowie mit der Informationstechnik, die zu ihrer Erfüllung eingesetzt wird.

21 Das „**Recht der Mitgliedstaaten**"[18] bestimmt sich nach EG 41 S. 1 durch deren Verfassungsordnung. Es genügt eine verbindliche Regelung, die kein formelles Gesetz sein muss, wie sie in Rechtsverordnungen, Satzungen oder sogar den normativen Teilen von Tarifverträgen[19] und Betriebsvereinbarungen[20] stehen können, nicht jedoch Bestimmungen in Verwaltungsvorschriften, Vollzugshinweisen, behördlichen Weisungen, ministeriellen Rundschreiben oder technischen Regeln (Abs. 2). Die Rechtsgrundlage des Mitgliedstaats muss nach EG 41 S. 1 mit den jeweiligen verfassungsrechtlichen Vorgaben übereinstimmen. Die Rechtsgrundlage muss daher ausreichend klar, präzise und bestimmt sein, so dass für die betroffene Person die Datenverarbeitung eindeutig vorhersehbar ist.[21]

22 Abs. 3 S. 1 nennt die Union und den Mitgliedstaat als gleichberechtigte Gesetzgeber. Die Regelung legt **keinen Vorrang des Unionsrechts** fest. Die Mitgliedstaaten können ebenso wie die Union gesetzliche Erlaubnistatbestände festlegen. Allerdings genießt Unionsrecht gegenüber dem mitgliedstaatlichen Recht einen allgemeinen Anwendungsvorrang, so dass in den Bereichen, in denen die Union Erlaubnistatbestände festgelegt hat, der Mitgliedstaat keine Regelungen erlassen darf, die diesen Unionsregelungen widersprechen.

23 **3. Regelungen im neuen Bundesdatenschutzrecht.** Die amtliche Begründung zum BDSG nF hat nicht bei jeder Vorschrift deutlich gemacht, ob sie sich für diese auf die Öffnungsklauseln des Abs. 3 S. 1 und 3 stützt. Sie hat sich allein für die Regelung der **Verarbeitung personenbezogener Daten durch öffentliche Stellen** in § 3 BDSG nF auf die Öffnungsklausel des Abs. 3 S. 1 bezogen.[22]

24 Zumindest für die Regelung der **Videoüberwachung** öffentlich zugänglicher Räume durch öffentliche Stellen hätte sich die amtliche Begründung auf die Öffnungsklausel des Abs. 3 S. 1 stützen müssen und können. Für die Regelung der Videoüberwachung durch private Stellen kann sie sich nicht auf diese Öffnungsklau-

---

14 Dies hebt EG 41 S. 2 zu Recht hervor.
15 Es reicht jedoch nicht „jede Erlaubnis- und Befugnisnorm" aus, „ohne dass sich diese konkret auf personenbezogene Daten beziehen muss" – so aber Gierschmann et al./*Assion/Nolte/Veil*, Art. 6 Rn. 111.
16 Ebenso Gola/*Schulz* Art. 6 Rn. 47.
17 Ebenso *Kühling/Martini* EuZW 2016, 448 f.; aA Kühling/Buchner/*Buchner/Petri* Art. 6 Rn. 87 („gewisser Spielraum"), im Gegensatz zu Rn. 193 („erheblicher Spielraum").
18 Eigentlich müsste es heißen „das Recht des Mitgliedstaats".
19 § 4 TVG; ebenso Kühling/Buchner/*Buchner/Petri* Art. 6 Rn. 84.
20 EG 155; ebenso Kühling/Buchner/*Buchner/Petri* Art. 6 Rn. 85; aA *Kühling/Martini et al.*, S. 30.
21 S. zB BVerfGE 65, 1 (44, 46); 100, 313 (359 f., 372); 110, 33 (53); 113, 348 (375); 115, 320 (365).
22 Amtliche Begründung zum BDSG nF, BT-Drs. 18/11325, 79.

sel berufen. Diese Regelung ist daher unionsrechtswidrig,[23] weil sie gegen Abs. 1 UAbs. 1 lit. f verstößt, der als einziger Erlaubnistatbestand für private Stellen in Frage kommt.

Die Neuregelung zum **Sozialdatenschutz** durch Artt. 19 bis 24 des Gesetzes zur Änderung des Bundesver- 25 sorgungsgesetzes und anderer Vorschriften vom 17.7.2017 stützt der Gesetzgeber[24] durchgängig – ohne weitere Differenzierung – auf die Öffnungsklauseln der Abs. 2 und 3 sowie des Art. 9 Abs. 2 (→ Abs. 2 Rn. 37).

Ebenso beruft sich der Gesetzgeber für die Änderungen und Einfügungen zum Datenschutzrecht in der **Ab-** 26 **gabenordnung** durch Art. 17 des Gesetzes zur Änderung des Bundesversorgungsgesetzes und anderer Vor-schriften vom 17. 7.2017[25] undifferenziert auf beide Öffnungsklauseln (→ Abs. 2 Rn. 36).

V. Voraussetzungen einer Rechtsgrundlage (S. 2 und 4)

S. 2 und 4 nennen Anforderungen an die Rechtsgrundlage, die erfüllt sein müssen, damit sie ein wirksamer 27 Erlaubnistatbestand sein kann.[26] Fehlt es an einer dieser Voraussetzungen, ist der Erlaubnistatbestand eines Mitgliedstaats wegen eines Verstoßes gegen S. 2 oder 4 unionsrechtswidrig. Sie sind jedoch für jede Norm im Einzelfall zu prüfen.[27]

1. Zweckfestlegung (S. 2). Nach S. 2 muss der **Zweck der Verarbeitung** in der Rechtsgrundlage nach S. 1 28 festgelegt oder hinsichtlich der Verarbeitung gemäß Abs. 1 UAbs. 1 lit. e für die Erfüllung einer Aufgabe er-forderlich sein, die im öffentlichen Interesse liegt oder in Ausübung öffentlicher Gewalt erfolgt, die dem Verantwortlichen übertragen wurde. Damit nennt die Vorschrift zwei Bedingungen, die alternativ mit einem „oder" verbunden sind.

Nach der ersten Alternative muss der **Zweck in der Rechtsgrundlage**, die eine Verarbeitung personenbezo- 29 gener Daten zulässt, festgelegt sein. Unter „Zweck" der Datenverarbeitung ist die Beschreibung des Zu-stands zu verstehen, der durch das Mittel der Datenverarbeitung erreicht werden soll (→ Art. 5 Rn. 69). Da die zweite Alternative sich auf den Anwendungsbereich des Abs. 1 UAbs. 1 lit. e bezieht und mit der ersten Alternative mit einem „oder" verbunden ist, scheint sich die erste Alternative nur auf Abs. 1 UAbs. 1 lit. c zu beziehen.[28] Dies würde jedoch umgekehrt bedeuten, dass im Anwendungsbereich des Abs. 1 UAbs. 1 lit. e keine Festlegung des Zwecks erfolgen müsste. Angesichts der hohen Bedeutung des Grundsatzes der Zweckbindung in Art. 5 Abs. 1 lit. b (→ Art. 5 Rn. 64ff.) kann dies aber nicht das Ergebnis der Auslegung sein. Daher ist das „oder" nicht auf die Zweckfestlegung zu beziehen, sondern auf den **Inhalt des Zwecks.** Dieser wird in der ersten Alternative nicht von der DSGVO vorgegeben, sondern von der Union oder dem Mitgliedstaat allein bestimmt. In beiden Alternativen hat die **gesetzliche Regelung jedoch den Zweck** der Datenverarbeitung spezifisch zu **bestimmen.**[29] Dementsprechend kann auch die Rechtsprechung des BVerfG zur notwendigen Bestimmtheit der Zweckfestlegung in Erlaubnistatbeständen für staatliche Daten-verarbeitung[30] weiterhin Anwendung finden.

Nach der zweiten Alternative muss der Verarbeitungszweck für die Erfüllung einer Aufgabe erforderlich 30 sein, die im **öffentlichen Interesse** (→ Abs. 1 Rn. 70 f.) liegt oder in **Ausübung öffentlicher Gewalt** (→ Abs. 1 Rn. 78) erfolgt, die dem Verantwortlichen übertragen wurde. Eigentlich kann nicht der Zweck erforderlich sein. Auch an dieser Stelle ist der Text der Vorschrift verunglückt. Gemeint kann – wie auch in Abs. 1 UAbs. 1 lit. e (→ Rn. 70, 79) – nur sein, dass die Datenverarbeitung für die Erfüllung eines Zwecks erfor-derlich sein muss, der in der Wahrnehmung einer Aufgabe besteht, die im öffentlichen Interesse liegt oder in Ausübung öffentlicher Gewalt erfolgt und die dem Verantwortlichen übertragen wurde.[31]

Die spezifische Anforderung für die zweite Alternative ist eigentlich **überflüssig**, weil diese Anforderung 31 sich aus Abs. 1 UAbs. 1 lit. e ergibt. Ihre wiederholte Benennung zeigt jedoch, dass der **eigentliche Erlaub-nistatbestand** in der Rechtsgrundlage nach Abs. 3 S. 1 besteht und nicht schon allein in der Bedingung des Abs. 1 UAbs. 1 lit. e.

---

23 So auch *Kühling* NJW 2017, 1985 (1987); näher → Rn. #Scholz#.
24 Amtliche Begründung, BT-Drs. 18/12611, 104 f., 110ff.
25 Amtliche Begründung, BT-Drs. 18/12611, 84ff.
26 S. zB Roßnagel/*Nebel*, Europ. DSGVO, S. 138.
27 S. zB Roßnagel/*Nebel*, Europ. DSGVO, S. 138.
28 So *Kühling/Martini et al.*, S. 34; Kühling/Buchner/*Buchner/Petri* Art. 6 Rn. 82, 121, 198; Paal/Pauly/*Frenzel* Art. 6 Rn. 41; Gierschmann et al./*Assion/Nolte/Veil*, Art. 6 Rn. 162.
29 AA Gierschmann et al./*Assion/Nolte/Veil*, Art. 6 Rn. 162, allerdings unterliegt ein deutscher Gesetzgeber nach Rn. 173 f. den Bestimmt-heitsanforderungen des BVerfG.
30 S. zB BVerfGE 65, 1 (44, 46); 100, 313 (359 f., 372); 110, 33 (53); 113, 348 (375); 115, 320 (365).
31 Der Relativsatz bezieht sich auf die „Aufgabe" und nicht auf die „öffentliche Gewalt" (Abs. 1).

32 2. **Öffentliches Interesse und Verhältnismäßigkeit (S. 4).** Nach S. 4 müssen „das Unionsrecht oder das Recht der Mitgliedstaaten ... ein im öffentlichen Interesse liegendes Ziel verfolgen und in einem angemessenen Verhältnis zu dem verfolgten legitimen Zweck stehen". Damit legt S. 4 **zwei kumulative Voraussetzungen** für einen wirksamen Erlaubnistatbestand nach S. 1 fest.

33 Die erste Voraussetzung, dass die Rechtsgrundlage ein im öffentlichen Interesse liegendes Ziel verfolgen muss, gilt vor allem für die Verarbeitung zur Erfüllung einer rechtlichen **Verpflichtung** nach Abs. 1 UAbs. 1 lit. c. Diese Verpflichtung muss darin bestehen, ein im öffentlichen Interesse liegendes Ziel zu verfolgen (Beispiele → Abs. 1 Rn. 51). Eine Verpflichtung, partikulare Interessen zu verfolgen oder zu unterstützen, wäre für eine Rechtsgrundlage nach S. 1 ungeeignet.[32]

34 Für eine Rechtsgrundlage im **Anwendungsbereich des Abs. 1 UAbs. 1 lit. e** ist diese Voraussetzung weitgehend überflüssig. Soweit der Erlaubnistatbestand eine Datenverarbeitung betrifft, die erforderlich ist, um eine Aufgabe zu erfüllen, die im öffentlichen Interesse liegt, verfolgt diese Rechtsgrundlage „ein im öffentlichen Interesse liegendes Ziel". Soweit der Erlaubnistatbestand eine Datenverarbeitung betrifft, die erforderlich ist, um eine Aufgabe zu erfüllen, die in Ausübung öffentlicher Gewalt erfolgt, ist dies nach den Rechtsordnungen der Union und den meisten Mitgliedstaaten nur zur Verfolgung öffentlicher Interessen zulässig. In der Union dürfen Einschränkungen des Grundrechts auf Datenschutz gemäß Art. 52 Abs. 1 S. 2 GRCh nur vorgenommen werden, wenn sie „den von der Union anerkannten dem Gemeinwohl dienenden Zielsetzungen entsprechen". Für diesen Anwendungsbereich ist die Voraussetzung des S. 4 als verstärkende Wiederholung ohnehin unionsverfassungsrechtlich geltender Grundsätze anzusehen.

35 Die zweite Voraussetzung, dass die Rechtsgrundlage „in einem angemessenen Verhältnis zu dem verfolgten legitimen Zweck stehen" muss, ergibt sich ebenfalls bereits aus Unionsverfassungsrecht. Nach Art. 52 Abs. 1 S. 2 GRCh ist eine gesetzliche Erlaubnis zur Verarbeitung personenbezogener Daten und damit eine Einschränkung des Grundrechts auf Datenschutz nach Art. 8 GRCh nur „unter Wahrung des Grundsatzes der **Verhältnismäßigkeit**" zulässig. Auch die zweite Voraussetzung des S. 4 verstärkt ohnehin bestehende unionsverfassungsrechtliche Anforderungen an die Rechtsgrundlagen nach S. 1. Sie betont, dass jede Erlaubnis zur Verarbeitung personenbezogener Daten zugleich ein Eingriff in das Grundrecht auf Datenschutz nach Art. 8 GRCh ist, der immer auf das absolut Notwendige beschränkt sein muss.[33]

VI. Regelungsspielräume für die Rechtsgrundlage (S. 3)

36 Abs. 3 S. 3 schränkt nicht die **Regelungsmöglichkeiten** der Union und der Mitgliedstaaten ein, sondern **erweitert** die der Mitgliedstaaten[34] auf weitere „spezifische Bestimmungen zur Anpassung der Anwendung der Vorschriften dieser Verordnung", die im weiteren Sinn mit der Zulässigkeit der Datenverarbeitung zusammenhängen können. Nach EG 45 können in der Rechtsgrundlage nach S. 1 „die allgemeinen Bedingungen dieser Verordnung zur Regelung der Rechtmäßigkeit der Verarbeitung personenbezogener Daten präzisiert" werden. Die Rechtsgrundlage nach S. 1 „kann" solche Bestimmungen enthalten, muss es aber nicht.[35]

37 Hinsichtlich der Option der Mitgliedstaaten, „**spezifische Bestimmungen zur Anpassung der Anwendung der Vorschriften dieser Verordnung**" zu erlassen, verwenden die Öffnungsklauseln in Abs. 2 und 3 den gleichen Wortlaut. Dennoch ist damit Unterschiedliches gemeint. Die Rechtsgrundlage nach Abs. 3 S. 1 bezieht sich auf die Rechtmäßigkeit der Datenverarbeitung im Anwendungsbereich der Bedingungen des Abs. 1 UAbs. 1 lit. c und e. Die Öffnungsklausel nach Abs. 2 ist weiter und erfasst alle Regelungen der Verordnung, wenn ihre Anwendung auf spezifische Bedingungen der „innerstaatlichen Angelegenheiten" beschränkt ist.

38 Die Rechtsgrundlage nach S. 1 kann spezifische Bestimmungen zur Anpassung der Anwendung der Vorschriften dieser Verordnung enthalten. Der inhaltliche Gestaltungsspielraum ist relativ weit. Er wird vor allem von der Aufgabe bestimmt, zum Schutz der Grundrechte spezifische Regelungen zu treffen, die den Umständen der Datenverarbeitung angemessen sind,[36] und Regelungen zu treffen, die die Umsetzung der Grundsätze der Datenverarbeitung in Art. 5 konkretisieren. Die spezifischen Rechtsgrundlagen zur Zulässigkeit der Verarbeitung personenbezogener Daten können insbes. auf spezifische Risiken unterschiedlicher Formen und Ziele von Datenverarbeitungsvorgängen eingehen. Sie können als risikospezifische Daten-

---

32 Für die unionsverfassungsrechtliche Grundlage dieser Voraussetzung → Rn. 34.
33 So seit EuGH C-73/07, EuZW 2009, 108 Rn. 56 – Satakunnan Markkinapörssi und Satamedia, st. Rspr.
34 Der Unionsgesetzgeber kann ohnehin in einer neueren Rechtsvorschrift von älteren Regelungen der gleichen oder einer niedrigeren Regelungsebene abweichen (→ Rn. 16).
35 Ebenso *Kühling/Martini et al.*, S. 34 f.
36 Ebenso Kühling/Buchner/*Buchner/Petri* Art. 6 Rn. 94.

schutzvorschriften ausgestaltet werden.[37] So kann zB die Zulässigkeit einer besonders riskanten Datenverarbeitung von zusätzlichen Garantien wie Informationen über bestimmte Verwendungsformen der Daten, Sicherungen ihrer umgehenden Löschung oder von einer informationellen Gewaltenteilung abhängig gemacht werden. Insgesamt eröffnen die Optionen nach S. 3 den Mitgliedstaaten die Möglichkeit, in sich **kohärente Gesamtregelungen** zu treffen, die die Risikosituation einer bestimmten Form der Datenverarbeitung umfassend regeln.[38]

Für die optionale Ausgestaltung der Rechtsgrundlagen nach S. 1 gibt S. 3 mehrere **Beispiele**, die „unter anderem" die Anforderung an die „spezifischen Bestimmungen" erfüllen.[39] Auch wenn diese Beispiele weder abschließend noch verbindlich sind, genießen sie doch als Leitbild für zulässige spezifische Bestimmungen eine gewisse rechtliche Bedeutung.[40]   39

Das erste Beispiel betrifft Bestimmungen darüber, welche allgemeinen **Bedingungen für die Regelung der Rechtmäßigkeit** der Verarbeitung durch den Verantwortlichen gelten. Hier könnten an die Zulässigkeit bestimmter Datenverarbeitungsvorgänge mit besonderer Risikoausprägung geeignete Bedingungen geknüpft werden, so zB für bestimmte Big Data-Analysen die frühe Löschung aller Rohdaten, für Anwendungen von Smart Health bestimmte Anforderungen an die Geheimhaltung, oder für den Einsatz von Smart Office-Anwendungen bestimmte Vorgaben für die Speicherung der der Daten und zum Schutz ihrer Zweckbindung.[41]   40

Als zweites Beispiel nennt S. 3 Bestimmungen darüber, welche **Arten von personenbezogenen Daten** verarbeitet werden oder auch nicht verarbeitet werden dürfen. Ebenso wie Art. 10 besondere Bedingungen für die Verarbeitung von Daten über strafrechtliche Verurteilungen und Straftaten oder damit zusammenhängende Sicherungsmaßregeln aufstellt, können auch für andere besonders schützenswerte Daten Anforderungen an die Verarbeitung gestellt werden. So könnte zB die längerfristige Speicherung von Gesundheitsdaten, die nicht von Ärzten erhoben wurden, besonders vertrauenswürdigen und geheimhaltungspflichtigen Institutionen vorbehalten werden.[42]   41

Das dritte Beispiel betrifft Bestimmungen darüber, welche **Personen betroffen** sind. Dieses Beispiel könnte besondere Regelungen für **Berufsgeheimnisträger** betreffen, die als Bedingung für die Datenverarbeitung besonderen Geheimhaltungspflichten unterworfen werden. Dieses Beispiel könnte aber auch für bestimmte Gruppen von betroffenen Personen zur Anwendung kommen, die sich in einer **asymmetrischen Machtbeziehung** befinden. So könnte die Verarbeitung von Daten von Kindern von besonderen risikomindernden Garantien abhängig gemacht wie kurze Speicherfristen und regelmäßiges Löschen der Daten. Eine andere Gruppe könnten Beschäftige der öffentlichen Hand sein, für die bestimmte Erhebungen oder Verwertungen von Daten durch Überwachungstechniken ausgeschlossen werden.[43]   42

S. 3 enthält als viertes Beispiel Bestimmungen darüber, gegenüber welchen Einrichtungen und für welche Zwecke die personenbezogenen Daten offengelegt werden dürfen. Dies impliziert zugleich das Gegenteil, nämlich Bestimmungen darüber, wem gegenüber sie nicht offengelegt werden dürfen. Eine solche Regelung könnte den differenzierten zulässigen Zugriff von Dienstherren, Behörden oder Anbietern von Leistungen der Daseinsvorsorge oder von Sozialleistungen auf die Inhalte von Social Media betreffen.[44] Ein anderes Beispiel wäre der Umgang mit personenbezogenen Ergebnissen aus Big Data-Analysen, die nicht, nur in einer bestimmten Form oder ungehindert weitergeben werden dürfen.   43

Als fünftes Beispiel erwähnt S. 3 Bestimmungen darüber, welcher **Zweckbindung** bestimmte Daten unterliegen. EG 50 denkt hier vor allem an die Durchbrechung der Zweckbindung, wenn „die Verarbeitung für die Wahrnehmung einer Aufgabe erforderlich (ist), die im öffentlichen Interesse liegt". Hier könnte aber auch umgekehrt daran gedacht werden, in besonderen Vertrauensbeziehungen eine strenge Zweckbindung festzulegen oder sogar einzelne Zweckänderungen zu erschweren oder auszuschließen.[45] Eine besondere Vertrauensbeziehung kann aber nicht nur zu Menschen, sondern vor allem zu eigenen Datenverarbeitungssystemen entstehen, die den Lebensvollzug der betroffenen Person begleiten und ihr alltägliches Verhalten erfassen. Dies gilt vor allem für Assistenzsysteme im Smart Office,[46] im Smart Car oder im Wearable Computing wie bei Smart Health-Anwendungen, die alle im Anwendungsbereich der Rechtmäßigkeitsbedingung des Abs. 1   44

---

37 S. hierzu näher *Roßnagel* DuD 2016, 561 (565); *ders.* DuD 2017, 290 (293 f.); *Roßnagel/Geminn/Jandt/Richter*, Datenschutzrecht 2016 – „Smart" genug für die Zukunft?, 2016, S. 129ff.; *Roßnagel* DuD 2018, 477 ff.

38 *BfDI*, DSGVO, 2016, 29; *Roßnagel/Schaller*, Das neue DSR, S. 274; *Roßnagel* DuD 2018, 477 ff.

39 S. hierzu auch EG 45.

40 *Kühling/Buchner/Buchner/Petri* Art. 6 Rn. 94.

41 S. *Roßnagel/Geminn/Jandt/Richter*, Datenschutzrecht 2016 – „Smart" genug für die Zukunft?, 2016, S. 113ff.

42 S. zB *Jandt* DuD 2016, 571 (574).

43 S. zB *Roßnagel* DuD 2017, 290 (294).

44 Ein Beispiel wäre die Regelung des § 32 Abs. 6 des Regierungsentwurfs zum Beschäftigtendatenschutz vom 15.12.2010, BT-Drs. 17/4230.

45 S. hierzu auch *Dammann* ZD 2016, 307 (312), zu Abs. 4.

46 S. zB *Braun*, ZD 2018, 71ff.

UAbs. 1 lit. c und e zum Einsatz kommen. Auch für diese kann eine spezifische Zweckbindung – gerade gegenüber öffentlichen Stellen – sinnvoll sein.[47]

45 Das sechste Beispiel des S. 3 betrifft Bestimmungen darüber, wie lange Daten gespeichert werden dürfen. Für viele Anwendungen, die nur eine aktuelle Unterstützung bieten sollen, die als selbstlernende Systeme Nutzungs- und Inhaltsdaten auswerten oder für Big Data-Analysen kann es sich als notwendig erweisen, zum Schutz der betroffenen Person nur kurze **Speicherzeiten** zuzulassen und die Daten nach Erfüllung ihrer Funktion sofort zu löschen.

46 Schließlich betrifft das letzte Beispiel Bestimmungen darüber, welche Verarbeitungsvorgänge und -verfahren angewandt werden dürfen, einschließlich **Maßnahmen zur Gewährleistung** einer rechtmäßig und nach Treu und Glauben erfolgenden Verarbeitung. Hierzu gehören vor allem spezifische Anforderungen an technisch-organisatorische Maßnahmen, die sicherstellen sollen, dass die Grundsätze der Datenverarbeitung auch tatsächlich erfüllt werden.[48] Zu diesem Zweck sollten spezifische Anforderungen an die datenschutzgerechte Systemgestaltung und an die datenschutzfreundliche Voreinstellung gestellt werden.[49] Ein Beispiel hierfür könnte Art. 6 der eCall-VO sein. Dieses Beispiel verweist auf Maßnahmen wie solche für sonstige besondere Verarbeitungssituationen gemäß Kapitel IX. Dieser Verweis begründet keinen Vorrang vor den Regelungen in Artt. 85 bis 91. Vielmehr sollen die dort genannten besonderen Garantien ein Vorbild sein, das auch für andere Verarbeitungssituationen eingefordert werden könnte.

47 Da die Beispiele nicht abschließend sind, können **weitere Regelungen** von der Öffnungsklausel des S. 3 gedeckt sein. EG 45 erwähnt die Festlegung, wie der Verantwortliche zu bestimmen ist. Im Rahmen einer kohärenten Gesamtregelung können ungeeignete oder fehlende Begriffsbestimmungen für den Anwendungsbereich der Öffnungsklausel festgelegt werden[50] – etwa eine Begriffsbestimmung für eine praktikable Anonymisierung. Letztlich geht es um weitere **Bedingungen**, unter denen die Datenverarbeitung angesichts spezifischer Risiken als **verantwortbar** angesehen werden kann. [51]

Artikel 6 Abs. 4   Zweckvereinbarkeit

(4) Beruht die Verarbeitung zu einem anderen Zweck als zu demjenigen, zu dem die personenbezogenen Daten erhoben wurden, nicht auf der Einwilligung der betroffenen Person oder auf einer Rechtsvorschrift der Union oder der Mitgliedstaaten, die in einer demokratischen Gesellschaft eine notwendige und verhältnismäßige Maßnahme zum Schutz der in Artikel 23 Absatz 1 genannten Ziele darstellt, so berücksichtigt der Verantwortliche – um festzustellen, ob die Verarbeitung zu einem anderen Zweck mit demjenigen, zu dem die personenbezogenen Daten ursprünglich erhoben wurden, vereinbar ist – unter anderem

a) jede Verbindung zwischen den Zwecken, für die die personenbezogenen Daten erhoben wurden, und den Zwecken der beabsichtigten Weiterverarbeitung,

b) den Zusammenhang, in dem die personenbezogenen Daten erhoben wurden, insbesondere hinsichtlich des Verhältnisses zwischen den betroffenen Personen und dem Verantwortlichen,

c) die Art der personenbezogenen Daten, insbesondere ob besondere Kategorien personenbezogener Daten gemäß Artikel 9 verarbeitet werden oder ob personenbezogene Daten über strafrechtliche Verurteilungen und Straftaten gemäß Artikel 10 verarbeitet werden,

d) die möglichen Folgen der beabsichtigten Weiterverarbeitung für die betroffenen Personen,

e) das Vorhandensein geeigneter Garantien, wozu Verschlüsselung oder Pseudonymisierung gehören kann.

---

47 *Roßnagel/Geminn/Jandt/Richter*, Datenschutzrecht 2016 – „Smart" genug für die Zukunft?, 2016, S. 113 ff.; *Roßnagel* DuD 2018, 477 ff.

48 Roßnagel/*Schaller*, Das neue DSR, S. 274.

49 *Roßnagel* DuD 2017, 290 (293 f.).

50 Roßnagel/*Schaller*, Das neue DSR, S. 274.

51 *Roßnagel* DuD 2018, 477 ff.

I. Ziel und Funktion der Regelung zur Zweckvereinbarkeit

Abs. 4 regelt eine für den künftigen rechtlichen Spielraum zur Verarbeitung personenbezogener Daten zentrale Frage, nämlich die Möglichkeit von Zweckänderungen – entweder auf der Basis einer gesetzlichen Regelung oder auf der Grundlage einer Feststellung der Vereinbarkeit einer Zweckänderung mit den Grundsätzen der Zweckbindung. Nach Art. 5 Abs. 1 lit. b ist eine Weiterverarbeitung personenbezogener Daten auf der Grundlage des bisherigen Erlaubnistatbestands unzulässig, wenn sie in einer Weise erfolgt, die mit den bei Erhebung der Daten festgelegten, eindeutigen und legitimen Zwecken nicht zu vereinbaren ist (→ Art. 5 Rn. 64ff.). Umgekehrt heißt dies, dass der Verantwortliche eine Zweckänderung auf den Erlaubnistatbestand der Erhebung stützen kann, wenn der neue Zweck mit dem Erhebungszweck zu vereinbaren ist. Unter welchen Umständen und Voraussetzungen eine **Zweckvereinbarkeit** anzunehmen ist, regelt Abs. 4. Er bestimmt daher, wieweit die Schleuse geöffnet ist, personenbezogene Daten ohne Einwilligung oder eigene gesetzliche Erlaubnis weiterzuverarbeiten. Die Anwendung des Abs. 4 entscheidet darüber, welche Geschäftsmodelle oder Verwaltungskonzepte datenschutzrechtlich zulässig sind, die auf der Nutzung personenbezogener Daten zu anderen Zwecken beruhen.   1

Abs. 4 enthält im ersten Satzteil eine **Öffnungsklausel** für die Mitgliedstaaten, Regelungen für Zweckänderungen selbst zu treffen, und im zweiten Satzteil eine **Bewertungsklausel** mit Beurteilungskriterien für Verantwortliche, die Vereinbarkeit einer Zweckänderung mit dem Erhebungszweck festzustellen. Beide Regelungen verhindern das Ziel einer Vereinheitlichung des Datenschutzes in der EU und im EWR. Aber sie ermöglichen ein hohes Maß an **Rechtssicherheit**, indem sie sicherstellen, dass bewährte Regelungen beibehalten und neue präzise und risikoadäquate Regelungen getroffen und bisherige Wertungen eingebracht werden können. Dadurch können bestehende Praktiken beibehalten und ihnen weiterhin geltende Erkenntnisse der Rechtsprechung zugrunde gelegt werden.   2

II. Entstehungsgeschichte

Eine vergleichbare Regelung enthielt die DSRL nicht. Auch das BDSG aF kannte keine solche Regelung. Abs. 4 war im Gesetzgebungsprozess der DSGVO nicht umstritten, weil erst der Rat einen entsprechenden Entwurf vorlegte. Die **KOM** hatte in Abs. 4 KOM-E lediglich eine Klarstellung zur Zweckbindung und zur Notwendigkeit vorgesehen, eine Zweckänderung auf eine eigene Erlaubnis nach Abs. 1 lit. a bis f. zu stützen. Das **EP** sah keine Regelung zur Zweckbindung oder zur Zweckvereinbarkeit vor, obwohl es den Begriff der Zweckvereinbarkeit in seinem Vorschlag für Art. 5 lit. b vorgesehen hatte. Der **Rat** hatte in seinem Verhandlungsdokument zwei Regelungen zur Aufweichung der Zweckbindung vorgeschlagen. **Abs. 3 a** Rat-E enthielt eine Regelung zur Bestimmung der Zweckvereinbarkeit, die dem verabschiedeten Abs. 4 sehr nahe kommt. Um trotz fehlender Zweckvereinbarkeit eine Weiterverarbeitung der personenbezogenen Daten zu anderen Zwecken zu erleichtern, schlug der **Rat** in **Abs. 4** Rat-E vor, in diesem Fall die Weiterverarbeitung auf mindestens einen der in Abs. 1 lit. a bis e genannten Gründe zu stützen. Für denselben Verantwortlichen sollte die Verarbeitung für nicht konforme Zwecke nach einer Interessenabwägung möglich sein. Im **Trilog** konnte der Rat seinen Vorschlag für Abs. 3 a im Wesentlichen durchsetzen. Die Öffnungsklausel für eine Einwilligung oder einen Erlaubnistatbestand für eine Zweckänderung wurde ergänzt. Sein Vorschlag zur Rechtfertigung der Zweckänderung in seinem Abs. 4 wurde in die DSGVO dagegen nicht übernommen. Eine Erläuterung der Vorschrift findet sich in **EG 50**.   3

III. Systematische Stellung

Abs. 4 führt den **Grundsatz der Zweckbindung** in Art. 5 Abs. 1 lit. b fort. Nach diesem Grundsatz müssen personenbezogene Daten „für festgelegte, eindeutige und legitime Zwecke erhoben werden und dürfen nicht in einer mit diesen Zwecken nicht zu vereinbarenden Weise weiterverarbeitet werden". Entscheidend für die Zweckbindung ist danach, ob bei einer Zweckänderung die Daten „in einer mit diesen Zwecken zu vereinbarenden Weise weiterverarbeitet" werden (→ Art. 5 Rn. 96ff.). Wie die Zweckvereinbarkeit festgestellt wird, bestimmt Abs. 4 (→ Rn. 9ff.).   4

Hinsichtlich der Öffnungsklausel für die Union und der Mitgliedstaaten zu gesetzlich erlaubten Zweckänderungen ermöglicht Abs. 4 S. 1 Maßnahmen zum **Schutz der in Art. 23 Abs. 1 genannten Ziele**. Damit finden die dort genannten zehn Ziele zur Wahrnehmung bestimmter öffentlicher Interessen und wichtiger privater Interessen (→ Art. 23 Rn. 9ff.) auch Anwendung im Rahmen des Abs. 4.   5

Hinsichtlich der für die Zweckvereinbarkeit zu berücksichtigenden Aspekte verweist Abs. 4 lit. c auf **besondere Kategorien personenbezogener Daten** gemäß Art. 9 und auf personenbezogene **Daten über strafrechtliche Verurteilungen und Straftaten** gemäß Art. 10. Diese beiden besonderen Arten personenbezogener Daten sind hier im gleichen Sinn zu verstehen wie in Art. 9 Abs. 1 und in Art. 10 (→ Art. 9 Rn. 11ff. und Art. 10 Rn. 7ff.).   6

7 Ebenso als Aspekt, der für die Bestimmung der Zweckvereinbarung zu berücksichtigen ist, nennt Abs. 4 lit. e das „Vorhandensein geeigneter Garantien, wozu Verschlüsselung oder Pseudonymisierung gehören kann". **Pseudonymisierung** ist in dem Sinn gemeint, wie sie in Art. 4 Nr. 5 definiert ist (→ Art. 4 Nr. 5 Rn. 1ff.). **Verschlüsselung** ist in Art. 4 nicht definiert. Sie wird jedoch in Art. 32 Abs. 1 lit. a und Art. 34 Abs. 3 lit. a als Sicherungsmaßnahme erwähnt.[1] Der Begriff wird hier in dem gleichen Sinn verwendet wie in diesen beiden Vorschriften (→ Art. 32 Rn. 35 und Art. 34 Rn. 13).

8 In der DSGVO nehmen **keine** anderen Vorschriften Bezug auf Abs. 4 der Vorschrift.

IV. Zweckänderung und Zweckvereinbarkeit

9 Die Regelung zur Beurteilung der Zweckvereinbarkeit in Abs. 4 vollendet das **Konzept der Zweckvereinbarkeit** in Art. 5 Abs. 1 lit. b (→ Rn. 4). Eine Zweckänderung verstößt danach nur dann gegen den Grundsatz der Zweckbindung, wenn sie mit dem Erhebungszweck nicht vereinbar ist. Dies ist nach den Kriterien der zweiten Satzhälfte des Abs. 4 zu beurteilen. Abs. 4 enthält daher keinen Erlaubnistatbestand für Zweckänderungen, sondern **Kriterien für die Beurteilung der Zweckvereinbarkeit**.

10 Nicht in Abs. 4 geregelt, sondern in Art. 5 Abs. 1 lit. b (→ Art. 5 Rn. 11), ist die **Rechtsfolge der Zweckvereinbarkeit**. Wenn der Zweck der Erhebung und der Zweck der Weiterverarbeitung vereinbar sind, verstößt die Weiterverarbeitung nicht gegen die Zweckbindung. Sie kann daher auf die Erlaubnis gestützt werden, die für die Erhebung gilt.[2] Die Feststellung der Zweckvereinbarkeit ist daher nicht abschließend dafür entscheidend, ob eine Zweckänderung zulässig ist, sondern nur für die Frage, ob der Verantwortliche für die Weiterverarbeitung eine eigene Erlaubnis – eine Einwilligung oder eine gesetzliche Regelung – benötigt. Die Zulässigkeit der Weiterverarbeitung richtet sich dann allein nach Abs. 1.

11 Daher ist **EG 50 S. 1** missverständlich, wenn er feststellt, dass eine zweckändernde Weiterverarbeitung „nur zulässig" sei, wenn „die Verarbeitung mit den Zwecken, für die die personenbezogenen Daten ursprünglich erhoben wurden, vereinbar ist". Ist sie nicht vereinbar mit dem Erhebungszweck, kann sie aufgrund einer eigenen Erlaubnis zulässig sein. Zu Recht stellt jedoch S. 2 fest, dass bei einer Zweckvereinbarkeit „keine andere gesonderte Rechtsgrundlage erforderlich [ist] als diejenige für die Erhebung der personenbezogenen Daten". Im Ergebnis bedarf jede Zweckänderung einer Erlaubnis, bei einer starken Zweckänderung muss dies eine neue Erlaubnis nach Abs. 1 sein, bei einer mit dem Erhebungszweck vereinbaren Zweckänderung ist dies die Erlaubnis, die auch für die Erhebung gilt.[3]

12 Eine Weiterverarbeitung, die mit dem ursprünglichen Zweck vereinbar ist, bedarf **keiner zusätzlichen neuen Rechtsgrundlage**.[4] Die gegenteilige Forderung[5] widerspricht nicht nur EG 50 S. 2,[6] sondern auch dem Sinn und Zweck des Konzepts der Zweckvereinbarkeit. Dieses will eine moderate – nämlich mit dem ursprünglichen Zweck vereinbare – Zweckänderung nach einer Vereinbarkeitsprüfung gemäß Abs. 4 auf der Grundlage der ursprünglichen Erlaubnis zulassen. Die Forderung nach einem zusätzlichen Erlaubnistatbestand für vereinbare Zweckänderungen erschwert jedoch moderate gegenüber starken Zweckänderungen, weil für diese keine Vereinbarkeitsprüfung durchzuführen ist. Sinn würde diese Forderung nur machen, wenn jede nichtvereinbare Zweckänderung verboten wäre. Dies ist aber Abs. 4 nicht zu entnehmen.

13 Dieses von Art. 5 Abs. 1 lit. b und Art. 6 Abs. 4 verfolgte Konzept der Zweckvereinbarkeit verursacht allerdings **Ungereimtheiten und Probleme**.[7] Die mit dem ursprünglichen Zweck vereinbare Weiterverarbeitung verfolgt einen anderen Zweck, ist aber aufgrund der Erlaubnis für den ursprünglichen Zweck zulässig. ZB verfolgt der Verantwortliche mit der Werbung bei Bestandskunden ein berechtigtes Interesse, stützt aber die Datenverarbeitung auf die Erfüllung eines vorangegangenen, aber erfüllten Vertrags. Oder die Datenverarbeitung erfolgt zum Zweck des Marketing, also zur Verfolgung berechtigter Interessen, wird aber durch eine für die Erhebung erteilte Einwilligung gerechtfertigt. Oder die Daten werden erhoben, um lebenswichtige Interessen der betroffenen Person zu schützen, werden aber auch für einen nachfolgenden Behandlungsvertrag benötigt. Dennoch ist die nachfolgende Datenverarbeitung wegen des Erhebungsgrunds er-

---

1 S. auch EG 83.
2 S. zB Roßnagel/*Nebel*, Europ. DSGVO, S. 138.
3 So sind wohl auch Kühling/Buchner/*Buchner/Petri* Art. 6 Rn. 183, zu verstehen.
4 *Roßnagel/Nebel/Richter* ZD 2015, 455 (457 f.); *Richter* DuD 2016, 581 (585); *Roßnagel/Geminn/Jandt/Richter*, Datenschutzrecht 2016 – „Smart" genug für die Zukunft?, 2016, S. 161; *Monreal* ZD 2016, 507 (510); *Kühling/Martini* EuZW 2016, 448 (451); *Culik/Döpke* ZD 2017, 226 (330); *Hornung/Hofmann* ZD-Beilage 4/2017, 8; *Spiecker gen. Döhmann* Spektrum der Wissenschaften SPEZIAL 2017, 56ff.; amtliche Begründung zum BDSG nF BT-Drs. 18/11325, 98; Gola/*Schulz* Art. 6 Rn. 185; Gierschmann et al./*Assion/Nolte/Veil* Art. 6 Rn. 212ff.
5 *Schantz* NJW 2016, 1841 (1844); *Albrecht* CR 2016, 88 (92) sowie → Art. 6 Einf. Rn. 13.
6 Für die Behauptung, dass EG 50 S. 2 ein „redaktioneller Fehler" sei – so *Schantz* NJW 2016, 1841 (1844) –, fehlt eine stichhaltige Begründung.
7 Gierschmann et al./*Assion/Nolte/Veil* Art. 6 Rn. 200ff.: fehlendes systematisches Konzept; *Kühling/Martini*, EuZW 2016, 448 (451): Sinn und Zweck der Vorschrift mehrdeutig.

laubt. Da Abs. 4 aber keine neue Rechtsgrundlage für die Verarbeitung zu dem neuen Zweck bildet, sondern nur festlegt, dass die Rechtsgrundlage für den Erhebungszweck auch für den Zweck der Weiterverarbeitung gilt,[8] ersetzt nicht der neue Zweck den alten und führt Abs. 4 zu einer Rechtsgrundlage für zwei Zwecke. Aufgrund des Auseinanderfallens des echten (Weiterverarbeitungs-)Zwecks und des (Erhebungs-)Zwecks, nach dem die Datenverarbeitung erlaubt wird, stellen sich viele Fragen, wie die Anforderungen an die Datenverarbeitung, die Pflichten des Verantwortlichen und die Rechte der betroffenen Person festgestellt werden sollen.

Die meisten **Grundsätze der Datenverarbeitung** nach Art. 5 Abs. 1 sind auf den Zweck der Datenverarbeitung bezogen: Dies gilt für den Grundsatz der Transparenz nach lit. a, der Datenminimierung nach lit. c, der Richtigkeit nach lit. d, der Speicherbegrenzung nach lit. e und des Systemdatenschutzes nach lit. f (→ Art. 5 Rn. 77ff.). Der Grundsatz der Rechtmäßigkeit fordert für alle Erlaubnistatbestände des Abs. 1 UAbs. 1 lit. b bis f, dass die Datenverarbeitung für das Erreichen ihres Zwecks erforderlich ist. Da der neue Zweck auch im Fall einer nach Abs. 4 Hs. 2 vereinbaren Zweckänderung konkret festgelegt und der betroffenen Person mitgeteilt werden muss, könnte vertreten werden, die Erforderlichkeit der Datenverarbeitung immer am neuen Zweck zu messen.[9] Das ist dann aber nicht der legitime Zweck, der die datenschutzrechtliche Erlaubnis begründet. Die Datenverarbeitung zu dem neuen Zweck soll ja auf die Erlaubnis zu dem alten Zweck gegründet sein. Die notwendige Prüfung der Erforderlichkeit ist aber auf den Zweck bezogen, zu dem die Datenverarbeitung erlaubt ist. Sie ergibt sich daher nicht aus dem Sekundärzweck (zB Werbung), sondern aus dem Primärzweck (zB dem in einer Einwilligung festgelegten Zweck). Wenn aber argumentiert wird, die Werbung etwa sei die zulässige „Verlängerung" der Datenverarbeitung für die Einwilligung, wo ist dann die Grenze zwischen erforderlicher und nicht erforderlicher Werbung, zwischen notwendiger und nicht notwendiger Speicherung zu ziehen?[10] Sind dann die Grundsätze der Datenverarbeitung noch sinnvoll anwendbar? Ähnliche Probleme können sich für die anderen zweckbezogenen Grundsätze ergeben, wenn der echte Zweck und der legitimierende Zweck auseinanderfallen.

Viele **Pflichten des Verantwortlichen** sind auf den Zweck des jeweiligen Datenverarbeitungsvorgangs bezogen. Dies gilt für die allgemeine Verantwortung des Verantwortlichen nach Art. 24 Abs. 1, für die datenschutzgerechte Systemgestaltung nach Art. 25 Abs. 1 und die datenschutzfreundlichen Voreinstellungen nach Art. 25 Abs. 2, für die technisch-organisatorischen Schutzmaßnahmen nach Art. 32 Abs. 1, für die Notwendigkeit und die Durchführung einer Datenschutz-Folgenabschätzung nach Art. 35 und für die Aufgaben des Datenschutzbeauftragten nach Art. 39 Abs. 2. Da der der echte Zweck und der legitimierende Zweck auseinanderfallen, wird sich die Erfüllung der Pflichten auf beide Zwecke beziehen müssen, soweit beide noch aktuell sind.

Schwieriger wird die Beurteilung, wenn die **Rechte der betroffenen Person** von bestimmten Zwecken abhängig sind. Zwar muss der Verantwortliche der betroffenen Person Information über die Zweckänderung nach Artt. 13 Abs. 3 und 14 Abs. 4 (→ Art. 13 Rn. 20, Art. 14 Rn. 18) mitteilen. Dies gilt auch für Zweckänderungen, die mit dem Erhebungszweck vereinbar sind. Aber für Rechte, die auf den Zweck der Datenverarbeitung bezogen sind, stellt sich die Frage, welcher Zweck entscheidend ist. So kann umstritten sein, auf welchen Zweck sich das Recht der betroffenen Person nach Art. 16 S. 2 bezieht, die Vervollständigung unvollständiger personenbezogener Daten zu verlangen. Ebenso kann problematisch sein, welcher Zweck erfüllt sein muss, um nach Art. 17 Abs. 1 lit. a die Löschung von Daten zu verlangen. Müssen bei einem Widerruf einer Einwilligung als Primärzweck nach Art. 17 Abs. 1 lit. b auch die für den Sekundärzweck genutzten Daten gelöscht werden, weil es an einer anderweitigen Rechtsgrundlage fehlt? Müssen die Daten nach Art. 17 Abs. 1 lit. d gelöscht werden, weil sie bezogen auf den Erhebungszweck unrechtmäßig verarbeitet wurden? Die gleichen Fragen stellen sich nach Art. 18 Abs. 1 lit. b und c für die Einschränkung der Verarbeitung. Ein Widerspruch nach Art. 21 Abs. 1 ist nur zulässig, wenn die Datenverarbeitung auf die Rechtsgrundlage des Abs. 1 lit. e und f. gestützt ist. Dies ist der Erlaubnistatbestand des Erhebungszwecks, die Weiterverarbeitung kann aber eigentlich einen anderen Zweck betreffen.[11] Diese Probleme müssen im Einzelfall befriedigend gelöst werden, bevor eine Zweckvereinbarkeit festgestellt werden kann (→ Rn. 64).

V. Zulässige Zweckänderungen (Abs. 4 Hs. 1)

Nach der sehr umständlich formulierten ersten Satzhälfte kann eine Zweckänderung durch Einwilligung oder gesetzliche Erlaubnis zulässig sein. Einwilligung oder gesetzliche Regelung bieten für die Zweckände-

8   S. auch Gierschmann et al./*Assion*/*Nolte*/*Veil* Art. 6 Rn. 246.
9   So *Hornung*/*Hofmann* ZD-Beilage 4/2017, 8.
10 S. auch Gola/*Schulz* Art. 6 Rn. 186.
11 S. auch Gola/*Schulz* Art. 6 Rn. 186.

rung eine **eigene Legitimationsgrundlage**. Die Vereinbarkeit mit dem ursprünglichen Zweck ist dafür nicht erforderlich.[12]

18 Damit enthält Abs. 4 eine **echte Öffnungsklausel** für Mitgliedstaaten, Zweckänderungen gesetzlich vorzusehen.[13] Die Gegenmeinung bezieht sich auf die vermutete Wirkung einer solchen Öffnungsklausel, das Ziel eine Vereinheitlichung des Datenschutzrechts zu in der Union zu verfehlen.[14] Dieses Ziel ist nur in den EG als eines von mehreren genannt[15] und wird in der DSGVO nur in dem Umfang verfolgt und erreicht, wie die DSGVO dies geregelt hat. Die Bedingtheit dieses Ziels ist also der Regelung des Abs. 4 zu entnehmen und nicht umgekehrt Abs. 4 nach diesem Ziel zu bestimmen. Im Übrigen geht die Gegenmeinung zu Unrecht davon aus, dass die Öffnungsklausel sich auf alle möglichen Zweckänderungen bezieht und will sie am Ende dann doch anerkennen, wenn sie – wie hier (→ Rn. 19) – auf die Regelungsbereiche eingeschränkt wird, in denen der Mitgliedstaat ohnehin eine Regelungskompetenz für das Datenschutzrecht hat.[16]

19 Die Möglichkeit, in eine Zweckänderung einzuwilligen oder sie aufgrund einer gesetzlichen Regelung zuzulassen, ist nicht auf den Anwendungsbereich des Abs. 1 UAbs. 1 lit. c beschränkt, sondern gilt **für alle Erlaubnistatbestände** des Abs. 1.[17] Dies ergibt sich zum einen aus der fehlenden ausdrücklichen Bezugnahme auf Abs. 1 UAbs. 1 lit. c und e, wie die Öffnungsklauseln der Abs. 2 und 3 sie vornehmen. Sie ergibt sich aber auch aus der Voraussetzung für eine gesetzliche Regelung, dass sie einem der Ausnahmetatbestände des Art. 23 Abs. 1 entsprechen muss. Einige Ausnahmetatbestände sind inhaltlich zwar auf den Anwendungsbereich des Abs. 1 UAbs. 1 lit. c und e beschränkt, andere aber reichen weit über diesen hinaus. Da Abs. 4 ohne Einschränkung auf Art. 23 Abs. 1 verweist, muss diese Öffnungsklausel für alle möglichen Anwendungsfälle des Art. 23 Abs. 1 gelten, also über den Anwendungsbereich des Abs. 1 UAbs. lit. c und e hinausgehen. Allerdings ergibt diese Öffnungsklausel für die Mitgliedstaaten nur da Sinn, wo sie aus einem anderen Grund eine **eigene Gesetzgebungskompetenz** für den Datenschutz haben. Denn es wäre unverständlich, wenn sie die Datenerhebung und sonstige Datenverarbeitung nicht regeln dürften, ihnen aber nach Abs. 4 allein die Regelung der zweckändernden Weiterverarbeitung erlaubt wäre.[18]

20 **1. Einwilligung.** Erfüllt die Einwilligung in eine zweckändernde Weiterverarbeitung die Voraussetzungen der Art. 4 Nr. 11, Art. 7 und ggf. Art. 8, ist die **Zweckänderung legitimiert** und zulässig. Diese Einwilligung kann schon bei der Erhebung erteilt werden, aber auch nachträglich – etwa nach Erfüllung des Zwecks der Einwilligung. Im ersten Fall liegt eigentlich keine Zweckänderung vor, weil die Einwilligung den Sekundärzweck bereits berücksichtigt. Die betroffene Person kann ihre Einwilligung auch zu mehreren Zwecken oder hinter einander liegenden Zwecken geben.

21 Die **Zweckbestimmung** muss zum Zeitpunkt der Einwilligung so **präzis** wie möglich erfolgen. Nur so kann die Prärogative der betroffenen Person bezogen auf die künftige Verarbeitung ihrer personenbezogenen Daten gewahrt werden (→ Art. 7 Rn. 67ff.).

22 **2. Gesetzliche Erlaubnis.** Erfolgt die Verarbeitung zu einem anderen Zweck als zu demjenigen, zu dem die personenbezogenen Daten erhoben wurden, und beruht auf einer Rechtsvorschrift der Union oder der Mitgliedstaaten, die in einer demokratischen Gesellschaft eine notwendige und verhältnismäßige Maßnahme zum Schutz der in Art. 23 Abs. 1 genannten wichtigen Ziele des allgemeinen öffentlichen Interesses darstellt, so ist sie aufgrund der **gesetzlichen Erlaubnis zulässig.** Nach EG 50 S. 7 soll dann „der Verantwortliche die personenbezogenen Daten ungeachtet der Vereinbarkeit der Zwecke weiterverarbeiten dürfen".

23 Die Zulässigkeit einer Zweckänderung kann in einer **Rechtsvorschrift der Union** vorgesehen sein. Da eine andere Verordnung der Union die gleiche Rechtsqualität hat wie die DSGVO, kann die spätere gesetzliche Regelung immer auch von der früheren Vorschrift der DSDVO in zulässiger Weise abweichen. Da der Zweckbindungsgrundsatz berührt wird, gilt dies allerdings nur in dem Rahmen, den Art. 8 Abs. 2 GRCh zulässt. Die Regelung in Abs. 4 zeigt, wie dies in einer systematisch bereits vorgesehenen Weise und in Übereinstimmung mit Art. 8 Abs. 2 GRCh geschehen kann.

24 Die Zulässigkeit einer Zweckänderung kann aber auch eine **Rechtsvorschrift eines Mitgliedstaats** regeln. Für die Mitgliedstaaten enthält der erste Satzteil des Abs. 4 eine echte Öffnungsklausel,[19] um für Zweckänderungen eine Abweichungen vom Grundsatz der Zweckbindung des Art. 5 Abs. 1 lit. b (→ Rn. 63ff.) zu

---

12 S. auch EG 50 S. 7; s. zB auch *Kühling/Martini et al.*, S. 38.
13 Ebenso *Kühling/Martini et al.*, S. 38.
14 S. zB Kühling/Buchner/*Buchner/Petri* Art. 6 Rn. 180, 200.
15 EG 3 und 9.
16 Kühling/Buchner/*Buchner/Petri* Art. 6 Rn. 200.
17 Ebenso *Kühling/Martini et al.*, S. 43; *Culik/Döpke* ZD 2017, 226 (229).
18 S. auch *Kühling/Martini et al.*, S. 43 f.
19 S. zB auch Gierschmann et al./*Assion/Nolte/Veil* Art. 6 Rn. 228ff.

erlauben. Wie auch in Abs. 3 muss die Rechtsvorschrift kein formelles Gesetz sein. Vielmehr genügt jede rechtsverbindliche allgemeine Regelung mit Außenwirkung (→ Abs. 3 Rn. 21).

Nach EG 50 S. 5 kann die „im Unionsrecht oder im Recht der Mitgliedstaaten vorgesehene **Rechtsgrundla-**   25 **ge für die Verarbeitung** personenbezogener Daten […] auch als Rechtsgrundlage für eine Weiterverarbeitung dienen". Wird nach Abs. 3 S. 1 die Zulässigkeit einer bestimmten Verarbeitung personenbezogener Daten geregelt, kann diese Rechtsgrundlage auch genutzt werden, um die Zulässigkeit einer zweckändernden Weiterverarbeitung zu erlauben. Hierfür bedarf es keiner gesonderten Regelung nach dem ersten Satzteil des Abs. 4.

Für eine Erlaubnisnorm der Union oder eines Mitgliedstaats nach Abs. 4 gilt die **Voraussetzung**, dass sie in   26 einer demokratischen Gesellschaft eine notwendige und verhältnismäßige Maßnahme zum Schutz der in Art. 23 Abs. 1 genannten Ziele darstellt. Art. 23 Abs. 1 erlaubt ebenfalls Einschränkungen der Grundsätze für die Verarbeitung personenbezogener Daten in Art. 5 (→ Art. 23 Rn. 10). Hier wirken die Einschränkungen beider Öffnungsklauseln zusammen. Art. 23 Abs. 1 fordert zusätzlich, dass „eine solche Beschränkung den Wesensgehalt der Grundrechte und Grundfreiheiten achtet". Dies ist ohnehin nach Art. 52 Abs. 1 S. 2 GRCh geboten. **Zulässige Ziele** nach Art. 23 Abs. 1 sind die Sicherheit des Mitgliedstaats (lit. a bis c), Strafverfolgung und Strafvollstreckung (lit. d), das allgemeine öffentliche Interesse (lit. e), die Unabhängigkeit der Justiz (lit. f), berufsständische Regeln für reglementierte Berufe (lit. g), die Ausübung öffentlicher Gewalt (lit. h), der Schutz der betroffenen Person (lit. i) und die Durchsetzung zivilrechtlicher Ansprüche (lit. f). Kein zulässiges Ziel ist zB die Vorratsdatenspeicherung, wenn sie eine flächendeckende, anlasslose und umfassende Speicherung aller Telekommunikationsverkehrsdaten fordert.[20]

Eine Regelung, die im nationalen Recht entsprechend dem Ziel des Art. 23 Abs. 1 lit. d getroffen werden   27 sollte, hebt EG 50 hervor: „Der **Hinweis** des Verantwortlichen **auf mögliche Straftaten oder Bedrohungen der öffentlichen Sicherheit** und die Übermittlung der maßgeblichen personenbezogenen Daten in Einzelfällen oder in mehreren Fällen, die im Zusammenhang mit derselben Straftat oder derselben Bedrohung der öffentlichen Sicherheit stehen, an eine zuständige Behörde sollten als berechtigtes Interesse des Verantwortlichen gelten. Eine derartige Übermittlung personenbezogener Daten im berechtigten Interesse des Verantwortlichen oder deren Weiterverarbeitung sollte jedoch unzulässig sein, wenn die Verarbeitung mit einer rechtlichen, beruflichen oder sonstigen verbindlichen Pflicht zur Geheimhaltung unvereinbar ist."

Eine Möglichkeit, zwar nicht die Zulässigkeit der Zweckänderung als solche, aber doch Aspekte der **Ver-**   28 **einbarkeit der Zwecke gesetzlich zu regeln**, benennt EG 50 S. 3 für die im öffentlichen Interesse liegende oder in Ausübung öffentlicher Gewalt erfolgende Datenverarbeitung. Sie ergibt sich nicht aus der ersten Satzhälfte des Abs. 4, sondern aus Abs. 3 S. 1. Eine Regelung der Zweckvereinbarkeit betrifft indirekt die Zulässigkeit der Weiterverarbeitung und ist daher nach der Öffnungsklausel des Abs. 3 S. 1 möglich. Sie ist allerdings auf den Anwendungsbereich des Abs. 1 lit. e beschränkt. Warum sie nicht auch für den Anwendungsbereich des Abs. 1 lit. c gelten soll, ist unverständlich.

3. Regelungen im neuen Bundesdatenschutzrecht. Die amtliche Begründung zum **BDSG nF**[21] beruft sich   29 für die Regelungen zur Zweckänderung auf die Öffnungsklausel des Abs. 4. Dies gilt sowohl für die Erlaubnis von Zweckänderungen nach § 23 Abs. 1 BDSG nF für öffentliche Stellen durch denselben Verarbeiter[22] als auch für die Erlaubnis in § 24 Abs. 1 BDSG nF zur zweckändernden Weiterverarbeitung durch nicht-öffentliche Stellen.[23] Für beide Regelungen nimmt die amtliche Begründung in Anspruch, dass durch die gesetzliche Erlaubnis die Zweckänderung unabhängig davon gilt, ob die Zwecke der Weiterverarbeitung nach Abs. 4 mit den Erhebungszwecken vereinbar sind.[24] Dies gilt auch für die Erlaubnis zur Datenübermittlung durch öffentliche Stellen an andere öffentliche Stellen und an nicht-öffentliche Stellen nach § 25 BDSG nF, da diese auf die Voraussetzungen der Weiterverarbeitung nach § 23 BDSG nF verweisen.[25] Da der deutsche Gesetzgeber aber keine Kompetenz hat, die Datenverarbeitung privater Verantwortlicher zu regeln, kann er sich auch nicht auf die Öffnungsklausel des Abs. 4 beziehen, wenn er Zweckänderungen durch private Verantwortliche erlauben will (→ Rn. 19). Mangels Regelungskompetenz ist **§ 24 Abs. 1 BDSG nF unionsrechtswidrig.**

In der Anpassung der **Abgabenordnung** an die DSGVO durch Art. 17 des Gesetzes zur Änderung des Bun-   30 desversorgungsgesetzes und anderer Vorschriften vom 17.7.2017 beruft sich der Gesetzgeber für die Rege-

---

20 EuGH. C-293/12 und C-594/12, NJW 2014, 2169 – Digital Rights Ireland; EuGH C-203/15 und C-698/15, NJW 2017, 717 – Tele2
    Sverige; *Roßnagel* NJW 2017, 696.
21 S. zB *Kühling* NJW 2017, 1985; *Greve* NVwZ 2017, 737; zum Entwurf *Roßnagel* DuD 2017, 277.
22 Amtliche Begründung zum BDSG nF BT-Drs. 18/11325, 95.
23 Amtliche Begründung zum BDSG nF BT-Drs. 18/11325, 96.
24 Amtliche Begründung zum BDSG nF BT-Drs. 18/11325, 95 f.; *Greve* NVwZ 2017, 737 (739).
25 Amtliche Begründung zum BDSG nF BT-Drs. 18/11325, 96.

lung der Verarbeitung personenbezogener Daten durch Finanzbehörden zu anderen Zwecken in § 29 c AO nF auf die Öffnungsklauseln des Abs. 4.[26] Für die Befugnis zur Zweckänderung in § 93 c Abs. 6 AO nF fehlt die Berufung auf eine Öffnungsklausel.[27]

31 Dagegen hat der Gesetzgeber bei der Neuregelung des **Sozialdatenschutzes** durch Art. 24 des Gesetzes zur Änderung des Bundesversorgungsgesetzes und anderer Vorschriften vom 17.7.2017 die Regelung der Zweckänderung in § 67 c Abs. 2 SGB X nF nicht auf die Öffnungsklausel des Abs. 4 gestützt, sondern auf die Öffnungsklauseln in Abs. 2 und 3.[28] Dagegen stützt er die Regelungen zu Zweckänderungen in § 78 SGB X nF auf Abs. 4.[29]

VI. Bestimmung der Zweckvereinbarkeit (Abs. 4 Hs. 2)

32 Ist eine Zweckänderung weder durch eine Einwilligung noch durch eine gesetzliche Erlaubnis gedeckt, kann der Verantwortliche nach dem zweiten Satzteil des Abs. 4 prüfen, ob sie „mit demjenigen [Zweck], zu dem die personenbezogenen Daten ursprünglich erhoben wurden, vereinbar ist". Was **Vereinbarkeit der Zwecke** bedeutet und wann diese gegeben ist, lässt die DSGVO offen. Dem Wortsinn nach ist damit „entsprechend", „abgestimmt", „harmonisierend" gemeint;[30] ähnliches gilt für den in der englischen Fassung verwendeten Begriff „compatible". Diese Prüfung wird in wenig rechtssicherer Weise der Einzelfallbewertung des **Verantwortlichen**[31] ohne Beurteilungsspielraum[32] überlassen.

33 Der neue Zweck muss hinreichend konkret festgelegt und dokumentiert sein.[33] Er ist mit dem ebenfalls konkret festgelegten Erhebungszweck zu vergleichen. Vergleichsobjekt ist nicht ein „tendenziell weitergehender abstrakter Zweck der Ersterhebung",[34] sondern der von Art. 5 Abs. 1 lit. b geforderte „**eindeutige**" Zweck (→ Art. 5 Rn. 86ff.). Eine Ausnahme von diesem so gefassten Grundsatz der Zweckbindung ist Abs. 4 nicht zu entnehmen. Der Erhebungszweck darf nicht mit den fünf Erlaubnistatbeständen des Abs. 1 lit. b bis f. gleichgesetzt werden.[35] Dies würde im Ergebnis beinahe immer dazu führen, dass neue Zwecke mit den alten Zwecken vereinbar sind.[36]

34 Ob der neue Zweck auf der Grundlage der Erlaubnis für den ursprünglichen Zweck, der mit der Erhebung der Daten verfolgt wurde, weiter verfolgt werden kann, hängt davon ab, ob beide Zwecke als vereinbar angesehen werden können. Diese Vereinbarkeitsprüfung erfordert, beide **Zwecke zu vergleichen** und auf ihre **Vereinbarkeit hin zu bewerten**. Sie erschöpft sich nicht in einer Interessenabwägung.[37] Eine solche hatte der Rat gefordert, konnte sich damit aber nicht durchsetzen. Der Vergleich der Zwecke ist aus der **Perspektive der betroffenen Person** durchzuführen.[38] Der Verantwortliche hat hierfür, die in dem Katalog des Abs. 4 lit. a bis e genannten Kriterien zu „berücksichtigen" (EG 50). Das heißt, dass diese Kriterien für ihn nicht verpflichtend sind. Der Verantwortliche muss sich aber zumindest mit jedem dieser Kriterien[39] auseinandersetzen. Die vergleichende Bewertung muss umso umfangreicher ausfallen, je mehr sich der ursprüngliche Zweck und der geänderte neue Zweck unterscheiden.[40]

35 Die Kriterien für die Bewertung der beiden Zwecke als vereinbar sind extrem abstrakt und konturlos.[41] Der Verantwortliche soll „Verbindungen", „Zusammenhänge", „Datenarten", „Folgen" und „Garantien" bewerten, ohne dass die DSGVO für sie auch nur ansatzweise Maßstäbe und Maße anbietet. Wenn der Erhebungszweck nicht sehr konkret und bestimmt festgelegt und der neue Zweck präzis bestimmt wird (→ Art. 5 Rn. 86ff.), ist in der Folge dieser Regelungstechnik mit einem **Höchstmaß an Rechtsunsicherheit**

---

26 Amtliche Begründung BT-Drs. 18/12611, 85.
27 Amtliche Begründung BT-Drs. 18/12611, 103.
28 Amtliche Begründung BT-Drs. 18/12611, 114.
29 Amtliche Begründung BT-Drs. 18/12611, 123.
30 Duden 2017, Stichwort „vereinbar"; s. auch *Culik/Döpke* ZD 2017, 226 (229).
31 S. zB *Richter* DuD 2015, 581 (584); *Roßnagel/Geminn/Jandt/Richter*, Datenschutzrecht 2016 – „Smart genug für die Zukunft?, 2016, S. 158; *Roßnagel/Nebel*, Europ. DSGVO, S. 138; *Kühling/Martini et al.*, S. 41.
32 *Dammann* ZD 2016, 305 (312).
33 Ebenso Gola/*Schulz* Art. 6 Rn. 177, 179.
34 So Gola/*Schulz* Art. 6 Rn. 179.
35 So aber Gola/*Schulz* Art. 6 Rn. 179: „Vertragsabwicklung".
36 S. kritisch *Roßnagel/Nebel/Richter* ZD 2015, 455 (457 f.).
37 So aber Plath/*Plath* DSGVO Art. 6 Rn. 38; *Culik/Döpke* ZD 2017, 226 (229); wie hier auch Gierschmann et al./*Assion/Nolte/Veil* Art. 6 Rn. 245.
38 Ebenso Kühling/Buchner/*Buchner/Petri* Art. 6 Rn. 188; *Kühling/Martini* EuzW 2016, 448 (451); aA Gola/*Schulz* Art. 6 Rn. 181: Perspektive eines objektiven Dritten.
39 S. zB Auernhammer/*Kramer* Art. 6 Rn. 52.
40 Ebenso *Kühling/Martini et al.*, S. 41.
41 Kritisch auch *Richter* DuD 2015, 735 (740); *Buchner* DuD 2016, 155 (159); *Roßnagel/Geminn/Jandt/Richter*, Datenschutzrecht 2016 – „Smart" genug für die Zukunft?, 2016, S. 159; *Dammann* ZD 2016, 305 (312); Paal/Pauly/*Frenzel* Art. 6 Rn. 46.

zu rechnen.[42] Diese kann reduziert werden, indem bisherige Entscheidungen, Bewertungen und Schlussfolgerungen des EuGH und der *Art. 29-Gruppe*, vor allem aber der nationalen Gesetzgeber, Gerichte und Aufsichtsbehörden, die erheblich umfangreicher und präziser sind, im Rahmen der Kriterien Berücksichtigung finden. Die Kriterien des Abs. 4 sind nur Beispiele – andere Aspekte, die für die Bestimmung der Zweckvereinbarkeit relevant sein können, sind ebenfalls zu berücksichtigen.[43]

1. Verbindung zwischen Zwecken. Als erstes Kriterium hat der Verantwortliche nach lit. a „jede Verbin-   36
dung zwischen den Zwecken, für die die personenbezogenen Daten erhoben wurden, und den Zwecken der beabsichtigten Weiterverarbeitung" zu berücksichtigen. Je weiter der Zweck der Erhebung und der Zweck der Weiterverarbeitung in sachlicher und zeitlicher Hinsicht auseinander liegen, desto weniger ist von einem vereinbaren Zweck auszugehen.[44] Eine partielle Verbindung beider Zwecke mag für ihre Vereinbarkeit ausreichen, gar keine Verbindung jedoch nicht.[45] Eine enge Verbindung ist ua dann anzunehmen, wenn der Erhebungszweck den neuen Zweck der **Weiterverarbeitung mehr oder weniger impliziert**, wenn er als „logischer nächster Schritt" im Prozess der Datenverarbeitung anzusehen ist.[46] In diesem Fall liegt es für die betroffene Person nahe, dass die Daten auch zu dem neuen Zweck verarbeitet werden und sie kann dies gegebenenfalls bei ihrer Entscheidung, die Datenverarbeitung zu erlauben, berücksichtigen.[47]

Eine Zweckvereinbarkeit kann zB vorliegen, wenn die Bestandsdaten eines festen Kunden für die **kommer-**   37
zielle Kommunikation mit ihm mit Blick auf die bezogenen Produkte oder Dienste weiterverarbeitet werden.[48] Dies gilt allerdings nur, wenn auch der Weg und die Form der Kommunikation vereinbar sind. Sie kann – je nach vertraglicher Vereinbarung – auch gegeben sein, wenn **lernende Systeme** die Daten weiterverarbeiten, um sich – etwa im Smart Home oder im Smart Car – im verlautbarten Interesse des Nutzers besser an seine Gewohnheiten und Präferenzen anzupassen. Dies mag ähnlich auch für die **Mitglieder von Social Networks** und deren Anpassung an ihre Bedürfnisse gelten, nicht aber für Nichtmitglieder und auch nicht für die Weiterentwicklung der Plattform und das Angebot neuer Dienstleistungen. Vereinbar könnte auch – je nach Risikobewertung im Einzelfall – die Weiterverarbeitung von Nutzungsdaten durch **Assistenzsysteme** (zB Serviceroboter, Büro-Assistenten, Ambient Assisted Living) zur weiteren Anpassung an den Nutzer sein, wenn diese dem zugrundeliegenden Assistenzzweck entspricht.

Keine Vereinbarkeit ist zB anzunehmen, wenn die Daten von betroffenen Personen gesammelt werden, um   38
auf unterschiedliche Weise ihren **kommerziellen Wert** auszunutzen. Dies gilt selbst dann, wenn dies zur Refinanzierung eines kostenlos angebotenen Dienstes genutzt wird. Die Zwecke einer Internetsuche oder eines sozialen Netzwerkes und die Zwecke der Profilbildung und Kommerzialisierung der Profile mögen zwar einen wirtschaftlichen Zusammenhang haben,[49] sind aber Zwecke, die als solche nichts miteinander zu tun haben. Das gleiche gilt für **Preisausschreiben** und die Verwendung der Daten für Werbezwecke.[50]

Die Verarbeitung von Daten zur Ausübung von **Aufsichts- und Kontrollbefugnissen**, zur Rechnungsprüfung   39
sowie zu Organisationsuntersuchungen kann als vereinbar mit dem Erhebungszweck gelten.[51] Dies gilt insbes., wenn die erhobenen Daten ausschließlich zur Kontrolle der Einhaltung von Datenschutzverstößen[52] oder zur Überprüfung der Sicherheit eines Datenverarbeitungsvorgangs[53] weiterverarbeitet werden.

Die Vereinbarkeit der Zwecke fehlt in der Regel, wenn nicht der bisherige Verantwortliche, sondern ein   40
Dritter die Weiterverarbeitung übernimmt (→ Rn. 44 und 57). Eine Ausnahme kann die **Bonitätsprüfung** vor dem Abschluss eines Vertrags sein.[54] Diese kann auch für die Meldung von unbestrittenen Negativdaten an ein Kreditsicherungssystem und die Meldung von Betrugsfällen an das Hinweis- und Informationssystem der Versicherungswirtschaft gelten. Die Vereinbarkeit fehlt zB bei **Big Data**-Analysen, die auf Daten aus unterschiedlichen Quellen beruhen. Sie fehlt ebenfalls bei der Erstellung von **Profilen für die Direktwerbung**, die für Dritte oder durch Dritte erfolgen soll.

Nach dem zweiten Halbsatz von Art. 5 Abs. 1 lit. b gilt „eine Weiterverarbeitung für im öffentlichen Inter-   41
esse liegende **Archivzwecke**, für wissenschaftliche oder historische **Forschungszwecke** oder für **statistische**

---

42 *Roßnagel/Geminn/Jandt/Richter*, Datenschutzrecht 2016 – „Smart" genug für die Zukunft?, 2016, S. 160.
43 AA Sydow/*Reimer* Art. 6 Rn. 74, der nur für lit. a-e eine Rechtspflicht sieht.
44 *Art.-29-Gruppe*, WP 203, S. 23; *Monreal* ZD 2016, 507 (510).
45 So aber Gola/*Schulz* Art. 6 Rn. 180.
46 *Art.-29-Gruppe*, WP 203, S. 23.
47 Kühling/Buchner/*Buchner/Petri* Art. 6 Rn. 187.
48 Gola/*Schulz* Art. 6 Rn. 180; Auernhammer/*Kramer* Art. 6 Rn. 53.
49 Dieser ist im Rahmen von Abs. 1 UAbs. 1 lit. f zu prüfen.
50 AA Schaffland/Wiltfang/*Schaffland/Holthaus* DSGVO Art. 6 Rn. 306.
51 *Roßnagel/Pfitzmann/Garstka*, S. 115.
52 Hier können die Wertungen der §§ 14 Abs. 4 und 31 BDSG aF genutzt werden.
53 Hier können die Wertungen des § 15 Abs. 8 TMG genutzt werden.
54 *Monreal* ZD 2016, 507 (511); *Kühling/Martini et al.*, S. 42; Gola/*Schulz* Art. 6 Rn. 180; Gierschmann et al./*Assion/Nolte/Veil* Art. 6 Rn. 248.

Zwecke [...] gemäß Art. 89 Abs. 1 nicht als unvereinbar mit den ursprünglichen Zwecken".[55] Daraus wird vielfach geschlossen, dass „diese Zwecke bei der Weiterverarbeitung kompatibel mit dem Zweck der Erstverarbeitung sind" und eine Überprüfung der Zweckvereinbarkeit gar nicht mehr notwendig sei.[56] Die Formulierung mit der doppelten Verneinung „nicht als unvereinbar" weist jedoch auf das Gegenteil hin (→ Art. 5 Rn. 109). Die Zweckvereinbarkeit ist danach nicht ausgeschlossen, aber auch nicht automatisch gegeben. Es spricht eine Vermutung für die Zweckvereinbarkeit.[57] Allerdings erspart diese nicht die Prüfung der Vereinbarkeit mit dem Erhebungszweck.[58] Diese Vermutung gilt nur, wenn im Einzelfall die Garantien des Art. 89 gewährleistet sind (→ Art. 89 Rn. 49ff.) und die Folgen für die betroffene Person mit den Folgen der Erhebung vergleichbar sind.[59] Ob diese Voraussetzungen in ausreichendem Maß bestehen, ob die Grundsätze der Datenminimierung, der Speicherbegrenzung und des Systemdatenschutzes eingehalten werden, ist in der Vereinbarkeitsprüfung also immer zu prüfen. Vor allem aber ist nach dem fünften Kriterium zu prüfen, ob der Zweck der Weiterverarbeitung auch bei Verschlüsselung oder Pseudonymisierung der Daten erreicht werden kann.[60]

42 **Big Data**-Anwendungen arbeiten zwar mit statistischen Methoden, fallen aber nur unter die Ausnahme für statistische Zwecke, wenn sie im öffentlichen Interesse durchgeführt werden. Wie der systematische Zusammenhang mit den Archiv- und Forschungszwecken und die Entstehungsgeschichte der Ausnahme zeigen, sollen mit ihr Tätigkeiten im öffentlichen Interesse gefördert werden, nicht jedoch Big Data-Analysen zu kommerziellen Zwecken (→ Art. 5 Rn. 108).[61]

43 **2. Verhältnis zwischen den Beteiligten.** Als zweites Kriterium ist nach lit. b der Zusammenhang, in dem die personenbezogenen Daten erhoben wurden, insbes. hinsichtlich des Verhältnisses zwischen den betroffenen Personen und dem Verantwortlichen, zu berücksichtigen. Dabei kommt es nach EG 50 darauf an, „in welchem Kontext die Daten erhoben wurden, insbes. **die vernünftigen Erwartungen der betroffenen Person**, die auf ihrer Beziehung zu dem Verantwortlichen beruhen, in Bezug auf die weitere Verwendung dieser Daten".

44 Aus der besonderen Relevanz des „Verhältnisses zwischen den betroffenen Personen und dem Verantwortlichen" wird geschlossen, dass eine Vereinbarkeit der Zwecke nur vorliegen kann, wenn das Verhältnis unverändert bleibt, die zweckändernde Weiterverarbeitung nur von bisherigen **Verantwortlichen** vorgenommen wird, nicht aber für die Übermittlung und Offenlegung von Daten.[62] Dies ist lit. b nicht als kategorische Rechtsfolge zu entnehmen,[63] kann sich aber in vielen Fällen so ergeben, weil mit dem neuen Verantwortlichen, dem die Daten übermittelt werden, keine vertrauensvolle Zusammenarbeit besteht. Auch können die fehlende Verbindung der Zwecke gemäß lit. a oder die Folgen der Weiterverarbeitung gemäß lit. d gegen die Vereinbarkeit der Zwecke sprechen, wenn ein Dritter die Weiterverarbeitung übernimmt (→ Rn. 40 und 57).

45 Für die „vernünftigen Erwartungen der betroffenen Person" ist vor allem die **Vertrauensbeziehung zum Verantwortlichen** entscheidend. Fehlt diese, spricht dies gegen eine Zweckvereinbarkeit.[64] In einer Vertrauensbeziehung bestimmt vor allem das Verhalten des Verantwortlichen in der Kommunikation mit der betroffenen Person deren vernünftigen Erwartungen. Je spezifischer und restriktiver der ursprüngliche Verarbeitungskontext, umso enger sind die Grenzen einer möglichen Weiterverarbeitung gesteckt.[65] Je überraschender und unvorhersehbarer danach für die betroffene Person die Weiterverarbeitung ist, desto mehr spricht dagegen, dass der Zweck der Weiterverarbeitung mit dem Erhebungszweck vereinbar ist.[66]

46 Entscheidend ist auch die **gegenseitige Abhängigkeit**.[67] Dabei geht es um die Frage, ob zwischen den Beteiligten ein Gleichgewicht der Entscheidungsfreiheit herrscht.[68] War die betroffene Person zur Datenpreisgabe faktisch gezwungen, kann dieser Zwang nicht durch eine Weiterverarbeitung der personenbezogenen

---

55 Zu diesen Zwecken s. *Johannes/Richter* DuD 2017, 300.
56 ZB amtliche Begründung zum BDSG nF, BT-Drs. 18/11325, 98; *Richter* DuD 2015, 735; *ders.* DuD 581 (584 f.); ähnlich auch EG 50.
57 S. EG 50 S. 4.
58 AA Gola/*Schulz* Art. 6 Rn. 193.
59 *Johannes/Richter* DuD 2017, 300 (301); *Hornung/Hofmann* ZD-Beilage 4/2017, 8.
60 S. auch *Johannes/Richter* DuD 2017, 300 (301); Kühling/Buchner/*Buchner/Petri* Art. 6 Rn. 191; Ehmann/Selmayr/*Heberlein* Art. 6 Rn. 45.
61 *Richter* DuD 2015, 735 (738); *ders.* DuD 2016, 581 (584); *Roßnagel/Geminn/Jandt/Richter*, Datenschutzrecht 2016 – „Smart" genug für die Zukunft?, 2016, S. 159; *Culik/Döpke* ZD 2017, 226 (330).
62 *Richter* DuD 2015, 735 (736, 739).
63 S. zB *Kühling/Martini et al.*, S. 41; Gola/*Schulz* Art. 6 Rn. 179.
64 Paal/Pauly/*Frenzel* Art. 6 Rn. 49.
65 Gola/*Schulz* Art. 6 Rn. 181.
66 S. Kühling/Buchner/*Buchner/Petri* Art. 6 Rn. 188; Auernhammer/*Kramer* Art. 6 Rn. 54.
67 Ebenso Ehmann/Selmayr/*Heberlein* Art. 6 Rn. 48; Schaffland/Wiltfang/*Schaffland/Holthaus* DSGVO Art. 6 Rn. 307.
68 *Monreal* ZD 2016, 507 (510).

Daten verlängert werden.[69] In diesem Fall fehlt es an einer Vereinbarkeit der Zwecke. Umgekehrt kann der Verantwortliche aufgrund einer Abhängigkeit von der betroffenen Person gezwungen sein, die Daten weiterzuverarbeiten oder an Dritte zu übermitteln, um den Zweck der Datenerhebung zu erreichen. Dies kann etwa bei Problemen der Vertragserfüllung und der Einschaltung von **Inkasso**-Unternehmen oder eines **Rechtsanwalts** der Fall sein.[70]

Entscheidend für das Kriterium sind auch die **Handlungsmöglichkeiten des Verantwortlichen** und die daraus abzuleitende Erwartung der betroffenen Person. Von einer Zweckvereinbarkeit kann nicht ausgegangen werden, wenn die betroffene Person nicht damit rechnen musste, dass der Verantwortliche seine personenbezogenen Daten zu einem anderen Zweck weiterverarbeitet. Dabei findet **keine Orientierung an einer gängigen Praxis** statt – insbes. nicht, wenn diese rechtswidrig oder objektiv umstritten ist.[71] Vielmehr hat der Verantwortliche die Zweckänderung mit der betroffenen Person zu vereinbaren oder diese zumindest vor einer Weiterverarbeitung über die Zwecke und die Zweckänderung zu informieren.[72]   47

Wenn der Verantwortliche die Gelegenheit hatte, eine **Einwilligung oder vertragliche Vereinbarung** für eine für ihn absehbare Zweckänderung einzuholen, dies jedoch unterlässt, dann durfte die betroffene Person davon ausgehen, dass er die Daten nicht für andere Zwecke weiterverarbeiten wird. Der bewusste Verzicht auf eine Klärung oder auch nur das Verstreichen-Lassen dieser Möglichkeit schließt die Zweckvereinbarkeit im Regelfall aus.[73] Dies gilt zB für Bestandskundenwerbung.   48

Zu den Handlungsmöglichkeiten und -pflichten des Verantwortlichen gehört auch die **Information der betroffenen Person**. Nach Art. 13 Abs. 1 lit. c hat der Verantwortliche die betroffene Person zum Zeitpunkt der Erhebung über die ihm bekannten Zwecke, für die die personenbezogenen Daten verarbeitet werden sollen, sowie die Rechtsgrundlage für die Verarbeitung zu informieren (→ Art. 13 Rn. 8).[74] Außerdem hat er für jeden dieser Zwecke die Informationen nach Art. 13 Abs. 2 mitzuteilen (→ Art. 13 Rn. 13ff.). Werden die personenbezogenen Daten nicht bei der betroffenen Person erhoben, gelten vergleichbare Informationspflichten nach Art. 14 Abs. 1 lit. c und Abs. 2 (→ Art. 14 Rn. 4 und 9ff.). Zwecke, die hier hätten genannt werden können, aber der betroffenen Person nicht mitgeteilt wurden, sind nach lit. b nicht mit den Erhebungszwecken vereinbar.[75] Die betroffene Person durfte sich darauf verlassen, dass ihr alle dem Verantwortlichen bekannten Zwecke mitgeteilt worden sind. Weiterverarbeitungszwecke, die dem Verantwortlichen erst nachträglich bekannt werden, können auch nachträglich noch geltend gemacht werden.   49

Nach Art. 13 Abs. 3 und 14 Abs. 4 hat ein Verantwortlicher, der beabsichtigt, die personenbezogenen Daten für einen anderen Zweck weiterzuverarbeiten, vor dieser Weiterverarbeitung der betroffenen Person **Informationen über den neuen Zweck** und alle anderen maßgeblichen Informationen gemäß Art. 13 Abs. 2 zur Verfügung zu stellen (→ Art. 13 Rn. 20, Art. 14 Rn. 18). Hat er diese Informationen nicht rechtzeitig mitgeteilt, fehlt es der betroffenen Person an der ihr zustehenden Transparenz über die Weiterverarbeitung. Sie kann daher nach lit. b nicht als mit dem Erhebungszweck vereinbar gelten.   50

Maßnahmen der **Profilbildung** müssen ebenfalls kommuniziert werden.[76] Sie können nur dann als vereinbar angesehen werden, wenn sie für die betroffene Person im Zeitpunkt der Datenerhebung vorherzusehen waren oder von ihr gar angestoßen wurden.[77] Mit Profilbildungen, die nicht zuvor bekannt waren, muss die betroffene Person nicht rechnen; sie entsprechen nicht ihren vernünftigen Erwartungen.   51

Befreien nationale Regelungen nach Art. 23 Abs. 1 Verantwortliche von der **Informationspflicht** nach Art. 13 und 14 (→ Art. 23 Rn. 9ff.), wirkt sich dies negativ auf das Kriterium des Verhältnisses zwischen den Beteiligten aus,[78] weil die betroffene Person mangels Informationen mit der Zweckänderung nicht rechnen musste. Dadurch die würde die Hürde, die eine Zweckänderung zu nehmen hat, höher.   52

Wird das Verhältnis zwischen den Beteiligten – wie im Anwendungsbereich des Abs. 1 lit. c und e – durch den Grundsatz der **Gesetzesbindung** geprägt, wird auch eine Zweckänderung durch gesetzliche Regelungen erlaubt oder verboten, so dass für eine eigenständige Prüfung der Zweckvereinbarkeit durch den Verantwortlichen kein Raum bleibt.[79]   53

---

69 Ebenso Gola/*Schulz* Art. 6 Rn. 181.
70 S. zB auch *Kühling/Martini et al.*, S. 42; Gola/*Schulz* Art. 6 Rn. 181; Schaffland/Wiltfang/*Schaffland/Holthaus* DSGVO Art. 6 Rn. 313; Gierschmann et al./*Assion/Nolte/Veil* Art. 6 Rn. 238, 248.
71 S. auch *Art.-29-Gruppe*, WP 203, S. 25.
72 Ebenso Gola/*Schulz* Art. 6 Rn. 181.
73 S. zB Paal/Pauly/*Frenzel* Art. 6 Rn. 49.
74 *Kugelmann* DuD 2016, 566 (568).
75 Ebenso Ehmann/Selmayr/*Heberlein* Art. 6 Rn. 46.
76 *Kugelmann* DuD 2016, 566 (568).
77 Gola/*Schulz* Art. 6 Rn. 183.
78 IdR werden die nationalen Gesetzgeber dann auch von der Öffnungsklausel in Abs. 4 Hs. 1 Gebrauch machen.
79 Paal/Pauly/*Frenzel* Art. 6 Rn. 51.

54 **3. Besonders schützenswerte Daten.** Das dritte Kriterium betrifft nach lit. c „die Art der personenbezogenen Daten, insbes. ob besondere Kategorien personenbezogener Daten gemäß Art. 9 verarbeitet werden oder ob personenbezogene Daten über strafrechtliche Verurteilungen und Straftaten gemäß Art. 10 verarbeitet werden". Aber auch andere Daten können als besonders schutzwürdig eingestuft werden. Dies hängt zum einen vom **Aussagegehalt der Daten** ab, wie etwa bei Daten, die umfangreiche Auskunft über das Verhalten oder die Beziehungen von Personen geben können, wie etwa bei Daten über Kommunikationen mit anderen, über Ortsbewegungen oder Energieverbräuche. Zum anderen kann dies von den betroffenen Personengruppen abhängen, wie etwa bei Daten über Kinder oder sonst leichter verletzbaren Personen.[80]

55 Der Schluss, dass Daten, deren Verarbeitung nicht mit besonderen Risiken verbunden ist, einer Weiterverarbeitung nicht im Wege stehen,[81] ist dem Kriterium nicht zu entnehmen. Er würde auch einer notwendigen Gesamtwürdigung aller Kriterien widersprechen. Vor allen aber widerspricht dies der Erkenntnis des BVerfG im Volkszählungsurteil, dass es **keine belanglosen personenbezogenen Daten** gibt, sondern deren Schutzbedürftigkeit von ihrem Verwendungskontext abhängig ist.[82] Selbst die Schutzwürdigkeit von Adressdaten hängt davon ab, wofür sie verwendet werden (zB Adressen von Informanten der Polizei, von Betroffenen einer bestimmten Krankheit, von Bewohnern einer anrüchigen Wohngegend).

56 **4. Folgen der Zweckänderung.** Nach dem vierten Kriterium sind gemäß lit. d „die möglichen Folgen der beabsichtigten Weiterverarbeitung für die betroffenen Personen" zu berücksichtigen. Dies gilt sowohl für positive als auch für negative Folgen.[83] Hierfür können die Erkenntnisse aus einer Datenschutz-Folgenabschätzung nach Art. 35 nutzbar gemacht werden. Für den Vergleich sind auch zukünftige Entscheidungen und Maßnahmen aufgrund der Weiterverarbeitung zu berücksichtigen. Kann die Weiterverarbeitung für die betroffene Person in der Summe negative Folgen mit sich bringen, spricht dies regelmäßig gegen eine Vereinbarkeit der Zwecke.[84] Sind die Folgen für die betroffene Person nicht oder nur schwer abschätzbar, weil sie nicht im Einzelnen erkennen kann, wer die Daten weiterverarbeitet, wem diese Daten bekannt gegeben werden oder welche Folgen an die Daten geknüpft werden, spricht dies alles gegen eine Vereinbarkeit mit dem ursprünglichen Erhebungszweck.[85]

57 Daher spricht auch eine **Übermittlung** der personenbezogenen Daten an Dritte, die die Weiterverarbeitung vornehmen, in der Regel gegen eine Vereinbarkeit der Zwecke. Diese stellt immer einen gravierenden Eingriff in die Rechte der betroffenen Person dar, wenn sie ohne ihre Mitwirkung erfolgt und sie deswegen über keine Kontrollmöglichkeiten verfügt. Durch Übermittlungen entsteht das Risiko nicht mehr kontrollierbarer Parallelspeicherungen, für die Schutzmaßnahmen wie Verwertungsverbote, Zugriffsbeschränkungen, Auskunftssperren und ähnliche nicht mehr wirken.[86] Auch entsteht die große Gefahr, dass die Betroffenenrechte auf Berichtigung, Sperrung und Löschung ihre Wirksamkeit verlieren, wenn die Kette der Übermittlungen nicht mehr lückenlos nachvollzogen werden kann oder für die praktische Wahrnehmung der Rechte zu lang wird.

58 Unter den **Bedingungen moderner Datenverarbeitung** im Kontext von Big Data, künstlicher Intelligenz, selbstlernenden Systemen, Kontexterfassung, Internet der Dinge und anderen Anwendungen des Ubiquitous Computing kann die Berücksichtigung möglicher Folgen von Zweckänderungen nur restriktiv wirken.[87] Die Weiterverarbeitung der erhobenen Daten kann von der betroffenen Person selten eigenständig gesteuert werden. Jeder zusätzliche Zweck, der erlaubt wird, vergrößert das Ausgeliefertsein der betroffenen Person gegenüber den technischen Systemen und ihren Verantwortlichen.

59 Zu den **Risiken** der Zweckänderung gehören nicht nur mögliche Eingriffe Böswilliger wie Identitätsdiebstahl, finanzieller Verlust und andere erhebliche wirtschaftliche oder gesellschaftliche Nachteile.[88] Als negative Folge muss auch die **Beeinträchtigung der Selbstbestimmung** der betroffenen Person angesehen werden, die durch die bessere Vorhersehbarkeit und Beeinflussbarkeit ihres Verhaltens erfolgt. Dabei spielt es keine Rolle, ob dieses Wissen aus der Sammlung von Nutzerdaten in Profilen durch einen Dienstanbieter oder durch Big Data-Analysen, die auf der Grundlage von vielen Daten aus unterschiedlichen Quellen personenbezogen durchgeführt werden, entsteht.[89]

---

80 S. auch *Art.-29-Gruppe*, WP 203, S. 25.
81 So aber *Veil* ZD 2015, 347 (349); Gola/*Schulz* Art. 6 Rn. 182.
82 BVerfGE 65, 1 (45).
83 *Art.-29-Gruppe*, WP 203, S. 25; *Monreal* ZD 2016, 507 (511).
84 *Art.-29-Gruppe*, WP 203, S. 26.
85 Ebenso Kühling/Buchner/*Buchner/Petri* Art. 6 Rn. 190; ähnlich Gola/*Schulz* Art. 6 Rn. 183.
86 S. zum Folgenden Roßnagel/*v. Zezschwitz*, HB DSch, Kap. 3.1, Rn. 53.
87 Paal/Pauly/*Frenzel* Art. 6 Rn. 49.
88 So Ehmann/Selmayr/*Heberlein* Art. 6 Rn. 51; zur Diskriminierung s. *Art.-29-Gruppe*, WP 203, S. 25; *Monreal* ZD 2016, 507 (511).
89 S. auch die Risiken, die EG 91 bezogen auf die Datenschutzfolgenabschätzung anführt.

Roßnagel

5. Geeignete Garantien. Das fünfte Kriterium betrifft gemäß lit. e „das Vorhandensein geeigneter Garanti- 60
en, wozu Verschlüsselung oder Pseudonymisierung gehören kann".[90] Dabei kommt es vor allem auf einen
Vergleich der Schutzmaßnahmen bei der Erhebung und bei der Weiterverarbeitung an. Nach EG 50 sollen
„sowohl beim ursprünglichen als auch beim beabsichtigten Weiterverarbeitungsvorgang geeignete Garanti-
en bestehen". Eine Vereinbarkeit der Zwecke kann nur angenommen werden, wenn bei gleichem Risiko für
die betroffene Person auch **vergleichbare Schutzvorkehrungen** bestehen. Als Schutzvorkehrungen kommen
technische Vorrichtungen wie etwa datenschutzgerechte Systemgestaltungen, organisatorische Maßnahmen
wie Datentrennung oder rechtliche Vorkehrungen wie die Vereinbarung von Geheimhaltungspflichten in
Frage.[91] Erforderlich sind dabei in jedem Fall die Beurteilung der Schutzwirkung und deren Nachweis.[92]
Auch bei der Anwendung von Schutzvorkehrungen muss die Weiterverarbeitung die Grundsätze der Datenverarbeitung nach Art. 5 einhalten.[93]

Steigt das Risiko für das Grundrecht auf Datenschutz durch die Weiterverarbeitung, sind entsprechend **hö-** 61
here Sicherheitsmaßnahmen zu ergreifen, um von einer Vereinbarkeit ausgehen zu können.[94] Vor allem
aber ist zu prüfen, ob der Zweck der Weiterverarbeitung auch bei Verschlüsselung oder Pseudonymisierung
der Daten erreicht werden kann.[95] Weitere Maßnahmen, die ein steigendes Risiko kompensieren können,
sind eventuell die Aggregation personenbezogener Daten, die Implementierung von Privacy Enhancing
Technologies, die besondere Systemgestaltung und datenschutzfreundliche Voreinstellung nach Art. 25
(→ Art. 25 Rn. 28ff. und 39ff.).[96]

Eine Weiterverarbeitung personenbezogener Daten für im öffentlichen Interesse liegende **Archivzwecke**, für 62
wissenschaftliche oder historische **Forschungszwecke** oder für **statistische Zwecke** kann nur dann mit dem
Erhebungszweck vereinbar sein, wenn geeignete Garantien gemäß Art. 89 Abs. 1 vorliegen (→ Rn. 41). Diese Garantien beinhalten vor allem technisch-organisatorische Maßnahmen, die sicherstellen, dass bei der
Weiterverarbeitung der Grundsatz der Datenminimierung eingehalten wird.

Big Data-Analysen fallen nicht in den Anwendungsbereich der DSGVO, soweit die personenbezogenen Da- 63
ten vor der Weiterverarbeitung so anonymisiert werden, dass sie zuverlässig ihren Personenbezug verlieren.
Soweit die personenbezogenen Daten pseudonymisiert werden, ist zu prüfen, wie zuverlässig dies Personenbeziehbarkeit verhindert und wie die Aufdeckungsregel geschützt ist.[97] Weitere Sicherungsmaßnahmen
können zB das sichere Löschen der Rohdaten oder ihre Verschlüsselung sein.[98]

6. Weitere Aspekte. Da die fünf genannten Aspekte nur Beispiele für relevante Kriterien der Zweckverein- 64
barkeit sind, müssen auch weitere relevante Aspekte berücksichtigt werden. EG 50 deutet an, in welche
Richtung hier zu denken ist: „In jedem Fall sollte gewährleistet sein, dass die in dieser Verordnung niedergelegten Grundsätze angewandt werden und insbes. die betroffene Person über diese anderen Zwecke und
über ihre Rechte einschließlich des Widerspruchsrechts unterrichtet wird." Für die Weiterverarbeitung ist
vor allem entscheidend, ob sie die **Grundsätze der Datenverarbeitung** nach Art. 5 Abs. 1 einhält, der Verantwortliche seine **Pflichten** erfüllt und die betroffene Person ihre **Rechte** wahrnehmen kann. Hier sind die
genannten (→ Rn. 13 ff.) Probleme und Ungereimtheiten des Konzepts der Zweckvereinbarkeit aufzugreifen. Sind diese nicht zufriedenstellend zu lösen, fehlt es an der Zweckvereinbarkeit.

Anhang 1 zu Artikel 6   Videoüberwachung

Literatur: *Abate, C.,* Präventive und repressive Videoüberwachung öffentlicher Plätze, DuD 2011, 451; *Ahrens, H.-J.,* Der Beweis
des Unfallgeschehens mittels Dashcam-Videos, MDR 2015, 926; *Albrecht, J. Ph.,* Das neue EU-Datenschutzrecht – von der Richtlinie zur Verordnung, CR 2016, 88; *Albrecht, F./Wessels, F.,* Das Videoüberwachungsverbesserungsgesetz, jurisPR-ITR 9/2017
Anm. 2; *Alter, M.,* Rechtsprobleme betrieblicher Videoüberwachung, NJW 2015, 2375; *Anstädt, T./Keller, I./Lutz, H.,* Intelligente
Videoanalyse – Handbuch für die Praxis, 2013; *Art.-29-Gruppe,* Stellungnahme 4/2004 zum Thema Verarbeitung personenbezogener Daten aus der Videoüberwachung vom 11.2.2004 WP89; *dies.,* Stellungnahme 4/2007 zum Begriff „personenbezogener Daten" vom 29.6.2007 WP136; *dies.,* Stellungnahme 2/2009 zum Schutz der personenbezogenen Daten von Kindern WP160; *dies.,*
Stellungnahme 01/2012 zu den Reformvorschlägen im Bereich des Datenschutzes WP191; *dies.,* Stellungnahme 08/2012 mit weiteren Beiträgen zur Diskussion der Datenschutzreform WP199; *dies.,* Stellungnahme 6/2014 zum Begriff desberechtigten Interesses

---

90 *Art.-29-Gruppe,* WP 203, S. 26ff.
91 S. zB *Sander/Schumacher/Kühne* ZD 2017, 105 (109).
92 *Dammann* ZD 2016, 307 (314).
93 EG 50 S. 8; Ehmann/Selmayr/*Heberlein* Art. 6 Rn. 52.
94 *Veil* ZD 2015, 347 (349).
95 S. auch Kühling/Buchner/*Buchner*/Petri Art. 6 Rn. 191.
96 S. auch Gola/*Schulz* Art. 6 Rn. 184.
97 S. hierzu *Roßnagel,* ZD 2018, 243ff.
98 S. hierzu *BfDI,* DSGVO, 2016, 11; *von Grafenstein* DuD 2015, 789 (795).

des für die Verarbeitung Verantwortlichen gemäß Artikel 7 der Richtlinie 95/46/EG WP217; *dies.*, Stellungnahme 1/2015 zum Datenschutz bei der Nutzung von Drohnen WP231; *dies.*, Leitlinien zur Datenschutz-Folgenabschätzung (DSFA) und Beantwortung der Frage, ob eine Verarbeitung im Sinne der Verordnung 2016/679 „wahrscheinlich ein hohes Risiko mit sich bringt" vom 4.10.2017 WP 248 rev. 01; *Atzert, M./Franck, L.*, Zulässigkeit und Verwertbarkeit von Videoaufzeichnungen durch Dashcams, RDV 2014, 136; *Bachmeier, W.*, Dash-Cam & Co. – Beweismittel der ZPO?, DAR 2014, 15; *Balzer, T./Nugel, M.*, Minikameras im Straßenverkehr – Datenschutzrechtliche Grenzen und zivilprozessuale Verwertbarkeit der Videoaufnahmen, NJW 2014, 1622; *Bäumerich, M.*, Aufnahmen von Dashcams als Beweise im Zivil- und Strafprozess, JuS 2016, 803; *Bauer, J.-H./Schansker, M.*, (Heimliche) Videoüberwachung durch den Arbeitgeber – Notwendige Maßnahme oder unzulässige Bespitzelung, NJW 2012, 3537; *Bayreuther, F.*, Zulässigkeit und Verwertbarkeit heimlicher Videoaufzeichnung am Arbeitsplatz, DB 2012, 2222; *Benecke, A./ Wagner, J.*, Öffnungsklauseln in der Datenschutz-Grundverordnung und das deutsche BDSG- Grenzen und Gestaltungsspielräume für ein nationales Datenschutzrecht, DVBl. 2016, 600; *Belbachir, A. N.*, Smart Cameras, 2010; *Bergfink, A.*, Videoüberwachung in Fahrzeugen des öffentlichen Personennahverkehrs, DuD 2015, 145; *Bergwitz, Chr.*, Verdeckte Videoüberwachung weiterhin zulässig, NZA 2012, 1205; *ders.*, Prozessuale Verwertungsverbote bei unzulässiger Videoüberwachung, NZA 2012, 353; *Bier, Chr./Spiecker gen. Döhmann, I.*, Intelligente Videoüberwachungstechnik: Schreckensszenario oder Gewinn für den Datenschutz?, CR 2012, 610; *Bischof, C.*, Drohnen im Praxistest, DuD 2017, 142; *Bretthauer, S.*, Intelligente Videoüberwachung – Eine datenschutzrechtliche Analyse unter Berücksichtigung technischer Schutzmaßnahmen, 2017; *Bretthauer, S./Krempel, E./Birnstill, P.*, Intelligente Videoüberwachung in Kranken- und Pflegeeinrichtungen von morgen, CR 2015, 239; *Buchner, B.*, Grundsätze und Rechtmäßigkeit der Datenverarbeitung unter der DS-GVO, DuD 2016, 155; *Büttner, H.-P./Behling, K./Schulz, J.*, Planungshandbuch Videoüberwachungsanlagen – Grundlagen, technische Komponenten, Planungsbeispiel, 2011; *Butz, B./Brummer, P.*, Rechtswidrige Überwachungsmaßnahmen – Drohen Beweisverwertungsverbote?, AuA 2011, 400; *Byers, Ph./Pracka, J.*, Die Zulässigkeit der Videoüberwachung am Arbeitsplatz, BB 2013, 760; *Datatilsynet – The Norwegian Data Protection Authority*, Tracking in Public Spaces – The use of WiFi, Bluetooth, beacons and intelligent video analytics, 2016; *Dienstbühl, Chr.*, Der Einsatz von „Wildkameras" durch Privatpersonen – Zur Frage der datenschutzrechtlichen Zulässigkeit der Videoüberwachung im Wald, NuR 2012, 395; *Dix, A.*, Keine Leibesvisitation unter Videobeobachtung, DuD 2008, 316; *Düsseldorfer Kreis*, Orientierungshilfe „Videoüberwachung durch nicht-öffentliche Stellen", 2014; *Dzida, B./Grau, T.*, Verwertung von Beweismitteln bei Verletzung des Arbeitnehmerdatenschutzes, NZA 2010, 1201; *Ernestus, W.*, Das Schutzprofil für digitale Videoanlagen, IT-Sicherheit & Datenschutz 2006, 800; *Europäischer Datenschutzbeauftragter (EDPS)*, Leitlinien zur Videoüberwachung, 2010; *Forst, G.*, Videoüberwachung am Arbeitsplatz und der neue § 32 BDSG, RDV 2009, 204; *Fox, D.*, Sicheres Löschen von Daten auf Festplatten, DuD 2009, 110; *Fuchs, D.*, Verwendung privater Kameras im öffentlichen Raum – Datenschutz bei Dash-Cams, Helm-, Wildkameras & Co., ZD 2015, 212; *Galetta, A./Fonio, C./Ceresa, A.*, Nothing is as it seems. The exercise of access rights in Italy and Belgium: dispelling fallacies in the legal reasoning form the 'law in theory' to the 'law in practice', International Data Privacy Law 2016, 16; *Gola, P./ Klug, Ch.*, Videoüberwachung gemäß § 6 b BDSG, RDV 2004, 65; *Gola, P./Lepperhoff, N.*, Reichweite des Haushalts- und Familienprivilegs bei der Datenverarbeitung – Aufnahme und Umfang der Ausnahmeregelung in der DS-GVO, ZD 2016, 9; *Grimm, D./Schiefer, J.*, Videoüberwachung am Arbeitsplatz, RdA 2009, 329; *Greger, R.*, Kamera on board – Zur Zulässigkeit des Video-Beweises im Verkehrsunfallprozess, NZV 2015, 114; *Hilpert, Th.*, Zulässigkeit der Videoüberwachung nach § 6 b BDSG am Beispiel des ÖPNV, RDV 2009, 160; *Hornung, G./Desoi, M.*, „Smart Cameras" und automatische Verhaltensanalyse, K&R 2011, 153; *Hornung, G./Schindler, S.*, Rechtsfragen des Einsatzes von Videoüberwachung mit biometrischer Gesichtserkennung, DuD 2017, 203; *Horst, H. R.*, Videoüberwachungskameras im Nachbarrecht, NJW 2009, 1787; *Jandt, S.*, Biometrische Videoüberwachung – was wäre wenn…, ZRP 2018, 16; *Jerchel, K./Schubert, J. M.*, Videoüberwachung am Arbeitsplatz — eine Grenzziehung, DuD 2015, 151; *Klann, Th.*, Zur Zulässigkeit der Verwendung privater Verkehrsüberwachungskameras zu Beweiszwecken, DAR 2013, 188; *ders.*, Aktualisierung: Zur Zulässigkeit der Verwendung privater Verkehrsüberwachungskameras – Dashcams – zu Beweiszwecken, DAR 2014, 451; *ders.*, Konsolidierung: Zur Zulässigkeit der Verwendung privater Verkehrsüberwachungskameras, DAR 2016, 8; *Klar, M.*, Datenschutzrecht und Visualisierung des öffentlichen Raums, 2012; *Klein, F./Roos, Ph.*, Videoüberwachung: Kostspielige Folgen für den Arbeitgeber? – Aktuelle Rechtsprechung – konkrete Bemessungsmaßstäbe, ZD 2016, 65; *Knyrim, G./Trieb, R.*, Videokameras in Autos – vom Teufelszeug zum Beweismittel – Vereinbarkeit von Dash-Cams mit datenschutzrechtlichen Grundsätzen, ZD 2014, 547; *Kort, M.*, Die Zukunft des deutschen Beschäftigtendatenschutzes, ZD 2016, 555; *Kühling, J.*, Neues Bundesdatenschutzgesetz – Anpassungsbedarf bei Unternehmen, NJW 2017, 1985; *Kühling, J. /Martini, M.*, Die Datenschutz-Grundverordnung: Revolution oder Evolution im europäischen und deutschen Datenschutzrecht?, EuZW 2016, 448; *Lachenmann, M.*, Neue Anforderungen an die Videoüberwachung – Kritische Betrachtungen der Neuregelungen zur Videoüberwachung in DS-GVO und BDSG-neu, ZD 2017, 407; *Lachenmann, M./Schwiering, S.*, Betrieb von Videokameras in PKW Datenschutzrechtliche (Un-)Zulässigkeit des Betriebs von On-Board-Kameras in PKWs, NZV 2014, 291; *Lang, M.*, Private Videoüberwachung im öffentlichen Raum: eine Untersuchung der Zulässigkeit des privaten Einsatzes von Videotechnik und der Notwendigkeit von § 6 b BDSG als spezielle rechtliche Regelung, Hamburg, 2008; *Lauber-Rönsberg, A./Hartlaub, A.*, Personenbildnisse im Spannungsfeld zwischen Äußerungs- und Datenschutzrecht, NJW 2017, 1057; *Lunk, St.*, Prozessuale Verwertungsverbote im Arbeitsrecht, NZA 2009, 457; *Martini, M./Nink, D. /Wenzel, M.*, Bodycams zwischen Bodyguard und Big Brother – Zu den rechtlichen Grenzen filmischer Erfassung von Sicherheitseinsätzen durch Miniaturkameras und Smartphones, NVwZ – Extra, 2016, 1; *Mester, B.A.*, Videoüberwachung – Beobachtung öffentlicher Bereiche durch optisch-elektronische Einrichtungen, DuD 2015, 194; *Mienert, H./Gipp, B.*, Dashcam, Blockchain und der Beweis im Prozess – Kriterien für einen Privacy by Design-Lösungsansatz bei Dashcams, ZD 2017, 515; *Nguyen, A.*, Videoüberwachung in sensiblen Bereichen – Die Zulässigkeit der Beobachtung sensitiver Daten nach deutschem und europäischem Recht, DuD 2011, 715; *ders.*, Videoüberwachung – Das subjektive Sicherheitsgefühl als berechtigtes Interesse im Sinne von § 6 b BDSG?, BDVR-Rundschreiben 2016, 64; *Niehaus, H.*, Verwertbarkeit von Dashcam-Aufzeichnungen im Straf- und Ordnungswidrigkeitenverfahren, NZV 2016, 551; *Pötters, S./ Traut, J.*, Videoüberwachung im Arbeitsverhältnis, RDV 2013, 132; *Reibach, B.*, Private Dashcams & Co. – Household Exemption ade?, DuD 2015, 157; *Rose, E.*, "Smart Cams" im öffentlichen Raum – Regulierungsdefizite und Optionen künftiger Regulierung, ZD 2017, 64; *Roßnagel, A.*, Pro&Contra: Videoüberwachung im öffentlichen Raum, ZRP 2013, 126; *ders.*, Wie zukunftsfähig ist die Datenschutz-Grundverordnung?, DuD 2016, 561; *ders.*, Gesetzgebung im Rahmen der Datenschutz-Grundverordnung, DuD 2017, 277; *Roßnagel, A./Schnabel, Ch.*, Aufzeichnung und Übertragung von Lehrveranstaltungen: datenschutz- und urheberrechtliche Grundlagen, DuD 2009, 411; *Roßnagel, A./Desoi, M./Hornung, G.*, Gestufte Kontrolle bei Videoüberwachungsanlagen – Ein Drei-Stufen-Modell als Vorschlag zur grundrechtskonformen Gestaltung, DuD 2011, 694; *Roßnagel, A./Nebel, M./Richter, Ph.*,

Scholz

Was bleibt vom Europäischen Datenschutzrecht? – Überlegungen zum Ratsentwurf der DS-GVO, ZD 2015, 455; *Rothmann, R.,* Sicherheitsgefühl durch Videoüberwachung? Argumentative Paradoxien und empirische Widersprüche in der Verbreitung einer sicherheitspolitischen Maßnahme, NK 2010, 103; *Saeltzer, G.,* Die 13 Irrtümer über Videoüberwachung, DuD 2000, 194; *ders.,* Sind diese Daten personenbezogen oder nicht? – Wie der Personenbezug von Daten, auch biometrischer, sich fundiert prüfen lässt..., DuD 2004 218; *Sanetra, S.,* Dashcam versus Datenschutz, PinG 2015, 179; *Schantz, P.,* Die Datenschutz-Grundverordnung – Beginn einer neuen Zeitrechnung im Datenschutzrecht, NJW 2016, 1841; *Schaup, S./Ott, St./ Schallauer, P./Winter, M./ Thallinger, G.,* „Intelligente Videoanalyse" zur Detektion sicherheitsrelevanter Ereignisse – Möglichkeiten und Grenzen, Kriminalistik 2009, 635; *Schmidt, U.,* Professionelle Videotechnik: Grundlagen, Filmtechnik, Fernsehtechnik, Geräte- und Studiotechnik in SD, HD, DI, 3D, 2013; *Schnabel, Ch.,* Polizeiliche Videoüberwachung öffentlicher Räume nach § 8 III HbgPolDVG am Beispiel der Reeperbahn-Entscheidung des OVG Hamburg, NVwZ 2010, 1457; *ders.,* Videoüberwachung in Apotheken – zugleich Anmerkung zu VG Saarland, Urt. v. 29.1.2016 – 1 K 1122/14, PharmR 2016, 177; *ders.,* Videoüberwachung in Arztpraxen – Zugleich Anm. zu OVG Berlin-Brandenburg, Urt. v. 6.4.2017 OVG 12 B 7.16, MedR 2017, 943; *Schwenke, Th.,* Private Nutzung von Smartglasses im öffentlichen Raum, 2016; *Seifert., B.,* Neue Regeln für die Videoüberwachung? Visuelle Kontrolle im Entwurf der EU-Datenschutz-Grundverordnung, DuD 2013, 650; *Sokol, B.,* Videoüberwachung von Umkleideräumen, DuD 2005, 252; *Solmecke, Chr./Kocatepe, S.,* Google Glass – Der gläserne Mensch 2.0, ZD 2014, 22; *Spiecker gen. Döhmann, I.,* „Ich sehe was, was Du nicht siehst" – rechtliche Probleme intelligenter Videoüberwachung, in: Bräutigam, P./Hoppen, P. (Hrsg.), DGRI Jahrbuch 2013, 2014, 147; *dies.,* Big Data intelligent genutzt: Rechtskonforme Videoüberwachung im öffentlichen Raum, K&R 2014, 549; *Stechow, C. v.,* Datenschutz durch Technik: rechtliche Förderungsmöglichkeiten von Privacy Enhancing Technologies am Beispiel der Videoüberwachung, 2005; *Suttmann, Ch.,* Zur rechtlichen Zulässigkeit der Videoüberwachung an Schulen, NWVBl 2008, 405; *Taeger, J.,* Videoüberwachung von Bürohäusern – Zulässigkeitsvoraussetzungen zur Wahrung des Hausrechts im öffentlich zugänglichen Bereich, ZD 2013, 571; *Tezel, T.,* Eye-Tracking im Einzelhandel, ZD-Aktuell 2016, 05027; *Tinnefeld, M.-T./Petri, Th. B./Brink, S.,* Aktuelle Fragen um ein Beschäftigtendatenschutzgesetz, MMR 2010, 727; *Uschkereit, Th./Zdanowiecki, K.,* Rechtsrahmen für den Betrieb ziviler Drohnen, NJW 2016, 444; *Venetis F., /Oberwetter, Chr.,* Videoüberwachung von Arbeitnehmern, NJW 2016, 1051; *Wagner, P. G./Bretthauer, S./ Birnstill, P./Krempel, E.,* Auf dem Weg zu datenschutzfreundlichen Dashcams – Technische Maßnahmen zur Erhöhung des Datenschutzes, DuD 2017, 159; *Weichert, Th.,* Drohnen und Datenschutz, ZD 2012, 501; *Weinhold, R.,* Kritische Überlegungen zur Einführung „verbesserter" Videoüberwachung, ZD-Aktuell 2017, 05555; *Winkler, Th.,* Vertrauenswürdige Videoüberwachung – Sichere intelligente Kameras mit Trusted Computing, DuD 2011, 797; *Wirsching, U.,* Dashcams – Datenschutz versus Beweisinteresse, NZV 2016, 13; *Wolff, H., A./Brink, St.,* Neuregelung der Videoüberwachung in Rheinland-Pfalz – Verfassungsrechtliche Grenzen des Einsatzes von Attrappen durch die öffentliche Hand, DuD 2011, 447; *Wrede, A.-K.,* Rechtliche Einordnung von Webcams, DuD 2010, 225; *dies.,* Spannungsverhältnis zwischen Datenschutz und Ethik, ZD 2012, 321; *Ziebarth, W.,* Verbesserte Videoüberwachung? Auswirkungen des Videoüberwachungsverbesserungsgesetzes vor und nach Wirksamwerden der DSGVO, ZD 2017, 467; *Ziegler, J.,* Das Hausrecht als Rechtfertigung einer Videoüberwachung: zum Begriff des Hausrechts in § 6 b Abs. 1 BDSG, DuD 2003, 337; *Zilkens, M.,* Videoüberwachung: eine rechtliche Bestandaufnahme, DuD 2007, 279.

I. Entstehungsgeschichte

Wie schon die DSRL enthält die DSGVO **keine spezifischen Regelungen** zur Zulässigkeit der Videoüberwachung.[1] Die Verordnung sieht auch keine besonderen Transparenzanforderungen etwa in Form von Kennzeichnungs- oder Informationspflichten nur für Videoüberwachungseinrichtungen vor. Bei der Datenschutz- **1**

---

[1] Zur Rechtslage nach der DSRL s. Simitis/*Scholz* § 6 b Rn. 16ff.; Taeger/Gabel/*Zscherpe* BDSG § 6 b Rn. 13; *Lang,* Private Videoüberwachung im öffentlichen Raum, 2008, S. 203ff.; *Art.-29-Gruppe,* 4/2004/DE WP89.

Folgenabschätzung (→ Art. 35 Abs. 3 lit. c) wird die systematische umfangreiche Überwachung öffentlich zugänglicher Bereiche allerdings explizit als ein Regelbeispiel für Verarbeitungsformen genannt, die ein hohes Risiko für die Rechte und Freiheiten der betroffenen Personen mit sich bringen. Gemeint ist damit insbes. eine weiträumige Überwachung mittels optoelektronischer Vorrichtungen (EG 91). Daraus folgt, dass die Videoüberwachung grundsätzlich an den Schutzprinzipien der DSGVO zu messen ist. Mangels spezieller Vorgaben beurteilt sich die datenschutzrechtliche Zulässigkeit nach den **allgemeinen Rechtmäßigkeitsvoraussetzungen** der Art. 5 und 6.

2 In den **Verhandlungen zur DSGVO** auf europäischer Ebene hat das Thema Videoüberwachung keine besondere Rolle gespielt. Weder der KOM-E vom 25.1.2012 noch die Allgemeine Ausrichtung des **Rates der EU** vom 15.6.2015 enthalten Vorschläge für eine spezifische Regelung der Videoüberwachung in der DSGVO. Das **EU-Parlament** hat sich in seinem Standpunkt vom 12.3.2014 lediglich für eine begrenzende Regelung der Videoüberwachung im Beschäftigungskontext ausgesprochen.[2] Auch die Art.-29-Gruppe und der Europäische Datenschutzbeauftragte haben in ihren Stellungnahmen zur EU-Datenschutzreform einen möglichen Regelungsbedarf bei der Videoüberwachung nicht thematisiert.[3] Auf nationaler Ebene wies die Konferenz der Datenschutzbeauftragten des Bundes und der Länder vor den Trilogverhandlungen zumindest darauf hin, dass spezifische Anforderungen an riskante Datenverarbeitungen wie zB für die Videoüberwachung nach wie vor fehlen.[4]

3 Dieser Befund ist angesichts der enormen Verbreitung von Videoüberwachungskameras im öffentlichen Raum (→ Rn. 5ff.), ihrer technischen Weiterentwicklung (→ Rn. 13ff.) und der damit verbundenen Grundrechtsbeeinträchtigungen bemerkenswert.[5] Er lässt sich zum einen mit dem von der DSGVO verfolgten Ansatz der **Technikneutralität** erklären.[6] Danach soll der Schutz natürlicher Personen gerade nicht von den verwendeten Techniken abhängen (EG 15). Rechtliche Vorschriften sollen vielmehr so formuliert werden, dass sie technische Weiterentwicklung nicht ausschließen. Die Regelung einer spezifischen IT-Anwendung wie hier der optoelektronischen Überwachung hätte diesem Ziel möglicherweise widersprochen.[7] Zum anderen ist zu berücksichtigen, dass es mangels europäischer Vorgaben in vielen **Mitgliedstaaten** bisher keine allgemeinen gesetzlichen Vorschriften zur Videoüberwachung gibt.[8] Ein besonderer Regelungsbedarf wurde offenbar nicht gesehen. Neben Deutschland mit der Regelung in § 6 b BDSG aF[9] hatten (soweit ersichtlich) nur Österreich,[10] Litauen,[11] Dänemark[12] und die EWR-Staaten Liechtenstein[13] und Norwegen[14] Videoüberwachungsnormen in ihre allgemeinen Datenschutzgesetz aufgenommen.

4 Vor diesem Hintergrund erscheint es nicht unproblematisch, dass der deutsche Gesetzgeber eine mit § 6 b BDSG aF weitgehend wortgleiche Regelung in die Neufassung des **BDSG** aufgenommen hat (§ 4 BDSG nF). Eine solche risikospezifische Regelung zur Videoüberwachung ist zwar aus der Perspektive eines umfassenden Grundrechtsschutzes ausdrücklich zu begrüßen, gemessen an dem zentralen Ziel der Verordnung, einen einheitlichen, kohärenten Rechtsrahmen für den Datenschutz in allen Mitgliedstaaten der Union zu schaffen, ist sie letztlich aber eher kontraproduktiv. Ausgangspunkt aller Überlegungen zur Zulässigkeit einer Videoüberwachungsmaßnahme kann allein das Unionsrecht sein. Wegen des **Anwendungsvorrangs** der Verordnung dürften Teile der geplanten deutschen Regelung – das betrifft vor allem den wichtigen Bereich der Videoüberwachung durch private Stellen – nicht angewendet werden (→ Rn. 20ff.). Die in der Praxis zu

---

2 S. Art. 82 Parl-E: „Die offene optisch/elektronische und/oder offene akustisch-elektronische Überwachung nicht öffentlich zugänglichen Teile des Betriebs, die überwiegend der privaten Lebensgestaltung des Arbeitnehmers dienen, insbes. in Sanitär-, Umkleide-, Pausen- und Schlafräumen, ist unzulässig. Die heimliche Überwachung ist in jedem Fall unzulässig.".

3 *Art.-29-Gruppe*, 01/2012/DE WP191; *dies.*, 08/2012/DE WP199; *EDPS*, Empfehlungen zu den Optionen der EU für die Datenschutzreform (2015/C 301/01).

4 *DSBK*, Datenschutzrechtliche Kernpunkte für die Trilogverhandlungen zur Datenschutz-Grundverordnung, 2015, S. 2.

5 Kritisch auch Gola/*Schulz* DSGVO Art. 6 Rn. 148: „beklagenswert".

6 Dazu *Sydow/Kring* ZD 2014, 271ff.

7 Roßnagel/*Roßnagel*, Europ. DSGVO, § 1 Rn. 42; *ders.* DuD 2016, 561 (565) kritisiert, dass der Ansatz der Technikneutralität in der Verordnung im Sinne einer Risikoneutralität genutzt wird. In keiner Regelung würden die spezifischen Grundrechtsrisiken angesprochen. Dabei sei es sehr wohl möglich, im Unionsrecht sowohl technikneutrale als auch funktions- und risikobezogene Datenschutzvorgaben vorzusehen.

8 Zu den mitgliedstaatlichen Bestimmungen für die Videoüberwachung bis zum Jahr 2004 *Art.-29-Gruppe*, 4/2004/DE WP89, S. 7ff. Zur Rechtslage in Italien und Belgien, insbes. unter dem Aspekt des Auskunftsrechts *Galetta/Fonio/Ceresa*, International Privacy Law 2016, 16ff.

9 Zu den Motiven für die Regelung im BDSG Simitis/*Scholz* § 6 b Rn. 2ff.

10 Vgl. §§ 50aff. Bundesgesetz über den Schutz personenbezogener Daten (Datenschutzgesetz 2000, Fassung vom 14.9.2017).

11 Vg. §§ 16ff. Law on Legal Protection of Personal Data of June 11, 1996 No. I-1374 (new version of February 1, 2008, Law No. X-1444).

12 Vgl. §§ 26aff. Act on Processing of Personal Data (Act No. 429 of 31 May 2000).

13 Vgl. § 6 a Datenschutzgesetz (DSG) vom 14.3.2002.

14 Vgl. §§ 36ff. Act of 14 April 2000 No. 31 relating to the processing of personal data (Personal Data Act).

beachtende gemischt unions- und nationalrechtliche Rechtsmaterie bietet weder für die Verantwortlichen noch für die betroffenen Personen die notwendige **Rechtssicherheit**.

II. Bedeutung der Videoüberwachung

1. Einsatzmöglichkeiten, Ziele, Risiken. Die Bedeutung der Videoüberwachung hat in den letzten Jahren [5] stetig zugenommen. Sowohl im öffentlichen als auch im privaten Bereich ist eine rasante Ausweitung des Einsatzes von Videoüberwachungstechnologie zu beobachten.[15] Sie ist heute insbes. in öffentlich zugänglichen Räumen allgegenwärtig. Als Grund hierfür ist zum einen ein steigendes **Sicherheitsbedürfnis** der Bürger auszumachen, das durch die Videoüberwachung befriedigt werden soll. Damit lässt sich auch deren **breite Akzeptanz** in der Bevölkerung erklären – jedenfalls wenn es um die Überwachung öffentlicher Plätze geht.[16] Zum anderen ermöglicht der Fortschritt in der Videotechnik (→ Rn. 13 ff.) den Einsatz immer kleinerer, leistungsfähigerer und vor allem mobiler Kameras zu verhältnismäßig geringen Kosten.

Im **öffentlichen Bereich** wird Videotechnik bereits seit vielen Jahren zur Überwachung von öffentlichen [6] Straßen und Plätzen eingesetzt – insbes. wenn es sich dabei um sicherheitskritische Orte oder sogenannte Kriminalitätsschwerpunkte handelt.[17] Eine staatliche Videoüberwachung erfolgt auch zur Objekt-, Eigen- und Beweissicherung bspw. in Kindertagesstätten,[18] Schulen,[19] Universitäten[20] und Jobcentern[21] sowie zur Zugangskontrolle bei öffentlichen Einrichtungen[22] wie Gerichten.[23] Waren dabei bisher vor allem stationäre Überwachungskameras von Bedeutung, werden zunehmend auch **mobile Kameras** (zB in Drohnen[24] oder in Funkstreifenwagen)[25] etwa zur Überwachung von Versammlungen unter freiem Himmel eingesetzt. Polizeivollzugsbeamte werden seit einiger Zeit mit am Körper getragenen kleinen Videokameras – sogenannten **Bodycams** – ausgestattet.[26] Abgeschlossene Pilotprojekte hätten gezeigt, dass der Einsatz von Bodycams eine deeskalierende und präventive Wirkung erzeugen könne. Die Anzahl der Angriffe auf Polizeibeamte sei zurückgegangen.[27]

15 Über die Gesamtzahl von Videoüberwachungsanlagen in der Bundesrepublik Deutschland sind mangels entsprechender Erhebungen und mangels gesetzlicher Meldepflichten keine genauen Zahlen bekannt. In der Bundesverwaltung werden zur Eigensicherung im Innen- und Außenbereich über 17.500 Kameras von 615 Stellen eingesetzt (Stand 2013), vgl. dazu *BfDI*, 24. TB, 3.3.1. Im Jahr 2013 waren 495 Bahnhöfe der Deutschen Bahn AG mit rund 3.800 Videokameras ausgestattet, vgl. Antwort der *Bundesregierung* v. 11.2.2013 auf eine Kleine Anfrage der Fraktion Bündnis90/Die Grünen (BT-Drs. 17/12318). Im Oktober 2016 hatte die Bundespolizei Zugriff auf rund 6400 Videokameras der DB AG, vgl. Antwort der *Bundesregierung* v. 25.10.2016 auf eine Kleine Anfrage der Fraktion Bündnis90/Die Grünen (BT-Drs. 18/10137). Im Land Berlin überwachen 14.765 Videokameras den öffentlich zugänglichen Raum, davon 13.643 Videokameras den öffentlichen Personennahverkehr, vgl. Antwort des *Berliner Senats* vom 26.1.2016 auf eine Schriftliche Anfrage des Abgeordneten Lauer (Abgeordnetenhaus Berlin Drs. 17/17723). In Bayern waren Ende 2012 mehr als 17.000 Kameras, die von öffentlichen Stellen betrieben werden, im öffentlichen Raum installiert, vgl. Antwort der *Bayerischen Staatsregierung* v. 22.2.2013 auf eine Schriftliche Anfrage des Abgeordneten Kamm (Bayerischer Landtag Drs. 16/15571). In Hamburg setzen 43 öffentliche Stellen 1147 Kameras ein, vgl. *HmbDSB*, 23. TB, III. 1.2.2. Laut einer vom *Guardian* zitierten Studie gab es in Großbritannien bereits im Jahr 2011 rund 1,85 Mio. Überwachungskameras (http://gu.com/p/2nfbh).

16 Einer im Auftrag der ARD erfolgten repräsentativen Umfrage des Instituts *infratest dimap* im Januar 2016 zufolge befürworten 82% der Deutschen eine Ausweitung der Videoüberwachung auf öffentlichen Plätzen (nur 17% lehnen eine Ausweitung ab). Zu vergleichbaren Ergebnissen kamen bereits eine Umfrage des Meinungsforschungsinstituts *Emnid* für die ‚Bild am Sonntag‘ im Januar 2015 (72%) und eine *Forsa*-Umfrage im Oktober 2010 (76%). Der Einsatz von Videoüberwachung im öffentlichen Nahverkehr wird laut einer *Forsa*-Umfrage für Allianz pro Schiene eV im Mai 2013 von 79% der befragten Nutzer als sehr wichtiger Aspekt genannt, um sich in öffentlichen Verkehrsmitteln sicher zu fühlen.

17 Vgl. BVerwGE 141, 329 ff.; VGH Baden-Württemberg NVwZ 2004, 498 (507); VG Hannover ZD 2011, 92; VG Stuttgart BeckRS 2012, 50509 (Stuttgarter Hauptbahnhof); VG Hannover ZD 2016, 502. Zahlreiche Beispiele für staatliche Videoüberwachung im öffentlichen Raum finden sich auch in den Tätigkeitsberichten der Landesdatenschutzbeauftragten: zB *LfD Bayern*, 25. TB, 3.4.3; *ders.*, 26. TB, 3.4; *HmbDSB*, 23. TB, 3.2; *ders.*, 24. TB, 1.4; *LDI NRW*, 22. TB, 6.2; *ULD*, 33. TB, 4.2.9; *ders.*, 35. TB, 4.2.4.

18 Vgl. *BBDI*, JB 2015, 6.4; *HmbDSB*, 24. TB, 2.4.

19 Vgl. *zB BBDI*, JB 2012, 12.2.7; *HDSB*, 44. TB, 3.4.4; *ULD*, 35. TB 4.7.5; *Suttmann* NWVBl 2008, 405 ff. Dazu auch *Art.-29-Gruppe*, 2/2009/DE WP160, S. 17 f.

20 Vgl. *LDI NW*, 18. TB, 4.2. Zur Aufzeichnung von Lehrveranstaltungen vgl. *Roßnagel/Schnabel* DuD 2009, 411 ff.

21 Dazu *BfDI*, 25. TB 9.1.6.

22 Vgl. *BBDI*, JB 2014, 3.6; *ULD*, 35. TB, 3.1 (Landtag).

23 *BBDI*, JB 2007, 11.2.2; VG Wiesbaden NJW 2010, 1220 zur Verletzung des Gebots der Gerichtsöffentlichkeit dauerhaft und ohne besonderen Anlass praktizierte Videoüberwachung und Personenkontrolle. Anders LG Itzehoe NJW 2010, 3525.

24 Vgl. *BfDI*, 24. TB, 3.3.3.2. zum Einsatz von Beobachtungsdrohnen bei der Bundespolizei.

25 Dazu *ULD*, 35. TB, 4.2.4.

26 Der Bund und mehrere Länder (Hessen, Hamburg, Saarland, Bremen und Baden-Württemberg) haben bereits spezielle Rechtsgrundlagen für den Einsatz von Bodycams in ihre Polizeigesetze aufgenommen. Dazu ausführlich *Martini/Nink/Wenzel* NVwZ – Extra 2016, 1 (2 f.). Die Eingriffsgrundlage in § 27a BPolG wurde durch das Gesetz zur Verbesserung der Fahndung bei besonderen Gefahrenlagen und zum Schutz von Beamtinnen und Beamten der Bundespolizei durch den Einsatz von mobiler Videotechnik v. 5.5.2017 (BGBl. I 2017 Nr. 26, S. 1066) eingeführt. Zum Modellversuch bei der hessischen Polizei *HDSB*, 43. TB, 4.1.2.1; *ders.*, 44. TB, 3.1.1.3. Vgl. auch die umfassende Analyse von *Zander*, Body-Cams im Polizeieinsatz, 2016.

27 Vgl. Begründung des Regierungsentwurfs eines Gesetzes zur Verbesserung der Fahndung bei besonderen Gefahrenlagen und zum Schutz von Beamtinnen und Beamten der Bundespolizei durch den Einsatz von mobiler Videotechnik, BT-Drs. 18/10939, S. 12.

7   **Private Stellen** setzen Videotechnik heute ebenfalls in fast allen Lebensbereichen zu präventiven und repressiven Zwecken ein.[28] Es hat sich eine inzwischen zur Alltagsnormalität gewordene Überwachung von öffentlichen Verkehrsmitteln,[29] Apotheken,[30] Arztpraxen und Krankenhäusern,[31] Einkaufszentren[32] und Einzelhandelsgeschäften,[33] Gaststätten[34] und Hotels, Spielhallen und Spielbanken,[35] Geldinstituten,[36] Tankstellen,[37] Parkhäusern, Taxis,[38] Kinos, Gebäudefassaden,[39] Treppenaufgängen,[40] Hauseingängen[41] sowie Wohnanlagen[42] etabliert. Die Videoüberwachung macht selbst vor Fitnessstudios und Schwimmbädern nicht halt.[43] Selbst im **Wald** werden mittlerweile Kameras eingesetzt.[44] Besondere Herausforderungen stellen sich, wenn von den Kameras **Arbeitsplätze** zB in Verkaufsräumen oder in sicherheitssensiblen Bereichen erfasst werden.

8   In den letzten Jahren ist vor allem eine deutliche Zunahme des Einsatzes **mobiler Videotechnik** zu verzeichnen.[45] So werden etwa mit Videokameras ausgerüstete **Drohnen** auch im privaten Umfeld eingesetzt.[46] Größere Verbreitung finden sogenannte **Dash-Cams** oder On-Board-Cameras.[47] Diese werden auf dem Armaturenbrett oder der Windschutzscheibe von Autos angebracht. Mit ihrer Hilfe wird das Verkehrsgeschehen im unmittelbaren Umfeld des Fahrzeugs aufgezeichnet. Im Sport- und Freizeitbereich sind **Helmkameras** in Mode (sog Action-Kameras). Bei Smartglasses (Datenbrillen) wird eine Kamera, mit der Fotos oder Videos aufgenommen werden können, in ein Brillengestell integriert und mit dem Internet verbunden.[48]

9   **Ziele** des Einsatzes von Videoüberwachungstechnik sind die **Kriminalprävention** durch Abschreckung, die Unterstützung bei der **Aufklärung** begangener Straftaten sowie die **Beweissicherung** zur effektiven Verfolgung von Straftaten oder zivilrechtlichen Ansprüchen.[49] Häufig soll Videoüberwachung auch nur der Verstärkung des **Sicherheitsgefühls** der Menschen dienen.[50] Abschreckungseffekte durch eine offene Videoüberwachung kommen aber allenfalls bei rational handelnden Tätern in Betracht. Aus einem spontanen Impuls heraus begangene Straftaten lassen sich durch Videoüberwachung ebenso wenig verhindern wie Taten von Selbstmordattentätern oder Amokläufern, die die Öffentlichkeit bewusst suchen. Die präventive Wirkung der Videoüberwachung durch **Gefahrenabwehr** dürfte daher erheblich geringer sein als ihre repressive Ausrichtung durch Strafverfolgungsvorsorge.[51] Belastbare Aussagen darüber, ob und in welchem Umfang die

---

28   Einen guten Überblick über die aktuellen Entwicklungen und die Einsatzgebiete privater Videoüberwachung bieten die Tätigkeitsberichte der Datenschutzaufsichtsbehörden. Im Folgenden werden nur einige Beispiele genannt.

29   Vgl. *Düsseldorfer Kreis*, Orientierungshilfe „Videoüberwachung in öffentlichen Verkehrsmitteln"; *Hilpert* RDV 2009, 160ff.; *Bergfink* DuD 2015, 145ff.; *BBDI*, JB 2015, 11.10.1; *HmbBfDI*, 22. TB, IV.1.1; *LfD BW*, 32. TB, 11.1.3; *ULD*, 35. TB, 4.4.1.

30   Vgl. OVG Saarland MMR 2018, 259; *UDZ Saarl*, 25. TB, 19.8.

31   Vgl. zB *BBDI*, JB 2013, 8.2; *LDI NRW*, 22. TB, 6.6; *LfD BW*, 31. TB, 11.1.3; VG Potsdam BeckRS 2016, 43917; OVG Berlin-Brandenburg ZD 2017, 399; *Bretthauer/Krempel/Birnstill* CR 2015, 239; *Schnabel*, MedR 2017, 943.

32   Vgl. zB *BBDI*, JB 2004, 4.8.4; *HmbBfDI*, 22. TB, IV 1.3.; 23. TB, IV.1.2; *HDSB*, 43. TB, 5.2.1.4; *LfD Nds*, 22. TB, 8 (S. 101 f.); AG Berlin-Mitte NJW-RR 2004, 531.

33   Vgl. zB *BBDI*, JB 2008, 2.4 (S. 45ff.); *LDI NW*, 21. TB, 6.4.; *ders.*, 22. TB, 6.5.

34   Vgl. *HmbBfDI*, 22. TB, IV.1.4; BayLDA, 4. TB, 16.3.

35   Vgl. zB *LDI NW*, 21. TB, 6.6; LAG Berlin-Brandenburg ZD 2012, 134.

36   Zur Identifizierung von Kunden per Videotechnik *BfDI*, 25. TB, 7.11; *BBDI*, JB 2015, 11.1.

37   Vgl. zB *ULD*, 34. TB, 5.9.10.

38   Dazu Beschluss der obersten Aufsichtsbehörden für den Datenschutz im nicht-öffentlichen Bereich (*Düsseldorfer Kreis*) vom 26./27.2.2013: „Videoüberwachung in und an Taxis"; *LfD BW*, 31. TB, 11.1.2; *HmbBfDI*, 23. TB, IV 1.7.

39   Vgl. LG München ZD 2012, 76; AG Brandenburg ZD 2016, 380.

40   Vgl. OVG Lüneburg NJW 2015, 502; LG Berlin BeckRS 2015, 15827.

41   Vgl. zB *ULD*, 27. TB, 5.10; *BayLDA*, 6. TB, 19.4 („Digitaler Türspion"); BGH NJW-RR 2011, 949; LG Berlin WuM 2005, 663.

42   Vgl. *Horst* NJW 2009, 1787; BGH NJW 2013, 3089.

43   Vgl. zB *HmbBfDI*, 24. TB, IV.2.3; *ULD*, 35. TB, 5.6.2; *BayLDA*, 4. TB, 16.5; LG Koblenz CR 2014, 340. Zur Videoüberwachung von Umkleideräumen *Sokol* DuD 2005, 252.

44   Zum Einsatz von sog Wildkameras s. *Dienstbühl* NuR 2012, 395ff.; *Petri* ZD-Aktuell 2012, 03038; *Mester* DuD 2015, 194; *HDSB*, 43. TB, 5.2.1.5; *LfD BW*, 31. TB, 11.1.4; *UDZ Saarl*, 25. TB, 19.11; *ULD*, 35. TB, 5.6.1.

45   Zur Verwendung privater Kameras im öffentlichen Raum *Fuchs* ZD 2016, s. 23ff.; s. etwa auch *Dreier/Spiecker gen. Döhmann*, Die systematische Aufnahme des Straßenbildes – Zur rechtlichen Zulässigkeit von Online-Diensten wie „Google Street View", 2010.

46   Beschluss der obersten Aufsichtsbehörden für den Datenschutz im nicht-öffentlichen Bereich (Düsseldorfer Kreis) vom 15./16.9.2015: „Nutzung von Kameradrohnen durch Private"; *BfDI*, 25. TB, 5.6; *BBDI*, JB 2015, 11.10.2; *UDZ Saarl*, 25. TB, 19.5.1; *Weichert* ZD 2012, 501ff.; *Uschkereit/Zdanowiecki* NJW 2016, 444; *Bischof* DuD 2017, 142; *Art.-29-Gruppe*, 1/2015/DE WP231.

47   Dazu Beschluss der obersten Aufsichtsbehörden für den Datenschutz im nicht-öffentlichen Bereich (*Düsseldorfer Kreis*) vom 25./26.2.2014: „Unzulässigkeit von Videoüberwachung aus Fahrzeugen (sog Dashcams)"; *BBDI*, JB 2015, 11.10.3; *HDSB*, 44. TB, 4.1.3; VG Ansbach ZD 2014, 590; *Wirsching* NZV 2016, 13; *Wagner/Birnstill/Bretthauer/Krempel* DuD 2017, 159.

48   Vgl. *Schwenke*, Private Nutzung von Smartglasses im öffentlichen Raum, 2016, S. 23ff. zur Smartglasses-Technologie; *Rose* ZD 2017, 64 (65 f.) zu Smart Cam Anwendungen im öffentlichen Raum; *Solmecke/Kocatepe* ZD 2014, 22 zu Google Glass.

49   Vgl. *Hornung/Schindler* ZD 2017, 203 (203 f.); *Hornung/Desoi* K&R 2011, 153 mwN.

50   Zur postulierten Effektivität von Videoüberwachung als Maßnahme der Sicherheitsverbesserung anhand empirischer Daten *Rothmann* NK 2010, 103ff.

51   Vgl. *Roßnagel* ZRP 2013, 126; *Abate* DuD 2011, 452 f. Zur Gesetzgebungskompetenz für Regelungen zur Strafverfolgungsvorsorge BVerwGE 141, 329ff.

Videoüberwachung überhaupt dazu geeignet ist, die genannten Ziele zu erreichen, können derzeit aber nicht getroffen werden. Ob eine Videoüberwachung kausal für die Aufklärung oder Verhinderung einer Straftat oder zumindest ermittlungsunterstützend war, wird statistisch nicht erfasst. Aktuelle empirische Belege für den präventiven und repressiven Nutzen von Videoüberwachung liegen – jedenfalls für Deutschland – nicht vor.[52]

Trotz möglicher positiver Effekte darf nicht außer Acht gelassen werden, dass der Einfluss von Videoüberwachung auf das Sicherheitsempfinden auch negativ sein kann. Jeder Mensch hat grundsätzlich das Recht, sich in der Öffentlichkeit frei zu bewegen, ohne dass sein Verhalten permanent mithilfe von Kameras beobachtet oder aufgezeichnet wird.[53] Der grundrechtliche Schutz entfällt auch nicht dadurch, dass lediglich Verhaltensweisen im öffentlichen Raum erhoben werden.[54] Der Einsatz von Videotechnik ist vielmehr geeignet, einen nicht unerheblichen **Überwachungs- und Anpassungsdruck** hervorzurufen und wirkt sich somit bereits als Eingriff in die Grundrechte auf Achtung des Privatlebens und auf Schutz personenbezogener Daten (Art. 7 und 8 GRC) aus.[55] Die betroffene Person kann weder wissen noch beeinflussen, ob eine Aufzeichnung stattfindet und wer ihr Verhalten zu welcher Zeit registriert. Sie muss daher ständig mit einer solchen Überwachung oder Aufzeichnung rechnen, was zu Misstrauen und Einschüchterung führen kann. Sie wird sich veranlasst sehen, ihre natürliche Unbefangenheit abzulegen, die sie im kontrollfreien Raum auslebt. Das wiederum kann sie in ihrem Verhalten hemmen und so einen unfreiwilligen **Verzicht auf ihre Grundrechtswahrnehmung** begründen. Bereits die Unsicherheit, „ob abweichende Verhaltensweisen jederzeit notiert und als Information dauerhaft gespeichert, verwendet oder weitergegeben werden",[56] kann die Menschen von der Ausübung ihrer Grundrechte abhalten und sich etwa auf die Bereitschaft auswirken, seine politischen Recht wahrzunehmen, seine Meinung zu äußern, sich mit anderen zusammenzuschließen oder sich zu versammeln.[57]

Mit Maßnahmen der Videoüberwachung sind zudem weitere **Datenschutzrisiken** verbunden. Die Wahrnehmungsmöglichkeiten werden im Vergleich zu einem ohne Hilfsmittel beobachtenden Menschen in mehrfacher Hinsicht (räumliche Distanz, erfasste Fläche, Informationsgehalt, Bildqualität) deutlich erweitert. Die durch eine Videoaufzeichnung bedingte Speicherung personenbezogener Daten begründet die dauerhafte Verfügbarkeit und Abrufbarkeit des Bildmaterials und ermöglicht dessen weitere Aufbereitung, Auswertung und Verknüpfung mit anderen Daten.[58] Der Umstand der weiteren Verarbeitung ist für die von der Überwachung betroffenen Personen weder erkennbar noch wirksam kontrollierbar. Es besteht die Gefahr, dass Aufzeichnungen missbraucht oder für fremde Zwecke genutzt werden. Eine Veröffentlichung der Bilder lässt sich ohne großen Aufwand realisieren, wenn dagegen keine besonderen technisch-organisatorischen Schutzmaßnahmen getroffen werden. Die Aufzeichnungen lassen unter Umständen sehr genaue Schlüsse auf das **Privatleben einzelner Personen** zu, etwa zu den Gewohnheiten des täglichen Lebens, zu ständigen oder vorübergehenden Aufenthaltsorten, täglichen oder in anderem Rhythmus erfolgenden Ortsveränderungen, ausgeübten Tätigkeiten, sozialen Beziehungen dieser Personen sowie zu dem sozialen Umfeld, in dem sie verkehren. Umfassende räumliche und zeitliche Überwachungen ermöglichen die Erstellung von **Bewegungs- und Verhaltensprofilen**. Videoüberwachungsmaßnahmen weisen aufgrund dieser Faktoren, außerdem aber auch deshalb eine **hohe Eingriffsintensität** auf, da es sich in aller Regel um **verdachtslose Eingriffe mit großer Streubreite** handelt, bei denen zahlreiche Personen in den Wirkungsbereich einbezo-

10

11

---

52 Die Bundesregierung verweist in der Antwort auf eine Kleine Anfrage vom 13.8.2010 auf kleinere Studien aus dem Jahre 2006 (BT-Drs. 17/2750, S. 14). Sa *Glatzner*, Die staatliche Videoüberwachung des öffentlichen Raumes als Instrument der Kriminalitätsbekämpfung, 2006; Petri, in: Lisken/Denninger, Handbuch des Polizeirechts, Kap. G Rn. 202 mit dem Hinweis auf widersprüchliche Ergebnisse.

53 Vgl. *Art.-29-Gruppe*, 4/2004/DE WP 89, S. 4; *Düsseldorfer Kreis*, Orientierungshilfe „Videoüberwachung durch nicht-öffentliche Stellen", 2008, S. 3.

54 Für das Recht auf informationelle Selbstbestimmung vgl. BVerfG NVwZ 2007, 688 (690): „Das allgemeine Persönlichkeitsrecht gewährleistet nicht allein den Schutz der Privat- und Intimsphäre, sondern trägt in Gestalt des Rechts auf informationelle Selbstbestimmung auch den informationellen Schutzinteressen des Einzelnen, der sich in die Öffentlichkeit begibt, Rechnung." und BVerfGE 120, 378 (399): „Auch wenn der Einzelne sich in die Öffentlichkeit begibt, schützt das Recht auf informationelle Selbstbestimmung dessen Interesse, dass die damit verbundenen personenbezogenen Informationen nicht [...] zur Speicherung mit der Möglichkeit der Weiterverwertung erfasst werden.".

55 Zum grundrechtlichen Schutz Simitis/*Scholz* § 6 b Rn. 23ff. mwN Zum Eingriff in Art. 7 und 8 GRCH (in Bezug auf die Speicherung von Verkehrsdaten) vgl. EuGH C-203/15, NJW 2017, 717 Rn. 98ff.; EuGH C-293/12, NJW 2014, 2169 Rn. 37. Ausführlich zur rechtlichen Anerkennung von Überwachungs- und Anpassungseffekten *Schwenke*, Private Nutzung von Smartglasses im öffentlichen Raum, 2016, S. 129ff. mwN.

56 BVerfGE 65, 1 (43); sa BVerfGE 69, 315 (349).

57 Vgl. BVerfGE 122, 342 (369ff.).

58 Zum Eingriff in den Schutzbereich des Rechts auf informationelle Selbstbestimmung bei einer Videoaufzeichnung s. BVerfG NVwZ 2007, 688 (690 f.); BVerwGE 141, 329 Rn. 23ff.; OVG Hamburg MMR 2011, 128 Rn. 54; VGH Mannheim NVwZ 2004, 498; *Schnabel* NVwZ 2010, 1457. Zum Eingriff in Art. 7 und 8 GRCH s. EuGH C-212/13, ECLI:EU:C:2014:2428.

gen werden, die in keiner Beziehung zu einem konkreten Fehlverhalten stehen und den Eingriff durch ihr Verhalten nicht veranlasst haben.

12 Diesen Risiken stehen mit der Entwicklung „intelligenter" Videoüberwachungssysteme auch neue **Chancen** gegenüber.[59] Zwar werden auch bei der „intelligenten" Videoüberwachung zunächst sämtliche Personen erfasst, die den videoüberwachten Bereich betreten. Gleichzeitig ist aber eine wesentlich gezieltere Überwachung möglich. Eingriffe können für viele Betroffene verringert werden, da sie relativiert, zum Teil gänzlich vermieden oder jedenfalls selektiver gestaltet werden können.

13 **2. Entwicklung der Videotechnik.** Die Videotechnik konnte in den letzten Jahrzehnten erheblich weiterentwickelt werden. Dieser Prozess wurde maßgeblich durch die Erhöhung der **Speicherkapazitäten**, Prozessor- und Rechnergeschwindigkeiten, die **Digitalisierung** der Informationsverarbeitung sowie die **Miniaturisierung** und den Preisverfall bei den elektronischen Bauteilen vorangetrieben.[60] Die Anschaffungskosten für den Erwerb von Überwachungstechnik sind rapide gesunken, da es mittlerweile am Markt eine Vielzahl konkurrierender Hersteller gibt, die Videoüberwachungsanlagen für unterschiedlichste Einsatzmöglichkeiten anbieten. Der geringe Kostenaufwand, die **leichte Bedienbarkeit** und die **mobilen Einsatzmöglichkeiten** haben die Zahl der im öffentlichen Raum eingesetzten Kameras rasant ansteigen lassen. Zugleich führt die Miniaturisierung der Kameratechnik zu einer immer geringeren Wahrnehmungsmöglichkeit der Kamera und des Aufzeichnungsvorgangs. Heute trägt fast jeder eine Mini-Kamera, eingebaut in ein internetfähiges Smartphone, bei sich, über das die Aufnahmen problemlos weiterverbreitet werden können.

14 Viele Komponenten und Qualitätsmerkmale von klassischen Videoüberwachungskameras wurden durch neue Technologien erheblich verbessert. Zum Standard gehören heute Videoüberwachungssysteme, die über Kameras mit stufenlos verstellbarer (optischer) **Zoomfunktion**, Standbild- und Einzelbildschaltung verfügen. Weitere Fortschritte sind beim **Auflösungsvermögen**, der Reichweite, der Lichtempfindlichkeit, insbes. der gleichzeitigen Darstellung von hellen und dunklen Bereichen (Restlichtverstärkung), sowie der Integration von neuen Funktionen wie der sog **intelligenten Bildinterpretation**[61] und der automatischen Kameranachführung (sog **Autotracking**)[62] zu verzeichnen. Bei Dunkelheit können sog Dual-Mode-Kameras mit **Infrarotlicht** und automatisierter Umschaltung zwischen Tag- und Nachtmodus genutzt werden. Bewegliche Kameras sind mit einem Schwenk- und Neigemechanismus ausgestattet, der es erlaubt, den Kamerakopf horizontal und vertikal zu bewegen. Eine besondere Form stellen insoweit die sog **Dome-Kameras** (Kuppelkameras) dar, die vollständig um die eigene Achse gedreht werden können und äußerst schnelle Positionierungszeiten und Drehgeschwindigkeiten ermöglichen. Zusammen mit einer Erhöhung der Kamerazahl können so größere Flächen und bisher verdeckte Stellen erfasst werden. Der Einsatz von mit Kameras ausgestatteten **Drohnen** ermöglicht mittlerweile eine Überwachung aus der Luft und damit potenziell von noch größeren Bereichen.

15 Die Übertragung der Audio- und Videosignale lässt sich heute über verschiedene Medien und multifunktionale Funk- und Leitungsnetze realisieren. **Netzwerk-Kameras** nutzen etwa die vorhandene Infrastruktur der IP-Netzwerke. So verfügen sie über eine eigene IP-Adresse und können somit gezielt angesprochen werden. Immer mehr Kameras besitzen inzwischen eine WLAN-Funktion und können Bilder so direkt ins Internet übertragen.[63] **Digitale Aufzeichnungssysteme** ermöglichen unter anderem eine Multibilddarstellung bei der Wiedergabe sowie den verlust- und nahezu verzögerungsfreien Zugriff beim selektiven Auffinden von Bildern. Die Verfahren zur Kompression digitalisierter Daten führen zu einer Verbesserung bei der Übertragung, Speicherung und Verarbeitung der Videoaufzeichnungen.

16 Weiterhin eröffnet die Digitalisierung weitreichende Möglichkeiten bei der Auswertung und Bearbeitung, wie zB die automatisierte **Objekt- und Gesichtserkennung** durch „intelligente" Videoüberwachungssysteme

---

59 Dazu *Spiecker gen. Döhmann* K&R 2014, 549ff.; *Bretthauer*, Intelligente Videoüberwachung, 2017, S. 61ff., 101ff.

60 Zu den Grundlagen der Videotechnik vgl. zB *Schmidt,* Professionelle Videotechnik, 2013. Mit neuer Mikrotechnik könnten sich Kameras künftig noch günstiger und deutlich kleiner und flacher als bisherige Mini-Kameras bauen lassen. Anders als herkömmliche Kameras funktionieren diese sog Flatcams ohne Objektiv. Vgl. Heise Online v. 14.11.2016, https://www.heise.de/-3465184.html.

61 Bei der Bildinterpretation gleichen Videosensoren das Bild Punkt für Punkt mit dem nachfolgenden Signal ab und ermöglichen es, Veränderungen im Videobild zu erkennen.

62 Bei der automatischen Kameranachführung werden nicht nur Veränderungen und Bewegungen im Bild erkannt, sondern bestimmte Objekte mit der Kamera selbstständig verfolgt. Zur Technik *Monari*, Dynamische Sensorselektion zur auftragsorientierten Objektverfolgung in Kameranetzwerken, 2011.

63 Zur mangelnden Datensicherheit bei Webcams s. Süddeutsche Zeitung v. 25.11.2016 „Wie ungeschützte Webcams unsere Privatsphäre bedrohen", http://www.sueddeutsche.de/digital/it-sicherheit-wie-ungeschuetzte-webcams-unsere-privatsphaere-bedrohen-1.3262771. Zu den Anforderungen an die Datensicherheit *HmbBfDI*, 22. TB, II.5.

(„**Smart Cameras**").[64] Personen und Objekte werden anhand bekannter oder vom System erlernter Merkmale im Bildstrom identifiziert. Die Bildverarbeitung trennt dabei bewegliche Elemente in mehreren Stufen vom Hintergrund ab, gleicht Farben an und berechnet Größenverhältnisse. Ähnliche und gleiche Objekte und Personen können somit erkannt, klassifiziert und deren weitere Bewegungen verfolgt werden.[65] Unter entsprechenden Umgebungsbedingungen sind auch die Bestimmung von Gesichtsmerkmalen und damit die **biometrische Identifikation** einer konkreten einzelnen Person möglich.[66] Darauf aufbauend kann die Abstraktion von den Bilddaten erfolgen. Es werden nicht mehr einzelne Videobilder gespeichert und verarbeitet, sondern die Eigenschaften von Personen und Objekten (zB Person, männlich, Alter, ethnische Herkunft), die durch Detektionsalgorithmen aus den Videobildern extrahiert worden sind.[67] Die Software kann die überwachten Personen automatisiert (wieder-)erkennen (zB anhand der Gangart oder bei sich geführter Gegenstände), von ihnen Bewegungspfade erstellen, auch wenn sie sich im Erfassungsbereich unterschiedlicher Kameras bewegen, und das Verhalten der überwachten Personen auf Abweichungen gegenüber dem „Normalverhalten" analysieren.[68] Dies soll der Erkennung von bestimmten Auffälligkeiten, Handlungstypen wie Flucht- und Panikbewegungen, Sachbeschädigung oder Angriffen auf Menschen bereits im Moment ihrer Entstehung dienen. Die Einbindung von **Spezialsensorik** wie Rauchmelder, Temperaturfühler oder Diebstahlsensoren in die Kamerasysteme ermöglichen zudem eine bessere Einschätzung von Gefahrenlagen.[69] Solche bei der „intelligenten" Videoüberwachung eingesetzten technischen Mechanismen können sich datenschutzschonend auswirken, da die Detektion „auffälligen" Verhaltens von vornherein auf bestimmte Personen beschränkt wird.

Intelligente Kameratechnik kann auch zur Analyse von Kundenverhalten im Einzelhandel oder in Kaufhäusern etwa für Marketingzwecke eingesetzt werden. So kann statistisch erfasst werden, wie viele Kunden einen bestimmten Bereich betreten oder wie sie ihn durchqueren.[70] Beim sogenannten **Eye-Tracking** werden die Blickbewegungen einer Person aufgezeichnet. Dadurch lassen sich unter anderem das Suchverhalten und die Aufmerksamkeitsdauer einer Person ermitteln, was Rückschlüsse über weitgehend unbewusste Wahrnehmungs- und Aufmerksamkeitsprozesse zulässt.[71] 17

Die Identifizierung von Personen kann auch durch das **biometrische Verfahren** der Stimm- oder Spracherkennung erfolgen, sofern die eingesetzte Technik nicht nur für Bild-, sondern auch für Tonaufnahmen und -aufzeichnungen ausgelegt ist. Es ist zu erwarten, dass biometrische Identifikationsverfahren künftig mit **Ortungssystemen** verknüpft und zur Gewinnung von präzisen Bewegungsprofilen genutzt werden. 18

III. Anwendungsvorrang der DSGVO

Die DSGVO genießt **Anwendungsvorrang**, wenn ihre Regelungen mit nationalem Datenschutzrecht kollidieren oder wenn die Verordnung das Gleiche wie das nationale Recht regelt.[72] Die konfligierende nationale Regelung gilt zwar weiter, darf aber nicht angewendet werden – gleichgültig, ob sie früher oder später als 19

---

64 Dazu *Hornung/Desoi* K&R 2011, 154; *Bier/Spiecker gen. Döhmann* CR 2012, 610ff.; *Schaup* et al. Kriminalistik 2009, 635ff.; *Roßnagel/Desoi/Hornung* DuD 2011, 694ff.; *Spiecker gen. Döhmann* K&R 2014, 549ff.; *Bretthauer,* Intelligente Videoüberwachung, 2017; *Held,* Intelligente Videoüberwachung – Verfassungsrechtliche Vorgaben für den polizeilichen Einsatz, 2014. Zur Technik *Belbachir,* Smart Cameras, 2010; *Anstädt/Keller/Lutz,* Intelligente Videoanalyse – Handbuch für die Praxis, 2013; *Büttner/Behling/Schulz,* Planungshandbuch Videoüberwachungsanlagen – Grundlagen, technische Komponenten, Planungsbeispiel, 2011.
65 Vgl. *The Norwegian Data Protection Authority,* Tracking in Public Spaces, 2016, S. 13 f.
66 *Bier/Spiecker gen. Döhmann* CR 2012, 611. Zu den Anwendungsmöglichkeiten und zur Praxistauglichkeit der Videoüberwachung mit Gesichtserkennung *Hornung/Schindler* ZD 2017, 203 (204ff.). Die Bundesregierung hat sich mit der Bundespolizei und dem Bundeskriminalamt bereits an mehreren Forschungsprojekten für Videoüberwachung mit Mustererkennung oder biometrischer Gesichtserkennung beteiligt (s. BT-Drs. 17/2750, S. 14; 18/10137, S. 6). Zu den Entwicklungen im Bereich biometrischer Technologien *Art.-29-Gruppe,* 3/2012/DE WP193.
67 Dazu näher *Bier/Spiecker gen. Döhmann* CR 2012, 611.
68 Mit erheblichen öffentlichen Mitteln werden derzeit Forschungsprojekte finanziert, die darauf abzielen, ua mithilfe der Videoüberwachung und dem Instrument der Mustererkennung menschliche Verhaltensweisen zu analysieren. Dadurch sollen in öffentlich zugänglichen Bereichen mit hohem Sicherheitsbedarf "potentielle Gefährder" frühzeitig entdeckt werden. Zu derartigen Forschungsvorhaben zählt beispielsweise das EU-Projekt "INDECT" (Intelligentes Informationssystem zur Überwachung, Suche und Detektion für die Sicherheit des Bürger in urbaner Umgebung), www.indect-project.eu. S. dazu die *DSBK,* Entschließung vom 21./22.3.2012, Öffentlich geförderte Forschungsprojekte zur Entdeckung abweichenden Verhaltens im öffentlichen Raum – nicht ohne Datenschutz.
69 Zur Kombination von Videokameras mit Sensoren s. *Hornung/Desoi* K&R 2011, 154; *Wrede* ZD 2012, 321 (322).
70 Zum Einsatz intelligenter Videoanalyse zu Marketingzwecken *The Norwegian Data Protection Authority,* Tracking in Public Spaces, 2016, S. 14 f. Die Einzelhandelskette Real testete Anfang 2017 spezielle Kamerasysteme in Werbedisplays, die von davor stehenden Kunden Geschlecht und Alter erfassen, damit auf dem Bildschirm aufs Publikum angepasste Werbung gezeigt werden kann. Dazu Heise Online v. 27.6.2017, https://heise.de/-3757306.
71 Dazu *Tezel* ZD-Aktuell 2016, 05027.
72 Vgl. EuGH 6/64, Slg 1964, 1251 – Costa/ENEL; EuGH 11/70, Slg 1970, 1125 – Internationale Handelsgesellschaft; EuGH 106/77, Slg 1978, 629 f. – Simmenthal II; EuGH 94/77, Slg 1978, 99 – Zerbone. Zum Anwendungsvorrang der DSGVO ausführlich Roßnagel/*Roßnagel,* Europ. DSGVO, § 2 Rn. 2ff.

die Unionsnorm ergangen ist. Eine Anwendung mitgliedstaatlicher Regelungen ist nur dann zulässig, wenn die Verordnung – soweit ihrerseits auf den Verarbeitungsvorgang anwendbar (→ Rn. 26ff.) – explizite oder implizite Spielräume für nationale Bestimmungen lässt.[73]

20 Der Anwendungsvorrang der DSGVO ist daher auch mit Blick auf die **nationale Regelung zur Videoüberwachung** in § 4 BDSG nF zu beachten.[74] Die § 6 b BDSG aF weitgehend entsprechende Vorschrift bestimmt in Absatz 1 die materiellrechtlichen Voraussetzungen für eine zulässige Beobachtung öffentlich zugänglicher Räume mit optisch-elektronischen Einrichtungen und regelt in Absatz 3 die Speicherung oder Verwendung der im Wege dieser Videoüberwachung erhobenen Daten. Eine Videoüberwachung ist danach nur zulässig, soweit sie zur Aufgabenerfüllung öffentlicher Stellen (Abs. 1 S. 1 Nr. 1), zur Wahrnehmung des Hausrechts (Abs. 1 S. 1 Nr. 2) oder zur Wahrnehmung berechtigter Interessen für konkret festgelegte Zwecke (Abs. 1 S. 1 Nr. 3) erforderlich ist und keine Anhaltspunkte bestehen, dass schutzwürdige Interessen der Betroffenen überwiegen. Die Absätze 2 und 4 normieren verfahrensrechtliche Regelungen zur Sicherstellung der Transparenz für die von der Videoüberwachung betroffenen Personen, während Absatz 5 eine Regelung zur Löschung gespeicherter Daten vorsieht.

21 Die Regelung im BDSG nF kann sich jedenfalls zum Teil auf die **Öffnungsklauseln** stützen, die die DSGVO bietet.[75] Art. 6 Abs. 2 und 3 lassen dem nationalen Gesetzgeber in Bezug auf die Datenverarbeitung zur **Wahrnehmung einer Aufgabe im öffentlichen Interesse** oder in **Ausübung öffentlicher Gewalt** nach Art. 6 Abs. 1 UAbs. 1 lit. e einen weiten Regelungsspielraum (→ Art. 6 Abs. 2 Rn. 22ff.). Art. 6 Abs. 2 ermöglicht es den Mitgliedstaaten, die von Art. 6 Abs. 3 UAbs. 1 lit. b jeweils geforderten nationalen Rechtsgrundlagen zu erlassen oder beizubehalten, um Vorgaben der Verordnung weiter zu präzisieren und so eine rechtmäßige Datenverarbeitung zu gewährleisten. Inhaltliche Anforderungen an die Regelungen der Mitgliedstaaten enthält Art. 6 Abs. 3 UAbs. 2 (→ Art. 6 Abs. 2 Rn. 27ff., 36ff.).[76] Danach muss die nationale Rechtsgrundlage den Zweck der Verarbeitung festlegen oder der Zweck muss für die Erfüllung einer Aufgabe im öffentlichen Interesse erforderlich sein (Satz 1). Darüber hinaus kann die Regelung auch **konkretisierende Bestimmungen** enthalten, etwa zu den Bedingungen für die Rechtmäßigkeit der Verarbeitung, zur Art der zu verarbeitenden Daten, zum Kreis der betroffenen Personen, zur Zweckbindung oder zur Speicherdauer (Satz 2, EG 45 S. 4). Diese spezifischen Rechtsgrundlagen müssen einem öffentlichen Interesse dienen und verhältnismäßig sein (Satz 3).[77]

22 Der Erlaubnistatbestand in § 4 Abs. 1 S. 1 Nr. 1 BDSG nF, der eine Videoüberwachung zur **Aufgabenerfüllung öffentlicher Stellen** ermöglicht, stellt eine solche nationale Rechtsgrundlage iSd Art. 6 Abs. 3 UAbs. 1 lit. b dar.[78] Die allgemeinen Rechtmäßigkeitsanforderungen aus Art. 6 Abs. 1 UAbs. 1 lit. e werden durch das nationale Recht in Bezug auf eine spezifische Verarbeitungsform, hier die Videoüberwachung, konkretisiert.[79] Die Regelung bewegt sich damit im Rahmen der Vorgaben des Art. 6 Abs. 3 UAbs. 2. Das gilt auch für § 4 Abs. 1 S. 1 Nr. 2 BDSG nF, jedenfalls soweit die Videoüberwachung zur **Wahrnehmung eines öffentlich-rechtlichen Hausrechts** erfolgt. Private handeln bei der Wahrnehmung ihres Hausrechts nicht im öffentlichen Interesse und können sich daher von vornherein nicht auf diesen Zulässigkeitstatbestand berufen. Die in § 4 Abs. 3 S. 1 BDSG nF enthaltene Befugnis zur Speicherung und weiteren Verwendung der aus der Videoüberwachung zur Erfüllung öffentlicher Aufgaben oder zur Wahrnehmung eines öffentlich-rechtlichen Hausrechts gewonnenen Daten kann ebenfalls auf die **Öffnungsklausel** gestützt werden und ist damit im Rahmen der Verordnung anwendbar.

23 Demgegenüber ist § 4 Abs. 1 S. 1 Nr. 3, S. 2 BDSG nF, der eine **Videoüberwachung nicht-öffentlicher Stellen** zur Wahrnehmung berechtigter Interessen erlaubt, nicht mehr von den mitgliedstaatlichen Regelungsspielräumen des Art. 6 Abs. 2 und 3 gedeckt. Zwar ist es denkbar, dass mit der Wahrnehmung berechtigter Interessen **zugleich öffentliche Interessen** iSd Art. 6 Abs. 1 UAbs. 1 lit. e verfolgt werden. So kann zB mit einem Videoeinsatz zum Schutz von Leben, Gesundheit und Freiheit dritter Personen auch die Erhöhung der öffentlichen Sicherheit der Bevölkerung insgesamt angestrebt werden und die Videoüberwachung damit auch öffentlichen Zielen dienen. Normadressaten des Art. 6 Abs. 1 UAbs. 1 lit. e sind aber nur diejenigen Verantwortlichen, denen eine Aufgabe im öffentlichen Interesse oder hoheitliche Befugnisse zu deren

---

73 Zu den Gründen für die weitere Anwendung des nationalen Rechts Roßnagel/*Roßnagel*, Europ. DSGVO, § 2 Rn. 15ff.

74 § 1 Abs. 5 BDSG nF normiert den Vorrang der unmittelbar geltenden Bestimmungen der DSGVO und trägt damit dem Anwendungsvorrang des Unionsrechts Rechnung.

75 Zu den mitgliedstaatlichen Regelungsspielräumen *Kühling/Martini et al.*, S. 27ff.; *dies.* EuZW 2016, 448 (449ff.); *Benecke/Wagner* DVBl. 2016, 600ff.; *Roßnagel*, Europ. DSGVO, § 3 Rn. 93ff., § 4 Rn. 17ff.; *Albrecht/Jotzo*, Teil 3 Rn. 46 f.; *Laue/Nink/Kremer*, § 1 Rn. 112ff.; *Buchner* DuD 2016, 155 (160); *Schantz* NJW 2016, 1841 (1842).

76 Zum Verhältnis von Art. 6 Abs. 2 und Abs. 3 *Kühling/Buchner/Buchner/Petri* Art. 6 Rn. 195 f.

77 Vgl. Roßnagel/*Nebel*, Europ. DSGVO, § 3 Rn. 96; Roßnagel/*Schaller*, Europ. DSGVO, § 4 Rn. 9;*Paal/Pauly/Frenzel*, Art. 6 Rn. 41.

78 So auch *Kühling/Martini et al.*, S. 344 f., 346 zu § 6 b Abs. 1 Nr. 1 und Abs. 3 S. 1 BDSG aF.

79 So auch *Bretthauer*, Intelligente Videoüberwachung, 2017, S. 247, 251 für § 6 b BDSG aF.

Durchsetzung durch Gesetz übertragen worden sind (→ Art. 6 Abs. 1 Rn. 70ff.).[80] Eine **Übertragung von Aufgaben** der öffentlichen Sicherheit oder der Kriminalitätsbekämpfung auf Private wird – unabhängig von der Frage, ob und in welchem Umfang dies rechtlich zulässig wäre – durch § 4 Abs. 1 S. 1 Nr. 3 BDSG nF gerade nicht begründet. Die bloße Befugnis privater Stellen, Videoüberwachung auch zum Schutz von Dritten zu betreiben, stellt noch keine Übertragung einer öffentlichen Aufgabe im Sinne der DSGVO dar.[81]

Maßstab für Beurteilung der Videoüberwachung durch nicht-öffentliche Stellen ist vielmehr der **Interessen-** **24** **abwägungstatbestand** des Art. 6 Abs. 1 UAbs. 1 lit. f. Die Verordnung sieht hier keine Öffnungsklausel vor. Der nationale Gesetzgeber darf folglich keine eigenen Verarbeitungsgrundlagen schaffen, die mit dem Unionsrecht in Konflikt stehen. Schon eine bloße **Wiederholung der Unionsnorm** ist regelmäßig **unzulässig**, weil andernfalls die Adressaten den Unionsrechtscharakter der einschlägigen Regelung nicht mehr erkennen könnten.[82] § 4 Abs. 1 S. 1 Nr. 3 und Abs. 3 S. 1 BDSG nF erlauben aber – wie die Verordnung selbst – eine Verarbeitung zum Zwecke der Wahrnehmung berechtigter Interessen. Die Vorschrift darf daher nicht angewendet werden, weil sie – ohne klarstellenden Verweis auf die DSGVO – inhaltlich das Gleiche wie die Verordnung regelt.[83] Nach § 4 Abs. 1 S. 2 und Abs. 3 S. 2 BDSG nF soll bei der Videoüberwachung durch private Betreiber öffentlich zugänglicher **großflächiger Anlagen**, wie insbes. Sport-, Versammlungs- und Vergnügungsstätten, Einkaufszentren oder Parkplätzen oder Einrichtungen und Fahrzeugen des **öffentlichen Personennahverkehrs**, der Schutz von Leben, Gesundheit oder Freiheit von dort aufhältigen Personen als besonders wichtiges Interesse bei der Abwägungsentscheidung berücksichtigt werden.[84] Der Wortlaut der Regelung („gilt") legt eine gesetzliche Fiktion nahe, die im Unterschied zu einer gesetzlichen Vermutung nicht widerlegbar ist.[85] Damit wird die Abwägungsentscheidung einseitig zugunsten einer zulässigen Videoüberwachung und zulasten der Rechte und Freiheiten der betroffenen Personen verschoben.[86] Die Regelung steht damit im Widerspruch zu der nach Art. 6 Abs. 1 UAbs. 1 lit. f von dem Verantwortlichem im Einzelfall vorzunehmenden offenen Interessenabwägung und darf daher ebenfalls nicht angewendet werden.[87]

Der Anwendungsvorrang der DSGVO hat zwar zur Folge, dass die Erlaubnistatbestände für die Videoüber- **25** wachung durch Private in § 4 Abs. 1 S. 1 Nr. 3, S. 2, Abs. 3 S. 1 und 2 BDSG nF nicht anwendbar sind. Das bedeutet aber nicht notwendigerweise, dass auch die weiteren Regelungen in § 4 BDSG nF – dh die Hinweispflicht (Abs. 2), die Bestimmung zur Zweckänderung (Abs. 3 S. 3), die Informationspflicht (Abs. 4) und die Löschungspflicht (Abs. 5) – für nicht-öffentliche Stellen von vornherein keine Geltung beanspruchen können. Für jede dieser nationalen Vorschriften ist gesondert zu prüfen, ob sie sich auf eine Öffnungsklausel stützen kann, die den Mitgliedstaaten Regelungsspielräume belässt.

80 Vgl. BeckOK DatenschutzR/*Albers* DSGVO Art. 6 Rn. 41; Kühling/Buchner/*Buchner/Petri* Art. 6 Rn. 117.

81 In diesem Sinne auch *Caspar*, Stellungnahme zu Gesetzentwürfen der Bundesregierung – Videoüberwachungsverbesserungsgesetz (BT-Drs. 18/10941) und Einsatz von mobiler Videotechnik, (BT-Drs. 18/10939), Deutscher Bundestag, Innenausschuss Ausschussdrucksache 18(4)785 F, S. 8; aA Schantz/Wolff/*Wolff*, Rn. 636 f., die die Übertragung der Aufgabe der Videoüberwachung von gefährlichen Orten an Private noch als Aufgabe von öffentlichem Interesse qualifizieren.

82 EG 8 erlaubt den Mitgliedstaaten die Wiederholung nur ausnahmsweise, um die Kohärenz zu wahren und die nationalen Rechtsvorschriften verständlicher zu machen. Zum Normwiederholungsverbot in Bezug auf die DSGVO Roßnagel/*Roßnagel*, Europ. DSGVO, § 2 Rn. 25; *Benecke/Wagner* DVBl. 2016, 600 (606ff.); Ehmann/Selmayr/*Ehmann* Einf. Rn. 80. Allgemein auch EuGH C-34/73, Slg 1973, 981 Rn. 10 f.; EuGH C-94/77, Slg 1978, 99 Rn. 22, 27; Calliess/Ruffert/*Ruffert* AEUV Art. 288 Rn. 20 mwN.

83 In diesem Sinne auch *Kühling* NJW 2017, 1985 (1987); *Lachenmann* ZD 2017, 407 (410); *Schnabel*, MedR 2017 943 (947). Kühling/Martini et al., S. 345 sehen nur dann keinen Verstoß gegen das Wiederholungsverbot, wenn der nationale Gesetzgeber im Interesse der Konsistenz und Verständlichkeit spezifischer Verarbeitungsgrundlagen auf die unionsrechtliche Verarbeitungserlaubnis verweist.

84 Eine solche Regelung wurde bereits durch das Gesetz zur Änderung des Bundesdatenschutzgesetzes – Erhöhung der Sicherheit in öffentlich zugänglichen großflächigen Anlagen und im öffentlichen Personenverkehr durch optisch-elektronische Einrichtungen (Videoüberwachungsverbesserungsgesetz) v. 28.4.2017 (BGBl. I, S. 968) in § 6 b BDSG aF aufgenommen. Kritisch dazu *DSBK*, Entschließung vom 9./10.11.2016, Videoüberwachungsverbesserungsgesetz zurückziehen DuD 2017, 40; *Weinhold* ZD-Aktuell 2017, 05555; *Albrecht/Wessels* jurisPR-ITR 9/2017 Anm. 2; *Ziebarth* ZD 2017, 467ff. Zur weiteren Kritik vgl. auch die Stellungnahme des Deutschen Richterbundes, http://www.drb.de/fileadmin/docs/Stellungnahmen/2016/DRB_161110_Stn_Nr_20_Videoüberwachungsverbesserungsgesetz.pdf.

85 So zutreffend *v. Lewinski*, Stellungnahme zu Gesetzentwürfen der Bundesregierung – Videoüberwachungsverbesserungsgesetz (BT-Drs. 18/10941) und Einsatz von mobiler Videotechnik, (BT-Drs. 18/10939), Deutscher Bundestag, Innenausschuss Ausschussdrucksache 18(4)785 A, S. 6. Nach *Ziebarth* ZD 2017, 467 (468) läuft diese gesetzliche Fiktion ins Leere, da den genannten Rechtsgütern ohnehin ein besonderes Gewicht zukommt. OVG Lüneburg BeckRS 2017, 123619, Rn. 40 geht lediglich von einer „normativen Gewichtungsvorgabe" aus.

86 Nach *Caspar*, Stellungnahme zu Gesetzentwürfen der Bundesregierung – Videoüberwachungsverbesserungsgesetz (BT-Drs. 18/10941) und Einsatz von mobiler Videotechnik, (BT-Drs. 18/10939), Deutscher Bundestag, Innenausschuss Ausschussdrucksache 18(4)785 F, S. 16, verstößt die Vorschrift gegen den Grundsatz der Verhältnismäßigkeit und beeinträchtigt den rechtsstaatlichen Grundsatz der Gewaltenteilung, weil damit eine Abwägungsentscheidung zur Einzelfallbasis durch die Aufsichtsbehörden nicht mehr möglich wird.

87 So im Ergebnis auch *Roßnagel* DuD 2017, 277 (281); *Weinhold* ZD-Aktuell 2017, 05555; *Mienert/Gipp* ZD 2017, 514 (515); *Ziebarth* ZD 2017, 467 (469). Allgemein zu den risikoadäquaten Abwägungstatbeständen in §§ 28ff. BDSG Roßnagel/*Nebel*, Europ. DSGVO, § 3 Rn. 87.

IV. Anwendungsbereich der DSGVO und des § 4 BDSG nF.

26 **1. Normadressaten.** Die DSGVO differenziert nicht zwischen öffentlichen und nicht-öffentlichen Stellen, sondern adressiert allgemein den für die Datenverarbeitung Verantwortlichen. Nach Art. 4 Nr. 7 sind dies natürliche oder juristische Personen, Behörden, Einrichtungen oder andere Stellen (→ Art. 4 Nr. 7 Rn. 13ff.). Die DSGVO erfasst damit sowohl **öffentliche** als auch **private Betreiber** (natürliche oder juristische Personen) **von Videotechnik.**

27 Unterschiede ergeben sich im Hinblick auf die jeweils einschlägigen Rechtmäßigkeitsvoraussetzungen aus Art. 6 Abs. 1. Während sich eine **Videoüberwachung durch private Stellen** in erster Linie auf den **Interessenabwägungstatbestand** des Art. 6 Abs. 1 UAbs. 1 lit. f stützen kann, ist für **öffentliche Stellen** vor allem der Erlaubnistatbestand der Wahrnehmung einer **Aufgabe im öffentlichen Interesse** oder in Ausübung öffentlicher Gewalt nach Art. 6 Abs. 1 UAbs. 1 lit. e relevant.

28 Für die Videoüberwachung durch **öffentliche Stellen des Bundes** (§ 1 Abs. 1 S. 1 Nr. 1 iVm § 2 Abs. 1 BDSG nF) hat der deutsche Gesetzgeber mit § 4 Abs. 1 S. 1 Nr. 1 und 2 sowie Abs. 3 S. 1 BDSG nF eine nationale Rechtsgrundlage geschaffen. Danach ist die Videoüberwachung öffentlich zugänglicher Räume zulässig, soweit sie zur Aufgabenerfüllung öffentlicher Stellen oder zur Wahrnehmung eines öffentlich-rechtlichen Hausrechts erforderlich ist und keine Anhaltspunkte bestehen, dass schutzwürdige Interessen der Betroffenen überwiegen. Diese Regelung kann sich auf die Öffnungsklausel aus Art. 6 Abs. 2 und 3 stützen (→ Rn. 21 f.).

29 Als bundesrechtliche Regelung kann § 4 BDSG nF aber keine Anwendung auf **öffentliche Stellen der Länder** (§ 2 Abs. 2 BDSG nF) finden. Insoweit greifen die **Landesdatenschutzgesetze** (§ 1 Abs. 1 S. 1 Nr. 2 BDSG nF), die mit Ausnahme von Hessen bereits eigens **spezifische Vorschriften zur Videoüberwachung** enthielten.[88] Diese machten die Zulässigkeit der Videoüberwachung ganz überwiegend davon abhängig, dass diese zur Wahrnehmung eines Hausrechts oder im Rahmen der Erfüllung öffentlicher Aufgaben erforderlich ist.[89] Soweit die landesrechtlichen Spezialregelungen sich als zulässige Konkretisierungen der unionsrechtlichen Vorgaben darstellen, können sie sich ebenso wie § 4 Abs. 1 S. 1 Nr. 1 und 2, Abs. 3 S. 1 BDSG nF auf die Öffnungsklausel des Art. 6 Abs. 2 und 3 stützen und beibehalten werden.[90] Unionsrechtlich ebenso zulässig ist es, bei der Anpassung des allgemeinen Landesdatenschutzrechts an die Verordnung Neuregelungen zur Videoüberwachung durch öffentliche Stellen zu erlassen, soweit diese sich im Rahmen der mitgliedstaatlichen Regelungsspielräume bewegen.[91]

30 Besonderheiten ergeben sich, wenn Videotechnik durch (öffentliche oder nicht-öffentliche) Arbeitgeber im Rahmen eines **Beschäftigungsverhältnisses** eingesetzt wird, um Beschäftigte zu überwachen. Der Verordnungsgeber hat es mit der Öffnungsklausel in Art. 88 Abs. 1 den Mitgliedstaaten überlassen, spezifische Regelungen zum Beschäftigtendatenschutz vorzusehen.[92] Als Leitlinien gibt Art. 88 Abs. 2 vor, dass nationale Vorschriften geeignete und besondere Maßnahmen zur Wahrung der menschlichen Würde, der berechtigten Interessen und der Grundrechte der betroffenen Personen umfassen müssen. Das gilt im Besonderen auch für **Überwachungssysteme am Arbeitsplatz** wie etwa die Videoüberwachung.[93] Der deutsche Gesetzgeber hat mit § 26 BDSG nF eine Regelung zur Datenverarbeitung im Beschäftigungskontext geschaffen (→ Art. 88 Rn. 50ff.). Diese Vorschrift geht in ihrem Anwendungsbereich den allgemeinen Erlaubnistatbeständen des Art. 6 Abs. 1 vor – und zwar auch für Maßnahmen der Videoüberwachung. Die nationale Regelung dient speziell dem Ausgleich der Interessen von Arbeitgeber und Arbeitnehmern in Bezug auf den Beschäftigtendatenschutz und stellt daher eine eigenständige Erlaubnisnorm dar, die auch den Bereich der Mitarbeiterüberwachung umfasst.[94]

31 **Nicht anwendbar** sind die Regelungen der DSGVO für Behörden, die personenbezogene Daten zum Zwecke der Verhütung, Ermittlung, Aufdeckung oder **Verfolgung von Straftaten** einschließlich des Schutzes vor und der **Abwehr von Gefahren für die öffentliche Sicherheit** verarbeiten (Art. 2 Abs. 2 lit. d, → Art. 2 Rn. 37ff.). Für diesen Bereich greift die zeitgleich mit der DSGVO erlassene RL (EU) 2016/680 zum Schutz personenbezogener Daten im Bereich Justiz und Polizei als der spezifischere Unionsrechtsakt. Die bereichs-

---

88 § 20 LDSG BW aF; Art. 21 a BayDSG aF; § 31 b BlnDSG aF; § 33 c BbgDSG aF; § 20 b BrDSG aF; § 30 HmbDSG aF; § 37 DSG MV aF; § 25 a NDSG aF; § 29 b DSG NW aF; § 34 LDSG RhPf aF; § 34 SDSG aF; § 33 SächsDSG aF; § 30 DSG LSA aF; § 20 LDSG SH aF; § 25 a ThürDSG aF.

89 S. im Einzelnen Simitis/*Scholz* § 6 b Rn. 153; Auernhammer/*Onstein* BDSG § 6 b Rn. 70.

90 Rechtsgrundlage iSd Art. 6 Abs. 3 UAbs. 1 lit. b DSGVO ist materielles Bundes- und Landesrecht. Zum Konfliktpotenzial zwischen unionsrechtlichem Rahmen und mitgliedstaatlichen Bestimmungen Paal/Pauly/*Frenzel* Art. 6 Rn. 43 f.

91 So bereits Art. 24 BayDSG nF; § 28 BbgDSG nF; § 15 BrDSG nF; § 9 HmbDSG nF; § 4 HDSIG; § 11 DSG MV nF; § 14 NDSG nF; § 20 DSG NW nF; § 21 LDSG RhPf nF; § 25 SDSG nF; § 13 SächsDSG nF; § 14 LDSG SH nF; § 30 ThürDSG nF.

92 Vgl. *Laue/Nink/Kremer*, § 9 Rn. 1; *Kühling/Martini et al.*, S. 298.

93 Vgl. Paal/Pauly/*Pauly* Art. 88 Rn. 14; Kühling/Buchner/*Maschmann* Art. 88 Rn. 85ff.

94 So bereits im Verhältnis von § 32 BDSG aF zu § 6 b BDSG aF BAG NZA 2017, 112 (115); näher → Art. 88 Rn. 134ff.

spezifischen Regelungen im Bundesrecht, die den operativen Einsatz von Videoüberwachungstechnik bei der Gefahrenabwehr und Strafverfolgung regeln,[95] müssen sich daher künftig an den Vorgaben der neuen EU-Richtlinie messen.[96] Gleiches gilt für die Befugnisnormen zur Aufnahme und Aufzeichnung von Bild- und Tondaten in den Polizei- und Versammlungsgesetzen der Länder oder für die Regelungen zur Video- überwachung im Strafvollzug.[97]

Die DSGVO erfasst schließlich **nicht** die **Videoüberwachung durch Institutionen der EU** oder ihre nachge- 32 ordneten Einrichtungen. Für die Datenverarbeitung durch diese Stellen gilt nach Art. 2 Abs. 3 weiterhin die Verordnung (EG) 45/2001, die jedoch künftig „im Lichte" der Grundverordnung auszulegen ist (EG 17 (→ Art. 2 Rn. 44 f.). Der Europäische Datenschutzbeauftragte hat umfangreiche Leitlinien zur Videoüber- wachung auf Basis dieser Verordnung aufgestellt.[98]

2. Optoelektronische Vorrichtungen. Der **Begriff der Videoüberwachung** als solcher findet sich in der 33 DSGVO nicht. In den Regelungen zur Datenschutz-Folgenabschätzung (Art. 35 Abs. 3 lit. c iVm EG 91) ist aber von der „weiträumigen Überwachung öffentlich zugänglicher Bereiche mittels **optoelektronischer Vor- richtungen**" die Rede, womit Maßnahmen der Videoüberwachung beschrieben werden. Dem entspricht die Legaldefinition der Videoüberwachung in § 4 Abs. 1 S. 1 BDSG nF. Dort wird der Begriff „optisch-elektro- nischen Einrichtungen" verwendet. Ein Bedeutungsunterschied zu „optoelektronischen Vorrichtungen" ist aber nicht auszumachen. Die Begriffe werden synonym verwendet.

Mit dem Begriff der „optoelektronischen Vorrichtung" wird keine Festlegung im Hinblick auf Größe, 34 Funktionalität oder örtliche Gebundenheit getroffen, sondern eine technikneutrale Formulierung gewählt, die **Kameras jeglicher Art und Gestaltung** erfasst – und zwar unabhängig davon, ob es sich um analoge oder digitale Systeme handelt.[99] In den Anwendungsbereich der DSGVO und des § 4 BDSG nF fallen daher neben klassischen Überwachungskameras auch **Webcams, digitale Fotoapparate, Smartphones oder Tablets mit integrierter Videofunktion**.[100]

Außerdem werden nicht nur stationäre, sondern auch **mobile Kameras**, wie zB Bodycams, Helmkameras, 35 **Dash-Cams**, Smartglasses oder **Drohnen** mit Videotechnik erfasst.[101] Der Begriff der Einrichtung oder der Vorrichtung setzt keine Ortsgebundenheit voraus. Zudem spricht die hohe Eingriffsintensität mobiler Ver- wendungen von Videoüberwachungstechnik für eine grundsätzliche Gleichbehandlung mit ortsfesten Syste- men. Dabei kommt es auch nicht darauf an, ob und wie schnell sich ein mobiles Kamerasystem fortbewegt, solange sich ortsbezogene Bilderreihen ergeben.[102]

Unbeachtlich ist, ob die Übertragung der Bilder lediglich in bestimmten **Zeitintervallen**, wie häufig bei 36 Webcams, oder nur zu bestimmten **Anlässen**, wie zB erst nach Bedienen eines Klingelknopfes, nach Auslö- sen einer Alarmfunktion, bei einer Tür- oder Schrankenöffnung oder in Verbindung mit einem Bewegungs- melder (wie etwa bei Wildkameras) erfolgt.[103] Entscheidend ist, dass die Bildfolgen noch als Bewegtbilder wahrgenommen werden können.[104]

---

95 ZB §§ 12 a, 19 a VersG; § 16 Abs. 1, 23 BKAG; §§ 26-28 BPolG; §§ 8 Abs. 2, 9 Abs. 2 BVerfSchG; § 3 BNDG; §§ 4, 5 MADG §§ 18-22 a ZFdG; § 100 h StPO. Dazu im Einzelnen Simitis/*Scholz* § 6 b Rn. 155 f. Zum Einsatz sog Bodycams → Rn. 6.

96 Diese enthält allerdings ebenfalls keine spezifischen Regelungen für die Videoüberwachung. EG 26 weist nur allgemein darauf hin, dass die Anforderungen in Art. 4 (Verarbeitung in rechtmäßiger Weise, nach dem Grundsatz von Treu und Glauben und in einer für die betroffen natürlichen Personen nachvollziehbaren Weise nur für bestimmte, durch Rechtsvorschriften geregelte Zwecke) Maß- nahmen der polizeilichen Videoüberwachung nicht entgegenstehen, „sofern sie durch Rechtsvorschriften geregelt sind und eine erfor- derliche und verhältnismäßige Maßnahme in einer demokratischen Gesellschaft darstellen, bei der die berechtigten Interessen der be- troffenen natürlichen Person gebührend berücksichtigt werden".

97 S. dazu Simitis/*Scholz* § 6 b Rn. 154. Zur Gesetzgebungskompetenz der Länder BVerwGE 141, 329ff.

98 *EDPS*, Leitlinien zur Videoüberwachung, 2010.

99 Vgl. BeckOK DatenschutzR/*Brink* BDSG, § 6 b Rn. 23.

100 Vgl. DKWW/*Wedde* § 6 b Rn. 16; *Gola/Schomerus* § 6 b Rn. 13 a; *Bergmann/Möhrle/Herb* BDSG § 6 b Rn. 18; *Wrede* DuD 2010, 225; Kühling/Buchner/*Kühling/Raab* Art. 2 Rn. 15.

101 So zu § 6 b BDSG aF VG Ansbach ZD 2014, 590; OLG Stuttgart NJW 2016, 2280; LG Memmingen ZD 2016, 179; VG Göttingen ZD 2017, 43 (44); Auernhammer/*Onstein* BDSG § 6 b Rn. 1; *Lachenmann/Schwiering* CR 2015, 402; *Bischof* DuD 2017, 142 (145); *Schwenke*, Private Nutzung von Smartglasses im öffentlichen Raum, 2016, S. 194 f.; aA AG Nienburg DuD 2015, 483; LG Landshut ZD 2016, 187; AG Nürnberg DuD 2016, 120; *Greger* NVZ 2015, 114 (117); *Gola/Klug* RDV 2004, 65 (66); *Klann* DAR 2014, 451 (452) mit dem Argument, dass die Hinweispflicht nur bei ortsfesten Kameras erfüllbar sei. Dagegen BeckOK Daten- schutzR/*Brink* § 6 b Rn. 25.

102 So schon Auernhammer/*Onstein* BDSG § 6 b Rn. 22. Zur Anwendbarkeit des § 6 b BDSG bei der Digitalisierung von Städteansichten durch Internet-Panoramadienste (Google-Street-View) Simitis/*Scholz* § 6 b Rn. 64 mwN.

103 Vgl. *Düsseldorfer Kreis*, Orientierungshilfe „Videoüberwachung durch nicht-öffentliche Stellen", S. 5; Plath/*Becker* BDSG § 6 b Rn. 12; Auernhammer/*Onstein* BDSG § 6 b Rn. 21; *Bergfink* DuD 2015, 145 (148) für Türüberwachungskameras am Fahrzeug.

104 Vgl. Plath/*Becker* BDSG § 6 b Rn. 12. Skeptisch im Hinblick auf Smartglasses *Solmecke/Kocatepe* ZD 2014, 22, (24), da diese nach ihrer üblichen Bestimmung nur dazu gedacht seien, temporär lokal wechselnde Szenarien aufzunehmen. Dazu ausführlich *Schwenke*, Private Nutzung von Smartglasses im öffentlichen Raum, 2016, S. 211ff. einen Beobachtungsvorgang bejahend.

37 Aus der Beschränkung auf die optische Wahrnehmung von Geschehnissen („Beobachtung") folgt, dass eine **akustische Überwachung** nicht von der nationalen Regelung zur Videoüberwachung erfasst wird.[105] Darunter fallen alle **Sensoren**, die nicht auf optischen Daten aufsetzen, wie Mikrophone, Erschütterungssensoren und Radaranlagen. Eine akustische Überwachung muss sich aber an den allgemeinen Regelungen der DSGVO messen lassen, wenn dabei personenbezogene Daten verarbeitet werden (zB bei der Identifizierung einer Person anhand ihrer Stimme). Die insoweit ebenfalls fehlende spezielle Regelung bewirkt auf Ebene der DSGVO somit einen Gleichlauf, weil auch hier Art. 6 Abs. 1 (v.a. UAbs. 1 lit. f) eingreift. Merkmal eines **optoelektronischen Verfahrens** ist die Umwandlung von Licht in elektrische Signale. Ebenso ausgenommen von § 4 BDSG nF sind daher Ferngläser und optische (anders als elektronische) Restlichtverstärker, da sie Bilder über rein optisch-mechanische Linsensysteme erfassen und nicht in elektrische Signale umwandeln.

38 **3. Verarbeitung personenbezogener Daten.** Der sachliche Anwendungsbereich der DSGVO ist nach Art. 2 Abs. 1 nur dann eröffnet, wenn eine **Verarbeitung personenbezogener Daten** stattfindet. Das gilt auch für die Videoüberwachung.[106] Unter den einheitlichen Begriff der Verarbeitung in Art. 4 Nr. 2 fällt jeder systematische Umgang mit personenbezogenen Daten, einschließlich des Erhebens (→ Art. 4 Nr. 2 → Rn. 11 f.).

39 Beim Einsatz von Videotechnik ist zu berücksichtigen, dass die Verarbeitung **nicht** eine von vornherein gezielte Erfassung einzelner Personen** voraussetzt. Der Annahme eines Personenbezugs steht es nicht entgegen, wenn zunächst nur ein Personenkreis betroffen ist. Es reicht sogar aus, wenn die Videoüberwachung nicht von vornherein zur Beobachtung von Personen eingesetzt wird, sondern Personen ungewollt oder als (unvermeidliche) Nebenfolge in den Erfassungsbereich der Kameras geraten.[107] Dies kann etwa bei der Überwachung von allgemeinen Betriebsabläufen oder auch beim Einsatz von Wildkameras der Fall sein.[108]

40 Personenbezug ist zudem nicht erst bei identifizierten, sondern schon bei identifizierbaren Personen gegeben (Art. 4 Nr. 1).[109] Dabei ist es gleichgültig, ob für die verantwortliche Stelle eine solche **Identifizierbarkeit** für alle von der Überwachung erfassten Personen besteht oder angestrebt wird.[110] Auf eine tatsächliche Identifizierung in jedem Einzelfall kommt es nicht an.[111] Ausreichend ist, dass die Zuordnung zu einer Person durch Auswertung der Daten ex post möglich ist (→ Art. 4 Nr. 1 Rn. 71). Für die Identifizierung ist bei der Videoüberwachung in erster Linie die Erkennbarkeit der Gesichtszüge entscheidend. Eindeutige Gesichtsbilder sind als personenbeziehbare Daten zu qualifizieren, selbst dann, wenn die Personen den Betreibern nicht oder noch nicht (namentlich) bekannt sind.[112] Daneben kann aber auch das sonstige äußere **Erscheinungsbild** eine ausreichende Individualisierung ermöglichen, etwa die Körperhaltung, die Figur, die Frisur/Kopfbedeckung, der Gang, die Kleidung oder mitgeführte Gegenstände. Es genügt, wenn die erhobenen Bilddaten es ermöglichen, eine Person aus einer Personengruppe sicher „herauszufiltern".[113] Zu berücksichtigen sind dabei ferner **Begleitumstände** wie der Zeitpunkt und Aufenthaltsort, eine aktuelle ausgeübte Tätigkeit, Kontaktpersonen oder sich in der Nähe befindliche andere Personen.[114]

41 Darüber hinaus muss die Möglichkeit einer späteren Identifizierung der überwachten Personen etwa mithilfe staatlicher Stellen, durch **Abgleich mit anderen Informationen** (zB aus anderen Bildaufnahmen) oder durch Befragung dritter Personen in Betracht gezogen werden. Hierbei kommt es darauf an, ob Mittel exis-

---

105 Für § 6 b BDSG aF auch Auernhammer/*Onstein* BDSG § 6 b Rn. 18.

106 Etwas anderes ergibt sich auch für § 4 BDSG nF, der an den Begriff der „Beobachtung" anknüpft. Wie aus dem übergeordneten Anwendungsbereich des BDSG nF (§ 1 Abs. 1) folgt, greift auch diese Vorschrift nur, wenn personenbezogenen Daten erfasst werden. So bereits für § 6 b BDSG aF Simitis/*Scholz* § 6 b Rn. 66; Auernhammer/*Onstein* BDSG § 6 b Rn. 19; aA BeckOK DatenschutzR/*Brink* BDSG § 6 b Rn. 37.

107 Vgl. Plath/*Becker* § 6 b Rn. 11.

108 Vgl. VG Schwerin ZD 2015, 448 Rn. 34; VG Saarlouis BeckRS 2016, 47655; Gola/*Schulz* Art. 6 Rn. 155; anders *Fuchs* ZD 2015, 212 (214), wenn zB mit einer Wildkamera weder Personen erfasst werden sollen noch Räume, in denen sich Personen üblicherweise aufhalten.

109 Zu den Anforderungen an die Identifizierbarkeit s. Paal/Pauly/*Ernst* Art. 4 Rn. 8 ff.; Plath/*Schreiber* DSGVO Art. 4 Rn. 8 f.; sa → Art. 4 Nr. 1 Rn. 57 ff.; ausführlich ebenso *Haase*, Datenschutzrechtliche Fragen des Personenbezugs, 2015; informativ *Saeltzer* DuD 2000, 194 ff. sowie *Saeltzer* DuD 2004, 218 ff.

110 So auch Gola/*Schomerus* § 6 b Rn. 11; *Taeger* ZD 2013, 571 (573). BeckOK DatenschutzR/*Brink* BDSG § 6 b Rn. 40 will es genügen lassen, dass nicht die verantwortliche Stelle, sondern irgendjemand eine erfasste Person erkennen kann. Nach zutreffender Ansicht des OVG Lüneburg NJW 2015, 502 (503) steht es der Personenbeziehbarkeit von Videoaufnahmen nicht entgegen, dass regelmäßig nur ein ganz geringer Prozentsatz des Bildmaterials tatsächlich zur Identifizierung von Personen genutzt wird.

111 Da der Zweck eines Videoüberwachungssystems darin besteht, die Personen zu bestimmen, die auf den Videobildern zu sehen sind, wenn der für die Verarbeitung Verantwortliche eine Identifizierung für notwendig hält, ist das gesamte System als Mittel zur Verarbeitung von Daten über bestimmbare Personen anzusehen, auch wenn einige aufgezeichnete Personen in der Praxis nicht bestimmbar sind. Vgl. *Art.-29-Gruppe*, 4/2007/DE WP136, S. 19; *EDPS*, Leitlinien zur Videoüberwachung, 2010, 2.3.2 mit Beispielen; differenzierend *Bretthauer*, Intelligente Videoüberwachung, 2017, S. 106 ff., der vom potenziellen Personenbezug von Videoüberwachungsdaten spricht. Dazu auch *Klar*, Datenschutzrecht und Visualisierung des öffentlichen Raums, 2012, S. 156 f.

112 Vgl. *EDPS*, Leitlinien zur Videoüberwachung, 2010, 2.3.2.

113 Vgl. BeckOK DatenschutzR/*Brink* BDSG § 6 b Rn. 40.1; VG Schwerin ZD 2015, 448 (449).

114 Vgl. *Hornung/Desoi* K&R 2011, 155.

tieren, die vom Verantwortlichen „nach allgemeinem Ermessen wahrscheinlich genutzt werden" (EG 26), um die bei ihm befindlichen Daten mit den Zusatzinformationen des Dritten so zu verknüpfen, dass eine Identifikation möglich ist. Das ist zumindest der Fall, wenn der Verantwortliche über **rechtliche Mittel** verfügt, um sich die Daten des Dritten verfügbar zu machen.[115] So kann bei Aufnahmen aus einer **Dash-Cam** die Zuordnung etwa über das erfasste Kfz-Kennzeichen (§§ 39, 45 StVG) oder mittels Aufschriften auf den Autos der anderen Verkehrsteilnehmer erfolgen.[116] Eine Verknüpfung mit anderen Daten ist auch relevant, wenn die Aufnahmen nicht bei dem Betreiber verbleiben, sondern im Internet öffentlich zugänglich gemacht werden oder im Kenntnisbereich Dritter – zB in einer Cloud – gespeichert werden.

Daraus folgt im Ergebnis, dass nur solche videotechnischen Anlagen mangels Verarbeitung personenbezo- **42** gener Daten aus dem Anwendungsbereich der DSGVO und des BDSG nF fallen, die ausschließlich **Übersichtsaufnahmen** liefern, bei denen die erfassten Personen aufgrund der Entfernung und vorgegebener technischer Beschränkungen nicht individualisiert werden können, wie zB bei einer entsprechend geringen Bildauflösung und fehlenden Zoom-Möglichkeiten oder einer dauerhaften, nicht-reversiblen Verpixelung.[117] Beispiele hierfür können Webcams sein, mit denen lediglich Stadtansichten oder Landschaftspanoramen dargestellt werden.[118] Besteht hingegen die Möglichkeit von der Übersichts- in eine Nahaufnahme zu wechseln, ist eine Erfassung personenbezogener Daten zumindest möglich.[119] Auf die tatsächliche Vornahme der Vergrößerung kommt es dann nicht an.

Kameraattrappen und **funktionsunfähige (deaktivierte) Kameras** fallen nicht in den Anwendungsbereich der **43** DSGVO, da keine personenbezogenen Daten verarbeitet werden (können).[120] Dabei kann es sich bspw. um leere Kameragehäuse oder Nachbildungen von Kameras handeln. Teilweise werden lediglich Hinweisschilder platziert, die einen Videoeinsatz vorspiegeln sollen. Beides soll einen Abschreckungseffekt bewirken, der den Betroffenen zu regelkonformem Verhalten veranlassen soll. Davon zu unterscheiden sind Kameras, die nur zeitweise nicht in Betrieb sind. Die Aufstellung einer Attrappe stellt die **dauernde Androhung** einer Videoüberwachung dar. Die betroffene Person bleibt hinsichtlich der konkreten Anwendung und Funktionsfähigkeit im Unklaren.[121] Daher ist die Stärke der psychischen Belastung nicht anders zu beurteilen, als bei einem tatsächlichen Videoeinsatz. Von Kameraattrappen geht dann derselbe Anpassungs- und **Überwachungsdruck** aus, wie von funktionstüchtigen Kameras. Da dies mit einem Eingriff in das allgemeine Persönlichkeitsrecht verbunden ist, kann in diesen Fällen ein **zivilrechtlicher Abwehranspruch** (Beseitigung, Unterlassung) aus §§ 1004, 823 Abs. 1 BGB gegeben sein.[122] Allein die hypothetische Möglichkeit einer Überwachung durch Videokameras beeinträchtigt hingegen das allgemeine Persönlichkeitsrecht nicht.[123]

4. Automatisierte Verarbeitung. Nicht jede Verarbeitung personenbezogener Daten führt zur Anwendbar- **44** keit der DSGVO. Voraussetzung ist nach Art. 2 Abs. 1 vielmehr eine ganz oder teilweise **automatisierte Verarbeitung** personenbezogener Daten oder eine nichtautomatisierte, dh manuelle Verarbeitung personenbezogener Daten, wenn die Daten in einem Dateisystem gespeichert sind oder gespeichert werden sollen. Der

---

115 So EuGH C-582/14, NJW 2016, 3579 Rn. 47ff. im Zusammenhang mit dem Personenbezug von IP-Adressen.

116 Dazu BGH, v. 15.5.2018, VI ZR 233/17, Rn. 21; *Bäumerich* JuS 2016, 803 (804); *Balzer/Nugel* NJW 2014, 1622 (1624); Kühling/Buchner/*Klar/Kühling* Art. 4 Nr. 1 Rn. 30.

117 In diesem Sinne auch DKWW/*Wedde* § 6 b Rn. 14; *Gola/Schomerus* § 6 b Rn. 7; *Bergmann/Möhrle/Herb* BDSG § 6 b Rn. 21 für Aufnahmen aus großer Höhe. AA allerdings zu § 6 b BDSG aF BeckOK DatenschutzR/*Brink* BDSG § 6 b Rn. 37 mit Hinweis auf das Gefährdungspotenzial von Videoüberwachung.

118 Vgl. *Fuchs* ZD 2015, 212 (213). Dazu auch (den Personenbezug bejahend) VG Schwerin ZD 2015, 448 (449).

119 Das BVerfG NVwZ 2009, 441 (446) geht bei der Überwachung von Versammlungen von einer solchen Individualisierbarkeit aus. Ein prinzipieller Unterschied zwischen Übersichtsaufzeichnungen und personenbezogenen Aufzeichnungen bestehe, jedenfalls nach dem Stand der heutigen Technik, nicht. Das BVerfG hat auch hervorgehoben, dass das Recht auf informationelle Selbstbestimmung bereits vor Gefährdungen der Persönlichkeit und Verhaltensfreiheit schützt. Solche können bereits in einer Datenerhebung liegen, die personenbezogene Daten für Behörden verfügbar macht und die Basis für einen nachfolgenden Abgleich mit Suchkriterien bildet. So für die automatisierte Erfassung von Autokennzeichen BVerfGE 120, 378ff. = NJW 2008, 1505 (1506). Ein verfassungsrechtlicher Eingriff soll nur nicht vorliegen, wenn Daten ungezielt und allein technisch bedingt miterfasst, dann aber ohne weiteren Erkenntnisgewinn, anonym und spurenlos wieder gelöscht werden, BVerfG NJW 2009, 3293 (3294).

120 Ebenso Gola/*Schulz* Art. 6 Rn. 151; für § 6 b BDSG aF VG Oldenburg ZD 2013, 296 (298), Rn. 27; Auernhammer/*Onstein* BDSG § 6 b Rn. 23; *Bergmann/Möhrle/Herb* BDSG § 6 b Rn. 21 a; *Wolff/Brink* DuD 2011, 447 (449); *BayLDA*, 6. TB, 19.5. Einige Landesdatenschutzgesetze beziehen – systemwidrig – Attrappen in die Regelungen zur Videoüberwachung ein (§ 30 HambDSG; § 34 LDSG RhPf).

121 Kein Unterlassungsanspruch bestehe, wenn die betroffene Person weiß, dass es sich um eine Attrappe handelt, so AG Berlin-Schöneberg ZD 2015, 92; LG Düsseldorf BeckRS 2007, 05720. Anders LG Berlin ZD 2016, 189, demzufolge Attrappen der tatsächlichen Überwachung gleichzusetzen sind und einer identischen Rechtfertigung bedürfen. Das gelte auch bei einer Information über die Attrappeneigenschaft.

122 Vgl. *Gola/Schomerus* § 6 b Rn. 13; *Zilkens* DuD 2007, 283; *Horst* NJW 2009, 1787; *Wolff/Brink* DuD 2011, 447 (448ff.); BGH MMR 2010, 502ff. Rn. 13; LG Berlin ZD 2016, 189 mAnm *Widegreen*; LG Braunschweig NJW 1998, 2457 f.; LG Darmstadt NZM 2000, 360; AG Winsen, SchAZtg 2007, 252; LG Bonn DuD 2005, 103; AG Lichtenberg NJW-RR 2008, 1693 f.; AG Tempelhof-Kreuzberg GE 2010, 416; AG Frankfurt/Main ZD 2015, 280.

123 Vgl. BGH NJW 2010, 1533 (1534 f.) LG Berlin ZD 2017, 81.

Begriff der Verarbeitung ist in Art. 4 Nr. 2 legaldefiniert als jeder „mit oder ohne Hilfe automatisierter Verfahren ausgeführte Vorgang oder jede solche Vorgangsreihe im Zusammenhang mit personenbezogenen Daten" (→ Art. 4 Nr. 2 Rn. 10). Das Merkmal „automatisiert" wird nicht näher bestimmt.

45 Aus EG 15 ergibt sich, dass es jedenfalls nicht von den verwendeten Techniken abhängen soll, ob der Anwendungsbereich der DSGVO eröffnet ist. Der Schutz personenbezogener Daten soll vielmehr „technologieneutral" sein.[124] Der Begriff des automatisierten Verfahrens ist daher weit zu verstehen und erfasst grundsätzlich auch **Videokameras** – unabhängig von ihrer Leistungsfähigkeit und technischen Gestaltung und unabhängig von ihren jeweiligen Einsatzbereichen (stationär oder mobil) und Einsatzzwecken.[125]

46 Erforderlich ist allerdings, dass die Videobilder von dem eingesetzten System auch verfügbar gehalten werden können. Dh, dass eine – wenn auch nur kurzfristige – **Speicherung der Bilddaten** (analog oder digital)[126] möglich sein muss.[127] Denn das erhöhte Risiko einer automatisierten Verarbeitung, das die Einbeziehung in den Schutzbereich der DSGVO rechtfertigt, ist in dem Verarbeitungsprozess zu sehen, der eine vereinfachte **Zugänglichkeit oder Auswertungsmöglichkeit** von Daten in einem Datenbestand erlaubt.[128] Nicht der bloße Umstand, dass einzelne technische Vorgänge automatisiert ablaufen, sondern die Möglichkeit, die dargestellten Inhalte in Abhängigkeit von ihren personenbezogenen Informationsgehalten zu behandeln, begründet eine automatisierte Datenverarbeitung. Eine solche inhaltliche Erschließung, Bearbeitung und Auswertung von Daten kann bei einer flüchtigen Wahrnehmung auf einem Bildschirm nicht erfolgen. Reine **Kamera-Monitor-Systeme** („verlängertes Auge"), dh bloße Bildübertragungen ohne jede Möglichkeit der Aufzeichnung oder Zwischenspeicherung, fallen daher mangels automatisierter Verarbeitung **nicht in den Anwendungsbereich** der DSVO (→ Art. 2 Rn. 16).[129]

47 Die **nationale Regelung** zur Videoüberwachung in § 4 Abs. 1 BDSG nF geht darüber hinaus. Schon aus der Anknüpfung an den Begriff der „**Beobachtung**" folgt, dass es für die Anwendbarkeit dieser Vorschrift gerade nicht auf eine nachfolgende Aufzeichnung oder Auswertung des Bildmaterials ankommt, sondern jede Form der Verarbeitung genügen soll.[130] Das reine Kamera-Monitoring würde damit erfasst.[131] Das dürfte angesichts der technischen Entwicklung heute allerdings kaum noch praktische Bedeutung haben. Überdies ist § 4 Abs. 1 BDSG nF wegen des Anwendungsvorrangs der DSGVO nur bei der Videoüberwachung öffentlicher Stellen des Bundes anwendbar (→ Rn. 21 f.).

48 **5. Persönliche oder familiäre Tätigkeiten.** Erfolgt der Einsatz von Videotechnik durch natürliche Personen zur Ausübung ausschließlich persönlicher oder familiärer Tätigkeiten kommen die Regelungen der DSGVO nicht zur Anwendung. Insoweit gilt der **Ausschlusstatbestand des Art. 2 Abs. 2 lit. c** (→ Art. 2 Rn. 23ff.).[132] Dieser bereits in Art. 3 Abs. 2, 2. Anstrich DSRL[133] enthaltene **Anwendungsausschluss** ist mit Rücksicht auf die durch eine Videoüberwachung drohenden Eingriffe in die in Art. 7 und 8 GRC garantierten Grundfreiheiten auf Achtung des Privatlebens und den Schutz personenbezogener Daten **restriktiv auszulegen**.[134]

49 Die enge Auslegung findet auch im Wortlaut der Regelung eine Stütze. Wegen des Tatbestandsmerkmals „**ausschließlich**" entfällt die Ausnahme nämlich nicht bereits dann, wenn die Videoüberwachung nur zum

---

124 Vgl. Paal/Pauly/*Ernst* Art. 2 Rn. 5.
125 Vgl. BeckOK DatenschutzR/*Schild* DSGVO Art. 4 Rn. 34.
126 *Gola/Klug* RDV 2004, 65 (68); DKWW/*Wedde* § 6 b Rn. 7 sehen den Automatisierungsbegriff bereits immer bei Einsatz digitaler Videotechnik als erfüllt an.
127 Der EuGH C-212/13, NJW 2015, 463 mAnm *Klar* = ZD 2015, 77 mAnm *Lachenmann* = CR 2015, 100 mAnm *Bretthauer* geht jedenfalls bei einer „Überwachung mittels Videoaufzeichnung von Personen auf einer kontinuierlichen Speichervorrichtung" von einer automatisierten Verarbeitung aus, ohne dies allerdings näher zu begründen. So auch OVG Berlin-Brandenburg ZD 2017, 399 Rn. 21 mit Blick auf eine Netzwerkkamera, dass aus dem aufgenommenen Signal einen digitalen Videostream erzeugt, der über IP-Netze übertragen und in Netzwerk-Videorecordern gespeichert werden kann.
128 Vgl. für die automatisierte Verarbeitung nach dem BDSG Simitis/*Dammann* § 3 Rn. 78ff.; Taeger/Gabel/*Buchner* BDSG § 3 Rn. 23; *Bergmann/Möhrle/Herb* BDSG § 3 Rn. 47; *Gola/Schomerus* § 3 Rn. 15 a.
129 So im Ergebnis auch *Seifert* DuD 2013, 650 (651); Roßnagel/*Roßnagel*, Europ. DSGVO, § 2 Rn. 31; Kühling/Buchner/*Kühling/Raab* Art. 2 Rn. 15; Gola/*Schulz* Art. 6 Rn. 150; zu § 6 b BDSG aF bereits *Weichert* DuD 2000, 662 (664); *Königshofen* RDV 2001, 220 (221 f.); *Gola/Schomerus*, § 6 b Rn. 10 und zur DSRL *Lang*, Private Videoüberwachung im öffentlichen Raum, 2008, S. 216; Simitis/*Scholz* § 6 b Rn. 19; aus polizeirechtlicher Sicht vgl. *Brenneisen/Staack* DuD 1999, 447ff.
130 Dementsprechend wird der Anwendungsbereich des BDSG nF für öffentliche Stellen auch keine Beschränkung auf die automatisierte oder nicht-automatisierte Verarbeitung in Dateisystemen vor, sondern umfasst jede Form der nicht-automatisierten Datenverarbeitung (§ 1 Abs. 1 BDSG nF).
131 So schon zum gleichlautenden § 6 b BDSG aF Simitis/*Scholz* § 6 b Rn. 53, 65. Zum Eingriff in das Recht auf informationelle Selbstbestimmung durch die Beobachtung mittels Bildübertragung VGH Mannheim NVwZ 2004, 498; OVG NRW DVBl 2011, 175; OVG Hamburg MMR 2011, 128; *Lang*, Private Videoüberwachung im öffentlichen Raum, 2008, S. 164ff.; *Schnabel* NVwZ 2010, 1457; *Klar*, Datenschutzrecht und die Visualisierung des öffentlichen Raums, 2012, S. 58.
132 Ebenso Kühling/Buchner/*Kühling/Raab* Art. 2 Rn. 27; kritisch zur umfassenden Privilegierung *Roßnagel/Nebel/Richter* ZD 2015, 455 (456); Gola/*Lepperhoff* ZD 2016, 9 (12). Zur Rechtslage nach dem BDSG s. Simitis/*Scholz* § 6 b Rn. 54ff.
133 Dazu *Dammann/Simitis* Art. 3 Rn. 7 f.
134 Vgl. EuGH C-212/13, ECLI:EU:C:2014:2428 Rn. 29.

Teil oder für eine bestimmte Zeit den privaten oder familiären Bereich verlässt.[135] Die Privilegierung kommt nur zum Tragen, wenn die Videoüberwachung ganz und gar im **privaten Aktionskreis** desjenigen stattfindet, der die Daten verarbeitet, und mögliche Aufzeichnungen auch im privaten Bereich verbleiben. Eine rein subjektive Zweckbestimmung durch den Betroffenen reicht dabei nicht aus. Vielmehr müssen **objektive Umstände** vorliegen, die ersichtlich machen, dass eine ausschließlich persönliche oder familiäre Tätigkeit vorliegt.[136] Das kann beim Einsatz von Kameras (zB in Smartphones) im **Freizeitbereich** gelten, etwa für die Erstellung von Erinnerungs-, Urlaubs- oder Familienvideos, beim Babysitten mithilfe eines Video-Babyfons, für sportliche Aktivitäten (**Helmkameras**) oder bei der Nutzung von mit Kameras ausgestatteten Spielzeugdrohnen.[137]

Persönliche oder familiäre Tätigkeiten sind von der **beruflichen und geschäftlichen Sphäre** abzugrenzen.[138]   **50** Für die große Anzahl der Einsätze von Videotechnik in Geschäftsbereichen findet der Anwendungsausschluss daher keine Anwendung. Der Geschäftsbezug wird hier bereits durch die Einsatzzwecke (zB Verhütung von Vermögensdelikten oder Sachbeschädigung) begründet. Der Ausschlusstatbestand greift aber auch dann nicht ein, wenn eine direkte oder indirekte **wirtschaftliche Verwertung** von zunächst privaten Aufzeichnungen erfolgt oder geplant ist oder wenn Bilder für jedermann abrufbar ins **Internet** eingestellt werden.[139] So wird der private Bereich verlassen, wenn eine Weiterleitung von Videoaufzeichnungen an einen **Dienstleister** erfolgt, der seinerseits eine – über die Dienstleistungsbeziehung mit dem Nutzer hinaus gehende – geschäftsmäßige Verarbeitung der Daten vorsieht.[140]

Eine Privilegierung ist weiter abzulehnen, wenn **Videoaufzeichnungen** zur Schaffung von Beweismitteln angefertigt werden, um sie für eine spätere Rechtsverfolgung (Strafanzeige, Zivilklage) gegenüber der betroffenen Person oder den zuständigen Stellen zu verwenden. Davon ist etwa bei der **Überwachung von Zugängen** zu einem privaten Grundstück, von Eingangsbereichen einer Wohnungseigentumsanlage oder auch beim Einsatz von **Dash-Cams** in privaten Fahrzeugen auszugehen. Eine solche Form der **Beweissicherung** geht über den Bereich bloß privater oder familiärer Tätigkeiten hinaus.[141] Es kommt dabei nicht darauf an, wie wahrscheinlich eine tatsächliche Nutzung der Aufzeichnung als Beweismittel ist, wenn die Aufzeichnung zumindest auch zu diesem Zweck erfolgt.[142]

Unabhängig davon greift der Ausnahmetatbestand schon dann nicht ein, wenn die Videoüberwachung von   **52** privaten Bereichen auch nur teilweise den **öffentlichen Verkehrsraum** (zB Gehweg oder Straße) miterfasst.[143] Dies ist etwa bei der Zugangskontrolle von Hauseingängen oder Grundstücksgrenzen häufig der Fall.[144] Die Videoüberwachung ist damit zumindest auch auf einen Bereich außerhalb der privaten Sphäre gerichtet. Bereits dieser Außenbezug schließt eine rein persönliche Zweckbestimmung aus. Denn: Durch die Videoüberwachung sollen im öffentlichen Raum befindliche und außerhalb von Familien-, Freundes- oder Bekanntenkreis stehende Personen gerade zu einem bestimmten Verhalten veranlasst werden. Es wird zB eine **Abschreckungswirkung** im Sinne einer Störerabwehr bezweckt. Dabei ist es für den Ausnahmetatbestand unbeachtlich, ob eine Aufzeichnung stattfindet oder nicht.

---

135   Darauf verweist auch der EuGHC-212/13, ECLI:EU:C:2014:2428 Rn. 30. Zum Gesetzgebungsprozess Plath/*Plath* DSGVO Art. 2 Rn. 14.

136   So Schlussantrag GA Jääskinen v. 10. Juli 2014 – Rs. C-212/13 Rn. 46.

137   Vgl. Gola/*Schulz* Art. 6 Rn. 155 (für videobasierte Fahrassistenzsysteme); Auernhammer/*Onstein* BDSG § 6 b Rn. 9. Zu Spielzeugdrohnen auch *BfDI*, 24. TB, 3.3.3.4. Zum Einsatz von Smartglasses *Fuchs* ZD 2015, 212 (216); *Schwenke*, Private Nutzung von Smartglasses im öffentlichen Raum, 2016, S. 200ff.

138   Nach EG 18 muss die Datenverarbeitung ohne Bezug zu einer beruflichen oder wirtschaftlichen Tätigkeit vorgenommen werden. Dazu Paal/Pauly/*Ernst* Art. 2 Rn. 16.

139   Zu Letzterem EuGH C 101/01, MMR 2004, 95 (96) mAnm *Roßnagel*. Zur Nutzung in Social Media *Fuchs* ZD 2015, 212 (216); *Albrecht/Jotzo*, 67; differenzierend Gola/*Schulz* Art. 6 Rn. 153.

140   Zur Übertragung an einen Cloud-Anbieter zB bei der Nutzung von Smartglasses Plath/*Becker* BDSG § 6 b Rn. 7; *Solmecke/Kocatepe* ZD 2014, 22, (24).

141   So für Dash-Cams auch BGH, v. 15.5.2018, VI ZR 233/17, Rn. 22; VG Ansbach ZD 2014, 590 (592); VG Göttingen ZD 2017, 43 (44); *Gola/Schomerus* § 6 b Rn. 9 b; *Schröder* ZD 2014, 40; *Atzert/Franck* RDV 2014, 137; *Balzer/Nugel* NJW 2014, 1622 (1625); Beschluss der obersten Aufsichtsbehörden für den Datenschutz im nicht-öffentlichen Bereich (*Düsseldorfer Kreis*) vom 25./26.2. 2014: „Unzulässigkeit von Videoüberwachung aus Fahrzeugen (sog Dashcams)". AA *Fuchs* ZD 2015, 212 (215), demzufolge der Aufnahmevorgang selbst ausschließlich persönlichen Zwecken dienen kann. Anders als bei Überwachungskameras soll mit Dash-Cams kein fremdes Verhalten erfasst werden, sondern nur das eigene „persönliche" Verhalten und auch nur das, was der Fahrer selbst „persönlich" wahrnehmen kann. Anders auch BeckOK DatenschutzR/*Brink* BDSG § 6 b Rn. 14, demzufolge die bloße Anrufung der Zivilgerichte oder eine Anzeige bei der Polizei aus der persönlichen Tätigkeit „Schutz von Haus und Grundstück" noch keine gewerbsähnliche machen. *Klann* DAR 2014, 451 (452) will darauf abstellen, ob die Dash-Cam im Rahmen eines Versicherungsvertrags installiert wird.

142   AA *Klann* DAR 2013, 188.

143   So EuGH C-212/13, NJW 2015, 463 Rn. 33 mAnm *Klar* ZD 2015, 77 mAnm *Lachenmann* CR 2015, 100 mAnm *Bretthauer*. Sa Paal/Pauly/*Ernst* Art. 2 Rn. 19; DKWW/*Wedde* § 6 b Rn. 27; *Reibach* DuD 2015, 157 (160).

144   S. *BBDI*, JB 2017, 11.4; *ULD*, 32. TB, 5.5.1.

53 Sofern sich die Videoüberwachung demgegenüber nur auf die eigene **private Wohnung** erstreckt, ohne dass dabei öffentliche Flächen betroffen sind, ist von einer rein persönlichen oder familiären Tätigkeit im Sinne des Art. 2 Abs. 2 lit. c auszugehen. Die datenschutzrechtlichen Regelungen kommen dann nicht zur Anwendung. Den von der Videoüberwachung betroffenen Besuchern stehen unter Umständen jedoch zivilrechtliche Unterlassungs- und Abwehransprüche zur Verfügung. Diese müssten auf dem Zivilrechtsweg geltend gemacht werden.[145]

54 Ebenso zu beurteilen ist eine Einlass- oder Zugangskontrolle in Form einer **Klingelkamera**, bei der nur nach Betätigen des Klingelknopfes eine lediglich kurzzeitige Beobachtung der um Einlass begehrenden Person möglich ist, eine Bildübertragung allein in die Wohnung erfolgt, bei der geklingelt wurde, und die Kamera sich selbsttätig wieder abschaltet. Hierbei handelt es sich nicht nur um keine automatisierte Verarbeitung (→ Rn. 44ff.), sondern überdies um eine nach der Verkehrsanschauung noch rein private Zweckbestimmung, sofern eine Beobachtung des öffentlichen Straßenlandes technisch praktisch ausgeschlossen ist.[146] Wird die Überwachung eines privaten Bereichs einem **Sicherheitsdienst** übertragen, so kann dieser sich nicht auf die datenschutzrechtliche Privilegierung berufen, sofern nicht eine auch insoweit zulässige Auftragsdatenverarbeitung (Art. 28) vorliegt.[147]

55 **6. Öffentlich zugängliche Bereiche / Räume.** Die DSGVO enthält weder eine Definition der Videoüberwachung noch spezifische Regelungen für deren datenschutzrechtliche Zulässigkeit. Für private Betreiber von Videotechnik, bei denen sich die Zulässigkeit aufgrund des Anwendungsvorrangs der DSGVO entgegen dem Wortlaut von § 4 BDSG nF nicht nach dieser Vorschrift, sondern ausschließlich nach der DSGVO richtet (→ Rn. 19ff.), ist es daher nicht von Belang, ob **öffentlich zugängliche** oder nicht öffentliche zugängliche **Bereiche** erfasst werden. Die Maßnahmen müssen sich an den allgemeinen Vorgaben der Verordnung zur Rechtmäßigkeit der Datenverarbeitung messen lassen. Bei der Überwachung nicht öffentlich zugänglicher Bereiche kann allenfalls der Ausschlusstatbestand des Art. 2 Abs. 2 lit. c („persönliche oder familiäre Tätigkeiten") greifen – etwa beim Einsatz von Videosystemen innerhalb einer privaten Wohnung (→ Rn. 53). Lediglich für die Frage, ob der Verantwortliche vor dem Einsatz eine **Datenschutz-Folgenabschätzung** durchführen muss, ist es nach Art. 35 Abs. 3 lit. c entscheidend, ob eine Überwachung „öffentlich zugänglicher Bereiche" stattfindet (→ Rn. 141ff.). Demgegenüber soll die spezifische Regelung zur Videoüberwachung in § 4 BDSG nF ebenso wie § 6 b BDSG aF von vornherein nur bei einer Überwachung „öffentlich zugänglicher Räume" gelten. Das betrifft öffentliche Stellen, die Videotechnik zwecks Erfüllung öffentlicher Aufgaben oder zur Wahrnehmung ihres Hausrechts einsetzen.

56 Öffentlich zugänglich im Sinne von § 4 BDSG nF und Art. 35 Abs. 3 lit. c sind Bereiche – **innerhalb oder außerhalb von Gebäuden** –, die von einem **unbestimmten** oder nur nach allgemeinen Merkmalen bestimmten **Personenkreis** betreten und genutzt werden können und ihrem Zweck nach auch dazu bestimmt sind.[148] Die Zweckbestimmung kann sich aus einer Widmung für den öffentlichen Verkehr oder aus dem erkennbaren Willen des Berechtigten, dh des Eigentümers, Mieters, Pächters oder sonstigen Inhabers des Hausrechts ergeben.

57 Die **Eigentumsverhältnisse** am Beobachtungsobjekt sind für die Erfüllung dieses Tatbestandsmerkmals **unbeachtlich**.[149] Auch Räume oder Grundstücke im Privatbesitz können öffentlich zugänglich sein. Entscheidend ist allein die durch den Berechtigten eröffnete tatsächliche Nutzungsmöglichkeit durch die Allgemeinheit.[150] Ebenso wenig kommt es darauf an, ob der Bereich umschlossen oder überdacht ist, so dass auch **öffentliche Straßen, Wege, Plätze** etc erfasst werden.[151] Bei **Waldgebieten** handelt es sich ebenfalls um einen öffentlich zugänglichen Raum, da nach den Waldgesetzen der Länder das Betreten des Waldes zum Zweck der naturverträglichen Erholung jedermann gestattet ist.[152]

58 Zu den öffentlich zugänglichen Räumen zählen bspw. Verkaufsbereiche von Geschäften, **Kaufhäusern** und **Tankstellen**, Einkaufspassagen, Restaurants und Cafés, Schalterhallen von Banken, Hotelfoyers, Flughäfen,

---

145 Vgl. *Düsseldorfer Kreis*, Orientierungshilfe „Videoüberwachung durch nicht-öffentliche Stellen", S. 17.

146 Vgl. *Lang*, Private Videoüberwachung im öffentlichen Raum, 2008, S. 264 f. Zu Videokameras in Klingeltableaus auch *BBDI*, JB 2004, 4.8.4; BGH NJW-RR 2011, 949.

147 So auch DKWW/*Wedde* § 6 b Rn. 27; BeckOK DatenschutzR/*Brink* BDSG § 6 b Rn. 15; *Gola/Schomerus* § 6 b Rn. 7 a.

148 Vgl. Auernhammer/*Onstein* BDSG § 6 b Rn. 12; VG Oldenburg ZD 2013, 296 Rn. 33.

149 Vgl. *Bergmann/Möhrle/Herb* BDSG § 6 b Rn. 22.

150 Vgl. *Gola/Schomerus* § 6 b Rn. 8; VG Oldenburg ZD 2013, 296 Rn. 33.

151 So etwa für einen zu einem Kaufhaus gehörenden Arkadengang AG Berlin-Mitte NJW-RR 2004, 531 (532). Für „umgrenzte" Plätze auch DKWW/*Wedde* § 6 b Rn. 21.

152 Vgl. zu Wildkameras VG Saarlouis BeckRS 2016, 47655; *HDSB*, 43. TB, 5.2.1.5; *UDZ Saarl*, 25. TB, 19.11; *ULD*, 35. TB, 5.6.1. Zum Wald als öffentlich zugänglicher Raum auch *Dienstbühl* NuR 2012, 395 (396 f.).

Schwimmbäder sowie Bahnhofshallen und Bahnsteige, aber auch öffentliche Gärten, Parks, **Fußgängerzonen** und Spielplätze.[153]

Ein Bereich ist nicht nur dann als öffentlich zugänglich einzustufen, wenn er ohne jede Vorbedingung betreten werden kann, sondern auch, wenn die Nutzung an Bedingungen oder Umstände geknüpft ist, die im Voraus bestimmt sind und von einem unbestimmten Personenkreis erfüllt werden können.[154] Hängt die Zugangsberechtigung etwa vom **Erwerb einer Eintrittskarte** oder eines Fahrscheins oder von einer **vorherigen Anmeldung** ab, bestimmt sich die Zugänglichkeit nach einem allgemeinen, von einer unbestimmten Anzahl von Personen erfüllbaren Kriterium. Daher fallen auch entgeltpflichtige Bereiche wie Kinos, Museen, Theater, Fußballstadien und die Fahrgastbereiche öffentlicher Verkehrsmittel einschließlich der Haltestellen unter den Begriff des öffentlich zugänglichen Raums im Sinne der Vorschrift.[155] Gleiches gilt für die Bereiche nach der **Personen- und Gepäckkontrolle am Flughafen**, die nur mit einer Bordkarte betreten werden dürfen. Da das Erreichen einer bestimmten **Altersgrenze** ebenfalls eine **allgemeine Zugangsvoraussetzung** darstellt, zählen auch Casinos und Spielhallen zu den öffentlich zugänglichen Bereichen.[156]

Nicht öffentlich zugänglich sind hingegen Räume, die nur von einem bestimmten und abschließend definierten Personenkreis betreten werden können oder dürfen.[157] Maßgeblich sind insoweit die Vorgaben des Verfügungsberechtigten, dh dessen nach außen sichtbarer Wille.[158] Allein die **faktische Zugangsmöglichkeit**, zB eine unverschlossene Tür, begründet keine Öffentlichkeit, wenn der entgegenstehende Wille aus den Umständen (zB durch **Verbotsschilder, Eingrenzungen**) für die betroffene Person erkennbar ist.[159] Zu den nicht öffentlich zugänglichen Räumen zählen bspw. **Firmen- und Werksgelände**, Betriebsstätten, Produktionsbereiche, Lager- und Personalräume sowie Büros und Arbeitsplätze ohne Publikumsverkehr.[160] Der Vorgarten eines Hauses ist nur dann kein öffentlich zugänglicher Raum, wenn er durch bauliche Abgrenzungen (Mauer, Zaun) oder durch Beschilderung klar als nicht zu betretende Fläche gestaltet ist.[161]

Auch bei **Wohngebäuden** einschließlich abgegrenzter Grundstücke, Kellerräume, baulich einbezogener (Tief-)Garagen sowie im Gebäude belegener Treppen und Fahrstühle ist regelmäßig davon auszugehen, dass sie nicht öffentlich zugänglich sind.[162] Lediglich die Bewohner und deren Besucher sollen Zugang haben und verfügen über entsprechende Betretensrechte. Dagegen bleibt der jedermann zugängliche **Eingangsbereich** vor der Haustür öffentlicher Raum, sofern er sich auf oder an einem öffentlich zugänglichen Weg und nicht innerhalb einer abgegrenzten Wohnanlage befindet.[163] Ebenfalls als öffentlich zugänglich sind **Treppenhäuser**, Eingangsbereiche und **Fahrstühle** von gemischt genutzten Gebäuden zu qualifizieren, in denen sich sowohl Wohnungen als auch Räumlichkeiten befinden, die auf Publikumsverkehr ausgerichtet sind (zB Arztpraxen, Rechtsanwaltskanzleien, Geschäfte).[164] Allerdings handelt es sich hier nur während der **Sprech- oder Öffnungszeiten** um einen öffentlich zugänglichen Raum, da nur zu diesen Zeiten der Raum dazu bestimmt ist, von der Allgemeinheit betreten zu werden.[165] Ein Raum kann also datenschutzrechtlich temporär öffentlich und – etwa nach allgemeinem Büroschluss oder an Wochenenden und an Sonn- und Feiertagen – nicht öffentlich zugänglich sein.

Die datenschutzrechtliche Zulässigkeit der **Videoüberwachung von Arbeitsplätzen** beurteilt sich nach den Regelungen zur Datenverarbeitung im Beschäftigungskontext (Art. 88 DSGVO iVm § 26 BDSG nF,

59

60

61

62

---

153 Weitere Beispiele bei *Bergmann/Möhrle/Herb* BDSG § 6 b Rn. 25.
154 Für die Institutsbibliothek einer Universität vgl. OVG NRW RDV 2009, 232 Rn. 29.
155 Ebenso *Hilpert* RDV 2009, 160 (161).
156 Vgl. DKWW/*Wedde* § 6 b Rn. 20. Zur Einordnung der Selbstbedienungsbereiche von Banken und Sparkassen s. Simitis/*Scholz* § 6 b Rn. 46 mwN.
157 Vgl. VG Oldenburg ZD 2013, 296 Rn. 33.
158 AA *Gola/Schomerus* § 6 b Rn. 9 für Firmengelände ohne Einlasskontrolle.
159 Vgl. DKWW/*Wedde* § 6 b Rn. 22; BeckOK DatenschutzR/*Brink* BDSG § 6 b Rn. 30.
160 Vgl. LAG Hamm jurisPR-ITR 21/2011 Rn. 57.
161 So BeckOK DatenschutzR/*Brink* BDSG § 6 b Rn. 30. Das gilt auch für jagdliche Einrichtungen (zB Kirrungen), die nur mit Erlaubnis des Grundeigentümers oder Jagdausübungsberechtigten betreten werden dürfen. Hier fehlt es in der Regel an der Erkennbarkeit des Betretungsverbotes für den Waldbesucher, vgl. *UDZ Saarl*, 25. TB, 19.11; VG Saarlouis, v. 18.5.2016 – 1 K 1074/15; LG Essen, v. 26.6.2014 – 10 S 37/14; aA *Gola/Schomerus* § 6 b Rn. 9 a.
162 Das OLG Düsseldorf NJW 2007, 780 (781) verneint die öffentliche Zugänglichkeit etwa für eine im Wohnungseigentum stehende Hoffläche, die der Eigentümer begehen muss, um sein Wohnungseigentum zu erreichen. Zur Tiefgarage einer Wohnungseigentumsanlage OLG Karlsruhe NJW 2002, 2799.
163 Vgl. *Taeger*, ZD 2013, 572; *BBDI*, JB 2005, 3.1; LG Berlin GE 2005, 917 (918); BGH NJW-RR 2011, 949 Rn. 15; BGH NJW 2013, 3089 zum öffentlich zugänglichen Teil des Gemeinschaftseigentums.
164 Sa *Bretthauer*, Intelligente Videoüberwachung, 2017, S. 198ff., der exemplarisch für ein Krankenhaus unterschiedliche Räume analysiert.
165 Anders OVG Lüneburg NJW 2015, 502 (505), wenn auch außerhalb der üblichen Bürozeiten in den Abendstunden oder am Wochenende Besprechungstermine mit Klienten oder Kunden vereinbart werden und mithin Publikumsverkehr stattfinden kann.

→ Rn. 30 → Art. 88 Rn. 134ff.).[166] Das gilt unabhängig davon, ob die Arbeitsplätze sich in nicht öffentlich zugänglichen Bereichen von Betrieben oder Dienststellen befinden oder die Beschäftigten vom Videoeinsatz im öffentlichen Raum mitbetroffen sind, zB in den Verkaufsräumen eines Kaufhauses, in Schalterhallen von Banken, an Tankstellen, Flughäfen oder Bahnhöfen etc[167]

V. Zulässigkeit der Videoüberwachung

63 **1. Rechtsgrundlagen.** Die DSGVO enthält **keine spezifische Norm** zur Videoüberwachung. Ob eine Videoüberwachung datenschutzrechtlich zulässig ist, bestimmt sich daher anhand der allgemeinen Rechtmäßigkeitsvoraussetzungen für die Datenverarbeitung in Art. 6 Abs. 1 und – soweit die Vorschrift anwendbar ist (→ Rn. 20ff.) – **ergänzend nach § 4 BDSG nF.**

64 **a) Einwilligung, Art. 6 Abs. 1 UAbs. 1 lit. a.** Der in Art. 6 Abs. 1 UAbs. 1 lit. a als Rechtsgrundlage benannten Einwilligung der betroffenen Person dürfte für die Videoüberwachung **kaum praktische Bedeutung** zukommen. Art. 4 Nr. 11 definiert die Einwilligung als eine freiwillige, in informierter Weise und unmissverständlich abgegebene Willensbekundung in Form einer Erklärung oder sonstigen eindeutigen bestätigenden Handlung (→ Art. 7 Rn. 35ff., 48ff., 67ff.). Da von Videoüberwachungsmaßnahmen eine unbestimmte und in der Regel große Zahl von Personen erfasst wird, erweist sich die vorherige Einholung einer wirksamen Einwilligung aller potenziell betroffenen Personen als selten durchführbar.[168] Von einer Einwilligung in Form eindeutigen Handelns kann jedenfalls nicht schon dann ausgegangen werden, wenn die betroffenen Personen aufgrund eines entsprechenden Hinweises wissen, dass sie einen überwachten Bereich betreten.[169] Es dürfte auch an der erforderlichen Freiwilligkeit fehlen, wenn faktisch keine Wahl besteht, sich in den erfassten Raum zu begeben oder diesen zu meiden. Allenfalls wenn der von der Überwachung erfasste Personenkreis vollständig bekannt ist (zB Mieter oder Mitarbeiter), kommt die vorherige Einholung einer wirksamen Einwilligung überhaupt in Betracht.[170]

65 **b) Erfüllung einer rechtlichen Verpflichtung, Art. 6 Abs. 1 UAbs. 1 lit. c.** Für bestimmte Einrichtungen besteht eine **gesetzliche Verpflichtung zur Videoüberwachung.** So müssen zB **Spielbanken** und **Spielhallen** nach den Glücksspiel- bzw. Spielbankgesetzen der Länder zur Sicherstellung des ordnungsgemäßen Spielablaufs, zum Schutz vor Manipulationen, zur Verhinderung, Aufdeckung und Verfolgung von Straftaten oder zur Zugangskontrolle die Eingänge und Spielräume der Spielbank, die Spieltische, die Spielgeräte und die übrigen sicherheitsrelevanten Bereiche mittels Videotechnik überwachen und die Bildaufzeichnungen für einen festgelegten Zeitraum aufbewahren.[171]

66 Diese Videoüberwachungsmaßnahmen können sich auf die Erlaubnis aus Art. 6 Abs. 1 UAbs. 1 lit. c stützen. Danach ist die Datenverarbeitung rechtmäßig, wenn sie zur **Erfüllung einer rechtlichen Verpflichtung** erforderlich ist. Die Verordnung eröffnet den Mitgliedstaaten die Möglichkeit, in ihren nationalen Rechten eine rechtliche Verpflichtung zu begründen oder bereits bestehende rechtliche Verpflichtungen aufrecht zu erhalten (Art. 6 Abs. 2 und 3).[172]

67 **c) Wahrnehmung einer öffentlichen Aufgabe, Art. 6 Abs. 1 UAbs. 1 lit. e iVm § 4 Abs. 1 Nr. 1 und 2 BDSG.** Eine Videoüberwachung kann nach Art. 6 Abs. 1 UAbs. 1 lit. e zulässig sein, wenn sie für die **Wahrnehmung einer Aufgabe** erforderlich ist, die **im öffentlichen Interesse** liegt oder in Ausübung öffentlicher Gewalt erfolgt. Die Regelung hat in erster Linie Staatsaufgaben im Blick, die administrativ ausgeführt wer-

---

166 Zur Videoüberwachung am Arbeitsplatz vgl. zB *Grimm/Schiefer* RdA 2009, 329ff.; *Forst* RDV 2009, 204ff.; *Byers/Pracka* BB 2013, 760ff.; *Bayreuther* DB 2012, 2222ff.; *Bauer/Schansker* NJW 2012, 3537ff.; *Jerchel/Schubert* DuD 2015, 151ff.; *Venetis/Oberwetter* NJW 2016, 1051ff.; *Alter* NJW 2015, 2375ff.; Auernhammer/*Forst* BDSG § 32 Rn. 87ff.; Plath/*Stahmer/Kuhnke* BDSG § 32 Rn. 122ff.
167 Vgl. *Kort* ZD 2016, 555 (559). Zur Rechtslage nach dem BDSG aF vgl. Simitis/*Scholz* § 6 b Rn. 50 f.; *Düsseldorfer Kreis*, Orientierungshilfe „Videoüberwachung durch nicht-öffentliche Stellen", 2014, S. 14 f.
168 So auch *Seifert* DuD 2013, 650 (652); Auernhammer/*Onstein* BDSG § 6 b Rn. 25. Zur Aufnahme mit einer Webcam VG Schwerin ZD 2015, 448 (450).
169 Vgl. BVerfG NVwZ 2007, 688 (690). Dem folgend BVerwGE 141, 329ff.; OVG Berlin-Brandenburg ZD 2017, 399 (400); OVG Lüneburg NJW 2015, 502 VG Potsdam BeckRS 2016, 43917 Rn. 25. Anders für nicht öffentlich zugängliches Besitztum noch BAG NJW 2005, 313 (317).
170 Das OVG Saarland MMR 2018, 259 Rn. 51ff. geht vom Vorliegen einer wirksamen, weil freiwillig erteilten Einwilligung der Beschäftigten einer Apotheke in offene Videoüberwachungsmaßnahmen (Betäubungsmittelschrank) aus. Dazu die kritische Anm. von *Ziebarth* MMR 2018, 262 f. Zur Wirksamkeit der Einwilligung im Arbeitsverhältnis BeckOK DatenschutzR/*Brink* BDSG § 6 b Rn. 22. Allgemein Paal/Pauly/*Pauly* Art. 88 Rn. 8; Auernhammer/*Forst* BDSG § 32 Rn. 12 mwN.
171 Vgl. zB § 7 SpielbO Bay.; § 32 LGlüG BW; § 10 a SpielbG Bln.; § 8 SpielbG Bbg.; § 7 SpielhallenG Hess.; § 8 SpielbG NRW; § 8 SpielbG LSA. Zur Mitbestimmung des Betriebsrats BAG ZD 2013, 352.
172 Vgl. *Kühling/Martini et al.*, S. 30.

den.[173] Normadressaten sind aber nur diejenigen Verantwortlichen, denen eine solche Aufgabe übertragen wurde. Der Erlaubnistatbestand setzt daher nach Art. 6 Abs. 3 UAbs. 1 voraus, dass eine Rechtsvorschrift den Verantwortlichen zu der entsprechenden Verarbeitung ermächtigt (s. auch EG 45 S. 1). Solche Rechtsgrundlagen können sich aus dem Unionsrecht oder dem Recht der Mitgliedstaaten ergeben. Mit § 4 Abs. 1 BDSG nF hat der deutsche Gesetzgeber eine entsprechende Regelung für die Videoüberwachung geschaffen (→ Rn. 21 f.).

Während Art. 6 Abs. 1 UAbs. 1 lit. e einen strikt funktionalen Ansatz verfolgt und nicht danach unterscheidet, ob es sich bei dem Verantwortlichen um eine öffentliche oder (beliehene) private Stelle handelt (EG 45 S. 5),[174] sollen sich auf § 4 Abs. 1 S. 1 Nr. 1 und Abs. 3 S. 1 BDSG nF **nur öffentliche Stellen** berufen können. Der Erlaubnistatbestand setzt die Erfüllung von Aufgaben durch Behörden oder andere Träger hoheitlicher Gewalt voraus. Diese **öffentlichen Aufgaben** müssen in der **Zuständigkeit** der jeweils verantwortlichen öffentlichen Stelle liegen.[175] Art, Umfang und Grenzen der Aufgaben leiten sich aus den nationalen Gesetzen, Verordnungen oder sonstigen Rechtsvorschriften ab, durch die die Existenz und Tätigkeit der jeweiligen öffentlichen Stelle begründet und definiert wird.[176] Eine Aufgabe muss nicht unmittelbar durch den Einsatz von Videotechnik erfüllt werden. Es reicht vielmehr aus, wenn die Videoüberwachung die Aufgabenerfüllung im weitesten Sinne unterstützt oder absichert. In Betracht kommt hier etwa die **Überwachung der Funktionsfähigkeit** öffentlicher Anlagen, wie zB Munitionsdepots, Schleusen oder Deich- und Brückenanlagen.[177] | 68

In der Zuweisung einer Verwaltungsaufgabe ist zugleich auch die Ermächtigung zur Störungsabwehr enthalten. Der Verwaltung kommt als Annex zur Sachkompetenz ein öffentlich-rechtliches Hausrecht zu.[178] Videoüberwachungsmaßnahmen zur Aufgabenerfüllung können sich daher auch auf eine **Wahrnehmung des Hausrechts** berufen. § 4 Abs. 1 S. Nr. 2 BDSG nF sieht hierfür einen eigenen Erlaubnistatbestand vor, der sich auf die unionsrechtliche Öffnungsklausel in Art. 6 Abs. 2 und 3 stützen kann (→ Rn. 21 f.). Der Inhaber des öffentlich-rechtlichen Hausrechts – der nicht mit dem Eigentümer identisch sein muss – ist berechtigt, die zum Schutz des Objekts und der sich darin aufhaltenden Personen sowie die zur Abwehr unbefugten Betretens erforderlichen Maßnahmen zu ergreifen, dh **Störer** zu verweisen und ihnen das Betreten für die Zukunft zu untersagen (Hausverbot). Bei Räumen in öffentlicher Hand ist Inhaber des Hausrechts die jeweilige Körperschaft, die durch ihre Vertretungsorgane handelt.[179] | 69

Der Einsatz von Videoanlagen zur Wahrnehmung des Hausrechts kann sowohl **präventive** (Abwehr von drohenden Gefahren, Verhinderung von strafbaren Handlungen) als auch **repressive Ziele** (Dokumentation von Verstößen zum Zweck der Aufklärung) verfolgen.[180] Die Videoüberwachung dient in aller Regel der Eigensicherung der jeweiligen Liegenschaften. Dadurch sollen Schäden an dem überwachten Gebäude und der sich darin aufhaltenden Personen (**Objektsicherung**) oder das Betreten durch unbefugte Personen (**Zugangskontrolle**) verhindert bzw. zur Beweissicherung dokumentiert werden.[181] Das Hausrecht endet an den Grenzen des Grundstücks. Es verleiht dem Hausrechtsinhaber nicht die Befugnis, den nicht vom Hausrecht umfassten Bereich, etwa Straßen, Fußwege, benachbarte Grundstücke, zu überwachen.[182] | 70

Zum Teil wird die Videoüberwachung zur Durchsetzung des Hausrechts nicht vom Hausrechtsinhaber selbst, sondern von **privaten Sicherheitsdiensten** durchgeführt.[183] Zwar kann die Wahrnehmung des Hausrechts delegiert werden.[183] In diesen Fällen ist aber zu bedenken, dass der private Sicherheitsdienst bei der Zugangs- und Objektsicherung datenschutzrechtlich nicht immer als Auftragnehmer, sondern unter Umständen als eigene verantwortliche Stelle tätig wird, etwa wenn der Auftraggeber ihm einen eigenen Entscheidungsspielraum hinsichtlich der mittels Videoüberwachung gewonnen Daten gewährt.[184] Dann wäre der Zulässigkeitstatbestand des Art. 6 Abs. 1 UAbs. 1 lit. f maßgeblich, wobei der Sicherheitsdienst eigene berechtigte Interessen geltend machen muss.[185] | 71

---

173 Vgl. Kühling/Buchner/*Buchner/Petri* Art. 6 Rn. 111.
174 Vgl. schon *Dammann/Simitis* Art. 7 Rn. 10. Dem für die DSGVO folgend Paal/Pauly/*Frenzel* Art. 6 Rn. 23; BeckOK DatenschutzR/ *Albers* DSGVO Art. 6 Rn. 41; Gola/*Schulz* Art. 6 Rn. 49.
175 Vgl. Simitis/Sokol/*Scholz* § 13 Rn. 15ff.
176 Vgl. DKWW/*Wedde* § 6 b Rn. 30.
177 Vgl. Auernhammer/*Onstein* BDSG § 6 b Rn. 27; Plath/*Becker* BDSG § 6 b Rn. 15; *BBDI*, JB 2007, 11.2.2.
178 OVG NRW NVwZ-RR 1989, 316; *Stelkens* Jura 2010, 363 (369). Einen eigenen datenschutzrechtlichen Hausrechtsbegriff definiert *Ziegler* DuD 2003, 337.
179 BeckOK DatenschutzR/*Brink* BDSG § 6 b Rn. 45.
180 OVG NRW RDV 2009, 232 Rn. 46.
181 Zur Videoüberwachung bei Jobcentern, *BfDI*, 25. TB, 9.1.6.
182 Vgl. Auernhammer/*Onstein* BDSG § 6 b Rn. 30.
183 Vgl. Gola/*Schomerus* § 6 b Rn. 16.
184 Vgl. Taeger/Gabel/*Zscherpe* BDSG § 6 b Rn. 36.
185 Näher dazu Gola/*Klug* RDV 2004, 71. Vgl. auch Bergmann/Möhrle/*Herb* BDSG § 6 b Rn. 35, die aber im Regelfall von einer Auftragsdatenverarbeitung ausgehen.

72 Der Aufgabenerfüllung öffentlicher Stellen des Bundes nach Art. 6 Abs. 1 UAbs. 1 lit. e DSGVO iVm § 4 Abs. 1 S. 1 Nr. 1 BDSG nF kommt als Erlaubnistatbestand für die Videoüberwachung nur eine **Auffangfunktion** zu.[186] Soweit **bereichsspezifische Gesetze spezielle Regelungen** zur Videoüberwachung durch öffentliche Stellen enthalten, kommen diese vorrangig zur Anwendung (→ Rn. 31).

73 **d) Wahrung berechtigter Interessen, Art. 6 Abs. 1 UAbs. 1 lit. f.** Mangels spezifischer unionsrechtlicher Regelungen beurteilt sich die datenschutzrechtliche Zulässigkeit von Maßnahmen der Videoüberwachung durch **private Stellen** am Erlaubnistatbestand des Art. 6 Abs. 1 lit. f. Danach ist eine Datenverarbeitung zulässig, wenn sie zur **Wahrung berechtigter Interessen** des Verantwortlichen oder eines Dritten erforderlich ist und die Interessen oder Grundrechte und Grundfreiheiten der betroffenen Personen nicht überwiegen. Art. 6 Abs. 1 UAbs. 2 iVm EG 47 S. 5 stellt klar, dass diese Zulässigkeitsalternative nicht für die Verarbeitung durch öffentliche Stellen gilt, die diese in Erfüllung ihrer Aufgaben vornehmen.[187] § 4 Abs. 1 S. 1 Nr. 3 und S. 2 BDSG nF, der eine Videoüberwachung zur Wahrnehmung berechtigter Interessen erlaubt, kommt wegen des Vorrangs der Verordnung nicht zur Anwendung (→ Rn. 23 f.).

74 Als berechtigtes Interesse im Sinne der Verordnung gilt nicht nur ein **rechtliches**, sondern auch jedes nicht von der Rechtsordnung missbilligte tatsächliche **Interesse wirtschaftlicher oder ideeller Art**.[188] Bloße Allgemeininteressen reichen nicht aus. Das Interesse bestimmt sich nicht allein nach den subjektiven Wünschen und Vorstellungen der verantwortlichen Stelle, sondern muss **objektiv begründbar** sein, dh sich aus der konkreten Sachlage ergeben. Unberechtigt ist ein Interesse, dass illegitim oder **sittenwidrig** (zB Videoüberwachung aus **Voyeurismus**) oder von vornherein nur auf die Beeinträchtigung der Rechte der betroffenen Personen ausgerichtet ist (zB Videoüberwachung zum Zwecke des Stalking oder der Erpressung).[189] Ebenso wenig kann sich der Verantwortliche auf ein legitimes Interesse berufen, wenn eine personalisierte Überwachung allein zur **Vermarktung** der Aufnahmen oder zu reinen **Werbezwecken** erfolgt.[190] Ein berechtigtes Interesse kann im Übrigen auch in der **Überwachung technischer Betriebsabläufe** liegen.[191]

75 Vor allem bei einem Einsatz von Videotechnik zum **Zweck der Gefahrenabwehr** wird man regelmäßig von der Wahrnehmung berechtigter Interessen ausgehen können. Dies gilt bspw. für die Verhütung von **Vandalismusschäden** (zB Verunstaltungen der Hausfassaden von Geschäfts- oder Wohnhäusern[192] oder in öffentlichen Verkehrsmitteln)[193] oder den Schutz vor Einbrüchen und **Eigentumsdelikten**.[194] Ein berechtigtes Interesse kann auch bei einer Videoüberwachung zum **Schutz** (von Leben, Freiheit und körperlicher Unversehrtheit) **der betroffenen Personen** selbst gegeben sein – etwa wenn es um die Sicherheit von Mitarbeitern, Mietern, Besuchern, Fahrgästen oder Kunden geht.[195] Art. 6 Abs. 1 UAbs. 1 lit. f bezieht ausdrücklich auch die Interessen Dritter mit ein.

76 Berechtigt ist das Interesse an der Gefahrenabwehr, wenn diese Gefahr nicht zur theoretisch besteht, sondern durch **konkrete**, also einzelfallbezogene **Tatsachen** begründbar ist.[196] Dabei kann es auch genügen, dass eine hinreichende Wahrscheinlichkeit für den Eintritt der erwarteten Störung besteht (**abstrakte Gefährdungslage**). Demnach wird man etwa Einkaufszentren, Kaufhäuser und weitläufige oder schwer einsehbare Geschäftsräume (zB Selbstbedienungsläden) im Hinblick auf Vermögensdelikte zu solchen potenziell gefährdeten Bereichen zählen können. Gleiches gilt für Geschäfte, die in Gegenden mit bekanntermaßen hoher Kriminalitätsdichte liegen sowie für den öffentlichen Nahverkehr im Hinblick auf Vandalismusschäden.[197] An die Eintrittswahrscheinlichkeit eines Ereignisses sind umso geringere Anforderungen zu stellen, je höher der erwartete Schaden und je gewichtiger das tangierte Rechtsgut ist. Zum Schutz von Leben, Gesundheit und bedeutenden Sach- und Vermögenswerten reicht eine nach allgemeiner Lebenserfahrung **typi-**

---

186 So zu § 6 b Abs. 1 Nr. 1 BDSG aF Plath/*Becker* BDSG § 6 b Rn. 15.

187 Dazu Paal/Pauly/*Frenzel* Art. 6 Rn. 26; Sydow/*Reimer* Art. 6 Rn. 66.

188 Vgl. *Laue/Nink/Kremer*, § 2 Rn. 35; Paal/Pauly/*Frenzel* Art. 6 Rn. 28. Roßnagel/*Nebel*, Europa. DSGVO, § 3 Rn. 109 geht davon aus, dass mangels Definition in der Verordnung, die Auslegung des Begriffs der berechtigten Interessen durch den EuGH, die nationalen Gerichte sowie den deutschen Gesetzgeber weiterhin Anwendung findet. Zur Diskussion um das „berechtigte Interesse" bei den Verhandlungen zur DSGVO *Albrecht* CR 2016, 88 (92).

189 Vgl. BeckOK DatenschutzR/*Brink* BDSG § 6 b Rn. 48.

190 Vgl. VG Schwerin ZD 2015, 448 (450) im Hinblick auf die Aufzeichnungen von Webcams zum Zwecke der Werbung und Information potenzieller Urlaubsgäste.

191 Vgl. *Alter* NJW 2015, 2375 (2376); *HmbBfDI*, 22. TB, IV 1.1. (für den Maschinenraum einer Fähre).

192 Vgl. AG Berlin-Mitte NJW-RR 2004, 531; *UDZ Saarl*, 25. TB, 19.7.

193 Vgl. *Düsseldorfer Kreis*, Orientierungshilfe „Videoüberwachung in öffentlichen Verkehrsmitteln", 2014, S. 3; *Bergfink* DuD 2015, 145 (148).

194 Vgl. Auernhammer/*Onstein* BDSG § 6 b Rn. 34; *Zilkens* DuD 2007, 279 (281).

195 Vgl. *Gola/Schomerus* § 6 b Rn. 17; *HmbBfDI*, 22. TB, IV 1.1. (zum öffentlichen Nahverkehr). Der nicht anwendbare (→ Rn. 23 f.) § 4 Abs. 1 S. 2 BDSG nF nennt die Schutzgüter Leben, Gesundheit, Freiheit von in öffentlich zugänglichen großflächigen Anlagen und im Personennahverkehr befindlichen Personen als besonders wichtiges Interesse.

196 So für ein Bürohaus OVG Lüneburg NJW 2015, 502 Rn. 56. Mit zustimmender Anm. *Zscherpe* DuD 2015, 172 (174).

197 Vgl. *Bergfink* DuD 2015, 145 (149).

scherweise gefährliche Sachlage aus.[198] Dies wird man bei Tankstellen, aber auch bei Juwelieren oder Banken häufig bejahen können.[199] Diese sind daher nicht daran gehindert, Videotechnik zu installieren, bevor Taten begangen worden sind.

Die Verantwortlichen müssen das Bestehen einer Gefährdungslage – etwa gegenüber der Aufsichtsbehörde 77 – **substantiiert darlegen** können. In Betracht kommt etwa die Nennung von konkreten früheren Vorfällen (Rechtsverletzungen).[200] Dies kann zB durch die Vorlage entsprechender Strafanzeigen (unter Nennung des staatsanwaltlichen Aktenzeichens) oder unter Rückgriff auf aussagekräftige polizeiliche Kriminalitätsstatistiken erfolgen.[201] Eine bloße Behauptung oder die allgemeine Vermutung, dass Rechtsverletzungen zu erwarten sind, reicht hingegen nicht aus. Das Vorliegen berechtigter Interessen ist daher zu verneinen, wenn die Videoüberwachung lediglich mit dem Ziel einer allgemeinen **abstrakten Gefahrenvorsorge** begründet wird („nach dem Rechten sehen", „zur Abschreckung", „Erhöhung der Sicherheit"), ohne dass diese pauschale Mutmaßung durch näher spezifizierte Tathandlungen konkretisiert werden kann.[202] Generalpräventive Maßnahmen und die Aufklärung von Ordnungswidrigkeiten oder Straftaten sind öffentliche Aufgaben und obliegen daher dem Staat.[203] Auf eine mögliche Erhöhung eines (faktisch ungerechtfertigten) **Sicherheitsgefühls** der Bevölkerung können sich Private nicht berufen.[204]

Neben dem genannten präventiven Zwecken sind auch die Aufklärung und **Verfolgung von Straftaten** und 78 die **Sicherung von Beweismaterial** zur gerichtlichen Durchsetzung zivilrechtlicher Schadensersatzansprüche als berechtigte Interessen grundsätzlich anzuerkennen.[205] Die bloß theoretische Möglichkeit, dass eine Beweisführung notwendig wird, reicht dabei allerdings nicht aus.[206] Zu den berechtigten Interessen zählen schließlich auch die Durchsetzung der Hausordnung (zB Einhaltung eines Rauchverbots) und die effektive Wahrnehmung eigener **Verkehrssicherungspflichten**.[207] Ein berechtigtes Interesse an der Dokumentation der Erfüllung der eigenen Verkehrssicherungspflicht besteht aber nur dann, wenn die verantwortliche Stelle hierfür auch die Beweislast trägt.[208]

Die Videoüberwachung durch Private muss vornehmlich an den berechtigten Interessen des Verantwortlichen selbst orientiert und durch sie legitimiert sein. Art. 6 Abs. 1 UAbs. 1 lit. f lässt eine Datenverarbeitung 79 aber auch zu, wenn **berechtigte Interessen eines Dritten** gewahrt werden sollen (s. allgemein → Art. 6 Abs. 1 Rn. 99). Das kann etwa bei einer Videoüberwachung zum Zwecke der Übermittlung der aufgezeichneten Daten an einen Dritten (zB zur Verfolgung zivilrechtlicher Ansprüche) in Betracht kommen. Angesichts der Eingriffsintensität einer Videoüberwachung verpflichtet die Einbeziehung der Belange Dritter aber zu einer deutlich restriktiven Interpretation. Auch wird man den schutzwürdigen Interessen der betroffenen Personen im Rahmen der Interessenabwägung ein hohes Gewicht beimessen müssen, um das erhöhte Gefährdungspotenzial bei Datenübermittlungen aufzufangen und auszugleichen.[209]

Das berechtigte Interesse an der Videoüberwachung muss nicht nur vorliegen, die zugrundeliegenden **Verar-** 80 **beitungszwecke** müssen auch **festgelegt** und **eindeutig** sein (→ Art. 5 Rn. 73ff.). Das folgt aus dem Grundsatz der Zweckbindung in Art. 5 Abs. 1 lit. b Hs. 1. Damit soll die verantwortliche Stelle zu einer sorgfältigen Prüfung der Rechtmäßigkeit der Videoüberwachung veranlasst werden.[210] Voraussetzung ist eine präzi-

---

198 Vgl. Plath/*Becker* BDSG § 6 b Rn. 17.
199 Vgl. Auernhammer/*Onstein* BDSG § 6 b Rn. 36.
200 So beispielhaft für den ÖPNV OVG Lüneburg BeckRS 2017, 123619, Rn. 32 f.
201 So *BBDI*, JB 2009, 12.1. Vgl. auch *Düsseldorfer Kreis*, Orientierungshilfe „Videoüberwachung in öffentlichen Verkehrsmitteln", 2014, S. 7.
202 Vgl. VG Saarland RDV 2016, 101 Rn. 37. Zustimmend *Schnabel* PharmR 2016, 177 (180). Weitergehend aber die Berufungsinstanz OVG Saarland, MMR 2018, 259 Rn. 36.
203 Die Beobachtung anderer Verkehrsteilnehmer zur Dokumentation von Verkehrsordnungswidrigkeiten ohne eigene Betroffenheit stellt keine Wahrnehmung berechtigter Interessen dar. Vgl. VG Göttingen ZD 2017, 43 (45). Kritisch zur Privatisierung staatlicher Überwachungsbefugnisse *Caspar*, Stellungnahme zu Gesetzentwürfen der Bundesregierung – Videoüberwachungsverbesserungsgesetz (BT-Drs. 18/10941) und Einsatz von mobiler Videotechnik, (BT-Drs. 18/10939), Deutscher Bundestag, Innenausschuss Ausschussdrucksache 18(4)785 F, S. 10ff.
204 Dazu *Nguyen* BDVR-Rundschreiben 2016, 64 f.
205 Vgl. etwa Auernhammer/*Onstein* BDSG § 6 b Rn. 26; OVG Lüneburg BeckRS 2017, 123619, Rn. 29. Zum Einsatz einer Dash-Cam, um mögliche Beweismittel bei einem Verkehrsunfall vorlegen zu können, VG Ansbach ZD 2014, 590 (593).
206 Vgl. LG Memmingen ZD 2016, 179 (180). *Niehaus* NZV 2016, 551, hält die Beschaffung von Beweismitteln für den hypothetischen Fall eines Unfalls nicht für einen ausreichend konkreten Zweck für den Betrieb einer Dash-Cam.
207 So AG Berlin-Mitte NJW-RR 2004, 531 (532); *Taeger* ZD 2013, 571 (576); *Gola/Klug* RDV 2004, 65 (70).
208 BeckOK DatenschutzR/*Brink* BDSG § 6 b Rn. 50 folgert daraus, dass die generelle Videoüberwachung von Rolltreppen oder Fahrstühlen unter Hinweis auf die bestehende Verkehrssicherungspflicht rechtswidrig ist. Deren Nachweis erfolge über die Wartungsdokumentation und wiederkehrende Sichtkontrollen. Nach LG Münster NJW-RR 2007, 904 genügt der Betreiber eines Schwimmbads seiner Verkehrssicherungspflicht, wenn er einen Bademeister bereitstellt, der sein Augenmerk auch – wenn auch nicht ununterbrochen – auf die besonderen Schwimmbadeinrichtungen (hier: Kinderrutsche) richtet. Zur Verkehrssicherungspflicht im Schwimmbad auch LG Bonn, v. 23.3.2015 – 1 O 370/14; OLG Saarbrücken NJW-RR 2007, 462; HmbBfDI, 22. TB, IV 1.2.
209 Vgl. zur Parallelregelung im BDSG aF Simitis/*Simitis* § 28 Rn. 174, 182.
210 Vgl. Paal/Pauly/*Frenzel* Art. 5 Rn. 27.

se Benennung der jeweiligen Zweckbestimmung.[211] Blankettformeln wie „zur Gefahrenabwehr" oder allgemein „zur Verfolgung von Straftaten", ohne genauere Spezifizierung, sind damit ausgeschlossen. Die Festlegung präjudiziert die weitere Verarbeitung der erfassten Daten.[212] Nur durch sie kann die Zweckbindung realisiert werden.

81 Die mit der Videoüberwachung verfolgten Zwecke sollten **vor Beginn**, dh vor Inbetriebnahme der Videotechnik bestimmt werden.[213] Nur dann wird dem Ziel, die Nachprüfung der Erforderlichkeit der jeweiligen Beobachtungsmaßnahme – etwa im Hinblick auf die eingesetzte Technik – zu erleichtern, ausreichend Rechnung getragen. Die Zweckbestimmung sollte im Regelfall **schriftlich** erfolgen, auch wenn der Wortlaut der Verordnung dies nicht zwingend voraussetzt.[214] Eine nachträgliche Kontrolle gestaltet sich einfacher, wenn die zuvor festgelegten Zwecke auch verbindlich und abschließend dokumentiert sind.[215] Nur damit kann der Gefahr begegnet werden, dass eine Zweckbestimmung nachträglich an den Ergebnissen der Maßnahme ausgerichtet oder an diese angepasst wird. Nach Art. 5 Abs. 2 muss der Verantwortliche die Einhaltung der Verarbeitungsgrundsätze auch nachweisen können. Die **Beweislast** für die eindeutige Festlegung der Zwecke liegt daher bei der für die Videoüberwachung verantwortlichen Stelle. Kann ein Nachweis nicht geführt werden, ist die Videoüberwachung rechtswidrig und hat zu unterbleiben.[216] Durch das Nachschieben an sich zulässiger Überwachungszwecke kann eine Videoüberwachung nicht rückwirkend rechtmäßig gemacht werden.

82 **2. Erforderlichkeit.** Für die Zulässigkeit der Videoüberwachung reicht es nicht aus, dass der Verantwortliche einen der in Art. 6 Abs. 1 UAbs. 1 genannten Zwecke verfolgt. Die Überwachungsmaßnahmen müssen für die Erreichung eines dieser Zwecke auch **erforderlich** sein. Das gilt sowohl für die Erfüllung öffentlicher Aufgaben durch öffentliche Stellen als auch für die Verfolgung berechtigter Interessen durch Private und ergibt sich aus dem datenbezogenen Grundsatz der Datenminimierung in Art. 5 Abs. 1 lit. c („angemessen", „erheblich" und „auf das notwendige Maß beschränkt") sowie unmittelbar aus Art. 6 Abs. 1 UAbs. 1 lit. e und f.[217]

83 Die Erforderlichkeit ist nur dann zu bejahen, wenn das festgelegte Ziel mit der Überwachung tatsächlich erreicht werden kann und es dafür kein anderes, gleich wirksames, aber milderes Mittel gibt. Die Bewertung der Erforderlichkeit muss ausgehend von einer **objektiven Betrachtungsweise** im Rahmen einer Einzelfallprüfung erfolgen.[218]

84 Mangels Erforderlichkeit unzulässig ist die Videoüberwachung, wenn sie nicht geeignet ist, den angestrebten Überwachungszweck zu erreichen. So ist eine Videoüberwachung allein **zur präventiven Abwehr** von Störern oder Straftätern (zB Verhinderung von Sachbeschädigung, Abwehr eines unberechtigten Betretens) meist schon dann **ungeeignet**, wenn keine direkte Beobachtung, sondern nur eine reine Aufzeichnungslösung („Black-Box") erfolgt und damit eine sofortige Intervention zur Ergreifung von Gegenmaßnahmen von vornherein ausgeschlossen ist. In diesem Fall könnte sich der Verantwortliche aber auf einen möglichen **Abschreckungseffekt** berufen, der durch die sichtbaren Kameras hervorgerufen wird.[219] Eine heimliche Videoüberwachung wäre hier wiederum ungeeignet.[220] Nicht geeignet ist ferner eine Überwachungsanlage, die der Aufklärung und Beweissicherung bei bereits begangenen Straftaten oder Rechtsverletzungen dienen soll, wenn sie von vornherein keine hinreichend sicheren Rückschlüsse auf die verantwortlichen Täter liefern kann. Dies wäre etwa der Fall, wenn sie ohne Aufzeichnungsmöglichkeit arbeitet oder für eine **Identifikation der betroffenen Personen** qualitativ unzureichend ist. An der notwendigen Eignung fehlt es schließlich, wenn die Videoüberwachung mangels einer entsprechenden Lichtempfindlichkeit oder ohne Infrarotlicht im Dunkeln nicht funktionsfähig ist, die Beweissicherung aber auf Vorgänge zur Abend- und Nachtzeit abzielt.

---

211 Vgl. BeckOK DatenschutzR/*Schantz* DSGVO Art. 5 Rn. 15.

212 Zur Verwertung von „Zufallsfunden", die außerhalb des Beobachtungszwecks liegen BAG DB 2014, 367, Rn. 56ff.

213 Zum Zeitpunkt der Zweckfestlegung auch Kühling/Buchner/*Herbst* Art. 5 Rn. 31.

214 Ebenso für § 6 b BDSG aF: *Bergmann/Möhrle/Herb* BDSG § 6 b Rn. 38; *Zilkens* DuD 2007, 281. Zur Festlegung durch Beschluss der Wohnungseigentümergemeinschaft BGH NJW 2013, 3089. Allgemein zu Art. 5 auch Kühling/Buchner/*Herbst* Art. 5 Rn. 32.

215 Ebenso Gola/*Schulz* Art. 6 Rn. 156.

216 Vgl. BeckOK DatenschutzR/*Brink* BDSG § 6 b Rn. 57.

217 Zum Verhältnis zwischen dem Grundsatz der Datenminimierung und der Erforderlichkeit Schantz/Wolff/*Wolff*, Rn. 428ff.

218 Vgl. DKWW/*Wedde* § 6 b Rn. 40; Plath/*Becker* BDSG § 6 b Rn. 20. Allgemein zum Grundsatz der Erforderlichkeit Schantz/Wolff/*Wolff*, Rn. 429ff. sowie → Art. 5 Rn. 116ff.

219 Diesen Abschreckungseffekt betont OVG Lüneburg BeckRS 2017, 123619, Rn. 36: Die Bildaufzeichnung erhöhe die Effektivität der Abschreckung, weil der potenzielle Täter damit rechnen müsse, dass die Aufzeichnung nicht nur für seine Identifizierung, sondern auch als Beweismittel in einem Strafverfahren zur Verfügung stehen werde.

220 Vgl. *LfD Bayern*, 18. TB, 18.1. Skeptisch zum Abschreckungseffekt bei Bagatellverstößen (zB Rauchverbote, Hausverbote) *HmbBfDI* 23. TB, IV 1.2.

Demgegenüber ist eine Maßnahme aber nicht nur dann zu einem bestimmten Zweck geeignet, wenn dieser 85 mit ihrer Hilfe vollständig erreicht werden kann. Ausreichend kann bereits ihre Eignung sein, diesen **Zweck zu fördern**, optimal muss sie nicht sein.[221] Eine Videobeobachtung kann daher zu dem mit ihr verfolgten Zweck geeignet sein, obwohl mit ihrer Hilfe keine räumlich lückenlose Überwachung und damit kein vollständiger Schutz bestimmter Rechtsgüter möglich sind.[222]

Ist die konkrete Einsatzform zwar grundsätzlich geeignet, den Zweck der Überwachung zu erreichen, kann 86 es dennoch an der Erforderlichkeit fehlen, wenn **mildere**, aber **gleich wirksame Mittel** vorhanden sind. Die Erforderlichkeit ist mithin nur zu bejahen, wenn es keine **objektiv zumutbare Alternative** für die verantwortliche Stelle gibt.[223] Eine Videoüberwachung kann folglich unzulässig sein, wenn der Schutz des Eigentums stattdessen durch andere geeignete Maßnahmen wie bessere Beleuchtung, Einschließen von Waren, Tür- und Fenstersicherungen, den Einbau einer funktionstüchtigen Schließ- und Gegensprechanlage,[224] durch anlassbezogene Auslösung eines Alarmknopfes oder eines Notrufsignals oder durch häufigere Kontrollen des Hausmeisters, Pförtners oder des Sicherheitspersonals erreicht werden kann.[225] Höhere Kosten alleine – etwa durch den Einsatz von zusätzlichem Sicherheitspersonal – führen nicht dazu, die Alternativmaßnahmen von vornherein außer Betracht zu lassen.[226] Die Erforderlichkeitsprüfung orientiert sich nicht an den Kosten des Verantwortlichen, sondern an der Eingriffsintensität der Maßnahme.[227] Gleichwohl darf der Aspekt der **wirtschaftlichen Zumutbarkeit** nicht gänzlich unberücksichtigt bleiben.[228] Für die Betreiber unverhältnismäßig teure oder sonst objektiv unangemessene Maßnahmen scheiden jedenfalls aus.[229]

Gegenstand der Erforderlichkeitsprüfung darf nicht nur das „Ob", sondern muss auch und vor allem das 87 „Wie" eines Einsatzes von Videotechnik sein. Hierbei sind insbes. der zeitliche und räumliche Umfang sowie die organisatorische Ausgestaltung und technische Konfiguration (zB Softwareprogrammierung, Ausrichtung der Kameras, Nutzung von Verpixelungssoftware oder der Einsatz von Sichtblenden) zu berücksichtigen. Auswahl und Gestaltung der Überwachungseinrichtungen sind an dem **Grundsatz der Datenminimierung** aus Art. 5 Abs. 1 lit. c auszurichten (→ Rn. 138).[230]

Erfolgt die Videoüberwachung allein zu **präventiven Zwecken**, ist eine Aufzeichnung in der Regel nicht 88 oder allenfalls kurzzeitig erforderlich, um die für ein sofortiges und wirksames Eingreifen notwendigen Informationen zu vermitteln. Demgegenüber wird die **Beweissicherung** eine längerfristige Speicherung erfordern.[231] Zur Abwehr abstrakter Gefahrenlagen ist eine **Zoom-Funktion** häufig nicht geeignet, wohl aber zur Identifizierung eines Störers oder Täters im konkreten Verdachtsfall. Es reicht daher aus, diese erst bei Bedarf zu nutzen.[232] Soll nur ein bestimmter kleiner Bereich überwacht werden, ist eine Kamera mit Schwenkmechanismus oder eine **Dome-Kamera** nicht notwendig. Kommt hingegen eine schwenkbare Kamera zum Einsatz, ist es nicht erforderlich, dass die Eingänge oder Fenster gegenüberliegender Wohnungen oder andere nicht sicherheitsrelevante Bereiche erfasst werden. Dies kann mit entsprechenden Einstellungen des Bewegungskreises (zB mittels einer mechanischen Sperre) oder durch Ausblenden bestimmter Zonen verhindert werden.[233]

Im Hinblick auf den **räumlichen Umfang** der Überwachung ist bspw. Hausrechtsinhabern die Erfassung ei- 89 nes über die Grundstücksgrenze hinausgehenden Bereichs nur insoweit zuzugestehen, als dadurch Beschädi-

---

221 So auch Plath/*Becker* BDSG § 6 b Rn. 20 mit Verweis auf BAG RDV 2005, 216; VG Saarland RDV 2016, 101. Vgl. allgemein etwa BVerfGE 63, 88 (115); BVerfGE 67, 157 (175); BVerfGE 96, 10 (23); BVerfGE 103, 293 (307); BVerfGE 115, 276 (308).

222 So OVG NRW RDV 2009, 232 Rn. 55 für § 29 b DSG NW (Videoüberwachung von Bibliotheksräumen).

223 Vgl. *Gola/Schomerus* § 6 b Rn. 18 a; *HmbDSB*, 22. TB, IV 1.1; sa Simitis/*Simitis* § 28 Rn. 108.

224 Dazu LG Berlin GE 2005, 917 (918); *BfDI*, JB 2005, 3.1 (S. 40); *BBDI*, JB 2008, 2.4 (S. 48).

225 Das AG Hamburg CR 2009, 129 bezweifelt allerdings, dass die Aussage eines Wachmannes als Augenzeuge genauso effektiv ist wie eine Videoaufzeichnung. Skeptisch hinsichtlich der Wirksamkeit von Alternativmaßnahmen im öffentlichen Nahverkehr *Bergfink* DuD 2015, 145 (149). Das OVG Berlin-Brandenburg ZD 2017, 399 Rn. 30 unterstellt, dass eingesetztes Personal grundsätzlich weniger geeignet sei, Gewaltdelikte zu verhindern als eine Videoüberwachung. Dazu kritisch *Schnabel* MedR 2017, 943 (946).

226 BeckOK DatenschutzR/*Brink* BDSG § 6 b Rn. 62 f.; VG Potsdam, BeckRS 2016, 43917, Rn. 27.

227 Auernhammer/*Onstein* BDSG § 6 b Rn. 40.

228 Dazu Plath/*Becker* BDSG § 6 b Rn. 21; *Gola/Schomerus* § 6 b Rn. 18 b; *Taeger* ZD 2013, 571 (576); *Hilpert* RDV 2009, 160 (163). Das AG Berlin-Mitte NJW-RR 2004, 542 hat festgestellt, dass eine 24-stündige Rundumüberwachung eines großen Kaufhauses durch Wachpersonal schon aus Kostengründen nicht zumutbar ist. Der VGH Mannheim NVwZ 2004, 498 (502) hat eine vorbeugende Kriminalitätsbekämpfung durch Steigerung der Polizeipräsenz wegen deutlich höherer Kosten als „weniger geeignet" angesehen.

229 Das OVG Lüneburg NJW 2015, 502 hält bei der Überwachung eines Bürogebäudes den Einsatz von Wachpersonal für wirtschaftlich nicht vertretbar. BeckOK DatenschutzR/*Brink* BDSG § 6 b Rn. 64 weist darauf hin, dass eine geeignete Videoüberwachung bei sachgerechtem Einsatz selbst äußerst kostenintensiv ist.

230 Dazu ausführlich *v. Stechow*, Datenschutz durch Technik, 2005, S. 106 ff.

231 Vgl. zum Einsatz von Dash-Cams VG Ansbach ZD 2014, 590 Rn. 79.

232 Vgl. *Roßnagel/Desoi/Hornung* DuD 2011, 695 ff.; DKWW/*Wedde* § 6 b Rn. 41.

233 Diese sog privaten Zonen erscheinen auf dem Überwachungsmonitor als schwarze oder weiße Fläche und bleiben durch eine dynamische Austastung auch während der Kamerabewegung erhalten. Dazu *Lang*, Private Videoüberwachung im öffentlichen Raum, 2008, S. 42. So etwa auch OVG Hamburg MMR 2011, 128.

gungen an der auf der Grundstücksgrenze stehenden Hauswand verhindert und nachgewiesen werden können.[234] Für eine darüber hinausgehende Überwachung des angrenzenden öffentlichen Straßenlandes fehlt es an der Erforderlichkeit.[235] Weiterhin kann unter dem Gesichtspunkt der Erforderlichkeit eine **Dauerbeobachtung** unzulässig sein, wenn eine zeitlich begrenzte Beobachtung im Einzelfall für die jeweilige Zweckerreichung ebenfalls ausreichend ist.[236] So wird es bei videobasierten Zugangskontrollsystemen an Eingangstüren oder Zugangswegen genügen, dass die Kamera erst durch Betätigen der Klingel oder eine Lichtschranke aktiviert wird.[237] Zum Schutz vor Vandalismusschäden oder Einbrüchen im Einzelhandel oder der Gastronomie wird in der Regel eine Aktivierung der Kameras während der Nachtzeit oder jedenfalls außerhalb der Geschäftszeiten ausreichen.[238]

90 Auch die jeweiligen **Verfahrensabläufe** können bereits im Rahmen der Erforderlichkeitsprüfung von Bedeutung sein, etwa bei der Frage, wie viele Personen notwendigerweise Zugriff auf die Beobachtungseinrichtungen haben müssen. Schließlich wird es in aller Regel nicht erforderlich und damit schon aus diesem Grund unzulässig sein, wenn im Zusammenhang mit einer Videoüberwachung gleichzeitig die Eingabe von **Berechtigungskennzeichen** (zB Passwörter, Geheimnummern, PINs) der betroffenen Personen von der verantwortlichen Stelle lesbar erfasst wird. Dies ist etwa bei der Gestaltung von Überwachungseinrichtungen bei Geldausgabeautomaten oder EC-Karten-Terminals zu beachten.

91 **3. Interessenabwägung. a) Grundsätze.** Auch eine erforderliche Videoüberwachung kann gleichwohl unzulässig sein, wenn die Interessen oder Grundrechte und Grundfreiheiten der betroffenen Personen, die den Schutz personenbezogener Daten erfordern, überwiegen.[239] Dies folgt für die Videoüberwachung durch Private unmittelbar aus dem Erlaubnistatbestand des Art. 6 Abs. 1 UAbs. 1 lit. f. Für öffentliche Stellen sieht Art. 6 Abs. 1 UAbs. 1 lit. e zwar keine entsprechende Güterabwägung vor. Auf Basis von Art. 6 Abs. 2 und 3 konkretisiert § 4 Abs. 1 S. 1 BDSG nF aber die Rechtmäßigkeitsvoraussetzungen dahin gehend, dass auch eine Videoüberwachung zur Erfüllung öffentlicher Aufgaben und zur Wahrnehmung des Hausrechts nur zulässig ist, wenn keine Anhaltspunkte bestehen, dass **schutzwürdige Interessen der betroffenen Person** überwiegen. Trotz unterschiedlicher Formulierungen ist der Abwägungsmaßstab derselbe: Unzulässig ist eine Videoüberwachung erst, wenn schutzwürdige Interessen der betroffenen Person die **berechtigten Interessen des Verantwortlichen** überwiegen. Bei Gleichgewichtigkeit der Interessen ist die Verarbeitung daher zulässig.[240]

92 Im nicht-öffentlichen Bereich erfordert die Zulässigkeitsprüfung eine umfassende **Abwägung** zwischen den durch die Zwecke der Videoüberwachung bestimmten grundrechtlich geschützten Positionen der Anwender von Videotechnik einerseits – insbes. Schutz des Eigentums (Art. 17 GRC), Schutz der körperlichen Unversehrtheit (Art. 3 GRC), Informationsfreiheit (Art. 11 GRC), Berufsfreiheit (Art. 15 GRC) – sowie den durch das Grundrecht auf Privatleben und Datenschutz (Art. 7 und 8 GRC) gewährten Interessen der von der Überwachung betroffenen Personen andererseits. Im öffentlichen Bereich müssen die mit der Aufgabenwahrnehmung verfolgten öffentlichen Interessen mit den Rechten und Freiheiten der betroffenen abgewogen Personen werden. Dabei verlangt der in Art. 52 Abs. 1 S. 2 GRC verankerte **Grundsatz der Verhältnismäßigkeit**, dass die Intensität der aus der Überwachungsmaßnahme resultierenden Grundrechtsbeschränkung nicht außer Verhältnis zu dem Gewicht der sie rechtfertigenden Gründe steht.[241]

93 Die erforderliche Rechtsgüterabwägung kann nicht abstrakt vorgenommen werden. Vielmehr sind die **Gesamtumstände** jedes **Einzelfalls** maßgeblich.[242] Im Ergebnis ist zu entscheiden, ob die von dem konkreten Videoeinsatz, dh von der jeweils spezifischen Verarbeitungssituation ausgehenden Gefahren so groß und die bei ihrer Verwirklichung eintretenden Nachteile so erheblich sind, dass die Interessen der betroffenen Personen gegenüber denen der verantwortlichen Stelle Vorrang beanspruchen können. Oder ob umgekehrt,

---

234 Im Anschluss an das AG Berlin-Mitte NJW-RR 2004, 531 (533) stellen die Aufsichtsbehörden auf eine räumliche Reichweite von einem Meter ab Hauswand oder Grundstücksgrenze ab. Vgl. *BBDI*, JB 2004, 4.8.4; *UDZ Saarl*, 25. TB, 19.7.

235 Vgl. Plath/*Becker* BDSG § 6 b Rn. 25 a; *LDI* NW, 21. TB, 6.1; sa BGH NJW 2010, 1533; AG Brandenburg ZD 2016, 380 Rn. 39.

236 Dazu unter dem Aspekt der wirksamen Kriminalitätsbekämpfung VGH Mannheim NVwZ 2004, 498 (502). Nicht ausreichend ist eine zeitlich beschränkte Überwachung, wenn Störungen zu allen Tages- und Nachtzeiten auftreten; so OVG Lüneburg BeckRS 2017, 123619, Rn. 34 für den öffentlichen Nahverkehr.

237 Ebenso KG Berlin ZMR 2002, 864 (865); DKWW/*Wedde* § 6 b Rn. 41.

238 Vgl. OVG Lüneburg NJW 2015, 502 Rn. 63.

239 Zur Darlegungslast Paal/Pauly/*Frenzel* Art. 6 Rn. 31.

240 Zur Interessenabwägung nach Art. 6 Abs. 1 UAbs. 1 lit. f Schantz/Wolff/*Wolff*, Rn. 648ff.; zu Art. 7 lit. f DSRL ausführlich *Art.-29-Gruppe*, 6/2014/DE WP 217, S. 30ff.

241 Vgl. *Jarass* Art. 52 Rn. 34 mit Verweis auf die Rechtsprechung des EuGH. Deutlich zB EuGH C-92/09, EuZW 2010, 939 Rn. 65, 72, 74; EuGH C-206/13, NVwZ 2014, 575 Rn. 33 f.; sa die st. Rspr. des BVerfG für staatliche Informationseingriffe zB BVerfGE 120, 378 Rn. 167ff.; BVerfGE 109, 279 (349ff.).

242 Vgl. Gola/*Schulz* Art. 6 Rn. 159; Plath/*Becker* BDSG § 6 b Rn. 22, der im Sinne einer gleichmäßigen Rechtsanwendung hier auch eine typisierende Betrachtung zulassen will.

dem berechtigen Interesse des Verarbeiters wegen konkret drohender Rechtsgutverletzungen und zu erwartenden erheblichen Schäden ein solches Gewicht zukommt, dass diese – vorbehaltlich angemessener Schutzmaßnahmen – einen Eingriff in die Rechte der betroffenen Person rechtfertigen. Dabei ist es ausreichend, dass die jeweiligen Interessen der Beteiligten substantiiert vorgetragen werden und auf **belegbaren Tatsachen** gründen. Eine gerichtsfeste Beweisführung ist hingegen nicht notwendig.[243] Abzustellen ist auf die Einschätzung zum Zeitpunkt der Datenverarbeitung. An die Wahrscheinlichkeit einer Rechtsgutsverletzung sind dabei umso geringere Anforderungen zu stellen, je größer und folgenschwerer der möglicherweise eintretende Schaden ist.

Für die betroffenen Personen gilt: Je stärker das Maß der Beeinträchtigung durch die jeweilige Überwa- **94**
chungsmaßnahme ist, desto „schutzwürdiger" sind ihre Interessen. Der Frage der **Eingriffsintensität** kommt daher im Rahmen der Interessenabwägung eine entscheidende Rolle zu. Das Gewicht des Eingriffs wird maßgeblich bestimmt durch Art und Umfang der erfassten Informationen (Informationsgehalt und Informationsdichte, etwa bei biometrischen Daten oder Verhaltensanalysen), durch Anlass und Umstände der Verarbeitung (zeitliches und räumliches Ausmaß des Videoeinsatzes), durch den betroffenen Personenkreis (Anzahl und Alter der Personen) und die Art und den Umfang der Verwertung der erhobenen Daten.[244] Ebenso spielt bei der Interessenabwägung die Vorhersehbarkeit der jeweiligen Verarbeitung für die betroffene Person eine zentrale Rolle, was dem **Transparenzprinzip** entspricht (Art. 5 Abs. 1 lit. a).[245] Insbesondere dann, wenn personenbezogene Daten in Situationen verarbeitet werden, in denen eine betroffene Person vernünftigerweise nicht mit einer solchen Verarbeitung rechnen muss, können die schutzwürdigen Interessen überwiegen (EG 47 S. 4).[246] Ob "**vernünftige**" Erwartungen bestehen, beurteilt sich bei der Videoüberwachung folglich auch danach, ob diese in bestimmten Bereichen der Sozialsphäre typischerweise akzeptiert ist oder eben nicht. Entscheidend wird hier die Vorerwartung einer oder eines durchschnittlichen Betroffenen sein. Schließlich sind für die Interessenabwägung auch **technische und organisatorische Schutzmaßnahmen** (→ Rn. 137ff.) maßgeblich, die zu einer Abmilderung der unangemessenen Folgen für die betroffene Person und damit zu einer Verschiebung des Interessengleichgewichts zugunsten des Verarbeiters führen können.

b) Zeitlicher und räumlicher Umfang. Die **permanente und lückenlose Überwachung** eines bestimmten **95**
Raumes, der sich eine Person nicht entziehen kann, stellt eine weiter reichende Grundrechtsbeeinträchtigung dar, als eine nur zeitweise Beobachtung, die nur Teilbereiche erfasst.[247] Dies ist bspw. bei der Videoüberwachung **öffentlicher Verkehrsmittel** relevant, da die Fahrgäste in der Regel auf deren Nutzung angewiesen sind und nur bedingt auf andere Verkehrsmittel ausweichen können. Sind keine überwachungsfreien Zonen vorgesehen, überwiegen daher regelmäßig die schutzwürdigen Interessen der betroffenen Personen die berechtigten Gefahrenabwehrinteressen.[248] Die Videoüberwachung ist daher nur zulässig, wenn ein hinreichend differenziertes Einsatzkonzept vorliegt, das nach **konkreten Gefährdungsszenarien** unterscheidet und grundsätzlich nicht zur flächendeckenden Dauerüberwachung führt.[249] Die Überwachung muss sich auf bestimmte Strecken, Tages- oder Nachtzeiten und Fahrzeugbereiche beschränken[250] oder anlassbezogen erfolgen.[251] Vergleichbare Erwägungen sind auch bei der Überwachung von **Bahnhöfen** anzustellen, soweit davon alle Ein- und Ausgänge, Bahnsteige sowie die Schließfachbereiche erfasst werden und damit eine unbeobachtete Nutzung praktisch nicht mehr möglich ist.[252]

Der Aspekt einer dauerhaften Überwachung ohne Ausweichmöglichkeit ist auch bei der Kontrolle von öf- **96**
fentlichen **Zugangswegen** und **Eingängen zu Wohngebäuden** relevant. Ist in diesen Fällen nicht bereits die

---

243 Vgl. DKWW/*Wedde* § 6 b Rn. 46. Die Abwägung ist von den Gerichten allerdings in vollem Umfang nachprüfbar, so Schantz/Wolff/*Wolff*, Rn. 651.
244 Vgl. OVG Lüneburg BeckRS 2017, 123619, Rn. 39 zur Videoüberwachung im ÖPNV; BVerfG NJW 2008,1505 Rn. 76 zur automatisierten Kennzeichenerfassung mwN; BVerwGE 141, 329ff.; OVG Hamburg MMR 2011, 128 Rn. 101. Zur Rechtsprechung des BAG bei der Videoüberwachung im Arbeitsverhältnis *Pötters/Traut* RDV 2013, 132 (135).
245 Vgl. *Lachenmann* ZD 2017 407 (409); BeckOK DatenschutzR/*Albers* DSGVO Art. 6 Rn. 48.
246 Dazu Gola/*Schulz* Art. 6 Rn. 55ff.
247 Vgl. Auernhammer/*Onstein* BDSG § 6 b Rn. 46; OVG Berlin-Brandenburg ZD 2017, 399 (für den Eingangsbereich einer Arztpraxis); LG Braunschweig NJW 1998, 2457 (2458); LAG Hamm jurisPR-ITR 21/2011.
248 So *ULD*, 28. TB, 4.4.2; Plath/*Becker* BDSG § 6 b Rn. 25 a.
249 Kritisch *Bergfink* DuD 2015, 145, (149).
250 Vgl. *Düsseldorfer Kreis*, Orientierungshilfe „Videoüberwachung in öffentlichen Verkehrsmitteln", S. 5. Maßstab für eine Differenzierung können zB die Anzahl der Vorkommnisse, Schadenshöhe sowie die Art von Ereignissen in der Vergangenheit sein (Sachbeschädigung, Missbrauch von Notrufeinrichtungen etc).
251 Vgl. Beschluss der obersten Aufsichtsbehörden für den Datenschutz im nicht-öffentlichen Bereich (*Düsseldorfer Kreis*) vom 26./27.2.2013: „Videoüberwachung in und an Taxis": Taxifahrern kann die Möglichkeit eröffnet werden, die Videoaufzeichnung selbsttätig (zB über einen Schalter) zu aktivieren, wenn nach ihrer eigenen Einschätzung eine bedrohliche Situation gegeben ist und es mithin einen Anlass für die Aufzeichnung gibt. Dazu auch *Lachenmann/Schwiering* NVZ 2014, 291 (294).
252 Vgl. *LfD Bremen*, 25. JB, 14.7; *BfDI*, 21. TB, 4.2.2.

Erforderlichkeit zu verneinen (→ Rn. 89), spricht viel für ein Überwiegen der schutzwürdigen Interessen der betroffenen Hausbewohner: Sie sind auf die Nutzung des überwachten Bereichs angewiesen. Die Form der Überwachung lässt zudem Rückschlüsse auf den Tagesablauf und die sonstige Lebensführung zu und liefert damit neben der hohen Informationsdichte einen besonderen Informationsgehalt.[253] Die Bilder dokumentieren einen nicht unerheblichen Bereich des Privatlebens. Unverhältnismäßig ist in aller Regel auch eine Überwachung von **Nachbargrundstücken**, von gemeinsam mit Dritten genutzten Flächen (zB Zugangswege) oder von Gemeinschaftseigentum (zB Treppenhäuser, Fahrstühle, Tiefgaragen), da damit gleichzeitig eine Kontrolle der Nachbarn und ihrer Besucher ermöglicht wird.[254]

97 Die **fehlende Ausweichmöglichkeit** und der daraus resultierende ständige **Überwachungsdruck** begründen bei der Videoüberwachung von **Arbeitnehmern** regelmäßig ein Überwiegen ihrer schutzwürdigen Interessen.[255] Der Beschäftigte kann den Besuch des überwachten Raums weder vermeiden noch kann er sich der Überwachung durch ein Verlassen seines Arbeitsplatzes entziehen. Er muss während der gesamten Arbeitszeit davon ausgehen, dass seine Verhaltensweisen beobachtet und kontrolliert werden.[256] Ein überwiegendes Interesse des Arbeitgebers an der Videoüberwachung kann daher nur unter engen Voraussetzungen und in besonders gelagerten Einzelfällen bejaht werden, insbes. wenn es um die Abwehr besonderer Gefahren oder um die Aufdeckung erheblichen Fehlverhaltens (zB Begehung von Straftaten am Arbeitsplatz) geht, für das ein konkreter Anfangsverdacht besteht.[257] In der Abwägung muss gewichtet werden, ob den Beschäftigten überhaupt ein kontrollfreier und damit unbeobachteter Bereich verbleibt.[258] Sensible Bereiche wie sanitäre Räumlichkeiten oder Pausen- und Aufenthaltsräume sind von der Überwachung auszunehmen.[259] Eine Überwachung allein zu dem Zweck, einen ordnungsgemäßen Dienstablauf zu gewährleisten, ist – mit Ausnahme von Hochsicherheitsbereichen (zB Kernkraftwerken) – nicht gerechtfertigt.

98 Werden in **öffentlich zugänglichen Bereichen mit Publikumsverkehr** gleichzeitig Arbeitsplätze überwacht (zB in Verkaufsräumen im Einzelhandel, in Schalterhallen von Banken, an Tankstellen), kann im Einzelfall das berechtigte Interesse des Arbeitgebers überwiegen.[260] Das gilt etwa für Bereiche, in denen die Wahrscheinlichkeit von Straftaten zu einem geschäftstypischen Risiko gehört und die Erfassung der Beschäftigten lediglich eine Nebenfolge der zulässigen Überwachung des Publikumsverkehrs darstellt. Allerdings ist hierbei ein dauerhaftes Ausblenden von Bereichen erforderlich, in denen sich die Beschäftigten länger aufhalten. Je weniger Rückzugsmöglichkeiten den Beschäftigten zur Verfügung stehen, desto eher überwiegen deren schutzwürdige Interessen.

99 **c) Heimlichkeit.** Ein **verdeckter Einsatz** von Videotechnik ist – unabhängig von einem möglichen Verstoß gegen die Transparenzpflichten (→ Rn. 116) – schon wegen des Überwiegens schutzwürdiger Interessen in aller Regel als unzulässig einzustufen. Die heimliche Vornahme der Überwachungsmaßnahme erhöht in besondere Weise das Gewicht des Grundrechtseingriffs, da den betroffenen Personen hierdurch von vornherein die Möglichkeit genommen wird, ihr Verhalten darauf einzustellen und gegebenenfalls ihre Datenschutzrechte – notfalls auch durch gerichtlichen Rechtsschutz – wahrzunehmen.[261] Eine heimliche Überwachung kann daher nur in absoluten Ausnahmefällen (**ultima ratio**) zulässig sein, wenn weniger einschneidende Mittel zur Aufklärung eines konkreten Verdachts ausgeschöpft sind, die Videoüberwachung praktisch die einzig verbleibende Möglichkeit zur Aufklärung von Straftaten oder schwerwiegender Rechtsver-

---

253 Dazu bereits BGH NJW 1995, 1955 (1957), der einen solchen Eingriff nur dann als zulässig erachtet hat, wenn schwerwiegenden Beeinträchtigungen der Rechte des Hauseigentümers nicht auf andere Weise zumutbar begegnet werden kann. Vgl. auch LG Berlin NZM 2004, 207 f.; *BfDI*, TB 2005, 3.1 (S. 40 f.); *Horst* NJW 2009, 1788; DKWW/*Wedde* § 6 b Rn. 47; BeckOK DatenschutzR/*Brink* BDSG § 6 b Rn. 69.

254 Dazu OLG Karlsruhe WuM 2000, 128 (129); LG Detmold ZD 2015, 530; AG Dinslaken ZD 2015, 531; AG Brandenburg ZD 2016, 380; BGH NJW 2010, 1533 (1534); BGH ZD 2012, 176. Der BGH NJW 2013, 3089 hält die Überwachung des Eingangsbereichs einer Wohnungseigentumsanlage mit einer Videokamera durch die Wohnungseigentümergemeinschaft allerdings für zulässig, wenn ihr Überwachungsinteresse das der einzelnen Wohnungseigentümer und mitüberwachten Dritten überwiegt und wenn die Ausgestaltung der Überwachung inhaltlich und formell dem Schutzbedürfnis des Einzelnen ausreichend Rechnung trägt.

255 Vgl. BAG ZD 2012, 568; BAG RDV 2005, 216.

256 Dazu BAG NJW 2005, 313 (315).

257 Vgl. Plath/*Becker* BDSG § 6 b Rn. 26; *Jerchel/Schubert* DuD 2015, 151 (154).

258 Unzulässig ist die Videoüberwachung eines Mitarbeiters außerhalb des Betriebs in seinem privaten Umfeld durch einen vom Arbeitgeber beauftragten Privatdetektiv, vgl. BAG NJW 2015, 2749.

259 *Düsseldorfer Kreis*, Orientierungshilfe „Videoüberwachung durch nicht-öffentliche Stellen", 2014, S. 15; *Klein/Roos* ZD 2016, 65 (67).

260 Vgl. *Alter* NJW 2015, 2375 (2378) mit Verweis auf BAG RDV 2005, 216 Rn. 38, 43.

261 Vgl. *Byers/Pracka* BB 2013, 760 (761). S. hierzu grundlegend BVerfGE 109, 279. BVerfGE 120 180 (198) sah bereits durch die zunehmende Verfügbarkeit von Mobiltelefonen mit integrierter Digitalkamera ein besonderes Risiko für die Betroffenen, „in praktisch jeder Situation unvorhergesehen und unbemerkt mit der Folge fotografiert zu werden, dass das Bildnis in Medien veröffentlicht wird." Ein besonderer Schutzbedarf könne sich insbes. aus einem „heimlichen oder überrumpelnden Vorgehen" ergeben.

---

letzungen ist und die Maßnahme im Hinblick auf den angerichteten Schaden nicht unverhältnismäßig erscheint.[262] Eine verdeckte Überwachung zu rein präventiven Zwecken scheidet damit von vornherein aus.

d) Persönlichkeitsrelevanz, Art der Daten. Maßgeblich für die Gewichtung der schutzwürdigen Interessen und damit für das Ergebnis der Interessenabwägung ist ferner die **Persönlichkeitsrelevanz** der durch die Überwachungsmaßnahme gewonnenen Informationen.[263] Das ist zunächst dann von Bedeutung, wenn bei der Videoüberwachung (auch) **besondere Kategorien personenbezogener Daten** anfallen. Zu diesen „sensitiven Daten" zählen nach Art. 9 Abs. 1 unter anderem Daten, aus denen die rassische und ethnische Herkunft, politische Meinungen oder religiöse oder weltanschauliche Überzeugungen hervorgehen, sowie biometrischen Daten zur eindeutigen Identifizierung einer natürlichen Person (Art. 4 Nr. 14) oder Gesundheitsdaten (Art. 4 Nr. 15). Da ihre Verarbeitung mit einem hohen Risiko für die Rechte und Freiheiten der betroffenen Personen verbunden sind, bedürfen diese Daten von vornherein eines besonderen Schutzes (EG 51). Dementsprechend formuliert Art. 9 gegenüber Art. 6 erhöhte Rechtmäßigkeitsanforderungen.[264] Art. 9 Abs. 1 normiert ein allgemeines Verarbeitungsverbot für die abschließend aufgeführten sensitiven Datenkategorien. Von dieser Grundregel kann nur bei Vorliegen einer oder mehrerer Ausnahmetatbestände des Art. 9 Abs. 2 abgewichen werden. Auf eine allgemeine Interessenabwägung kann die Verarbeitung daher nicht gestützt werden.

Die Besonderheit bei der Videoüberwachung ist, dass die Kameras nicht danach differenzieren, ob „triviale" oder „sensitive Daten" in ihren Erfassungsbereich gelangen.[265] De facto lässt jedes Gesichtsbild – etwa aufgrund der **Hautfarbe** – Rückschlüsse auf die rassische und ethnische Herkunft zu. Aus dem Tragen einer bestimmten **Kopfbedeckung** kann auf eine religiöse Überzeugung geschlossen werden. Aus den auf Videobildern sichtbaren körperlichen Merkmalen oder Bewegungen können Informationen zum Gesundheitszustand der überwachten Personen hervorgehen. Für die **Anwendbarkeit von Art. 9** erforderlich ist allerdings, dass hinsichtlich solcher kontextbezogenen Informationen auch eine **Auswertungsabsicht** besteht.[266] Das ist bei der Überwachung öffentlich zugänglicher Bereiche in der Regel zu verneinen. Die Sensitivität des Datums ergibt sich in diesen Fällen nur mittelbar aus dem Gesamtzusammenhang und ist für den Verantwortlichen letztlich zufällig.[267] Wird demgegenüber eines dieser Merkmale (zB Kopftuch, Hautfarbe) gerade dafür genutzt, um eine bestimmte Person aus einer Menge herauszufiltern und automatisiert zu verfolgen (Personentracking), liegt eine Auswertungsabsicht vor und die Zulässigkeit der Videoüberwachung ist am strengen Maßstab des Art. 9 zu messen.

Zu einer Verarbeitung besonderer Kategorien personenbezogener Daten kann es auch dann kommen, wenn **sensitive Umgebungen** überwacht werden. Das betrifft zB die Videoüberwachung in Krankenhäusern, Arztpraxis oder Apotheken. In diesen Fällen werden regelmäßig auch **Gesundheitsdaten** der dort aufhältigen Patienten erfasst.[268] Eine Angabe über den Gesundheitszustand ist auch bereits die Information, dass eine Person einen Arzt aufgesucht hat. Zu den sensitiven Daten zählt die Verordnung auch Biometriedaten. Diese werden bei der Videoüberwachung mit **biometrischer Gesichtserkennung** relevant.[269] Unter die besonderen Restriktionen des Art. 9 fallen ausweislich des klaren Wortlauts der Verordnung allerdings nur solche biometrischen Daten, die zur eindeutigen Identifizierung einer natürlichen Person geeignet sind und dafür genutzt werden (Art. 4 Nr. 14). Es müssen die für den Datenabgleich notwendigen „speziellen technischen Mittel" (EG 51) zur Verfügung stehen und eine entsprechende Auswertungsabsicht vorliegen. Das ist erst der Fall, wenn in den Videoaufnahmen Gesichter gefunden und softwarebasiert spezifische Gesichtsmerk-

                                                   100

                                                   101

                                                   102

---

262 Vgl. *Düsseldorfer Kreis*, Orientierungshilfe „Videoüberwachung durch nicht-öffentliche Stellen", 2014, S. 15 f.; *Bauer/Schansker* NJW 2012, 3538; *Bergwitz* NZA 2012, 1205; *Alter* NJW 2015, 2375 (2377). Zu den Voraussetzungen einer ausnahmsweisen Zulässigkeit der heimlichen Überwachung von Arbeitnehmern in nicht-öffentlich zugänglichen Räumen EGMR, v. 5.10.2010 – 420/07; BAGE 105, 356; LAG Köln DuD 2007, 308 und in öffentlich zugänglichen Räumen BAG ZD 2012, 568. Dazu kritisch *Jerchel/Schubert* DuD 2015, 151 (153). BAGE 156, 370 konkretisiert die Anforderungen an das Vorliegen eines Verdachts. So muss zwar der Kreis der Verdächtigen möglichst eingegrenzt sein, es ist aber nicht zwingend notwendig, dass eine Überwachungsmaßnahme in der Weise beschränkt werden kann, dass von ihr ausschließlich Personen erfasst werden, bezüglich derer bereits ein konkretisierter Verdacht besteht.

263 Vgl. zB BVerfGE 100, 313 (376); BVerfGE 109, 279 (353).

264 Zum Verhältnis von Art. 6 und Art. 9 Kühling/Buchner/*Weichert* Art. 9 Rn. 4; Gola/*Schulz* Art. 9 Rn. 6.

265 Zu den Abgrenzungsschwierigkeiten *Bretthauer*, Intelligente Videoüberwachung, 2017, S. 188ff., 254ff.

266 So Gola/*Schulz* Art. 9 Rn. 11. Zum bislang geltenden Recht Gola/*Schomerus* § 3 Rn. 56 a.

267 So *EDPS*, Leitlinien zur Videoüberwachung, 2010,S. 33; *BlnBDI*, JB 2002, 3.1.

268 Dazu *Bretthauer*, Intelligente Videoüberwachung, 2017, S. 189 f.; *Nguyen* DuD 2011, 715ff. Zur Videoüberwachung in einer Apotheke *UDZ Saarl*, 25. TB, 19.8 und in einer Zahnarztpraxis VG Potsdam BeckRS 2016, 43917. Nach OVG Saarland, MMR 2018, 259 Rn. 40 stellt das bloße Aufsuchen einer Apotheke kein Indiz für das Vorliegen einer Erkrankung dar und bewirke daher keine Bloßstellung.

269 Dazu *DSBK*, Entschließung vom 30.3.2017: „Einsatz von Videokameras zur biometrischen Gesichtserkennung birgt erhebliche Risiken"; *Hornung/Schindler* ZD 2017, 203 (204ff.)

male herausgefiltert werden (wie zB bei Systemen der Eingangs- und Zugangskontrolle). Die Anfertigung von Gesichtsaufnahmen als solches reicht hingegen nicht aus.[270]

103 Eine Verarbeitung besonderer Kategorien personenbezogener Daten ist nur in den in Art. 9 Abs. 2 genannten Ausnahmefällen zulässig. Die in Art. 9 Abs. 2 lit. a, c, d, e und f. enthaltenen eigenständigen **Erlaubnistatbestände** dürften im Bereich der Videoüberwachung allerdings kaum einschlägig sein. Videoüberwachende Stellen, die sensitive Daten verarbeiten, müssten sich daher auf spezifische **nationale Regelungen** berufen, die sich im Rahmen der Öffnungsklauseln des Art. 9 Abs. 2 lit. b, h, i und j und des Abs. 4 bewegen. Das gilt auch für die Videoüberwachung öffentlicher Stellen in öffentlich zugänglichen sensiblen Bereichen. § 4 Abs. 1 S. 1 Nr. 1 und 2 BDSG nF wird von Regelungen zur Verarbeitung sensitiver Daten verdrängt.[271] Der deutsche Gesetzgeber hat mit § 22 Abs. 1 Nr. 2 lit. a und b BDSG nF solche Rechtsgrundlagen für die Verarbeitung besonderer Datenkategorien durch öffentliche Stellen geschaffen:[272] Danach muss die Verarbeitung aus Gründen eines erheblichen öffentlichen Interesses oder zur Abwehr einer erheblichen Gefahr für die öffentliche Sicherheit erforderlich sein und im konkreten Fall gegenüber den Interessen der betroffenen Person überwiegen. Es erscheint allerdings zweifelhaft, ob diese Zulässigkeitstatbestände bestimmt genug sind und ausreichende Garantien enthalten, um etwa eine Videoüberwachung mit biometrischer Gesichtserkennung zu rechtfertigen.[273]

104 Schutzwürdige Interessen der betroffenen Personen sind auch dann in besonderem Maße berührt, wenn „intelligente" Verfahren bspw. zum Herausfiltern und zur **gezielten Überwachung** einzelner Personen eingesetzt werden, zB mittels automatisierter **Verfolgung** (Tracking) über mehrere Videokameras hinweg.[274] Dies gilt vor allem, wenn die Observation mit mobilen oder vernetzten Überwachungsgeräten zur Erstellung von **Bewegungs- oder Verhaltensprofilen** genutzt werden soll. Damit wäre eine dauerhafte Kontrolle darüber möglich, wo sich konkrete Personen wann aufhalten und bewegen und mit wem sie Kontakt haben. Eine gezielte Steuerung der Überwachung durch Mustererkennung erlaubt zwar eine Verringerung der Eingriffstiefe für alle unverdächtigen Personen, da diese nach entsprechender Aussonderung unbeobachtet bleiben können.[275] Für den Einzelnen, der von den Überwachungsmaßnahmen betroffen ist, bedeuten diese aber **zusätzliche Grundrechtseingriffe** von erheblichem Gewicht.[276] Die Interessenabwägung wird daher bereits in aller Regel zulasten des Verarbeiters ausfallen. Ohnehin werden die vergleichsweise unbestimmten Erlaubnistatbestände solchen Einsatzszenarien kaum gerecht.[277] Es bedarf vielmehr expliziter spezialgesetzlicher Ermächtigungen (zB für Sicherheitsbehörden).

105 Eine Grenze der Zulässigkeit ist erreicht, wenn durch die Videoüberwachung Einblicke in höchstpersönliche Bereiche (**Privat- und Intimsphäre**) ermöglicht werden und damit der absolut geschützte Kernbereich der privaten Lebensgestaltung betroffen ist. Die Überwachung von Toiletten, Umkleidekabinen, Duschen oder Saunas sowie von ärztlichen Behandlungsräumen ist unverhältnismäßig und damit unzulässig.[278] Das Überfliegen fremder Wohngrundstücke mit **Kameradrohnen** wird man als Eingriff in die Privatsphäre des Besitzers ansehen müssen und eine Videoaufzeichnung damit im Zweifel als unzulässig.[279]

106 Sind von der Videoüberwachung überwiegend **Kinder** betroffen (zB in einer Kindertagesstätte oder Schule), ist dies bei der Abwägungsentscheidung zulasten der berechtigten Interessen des Verarbeiters besonders zu

---

270 Ausführlich zu dieser Problematik *Jandt* ZRP 2018, 16 (17 f.).

271 So zur bisherigen Rechtslage *Nguyen* DuD 2011, 715 (716ff.); aA *Bretthauer*, Intelligente Videoüberwachung, 2017, S. 192 f.

272 Dazu *Weichert* DuD 2017, 538 (542).

273 Vgl. *Schantz/Wolff/Wolff*, Rn. 716. Zur polizeilichen Verwendung biometrischer Gesichtserkennung und den gesetzlichen Grundlagen *Hornung/Schindler* ZD 2017, 203 (206ff.).

274 Zu „intelligenten" Videoüberwachungssystemen, die durch den Einsatz von Software die aufgenommenen Personen automatisiert erkennen, verfolgen und deren Verhalten analysieren vgl. *Roßnagel/Desoi/Hornung* DuD 2011, 695ff. sowie *Spiecker gen. Döhmann*, in: Bräutigam/Hoppen, DGRI Jahrbuch 2013, S. 147ff.

275 Vgl. dazu *Spiecker gen. Döhmann* K&R 2014, 549 (551ff.).

276 Zur erhöhten Eingriffsintensität bei „intelligenter" Videoüberwachung *Hornung/Desoi* K&R 2011, 153 (155); *Bretthauer*, Intelligente Videoüberwachung, 2017, S. 101 f.

277 *Bretthauer*, Intelligente Videoüberwachung, 2017, S. 252 f. wirft daher die Frage auf, ob der Interessenabwägungstatbestand des Abs. 1 UAbs. 1 lit. f mit dem Bestimmtheitsgebot nach Art. 52 Abs. 1 GRCH in Einklang zu bringen ist. Daran bestünden jedenfalls beim Einsatz intelligenter Videoüberwachungssysteme Zweifel, da der Regelung weder Ziele, Ausmaß, Dauer und Inhalt der Videoüberwachung zu entnehmen seien. Mit zunehmender Eingriffsintensität steigen auch die Bestimmtheitsanforderungen an die Ermächtigungsgrundlage (vgl. Calliess/Ruffert/*Kingreen*, GRCh Art. 52 Rn. 62; EuGH C–293/12 und 594/12, NJW 2014, 2169 Rn. 54). Die gesetzliche Regelung muss daher so genau sein, dass die Betroffenen die Folgen voraussehen können (unter Verweis auf *Jarass* Art. 52 Rn. 27).

278 Gola/*Schulz* Art. 6 Rn. 161; *Sokol* DuD 2005, 252; *LfD MV*, 8. TB, 4.6.4; *Hilpert* RDV 2009, 164; *Byers/Pracka* BB 2013, 763; LAG Hamm RDV 2007, 176 zur Fotografie eines auf der Toilette sitzenden Beschäftigten. Zur Unzulässigkeit der Videoüberwachung einer Leibesvisitation *Dix* DuD 2008, 316. Je nach Fallgestaltung kommt hier eine Strafbarkeit nach § 201 a StGB (Verletzung des höchstpersönlichen Lebensbereichs durch Bildaufnahmen) in Betracht.

279 Vgl. Beschluss der obersten Aufsichtsbehörden für den Datenschutz im nicht-öffentlichen Bereich (Düsseldorfer Kreis) vom 15./16.9.2015: „Nutzung von Kameradrohnen durch Private"; AG Potsdam ZD 2016, 236.

berücksichtigen. Dies stellt Art. 6 Abs. 1 UAbs. 1 lit. f ausdrücklich klar und stärkt damit den Schutz von Kindern, die – je nach ihrem individuellen Entwicklungsstand – nicht abschätzen können, welche Risiken durch Datenverarbeitungen entstehen können (EG 38).[280]

e) Ort der Überwachung. Weiterhin kann der **Einsatzort** von Videotechnik als solcher bereits erste Anhaltspunkte für das Vorliegen schutzwürdiger Interessen liefern. So können öffentliche Bereiche identifiziert werden, in denen die freie Entfaltung der Persönlichkeit oder die Wahrnehmung von Freiheitsrechten von wesentlicher Bedeutung ist, weil sie der Freizeit und Erholung dienen, sich Menschen dort typischerweise länger aufhalten und miteinander kommunizieren (zB Wartebereiche, Kantinen, Sportstätten, Versammlungs- und Vergnügungsstätten, Kundenbereiche in der **Gastronomie**, Parks und **Waldgebiete**).[281] Die Schutzbedürftigkeit ist hier höher einzuschätzen als in Bereichen, in denen derartige Aktivitäten nicht im Vordergrund stehen (zB Durchgangsbereiche, Banken, Tankstellen, Kaufhäuser, Kassenbereiche, Garderoben). Die Beeinträchtigung des Persönlichkeitsrechts durch eine ständige Videoüberwachung kann im Einzelfall schwerer wiegen als die Interessen an einer effektiven Strafverfolgung, weil Bürgerinnen und Bürger erwarten, an den fraglichen Stellen nicht ständig beobachtet zu werden.[282] Beim Einsatz **mobiler Kameras** wie zB Drohnen ist zudem zu berücksichtigen, dass diese den gesamten aus der Luft kontrollierbaren öffentlich zugänglichen Raum flächendeckend erfassen und der betroffenen Person folgen können. Damit ist eine höhere Eingriffstiefe verbunden, die besondere Maßnahmen zum Schutz der Betroffenen erfordert.   107

f) Anlassbezogenheit. Nicht zuletzt ist bei der Interessenabwägung der Aspekt des Zurechnungs- und Verantwortungszusammenhangs zu berücksichtigen. Eine Videoüberwachung ist allgemein als erheblicher Eingriff in die Rechte der betroffenen Personen zu werten, wenn diese hierfür keinen ihnen zurechenbaren Anlass, etwa durch Rechtsverletzung, geschaffen haben, sondern als Unbeteiligte mitbetroffen sind.[283] **Anlasslose Informationserhebungen**, die ohne Anknüpfung an einen konkreten Verdacht erfolgen und überdies eine große Streubreite aufweisen, sind grundsätzlich von höherer Eingriffsintensität als anlassbezogene.[284] Aus Sicht des Datenschutzes sind daher Überwachungseinrichtungen vorzugswürdig, die erst im Bedarfsfall (zB in einer Gefahrensituation) automatisch oder manuell aktiviert werden.[285] Dem Risiko, dass zum Zeitpunkt der Aktivierung bereits beweisrelevante Tatsachen verloren gehen, kann durch die zusätzliche Nutzung eines kurzzeitigen **Ringspeichers** in einer **Black-Box** begegnet werden. Die vor dem Start der Aufzeichnung vorhandenen Bilder, die sog Voralarmbilder, stehen aufgrund der permanenten Aufzeichnung auf einen flüchtigen Speicher in einer Endlosschleife zur Verfügung, weil nur die jeweils ältesten Bilder automatisch überschrieben werden (sog **Pre-Recording**).   108

Die fehlende **Veranlassung** und fehlende **Erkennbarkeit** spielen bei der datenschutzrechtlichen Bewertung mobiler Kameras, insbes. von **Dash-Cams**, eine entscheidende Rolle. Diese On-Board-Kameras können den Verkehr sowie Personen, die sich in der Nähe einer Straße aufhalten, permanent aufzeichnen, so dass eine Vielzahl von Verkehrsteilnehmern betroffen ist, ohne dass diese durch verkehrswidriges Verhalten einen Anlass dazu gesetzt hätten. Die Betroffenen erlangen weder Kenntnis von der Überwachung noch können sie sich dieser entziehen. So kann etwa festgehalten werden, wann eine Person die jeweilige Straße mit welchem Verkehrsmittel und gegebenenfalls in welcher Begleitung und welcher Verfassung passiert. Eine weite Verbreitung dieser Aufzeichnungsmöglichkeiten im Straßenverkehr kann den Aufenthalt in der Öffentlichkeit unter einen dauernden Überwachungsdruck stellen, insbes. durch die Speicherung, Zusammenführung und bleibende Verfügbarkeit der Aufnahmen.[286] Dies stellt regelmäßig einen schwerwiegenden   109

---

280 Vgl. *Albrecht/Jotzo*, Teil 3 Rn. 67ff.

281 Vgl. AG Hamburg JurPC Web-Dok. 25/2009, Abs. 12 für die Kundenbereiche mit Sitzgelegenheit in einem Kaffeehaus in Abgrenzung zum Waren- und Kassentresen. In diesem Sinne auch *ULD*, 31. TB, 5.7.1.; 32. TB, 5.5.2. Zu Wildkameras *HDSB*, 43. TB, 5.2.1.5; *UDZ Saarl*, 25. TB, 19.11; *ULD*, 35. TB, 5.6.1.

282 *Weichert* DuD 2000, 667; AG Berlin-Mitte NJW-RR 2004, 531 (533); DSBK, Entschließung v. 9./10.11.2016, „Videoüberwachungsverbesserungsgesetz zurückziehen".

283 Vgl. BAGE 111, 173; BVerfG NJW 2006, 976 (981).

284 So BVerfG NVwZ 2007, 688 (690) zur Videoüberwachung. Vgl. auch BVerfGE 107, 299 (320 f.); BVerfGE 109, 279 (353); BVerfG NJW 2008, 1505 (1507); BVerfGE 125, 260 (320); OVG NRW RDV 2009, 232 Rn. 68.

285 Vgl. Beschluss der obersten Aufsichtsbehörden für den Datenschutz im nicht-öffentlichen Bereich (*Düsseldorfer Kreis*) vom 26./27.2.2013: „Videoüberwachung in und an Taxis". Dazu auch OVG NRW RDV 2009, 232, das unter Anwendung des § 29 Abs. 2 DSG NW eine anlassunabhängige Speicherung bei der Überwachung von Bibliotheksräumen als unzulässig bewertet hat.

286 Vgl. BGH, v. 15.5.2018, VI ZR 233/17, Rn. 26.

Eingriff in die Rechte der betroffenen Personen dar.[287] Dem kann nur dadurch entgegengewirkt werden, dass die Dash-Cam mit einer **Pre-Recording-Funktion** ausgestattet und erst bei Bedarf (zB bei Kollision oder starker Verzögerung des Fahrzeugs) aktiviert wird.[288] Eine Güterabwägung zu Gunsten des Dash-Cam-Betreibers kommt daher nur in Betracht, wenn seine Kamera mit solchen datenschutzfreundlichen Schutzmechanismen ausgestattet ist.[289]

110 **g) Veröffentlichung.** Die **Veröffentlichung** von personenbezogenen Videobildern **im Internet** (zB mittels Webcam) verletzt schutzwürdige Belange der betroffenen Personen. Die Aufnahmen sind weltweit verfügbar und können unbegrenzt weiterverarbeitet werden, häufig ohne dass die Betroffenen davon etwas erfahren.[290] Wirtschaftliche oder soziale Nachteile infolge der Veröffentlichung können nicht mehr rückgängig gemacht werden.[291] Ein mögliches Informationsinteresse der Allgemeinheit ist daher in aller Regel als weniger gewichtig zu werten.

111 Bei einer Veröffentlichung und Zugänglichmachung von Videodaten sind auch die in den §§ 22, 23 Kunsturhebergesetz (KUG) enthaltenen Regelungen zum Recht am eigenen Bild zu beachten.[292] Nach § 22 S. 1 KUG dürfen Bildnisse nur mit Einwilligung der Abgebildeten verbreitet oder öffentlich zur Schau gestellt werden, sofern kein Ausnahmetatbestand nach § 23 KUG vorliegt.

112 **4. Zweckbindung und Zweckänderung.** Nach Art. 5 Abs. 1 lit. b müssen personenbezogene Daten für genau festgelegte, eindeutige und legitime Zwecke erhoben werden (→ Art. 5 Rn. 73ff.) und dürfen grundsätzlich nicht in einer mit diesen Zwecken nicht zu vereinbarenden Weise weiterverarbeitet werden (**Zweckbindung**). Eine Weiterverarbeitung zu Zwecken, die mit dem Erhebungszweck nicht vereinbar sind (**Zweckänderung**), ist nur in drei Fällen vorgesehen: für „privilegierte Zwecke" (Art. 5 Abs. 1 lit. b Hs. 2), wenn die betroffene Person eingewilligt hat oder wenn eine im Recht der Union oder der Mitgliedstaaten gesetzlich festgelegte Ausnahme vorliegt, die den in Art. 23 Abs. 1 genannten Zielen dient (Art. 6 Abs. 4).[293]

113 Bei der Videoüberwachung spielt die Frage der Zulässigkeit einer zweckändernden Verarbeitung vor allem eine Rolle, wenn die durch die Überwachungsmaßnahme gewonnenen Daten an Dritte übermittelt werden sollen. Den insoweit wichtigsten Anwendungsfall erklärt § 4 Abs. 3 S. 3 BDSG nF ausdrücklich für zulässig.[294] Danach dürfen Daten aus der Videoüberwachung für einen anderen Zweck weiterverarbeitet werden, soweit dies zur **Abwehr von Gefahren für die** staatliche und **öffentliche Sicherheit** sowie zur **Verfolgung von Straftaten** erforderlich ist. Erlaubt sind damit **Übermittlungen** von Videoaufzeichnungen an staatliche **Gefahrenabwehrbehörden** oder **Strafverfolgungsbehörden**, mit denen der Verantwortliche auf Gefahren für die öffentliche Sicherheit hinweist oder den Verdacht von Straftaten[295] zur Anzeige bringt.

114 Die nationale Regelung zur Zweckänderung kann sich auf Art. 6 Abs. 4 iVm Art. 23 Abs. 1 lit. c und d stützen. Sie erfasst auch die praktisch bedeutsame **Übermittlung von Videodaten durch Private** an die genannten Behörden.[296] Zwar sind die Erlaubnistatbestände für die Videoüberwachung durch nicht-öffentliche Stellen in § 4 Abs. 1 S. 1 Nr. 3, S. 2, Abs. 3 S. 1 und 2 BDSG nF wegen des Vorrangs der Verordnung nicht anwendbar (→ Rn. 23 f.). Der nationale Gesetzgeber ist dadurch aber nicht gehindert, Befreiungen von der Zweckbindung auch für diesen Bereich vorzusehen.[297] EG 50 stellt klar, dass der Hinweis der videoüberwa-

---

287 Vgl. VG Ansbach ZD 2014, 590 mAnm *Schröder*; LG Memmingen ZD 2016, 181 mAnm *Schwiering*; VG Göttingen ZD 2017, 46 mAnm *Starnecker/Wessels*; Beschluss der obersten Aufsichtsbehörden für den Datenschutz im nicht-öffentlichen Bereich (*Düsseldorfer Kreis*) vom 25./26.2.2014: „Unzulässigkeit von Videoüberwachung aus Fahrzeugen (sog Dashcams)"; *HessDSB*, 44. TB, 4.1.3; *Wirsching* NZV 2016, 13 (14); *Lachenmann/Schwiering* CR 2015, 400. In Österreich, der Schweiz, Luxemburg, Belgien, Schweden und Portugal sind Dash-Cams gesetzlich verboten. Zur Rechtslage in Österreich *Klann* DAR 2016, 8 (10); *Trieb/Knyrim* ZD 2014, 547 (549ff.).

288 Zu den technischen Möglichkeiten einer anlassbezogenen Speicherung *Sanetra* PinG 2015, 179; *Klann* DAR 2016, 8 (11) mwN; *Wagner/Birnstill/Bretthauer/Krempel* DuD 2017, 159.

289 Vgl. BGH, v. 15.5.2018, VI ZR 233/17, Rn. 26.

290 Vgl. *Düsseldorfer Kreis*, Orientierungshilfe „Videoüberwachung durch nicht-öffentliche Stellen", 2014, S. 13; VG Schwerin ZD 2015, 448 (451).

291 Zur Interessenabwägung bei der Veröffentlichung personenbezogener Daten BGH BGHZ 181, 328 Rn. 36ff.

292 Vgl. Dreier/Schulze/*Specht* UrhG § 22 KUG Rn. 10. Zum Verhältnis zwischen KUG und den Datenschutzgesetzen *Lauber-Rönsberg/Hartlaub*, NJW 2017, 1057ff. Das OLG Köln, v. 18.6.2018, 15 W 27/18, Rn. 5 ff. hat entschieden, dass die DSGVO die Anwendung des KUG jedenfalls im journalistischen Bereich nicht ausschließt. Artikel 85 DSGVO erlaube nationale Gesetze mit Abweichungen von der DSGVO zugunsten der Verarbeitung zu journalistischen Zwecken.

293 Vgl. *Schantz* NJW 2016, 1841 (1844).

294 Die Regelung entspricht dem bisherigen § 6 b Abs. 3 S. 2 BDSG aF Dazu Simitis/*Scholz* § 6 b Rn. 123ff.

295 Für die Verfolgung von Ordnungswidrigkeiten kommt die Vorschrift nicht zur Anwendung, vgl. zu § 6 b BDSG aF DKWW/*Wedde* § 6 b Rn. 57.

296 So für § 24 Abs. 1 Nr. 1 BDSG nF auch Schantz/Wolff/*Wolff*, Rn. 693.

297 Die Frage, ob die Mitgliedstaaten von der Möglichkeit der Befreiung von der Zweckbindung in allen Regelungskontexten Gebrauch machen dürfen oder nur in den Bereichen, in denen sie auch für eine Erstverarbeitung eine Regelungsbefugnis haben – also im Wesentlichen in den Fällen des Art. 6 Abs. 1 UAbs. 1 lit. c und e – ist allerdings umstritten. Dazu Kühling/Buchner/*Buchner/Petri* Art. 6 Rn. 180, 199ff.; Gola/*Schulz* Art. 6 Rn. 191; BeckOK DatenschutzR/*Albers* DSGVO Art. 6 Rn. 71.

chenden Stelle auf mögliche Straftaten oder Bedrohungen der öffentlichen Sicherheit und die Übermittlung der maßgeblichen Daten an eine zuständige Behörde ein berechtigtes Interesse darstellt. Die übermittelnde Stelle kann sich daher – vorbehaltlich einer zu ihren Gunsten ausfallenden Interessenabwägung – auch auf den Erlaubnistatbestand des Art. 6 Abs. 1 UAbs. 1 lit. f berufen.

Die Regelung in § 4 Abs. 3 S. 3 BDSG nF ist **abschließend**. Ein Rückgriff auf die sonstigen eine Zweckände-   **115** rung gestattenden Erlaubnistatbestände in §§ 23, 24 BDSG nF ist damit für die Videoüberwachung ausgeschlossen. Das gilt etwa für die Übermittlung von Bilddaten an Private zur Erleichterung der Verfolgung von ihnen gegenüber verübten Straftaten[298] oder die Übermittlung zur Geltendmachung, Ausübung oder Verteidigung zivilrechtlicher Ansprüche.

VI. Kenntlichmachung der Videoüberwachung (Hinweispflicht)

Art. 5 Abs. 1 lit. a verlangt, dass die Verarbeitung personenbezogener Daten in einer für die betroffenen   **116** Personen transparenten Art und Weise erfolgt. Das setzt voraus, dass die Datenverarbeitung nicht nur nachvollziehbar (retrospektiv), sondern auch vorhersehbar (prospektiv) ist.[299] Nur wenn der betroffenen Person die Datenverarbeitung rechtzeitig bekannt ist, kann sie die mögliche Rechtsbeeinträchtigung abschätzen, die Rechtmäßigkeit überprüfen und gegebenenfalls ihre Datenschutzrechte geltend machen.[300] Eine heimliche, weil **verdeckte Videoüberwachung** würde diesem Schutzzweck zuwiderlaufen und ist damit – im Grundsatz[301] – **ausgeschlossen**. Das **Transparenzgebot** erfordert, dass die betroffene Person schon vor Betreten des überwachten Bereichs Kenntnis von der Videoüberwachung erlangt. Erst dadurch wird sie in die Lage versetzt, selbstbestimmt über ein mögliches Ausweichen zu entscheiden, Gegenmaßnahmen zu ergreifen oder sich auf diesen Umstand einzustellen.[302]

Im **nationalen Recht** wird das Transparenzerfordernis mit Blick auf Videoüberwachungsmaßnahmen durch   **117** § 4 Abs. 2 BDSG nF konkretisiert.[303] Danach sind der Umstand der Beobachtung und der Name und die Kontaktdaten des Verantwortlichen durch geeignete Maßnahmen zum frühestmöglichen Zeitpunkt erkennbar zu machen. Diese **Hinweispflicht** greift unmittelbar allerdings nur für die Videoüberwachung durch öffentliche Stellen auf der Grundlage von Art. 6 Abs. 1 UAbs. 1 lit. e iVm § 4 Abs. 1 S. 1 Nr. 1 und 2, da sie sich insoweit auf die Öffnungsklausel aus Art. 6 Abs. 2 und Abs. 3 stützen kann. Für die Videoüberwachung privater Stellen nach Art. 6 Abs. 1 UAbs. 1 lit. f haben die Mitgliedstaaten insoweit keine eigene Regelungsbefugnis (→ Rn. 24). Das Transparenzerfordernis ergibt sich hier unmittelbar aus der Verordnung.[304] Die Anforderungen aus § 4 Abs. 2 BDSG nF sind aber übertragbar.[305] Die aus Art. 13 und 14 folgenden umfassenden **Informationspflichten** des Verantwortlichen haben hingegen eine andere Zielrichtung und sind unabhängig von der Pflicht zur Kenntlichmachung der Videoüberwachung zu erfüllen (→ Rn. 126ff.). Es handelt sich dabei um aktive Benachrichtigungspflichten gegenüber den von der Datenverarbeitung betroffenen Personen, die inhaltlich über die Hinweispflicht hinausgehen und auch nicht allein mit einem Hinweisschild erfüllt werden können.

Erkennbar gemacht werden muss – sowohl nach § 4 Abs. 2 BDSG nF als auch nach Art. 5 Abs. 1 lit. a –   **118** zunächst der **Umstand der Videoüberwachung**.[306] Ausreichend sind in der Regel Hinweise auf die Tatsache, dass ein bestimmter Bereich mithilfe von Videotechnik überwacht wird. Die betroffene Person muss eine Vorstellung davon bekommen können, wo und wann sie von den Kameras erfasst wird. Über die genaue Anzahl der Kameras einschließlich ihrer Standorte muss nicht informiert werden.[307] Dies wäre auch kaum

---

298 Ebenso BeckOK DatenschutzR/*Brink* BDSG § 6 b Rn. 104 zur alten Rechtslage.
299 Vgl. Paal/Pauly/*Frenzel* Art. 5 Rn. 21; BeckOK DatenschutzR/*Schantz* DSGVO Art. 5 Rn. 11.
300 Vgl. bereits BVerfGE 65, 1 (43, 59). Zur Transparenz der Datenverarbeitung auch *Roßnagel/Pfitzmann/Garstka*, S. 82; Simitis/*Scholz/ Sokol* § 4 Rn. 39 f.
301 Ob und inwieweit eine heimliche Videoüberwachung zulässig ist, lässt sich letztlich nur durch eine Abwägung der gegenläufigen Grundrechtspositionen unter Wahrung des Grundsatzes der Verhältnismäßigkeit im Einzelfall beurteilen. Bei der Interessenabwägung ist die fehlende oder unzureichende Transparenz daher maßgeblich zu berücksichtigen. Eine verdeckte Videoüberwachung kann etwa zum Schutz überragend wichtiger Rechtsgüter im Rahmen von Notwehrsituationen oder notwehrähnlichen Lagen zulässig sein (→ Rn. 99). So auch Gola/*Schulz* Art. 6 Rn. 162, der eine verdeckte Videoüberwachung nur zulassen will, wenn sie das letzte zur Verfügung stehende Mittel zur Sicherung der Rechte des Nutzers darstellt und hinreichende technisch-organisatorische Maßnahmen getroffen wurden, die eine nicht zweckgebundene Verwendung des so gewonnenen Bildmaterials unterbinden.
302 Vgl. BeckOK DatenschutzR/*Brink* BDSG § 6 b Rn. 84; Taeger/Gabel/*Zscherpe* BDSG § 6 b Rn. 62.
303 Die Formulierung entspricht weitgehend dem bisherigen § 6 b Abs. 2 BDSG aF Zur Frage, ob die Erfüllung der Hinweispflicht Rechtmäßigkeitsvoraussetzung für die Videoüberwachung ist. Simitis/*Scholz* Rn. 110 mwN.
304 Anders *Härting*, Rn. 448, der davon ausgeht, dass die DSGVO keine Vorschrift enthält, aus der sich eine Kennzeichnungspflicht ableiten ließe.
305 So wohl auch *Lachenmann* ZD 2017, 407 (409). Zur Umsetzung der Transparenzverpflichtung allgemein → Art. 5 Rn. 51ff.
306 Die Kennzeichnungspflicht zwingt nicht dazu, den Anschein der Videoüberwachung zu verhindern. So OVG Berlin-Brandenburg ZD 2017, 399 Rn. 38ff. Dazu *Schnabel* MedR 2017, 943 (947).
307 Vgl. Auernhammer/*Onstein* BDSG § 6 b Rn. 52; *Art.-29-Gruppe*, 4/2004/DE WP 89, S. 22.

praktikabel, da detaillierte Angaben von den betroffenen Personen kaum mehr auf den ersten Blick („im Vorbeigehen") inhaltlich erfasst werden könnten. Vom Gesetz zwar ebenfalls nicht ausdrücklich gefordert, aber aus Gründen der Transparenz für die betroffenen Personen wünschenswert und auch datenschutzkonform, wäre ein Hinweis darauf, ob nur Beobachtungen oder auch Aufzeichnungen erfolgen, und wie lange die Aufzeichnungen gespeichert werden.[308]

119 Die betroffenen Personen müssen neben dem Umstand der Videoüberwachung auch über die **Identität des Verantwortlichen** iSd Art. 4 Nr. 7 informiert werden.[309] Zu den notwendigen Angaben zählen der vollständige Name (zB Firmenname oder Bezeichnung der öffentlichen Stelle) und die Kontaktdaten (Postanschrift und ggf. E-Mail-Adresse oder Telefonnummer).[310] Entscheidend ist, dass die betroffene Person ohne weitere Recherchen problemlos feststellen kann, wem gegenüber sie ihre Datenschutzrechte geltend machen kann und wo sie weitere Informationen abrufen können (zB Link auf Homepage).[311] Unsicherheiten bestehen insoweit bspw. in großen Einkaufszentren oder -passagen mit verschiedenen Geschäften in einem Objekt. Diese werden häufig zentral vom Betreiber überwacht. In diesen Fällen sollte eine für die Durchführung verantwortliche Stelle vor Ort benannt werden, an die sich die Kunden direkt wenden können.

120 Die Erkennbarkeit des Umstands der Videoüberwachung und der Identität der verantwortlichen Stelle muss durch **geeignete Maßnahmen** gewährleistet werden. In erster Linie kommen hierfür entsprechende **Hinweisschilder** in Betracht.[312] Zweckmäßig können auch eindeutige graphische Symbole (**Piktogramme**)[313] sein, die einen hohen Wiedererkennungswert aufweisen.[314]

121 Was im Einzelfall geeignet ist, hängt maßgeblich von den Erwartungen des jeweils betroffenen Personenkreises ab. Wird zB ein Raum videoüberwacht, der von blinden oder sehbehinderten Menschen besucht wird, sind nur visuell wahrnehmbare Hinweise oder Signale ungeeignet. Um nicht bestimmte Gruppen von betroffenen Personen zu diskriminieren, müssten in diesen Fällen auch **akustische Hinweise** erfolgen.[315] Denkbar ist künftig auch der Einsatz von Smartphones zur Informationsübermittlung (zB Vibrationsalarm bei Betreten eines videoüberwachten Bereichs). Ungeeignet sind schriftliche Hinweise allein in deutscher Sprache, wenn der Raum vor allem von **fremdsprachigen Personen** genutzt wird (zB Ausländerbehörde). Hier bietet sich vor allem die Verwendung von allgemein und international verständlichen Piktogrammen an.[316]

122 Maßstab für die **Erkennbarkeit** sind die subjektiven Möglichkeiten der betroffenen Personen, die typischerweise den überwachten Bereich betreten und sich in ihm aufhalten. Die Hinweise müssen so platziert werden, dass für die Betroffenen eine zumutbare Möglichkeit der Kenntnisnahme besteht. Sie müssen mithin ohne großen Suchaufwand wahrnehmbar sein, also „ins Auge fallen".[317] Die Anzahl, Größe, Gestaltung und räumliche Anordnung hängen von Größe und Zugänglichkeit des überwachten Bereichs ab. Je größer und unübersichtlicher der Raum ist, desto höhere Anforderungen sind zu stellen.[318] Bei einer umfassenden Videoüberwachung genügt es nicht, wenn lediglich an der Pforte einer Liegenschaft auf den Umstand der Videoüberwachung hingewiesen wird. Es muss sich ein Hinweis an allen überwachten Abschnitten (Eingangsbereich, Flure, Treppenhaus, etc) finden.[319]

123 Die Erkennbarkeit muss frühestmöglich, dh bereits **vor Betreten des überwachten Bereichs** gewährleistet sein.[320] Die betroffene Person muss nach Sinn und Zweck des Transparenzgebots immer auch die Möglichkeit haben, der Überwachung noch auszuweichen oder sich ihr zumindest kurzfristig zu entziehen, zB

308 Vgl. Taeger/Gabel/*Zscherpe* BDSG § 6 b Rn. 64; *Gola/Klug* RDV 2004, 73. Nach § 34 Abs. 2 LDatG RhPf ist auch die Form der Videoüberwachung erkennbar zu machen. Demnach ist beim Hinweis zwischen Monitoring, Monitoring mit Aufzeichnung und ausschließlicher Aufzeichnung zu unterscheiden, vgl. *Wolff/Brink* DuD 2011, 448.

309 Bei einer Videoüberwachung im Wege der Auftragsdatenverarbeitung (zB eine Sicherheitsfirma) müssen sich die Hinweise folglich auf den Auftraggeber beziehen.

310 Vgl. BeckOK DatenschutzR/*Brink* BDSG § 6 b Rn. 87.

311 Dazu *Lachenmann* ZD 2017, 407 (409).

312 Vgl. *Düsseldorfer Kreis*, Orientierungshilfe „Videoüberwachung durch nicht-öffentliche Stellen", S. 11; DKWW/*Wedde* § 6 b Rn. 49.

313 ZB nach der DIN-Norm 33450 („Video-Infozeichen"/„Graphisches Symbol zum Hinweis auf Beobachtung mit optisch-elektronischen Einrichtungen") des Deutschen Instituts für Normung eV.

314 Ein bloßes Piktogramm ist aber dann nicht ausreichend, wenn nicht eindeutig erkennbar ist, wer für die Überwachung verantwortlich ist.

315 Plath/*Becker* BDSG § 6 b Rn. 27 hält besondere Vorkehrungen nicht für erforderlich. Ein Verstoß gegen das AGG liege insoweit nicht vor, weil dessen Anwendungsbereich nicht eröffnet ist.

316 So auch Taeger/Gabel/*Zscherpe* BDSG § 6 b Rn. 67. Für mehrsprachige Hinweise DKWW/*Wedde* § 6 b Rn. 49, dagegen *Gola/Schomerus* § 6 b Rn. 26.

317 Vgl. BeckOK DatenschutzR/*Brink* BDSG § 6 b Rn. 83; *EDPS*, Leitlinien zur Videoüberwachung, S. 49.

318 Das ArbG Düsseldorf ZD 2011, 187 Rn. 54, hat eine ausreichende Kenntlichmachung bei einem auf einer Eingangstür auf Kniehöhe angebrachten Aufkleber, der lediglich eine Abbildung einer Kamera und lediglich einen ca. 2 cm breiten Schriftzug enthielt, verneint.

319 Vgl. Auernhammer/*Onstein* BDSG § 6 b Rn. 52.

320 Ebenso Plath/*Becker* BDSG § 6 b Rn. 27.

durch Wechseln der Straßenseite, Meiden des Geschäfts oder Ergreifen von Gegenmaßnahmen.[321] Der Hinweis ist so anzubringen, dass die Grenzen des Sichtfelds der Kamera für jeden Passanten klar erkennbar sind. Daher ist das Anbringen eines Schildes unter der Kamera zweckwidrig.[322] Auch pauschale Angaben wie „Dieses Gebäude ist videoüberwacht" reichen nicht aus, um den überwachten Bereich eindeutig zu kennzeichnen.

Wegen der vorstehenden Voraussetzungen reichen **konkludente Hinweise** auf die Videoüberwachung in der Regel nicht aus.[323] Aus dem bloßen Vorhandensein einer Überwachungseinrichtung kann von den betroffenen Personen häufig weder auf deren Benutzung an sich noch auf den räumlichen Umfang der Überwachung geschlossen werden kann.[324] Auf gesonderte schriftliche oder graphische Informationen kann allenfalls in seltenen Ausnahmefällen verzichtet werden, etwa wenn die Kameras für die betroffenen Personen so gut sichtbar installiert werden, dass sie selbst eine geeignete Maßnahme darstellen.[325] Dabei dürfen die Kameras aber nicht erst als solche erkennbar sein, wenn sich die betroffenen Personen in ihrem Erfassungsfeld befinden. Ferner muss aus der Positionierung der Kameras auf den überwachten Bereich geschlossen werden können. 124

Für **Kameraattrappen** greift das Transparenzgebot nicht.[326] Sie fallen nicht in den Anwendungsbereich der Verordnung und von § 4 BDSG nF, da keine Datenverarbeitung erfolgt (→ Rn. 43). Ein Hinweis auf den Umstand der Beobachtung wäre unzutreffend, weil eine solche gerade nicht stattfindet. Die Transparenzregelungen können – auch in entsprechender Anwendung – nicht dazu verpflichten, eine unwahre Behauptung aufzustellen.[327] Es müsste daher konsequenterweise offengelegt werden, dass es sich um eine Attrappe handelt. Damit wird der eigentlich erwünschte Abschreckungseffekt aber unterlaufen. Auch ein Hinweis auf den Verantwortlichen ist mit Blick auf den Sinn und Zweck der Hinweispflicht wenig hilfreich, weil die betroffene Person mangels Datenverarbeitung keine Datenschutzrechte wahrnehmen kann. Unzulässig ist der Hinweis auf eine nur scheinbar stattfindende Videoüberwachung aber nicht. 125

VII. Rechte der betroffenen Person

1. Informationspflicht. Um eine **transparente Datenverarbeitung** (Art. 5 Abs. 1 lit. a) zu gewährleisten, verpflichten Art. 13 und 14 den Verantwortlichen, die betroffenen Personen aktiv über die Verarbeitungsdetails zu informieren. Nur auf Basis dieser Informationen können die Betroffenen die Rechtmäßigkeit der Datenverarbeitung überprüfen und ihre Rechte effektiv wahrnehmen. Für die Videoüberwachung ist vornehmlich Art. 14 relevant, der Informationspflichten für die Fälle vorschreibt, in denen personenbezogene Daten nicht unmittelbar bei der betroffenen Person erhoben werden.[328] Soweit – wie regelmäßig bei der Videoüberwachung – Bildaufnahmen ohne Einfluss oder Entscheidungsmöglichkeit der betroffenen Personen angefertigt werden, liegt gerade keine Direkterhebung vor.[329] Die Unterschiede zwischen Art. 13 und 14 beschränken sich allerdings im Wesentlichen auf den Zeitpunkt der Information und die Anzahl der Ausnahmen von der Informationspflicht. Der Umfang der bereitzustellenden Informationen ist in beiden Fällen gleich. 126

Art. 14 Abs. 1 nennt diejenigen Informationen, die bei jeder Verarbeitung gewährt werden müssen. Hierzu gehören ua **Zweck und Rechtsgrundlage der Verarbeitung,** verarbeitete Datenkategorien sowie Name und Kontaktdaten des Verantwortlichen. Für den Fall einer Übermittlung der Daten hat auch eine Information über Empfänger oder Kategorien von Empfängern zu erfolgen. Art. 14 Abs. 2 enthält Informationen, die 127

321 Vgl. BeckOK DatenschutzR/*Brink* BDSG § 6 b Rn. 84.
322 Vgl. BeckOK DatenschutzR/*Brink* BDSG § 6 b Rn. 86. DKWW/*Wedde* § 6 b Rn. 50 schlägt die Ausweisung kontrollfreier Räume (etwa durch Schraffierung) vor.
323 Anders *Gola/Schomerus* § 6 b Rn. 23.
324 Vgl. *Bergmann/Möhrle/Herb* BDSG § 6 b Rn. 40 a.
325 Dies ist allerdings schon dann problematisch, wenn kleine und/oder schwer wahrnehmbare Kameras zum Einsatz kommen, wie es in der Praxis zunehmend der Fall ist.
326 So schon zu § 6 b Abs. 2 BDSG aF *Bergmann/Möhrle/Herb* BDSG § 6 b Rn. 41 c; BeckOK DatenschutzR/*Brink* BDSG § 6 b Rn. 90. Für eine Kenntlichmachung auch von Attrappen aber *Gola/Schomerus* § 6 b Rn. 7 (unter Hinweis auf die Aufsichtsbehörden); DKWW/*Wedde* § 6 b Rn. 48. In § 34 Abs. 6 LDatG RhPf besteht eine eigene Rechtsgrundlage für den Einsatz von Attrappen durch öffentliche Stellen.
327 Zur rechtstaatlichen Bewertung dieser Täuschung beim Einsatz von Attrappen durch öffentliche Stellen *Wolff/Brink* DuD 2011, 449 f. Einige Datenschutzaufsichtsbehörden empfehlen aber den Betreibern auf die nur scheinbar stattfindende Videoüberwachung hinzuweisen, damit die Attrappe echter wirkt. Damit werde erreicht, dass – wenn die Attrappe zulässig ist – der Betroffene sich auf den scheinbaren Eingriff in sein Persönlichkeitsrecht einstellen kann. Auch werde die Zahl unbegründeter Beschwerden verringert. So *Innenmin. Sachsen,* 4. TB, 4.2.1.2. Sa *Tinnefeld/Petri/Brink* MMR 2010, 732 f.
328 Vgl. *Seifert* DuD 2013, 650 (653). § 4 Abs. 4 S. 1 BDSG nF verweist undifferenziert auf Art. 13 und Art. 14.
329 So schon für die DSRL *Dammann/Simitis* Art. 10 Rn. 2, Art. 11 Rn. 3; anscheinend auch EuGH C-212/13, EuZW 2015, 234 Rn. 34, allerdings ohne nähere Erläuterungen; aA *Kühling/Buchner/Bäcker* Art. 13 Rn. 15; BeckOK DatenschutzR/*Schmidt-Wudy* DSGVO Art. 14 Rn. 31.2; Gola/*Franck* Art. 14 Rn. 2, die nur die verdeckte Videoüberwachung unter Art. 14 fassen wollen.

der Verantwortliche nur situationsbezogen (EG 60: „unter Berücksichtigung der besondere Umstände und Rahmenbedingungen") mitteilen muss.[330] Dazu zählt etwa die **Speicherdauer der Daten**, das Bestehen von Betroffenenrechten (Auskunft, Berichtigung, Löschung, Widerspruch) und – soweit die Verarbeitung auf Art. 6 Abs. 1 UAbs. 1 lit. f beruht – die berechtigten Interessen, die von dem Verantwortlichen verfolgt werden.[331] Art. 14 Abs. 3 lit. a legt fest, dass der Verantwortliche den betroffenen Personen die nötigen Informationen innerhalb einer angemessenen Frist nach Erlangung der Daten, spätestens aber nach einem Monat mitteilen muss. Was angemessen ist, ergibt sich aus den Umständen des konkreten Einzelfalls (EG 61).[332] Die Modalitäten der Informationserteilung regelt Art. 12 Abs. 1, 7 und 8. Die notwendigen Informationen müssen danach präzise, leicht zugänglich und verständlich sowie in klarer und einfacher Sprache abgefasst sein (EG 58). Sie können auch in Kombination mit standardisierten Bildsymbolen bereitgestellt werden (Art. 12 Abs. 7).

128 Das nationale Recht sieht eine **wesentliche Einschränkung** dieser Informationspflichten vor. Sie wird nach § 4 Abs. 4 S. 1 BDSG nF erst mit der **Zuordnung** der erhobenen Daten **zu einer bestimmten Person** ausgelöst. Diese Beschränkung ist angesichts der andernfalls zu erwartenden praktischen Schwierigkeiten bei der Umsetzung der sehr umfangreichen Informationspflichten gut nachvollziehbar. Diese Vorschrift kann sich auf die **Öffnungsklausel** des Art. 23 Abs. 1 stützen, die es den Mitgliedstaaten ermöglicht, durch Rechtsvorschriften die in der Verordnung enthaltenen Betroffenenrechte zu begrenzen. Einschlägig dürfte hier der äußerst weit gefasste Beschränkungstatbestand des Art. 23 Abs. 1 lit. d sein, der Beschränkungen zum Schutz der Rechte und Freiheiten anderer Personen – dazu zählt auch der Verantwortliche – zulässt. Sie greift sowohl für öffentliche als auch für private Betreiber von Videotechnik ein.

129 Die bloße Möglichkeit, die Identität der im Rahmen einer Videoüberwachung erfassten Person festzustellen, begründet folglich noch keine Informationspflicht.[333] Die Identifizierung muss vielmehr tatsächlich vorgenommen werden. Die Verpflichtung aus Art. 14 greift folglich nur dann ein, wenn die überwachte Person aus ihrer relativen Anonymität im öffentlichen Raum herausgehoben und namentlich bekannt wird.[334] Zudem muss die Identifizierung im Rahmen der mit der Videoüberwachung verfolgten Zwecke erfolgen. Allein das Durchschreiten eines videoüberwachten Bereichs durch eine bekannte Person (zB Mitarbeiter, Mieter) löst die Informationspflicht nicht aus, weil es noch an einer aktiven Zuordnung der Bilddaten zu einer bestimmten Person fehlt.[335] Anwendungsbeispiele für eine Zuordnung sind die Identifikation von Mitarbeitern bei der Auswertung von Aufzeichnungen oder das Wiedererkennen von Kunden, die mit einem Hausverbot belegt wurden.

130 Die Bedeutung der Informationspflicht wird dadurch entwertet, dass Art. 14 Abs. 5 bereits Ausnahmen vorsieht und mit den nationalen Regelungen in §§ 32, 33 BDSG nF iVm Art. 23 Abs. 1 zahlreiche weitere **Ausnahmetatbestände** hinzukommen sollen.[336] Mit Blick auf die Ausnahme in Art. 14 Abs. 5 lit. a DSGVO ist allerdings festzustellen, dass aus dem bloßen Umstand der nach Art. 5 Abs. 1 lit. a DSGVO und § 4 Abs. 2 BDSG nF erforderlichen offenen Videoüberwachung nicht folgt, dass die betroffenen Personen auch positive Kenntnis von der Verarbeitung ihrer Daten haben und bereits über alle erforderlichen Informationen verfügen.[337] Diese lassen sich weder aus sichtbaren Kameras noch aus Hinweisschildern entnehmen, mit denen die Überwachung kenntlich gemacht wird. Auch muss der Betroffene aus der bloßen Information, dass eine Überwachung erfolgt, noch nicht zwingend darauf schließen, dass er auch identifiziert wird.[338]

131 **2. Löschungspflicht.** Ein Recht der betroffenen Personen auf Löschung und eine korrespondierende Pflicht des Verantwortlichen zur **Löschung personenbezogener Daten** besteht in den in Art. 17 Abs. 1 bezeichneten Fällen.[339] Für die im Rahmen der Videoüberwachung gespeicherten personenbezogenen Daten ist vor allem

---

330 Nach Kühling/Buchner/*Bäcker* Art. 13 Rn. 20, Art. 14 Rn. 14 hat der Verantwortliche die Informationspflichten aus Abs. 1 und 2 gleichermaßen vollständig zu erfüllen.
331 Ausführlich zu den Informationspflichten *Laue/Nink/Kremer*, § 3.
332 Zum Zeitpunkt der Informationserteilung Paal/Pauly/*Paal* Art. 14 Rn. 33ff.
333 S. zum BDSG aF Plath/*Becker* BDSG § 6 b Rn. 29.
334 Vgl. *Bergmann/Möhrle/Herb* BDSG § 6 b Rn. 49 a; BeckOK DatenschutzR/*Brink* BDSG § 6 b Rn. 108; Taeger/Gabel/*Zscherpe* BDSG § 6 b Rn. 86 weist darauf hin, dass auch eine Kontaktmöglichkeit bekannt sein muss, um die Informationspflicht praktisch umzusetzen.
335 So Auernhammer/*Onstein* BDSG § 6 b Rn. 65.
336 § 4 Abs. 4 S. 2 BDSG nF verweist nur auf § 32 BDSG nF, der Ausnahmen von der Informationspflicht für die Fälle vorsieht, in denen personenbezogene Daten bei der betroffenen Person erhoben werden.
337 Vgl. BeckOK DatenschutzR/*Brink* BDSG § 6 b Rn. 109; Taeger/Gabel/*Zscherpe* BDSG § 6 b Rn. 84.
338 Vgl. *Schaffland/Wiltfang* BDSG § 6 b Rn. 11.
339 Vgl. *Laue/Nink/Kremer*, § 4 Rn. 40ff.

der Löschungsgrund des Art. 17 Abs. 1 lit. a relevant (→ Art. 17 Rn. 10 f.).[340] Danach sind personenbezogene Daten unverzüglich zu löschen, wenn sie für die Zwecke, für die sie erhoben oder auf sonstige Weise verarbeitet wurden nicht mehr notwendig sind. Das BDSG nF sieht in § 4 Abs. 5, 1. Alt. für Daten aus einer Videoüberwachung eine entsprechende Löschungsverpflichtung vor. Die Regelung der DSGVO genießt insoweit allerdings Anwendungsvorrang. Findet eine Videoaufzeichnung statt, obwohl diese von vornherein unrechtmäßig war, folgt die Löschungspflicht bereits aus Art. 17 Abs. 1 lit. d.

Nicht mehr notwendig und daher zu löschen sind alle **Aufzeichnungen**, die nicht zur Aufklärung eines relevanten Vorfalls (Störung oder Tat) beitragen können, weil sie keinen aufklärungsbedürftigen Vorfall erfassen oder für eine Gefahrenabwehr oder Beweissicherung nicht mehr benötigt werden. Letzteres ist anzunehmen, wenn die verantwortliche Stelle von einer Verfolgung absieht oder eine weitere Untersuchung der Störung oder Tat eingestellt worden ist. Eine Speicherung im Videoüberwachungssystem zu Zwecken der Beweissicherung ist im Übrigen schon dann nicht mehr erforderlich, wenn die Aufnahmen an die zur Verfolgung zuständigen Stellen übermittelt worden sind.[341]   132

Aus der Löschungspflicht folgt auch die Verpflichtung des Verantwortlichen, eine Prüfung des angefallenen   133
Videomaterials zur Bedarfsklärung vorzunehmen. Hierfür sind entsprechende nach dem Stand der Technik verfügbare (automatisierte) Verfahren vorzusehen. Die Prüfung hat – ebenso wie die darauf folgende Löschung der nicht mehr erforderlichen Daten – **unverzüglich**, dh ohne schuldhaftes Zögern (§ 121 BGB) zu erfolgen. Eine genaue zeitliche Grenze ist nicht bestimmt. Die Aufsichtsbehörden fordern regelmäßig eine Löschung binnen 48 Stunden, halten aber in begründeten Fällen auch eine längere Speicherdauer für zulässig.[342] Dabei ist zu berücksichtigen, wann der Verantwortliche unter Beachtung der verkehrsüblichen Sorgfalt faktisch und in zumutbarer Weise in der Lage ist, relevante Vorfälle zu bemerken.[343] Die Beurteilung, ob und in welchem Umfang gespeichertes Videomaterial noch zur Erreichung des Beobachtungszwecks benötigt wird, muss letztlich im konkreten **Einzelfall** erfolgen.[344] Es lassen sich anhand der von den deutschen Datenschutzaufsichtsbehörden und der Gerichte entschiedenen Fälle aber Orientierungslinien aufzeigen:

Bei der Videoüberwachung in **öffentlichen Verkehrsmitteln** sind die Bilder bei einer nicht anlassbezogenen   134
Aufzeichnung in einer Black-Box in der Regel nach 48 Stunden zu löschen. Diese Frist beginnt, wenn sich das Verkehrsmittel nicht mehr im täglich festgelegten Einsatz befindet und die Überprüfung etwaiger Vorkommnisse durch eine verantwortliche Person möglich ist. Im Falle einer anlassbezogenen Aufzeichnung hat die Löschung unverzüglich nach Prüfung der Bilder zum Zwecke der Beweissicherung zu erfolgen. Hierfür geeignete Bilder werden auf einem neuen Datenträger gespeichert und die Übrigen unverzüglich gelöscht.[345] Für **Bürohäuser** ist eine Speicherdauer von zehn Tagen angesichts der häufigen berufsbedingten Abwesenheiten der Mitarbeiter noch als zulässig erachtet worden.[346] Für **Kaufhäuser** werden zwei bis drei Arbeitstage als noch erforderliche Speicherdauer angesehen.[347] Für kleine überschaubare **Läden**, wo Diebstähle oder Sachbeschädigungen sehr schnell feststellbar sind, kann eine Löschung noch am selben Abend verlangt werden. Gleiches gilt für Tankstellen, wo regelmäßig mit der Abrechnung innerhalb von 24 Stunden festgestellt wird, ob jemand ohne Bezahlung getankt hat.[348] Demgegenüber wird man bei der Videoaufzeichnung von **Geldausgabeautomaten** eine Speicherdauer von mehreren Wochen noch als rechtmäßig bewerten können.[349] Häufig wird erst dann feststehen, dass gegen die Kontobelastung durch die Geldabhebung kein Widerspruch durch Kunden eingelegt wurde. Eine Löschungspflicht besteht spätestens nach dem nächsten Rechnungsabschluss.[350]

---

340   Nach § 4 Abs. 5, 2. Alt. BDSG nF müssen Videoaufzeichnungen auch gelöscht werden, wenn schutzwürdige Interessen der weiteren Speicherung entgegenstehen. Dies entspricht der bisherigen Regelung in § 6 b Abs. 5 BDSG aF Die Löschverpflichtung setzt hier ohne Rücksicht auf eine Zweckerreichung der Videoüberwachung ein. Dazu Simitis/*Scholz* § 6 b Rn. 141.

341   AA Taeger/Gabel/*Zscherpe* BDSG § 6 b Rn. 93, die eine Speicherung bei der verantwortlichen Stelle bis zum Ende der Strafverfolgung, dh bis zur vollständigen Erledigung der Strafe als zulässig ansieht.

342   Vgl. *Düsseldorfer Kreis*, Orientierungshilfe „Videoüberwachung durch nicht-öffentliche Stellen", S. 12. Dazu auch BeckOK DatenschutzR/*Brink* BDSG § 6 b Rn. 113. Anders *Taeger* ZD 2013, 577, der eine Löschung frühestens nach zehn Tagen für praktikabel und angemessen hält. Die arbeitsgerichtliche Rechtsprechung hat sogar eine Speicherung für 60 Tage im Ausnahmefall als zulässig erachtet. Vgl. BAG NZA 2008, 1187.

343   Auernhammer/*Onstein* BDSG § 6 b Rn. 69.

344   Paal/Pauly/*Paal* Art. 17 Rn. 31.

345   Vgl. *Düsseldorfer Kreis*, Orientierungshilfe „Videoüberwachung in öffentlichen Verkehrsmitteln", S. 9. Vgl. zur Speicherdauer beim Videoeinsatz in öffentlichen Verkehrsmitteln auch *BrLfD*, 26. JB, 16.4.2; *HmbDSB*, 20. TB, 25.1; *BBDI*, JB 2005, 3.1 (S. 36ff.); *ders.*, JB 2007, 3.1.2 (zur gesetzlichen Neuregelung in § 31 b Abs. 3 a Satz 2 BlnDSG).

346   Vgl. OVG Lüneburg NJW 2015, 502, Rn. 68 f.

347   Vgl. *Bergmann/Möhrle/Herb* BDSG § 6 b Rn. 54. Ebenso für große Kinos *ULD*, 28. TB, 5.4 und für Einkaufspassagen *ULD*, 24. TB, 4.2.7.

348   Vgl. *Bergmann/Möhrle/Herb* BDSG § 6 b Rn. 54. So auch für Fahrradstation *BrLfD*, 30. JB, 19.9.

349   AA BeckOK DatenschutzR/*Brink* BDSG § 6 b Rn. 114, der ein berechtigtes Interesse der Bank verneint, dem Kontoinhaber nachzuweisen, dass er persönlich Geld am Automaten abgehoben hat.

350   Ebenso Taeger/Gabel/*Zscherpe* BDSG § 6 b Rn. 95; *Schaffland/Wiltfang* BDSG § 6 b Rn. 12.

135 Gelöscht sind Daten, wenn sie **unkenntlich** gemacht sind (so § 3 Abs. 4 Nr. 5 BDSG aF; dies gilt der Sache nach auch für die DSGVO → Art. 4 Nr. 2 Rn. 30). Dem Löschungsgebot wird am wirksamsten durch eine automatisierte periodische Löschung, zB durch Selbstüberschreiben zurückliegender Aufnahmen (**Ringspeicherverfahren**), entsprochen.[351] Das hat den Vorteil, dass „Altbestände" erst gar nicht entstehen können. Bei Vorliegen einer aktuellen Gefahrenlage könnte manuell oder automatisiert eine Löschsperre aktiviert werden.[352]

136 Nach der zweiten Tatbestandsalternative des § 4 Abs. 5 BDSG nF sind Daten aus einer Videoüberwachung zu löschen, wenn **schutzwürdige Interessen der betroffenen Person** einer weiteren Speicherung entgegenstehen. Die Löschverpflichtung setzt hier ohne Rücksicht auf eine Zweckerreichung der Videoüberwachung ein. Die Vorschrift erfasst vor allem die praxisrelevanten Konstellationen, in denen die verantwortliche Stelle einem aufklärungsbedürftigen Vorfall zwar nachgehen will, die Aufklärung oder Durchsetzung ihrer Rechte aber nicht in angemessener Zeit betreibt.[353] § 4 Abs. 5, 2. Alt. BDSG nF kann sich auf die **Öffnungsklausel** in Art. 17 Abs. 1 lit. e stützen, die es den Mitgliedstaaten erlaubt, rechtliche Verpflichtungen zur Löschung auch nach nationalem Recht festzulegen.[354]

VIII. Technikgestaltung

137 Neben dem zeitlichen und räumlichen Ausmaß der Videoüberwachung, der Art der erfassten Daten, der Erkennbarkeit und der Anlassbezogenheit (→ Rn. 95ff.) kommt es für die Bestimmung der Eingriffsintensität ganz entscheidend auf die konkrete **technische Ausgestaltung** einer Videoüberwachungsanlage an. Die Leistungsfähigkeit und die jeweiligen technischen Möglichen von Kamerasystemen (Auflösung, Blickwinkel, Schwenk- und Zoomfunktion, Verfolgbarkeit einzelner Personen, Anzahl der Kameras in einem bestimmten Bereich, verschlüsselte Bildübertragung und Speicherung)[355] sind daher in die im Rahmen der Zulässigkeitsprüfung vorzunehmende Interessenabwägung einzustellen.[356]

138 Art. 25 Abs. 1 verlangt von dem für die Datenverarbeitung Verantwortlichen, durch Technik („technische und organisatorische Maßnahmen") die Datenschutzgrundsätze wirksam umzusetzen und die Gewähr dafür zu bieten, dass die Verarbeitung mit den Regeln der Verordnung übereinstimmt. Mit dieser Verpflichtung wird insbes. der Grundsatz der **Datenminimierung** aus Art. 5 Abs. 1 lit. c konkretisiert.[357] Ausdrücklich hebt die Verordnung hierbei die Pseudonymisierung als eine mögliche Maßnahme hervor (→ Art. 4 Nr. 5 Rn. 2). Das Konzept des Datenschutzes durch Technik („**privacy by design**") ist auch bei der Gestaltung von Videoüberwachungssystemen zu berücksichtigen.[358]

139 „Intelligente" Videoüberwachung kann das Ziel der Datenminimierung unterstützen, da die Systeme selektiv fokussieren. Einerseits wird durch intelligente Videoüberwachung die Datenmenge reduziert (Quantität) und andererseits die Eingriffstiefe verringert (Qualität).[359] Nicht immer ist es zur Erreichung des Überwachungszwecks notwendig, dass die aufgenommenen Personen identifiziert oder individualisierbar dargestellt werden. Beinhaltet das Überwachungssystem eine entsprechende Analysefunktion, können **sensible Bildbereiche** (Gesichter, Kfz-Kennzeichen) für den menschlichen Betrachter automatisch **unkenntlich** gemacht werden.[360] Die Darstellung kann bspw. verpixelt sein, als reine Punktwolke erfolgen oder stilisiert als Bewegung von Strichmännchen präsentiert werden.[361] Die Verwendung digitaler Aufzeichnungs-, Bear-

---

351 Maßstab für die Löschfrist muss auch hier immer die fehlende Erforderlichkeit sein, nicht etwa die Größe des jeweiligen Speichermediums.

352 So Gola/Schomerus § 6 b Rn. 31; Fox DuD 2009, 110ff.

353 Zum wortgleichen § 6 b Abs. 5 BDSG aF Simitis/Scholz § 6 b Rn. 141.

354 Zur Auslegung von Art. 17 Abs. 1 lit. e ausführlich BeckOK DatenschutzR/Worms DSGVO Art. 17 Rn. 44ff.

355 Zur Datensicherheit bei Videokameras HmbBfDI, 22. TB, II.5; Winkler DuD 2011, 797ff. Zur Beschreibung der technisch-organisatorischen Anforderungen an die Verarbeitung personenbezogener Daten in Videoanlagen hat der BfDI zusammen mit dem BSI auf die Möglichkeiten der Common Criteria (CC) zurückgegriffen und diese in Form eines Schutzprofils beschrieben, vgl. Ernestus IT-Sicherheit & Datenschutz 2006, 800; BfDI 22. TB, 8.1. Zur Notwendigkeit eines Sicherheitskonzepts, Zilkens DuD 2007, 283.

356 Vgl. Plath/Becker BDSG § 6 b Rn. 24. Zur Möglichkeit der Profilbildung und zum Einsatz von Verfahren der biometrischen Gesichtserkennung → Rn. 16, 102.

357 Vgl. Roßnagel/Barlag, Europa. DSGVO, § 3 Rn. 225, 233.

358 Allgemein zum Datenschutz durch Technikgestaltung zB Niemann/Scholz, in: Peters/Kersten/Wolfenstetter (Hrsg.), Innovativer Datenschutz 2012, S. 113ff.; Simitis/Scholz § 3 a Rn. 9ff.; Roßnagel/Barlag, Europ. DSGVO, § 3 Rn. 222ff. jeweils mwN; zur Videoüberwachung umfangreich Bretthauer, Intelligente Videoüberwachung, 2017, S. 61ff., 135ff., 268ff.; Vagts, Privatheit und Datenschutz in der intelligenten Überwachung: Ein datenschutzgewährendes System, entworfen nach dem „Privacy by Design" Prinzip, 2013.

359 Vgl. Bretthauer, Intelligente Videoüberwachung, 2017, S. 135ff.

360 Vgl. Winkler DuD 2011, 797 (800); Alter NJW 2015, 2375 (2379); ausführlich Bretthauer, Intelligente Videoüberwachung, 2017, S. 61ff.

361 Vgl. Hornung/Desoi K&R 2011, 153 (158); OVG Berlin-Brandenburg ZD 2017, 399 Rn. 30. Zu den auf abstrahierten Videodaten basierenden Techniken der Anonymisierung und Pseudonymisierung in intelligenten Videoüberwachungssystemen Bier/Spiecker gen. Döhmann CR 2012, 614; Roßnagel/Desoi/Hornung DuD 2011, 695.

beitungs- und Verschlüsselungstechnik erlaubt es ferner, die eine Identifizierung ermöglichenden Rohdaten der Aufzeichnung in einer **Black-Box** nur einem **begrenzten**, vorab definierten **Personenkreis** und nur anlassbezogen zugänglich zu machen.[362] Denkbar wäre zudem eine automatisierte Vorauswertung der erhobenen Daten, bei der Personen, gegen die keine konkreten Verdachtsmomente bestehen, von vornherein aus der Aufzeichnung entfernt werden.

Mit einem **Privacy-Filter** lassen sich bestimmte Beobachtungsbereiche vollständig „sperren" oder bewegte Personen oder personenbeziehbare Objekte (zB Kfz-Kennzeichen) in Videobildern unkenntlich machen.[363] Das restliche Videobild bleibt dabei unverändert. Damit sind Bewegungen und Veränderungen im Umfeld erkennbar wie zB der Sturz einer Person oder das Entwenden eines Objekts.[364] Die Bilder können dann in einem kritischen Fall, etwa dem Erkennen einer Gefahrensituation oder bei Übereinstimmung mit einer gespeicherten Person in einer Datenbank, klar angezeigt werden, um ein Einschreiten von Sicherheitskräften und die Beweissicherung zu ermöglichen.[365] „Intelligente" Überwachungssysteme bieten damit – obwohl für den Einzelnen besonders eingriffsintensiv (→ Rn. 16, 102) – die Möglichkeit, den Anforderungen des Grundsatzes der Verhältnismäßigkeit in größerem Umfang Rechnung zu tragen, als dies bei herkömmlichen Systemen der Fall ist.[366]

IX. Datenschutz-Folgenabschätzung, Datenschutzbeauftragter

Art. 35 verpflichtet datenverarbeitende Stellen, bei besonders riskanten Formen der Verarbeitung personenbezogener Daten eine **Datenschutz-Folgenabschätzung** durchzuführen. Verarbeitungsvorgänge, die voraussichtlich ein hohes Risiko für die persönlichen Rechte und Freiheiten der betroffenen Personen mit sich bringen, sind vorab auf ihre Folgewirkungen für den Persönlichkeitsschutz zu prüfen. Basierend auf den Ergebnissen dieser Prüfung sind geeignete technische und organisatorische Gegenmaßnahmen zu ergreifen, um das identifizierte und bewertete Risiko zu minimieren.[367]

Mit Blick auf die Videoüberwachung können sich Anhaltspunkte für das Vorliegen eines **hohen Risikos** insbes. aus der Art und dem Umfang der erfassten Informationen, dem Anlass, dem zeitlichen und räumlichen Ausmaß, dem betroffenen Personenkreis, der Speicherdauer oder der beabsichtigten Verwertung der Daten ergeben.[368] Entscheidend ist mithin nicht, ob eine generell gefährliche Technik genutzt wird, sondern in welchem Maße grundrechtliche Positionen der betroffenen Personen durch die konkrete Anwendung und technische Ausgestaltung beeinträchtigt werden können. Insbesondere das Zusammenschalten einer größeren Zahl von Videokameras zu einem komplexen Überwachungssystem, das Herausfiltern und Verfolgen einzelner Personen oder das Erstellen von **Bewegungsprofilen**, die Verarbeitung **sensitiver Daten**,[369] aber auch eine auf Dauer angelegte lückenlose Überwachung bestimmter Bereiche etwa durch Vernetzung unterschiedlicher Betreiber oder die Verknüpfung mit biometrischen Daten durch Einsatz von Systemen zur **Gesichts- oder Verhaltenserkennung**[370] können die Notwendigkeit einer Datenschutz-Folgenabschätzung begründen.

Art. 35 Abs. 3 benennt in nicht abschließender Weise **gesetzliche Regelbeispiele** von Verarbeitungsformen, die typischerweise mit einem hohen Risiko für die Rechte und Freiheiten der betroffenen Personen verbunden sind. In diesen Fällen ist stets eine Folgenabschätzung durchzuführen. Dazu zählt auch die systemati-

140

141

142

143

---

362 Dazu *Alter* NJW 2015, 2375 (2379): Dies ermöglicht zB eine Verschlüsselung durch einen externen Dienstleister, der die vollständige Aufzeichnung nur den Strafverfolgungsbehörden, nicht aber dem Inhaber eines Betriebs zugänglich macht. *Wagner et al.*, in: Mayr/Pinzger (Hrsg.), Informatik 2016, Lecture Notes in Informatics (LNI), 2016, 427ff. stellen eine technische Lösung vor, die die Anonymisierung von verschlüsselt gespeicherten Dash-Cam-Videos auf einem separaten Rechner erzwingt, bevor der Benutzer darauf Zugriff erhält.

363 Vgl. *EDPS*, Leitlinien zur Videoüberwachung, 2010, 12ff.; *LDI NW*, 21. TB, 6.1. Zur Schwärzung des von der Kamera miterfassten öffentlichen Gehwegs OLG München CR 2012, 335 Rn. 12; so auch schon OVG Hamburg MMR 2011, 128.

364 Eine solche Lösung bietet zB das mit dem EuroPriSe-Siegel ausgezeichnete Software-Modul „Privacy Protector" der Firma KiwiSecurity Software GmbH, das in bestehende Videoüberwachungssysteme integriert werden kann. Das Modul ermöglicht die Verschleierung von Video-Klardaten in Echtzeit, s. unter http://www.kiwisecurity.com/privacy-protector/?lang=de; zur Sturzdetektion ausführlich *Bretthauer/Krempel*, in: Schweighofer ua (Hrsg.), Transparenz – Tagungsband des 17. Internationalen Rechtsinformatik Symposions – IRIS 2014, S. 525; *Bretthauer/Krempel/Birnstill* CR 2015, 239.

365 Zur Funktionsweise im Einzelnen *v. Stechow*, Datenschutz durch Technik, 2005, S. 53. *Roßnagel/Desoi/Hornung* DuD 2011, 695ff. schlagen ein Drei-Stufen-Modell für den Einsatz intelligenter Videoüberwachungssysteme vor (erste Stufe: Allgemein beobachtende Überwachung, zweite Stufe: Gezielte Personenüberwachung, dritte Stufe: Personenerkennung).

366 Vgl. *Roßnagel/Hornung/Desoi* DuD 2011, 694 (696ff.); *Spiecker gen. Döhmann* K&R 2014, 549 (551ff.).

367 Vgl. Paal/*Pauly/Martini* Art. 35 Rn. 23, 54.

368 Allgemein zum Begriff des Risikos und den Risikofaktoren Paal/*Pauly/Martini* Art. 35 Rn. 14ff., 25ff. sowie → Art. 35 Rn. 22ff. Zur Videoüberwachung *Art.-29-Gruppe*, 4/2004/DE WP 89; *EDPS*, Leitlinien zur Videoüberwachung, 2010, 4.3.

369 Vgl. DKWW/*Wedde* § 6 b Rn. 8; BeckOK DatenschutzR/*Brink* BDSG § 6 b Rn. 93. Im Falle der umfangreichen Verarbeitung besonderer Kategorien von personenbezogenen Daten gem. Art. 9 ist eine Datenschutz-Folgenabschätzung obligatorisch (Art. 35 Abs. 3 lit. b).

370 So auch *LDI NW*, 16. TB, 5 (S. 58); *Art.-29-Gruppe*, 4/2004/DE WP 89, S. 25.

sche und **umfangreiche Überwachung öffentlich zugänglicher Bereiche**, insbes. mittels optoelektronischer Vorrichtungen (Art. 35 Abs. 3 lit. c iVm EG 91 S. 3). In Bezug auf das Merkmal „umfangreich" (EG 91 spricht von „weiträumig") darf nicht allein auf die Größe der überwachten Fläche abgestellt werden, vielmehr muss auch die Zahl der eingesetzten Kameras, die Zahl der in ihren Erfassungsbereich gelangenden Personen und der zeitliche Umfang der Überwachung berücksichtigt werden.[371] Auch in kleinflächigen Bereichen kann eine Videoüberwachung erhebliche Grundrechtsbeeinträchtigungen bewirken. Der Vorschrift lässt sich im Übrigen auch nicht entnehmen, dass eine Videoüberwachung in nicht öffentlich zugänglichen Bereichen[372] oder eine Videoüberwachung, die nur einen zeitlich und räumlich eng begrenzten Bereich erfasst, keiner Folgenabschätzung bedarf. Da sich Art. 35 Abs. 3 lediglich als beispielhafter Katalog („insbesondere") solcher Fälle versteht, in denen eine Folgenabschätzung jedenfalls durchzuführen ist, rechtfertigen Abweichungen von den Tatbeständen keinen Gegenschluss.[373] Liegt kein Regelbeispiel vor, muss eine Risikobewertung nach Art. 35 Abs. 1 erfolgen (→ Art. 35 Rn. 36).

144 Werden Verarbeitungsvorgänge durchgeführt, die aufgrund ihres Wesens, ihres Umfangs oder ihrer Zwecke eine regelmäßige und systematische Überwachung von betroffenen Personen erforderlich machen, müssen private Datenverarbeiter nach Art. 37 Abs. 1 lit. b einen **Datenschutzbeauftragten** bestellen (Art. 37 → Rn. 25ff.). Das dürfte jedenfalls bei größeren vernetzten Videoüberwachungsanlagen (zB in Einkaufszentren oder Stadien) der Fall sein oder wenn Personen (zB Arbeitnehmer) dauerhafter Videoüberwachung ausgesetzt werden.[374] Die Pflicht zur Benennung greift allerdings nur dann, wenn die einschlägigen Verarbeitungsvorgänge zur Kerntätigkeit des Verantwortlichen oder Auftragsverarbeiters gehören. Wird die Videoüberwachung nur als Nebentätigkeit zum eigenen Geschäftszweck durchgeführt, besteht nach dieser Vorschrift keine Bestellungspflicht.[375]

X. Rechtsfolgen einer unzulässigen Videoüberwachung

145 Bei einem Verstoß gegen die Rechtmäßigkeitsvoraussetzungen der DSGVO oder des § 4 BDSG nF ist die Videoüberwachung rechtswidrig. Betroffene Personen können zivilrechtliche **Unterlassungs- und Beseitigungsansprüche** entsprechend §§ 1004, 823 Abs. 1 BGB wegen des damit verbundenen Eingriffs in das allgemeine Persönlichkeitsrecht geltend machen, sofern sie durch die Videoüberwachung hinreichend individuell betroffen sind.[376] Der Unterlassungsanspruch geht dahin, die weitere Erstellung von Videobildern zu verhindern.[377] Der Beseitigungsanspruch zielt auf die Deinstallation der Videoanlage, die Einstellung der Aufzeichnung und die Vernichtung bereits gespeicherter Bilder. Ein Recht auf Löschung unzulässiger Aufnahmen kann im Übrigen auch auf den allgemeinen **Löschungsanspruch** in Art. 17 Abs. 1 lit. d DSGVO gestützt werden (→ Rn. 131). Für Unterlassungs- und Beseitigungsansprüche gegenüber Privaten ist der Zivilrechtsweg gegeben, im Arbeitsverhältnis zu den Arbeitsgerichten. Im öffentlichen Bereich kann die betroffene Person unmittelbar gestützt auf die Grundrechte aus Art. 2 Abs. 1 iVm Art. 1 Abs. 1 GG und Art. 7 und 8 GRC[378] Unterlassung verlangen, sofern ihr nicht das einfache Gesetzesrecht ohnehin einen Anspruch vermittelt.[379] Vorliegend lässt sich ein solches subjektiv-öffentlichen Recht bereits aus § 4 Abs. 1 BDSG nF ableiten. Die Videoüberwachung ist schlichtes Verwaltungshandeln, gegen das der Rechtsweg zu den Verwaltungsgerichten gegeben ist.

146 Entsteht der betroffenen Person durch eine unzulässige Videoüberwachung ein Schaden, kann sie den Verantwortlichen oder den Auftragsdatenverarbeiter auf **Schadensersatz** in Anspruch nehmen. Art. 82 Abs. 1 enthält hierfür eine eigene Anspruchsgrundlage. Neben dem materiellen Schaden kann die betroffene Per-

---

371 Vgl. Ehmann/Selmayr/*Baumgartner* Art. 35 Rn. 23; *Seifert* DuD 2013, 650 (654); *Art.-29-Gruppe*, 17/DE WP 248 Rev. 01, S. 11.

372 Zur Abgrenzung von öffentlich zugänglichen und nicht öffentlich zugänglichen Räumen → Rn. 55ff.

373 So Paal/Pauly/*Martini* Art. 35 Rn. 31.

374 So Kühling/Buchner/*Bergt* Art. 37 Rn. 23; *Art.-29-Gruppe*, WP 243, S. 9.

375 Vgl. *Lachenmann* ZD 2017, 407 (410).

376 Vgl. BGH NJW 1995, 1955; OLG Karlsruhe WuM 2000, 128 (129); LG Braunschweig NJW 1998, 2457 f.; AG Berlin Schöneberg jurisPR-MietR 24/2012; AG Neukölln BeckRS 2015,15826; LG Berlin NJW-RR 2016, 366; AG Brandenburg ZD 2016, 380; Plath/*Becker* BDSG § 6 b Rn. 31.

377 Zu einem vorbeugenden Unterlassungsanspruch bei Erstbegehungsgefahr vgl. OLG Köln NJW 2009, 1827. Zur Wiederholungsgefahr im Fall der öffentlichen Videoüberwachung BVerwGE 141, 329.

378 Wenn das Unionsrecht – wie bei der Videoüberwachung durch öffentliche Stellen – den Mitgliedstaaten Regelungsspielräume einräumt oder belässt, können auch nationale Grundrechte zur Anwendung kommen, da hier keine vollständige bzw. abschließende Bindung durch das Unionsrecht besteht. Zur kumulativen Anwendung von EU- und nationalen Grundrechten (Doppelbindung) *Jarass* Art. 53 Rn. 28ff.

379 Vgl. BVerwGE 141, 329ff.

son nun ausdrücklich auch den Ersatz immaterieller Schäden verlangen.[380] Grundsätzlich sind alle zurechenbaren Nachteile ersatzfähig, die der Geschädigte an seinem Vermögen oder an sonstigen rechtlich geschützten Gütern erleidet.[381]

Verstößt eine Datenverarbeitung gegen die DSGVO, stehen der zuständigen **Aufsichtsbehörde** nach Art. 58   147
Abs. 2 umfassende Abhilfebefugnisse zur Verfügung. Sie kann etwa Maßnahmen anordnen, mit denen die
Vereinbarkeit mit der Verordnung hergestellt werden soll (Art. 58 Abs. 2 lit. d). Die Aufsichtsbehörde ist
daher befugt, bei einer unzulässigen Videoüberwachung eine Modifikation der Anlage zwecks Sicherstellung eines rechtmäßigen Betriebs zu verlangen (zB Beschränkung der Speicherdauer, Veränderung des Erfassungsbereichs).[382] Können die Mängel durch entsprechende Korrekturen und Anpassungen nicht beseitigt
werden, kann die Aufsichtsbehörde die **Videoüberwachung** auch beschränken oder insgesamt **untersagen**
(Art. 58 Abs. 2 lit. f)[383] und die Löschung der gespeicherten Daten verlangen (Art. 58 Abs. 2 lit. g).[384]

Die zuständige Aufsichtsbehörde kann bei Verstößen gegen die Verordnung – zusätzlich oder an Stelle einer   148
Abhilfemaßnahe nach Art. 58 Abs. 2 – auch **Geldbußen** verhängen (Art. 83). Bei der Videoüberwachung
kommt eine solche verwaltungsrechtliche Sanktion etwa bei Verstößen gegen die Rechtmäßigkeitsvoraussetzungen aus Art. 6 Abs. 1 UAbs. 1, die Informationspflichten aus Art. 14 oder die Regelungen zur Datenschutz-Folgenabschätzung aus Art. 35 in Betracht.[385] Ferner kann der Straftatbestand des § 201 a StGB, der
unbefugte Bildaufnahmen des höchstpersönlichen Lebensbereichs sanktioniert, relevant werden.[386]

Rechtswidrig gewonnene Videoaufzeichnungen können unter bestimmten Voraussetzungen einem prozes-   149
sualen **Beweisverwertungsverbot** unterliegen.[387] Auch wenn weder die DSGVO noch das nationale Prozessrecht, wie die ZPO oder das ArbGG, dazu eine ausdrückliche Regelung enthalten, hat die Rechtsprechung
ein Verwertungsverbot bei rechtswidrig durchgeführten Videoüberwachungen von Beschäftigten regelmäßig
angenommen.[388] Der Eingriff in das Persönlichkeitsrecht würde durch eine Verwendung der widerrechtlich
gewonnenen Daten in einem gerichtlichen Verfahren noch perpetuiert. Der Schutzzweck der datenschutzrechtlichen Vorschriften sowie der Grundrechte aus Art. 2 Abs. 1 iVm Art. 1 Abs. 1 GG und Art. 7 und 8
GRC liefe leer, ließe man den Beweis durch Videoaufzeichnungen aus prozessrechtlichen Erwägungen doch
wieder zu.[389] Eine Verwertung der Videoaufnahmen als Beweismittel kommt daher nur in Ausnahmefällen
in Betracht, zB wenn sich der Arbeitgeber als Beweisführer in einer Notwehr oder notwehrähnlichen Lage
befindet und damit an der Beweisführung ein besonderes Interesse besteht.[390] Das BAG hat zuletzt betont,
dass aus einem Verstoß gegen das Transparenzgebot (→ Rn. 116ff.) allein kein Beweisverwertungsverbot
resultiert.[391]

Außerhalb des Arbeitsrechts hat sich die Rechtsprechung bisher vor allem mit der Frage befasst, ob (rechts-   150
widrig gewonnene) Aufnahmen einer **Dash-Cam** (→ Rn. 8, 51, 109) im Zivil- und Strafprozess als Beweis
verwertbar sind.[392] Mangels ausdrücklicher Anordnung eines Beweisverwertungsverbots entscheiden die
Gerichte im jeweiligen Einzelfall insbes. nach dem Gewicht des Eingriffs sowie der Bedeutung der betroffenen Rechtsgüter unter **Abwägung der widerstreitenden Interessen**.[393] Auf der einen Seite steht dabei das

---

380   Dazu *Laue/Nink/Kremer*, § 11 Rn. 6 sowie → Art. 82 Rn. 11. Einen solchen Schmerzensgeldanspruch (§ 253 BGB) trug § 7 BDSG bislang nicht. Er kam deshalb nur bei (schwerwiegenden) Persönlichkeitsrechtsverletzungen nach dem allgemeinen Deliktsrecht (§ 823 Abs. 1 BGB) in Betracht. Vgl. *Venetis/Oberwetter* NJW 2016, 1051 (1055 f.); *Jerchel/Schubert* DuD 2015, 151 (154); LG Berlin, v. 8.12.2014 – 65 S 384/14. Im Arbeitsverhältnis: BAG NJW 2015, 2749; LAG Rheinland-Pfalz ZD 2014, 41; ArbG Frankfurt aM ZD 2014, 633; LAG Hessen RDV 2011, 99 (Anspruch iHv 7000 EUR für permanente rechtswidrige Überwachung am Arbeitsplatz). Zur Höhe der Geldentschädigung bei rechtswidriger Videoüberwachungsmaßnahme *Klein/Roos* ZD 2016, 65 (70ff.).
381   *Albrecht/Jotzo*, Teil 8 Rn. 24.
382   Ebenso Ehmann/Selmayr/*Selmayr* Art. 58 Rn. 24.
383   Zur notwendigen Abwägung iRd pflichtgemäßen Ermessens Paal/Pauly/*Körffer* Art. 58 Rn. 23.
384   Eine Demontage der Kameras und der dazugehörigen Hardware selbst kann nach Ansicht des VG Oldenburg ZD 2013, 296 Rn. 21ff. nicht aufsichtsbehördlich durchgesetzt werden. Es soll danach ausreichen, wenn die Kameras ausgeschaltet oder funktionsunfähig gemacht werden. Kritisch dazu die Anm. von *Petri* ZD 2013, 300.
385   Kritisch angesichts der Unbestimmtheit der Sanktionstatbestände Paal/Pauly/*Frenzel* Art. 83 Rn. 14, 19, 24.
386   Dazu Solmecke/*Kocatepe* ZD 2014, 22 (26).
387   Vgl. *Grimm/Schiefer* RdA 2009, 339; *Lunk* NZA 2009, 457; *Dzida/Grau* NZA 2010, 1201; *Bergwitz* NZA 2012, 353; *Butz/Brummer* AuA 2011, 400; *Bauer/Schansker* NJW 2012, 3537; *Venetis/Oberwetter* NJW 2016, 1051 (1054 f.) alle mwN.
388   Vgl. BAGE 105, 356, Rn. 33ff.; BAG ZD 2012, 568, Rn. 27ff. (zum Beweisverwertungsverbot bei verdeckter Videoüberwachung); OLG Köln RDV 2006, 19; ArbG Düsseldorf ZD 2011, 185; ArbG Frankfurt/M. RDV 2006, 214; ArbG Frankfurt/M. ZD 2016, 447; LAG Düsseldorf ZD 2016, 443. Weitere Nachweise bei BeckOK DatenschutzR/*Brink* BDSG § 6 b Rn. 91.
389   So ArbG Düsseldorf ZD 2011, 187 f. Dazu *Albrecht* jurisPR-ITR 12/2011 Anm. 6; *Brink* jurisPR-ArbR 37/2011 Anm. 3.
390   Vgl. LAG Hamm ZD 2012, 141. Das Interesse, sich ein Beweismittel zu sichern, reicht für sich allein nicht aus, vgl. BVerfGE 117, 202.
391   BAG ZD 2012, 568 Rn. 37ff.; BAG DB 2014, 367, Rn. 51. Dazu *Bauer/Schansker* NJW 2012, 3537; *Bayreuther* DB 2012, 2222.
392   Zur Diskussion *Bäumerich* JuS 2016, 803; *Wirsching* NVZ 2016, 13; *Ahrens* MDR 2015, 926; *Bachmeier* DAR 2014, 15; *Azert/Franck* RDV 2014, 136; *Balzer/Nugel* NJW 2014, 1622; *Klann* DAR 2016, 8; *ders.* DAR 2014, 451; *ders.* DAR 2013, 188; *Sanetra* PinG 2015, 179 (181ff.); *Mienert/Gipp*, ZD 2017, 515 (516 f.).
393   *Knyrim/Trieb* ZD 2014, 547 f. kritisieren die fehlende Auseinandersetzung mit der technischen Ausgestaltung der Aufnahmesysteme.

Grundrecht auf Datenschutz (Art. 7 und 8 GRC), dass durch die Dash-Cam-Aufnahmen betroffen ist, auf der anderen Seite das Interesse des Beweisführers, den für sich günstigen Beweis erbringen zu können bzw. das Interesse der Allgemeinheit an einer wirksamen Strafverfolgung.[394]

151 Ein Teil der Rechtsprechung stellt vor allem darauf ab, dass die flüchtige Aufzeichnung von Verkehrsteilnehmern durch Dash-Cams nur einen sehr **geringen Eingriff** in das Datenschutzgrundrecht bedeute. Das Geschehen ereigne sich im öffentlichen Straßenraum, in den sich die betroffene Person freiwillig begeben habe. Insbesondere beträfen Videoaufnahmen, die lediglich Vorgänge auf öffentlichen Straßen dokumentieren und nur mittelbar die Identifizierung des Betroffenen über das Kennzeichen seines Fahrzeugs ermöglichen, nicht den Kernbereich der privaten Lebensgestaltung oder die engere Privat- oder gar Intimsphäre. Die Aufnahmen richteten sich nicht gezielt gegen einzelne Personen. Vielmehr würden lediglich kurzzeitig die Bewegungen der Fahrzeuge abgebildet. Die im Fahrzeug sitzenden Personen seien praktisch nicht sichtbar. Zudem würden die Aufnahmen erst bei Vorliegen eines straf- oder zivilrechtlich bedeutsamen Vorfalls verwertet werden. Bei Verkehrsunfällen befinde sich der Geschädigte außerdem regelmäßig in einem Beweisnotstand. Im Rahmen der Abwägung sei schließlich die hohe Bedeutung der Verfolgung schwerer Verkehrsverstöße für die **Sicherheit des Straßenverkehrs** zu berücksichtigen.[395] Daher sei die Verwertung der Aufnahmen als Beweismittel zulässig.[396] Für den Zivilprozess ist dies jetzt auch höchstrichterlich entschieden.[397]

152 Demgegenüber liegen mehrere Entscheidungen vor, die eine Verwertung von Dash-Cam-Aufzeichnungen als Beweismittel mit überzeugenden Argumenten ablehnen:[398] Eine besondere Notlage des Beweisführers bestehe bei der **permanenten und verdachtslosen Überwachung** mittels einer Dash-Cam nicht. Es stehe gerade noch nicht fest, ob es tatsächlich zu einem Vorfall kommen werde. Die Beweissicherung für einen konkreten Haftungsfall sei damit ausgeschlossen. Die bloß hypothetische Möglichkeit, einen Unfall aufzuzeichnen, rechtfertige den Einsatz einer Dash-Cam nicht. Es können vielmehr mildere Mittel genutzt werden (zB die Einschaltung von Zeugen). Die Aufzeichnungen sind geeignet, in das **Datenschutzgrundrecht** einer unbestimmten, letztlich vom Zufall abhängigen Vielzahl weiterer Verkehrsteilnehmer einzugreifen. Zudem sind die **Kameras** in der Regel für die Betroffenen **nicht erkennbar**, was zu einer Erhöhung der Eingriffsintensität führt. Das Beweiserhebungsinteresse sei daher nachrangig.[399] Die Zulassung von Dash-Cam-Aufzeichnungen als Beweismittel würde zu einer weiten Verbreitung oder sogar standardmäßigen Ausstattung von Fahrzeugen mit solchen Kameras führen. Was mit den Aufzeichnungen geschieht, wäre einer Kontrolle durch die betroffenen Personen weitgehend entzogen. Damit wäre eine **privat organisierte** dauerhafte und flächendeckende **Überwachung** sämtlicher Personen, welche am öffentlichen Verkehr teilnehmen, denkbar.[400] Die Gewährleistung eines gesetzeskonformen Straßenverkehrs obliegt aber nicht privaten Dritten, sondern ausschließlich den Straßenverkehrsbehörden und der Polizei.

---

394 Vgl. BGH, v. 15.5.2018, VI ZR 233/17, Rn. 40; BGHZ 207, 163 Rn. 31. Verfassungsrechtlich wird die Möglichkeit, Beweis vor Gericht zu erbringen, durch das grundrechtsgleiche Recht auf rechtliches Gehör (Art. 103 Abs. 1 GG) geschützt. Dieser individuelle Belang wird durch das öffentliche Interesse an der Aufrechterhaltung einer funktionstüchtigen Rechtspflege und an einer materiell richtigen Entscheidung verstärkt, vgl. BVerfGE 106, 28. Dazu *Wirsching* NZV 2016, 13 (14); *Richter* SVR 2016, 15 (17). Zur Abwägung ausführlich *Niehaus* NZV 2016, 551 (553ff.).

395 Nach einer Empfehlung des 54. Deutschen Verkehrsgerichtstags soll die Verfolgung von Verkehrsverstößen ohne schwerwiegende Gefährdung oder Folgen nicht auf die Aufzeichnungen von Dash-Cams gestützt werden.

396 So für die Verwertung privater Dash-Cam-Videos im Verkehrs-Bußgeldverfahren OLG Stuttgart NJW 2016, 2280 Rn. 17, 24 m. ablehnender Anm. *Cornelius*. Für das Strafverfahren AG Nienburg CR 2015, 400 (allerdings bei sehr kurzer und rein anlassbezogener Aufzeichnung). Für das Zivilverfahren OLG Nürnberg DAR 2017, 635; LG Landshut ZD 2016, 187; LG Frankenthal MDR 2016, 791; AG Nürnberg DuD 2016, 120; AG München ZD 2014, 39. Dem folgend Gola/*Schulz* Art. 6 Rn. 164; *Greger* NVZ 2015, 114; *Ahrens* MDR 2015, 926. Der EGMR, v. 27.5.2014 – 10764/09 hat entschieden, dass bei der Anfertigung von verdeckten Videoaufnahmen durch einen Privatdetektiv zur Gewinnung von Beweismitteln in einem Zivilprozess eine Verletzung von Art. 8 EMRK nicht vorliege.

397 BGH, v. 15.5.2018, VI ZR 233/17, Rn. 39ff.

398 AG München ZD 2014, 532 m. abl. Anm. *Werkmeister*; LG Heilbronn K&R 2015, 280; LG Memmingen ZD 2016, 181 m. zust. Anm. *Schwiering*. Dem folgend *Lachenmann* ZD 2017, 407 (409); *Bachmeier* DAR 2014, 15; *Niehaus* NZV 2016, 551 (555), der zudem im Falle einer Verwertung von Videoaufzeichnungen einen klaren Widerspruch zu § 6 b Abs. 3 S. 2 BDSG aF ausmacht.

399 Etwas anderes will das AG München ZD 2014, 530 nur dann gelten lassen, wenn zum Zeitpunkt der Aufnahme bereits konkrete Anhaltspunkte dafür bestehen, dass eine spätere Beweisführung in naher Zukunft erforderlich werde.

400 Zu dem damit verbundenen Überwachungsdruck *Niehaus* NZV 2016, 551 (554). Gola/*Schulz* Art. 6 Rn. 164 bezeichnet diese Auffassung als „völlig lebensfremd".

Anhang 2 zu Artikel 6 Datenverarbeitung bei Verbraucherkrediten, Scoring und Bonitätsauskünften

In Umsetzung von Art. 7 DSRL hatte der deutsche Gesetzgeber in den §§ 28ff. BDSG aF eine Reihe besonderer Verarbeitungszwecke bereichsspezifisch geregelt. Einige dieser Vorschriften sind nunmehr entfallen, so dass sich die Zulässigkeit der Verarbeitung ausschließlich oder überwiegend nach der DSGVO richtet. Dies gilt insbes. für die Werbung (→ Anh. 3 zu Art. 6 Rn. 9) und die Markt- und Meinungsforschung (→ Anh. 4 zu Art. 6 Rn. 3/4). Demgegenüber hat sich der Gesetzgeber in teilweise europarechtlich problematischer Weise (→ Rn. 17ff.) zu entschlossen, die Bereiche von Verbraucherkrediten, Scoring und Bonitätsauskünften weiterhin selbst zu regeln. **1**

I. Verbraucherkredite, § 30 BDSG nF

Literatur: *Čikara, E.*, Gegenwart und Zukunft der Verbraucherkreditverträge in der EU und in Kroatien. Die Umsetzung der Richtlinie 87/102/EWG und der Richtlinie 2008/48/EG in das deutsche, österreichische und kroatische Verbraucherkreditrecht, 2010.

1. Einordnung der Bestimmung. Die **Entstehung der Regelung** ist nicht durch die DSGVO motiviert. Es handelt es sich um eine Übernahme von § 29 Abs. 6 und 7 BDSG aF.[1] Dabei entspricht Abs. 1 § 29 Abs. 6 BDSG aF und Abs. 2 § 29 Abs. 7 BDSG aF Die Übernahme erfolgte im Kern wörtlich; entfallen ist aber die Einbeziehung der Vertragsstaaten des Abkommens über den Europäischen Wirtschaftsraum, die in § 29 Abs. 1 BDSG aF noch enthalten war. Sie ist durch die RL 2008/48/EG nicht geboten. Die Verweisungen im früheren § 29 Abs. 7 BDSG aF wurden im jetzigen Abs. 2 sinngemäß angepasst: Während § 29 Abs. 7 S. 1 BDSG aF auf § 29 Abs. 6 BDSG aF verwies, verweist der jetzige Abs. 2 S. 1 auf Abs. 1, der eine wörtliche Übernahme von § 27 Abs. 6 BDSG aF darstellt. Der jetzige Abs. 2 S. 3 wiederum nimmt § 37 in Bezug. Dieser entspricht im Inhalt, jedoch nicht im Wortlaut § 6 a BDSG aF, auf den § 29 Abs. 7 BDSG aF verwiesen hatte. **2**

---

1 S. die Gesetzesbegründung zu § 30 BDSG nF, BR-Drs. 110/17, S. 101.

3 Wie schon ihre **Vorgängerregelung** im BDSG aF dient die jetzige Regelung allein der Umsetzung von Art. 9 der Verbraucherkreditrichtlinie 2008/48/EG.[2] Um der Umsetzungspflicht gemäß dieser RL weiterhin nachzukommen, sieht die Gesetzesbegründung § 30 als erforderlich an.[3] Dies trifft nur insofern zu, als eine Umsetzung der RL weiterhin geboten war. Sie hätte jedoch nicht unbedingt im Rahmen des BDSG nF erfolgen müssen, sondern wäre ohne Weiteres auch außerhalb des Datenschutzrechts möglich gewesen.

4 Die Umsetzung im Rahmen des BDSG nF perpetuiert einen **gesetzgeberischen Zufall**, zu dem es im Jahr 2010 im Rahmen der „BDSG-Novelle III"[4] gekommen war.[5] Da damals die Umsetzung der EU-Verbraucherkreditrichtlinie zeitlich drängte, wurden die damaligen § 29 Abs. 6 und Abs. 7 BDSG aF im Rahmen der ohnehin laufenden BDSG-Novelle III an den damaligen § 29 BDSG aF angehängt. Den Bezug zum BDSG aF sah die Novelle allein darin, dass § 29 BDSG aF „bereits Regelungen zu entsprechenden Auskunftssystemen" enthalte.[6] In Bezug auf das BDSG nF trägt diese Begründung noch weniger als bisher, da eine Regelung, die § 29 Abs. 1 – 5 BDSG aF entspricht, im BDSG nF nicht mehr enthalten ist. Einen datenschutzrechtlichen Regelungsgehalt hat § 30 nicht.[7]

5 **2. Inhalt der Bestimmung. a) Gleichbehandlung von Darlehensgebern beim Zugang zu Kreditinformationsdiensten (Abs. 1).** In Umsetzung von Art. 9 Abs. 1 der **Verbraucherkreditrichtlinie 2008/48/EG** verankert Abs. 1 einen Anspruch von Darlehensgebern aus anderen Mitgliedstaaten der Union, als Kunden von Stellen gemäß Abs. 1 genauso behandelt zu werden wie inländische Kunden dieser Einrichtungen. Diese europarechtlich vorgegebene Regelung zieht eine Folgerung aus den Erkenntnissen zur Funktion von Kreditinformationssystemen, die der EuGH[8] in einem kartellrechtlichen Verfahren gewonnen hat. Er betonte dabei vor allem Folgendes:

- Der Einsatz entsprechender Register ist grundsätzlich geeignet, den Wirkungsgrad des Kreditangebots zu erhöhen.[9]
- Die in solchen Registern enthaltenen Informationen können erhebliche Aufschlüsse über Position und Geschäftsstrategie der auf dem Kreditmarkt tätigen Wettbewerber zulassen.[10]
- Es ist vor diesem Hintergrund wichtig, dass diese Register „allen im maßgeblichen Bereich tätigen Wirtschaftsteilnehmern rechtlich wie tatsächlich diskriminierungsfrei zugänglich sind".[11]
- Etwaige Fragen im Zusammenhang mit der Sensibilität personenbezogener Daten, die als solche nicht wettbewerbsrechtlicher Natur sind, sind nach den einschlägigen Bestimmungen zum Schutz personenbezogener Daten zu beantworten.[12]

6 Die Regelung soll **Wettbewerbsverzerrungen** bei grenzüberschreitenden Kreditvergaben verhindern.[13] Sie ist daher allenfalls mittelbar verbraucherschützend und hat keinen Datenschutzbezug.

7 **Adressat** von Abs. 1 sind Stellen, die geschäftsmäßig personenbezogene Daten zum Zweck der Übermittlung erheben, speichern oder verändern, soweit diese Daten zur Bewertung der Kreditwürdigkeit von Verbrauchern genutzt werden dürfen. Entscheidend ist, dass der Zweck verfolgt wird, Daten dieser Art zu übermitteln. Weitere Merkmale muss die Stelle nicht erfüllen. Erfasst sind damit Auskunfteien, Warndienste, Kreditschutzgemeinschaften und vergleichbare Einrichtungen.

8 Der Sinn der Regelung, Wettbewerbsverzerrungen zu verhindern, führt dazu, dass nur solche Einrichtungen erfasst sind, die Datenübermittlungen der genannten Art allgemein am Markt anbieten. Die Beschränkung auf eine oder mehrere Branchen schadet dabei nicht.[14] Demgegenüber werden **Warndienste geschlossener Art**, die nicht am Markt auftreten, wie rein konzerninterne Warndienste, von Abs. 1 nicht erfasst.[15]

---

2 RL 2008/48/EG v. 23.4.2008 (ABl. 2008 L 133, 66); sie ersetzte die frühere Verbraucherkreditrichtlinie (RL 87/102/EWG v. 22. 12.1986, ABl. 1987 L 42, 48).

3 So die Gesetzesbegründung zu § 30 BDSG nF, BR-Drs. 110/17, S. 101.

4 BGBl. I 2009, 2335.

5 S. Simitis/*Ehmann* § 29 Rn. 17-19.

6 So die Begründung zum Gesetzentwurf für die BDSG-Novelle III, BT-Drs. 16/11643, S. 140.

7 Zustimmend Gierschmann/Säugling/*Kuhlmann* § 29 Rn. 50; *Piltz* § 30 Rn. 2 („Es handelt sich nicht um eine datenschutzrechtliche Regelung.")

8 EuGH C-238/05, EuZW 2006, 753.

9 EuGH C-238/05, EuZW 2006, 753 Rn. 55.

10 EuGH C-238/05, EuZW 2006, 753 Rn. 58.

11 EuGH C-238/05, EuZW 2006, 753 Rn. 60.

12 EuGH C-238/05, EuZW 2006, 753 Rn. 63.

13 S. dazu EG 28 der RL 2008/48/EG.

14 So zutreffend zur Vorgängerbestimmung des § 29 Abs. 6 BDSG aF *Gola/Schomerus* § 29 Rn. 46.

15 AllgM, s. jeweils zur Vorgängerbestimmung des § 29 Abs. 6 BDSG aF *Gola/Schomerus* § 29 Rn. 46, Plath/*Plath* BDSG § 29 Rn. 112, BeckOK DatenschutzR/*Buchner* BDSG § 29 Rn. 146, Auernhammer/*Kramer* BDSG § 29 Rn. 65.

Ehmann

Der **Verbraucherbegriff** ist § 13 BGB zu entnehmen, den Art. 3 lit. a) der Verbraucherkreditrichtlinie 9
2008/48/EG korrekt umgesetzt hat.[16]

b) Unterrichtung des betroffenen Verbrauchers bei der Ablehnung bestimmter Vertragsschlüsse aufgrund einer 10
negativen Bewertung seiner Kreditwürdigkeit (Abs. 2). Abs. 2 dient der Umsetzung von Art. 9 Abs. 2 und
Abs. 3 der Verbraucherkreditrichtlinie 2008/48/EG. Er statuiert eine Informationspflicht gegenüber dem
Verbraucher, wenn eine negative Bewertung seiner Kreditwürdigkeit dazu führt, dass der Abschluss eines
Verbraucherdarlehensvertrags oder eines Vertrags über eine unentgeltliche Finanzierungshilfe abgelehnt wird.
Zur Unterrichtung verpflichtet ist nicht die Stelle im Sinne des Abs. 1, die durch die Übermittlung entspre- 11
chender Daten über die betroffene Person zumindest potenziell zur Ablehnung beigetragen hat, sondern der
Kreditgeber, der den Vertragsschluss ablehnt.

Die Vorschrift ist nur dann einschlägig, wenn erstens überhaupt eine Datenbank abgefragt wird und zweitens 12
keine weitere Einzelfallprüfung stattfindet,[17] so dass ihr praktischer **Anwendungsbereich gering** ist. Solche
Vorgehensweisen sind nämlich bei Banken kaum üblich, allenfalls im Versandhandel haben sie Bedeutung.

II. Scoring und Bonitätsauskünfte, § 31 BDSG

Literatur: *Abel, R.,* Einmeldung und Auskunfteitätigkeit nach DS-GVO und § 31 BDSG. Frage der Rechtssicherheit im neuen
Recht, ZD 2018, 103; *Bahrammirzaee, A./Rajabzadeh Ghatari, A./Ahmadi, P./Madani, K.,* Hybrid credit ranking intelligent system using expert system and artificial neural networks, 2009; *Board of Governors of the Federal Reserve System (Hrsg.),* Report
to the Congress on Credit Scoring and Its Effects on the Availability and Affordability of Credit. Submitted to the Congress pursuant to section 215 of the Fair and Accurate Credit Transactions Act of 2003, 2007; *Dovas, M.,* Die Pflicht zur Löschung von
Daten: Änderungen durch die DSGVO und Umsetzung im Unternehmen, ITRB 2017, 186; *Ehmann, E.,* BDSG-neu: Gelungener
Diskussionsentwurf oder erneuter untauglicher Versuch zur „Nachbesserung" der DS-DVO? ZD-Aktuell 2016, 04216; *Eichler, C.,*
Zulässigkeit der Tätigkeit von Auskunfteien nach der DS-GVO, RDV 2017, 10; *Ehrig, L./Glatzner, F.,* Kreditscoring nach der Datenschutz-Grundverordnung: Sollen – und können – die bisherigen Regelungen des BDSG erhalten bleiben?, PinG 2016, 211; *Go-
la, P.,* Aus den aktuellen Berichten der Aufsichtsbehörden: Auswirkungen der DS-GVO auf Auskunfteien, Inkassounternehmen
und Kreditwesen, RDV 2017, 187; *Helfrich, M.,* Kreditscoring und Scorewertbildung der SCHUFA. Datenschutzrechtliche Zulässigkeit im Rahmen der praktischen Anwendungen, 2010; *Helfrich, M.,* DSAnpUG-EU: Ist der sperrige Name schon Programm?,
ZD 2017, 97; *Holland, H.,* Direktmarketing. Im Dialog mit dem Kunden, 2009; *Korczak, D./Wilken, M.,* Scoring im Praxistest.
Aussagekraft und Anwendung von Scoring-Verfahren in der Kreditvergabe und Schlussfolgerungen. Studie erstellt im Auftrag des
Verbraucherzentrale Bundesverbandes, 2008; *Kremer, S.,* Wer braucht warum das neue BDSG? Auseinandersetzung mit wesentli-
chen Inhalten des BDSG n.F., CR 2017, 367; *v. Lewinski, K./Pohl, D.,* Auskunfteien nach der europäischen Datenschutzreform.
Brüche und Kontinuitäten der Rechtslage, ZD 2018, 17; *Nohr, H.,* Big Data im Lichte der EU-Datenschutz-Grundverordnung,
JurPC Web-Dok. 111/2017, Abs. 1-86; *Peilert, A.,* Dass Recht des Auskunftei- und Detekteigewerbes, 1996; *Schauer, F.,* Profiles,
Probabilities and Stereotypes, 2003; *Scherpereel, P.,* Risikokapitalallokation in dezentral organisierten Unternehmen, 2006;
Schuhmacher, M., Rating für den deutschen Mittelstand. Neue Ansätze zur Prognose von Unternehmensausfällen, 2006; *Siddiqi,
N.,* Credit Risk Scorecards: Developing and Implementing Intelligent Credit Scoring, 2006; *Taeger, J.,* Scoring in Deutschland
nach der EU-Datenschutzgrundverordnung, ZRP 2016,72; *Zahariev, M.,* The Evolution of EU data protection law on automated
data profiling, PinG 2017, 73.

1. Einordnung der Bestimmung. Die Bestimmung versucht, den Inhalt von § 28 b aF in die Zeit ab Geltung 13
der DSGVO hinüber zu retten. Der bisherige § 28 a BDSG aF ist dagegen im BDSG nF ersatzlos entfallen.[18]
Die Gesetzesbegründung will dies durch die Behauptung überspielen, der materielle Schutzstandard (auch)
dieser Regelung bleibe in § 31 BDSG nF erhalten.[19] Das trifft in der Sache nicht zu. Die Gesetzesbegründung lässt offen, in welchem Teil von § 31 BDSG nF der **materielle Schutzstandard von § 28 a BDSG aF**

---

16 S. dazu *Čikara,* Verbraucherkreditverträge, 2010, S. 208 f. und S. 264 f.
17 So die Gesetzesbegründung zur Vorgängerbestimmung des § 29 Abs. 6 BDSG aF, BT-Drs. 16/11643, S. 67.
18 Literatur zu §§ 28 a, 28 b BDSG aF, die für Einzelfragen im Rahmen von § 31 BDSG weiterhin bedeutsam ist: *Abel* ZD 2015, 314; *Beckhusen,*
    Der Datenumgang innerhalb des Kreditinformationssystems der SCHUFA, 2004; *ders.* BKR 2005, 335; *Behm* RDV 2010, 16; *GDD-
    Arbeitskreis „Datenschutz-Praxis"* (Hrsg.), Praxishilfe Automatisierte Einzelentscheidung, Scoring, Datenübermittlung an Auskunfteien,
    Sonderbeilage zu RDV 1/2010; *Gürtler/Kriese* RDV 2010, 47; *Heinemann/Wäßle* MMR 2010, 600; *Hoeren* in: SCHUFA Holding AG,
    Grundlagenschrift, 63; *ders.* RDV 2007, 93; *Hoke* in: Taeger/Wiebe (Hrsg.), Von Adwords bis Social Networks. Neue Entwicklungen im
    Informationsrecht, 2008, 299; *Iraschko-Luscher* DuD 2005, 467; *Kamlah* ZVI 2004, 9; *ders.* PinG 2014, 265; *ders./Walter* PinG 2015, 169;
    Klement, Kreditrisikohandel, Basel II und interne Märkte in Banken, 2007; *Korczak/Wilken,* Scoring im Praxistest, 2008; *Möller/Florax* NJW
    2003, 2724; *Munz* NJW 25/2008, S. XIV; *Sasse* DSB 2/2008, 12; *Schröder/Taeger* (Hrsg.), Scoring im Fokus: Ökonomische Bedeutung und
    rechtliche Rahmenbedingungen im internationalen Vergleich, 2014; *Taeger/Rose,* K&R, Beihefter 4/2014 zu Heft 10; *Seiler* in: Taeger/Wiebe
    (Hrsg.), Von Adwords bis Social Networks. Neue Entwicklungen im Informationsrecht, 2008, 311; *Theurl/Dammer/Picot/Neuburger* in:
    SCHUFA Holding AG, Grundlagenschrift, 2007, 19; *ULD,* Forschungsprojekt „Scoring-Systeme zur Beurteilung der Kreditwürdigkeit –
    Chancen und Risiken für Verbraucher" – Gutachten, 2005; *Weichert* DuD 2005, 582.
19 So BR-Drs. 110/17, S. 101 (Begründung zu § 31, erster Satz): Die Vorschrift erhält den materiellen Schutzstandard der §§ 28 a und 28 b
    BDSG aF. Unkritische Übernahme dieser Sichtweise bei *Piltz,* BDSG: Praxiskommentar, § 31 Rn. 1, s. jedoch auch ebd. Rn. 23-28, wo
    dargelegt ist, dass eine Fortführung von § 28 a Abs. 1 BDSG aF gerade nicht vorliegt. Sa *Abel* ZD 2018, 103 (104), der in der Regelung
    ein Verbot der „Einbeziehung von Informationen über offene Forderungen in Wahrscheinlichkeitswerte" sieht, wenn die Informationen
    „die bisherigen Einmeldevoraussetzungen nicht erfüllen."

künftig verwirklicht sein soll. Zu denken wäre insoweit als Nachfolgeregelung allenfalls an § 31 Abs. 2 S. 1 BDSG nF.[20] Indessen befasst sich diese Regelung anders als § 28 a BDSG aF gerade nicht mit der Übermittlung personenbezogener Daten an Auskunfteien („Einmeldung"),[21] sondern mit der Verwendung eines von Auskunfteien ermittelten Wahrscheinlichkeitswerts durch den Verantwortlichen einer Verarbeitung. Sie knüpft also ausschließlich an die Voraussetzungen für die Nutzung eines von Auskunfteien ermittelten Wahrscheinlichkeitswerts an, die bislang in § 28 b Nr. 2 BDSG aF normiert waren.[22]

14 **Erste interne Referentenentwürfe** zum BDSG nF, über die verschiedentlich berichtet wurde[23], hatten noch eine inhaltliche Übernahme sowohl von § 28 a BDSG aF als auch von § 28 b BDSG aF in das BDSG nF vorgesehen. Dass die Erwähnung auch von § 28 a BDSG aF in der Gesetzesbegründung ein schlichtes Versehen darstellt und dass die Nichtübernahme von § 28 a BDSG aF dort lediglich versehentlich nicht nachvollzogen wurde, erscheint gleichwohl ausgeschlossen. Auf § 28 a BDSG aF nimmt die Begründung zu § 31 BDSG nF nämlich noch an mehreren anderen Stellen Bezug.

15 Kein ausreichendes Argument dafür, dass der materielle Schutzstandard des bisherigen § 28 a BDSG aF erhalten bleibe, lässt sich daraus ableiten, dass eine ganze Reihe von dort enthaltenen **Formulierungen** wörtlich oder mit eher geringen textlichen Abweichungen in § 31 Abs. 2 BDSG nF übernommen wurde, wie die nachfolgende Konkordanz zeigt. Dies ändert nichts daran, dass sie nunmehr – wie geschildert – in einem anderen sachlichen Kontext stehen. Die folgende Konkordanz zeigt die Bezüge auf, die – ungeachtet textlicher Abweichungen im Detail, die sich inhaltlich erheblich auswirken können – zwischen den bisherigen § 28 a BDSG aF und § 28 b BDSG aF einerseits sowie § 31 BDSG nF andererseits bestehen:

§ 31 BDSG nF	§ 29 a BDSG aF bzw. § 29 b BDSG aF
Abs. 1	
Einleitungssatz	Keine direkte Entsprechung
Nr. 1	Keine direkte Entsprechung
Nr. 2	§ 28 b Nr. 1
Nr. 3	§ 28 b Nr. 3
Nr. 4	§ 28 b Nr. 4
Abs. 2 S. 1	
Einleitungssatz	Keine direkte Entsprechung
S. 1 Nr. 1	§ 28 a Abs. 1 Nr. 1
S. 1 Nr. 2	§ 28 a Abs. 1 Nr. 2
S. 1 Nr. 3	§ 28 a Abs. 1 Nr. 3
S. 1 Nr. 4	§ 28 a Abs. 1 Nr. 4
S. 1 Nr. 5	§ 28 a Abs. 1 Nr. 5
Abs. 2 S. 2	Keine direkte Entsprechung

16 Die Bestimmung bietet zumindest Ansätze für die datenschutzrechtliche Bewältigung des Phänomens Big Data Analytics.[24] Da die Definition des Begriffs „Scoring" in Abs. 1 sehr allgemein gehalten ist, erfasst sie grundsätzlich entsprechende Auswertungsvorgänge bzgl. Personenbezogener Daten. Dabei bleibt allerdings zu beachten, dass stets ein Bezug der Auswertung zur Begründung, Durchführung oder Beendigung eines Vertragsverhältnisses gegeben sein muss. Dies hindert daran, in Art. 31 eine generelle Regelung für Big-Data-Analytics-Vorgänge zu sehen. Trotz entsprechender Forderungen[25] während des Normsetzungsprozesses enthält die DSGVO keine Regelungen, die sich unmittelbar mit Big-Data-basierten Auswertungen befassen – ungeachtet des Umstandes, dass ein „kardinaler Konflikt"[26] zwischen Big Data Analytics und Datenschutz besteht.[27] Er stellt sich allerdings generell und nicht nur im Zusammenhang von Auswertungen mit Vertragsbezug.

---

20 Zutreffend *Kremer* CR 2017, 367 (374).
21 So auch *Piltz*, BDSG: Praxiskommentar, § 31 Rn. 23.
22 *Kremer* CR 2017, 367 (374).
23 Einschlägige Internetlinks bei *Kremer* CR 2017, 367 (368, dort Fn. 13); kritisch zur Verwendung solcher rein interner Entwurfspapiere *Ehmann* ZD-Aktuell 2016, 04216.
24 Der Begriff ist schillernd, s. *Art.-29-Gruppe*, WP 203 (Opinion 03/2013 on purpose limitation), S. 35 und Annex 2 (S. 45), wonach darunter generell große Datenmengen zu verstehen sind, die umfassend analysiert werden („Big data refers to the exponential growth in availability and automated use of information: it refers to gigantic digital datasets held by corporations, governments and other large organisations, which are then extensively analysed using computer algorithms").
25 S. va *EDSB*, Opinion 7/2015, Meeting the challenges of big data.
26 *Schneider* in: ders. (Hrsg.), HdB EDV-Recht, 5. Aufl. 2017, Teil A Rn. 616; in der Sache ebenso *Paal/Hennemann* NJW 2017, 1697 (1700).
27 Zum Hintergrund der internationalen Wettbewerbssituation s. Ehmann/Selmayr/*Selmayr/Ehmann*, Einf. 22.

Ehmann

2. Vereinbarkeit der Bestimmung mit der DSGVO. Materielle Zulässigkeitsvoraussetzungen für Scoring- 17
Verfahren, in denen gerade dieser Begriff verwendet würde, enthält die DSGVO nicht. Allerdings regelt
Art. 22 den Themenbereich der automatisierten Entscheidungen im Einzelfall einschließlich Profiling. Die
Weitergabe personenbezogener Daten wiederum ist Gegenstand von Art. 6, wobei Art. 6 Abs. 1 UAbs. 1
lit. f („Wahrung berechtigter Interessen des Verantwortlichen oder eines Dritten") im Zusammenhang mit
der Meldung von Daten an Auskunfteien in der Praxis besondere Bedeutung hat. Die Zusammenschau dieser beiden Regelungen führt zu der Frage, ob der nationale Gesetzgeber befugt war, zur Ergänzung der
DSGVO eine Regelung wie § 31 BDSG nF zu treffen. Die Frage ist zu verneinen. § 31 BDSG nF ist **europarechtswidrig.**[28]

Die Bestimmung spezifiziert die Voraussetzungen für Scoring-Verfahren über das hinaus, was in Art. 22 18
und Art. 6 festgelegt ist. Dass Art. 22 insoweit eine Regelungslücke enthalten würde,[29] trifft nicht zu. Man
mag die Regelung des Art. 22 für unbefriedigend halten, etwa weil sie nur solche Entscheidungen ausdrücklich anspricht, die ausschließlich auf einer automatisierten Verarbeitung beruhen, nicht dagegen solche, bei
denen eine automatisierte Verarbeitung nur ergänzend eingesetzt wird.[30] Dies ändert aber nichts daran,
dass **Scoring eine Form des Profiling** iSv Art. 22 darstellt, und dass Art. 22 insofern eine abschließende Regelung treffen wollte. Soweit Art. 22 nicht zur Anwendung gelangt, ist für die Frage, ob ein Scoring rechtmäßig ist, von Art. 6 auszugehen.

Dass Scoring unter den Begriff des Profiling fällt, lässt sich aus der **Definition** dieses Begriffs in Art. 4 Nr. 4 19
ableiten.[31] Demnach erfasst Profiling jede Art der automatisierten Verarbeitung personenbezogener Daten,
bei der es um die Bewertung bestimmte persönliche Aspekte geht. Als Beispiel solcher Aspekte sind ua die
wirtschaftliche Lage, Zuverlässigkeit und Verhalten genannt. **EG 72** S. 1 stellt ergänzend klar: Das Profiling
unterliegt den Vorschriften der DSGVO für die Verarbeitung personenbezogener Daten, wie etwa die
Rechtsgrundlage für die Verarbeitung oder die Datenschutzgrundsätze. **EG 71** S. 2 erläutert, dass unter
Profiling insbes. die Analyse oder Prognose von Aspekten ua bezüglich der wirtschaftlichen Lage, der Zuverlässigkeit oder des Verhaltens einer Person zu verstehen sind. EG 71 S. 1 nennt überdies als ein Beispiel
für Entscheidungen (gemeint: iSd Art. 22) die automatische Ablehnung eines Online-Kreditantrags. Somit
kann kein Zweifel daran bestehen, dass Art. 22 auch eine Regelung des Scoring darstellt.[32]

Die **Regelung des Art. 22 ist abschließend**, wobei auf Varianten des Scoring, die ihr nicht unterfallen, Art. 6 20
anzuwenden ist. Eine Öffnungs- oder Spezifizierungsklausel für den nationalen Gesetzgeber, die eine Regelung in der Art des § 31 BDSG nF erlauben würde, sehen weder Art. 6 noch Art. 22 vor.[33] Art. 22 Abs. 2
S. 1 lit. b führt zu keinem anderen Ergebnis. Er erlaubt dem nationalen Gesetzgeber lediglich, ein Profiling
zuzulassen, das ausschließlich auf einer automatisierten Verarbeitung beruht.[34] Ein Profiling, bei dem das
nicht der Fall ist, ist dagegen – unter Beachtung der sonstigen Maßstäbe der DSGVO – ohnehin zulässig
und muss nicht erst durch den nationalen Gesetzgeber erlaubt werden. Es ist zwar in der Tat nicht Gegenstand von Art. 22,[35] aber auf der Basis von Art. 6 zulässig.[36]

---

28 *Piltz*, BDSG: Praxiskommentar, § 31 Rn. 4 meint, der „Gefahr einer Europarechtswidrigkeit" von Abs. 1 könne begegnet werden, indem Abs. 1 „als Schutzvorschrift gegen Diskriminierungen und Einschränkungen der Privatautonomie und nicht als datenschutzrechtliche Vorschrift" verstanden werde. Dies ist aufgrund des Standorts im BDSG (ungeachtet des § 30, der tatsächlich keinen datenschutzrechtlichen Gehalt hat) und des Wortlauts der Regelung abzulehnen. *Abel* ZD 2018, 103 (106) sieht nach ausführlicher Analyse der
   denkbaren Rechtsgrundlagen für § 31 in der DSGVO „erhebliche Zweifel an der Europarechtskonformität." *v. Lewinski/Pohl*, ZD
   2018, 17 (21 f.) problematisieren die Frage nicht.
29 *Taeger* ZRP 2016, 72 (73 f.).
30 Zum Problem dieser Abgrenzung s. *Zahariev* PinG 2017, 73 (74). Er weist zutreffend darauf hin, dass erst dann keine ausschließlich
   automatisierte Verarbeitung mehr vorliegt, wenn ein Mensch einen realen Einfluss auf den Entscheidungsprozess hatte („a real impact
   on the process of decision making"), also nicht schon dann, wenn ein Mensch nur ohne einen solchen Einfluss in den Ablauf eingeschaltet ist. S. näher → Art. 22 Rn. 26.
31 Zutreffend *Helfrich* ZD 2017, 97 (98); ebenso *Härting*, Rn. 107; *Steinmaurer* in: Knyrim (Hrsg.), DSGVO, 2016, 81 (85); zur Entstehung der Begriffsdefinition von Profiling s. *Zahariev* PinG 2017, 73 (74ff.); näher → Art. 4 Rn. 8.
32 Auch Paal/Pauly/*Martini* Art. 22 Rn. 24 räumt dies ein, ebenso *Taeger* ZRP 2016, 72 (75) (dass er von Art. 20 spricht und nicht von
   Art. 22 ist dem damaligen Entwurfsstand der DSGVO geschuldet). Noch enger Kühling/Buchner/*Buchner* Art. 22 Rn. 38, der davon
   ausgeht, bei Scoring handle es sich um keine Entscheidung im Sinn von Art. 22, sondern um eine automatisierte Datenverarbeitung,
   die dieser Entscheidung vorgeschaltet ist und deshalb von Art. 22 überhaupt nicht erfasst wird.
33 *Piltz*, BDSG: Praxiskommentar, § 31 Rn. 5 spricht davon, die DSGVO enthalte keine Öffnungsklausel für Scorewerte und führt in Rn. 6
   aus, es sei fraglich, ob Abs. 1 auf die Öffnungsklausel des Art. 22 Abs. 2 lit. b gestützt werden könne.
34 Zu pauschal daher *Härting*, Rn. 641, der offensichtlich weitergehend davon ausgeht, Art. 22 Abs. 2 lit. b erlaube es dem nationalen Gesetzgeber, § 28 b BDSG aF insgesamt bestehen zu lassen.
35 Insoweit ist Paal/Pauly/*Martini* Art. 22 Rn. 24 zuzustimmen. Ebenso Laue/Nink/*Kremer*, § 2 Rn. 74 sowie § 2 Rn. 85, die davon ausgehen, dass Art. 22 Abs. 1 ein Profiling nur dann erfasst, wenn es Bestandteil einer auf einer automatisierten Verarbeitung beruhenden
   Entscheidung ist.
36 *Helfrich* ZD 2017, 97 (98); offen gelassen bei *Kremer* CR 2017, 367 (374); Paal/Pauly/*Martini* Art. 22 Rn. 24 spricht davon, die Union
   reklamiere in Art. 6 Abs. 1 UAbs. 1 lit. f nunmehr den Regelungsbereich für sich, so dass für § 28 b BDSG grds. kein nationaler Handlungsspielraum mehr verbleibe. Ebenso Ehmann/Selmayr/*Hladjk* Art. 22 Rn. 12 und *Abel* ZD 2018, 103 (105) mwN.

21 Eine Regelungsbefugnis des nationalen Gesetzgebers lässt sich auch nicht damit begründen, dass bei der DSGVO eine Unterkomplexität bestehe und der nationale Gesetzgeber deshalb eine ergänzende Regelungen treffen dürfe, die den Regelungen der DSGVO nicht widerspricht, sondern sie im Gegenteil ohne inhaltlichen Widerspruch abrundet und das Ziel eines hohen Datenschutzniveaus verfolgt.[37] Dieser Ansatz ist mit der **Rechtsprechung des EuGH** nicht vereinbar. Demnach sind gesetzlich vorweggenommene abschließende Wertungen des nationalen Gesetzgebers in Bezug auf abstrakt formulierte Vorgaben des europäischen Gesetzgebers noch nicht einmal in Bezug auf Vorgaben von Richtlinien zulässig.[38] Umso weniger sind derartige Abrundungen in Bezug auf Verordnungen erlaubt.

22 Dem **Gesetzentwurf**[39] sind keine ausdrücklichen Ausführungen dazu zu entnehmen, auf welchen Gesichtspunkt der nationale Gesetzgeber seine Regelungskompetenz stützen möchte. Bei dem Referentenentwurf mit Stand 23.11.2016,[40] den das Bundesministerium des Innern im Rahmen der Verbandsanhörung offiziell publiziert hat, war dies noch anders. In der Begründung zu § 28 („Scoring") dieses Entwurfs[41] ist zunächst ausgeführt, die Vorschrift erhalte die wesentlichen Regelungen des § 28 b BDSG aF aufrecht. Sodann heißt es zur mitgliedstaatliche Regelungsbefugnis, sie ergebe sich „aus der Zusammenschau" von Art. 6 Abs. 4 und Art. 23 Abs. 1.[42] Dass der Gesetzgeber diese Begründung im förmlichen Gesetzentwurf zu § 31 BDSG nF nicht mehr aufrechterhalten hat, mag man dahin interpretieren, dass sie sogar aus seiner Sicht nicht sicher tragfähig ist.

23 Ohne ausdrücklichen Bezug zu konkreten Kompetenznormen argumentiert der Gesetzentwurf damit, es liege sowohl im Interesse der Verbraucher selbst als auch der Wirtschaft, Verbraucher vor Überschuldung zu schützen. Zudem bildeten die Ermittlung der Kreditwürdigkeit und die Erteilung von Bonitätsauskünften das Fundament des deutschen Kreditwesens und damit auch der Funktionsfähigkeit der Wirtschaft.[43] Diese Argumentation soll wohl dahin zu verstehen sein, dass es um den Schutz sonstiger wichtiger **Ziele des allgemeinen öffentlichen Interesses** eines Mitgliedstaats gehe, die gemäß Art. 23 Abs. 1 lit. e, auf den auch Art. 6 Abs. 4 Bezug nimmt, eine Regelungsbefugnis des nationalen Gesetzgebers eröffnen.[44] Sie trägt indessen nicht. Eine Sondersituation der deutschen Wirtschaft wird nur behauptet, jedoch nicht belegt. Zudem gibt Art. 6 Abs. 4 den Mitgliedstaaten keine Befugnis, Regelungen zur Zweckänderung zu erlassen.[45]

24 Die nachfolgende Kommentierung blendet den Aspekt der Europarechtswidrigkeit aus und geht darauf nicht mehr gesondert ein. Solange der EuGH nicht auf dem einen oder anderen Weg zu dieser Frage geurteilt hat, ist jedenfalls der Praxis zu empfehlen, die Norm ihrer Tätigkeit zugrunde zu legen.

25 **3. Inhaltliche Struktur der Bestimmung.** Beide Absätze der Bestimmung befassen sich mit der **Verwendung von Wahrscheinlichkeitswerten**, die sich auf eine natürliche Person beziehen, durch den Verantwortlichen für die Verarbeitung:[46]

- Abs. 1 erfasst alle Arten von Wahrscheinlichkeitswerten über ein bestimmtes zukünftiges Verhalten einer natürlichen Person.
- Abs. 2 erfasst dagegen nur Wahrscheinlichkeitswerte über die Zahlungsfähigkeit und Zahlungswilligkeit eine natürliche Person.

26 In Bezug auf die erfassten Wahrscheinlichkeitswerte bildet Abs. 2 somit einen Ausschnitt von Abs. 1. Dieser **Bezug zwischen beiden Absätzen** zeigt sich auch daran, dass Abs. 2 hinsichtlich der Zulässigkeitsvoraussetzungen für die Verwendung von Wahrscheinlichkeitswerten im Rahmen seines Anwendungsbereichs zunächst fordert, dass die Voraussetzungen gemäß Abs. 1 vorliegen müssen und dann darüber hinaus zusätzliche Voraussetzungen dafür aufstellt, welche Forderungen berücksichtigt werden dürfen. Abs. 2 baut also iSe lex specialis auf Abs. 1 auf.

27 Hinsichtlich der **Herkunft des Wahrscheinlichkeitswerts** stellt Abs. 1 nicht auf eine bestimmte Datenquelle ab. Demgegenüber befasst sich Abs. 2 nur mit der Verwendung von Wahrscheinlichkeitswerten, die von Auskunfteien ermittelt wurden.

---

37 So ein Ansatz von *Taeger* ZRP 2016, 72 (74). Ähnlich (allgemein zur DSGVO, nicht spezifisch zum vorliegenden Problem) Roßnagel/*ders.*, Europ. DSGVO, § 1 Rn. 29.
38 So EuGH C 582/14, NJW 2016, 3579 Rn. 62 f. – Breyer, s. dazu instruktiv *Jensen/Knoke* ZD-Aktuell 2016, 05416; der EuGH führte damit seine frühere Rechtsprechung fort, s. EuGH C-468/10 und C-469/10, EuZW 2012, 37 Rn. 47 f. – ASNEF.
39 BR-Drs. 110/17, S. 101 f.
40 Abrufbar unter https://www.datenschutzverein.de/wp-content/uploads/2016/11/161123_BDSG-neu-RefE_-2.-Ressortab-Verbaende-Laender.pdf.
41 BR-Drs. 110/17, S. S. 93.
42 Zurecht ablehnend zu diesem Argumentationsansatz Kühling/Buchner/*Buchner/Petri* Art. 6 Rn. 161 und Rn. 166.
43 BR-Drs. 110/17, S. 101 f.
44 Dieser Argumentation wohl zustimmend *Kremer* CR 2017, 367 (374).
45 So zutreffend *Ehrig/Glatzner* PinG 2016, 211 (213 f.).
46 Zurecht hervorgehoben von *Kremer* CR 2017, 367 (374).

4. Regelungen zum Scoring (Abs. 1). a) Begriff des Scoring. Ein Scoring iSv Abs. 1 liegt nur vor, wenn fol- 28 gende **Voraussetzungen kumulativ** erfüllt sind:

- Es muss ein Wahrscheinlichkeitswert zur Verwendung gelangen.
- Dieser Wahrscheinlichkeitswert muss sich auf ein bestimmtes zukünftiges Verhalten einer natürlichen Person beziehen.
- Die Verwendung des Wahrscheinlichkeitswerts muss den Zweck haben, über die Begründung, Durchführung oder Beendigung eines Vertragsverhältnisses mit dieser Person zu entscheiden.

Statistische Korrelationen sind nicht als Wahrscheinlichkeitswert zu verstehen. Abs. 1 legitimiert ihre Ver- 29 wendung nicht. Dies beruht auf der Aussagelosigkeit einer bloßen Korrelation. Sie belegt als solche insbes. Keine Ursache-Wirkungsbeziehung.

Vertragsverhältnis ist jedes rechtsgeschäftliche Schuldverhältnis, das durch Vertrag begründet wurde 30 (s. § 311 Abs. 1 BGB). Rechtsgeschäftsähnliche Schuldverhältnisse (s. § 311 Abs. 2 BGB) oder auf sonstiger rechtlicher Basis begründete Schuldverhältnisse (etwa aus deliktischem Handeln) genügen dagegen nicht.[47]

Wegen der von Abs. 1 vorgegebenen **begrifflichen Beschränkungen** erfasst der Begriff des Scoring folgende 31 Aktivitäten nicht:

- Bloße Selektion/Segmentierung von Personen aus dem Bestand einer Datenbank
  Zur Vorbereitung von Marketingaktivitäten (etwa persönlich adressierten Aussendungen) werden Personen, die in einer Kunden- oder Spender-Datenbank enthalten sind, entsprechend ihrem bisherigen Kauf- bzw. Spendeverhalten in **unterschiedliche Segmente** eingeteilt. Die nach den Erfahrungen der Vergangenheit besonders interessanten Segmente werden zuerst kontaktiert.[48]
  Zwar zielt auch ein solches Vorgehen darauf, das künftige Verhalten zu prognostizieren. Allerdings wird dazu kein Wahrscheinlichkeitswert ermittelt, sondern ein **allgemeiner Erfahrungssatz** des Inhalts zugrunde gelegt „Wer bisher viel gekauft/gespendet hat, wird das auch künftig tun". Deshalb handelt es sich nicht um ein Scoring gemäß Abs. 1.
  Anders sähe es auf den ersten Blick aus, wenn Wahrscheinlichkeitswerte ermittelt werden, denen zu entnehmen ist, mit welcher Wahrscheinlichkeit eine konkrete betroffene Person auch künftig kaufen oder zahlen wird. Dann wären die geschilderten Voraussetzungen durchaus gegeben. Allerdings wäre dann die gesondert zu beachtende Voraussetzung nicht erfüllt, dass das Vorgehen der Entscheidung über die Begründung, Durchführung oder Beendigung eines Vertragsverhältnisses dienen müsste, was bei einer **reinen Marketingaktivität** durchweg nicht der Fall ist. Deshalb läge auch dann kein Scoring gemäß Abs. 1 vor.
- Verhaltensunabhängige Einstufung in Tarife (etwa von Versicherungen)
  Schon die Gesetzesbegründung zu § 28b BDSG aF[49] wies darauf hin, dass die Verfahren zur Tarifierung von Lebens-, Kranken- oder Kfz-Diebstahl-Versicherungen nicht dem § 28b BDSG aF unterfallen. Dies gilt auch für § 31 BDSG nF Zwar werden im Rahmen solcher Verfahren durchaus Wahrscheinlichkeitswerte berechnet. Sie beziehen sich jedoch, so zutreffend die Gesetzesbegründung zu § 28b BDSG aF,[50] nicht auf ein zukünftiges Verhalten der betroffenen Person, denn dieses setze die Möglichkeit selbstbestimmten Verhaltens voraus. Vielmehr bilden Ereignisse den Bezugspunkt, die auf **höhere Gewalt oder Fremdeinwirkung** zurückgehen (zB Tod, Erkrankung, Diebstahl oder Blitzschlag).
  Wo die **Grenzlinie** verläuft, zeigt das Kontrastbeispiel der Kfz-Haftpflichtversicherung. Hier zahlen junge Fahrer bis zum vollendeten 24. Lebensjahr deutlich erhöhte Beiträge. Sie orientieren sich an der höheren Wahrscheinlichkeit von Schäden, die durch Angehörige dieser Personengruppe verursacht werden. Damit gehen sie auf Verhaltensweisen zurück, die selbstbestimmt geändert werden könnten. Der Einsatz solcher Tarifierungssysteme unterfällt daher § 31 BDSG nF.
- Werbe-Scoring / Werbeaffinitäts-Scoring
  Bei einem Werbe-Scoring, bei dem es um die Neukunden-Gewinnung geht, fehlt es am notwendigen Bezug zu einem Vertragsverhältnis.[51] Bei dieser Form des Scoring wird die Kaufwahrscheinlichkeit poten-

---

47 So iErg zu § 28b BDSG aF auch *Bergmann/Möhrle/Herb* BDSG § 28b Rn. 17, der von einer gewollten Abweichung zu § 28 Abs. 1 Satz 1 Nr. 1 BDSG aF („rechtsgeschäftliche oder rechtsgeschäftsähnliche Schuldverhältnisse") ausgeht. Sa *Heinemann/Wäßle* MMR 2010, 600, die zurecht hervorheben, § 28b BDSG aF erfasse nur Verfahren, die im Vorfeld eines Vertragsabschlusses liegen.

48 S. *Holland*, Direktmarketing, 2009, S. 195ff. mit beeindruckenden Berechnungen: Die Ansprache der spendenwilligsten 50% in einer Spenderdatenbank enthaltenen Personen schöpft etwa 83% des maximal möglichen Spendervolumens ab. Zu entsprechenden Anwendungen im Bankbereich zur Steigerung von Umsätzen und zur Vermeidung ungeeigneter Angebote an Kunden instruktiv *Seiler* in: Taeger/Wiebe (Hrsg.), Von Adwords bis Social Networks, 2008, 311ff.

49 BT-Drs. 16/10529, S. 16. Ihr folgend auch *Gürtler/Kriese* RDV 2010, 47 (48); Plath/*Kamlah* BDSG § 28b BDSG Rn. 15f; *Kamlah/Walter* PinG 2015, 159 (s. dort Fn. 4).

50 BT-Drs. 16/10529, S. 16.

51 So auch *Kremer* CR 2017, 367 (374); zustimmend zu § 28b BDSG aF BeckOK DatenschutzR/*v. Lewinski* BDSG § 28b Rn. 45.

zieller Kunden ermittelt und dann auf dieser Basis differenziert, ob ein potenzieller Kunde aktiv angesprochen wird oder ob die Anfrage eines Interessenten überhaupt beantwortet wird und wenn ja, mit welchem Aufwand.[52] Da zum Zeitpunkt der Werbeaktivität noch keinerlei Vertragsverhältnis besteht und auch noch nicht konkret angebahnt wird (das Überlassen von Werbematerial ist kein Vertragsangebot, sondern bloße **invitatio ad offerendum**), fehlt es am notwendigen Vertragsbezug.[53]

32 **Folgende Aktivitäten sind hingegen als Scoring-Verfahren anzusehen**, die von § 31 BDSG nF erfasst werden:

- Kredit-Scoring
  Bei ihm geht es um die Bewertung der Zahlungsfähigkeit und Zahlungswilligkeit der betroffenen Person in ihrer Eigenschaft als Kreditnehmerin,[54] wobei beides zusammenfassend oft als „Bonität" bezeichnet wird.[55] Sie ist von Interesse zunächst bei der Entscheidung über die Begründung eines Vertragsverhältnisses (**Antrags-Scoring**), ferner auch bei der Entscheidung über die Durchführung bzw. Beendigung eines Vertragsverhältnisses (**Verhaltens-Scoring**).[56]

- Miet-Scoring
  Dabei geht es um die Frage, ob ein Mietverhältnis mit der betroffenen Person begründet werden soll oder nicht. Die Bonität im eben beschriebenen Sinn ist dabei nur einer von mehreren maßgeblichen Aspekten. Hinzu kommt etwa die **Wahrscheinlichkeit von Beschädigungen** der Wohnung oder die Wahrscheinlichkeit des Auszugs bei einer Kündigung, ohne dass Räumungsmaßnahmen erforderlich sind.

33 Scoring-Algorithmen als solche sind nicht personenbezogen, sehr wohl aber die Daten, die entstehen, wenn die **Algorithmen** auf eine konkrete Person angewandt werden.[57]

34 **b) Methodenneutralität der Regelung.** Keine Vorgaben macht § 31 BDSG nF dazu, welche konkreten **Scoring-Methoden** eingesetzt werden dürfen. Insofern verhält sich das Gesetz methodenneutral. Deshalb kommen unterschiedlichste Ansätze in Betracht.

35 Die Idee, die allen Scoring-Verfahren zugrunde liegt, lässt sich am **Beispiel des Bonitäts-Scorings von Kreditunternehmen wie folgt beschreiben:**[58]

- Die Kreditnehmer werden mit einer Reihe von Kriterien bzw. Merkmalen beschrieben.
- Diesen Merkmalsausprägungen werden nummerische Werte zugeordnet.
- Anschließend erfolgt eine vorher festgelegte Gewichtung der Merkmalswerte.
- Dann wird die Summe über alle Merkmalswerte berechnet.
- Das so erzielte Ergebnis ist ein Score-Wert, der die Information über die Bonität des (potenziellen) Kreditnehmers zu einem Wert verdichtet.

36 Die **Methoden**, die für eine solche Berechnung in Betracht kommen, lassen sich bspw. Für das Bonitäts-Scoring wie folgt dreigliedern:[59]

- Heuristische Methoden
  Sie versuchen, auf der Basis von **Erfahrungen** aus dem bisherigen Kreditgeschäft Aussagen über die Bonität eines Schuldners zu machen. Dabei kommen zB Rating-Bogen zum Einsatz, die Merkmalen wie Alter oder Familienstand bestimmte Punktwerte zuordnen, je nach Ausprägung (etwa bei „Alter bis 24" einen anderen Wert als bei „Alter 25-30").[60]

- Statistische Modelle
  Sie nutzen **historische Daten**, um Merkmale bzw. Kennzahlen zu finden, die Aufschluss über die Bonität geben. In diese Kategorie gehören die oft erwähnte **Diskriminanzanalyse**, aber auch die daran anknüpfenden Regressionsmodelle, die deshalb von hoher praktischer Bedeutung sind, weil die Schufa sie ein-

---

52 *Holland*, Direktmarketing, 2009, S. 198 f.; s. dazu auch Gola/*Schulz* Art. 6 Rn. 69.
53 Zustimmend Plath/*Kamlah* BDSG § 28 b Rn. 9. Ebenso im Ergebnis auch *Gürtler/Kriese* RDV 2010, 47 (50). Das dort genannte Kriterium der primären Steuerung interner Prozesse als Abgrenzungsmerkmal zur Begründung eines Vertragsverhältnisses ist zu unscharf.
54 *ULD*, Scoring-Systeme, 2005, S. 11.
55 Die Terminologie schwankt auch hier. S. etwa die abweichende Gewichtung bei *Schuhmacher*, Rating, 2006, S. 18: Unter Bonität eines Unternehmens versteht man dessen künftige Fähigkeit, Zahlungen (Zins und Kapital) aus Kreditgeschäften termingerecht und vollständig nachzukommen.
56 *Gürtler/Kriese* RDV 2010, 47 (51).
57 So zutreffend *Schneider* in: ders. (Hrsg.), HdB EDV-Recht, 5. Aufl. 2017, Kap. A, Rn. 95; ausführlich zum Personenbezug von Scoringdaten Simitis/*Ehmann* § 28 b Rn. 49 mwN sowie *Helfrich* in: Forgó Helfrich/Schneider (Hrsg.), Betrieblicher Datenschutz, 2017, Teil VIII Kap.2 Rn. 7 mwN.
58 *Schuhmacher*, Rating, 2006, S. 20.
59 *Scherpereel*, Risikokapitalallokation, 2006, S. 44ff.; ähnlich *Siddiqi*, Credit Risk Scorecards, 2006, S. 45 f.; s. besonders die Übersichtsgrafik Abb. 7 (S. 47). Alternative Einteilungen sind denkbar, s. etwa *Klement*, Kreditrisikohandel, 2007, Tabelle 4.1 (S. 87); s. ferner die – recht verkürzte – Darstellung bei *ULD*, Scoring-Systeme, 2005, S. 56ff.
60 Bsp. für einen solchen Bogen bei *Scherpereel*, Risikokapitalallokation, 2006, Tabelle 4, S. 47.

setzt.[61] Sie ermöglichen die direkte Bestimmung von Ausfallwahrscheinlichkeiten. Das mathematisch-statistische Know-How, das dabei investiert werden muss, ist erheblich.[62] Stets geht es darum, mittels Merkmalen und Kennzahlen die Gesamtgruppe (potenzieller) Kreditnehmer in (Teil-)gruppen unterschiedlicher Bonität aufzugliedern.

- Kausalanalytische Modelle
  Sie sind eher bei Unternehmen als bei natürlichen Personen relevant. Sie basieren auf **ökonomischen Theorien** und leiten Merkmale der Bonität direkt aus bestimmten Strukturen ab (etwa aus der Kapitalstruktur eines Kreditnehmers oder aus Cash-Flow-Überlegungen).

c) Materielle Vorgaben für die Zulässigkeit eines Scoring. aa) Einhaltung der Vorschriften des Datenschutz- 37 **rechts (Abs. 1 Nr. 1).** Nr. 1 hält fest, dass ein Wahrscheinlichkeitswert nur Verwendung finden darf, wenn die Vorschriften des Datenschutzrechts eingehalten wurden. Dies muss insbes. bei der **Übermittlung des Wahrscheinlichkeitswerts** an die verantwortliche Stelle der Fall gewesen sein.[63]

bb) Einsatz eines wissenschaftlich anerkannten mathematisch-statistischen Verfahrens und Erheblichkeit 38 **der für die Berechnung des Wahrscheinlichkeitswerts genutzten Daten (Abs. 1 Nr. 2).** Nr. 2 fordert zum einen, dass ein wissenschaftlich anerkanntes mathematisch-statistisches Verfahren zur Anwendung kommen muss und zum anderen, dass die dabei erzeugten **Daten nachweisbar erheblich** sind für die Berechnung der Wahrscheinlichkeit des bestimmten Verhaltens.

(1) Anforderungen an die Wissenschaftlichkeit eines Verfahrens. Nähere Festlegungen dafür, wie das ma- 39 thematisch-statistische Verfahren beschaffen oder ausgestaltet sein muss, enthält die Regelung nicht. Das ist deshalb bemerkenswert, weil die Frage, wann ein entsprechendes Verfahren als wissenschaftlich anerkannt anzusehen ist, durchaus **umstritten** ist.

Teils wird die Auffassung vertreten, es genüge insoweit nicht, dass die mathematischen Berechnungen von 40 Datenmengen ordnungsgemäß durchgeführt worden sind. Vielmehr müsse bereits ex ante ein empirischer Nachweis der „Treffsicherheit" des jeweils eingesetzten Verfahrens erbracht werden. Als Negativbeispiel wird insoweit ein Verfahren zum Kredit-Scoring benannt, bei dem die Risikoquote in der schlechtesten Risikostufe 34,75% betrage. Dies bedeute, dass selbst in dieser schlechtesten Stufe bei zwei Dritteln der betroffenen Personen kein Zahlungsausfall eintrete. Die Schlussfolgerung daraus lautet dann: „Diese zwei Drittel werden somit durch das Scoring-Verfahren falsch eingestuft bzw. diskriminiert."[64] Daraus wird augenscheinlich – ohne dies auszuformulieren – gefolgert, ein Verfahren, das solche fehlerhaften Ergebnisse produziere, sei unwissenschaftlich.

Würde man diese Auffassung zugrunde legen, so wäre ein Verfahren nur dann als wissenschaftlich anzuse- 41 hen, wenn es ausschließlich (oder zumindest nahezu ausschließlich) Ergebnisse erzielt, die jeden Einzelfall zutreffend voraussagen.

Der Gesetzgeber hat sich diese Sichtweise jedoch nicht zu Eigen gemacht. Seine Betrachtung geht nicht vom 42 Einzelfallergebnis aus. Er lässt es genügen, wenn die **Wahrscheinlichkeit** eines bestimmten Verhaltens zutreffend angegeben wird (s. Nr. 2: „… für die Berechnung … erheblich"). Anders ausgedrückt: Ein Verfahren ist dann **wissenschaftlich**, wenn es auf der Basis der verwendeten Ausgangsdaten zu statistisch signifikanten Aussagen über das zukünftige Verhalten von betroffenen Personen führt. Entscheidend ist die Aussage über das Verhalten der Gruppe, dem die betroffene Person zuzurechnen ist. Wie sich die einzelne betroffene Person real konkret verhält, ist dagegen irrelevant. Schon der Ansatz der oben geschilderten Argumentation geht aber in die Irre. Sie würde von einer statistischen Methode Einzelfall-Ergebnisse fordern, die eher der Ebene der Wahrsagerei zuzurechnen wären.

(2) Erheblichkeit der genutzten Daten. Keine direkten Aussagen sind § 31 BDSG nF dazu zu entnehmen, 43 wie die Voraussetzung, dass die zur Berechnung genutzten Daten für die Berechnung der Wahrscheinlichkeit des bestimmten Verhaltens erheblich sein müssen, zu verstehen ist.

Der Begriff könnte zum einen rein **statistisch-fachlich** zu interpretieren sein. Erheblich wären dann alle Da- 44 ten(arten), deren Einbeziehung den Inhalt des Wahrscheinlichkeitswerts, also das Rechenergebnis, beeinflusst. Der quantitative Umfang dieser Beeinflussung wäre dabei ohne Bedeutung. Nur Daten(arten), die keinerlei Einfluss auf das Ergebnis haben, wären nicht erheblich.

Der Begriff könnte aber auch dahin zu verstehen sein, dass als erheblich nur solche Daten(arten) anzusehen 45 sind, die für sich allein geeignet sind, das **Ergebnis** in erheblichem Ausmaß zu beeinflussen. Verwendet wer-

---

61 *Behm* RDV 2010, 61 (67).
62 S. die Überblicksbeschreibung zur Diskriminanzanalyse bei *Schuhmacher*, Rating, 2006, S. 28ff.
63 Im BDSG aF wurde dies über § 29 Abs. 2 S. 2 BDSG aF sichergestellt, s. *Kamlah/Hornung* PinG 2014, 265 (268).
64 *Korczak/Wilken*, Scoring im Praxistest, 2008, S. 32.

den dürften dann nur Daten, die das Ergebnis quantitativ prägen. Folge dieser Auffassung wäre, dass letztlich zur Berechnung nur einige wenige Daten(arten) Verwendung finden dürften.

46 Sollte § 31 BDSG nF die Intention verfolgen, die Zahl der verwendeten Daten(arten) möglichst gering zu halten, spräche gerade dieses Argument dafür, der zweiten dargestellten Interpretation zu folgen. Dafür gibt es jedoch weder im Gesetz noch in der Gesetzesbegründung einen Anhaltspunkt. Wesentlich erscheint gerade aus der **Sicht der betroffenen Person** weniger die Zahl der bei der Berechnung einbezogenen Daten, sondern vorrangig die Frage, ob das gefundene Ergebnis die Wahrscheinlichkeit korrekt wiedergibt. Das spricht dafür, grundsätzlich die Einbeziehung aller Daten(arten) zuzulassen, die überhaupt eine (wenn auch für sich gesehen vielleicht quantitativ geringe) Aussagekraft für das Berechnungsergebnis haben. Entsprechend ist der Begriff der Erheblichkeit im statistisch-fachlichen Sinn zu interpretieren.

47 Was die bei einer konkreten Scorewertberechnung verwendeten Daten angeht, so können nur **inhaltlich zutreffende Daten** erheblich sein. Die Verwendung inhaltlich falscher Daten verletzt nicht nur das Persönlichkeitsrecht der betroffenen Person, sondern verstößt auch gegen § 31 Abs. 1 Nr. 2 BDSG nF.[65] Sie führt nämlich auch dann, wenn das eingesetzte mathematisch-statistische Verfahren als solches wissenschaftlich anerkannt ist, zu falschen Ergebnissen.

48 **cc) Keine ausschließliche Nutzung von Anschriftendaten (Abs. 1 Nr. 3).** Abs. 1 Nr. 3 untersagt es, für die Berechnung eines Wahrscheinlichkeitswerts ausschließlich Anschriftendaten zu nutzen. Die Nutzung von Anschriftendaten ist also nicht generell untersagt. Ihre **Nutzung neben anderen Kriterien** ist vielmehr erlaubt.[66]

49 Dazu, was unter **Anschriftendaten** konkret zu verstehen ist, schweigt die Gesetzesbegründung zu § 31 BDSG nF ebenso wie dies schon bei der Gesetzesbegründung zu § 28 b BDSG aF der Fall war. Im Rahmen von § 34 BDSG aF führte sie aus, der zusammenfassende Begriff Adressdaten könne an die Stelle der Einzeldaten Straße, Hausnummer, Postleitzahl und Ort treten.[67] Ob daraus der Schluss gezogen werden kann, dass dies als Definition des Begriffs Anschriftendaten anzusehen ist,[68] erscheint sehr zweifelhaft, zumal Adresse und Anschrift nicht zwingend dasselbe bedeuten müssen. Auch führt es nicht weiter, aus abstrakten Überlegungen zur **Funktionsweise von Geodatensystemen** abzuleiten, dass darunter Punktdaten zu verstehen seien, die die Lage eines Ortes durch zwei Daten (etwa Angabe des Längen- und Breitengrades) beschreiben.[69]

50 Zu fragen ist vielmehr nach dem Zweck der Regelung. Dazu ist der Gesetzesbegründung zu § 28 b BDSG aF zu entnehmen, dass der Gesetzgeber die Regelung wegen der in der Öffentlichkeit diskutierten Bedeutung der Nutzung von Anschriftendaten geschaffen hat,[70] also auf diese Diskussion reagieren wollte. Ein zentraler Aspekt dieser Diskussion ist die Praxis des **Redlining**.[71] Dieses Vorgehen besteht darin, dass Lieferungen, Leistungen usw an bestimmte Personen allein aufgrund der Tatsache verweigert werden, dass sie in einem schlecht beleumundeten Viertel wohnen.[72] Denkbar ist dabei auch, dass es konkret nur um eine einzige Adresse geht (etwa die einer Heilanstalt, Justizvollzugsanstalt usw), bei der so verfahren wird.

51 Die Praxis des Redlining[73] stellt jedoch nur einen (sehr negativ geprägten) Ausschnitt aus dem Vorgehen der **mikrogeografischen Segmentierung** dar. Ihr Grundgedanke ist an sich positiver Natur und besteht darin, personenbezogene und geografische Daten miteinander zu kombinieren, um Menschen in unterschiedlichen Wohngebieten, die differierende Lebensstile pflegen, durch ein entsprechend differenziertes Marketing zielgruppengenau zu erreichen, wobei die Neighbourhood-Affinität (nach dem Prinzip „Gleich und gleich gesellt sich gern") als gedankliche Hypothese im Hintergrund steht.[74] Dabei liegt es auf der Hand, dass eine derartige Segmentierung allerdings auch genutzt werden kann, um Bewohner bestimmter räumlicher Bereiche buchstäblich auszugrenzen.

---

65 So für die entsprechende Regelung des § 28 b Nr. 1 BDSG aF zutreffend LG München ZUM-RD 2013, 211 (Kostenfestsetzungsbeschluss, der in der Sache selbst knapper gehalten ist als die Begründung der Kostenfestsetzung). Dass der Beschluss von einem Scoring entsprechend § 28 a BDSG spricht, ist als Schreibversehen anzusehen, dem Sinn nach muss § 28 b gemeint sein.

66 Zutreffend *Kamlah/Walter* PinG 2015, 159 (160).

67 BT-Drs. 16/10529, S. 17.

68 So wohl *Gürtler/Kriese* RDV 2010, 47 (50).

69 So *Behm* RDV 2010, 61 (64).

70 BT-Drs. 16/10529, S. 16; die von *Schneider* in: ders. (Hrsg.), HdB EDV-Recht, 5. Aufl. 2017, Kap. A Rn. 99 angestellte Überlegung, die Problematik der Diskriminierung durch die Verwendung von Anschriftendaten bestehe möglicherweise nicht, wenn zusätzlich weitere Daten hinzugezogen werden, liegt nahe, findet sich aber jedenfalls in der Gesetzesbegründung nicht.

71 So die richtige Vermutung von *Gürtler/Kriese* RDV 2010, 47 (51, dort Fn. 20).

72 Ausführlich dazu *Korczak/Wilken*, Scoring im Praxistest, 2008, S. 24ff. mwN; zum Redlining auf der Basis der Telefonnummer s. *Schneider* in: ders. (Hrsg.), HdB EDV-Recht, 5. Aufl. 2017, Kap. A, Rn. 97-99.

73 Zum ursprünglichen Begriffsverständnis s. *Kaplan/Wheeler/Holloway*, Urban Geography, 3. Aufl. 2014, Stichwort Redlining: It describes the practice of marking a red line on a map to delineate the area where banks would not invest.

74 *Holland*, Direktmarketing, 2009, S. 142.

Ehmann

Nr. 3 hat vor diesem Hintergrund die Zielsetzung, eine solche **Ausgrenzung** dann zu verhindern, wenn sie   52
alleine auf der Tatsache beruht, dass die betroffene Person in einem bestimmten räumlichen Bereich ansässig ist. Das soll auch und gerade dann gelten, wenn die Erheblichkeit gemäß Nr. 2 iSe statistischen Signifikanz der Anschrift (verstanden als Wohnsitz in einem bestimmten räumlichen Areal) besteht.

Zu beachten ist, dass Nr. 3 ausdrücklich den Begriff Anschriftendaten verwendet und nicht den allgemeineren Begriff **Geodaten**.[75] Nr. 3 ist gerade keine allgemeine Regelung für Geodaten.[76] Erfasst sind von ihm   53
nur solche Geodaten, die entweder unmittelbar eine Anschrift im vorstehend erläuterten Sinn darstellen
oder funktional einer Anschrift äquivalent sind. Bei den schon erwähnten Punktdaten ist das der Fall, wenn
sie etwa die Lage eines Wohnhauses bezeichnen, bei einer E-Mail-Adresse oder einer Postfachadresse dagegen nicht, da sie sich nicht auf einen konkreten geografischen Ort beziehen lassen.[77]

Um den **Mechanismus**, den Nr. 3 blockieren will, in vollem Umfang zu verstehen, bedarf es eines kurzen   54
Blicks auf die beiden Instrumentarien, die in der Praxis zur Durchführung einer mikrogeografischen Segmentierung genutzt werden:

- Regio Select von Bertelsmann[78]
  Dieses System basiert auf bundesweit etwa 500.000 Straßenabschnitten, die jeweils etwa 70 Haushalte
  mit 150 Personen umfassen. Zu jedem dieser Straßenabschnitte liegen Informationen vor wie Bildungsniveau, Altersstruktur oder Bonität. Aus diesen Daten werden **Wohngebietstypen** abgeleitet (etwa:
  Kleinbürger", „Upper Class"), die etwa durch ein bestimmtes Konsumverhalten charakterisiert sind.
- Einzelhausbewertung von Schober[79]
  Das Unternehmen Schober Direct Marketing hat 15 Mio. Gebäude in Deutschland jeweils individuell
  nach neun Kriterien (etwa Gartengröße, Lage des Gebäudes) bewerten lassen. Jede dieser Adressen
  kann um eine Vielzahl von **Lifestyle-Informationen** ergänzt werden.

Da keines dieser Systeme in der primitiven Form eines Redlining allein an die Anschrift anknüpft, sondern   55
der Nutzen der Systeme ganz im Gegenteil auf der Verknüpfung der Anschrift mit weiteren Daten basiert
und gerade diese angestrebt wird, erweist sich die **beschränkende Wirkung** von Nr. 3 in der Praxis als minimal. Nr. 3 unterbindet lediglich das ausschließliche Redlining. Treten wie bei den beiden beschriebenen Systemen dagegen zu der Anschrift weitere Daten hinzu, erweist sich Nr. 3 geradezu als Legitimierung und gesetzliche Grundlage für diese Systeme.

Der zu § 28 b BDSG aF vertretenen Behauptung, man müsse erst noch anhand künftiger Rechtsprechung   56
sehen, wie der **Begriff „nicht ausschließlich"** zu verstehen sei,[80] ist nicht beizutreten. Der Wortlaut dieser
Wendung ist eindeutig: Es muss zur Anschrift zusätzlich mindestens ein weiteres Datum hinzutreten, das
gemäß Nr. 2 erheblich ist. Sobald dies der Fall ist, ist den Anforderungen von Nr. 3 Genüge getan. Die von
Behm[81] zu § 28 b BDSG aF aufgeworfene Frage, ob die Anschrift zu 40%, 80% oder 20% in eine Score-Wert-Berechnung einbezogen werden darf, stellt sich daher weder theoretisch noch praktisch.

dd) Information- und Dokumentationspflicht bei der Nutzung von Anschriftendaten (Abs. 1 Nr. 4). Bei je-   57
der Nutzung von Anschriftendaten zur Berechnung des Wahrscheinlichkeitswerts muss die betroffene Person über die **vorgesehene Nutzung** dieser Daten unterrichtet werden. Die Unterrichtung muss also zeitlich
vor der Nutzung der Daten erfolgen. Da es sich um eine aktive Informationspflicht handelt, muss die betroffene Person unaufgefordert unterrichtet werden.

Die **praktische Bedeutung** der Pflicht ist gering. Schon die Gesetzesbegründung zu § 28 b BDSG aF wies   58
ausdrücklich darauf hin, dass ihr auch mittels entsprechender Klauseln in Allgemeinen Geschäftsbedingungen Genüge getan werden kann.[82]

Von praktischer Bedeutung könnte sie daher allenfalls beim **Werbe-Scoring** sein,[83] da die Verwendung von   59
Allgemeinen Geschäftsbedingungen in diesem Kontext jedenfalls dann, wenn ein Erstkontakt angestrebt
wird (anders als bei schon bestehenden Geschäftsverbindungen), kaum durchführbar erscheint. Hierzu
wurde jedoch bereits festgestellt, dass diese Form des Werbe-Scoring vom Anwendungsbereich des § 31
BDSG nF insgesamt nicht erfasst wird.

---

75 Begrifflich ungenau daher *BlnBDI*, Jahresbericht 2009, S. 34, wo dieser Unterschied verwischt wird.
76 Zu weitgehend *Hoke* in: Taeger/Wiebe (Hrsg.), Von Adwords bis Social Networks, 2008, 308 f., die offensichtlich davon ausgeht, die
    Regelung solle generell Scores auf der Basis georeferenzierter Daten legitimieren.
77 Zutreffend *Bergmann/Möhrle/Herb* BDSG § 28 b Rn. 39.
78 S. dazu ausführlich *Holland,* Direktmarketing, 2009, S. 150ff.
79 Ausführlich dazu *Holland*, Direktmarketing, 2009, S. 153ff.
80 So *Behm* RDV 2010, 61 (70).
81 *Behm* RDV 2010, 61 (70).
82 BT-Drs. 16/10529, S. 16. Dem folgt die Literatur durchgehend, s. *Taeger/Rose* K&R Beihefter 4/2014, 9 mwN in Fn. 42.
83 S. dazu *Holland*, Direktmarketing, 2009, S. 187ff.

60 Sofern eine **Informationspflicht** besteht, ist deren Erfüllung zu dokumentieren. Das soll vor allem der Aufsichtsbehörde eine Überprüfung erleichtern. Aus diesem Zweck der Regelung ergibt sich, dass nicht nur die Tatsache der Information der betroffenen Person dokumentiert werden muss, sondern dass aus der Dokumentation auch nachvollziehbar sein muss, auf welchen Grundlagen und mit welchem Algorithmus der Wahrscheinlichkeitswert ermittelt wurde. Es handelt sich um eine unaufgefordert aktiv zu erfüllenden Informationspflicht.

61 **5. Regelungen für Bonitätsauskünfte (Abs. 2). a) Anwendungsbereich.** Abs. 2 S. 1 ist nur anwendbar,[84] wenn folgende **Voraussetzungen kumulativ** erfüllt sind:

- Es muss ein Wahrscheinlichkeitswert zur Verwendung gelangen.
- Dieser Wahrscheinlichkeitswert muss von einer Auskunftei ermittelt worden sein.
- Er muss sich spezifisch auf die Zahlungsfähigkeit und Zahlungswilligkeit einer natürlichen Person beziehen.
- Bei seiner Ermittlung sind Informationen über Forderungen einbezogen worden.

62 Abs. 2 S. 2 (→ Rn. 13) ist dann anwendbar, wenn es an einer der Voraussetzungen gemäß Abs. 1 S. 1 fehlt, es aber um bonitätsrelevante Daten geht. Das gilt auch dann, wenn Wahrscheinlichkeitswerte ermittelt werden. Es ist also nicht so, dass jedes Mal dann, wenn ein Wahrscheinlichkeitswert im Spiel ist, Abs. 2 S. 1 anwendbar wäre. Vielmehr müssen zur Anwendbarkeit dieser Bestimmung stets auch alle anderen genannten Voraussetzungen erfüllt sein.49
Abs. 2 S. 1 Nr. 1 nennt – anders als Abs. 1 – nicht die Voraussetzung, dass es um die Begründung, Durchführung oder Beendigung eines **Vertragsverhältnisses** gehen muss. Die Verweisung in Abs. 2 S. 1auf die Voraussetzungen nach Abs. 1 erfasst lediglich die Voraussetzungen gemäß Abs. 1 Nr. 1-4, nicht dagegen die Voraussetzung, dass es um ein Vertragsverhältnis gehen muss. Vermutlich ist der Gesetzgeber davon ausgegangen, dass die Zahlungsfähigkeit und Zahlungswilligkeit in der Praxis ohnehin nur dann geprüft wird, wenn es um ein Vertragsverhältnis geht, so dass es überflüssig erschien, dieses Kriterium ausdrücklich zu erwähnen.

63 **b) Begriff der Auskunftei.** Auskunftei[85] ist ein **Kunstwort**, das zuerst Eingang in die Allgemeinsprache und im Jahr 2001 durch die Einfügung des „insbesondere"-Satzes in § 29 Abs. 1 S. 1 BDSG aF auch in die Gesetzessprache des BDSG gefunden hat. Es wurde im Jahr 1888 im Auftrag des Auskunftsbürobetreibers *Wilhelm Schimmelpfeng* durch einen Germanisten aus den Worten „Auskunft" und „Kauffahrtei" gebildet[86] und sollte eigentlich als Bezeichnung für das Unternehmen Schimmelpfeng monopolisiert werden, was aber misslang.

64 Wie schon § 29 BDSG aF[87] definiert § 31 BDSG nF den Begriff nicht. Dies ist angesichts der **grundlegenden Bedeutung**, die der Begriff hat, zumindest unbefriedigend. Aus dem Kontext von § 29 BDSG aF (§ 31 BDSG nF ist insoweit ohne Aussagewert) war zu erkennen, dass Auskunfteien personenbezogene Daten geschäftsmäßig zum Zweck der Übermittlung erheben, speichern oder verändern – was allerdings als alleiniges Definitionsmerkmal nicht ausreicht, weil es etwa auf Adresshändler genauso zutrifft. Auch § 38 Abs. 1 Nr. 2 GewO erwähnt die Auskunfteien lediglich, ohne sie zu definieren. Ihm ist zu entnehmen, dass sie – wie die gleichfalls dort genannten Detekteien auch – Auskunftserteilung über Vermögensverhältnisse und persönliche Angelegenheiten betreiben.

65 Als notwendige – aber für sich nicht hinreichende – **Begriffselemente** lässt sich somit festhalten, dass Auskunfteien

- personenbezogene Daten geschäftsmäßig zum Zweck der Übermittlung erheben, speichern oder verändern (**Zweckkomponente**) und
- dass diese Daten sich auf Vermögensverhältnisse und/oder persönliche Angelegenheiten der betroffenen Personen beziehen (**Inhaltskomponente**).

66 Die beiden genannten Komponenten finden sich beispielsweise auch bei Detekteien, so dass sie für sich allein nicht ausreichen, um Auskunfteien zu charakterisieren. Für letztere ist prägend, dass sie

---

84 Formal, aber nicht inhaltlich abweichende Schilderung der Voraussetzungen bei *Kremer* CR 2017, 367 (374).
85 Das Gesetz verwendet nur diesen Begriff, nicht dagegen den Terminus **Wirtschafts**auskunftei. Es erscheint deshalb problematisch, beide Begriffe zunächst gleich zu setzen, um dann daraus Folgerungen zu ziehen, so aber *Krämer* NJW 2012, 3201 (3202).
86 *Peilert*, Das Recht des Auskunftei- und Detekteigewerbes, 1996, S. 77 f. mwN.
87 *Peilert*, Das Recht des Auskunftei- und Detekteigewerbes, 1996, S. 77 f. mwN.

Ehmann

- Auskünfte gewerbsmäßig gegen Entgelt erteilen (**Tätigkeitskomponente**)[88] und
- typischerweise (nicht notwendig ausschließlich) auf der Basis von Informationen arbeiten, die sie laufend und unabhängig vom Vorliegen einer konkreten Anfrage sammeln[89] (**Datenbeschaffungskomponente**).

Die Begründung zur BDSG-Novelle I hatte sich die vorstehenden Ausführungen[90] ausdrücklich zu eigen gemacht[91] und daraus folgende **Begriffsdefinition** entwickelt:[92] „Unter Auskunftei ist grundsätzlich ein Unternehmen zu verstehen, das unabhängig vom Vorliegen einer konkreten Anfrage geschäftsmäßig bonitätsrelevante Daten über Unternehmen oder Privatpersonen sammelt, um sie bei Bedarf seinen Geschäftspartnern für die Beurteilung der Kreditwürdigkeit des Betroffenen gegen Entgelt zugänglich zu machen". | 67

Zu einer **Legaldefinition** des Begriffs hat sich der Gesetzgeber dagegen seinerzeit nicht entschlossen, obwohl | 68
er seit der BDSG-Novelle I nicht nur in § 29 Abs. 1 S. 1 BDSG aF an ihn anknüpfte, sondern mit § 28 a BDSG aF und § 28 b BDSG aF zwei neue Vorschriften geschaffen hatte, die sich sogar ausschließlich an Auskunfteien wendeten.[93] Auch § 29 Abs. 6 BDSG aF enthielt keine Legaldefinition des Begriffs, ließ aber immerhin erkennen, dass jedenfalls eine Stelle, die geschäftsmäßig personenbezogene Daten, die zur Bewertung der Kreditwürdigkeit von Verbrauchern genutzt werden dürfen, zum Zweck der Übermittlung erhebt, speichert oder verändert als Auskunftei anzusehen ist. Ob es daneben noch weitere verantwortliche Stellen gibt, die als Auskunfteien anzusehen sind, ist durch diese Formulierung nicht entschieden.

Gesonderte Betrachtung verdient die Frage, ob eine Auskunftei im Sinne des § 31 BDSG nF nur dann vor- | 69
liegt, wenn eine **gewerbsmäßige Tätigkeit** festzustellen ist oder ob dieses Merkmal für den Begriff der Auskunftei irrelevant ist. Teilweise wurden zu § 29 BDSG aF offensichtlich zwei Auskunfteibegriffe unterschieden: [94]

- Bei der Auskunftei im Sinne des § 29 BDSG aF sei das Merkmal der Gewerbsmäßigkeit irrelevant.
- Eine Auskunftei im Sinne der Gewerbeordnung liege dagegen nur vor, wenn es sich um eine gewerbsmäßige Tätigkeit handele.

Nach aA sind Auskunfteien von vornherein nur Einrichtungen, die gewerbsmäßig handeln.[95] Konsequen- | 70
terweise werden **Kreditschutzgemeinschaften**, zu denen insbes. auch die SCHUFA zählt, nicht als Auskunfteien behandelt.

Ein und denselben Begriff in zwei Rechtsvorschriften (hier: § 31 BDSG nF einerseits, § 38 Abs. 1 Nr. 2 | 71
GewO andererseits) unterschiedlich zu verstehen, ist prinzipiell denkbar und kommt auch sonst nicht selten vor. Um etwaige **Wertungswidersprüche** zu vermeiden, bedürfte eine solche Differenzierung allerdings der Begründung. Der Gesetzgeber hat den Begriff Auskunftei bei seiner Aufnahme in das BDSG aF in der Rechtssprache bereits vorgefunden, ihn aber dennoch nicht definiert. Das spricht dafür, dass er ihn aus sich heraus für hinreichend klar hielt und dass er an das vorhandene Begriffsverständnis der Gewerbeordnung anknüpfen wollte. Letzteres schließt aber die Gewerbsmäßigkeit des Handelns mit ein, ist also vergleichsweise eng.

Gründe dafür, den Begriff im BDSG in einem weiteren Sinn zu verstehen, also auch nicht gewerbsmäßiges | 72
Handeln durch ihn zu erfassen, sind nicht zu erkennen. Im Gegenteil: § 31 als gesetzlicher Erlaubnistatbestand verschafft den von ihm erfassten Stellen in gewisser Weise ein Privileg. Soweit Stellen in seinen Anwendungsbereich fallen, können sie dank des § 31 in vielen Konstellationen darauf verzichten, die individuelle Einwilligung der jeweils betroffenen Personen einzuholen. Das erscheint gerade bei Auskunfteien nur gerechtfertigt, wenn sie der **besonderen Überwachung** gemäß § 38 GewO unterliegen.[96] Diese besondere – über die allgemeinen Möglichkeiten des § 35 GewO hinausgehende – Überwachung wurde 1953 eingeführt, da man in der Tätigkeit von Auskunfteien ein besonderes Gefahrenpotenzial für die Rechte betroffener Personen sah.[97] Letzteres ist durch die Möglichkeiten der EDV seither noch erheblich gewachsen. Teilweise wird rechtspolitisch sogar die Auffassung vertreten, die Einführung einer Erlaubnispflicht für Aus-

---

88 *Peilert*, Das Recht des Auskunftei- und Detekteigewerbes, 1996, S. 62.
89 *Peilert*, Das Recht des Auskunftei- und Detekteigewerbes, 1996, S. 120.
90 Enthalten bei Simitis/*Ehmann* § 29 Rn. 83.
91 So zutreffend *Plath/Kamlah* BDSG § 28 a, Rn. 7.
92 S. BT-Drs. 16/10529, S. 9.
93 Taeger/Gabel/*Taeger* BDSG § 29 Rn. 20.
94 Roßnagel/*Duhr*, HB DSR, Teil 7.5, Rn. 4.
95 *Peilert*, Das Recht des Auskunftei- und Detekteigewerbes, 1996, S. 65: Die Gewerbsmäßigkeit ist für den Begriff der Auskunftei zwingendes Tatbestandsmerkmal.
96 In diese Richtung gehend auch BeckOK DatenschutzR/*Kamp* BDSG § 28 a Rn. 43.
97 *Peilert*, Das Recht des Auskunftei- und Detekteigewerbes, 1996, S. 555 f. (mit Ausführungen zur Vorgeschichte dieser Regelung zurück bis zum Jahr 1900).

kunfteien sei geboten, da ihre Tätigkeit die Rechte betroffener Personen ganz erheblich tangieren könne.[98] Es dient also dem Schutz der betroffenen Personen, wenn der Begriff der Auskunftei möglichst eng gefasst und vorausgesetzt wird, dass sie gewerbsmäßig tätig sind.

73 Aus dem Gesagten folgt, dass Kreditschutzgemeinschaften[99] oder Warndienste[100] dem Begriff der Auskunftei in der Regel nicht unterfallen. Das passt auch zu dem historischen Befund, dass sich solche Institutionen ursprünglich regelrecht in Konkurrenz zu den Auskunfteien entwickelt haben, was am Beispiel der **SCHUFA** (ursprünglich „Schutzgemeinschaft für Absatzfinanzierung")[101] besonders deutlich wird.[102] Ihr Beispiel belegt allerdings auch, dass sich eine solche rechtliche Bewertung ändern kann.

74 Während dies noch vor wenigen Jahren nicht zu bejahen war,[103] ist die SCHUFA nach nunmehr gegebener Rechts- und Sachlage eindeutig als **Auskunftei** einzuordnen,[104] obwohl sie historisch gesehen diese Funktion gerade nicht ausübte und sogar als anders geartete Konkurrenz zu den damals vorhandenen Auskunfteien entstanden ist. Faktisch lässt sich das damit begründen,[105] dass ihr geschäftliches Verhalten nicht mehr dem einer Kreditschutzgemeinschaft entspricht (Angebot von Scoreprodukten neben klassischen Bonitätsauskünften; andere Zielgruppen wie etwa die Wohnungswirtschaft neben Kreditinstituten und ähnlichen Unternehmen). Auch die organisatorische Struktur (Verschmelzung der zuvor bestehenden acht regionalen SCHUFA-Gesellschaften zu einer SCHUFA-Holding AG im Jahr 2000) ist für eine Kreditschutzgemeinschaft sehr untypisch.

75 Rechtlich sprechen dafür zudem Einführung und inhaltliche Ausgestaltung von § 28 b BDSG aF Dieser Vorschrift ist zu entnehmen, dass der Gesetzgeber das **Bilden von Scoring-Werten**, das – wie ihm bekannt sein musste – zu den Hauptgeschäftsfeldern der SCHUFA gehört, als typische Auskunfteitätigkeit ansieht (s. § 28 b Nr. 2 BDSG aF). Dazu stünde es im Widerspruch, wollte man die SCHUFA nicht insgesamt als Auskunftei einordnen. Rein historische Argumente müssen angesichts dieser veränderten Gesamtrechtslage in den Hintergrund treten.

76 **c) Anforderungen an Forderungen, die in einen Wahrscheinlichkeitswert einbezogen werden (Abs. 2 S. 1 Nr. 1-5). aa) Generelle Voraussetzungen.** Einen Wahrscheinlichkeitswert, bei dessen Ermittlung Informationen über Forderungen einbezogen wurden, darf nur dann Verwendung finden, wenn diese Forderungen bestimmten Anforderungen genügen.

77 Stets ist vorausgesetzt, dass es sich um Forderungen über eine geschuldete Leistung handeln muss, die **trotz Fälligkeit nicht erbracht** worden ist. Diese Merkmale sind den weiteren Einzelanforderungen gemäß Abs. 2 S. 1 Nr. 1-5 gewissermaßen vorgeschaltet. Diese Einzelanforderungen müssen dann noch zusätzlich erfüllt werden, wobei es genügt, wenn eine der fünf Nummern erfüllt ist.

78 Die **Fälligkeit** der geschuldeten Leistung, also der Eintritt des Zeitpunkts, ab dem der Gläubiger die Leistung fordern kann, kann sich aus gesetzlichen Regelungen ergeben (§ 271 Abs. 1 BGB). Für die von Abs. 2 erfassten Fälle praktisch weitaus relevanter sind jedoch vertragliche Fälligkeitsregelungen, etwa in einem Vertrag über ein Gelddarlehen (§ 488 Abs. 1 BGB) sowie Eintritt der Fälligkeit aufgrund einer Vertragskündigung (s. dazu für Gelddarlehen § 488 Abs. 3 BGB).[106]

79 Eine geschuldete Leistung ist **nicht erbracht**, wenn sie (noch) nicht an den Gläubiger bewirkt wurde (§ 362 Abs. 1 BGB). Abzustellen ist dabei im Ausgangspunkt auf die Nichtbewirkung durch die betroffene Person in ihrer Eigenschaft als Schuldner.[107] Sofern der Gläubiger die Leistung durch einen Dritten schuldrechtlich gegen sich gelten lassen muss, oder gegen sich gelten lässt, wirkt dies zugunsten der betroffenen Person: Die Leistung ist dann auch im Sinn dieser Vorschrift erbracht.

80 In welcher Form die Leistung erbracht wird, spielt keine Rolle. Außer durch Erfüllung (§ 362 Abs. 1 BGB) kann dies bspw. Auch durch Aufrechnung (§ 388 S. 1 BGB) oder Hinterlegung (§ 372 BGB) erfolgen. Entscheidend ist, dass es zum Erlöschen des Schuldverhältnisses gekommen ist, nicht jedoch wie. Der **Begriff des Erbringens** orientiert sich also in vollem Umfang an den Regelungen, die nach dem BGB für das Erlöschen von Schuldverhältnissen maßgeblich sind. Einen darüber hinausgehenden, eigenen Bedeutungsgehalt

---

98 *Peilert*, Das Recht des Auskunftei- und Detekteigewerbes, 1996, S. 673: Es ist kaum ein Beruf denkbar, der so weitgehende Kenntnisse voraussetzt, deren Nichtvorhandensein zu derart tiefen Eingriffen in die Rechte anderer führen kann.

99 Begriff etwa bei *Peilert*, Das Recht des Auskunftei- und Detekteigewerbes, 1996, S. 65.

100 Begriff zB bei *Gola/Schomerus* § 29 Rn. 7.

101 *Beckhusen*, Der Datenumfang innerhalb des Kreditinformationssystems der SCHUFA, 2004, S. 23, 25 je mwN.

102 *Beckhusen*, Der Datenumfang innerhalb des Kreditinformationssystems der SCHUFA, 2004, S. 26.

103 S. dazu Simitis/*Ehmann* § 29 Rn. 80, 111 mwN

104 Taeger/Gabel/*Taeger* BDSG § 29 Rn. 21.

105 S. dazu *Helfrich*, Kredit-Scoring und Scorewertbildung der SCHUFA, 2010, S. 142 f.

106 Im Fall OLG Frankfurt/M. ZD 2011, 35 (36) waren beide Voraussetzungen einer Fälligkeit gegeben, da zum einen ein Zahlungsplan mit Fälligkeitsregelung vereinbart war, deren Voraussetzungen erfüllt waren, zum anderen der Gläubiger den Darlehensvertrag wegen Verzugs wirksam gekündigt hatte.

107 *Helfrich*, Kredit-Scoring und Scorewertbildung der SCHUFA, 2010, S. 143 f.

hat er im Rahmen von Abs. 2 nicht. Für Fälle der Aufrechnung ist zu beachten: Sofern zwar eine Aufrech-nungslage (§ 387 BGB) vorliegt, die Aufrechnung jedoch noch nicht erklärt wurde (§ 388 S. 1 BGB), ist die Leistung noch nicht erbracht. Allerdings fehlt es dann daran, dass die Übermittlung zur Wahrung berech-tigter Interessen erforderlich wäre.[108]

bb) Vorliegen eines Urteils oder eines sonstigen Vollstreckungstitels (Abs. 2 S. 1 Nr. 1). Gemäß Nr. 1 darf 81 eine Forderung einbezogen werden, wenn

(1) die Forderung durch ein rechtskräftiges Urteil festgestellt worden ist oder
(2) die Forderung durch ein für vorläufig vollstreckbar erklärtes Urteil festgestellt worden ist oder
(3) ein Schuldtitel nach § 794 ZPO vorliegt.

Zu Details ist auf Folgendes hinzuweisen: 82

(1) Feststellung der Forderung durch ein rechtskräftiges Urteil
     Das Urteil muss ein rechtskräftiges vollstreckbares **Endurteil** sein (§ 704 Abs. 1 ZPO – das zeigt die
     Bezugnahme auf § 794 ZPO in Hs. 3 von Nr. 1). Es genügt jedes Endurteil (§ 300 ZPO), es muss sich
     nicht (und wird sich auch eher selten) um ein Feststellungsurteil (s. § 256 Abs. 1 ZPO) handeln. Die
     Feststellung der Forderung bezieht sich auf den Aspekt der materiellen Rechtskraft (§ 322 Abs. 1
     ZPO), also darauf, dass über die Forderung inhaltlich entschieden worden sein muss. Rechtskraft im
     Sinn von Nr. 1 meint die formelle Rechtskraft (§ 705 ZPO), also die Unanfechtbarkeit des Urteils, aus
     der die materielle Rechtskraft folgt.

(2) Feststellung der Forderung durch ein für vorläufig vollstreckbar erklärtes Urteil   83
     Dass Nr. 1 pauschal jedes für vorläufig vollstreckbar erklärte Urteil genauso behandelt wie ein rechts-
     kräftiges Urteil, ist kritisch zu hinterfragen. Denn im Unterschied zu einem rechtskräftigen Urteil ist es
     im Fall eines nur vorläufig vollstreckbaren Urteils ohne Weiteres möglich, dass es noch zu einer späte-
     ren Entscheidung kommt, die – anders als die vorläufig vollstreckbare Entscheidung – das Bestehen der
     Forderung, um die es geht, gerade nicht feststellt.[109] Helfrich[110] will die Regelung der Nr. 1 daher im
     Wege der **teleologischen Reduktion** auf die Fälle reduzieren, in denen die betroffene Person die Voll-
     streckung durch eine Sicherheitsleistung abwenden kann (Fälle des § 709 ZPO), während in den Fäl-
     len, in denen dies nicht möglich ist (Fälle des § 708 ZPO), Nr. 1 mit der Folge nicht zur Anwendung
     gelangen soll, dass dann eine Verwendung zu unterbleiben hat. Der Grund: Wegen der Differenzierung
     zwischen den beiden Fallgruppen der vorläufigen Vollstreckbarkeit in der ZPO komme es zu einem
     Wertungswiderspruch, wenn man sie im Rahmen des § 28a BDSG aF nicht nachvollziehe.
Eine solche Überlegung hätte der Gesetzgeber gewiss anstellen können. Die Frage ist allerdings, ob er 84
die Differenzierung vorläufig vollstreckbar mit bzw. ohne Sicherheitsleistung tatsächlich letztlich übersehen hat und ferner, ob die teleologische Reduktion zwingend ist. In der Gesetzesbegründung zu § 28a
BDSG aF ist die Frage ebenso wenig erwähnt wie in der Gesetzesbegründung zu § 31 BDSG nF Dies
kann jedoch auch bedeuten, dass der Gesetzgeber die in §§ 708, 709 ZPO angelegte Differenzierung
gerade nicht übernehmen wollte. Darauf deutet nicht nur hin, dass das Gesetz dem Betroffenen/Schuld-
ner auch in anderen Nr. (s. Nr. 4 und 5) nur eine **schwache Stellung** einräumt, was gegen die Annahme
spricht, dass gerade im Rahmen von Nr. 1 jede Schutzposition nachgebildet werden müsste, die der betroffenen Person in prozessualen Rechtsvorschriften eingeräumt wird. Vielmehr könnte man im Rahmen von Nr. 1 auch Bewertungen vornehmen, die denen, die §§ 708, 709 ZPO widerspiegeln, diametral
widersprechen. In beiden Fallgruppen wurde die Forderung von einem unabhängigen Gericht überprüft
und (endgültig oder zumindest zunächst) für berechtigt erklärt.
Falls man das nicht ausreichen lassen will, um beide Fälle gleich zu behandeln, könnte man argumentie- 85
ren, dass wie folgt differenziert werden müsste:

– Dann (und nur dann), wenn der Betroffene/Schuldner Sicherheit leisten darf (Fälle des § 709 ZPO)
   und dies auch tut, hat er belegt, dass er leistungsfähig und –willig war. Eine Verwendung der Bonitätsauskunft erscheint deshalb nicht gerechtfertigt.
– Falls der Betroffene/Schuldner dagegen von Gesetzes wegen gar keine Sicherheit leisten kann (Fälle
   des § 708 ZPO) oder dies – aus welchem Grund auch immer – in Fällen von § 709 ZPO nicht tut,
   ist daraus die Wertung zu entnehmen, dass der Gesetzgeber ihm kein Mittel an die Hand geben
   will, um die Vollstreckung des – noch nicht rechtskräftig! – Urteils zu verhindern. Wenn er aber

108 Plath/*Kamlah* BDSG § 28a Rn. 19 unter Bezug auf BT-Drs. 16/10529, S. 14.
109 *Helfrich*, Kredit-Scoring und Scorewertbildung der SCHUFA, 2010, S. 145.
110 *Helfrich*, Kredit-Scoring und Scorewertbildung der SCHUFA, 2010, S. 144ff.: die Argumentation bezog sich auf § 28a BDSG aF, ist
     aber auf § 31 BDSG nF übertragbar.

diesen gravierenden Rechtseingriff nicht verhindern kann, besteht kein Grund, dem Gläubiger die Verwendung der Bonitätsauskunft zu verwehren.

86 Im **Ergebnis** sind somit zwei völlig entgegengesetzte Wertungen möglich. Das spricht dafür, auf eine teleologische Reduktion zu verzichten und es beim Wortlaut des Gesetzes zu belassen. Demnach rechtfertigen alle vorläufig vollstreckbaren Urteile eine Verwendung.[111]

87 (3) Vorliegen eines Schuldtitels nach § 794 ZPO
Wie in § 794 Abs. 1 ZPO die Formulierung „Die Zwangsvollstreckung findet ferner statt" zeigt, stehen die in § 794 Abs. 1 ZPO aufgelisteten Vollstreckungstitel einem vollstreckbaren Endurteil (§ 704 ZPO) gleich. Diese Gleichsetzung vollzieht Nr. 1 nach.

88 cc) **Feststellung einer Forderung gemäß der Insolvenzordnung (Abs. 2 S. 1 Nr. 2).** Sofern eine Forderung nach § 178 InsO festgestellt wurde, stellt Nr. 2 die Feststellung auf den ersten Blick letztlich einem rechtskräftigen Urteil gleich.[112] Allerdings – und darin liegt ein wichtiger Unterschied zu Nr. 1 – kann der Betroffene/Schuldner dies dadurch verhindern, dass er die **Forderung** im Prüfungstermin gemäß § 176 InsO (nicht außerhalb dieses Termins, also auch weder vorher noch danach) **bestreitet.** Damit normiert Nr. 2 für den Bereich des § 31 BDSG nF eine wesentliche Abweichung von den Regelungen des § 178 InsO: Während im Kontext dieser Vorschrift ein Widerspruch des Schuldners der Feststellung der Forderung gerade nicht entgegensteht (§ 178 Abs. 1 S. 2 InsO), verhindert eben dieser Widerspruch im Kontext von Nr. 2 die Verwendung der festgestellten Forderung. Das spricht gegen die geschilderte Auffassung, dass Nr. 2 die Feststellung einer Forderung auf dieselbe Ebene stellt wie ein rechtskräftiges Urteil. Typologisch steht Nr. 2 vielmehr näher an der Regelung der Nr. 4, wo der betroffenen Person durch eine Widerspruchsmöglichkeit ein entsprechender Gestaltungsspielraum eingeräumt ist (s. Nr. 4 lit. d).

89 dd) **Ausdrückliches Anerkenntnis der betroffenen Person (Abs. 2 S. 1 Nr. 3).** Die Regelung stellt darauf ab, dass gerade die betroffene Person selbst die Forderung ausdrücklich anerkennt. Demnach hat sie ein **einseitiges Handeln** der betroffenen Person im Auge, nicht dagegen vertragliche Abreden in der Art eines deklaratorischen oder konstitutiven Schuldanerkenntnisses (zu Letzterem s. § 781 BGB) oder[113] eines Schuldversprechens (§ 780 BGB). Diese Differenzierung lässt sich damit erklären, dass bei einem rein einseitigen Verhalten weit eher auszuschließen ist, dass die betroffene Person unter Druck handelt.

90 **Typische Fälle** des einseitigen Anerkenntnisses sind die in § 212 Abs. 1 Nr. 1 BGB erfassten Konstellationen (s. die dort enthaltene, nicht abschließende Aufzählung von Fällen des Anerkenntnisses: Abschlagszahlung, Zinszahlung, Sicherheitsleistung). Die Erfüllung dieser oder anderer, ihnen gleichzustellender Sachverhalte genügt im Rahmen von Nr. 3 für sich allein jedoch gerade nicht. Die Regelung verlangt, dass die betroffene Person ausdrücklich anerkennt. Sie will damit sicherstellen, dass ihr der Erklärungswert ihres Verhaltens eindeutig klar ist.

91 Daraus ist abzuleiten, dass etwa **Abschlags- oder Zinszahlungen** für sich allein gesehen nicht diesen Erklärungswert haben. Zwar wirken sie durchaus als Anerkenntnis gemäß § 212 Abs. 1 Nr. 1 BGB (und lassen gemäß dieser Vorschrift die Verjährung neu beginnen), für Nr. 3, der das zusätzliche Merkmal ausdrücklich fordert, reicht das jedoch nicht aus. Hinzukommen müsste also etwa eine Äußerung der betroffenen Person, in der sie die Forderung für berechtigt erklärt und lediglich aufgrund akuten Geldmangels um Ratenzahlung bittet.

92 Rein **konkludente Handlungen**, wie sie im Rahmen von § 212 BGB ohne Weiteres ausreichen,[114] genügen bei Nr. 3 nicht. Erhebliche Abgrenzungsschwierigkeiten in der Praxis sind hier zu erwarten. Das gilt umso mehr als Nr. 3 nicht fordert, das ausdrückliche Anerkenntnis müsse schriftlich erfolgen. Ein ausdrückliches Anerkenntnis ist daher auch mündlich denkbar.[115]

93 Eine gesonderte Betrachtung verlangt das **Anerkenntnis im gerichtlichen Verfahren.** Es ist eine einseitige Prozesshandlung und führt dazu, dass ein Anerkenntnisurteil ergeht (s. §§ 307, 313b ZPO). Sobald dieses rechtskräftig oder zumindest vorläufig vollstreckbar ist (s. § 708 Nr. 1 ZPO: stets ohne Sicherheitsleistung), kann die Verwendung auf der Basis von Nr. 1 erfolgen und es bedarf keines Rückgriffs auf Nr. 3. Relevant ist Nr. 3 jedoch für die Phase zwischen dem Anerkenntnis durch die betroffene Person als Prozesspartei und der Rechtskraft des Anerkenntnisurteils bzw. dem Vorliegen eines vorläufig vollstreckbaren Anerkenntnisurteils. Sie kann immerhin Wochen bis Monate betragen und ist aus der Sicht von Auskunfteien und deren Kunden besonders kritisch. Denn ein entsprechendes Urteil wird in diesen Fällen sicher ergehen, so dass ein

---

111 Zustimmend für die Einmeldung gemäß § 28a BDSG aF Plath/*Kamlah* BDSG § 28a Rn. 22.
112 *Helfrich*, Kredit-Scoring und Scorewertbildung der SCHUFA, 2010, S. 147.
113 Entgegen Taeger/Gabler/*Mackenthun* BDSG § 28a Rn. 15.
114 S. Prütting/Wegen/Weinreich/*Kesseler* BGB, 8. Aufl. 2013, § 212 Rn. 2 mwN.
115 Ebenso *Kamlah/Hornung* PinG 2014, 265 (266).

hohes Interesse besteht, die bereits fällige (s. Abs. 1 S. 1 Hs. 2) Forderung im Datenbestand der Auskunftei bald zu berücksichtigen.

Jedenfalls wenn ein Anerkenntnis im Rahmen einer mündlichen Verhandlung abgegeben wurde, ist es stets   94 als ausdrücklich anzusehen, denn schon wegen der **richterlichen Hinweispflicht** (§ 139 ZPO) ist in diesen Fällen sichergestellt, dass der betroffenen Person der Erklärungswert ihres Verhaltens deutlich ist. Allerdings erfolgen Anerkenntnisse oft außerhalb einer mündlichen Verhandlung und eine solche findet dann regelmäßig nicht mehr statt (s. § 307 S. 2 ZPO). Doch auch bei diesen Konstellationen ist von einem ausdrücklichen Anerkenntnis auszugehen. Wer in einem laufenden Verfahren – adressiert an das Gericht – eine Erklärung abgibt, dass er die Klageforderung anerkenne, ist sich bewusst, welchen Erklärungswert diese Äußerung hat. Sollte er anwaltlich vertreten sein, gilt dies umso mehr.

ee) Vorliegen einer qualifizierten Mahnung bei nichtbestrittener Forderung (Abs. 2 S. 1 Nr. 4). Eine Ver-   95 wendung auf der Basis von Nr. 4 ist nur zulässig, wenn die **Voraussetzungen** der lit. a – d **kumulativ** erfüllt sind. Ausweislich der Gesetzesbegründung zu § 28 a BDSG aF sollte § 28 a Nr. 4 BDSG aF sicherstellen, dass die betroffene Person vor einer Einmeldung an eine Auskunftei ausreichend Gelegenheit erhält, die Forderung zu begleichen oder das Bestehen der Forderung zu bestreiten.[116]

Diese **Begründung** führt in mehrfacher Hinsicht in die Irre. Eine betroffene Person, die eine fällige Forde-   96 rung für begründet hält, bedarf keiner besonderen zusätzlichen Gelegenheit, um sie zu begleichen, sie kann das vielmehr jederzeit von sich aus tun. Entsprechendes gilt für den Fall, dass sie sie bestreiten möchte. Beides – Begleichen wie Bestreiten – hat dabei gegenüber dem Gläubiger zu erfolgen. Der Einbeziehung einer Auskunftei bedarf es bei beiden Vorgängen nicht.

Berücksichtigt man dies, so wird die eigentliche, in der Gesetzesbegründung nicht herausgearbeitete Funkti-   97 on von Nr. 4 deutlich. Sie soll nicht das zivilrechtliche System[117] der schuldrechtlichen Geltendmachung und des schuldrechtlichen Erfüllens von Forderungen ergänzend regeln, indem die betroffene Person auf dieser Ebene zusätzliche Informationen und Handlungsmöglichkeiten erhält. Vielmehr etabliert sie daneben ein eigenes **datenschutzrechtliches System,**[118] in dessen Rahmen ein Dritter, nämlich die Auskunftei, ins Spiel kommt. Das verschiebt gegenüber dem zivilrechtlichen System die Kräfteverteilung zwischen Gläubiger und Schuldner/Betroffener und führt für beide zu neuen, eigenständigen Handlungsmöglichkeiten.

Im Ausgangspunkt liegt es in der Hand der betroffenen Person, ob es zu einer Verwendung der Daten   98 kommt. Allein dadurch, dass sie die Forderung bestreitet (s. lit. d), kann sie die Verwendung verhindern. Einer Begründung bedarf das Bestreiten dabei nicht.

Diese Konstruktion ist problematisch, da eine betroffene Person die Verwendung damit selbst dann verhin-   99 dern kann, wenn die Forderung ohne Zweifel berechtigt ist (allerdings bisher nicht tituliert ist im Sinn von Nr. 1). Dass das Bestreiten einer Forderung dabei auch aus – vertragsrechtlich gesehen – treuwidrigen Motiven erfolgen kann, nimmt die Gesetzesbegründung zu § 28 BDSG aF bewusst in Kauf.[119] Rechtfertigen lässt sich diese Regelung allenfalls damit, dass anders als bei Nr. 1 in diesem Fall eine Prüfung der Berechtigung der Forderung durch eine **objektive neutrale Instanz (Gericht)** noch nicht erfolgt ist. Die Stellung des Gläubigers im datenschutzrechtlichen System ist unter diesem Aspekt eine schwache.

In anderer Hinsicht erweist sie sich dagegen wiederum als außerordentlich stark. In Abweichung von den   100 Strukturen des zivilrechtlichen Systems, wo die betroffene Person als Schuldner in keiner Weise verpflichtet ist, sich außergerichtlich auf Diskussionen über die Berechtigung einer Forderung einzulassen, erlegt Nr. 4 lit. d der betroffenen Person die Obliegenheit auf, die Berechtigung der Forderung außergerichtlich oder durch **Einlegen eines Rechtsbehelfs** zu bestreiten. Tut sie dies nicht, so hat es der Gläubiger in der Hand, durch rein einseitige Maßnahmen gemäß Nr. 4 lit. a-c auch dann eine Verwendbarkeit der Daten herbeizuführen, wenn die Forderung objektiv gesehen unberechtigt ist.

Die Nr. 4 erkennbar **zugrunde liegende Annahme,** ein Schuldner werde unberechtigte Forderungen regelmä-   101 ßig bestreiten, kann nur als ausgesprochen problematisch bezeichnet werden. So haben in einem Fall von Betrug mittels geschickt gestalteter E-Mails von 1.182 Opfern 986 die angebliche Forderung beglichen[120] – überwiegend wohl deshalb, weil der geforderte Betrag überschaubar war (86 Euro), sie sich nicht sicher erinnerten, ob sie eine Dienstleistung bestellt hatten und sie etwaigen Ärger durch rechtliche Schritte vermei-

---

116 BT-Drs. 16/10529, S. 14.
117 Begriff bei *Helfrich*, Kredit-Scoring und Scorewertbildung der SCHUFA, 2010, S. 191.
118 Begriff bei *Helfrich*, Kredit-Scoring und Scorewertbildung der SCHUFA, 2010, S. 191.
119 BT-Drs. 16/10529, S. 14.
120 LG Göttingen openJur 2009, 1252. Dass der Hinweis auf die negativen Folgen eines SCHUFA-Eintrags in einem Mahnschreiben nicht zu beanstanden ist, sofern im konkreten Fall die Voraussetzungen des § 31 BDSG nF auch tatsächlich vorliegen, betont andererseits (noch zu § 28 BDSG aF) zurecht OLG Hamburg MMR 2013, 511. Laut OLG Düsseldorf CR 2013, 579 liegt ein Verstoß gegen § 4 Nr. 1 UWG vor, sofern mit der Einmeldung einer nicht bezahlten Forderung an die SCHUFA gedroht wird und der Betroffene dabei nicht ausdrücklich darauf hingewiesen wurde, dass er die Einmeldung durch einfaches Bestreiten verhindern kann.

Ehmann

den wollten. Sollte solchen Tätern bewusst werden, dass ihnen Nr. 4 noch zusätzlich die Möglichkeit eröffnet, mit der Verwendbarkeit der angeblichen Forderung im Wahrscheinlichkeitswert einer Auskunftei zu drohen, dürfte die kriminelle Erfolgsquote 100 % nahezu erreichen.

102 Die **Kritik des Bundesrats** zu § 28 a BDSG aF, im Ergebnis schütze Nr. 4 nicht die betroffene Person, sondern gebe dem Gläubiger ein zusätzliches, außerprozessuales Druckmittel zur Forderungsdurchsetzung an die Hand,[121] ist insoweit berechtigt und um den Hinweis zu ergänzen, dass ein Missbrauch dieses Druckmittels selbst in kriminellem Kontext durchaus nahe liegt. Insgesamt kann das Konzept, das Nr. 4 zugrunde liegt, daher nicht als gelungen bezeichnet werden.[122]

103 Zu den vier kumulativen Voraussetzungen der Nr. 4 ist im Einzelnen Folgendes anzumerken:

(a) Mindestens zweimalige schriftliche Mahnung (lit. a)
Die mindestens zwei vom Gesetz geforderten Mahnungen bedürfen des **Zugangs bei der betroffenen Person**. Der Zugang darf erst erfolgt sein, nachdem die geschuldete Leistung fällig geworden ist, wenn also der Zeitpunkt eingetreten ist, ab dem der Gläubiger die Leistung fordern kann (Rückschluss bereits aus Abs. 1 S. 1 Hs. 2, in Nr. 4 lit. a nochmals, an sich überflüssigerweise, erwähnt), sonst ist Nr. 4 lit. a nicht Genüge getan.

104 Beide Mahnungen müssen **schriftlich** erfolgen (§ 126 Abs. 1 BGB, zur äquivalenten elektronischen Form s. § 126 a BGB). Schon deshalb ist ein Rückgriff auf die Mahnsurrogate des § 286 Abs. 2 BGB nicht möglich. An dieser Stelle zeigt sich erneut die schon erwähnte Differenzierung zwischen dem zivilrechtlichen System einerseits und dem datenschutzrechtlichen System andererseits: Sofern etwa für die Leistung eine Zeit nach dem Kalender bestimmt ist, gerät der Schuldner zivilrechtlich in Verzug, ohne dass es einer gesonderten Mahnung bedürfte (§ 286 Abs. 2 Nr. 1 BGB). Auf der datenschutzrechtlichen Ebene der Nr. 4 ist dieses Ereignis ohne Belang. In einem solchen Fall muss die zivilrechtlich schon im Verzug befindliche betroffene Person noch zweimal gesondert schriftlich gemahnt werden, um den Anforderungen von Nr. 4 lit. a Genüge zu tun.

105 Zusätzlich unterstrichen wird die **notwendige Differenzierung** zwischen beiden Systemen dadurch, dass eine Mahnung im Sinn des § 286 Abs. 1 BGB formlos, also auch mündlich oder sogar durch schlüssiges Verhalten erfolgen kann,[123] während bei Nr. 4 lit. a in jedem Fall Schriftform erforderlich ist. Der Auffassung, schriftlich sei in Nr. 4 lit. a nicht im Sinne von Schriftform (§ 126 Abs. 1 BGB) zu verstehen, sondern lediglich als nicht mündlich, so dass vorliegend auch eine Mahnung ohne Unterschrift oder eine Mahnung in Textform (§ 126 b BGB) zulässig seien,[124] ist nicht zuzustimmen. Gerade das BGB, auf dessen Terminologie in diesem Kontext besonders verwendet an zahlreichen Stellen anstelle des in § 126 Abs. 1 benutzten Terminus schriftliche Form lediglich den Begriff schriftlich, wenn damit unstreitig Schriftform im Sinn des § 126 Abs. 1 BGB angeordnet werden soll, so etwa in § 32 Abs. 2 BGB und in § 37 Abs. 1 BGB.[125]

106 Letztlich stellt sich damit die Frage, ob der Gesetzgeber im Rahmen von Nr. 4 lit. a nicht besser einen **anderen Begriff als Mahnung** gewählt hätte, etwa „gesonderte Zahlungsaufforderung". Für Nr. 4 lit. a ist es nämlich nicht entscheidend, dass die erste der beiden vorgeschriebenen Mahnungen den Verzug auslöst (sofern er nicht ohnehin schon eingetreten ist, s. o. die Ausführungen zu § 286 Abs. 2 BGB → Rn. 104). Entscheidend ist vielmehr, dass die betroffene Person zweimal klar darauf hingewiesen wird, dass (jedenfalls nach Auffassung des Gläubigers) eine fällige Forderung besteht.

107 Andererseits kann man das Erfordernis zweimaliger Mahnung aber auch dahin interpretieren, dass der Gesetzgeber sicherstellen wollte, dass in jedem Fall nur solche Forderungen verwendet werden dürfen, bezüglich derer zivilrechtlich gesehen Verzug eingetreten ist.[126] Ein **besonderer Schutz** ist damit allein für die betroffene Person jedoch nicht verbunden, da der Verzug durch rein einseitige Schritte des Gläubigers ausgelöst wird. Insofern fragt es sich, welchen Sinn dieses Erfordernis haben sollte.

108 Ein **zeitlicher Mindestabstand** zwischen den beiden Mahnungen ist nicht vorgeschrieben. Insbesondere ist die Vier-Wochen-Frist aus lit. b hier nicht heranzuziehen. Letztlich spielt die Frage für die Praxis keine entscheidende Rolle: Da nach lit. b ohnehin erst vier Wochen nach der ersten Mahnung eine Berücksichtigung erfolgen darf, besteht kein Anreiz für eine rasche zweite Mahnung.

109 (b) Karenzfrist von vier Wochen (lit. b)

---

121 BR-Drs. 548/1/08, S. 9.
122 S. dazu die umfassende Kritik von *Helfrich*, Kredit-Scoring und Scorewertbildung der SCHUFA, 2010, S. 154 f.
123 S. Prütting/Wegen/Weinreich/*Schmidt-Kessel* BGB, 8. Aufl. 2013, § 286 Rn. 12 mwN.
124 So Plath/*Kamlah* BDSG § 28 a Rn. 28; zu ähnlichen Überlegungen für § 28 Abs. 3 a S. 1 Nr. 1 BDSG aF s. *Lixfeld* RDV 2010, 163 f.
125 S. dazu Prütting/Wegen/Weinreich/*Ahrens* BGB, 8. Aufl. 2013, § 126 Rn. 1.
126 Dafür können die eingehenden Ausführungen der Gesetzesbegründung zu § 28 a BDSG aF dazu sprechen, dass Nr. 4 nicht im Widerspruch zu den Verzugsregelungen des BGB stehe, s. BT-Drs. 16/10529, S. 14.

Zwischen der ersten Mahnung gemäß lit. a und der **Verwendung der Bonitätsauskunft** muss eine Frist von mindestens vier Wochen liegen (s. lit. b). Der Sinn dieser Frist ist nicht eindeutig:

- Er besteht nicht darin, der betroffenen Person Gelegenheit zu geben, die Forderung zu begleichen oder zu bestreiten. Anlass, sich darüber Gedanken zu machen, bestand für sie schon wegen der Fälligkeit an sich, ohne dass dafür eine zusätzliche Frist gerechtfertigt wäre.[127]
- Der Gesetzgeber sah im Rahmen von § 28 a BDSG aF einen Zweck darin, das **Einmelden falscher Daten zu verhindern**.[128] Auch das überzeugt nicht. Falls ein schon in Verzug befindlicher Schuldner nicht leistet, ist es nicht falsch, wenn dieser Umstand eingemeldet wird und die Daten verwendet werden.
- Letztlich soll die Frist die denkbaren einschneidenden Folgen einer Verwendung noch um eine Karenzzeit hinauszögern, damit sich die betroffene Person gerade dann, wenn sie die Forderung nicht begleichen kann, auf diese Folgen einzustellen vermag (etwa indem sie schnell noch einen neuen Handyvertrag abschließt, den sie nach einer Verwendung der Bonitätsauskunft absehbar nicht mehr erhalten wird usw). Das mag man für bedenklich halten. Selbst falls dies jedoch nicht die Intention der Frist wäre, ist es bei einer sachkundigen betroffenen Person deren faktische Wirkung.

Für die **Fristberechnung** sind §§ 187 Abs. 1, 188 Abs. 2 BGB maßgeblich (s. § 186 BGB). Maßgeblich   110
für den Fristbeginn ist der Zugang der Mahnung bei der betroffenen Person, da sie eine einseitige empfangsbedürftige Erklärung darstellt.

(c) Rechtzeitige Unterrichtung der betroffenen Person über die bevorstehende mögliche Berücksichtigung   111
der Forderung durch eine Auskunftei (lit. c)

Der **Zweck der Unterrichtung** besteht darin, der betroffenen Person deutlich zu machen, dass ihr Zahlungsverhalten nicht nur die allgemeinen zivilrechtlichen Verzugsfolgen auslöst, sondern dass beabsichtigt ist, die personenbezogenen Daten zu dieser Forderung bei einer Bonitätsauskunft zu verwenden.[129]

Die Unterrichtung kann mit einer der beiden Mahnungen gemäß lit. a **verbunden werden**. Sofern sie ge-   112
sondert davon erfolgt, darf dies frühestens zum selben Zeitpunkt wie die erste Mahnung erfolgen. Eine formularmäßige Unterrichtung mittels AGB scheidet damit aus.

Zum **Inhalt der Unterrichtung** sagt lit. c, es müsse über eine mögliche Berücksichtigung durch eine Aus-   113
kunftei unterrichtet werden. Es muss also noch nicht feststehen, dass es zu einer Berücksichtigung kommt und an welche Stelle konkret eine Bonitätsauskunft erfolgt.

Daraus, dass die betroffene Person jederzeit die Möglichkeit hat, die Forderung zu bestreiten (Abs. 2   114
S. 1 Nr. 4 lit. d), wurde schon zu § 28 a BDSG aF abgeleitet, dass die Unterrichtung der betroffenen Person auch einen für sie verständlichen **Hinweis auf die Bestreitensmöglichkeit** enthalten muss.[130] Dies gilt weiterhin.

Eine besondere **Form der Unterrichtung** ist nicht vorgeschrieben. Das ist praktisch nur dann von Be-   115
deutung, wenn sie getrennt von den beiden Mahnungen gemäß lit. a erfolgt, da für diese die Schriftform vorgeschrieben ist. Dass nach dem **Zweck der Regelung** die Normierung der Schriftform nahe gelegen hätte, trifft zu, berechtigt jedoch nicht dazu, sie gegen den Wortlaut des Gesetzes (s. dabei vor allem den Kontrast zu der Regelung des lit. a) als verbindlich anzusehen.[131]

(d) Fehlendes Bestreiten der Forderung durch die betroffene Person (lit. d)

Das Bestreiten kann jederzeit – also auch noch nach Fälligkeit und Mahnung – erfolgen. Fraglich ist bei   116
§ 31 BDSG nF, wem gegenüber das Bestreiten erfolgen kann. Bei § 29 a BDSG aF galt, dass es gegenüber dem Gläubiger, der bei der Auskunftei einmeldenden Stelle oder der Auskunftei selbst durch eine entsprechende Erklärung erfolgen konnte. Die Auskunftei, die umgehend benachrichtigt werden musste, hatte das bestrittene Datum daraufhin unverzüglich zu löschen. Ein für die Einmeldung relevantes Bestreiten lag auch vor, wenn durch Einlegen eines Rechtsbehelfs (Klage, Widerspruch gegen einen Mahnbescheid, Einspruch gegen einen Vollstreckungsbescheid) gegenüber dem Gericht zum Ausdruck gebracht wird, dass die Forderung nicht akzeptiert wird.[132] Dies muss auf die neue Rechtslage des § 31 BDSG nF **entsprechend übertra-**

---

127 Vgl. *Helfrich*, Kredit-Scoring und Scorewertbildung der SCHUFA, 2010, S. 152 mit der plakativen Formulierung, hierzu habe ab Eintritt der Fälligkeit genügend Gelegenheit bestanden; nicht überzeugend daher BT-Drs. 16/10529, S. 14.
128 BT-Drs. 16/10529, S. 14.
129 *Helfrich*, Kredit-Scoring und Scorewertbildung der SCHUFA, 2010, S. 149. Er stellte gemäß der damals abweichenden Formulierung des § 28 a BDSG aF auf die Einmeldung ab.
130 OLG Düsseldorf CR 2013, 579 (ansonsten Wettbewerbswidrigkeit gem. § 4 Nr. 1 UWG der Drohung mit einer Übermittlung). Zu Recht über das Wettbewerbsrecht hinaus verallgemeinernd Datenschutzrechtliche Hinweise BW, S. 5.
131 Anders *Helfrich*, Kredit-Scoring und Scorewertbildung der SCHUFA, 2010, S. 151 zu § 29 a BDSG aF (unter Berufung auf den Schutzzweck der Norm).
132 So Datenschutzrechtliche Hinweise BW, S. 3 f.

gen werden. Da § 31 BDSG nF sich nicht an die Auskunftei, sondern an die verantwortliche Stelle richtet, kommt nun als weiterer möglicher Adressat die verantwortliche Stelle hinzu, welche die Bonitätsauskunft verwenden will.

117 **ff) Möglichkeit der fristlosen Kündigung des Vertragsverhältnisses (Abs. 2 S. 1 Nr. 5).** Nr. 5 lässt die bloße Möglichkeit der fristlosen Kündigung des der Forderung zugrunde liegenden Vertragsverhältnisses genügen, sofern diese Kündigungsmöglichkeit gerade auf Zahlungsrückständen beruht (**materielle Voraussetzung**) und die betroffene Person über eine mögliche Verwendung der durch eine Auskunftei ermittelten Daten unterrichtet wurde (formelle Voraussetzung).

118 Nr. 5 gibt der verantwortlichen Stelle eine starke Position gegenüber der betroffenen Person. Das zeigt sich vor allem, wenn man auflistet, welche der in Nr. 4 vorgesehenen Kautelen zugunsten der betroffenen Person hier nicht beachtet werden müssen:

- ■ zweimalige schriftliche Mahnung (Nr. 4 lit. a)
- ■ Beachtung einer Karenzfrist (Nr. 4 lit. b)
- ■ „Rechtzeitigkeit" der Unterrichtung (Nr. 4 lit. c)

Ferner – dies erscheint besonders wichtig – ist ein Bestreiten der Berechtigung zur Kündigung (entsprechend Nr. 4 lit. d) ohne jede Bedeutung und Wirkung.

119 Eine fristlose Kündigung ist nur bei einem **Dauerschuldverhältnis** denkbar. Die Regelung ist daher – ohne dass dies im Übrigen im Wortlaut zum Ausdruck käme – auf Dauerschuldverhältnisse zugeschnitten. Dabei muss es sich um solche handeln, die jedenfalls eine Seite wiederholt (nicht notwendigerweise regelmäßig wiederkehrend) zu finanziellen Leistungen verpflichtet, bei deren Erfüllung Zahlungsrückstände entstehen können. Dieser Begriff belegt, dass es in Nr. 5 nur um Geldforderungen gehen kann.

120 Um **Arbeitsverhältnisse** kann es in Nr. 5 nicht gehen; dem stünde die Regelung des § 26 BDSG nF entgegen. Regelrecht zugeschnitten scheint die Vorschrift dagegen außer auf **Verbraucherdarlehen** (s. § 498 BGB) auf Mietverhältnisse. Dort bietet § 543 BGB die Möglichkeit, das Mietverhältnis wegen Zahlungsrückständen, die eine bestimmte Höhe erreicht haben und bezüglich derer Verzug eingetreten ist, die außerordentliche Kündigung des Mietverhältnisses zu erklären (s. § 543 Abs. 2 S. 1 Nr. 3 BGB). Ein weiterer praktisch wichtiger Anwendungsfall sind Verträge über TK-Leistungen. Die Möglichkeit einer Leistungssperre (§ 45 k TKG) schließt ein Vorgehen gemäß Nr. 5 nicht aus, da sie die Möglichkeit einer Kündigung unberührt lässt (Rückschluss aus § 45 k Abs. 3 TKG).

121 Dem Umstand, dass Nr. 5 auffälligerweise den im BGB **nicht üblichen Begriff** Zahlungsrückstände verwendet und von fristloser statt außerordentlicher Kündigung spricht,[133] sollte man dabei keine zu große Bedeutung beimessen angesichts einer oft wenig sorgfältigen Sprachauswahl bei der Gesetzgebung.

122 Die deutlichen Abweichungen zu Nr. 4 lassen sich aus der Situation erklären, die durch die Möglichkeit der fristlosen Kündigung entstanden ist: Die schuldrechtlichen Reaktionsmöglichkeiten des Schuldners/Betroffenen sind aufgrund dessen sehr begrenzt. Im **Mietverhältnis** kann er vollständig nachzahlen, dann entfällt die Kündigungsmöglichkeit (§ 543 Abs. 2 S. 2 BGB). Bei einem **Verbraucherkredit** gilt dies – ohne im Gesetz ausdrücklich erwähnt zu sein – ebenfalls.[134] Reagiert er nicht in dieser Weise, wird es in der Regel kurzfristig zur Kündigung kommen, womit das Vertragsverhältnis – die Wirksamkeit der Kündigung vorausgesetzt – beendet ist. Ein abgestuftes Verfahren bis zu einer Verwendung der Daten liefe dann ohnehin ins Leere.

123 Nicht beantwortet ist damit allerdings die **Grundsatzfrage**, ob die Regelung der Nr. 5 als solche gerechtfertigt ist. Ob eine Kündigungsmöglichkeit tatsächlich besteht, kann durchaus streitig sein, auch wenn rechnerisch auf den ersten Blick alles eindeutig erscheinen mag. Fragt man danach, warum der Gesetzgeber Nr. 5 trotzdem geschaffen hat, so ist der Gesetzesbegründung dazu nichts zu entnehmen. Naheliegend scheint es, einen gewissen Bezug zur Bekämpfung des Mietnomadentums anzunehmen.

124 **d) Nicht geregelte Sachverhalte (Abs. 2 S. 2).** Die Regelung in Abs. 2 S. 2 stellt klar, dass die Verarbeitung von anderen bonitätsrelevanten Daten als Daten zu Forderungen nur der DSGVO unterliegt, nicht dagegen § 31 BDSG nF Dasselbe soll für die Ermittlung von entsprechenden Wahrscheinlichkeitswerten gelten. Beide Beschränkungen des Geltungsanspruchs von Abs. 2 sind konsequent. Er stellt eine bloße Datenverwendungsregelung für Wahrscheinlichkeitswerte dar, denen Daten über Forderungen zugrunde liegen. Weitergehende Regelungen will er nicht treffen. Sie wären eindeutig nicht mit dem Geltungsanspruch der DSGVO vereinbar.

---

133 Zutreffend beobachtet von *Helfrich*, Kredit-Scoring und Scorewertbildung der SCHUFA, 2010, S. 157ff.; dort auch Überlegungen zur Nichtanwendbarkeit der Regelung auf außerordentliche Kündigungen mit Auslauffrist.
134 Prütting/Wegen/Weinreich/*Kessal-Wulf* BGB, 8. Aufl. 2013, § 498 Rn. 8.

Ehmann

Die Klarstellung ist unvollständig. Zu erwähnen wäre zusätzlich, dass § 31 BDSG nF nicht regelt, welche   125
Daten an eine Auskunftei (rück-)übermittelt werden dürfen und welche Daten eine Stelle, die Daten über
Forderungen verwendet, für Bonitätsauskünfte zur Verfügung stellen darf.

Soweit die DSGVO maßgeblich ist, kommen als Rechtsgrundlage einer Verarbeitung insbes. Art. 6 Abs. 1   126
UAbs. 1 lit. b (Durchführung vorvertraglicher Maßnahmen) und lit. f (Wahrung berechtigter Interessen) in
Betracht.[135]

6. Löschungsverpflichtungen für Informationen über Forderungen. Im Rahmen von Abs. 2 S. 1 stellt sich   127
die **Frage**, wie lange eine Auskunftei Informationen über Forderungen speichern darf, die sie für die Ermittlung eines Wahrscheinlichkeitswerts verwendet. Nur wenn hierfür bestehende gesetzliche Vorgaben eingehalten sind, darf der Verantwortliche für die Verarbeitung den von einer Auskunftei ermittelnden Wahrscheinlichkeitswert verwenden.

In § 35 Abs. 2 S. 2 Nr. 4 BDSG aF waren hierfür ausdrückliche Regelungen enthalten. Demnach waren per-   128
sonenbezogene Daten zu löschen, wenn sie geschäftsmäßig zum Zweck der Übermittlung verarbeitet wurden und eine Prüfung jeweils am Ende des vierten Kalenderjahres (beginnend mit dem Kalenderjahr, das
der erstmaligen Speicherung folgte) ergab, dass eine länger währende Speicherung nicht erforderlich war.
Soweit es sich um **Daten über erledigte Sachverhalte** handelte und die betroffene Person der Löschung nicht
widersprach, war eine entsprechende Prüfung bereits am Ende des dritten Kalenderjahrs (beginnend mit
dem Kalenderjahr, das der erstmaligen Speicherung folgte) vorgeschrieben. Diese Regelungen waren vor allem auf Auskunfteien zugeschnitten.[136]

Das BDSG nF enthält weder in § 31 noch an anderer Stelle eine Regelung, die die Frage der Löschungsver-   129
pflichtung klären würde. Die DSGVO enthält über den **Grundsatz der Speicherbegrenzung** (s. Art. 5 Abs. 1
lit. e → Art. 5 Rn. 150-166) hinaus keine Vorgaben für Prüf- und Löschfristen. Zumindest gestreift wird die
Problematik lediglich in EG 39. Ihm ist zu entnehmen, dass der Verantwortliche die Dauer einer Verarbeitung regelmäßig zu überprüfen hat, ohne dass es dabei auf ein entsprechendes Verlangen der betroffenen
Person nach Art. 17 ankäme.[137] Aus diesem EG wird für Art. 5 abgeleitet, dass der Verantwortliche eine
Speicherfrist festlegen muss, die auf das unbedingt erforderliche Mindestmaß beschränkt bleibt.[138] Typisierte Regelprüffristen sind dabei zulässig.[139] Dem Versuch der Aufsichtsbehörde Baden-Württemberg, die Fristen gemäß § 35 Abs. 2 S. 2 Nr. 4 BDSG aF auch unter Geltung der DSGVO durch eine entsprechende Interpretation der DSGVO mittels einer aufsichtsbehördlichen Verfügung weiterhin als verbindliche Prüf- und
Löschfristen durchzusetzen, ist das VG Karlsruhe[140] überzeugend entgegengetreten.

Mit dem VG Karlsruhe ist davon auszugehen, dass die DSGVO keine fixen Prüf-und Löschungsfrist vorgibt   130
und dass eine gewisse Bandbreite von mit der DSGVO in Einklang stehenden Prüf-und Löschungsfrist zulässig ist.[141] Der Verband der Wirtschaftsauskunfteien versucht im Augenblick, sich auf der Basis von Verhaltensregeln (**Codes of Conduct**) gemäß Art. 40 Abs. 2 mit den deutschen Datenschutzaufsichtsbehörden
auf Vorgaben für die Prüfung und Löschung zu einigen. Bisher ist dies noch nicht gelungen.[142]

Anhang 3 zu Artikel 6   Datenverarbeitung für Zwecke der Werbung

Literatur: *Art.-29-Gruppe*, Stellungnahme 06/2014 zum Begriff des berechtigten Interesses des für die Verarbeitung Verantwortli-
chen gemäß Artikel 7 der Richtlinie 95/46/EG, WP 217; *Datenschutzkonferenz des Bundes und der Länder (DSK)*, Kurzpapier
Nr. 3: Verarbeitung personenbezogener Daten für Werbung (Stand: 29. 6.2017); *Dehmel, S./Hullen, N.*, Auf dem Weg zu einem
zukunftsfähigen Datenschutz in Europa? Konkrete Auswirkungen der DS-GVO auf Wirtschaft, Unternehmen und Verbraucher,
ZD 2013, 147; *Deutscher Dialogmarketing Verband (DDV)*, Best Practice Guide: Europäische Datenschutz-Grundverordnung –
Auswirkungen auf das Dialogmarketing, 2016; *Drewes, S.*, Dialogmarketing nach der DSGVO ohne Einwilligung des Betroffenen.
Berechtigte Unternehmensinteressen bleiben maßgebliche Rechtsgrundlage, CR 2016, 721; *Düsseldorfer Kreis*, Anwendungshin-
weise der Datenschutzaufsichtsbehörden zur Erhebung, Verarbeitung und Nutzung von personenbezogenen Daten für werbliche
Zwecke (Stand: September 2014); *Eckhardt, J.*, Direkt-Marketing nach der DSGVO, BvD-News 2/2016, 26; *Ehmann, E.*, Opt-in/
Opt-out in: Forgó, N./Helfrich, M./Schneider, J. (Hrsg.), Betrieblicher Datenschutz, 2. Aufl., Teil VIII, Kapitel 3; *Habel, O./Müller,
E.*, Werbung im Internet in: Forgó, N./Helfrich, M./Schneider, J. (Hrsg.), Betrieblicher Datenschutz, 2. Aufl., Teil X, Kapitel 3;

---

135 *Gola*, RDV 2017, 187 f.
136 Ausführliche Darstellung dazu bei Simitis/*Dix* § 35 Rn. 40-45.
137 EG 39 S. 8, 10.
138 Ehmann/*Selmayr*/*Heberlein* Art. 5 Rn. 25.
139 Plath/*Plath* DSGVO Art. 5 Rn. 18; Plath/*Kamlah* DSGVO Art. 17 Rn. 6.
140 VG Karlsruhe BB 2017, 2449.
141 VG Karlsruhe BB 2017, 2449 Rn. 22.
142 S. dazu das Protokoll des Düsseldorfer Kreises vom 7.3.2017, Ziffer 5 (S. 5 f.), abrufbar unter https://www.ldi.nrw.de/mainmenu_Serv
     ice/submenu_Entschliessungsarchiv/Inhalt/Protokolle/Inhalt/Protokolle_des_Duesseldorfer_Kreises/Inhalt/7_-Maerz-2017/DK-2017_1-
     Protokoll.pdf.

Piltz, C., Die Datenschutz-Grundverordnung, K&R 2016, 557; *Schirmbacher, M.,* Onlinemarketing nach der DSGVO – ein Annäherungsversuch, ITRB 2016, 274; *Tavanti, P.,* Datenverarbeitung zu Werbezwecken nach der Datenschutz-Grundverordnung (Teil 1), RDV 2016, 231; *ders.,* Datenverarbeitung zu Werbezwecken nach der Datenschutz-Grundverordnung (Teil 2), RDV 2016, 295; *Weidert, S./Klar, M.,* Datenschutz und Werbung – gegenwärtige Rechtslage und Änderungen durch die Datenschutz-Grundverordnung, BB 2017, 1858.

I. Relevante Lebenssachverhalte

1 Die DSGVO enthält in ihrem verfügenden Teil **keinerlei Aussagen speziell** zur Verarbeitung von personenbezogenen Daten **für Zwecke der Werbung** oder des darauf bezogenen Adresshandels.[1] Die bisher im BDSG aF enthaltenen detaillierten Regelungen für Werbung und Adresshandel (s. § 28 Abs. 3 BDSG aF und dort insbes. die Regelung des „Listenprivilegs" in S. 2, ferner § 29 BDSG aF, bei dem die Werbung ein Hauptanwendungsfeld war) wurden auf europäischer Ebene nicht übernommen. Stattdessen kommen künftig für Werbung und Adresshandel die allgemeinen Regelungen für die Verarbeitung personenbezogener Daten zur Anwendung, insbes. Art. 6.

2 Eine wie immer geartete Öffnungsklausel / Spezifizierungsklausel, die dem nationalen Gesetzgeber ergänzende Regelungen spezifisch auf den Gebieten der Werbung oder des Adresshandels ermöglichen würde, enthält die DSGVO nicht.[2] Infolgedessen sucht man solche Ergänzungsregelungen im BDSG nF vergebens.[3] Die **Öffnungsklausel** des Art. 6 Abs. 2 bezieht sich lediglich auf Sachverhalte gemäß Art. 6 Abs. 1 UAbs. 1 lit. c und e. Verarbeitungen auf den Gebieten der Werbung oder des Adresshandels erfüllen durchweg nicht die tatbestandlichen Voraussetzungen dieser Regelungen. Ergänzende Regelungen gleich welcher Art sind dem nationalen Gesetzgeber neben Art. 6 nicht mehr möglich.[4]

3 Wie schon bisher beim BDSG aF bleibt es dabei, dass auch die DSGVO nur Vorgänge erfasst, die personenbezogene Daten betreffen (s. Art. 1 Abs. 1 iVm der Definition des Begriffs „personenbezogene Daten" in Art. 4 Nr. 1). Dies hat in zweifacher Hinsicht Bedeutung. Zum einen werden solche Arten der Werbung nicht erfasst, die sich an die Allgemeinheit, nicht jedoch an konkrete Personen richten (bspw. **Werbung im öffentlichen Raum** mit Plakaten; Verteilung nicht persönlich adressierter Prospekte in Briefkästen).

4 Zum anderen ist sogenannte **„Beipackwerbung"** bei entsprechender Ausgestaltung der Abläufe nicht erfasst. Bei dieser Form der Werbung werden etwa beim Versand von Waren in die noch nicht persönlich adressierten Kartons auf einer Packstraße des Versandhändlers Werbeflyer in Form von „Paketbeilegern" eingelegt.[5] Dieser Vorgang, der teils auch unter dem Stichwort „Empfehlungswerbung" behandelt wird,[6] hat für sich gesehen keine datenschutzrechtliche Relevanz, weil dabei keine Verarbeitung personenbezogener Daten stattfindet. Dass später jeweils ein individualisierter Adressaufkleber auf die Pakete aufgebracht wird, ändert daran im Nachhinein nichts mehr.

5 Das gilt auch dann, wenn die Adressdaten zu den Kategorien personenbezogener **Daten gemäß Art. 9** gehören, etwa beim Versand von Arzneimitteln durch eine Versandapotheke (Gesundheitsdaten) oder beim Versand von Sexspielzeug durch einen entsprechenden Versender (Daten zum Sexualleben). Der bisher häufig aus der Regelung von § 28 Abs. 3 S. 5 BDSG aF gezogene Schluss, Beipackwerbung sei stets datenschutz-

---

1 Unstreitig, s. etwa *DSK,* Kurzpapier Nr. 3, S. 1; *Eckhardt* BvD-News 2/2017, 26; *Kremer* CR 2017, 367 (374 f.); *Weidert/Klar* BB 2017, 1858 (1859).
2 *Weidert/Klar* BB 2017, 1858 (1859 f.).
3 *Tavanti* RDV 2016, 231 (233) spricht plastisch-treffend davon, die nationale Gesetzgebung für den werbewirtschaftlichen Datenschutz werde wegen des Anwendungsvorrangs der DSGVO „nahezu vollständig kassiert".
4 So schon zur DSRL EuGH C-468/10 und C-469/10, EuZW 2012, 37 – ASNEF/FECEMD. Die Entscheidung beanstandete nationale Regelungen Spaniens im Anwendungsbereich von Art. 7 lit. f DSRL, welche sich unter anderem auf Maßnahmen der Direktwerbung einschränkend auswirkten. S. allgemein zur Unzulässigkeit solcher nationaler Einschränkungen auch die Entscheidung der zweiten Vorlagefrage in EuGH C-582/14, NJW 2016, 3579 – Breyer.
5 Instruktive Darstellung des Ablaufs bei *Gola/Schulz* Art. 6 Rn. 74.
6 S. etwa *DDV,* Best Practice Guide, 2016, S. 10, Beispiel 4.

rechtlich relevant, trifft jedenfalls unter Geltung der DSGVO nicht mehr zu.[7] Die Daten des Adressaten werden nicht an das Unternehmen übermittelt, für das geworben wird.[8]

Die DSGVO **unterscheidet nicht** danach, ob sich Verarbeitungsvorgänge zu Zwecken der Werbung auf Da-   6 ten beziehen, die beim Verantwortlichen für die Verarbeitung bereits vorhanden sind oder auf Daten, die er für diese Zwecke bei einem Dritten beschafft.

Typische Beispiele für die Verarbeitung schon vorhandener Daten für Werbezwecke ist das **Werbescoring** in   7 Bezug auf vorhandene Kundendaten. Es soll sicherstellen, dass die betroffene Person nur Werbung erhält, die ihren Interessen entspricht (Vermeidung des „Gießkannenprinzips").[9] Bereits die Segmentierung der vorhandenen Kunden, also die Bildung von Untergruppen des vorhandenen Datenbestandes, stellt eine Verarbeitung personenbezogener Daten dar. Dasselbe gilt für die sich daran anschließende wie auch für die ohne vorherige Segmentierung der vorhandenen Kunden erfolgende Verwendung von Kundendaten für die Aussendung von Werbung.

Die Beschaffung von Daten für Werbezwecke bei der betroffenen Person selbst, etwa durch **Durchführung**   8 **von Gewinnspielen**, bei denen die betroffene Person Daten über sich selbst nennt, unterfällt ebenfalls dem Begriff der Verarbeitung. Dasselbe gilt für den gesamten Bereich, der bisher mit dem Stichwort „**Adresshandel**" belegt wurde. Der Adresshandel wird durch die DSGVO gegenüber sonstigen Verarbeitungsvorgängen weder privilegiert noch benachteiligt. Entsprechende Diskussionen ergeben unter Geltung der DSGVO keinen Sinn mehr.

II. Anwendbare Regelungen

Maßgebliche Kernvorschrift für die Verarbeitung von Daten für Zwecke der Werbung oder des Adresshan-   9 dels ist Art. 6 Abs. 1 S. 1. Dabei kommen vor allem folgende **Erlaubnistatbestände** gemäß Art. 6 Abs. 1 UAbs. 1 in Betracht:

- lit. a (**Einwilligung** der betroffenen Person)
  Solche Sachverhalte, die teils eher beiläufig erwähnt werden,[10] haben erhebliche praktische Bedeutung. 1. Beispiel: Ein Kunde erwirbt in einem Geschäft Schuhe. Nach der Bezahlung wird er gefragt, ob er künftig per Briefpost oder E-Mail Sonderangebote erhalten möchte. Er stimmt zu. Daraufhin füllt er ein entsprechendes Formular aus und unterschreibt es. 2. Beispiel: Ein Kunde bestellt schriftlich per Briefpost ein Auto. Auf dem Vertragsformular ist die Frage vorgesehen, ob er mit der künftigen Zusendung von Werbematerial einverstanden ist. Er kreuzt „ja" an.

- lit. b Var. 1 (**Erfüllung eines Vertrags**)
  Die Durchführung bestimmter Werbemaßnahmen kann Gegenstand einer **vertraglichen Vereinbarung** zwischen dem Verantwortlichen und der betroffenen Person sein.[11] Beispiel: Ein Buchantiquariat sagt Stammkunden auf deren Nachfrage ausdrücklich zu, dass sie neu erstellte Angebotslisten eine Woche früher als sonstige Kunden erhalten, um dadurch privilegierte Bestellmöglichkeiten zu haben. Dies ist eine vertragliche Vereinbarung über die Zusendung von Werbematerial, keine bloße Einwilligung in ein einseitiges Vorgehen des Werbetreibenden.

- lit. b Var. 2 (Durchführung vorvertraglicher Maßnahmen)
  Die Durchführung bestimmter Werbemaßnahmen kann als vorvertragliche Maßnahme anzusehen sein, die auf Anfrage der betroffenen Person erfolgt.[12] Beispiel: Ein Interessent hat ein Unternehmen unaufgefordert kontaktiert und um die **Zusendung von Informationsmaterial** für ein bestimmtes Produkt gebeten. Bei solchen Konstellationen stellt sich die Frage, ab wann eine solche Verdichtung des Kontakts vorliegt, dass man bereits von einem Bezug zu einem künftigen Vertrag ausgehen kann.
  Der **Begriff „vorvertragliche Maßnahme"** ist in der DSGVO nicht definiert. EG 44 spricht insofern von dem geplanten Abschluss eines Vertrages. Gleichwohl würde es zu weit gehen, bereits einen konkret ins

---

7 Zutreffend Gola/*Schulz* Art. 6 Rn. 74.
8 *DDV*, Best Practice Guide, 2016, S. 10, Beispiel 4.
9 Gola/*Schulz* Art. 6 Rn. 69; *Tavanti* RDV 2016, 295 (303). Dazu, dass es sich dabei nicht um Scoring gemäß § 31 Abs. 1 BDSG nF handelt, → Anh. 2 zu Art. 6 Rn. 31.
10 S. *DSK*, Kurzpapier Nr. 3, 2017, S. 1 („...abgesehen von einer Einwilligung...").
11 Zu apodiktisch daher *Laue/Nink/Kremer*, § 2 Rn. 41, die davon sprechen, „die Nutzung von (Kunden)daten zu Werbe- oder Adresshandelszwecken ohne eine Einwilligung" richte sich „nur noch" nach Art. 6 Abs. 1 UAbs. 1 lit. f; ähnlich zu apodiktisch *Kremer* CR 2017, 367 (375) („richtet sich ...allein ... nach Art. 6 Abs. 1 lit. f"); sachgerecht *Tavanti* RDV 2016, 295 (296), der zurückhaltender davon spricht, Art. 6 Abs. 1 UAbs. 1 lit. f könne zum „zentralen Erlaubnistatbestand für die Datenverarbeitung im werbewirtschaftlichen Bereich" werden.
12 Zu pauschal *Habel/Müller* in: Forgó/Helfrich/Schneider (Hrsg.), Betrieblicher Datenschutz, Teil X Kap. 3, Rn. 50, wonach vorvertragliche Maßnahmen „der Anknüpfungspunkt für eine Zulässigkeitsprüfung von Maßnahmen des Direktmarketing" seien. Dies trifft nur zu, soweit sie gerade auf Anfrage der betroffenen Person erfolgen.

Auge gefassten Vertragsschluss zu fordern, da im vorvertraglichen Stadium gerade noch keine rechtliche Bindung der Beteiligten besteht. Der Maßstab dafür, von einem vorvertraglichen Verhältnis auszugehen, sollte ähnlich großzügig sein wie im vertraglichen Haftungsrecht (Fälle der culpa in contrahendo). Es wäre widersprüchlich, den datenschutzrechtlich Verantwortlichen einerseits unter dem Stichwort „vorvertragliches Verhältnis" in Haftung zu nehmen, ihm aber andererseits bei der Durchführung von Werbemaßnahmen die Berufung auf dieses Stichwort zu verwehren. Deshalb genügt es, wenn die betroffene Person ihre Adressdaten (und ggf. auch weitere Angaben, die eine stärkere Fokussierung der Werbung ermöglichen, wie etwa das Lebensalter) zur Verfügung gestellt hat, um einen **Katalog anzufordern**, an Gewinnspielen oder Preisausschreiben teilzunehmen oder einen Kostenvoranschlag zu erhalten.[13]

■ lit. f (**Abwägung zwischen den berechtigten Interessen** des Verantwortlichen und der betroffenen Person)
Diese Regelung ist für die Praxis von besonderer Bedeutung, weil dabei eine aktive Einbindung der betroffenen Person in das Geschehen nicht erforderlich ist. Dies gilt zwar nur vorbehaltlich der Informationspflichten nach Art. 12ff. Zu beachten ist auch, dass die betroffene Person auf ihr Widerspruchsrecht gemäß Art. 21 Abs. 2 hinzuweisen ist (Art. 21 Abs. 4). Das Widerspruchsrecht führt jedoch nicht dazu, dass eine Einwilligung der betroffenen Person in die Verarbeitung erforderlich wäre. Die Regelung wird wegen ihrer besonderen Bedeutung nachstehend gesondert behandelt (→ Rn. 21ff.).

10 Diese Erlaubnistatbestände stehen gleichrangig nebeneinander. Es existiert **kein Stufenverhältnis**, wonach etwa die Einwilligung den Vorrang vor den anderen Erlaubnistatbeständen hätte.[14] Zu bedenken ist allerdings, dass **besondere Kategorien personenbezogener Daten** für Zwecke der Werbung nur dann verarbeitet werden dürfen, wenn eine Einwilligung der betroffenen Person vorliegt. Dies ergibt sich daraus, dass Art. 9 in solchen Fällen gegenüber Art. 6 vorrangig ist und für Zwecke der Werbung außer der Einwilligung keine Erlaubnisnorm enthält.[15] Die praktische Relevanz dieses Aspekts ist erheblich und betrifft insbes. Werbung durch Unternehmen und Berufe des Gesundheitswesens (Apotheken, Sanitätshäuser, Optiker).[16]

11 Neben der DSGVO anwendbar bleibt § 7 UWG,[17] der bestimmte Werbeformen (ua E-Mail) unter dem Aspekt des Belästigungsschutzes reglementiert. § 7 UWG dient der Umsetzung von Art. 13 der ePrivacyRL. Diese besteht neben der DSGVO fort (s. Art. 95) bis die – rechtlich nicht einforderbare – Ankündigung des Gesetzgebers in EG 173[18] erfüllt worden ist, sie mit dem Ziel zu überprüfen, die Kohärenz mit der DSGVO zu gewährleisten[19] und sich daraus eine Nachfolgeregelung ergeben hat.[20] Jedenfalls bis dahin ist im Anwendungsbereich von § 7 UWG weiterhin davon auszugehen, dass eine Zweigleisigkeit von datenschutzrechtlicher und wettbewerbsrechtlicher Einwilligung besteht und dass beide Einwilligungen vorliegen müssen.[21]

12 Anderes gilt für das Verhältnis von DSGVO und **TMG**. Soweit Regelungen des TMG nicht der Umsetzung der ePrivacyRL, sondern der Umsetzung der DSRL dienen, genießen die Regelungen der DSGVO ab 25.5.2018 Anwendungsvorrang,[22] soweit die Regelungen des TMG sich nicht auf eine Öffnungsklausel stützen lassen.[23] Dies führt dazu, dass die DSGVO das Telemediendatenschutzrecht des TMG im hier behandelten Bereich der Werbung vollständig verdrängt.[24] Praktische Konsequenzen hat dies vor allem für die

---

13 Beispiele von *Tavanti* RDV 2016, 295; sa Gola/*Schulz* Art. 6 Rn. 30.
14 So zutreffend *Tavanti* RDV 2016, 231 (234); ebenso *Drewes*, CR 2016, 721, 723.
15 *DSK*, Kurzpapier Nr. 3, 2017, S. 1; *DDV*, Best Practice Guide, 2016, S. 8.
16 Beispiele bei *DSK*, Kurzpapier Nr. 3, S. 2.
17 AllgM, s. *Eckhardt* BvD-News 2/2016, 26; *Tavanti* RDV 2016, 231 (232); *Kremer* CR 2017, 367 (375).
18 Sie ist als Selbstverpflichtung des Gesetzgebers anzusehen, s. Ehmann/Selmayr/*Klabunde*/*Selmayr* Art. 95 Rn. 22.
19 S. dazu Ehmann/Selmayr/*Selmayr*/*Ehmann* Einl. Rn. 103; Ehmann/Selmayr/*Klabunde*/*Selmayr* Art. 95 Rn. 22.
20 S. dazu den Vorschlag für eine VO des EP und des Rates über die Achtung des Privatlebens und den Schutz personenbezogener Daten in der elektronischen Kommunikation und zur Aufhebung der RL 2002/58/EG (VO über Privatsphäre und elektronische Kommunikation) v. 10.1.2017, COM(2017) 10 final → Art. 95 Rn. 23/24ff. Mit einer Verabschiedung ist erst gegen Ende 2018 zu rechnen. Eine Synopse der Entwürfe im Normsetzungsverfahren nach dem Stand Januar 2018 bietet das BayLDA unter https://www.lda.bayern.de/media/eprivacy_synopse.pdf.
21 S. zu dieser Folgerung aus den beiden BGH-Entscheidungen „Payback" (BGH NJW 2008, 3055) bzw. „Happy Digits" (BGH NJW 2010, 864); *Ehmann* in: Forgó/Helfrich/Schneider (Hrsg.), Betrieblicher Datenschutz, Teil VIII, Kap. 3, Rn. 33-37. Siehe dazu auch den Vorlagebeschluss des BGH, Beschl. v. 5.10.2017 – I ZR 7/16, der darauf zielt, die Anforderungen an eine Einwilligung auf der Basis der DSGVO durch den EuGH klären zu lassen.
22 Gola/*Piltz* Art. 95 Rn. 19; nicht beachtet von *Habel/Müller* in: Forgó/Helfrich/Schneider (Hrsg.), Betrieblicher Datenschutz, Teil X Kap.3, Rn. 70-77, insbes. Rn. 71.
23 Dies gilt nach Art. 6 Abs. 2 und 3 va für staatliche Anbieter von Telemedien (→ Rn. 34).
24 S. allgemein Plath/*Hullen/Roggenkamp* TMG Einl. Rn. 13; *Tavanti* RDV 2016, 231 (232); Schantz/Wolff/*Wolff*, Rn. 666.

Nutzung von Nutzerprofilen gemäß § 15 Abs. 3 S. 1 TMG für Werbezwecke (**Behavioral Targeting**),[25] die sich bspw. aufgrund des Surfverhaltens in beeindruckender Aussagekraft erstellen lassen. Das Widerspruchsrecht des Nutzers gemäß § 15 Abs. 3 S. 1 Hs. 2 TMG bleibt dabei der Sache nach erhalten und ist künftig aus Art. 21 Abs. 2 abzuleiten.

Unberührt lässt die DSGVO die **Regelungen des Bundesmeldegesetzes (BMG)** über die Erteilung von Mel-   13 deregisterauskünften für Zwecke der Werbung oder des Adresshandels. Für diese Zwecke sind sog „einfache Melderegisterauskünfte"[26] nur zulässig, wenn die Person oder Stelle, die Auskunft verlangt, zuvor erklärt hat, dass sie die Daten nicht für Zwecke der Werbung oder des Adresshandels verwenden wird (§ 45 Abs. 3 S. 1 Nr. 2 BMG). Davon besteht die in der Praxis kaum je relevante Ausnahme, dass die betroffene Person in die Übermittlung für einen diese Zwecke ausdrücklich eingewilligt hat (§ 45 Abs. 3 S. 2 BMG). Diese Opt-in-Regelungen[27] können auf nationaler Ebene auf der Basis von Art. 6 Abs. 2 fortgeführt werden.

III.   Klärung der Begriffe „Werbung" und „Direktwerbung"

1. Problemstellung. Art. 6 Abs. 1 UAbs. 1 lit. f verwendet weder den Begriff Werbung noch den Begriff Di-   14 rektwerbung. Dies könnte zu dem Schluss führen, dass beide Begriffe künftig keine rechtliche Relevanz mehr haben. Dies trifft indes nicht zu. In **EG 47 S. 7**, der besonderer Relevanz für die Rechtmäßigkeit von Werbemaßnahmen auf der Basis von Art. 6 hat, ist die Direktwerbung ausdrücklich angesprochen.[28] Der Normgeber hat also gesehen, dass sie im Rahmen von Art. 6 eine eigenständige Rolle spielt. Definiert ist der Begriff allerdings weder hier noch in Art. 21, in dem in den Absätzen 2 und 3 Verwendung findet. Dies wirft die Frage auf, was unter Werbung generell zu verstehen ist und welchen Ausschnitt daraus die Direktwerbung bildet. Der Inhalt der Begriffe ist mitentscheidend dafür, was als ein berechtigtes Interesse des Verantwortlichen oder eines Dritten im Rahmen von Art. 6 Abs. 1 und Abs. 1 Uabs. 1 lit. f anzusehen ist.

2. Begriff der Werbung. Sinnvoll erscheint zunächst, auf Überlegungen zurückzugreifen, die unter Geltung   15 der DSRL angestellt wurden. Wesentlich ist dabei **EG 30 DSRL**.[29] Während die Richtlinie selbst den Begriff überhaupt nicht erwähnt, ist dort differenziert zwischen der kommerziellen Werbung einerseits und der Werbung von Wohltätigkeitsverbänden sowie der Werbung von anderen Vereinigungen oder Stiftungen zB mit politischer Ausrichtung andererseits. Diese Differenzierung erfolgte in Bezug auf die in Art. 7 lit. f DS-RL als Grundlage für die Zulässigkeit einer Verarbeitung vorgeschriebene Abwägung zwischen dem berechtigten Interesse des für die Verarbeitung Verantwortlichen und dem Interesse sowie den Grundrechten und den Grundfreiheiten der betroffenen Person. Genau diese Problematik stellt sich auch unter der Geltung der DSGVO.

EG 30 DSRL legt ein **weites Begriffsverständnis** nah. Dies passt zur typischen allgemeinsprachlichen Defini-   16 tion des Begriffs. Demnach versteht man unter Werbung ein planmäßiges Vorgehen, jemanden oder bestimmte Personengruppen für sich oder etwas zu gewinnen.[30] Sie umfasst jede absichtliche Beeinflussung menschlicher Willensentschließung und Meinungsbildung.[31] Werbung kann wirtschaftliche, aber auch ideelle (politische, kulturelle, religiöse) Ziele verfolgen. Für ein Produkt oder eine Dienstleistung kann ebenso geworben werden wie für eine Partei.[32] Der Begriff Wahlwerbung ist allgemein üblich und belegt das deutlich.[33]

In der allgemeinen Rechtssprache wird der Begriff Werbung dagegen üblicherweise auf das verengt, was   17 EG 30 DSRL als kommerzielle Werbung umschreibt. So formuliert etwa ein Rechtslexikon: „Werbung ist die Anpreisung von Waren und Dienstleistungen und zwar zum Zweck der Absatzförderung".[34] Ähnlich eng wird der Begriff im Wettbewerbsrecht interpretiert, üblicherweise in Anknüpfung an die „**Irreführungsrichtlinie**" 84/450/EG mit der sie später ergänzenden RL 97/55/EG. Demzufolge bedeutet gemäß Art. 2 der

---

25 Plath/*Hullen*/*Roggenkamp* TMG § 15 Rn. 29; Schantz/Wolff/*Wolff*, Rn. 666; *Tavanti* RDV 2016, 231 (232 f.) und *Tavanti* RDV 2016, 295 (305).

26 Die Bezeichnung rührt daher, dass sich eine solche Auskunft (anders als die erweiterte Melderegisterauskunft gemäß § 46 BMG) gemäß § 44 Abs. 1 S. 1 BMG auf die Übermittlung/Bestätigung der inhaltlichen Richtigkeit folgender Daten beschränkt: Familienname, Vorname, Doktorgrad, derzeitige Anschriften und, sofern die betroffene Person verstorben ist, diese Tatsache.

27 Ausführliche Darstellung dazu bei *Ehmann*, Mit Meldedaten richtig umgehen, 3. Aufl. 2017, S. 182.

28 Weitere Erwähnungen in EG 58 und 70.

29 S. *Ehmann*/*Helfrich* Art. 7 Rn. 30; *Breinlinger* RDV 2008, 223 (225).

30 *Wahrig*, Deutsches Wörterbuch, 2008, Stw. „Werbung".

31 S. *Meyer*, Großes Universallexikon, 10. Aufl. 1981, Stw. „Werbung".

32 S. Duden, Deutsches Universalwörterbuch, 5. Aufl. 2003, Stw. „werben".

33 § 50 Abs. 3 BMG, der es den Meldebehörden erlaubt, Parteien zu diesem Zweck Auskunft über bestimmte Daten von Einwohnern zu erteilen, verwendet den Begriff selbst gleichwohl nicht.

34 *Tilch*/*Arloth*, Deutsches Rechts-Lexikon, 3. Aufl. 2001, Band 3, Stw. „Werbung".

ursprünglichen Fassung der RL Werbung jede Äußerung bei der Ausübung eines Handels, Gewerbes, Handwerks oder freien Berufs mit dem Ziel, den Absatz von Waren oder die Erbringung von Dienstleistungen, einschließlich unbeweglicher Sachen, Rechte und Verpflichtungen zu fördern. Dieses Begriffsverständnis erscheint im Bereich des Datenschutzes indessen zu eng. Dort ist nicht entscheidend, was das konkrete Ziel der Werbung ist. Vielmehr kommt es maßgeblich darauf an, ob personenbezogene Daten in werblichem Zusammenhang verarbeitet werden. Erfasst sind also auch ideelle und gemeinnützige Werbezwecke.

18 **3. Begriff der Direktwerbung.** Direktwerbung ist eine spezielle Form der Werbung, die mittels personenbezogener Daten der betroffenen Person direkt an sie adressiert wird. Es genügt also nicht, dass personenbezogene Daten in irgendeiner Form im Zusammenhang mit Werbemaßnahmen verarbeitet werden. Vielmehr müssen die personenbezogenen Daten **gerade zur Adressierung verwendet** werden. Dies ergibt sich aus dem Wortelement „direkt"[35] im Sinn einer gezielten Ansprache von Personen.[36]

19 Gewissermaßen die Urform der Direktwerbung ist der **persönlich adressierte Werbebrief**, wobei die Direktwerbung dann prägnant als die Summe aller adressierten Werbebriefe verstanden wird.[37] Daneben kommen auch andere Formen der persönlichen Adressierung in Betracht, etwa per E-Mail-Adresse. Sie unterfallen ebenfalls der DSGVO, sofern nicht wie in Gestalt der ePrivacyRL Sonderregelungen bestehen. Diese Differenzierung spiegelt sich bereits in der Entstehungsgeschichte der DSRL wieder. Sie führte den Begriff der Direktwerbung erstmals in das europäische Datenschutzrecht ein und zwar im Gemeinsamen Standpunkt des Rates zur DSRL v. 20.2.1995[38] bei der Formulierung von Art. 14 DSRL (Widerspruchsrecht der betroffenen Person),[39] der funktional Art. 21 entspricht. Dies geschah im Rahmen einer Art politischen Handels, bei dem gegenüber des in den vorhergehenden Entwürfen verwendeten allgemeinen Begriffs Werbung eine Beschränkung auf diese besondere Form der Werbung vorgenommen wurde, wobei zugleich davon abgesehen wurde, nur schriftliche Formen der Werbung zu erfassen, wie dies zuvor vorgesehen war.[40]

20 **4. Verwendung des Begriffs der Direktwerbung in der ePrivacyRL.** Von dort ist der Begriff dann in die ePrivacyRL gelangt. Definiert wurde er auch dort nicht. Er findet sich im begründenden Teil dieser RL in EG 41 (Nutzung elektronischer Kontaktinformationen für Direktwerbung im Rahmen einer **bestehenden Kundenbeziehung**), EG 42 (Formen der Direktwerbung, die für den Absender kostspieliger sind und für die Teilnehmer und Nutzer keine finanziellen Kosten mit sich bringen, wie Sprach-Telefonanrufe zwischen Einzelpersonen), EG 43 (Verwendung falscher Identitäten oder falscher Absenderadressen oder Anrufernummern beim Versand unerbetener Nachrichten zum Zweck der Direktwerbung) und EG 45 (einzelstaatliche Vorschriften zum Schutz juristischer Personen gegen unerbetene Direktwerbungsnachrichten). Für die Interpretation der DSGVO können folgende Bestimmungen im verfügenden Teil der ePrivacyRL von Bedeutung sein, die Regelungen für die Direktwerbung enthalten:

- Art. 13 Abs. 1: Verwendung elektronischer Kontaktinformationen für elektronische Post zur **Direktwerbung für eigene ähnliche Produkte** oder Dienstleistungen, wenn der Verantwortliche diese Informationen von seinem Kunden im Zusammenhang mit dem (früheren) Verkauf eines Produkts oder einer Dienstleistung gemäß der DSRL erhalten hat.
- Art. 13 Abs. 2: **Untersagung unerbetener Nachrichten** zum Zweck der Direktwerbung, die entweder ohne die Einwilligung der betreffenden Teilnehmer erfolgen oder an Teilnehmer gerichtet sind, die keine solchen Nachrichten erhalten möchten.
- Art. 13 Abs. 4: **Verbot des Versendens elektronischer Nachrichten** zu Zwecken der Direktwerbung, bei der die Identität des Absenders, in dessen Auftrag die Nachricht übermittelt wird, verschleiert oder verheimlicht wird oder bei der keine gültige Adresse vorhanden ist, an die der Empfänger eine Aufforderung zur Einstellung solcher Nachrichten richten kann.

IV. Durchführung der Interessenabwägung im Rahmen von Art. 6 Abs. 1 UAbs. 1 lit. f

21 Eine genauere Analyse der einzelnen Kriterien der Norm ergibt ein relativ klares **Prüfraster**. Es weist **vier Elemente** auf:

---

35 Auch anderen Sprachfassungen zu entnehmen, so englisch „direct marketing purposes", niederländisch „ten behoeve van direct marketing" („ten behoeve" = zum Zweck), italienisch „per finalità di marketing diretto („per finalità" = zum Zweck); nicht so deutlich französisch „fins de prospection" („fins" = Zwecke, „prospection" = Erkundung, oft spezifisch „Kundenwerbung", insgesamt also Zwecke der Kundenwerbung).

36 Ebenso *Golla* RDV 2017, 123 (125) unter Bezug auf *Piltz* K&R 2016, 557 (565).

37 *Boecker*, Die Bedeutung des Gesetzes gegen den unlauteren Wettbewerb für den Einsatz von kommunikationspolitischen Marketinginstrumenten, 1994, S. 58.

38 ABl. EG Nr. C 93/1 v. 13.4.1995.

39 Einzelheiten dazu bei *Ehmann/Helfrich* Art. 14 Rn. 28-37.

40 *Ehmann/Helfrich* Art. 14 Rn. 37.

(1) Vorliegen berechtigter Interessen des Verantwortlichen oder eines Dritten
(2) Erforderlichkeit der Verarbeitung zur Wahrung dieser berechtigten Interessen
(3) Feststellung der Interessen der betroffenen Person
(4) Abwägung der berechtigten Interessen gemäß (1) mit den Interessen und Grundrechten bzw. Grundfreiheiten der betroffenen Person.

Diese Voraussetzungen müssen **kumulativ** gegeben sein.[41] Unter Berücksichtigung von EG 47 stellt dieses Raster ein auch für die Praxis handhabbares Werkzeug dar. Dabei sind folgende Eckpunkte zu berücksichtigen:

(1) Berechtigte Interessen des Verantwortlichen

Der Begriff ist ein **autonomer Begriff des Gemeinschaftsrechts**, der dort allerdings nirgends definiert ist. Er wurde auf nationaler Ebene in Deutschland umfassend diskutiert im Zusammenhang mit erweiterten Melderegisterauskünften (§ 46 BMG). Sie sind nur zulässig, wenn der Antragsteller ein berechtigtes Interesse hat. Die Verwaltungsvorschrift zum BMG versteht darunter jedes als schutzwürdig anzuerkennende Interesse rechtlicher, wirtschaftlicher oder auch ideeller Art.[42] Der Begriff geht also denkbar weit, ist aber nicht schrankenlos.

Entsprechend versteht ihn die **Art.-29-Gruppe** im Kontext von Art. 7 lit. f DSRL: „Ein Interesse ist […] das Bestreben[43] im weiteren Sinne, das ein für die Verarbeitung Verantwortlicher an dieser Verarbeitung haben kann, oder der Nutzen, den der für die Verarbeitung Verantwortliche aus der Verarbeitung zieht – oder den die Gesellschaft daraus ziehen könnte."[44] Berechtigt ist ein Interesse dann, wenn es rechtlich zulässig (also mit der Rechtsordnung vereinbar) ist, hinreichend klar artikuliert ist, um in eine Abwägung einbezogen werden zu können und ein tatsächliches und gegenwärtig vorliegendes Interesse darstellt, also nicht nur spekulativ ist.[45]

In Bezug auf die Verarbeitung von Daten zum Zwecke der Werbung wird ein berechtigtes Interesse relativ leicht zu bejahen sein, wenn durch die Ansprache der betroffenen Personen ein gemeinnütziger oder ideeller Zweck befördert wird (diese sind ebenfalls erfasst → Rn. 16). Darüber hinaus ist ein berechtigtes Interesse im Allgemeinen dann anzunehmen sein, wenn die Ansprache der betroffenen Personen **im Rahmen** zulässigen **unternehmerischen Handelns** erfolgt. Dies ergibt sich schon daraus, dass die unternehmerische Freiheit durch Art. 16 GRCh auf Ebene des europäischen Verfassungsrechts geschützt ist. Vor diesem Hintergrund erklärt sich **EG 47 S. 7**, wonach die Verarbeitung zum Zwecke der Direktwerbung als eine Verarbeitung betrachtet werden kann, die einem berechtigten Interesse dient.[46] Die Formulierung „kann" bezieht sich dabei auf die Frage, ob die Verarbeitung für diesen Zweck im Ergebnis gerechtfertigt ist. Der Zweck der Direktwerbung an sich ist immer als ein berechtigtes Interesse im Rahmen unternehmerischen Handelns anzusehen. Die Verfolgung dieses Zwecks ist angesichts der weiteren zu prüfenden Kriterien jedoch nur eine notwendige, keine hinreichende Bedingung, um die Verarbeitung für diesen Zweck zu legitimieren.

Ein eigenständiges[47] berechtigtes Interesse ergibt sich daraus, dass eine maßgebliche und angemessene Beziehung zwischen der betroffenen Person und dem Verantwortlichen besteht, so EG 47 S. 2. Das in diesem Satz genannte Beispiel eines Dienstverhältnisses ist nicht abschließend. Eine **bestehende Kundenbeziehung**, zumal eine solche längerfristiger Art, begründet schon für sich ein berechtigtes Interesse, an den Kunden mit Direktwerbung heranzutreten.

---

41 Sehr klar hierzu *Art.-29-Gruppe*, WP 217, S. 23, wonach die Verfolgung eines berechtigten Interesses für sich allein nicht zwangsläufig bedeutet, dass sich der Verantwortliche auf Art. 7 lit. f DSRL berufen kann. Das gilt auch vorliegend.

42 S. Nr. 45 S. 1 BMGVwV. Zu weiteren Definitionsversuchen des Begriffs in früheren Verwaltungsvorschriften zum Melderecht s. *Ehmann*, Mit Meldedaten richtig umgehen, 2017, S. 210 f.

43 Der deutsche Begriff „Bestreben" ist in diesem Kontext unverständlich. Die englische Fassung des WP 217 zeigt deutlicher, um was es geht. Sie verwendet hier die Formulierung „An interest … is the broader stake that a controller may have in the processing…". Das Substantiv „stake" bedeutet „Einsatz, Einlage, das, was auf dem Spiel steht". „To have a stake in" heißt „ein Interesse haben". Im Englischen sind „stake" und „interest" also zwei verschiedene, aber synonyme Begriffe. Verständlicher gewesen wäre im Deutschen etwa die Formulierung „Interesse ist das, worauf es einem für die Verarbeitung Verantwortlichen im weiteren Sinn ankommt." In diesem Sinn auch die Formulierung in der Zusammenfassung der deutschen Version des WP 217, S. 63: „Der Begriff des „Interesses" bezeichnet das umfassendere Absicht, die ein für die Verarbeitung Verantwortlicher bei der Verarbeitung verfolgen kann, oder den Nutzen, den er aus der Verarbeitung zieht bzw. den die Gesellschaft aus ihr ziehen könnte."

44 So *Art.-29-Gruppe*, WP 217, S. 30 f.

45 *Art.-29-Gruppe*, WP 217, S. 32.

46 Überholt ist damit ein Teil der Erwägungen der *Art.-29-Gruppe*, WP 217, S. 31. Sie hatte dort noch bedeutend werbeskeptischer formuliert: „Andere Interessen sind vielleicht für die Gesellschaft insgesamt weniger zwingend, oder zumindest, können die Auswirkungen ihrer Verfolgung für die Gesellschaft gemischter oder kontroverser ausfallen. So verhält es sich beispielsweise mit dem wirtschaftlichen Interesse eines Unternehmens, möglichst viel über seine potenziellen Kunden zu erfahren, damit es für seine Waren oder Leistungen zielgerichteter werben kann."

47 Diese Sichtweise überwindet die von Plath/*Plath* DSGVO Art. 6 Rn. 20 angestellten methodischen Bedenken.

27 Aus der Kombination der berechtigten Interessen „Direktwerbung" und „Bestehen einer längerfristigen Kundenbeziehung" ergibt sich, dass die sog **Bestandskundenwerbung** ein berechtigtes Interesse von besonderem Gewicht begründet.[48] Dies gilt auch im Bereich gemeinnütziger oder ideeller Zwecke (zB erneute Ansprache eines Spenders).

28 (2) Erforderlichkeit der Verarbeitung

Dieses Kriterium ist durch die in Art. 5 enthaltenen Grundsätze auszufüllen. Von besonderem Gewicht sind dabei Art. 5 Abs. 1 lit. c (**Datenminimierung**) und Art. 5 Abs. 1 lit. d (**Richtigkeit der Daten**). Der Begriff der Erforderlichkeit ist ein autonomer Begriff des Gemeinschaftsrechts.[49] Zur DSRL hat der EuGH entschieden, dass er so auszulegen ist, dass er in vollem Umfang dem Ziel dieser RL, so wie es in ihrem Art. 1 Abs. 1 definiert wird, entspricht.[50] Diese Überlegungen gelten für die DSGVO unverändert fort. Sie gebieten es, dem Begriff durch Rückgriff auf dafür geeignete Grundsätze der DSGVO Konturen zu geben. Er steht als eigenständige Voraussetzung neben dem Vorliegen eines berechtigten Interesses des Verantwortlichen.

29 Erforderlich für den Zweck der Direktwerbung sind jedenfalls die zur Adressierung notwendigen Daten (Name und physische oder elektronische Adresse). Im Bereich von Bestandskunden oder Mitgliedern wird sich die Erforderlichkeit überdies relativ unproblematisch auf bestimmte Basismerkmale (Alter, Geschlecht) sowie auf vergangene Transaktionen und aus diesen ableitbare Vorlieben und Interessen erstrecken. Zweifelhaft ist demgegenüber, ob sich die Erforderlichkeit auf den konkreten Typ und den konkreten Inhalt der Werbung bezieht. Möchte ein Unternehmen zB gezielt Neukunden mit einem bestimmten Bewegungs- oder Verhaltensprofil oder einem bestimmten Surfverhalten ansprechen, so würde das Erforderlichkeitskriterium seine Begrenzungsfunktion verlieren, weil dann umfassende Profile erforderlich wären.[51] Dies spricht dafür, solche Vorgehensweisen für nicht statthaft zu halten.

30 (3) Abwägung der berechtigten Interessen

Zunächst sind auf grundrechtlicher Ebene die **Grundrechte der Beteiligten** gegenüberzustellen.[52] Auf Seiten des Werbetreibenden ist dies die unternehmerische Freiheit gemäß Art. 16 GRCh, ergänzt durch den Schutz der beruflichen Außendarstellung (Art. 15 GRCh),[53] auf Seiten der betroffenen Person die Gewährleistung des Grundrechts auf Datenschutz durch Art. 8 GRCh. Die Problematik, ob europäische Grundrechte auch gegenüber Privatpersonen gelten (Drittwirkung),[54] stellt sich dabei angesichts der konkreten Ausgestaltung von Art. 6 Abs. 1 UAbs. 1 lit. f nicht. Da diese Regelung ausdrücklich auf die Grundrechte der betroffenen Person verweist, ist auf der Ebene des Sekundärrechts entschieden, dass jedenfalls in dieser Konstellation diese Grundrechte auch im Verhältnis zwischen Privaten zwingend zu berücksichtigen sind.

31 Kernstück der Abwägung ist nach EG 47 S. 3 die Frage, ob die **vernünftigen Erwartungen der betroffenen Person**[55] angesichts der Umstände, unter denen die Verarbeitung erfolgt, dazu führen, dass sie vernünftigerweise absehen kann, dass möglicherweise eine Verarbeitung für diesen Zweck erfolgen wird. Dies ergibt sich aus dem Grundgedanken der **Transparenz**.[56] Dabei ist zu beachten, dass die Transparenz für sich allein nicht genügt. Hinzukommen muss, dass die Interessen der betroffenen Person angemessen zu berücksichtigen sind (Abwägung im engeren Sinn). Gleichwohl hat die Transparenz des Geschehens für die betroffene Person zentrale Bedeutung.

---

48 Noch prägnanter *Tavanti* RDV 2016, 295 (303), wonach der Bestandskundenwerbung unter der DSGVO keinerlei Einwände entgegenstehen. Das erscheint in dieser Allgemeinheit zu gewagt.

49 Hier EuGH C- 524/06, EuZW 2009, 183 Rn. 52 – Heinz Huber/ Bundesrepublik Deutschland; s. dazu auch *Art.-29-Gruppe*, WP 217, S. 14.

50 EuGH C- 524/06, EuZW 2009, 183 Rn. 52 – Heinz Huber/ Bundesrepublik Deutschland.

51 Dies würde grds. sogar für sensible Daten gelten (zB Ansprache von Personen mit einer bestimmten politischen, religiösen oder sexuellen Orientierung); hier gelten aber die engeren Regeln von Art. 9.

52 So auch der Ansatz in *Art.-29-Gruppe*, WP 217, S. 43 f.; ebenso EG 4 S. 2.

53 *Tavanti* RDV 2016, 295 (296) will außerdem noch die Meinungsäußerungs- und Informationsfreiheit gemäß Art. 11 GRCh einbeziehen. In diese Richtung geht auch die Rspr. des EGMR, wonach auch „kommerzielle Meinungsäußerungen" dem Schutz von Art. 10 EMRK unterliegen (s. EGMR Urt. v. 19.2.2015, Nr. 53495/09 –, Rn. 46 mwN – Bohlen/Deutschland. Zurecht ablehnend dazu *Art.-29-Gruppe*, WP 217, S. 59 unter Hinweis auf den durch neue Werbemethoden zunehmenden kommerziellen Wert von Kundendaten und die tiefgehende Analyse des Kundenverhaltens. Deshalb gehe es heute nicht um das Recht des Werbenden auf freie Meinungsäußerung für kommerzielle Zwecke, sondern um die Analyse der Daten. Sie ist nicht Gegenstand des Schutzbereichs von Art. 11 GRCh.

54 S. dazu Calliess/Ruffert/*Kingreen* GRCh Art. 51 Rn. 21.

55 EG 47 S. 1 Hs. 2; Beispiele zur Begründetheit der vernünftigen Erwartungen bei Roßnagel/*Grigorjew*, Das neue DSR, § 8 Rn. 170ff. mwN; zu Abweichungen des Begriffs in verschiedenen Sprachversionen der DSGVO *Drewes*, CR 2016, 721, 723, der sie im Ergebnis mit Recht für nicht weiter bedeutsam hält.

56 *Albrecht/Jotzo*, S. 75.

Ehmann

Maßgeblicher Zeitpunkt für die Transparenz ist dabei der Zeitpunkt der Erhebung.[57] Daraus ergibt sich die   32
Verbindung zur Informationspflicht gegenüber der betroffenen Person bei der Erhebung (Art. 13). Wird
diese Informationspflicht nicht ordnungsgemäß erfüllt, ist regelmäßig davon auszugehen, dass es an der erforderlichen Transparenz fehlt, die betroffene Person daher vernünftigerweise nicht mit einer Verarbeitung
ihrer personenbezogenen Daten rechnen muss mit der Folge, dass die Verarbeitung rechtswidrig ist.[58] Dies
kann nicht dadurch überspielt werden, dass bspw. Auf eine langjährig bestehende Kundenbeziehung hingewiesen wird. Sie entbindet nicht von der Pflicht zur ordnungsgemäßen Information der betroffenen Person
und kann deshalb für sich allein die Verarbeitung nicht legitimieren.

Die Formulierung „vernünftige Erwartungen der betroffenen Person" knüpft erkennbar an die aus dem   33
amerikanischen Datenschutzdenken bekannte Formulierung **„reasonable expectation of privacy"** an. Ein
Erkenntnisgewinn für die anzustellende Abwägung ergibt sich aus dieser Parallele allerdings nicht. Der „reasonable expectation of privacy test", wie die US-Rechtsliteratur meist formuliert, wurde bereits 1967 entwickelt. In der einschlägigen Entscheidung[59] ging es um die Frage, ob eine staatliche Abhörmaßnahme an
einer Telefonzelle mit dem Vierten Zusatzartikel zur US-Verfassung[60] vereinbar war.[61]

Demgegenüber können im Rahmen von Art. 6 Abs. 1 UAbs. 1 lit. f Interessen des Staates von vornherein   34
keine Rolle spielen, weil die Bestimmung nach Uabs. 2 (sa EG 47 S. 5) generell keine Rechtsgrundlage für
Verarbeitungen durch Behörden bildet,[62] auch nicht im Rahmen von Verarbeitungen für Werbezwecke.
Deshalb ergibt der Versuch, Erkenntnisse aus der US-amerikanischen Rechtsprechung vorliegend nutzbar
zu machen, von vornherein keinen Sinn, abgesehen davon, dass das Privatheits- und Datenschutzverständ-
nis in den USA in anderen Traditionen wurzelt[63] und daher oftmals anders verstanden wird. Er würde sie
aus dem Kontext lösen, in dem sie entstanden ist und darüber hinweggehen, dass der dabei verwendete Test
aus dem US-amerikanischen Rechtsverständnis heraus keinen Bezug zu Abwägung von Interessen zwischen
Privaten hat. Der Begriff ist stattdessen eigenständig aus dem Gemeinschaftsrecht heraus zu interpretieren.

Die rein subjektiven Erwartungen der betroffenen Person sind nicht maßgeblich. Vielmehr muss es sich um   35
vernünftige Erwartungen handeln. Maßstab sind also die Erwartungen einer rational denkenden betroffenen Person. Dieses **objektivierende Element** erscheint einerseits unentbehrlich, um die Grundrechte des
Werbetreibenden nicht letztlich ins Leere laufen zu lassen. Andererseits sind entsprechende Feststellungen
außerordentlich schwer in einem objektiv nachvollziehbaren Verfahren zu treffen. Daraus erwächst die Gefahr, dass der Verantwortliche, der die Abwägung zunächst einmal anzustellen hat, auch berechtigte gegenläufige Interessen der betroffenen Person als subjektiv abtut und seine eigene Sichtweise als objektiv betrachtet. Bei der gerichtlichen Nachprüfung einer Abwägung besteht die Gefahr, dass als vernünftig das angesehen wird, was der Richter (letztlich subjektiv) als vernünftig ansieht. Deshalb sollte stets bedacht werden, dass im Zweifel die Rechte der betroffenen Person den Vorzug haben müssen.[64]

Bei der **Abwägung im engeren Sinn** sind in der Regel folgende Aspekte[65] zu berücksichtigen: 36

- ▪ Charakter des berechtigten Interesses
  Die Kernfrage ist dabei: Geht es „nur" um private Interessen eines Werbetreibenden oder besteht (zumindest auch) ein **öffentliches Interesse**? Beispiel: Werbemaßnahmen einer privatrechtlichen Stiftung,
  die Maßnahmen des Denkmalschutzes fördert, liegen letztlich auch im öffentlichen Interesse. Hilfestellung bei der Frage, ob eine solche Konstellation vorliegt, können die an sich nur steuerrechtlich relevanten Regelungen über die Gemeinnützigkeit sein. In ihnen kommen Wertungen des Gesetzgebers zum
  Ausdruck, was im öffentlichen Interesse liegt.

- ▪ Folgen für die betroffene Person

---

57   Besonders hervorgehoben in EG 47 S. 3. Zustimmend *Tavanti* RDV 2016, 295 (299).
58   Zu zurückhaltend *Tavanti* RDV 2016, 295 (301), wonach Verstöße gegen Art. 13 oder Art. 14 „mitursächlich für die Unzulässigkeit der
     Verarbeitung sein können."
59   Katz v. United States, 389 U.S. 347 (1967).
60   Sein Text lautet: „The right of the people to be secure in their persons, houses, papers, and effects,[a] against unreasonable searches
     and seizures, shall not be violated, and no Warrants shall issue, but upon probable cause, supported by Oath or affirmation, and parti-
     cularly describing the place to be searched, and the persons or things to be seized."
61   Instruktiv zur Entstehung der Entscheidung *Winn, Peter A.*, Katz and the Origins of the 'Reasonable Expectation of Privacy' Test (Oc-
     tober 29, 2008). McGeorge Law Review, https://ssrn.com/abstract=1291870.
62   S. dazu *Albrecht/Jotzo*, S. 75.
63   S. etwa den Grundsatzartikel *Warren/Brandeis*, The Right to Privacy, 4 Harvard L.R. 193 (Dec. 15, 1890), "one of the most influential
     essays in the history of American law", so *Gallagher*, Introduction to "The Right to Privacy" by Louis D. Brandeis and Samuel Warren:
     A Digital Critical Edition, iErg
64   Zutreffend *Albrecht/Jotzo*, S. 75. Dies relativiert den an sich berechtigten Hinweis von *Drewes*, CR 2016, 721, 723, dass eine summari-
     sche Prüfung der Interessen von betroffenen Personen erfolgen könne.
65   *Art.-29-Gruppe*, WP 217, S. 64 bezeichnet sie als „Schlüsselelemente".

Dieser Aspekt sollte zum einen die **Herkunft der Daten** berücksichtigen. Beispiel: Daten aus allgemein zugänglichen Quellen, die die betroffene Person von sich aus öffentlich gemacht hat, sind weniger schutzwürdig. Zum anderen ist zu berücksichtigen, in welcher **Form** die Daten verarbeitet werden. Beispiel: Die Weitergabe von Daten an Dritte kann Interessen der betroffenen Person auch dann zusätzlich gefährden, wenn der Dritte schutzwürdige Interessen verfolgt. Ein weiteres Beispiel läge darin, dass Daten öffentlich zugänglich gemacht werden. Diese Konstellation erscheint allerdings bei der Direktwerbung schon aus Gründen des Schutzes vor Konkurrenz kaum lebensnah.

- Zusätzliche Schutzmaßnahmen
  Hier geht es um die **Gestaltung von Verfahrensabläufen** mit dem Ziel, Risiken und Beeinträchtigungen für die betroffene Person zu vermeiden. Beispiel: Durch entsprechende Dokumentation ist sichergestellt, dass stets zuverlässig festgestellt werden kann, für welche Zwecke die Daten verwendet wurden. Dabei genügt als Zweck nicht eine allgemeine Bezeichnung wie „Werbung". Vielmehr bedarf es einer detaillierten Dokumentation, wann und für welche Werbeaktion die Daten verwendet wurden. In diesem Zusammenhang kann es hilfreich sein, das Verzeichnis von Verarbeitungstätigkeiten (Art. 30) besonders detailliert auszugestalten.

37 Dass die betroffene Person das Recht hat, der Verarbeitung von Daten für die Direktwerbung zu widersprechen (Art. 21 Abs. 2) und dass sie hierauf ordnungsgemäß hingewiesen wurde (Art. 21 Abs. 4 Hs. 1), darf im Rahmen der Abwägung **nicht zugunsten des Verantwortlichen** berücksichtigt werden.[66] Die Verarbeitung muss vielmehr aus sich heraus rechtmäßig sein. Ansonsten könnten die Rechte der betroffenen Person Einschränkungen erfahren, weil sie nicht in Form eines Widerspruchs aktiv geworden ist, obwohl es sich dabei lediglich um ein Widerspruchsrecht, nicht aber um eine Widerspruchspflicht handelt.

V. Praktische Beispiele für die Durchführung der Interessenabwägung im Rahmen von Art. 6 Abs. 1 UAbs. 1 lit. f

38 Im Folgenden wird die Durchführung der Interessenabwägung anhand von Beispielen erläutert, die in Literatur und Praxis besonders häufig angesprochen werden.[67]

39 **1. Bestandskundenwerbung.** Ihre grundsätzliche Zulässigkeit ist unstreitig.[68] Dabei spielen folgende Argumente eine besondere Rolle:

- besondere Bedeutung der Bestandskundenwerbung für den Werbetreibenden zur Aufrechterhaltung einer vorhandenen Geschäftsbeziehung
- freiwillige Eingehung eines kommerziellen Kontakts der betroffenen Person mit dem werbenden Unternehmen
- seit Jahrzehnten **allgemeine Üblichkeit** dieser Werbeform
- nach Art und Verwendung der Daten typischerweise **geringes Schutzinteresse** der betroffenen Person

40 Von besonderer praktischer Bedeutung ist die Frage, ob zu den Daten, die aufgrund des bisherigen kommerziellen Kontakts bereits vorhanden sind, weitere **Daten „hinzugespeichert"** werden dürfen, die entweder aus allgemein zugänglichen Quellen oder von Datendienstleistern stammen.[69] Dies ist dann zu bejahen, wenn sie als Selektionskriterien[70] verwendet werden sollen und in diesem Kontext erforderlich sind, um eine zielgruppengenauere (und damit interessengerechtere) Werbeansprache zu ermöglichen. Vorausgesetzt ist dabei, dass diese Daten aus rechtmäßigen Quellen stammen. Die Einschränkungen der DSGVO im Hinblick auf besondere Arten von Daten (Art. 9: Verwendung nur mit Einwilligung der betroffenen Person) und Daten über strafrechtliche Verurteilungen oder Straftaten (Art. 10: grundsätzlich keine Verwendung solcher Daten) sind zu beachten.

41 **2. Empfehlungswerbung.** Bei ihr geht es um die Werbung für fremde Angebote und damit um die Nutzung oder Übermittlung von Daten für Werbezwecke Dritter.[71] Gemeint ist der Vorgang, dass bspw. einer Auslieferung einer Ware Werbematerial eines Drittunternehmens beigefügt wird. Dies wird branchenüblich als „Empfehlung" bezeichnet. Da bei dieser üblichen Ausgestaltung **keine personenbezogenen Daten** der betroffenen Person an das empfohlene Unternehmen übermittelt werden, ist die grundsätzliche Zulässigkeit

---

66 Überholt insoweit *Art.-29-Gruppe*, WP 217, S. 63.
67 S. *Tavanti* RDV 2016, 295 (303-306); *DDV*, Best Practice Guide, 2016, S. 7-11.
68 *Tavanti* RDV 2016, 295 (303); *DDV*, Best Practice Guide, 2016, S. 8/Beispiel 1; näher Gola/*Schulz* Art. 6 Rn. 71ff.
69 Schilderung des Ablaufs bei *DDV*, Best Practice Guide, 2016, S. 9/Beispiel 2.
70 Zweck der „Hinzuspeicherung" ist die genauere Umschreibung („Selektion") von Zielgruppen, auch als „Werbescoring" bezeichnet, s. *Tavanti* RDV 2016, 295 (303).
71 *Tavanti* RDV 2016, 295 (304); *DDV*, Best Practice Guide, 2016, S. 10/Beispiel 4; sa Gola/*Schulz* Art. 6 Rn. 74ff.

Ehmann

dieser Werbeform nicht streitig. Richtigerweise ist davon auszugehen, dass bei ihr überhaupt keine datenschutzrechtlich relevante Verarbeitung von Daten vorliegt ($\rightarrow$ Rn. 4).

3. Nutzungsbasierte Online-Werbung. Hier dienen Nutzungsprofile dazu, den Nutzer eines Online-Diens- 42 tes mit Werbung zu konfrontieren, die möglichst genau seinen auf dieser Basis ermittelten Interessen entspricht. Dies geschieht etwa durch **Einblendung von Werbebannern oder Werbefenstern.** Bisher war dieser Werbeform Gegenstand von § 15 Abs. 3 TMG, der – wie oben ausgeführt ($\rightarrow$ Rn. 12) – keinen Bestand mehr haben kann.

Um die Nutzungsprofile zu erstellen, kommen anonymisierte oder pseudonymisierte Daten des Nutzers in 43 Betracht, die dann als Selektionskriterien verwendet werden. Sie werden etwa durch den **Einsatz von Cookies** gewonnen. Ungeachtet der Anonymisierung/Pseudonymisierung können Nutzungsprofile entstehen, die erheblichen Umfang, Tiefe und Sensibilität haben. Dies räumt auch die Werbewirtschaft selbst ein.[72] Deshalb sind kompensierende Schutzmaßnahmen geboten. Sie müssen Teil eines umfassenden Konzepts sein, dass die gesamten Verfahrensabläufe im Detail dokumentiert und für jeden Verfahrensschritt festhält, ob und welche kompensierenden Schutzmaßnahmen bei diesem Verfahren Schritt möglich und geboten sind. Pauschale Aussagen zu möglicherweise geeigneten Schutzmaßnahmen führen in diesem Zusammenhang nicht weiter.

4. Lettershop-Verfahren. Im Ergebnis handelt es sich hierbei um eine **Abwandlung der Empfehlungswer-** 44 **bung,** wobei allerdings – anders als dort – Daten der betroffenen Person weitergegeben werden. Der Ablauf ist deshalb von datenschutzrechtlicher Relevanz. Er gestaltet sich wie folgt:

- Ein Beteiligter ist im Besitz der für eine Werbeansprache notwendigen Adressdaten. Diese stellt er dem Lettershop zur Verfügung.
- Der Werbetreibende verfügt nicht über diese Adressdaten. Er stellt dem Lettershop die Werbemittel zur Verfügung, die versandt werden sollen.
- Die Rolle des Lettershops besteht darin, in einer Art treuhänderischen Funktion die Adressdaten und die Werbemittel zusammenzuführen und zu versenden.

Dieser Ablauf dient nicht dazu, die Interessen der betroffenen Person verstärkt zu schützen. Vielmehr geht 45 es darum, den Wert der Adressdaten für das Unternehmen zu erhalten, das sie in seinem Besitz hat. Insbes. Soll sichergestellt sein, dass der Werbetreibende die Daten nur einmalig nutzt, wenn er auch nur für eine einmalige Nutzung zahlt. Aus der Sicht der betroffenen Person ändert der Ablauf nichts daran, dass seine **Daten an einen Dritten weitergegeben** werden.

Sofern sichergestellt ist, dass der Lettershop die Daten nur für diesen Zweck verwendet und nach Abschluss 46 der jeweiligen Werbemaßnahme zuverlässig löscht, bestehen gegen das Verfahren **keine Bedenken.** Für die betroffene Person macht es im Allgemeinen keinen Unterschied, von welcher Stelle er Werbung erhält. Damit ist zugleich die Grenze umschrieben, die beachtet werden muss: Sollte das Verfahren dazu führen, dass die betroffene Person Werbung von Stellen erhält, deren Inhalt oder Ausgestaltung sie voraussichtlich ablehnen würde, darf es nicht genutzt werden. In der Praxis dürfte dies allerdings nur selten vorkommen.

5. Werbung mittels des Facebook-Modells. Facebook bietet Dritten an, deren Werbung an seine eigenen 47 Kunden („Mitglieder") weiterzuleiten. Damit die Streuverluste möglichst gering ausfallen, bildet Facebook zu diesem Zweck intern teils sehr detaillierte Profile seiner Mitglieder. Die Weiterleitung der Werbung erfolgt dann „passgenau" an Zielgruppen, die nach den Wünschen der werbenden Dritten zusammengestellt

---

72 S. *DDV*, Best Practice Guide, 2016, S. 11/Beispiel 6, wo ausgeführt ist, das Schutzinteresse des Nutzers könne hoch sein. Die Vorgehensweise beim Einsatz von Cookies für diesen Zweck beschreibt am Beispiel von „Fanpages" bei Facebook sehr anschaulich EuGH, Urt. v. 5.6.2018 - C-210/16 – Wirtschaftsakademie Schleswig-Holstein, Rn. 31-34, bsds. Rn. 33, ferner Rn. 38, wo ausgeführt ist, dass die Betreiber von Fanpages zwar ausschließlich anonymisierte Statistiken erhielten (was zu hinterfragen wäre, oft dürfte nur eine Pseudonymisierung vorliegen), diese Statistiken jedoch auf einer vorhergehenden Verarbeitung personenbezogener Daten beruhten.

werden. Dazu können die Dritten die gewünschten Kategorien kombinieren.[73] Die wirtschaftliche Bedeutung dieser Vorgehensweise ist erheblich.[74]

48 Diese Vorgehensweise steht typologisch zwischen der nutzungsbasierten Online-Werbung (da Nutzungsprofile Verwendung finden) und der Empfehlungswerbung (da es um Werbezwecke Dritter geht). Für ihre Zulässigkeit spricht, dass die verwendeten Profile und die ihnen zu Grunde liegenden Daten den Herrschaftsbereich von Facebook nicht verlassen. Je nach Vorgehensweise bei der Profilbildung kann es aber dazu kommen, dass das Mitglied in Kategorien einsortiert wird, die seine Interessen gerade nicht treffen. Diese Gefahr besteht besonders dann, wenn mithilfe von Algorithmen mehrere Kriterien automatisiert kombiniert werden. Das Mitglied wird dann unter Umständen mit Werbung konfrontiert, die es gerade ablehnt. Dabei ist zu berücksichtigen, dass es keine Möglichkeit hat, seine Einordnung in bestimmte Kriterien zu unterbinden.

Anhang 4 zu Artikel 6   Datenverarbeitung für Zwecke der Markt- und Meinungsforschung

Literatur: *Hornung, G./Hofmann, K.*, Die Zulässigkeit der Markt- und Meinungsforschung nach Datenschutz- und Wettbewerbsrecht (Teil 1), WRP 2014, 776; *Hornung, G./Hofmann, K.*, Die Auswirkungen der europäischen Datenschutzreform auf die Markt- und Meinungsforschung, ZD-Beilage 2017, Heft 4, 1; *Keller, B./Klein, H. W./Tuschl, S.*, Zukunft der Marktforschung: Entwicklungschancen in Zeiten von Social Media und Big Data, Wiesbaden, 2015.

Papiere von Fachverbänden: *Arbeitskreis Deutscher Markt- und Sozialforschungsinstitute e.V. (ADM)/Arbeitsgemeinschaft Sozialwissenschaftlicher Institute e.V. (ASI)/ Berufsverband Deutscher Markt- und Sozialforscher e.V. (BVM)/Deutsche Gesellschaft für Online-Forschung e.V. (DGOF)*, Erklärung für das Gebiet der Bundesrepublik Deutschland zum ICC / ESOMAR Internationalen Kodex für die Markt- und Sozialforschung v. 25. April 2008, http://www.adm-ev.de/fileadmin/user_upload/PDFS/Erklaerung_200 8.pdf; *dies.*, Richtlinie zum Umgang mit Adressen in der Markt- und Sozialforschung (in der Fassung der Überarbeitung v. Mai 2010), http://www.rat-marktforschung.de/fileadmin/user_upload/pdf/R07_RDMS.pdf/; *Arbeitskreis Deutscher Markt- und Sozialforschungsinstitute e.V. (ADM)*, Gemeinsame Stellungnahme der Verbände der Markt- und Sozialforschung in Deutschland zu den in Artikel 89 der Datenschutz-Grundverordnung vorgesehenen Garantien und Ausnahmen sowie zur Verarbeitung personenbezogener Daten von Kindern v. 13.5.2016, https://www.adm-ev.de/index.php?eID=tx_nawsecuredl&u=0&file=fileadmin/user_upload/PDFS/ADM-Stellungnahme-Artikel-89-DSGVO.pdf&t=1503937452&hash=5228e658df85984d495b769aec1e094e8e78 5a47; *International Chamber of Commerce (ICC)/European Society for Opinion and Marketing Research (ESOMAR)*, ICC / ESOMAR Internationaler Kodex für die Markt- und Sozialforschung, 4. Aufl. Dezember 2007, http//www.esomar.org.

I. Ausgangslage

1 Die DSGVO erwähnt weder die Markt- noch die Meinungsforschung ausdrücklich,[1] auch nicht in den Erwägungsgründen. Dies überrascht angesichts der **Bedeutung dieser Gebiete** für Wirtschaft und Gesellschaft. Insoweit gilt nach wie vor, was der Bundesrat bereits 2009 formuliert hat:[2]

■ Die Markt- und Meinungsforschung nimmt eine wichtige gesellschaftliche Aufgabe wahr.

■ Sie stellt für öffentliche und private Auftraggeber mittels wissenschaftlicher Methoden und Techniken notwendige Informationen als empirische Grundlage und zur Unterstützung wirtschaftlicher, gesellschaftlicher und politischer Entscheidungen bereit.

■ Ihr Gegenstand sind nicht Aussagen zu konkreten Einzelpersonen. Vielmehr zieht sie personenbezogene Daten lediglich heran, um daraus verallgemeinerungsfähige Aussagen zu gewinnen, die von der Einzelperson unabhängig sind.

■ Die erhobenen Daten werden dem Auftraggeber folgerichtig nur in anonymisierter Form übermittelt.

---

73 Treffend die Beschreibung des EuGH in EuGH, Urt. v. 5.6.2018 – C-210/16 – Wirtschaftsakademie Schleswig-Holstein, Rn. 37: „Insbesondere kann der Fanpage-Betreiber [von Facebook] demografische Daten über seine Zielgruppe – und damit die Verarbeitung dieser Daten – verlangen, so u. a. Tendenzen in den Bereichen Alter, Geschlecht, Beziehungsstatus und berufliche Situation, Informationen über den Lebensstil und die Interessen seiner Zielgruppe und Informationen über die Käufe und das Online-Kaufverhalten der Besucher seiner Seite, die Kategorien von Waren oder Dienstleistungen, die sie am meisten interessieren, sowie geografische Daten, die ihn darüber informieren, wo spezielle Werbeaktionen durchzuführen oder Veranstaltungen zu organisieren sind, und ihm ganz allgemein ermöglichen, sein Informationsangebot so zielgerichtet wie möglich zu gestalten." Zur – vom EuGH bedauerlicherweise nicht angesprochenen - Problematik dieser Vorgehensweise jenseits datenschutzrechtlicher Aspekte siehe https://www.heise.de/-3833300 (Möglichkeit der bewussten Ansprache der Zielgruppe „Judenhasser" – von Facebook inzwischen unterbunden).

74 Zahlen speziell für Facebook sind nicht zugänglich. Die relevanten Dimensionen sind zu erahnen aus nicht Facebook betreffender Rspr. zum Adresshandel, siehe OLG Düsseldorf, Beschl. v. 17.2.2010 – I – 17 U 167/09 (2700 Adressen aus Gewinnspielen für 6.282 EUR) sowie OLG Düsseldorf DuD 2005, 171 (13 EUR je Adresse).

1 Das war nicht stets der ersten Entwürfen der DSGVO so, s. *Hornung/Hofmann* WRP 2014, 776 (784) und stellt deshalb wohl eine bewusste Entscheidung dar.

2 BR-Drs. 4/1/09, Ziffer 20/, S. 18 f.

Beim zuletzt genannten Punkt darf freilich nicht übersehen werden, dass die anonymisierten Ergebnisse der Markt- und Meinungsforschung nur zu erzielen sind, indem zunächst personenbezogene **Daten in großem Umfang verarbeitet** werden. Die sozialwissenschaftliche Fachliteratur sieht eine der wesentlichen absehbaren Entwicklungslinien der Marktforschung in ihrer Verknüpfung mit unternehmensinternem „Big Data", das vorhandene Datenbestände im Unternehmen auswertet.[3] Es handelt sich um einen datenintensiven Wirtschaftszweig.[4] Erst die Ergebnisse sind anonym, auf dem Weg dahin finden jedoch umfangreiche Verarbeitungsvorgänge statt. — 2

Maßgebliche datenschutzrechtliche Rechtsgrundlage für die Verarbeitung personenbezogener Daten zum Zweck der Markt- und Meinungsforschung ist künftig in erster Linie **Art. 6**. Überlegungen dazu, ob der nationale Gesetzgeber auch künftig noch spezifische nationale Regelungen für die Markt-und Meinungsforschung treffen könnte,[5] haben sich schon dadurch erledigt, dass dies im Rahmen des BDSG nF nicht geschehen ist. — 3

Fest steht, dass Art. 6 Abs. 2 iVm Art. 6 Abs. 1 UAbs. 1 lit. e auch künftig **keine Grundlage für nationale Regelungen** bietet.[6] § 30 a BDSG aF als Sonderregelung der Markt- und Meinungsforschung auf nationaler Ebene ist damit Geschichte.[7] Fest steht ebenfalls, dass etwaige nationale Regelungen in Erfüllung des Regelungsauftrags des Art. 85 nur die **Publikation von Ergebnissen** der Markt- und Meinungsforschung erfassen, aber keine Relevanz für die Datenerhebung und Datenauswertung für diese Zwecke haben könnten.[8] — 4

Differenziert zu betrachten ist die **Rolle von § 27 Abs. 1 BDSG nF**. Er erlaubt abweichend von Art. 9 Abs. 1 die Verarbeitung besonderer Kategorien personenbezogener Daten gemäß Art. 9 Abs. 1 (ua) für wissenschaftliche Forschungszwecke unter den von ihm benannten Voraussetzungen auch dann, wenn keine Einwilligung der betroffenen Person vorliegt. Damit macht der nationale Gesetzgeber von der in Art. 9 Abs. 2 lit. j vorgesehenen Möglichkeit Gebrauch, eine solche Regelung im nationalen Recht zu schaffen. Sie ist daher **europarechtskonform**.[9] — 5

Für die Markt-und Meinungsforschung hat sie in dreifacher Hinsicht nur eingeschränkte Relevanz: — 6

- Hinsichtlich der von ihr erfassten Daten gilt sie nur für Daten, die zu den besonderen Kategorien personenbezogener Daten gemäß Art. 9 Abs. 1 gehören. Die Verarbeitung von Daten, die nicht Art. 9 Abs. 1 unterfallen, richtet sich unmittelbar nach Art. 6 Abs. 1.[10]
- Die Regelung gilt, soweit es sich bei der Verarbeitung zu Zwecken der Markt-und Meinungsforschung um **wissenschaftliche Forschungszwecke** iSd DSGVO handelt. Maßgebend für den Inhalt dieses Begriffs ist das Unionsrecht. Art. 9 Abs. 2 lit. j DSGVO gibt den Begriff vor und erlaubt den Mitgliedstaaten nicht, im nationalen Recht von ihm inhaltlich abzuweichen.
- Die Regelung gilt, soweit eine Verarbeitung zu Zwecken der Markt- und Meinungsforschung als eine Verarbeitung zu statistischen Zwecken anzusehen ist. Statistischer Zweck[11] und wissenschaftlicher Forschungszweck können zugleich vorliegen, doch ist das nicht zwingend notwendig.

Damit ist die Regelung für die Markt-und Meinungsforschung zwar schon deshalb wichtig, weil eine ganze Reihe ihrer Vorhaben nicht durchführbar wäre, ohne **Daten gemäß Art. 9 Abs. 1** zu verarbeiten.[12] Ein geradezu klassisches Beispiel hierfür sind Umfragen aus Anlass von Wahlen, die ohne die Frage nach politischen Meinungen von vornherein scheitern müssten. Gleichwohl ist die Aussage, durch sie würden die bisherigen Regelungen in § 30 a Abs. 1 S. 2, Abs. 5 BDSG aF iVm § 28 Abs. 6-9 BDSG aF aufrechterhalten,[13] vor diesem Hintergrund mit einer gewissen Vorsicht zu sehen. Sie gilt nur unter der Voraussetzung, dass die dort verwendeten Begriffe „bestimmtes Forschungsvorhaben" (§ 30 a Abs. 1 S. 2 BDSG aF) und „wissenschaftliche Forschung" (§ 28 Abs. 6 Nr. 4 BDSG aF) denselben Inhalt haben wie der Begriff „wissenschaftliche Forschungszwecke" gemäß Art. 9 Abs. 2 lit. j. — 7

---

3   *Müller-Peters/Lübbert* in: Keller/Klein/Tuschl (Hrsg.), Zukunft der Marktforschung, 2015, S. 1 (7).
4   *Hornung/Hofmann* ZD-Beilage 4/2017, 1.
5   Ausführlich dazu Roßnagel/*Richter*, Europ. DSGVO, § 4 Rn. 117-125 anhand einer Analyse der Vereinbarkeit von § 30 a BDSG aF mit der DSGVO.
6   Roßnagel/*Richter*, Europ. DSGVO, § 4 Rn. 117. Ihm folgend *Hornung/Hofmann* ZD-Beilage 4/2017, 11.
7   So bereits auf dem damaligen Entwurfsstand *Hornung/Hofmann* WRP 2014, 776 (784); *Kühling/Martini et al.*, S. 448 f. sahen mit einer Ausnahme in Bezug auf § 30 a Abs. 1 S. 2, Abs. 5 BDSG aF iVm § 28 Abs. 6-9 BDSG aF keine Möglichkeit, § 30 a BDSG aF unter Geltung der DSGVO zu erhalten. Ebenso *Hornung/Hofmann* ZD-Beilage 4/2017, 12.
8   *Hornung/Hofmann* ZD-Beilage 4/2017, 12 f.
9   *Hornung/Hofmann* ZD-Beilage 4/2017, 12.
10 So zutreffend die Gesetzesbegründung zu § 27 BDSG nF, BR-Drs. 110/17, S. 99, 3. Abs.
11 Zum Begriff siehe EG 162 S. 3. Er knüpft nur an das statistisch-methodische Vorgehen an, nicht an den amtlichen oder privaten Zweck einer Statistik und auch nicht daran, ob sie veröffentlicht wird oder nicht.
12 *Hornung/Hofmann* ZD-Beilage 4/2017, 12.
13 So auf der Basis des damaligen Entwurfsstandes für das BDSG nF *Hornung/Hofmann* ZD-Beilage 4/2017, 12; generell zu dieser Möglichkeit s. *Kühling/Martini et al.*, S. 53, 448 f.

8 Für die **datenschutzrechtliche Beurteilung** der Verarbeitung von Daten für Zwecke der Markt-und Meinungsforschung bedeuten die vorstehenden Ausführungen im Ergebnis Folgendes:

■ Entweder muss die Verarbeitung nach den Maßstäben des **Art. 6 Abs. 1 UAbs. 1 lit. f** zulässig sein. Dabei ist dieser Maßstab nur auf Daten anzuwenden, die nicht zu den besonderen Arten personenbezogener Daten gemäß Art. 9 Abs. 1 gehören.

■ Oder die Verarbeitung muss nach den Maßstäben des **§ 27 Abs. 1 BDSG nF** zulässig sein, wobei diese Rechtsgrundlage nur für besondere Arten personenbezogener Daten gemäß Art. 9 Abs. 1 in Betracht kommt und stets Voraussetzung ist, dass die Verarbeitung wissenschaftlichen Forschungszwecken oder Statistikzwecken gemäß Art. 9 Abs. 2 lit. j dient.

■ Daneben steht selbstverständlich noch die Möglichkeit offen, dass die **betroffene Person einwilligt.** Dabei gelten dann Artt. 7 und Art. 8. Sie enthalten keine spezifischen Regelungen für die Markt- und Meinungsforschung. Sofern sie der wissenschaftlichen Forschung dient, verdient jedoch EG 33 Beachtung. Er geht davon aus, dass eine Einwilligung auch dann möglich ist, wenn der Zweck der Verarbeitung „zum Zeitpunkt der Erhebung der personenbezogenen Daten nicht vollständig angegeben werden kann."

9 Verkompliziert wird die Situation dadurch, dass sich die Vorgaben für die bei Art. 6 Abs. 1 Uabs. 1 lit. f einerseits und der bei § 27 Abs. 1 BDSG nF andererseits zu treffenden **Abwägung** zwischen den Rechten und Interessen des Verantwortlichen und der betroffenen Person inhaltlich unterscheiden. Art. 6 Abs. 1 Uabs. 1 S. 1 lit. f schließt die Verarbeitung (erst) dann aus, sofern die Interessen und Rechte der betroffenen Person überwiegen. § 27 Abs. 1 BDSG nF formuliert dagegen gewissermaßen umgekehrt, dass eine Verarbeitung erst dann zulässig ist, wenn die Interessen des Verantwortlichen die Interessen der betroffenen Person an einem Ausschluss der Verarbeitung erheblich überwiegen. Der Verantwortliche hat im zweiten Fall also höhere Hürden zu überwinden, um zu einer Zulässigkeit der gewünschten Verarbeitung zu gelangen.

10 Die **folgende Darstellung** beschränkt sich zum einen auf die Erörterung der Rechtmäßigkeitsvoraussetzungen von Art. 6 Abs. 1 Uabs. 1 lit. f, zum anderen auf die Erörterung der Frage, wann im Zusammenhang mit der Markt- und Meinungsforschung wissenschaftliche Forschungszwecke vorliegen. Die Verarbeitung besonderer Kategorien von Daten unterliegt der Abwägung im Rahmen von § 27 Abs. 1 BDSG nF, mit der der Gesetzgeber von der Öffnungsklausel des Art. 9 Abs. 1 lit. j Gebrauch gemacht hat (→ Art. 9 Rn. 98).

11 Nicht gesondert eingegangen wird auf Sonderkonstellationen wie **Mitarbeiterbefragungen** in Unternehmen. Bei ihnen ist zu beachten, dass der deutsche Gesetzgeber aufgrund der von Art. 88 eröffneten Spielräume die Regelung des § 26 BDSG nF getroffen hat (→ Art. 88 Rn. 50-52ff.). Im Rahmen ihres Anwendungsbereichs regelt sie auch die Durchführung von Mitarbeiterbefragungen. § 26 BDSG nF will den Umgang mit Daten von Beschäftigten für Zwecke des Beschäftigungsverhältnisses umfassend regeln. Es gibt daher keinen Grund, den Umgang mit Beschäftigtendaten zum Zweck der Befragung von Mitarbeitern davon auszunehmen.

12 Um eine Mitarbeiterbefragung durchführen zu können, ist es notwendig, alle Mitarbeiter zu kontaktieren, um sie zur Teilnahme an der Befragung aufzufordern oder aber eine repräsentative Stichprobe aus der Gesamtzahl der Mitarbeiter auszuwählen, um dann die ausgewählten Mitarbeiter anzusprechen. Beide Vorgehensweisen bedingen, dass Mitarbeiterdaten entsprechend verarbeitet werden. Damit stellt sich die Frage, ob die beabsichtigte Mitarbeiterbefragung erforderlich ist, um das Beschäftigungsverhältnis durchzuführen (§ 26 Abs. 1 S. 1 BDSG nF). Das ist im Allgemeinen schon deshalb zu verneinen, weil die Mehrzahl der Unternehmen offensichtlich ohne solche Befragungen auskommt. Im Ergebnis führt das dazu, dass es **keinen gesetzlichen Erlaubnistatbestand** für die Durchführung solcher Befragungen gibt und eine Einwilligung der betroffenen Personen erforderlich ist, die den Anforderungen des § 26 Abs. 2 BDSG nF genügt.

II. Verarbeitung für Zwecke der Markt- und Meinungsforschung auf der Basis von Art. 6 Abs. 1 UAbs. 1 lit. f

13 Bei der nötigen Interessenabwägung kann auf das **Prüfraster** zurückgegriffen werden, das im Rahmen der Anwendbarkeit der Regelung auf die Verarbeitung von personenbezogenen Daten für Zwecke der Werbung entwickelt wurde (→ Anh. 3 zu Art. 6 Rn. 21ff.). Es weist **vier Elemente** auf, die kumulativ vorliegen müssen:

(1) Vorliegen berechtigter Interessen des Verantwortlichen oder eines Dritten

(2) Erforderlichkeit der Verarbeitung zur Wahrung dieser berechtigten Interessen

(3) Feststellung der Interessen der betroffenen Person

(4) Abwägung der berechtigten Interessen gemäß (1) mit den Interessen und Grundrechten bzw. Grundfreiheiten der betroffenen Person.

Ob der betroffenen Person die Verarbeitung ihrer Daten für Zwecke der Markt- und Meinungsforschung **14** erwünscht ist oder nicht, spielt in diesem Kontext keine Rolle. Das anlasslose **Widerspruchsrecht** gegenüber der Verarbeitung für Zwecke der Direktwerbung (Art. 21 Abs. 1 und Abs. 2) erstreckt sich anders als im BDSG aF[14] nicht auch auf die Verarbeitung für Zwecke der Markt- und Meinungsforschung.

Zu den vier relevanten Elementen ist folgendes anzumerken: **15**

(1) Vorliegen berechtigter Interessen des Verantwortlichen oder eines Dritten

Die Durchführung von Vorhaben der Markt- und Meinungsforschung stellt von ihrem Ansatz her ein **berechtigtes Interesse** des Verantwortlichen dar. Dies ergibt sich aus dem weit zu fassenden Begriff des berechtigten Interesses.[15] Der wirtschaftliche, ideelle oder gesellschaftliche Nutzen, der aus solchen Vorhaben bezogen werden soll, ist als berechtigtes Interesse anzusehen. Auch rein wirtschaftliche Ziele begründen ein berechtigtes Interesse.

Dabei kommt es nicht darauf an, ob der Verantwortliche das Vorhaben für sich selbst durchführt bzw. für **16** einen Dritten. Anders als in früheren Entwürfen der DSGVO[16] genügt nach der endgültigen Fassung der Vorschrift auch das **Interesse eines Dritten**, beispielsweise das Interesse eines Auftraggebers eines Markt- oder Meinungsforschungsinstituts.

Art. 6 Abs. 1 UAbs. 1 unterscheidet im Rahmen von lit. f nicht zwischen unterschiedlichen Arten des berechtigten Interesses. Unter diesem Aspekt könnte man die Auffassung vertreten, dass es nicht von Bedeutung ist, ob die gewonnenen Daten nur für die Markt-und Meinungsforschung oder auch für **Zwecke der Werbung** verwendet werden und dass die Abgrenzung zwischen beiden Feldern, die im früher geltenden Recht bedeutsam war,[17] künftig keine Rolle mehr spielt.

Das Gegenteil trifft zu. Personenbezogene Daten dürfen nur für festgelegte und eindeutige Zwecke verar- **18** beitet werden (Art. 5 Abs. 1 lit. b). Beide Zwecke dürfen deshalb auch künftig nicht vermischt werden. Dies ergibt sich schon daraus, dass bei einer Verarbeitung die Identifizierbarkeit der betroffenen Personen generell nur so lange aufrechterhalten werden darf, wie es für den Verarbeitungszweck erforderlich ist (Art. 5 Abs. 1 lit. e Hs. 1 → Art. 5 Rn. 150-166). Bei einer Verarbeitung für die Markt- oder Meinungsforschung kann die Identifizierbarkeit im Lauf eines Projekts schon relativ früh beseitigt oder zumindest eingeschränkt werden, während sie bei einer Verarbeitung für die Werbung dauerhaft aufrecht erhalten bleiben muss. Nur auf der Basis eines **eindeutig festgelegten Zwecks** ist eine angemessene Abwägung der Rechte und Interessen der Beteiligten möglich. Werbung einerseits und Markt-und Meinungsforschung andererseits sind daher auch künftig strikt auseinanderzuhalten. Sie haben lediglich gemeinsam, dass es sich bei beiden Zwecken prinzipiell um berechtigte Interessen handelt.

Die Wichtigkeit einer derartigen **Abgrenzung** erkannte bereits die Erklärung zum ICC/ESOMAR-Kodex: **19** „Wissenschaftliche Untersuchungen der Markt-, Meinungs- und Sozialforschung müssen […] klar erkennbar gegenüber anderen Tätigkeiten abgegrenzt sein […]. Die Notwendigkeit dieser Abgrenzung gilt insbes. gegenüber allen Tätigkeiten des Direktmarketings, der Werbung und der Verkaufsförderung.“[18]

Diese Abgrenzung ist insbes. bei der Marktforschung aus Gründen, die im Gegenstand selbst liegen, **mit** **20** **Schwierigkeiten verbunden**. Ihr Zweck besteht nämlich darin, Wirtschaftsunternehmen mittelbar dabei zu helfen, „die optimalen Produkte zu entwickeln und diese in bestmöglicher Weise zu kommunizieren und zu vermarkten", wie ein Repräsentant der Branche offen einräumt, um dann fortzufahren: „Markt- und Meinungsforschung dient also unter anderem auch der Optimierung von Werbung und Markenkommunikation […]. Die Markt- und Meinungsforschung arbeitet natürlich auch für die Werbung, sie ist und macht aber keine Werbung.“[19]

Die **Erklärung zum ICC/ESOMAR-Kodex** versucht, die notwendige Abgrenzung über das Merkmal der **21** wissenschaftlichen Forschung zu leisten, wählt also einen methodenorientierten Ansatz: Markt-, Meinungs- und Sozialforschung sollen – im Gegensatz zu Direktmarketing, Werbung und Verkaufsförderung – dadurch gekennzeichnet sein, dass sie die Anforderungen an wissenschaftliche Forschung – einschließlich an-

---

14 S. dort § 30 a Abs. 5 BDSG aF, der § 28 BDSG aF insoweit für entsprechend anwendbar erklärte. Dies war unionsrechtskonform, obwohl Art. 14 lit. b DSRL in seiner endgültigen Fassung (zur Entstehung der Regelung s. *Ehmann/Helfrich* Art. 14 Rn. 28-37) nur ein Widerspruchsrecht gegen die Verarbeitung für Zwecke der Direktwerbung vorsah, aber nicht gegen die Verarbeitung für Zwecke der Markt- und Meinungsforschung. Denn anders als bei der DSGVO, wo Art. 23 insoweit keinen Spielraum mehr eröffnet, war neben den Richtlinienbestimmungen noch eine entsprechende nationale Ergänzung möglich.

15 S. dazu → Anh. 3 zu Art. 6 Rn. 23 ff. im Zusammenhang mit der Werbung als berechtigtem Interesse.

16 S. dazu *Hornung/Hofmann* WRP 2014, 776 (785).

17 *Hornung/Hofmann* WRP 2014, 776 (783).

18 Erklärung zum ICC/ESOMAR Internationalen Kodex, Ziffer 5.

19 *Hartmut Scheffler*, Vorstandsvorsitzender des Arbeitskreises Deutscher Markt- und Sozialforschungsinstitute (ADM), http://www.mark tforschung.de/information/interviews/marktforschung/hartmut-scheffler-markt-und-meinungsforschung-hat-mit-klassischer-werbung-u nd-verkauf-nichts-zu-tun/.

gewandter Forschung – erfüllen.[20] Dieser Ansatz erweist sich jedoch als nicht tragfähig, da der postulierte Gegensatz nicht besteht. Die wissenschaftliche Natur einer Methode ist unabhängig von dem Feld, auf dem sie zum Einsatz gelangt. Eine Maßnahme etwa der Verkaufsförderung kann sogar gerade deshalb besonders erfolgreich sein, weil dabei wissenschaftlich fundierte Vorgehensweisen (etwa aus der Psychologie) umfassend zur Anwendung gelangen.

22 Auszugehen ist angesichts der **Zweckbindungsvorgaben der DSGVO** vielmehr von dem Zweck, der mit einem Vorgehen objektiv erkennbar verfolgt wird.[21] Bezweckt ein Vorhaben (etwa eine telefonische Umfrage) die Absatzförderung für konkrete Produkte und Dienstleistungen, so ist es – auch wenn vom äußeren Bild her typische Methoden der Markt- und Meinungsforschung wie Verbraucherumfragen zum Einsatz gelangen – nicht als Markt- oder Meinungsforschung zu werten, sondern als Werbung und nach den dafür geltenden Maßstäben zu betrachten. Insbesondere ist dann danach zu fragen, ob der Werbezweck für die betroffene Person erkennbar ist oder ob ihr gegenüber der wirklich verfolgte Zweck womöglich gezielt verschleiert wird.

23 (2) Erforderlichkeit der Verarbeitung zur Wahrung dieser berechtigten Interessen

Für die Erforderlichkeit der Verarbeitung gelten dieselben Grundsätze wie im Rahmen der Verarbeitung personenbezogener Daten für Zwecke der Werbung (→ Anh. 3 zu Art. 6 Rn. 28 f.). Von besonderem Gewicht sind auch hier Art. 5 Abs. 1 lit. c (**Datenminimierung**) und Art. 5 Abs. 1 lit. d (**Richtigkeit der Daten**).

24 Der **Grundsatz der Datenminimierung** erfordert es, dass für das beabsichtigte Vorhaben der Markt- oder Meinungsforschung zunächst ein konkreter Zweck im Sinne eines Ziels des Vorhabens festgelegt wird (Grundsatz der Zweckbindung, Art. 5 Abs. 1 lit. b), da der Grundsatz der Datenminimierung darauf aufbaut. Dies bereitet bei der Markt- und Meinungsforschung dann praktische Probleme, wenn ein Datenpool angelegt werden soll, der bei ganz unterschiedlichen Vorhaben genutzt werden soll. Dabei begegnet es keinen Bedenken, wenn zum Beispiel ein Namens- und Adresspool von Personen angelegt wird, die im Rahmen verschiedener Vorhaben angesprochen werden sollen. Dies ist dann der konkrete und legitime Zweck gerade dieser Art von Datenbestand. Er muss nicht jedes Mal für jedes Vorhaben neu erstellt werden.

25 Der Grundsatz, dass Daten richtig sein müssen, ist nicht in dem Sinn zu verstehen, dass bei betroffenen Personen erhobene Daten objektiv inhaltlich richtig sein müssen. Entscheidend ist vielmehr die korrekte Wiedergabe der Daten, welche bei den betroffenen Personen erhoben wurden. Würde man auf die objektiv inhaltliche **Richtigkeit** der Äußerungen von betroffenen Personen abstellen, wären Meinungsumfragen nicht möglich.

26 (3) Feststellung der Interessen der betroffenen Person

Auch hier ist auf die Grundsätze zurückzugreifen, die im Rahmen der Verarbeitung von personenbezogenen Daten für Zwecke der Werbung entwickelt wurden (→ Anh. 3 zu Art. 6 Rn. 30ff.).

27 Zunächst sind **auf grundrechtlicher Ebene** die Grundrechte der Beteiligten gegenüberzustellen. Auf Seiten des Werbetreibenden ist dies die unternehmerische Freiheit gemäß Art. 16 GRCh, auf Seiten der betroffenen Person die Gewährleistung des Grundrechts auf Datenschutz durch Art. 8 GRCh. Besonders bei nicht kommerziell ausgerichteten Vorhaben der Markt- und Meinungsforschung (etwa bei Wahlumfragen) sind schon auf dieser Ebene die Überlegungen von EG 4 S. 1 zu berücksichtigen, wonach das Recht auf Schutz der personenbezogenen Daten im Hinblick auf seine gesellschaftliche Funktion gesehen werden muss.

28 (4) Abwägung der berechtigten Interessen gemäß (1) mit den Interessen und Grundrechten bzw. Grundfreiheiten der betroffenen Person

Bei den **vernünftigen Erwartungen** der betroffenen Person[22] können die **Berufsgrundsätze und Standesregeln** nicht ausgeblendet werden, denen sich die Branche allgemein unterworfen hat. Betroffene Personen sind es gewohnt, dass diese Vorgaben beachtet werden. Ist dies nicht der Fall, liegt eine für die betroffene Person überraschende Verarbeitung vor. Dies führt dann dazu, dass ihre Interessen überwiegen.[23] Dabei spielt es keine Rolle, ob es sich um Berufsgrundsätze und Standesregeln handelt, welche die Rechtsqualität von Verhaltensregeln gemäß Art. 40 aufweisen. Ergänzend[24] ist zu berücksichtigen, dass die Beachtung dieser Grundsätze und Regeln die Intensität der Eingriffe aus der Sicht der betroffenen Person signifikant vermindert.

---

20 Erklärung zum ICC/ESOMAR Internationalen Kodex, Ziffer 5.

21 Insoweit zutreffend LG Hamburg CR 2006, 752.

22 S. EG 47 S. 1 Hs. 1, der allgemein für die Abwägung nach Art. 6 Abs. 1 UAbs. 1 lit. f gilt und damit auch für den Bereich der Markt- und Meinungsforschung.

23 S. dazu vor allem Erklärung für das Gebiet der Bundesrepublik Deutschland zum ICC / ESOMAR Internationalen Kodex für die Markt- und Sozialforschung vom 25.4.2008.

24 Dazu *Hornung/Hoffmann* ZD-Beilage 4/2017, 6 f.

Ehmann

Die Interessen des Verantwortlichen für die Verarbeitung überwiegend nur dann, wenn die **Verfahrensab-** **läufe** so ausgestaltet werden, dass Risiken und Beeinträchtigungen für die betroffenen Personen soweit wie möglich vermieden werden. Die DSGVO stellt insofern für die Markt- und Meinungsforschung keine spezifischen Vorgaben auf. An dieser Stelle kommen wiederum die Berufsgrundsätze und Standesregeln ins Spiel. Sie verfolgen gerade die Zielsetzung, Risiken und Beeinträchtigungen für die betroffenen Personen weitgehend zu vermeiden. Wenn ein Verarbeiter sie zu Grunde legt, trifft er damit zusätzliche Vorkehrungen in diese Richtung. Sie sind bei der Interessenabwägung zu seinen Gunsten zu berücksichtigen. 29

Besondere Bedeutung haben in diesem Zusammenhang **Maßnahmen der File-Trennung**, wie sie bisherigen nationalen Recht in § 30 a Abs.-3 BDSG aF ausdrücklich gesetzlich vorgeschrieben waren. Dabei handelt es sich um folgende Grundsätze: 30

- Anonymisierung, sobald dies nach dem Zweck des Vorhabens möglich ist (bisher § 30 a Abs. 3 S. 1 BDSG aF)
- gesonderte Speicherung der Merkmale, mit denen Einzelangaben über persönliche oder sachliche Verhältnisse einer bestimmten oder bestimmbaren Person zugeordnet werden können (bisher § 30 a Abs. 3 S. 2 BDSG aF)
- Zusammenführung dieser Merkmale mit den Einzelangaben nur, soweit dies nach dem Zweck des Vorhabens erforderlich ist (bisher § 30 a Abs. 3 S. 3 BDSG aF)

Die DSGVO enthält keine derartigen ausdrücklichen Vorgaben. Gleichwohl bestehen sie aus der Sicht des Verantwortlichen im Ergebnis auch künftig. Dies beruht darauf, dass sie geeignet sind, die **Interessen betroffener Personen** in erheblichem Ausmaß zu schützen. Zugleich behindern sie die Durchführung sachgerecht angelegter Vorhaben nicht. Deshalb überwiegen die Interessen der betroffenen Person, wenn der Verantwortliche diese Grundsätze nicht beachtet. 31

Keine Rolle im Rahmen der Abwägung spielt künftig die seit Jahrzehnten etablierte **Sperrdatei** mit Angaben zu Personen, die sich auf keinen Fall für Zwecke der Markt- und Meinungsforschung befragen lassen wollen. Diese Sperrdatei des Branchenverbandes ADM (Arbeitskreis Deutscher Markt- und Sozialforschungsinstitute eV) war im Zusammenhang mit dem Recht der betroffenen Personen entstanden, der Verarbeitung ihrer Daten für Zwecke der Markt- oder Meinungsforschung zu widersprechen.[25] Da die DSGVO ein solches anlassloses Widerspruchsrecht nicht mehr kennt, hat eine solche Sperrdatei keine rechtliche Basis mehr und muss auch nicht berücksichtigt werden. Hieran könnte sich dann etwas ändern, wenn auf der Basis beispielsweise von Art. 40 entsprechende Strukturen freiwillig neu geschaffen werden, derer sich betroffene Personen auf Wunsch bedienen können. 32

III. Vorliegen wissenschaftlicher Forschungszwecke im Zusammenhang mit der Markt- und Meinungsforschung

Ob Markt- und Meinungsforschung wissenschaftliche Forschungszwecke verfolgt, ist in dreierlei Hinsicht von Interesse: 33

- Die **Zweckänderungsregelung** des Art. 5 Abs. 1 lit. b Hs. 2 lässt eine Weiterverarbeitung von Daten in Abweichung vom ursprünglichen Zweck dann zu, wenn sie für wissenschaftliche Forschungszwecke erfolgt, wobei diese allerdings als zusätzliche Voraussetzungen im öffentlichen Interesse liegen müssen.
- **Art. 9 Abs. 2 lit. j**, die unionsrechtliche Basis für die Regelung des § 27 Abs. 1 BDSG nF, limitiert den Anwendungsbereich dieser nationalen Regelung von vornherein auf die Verarbeitung für wissenschaftliche Forschungszwecke.
- Im Zusammenhang mit einer **Einwilligung der betroffenen Person** gem. Art. 7 kommen die in EG 33 vorgesehenen Erleichterungen zur Erlangung einer Art Pauschaleinwilligung (für noch nicht genau definierte Zwecke) nur in Betracht, wenn Zwecke der wissenschaftlichen Forschung verfolgt werden.

Da das Begriffsverständnis in allen drei Situationen einheitlich sein muss, es sich also um eine Art **Querschnittsbegriff** handelt, erscheint es geboten, ihn so zu beschreiben, dass er in allen drei Konstellationen zur Anwendung gelangen kann. 34

Dass Markt- und Meinungsforschung stets wissenschaftlichen Forschungszwecken dient, kann nicht pauschal unterstellt werden. Vielmehr ist zu prüfen, welchen Inhalt das Unionsrecht diesem Begriff beimisst. Erschwert wird diese Prüfung dadurch, dass die DSGVO in ihrem verfügenden Teil **keine Definition des Begriffs** bietet. Aus EG 159 ergeben sich gewisse Anhaltspunkte allerdings sehr allgemeiner Art für das Begriffsverständnis. Gemäß EG 159 S. 2 entspricht es der Intention des Verordnungsgebers, den Begriff weit auszulegen. Deshalb soll beispielsweise die Verarbeitung „für die technologische Entwicklung und die De- 35

---

25 § 30 a Abs. 5 BDSG aF iVm § 28 Abs. 4 BDSG aF; zu Details s. Simitis/*Ehmann* § 30 a Rn. 146.

monstration, die Grundlagenforschung, die angewandte Forschung und die privat finanzierte Forschung" erfasst sein. Von Bedeutung erscheint auch, dass EG 157 S. 3 den Bereich der Sozialwissenschaften anspricht und feststellt, dort ermögliche die Forschung anhand von Registern den Forschern entscheidende Erkenntnisse über den langfristigen Zusammenhang eine Reihe sozialer Umstände zu erlangen, wie Arbeitslosigkeit und Bildung mit anderen Lebensumständen.

36 Aus diesen **Ausführungen der EG** lässt sich sehr allgemein entnehmen, dass es für die Frage, ob wissenschaftliche Forschungszwecke verfolgt werden, wesentlich darauf ankommt, ob es um die **Gewinnung von Erkenntnissen** geht. Dies entspricht dem Wesen von Forschung, schärft die begrifflichen Konturen aber kaum. So definiert für die deutsche Sprache ein Wörterbuch[26] den Begriff Erkenntnis als „Einsicht in Erlebtes, Erfahrenes, Beobachtetes mit dem Ziel, die Wahrheit[27] zu finden." Das Ziel muss nicht unbedingt daran bestehen, völlig neue Erkenntnisse zu gewinnen. Es kann auch darum gehen, bisher akzeptierte Erkenntnis einer Überprüfung zu unterziehen, um sie zu verifizieren oder zu falsifizieren. Die Allgemeinheit des Begriffs legt nahe, dass es auch um Erkenntnisse gehen kann, die nach Meinung zumindest mancher Beobachter banal und nicht einer Erforschung wert sind.

37 Ohne Belang ist es, wer das Vorhaben finanziert und ob es um die Gewinnung eher konkreter oder eher abstrakter Erkenntnisse geht. Daraus lässt sich ableiten, dass auch **Vorhaben der Anwendungsforschung,** die von Privaten finanziert werden und deren Ergebnisse anschließend wirtschaftlich genutzt werden sollen, zum Bereich der wissenschaftlichen Forschungszwecke zu zählen sind. Dabei kommt es nicht darauf an, ob die gewonnenen Erkenntnisse der Öffentlichkeit zugänglich gemacht werden oder nicht.[28]

38 Dieses Begriffsverständnis deckt sich mit dem Begriffsverständnis, das im Rahmen von **Art. 179 Abs. 1 AEUV** zu Grunde gelegt wird,[29] auf den EG 159 S. 2 ausdrücklich verweist. Demnach ist Forschung ein Bestandteil von Wissenschaft und kennzeichnet das methodengeleitete Generieren neuen Wissens.[30] Dabei besteht Einigkeit darüber, dass es nicht darauf ankommt, ob es sich um ökonomisch verwertbares Wissen handelt oder nicht und dass auch die anwendungsorientierte Forschung den Begriff unterfällt.[31]

39 Speziell für die Markt-und Meinungsforschung folgt hieraus: Auch wenn es um **privatwirtschaftliche Zwecke einzelner Auftraggeber** geht (etwa darum, die Nachfrage nach einem bestimmten Produkt mit dem Ziel zu analysieren, den Absatz zu steigern), es sich um nach Meinung mancher banale Fragen handelt (wie etwa die farbliche Gestaltung einer Verpackung) und die Ergebnisse zudem nicht publiziert werden, handelt es sich bei einer solchen Untersuchung um wissenschaftliche Forschung. Der Begriff erfasst also auch das, was sich als „kleine Münze" wissenschaftlicher Erkenntnis bezeichnen lässt.

40 Die Grenzen dessen, was als wissenschaftliche Forschung verstanden werden kann, sind dann erreicht, wenn der Auftraggeber in einer Weise in den Erkenntnisvorgang eingreift, dass die **Unabhängigkeit der Agierenden** nicht mehr gegeben ist.[32] Dies bezieht sich allerdings nur auf den methodischen Ablauf und den Umgang mit erzielten Ergebnissen. Die Fragestellung als solche kann dagegen vom Auftraggeber vorgegeben werden. Es geht also nicht um akademische Freiheit, die sich ihren Gegenstand selbst wählt, mag sie auch in Art. 13 S. 2 GRCh adressiert sein. Dieser Begriff bezieht sich auf die Freiheit der akademischen Lehre und die dazu erforderlichen institutionellen Vorkehrungen.[33]

Artikel 7 Bedingungen für die Einwilligung

(1) Beruht die Verarbeitung auf einer Einwilligung, muss der Verantwortliche nachweisen können, dass die betroffene Person in die Verarbeitung ihrer personenbezogenen Daten eingewilligt hat.

(2) ¹Erfolgt die Einwilligung der betroffenen Person durch eine schriftliche Erklärung, die noch andere Sachverhalte betrifft, so muss das Ersuchen um Einwilligung in verständlicher und leicht zugänglicher Form

---

26 *Wahrig,* Deutsches Wörterbuch, 8. Aufl. 2008, Stichwort „Erkenntnis". Andere Sprachfassungen der DSGVO führen begrifflich ebenfalls nicht weiter. So verwendet etwa die französische Fassung als Äquivalent für „Erkenntnis" den Begriff „connaissance". Hierzu sagt Le Petit Larousse Illustré, 2013, Stichwort „connaissance", es handle sich um „Ce que l'on a acquis par l'étude ou la pratique", also um das, was man sich durch Studien oder durch Praxis angeeignet hat.

27 Calliess/Ruffert/*Ruffert* GRCh Art. 13 Rn. 6, verweist zu dem Aspekt der Suche nach der Wahrheit als Teil des in Deutschland üblichen Wissenschaftsbegriffs kritisch darauf, dieses Verständnis sei vom deutschen Idealismus geprägt und spiegle nicht zwingend ein gemeineuropäisches Verständnis wieder.

28 Str., s. die abweichende Sichtweise von *Caspar,* Art. 89 Rn. 16.

29 Zur Relevanz dieser Vorschrift für den Wissenschaftsbegriff des Unionsrechts s. *Hornung/Hoffmann,* ZD-Beilage 4/2017, 4.

30 So die Definition von Calliess/Ruffert/*Ruffert* AEUV Art. 179 Rn. 1 mwN.

31 Sehr deutlich dazu Calliess/Ruffert/*Ruffert* GRCh Art. 13, Rn. 6, der ausführt, Art. 13 GRCh enthalte keine Differenzierung nach Grundlagen-und angewandter Forschung.

32 *Hornung/Hoffmann* ZD-Beilage 4/2017, 5 f.

33 Calliess/Ruffert/*Ruffert* GRCh Art. 13 Rn. 9.

in einer klaren und einfachen Sprache so erfolgen, dass es von den anderen Sachverhalten klar zu unterscheiden ist. [2]Teile der Erklärung sind dann nicht verbindlich, wenn sie einen Verstoß gegen diese Verordnung darstellen.

(3) [1]Die betroffene Person hat das Recht, ihre Einwilligung jederzeit zu widerrufen. [2]Durch den Widerruf der Einwilligung wird die Rechtmäßigkeit der aufgrund der Einwilligung bis zum Widerruf erfolgten Verarbeitung nicht berührt. [3]Die betroffene Person wird vor Abgabe der Einwilligung hiervon in Kenntnis gesetzt. [4]Der Widerruf der Einwilligung muss so einfach wie die Erteilung der Einwilligung sein.

(4) Bei der Beurteilung, ob die Einwilligung freiwillig erteilt wurde, muss dem Umstand in größtmöglichem Umfang Rechnung getragen werden, ob unter anderem die Erfüllung eines Vertrags, einschließlich der Erbringung einer Dienstleistung, von der Einwilligung zu einer Verarbeitung von personenbezogenen Daten abhängig ist, die für die Erfüllung des Vertrags nicht erforderlich sind.

Literatur: *Art.-29-Gruppe*, Guidelines on Consent under Regulation 2016/679, 17/EN WP 259 rev. 01, 2018; *Buchner, B.*, Die Einwilligung im Datenschutzrecht, DuD 2010, 39; *ders.*, Grundsätze und Rechtmäßigkeit der Datenverarbeitung unter der DSGVO, DuD 2016, 155; *ders.*, Informationelle Selbstbestimmung im Privatrecht, 2006; *Dammann, U.*, Erfolge und Defizite der EU-Datenschutzgrundverordnung, ZD 2016, 307; *Ernst, S.*, Die Einwilligung nach der Datenschutzgrundverordnung, ZD 2017, 110; *Geiger, A.*, Die Einwilligung in die Verarbeitung von personenbezogenen Daten als Ausübung des Rechts auf informelle Selbstbestimmung, NVwZ 1989, 35; *Grönemeyer, T.*, Die Einwilligung im Beschäftigtendatenschutz, 2013; *Hanloser, S.*, „opt-in" im Datenschutzrecht und Wettbewerbsrecht, CR 2008, 713; *Heidemann-Peuser, H.*, Rechtskonforme Gestaltung von Datenschutzklauseln, DuD 2002, 389; *Hermsrüwer, Y.*, Informationelle Selbstgefährdung, 2016; *Kamp, M./Rost, M.*, Kritik an der Einwilligung, DuD 2013, 80; *Kampert, D.*, Datenschutz in sozialen Netzwerken de lege lata und de lege ferenda, 2016; *Klass, N.*, Die zivilrechtliche Einwilligung als Instrument zur Disposition über Persönlichkeitsrechte, AfP 2005, 507; *Kohte, W.*, Die rechtfertigende Einwilligung, AcP 185 (1985), 105; *Körner, M.*, Informierte Einwilligung als Schutzkonzept, in: Simon, D./Weiss, M. (Hrsg.), Zur Autonomie des Individuums. Liber Amicorum Spiros Simitis, 2000, 131; *Krohm, N.*, Abschied vom Schriftformgebot der Einwilligung, ZG 2016, 368; *Krönke, C.*, Datenpaternalismus, Der Staat 55 (2016), 319; *Kühling, J./Martini, M.*, Die Datenschutz-Grundverordnung: Revolution oder Evolution im europäischen und deutschen Datenschutzrecht? EuZW 2016, 448; *Liedke, B.*, Die Einwilligung im Datenschutzrecht. Eine Untersuchung insbesondere zur Einwilligung im Beschäftigungsverhältnis und für Zwecke der Werbung, 2012; *Lindner, E.*, Die datenschutzrechtliche Einwilligung nach § 4 Abs. 1, § 4 a BDSG – ein zukunftsfähiges Institut?, 2013; *Menzel, H. J.*, Datenschutzrechtliche Einwilligungen, DuD 2008, 400; *ders.*, Datenschutzrechtliche Einwilligungen in medizinische Forschung, MedR 2006, 702; *Mutius, A. v.*, Verfassungsrechtliche Grenzen der Einwilligung im Datenschutzrecht, in: Bizer, J. et al. (Hrsg.), Innovativer Datenschutz, 2004, 101; *Ohly, A.*, „Volenti non fit iniuria" – Die Einwilligung im Privatrecht, 2002; *Raay, A. v./Meyer-van Raay, O.*, Opt-in, Opt-out und (k)ein Ende der Diskussion, VuR 2009, 103; *Radlanski, P.*, Das Konzept der Einwilligung in der datenschutzrechtlichen Realität, 2016; *Riesenhuber, K.*, Die Einwilligung des Arbeitnehmers im Datenschutzrecht, RdA 2011, 257; *Rogosch, P. M.*, Die Einwilligung im Datenschutzrecht, 2013; *Sandfuchs, B.*, Privatheit wider Willen? Verhinderung informationeller Preisgabe im Internet nach deutschem und US-amerikanischem Verfassungsrecht, 2015; *Schafft, T./Ruoff, A.*, Nutzung personenbezogener Daten für Werbezwecke zwischen Einwilligung und Vertragserfüllung, CR 2006, 499; *Schaar, P.*, Datenschutzrechtliche Einwilligung im Internet, MMR 2001, 644; *Schantz, P.*, Die Datenschutz-Grundverordnung – Beginn einer neuen Zeitrechnung im Datenschutzrecht, NJW 2016, 1841; *Schmidt, M.*, Datenschutz für „Beschäftigte", 2016; *Simitis, S.*, Auf dem Weg zu einem neuen Datenschutzkonzept, DuD 2000, 714; *Spelge, K.*, Der Beschäftigtendatenschutz nach Wirksamwerden der Datenschutz-Grundverordnung (DS-GVO), DuD 2016, 775; *Stiftung Datenschutz*, Neue Wege bei der Einwilligung im Datenschutz – technische, rechtliche und ökonomische Herausforderungen, 2017; *Uckermann, E. Freiherr v.*, Einwilligung nach dem BDSG – ein Mißverständnis?, DuD 1979, 163; *Wedde, P.*, Die wirksame Einwilligung im Arbeitnehmerdatenschutzrecht, DuD 2004, 169; *Wybitul, T.*, Was ändert sich mit dem neuen EU-Datenschutzrecht für Arbeitgeber und Betriebsräte?, ZD 2016, 203; *Ziegenhorn, G./Heckel, K. v.*, Datenverarbeitung durch Private nach der europäischen Datenschutzreform, NVwZ 2016, 1585.

I. Grundlagen

1 **1. Regelungsgegenstand: Einwilligung.** In einer auf Würde, individueller Freiheit und Verantwortlichkeit beruhenden und diese Werte selbstzweckhaft bewahrenden und fördernden Rechtsordnung muss die Verarbeitung personenbezogener Daten durch eine selbstbestimmte Entscheidung der betroffenen Person legitimiert werden können. Dementsprechend ist die Einwilligung dem europäischen Gesetzgeber als **datenschutzrechtlicher Erlaubnistatbestand** primärrechtlich durch die GRCh vorgegeben (Art. 8 Abs. 2 GRCh; → Rn. 18, 25ff.). Zugleich ist der Gesetzgeber nicht nur berechtigt, sondern verpflichtet, einer nicht selbstbestimmt erteilten Zustimmung die Wirksamkeit als Einwilligung abzusprechen.[1]

2 Der Erlaubnistatbestand des Art. 6 Abs. 1 UAbs. 1 lit. a und die ihn ergänzenden Vorschriften des Art. 7 tragen diesen nicht spannungsfrei nebeneinanderstehenden Anforderungen im Grundsatz Rechnung. Für den privatwirtschaftlichen Datenverkehr hat die Einwilligung wie schon bisher so auch unter Geltung der DSGVO eine große Bedeutung (→ Art. 6 Abs. 1 Rn. 3). Der europäische Gesetzgeber hat sich mithin nicht von der vornehmlich von der digitalen Wirtschaft[2] artikulierten Einschätzung beeindrucken lassen, die Einwilligung sei ein **Anachronismus**, der die Entfaltung der wirtschaftlichen Potentiale von Big Data behindere und damit volkswirtschaftlich schädlich sei. Die Kritiker wollen wohl auch weniger den gerade von der digitalen Wirtschaft vielfach genutzten Erlaubnistatbestand der Einwilligung abschaffen, sondern wenden sich grundsätzlicher gegen den Schutz auch von (scheinbar) harmlosen Alltagsdaten und von bereits öffentlich bekannten Sachverhalten sowie gegen die Ausweitung der Begriffe des Personenbezugs und der Datenverarbeitung.[3] Ihr Ziel heißt: weniger Einwilligungen durch weniger Datenschutz. Ebenfalls quantitativ zulasten der Einwilligung, aber doch in eine ganz andere Richtung gehen die Vorschläge, die Einwilligung so weit wie möglich durch gesetzliche Erlaubnistatbestände zu ersetzen[4] und im verbleibenden Anwendungsbereich im Gegenzug so strenge Anforderungen an die Wirksamkeit einer Einwilligung zu stellen, dass sie wieder zu einem Instrument „echter" Selbstbestimmung des Betroffenen werde. Die Einwilligung dürfe nicht zur **bloßen Fiktion** verkommen; die Betroffenen müssten tatsächlich und nicht nur rechtlich die Wahl haben, ob sie die Datenverarbeitung erlauben (→ Art. 6 Abs. 1 Rn. 4).[5]

3 Unbeschadet der grundrechtlichen Vorgaben bleiben dem Gesetzgeber Spielräume. Um diese zu erkennen, ist in kritischer Distanz zu dem in Deutschland gepflegten Narrativ von einer Totalkonstitutionalisierung des Datenschutzrechts[6] zwischen dem grundrechtlichen und dem einfachrechtlichen Konzept der Einwilligung zu unterscheiden. *Erstens* verfügt der Gesetzgeber über eine **Einschätzungs- und Wertungsprärogative** hinsichtlich der Frage, welchen Anforderungen eine kommunikative Handlung zu genügen hat, um als selbstbestimmt zu gelten und damit als Einwilligung im Rechtssinne eine Verarbeitung legitimieren zu können (→ Rn. 32). *Zweitens* obliegt dem einfachen Recht die Aufgabe, das Verbot nicht einwilligungsbasier-

---

1 Vgl. zum deutschen Recht BVerfG JZ 2007, 576 (576 f.); *Britz*, in: Hoffmann-Riem (Hrsg.), Offene Rechtswissenschaft, 2010, 561 (585).

2 Nachgezeichnet von *Katko/Babaei-Beigi* MMR 2014, 360; *Kampert*, Netzwerke, S. 167 f.

3 Aus der juristischen Literatur in diesem Sinne *Nettesheim* VVDStRL 70 (2011), 7 (27ff., 39 f.); weitergehende Kritik an der Einbeziehung des Horizontalverhältnisses in das Datenschutzrecht bei *Vesting* in: Ladeur (Hrsg.), Innovationsoffene Regulierung des Internet, 2003, 155 (174 und passim).

4 *Simitis* DuD 2000, 714 (720ff.).

5 Simitis/*ders.* § 4 a Rn. 3.

6 Kritisch *Klement* JZ 2017, 161 (161 f.).

ter und nicht anderweitig erlaubter Verarbeitungen durch **flankierende Vorschriften** praktikabel zu machen, also in für die Verantwortlichen auch im Zeitalter der Rechnerallgegenwart handhabbare Prüfprogramme und Routinen zu übersetzen. Hohe materielle Standards für die Einwilligung hülfen ohne solche ergänzenden Regelungen wenig. Der Verarbeiter muss die materiellen rechtlichen Anforderungen für die Wirksamkeit einer Erklärung als Einwilligung tatsächlich kennen, und es muss ihm bei rationaler Entscheidung zweckmäßig erscheinen, sie zu beachten. Zu denken ist hierzu etwa an prozedurale Anforderungen wie eine Dokumentationspflicht für die Einwilligungserklärung, materielle Typisierungen wie ein Mindestalter für die Einwilligungsfähigkeit und die hinreichende Sanktionierung rechtswidriger Datenverarbeitungen. Jede Vorgabe zur Sicherung der Selbstbestimmtheit führt freilich zu einer Beschränkung und ggf. Bürokratisierung des freien (privaten) Rechtsverkehrs und kann im Einzelfall wegen der notwendigen Typisierungen ungewollt zu einer Beeinträchtigung der Selbstbestimmtheit führen. *Drittens* kann der Gesetzgeber das Recht zur Einwilligung durch einen verfassungsrechtlich gerechtfertigten **Grundrechtseingriff** beschränken, und zwar zum Schutz des Betroffenen vor der Entstehung nachteiliger Verhandlungspositionen (→ Rn. 59) oder im Interesse Dritter oder der Allgemeinheit (→ Rn. 28ff.).

2. Überblick und Systematisierung. Die Regelungen zur Einwilligung sind in der DSGVO auf mehrere Vor- 4
schriften aufgeteilt (Art. 4 Nr. 11, Art. 6 Abs. 1 UAbs. 1 lit. a, Art. 7f. und Art. 9 Abs. 2 lit. a). Rechtstechnisch wird dabei unterschieden zwischen Begriffsmerkmalen und Wirksamkeitsbedingungen der Einwilligung, den Voraussetzungen der einwilligungsbasierten Erlaubnistatbestände sowie sonstigen einwilligungsbezogenen Anforderungen.

a) Begriffsmerkmale der Einwilligung. Der **Einwilligungsbegriff** wird in Art. 4 Nr. 11 definiert. Eine Einwil- 5
ligung ist eine eindeutige bestätigende Handlung, mit der die betroffene Person freiwillig, für den bestimmten Fall, in informierter Weise und unmissverständlich zu verstehen gibt, dass sie mit der Verarbeitung der sie betreffenden personenbezogenen Daten einverstanden ist. Die in Abs. 4 normierte Pflicht zur Berücksichtigung bestimmter Umstände bei der Feststellung der Freiwilligkeit einer Erklärung (→ Rn. 56ff.) ist dieser Begriffsdefinition zugeordnet. Sie wurde wohl nur aus redaktionellen Gründen in eine gesonderte Vorschrift verschoben. Sind die Merkmale des Art. 4 Nr. 11 nicht vollständig erfüllt, liegt nach der Systematik der DSGVO nicht eine unwirksame oder unfreiwillige Einwilligung, sondern schon begrifflich überhaupt keine Einwilligung vor. Wenn nicht ersatzweise ein gesetzlicher Erlaubnistatbestand eingreift, ist die Datenverarbeitung rechtswidrig (Art. 6 Abs. 1 UAbs. 1).

Bezieht sich eine äußerlich einheitliche Einwilligungserklärung auf verschiedene personenbezogene Daten 6
(Art. 4 Nr. 1) oder mehrere Verarbeitungen (Art. 4 Nr. 2) oder mehrere Verarbeitungszwecke (Art. 6 Abs. 1 UAbs. 1 lit. a), sind materiell **mehrere Einwilligungen** gegeben (vgl. Abs. 2 S. 2: Einwilligung als „Teil" einer Erklärung). Das Vorliegen der Begriffsmerkmale ist dabei für jede Einwilligung gesondert zu prüfen,[7] wobei angesichts der Verbindung ein besonderes Augenmerk auf die Merkmale des „bestimmten" Falles, der Freiwilligkeit und der Informiertheit zu richten ist. Zur Wahrung dieser Anforderungen kann im Einzelfall eine Aufgliederung der Gesamterklärung in mehrere Einzelakte erforderlich sein. Zu pauschal wäre es allerdings anzunehmen, eine auf Ersuchen des Verantwortlichen erteilte, einheitliche Bestätigungshandlung sei allein deshalb notwendigerweise unfreiwillig, weil sie mehrere Verarbeitungszwecke umfasst (s. Art. 6 Abs. 1 Uabs. 1 lit. a: „einen oder mehrere bestimmte Zwecke").[8] Ein striktes **Gebot der Granularität** der Einwilligung folgt auch nicht aus EG 32 S. 5. Soll eine Verarbeitung mehreren Zwecken dienen, ist zwar in der Tat eine entsprechende Anzahl von Einwilligungen erforderlich, nicht aber notwendigerweise eine entsprechende Anzahl von Einwilligungshandlungen. Entsprechend Abs. 2 S. 2 ist die Wirksamkeit jeder einzelnen der verbundenen Einwilligungen getrennt zu prüfen. Zum Schutz des Selbstbestimmungsrechts muss allerdings ein Fehler, der unmittelbar nur eine der Einwilligungen betrifft, auch die übrigen, damit verbundenen Erklärungen infizieren, wenn anzunehmen ist, dass die Erklärungen nach dem erkennbaren Willen des Betroffenen gemeinsam stehen und fallen sollen (Rechtsgedanke des – nicht direkt auf das europäische Recht anwendbaren – § 139 BGB). Von einer Einwilligung zu einer mehreren Zwecken dienenden Datenverarbeitung zu unterscheiden ist die nachträgliche Zweckergänzung, die einer neuen Einwilligung bedarf.

b) Wirksamkeit der Einwilligung. Liegt begrifflich eine Einwilligung vor, ist in einem zweiten Schritt ihre 7
Wirksamkeit (Verbindlichkeit) zu prüfen. Eine **Wirksamkeitsbedingung** ist das von § 26 Abs. 2 S. 3 BDSG nF bereichsspezifisch formulierte Schriftformerfordernis (→ Rn. 41). Wird eine schriftliche Einwilligung – bspw. in einem Vertrag – mit anderen Erklärungen verbunden, gelten nach Abs. 2 S. 1 außerdem besondere Anforderungen an die Verständlichkeit und Erkennbarkeit des Einwilligungsersuchens, deren Verletzung nach Abs. 2 S. 2 nicht nur zur Rechtswidrigkeit des Ersuchens selbst, sondern auch der daraufhin erteilten

---

7   S. hinsichtlich des Merkmals der Informiertheit BeckOK DatenschutzR/*Kühling* BDSG § 4 a Rn. 43.
8   So aber *Art.-29-Gruppe*, WP 259, S. 10.

Einwilligung führt. Eine weitere – negativ gefasste – Wirksamkeitsvoraussetzung besteht darin, dass der Betroffene die Einwilligung nicht wirksam widerrufen hat (→ Rn. 85ff.). Über diese Einzelvorgaben hinaus ist Abs. 2 S. 2 zu entnehmen, dass eine Einwilligung nur verbindlich ist, wenn sie mit allen Anforderungen der DSGVO übereinstimmt. Zwar gilt die genannte Vorschrift nach ihrer systematischen Stellung und ihrem Wortlaut („Teile der Erklärung") nur für die in Abs. 2 S. 1 geregelten verbundenen Erklärungen und nicht für alle Einwilligungen,[9] sie entspricht aber dem Grundsatz der Unverbindlichkeit rechtswidriger Rechtsakte und ist deshalb einer Verallgemeinerung zugänglich.

8 Letztlich ist die **Unterscheidung zwischen Begriffsmerkmalen und Wirksamkeitsbedingungen** in der DSGVO nur verbaler Natur, denn es sind keine rechtlichen Konsequenzen damit verbunden. Auch eine „nur" unwirksame Einwilligung rechtfertigt eine Datenverarbeitung nicht nach Art. 6 Abs. 1 UAbs. 1 lit. a. Zudem wird die Begrifflichkeit im Gesetz nicht durchgehalten. Fehlerhaft ist bspw. der erste Halbsatz des Abs. 4, denn eine Einwilligung ist per definitionem (Art. 4 Nr. 11) freiwillig erteilt. Auch Art. 8, der die Respektierung der Altersgrenze „nur" als Rechtmäßigkeitsbedingung formuliert und damit eine dritte Kategorie neben Begriffsmerkmalen und Wirksamkeitsbedingungen aufzumachen scheint, kann nicht beim Wort genommen werden, denn die Vorschrift ist eine spezialgesetzliche Ausformung der Begriffsmerkmale der Freiwilligkeit und Informiertheit (→ Art. 8 Rn. 1 f.).

9 **c) Voraussetzungen der einwilligungsbasierten Erlaubnistatbestände.** Auf einer anderen Ebene als die Merkmale des Einwilligungsbegriffs und die Wirksamkeitsbedingungen liegen die von den einzelnen Erlaubnistatbeständen an die einwilligungsbasierte Datenverarbeitung **zusätzlich gestellten Anforderungen**. So ergibt sich aus dem Wortlaut des Art. 6 Abs. 1 UAbs. 1 lit. a, dass die Einwilligung schon zu Beginn der Datenverarbeitung vorliegen muss, also nicht nachträglich eingeholt werden kann. Art. 9 Abs. 2 lit. a verlangt in seinem Anwendungsbereich, dass die Einwilligung ausdrücklich und nicht nur durch eine „eindeutig bestätigende Handlung" erfolgt (→ Rn. 35; Art. 9 Rn. 33). Weitergehende Einschränkungen der einwilligungsbasierten Verarbeitung sind zB in Art. 6 Abs. 2, Art. 9 Abs. 1, 2 ePrivacyRL enthalten und in Art. 6 ePrivacyVO-E vorgesehen (→ Rn. 17).

10 **d) Vorgaben für das Einwilligungsersuchen und den Vorgang der Einwilligung.** Weitere Vorschriften beinhalten Anforderungen an das Einwilligungsersuchen oder den Vorgang der Einwilligungserteilung. So trifft den Verantwortlichen die Pflicht, die ihm erteilte **Einwilligung nachweisen** zu können (Abs. 1 → Rn. 42ff.). Damit soll für Klarheit über Ob und Wie der Einwilligung gesorgt und zudem zukünftigen Rechtsverstößen durch tatsächlich nicht einwilligungsbasierte Verarbeitungen entgegengewirkt werden. Es handelt sich um eine formell-rechtliche Anforderung, deren Verletzung weder das begriffliche Vorliegen einer Einwilligung noch ihre Wirksamkeit berührt, die aber dennoch nur scheinbar selbstbestimmten Datenverarbeitungen entgegenwirkt.

11 Das **Einwilligungsersuchen** (Abs. 2 S. 1) ist die Aufforderung von Seiten des Verantwortlichen oder eines Dritten an den Betroffenen, eine bestimmte, meist vorformulierte Einwilligungserklärung abzugeben. Rechtswidrig ist es zunächst dann, wenn es darauf gerichtet und objektiv geeignet ist, eine den Anforderungen an eine Einwilligung nicht genügende Erklärung des Betroffenen zu erlangen und hierdurch den bloßen Anschein einer einwilligungsbasierten Datenverarbeitung zu erwecken. Abs. 2 S. 1 stellt außerdem Rechtmäßigkeitsanforderungen unmittelbar an das Einwilligungsersuchen, deren Verletzung dann allerdings nach Abs. 2 S. 2 – in Umkehrung der gerade beschriebenen Denkrichtung – zur Nichtigkeit auch der Einwilligung selbst führt.

II. Normgeschichte

12 Die in Art. 4 Nr. 11 geregelte Begriffsdefinition war früher in Art. 2 lit. h DSRL enthalten (s. die Übergangsregelung in EG 171). Eine **Verengung** hat die **Definition** durch die nunmehr verlangte „Unmissverständlichkeit" der Einwilligung erfahren. Art. 7 hat demgegenüber keinen direkten Vorgänger in der DSRL. Gleichwohl enthalten die ersten drei Absätze eine Mischung aus im Kern deklaratorischen Regelungen mit solchen, denen ein umsichtiger Verantwortlicher zur Vermeidung rechtswidrigen Verhaltens auch von sich aus Rechnung trüge. Besonders deutlich ist dies bezüglich der Dokumentation der Einwilligung, die nun in Abs. 1 erstmals ausdrücklich vorgeschrieben wird (s. bisher nur ohne unionsrechtliche Grundlage § 13 Abs. 2 Nr. 2 TMG), vormals aber schon zur Vermeidung von Zweifeln hinsichtlich der Einwilligung (Art. 7 lit. a DSRL) erforderlich war. Abs. 2 entspricht dem bisherigen § 4a Abs. 1 S. 3 BDSG aF. Das Recht zum Widerruf der Einwilligung in Abs. 3 war zwar im bisherigen Recht nur beiläufig in § 28 Abs. 3a S. 1 BDSG aF erwähnt, aber dennoch dem Grunde nach unbestritten (→ Rn. 86). Die in Abs. 4 angelegte Verengung

---

9 Ehmann/Selmayr/*Heckmann/Paschke* Art. 7 Rn. 35; aA Sydow/*Ingold* Art. 7 Rn. 52: systematisch als eigener Absatz zu lesen.

des Einwilligungsbegriffs war im früheren Recht zwar nicht ausdrücklich geregelt, deutete sich in der Rechtsprechung aber bereits an (→ Rn. 33, 54).

Damit ist nicht gesagt, dass Art. 7 nur Selbstverständliches regele. Im Gegenteil war die Vorschrift politisch **13** bis ins Detail umstritten. Im Verlauf des **Gesetzgebungsverfahrens**[10] erfuhr sie in allen Absätzen zum Teil mehrfach Änderungen. KOM-E, Parl-E und Rat-E setzten jeweils eigene Akzente. Dabei traten EP und auch KOM tendenziell für strengere Anforderungen an die Einwilligung ein, während der Rat um eine stärkere Berücksichtigung des Interesses an der Datenverarbeitung bemüht war. Im Vergleich mit dem ursprünglichen KOM-E sticht vor allem die auf den Parl-E zurückgehende Fassung der Regelung des Abs. 4 zur Freiwilligkeit in asymmetrischen Verhandlungssituationen ins Auge (→ Rn. 56ff.). Auf das EP gehen auch die Regelung zur Nichtigkeit einer Einwilligung (Abs. 2 S. 2 → Rn. 11, 78 f.) sowie die ergänzenden Betroffenenrechte in Abs. 3 S. 3, 4 zurück, wobei der Parl-E im Trilog in allen Punkten noch abgeändert wurde. Der Rat erwirkte unter anderem eine Ersetzung der im KOM-E vorgesehenen, den Betroffenen begünstigenden Beweislastregel durch eine bloße Nachweispflicht (Abs. 1; → Rn. 42ff.).

III. Verhältnis zu anderen Vorschriften

1. Nationales Recht. Deutlicher und konsequenter als bisher die DSRL[11] versperrt die Handlungsform der **14** Verordnung den Mitgliedstaaten die Möglichkeit, die Einwilligung – sei es auch nur durch „ergänzendes" oder gar inhaltsgleiches Recht[12] – selbst zu regeln. Generelle **Öffnungsklauseln** für die Einwilligung enthält die DSGVO nicht (Arg. ex. Art. 6 Abs. 2). Eine Konkretisierung unbestimmter Rechtsbegriffe wie zum Beispiel der Freiwilligkeit (Art. 4 Nr. 11, Art. 7 Abs. 4) durch das nationale Recht ist im Unterschied zu früher[13] grds. unzulässig.[14] Eine Ausnahme ist die Ermächtigung des Art. 8 Abs. 1 UAbs. 2 zur Regelung der Einwilligungsfähigkeit von Heranwachsenden (→ Art. 8 Rn. 9). Inwieweit die sachgebietsbezogene Öffnungsklausel des Art. 88 Abs. 1 mitgliedstaatliche Abweichungsmöglichkeiten bezüglich des Einwilligungsbegriffs und der Wirksamkeitsbedingungen in Beschäftigungsverhältnissen eröffnet, ist noch ungeklärt (→ Rn. 41). Beschränkungen nicht des Einwilligungsbegriffs, wohl aber der einwilligungsbasierten Datenverarbeitung können sich aus dem jeweils einschlägigen mitgliedstaatlichen Fachrecht und für die Verarbeitung durch Hoheitsträger auch aus dem Verfassungsrecht ergeben (→ Rn. 82). Zur Sicherstellung ihrer Vollziehbarkeit und zur Vermeidung von Wertungswidersprüchen ist die DSGVO schließlich ausnahmsweise durch allgemeine zivilrechtliche Vorschriften zu ergänzen (→ Rn. 83). Darüber hinaus sperrt die DSGVO nicht die Anwendung nationalen Rechts, das zur Umsetzung von vorrangigen speziellen europäischen Datenschutzvorschriften wie zB der ePrivacyRL und der JI-Richtlinie ergangen ist (→ Rn. 15 f.).

Das BDSG nF trägt dem grds. abschließenden Charakter der DSGVO Rechnung. Regelungen zur Einwilligung enthalten nur § 26 Abs. 2 BDSG nF hinsichtlich der personenbezogenen Daten von **Beschäftigten** und **15** § 46 Nr. 17, § 51 BDSG nF hinsichtlich der gemäß Art. 2 Abs. 2 lit. d vom Anwendungsbereich der DSGVO ausgenommenen und durch die **JI-Richtlinie** erfassten Verarbeitung personenbezogener Daten zum Zwecke der Verhütung, Ermittlung, Aufdeckung oder Verfolgung von Straftaten und der Strafvollstreckung. Die JI-Richtlinie verpflichtet die Mitgliedstaaten nicht dazu, eine Einwilligungsmöglichkeit vorzusehen, schließt dies aber auch nicht generell aus (vgl. EG 35 S. 4, 5 und EG 37 S. 5, 6 JI-Richtlinie). Auch ohne hierzu verpflichtet gewesen zu sein, folgte der Gesetzgeber mit § 51 BDSG nF dem Vorbild des Art. 7. Abweichend normiert § 51 Abs. 4 S. 1 BDSG nF entsprechend § 4 a Abs. 1 S. 1 BDSG aF, dass die Einwilligung nur wirksam ist, „wenn sie auf der freien Entscheidung der betroffenen Person beruht". Das ist eine unnötige Dopplung, denn gemäß § 46 Nr. 17 BDSG liegt eine Einwilligung schon begrifflich nur bei einer freiwillig abgegebenen Willensbekundung vor. Nach § 51 Abs. 4 S. 2 BDSG nF müssen bei der Beurteilung, ob die Einwilligung freiwillig erteilt wurde, „die Umstände der Erteilung berücksichtigt werden". Eine Übernahme des spezielleren Abs. 4 hätte für den Anwendungsbereich des § 51 BDSG nF wenig Sinn ergeben. Im Ergebnis wird eine wirksame Einwilligung im Kontext von Strafverfolgung und Gefahrenabwehr nur im seltenen Ausnahmefall erteilt werden können (→ Art. 6 Abs. 1 Rn. 2).

2. ePrivacyRL und ePrivacyVO-E. Die ePrivacyRL enthält spezielle Vorschriften für die einwilligungsbasier- **16** te Datenverarbeitung bei der Bereitstellung **elektronischer Kommunikationsdienste** (Art. 2 Abs. 1 ePrivacyRL iVm Art. 2 lit. c TK-RRL 2002/21/EG). Diese Normen ergänzen die DSGVO und gehen ihr nach dem lex specialis-Grundsatz teilweise vor (Art. 95; Art. 1 Abs. 2 ePrivacyRL). Auch die nationalen Umsetzungs-

---

10 2012/0011 (COD).
11 Für eine Vollharmonisierung schon durch die DSRL grds. EuGH C-468/10 und C-469/10, Slg 2011 I-12181 Rn. 30, 35; s. auch EuGH C-101/01, Slg 2003 I-12971 Rn. 83, 85; *Riesenhuber* RdA 2011, 257 (262 f.); *Schmidt*, Datenschutz, S. 39 f.
12 Vgl. EuGH 20/72, Slg 1972, 1055 Rn. 12, 17.
13 EuGH C-468/10 und C-469/10, Slg 2011 I-12181 Rn. 35; BeckOK DatenschutzR/*Kühling* BDSG § 4 a Rn. 25 f.
14 S. aber BeckOK DatenschutzR/*Kühling* BDSG § 4 a Rn. 27: Gestaltungsmöglichkeiten in „Restbereichen".

vorschriften namentlich in §§ 91–107 TKG werden deshalb nicht vom Anwendungsvorrang der DSGVO erfasst. Art. 5 Abs. 3 S. 1 ePrivacyRL[15] erlaubt den Zugriff auf bereits im Endgerät eines Teilnehmers oder Nutzers gespeicherte Information – insbes. mithilfe von Cookies,[16] aber auch neuerer Formen des sog Tracking – grds. nur mit Einwilligung. Auf den Personenbezug der Informationen kommt es im Unterschied zur DSGVO nicht an. Hinsichtlich des Einwilligungsbegriffs selbst verweist Art. 2 lit. f ePrivacyRL auf die DSGVO (Art. 94 Abs. 2 S. 1). Auch die in Art. 7 formulierten Anforderungen sind für Datenverarbeitungen im Anwendungsbereich der ePrivacyRL anwendbar.[17]

17 Der am 10.1.2017 von der KOM vorgelegte Entwurf einer **ePrivacyVO**[18] (ePrivacyVO-E) verweist ebenfalls auf die allgemeine Einwilligungsdefinition des Art. 4 Nr. 11 und auf Art. 7 (Art. 9 Abs. 1 ePrivacyVO-E). Art. 9 Abs. 3 ePrivacyVO-E ergänzt die Widerrufsregelung des Abs. 3 durch eine Verpflichtung des Verantwortlichen, den Endnutzer alle sechs Monate an sein Widerrufsrecht zu erinnern. In Bezug auf den Einsatz von Cookies soll es im Vergleich zur ePrivacyRL wieder gewisse Lockerungen des Einwilligungsgrundsatzes zugunsten gesetzlicher Erlaubnistatbestände bei nur geringfügigen Eingriffen in die Privatsphäre geben (Art. 8 ePrivacyVO-E; vgl. EG 21). Zudem soll gem. Art. 9 Abs. 2 ePrivacyVO-E die Möglichkeit bestehen, generalisierte Einwilligungen in die Verwendung von Cookies durch Einstellungen des Internetbrowsers zu erteilen (vgl. EG 22). Damit würde sich die ePrivacyVO insoweit von dem Einwilligungen nur für den „bestimmten Fall" ermöglichenden Art. 4 Nr. 11 lösen, dies obwohl Art. 9 Abs. 2 ePrivacyVO-E nach seinem Wortlaut „unbeschadet" des Abs. 1 und damit der dort in Bezug genommenen allgemeinen Regelungen gelten will. Auch die Zulässigkeit einer Verarbeitung elektronischer Kommunikationsdaten (Art. 4 Abs. 3 lit. a ePrivacyVO-E) hängt nach den Regelungen des Art. 6 ePrivacyVO-E vielfach von einer Einwilligung des Betroffenen ab. Im Unterschied zur DSGVO soll die Einwilligung allein aber nicht genügen, um die Verarbeitung zu legitimieren, dh sie wird nur als eines unter mehreren Sicherungsinstrumenten zum Schutz des Nutzers verstanden (s. Art. 6 Abs. 2 lit. c, Abs. 3 lit. a, b). Das EP hat am 26.10.2017 einen vom KOM-E erheblich abweichenden legislativen Standpunkt gebilligt.[19] Eine Einigung ist derzeit nicht absehbar.

IV. Grundrechtlicher Rahmen

18 **1. Einwilligung und informationelle Selbstbestimmung.** Die Einwilligung ist gemäß Art. 8 Abs. 2 S. 1 GRCh ein grundrechtlicher **Erlaubnistatbestand** für die Verarbeitung. Sie stellt keinen Grundrechtsverzicht dar[20] und ist auch kein Rechtfertigungsgrund für Grundrechtseingriffe,[21] sondern hebt schon tatbestandlich das Verbot der Verarbeitung fremder personenbezogener Daten auf. Die hoheitliche Vornahme oder Veranlassung einer einwilligungsbasierten Datenverarbeitung ist mithin kein Grundrechtseingriff;[22] die private einwilligungsbasierte Datenverarbeitung ist keine grundrechtliche Gefährdungslage, der entgegenzuwirken eine grundrechtliche Schutzpflicht prinzipiell geböte.

19 Darüber hinaus ist die Einwilligung selbst Ausübung des Grundrechts. Zwar könnte Art. 8 Abs. 1 GRCh nach seinem Wortlaut so verstanden werden, dass er mit dem Anspruch auf „Schutz" der personenbezogenen Daten nur den status quo einer Verteilung personenbezogener Informationen (informationelle Dimension der Privatheit[23]) gegen nicht gerechtfertigte Veränderungen sichert. Die besseren Argumente sprechen aber dafür, dass Art. 8 Abs. 1 GRCh im Verbund mit Art. 8 Abs. 2 S. 1 GRCh gerade auch die Möglichkeit schützt, seine eigenen personenbezogenen Daten selbstbestimmt zur Verarbeitung freizugeben und nicht durch Rechtsvorschriften oder in sonstiger Weise hoheitlich daran gehindert zu werden. Art. 8 Abs. 1 GRCh ist mithin nicht einfach lex specialis zu Art. 7 GRCh,[24] sondern hat einen sachlich in doppelter Hinsicht erweiterten Schutzbereich. Zum einen schützt er nicht nur Informationen über die nach Art. 7 GRCh geschützte Privatsphäre, sondern auch öffentliche Sachverhalte. Zum anderen wird nicht direkt die Privatheit der Information, sondern das Recht zur selbstbestimmten Entscheidung darüber gewährleistet, wer sich die Information aneignen darf. Die darin liegende Aufwertung des Art. 8 Abs. 1 GRCh zu einem

---

15 S. im nationalen Recht § 12 Abs. 1, § 15 Abs. 3 TMG; eine korrekte Umsetzung bezweifelnd *Rauer/Ettig* ZD 2016, 423 (424); eine richtlinienkonforme Auslegung befürwortend BGH WRP 2018, 87 (89).

16 Hoeren/Sieber/Holznagel/*Boemke*, Teil 11 Rn. 100.

17 *Art.-29-Gruppe*, WP 259, S. 4.

18 COM(2017) 10 final.

19 A8-0324/2017 v. 20.10.2017, S. 56ff.

20 So aber *Robbers* JuS 1985, 925 (928); *Stern*, StaatsR III/2, § 86 I 5, S. 898 f.; *Wedde* DuD 2004, 169 (171).

21 Anders für das Zivilrecht *Buchner* DuD 2010, 39 (39).

22 BeckOK DatenschutzR/*Stemmer* DSGVO Art. 7 Rn. 25.

23 *Rössler*, Der Wert des Privaten, 2001, S. 136, 201 und passim.

24 So aber NK-EuGRCh/*Bernsdorff* Art. 8 Rn. 13.

Grundrecht auf informationelle Selbstbestimmung[25] trägt dem Bezug aller Grundrechte der GRCh auf das übergeordnete Ziel einer freien Entfaltung der Persönlichkeit Rechnung. Persönlichkeitsentfaltung heißt auch, selbstbestimmt in den gesellschaftlichen Diskurs einzutreten, also Daten von sich preiszugeben, wenn man dies für erforderlich oder sinnvoll hält.[26] Angesichts des Fehlens eines Grundrechts auf allgemeine Handlungsfreiheit in der GRCh können Beschränkungen dieser informationellen Dimension der Persönlichkeitsentfaltung nur über Art. 8 Abs. 1 GRCh einer Rechtfertigungslast unterworfen werden. Die Gegenansicht, die vor allem auf die Entwicklung des Datenschutzgrundrechts aus dem Schutz der Privatsphäre in der Rechtsprechung des EuGH[27] und damit wegen Art. 52 Abs. 3 GRCh mittelbar aus Art. 8 EMRK verweisen kann,[28] ist auch mit Blick auf die erfolgte textliche Trennung in der GRCh nicht mehr überzeugend.[29]

Das Grundrecht auf informationelle Selbstbestimmung umfasst nicht nur die rechtliche und faktische Möglichkeit, einer anderen Person gegenüber zu verstehen zu geben, mit einer bestimmten Verarbeitung einverstanden zu sein. Geschützt ist vielmehr auch der rechtliche Erfolg der Erklärung, der darin besteht, der anderen Person die Verarbeitung zu erlauben und sie von an die Verarbeitung rechtlich anknüpfenden negativen Sanktionen freizustellen. Art. 8 Abs. 2 S. 1 GRCh ist mithin ein **Grundrecht auf Einwilligung** zu entnehmen. Verengungen des grundrechtlich garantierten Einwilligungsrechts etwa durch eine restriktive Fassung des einfachgesetzlichen Einwilligungsbegriffs oder des Erlaubnistatbestands der Einwilligung bedürfen als Grundrechtseingriffe einer Rechtfertigung (Art. 52 Abs. 1 GRCh). Davon abzugrenzen sind gesetzliche Ausgestaltungen des grundrechtlich nicht vollständig vorgegebenen Selbstbestimmungsbegriffs, die weniger strengen Anforderungen unterliegen (→ Rn. 32).

20

2. Schutz vor nicht einwilligungsbasierter Verarbeitung durch andere Private. Eine private Datenverarbeitung ist mangels unmittelbarer Drittwirkung der europäischen Grundrechte[30] und insbes. des Art. 8 GRCh[31] kein Grundrechtseingriff. Auch die unter bestimmten Voraussetzungen erfolgende gesetzliche Freigabe einer privaten Datenverarbeitung ist als Wiederherstellung der natürlichen Handlungsfreiheit nicht der abwehrrechtlichen Grundrechtsdimension zuzurechnen.[32] Aus Art. 8 Abs. 1 GRCh sind jedoch **Schutzpflichten** der grundrechtsgebundenen Hoheitsgewalt (Art. 51 Abs. 1 GRCh) zugunsten der informationellen Selbstbestimmung abzuleiten.[33] Hoheitliche Normen, die eine Verarbeitung personenbezogener Daten anderer Grundrechtsträger ohne deren Einwilligung erlauben, zu geringe Anforderungen an die Einwilligung stellen oder keine Vorkehrungen für die Einhaltung dieser Anforderungen in der Praxis treffen, können das Grundrecht deshalb verletzen.[34] Welche Instrumente im Einzelnen eingesetzt werden, obliegt in den Grenzen des Untermaßverbots der Einschätzung des Gesetzgebers. Dabei sind auch die zumeist[35] ebenfalls grundrechtlich geschützten Verarbeitungsinteressen zu beachten.

21

---

25 Näher *Klement* JZ 2017, 161 (169). Ebenso etwa von der Groeben/*Ino Augsberg* Art. 8 GRCh Rn. 6; Kühling/Buchner/*Buchner/ Kühling*, Art. 7 Rn. 19; Ehmann/Selmayr/*Heckmann/Paschke* Art. 7 Rn. 1, 14; Sydow/*Ingold* Art. 7 Rn. 120; sa *Ohly*, Einwilligung, S. 83; *Riesenhuber* RdA 2011, 257 (264 f.); *Schmidt*, Datenschutz, S. 184ff.; *Körber* NZKart 2016, 303 (304); *ders.* NZKart 2016, 348 (350); eine „herrschaftsrechtliche" Konstruktion des Grundrechts und die Übernahme „deutscher" Konzepte dezidiert ablehnend hingegen *Marsch*, Das europäische Datenschutzgrundrecht, 2018, S. 99ff., 209ff. Zum deutschen Grundrecht auf informationelle Selbstbestimmung BVerfG JZ 2007, 576 (577); *Geiger* NVwZ 1989, 35 (36 f.); Simitis/*ders.* § 4 a Rn. 2 mit Fn. 2; *Mallmann*, Zielfunktionen des Datenschutzes, 1977, S. 24ff.; *Klass* AfP 2005, 507 (509); van Raay/Meyer-van Raay VuR 2009, 103 (103); *Buchner*, Selbstbestimmung, S. 64, 202; *Riesenhuber* RdA 2011, 257 (257, 264 f.); *Kampert*, Netzwerke. S. 21 f., 24, 100, 190; *Schantz* NJW 2016, 1841 (1844).

26 Allg. *Klement*, Wettbewerbsfreiheit, 2015, S. 416ff.

27 S. nur EuGH C-465/00, Slg 2003, I-4989 Rn. 70.

28 Zum Bezug zu Art. 8 EMRK *Buchholtz* DÖV 2017, 837 (842); Stern/Sachs/*Johlen*, GRCh, 2016, Art. 8 Rn. 14, der allerdings auch dieser Norm ein Recht auf informationelle Selbstbestimmung entnimmt.

29 Auch die – allerdings vielfältig ausdeutbare – Entstehungsgeschichte im Grundrechtekonvent spricht eher für ein Recht auf informationelle Selbstbestimmung, s. *Barriga*, Die Entstehung der Charta der Grundrechte der Europäischen Union, 2003, S. 83 f.; Meyer/*Bernsdorff*, Art. 8 Rn. 6 f.; *Bernsdorff/Borowsky*, Die Charta der Grundrechte der Europäischen Union, Handreichungen und Sitzungsprotokolle, 2002, S. 195 f.

30 Allg. zur GRCh *Jarass* Art. 51 Rn. 36ff. mwN; Bonner Kommentar/*Kahl* GG Art. 1 Abs. 3 Rn. 48; *Starke*, EU-Grundrechte und Vertragsrecht, 2016, S. 207ff.

31 Von der Groeben/*Ino Augsberg* Art. 8 GRCh Rn. 9 f.; *Streinz/Michl* EuZW 2011, 384 (385); *Giesen* in: Stiftung Datenschutz (Hrsg.), Zukunft der informationellen Selbstbestimmung, 2016, 23 (45 f.); zum deutschen Grundrecht auf informationelle Selbstbestimmung *Buchner*, Selbstbestimmung, S. 47 f.; tendenziell anders EuGH C-131/12, NVwZ 2014, 857 Rn. 80, 81, 87, 97, 99; *Hermstrüwer*, Selbstgefährdung, S. 28 f.; eine unmittelbare Drittwirkung andeutend schon *Simitis* NJW 1984, 398 (400 f.).

32 Allgemein *Klement*, Wettbewerbsfreiheit, 2015, S. 485ff.; aA → Art. 6 Abs. 1 Rn. 11.

33 *Spiecker gen. Döhmann/Eisenbarth* JZ 2011, 169 (172); *Klement* JZ 2017, 161 (166); zum GG BVerfGE 120, 274 (312); BVerfG JZ 2007, 576 (576 f.); NJW 2013, 3086 (Rn. 19 f.); *Britz* in: Hoffmann-Riem (Hrsg.), Offene Rechtswissenschaft, 2010, 561 (585ff.); *Rupp*, Die grundrechtliche Schutzpflicht des Staates für das Recht auf informationelle Selbstbestimmung im Pressesektor, 2013, S. 71ff.

34 *Menzel* DuD 2008, 400 (404); *Hermstrüwer*, Selbstgefährdung, S. 56ff.

35 Zur fehlenden Gewährleistung der allgemeinen Handlungsfreiheit in der GRCh *Jarass* Einl. Rn. 39.

22 Zu den Schutzinstrumenten gehören angemessene **Typisierungen der Einwilligungsvoraussetzungen** wie zB eine – in der DSGVO nicht enthaltene – abstrakt-generell festgelegte Altersgrenze, die der Praktikabilität der Einwilligung im Rechtsverkehr und der Vermeidung rechtswidriger Datenverarbeitung dient. Aus dem geltenden Recht ist das Erfordernis der „eindeutigen bestätigenden Handlung" (Art. 4 Nr. 11) zu nennen. Vorschriften dieser Art greifen als Ausgestaltungen und Operationalisierungen des Selbstbestimmtheitsbegriffs nicht in Art. 8 Abs. 2 GRCh ein, sondern sind im Gegenteil von der grundrechtlichen Schutzpflicht gedeckt. Verletzt wäre die Schutzpflicht zB dann, wenn eine Zustimmungserklärung als selbstbestimmt angesehen würde, die dem Grundrechtsträger vom Anbieter einer Leistung abverlangt wird, zu deren Inanspruchnahme jener rechtlich verpflichtet ist (zB Pflichtversicherung durch einen bestimmten Anbieter). Die Zustimmungserklärung ist hier – obwohl sie als solche nicht unmittelbar hoheitlich veranlasst wurde – letztlich Ausdruck einer öffentlich-rechtlich geschaffenen Zwangslage.

23 Art. 8 GRCh verpflichtet die Hoheitsgewalt zudem zum Erhalt und zur Förderung der **materiellen Verantwortung des Betroffenen** für seine Erklärung, dh seiner faktischen Möglichkeit, die rechtliche und tatsächliche Reichweite seiner Willensäußerung zu überblicken und bei seiner Entscheidung zu berücksichtigen.[36] Hierzu zählen Vorgaben für die äußere Gestaltung von Einwilligungserklärungen und die Verfügbarkeit von Informationen über den geplanten Umfang der Verarbeitung. Wenn die DSGVO nur die „in informierter Weise" erfolgende Zustimmung als Einwilligung wertet (Art. 4 Nr. 11), muss freilich die „Chance auf Informiertheit" genügen (→ Rn. 72). Eine Obliegenheit des Betroffenen, sich mit den rechtlichen und tatsächlichen Folgen einer Einwilligung auseinanderzusetzen, wäre mit dem aus Art. 8 GRCh ebenfalls abzuleitenden Abwehrrecht gegen hoheitliche Eingriffe in das Recht zur Einwilligung kaum zu vereinbaren. Allerdings kann die Schutzpflicht gebieten, den Verantwortlichen daran zu hindern, gezielt Situationen herbeizuführen, in denen die Erteilung der Einwilligung die einzige „bequeme" Option ist.

24 **3. Abwehr hoheitlicher und hoheitlich veranlasster Verarbeitung.** Bei einer Datenverarbeitung durch grundrechtsgebundene Stellen (Art. 51 Abs. 1 GRCh) ist die **abwehrrechtliche Grundrechtsdimension** eröffnet, dh die nicht einwilligungsbasierte und nicht durch wirksame gesetzliche Vorschrift legitimierte Datenverarbeitung hat zu unterbleiben. Auch die hoheitliche Veranlassung eines die informationelle Selbstbestimmung beeinträchtigenden Drittverhaltens kann als Grundrechtseingriff zu qualifizieren sein. Ein Beispiel ist die Datenerhebung durch den Arbeitgeber zum Zweck der Abführung der Lohnsteuer. Ebenso greift die EU in Art. 8 Abs. 1 GRCh ein, wenn sie die – insoweit ihrerseits an die EU-Grundrechte gebundenen (Art. 51 Abs. 1 S. 1 Var. 2 GRCh) – Mitgliedstaaten zu einer Verarbeitung personenbezogener Daten verpflichtet.[37] Auch die bloß tatsächliche Förderung eines Eingriffs kann die Eingriffsschwelle überschreiten.[38] Kein unionsunmittelbarer Eingriff liegt hingegen vor, wenn den Mitgliedstaaten die Verarbeitung lediglich erlaubt wird, dh die EU auf ein Verbot verzichtet. Erfolgt die hoheitlich ausgeführte oder veranlasste Datenverarbeitung allerdings auf Grundlage einer Einwilligung des Betroffenen, liegt kein Eingriff in Art. 8 Abs. 1 GRCh vor (→ Rn. 18). Dabei sind an die Freiwilligkeit und damit Wirksamkeit der Erklärung gegenüber einem Hoheitsträger allerdings besonders strenge Anforderungen zu stellen (→ Rn. 50ff.).

25 **4. Abwehr hoheitlicher Einschränkungen einwilligungsbasierter Verarbeitungen. a) Grenzen einer Zurückdrängung der Einwilligung durch gesetzliche Erlaubnistatbestände.** Die stärkste Form eines Eingriffs in das Recht auf Einwilligung wäre ein vollständiges Verbot einwilligungsbasierter Datenverarbeitungen und die Ersetzung der Einwilligung durch abschließende Kataloge gesetzlicher Erlaubnistatbestände. Dass dies nicht zulässig wäre, ergibt sich unmittelbar aus Art. 8 Abs. 2 S. 1 GRCh, der die Einwilligung ausdrücklich vorsieht und damit eine **institutionelle Garantie** ausspricht.[39] Darüber hinaus wäre ein Ausschluss der einwilligungsbasierten Verarbeitung schwerlich mit den Grundrechten und ggf. den Grundfreiheiten[40] der Verantwortlichen vereinbar.[41] Ein auf die Einwilligung verzichtender Gesetzgeber müsste nämlich entweder klare und begrenzte Regelungen schaffen, die der Vielfalt der Datenverarbeitungen und der Dynamik der Ent-

---

36 BVerfG JZ 2007, 576 (577). Grds. zur Pflicht des Staates, den Selbstschutz des Grundrechtsträgers zu ergänzen BVerfGE 120, 274 (306).

37 *Klement* JZ 2017, 161 (166 f.).

38 Zu faktischen Eingriffen in Unionsgrundrechte allg. *Szczekalla* in: Heselhaus/Nowak (Hrsg.), Handbuch der Europäischen Grundrechte, 2006, § 7 Rn. 23ff.

39 Ähnlich Gola/*Schulz* Art. 7 Rn. 3; sa Paal/Pauly/*Frenzel* Rn. 1; BeckOK DatenschutzR/*Albers* DSGVO Art. 6 Rn. 22. Zum bisherigen Recht *Buchner*, Selbstbestimmung, S. 109 f.; Roßnagel/*Holznagel/Sonntag*, HB DSR, Kap. 4.8 Rn. 2. Für eine Zurückdrängung der Einwilligung zugunsten gesetzlicher Erlaubnistatbestände allerdings *Simitis* DuD 2000, 714 (720ff.); Sydow/*Ingold* Art. 7 Rn. 59. Die Einführung behördlicher Genehmigungsverfahren als Alternative zur Einwilligung wird hingegen vorgeschlagen von *Kamp/Rost* DuD 2013, 80 (83).

40 *Schmidt*, Datenschutz, S. 33 f. Eine Bindung der EU an die Grundfreiheiten abl. *Klement*, Wettbewerbsfreiheit, 2015, S. 471ff. mit Fn. 93 mwN.

41 S. dazu *Buchner*, Selbstbestimmung, S. 58ff.; *Kampert*, Netzwerke, S. 30ff.

wicklung nicht gerecht werden könnten, oder aber – wie schon an Art. 6 Abs. 1 erkennbar wird – Passepartoutformeln schaffen, mit denen der Zweck der Verrechtlichung letztlich verfehlt und außerdem keine Rechtssicherheit erreicht würde.[42]

Aber auch jenseits eines vollständigen Verzichts auf die Einwilligung wirkt das Abwehrrecht des Art. 8 **26** Abs. 2 S. 1 GRCh einer **Zurückdrängung der Einwilligung** zugunsten gesetzlicher Erlaubnistatbestände entgegen. Ein Eingriff in das Grundrecht auf Einwilligung (→ Rn. 20) ist nur zur Förderung eines legitimen Zwecks und unter Wahrung des Grundsatzes der Verhältnismäßigkeit zulässig (Art. 52 Abs. 1 S. 2 GRCh). Der Gesetzgeber kann also einzeln bestimmte Sachverhalte zusätzlich durch gesetzliche Erlaubnistatbestände regeln, zB wenn das Einholen einer Einwilligung – wie etwa bei standardisierten Datenverarbeitungsvorgängen ohne erhöhte Relevanz für den Betroffenen[43] – unmöglich[44] oder unzumutbar ist (so etwa bei restriktiver Handhabung Art. 6 Abs. 1 UAbs. 1 lit. b und f) oder es aus Gründen des öffentlichen Interesses (zB Wissenschaft und Forschung) angemessen ist (vgl. Art. 9 Abs. 1 iVm § 27 Abs. 1 S. 1 BDSG nF).[45]

Wenn in einer bestimmten Situation von den Betroffenen typischerweise keine selbstbestimmten Entschei- **27** dungen getroffen werden können, ist ausnahmsweise auch eine **abschließende gesetzliche Regelung** – unter Ersetzung der Einwilligungsoption – zulässig. Gerechtfertigt ist bspw. der Ausschluss der Einwilligung in die Weitergabe von Patientendaten durch ein Krankenhaus.[46] Die unspezifisch gefasste Ermächtigung für Ausnahmen vom Einwilligungsrecht bei der Verarbeitung besonderer Kategorien personenbezogener Daten (Art. 9 Abs. 2 lit. a) bedarf hingegen einer grundrechtskonformen restriktiven Auslegung und Anwendung. Der Schutz des Betroffenen vor aus purer Bequemlichkeit abgegebenen Einwilligungen[47] ist jedenfalls kein legitimer Zweck für eine Beschränkung des Einwilligungsrechts.

Grds. denkbar ist ein gerechtfertigter Ausschluss einer rein einwilligungsbasierten Datenverarbeitung auch **28** zum Schutz der **Interessen Dritter** und ihres Rechts auf informationelle Selbstbestimmung[48] sowie zum **Schutz öffentlicher Interessen**.[49] Die geltende DSGVO ermöglicht eine entsprechende Interpretation des Einwilligungsbegriffs bzw. der Wirksamkeitsbedingungen zwar noch nicht. Spezialgesetzlich kann das Unionsrecht und können etwa im Bereich der Öffnungsklausel des Art. 9 Abs. 2 lit. a die Mitgliedstaaten allerdings durchaus entsprechend legitimierte Eingriffe in das Einwilligungsrecht enthalten. So stützte das BVerfG das Datenschutzrecht schon im Volkszählungsurteil auch auf das öffentliche Interesse am Erhalt eines freien gesellschaftlichen Diskurses.[50] In jüngerer Zeit wird darauf verwiesen, dass die wachsende Möglichkeit, Einzeldaten zu Persönlichkeitsprofilen zusammenzusetzen, im Wirtschaftsverkehr einen Konformitätsdruck erzeuge, der die Verschiedenheit als einen nicht nur individuellen, sondern auch gesellschaftlichen Wert bedrohe.[51] Das könnte perspektivisch dafür sprechen, es dem Einzelnen zumindest zu erschweren, diesen Prozess durch eine leichtfertige Preisgabe seiner Daten weiter zu begünstigen.

Auch die **negativen Folgewirkungen**, welche die Erlaubnis der Datenverarbeitung für den Entscheidungs- **29** kontext anderer Grundrechtsträger haben kann (negative Externalität der Einwilligung), können vom Gesetzgeber berücksichtigt werden. Bspw. erhöht die freiwillige Auskunft von (gesunden) Personen über ihren Gesundheitszustand in Konkurrenzsituationen wie in einem Arbeitsverhältnis oder bei der Anbahnung eines solchen den Offenbarungsdruck auf andere Personen. Mit Einschränkungen des Einwilligungsrechts können außerdem modellgestützte Rückschlüsse von einwilligungsbasiert erlangten Daten auf Personen verhindert werden, die selbst nicht in eine Verarbeitung ihrer Daten eingewilligt haben.[52] Die geltende DSGVO bildet diese Schutzrichtung allerdings nicht ab. Die Merkmale der „Freiwilligkeit" und „Informiertheit" in Art. 4 Nr. 11 sind allein auf den Betroffenen bezogen und können nicht zu Generalklauseln für einen Drittschutz uminterpretiert werden.

Ferner erfolgt eine Einschränkung des Einwilligungsrechts schon im geltenden Recht zum Schutz Dritter **30** vor einer an bestimmten Kriterien orientierten **Ungleichbehandlung** (Diskriminierung). Rechtstechnisch ist dabei zu unterscheiden zwischen an den Verarbeiter gerichteten Verarbeitungsverboten – zB Frageverbote

---

42 Vgl. *Schafft/Ruoff* CR 2006, 499 (502); *Buchner* DuD 2010, 39 (40); *ders.*, Selbstbestimmung, S. 96ff., 110ff., 254f.
43 *Buchner*, Selbstbestimmung, S. 175.
44 Am Beispiel der medizinischen Forschung *Menzel* MedR 2006, 702 (703f.).
45 Weitergehend *Radlanski*, Einwilligung, S. 97ff., 204ff.
46 BSGE 102, 134.
47 *Martini* JZ 2017, 1017 (1019).
48 *Hermstrüwer*, Selbstgefährdung, S. 7, 12, 158ff. und passim.
49 *Sandfuchs*, Privatheit, S. 42ff. Zum öffentlichen Interesse an Privatheit auch *Klement* JZ 2017, 161 (169f.); *Giesen* in: Stiftung Datenschutz (Hrsg.), Zukunft der informationellen Selbstbestimmung, 2016, 23 (33 Fn. 20); *Seubert* DuD 2012, 100.
50 BVerfGE 65, 1 (43); *Simitis* DuD 2000, 714 (721); differenzierend *Buchner*, Selbstbestimmung, S. 88ff., 191ff. Sa *Becker/Seubert* DuD 2016, 73.
51 Vgl. *Albrecht*, Finger weg von unseren Daten!, 2014, S. 28; differenzierend *Hermstrüwer*, Selbstgefährdung, S. 11, 41ff., 97, 202ff., 218ff.; skeptisch *Buchner*, Selbstbestimmung, S. 188ff. Sa *Seubert* DuD 2012, 100 (105).
52 *Hermstrüwer*, Selbstgefährdung, S. 163ff.

Klement   551

(wie § 7 AGG[53]) oder Verbote einwilligungsbasierter Datenverarbeitung (wie §§ 7, 18, 19 GenDG)[54] – und an den Betroffenen adressierten Offenbarungsverboten.

31 Schließlich ist an Einschränkungen des Rechts zur selbstbestimmten Preisgabe personenbezogener Informationen aus **sozialpolitischen Gründen** zu denken.[55] So könnte den Anbietern bestimmter für die Existenzsicherung notwendiger Leistungen (zB Alters- und Krankenversorgung, Telefonanschluss, Girokonto) verboten werden, ihre Vertragspartner bei der Vertragsanbahnung zur Preisgabe bestimmter personenbezogener Daten zB zum Gesundheitszustand oder zur finanziellen Situation zu veranlassen. Bestimmte Risikofaktoren könnten dann beim Vertragsschluss nicht mehr berücksichtigt werden. Solche gesetzlichen Regelungen sind nicht nur mit Blick auf das Institut der Einwilligung, sondern auch auf die Privatautonomie insgesamt bedenklich. Zudem wird darauf hingewiesen, dass die Sicherung eines sozialpolitisch erwünschten Standards effizienter durch steuerfinanzierte direkte Leistungen gewährleistet werden könne.[56]

32 **b) Abgrenzung von Ausgestaltung und Eingriff.** Nicht jede auf die Einwilligung bezogene gesetzliche Regelung ist ein zu rechtfertigender Eingriff in das Recht auf selbstbestimmte Informationspreisgabe aus Art. 8 Abs. 1 GRCh. Es ist vielmehr zwischen Eingriffen und bloßen Ausgestaltungen zu unterscheiden. Ausgestaltungen sind Regelungen, die dazu erforderlich sind, eine Freiheit ihrer Natur und Funktion nach zu sichern und zu ermöglichen,[57] und die dementsprechend weniger strengen verfassungsrechtlichen Anforderungen unterliegen als Grundrechtseingriffe.[58] Eine Ausgestaltung ist im Anwendungsbereich des Art. 8 GRCh eine gesetzliche Regelung, die den grundrechtlich nur rahmenartig vorgegebenen **Begriff der Selbstbestimmtheit** konkretisiert. Selbstbestimmtheit im grundrechtlichen Sinne bedeutet, dass die Entscheidung über die Erteilung der Einwilligung dem Betroffenen als einer zur Erkenntnis und Willensbildung befähigten Person zurechenbar ist. Hierzu muss der Betroffene im konkreten Fall rechtlich frei und darf nicht nach den äußeren Umständen physisch daran gehindert sein, seine Zustimmung zu äußern oder es bleiben zu lassen.[59] Er muss außerdem die Möglichkeit haben, die rechtliche und tatsächliche Reichweite seiner Willensäußerung zu überblicken und zu berücksichtigen. Auch die von einer anderen Person zurechenbar hergestellte Verknüpfung einer bestimmten Entscheidung mit für den Betroffenen nachteiligen Folgen (wie zB bei der Drohung) kann die Zurechenbarkeit aufheben. Die Regelung der Details hierzu ist dem Gesetzgeber aufgegeben. So kann ein Gesetz ohne Grundrechtseingriff zB festlegen, unter welchen Voraussetzungen und bei welcher Intensität eine Drohung oder Täuschung des Betroffenen zur Unwirksamkeit der Einwilligung führt, oder – wie durch Art. 8 DSGVO teilweise geschehen – typisierend eine vertretbare Altersgrenze für die Einwilligung einführen.

33 **c) Insbesondere: Grenzen der Materialisierung des Einwilligungsbegriffs.** Auch selbstbestimmten Erklärungen wird die Wirksamkeit als Einwilligung unter Hinweis darauf versagt, sie seien nicht im eigentlichen Sinne „freiwillig" erfolgt (→ Rn. 54 f.). Der Begriff der Freiwilligkeit, der in Art. 4 Nr. 11 enthalten ist, wird hierzu materialisiert, dh die Freiwilligkeit setzt über die Selbstbestimmtheit hinaus eine bestimmte **Bewertung der Entscheidungssituation** voraus. Wirksam ist eine Einwilligung danach nur, wenn ein Verzicht auf sie in der gegebenen Situation eine vernünftige Alternative gewesen wäre, dem Betroffenen also bei wertender Betrachtung eine Wahl verblieb. Diese schon unter der Geltung des BDSG aF gewachsene Dogmatik ist keine Ausgestaltung des Begriffs der Selbstbestimmtheit mehr, sondern ein rechtfertigungsbedürftiger Eingriff in das Grundrecht auf Einwilligung aus Art. 8 Abs. 1, 2 S. 1 GRCh. Wille und Handlungen eines Menschen sind zwar mehr oder weniger stark durch Umweltfaktoren beeinflusst; der in der Garantie der Menschenwürde (Art. 1 GRCh) verankerte Achtungsanspruch der Person schließt es aber aus, allein deshalb die Selbstbestimmtheit im grundrechtlichen Sinne zu verneinen.[60] Gerade wenn sich der Grundrechtsträger in einer Lage befindet, die ihm zur Befriedigung seiner Präferenzen letztlich „keine andere Wahl" lässt, ist sein Interesse an der Wirksamkeit der von ihm erteilten Einwilligung nicht von der Hand zu weisen. Dieses Interesse hat am Schutz des Grundrechts teil (zur Rechtfertigung von Eingriffen → Rn. 27ff.). Erst wenn eine andere Person die für die Willensbildung des Betroffenen relevanten Faktoren in ihrer Hand

---

53 Zum Frageverbot etwa BAG ZTR 2015, 216 (217 Rn. 40); ErfK/*Schlachter* § 7 AGG Rn. 2; Hey/Forst/*Lindemann*, AGG, 2. Aufl. 2015, § 8 Rn. 41.

54 *Hermstrüwer*, Selbstgefährdung, S. 202.

55 *Buchner*, Selbstbestimmung, S. 115ff.

56 *Buchner*, Selbstbestimmung, S. 198, 266 f.

57 Vgl. zu Art. 6 Abs. 1 GG BVerfG, Beschl. v. 3.10.1989 – Az. 1 BvL 78/86, BVerfGE 81, 1 (7); berechtigte Kritik an einer Überdehnung der Ausgestaltungsdogmatik zulasten der individuellen Freiheit bei *Cornils*, Die Ausgestaltung der Grundrechte, 2005.

58 Vgl. *Gellermann*, Grundrechte in einfachgesetzlichem Gewande, 2000, S. 54 und passim.

59 So im Kern auch Ehmann/Selmayr/*Heckmann/Paschke* Art. 7 Rn. 1.

60 Ähnlich *Hillgruber* in: Riesenhuber (Hrsg.), Das Prinzip der Selbstverantwortung, 2012, 165 (173 f.). Philosophische Grundlagen bei *Kant*, Grundlegung zur Metaphysik der Sitten, Akademie Textausgabe, Bd. IV, 1968, S. 436; *Hegel*, Grundlinien der Philosophie des Rechts, 1821, § 36; dazu *Schmolke*, Grenzen der Selbstbindung im Privatrecht, 2014, S. 14ff.

hält, kann die Zurechenbarkeit und damit die Selbstbestimmtheit der Erklärung von vornherein aufgehoben sein.

V. Einwilligung und gesetzliche Erlaubnistatbestände

Einwilligung und gesetzliche Erlaubnistatbestände des Art. 6 Abs. 1 lit. b–f stehen grds. nebeneinander. 34
Auch wenn der Verantwortliche – zutreffend oder unzutreffend – vom Vorliegen eines gesetzlichen Erlaubnistatbestands ausgeht, kann er in wirksamer und rechtmäßiger Weise zusätzlich eine Einwilligung zu der Datenverarbeitung einholen.[61] Für eine Beschränkung dieser Möglichkeit gibt die DSGVO nichts her; zudem kann die **vorsorgliche Einwilligung** angesichts der Unbestimmtheit der gesetzlichen Erlaubnistatbestände in der Sache der Rechtssicherheit dienen.[62] Wie aus Art. 17 Abs. 1 lit. b deutlich wird, entfällt der gesetzliche Erlaubnistatbestand nicht deshalb, weil zusätzlich eine Einwilligung eingeholt wurde. Das gilt erst recht, wenn sich die Einwilligung als unwirksam herausstellt. Nicht überzeugend ist es, wenn die Anwendbarkeit der Art. 6 Abs. 1 lit. b–f in beiden Fällen unter Hinweis auf ein angeblich in sich widersprüchliches Verhalten des Verarbeiters angelehnt wird.[63] Mit der Einholung einer Einwilligung wird in der Regel weder ausdrücklich noch konkludent behauptet, dass die Verarbeitung mit der Wirksamkeit der Einwilligung stehen und fallen soll. Des Weiteren hängt die Anwendbarkeit der gesetzlichen Erlaubnistatbestände – unbeschadet der Informationspflicht nach Art. 13 Abs. 1 lit. c, Art. 14 Abs. 1 lit. c – nicht davon ab, ob sich der Verarbeiter auf sie „beruft", auf sie „zurückgreift" oder er den Betroffenen auf ihre (mögliche) Einschlägigkeit hingewiesen[64] hat. Die Prüfung der Rechtmäßigkeit der Datenverarbeitung obliegt dem hoheitlichen Rechtsanwender, der dabei nur an das Gesetz gebunden und nicht von einem geäußerten Normanwendungsanspruch des Verantwortlichen abhängig ist.[65] Ferner wird der Verantwortliche eine objektiv nicht erforderliche Einwilligung kaum zum Zwecke einer Täuschung des Betroffenen einholen, sondern deshalb, weil er über die Rechtslage im Zweifel ist. Schließlich ist darauf hinzuweisen, dass in den gesetzlichen Erlaubnistatbeständen auch öffentliche Interessen und Interessen des Betroffenen Berücksichtigung finden, die nicht zum Zwecke einer Disziplinierung des Verantwortlichen zurückgestellt werden dürfen.

VI. Anforderungen an die Einwilligung

1. Zurechenbare Bestätigungshandlung. Art. 4 Nr. 11 verlangt eine eindeutige bestätigende Handlung des 35
Betroffenen. Diese erfolgt, wie das Gesetz klarstellt, in erster Linie durch eine **Erklärung**, mithin eine verbalisierte Willensbekundung. Notwendig ist eine in diesem Sinne ausdrückliche Einwilligung allerdings nur für die Verarbeitung besonderer Kategorien personenbezogener Daten (Art. 9 Abs. 2 lit. a → Art. 9 Rn. 33). Eine eindeutige bestätigende Handlung ohne Verbalisierung (konkludente Einwilligung) sind zB das Ankreuzen eines vorgedruckten oder angezeigten Kästchens (EG 32 S. 2), ein Nicken oder ein Handzeichen (konkludente Einwilligung). Ein Untätigbleiben des Betroffenen (zB durch Stillschweigen oder die Nichtveränderung der Werkseinstellungen eines Internetbrowsers[66]) genügt nicht (EG 32 S. 3). Gleiches gilt erst recht für eine bloß mutmaßliche Einwilligung.[67]

Ob eine Handlung eine Einwilligung enthält, ist durch **Auslegung** nach dem Empfängerhorizont zu ermit- 36
teln.[68] Im Zweifel ist keine Einwilligung anzunehmen (Art. 4 Nr. 11: „unmissverständlich"). Daraus ist allerdings nicht zu schließen, dass eine Einwilligungserklärung nicht auch in einem Akt mit der Willenserklärung zum Abschluss eines Vertrages zusammenfallen kann.[69] Abs. 2 S. 1 verlangt zwar die klare Unterscheidbarkeit der Einwilligung von den „anderen Sachverhalten", setzt die Möglichkeit einer Verbindung damit aber gerade grds. voraus. Ferner folgt aus dem Ausschluss stillschweigender Erklärungen (→ Rn. 35) nicht, dass der Betroffene eine spezifisch auf den die Einwilligung ausdrückenden Textbestandteil bezogene Bestätigungshandlung vollzogen haben muss, solange er das Gesamtpaket positiv akzeptiert.[70] Es ist deshalb nicht ersichtlich, weshalb die sog Opt-Out-Lösung unter dem neuen Recht generell unzulässig sein

---

61 Kühling/Buchner/*Buchner/Kühling* Art. 7 Rn. 17.
62 *Schafft/Ruoff* CR 2006, 499 (502).
63 So Kühling/Buchner/*Buchner/Kühling* Art. 7 Rn. 18; zutreffend BeckOK DatenschutzR/*Albers* DSGVO Art. 6 Rn. 27.
64 So aber → Art. 6 Abs. 1 Rn. 90; Kühling/Buchner/*Buchner/Kühling* Art. 7 Rn. 18 aE; *Art.-29-Gruppe*, WP 259, S. 23: „the controller cannot swap from consent to other lawful bases".
65 Eine andere Frage ist, ob die Äußerungen des Verantwortlichen Auswirkungen auf die Anwendung eines anderen Erlaubnistatbestands haben. Für die Berücksichtigung einer verweigerten Einwilligung im Rahmen der Interessenabwägung nach Art. 6 Abs. 1 UAbs. 1 lit. f sowie nach dem Verarbeitungsgrundsatz von Treu und Glauben → Art. 6 Abs. 1 Rn. 89.
66 *Schantz* NJW 2016, 1841 (1844).
67 Zum bisherigen Recht *Liedke*, Einwilligung, S. 19 f.
68 *Körner* in: Simon/Weiss (Hrsg.), Liber Amicorum Simitis, S. 131 (132); *Rogosch*, Einwilligung, 61.
69 So aber *Art.-29-Gruppe*, WP 259, S. 16.
70 Vgl. bisher BGHZ 177, 253; BGH WRP 2018, 87 (89).

sollte.[71] Schon die Bezeichnung als Opt-Out-Lösung führt in die Irre, weil ja nicht etwa ein Untätigbleiben des Betroffenen zur Einwilligung führt, sondern selbstverständlich eine positive Erklärung erforderlich ist. Ganz überwiegend[72] wird die Opt-Out-Lösung unter der DSGVO hingegen für obsolet gehalten. Diese Ansicht kann sich auf EG 32 S. 3 stützen, der allerdings schon nach seiner Funktion als Begründungselement selbst nicht direkt an der Normativität der Verordnung teilhat (Art. 296 Abs. 2 AEUV).[73] Bei der Auslegung des Verhaltens des Betroffenen sind die Umstände und Verkehrsgewohnheiten zu berücksichtigen. Speziell für das Verhalten einer auf elektronischem Wege zur Einwilligung aufgeforderten Person soll EG 32 a.E. eine Auslegungsregel gelten, die in der Praxis große Bedeutung erlangen dürfte. Nach dieser Regel genügt es, dass die Aufforderung zur Einwilligung „in klarer und knapper Form und ohne unnötige Unterbrechung des Dienstes erfolgt, für den die Einwilligung gegeben wird". In dieser Sorge um die Nutzerfreundlichkeit und die Weiterentwicklung der Dienste der Informationsgesellschaft zeigt sich das zweite Gesicht der DSGVO: als ein Regelwerk, das nicht nur zum Schutze personenbezogener Informationen, sondern auch zur Ermöglichung eines freien Datenverkehrs im (digitalen) Binnenmarkt geschaffen wurde (Art. 1 Abs. 1 Var. 2). Dass unbeschadet des Einwilligungserfordernisses auf „unnötige Unterbrechungen" der Dienste verzichtet werden soll, ist sinnvollerweise nur so zu verstehen, dass im Internet gewisse Abstriche beim Merkmal der Unmissverständlichkeit des Nutzverhaltens gemacht werden dürfen. In den „Guidelines on consent" der Art.-29-Gruppe heißt es hierzu, dass unter – allerdings nicht näher beschriebenen Umständen – auf eine aktive bestätigende Handlung (active affirmative motion) verzichtet werden darf.[74] Entgegen der Wortwahl ist damit allerdings gerade nicht gemeint, dass auch Unterlassungen als Einwilligung gewertet werden können. Wie die nachfolgenden Ausführungen in den Guidelines zeigen, geht es der Art.-29-Gruppe vielmehr nur darum, einen praktikablen Kompromiss zwischen dem Erfordernis der Unmissverständlichkeit und der Alltagstauglichkeit des Datenschutzrechts im Internet durch abgeschwächte Anforderungen an den Erklärungsgehalt einer – nach wie vor aktiven – Zustimmungshandlung zu finden. Eine zufriedenstellende Antwort auf die aufgeworfene Frage geben die Guidelines allerdings auch unter dieser Prämisse nicht. Die in den Erwägungsgründen offengelassene Frage, wann die Unterbrechung eines Dienstes „unnötig" ist, wird dahingehend beantwortet, dass eine Unterbrechung dann erforderlich ist, wenn dem Merkmal der Unmissverständlichkeit anders nicht Rechnung getragen werden kann.[75] Die Guidelines münden damit in einen Zirkelschluss. Die nachfolgend gegebenen konkreten Anwendungsbeispiele mögen immerhin zwar eine intuitive Plausibilität für sich beanspruchen können, bleiben aber letztlich ohne eine theoretische Basis. Die bloße Fortsetzung des „gewöhnlichen Gebrauchs" einer Internetseite soll danach ebenso wenig für die Annahme einer Einwilligung ausreichen wie ein einfaches Herunterscrollen oder ein „swiping through a website"[76] – dies wohl auch dann, wenn der Nutzer zuvor darauf aufmerksam gemacht wurde, dass die Fortsetzung der Nutzung als Einwilligung gewertet wird. Dagegen sollen ein „swiping a bar on a screen", ein „waving in front of a smart camera", bestimmte Bewegungen mit dem Smartphone Möglichkeiten sein, das Einverständnis mit einer Datenverarbeitung auszudrücken, solange der Betroffene über die beabsichtigte Deutung seines Verhaltens zuvor ausreichend informiert wurde.[77]

37 Die eindeutige bestätigende Handlung ist gemäß Art. 4 Nr. 11 und Art. 8 Abs. 2 S. 1 GRCh von der betroffenen Person selbst vorzunehmen.[78] Eine Erklärung kann durch Boten überbracht, mangels entsprechender Regelung im Unionsrecht aber nicht durch einen **Bevollmächtigten** vorgenommen werden.[79] Wenn darin ein Eingriff in das Grundrecht des Art. 8 GRCh zu sehen sein sollte,[80] wäre er aus Gründen der Verkehrssicherheit gerechtfertigt. Im Gegensatz zur Bevollmächtigung zulässig ist die gesetzliche Vertretung nicht einwilligungsfähiger Personen (→ Art. 8 Rn. 25).

---

71 BGH, WRP 2018, 87 (89) hat die Frage für die ePrivacyRL dem EuGH zur Vorabentscheidung vorgelegt.

72 *Art.-29-Gruppe*, WP 259, S. 16; *Buchner* DuD 2016, 155 (158); Kühling/Buchner/*Buchner/Kühling* Art. 7 Rn. 58; Roßnagel/*Nebel* EuDSGVO, § 3 Rn. 70; *Kühling/Martini* EuZW 2016, 448 (451); Ehmann/Selmayr/*Heckmann/Paschke* Art. 7 Rn. 12; Gola/*Schulz* (zumindest für den Online-Bereich); *Laue/Nink/Kremer*, § 2 Rn. 11; Schantz/Wolff/*Schantz*, Rn. 491 f.; für eine Berücksichtigung der individuellen Gestaltung Gierschmann et al./*Gierschmann* Art. 7 Rn. 91; zur Diskussion unter Geltung des BDSG *van Raay/Meyer-van Raay* VuR 2009, 103; *Hanloser* CR 2008, 713.

73 Vgl. *Köndgen* in: Riesenhuber (Hrsg.), Europäische Methodenlehre, 3. Aufl. 2015, § 6 Rn. 48ff.

74 *Art.-29-Gruppe*, WP 259, S. 16.

75 *Art.-29-Gruppe*, WP 259, S. 16: „An active affirmative motion ... can be necessary when a less infringing or disturbing modus would result in ambiguity."

76 *Art.-29-Gruppe*, WP 259, S. 17 (Example 16).

77 *Art.-29-Gruppe*, WP 259, S. 17 (Example 15).

78 Ehmann/Selmayr/*Heckmann/Paschke* Art. 7 Rn. 4; aA BeckOK DatenschutzR/*Stemmer* DSGVO Art. 7 Rn. 31: DSGVO lässt Frage offen.

79 *Ernst* ZD 2017, 110 (111); aA unter Hinweis auf das bisherige Recht Kühling/Buchner/*Buchner/Kühling* Art. 7 Rn. 31.

80 Dafür Kühling/Buchner/*Buchner/Kühling* Art. 7 Rn. 31.

Computerprogramme, die auf der Basis abstrakt wertender Vorgaben des Betroffenen automatisiert prüfen, **38** ob im Einzelfall eine Einwilligung erteilt werden sollte (sog **Einwilligungsassistenten**[81]), können dem von zahllosen Einwilligungsanfragen „ermüdeten" Betroffenen[82] Erleichterung bringen und seinen Blick für die schwierigen und gewichtigen Fälle schärfen. Selbst wenn dem Computer dabei auch die Aufgabe zukommt, die bestätigende Handlung gegenüber dem Verantwortlichen auszuführen, bleibt der Erklärungsinhalt rechtlich dem Betroffenen zurechenbar.[83] Art. 4 Nr. 11 verlangt allerdings über eine zurechenbare Bestätigungshandlung hinaus, dass die Einwilligung auf einen bestimmten Fall bezogen ist und der Betroffene hinreichend informiert ist. Diese Voraussetzungen sind bei der Generierung von Einwilligungshandlungen durch einen Computer nicht gegeben (→ Rn. 71).

2. Formelle Anforderungen. a) Grundsatz der Formfreiheit und Ausnahmen. Die DSGVO verlangt keine **39** bestimmte materielle Verstetigung oder Übermittlung der Willensbekundung. Es gilt der Grundsatz der **Formfreiheit**. Eine Erklärung kann schriftlich, mündlich und auch elektronisch an den Adressaten gerichtet werden (EG 32 S. 1). Im Sinne der DSGVO erfolgt „elektronisch" auch eine durch einfache E-Mail oder über ein Online-Formular übermittelte Einwilligung. § 126 a BGB und § 3 a Abs. 2 S. 1 VwVfG sind nicht anwendbar.

Das **Schriftformgebot** des bisherigen nationalen Rechts (§ 4 a Abs. 1 S. 3 BDSG aF iVm § 126 BGB) wird **40** von der DSGVO nicht fortgeführt. Angesichts der Verlagerung von Informationsbeziehungen in die elektronische Kommunikation ist das eine nachvollziehbare politische Entscheidung. Schon die DSRL hatte kein Schriftformgebot vorgesehen. Außerdem wurde die in § 4 a Abs. 1 S. 3 BDSG aF vorgesehene Ausnahme vor allem bei internetbasierten Einwilligungserklärungen zum Teil bedenklich weit[84] ausgelegt. Soweit Schriftformerfordernisse zur Rechtssicherheit beitragen und die Beweislage verbessern, werden diese Funktionen durch die Dokumentationspflicht des Abs. 1 gleichwertig ausgefüllt, zumal die Dokumentation in vielen Fällen durch eine Verschriftlichung der Einwilligung erfolgen wird. Als ideales Gefäß der „unmissverständlich abgegebene[n] Willensbekundung" und „eindeutigen bestätigenden Handlung" wird die schriftliche Erklärung auf absehbare Zeit der Regelfall bleiben. Beeinträchtigt ist durch das neue Recht allerdings der mit der Schriftform bezweckte Schutz des Betroffenen vor übereilten Entscheidungen (Warnfunktion). Dies wird jedoch durch das Widerrufsrecht nach Abs. 3 kompensiert.

Nach dem Willen des deutschen Gesetzgebers lebt das Schriftformerfordernis für Einwilligungen im Be- **41** schäftigungsverhältnis fort (§ 26 Abs. 2 S. 3 BDSG nF). Der klare Widerspruch zum unionsrechtlichen Grundsatz der Formfreiheit ist schwer zu rechtfertigen. Die zur Rettung des früheren allgemeinen Schriftformgebots des deutschen Rechts vorgetragenen Argumente[85] greifen heute nicht mehr ein. § 26 Abs. 2 S. 3 BDSG nF könnte allenfalls als spezifischere Regelung an der Öffnungsklausel des Art. 88 Abs. 1 teilhaben.[86]

b) Nachweispflicht (Abs. 1). Nach Abs. 1 muss der Verantwortliche nachweisen können, dass die betroffe- **42** ne Person in die Verarbeitung ihrer personenbezogenen Daten eingewilligt hat. Mit dieser Konkretisierung der allgemeinen **Rechenschaftspflicht** des Art. 5 Abs. 2 verfolgt die DSGVO präventive und repressive Zwecke. Präventiv geht es um eine Bewusstmachung der Tragweite der Datenverarbeitung und der Erforderlichkeit einer Einwilligung[87] sowie um die Schaffung einer verlässlichen Grundlage für die Verarbeitungsentscheidungen des Verantwortlichen. Die repressive Funktion liegt in der Erleichterung des Nachweises von Verletzungen des Datenschutzrechts in späteren behördlichen oder gerichtlichen Verfahren.

Tatbestandlich setzt die Nachweispflicht voraus, dass die Datenverarbeitung auf der Einwilligung beruht. **43** Das ist nicht der Fall, wenn für die Datenverarbeitung – neben der Einwilligung – noch ein weiterer Erlaubnistatbestand aus dem Katalog des Art. 6 Abs. 1 UAbs. 1 oder einer Spezialvorschrift vorliegt, denn der gesetzliche Tatbestand wird durch die Einwilligung nicht verdrängt (→ Rn. 34). Das **Merkmal des „Beruhens"** ist dabei auf die objektive Rechts- und Tatsachenlage bezogen. Es kommt nicht darauf an, ob das Nichteingreifen eines anderen Zulässigkeitstatbestands für den Verantwortlichen oder gar den Betroffenen erkennbar ist.[88] Geht ein Verantwortlicher irrtümlich vom Vorliegen des Erlaubnistatbestands der Erfüllung eines Vertrags (Art. 6 Abs. 1 UAbs. 1 lit. b) aus, holt er aber dennoch vorsorglich auch eine Einwilligung

81 *Stiftung Datenschutz*, Neue Wege bei der Einwilligung, S. 38ff.
82 *Art.-29-Gruppe*, WP 259, S. 17; vgl. schon *Roßnagel*, Datenschutz in einem informatisierten Alltag, 2007, S. 136ff.
83 So auch für sog Computererklärungen im Bürgerlichen Recht *Cornelius* MMR 2002, 353 (355); Staudinger/*Singer* Vorbem §§ 116–144 Rn. 57.
84 *Schaar* MMR 2001, 644 (647); *Rogosch*, Einwilligung, S. 165 f.
85 *Krohm* ZD 2016, 368 (369 f.); *Lindner*, Einwilligung, S. 60 f.; *Radlanski*, Einwilligung, S. 109 f.
86 Vgl. *Spelge* DuD 2016, 775 (780 f.); für diese Lösung auch → Art. 88 Rn. 50ff., 219.
87 Paal/Pauly/*Frenzel* Rn. 6.
88 AA Paal/Pauly/*Frenzel* Rn. 6.

ein, unterliegt er insoweit der Nachweispflicht, als nicht bei objektiver Betrachtung ein anderer gesetzlicher Erlaubnistatbestand vorliegt.

44 Um die Einwilligung nachweisen zu können, muss der Verantwortliche den Inhalt der Einwilligungshandlung zum späteren Abruf verkörpern (**Dokumentationspflicht**) und bereithalten (**Archivierungspflicht**). Dies kann durch Verschriftlichungen geschehen, aber zB auch durch Tonaufnahmen. Gegenstand der Nachweispflicht sind neben der Einwilligungshandlung selbst alle Umstände, die nach den einschlägigen Vorschriften zur Beurteilung des begrifflichen Vorliegens einer Einwilligung sowie ihrer Wirksamkeit und Rechtmäßigkeit erforderlich sind.[89] Davon erfasst sind auch die vom Verantwortlichen zur Feststellung der Einwilligungsfähigkeit und damit der Freiwilligkeit (→ Rn. 49) unternommenen Bemühungen und deren Ergebnisse sowie das Einwilligungsersuchen (vgl. Abs. 2 S. 1). Wegen des Bestimmtheitsgebots sind ferner sämtliche die Verarbeitung (Art. 4 Nr. 2) selbst definierenden Merkmale zu dokumentieren. Nicht erfasst sind hingegen die zur Einwilligung hinzutretenden Voraussetzungen der einwilligungsbasierten Erlaubnistatbestände (weitergehend Art. 24 Abs. 1). So muss etwa bei Anwendung von Art. 9 Abs. 2 lit. a nicht auch die Ausdrücklichkeit der Einwilligungserklärung nachgewiesen werden.[90] Eine Befristung der Nachweispflicht enthält Abs. 1 nicht. Zur Wahrung der Verhältnismäßigkeit wird aber aus Art. 5 Abs. 1 lit. c abzuleiten sein, dass die Pflicht – und das Recht – zur Vorhaltung des Nachweises endet, wenn die Verarbeitung vollständig abgeschlossen ist, die personenbezogenen Daten beim Verantwortlichen nicht mehr vorhanden sind und der Verantwortliche kein rechtliches Interesse (etwa mit Blick auf Schadensersatzprozesse) mehr daran hat, den Nachweis noch führen zu können.[91]

45 Die Nachweispflicht ist eine **selbstständige Verfahrensvorschrift**, deren Verletzung nach den allgemeinen Regeln sanktionierbar ist (→ Rn. 97). Eine Verletzung der Nachweispflicht führt nicht zur Unwirksamkeit der Einwilligung (s. Wortlaut Abs. 1). Der Erlaubnistatbestand des Art. 6 Abs. 1 UAbs. 1 lit. a nimmt nur auf das Vorliegen einer wirksamen Einwilligung, nicht auf die Erfüllung der Nachweispflicht Bezug. Zur Erfüllung der Verpflichtung kann sich der Verantwortliche Hilfspersonen bedienen, solange und soweit sein jederzeitiges uneingeschränktes Recht zum Zugriff auf die Dokumentation rechtlich und tatsächlich sichergestellt ist. Die zur Erfüllung der Nachweispflicht erforderlichen Verarbeitungen personenbezogener Daten sind nach Abs. 1 iVm Art. 6 Abs. 1 UAbs. 1 lit. c zulässig; eine zusätzliche Einwilligung ist mithin nicht erforderlich.[92]

46 Keine Aussage ist Abs. 1 zur **Darlegungs- und/oder Beweislast** für den rechtlich als Einwilligung zu qualifizierenden Sachverhalt zu entnehmen.[93] Gegen die Annahme einer Beweislastregel für behördliche oder gerichtliche Verfahren spricht neben dem Fehlen einer allgemeinen EU-Kompetenz für das Verfahrensrecht[94] der Vergleich mit den noch ausdrücklich die Beweislast regelnden Vorschriften im KOM-E und Parl-E. Wenn Art. 7 lit. a DSRL verlangte, dass eine Einwilligung „ohne jeden Zweifel" vorliegen müsse, dann war auch das keine Beweislastregel. Es wurden nur strenge materielle Anforderungen an die Wahrscheinlichkeit formuliert, mit der aus den feststellbaren Tatsachen auf das Vorliegen des rechtlichen Tatbestands der Einwilligung geschlossen werden kann (Beweismaß). Nach geltendem deutschem Verfahrensrecht trägt derjenige Beteiligte die Beweislast für eine Tatsache, für den sich aus dieser eine günstige Rechtsfolge ergibt. In aller Regel trägt also schon aufgrund des Grundsatzes der Rechtmäßigkeit der Verarbeitung (Art. 5 Abs. 1 lit. a, Art. 6) in der Tat der Verantwortliche die Beweislast für das Vorliegen des die Einwilligung tragenden Sachverhalts. Wäre es ausnahmsweise anders, würde zugunsten des Betroffenen eine Beweiserleichterung eingreifen, wenn der Verantwortliche seine Nachweispflicht verletzt hat.[95] Der Verantwortliche kann den Beweis nicht nur durch Vorlage der gemäß Abs. 1 erstellten Dokumentation antreten (ggf. Urkundsbeweis gem. § 416 ZPO), sondern mit allen nach der jeweiligen Prozessordnung zulässigen Beweismitteln.[96]

47 **3. Materiellrechtliche Anforderungen. a) Begriffliche Anforderungen.** Die materiellen Voraussetzungen des Einwilligungsbegriffs werden hauptsächlich durch Art. 4 Nr. 11 normiert. Die Zustimmung muss freiwillig, für den bestimmten Fall und in informierter Weise erfolgen.

---

89 Ähnlich Gola/*Schulz* Art. 7 Rn. 61; BeckOK DatenschutzR/*Stemmer* DSGVO Art. 7 Rn. 87.
90 S. noch Art. 7 Abs. 1 a Rat-E.
91 Vgl. *Art.-29-Gruppe*, WP 259, S. 20.
92 Paal/Pauly/*Frenzel* Rn. 9.
93 AA Gola/*Schulz* Art. 7 Rn. 60, 62; BeckOK DatenschutzR/*Stemmer* DSGVO Art. 7 Rn. 86; Kühling/Buchner/*Buchner/Kühling* Art. 7 Rn. 22.
94 EuGH C-392/04, C-422/04, Slg 2006 I-8591 Rn. 57; für das Zivilprozessrecht *Hess*, Europäisches Zivilprozessrecht, 2010, S. 75; für das Verwaltungsprozessrecht *Burgi*, Verwaltungsprozess und Europarecht, 1996, S. 10; *Gärditz* JuS 2009, 385 (388). Zur Ableitung von Anforderungen an die Beweislastverteilung aus Art. 4 Abs. 3 UAbs. 3 EUV EuGH C-449/13, EuZW 2015, 189 Rn. 22ff.
95 Allg. zu Beweiserleichterungen bei Dokumentationsmängeln im Arzthaftungsrecht BGH NJW 1995, 1611 (1612); NJW 2015, 411 (Rn. 21), sowie nunmehr § 630 h Abs. 3 iVm § 630 f Abs. 2 S. 1, Abs. 3 BGB. Sa BGH NJW 2015, 1026 Rn. 18.
96 Ehmann/Selmayr/*Heckmann/Paschke* Art. 7 Rn. 26.

aa) Freiwilligkeit. (1) Selbstbestimmtheit als Grundvoraussetzung der Freiwilligkeit. Freiwilligkeit setzt zu- 48
nächst die Selbstbestimmtheit der Handlung des Betroffenen voraus. Selbstbestimmtheit wiederum impliziert die **Willensentschließungs- und die Handlungsfreiheit.** Klare Fälle mangelnder Freiwilligkeit sind mit vis absoluta oder rechtlichem Zwang[97] herbeigeführte sowie im Zustand der Bewusstlosigkeit abgegebene Erklärungen. Auch eine Drohung hebt die Zurechenbarkeit der Erklärung zum Betroffenen auf (→ Rn. 32).[98] Die Rechtspraxis wird insoweit allerdings mangels näherer Bestimmung in der DSGVO selbst noch Konkretisierungen der als unerlaubt angesehenen Mittel-Zweck-Relationen zu leisten haben. Nicht jedweder vom Verantwortlichen für den Fall der Verweigerung der Einwilligung in Aussicht gestellter Nachteil hebt die Freiwilligkeit auf.[99]

Freiwilligkeit ist zudem nur gegeben, wenn eine hinreichende Fähigkeit zur kognitiven Erfassung des Sach- 49
verhalts einschließlich der mit einer Einwilligung verbundenen Folgen sowie zur selbstbestimmten Willensbildung und -betätigung zu bejahen ist (**Einwilligungsfähigkeit**). Eine feste Altersgrenze für die Einwilligungsfähigkeit sieht die DSGVO nur bereichsspezifisch für Dienste der Informationsgesellschaft vor (Art. 8 Abs. 1 UAbs. 1 S. 1). Jenseits dessen ist Einwilligungsfähigkeit im Einzelfall zu bestimmen (→ Art. 8 Rn. 10). Zur Freiwilligkeit bei Zusammenfassung mehrerer Datenverarbeitungen in einem Einwilligungsersuchen → Rn. 6.

(2) Freiwilligkeit im Verhältnis zu Hoheitsträgern. Strenge Anforderungen sind an die Freiwilligkeit von Er- 50
klärungen gegenüber einem Hoheitsträger zu stellen (vgl. EG 43 S. 1). Auch wenn die DSGVO im Unterschied zum BDSG aF nicht grds. zwischen der privaten und öffentlichen Datenverarbeitung unterscheidet, wird die im Privatrechtsverkehr überragend wichtige Einwilligung deshalb für die hoheitliche Datenverarbeitung von untergeordneter Bedeutung bleiben.[100]

Besonders prekär sind Einwilligungserklärungen in **öffentlich-rechtlichen Subordinationsverhältnissen.** 51
Wenn der Betroffene bei objektiver Beurteilung damit rechnen muss, dass seine Zustimmung erforderlichenfalls durch einen Zwangszugriff auf seine Daten ersetzt oder er zu einer Preisgabe gezwungen wird, ist der Akt der Einwilligung nur bei isolierter Betrachtung noch freiwillig. Das Gesamtgeschehen wird nicht vom Betroffenen, sondern von der mit Befugnis zur einseitigen Entscheidung ausgestatteten oder eine solche Befugnis glaubhaft vorspiegelnden Behörde beherrscht. Eine erteilte „Einwilligung" ist unter dieser Voraussetzung keine Ausübung des Rechts auf informationelle Selbstbestimmung und – mangels Freiwilligkeit – keine Einwilligung im Sinne der DSGVO.

An der Freiwilligkeit fehlt es auch, wenn die hoheitliche Stelle die Zustimmung zu einer Datenverarbeitung 52
zur Voraussetzung für die Erbringung einer Leistung macht, die aufgrund eines **rechtlichen Monopols** nur sie erbringen darf.[101] Letztlich werden auch hier öffentlich-rechtliche Sonderrechte zur Durchsetzung eines Datenverarbeitungswillens genutzt. Eine rein faktische – dh „im Markt" gewachsene – Monopolstellung eines öffentlichen Unternehmens schließt die Freiwilligkeit einer ihm gegenüber erklärten Einwilligung hingegen nicht per se aus; insoweit gelten die gleichen Grundsätze wie für private Unternehmen (→ Rn. 61 f.).

Auch unter der Geltung der DSGVO kann das **mitgliedstaatliche Recht** die Einholung von Einwilligungen 53
durch die öffentliche Verwaltung wirksam beschränken. Entsprechende Verbote können auch implizit normiert sein, zB durch abschließende Regelung der Voraussetzungen eines Leistungsanspruchs des Bürgers (vgl. § 56 Abs. 2 VwVfG). Gerade dann, wenn bei solchen Leistungsbeziehungen ein elementares (nicht „verhandelbares") Lebensbedürfnis des Einzelnen in Rede steht,[102] wird sich der Staat schwerlich durch Einwilligung über seine gesetzlichen Befugnisse hinausgehende Verarbeitungsrechte verschaffen dürfen. Fraglich ist allerdings, ob die Verletzung des nationalen Rechts zur unionsrechtlichen Unwirksamkeit der Einwilligung führt (→ Rn. 82).

(3) Freiwilligkeit im Privatrechtsverhältnis. Auch im Horizontalverhältnis zwischen Grundrechtsträgern 54
zeichnet sich eine Verengung des Tatbestands der Einwilligung durch ein **materielles Verständnis** des Freiwilligkeitsbegriffs ab (→ Rn. 33).[103] Schon unter der Geltung des bisherigen BDSG erklärte das BVerfG auch den vollverantwortlich in Kenntnis aller Umstände geäußerten Willen des Grundrechtsträgers für un-

---

97 BeckOK DatenschutzR/*Stemmer* DSGVO Art. 7 Rn. 39.
98 Zum bisherigen Recht DKWW/*Däubler* § 4 a Rn. 26 f.
99 So aber *Art.-29-Gruppe*, WP 259, S. 5, s. aber auch S. 6: „inappropriate pressure or influence" und S. 10 „*significant* negative consequences" (Hervorhebung vom Autor).
100 Gola/*Schulz* Art. 7 Rn. 5 f.; *Marsch*, Das europäische Datenschutzgrundrecht, 2018, S. 151. S. aber auch die Beispiele für zulässige Einwilligungsersuchen bei *Art.-29-Gruppe*, WP 259, S. 6 f. Zum bisherigen Recht *Rogosch*, Einwilligung, S. 34 f.; Roßnagel/*Globig*, HB DSR, Kap. 4.7 Rn. 37 ff.
101 *Buchner*, Selbstbestimmung, S. 64.
102 Vgl. BVerfGE 65, 1 (45); aA *Geiger* NVwZ 1989, 35 (37).
103 Vgl. in diesem Sinne etwa Simitis/*ders.* § 4 a Rn. 62 für Arbeitsverhältnisse; *Kohte* AcP 185 (1985), 105 (155); *v. Mutius* in: Bizer (Hrsg.), Innovativer Datenschutz, 101 (111).

beachtlich, wenn die Einwilligung im Zuge der Begründung eines Vertragsverhältnisses erfolgte, in welchem der andere Partner „ein solches Gewicht hat, dass er den Vertragsinhalt faktisch einseitig bestimmen kann".[104] Es sei eine nur „scheinbare Freiwilligkeit" gegeben, wenn die Leistung zur Sicherung der persönlichen Lebensverhältnisse des Betroffenen von so erheblicher Bedeutung sei, dass die „denkbare Alternative, zur Vermeidung einer zu weitgehenden Preisgabe persönlicher Informationen von einem Vertragsschluss ganz abzusehen, für ihn unzumutbar ist".[105] Auf der gleichen Linie liegt eine Entscheidung des BGH zu § 4 a Abs. 1 S. 1 BDSG aF. Es könne an einer freiwilligen Entscheidung fehlen, wenn die Einwilligung in einer „Situation wirtschaftlicher oder sozialer Schwäche oder Unterordnung erteilt" oder der Betroffene durch „übermäßige Anreize" dazu verleitet werde.[106]

55 Mit der Materialisierung des Einwilligungsbegriffs wird der Anwendungsbereich der Einwilligung und mit ihr der Privatautonomie[107] zugunsten gesetzlicher Erlaubnistatbestände zurückgedrängt. Zu unterscheiden ist zwischen der Ausnutzung von Verhandlungsasymmetrien beim Abschluss von Verträgen einerseits und Einwilligungen in sozialen Abhängigkeitsverhältnissen zwischen Betroffenem und Verantwortlichem andererseits.

56 **(a) Unfreiwilligkeit bei asymmetrischen Verhandlungspositionen.** Ein gesetzlicher Anknüpfungspunkt für die Fallgruppe der Verhandlungsasymmetrie ist Abs. 4, der die Definition des Einwilligungsbegriffs in Art. 4 Nr. 11 konkretisiert. Die Preisgabe personenbezogener Daten zur Erlangung einer vertraglichen Gegenleistung wird hier als Fall möglicherweise fehlender Freiwilligkeit benannt (sog **Take-it-or-leave-it-Konstellation**; s. § 28 Abs. 3 b BDSG aF und § 95 Abs. 5 TKG[108]).

57 **Tatbestandlich** erfasst Abs. 4 Fälle, in denen „unter anderem die Erfüllung eines Vertrags, einschließlich der Erbringung einer Dienstleistung, von der Einwilligung zu einer Verarbeitung von personenbezogenen Daten abhängig ist, die für die Erfüllung des Vertrags nicht erforderlich sind". Das Gemeinte wird damit nur undeutlich erfasst. Es geht nicht lediglich um die Erfüllung eines zuvor geschlossenen Vertrages, sondern auch und vor allem um Konstellationen, in denen der Verantwortliche dem Betroffenen zu verstehen gibt, dass er das Vertragsverhältnis nur eingehen werde, wenn dieser die gewünschte Einwilligung erteile. Der im Englischen verwendete Begriff „performance of a contract" schließt diese zweite Dimension klarer ein. Nicht erforderlich für die Erfüllung des Vertrags ist der Aufbau von Datenbeständen, die für Zwecke der Werbung,[109] allgemein zur Profilbildung oder zum Weiterverkauf an Dritte genutzt werden können.

58 Schwierigkeiten bereitet die Bestimmung der **Rechtsfolge.** Nach EG 43 aE soll das Fehlen der Freiwilligkeit unter den genannten Voraussetzungen zu vermuten sein.[110] Noch weitergehend wird die Vorschrift teilweise als „Kopplungsverbot" bezeichnet,[111] womit zumindest auf den ersten Blick eine Widerlegung der Vermutung ausgeschlossen wird. Weder die eine noch die andere Interpretation ist vom Normtext gedeckt und entspricht der Systematik der DSGVO. Bei der Beurteilung eines Verhaltens als freiwillig ist der tatbestandlich beschriebenen Lage lediglich „in größtmöglichem Umfang Rechnung" zu tragen. Abs. 4 formuliert mithin nur eine auf die Rechtsanwendung bezogene Pflicht zur umfassenden („größtmöglichen") Berücksichtigung bestimmter Umstände bei der Subsumtion unter den Begriff der Freiwilligkeit. Wäre nur noch die Erhebung von zur Vertragserfüllung erforderlichen Daten durch Einwilligung legitimierbar, hätte die Einwilligung als Baustein privatautonomen Interessenausgleichs bei einem Vertragsschluss wegen des dann idR eingreifenden gesetzlichen Erlaubnistatbestands des Art. 6 Abs. 1 UAbs. 1 lit. b entgegen der grds. Wertung des Art. 8 Abs. 2 S. 1 GRCh (→ Rn. 25 f.) nur noch im Sonderbereich des Art. 9 Abs. 2 eine eigenständige Bedeutung. Für das Verständnis des Abs. 4 als bloße Berücksichtigungspflicht streitet auch die Entwicklungsgeschichte der DSGVO, denn im Parl-E war noch klar ein echtes Kopplungsverbot formuliert.[112]

59 Der Umfang, in welchem dem Kopplungstatbestand bei der Subsumtion des Sachverhalts unter den Freiwilligkeitsbegriff Rechnung getragen werden kann, wird auch durch das Grundrecht auf informationelle Selbstbestimmung (Art. 8 GRCh) und die Grundrechte des Verantwortlichen begrenzt (→ Rn. 20).[113] Die Verengung des Freiwilligkeitsbegriffs bedarf als **Eingriff in Grundrechte** einer verfassungsrechtlichen Recht-

---

104 BVerfG JZ 2007, 576 (577).
105 BVerfG JZ 2007, 576 (577).
106 BGH NJW 2008, 3055 (3056 Rn. 21); NJW 2010, 864 (865 f. Rn. 21); zust. *Kühling/Seidel/Sivridis*, Datenschutzrecht, 3. Aufl. 2015, Rn. 312; *Ernst* ZD 2017, 110 (112); kritisch *Grönemeyer*, Einwilligung im Beschäftigtendatenschutz, S. 17 f.
107 Zur Materialisierung der Vertragsfreiheit in BVerfGE 89, 214 (232) s. *Klement*, Wettbewerbsfreiheit, 2015, S. 188 ff.
108 Teilweise wurde bisher ein allgemeines Kopplungsverbot aus dem Merkmal der freien Entscheidung in § 4 a Abs. 1 S. 1 BDSG aF hergeleitet (DKWW/*Däubler* § 4 a Rn. 24; *Menzel* DuD 2008, 400 (405)), was mit Blick auf die im Text genannten Spezialvorschriften allerdings nicht überzeugte (*Hermstrüver*, Selbstgefährdung, S. 85).
109 *Dammann* ZD 2016, 307 (311).
110 So auch *Art.-29-Gruppe*, WP 259, S. 8.
111 *Buchner* DuD 2016, 155 (158); *Kühling/Martini* EuZW 2016, 448 (451); iErg auch *Dammann* ZD 2016, 307 (311).
112 *Kampert*, Netzwerke, S. 244; Paal/Pauly/*Frenzel* Rn. 1.
113 Zur Erforderlichkeit einer restriktiven Interpretation vor diesem Hintergrund auch Gola/*Schulz* Art. 7 Rn. 24.

fertigung. Das Anliegen allein, einen vollverantwortlich handelnden Grundrechtsträger vor für ihn nachteiligen Folgen einer Einwilligung zu schützen, taugt dabei nicht als rechtfertigender Grund.[114] Paternalismus ist weder ein Gemeinwohlzweck noch dient er den Rechten und Freiheiten anderer im Sinne des Art. 52 Abs. 1 S. 2 GRCh.[115] Der Einzelne muss vielmehr selbst entscheiden können, ob er eine Verarbeitung seiner Daten in der konkreten Situation für sinnvoll hält.[116] Grundrechtlich nicht zulässig ist auch die Variante eines sog libertären Paternalismus[117], der für sich in Anspruch nimmt, dem Menschen durch eine Korrektur systematischer Rationalitätsdefizite[118] zu den Entscheidungen zu verhelfen, die langfristig seinen eigentlichen Interessen entsprechen.[119] Dessen unbeschadet wäre es allerdings zu kurz gegriffen, ein materielles Freiwilligkeitsverständnis mit dem Paternalismusargument rundheraus für grundrechtswidrig zu erklären (→ Art. 6 Abs. 1 Rn. 5). Beim datenschutzrechtlichen Kopplungstatbestand geht es nämlich nicht darum, dem Betroffenen die für ihn sinnvolle Entscheidung vorzuschreiben. Bezweckt wird vielmehr, ihn schon vor dem Entstehen von Verhandlungssituationen zu schützen, in denen die Verweigerung der Einwilligung bei rationaler Entscheidung nicht oder schwerlich in Betracht kommt. An der damit bewirkten Verbesserung der Verhandlungsposition haben zumindest typischerweise auch solche Grundrechtsträger ein Interesse, die zur Erlangung der vertraglichen Gegenleistung die Datenverarbeitung in Kauf nehmen würden.

Zu bedenken bleibt freilich, dass der Eingriff in das Einwilligungsrecht neben (unmittelbaren) Vorteilen **60** auch – zumeist nur mittelbar spürbare – **Nachteile für den Betroffenen** bringen kann.[120] Der Eingriff in das Selbstbestimmungsrecht mindert regelmäßig auch den wirtschaftlichen Wert der eigenen personenbezogenen Daten für die Betroffenen.[121] Bei wirtschaftlicher Betrachtung kann die Einwilligung in der von Abs. 4 erfassten Konstellation eine Gegenleistung für die vom Unternehmen zu erbringende Leistung sein; sie ersetzt oder mindert das zu entrichtende Entgelt[122] (dies ausdrücklich anerkennend Art. 3 Abs. 1 Entwurf einer RL für die Bereitstellung digitaler Inhalte im Vertragsrecht, KOM 2015/634, S. 28). Die Möglichkeit, personenbezogene Daten preiszugeben, dient deshalb – unter heutigen Bedingungen mehr denn je – der potenziellen Teilhabe am Informationsfluss und den damit einhergehenden Wohlstandsgewinnen. Neben den Interessen des Grundrechtsträgers sind außerdem die Rechte (Grundrechte, Grundfreiheiten) und Interessen des Verarbeiters zu berücksichtigen.[123] So wird es dem Anbieter einer Leistung auch in Zukunft ermöglicht werden müssen, solche personenbezogenen Informationen einwilligungsbasiert zu verarbeiten, auf die er seine Entscheidung über den Vertragsschluss und die Vertragskonditionen berechtigterweise stützen möchte (zB Risikoprüfung vor Abschluss eines Versicherungsvertrags).

Vor diesem Hintergrund ist Abs. 4 restriktiv zu handhaben. Keinesfalls kann jeglicher durch die Bedürfnisse **61** und Wünsche des Betroffenen erzeugte **Entscheidungsdruck**, einen bestimmten Vertrag abzuschließen, dem äußeren physischen oder rechtlichen Zwang gleichgesetzt werden.[124] Eine Erklärung kann allerdings als unfreiwillig zu qualifizieren sein, wenn der Verbraucher auf die angebotene Leistung in besonderer Weise angewiesen ist (zB Telefon- und Internetanschluss, Girokonto) und er nicht über einen zumutbaren Zugang „zu einer gleichwertigen vertraglichen Leistung ohne Einwilligung" verfügt (EG 34 Rat-E aE)[125]. Das entspricht der Regelung des § 95 Abs. 5 TKG. Die Möglichkeit eines Zugangs zu einer gleichwertigen Leistung wird als solche nicht datenschutzrechtlich, sondern durch den kartellrechtlichen Schutz eines freien Wettbewerbs unter den Anbietern geschützt. Das Bundeskartellamt ist allerdings bestrebt, eine besondere Datenschutzverantwortlichkeit des marktbeherrschenden Unternehmens mithilfe des Kartellrechts zu konstruieren, indem eine Verletzung von Datenschutzregeln unter bestimmten Voraussetzungen als Missbrauch einer

---

114 Aus jeweils anderen Perspektiven ablehnend auch *Grimm* JZ 2013, 585 (588); *Körber* NZKart 2016, 348 (350); *Ohly*, Einwilligung, S. 75 f., 105ff.; *Buchner* DuD 2010, 39 (40, 43); *ders.*, Selbstbestimmung, S. 113 f.; *Schafft/Ruoff* CR 2006, 499 (500); *Sandfuchs*, Privatheit, S. 128ff.; *Krönke* Der Staat 55 (2016), 319 (338); differenzierend *Hermstrüwer*, Selbstgefährdung, S. 365.

115 Für das GG *Klement* in: Spiecker gen. Döhmann/Wallrabenstein (Hrsg.), Rechtswissenschaftliche Fragen an das neue Präventionsgesetz, 2016, 105 (124).

116 *Kampert*, Netzwerke, S. 101.

117 *Sunstein/Thaler* The University of Chicago Law Review 70 (2003), 1159.

118 *Eidenmüller* JZ 2011, 814.

119 Allg. Kritik bei *Klement* in: Spiecker gen. Döhmann/Wallrabenstein (Hrsg.), Rechtswissenschaftliche Fragen an das neue Präventionsgesetz, 2016, 105 (126ff.). „Weich" paternalistische Grundrechtseingriffe für rechtfertigbar haltend *Schmolke*, Grenzen der Selbstbindung im Privatrecht, S. 66.

120 Diese Ambivalenz hervorhebend auch Kühling/Buchner/*Buchner/Kühling* Art. 7 Rn. 41.

121 *Buchner* DuD 2010, 39 (39, 43), spricht – mit positivem Unterton – von der Einwilligung als „Kommerzialisierungsinstrument"; ähnlich *Schafft/Ruoff* CR 2006, 499 (500); kritisch *Simitis* DuD 2000, 714 (721).

122 Hierzu und zu vertragsrechtlichen Konsequenzen *Bräutigam* MMR 2012, 635.

123 Vgl. *Buchner*, Selbstbestimmung, S. 266 f.; *Lindner*, Einwilligung, S. 156 f.; Gola/Schomerus/*Gola/Klug/Körffer* § 4 a Rn. 22 b.

124 Ähnlich Sydow/*Ingold* Art. 7 Rn. 27.

125 *Buchner* DuD 2010, 39 (41); *ders.*, Selbstbestimmung, S. 264ff.; Gola/*Schulz* Art. 7 Rn. 24. S. schon BGHZ 95, 362 (368) zur sog Schufa-Klausel in Kreditverträgen.

marktbeherrschenden Stellung (Art. 102 AEUV, § 19 GWB) qualifiziert und damit auch kartellrechtlich sanktionierbar gemacht wird.[126]

62 Unfreiwillig kann eine Erklärung des Betroffenen insbes. bei einem **rechtlichen oder faktischen Monopol** oder zumindest einer beträchtlichen Marktmacht des Anbieters einer Dienstleistung von allgemeinem wirtschaftlichem Interesse[127] (Art. 106 Abs. 2 AEUV) oder einer anderen eminent wichtigen Leistung sein.[128] Auch insoweit ist aber dem berechtigten Interesse des Anbieters Rechnung zu tragen, sich durch eine Datenverarbeitung die notwendige Entscheidungs- und Kalkulationsgrundlage für das Rechtsgeschäft zu verschaffen.[129] Anders verhält es sich naturgemäß, wenn der Anbieter ohnehin einem Kontrahierungszwang unterliegt. Ist umgekehrt (auch) der Grundrechtsträger zur Inanspruchnahme einer Leistung verpflichtet (zB Pflichtversicherung), spricht prima facie einiges für die Unfreiwilligkeit einer ihm abverlangten Einwilligungserklärung. Die Zustimmungserklärung wird hier auch dann regelmäßig der hoheitlich gesetzten Pflicht und nicht dem freien Willen des Erklärenden zuzurechnen sein, wenn der Betroffene zwar die Wahl zwischen mehreren Anbietern der Leistung hat, diese von ihm aber alle eine im Wesentlichen identische Einwilligung verlangen.

63 Der Zugang zu einem einzelnen **sozialen Netzwerk** dürfte auch unter heutigen Bedingungen typischerweise keine Leistung sein, auf die der Einzelne so dringend angewiesen ist, dass die Unfreiwilligkeit einer zur Erlangung des Zugangs abgegebenen Erklärung indiziert wäre.[130] Von selbstverantwortlich handelnden Grundrechtsträgern ist im Allgemeinen zu erwarten, dass sie einem „Gruppenzwang" zur virtuellen Vernetzung widerstehen, solange und soweit elementare Kommunikationsinteressen auch auf anderem Wege befriedigt werden können. Zu berücksichtigen ist in diesem Kontext auch, dass das Modell „Daten gegen Leistung" die heute zumeist als selbstverständlich angesehene kostenlose Nutzbarkeit der genannten Dienste erst ermöglicht,[131] die wiederum im typischen Interesse des Grundrechtsträgers liegt. Eine strikte Handhabung des Abs. 4 würde dieses Geschäftsmodell für die Zukunft ausschließen[132] (hiergegen wendet sich auch Art. 3 Abs. 1 des Vorschlags für eine RL über bestimmte vertragsrechtliche Aspekte der Bereitstellung digitaler Inhalte[133]). Nicht überzeugend ist es, die Freiwilligkeit im Sinne des Abs. 4 nur dann zu bejahen, wenn der Tausch Leistung gegen Daten für den Nutzer transparent gemacht wird.[134] Die Transparenz ist uU für das Lauterkeitsrecht, nicht aber für das Datenschutzrecht von Belang.

64 **(b) Unfreiwilligkeit in sozialen Abhängigkeitsverhältnissen.** Anstelle des Abs. 4 war im KOM-E eine Regel vorgesehen, der zufolge eine Einwilligung als unwirksam zu behandeln sei, „wenn zwischen der Position der betroffenen Person und des für die Verarbeitung Verantwortlichen ein erhebliches Ungleichgewicht besteht". Als Beispiel wurde in den EG ein Abhängigkeitsverhältnis zwischen der betroffenen Person und dem Verantwortlichen genannt, wie es im Rahmen eines **Beschäftigungsverhältnisses** gegeben sei.[135] Zu denken ist aber zB auch an ein Mietverhältnis.[136] Der später verabschiedete Verordnungstext enthält die Ungleichgewichtsklausel zwar nicht. Die Gleichgewichtsmetapher wird allerdings in EG 43 als Bedingung der Wirksamkeit der Einwilligung aufgeführt. Angesichts dessen könnte die Einwilligungsdefinition in Art. 4 Nr. 11 in der Rechtsanwendung entsprechend angereichert werden. Im Vergleich zur früheren Wendung „ohne Zwang" in Art. 2 lit. h DSRL belässt das Freiwilligkeitserfordernis den Interpreten den hierfür erforderlichen Spielraum.[137]

65 Die **Gleichgewichtsmetapher** ist schon deshalb problematisch, weil sie die Möglichkeit und Wünschbarkeit einer vollständigen oder doch weitgehenden Abwesenheit von durch den Verantwortlichen beeinflussten oder beeinflussbaren Anreizen zur Abgabe der Einwilligung suggeriert. Ein auf Privatautonomie und Wettbewerb gründendes Wirtschaftssystem lebt von Wünschen, die im Einzelnen in der Erfahrung seiner Umwelt wachsen und die er sich im Austausch mit anderen erfüllen kann; ein Gleichgewicht kann nicht annäherungsweise erreicht und sollte nicht einmal angestrebt werden. Der Betroffene kann nur punktuell vor

---

126 S. Bundeskartellamt, Pressemitteilung v. 2.3.2016, Bundeskartellamt eröffnet Verfahren gegen Facebook; im Grundsatz auch Monopolkommission, 68. Sondergutachten, 2015, Tz. 515ff.; kritisch *Körber* NZKart 2016, 348 (351ff.); vgl. auch *Franck* ZWeR 2016, 137.

127 Vgl. *Roßnagel/Pfitzmann/Garstka*, S. 93: Infrastrukturleistungen der zivilisatorischen Grundversorgung.

128 *Buchner* DuD 2016, 155 (158); *Kamp/Rost* DuD 2013, 80 (80).

129 Kühling/Buchner/*Buchner/Kühling* Art. 7 Rn. 47.

130 *Kampert*, Netzwerke, S. 93, 236; aA *Schaar* in: Stiftung Datenschutz (Hrsg.), Zukunft der informationellen Selbstbestimmung, 2016, 93 (95).

131 *Kampert*, Netzwerke, S. 93, 96, 190.

132 *Schantz* NJW 2016, 1841 (1845); *Kampert*, Netzwerke, S. 245; *Ziegenhorn/von Heckel* NVwZ 2016, 1585 (1587f.).

133 COM(2015) 634 final.

134 *Buchner* DuD 2016, 155 (158f.); Kühling/Buchner/*Buchner/Kühling* Art. 7 Rn. 51.

135 In diesem Sinne auch BVerfG NJW 2007, 286 (287f.); Simitis/*ders.* § 4a Rn. 62.

136 *Kamp/Rost* DuD 2013, 80 (81).

137 Ehmann/Selmayr/*Heckmann/Paschke* Art. 7 Rn. 11; vgl. Simitis/*ders.* § 4a Rn. 8.

Verhandlungssituationen geschützt werden, in denen er vernünftigerweise keine Alternative zur Erteilung der Einwilligung hat. Wie bei den Kopplungstatbeständen (→ Rn. 61) ist jedoch auch hier im Einzelfall[138] zu prüfen, ob das Interesse am Datenschutz die Interessen an der Datenverarbeitung – auch auf Seiten der Betroffenen – überwiegt (ebenso EG 43 S. 1: „in Anbetracht aller Umstände in dem speziellen Fall"). Ein solches Überwiegen ist jedenfalls dann nicht gegeben, wenn die als problematisch angesehene Verhandlungssituation zwischen dem Betroffenen und dem Verarbeiter nach Lage der Dinge keinen Einfluss auf die Willensbildung des Betroffenen hatte.[139] Ein genereller Ausschluss der Einwilligung in bestimmten, abstrakt beschriebenen Lebenslagen wie zB in Arbeitsverhältnissen,[140] Mietverhältnissen oder im Verhältnis zwischen Verbrauchern und Unternehmen[141] ist grundrechtlich unmöglich.[142]

§ 26 Abs. 2 BDSG nF ermöglicht – im Einklang mit EG 155 – eine Einzelfallbetrachtung der Freiwilligkeit **66** der **Einwilligung eines Beschäftigten**. Eine Abwägung des Schutzinteresses des Betroffenen mit dem Datenverarbeitungsinteresse ist zwar nicht ausdrücklich vorgesehen. Da die Vorschrift allerdings nur beispielhaft die bei der Beurteilung der Freiwilligkeit zu berücksichtigenden Faktoren aufzählt („insbesondere"), dürfte sie insoweit einer primärrechtskonformen Auslegung zugänglich sein. Zu beachten ist schließlich, dass die Öffnungsklausel des Art. 88 Abs. 1 nur spezifischere, nicht aber strengere nationale Regelungen für die Datenverarbeitung in Beschäftigungsverhältnissen ermöglicht.[143] Bei der Auslegung und Anwendung des § 26 Abs. 2 BDSG ist deshalb Art. 4 Nr. 11 Rechnung zu tragen.

bb) Bestimmtheit. Die bestätigende Handlung muss „für den bestimmten Fall" erfolgen (Art. 4 Nr. 11). **67** Während das Gesetz mit der „eindeutigen bestätigenden Handlung" eine unzweifelhafte Erkennbarkeit des „Ob" einer Einwilligung verlangt, hat das Bestimmtheitsgebot den **Inhalt der Einwilligung** zum Gegenstand. Im Zusammenwirken der beiden Merkmale wird der Wille des Betroffenen für die Rechtsanwendung erkennbar gemacht. Diese sind damit die äußere Seite des inneren Tatbestands der Selbstbestimmtheit.

Mit dem „Fall" meint das Gesetz die durch die Einwilligung **zu legitimierende Datenverarbeitung**. Diese ist **68** definiert durch die personenbezogenen Daten (Art. 4 Nr. 1), die Verarbeitungsform (Art. 4 Nr. 2), den Verantwortlichen (Art. 4 Nr. 7) und etwaige weitere Datenempfänger (Art. 4 Nr. 9). Bestimmt ist der Fall nur, wenn aus der Perspektive eines objektiven Empfängers der Einwilligung erkennbar ist, ob eine bestimmte Verarbeitung von der bestätigenden Handlung gedeckt ist (**objektive Bestimmtheit**). Die Blickrichtung geht hier also von der Verarbeitung zurück zur Einwilligung. Unklarheiten gehen zulasten der verantwortlichen Stelle;[144] sie lassen die Einwilligung insgesamt und nicht nur in Bezug auf die nicht klar erfassten Sachverhalte entfallen. Zweifel an der Bestimmtheit können insbes. bei Willensbekundungen durch schlüssiges Verhalten angebracht sein.[145]

Darüber hinaus ist zu verlangen, dass die Verarbeitung vom Betroffenen durch die bestätigende Handlung **69** materiell verantwortet wird. Hierzu muss der Kreis der von der bestätigenden Handlung erfassten Datenverarbeitungen ex ante so deutlich vorhersehbar gewesen sein, dass sich der Betroffene ein Bild von den für ihn bestehenden Chancen und Risiken machen konnte[146] (**objektive Vorhersehbarkeit**). Die Einwilligung soll auf diese Weise ein Instrument der Selbstgestaltung der informationellen Beziehungen durch den Betroffenen sein. Andere Sprachfassungen der DSGVO zeigen diese Blickrichtung von der Einwilligung hin zur Verarbeitung deutlicher als der „bestimmte Fall" im Deutschen (engl. „specific […] indication of the data subject's wishes" ; frz. „manifestation de volonté […] spécifique" ; span. „manifestación de voluntad […] específica"). Bloße Blanko-Ermächtigungen – wie zB eine pauschale Schweigepflichtentbindungsklausel in einem Versicherungsvertrag[147] oder die Erlaubnis zur Datenweitergabe an nicht näher bestimmte Drit-

---

138 BeckOK DatenschutzR/*Stemmer* DSGVO Art. 7 Rn. 50.
139 Vgl. *Radlanski*, Einwilligung, S. 58.
140 Eine Einwilligung in Arbeitsverhältnissen grds. für zulässig haltend Gola/*Schulz* Art. 7 Rn. 46; *Spelge* DuD 2016, 775 (780); nach bisherigem Recht VG des Saarlandes ZD 2016, 549 Rn. 65; *Schmidt*, Datenschutz für „Beschäftigte", 2016, S. 299ff.; *Riesenhuber* RdA 2011, 257 (261); Gola/Schomerus/*Gola/Klug/Körffer* § 4 a Rn. 22 b, 24; *Grönemeyer*, Einwilligung im Beschäftigtendatenschutz, S. 11ff.; implizit BAGE 150, 195 (201 Rn. 26); aA (im Beschäftigungsverhältnis grds. Ungleichgewicht) *Stelljes* DuD 2016, 787 (788); *Art.-29-Gruppe*, WP 259, S. 7; zum bisherigen Recht *Tinnefeld/Petri/Brink* MMR 2010, 727 (729); *Wedde* DuD 2004, 169 (171).
141 *Kampert*, Netzwerke, S. 238
142 Ebenso iErg Kühling/Buchner/*Buchner/Kühling* Art. 7 Rn. 44.
143 Vgl. *Schmidt*, Datenschutz, S. 50ff.; *Spelge* DuD 2016, 775 (778); großzügiger *Wybitul* ZD 2016, 203 (205); *Jerchel/Schubert* DuD 2016, 782 (782 f.); *Roßnagel* DuD 2017, 290 (292).
144 Vgl. Simitis/*ders.* § 4 a Rn. 85.
145 Paal/Pauly/*Frenzel* Art. 6 Rn. 11. Allgemein kritisch zu nicht ausdrücklichen Einwilligungen Simitis/*ders.* § 4 a Rn. 78.
146 Vgl. *Kühling/Seidel/Sivridis*, Datenschutzrecht, 3. Aufl. 2015, Rn. 320; *Radlanski*, Einwilligung, S. 108.
147 Vgl. BVerfG JZ 2007, 576 (577).

te[148] – sind mithin keine Einwilligungen im Rechtssinne,[149] mögen sie auch objektiv bestimmt sein. Deshalb genügt es bspw. nicht, dass der Verantwortliche „maximal transparent darlegt", dass mithilfe einer Aggregation der vom Betroffenen erhobenen Daten eine „ergebnisoffene Analyse" vorgenommen werden soll.[150] Gegen das hier vertretene Verständnis des Merkmals des „bestimmten Falles" vorgetragene grundrechtliche Bedenken[151] überzeugen nicht. So wie die Menschenwürde nicht die Selbstentwürdigung schützt,[152] so umfasst der grundrechtliche Schutz der Selbstbestimmtheit nicht ein Handeln, mit dem sich der Grundrechtsträger der Möglichkeit zukünftiger Selbstbestimmtheit ganz oder teilweise entledigt.[153] Richtig allerdings ist, dass das Postulat objektiver Vorhersehbarkeit zu schwierigen Abgrenzungsfragen führt, denn eine zu detaillierte Beschreibung der beabsichtigten Datenverarbeitung kann schnell zulasten der Klarheit und der auf das Wesentliche bezogenen Verständlichkeit gehen.[154] Bei der Frage, welches „Betroffenenbild"[155] der Beurteilung der objektiven Vorhersehbarkeit zugrunde zu legen ist, bietet das allgemeine Leitbild eines verständigen Durchschnittsverbrauchers Orientierung.

70 Die Betroffenenverantwortung ist nur gewährleistet, wenn auch der **Zweck** der Datenverarbeitung bestimmt ist.[156] Dass der bestimmte Zweck durch die Erlaubnisnorm des Art. 6 Abs. 1 UAbs. 1 lit. a und durch Art. 8 Abs. 2 S. 1 GRCh technisch als eine neben dem Einwilligungsbegriff zu prüfende Anforderung formuliert wird, ändert nichts daran, dass der Zweck ein notwendiges Element schon der Definition des Art. 4 Nr. 11 ist (sa Art. 5 Abs. 1 lit. b). Die Tragweite einer Datenverarbeitung kann vom Betroffenen schlechterdings nur beurteilt werden, wenn er nicht nur weiß, welche Verarbeitung vorgenommen wird, sondern auch, zu welchem Nutzen dies geschehen soll. Nicht ausreichend sind insbes. generalklauselartige Zweckbeschreibungen wie zB „ordnungsgemäße Geschäftsführung".[157]

71 Die objektive Vorhersehbarkeit des Einwilligungsumfangs ist zu verneinen, wenn der Betroffene eine **Software** einsetzt, die an seiner Stelle im konkreten Fall die bestätigende Handlung generiert. Der Computer kann als Einwilligungsassistent nur zur Vorbereitung einer vom Betroffenen selbst zu treffenden Entscheidung genutzt werden. Die mit dem Einsatz der Software angestrebte Erleichterung besteht gerade darin, dass der Betroffene über die Einwilligung nicht mehr mit Blick auf den konkreten Fall, sondern für abstrakt gebildete Typen entscheidet. Eine generalisierte Einwilligung entspricht aber nicht Art. 4 Nr. 11. Gerade bei der Verwendung intelligenter (dh autonom agierender) Softwareprogramme (sog Softwareagenten)[158] wird die materielle Lücke zwischen der dem Betroffenen zuzurechnenden Grundentscheidung und den konkret hergestellten Ergebnissen deutlich. Mit der Bestimmtheit fehlt es notwendigerweise auch an der Informiertheit des Betroffenen, der keine Kenntnis von der einzelnen Verarbeitung mehr erlangt. Nach dem Gesagten kann eine Einwilligung entgegen dem durch EG 32 S. 2 erweckten Eindruck auch nicht durch generalisierende Browsereinstellungen[159] erteilt werden. Das Gesagte schließt es allerdings nicht aus, das Datenschutzrecht in diese Richtung weiterzuentwickeln. Eine Kombination aus generalisierter Einwilligung und gesetzlichen Schutzvorkehrungen kann sich in bestimmten Konstellationen als sinnvoll erweisen, namentlich in Fällen von individuell untergeordneter Bedeutung des alltäglichen Informationshandelns (in diese Richtung bzgl. Cookies Art. 9 Abs. 2 ePrivacyVO-E → Rn. 17). Diese Entwicklung ist aber nicht durch eine Neuinterpretation der Merkmale der Bestimmtheit und Informiertheit zu leisten, sondern muss sich außerhalb des allgemeinen Einwilligungsbegriffs des Art. 4 Nr. 11 vollziehen.

72 **cc) Informiertheit.** Die von Art. 4 Nr. 11 verlangte Informiertheit (s. auch Art. 5 Abs. 1 lit. a: Transparenz) ist das **subjektive Gegenstück zur Bestimmtheit** der Bestätigungshandlung und nicht ohne diese zu haben. Die DSGVO gestaltet damit das grundrechtliche Konzept der Selbstbestimmtheit – ohne Eingriff (→ Rn. 32) – aus. In informierter Weise[160] entscheidet der Betroffene, wenn er über die zumutbare Möglichkeit verfügt, sich – ggf. unter Inanspruchnahme sachkundiger Beratung – die bereitgehaltenen Informationen über alle die beabsichtigte Datenverarbeitung kennzeichnenden Merkmale anzueignen.[161] Hierzu gehören

---

148 BVerfG JZ 2007, 576 (577 f.); BGHZ 95, 362 (368).
149 BGHZ 95, 362 (368); *Gola* RDV 2002, 109 (111).
150 S. *Hermstrüwer*, Selbstgefährdung, S. 98ff., 289ff.; aA Gola/*Schulz* Art. 7 Rn. 32.
151 Mit Blick auf das vorstehende Big-Data-Beispiel Gola/*Schulz* Art. 7 Rn. 32: „Entmündigung".
152 Zu dieser umstrittenen Frage statt vieler Maunz/Dürig/*Herdegen* GG Art. 1 Rn. 79.
153 Vgl. *Rössler*, Der Wert des Privaten, S. 140 f.
154 Simitis/*ders.* § 4 a Rn. 80; *Radlanski*, Einwilligung, S. 107 f.; *Kühling/Seidel/Sivridis*, Datenschutzrecht, 3. Aufl. 2015, Rn. 320.
155 *Radlanski*, Einwilligung, S. 108.
156 Kühling/Buchner/*Buchner/Kühling* Art. 7 Rn. 61.
157 Vgl. Simitis/*ders.* § 4 a Rn. 81.
158 Zum Begriff *Kirn/Müller-Hengstenberg* MMR 2014, 225ff. Zu datenschutzrechtlichen Fragen im Zusammenhang mit Softwareagenten *Kühling* Verw 40 (2007), S. 153 (162ff.).
159 S. dazu *Art.-29-Gruppe*, WP 259, S. 17 f.
160 Ausführlich zum Konzept der informierten Einwilligung *Körner* in: Simon/Weiss (Hrsg.), Liber Amicorum Simitis, 131 (132ff., 139ff.).
161 Ebenso iErg Paal/Pauly/*Ernst* Art. 4 Rn. 79.

die Identität des Verantwortlichen (nicht aber des Auftragsverarbeiters[162]), der Verarbeitungszweck (EG 42), die verarbeiteten Daten sowie die Absicht einer ausschließlich automatisierten Entscheidung (Art. 22 Abs. 2 lit. c) oder einer Datenübermittlung in Drittländer (Art. 49 Abs. 1 S. 1 lit. a). Nach Abs. 3 S. 3 ist der Betroffene auch von der Möglichkeit eines Widerrufs in Kenntnis zu setzen (→ Rn. 94). Zur Wahrung der Selbstbestimmtheit nicht erforderlich ist, dass der Betroffene von der Möglichkeit der Informationsaneignung tatsächlich Gebrauch gemacht hat (→ Rn. 23). Trotz Informiertheit entstehende Irrtümer des Betroffenen über die Sachlage oder Fehlvorstellungen über die durch die Zustimmung bewirkten Folgen berühren die Wirksamkeit der Einwilligung nicht[163] (zu Widerruf und Anfechtung → Rn. 85ff., 93). Hat der Verantwortliche den Betroffenen freilich über den Sachverhalt getäuscht, ist eine zumutbare Möglichkeit der Informationsaneignung nicht gegeben und das Merkmal „in informierter Weise" zu verneinen.

Die Informiertheit wird zwar regelmäßig,[164] aber nicht notwendigerweise durch eine **Informationshandlung** **73** **des Verantwortlichen** hergestellt. Diese ist oft untrennbar mit dem Einwilligungsersuchen verbunden, das die Datenverarbeitung zu definieren hat; sie ist von den zT weitergehenden Inhalten der Informationspflichten nach Artt. 12–14 zu unterscheiden.[165] Eine Informationshandlung stellt die Informiertheit nur her, wenn sie verständlich ist (s. für einen Teilbereich ausdrücklich Abs. 2 S. 1 → Rn. 78). Hierzu ist erforderlich, aber auch ausreichend, dass der intellektuelle Aufwand des Betroffenen, der sich ein zutreffendes Bild von der beabsichtigten Datenverarbeitung machen möchte, auf das erforderliche Maß beschränkt wird. Bei der Beurteilung kommt es auf das Verständnis des Adressatenkreises des Einwilligungsersuchens an,[166] dh grds. darf nicht von einer juristischen Vorbildung ausgegangen werden, auf Termini der Rechtssprache ist mithin trotz ihrer größeren Präzision zu verzichten. Eine leichtere oder kürzere Formulierung der Information darf indes nicht zulasten der sachlichen Richtigkeit gehen. Der Betroffene, der mit einer objektiv so einfach wie möglich gefassten Information individuell überfordert ist, muss fachlichen Rat einholen oder auf die Abgabe der Erklärung verzichten. Es ginge zu weit, dem Merkmal der Informiertheit etwa eine absolute Obergrenze für die Länge von Einwilligungserklärungen entnehmen zu wollen[167] oder generell ein Verbot komplexer Rechtsgeschäfte.

Das **Spannungsverhältnis zwischen Verständlichkeit und Vollständigkeit** der Informationen[168] lässt sich mit **74** einem Zwei-Stufen-Modell abschwächen:[169] Dem Betroffenen ist zunächst eine knapp gehaltene Information zu übermitteln, die ihn in groben Zügen über die Tragweite der Verarbeitung unterrichtet und eine Anreizwirkung entfaltet, weitere Informationen einzuholen.[170] Darüber hinaus ist dem Betroffenen vom Verantwortlichen die Möglichkeit zu geben, vollständige Informationen über die konkreten Datenverarbeitungsvorgänge zu erlangen. Der Zugang zu dieser zweiten Informationsstufe ist so einfach zu gestalten, wie dies nach Lage der Dinge objektiv möglich ist. Ein Verweis auf eine Quelle im Internet dürfte jedenfalls dann regelmäßig genügen, wenn die Verantwortlicher und Einwilligender „online" kommunizieren. Für einen Teilbereich ist die Zwei-Stufen-Lösung in Abs. 2 S. 1 ausdrücklich angelegt („Ersuchen um Einwilligung in […] leicht zugänglicher Form").

b) Wirksamkeitsanforderungen. aa) Schriftliche Einwilligung „zusammen mit anderen Erklärungen" (Abs. **75** 2). Abs. 2 regelt die Einwilligung durch eine „schriftliche Erklärung, die noch andere Sachverhalte betrifft". Die Einwilligung darf zwar grds. in ein **komplexeres Gesamtgeschäft** eingegliedert werden (→ Rn. 6, 36). Sie soll aber – gemessen an der äußeren Gestaltung der Erklärung – nicht so sehr in den Hintergrund gedrängt werden, dass sie ein durchschnittlicher Betroffener mit einem nach Lage der Dinge vertretbarem Aufwand nicht zur Kenntnis nimmt. Die Erklärung muss deshalb nach Abs. 2 S. 1 leicht zugänglich und von den anderen Sachverhalten unterscheidbar sein. Das Gesetz verlangt außerdem, dass die Erklärung in verständlicher Form und in einer klaren und einfachen Sprache erfolgt. Unmittelbar normiert Abs. 2 S. 1 keine Anforderungen an die Einwilligung selbst, sondern an das Ersuchen um die Einwilligung. Werden die Anforderungen missachtet, ist nach Abs. 2 S. 2 aber auch die Einwilligung selbst unwirksam (→ Rn. 7).

Im KOM-E und im Parl-E war noch im Singular von nur einem anderen Sachverhalt die Rede. Der **Aus-** **76** **druck „Sachverhalt"** meint nach dem Gesagten abweichend von der in der deutschen Jurisprudenz ge-

---

162 *Art.-29-Gruppe*, WP 259, S. 13.

163 AA *Riesenhuber* RdA 2011, 257 (260): Anfechtungsgründe des BGB als negative Tatbestandsmerkmale der Einwilligung.

164 Sydow/*Ingold* Art. 7 Rn. 35.

165 *Art.-29-Gruppe*, WP 259, S. 15, 24 (für Kinder); für eine Synchronisierung hingegen Sydow/*Ingold* Art. 7 Rn. 35.

166 *Art.-29-Gruppe*, WP 259, S. 14.

167 AA zum Verständlichkeitsgebot des Abs. 2 S. 1 *Ernst* ZD 2017, 110 (113).

168 Vor detailverliebten Einwilligungsersuchen warnend *Buchner*, Selbstbestimmung, S. 258ff.; *Menzel* DuD 2008, 400 (401, 407f.); *Hermstrüwer*, Selbstgefährdung, S. 82 f. S. den Vorschlag eines „privacy nutrition labels" bei *Cioccheti*, John Marshall Journal of Computer and Information Law 2008, No. 1, S. 1.

169 *Menzel* DuD 2008, 400 (408); de lege ferenda auch *Kampert*, Netzwerke, S. 191ff.

170 *Worms/Gusy* DuD 2012, 92 (99).

bräuchlichen Verwendung kein bestimmtes tatsächliches Geschehen, das zum Gegenstand einer rechtlichen Beurteilung gemacht wird. Andere Sachverhalte sind vielmehr betroffen, wenn in einem einheitlichen Dokument („schriftliche Erklärung") neben der Einwilligung noch weitere rechtserhebliche Akte enthalten sind, zB eine Willenserklärung zum Abschluss eines Vertrages. Der Ausdruck „other matters" in der englischen Sprachfassung oder die Wendung „d'autres questions" im Französischen bringen dies besser zum Ausdruck. Nach Sinn und Zweck ist von Abs. 2 auch das vertragliche Versprechen einer (später gesondert zu erteilenden) Einwilligung erfasst. „Schriftlich" ist – wie im Anwendungsbereich des § 126 b BGB – jede verbalisierte, perpetuierte Gedankenerklärung. Die Erklärung muss damit nicht der schriftlichen Form des § 126 BGB entsprechen.[171]

77 Mit dem **Unterscheidbarkeitsgebot** (Transparenzgebot[172]) bleibt die DSGVO prima facie hinter dem Hervorhebungsgebot des bisherigen § 4 a Abs. 1 S. 4 BDSG aF[173] zurück. Von anderen Sachverhalten unterscheidbar kann eine Erklärung streng genommen nämlich selbst dann noch sein, wenn sie im Kleingedruckten versteckt wird. Mit dem Normzweck ist diese Interpretation allerdings nicht vereinbar. Letztlich handelt es sich bei Abs. 2 um eine lex specialis zu den Erfordernissen der Informiertheit und der unmissverständlich abgegebenen Willensbekundung (Art. 4 Nr. 11). Die Einwilligung soll nicht lediglich „beiläufig"[174] im Zusammenhang mit anderen Willensbekundungen erteilt werden, sondern nach der optischen Darstellung so gestaltet sein, dass ihr die besondere Aufmerksamkeit eines durchschnittlichen Betroffenen sicher ist. Die betroffene Person soll wissen können, dass und in welchem Umfang sie ihre Einwilligung erteilt (EG 42). Die Einwilligung darf daher insbes. nicht in AGB „untergehen".[175] Das entspricht dem formalen Gehalt des Verbots überraschender Klauseln im AGB-Recht (§ 305 c Abs. 1 BGB).[176]

78 Der Informiertheit des Betroffenen dient auch das in Abs. 2 S. 1 außerdem enthaltene **Gebot der Verständlichkeit** sowie – auf dieses ausgerichtet – einer klaren und einfachen Sprache des Einwilligungsersuchens. Im Wesentlichen wird damit nur wiederholt, was sich schon allgemein aus dem Merkmal der Informiertheit ergibt. Zusätzlich folgt aus Abs. 2 S. 1, dass das Einwilligungsersuchen zu versprachlichen ist.[177] Eine rein zeichnerische Kommunikation nach Art der von manchen international agierenden Unternehmen für den Endverbraucher verfassten Bedienungsanleitungen ist damit ausgeschlossen. Während die Informiertheit des Betroffenen iSv Art. 4 Nr. 11 nicht notwendigerweise durch eine Informationshandlung des Verantwortlichen hergestellt werden muss (→ Rn. 73) und auch die Verletzung einer Informationspflicht nach Artt. 12–14 als solche nicht zur Unwirksamkeit der Erklärung führt,[178] hat eine Verletzung der Anforderungen des Abs. 2 S. 1 gemäß S. 2 per se die Unwirksamkeit der Einwilligungserklärung zur Folge. Diese ist also auch dann unwirksam, wenn der Betroffene trotz der Verletzung des Transparenzgebots vollständig informiert ist.[179] Auf Einwilligungserklärungen außerhalb verbundener Sachverhalte ist die Sanktionsnorm des Abs. 2 S. 2 entsprechend anwendbar, dh jeder Verstoß gegen die DSGVO führt zur Unwirksamkeit der Einwilligung (→ Rn. 7).

79 Die Bezugnahme auf „Teile der Erklärung" in Abs. 2 S. 2 bedeutet, dass die Einwilligungserklärung bei einem Rechtsverstoß nicht vollständig nichtig sein muss. Eine bloße Teilnichtigkeit ist möglich, soweit die äußerlich einheitliche Bestätigungshandlung mehrere voneinander trennbare Verarbeitungen personenbezogener Daten betrifft und damit bei materieller Betrachtung mehrere Einwilligungen zusammenfasst. Der Parl-E hatte demgegenüber noch eine vollständige Nichtigkeit der gesamten Erklärung vorgesehen. Auch die geltende Regel schließt es allerdings nicht aus, dass ein unmittelbar nur einen Teil der Erklärung betreffender Fehler die gesamte Erklärung infiziert. Das ist dann der Fall, wenn der Betroffene infolge der Nichtkenntnis von der Unwirksamkeit des unmittelbar betroffenen Teils insgesamt uninformiert gehandelt hat und es mithin nicht auszuschließen ist, dass er die Erklärung bei Kenntnis des Unwirksamkeitsgrundes nicht abgegeben hätte (iErg wie § 139 BGB).

80 **bb) Missbrauchskontrolle bei vorformulierten Einwilligungsersuchen.** Eine speziell auf vorformulierte Einwilligungsersuchen ausgerichtete Inhaltskontrolle kennt die DSGVO selbst nicht. Allerdings verweist EG 42 S. 3 auf die sog **Klausel-RL 93/13/EWG**, die eine Kontrolle von nicht im Einzelnen ausgehandelten Vertragsklauseln zwischen Gewerbetreibenden und Verbrauchern zum Gegenstand hat. Würde ein Miss-

171 Ehmann/Selmayr/*Heckmann/Paschke* Art. 7 Rn. 29.
172 Kühling/Buchner/*Buchner/Kühling* Art. 7 Rn. 2, 25 f.
173 Zu diesem BGH NJW 2010, 864 (866 Rn. 26); *Lindner*, Einwilligung, S. 191.
174 Paal/Pauly/*Frenzel* Rn. 10.
175 Ehmann/Selmayr/*Heckmann/Paschke* Art. 7 Rn. 31; *Ernst* ZD 2017, 110 (113).
176 *Van Raay/Meyer-van Raay* VuR 2009, 103 (104).
177 Ehmann/Selmayr/*Heckmann/Paschke* Art. 7 Rn. 32.
178 AA zu § 4 a Abs. 1 S. 2 BDSG aF Gola/Schomerus/*Gola/Klug/Körffer* § 4 a Rn. 22; wohl auch Simitis/*ders.* § 4 a Rn. 76; DKWW/ *Däubler* § 4 a Rn. 10.
179 Ehmann/Selmayr/*Heckmann/Paschke* Art. 7 Rn. 30 aE.

brauchsverbot nach Art der Klausel-RL auch für Einwilligungsersuchen nach der DSGVO gelten, wäre die Angemessenheit einer vorformulierten Einwilligung bezogen auf den jeweiligen Verarbeitungskontext zu prüfen (Art. 4 Klausel-RL).[180] Missbräuchlich wäre das Einwilligungsersuchen, wenn es entgegen dem Gebot von Treu und Glauben zum Nachteil des Verbrauchers ein erhebliches und ungerechtfertigtes Missverhältnis der vertraglichen Rechte und Pflichten verursacht (Art. 3 Abs. 1 Klausel-RL). Der auf die Klausel-RL verweisende EG 42 S. 3 ist freilich nicht Teil des Geltungsausspruchs der DSGVO, sondern nur bei deren Auslegung zu berücksichtigen. Während sich die meisten der im EG genannten Anforderungen in Abs. 2 S. 1 wiederfinden, ist dies hinsichtlich der Missbrauchskontrolle nicht der Fall. Auch dem Freiwilligkeitskriterium (Art. 4 Nr. 11) lässt sie sich nicht zuordnen.

Dessen unbeschadet ist eine entsprechende Anwendung der die Klausel-RL umsetzenden nationalen Vorschriften über die Wirksamkeit Allgemeiner Geschäftsbedingungen auf solche vorformulierte Einwilligungsersuchen möglich, die im Zusammenhang mit dem Abschluss eines zivilrechtlichen Vertrages an den Betroffenen gerichtet werden.[181] EG 42 ist zu entnehmen, dass die DSGVO einer solchen erweiternden, am Schutzzweck orientierten Auslegung der unmittelbar nur für Vertragsbedingungen geltenden **AGB-Vorschriften** nicht entgegensteht. Die in § 307 Abs. 1 S. 1 BGB vorgesehene Angemessenheitsprüfung findet gemäß § 307 Abs. 3 S. 1 BGB allerdings nur statt, wenn die Einwilligungserklärung einen von Rechtsvorschriften abweichenden oder diese ergänzenden Inhalt hat. Nach Ansicht des BGH soll das nicht der Fall sein, wenn die Einwilligungsstandards des Datenschutzrechts – vormals §§ 4 Abs. 1, 4 a Abs. 1 BDSG aF, nunmehr im Wesentlichen Art. 6 Abs. 1 UAbs. 1 lit. a, Art. 7 – gewahrt sind.[182] Damit wird verkannt, dass sich die Angemessenheitskontrolle nicht auf die – nicht der Dispositionsbefugnis der Beteiligten unterliegenden – Anforderungen an die Einwilligung bezieht, sondern auf die vereinbarte, nicht von gesetzlichen Erlaubnistatbeständen gedeckte Datenverarbeitung selbst.[183] § 307 Abs. 3 S. 1 BGB steht der Angemessenheitskontrolle daher nicht entgegen. Der Verantwortliche kann bei entsprechender Begehungsgefahr gemäß § 1 UKlaG von den hierzu legitimierten Stellen (§ 3 UklaG) auf das Unterlassen einer Verwendung unangemessener vorformulierter Einwilligungsersuchen in Anspruch genommen werden.[184] Dieses zusätzliche Rechtsdurchsetzungsinstrument[185] ist von der Öffnungsklausel des Art. 80 Abs. 2 iVm Art. 79 gedeckt.

cc) Wirksamkeitsanforderungen im nationalen Recht. (1) Öffentliches Recht. Das nationale Recht kann die einwilligungsbasierte Datenverarbeitung durch dem Staat selbst zurechenbare Stellen auch jenseits ausdrücklicher Öffnungsklauseln gegenüber der DSGVO einschränken. Solche Restriktionen können sich aus dem einfachen Recht („Datenerhebungen dürfen nur durchgeführt werden, wenn…"), aber auch unmittelbar aus dem Rechtsstaatsgebot oder den Grundrechten ergeben.[186] Es handelt sich dabei nicht um spezifische Anforderungen an die Einwilligung im Sinne von Art. 6 Abs. 1 Uabs. 1 lit. a, die den Mitgliedstaaten unionsrechtlich verwehrt sind (Arg. ex. Art. 6 Abs. 2). Der Staat entscheidet vielmehr für sich selbst, ob er überhaupt personenbezogene Daten verarbeiten will. Diese Entscheidung zugunsten einer Datenverarbeitung zu beeinflussen, entspräche nicht den Regelungszwecken der DSGVO. Eine Selbstrestriktion der Mitgliedstaaten verstärkt gerade den gewollten Schutz personenbezogener Daten (Art. 1 Abs. 1 Var. 1). Der zweite Zweck der DSGVO, die Förderung des freien Datenverkehrs (Art. 1 Abs. 1 Var. 2), wird durch zusätzliche hoheitliche Datenverarbeitungen allenfalls minimal gefördert. Eine nationale Beschränkung einwilligungsbasierter hoheitlicher Datenverarbeitungen ist außerdem kein Eingriff in Art. 8 Abs. 1 GRCh. Das Grundrecht schützt zwar das Recht, einer anderen Person eine Verarbeitung zu erlauben (→ Rn. 20), gewährt aber keinen Anspruch darauf, dass eine andere Person (hier: der Staat) die Daten überhaupt verarbeiten will. Ungeklärt ist, ob eine entgegen einer im mitgliedstaatlichen Recht enthaltenen Beschränkung eingeholte Einwilligung unionsrechtlich unwirksam ist. Würde dies bejaht, stünden die Instrumente der DSGVO zur Sanktionierung mitgliedstaatlicher Rechtspflichten zur Verfügung.

(2) Zivilrecht. Weiterer Klärung bedarf auch das Verhältnis der DSGVO zum allgemeinen Zivilrecht. Unter Geltung des alten Rechts wurde versucht, die Rechtsnatur der Einwilligung mit den zivilrechtlichen Kategorien des Rechtsgeschäfts, der rechtsgeschäftsähnlichen Handlung[187] oder der tatsächliche Handlung zu erfassen und daraus auf die Anwendbarkeit oder Nichtanwendbarkeit von Vorschriften des BGB zu schlie-

---

180 *Schantz* NJW 2016, 1841 (1844); Gola/*Schulz* Art. 7 Rn. 42.
181 BGH NJW 2008, 3055 Rn. 18; NJW 2013, 2683 Rn. 18ff.; *Buchner*, Selbstbestimmung, S. 251; *Kohte* AcP 185 (1985), 105 (128 f.).
182 BGH NJW 2008, 3055 Rn. 15, 19; NJW 2010, 864 Rn. 16.
183 *Nord/Manzel* NJW 2010, 3756 (3756 f.); *Lindner*, Einwilligung, S. 188.
184 S. BGH NJW 2008, 3055 Rn. 18; LG Berlin ZD 2013, 451.
185 *Heidemann-Peuser* DuD 2002, 389 (389); *Buchner* DuD 2010, 52 (52).
186 Simitis/*ders.* § 4 a Rn. 14ff.; *Menzel* DuD 2008, 400 (401).
187 BGHZ 29, 33 (36); 105, 45 (47 f.); offenlassend BGHZ 185, 291 (Rn. 35).

ßen.[188] Im Ergebnis wurde die Einwilligung überwiegend für anfechtbar nach § 142 Abs. 1, §§ 119ff. BGB (analog) erklärt und durch die Regeln über die Geschäftsfähigkeit (§§ 104ff. BGB) sowie §§ 134, 138 BGB (analog) eingegrenzt.[189] Dem Charakter der Einwilligung als einer zugleich öffentlich-rechtlichen Handlungsform wurde mit dieser Dogmatik nicht Rechnung getragen.[190]

84 Jedenfalls unter der Geltung der DSGVO ist die Verknüpfung mit der deutschen zivilrechtlichen Handlungsformenlehre nicht mehr aufrechtzuerhalten. Die bisher mithilfe des Rückgriffs auf das BGB beantworteten Sachfragen sind heute anhand der **unionsrechtlichen Begriffsmerkmale und Wirksamkeitsbedingungen der Einwilligung** anzugehen.[191] Dies gilt insbes. hinsichtlich der Regelung der Einwilligungsfähigkeit, die an die Stelle einer analogen Anwendung der §§ 104ff. BGB tritt (→ Art. 8 Rn. 9), und hinsichtlich des Umgangs mit Irrtümern des Einwilligenden (→ Rn. 93). Auch ein Rückgriff auf § 138 Abs. 2 BGB zur Begründung der Nichtigkeit einer in einer Ungleichgewichtslage abgegebenen Einwilligung kommt nicht in Betracht; insoweit ist das Freiwilligkeitsmerkmal des Art. 4 Nr. 11 vorrangig (→ Rn. 64ff.). § 242 BGB wird durch den unionsrechtlichen Rechtsgrundsatz von Treu und Glauben[192] (sa Art. 5 Abs. 1 lit. a) ersetzt. Eine ungeschriebene Öffnungsklausel der DSGVO ist nur dann anzunehmen, wenn die Anwendung allgemeiner zivilrechtlicher Vorschriften zur Vermeidung von Wertungswidersprüchen in der Unionsrechtsordnung oder zur Herstellung ihrer Vollziehbarkeit erforderlich ist. Keinen Bedenken unterliegt die Anwendung nationaler Regeln insbes. dann, wenn diese ihrerseits auf – neben der DSGVO zB nach dem lex-specialis-Grundsatz fortbestehenden – unionsrechtlichen Vorgaben beruhen. Dies ist etwa bei den meisten Vorschriften des AGG oder der §§ 305ff. BGB der Fall.

VII. Widerruf der Einwilligung (Abs. 3)

85 **1. Tatbestand und Rechtsfolge.** Nach Abs. 3 S. 1 kann die betroffene Person die Einwilligung jederzeit – formfrei – widerrufen. Ein Widerruf ist die durch ausdrückliche Erklärung oder konkludent erfolgende **Willensbekundung des Betroffenen**, mit der Datenverarbeitung nicht (mehr) einverstanden zu sein. Mit dem Wirksamwerden des Widerrufs entfällt der Erlaubnistatbestand der Einwilligung und kann eine weitere Datenverarbeitung mithin nur rechtmäßig sein, wenn ersatzweise ein gesetzlicher Erlaubnistatbestand eingreift (vgl. ausdrücklich Art. 17 Abs. 1 lit. b aE → Rn. 34 sowie → Art. 17 Rn. 12).[193] Zu unterscheiden ist der Widerruf von dem in Art. 21 geregelten Widerspruchsrecht gegen eine nicht auf einer Einwilligung beruhende Datenverarbeitung und von einer grds. zulässigen auflösenden Befristung (zB Einwilligung nur bis zum Tod des Betroffenen).

86 Als **actus contrarius zur Einwilligung** ist das Widerrufsrecht durch Art. 8 Abs. 1 GRCh geschützt.[194] BDSG aF und DSRL setzten die Widerrufsmöglichkeit als selbstverständlich voraus (vgl. § 28 Abs. 3 a S. 1 BDSG aF). Ein gesetzlicher Ausschluss der Widerrufbarkeit der Einwilligung etwa aus Gründen des Vertrauensschutzes ist zwar möglich (zu Einschränkungen in Schuldverhältnissen → Rn. 91 f.), bedarf aber als Grundrechtseingriff einer Rechtfertigung. Gerade bei komplexen, zeitlich nicht befristeten Verarbeitungsvorgängen, die als solche ex ante nur schwer überschaubar sind, wiegt das Interesse des Betroffenen dabei schwer.

87 Im Unterschied zur Einwilligungserklärung setzt der Widerruf kein **freiwilliges und informiertes Handeln** des Betroffenen im Sinne von Art. 4 Nr. 11 voraus. Die Begriffsmerkmale der Einwilligung dienen dem Schutz der informationellen Selbstbestimmung vor einer nicht selbstbestimmten Informationspreisgabe und nicht dem Verkehrsinteresse und können deshalb nicht entsprechend auf den eine Beendigung der Datenverarbeitung bezweckenden Widerruf angewendet werden. Zu verlangen sind lediglich die natürliche Willensfähigkeit des Widerrufenden und die Zurechenbarkeit der Erklärung. Wird der Berechtigte durch den Verantwortlichen oder einen Dritten durch vis absoluta zum Widerruf gezwungen oder durch Drohungen oder Täuschungen dazu bewegt, liegt deshalb kein wirksamer Widerruf vor. Irrtümer über die Abgabe oder den Inhalt der Erklärung schließen die Zurechenbarkeit hingegen nicht aus und berechtigen auch nicht zur Anfechtung des Widerrufs etwa analog §§ 119ff. BGB; der Betroffene kann seinen Fehler aber jederzeit und typischerweise ohne Nachteile durch die Erteilung einer neuen Einwilligung korrigieren. Auf den Widerruf nicht anzuwenden sind auch die Vorschriften über das Wirksamwerden der Erklärung mit Zugang (§ 130 Abs. 1 S. 1 BGB), dh die Möglichkeit einer Kenntnisnahme unter normalen Umständen genügt nicht. Ange-

---

188 Vgl. dazu *Kohte* AcP 185 (1985), 105 (106, 111ff.); *Ohly*, Einwilligung, S. 201ff.; *Buchner*, Selbstbestimmung, S. 236ff.; Staudinger/ *Mansel* § 823 Rn. C 176.

189 S. nur *Kohte* AcP 185 (1985), 105 (113, 131ff.); Rn. 30; BeckOK BGB/*Wendtland* § 104 Rn. 3 iVm § 133 Rn. 16.

190 S. schon *v. Uckermann* DuD 1979, 163 (166).

191 Sydow/*Ingold* Art. 7 Rn. 13.

192 Allg. Bestandsaufnahme bei *Stempel*, Treu und Glauben im Unionsprivatrecht, 2016, S. 77ff.

193 Den Rückgriff auf einen gesetzlichen Tatbestand nach bisherigem Recht ausschließend DKWW/*Däubler* § 4 a Rn. 6; Einschränkungen nach Treu und Glauben für möglich haltend *Gola* RDV 2002, 109 (110).

194 *Liedke*, Einwilligung, S. 29 f.

sichts der rechtlichen Konsequenzen, die für den Verantwortlichen mit dem Widerruf verbunden sind, ist vielmehr zur Wahrung rechtsstaatlicher Grundsätze zu verlangen, dass der Adressat des Widerrufs auch im konkreten Fall die zumutbare Möglichkeit der Kenntnisnahme hatte.

Die Erklärung des Widerrufs muss hinreichend **bestimmt** sein, dh aus der Sicht eines objektiven Empfän-   88
gers erkennen lassen, auf welche Datenverarbeitung sie sich bezieht und wie weit sie reichen soll. Den Verantwortlichen trifft allerdings die Obliegenheit, verbleibende Unklarheiten durch Nachfrage zu klären. Dies folgt aus der Wertung des Art. 4 Nr. 11, dass nicht aufgeklärte Zweifel über das Vorliegen einer tragfähigen Einwilligung zulasten des Verantwortlichen gehen. Ein Verstoß gegen die Obliegenheit kann den Mangel der Widerrufserklärung zwar nicht heilen und dieser zur Wirksamkeit verhelfen, aber Einschränkungen des Datenverarbeitungsrechts nach Treu und Glauben (Art. 5 Abs. 1 lit. a) rechtfertigen.

Wie bei der Einwilligung selbst (→ Rn. 37) ist die **Bevollmächtigung eines Dritten** auch bei ihrem Widerruf   89
ausgeschlossen, nicht hingegen die gesetzliche Stellvertretung. Mit dem Tod des Betroffenen geht das Widerrufsrecht mangels unionsrechtlicher Regelung nach den im nationalen Recht zum postmortalen Persönlichkeitsrecht entwickelten Grundsätzen[195] auf die vom Betroffenen zu Lebzeiten bestimmte Person, hilfsweise auf den nächsten Angehörigen über. § 1922 Abs. 1 BGB ist wegen der engen Personenbezogenheit, dh mangels Vermögenszugehörigkeit, nicht (analog) anwendbar. Die postmortal berechtigte Person ist bei der Ausübung des Widerrufsrechts treuhänderisch an den mutmaßlichen Willen des Verstorbenen gebunden.[196]

Nach Abs. 3 S. 2 wirkt der Widerruf **ex nunc**. Die Rechtmäßigkeit einer vor dem Wirksamwerden des Wi-   90
derrufs erfolgten Verarbeitung bleibt mithin unberührt. Durch den Widerruf entsteht ein unmittelbarer unionsrechtlicher Anspruch des Betroffenen auf Löschung der erhobenen personenbezogenen Daten (Art. 17 Abs. 1 lit. b) und – a fortiori – auf Unterlassung der Datenverarbeitung. Die genannten Ansprüche richten sich auch gegen Dritte, welche die personenbezogenen Daten auf Grundlage der Einwilligung vom Verantwortlichen erhalten haben. Sie sind vom Verantwortlichen unter den Voraussetzungen des Art. 17 Abs. 2 von einem Löschungs- oder Unterlassungsbegehren zu unterrichten (→ Art. 17 Rn. 26). Der Verantwortliche ist allerdings selbst nicht verpflichtet, auf eine Löschung der Daten beim Dritten hinzuwirken.[197] Der bloße Umstand, dass die Übermittlung an den Dritten rechtmäßig erfolgte, begründet nicht die Unangemessenheit der zur Information des Dritten erforderlichen Maßnahmen.[198]

2. Einschränkungen des Widerrufsrechts in Schuldverhältnissen. Prima facie ist der Widerruf nach der   91
DSGVO auch dann uneingeschränkt rechtlich möglich, wenn er berechtigte Interessen des Verantwortlichen beeinträchtigt. Für eine **Interessenabwägung**, wie sie das BAG beim Widerruf einer Einwilligung in einem Arbeitsverhältnis für geboten hielt,[199] oder gar für eine Prüfung der Unzumutbarkeit der weiteren Datenverarbeitung für den Betroffenen[200] lässt die DSGVO grds. keinen Raum.[201]

Der Betroffene scheint sogar dann willkürlich widerrufen zu können, wenn die Einwilligung nicht lediglich   92
in einem wirtschaftlichen Zusammenhang mit einem Vertragsverhältnis steht, sondern selbst **Gegenstand der vertraglich vereinbarten Leistungspflichten** ist.[202] Dies ist zB in den Austauschverträgen für die Nutzung sozialer Plattformen[203] der Fall. Kann die Einwilligung als vertraglich geschuldete Leistung frei widerrufen werden, entspricht dies funktional einer Teilnichtigkeit des Vertrags. Dies wiegt besonders schwer bei in der Vergangenheit begründeten Vertragsverhältnissen, beschränkt aber auch – pro futuro – die zivilrechtliche Vertragsschlusskompetenz beider (!) Seiten[204] und damit die privatautonome Gestaltung der Bedingungen der Persönlichkeitsentfaltung. Der Grundsatz der freien Widerrufbarkeit ist mithin ein Eingriff in den auch im Unionsrecht anerkannten Rechtsgrundsatz der Vertragsfreiheit[205] und letztlich auch in das hierdurch partiell entwertete Einwilligungsrecht selbst. Zur Vermeidung einer Primärrechtswidrigkeit ist die Widerrufsmöglichkeit durch allgemeine Rechtsgrundsätze des Unionsrechts und das nationale Schuldvertragsrecht einzuschränken. Insbes. ist der Widerruf nach Treu und Glauben ausgeschlossen, wenn die Einwilligung danach aufgrund einer wirksamen vertraglichen Verpflichtung[206] sofort wieder erteilt werden müss-

---

195 Staudinger/*Kunz* § 1922 BGB Rn. 73, 302; Staudinger/*Hager* § 823 BGB Rn. C 40; *Herzog* NJW 2013, 3745 (3749 f.).
196 *Hoeren* NJW 2005, 2113 (2114); *Herzog* NJW 2013, 3745 (3749 f.).
197 *Spiecker gen. Döhmann* KritV 2014, 28 (31 ff.).
198 AA zu § 35 Abs. 7 BDSG aF *Buchner*, Selbstbestimmung, S. 235.
199 BAGE 150, 195 Rn. 38 ff. Sa *Ohly*, Einwilligung, S. 159 f.
200 *Simitis/ders.* § 4 a Rn. 99; *Buchner*, Selbstbestimmung, S. 270.
201 *Laue/Nink/Kremer,* § 2 Rn. 14; *Spelge* DuD 2016, 775 (781).
202 Zur Problematik *Ohly*, Einwilligung, S. 346 ff.; *Buchner*, Selbstbestimmung, S. 270 ff.
203 *Schafft/Ruoff* CR 2006, 499 (500); *Bräutigam* MMR 2012, 635.
204 Vgl. *Ohly*, Einwilligung, S. 79 f., 160.
205 EuGH C-277/05, Slg. 2007 I-6415 Rn. 21; C-518/06, Slg. 2009 I-3491 Rn. 66; C-213/10, EuZW 2012, 427 (429 Rn. 45).
206 Zur Trennung von Einwilligung und Grundgeschäft *Riesenhuber* RdA 2011, 257 (258).

te[207] (dolo-agit-Argument[208]). Die Rechte des Betroffenen werden hierdurch nicht unangemessen beschränkt, da von vornherein nur Fälle erfasst werden, in denen die Einwilligung nach den Kriterien des Art. 4 Nr. 11, Art. 7 wirksam erteilt wurde. Im praktischen Ergebnis kann die freie Widerruflichkeit mithin durch eine wirksame vertragliche Vereinbarung ausgeschlossen werden.[209] Sorgfältiger Prüfung bedarf in diesem Fall allerdings die Wirksamkeit der vertraglichen Vereinbarung. So könnte der Ausschluss der Widerrufsmöglichkeit wegen § 305 c Abs. 1 BGB nicht durch AGB vereinbart werden. Außerdem kann der Betroffene nicht schuldvertraglich über die Begriffsmerkmale der Einwilligung und die gesetzlichen Wirksamkeitsvoraussetzungen disponieren, also zB auf das Merkmal der Informiertheit verzichten.

93 **3. Anfechtung der Einwilligung.** War die als Einwilligung zu wertende Willensäußerung im Sinne der §§ 119ff. BGB mängelbehaftet, soll dem Betroffenen nach einer zum bisherigen Recht vertretenen Ansicht neben dem Widerruf auch eine **Anfechtung gemäß § 143 Abs. 1 BGB** (ggf. iVm § 62 VwVfG) möglich sein.[210] Mit dem Inkrafttreten der DSGVO kann richtigerweise nicht mehr auf die §§ 119ff. BGB zurückgegriffen werden; die bisherige zivilrechtliche Diskussion über die Rechtsnatur der Einwilligung ist insoweit obsolet (→ Rn. 83). In vielen Fällen liegt in den von den Anfechtungsgründen erfassten Sachverhalten und namentlich bei einer Täuschung oder Drohung mangels Freiwilligkeit oder Informiertheit im Sinne von Art. 4 Nr. 11 schon begrifflich keine Einwilligung vor, so dass sich eine Anfechtung erübrigt. Ist begrifflich aber eine Einwilligung gegeben (Art. 4 Nr. 11), liegt die Verantwortung für einen gleichwohl auftretenden Irrtum typischerweise beim Betroffenen; er wird durch die Möglichkeit des jederzeitigen Widerrufs der Einwilligung ausreichend geschützt.[211] Ein (zusätzliches) Anfechtungsrecht wäre für den Betroffenen nur dann von Interesse, wenn es – etwa zur Geltendmachung eines Schadensersatzanspruchs – auf die Rückwirkung der Beseitigung des Erlaubnistatbestands der Einwilligung ankommt. Der im Grundsatz verschuldensunabhängige Art. 82 kann freilich schwerlich auf durch Anfechtung erst rückwirkend herbeigeführte Rechtsverstöße Anwendung finden.

94 **4. Information über Widerrufsrecht.** Abs. 3 S. 3 normiert eine auf das Widerrufsrecht bezogene Informationspflicht des Verantwortlichen. Die betroffene Person ist hiervon in Kenntnis zu setzen, wobei mit „hiervon" grammatikalisch nur die im vorangehenden Satz getroffene Aussage gemeint sein kann, dass die Rechtmäßigkeit der bis zum Widerruf erfolgten Verarbeitung durch den Widerruf nicht berührt werde. Es widerspräche allerdings dem Zweck des Datenschutzes (Art. 1 Abs. 1 Var. 1), den Betroffenen gerade nur über diese für ihn nicht vorteilhafte Rechtsfolge in Kenntnis zu setzen und ihn damit möglicherweise von der Ausübung des Widerrufsrechts abzuhalten. Nach Sinn und Zweck der Vorschrift muss das „hiervon" deshalb auch auf das in S. 1 geregelte **Recht zum Widerruf der Einwilligung** bezogen sein. Keine Zweifel in dieser Hinsicht lassen Art. 13 Abs. 2 lit. c (→ Art. 13 Rn. 14) und Art. 14 Abs. 2 lit. d (→ Art. 14 Rn. 9). Offenbar in der Absicht, dem Rechtsanwender einen vollständigen Katalog der bei Erhebung personenbezogener Daten bestehenden Informationspflichten an die Hand zu geben, wiederholen diese Vorschriften die in Abs. 3 S. 3 enthaltene Vorgabe. Art. 9 Abs. 3 ePrivacyVO-E ergänzt die Regelung zum Widerruf durch eine Verpflichtung des Verantwortlichen, den Endnutzer alle sechs Monate an die Möglichkeit eines Widerrufs der Einwilligung zu erinnern.

95 Eine Verletzung der Informationspflicht dürfte aus Gründen einer effektiven Sanktionierung auch dann zur **Unwirksamkeit der Einwilligung** führen, wenn der Einwilligende abstrakt über die Möglichkeit des Widerrufs von Einwilligungen informiert war. Abs. 3 S. 3 verlangt, dass er gerade vom Verantwortlichen und in Bezug auf den konkreten Fall auf die Widerrufsmöglichkeit hingewiesen wurde. Allerdings kann ein etwaiger Fehler durch eine nachträgliche Information vor Beginn der Datenverarbeitung mit Wirkung ex nunc geheilt werden. Dass der Betroffene nach dem Wortlaut des Abs. 3 S. 3 vor Abgabe der Einwilligung in Kenntnis zu setzen ist, steht dem nicht entgegen. Die Verordnung stellt damit nur klar, dass eine Einwilligung nur bei vorheriger Information wirksam wird. Dem Schutzinteresse des Betroffenen ist auch bei einer nachträglichen Information vollständig Rechnung getragen, solange die Einwilligung bis zu diesem Zeitpunkt unwirksam bleibt. Nach erfolgter Information eine abermalige Einwilligung zu verlangen, wäre formalistisch, denn die Information dient nicht der Verhinderung von Einwilligungen (im Gegenteil: Wer um das Widerrufsrecht weiß, wird eher einwilligen), sondern nur der Wahrnehmung des Widerrufsrechts. Mit **Beginn der Datenverarbeitung** wird die Einwilligung allerdings endgültig unwirksam, weil nun zumindest

---

207 So iErg nach bisherigem Recht DKWW/*Däubler* § 4a Rn. 38; *Gola* DuD 2001, 278 (279).
208 Zum Ausschluss der Widerruflichkeit nach § 242 BGB *Ohly*, Einwilligung, S. 350ff.
209 Sa *Ohly*, Einwilligung, S. 348ff.
210 *Simitis/ders.* § 4a Rn. 25. Allgemein für Einwilligungen *Klass* AfP 2005, 507 (514); differenzierend *Ohly*, Einwilligung, S. 356ff., 365ff.
211 In diesem Sinne – allerdings nur für den Motivirrtum nach § 119 Abs. 2 BGB – auch *Klass* AfP 2005, 507 (514).

Klement

nicht mehr ausgeschlossen werden kann, dass der Betroffene bei Kenntnis von seinem Recht zuvor schon widerrufen hätte.

Nach Abs. 3 S. 4 muss der Widerruf für den Betroffenen „so einfach sein wie die Erteilung der Einwilligung".[212] Den Vergleichsmaßstab bildet nicht die Art und Weise, in der die Einwilligung im konkreten Fall tatsächlich erteilt wurde. Maßgeblich ist sind vielmehr die Mindestanforderungen, die das Gesetz an eine Einwilligung im konkreten Fall stellt. Daher kann zB grds. auch eine schriftlich abgegebene Einwilligungserklärung mündlich widerrufen werden.[213]   96

VIII. Rechtsdurchsetzung

Gemäß Art. 83 Abs. 5 lit. a iVm Art. 58 Abs. 2 lit. i sind Verletzungen der Bedingungen für die Einwilligung bußgeldbewehrt. Mit dieser Formulierung wird auf die amtliche Überschrift des Art. 7 und mithin auf alle dort aufgeführten Rechtspflichten Bezug genommen. Zur Rechtsdurchsetzung stehen der Aufsichtsbehörde (§§ 8ff., 40 Abs. 1 BDSG nF) außerdem die Befugnisse nach Art. 51 Abs. 1, Art. 57 Abs. 1 lit. a, Art. 58 Abs. 2 lit. a–f zur Verfügung. Der Rechtsschutz richtet sich nach Art. 78 iVm § 20 BDSG nF iVm § 40 VwGO. Ein Verstoß gegen Vorgaben der Abs. 2, 3 oder eine Einwilligungserklärung in der von Abs. 4 erfassten Konstellation hat zur Folge, dass die Datenverarbeitung mangels Einwilligung ganz oder teilweise rechtswidrig ist. Bei Zuwiderhandlung gegen Vorschriften über die Einwilligung kann der Verantwortliche von den anspruchsberechtigten Stellen (§ 3 UKlaG) auf Beseitigung und – bei Begehungsgefahr – auf Unterlassung gerichtlich in Anspruch genommen werden (Art. 80 Abs. 2 iVm §§ 1, 2 Abs. 1, Abs. 2 S. 1 Nr. 11 UKlaG).[214] Individuelle zivilprozessuale Rechtsschutzmöglichkeiten bleiben unberührt.   97

Artikel 8   Bedingungen für die Einwilligung eines Kindes in Bezug auf Dienste der Informationsgesellschaft

(1) [1]Gilt Artikel 6 Absatz 1 Buchstabe a bei einem Angebot von Diensten der Informationsgesellschaft, das einem Kind direkt gemacht wird, so ist die Verarbeitung der personenbezogenen Daten des Kindes rechtmäßig, wenn das Kind das sechzehnte Lebensjahr vollendet hat. [2]Hat das Kind noch nicht das sechzehnte Lebensjahr vollendet, so ist diese Verarbeitung nur rechtmäßig, sofern und soweit diese Einwilligung durch den Träger der elterlichen Verantwortung für das Kind oder mit dessen Zustimmung erteilt wird.

Die Mitgliedstaaten können durch Rechtsvorschriften zu diesen Zwecken eine niedrigere Altersgrenze vorsehen, die jedoch nicht unter dem vollendeten dreizehnten Lebensjahr liegen darf.

(2) Der Verantwortliche unternimmt unter Berücksichtigung der verfügbaren Technik angemessene Anstrengungen, um sich in solchen Fällen zu vergewissern, dass die Einwilligung durch den Träger der elterlichen Verantwortung für das Kind oder mit dessen Zustimmung erteilt wurde.

(3) Absatz 1 lässt das allgemeine Vertragsrecht der Mitgliedstaaten, wie etwa die Vorschriften zur Gültigkeit, zum Zustandekommen oder zu den Rechtsfolgen eines Vertrags in Bezug auf ein Kind, unberührt.

Literatur: *Art.-29-Gruppe*, Guidelines on Consent under Regulation 2016/679, 17/EN WP 259 rev. 01, 2018; *Buchner, B.*, Informationelle Selbstbestimmung im Privatrecht, 2006; *Ernst, S.*, Die Einwilligung nach der Datenschutzgrundverordnung, ZD 2017, 110; *Gola, P./Schulz, S.*, DS-GVO – Neue Vorgaben für den Datenschutz bei Kindern? Überlegungen zur einwilligungsbasierten Verarbeitung von personenbezogenen Daten Minderjähriger, ZD 2013, 475; *Jandt, S./Roßnagel, A.*, Social Networks für Kinder und Jugendliche, MMR 2011, 637; *Kohte, W.*, Die rechtfertigende Einwilligung, AcP 185 (1985), 105; *Laue, P.*, Öffnungsklauseln in der DS-GVO – Öffnung wohin?, ZD 2016, 463; *Möhrke-Sobolewski, C./Klas, B.*, Zur Gestaltung des Minderjährigendatenschutzes in digitalen Informationsdiensten, K&R 2016, 373; *Ohly, A.*, „Volenti non fit iniuria" – Die Einwilligung im Privatrecht, 2002; *Radlanski, P.*, Das Konzept der Einwilligung in der datenschutzrechtlichen Realität, 2016; *Rogosch, P.*, Die Einwilligung im Datenschutzrecht, 2013.

---

[212] Näher Paal/Pauly/*Frenzel* Rn. 17.
[213] Sydow/*Ingold* Art. 7 Rn. 47.
[214] Hierzu näher *Spindler* ZD 2016, 114; *Weidlich-Flatten* ZRP 2014, 196; *Nietsch* CR 2014, 272; *Hansen/Polenz* DRiZ 2016, 19.

I. Gegenstand, Zweck und Entstehungsgeschichte

1 Ist der Betroffene wegen seines Alters (Reife) oder aus anderen Gründen nicht einwilligungsfähig, ist seine Zustimmung zu einer Datenverarbeitung nicht freiwillig im Sinne von Art. 4 Nr. 11. Folglich liegt keine Einwilligung im Sinne der Erlaubnistatbestände des Art. 6 Abs. 1 UAbs. 1 lit. a und Art. 9 Abs. 2 lit. a vor. **Einwilligungsfähigkeit** ist die Fähigkeit zur kognitiven Erfassung des Gegenstands und des Sachverhalts der Einwilligung einschließlich der mit der Erteilung und der Nichterteilung der Einwilligung jeweils verbundenen Folgen sowie die Möglichkeit einer selbstbestimmten Willensbildung und -betätigung. Art. 8 regelt nur einen Ausschnitt der damit aufgeworfenen Maß- und Gradfragen. Der unmittelbare Anwendungsbereich der Norm ist die Einwilligungsfähigkeit von Minderjährigen (Kindern) im Zusammenhang mit der Nutzung von Diensten der Informationsgesellschaft sowie die gesetzliche Vertretung durch die Eltern in diesem Zusammenhang. Mit dem legaldefinierten Begriff der Dienstleistungen der Informationsgesellschaft (→ Art. 4 Nr. 25 Rn. 5ff.) werden vor allem über das Medium des Internets individuell angebotene und erbrachte Dienstleistungen erfasst. Art. 8 ist damit eine der wenigen Vorschriften, mit denen sich die DSGVO dem Datenschutz im Internet in besonderer Weise zuwendet.[1] Indirekt sind der Vorschrift allerdings auch allgemeine normative Aussagen zur Einwilligungsfähigkeit zu entnehmen (→ Rn. 11). Von der Einwilligungsfähigkeit zu unterscheiden ist die **Rechtsgeschäftsfähigkeit**, die sich weiterhin nach nationalem Recht richtet (Abs. 3; → Rn. 31).

2 Die Altersgrenze für die Einwilligungsfähigkeit ist auch deshalb von Bedeutung, weil bei minderjährigen Betroffenen mangels unbeschränkter Geschäftsfähigkeit regelmäßig auch der Erlaubnistatbestand der Verarbeitung zur Erfüllung eines Vertrags (Art. 6 Abs. 1 UAbs. 1 lit. b) wegfällt[2] und die Schutzinteressen von Kindern bei der Abwägung mit dem berechtigten Verarbeitungsinteresse besonders zu gewichten sind (Art. 6 Abs. 1 UAbs. 1 lit. f). Der Weg über die Einwilligung ist für den Verarbeiter mithin nicht selten alternativlos. Abs. 1 UAbs. 1 S. 1 normiert eine feste, im Einzelfall argumentativ nicht überwindbare **Altersgrenze** von 16 Jahren für die Erteilung von Einwilligungen im Zusammenhang mit Diensten der Informationsgesellschaft. Personen, die die Altersgrenze nicht erreicht haben, sind einwilligungsunfähig. Hier ist die Einwilligung oder Zustimmung der Eltern erforderlich (Abs. 1 UAbs. 1 S. 2). Umgekehrt kann die Einwilligungsfähigkeit von Personen, die das sechzehnte Lebensjahr vollendet haben, nicht unter Hinweis auf ihre Minderjährigkeit verneint werden, sondern nur aus anderen Gründen wie zB wegen des Konsums von das Bewusstsein mehr als nur unerheblich beeinträchtigenden Drogen oder wegen einer Geisteskrankheit. Unbeschadet seines Wortlauts formuliert Abs. 1 S. 1 nicht bloß eine Rechtmäßigkeitsanforderung an die Einwilligung, sondern, wie eingangs schon gesagt, eine **Präzisierung des Begriffsmerkmals der Freiwilligkeit** iSv Art. 4 Nr. 11 (→ Art. 7 Rn. 8).[3] Alternativ wäre daran zu denken, der Bestätigungshandlung einer die Altersgrenze nicht erreichenden Person die Qualität einer Willensbekundung iSv Art. 4 Nr. 11 abzusprechen, was im Ergebnis allerdings auf das Gleiche hinausliefe.

3 Der Gesetzgeber hat mit Abs. 1 UAbs. 1 einen unionsweit einheitlichen und vergleichsweise leicht handhabbaren **Regelschutzstandard** eingeführt. Die DSRL hatte zur Einwilligungsfähigkeit von Kindern keine Regelung enthalten. In der Zusammenschau mit der Abweichungsmöglichkeit der Mitgliedstaaten nach UAbs. 2 trägt Art. 8 die Züge eines politischen Kompromisses.[4] Der KOM-E hatte eine feste Altersgrenze von 13 Jahren ohne Abweichungsmöglichkeit der Mitgliedstaaten vorgesehen. Nach dem Rat-E wäre die Einwilligung eines Kindes hingegen bis zum Alter von 18 Jahren grds. unwirksam gewesen. Zugleich hätte neben dem Unionsrecht jedoch auch das mitgliedstaatliche Recht Regelungen treffen können. Im Ergebnis hätten damit alle bisherigen nationalen Regelungen oder richterrechtlich entwickelten Grenzen beibehalten werden können. Art. 8 kombiniert nunmehr eine „mittelhohe" Regelaltersgrenze mit einer limitierten Abweichungsmöglichkeit der Mitgliedstaaten nach unten (Abs. 1 UAbs. 2).

4 Mit der speziellen Regelung zur Einwilligungsfähigkeit von Kindern trägt das Gesetz der typischerweise geringeren (geschäftlichen) Erfahrung (vgl. EG 38) und der stärkeren Beeinflussbarkeit jüngerer Menschen Rechnung. Sachlich erklärbar ist auch die **Beschränkung auf Dienste der Informationsgesellschaft.**[5] Erstens

---

1 *Kühling/Martini* EuZW 2016, 448 (451).
2 Näher *Jandt/Roßnagel* MMR 2011, 637 (639 f.).
3 Ehmann/Selmayr/*Heckmann/Paschke* Art. 8 Rn. 37.
4 Zum Hintergrund *Albrecht* CR 2016, 88 (97).
5 Vgl. BeckOK DatenschutzR/*Karg* Art. 8 DSGVO Rn. 7ff.

sind diese Dienste aufgrund der viele Kommunikationen im Netz kennzeichnenden Anonymität, der geographischen Streuung der Teilnehmer und der Möglichkeit, sich über mobile Endgeräte aller Art einwählen zu können, typischerweise nur eingeschränkt einer sozialen (elterlichen) Kontrolle zugänglich. Zweitens haben gerade Minderjährige typischerweise ein starkes intrinsisches Interesse an der Nutzung solcher Dienste. Das gilt vor allem für die Mitgliedschaft in sozialen Netzwerken, über die sich Kommunikation und mithin Persönlichkeitsentfaltung vollziehen.[6] Drittens sind die Folgen einer Einwilligung in eine internetbasierte Datenverarbeitung nur schwer abschätzbar. Mit der Preisgabe personenbezogener Daten im Internet ist typischerweise eine ex post nicht mehr kontrollierbare Verbreitung und Aggregation von Daten verbunden – das Internet „vergisst nichts"[7], kombiniert alles und verwischt die Grenzen von Spiel und Ernst. Für Minderjährige, die ihren Platz im Leben (zB eine Arbeitsstelle) noch suchen, ist das ein besonders gravierender Befund. Im Ergebnis ist daher eine besondere, strukturell bedingte Gefährdungslage[8] gegeben, die der europäische Gesetzgeber mit Abs. 1 S. 1 zu bewältigen sucht. Bemerkenswert allerdings ist, dass es einen besonderen Schutz Minderjähriger ausschließlich bei der Nutzung von Diensten der Informationsgesellschaft gibt und nicht auch speziell für besonders persönlichkeitsrelevante Daten wie Gesundheits- und Sozialdaten oder für soziale Abhängigkeitsverhältnisse.[9] Möglicherweise zeigt sich hier, dass Art. 8 von der KOM zunächst als Absenkung des Schutzstandards im Internet konzipiert war und erst durch eine Anhebung der Altersgrenze auf 16 Jahre im weiteren Gesetzgebungsverfahren in den Status einer Schutzvorschrift hineingewachsen ist (→ Rn. 3).

In der Tat hat Art. 8 auch in der geltenden Fassung ein doppeltes Gesicht. Mit der Entscheidung für eine 5 feste Altersgrenze geht der Verzicht auf eine Einzelfallprüfung der Einwilligungsfähigkeit einher. Damit wird in Kauf genommen, dass im Einzelfall nicht einwilligungsfähigen Personen oberhalb der Altersgrenze die Einwilligungsfähigkeit zugesprochen (→ Rn. 7) und einwilligungsfähigen Personen unterhalb der Altersgrenze die Einwilligungsfähigkeit abgesprochen wird. Die Altersgrenze dient mithin nicht einseitig dem Schutz vor nicht selbstbestimmter Datenverarbeitung, sondern auch der **Verkehrssicherheit**[10] und damit den Belangen des Dienstanbieters sowie dem gesellschaftlichen Interesse an einem funktionierenden netzbasierten Informationsaustausch. Gerade weil sich Betroffener und Verantwortlicher im Internet weitgehend anonym gegenüberstehen, verfügt der Verantwortliche nur über eingeschränkte Möglichkeiten, sich in einer Einzelfallbeurteilung ein Bild von der Urteilsfähigkeit des Einwilligenden zu machen und auf diese Weise die Rechtskonformität der Datenverarbeitung zu gewährleisten.[11] Hiervon entlastet die neue Regelung den Verantwortlichen bei Jugendlichen, welche die Altersgrenze überschritten haben, was freilich eine über das Netz ebenfalls nicht leicht zu leistende Verifikation des Alters voraussetzt (→ Rn. 19ff.).

II. Grundrechtlicher Rahmen

Die Typisierung der Einwilligungsfähigkeit durch die Altersgrenze des Abs. 1 UAbs. 1 S. 1 ist kein Eingriff 6 in das Recht auf Einwilligung aus Art. 8 GRCh, sondern nur eine – im Ergebnis grundrechtskonforme – **Ausgestaltung des grundrechtlichen Selbstbestimmungsbegriffs** (zur Unterscheidung von Eingriff und Ausgestaltung → Art. 7 Rn. 32).[12] Die gesetzgeberische Wertung, dass es den die Altersgrenze nicht erreichenden Personen in Bezug auf Dienste der Informationsgesellschaft generell an der Einwilligungsfähigkeit fehlt, ist ausschließlich am Schutzzweck des Grundrechts und nicht an Drittinteressen orientiert. Das Gegenmodell einer auf den Einzelfall und damit letztlich auf Exekutive und Judikative verlagerten Beurteilungskompetenz bezüglich der Einwilligungsfähigkeit[13] führt mit der gleichen Zwangsläufigkeit zu Beurteilungsfehlern im Einzelfall, hat also unnötige Beschränkungen des Rechts auf informationelle Selbstbestimmung zur Folge. Die den Minderjährigen unterhalb von 16 Jahren abgesprochene Entscheidungskompetenz wird durch Abs. 1 UAbs. 1 S. 2 zudem den Eltern übertragen, deren – gleichfalls grundrechtlich geschütztes (Art. 7, Art. 14 Abs. 3 GRCh) – Erziehungsrecht treuhänderisch auf das Kindeswohl bezogen ist. Der Umstand schließlich, dass der Gesetzgeber eine Altersgrenze nur für die Dienste der Informationsgesellschaft einsetzt, während er sich ausweislich Art. 4 Nr. 11 im Grundsatz für die Einzelfallbeurteilung entschieden hat, ist mit einem spezifischen Schutzinteresse der Kinder in jenem Bereich erklärbar (→ Rn. 4). Das festge-

---

6 Hierzu *Hornung*, in: Hornung/Müller-Terpitz (Hrsg.), Rechtshandbuch Social Media, 2015, Kap. 4 Rn. 78.
7 *Jandt/Roßnagel* MMR 2011, 637 (637).
8 Gola/*Schulz* Art. 8 Rn. 1.
9 Gola/*Schulz* Art. 8 Rn. 9.
10 *Rogosch*, Einwilligung, S. 51, 55.
11 *Rogosch*, Einwilligung, S. 50 f.
12 Zweifelnd an der Grundrechtskonformität aber Gola/*Schulz* Art. 8 Rn. 9.
13 Dafür Simitis/*ders.* § 4 a Rn. 21. Kritisch zu starren Altersgrenzen auch *Buchner*, Selbstbestimmung, S. 249 f.; vgl. ferner *Radlanski*, Einwilligung, S. 102 f.

setzte Alter von 16 Jahren ist ein gut vertretbarer Kompromiss zwischen den zum bisherigen deutschen Recht und in Europa vertretenen Positionen (→ Rn. 3).

7 Eine Verletzung der aus Art. 8 GRCh abzuleitenden **Schutzpflichten** zugunsten der informationellen Selbstbestimmung (→ Art. 7 Rn. 21) ist ebenfalls nicht festzustellen. Nach Abs. 1 UAbs. 1 S. 1 darf die Einwilligungsfähigkeit von Minderjährigen, welche das sechzehnte Lebensjahr vollendet haben, allerdings nicht allein unter Hinweis auf ihr Alter verneint werden (→ Rn. 12). Mit dieser Typisierung wird der Schutz vor einer nicht selbstbestimmten Datenverarbeitung in der Altersklasse der mehr als 16 Jahre alten Minderjährigen erheblich geschwächt, weil bei ihnen im Einzelfall feststellbare, rein altersbedingte Reifemängel nicht mehr zum Ausschluss der Einwilligungsfähigkeit führen können. Ebenso wie in der Abwehrdimension müssen dem Gesetzgeber allerdings auch in der Schutzdimension sachlich begründete Typisierungen erlaubt sein. Gemessen an den zum bisherigen Recht vertretenen Standpunkten hat der Gesetzgeber mit der gewählten Altersgrenze einen vertretbaren Mittelweg gewählt. Zu beachten ist außerdem, dass mit der neuen Regelung die Verkehrssicherheit der Anbieter von Diensten der Informationsgesellschaft im Umgang mit Personen der genannten Altersgruppe deutlich verbessert wird, was letztlich zu einer verbesserten Erreichbarkeit der gewünschten Dienstleistungen führen dürfte.

8 Grundrechtlich nicht zu beanstanden ist schließlich das Recht des Trägers der elterlichen Verantwortung, die Einwilligung anstelle des nicht einwilligungsfähigen Kindes zu erteilen (Abs. 1 S. 2 Var. 1). Allerdings steht das Grundrecht auf informationelle Selbstbestimmung auch Kindern zu, die altersbedingt noch nicht zu einer selbstbestimmten Entscheidung über die Verarbeitung ihrer Daten in der Lage sind.[14] Die grundrechtstypische Gefährdungslage besteht nicht trotz, sondern gerade auch wegen ihrer (vorübergehenden) Einwilligungsunfähigkeit. Die Einwilligung der Eltern ist deshalb aus der Perspektive des Art. 8 Abs. 2 S. 1 GRCh eine **Fremdeinwilligung**, dh eine „sonstige gesetzlich geregelte legitime Grundlage" der Datenverarbeitung.[15] Die Rechtfertigung dieses Eingriffs in die informationelle Selbstbestimmung des Kindes folgt im Wesentlichen aus der Überlegung, dass Kindern im Interesse ihrer Persönlichkeitsentfaltung schon vor Erreichen der eigenen Einwilligungsfähigkeit auch jenseits der gesetzlichen Erlaubnistatbestände die informationelle Interaktion über das Internet ermöglicht werden muss. Die Eltern als die natürlichen Träger der Verantwortung für das Kindeswohl sind dazu berufen, die erforderlichen Entscheidungen im Außenverhältnis an der Stelle des Kindes zu treffen (Art. 7, Art. 14 Abs. 3 GRCh). Zugleich haben sie nach geltendem Recht im Innenverhältnis die Meinung des Kindes in einer seinem Alter und Reifegrad entsprechenden Weise zu berücksichtigen (→ Rn. 27).

III. Abweichendes mitgliedstaatliches Recht

9 Die Anwendung von Regelungen des nationalen Rechts zur Einwilligungsfähigkeit ist durch das Unionsrecht grds. ausgeschlossen. Außerhalb des Anwendungsbereichs des Art. 8 ergeben sich die Mindestanforderungen hinsichtlich der Einwilligungsfähigkeit direkt aus Art. 4 Nr. 11 (→ Rn. 10). Der grds. **abschließende Charakter des Unionsrechts** wird durch die eng begrenzte Öffnungsklausel des Abs. 1 UAbs. 2 bestätigt, die den Mitgliedstaaten nur für den Anwendungsbereich des UAbs. 1 die Festsetzung einer niedrigeren Altersgrenze in einem Korridor von drei Jahren erlaubt (→ Rn. 23 f.). Die unter Geltung des BDSG aF geführte Diskussion über eine analoge Anwendbarkeit der §§ 104ff. BGB zur Feststellung der Einwilligungsfähigkeit[16] hat sich damit erledigt. Umgekehrt steht die den Mitgliedstaaten verbleibende Kompetenz zur Regelung der Rechtsgeschäftsfähigkeit (Abs. 3) unter einem indirekten Europäisierungsdruck (→ Rn. 33). Inwieweit die Öffnungsklausel des Art. 88 für die Datenverarbeitung im Beschäftigungskontext die Normierung einer festen Altersgrenze auf diesem Gebiet erlaubt, hängt von der Auslegung des Begriffs der „spezifischeren Vorschriften" ab (→ Art. 7 Rn. 41).

IV. Einwilligungsfähigkeit jenseits des Anwendungsbereichs des Abs. 1 S. 1

10 Die Altersgrenze für die Einwilligung bei der Nutzung von Diensten der Informationsgesellschaft ist eine sachbereichsspezifische Schutzverstärkung der in Art. 4 Nr. 11 allgemein normierten Freiwilligkeitskomponente des Einwilligungsbegriffs (→ Rn. 1 f.). Der Rückgriff auf die allgemeine Vorschrift wird durch Art. 8 nur in seinem Anwendungsbereich und nur insoweit gesperrt, als es um die Beurteilung speziell altersbedingter Mängel der Einwilligungsfähigkeit geht. Im Übrigen – also jenseits der Dienste der Informationsgesellschaft und hinsichtlich nicht altersbedingter Mängel – ist die **Einwilligungsfähigkeit im Einzelfall** zu be-

---

14 Für das GG *Jandt/Roßnagel* MMR 2011, 637 (638).

15 S. entsprechend zur Beschränkung der Privatautonomie des Kindes durch § 1629 BGB BVerfGE 72, 155 (172); *Cornils*, Die Ausgestaltung der Grundrechte, 2005, S. 210 f.

16 Dazu Simitis/*ders*. § 4 a Rn. 20 f. mwN.

urteilen. Der Einwilligende ist einwilligungsfähig, wenn er in der Lage ist, die Bedeutung seiner Erklärung zu erfassen.[17] Zu berücksichtigen sind dabei Art, Umfang, Anlass und Zweck[18] der jeweiligen Datenverarbeitung. Wie auch beim Merkmal der Informiertheit (→ Art. 7 Rn. 72) kommt es nicht darauf an, ob der Betroffene von seiner Einsichtsfähigkeit im konkreten Fall Gebrauch gemacht oder etwa aus Bequemlichkeit darauf verzichtet hat, sich mit dem Inhalt seiner Erklärung und den Folgen der Einwilligung auseinanderzusetzen. Fehlen kann die Einwilligungsfähigkeit zB aufgrund krankhafter oder unfallbedingter[19] Störungen der Geistestätigkeit.

Aus Abs. 1 UAbs. 1 S. 1 folgt im Umkehrschluss, dass eine feste Altersgrenze nur für Dienste der Informationsgesellschaft gelten soll. Diese Wertung darf nicht im Wege richterlicher Rechtskonkretisierung umgangen werden, indem für die verbleibenden Fälle eine einheitliche feste Altersgrenze im Wege richterlicher Rechtskonkretisierung direkt aus Art. 4 Nr. 11 destilliert wird. Die Präparation eines **Richtwertes für den Normalfall** und die Bildung von **Fallgruppen für besondere Konstellationen** sind allerdings nicht ausgeschlossen. Die Rechtspraxis und die sie beobachtende und formende Dogmatik werden in dieser Hinsicht in den nächsten Jahren ihre gewohnte Arbeit zu verrichten haben. Einige Eckpunkte können allerdings schon jetzt definiert werden. **11**

Zunächst ist Art. 8 Abs. 1 Uabs. 1 zu entnehmen, dass die Einwilligungsfähigkeit regelmäßig schon mit **Vollendung des 16. Lebensjahrs** erreicht wird. Wenn nämlich der europäische Gesetzgeber die strukturelle Gefährdungslage bei der Nutzung von Diensten der Informationsgesellschaft zum Anlass nimmt, die Minderjährigen durch eine spezielle Regelung zu schützen, kann außerhalb des Anwendungsbereichs dieser Regelung schwerlich eine höhere Regelaltersgrenze gezogen werden. Außerdem zeigt Art. 8 Abs. 1 Uabs. 2, dass die Altersgrenze unter **besonderen Umständen** – etwa bei früherer Reife des Minderjährigen – niedriger anzusetzen ist. Das vollendete dreizehnte Lebensjahr dürfte allerdings auch jenseits der Dienste der Informationsgesellschaft als absolute Untergrenze anzusehen sein. Umgekehrt kann die Altersgrenze unter Berücksichtigung der besonderen Umstände des Einzelfalles, etwa wenn eine Verarbeitung besonderer Kategorien personenbezogener Daten (Art. 9 Abs. 1) oder eine quantitativ besonders erhebliche Datenverarbeitung in Rede steht, höher liegen. Dabei mag zur Beurteilung der kognitiven Fähigkeiten des Jugendlichen auch der Inhalt der Einwilligung selbst herangezogen werden.[20] Hinsichtlich der **Argumentations- und Beweislast** sollte gelten, dass besondere Umstände, die für eine niedrigere Altersgrenze als 16 Jahre sprechen, vom Verarbeiter vorzubringen und ggf. zu beweisen sind. Umgekehrt obliegt es dem Betroffenen darzulegen und zu beweisen, dass die Standardaltersgrenze im konkreten Fall zu niedrig ist. Einwilligungen schließlich, die nicht nur in einem wirtschaftlichen Zusammenhang mit einem Vertragsverhältnis stehen, sondern selbst Gegenstand der vertraglichen Leistungspflichten sind, sollten unter Berücksichtigung der – soweit ersichtlich allen Mitgliedstaaten geteilten[21] – Grundwertung generell nur von Personen wirksam abgegeben werden können, die das 18. Lebensjahr vollendet haben. Mit diesen Maßgaben gewährleistet das neue Recht ein höheres Maß an Rechtssicherheit hinsichtlich der Altersgrenze als das BDSG aF. In der Sache ist es ein Kompromiss zwischen den zum bisherigen Recht vertretenen vielfältigen Positionen.[22] **12**

V. Altersgrenze bei Diensten der Informationsgesellschaft (Abs. 1)

1. Unionsrechtliche Regelgrenze (Abs. 1 Uabs. 1 S. 1). a) Tatbestand. Die Regelaltersgrenze von 16 Jahren gilt gemäß Art. 8 Abs. 1 Uabs. 1 S. 1 „bei einem Angebot von Diensten der Informationsgesellschaft, das einem Kind direkt gemacht wird". Anders als der KOM-E verzichtet die DSGVO auf eine Legaldefinition des Begriffs des Kindes. Art. 8 Abs. 1 Uabs. 1 S. 1 bezeichnet als **Kind** auch Personen, die das 16. Lebensjahr vollendet und damit die Einwilligungsfähigkeit erreicht haben. Entsprechend Art. 24 Abs. 1 S. 1 GRCh iVm Art. 1 UN-Kinderrechtskonvention sind Kinder Menschen, die das 18. Lebensjahr noch nicht vollendet haben. Der Begriff der Dienste der Informationsgesellschaft ist in Art. 4 Nr. 25 legaldefiniert (→ Art. 4 Nr. 25 Rn. 5ff.). „**Bei einem Angebot**" eines solchen Dienstes wird eine Zustimmung zur Verarbeitung personenbezogener Daten nicht nur dann erteilt, wenn die Leistungserbringung von der Zustimmung abhängig gemacht wird, sondern schon dann, wenn der Anbieter die Gelegenheit der (Anbahnung der) **13**

---

17 Paal/Pauly/*Ernstl* Art. 4 Rn. 68.
18 *Zscherpe* MMR 2004, 723 (724).
19 Zur Einwilligungsfähigkeit von Notfallpatienten *Spickhoff* MedR 2006, 707.
20 *Ernst* ZD 2017, 110 (111): Besonders „dumme" Einwilligungen sind von vornherein als unwirksam anzusehen.
21 Vgl. *Riesenhuber*, System und Prinzipien des Europäischen Vertragsrechts, 2003, S. 275.
22 Nach bisherigem Recht für einen Richtwert von 14 Jahren eintretend OVG Lüneburg NJW 2015, 502 (Rn. 27); Roßnagel/*Holznagel/ Sonntag*, HB DSR, Kap. 4.8 Rn. 22; Gola/*Schulz* ZD 2013, 475 (478); Sydow/*Kampert* Art. 8 Rn. 4. Die Einsichtsfähigkeit grds. bis 14 Jahren verneinend und ab 16 Jahren bejahend *Zscherpe* MMR 2004, 723 (724); strenger OLG Hamm ZD 2013, 29 (30) (grds. noch keine Einwilligungsfähigkeit mit Vollendung des 15. Lebensjahrs); für eine Altersgrenze von 18 Jahren *Rogosch*, Einwilligung, S. 51 f., 55; grds. auch *Radlanski*, Einwilligung, S. 103 f.; wohl auch *Buchner*, Selbstbestimmung, S. 250.

Leistungserbringung dazu nutzt, den Betroffenen um die Einwilligung zu ersuchen. Ein wie auch immer gearteter Druck auf den Minderjährigen, die Erklärung abzugeben, ist nicht erforderlich.

14 „**Direkt gemacht**" wird das Angebot eines Dienstes der Informationsgesellschaft einem Kind nicht schon dann, wenn ein Kind objektiv die Möglichkeit erhält, (ggf. unerlaubt) auf das Angebot zuzugreifen. Vielmehr muss das Angebot so eingerichtet sein, dass es direkt durch Kinder – das heißt ohne Mitwirkung der Träger der elterlichen Verantwortung – aus eigenem Entschluss in Anspruch genommen werden kann. Daran fehlt es jedenfalls dann, wenn der Verantwortliche sein Angebot ausdrücklich nur an erwachsene Personen richtet und das Alter der Nutzer durch ein hinreichend sicheres Altersverifikationssystem feststellt.[23] Der Sicherheitsstandard des Systems darf allerdings nicht niedriger sein als der Standard, der zur Feststellung der Erreichung der nach Art. 8 Abs. 1 geltenden Altersgrenze verlangt wird, wenn der Anwendungsbereich der Norm eröffnet ist (→ Rn. 21). Der Anbieter könnte sich andernfalls aus dem Anwendungsbereich der Norm „herausmogeln", indem er von seinen Nutzern pro forma Volljährigkeit verlangt, diese aber nur nachlässig kontrolliert. Erteilt ein Kind unter Umgehung bzw. Manipulation der hinreichenden Altersverifikation seine Zustimmung zu einer Verarbeitung, ist die Einwilligungsfähigkeit mangels Anwendbarkeit des Art. 8 Abs. 1 Uabs. 1 S. 1 ausschließlich am Maßstab des Art. 4 Nr. 11 zu messen.

15 Darüber hinaus soll ein Angebot nach oft vertretenen Ansicht auch dann nicht direkt an ein Kind gerichtet sein, wenn es nach dem **Willen und der objektiven Absatzstrategie** des Anbieters nicht zumindest auch darauf gerichtet ist, von Kindern aus eigenem Entschluss unmittelbar in Anspruch genommen zu werden.[24] So soll es etwa sein, wenn das Angebot mit der Alterskennzeichnung „ab 18 Jahre" versehen ist und der Anbieter der Respektierung dieser Angabe nicht durch die inhaltliche Gestaltung des Angebots oder Werbemaßnahmen selbst entgegenwirkt. Die Beschränkung des Anwendungsbereichs der Norm auf Angebote, die entweder erkennbar (auch) für Kinder „gemacht" sind oder bei denen sich eine Zielgruppe nicht feststellen lässt[25], ist allerdings bedenklich.[26] Die aus der Anonymität des Internets resultierende spezifische Gefährdungssituation, der Art. 8 Abs. 1 Uabs. 1 S. 1 entgegenwirkt, besteht auch bei an Erwachsene gerichteten Angeboten und kann gerade hier ausgeprägt sein. Zudem sind die für die Zielgruppeneinordnung eines Dienstes vorgeschlagenen Kriterien (zB Verwendung einer kindgerechten Sprache, entsprechende grafische Darstellung)[27] kaum rechtssicher europaweit zu handhaben. Schließlich unterscheidet die DSGVO textlich zwischen dem einem Kind „direkt gemachten" Angebot (Art. 8 Abs. 1 Uabs. 1 S. 1) und Informationen, die sich „speziell an Kinder richten" (Art. 12 Abs. 1 S. 1 Halbs. 1). Es gibt damit gute Gründe dafür, dass alle durch hinreichende Sicherungen gegen die Nutzung durch Kinder geschützte Angebote im Internet „einem Kind direkt gemacht" sind.

16 Ausweislich EG 38 S. 3 soll die Einwilligung des Trägers der elterlichen Verantwortung nicht erforderlich sein „im Zusammenhang mit **Präventions- oder Beratungsdiensten**, die unmittelbar einem Kind angeboten werden". Implizit wird dem Kind damit für diese Fälle die Einwilligungsfähigkeit zugesprochen. Dahinter steckt offenbar die Überlegung, dass ein Minderjähriger zB eine Sucht- oder Schwangerschaftsberatung in Anspruch nehmen können soll, ohne eine Kenntnisnahme der Eltern fürchten zu müssen. Doch zum einen werden Beratungsleistungen der genannten Art auch heute noch zumeist persönlich oder fernmündlich und damit nicht als Dienste der Informationsgesellschaft erbracht (→ Art. 4 Nr. 25 Rn. 10, 11 f.).[28] Zum anderen rechtfertigt es das Interesse an diskreter Nutzbarkeit der Leistungen nicht, einem Kind die Fähigkeit zur Einwilligung in die Verarbeitung personenbezogener Daten im Zusammenhang mit der Erbringung dieser Dienste zuzusprechen, denn die zur Erbringung der Dienste erforderlichen Datenverarbeitungen werden ohnehin durch Art. 6 Abs. 1 UAbs. 1 lit. b erlaubt. Die Problematik der möglicherweise mangelnden Geschäftsfähigkeit bezüglich des zugrundeliegenden Vertrags ist durch das Vertragsrecht, nicht durch das Datenschutzrecht zu lösen. Unabhängig von diesen Bedenken gegen die Sinnhaftigkeit des EG ist jedenfalls festzustellen, dass sich im Normtext selbst kein Anhaltspunkt für die ins Auge gefasste Regelung findet.[29] Die EGe sind nur dem Rechtsakt beigefügte Begründungen (Art. 296 Abs. 2 AEUV). Sie haben nicht selbst normativen Charakter (→ Art. 7 Rn. 35).

17 Nach dem Wortlaut des Abs. 1 UAbs. 1 S. 1 gilt die Regelaltersgrenze nur in Fällen, in denen der in Art. 6 Abs. 1 UAbs. 1 lit. a normierte Grundtatbestand der Einwilligung zur Anwendung kommt. Die Verarbeitung besonderer Kategorien personenbezogener Daten, die auf der Grundlage des strengeren Erlaubnistat-

23 In diesem Sinne Kühling/Buchner/*Buchner/Kühling* Art. 8 Rn. 17.
24 *Art.-29-Gruppe*, WP 259, S. 25; *Gola/Schulz* ZD 2013, 475 (477 f.); Gola/*Schulz* Art. 8 Rn. 15 f.; Paal/Pauly/*Frenzel* Art. 8 Rn. 7; BeckOK DatenschutzR/*Karg* DSGVO Art. 8 Rn. 48ff.
25 Ehmann/Selmayr/*Heckmann/Paschke* Art. 8 Rn. 21.
26 Im Ergebnis mit ähnlicher Argumentation wie hier Kühling/Buchner/*Buchner/Kühling* Art. 8 Rn. 17.
27 Ehmann/Selmayr/*Heckmann/Paschke* Art. 8 Rn. 21.
28 So auch Paal/Pauly/*Frenzel* Art. 8 Rn. 8.
29 So auch Paal/Pauly/*Frenzel* Art. 8 Rn. 8.

bestands des Art. 9 Abs. 2 lit. a erfolgt, ist damit vom Anwendungsbereich ausgeschlossen. Nur vordergründig spricht gegen dieses Ergebnis, dass der Schutz der Minderjährigen bei besonders sensiblen Daten nicht gegenüber den „normalen" personenbezogenen Daten abgeschwächt werden darf.[30] Der typische Schutz der Minderjährigen durch eine feste Altersgrenze führt nämlich, wie gezeigt, auch dazu, dass nach allgemeinen Maßstäben nicht einwilligungsfähigen Minderjährigen die Einwilligungsfähigkeit zugesprochen wird (→ Rn. 7). Nach hier vertretener Ansicht sprechen bei der Verarbeitung besonderer Kategorien personenbezogener Daten gute Gründe für eine im Normalfall höhere Altersgrenze als 16 Jahre (→ Rn. 12). Die Wertung des Art. 8 Abs. 1 UAbs. 1 ist deshalb nicht übertragbar. Soweit Art. 9 Abs. 2 lit. a zur Anwendung kommt, ist die Einwilligungsfähigkeit mithin im Einzelfall zu ermitteln (Art. 4 Nr. 11).

b) Rechtsfolge. Die Rechtsfolge des Nichterreichens der Altersgrenze ist der Wegfall eines **Begriffsmerk-** 18 **mals der Einwilligung** (→ Rn. 1 f.). Die Datenverarbeitung kann mithin nicht auf Art. 6 Abs. 1 UAbs. 1 lit. a gestützt werden. Zugleich – und nach seinem Wortlaut sogar in erster Linie – ordnet Art. 8 Abs. 1 UAbs. 1 S. 1 für den Fall des Überschreitens der Altersgrenze die Rechtmäßigkeit der Datenverarbeitung an. Das ist unpräzise, denn die Einwilligung eines die Altersgrenze erreichenden Kindes kann selbstverständlich keine hinreichende, sondern nur eine notwendige Bedingung für die Rechtmäßigkeit der Datenverarbeitung sein.

Die objektive Rechtswidrigkeit der Datenverarbeitung ist unabhängig davon, ob der Datenverarbeiter 19 Kenntnis vom Nichterreichen der Altersgrenze hatte oder bei sorgfältigem Verhalten hätte Kenntnis erlangen können.[31] Auch bei Anwendung des Bußgeldtatbestands des Art. 83 Abs. 5 lit. a soll das **Verschulden des Verarbeiters** zwar nach Art. 83 Abs. 2 S. 2 lit. b bei der Bemessung der Höhe des Bußgeldes zu berücksichtigen sein, doch soll ein Bußgeld grds. auch ohne jedes Verschulden verhängt werden können.[32] Obzwar der Verantwortliche – mit Blick auf Abs. 2 wenig konsistent[33] – nicht zur Verifikation des Alters des Betroffenen oder zu einer Dokumentation seiner diesbezüglichen Bemühungen verpflichtet ist,[34] hat er also zur Vermeidung einer rechtswidrigen Datenverarbeitung und der daran geknüpften Sanktionen ein großes Eigeninteresse daran, sich von der Wahrung der Altersgrenze zu überzeugen.[35] Rechtstechnisch handelt es sich einerseits um eine Obliegenheit und andererseits um eine Gefährdungshaftung: Jede Nichteinhaltung der objektivrechtlichen Vorgaben geht verschuldensunabhängig und bußgeldbewehrt zulasten des Verantwortlichen, und zwar auch dann, wenn der Minderjährige das eingesetzte Verifikationsverfahren absichtsvoll und mit hohem Aufwand umgeht. Zu bedenken ist freilich, dass vollständig sichere Verfahren zur Altersverifikation nicht zur Verfügung stehen (→ Rn. 21), so dass der Verantwortliche der Sanktion eigentlich nur durch einen Verzicht auf die Datenverarbeitung sicher entgehen kann. Eine Überspannung der Anforderungen an die Altersverifikation würde aber nicht nur einen erheblichen Eingriff in die Freiheit des Datenverkehrs bedeuten, sondern auch mit dem Grundsatz der Datenminimierung (Art. 5 Abs. 1 lit. c) in Konflikt geraten, weil jede Verifikation ihrerseits aus Datenverarbeitungen besteht. Eine verschuldensunabhängige Sanktionierung von Verletzungen der Altersgrenze ist deshalb nicht nur rechtspolitisch, sondern auch datenschutz- und grundrechtlich bedenklich. De lege lata kann dem wohl nur mit einer grundsatz- und grundrechtskonformen Anwendung des Art. 83 Abs. 2 S. 2 lit. b[36] Rechnung getragen werden: Hält der Verantwortliche bei der Prüfung des Alters des Nutzers – gemessen an der Bedeutung der Datenverarbeitung – hohe Sorgfaltsstandards ein, darf gegen ihn wegen einer gleichwohl erfolgenden Verarbeitung von personenbezogenen Daten eines nicht einwilligungsfähigen Nutzers kein Bußgeld verhängt werden. Der Sorgfaltsmaßstab ist in analoger Anwendung des Abs. 2 zu präzisieren, der „angemessene Anstrengungen" zur Prüfung des Vorliegens einer elterlichen Einwilligung oder Zustimmung verlangt (→ Rn. 21).[37]

Das Fehlen einer echten Pflicht zur Altersverifikation hat zur Folge, dass gegen den Verantwortlichen nur 20 dann ein Bußgeld zu verhängen ist, wenn der Betroffene die Altersgrenze tatsächlich nicht erreicht hat und die Datenverarbeitung aus diesem Grund rechtswidrig ist (Art. 83 Abs. 5 lit. a). Sorgloses Handeln des Verantwortlichen hinsichtlich des Alters des Betroffenen allein genügt also nicht, solange es zu keinem Verstoß gegen Art. 6 Abs. 1 UAbs. 1 lit. a kommt. Art. 83 Abs. 4 lit. a greift nur bei einer Verletzung der Prüfpflicht des Abs. 2 ein. Sachlich zu erklären ist diese nach dem Wortlaut des Gesetzes zwingende Diskrepanz nicht. De lege ferenda wäre die **Normierung einer Rechtspflicht** zur sorgfältigen Prüfung des Alters und eine ausdrückliche Beschränkung des Bußgeldtatbestands auf Fälle der Nichteinhaltung dieser Pflicht wünschenswert.

30 Gola/*Schulz* Art. 8 Rn. 9.
31 Kühling/Buchner/*Buchner/Kühling* Art. 8 Rn. 28.
32 Ehmann/Selmayr/*Nemitz* Art. 83 Rn. 17.
33 Kühling/Buchner/*Buchner/Kühling* Art. 8 Rn. 28.
34 AA Gola/*Schulz* Art. 8 Rn. 19.
35 In diesem Sinne wohl auch *Art.-29-Gruppe*, WP 259, S. 25.
36 Hierzu allgemein auch Kühling/Buchner/*Bergt* Art. 83 Rn. 36.
37 So ohne Begründung auch *Art.-29-Gruppe*, WP 259, S. 25.

21 Welche **Anforderungen** sich aus der analogen Anwendung des Abs. 2 für die Verifikation des Alters des Betroffenen ergeben, kann nur im Einzelfall und unter Berücksichtigung der auf dem Markt jeweils verfügbaren Sicherungssysteme beurteilt werden. Zweifel an der Wahrung des in Art. 49 Abs. 1 S. 1 GRCh[38] enthaltenen Bestimmtheitsgrundsatzes[39] dürften gleichwohl letztlich nicht durchschlagen. Die vom analog anzuwendenden Abs. 2 verlangten „angemessene[n] Anstrengungen" (engl. reasonable efforts; frz. s'efforce raisonnablement) sind jedenfalls mehr als ein einfaches Bemühen. Eine bloße Selbstauskunft des Betroffenen wird mithin allenfalls dann ausreichend sein, wenn etwa nur eine Speicherung von einfachen Verlaufsdaten mit Zuordnung zur IP-Adresse des Nutzers in Rede steht. Jenseits dieses Grundfalls ist das „angemessene" Maß der Anstrengungen „unter Berücksichtigung der verfügbaren Technik" zu bestimmen. „Verfügbar" ist eine Technik, die im geschäftlichen Verkehr bereits zum Einsatz kommt und deren Verwendung dem Verantwortlichen auch unter Berücksichtigung des Kosten-Nutzen-Verhältnisses zumutbar ist (vgl. die Definition der verfügbaren Techniken in Art. 3 Nr. 10 lit. b RL 2010/75/EU, sog Industrieemissions-RL). Je sensibler die personenbezogenen Daten sind, desto komplexer müssen die Altersverifikationssysteme sein.[40] In Betracht kommen die Selbstauskunft des Betroffenen, eine Plausibilitätskontrolle anhand der im Internet (zB in sozialen Netzwerken) frei verfügbaren Daten, das sog Double-Opt-In-Verfahren (Verifizierung des Alters über die E-Mail-Adresse der Eltern),[41] die Nutzung der Online-Ausweisfunktion des Personalausweises, die Abfrage einer elektronischen Signatur, Vorlage des Personalausweises mit Prüfung zB in einer Post- oder Bankfiliale, durch einen Postboten oder auch online per Video-Chat, das Kontaktieren von Referenzpersonen (zB der Eltern). Der Verantwortliche kann sich zur Erfüllung der Sorgfaltsstandards auch eines sog Identitätsproviders (Trusted third party verification services; zB Login mit Facebook) bedienen, der freilich seinerseits hinreichend sichere Verwahren einzusetzen hat. Dieser Weg hat unter datenschutzrechtlichen Gesichtspunkten den Vorzug, dass damit im Einklang mit Art. 5 Abs. 1 lit. c die Menge der vom Verantwortlichen für die Verifikation (zusätzlich) zu verarbeitenden Daten reduziert wird.[42] Angesichts des kindlichen Erfindungsreichtums kann keines der genannten Verfahren hundertprozentige Sicherheit garantieren. Ergeben sich im Einzelfall begründete Zweifel an der Richtigkeit eines Ergebnisses, muss der Verarbeiter entweder ergänzend ein höherstufiges Verfahren einsetzen oder auf die Datenverarbeitung verzichten.[43] Behörde und Gerichte werden bei der Konkretisierung der Sorgfaltsanforderungen allerdings auch dem gerade in Art. 8 zum Ausdruck kommenden Interesse an einer Ermöglichung von verkehrssicheren Internetangeboten Rechnung zu tragen haben. Dass einige wenige Betroffene enorme Energie in die Umgehung von im Normalfall ausreichenden Sicherungssystemen aufwenden und damit erfolgreich sind, ist als unvermeidbar hinzunehmen.

22 Nach dem KOM-E wäre die KOM ermächtigt gewesen, die Modalitäten der Verifikation im Wege **delegierter Rechtsetzung** (Art. 290 AEUV) festzulegen und dabei „spezifische Maßnahmen für Kleinst- und Kleinunternehmen sowie mittlere Unternehmen" in Betracht zu ziehen (Art. 8 Abs. 3 KOM-E). Diese Befugnis ist der Skepsis des Rates gegenüber der delegierten Rechtsetzung auf dem Gebiet des Datenschutzrechts zum Opfer gefallen. Stattdessen wird nunmehr Verbänden und anderen Vereinigungen, „die Kategorien von Verantwortlichen oder Auftragsverarbeitern vertreten", die Definition von Verhaltensregeln ermöglicht, mit welchen die „Unterrichtung und [der] Schutz von Kindern" präzisiert werden können (Art. 40 Abs. 2 lit. g). Die KOM kann gemäß Art. 40 Abs. 9 iVm Art. 93 Abs. 2 im Komitologieverfahren die allgemeine Gültigkeit der auf diesem Wege ausgearbeiteten Regeln beschließen. Damit werden die Initiativkompetenz und die inhaltliche Normkonkretisierungskompetenz auf private Stellen ausgelagert; die hoheitlichen Stellen sind auf eine Verfahrensbegleitung und Kontrolle beschränkt.

23 **2. Öffnungsklausel für abweichende Regelung (Abs. 1 UAbs. 2).** Die Mitgliedstaaten werden durch Art. 8 Abs. 1 Uabs. 2 ermächtigt, eine von der Regelaltersgrenze nach unten **abweichende Festsetzung** zu treffen. Damit können für denselben Dienst von Mitgliedstaat zu Mitgliedstaat unterschiedliche Anforderungen gelten. Angesichts der damit verbundenen Rechtsanpassungskosten besteht für international agierende Unternehmen allerdings ökonomisch ein Anreiz, sich an der unionsrechtlichen Regelgrenze zu orientieren. Welches mitgliedstaatliche Recht anwendbar ist, muss bei einem grenzüberschreitenden Angebot von Diensten der Informationsgesellschaft mangels einer diesbezüglichen Regelung in der DSGVO (s. demge-

---

38 Zum Bestimmtheitsgebot als allgemeinem Rechtsgrundsatz EuGH C-74/95, Slg.1996, I-6609 Rn. 25; EuG T-279/02, Slg.2006, II-897 Rn. 66.
39 Ebenso Gola/*Schulz* Art. 8 Rn. 19.
40 Kühling/Buchner/*Buchner/Kühling* Art. 8 Rn. 28.
41 Dieses im Anwendungsbereich von Abs. 2 grds. für ausreichend haltend Gola/*Schulz* Art. 8 Rn. 21; *Möhrke-Sobolewski/Klas* K&R 2016, 373 (377 f.); *Art.-29-Gruppe*, WP 259, S. 26: in „low-risk cases".
42 *Art.-29-Gruppe*, WP259, S. 26.
43 Vgl. *Art.-29-Gruppe*, WP259, S. 25 f.

genüber noch Art. 4 Abs. 1 lit. a DSRL) in entsprechender Anwendung der Vorschriften der Rom I-VO[44] bestimmt werden.[45] Nach Art. 6 Abs. 1 Rom I-VO ist regelmäßig das Recht des Staates anzuwenden, in welchem das Kind seinen gewöhnlichen Aufenthaltsort hat. Voraussetzung dafür ist, dass der Verantwortliche den Dienst der Informationsgesellschaft zumindest in irgendeiner Weise auch auf diesen Mitgliedstaat ausgerichtet hat (Art. 6 Abs. lit. b Rom I-VO).[46] Ist dies nicht der Fall, kann die Auffangregel des Art. 4 Abs. 1 lit. b Rom I-VO Anwendung finden. Sollte hiernach das Recht eines Drittstaats (Nicht-EU-Mitgliedstaat) anwendbar sein (vgl. Art. 2 Rom I-VO), fehlt es insoweit an einem Mitgliedstaat, der zur Nutzung der Öffnungsklausel des Art. 8 Abs. 1 Uabs. 2 berechtigt wäre. Folglich bleibt die Regelgrenze nach Uabs. 1 bestehen. Eine Rechtswahlklausel ist nur unter der Voraussetzung des Art. 6 Abs. 2 S. 2 Rom I-VO zulässig. Das gewählte Recht darf also nicht nach unten von der Altersgrenze abweichen, die in dem nach Art. 6 Abs. 1 Rom I-VO anwendbaren Recht gelten würde.

Das abweichende nationale Recht muss eine neue, **niedrigere Altersgrenze** festsetzen, darf also nicht zur einzelfallabhängigen Beurteilung der Einsichtsfähigkeit zurückkehren. Die Altersgrenze darf nicht unter dem vollendeten dreizehnten Lebensjahr festgesetzt werden. Die Festsetzung muss „durch Rechtsvorschriften" erfolgen, mithin durch abstrakt-generelle Regelung und nicht (unmittelbar) durch Einzelentscheidungen (Rechtssatzvorbehalt). Ein Parlamentsgesetz ist unionsrechtlich nicht erforderlich (vgl. EG 41). Bei der Entscheidung, ob und mit welchem Inhalt sie von der Öffnungsklausel Gebrauch macht, unterliegt die deutsche Hoheitsgewalt mangels unionsrechtlicher Determinierung der Bindung an die Grundrechte des Grundgesetzes.[47] In einer Art. 51 Abs. 1 S. 1 Var. 2 GRCh europarechtsfreundlich überdehnenden Interpretation wird vielfach auch vertreten, dass die Mitgliedstaaten bei der Nutzung von sekundärrechtlichen Öffnungsklauseln (Abweichungsmöglichkeiten) parallel oder sogar ausschließlich an die EU-GRCh gebunden seien.[48] Das BDSG nF macht von der Öffnungsklausel keinen Gebrauch. | 24

VI. Einwilligung durch gesetzlichen Vertreter (Abs. 1 UAbs. 1 S. 2)

1. Materielles Recht. Die Möglichkeit einer Einwilligung oder Zustimmung durch den gesetzlichen Vertreter eines nicht einwilligungsfähigen Betroffenen wird nur in Abs. 1 UAbs. 1 S. 2 ausdrücklich angesprochen (zur rechtsgeschäftlichen Bevollmächtigung → Art. 7 Rn. 37). Diese Vorschrift gilt unmittelbar nur für die **Vertretung eines Kindes** durch den Träger der elterlichen Verantwortung und – wie sich aus den Worten „diese Verarbeitung" ergibt – nur im Anwendungsbereich des Art. 8 Abs. 1 UAbs. 1 S. 1. Eine gesetzliche Vertretung muss aber auch in allen anderen Fällen fehlender Einwilligungsfähigkeit möglich sein. Ein Ausschluss einwilligungsbasierter Datenverarbeitung würde der grundrechtlich fundierten Verantwortung der Hoheitsgewalt für den Schutz der Interessen von in der Selbstbestimmung beeinträchtigten Personen nicht gerecht, denn mit der Einwilligung werden Wege der Persönlichkeitsentfaltung eröffnet (→ Rn. 4; Art. 7 Rn. 19). Art. 8 Abs. 1 UAbs. 1 S. 2 ist deshalb im Wege der Analogie zu verallgemeinern: Anstelle einer nicht einwilligungsfähigen Person ist ein vom nationalen Recht bestimmter gesetzlicher Vertreter zur Einwilligung berechtigt. Er kann die nicht einwilligungsfähige Person außerdem durch seine Zustimmung zur Einwilligung ermächtigen. Die Vertretungsberechtigung ergibt sich mangels unionsrechtlicher Regelung aus dem nationalen Recht. Fehlt es an speziellen Vertretungsregeln für die Einwilligung, sind die für Rechtsgeschäfte geltenden Vorschriften anzuwenden[49] (zur umstrittenen Rechtsnatur der Einwilligung → Art. 7 Rn. 83). Die elterliche Vertretung ist im deutschen Recht in § 1629 BGB geregelt. Ersatzweise handelt der Vormund (§ 1773 BGB) oder der Pfleger (§ 1909 BGB). Für einwilligungsunfähige Volljährige handelt ein Betreuer (vgl. § 1896 BGB). | 25

Der Vertretungsberechtigte kann die Einwilligung entweder selbst gegenüber dem Verantwortlichen erklären oder aber seine **Zustimmung** zu einer vom Minderjährigen zu erklärenden Einwilligung erteilen. Die Zustimmung kann grds. sowohl direkt gegenüber dem Verantwortlichen als auch im Innenverhältnis gegenüber dem Betroffenen erklärt werden. Der Begriff der Zustimmung ist nicht gemäß der deutschen Terminologie (§ 182 Abs. 1, § 183 S. 1, § 184 Abs. 1 BGB) im Sinne von vorheriger Zustimmung (Einwilligung) | 26

44 VO (EG) Nr. 593/2008 des EP und des Rates v. 17.6.2008 über das auf vertragliche Schuldverhältnisse anzuwendende Recht.

45 *Laue* ZD 2016, 463 (465); aA BeckOK DatenschutzR/*Karg* DSGVO Art. 8 Rn. 21: nach Art. 3 Abs. 1 analog kommt es auf die Niederlassung der verantwortlichen Stelle an.

46 Näher *Laue* ZD 2016, 463 (466).

47 Grabitz/Hilf/Nettesheim/*Sobotta* Art. 16 AEUV Rn. 15.

48 EuGH C-540/03, Slg 2006, I-5769 Rn. 105; *Albrecht/Janson* CR 2016, 500 (506); Grabitz/Hilf/Nettesheim/*Sobotta* Art. 16 AEUV Rn. 15; *Lindner*, EuZW 2007, 71. Von der Frage der Bindung des nationalen Gesetzgebers an die GRCh zu unterscheiden ist eine ggf. erforderliche unionsgrundrechtskonforme Auslegung der sekundärrechtlichen Öffnungsklausel selbst, vgl. zu dieser Konstellation EuGH C-540/03, Slg 2006, I-5769 Rn. 97–104; C-203/15, C-698/15, NJW 2017, 717 Rn. 9; den Unterschied verkennend OVG Nordrhein-Westfalen, NVwZ-RR 2018, 43 Rn. 63.

49 Vgl. *Ohly*, Einwilligung, S. 453.

oder nachträglicher Zustimmung (Genehmigung) zu verstehen. Ebenso wenig wie der Betroffene selbst (→ Art. 7 Rn. 9) eine Datenverarbeitung durch eine nachträgliche Einwilligung legitimieren kann, vermag der gesetzliche Vertreter die Wirksamkeit der Einwilligung eines Einwilligungsunfähigen durch Genehmigung herstellen. Erforderlich ist stets eine vorherige Zustimmung.[50]

27 Eine doppelte Einwilligung sowohl von Seiten der Eltern als auch des minderjährigen Betroffenen (nach dem Vorbild zB von § 1411 Abs. 1 S. 1 BGB oder § 3 Abs. 3 KastrG) sieht das europäische Recht nicht vor – entgegen mancher rechtspolitischer Forderung und einer für die bisherige deutsche Rechtslage im Schrifttum vertretenen Ansicht.[51] Der Träger elterlicher Sorge ist aber bei seiner Entscheidung über die Erteilung der Einwilligung oder Zustimmung als **Treuhänder der Interessen des Kindes**[52] im Innenverhältnis verpflichtet, den Willen des Kindes in einer seinem Alter und Reifegrad entsprechenden Weise zu berücksichtigen.[53] Das ergibt sich aus dem zumindest mittelbar Drittwirkung entfaltenden Art. 24 Abs. 1 S. 2 GRCh (vgl. im nationalen Recht § 1626 Abs. 2 BGB) sowie aus einer Vorwirkung des Rechts auf informationelle Selbstbestimmung zugunsten des allmählich in die Fähigkeit zur Selbstbestimmung hineinwachsenden Kindes.[54] Die Eltern handeln rechtswidrig, wenn sie ohne angemessene Berücksichtigung der Meinung des Kindes die Einwilligung erteilen. Zur Wahrung der Verkehrssicherheit und der familiären Autonomie ist jedoch zwischen Außen- und Innenverhältnis zu unterscheiden. Der Mangel im Innenverhältnis führt nicht zur Rechtswidrigkeit und Unwirksamkeit der Einwilligung. In Extremfällen ist an § 1666 BGB zu denken.[55] Den Verarbeiter trifft auch nicht die Pflicht, sich von den Interessen und Wünschen des Kindes selbst zu überzeugen.[56] Die Interpretationshoheit über das Kindeswohl liegt in der Hand der Eltern und (nur) in krassen Fällen beim Familiengericht (§ 1666 BGB), nicht aber bei einem (privaten) Datenverarbeiter. Dessen Pflichten beschränken sich gemäß dem insoweit keiner interpretativen Erweiterung zugänglichen Abs. 2 auf eine sorgfältige Prüfung des Vorliegens einer elterlichen Einwilligung oder Zustimmung (→ Rn. 29).

28 Eine einmal erteilte Einwilligung der Eltern wirkt nach **Erreichen der Altersgrenze** fort.[57] Das Selbstbestimmungsrecht des Kindes ist durch die Möglichkeit des Widerrufs ausreichend geschützt (Art. 7 Abs. 3 S. 1). In entsprechender Anwendung des Art. 7 Abs. 3 S. 3 muss der Verantwortliche den Minderjährigen allerdings bis zum Erreichen der Volljährigkeit über die Möglichkeit des Widerrufs unterrichten, sonst ist die Einwilligung unwirksam (→ Art. 7 Rn. 95).

29 **2. Prüfpflichten des Verantwortlichen (Abs. 2).** Abs. 2 normiert eine **Sorgfaltspflicht** eines Verantwortlichen, der beabsichtigt, eine auf die Einwilligung oder Zustimmung des Trägers der elterlichen Verantwortung gestützte Datenverarbeitung vorzunehmen. Ist der Betroffene selbst nach Abs. 1 Uabs. 1 S. 1, Uabs. 2 nicht einwilligungsfähig, muss der Verantwortliche – wenn kein gesetzlicher Erlaubnistatbestand eingreift – vor Beginn der Datenverarbeitung angemessene Anstrengungen unternehmen, um sich zu vergewissern, dass die nach Abs. 1 Uabs. 1 S. 2 erforderliche Einwilligung oder Zustimmung des Trägers der elterlichen Verantwortung erteilt wurde. Im Unterschied zur bloßen Obliegenheit der Feststellung der Einwilligungsfähigkeit des Betroffenen selbst (→ Rn. 19) ist Abs. 2 eine echte und direkt bußgeldbewehrte (Art. 83 Abs. 4 lit. a) Rechtspflicht. Die Sanktion kann selbstständig neben einer gegebenenfalls verwirkten Ordnungswidrigkeit nach Art. 83 Abs. 5 lit. a wegen einer mangels Einwilligung rechtswidrigen Datenverarbeitung stehen. Die Verletzung des Abs. 2 führt als solche allerdings nicht zur Unwirksamkeit der Einwilligung oder Zustimmung. Dem Wortlaut nach greifen die Pflicht des Abs. 2 und Bußgeldbewehrung des Art. 83 Abs. 4 lit. a selbst dann ein, wenn der Verantwortliche weder Kenntnis vom Nichterreichen der Altersgrenze hat noch bei sorgfältigem Handeln hätte Kenntnis haben müssen. Entsprechend dem oben Gesagten ist der Bußgeldtatbestand allerdings grundsatz- und grundrechtskonform einschränkend auszulegen (→ Rn. 19). Hinsichtlich der Bestimmung der Sorgfaltsstandards gilt das oben zur Altersverifikation Gesagte entsprechend (→ Rn. 21).

30 Der Anwendungsbereich der Prüfpflicht ist auf den Tatbestand des Abs. 1 S. 1 beschränkt, also auf dem Kind direkt gemachte Angebote von Diensten der Informationsgesellschaft („in solchen Fällen"). Eine Ausdehnung der Pflicht auf Anwendungsfälle jenseits der „Internetangebote" im Wege der **Analogie** ist ausgeschlossen, denn Abs. 2 reagiert wie Art. 8 insgesamt auf die spezifische Gefährdung von Kindern bei der

---

50 Wie hier Gola/*Schulz* Art. 8 Rn. 17.
51 *Ohly*, Einwilligung, S. 315ff., 320ff.; *Buchner*, Selbstbestimmung, S. 275 f.; *Rogosch*, Einwilligung, S. 54 f.; *Lindner*, Die datenschutzrechtliche Einwilligung nach § 4 Abs. 1, § 4 a BDSG – ein zukunftsfähiges Institut?, 2013, S. 177.
52 Zu Art. 6 Abs. 2 S. 1 GG BVerfGE 104, 373 (385); BVerfG NJW 2009, 663 Rn. 13.
53 In diesem Sinne auch Ehmann/Selmayr/*Heckmann/Paschke* Art. 8 Rn. 26; Kühling/Buchner/*Buchner/Kühling* Art. 8 Rn. 21 (mit Erreichen der Grundrechtsmündigkeit ist Wille des Kindes maßgeblich).
54 Vgl. *Buchner*, Selbstbestimmung, S. 249: „graduelle Übertragung informationeller Selbstbestimmung".
55 Vgl. MüKO BGB/*Huber* § 1626 Rn. 63.
56 So aber Ehmann/Selmayr/*Heckmann/Paschke* Art. 8 Rn. 26.
57 So jetzt auch *Art.-29-Gruppe*, WP 259, S. 27, anders noch in der ursprünglichen Fassung der Guidelines vom 28.11.2017, S. 26.

Klement

Nutzung des Internets. Dessen unbeschadet trifft den Verantwortlichen zur Vermeidung einer rechtswidrigen Datenverarbeitung auch jenseits des Anwendungsbereichs des Art. 8 die Obliegenheit, sich vom Vorliegen einer erforderlichen Einwilligung bzw. Zustimmung der Eltern zu überzeugen. Anforderungen des nationalen Rechts, die mit anderen als datenschutzrechtlichen Zwecksetzungen die Verbreitung von Diensten der Informationsgesellschaft zum Schutz der Jugend beschränken (vgl. zB § 5 Abs. 3 Jugendmedienschutz-Staatsvertrag), bleiben anwendbar.

VII. Verhältnis zum Vertragsrecht (Abs. 3)

Das „allgemeine Vertragsrecht der Mitgliedstaaten" bleibt nach der deklaratorischen Feststellung des Abs. 3 von der datenschutzrechtlichen Regelung der Altersgrenze unberührt. Nach dem Gesetzeswortlaut gilt das insbes. für die „Vorschriften zur Gültigkeit, zum Zustandekommen oder zu den Rechtsfolgen eines Vertrags in Bezug auf ein Kind". Das Unionsrecht akzeptiert damit im Grundsatz eine **autonome Festlegung von Altersgrenzen** für die Erlangung der beschränkten oder unbeschränkten Geschäftsfähigkeit durch das nationale Recht (§§ 2, 104, 106 BGB). Die Wirksamkeit eines Vertrags ist unabhängig von der Wirksamkeit einer Einwilligungserklärung zu beurteilen, die im wirtschaftlichen Zusammenhang mit dem Vertrag steht oder sogar selbst Gegenstand vertraglicher Pflichten ist.[58] Direktiven für die Auslegung oder Anwendung des nationalen Vertragsrechts ergeben sich nur aus dem allgemeinen primärrechtlichen Loyalitätsgebot (Art. 4 Abs. 3 EUV). Der Grundsatz der Autonomie des Vertragsrechts gilt nicht nur für den Anwendungsbereich des Art. 8 Abs. 1, sondern unausgesprochen auch dann, wenn die Einwilligungsfähigkeit direkt nach Art. 4 Nr. 11 bestimmt wird. | 31

Teilweise wird Abs. 3 demgegenüber so gelesen, dass die Regelungen zur Einwilligungsfähigkeit unter einem Abweichungsvorbehalt zugunsten des nationalen Vertragsrechts gestellt werden.[59] Hintergrund ist die für das bisherige Recht vertretene Auffassung, die datenschutzrechtliche Einwilligungsfähigkeit müsse unter Wertungsgesichtspunkten spätestens mit der Erreichung der Rechtsgeschäftsfähigkeit erlangt werden.[60] Wer sogar wirksam einen Vertrag schließen könne, müsse im gleichen Sachzusammenhang auch in der Lage sein, rechtswirksam in die Verarbeitung seiner Daten einzuwilligen.[61] Zwingend war dieses Argument schon bisher nicht. Unter der Geltung der DSGVO ist eine Leitfunktion des Vertragsrechts richtigerweise ausgeschlossen. Das nationale Recht bleibt nach Abs. 3 zwar unberührt, aber es wird nicht seinerseits dazu ermächtigt, das einheitliche europäische Recht zu verdrängen. | 32

In umgekehrter Richtung dürfte das neue europäische Recht die Altersgrenze von 18 Jahren für die unbeschränkte Geschäftsfähigkeit (§§ 2, 104, 106 BGB) einem neuen **rechtspolitischen Rechtfertigungsdruck** aussetzen. Es will nicht einleuchten, dass für das Eingehen selbst alltäglicher rechtsgeschäftlicher Bindungen ein höheres Maß an Lebenserfahrung vorausgesetzt wird als zB für die vollständige Preisgabe wichtiger personenbezogener Daten in einem sozialen Netzwerk. Misslich ist zudem, dass nach geltendem Recht der von einem Minderjährigen ohne Mitwirkung der Eltern geschlossene Vertrag über die Nutzung eines Dienstes regelmäßig (schwebend) unwirksam ist,[62] während seine im Zuge des Vertragsschlusses erteilte Einwilligung wirksam sein kann. Der Minderjährige geht hier jedenfalls prima facie des Rechts auf Leistungserbringung verlustig, während die Gegenseite das gewünschte Recht auf Datenverarbeitung wirksam erlangt. Umgekehrt kann es sein, dass ein nicht einwilligungsfähiger Minderjähriger einen zB nach §§ 112 f. BGB wirksamen Vertrag schließt, der dann trotz der fehlenden Einwilligungsfähigkeit gemäß Art. 6 Abs. 1 UAbs. 1 lit. b eine Rechtsgrundlage für die Verarbeitung bildet. Diese Unterschiede als Ausdruck gegliederter Normsetzungskompetenzen im europäischen Mehrebenensystem zu erklären, ist auf Dauer unbefriedigend. Die gewünschte Vereinheitlichung des Datenschutzrechts in Europa wird damit verfehlt. Vor diesem Hintergrund könnte vom neuen Recht trotz Art. 8 Abs. 3 ein indirekter Impuls für eine Harmonisierung des nationalen Vertragsrechts ausgehen. | 33

Artikel 9   Verarbeitung besonderer Kategorien personenbezogener Daten

(1) Die Verarbeitung personenbezogener Daten, aus denen die rassische und ethnische Herkunft, politische Meinungen, religiöse oder weltanschauliche Überzeugungen oder die Gewerkschaftszugehörigkeit hervorgehen, sowie die Verarbeitung von genetischen Daten, biometrischen Daten zur eindeutigen Identifizierung

---

58   *Art.-29-Gruppe*, WP 259, S. 27.
59   Gola/*Schulz* Art. 8 Rn. 22 f.
60   S. etwa Simitis/*ders.* § 4 a Rn. 21 ff.
61   Roßnagel/*Holznagel*/*Sonntag*, HB DSR, Kap. 4.8 Rn. 22.
62   Näher *Wintermeier* ZD 2012, 210 (212); Ehmann/Selmayr/*Heckmann*/*Paschke* Art. 8 Rn. 28.

einer natürlichen Person, Gesundheitsdaten oder Daten zum Sexualleben oder der sexuellen Orientierung einer natürlichen Person ist untersagt.

(2) Absatz 1 gilt nicht in folgenden Fällen:

a) Die betroffene Person hat in die Verarbeitung der genannten personenbezogenen Daten für einen oder mehrere festgelegte Zwecke ausdrücklich eingewilligt, es sei denn, nach Unionsrecht oder dem Recht der Mitgliedstaaten kann das Verbot nach Absatz 1 durch die Einwilligung der betroffenen Person nicht aufgehoben werden,

b) die Verarbeitung ist erforderlich, damit der Verantwortliche oder die betroffene Person die ihm bzw. ihr aus dem Arbeitsrecht und dem Recht der sozialen Sicherheit und des Sozialschutzes erwachsenden Rechte ausüben und seinen bzw. ihren diesbezüglichen Pflichten nachkommen kann, soweit dies nach Unionsrecht oder dem Recht der Mitgliedstaaten oder einer Kollektivvereinbarung nach dem Recht der Mitgliedstaaten, das geeignete Garantien für die Grundrechte und die Interessen der betroffenen Person vorsieht, zulässig ist,

c) die Verarbeitung ist zum Schutz lebenswichtiger Interessen der betroffenen Person oder einer anderen natürlichen Person erforderlich und die betroffene Person ist aus körperlichen oder rechtlichen Gründen außerstande, ihre Einwilligung zu geben,

d) die Verarbeitung erfolgt auf der Grundlage geeigneter Garantien durch eine politisch, weltanschaulich, religiös oder gewerkschaftlich ausgerichtete Stiftung, Vereinigung oder sonstige Organisation ohne Gewinnerzielungsabsicht im Rahmen ihrer rechtmäßigen Tätigkeiten und unter der Voraussetzung, dass sich die Verarbeitung ausschließlich auf die Mitglieder oder ehemalige Mitglieder der Organisation oder auf Personen, die im Zusammenhang mit deren Tätigkeitszweck regelmäßige Kontakte mit ihr unterhalten, bezieht und die personenbezogenen Daten nicht ohne Einwilligung der betroffenen Personen nach außen offengelegt werden,

e) die Verarbeitung bezieht sich auf personenbezogene Daten, die die betroffene Person offensichtlich öffentlich gemacht hat,

f) die Verarbeitung ist zur Geltendmachung, Ausübung oder Verteidigung von Rechtsansprüchen oder bei Handlungen der Gerichte im Rahmen ihrer justiziellen Tätigkeit erforderlich,

g) die Verarbeitung ist auf der Grundlage des Unionsrechts oder des Rechts eines Mitgliedstaats, das in angemessenem Verhältnis zu dem verfolgten Ziel steht, den Wesensgehalt des Rechts auf Datenschutz wahrt und angemessene und spezifische Maßnahmen zur Wahrung der Grundrechte und Interessen der betroffenen Person vorsieht, aus Gründen eines erheblichen öffentlichen Interesses erforderlich,

h) die Verarbeitung ist für Zwecke der Gesundheitsvorsorge oder der Arbeitsmedizin, für die Beurteilung der Arbeitsfähigkeit des Beschäftigten, für die medizinische Diagnostik, die Versorgung oder Behandlung im Gesundheits- oder Sozialbereich oder für die Verwaltung von Systemen und Diensten im Gesundheits- oder Sozialbereich auf der Grundlage des Unionsrechts oder des Rechts eines Mitgliedstaats oder aufgrund eines Vertrags mit einem Angehörigen eines Gesundheitsberufs und vorbehaltlich der in Absatz 3 genannten Bedingungen und Garantien erforderlich,

i) die Verarbeitung ist aus Gründen des öffentlichen Interesses im Bereich der öffentlichen Gesundheit, wie dem Schutz vor schwerwiegenden grenzüberschreitenden Gesundheitsgefahren oder zur Gewährleistung hoher Qualitäts- und Sicherheitsstandards bei der Gesundheitsversorgung und bei Arzneimitteln und Medizinprodukten, auf der Grundlage des Unionsrechts oder des Rechts eines Mitgliedstaats, das angemessene und spezifische Maßnahmen zur Wahrung der Rechte und Freiheiten der betroffenen Person, insbesondere des Berufsgeheimnisses, vorsieht, erforderlich, oder

j) die Verarbeitung ist auf der Grundlage des Unionsrechts oder des Rechts eines Mitgliedstaats, das in angemessenem Verhältnis zu dem verfolgten Ziel steht, den Wesensgehalt des Rechts auf Datenschutz wahrt und angemessene und spezifische Maßnahmen zur Wahrung der Grundrechte und Interessen der betroffenen Person vorsieht, für im öffentlichen Interesse liegende Archivzwecke, für wissenschaftliche oder historische Forschungszwecke oder für statistische Zwecke gemäß Artikel 89 Absatz 1 erforderlich.

(3) Die in Absatz 1 genannten personenbezogenen Daten dürfen zu den in Absatz 2 Buchstabe h genannten Zwecken verarbeitet werden, wenn diese Daten von Fachpersonal oder unter dessen Verantwortung verarbeitet werden und dieses Fachpersonal nach dem Unionsrecht oder dem Recht eines Mitgliedstaats oder den Vorschriften nationaler zuständiger Stellen dem Berufsgeheimnis unterliegt, oder wenn die Verarbeitung durch eine andere Person erfolgt, die ebenfalls nach dem Unionsrecht oder dem Recht eines Mitgliedstaats oder den Vorschriften nationaler zuständiger Stellen einer Geheimhaltungspflicht unterliegt.

(4) Die Mitgliedstaaten können zusätzliche Bedingungen, einschließlich Beschränkungen, einführen oder aufrechterhalten, soweit die Verarbeitung von genetischen, biometrischen oder Gesundheitsdaten betroffen ist.

Literatur: *Alich, S./Voskamp, F.*, Auswirkungen der DSGVO auf den Gesundheitsdatenschutz in Deutschland, BvD-News 1/2017, 24; *Cremer, H.*, Zur Problematik des Begriffs „Rasse" in der Gesetzgebung, https://heimatkunde.boell.de; *Dochow, C.*, Notwendigkeit einer Datenschutz-Folgeabschätzung und Benennung eines Datenschutzbeauftragten in der Arztpraxis?, PinG 2018, 51; *Fündling, C.*, Recht auf Wissen vs. Recht auf Nichtwissen in der Gendiagnostik, 2017; *Giesen, T.*, Ärztliche Abrechnung durch Privatärztliche Verrechnungsstellen ohne Einwilligung?, 2017; *v. Hardenberg, S.*, Genetische Gesundheitsdaten in der Individualisierten Medizin, ZD 2014, 115; *v. Holleben, K. M./Knaut, J.*, Die Zukunft der Auftragsverarbeitung – Privilegierung, Haftung, Sanktionen und Datenübermittlung mit Auslandsbezug unter der DSGVO, CR 2017, 299; *Jandt, S.*, Smart Health, DuD 2016, 571; *Kattmann, U.*, Warum und mit welcher Wirkung klassifizieren Wissenschaftler Menschen?, in: Kaupen-Haas, H./Saller, C. (Hrsg.), Wissenschaftlicher Rassismus, 1999, 65; *Kingreen, T. /Kühling, J.*, Gesundheitsdatenschutzrecht, 2015; *Kircher, P.*, Der Schutz personenbezogener Daten Gesundheitsdaten im Gesundheitswesen, 2016; *Knyrim, R.*, Das neue Datenschutzrecht in Österreich und in der EU, 2016; *Kort, M.*, Eignungsdiagnose von Bewerbern unter der DSGVO (DSGVO), NZA-Beilage 2/2016, 62; *Krohm, N.*, Abschied vom Schriftformgebot der Einwilligung, ZD 2016, 368; *Kühling, J.*, Neues BDSG – Anpassungsbedarf für Unternehmen, NJW 2017, 1985; *Lepperhoff, N.*, Auf die Finger geschaut, kes 2016, 52; *Ortner, R./ Daubenbüchel, F.*, Medizinprodukte 4.0 – Haftung, Datenschutz, IT-Sicherheit, NJW 2016, 2918; *Petri, T.*, Datenschutzrechtliche Zweckbindung und die Weiterverbreitung bereits veröffentlichter Daten, JRE Band 23, 2015, 197; *Schaar, K.*, Geänderte Vorgaben für die Wissenschaft, ZD 2016, 224; *Schneider, J.*, Schließt Art. 9 DS-GVO die Zulässigkeit der Verarbeitung bei Big Data aus?, ZD 2017, 303; *Veil, W.*, DSGVO: Risikobasierter Ansatz statt rigides Verbotsprinzip, ZD 2015, 347; *Watteler, O./Kinder-Kurlanda*, K. Anonymisierung und sicherer Umgang mit Forschungsdaten in der empirischen Sozialforschung, DuD 2015, 515.

I. Allgemeines

1. Normstruktur. „Besondere Risiken für die Rechte und Freiheiten des Einzelnen treten in Situationen auf, **1** die durch ganz unterschiedliche Elemente gekennzeichnet sind. Der Inhalt der Daten gehört zweifellos dazu, wie etwa die Gefahr einer Diskriminierung am Arbeitsmarkt aufgrund persönlicher Überzeugungen oder gesundheitliche Merkmale demonstriert. Werden Daten solchen Inhalts aber etwa von einer politischen Vereinigung oder einem Krankenhaus verarbeitet, so ist dies ein ganz durchschnittlicher Sachverhalt." Mit diesen Worten beschreibt ein Kommentar zur DSRL die Problematik des gesteigerten Schutzes sensibler Daten durch Art. 8 DSRL.[1] Gleichwohl regelt Art. 9 die Verarbeitung besonderer Kategorien personenbezogener Daten („**sensible Daten**")[2] ganz ähnlich wie seine Vorgängervorschrift. EG 51 gibt als Grund für den besonderen Schutz dieser Datenkategorien an, sie seien „ihrem Wesen nach" besonders sen-

---

[1] *Dammann/Simitis* Art. 8 Rn. 3. Speziell zur Schutzbedürftigkeit aus dem Verwendungszusammenhang Simitis/*ders.* § 3 Rn. 251, 253ff.

[2] EG 10. Teile der Literatur bevorzugen den Begriff der sensitiven Daten, vgl. etwa Gola/*Schulz* Art. 9 Rn. 1. Der Wortlaut der englischen Fassung verwendet zwar den Begriff „sensitive Data", der im Deutschen allerdings mit sensiblen Daten zu übersetzen ist.

sibel; im Zusammenhang mit ihrer Verarbeitung könnten besondere Risiken für die Grundrechte und Grundfreiheiten entstehen. Zwar ist auch dem Verordnungsgeber bekannt, dass die Risiken einer Datenverarbeitung zumeist vom **Verwendungszusammenhang** abhängen.[3] Möglicherweise sieht er die Kritik aber deshalb als unberechtigt an, weil Abs. 2 das Verarbeitungsverbot nach Abs. 1 für spezifische Verarbeitungszusammenhänge aufhebt.

2 Zum Schutz solcher sensibler Daten sieht **Abs. 1** ein **grundsätzliches Verarbeitungsverbot** für einen abschließenden Katalog von Datenkategorien vor. Dem Wortlaut nach unterscheidet Abs. 1 zwischen zwei Unterkategorien: Die erste Kategorie betrifft Daten, aus denen die rassische und ethnische Herkunft, politische Meinungen, religiöse oder weltanschauliche Überzeugungen oder die Gewerkschaftszugehörigkeit hervorgehen. Bei dieser Kategorie sollen die gelisteten sensiblen Merkmale mittelbar aus einer Interpretation von Daten hervorgehen.[4] Die zweite Kategorie betrifft genetische Daten, biometrische Daten zur eindeutigen Identifizierung einer natürlichen Person, Gesundheitsdaten oder Daten zum Sexualleben oder der sexuellen Orientierung einer natürlichen Person. Diese Kategorie betrifft ihrem Wortlaut nach unmittelbar die gelisteten sensiblen Datenarten.[5] Es spricht allerdings vieles dafür, dass diese bereits in der DSRL vorgenommene semantische Unterscheidung letztlich nur sprachliche Varianten darstellen.[6] **Abs. 2 enthält** entgegen weitläufiger Ansicht[7] **keine besonderen Erlaubnistatbestände,**[8] sondern regelt lediglich die Voraussetzungen für Ausnahmen von dem Verarbeitungsverbot nach Abs. 1. Sie sind nicht anstelle der allgemeinen Verarbeitungsvoraussetzungen nach Art. 6 Abs. 1, sondern zusätzlich zu beachten.[9] Hinsichtlich der Verarbeitung im Gesundheits- und Sozialbereich nach Abs. 2 lit. h verlangt Abs. 3 die Verarbeitung unter der Verantwortung schweigepflichtigen Fachpersonals. Nach Abs. 4 ist es den Mitgliedstaaten erlaubt, für Gesundheitsdaten, genetische und biometrische Daten „zusätzliche Bedingungen, einschließlich Beschränkungen" einzuführen oder beizubehalten. **Art. 9 ermöglicht** als eine von sehr wenigen Vorschriften der DSGVO ausdrücklich **einen höheren mitgliedstaatlichen Datenschutzstandard.**[10]

3 **2. Verhältnis zu anderen Verarbeitungsregeln der DSGVO.** Auf Art. 9 wird in einer Reihe von Vorschriften der DSGVO verwiesen. Die **zweckändernde Verarbeitung** sensibler Daten ist unter bestimmten Voraussetzungen zulässig. Dies wird zwar teilweise bestritten,[11] ergibt sich aber unmissverständlich aus dem Wortlaut des Art. 6 Abs. 4 lit. c.[12] Eine zweckändernde Verarbeitung sensibler Daten setzt insbes. voraus, dass ein Erlaubnistatbestand nach Art. 6 Abs. 1 verwirklicht ist, nach Art. 9 Abs. 2 eine Ausnahme vom Verarbeitungsverbot des Abs. 1 besteht und die Voraussetzungen für eine Zweckänderung nach Art. 6 Abs. 4 erfüllt sind.

4 Nach Art. 17 Abs. 3 lit. c gilt das **Recht auf Löschung bzw. Vergessenwerden** ungeachtet einer grundsätzlichen Löschpflicht des Verantwortlichen nicht für solche **Gesundheitsdaten,** deren Verarbeitung „aus Gründen des öffentlichen Interesses im Bereich der öffentlichen Gesundheit gemäß Artikel 9 Abs. 2 lit. h und i sowie Artikel 9 Abs. 3 erforderlich ist (→ Art. 17 Rn. 33). Unter dem Gesichtspunkt eines effektiven Grundrechtsschutzes ist diese Regelung unverständlich, weil das Recht auf Vergessenwerden gerade in Bezug auf sensible Daten gelten sollte und keine sachlichen Gründe für die Ausnahme ersichtlich sind. Die Vorschrift kann man nur entweder als Redaktionsversehen (→ Art. 17 Rn. 33) oder als Ergebnis effektiver Lobbyarbeit ansehen.

5 Für **automatisierte Einzelfallentscheidungen** sieht Art. 22 Abs. 4 vor, dass sie grundsätzlich nicht auf besonderen Kategorien personenbezogener Daten beruhen dürfen (→ Art. 22 Rn. 62ff.). Ausnahmen sind nur für Verarbeitungen möglich, die auf einer ausdrücklichen Einwilligung der betroffenen Personen nach Art. 9 Abs. 2 lit. a oder wegen eines erheblichen öffentlichen Interesses iSd Art. 9 Abs. 2 lit. g gesetzlich geregelt

---

3 Vgl. dazu bereits Europarat, Denkschrift zum Datenschutzübereinkommen 1981 (SEV Nr. 108), Erläuterung Nr. 43. Vgl. auch jüngst *Schneider* ZD 2017, 303 (304) mit heftiger Kritik am Regelungskonzept, nach sensiblen und nichtsensiblen Daten zu unterscheiden.

4 So namentlich *Schneider* ZD 2017, 303 (304).

5 So namentlich *Schneider* ZD 2017, 303 (304).

6 Vgl. bereits *Dammann/Simitis* Art. 8 Rn. 7.

7 So aber *Alich/Voskamp,* BvD-News 1/2017, S. 25; *Laue/Nink/Kremer,* § 2 Rn. 58; *Gola/Schulz* Art. 9 Rn. 1, wohl auch *Veil* ZD 2015, 347 (349). Auch *Jandt* DuD 2016, 571 (573) scheint davon auszugehen, dass Art. 9 Abs. 2 jedenfalls in einzelnen Fallgruppen Zulässigkeitsvoraussetzungen abschließend definiert.

8 Vgl. EG 51. Ähnlich wie hier zB Bundesregierung, BT-Drs. 18/11325, S. 94 (zu § 22); Bundesrat, BR-Drs. 110/17 (B), S. 18; *Piltz,* BT-Drs. 18(4)824 C, S. 23. Zur DSRL bereits *Dammann/Simitis* Art. 8 Rn. 8.

9 Vgl. EG 51. Siehe auch Ehmann/Selmayr/*Schiff* Art. 9 Rn. 27.

10 Ähnlich wie hier *Piltz,* BT-Drs. 18(4)824 C, S. 23. Einen höheren Schutzstandard erlaubt auch Art. 37 Abs. 4 S. 1 aE in Bezug auf die obligatorische Benennung von betrieblichen Datenschutzbeauftragten.

11 ZB von *Lepperhoff* kes 2016, 52 (54).

12 So auch Gola/*Schulz* Art. 9 Rn. 6.

sind. Erheblichen EU-rechtlichen Bedenken ausgesetzt ist insoweit § 37 Abs. 2 BDSG nF, soweit diese Vorschrift die Interessen einer einzelnen Wirtschaftsbranche bedient.[13]

Die Verarbeitung sensibler Daten erfordert angesichts ihrer Risikoträchtigkeit **besondere verfahrensrechtliche und organisationsrechtliche Maßnahmen.** Ausdrücklich geregelt ist die Pflicht zum Erstellen und Führen von Verarbeitungsverzeichnissen, die bei der Verarbeitung sensibler Daten gem. Art. 30 Abs. 5 ausnahmslos gilt (→ Art. 30 Rn. 46). Die umfangreiche Verarbeitung sensibler Daten erfordert gem. Art. 35 Abs. 3 lit. b eine vorherige Datenschutz-Folgeabschätzung (→ Art. 35 Rn. 41) und gemäß Art. 37 Abs. 1 lit. c häufig[14] auch die Bestellung eines betrieblichen Datenschutzbeauftragten (→ Art. 37 Rn. 28 f.).[15] 6

Der Wortlaut von Art. 9 Abs. 4 und Art. 88 legt es nahe, dass eine mitgliedstaatliche Regelung der Verarbeitung **sensibler Beschäftigtendaten** iSv Art. 88 auch Art. 9 genügen muss.[16] 7

3. Entstehungsgeschichte. Bereits das **Datenschutz-Übereinkommen 108 des Europarats vom 28.1.1981** enthält in Art. 6 einen Katalog besonders schutzwürdiger Daten. Er umfasst die „rassische Herkunft", politische Anschauungen, religiöse und andere Überzeugungen, Daten über die Gesundheit und das Sexualleben sowie Angaben über Straftaten. Dieser Katalog wird in Art. 8 Abs. 1 **DSRL** präzisiert[17] und um den Schutz von Daten über die Gewerkschaftszugehörigkeit ergänzt. 8

Im **Gesetzgebungsverfahren zur DSGVO** schlug die KOM vor, diesen Katalog sensibler Daten um das Merkmal der genetischen Daten zu ergänzen. Darüber hinaus sollten Angaben über strafrechtliche Verurteilungen oder damit zusammenhängende Sicherungsmaßregeln vom Verarbeitungsverbot nach Art. 9 Abs. 1 Kom-E umfasst sein. Im Laufe des Gesetzgebungsverfahrens wurde die Regelung der strafrechtlichen Verurteilungen und Sicherungsmaßregeln auf Anregung des Rats (Art. 9 a Rat-E) ausgelagert; sie befindet sich nunmehr in Art. 10. Zugleich wurden auf Anregung des EP (Art. 9 Abs. 1 Parl-E) hin noch biometrische Daten sowie Daten über die sexuelle Orientierung in den Kanon des Art. 9 Abs. 1 aufgenommen. Die endgültige Formulierung von Art. 9 Abs. 2 geht im Wesentlichen auf die Kommission, in wichtigen Bereichen aber auch auf den Rat zurück. So forderte das EP vergeblich eine Ausnahme für Verträge mit den betroffenen Personen (Art. 9 Abs. 2 lit. aa Parl-E) und konnte nur mit dem Wortlaut von lit. g sowie der Aufnahme von Archivzwecken (Art. 9 Abs. 2 lit. ia Parl-E; jetzt Teil von Abs. 2 lit. j) die anderen Parteien überzeugen. Der Rat setzte sich demgegenüber mit der Betonung der „ausdrücklichen" Einwilligung in lit. a durch. Dasselbe gilt für die letztliche Formulierung von Abs. 2 lit. b, f., h und i. 9

II. Zur Vorschrift im Einzelnen

1. Grundsätzliches Verarbeitungsverbot (Abs. 1). Abs. 1 statuiert ein **Verarbeitungsverbot für sensible Daten.** Als sensibel werden die in Abs. 1 aufgelisteten Datenkategorien angesehen, weil sie aus Sicht des Verordnungsgebers regelmäßig **besondere Diskriminierungsrisiken** oder Risiken mit diskriminierungsähnlichen Wirkungen für die betroffenen Personen begründen. Diese Einschätzung des Gesetzgebers ist allerdings nur teilweise nachvollziehbar. Einerseits bestehen für die betroffenen Personen nicht bei jeder Verarbeitung sensibler Daten gesteigerte Risiken für ihre Grundrechte und Grundfreiheiten – derartige Risiken sind vom jeweiligen Verwendungszusammenhang abhängig (→ Rn. 1). Andererseits sind nicht alle Daten mit einer gesteigerten Diskriminierungsneigung in den Katalog der besonderen Kategorien aufgenommen worden. Beispielsweise versucht das AGG die Diskriminierung aufgrund des Alters und des Geschlechts zu unterbinden – beides anerkannt diskriminierungsträchtige Datenkategorien, die nicht in den Kanon der sensiblen Daten in der Vorschrift aufgenommen worden sind. 10

a) Unmittelbar und mittelbar sensible Daten. Nach dem Wortlaut des Abs. 1 gilt das Verarbeitungsverbot ua für alle Daten, aus denen sensible Aspekte der rassischen oder ethnischen Herkunft, der politischen Meinungen, von religiösen oder weltanschaulichen Überzeugungen oder die Gewerkschaftszugehörigkeit **hervorgehen.** Die verarbeiteten Daten müssen nicht zwingend unmittelbar Informationen über einen sensiblen 11

---

13 AA Regierungsbegründung zu § 37 BDSG nF, BT-Drs. 18/11325, S. 107.
14 Dann, wenn die Verarbeitung eine „Kerntätigkeit" des Verantwortlichen oder Auftragsverarbeiters darstellt.
15 Speziell zur DSFA und zur Bestellung betrieblicher Datenschutzbeauftragten in Arztpraxen vgl. *Dochow* PinG 2018, 51 ff.
16 So auch *Kort* NZA Beil. 2/2016, 62 (65); sa → Art. 88 Rn. 117 ff.
17 Nach Art. 8 Abs. 1 DSRL informationell geschützt werden die „rassische und ethnische Herkunft" sowie die „religiösen und philosophischen Überzeugungen."

Aspekt[18] enthalten; es genügt, wenn sich solche sensiblen Aspekte mittelbar aus dem Gesamtzusammenhang der Verarbeitung ergeben (**kontextbezogene oder mittelbar sensible Daten**).[19]

12 Teile der Literatur scheinen die Auffassung zu vertreten, dass die besonderen Datenkategorien bei einem weiten Verständnis auch zu einem weitgehenden grundsätzlichen Verarbeitungsverbot führen würden. Deshalb sollen mittelbar sensible Daten nur zurückhaltend dem Verarbeitungsverbot nach Abs. 1 zugeordnet werden.[20] Diese Einschätzung steht allerdings nicht im Einklang mit der Entstehungsgeschichte und begegnet auch systematischen Bedenken. Das gilt insbes. für sensible Daten, die im Zusammenhang mit der Gesundheitsversorgung stehen. Die diesbezüglichen zahlreichen Ausnahmen von einem Verarbeitungsverbot ergeben nur Sinn, wenn man einige Kategorien sensibler Daten ebenfalls weit versteht.[21] Umstritten ist auch, wie eine Auslegung konkret aussehen soll. Nach einer Auffassung soll das Verarbeitungsverbot nur gelten, wenn hinsichtlich solcher kontextbezogenen Daten auch eine **Auswerteabsicht** besteht. In Zweifelsfällen seien die Sondervorschriften des Art. 9 beispielsweise auf „Grunddaten" nicht anzuwenden, selbst wenn sie den Rückschluss auf sensible Informationen eröffneten.[22] Gegen diesen Ansatz spricht, dass ein solcher subjektiver Ansatz nicht zuverlässig messbar ist und keine normative Verankerung im Wortlaut des Art. 9 findet.[23] Darüber hinaus läuft er dem Grundgedanken des effektiven Grundrechtsschutzes zuwider. Überzeugender stellt ein anderer Ansatz darauf ab, ob sich besonders schutzwürdige Umstände „**mit hinreichender Sicherheit**" ableiten lassen.[24] Ihm wird zwar entgegen gehalten, dass er das Verarbeitungsverbot nicht hinreichend begrenze.[25] Abgesehen von der (nicht zur Gruppe der kontextbezogenen Daten gehörenden) Kategorie der biometrischen Daten spielt die Auswerteabsicht jedoch ebenso wenig eine Rolle wie der **konkrete Verwendungszusammenhang** von mittelbar sensiblen Daten.[26] Auch hinsichtlich des Verarbeitungsverbots von den legaldefinierten Gesundheitsdaten, können sich sensible Aspekte jedoch aus den mittelbaren Informationen, wie etwa aus der Kundenkartei einer Gesundheitseinrichtung ergeben, wenn sich daraus Rückschlüsse auf den Gesundheitszustand einer betroffenen Person ergeben können. Dementsprechend ist der Begriff der Gesundheitsdaten nach EG 35 weit zu verstehen. Demnach gehören auch Informationen über die natürliche Person zu den Gesundheitsdaten, die im Zuge der Anmeldung für sowie der Erbringung von Gesundheitsdienstleistungen im Sinne der Richtlinie 2011/24/EU des Europäischen Parlaments und des Rates vom 9. März 2011 über die Ausübung der Patientenrechte in der grenzüberschreitenden Gesundheitsversorgung (ABl. L 88 vom 4.4.2011, S. 45) für die natürliche Person erhoben werden, oder auch Nummern, Symbole oder Kennzeichen, die einer natürlichen Person zugeteilt werden, um diese natürliche Person für gesundheitliche Zwecke eindeutig zu identifizieren, zu den Gesundheitsdaten.

13 **b) Einzelne Kategorien. aa) Legaldefinitionen: Gesundheitsdaten, genetische Daten, biometrische Daten.** Keine der besonderen Kategorien personenbezogener Daten wurden in der DSRL definiert. Demgegenüber sieht die DSGVO nun für **Gesundheitsdaten** (Art. 4 Nr. 15 → Art. 4 Nr. 15 Rn. 1ff,) sowie für die in den Katalog sensibler Daten neu aufgenommenen **genetischen Daten** (Art. 4 Nr. 13 → Art. 4 Nr. 13 Rn. 1ff.) und **biometrischen Daten** (Art. 4 Nr. 14 → Art. 4 Nr. 14 Rn. 1ff.) **Legaldefinitionen** vor. Darüber hinaus werden einige Kategorien in den EG 51-54 näher erörtert.

14 Hinsichtlich **biometrischer Daten** ist zu beachten, dass Art. 9 Abs. 1 nur ihre Verarbeitung **zur eindeutigen Identifizierung** verbietet. Die Verarbeitung biometrischer Zwecke zu anderen Zwecken fällt demnach nicht unter das grundsätzliche Verarbeitungsverbot. Der Maßstab der Eindeutigkeit soll sich nach der Verarbeitungsmethode und dem jeweiligen Stand der Technik, vor allem aber nach den Umständen des Einzelfalls, insbes. der Art der verarbeiteten Daten richten.[27] Danach soll die Identifizierbarkeit bei Genomsequenzen oder Fingerabdrücken regelmäßig gegeben sein.[28] Die Verarbeitung von Lichtbildern soll hingegen nicht

---

18 In Bezug auf die Kategorien der rassischen oder ethnischen Herkunft, der politischen Meinung, der weltanschaulichen oder religiösen Überzeugung und der Gewerkschaftszugehörigkeit vgl. Gola/*Schulz* Art. 9 Rn. 11 mwN.

19 Wohl ganz überwiegende Meinung, vgl. Ehmann/Selmayr/*Schiff* Art. 9 Rn. 10; Paal/Pauly/*Frenzel* Art. 9 Rn. 8.; vgl. auch Paal/Pauly/*Frenzel* Art. 9 Rn. 9, der kritisch anmerkt, dass die Kontextualisierung, die aus einem Datum ein „sensibles Datum" macht, im Wortlaut der Vorschrift nicht angelegt sei.

20 So zB Gola/*Schulz* Art. 9 Rn. 11.

21 Ähnlich für den Begriff der Gesundheitsdaten *Kingreen/Kühling*, Gesundheitsdatenschutzrecht, 2015, S. 45 f.

22 Vgl. Gola/*Schomerus* § 3 Rn. 56 a.

23 Etwas anderes mag gelten, wenn die Auswerteabsicht aus einem konkreten Verwendungszusammenhang hervorgeht. Vgl. etwa Beispiele bei Kühling/Buchner/*Weichert* Art. 9 Rn. 22 aE.

24 *Bergauer* in: Knyrim (Hrsg.), Das neue Datenschutzrecht in Österreich und in der EU, 2016, 43 (60) mwN.

25 Vgl. Gola/*Schulz* Art. 9 Abs. 11; zuvor bereits Gola/*Schomerus* § 3 Rn. 56 a.

26 Auf diesen Aspekt weist *Bergauer* in: Knyrim (Hrsg.), Das neue Datenschutzrecht in Österreich und in der EU, 2016, 43 (61) überzeugend hin. Ähnlich *Kingreen/Kühling*, Gesundheitsdatenschutzrecht, 2015, S. 45ff. speziell für den Begriff des Gesundheitsdatums.

27 So Ehmann/Selmayr/*Schiff* Art. 9 Rn. 23.

28 So Ehmann/Selmayr/*Schiff* Art. 9 Rn. 23.

ohne Weiteres zur eindeutigen Identifizierung dienen. Nach EG 51 sollen Lichtbilder nur erfasst sein, wenn sie technisch die eindeutige Identifizierung oder Authentifizierung ermöglichen (→ Art. 4 Rn. 9).

bb) Weitere Kategorien. Nicht legaldefiniert sind Angaben über die „rassische und ethnische Herkunft".[29] 15
Ihr Schutz dürfte im Lichte des Art. 21 Abs. 1 GRCh auszulegen sein.[30] Nach EG 51 bedeutet die Verwendung des Begriffs „rassische Herkunft" nicht, dass die Union Theorien gutheißt, mit denen versucht wird, „die Existenz verschiedener menschlicher Rassen zu belegen."[31] Der Verordnungsgeber deutet an dieser Stelle an, dass die DSGVO eine problematische Begriffswahl fortsetzt[32] und er sich dieses Umstands bewusst ist. Seinem Wortsinn nach beschreibt der biologische Begriff „Rasse" die Zugehörigkeit eines Lebewesens zu einer abgrenzbaren Gruppe einer Spezies, die sich aufgrund genetischer Gegebenheiten von anderen Gruppen derselben Spezies oft auch phänotypisch unterscheidet.[33] Unabhängig von der Frage, ob der Begriff Rasse als Chiffre für die genetische Variation innerhalb einzelner Tierarten noch zeitgemäß ist, ist jedenfalls die biologische Klassifikation von Menschen in „Rassen" aus anthropologischer Sicht überlebt, weil sie die genetischen Ursachen für die augenfällige Vielfalt der Menschen wissenschaftlich unangemessen erfasst[34] und überdies Raum für Diskriminierungen schafft. Sofern die DSGVO den Begriff der „rassischen und ethnischen Herkunft" verwendet, soll sie also nicht wie auch immer geartete genetisch bedingte Ungleichheiten von bestimmten Menschengruppen bestätigen. Vielmehr dient Art. 9 Abs. 1 dazu, in informationeller Hinsicht Menschen vor Diskriminierungen aus rassistischen Motiven, wegen ihrer Abstammung, ihrer Heimat oder Herkunft zu schützen. Der Begriff der „**ethnischen Herkunft**" bezieht sich dabei auf die Abstammung von Angehörigen eines bestimmten Volkes.[35]

Beispiele: 16

Informationen über die rassische oder ethnische Herkunft beziehen sich zumeist auf jeweilige ethnische Minderheiten.[36] Sie schließen insbesondere Angaben zum äußeren Erscheinungsbild einer Person ein, die auf eine ethnische Minderheit hindeuten, etwa zur Hautfarbe[37] oder zu typischen, regional begrenzten Sprachen.[38] Der Name soll nur in Ausnahmefällen zum privilegierten Schutz führen.[39] Keine sensible Aussagekraft soll hingegen die Staatsangehörigkeit haben.[40] Informationen über soziale Herkunft betreffen die soziale Stellung der Vorfahren – gegen ihre Einbeziehung spricht zwar der eingeschränkte Wortlaut des Abs. 1. In Anlehnung an Art. 21 Abs. 1 GRCh und angesichts wesensmäßigen Verwandtschaft der personengebundenen Merkmale kommt der Schutz des Art. 9 aber zumindest einzelfallbezogen in Betracht.[41]

Der besondere Schutz von **politischen Meinungen** sowie von **religiösen und weltanschaulichen**[42] **Überzeu-** 17
gungen in Abs. 1 bezieht sich vor allem auf Art. 10 und Art. 11 GRCh. Beide Artikel gewährleisten die Freiheit, sich eine bestimmte Meinung oder Überzeugung zu bilden, sie zu haben, zu äußern und auch aufzugeben. Es geht also um den Schutz sowohl der inneren Haltung als auch der Äußerungen und Tätigkeiten, die aus der inneren Haltung folgen („forum internum" und „forum externum")[43]. Entsprechendes gilt für den

---

29 Art. 6 des Datenschutz-Übereinkommens des Europarats von 1981 definiert nur die rassische Herkunft als sensibles Datum. Die ethnische Herkunft dürfte insoweit als ergänzende Klarstellung zu verstehen sein.

30 Vgl. dazu etwa *Kilpatrick* in: Peers et al. (Hrsg.), The EU Charter of Fundamental Rights, 2014, Art. 21.

31 EG 51 übernimmt damit eine Formulierung aus der EG-Antirassismus-RL 2000/43/EG, vgl. dort EG 6. Vgl. zuvor Internationales Übereinkommen zur Beseitigung jeder Form der Rassendiskriminierung vom 7.3.1966, BGBl. 1969 II, S. 961.

32 Ausführlich dazu *Cremer*, Zur Problematik des Begriffs „Rasse" in der Gesetzgebung, https://heimatkunde.boell.de. Vgl. auch bereits UNESCO, Statement on Race, Paris 21.11.1951, wonach in Bezug auf die Kennzeichnung von Menschengruppen der Begriff „Rasse" niemals verwendet werden sollte.

33 Ausführlich zur Rassebildung bei Hunden OVG Hamburg DÖV 2009, 129 Rn. 10.

34 UNESCO, Stellungnahme zur Rassenfrage, Stadtschlaining vom 8./9.6.1995; s. auch *Kattmann* in: Kaupen-Haas/Saller (Hrsg.), Wissenschaftlicher Rassismus, 1999, S. 65ff.

35 Vgl. *Jarass* Art. 21 Rn. 18 mwN.

36 Vgl. etwa EGMR NVwZ 2008, 533ff. mwN.

37 Kühling/Buchner/*Weichert* Art. 9 Rn. 26.

38 Gola/*Schulz* Art. 9 Rn. 12.

39 Kühling/Buchner/*Weichert* Art. 9 Rn. 26; so auch im Ansatz Ehmann/Selmayr/*Schiff* Art. 9 Rn. 14: Ob der Name als ethnisches Merkmal dem Schutz des Verbotsprinzips unterfällt, wird unter Berücksichtigung aller Umstände im Einzelfall zu prüfen sein.

40 Gola/*Schulz* Art. 9 Rn. 12; Sydow/*Kampert* Art. 9 Rn. 7.

41 Zur sozialen Herkunft vgl. *Jarass* Art. 21 Rn. 20.

42 Art. 8 Abs. 1 DSRL stellte demgegenüber noch auf „philosophische" Überzeugungen ab. Eine inhaltliche Veränderung ist damit wohl nicht verbunden, wie sich aus einem Vergleich der verschiedenen Sprachfassungen ergibt. ZB unterscheiden sich die englische („philosophical beliefs") und französische (convictions philosophiques") Fassungen des Art. 9 Abs. 1 DSGVO insoweit nicht von Art. 8 Abs. 1 RL DSRL. Zum mutmaßlichen Hintergrund der Anpassung des deutschen Wortlauts vgl. *Bergauer* in: Knyrim (Hrsg.), Das neue Datenschutzrecht in Österreich und der EU, 2016, 43 (57).

43 Vgl. in Bezug auf die Religionsfreiheit EuGH, U. v. 10.7.2018 – C-25/17, Abs. 47, 48; EuGH, U. v. 29.5.2018 – C 426/16, Abs. 44 mwN.

Schutz der **Gewerkschaftszugehörigkeit**,[44] der eine informationelle Ausprägung der Koalitionsfreiheit aus Art. 28 GRCh ist.[45] Der Schutz von Meinungen und Überzeugungen dient nicht nur dem Schutz des individuellen Betroffenen, sondern auch der freiheitlichen Grundlagen der Gesellschaft.[46] Ob die innere Haltung wissenschaftlich überzeugend begründbar ist oder nicht, ist irrelevant.

18 Mit **Meinungen** iSd Art. 11 GRCh sind vor allem Werturteile gemeint.[47] Meinungen sind **politisch**, wenn sie sich auf Fragen des Zusammenlebens in menschlichen Gemeinschaften beziehen. Daten „beziehen sich auf" politische Meinungen, wenn sie entweder Angaben über die Meinung als solche treffen oder über Tätigkeiten, die den Schluss auf eine bestimmte Meinung nahelegen.

19 **Beispiele:**

Umfasst sind die persönliche politische Einstellung, Parteimitgliedschaften sowie das Abonnement politikmotivierter Zeitschriften[48], aber auch die von Art. 12 GRCh geschützte Teilnahme an politischen Veranstaltungen, soweit sie den Schluss auf eine politische Einstellung nahelegt[49]. Die berufliche Tätigkeit für einen politischen Tendenzbetrieb (zB Partei) wird jedenfalls dann erfasst, wenn sie einen politischen Bezug hat.[50] Auch die Ablehnung einer bestimmten politischen Haltung gehört zur politischen Meinung.[51]

20 Die **religiöse Überzeugung** kann sich zunächst durch die Zugehörigkeit zu einer Religionsgemeinschaft äußern. Für den Schutz des Art. 9 Abs. 1 ist es dabei nicht relevant, ob die Religionsgemeinschaft staatlich anerkannt ist (zB katholische Kirche, evangelische Landeskirche usw) oder eine sonstige Religionsgemeinschaft ist (Naturreligionen, „Sekte"). Umfasst nach Art. 10 Abs. 1 S. 2 GRCh sind zudem alle Ausdrucksformen des individuellen und kollektiven Bekenntnisses. Insoweit sind auch negative Aussagen umfasst, deshalb hat der Austritt aus einer Glaubensgemeinschaft durchaus sensiblen Charakter iSd Art. 9 Abs. 1 DSGVO.[52] Daten über das Tragen von eindeutig der Ausübung einer Religion dienenden Bekleidung und Devotionalien (zB Kippa, Kopftuch, Rosenkranz) können ebenfalls sensibel iSd Abs. 1 sein.

21 Wie die religiöse Überzeugung ist die **weltanschauliche Überzeugung** von Art. 10 GRCh geschützt.[53] Sie befasst sich ebenfalls mit den grundlegenden Zielen des Menschen und erklärt auf umfassende Weise den Sinn der Welt und des menschlichen Lebens.[54] Hierin unterscheidet sich die weltanschauliche Überzeugung von der politischen Meinung, die sich eher auf aktuelle und konkrete Fragestellungen bezieht.[55] Die „weltanschauliche Überzeugung" wird teilweise als „konturenloser Begriff" kritisiert. Daraus wird teilweise die Notwendigkeit einer teleologischen Reduktion abgeleitet. Einschlägig seien nur ideologische Gesinnungen oder Mitgliedschaften in ethischen Bünden wie etwa den Freimaurern. Bloße Einstellungen wie „Vegetarier" oder „Pazifist" seien hingegen keine weltanschauliche Überzeugung.[56] Nach anderer Auffassung soll gerade der Pazifismus ebenso wie Kommunismus und Faschismus zu den Weltanschauungen zählen.[57] Nach den eingangs genannten Kriterien dürften die letztgenannten Beispiele eher der politischen Meinung zuzuordnen sein.

22 Angaben über die **Gewerkschaftszugehörigkeit** beziehen sich auf die Mitgliedschaft in entsprechenden Organisationen[58] und auf Tätigkeiten, die einen engen Bezug zu einer Gewerkschaft offenlegen. Dazu zählen ua Funktionsträgereigenschaften ebenso wie das Engagement für eine gewerkschaftsnahe Stiftung, wenn es im inhaltlichen Zusammenhang zur Gewerkschaftstätigkeit steht.[59] Je nach Umständen des Einzelfalls können das Abonnement einer gewerkschaftlichen Publikation oder das Verteilen von gewerkschaftlichen Un-

---

44 Vgl. zB Plath/*Schreiber* BDSG § 3 Rn. 80 mwN.
45 Ähnlich *Bergauer* in: Knyrim (Hrsg.), Das neue Datenschutzrecht in Österreich und in der EU, 2016, 43 (57).
46 Vgl. Simitis/*Simitis* § 28 Rn. 327 unter Verweis auf BVerfGE 65, 1 (43). Dementsprechend betrifft die Erhebung von Daten über die Gewerkschaftszugehörigkeit nicht nur die einzelnen Beschäftigten, sondern beeinträchtigt auch die Koalitionsfreiheit der Gewerkschaft, vgl. BAG NJW 2015, 1548, (1550 f.) Rn. 30.
47 *Jarass* Art. 11 Rn. 7.
48 Kühling/Buchner/*Weichert* Art. 9 Rn. 27.
49 Ähnlich Kühling/Buchner/*Weichert* Art. 9 Rn. 27; aA Gola/*Schulz* Art. 9 Rn. 12.
50 Kühling/Buchner/*Weichert* Art. 9 Rn. 27; wohl enger Gola/*Schulz* Art. 9 Rn. 12: Grundsätzlich nicht bei Systemadministratoren oder Sekretariat.
51 Kühling/Buchner/*Weichert* Art. 9 Rn. 27.
52 Insofern übertragbar: EGMR U. v. 17.2.2011 – 12884/03 NVwZ 2011, 1503, 1504, Abs. 51 mwN; aA Gola/*Schulz* Art. 9 Rn. 12 allerdings ohne nähere Begründung.
53 Vgl. auch Plath/*ders.* DSGVO Art. 9 Rn. 6.
54 Vgl. ⬛VerfGE 105, 279 (293) unter Bezugnahme auf OVG NRW 5 A 1223/86.
55 Vgl. Buchner/Kühling/*Weichert* Art. 9 Rn. 28.
56 Gola/*Schulz* Art. 9 Rn. 12 (dritter Spiegelstrich).
57 So zB Sydow/*Kampert* Art. 9 Abs. 9.
58 Vgl. zB BAG NZA 2000, 1294: Fragerecht des Arbeitgebers erstreckt sich nicht auf Gewerkschaftszugehörigkeit.
59 Gola/*Schulz* Art. 9 Rn. 12 (vierter Spiegelstrich).

terlagen (Publikationen, Werbematerial) ebenfalls dem besonderen Schutz des Art. 9 unterliegen,[60] ebenso wie die Interessensbekundung an den Aktivitäten einer Gewerkschaft (zB Lesen der Aushänge, Gespräch mit einem Gewerkschaftsmitglied am Gewerkschaftsstand).

Auch der besondere Schutz von Daten zum **Sexualleben oder der sexuellen Orientierung** einer natürlichen 23 Person geht auf das Diskriminierungsverbot in Art. 21 Abs. 1 GRCh zurück. Angaben zur Sexualität betreffen in besonderer Weise die persönliche Intimsphäre. Hierzu gehören nach EG 51 Informationen über Hetero-, Bi-, Homo- und Transsexualität. Risikogeneigt sind auch Informationen über eine erfolgte oder beabsichtigte Geschlechtsumwandlung[61] sowie das Leben in einer eingetragenen Lebenspartnerschaft[62] bzw. künftig in einer gleichgeschlechtlichen Ehe. Geschützt werden Informationen über sexuelle Praktiken und andere Handlungen, aus denen die sexuelle Orientierung hervorgeht sowie unter bestimmten Umständen auch die Frage, wer die Partner oder Partnerinnen der betroffenen Personen sind.[63] Selbst die Ablehnung sexueller Praktiken zählt uU zu sensiblen Daten iSv Abs. 1. Durch eine Datenschutzbehörde beanstandet wurde etwa die Frage einer Berufsfachschule, ob den (teilweise minderjährigen) Bewerberinnen und Bewerbern bestimmte Sexualpraktiken unangenehm seien.[64] Sensibel kann auch eine Aussage zum Beziehungsstatus in einem Sozialen Medium sein, soweit dies entsprechende Rückschlüsse erlaubt.

2. Ausnahmen vom Verarbeitungsverbot (Abs. 2). a) Allgemeines; einzelstaatliche Anpassungsgeset- 24 **ze.** Abs. 2 zählt – ausdrücklich vorzusehende (EG 51) – Ausnahmen vom Verarbeitungsverbot nach Abs. 1 auf. Die Ausnahmetatbestände des Abs. 2 sind als zu zahlreich und zu weitgehend kritisiert worden. Das strikte Verarbeitungsverbot nach Abs. 1 werde durch sie weitgehend egalisiert. Durch die zahlreichen Öffnungsklauseln werde in Bezug auf besonders schutzwürdige Daten der Harmonisierungsanspruch der DSGVO infrage gestellt.[65] Diese Kritik ist nachvollziehbar, wenn man nicht – wie geboten[66] – die Ausnahmetatbestände nach Abs. 2 restriktiv auslegt. Die Aufzählung in Abs. 2 ist jedenfalls in Bezug auf mitgliedstaatliche Regelungen **abschließend**; selbst im Unionsrecht sollen weitere Ausnahmen unzulässig sein.[67]

Einige Ausnahmen zum Verarbeitungsverbot nach Abs. 1 setzen unionsrechtliche oder einzelstaatliche Re- 25 gelungen voraus. In den Mitgliedstaaten zeichnen sich im Wesentlichen zwei Wege ab, wie derartige Ausnahmen durch einzelstaatliches Recht aktiviert werden. In **Deutschland** bildet die Generalklausel des § 22 Abs. 1 BDSG nF diejenigen Ausnahmetatbestände des Art. 9 Abs. 2 in allgemeiner Form ab, die einer nationalen Regelung zugänglich sind.[68] Dies erfolgt, um etwaige Regelungslücken in bereichsspezifischen Gesetzen abzufangen. § 22 Abs. 2 BDSG nF statuiert Sicherungsmaßnahmen. Die Generalklausel in § 22 Abs. 1 BDSG nF wird durch bereichsspezifische Regelungen ergänzt, zB durch § 67 a Abs. 1 S. 2, § 67 b Abs. 1 S. 2, 3 SGB X für die Verarbeitung im Bereich der Sozialverwaltung sowie § 29 b Abs. 2 AO, § 29 c Abs. 2 AO für die Verarbeitung personenbezogener Daten durch Finanzbehörden. Demgegenüber verzichtet **Österreich** in seinem Bundesgesetz zum Schutz natürlicher Personen bei der Verarbeitung personenbezogener Daten (Datenschutz-Gesetz – nachfolgend: ÖDSG nF) auf eine generalklauselartige Regelung.[69] Ein erster Gesetzentwurf ging vielmehr davon aus, dass die Öffnungsklauseln der DSGVO – soweit erforderlich – durch Festlegungen in „spezifischen Materiengesetzen" genutzt werden.[70]

Abs. 2 sieht **Ausnahmen von einem Verbot** vor. Das ist **nicht** mit einer besonderen **Erlaubnis oder Verarbei-** 26 **tungsbefugnis** gleichzusetzen,[71] die den allgemeinen Rechtmäßigkeitsvoraussetzungen vorgingen. Um dies zu verdeutlichen, sieht EG 51 unmissverständlich vor, dass zusätzlich zu den speziellen Anforderungen an eine Verarbeitung sensibler Daten nach Abs. 2 die allgemeinen Grundsätze der Verarbeitung zu beachten sind. Das gilt namentlich für die Bedingungen der rechtmäßigen Verarbeitung. Art. 9 Abs. 2 regelt also lediglich die besonderen Voraussetzungen, unter denen Ausnahmen von dem Verarbeitungsverbot nach Abs. 1 möglich sind. Eine Verarbeitung ist danach auch rechtswidrig, wenn sie zwar einen Tatbestand des Art. 9 Abs. 2 verwirklicht, nicht aber auf eine Rechtsgrundlage iSd Art. 6 Abs. 1 gestützt werden kann. Hat

---

60 Ohne Einschränkung auf eine Einzelfallbetrachtung wohl *Däubler*, W., Gläserne Belegschaften, 6. Aufl. 2016, Rn. 193 mwN.
61 Vgl. EuGH C-423/04, EuZW 2006, 342.
62 Vgl. EuGH C-249/96, NJW 1998, 969.
63 Vgl. Kühling/Buchner/*Weichert* Art. 9 Rn. 42 mwN.
64 BayLfD, 18. TB 1997/1998, Nr. 12.4.
65 Gola/*Schulz* Art. 9 Rn. 3.
66 Dies ergibt sich aus dem Schutzzweck des Art. 9 sowie aus dem Regel-Ausnahmeverhältnis von Abs. 1 zu Abs. 2.
67 Vgl. zB Ehmann/Selmayr/*Schiff* Art. 9 Rn. 27 unter Berufung auf Standpunkt des Rats vom 8.4.2016, Ratsdok 5419/1/16, REV 1 ADD 1 (Entwurf einer Begründung des Rates), S. 12.
68 Dies betrifft Art. 9 Abs. 2 lit. b, g, h und i, s. die Begründung, BT-Drs. 18/11325, 94 (dort auch zu den Öffnungsklauseln, auf die sich die einzelnen Bestimmungen von § 22 BDSG nF stützen).
69 Vgl. bereits Gesetzentwurf 322/ME vom 7.6.2017 zu einem „Datenschutzanpassungsgesetz 2018", abrufbar unter www.parlament.gv. at.
70 Vgl. Gesetzesbegründung 322/ME XXV. GP-Ministerialentwurf – Erläuterungen, S. 1.
71 AA zB Gola/*Schulz* Art. 9 Rn. 1; wohl auch *Veil* ZD 2015, 347 (349).

beispielsweise eine betroffene Person sensible Daten über sich selbst veröffentlicht, wird eine Verarbeitung dieser Daten auf Grundlage von Interessenabwägungen nach Art. 6 Abs. 1 lit. f Grenzen unterliegen. Das gilt insbes., wenn die Verarbeitung geeignet ist, über den Akt der Veröffentlichung hinaus die Privatsphäre und die Grundfreiheiten der betroffenen Person zu gefährden.[72] Als Beispiel nennt schon die Begründungsschrift der Kommission zur DSRL „Daten politischer Art von Politikern" sowie „Namenslisten von Personen, die für einen kurzen Zeitraum und unter Einhaltung strikter Sicherheitsvorkehrungen Gegenstand von Meinungsumfragen sind."[73] Die Google-Spain-Entscheidung des EuGH[74] legt es auch nahe, kontextbezogene Veröffentlichungen im Internet nach Art. 6 Abs. 1 lit. f jedenfalls in gewissem Umfang zu schützen.[75] Denkbar wäre dies beispielsweise bei der Offenbarung der sexuellen Orientierung in einem Sozialen Netzwerk. Eine Offenlegung iSv Art. 9 Abs. 2 lit. e liegt danach vor, bedeutet aber nicht zwangsläufig, dass jede Behörde, jeder Arbeitgeber oder jeder sonstige Verantwortliche diese Information zu beliebigen Zwecken für sich verarbeiten kann.

27 Soweit Abs. 2 Ausnahmen vom Verarbeitungsverbot des Abs. 1 aufgrund von Unionsrecht oder des Rechts eines Mitgliedstaats erlaubt, muss das jeweilige Recht zumeist entweder „geeignete Garantien" oder „angemessene und spezifische Maßnahmen" zum Schutz bzw. zur Wahrung der Rechte und Freiheiten und Interessen der betroffenen Person vorsehen. Diese Erfordernisse werden in der DSGVO nicht näher definiert, dürften aber im Wesentlichen gleichbedeutend sein. Angemessene Garantien zum Schutz der Grundrechte und sonstigen Interessen der betroffenen Person bestehen nicht nur in – nach Art. 32 Abs. 1 ohnehin zu treffenden – technisch-organisatorischen Maßnahmen.[76] Vielmehr geht es auch darum, dass der Mitgliedstaat zum Schutz der informationellen Grundrechte und Interessen der Betroffenen abhängig von den jeweiligen Erfordernissen eines effektiven Datenschutzes rechtliche Verarbeitungsschranken, besondere Betroffenenrechte zusätzlich zu technisch-organisatorischen Rahmenbedingungen festlegt.

28 Jedenfalls bei der Verarbeitung im öffentlichen Interesse (Abs. 2 lit. g) kann eine solche Garantie beispielsweise auch in einer gesetzlichen Einschränkung zulässiger zweckändernder Weiterverarbeitungen liegen, vgl. auch Art. 6 Abs. 3 S. 3.[77] Sofern das mitgliedstaatliche Gesetzesrecht aus Gründen des Datenschutzes Vertraulichkeitsregeln vorsieht, können sie daher im Hinblick auf besondere Kategorien personenbezogener Daten weitgehend beibehalten werden. Für die Verarbeitung im öffentlichen Interesse kann die gesetzliche Festlegung von kurzen Löschfristen geboten sein. Auch die Festschreibung des Grundsatzes der Direkterhebung bei der betroffenen Person, den die DSGVO, anders als § 4 Abs. 2 BDSG aF, nicht ausdrücklich als allgemeinen Grundsatz enthält, kann eine geeignete Garantie darstellen, wie es etwa in § 67 a Abs. 2 SGB X vorgesehen ist.

29 Eine geeignete Garantie kann auch darin bestehen, den betroffenen Personen besonders weitgehende Interventionsrechte gegenüber einer Verarbeitung einzuräumen.[78] So kommt es bei Abs. 2 lit. d beispielsweise in Betracht, ehemaligen Mitgliedern einer Tendenzorganisation ein besonderes Recht auf Löschung der Mitgliedsdaten einzuräumen.

30 Als technisch-organisatorische Maßnahmen nennt die DSGVO im anderen Zusammenhang ausdrücklich die Möglichkeit der frühestmöglichen Pseudonymisierung, vgl. EG 156. Eine Reihe von technisch-organisatorischen Maßnahmen, die als geeignete Garantien angesehen werden können, wird in § 22 Abs. 2 BDSG nF aufgelistet.

31 An den vorgenannten Maßstäben gemessen hat der deutsche Bundesgesetzgeber die Garantien in § 22 Abs. 2 BDSG nF, in § 35 Abs. 1 S. 3 SGB I und in § 67 b Abs. 1 S. 4 SGB X defizitär ausgestaltet, weil und soweit sie sich ausschließlich darauf beschränken, Hinweise auf technisch-organisatorische Maßnahmen geben, die nach Art. 32 Abs. 1 ohnehin zu treffen wären. Das wird dem risikobasierten Ansatz der DSGVO nicht gerecht. Unter dem Gesichtspunkt eines effektiven Grundrechtsschutzes wäre es zwar regelungstechnisch anspruchsvoller, aber auch naheliegend gewesen, Schutzmaßnahmen auf die besondere Schadensneigung bestimmter Datenkategorien auszurichten.

---

72 Vgl. *Ehmann/Helfrich* Art. 8 Rn. 37, 38.

73 KOM, zitiert nach *Ehmann/Helfrich* Art. 8 Rn. 37.

74 EuGH C-131/12, NJW 2014, 2257ff.

75 Zum gebotenen Schutz bereits veröffentlichter personenbezogener Daten im Internet bereits *Petri* JRE (23) 2015, 197ff.

76 In Art. 6 Abs. 4 lit. e werden zwar Verschlüsselung und Pseudonymisierung als Beispiele für mögliche Garantien genannt. Aus Art. 9 Abs. 2 lit. h iVm Abs. 3 ergibt sich, dass auch besondere Verschwiegenheitspflichten der Personen, die Daten verarbeiten, zu den geeigneten Garantien gehören können. Dies bedeutet aber nicht, dass geeignete Garantien sich auf technische und organisatorische Maßnahmen beschränken.

77 Vgl. bereits *Dammann/Simitis* Art. 8 Rn. 10: „strenge Zweckbindung".

78 Dass die Betroffenenrechte in Bezug auf die Verarbeitung sensibler Daten relevant sind, verdeutlichen ua Art. 13 Abs. 2 lit. c, Art. 14 Abs. 2 lit. d, Art. 22 Abs. 4.

b) Ausdrückliche Einwilligung für spezifische Zwecke (lit. a). Die Einwilligung muss sich auf eine Verarbei- 32
tung **für einen oder mehrere festgelegte Zwecke** beziehen. Die Anforderung „festgelegte Zwecke" ist dabei
iSv spezifischen Zwecken zu verstehen, wie sich aus den anderen Sprachfassungen der DSGVO ergibt.[79] Ein
eindeutig erkennbares Rang- oder Spezialitätsverhältnis zwischen der Einwilligung und anderen Ausnahmetatbeständen des Abs. 2 besteht nicht.

In Bezug auf die Verarbeitung sensibler Daten muss die betroffene Person ihre Einwilligung **ausdrück-** 33
lich erteilen. Dies schließt nicht nur wie allgemein nach Art. 4 Nr. 11 und EG 32 S. 3 eine stillschweigende
und eine mutmaßliche, sondern darüber hinaus auch eine konkludente Einwilligung aus,[80] die nach Art. 4
Nr. 11 bei nicht sensiblen Daten möglich ist (→ Art. 7 Rn. 35). Art. 9 Abs. 2 lit. a verlangt ebenso wenig
wie Art. 6 Abs. 1 lit. a die **Schriftform** – auch wenn sie angesichts der Rechenschaftspflicht des Verantwortlichen nach Art. 5 Abs. 2 (→ Art. 7 Rn. 42ff.) häufig zu empfehlen ist.[81] Ob ein Mitgliedstaat im Rahmen
der Konkretisierung der DSGVO für die Verarbeitung sensibler Daten die Schriftform anordnen kann, ist
umstritten.[82] Jedenfalls sieht § 26 Abs. 2 S. 3 BDSG nF für die Einwilligung in die Verarbeitung von Beschäftigtendaten grundsätzlich die Schriftform vor. Begründet wird dieses Erfordernis mit der Nachweispflicht des Arbeitgebers nach Art. 7 Abs. 1.[83]

Auch nach Abs. 2 lit. a müssen die **allgemeinen Voraussetzungen für eine rechtmäßige Verarbeitung** erfüllt 34
sein. Das betrifft sowohl die allgemeinen Grundsätze der Verarbeitung nach Art. 5 einschließlich technisch-
organisatorischer Maßnahmen[84] als auch die allgemeinen Kriterien für die Wirksamkeit von datenschutzrechtlichen Einwilligungen. Art. 4 Nr. 11 und Art. 7 Abs. 4 verlangen insoweit va Freiwilligkeit und Informiertheit (→ Art. 7 Rn. 48ff. bzw. Rn. 72ff.).

Beispiel: 35

Holt ein Arbeitgeber die Einwilligung seiner Beschäftigten in die Nutzung biometrischer Zutrittskontrollsysteme ein, ist die Wirksamkeit einer solchen Zustimmung häufig fraglich.[85] Entweder muss der Arbeitgeber alternativ ein „klassisches" System der Zugangskontrolle ohne Verwendung biometrischer Daten anbieten. Hält er ein solches System vor, stellt dieses Alternativsystem allerdings die Erforderlichkeit des biometrischen Verfahrens infrage (vgl. Art. 5 Abs. 1 lit. c und e). Bietet der Arbeitgeber hingegen kein solches Alternativsystem an, wird es zumeist an der gebotenen Freiwilligkeit der Einwilligung fehlen (Art. 7 Abs. 4,
Art. 4 Nr. 11).

Unionsrecht oder mitgliedstaatliches Recht kann festlegen, dass das besondere Verarbeitungsverbot des 36
Abs. 1 **nicht durch Einwilligung aufgehoben werden kann.** Teilweise wird vertreten, dass im Unionsrecht
für einen solchen Ausschluss der Einwilligung eine spezielle Kompetenz erforderlich sei, die nicht aus der
GRCh ableitbar sein soll.[86] Im deutschen Recht ist beispielsweise im Geltungsbereich des SGB V bislang
eine Weitergabe von Patientendaten nur dann und in dem Umfang erlaubt gewesen, in dem bereichsspezifische Vorschriften die Datenverarbeitung im SGB V dies gestatten. Insoweit ist die Datenübermittlung auf
Grundlage einer Einwilligungserklärung des Betroffenen ausgeschlossen,[87] soweit nicht die Einwilligung
wie in § 295 a SGB V ausdrücklich zugelassen wird.[88] Zumindest nach gängiger Lesart schloss auch § 67 a
SGB X in seiner Fassung vor dem Gesetz zur Änderung des Bundesversorgungsgesetzes und anderer Vorschriften[89] die Erhebung personenbezogener Daten auf der Grundlage von Einwilligungen aus. Einer nachvollziehbaren Auffassung zufolge soll die Ermächtigung zum Vollverbot als Minus die Befugnis der Mitgliedstaaten enthalten, die Anforderungen an eine die Verarbeitung sensibler Daten legitimierende Einwilligung zu schärfen.[90] Beispielsweise könnte der mitgliedstaatliche Gesetzgeber danach für sensible Daten ein
Schriftformerfordernis der Einwilligung aufrechterhalten. Einen solchen Weg beschreitet beispielsweise
§ 67 b Abs. 2 SGB X.

79 Vgl. zB englische Fassung: „specified purposes", französische Fassung: „finalités spécifiques", italienische Fassung: „finalitá specifi-
    che".
80 So auch Sydow/*Kampert* Art. 9 Rn. 14.
81 Ähnlich zB Auernhammer/*Greve* DSGVO Art. 9 Rn. 9; Sydow/*Kampert* Art. 9 Rn. 14.
82 Vgl. zB Ehmann/Selmayr/*Schiff* Art. 9 Rn. 30; *Krohm* ZD 2016, 368 (369 f.).
83 BT-Drs. 18/11325, S. 97 (zu § 26 BDSG).
84 Der Bundesrat forderte demgegenüber eine ausdrückliche gesetzliche Regelung auf Grundlage von Art. 9 Abs. 4, vgl. Stellungnahme
    vom 10.3.2017, BR-Drs. 210/17 (B), 19.
85 *Lepperhoff* kes 2016, 52 (54).
86 Vgl. Paal/Pauly/*Frenzel* Art. 9 Rn. 22, der sich insoweit auf das Prinzip der begrenzten Einzelermächtigung beruft.
87 BSGE 102, 134. Kritisch dazu *Giesen*, Ärztliche Abrechnung, 2017, S. 40.
88 Vgl. dazu *Hornung, G.* in: Hänlein/Schuler (Hrsg.), SGB V, 5. Aufl. 2016, § 295 a Rn. 1ff.
89 Vom 17.7.2017, BGBl. 2017 I S. 2541.
90 *Kühling/Martini et al.*, S. 50.

37 c) **Wahrnehmung von arbeits- und sozialrechtlichen Rechten und Pflichten (lit. b).** Aus dem Arbeitsrecht, dem Recht der sozialen Sicherheit und des Sozialschutzes erwachsende Rechte und Pflichten können eine Verarbeitung rechtfertigen, wenn sie zur Erfüllung dieser Rechte und Pflichten erforderlich ist. Voraussetzung ist eine Rechtsgrundlage im Unionsrecht oder im Recht eines Mitgliedstaats oder in einer Kollektivvereinbarung nach dem Recht des Mitgliedstaats. Die betreffende Regelung muss „geeignete Garantien für die Grundrechte und Interessen der betroffenen Person" vorsehen (→ Rn. 27). Die genannten Rechtsgebiete tragen dem Umstand Rechnung, dass Arbeitgeber und Sozialleistungsträger nicht nur in besonderen Ausnahmefällen, sondern regelmäßig sensible Daten verarbeiten.[91]

38 Als **Rechtsgrundlage** kommt das Unionsrecht, das Recht eines Mitgliedstaats oder eine Kollektivvereinbarung nach dem Recht eines Mitgliedstaats in Betracht. Die DSGVO schließt zwar nach EG 41 S. 1 kommunale Satzungen als Rechtsvorschriften nicht aus – gerade in Bezug auf die Verarbeitung von sensiblen Daten dürften sie aber wegen des grundrechtlichen Vorbehalts des Gesetzes keine wirksame Rechtsgrundlage für eine Verarbeitung bieten. Zu den Kollektivvereinbarungen iSv Abs. 2 lit. b gehören tarifvertragliche Bestimmungen, Betriebsvereinbarungen[92] und Dienstvereinbarungen.

39 EG 52 benennt als **Beispiele** für das Recht der sozialen Sicherheit Vorschriften zur „Rente" (vgl. insbes. §§ 147ff. SGB VI) und zur „Abrechnung in den sozialen Krankenversicherungssystemen" (vgl. insbes. §§ 284ff. SGB V). Was Arbeitgeber anbelangt, sind sie schon steuer- und sozialrechtlich dazu verpflichtet, sensible Daten zu verarbeiten, etwa um Steuern und Sozialabgaben einzubehalten und abzuführen (zum Lohnsteuerabzug vgl. §§ 38ff. EStG, zu sozialrechtlichen Meldepflichten vgl. insbes. §§ 28aff., 106-108 SGB IV, §§ 198ff. SGB V, §§ 104ff., 281 c SGB VI sowie §§ 1ff. DEÜV).

40 In **Deutschland** regelt ua **§ 22 Abs. 1 Nr. 1 lit. a BDSG nF** die Verarbeitung sensibler Daten, die für die Ausübung der Rechte und Erfüllung der Pflichten aus dem Recht der sozialen Sicherheit und des Sozialschutzes erwachsen. Daneben betrifft einer der sechs Verarbeitungszwecke von § 22 Abs. 1 Nr. 1 lit. b BDSG nF[93] den Anwendungsbereich von Abs. 2 lit. b. Danach dürfen sensible Daten verarbeitet werden, soweit dies zur Beurteilung der Arbeitsfähigkeit erforderlich ist. Allgemeine Befugnisse zur Verarbeitung von sensiblen Beschäftigtendaten werden in § 26 Abs. 3 BDSG nF geregelt. Die Vorschriften lehnen sich eng an den Wortlaut des Art. 9 Abs. 2 lit. b an. Allerdings hat § 22 Abs. 1 Nr. 1 BDSG nF nur einen eingeschränkten Anwendungsbereich, weil bereichsspezifische Regelungen etwa zum Sozialdatenschutzrecht vorrangig anzuwenden sind (vgl. § 35 SGB I, §§ 67ff. SGB X).[94]

41 Die Verarbeitung muss erforderlich sein, um ein in Abs. 2 lit. b aufgezähltes Recht oder eine Pflicht zu erfüllen. Der Grundsatz der **Erforderlichkeit** ist als europarechtlicher Begriff zu verstehen und eng auszulegen. In Bezug auf Art. 7 lit. e DSRL hat der EuGH den Begriff der Erforderlichkeit als einen **eigenständigen Begriff** des Gemeinschaftsrechts angesehen. Angesichts der Zielsetzung der Richtlinie, ein gleichwertiges Schutzniveau in allen Mitgliedstaaten zu gewährleisten, könne der Begriff der Erforderlichkeit iSd Art. 7 lit. e DSRL in den Mitgliedstaaten keinen variablen Inhalt haben.[95] Wenn man diesen Gedanken richtigerweise auf Art. 9 Abs. 2 lit. b überträgt, muss das Merkmal der „Erforderlichkeit" unionsrechtlich so ausgelegt werden, dass es den Zielen der DSGVO entspricht.[96]

42 Die Voraussetzung der Erforderlichkeit stellt sicher, dass der Verantwortliche ein an und für sich legitimes Verarbeitungsziel nicht zum Anlass nimmt, überschießend personenbezogene Daten zu verarbeiten. Der **Umfang einer Verarbeitung** nach Abs. 2 lit. b ist anhand des Verarbeitungszwecks zu ermitteln. Seine klare und präzise Festlegung ist nach EG 41 S. 2 bereits eine allgemeine Voraussetzung für die rechtmäßige Verarbeitung personenbezogener Daten, auch wenn gemäß EG 45 S. 2 und 3 nicht zwingend jeder einzelne Verarbeitungsvorgang durch ein spezifisches Gesetz geregelt werden muss.

43 **Anwendungsbeispiele** zu Abs. 2 werden in EG 52 aufgezählt. Dabei erwähnt S. 1 ua Aspekte der Rente. Eine entsprechende einzelstaatliche Regelung muss geeignete Garantien für die Grundrechte und die Interessen der betroffenen Person enthalten (→ Rn. 27).

---

91 So bereits *Dammann/Simitis* Art. 8 Rn. 10.

92 Vgl. *Dammann/Simitis* Art. 8 Rn. 10, mit Hinweis auf Angaben, die für die Entlohnung oder für andere Leistungen oder etwa für die Abführung von Gewerkschaftsbeiträgen von Bedeutung sind.

93 Diese Vorschrift soll ihrem Inhalt nach im Wesentlichen § 28 Abs. 7 BDSG aF entsprechen, vgl. BT-Drs. 18/11325, S. 95 sowie *Kühling* NJW 2017, 1985 (1987 f.).

94 Vgl. Bundesrat, Stellungnahme vom 10.3.2017, BR-Drs. 210/17 (B), 18 f.

95 Ähnlich wohl auch EuGH C-468/10, C-469/10, DuD 2012, 370 (371) – ASNEF; EuGH C-524/06, Slg 2008, I-9705–9760 Rn. 50, 51 – Huber; EuGH C-101/01, DuD 2004, 244 (251) – Lindquist (zu Art. 7 DSRL). AA *Kühling/Martini et al.*, S. 31 unter Berufung auf Grabitz/Hilf/Nettesheim/*Brühann* DSRL Art. 7 Rn. 18 (*Brühann* hatte seine Auffassung vor der relevanten EuGH-Rspr. entwickelt).

96 Es wäre daher zweifelhaft, dem einzelstaatlichen Gesetzgeber einen undifferenziert weiten Gestaltungsspielraum zuzuweisen, so aber *Kühling/Martini et al.*, S. 51.

d) Schutz lebenswichtiger Interessen (lit. c). **Zum Schutz lebenswichtiger Interessen** kann eine Ausnahme 44
vom Verbot der Datenverarbeitung bestehen, wenn die betroffene Person „aus körperlichen oder rechtlichen Gründen" einwilligungsunfähig ist. Die Vorschrift führt Art. 8 Abs. 2 lit. c DSRL inhaltsgleich fort.
Da sie den Ausnahmetatbestand abschließend definiert,[97] bleibt für konkretisierende mitgliedstaatliche Regelungen kein Raum. Lebenswichtige Interessen können berührt sein, wenn die Verarbeitung zur Abwehr
von Gefahren für Leib und Leben nötig sind, ohne dass es um „Leben oder Tod" geht. Stets müssen allerdings existenzielle Interessen berührt sein.[98]

Lebenswichtige **Interessen Dritter** können beispielsweise bei der Bekämpfung von Epidemien, bei Naturka- 45
tastrophen oder humanitären Notlagen betroffen sein, vgl. EG 46.

Abs. 2 lit. c betrifft nur die Fälle, in denen eine Einwilligung der betroffenen Person als **Rechtsgrundlage** 46
ausscheidet. Geht es um die lebenswichtigen Interessen Dritter, ist die Verarbeitung nahezu ausschließlich
(vgl. EG 46) an Art. 6 Abs. 1 lit. d zu messen. Die betroffene Person muss „aus körperlichen oder rechtlichen Gründen" **außerstande** sein, eine **ausdrückliche Einwilligung** zu erteilen. Die Fähigkeit zur Abgabe
einer Einwilligung lediglich durch schlüssiges Verhalten hindert die Anwendung von Abs. 2 lit. c nicht, weil
sie nach Art. 9 Abs. 2 lit. a (und damit aus rechtlichen Gründen) bei sensiblen Daten unwirksam ist.

Körperliche Gründe liegen vor, wenn die Ursache der Einwilligungsunfähigkeit im körperlichen Zustand 47
der betroffenen Person selbst liegt. Gemeint sind regelmäßig Situationen, in denen die Person zB aufgrund
einer schweren Erkrankung, Bewusstlosigkeit oder Intoxikation außerstande ist, eine Erklärung abzugeben.
Nach wohl allgemeiner Meinung soll auch die mangelnde physische Erreichbarkeit einen körperlichen
Grund darstellen,[99] was sich allerdings nur bei großzügiger Auslegung mit dem Wortlaut des Art. 9 Abs. 2
lit. c vereinbaren lässt.

Aus rechtlichen Gründen ist eine Person einwilligungsunfähig, wenn das Recht Willensbekundungen der 48
betroffenen Person nicht als rechtlich wirksame Erklärung anerkennt. Klassische Anwendungsbeispiele sind
Fälle fehlender oder eingeschränkter Geschäftsfähigkeit. Für Abs. 2 lit. c muss es für den Verantwortlichen
allerdings unmöglich sein, einen einwilligungsfähigen (gesetzlichen) Vertreter der betroffenen Person zu erreichen.[100]

Die Verarbeitung muss zum Schutz lebenswichtiger Interessen **erforderlich** sein. Zugrunde zu legen ist der 49
wohl verstandene mutmaßliche Wille der betroffenen Person.[101] Anzulegen ist dabei ein strenger Maßstab.
Lassen sich die lebenswichtigen Interessen der betroffenen oder dritten Person anderweitig vergleichbar effektiv schützen, ist die Verarbeitung nicht erforderlich und damit unzulässig.[102]

e) Zweckgebundene interne Verarbeitung durch Tendenzorganisationen (lit. d). Ausnahmen sind auch zu- 50
lässig für die Verarbeitung durch **Tendenzorganisationen** ohne Gewinnerzielungsabsichten, die sich für die
Ausübung von Grundfreiheiten einsetzen (EG 51 aE). Hierzu zählen politisch, weltanschaulich, religiös
oder gewerkschaftlich ausgerichtete Stiftungen, Vereinigungen oder sonstige Organisationen. Der Tendenzcharakter soll einerseits restriktiv zu verstehen sein.[103] Andererseits soll es auf die konkrete Organisationsform nicht ankommen, solange und soweit sie als datenschutzrechtlich Verantwortliche gelten kann.[104] Die
privilegierten Ausrichtungen der Tendenzorganisationen werden in Abs. 2 lit. d abschließend aufgezählt.
Selbsthilfegruppen wie etwa „anonyme Alkoholiker" oder von speziellen Erkrankungen können ihre Verarbeitung daher regelmäßig[105] nicht auf Abs. 2 lit. d stützen. Als Ausnahmetatbestände für das Verarbeitungsverbot kommen für solche Organisationen die Einwilligung nach Abs. 2 lit. a, die gesetzlichen Grundlagen
nach Abs. 2 lit. g bis i in Betracht. Eine vertragliche Verarbeitungsgrundlage kommt nach Abs. 2 lit. h in Betracht, wenn die Gruppe von dem Angehörigen eines Gesundheitsberufs verantwortlich geleitet wird.

Als Beispiele[106] für politische Tendenzorganisationen kommen Parteien, ihre Jugend- und Unterorganisatio- 51
nen sowie parteinahe Stiftungen in Betracht. Religiös ausgerichtete Organisationen sind nicht nur die staatlich anerkannten Kirchen (insbes. katholische Kirche, evangelische Landeskirchen), sondern auch andere
Religionsgemeinschaften (zB jüdische, muslimische oder freikirchliche Gemeinden) und ihre nicht auf Ge-

---

97 Vgl. Roßnagel/*Jandt*, Europ. DSGVO, § 4 Rn. 309.
98 Vgl. Kühling/Buchner/*Weichert* Art. 9 Rn. 63.
99 So zB Auernhammer/*Kramer* BDSG § 28 Rn. 159, Kühling/Buchner/*Weichert* Art. 9 Rn. 65, BeckOK DatenschutzR/*Wolff* BDSG § 28 Rn. 250, jeweils mwN.
100 Ähnlich wie hier Kühling/Buchner/*Weichert* Art. 9 Rn. 67 mwN.
101 Vgl. *Dammann/Simitis* Art. 8 Rn. 11, Paal/Pauly/*Frenzel* Art. 9 Rn. 29.
102 Ehmann/Selmayr/*Schiff* Art. 9 Rn. 37; Sydow/*Kampert* Art. 9 Rn. 22; Beispiele ebd., Rn. 20.
103 Paal/Pauly/*Frenzel* Art. 9 Rn. 33.
104 Ähnlich Paal/Pauly/*Frenzel* Art. 9 Rn. 33.
105 Anderes gilt, wenn sie unter der Trägerschaft einer politisch, weltanschaulich, religiös oder gewerkschaftlich ausgerichteten Organisation stehen.
106 Zum Folgenden vgl. auch Kühling/Buchner/*Weichert* Art. 9 Rn. 71.

winnerzielung ausgerichteten sozialen Vereinigungen – soweit sie als Verantwortliche anzusehen sind. Gewerkschaftliche Organisationen sind in Deutschland der Deutsche Gewerkschaftsbund und der DBB Beamtenbund und Tarifunion mit ihren Einzelgewerkschaften, Stiftungen wie die Hans-Böckler-Stiftung und Berufsverbände, die Interessen ihrer abhängig beschäftigten Mitglieder vertreten (für den medizinischen Bereich beispielsweise der Marburger Bund, für die Piloten die Vereinigung Cockpit). Öffentliche Körperschaften wie Kammern (zB Rechtsanwalts- oder Ärztekammern, speziell in Österreich Arbeits- und Wirtschaftskammer) fallen ebenso wenig unter Abs. 2 lit. d wie sonstige Berufsvereinigungen (zB Hartmannbund) oder fachberufliche Vereinigungen.

52 Die Tendenzorganisation darf **keine Gewinnerzielungsabsichten** verfolgen, ihre Verarbeitung hat **auf Grundlage geeigneter Garantien** (→ Rn. 27) im Rahmen rechtmäßiger Tätigkeiten zu erfolgen. Das schließt nicht aus, dass die Tendenzorganisation mithilfe der Verarbeitung selbst Einnahmequellen erschließt, wenn die Einnahmen bei der Organisation verbleiben und nur dem Organisationszweck entsprechend verwendet werden.[107] Hierbei ist auf die Tätigkeit der Organisation und nicht auf etwaige Dach- oder Schwesterorganisationen abzustellen. Dementsprechend ist es unschädlich, wenn eine Non-Profit-Organisation in Trägerschaft einer anderen Vereinigung mit Gewinnerzielungsabsicht steht.[108]

53 Im Rahmen **rechtmäßiger Tätigkeiten** erfolgt die Verarbeitung, wenn sie für die **spezifische Ausrichtung der Tendenzorganisation erforderlich** ist, wobei die Tendenzorganisationen teilweise erhebliche Gestaltungsspielräume haben, ihre jeweilige Ausrichtung etwa durch Satzung zu bestimmen. Verarbeitungen zu Zwecken, die nicht zur Verfolgung dieser Ausrichtung erforderlich sind, können nicht auf Abs. 2 lit. d gestützt werden.[109] Die Verbotsausnahme betrifft allein interne Organisationszwecke, dementsprechend wird etwa die Verkündigungstätigkeit einer Religionsgemeinschaft[110] nicht unter Abs. 2 lit. d fallen.

54 **Beispielsweise** darf eine gewerkschaftliche Organisation nur Daten verarbeiten, die im Zusammenhang mit gewerkschaftlichen Tätigkeiten stehen. Abgesehen von Einzelfällen würde die Verwendung etwa von genetischen Daten offenkundig nicht im Rahmen einer rechtmäßigen Tätigkeit liegen. Politische Parteien können Daten verarbeiten, soweit ihre Erhebung zur ordnungsgemäßen Funktionsweise von politischen Parteien beitragen kann, etwa indem deren innere Meinungsbildung durch die Datenerhebung unterstützt wird.[111]

55 Die Verarbeitung darf sich nur auf eigene **Mitglieder, ehemalige Mitglieder sowie Personen** beziehen, **die** gerade in Bezug auf ihren jeweiligen Tätigkeitszweck **regelmäßig Kontakt** mit der Tendenzorganisation unterhalten.

56 Nach **außen offen gelegt** werden dürfen die personenbezogenen Daten nur mit ausdrücklicher[112] Einwilligung der betroffenen Personen. Insoweit gelten auch im Rahmen von Abs. 2 lit. d die verschärften Anforderungen von Abs. 2 lit. a (→ Rn. 32ff.).

57 **f) Von Betroffenen öffentlich gemachte Daten (lit. e).** Wie bereits Art. 8 Abs. 2 lit. e DSRL sieht auch Art. 9 Abs. 2 lit. e vor, dass sensible Daten verarbeitet werden können, wenn sie die **betroffene Person selbst offensichtlich öffentlich gemacht** hat. Es genügt nicht, dass die personenbezogenen Daten allgemein zugänglich sind.[113] Vielmehr muss die Veröffentlichung auf einen **bewussten Willensakt** der betroffenen Person zurückzuführen sein. In einem solchen Fall ist die betroffene Person nur noch eingeschränkt schutzbedürftig, weil sie insoweit selbst eine Verantwortung für ihren Persönlichkeitsschutz trägt. Allerdings ist die weithin anzutreffende Wertung, die betroffene Person verzichte mit einer Veröffentlichung ihrer Daten auf den spezifischen Schutz, in tatsächlicher Hinsicht fragwürdig.[114] Völlig schutzlos gestellt wird sie zu Recht nicht, weil auch eine Verarbeitung sensibler Daten einen Erlaubnistatbestand nach Art. 6 Abs. 1 voraussetzt (→ Rn. 2).

58 **Öffentlich gemacht** sind Daten, die einem unbestimmten, also individuell nicht bestimmbaren Personenkreis zugänglich gemacht werden. Der praktisch wichtigste Fall ist die Verbreitung über das Internet. Macht die betroffene Person die sensiblen Daten allerdings nur einer anderen Person oder einem abgegrenzten bestimmten Personenkreis bekannt, macht sie ihre Daten nicht „öffentlich".[115] Bei sozialen Netzwerken ist dementsprechend hinsichtlich der Zugänglichkeit zu unterscheiden (kleinere Gruppe von Kontakten oder alle Nutzer eines Netzwerks jedenfalls dann, wenn jedermann in diesem Mitglied werden kann). Eine

---

107 Str.; wie hier Sydow/*Kampert* Art. 9 Rn. 24; aA Paal/Pauly/*Frenzel* Art. 9 Rn. 34.
108 Ähnlich Paal/Pauly/*Frenzel* Art. 9 Rn. 34.
109 Vgl. Ehmann/Selmayr/*Schiff* Art. 9 Rn. 38; Paal/Pauly/*Frenzel* Art. 9 Rn. 34.
110 Dazu vgl. EuGH, U. v. 10.7.2018 – C 25/17.
111 Vgl. Ehmann/Selmayr/*Schiff* Art. 9 Rn. 39.
112 Hierauf legt Plath/*ders.* DSGVO Art. 9 Rn. 18 zu Recht Wert.
113 Zur Problematik bei Internetveröffentlichungen vgl. *Petri* JRE (23) 2015, 197ff. mwN.
114 Zur Problematik vgl. *Petri* JRE (23) 2015, 197ff.
115 So auch im Ansatz Gola/*Schulz* Art. 9 Rn. 24.

Person, die sich auf Krücken im öffentlichen Verkehrsraum bewegt, macht sich hierdurch nicht zu einem öffentlich gemachten Datum.[116]

Die Verarbeitung muss sich auf Daten beziehen, die die betroffene Person **offensichtlich** öffentlich gemacht 59 hat. Bei der Beurteilung der Offensichtlichkeit ist als Maßstab die objektivierte Sicht eines äußeren Betrachters anzulegen. Entscheidend ist, dass die Veröffentlichung eindeutig von der betroffenen Person herrührt oder zumindest eindeutig von ihr veranlasst wurde. Eine bloße Duldung der Veröffentlichung durch den Betroffenen genügt hierfür regelmäßig nicht.[117] Gerade das Merkmal der Offensichtlichkeit soll sicherstellen, dass betroffene Personen den gesteigerten Schutz sensibler Daten nicht verlieren, nur weil sie von Dritten veröffentlicht werden.[118]

Anderes kann allerdings gelten, wenn **sensible Daten** lediglich **weiterveröffentlicht** werden. Greifen zB Me- 60 dienberichte die von der betroffenen Person offensichtlich veröffentlichten sensiblen Daten auf, so muss sie sich diese Veröffentlichung auch zurechnen lassen. Nach der Literatur ist dabei allerdings zu differenzieren: Äußert sich die betroffene Person gegenüber einem Presseorgan, muss sie mit einer Weiterverarbeitung rechnen. Anderes soll bei mündlichen, flüchtigen Äußerungen vor einer beschränkten Öffentlichkeit (Versammlung) oder bei konkludentem Verhalten gelten.[119] Speziell bei der datenschutzrechtlichen Beurteilung von **Medienberichterstattung** ist allerdings die grundrechtlich geschützte Meinungs- und Medienfreiheit gebührend zu berücksichtigen. Die Mitgliedstaaten sind durch Art. 85 aufgerufen, eine praktische Konkordanz zwischen dem Grundrecht auf Datenschutz einerseits und den Grundrechten auf freie Meinungsäußerung und Informationsfreiheit andererseits herzustellen.

Dem Wortlaut nach kommt es zwar nicht darauf an, ob die **Veröffentlichung freiwillig** erfolgt ist – die Ver- 61 öffentlichungshandlung muss aber der betroffenen Person zuzurechnen sein. Dementsprechend ist es fraglich, ob die betroffene Person ihre personenbezogenen Daten öffentlich „macht", wenn sie diese Veröffentlichung unter Zwang oder aufgrund rechtlicher Verpflichtungen iSd Art. 6 Abs. 1 lit. c vornimmt.[120] Zumindest im Falle von Zwang oder Drohungen spricht der Schutzzweck aus Art. 1 Abs. 2 dagegen, Abs. 2 lit. e anzuwenden. Fraglich kann die Zurechenbarkeit von Veröffentlichungen eigener Daten durch Minderjährige sein. Der Person muss zumindest bewusst sein, dass sie eigene Daten veröffentlicht. Die Daten sind also typischerweise nicht „offensichtlich öffentlich gemacht", wenn der Verantwortliche – etwa durch Profiling – sensible personenbezogene Daten aus anderen personenbezogenen Daten gewinnt, die die betroffene Person in einem vermeintlich harmlosen Zusammenhang veröffentlicht hat. Ein anderes Ergebnis wäre kaum mit dem Grundsatz der Verarbeitung nach Treu und Glauben nach Art. 5 Abs. 1 lit. a zu vereinbaren.

Nachweispflichtig für die Öffentlichmachung durch die betroffene Person ist nach Art. 5 Abs. 2 regelmäßig 62 der Verantwortliche. Diese Nachweispflicht wird durch die Voraussetzung der Offensichtlichkeit nochmals betont und damit verstärkt. In Zweifelsfällen – etwa bei Internetveröffentlichungen mit unklarer Herkunft – ist daher nicht davon auszugehen, dass die betroffene Person ihre Daten öffentlich gemacht hat.[121]

g) Wahrung von Rechtsansprüchen, gerichtliche Tätigkeiten (lit. f). Ausnahmen von Abs. 1 sind zunächst 63 auch zulässig, wenn die Verarbeitung **zur Geltendmachung, Ausübung oder Verteidigung von Rechtsansprüchen** erforderlich ist. Im Kern geht es dabei um die Wahrung eigener Ansprüche, gleich ob sie im Rahmen eines Gerichtsverfahrens, eines vorgeschalteten Verwaltungsverfahrens oder außergerichtlich realisiert wird, vgl. EG 52 S. 3. Die Einschränkung dient der Gewährleistung des Grundrechts auf einen wirksamen Rechtsbehelf und ein unparteiisches Gericht (Justizgewährleistungsanspruch) aus Art. 47 GRCh.

Der Begriff **Rechtsansprüche** ist weit zu verstehen und umfasst zivilrechtliche wie öffentlich-rechtliche An- 64 sprüche.[122] Bei der Nebenklage nach §§ 394 ff. StPO und beim Adhäsionsverfahren nach §§ 403 ff. StPO fallen die dafür erforderlichen Verarbeitungen durch die verletzte Person bzw. ihre Bevollmächtigten unter Abs. 2 lit. f. Entsprechendes gilt jedoch nicht für die Verarbeitung personenbezogener Daten durch das erkennende Gericht, die nach der JI-Richtlinie und den mitgliedstaatlichen Umsetzungsregeln zu beurteilen ist.

Die Verarbeitung kann auch **bei Handlungen der Gerichte im Rahmen ihrer justiziellen Tätigkeit** zulässig 65 sein. Umfasst ist die Verarbeitung von Daten in allen Phasen eines gerichtlichen Verfahrens, das der richterlichen Unabhängigkeit unterliegt. Im Prinzip kann sich ein Gericht – im Rahmen des Erforderlichen – mit

---

116 Ähnlich Ehmann/Selmayr/*Schiff* Art. 9 Rn. 41.
117 So auch zB Sydow/*Kampert* Art. 9 Rn. 32; aA gegen den Wortlaut des § 28 Abs. 6 Nr. 3 BDSG aF noch Auernhammer/*Kramer* BDSG § 28 Rn. 154.
118 Wohl ebenso Kühling/Buchner/*Weichert* Art. 9 Rn. 79.
119 Paal/Pauly/*Frenzel* Art. 9 Rn. 36; zustimmend Kühling/Buchner/*Weichert* Art. 9 Rn. 79.
120 AA etwa Kühling/Buchner/*Weichert* Art. 9 Rn. 77, der die Rechtmäßigkeit der Weiterverarbeitung im Rahmen des Art. 6 berücksichtigt wissen will.
121 HM, wie hier zB Kühling/Buchner/*Weichert* Art. 9 Rn. 80.
122 Ehmann/Selmayr/*Schiff* Art. 9 Rn. 42.

allen Kategorien sensibler Daten befassen, um Rechtsstreitigkeiten zu bereinigen oder über sie zu entscheiden.[123]

66 Die Verarbeitung muss zur Rechtswahrung bzw. justiziellen Tätigkeit **erforderlich** sein. Nach Teilen der Kommentarliteratur soll die Erforderlichkeit im Lichte des Justizgewährleistungsanspruchs weit zu verstehen sein.[124] Danach würde die Verfolgung von Rechtsansprüchen generell auch die Verarbeitung sensibler Daten legitimieren.[125] Hierfür gibt es allerdings keinen konkreten normativen Anknüpfungspunkt. Viel eher liegt es nahe zu berücksichtigen, dass ein Verantwortlicher, der seine Ansprüche geltend macht, ausübt oder verteidigt, regelmäßig nicht mit letzter Zuverlässigkeit abschätzen kann, welche Daten für ein Gericht entscheidungsrelevant sein können. Für die Erforderlichkeit muss deshalb eine **ex-ante-Sicht** sein, die naturgemäß Beurteilungsspielräume eröffnet. Danach sollte nicht jeder Tatsachenvortrag mit sensiblen Daten allein deshalb gegen Art. 9 verstoßen, weil ein Gericht diesen Vortrag für unerheblich angesehen habe. Unzweifelhaft ist die Erforderlichkeit zu verneinen, wenn der Verantwortliche willkürlich und bewusst sensible Daten offenlegt, die mit dem Streitstoff in keiner Verbindung steht.[126]

67 Was die **gerichtliche Tätigkeit** anbelangt, sind Gerichte grundsätzlich ebenso wie andere Verantwortliche an die Verarbeitungsgrundsätze der DSGVO gebunden, vgl. EG 20 S. 1. Ihre richterliche Unabhängigkeit gewährleistet die DSGVO, indem sie die Gerichte für ihre justiziellen Tätigkeiten von der staatlichen Aufsicht befreit, vgl. Art. 55 Abs. 3 (→ Art. 55 Rn. 19 f.). Die Norm erfasst nur die justizielle, also die originär rechtsprechende Tätigkeit der Gerichte. Gerichtliche Tätigkeiten, die ihrem Wesen nach eher Verwaltungscharakter tragen (Grundbuchamt) oder der Dienstherreneigenschaft geschuldet sind, fallen nicht unter Abs. 2 lit. f.[127]

68 **h. Erhebliches öffentliches Interesse (lit. g).** Abs. 2 lit. g hat den Charakter einer Generalklausel zum Schutz erheblicher **öffentlicher Interessen.** Die Ausnahmeerlaubnis hat also dem Allgemeininteresse zu dienen und soll nicht Partikularinteressen oder Interessen Einzelner befriedigen. Als **Beispiele** für ein solches erhebliches öffentliches Interesse nennt EG 55 die Verarbeitung personenbezogener Daten durch staatliche Stellen zu verfassungsrechtlich oder völkerrechtlich verankerte Ziele von staatlich anerkannten Religionsgemeinschaften.[128] Nach EG 56 kann es unter bestimmten Voraussetzungen zulässig sein, dass politische Parteien im Zusammenhang mit Wahlen personenbezogene Daten über die politische Einstellung von Personen sammeln, wenn dies in einem Mitgliedstaat für das Funktionieren im demokratischen System erforderlich ist. Dementsprechend steht in Deutschland die Gruppenauskunft an Parteien im Vorfeld von Wahlen nach § 50 Abs. 1 BMG im Einklang mit der DSGVO.

69 Das zu verfolgende öffentliche Interesse hat **erheblich** zu sein; dies ist eine Einschränkung gegenüber der allgemeinen Regelung in Art. 6 Abs. 1 lit. e. Nicht erfasst sind damit Interessen der Allgemeinheit, die nicht so bedeutsam sind, dass die Allgemeinheit ohne die in Rede stehenden Maßnahmen ernsthaft beeinträchtigt wäre.[129] Daraus folgt für das **Gefahrenabwehrrecht**, dass die Eingriffshürde nicht bereits bei jeglichen Gefahren für die öffentliche Sicherheit oder Ordnung liegen kann, sondern erst zum Schutz hinreichend qualifizierter Rechtsgüter den Anforderungen genügt.[130] Im Bereich der **Strafverfolgung** ist zunächst zu berücksichtigen, dass die Verarbeitung durch zuständige Behörden nicht in den Anwendungsbereich der DSGVO fällt, sondern nach den Vorgaben der JI-Richtlinie zu beurteilen ist. Sofern andere Behörden oder nicht-öffentliche Stellen personenbezogene Daten zu Strafverfolgungszwecken verarbeiten, müssen sie die Verhältnismäßigkeit im Einzelfall beachten. Danach kommt eine Verarbeitung sensibler Daten zur Bekämpfung von Bagatellkriminalität bzw. von Ordnungswidrigkeiten oder von Delikten untergeordneter Bedeutung allenfalls unter besonderen Umständen in Betracht.[131]

70 Soweit die Verarbeitung **auf der Grundlage des Unionsrechts oder des Rechts eines Mitgliedstaats** zu erfolgen hat, muss das erhebliche öffentliche Interesse aus der Regelung selbst klar und eindeutig hervorgehen. EG 41 verlangt in Bezug auf die Rechtsgrundlage zwar kein förmliches Gesetz, fordert aber klare und präzise Vorgaben. Die Anwendung des Rechts muss danach im Sinne der Rechtsprechung des EuGH und des EGMR für die Normadressaten „vorhersehbar" sein. Die maßgeblichen Kriterien zur **Vorhersehbarkeit** sind beispielsweise aus der Entscheidung des EGMR im Fall „Marper vs. UK" zu entnehmen,[132] dem sich

---

123 Ähnlich Ehmann/Selmayr/*Schiff* Art. 9 Rn. 43.
124 So Kühling/Buchner/*Weichert* Art. 9 Rn. 83ff.
125 Kühling/Buchner/*Weichert* Art. 9 Rn. 85.
126 So sinngemäß Ehmann/Selmayr/*Schiff* Art. 9 Rn. 42.
127 So zu Recht Sydow/*Kampert* Art. 9 Rn. 34.
128 Zur Religionsangabe auf der Lohnsteuerkarte vgl. bereits EGMR, U. v. 17.2.2011 – 12884/03, NVwZ 2011, 1503.
129 Ehmann/Selmayr/*Schiff* Art. 9 Rn. 45.
130 Weitergehend Ehmann/Selmayr/*Schiff* Art. 9 Rn. 47: erst bei Gefahren für hochrangige, besonders schutzwürdige Rechtsgüter.
131 Weitergehend Ehmann/Selmayr/*Schiff* Art. 9 Rn. 47, wonach eine Verarbeitung „von vornherein nicht in Betracht" komme.
132 EGMR NJOZ 2010, 696, insbes. Rn. 103.

der EuGH weitgehend angeschlossen hat. Der EGMR hat darauf hingewiesen, dass hinsichtlich bestimmter Kategorien sensibler Daten besonders strenge Bestimmtheitsanforderungen zu beachten sind. Der Gesetzgeber müsse „**angemessene Sicherungen**" vorsehen, um eine Verarbeitung zu verhindern, die mit den Garantien des Art. 8 EMRK nicht vereinbar ist. Im Zusammenhang mit der Verwendung biometrischer Merkmale in Reisepässen hat der EuGH diese Maßstäbe übernommen und insoweit „spezifische Garantien im Hinblick auf einen wirksamen Schutz dieser Daten vor falschen und missbräuchlichen Verarbeitungen" verlangt.[133]

Hieran gemessen würde eine **Generalklausel, die sich nur auf eine inhaltliche Wiedergabe des Art. 9 Abs. 2 lit. g beschränkt**, dem Bestimmtheitsgebot offenkundig nicht genügen. Entsprechendes gilt für eine Vorschrift, die nicht aussagekräftige Allgemeinplätze wie die „Abwehr von Nachteilen für die Allgemeinheit" oder „Wahrung erheblicher Belange der Allgemeinheit" zum Gegenstand hat,[134] jedenfalls dann, wenn noch keine gefestigte Rechtsprechung zu einer Verengung des Begriffs stattgefunden hat. **71**

Im deutschen Recht hat der Bundesgesetzgeber von der Regelungsbefugnis in Abs. 2 lit. g durch § 22 Abs. 1 Nr. 2 lit. a bis d BDSG nF Gebrauch gemacht. Diese Varianten sind unterschiedlich problematisch. Nach § 22 Abs. 1 Nr. 2 lit. b BDSG nF ist die Verarbeitung zulässig, wenn sie zur **Abwehr einer erheblichen Gefahr für die öffentliche Sicherheit** erforderlich ist. Die Anforderungen dieses Gesetzes dürften den Erfordernissen eines erheblichen öffentlichen Interesses genügen. Als erhebliche Gefahr werden Gefahren für ein bedeutsames Rechtsgut angesehen, wie etwa Bestand des Staates, Leben, Gesundheit, Freiheit, wesentliche Vermögenswerte oder andere strafrechtlich geschützte Güter von erheblicher Bedeutung für die Allgemeinheit.[135] **72**

Unter Bestimmtheitsgesichtspunkten problematisch sind im BDSG jedenfalls § 22 Abs. 1 Nr. 2 lit. a und c BDSG nF Nach Abs. 1 Nr. 2 lit. a soll eine Verarbeitung zulässig sein, wenn sie „aus Gründen **eines erheblichen öffentlichen Interesses** zwingend erforderlich ist", nach Abs. 1 Nr. 2 lit. c, wenn sie „zur **Abwehr erheblicher Nachteile für das Gemeinwohl** oder zur Wahrung erheblicher Belange des Gemeinwohls zwingend erforderlich ist".[136] Beide Tatbestände grenzen weder den Adressatenkreis, noch den Verarbeitungsanlass bzw. den Verarbeitungszweck und schon gar nicht die verarbeiteten Datenkategorien näher ein.[137] **73**

Hinreichend präzise dürfte hingegen § 22 Abs. 1 Nr. 2 lit. b BDSG nF sein, der auf die **Abwehr erheblicher Gefahren** für die öffentliche Sicherheit abstellt und damit zumindest Formulierungen aufgreift, die durch Rechtsprechung und Verwaltung konkretisiert worden sind.[138] Als hinreichend bestimmt anerkannt hat der EuGH beispielsweise die unionsrechtlichen Vorschriften der Verordnung 2252/2004 zur **Erfassung biometrischer Merkmale in Reisepässen**.[139] Aus Art. 1 Abs. 2 dieser Verordnung ergeben sich die erfassten biometrischen Merkmale (Fingerabdrücke), aus den Erwägungsgründen die Ziele der Regelung (EG 2, 3 der VO (EG) 2252/2004). Auch die Verordnung (EG) Nr. 1290/2005 zur Veröffentlichung von bestimmten **Angaben zu Agrarsubventionen** verpflichtete zur Veröffentlichung von gesetzlich in Art. 44 a näher beschriebenen Datenkategorien zu bestimmten Zwecken. Der EuGH sah die Verordnung allerdings als unverhältnismäßigen Eingriff in die Grundrechte auf Privatheit und Datenschutz an.[140] **74**

Nach der zitierten Rechtsprechung (→ Rn. 75) muss die Rechtsvorschrift in einem angemessenen Verhältnis zu dem verfolgten Ziel stehen. Für das Gefahrenabwehrrecht liegt die Eingriffshürde nicht bereits bei jeder Gefahr für die öffentliche Sicherheit und Ordnung, sondern erst bei Gefahren für Rechtsgüter von gesteigerter Bedeutung für die Allgemeinheit. Das ist auch bei der Auslegung von Gefahrenabwehrvorschriften zu beachten. **75**

Überdies muss die Rechtsvorschrift den **Wesensgehalt des Rechts auf Datenschutz wahren**. Die Anforderung nimmt auf die grundrechtlich begründete Wesensgehaltsgarantie nach Art. 52 Abs. 1 S. 1 GRCh Bezug. Nach der Rechtsprechung des EuGH steht die Wesensgehaltsgarantie in einem Zusammenhang mit **76**

133 EuGH C-291/12, NVwZ 2014, 435 Rn. 55.
134 Ähnlich Ehmann/Selmayr/*Schiff* Art. 9 Rn. 45 f.
135 Vgl. zB die Legaldefinition in § 14 Abs. 2 S. 2 BPolG. Dazu *Schenke* in: Schenke/Graulich/Ruthig (Hrsg.), Sicherheitsrecht des Bundes, 2014, § 14 BPolG Rn. 27; *Denninger* in: Lisken/Denninger (Hrsg.), Handbuch des Polizeirechts, 2012, D Rn. 61.
136 Insoweit nicht übertragbar BayVerfGH NVwZ 1996, 166 (169). Einmal davon abgesehen, dass die Entscheidung insoweit erheblicher Kritik ausgesetzt war (vgl. *Denninger* in Lisken/Denninger (Hrsg.), Handbuch des Polizeirechts, E Rn. 163-164 mwN), betraf sie generell Übermittlungen personenbezogener Daten an nicht-öffentliche Stellen durch die Polizei.
137 Die Vorschriften stellen bereits eine gewisse Präzisierung des ersten bekannt gewordenen Referentenentwurfs (§ 5 Nr. 1 ABDSG, Stand 5.8.2016) dar, der ebenfalls entsprechender Kritik ausgesetzt war, vgl. BMJV, Stellungnahme vom 31.8.2016, Az.: 1552/20-46 198/2016, S. 10.
138 Vgl. zu Bestimmtheitsanforderungen bei Generalklauseln EGMR NJW 2000, 421 (422) Rn. 34ff.). nicht (verfassungsrechtliches Verbot der „politischen Betätigung" von Beamten).
139 Vgl. EuGH C-291/12, NVwZ 2014, 435 (insbes. 437 Rn. 35, 36).
140 Vgl. EuGH C-92/09 und C-93/09, MMR 2011, 122 – Satamedia.

Petri

dem Verhältnismäßigkeitsgrundsatz,[141] nähere Maßstäbe lassen sich aus der Rechtsprechung allerdings kaum ableiten.[142] Der Wesensgehalt eines Grundrechts ist im Hinblick auf seinen engen Bezug zur Menschenwürde wohl nur beeinträchtigt, wenn grundlegende Bestandteile eines Grundrechts völlig missachtet werden.[143] Auch hier besteht das Erfordernis der **angemessenen und spezifischen Maßnahmen** (→ Rn. 27). Diese müssen im Gesetz vorgesehen sein.

77 Speziell bei **Zutrittskontrollen des erhöhten Schutzbedarfs** (beispielsweise Rechenzentren) oder Authentifizierungsverfahren für Anwendungen[144] kann die „Zweifaktoren-Authentifikation" geboten sein,[145] um den Grundsatz der Integrität und Vertraulichkeit zu wahren. Nach Einschätzung des BSI ist danach die Abfrage von mindestens zwei der folgenden Kriterien geboten: Besitz einer Identifizierungskarte, Wissen (PIN) sowie biometrische Merkmale. Je nach Einzelfall kann – bei vorhandener Rechtsgrundlage[146] – die Authentifizierung anhand von biometrischen Daten zulässig sein.

78 **i) Verarbeitungen in der Gesundheits- und Sozialverwaltung (lit. h, Abs. 3). aa) Abgrenzung zwischen Abs. 2 lit. h und i.** Die Verarbeitung sensibler Daten zu gesundheitsbezogenen Zwecken spricht Art. 9 Abs. 2 gleich in zwei Buchstaben an. Die Regelung in **Abs. 2 lit. i, Abs. 3** betrifft die Gewährleistung der „öffentlichen Gesundheit". Gemeint sind Maßnahmen, die auf die Abwehr von Gefahren für die öffentliche Gesundheit oder Gesundheitsrisiken insbes. durch standardisierte Maßnahmen abzielen. Demgegenüber regelt Abs. 2 lit. h vor allem die Verarbeitung, die im weitesten Sinne im Zusammenhang mit der **Gesundheitsversorgung des Individuums** steht.[147] Damit sind auch strukturelle Maßnahmen der Gesundheitsvorsorge eingeschlossen, soweit sie Einzelne unmittelbar betreffen. Die Verarbeitungen können Zwecke verfolgen, die im Interesse einzelner Personen liegen oder dem Interesse der Gesellschaft insgesamt dienen (zu Verarbeitungszwecken im Einzelnen → Rn. 80).[148]

79 Die **regulatorische Verantwortung** für die medizinische Versorgung und die Verwaltung des Gesundheitswesens obliegt nach dem Primärrecht zwar den Mitgliedstaaten, vgl. Art. 168 Abs. 7 AEUV. Die damit zusammenhängende Verarbeitung personenbezogener Daten wurde aber bereits in Art. 8 Abs. 3 DSRL geregelt. Auch insoweit wurde der Grund für die Ausnahme darin gesehen, dass die Verarbeitung von Gesundheitsdaten für den gesamten Bereich typisch ist und bei wirksamer Abschottung nach außen erfahrungsgemäß keine besonderen Risiken trägt.[149]

80 **bb) Verarbeitungszwecke.** Ausnahmen vom Verarbeitungsverbot nach Abs. 1 erlaubt Abs. 2 lit. h zunächst zu Zwecken der **Gesundheitsvorsorge.** Ausweislich EG 53 soll die Gesundheitsvorsorge „auch der Sicherstellung und Überwachung der Gesundheit und Gesundheitswarnungen" dienen. Dazu dürften auch die in Deutschland nach §§ 25ff. SGB V vorgeschriebenen Programme zur Früherkennung von Krebserkennung zählen, die den Versicherten die freiwillige Teilnahme ermöglichen. Die Erfassung im Rahmen der klinischen Krebsregistrierung nach § 65c SGB V ist auf eine flächendeckende und möglichst vollzählige Erfassung von Tumorerkrankungen ausgerichtet. Dementsprechend sehen die zu ihrer Umsetzung verabschiedeten Landkrebsregistergesetze wohl überwiegend verbindliche Meldeprozeduren bei einer aus datenschutzrechtlicher Sicht defizitären Pseudonymisierung der gemeldeten Patientenschaft vor.

81 Die Verarbeitung zu Zwecken der Arbeitsmedizin und zur Beurteilung der Arbeitsfähigkeit von Beschäftigten steht in einem engen inhaltlichen Zusammenhang mit Abs. 2 lit. b. Die **Arbeitsmedizin** dient dazu, durch Vorsorgemaßnahmen arbeitsbedingte Erkrankungen einschließlich Berufskrankheiten frühzeitig zu erkennen und zu verhüten. Zudem soll sie einen Beitrag zum Erhalt der Beschäftigungsfähigkeit und zur Fortentwicklung des betrieblichen Gesundheitsschutzes leisten.[150] Von arbeitsmedizinischen Vorsorgemaßnahmen zu unterscheiden[151] ist die tragfähige **Beurteilung der Arbeitsfähigkeit.** Sie ist eine wesentliche Voraussetzung dafür, dass Beschäftigungsgeber die Gesundheit ihrer Beschäftigten erhalten oder wiederherstel-

---

141 Grundlegend EuGH Rs. 5/88, Rn. 18 – Wachauf; st. Rspr.

142 Vgl. zB EuGH C-408/03, NVwZ 2006, 918 (920), Rn. 68 (Verletzung des Aufenthalts bei Ausweisung ohne Sachverhaltsprüfung).

143 Vgl. *Jarass* Art. 52 Rn. 45 mwN.

144 BSI-Grundschutzkatalog (Stand 2016), M 2.555.

145 BSI-Grundschutzkatalog (Stand 2016), M 1.73.

146 In Betracht kommen vor allem mitgliedstaatliche Rechtsvorschriften iSd Art. 6 Abs. 2, 3 oder Betriebsvereinbarungen (→ Rn. 38) – die Einwilligung eher nicht (→ Rn. 32).

147 Ähnlich bereits zu § 28 Abs. 7 BDSG Simitis/*ders.* § 28 Rn. 313.

148 EG 53. Nach Ehmann/Selmayr/*Schiff* Art. 9 Rn. 52, 54 soll Abs. 2 lit. h in erster Linie die „infrastrukturelle bzw. systemische Seite des Gesundheitswesens" betreffen, während Abs. 2 lit. i eine spezifisch gefahrenrechtliche Komponente enthalte.

149 Vgl. *Damann/Simitis* Art. 8 Rn. 18.

150 Dazu siehe zB § 7 AGG (AT), der eine Verarbeitungsregelung für Beratungsangebote an Beschäftigte vorsieht.

151 Vgl. insbes. § 2 Abs. 1 Nr. 5, § 3 Abs. 3 S. 2 ArbmedVV.

len können. Arbeitsschutzmaßnahmen gehen häufig ebenfalls mit der Verarbeitung von Gesundheitsdaten einher, das gilt insbes. für Untersuchung durch Betriebsärztinnen und -ärzte.[152]

Beispielsweise unterliegen werdende Mütter in Deutschland nach Maßgabe des Mutterschutzgesetzes **Be-** **82** **schäftigungsverboten**, um das Leben und die Gesundheit von Mutter und werdendem Kind zu schützen. Entsprechendes gilt für die Zeit unmittelbar nach der Entbindung. Um diese Verpflichtung erfüllen zu können, sind Beschäftigungsgeber auf entsprechende Gesundheitsdaten der betroffenen Mutter angewiesen. Allerdings hat der Verarbeitungszweck der Beurteilung der Arbeitsfähigkeit eine gewisse Diskriminierungsneigung, soweit gesundheitlich beeinträchtigte Personengruppen identifiziert und aus Arbeitsprozessen aussortiert werden, obwohl sie an und für sich für die jeweilige Beschäftigung geeignet und arbeitsfähig sind. Insofern kommt dem Erforderlichkeitsgrundsatz und den Geheimhaltungsgarantien nach Abs. 3 eine gesteigerte Bedeutung zu.

Die **Versorgung oder Behandlung im Gesundheits- oder Sozialbereich** erstreckt sich auf alle wesentlichen **83** gesundheitsbezogenen Dienstleistungen, gleich ob sie präventiver, diagnostischer, karitativer oder nachsorgender Natur sind.[153] Insbesondere beschränkt sie sich nicht auf medizinische Sachverhalte (ärztliche Behandlungsverhältnisse, Pflege oÄ), sondern kann auch Fragen der Vormundschaft, Betreuung oder Pflegschaft betreffen. Die Rehabilitation gehört zur Versorgung oder Behandlung. Die Erwähnung der **medizinischen Diagnostik** dürfte nur zur Klarstellung dienen – Diagnostik ist typischerweise ein notwendiger Bestandteil von medizinischen Behandlungen.[154] Auch die Verarbeitung von Gesundheitsdaten durch Apotheken soll der Behandlung im Gesundheitsbereich dienen.[155]

Die **Verwaltung von Systemen und Diensten im Gesundheits- und Sozialbereich** schließt Verarbeitungen ein, **84** die die Qualität und Wirtschaftlichkeit von Verfahren zur Abrechnung von Leistungen in den sozialen Krankenversicherungssystemen sicherstellen (sollen).[156] EG 53 spricht ausdrücklich die Qualitätskontrolle, Verwaltungsinformationen und die allgemeine nationale und lokale Überwachung des Gesundheits- oder des Sozialsystems an. Unter Abs. 2 lit. h fällt auch die Gewährleistung einer stabilen Gesundheits- und Sozialfürsorge sowie die grenzüberschreitende Gesundheitsversorgung.

cc) Rechtsgrundlagen. Abs. 2 lit. h verlangt für die Verarbeitung sensibler Daten zunächst eine Rechts- **85** grundlage im Unionsrecht oder im Recht der Mitgliedstaaten (vgl. dazu Art. 6 Abs. 3 S. 1, in Deutschland macht auf Bundesebene § 22 Abs. 1 Nr. 1 lit. b von der Öffnungsklausel in Abs. 2 lit. h Gebrauch) oder in Gestalt eines Vertrags mit einem Angehörigen eines Gesundheitsberufs. Soweit die Verarbeitung auf einen solchen **Vertrag** gestützt wird, müssen zunächst die Voraussetzungen der Art. 6 Abs. 1 lit. b erfüllt sein. Art. 9 Abs. 2 lit. h verlangt allerdings die Verarbeitung „aufgrund eines Vertrags." Das setzt die Existenz eines bereits abgeschlossenen Vertrags voraus, während Art. 6 Abs. 1 lit. b auch die Erforderlichkeit zur Durchführung vorvertraglicher Maßnahmen ausreichen lässt (→ Art. 6 Abs. 1 Rn. 38ff.). Kann ein Vertragsschluss aufgrund der kritischen gesundheitlichen Situation der betroffenen Person nicht zustande kommen, ist die Ausnahme nach Abs. 2 lit. c näher in den Blick zu nehmen (→ Rn. 54ff.).

Zu **Angehörigen eines Gesundheitsberufs** zählen insbes. Ärzte, Zahnärzte, Krankengymnasten sowie das in **86** Krankenhäusern und Arztpraxen beschäftigte Personal, Apotheker sowie Angehörige von Pflegeberufen. Insbesondere die Verarbeitung personenbezogener Daten in Kliniken unterliegt im deutschsprachigen Raum bereichsspezifischen Regelungen (vgl. zB §§ 5 b, 8 a, 10 KaKuG (AT), Art. 27 BayKrG).

dd) Erforderlichkeit. EG 53 S. 1 stellt klar, dass eine Verarbeitung zu gesundheitsbezogenen Zwecken nur **87** zulässig ist, „wenn dies für das Erreichen dieser Zwecke **im Interesse einzelner natürlicher Personen und der** **Gesellschaft insgesamt** erforderlich ist." Eine Verarbeitung muss also in erster Linie im Sinne der betroffenen Person erfolgen und damit dem Allgemeininteresse an einer hinreichenden Gesundheitsversorgung gerecht werden.[157] Vor allem dürften hierunter die Vornahme und Abwicklung von gesundheitsbezogenen Leistungen sowie der Arbeitsschutz und die sozialen Rechte fallen.[158]

Maßgeblich für die Erforderlichkeit der Verarbeitung ist die Frage, ob die sensiblen Daten **direkt mit medi-** **88** **zinischen Fachaufgaben zusammenhängen**.[159] Eine solche Relevanz weisen typischerweise Gesundheitsdaten und genetische Daten, ausnahmsweise auch biometrischen Daten auf. Soweit es zum Gesundheitsschutz

---

152 Vgl. zB § 3 Abs. 1 Nr. 2 ASiG.
153 Vgl. *Dammann/Simitis* Art. 8 Rn. 18.
154 Zu datenschutzrechtlichen Spezialproblemen der Gendiagnostik vgl. *v. Hardenberg* ZD 2014, 115ff. Zum Recht auf Nichtwissen im Bereich der Gendiagnostik vgl. grundlegend *Fündling*, Recht auf Wissen vs. Recht auf Nichtwissen in der Gendiagnostik, 2017.
155 Vgl. *Dammann/Simitis* Art. 8 Rn. 18.
156 Vgl. auch EG 52 S. 2.
157 Vgl. Ehmann/Selmayr/*Schiff* Art. 9 Rn. 53.
158 Vgl. Ehmann/Selmayr/*Schiff* Art. 9 Rn. 53.
159 Vgl. bereits *Dammann/Simitis* Art. 8 Rn. 18.

erforderlich ist, können auch Informationen zum Sexualleben und der sexuellen Orientierung verarbeitet werden. Andere sensible Daten dürften allenfalls nur in Ausnahmefällen für die medizinische Versorgung relevant sein. Beispielsweise könnte die religiöse Überzeugung für die Behandlung und Ernährung eines betroffenen Patienten während eines Klinikaufenthalts erheblich sein.

89 **ee) Verarbeitungsbedingung: Geheimhaltungsschutz (Abs. 3).** Eine Verarbeitung zu gesundheitsbezogenen Zwecken nach Abs. 2 lit. h setzt eine Verarbeitung durch Personal voraus, das einer **besonderen Geheimhaltungspflicht** unterliegt. Anders als Art. 8 Abs. 3 DSRL verlangt Art. 9 Abs. 3 nicht mehr generell die Verarbeitung durch ärztliches Personal. Abgesehen von der Fallgruppe der Verarbeitung aufgrund von Behandlungsverträgen setzt Abs. 3 seinem Wortlaut zufolge noch nicht einmal voraus, dass das „Fachpersonal" aus Angehörigen eines Gesundheitsberufs besteht. Zwar stellt Abs. 3 zunächst noch auf eine Verarbeitung „durch Fachpersonal oder unter dessen Verantwortung" ab. Zulässig ist aber auch die Verarbeitung durch eine „andere Person", solange sie nur einer besonderen Geheimhaltungspflicht unterliegt.[160] Damit erlaubt Abs. 3 es den Mitgliedstaaten beispielsweise, die Verarbeitung durch **Auftragsverarbeiter** zu ermöglichen, wenn eine solche Geheimhaltungspflicht gesichert ist.

90 Umso größere Bedeutung kommt der **Konkretisierung des Personenkreises** zu, der zur Verarbeitung gesundheitsbezogener Daten berechtigt sein soll. Die Aufgabe der Konkretisierung kommt regelmäßig dem Gesetzgeber zu. In **Deutschland** beschränkt sich § 22 Abs. 1 Nr. 1 lit. b BDSG nF im Wesentlichen darauf, den Sinngehalt des Art. 9 Abs. 3 zu wiederholen, ohne ihn näher zu spezifizieren. Immerhin stellt die Vorschrift darauf ab, dass die Daten „durch **ärztliches** Personal oder durch sonstige Personen, die einer **entsprechenden** Geheimhaltungspflicht unterliegen", verarbeitet werden. Daraus folgt, dass die Verarbeitung nur durch Personal erfolgen darf, deren Schweigepflicht im Hinblick auf eine gesundheitsbezogene Tätigkeit besteht. Eine solche ergibt sich aus § 203 StGB sowie § 9 MBO-Ä. Speziell die **geplante Neuregelung zu Auftragsverarbeitern in** § 203 StGB[161] kann allerdings zu einer nicht unproblematischen Ausweitung des Kreises potenziell verarbeitungsbefugter Personen führen. Namentlich droht die Regelung die datenschutzrechtliche Flankierung der ärztlichen Schweigepflicht weitgehend zu entwerten.

91 Im bereichsspezifischen Recht sind häufig konkretere Regelungen zur Schweigepflicht in dem Sinne enthalten, als ausdrücklich festgelegt wird, dass nur ein bestimmtes Fachpersonal bzw. eine bestimmte Stelle medizinische Daten verarbeiten darf. Mit **arbeitsmedizinischen Maßnahmen** hat ein Arbeitgeber in Deutschland stets einen Arzt nach § 3 Abs. 2 ArbmedVV zu beauftragen. Betriebsärzte unterliegen gemäß § 8 Abs. 1 S. 3 ASiG auch gegenüber dem Beschäftigungsgeber der ärztlichen Schweigepflicht. Nach § 276 Abs. 2 SGB V darf allein der **Medizinische Dienst der Krankenkassen (MDK)** die für eine gutachterliche Stellungnahme oder Prüfung nach § 275 Abs. 1 bis 3 SGB V erforderlichen versichertenbezogenen Daten zur Kenntnis nehmen. Die Krankenkassen als Auftraggeber erhalten danach nur das Ergebnis der Begutachtung.

92 Häufig fehlen allerdings nähere Spezifizierungen; sie lassen sich dann nur aus dem Erforderlichkeitsprinzip ableiten. Im **Sozialdatenschutzrecht** dürfte das Sozialgeheimnis nach § 35 SGB I zwar den Anforderungen des Art. 9 Abs. 3 genügen. Bei Fachbehörden, deren Hauptaufgabe darin besteht, gesundheitliche Einschränkungen zu prüfen und festzustellen, wird das Verwaltungspersonal also auch – im erforderlichen Umfang – den Zugriff auf sensible Daten erhalten können. Das gilt beispielsweise für die Feststellung einer Schwerbehinderteneigenschaft nach § 69 SGB IX.[162] Die Notwendigkeit einer Verarbeitung durch Verwaltungspersonal ist aber eher fraglich bei Sozialleistungsträgern mit Aufgabenfeldern, in denen gesundheitliche Einschränkungen allenfalls eine Nebenrolle spielen. Die Überprüfung der Leistungsfähigkeit nach SGB II dürfte jedenfalls regelmäßig den Zugriff von Verwaltungspersonal auf Behandlungsdaten (Diagnosen, Behandlungsunterlagen) ausschließen. Die Klärung von Einwendungen der gesundheitlichen Einschränkungen durch den Antragsteller kann dann regelmäßig durch einen ärztlichen Dienst erfolgen.[163]

93 **j) Verarbeitungen im Bereich der öffentlichen Gesundheit (lit. i).** Der Begriff der **öffentlichen Gesundheit** ist entsprechend EG 54 S. 3 im Sinne der VO (EG) 1338/2008 zu verstehen. Nach Art. 3 lit. c VO (EG) 1338/2008 sind unter öffentlicher Gesundheit „alle Elemente im Zusammenhang mit der Gesundheit" zu verstehen. Dazu zählen der Gesundheitszustand einschließlich Morbidität und Behinderung, die sich auf diesen Gesundheitszustand auswirkenden Determinanten, der Bedarf an Gesundheitsversorgung, die der Gesundheitsversorgung zugewiesenen Mittel, die Bereitstellung von und der allgemeine Zugang zu Gesund-

---

160 Vgl. auch Sydow/*Kampert* Art. 9 Rn. 56.
161 Vgl. BT-Drs. 18/11936 (Gesetzentwurf Bundesregierung), BT-Drs. 18/12940 (Beschlussempfehlung Ausschuss für Recht und Verbraucherschutz), BR-Drs. 608/17 (Gesetzesbeschluss Bundestag), BR-Drs. 608/17 (B) (Beschluss des Bundesrats, den Vermittlungsausschuss nicht anzurufen).
162 Vgl. BayVGH BayVBl 2014, 440.
163 Vgl. *BfA*, Praxisleitfaden zur Einschaltung des ärztlichen Dienstes im Bereich des SGB II und SGB III, 2014.

heitsversorgungsleistungen sowie die entsprechenden Ausgaben und die Finanzierung sowie die Ursachen der Sterblichkeit. Die Verordnung regelt Gemeinschaftsstatistiken, die Aufschluss über die Qualität der Gesundheitsversorgung geben sollen. Schwerpunkte der Statistiken betreffen den Gesundheitsschutz und die Sicherheit am Arbeitsplatz sowie die Auswirkungen von Geschlechts- und Altersunterschieden auf den Gesundheitsschutz.

Aus der Bezugnahme auf die VO (EG) 1338/2008 lässt sich ableiten, dass die Ausnahmevorschrift nach **94** Art. 9 Abs. 2 lit. i in erster Linie dazu dient, Maßnahmen zum **Gesundheitsschutz der Bevölkerung** zu ermöglichen. Sie steht damit in einem inhaltlichen Zusammenhang mit Art. 168 AEUV, wonach die EU bei „allen Unionspolitiken und -maßnahmen" auf ein hohes Gesundheitsschutzniveau hinzuwirken hat. Das schließt die Verbesserung der Gesundheit der Bevölkerung, die Verhütung von Humankrankheiten und die Beseitigung von Ursachen für die Gefährdung der körperlichen und geistigen Gesundheit ein. Zur Verhütung von schwerwiegenden Gesundheitsrisiken dienen ua Meldepflichten wie diejenigen nach §§ 6ff. IfSG oder nach § 2 AIDSG (AT). Zu einem der ersten Gesundheitsprogramme der EU zählte dementsprechend die Einrichtung eines Netzwerks zur Überwachung übertragbarer Krankheiten.[164] In diesem Sinne ist auch der **Schutz vor schwerwiegenden grenzüberschreitenden Gesundheitsgefahren** zu verstehen.

Ausnahmen sind auch zulässig, soweit sie der **Gewährleistung hoher Qualitäts- und Sicherheitsstandards** **95** **bei der Gesundheitsversorgung und bei Arzneimitteln und Medizinprodukten**[165] dienen. Dazu gehören epidemiologische und klinische **Krebsregister**, die nach § 65 c SGB V zur Verbesserung der Qualität der onkologischen Versorgung dienen. Angesichts der hohen Sensibilität dieser Datenbanken ist ihre technisch-organisatorische Ausgestaltung von besonderer Bedeutung (→ Rn. 27ff.). Auch die Regelungen zur elektronischen Gesundheitskarte in §§ 291ff. SGB V oder in §§ 12ff. GTelG 2012 (AT) sollen hierzu zählen.[166]

Macht der mitgliedstaatliche Gesetzgeber von der in Abs. 2 lit. i eröffneten Möglichkeit zur Regelung Ge- **96** brauch, muss er „angemessene und spezifische Maßnahmen zur Wahrung der Rechte und Freiheiten der betroffenen Person" vorsehen. Es genügt also nicht, den Normtext des Art. 9 Abs. 2 lit. i zu wiederholen.[167] Der jeweilige Gesetzgeber hat auch zu beachten, dass nach EG 54 S. 3 eine Verarbeitung von Gesundheitsdaten aus Gründen des öffentlichen Interesses nach Abs. 2 lit. i nicht dazu führen darf, dass Dritte solche personenbezogenen Daten zu anderen Zwecken verarbeiten (**Zweckbindung**). Namentlich verbietet die DSGVO die zweckfremde Verarbeitung von Gesundheitsdaten durch Beschäftigungsgeber oder Versicherungs- bzw. Finanzunternehmen. EG 54 S. 3 stellt damit zugleich klar, dass die typischen Verarbeitungsinteressen von Arbeitgebern, Versicherungs- und Finanzunternehmen regelmäßig nicht erhebliche öffentliche Interessen iSd Art. 23 Abs. 1 sind.

k) Im öffentlichen Interesse liegende Archivzwecke, wissenschaftliche oder historische Forschungszwecke, **97** **statistische Zwecke (lit. j). Im öffentlichen Interesse liegende Archivzwecke** sind bereits nach Art. 5 Abs. 1 lit. b und e privilegiert, weil danach eine Verarbeitung zu diesem Zweck nicht als unvereinbar mit dem ursprünglichen Erhebungszweck gilt und Ausnahmen vom Grundsatz der Speicherbegrenzung vorgesehen sind (→ Art. 5 Rn. 150ff.). Seinem Grundgedanken nach dient das öffentliche Archivrecht nach EG 158 dazu, Aufzeichnungen von bleibendem Wert für das allgemeine öffentliche Interesse zu erhalten. Abs. 2 lit. j greift diesen Gedanken auf, indem er die Verarbeitung auch sensibler Daten zulässt. Auch insoweit gelten die Wesensgehaltsgarantie (→ Rn. 76), das Gebot angemessener und spezifischer Maßnahmen zur Wahrung der Rechte und Freiheiten der betroffenen Person (→ Rn. 27) und das Prinzip der Erforderlichkeit (→ Rn. 41 f.). Im Unterschied zu anderen Fallgruppen des Abs. 2 lit. j kann die Verarbeitung personenbezogener Daten zu öffentlichen Archivzwecken nur sehr eingeschränkt dem Grundsatz der Datenminimierung genügen. Deshalb sieht das Archivrecht Schutzfristen vor, innerhalb derer der Zugang zu den archivierten Dokumenten nur sehr eingeschränkt möglich ist. Soweit archivierte Angaben über Verstorbene nicht zugleich konkrete Aussagen über Lebende ermöglichen, fallen sie nach EG 158 nicht in den Anwendungsbereich der DSGVO. Unbeschadet bleiben allerdings archivrechtliche Beschränkungen wie etwa die bereits erwähnten Schutzfristen nach § 11 BArchG oder § 8 BarchG (AT).

Ähnlich wie im öffentlichen Interesse liegende Archivzwecke privilegiert die DSGVO auch **wissenschaftliche** **98** **und historische Forschungszwecke** in Art. 5 Abs. 1 lit. b und e. Die Forschungszwecke stehen nicht ausdrücklich unter dem Vorbehalt eines öffentlichen Interesses. Der Begriff der wissenschaftlichen Forschung

---

164 Vgl. Entscheidung Nr. 2119/98/EG des EP und des Rats vom 24.9.1998 über die Schaffung eines Netzes für die epidemiologische Überwachung und die Kontrolle übertragbarer Krankheiten in der Gemeinschaft, ABl. EG 1998 L 268/1.

165 Zu datenschutzrechtlichen Problemen im Zusammenhang mit Medizinprodukten vgl. bereits *Ortner/Daubenbüchl* NJW 2016, 2918ff.

166 Vgl. Gola/*Schulz* Art. 9 Rn. 31. Grundlegend zur Problematik der elektronischen Gesundheitskarte *Hornung*, Die digitale Identität, 2005.

167 Zum allgemeinen Regelungsvorbehalt (Unionsrecht oder einzelstaatliches Recht) vgl. Art. 6 Abs. 3 S. 1 → Art. 6 Abs. 3 Rn. 13ff.

ist insoweit gemäß EG 159 S. 2 weit auszulegen und umfasst die technologische Entwicklung und die Demonstration, die Grundlagenforschung, die angewandte Forschung und die privat finanzierte Forschung (→ Art. 5 Rn. 103ff.). Die Verarbeitung hat allerdings die Voraussetzungen des Art. 89 zu erfüllen (→ Art. 89 Rn. 1ff.). Insbesondere hat der Verantwortliche zu prüfen, inwieweit die Forschungszwecke erreicht werden können, ohne personenbezogen Daten zu verarbeiten oder ob zumindest mit pseudonymisierten Daten gearbeitet werden kann, vgl. EG 156.

99　Die Verarbeitung zu **statistischen Zwecken** hat im besonderen Maß den Grundsatz der Datenminimierung zu beachten. Nach dem deutschen Verfassungsverständnis würde es dabei nicht genügen, die im Wege einer Statistik erfassten personenbezogenen Daten zu pseudonymisieren. Vielmehr ist – wohl auch im Einklang mit Art. 25 Abs. 1 iVm Art. 5 Abs. 1 lit. c[168] eine Anonymisierung der Daten zum frühestmöglichen Zeitpunkt rechtlich geboten. In der Regel geschieht dies, indem die zur verwaltungstechnischen Abwicklung erforderlichen Erhebungs- und Hilfsmerkmale abtrennbar von den eigentlichen statistischen Daten erfasst werden. Nach Abwicklung der statistischen Erhebung sind sodann die Erhebungs- und Hilfsmerkmale abzutrennen und zu löschen (zB § 12 BstatG). Im österreichischen Statistikrecht sieht § 15 BstatG (AT) eine unumkehrbare Pseudonymisierung vor.

100　Auch für Forschungszwecke gelten die Anforderungen der Wesensgehaltsgarantie (→ Rn. 76) der **angemessenen und spezifischen Maßnahmen** (→ Rn. 27) und der Erforderlichkeit (→ Rn. 41 f.).

101　**3. Öffnungsklausel für weitergehende mitgliedstaatliche Regelungen (Abs. 4).** Abs. 4 ermöglicht es den Mitgliedstaaten, zur Verarbeitung von Gesundheitsdaten, genetischen Daten und biometrischen Daten **zusätzliche Bedingungen einschließlich Beschränkungen** zu treffen. Damit erlaubt Abs. 4 nur Vorschriften, die das Schutzniveau erhöhen. Eine Ausweitung der Ausnahmen vom Verbot des Abs. 1 ist den Mitgliedstaaten nicht gestattet.[169] Mit der an die Mitgliedstaaten gerichtete Erlaubnis, zusätzliche „Bedingungen" vorzusehen, verweist Art. 9 Abs. 4 auf Art. 6 Abs. 3 S. 3. Nach dieser Vorschrift können die Mitgliedstaaten die allgemeinen Voraussetzungen für die rechtmäßige Verarbeitung konkreter fassen – eine Befugnis, von der die deutschen Gesetzgeber von Bund und Ländern im Rahmen der Anpassung des allgemeinen Datenschutzrechts an die DSGVO bislang nur sehr zurückhaltend Gebrauch gemacht haben. Die Bedingungen können „Beschränkungen" einbeziehen. Was hierunter konkret zu verstehen ist, ist unklar, weil der Verordnungsgeber den Begriff in unterschiedlichen Regelungszusammenhängen mit unterschiedlichem Sinngehalt verwendet. Da hier die Beschränkungen eine Untermenge des Begriffs der Bedingung sein sollen, dürften sie weniger auf die Beschränkungen iSd Art. 23, sondern viel eher auf die Beschränkung von Verarbeitungsprozessen gemünzt sein, wie sie von der DSGVO ausdrücklich im Zusammenhang mit der Übermittlung an Empfängerstellen in sog Drittländer verwendet wird, vgl. zB Art. 49 Abs. 5.

102　Während das Verarbeitungsverbot nach Abs. 1 **biometrische Daten** nur „zur" eindeutigen Identifizierung einer natürlichen Person betrifft, ermöglicht Abs. 4 es den Mitgliedstaaten, auch strengere Regelungen zu biometrischen Daten im Übrigen vorzusehen. Erforderlich bleibt nach der Definition in Art. 4 Nr. 14 allerdings, dass die Daten zu einer solchen eindeutigen Identifizierung geeignet sind (→ Art. 4 Nr. 14 Rn. 2, 9). Beispiele für deutsche Regelungen bilden die Bestimmungen zum Umgang mit biometrischen Daten in Ausweisen (§§ 5, 9 14ff. PAuswG) und Pässen (§§ 4, 6, 6 a, 16ff. PassG), soweit diese nicht durch die VO (EG) 2252/2004 europarechtlich determiniert sind. Demgegenüber fällt der Umgang mit biometrischen Daten durch Sicherheitsbehörden (zB die AFIS-Datenbank) in den Anwendungsbereich der JI-Richtlinie.

103　Eine umfassende Regelung der Verarbeitung von Gendaten sieht das **Gendiagnostikgesetz** vor (→ Art. 4 Nr. 13 Rn. 6).

III. Rechtsfolgen und Sanktionen

104　Wird das Verbot des Art. 9 Abs. 1 verletzt, steht der betroffenen Person ein Schadensersatzanspruch nach den allgemeinen Regeln zu. Bei der Verhängung von **Sanktionen** spielt die rechtswidrige Verarbeitung sensibler Daten bei der Bemessung der Sanktionshöhe eine erhebliche Rolle. Eine Verarbeitung sensibler Daten entgegen dem Verbot nach Art. 9 Abs. 1 ist rechtswidrig, soweit dieses Verbot nicht nach Abs. 2 ausnahmsweise aufgehoben und die Verarbeitung nicht nach Art. 6 legitimiert ist. Nach Art. 83 Abs. 2 lit. g hat die Aufsichtsbehörde bei der Entscheidung über die Höhe eines Bußgelds insbes. zu berücksichtigen, welche Kategorien von personenbezogenen Daten rechtswidrig verarbeitet worden sind. Die rechtswidrige Verarbeitung von sensiblen Daten sind nach Art. 83 Abs. 5 lit. a mit Geldbußen bis zu 20 Mio. Euro oder bis zu 4 % des gesamten weltweit erzielten Jahresumsatzes zu ahnden.

168　Die Pseudonymisierung ist nur eine beispielhaft genannte Form der Verarbeitung, die dem Grundsatz der Datenminimierung genügen kann.

169　Vgl. Ehmann/Selmayr/*Schiff* Art. 9 Rn. 27, 56.

Artikel 10   Verarbeitung von personenbezogenen Daten über strafrechtliche Verurteilungen und Straftaten

¹Die Verarbeitung personenbezogener Daten über strafrechtliche Verurteilungen und Straftaten oder damit zusammenhängende Sicherungsmaßregeln aufgrund von Artikel 6 Absatz 1 darf nur unter behördlicher Aufsicht vorgenommen werden oder wenn dies nach dem Unionsrecht oder dem Recht der Mitgliedstaaten, das geeignete Garantien für die Rechte und Freiheiten der betroffenen Personen vorsieht, zulässig ist. ²Ein umfassendes Register der strafrechtlichen Verurteilungen darf nur unter behördlicher Aufsicht geführt werden.

I. Allgemeines

1. Normzweck, Verhältnis zu anderen Vorschriften. Personenbezogene Daten über strafrechtliche Verurteilungen, Straftaten oder damit zusammenhängende Sicherungsmaßregeln gehören für die betroffenen Personen zu besonders risikoträchtigen Daten, weil sie zumeist mit einem starken gesellschaftlichen Unwerturteil einhergehen.[1] Gleichwohl ordnet die DSGVO nicht wie bei sensiblen Daten nach Art. 9 ein grundsätzliches Verarbeitungsverbot an.[2] Stattdessen sieht Art. 10 in Anlehnung an Art. 8 Abs. 5 DSRL einen besonderen **organisatorisch-verfahrensrechtlichen Schutz** in dem Sinne vor, als er die Verarbeitung grundsätzlich unter behördliche Aufsicht stellt. Die Zulässigkeit der Verarbeitung richtet sich im Übrigen nach den allgemeinen Grundsätzen, insbes. muss ein Erlaubnistatbestand im Sinne des Art. 6 Abs. 1 erfüllt sein.

Die Vorschrift betrifft die Verarbeitung personenbezogener Daten zu Zwecken der Strafjustiz (→ Rn. 7). **2** Umfangreiche Verarbeitungen über Straftaten oder strafrechtliche Verurteilungen erfordern eine Datenschutz-Folgeabschätzung, vgl. Art. 35 Abs. 3 lit. b (→ Art. 35 Rn. 41). Besteht die Kerntätigkeit einer verantwortlichen Stelle oder eines Auftragsverarbeiters in der Verarbeitung von personenbezogenen Daten über Straftaten oder strafrechtlichen Verurteilungen, hat sie nach Art. 37 Abs. 1 lit. c einen Datenschutzbeauftragten zu bestellen (→ Art. 37 Rn. 28). Sofern KMU nach Art. 10 Daten verarbeiten, müssen sie anders als sonst ein Verzeichnis ihrer Verarbeitungtätigkeiten anlegen und führen, vgl. Art. 30 Abs. 5 (→ Art. 30 Rn. 42). Abzugrenzen ist die Vorschrift insbes. von dem Anwendungsbereich der JI-Richtlinie (siehe auch Art. 2 Abs. 2 lit. d → Art. 2 Rn. 37).

Nach Art. 10 S. 1 darf eine Verarbeitung personenbezogener Daten über strafrechtliche Verurteilungen, **3** Straftaten und Sicherungsmaßregeln unter bestimmten Voraussetzungen auch vorgenommen werden, wenn dies nach Unionsrecht oder nach dem Recht eines Mitgliedstaats zulässig ist. Abgesehen von § 26 Abs. 1 BDSG nF machen die allgemeinen Datenschutzgesetze weder in Deutschland noch in Österreich eine solche Verarbeitung durch Private ausdrücklich zum Regelungsgegenstand. Allerdings setzt § 24 Abs. 1 Nr. 1 BDSG nF eine solche Verarbeitung von personenbezogenen Daten über Straftaten durch nichtöffentliche Stellen voraus, indem eine Verarbeitung ua gestattet wird, wenn sie „zur Verfolgung von Straftaten erforderlich" ist. Besondere Garantien zum Schutz der betroffenen Personen sieht diese Regelung nicht vor, sondern lediglich das Erfordernis einer Abwägung mit den Interessen der betroffenen Person (zu bereichsspezifischen Vorschriften → Rn. 21ff.).

2. Entstehungsgeschichte. Daten über Straftaten werden bereits in Art. 6 S. 2 des **Datenschutzübereinkom- 4 mens des Europarats von 1981**[3] als besonders schutzwürdig erwähnt. Die **DSRL** ergänzte diesen Schutz und zählte nicht nur personenbezogene Daten über Straftaten, sondern auch über strafrechtliche Verurteilungen und über Sicherungsmaßregeln zu den sensiblen Daten, vgl. Art. 8 Abs. 5 DSRL. Nach S. 1 durften solche Daten nur unter behördlicher Aufsicht oder aufgrund einzelstaatlichen Rechts erfolgen. Die Mit-

---

[1] Ähnlich zB Paal/Pauly/*Frenzel* Art. 10 Rn. 1: „Verdacht reicht aus, um den Betroffenen langfristig zu stigmatisieren"; Schantz/Wolff/ *Schantz,* Rn. 723.

[2] Ebenso Ehmann/Selmayr/*Schiff* Art. 10 Rn. 1.

[3] SEV Nr. 108.

gliedstaaten konnten jedoch unter bestimmten Voraussetzungen insoweit Ausnahmen festlegen. Nach S. 2 durfte ein „vollständiges" Straftatenregister nur unter behördlicher Aufsicht geführt werden. Nach S. 3 konnten die Mitgliedstaaten durch einzelstaatliches Recht vorsehen, dass auch Daten zu administrativen Strafen oder zivilrechtlichen Urteilen ebenfalls unter behördlicher Aufsicht verarbeitet werden müssen.

5 Im **Gesetzgebungsverfahren zur DSGVO** verfolgte der KOM-E noch die Zielsetzung, Daten über Strafurteile oder damit zusammenhängende Sicherungsmaßregeln in den Kanon der Verarbeitungsverbote des Art. 9 Abs. 1 aufzunehmen. Nach Art. 9 Abs. 2 lit. j KOM-E sollte die Verarbeitung nur unter behördlicher Aufsicht, aufgrund einer gesetzlichen oder rechtlichen Verpflichtung oder im wichtigen öffentlichen Interesse zulässig sein. Das EP forderte sogar eine Ausweitung des Verbotskatalogs auf verwaltungsrechtliche Sanktionen, Urteile, Straftaten oder mutmaßliche Straftaten, Verurteilungen oder damit zusammenhängende Sicherungsmaßregeln. Strafregister sollten – unabhängig von ihrer Vollständigkeit – nach wie vor nur unter behördlicher Aufsicht geführt werden können. Demgegenüber trat die Ratsmehrheit[4] für eine Vorschrift ein, die inhaltlich in etwa Art. 8 Abs. 5 S. 1 und 2 DSRL entsprach.[5]

6 Im **Ergebnis strafft Art. 10** – in nahezu vollständiger Übernahme der endgültigen Ratsposition in Art. 9 a Rat-E – **die bisherigen Vorgaben des Art. 8 Abs. 5 S. 1 und 2 DSRL.** Gestrichen worden ist die in Art. 8 Abs. 5 S. 1 DSRL vorgesehene Möglichkeit, dass Ausnahmen vom Grundsatz der behördlichen Aufsicht auch durch eine Behörde verfügt werden konnte. Auch die ausdrückliche Befugnis, durch einzelstaatliches Recht die Datenverarbeitung zu administrativen Strafen (zB Bußgelder) oder zivilrechtlichen Urteile ebenfalls unter behördlicher Aufsicht zu stellen, wurde gestrichen. In Bezug auf Bußgelder ist allerdings zu berücksichtigen, dass die DSGVO von einem europäischen Begriff der Straftat ausgeht, der im gewissen Umfang auch Ordnungswidrigkeiten umfassen kann.[6]

II. Vorschrift im Einzelnen

7 **1. Anwendungsbereich.** Art. 10 S. 1 stellt ausdrücklich darauf ab, dass eine Verarbeitung personenbezogener Daten über strafrechtliche Verurteilungen, Straftaten oder damit zusammenhängenden Sicherungsmaßregeln „aufgrund von Artikel 6 Absatz 1" erfolgt. Hinsichtlich der Adressaten des Art. 10 bietet es sich danach an, nach folgenden Gruppen von Verantwortlichen zu unterscheiden: Soweit **zuständige Behörden oder Strafgerichte** personenbezogene Daten **zu strafjustiziellen Zwecken** iSd Art. 1 Abs. 1 JI-Richtlinie verarbeiten, ist die Verarbeitung schon deshalb nicht nach Art. 10 zu beurteilen, weil sie nicht in den Anwendungsbereich der DSGVO fällt, vgl. Art. 2 Abs. 2 lit. d (→ Art. 2 Rn. 37). Anzuwenden sind vielmehr die JI-Richtlinie bzw. die dazu ergangenen einzelstaatlichen Umsetzungsgesetze, wie zB §§ 45ff. BDSG nF, §§ 36ff. ÖDSG nF Als zuständige Behörden sind nach Art. 3 Nr. 7 lit. a JI-Richtlinie zunächst die Behörden der Strafjustiz (Staatsanwaltschaften, Polizei, Justizvollzugsbehörden usw) anzusehen, nach Art. 3 Nr. 7 lit. b JI-Richtlinie aber auch sonstige öffentliche Stellen, soweit ihnen die Ausübung öffentlicher Gewalt und hoheitliche Befugnisse im Zusammenhang mit der Strafjustiz übertragen werden. Das können Behörden, im Einzelfall aber auch Beliehene sein.[7] Trotz des missverständlichen Wortlauts („Behörden") erfasst die JI-Richtlinie außerdem gemäß EG 20, EG 80 S. 1 JI-Richtlinie auch die nationalen Gerichte; für sie gilt nach Art. 45 Abs. 2 JI-Richtlinie lediglich nicht die allgemeine Datenschutzaufsicht.[8] Verarbeiten Private als **Auftragsverarbeiter** von zuständigen Behörden Daten zu Zwecken der Strafjustiz, fallen sie nach EG 11 JI-Richtlinie ebenfalls unter das Regelungsregime der JI-Richtlinie, weil die inhaltliche Verantwortlichkeit für die Verarbeitung der zuständigen Behörde zukommt. Insoweit ist für sie Art. 10 ebenfalls nicht anzuwenden.

8 Anderes gilt, wenn zuständige **Behörden** der Strafjustiz personenbezogene Daten zu Zwecken verarbeiten, die **in keinem unmittelbaren Zusammenhang mit den Zielen der Strafjustiz** stehen. Bei solchen Verarbeitungen sind regelmäßig die Vorschriften der DSGVO anzuwenden, vgl. Art. 9 Abs. 2 JI-Richtlinie. In diese Adressatengruppe fallen beispielsweise regelmäßig die Übermittlungen an nicht-öffentliche Stellen in deren

---

4   Gegen S. 1 wandte sich Estland, weil alle strafrechtlichen Verurteilungen aus Verfassungsgründen publik gemacht würden. Das Vereinigte Königreich warf die Frage nach dem Verhältnis des Art. 10 zum Anwendungsbereich der DSGVO auf. Zwischen Kommission einerseits (nein) und Deutschland sowie Schweden (eher ja) andererseits war umstritten, ob und inwieweit die Bezugnahme auf Zivilprozesse in Art. 8 Abs. 5 in den späteren Art. 10 übernommen werden sollte. Großbritannien wandte sich gegen S. 2. Zu den Ratsverhandlungen vgl. Ratsdok 11028/14 EN, 91 (zu Art. 9 a), sowie bereits Ratsdok 11013/13 EN, 77 (zu Art. 9 Abs. 2 a).

5   So die bereits erste veröffentlichte revidierte Verhandlungsposition des Rats, vgl. Ratsdok 11028/14, Entwurf eines Art. 9 Abs. 2 a. Der Abs. wurde später zu einem Art. 9 a verselbständigt, inhaltlich im Rat aber nicht mehr geändert, vgl. gemeinsame Ausrichtung des Rats, Ratsdok 9565/15, Entwurf eines Art. 9 a.

6   Wohl streitig, in der Tendenz aA Ehmann/Selmayr/*Zerdick* Art. 2 Rn. 12. Die hier vertretene Auffassung gründet auf EG 13 JI-Richtlinie.

7   Vgl. zB BVerfGE 130, 76: Übertragung von Aufgaben des Maßregelvollzugs auf formell privatisierte Träger.

8   Insoweit kritisch bereits *Bäcker/Hornung* ZD 2012, 147 (149).

Interesse, etwa zur Realisierung zivilrechtlicher Schadensersatzansprüche bei Verkehrsunfällen.[9] **Öffentliche Stellen ohne strafjustizielle Zuständigkeit** iSd Art. 1 Abs. 1 JI-Richtlinie haben die DSGVO anzuwenden, soweit ihre Verarbeitung nach Art. 2 in den Anwendungsbereich fällt. Entsprechendes gilt für Private, denen (sonstige) öffentliche Aufgaben und Befugnisse übertragen worden sind (**Beliehene**). Art. 10 ist also im Grundsatz auf diese Adressatengruppe anwendbar, wobei noch nicht abschließend geklärt ist, ob und inwieweit entsprechende Verarbeitungen durch öffentliche Stellen einer behördlichen Aufsicht zu unterliegen haben. Soweit die Kommentarliteratur sich mit der Frage auseinandersetzt, ist sie hinsichtlich der Anwendung des Art. 10 uneinheitlich.[10]

Die Verarbeitung personenbezogener Daten durch **Private zu nicht-öffentlichen Zwecken** unterliegt regelmäßig der DSGVO. Nach Art. 10 S. 1 muss sie auf eine Rechtsgrundlage iSd Art. 6 Abs. 1 gestützt sein. Regelmäßig in Betracht kommen Verarbeitungsgrundlagen nach Art. 6 Abs. 1 lit. c und f., andere Erlaubnistatbestände dürften seltene Ausnahmen sein. **9**

2. Gegenstand der Verarbeitung. Art. 10 betrifft die Verarbeitung von **Daten über Straftaten**, strafrechtliche **10** Verteilungen oder damit zusammenhängende Sicherungsmaßregeln – nicht zwingend nur die Verarbeitung von Daten über Straftäter, deren Tätereigenschaft feststeht. Ein Teil der Kommentarliteratur befürwortet eine enge Auslegung des Straftatenbegriffs. Danach soll eine Verarbeitung von Daten über Straftaten nicht vorliegen, wenn die Verarbeitung im Rahmen der Verhütung, Ermittlung und Aufdeckung von Straftaten erfolgt. Verarbeiten beispielsweise Arbeitgeber Daten über Straftaten zur Erfüllung von Compliancepflichten, soll diese Verarbeitung nach dieser Auffassung nicht nach Art. 10 zu beurteilen sein.[11] Der Wortlaut des Art. 10 unterscheidet allerdings klar zwischen Straftaten, strafrechtlichen Verurteilungen und Sicherungsmaßregeln;[12] eine solche Unterscheidung ergibt nur Sinn, wenn Angaben über Straftaten auch Daten zu mutmaßlichen Tätern einschließen können. Ausgehend von dem Schutzzweck der Vorschrift und im Einklang mit dem Wortlaut wird man daher verlangen müssen, dass die Verarbeitung sich auf eine nicht nur vermutete, sondern nahezu **gewiss begangene Straftat** beziehen muss. Hinsichtlich der betroffenen Person genügt allerdings der Verdacht, dass sie eine Straftat begangen haben könnte, weil sie zumeist ähnlichen Auswirkungen (Anfeindungen, berufliche Nachteile usw) ausgesetzt ist wie eine verurteilte Person. Jedenfalls Angaben über strafverfahrensrechtliche **Ermittlungsverfahren** gegen mutmaßliche Straftäter (Beschuldigte, Verdächtige, Angeklagte) fallen daher in den Anwendungsbereich der Verarbeitung nach Art. 10.[13] Ausgehend vom Schutzzweck der Norm werden andere Angaben über mutmaßliche Straftaten nur dann in den Anwendungsbereich des Art. 10 fallen können, wenn und soweit es um einen Straftatverdacht geht, der wie bei der Eröffnung eines Ermittlungsverfahrens „erhärtet" ist. Wenn beispielsweise § 4 Abs. 3 S. 3 BDSG nF eine Verarbeitung von Bildaufzeichnungen zu Zwecken der Strafverfolgung erlaubt, ist darin regelmäßig keine Verarbeitung iSd Art. 10 zu sehen. Anderes kann gelten, wenn die Bildaufzeichnungen sich konkret auf ein bereits eröffnetes Ermittlungsverfahren beziehen.

Nach wohl allgemeiner Meinung regelt Art. 10 allerdings nicht die Verarbeitung personenbezogener Daten **11** von **Opfern oder Zeugen**. Begründet wird dies mit der Überlegung, die Angaben seien für sie nicht besonders risikoträchtig.[14] Jedenfalls in dieser Pauschalität ist das Argument nicht überzeugend. Abhängig von den Delikten (man denke an Sexualstraftaten) können Opfer von Straftaten von einer Verarbeitung ihrer Daten teilweise sogar intensiver als die Täter in ihrem Persönlichkeitsrecht betroffen sein. Viel eher spricht demgegenüber das Zusammenspiel der Sätze 1 und 2 gegen die Einbeziehung von Opfern und Zeugen.[15] Primärer Bezugspunkt der Verarbeitung sowohl nach S. 1 als auch nach S. 2 sind Daten über strafrechtliche Verurteilungen, die den Täterbezug der Verarbeitung nahelegen. Art. 10 ist auf Opfer und Zeugen deshalb nicht anwendbar. Den im Einzelfall bestehenden Risiken ist aber im Rahmen der Abwägungen nach der Verordnung (zB nach Art. 6 Abs. 1 lit. f) Rechnung zu tragen.

Eine „**Straftat**" ist nach EG 13 JI-Richtlinie ein „**eigenständiger Begriff des Unionsrechts** in der Auslegung **12** durch den Gerichtshof der Europäischen Union"; dies gilt auch für die DSGVO. Der Begriff der Straftat ist

---

9   Die Übermittlung in einem solchen Fall wurde vom EuGH Art. 7 lit. f DSRL zugeordnet, vgl. EuGH C-13/16, CR 2017, 504 f.
10 Bejahend etwa Kühling/Buchner/*Weichert* Art. 10 Rn. 10, wohl eher verneinend: Paal/Pauly/*Frenzel* Art. 10 Rn. 6, wonach die Verarbeitung auf Grundlage von Art. 6 Abs. 1 lit. e dem Art. 10 vorausliege.
11 Gola/*Gola* Art. 10 Rn. 3 unter Berufung auf Plath/*Plath* DSGVO Art. 10 Rn. 3.
12 Das wird von Plath/*Plath* DSGVO Art. 10 Rn. 3 auch erkannt.
13 Wie hier Paal/Pauly/*Frenzel* Art. 10 Rn. 4; in Ehmann/Selmayr/*Schiff* Art. 10 Rn. 3; bereits zu Art. 8 DSRL: *Dammann/Simitis* Art. 8 Rn. 23; aA Kühling/Buchner/*Weichert* Art. 10 Rn. 8.
14 Ehmann/Selmayr/*Schiff* Art. 10 Rn. 3, zu Art. 8 Abs. 5 DSRL bereits *Dammann/Simitis* Art. 8 Rn. 23.
15 Ähnlich wie hier Paal/Pauly/*Frenzel* Art. 10 Rn. 4.

in den Mitgliedstaaten mit unterschiedlichen Bedeutungen belegt.[16] Ein gemeinsamer rechtsstaatlicher Mindeststandard ergibt sich allerdings aus den Justizgrundrechten der Art. 48 bis 50 GRCh. Ob die betroffene Person eine Straftat schuldhaft begangen hat, ist für die begriffliche Einordnung unwesentlich. Anderes kann für eine gerechtfertigte Handlung gelten, die jedenfalls nach deutschem Verständnis nicht als Straftat zu werten wäre, weil es an einem entsprechenden Unwertgehalt der tatbestandsmäßigen Handlung fehlt.[17] Angaben über eine rein gefahrenrechtliche Störereigenschaft sind hingegen keine Daten über Straftaten.

13 Ob eine Straftat iSd EU-Rechts vorliegt, prüft der EuGH deshalb häufig unter Berücksichtigung der EGMR-Rechtsprechung[18] anhand der sog „Engel-Kriterien": Zu untersuchen ist zunächst, wie der Mitgliedstaat selbst das Tatgeschehen einordnet. Ordnet er eine Tat dem strafrechtlichen Bereich zu, wird regelmäßig auch eine Straftat iSd EU-Rechts vorliegen. Das innerstaatliche Recht ist für die Beurteilung allerdings nur bedingt aussagekräftig. Beispielsweise gelten **Ordnungswidrigkeiten** im deutschen Recht nicht als Strafrecht, obwohl das Verfahrensrecht dem Strafprozessrecht weitgehend nachgebildet ist. Gleichwohl hat der EGMR deutsche Ordnungswidrigkeiten zumeist als Straftat eingeordnet.[19] Diese Einordnung ergab sich aus den beiden weiteren Kriterien: Weitere Beurteilungsmaßstäbe sind nämlich zweitens die Art der sanktionierten Zuwiderhandlung sowie drittens die Art und Schwere der Sanktion.[20] Tatbestände, die in Deutschland als Ordnungswidrigkeiten ausgestaltet werden, hat auch der EuGH als „Straftat" angesehen.[21] Insofern setzt der Bundesgesetzgeber die Vorgaben der Richtlinie weitgehend[22] korrekt um, wenn er in § 45 S. 1 BDSG nF Ordnungswidrigkeiten in den Anwendungsbereich der Bestimmungen einbezieht, die zur Umsetzung der JI-Richtlinie dienen.[23]

14 Da man den Begriff der Straftat in diesem spezifisch EU-rechtlichen Sinne zu verstehen hat (→ Rn. 12), muss der Begriff der **„strafrechtlichen Verurteilungen"** in Art. 10 ebenfalls in einem spezifisch unionsrechtlichen Sinne interpretiert werden. Gemeint ist dann jede Form des gerichtlichen Schuldspruchs über eine „Straftat" – sie beinhaltet damit eine Feststellung der Tatbestandsmäßigkeit, Rechtswidrigkeit und Schuld.

15 **„Sicherungsmaßregeln"** werden zwar nicht legaldefiniert; insoweit kann aber auf die DSRL, die diesen Begriff gleichfalls kannte, zurückgegriffen werden. Es sind hoheitliche Maßnahmen, die auf Straftaten einer Person reagieren, ohne einen Strafcharakter zu haben.[24] Häufiger Anwendungsfall sind Angaben über schuldunfähige Straftäter. Dazu zählen insbes. die Sicherungsverwahrung nach §§ 66ff. StGB und der Maßregelvollzug nach §§ 63 f. StGB.

16 **3. Rahmenbedingungen der Verarbeitung nach S. 1.** Als Rechtsfolge sieht Art. 10 S. 1 vor, dass eine Verarbeitung nur zulässig ist, wenn sie – zusätzlich zu den Anforderungen von Art. 6 Abs. 1 – unter behördlicher Aufsicht erfolgt oder wenn sie durch das Unionsrecht oder einzelstaatliches Recht des Mitgliedstaats erlaubt wird. Nach S. 2 stets geboten ist die behördliche Aufsicht bei umfassenden Registern von strafrechtlichen Verurteilungen.

17 **a) Verarbeitung unter behördlicher Aufsicht.** Eine Verarbeitung **„unter behördlicher Aufsicht"** bedeutet zunächst, dass nicht die Behörde selbst die Verarbeitung vornimmt, sondern sie lediglich kontrolliert und erforderlichenfalls gebotene Datenschutzstandards durchsetzt. S. 1 stellt eindeutig darauf ab, dass nicht der Verantwortliche, sondern **die Verarbeitung** unter behördlicher Aufsicht zu stehen hat.[25]

18 Welche Anforderungen an die behördliche Aufsicht konkret zu stellen sind, sagt Art. 10 nicht ausdrücklich. Soweit die Kommentarliteratur sich zur Frage der **organisatorischen Ausgestaltung der behördlichen Aufsicht** überhaupt äußert, verlangt sie wohl überwiegend, dass ein Träger öffentlicher Gewalt ganz oder zu-

---

16 Auch der Straftatenbegriff des Art. 6 EMRK ist autonom auszulegen, weil es ansonsten im Belieben der Mitgliedstaaten läge, bestimmte Kategorien von Sanktionen vom Schutz der EMRK auszuschließen, vgl. EGMR 8544/79, NJW 1985, 1273 Rn. 49 f. – Öztürk/Deutschland.

17 Statt vieler vgl. Matt/Renzikowksi/*Renzikowski* StGB Vor § 13 Rn. 30ff.

18 Grundlegend: EGMR 5100/71, Series A 22, 66, Rn. 80-82 – Engel / Niederlande; vgl. auch EGMR 8269/78, Series A 49, 3 Rn. 30 – Adolf/Österreich; EGMR 8544/79, NJW 1985, 1273, Rn. 49 f. – Öztürk/Deutschland.

19 Einzelheiten bei Meyer-Ladewig/Nettesheim/von Raumer/*Meyer-Ladewig/Harrendorf/König* Art. 6 Rn. 24 mit Hinweis ua auf EGMR 8544/79, NJW 1985, 1273.

20 Vgl. EuGH C- 617/10, NJW 2013, 1415 Rn. 35; EuGH C-489/10, EuZW 2012, 543 Rn. 37.

21 Vgl. etwa EuGH C-617/10, NJW 2013, 1415.

22 Streng genommen fallen Bagatellbußen nicht unter den unionsrechtlichen Begriff der Straftat. Würde der Gesetzgeber diesen Umstand jedoch berücksichtigen, wäre eine sachgerechte und handhabbar klare Abgrenzung zwischen dem sachlichen Anwendungsbereich der JI-Richtlinie und der DSGVO kaum noch möglich.

23 AA offenbar Ehmann/Selmayr/*Zerdick* Art. 2 Rn. 12 sowie Ehmann/Selmayr/*Schiff* Art. 10 Rn. 3 unter Hinweis auf EuGH C-617/10, NJW 2013, 1415 Rn. 35; *Zerdick* und *Schiff* gehen davon aus, dass die Aufklärung und Verfolgung von Ordnungswidrigkeiten nicht in den Anwendungsbereich der Richtlinie falle.

24 So bereits zu Art. 8 DSRL *Dammann/Simitis* Art. 8 Art. 23.

25 Ähnlich Sydow/*Kampert* Art. 10 Rn. 5.

mindest in wesentlichen Teilen für die rechtmäßige Verarbeitung verantwortlich ist.[26] Folgt man diesem Ansatz, muss die Behörde auch im Einzelfall bestimmenden Einfluss auf die Verarbeitung ausüben können.[27] Das ist der Fall, wenn eine Verarbeitung nach genauen Vorgaben und unter **inhaltlicher Verantwortung einer Behörde** erfolgt, wie sie etwa sonst in Form der Auftragsverarbeitung üblich ist.[28] Angesichts der fehlenden organisatorischen Vorgaben in Art. 10 dürften die Mitgliedstaaten insoweit allerdings im Hinblick auf die Art und Weise der behördlichen Aufsicht einen gewissen Gestaltungsspielraum besitzen.

Beispiele: 19

Weil sie typischerweise keinen Einfluss auf konkrete Verarbeitungsvorgänge nimmt, genügt eine allgemeine ordnungsrechtliche Aufsicht etwa in Gestalt der von der Gewerbeaufsicht nach § 38 Abs. 1 Nr. 2 GewO vorzunehmenden Zuverlässigkeitsüberprüfungen von Auskunfteien und Detekteien nicht. Im Ergebnis gilt Gleiches für die allgemeine Datenschutzaufsicht etwa nach Art. 57 und Art. 58 iVm §§ 8ff., § 40 BDSG nF oder §§ 18ff. DSG (AT) schon deshalb, weil Art. 10 gegenüber den allgemeinen Verarbeitungsregeln einen gesteigerten Schutz durch Aufsicht verlangt. Wenn etwa eine Behörde Daten an eine nichtöffentliche Stelle übermittelt, so hat sie die weitere Verarbeitung durch den nichtöffentlichen Datenempfänger wirksam zu kontrollieren.[29]

Die **Verarbeitung von Daten über Vorstrafen** einer betroffenen Person durch Auskunfteien, Versicherungen 20 und anderen nicht-öffentlichen Stellen ist im Allgemeinen gegenwärtig nicht gesondert geregelt. Fehlt eine behördliche Aufsicht, müsste die Verarbeitung ab Mai 2018 beendet werden, es sei denn die Verarbeitung wird unionsrechtlich oder durch das Recht eines Mitgliedstaats gesondert erlaubt (→ Rn. 21).[30]

b) Verarbeitung aufgrund unions- oder mitgliedstaatlicher Spezialregelungen. Unionsrecht und einzelstaat- 21 liches Recht können in Fällen des S. 1 Ausnahmen von dem Erfordernis der behördlichen Aufsicht vorsehen. In diesem Fall muss das Recht allerdings „**geeignete Garantien für die Rechte und Freiheiten der betroffenen Person**" vorsehen. Im Zusammenhang mit Art. 10 sind Garantien geeignet, wenn sie der besonderen Sensibilität der verarbeiteten Daten angemessen Rechnung tragen.[31] Mit anderen Worten müssen die geeigneten Garantien zwar nicht das gleiche, aber sehr wohl ein vergleichbares Schutzniveau wie die behördliche Aufsicht sicherstellen.[32]

Die meisten relevanten Vorschriften im BDSG nF gehen nicht auf Art. 10 ein. Beispiele: § 4 Abs. 3 S. 3 22 BDSG nF betrifft die Verarbeitung durch Videoüberwachung erhobener Daten zur Verfolgung von Straftaten. Diese Vorschrift sieht für nichtöffentliche Stellen keine besonderen Garantien vor. § 23 Abs. 1 Nr. 4 BDSG nF betrifft die zweckändernde Verarbeitung von Daten im Rahmen der Aufgabenerfüllung durch öffentliche Stellen. Eine Verarbeitung soll zulässig sein, soweit sie ua zur Strafverfolgung erforderlich ist. Auch diese Vorschrift enthält keine besonderen Garantien. § 23 Abs. 2 BDSG nF sieht zwar ausdrücklich Garantien für die Verarbeitung von sensiblen Daten nach Art. 9, nicht aber von Daten nach Art. 10 vor (zur Problematik der behördlichen Aufsicht über behördliche Verarbeitungen → Rn. 17). Entsprechendes gilt für die zweckändernde Verarbeitung durch nichtöffentliche Stellen nach § 24 Abs. 1 Nr. 1, Abs. 2 BDSG nF Diese Entscheidungen des Bundesgesetzgebers sind nachvollziehbar, soweit man den Begriff der Straftat einengend auslegt (→ Rn. 12, 13).

Beispiele für geregelte Garantien: 23

§ 26 Abs. 1 S. 2 BDSG nF betrifft die Verarbeitung von Daten zur **Aufdeckung von Straftaten in Beschäftigungsverhältnissen**. Sofern man die Aufdeckung von Straftaten zu Art. 10 zählt,[33] können die Voraussetzungen des § 26 Abs. 1 S. 2 BDSG nF geeignete Garantien darstellen. Immerhin sieht die Vorschriften eine zwingende Dokumentation der tatsächlichen Anhaltspunkte für einen Verdacht sowie eine spezifische Regelung zur Abwägung der Verarbeitungsinteressen mit den schutzwürdigen Belangen der betroffenen Be-

---

26 So bereits zu Art. 8 DSRL *Dammann/Simitis* Art. 8 Rn. 25; ähnlich Paal/Pauly/*Frenzel* Art. 10 Rn. 6; Ehmann/Selmayr/*Schiff* Art. 10 Rn. 4.
27 So die nachvollziehbare Schlussfolgerung bei Ehmann/Selmayr/*Schiff* Art. 10 Rn. 4. Ähnlich im Ergebnis Kühling/Buchner/*Weichert* Art. 10 Rn. 10, der eine Art „Fach- und Rechtsaufsicht" verlangt.
28 So bereits zu Art. 8 DSRL *Dammann/Simitis* Art. 8 Rn. 25.
29 Paal/Pauly/*Frenzel* Art. 10 Rn. 6.
30 So in Gola/*Gola* Art. 10 Rn. 9.
31 So bereits zu Art. 8 DSRL *Dammann/Simitis* Art. 8 Art. 26.
32 Zur Auslegung des Begriffs „Geeignetheit" Paal/Pauly/*Frenzel* Art. 10 Rn. 8.
33 Nach der hier vertretenen Auffassung ist das zu bejahen, soweit die Verarbeitung gewiss von einer Straftat ausgeht, wobei hinsichtlich der betroffenen Person eine mutmaßliche Täterschaft genügt → Rn. 9.

schäftigten vor. Demgegenüber wird § 26 Abs. 1 S. 1 BDSG nF – entgegen der Gesetzesbegründung[34] – keine hinreichend klare Rechtsgrundlage für die Verarbeitung von Daten über Straftaten sein. Das betrifft etwa die Fragen des Arbeitgebers nach möglichen Vorstrafen bei Bewerbungsgesprächen.[35]

24 Vermutlich beibehalten werden kann die Verarbeitung von **Daten aus den Schuldnerverzeichnissen**, soweit sie Rückschlüsse auf strafbares Verhalten der betroffenen Personen ermöglichen (vgl. § 882 b Abs. 1 Nr. 3 ZPO iVm §§ 303 a Abs. 1 Nr. 1, Abs. 3 Nr. 4, 297 InsO). Denn die ZPO knüpft die Überlassung von Schuldnerverzeichnisdaten und ihre weitere Verarbeitung an konkrete Voraussetzungen, die man als geeignete Garantien bewerten kann. Ebenfalls bereichsspezifisch geregelt sind die **Führungszeugnisse**, die das Bundesamt für Justiz nach Maßgabe des BZRG erteilt. Für kinder- und jugendnahe Beschäftigungen sehen § 72 a SGB VIII und § 25 JArbSchG die Möglichkeit eines erweiterten Führungszeugnisses für Personen vor, die in besonderer Weise mit der Betreuung Minderjähriger befasst sind.

25 **4. Umfassende Register der strafrechtlichen Verurteilungen (S. 2).** Nach Art. 10 S. 2 darf ein **umfassendes Register der strafrechtlichen Verurteilungen** nur unter behördlicher Aufsicht (→ Rn. 17) geführt werden.[36] Anders als nach Art. 8 Abs. 5 S. 2 DSRL muss das Register nur umfassend, nicht mehr vollständig sein. Ein umfassendes Register strafrechtlicher Verurteilungen liegt jedenfalls vor, wenn es sich auf weitgehend alle Straftaten in einem Mitgliedstaat bezieht.[37] Dabei ist Art. 10 S. 2 auch auf Register anzuwenden, die sich auf weitgehend alle Straftaten aus einem spezifischen Grund beziehen.[38]

26 **Beispiele für umfassende Register nach S. 2:**

In Deutschland wird das **Bundeszentralregister** durch das Bundesamt für Justiz geführt, vgl. § 1 Abs. 1 BZRG. Im Bundeszentralregister werden Verurteilungen wegen Straftaten und eine Reihe von Entscheidungen eingetragen, die eine gerichtliche Feststellung einer Straftat durch die betroffene Person einschließen. Das Bundeszentralregister dient nicht primär der Strafverfolgung, sondern vor allem der Auskunftserteilung zu staatlichen Sanktionen. Zu Registern der strafrechtlichen Verurteilungen aus spezifischem Grund zählen **Korruptions- und Vergaberegister**, wie sie in einigen Bundesländern errichtet worden sind.[39]

27 **Private Datenbanken**, in denen Informationen über Straftaten und vergleichbare Verfehlungen erfasst sind, dürfen ohne behördliche Aufsicht nicht umfassend sein. In diesem Sinne zumindest kritisch zu beurteilen sind Warn- und Hinweisdateien der Versicherungswirtschaft und von Auskunfteien. Ihre Zulässigkeit hängt maßgeblich davon ab, ob ihre Datenbanken als umfassendes Register anzusehen sind.[40] Bejaht man dies, wäre ihre Verarbeitung künftig ohne behördliche Aufsicht der Verarbeitung unzulässig. Doch selbst wenn man eine umfassende Erfassung verneint, muss der Gesetzgeber nach S. 1 durch hinreichend klare und spezifische Regelungen geeignete Garantien für die Rechte und Freiheiten der betroffenen Personen schaffen.

Artikel 11 Verarbeitung, für die eine Identifizierung der betroffenen Person nicht erforderlich ist

(1) Ist für die Zwecke, für die ein Verantwortlicher personenbezogene Daten verarbeitet, die Identifizierung der betroffenen Person durch den Verantwortlichen nicht oder nicht mehr erforderlich, so ist dieser nicht

---

34 Nach BT-Drs. 18/11325, 97 soll § 26 Abs. 1 iVm Abs. 5 auch Art. 10 umsetzen. Das ist schon deshalb wenig schlüssig, weil Abs. 1 S. 1 generalklauselartig die Verarbeitung in Bezug auf Beschäftigungsverhältnisse regelt und – anderes als Abs. 1 S. 2 – keinen ausdrücklichen oder auch nur indirekten Bezug zu Straftaten herstellt. § 26 Abs. 5 BDSG nF verlangt dementsprechend vom Verantwortlichen auch nur geeignete Maßnahmen „um sicherzustellen, dass insbes. die in Art. 5 DSGVO dargelegten Grundsätze" für die Verarbeitung eingehalten werden.

35 Vgl. Gola/*Gola* Art. 10 Rn. 10.

36 Zu den Hintergründen zB Sydow/*Kampert* Art. 10 Rn. 7; Schantz/Wolff/*Schantz*, Rn. 724.

37 Abweichend Sydow/*Kampert* Art. 10 Rn. 7: ein Register ist dann umfassend, wenn dort alle eine natürliche Person betreffenden strafrechtlichen Verurteilungen zusammengeführt werden; *Wybitul*, S. 286 f.: Der Begriff „umfassend" ist nicht dahin gehend zu verstehen, dass darin sämtliche Daten über strafrechtliche Verurteilungen, Straftaten oder Sicherungsmaßnahmen gelistet sein müssen, da in den Mitgliedstaaten die Strafregister bezüglich der Art und den Umfangs große Unterschiede aufweisen; vielmehr können alle öffentlichen Register als umfassend angesehen werden.

38 Kühling/Buchner/*Weichert* Art. 10 Rn. 17.

39 Vgl. zB Berlin: Gesetz über die Einrichtung und Führung eines Registers über korruptionsauffällige Unternehmen in Berlin – Korruptionsregistergesetz, GVBl. 16/2006, 358; NRW: § 4 Gesetz zur Verbesserung der Korruptionsbekämpfung und zur Errichtung und Führung eines Vergaberegisters in Nordrhein-Westfalen (Korruptionsbekämpfungsgesetz – KorruptionsbG) vom 16.12.2004, GV.NRW. 2005, 8ff.

40 BeckOK DatenschutzR/*Bäcker* Art. 10 Rn. 13: Privat betriebene Datenbanken, die unmittelbar einem anderen Auskunftszweck dienen als Auskunft über Straftaten zu erteilen und lediglich punktuell neben anderen Daten auch Strafdaten enthalten, können im Sinne von S. 1 Hs. 2 zugelassen werden.

verpflichtet, zur bloßen Einhaltung dieser Verordnung zusätzliche Informationen aufzubewahren, einzuholen oder zu verarbeiten, um die betroffene Person zu identifizieren.

(2) [1]Kann der Verantwortliche in Fällen gemäß Absatz 1 des vorliegenden Artikels nachweisen, dass er nicht in der Lage ist, die betroffene Person zu identifizieren, so unterrichtet er die betroffene Person hierüber, sofern möglich. [2]In diesen Fällen finden die Artikel 15 bis 20 keine Anwendung, es sei denn, die betroffene Person stellt zur Ausübung ihrer in diesen Artikeln niedergelegten Rechte zusätzliche Informationen bereit, die ihre Identifizierung ermöglichen.

Literatur: *Art.-29-Gruppe,* Empfehlung zu einigen Mindestanforderungen für die Online-Erhebung personenbezogener Daten in der Europäischen Union, 01/DE WP 43; *dies.,* Stellungnahme 2/2010 zur Werbung auf Basis von Behavioural Targeting, 10/DE WP 171; *dies.,* Stellungnahme 5/2014 zu Anonymisierungstechniken, 14/DE WP 216; *ENISA Ad-Hoc-Arbeitsgruppe zu Datenschutz und Technologie,* Technologiebedingte Herausforderungen für den Datenschutz in Europa, Juli 2008; *Pfitzmann, A./ Hansen, M.,* A terminology for talking about privacy by data minimization: Anonymity, Unlinkability, Undetectability, Unobservability, Pseudonymity, and Identity Management, Version 0.34 v. 10.8.2010 <http://dud.inf.tu-dresden.de/literatur/Anon_Term inology_v 0.34.pdf>; *Schwartmann, R./Weiß, S. (Hrsg.),* Whitepaper zur Pseudonymisierung der Fokusgruppe Datenschutz der Plattform Sicherheit, Schutz und Vertrauen für Gesellschaft und Wirtschaft im Rahmen des Digital-Gipfels 2017 – Leitlinien für die rechtsichere Nutzung von Pseudonymisierungslösungen unter Berücksichtigung der Datenschutz-Grundverordnung, Bundesministerium des Innern, 2017; *Unabhängiges Landeszentrum für Datenschutz Schleswig-Holstein (ULD),* Datenschutz-Auskunftsportal – Datenschutzrechtliche Aspekte, V1.1, Kiel, 2012.

I. Überblick

Art. 11 betrifft **Datenverarbeitungen, bei denen eine Identifizierung der betroffenen Person für den Verantwortlichen nicht erforderlich ist,** die verwendeten Daten aber sehr wohl einen **Personenbezug** aufweisen können.[1] Der Anwendungsbereich der DSGVO ist also eröffnet. Die Regelung beinhaltet zwei wesentliche Ziele: Zum einen handelt es sich um eine **Klarstellung**, dass der Verantwortliche allein zur Einhaltung der DSGVO identifizierende Daten nicht auf Vorrat verarbeiten muss,[2] wenn der Zweck der Verarbeitung dies nicht erfordert. Zum anderen **unterbleibt für den Verantwortlichen die Anwendung der Art. 15 bis 20** in den Fällen, in denen er nachweisen kann, dass er eine betroffene Person nicht identifizieren kann, es sei denn, dass diese selbst die notwendigen Informationen zur Identifizierung beibringt. Zum Umsetzen der Betroffenenrechte ist es für den Verantwortlichen notwendig, festzustellen, ob es sich bei der natürlichen Person, die ihre Rechte geltend macht, tatsächlich um die betroffene Person handelt (EG 64 S. 1). Art. 11 verdeutlicht, dass der Verantwortliche jedoch nicht zu einer zusätzlichen Datenaufbewahrung oder -beschaffung zur Identifizierbarkeit verpflichtet ist, um die Vorschriften der Verordnung einzuhalten (EG 57 S. 1). In diesen Fällen stehen die Betroffenenrechte nach Art. 15 bis 20 zurück, sofern nicht die betroffene Person selbst durch Bereitstellen zusätzlicher Informationen[3] ihre Identifizierung ermöglicht.

Diese Regelung setzt die **Grundsätze der Datenminimierung und Speicherbegrenzung** (Art. 5 Abs. 1 lit. c, e) **auf der einen Seite und die Betroffenenrechte auf der anderen Seite** zueinander in Beziehung (→ Rn. 4). **Privilegiert** werden Datenverarbeitungen, deren Zwecke keine Identifizierung einer betroffenen Person erfordern, sofern sie auch entsprechend datenminimierend umgesetzt sind. Dies umfasst das Verwenden **anonymisierter Daten, die nicht identifizierend sind,** oder **pseudonymisierter Daten** iSv Art. 4 Nr. 5 **oder anderer Arten von Pseudonymen,** sofern der Verantwortliche nicht in der Lage ist, die betroffene Person zu identifizieren. Denn nur dann entfällt für den Verantwortlichen die Pflicht, die Wahrnehmung der Betroffenenrechte nach Art. 15 bis 20 zu unterstützen (→ Rn. 4). Allerdings obliegt dem Verantwortlichen die **Nachweispflicht,** dass er tatsächlich die betroffene Person nicht identifizieren kann (→ Rn. 28 f.). Weiterhin hat

1

2

---

1 So auch Sydow/*Kampert* Art. 11 Rn. 4; Ehmann/Selmayr/*Klabunde* Art. 11 Rn. 9; kritisch dazu Plath/*ders.* DSGVO Art. 11 Rn. 2.
2 So Laue/Nink/*Kremer,* § 4 Rn. 12.
3 In der englischen Fassung des Art. 11 sowie des zugehörigen EG 57 wird durchgehend „additional information" verwendet, während die deutsche Übersetzung verschiedene Begriffe („zusätzliche Daten", „zusätzliche Informationen") aufgenommen hat, ohne dass damit differierende Bedeutungen verbunden sind.

er die betroffene Person über diesen Umstand zu unterrichten, sofern dies möglich ist (→ Rn. 31), bspw. durch die Veröffentlichung einer allgemeinen Darstellung seiner Verarbeitung und den Hinweis darauf, wenn und ggf. ab wann für ihn eine Identifizierbarkeit nicht besteht. Zudem beinhaltet Abs. 2 S. 2 eine **Rückausnahme**: Die betroffene Person kann dann ihre Rechte aus Art. 15 bis 20 ausüben, wenn sie selbst die zusätzlichen Informationen bereitstellt, mit denen sie für den Verantwortlichen identifizierbar wird (→ Rn. 35 f.). Nach EG 57 S. 3 umfasst die Identifizierung auch eine **„digitale Identifizierung"** der betroffenen Person, bspw. im Fall eines Online-Diensteanbieters durch Authentifizierung[4] mithilfe der üblichen Berechtigungsnachweise des Nutzerkontos. In solchen Fällen kann der Verantwortliche der betroffenen Person die Rechtewahrnehmung digital über die Nutzung des zugehörigen Kontos ermöglichen.

3   Der **wechselseitige Einfluss zwischen Betroffenenrechten und Gestaltung einer Datenverarbeitung** ist nicht neu. Als Argument gegen einen Personenbezug von Daten wie IP-Adressen auf der Basis der DSRL wurde bspw. angeführt, dass aus einem Personenbezug die Anwendbarkeit des Datenschutzrechts einschließlich der Wahrnehmung der Betroffenenrechte resultieren müsse, der Verantwortliche jedoch in solchen Fällen keine Zuordnung zu den einzelnen Personen mitspeichern würde.[5] Auf die Spitze getrieben würde dies bedeuten, dass entweder das Datenschutzrecht nur noch identifizierende Verarbeitungen zulassen dürfte oder der Personenbezug zu verneinen wäre. Dieser Argumentation ist nicht zu folgen. Art. 11 zeigt den Lösungsweg auf, dass unabhängig vom bestehenden Personenbezug keine Verpflichtung zur Vorratshaltung von identifizierenden Daten nur zum Zwecke der Erfüllung bestimmter Betroffenenrechte existiert. Gleichzeitig laufen die Betroffenenrechte aber nicht leer, wenn die betroffene Person selbst die nötige Identifizierung leistet. Aus Art. 11 ergeben sich die **Bedingungen für den Verantwortlichen**, ohne dass ihm im Detail die technische Gestaltung vorgeschrieben wäre.[6]

4   Art. 11 stellt in Abs. 1 einen **Ausgleich zwischen den Betroffenenrechten und den Datenschutzgrundsätzen der Datenminimierung** (Art. 5 Abs. 1 lit. c, → Art. 5 Rn. 117ff.) **und der Speicherbegrenzung** (Art. 5 Abs. 1 lit. e, → Art. 5 Rn. 151ff.) her: Die Identifizierung der betroffenen Person soll nur so lange ermöglicht werden, wie es für die jeweiligen Zwecke erforderlich ist. Die personenbezogenen Daten sollen in Bezug auf den Umfang (Grundsatz der Datenminimierung) und in Bezug auf den Zeitraum der Verarbeitung (Grundsatz der Speicherbegrenzung) reduziert werden (→ Art. 5 Rn. 67). Dies folgt einer Annahme, dass das Risiko für die Rechte und Freiheiten der betroffenen Person in den Fällen des Art. 11 im Vergleich zu einer identifizierenden Verarbeitung reduziert ist.[7] Wenn die personenbezogenen Daten nicht anonymisiert wurden, besteht weiterhin ein Personenbezug, so dass die DSGVO anwendbar bleibt. Hier muss der Verantwortliche auch dann, wenn für ihn keine Identifizierbarkeit besteht, die Datenschutzgrundsätze beachten und das Risiko für die Rechte und Freiheiten der betroffenen Person bestimmen und berücksichtigen (→ Art. 5 Abs. 2 Rn. 174ff.; → Art. 24 Rn. 25ff.). Insbesondere schließt Art. 11 nicht die **Geltung von Art. 21 und 22** aus, die das Widerspruchsrecht und automatisierte Entscheidungen im Einzelfall regeln (→ Rn. 34).[8] An den **Datenschutzgrundsatz der Transparenz** (Art. 5 Abs. 1 lit. a Alt. 3, (→ Art. 5 Rn. 49ff.) knüpft Abs. 2 an, der Pflichten des Verantwortlichen im Sinne einer Information und der Gewährung der Betroffenenrechte für den Fall enthält, dass durch die betroffene Person selbst eine Identifizierung ermöglicht wird.

5   Art. 11 ist einerseits durch die **Gestaltung der Datenverarbeitung** geprägt, die von dem Zweck abhängt, auf dessen Basis über die Notwendigkeit einer Identifizierbarkeit zu entscheiden ist (→ Rn. 17). Andererseits enthält Art. 11 Anforderungen an die Gestaltung selbst, denn sollte der Verantwortliche darauf verzichten, **technisch-organisatorische Prozesse** für die Umsetzung von Art. 15 bis 20 bereitzustellen, muss er den Nachweis dafür liefern, dass ihm die Identifizierung nicht möglich ist (→ Rn. 29). Wie dies gelingen kann, hängt wiederum von der technisch-organisatorischen Umsetzung der Verarbeitung ab. Auch die grundsätzlich erforderliche Unterrichtung der betroffenen Person über die Beschränkung ihrer Rechte hat Auswirkung auf die Gestaltung der Verarbeitung (→ Rn. 31). Besteht die Möglichkeit, dass die betroffene Person selbst für die Identifizierung sorgt, muss der Verantwortliche dafür Sorge tragen, dass die Betroffenenrechte nach Art. 15 bis 20 umgesetzt werden (→ Rn. 36).

---

4   Der Begriff der Authentifizierung kommt in der DSGVO nur noch ein weiteres Mal vor: im EG 51 S. 3 in Bezug auf Lichtbilder, die eine eindeutige Identifizierung oder Authentifizierung ermöglichen.

5   *Fleischer*, Can a website identify a user based on IP address?, Blog-Eintrag vom 15.2.2008, https://peterfleischer.blogspot.de/2008/02/can-website-identify-user-based-on-ip.html.

6   Insbesondere wird der Verantwortliche nicht verpflichtet, Pseudonyme mit Authentifizierungsmöglichkeit zur Rechtewahrnehmung anzubieten, vgl. *ENISA Ad-Hoc-Arbeitsgruppe zu Datenschutz und Technologie,* Technologiebedingte Herausforderungen für den Datenschutz in Europa, 2008, S. 26.

7   Auch bei nichtidentifizierenden Daten kann ein Risiko für die Rechte und Freiheiten natürlicher Personen bestehen, vgl. *Art.-29-Gruppe,* WP216, S. 12 f.; *dies.,* WP203, S. 24 f.

8   So auch Auernhammer/*Eßer* DSGVO Art. 11 Rn. 10; *Veil* hält dies für ein Redaktionsversehen und geht davon aus, dass Art. 11 Abs. 2 im Gleichlauf mit Art. 12 Abs. 2 auf Art. 15 bis 22 verweisen müsste, s. Gierschmann/Schlender/Stentzel/*Veil*/*Veil* Art. 11 Rn. 59.

Die Regelung des Art. 11 weist **hohes Innovationspotenzial** auf.[9] Art. 11 lässt sich als **Anreiz** für eine Verar- 6
beitung zu Zwecken, die keine Identifizierung voraussetzen, werten. Für die Umsetzung können verstärkt
Methoden für Datenschutz durch Technikgestaltung zum Einsatz kommen (→ Art. 25 Rn. 31). **Dienstleister**
können den Verantwortlichen darin unterstützen, den Nachweis der fehlenden Identifizierbarkeit zu erbringen (→ Rn. 29). Ein weiterer Effekt kann aufseiten der betroffenen Person entstehen, die durch **Werkzeuge
des Selbstdatenschutzes** oder durch **Bestätigungen der Zuordnung ihrer Identität durch Dienstleister** befähigt werden kann, die für die Identifizierung notwendigen Informationen bereitzustellen, so dass der Verantwortliche doch die Betroffenenrechte zu gewähren hat (→ Rn. 35).

II. Entstehungsgeschichte

1. Zugrunde liegende Diskussion. Auch wenn sich Art. 11 nicht explizit auf die Online-Welt bezieht und 7
allgemeiner gefasst ist,[10] stammt die dem Artikel zugrunde liegende Diskussion aus dem **Kontext der Nutzung von Online-Diensten**, die anonym oder unter Verwendung verschiedenartiger Pseudonyme (→ Art. 4
Nr. 5 Rn. 25ff.) stattfinden kann. Die nationalen Regelungen im TMG sind zwar nicht als Vorgängerregelung des Art. 11 anzusehen, jedoch erstreckte § 13 Abs. 8 TMG das Auskunftsrecht des Nutzers als betroffene Person bereits auf die Daten, die zu seinem Pseudonym gespeichert sind, und regelte, dass auf sein Verlangen die Auskunft auch elektronisch erteilt werden könne.

Schon im Jahr 2001 wies die Art.-29-Gruppe darauf hin, dass wegen des Grundsatzes der Zweckbestim- 8
mung für die Nutzung von Online-Diensten personenbezogene Daten nur dann verwendet werden dürften,
sofern ein rechtmäßiger Zweck dafür gegeben sei.[11] Kommerzielle Webseiten sollten demnach anonym ab-
fragbar sein; falls eine Verbindung zu einer bestimmten Person, aber **keine vollständige Identifizierung erforderlich** sei, sollte die Verwendung von Pseudonymen unterstützt werden.[12] Weiterhin sollte laut Art.-29-
Gruppe gewährleistet sein, dass das Auskunftsrecht und das Recht auf Berichtigung sowohl über die physische Adresse des Verantwortlichen als auch online wahrgenommen werden könnten.[13] Sicherheitsmaßnahmen sollten garantieren, dass bei der **Rechtewahrnehmung online lediglich die betroffene Person Zugang** zu
ihren personenbezogenen Daten hat.[14]

Ebenfalls im Jahr 2001 wurde im Gutachten „Modernisierung des Datenschutzrechts" ausgeführt, dass das 9
Auskunftsrecht auch unter Pseudonym gewährt werden solle. Bedingung dafür ist, dass die auskunftsbegeh-
rende Person **nachgewiesen** hat, **zur Auskunft berechtigt** zu sein. Für diese notwendige Authentifizierung ist
eine Aufdeckung des Pseudonyms nicht erforderlich.[15] Neben der Möglichkeit, dass der Verantwortliche
die Daten über ein unter Pseudonym geführtes Nutzerkonto zur Verfügung stellt, beschreibt das Gutachten
eine Auskunft bei **Verwendung von auf kryptographischen Funktionen basierenden pseudonymen Berechtigungsnachweisen**.[16]

Einen Verbesserungsbedarf identifizierte auch die Ad-Hoc-Arbeitsgruppe zu Datenschutz und Technologie 10
der ENISA im Jahr 2008, die den Unionsgesetzgeber aufforderte, die Gewährung einer datensparsamen
Online-Auskunft und anderer Formen der Wahrnehmung von Datenschutzrechten wie bspw. dem Berichti-
gungs- oder den Löschungsanspruch bei jeder Online-Verarbeitung personenbezogener Daten zu normieren.[17] Als Bedingung wurde das **Sicherstellen der Authentifizierung** der betroffenen Person beschrieben, damit nicht fremdgenerierte Anfragen Daten ausspähen können.[18] Der Report warf die Frage auf, ob Pseudonyme, die keinen **Nachweis der Nutzeridentität in datensparsamer Form** liefern – zumindest ohne die Not-

---

9 AA Paal/Pauly/*Frenzel* Art. 11 Rn. 12; in Kürze zur praktischen Bedeutung von Art. 11 Auernhammer/*Eßer* DSGVO Art. 11 Rn. 12; Sy-
   dow/*Kampert* Art. 11 Rn. 14.

10 Eine gewisse Verwandtschaft weist die Regel in § 101 Abs. 4 S. 5 StPO auf, die für verdeckte Ermittlungsmaßnahmen wie zB die nicht-
   individualisierte Funkzellenabfrage beschreibt, dass zwar grundsätzlich auch jede mitbetroffene Person im Nachhinein zu benachrichtigen sind, jedoch eine Nachforschung zur Feststellung der Identität nur erfolgen soll, wenn dies unter Berücksichtigung der Eingriffsintensität der Maßnahme gegenüber dieser Person, des Aufwands für die Feststellung ihrer Identität sowie der daraus für diese oder andere Personen folgenden Beeinträchtigungen geboten ist.

11 *Art.-29-Gruppe,* WP43, S. 8.

12 *Art.-29-Gruppe,* WP43, S 8 f.

13 *Art.-29-Gruppe,* WP43, S. 8.

14 *Art.-29-Gruppe,* WP43, S. 8.

15 *Roßnagel/Pfitzmann/Garstka,* S. 109, 175.

16 „Digitale Pseudonyme" und „Credential-Mechanismus": *Roßnagel/Pfitzmann/Garstka,* S. 236, 242; *Pfitzmann/Hansen,* A terminology
   for talking about privacy by data minimization, 2010, S. 24.

17 *ENISA Ad-Hoc-Arbeitsgruppe zu Datenschutz und Technologie,* Technologiebedingte Herausforderungen für den Datenschutz in Europa, 2008, S. 25.

18 *ENISA Ad-Hoc-Arbeitsgruppe zu Datenschutz und Technologie,* Technologiebedingte Herausforderungen für den Datenschutz in Europa, 2008, S. 24.

wendigkeit, den Klarnamen aufzudecken – überhaupt zugelassen sein sollen.[19] Vorgeschlagen wurde eine **Kombination der Online-Rechtewahrnehmung mit nutzergesteuerten, datenschutzfördernden Identitätenmanagementsystemen** (→ Art. 4 Nr. 5 Rn. 27), um die Nutzenden zu befähigen, die Vielzahl ihrer Kennungen und Credentials zu verwalten und die Datenströme in Bezug auf die eigenen personenbezogenen Daten nachverfolgen zu können.[20]

11 In einer weiteren Stellungnahme der Art.-29-Gruppe spielten Betroffenenrechte unter Pseudonym eine Rolle: Am Beispiel des Behavioural Advertising begrüßte die Art.-29-Gruppe im Jahr 2010 Initiativen der Betreiber von **Werbenetzwerken**, die Nutzenden auf Basis der eindeutigen Nummer in einem Cookie den Zugriff auf die Informationen zu deren Einordnung zu Interessenkategorien sowie Änderung und Löschung ermöglichten.[21] Allerdings kann man diese Art von Transparenz allenfalls als einen ersten Schritt sehen, denn **weder erhält die betroffene Person umfassend Auskunft zu den über sie verarbeiteten Daten noch bieten Cookies eine ausreichend sichere Authentifizierung** für die Wahrnehmung der Betroffenenrechte (→ Rn. 21). Dennoch können Cookies Rückschlüsse auf Interessen von Personen erlauben: Beispielsweise könnte sich ein Arbeitgeber Zugriff auf die Cookies seiner Beschäftigten verschaffen und bei den Werbenetzwerken die Einordnung in Interessenkategorien daraufhin überprüfen, ob sie in den dienstlichen Kontext passen.

12 **2. Entwicklung der Norm im Gesetzgebungsprozess.** Zu Art. 11 gibt es in der DSRL **keine Vorgängerregelung.** Art. 10 KOM-E war mit „Verarbeitung, ohne dass die betroffene Person bestimmt werden kann" betitelt. Diese Formulierung hätte missverstanden werden können als eine Verarbeitung von anonymen Daten, die jedoch nicht von der DSGVO umfasst ist (siehe EG 26 S. 5, → Art. 4 Nr. 5 Rn. 13); die jetzige Überschrift ist insoweit präziser. Art. 10 KOM-E beschränkte sich auf die Hauptaussage, die in etwas anderer Formulierung in Abs. 1 zum Ausdruck kommt: Demnach ist der Verantwortliche bei einer Verarbeitung, die keine Identifizierung einer betroffenen Person ermöglicht, **nicht verpflichtet, sich zur bloßen Einhaltung der DSGVO zusätzliche Informationen zu verschaffen, um die betroffene Person zu identifizieren.**[22]

13 In der Verhandlung **nicht durchsetzen** konnte sich Art. 10 Abs. 1 Parl-E, der zum einen den Adressatenkreis auf Auftragsverarbeiter erweiterte und zum anderen das „nicht verpflichtet" durch „nicht gestattet" zu ersetzen versuchte: Es wäre demnach dem Verantwortlichen und dem Auftragsverarbeiter nicht gestattet gewesen, zusätzliche Daten zu verarbeiten oder einzuholen, um die betroffene Person zu bestimmen. Der Versuch einer Präzisierung der in dieser Vorschrift geregelten Verarbeitungssituation umfasste auch „pseudonymous data", die in der Entwurfsversion als Begriff in Art. 4 eingeführt wurde – ähnlich der nun in Art. 4 Nr. 5 beschriebenen personenbezogenen pseudonymisierten Daten, die sich nur durch Hinzuziehen zusätzlicher Informationen der betroffenen Person zuordnen lassen.

14 Während KOM-E und Parl-E die Daten und die Möglichkeit der Identifizierung in den Mittelpunkt stellen wollten, waren die Zwecke der Verarbeitung zentral für Art. 10 Abs. 1 Rat-E, der sich im Wesentlichen durchgesetzt hat. Die **Zwecke als Ansatzpunkt** zu wählen, ist sachgerecht, da von ihnen abhängt, welche Daten und welcher Grad an Identifizierbarkeit von betroffenen Personen erforderlich ist.

15 Gegenüber Art. 10 KOM-E wurde außerdem ein zweiter Absatz hinzugefügt. Dieser Absatz nimmt zum einen auf Basis des – eigentlich selbstverständlichen – Vorschlags des EP zur Information der betroffenen Person eine **grundsätzliche Unterrichtungspflicht** durch den Verantwortlichen auf. Zum anderen wurde in der finalen Fassung von Abs. 2 aufgrund des Rat-E ergänzt, dass **die betroffene Person selbst durch Bereitstellen der notwendigen zusätzlichen Informationen die Identifikation ermöglichen** kann, um jedenfalls ihre Betroffenenrechte nach Art. 15 bis 20 wahrzunehmen.

III. Kommentierung des Normtexts

16 **1. Anwendungsbereich: Verarbeitungssituationen ohne Identifizierbarkeit durch den Verantwortlichen.** Art. 11 könnte so verstanden werden, dass sich erst durch die Betonung der Datenschutzgrundsätze von Datenminimierung und Speicherbegrenzung oder durch neue Anforderungen wie Datenschutz durch Technikgestaltung (→ Art. 25 Rn. 1ff.) das Problem einer für den Verantwortlichen nicht identifizierbaren Verarbeitung ergibt. Dies ist nicht der Fall. Tatsächlich ist eine **Datenverarbeitung ohne gesicherte Identitätsnachweise im Internet die Regel.** Nutzende wählen eigene Pseudonyme, ohne dass der Verantwortliche über den Klarnamen verfügt. Sie hinterlassen Datenspuren, die einzeln oder in Kombination personenbezo-

---

19 *ENISA Ad-Hoc-Arbeitsgruppe zu Datenschutz und Technologie,* Technologiebedingte Herausforderungen für den Datenschutz in Europa, 2008, S. 26.
20 *ENISA Ad-Hoc-Arbeitsgruppe zu Datenschutz und Technologie,* 2008, S. 22 und 24.
21 *Art.-29-Gruppe,* WP171, S. 26.
22 Zur Entstehungsgeschichte zB auch Kühling/Buchner/*Weichert* Art. 11 Rn. 4-6; BeckOK DatenschutzR/*Wolff* DSGVO Art. 11 Rn. 2 f.

gene Daten darstellen, aber nicht vom Verantwortlichen zur bürgerlichen Identität zugeordnet werden. Verarbeitung ohne gezielten Personenbezug,[23] zB die Kommunikation zwischen Maschinen, nimmt zu, bei der es dem Verantwortlichen nicht auf einen Personenbezug ankommt, dieser aber doch den Daten innewohnen kann.

Bezüglich einer Identifizierbarkeit durch den Verantwortlichen sind **verschiedene Szenarien** denkbar: 17

- Fall 1: Der Zweck der Verarbeitung **erfordert eine Verarbeitung**, bei der der Verantwortliche auf Basis der für ihn verfügbaren Daten eine **Identifizierung** vornehmen kann: Dann gelten alle Vorschriften der DSGVO; betroffene Personen können ihre Rechte wahrnehmen; Art. 11 greift – anders als in den beiden folgenden Fällen – nicht.

- Fall 2: Der Zweck **erfordert von Anfang an keine Verarbeitung**, bei welcher der Verantwortliche auf Basis der für ihn verfügbaren Daten eine Identifizierung vornehmen kann: Eine solche Verarbeitung muss nach dem Erforderlichkeitsgrundsatz und seinen Ausprägungen als Datenminimierung und Speicherbegrenzung datensparsam erfolgen, zB vollständig anonym, pseudonymisiert im Sinne von Art. 4 Nr. 5 (→ Art. 4 Nr. 5 Rn. 27) oder über andere Arten der Pseudonymität (→ Art. 4 Nr. 5 Rn. 33ff.) realisiert.

- Fall 3: Der Zweck **erfordert ab einem gewissen Zeitpunkt keine Verarbeitung mehr**, bei der der Verantwortliche auf Basis der für ihn verfügbaren Daten eine Identifizierung vornehmen kann: Dann muss der Verantwortliche nach dem Erforderlichkeitsgrundsatz dafür Sorge tragen, dass ihm eine Identifizierung nicht mehr möglich ist, zB indem durch Verarbeitungen wie Löschen (→ Art. 4 Nr. 5 Rn. 9), Anonymisieren (→ Art. 4 Nr. 5 Rn. 30), Pseudonymisieren (→ Art. 4 Nr. 5 Rn. 27) oder andere Modifikationen zur Pseudonymität[24] (→ Art. 4 Nr. 5 Rn. 25) der vorliegende Datenbestand entsprechend verändert wird.

Sofern eine **vollständige Anonymität von Anfang an oder nach einer laut Definition irreversiblen Anonymisierung** (→ Art. 4 Nr. 5 Rn. 19) gegeben ist, besteht für niemanden die Möglichkeit, eine Identifizierung vorzunehmen. Dies gilt auch für die betroffene Person: Selbst wenn Klarheit darüber bestünde, dass Daten über die Person in einen Datenbestand Eingang gefunden haben, der anonymisiert wurde, und wenn die Person gegenüber dem Verantwortlichen ihre Identität nachweisen würde, könnte keine Zuordnung vorgenommen werden. Eine solche wirksame Anonymisierung erfordert typischerweise eine Änderung in den Datensätzen, so dass die Merkmale der betroffenen Person nicht mehr sichtbar und ihre Daten nicht mehr herausgreifbar sind (→ Art. 4 Nr. 5 Rn. 58ff.). Im Übrigen wäre bei einer Verarbeitung anonymer Informationen der Anwendungsbereich der DSGVO nicht eröffnet, wie EG 26 verdeutlicht (→ Art. 4 Nr. 5 Rn. 14).   18

Ist eine **Pseudonymisierung** iSv Art. 4 Nr. 5 (→ Art. 4 Nr. 5 Rn. 27ff.) erfolgt, liegen gesondert aufbewahrte zusätzliche Informationen vor, mit deren Hilfe eine Identifizierung der betroffenen Person möglich ist. Je nach Realisierung kann für den Verantwortlichen die Möglichkeit bestehen, sich **Zugriff auf diese zusätzlichen Informationen zu verschaffen**, bspw. wenn sie innerhalb des Verfügungsbereichs des Verantwortlichen vorliegen (EG 29 S. 1 → Art. 4 Nr. 5 Rn. 42) oder wenn ein Datentreuhänder im Rahmen der Auftragsverarbeitung diese Daten verwahrt. Allerdings kann es auch sein, dass dem Verantwortlichen nach einer Pseudonymisierung **nicht möglich ist, auf diese zusätzlichen Informationen zuzugreifen**, bspw. wenn der Verantwortliche lediglich über die pseudonymisierten Daten verfügt und sich die zusätzlichen Informationen nicht verschaffen kann.[25]   19

Auch die Möglichkeit einer **Pseudonymisierung, bei der die betroffene Person allein über die zusätzlichen Informationen verfügt**, erlaubt dem Verantwortlichen zunächst keine Identifizierung (→ Art. 4 Nr. 5 Rn. 27). Allerdings muss er die betroffene Person darüber unterrichten (→ Rn. 28), und sie kann nach Abs. 2 (→ Rn. 35 f.) selbst die entsprechenden Informationen beibringen, damit ihr die Betroffenenrechte gewährt werden. Dasselbe gilt für die Konstellation der Nutzungsmöglichkeit für die betroffene Person unter **selbstgeneriertem Pseudonym**, das zur **Authentifizierung** gegenüber dem Verantwortlichen und damit zur Rechtewahrnehmung verwendet werden kann, bspw. über geschützte Nutzerkonten, individuelle kryptographische Schlüssel oder spezielle Berechtigungsnachweise, die zB per elektronischem Ausweis verwendbar sind. Im Fall von Online-Diensten, die vom Verantwortlichen bereitgestellt werden, kann nach EG 57 S. 3 das Authentifizierungsverfahren auf dieselben Berechtigungsnachweise zurückgreifen, wie sie die betroffene Person zur Anmeldung bei dem Dienst verwendet.   20

Weniger klar ist allerdings der Fall, wenn der Verantwortliche selbst keine zuverlässige Identifizierung der betroffenen Person vornehmen kann und **Kennungen verwendet werden, die ebenfalls keine eindeutige Au-   21

---

23 *Roßnagel/Pfitzmann/Garstka,* S. 68ff., 113ff.; *Roßnagel* MMR 2005, 71 (74).

24 Dies kann auch eine missglückte Anonymisierung sein, bei der der Verantwortliche irrigerweise meint, dass er den Personenbezug zuverlässig entfernt habe. Zahlreiche Fälle zeigen, dass dies keine Seltenheit ist; vgl. dazu zB *Art.-29-Gruppe,* WP216, S. 37; *Ohm* UCLA Law Review 57 (2010), 170.

25 *Schwartmann/Weiß* (Hrsg.), Whitepaper zur Pseudonymisierung, 2017, S. 24ff.

thentifizierung der Person zulassen. Dies gilt bspw. für übertragbare Pseudonyme (→ Art. 4 Nr. 5 Rn. 36), für Gruppenpseudonyme (→ Art. 4 Nr. 5 Rn. 36) oder für weitere Kennungen mit potenzieller **Unschärfe in der Zuordnung** zu genau einer betroffenen Person. IP-Adressen und Cookies[26] sind zB nicht zwangsläufig an eine einzige Person gebunden. Der Verantwortliche kann bei solchen **technisch bedingten Unschärfen**, die in Ermangelung einer globalen Identitätsinfrastruktur[27] auch künftig bestehen bleiben, ableiten, dass er die Identifizierung nicht vornehmen kann und daher keine Betroffenenrechte nach Art. 15 bis 20 gewährt.

22 Art. 11 motiviert sogar möglicherweise dazu, dass bestimmte **Unschärfen künstlich hinzugefügt** werden, die den Verantwortlichen in der Erfüllung seiner Zwecke nicht behindern, aber ihn von Datenschutzpflichten freistellen. Dies kann bspw. für das Tracking von Nutzern gelten, um Annahmen zu möglichst gut passender Werbung zu generieren – hier kann der Verantwortliche Unschärfen verschmerzen. Ein künstliches Hinzufügen von Unschärfe darf allerdings nicht den **Datenschutzgrundsatz der Richtigkeit** verletzen (Art. 5 Abs. 1 lit. d → Art. 5 Rn. 137ff.).

23 **2. Keine Pflicht zur Identifizierung (Abs. 1).** Abs. 1 adressiert den **Verantwortlichen.** Die Norm beschreibt Verarbeitungssituationen, in denen der Zweck der Verarbeitung nicht oder nicht mehr eine Identifizierung der betroffenen Person durch den Verantwortlichen erfordert. Dies kann von Beginn an der Fall sein oder in einer späteren Verarbeitungsphase eintreten.[28] Auch wenn der Verantwortliche nicht selbst eine betroffene Person identifizieren kann, bedeutet dies keine Auflösung des Personenbezugs.

24 Die Regelung stellt klar, dass der Verantwortliche **nicht zur bloßen Einhaltung der DSGVO verpflichtet** ist, Daten verfügbar zu halten, die zur Identifizierung der betroffenen Person dienen. Die Identifizierung der Person betrifft vor allem die Wahrnehmung der Betroffenenrechte in Art. 15 bis 20, die in Abs. 2 aufgegriffen werden. Allerdings kann sich eine Erforderlichkeit zur Speicherung der Daten zur Identität einer betroffenen Person aus anderen Vorschriften der DSGVO ergeben, bspw. aus der Dokumentationspflicht hinsichtlich einer Einwilligungserklärung nach Art. 7 Abs. 1.[29] Einschränkungen einer Veränderung an der Verarbeitung können auch während einer laufenden Datenschutzprüfung bestehen.[30]

25 Die Formulierung „nicht verpflichtet" kann so interpretiert werden, dass der Verantwortliche selbst entscheiden kann, inwieweit er zusätzliche Informationen zur Identifizierung verfügbar hält. Dafür lässt sich auch die Entstehungsgeschichte anführen, da das EP sich nicht mit der Formulierung durchsetzen konnte, wonach dem Verantwortlichen die Identifizierung nicht gestattet sein sollte (→ Rn. 13). Zwar liegt nahe, dass der Verantwortliche aufgrund der Datenschutzgrundsätze der Datenminimierung und der Speicherbegrenzung sowie wegen der Anforderungen des Datenschutzes durch Technikgestaltung (→ Art. 25 Rn. 66) eine **frühestmögliche Reduzierung der Daten – und damit auch der Identifizierbarkeit einer betroffenen Person –** umsetzen muss. Allerdings könnte der Verantwortliche anführen, dass er zur Umsetzung der Datenschutzgrundsätze Transparenz (Art. 5 Abs. 1 lit. a) oder Richtigkeit (Art. 5 Abs. 1 lit. d) die identifizierenden Daten beibehalten darf oder sogar muss, um der betroffenen Person die Möglichkeit der Auskunft, der Berichtigung und weiterer Betroffenenrechte zu geben. Jedoch würde dies nicht zwangsläufig über eine Identifizierung durch den Verantwortlichen umgesetzt werden müssen, sondern könnte auch über eine Authentifizierung durch die betroffene Person realisiert werden. Da nach Abs. 1 die Zwecke der Verarbeitung eine Identifizierung durch den Verantwortlichen nicht erfordern, käme eine Aufbewahrung solcher der Identifizierung dienender Daten nur gemäß den allgemeinen Regeln für die Verarbeitung infrage, dh insbes. Art. 6 Abs. 1 UAbs. 1 lit. f sowie Art. 6 Abs. 4, deren Voraussetzungen der Verantwortliche dann zu prüfen hätte.[31] Im Allgemeinen kann dies keine jahrelange Vorratsspeicherung lediglich für den Fall, dass eine betroffene Person irgendwann ihre Rechte wahrnehmen möchte, bedeuten – jedenfalls die zeitlichen Beschränkungen durch Verjährung, Verwirkung oder prozessuale Vorgaben zur Geltendmachung dieser Ansprüche stehen dem entgegen.

26 Abs. 1 verwendet den Begriff der zusätzlichen Informationen, mithilfe derer die betroffene Person für den Verantwortlichen erstmalig oder erneut identifizierbar wird. Dieser Begriff kommt identisch in der Definition der Pseudonymisierung (→ Art. 4 Nr. 5 Rn. 38ff.) vor, jedoch **beschränkt sich der Anwendungsbereich des Art. 11 nicht auf pseudonymisierte Daten.** Insbesondere kann es sich um solche Informationen handeln, über die der Verantwortliche die Daten der Identität der betroffenen Person zuordnen kann. Wie EG 57

---

26 *Berthold/Federrath* DuD 2003, 299.
27 Eine solche globale Identitätsinfrastruktur würde weitere Datenschutzrisiken mit sich bringen.
28 S. Auernhammer/*Eßer* DSGVO Art. 11 Rn. 3.
29 Kühling/Buchner/*Weichert* Art. 11 Rn. 11.
30 Kühling/Buchner/*Weichert* Art. 11 Rn. 11.
31 Sa Sydow/*Kampert* Art. 11 Rn. 7: Die Norm darf nicht als Freibrief für die Übergehung datenschutzrechtlicher Vorschriften betrachtet werden.

S. 3 verdeutlicht, muss es sich aber nicht um eine Information über die bürgerliche Identität handeln, wenn eine **Authentifizierung zur Rechtewahrnehmung ausreicht**.

Diese zusätzlichen Informationen müssen also vom Verantwortlichen nicht aufbewahrt, eingeholt oder ver- 27
arbeitet werden. Unter **Aufbewahren** ist das Speichern zu verstehen; die Referenz auf die gesonderte Aufbewahrung in der Definition der Pseudonymisierung besteht lediglich im Deutschen, während die englische Fassung von „maintain" im Gegensatz zu „kept separately" spricht. Das **Einholen** der Informationen bedeutet das aktive Sich-Verschaffen. Der dritte Begriff „verarbeitet" bezeichnet alle Möglichkeiten der **Verarbeitung**, wie dies in Art. 4 Nr. 2 definiert ist, und umfasst damit auch das Aufbewahren und Einholen, deren explizite Nennung aber zum Verständnis der Norm beiträgt.

3. Unterrichtung und Anwendung der Betroffenenrechte (Abs. 2). Abs. 2 formuliert die Konsequenzen aus 28
Abs. 1, sofern der Verantwortliche **nachweisen**[32] kann, dass er nicht in der Lage ist, die betroffene Person zu identifizieren. Es reicht nicht aus, dass der Verantwortliche den Aufwand einer für ihn möglichen Identifizierung scheut[33] oder die fehlende Identifizierbarkeit einfach behauptet.[34] Die **Nachweispflicht** verlangt – da der Negativ-Beweis außer im Falle der Löschung häufig nicht erbracht werden kann – vielmehr zumindest eine **plausible Darlegung**, dass für den Verantwortlichen keine Identifizierbarkeit besteht; zudem können Bestätigungen durch unabhängige Auditoren oder Zertifizierungen unter Berücksichtigung etwa verfügbaren Zusatzwissens den geforderten Nachweis erbringen, dass die technisch-organisatorische Durchführung der Datenverarbeitung nicht erwarten lässt, dass die betroffene Person für den Verantwortlichen identifizierbar ist. In bestimmten Fällen können formelle mathematische Beweise darüber geführt werden, dass ein Datenbestand keine Zuordenbarkeit zu einzelnen Personen ermöglicht, sondern dass für den Personenbezug jedes Datensatzes eine größere Zahl von Menschen (die sog Anonymitätsmenge[35]) infrage kommt und damit keine eindeutige Identifizierbarkeit gegeben ist. Das Anonymitätsmodell der k-Anonymity (k-Anonymität)[36] liefert die Aussage über einen Datenbestand, dass für jeden enthaltenen Datensatz keine genauere Zuordnung möglich ist als zu einer Menge von mindestens k infrage kommenden Personen, wobei k eine natürliche Zahl ist (→ Art. 4 Nr. 5 Rn. 62).[37] Bei einer 2-Anonymity (dh k-Anonymity für $k=2$) fehlt bereits eine eindeutige Identifizierbarkeit. Das Fehlen einer eindeutigen Identifizierbarkeit für den Verantwortlichen bedeutet allerdings keineswegs, dass die Daten anonym sind. Dies wird auch in Abs. 2 S. 2 deutlich, der die Möglichkeit benennt, dass die betroffene Person zusätzliche Informationen zur Identifizierung bereitstellt. Auch können in den Daten selbst beim Fehlen einer eindeutigen Identifizierbarkeit Datenschutzrisiken für die betroffenen Personen innewohnen, bspw. wenn der Datenbestand Aussagen über Gruppen von Personen beinhaltet und damit Informationen über alle Individuen ersichtlich sind oder Diskriminierungen möglich sind.[38] Eine Nicht-Identifizierbarkeit wie bei einer Verschleierung oder Anonymisierung lässt sich bspw. durch Aggregation oder hinzugefügte Unschärfen erreichen (→ Art. 4 Nr. 5 Rn. 54).[39] In jedem Fall muss der Verantwortliche beim Erbringen des Nachweises einer mangelnden Identifizierbarkeit das für ihn **verfügbare Zusatzwissen** berücksichtigen.

Der Verantwortliche sollte sich nicht erst im Falle eines vorliegenden Antrags einer betroffenen Person, die 29
Rechte nach Art. 15 bis 20 wahrnehmen möchte, um das Erbringen eines Nachweises kümmern,[40] denn wegen der Anforderungen der DSGVO an die Gestaltung der Verarbeitung nach Art. 24, 25 und 32 müssten anderenfalls die Prozesse für Begehren nach Art. 15 bis 20 umgesetzt und dokumentiert sein. Sollte der Verantwortliche zwar tatsächlich keine Möglichkeit der Identifizierung haben, dies aber nicht nachweisen können, entfällt formal die Freistellung von den Pflichten der Art. 15 bis 20. Dieser Fall kann wohl nur

---

32 Im Englischen wird hier der Begriff „demonstrate" verwendet, der an anderer Stelle, etwa Art. 12 Abs. 2, in der deutschen Sprachfassung mit „glaubhaft machen" übersetzt wurde.
33 Kühling/Buchner/*Weichert* Art. 11 Rn. 13.
34 Ehmann/Selmayr/*Klabunde* Art. 11 Rn. 20; Auernhammer/*Eßer* DSGVO Art. 11 Rn. 7.
35 *Pfitzmann/Hansen*, A terminology for talking about privacy by data minimization, 2010: „Anonymity of a subject means that the subject is not identifiable within a set of subjects, the anonymity set" (S. 9). Verwandt ist das Identifiability Set: „The identifiability set is a set of possible subjects" (S. 30).
36 Das Modell der k-Anonymität aus der Informatik ist nicht gleichzusetzen mit einer vollständigen Abwesenheit einer Personenbeziehbarkeit oder eines Risikos für die Rechte und Freiheiten natürlicher Personen.
37 *Sweeney*, International Journal on Uncertainty, Fuzziness and Knowledge-based Systems, 10 (5), 2002, 557. k-Anonymity schließt nicht aus, dass Informationen über die Mitglieder einer Anonymitätsmenge als Gruppe ableitbar sind. Um diesen Schwächen der k-Anonymity entgegenzuwirken, wurden verbesserte Modelle wie die l-Diversity (*Machanavajjhala et al.*, ACM Trans. Knowl. Discov. Data, 1 (1), 2007) oder die t-Closeness (*Li/Li/Venkatasubramanian*, IEEE 23rd International Conference on Data Engineering, 2007, 106) entwickelt, die ebenfalls formelle Berechnungen im Sinne der Nachweispflicht nach Abs. 2 ermöglichen.
38 EG 75 benennt Beispiele für ein Risiko für die Rechte und Freiheiten natürlicher Personen wie bspw. Diskriminierung und Rufschädigung. Solche Risiken können sowohl für einzelne, identifizierbare betroffene Personen als auch für Gruppen von Personen bestehen.
39 *Art.-29-Gruppe*, WP216, S. 13ff.
40 Davon geht allerdings Gierschmann/Schlender/Stentzel/Veil/*Veil* Art. 11 Rn. 40 f. aus.

dann auftreten, wenn der Verantwortliche insgesamt seiner Rechenschaftspflicht nach Art. 5 Abs. 2 nicht nachkommen kann und dadurch ohnehin erhebliche Defizite in seinem Datenschutzmanagement bestehen.

30 Der Nachweis kann sich auf den gesamten Datenbestand, auf Personengruppen oder auf konkrete betroffene Personen beziehen. Der **Nachweis** kann sich aus der **Dokumentation der Verarbeitung** (→ Art. 32 Rn. 79) ergeben, aus der bspw. hervorgehen kann, dass der Zweck der Verarbeitung zu einem bestimmten Datum keine Identifizierung mehr erforderte und daher identifizierende Daten gelöscht wurden oder eine Anonymisierung vorgenommen wurde. Im Fall einer Anonymisierung könnten auch Eigenschaften des Datenbestands wie k-Anonymität (→ Art. 4 Nr. 5 Rn. 62) belegt werden. Handelt es sich um eine Verarbeitungssituation mit eingebunden Datentreuhändern, bspw. durch eine gesetzlich vorgesehene Entkopplung wie bei sensiblen medizinischen Datenbanken, kann im Nachweis belegt werden, dass der Verantwortliche keinen Zugriff auf die dort vorhandenen Daten hat. Für den Fall der technisch bedingten Unschärfen bei der Verwendung von Online-Kennungen, die nicht eindeutig einer Person zugeordnet werden können, ergibt sich der Nachweis der mangelnden Identifizierung aus der technischen Funktionsweise, die einer eindeutigen Identifizierung zuwiderläuft (→ Rn. 21 f.).

31 Die in Abs. 2 geforderte **Unterrichtung der betroffenen Person** über die mangelnde Identifizierbarkeit durch den Verantwortlichen und damit zusammenhängend über eine Beschränkung der Rechte ist aus Transparenzgründen notwendig. Daher sind auch die Transparenzanforderungen, wie sie bspw. Art. 12 Abs. 1 definiert, anzulegen: Die Information soll „in präziser, transparenter, verständlicher und leicht zugänglicher Form in einer klaren und einfachen Sprache" gegeben werden.[41] Die Unterrichtung ist nicht in allen Fällen möglich, wie die Regelung durch die Formulierung „sofern möglich" deutlich macht.[42] Erhält bspw. der Verantwortliche pseudonymisierte Daten, ohne dass ihm der Zugriff auf die zusätzlichen Informationen ermöglicht wird, hat er kein Wissen über die betroffenen Personen und kann diese auch nicht unterrichten. Jedoch kann in den meisten Fällen eine allgemeine Unterrichtung zur Datenverarbeitung – zB im Rahmen der **allgemeinen Informationspflichten nach Artt. 13 und 14** – und zu der bestehenden oder eingeschränkten Möglichkeit, die Betroffenenrechte nach Art. 15 bis 20 wahrzunehmen, erfolgen. Dies kann auch beinhalten, dass über den Zeitpunkt, zu dem der Verantwortliche keine Identifizierung mehr vornehmen kann, aufgeklärt wird, bspw. weil dann die vormals personenbezogenen Daten anonymisiert werden. Zudem muss der Verantwortliche auf das Ersuchen einer potenziell betroffenen Person reagieren, indem dieser mitgeteilt (und ggf. nachgewiesen) wird, dass entweder nicht mehr aufklärbar ist, ob überhaupt Daten zu ihr verarbeitet werden, oder dass diese Daten ihr jedenfalls nicht (mehr) zugeordnet werden können. Sofern dem Verantwortlichen bekannt ist, dass die betroffene Person durch eigenes Zutun die Identifizierung leisten könnte, sollte er darüber ebenfalls informieren.

32 Möglicherweise ist der Verantwortliche **nur für einzelne konkret anfragende betroffene Personen** nicht in der Lage, eine Identifizierung vorzunehmen, bspw. weil es sich um eine Namensgleichheit mit mehreren infrage kommenden Personen handelt oder weil der Verantwortliche dies nicht ausschließen kann. Hier könnten direkte Nachfragen bei der betroffenen Person dazu beitragen, dass der Verantwortliche den Rechten aus den Artt. 15 bis 20 nachkommen kann.

33 Für den Fall, dass dem Verantwortlichen eine Identifizierung nicht möglich ist und er dies auch nachweisen kann, werden Art. 15 bis 20 dann von der Anwendung ausgenommen, sofern nicht die betroffene Person selbst die Identifizierung ermöglicht.[43] Art. 15 bis 20 umfassen die **Rechte auf Auskunft, Berichtigung, Löschung, Einschränkung der Verarbeitung, die diesbezüglichen Mitteilungspflichten sowie das Recht auf Datenübertragbarkeit.** Unberührt ist der **Datenschutzgrundsatz der Richtigkeit** (Art. 5 Abs. 1 lit. d), so dass der Verantwortliche ein Interesse an etwaigen Hinweisen auf Berichtigungsbedarfe durch betroffene Personen haben sollte.

34 Allerdings sind nach dem Wortlaut von Abs. 2 weiterhin Art. 21 „Widerspruchsrecht" und Art. 22 „Automatisierte Entscheidungen im Einzelfall einschließlich Profiling" anwendbar, die ebenfalls Rechte der betroffenen Person formulieren. Es handelt sich **möglicherweise um ein Redaktionsversehen,**[44] da in Art. 12 Abs. 2, der die Artt. 15 bis 22 betrifft, explizit auf Abs. 2 rückverwiesen wird: Demnach kann sich der Verantwortliche in den Fällen von Abs. 2 weigern, aufgrund des Antrags der betroffenen Person auf Wahrnehmung ihrer Rechte gemäß den Artt. 15 bis 22 tätig zu werden, wenn er glaubhaft[45] macht, dass er nicht in

---

41 Gierschmann/Schlender/Stentzel/Veil/*Veil* Art. 11 Rn. 47.
42 So auch Sydow/*Kampert* Art. 11 Rn. 11; *Veil* geht davon aus, dass es allein um die rechtliche Möglichkeit geht, dh dass eine „Unterrichtung nicht zulässig, also rechtlich nicht möglich" ist, wenn die betroffene Person die Identität nicht nachgewiesen hat, Gierschmann/Schlender/Stentzel/Veil/*Veil* Art. 11 Rn. 48.
43 So auch Sydow/*Kampert* Art. 11 Rn. 11; Plath/*ders.* DSGVO Art. 11 Rn. 8.
44 Gierschmann/Schlender/Stentzel/Veil/*Veil* Art. 11 Rn. 59.
45 Englisch: „demonstrate", dh keine Abweichung von der Regelung in Art. 11 Abs. 2, in der die deutsche Sprachfassung ein „Nachweisen" fordert.

Hansen

der Lage ist, die betroffene Person zu identifizieren. Es besteht allerdings ein **Unterschied zwischen den beiden Regelungen**: Art. 12 Abs. 2 beschreibt lediglich die speziellere Situation, dass die betroffene Person einen Antrag (Englisch: „request of the data subject for exercising his or her rights") stellt, während Abs. 1 allgemeiner von einer Situation der betroffenen Person „zur Ausübung ihrer [...] Rechte" (Englisch: „for the purpose of exercising his or her rights") ausgeht. Beispielsweise könnte das Recht auf Widerspruch nach Art. 21 ohne Identifikation der Person und sogar ohne Authentifizierung zum Ausdruck gebracht und damit wahrgenommen werden: Für Online-Dienste wäre dies bspw. über Opt-out-Cookies oder andere von der betroffenen Person oder ihren Geräten kommunizierten Kennungen möglich, die für alle Widersprechenden denselben Wert beinhalten und damit keine Identifizierung erlauben. Solche Kennungen würden als Gruppenpseudonyme fungieren (→ Art. 4 Nr. 5 Rn. 36). Der Verantwortliche könnte in einem solchen Fall nicht in eine Abwägung eintreten, die eine etwaige „besondere Situation" der betroffenen Person und „zwingende schutzwürdige Gründe für die Verarbeitung [...], die die Interessen, Rechte und Freiheiten der betroffenen Person überwiegen", würdigt, wie in Art. 21 Abs. 1 ausgedrückt. Dies wäre aber auch nur dann erforderlich, wenn er gegen den Willen der betroffenen Person deren Daten verarbeiten wollte. Die Form des Opt-out-Cookies oder einer ähnlichen Kennung würde den Widerspruch der betroffenen Person ausdrücken, ohne dass es sich um einen typischen Antrag mit identifizierenden Daten handelte, wie dies vornehmlich von Art. 12 Abs. 2 adressiert wird. Ähnliches gilt für das Recht nach Art. 22, nicht einer automatisierten Einzelfallentscheidung unterworfen zu werden. Auch hier sind Fälle denkbar, in denen beim Verantwortlichen keine identifizierenden Daten vorliegen, aber die betroffene Person Nachteile befürchten und daher der Verantwortliche von solchen Einzelfallentscheidungen Abstand nehmen muss. Insbesondere für Online-Verfahren muss dies nicht per individuellem Antrag mit identifizierenden Daten der betroffenen Person zum Ausdruck gebracht werden.

Die betroffene Person kann durch **Bereitstellung weiterer Daten zu ihrer Identifizierung** beitragen. Aller- **35** dings läuft diese Möglichkeit leer, wenn der Verantwortliche keine Zuordnung der Daten zu der nachgewiesenen Identität der betroffenen Person feststellen kann, bspw. weil die **Daten nicht unter demselben Namen oder Pseudonym** verarbeitet wurden. Eine Identifizierung per Personalausweis hilft daher nicht unbedingt weiter, sofern die betroffene Person keine anderen Belege, zB zu weiteren Merkmalen oder zum Nutzerkonto, beibringen kann. Der Verantwortliche ist dabei zu einer strengen Prüfung angehalten – EG 64 betont, dass er „alle vertretbaren Mittel" zur Authentifizierung nutzen sollte. Er darf aber nicht mehr an Daten fordern, als zur Authentifizierung notwendig ist. Erst recht wären keine überschießenden Datenerhebungen bei der betroffenen Person mithilfe von umfangreichen Fragebögen gestattet.[46] Im Ergebnis muss der Auskunftsprozess selbst als Teil der Verarbeitung beim Verantwortlichen die Anforderungen der DSGVO, insbes. Sicherheit und Datenminimierung, erfüllen.

Laut EG 57 S. 2 ist der Verantwortliche gehalten, im Fall der Bereitstellung von identifizierenden Daten **36** durch die betroffene Person zu **kooperieren**. Sofern die betroffene Person mit zusätzlichen Informationen ihre Berechtigung zur Geltendmachung der Rechte belegen kann, darf sich der Verantwortliche dem nicht verweigern, sondern muss seine Anforderungen zur Prüfung der Berechtigung präzise und verständlich kommunizieren. Diese Anforderungen müssen sich – im Einklang mit den Datenschutzgrundsätzen Datenminimierung und Speicherbegrenzung – auf den zur Befriedigung der Ansprüche minimal erforderlichen Umfang an Daten beschränken. Sofern mehrere Möglichkeiten bestehen, müssen sie entsprechend aufgeführt werden. Damit wird die betroffene Person befähigt, nur diejenigen Informationen zu liefern, die für die Zuordnung der Daten zu ihrer Person erforderlich sind.[47] Der Verantwortliche muss für die betroffene Person erreichbar sein und diese Informationen annehmen und bewerten. Reichen die Belege der betroffenen Person aus, gewährt der Verantwortliche ihr die Betroffenenrechte. Er kann dafür **eigene Prozesse in seiner Verarbeitung** vorsehen, welche die betroffene Person für die Rechtewahrnehmung unter Zulieferung weiterer identifizierender Daten nutzen kann. Sofern **Selbstdatenschutz-Werkzeuge** die betroffene Person bei der Rechtewahrnehmung unter Pseudonym unterstützen, sollte der Verantwortliche Schnittstellen unterstützen. Solche standardisierten Prozesse und Mechanismen tragen dazu bei, den Aufwand auf Seiten des Verantwortlichen zu minimieren und die Rechtewahrnehmung für die betroffene Person zu vereinfachen. Auch sollte von Anfang an **Transparenz über das Verfahren der Rechtewahrnehmung** auf Seiten der betroffenen Person bestehen, denn im Fall eines Identitätsdiebstahls müsste sie Sorge dafür tragen, dass Unberechtigte die Authentifizierungsmöglichkeiten nicht nutzen und sich so über das Recht auf Auskunft weitere Daten verschaffen können.

46 Ehmann/Selmayr/*Klabunde* Art. 11 Rn. 19.
47 Kühling/Buchner/*Weichert* Art. 11 Rn. 17.

37 Die von der betroffenen Person zur Verfügung gestellten zusätzlichen Informationen darf der Verantwortliche **nur für den Zweck** der Rechtewahrnehmung verwenden.[48] Diese Information müssen **getrennt von dem nicht identifizierenden Datenbestand verwahrt** und dürfen nur so lange wie erforderlich verarbeitet werden.[49] Zur Dokumentation der Rechtewahrnehmung ist es nicht erforderlich, die zusätzlichen Informationen selbst zu speichern.

IV. Weitere Entwicklung

38 Art. 11 stellt eine Neuerung im Datenschutzrecht dar. Einerseits könnten darauf aufbauend kooperative Verfahren entwickelt werden, die sowohl zu einer **datenminimierenden Verarbeitung beim Verantwortlichen** als auch zu einer **vereinfachten Wahrnehmung von Betroffenenrechten** führen. Dabei könnten Methoden wie die eID-Funktion des neuen Personalausweises[50] oder weitergehende Ansätze eines nutzergesteuerten Identitätenmanagements,[51] bspw. auf der Basis von attributbasierten Berechtigungsnachweisen,[52] zum Einsatz kommen. Andererseits ist **auch eine konfrontative Interpretation** dieser Regelung denkbar, die ihren Grundgedanken persifliert: Verantwortliche könnten die Gestaltung der Verfahren in Abhängigkeit der Zwecke auf eine Weise realisieren, die es der betroffenen Person faktisch unmöglich machen würde, individuelle Rechte wahrzunehmen, die jedoch gleichzeitig ein Risiko für ihre Rechte und Freiheiten, wie bspw. die Möglichkeit der Diskriminierung oder anderer Einwirkungen, mit sich brächte (→ Rn. 21 f.). Es ist nicht unwahrscheinlich, dass die Nachweise einer mangelnden Identifizierbarkeit durch den Verantwortlichen ebenso wie Versuche der betroffenen Person, die geeigneten identifizierenden Informationen beizubringen, **von den beteiligten Parteien unterschiedlich bewertet und rechtlich angegriffen** werden. Es sollten klare Kriterien für die unterschiedlichen Verarbeitungssituationen ausgearbeitet werden, damit Umgehungsstrategien keinen Erfolg haben und die **Grundsätze einer fairen und transparenten Datenverarbeitung** eingehalten werden (Art. 5 Abs. 1 lit. a). Dies gilt insbes. für den Bereich einer Verarbeitung ohne gezielten Personenbezug, der künftig eine größere Bedeutung gewinnen wird.

---

48 Kühling/Buchner/*Weichert* Art. 11 Rn. 18.
49 Verwandt ist die Regelung in § 13 Abs. 4 Nr. 6 TMG, nach der die unter Pseudonym erstellten Nutzungsprofile nicht mit Angaben zur Identifikation des Trägers des Pseudonyms zusammengeführt werden durften.
50 *ULD,* Datenschutz-Auskunftsportal, 2012, S. 77 ff.; Hornung/Möller/*Möller,* PassG/PAuswG, PAuswG § 18 Rn. 3 ff.; *Hornung* in: Hornung/Engemann (Hrsg.), Der Digitale Bürger und seine Identität, 2016, 153 (169).
51 *Hansen* International Journal of Intellectual Property Management 2008, 325; *dies.,* Proc. FIDIS 2007, IFIP Vol. 262, 2008, 211; *Zwingelberg/Hansen,* Proc. PrimeLife 2011, IFIP AICT 375, 2012, 255 f.; *Karegar/Pulls/Fischer-Hübner,* Proc. Privacy and Identity Management, IFIP AICT 498, 2016, 164 (167 f.); *Hornung* in: Hornung/Engemann (Hrsg.), Der Digitale Bürger und seine Identität, 2016, 153 (174); *Fischer-Hübner/Berthold,* Privacy Enhancing Technologies, in: *Vacca* (Hrsg.), Computer and Information Security Handbook, 2017, 774 f.
52 *Rannenberg/Camenisch/Sabouri* (Hrsg.), Attribute-based Credentials for Trust: Identity in the Information Society, 2015; *Camenisch/ Lysyanskaya,* Proc. EUROCRYPT 2001, LNCS 2045, 93; *Alpár/Hoepman/Siljee,* Journal of Information System Security, 9(1), 23 (2013).

Kapitel III
Rechte der betroffenen Person
Abschnitt 1
Transparenz und Modalitäten

Artikel 12 Transparente Information, Kommunikation und Modalitäten für die Ausübung der Rechte der betroffenen Person

(1) ¹Der Verantwortliche trifft geeignete Maßnahmen, um der betroffenen Person alle Informationen gemäß den Artikeln 13 und 14 und alle Mitteilungen gemäß den Artikeln 15 bis 22 und Artikel 34, die sich auf die Verarbeitung beziehen, in präziser, transparenter, verständlicher und leicht zugänglicher Form in einer klaren und einfachen Sprache zu übermitteln; dies gilt insbesondere für Informationen, die sich speziell an Kinder richten. ²Die Übermittlung der Informationen erfolgt schriftlich oder in anderer Form, gegebenenfalls auch elektronisch. ³Falls von der betroffenen Person verlangt, kann die Information mündlich erteilt werden, sofern die Identität der betroffenen Person in anderer Form nachgewiesen wurde.

(2) ¹Der Verantwortliche erleichtert der betroffenen Person die Ausübung ihrer Rechte gemäß den Artikeln 15 bis 22. ²In den in Artikel 11 Absatz 2 genannten Fällen darf sich der Verantwortliche nur dann weigern, aufgrund des Antrags der betroffenen Person auf Wahrnehmung ihrer Rechte gemäß den Artikeln 15 bis 22 tätig zu werden, wenn er glaubhaft macht, dass er nicht in der Lage ist, die betroffene Person zu identifizieren.

(3) ¹Der Verantwortliche stellt der betroffenen Person Informationen über die auf Antrag gemäß den Artikeln 15 bis 22 ergriffenen Maßnahmen unverzüglich, in jedem Fall aber innerhalb eines Monats nach Eingang des Antrags zur Verfügung. ²Diese Frist kann um weitere zwei Monate verlängert werden, wenn dies unter Berücksichtigung der Komplexität und der Anzahl von Anträgen erforderlich ist. ³Der Verantwortliche unterrichtet die betroffene Person innerhalb eines Monats nach Eingang des Antrags über eine Fristverlängerung, zusammen mit den Gründen für die Verzögerung. ⁴Stellt die betroffene Person den Antrag elektronisch, so ist sie nach Möglichkeit auf elektronischem Weg zu unterrichten, sofern sie nichts anderes angibt.

(4) Wird der Verantwortliche auf den Antrag der betroffenen Person hin nicht tätig, so unterrichtet er die betroffene Person ohne Verzögerung, spätestens aber innerhalb eines Monats nach Eingang des Antrags über die Gründe hierfür und über die Möglichkeit, bei einer Aufsichtsbehörde Beschwerde einzulegen oder einen gerichtlichen Rechtsbehelf einzulegen.

(5) ¹Informationen gemäß den Artikeln 13 und 14 sowie alle Mitteilungen und Maßnahmen gemäß den Artikeln 15 bis 22 und Artikel 34 werden unentgeltlich zur Verfügung gestellt. ²Bei offenkundig unbegründeten oder – insbesondere im Fall von häufiger Wiederholung – exzessiven Anträgen einer betroffenen Person kann der Verantwortliche entweder

a)   ein angemessenes Entgelt verlangen, bei dem die Verwaltungskosten für die Unterrichtung oder die Mitteilung oder die Durchführung der beantragten Maßnahme berücksichtigt werden, oder

b)   sich weigern, aufgrund des Antrags tätig zu werden.

Der Verantwortliche hat den Nachweis für den offenkundig unbegründeten oder exzessiven Charakter des Antrags zu erbringen.

(6) Hat der Verantwortliche begründete Zweifel an der Identität der natürlichen Person, die den Antrag gemäß den Artikeln 15 bis 21 stellt, so kann er unbeschadet des Artikels 11 zusätzliche Informationen anfordern, die zur Bestätigung der Identität der betroffenen Person erforderlich sind.

(7) ¹Die Informationen, die den betroffenen Personen gemäß den Artikeln 13 und 14 bereitzustellen sind, können in Kombination mit standardisierten Bildsymbolen bereitgestellt werden, um in leicht wahrnehmbarer, verständlicher und klar nachvollziehbarer Form einen aussagekräftigen Überblick über die beabsichtigte Verarbeitung zu vermitteln. ²Werden die Bildsymbole in elektronischer Form dargestellt, müssen sie maschinenlesbar sein.

(8) Der Kommission wird die Befugnis übertragen, gemäß Artikel 92 delegierte Rechtsakte zur Bestimmung der Informationen, die durch Bildsymbole darzustellen sind, und der Verfahren für die Bereitstellung standardisierter Bildsymbole zu erlassen.

Literatur: *Art.-29-Gruppe,* Stellungnahme 10/2004 zu einheitlicheren Bestimmungen über Informationspflichten, WP 100; *dies.,* Guidelines on Automated individual decision-making and Profiling for the purposes of Regulation 2016/679 17/EN, WP 251; *dies.* Guidelines on transparency under Regulation 2016/679, 17/EN, WP 260 rev. 01; *Büllesbach, A./Gijrath, S./Poullet, Y./Prins, C.,* Concise European IT Law, 2. Aufl. 2010; *Burkert, H.* Datenschutz auf dem Weg zur Transparenzordnung, in: Baeriswyl, B./Rudin, B. (Hrsg.), Perspektive Datenschutz, Praxis und Entwicklungen in Recht und Technik, 2002, 181; *Cormack, A.,* Is the Subject Access Right Now Too Great a Threat to Privacy?, EDPL 2016, 15; *Datatilsynet,* Tracking in Public Spaces – The use of WiFi, Bluetooth, beacons and intelligent video analytics, 2016; *Dix, A.,* Vertrauen durch verbesserte Information, DuD 2004, 518; *Dreyer, S./Schulz, W.,* Was bringt die Datenschutz-Grundverordnung für automatisierte Entscheidungssysteme ?, Potenziale und Grenzen der Absicherung individueller, gruppenbezogener und gesellschaftlicher Interessen, 2018, https://doi.org/10.11586/20180 11; *European Data Protection Board,* Endorsement 1/2018; *Gusy, C./Schulte, L.,* Datenschutz durch Transparenz im Kontext der Datenschutzgrundverordnung, Jahrbuch für Informationsfreiheit und Informationsrecht 2017 (i.E.); *van den Hoven van Genderen, R.,* Privacy and Data Protection in the Age of Pervasive Technologies in AI and Robotics, EDPL 2017, 338; *Mondschein, C.,* Some Iconoclastic Thoughts on the Effectiveness of Simplified Notices and Icons for Informing Individuals as Proposed in Article 12 (1) and (7) GDPR, EDPL 2016, 507; *Piltz, C.,* Die Datenschutz-Grundverordnung – Teil 2: Rechte der Betroffenen und korrespondierende Pflichten des Verantwortlichen, K&R 2016, 626; *Robrecht, B.,* EU-Datenschutzgrundverordnung: Transparenzgewinn oder Information Overkill, 2015; *Veale, M./Binns, R./Ausloos, J.,* When Data Protection by Design and Data Subjects Rights Clash, IDPL 2018, 105; *Wybitul, T./Fladung, A.,* EU-Datenschutz-Grundverordnung – Überblick und arbeitsrechtliche Betrachtung des Entwurfs, BB 2012, 509.

I. Vorbemerkung

1 Information und Transparenz sind die **Basis der informationellen Selbstbestimmung.** Es ist einer der in Art. 5 Abs. 1 lit. a garantierten Grundsätze, dass personenbezogene Daten in einer für die betroffene Person nachvollziehbaren und transparenten Weise verarbeitet werden müssen.[1] Zu den Grundlagen des Datenschutzes gehören auch klare und eindeutige Rechte der betroffenen Personen, die die Verantwortlichen zu respektieren haben.[2] Die Einwilligung betroffener Personen legitimiert die Verarbeitung ihrer Daten nur dann, wenn sie in „informierter Weise" abgegeben wird (Art. 4 Nr. 11). Der Unionsgesetzgeber hat die Anforderungen an die Transparenz der Verarbeitung personenbezogener Daten in der DSGVO gegenüber dem bisher geltenden Recht erheblich erhöht. EGe 39 und 58 sprechen ausdrücklich von einem **Grundsatz der Transparenz,** der bei der Verarbeitung personenbezogener Daten zu beachten ist. Das gilt nicht nur für die Betroffenenrechte in Kapitel III, sondern (zB) auch für die Benachrichtigung der von einer Verletzung des Schutzes personenbezogener Daten betroffenen Person (Art. 34). Auch durch Technikgestaltung entsprechend dem Grundsatz des data protection by design iSd Art. 25 Abs. 1 soll „Transparenz in Bezug auf die Funktionen und die Verarbeitung personenbezogener Daten hergestellt" werden und den betroffenen Personen eine Überwachung der Verarbeitung ihrer Daten ermöglicht werden (EG 78). Die **Stärkung der Betroffenenrechte** ist – neben einer Verschärfung der Pflichten der Datenverarbeiter[3] – ein Hauptanliegen der Reform des europäischen Datenschutzrechts.[4] Sie greift damit die in der deutschen Verfassungsrechtsprechung[5] zunächst für den staatlichen Bereich entwickelte Pflicht des Gesetzgebers auf, die zunehmende Intransparenz der Datenverarbeitung und die damit verbundene **diffuse Bedrohlichkeit** durch wirksame Transparenzregeln zumindest partiell zu kompensieren.

2 Dem Katalog der Betroffenenrechte stellt Art. 12 **Pflichten des Verantwortlichen** voran, die sich nicht auf die Feststellung beschränken, dass dieser die Betroffenenrechte zu achten und zu erfüllen hat. Vielmehr verpflichtet die Verordnung den Verantwortlichen darüber hinaus auch dazu, den betroffenen Personen die

---

1 Vgl. Kühling/Buchner/*Herbst* Art. 5 Rn. 18 f. Zur entsprechenden Rechtslage nach der DSRL vgl. *Büllesbach,* in: Büllesbach/Gijrath/Poullet/Prins (Hrsg.), Concise European IT Law, 2010, Directive 95/46/EC, Art. 10 Anm. 1.
2 Vgl. Art. 10 a Abs. 1 Parl-E.
3 So ausdrücklich EG 11.
4 So *Albrecht/Jotzo,* Teil 1 Rn. 8 f., Teil 4 Rn. 1 ff.
5 BVerfGE 125, 250 (335) – Vorratsdatenspeicherung.

vorgeschriebenen Informationen und Mitteilungen in einer bestimmten Form und innerhalb einer bestimmten Frist zur Verfügung zu stellen sowie ihnen generell die Ausübung seiner Rechte zu erleichtern. Damit werden die **Rechte** der betroffenen Person sowohl **auf Information** (Art. 12–15) als auch **auf Steuerung der Datenverarbeitung** (Art. 16–22) deutlich gestärkt und präzisiert. Zudem erhöht die Verordnung die aktiven Transparenzpflichten, die der Verantwortliche unabhängig davon zu erfüllen hat, ob die betroffene Person von ihren Rechten Gebrauch macht.[6]

Insgesamt trägt Kapitel III der Tatsache Rechnung, dass der Zugang zu Informationen ebenso **Vorausset-** **zung zur Wahrnehmung des Rechts auf informationelle Selbstbestimmung** ist, wie er die Voraussetzungen für die Wahrnehmung des Rechts auf freie Meinungsäußerung schafft.[7] Deshalb konkretisieren die Informations- und Benachrichtigungsrechte und -pflichten in Kapitel III die primärrechtlichen Garantien des Art. 8 GRCh und des Art. 16 AEUV. Die Verordnung sichert insoweit die Grundrechtsausübung durch bestimmte Verfahrensvorschriften. **3**

Die Vorschrift verdeutlicht den seit jeher bestehenden **engen Zusammenhang zwischen Datenschutz und** **Transparenz**,[8] der sogar zu Überlegungen geführt hat, das Datenschutzrecht wie zB in der kanadischen Provinz Québec[9] in einer allgemeinen Transparenzgesetzgebung aufgehen zu lassen.[10] In Deutschland wird seit dem 62. Deutschen Juristentag 1998[11] über eine Kodifizierung des gesamten Informationsrechts unter Einschluss des Datenschutzrechts in einem Informationsgesetzbuch diskutiert.[12] Lediglich organisatorisch liegt die Aufsicht über die Informationsfreiheit im Bund und in den Ländern mit entsprechenden Gesetzen bei den Datenschutzaufsichtsbehörden. In den letzten Jahren – mindestens seit Beginn des Reformprozesses zur DSGVO – ist die Diskussion über eine Zusammenführung des materiellen Rechts freilich praktisch zum Erliegen gekommen. Dem Unionsgesetzgeber fehlt es ohnehin an einer Kompetenz zur Regelung des allgemeinen Informationsfreiheitsrechts für den öffentlichen Bereich. **4**

Information und Transparenz sind in aller Regel lediglich **notwendige**, nicht aber schon hinreichende **Be-** **dingungen einer rechtmäßigen Datenverarbeitung**. Weist zB ein Anbieter einer Website in seiner Datenschutzerklärung die Nutzer darauf hin, dass er mögliche „Do-Not-Track"-Einstellungen[13] in deren Browser nicht respektieren wird, so rechtfertigt dies allein die Verarbeitung personenbezogener Daten ebenso wenig wie die Ankündigung eines Verantwortlichen, auch solche personenbezogenen Daten erheben und verarbeiten zu wollen, die zur Erfüllung eines Vertrages (Art. 6 Abs. 1 lit. b) oder Wahrung eines berechtigten Interesses (Art. 6 Abs. 1 lit. f) nicht erforderlich sind.[14] Sind die Informationen jedoch falsch, irreführend oder dienen der gezielten Täuschung der betroffenen Personen, etwa wenn Verantwortliche diese zu Unrecht dahin gehend informieren, es würde keine personenbezogenen Daten über sie verarbeitet, ist die Datenverarbeitung stets unzulässig. **5**

Betroffenenrechte finden sich nicht allein in Kapitel III. Zu ihnen zählen auch die Rechte der betroffenen Personen, eine erteilte Einwilligung zu widerrufen (Art. 7 Abs. 3), die Aufsichtsbehörde (Art. 77) oder ein Gericht (Art. 78, 79) anzurufen, sich von einer Einrichtung oder einer nichtkommerziellen Vereinigung vertreten zu lassen (Art. 80) oder Schadenersatz zu verlangen (Art. 82). Da alle diese Rechte dem Schutz des Grundrechts nach Art. 8 GRCh dienen und die Betroffenenrechte durch die DSGVO gestärkt werden sollen (→ EG 11), sind sie **nicht dispositiv**, können also nicht durch Rechtsgeschäft abbedungen werden.[15] Dies entspricht dem bisher in Deutschland geltenden Recht.[16] Alle Rechte nach den Art. 12 bis 22 sind im Gegensatz zum bisher geltenden Recht in qualifizierter Form **sanktionsbewehrt** (Art. 83 Abs. 5 lit. b). **6**

Auch die **JI-Richtlinie** enthält in ihrem Art. 12 eine vergleichbare Vorschrift, die nur in Einzelheiten von der DSGVO abweicht. So gelten im Anwendungsbereich der Richtlinie keine der DSGVO vergleichbaren Fristen für die Vornahme entsprechender Maßnahmen, die verantwortlichen Behörden sind nicht zur Begründung einer Ablehnung der verlangten Maßnahme verpflichtet und können keine ergänzenden Bildsymbole **7**

---

6   Die Konferenz der Datenschutzbeauftragten hatte in ihren Eckpunkten „Ein modernes Datenschutzrecht für das 21. Jahrhundert" (März 2010, S. 21), Dok. 363, darüber hinaus auch die Idee eines „Datenbriefs" unterstützt, mit dem die betroffenen Personen regelmäßig über die zu ihrer Person gespeicherten Daten informiert werden. Zum Ursprung dieser Idee → Art. 14 Rn. 1.

7   Dazu grundlegend EGMR NVwZ 2017, 1843 Rn. 149ff. – Magyar Helsinki Bizottsag v. Hungary.

8   Vgl. Simitis/*Dix* § 33 Rn. 1.

9   Act Respecting Access to Documents Held by Public Bodies and the Protection of Personal Information 1993.

10 Vgl. *Burkert* in: Baeriswyl/Rudin (Hrsg.), Perspektive Datenschutz, 2002, 181ff.

11 62. DJT 1998, Ziff. 4 der Beschlüsse der Abteilung Öffentliches Recht.

12 Vgl. BfDI, Jahresbericht 2002, 12 mwN.

13 Zu den mittlerweile abgeschlossenen Arbeiten des World Wide Web-Consortiums an einem „Do-Not-Track"-Standard vgl. https://www .w3.org/2011/tracking-protection.

14 Das gilt unabhängig von der Frage, ob die Einhaltung von Standards wie des Do-Not-Track-Standards dem Erfordernis der informierten Einwilligung nach Art. 7 genügt.

15 Offenbar aA Gola/*Franck* Art. 12 Rn. 30, der eine Abdingbarkeit annimmt, soweit eine datenschutzrechtliche Einwilligung „möglich" ist.

16 Vgl. Simitis/*Dix* § 6 Rn. 7ff.

zur Information wie nach Abs. 7 DSGVO verwenden. Abgesehen von diesen wenigen – in ihrer Sinnhaftigkeit zweifelhaften – Abweichungen besteht kein prinzipieller Unterschied hinsichtlich des allgemeinen Transparenzniveaus zwischen der DSGVO und der JI-Richtlinie.

II. Entstehungsgeschichte

8 Die **DSRL** enthält keine dem Art. 12 vergleichbare allgemeine Regelung. Die KOM hatte in ihrem Vorschlag von 2012 keinen Zweifel daran gelassen, dass sie eine Stärkung der Rechte betroffener Personen auf umfassende Informationen und entsprechende Pflichten der Verantwortlichen für erforderlich hielt. Art. 11 KOM-E sollte den Verantwortlichen dazu verpflichten, transparente und leicht zugängliche Leitlinien (policies) bezüglich der Verarbeitung personenbezogener Daten aufzustellen. Das EP schlug vor, diese Leitlinien noch durch die Prädikate „knapp und klar" (concise, clear) zu qualifizieren. Im Rahmen des Trilogs wurde Art. 11 zwar gestrichen; statt der Verpflichtung zur Erstellung von Leitlinien wurde aber in Abs. 1 S. 1 die von KOM und EP im ursprünglichen Art. 11 Abs. 2 vorgeschlagene Regelung übernommen, wonach die nach Art. 13 bis 22 und 34 vorgeschriebenen Informationen und Auskünfte in präziser, transparenter, verständlicher und leicht zugänglicher Form in einer klaren und einfachen Sprache zu übermitteln sind. Neu aufgenommen wurde der explizite Hinweis auf die ggf. notwendige kindgerechte Sprache (Abs. 1 S. 1 Hs. 2).

9 Nicht akzeptiert wurde im Trilog der übereinstimmende Vorschlag von KOM und EP, wonach der Verantwortliche bei der automatisierten Verarbeitung personenbezogener Daten verpflichtet werden sollte, den betroffenen Personen die Geltendmachung ihrer Rechte in elektronischer Form zu ermöglichen. Dafür wurde im Trilog die **Pflicht des Verantwortlichen** eingefügt, **der betroffenen** Person **die Ausübung ihrer Rechte zu erleichtern** (Abs. 2). Nicht aufgegriffen wurden auch Vorschläge des EP, den betroffenen Personen möglichst mithilfe einer sicheren Plattform einen Fernzugriff auf die zu ihrer Person gespeicherten Daten zu erlauben. Der Rat hatte demgegenüber vorgeschlagen, dass zumindest die elektronische Auskunftserteilung die Regel sein sollte, wenn betroffene Personen in elektronischer Form Auskunft verlangen. Die Vorschrift in ihrer endgültigen Form enthält die Vorgabe, dass die Übermittlung der Informationen „gegebenenfalls auch elektronisch" erfolgen kann (Abs. 1 S. 2). Bei einem elektronischen Antrag ist die betroffene Person nach Möglichkeit elektronisch zu unterrichten (Abs. 3 S. 4). Bereits die KOM hatte eine Höchstfrist von einem Monat zur Beantwortung von Auskunftsersuchen und sonstigen Anfragen betroffener Personen vorgesehen. Während das EP für eine Frist von vierzig Tagen mit einer Verlängerungsmöglichkeit um einen weiteren Monat plädierte, wurde im Trilog der Kompromiss gefunden, dass die grundsätzliche Monatsfrist unter bestimmten, engen Voraussetzungen um weitere zwei Monate verlängert werden kann (Abs. 3 S. 1, 2). Im Fall der Untätigkeit des Verantwortlichen hat der Trilog die übereinstimmenden Vorschläge von KOM und EP noch insofern verschärft, als der Verantwortliche dazu verpflichtet wird, den betroffenen Personen unverzüglich und spätestens innerhalb eines Monats die Gründe für seine Untätigkeit oder Ablehnung mitzuteilen (Abs. 4).

10 Einigkeit bestand zwischen allen Institutionen im Gesetzgebungsprozess darüber, dass die **Wahrnehmung der Betroffenenrechte im Grundsatz unentgeltlich** sein sollte. Demgegenüber sieht Art. 12 lit. a DSRL lediglich vor, dass der Auskunftsanspruch „ohne übermäßige Kosten" geltend gemacht werden kann. Schon KOM und EP hatten die ausnahmsweise Erhebung von Gebühren für Informationen und Auskünfte oder die Ablehnung der Auskunftserteilung für den Fall vorgesehen, dass Auskunftsersuchen exzessiv, insbes. wiederholt, gestellt werden. Im Trilog wurden auf Vorschlag des Rates hin diese Möglichkeiten auch für den Fall offensichtlich unbegründeter Anträge (manifestly unfounded) auf Auskunft oder Information eingefügt. Im Wesentlichen einig waren sich KOM, EP und Rat aber darüber, dass der Verantwortliche in solchen Fällen die Begründungslast dafür hat, dass es sich um exzessive oder offenkundig unbegründete Auskunftsersuchen handelt (Abs. 5). Auf Vorschlag des Rates wurde die Befugnis des Verantwortlichen in Abs. 6 aufgenommen, in Zweifelsfällen zusätzliche Informationen zur Identifikation der betroffenen Person zu verlangen.

11 Die zusätzliche Verwendung von Bildsymbolen zur Information der betroffenen Personen (Abs. 7) wurde aufgrund eines Vorschlags des EP in die Vorschrift aufgenommen. Dieses hatte ursprünglich in einem eigenen Art. 13 a Abs. 2 die **Verwendung grafischer Elemente (Icons)** zur Visualisierung der stattfindenden Datenverarbeitung vorgeschlagen. Neben einem eigenen Anhang, in dem das EP diese grafischen Elemente ähnlich einem Katalog von Verkehrsschildern skizzierte,[17] sollte die KOM zur Festlegung weiterer Einzelheiten ermächtigt werden. Als Ergebnis des Trilogs wurde die ergänzende Verwendung von Icons in Abs. 7

---

17 Abgedruckt bei Gola/*Franck* Art. 12 Rn. 47.

vorgesehen, wobei nach Streichung des vom EP vorgeschlagenen Anhangs die Ermächtigung der KOM zur Präzisierung mittels delegierter Rechtsakte aufgenommen wurde (Abs. 8).

III. Allgemeine Informations- und Maßnahmepflichten des Verantwortlichen

1. Anforderungen an Form und Verständlichkeit der Information (Abs. 1 S. 1). Der Unionsgesetzgeber trifft   12
erstmals detaillierte Regelungen zur Form und Verständlichkeit aller nach dem III. Kapitel und nach Art. 34
den betroffenen Personen zu gebenden Informationen und vorgeschriebenen Mitteilungen (→ Rn. 13). War
in Deutschland schon bisher anerkannt, dass Auskünfte an diese in verständlicher Form gegeben werden
müssen,[18] wird diese dem Transparenzgebot immanente Anforderung jetzt auf alle Informations-, Aus-
kunfts- und Benachrichtigungspflichten nach der Verordnung erstreckt. Den unionsrechtlichen Transparenzpflichten genügt es nicht, wenn betroffene Personen auf ihr Auskunftsverlangen hin lediglich Datensatzbeschreibungen ohne Erläuterungen oder verschlüsselte Daten erhalten. Informationen über die gespeicherten Daten und Mitteilungen über vorgenommene Löschungen oder Berichtigungen müssen **in präziser,
transparenter, verständlicher und leicht zugänglicher Form in einer klaren und einfachen Sprache** übermittelt werden (Abs. 1 S. 1 Hs. 1).[19] Diese Anforderungen überschneiden sich teilweise; so dient eine klare und
einfache Sprache zugleich auch der Auskunftserteilung in verständlicher Form. Datensatzbeschreibungen
sind deshalb verbal zu erläutern und verschlüsselte Daten sind zu entschlüsseln. Die Einfachheit der Sprache darf allerdings nicht auf Kosten der Präzision oder Vollständigkeit der Information gehen. Insofern
stellt die Umsetzung des Abs. 1 S. 1 – auch angesichts der zunehmenden Komplexität der Datenverarbeitung etwa im Bereich der **Profilbildung**[20] und der **künstlichen Intelligenz**[21] – erhebliche Anforderungen an
die zur Information oder Auskunft verpflichteten Verantwortlichen (→ Art. 13 Rn. 16 f., Art. 15 Rn. 25).[22]
Hinzu kommt, dass die Menge der vorgeschriebenen Informationen auf die betroffene Person verunsi-
chernd, ermüdend oder abschreckend wirken kann, was zB durch gestaffelte Formen der Online-Informati-
on aufgefangen werden könnte (→ Rn. 20).[23] Wer jedoch als Verantwortlicher (zB: Anbieter einer Website)
eine Software einsetzt, über deren Fähigkeit, personenbezogener Daten zu verarbeiten, er nicht genügend
Informationen hat (zB weil der Hersteller dieser Software sie nicht preisgibt), oder diese nicht versteht (so
dass er seiner Informationspflicht gegenüber der betroffenen Person nicht nachkommen kann), darf die
Software nicht einsetzen.[24]

Der **Anwendungsbereich** der Anforderungen nach Abs. 1 S. 1 erstreckt sich dem Wortlaut nach auf alle In-   13
formationen und Mitteilungen nach Art. 13–22. Allerdings passen diese Anforderungen nicht auf alle in
diesen Art. genannten Pflichten, die teilweise keine Informationspflichten enthalten oder über solche hinausgehen.[25] So schreibt Art. 20 Abs. 1 für die **Datenübertragbarkeit** vor, dass die betroffene Person das
Recht hat, die sie betreffenden Daten in einem strukturierten, gängigen und maschinenlesbaren Format zu
erhalten (→ Art. 20 Rn. 11). Dem widerspräche eine Bereitstellung der Daten in einer verständlichen, also
für Menschen lesbaren Form, wie sie Art. 12 Abs. 1 S. 1 verlangt. Das Recht auf Datenübertragbarkeit würde durch eine Bereitstellung in der nach Art. 12 Abs. 1 S. 1 vorgeschriebenen Form möglicherweise sogar
vereitelt.[26] Allerdings kann die betroffene Person zunächst Auskunft in verständlicher Form verlangen, bevor sie ihr Recht nach Art. 20 ausübt. Dagegen ist Art. 12 Abs. 1 S. 1 sowohl auf die Mitteilungen nach
Art. 12 Abs. 3 und Abs. 4[27] als auch auf das Recht auf Erhalt einer Datenkopie nach Art. 15 Abs. 3[28] anwendbar. Auch die Datenkopie muss – wie die Auskunft nach Art. 15 Abs. 1 – in einer dem Art. 12 Abs. 1
S. 1 genügenden Form gestaltet sein.

18 Vgl. zB Simitis/*Mallmann* § 19 Rn. 34.
19 Vgl. die detaillierten Hinweise und Praxisbeispiele der *Art.-29-Gruppe*, WP 260 rev. 01, S. 7ff. Der EDPB hat diese Hinweise ausdrück-
    lich unterstützt, vgl. Endorsement 1/2018. Das Erfordernis der klaren und verständlichen Sprache findet sich bereits in Art. 5 S. 1 der
    RL 93/13/EWG des Rates v. 5.4.1993 über missbräuchliche Klauseln in Verbraucherverträgen; vgl. auch EG 42 zur DSGVO.
20 Vgl. *Art.-29-Gruppe*, WP 251, S. 13ff., 23ff. Auch dieses Papier ist vom EDPB ausdrücklich übernommen worden, vgl. Endorsement
    1/2018.
21 Skeptisch zur Aussagekraft der DSGVO in diesem Bereich *van den Hoven van Genderen* EDPL 2017, 338 (346 f.).
22 Zum „Zielkonflikt" zwischen Präzision und Verständlichkeit auch die *Art.-29-Gruppe*, WP 260 rev. 01, S. 18 sowie Kühling/Buchner/
    Bäcker Art. 12 Rn. 12; Dreyer/*Schulz*, S. 24ff.
23 Vgl. *Art.-29-Gruppe*, WP 260 rev. 01, S. 8, 11, 14.
24 So zutr. das Bayerische Landesamt für Datenschutzaufsicht in seiner Pressemitteilung v. 4.10.2017 zur Verwendung von „Facebook Cu-
    stom Audience", https://www.lda.bayern.de/media/pm2017_07_short.pdf; für automatische Entscheidungssysteme offengelassen bei
    Dreyer/*Schulz*, S. 27.
25 Kühling/Buchner/*Bäcker* Art. 12 Rn. 9; undifferenziert aA BeckOK DatenschutzR/*Quaas* DSGVO Art. 12 Rn. 10.
26 Vgl. Paal/Pauly/*Paal* Art. 12 Rn. 22.
27 So auch Paal/Pauly/*Paal* Art. 12 Rn. 24.
28 AA Kühling/Buchner/*Bäcker* Art. 12 Rn. 10.

14 Die leichte **Zugänglichkeit** der Information kann durch **elektronische Information** erreicht werden (Abs. 1 S. 2, → Rn. 18). Dabei genügt es nicht, die Information in einer Art elektronischem Impressum oder einer Datenschutzerklärung zu „verstecken", vielmehr muss die Information der betroffenen Person in einem **aktiven Kommunikationsprozess** vermittelt werden (zB durch kontextabhängige Einblendung oder geeigneter Verlinkung aller vorgeschriebenen Informationen).[29] Für Menschen, die keinen Zugang zu elektronischen Informationen haben, kann die Zugänglichkeit über einen **analogen** (schriftlichen) **Informationsweg** erfordern. Der Gesichtspunkt der **Barrierefreiheit** kann dazu führen, dass Informationen in Form einer Audiodatei oder zumindest in einer Form zur Verfügung zu stellen sind, die einer blinden betroffenen Person die Kenntnisnahme eines elektronischen Textes über eine entsprechende, von ihr verwendete Software ermöglicht. Zudem kann die betroffene Person unter bestimmten Voraussetzungen eine mündliche Erteilung der Information verlangen (Abs. 1 S. 3). Die vorgeschriebene Verwendung „einer **einfachen Sprache**" verweist nicht zwingend auf die in Deutschland teilweise verbindlichen Regeln zu Texten in „einfacher" oder – noch weitergehend – „leichter Sprache.[30] Verschiedene deutsche Behörden berücksichtigen auf ihren Webseiten diese Regeln bereits durch alternative Informationsangebote. Gleichwohl können diese Regeln als Anhaltspunkt dienen.

15 Nicht ausdrücklich regelt die Verordnung die Frage, in welcher **Landessprache** die Informationen zu geben sind. Wer nicht die Sprache des Mitgliedstaates beherrscht, in dem er sich aufhält, hat gleichwohl einen Anspruch auf verständliche Informationen und Auskünfte. Art. 41 Abs. 4 GRCh gibt jeder Person das Recht, sich in einer der Sprachen der Verträge an die Unionsorgane zu wenden und eine Antwort in derselben Sprache zu erhalten. Auch die Betroffenenrechte sind nicht auf Bürger einzelner Mitgliedstaaten oder Unionsbürger beschränkt. So haben Arbeitgeber, die Personen beschäftigen, die die jeweilige Landessprache nicht beherrschen, dafür Sorge zu tragen, dass den betroffenen Beschäftigten die gebotenen Informationen in der jeweiligen Muttersprache zugänglich gemacht werden.[31] Darüber hinaus spricht auch das Marktortprinzip (Art. 3 Abs. 2) dafür, eine Verpflichtung von Verantwortlichen zur Information und Auskunftserteilung in der Sprache der adressierten oder beobachteten Personen anzunehmen.[32] Soweit die betroffene Person eine bestimmte Maßnahme nach Art. 15 bis 22 in ihrer Muttersprache beantragt hat, sollte dieser Antrag jedenfalls dann in derselben Sprache beantwortet oder beschieden werden, wenn es sich um eine Amtssprache der EU handelt. Zwar hat in Deutschland nach einer älteren Entscheidung des Bundesverwaltungsgerichts ein Ausländer, der kein Deutsch spricht, gegen öffentliche Stellen keinen Anspruch darauf, die behördliche Auskunft in seiner Muttersprache zu erhalten;[33] er muss sich vielmehr selbst um eine Übersetzung bemühen. Nach Inkrafttreten der DSGVO wird sich diese Rechtsprechung trotz der Festlegung des Deutschen als Amtssprache in § 23 Abs. 1 VwVfG nicht aufrechterhalten lassen. Jedenfalls sind die jeweiligen Behörden nicht daran gehindert, das Auskunftsersuchen der betroffenen Person in einer für diese verständlichen Sprache zu beantworten. Das Sprachproblem kann zudem sowohl bei nicht-öffentlichen wie bei öffentlichen verantwortlichen Stellen durch die begleitende Verwendung von Bildsymbolen nach Abs. 7 entschärft werden.

16 Der Unionsgesetzgeber hat besondere Anforderungen für den Datenschutz von Kindern formuliert (Art. 8). Dementsprechend müssen alle Informationen, die sich speziell an Kinder richten, für diese in einer verständlichen, also **kindgerechten Sprache** abgefasst sein (Abs. 1 Hs. 2). EG 58 spricht davon, dass immer dann, wenn sich „die Verarbeitung an Kinder richtet, … aufgrund der besonderen Schutzwürdigkeit von Kindern Informationen und Hinweise in einer dergestalt einfachen und klaren Sprache erfolgen sollten, dass ein Kind sie verstehen kann". Auch hier wird die begleitende Verwendung von Bildsymbolen nach Abs. 7 eine besondere Rolle spielen.[34]

17 Die Vorschrift verpflichtet den Verantwortlichen, die genannten Informationen zu geben und Mitteilungen zu machen, die sich auf die **Verarbeitung personenbezogener Daten** beziehen. Dies folgt aus der Legaldefinition des Art. 4 Nr. 2. Findet keine Verarbeitung personenbezogener Daten statt, bestehen rechtlich keine Informationspflichten. Allerdings ist der die Verordnung durchziehende Transparenzgrundsatz richtigerweise dahin gehend zu verstehen, dass die Öffentlichkeit auch dann zu informieren ist, wenn Personen nicht nur

---

29 *Art.-29-Gruppe*, WP 260 rev. 01, S. 18ff. Demgegenüber lässt es *BlnBDI*, Hinweise zur Verarbeitung von Nutzungsdaten durch Blogs bzw. Webseiten, ausreichen, dass eine Datenschutzerklärung mit den entsprechenden Informationen von der Homepage und von jeder Unterseite abrufbar ist, https://www.datenschutz-berlin.de/infothek-und-service/themen-a-bis-z/hinweise-zur-verarbeitung-von-nutzungsdaten-durch-blogs-bzw-webseiten/.

30 AA offenbar Gola/*Franck* Art. 12 Rn. 22.

31 Vgl. *Wybitul/Fladung* BB 2012, 509 (511 Fn. 17).

32 Vgl. Paal/Pauly/*Paal* Art. 12 Rn. 35; Ehmann/Selmayr/*Heckmann/Paschke* Art. 12 Rn. 19; BeckOK DatenschutzR/*Quaas* Art. 12 Rn. 20; *Art.-29-Gruppe*, WP 260 rev. 01, S. 10.

33 BVerwG DÖV 1974, 788.

34 Vgl. *Art.-29-Gruppe*, WP 260 rev. 01, S. 10, wo zudem auf das Beispiel der UN Convention on the Rights of the Child in Child Friendly Language <https://www.unicef.org/rightsite/files/uncrcchilldfriendlylanguage.pdf> hingewiesen wird.

gegenwärtig identifiziert werden, sondern aufgrund der schnellen technischen Entwicklung künftig identifizierbar werden können. Der Transparenzgrundsatz ist insofern Ausdruck einer Vorsorgepflicht. Das betrifft zB **sensorgestützte Smart-City-Anwendungen** wie etwa eine intelligente Straßenbeleuchtung, die ein- und ausgeschaltet wird, je nachdem, ob Personen eine wenig frequentierte Straße betreten und sie wieder verlassen, ohne dass dabei – nach dem gegenwärtigen Stand der Technik – personenbezogene Daten verarbeitet würden. Das gilt erst recht, wenn zu Zwecken der Stadtplanung die MAC-Adressen der Smartphones von Passanten mittels WiFi-Technologie erfasst und nach Erstellung einer entsprechenden Statistik sofort wieder gelöscht werden.[35] MAC-Adressen sind personenbezogene Daten, denn sie erlauben den Rückschluss auf den Benutzer des mobilen Endgeräts. Das in Art. 8 Abs. 1 GRCh garantierte Recht des Einzelnen auf Schutz der ihn betreffenden Daten schließt auch das Recht ein, überprüfen zu können, ob personenbezogene Daten über ihn verarbeitet werden oder nicht, wenn er in seiner zunehmend technisch geprägten Umgebung konkrete Anhaltspunkte dafür hat.

2. Formen der Übermittlung (Abs. 1 S. 2, 3). Die gebotenen Informationen sind **schriftlich oder in anderer Form**, gegebenenfalls auch elektronisch zu übermitteln (Abs. 1 S. 2). Die Übermittlungsform hängt eng mit den Geboten der Zugänglichkeit und Verständlichkeit sowie mit dem Kontext der Verarbeitung zusammen (→ Rn. 12 f.). Dabei schreibt die DSGVO nicht vor, dass ausschließlich eine bestimmte Form der Übermittlung gewählt wird. Die Übermittlung in Schriftform ist nicht erforderlich, wenn andere Kommunikationsformen oder -kanäle genutzt werden können, um den betroffenen Personen die nötigen Informationen zukommen zu lassen. Andererseits kann sich zB der Anbieter einer App, die es ermöglicht, Kunden in bestimmten Läden mittels WiFi-, Bluetooth- oder Beacon-Technologie zu orten und ihre Bewegungen zu verfolgen, um ihnen gezielte Angebote machen zu können, nicht darauf beschränken, den betroffene Personen auf ihren Smartphones in der App zu signalisieren, dass sie geortet und getrackt werden. Er muss darüber hinaus zusätzlich durch verkörperte analoge Hinweise den Besuchern möglichst vor Betreten der jeweiligen Geschäfte deutlich machen, dass sie ggf. bereits geortet werden, bevor sie die betreffende App öffnen, damit die betroffenen Personen entscheiden können, ob sie dem durch die Einstellung ihres Endgeräts zustimmen wollen. Nur so wird auch den betroffenen Personen ein echter Zugang zu den gebotenen Informationen gewährt, die aktuell nicht auf ihr Smartphone schauen. Die Verantwortlichen müssen also stets prüfen, auf welche Weise und in welcher Form der Übermittlung sie sicherstellen können, dass die vorgeschriebenen Informationen zur Datenverarbeitung die betroffenen Personen in jedem Fall erreichen. Soweit das praktikabel ist, könnte man auch eine elektronische Zugangsbestätigung ("gelesen") nutzen. Die vorgeschriebenen Informationen können auch durch **Bewegtbilder (erläuternde Videos)** dargestellt und ergänzt werden.[36] Diese Möglichkeit besteht unabhängig von der Verwendung anerkannter Bildsymbole nach Abs. 7 (→ Rn. 37ff.). Alternative Informationskanäle sind auch nötig, wenn personenbezogene Daten mithilfe von Geräten erhoben werden, die über kein Display verfügen (zB im **"Internet of Things"**).[37]

Die Formulierung "gegebenenfalls auch elektronisch" in Abs. 1 S. 2 Hs. 2 bedeutet nicht, dass die Informationen in jedem Fall schriftlich und nur unter bestimmten Umständen ergänzend auch elektronisch übermittelt werden können. Es sind Fälle denkbar, in denen die **elektronische Übermittlung** ausreicht, wenn sicher ist, dass alle betroffenen Personen auf diese Weise erreicht werden (zB bei Abonnenten eines Newsletters oder anderer Push-Dienste). Wird die personenbezogene Information gezielt elektronisch per E-Mail übermittelt, ist sie (wenn die betroffene Person entsprechende Verfahren verwendet) sicher zu verschlüsseln, um zu verhindern, dass Unbefugte von ihr Kenntnis erhalten. In EG 58 wird die Nutzung einer für die Öffentlichkeit bestimmten Website als möglicher Informationskanal genannt. Das soll insbes. in solchen Situationen die notwendige Information gewährleisten, in denen die betroffene Person wegen der großen Zahl betroffener Personen oder der Komplexität der nötigen Technik nur schwer erkennen kann, ob, von wem und zu welchem Zweck ihre personenbezogenen Daten verarbeitet werden. Das betrifft zB den Bereich der Online-Werbung.[38]

Das **Internet** bietet sehr viel bessere Möglichkeiten, durch **gestaffelte Informationen** (Mehrebenen-Mitteilungen, layered notices) komplexe Datenverarbeitungsvorgänge zunächst vereinfachend und auf dahinter liegenden Ebenen über entsprechende Links sehr viel detaillierter zu erläutern.[39] Diesen bereits 2003 von

---

35 In einem solchen Fall hat die schwedische Datenschutzbehörde Datainspektionen 2015 die Stadt Västeras dazu verpflichtet, nicht nur die erfassten MAC-Adressen unmittelbar nach Zählung zu löschen, sondern auch Informationshinweise zu veröffentlichen; vgl. den Bericht der norwegischen Datenschutzbehörde *Datatilsynet*, Tracking in Public Spaces, S. 6.

36 *Art.-29-Gruppe*, WP 260 rev. 01, S. 12.

37 Die *Art.-29-Gruppe*, WP 260 rev. 01, S. 12, 21, empfiehlt für diese Fälle z.B. ausgedruckte Informationen kombiniert mit Hinweisen auf Internet-Adressen, QR-Codes, SMS- oder Audio-Nachrichten.

38 So ausdrücklich EG 58.

39 Vgl. Paal/Pauly/*Paal* Art. 12 Rn. 31.

der Internationalen Datenschutzkonferenz[40] und später von der Art.-29-Gruppe[41] betonten Gedanken greift die DSGVO auf. Dabei darf die Vereinfachung nicht zur unzulässigen Verknappung oder Verfälschung der gebotenen Information führen.[42] Auch kann der Verantwortliche der betroffenen Person statt der verlangten Auskunft **Einsicht** in eine bestimmte Akte, ein Dokument oder per abgesetzter Bildschirmanzeige in eine Datenbank geben,[43] wenn er dabei sicherstellt, dass keine Daten Dritter unbefugt offenbart werden. Einen Anspruch auf Einsichtnahme anstelle der Auskunft gibt die Verordnung der betroffenen Person allerdings nicht (→ Art. 15 Rn. 16).

21 In bestimmten Situationen kann eine Verschriftlichung der Auskunft auch verboten sein, weil gerade durch eine schriftliche Auskunftserteilung schutzwürdige Belange der betroffenen Person beeinträchtigt werden können. Deshalb hat der deutsche Gesetzgeber ein (strafbewehrtes) **Verschriftlichungsverbot** für Selbstauskünfte aus dem Krebsregister erlassen,[44] um zu verhindern, dass Arbeitgeber und Versicherungsunternehmen Stellenbewerber oder mögliche Versicherungsnehmer zur Vorlage von Negativattesten veranlassen.[45]

22 Die Verordnung lässt ausdrücklich auch eine **mündliche Information** der betroffenen Personen zu, allerdings nur unter zwei Voraussetzungen: Die betroffene Person muss dies verlangen, und der Verantwortliche muss sich auf andere Weise von der Identität der betroffenen Person überzeugt haben (Abs. 1 S. 3). Die anderweitige Identifikation- zB durch Vorlage eines amtlichen Dokuments mit einem Foto der betroffenen Person oder durch ein vertraglich vereinbartes Passwort – ist insbes. in den Fällen geboten, in denen sichergestellt werden muss, dass personenbezogene Daten nicht Unbefugten gegenüber offengelegt werden. Dagegen können Mitteilungspflichten gegenüber Dritten und Empfängern nicht mündlich erfüllt werden (→ Art. 19 Rn. 6)[46].

23 **3. Pflicht zur Erleichterung der Rechtsausübung und Unmöglichkeit der Identifikation (Abs. 2).** Eine wesentliche Stärkung der Betroffenenrechte gegenüber dem bisher geltenden Recht liegt in der Anordnung des Unionsgesetzgebers, dass die Verantwortlichen verpflichtet sind, den betroffenen Personen die Ausübung ihrer Rechte nach Art. 15–22 zu erleichtern (Abs. 2 S. 1). Diese über ein bloßes Behinderungsverbot hinausgehende Pflicht[47] unterstreicht die Bedeutung der Betroffenenrechte als wesentliche Voraussetzung für informationelle Autonomie und nimmt die Verantwortlichen in die Pflicht, dem durch **Beratung** der betroffenen Personen, **Bereitstellung von einfachen Informationsmöglichkeiten** und -kanälen sowie durch eine Erleichterung der Ausübung selbst (zB Rückfragen bei unklarer Antragstellung → Rn. 31) Rechnung zu tragen. Da die Übermittlung von Informationen an die betroffene Person nicht die Rechte Dritter (zB auf informationelle Selbstbestimmung, aber evtl. auch auf Wahrung von Betriebs- und Geschäftsgeheimnissen) beeinträchtigen darf, hat der Verantwortliche möglichst rechtzeitig Vorkehrungen dafür zu treffen, dass er entsprechende Auskunftsansprüche einschließlich der Zurverfügungstellung von Kopien nach Art. 15 Abs. 3 regelmäßig ohne weitere Maßnahmen (zB Schwärzung der Angaben Dritter) erfüllen kann. Das erfordert eine möglichst zugangs- und informationsfreundliche Organisation der Datenverarbeitung. Auch wenn man aus Abs. 2 S. 1 keine allgemeine Pflicht der Verantwortlichen zur Digitalisierung ihrer personenbezogenen Datenbestände ableiten kann, ist die Digitalisierung ein möglicher wichtiger Schritt, um die Ausübung von Betroffenenrechten zu erleichtern. Ein Beispiel dafür ist die Konzeption der Datenverarbeitung in der Weise, dass durch eine differenzierte Speicherung von personenbezogenen Daten getrennt nach betroffenen Personen die einfachere Auskunftserteilung ohne Beeinträchtigung der Belange Dritter ermöglicht wird (→ Art. 15 Rn. 32 f.).[48] Nicht vereinbar mit der Pflicht nach Abs. 2 S. 1 ist die Verwendung von Software, die eine dem Art. 17 entsprechende Löschung von Daten nicht zulässt (→ Art. 17 Rn. 28). Die Ausübung der Betroffenenrechte wird auch erleichtert durch eine in transparenter Form getroffene Vereinbarung der gemeinsam für die Verarbeitung Verantwortlichen darüber, wer den Informationspflichten nach Art. 13 und 14 nachkommt und an wen sich betroffene Personen bei der Wahrnehmung ihrer Rechte wenden können. Dazu kann eine **Anlaufstelle für betroffene Personen** angegeben werden (→ Art. 26 Abs. 1). Unabhängig davon können diese ihre Rechte gegen jeden der gemeinsam Verantwortlichen geltend machen (→ Art. 26 Abs. 3).

---

40 Entschließung der 25. Internationalen Konferenz der Datenschutzbeauftragten, Sydney, 2003, zur Verbesserung der Bekanntmachung der Praktiken zum Datenschutz, abgedruckt in LDA/BBDI, Dokumente zu Datenschutz und Informationsfreiheit 2003, 92ff.
41 *Art.-29-Gruppe*, WP 100, S. 6 f.
42 Zu diesem Problem *Mondschein* EDPL 2016, 507 (514ff.).
43 Simitis/*Mallmann* § 19 Rn. 53.
44 § 9 KRG: Der Arzt darf dem Patienten nur mündlich Auskunft über die zu seiner Person gespeicherten Daten erteilen.
45 *Wellbrock* DuD 1994, 251, (255); Simitis/*Dix* § 34 Rn. 55.
46 AA *Piltz* K&R 2016, 629 (633).
47 AA Plath/*Kamlah* DSGVO Art. 12 Rn. 11; Auernhammer/*Eßer* DSGVO Art. 12 Rn. 14.
48 Vgl. *Laue/Nink/Kremer*, § 4 Rn. 32.

Die Regelung des **Abs. 2 S. 2** muss als **missglückt** bezeichnet werden.[49] Teilweise wiederholt sie die Vorga- 24 ben des Art. 11 Abs. 2, teilweise widerspricht sie diesen. Verantwortliche sind nicht dazu verpflichtet, personenbezogene Daten, die nicht erforderlich sind, allein zu dem Zweck zu verarbeiten oder für eine unbestimmte Zeit zu speichern, um Rechte der betroffenen Personen erfüllen zu können (Art. 11 Abs. 1). Die Garantie der Betroffenenrechte darf nicht dazu genutzt werden, das Gebot der Datenminimierung (Art. 5 Abs. 1 lit. c) zu konterkarieren.[50] Abs. 2 S. 2 regelt wie Abs. 6 den Umgang mit Identifizierungsdefiziten, allerdings in teilweise widersprüchlicher Weise. Man wird Abs. 2 S. 2 auf den Fall anzuwenden haben, in dem die Identität des Antragstellers zwar feststeht, der Verantwortliche aber in seinem Datenbestand (zunächst) keine Daten feststellen kann, die dem Antragsteller zweifelsfrei zuzuordnen sind, zB weil sie anonymisiert oder pseudonymisiert worden sind.[51] Demgegenüber findet Abs. 6 Anwendung, wenn von vornherein Zweifel an der Identität des Antragstellers bestehen (→ Rn. 35).[52] Die betroffene Person ist nach Möglichkeit davon zu unterrichten, dass sie nicht identifiziert werden kann (Art. 11 Abs. 2 S. 1). In diesen Fällen sind die Art. 15–20 nur dann anwendbar, wenn die betroffene Person dem Verantwortlichen diejenigen Informationen zur Verfügung stellt, die ihre Identifizierung zur Ausübung der Rechte nach Art. 15–20 ermöglicht (Art. 11 Abs. 2 S. 2). Schon daraus ergibt sich, dass der Verantwortliche diese Betroffenenrechte nicht erfüllen muss, wenn er die betroffene Person nicht identifizieren kann.[53] Abs. 2 S. 2 erstreckt dieses Verweigerungsrecht des Verantwortlichen – über die nach Art. 11 Abs. 2 S. 2 gar nicht anwendbaren Rechte nach Art. 15–20 hinaus – auf das Widerspruchsrecht (Art. 21) und das Recht der betroffenen Person, keiner automatisierten Einzelentscheidung (einschließlich Profiling) unterworfen zu werden (Art. 22).[54] Die im deutschen Text **unterschiedlich formulierte Darlegungs- und Beweislast** des Verantwortlichen (Art. 11 Abs. 2 verlangt den Nachweis der Nichtidentifizierbarkeit, Abs. 2 S. 2 lediglich die Glaubhaftmachung) dürfte auf einem **Übersetzungsfehler** beruhen, denn sowohl der englische als auch der französische Text der Verordnung verwenden in beiden Vorschriften das gleiche Verb.[55] Nach Art. 11 Abs. 2 ist es deshalb wie nach 12 Abs. 2 S. 2 ausreichend, dass der Verantwortliche glaubhaft macht, dass seine Bemühungen um eine Identifizierung der betroffenen Person vergeblich gewesen sind.[56]

4. Fristen zur Ergreifung der Maßnahmen nach Art. 15 (Abs. 3). Erstmals hat der Unionsgesetzgeber die 25 Information der betroffenen Personen über die Erfüllung ihrer Rechte in Abs. 3 an Fristen gebunden. Da Informationen durch Zeitablauf an Wert für die betroffene Person verlieren können, liegt auch hierin eine wesentliche Verbesserung ihrer Rechtsstellung. Eine exzessive Verzögerung der Auskunftserteilung kann menschenrechtswidrig sein.[57] Während nach Art. 12 lit. a DSRL Auskunftsanträgen lediglich „ohne unzumutbare Verzögerung" entsprochen werden musste, haben die verantwortlichen Stellen nach der Verordnung die betroffene Person unverzüglich (also ohne schuldhaftes Zögern → Rn. 22) über die nach den Art. 15 bis 22 ergriffenen Maßnahmen zu informieren. Jedenfalls hat diese Information innerhalb eines Monats nach Eingang des Antrags zu erfolgen (Abs. 3 S. 1). Diese **Monatsfrist** ist eine **Höchstfrist** und darf nicht zur Regel werden, anderenfalls wäre das Gebot der unverzüglichen Information bedeutungslos. Allerdings lässt die Vorschrift eine zusätzliche **Verlängerung** der Informationsfrist um weitere zwei Monate dann und insoweit zu, als dies aufgrund der Komplexität und Anzahl der Anträge erforderlich ist (Abs. 3 S. 2). Das Wort „und" ist als alternative Aufzählung zu verstehen,[58] weil sonst die Verlängerungsmöglichkeit bei einem einzelnen, sehr komplexen Antrag nie bestünde. Das dürfte der Intention des Gesetzgebers nicht entsprechen. Gleichwohl kommt eine Verlängerung der Informationsfrist um weitere zwei Monate **nur in wenigen Ausnahmefällen** in Betracht.[59] Die Verlängerungsmöglichkeit besteht nicht, wenn der Verantwortliche völlig passiv bleibt (Abs. 4 → Rn. 20), wohl aber dann, wenn seine Prüfung ergibt, dass der Antrag in Teilen positiv und negativ beschieden oder ganz abgelehnt werden soll. Der Verantwortliche muss die be-

---

49 Vgl. Paal/Pauly/*Paal* Art. 12 Rn. 48 f., der das Verhältnis der Vorschrift zu Art. 11 Abs. 2 als „konfus" bezeichnet.
50 Zum Verhältnis zwischen dem Gebot der Datenminimierung (privacy by design) und den Betroffenenrechten eingehend *Veale/Binns/Ausloos*, IDPL 2018, 105ff.
51 Wie hier Kühling/Buchner/*Bäcker* Art. 12 Rn. 29; vgl. auch Kühling/Buchner/*Weichert* Art. 11 Rn. 17.
52 Kühling/Buchner/*Bäcker* Art. 12 Rn. 30.
53 Für weitgehende Ermittlungspflichten des Verantwortlichen insoweit *Veale/Binns/Ausloos*, IDPL 2018, 105, 115ff.
54 Kühling/Buchner/*Bäcker* Art. 12 Rn. 29, hält diese Fassung des Art. 11 Abs. 2 S. 1 für ein Versehen.
55 In der englischen Fassung heißt es „demonstrates" (nicht „proves"), in der französischen „démontre".
56 So auch BeckOK DatenschutzR/*Quaas* DSGVO Art. 12 Rn. 33; aA Kühling/Buchner/*Bäcker* Art. 12 Rn. 29, der auch nach Art. 11 Abs. 2 einen Nachweis für erforderlich hält.
57 Vgl. EGMR, Urt. v. 27.10.2009, Application No. 21737/03 (Haralambie) http://hudoc.echr.coe.int/eng-press?i=003-2909811-3196312; in diesem Fall sah der Menschenrechtsgerichtshof die sechsjährige Verzögerung des Zugangs zu Akten des ehemaligen Geheimdienstes als Verstoß gegen Art. 8 EMRK an.
58 AA Ehmann/Selmayr/*Heckmann/Paschke* Art. 12 Rn. 32, die die Notwendigkeit eines kumulativen Vorliegens mit Blick auf kleine Unternehmen kritisch sehen; Sydow/*Greve* Art. 12 Rn. 23.
59 Für eine „restriktive Interpretation" auch Kühling/Buchner/*Bäcker* Art. 12 Rn. 34.

troffene Person innerhalb eines Monats über die notwendige Verlängerung und die Gründe hierfür informieren (Abs. 3 S. 3), damit diese die Möglichkeit hat, die Rechtmäßigkeit der Verzögerung durch eine Aufsichtsbehörde oder gerichtlich überprüfen zu lassen. Die Fristen nach Abs. 3 beginnen jeweils mit Eingang des Antrags zu laufen.[60] Nach Ablauf von drei Monaten ist eine weitere Verlängerung nicht möglich.

26 Die DSGVO verwendet den Begriff „unverzüglich" bei den einzelnen Betroffenenrechten nicht durchgängig. Während in Art. 16 (Recht auf Berichtigung) und Art. 17 (Recht auf Löschung) das Wort „unverzüglich" ohne Möglichkeit der Fristverlängerung verwendet wird, enthalten die Regelungen zu den übrigen Betroffenenrechten (Art. 15 – Auskunftsrecht, Art. 18 – Recht auf Einschränkung der Verarbeitung, Art. 20 – Recht auf Datenübertragbarkeit, Art. 21 – Widerspruchsrecht und Art. 22 – Recht auf Erwirken des Eingreifens einer Person bei automatisierten Entscheidungen) überhaupt keine Aussage zu der Frage, wie schnell der Verantwortliche auf die Geltendmachung dieser Rechte reagieren muss. Angesichts der klaren Regelung in Art. 5 Abs. 1 lit. d wird man den Begriff „unverzüglich" beim Berichtigungs- und Löschungsanspruch so zu interpretieren haben, dass derartige Ansprüche – falls sie begründet sind – stets ohne schuldhaftes Zögern zu erfüllen sind.[61] Eine Verlängerungsmöglichkeit nach Abs. 3 S. 2 besteht allenfalls hinsichtlich der Information der betroffenen Personen, was bei massenhaften Berichtigungs- und Löschungsverlangen gerechtfertigt sein kann. Dagegen besteht bei den übrigen Betroffenenrechten, die keine eigene Regelung zur Schnelligkeit enthalten, mit der über Anträge zu entscheiden ist, im Einzelfall eine ausnahmsweise Verlängerungsmöglichkeit vor einer positiven Entscheidung über den Antrag. Routinemäßige Fristverlängerungen sind deshalb unzulässig.[62] Auch in den Fällen von Berichtigungs- und Löschungsansprüchen ist dem Verantwortlichen jedoch ein angemessener Zeitraum zur Prüfung einzuräumen, ob der Anspruch begründet ist. Dieser Zeitraum darf die Monatsfrist des Abs. 3 S. 1 nicht überschreiten.

27 Wenn betroffene Personen ihre Rechte nach den Art. 15–22 elektronisch ausüben, sind sie nach Möglichkeit elektronisch zu informieren, wenn sie keinen anderen Informationsweg gewünscht haben (Abs. 3 S. 4). So ist es zB denkbar, dass die betroffene Person zwar den Antrag elektronisch und unverschlüsselt stellt (weil sie keine Möglichkeit zur Verschlüsselung hat), die Antwort wegen des geheimhaltungsbedürftigen Inhalts aber auf dem konventionellen Postweg erhalten will. Die Pflicht des Verantwortlichen, die betroffene Person elektronisch zu informieren, bezieht sich trotz der systematisch versteckten Regelung in Abs. 3 S. 4 nicht nur auf die Mitteilung, dass und weshalb die Frist zur Bearbeitung des Antrags verlängert werden muss; sie gilt generell auch für die Information darüber, welche Maßnahmen ergriffen worden sind (Auskunft, Berichtigung, Löschung etc).

28 **5. Begründungspflicht bei Ablehnung (Abs. 4).** Ergreift der Verantwortliche keine Maßnahmen, um dem Antrag der betroffenen Person zu entsprechen, muss er diese in jedem Fall ohne Verzögerung, spätestens innerhalb eines Monats, über die Gründe hierfür informieren. Diese Regelung schließt aufgrund ihrer im Vergleich zu Abs. 3 S. 1 engeren Formulierung offenbar jedes und nicht nur schuldhaftes Zögern aus.[63] Auch eine weitere Fristverlängerung nach Abs. 3 S. 2 scheidet in solchen Fällen aus. In der Praxis wird man dem Verantwortlichen allerdings eine Prüffrist einräumen müssen, die jedoch die Monatsfrist des Abs. 3 S. 1 nicht überschreiten darf.[64] Der Verantwortliche muss die betroffene Person dann außerdem darauf hinweisen, dass sie sich gem. Art. 77 an eine Aufsichtsbehörde wenden oder einen gerichtlichen Rechtsbehelf nach Art. 79 einlegen kann. Dabei sollten entsprechend dem Zweck der Vorschrift und dem Rechtsgedanken des Abs. 2 S. 1 die zuständige Aufsichtsbehörde und das zuständige Gericht benannt werden, auch wenn die Vorschrift dies nicht ausdrücklich vorsieht.[65]

29 Prüft der Verantwortliche den Antrag der betroffenen Person und kommt zu dem Ergebnis, dass der Antrag abzulehnen ist, so ist er „tätig" geworden. In diesen Fällen ist nicht Abs. 4, sondern Abs. 3 mit der Verlängerungsmöglichkeit um zwei Monate anzuwenden. Der Anwendungsbereich des Abs. 4 beschränkt sich daher auf Fälle, in denen der Verantwortliche auf den Antrag der betroffenen Person hin jedes Tätigwerden ablehnt, weil der Antrag offenkundig unbegründet ist oder es sich um einen Fall der exzessiven, wiederholten Antragstellung nach Abs. 5 S. 2 lit. b handelt.

---

60 Zur Berechnung nach den Grundsätzen der Zivilkomputation für Ereignisfristen nach den §§ 186ff. BGB siehe Gola/*Franck* Art. 12 Rn. 26.
61 So mit Verweis auf § 121 BGB auch BeckOK DatenschutzR/*Quaas* DSGVO Art. 12 Rn. 35.
62 Vgl. auch Kühling/Buchner/*Bäcker* Art. 12 Rn. 34.
63 Auch der englische Text spricht an dieser Stelle nur von „delay" anstelle – wie in Art. 12 Abs. 3 S. 1 – von „undue delay".
64 Auch Kühling/Buchner/*Bäcker* Art. 12 Rn. 34 hält die unterschiedlichen Anforderungen an die Reaktionszeit in Art. 12 Abs. 3 und 4 für fragwürdig. Ehmann/Selmayr/*Heckmann/Paschke* Art. 12 Rn. 40 wollen sogar die Fristverlängerungsmöglichkeit nach Art. 12 Abs. 3 S. 2 im Fall einer negativen Entscheidung nach Art. 12 Abs. 4 einräumen.
65 Deshalb hält Paal/Pauly/*Paal* Art. 12 Rn. 60, konkrete Angaben zur Zuständigkeit nicht für zwingend.

6. Grundsatz der Unentgeltlichkeit und Folgen missbräuchlicher Rechtsausübung (Abs. 5). Sah Art. 12 lit. a 30
DSRL lediglich vor, dass betroffene Personen ein Recht auf Auskunft „ohne übermäßige Kosten" haben,
geht der Gesetzgeber in der DSGVO vom Grundsatz der Unentgeltlichkeit bei allen Informationspflichten,
Betroffenenrechten und bei der Benachrichtigung über Datenschutzverletzungen nach Art. 34 aus (Abs. 5
S. 1). Auch dies unterstreicht den hohen Stellenwert der Transparenz, deren Kosten prinzipiell der für die
Datenverarbeitung Verantwortliche tragen muss. **Transparenzkosten sind Grundrechtskosten**, die in der Re-
gel nicht demjenigen aufgebürdet werden dürfen, der von seinen Grundrechten Gebrauch macht. Alle nach
Art. 13 und 14 zu gebenden Informationen, Auskünfte (Art. 15), Berichtigungs- und Löschungsmaßnahmen
(Art. 16 und 17), die Sperrung von Daten (Art. 18), die Benachrichtigung von Empfängern über Berichti-
gungen, Löschungen und Sperrungen (Art. 19), die Ermöglichung der Portabilität (Art. 20), die Prüfung
und Berücksichtigung von Widersprüchen (Art. 21) sowie die Maßnahmen zum Schutz vor automatisierten
Entscheidungen einschließlich Profiling (Art. 22) sind unentgeltlich, also ohne Kosten für die betroffene
Person, zu geben. Im Fall der Auskunftserteilung hat die betroffene Person ein Recht auf eine kostenlose
erste Kopie (→ Art. 15 Abs. 3 S. 2). Dagegen kann sie nicht die Erstattung von Kosten verlangen, die ihnen
im Zusammenhang mit der Ausübung ihrer Rechte entstanden sind (zB Fahrtkosten).

Nur soweit Informationen auf Antrag der betroffenen Person offenzulegen oder Maßnahmen zu treffen 31
sind, also in den Fällen der Art. 15–22, ermöglicht es der Unionsgesetzgeber dem Verantwortlichen **ausnahmsweise**, unter bestimmten Voraussetzungen, **vom Grundsatz der Unentgeltlichkeit abzuweichen**. Er
kann bei offensichtlich unbegründeten Anträgen und bei „exzessiven" Anträgen entweder ein angemessenes
Entgelt verlangen (Abs. 5 S. 2 lit. a) oder ein Tätigwerden aufgrund des Antrags ablehnen (Abs. 5 S. 2 lit. b).
Damit der Grundsatz der Unentgeltlichkeit wie auch die Betroffenenrechte selbst nicht praktisch unterlaufen werden, sind diese **Ausnahmen eng auszulegen**.

Offensichtlich unbegründet ist ein Antrag nur dann, wenn er auch für den verständigen Laien den Rahmen 32
der garantierten Betroffenenrechte evident überschreitet. Das darf jedenfalls bei Erstanträgen nur in den
seltensten Fällen angenommen werden.[66] Ein solcher Fall kann zB gegeben sein, wenn ein unberechtigter
Dritter Rechte der betroffenen Person geltend macht oder diese Löschung ihrer Daten von einem Verantwortlichen verlangt, der ihr bereits mitgeteilt und nachgewiesen hat, dass er keine Daten zu ihrer Person
verarbeitet.[67] Auch liegt nicht schon bei einer unklaren Formulierung des Anliegens ein offensichtlich unbegründeter Antrag vor. Es dürfen insoweit keine zu hohen Anforderungen an die Detailkenntnisse der betroffenen Person über den Inhalt der DSGVO gestellt werden. Die Pflicht des Verantwortlichen, den betroffenen Personen die Ausübung ihrer Rechte zu erleichtern (Abs. 2 S. 1), beinhaltet auch die Pflicht, bei un-
klarem Antragsinhalt bei der betroffenen Person zu erfragen, was sie genau anstrebt. Übt die betroffene
Person eines ihrer Rechte aus, ohne dies zu begründen, liegt kein Fall des Abs. 5 S. 2 vor, denn die Verordnung enthält keine Begründungspflicht.[68]

Auch Anträge, die nicht offensichtlich unbegründet oder sogar begründet sind, fallen unter Abs. 5 S. 2, 33
wenn sie als **„exzessiv"** anzusehen sind.[69] Diesen Begriff definiert die DSGVO nicht. Der Unionsgesetzgeber
wollte mit der Einführung dieses Begriffs dem Verantwortlichen offenbar auch in anderen Fällen als dem
der „häufigen Wiederholung" die Reaktionsmöglichkeiten des Abs. 5 S. 2 eröffnen („insbesondere"). Auch
hier ist allerdings eine objektive Betrachtung an Hand der Umstände des Einzelfalls geboten.[70] Als Regelbeispiel für die exzessive Antragstellung nennt die Vorschrift den **Fall der häufigen Wiederholung**. Dabei
bleibt wiederum offen, was eine Wiederholung „häufig" ist. Auch hier wird man die Ausnahme im Interesse der betroffenen Person eng auszulegen haben. Eine einmalige Wiederholung ist noch nicht häufig. Ob
es sich um eine häufige Wiederholung handelt, hängt auch von den konkreten Umständen ab, die – insbes.
beim Auskunftsrecht[71] – eine baldige erneute Geltendmachung von Betroffenenrechten erforderlich machen
können.[72] Auch wird man die konkrete Form der Umsetzung des jeweiligen Betroffenenrechts in Betracht
ziehen müssen. Wenn die Auskunftserteilung elektronisch erfolgt oder betroffene Personen sogar in abgesi-
cherter Form Einsicht in ihre Datensätze nehmen können, wird man nicht von Exzessivität ausgehen können, wenn sie dies wiederholt tun. Die Exzessivität kann nur in Ausnahmefällen quantitativ begründet werden. Mit anderen Worten kann ein Verantwortlicher, der sehr viele und/oder sehr komplexe Daten über
eine betroffene Person verarbeitet, allenfalls bei wiederholten Auskunftsverlangen von den Ausnahmen

---

66 So auch Sydow/*Greve* Art. 12 Rn. 26.
67 Vgl. die Beispiele bei Ehmann/Selmayr/*Heckmann*/*Paschke* Art. 12 Rn. 43.
68 Ehmann/Selmayr/*Heckmann*/*Paschke* Art. 12 Rn. 43.
69 Unpräzise Sydow/*Greve* Art. 12 Rn. 26; Gola/*Franck* Art. 12 Rn. 38 nimmt selbst bei exzessiv häufigen, aber berechtigten Anträgen
    nach Art. 17, 18 und 19 eine Kostenfreiheit für die betroffene Person an.
70 Ebenso Sydow/*Greve* Art. 12 Rn. 27.
71 Hierfür sieht Art. 12 DSRL eine Auskunftserteilung „in angemessenen Abständen" vor.
72 Vgl. Simitis/*Mallmann* § 19 Rn. 57.

nach Abs. 5 S. 2 Gebrauch machen, wenn er die Person bei der ersten Umsetzung des Betroffenenrechts eindeutig und zutreffend hierauf hingewiesen hat.[73]

34 Der Verantwortliche hat bei Vorliegen eines der beiden Ausnahmetatbestände vom Grundsatz der Unentgeltlichkeit **zwei Optionen:** Er kann entweder ein **angemessenes Entgelt** für die zu treffenden Maßnahmen verlangen (Abs. 5 S. 2 lit. a) oder er kann **jedes Tätigwerden ablehnen** (Abs. 5 S. 2 lit. b). Bei der Festsetzung des angemessenen Entgelts sind die Verwaltungskosten zu berücksichtigen, die durch die Unterrichtung oder die Durchführung der sonstigen beantragten Maßnahmen entstehen. Diese Kosten darf das Entgelt nicht übersteigen[74], insbes. darf es keinen Strafcharakter gegenüber der betroffenen Person haben. Entscheidet sich der Verantwortliche für diese Handlungsoption, muss er die betroffene Person vorab darauf hinweisen. Diese muss die Möglichkeit haben, die Kostenfolge durch eine Rücknahme ihres Antrags abzuwenden. Sie darf nicht durch eine uU einschneidende Entgeltforderung des Verantwortlichen überrascht werden. Statt ein angemessenes Entgelt festzusetzen, kann sich der Verantwortliche auch dafür entscheiden, überhaupt nicht tätig zu werden. Davon muss er die betroffene Person nach den Vorgaben des Abs. 4 unterrichten. Beide Rechtsfolgen haben den Zweck, die Belastung des Verantwortlichen durch eine missbräuchliche Ausübung der Betroffenenrechte zu begrenzen.

35 Dass ein Antrag offensichtlich unbegründet oder exzessiv ist, hat der Verantwortliche in jedem Fall nachzuweisen. Zwar ist diese **Nachweispflicht** im deutschen Text der Vorschrift nur bei der Rechtsfolge der Passivität des Verantwortlichen genannt (Abs. 5 S. 2 lit. b Hs. 2). Diese systematische Einordnung ist allerdings verfehlt und beruht auf einem Redaktionsversehen in der deutschen Übersetzung[75], denn auch zur Begründung einer angemessenen Entgeltforderung muss der Verantwortliche nachweisen, dass sie erhoben werden darf. Im Streitfall sind die Begriffe „offensichtlich unbegründet" und „exzessiv" justiziabel, über ihre Auslegung im Einzelfall entscheiden ggf. zunächst die Aufsichtsbehörden und in jedem Fall abschließend Gerichte.

36 **7. Identifizierung des Antragstellers (Abs. 6).** Der Verantwortliche ist befugt, zusätzliche Daten zur Identifizierung der betroffenen Person zu erheben, die einen Antrag nach den Art. 15–21 stellt, wenn er **begründete Zweifel an deren Identität** hat. Die Vorschrift ist im Zusammenhang mit Art. 11, der „unbeschadet" gelten soll, und vom Anwendungsbereich des Abs. 2 S. 2 zu unterscheiden (→ Rn. 23). Abs. 6 gilt nur für Fälle, in denen der Verantwortliche Zweifel an der Identität des Antragstellers hat. Abs. 5 gilt im Gegensatz zu Abs. 2 S. 2 nicht für Rechte, die betroffene Personen im Zusammenhang mit automatisierten Einzelentscheidungen und Profiling nach Art. 22 geltend machen, wohl aber – insofern weiter als Art. 11 Abs. 2 – für die Ausübung des Widerspruchsrechts nach Art. 21.[76] EG 64 sieht für den Fall der Auskunftserteilung vor, dass der Verantwortliche alle vertretbaren Mittel zur Identifizierung der Auskunft suchenden Person nutzt. Dazu gehören auch Online-Kennungen, die bei Online-Diensten genutzt werden. Vergibt der Anbieter solcher Dienste Kennungen an betroffene Personen oder lässt er diese eigene Pseudonyme als Kennung auswählen, so werden diese in der Regel im Sinne der Datensparsamkeit auch zur Identifikation ausreichen[77], wenn der Verantwortliche keine Anhaltspunkte dafür hat, dass die Kennungen entwendet oder Pseudonyme von Unbefugten übernommen worden sind. Welche Angaben zur Identifizierung erforderlich sind, kann je nach dem geltend gemachten Betroffenenrecht unterschiedlich zu beurteilen sein. Personalausweiskopien sind im Gegensatz zum elektronischen Identitätsnachweis[78] kein geeignetes Identifizierungsmittel,[79] da sie mit einfachen softwaretechnischen Mitteln (Grafikprogrammen) manipuliert werden können.[80] Der Verantwortliche sollte der betroffenen Person die Wahl zwischen verschiedenen Möglichkeiten der Identifikation lassen. Auch das ergibt sich aus seiner Verpflichtung, die Ausübung der Betroffenenrechte zu erleichtern (Abs. 2 S. 1). Der betroffenen Person dürfen deshalb nach Abs. 6 keine Steine bei der Ausübung ihrer Rechte in den Weg gelegt, sondern im Sinne der Datensparsamkeit nur die Daten abverlangt werden, die zur Identifizierung zwingend erforderlich sind.

37 Im Fall des Auskunftsrechts, aber auch der Datenübertragbarkeit ist die Identifizierung des Antragstellers deshalb von besonderer Bedeutung, weil der Verantwortliche sonst Gefahr läuft, personenbezogene Daten

---

73 Vgl. auch Sydow/*Greve* Art. 12 Rn. 26.
74 So schon zu Art. 12 lit. a DSRL: EuGH C-486/12, ZD 2014, 248 Rn. 31.
75 Im englischen Text der Verordnung ist die Nachweispflicht als gesonderter Satz 3 auf die beiden Varianten des Art. 12 Abs. 5 S. 2 bezogen formuliert.
76 Kühling/Buchner/*Bäcker* Art. 12 Rn. 30, hält diese Beschränkung in Art. 12 Abs. 6 für ein Redaktionsversehen.
77 Vgl. Paal/Pauly/*Paal* Art. 12 Rn. 74.
78 Auf der Grundlage der VO (EU) Nr. 910/2014 v. 23.7.2014 (eIDAS-VO) hat der Bundesgesetzgeber die standardmäßige Aktivierung dieser Nachweismöglichkeit in deutschen Personalausweisen angeordnet, vgl. Gesetz zur Förderung des elektronischen Identitätsnachweises v. 7.7.2017, BGBl. 2017 I 2310.
79 So auch Gola/*Schulz* Art. 8 Rn. 21 mwN.
80 LG Hamburg, Urt. v. 12.10.2004 – 312 O 407/04. AA Auernhammer/*Eßer* DSGVO Art. 12 Rn. 27.

unbefugt einem Dritten (zB im **Fall des Identitätsdiebstahls**) zu offenbaren.[81] Insofern kann die Befugnis nach Abs. 6 bei erheblichen Zweifeln an der Identität des Antragstellers zur **Pflicht** werden, um eine Verletzung des Datenschutzes zu vermeiden. Das Erfordernis der Erhebung zusätzlicher Identifizierungsmerkmale nimmt dagegen in den Fällen ab, in denen nur allgemeine Informationen über den Zweck der Datenverarbeitung oder die Kategorien der verarbeiteten Daten nach Art. 15 Abs. 1 lit. a, b verlangt werden.[82] Die zur Identifizierung erhobenen zusätzlichen Daten dürfen nur für diesen Zweck genutzt werden. Lehnt die betroffene Person es ab, weitere erforderliche Angaben zur Identifizierung zu machen, darf der Verantwortliche es seinerseits entsprechend Abs. 2 S. 2 ablehnen, Maßnahmen nach Art. 15–21 zu treffen. Er muss dies sogar tun, wenn er Sanktionen wegen unbefugter Datenoffenbarung vermeiden will. Insgesamt verbessert die Regelung den Schutz personenbezogener Datenbestände gegen unbefugten Zugriff Dritter, die sich zu Unrecht als betroffene Personen ausgeben, gegenüber dem geltenden Recht erheblich.[83] Bei **Streitigkeiten** über die Zulässigkeit zusätzlicher Identifizierungsmaßnahmen des Verantwortlichen kann die betroffene Person die Aufsichtsbehörde anrufen. Eine generelle Beschränkung der Betroffenenrechte und der Verweis auf die Aufsichtsbehörde als „Stellvertreter" der betroffenen Personen zum Schutz vor unbefugten Zugriffen[84] erscheint demgegenüber nicht gerechtfertigt.

8. Information durch Bildsymbole (Abs. 7). Seit jeher leiden Informationen über die Datenverarbeitung (zB in Datenschutzerklärungen auf Websites) zum einen unter einer wenig verständlichen Sprache, zum anderen aber auch unter einer übergroßen Textlastigkeit. Dies hängt damit zusammen, dass die spezifische Zweckbindung oftmals sehr präzise Beschreibungen voraussetzt. Die Präzision kann zulasten der Verständlichkeit gehen (→ Rn. 12). Während sich auf der Nutzeroberfläche von Computern und Smartphones Bildsymbole (Icons) längst durchgesetzt haben, wurden **Visualisierungen** für die Erläuterung von Datenverarbeitungsprozessen bisher kaum genutzt.[85] Dazu mögen auch Zweifel beigetragen haben, ob auf diesem Weg die Zweckbindung hinreichend kenntlich gemacht werden kann.[86] Gleichwohl ist es zu begrüßen, dass der Gesetzgeber in Abs. 7 S. 1 die Möglichkeit eröffnet hat, die nach den Art. 13 und 14 vorgeschriebenen Informationen in Kombination mit Bildsymbolen darzustellen. Dadurch kann die Verständlichkeit und Nachvollziehbarkeit dieser Informationen über Alters- und Sprachgrenzen hinweg erheblich verbessert werden. Das gilt insbes., aber nicht ausschließlich bei Online-Diensten. Auch offline spielen Bildsymbole etwa bei der Information zu **Videoüberwachungssystemen** eine erhebliche Rolle. Auch beim Einsatz von **Sensorik** oder **WiFi- und Beacon-Technologie** zur Ortung von Kunden mittels mobilen Endgeräten spielen standardisierte Bildsymbole (Piktogramme) eine wichtige Rolle. **38**

Bildsymbole müssen in leicht wahrnehmbarer, verständlicher und klar nachvollziehbarer Form einen **aussagekräftigen Überblick über die Datenverarbeitung** geben. Die vorgeschriebenen Informationen dürfen **nur in Kombination** mit standardisierten Bildsymbolen und nicht ausschließlich durch diese bereitgestellt werden. Irreführende, versteckte oder unverständliche Visualisierungen entsprechen den Vorgaben der Verordnung nicht und können – wie alle anderen Verstöße gegen Art. 12 – sogar zu Sanktionen nach Art. 83 Abs. 4 lit. b führen. Der Rückgriff auf die ausführlichen Informationen (zB in einer Datenschutzerklärung) muss stets schnell und einfach (zB über einen direkten Link bei Online-Angeboten (→ Rn. 19) möglich bleiben und nicht etwa behindert werden. **39**

Werden die Bildsymbole **elektronisch** dargestellt, müssen sie **maschinenlesbar** sein (Abs. 7 S. 2). Diese Vorgabe betrifft vor allem die Verwendung von Icons auf Websites und soll sicherstellen, dass Nutzer über ihre entsprechend konfigurierten Browser automatisiert zB Internet-Angebote nach bestimmten datenschutzfreundlichen Eigenschaften filtern können.[87] Aber auch offline sind elektronische Bildsymbole maschinenlesbar zu gestalten, zB durch QR-Codes. **40**

9. Rechtssetzungsbefugnis der Kommission (Abs. 8). Die KOM erhält die Befugnis, durch tertiäres Recht (delegierten Rechtsakt) nach Art. 92 zwei Fragen zu regeln. Die Befugnis kann jederzeit vom EP oder vom Rat widerrufen werden (Art. 92 Abs. 3 S. 1). Zum einen soll die KOM regeln, **welche Informationen** überhaupt durch Bildsymbole dargestellt werden können. Eine Verpflichtung zur visuellen Darstellung bestimmter Informationen ist nicht vorgesehen. Ein solcher Katalog kann nur beispielhaften Charakter haben, denn **41**

---

81 Vgl. dazu *Cormack* EDPL 2016, 15.
82 So *Cormack* EDPL 2016, 15 (26 f.).
83 Skeptisch allerdings *Cormack* EDPL 2016, 15 (26 f.).
84 In diesem Sinne *Cormack* EDPL 2016, 15 (26 f.).
85 Erste Versuche dieser Art gab es bei der vom World Wide Web-Consortium entwickelten Platform for Privacy Preferences (P3P), die sich allerdings bei den Content-Providern im Internet nicht durchgesetzt hat.
86 Krit. deshalb auch gegenüber der Regelung in Abs. 7: *Robrecht*, EU-Datenschutzgrundverordnung, 2015, 49 f. sowie *Mondschein* EDPL 2016, 507 (516 ff.).
87 Auch für diese Regelung kann das P3P-Projekt (Fn. 84) als Modell angesehen werden.

es sind kaum Informationen vorstellbar, die sich einer bildlichen Darstellung entziehen. Zum anderen soll die KOM das **Verfahren der Bereitstellung standardisierter Verfahren** bestimmen. Hier ist durchaus der Verweis auf bereits geleistete Arbeit in den nationalen und internationalen Standardisierungsgremien und auf die Vorschläge des EP (→ Rn. 11) vorstellbar.[88] Die Bildsymbole selbst festzulegen, ist nicht Aufgabe der KOM. Eine zumindest unionsweite Standardisierung der Bildsymbole nach Abs. 7 ist wichtig, denn ein Wildwuchs solcher Visualisierungen würde der Aussagekraft und Vertrauenswürdigkeit der Bildsymbole schaden. Eine Schwierigkeit jeder internationalen Standardisierung dürfte in der unterschiedlichen Aussagekraft bestimmter Bildsymbole in verschiedenen Ländern und Kulturen liegen. Der Europäische Datenschutzausschuss hat vor der Regelung durch die KOM eine Stellungnahme nach Art. 70 Abs. 1 lit. r abzugeben. Auch wenn keine Rechtspflicht zum Einsatz akzeptierter Bildsymbole besteht, dürfte dieser sich schon aufgrund zu erwartender Wettbewerbsvorteile alsbald durchsetzen.[89]

Abschnitt 2
Informationspflicht und Recht auf Auskunft zu personenbezogenen Daten

Artikel 13 Informationspflicht bei Erhebung von personenbezogenen Daten bei der betroffenen Person

(1) Werden personenbezogene Daten bei der betroffenen Person erhoben, so teilt der Verantwortliche der betroffenen Person zum Zeitpunkt der Erhebung dieser Daten Folgendes mit:

a) den Namen und die Kontaktdaten des Verantwortlichen sowie gegebenenfalls seines Vertreters;

b) gegebenenfalls die Kontaktdaten des Datenschutzbeauftragten;

c) die Zwecke, für die die personenbezogenen Daten verarbeitet werden sollen, sowie die Rechtsgrundlage für die Verarbeitung;

d) wenn die Verarbeitung auf Artikel 6 Absatz 1 Buchstabe f beruht, die berechtigten Interessen, die von dem Verantwortlichen oder einem Dritten verfolgt werden;

e) gegebenenfalls die Empfänger oder Kategorien von Empfängern der personenbezogenen Daten und

f) gegebenenfalls die Absicht des Verantwortlichen, die personenbezogenen Daten an ein Drittland oder eine internationale Organisation zu übermitteln, sowie das Vorhandensein oder das Fehlen eines Angemessenheitsbeschlusses der Kommission oder im Falle von Übermittlungen gemäß Artikel 46 oder Artikel 47 oder Artikel 49 Absatz 1 Unterabsatz 2 einen Verweis auf die geeigneten oder angemessenen Garantien und die Möglichkeit, wie eine Kopie von ihnen zu erhalten ist, oder wo sie verfügbar sind.

(2) Zusätzlich zu den Informationen gemäß Absatz 1 stellt der Verantwortliche der betroffenen Person zum Zeitpunkt der Erhebung dieser Daten folgende weitere Informationen zur Verfügung, die notwendig sind, um eine faire und transparente Verarbeitung zu gewährleisten:

a) die Dauer, für die die personenbezogenen Daten gespeichert werden oder, falls dies nicht möglich ist, die Kriterien für die Festlegung dieser Dauer;

b) das Bestehen eines Rechts auf Auskunft seitens des Verantwortlichen über die betreffenden personenbezogenen Daten sowie auf Berichtigung oder Löschung oder auf Einschränkung der Verarbeitung oder eines Widerspruchsrechts gegen die Verarbeitung sowie des Rechts auf Datenübertragbarkeit;

c) wenn die Verarbeitung auf Artikel 6 Absatz 1 Buchstabe a oder Artikel 9 Absatz 2 Buchstabe a beruht, das Bestehen eines Rechts, die Einwilligung jederzeit zu widerrufen, ohne dass die Rechtmäßigkeit der aufgrund der Einwilligung bis zum Widerruf erfolgten Verarbeitung berührt wird;

d) das Bestehen eines Beschwerderechts bei einer Aufsichtsbehörde;

e) ob die Bereitstellung der personenbezogenen Daten gesetzlich oder vertraglich vorgeschrieben oder für einen Vertragsabschluss erforderlich ist, ob die betroffene Person verpflichtet ist, die personenbezogenen Daten bereitzustellen, und welche mögliche Folgen die Nichtbereitstellung hätte und

f) das Bestehen einer automatisierten Entscheidungsfindung einschließlich Profiling gemäß Artikel 22 Absätze 1 und 4 und – zumindest in diesen Fällen – aussagekräftige Informationen über die involvierte Logik sowie die Tragweite und die angestrebten Auswirkungen einer derartigen Verarbeitung für die betroffene Person.

---

88   So hat zB das DIN ein Piktogramm zur Videoüberwachung entwickelt (DIN 33450).
89   Vgl. auch Gola/*Franck* Art. 12 Rn. 45, 49.

(3) Beabsichtigt der Verantwortliche, die personenbezogenen Daten für einen anderen Zweck weiterzuverarbeiten als den, für den die personenbezogenen Daten erhoben wurden, so stellt er der betroffenen Person vor dieser Weiterverarbeitung Informationen über diesen anderen Zweck und alle anderen maßgeblichen Informationen gemäß Absatz 2 zur Verfügung.

(4) Die Absätze 1, 2 und 3 finden keine Anwendung, wenn und soweit die betroffene Person bereits über die Informationen verfügt.

Literatur: *Art. 19/Privacy International*, Privacy and Freedom Expression In the Age of Artificial Intelligence (2018); *Art.-29-Gruppe*, Guidelines on transparency under Regulation 2016/679, 17/EN, WP 260 rev. 01; *Bräutigam, P./Schmidt-Wudy, F.*, Das geplante Auskunfts- und Herausgaberecht des Betroffenen nach Art. 15 der EU-Datenschutzgrundverordnung – Ein Diskussionsbeitrag zum anstehenden Trilog der EU-Gesetzgebungsorgane, CR 2015, 57; *Büllesbach, A./Gijrath, S./Poullet, Y./Prins, C.* (Hrsg.), Concise European IT Law, 2. Aufl. 2010; *Dreyer, S./Schulz, W.*, Was bringt die Datenschutz-Grundverordnung für automatisierte Entscheidungssysteme ?, Potenziale und Grenzen der Absicherung individueller, gruppenbezogener und gesellschaftlicher Interessen, 2018, https://doi.org/10.11586/2018011; *DSK (Konferenz der unabhängigen Datenschutzbehörden des Bundes und der Länder*, Kurzpapier Nr. 10 Informationspflichten bei Dritt- und Direkterhebung (2018), https://www.datenschutz-berlin. de//kurzpapiere.html; *Eichler, C./Nguyen, A.*, Die Vereinbarkeit des neuen BDSG mit der Datenschutz-Grundverordnung – Konsequenzen für Auslegung ung Anwendbarkeit, in: *Dix, A./Franßen, G./Kloepfer, M./Kugelmann, D./Schaar, P./Schoch, F./Voßhoff, A. (Hrsg.)*, Informationsfreiheit und Informationsrecht Jahrbuch 2017, 17; European Data Protection Board, Endorsement 1/2018; *Franck, L.*, Das System der Betroffenenrechte nach der Datenschutz-Grundverordnung, RDV 2016, 111; *Hoffmann-Riem, W.*, Rechtliche Rahmenbedingungen für und regulative Herausforderungen durch Big Data, in: *ders.*, Big Data - Regulative Herausforderungen, 2018, 11; *v. Lewinski, K./Pohl, D.*, Auskunfteien nach der europäischen Datenschutzreform – Brüche und Kontinuitäten der Rechtslage, ZD 2018, 17; *Liedke, B.*, BIG DATA – small information: muss der datenschutzrechtliche Auskunftsanspruch reformiert werden?, K&R 2014, 709; *Piltz, C.*, Die Datenschutz-Grundverordnung – Teil 2: Rechte der Betroffenen und korrespondierende Pflichten des Verantwortlichen, K&R 2016, 629; *Spindler, G.*, Die neue EU-Datenschutz-Grundverordnung, DB 2016, 237; *Veale, M./Binns, R./Ausloos, J.*, When Data Protection by Design and Data Subjects Rights Clash, IDPL 2018, 1.

I. Vorbemerkung

Die Verarbeitung personenbezogener Daten ist mit aktiven Informationspflichten verbunden, die der Verantwortliche unabhängig von einem Antrag der betroffenen Person zu erfüllen hat. Der Unionsgesetzgeber hat die **Grundsätze der fairen und transparenten Verarbeitung** (EG 60) dadurch konkretisiert, dass er bestimmte Informationen als Gegenstand einer „Bringschuld" des Verantwortlichen festlegt. Dabei unterscheidet er die beiden Fälle der Datenerhebung bei der betroffenen Person (Art. 13) und bei Dritten (Art. 14). Die Unterschiede beschränken sich allerdings auf den Zeitpunkt der Information und den Umfang der Ausnahmen von der Informationspflicht. Der Umfang der zu gebenden Informationen ist in beiden Fällen gleich.[1] Hinsichtlich der Form (insbes. der auch durch Bildsymbole zu verbessernden Verständlichkeit) der Information und der Unentgeltlichkeit gilt Art. 12. Die Informationspflichten nach Art. 13 und 14 stehen neben dem Auskunftsrecht nach Art. 15 und schwächen dieses nicht ab (→ Art. 15 Rn. 3). **1**

In der JI-Richtlinie regelt Art. 13 vergleichbare Informationspflichten von Behörden der Polizei und Justiz, wobei nicht zwischen der Datenerhebung bei betroffenen Personen und Dritten unterschieden wird, der Umfang der Informationen eingeschränkt ist und die Mitgliedstaaten einen größeren Spielraum zur Festlegung des Zeitpunkts der Information haben. **2**

II. Entstehungsgeschichte

Die KOM und das EP hatten in ihren Vorschlägen die Informationspflichten anlässlich der Datenerhebung beim Betroffenen und bei Dritten in einer Vorschrift regeln wollen. Die übersichtlichere Aufteilung in zwei Vorschriften, die der **Systematik der Art. 10 und 11 DSRL** folgt, wurde erst auf Vorschlag des Rats in den Text aufgenommen. Der KOM-E sah außerdem vor, dass der betroffenen Person auch die Vertragsbestimmungen zugänglich gemacht werden sollten, wenn die Verarbeitung auf Art. 6 Abs. 1 lit. b gestützt wird. Während das EP dies noch um Informationen zur Datensicherheit ergänzen wollte, setzte sich im Rat die Auffassung durch, dass eine Information über die Rechtsgrundlage der Verarbeitung ausreiche (Art. 12 **3**

---

[1] *Art.-29-Gruppe*, 17/EN WP 260 rev. 01, S. 12 f.. Im Anhang dieser Guidelines findet sich eine Synopse sämtlicher Informationspflichten nach den Art. 13 und 14. Der EDPB hat die Guidelines ausdrücklich übernommen, vgl. Endorsement 1/2018.

Abs. 1 lit. c). Andererseits wurde im Rat die Informationspflicht auf die berechtigten Interessen des Verantwortlichen oder eines Dritten im Fall des Art. 6 Abs. 1 lit. f erstreckt (Art. 12 Abs. 1 lit. d). Schon die KOM hatte vorgeschlagen, die Informationspflicht des Verantwortlichen abhängig vom jeweiligen Kontext der Datenerhebung zu machen, um zusätzliche Informationen zu erweitern und um eine faire und transparente Verarbeitung sicherzustellen. Diese Formulierung findet sich jetzt in verändertem Zusammenhang in Abs. 2 Hs. 1. Die **Informationspflicht zu möglichen automatisierten Einzelentscheidungen und Profiling** (Abs. 2 lit. f) wurde erst auf Vorschlag des EP aufgenommen. Die Pflicht zur Information über beabsichtigte Zweckänderungen der Verarbeitung wurde erst auf Vorschlag des Rats in den Verordnungstext (Abs. 3) aufgenommen.

III. Informationspflichten bei direkter Datenerhebung

4 **1. Primäre Informationspflichten (Abs. 1).** Die Vorschrift erweitert die Informationspflichten des Verantwortlichen gegenüber dem bisherigen Sekundärrecht erheblich. Während Art. 10 DSRL lediglich einen knappen Minimalkatalog von Informationen vorsieht, die der betroffenen Person „zumindest" mitzuteilen sind, wobei ein Teil dieses Katalogs noch unter einem Eventualvorbehalt steht, listet Art. 13 **umfassend** die Informationen auf, die betroffenen Personen, bei denen Daten erhoben werden, mitzuteilen sind.

5 Ausgelöst werden die Informationspflichten durch die **Erhebung** der Daten bei der betroffenen Person. Das Erheben von Daten ist nach Art. 4 Nr. 2 eine Phase der Verarbeitung von Daten[2], die der Unionsgesetzgeber nicht gesondert definiert hat (→ Art. 4 Rn. 14 f.). Die Erhebung geht stets einer Speicherung von Daten voraus, muss aber keine Speicherung zur Folge haben. Als Erhebung ist die **gezielte Beschaffung** von Daten zu verstehen.[3] Die bloße Entgegennahme eines Antrags oder die Bereitstellung einer technischen Vorrichtung (zB Eröffnung eines elektronischen Postfachs) wurde nach bisherigem Verständnis des deutschen Datenschutzrechts nicht als „Erheben" angesehen.[4] Ob diese enge Auffassung nach der DSGVO beibehalten werden kann, ist zweifelhaft. Jedenfalls laden Betreiber von **sozialen Netzwerken** oder Anbieter von anderen **Online-Plattformen** (etwa Auktions- oder Bewertungsplattformen), die Nutzer zur Eingabe (Hochladen) ihrer Daten ein und sorgen damit dafür, dass diese Daten in ihren Verfügungsbereich auch zur weiteren eigenen Verwendung gelangen[5]. Sie erheben daher diese Daten mit der Folge der Informationspflichten nach Art. 13 und 14. Die DSGVO geht gerade im Interesse eines effektiven Datenschutzes von einem weiten Verarbeitungsbegriff aus.[6] Als Erheben ist zB auch das Filmen bestimmbarer Personen,[7] die Messung des häuslichen Stromverbrauchs durch Smart Meter, das Auslesen von Cookies oder die Identifizierung des Nutzers einer Webseite oder eines Blogs zB durch Erhebung seiner IP-Adresse[8] oder mittels Device Fingerprinting anzusehen.[9] Eine Datenerhebung iSd Art. 13 findet auch statt, wenn Daten über eine Smartphone-App oder ein „Wearable" (zB ein Fitness-Armband) nicht lediglich lokal auf dem Endgerät der betroffenen Person, sondern zugleich oder ausschließlich auf einem Server des Geräteherstellers oder des App-Anbieters gespeichert werden. Die reine Videobeobachtung ohne Aufzeichnung kann dagegen nicht als Erhebung angesehen werden.[10]

6 Dass die Erhebung **bei der betroffenen Person** stattfinden muss, schließt begrifflich nicht aus, dass sie ohne deren Beteiligung oder Kenntnis erfolgen kann (zB mittels Observation durch einen Privatdetektiv, Vorratsdatenspeicherung, Kameras oder Abhörmaßnahmen).[11] Rechtlich verbietet die DSGVO aber gerade durch die Vorgaben der Art. 13 und 14 im Grundsatz die Datenerhebung hinter dem Rücken der betroffenen Person, also ohne dass dieser bestimmte Informationen über die Datenerhebung und ihr folgende Verarbeitungsschritte zugänglich gemacht werden.[12] Ausnahmen von diesem Grundsatz können einschränkende Rechtsvorschriften nur unter den Voraussetzungen des Art. 23 vorsehen. Dagegen ist der Verantwortliche

---

2   Anders als nach § 3 Abs. 3 BDSG aF, dazu Simitis/*Dammann* § 3 Rn. 101.

3   Ähnlich bereits § 3 Abs. 3 BDSG aF.

4   Vgl. Simitis/*Dammann* § 3 Rn. 104; DKWW/*Weichert* § 3 Rn. 31.

5   Vgl. Kühling/Buchner/*Kühling/Klar* Art. 4 Rn. 21.

6   Vgl. auch in BeckOK DatenschutzR/*Schild* DSGVO Art. 3 Rn. 32; Auernhammer/*Eßer* DSGVO Art. 4 Rn. 17.

7   EuGH C-212/13, NJW 2015, 463 Rn. 23ff. – Rynes.

8   *BlnBDI*, Hinweise zur Verarbeitung von Nutzungsdaten durch Blogs bzw. Webseiten, https://www.datenschutz-berlin.de/infothek-und-service/themen-a-bis-z/hinweise-zur-verarbeitung-von-nutzungsdaten-durch-blogs-bzw-webseiten/.

9   Weitere Beispiele bei Simitis/*Dammann* § 3 Rn. 109.

10   So auch Simitis/*Dammann* § 3 Rn. 110. Den Begriff der Beobachtung verwendet die DSGVO allerdings in anderem Zusammenhang (Art. 3 Abs. 2 lit. b), wobei er dort wohl weiter zu verstehen ist als in § 6 b BDSG aF (→ Art. 3 Rn. 57ff.).

11   Vgl. EuGH C–473/12, K&R 2014, 105 Rn. 24 – IPI; *Art.-29-Gruppe*, 17/EN WP 260 rev. 01, S. 14 f.

12   Wie hier Kühling/Buchner/*Bäcker* Art. 13 Rn. 3, 13ff., der darauf verweist, dass der früher in § 4 Abs. 2 BDSG aF explizit geregelte Direkterhebungsgrundsatz, der auf eine Sicherung der Einflussmöglichkeiten des Betroffenen zielt, in der Sache weitergilt; aA *Dammann/Simitis* Art. 10 Rn. 2; *Kühling/Martini et al.*, S. 406, die auf verdeckte Datenerhebungen beim Betroffenen Art. 14 anwenden wollen.

nicht zur Information betroffener Personen darüber verpflichtet, dass oder inwieweit **keine Erhebung** (zB durch Kameraattrappen) personenbezogener Daten stattfindet (→ Anh. 1 zu Art. 6 (Videoüberwachung) Rn. 43).[13]

Die vorgeschriebenen Informationen sind der betroffenen Person **zum Zeitpunkt der Erhebung** oder – im Fall der zweckändernden Weiterverarbeitung erhobener Daten nach Abs. 3 (→ Rn. 17 f.) – rechtzeitig vor dieser und nicht erst später mitzuteilen. Das unterscheidet die Informationspflichten bei einer Datenerhebung nach Art. 13 von denen bei einer Datenerhebung bei Dritten nach Art. 14. Für eine Relativierung dieser zeitlich strengen Vorgabe lässt die DSGVO den Mitgliedstaaten keinen Raum. Deshalb ist der in § 32 Abs. 3 BDSG nF vorgesehene Ausnahmetatbestand, wonach die Information der betroffenen Person auch noch zu einem späteren Zeitpunkt, spätestens zwei Wochen nach der Erhebung nachgeholt werden kann, wenn sie bei der Erhebung wegen eines vorübergehenden Hinderungsgrundes unterblieben ist, mit Unionsrecht unvereinbar. Treten nach der Erhebung **Änderungen** im Umfang der Datenverarbeitung oder bei anderen vorgeschriebenen Informationen ein, hat der Verantwortliche die betroffenen Personen auch hierüber so rechtzeitig vor deren Umsetzung zu informieren, dass diese sich auf die geänderten Umstände einstellen und möglicherweise ihre Rechte (zB auf Widerruf einer Einwilligung) ausüben können. Es genügt nicht, die betroffenen Personen dazu aufzufordern, sich regelmäßig selbst zu vergewissern, ob sich die in einer Datenschutzerklärung enthaltenen Informationen verändert haben.[14] Selbst wenn sich die vorgeschriebenen Informationen nicht wesentlich ändern, empfiehlt die Art.-29-Gruppe, dass der Verantwortliche bei einer anhaltenden Datenverarbeitung die betroffenen Personen in angemessenen Abständen (zB durch eine **Erinnerung**) erneut auf die bei der Erhebung gegebenen Informationen hinweisen sollte.[15]

Nach Abs. 1 sind der betroffenen Person in jedem Fall der **Name und die Kontaktdaten des Verantwortlichen** und gegebenenfalls seines Vertreters (Abs. 1 lit. a) sowie die **Zwecke** und die **Rechtsgrundlage** der Datenverarbeitung (Abs. 1 lit. c) mitzuteilen. Gerade die Information über den Verarbeitungszweck ermöglicht es der betroffenen Person, die Einhaltung des Zweckbindungsgrundsatzes (Art. 5 Abs. 1 lit. b) zu kontrollieren.[16] Sie hat besondere Bedeutung im Zusammenhang mit **Big-Data-Anwendungen**, bei denen ein pauschaler Verweis auf noch unbestimmte künftige Verarbeitungszwecke verordnungswidrig wäre und eine Ordnungswidrigkeit nach Art. 83 Abs. 5 lit. b darstellen kann.[17] Zwecke, die bei der Erhebung hätten benannt werden können, aber der betroffenen Person nicht mitgeteilt wurden, sind nach Art. 6 Abs. 4 mit dem ursprünglichen Erhebungszweck unvereinbar (→ Art. 6 Abs. 4 Rn. 49). Die Kontaktdaten sollten der betroffenen Person die Kontaktaufnahme über verschiedene Kanäle (postalisch, telefonisch oder per E-Mail) ermöglichen.[18]

Unter bestimmten Bedingungen muss der Verantwortliche weitere Informationen bereitstellen. Wenn ein **Datenschutzbeauftragter** nach Art. 37 benannt ist, müssen dessen nach Art. 37 Abs. 7 zu veröffentlichenden **Kontaktdaten** darüber hinaus der betroffenen Person mitgeteilt werden (Abs. 1 lit. b). Dazu kann auch der Name gehören, wenn die Kontaktaufnahme nicht auf andere Weise, etwa durch eine funktionsbezogene Mail-Adresse ermöglicht wird.[19] Falls ein Vertreter des Datenschutzbeauftragten bestellt ist, sollten trotz der von Abs. 1 lit. a abweichenden Formulierung auch dessen Kontaktdaten mitgeteilt werden.[20]

Falls die Datenverarbeitung zur Wahrung der berechtigten Interessen des Verantwortlichen oder eines Dritten erfolgt (Art. 6 Abs. 1 lit. f), müssen der betroffenen Person diese **berechtigten Interessen** und das Ergebnis der Abwägung mit den Interessen oder Grundrechten und Grundfreiheiten der betroffenen Person, die den Schutz personenbezogener Daten erfordern, mitgeteilt werden (Abs. 1 lit. d).[21] Das ist von erheblicher praktischer Bedeutung, denn es verbessert die Möglichkeiten der Betroffenen, die Rechtmäßigkeit der Verarbeitung ihrer Daten in einem praktisch wichtigen Fall zu überprüfen. Der pauschale Verweis des Verantwortlichen, die Datenverarbeitung diene eigenen oder fremden berechtigten Interessen, reicht dafür nicht aus.

13 So auch zu § 6 a BDSG aF: OVG Berlin-Brandenburg ZD 2017, 399 (400 f.).

14 *Art.-29-Gruppe,* 17/EN WP 260 rev. 01, S. 16 f.

15 Die *Art.-29-Gruppe,* 17/EN WP 260 rev. 01, S. 16 f., leitet dies aus dem Grundsatz der Datenverarbeitung nach Treu und Glauben (Art. 5 Abs. 1 lit. a) ab.

16 BeckOK DatenschutzR/*Schmidt-Wudy* DSGVO Art. 13 Rn. 89.

17 Vgl. *Liedke* K&R 2014, 709 (713).

18 *Art.-29-Gruppe,* 17/EN WP 260 rev. 01, S. 35.

19 Vgl. Auernhammer/*Eßer* DSGVO Art. 13 Rn. 15, der allerdings die Information über den Namen des Datenschutzbeauftragten nur mit dessen Einwilligung für zulässig hält.

20 Auch Kühling/Buchner/*Bäcker* Art. 13 Rn. 24 erstreckt die Informationspflicht auf den Namen; aA Gola/*Franck* Art. 12 Rn. 10; ebenfalls aA wohl BeckOK DatenschutzR/*Schmidt-Wudy* DSGVO Art. 12 Rn. 42.

21 So zutr. *Art.-29-Gruppe,* 17/EN WP 260 rev. 01, S. 36. Der Wortlaut des Art. 13 Abs. 1 lit. d verweist zwar nur auf die berechtigten Interessen des Verantwortlichen oder eines Dritten, diese rechtfertigen eine Datenverarbeitung aber nur, sofern die Interessen oder Grundrechte oder Grundfreiheiten der betroffenen Person nicht überwiegen (Art. 6 Abs. 1 UAbs. 1 lit. f).

11 Für den Fall, dass eine Übermittlung, Verbreitung oder Bereitstellung der Daten nach der Erhebung geplant ist, müssen der betroffenen Person auch die **Empfänger** (einschließlich der Auftragsverarbeiter → Art. 4 Nr. 9, 10) oder – falls diese noch nicht feststehen – zumindest die **Kategorien künftiger Empfänger** mitgeteilt werden, wenn eine Offenlegung der Daten geplant ist (Abs. 1 lit. e). Der Begriff „gegebenenfalls" bedeutet, dass der Verantwortliche entweder über eine direkt im Zusammenhang mit der Erhebung stattfindende Offenlegung gegenüber bestimmten Empfängern oder über eine später geplante Offenlegung gegenüber einer Kategorie von noch nicht im einzelnen festgelegten Empfängern informieren muss.[22] Der Verantwortliche hat, wenn der oder die Empfänger bereits feststehen, kein Wahlrecht.[23] Er kann sich dann nicht – etwa um die betroffene Person nicht zu überfordern (→ Art. 12 Rn. 12) – auf eine Information über Kategorien von Empfängern beschränken. Wenn der Verantwortliche sich auf Kategorie-Informationen beschränkt, muss er darlegen können, dass dies dem Grundsatz einer fairen Datenverarbeitung entspricht. Er muss dann zumindest die Empfänger-Kategorie durch die Art der Tätigkeit des Empfängers, den Wirtschaftszweig, dem er angehört, und seinen Niederlassungsort umreißen.[24]

12 Schließlich muss der Verantwortliche, der eine **Übermittlung** der Daten **in ein Drittland** oder eine internationale Organisation plant, der betroffenen Person nicht nur diese Absicht mitteilen, sondern auch das Vorliegen oder Fehlen eines Angemessenheitsbeschlusses, einen Verweis auf die geeigneten oder angemessenen Garantien bei Datenübermittlungen nach den Art. 46, 47 oder 49 Abs. 1 UAbs. 2 und die Information, wo entweder eine Kopie des Angemessenheitsbeschlusses oder der Garantien zu erhalten ist oder diese Dokumente sonst (zB online) verfügbar sind (Abs. 1 lit. f). Die Vorschrift spricht von einer Übermittlung „an ein Drittland". Demgegenüber ist die Parallelvorschrift des Art. 14 Abs. 1 lit. f präziser gefasst, die von einem „Empfänger in einem Drittland" spricht. Eine inhaltliche Abweichung ergibt sich daraus nicht (→ Art. 14 Rn. 3).[25] Angesichts der zunehmenden **Bedeutung des Datenexports in außereuropäische Länder,** der nur bei einem im Wesentlichen gleichwertigen Datenschutzniveau im Zielland zulässig ist (Art. 44ff.), kommt dieser neu eingeführten Informationspflicht erhebliche Bedeutung zu.

13 **2. Zusätzliche Informationspflichten (Abs. 2).** Die DSGVO erweitert den Katalog der Informationen, die der betroffenen Person im Zeitpunkt der Datenerhebung mitgeteilt werden müssen, in Abs. 2 nochmals erheblich. Dabei ist zunächst fraglich, ob diese zusätzlichen Informationen stets oder nur dann gegeben werden müssen, wenn dies zur Gewährleistung einer fairen und transparenten Verarbeitung notwendig ist. Letzteres entspricht der bisherigen Rechtslage nach Art. 10 lit. c 2. Hs. DSRL. Diese begrenzt die Pflicht zur Erteilung „weiterer Informationen" ausdrücklich auf die Fälle, in denen diese Informationen für eine Gewährleistung einer fairen und transparenten Verarbeitung notwendig sind.[26] Der KOM-E ging in die gleiche Richtung, wurde im Trilog aber dahin gehend abgeändert, dass der Unionsgesetzgeber **alle** im Katalog des Abs. 2 genannten **zusätzlichen Informationen zur Gewährleistung einer fairen und transparenten Verarbeitung** für **notwendig** hält („die notwendig sind"). Allein die Tatsache, dass der Katalog der durch die DSGVO vorgeschriebenen Informationen – allerdings systemwidrig – in zwei gesonderten Absätzen geregelt ist, führt zu keinem anderen Ergebnis. Es steht dem Verantwortlichen mithin nicht frei, den betroffenen Personen bestimmte in Abs. 2 genannte Informationen vorzuenthalten, weil er der Meinung ist, sie seien für die Sicherstellung einer fairen und transparenten Verarbeitung nicht notwendig.[27] Diese Informationen sind immer mitzuteilen.[28]

14 Die in Abs. 2 vorgeschriebenen zusätzlichen Informationen lassen sich in **zwei Kategorien** unterteilen: Zum einen betreffen sie in lit. b, c und d **Hinweise** an die betroffene Person **auf die ihr zustehenden Rechte.** Dies erfasst nach Abs. 2 lit. b die Rechte auf Auskunft (Art. 15), Berichtigung (Art. 16), Löschung (Art. 17), Einschränkung der Verarbeitung (Art. 18), auf Datenübertragbarkeit (Art. 20) sowie das Widerspruchsrecht (Art. 21) nach Abs. 2 lit. c, das Recht, eine einmal erteilte, die Datenverarbeitung legitimierende Einwilligung jederzeit mit Wirkung für die Zukunft widerrufen zu können (Art. 6 Abs. 1 lit. a, Art. 9 Abs. 2 lit. a), sowie nach Abs. 2 lit. d das Recht, sich bei einer Aufsichtsbehörde zu beschweren (Art. 77). Eine Hinweispflicht bezüglich der Rechte aus Art. 19 S. 2 und Art. 22 Abs. 1 sieht Abs. 2 dagegen nicht vor (→ Rn. 12 f.).

---

22 BeckOK DatenschutzR/*Schmidt-Wudy* DSGVO Art. 14 Rn. 51 f.

23 Kühling/Buchner/*Bäcker* Art. 13 Rn. 30; *Art.-29-Gruppe,* 17/EN WP 260 rev. 01, S. 37. Insofern weist der Tatbestand des Abs. 1 lit. e – trotz Abweichungen in der Formulierung – eine ähnliche Struktur auf wie Abs. 2 lit. a (→ Rn. 14).

24 *Art.-29-Gruppe,* 17/EN WP 260 rev. 01, S. 37.

25 Ebenso Kühling/Buchner/*Bäcker* Art. 14 Rn. 16.

26 Art. 10 lit. c, letzter Hs.; Art. 11 Abs. 1 lit. c, letzter Hs. („sofern").

27 Wie hier BeckOK DatenschutzR/*Schmidt-Wudy* DSGVO Art. 13 Rn. 59; Kühling/Buchner/ *Bäcker* Art. 13 Rn. 20; aA wohl Paal/Pauly/ *Paal* Art. 12 Rn. 22; vgl. auch Ehmann/Selmayr/ *Knyrim* Art. 13 Rn. 40, 45, der aber stets eine Information über die genannten Betroffenenrechte empfiehlt.

28 *Art.-29-Gruppe,* 17/EN WP 260 rev. 01, S. 13 f.; nicht eindeutig *DSK,* Kurzpapier Nr. 10, 1 f. In den Fällen des Art. 13 Abs. 2 lit. c und f bestehen nur dann Informationspflichten, wenn die Voraussetzungen dieser Bestimmungen erfüllt sind.

Zum anderen ist der Verantwortliche verpflichtet, der betroffenen Person jedenfalls Informationen über   15
weitere **Umstände der Datenverarbeitung** (lit. a, e und f.) zur Verfügung zu stellen, nämlich entweder die
konkrete Dauer, für die die Daten gespeichert werden sollen, oder falls dies unmöglich ist, zumindest die
Kriterien für die Festlegung der **Speicherdauer** (Abs. 2 lit. a). Hierfür genügt nicht die allgemeine Mitteilung, die Daten würden solange gespeichert, wie dies für bestimmte Zwecke erforderlich ist. Auch ist die
betroffene Person darüber zu informieren, ob die Datenerhebung gesetzlich oder vertraglich vorgeschrieben
oder für den Abschluss eines Vertrages erforderlich ist, ob die betroffene Person zur Bereitstellung der Daten verpflichtet ist und welche Folgen eine Weigerung, die Daten bereitzustellen, hätte (Abs. 2 lit. e). Diese
Informationspflicht deckt sich teilweise mit der Pflicht zur Information über die Rechtsgrundlage der Erhebung in Abs. 1 lit. c, ergänzt diese aber noch um eine Aufklärung über die möglichen **Folgen einer verweigerten Bereitstellung der Daten**. Das kann insbes. bei Offenbarungsobliegenheiten der betroffenen Person
relevant sein.

Von weitreichender Bedeutung ist schließlich die zuletzt genannte Informationspflicht des Verantwortlichen   16
in Abs. 2 lit. f, die ebenfalls die weiteren Umstände der Verarbeitung in einem besonders riskanten Bereich
betrifft. Danach muss der Verantwortliche die betroffene Person zunächst über das „Bestehen einer **automatisierten Entscheidungsfindung einschließlich Profiling**" informieren. Die Formulierung ist so zu verstehen, dass der Verantwortliche über eine bevorstehende automatisierte Entscheidungsfindung oder ein ge-
plantes Profiling nach Art. 22 Abs. 1 oder 4 informieren muss, für das die erhobenen Daten herangezogen
werden. Obwohl die Formulierung mit Art. 15 Abs. 1 lit. h identisch ist, unterscheidet sich die Informationspflicht von der Auskunftspflicht dadurch, dass sie in die Zukunft gerichtet ist, während Art. 15 Abs. 1
lit. h sich auf automatisierte Entscheidungen bezieht, die bereits stattgefunden haben.[29] Das bedeutet zugleich, dass der Verantwortliche nach Art. 13 und 14 naturgemäß nicht darüber informieren muss, zu welchem konkreten Ergebnis eine künftige automatisierte Entscheidung führen wird, weil dies nicht vorhersehbar ist.[30] Die Informationspflicht bezieht sich allerdings auch auf geplante Profilingmaßnahmen zB zu Werbezwecken, die entweder nur in eine automatisierte Entscheidung einfließen (ohne sie ausschließlich zu bestimmen) oder überhaupt nicht zu einer automatisierten Entscheidung führen sollen, die gegenüber der betroffenen Person rechtliche Wirkung entfaltet oder sie in ähnlicher Weise erheblich beeinträchtigt.[31] Damit
lässt es der Unionsgesetzgeber aber nicht bewenden: Die betroffene Person muss auch **aussagekräftige Informationen über die involvierte Logik** sowie die Tragweite und angestrebte Auswirkungen einer solchen Verarbeitung für die betroffene Person erhalten. Das hat beispielsweise zur Folge, dass ein Internetversand-
händler seine Kunden darüber informieren muss, dass er ihre bei der Nutzung anfallenden Daten zum Zwecke des Profiling verwendet, um daraus Rückschlüsse auf ihre Bonität zu ziehen und ihnen bei schlechter
Bonität Bestellungen nur noch gegen Vorkasse statt auf Rechnung zu gestatten.[32] Die Vorschrift findet Parallelen in Art. 14 Abs. 2 lit. g und Art. 15 Abs. 1 lit. h. Sie knüpft an Art. 12 Abs. lit. a, letzter Anstrich DS-
RL an, der der betroffenen Person allerdings nur einen Anspruch auf Auskunft über den logischen Aufbau
der automatisierten Verarbeitung zusprach. Die DSGVO erstreckt nun auch die Informationspflichten des
Verantwortlichen auf die involvierte Logik einer Verarbeitung, was mit dem logischen Aufbau gleichzusetzen ist.[33] Die involvierte Logik umfasst den Aufbau, die Struktur und den Ablauf der Datenverarbeitung.[34]
Aussagekräftige Informationen über die involvierte Logik müssen die automatisierte Einzelentscheidung der
betroffenen Person so **erläutern**, dass diese ihre Rechte nach Art. 22 wahrnehmen kann (→ Art. 15 Rn. 25).
Es spricht zudem Einiges dafür, darüber hinaus auch eine Informationspflicht des Verantwortlichen in solchen Fällen anzunehmen, in denen mittels Pseudonymisierung oder anderer Verfahren nach Art. 25 der Personenbezug jedenfalls nach dem gegenwärtigen Stand der Technik ausgeschlossen wird, gleichwohl aber
eine Reidentifizierung von Personen künftig nicht ausgeschlossen erscheint. In derartigen Fällen ist die betroffene Person über das Risiko der Reidentifizierung zu informieren, damit sie ihr Widerspruchsrecht nach
Art. 21 ausüben kann, falls ihr dieses Risiko inakzeptabel erscheint.[35] Betriebs- und Geschäftsgeheimnisse
und insbes. das Urheberrecht an Software können die Informationspflicht zwar einschränken, lassen sie
aber nicht vollständig entfallen (→ Art. 23 Rn. 32).[36] Automatisierte Entscheidungsfindungen und Pro-

---

29 AA offenbar Kühling/Buchner/*Bäcker*, Art. 13 Rn 53.
30 *Dreyer/Schulz*, S. 25.
31 Kühling/Buchner/*Bäcker* Art. 13 Rn. 52 f. („zumindest"); aA Gola/*Franck* Art. 13 Rn. 25 sowie *Dreyer/Schulz*, S. 24.
32 Zweifeld *Bräutigam/Schmidt-Wudy* CR 2015, 56 (62).
33 Schon der englische Text der DSRL spricht in Art. 12 Abs. 1 von „logic involved", was seinerzeit allerdings – anders als in der DSGVO
     – mit „logischer Aufbau" übersetzt wurde.
34 Vgl. Simitis/*Scholz* § 6 a Rn. 39; Roßnagel/*Hohmann*, Europ. DSGVO, § 3 Rn. 153.
35 So *Veale/Binns/Ausloos*, IDPL 2018, 1, 15.
36 So explizit EG 63 zum Auskunftsrecht, das sich ebenfalls auf die involvierte Logik bezieht; vgl. auch *Kotschy* in: Büllesbach/Gijrath/
     Poullet/Prins (Hrsg.), Concise European IT Law, 2010, Directive 95/46/EC, Art. 12 Anm. 2 d.

filingmaßnahmen sind bereits heute unter Einsatz von **künstlicher Intelligenz,** also **Techniken des Maschinenlernens,** oder **neuronalen Netze** möglich, die die bestehende informationelle Asymmetrie zwischen Verantwortlichen und Betroffenen zusätzlich verschärfen.[37] Die vollständige **Erklärbarkeit** solcher Verfahren und der konkreten Ergebnisse ihres Einsatzes dürfte begrenzt sein. Das berührt allerdings nicht die ihrerseits begrenzten Informationspflichten nach Art. 13 und 14. Ein Verantwortlicher, der nicht in der Lage ist, der betroffenen Person die involvierte Logik einer Technik der automatisierten Entscheidungsfindung oder des Profiling aussagekräftig zu erläutern, kann diese nicht rechtskonform einsetzen.[38]

17   Damit löst auch jede Form von **Scoring**[39] – über § 34 Abs. 2 Satz 1 Nr. 3 BDSG aF hinaus – bereits im Zeitpunkt der Erhebung Informationspflichten bezüglich der involvierten Logik aus. In der Praxis treten vor allem bei der Kreditvergabe die meisten Fragen in diesem Zusammenhang erst auf, wenn die betroffene Person nach erfolgtem Scoring Auskunft verlangt (→ Art. 15 Rn. 25 f.). Aufgrund der identischen Formulierung der Art. 13 Abs. 2 lit. f und Art. 15 Abs. 1 lit. h muss der Verantwortliche der betroffenen Person, bei der er Daten zum Zweck des späteren, von ihm selbst durchzuführenden[40] Scorings erhebt, dieser bereits von sich aus die „involvierte Logik", also den Aufbau und die Struktur des Scoring-Verfahrens, erläutern. Dazu gehören Informationen darüber, welche erhobenen Daten (Faktoren) mit welcher Gewichtung in die **Berechnung des Wahrscheinlichkeitswerts (Scorewerts)** einfließen und wie sich die Scorewerte gegenseitig beeinflussen.[41] Auch eine Offenlegung der **Scoreformel (Scorecard)** selbst, die der BGH nach § 34 Abs. 2 Satz 1 Nr. 3 BDSG aF im Hinblick auf das berechtigte Geheimhaltungsinteresse der bewertenden Stelle verneint hat,[42] kann nach der DSGVO geboten sein, wenn die betroffene Person nur auf diese Weise fehlerhafte Berechnungen vermeiden und korrigieren lassen kann.[43] Der konkrete Scorewert liegt im Zeitpunkt der Erhebung noch nicht vor, kann aber Gegenstand eines Auskunftsanspruchs nach Art. 15 Abs. 1 lit. h sein (→ Art. 15 Rn. 25).[44]

18   Der DSRL folgend spricht die DSGVO auch davon, dass eine Information über die involvierte Logik der Verarbeitung **„zumindest" in Fällen der automatisierten Entscheidungsfindung und des Profiling** offengelegt werden muss. Allerdings erscheint die Formulierung des Abs. 2 lit. f und der Parallelvorschriften[45] insoweit missglückt, als über die angestrebten Auswirkungen einer „derartigen Verarbeitung" informiert werden muss, was sich wiederum auf die automatisierte Entscheidungsfindung und das Profiling bezieht.[46] Insofern steht den Mitgliedstaaten ein gewisser Entscheidungsspielraum zu, inwieweit sie über den Minimalstandard der DSGVO hinausgehen wollen. Auch soweit die nationalen Gesetzgeber hierzu keine Regelungen getroffen haben, können Verantwortliche freiwillig auch unabhängig von automatisierten Einzelentscheidungen die betroffenen Personen über die Logik der Datenverarbeitung informieren.

19   Die Veröffentlichung einer **Datenschutzerklärung** (Privacy Policy, Privacy Statement) auf einer Webseite mit den vorgeschriebenen Informationen ist nur dann leicht zugänglich iSd Art. 12 Abs. 1 S. 1 (→ Art. 12 Rn. 12ff.), wenn sie nicht nur auf der Startseite, sondern auf jeder Folgeseite verlinkt ist, insbes. auf der Seite, auf der die personenbezogenen Daten erhoben werden.[47] Bei mobilen Endgeräten müssen die Informationen über die durch eine App ausgelöste Datenverarbeitung vor dem Herunterladen der App gegeben werden. Nach der Installation sollten sie nie mehr als zwei Klicks (Berührungen des Bildschirms) entfernt sein.[48]

20   **3. Information über geplante Zweckänderungen (Abs. 3).** Zur **Sicherung des Zweckbindungsgrundsatzes** (Art. 5 Abs. 1 lit. b und Art. 6 Abs. 3 S. 3, Abs. 4) sieht die DSGVO – wiederum weitergehend als die DSRL – vor, dass der Verantwortliche die betroffene Person rechtzeitig **vor jeder Weiterverarbeitung** der erhobenen Daten zu anderen als den ursprünglichen Zwecken über diese neuen Zwecke zu informieren hat. Je

---

37   Vgl. *Art. 19/Privacy International*, Privacy and Freedom of Expression in the Age of Artificial Intelligence, 28.

38   Offengelassen bei *Dreyer/Schulz*, S. 27.

39   Auch Kühling/Buchner/*Buchner*, Art. 22 Rn. 22, sieht im Scoring eine Form des Profiling.

40   Bei Einschaltung von Auskunfteien gilt die entsprechende Informationspflicht nach Art. 14 Abs. 2 lit. g.

41   So schon für die bisherige Rechtslage in Deutschland BeckOK DatenschutzR/*Schmidt-Wudy* BDSG § 34 Rn. 71 sowie Simitis/*Dix* § 34 Rn. 33. AA hinsichtlich der Gewichtung der einzelnen Faktoren BGH ZD 2014, 306 Rn. 26ff.

42   BGH ZD 2014, 306 Rn. 26ff.

43   Vgl. BeckOK DatenschutzR/*Schmidt-Wudy* DSGVO Art. 15 Rn. 78.3; *Franck* RDV 2016, 111 (115); ähnlich *Hoffmann-Riem*, S. 11ff., 60; aA Ehmann/Selmayr/*Ehmann* Art. 15 Rn. 16; *v. Lewinski/Pohl*, ZD 2018, 17, 22 f.; offen gelassen bei *Bräutigam/Schmidt-Wudy* CR 2015, 56 (62); ähnlich *Spindler* DB 2016, 237 (244). Die bisherige Auskunftspraxis der deutschen SCHUFA ist deshalb nicht unionsrechtskonform.

44   AA *v. Lewinski/Pohl*, ZD 2018, 17, 23.

45   Art. 14 Abs. 2 lit. g, Art. 15 Abs. 1 lit.h.

46   Vgl. die Interpretation von „zumindest" bei Kühling/Buchner/*Bäcker*, Art. 13 Rn. 53, → Rn. 16.

47   *Art.-29-Gruppe*, 17/EN WP 260 rev. 01, S. 8. Die Art. 29-Gruppe empfiehlt insbes. gestaffelte Datenschutzerklärungen und kontextabhängige Pop-up-Informationen, die neben jedem Datenfeld zB erläutern, für welche Zwecke das entsprechende Datum benötigt wird. Zu undifferenziert demgegenüber Piltz K&R 2016, 629 (630).

48   *Art.-29-Gruppe*, 17/EN WP 260 rev. 01, S. 8. Die Datenschutzinformationen sollten daher stets in der „Menüfunktion" enthalten sein.

stärker die Weiterverarbeitung die Interessen der betroffenen Person berührt oder je weniger diese mit ihr rechnen kann, desto frühzeitiger muss die Information erfolgen.[49] Damit wird die Informationspflicht nach Abs. 1 lit. c in einem wesentlichen Punkt ergänzt, denn die betroffene Person muss darauf vertrauen können, dass die Daten nicht ohne ihr Wissen zweckentfremdet werden. Für die Informationspflicht ist es unerheblich, ob es sich bei dem neuen Zweck um einen im Sinne des Art. 6 Abs. 4 mit dem ursprünglichen Verarbeitungszweck kompatiblen Zweck handelt oder nicht (→ Art. 6 Abs. 4 Rn. 16). Ein neuer Zweck, über den die betroffene Person nicht informiert wird, ist mit dem Erhebungszweck stets unvereinbar (→ Art. 6 Abs. 4 Rn. 50). Eine Information über die beabsichtigte Zweckänderung ist ohnehin dann erforderlich, wenn sie auf die Einwilligung der betroffenen Person gestützt werden soll.

Die Formulierung **„und alle anderen maßgeblichen Informationen nach Absatz 2"** könnte dahin gehend 21 missverstanden werden, dass bei einer geplanten Zweckänderung keine Informationen nach Abs. 1 zur Verfügung zu stellen sind. Zwar muss die betroffene Person nicht erneut über den Verantwortlichen und den Datenschutzbeauftragten informiert werden, die sich bei einer Zweckänderung nicht ändern werden.[50] Insoweit würde schon der Ausnahmetatbestand des Abs. 4 eingreifen. Wohl aber kann eine Zweckänderung zB mit einer Änderung der Rechtsgrundlage, Übermittlungen an andere Empfänger oder in Drittländer verbunden sein, so dass Informationen hierüber trotz des Wortlauts des Abs. 3 zur Verfügung gestellt werden müssen.[51]

4. Ausnahme von den Informationspflichten (Abs. 4). Die einzige in Art. 13 selbst geregelte Ausnahme (vgl. 22 im Übrigen Art. 23) betrifft den Fall, dass die betroffene Person bereits über die Informationen verfügt. Wenn und soweit dies der Fall ist, findet keine der in den Abs. 1–3 geregelten Informationspflichten Anwendung. Wie bei jedem Ausnahmetatbestand trägt der verpflichtete Verantwortliche hierfür die Darlegungs- und Beweislast.[52] Er muss nach Art. 5 Abs. 2 darüber Rechenschaft ablegen können, über welche Informationen die betroffene Person seit wann bereits verfügt und dass diese sich seitdem nicht wesentlich geändert haben.[53] Aus der Formulierung „wenn und soweit" folgt, dass der Verantwortliche verpflichtet ist, die Information der betroffenen Person zu ergänzen, falls dies erforderlich sein sollte.[54] Eine **analoge Anwendung der Ausnahmetatbestände des Art. 14 Abs. 5 lit. b–d** auf Art. 13 **scheidet aus**, weil es sich um unterschiedliche Fallgestaltungen handelt. Es liegt auch keine planwidrige Regelungslücke vor, die eine Analogie rechtfertigen könnte. Nur bei einer Datenerhebung, die nicht bei der betroffenen Person erfolgt, besteht ein praktisches Bedürfnis, den Verantwortlichen von unüberschaubaren Informationspflichten freizustellen.[55]

5. Weitere Beschränkungen und Ausnahmen. Weitere Beschränkungen der Informationspflicht nach 23 Art. 13 können die Union oder die Mitgliedstaaten nach **Art. 23** durch Rechtsvorschriften regeln. Der deutsche Gesetzgeber hat die **Informationspflicht** über eine zweckändernde Weiterverarbeitung in mehrfacher, unionsrechtlich problematischer Weise **eingeschränkt** (§ 32 Abs. 1 BDSG nF). **Bei analog gespeicherten Daten** besteht keine Pflicht zur Information in dem Fall, dass sich der Verantwortliche durch die Weiterverarbeitung unmittelbar an die betroffene Person wendet, der neue Zweck mit dem ursprünglichen Erhebungszweck vereinbar ist, die Kommunikation mit der betroffenen Person nicht in digitaler Form erfolgt und das Interesse der betroffenen Person an der Informationserteilung nach den Umständen des Einzelfalls, insbes. mit Blick auf den Erhebungszusammenhang, als gering anzusehen ist (§ 32 Abs. 1 Nr. 1 BDSG nF). Diese erst bei der parlamentarischen Beratung eingefügte Regelung steht **mit der DSGVO nicht im Einklang**, denn die DSGVO differenziert nicht zwischen analoger und digitaler Datenverarbeitung, sondern schränkt lediglich ihren Anwendungsbereich für bestimmte Formen der nicht-automatisierten Verarbeitung ein (Art. 2 Abs. 1). Auch die Ausnahmetatbestände des Art. 23 rechtfertigen diese Ausnahme nicht.[56] **Abs. 3** ist deshalb auch in den von § 32 Abs. 1 Nr. 1 BDSG nF adressierten Fällen **vorrangig** und uneingeschränkt anzu-

---

49 *Art.-29-Gruppe*, 17/EN WP 260 rev. 01, S. 24.
50 AA Gola/*Franck* Art. 13 Rn. 31, der den Verweis auf Abs. 2 in Abs. 3 für ein Redaktionsversehen hält.
51 AA Paal/Pauly/*Paal* Art. 13 Rn. 33, der ausschließlich die Informationen nach Abs. 2 für geboten hält.
52 Gola/*Franck* Art. 13 Rn. 35.
53 *Art.-29-Gruppe*, 17/EN WP 260 rev. 01, S. 27.
54 Nach Auffassung der Art.-29-Gruppe, 17/EN WP 260 rev. 01, S. 27 f., sollte die betroffene Person stets über einen vollständigen Satz der in Art. 13 vorgegebenen Informationen verfügen, vgl. das in den Guidelines beschriebene positive Praxis-Beispiel.
55 So auch BeckOK DatenschutzR/*Schmidt-Wudy* DSGVO Art. 13 Rn. 95; Sydow/*Ingold* Art. 13 Rn. 11; aA offenbar Paal/Pauly/*Paal* Art. 13 Rn. 35, der eine solche Analogie für „zumindest diskutabel" hält.
56 Ebenso *Eichler/Nguyen* in: Jahrbuch 2017, 17, 34.

wenden.[57] Die bereits im Regierungsentwurf enthaltenen weiteren Ausnahmetatbestände des § 32 Abs. 1 Nrn. 2 und 3 BDSG nF gehen teilweise ebenfalls über die Öffnungsklausel des Art. 23 hinaus und bedürfen insoweit der einschränkenden **verordnungskonformen Auslegung**. So lässt Art. 23 Abs. 1 lit. h Ausnahmen von den Betroffenenrechten nur zu, soweit dies der Sicherstellung von Kontroll-, Überwachungs- und Ordnungsfunktionen dient, die mit der Ausübung öffentlicher Gewalt für bestimmte Zwecke verbunden sind. Demgegenüber schränkt § 32 Abs. 1 Nr. 2 BDSG nF die Informationspflicht nach Abs. 3 bei einer Gefährdung *jeglicher* Aufgabenerfüllung einer öffentlichen Stelle ein.[58] Zudem weist § 32 Abs. 1 Nr. 3 BDSG nF insofern einen Wertungswiderspruch zu § 33 Abs. 1 Nr. 2 lit. b, 1. Hs. BDSG nF auf, als nicht-öffentliche Stellen bei der Datenerhebung, die nicht bei der betroffenen Person erfolgt, nur dann von der Informationspflicht befreit sind, wenn die zuständige Stelle festgestellt hat, dass das Bekanntwerden der Daten die öffentliche Sicherheit gefährden oder sonst dem Wohl des Bundes oder eines Landes Nachteile bereiten würde. Eine solche Feststellung ist nach § 32 Abs. 1 Nr. 3 BDSG nF nicht erforderlich. Andererseits ist nach § 32 Abs. 1 Nr. 2 BDSG nF im Gegensatz zum Wortlaut des § 33 Abs. 1 Nr. 2 lit. b eine Abwägung mit dem Informationsinteresse der betroffenen Person erforderlich (→ Art. 14 Rn. 28). § 32 Abs. 1 Nr. 3 BDSG nF dispensiert von der Informationspflicht bei Zweckänderungen auch bei Gefährdungen der „öffentlichen Ordnung".[59] Die DSGVO lässt dagegen Ausnahmen nur zur Sicherstellung der „öffentlichen Sicherheit" zu (Art. 23 Abs. 1 lit. c), wobei dieser Begriff den Inhalt des deutschen Rechtsbegriffs der öffentlichen Ordnung nicht umfasst (→ Art. 23 Rn. 25). § 32 Abs. 1 Nr. 4 BDSG nF lässt zwar im Gegensatz zu Art. 23 Abs. 1 lit. j eine Ausnahme von Abs. 3 nicht nur zur Durchsetzung zivilrechtlicher, sondern zur Geltendmachung, Ausübung oder Verteidigung *jeglicher* rechtlicher Ansprüche zu. Diese Vorschrift kann allerdings bezüglich der nicht-zivilrechtlichen Ansprüche auf Art. 23 Abs. 1 lit. i gestützt werden. Schließlich entbindet § 32 Abs. 1 Nr. 5 BDSG nF den Verantwortlichen undifferenziert stets dann von der Informationspflicht, wenn ihre Erfüllung eine vertrauliche Übermittlung an öffentliche Stellen gefährden würde. Das überschreitet selbst die weit formulierte Öffnungsklausel des Art. 23 Abs. 1 lit. e (→ Art. 23 Rn. 28).[60] Dagegen ist die Einschränkung der Pflicht zur Information über zweckändernde Übermittlungen an einen Berufsgeheimnisträger nach § 29 Abs. 2 BDSG nF von Art. 23 Abs. 1 lit. i gedeckt.[61]

24 Zudem können die Mitgliedstaaten auch nach **Art. 85 Abs. 2** für die Verarbeitung zu journalistischen, wissenschaftlichen, künstlerischen oder literarischen Zwecken Abweichungen und Ausnahmen von Kapitel III der DSGVO vorsehen, wenn dies erforderlich ist, um das Recht auf Datenschutz mit der **Freiheit der Meinungsäußerung und der Informationsfreiheit** in Einklang zu bringen (→ Art. 23 Rn. 9ff., Art. 85 Rn. 25ff.).

25 **6. Rechtsdurchsetzung und Sanktionen.** Betroffene Personen können sich bei einer unterlassenen oder unvollständigen Information zunächst an den Verantwortlichen wenden, sich aber auch unmittelbar sowohl bei der zuständigen Aufsichtsbehörde nach Art. 77 **beschweren** oder einen **Rechtsbehelf** nach Art. 79 einlegen, was zu einer gerichtlichen Überprüfung des Verhaltens des Verantwortlichen führt. Ein effektiver Rechtsbehelf gerade bei systematischer Verletzung von Betroffenenrechten kann auch eine Verbandsklage nach Art. 80 Abs. 1 iVm Art. 79 Abs. 1 sein.[62] Trotz der Statuierung einer Informationspflicht in Art. 13 garantiert die Vorschrift ein Recht iSd Art. 79 Abs. 1.[63] Ein Verstoß gegen Art. 13 kann zudem mit einer **Geldbuße** nach Art. 83 Ab. 5 lit. b geahndet werden. Auch insoweit gilt – wie bei allen Betroffenenrechten – der erhöhte Bußgeldrahmen (vgl. Art. 83 Abs. 4). Schließlich können die Mitgliedstaaten noch weitergehende wirksame, verhältnismäßige und abschreckende Sanktionen für derartige Verstöße vorsehen (vgl. Art. 84).

26 Die **Rechtsfolge der unterlassenen Information für die Erhebung und anschließende Verarbeitung** der Daten ist in der DSGVO nicht ausdrücklich geregelt. Man wird aber sowohl die Datenerhebung als auch die anschließende Datenverarbeitung ohne Information zumindest dann als rechtswidrig ansehen müssen (mit der

---

57 Dieser Anwendungsvorrang ergibt sich bereits aus § 1 Abs. 5 BDSG nF, denn Art. 13 DSGVO gilt unmittelbar; vgl. zudem §§ 2 a Abs. 3 AO nF und 35 Abs. 2 SGB I nF. Vgl. auch *Eichler/Nguyen* in: Jahrbuch 2017, 17, 35, die zutreffend darauf hinweisen, dass eine unionsrechtskonforme Auslegung der BDSG-Vorschriften ihre Grenze in deren Wortlaut findet. Weniger eindeutig demgegenüber die *DSK*, Kurzpapier Nr. 10, 3.

58 Vgl. auch §§ 32 a Abs. Abs. 1 Nr. 1 AO nF und 82 Abs. 2 Nr. 1 SGB X nF Der Bundesgesetzgeber hat von der Ausnahmeklausel des Art. 23 Abs. 1 lit. h allerdings nur für öffentliche Stellen Gebrauch gemacht. Soweit die Information durch eine verantwortliche nicht-öffentliche Stelle die Erfüllung der in Art. 23 Abs. 1 lit. h genannten Aufgaben gefährden würde, besteht die Informationspflicht nach Art. 13 gleichwohl, solange der Bundesgesetzgeber die Ausnahme nicht auf nicht-öffentliche Stellen erstreckt. Art. 23 setzt den Erlass von Rechtsvorschriften der Union oder der Mitgliedstaaten voraus und schränkt die Pflichten und Rechte nach Kap. III nicht selbst ein (→ Art. 23 Rn. 1 f.).

59 Ebenso §§ 32 a Abs. 1 Nr. 2 AO nF und 82 Abs. 2 Nr. 3 SGB X nF.

60 Wie hier *Eichler/Nguyen* in: Jahrbuch 2017, 34 f.

61 Die Vorschrift wurde in erster Linie im Hinblick auf das Verhältnis zwischen Mandanten und Rechtsanwälten bzw. Wirtschaftsprüfern in das Gesetz aufgenommen, vgl. Begründung des Regierungsentwurfs, BT-Drs. 18/11325, 100 f.

62 Vgl. in Deutschland § 2 Abs. 2 Nr. 11 UKlaG.

63 Gola/*Franck* Art. 13 Rn. 39.

Folge weiterer Ordnungswidrigkeiten nach Art. 83 Abs. 5), wenn die Datenerhebung entweder aufgrund der informierten Einwilligung der betroffenen Person nach Art. 6 Abs. 1 lit. a erfolgt oder dieser jedenfalls faktisch durch die fehlende Information die Möglichkeit genommen wird, der Datenerhebung auszuweichen (insbes. bei heimlicher **Videoüberwachung** oder versteckte Datenerhebung durch Sensorik).[64] Teilweise wird die Auffassung vertreten, die unterlassene Information habe keine Rechtsfolgen für die Erhebung und weitere Verarbeitung der Daten, wenn diese auf Art. 6 Abs. 1 lit. c oder e gestützt wird, die betroffene Person also ohnehin verpflichtet war, die Daten offenzulegen.[65] Diese Auffassung würde allerdings bei der Datenerhebung durch **Behörden** nach dem Willen der Bundesregierung dazu führen, dass eine Verletzung der Pflichten nach Art. 13 weitgehend ohne Konsequenzen bliebe, weil gegen Behörden in Deutschland keine Bußgelder verhängt werden dürfen.[66] Die Behörde könnte dann nur durch eine Aufsichtsbehörde angewiesen oder durch ein Gericht aufgrund einer Leistungs- oder einer (unter den Voraussetzungen des § 43 Abs. 2 S. 1 VwGO zulässigen) Feststellungsklage[67] verpflichtet werden, in Zukunft verordnungskonform zu informieren. Diese Auffassung verkennt allerdings die **Bedeutung des Transparenzgrundsatzes** nach der DSGVO. Dieser gehört ebenso wie die Grundsätze der Zweckbindung, der Datenminimierung, der Richtigkeit, der Speicherbegrenzung sowie der Integrität und Vertraulichkeit zu den grundlegenden Rahmenbedingungen für eine rechtmäßige Datenverarbeitung. Der EuGH hat die Information der betroffenen Person als Voraussetzung für die Rechtmäßigkeit der Datenverarbeitung bezeichnet.[68] Ein Verstoß gegen Art. 14 kann deshalb nicht ohne Weiteres durch eine nachträgliche Information geheilt werden,[69] und Gleiches gilt für Verstöße gegen Art. 13.

Artikel 14 Informationspflicht, wenn die personenbezogenen Daten nicht bei der betroffenen Person erhoben wurden

(1) Werden personenbezogene Daten nicht bei der betroffenen Person erhoben, so teilt der Verantwortliche der betroffenen Person Folgendes mit:

a)   den Namen und die Kontaktdaten des Verantwortlichen sowie gegebenenfalls seines Vertreters;

b)   zusätzlich die Kontaktdaten des Datenschutzbeauftragten;

c)   die Zwecke, für die die personenbezogenen Daten verarbeitet werden sollen, sowie die Rechtsgrundlage für die Verarbeitung;

d)   die Kategorien personenbezogener Daten, die verarbeitet werden;

e)   gegebenenfalls die Empfänger oder Kategorien von Empfängern der personenbezogenen Daten;

f)   gegebenenfalls die Absicht des Verantwortlichen, die personenbezogenen Daten an einen Empfänger in einem Drittland oder einer internationalen Organisation zu übermitteln, sowie das Vorhandensein oder das Fehlen eines Angemessenheitsbeschlusses der Kommission oder im Falle von Übermittlungen gemäß Artikel 46 oder Artikel 47 oder Artikel 49 Absatz 1 Unterabsatz 2 einen Verweis auf die geeigneten oder angemessenen Garantien und die Möglichkeit, eine Kopie von ihnen zu erhalten, oder wo sie verfügbar sind.

(2) Zusätzlich zu den Informationen gemäß Absatz 1 stellt der Verantwortliche der betroffenen Person die folgenden Informationen zur Verfügung, die erforderlich sind, um der betroffenen Person gegenüber eine faire und transparente Verarbeitung zu gewährleisten:

a)   die Dauer, für die die personenbezogenen Daten gespeichert werden oder, falls dies nicht möglich ist, die Kriterien für die Festlegung dieser Dauer;

b)   wenn die Verarbeitung auf Artikel 6 Absatz 1 Buchstabe f beruht, die berechtigten Interessen, die von dem Verantwortlichen oder einem Dritten verfolgt werden;

c)   das Bestehen eines Rechts auf Auskunft seitens des Verantwortlichen über die betreffenden personenbezogenen Daten sowie auf Berichtigung oder Löschung oder auf Einschränkung der Verarbeitung und eines Widerspruchsrechts gegen die Verarbeitung sowie des Rechts auf Datenübertragbarkeit;

---

64 Vgl. Kühling/Buchner/*Bäcker* Art. 13 Rn. 61.
65 So Kühling/Buchner/*Bäcker* Art. 13 Rn. 61.
66 Vgl. § 43 Abs. 3 BDSG nF.
67 Vgl. Gola/*Franck* Art. 12 Rn. 57.
68 EuGH C-201/14, NVwZ 2016, 375 Rn. 43 – Bara; aA Kühling/Buchner/*Bäcker* Art. 14 Rn. 44, der die Formulierung des EuGH als „missverständlich" bezeichnet.
69 AA Kühling/Buchner/*Bäcker* Art. 14 Rn. 44.

d) wenn die Verarbeitung auf Artikel 6 Absatz 1 Buchstabe a oder Artikel 9 Absatz 2 Buchstabe a beruht, das Bestehen eines Rechts, die Einwilligung jederzeit zu widerrufen, ohne dass die Rechtmäßigkeit der aufgrund der Einwilligung bis zum Widerruf erfolgten Verarbeitung berührt wird;

e) das Bestehen eines Beschwerderechts bei einer Aufsichtsbehörde;

f) aus welcher Quelle die personenbezogenen Daten stammen und gegebenenfalls ob sie aus öffentlich zugänglichen Quellen stammen;

g) das Bestehen einer automatisierten Entscheidungsfindung einschließlich Profiling gemäß Artikel 22 Absätze 1 und 4 und – zumindest in diesen Fällen – aussagekräftige Informationen über die involvierte Logik sowie die Tragweite und die angestrebten Auswirkungen einer derartigen Verarbeitung für die betroffene Person.

(3) Der Verantwortliche erteilt die Informationen gemäß den Absätzen 1 und 2

a) unter Berücksichtigung der spezifischen Umstände der Verarbeitung der personenbezogenen Daten innerhalb einer angemessenen Frist nach Erlangung der personenbezogenen Daten, längstens jedoch innerhalb eines Monats,

b) falls die personenbezogenen Daten zur Kommunikation mit der betroffenen Person verwendet werden sollen, spätestens zum Zeitpunkt der ersten Mitteilung an sie, oder,

c) falls die Offenlegung an einen anderen Empfänger beabsichtigt ist, spätestens zum Zeitpunkt der ersten Offenlegung.

(4) Beabsichtigt der Verantwortliche, die personenbezogenen Daten für einen anderen Zweck weiterzuverarbeiten als den, für den die personenbezogenen Daten erlangt wurden, so stellt er der betroffenen Person vor dieser Weiterverarbeitung Informationen über diesen anderen Zweck und alle anderen maßgeblichen Informationen gemäß Absatz 2 zur Verfügung.

(5) Die Absätze 1 bis 4 finden keine Anwendung, wenn und soweit

a) die betroffene Person bereits über die Informationen verfügt,

b) die Erteilung dieser Informationen sich als unmöglich erweist oder einen unverhältnismäßigen Aufwand erfordern würde; dies gilt insbesondere für die Verarbeitung für im öffentlichen Interesse liegende Archivzwecke, für wissenschaftliche oder historische Forschungszwecke oder für statistische Zwecke vorbehaltlich der in Artikel 89 Absatz 1 genannten Bedingungen und Garantien oder soweit die in Absatz 1 des vorliegenden Artikels genannte Pflicht voraussichtlich die Verwirklichung der Ziele dieser Verarbeitung unmöglich macht oder ernsthaft beeinträchtigt In diesen Fällen ergreift der Verantwortliche geeignete Maßnahmen zum Schutz der Rechte und Freiheiten sowie der berechtigten Interessen der betroffenen Person, einschließlich der Bereitstellung dieser Informationen für die Öffentlichkeit,

c) die Erlangung oder Offenlegung durch Rechtsvorschriften der Union oder der Mitgliedstaaten, denen der Verantwortliche unterliegt und die geeignete Maßnahmen zum Schutz der berechtigten Interessen der betroffenen Person vorsehen, ausdrücklich geregelt ist oder

d) die personenbezogenen Daten gemäß dem Unionsrecht oder dem Recht der Mitgliedstaaten dem Berufsgeheimnis, einschließlich einer satzungsmäßigen Geheimhaltungspflicht, unterliegen und daher vertraulich behandelt werden müssen.

Literatur: *Art.-29-Gruppe*, Stellungnahme 2/2006 zur Anwendung der EG-Datenschutzvorschriften auf interne Verfahren zur Meldung mutmaßlicher Missstände in den Bereichen Rechnungslegung, interne Rechnungslegungskontrollen, Fragen der Wirtschaftsprüfung, Bekämpfung von Korruption, Banken- und Finanzkriminalität, 06/DE WP 117; *dies.*, Guidelines on transparency under Regulation 2016/679, 17/EN WP 260; *Ballhausen, M./Roggenkamp, J. D.*, Personenbezogene Bewertungsplattformen, K&R 2008, 403; *Diekmann, U./Eul, H./Klevenz, B.*, Verhindert der Datenschutz Fusionen? – Fusionen aus der Sicht der betrieblichen Datenschutzbeauftragten, RDV 2000, 149; *Dix, A.*, Persönlichkeits- und Datenschutz im Internet – Anforderungen und Grenzen einer Regulierung, Referat in der Abt. IT- und Kommunikationsrecht, in: Ständige Deputation des Deutschen Juristentages (Hrsg.), Verhandlungen des 69. Deutschen Juristentages, Bd. II/1 O, 2012, 9; *DSK (Konferenz der unabhängigen Datenschutzbehörden des Bundes und der Länder)*, Kurzpapier Nr. 10 Informationspflichten bei Dritt- und Direkterhebung (2018), https://www.datenschutz-berlin.de//kurzpapiere.html; *Eichler, C./Nguyen, A.*, Die Vereinbarkeit des neuen BDSG mit der Datenschutz-Grundverordnung – Konsequenzen für Auslegung ung Anwendbarkeit, in: *Dix, A./Franßen, G./Kloepfer, M./Kugelmann, D./Schaar, P./Schoch, F./Voßhoff, A. (Hrsg.)*, Informationsfreiheit und Informationsrecht Jahrbuch 2017, 17; *European Data Protection Board*, Endorsement 1/2018; *Franck, L.*, Das System der Betroffenenrechte nach der Datenschutz-Grundverordnung, RDV 2016, 111; *Härting, N.*, „Prangerwirkung" und „Zeitfaktor" – 14 Thesen zu Meinungsfreiheit, Persönlichkeitsrechten und Datenschutz im Netz, CR 2009, 21; *Jülicher, T./Röttgen, C./v. Schönfeld, M.*, Das Recht auf Datenübertragbarkeit – Ein datenschutzrechtliches Novum, ZD 2016, 358; *Molnár-Gábor, J./Korbel, J.*, Verarbeitung von Patientendaten in der Cloud – Die Freiheit translationaler Forschung und der Datenschutz in Europa, ZD 2016, 274; *Pötters, S./Traut, J.*, Bewertungsportale und Abwehrrechte Betroffener, RDV 2015, 117; *Schilde-Stenzel, A.*, „Lehrevaluation" oder Prangerseite im Internet: www.meinprof.de – Eine datenschutzrechtliche Bewertung, RDV 2006, 104; *Simitis, S.*, Chancen und Gefahren der elektronischen Datenverarbeitung, NJW 1971, 673; *Teichmann, A./Kießling, E.*, Datenschutz bei Umwandlungen, ZGR 2001, 33; *Werkmeister, C./Brandt, E.*, Datenschutzrechtliche Herausforderungen für Big Data, CR 2016, 233; *Zikesch, P./Kramer, R.*, Die DS-GVO und das Berufsrecht der Rechtsanwälte, Steuerberater und Wirtschaftsprüfer, ZD 2015, 565.

I. Vorbemerkung

Die DSGVO enthält ebenso wenig wie die DSRL, jedoch anders als § 4 Abs. 2 S. 1 BDSG aF[1], explizit das **1** grundsätzliche Gebot, personenbezogene Daten bei der betroffenen Person zu erheben (**Grundsatz der Direkterhebung**). Gleichwohl hat der Unionsgesetzgeber durch die detaillierten und **erweiterten Informationspflichten** im Fall der indirekten Datenerhebung verdeutlicht, dass jedes Abweichen von der direkten Erhebung intensiver in das Grundrecht auf Datenschutz nach Art. 8 GRCh eingreift.[2] Die Datenerhebung bei Dritten nimmt der betroffenen Person die Chance, über die Datenverarbeitung Auskunft zu erhalten[3] und sie zu beeinflussen, macht sie von vornherein intransparent und erhöht zudem das Risiko, dass unrichtige Daten erhoben werden. Deshalb sind kompensatorische Maßnahmen geboten, um dem Grundsatz der transparenten und fairen Datenverarbeitung als einem zentralen Element der informationellen Selbstbestimmung Rechnung zu tragen.[4] Die in Art. 14 genannten Maßnahmen beschreiben das Minimum dessen, was in einer zunehmend intransparenten weltweiten Realität der Datenverarbeitung notwendig erscheint. Insbesondere ist die **heimliche Erhebung** von personenbezogenen Daten, über die die betroffene Person dauerhaft in Unkenntnis gelassen wird, **in der Regel unzulässig** (→ Art. 13 Rn. 6).[5] Ausnahmen hiervon sind nur im Rahmen von Abs. 5, Art. 23 und Art. 85 Abs. 2 statthaft. Andererseits ersetzt die Information der betroffenen Person nach Art. 14 nicht die Rechtsgrundlage für eine Datenerhebung bei Dritten (→ Art. 12 Rn. 5). Auch greift Art. 14 nicht die von *Simitis* schon 1971 erhobene Forderung nach einer Pflicht der Verantwortlichen zur Information der betroffenen Personen in regelmäßigen Abständen[6] in der Art eines „Datenbriefes"[7] auf. Gleichwohl gelten auch für Art. 14 die allgemeinen Vorgaben des Art. 12 für eine verständliche, leicht zugängliche und präzise Form sowie Unentgeltlichkeit der Information.

II. Entstehungsgeschichte

Eine gesonderte Vorschrift über Informationspflichten bei indirekter Datenerhebung nach dem Vorbild des **2** Art. 11 DSRL wurde erst auf Vorschlag des Rats in die Verordnung aufgenommen (→ Art. 13 Rn. 3). Die einzelnen Informationspflichten wurden von der KOM, dem EP und dem Rat zunächst in unterschiedlicher Weise den Kategorien der primären Pflichten nach Absatz 1 und der zusätzlichen Pflichten nach Abs. 2 zugeordnet. Die Pflicht zur Information der betroffenen Person über die Quelle der Daten und darüber, ob die Daten aus öffentlich zugänglichen Quellen stammen, hatten auch bereits die KOM und das EP vorgeschlagen. Die Informationspflicht bei geplanten Zweckänderungen geht wie bei Art. 13 (→ Art. 13 Rn. 3) auf einen Vorschlag des Rats zurück. Die Ausnahme für Daten, die für Zwecke der historischen oder wissenschaftlichen Forschung und der Statistik erhoben worden sind, wurde erstmals vom EP in Anlehnung an Art. 11 Abs. 2 DSRL vorgeschlagen; sie wurde im Trilog auf Archivzwecke erstreckt. Auch die Ausnahme

---

1 Roßnagel/*ders.*, Europ. DSGVO, § 1 Rn. 11 spricht deshalb insoweit von einem „Verlust im Datenschutzrecht".

2 Vgl. Kühling/Buchner/*Bäcker* Art. 13 Rn. 3.

3 Vgl. EuGH C-201/14, NVwZ 2016, 375 Rn. 33 – Bara.

4 Vgl. Simitis/*Scholz/Sokol* § 4 Rn. 19ff.

5 So bereits zum BDSG aF auch Simitis/*Scholz/Sokol* § 4 Rn. 23.

6 *Simitis* NJW 1971, 673 (681).

7 Vgl. *Jülicher/Röttgen/v. Schönfeld* ZD 2016, 358 (362), die im Zusammenhang mit Art. 20 von einer möglichen Renaissance dieser Idee sprechen.

für Daten, die einem Berufsgeheimnis unterliegen, geht auf einen Vorschlag aus dem EP zurück. Der weitere Vorschlag des Parlaments für eine Ausnahme für Klein- und Kleinstunternehmen wurde allerdings im Trilog ebenso gestrichen wie der Vorschlag, die Informationspflicht auf Anfragen von Behörden aus Drittländern zu erstrecken.

III. Informationspflicht bei indirekter Datenerhebung

3　**1. Anwendungsbereich und primäre Informationspflichten (Abs. 1).** Eine Erhebung erfolgt dann **nicht bei der betroffenen Person**, wenn diese aus der Sicht des Verantwortlichen für ihn erkennbar weder körperlich noch mental an der Datenerhebung aktiv oder passiv beteiligt ist,[8] beispielsweise wenn die Daten gezielt bei Dritten erhoben oder von diesen mit oder ohne Veranlassung der betroffenen Person übermittelt werden. Das können auch Privatpersonen sein, deren ausschließlich persönliche oder familiäre Tätigkeit selbst nicht in den Anwendungsbereich der DSGVO fällt (Art. 2 Abs. 2 lit. c). Eine informationspflichtige Erhebung von Daten nicht bei der betroffenen Person liegt auch dann vor, wenn zB Nutzer eines **sozialen Netzwerks** oder **Messenger-Dienstes** aufgefordert werden, ihr **Adressbuch** mit Kontaktdaten auf die Plattform des Betreibers hochzuladen. Die Informationspflicht nach Art. 14 ist – wie alle Betroffenenrechte – **nicht dispositiv** (→ Art. 12 Rn. 6) und darf deshalb auch nicht vom Plattformbetreiber auf den Nutzer, der sein Adressbuch hoch lädt, abgewälzt werden. Informationspflichtig nach Art. 14 sind auch die Betreiber von **Online-Bewertungsportalen**, die Werturteile oder Rankings über Lehrer, Hochschullehrer, Ärzte oder andere natürliche Personen sammeln und zum Abruf bereitstellen. Diese Personen sind zu benachrichtigen, bevor erstmals Bewertungen über sie online verfügbar gemacht werden (→ Rn. 14),[9] damit sie in die Lage versetzt werden, Berichtigungs- oder Löschungsansprüche gegen falsche Tatsachenbehauptungen oder eine unzulässige Verarbeitung ihrer Daten geltend machen zu können. Diese Informationspflicht ist das **notwendige Korrektiv für die potenzielle Prangerwirkung von Internetveröffentlichungen**[10] und **kein unzulässiger Eingriff in die Rechte** der Plattformbetreiber.[11] Diese geben lediglich die Meinungen Dritter oder statistische Durchschnittswerte wieder (→ Art. 85 Rn. 24).[12]

4　Der **Umfang** der primären Informationspflichten bei indirekter Datenerhebung ist mit dem bei direkter Erhebung weitgehend identisch, so dass auf die Kommentierung zu Art. 13 Abs. 1 verwiesen wird (→ Art. 13 Rn. 8). Der einzige **systematische Unterschied**[13] besteht in der unterschiedlichen Einordnung der Informationspflicht zu den berechtigten Interessen nach Art. 6 Abs. lit. f: Während sie bei der direkten Datenerhebung zu den primären Informationspflichten zählt (Art. 13 Abs. 1 lit. d), wird sie bei indirekter Datenerhebung als zusätzliche Information nach Abs. 2 lit. b angesehen. Nach der hier vertretenen Auffassung, dass kein praktischer Unterschied zwischen den primären und den zusätzlichen Informationspflichten nach Art. 13 und 14 Abs. 1 bzw. 2 besteht (→ Art. 13 Rn. 9), ist auch diese unterschiedliche Einordnung bedeutungslos.

5　Über die Informationspflicht des Art. 13 hinaus muss die betroffene Person aber nach Abs. 1 lit. d auch über die **Kategorien der verarbeiteten Daten** informiert werden, wenn diese bei Dritten erhoben werden. Dabei handelt es sich um eine abstrakte Beschreibung der Datenarten (zB Bonitätsdaten von Kreditnehmern), die aber die betroffene Person in die Lage versetzt, weitergehende Schritte zu unternehmen, zB Auskunft nach Art. 15 zu verlangen. Aufschluss über die konkret verarbeiteten Daten kann sie nur auf diesem Weg erhalten.

6　Keine inhaltliche Abweichung liegt in der sprachlich genaueren Fassung des Abs. 1 lit. f, der die Information über eine beabsichtigte Übermittlung an einen „Empfänger in einem Drittland" vorschreibt, während Art. 13 Abs. 1 lit. f lediglich von einer Übermittlung „an ein Drittland" spricht. Diese rein sprachliche Abweichung findet sich auch in den englischen und französischen Fassungen der DSGVO.[14] Erhält der Verantwortliche also zB die Anfrage der Behörde eines Drittlandes, muss er die Betroffenen zwar nicht – wie vom

---

8　So auch BeckOK DatenschutzR/*Schmidt-Wudy* DSGVO Art. 14 Rn. 31.

9　Vgl. OLG Frankfurt NJW 2012, 2896 – Arztbewertungsportal; in diesem Sinne auch *Schilde-Stenzel* RDV 2006, 104 (108); BfDI, Jahresbericht 2007, 219ff.; *Dix* in: Ständige Deputation des Deutschen Juristentages (Hrsg.), Verhandlungen des 69. DJT, 2012, Bd. II/1, O 9 (26 f.); aA zum BDSG aF BeckOK DatenschutzR/*Forgó* BDSG § 33 Rn. 43.

10　Vgl. Simitis/*Dix* § 33 Rn. 26; zur Prangerwirkung solcher Veröffentlichungen bereits BVerfG NJW 2002, 741 (742) – Rostocker Schuldnerspiegel. Gegen eine Benachrichtigungspflicht nach BDSG aF *Pötters/Traut* RDV 2015, 117 (120 f.).

11　AA *Ballhausen/Roggenkamp* K&R 2008, 403 (405); *Härting* CR 2009, 21 (26 f.). Der BGH hat zwar eine Auslegung des § 29 im Lichte des Art. 5 GG befürwortet (BGH NJW 2009, 2888 [2893] – spickmich), das spricht aber nicht gegen die hier vertretene Auffassung.

12　Simitis/*Dix* § 33 Rn. 26.

13　Das Fehlen des Wortes gegebenenfalls in Abs. 1 lit. b dürfte ein Redaktionsversehen sein. Im Ergebnis so auch BeckOK DatenschutzR/*Schmidt-Wudy* DSGVO Art. 14 Rn. 42.

14　Vgl. Kühling/Buchner/*Bäcker* Art. 14 Rn. 16.

EP vorgeschlagen – über diese informieren, wohl aber – vorbehaltlich der Ausnahmen nach Art. 23 – darüber, dass er beabsichtigt, der Anfrage zu entsprechen.

Auch bei **Veräußerung, Kauf, Fusion oder Spaltung von Unternehmen** kann eine Informationspflicht des 7 Unternehmenskäufers oder Rechtsnachfolgers des bisherigen Verantwortlichen in den Fällen bestehen, in denen ein neuer Verantwortlicher, der die Daten in der logischen Sekunde der Änderung iSv Art. 14 erhebt.[15] Dies gilt sowohl für Kundendaten als auch für Beschäftigtendaten.[16] Anders liegt der Fall dagegen bei der Veräußerung einer juristischen Person (zB GmbH) oder entsprechender Anteile, denn diese bleibt Verantwortlicher und erhält lediglich einen neuen Eigentümer.

Der entscheidende **Unterschied** zwischen den Informationspflichten bei direkter und indirekter Datenerhe- 8 bung besteht dagegen bezüglich des **Zeitpunkts der Information** (→ Rn. 13 ff.) und hinsichtlich der Ausnahmen (→ Rn. 19 ff.).

2. Zusätzliche Informationspflichten (Abs. 2). Auch die zusätzlichen Informationspflichten nach Abs. 2 9 sind stets zu erfüllen[17] und entsprechen weitgehend dem Katalog der Informationspflichten bei direkter Datenerhebung, so dass auch insoweit auf die dortige Kommentierung verwiesen werden kann (→ Art. 13 Rn. 9 ff.).

Nur in **zwei** Punkten ergeben sich **Abweichungen** von der Erhebung bei der betroffenen Person. Während 10 diese bei direkter Erhebung über eine **gesetzliche oder vertragliche Grundlage der Erhebung** sowie darüber zu informieren ist, ob die Erhebung für einen Vertragsabschluss erforderlich ist, ob die betroffene Person zur Bereitstellung der Daten verpflichtet ist und welche Folgen eine Weigerung für sie hätte (Art. 13 Abs. 2 lit. e), fehlt eine solche Informationspflicht bei der indirekten Datenerhebung völlig. Das ist insofern nachvollziehbar, als Datenerhebungen auf vertraglicher Grundlage oder für einen Vertragsabschluss in aller Regel bei der betroffenen Person stattfinden. Dagegen erscheint es weniger plausibel, weshalb die DSGVO auf eine entsprechende Informationspflicht bei indirekter Datenerhebung auf gesetzlicher Grundlage verzichtet. Offenbar geht der Unionsgesetzgeber davon aus, dass mit der generell-abstrakten gesetzlichen Anordnung einer solchen Datenerhebung dem Transparenzerfordernis hinreichend Rechnung getragen wird.

Neu in den Katalog der zusätzlichen Informationspflichten ist die Information der betroffenen Person über 11 die **Quelle** aufgenommen worden, aus der die Daten stammen, und ob sie gegebenenfalls aus öffentlich zugänglichen Quellen stammen (lit. f). Der Begriff der Quelle kann neben der Herkunft der Daten durch Erhebung bei bestimmten, zu benennenden Personen oder Institutionen auch die **Methode der Datenerhebung** jedenfalls dann umfassen, wenn diese besondere Risiken für die betroffene Person auslösen kann (etwa bei der Auswertung von Veröffentlichungen in sozialen Medien oder anderen Spuren, die die betroffene Person hinterlassen hat).[18] Mit der Verpflichtung des Verantwortlichen zur Offenlegung der Quelle, aus der er die personenbezogenen Daten erhoben hat, sucht die DSGVO das durch jede indirekte Datenerhebung ausgelöste Transparenz- und Kontrolldefizit zu kompensieren. In diesem Punkt geht die Verordnung über das geltende Recht hinaus: Die DSRL enthielt eine solche Verpflichtung nicht. Informationen über die Quelle, dh die **Herkunft der Daten,** sind nach Art. 12 Abs. 1 lit. a, 2. Anstrich DSRL nur zu geben, wenn die betroffene Person Auskunft verlangt. Dem entsprechen auch §§ 19 Abs. 1 S. 1 Nr. 1, 34 Abs. 1 S. 1 Nr. 1 BDSG aF Auch § 33 Abs. 2 Nr. 7–9 BDSG aF sah bisher nur für nicht-öffentliche Stellen unter bestimmten Umständen eine entsprechende Verpflichtung vor, die **Erhebung aus allgemein zugänglichen Quellen** offenzulegen. Allgemein zugänglich sind nur solche Quellen (zB Register), die ohne rechtliches oder berechtigtes Interesse für jedermann zugänglich sind.[19] **Soziale Medien** können nur insoweit als allgemein zugängliche Quellen angesehen werden, als der jeweilige Nutzer den Zugriff auf seine Daten nicht eingeschränkt hat.[20] Hat der Verantwortliche **verschiedene Quellen** benutzt und kann deshalb nicht mehr über die genaue Herkunft informieren, so soll die Unterrichtung der betroffenen Person nach EG 61 „allgemein gehalten" werden. Im Interesse eines effektiven Schutzes der betroffenen Person wird man dies so zu verstehen haben, dass der Verantwortliche alle in Frage kommenden Quellen zu benennen hat.[21] Primär ist dieser jedoch ver-

---

15 Vgl. Simitis/*Dix* § 33 Rn. 28; *Teichmann/Kießling* ZGR 2001, 33 (70 f.). *Diekmann/Eul/Klevenz* RDV 2000, 149 (152) halten eine Information nach BDSG aF zwar nicht für zwingend, aber für „datenschutzfreundlicher".

16 AA bezüglich der Beschäftigtendaten *Teichmann/Kießling* ZGR 2001, 33 (70 f.), die davon ausgehen, dass für die Beschäftigten die Fortführung der Personalakten durch den neuen Arbeitgeber „offensichtlich" sein werde. Wenn die Beschäftigten tatsächlich davon Kenntnis haben, ändert dies nichts an der Informationspflicht, die dann allerdings nach Abs. 5 lit. a entfällt.

17 *Art. 29-Gruppe*, 17/EN WP 260 rev. 01, S. 13 f. Der EDPB hat dieses Arbeitspapier übernommen, vgl. Endorsement 1/2018. Nicht eindeutig demgegenüber *DSK*, Kurzpapier Nr. 10, 1 f.

18 Kühling/Buchner/*Bäcker* Art. 14 Rn. 19 ff.

19 Vgl. zur Rechtslage in Deutschland Simitis/*Dix* § 33 Rn. 98; es gibt keine Veranlassung, den Begriff der „öffentlich zugänglichen Quelle" unionsrechtlich anders zu verstehen; vgl. auch Gola/*Franck* Art. 14 Rn. 14; BeckOK DatenschutzR/*Schmidt-Wudy* DSGVO Art. 14 Rn. 75.

20 Gola/*Franck*, Art. 14 Rn. 14.

21 Kühling/Buchner/*Bäcker*, Art. 14 Rn. 23.

pflichtet, seine Datenverarbeitung technisch so zu gestalten und datenschutzfreundlich zu organisieren, dass die Zuordnung bestimmter personenbezogener Daten zu bestimmten Quellen möglich ist (Art. 25, EG 78).[22]

12 Im Zusammenhang mit der Information über die Herkunft der Daten stellt sich die Frage, inwieweit die betroffene Person über die Identität von **Informanten** oder **Whistleblowern** zu informieren ist, von denen die Daten stammen. Das Geheimhaltungsinteresse solcher Personen ist nicht unmittelbar durch Art. 14 geschützt, die Mitgliedstaaten haben aber die Möglichkeit, nach Art. 23 Abs. 1 lit. i unter bestimmten Voraussetzungen eine Ausnahme von der Informationspflicht vorzusehen (→ Art. 23 Rn. 23). Allerdings kann die Identität des Informanten dann geheim gehalten werden, wenn nur so vermieden werden kann, dass die Ziele der Verarbeitung nach Abs. 5 lit. b Alt. 4 ernsthaft beeinträchtigt werden (→ Rn. 25.). In jedem Fall müssen aber Ombudspersonen oder Unternehmen, die **Hinweisgebersysteme** zur Aufdeckung von Rechtsverstößen betreiben, die betroffene Person darüber informieren, dass gegen sie ein Vorwurf erhoben worden ist, auch wenn sie die Identität des Hinweisgebers geheim halten dürfen.[23] Diese Information darf nach Auffassung der Art.-29-Gruppe allenfalls solange aufgeschoben werden, wie durch sie eine Klärung des Vorwurfs erschwert oder Beweise vernichtet werden können.[24]

13 **3. Zeitpunkt der Information (Abs. 3).** Anders als im Fall der Datenerhebung bei der betroffenen Person ist deren Information bei der indirekten Datenerhebung schon im Zeitpunkt der Erhebung (Art. 13 Abs. 1) regelmäßig nicht möglich.[25] Die DSGVO enthält deshalb **drei alternative Regelungen des Zeitpunktes,** zu dem die betroffene Person die vorgeschriebenen Informationen erhalten muss. Grundsätzlich müssen die Informationen **innerhalb einer angemessenen Frist** nach Erlangung der Daten erteilt werden, **längstens** jedoch **innerhalb eines Monats** (Abs. 3 lit. a). Dass der deutsche Text der DSGVO an dieser Stelle statt des Begriffs der Erhebung den Begriff Erlangung verwendet, ist ohne Bedeutung, denn der englische Text verwendet sowohl in Art. 13 Abs. 1 als auch in Abs. 1 und Abs. 3 jeweils dasselbe Wort („obtained"). Welche Frist angemessen ist, bemisst sich nach den spezifischen Umständen der Datenverarbeitung im jeweiligen Einzelfall. Die Monatsfrist ist jedenfalls eine Höchst- und keine Regelfrist.[26]

14 Handelt es sich um Informationen, die zur Kommunikation mit der betroffenen Person verwendet werden sollen, ist diese **spätestens mit der ersten Mitteilung** an sie nach Abs. 1 u. 2 zu informieren (Abs. 3 lit. b). So ist ihr spätestens bei einer ersten elektronischen Mitteilung zB mitzuteilen, woher der Absender die E-Mail-Adresse oder die Telefonnummer erhalten hat (Abs. 2 lit. f). Auch diese Frist ist eine Höchstfrist; der Verantwortliche muss die betroffene Person im Einzelfall innerhalb einer angemessenen Frist informieren.

15 Falls der Verantwortliche beabsichtigt, die Daten gegenüber einem „anderen Empfänger" offenzulegen, liegt der **späteste Zeitpunkt** der Information der betroffenen Person in **der ersten tatsächlichen Offenlegung** (Abs. 3 lit. c). Diese Regelung entspricht hinsichtlich des Zeitpunkts Art. 11 Abs. 1 DSRL. Je stärker mit der Offenlegung in die Rechte der betroffenen Person eingegriffen wird, desto früher muss sie informiert werden. So ist sie **vor einer Veröffentlichung** zB im Internet zu informieren, um ihre Rechte zB auf Berichtigung oder Löschung geltend machen oder die Offenlegung wegen fehlender Rechtfertigung unterbinden zu können.[27] Dabei ist der betroffenen Person eine angemessene Frist einzuräumen.

16 Allerdings schreibt die DSGVO durch die Verwendung des Begriffs Empfänger weitergehend als die DS-RL eine Information der betroffenen Person auch dann vor, wenn die Daten gegenüber einem **Auftragsverarbeiter,** der kein Dritter ist (Art. 4 Nr. 9), offengelegt werden. Von einem „weiteren" Empfänger ist deshalb die Rede, weil der informationspflichtige Verantwortliche selbst die Daten aus einer anderen Quelle als der betroffenen Person empfangen hat.

17 Sind die Voraussetzungen mehrerer Alternativen des Abs. 3 erfüllt, so muss der Verantwortliche im Interesse einer rechtzeitigen Information der betroffenen Person dieser **zum frühestmöglichen Zeitpunkt alle vorgeschriebenen Informationen** mitteilen (zB bei der ersten Mitteilung auch die beabsichtigte Offenlegung). Die Art. 29-Gruppe leitet aus dem Grundsatz der Datenverarbeitung nach Treu und Glauben (Art. 5 Abs. 1 lit. a) und der Rechenschaftspflicht (Art. 5 Abs. 2) die generelle Pflicht des Verantwortlichen ab, die betroffenen Personen nicht erst „im letzten Moment", also kurz vor Ablauf der in Art. 14 Abs. 3 genannten Höchstfristen oder Eintritt der spätesten Zeitpunkte, sondern deutlich vor Ablauf dieser Fristen oder vor

---

22   *Art. 29-Gruppe*, 17/EN WP 260 rev. 01, S. 26.
23   Simitis/*Dix* § 33 Rn. 83.
24   *Art.-29-Gruppe*, 06/DE WP 117, S. 15.
25   Etwas anderes gilt nur dann, wenn die Datenerhebung bei Dritten auf der Einwilligung der betroffenen Person beruht oder dem Abschluss eines Vertrages mit dieser dient, vgl. dazu Kühling/Buchner/*Bäcker* Art. 14 Rn. 32. Dann ist eine Vorabinformation der betroffenen Person Voraussetzung für eine wirksame Einwilligung.
26   *Art. 29-Gruppe*, 17/EN WP 260 rev. 01, S. 15 f.
27   So auch Kühling/Buchner/*Bäcker* Art. 14 Rn. 40.

den genannten Zeitpunkten zu informieren und die Gründe für die Wahl des Informationszeitpunkts zu dokumentieren.[28]

4. Information über geplante Zweckänderungen (Abs. 4). Für die Pflicht zur Information über beabsichtigte **Zweckänderungen** gilt das zum gleichlautenden Art. 13 Abs. 3 Gesagte (→ Art. 13 Rn. 15 f.). Wie dort wird in Abs. 4 zwar nur auf Abs. 2 verwiesen. Die nach Abs. 1 vorgeschriebenen Informationen muss die betroffene Person aber bereits zuvor vom Verantwortlichen erhalten haben; sie dürften sich bei einer Zweckänderung nicht verändern. Soweit allerdings mit der Zweckänderung eine andere Rechtsgrundlage verbunden oder eine Übermittlung an andere Empfänger zB in einem Drittland beabsichtigt ist, muss der Verantwortliche die betroffene Person entgegen dem Wortlaut des Abs. 4 auch hierüber informieren. **18**

5. Ausnahmen von den Informationspflichten (Abs. 5). Die **Ausnahmen** nach Abs. 5 sind – ebenso wie die nach Art. 23 von den Mitgliedstaaten gesetzlich zu regelnden – als Einschränkungen des Grundrechts auf Datenschutz nach der Rechtsprechung des EuGH **eng auszulegen**.[29] Ihr Vorliegen hat der grundsätzlich informationspflichtige Verantwortliche zu beweisen. **19**

a) Betroffener ist informiert (Abs. 5 lit. a). Bei der indirekten Datenerhebung sind Ausnahmen von den Informationspflichten nicht nur – wie bei der direkten Erhebung (Art. 13 Rn. 19) – dann angezeigt, wenn und soweit die betroffene Person bereits über die Informationen verfügt (Abs. 5 lit. a). Die DSGVO sieht darüber hinaus **fünf weitere Ausnahmekategorien** vor, die **neben den in Art. 23 vorgesehenen Ausnahmen** gelten. Anders als in den Fällen des Art. 23 ist es in den Fällen des Abs. 5 lit. b–d nicht Sache der Mitgliedstaaten oder der Union, Beschränkungen der Informationspflicht durch Gesetzgebungsmaßnahmen vorzusehen. Vielmehr hat der Verantwortliche selbst zu überprüfen, inwieweit er sich auf die Ausnahmen nach Abs. 5 berufen kann. Tut er dies, so unterliegt seine Entscheidung der Überprüfung durch die Aufsichtsbehörden und Gerichte. **20**

b) Unmöglichkeit (Abs. 5 lit. b S. 1 Hs. 1 Alt. 1). In Anlehnung an Art. 11 Abs. 2 DSRL sieht die DSGVO vor, dass die betroffene Person nicht über eine indirekte Datenerhebung zu informieren ist, **wenn und soweit** sich dies als **unmöglich** erweist. Das betrifft in erster Linie Fälle, in denen der Verantwortliche die betroffene Person nicht kennt und deshalb nicht informieren kann. Kennt der Verantwortliche dagegen die betroffene Person, hat aber keine Kontaktdaten von ihr, die er sich jedoch beschaffen könnte, liegt kein Fall der Unmöglichkeit vor. Ob er in solchen Fällen informationspflichtig ist, hängt davon ab, welchen Aufwand die Beschaffung der Kontaktdaten erfordern würde (→ Rn. 22).[30] Auch kann sich der Verantwortliche nicht darauf berufen, dass ihm keine Informationen darüber vorliegen, ob und in welcher Weise die von ihm verwendete Software personenbezogene Daten verarbeitet (→ Art. 12 Rn. 12). Insgesamt wird der Ausnahmetatbestand der Unmöglichkeit nur in seltenen Ausnahmefällen eingreifen. Fällt der die Information vereitelnde Umstand weg, ist die Information umgehend nachzuholen.[31] **21**

c) Unverhältnismäßiger Aufwand (Abs. 5 lit. b S. 1 Hs. 1 Alt. 2). Während der Fall der objektiven Unmöglichkeit plausibel erscheint, eröffnet die Formulierung **unverhältnismäßiger Aufwand** dem Verantwortlichen einen gewissen Spielraum. Dies gilt vor allem deswegen, weil die DSGVO diesen Begriff im Folgenden nur beispielhaft, aber nicht abschließend konkretisiert. In jedem Fall ist der Verantwortliche gehalten, eine **Abwägung** zwischen seinem durch die Information entstehenden Aufwand und den Informationsinteressen der betroffenen Person vorzunehmen und deren Ergebnis zu dokumentieren.[32] Je höher das Interesse der betroffenen Person daran ist, aufgrund der Art oder Verwendung der Daten über ihre Verarbeitung informiert zu werden, desto höher ist der Aufwand, der von dem Verantwortlichen erwartet werden kann.[33] Soweit der Betreiber eines Online-Bewertungsportals einen unverhältnismäßigen Aufwand betreiben müsste, um die Kontaktdaten der bewerteten Personen zu ermitteln, ist er von der Informationspflicht nach Art. 14 befreit (→ Art. 85 Rn. 28). **22**

---

28 *Art. 29-Gruppe*, 17/EN WP 260 rev. 01, S. 17 f. Aus dem Grundsatz von Treu und Glauben wurde bereits nach Art. 11 DSRL eine Pflicht zur unverzüglichen Information der betroffenen Person über die Datenerhebung bei Dritten abgeleitet, wenn die Erhebung nicht unmittelbar mit der Speicherung zusammenfiel, s. *Ehmann/Helfrich* Art. 11 Rn. 10.

29 EuGH C-212/13, NJW 2015, 463 Rn. 28 – Rynes; *Art. 29-Gruppe*, 17/EN WP 260 rev. 01, S. 28.

30 Die *Art. 29-Gruppe*, 17/EN WP 260 rev. 01, S. 29, sieht eine Information von – mangels Kontaktdaten – nicht erreichbaren betroffenen Personen durch Vorabveröffentlichung der Datenerhebung bei Dritten zB auf einer Webseite als möglich an, obwohl dadurch nicht sichergestellt wird, dass die Information den Adressaten erreicht.

31 *Art. 29-Gruppe*, 17/EN WP 260 rev. 01, S. 29.

32 *Art. 29-Gruppe*, 17/EN WP 260 rev. 01, S. 31.

33 Vgl. *Dammann/Simitis* Art. 11 Rn. 5.

23   **d) Archive, Forschung, Statistik (Abs. 5 lit. b S. 1 Hs. 2 Alt. 1).** So kann die Informationspflicht insbes.[34] entfallen, wenn die Verarbeitung für im öffentlichen Interesse liegende Archivzwecke, für wissenschaftliche oder historische Forschungszwecke oder für statistische Zwecke erfolgt. Gegenüber Art. 11 Abs. 2 S. 1 DS-RL sind die Archivzwecke zusätzlich aufgenommen worden. EG 62 spricht davon, dass ein unverhältnismäßig hoher Aufwand in diesen drei Fällen gegeben sein „könnte" (also nicht stets gegeben sein muss). Diese Ausnahme entspricht in Teilen den Ausnahmen, die Art. 89 Abs. 2 u. 3 für andere Betroffenenrechte vorsieht. Systematisch wäre die Vorschrift besser dort angesiedelt worden. Wie in Art. 89 müssen nur die Archiv-Zwecke **im öffentlichen Interesse** liegen, nicht dagegen die Verarbeitung zu Zwecken der **wissenschaftlichen und historischen Forschung** oder der **Statistik**.[35] Voraussetzung dafür, dass dieser Ausnahmetatbestand eingreift, ist allerdings, dass die in Art. 5 Abs. 1 lit. e, 2. Hs. und Art. 89 Abs. 1 genannten Bedingungen und Garantien erfüllt sind. Die in Art. 89 Abs. 1 S. 1 – 3 formulierten Bedingungen sind nicht lediglich deskriptiv, sondern normativ zu verstehen. Wenn also die Verarbeitung zu Archivzwecken, zu Zwecken der wissenschaftlichen oder historischen Forschung oder der amtlichen Statistik keine Garantien für die Rechte und Freiheiten der betroffenen Person aufweist und zB den Grundsatz der Datenminimierung nicht technisch-organisatorisch gewährleistet, ist auch keine Berufung auf die Ausnahme des Abs. 5 lit. b Alt. 2 zulässig. Auch wird man bei Forschungsvorhaben nicht – wie EG 62 es nahelegt – in allen Fällen schon aus der Zahl der betroffenen Personen (Probanden) auf einen unverhältnismäßigen Aufwand[36] schließen können, der eine Informationspflicht entfallen lässt.

24   **e) Vereitelung der Verarbeitungsziele, (Abs. 5 lit. b S. 1 Hs. 2 Alt. 2).** Schließlich entfallen die Informationspflichten nach Abs. 1 über die DSRL hinausgehend auch dann, wenn eine Erfüllung dieser Pflichten voraussichtlich die Verwirklichung der Ziele „dieser Verarbeitung" unmöglich macht oder ernsthaft beeinträchtigt. Zunächst ist unklar, weshalb in dieser Ausnahme abweichend von dem Einleitungssatz des Abs. 5 nur auf Abs. 1 Bezug genommen wird. Auch Informationen nach Abs. 2 können die Verwirklichung der verfolgten Verarbeitungsziele beeinträchtigen, zumal sie nicht als nachrangig zu betrachten sind (→ Art. 13 Rn. 9). Allerdings entbindet **nicht** schon **jede Erschwernis einer Verarbeitung** den Verantwortlichen von der Pflicht zur Information. Vielmehr muss die Information der betroffenen Person die Verwirklichung des Verarbeitungszieles entweder unmöglich machen oder ernsthaft beeinträchtigen. Für die Beurteilung, ob eine der Voraussetzungen des Abs. 5 lit. b vorliegt, sollen nach EG 62 die Zahl der betroffenen Personen und das Alter der Daten oder etwaige geeignete Garantien in Betracht gezogen werden.[37]

25   Auch die Offenlegung der **Identität eines Informanten oder Hinweisgebers (Whistleblowers)** kann ausnahmsweise abgelehnt werden, soweit dadurch die Verwirklichung der Verarbeitungsziele voraussichtlich unmöglich gemacht oder ernsthaft beeinträchtigt wird (→ Rn. 12).[38] Dies ist in der deutschen Rechtsprechung für die Bekämpfung besonders gefährlicher Kriminalitätsformen ebenso anerkannt[39] wie für die Bekämpfung von Korruption,[40] Sozialleistungsmissbrauch[41] und die Aufklärung bestimmter steuerrechtlicher Sachverhalte.[42] Allerdings gilt dies nicht, wenn der Informant oder Hinweisgeber wider besseres Wissen oder leichtfertig falsche Tatsachen behauptet hat.

26   **f) Pflicht zu kompensierenden Maßnahmen (Abs. 5 lit. b S. 2).** Beruft sich der Verantwortliche auf eine der Ausnahmen in Abs. 5 lit. b, so muss er **geeignete Maßnahmen** zum Schutz der Rechte und Freiheiten der betroffenen Person und ihrer berechtigten Interessen ergreifen. Diese Maßnahmen sollen das durch den Verzicht auf die Informationserteilung entstehende **Transparenzdefizit kompensieren.** Dies kann nach der Vorschrift die **Veröffentlichung** der Informationen einschließen (insbes., wenn der Verantwortliche sich Kontaktdaten der betroffenen Person nicht mit verhältnismäßigem Aufwand beschaffen kann), muss sich aber nach dem Wortlaut der Vorschrift darin nicht erschöpfen. Der Verantwortliche sollte schriftlich und

---

34   Das Wort „insbesondere" lässt sprachlich im Unklaren, ob die folgenden Beispiele sich auf den Fall der „Unmöglichkeit" oder den der „Unverhältnismäßigkeit" beziehen. Im Grunde handelt es sich um eigenständige Fallgestaltungen, in denen der Gesetzgeber eine Informationspflicht für unangemessen hält. Nach Ansicht der *Art. 29-Gruppe*, 17/EN WP 260 rev. 01, S. 30, dürfen sich Verarbeiter, die keine Archiv-, Forschungs- oder Statistikzwecke verfolgen, nicht „routinemäßig" auf diese Ausnahme berufen.

35   Kühling/Buchner/*Buchner/Tinnefeld* Art. 89 Rn. 9; Sydow/*Hense* Art. 89 Rn. 6.

36   Der von *Mólnar-Gábor/Korbel* ZD 2016, 274 (278) angeführte hohe Aufwand reicht allein aus. Ein praktisches Beispiel für die quantitative Bemessung des unverhältnismäßigen Aufwands findet sich bei *Art. 29-Gruppe*, 17/EN WP 260 rev. 01, S. 30.

37   Gleichlautend bereits EG 40 DSRL.

38   Vgl. Simitis/*Mallmann* § 19 Rn. 83.

39   BVerwGE 89, 15, 18ff.; vgl. auch die weiteren Rechtsprechungsnachweise bei Simitis/*Mallmann* § 19 Rn. 83.

40   BVerwGE 118, 10.

41   BVerwGE 119, 11.

42   Vgl. BVerfGE 120, 351.

damit nachprüfbar festlegen, unter welchen Voraussetzungen er von einer Information nach dieser Vorschrift absieht.[43]

g) Regelung durch das Recht der Mitgliedstaaten oder der Union (Abs. 5 lit. c). Ist die Erlangung oder Offenlegung der personenbezogenen Daten, über deren Verarbeitung die betroffene Person grundsätzlich informiert werden soll, durch mitgliedstaatliches Recht oder Unionsrecht ausdrücklich geregelt, kann die Informationspflicht des Verantwortlichen ebenfalls entfallen. Diese Regelung entspricht Art. 11 Abs. 2 S. 1 letzte Alt. DSRL.[44] Der Unionsgesetzgeber hat damit seine Annahme bekräftigt, dass die betroffenen Personen jedenfalls dann **hinreichende Kenntnis von der Datenverarbeitung** haben und nicht auf eine individuelle Information durch den Verantwortlichen angewiesen sind, wenn die Datenverarbeitung, insbes. die Erlangung und Offenlegung explizit durch das Recht der Mitgliedstaaten oder der Union geregelt ist. Als ein „hinreichendes Surrogat"[45] für die an sich vorgeschriebene Information durch den Verantwortlichen können allerdings nur solche Rechtsvorschriften dienen, die **über eine generalklauselartige Erlaubnis** der Datenverarbeitung (vgl. zB Art. 6 Abs. 1 lit. f) **hinausgehen.** Verwaltungsvorschriften oder Vereinbarungen zwischen Behörden genügen nicht.[46] Soweit die Verfassungsordnung eines Mitgliedstaates – wie in Deutschland – für Beschränkungen eines Grundrechts auf Datenschutz ein Parlamentsgesetz erfordert, ist dies mit der DSGVO vereinbar (EG 41). Die Datenverarbeitung muss für die betroffene Person durch die Rechtsvorschrift so **berechenbar** werden, dass sie mit einer gewissen Wahrscheinlichkeit davon abzusehen bereit ist zu erfahren, welcher Verantwortliche konkret welche Informationen zu welchen Zwecken verarbeitet.[47] Berechenbar für die betroffene Person ist nur eine Regelung, die eine Pflicht und nicht lediglich eine Befugnis zur Erlangung oder Offenlegung der Daten enthält.[48] Denn im zuletzt genannten Fall liegt es im Ermessen des Verantwortlichen, ob er von der gesetzlichen Befugnis Gebrauch macht. Nicht Art. 14, sondern Art. 13 ist anwendbar, wenn der Verantwortliche verpflichtet ist, die Daten direkt bei der betroffenen Person zu erheben.[49]

Die Regelungen nach Abs. 5 lit. c betreffen die Erlangung und Offenlegung der Daten selbst (zB im Bereich der Geldwäsche-Bekämpfung oder des Steuerrechts)[50]; daneben können die Informationspflichten nach Art. 14 wie auch andere Betroffenenrechte durch Regelungen der Union oder der Mitgliedstaaten beschränkt werden (Art. 23). § 33 Abs. 1 Nr. 1 und Nr. 2 lit. a und b BDSG nF widerspricht aus denselben Gründen teilweise der DSGVO wie § 32 Abs. 1 Nr. 2 und 3 BDSG nF (→ Art. 13 Rn. 23, Art. 23 Rn. 25).[51] Diese Ausnahmevorschriften des deutschen Rechts sind daher – soweit ihr Wortlaut es zulässt - verordnungskonform einschränkend auszulegen. In allen anderen Fällen hat die Grundverordnung Anwendungsvorrang vor dem nationalen Recht.[52] Das gilt auch in Bezug auf § 33 Abs. 1 Nr. 2 lit. b, 1. Hs. BDSG nF, der nach seinem Wortlaut im Gegensatz zu § 32 Abs. 1 Nr. 3 BDSG nF keine Abwägung mit dem Informationsinteresse der betroffenen Person verlangt. Um die Risiken für die Rechte und Freiheiten der betroffenen Personen – wie in Art. 23 Abs. 2 lit. g vorgeschrieben – zu berücksichtigen, wird man § 33 Abs. 1 Nr. 2 lit. b, 1. Hs. BDSG nF auch insoweit verordnungskonform auszulegen haben, als auch in diesen Fällen – wie nach § 32 Abs. 1 Nr. 3 BDSG nF – die Informationspflicht nur dann entfällt, wenn die Interessen des Verantwortlichen an der Nichterteilung der Information die Interessen der betroffenen Person überwiegen. Die in § 33 Abs. 3 BDSG nF enthaltene Beschränkung der Informationspflicht bei **Datenübermittlungen an Nachrichtendienste**[53] könnte prinzipiell sowohl auf Abs. 5 lit. c als auch auf Art. 23 Abs. 1 lit. a und b gestützt werden. Allerdings hat der Bundesgesetzgeber sie zu weit gefasst und es zudem versäumt, für diese Fälle die auch nach Abs. 5 lit. c, S. 2 und Art. 23 Abs. 2 vorgeschriebenen geeigneten kompensatorischen

---

43 So § 33 Abs. 2 S. 2 BDSG nF; demgegenüber wiederholt § 33 Abs. 2 S. 1 BDSG nF in unionsrechtswidriger Weise lediglich Abs. 5 lit. b S. 2.
44 Dort ist allerdings von mitgliedstaatlichen Regelungen „durch Gesetz" die Rede.
45 *Dammann/Simitis* Art. 11 Rn. 7.
46 Vgl. zur DSRL EuGH C-201/14, NVwZ 2016, 375 Rn. 45 – Bara.
47 EG 41; vgl. bereits *Dammann/Simitis* Art. 11 Rn. 7.
48 So zutreffend Kühling/Buchner/*Bäcker* Art. 14 Rn. 65; ebenso zu § 33 Abs. 2 S. 1 Nr. 4 DKWW/*Däubler* § 33 Rn. 39; *Art. 29-Gruppe,* 17/EN WP 260 rev. 01, S. 32; aA zu Art. 11 DSRL noch *Dammann/Simitis* Art. 11 Rn. 7, und zum BDSG aF Simitis/*Dix* § 33 Rn. 87.
49 *Art. 29-Gruppe,* 17/EN WP 260 rev. 01, S. 32.
50 Vgl. die Beispiele in den Guidelines des *Art. 29-Gruppe,* 17/EN WP 260 rev. 01, S. 31 f.
51 Vgl. *Eichler/Nguyen* in: Jahrbuch 2017, 17, 35. Das gilt in gleicher Weise für die ab dem 25.5.2018 geltenden §§ 32 b Abs. 1 Nr. 1 AO nF und 82 a Abs. 1 Nr. 1 SGB X nF Die Vorschriften der §§ 32 b Abs. 1 Nr. 2 AO nF und 82 a Abs. 1 Nr. 2 SGB X nF sind insoweit nicht verordnungskonform, als sie Ausnahmen von der Informationspflicht bei solchen Informationen vorsehen, die „ihrem Wesen nach" geheim zu halten sind (→ Rn. 29).
52 §§ 1 Abs. 5 BDSG; 2 a Abs. 3 AO und 35 Abs. 2 SGB I; vgl. auch *Eichler/Nguyen* in: Jahrbuch 2017, 17, 35. Die *DSK,* Kurzpapier Nr. 10, 3, hält zumindest in Einzelfällen einen Anwendungsvorrang für möglich.
53 Vgl. auch die §§ 32 b Abs. 2 AO nF und 82 a Abs. 5 SGB X nF Die zuletzt genannte Vorschrift macht darüber hinaus auch die Information über Datenübermittlungen an Strafverfolgungsbehörden zu weitgehend von deren Zustimmung abhängig.

Maßnahmen zum Schutz der berechtigten Interessen der betroffenen Personen vorsehen.[54] So hätte zumindest geregelt werden müssen, dass die Zustimmung der Nachrichtendienste nicht – wie der Wortlaut es rechtfertigen würde – aus beliebigen Gründen, sondern nur dann verweigert werden darf, wenn die Erteilung der Information die Erfüllung der Aufgaben der Nachrichtendienste vereiteln oder die nationale Sicherheit gefährden oder dem Wohl des Bundes oder eines Landes Nachteile bereiten würde. Zugleich darf der jeweilige Nachrichtendienst seine Zustimmung nur nach Abwägung mit den Rechten und Freiheiten der betroffenen Person verweigern (Art. 23 Abs. 2 lit. g). In dieser verordnungskonform einschränkenden Auslegung ist § 33 Abs. 3 BDSG nF anzuwenden. Zudem unterliegen die Nachrichtendienste in Deutschland der Kontrolle durch die Datenschutzaufsichtsbehörden des Bundes und der Länder, so dass sie zu diesem Zweck und für eine ebenfalls mögliche gerichtliche Überprüfung die Gründe für die Versagung der Zustimmung nachvollziehbar zu dokumentieren haben.

29   **h) Berufsgeheimnisse (Abs. 5 lit. d).** Weitergehend als DSRL werden schließlich solche personenbezogenen Daten von der Informationspflicht ausgenommen, die nach dem Recht der Mitgliedstaaten (einschließlich satzungsmäßiger Regelungen wie zB der ärztlichen Berufsordnungen) oder der Union dem **Berufsgeheimnis** unterliegen. Damit wird zunächst – ebenso wie durch Art. 90 – klargestellt, dass auch die Verarbeitung von Daten, die von Berufsgeheimnissen geschützt werden, **in den Anwendungsbereich der DSGVO** fallen. Dies wurde in einzelnen Mitgliedstaaten (zB in Deutschland für die Verarbeitung durch Rechtsanwälte) für die nationalen Regelungen immer wieder bestritten.[55] Nicht zu den Berufsgeheimnissen iSd Vorschrift zählen vertraglich vereinbarte Verschwiegenheitspflichten wie etwa das **Bankgeheimnis**, auch wenn dies der BGH als Berufsgeheimnis iSd BDSG aF eingestuft hat.[56] Auch andere Fälle, in denen bisher in Deutschland ein Verzicht auf die Benachrichtigung der betroffenen Person als zulässig angesehen wurde,[57] wie der Vertrag zugunsten Dritte von Todes wegen oder die stille Zession,[58] rechtfertigen eine Ausnahme von der Informationspflicht nach Abs. 5 nicht mehr.[59]

30   Die besondere Geheimhaltungsbedürftigkeit von Daten, die einem Berufsgeheimnis unterliegen, weil sie einer nach Gesetz oder Berufsordnung schweigepflichtigen Person, zB einem Arzt, einem Rechtsanwalt oder Steuerberater, anvertraut worden sind, soll nicht durch die Informationspflichten nach Art. 14 gefährdet werden. Dabei geht die Vorschrift von einem **multipolaren Verhältnis** aus, an dem neben der betroffenen Person und dem Berufsgeheimnisträger auch Dritte beteiligt sind, über die entweder Daten dem Berufsgeheimnisträger anvertraut oder bei denen Daten über den Betroffenen erhoben wurden. Die Reichweite der Informationspflicht gegenüber der betroffenen Person ist nach der DSGVO eingeschränkt, um das Vertrauensverhältnis zwischen dem Berufsgeheimnisträger (Arzt, Rechtsanwalt) und dem Dritten (Patient, Mandant) zu schützen. Erhebt ein Berufsgeheimnisträger also Daten bei der sich ihm anvertrauenden Person, die Dritte betreffen, so sind diese nicht zu informieren.[60] Allerdings greift die Ausnahme des Abs. 5 lit. d nicht ein, soweit das **bipolare Verhältnis** zwischen Berufsgeheimnisträger und Patient oder Mandant betroffen ist. Wenn also der Arzt oder Anwalt Daten über seinen Patienten oder Mandanten bei Dritten erhebt, bleibt er diesem gegenüber nach Art. 14 informationspflichtig.[61] Die in § 29 Abs. 1 S. 1 BDSG nF vorgesehene Ausnahme von der Informationspflicht geht weit über das von der DSGVO zugelassene Maß einer Ausnahme hinaus. Mit der Vorschrift soll offenbar der durch § 33 Abs. 2 S. 1 Nr. 3 BDSG aF geregelte Rechtszustand konserviert werden. Während durch Rechtsvorschrift vorgesehene Geheimhaltungspflichten unter Abs. 5 lit. c (→ Rn. 27 f.) fallen, sieht das Unionsrecht keinen allgemeinen Verzicht auf Informationspflichten bei Informationen vor, die „ihrem Wesen nach, insbes. wegen der überwiegenden berechtigten Interessen eines Dritten" geheim zu halten sind. Insbesondere kennt das Unionsrecht keine Informationen, die „ihrem Wesen nach" geheim gehalten werden müssen. § 29 Abs. 1 S. 1 BDSG nF könnte **nur insofern verordnungskonform** sein, als eine Information der betroffenen Person zum **Schutz der Rechte und Freiheiten anderer Personen** im Sinne von Art. 23 Abs. 1 lit. i unterbleiben muss. Allerdings hat es der Bundesgesetzgeber versäumt, die in Art. 23 Abs. 2 vorgeschriebenen kompensatorischen Regelungen für derartige Fälle in

---

54   Das sieht § 33 Abs. 2 BDSG nF nur für Fälle vor, in denen die Information nach § 33 Abs. 1 BDSG nF unterbleibt.

55   Vgl. die Nachweise für die deutsche Diskussion bei Simitis/*Dix* § 1 Rn. 170, 186.

56   BGH NJW 2007, 2106 Rn. 34; vgl. dazu Simitis/*Dix* § 1 Rn. 182.

57   Unter Berufung auf § 33 Abs. 2 S. 1 Nr. 3 BDSG aF (→ Rn. 30).

58   Vgl. dazu Simitis/*Dix* § 33 Rn. 80.

59   Ebenso Sydow/*Ingold* Art. 14 Rn. 19.

60   So auch *Zikesch/Kramer* ZD 2016, 565 (566). Die *Art. 29-Gruppe*, 17/EN WP 260 rev. 01, S. 33, nennt hierfür das Beispiel eines Patienten, der seinen Arzt über eine genetische Disposition informiert, die bestimmte namentlich genannte Verwandte ebenfalls haben. Der Arzt ist in dieser Situation gegenüber den Verwandten nicht informationspflichtig.

61   Vgl. für die Rechtslage nach BDSG aF Simitis/*Dix* § 33 Rn. 7; aA *Zikesch/Kramer* ZD 2016, 565 (566). Auch § 29 Abs. 1 S. 1 BDSG nF entspricht diesem Ergebnis.

ausreichendem Maß vorzusehen. Die Geheimhaltungsinteressen des Informanten oder Whistleblowers, der nicht bewusst unrichtige Angaben macht, werden bereits durch Abs. 5 lit. b gewährleistet (→ Rn. 25).

6. Weitere Beschränkungen und Ausnahmen. Weitere Beschränkungen der Informationspflicht nach   31
Art. 14 können die Union oder die Mitgliedstaaten nach **Art. 23** durch Rechtsvorschriften regeln (→ Rn. 30). Zudem können die Mitgliedstaaten auch nach **Art. 85 Abs. 2** für die Verarbeitung zu journalistischen, wissenschaftlichen, künstlerischen oder literarischen Zwecken Abweichungen und Ausnahmen von Kapitel III der DSGVO vorsehen, wenn dies erforderlich ist, um das Recht auf Datenschutz mit der **Freiheit der Meinungsäußerung und der Informationsfreiheit** in Einklang zu bringen. Auf die Kommentierung dieser Vorschriften wird verwiesen.

7. Rechtsdurchsetzung und Sanktionen. Wie bei Verstößen gegen die Informationspflicht nach Art. 13 (→   32
Art. 13 Rn. 21) können betroffene Personen sich auch bei unterlassener oder ungenügender Information im Fall der indirekten Datenerhebung an den Verantwortlichen wenden, sich aber auch unmittelbar sowohl bei der zuständigen Aufsichtsbehörde nach Art. 77 **beschweren** als auch einen **Rechtsbehelf** nach Art. 79 einlegen, was zu einer gerichtlichen Überprüfung des Verhaltens des Verantwortlichen führt. Auch eine Verbandsklage nach Art. 80 Abs. 1 würde zu diesem Ergebnis führen. Wie Art. 13 darf auch Art. 14 nicht als eine reine Ordnungsvorschrift missverstanden werden, so dass ein Verstoß gegen diese Informationspflicht auch zur Rechtswidrigkeit der anschließenden Datenverarbeitung führt.

Artikel 15   Auskunftsrecht der betroffenen Person

(1) Die betroffene Person hat das Recht, von dem Verantwortlichen eine Bestätigung darüber zu verlangen, ob sie betreffende personenbezogene Daten verarbeitet werden; ist dies der Fall, so hat sie ein Recht auf Auskunft über diese personenbezogenen Daten und auf folgende Informationen:

a)   die Verarbeitungszwecke;
b)   die Kategorien personenbezogener Daten, die verarbeitet werden;
c)   die Empfänger oder Kategorien von Empfängern, gegenüber denen die personenbezogenen Daten offengelegt worden sind oder noch offengelegt werden, insbesondere bei Empfängern in Drittländern oder bei internationalen Organisationen;
d)   falls möglich die geplante Dauer, für die die personenbezogenen Daten gespeichert werden, oder, falls dies nicht möglich ist, die Kriterien für die Festlegung dieser Dauer;
e)   das Bestehen eines Rechts auf Berichtigung oder Löschung der sie betreffenden personenbezogenen Daten oder auf Einschränkung der Verarbeitung durch den Verantwortlichen oder eines Widerspruchsrechts gegen diese Verarbeitung;
f)   das Bestehen eines Beschwerderechts bei einer Aufsichtsbehörde;
g)   wenn die personenbezogenen Daten nicht bei der betroffenen Person erhoben werden, alle verfügbaren Informationen über die Herkunft der Daten;
h)   das Bestehen einer automatisierten Entscheidungsfindung einschließlich Profiling gemäß Artikel 22 Absätze 1 und 4 und – zumindest in diesen Fällen – aussagekräftige Informationen über die involvierte Logik sowie die Tragweite und die angestrebten Auswirkungen einer derartigen Verarbeitung für die betroffene Person.

(2) Werden personenbezogene Daten an ein Drittland oder an eine internationale Organisation übermittelt, so hat die betroffene Person das Recht, über die geeigneten Garantien gemäß Artikel 46 im Zusammenhang mit der Übermittlung unterrichtet zu werden.

(3) ¹Der Verantwortliche stellt eine Kopie der personenbezogenen Daten, die Gegenstand der Verarbeitung sind, zur Verfügung. ²Für alle weiteren Kopien, die die betroffene Person beantragt, kann der Verantwortliche ein angemessenes Entgelt auf der Grundlage der Verwaltungskosten verlangen. ³Stellt die betroffene Person den Antrag elektronisch, so sind die Informationen in einem gängigen elektronischen Format zur Verfügung zu stellen, sofern sie nichts anderes angibt.

(4) Das Recht auf Erhalt einer Kopie gemäß Absatz 3 darf die Rechte und Freiheiten anderer Personen nicht beeinträchtigen.

Literatur: *Art. 19/Privacy International*, Privacy and Freedom Expression In the Age of Artificial Intelligence (2018); *Art.-29-Gruppe*, Stellungnahme 5/2009 zur Nutzung sozialer Online-Netzwerke, 09/DE WP 163; *Bräutigam, P./Schmidt-Wudy, F.,* Das geplante Auskunfts- und Herausgaberecht des Betroffenen nach Art. 15 der EU-Datenschutzgrundverordnung – Ein Diskussionsbeitrag zum anstehenden Trilog der EU-Gesetzgebungsorgane, CR 2015, 56; *Brisch, K./Müller-ter Jung, M.*, Digitaler Nachlass – Das Schicksal von E-Mail- und De-Mail-Accounts sowie Mediencenter-Inhalten, CR 2013, 446; *Cormack, A.,* Is the Subject Access

Right Now Too Great a Threat to Privacy?, EDPL 2016, 15; Council of Europe, Committee of Experts on Internet Intermediaries, Study on the Human Rights Dimensions of Automated Data Processing Techniques (in particular Algorithms) and Possible Regulatory Implications (2016); DSK *(Konferenz der unabhängigen Datenschutzbehörden des Bundes und der Länder)*, Kurzpapier Nr. 6 Auskunftsrecht der betroffenen Person (2018), https://www.datenschutz-berlin.de//kurzpapiere.html; *Edwards, L./Veale, M.,* Slave to the Algorithm? Why a 'Right to an Explanation' is Probably not the Remedy You are Looking For, 16 Duke Law & Technology Review, 18 (2017); *Eichler, C./Nguyen, A.,* Die Vereinbarkeit des neuen BDSG mit der Datenschutz-Grundverordnung – Konsequenzen für Auslegung ung Anwendbarkeit, in: *Dix, A./Franßen, G./Kloepfer, M./Kugelmann, D./Schaar, P:/Schoch, F./ Voßhoff, A. (Hrsg.),* Informationsfreiheit und Informationsrecht Jahrbuch 2017, 17; *Finck, M.,* Blockchains and Data Protection in the European Union, EDPL 2018, 17; *Fleischer, H./Schickhardt, C./Taupitz, J./Winkler, E.,* Das Recht von Patienten und Probanden auf Herausgabe ihrer genetischen Rohdaten, MedR 2016, 481; *Galetta, A./Fonio, C./Ceresa, A.,* Nothing is as it seems. The exercise of access rights in Italy and Belgium: dispelling fallacies in the legal reasoning from the 'law in theory' to the 'law in practice', IDPL 2016, 16; *Goodman, B./Flaxman, S.,* European Union regulations on algorithmic decision-making and a "right to explanation", 2016, ICML Workshop on Human Interpretability in Machine Learning, https://arxiv.org/abs/1606.08813 v 3; *Hansen, M./Krause, C.,* Technische Möglichkeiten des Selbstdatenschutzes, in: Roßnagel, A. (Hrsg.), Technik für Nutzer – Rechtliche Regelung für eine nutzergerechte Technik, 2004, 111; *Herzog, S.,* Der digitale Nachlass – ein bisher kaum gesehenes und häufig missverstandenes Problem, NJW 2013, 3745; *Hornung, G.,* Eine Datenschutz-Grundverordnung für Europa?, ZD 2012, 99; *van den Hoven van Genderen, R.,* Privacy and Data Protection in the Age of Pervasive Technologies in AI and Robotics, EDPL 2017, 338; *Kempermann, F./Deiters, G./Fischer, R. U.* Einführung eines Discovery-Verfahrens über deutsches Datenschutzrecht? – Auskunftsersuchen nach § 34 BDSG, ZD 2013; *Klas, B./Möhrke-Sobolewski, C.,* Digitaler Nachlass – Erbenschutz trotz Datenschutz, NJW 2015, 3473; *Liedke, B.,* BIG DATA – small information: muss der datenschutzrechtliche Auskunftsanspruch reformiert werden?, K&R 2014, 709; *Malgieri, G./Comandé, G.,* Why a Right to Legibility of Automated Decision-Making Exists in the General Data Protection Regulation, IDPL 2017, 243; *Martini, M.,* Der digitale Nachlass und die Herausforderung postmortalen Persönlichkeitsschutzes im Internet, JZ 2012, 1145; *Selbst, A./Powles, J.,* Meaningful Information and the Right to Explanation; IDPL 2017, 233; *Temme, M.,* Algorithms and Transparency in View of the GDPR, EDPL 2017, 473; *Wachter, S./Mittelstadt, B./Floridi, L.,* Why a Right to Explanation of Automated Decision-Making Does Not Exist in the General Data Protection Regulation, IDPL 2017, 1; *Werkmeister, C./Brandt, E.,* Datenschutzrechtliche Herausforderungen für Big Data, CR 2016, 233; *Wybitul, T./Rauer, N.,* EU-Datenschutz-Grundverordnung und Beschäftigtendatenschutz – Was bedeuten die Regelungen für Unternehmen und Arbeiter in Deutschland?, ZD 2012, 160.

I. Vorbemerkung

1   Das Auskunftsrecht ist seit jeher für die Betroffenen das zentrale subjektive Datenschutzrecht.[1] Es ist deshalb zu Recht als die **"Magna Charta des Datenschutzes"** bezeichnet worden.[2] Art. 15 konkretisiert zugleich das in Art. 8 Abs. 2 S. 2 GRCh garantierte **Menschenrecht auf Auskunft** jeder Person über die sie betreffenden erhobenen Daten.[3] Die in Deutschland diskutierte Streitfrage, ob das Auskunftsrecht Bestandteil des Grundrechts auf Datenschutz ist,[4] hat die GRCh durch die ausdrückliche Garantie des Art. 8 Abs. 2 S. 2 positiv entschieden. Das Auskunftsrecht ermöglicht der betroffenen Person die Prüfung, ob der Verantwortliche rechtmäßig Daten über sie verarbeitet, und versetzt sie häufig erst in die Lage, die Verarbeitung dieser Daten durch Geltendmachung ihrer Rechte auf Berichtigung (Art. 16), Löschung (Art. 17), Einschränkung der Verarbeitung (Art. 18) und Übertragbarkeit der Daten (Art. 20) geltend zu machen, der Verarbeitung zu widersprechen (Art. 21) oder die ihr bei einer automatisierten Entscheidung zustehenden Rechte (Art. 22 Abs. 3) auszuüben.[5] Darüber hinaus hat das Auskunftsrecht Bedeutung für die Geltendmachung von Scha-

---

1   Vgl. Simitis/*Dix* § 34 Rn. 1.
2   So zB Roßnagel/*Wedde*, HB DSch, Kap. 4.4 Rn. 2.
3   Vgl. EG 1 und 2.
4   Näher Simitis/*Mallmann* § 19 Rn. 1 mwN.
5   Ständige Rspr. des EuGH, vgl. zuletzt Urt. v. 20.12.2017, C-434/16, ECLI:EU:C:2017:994 – Nowak, Rn. 57.

densersatzansprüchen nach Art. 82[6] und für das Recht auf einen wirksamen gerichtlichen Rechtsbehelf nach Art. 79. Das Auskunftsrecht ist zudem ein wesentliches Element sowohl des **Selbstdatenschutzes**[7] **als auch der externen Kontrolle** der verantwortlichen Stellen.

Das Auskunftsrecht ist wie auch alle Informationspflichten nach Art. 13 und 14 sowie die übrigen Betroffe- 2 nenrechte nach Art. 16–22 eine Konkretisierung des Grundrechts aus Art. 8 GRCh, mithin **unabdingbar** und kann nicht durch Rechtsgeschäft ausgeschlossen werden (→ Art. 12 Rn. 6).

Im Unterschied zu den Informationspflichten nach Art. 13 und 14 muss der Verantwortliche nur dann Aus- 3 kunft erteilen, wenn die betroffene Person von ihrem Auskunftsrecht Gebrauch macht. Sie muss sich die gewünschten Informationen abholen (**„Holschuld"**). Aus der Sicht des Verantwortlichen handelt es sich deshalb um eine **passive Form der Transparenz** (im Gegensatz zur Information, wo der Datenverarbeiter von sich aus **„aktiv"** Transparenz herstellen muss (**„Bringschuld"**).[8] Andererseits können die Betroffen nach Art. 15 weitergehende, präzisere Auskünfte über die zu ihrer Person gespeicherten Daten verlangen, als ihnen der Verantwortliche von sich aus mitteilen muss.[9] Das Auskunftsrecht nach Art. 15 steht neben den Informationspflichten nach Art. 13 und 14 und wird durch diese nicht abgeschwächt. Der EuGH betont in seiner Rechtsprechung die **eigenständige Bedeutung des Auskunftsrechts**, das nicht durch den Verweis auf die gesonderten und unterschiedlichen Informationspflichten eingeschränkt werden darf.[10]

Die Vorschrift berechtigt nicht ihrerseits zu **Eingriffen in das Recht der Auskunftsberechtigten** auf informa- 4 tionelle Selbstbestimmung. Insbesondere dürfen personenbezogenen Daten, für deren anhaltende Speicherung es keine andere Legitimation gibt (insbes. weil sie nicht mehr erforderlich sind), nicht allein zu dem Zweck weiter gespeichert werden, eine Auskunftserteilung an die Betroffenen zu ermöglichen (Art. 11 Abs. 1 → Art. 11 Rn. 23 f.). Allerdings folgt aus dem Auskunftsrecht nach der Rechtsprechung des EuGH eine Verpflichtung der verantwortlichen Stelle, Daten über Empfänger oder Empfängerkategorien für einen begrenzten Zeitraum zu speichern, auch wenn sie einen Personenbezug aufweisen (→ Rn. 20).

II. Entstehungsgeschichte

Das Auskunftsrecht war im Gesetzgebungsverfahren im Grundsatz **kein Gegenstand von** besonderen **Kon-** 5 troversen. Allerdings enthielten sowohl der KOM-E als auch der Parl-E – im Gegensatz zur Vorläufervorschrift des Art. 12 lit. a zweiter Gedankenstrich DSRL – keinen expliziten Anspruch auf Auskunft über die zur betroffenen Person konkret gespeicherten Daten (sondern nur über die Kategorien der verarbeiteten Daten). Dieser wurde erst auf Vorschlag des Rats in den Text der Verordnung aufgenommen. Der Umfang des Auskunftsanspruchs wurde gegenüber der DSRL erheblich ausgeweitet. Neu gegenüber dem bisherigen Sekundärrecht ist insbes. der **Anspruch auf eine Kopie** der verarbeiteten Daten (Abs. 3), der bereits im KOM-E enthalten war.

III. Auskunftsanspruch

1. Anwendungsbereich. Der Anwendungsbereich des Art. 15 erstreckt sich auf **jede ganz oder teilweise au-** 6 **tomatisierte Verarbeitung** personenbezogener Daten ebenso wie auf die **nichtautomatisierte Verarbeitung** solcher Daten, die in einem Dateisystem gespeichert sind oder gespeichert werden sollen (Art. 2 Abs. 1). Dies schließt nach dem weit definierten Begriff des Dateisystems in Art. 4 Nr. 6 auch **strukturierte Papier-Akten** ein, die nach bestimmten Kriterien zugänglich sind (zB nach Namen oder Zeiträumen).

Die Vorschrift ist nicht anzuwenden auf Daten, die natürliche Personen zur Ausübung **ausschließlich per-** 7 **sönlicher oder familiärer Tätigkeiten** verarbeiten (→ Art. 2 Abs. 2 lit. c). Dies können nach EG 18 zB private Adressverzeichnisse und Kalender sein, allerdings nur dann, wenn sie nicht veröffentlicht werden und Dritte nicht auf sie zugreifen können.[11] Bei der **Nutzung von sozialen Netzwerken**, die EG 18 in diesem Zusammenhang ebenfalls erwähnt, ist das Auskunftsrecht Dritter gegenüber dem Nutzer des sozialen Netzes nur dann ausgeschlossen, wenn dieser den Zugriff auf sein Profil auf seine Familie oder einen bestimmten Personenkreis (**„Freunde"**) beschränkt hat, denn dann greift die Ausnahme für private und familiäre Tätigkeiten ein.[12]

---

6   Vgl. auch EuGH C-553/07, NJW 2010, 220 Rn. 51, 54 – Rijkeboer.
7   Dazu Roßnagel/*ders.*, HB DSch, Kap. 3.4 Rn. 74 f.; *Hansen/Krause* in: Roßnagel (Hrsg.), Technik für Nutzer, 2004, 91 (111).
8   Vgl. *Simitis/Dix* § 33 Rn. 3. Die Konferenz der Datenschutzbeauftragten hat in ihren Eckpunkten „Ein modernes Datenschutzrecht für das 21. Jahrhundert" (März 2010, S. 21), Dok. 363, darüber hinaus auch die Idee eines „Datenbriefs" unterstützt, mit dem die Betroffenen regelmäßig über die zu ihrer Person gespeicherten Daten informiert werden.
9   Vgl. zum BDSG aF *Simitis/Dix* § 34 Rn. 6.
10 EuGH C-553/07, NJW 2010, 220 Rn. 67ff. – Rijkeboer.
11 Vgl. EuGH C-212/13, NJW 2015, 463 Rn. 32 f. – Rynes.
12 Vgl. *Art.-29-Gruppe*, WP 163, S. 7.

8   Art. 14 **JI-Richtlinie** enthält einen entsprechenden Auskunftsanspruch für die Datenverarbeitung durch Justiz- und Polizeibehörden,[13] der sich allerdings nicht wie Abs. 1 lit. h auf die automatisierte Entscheidungsfindung bezieht und **kein Recht auf eine Kopie** einschließt.

9   **2. Anspruchsberechtigter und Verpflichteter.** Das Auskunftsrecht steht **allen betroffenen Personen** im Sinne des Art. 4 Nr. 1 unabhängig von ihrer Staatsangehörigkeit zu. Auch Personen, die sich in der Union aufhalten, ohne Unionsbürger zu sein, können Auskunft verlangen, wenn der Anwendungsbereich der DSGVO nach Art. 3 Abs. 2 eröffnet ist. So könnten zB US-Bürger, denen ein US-Unternehmen ohne Niederlassung in der Union Waren oder Dienstleistungen anbietet oder sie beobachtet, Auskunftsansprüche geltend machen, die ihnen nach US-Recht nicht zustehen. Andererseits steht das Recht nur betroffenen Personen und deren Vertretern,[14] nicht aber anderen Personen zu. Bei der Frage, ob **Erben** Auskunft bezüglich des Erblassers verlangen können, sind zwei Fragen zu unterscheiden. Die Grundverordnung schreibt selbst keinen postmortalen Datenschutz vor (→ Art. 4 Nr. 1 Rn. 39), stellt es aber den Mitgliedstaaten in EG 27 frei, Vorschriften für die Verarbeitung personenbezogener Daten Verstorbener zu erlassen. Davon zu trennen ist die von der Grundverordnung ebenfalls nicht geregelte Frage, ob das Auskunftsrecht – wie auch alle anderen Betroffenenrechte – vererbbar sind. In Deutschland wurde dies bisher kontrovers diskutiert.[15] Weitgehend Einigkeit bestand darüber, dass die Erben zumindest in den Fällen zivilrechtliche Auskunftsansprüche geltend machen können, in denen die Auskunft zwingende Voraussetzung für die Geltendmachung eigener vermögensrechtlicher Ansprüche ist.[16] Das gilt sowohl für **Patientenakten** Verstorbener wie auch für die **Verwaltung digitaler Nachlässe**, soweit dabei ermittelt werden soll, welche vertraglichen Beziehungen ein Verstorbener eingegangen ist. Der Bundesgerichtshof hat mittlerweile entschieden, dass das **Profil des verstorbenen Nutzers** eines sozialen Netzwerks im Wege des Gesamtrechtsnachfolge auf die Erben übergeht[17] mit der Folge, dass diese alle bisherigen Rechte des Erblassers als eigene auch dann geltendmachen können, wenn sie keinen vermögensrechtlichen Bezug haben. Damit ermöglicht der BGH den Erben den uneingeschränkten Zugriff auf die Mitteilungen nicht nur des Erblassers, sondern auch Dritter an diesen. Die Offenbarung dieser Daten gegenüber den Erben sei sowohl zur Erfüllung vertraglicher Pflichten des Netzwerkbetreibers (Art. 6 Abs. 1 lit. b) als auch zur Wahrung berechtigter Interessen der Erben gerechtfertigt (Art. 6 Abs. 1 lit. f).[18] Die Kommunikationspartner der verstorbenen Person („Freunde") hätten iSd EG 47 „vernünftigerweise" damit rechnen müssen, dass im Erbfall die Erben auf alle Mitteilungen zugreifen können, zumal sie ihre Mitteilungen an ein „Benutzerkonto" und nicht an eine bestimmte Person gerichtet hätten. Sie hätten sich der Verfügungsbefugnis über die mitgeteilten Daten in der gleichen Weise begeben wie bei herkömmlicher Briefkommunikation. Diese Analogie zur konventionellen Individualkommunikation kann nicht überzeugen. Im Gegensatz zum bilateralen Austausch von Nachrichten führt der **Netzwerkeffekt** bei Social Media-Plattformen dazu, dass eine Vielzahl von direkten und indirekten „Freundschafts"-Beziehungen entsteht, deren digitales Abbild zwar – worauf der BGH hinweist – technisch mit gewissem Aufwand lokal gespeichert und ausgedruckt werden könnte und dann ohnehin dem Zugriff der Erben ausgesetzt wäre. Dies wird aber in der Praxis kaum in nennenswertem Umfang geschehen. Zudem verkennt der BGH mit dem Verweis auf die angebliche Kommunikation mit einem nicht-individualisierten Benutzerkonto die Realität der überwiegend mobilen Internet-Nutzung mittels persönlicher Endgeräte, die meist nicht für Dritte zugänglich sind. Vielmehr bleibt der Gesetzgeber auch nach der Entscheidung des Bundesgerichtshofs aufgefordert, den Zugriff der Erben auf die Inhalte der Kommunikation des Erblassers mit Dritten zu regeln, um zu einem angemessenen Ausgleich zwischen den vernünftigen Vertraulichkeitserwartungen der Kommunikationspartner und den berechtigten Nutzungsinteressen der Erben zu gelangen. [19]

10   **Anspruchsgegner** ist entweder der **Verantwortliche** iSd Art. 4 Nr. 7 oder es ist jeder gemeinsam für die Verarbeitung Verantwortliche, ungeachtet einer Vereinbarung zwischen den Verantwortlichen darüber, wer Auskunftsansprüche erfüllen soll (→ Art. 26 Abs. 1 u. 3). Dagegen ist der Auftragsverarbeiter nicht zur Auskunft verpflichtet. Er hat den Verantwortlichen aber nach Möglichkeit mit geeigneten technischen und organisatorischen Maßnahmen dabei zu unterstützen, seiner Pflicht zur Erfüllung von Auskunftsansprüchen nachzukommen (→ Art. 28 Abs. 3 lit. e). Die Verantwortlichen sind befugt und bei erheblichen Zwei-

---

13   Insoweit ist die DSGVO nicht anwendbar (Art. 2 Abs. 2 lit. d).
14   Dazu Simitis/*Mallmann* § 19 Rn. 34ff.
15   Dagegen für das BDSG aF Simitis/*Dix*, § 6 Rn. 9 mwN.
16   Bejahend etwa *Martini*, JZ 2012, 1145, (1152); aA *Klas/Möhrke-Sobolewski* NJW 2015, 3473 (3475 f.).
17   BGH, Urt. v. 12.7.2018, III ZR 183/17, ECLI:DE:BGH:2018:120718UIIIZR183.17.0.
18   BGH, Urt. v. 12.7.2018, Rn. 73ff.
19   Im Gegensatz zur Vorinstanz (KG ZD 2017, 306 m. abl. Anm. *Klages*) hält der BGH das Telekommunikationsgeheimnis durch den Zugriff der Erben nicht für tangiert, weil die Erben nicht „Dritte" seien. Ein Eingreifen des Gesetzgebers halten auch *Brisch/Müller-ter Jung* CR 2013, 446, für geboten, soweit es um den Zugriff von Erben auf Mail-Konten Verstorbener geht; vgl. auch *Herzog* NJW 2013, 3745, 3751 mwN.

feln auch verpflichtet, die Identität der betroffenen Person gem. Art. 12 Abs. 6 zu überprüfen, um zu verhindern, dass personenbezogene Daten zu Unrecht offengelegt werden (→ Art. 12 Rn. 32). Die DSGVO hat bessere Vorkehrungen als die DSRL dagegen getroffen, dass das Auskunftsrecht selbst zu einer Gefahr für den Datenschutz wird.[20]

3. Begründung oder Spezifizierung des Antrags. Die betroffene Person muss ihren Auskunftsanspruch in   11
der Regel **weder begründen noch** durch Hinweis auf ein rechtliches oder berechtigtes Interesse **legitimieren.**
Ausnahmen hiervon können nur gelten, soweit gesetzliche Beschränkungen zB zum Schutz privater Interessen nach Art. 23 Abs. 1 lit. i im Einzelfall eine Abwägung zwischen diesen und dem Informationsinteresse der betroffenen Person erfordern. In derartigen Fällen empfiehlt sich ein zweistufiges Verfahren: erst wenn die Prüfung durch den Verantwortlichen ergibt, dass Gegenrechte bestehen, kann er die Auskunft suchende Person um eine Begründung bitten, die für eine Abwägung nötig ist. Er kann dagegen weder den Auskunftsantrag ohne Weiteres abweisen noch von vornherein eine Begründung verlangen. Die betroffene Person hat auch – im Gegensatz zum bisherigen deutschen Recht[21] – **keine Obliegenheit,** ihr Auskunftsverlangen **zu spezifizieren.** Zwar sollte der Verantwortliche nach EG 63 von der betroffenen Person eine Präzisierung ihres Anliegens verlangen können. Wird diesem Verlangen aber nicht entsprochen, muss der Verantwortliche umfassend Auskunft erteilen.[22] Die in § 34 Abs. 4 BDSG nF vorgesehene abweichende Regelung ist allerdings unionsrechtskonform, weil sie das Auskunftsrecht gegenüber öffentlichen Stellen des Bundes nur für unstrukturierte Aktensammlungen einschränkt, auf die die DSGVO nicht anwendbar ist (Art. 2 Abs. 1).[23] Der Bundesgesetzgeber erweitert damit zugleich implizit den Auskunftsanspruch gegenüber öffentlichen Stellen des Bundes[24] auf solche (papierenen) Aktensammlungen. Die Landesgesetzgeber werden dahinter bei der Neufassung der Landesdatenschutzgesetze im Interesse eines einheitlichen Datenschutzes im öffentlichen Bereich nicht zurückbleiben können.

4. Umfang. a) Bestätigung der Verarbeitung von personenbezogenen Daten (Abs. 1 Hs. 1). Zunächst kann   12
die betroffene Person Auskunft darüber verlangen, ob überhaupt personenbezogene Daten über sie verarbeitet werden oder nicht. Dabei ist der weite Begriff des Personenbezugs (Art. 4 Nr. 1 → Art. 4 Nr. 1 Rn. 46ff.) zu beachten.[25] Die betroffene Person hat auch ein Recht auf eine **Negativauskunft** („ob"). Wenn der Verantwortliche keine personenbezogenen, sondern nur anonymisierte Daten verarbeitet, die ursprünglich einen Bezug zur betroffenen Person aufwiesen (dies jedoch aufgrund weiterhin verfügbarer Informationen nachvollziehen kann, zB bei einer Teilanonymisierung), sollte er dem Betroffenen nicht nur die Tatsache der **Anonymisierung** mitteilen, sondern in verständlicher Form auch das Verfahren der Anonymisierung erläutern. Das folgt aus dem Grundsatz der transparenten Datenverarbeitung (Art. 5 lit. a) und der Pflicht des Verantwortlichen, den Betroffenen die Ausübung ihrer Rechte zu erleichtern (Art. 12 Abs. 2 Satz 1). **Pseudonymisierte Daten** sind dagegen stets personenbezogen (Art. 4 Nr. 5) und unterliegen deshalb auch inhaltlich dem Auskunftsrecht der betroffenen Person.[26]

b) Auskunft über die konkret verarbeiteten Daten (Abs. 1 Hs. 2). Kern des **Auskunftsrechts** ist der Anspruch auf Auskunft über die konkret zur betroffenen Person verarbeiteten Daten. Diese müssen in verständlicher Form nach Art. 12 Abs. 1 (→ Art. 12 Rn. 12ff.) mitgeteilt werden. Der Auskunftsanspruch besteht neben dem Anspruch auf Erhalt einer Kopie der personenbezogenen Daten (Abs. 3) und dem Recht auf Datenübertragbarkeit (Art. 20). Die betroffene Person hat also ein **Wahlrecht,** ob sie sich mit einer Auskunft begnügt und auf deren Richtigkeit vertraut oder zusätzlich eine Kopie verlangt. Wenn sie von vornherein eine Kopie verlangt, ist darin auch eine Geltendmachung des Auskunftsrechts zu sehen. Abs. 1 ist nicht so zu verstehen, dass die Auskunftserteilung stets in zwei Stufen erfolgen muss. Die betroffene Person muss nicht die Auskunft dazu abwarten, ob überhaupt Daten über sie verarbeitet werden, bevor sie die weitere

---

20 Skeptisch insoweit *Cormack* EDPL 2016, 15, 26 f.
21 §§ 19 Abs. 1 S. 2, 34 Abs. 1 S. 2 BDSG aF.
22 So auch *Laue/Nink/Kremer*, § 4 Rn. 27; für die bisherige Rechtslage in Deutschland Simitis/*Dix* § 34 Rn. 41. In diesem restriktiven Sinne sind auch die Soll-Vorschriften der §§ 32 c Abs. 2 AO nF und 83 Abs. 2 S. 1 SGB X nF auszulegen.
23 Das gilt in gleicher Weise für die Steuer- und Sozialverwaltung, vgl. §§ 32 c Abs. 3 AO nF und 83 Abs. 2 S. 2 SGB X nF.
24 Sowie alle Sozialbehörden der Länder, vgl. § 83 Abs. 2 S. 2 SGB X nF.
25 Insbesondere können sich Big Data-Anwender nicht – wie *Werkmeister/Brandt* CR 2016, 233 (236), meinen – darauf berufen, „aus ihrer Sicht" seien die Daten anonymisiert, da ihre Prozesse nicht darauf angelegt seien, die Daten einer Person zuzuordnen. Nach der Rechtsprechung des EuGH zur Richtlinie 95/46/EWG (Urt. v. 19.10.2016, C-582/14, ECLI:EU:C:2016:779 – Breyer, Rn. 39ff.) ist darauf abzustellen, ob dem Verantwortlichen „vernünftigerweise einsetzbare Mittel" zur Verfügung stehen, die Daten einer Person zuzuordnen.
26 Schwierige Fragen stellen sich allerdings bei der Nutzung der Blockchain-Technologie, bei der die verantwortlichen Betreiber der einzelnen Knoten aufgrund der Einwegverschlüsselung bzw. -pseudonymisierung der Daten nicht wissen, ob personenbezogene Daten verarbeitet werden, vgl. dazu *Finck* EDPL 2018, 17 (29 f.).

Auskunft über diese Daten verlangen kann.[27] Auch wird man einen Antrag auf Auskunft darüber, ob überhaupt personenbezogene Daten verarbeitet werden, bei lebensnaher Interpretation zugleich als Antrag auf Auskunft über die verarbeiteten Daten zu verstehen haben.[28]

14 Der Anspruch bezieht sich auf alle verarbeiteten Daten. Der Begriff der **Verarbeitung** ist nach Art. 4 Nr. 2 weit zu verstehen und beschränkt sich nicht auf die Speicherung. Im Gegensatz zum bisherigen deutschen Recht[29] kommt es deshalb nicht darauf an, ob Daten zur betroffenen Person gespeichert sind, es genügt zB, dass sie erhoben, ausgelesen oder sonst verwendet werden. **Unerheblich** ist auch, **ob** es sich um **rechtmäßig verarbeitete Daten** handelt oder nicht. Im letztgenannten Fall wäre es verordnungswidrig, würde der Verantwortliche die Daten nach Stellung des Antrags auf Auskunft löschen und diesen anschließend ablehnen.

15 EG 63 hebt ausdrücklich hervor, dass sich der Auskunftsanspruch auch auf gesundheitsbezogene Daten zB in **Patientenakten** erstreckt, die Informationen wie Diagnosen, Untersuchungsergebnisse, Befunde der behandelnden Ärzte und Angaben zu Behandlungen und Eingriffen enthalten. Insoweit ist der Auskunftsanspruch nach Art. 15 neben zivilrechtlichen und berufsrechtlichen Bestimmungen des deutschen Rechts[30] anwendbar.[31] In Deutschland war schon bisher die pauschale Verweigerung einer schriftlichen Auskunft an eine hochbetagte schwerhörige Patientin über das Ergebnis ihrer Behandlung ein verfassungswidriger Verstoß gegen das Willkürverbot.[32] Art. 15 lässt ebenso wenig wie die Richtlinie über die grenzüberschreitende Patientenversorgung von 2011[33] Raum für ein generelles therapeutisches Privileg, wonach der Arzt (zB Psychiater) die Auskunft oder Einsicht in die Patientenakte ablehnen kann, wenn er Nachteile für den Patienten befürchtet (→ Art. 23 Rn. 31). § 630g Abs. 1 Nr. 1 BGB ist insoweit nicht unionsrechtskonform.

16 Die betroffene Person hat stets einen Anspruch auf **vollständige Auskunft**. Diese darf deshalb **nicht** auf eine **Differenzauskunft** dergestalt beschränkt werden, dass ihr nur die Veränderungen seit der letzten Auskunft mitgeteilt werden, es sei denn, der Auskunftswunsch ist von vornherein entsprechend formuliert worden.[34] Im Fall von häufig wiederholten Anträgen kann der Verantwortliche, wenn diese sich zum Exzess summieren, ausnahmsweise entweder ein angemessenes Entgelt verlangen oder sich weigern, aufgrund des Antrags tätig zu werden (Art. 12 Abs. 5).

17 Die Vorschrift enthält nur einen Anspruch auf **Auskunft, nicht** auf **Vorlage oder Herausgabe von Unterlagen**, in denen sich personenbezogene Daten betroffener Personen befinden.[35] Ein solcher Anspruch kann sich allerdings aus Art. 20 ergeben (→ Art. 20 Rn. 1, 3ff.). Einen Anspruch auf Akteneinsicht oder persönliche Kenntnisnahme sieht die DSGVO ebenso wenig wie die DSRL vor (→ Rn. 32).[36] Nach Art. 15 Abs. 3 kann die betroffene Person auch eine Kopie der Daten verlangen, die zu ihrer Person verarbeitet werden (→ Rn. 28ff.). Keine dieser Vorschriften kann allerdings dafür herangezogen werden, eine dem Zivilprozessrecht einzelner Mitgliedstaaten (zB Deutschland) fremde Offenlegung von Beweismitteln („Discovery")[37] zu erzwingen.[38]

18 c) **Verarbeitungszwecke (Abs. 1 lit. a).** Das Auskunftsrecht umfasst die **Zwecke**, für die die personenbezogenen Daten verarbeitet werden. Insoweit besteht Kongruenz mit den Informationspflichten des Verantwortlichen nach Art. 13 Abs. 1 lit. c, 14 Abs. 1 lit. c (→ Art. 13 Rn. 8). Im Gegensatz zu diesen Informationspflichten kann die betroffene Person zwar nach dem Wortlaut der Vorschrift keine Auskunft über die **Rechtsgrundlage** verlangen. Vor dem Hintergrund des **Grundsatzes der fairen und transparenten Datenverarbeitung** (Art. 5 Abs. 1 lit. a) ist der Auskunftsanspruch jedoch dahin gehend auszulegen, dass der Verantwortliche aber auch darüber Auskunft zu erteilen hat, zumal der Verarbeitungszweck häufig nur unter Hinweis auf eine bestimmte Rechtsgrundlage zu erläutern sein wird[39] und er sich zudem seit der Erhebung geändert haben kann (→ Art. 13 Rn. 17).

27 Missverständlich insoweit *Laue/Nink/Kremer*, § 4 Rn. 23.
28 AA Paal/Pauly/*Paal* Art. 15 Rn. 21.
29 §§ 19 Abs. 1 Nr. 1; 34 Abs. 1 Nr. 1 BDSG aF.
30 § 630g BGB (in Umsetzung der Richtlinie über die Ausübung der Patientenrechte in der grenzüberschreitenden Gesundheitsversorgung v. 9.3.2011 (2011/24/EU), ABl. 2011 L 88, vgl. Art. 2 lit. c, wonach die DSRL unberührt bleibt), § 10 Abs. 2 Musterberufsordnung der Ärzte.
31 Zutreffend Roßnagel/*Hohmann*, Europ. DSGVO, § 3 Rn. 138.
32 BVerfG EuGRZ 2004, 805ff.
33 Vgl. Art. 5 lit. d der Richtlinie über die Ausübung der Patientenrechte in der grenzüberschreitenden Gesundheitsversorgung v. 9.3.2011 (2011/24/EU), ABl. 2011 L 88; Simitis/*Dix* § 34 Rn. 94.
34 Kühling/Buchner/*Bäcker* Art. 15 Rn. 9; ebenso bereits Simitis/*Mallmann* § 19 Rn. 57; Simitis/*Dix* § 34 Rn. 21; aA wohl *Ehmann/Helfrich* Art. 12 Rn. 19.
35 So auch OLG Schleswig BeckRS 2011, 16047 zu § 34 BDSG aF.
36 Weitergehend § 34 Abs. 9 BDSG aF für den Fall einer entgeltlichen Auskunftserteilung.
37 Anders die Rechtslage im Vereinigten Königreich, dessen Prozessrecht sich allerdings auch von der weitgehenden US-amerikanischen Discovery unterscheidet.
38 So zutreffend *Kempermann/Deiters/Fischer* ZD 2013, 313, zu § 34 BDSG aF.
39 So auch Kühling/Buchner/*Bäcker* Art. 15 Rn. 13; vgl. bereits Simitis/*Dix* § 34 Rn. 31.

d) Kategorien verarbeiteter Daten (Art. 15 Abs. 1 lit. b). Auskunft ist über die Kategorien der verarbeiteten 19
Daten in demselben Umfang zu erteilen, **wie** die betroffene Person **bei** einer **Datenerhebung bei Dritten** zu
informieren ist (→ Art. 14 Rn. 4). Der Mehrwert einer Auskunft über die Datenkategorien gegenüber der
Auskunft über die konkreten Daten besteht gerade bei der komplexen Verarbeitung einer Vielzahl von Daten darin, dass sie der betroffenen Person eine Grundorientierung[40] ermöglicht, die sie allein durch die Mitteilung der sie betreffenden Datensätze nicht erhielte. Der Verantwortliche muss die Datenkategorien daher
auch in aussagekräftiger Weise so bilden, dass die betroffene Person die Verarbeitung ihrer Daten überschauen kann.[41]

e) Empfänger oder Kategorien von Empfängern (Abs. 1 lit. c). Während der Verantwortliche nach Art. 13, 20
14 Abs. 1 lit. e über mögliche („gegebenenfalls") künftige Empfänger iSd Art. 4 Nr. 9 informieren muss,
richtet sich der Auskunftsanspruch nach Abs. 1 lit. e auf **Empfänger sowohl in der Vergangenheit[42] als auch
in der Zukunft**. Nur wenn konkrete Empfänger bei geplanten Offenlegungen noch nicht feststehen, beschränkt sich der Anspruch auf die Auskunft über **Empfängerkategorien** (→ Art. 13 Rn. 8).[43] Auf diese
Weise soll die betroffene Person erkennen können, in welche Richtung ihre Daten künftig offengelegt werden sollen. Sind Daten bereits offengelegt worden, so muss sich der Auskunftsanspruch „zwingend"[44] auch
auf Empfänger dieser Offenlegungen erstrecken, denn davon hängt ab, dass die betroffene Person ihre
Rechte geltend machen kann.[45]Der Verantwortliche hat deshalb die Empfänger so konkret zu benennen,
dass dies möglich ist. Das schließt die Mitteilung von erforderlichen personenbezogenen Daten der Empfänger an die betroffene Person ein (→ Rn. 4) und setzt deren Speicherung voraus.[46] EG 64 schließt nicht
aus, dass diese Metainformationen zu personenbezogenen Daten der betroffenen Person gespeichert werden, um ihren Auskunftsanspruch erfüllen zu können.[47] Der Auskunftsanspruch richtet sich „insbesondere" auch auf Empfänger in Drittländern oder internationalen Organisationen. Damit hängt das Recht der
betroffenen Person nach Abs. 2 eng zusammen, Informationen über das Datenschutzniveau im Drittland
oder in der internationalen Organisation zu erhalten (→ Rn. 27).

Bezüglich der Empfänger, denen gegenüber die Daten in der Vergangenheit offengelegt wurden, enthält die 21
DSGVO – ebenso wie die DSRL – keine Aussage über den **Zeitraum**, für den rückwirkend Auskunft zu erteilen und dementsprechend Daten über die Empfänger und die offengelegten Daten selbst vorzuhalten
sind. Diese **Festlegung** blieb nach der Rechtsprechung des EuGH zur DSRL **den Mitgliedstaaten überlassen**.[48] Sie durften die Auskunftspflicht über vergangene Offenlegungen zeitlich befristen. Diese Rechtsprechung behält ihre Bedeutung auch mit der unmittelbar geltenden DSGVO. Dafür sprechen in erster Linie
die **Grundsätze der Datensparsamkeit** (Art. 5 Abs. 1 lit. c) **und der Speicherbegrenzung** (Art. 5 Abs. 1 lit. e),
denen eine zeitlich unbegrenzte Speicherung von Informationen über zurückliegende Übermittlungen in personenbezogener Form (sowohl bezüglich des Antragstellers als auch in Bezug auf natürliche Personen als
Empfänger der Daten) widersprechen würde.[49] Dabei müssen die Mitgliedstaaten auch für einen **gerechten
Ausgleich** zwischen den Interessen der betroffenen Person am Schutz ihrer Privatsphäre auf der einen Seite
und der Belastung des Verantwortlichen durch die Speicherpflicht auf der anderen Seite sorgen. Außerdem
unterliegen diese Daten nach Art. 5 Abs. 1 lit. b einer strikten Zweckbindung, dürfen also nur zur Erfüllung
von Auskunftsansprüchen genutzt werden.[50] Schließlich müssen die nationalen Gesetzgeber bei ihrer Festlegung der retrograden Auskunftspflicht berücksichtigen, für wie lange die Daten der betroffenen Person, um
deren Offenlegung in der Vergangenheit es geht, gespeichert werden dürfen.[51] Konkret hat der EuGH eine
Begrenzung von einem Jahr für die rückwirkende Auskunftserteilung über die Offenlegung solcher Daten
für unzulässig gehalten, die selbst wesentlich länger gespeichert werden.[52]

40   So treffend Kühling/Buchner/*Bäcker* Art. 15 Rn. 14.
41   Kühling/Buchner/*Bäcker* Art. 15 Rn. 14.
42   AA BeckOK DatenschutzR/*Schmidt-Wudy* DSGVO Art. 15 Rn. 52.
43   Zur Frage, ob das „oder" eine Alternativität impliziert und zur uU auswahlberechtigten Person BeckOK DatenschutzR/*Schmidt-Wudy*
     DSGVO Art. 15 Rn. 58.
44   Vgl. EuGH C-553/07, NJW 2010, 220 Rn. 54 – Rijkeboer.
45   Das verkennt BeckOK DatenschutzR/*Schmidt-Wudy* DSGVO Art. 15 Rn. 52, der meint, der Unionsgesetzgeber habe den Anspruch auf
     Auskunft auf die Zukunft beschränken wollen.
46   So schon zu Art. 12 DSRL EuGH C-553/07, NJW 2010, 220 Rn. 54 – Rijkeboer.
47   Zutreffend Kühling/Buchner/*Bäcker* Art. 15 Rn. 18.
48   EuGH C-553/07, NJW 2010, 220 Rn. 64ff. – Rijkeboer.
49   Vgl. EuGH C-553/07, NJW 2010, 220 Rn. 65 – Rijkeboer. Der EuGH hat damit auch die Frage nach dem Verhältnis zwischen Auskunftsrecht und Löschungspflicht – anders als *Bräutigam/Schmidt-Wudy* CR 2015, 56 (62 f.), meinen – im Wesentlichen beantwortet.
50   Ebenso Kühling/Buchner/*Bäcker* Art. 15 Rn. 19; nach § 34 Abs. 5 BDSG aF waren diese Daten in Deutschland schon bisher zu sperren,
     dazu Simitis/*Dix* § 34 Rn. 48. Diese Regelung findet sich auch in § 34 Abs. 2 S. 3 BDSG nF.
51   Das hat der Bundesgesetzgeber bei der Formulierung der §§ 34, 35 BDSG nF versäumt.
52   EuGH C-553/07, NJW 2010, 220 Rn. 66 – Rijkeboer.

22 **f) Dauer der Speicherung (Abs. 1 lit. d).** Der betroffenen Person ist außerdem Auskunft über die geplante Dauer der Speicherung der sie betreffenden Daten zu erteilen, soweit dies möglich ist. Dieser Vorbehalt, der im zweiten Hs. wieder aufgegriffen wird, entspricht den Parallelvorschriften der Art. 13 Abs. 2 lit. a und Art. 14 Abs. 2 lit. a. Die bloße Auskunft, dass die Daten solange gespeichert bleiben, wie dies zur Erreichung des Verarbeitungszwecks erforderlich ist, reicht nicht aus. Vielmehr sind konkrete Speicherfristen zu nennen und nur, soweit dies nicht möglich ist, kann auf bestimmte Umstände hingewiesen werden, die noch nicht bekannt sind, von denen die Speicherdauer aber abhängt. Im Übrigen müssen die sonstigen Kriterien offengelegt werden, nach denen sich die Speicherdauer bemisst.

23 **g) Bestehende Rechte (Abs. 1 lit. e, f).** Im Zusammenhang mit den erteilten Auskünften ist die betroffene Person auch auf die ihr zustehenden Rechte auf Berichtigung (Art. 16), Löschung (Art. 17), Einschränkung der Verarbeitung (Art. 18), Widerspruch (Art. 21) und Beschwerde bei einer Aufsichtsbehörde (Art. 77) hinzuweisen. Damit wird der **Zusammenhang zwischen dem Auskunftsrecht und den Steuerungsrechten** hergestellt, die der betroffenen Person zustehen und deren Ausübung ihr durch die Auskunft erst ermöglicht wird. Weitere Betroffenenrechte werden in Abs. 1 nicht erwähnt. Insbesondere werden abweichend von Art. 13 Abs. 2 und Art. 14 Abs. 2 das Recht auf Datenübertragbarkeit und das Recht auf Widerruf einer Einwilligung in Fällen des Art. 6 Abs. 1 lit. a oder Art. 9 Abs. 2 lit. a nicht genannt. Es kann aber nach den Umständen des Einzelfalles geboten sein, die betroffene Person auch auf diese Rechte hinzuweisen.[53]

24 **h) Herkunft der Daten (Abs. 1 lit. g).** Im Fall der indirekten Datenerhebung hat der Verantwortliche der betroffenen Person auch alle verfügbaren Informationen über die **Herkunft** der Daten zur Verfügung zu stellen. Dies soll die betroffene Person in die Lage versetzen, mögliche Rechte auch gegen die Person oder Stelle geltend zu machen, von der die (möglicherweise unrichtigen oder zu Unrecht weitergegebenen) Daten herrühren. Abs. 1 lit. f entspricht inhaltlich der Informationspflicht nach Art. 14 Abs. 2 lit. f (→ Art. 14 Rn. 12). Der dort abweichende Begriff der **Quelle** findet sich nur in der deutschen Übersetzung,[54] der sprachliche Unterschied hat keine inhaltliche Bedeutung. Der Verantwortliche muss der betroffenen Person zumindest so viel über die Herkunft der Daten mitteilen, dass diese etwaige Korrektur- oder Löschungsansprüche gegen den ursprünglich Verantwortlichen geltend machen kann. Anders als im Fall der Informationspflicht ist der Auskunftsanspruch aber nach dem Wortlaut auf **die verfügbaren Informationen** beschränkt.[55] Diese Einschränkung ist allerdings ohne praktische Bedeutung, soweit der Verantwortliche aufgrund anderer Bestimmungen der DSGVO verpflichtet ist, Informationen über die Herkunft zu vorzuhalten. Dazu zählt die Verpflichtung zur Verarbeitung richtiger und aktueller Daten (Art. 5 Abs. 1 lit. d – **Richtigkeitskontrolle**) ebenso wie die Verpflichtung zu technisch-organisatorischen Maßnahmen, die die Sicherheit der personenbezogenen Daten gewährleisten (Art. 5 Abs. 1 lit. f, Art. 32 – **Organisationskontrolle**).[56] Auch über die Identität von **Informanten und Hinweisgebern** („Whistleblowern") ist grundsätzlich Auskunft zu geben, es sei denn, deren Rechte und Freiheiten iSd Abs. 4 würden dadurch beeinträchtigt (→ Rn. 35). Andererseits besteht auch die Informationspflicht nach Art. 14 Abs. 5 lit. b ausdrücklich nicht, wenn die Erteilung der Information dem Verantwortlichen unmöglich ist.

25 **i) Involvierte Logik, Tragweite und Auswirkungen der Verarbeitung (Abs. 1 lit. h).** Der Anspruch auf Auskunft über die involvierte Logik sowie die Tragweite und die angestrebten Auswirkungen der Verarbeitung bei automatisierter Entscheidungsfindung ist in wortgleicher Weise geregelt wie die Informationspflichten nach Art. 13 Abs. 2 lit. f und Art. 14 Abs. 2 lit. g. Auf die dortige Kommentierung insbes. zu Fragen des **Scoring** wird verwiesen (→ Art. 13 Rn. 16 f.). Insbesondere kann ein Auskunftsanspruch bezüglich eines konkreten Scorewerts bestehen, über den vor einem Scoring noch nicht gem. Art. 13 und 14 informiert werden kann. Möglich, aber nicht geboten ist in solchen Situationen ein zweistufiges Verfahren, bei dem die betroffene Person zunächst allgemeine Informationen und erst bei anhaltenden Zweifeln an der Richtigkeit der automatisierten Entscheidung auf Nachfrage genauere Auskünfte erhält. Abs. 1 lit. h sieht zwar keinen expliziten Anspruch auf eine eingehende **Erläuterung automatisierter Einzelentscheidungen** vor.[57] Ob ein solcher Anspruch gleichwohl besteht, wird auch vor dem Hintergrund der begrenzten Erklärbarkeit der z.B. durch Einsatz von **Algorithmen** oder mit Hilfe **künstlicher Intelligenz** (des Maschinenlernens) oder

---

53   AA BeckOK DatenschutzR/*Schmidt-Wudy* DSGVO Art. 15 Rn. 67.
54   Die englische Fassung verwendet den Begriff „source" in beiden Vorschriften.
55   Ebenso bereits Art. 12 lit. a zweiter Gedankenstrich DSRL.
56   Vgl. Simitis/*Mallmann* § 19 Rn. 25; Simitis/*Dix* § 34 Rn. 22; DKWW/*Däubler* § 19 Rn. 13. AA *Liedke* K&R 2014, 709 (712).
57   Vgl. die ausdrückliche Erwähnung in EG 71.

neuronaler Netze gefundenen Ergebnisse kontrovers diskutiert.[58] Wer das Ziel des Unionsgesetzgebers vor Augen hat, der die betroffene Person in die Lage versetzen wollte, ihre Rechte möglichst effektiv auszuüben, wird aus den Regelungen der Art. 13 Abs. 2 lit. f, Art. 14 Abs. 2 lit. g, Art. 15 Abs. 1 lit. h und Art. 22, insbes. aus dem **Recht auf aussagekräftige Informationen über die involvierte Logik** ein Recht auf Erläuterung der automatisierten Einzelentscheidung ableiten müssen.[59] Nur so kann der durch die neuen Technologien wie der künstlichen Intelligenz verschärften informationellen Asymmetrie[60] entgegengewirkt werden.

Auch beim Auskunftsanspruch hat der Unionsgesetzgeber eine Mindestanforderung in der Form festgelegt,   26
dass **zumindest in Fällen der automatisierten Einzelentscheidung einschließlich Profiling** nach Art. 22 aussagekräftige Informationen über die involvierte Logik, die Tragweite und die angestrebten Auswirkungen der Verarbeitung gegeben werden müssen. Die insoweit entsprechende Regelung in Art. 12 lit. a dritter Gedankenstrich DSRL hatten einzelne LDSG in Deutschland dadurch umgesetzt, dass sie Auskunftsrechte über den logischen Aufbau[61] oder die Funktionsweise[62] der automatisierten Verarbeitung auch außerhalb von automatisierten Einzelentscheidungen einräumten. Nur auf diese Weise wird dem Gebot der fairen und transparenten Verarbeitung personenbezogener Daten (Art. 5 Abs. 1 lit. a) Rechnung getragen, so dass entsprechende Regelungen beibehalten und auch in die übrigen LDSG aufgenommen werden sollten.[63]

5. Auskunft über geeignete Garantien im Drittland (Abs. 2). Im Fall von Datenexporten in Drittländer hat   27
die betroffene Person auch einen Anspruch auf **Unterrichtung über die geeigneten Garantien** gemäß Art. 46. Die Regelung bleibt hinter den im Übrigen weitgehend identischen Informationspflichten nach Art. 13 Abs. 1 lit. f und Art. 14 Abs. 1 lit. f über die Exportabsicht des Verantwortlichen insoweit zurück, als keine Unterrichtung über geeignete Garantien nach Art. 47 und 49 Abs. 1 UAbs. 2 verlangt werden kann. Diese Abweichung erscheint nicht plausibel, auch wenn Art. 49 Abs. 1 S. 4 Informationspflichten vorsieht, die zusätzlich zu Art. 13 und 14 einzuhalten sind. Im Unterschied zu den präventiven Informationspflichten nach Art. 13 und 14 betrifft der Auskunftsanspruch Übermittlungen in Drittländer, die gegenwärtig stattfinden oder bereits stattgefunden haben. Abs. 2 enthält zwar anders als Art. 13 und 14 kein ausdrückliches Recht der betroffenen Person auf eine Kopie. Die Auskunft über die Garantien nach Art. 46 ist aber nach Art. 12 Abs. 1 S. 2 ohnehin schriftlich zu erteilen.

6. Anspruch auf Kopien der personenbezogenen Daten (Abs. 3). Stand bisher die Form der Auskunftserteilung im Ermessen des Verantwortlichen, räumt die DSGVO der betroffenen Person erstmals einen Anspruch auf eine Kopie der sie betreffenden Daten ein, die Gegenstand der Verarbeitung sind (Abs. 3 S. 1).   28
Dieses **Recht auf eine Datenkopie** stärkt die Stellung der betroffenen Person erheblich. Das Recht auf Datenkopie ist eine besondere Form der Auskunft[64] und keine gesonderte Herausgabepflicht. Sie bezieht sich auf die nach Abs. 1 zu erteilende Auskunft über die zu ihrer Person verarbeiteten Daten.[65] Allerdings ist das Recht auf Datenkopie nicht identisch mit dem Recht auf Auskunft; die Kopie kann die Auskunft schon deshalb nicht ersetzen, weil der kopierte Datensatz häufig durch eine erläuternde Auskunft ergänzt werden muss, um für die betroffene Person verständlich zu sein.[66] Der Verantwortliche ist nach Art. 12 Abs. 1 dazu verpflichtet, die Verständlichkeit – falls nötig – auch durch die Beantwortung von Rückfragen herzustellen. Das Recht auf Datenkopie nach Abs. 3 S. 1 bezieht sich auf die Daten in der Form, wie sie dem Verantwortlichen vorliegen (zB grundsätzlich auch genetische Rohdaten von Patienten oder Probanden[67] → Rn. 36); dieser ist nicht verpflichtet, die Daten in einer bestimmten Form aufzubereiten, damit sie die be-

---

58 Für ein solches Recht *Goodman/Flaxman*, https://arxiv.org/abs/1606.08813 v 3, 6 f.; dagegen *Wachter/Mittelstadt/Floridi* IDPL 2017, 1 (16 f.); vgl. auch *Temme* EDPL 2017, 473 (481ff.); *Edwards/Veale*, 16 Duke Law & Technology Review 18; krit. zur prinzipiellen Aussagekraft der DSGVO für Verfahren der künstlichen Intelligenz auch *van den Hoven van Genderen* EDPL 2017, 338 (346 f.) Zur ethischen Dimension und den Bestrebungen, die Konvention No. 108 des Europarats um entsprechende Transparenzvorschriften zu ergänzen vgl. *Council of Europe, Committee of Experts on Internet Intermediaries,* Study on the Human Rights Dimensions of Automated Data Processing Techniques (in particular Algorithms) and Possible Regulatory Implications, 13 ff.
59 *Selbst/Powles* IDPL 2017, 233 (241 f.); vgl. auch *Malgieri/Comandé* IDPL 2017, 243 (256ff.), die für eine „Lesbarkeit" algorithmischer Entscheidungen plädieren.
60 Vgl. *Art. 19/Privacy International*, Privacy and Freedom of Expression in the Age of Artificial Intelligence, 28.
61 § 16 Abs. 1 Nr. 4 BlnDSG.
62 § 27 Abs. 1 Nr. 6 LDSG S-H.
63 Krit. zu § 34 BDSG aF daher schon *Roßnagel/Pfitzmann/Garstka*, S. 87, 171 f. mit rechtsvergleichenden Hinweisen auf die Situation in anderen Mitgliedstaaten.
64 So BeckOK DatenschutzR/*Schmidt-Wudy* DSGVO Art. 15 Rn. 87.3; Kühling/Buchner/*Bäcker* Art. 15 Rn. 39 geht von einem den Auskunftsanspruch aus Abs. 1 ergänzendem, gleichrangig neben diesem stehenden Recht aus.
65 Kühling/Buchner/*Bäcker* Art. 15 Rn. 40; Paal/Pauly/*Paal* Art. 15 Rn. 33; BeckOK DatenschutzR/*Schmidt-Wudy* DSGVO Art. 15 Rn. 87.1.
66 So zutreffend Kühling/Buchner/*Bäcker* Art. 15 Rn. 39; aA Paal/Pauly/*Paal* Art. 15 Rn. 33.
67 Vgl. *Fleischer et al.* MedR 2016, 481 (486, 488).

troffene Person weiterverarbeiten kann.[68] Etwas anderes gilt nur bei elektronischer Beantragung einer Datenkopie (→ Rn. 31).

29 Die Kopie ist der betroffenen Person nach Abs. 3 S. 1 zusammen mit der Auskunftserteilung nach Abs. 1 zur Verfügung zu stellen. Eines **besonderen Antrags** bedarf es erst **für weitere Kopien** nach Abs. 3 S. 2, für die ein angemessenes Entgelt verlangt werden kann (→ Rn. 30).[69] Allerdings erscheint es sinnvoll, dass der Verantwortliche sich mit der betroffenen Person darauf verständigt, ob und in welcher Form diese eine erste Datenkopie erhalten soll. Auf diese Weise können der Aufwand begrenzt und Rechtsstreitigkeiten vermieden werden.[70]

30 Eine weitere Kopie iSd Abs. 3 S. 2 liegt nur dann vor, wenn die betroffene Person eine **Kopie derselben Daten** verlangt, über die bereits eine erste Kopie bzw. Auskunft erteilt worden ist. Sobald sich der verarbeitete Datensatz wesentlich verändert hat, kann die betroffene Person eine neue (erste und entgeltfreie) Kopie verlangen.[71] Der Verantwortliche hat das Recht, ein **angemessenes Entgelt** für jede weitere Kopie (nicht erst bei häufig wiederholt verlangten Kopien wie im Fall des Art. 12 Abs. 5 S. 2; Abs. 3 S. 2 ist insoweit speziell) zu verlangen. Dieses kann wie nach Art. 12 Abs. 5 S. 2 lit. a auf der Grundlage der Verwaltungskosten (Kosten der Kopie) ermittelt werden.

31 Wenn die betroffene Person elektronisch um eine Kopie ihrer Daten bittet, ist ihr diese **in einem gängigen elektronischen Format** zur Verfügung zu stellen, es sei denn, sie wünscht etwas anderes (Abs. 3 S. 3). Das wird man so zu verstehen haben, dass die betroffene Person eine Aufbereitung der Daten insoweit verlangen kann, als der Verantwortliche die Daten, die er intern nach einem proprietären Standard verarbeitet, in ein gängiges Format (zB pdf oder rtf) umformatieren muss, um der betroffenen Person die Kenntnisnahme zu ermöglichen.[72] Anders als beim Recht auf Datenübertragbarkeit (Art. 18 Abs. 1) muss die Kopie nach Abs. 3 S. 3 nicht maschinenlesbar sein. Eine Aufbereitung kann allerdings dann erforderlich sein, wenn wegen der gemeinsamen Verarbeitung mit den Daten Dritter eine Aussonderung oder Schwärzung nach Abs. 4 geboten ist (→ Rn. 30). Auch kann die betroffene Person die Übermittlung postalisch oder in einem anderen elektronischen, ebenfalls gängigen Format verlangen, soweit dadurch keine zusätzlichen Kosten entstehen. Die Möglichkeit zur automatischen Weiterverarbeitung durch die betroffene Person muss der Verantwortliche zwar nicht nach Abs. 3, wohl aber in Erfüllung des Rechts auf Datenübertragbarkeit nach Art. 20 schaffen, das nur für Daten gilt, die die betroffene Person bereitgestellt hat.[73] Wird die Kopie schriftlich erbeten, ist sie in aller Regel schriftlich zur Verfügung zu stellen. Auch für die erste elektronisch übermittelte Kopie darf **kein Entgelt** verlangt werden.

32 EG 63 erwähnt die **Möglichkeit des Fernzugriffs** der betroffenen Person auf ihre Daten, den der Verantwortliche in einem sicheren System bereitstellen kann. Entsprechende Download-Tools werden bereits gegenwärtig zB von Facebook angeboten.[74] Eine Verpflichtung hierzu besteht indes nicht.[75] Die **Sicherheit** eines solchen Fernzugriffs ist von besonderer Bedeutung, weil an dieser Stelle der Gefahr des Zugriffs unbefugter Personen auf den gesamten Datenbestand effektiv begegnet werden muss, wird der Zugriff doch regelmäßig über das Internet erfolgen[76]. Andererseits zeigt sich die DSGVO in diesem Punkt zukunftsoffen und ermöglicht bei Vorliegen entsprechender technischer Voraussetzungen eine betroffenenfreundliche und zeitnahe Realisierung des Auskunftsrechts. Insbesondere im Beschäftigungskontext bietet es sich an, dass Unternehmen ihren Beschäftigten ein sicheres Informationsmanagementsystem zur Verfügung stellen, mit dem diese ihre Auskunftsansprüche geltend machen können.[77] Allerdings ist es nicht unionsrechtskonform, die persönliche Auskunftserteilung und die Bereitstellung von herkömmlichen (gedruckten) Kopien völlig auszuschließen.[78]

---

68   So auch Kühling/Buchner/*Bäcker* Art. 15 Rn. 40.
69   BeckOK DatenschutzR/*Schmidt-Wudy* DSGVO Art. 15 Rn. 87.5, spricht bei Abs. 1 von „Automatismus"; aA Kühling/Buchner/*Bäcker* Art. 15 Rn. 44, der einen gesonderten Antrag auch nach Abs. 1 für erforderlich hält.
70   BeckOK DatenschutzR/*Schmidt-Wudy* DSGVO Art. 15 Rn. 87.5.
71   Kühling/Buchner/*Bäcker* Art. 15 Rn. 45.
72   So auch Kühling/Buchner/*Bäcker* Art. 15 Rn. 44.
73   *Laue/Nink/Kremer*, S. 143.
74   Ob diese Tools den Anforderungen an die Datensicherheit genügen, muss an dieser Stelle offen bleiben.
75   AA Auernhammer/*Stollhoff* DSGVO Art. 15 Rn. 15.
76   Dazu vgl. *Cormack* EDPL 2016, 15.
77   *Wybitul/Rauer* ZD 2012, 160 (162).
78   So hat der Bundesgesetzgeber für eine Vielzahl von Registern (Handelsregister, Register und öffentlich zugängliche Informationsdienste sowie in den Registern anonymer und pseudonymer sowie vergriffener Werke des Deutschen Patent- und Markenamtes) vorgesehen, dass der Auskunftsanspruch und das Recht auf Erhalt einer Kopie nach Abs. 3 entweder (im Fall des Auskunftsanspruchs) nicht bestehen oder dadurch erfüllt werden, dass in diese Register Einsicht genommen werden kann (§ 10a Abs. 1 HGB nF, § 31a PatG nF, § 8 Abs. 8 GebrauchsmusterG nF, § 62a MarkenG nF, § 4 Nr. 3a HalbleiterschutzG nF, § 138a UrhG nF, § 52a VerwertungsgesellschaftenG nF, § 22a DesignG nF). Eine Information der betroffenen Personen über konkrete Empfänger, denen gegenüber ua die im Register eingetragenen personenbezogenen Daten offengelegt wurden, erfolgt in diesen Fällen nicht.

7. Grenze des Anspruchs auf Kopien (Abs. 4). Stellt der Verantwortliche der betroffenen Person eine Kopie   33
ihrer Daten zur Verfügung, so darf dies die Rechte und Freiheiten anderer Personen nicht beeinträchtigen.
Rechte und Freiheiten Dritter können dadurch beeinträchtigt werden, dass die Daten der betroffenen Person gemeinsam mit den Daten Dritter verarbeitet werden (zB in Form von **Papier-Listen**). Dies rechtfertigt
es allerdings in aller Regel nicht, der betroffenen Person die Aushändigung einer Kopie vollständig zu verweigern. Vielmehr hat der Verantwortliche bei konventioneller (analoger) Datenverarbeitung die Daten
Dritter vor der Bereitstellung der Kopie zu **schwärzen**. Bei automatisierter Datenverarbeitung ist die Herstellung einer **elektronischen Teilkopie** ohnehin dann unproblematisch, wenn es sich nicht um Daten mit
doppeltem oder mehrfachem Personenbezug handelt.

Abs. 4 begrenzt seinem Wortlaut nach nur das Recht auf Datenkopie nach Abs. 3. Die Rechte und Freihei-   34
ten anderer Personen (zB Geschäftsgeheimnisse des Verantwortlichen oder Urheberrechte an Software) dürfen aber **auch** durch die **Erteilung von Auskünften** nach Abs. 1 nicht beeinträchtigt werden.[79] Dazu bedarf
es keiner Gesetzgebungsmaßnahme nach Art. 23 Abs. 1 lit. i.[80] Der Verantwortliche ist nach Art. 12 Abs. 2
S. 1 dazu verpflichtet, seine Datenverarbeitung so zu organisieren, dass die personenbezogenen Daten differenziert nach betroffenen Personen gespeichert und Datenpools mit einer Vielzahl von Betroffenen vermieden werden, um eine unkomplizierte Auskunftserteilung zu ermöglichen (→ Art. 12 Rn. 22).[81] Die bloße
Besorgnis, Rechte und Freiheiten anderer Personen könnten durch die Auskunftserteilung oder Bereitstellung der Kopie beeinträchtigt werden, reicht nicht aus, es muss eine konkrete Beeinträchtigung drohen.[82]
Auch in solchen Fällen darf der betroffenen Person nach EG 63 aber nicht jede Auskunft verweigert werden, vielmehr ist nach einer Abwägung zu ermitteln, inwieweit eine **Teilauskunft** möglich ist.

Die Auskunft über die **Identität von Informanten und Hinweisgebern („Whistleblowern")** darf dann ver-   35
weigert werden, wenn eine Abwägung ergibt, dass ihre Rechte gegenüber dem Informationsanspruch der
betroffenen Person überwiegen. Dabei ist zu berücksichtigen, ob dem Informanten eine vertrauliche Behandlung seines Hinweises zugesichert worden ist und ob der Verantwortliche zur Aufdeckung bestimmter
Normverletzungen (zB Korruption) auf vertrauliche Hinweise angewiesen ist. Andererseits hat der Informant selbst bei einer solchen Zusicherung kein Recht auf Geheimhaltung seiner Identität, wenn ausreichende Anhaltspunkte dafür vorliegen, dass er wider besseres Wissen oder leichtfertig falsche Angaben gemacht
hat (→ Art. 14 Rn. 25).[83] Der Verantwortliche trägt die Darlegungs- und Beweislast dafür, dass die Voraussetzungen für eine Auskunftsverweigerung im Einzelfall vorliegen. Die bloße Behauptung, die Daten der betroffenen Person stammten von einem schutzwürdigen Whistleblower, genügt nicht.

8. Ausnahmen. Ausnahmen vom Auskunftsrecht müssen, soweit sie über Abs. 4 hinausgehen, durch Ge-   36
setzgebungsmaßnahmen nach **Art. 23** vorgesehen sein. Diese können aufgrund der vorhandenen Ausnahme
in Abs. 4 grundsätzlich nur Ausnahmen im überwiegenden öffentlichen Interesse betreffen.[84] Zum anderen
können sowohl das Unionsrecht als auch das Recht der Mitgliedstaaten Ausnahmen vom Anspruch auf
Auskunft vorsehen, soweit die Erteilung der Auskunft voraussichtlich die Verwirklichung **wissenschaftlicher oder historischer Forschungszwecke, statistischer Zwecke oder von im öffentlichen Interesse liegenden
Archivzwecken** unmöglich machen oder ernsthaft beeinträchtigen würde und die Ausnahmen für die Erfüllung dieser Zwecke notwendig sind (**Art. 89 Abs. 2 u. 3**). Das betrifft zB die Herausgabe von Probandendaten bei Forschungsvorhaben.[85] Allein die Mitgliedstaaten können schließlich bei der Verarbeitung zu **journalistischen, wissenschaftlichen[86], künstlerischen oder literarischen Zwecken** Abweichungen und Ausnahmen vom Recht auf Auskunft vorsehen, wenn dies erforderlich ist, um das Recht auf Datenschutz mit dem
Recht auf freie Meinungsäußerung und Informationsfreiheit in Einklang zu bringen (**Art. 85 Abs. 2**). § 27
Abs. 2 Satz 2 BDSG nF, der das Auskunftsrecht bezüglich solcher Daten, die für Zwecke wissenschaftlicher
Forschung erforderlich sind, schon dann ausschließt, wenn die Auskunftserteilung einen unverhältnismäßigen Aufwand erfordert, genügt den engeren Vorgaben des Art. 85 Abs. 2 nicht. Zudem **scheidet eine analoge Anwendung** der Ausnahmetatbestände des **Art. 14 Abs. 5 aus** (wie bei Art. 13 → Art. 13 Rn. 17), da keine planwidrige Regelungslücke vorliegt.[87] Deshalb ist auch § 34 Abs. 1 Nr. 1 BDSG nF, der – ähnlich wie
§ 34 Abs. 7 BDSG aF – pauschal die Ausnahmen von der Informationspflicht auf das Auskunftsrecht über-

79   So EG 63; Paal/Pauly/*Paal* Art. 15 Rn. 41; Kühling/Buchner/*Bäcker* Art. 15 Rn. 43; Sydow/*Specht* Art. 15 Rn. 33.
80   AA *Laue/Nink/Kremer*, S. 143 f.
81   Vgl. *Laue/Nink/Kremer*, S. 144.
82   Kühling/Buchner/*Bäcker* Art. 15 Rn. 42.
83   Vgl. BVerwGE 89, 14 (21); 118, 10.
84   So auch Kühling/Buchner/*Bäcker* Art. 15 Rn. 43. Zur eng begrenzten Möglichkeit, einem Patienten bei Suizidgefahr den direkten Zugang zu seinen Krankenunterlagen zu verweigern, → Art. 23 Rn. 30.
85   Vgl. dazu *Fleischer et al.* MedR 2016, 481 (488).
86   Insoweit besteht eine Überschneidung zwischen Art. 85 Abs. 2 und Art. 89 Abs. 2.
87   AA Auernhammer/*Stollhoff* DSGVO Art. 15 Rn. 26.

trägt, mit Unionsrecht unvereinbar.[88] Das gilt auch für § 34 Abs. 2 lit. a und b BDSG nF, der eine Auskunftserteilung über Daten ausschließt, die aufgrund gesetzlicher oder satzungsmäßiger Aufbewahrungsvorschriften nicht gelöscht werden dürfen oder die ausschließlich Zwecken der Datensicherung oder der Datenschutzkontrolle dienen, wenn die Auskunftserteilung unverhältnismäßig aufwändig wäre und eine Zweckentfremdung durch geeignete technisch - organisatorische Maßnahmen ausgeschlossen ist. Eine pauschale Einschränkung des Auskunftsrechts ist in diesen Fällen nicht gerechtfertigt.[89] Auch § 29 Abs. 1 S. 2 BDSG nF, der eine Auskunftspflicht in Fällen ausschließt, in denen Informationen offengelegt würden, die „ihrem Wesen nach, insbes. wegen der überwiegenden berechtigten Interessen eines Dritten, geheim gehalten werden müssen" (→ Art. 14 Rn. 30) widerspricht dem Unionsrecht. Dass die Auskunftserteilung über Datenübermittlungen an die Nachrichtendienste und – im Fall von Sozialdaten – an Strafverfolgungsbehörden[90] uneingeschränkt von deren Zustimmung abhängig gemacht wird, ist ebenfalls nicht verordnungskonform (→ Art. 14 Rn. 28). Soweit – was nur ausnahmsweise der Fall sein dürfte – keine verordnungskonforme Auslegung des BDSG nF in Frage kommt, hat die Grundverordnung diesem gegenüber Anwendungsvorrang.[91]

37   Der Verantwortliche kann außerdem eine Auskunft dann ablehnen, wenn das entsprechende Verlangen der betroffenen Person **offensichtlich unbegründet** ist oder diese **exzessive Anträge** auf Auskunft stellt (Art. 12 Abs. 5 lit. b). Auch in diesem Fall besteht aber die alternative Möglichkeit, die Auskunft gegen ein angemessenes Entgelt zu erteilen (Art. 12 Abs. 5 lit. a).

38   **9. Rechtsdurchsetzung und Sanktionen.** Betroffene Personen können sich bei einer Auskunftsverweigerung, einer unvollständigen oder nicht unverzüglichen Erteilung der Auskunft sowohl bei der zuständigen Aufsichtsbehörde nach Art. 77 **beschweren** als auch einen **Rechtsbehelf** nach Art. 79 einlegen, was zu einer gerichtlichen Überprüfung des Verhaltens des Verantwortlichen führt. Ein Verstoß gegen Art. 15 kann zudem mit einer **Geldbuße** nach Art. 83 Abs. 5 lit. b geahndet werden. Auch insoweit gilt – wie bei allen Betroffenenrechten – der weitergehende Bußgeldrahmen (vgl. Art. 83 Abs. 5). Schließlich können die Mitgliedstaaten noch weitergehende wirksame, verhältnismäßige und abschreckende Sanktionen für derartige Verstöße vorsehen (vgl. Art. 84).

Abschnitt 3
Berichtigung und Löschung

Artikel 16   Recht auf Berichtigung

[1]Die betroffene Person hat das Recht, von dem Verantwortlichen unverzüglich die Berichtigung sie betreffender unrichtiger personenbezogener Daten zu verlangen. [2]Unter Berücksichtigung der Zwecke der Verarbeitung hat die betroffene Person das Recht, die Vervollständigung unvollständiger personenbezogener Daten – auch mittels einer ergänzenden Erklärung – zu verlangen.

Literatur: *Chen, J.,* The Dangers of Accuracy: Exploring the Other Side of the Data Quality Principle, EDPL 2018, 36; *Finck, M.,* Blockchains and Data Protection in the European Union, EDPL 2018, 17; *Härting, N.,* „Prangerwirkung" und „Zeitfaktor" – 14 Thesen zu Meinungsfreiheit, Persönlichkeitsrechten und Datenschutz im Netz, CR 2009, 21; *Hoeren, T.,* Big Data und Datenqualität – ein Blick auf die DS-GVO Annäherungen an Qualitätsstandards und deren Harmonisierung, ZD 2016, 459; *Hornung, G.,* Eine Datenschutz-Grundverordnung für Europa?, ZD 2012, 99; *Janal, R.,* Abwehransprüche im elektronischen Markt der Meinungen – Zu den Erfolgschancen eines Vorgehens gegenüber den Betreibern von Bewertungsportalen, CR 2005, 873; *Ladeur, K. H.,* Datenschutz – vom Abwehrrecht zur planerischen Optimierung von Wissensnetzwerken, DuD 2000, 12; *Mallmann, O.,* Zielfunktionen des Datenschutzes. Mit einer Studie zum Datenschutz im Bereich von Kreditinformationssystemen, 1977.

---

88   Das gilt in gleicher Weise für die §§ 32 c Abs. 1 Nr. 1 AO nF und 83 Abs. 1 Nr. 1 SGB X nF; vgl. auch die §§ 2 a Abs. 2 AO nF und 35 Abs. 2 SGB I nF.

89   *Eichler/Nguyen,* Jahrbuch 2017, 17, 35.

90   Vgl. die redundante Vorschrift des § 83 Abs. 5 SGB X nF.

91   § 1 Abs. 5 BDSG nF; vgl. *Eichler/Nguyen,* Jahrbuch 2017, 17, 35. Für eine Entscheidung über den Anwendungsvorrang im Einzelfall *DSK,* Kurzpapier Nr. 6, 2 f. Das Bundesinnenministerium will den Auskunftsanspruch der Betroffenen (wie auch andere Betroffenenrechte) auch im bereichsspezifischen Datenschutzrecht, z.B. im Melderecht, in unionsrechtlich problematischer Weise einschränken, vgl. Referentenentwurf des BMI für den Entwurf eines Zweiten Gesetzes zur Anpassung des Datenschutzrechts an die Verordnung (EU) 2016/679 und zur Umsetzung der Richtlinie (EU) 2016/680; krit dazu die Stellungnahme der EAID v. 16.7.2018, https://www.eaid-berlin.de/wp-content/uploads/2018/07/EAID-Stellungnahme-Referentenentwurf-2.-DSAnpUG-EU.pdf.

I. Vorbemerkung

Es gehört zu den **Grundsätzen** für die Verarbeitung personenbezogener Daten, dass diese **sachlich richtig** 1
und **auf dem neuesten Stand** sind. Verantwortliche sind danach verpflichtet, von sich aus alle angemessenen
Maßnahmen zu treffen, damit unrichtige personenbezogene Daten unverzüglich berichtigt werden (Art. 5
Abs. 1 lit. d). Diese Verpflichtung hat der Unionsgesetzgeber bewusst verschärft (EG 11). Damit trägt er der
Tatsache Rechnung, dass die **Entfaltungschancen der betroffenen Personen** im Zuge der zunehmenden Au-
tomatisierung immer stärker von der Richtigkeit der verarbeiteten Daten abhängen.[1] Umgekehrt kann die
Verarbeitung unrichtiger Daten zu einer Person (z.B. durch die Verbreitung von Fehlinformationen im In-
ternet) zu deren Ausgrenzung, Benachteiligung und Diffamierung bis hin zum sozialen Tod führen.

Häufig verfügt der Verantwortliche aber nicht über alle Informationen, um die Richtigkeit der verarbei- 2
teten Daten zutreffend beurteilen zu können. Auch soll der Einzelne die Möglichkeit erhalten, die Berichtigung durchzusetzen. Neben den **Richtigkeitsgrundsatz** nach Art. 5 Abs. 1 lit. d, der den Verantwortlichen
unabhängig von einem Antrag zur Korrektur verpflichtet, tritt deshalb Art. 16, der ein erstes **Steuerungsrecht** der betroffenen Person regelt, mit dem sie direkt in die Verarbeitung ihrer Daten eingreifen kann. Sie
kann sowohl eine Berichtigung unrichtiger Daten (S. 1) als auch die Vervollständigung und Ergänzung unvollständiger Daten (S. 2) verlangen. Diese Eingriffs-[2] und Steuerungsrechte sind Voraussetzung und zugleich Bestandteil des Grundrechts auf Datenschutz.[3]

Das Grundrecht auf Datenschutz beschränkt sich gerade nicht auf prozedurale Informationsrechte über ge- 3
speicherte Daten und ihre Nutzung.[4] Die darüber hinausgehenden Steuerungsrechte der Art. 16–22 können
die Strukturprobleme eines modernen Datenschutzrechts zwar nicht allein lösen,[5] sie gehören aber zu den
erforderlichen verfahrensrechtlichen Vorkehrungen zur effektiven Wahrnehmung dieses Grundrechts.[6] Sie
sind wesentliche **Elemente des Selbstdatenschutzes** im Regelungskonzept der DSGVO.[7] Das Recht auf Berichtigung ist neben dem Auskunftsrecht deshalb ausdrücklich in Art. 8 Abs. 2 S. 2 GRCh garantiert.

Die **JI-Richtlinie** enthält für den Bereich der Strafverfolgung einen entsprechenden Berichtigungsanspruch, 4
den die Mitgliedstaaten vorsehen müssen (Abs. 1). Zudem verpflichtet Art. 7 Abs. 2 dieser Richtlinie die
Mitgliedstaaten dazu, sicherzustellen, dass die Strafverfolgungsbehörden keine unrichtigen oder unvollständigen Daten übermitteln oder bereitstellen.

II. Entstehungsgeschichte

Art. 16, dessen Abs. 1 S. 1 Art. 12 lit. b DSRL entspricht, war bereits im KOM-E enthalten und wurde im 5
Gesetzgebungsverfahren nur unwesentlich geändert. So wurde auf Vorschlag des Rats das Wort **unverzüglich** eingefügt. Der Rat hatte auch eine Präzisierung des Begriffs „unrichtig" in der Weise vorgeschlagen,
wie sie Eingang in Art. 5 Abs. 1 lit. d gefunden hat („Daten, die im Hinblick auf die Zwecke ihrer Verarbeitung unrichtig sind"), was jedoch nicht in den endgültigen Text des S. 1, wohl aber in S. 2 übernommen
wurde. Andere **Änderungen** waren lediglich **sprachlicher Art**. Der EDSB hatte für die Aufnahme eine
Rechts auf Sperrung von Daten plädiert, deren Richtigkeit bestritten wird; dieses Recht wurde schließlich
in Art. 18 Abs. 1 lit. a kodifiziert.

III. Recht auf Berichtigung

Das Recht auf Berichtigung hat zwei Bestandteile. Die betroffene Person kann sowohl die **Korrektur** un- 6
richtiger Daten (S. 1) als auch die **Vervollständigung oder Ergänzung** unvollständiger Daten (S. 2) verlangen. Die Vervollständigung oder Beifügung einer ergänzenden Erklärung ist ein Unterfall der Berichtigung.
Stattdessen kann die betroffene Person auch **Löschung** unrichtiger Daten nach Art. 17 Abs. 2 lit. d fordern.[8]

---

1 Vgl. Simitis/*Mallmann* § 20 Rn. 9.
2 So Roßnagel/*Wedde*, HB DSch, Kap. 4.4 Rn. 53ff.
3 Vgl. Simitis/*Dix* § 35 Rn. 2.
4 Für eine solche Beschränkung *Ladeur* DuD 2000, 12 (17).
5 Zu dieser Diskussion BeckOK DatenschutzR/*Worms* DSGVO Art. 16 Rn. 2 mwN.
6 So BVerfGE 65, 1 (46) ausdrücklich für Löschungspflichten nach deutschem Verfassungsrecht. Ebenso BeckOK DatenschutzR/*Worms*
  DSGVO Art. 16 Rn. 3ff.
7 Vgl. dazu Roßnagel/*ders.*, HB DSch, Kap. 3.4 Rn. 74 f., *Enzmann/Roßnagel* CR 2002, 141 (144) mit Vorschlägen für eine technische
  Unterstützung dieser Rechte bei der Online-Kommunikation.
8 Vgl. Art. 5 Abs. 1 lit. d.

Dix   661

In jeder Berichtigung kann – je nach Durchführung – zumindest eine partielle Löschung von Daten liegen. Verarbeitet der Verantwortliche unrichtige Daten, die er – selbst nach Korrektur – nicht verarbeiten dürfte, ist er nach Art. 5 Abs. 1 lit. a auch ohne Antrag der betroffenen Person zur Löschung verpflichtet. Der Grundsatz der Rechtmäßigkeit der Datenverarbeitung hat Vorrang vor dem Richtigkeitsgrundsatz.[9]

7   **1. Recht auf Korrektur (S. 1). a) Daten.** Daten iSd des Art. 16 sind **alle tatsächlichen Informationen**, die sich auf die betroffene Person beziehen (Art. 4 Nr. 1). Diese müssen nicht gespeichert sein, es genügt, wenn sie iSd Art. 4 Nr. 2 in irgendeiner Weise verarbeitet werden.[10]

8   Der Berichtigungsanspruch hat die gleiche Reichweite wie das Auskunftsrecht nach Art. 15 (→ Art. 15 Rn. 14). Er gilt auch für unrichtige Angaben in Behördenakten (zB Personalakten), soweit diese nach Art. 2 Abs. 1 durch automatisierte Verarbeitung erfolgen oder wegen ihres Bezugs zu einem Dateisystem der DSGVO unterliegen. Der Grundsatz der **Aktenvollständigkeit**, dem das Bundesverfassungsgericht bisher zumindest in den Fällen Verfassungsrang beigemessen hat, in denen die Informationen rechtmäßig zur Akte gelangt sind, galt aber schon vor Inkrafttreten der vorrangig geltenden DSGVO nur noch sehr eingeschränkt.[11] Jede weitere Speicherung von unrichtig gewordenen Daten in einer Akte greift in das Grundrecht auf Datenschutz ein, das gegenüber dem Grundsatz der Aktenvollständigkeit mit der Folge überwiegt, dass ein Anspruch auf Berichtigung oder (teilweise) Löschung bzw. Vernichtung von Akten besteht.[12] **Angaben über strafbare Handlungen** oder begangene Ordnungswidrigkeiten sind ebenfalls Daten, die bei Unrichtigkeit zu korrigieren sind.[13] Das gilt auch für die Bezeichnung einer Person als Dieb, Betrüger oder Terrorist.[14] Angaben über Alkohol- oder Drogenmissbrauch sind gleichfalls Daten, die bei Unrichtigkeit zu korrigieren sind.[15]

9   **b) Besonders schutzwürdige Daten.** Der Korrekturanspruch bezieht sich im Bereich von Gesundheitsdaten auch auf „Daten in Patientenakten, die Informationen wie beispielsweise Diagnosen, Untersuchungsergebnisse, Befunde der behandelnden Ärzte und Angaben zu Behandlungen oder Eingriffen enthalten" (EG 63). Allerdings kann nur die Berichtigung solcher **Diagnosen** verlangt werden, die Beweis zugänglich sind oder deren Unrichtigkeit zweifelsfrei festgestellt werden kann.[16] Ärztliche Bewertungen können selbst nicht berichtigt werden, wohl aber für den Patienten erkennbar falsche Tatsachen, auf denen sie beruhen (→ Rn. 14). Tatsächliche Feststellungen oder Aufzeichnungen, die sich nachträglich als falsch herausstellen, sind aufgrund der **ärztlichen Dokumentationspflicht** in der Weise zu berichtigen, dass die ursprüngliche Feststellung oder Aufzeichnung erkennbar bleibt. Wenn dagegen die Feststellung oder Aufzeichnung dem seinerzeitigen medizinischen Kenntnisstand entsprach und damit nicht unrichtig war, besteht auch kein Berichtigungsanspruch. Es kann in solchen Fällen aber ein Anspruch auf Vervollständigung oder Aufnahme einer ergänzenden Erklärung bestehen (→ Rn. 18).

10   Neben Daten über die Gesundheit der betroffenen Person sind auch alle anderen **besonders schutzwürdigen Daten nach Art. 9 Abs. 1** bei Unrichtigkeit zu korrigieren. Dies sind neben den genetischen und biometrischen Daten Angaben, aus denen die rassische und ethnische Herkunft, politische Meinungen, religiöse oder weltanschauliche Überzeugungen oder die Gewerkschaftszugehörigkeit hervorgehen sowie Daten zum Sexualleben oder der sexuellen Orientierung.

11   **c) Unrichtigkeit.** Unrichtig sind Daten, die in der Realität keine Entsprechung finden.[17] Dabei kommt es nicht darauf an, ob es sich um wesentliche Unrichtigkeiten handelt oder nicht.[18] Ob Unrichtigkeiten **wesentlich oder unwesentlich** sind, lässt sich häufig nicht absehen, weil Daten aufgrund eines späteren, nicht absehbaren Verwendungszusammenhangs oder künftiger Verknüpfungen Auswirkungen haben können.[19] Art. 16 enthält deshalb **keine Bagatellgrenze**. Auch falsch geschriebene Straßennamen in der Anschrift sind zu korrigieren.[20] Das Persönlichkeitsrecht muss durch die Unrichtigkeit nicht tangiert sein. Allerdings kann die Bedeutung der Unrichtigkeit Einfluss auf die Geschwindigkeit der Berichtigung haben (→ Rn. 12). Richtigkeit ist nicht gleichbedeutend mit **Genauigkeit**. Ungenaue Daten (etwa die Einordnung in eine Altersgruppe) können richtig sein. Ein übertriebener Grad an Genauigkeit kann die informationelle Selbstbestim-

---

9   So auch Sydow/*Peuker* Art. 16 Rn. 19, im Anschluss an Simitis/*Mallmann* § 20 Rn. 30.
10   Enger §§ 20, 35 BDSG aF.
11   Simitis/*Mallmann* § 20 Rn. 33.
12   Vgl. Simitis/*Mallmann* § 20 Rn. 33; im Ergebnis ebenso Kühling/Buchner/*Herbst* Art. 16 Rn. 19.
13   Vgl. Simitis/*Mallmann* § 20 Rn. 22.
14   Vgl. Simitis/*Mallmann* § 20 Rn. 22.
15   Vgl. *Ehmann/Helfrich* Art. 8 Rn. 8.
16   Vgl. Simitis/*Mallmann* § 20 Rn. 22; Simitis/*Dix* § 35 Rn. 17.
17   Vgl. Simitis/*Mallmann* § 20 Rn. 11; BeckOK DatenschutzR/*Worms* DSGVO Art. 16 Rn. 49.
18   Kühling/Buchner/*Herbst* Art. 16 Rn. 11; vgl. auch Simitis/*Dix* § 35 Rn. 7.
19   Ebenso Kühling/Buchner/*Herbst* Art. 16 Rn. 11.
20   Vgl. *Gola/Schomerus* § 35 Rn. 4.

mung und den Bewegungsspielraum der betroffenen Person beeinträchtigen.[21] Zugleich kann darin eine Verletzung des Prinzips der Datenminimierung (Art. 5 Abs. 1 lit. c) liegen. Insofern ist der Begriff der **Datenqualität**, der sowohl Richtigkeit als auch Genauigkeit der Daten umfasst, differenziert zu betrachten. Der Verantwortliche ist nicht berechtigt, die Daten der betroffenen Person gegen deren Willen im Sinne einer größeren Genauigkeit zu korrigieren und anzureichern, wenn es dafür keine Notwendigkeit gibt.

Der Begriff unrichtig ist im Lichte des Art. 5 Abs. 1 lit. d zu interpretieren,[22] so dass stets solche personenbezogenen Daten zu korrigieren oder zu löschen sind, die **im Hinblick auf die Zwecke ihrer Verarbeitung unrichtig sind**. Ob Daten unrichtig sind, ist deshalb jeweils im Zusammenhang mit ihrem Verwendungskontext und -zweck im Zeitpunkt der Erhebung zu beurteilen (zu dem Fall der später eintretenden Unrichtigkeit → Rn. 9). Dabei kommt es nicht ausschließlich darauf an, ob der Zweck der Verarbeitung mit den unrichtigen Daten nicht erreicht werden kann, sondern auch, ob durch die Verarbeitung unrichtiger Daten das Grundrecht der betroffenen Person auf Datenschutz tangiert wird. Bei einer Risikobetrachtung muss daher in erster Linie das Risiko betrachtet werden, ob ein unzutreffendes Bild von der betroffenen Person gezeichnet wird.[23] Der Verarbeitungszweck ist nach dem Wortlaut des Art. 16 zwar nur im Fall der Unvollständigkeit zu berücksichtigen, die ein Spezialfall der Unrichtigkeit ist.[24] So ist die bei der Gewerbeaufsicht gespeicherte Information, dass ein Gewerbetreibender mit einer Steuerzahlung im Rückstand ist, unvollständig und damit unrichtig, wenn nicht zugleich der Umstand vermerkt ist, dass er den Steuerbescheid angegriffen hat.[25] Ebenso unvollständig ist die von einer Auskunftei zu Zwecken der Bonitätsprüfung gespeicherte Angabe, die betroffene Person habe eine Lieferung nicht bezahlt, wenn die Zusatzinformation fehlt, dass der Grund für die Zahlungsverweigerung ein Mangel der Lieferung war.[26] Aber auch andere Fälle einer möglichen Unrichtigkeit, die nicht als Unvollständigkeit gesehen werden können, sind im Zusammenhang mit dem Verarbeitungszweck zu beurteilen.[27]

Auch verarbeitete **Angaben Dritter** über die betroffene Person müssen bei Unrichtigkeit korrigiert werden. Das gilt auch, wenn sich die Daten neben der betroffenen Person auch auf den Dritten beziehen, weil dieser als Informationslieferant genannt wird. Wenn A bspw. behauptet, B sei drogenabhängig, B in Wirklichkeit aber nicht drogenabhängig ist, so kann er von dem Verantwortlichen, der die Angabe von A verarbeitet, Berichtigung (bzw. Löschung) verlangen, auch wenn A diese Aussage tatsächlich gemacht hat.[28] Etwas anderes gilt nur dann, wenn der Verantwortliche (zB die Polizei, die gegen A wegen Verleumdung ermittelt) einen Rechtsgrund zB nach Art. 8 JI-Richtlinie für die weitere Speicherung der unrichtigen Information hat. Wird einem Politiker oder einer anderen Person zB in einem sozialen Netzwerk ein falsches Zitat (als sog Fake News) in den Mund gelegt, so können sie Berichtigung verlangen.[29] Wer zur Berichtigung verpflichtet ist (der Autor oder der Betreiber des Netzwerks), hängt von der Verantwortlichkeit nach Art. 4 Nr. 7 (→ Art. 4 Nr. 7 Rn. 11ff.) ab.

Tatsachenbehauptungen oder beweisfähige Informationen sind zu unterscheiden von **Meinungsäußerungen und Werturteilen** über Personen, die zwar personenbezogene Daten iSd Art. 4 Nr. 1 sind,[30] deren Berichtigung aber in der Regel nicht verlangt werden kann.[31] Dazu zählen neben ärztlichen Bewertungen (→ Rn. 9) zB Schul- und Prüfungsnoten, Beurteilungen von Beamten und andere Entscheidungen mit Beurteilungsspielraum.[32] Allerdings sind auch Werturteile, die einen unrichtigen Tatsachenkern haben oder die keinerlei Stütze in den zugrunde liegenden Daten haben, insofern zu berichtigen oder zu vervollständigen.[33] Das betrifft etwa **Scorewerte**, die auf falschen Tatsachen beruhen.[34] Tatsachenbehauptungen können – etwa von einer Auskunftei – auch in die Form von Werturteilen gekleidet und zur Vermeidung von Haftungsrisiken

12

13

14

---

21 Dazu näher *Chen* EDPL 2018, 36, 40ff.
22 AA *Hoeren* ZD 2016, 459 (462), der einerseits zutreffend darauf verweist, dass Art. 5 Abs. 1 lit. d und Art. 16 sowohl im englischen als auch im deutschen VO-Text jeweils dieselben Begriffe für „Richtigkeit" („accuracy") verwenden, es aber andererseits für „gefährlich" hält, diese Begriffe identisch zu interpretieren.
23 BeckOK DatenschutzR/*Worms* DSGVO Art. 16 Rn. 59.
24 Vgl. Simitis/*Dix* § 35 Rn. 15.
25 Vgl. Simitis/*Mallmann* § 20 Rn. 12.
26 Vgl. Simitis/*Dix* § 35 Rn. 15.
27 AA Paal/Pauly/*Paal* Art. 16 Rn. 18; Kühling/Buchner/*Herbst* Art. 16 Rn. 27.
28 Vgl. Simitis/*Mallmann* § 20 Rn. 15.
29 In Deutschland kann darin zugleich eine Verletzung des allgemeinen Persönlichkeitsrechts liegen, vgl. BVerfGE 54, 148 – Eppler.
30 Vgl. Simitis/*Dammann* § 3 Rn. 12; DKWW/*Weichert* § 3 Rn. 17; aA *Härting* CR 2009, 26.
31 Hingegen schließen Ehmann/Selmayr/*Kamann/Braun* Art. 16 Rn. 20 Werturteile nach einer funktionalen Auslegung schon grundsätzlich nicht vom Anwendungsbereich des Art. 16 aus, da diese die Rechtsstellung der betroffenen Person ebenso beeinträchtigen können wie Tatsachenangaben.
32 Vgl. Simitis/*Mallmann* § 20 Rn. 23 mwN.
33 Simitis/*Mallmann* § 20 Rn. 21; s. auch BeckOK DatenschutzR/*Worms* DSGVO Art. 16 Rn. 52ff., der maßgeblich zwischen verantwortlichen privaten und öffentlichen Stellen differenziert; aA Gola/*Reiff* Art. 16 Rn. 10.
34 So auch BeckOK DatenschutzR/*Brink* BDSG § 35 Rn. 9; DKWW/*Däubler* § 35 Rn. 8.

nicht genannten Dritten zugeschrieben werden (zB „X soll, wie verlautet, zurzeit durch die Behörden seiner geschäftlichen Tätigkeit entzogen sein." – branchenüblicher Code für Haft).[35] Auch in solchen Fällen besteht bei Unrichtigkeit ein Korrekturanspruch.[36] Schließlich können unbestimmte Rechtsbegriffe wie der der gewerberechtlichen Zuverlässigkeit aufgrund unzutreffender Tatsachen falsch angewendet werden. Auch in diesen Fällen besteht ein Berichtigungsanspruch, soweit im öffentlichen Bereich der Rechtsanwender keinen Beurteilungsspielraum hat, der der gerichtlichen Überprüfung entzogen ist.[37] Die Korrektur von Bewertungen auf Online-Auktionsplattformen kann nur insoweit verlangt werden, als sie einen Tatsachenkern (zB Schnelligkeit der Lieferung) haben.[38]

15 **Schätzdaten** sind Werturteile und keine tatsächlichen Informationen.[39] Werden sie allerdings nicht als solche gekennzeichnet, wie es § 35 Abs. 1 S. 2 BDSG aF bisher vorschrieb, sind sie unrichtig, weil sie den falschen Eindruck erwecken, eine Tatsache zu beschreiben. Deshalb sind sie auch nach Art. 16, der eine ausdrückliche Kennzeichnungspflicht nicht vorsieht, zu berichtigen (in diesem Fall nach S. 2 um die Kennzeichnung als Schätzwert zu vervollständigen).[40]

16 **Seit wann** die Daten **unrichtig** sind, ist für den Anspruch der betroffenen Person auf Berichtigung unerheblich.[41] Allerdings kann in bestimmten Fällen (zB bei ärztlichen Diagnosen) die Pflicht zur Dokumentation dem Korrekturanspruch entgegenstehen (→ Rn. 6). In derartigen Fällen kann jedoch ein Anspruch auf Ergänzung der ursprünglichen Fehldiagnose nach Abs. 2 bestehen.[42]

17 **d) Zeitpunkt der Korrektur.** Die Berichtigung ist **unverzüglich** vorzunehmen, sobald die betroffene Person sie verlangt hat. Die Unverzüglichkeit bezieht sich nicht auf den Berichtigungsantrag, sondern die Berichtigung selbst, obwohl die deutsche Textfassung insoweit missverständlich ist.[43] Diese zeitliche Vorgabe geht auf einen Vorschlag des Rats zurück und weicht von Art. 12 Abs. 3 insofern ab, als dort eine Höchstfrist von einem Monat mit einer Verlängerungsmöglichkeit um weitere zwei Monate vorgesehen ist. Da Art. 16 nicht auf diese flexiblere Bestimmung verweist, sondern sich mit dem Adjektiv „unverzüglich" begnügt, besteht bei der Berichtigung ebenso wie bei der Löschung (→ Art. 17 Rn. 4) **keine Verlängerungsmöglichkeit** nach Art. 12 Abs. 3 S. 2, vielmehr ist die Korrektur ohne schuldhaftes Zögern vorzunehmen.[44] Das entspricht auch der ausdrücklichen Vorgabe in Art. 5 Abs. 1 lit. d. Allerdings wird man dem Verantwortlichen einen **angemessenen Zeitraum zur Überprüfung der Richtigkeit** der fraglichen Daten einräumen müssen.[45] Diese Frist darf die Monatsfrist des Art. 12 Abs. 3 S. 1 nicht überschreiten. Während dieses Zeitraums kann die betroffene Person die Einschränkung der Verarbeitung der Daten nach Art. 18 Abs. 1 lit. a (→ Art. 18 Rn. 4 f.) verlangen. Handelt es sich um weniger schwerwiegende Unrichtigkeiten, die gleichwohl ein Korrekturrecht begründen (→ Rn. 8), kann sich der Verantwortliche mit der Berichtigung möglicherweise etwas mehr Zeit lassen.[46]

18 **2. Recht auf Vervollständigung (Art. 16 S. 2).** Auch unvollständige Daten sind unrichtig. Die betroffene Person hat im Fall der Unvollständigkeit einen Anspruch auf Vervollständigung des Datensatzes. Dabei kann **nicht jede beliebige Vervollständigung** des Datensatzes verlangt werden, sondern nur diejenigen Informationen sind zu ergänzen, die im Hinblick auf den Verarbeitungszweck notwendig sind, um ein zutreffendes Bild der betroffenen Person zu zeichnen.[47] Selbst wenn der eigentliche Datensatz vollständig ist, kann die betroffene Person verlangen, dass der Verantwortliche ihm eine **ergänzende Erklärung** hinzufügt. Diese besondere Form der Korrektur – die in Art. 12 DSRL noch nicht enthalten war – kann immer dann praktisch bedeutsam werden, wenn die bisher vorhandenen Daten einer Erläuterung bedürfen, um beim Empfänger kein falsches Bild von der betroffenen Person entstehen zu lassen.[48] Sowohl die Vervollständigung als auch die Beifügung einer ergänzenden Erklärung muss **unverzüglich** nach dem entsprechenden Verlan-

---

35 Vgl. *Mallmann*, Zielfunktionen des Datenschutzes, 1997, S. 88.
36 Vgl. Simitis/*Dix* § 35 Rn. 14.
37 So zutreffend Kühling/Buchner/*Herbst* Art. 16 Rn. 9, der selbst für den Fall, dass zwar die zugrunde liegenden Tatsachen richtig sind, die zusammenfassende rechtliche Beurteilung aber nicht nachvollziehbar ist, einen Berichtigungsanspruch einräumen will.
38 Vgl. *Janal* CR 2005, 873 (876).
39 Vgl. Simitis/*Dix* § 35 Rn. 18.
40 So zutreffend Kühling/Buchner/*Herbst* Art. 16 Rn. 10.
41 Kühling/Buchner/*Herbst* Art. 16 Rn. 12; vgl. auch Simitis/*Mallmann* § 20 Rn. 11.
42 Kühling/Buchner/*Herbst* Art. 16 Rn. 12; vgl. DKWW/*Däubler* § 35 Rn. 9.
43 So auch Kühling/Buchner/*Herbst* Art. 16 Rn. 22 unter Verweis auf EG 59.
44 AA Kühling/Buchner/*Herbst* Art. 16 Rn. 24.
45 Kühling/Buchner/*Herbst* Art. 16 Rn. 23.
46 Vgl. DKWW/*Däubler* § 35 Rn. 11.
47 BeckOK DatenschutzR/*Worms* DSGVO Art. 16 Rn. 58; Kühling/Buchner/*Herbst* Art. 16 Rn. 27.
48 Eine ergänzende Erklärung könnte auch verlangt werden, wenn die unrichtigen Daten selbst aus technischen Gründen nicht veränderbar sind, z.B. in einer Blockchain. Allerdings ist die Speicherung personenbezogener Transaktionsdaten außerhalb der Blockchain („off-chain") demgegenüber die vorzugswürdige Lösung, vgl. *Finck* EDPL 2018, 17 (29).

gen der betroffenen Person erfolgen; die Tatsache, dass sich dieses zeitliche Erfordernis nur in S. 1 findet, ist deshalb ohne Bedeutung, weil die Vervollständigung oder Beifügung einer ergänzenden Erklärung ein Unterfall der Berichtigung ist.[49]

3. Ausnahmen. Art. 16 enthält selbst – anders als Art. 13, 14 und 17 – keine Ausnahmeregelungen. Gleich- **19** wohl gilt das Recht auf Korrektur oder Vervollständigung unrichtiger oder unvollständiger personenbezogener Daten nicht uneingeschränkt. Zum einen können **Beschränkungen** im Unionsrecht oder im Recht der Mitgliedstaaten unter den Voraussetzungen des **Art. 23** vorgesehen werden.[50] Zum anderen können sowohl das Unionsrecht als auch das Recht der Mitgliedstaaten Ausnahmen vom Anspruch auf Berichtigung vorsehen, soweit eine solche Berichtigung voraussichtlich die Verwirklichung **wissenschaftlicher oder historischer Forschungszwecke, statistischer Zwecke oder von im öffentlichen Interesse liegenden Archivzwecken** unmöglich machen oder ernsthaft beeinträchtigen würde und die Ausnahmen für die Erfüllung dieser Zwecke notwendig sind (**Art. 89 Abs. 2 und 3**).[51] Allein die Mitgliedstaaten können schließlich bei der Verarbeitung zu **journalistischen, wissenschaftlichen**[52] **künstlerischen oder literarischen Zwecken** Abweichungen und Ausnahmen vom Recht auf Berichtigung vorsehen, wenn dies erforderlich ist, um das Recht auf Datenschutz mit dem **Recht auf freie Meinungsäußerung und Informationsfreiheit** in Einklang zu bringen (**Art. 85 Abs. 2**).

4. Rechtsdurchsetzung und Sanktionen. Betroffene Personen können sich sowohl bei der zuständigen Auf- **20** sichtsbehörde nach Art. 77 **beschweren** als auch einen **Rechtsbehelf** nach Art. 79 einlegen, was zu einer gerichtlichen Überprüfung des Verhaltens des Verantwortlichen führt. Die Aufsichtsbehörde kann den Verantwortlichen entweder anweisen, dem Berichtigungsantrag der betroffenen Person zu entsprechen (Art. 58 Abs. 3 lit. c), oder selbst die Berichtigung anordnen (Art. 58 Abs. 2 lit. g). Ein Verstoß gegen Art. 16 kann zudem mit einer **Geldbuße** nach Art. 83 Abs. 5 lit. b geahndet werden. Auch insoweit gilt – wie bei allen Betroffenenrechten – der weitergehende Bußgeldrahmen (vgl. Art. 83 Abs. 4). Schließlich können die Mitgliedstaaten noch weitergehende wirksame, verhältnismäßige und abschreckende Sanktionen für derartige Verstöße vorsehen (vgl. Art. 84).

Artikel 17 Recht auf Löschung („Recht auf Vergessenwerden")

(1) Die betroffene Person hat das Recht, von dem Verantwortlichen zu verlangen, dass sie betreffende personenbezogene Daten unverzüglich gelöscht werden, und der Verantwortliche ist verpflichtet, personenbezogene Daten unverzüglich zu löschen, sofern einer der folgenden Gründe zutrifft:

a) Die personenbezogenen Daten sind für die Zwecke, für die sie erhoben oder auf sonstige Weise verarbeitet wurden, nicht mehr notwendig.

b) Die betroffene Person widerruft ihre Einwilligung, auf die sich die Verarbeitung gemäß Artikel 6 Absatz 1 Buchstabe a oder Artikel 9 Absatz 2 Buchstabe a stützte, und es fehlt an einer anderweitigen Rechtsgrundlage für die Verarbeitung.

c) Die betroffene Person legt gemäß Artikel 21 Absatz 1 Widerspruch gegen die Verarbeitung ein und es liegen keine vorrangigen berechtigten Gründe für die Verarbeitung vor, oder die betroffene Person legt gemäß Artikel 21 Absatz 2 Widerspruch gegen die Verarbeitung ein.

d) Die personenbezogenen Daten wurden unrechtmäßig verarbeitet.

e) Die Löschung der personenbezogenen Daten ist zur Erfüllung einer rechtlichen Verpflichtung nach dem Unionsrecht oder dem Recht der Mitgliedstaaten erforderlich, dem der Verantwortliche unterliegt.

f) Die personenbezogenen Daten wurden in Bezug auf angebotene Dienste der Informationsgesellschaft gemäß Artikel 8 Absatz 1 erhoben.

(2) Hat der Verantwortliche die personenbezogenen Daten öffentlich gemacht und ist er gemäß Absatz 1 zu deren Löschung verpflichtet, so trifft er unter Berücksichtigung der verfügbaren Technologie und der Implementierungskosten angemessene Maßnahmen, auch technischer Art, um für die Datenverarbeitung Verantwortliche, die die personenbezogenen Daten verarbeiten, darüber zu informieren, dass eine betroffene

---

49 So auch Paal/Pauly/*Paal* Art. 16 Rn. 20; Kühling/Buchner/*Herbst* Art. 16 Rn. 30; BeckOK DatenschutzR/*Worms* DSGVO Art. 16 Rn. 62.

50 § 10 a Abs. 2 HGB nF sieht vor, dass das Recht auf Berichtigung hinsichtlich der im Handelsregister, in Bekanntmachungen der Eintragungen oder in zum Handelsregister einzureichenden Dokumenten enthaltenen personenbezogenen Daten nur unter den in den §§ 393– 395 und 397–399 FGG sowie der VO nach § 387 Abs. 2 FGG genannten Voraussetzungen ausgeübt werden kann.

51 Vgl. die Einschränkung des Korrekturrechts in § 27 Abs. 2 S. 1 BDSG nF.

52 Insoweit besteht eine Überschneidung zwischen Art. 85 Abs. 2 und Art. 89 Abs. 2 (→ Art. 85 Rn. 25).

Person von ihnen die Löschung aller Links zu diesen personenbezogenen Daten oder von Kopien oder Replikationen dieser personenbezogenen Daten verlangt hat.

(3) Die Absätze 1 und 2 gelten nicht, soweit die Verarbeitung erforderlich ist

a) zur Ausübung des Rechts auf freie Meinungsäußerung und Information;

b) zur Erfüllung einer rechtlichen Verpflichtung, die die Verarbeitung nach dem Recht der Union oder der Mitgliedstaaten, dem der Verantwortliche unterliegt, erfordert, oder zur Wahrnehmung einer Aufgabe, die im öffentlichen Interesse liegt oder in Ausübung öffentlicher Gewalt erfolgt, die dem Verantwortlichen übertragen wurde;

c) aus Gründen des öffentlichen Interesses im Bereich der öffentlichen Gesundheit gemäß Artikel 9 Absatz 2 Buchstaben h und i sowie Artikel 9 Absatz 3;

d) für im öffentlichen Interesse liegende Archivzwecke, wissenschaftliche oder historische Forschungszwecke oder für statistische Zwecke gemäß Artikel 89 Absatz 1, soweit das in Absatz 1 genannte Recht voraussichtlich die Verwirklichung der Ziele dieser Verarbeitung unmöglich macht oder ernsthaft beeinträchtigt, oder

e) zur Geltendmachung, Ausübung oder Verteidigung von Rechtsansprüchen.

Literatur: *Allen, S.*, Remembering and Forgetting – Protecting Privacy Rights in the Digital Age, EDPL 2015, 164; *Arning, M./ Moos, F./Schefzig, J.*, Vergiss(,) Europa!, CR 2014, 447; *Art.-29-Gruppe*, Stellungnahme 1/2006 zur Anwendung der EU-Datenschutzvorschriften auf interne Verfahren zur Meldung mutmaßlicher Missstände in den Bereichen Rechnungslegung, interne Rechnungslegungskontrollen, Fragen der Wirtschaftsprüfung, Bekämpfung von Korruption, Banken- und Finanzkriminalität, 06/DE WP 117; *dies.*, Arbeitsunterlage über Offenlegungspflichten im Rahmen der vorprozessualen Beweiserhebung bei grenzübergreifenden zivilrechtlichen Verfahren (pre-trial discovery), 09/DE WP 158; *dies.*, Leitlinien für die Umsetzung des Urteils des Gerichtshofs der Europäischen Union in der Rechtssache C-131/12 „Google Spain und Inc. / Agencia Espanola de Protección des Datos (AEPD) und Mario Costeja González", 14/DE WP 225; *Berberich, M./Steiner, M.*, Blockchain Technology and the GDPR – How to Reconcile Privacy and Distributed Ledgers?, EDPL 2016, 422; *Boehme-Neßler, V.*, Das Recht auf Vergessenwerden – Ein neues Internet-Grundrecht im Europäischen Recht, NVwZ 2014, 825; *Brown, P.*, The Right to be Forgotten: U.S. Rulings on Free Speech Won't Let Google Forget, CRi 2014, 161; *Buchholtz, G.*, Das „Recht auf Vergessen" im Internet – eine Herausforderung für den demokratischen Rechtsstaat, AöR 140 (2015), 121; *Caravà, E.*, Personal Data Kept in Companies Registers: The Denial of the ‚Right to be Forgotten', EDPL 2017, 287; *Casermeiro, P./Hoeren, T.*, Konturen des „Rechts auf Vergessenwerden", GRUR-Prax. 2014, 537; *Corrales, M.*, Japan: „Recht auf Vergessenwerden", ZD 2018, XVIII; *v. Danwitz, T.*, Die Grundreche auf Achtung der Privatsphäre und auf Schutz personenbezogener Daten, DuD 2015, 581; *Dix, A.*, Persönlichkeits- und Datenschutz im Internet – Anforderungen und Grenzen einer Regulierung, Referat in der Abt. IT- und Kommunikationsrecht, in: Ständige Deputation des DJT (Hrsg.), Verhandlungen des 69. DJT 2012, Bd. II/1, O 9; *ders.*, Das Internet als „schöne neue Welt"? – Rechtliche und ethische Bedingungen von Privatheit und Datenschutz online, in: Hruschka, J./Joerden, J. (Hrsg.), Jahrbuch für Recht und Ethik Bd. 23, 2015, 149; *Druschel, P./Backes,M./Tirtea,R.*, The Right to be Forgotten – between Expectations and Practice (2012), https://www.enisa.europa.eu/activities/identity-and-trust/library/deliverables/the-right-to-be-forgotten/; *DSK (Konferenz der unabhängigen Datenschutzbehörden des Bundes und der Länder)*, Kurzpapier Nr. 11 Recht auf Löschung/"Recht auf Vergessenwerden" (2018); https://www.datenschutz-berlin.de//kurzpapiere.html; *Etteldorf, C.*, Canadian Supreme Court on Google: Effective Legal Protection Tops Jurisdictional Boundaries, EDPL 2017, 384; *Fazlioglu, M.*, Forget me not: the clash of the right to be forgotten and freedom of expression on the Internet, EDPL 2013, 168; *Federrath, H./Fuchs, K./Maier, D./Scheuer, F./Wagner, K./Herrmann, D.*, Grenzen des digitalen Radiergummis, DuD 2011, 403; *Finck, M.*, Blockchains and Data Protection in the European Union, EDPL 2018, 17; *Floridi, L.*, „The Right to be Forgotten": A Philosophical View, in: Hruschka, J./Joerden, J. (Hrsg.), Jahrbuch für Recht und Ethik, Bd. 23, 2015, 163; *Frenzel, E. M.*, Facilitating the Flow of Public Information: The CJEU in Favour of Distinctive Rule/Exception Regulations in Member States, EDPL 2017, 384; *Gassner, U.M./Schmidl, M.*, Datenschutzrechtliche Löschungsverpflichtung und zivilrechtliche Verjährungsvorschriften, RDV 2004, 153; *Gerling, S./Gerling, R.*, Wie realistisch ist ein „Recht auf Vergessenwerden"?, DuD 2013, 445; *Gstrein, O. J.*, Das Recht auf Vergessenwerden als Menschenrecht, 2016; *ders.*, Die umfassende Verfügungsbefugnis über die eigenen Daten – Das „Recht auf Vergessenwerden" und seine konkrete Umsetzbarkeit, ZD 2012, 424; *Hammer, V.*, DIN 66398 – Die Leitlinie Löschkonzept als Norm, DuD 2016, 528; *ders./Fraenkel, R.*, Löschkonzept, DuD 2007, 905; *Holznagel, B./Hartmann, S.*, Das „Recht auf Vergessenwerden" als Reaktion auf ein grenzenloses Internet – Entgrenzung der Kommunikation und Gegenbewegung, MMR 2016, 228.; *Hornung, G.*, Eine Datenschutz-Grundverordnung für Europa?, ZD 2012, 99; *ders./Hofmann, K.*, Ein „Recht auf Vergessenwerden"? – Anspruch und Wirklichkeit eines neuen Datenschutzrechts, JZ 2013, 163; *dies.*, Die Auswirkungen der europäischen Datenschutzreform auf die Markt- und Meinungsforschung, ZD-Beilag 4/2017, 1; *Internationale Arbeitsgruppe zum Datenschutz in der Telekommunikation*, Arbeitspapier zur Web-Indexierung, in: BBDI (Hrsg.), Dokumente zu Datenschutz und Informationsfreiheit, 2013, 1689; *Jandt, S./ Kieselmann, O./Wacker, A.*, Recht auf Vergessen im Internet – Diskrepanz zwischen rechtlicher Zielsetzung und technischer Realisierbarkeit?, DuD 2013, 235; *Katko, P/Knöpfle, K./Kirschner, T.*, Archivierung und Löschung von Daten – Unterschätzte Pflichten in der Praxis und ihre Umsetzung, ZD 2014, 238; *Keppeler, L.M./Berning, W.*, Technische und rechtliche Probleme bei der Umsetzung der DS-GVO-Löschpflichten, ZD 2017, 314; *Kodde, C.*, Die „Pflicht zu Vergessen" – „Recht auf Vergessenwerden" und Löschung in BDSG und DS-GVO, ZD 2013, 115; *Koreng, A./Feldmann, T.*, Das „Recht auf Vergessen" – Überlegungen zum Konflikt zwischen Datenschutz und Meinungsfreiheit, ZD 2012, 311; *Kranenborg, H.*, Google and the Right to Be Forgotten (Case C-131/12, Google Spain), EDPL 2015, 70; *Kühling, J./Klar, M.*, Löschpflichten vs. Datenaufbewahrung – Vorschläge zur Auflösung eines Zielkonflikts bei möglichen Rechtsstreitigkeiten, ZD 2014, 506; *Kühling, J.*, Rückkehr des Rechts: Verpflichtung von „Google & Co." zu Datenschutz, EuZW 2014, 521; *Kühn, U./Karg, M.*, Löschung von Google-Suchergebnissen – Umsetzung der EuGH-Entscheidung durch den Hamburgischen Datenschutzbeauftragten, ZD 2016, 61; *Kulk, S./Borgesius, Z.*, Freedom of Expression and „Right to be Forgotten" Cases in the Netherlands After Google Spain, EDPL 2015, 113; *Leutheusser-Schnarrenber-*

ger, S., Vom Vergessen und Erinnern – Ein Jahr nach der Entscheidung des Gerichtshofs der Europäischen Union, DuD 2015, 586; *dies.,* Recht auf Vergessenwerden im Kontext der Entscheidung des Gerichtshofs der EU, in: Hruschka, J./Joerden J., (Hrsg.), Jahrbuch für Recht und Ethik, Bd. 23, 2015, 181; *dies.,* Das Recht auf Vergessenwerden – ein Durchbruch oder ein digitales Unding?, ZD 2015, 149; *v. Lewinski, K.,* Staat als Zensurhelfer – Staatliche Flankierung der Löschpflichten Privater nach dem Google-Urteil des EuGH, AfP 2015, 1; *Milstein, A.,* Weder Verantwortlichkeit noch „Pflicht zu Vergessen" von Suchmaschinenbetreibern nach EU-Datenschutzrecht – Zugleich Kommentar zu Generalanwalt Jääskinen, C-131/12 – Google Spain SL, Google Inc. gegen Agencia Espanola de Protección de Datos (AEPD), Gonzalez, M. C., K&R 2013, 446; *Mantelero, A.,* Italy: Right to be Forgotten and Public Registers – A Request to the European Court of Justice for a Preliminary Ruling, EDPL 2016, 231; *Niemann, F./Scholz, P.,* Privacy by Design und Privacy by Default – Wege zu einem funktionierenden Datenschutz in Sozialen Netzwerken, in: Peters, F./Kersten, H./Wolfenstetter, K. (Hrsg.), Innovativer Datenschutz, 2012, 109; *Ning Yan, M.,* Protecting the Right to be Forgotten: Is Mainland China Ready?, EDPL 2015, 190; *Nolte, N.,* Das Recht auf Vergessenwerden – mehr als nur ein Hype?, NJW 2014, 2238; *O'Hara, K./Shadbolt N.,* The Right to be Forgotten: Its Potential Role in a Coherent Privacy Regime, EDPL 2015, 178; *Paal, B.,* Online-Suchmaschinen – Persönlichkeitsrechts- und Datenschutz – Internationale Zuständigkeit, anwendbares Recht und sachrechtliche Fragen, ZEuP 2016, 591; *Petri, T.,* Datenschutzrechtliche Zweckbindung und die Weiterverbreitung bereits veröffentlichter Daten – Betrachtungen anlässlich der Google-Spain-Entscheidung des Europäischen Gerichtshofs, in: Hruschka, J./Joerden, J. (Hrsg.), Jahrbuch für Recht und Ethik, Bd. 23, 2015, 197; *Piltz, C.,* Spaniens Don Quijote: Google gegen die Datenschutzbehörde – Überlegungen zu den EuGH-Vorlagefragen, ZD 2013, 259; *Powles, J.,* The Case That Won't Be Forgotten, 47 Loyola Univ. Chicago Law Journal 2015, 583; *dies./Larsen, R.,* Academic Commentary: Google Spain, Cambridge Code, http://www.cambridge-code.org/googlespain.html; *Rosen, J.,* The Right to Be Forgotten, 64 Stan. L. Rev. Online 2012, 88, https://www.stanfordlawreview.org/online/privacy-paradox-the-right-to-be-forgotten/; *Roßnagel, A/Richter, P./Nebel, M.,* Besserer Internetdatenschutz für Europa – Vorschläge zur Spezifizierung der DS-GVO, ZD 2013, 103; *Schantz, P.,* Die Datenschutz-Grundverordnung – Beginn einer neuen Zeitrechnung im Datenschutzrecht, NJW 2016, 1841; *The Sedona Conference,* International Litigation Principles on Discovery, Disclosure and Data Protection in Civil Litigation (Transitional Edition), 2017; *dies.,* International Principles for Addressing Data Protection in Cross-Border Government & Internal Investigations: Principles, Commentary & Best Practices, Final/Prepublication Version 2018; *Spiecker gen. Döhmann, I.,* Steuerung im Datenschutzrecht – Ein Recht auf Vergessen wider Vollzugsdefizite und Typisierung?, KritV 2014, 28; *dies.,* A new framework for information markets: Google Spain, CMLR 2015, 1033; *Spindler, G.,* Durchbruch für ein Recht auf Vergessen(werden)? – Die Entscheidung des EuGH in Sachen Google Spain und ihre Auswirkungen auf das Datenschutz- und Zivilrecht, JZ 2014, 981; *Taylor, M.,* Google Spain Revisited: The Misunderstood Implementation of a Landmark Decision and How Public International Law Could Offer Guidance, EDPL 2017, 195.

I. Vorbemerkung

Es gehört zu den Grundsätzen der Erforderlichkeit und Richtigkeit der Datenverarbeitung, dass Verant- 1
wortliche verpflichtet sind, personenbezogene Daten, die im Hinblick auf die Zwecke ihrer Verarbeitung nicht (mehr) erforderlich oder unrichtig sind, unverzüglich zu löschen (Art. 5 Abs. 1 lit. c, d und e → Art. 5 Rn. 116ff., 136ff., 150ff.), ohne dass es eines Antrags der betroffenen Person bedürfte. Wie im Fall der Berichtigung (→ Art. 16 Rn. 2) hat der Unionsgesetzgeber der betroffenen Person aber darüber hinaus ein eigenes Recht auf Löschung eingeräumt, das ihr nicht nur in Fällen der Unrichtigkeit, sondern auch in anderen Fällen die Möglichkeit gibt, steuernd auf die Verarbeitung ihrer Daten einzuwirken und deren Löschung zu erzwingen. Darüber hinaus hat die Rechtsprechung des EuGH den Anstoß dazu gegeben, dem Recht auf Löschung auch bei Online-Veröffentlichungen Nachdruck zu verleihen. Allerdings haben weder

der EuGH[1] noch der Verordnungsgeber mit Art. 17 (entgegen seiner missverständlichen Überschrift)[2] weder ein „Recht auf Vergessen" noch gar eine „Pflicht zu Vergessen"[3] statuiert.

2   Die **JI-Richtlinie** regelt in Art. 16 Abs. 2 und 6, dass die Mitgliedstaaten einen im Vergleich zu DSGVO etwas eingeschränkten Löschungsanspruch vorzusehen haben. Eine Pflicht, die Empfänger von veröffentlichten Daten über deren Löschungspflicht zu informieren (Art. 17 Abs. 2 → Rn. 26ff.), sieht die JI-Richtlinie zwar nicht vor, wohl aber muss der Verantwortliche diese Empfänger entsprechend Art. 19 DSGVO von der Löschung in Kenntnis setzen.

II. Entstehungsgeschichte

3   Das Recht der betroffenen Person auf Löschung war in knapperer Form bereits in Art. 12 lit. b DSRL im Zusammenhang mit dem Auskunftsrecht garantiert. Die KOM hatte schon in ihrem Entwurf für eine DSGVO von 2012 (also bereits **vor der Entscheidung des EuGH zum Recht auf Vergessenwerden**[4]) vorgeschlagen, unter bestimmten Voraussetzungen insbes. auch solchen betroffenen Personen ein Recht auf Löschung ihrer Daten einzuräumen, die diese Daten als **Kind** offenbart hatten. Dieser Gesichtspunkt wurde von EP und Rat unterstützt und fand in erweiterter Form letztlich seinen Niederschlag in Abs. 1 lit. f. Auch für den Fall von **Online- und anderen Veröffentlichungen** hatte bereits die KOM neben dem Recht auf Löschung eine weitergehende Verpflichtung des Verantwortlichen vorgesehen, der die zu löschenden Daten zuvor veröffentlicht hatte. Er sollte verpflichtet sein, alle vernünftigen, auch technischen Maßnahmen zu ergreifen, um Dritte, die die Daten der betroffenen Person verarbeiten, über deren Löschungsverlangen auch hinsichtlich von **Links und Datenkopien** zu informieren. Während die KOM hierfür den etwas irreführenden, aber öffentlichkeitswirksamen Begriff „Recht auf Vergessenwerden" verwendet hatte, schlug das EP vor, auch dieses Recht als Teil des Rechts auf Löschung zu regeln. Für den Fall, dass der Verantwortliche einen Dritten mit der Veröffentlichung beauftragt hatte, sollte er für diese Veröffentlichung verantwortlich bleiben. Dieser Vorschlag wurde vom EP dahin gehend modifiziert, dass der Verantwortliche selbst für die Löschung der veröffentlichten Daten bei Dritten sorgen und die betroffene Person über die Maßnahmen informieren sollte, die Dritte infolge des Löschungswunsches ergriffen hatten. Der Rat schränkte in seinem Vorschlag diese Verpflichtung in mehrfacher Hinsicht wieder ein: Zum einen sollte die Pflicht des Verantwortlichen durch die verfügbare Technologie und durch die Implementierungskosten beschränkt werden; zum anderen sollte der Verantwortliche lediglich **zur Information** derjenigen Dritten **verpflichtet** werden, die die veröffentlichten Daten verarbeiteten. Dieser Vorschlag fand letztlich Eingang in die DSGVO.

4   Während das EP den Vorschlag der KOM außerdem in der Weise ergänzen wollte, dass eine Löschungspflicht des Verantwortlichen immer dann bestehen sollte, wenn ein Gericht oder eine Regulierungsbehörde die Löschung angeordnet hat, ersetzte der Rat dies durch den allgemeinen Tatbestand, dass der Verantwortliche einer Rechtspflicht zur Löschung unterliegt. Auf Vorschlag des Rats wurde auch der Ausnahmetatbestand aufgenommen, wonach keine Löschungspflicht bezüglich solcher Daten besteht, deren Verarbeitung zur **Geltendmachung, Ausübung oder Verteidigung von Rechtsansprüchen** erforderlich ist (Abs. 3 lit. e). Erst im Trilog wurden die im öffentlichen Interesse liegenden **Archivzwecke** als weiterer Ausnahmegrund neben den wissenschaftlichen oder historischen Forschungszwecken oder statistischen Zwecken in die DSGVO aufgenommen (Abs. 3 lit. d). Das ursprünglich im selben Artikel geregelte Recht der betroffenen Person auf Einschränkung der Verarbeitung wurde gesondert in Art. 18 geregelt.

III. Recht auf Löschung (Abs. 1)

5   **1. Begriff der Löschung.** Das Löschen von Daten ist eine Form der Verarbeitung iSd Art. 4 Nr. 2, die die DSGVO allerdings nicht näher definiert.[5] Daten können durch ordnungsgemäße Vernichtung des betreffenden Datenträgers[6] oder durch (mehrfaches) Überschreiben gelöscht werden (**physikalische Löschung**). Die bloße Löschung einer Verknüpfung, eines Verweises im Dateisystem oder einer „Sicht" auf einen Datensatz

1   *Spiecker gen. Döhmann* CMLR 2015, 1033 (1057).
2   Krit. zum Titel der Vorschrift deshalb *Hornung* ZD 2012, 99 (103), der die „starke Bezeichnung" des Rechts auf Vergessen zutr. als „meilenweit von seinem normativen Inhalt entfernt" ansieht. *Roßnagel/Nebel/Richter*, Was bleibt vom Europäischen Datenschutzrecht? ZD 2015, 455 (458) sprechen von einer „Mogelpackung"; zustimmend Kühling/Buchner/*Herbst* Art. 17 Rn. 61; ähnlich *Koreng/Feldmann* ZD 2012, 311 (315) („falsa demonstratio").
3   Vgl. dazu *Kodde* ZD 2013, 115.
4   EuGH C-131/12, NJW 2014, 2257 – Google Spain.
5   § 3 Abs. 4 Nr. 5 BDSG aF spricht von „Unkenntlichmachen gespeicherter personenbezogener Daten"; näher → Art. 4 Nr. 2 Rn. 30ff..
6   Vgl. dazu *Arbeitskreis Technik der DSK*, Orientierungshilfe "Sicheres Löschen magnetischer Datenträger", abrufbar unter https://www.baden-wuerttemberg.datenschutz.de/wp-content/uploads/2013/04/Orientierungshilfe_Sicheres_Loeschen_magnetischer_Datenträger_AK_Technik_.pdf.

(logische Löschung) führt dagegen in aller Regel nicht zu einer tatsächlichen Löschung, sondern macht den Datensatz allenfalls schwieriger auffindbar.[7] Im Einzelnen verändern sich durch den technischen Fortschritt die Anforderungen an eine datenschutzrechtlich gebotene Löschung.[8] Die Möglichkeit der Wiederherstellung durch entsprechende Spezialprogramme darf nicht außer Acht gelassen werden.[9] Der Einsatz spezieller Löschsoftware ist mit verhältnismäßigem Aufwand möglich und daher in aller Regel geboten.[10] Keine Löschung ist die Beschränkung oder der Ausschluss der Indexierbarkeit von Datensätzen im Internet gegenüber Suchmaschinen; diese Maßnahme kann aber eine Rolle als datenschutzkonforme Maßnahme bei Online-Archiven spielen (→ Rn. 21, Art. 85 Rn. 27).

2. Beteiligung der betroffenen Person. Während Art. 5 Abs. 1 lit. d eine ausdrückliche **Löschungspflicht** des   6
Verantwortlichen nur bei Unrichtigkeit vorsieht, enthält Abs. 1 eine solche Pflicht auch für alle anderen in dieser Vorschrift genannten Fälle (→ Rn. 10ff.). Damit unterscheidet sich die Regelung des Löschungsrechts von anderen Betroffenenrechten, wie sie in Art. 14, 18, 20 und 22 geregelt sind. Dort ist nur von entsprechenden Rechten der Betroffenen die Rede, denen implizit eine Pflicht des Verantwortlichen entspricht. Allerdings besteht weder eine Pflicht noch eine Befugnis des Verantwortlichen, die Daten der betroffenen Person in allen Fällen des Abs. 1 von sich aus und ohne Antrag oder Beteiligung der betroffenen Person ohne Weiteres zu löschen. Vielmehr **hat der Verantwortliche zu prüfen,**[11] ob er einer sofortigen Löschungspflicht unterliegt und ob er vor einer Löschung **Kontakt zur betroffenen Person** aufnehmen muss, die möglicherweise nicht weiß, dass überhaupt Daten über sie verarbeitet werden und/oder dass sie deren Löschung verlangen kann. So muss der Verantwortliche jedenfalls in den Fällen, in denen die betroffene Person ein **Wahlrecht** hat, ob sie die Löschung der Daten nach Abs. 1 lit. a und d oder eine Einschränkung ihrer Verarbeitung nach Art. 18 Abs. 1 lit. b und c verlangen will, diese Entscheidung abwarten. In derartigen Fällen, in denen der Verantwortliche zunächst Kontakt zur betroffenen Person aufnehmen muss, um herauszufinden, welches ihrer Rechte sie ausüben will, darf der Verantwortliche die Verarbeitung allerdings nicht fortsetzen.[12] Er muss die Entscheidung der betroffenen Person abwarten und die **Verarbeitung der fraglichen Daten zunächst einschränken (sie also sperren),** wodurch die weitergehenden Rechte der betroffenen Person nicht vereitelt werden. Auch in den Fällen des Abs. 1 lit. b und c muss der Verantwortliche zunächst bei der betroffenen Person in Erfahrung bringen, wie weit der Widerruf bzw. Widerspruch zu verstehen ist. Ein gesonderter Löschungsantrag ist dagegen in beiden Fällen nicht erforderlich. Im Fall einer anderweitigen Löschungspflicht nach Abs. 1 lit. e hat der Verantwortliche die Daten in aller Regel ohne Weiteres zu löschen, es sei denn, es handelt sich um dispositives Recht und die betroffene Person könnte auf die Löschung verzichten.[13] Dagegen kommt eine Löschung nach Abs. 1 lit. f bei Daten, die **Kinder** bei der Nutzung von Diensten der Informationsgesellschaft offengelegt haben, nur nach einem entsprechenden Antrag des betroffenen Kindes (bzw. der betroffenen, inzwischen erwachsenen Person) in Betracht. Denn wie sich aus Art. 8 Abs. 1 und EG 65 ergibt, wollte der Unionsgesetzgeber die Verarbeitung der Daten von Kindern bei der Nutzung von Diensten der Informationsgesellschaft nicht in Gänze verbieten.[14]

Seinen **Ermittlungs- und Prüfpflichten** nach Abs. 1[15] wird der Verantwortliche effektiv nur nachkommen   7
können, wenn er ein **Datenschutz- und Informationsmanagementsystem** einrichtet, mit dem zugleich etwaige Löschfristen auf der Basis eines (möglicherweise automatisierten) Löschkonzepts[16] überwacht werden könnten (→ Rn. 38).[17] Damit würde er zugleich seiner Verpflichtung nach Art. 12 Abs. 2 S. 1 nachkommen, den betroffenen Personen die Ausübung ihrer Rechte auch im Übrigen zu erleichtern (→ Art. 12 Rn. 23).

3. Zeitpunkt der Löschung. Wie im Fall der Berichtigung (→ Art. 16 Rn. 17) muss der Verantwortliche die   8
zur Löschung erforderlichen Maßnahmen **unverzüglich,** also ohne schuldhaftes Zögern treffen. In Übereinstimmung mit Art. 5 Abs. 1 lit. d und abweichend von Art. 12 Abs. 3 S. 2, auf den Art. 16 nicht verweist, besteht im Fall der Löschung **keine Verlängerungsmöglichkeit der Frist** für die Umsetzung des Löschungs-

---

7   Vgl. BeckOK DatenschutzR/*Schild* DSGVO Art. 4 Rn. 61. AA Simitis/*Dammann* § 3 Rn. 179 für das BDSG; *Laue/Nink/Kremer*, S. 149 sowie Kühling/Buchner/*Herbst* Art. 17 Rn. 39.

8   Vgl. *Bundesamt für die Sicherheit in der Informationstechnik*, „Daten richtig löschen", abrufbar unter https://www.bsi-fuer-buerger.de/ BSIFB/DE/Empfehlungen/RichtigLoeschen/richtigloeschen_node.html.

9   AA Paal/Pauly/*Paal* Art. 17 Rn. 30.

10   Ähnlich Kühling/Buchner/*Herbst* Art. 17 Rn. 38.

11   Paal/Pauly/*Paal* Art. 17 Rn. 20; Kühling/Buchner/*Herbst* Art. 17 Rn. 10ff.

12   So auch Kühling/Buchner/*Herbst* Art. 17 Rn. 14.

13   Kühling/Buchner/*Herbst* Art. 17 Rn. 15.

14   Ebenso Kühling/Buchner/*Herbst* Art. 17 Rn. 16 unter Hinweis auf die Entstehungsgeschichte der Vorschrift.

15   Vgl. Kühling/Buchner/*Herbst* Art. 17 Rn. 47 unter Hinweis auf EG 39; zum BDSG aF Simitis/*Dix* § 35 Rn. 24.

16   Vgl. dazu *Hammer* DuD 2016, 528.

17   So auch Paal/Pauly/*Paal* Art. 17 Rn. 20; Kühling/Buchner/*Herbst* Art. 17 Rn. 20. Eingehend zu den technischen Problemen bei der Umsetzung solcher Konzepte *Keppeler/Berning* ZD 2017, 314 (317ff.), die eine Pflicht zur Entwicklung und Anwendung von Löschkonzepten auch aus Art. 24 ableiten.

verlangens. Allerdings ist dem Verantwortlichen eine angemessene Frist zur Prüfung einzuräumen, ob eine Löschungspflicht besteht. Diese darf die Monatsfrist des Art. 12 Abs. 3 S. 1 nicht überschreiten (→ Art. 12 Rn. 22).[18]

9 **4. Fälle der Löschungspflicht.** Die DSGVO listet – anders als die DSRL – die Tatbestände detaillierter auf, in denen der Verantwortliche zur Löschung verpflichtet ist. Im Grundsatz kann die Löschung aller Daten verlangt werden, deren Verarbeitung nicht im Einklang mit der Verordnung steht (Abs. 1 lit. d).

10 **a) Fehlende Notwendigkeit zur Zweckerreichung (Abs. 1 lit. a).** Aus den Grundsätzen der Zweckbindung und der Datenminimierung (Art. 5 Abs. 1 lit. b, c und e) folgt bereits, dass personenbezogene Daten stets nur solange verarbeitet werden dürfen, wie dies für die Zwecke, für die sie erhoben oder sonst verarbeitet wurden, notwendig ist. Gerade durch die **automatisierte Datenverarbeitung** und die nahezu unbegrenzten Speicherkapazitäten wächst die **Gefahr, dass Daten veralten** und der Zusammenhang mit dem ursprünglichen Zweck verlorengeht. Durch diesen Kontextverlust wächst das Risiko von Fehlinterpretationen und Missverständnisse zulasten der betroffenen Person.[19] Aber auch **Akten** müssen, soweit sie der DSGVO nach Art. 2 Abs. 1 unterliegen, vernichtet werden, wenn sie für den ursprünglichen Zweck (zB nach Abschluss des Verwaltungsverfahrens) nicht mehr benötigt werden.[20] Nur wenn sich aus technischen Gründen die Notwendigkeit einer weiteren Speicherung etwa in pseudonymisierter Form (Art. 4 Nr. 5) ergibt (etwa im Zusammenhang mit einer **Blockchain**), kann ein Löschungsanspruch ausgeschlossen sein.[21] Das BVerwG hat 1994 eine Löschungspflicht von Behörden aus dem Verhältnismäßigkeitsgrundsatz abgeleitet. Allerdings hatten die Behörden nach dieser Rechtsprechung vor einer Löschung oder Vernichtung zu prüfen, ob nichts dafür spricht, dass die betreffenden Daten in Zukunft noch praktische Bedeutung haben werden und deshalb ausgeschlossen werden kann, dass der personenbezogene Akteninhalt die Arbeit der zuständigen Behörde noch fördern kann,[22] Dieser Maßstab bleibt hinter dem Kriterium der „Notwendigkeit" nach Abs. 1 lit. a zurück und ist nach dem Inkrafttreten der DSGVO nicht aufrechtzuerhalten.[23]

11 Will der Verantwortliche die Daten nach Erreichung des ursprünglichen Zwecks für einen anderen Zweck weiterverarbeiten, so bestehen ein Löschungsrecht und eine Löschungspflicht nur dann, wenn diese **Zweckänderung** unzulässig ist.[24] Dies ist – soweit keine Einwilligung oder Legitimation durch Unionsrecht oder das Recht der Mitgliedstaaten vorliegt – nach Art. 6 Abs. 4 (→ Art. 6 Abs. 4 Rn. 16) zu beurteilen. Zudem ist das Löschungsrecht in einer Reihe anderer Fälle von Zweckänderungen nach Abs. 3 ausgeschlossen (→ Rn. 29ff.).

12 **b) Widerruf der Einwilligung und Fehlen einer anderweitigen Rechtsgrundlage (Abs. 1 lit. b).** Ein Recht auf Löschung hat die betroffene Person auch dann, wenn sie ihre nach Art. 6 Abs. 1 lit. a erteilte Einwilligung zu der Verarbeitung der Daten widerrufen hat und keine anderweitige Rechtsgrundlage für eine Fortsetzung der Verarbeitung vorliegt. Gleiches gilt für den Widerruf der expliziten Einwilligung zur Verarbeitung sensitiver Daten nach Art. 9 Abs. 2 lit. a. Der Umfang der Löschungspflicht hängt davon ab, ob der **Widerruf der Einwilligung auch für die Vergangenheit (ex tunc) oder nur für die Zukunft (ex nunc)** wirken soll. Die Frage spielt insbes. bei Forschungsprojekten eine Rolle (→ Rn. 34ff.). Im Übrigen sind in der Regel (wenn die betroffene Person ihren Widerruf nicht beschränkt) alle aufgrund der widerrufenen Einwilligung erhobenen Daten zu löschen.

13 **c) Widerspruch der betroffenen Person (Abs. 1 lit. c).** Hat die betroffene Person der **Verarbeitung ihrer Daten** insgesamt **widersprochen** und ist dieser Widerspruch nach Art. 21 Abs. 1 auch begründet, weil der Verantwortliche die Verarbeitung nicht nach Art. 21 Abs. 1 S. 2 rechtfertigen kann, so sind die Daten zu löschen (Art. 17 Abs. 1 lit. c Alt. 1). Auch im Fall des besonderen Widerspruchs gegen die Verwendung der Daten für Zwecke der **Direktwerbung** nach Art. 21 Abs. 2 besteht eine Löschungspflicht des Verantwortlichen, obwohl das Widerspruchsrecht sich in diesem Fall nur gegen die Verwendung der Daten für einen bestimmten Zweck (Direktwerbung) richtet und lediglich diese Verwendung, nicht aber eine solche zu anderen Zwecken ausschließt (Art. 21 Abs. 3). Art. 17 Abs. 1 lit. c Alt. 2 enthält eine solche Einschränkung nicht, sondern statuiert eine absolute Löschungspflicht allein aufgrund des Widerspruchs gegen den Zweck

---

18   AA Kühling/Buchner/*Herbst* Art. 17 Rn. 46.
19   Vgl. Simitis/*Mallmann* § 20 Rn. 41.
20   Vgl. Simitis/*Mallmann* § 20 Rn. 42.
21   Vgl. *Berberich/Steiner* EDPL 2016, 422 (426), die auch eine Rechtfertigung der dauerhaften Speicherung nach Art. 6 Abs. 1 lit. b bzw. lit. f für denkbar halten. Demgegenüber befürwortet *Finck* EDPL 2018, 17 (30 f.), die Speicherung von personenbezogenen Transaktionsdaten außerhalb der Blockchain („off-chain").
22   BVerwG NJW 1994, 2499.
23   Krit. auch Kühling/Buchner/*Herbst* Art. 17 Rn. 18.
24   Eingehend Kühling/Buchner/*Herbst* Art. 17 Rn. 21ff.

der Direktwerbung. Den darin liegenden Wertungswiderspruch[25] kann man nicht als bloßes Redaktionsversehen abtun. Vielmehr hat die betroffene Person, die Direktwerbung ausgesetzt ist, aufgrund der ausdrücklichen Regelung ein **gestuftes Abwehrrecht**: Sie kann zum einen nach Art. 21 Abs. 2, 3 lediglich der Verwendung ihrer Daten zu Zwecken der Direktwerbung widersprechen und zum anderen darüber hinaus gemäß Abs. 1 lit. c Alt. 2 auch die Löschung dieser Daten verlangen, um damit jede weitere Verarbeitung zu anderen Zwecken zu unterbinden.[26]

d) Unrechtmäßige Datenverarbeitung (Abs. 1 lit. d). Jede unrechtmäßige Datenverarbeitung begründet be- **14** reits aufgrund der Grundsätze für die Verarbeitung personenbezogener Daten (Art. 5 Abs. 1 lit. a, d), aber auch nach Abs. 1 lit. d Löschungspflichten und zusätzlich Löschungsansprüche der betroffenen Person.[27] Das betrifft zum einen Verstöße gegen die DSGVO oder sonstiges bereichsspezifisches Unionsrecht, zum anderen aber auch gegen das nationale Datenschutzrecht, mit dem die Mitgliedstaaten die DSGVO im Rahmen ihrer Öffnungsklauseln oder außerhalb ihres Anwendungsbereichs ergänzen. Löschungsrecht und Löschungspflicht nach Art. 17 sind daher **wichtige Instrumente zur Durchsetzung der DSGVO und nationaler Datenschutzregeln.**[28] Insbesondere können sich aus der Verletzung der Informationspflichten nach Art. 13 und 14 weitergehend als nach bisherigem deutschem Recht[29] Löschungsansprüche und Löschungspflichten ergeben. Der Unionsgesetzgeber hat auch durch die einheitliche Klassifizierung der Verletzung dieser Pflichten (wie auch aller anderen Betroffenenrechte) als Ordnungswidrigkeiten (Art. 83 Abs. 5 lit. b) deutlich gemacht, dass es sich dabei nicht um bloße Formvorschriften handelt. Das gilt zumindest insoweit, als die Verletzung der Informationspflicht die Datenerhebung und die anschließende Weiterverarbeitung der Daten rechtswidrig macht (→ Art. 13 Rn. 26, Art. 14 Rn. 32). So löst zB die Verletzung der Hinweispflicht auf das Widerspruchsrecht nach Art. 13 Abs. 2 lit. b und Art. 14 Abs. 2 lit. c Löschungsansprüche und -pflichten aus.[30] Aber auch die heimliche, unter Verletzung der Informationspflichten erfolgende Erhebung von Daten mittels **Videoüberwachung** (→ Anh. 1 zu Art. 6 (Videoüberwachung) Rn. 145) führt zu Löschungsansprüchen und -pflichten. Das gilt insbes. für Private, für Behörden nur, soweit die DSGVO anwendbar ist und keine Rechtsgrundlage für eine verdeckte Videoüberwachung gegeben ist.

Bei der Beurteilung der **Rechtmäßigkeit** der Datenverarbeitung kommt es entgegen dem deutschen Text der **15** DSGVO („…wurden unrechtmäßig verarbeitet") auf den **Zeitpunkt des Löschungsverlangens** bzw. der Prüfung der Löschungspflicht an.[31] Eine ursprünglich ohne Einwilligung der betroffenen Person rechtswidrige Datenverarbeitung kann durch die nachträglich erteilte Einwilligung (Genehmigung) rechtmäßig werden. Damit würde ein Löschungsanspruch ausscheiden. Der umgekehrte Fall, dass eine erteilte Einwilligung widerrufen wird, ist bereits durch Abs. 1 lit. b abgedeckt.

e) Erfüllung einer Rechtspflicht (Abs. 1 lit. e). Der auf Vorschlag des EP in die DSGVO aufgenommene Lö- **16** schungstatbestand nach Abs. 1 lit. e verweist auf rechtliche Verpflichtungen zur Löschung nach Unionsrecht oder nach dem Recht der Mitgliedstaaten. Damit sind **sowohl vorhandene als auch künftig zu schaffende Löschungspflichten** gemeint.[32] Insoweit eröffnet die Vorschrift den Mitgliedstaaten einen gewissen Spielraum,[33] zusätzliche Löschungspflichten zu begründen, solange sie sich dabei im Rahmen der Verordnung bewegen.[34] § 35 Abs. 2 Nr. 2 BDSG aF, der die Löschung von bestrittenen sensiblen Daten vorschreibt, deren Richtigkeit der Verantwortliche nicht beweisen kann, wäre dagegen von Art. 18 Abs. 1 lit. a verdrängt worden, der die betroffene Person berechtigt, eine Einschränkung der Verarbeitung solcher Daten zu verlangen (→ Art. 18 Rn. 4).[35] Die Verpflichtung zur Löschung kann sich auch aus Gerichtsurteilen[36] oder Anordnungen der Aufsichtsbehörden nach Art. 58 Abs. 2 lit. g ergeben.

---

25 So Kühling/Buchner/*Herbst* Art. 17 Rn. 27.
26 Ebenso BeckOK DatenschutzR/*Worms* DSGVO Art. 17 Rn. 41; Kühling/Buchner/*Herbst* Art. 17 Rn. 21.
27 *Keppeler/Berning* ZD 2017, 314 (315) bezeichnen die Löschungspflicht insofern zutreffend auch als „Spiegelbild" der Erlaubnistatbestände des Art. 6; vgl. auch Sydow/*Peuker* Art. 17 Rn. 63.
28 Vgl. *Kühling/Klar* ZD 2014, 506 (510) zur Rechtslage nach BDSG aF.
29 Vgl. Simitis/*Mallmann* § 19 Rn. 28; Simitis/*Dix* § 33 Rn. 43.
30 So auch BeckOK DatenschutzR/*Worms* DSGVO Art. 17 Rn. 42.
31 So auch Kühling/Buchner/*Herbst* Art. 17 Rn. 29 unter Hinweis auf den englischen Text der Verordnung; zu § 35 BDSG aF bereits Simitis/*Dix* § 35 Rn. 26.
32 AA *Kühling/Martini et al.*, S. 58.
33 *Kühling/Martini et al.*, S. 58, sprechen von einer „unechten Öffnungsklausel".
34 Ausführlich zur Auslegung BeckOK DatenschR/*Worms* DSGVO Art. 16 Rn. 44ff.
35 Roßnagel/*Hohmann*, Europ. DSGVO, § 3 Rn. 141. Das BDSG nF enthält daher keine dem § 35 Abs. 2 Nr. 2 BDSG aF entsprechende Regelung.
36 Vgl. Kühling/Buchner/*Herbst* Art. 17 Rn. 30, der auf das Beispiel einer arbeitsgerichtlich angeordneten Entfernung von Abmahnungen aus Personalakten verweist.

17 **f) Erhebung in Bezug auf Dienste der Informationsgesellschaft für Kinder (Art. 17 Abs. 1 lit. f).** Die DSGVO hat dem **Schutz der informationellen Rechte von Kindern** in Art. 8 besondere Bedeutung beigemessen. Im Zusammenhang damit wurde ein besonderes Recht von Kindern oder den Trägern der elterlichen Verantwortung geschaffen, die Löschung solcher Daten zu verlangen, die in Bezug auf solche **Dienste der Informationsgesellschaft** iSd Art. 4 Nr. 25 erhoben wurden, die direkt Kindern nach Art. 8 Abs. 1 angeboten worden sind. Dem liegt nach EG 38 die Überlegung zugrunde, dass betroffene Personen, die im Kindesalter ihre Einwilligung wirksam gegeben haben, ohne die mit der Verarbeitung ihrer Daten verbundenen Gefahren in vollem Umfang abzusehen, ein schützenswertes Interesse daran haben, dass diese Daten gelöscht werden.[37] EG 65 hebt ausdrücklich hervor, dass dieses Recht „insbesondere" für Daten gilt, die **im Internet** gespeichert (zB in sozialen Netzen hochgeladen) werden. Der Text der Verordnung beschränkt das Löschungsrecht allerdings auf Dienste der Informationsgesellschaft (→ Art. 4 Nr. 25 Rn. 5ff.), so dass eine Ausdehnung auf den Offline-Bereich ausscheidet. Zudem sollen betroffene Personen dieses Recht auch dann noch ausüben können, wenn sie erwachsen sind.[38] Eine zeitliche Frist für die Geltendmachung dieses Löschungsanspruchs kennt die DSGVO nicht. Der Grundsatz des *venire contra factum proprium* könnte einem solchen Löschungsanspruch eines älteren Menschen allenfalls dann entgegenstehen, wenn dieser die Verfügbarkeit von Daten aus seiner Kindheit über längere Zeit offenkundig gebilligt hat; selbst dann soll er aber nach der DSGVO in der Regel das Recht haben, für die Zukunft eine andere Entscheidung zu treffen.

18 Das besondere Löschungsrecht nach Abs. 1 lit. f können auch **alle Kinder iSd Art. 8 Abs. 1** in Anspruch nehmen. Dies sind alle betroffenen Personen bis zum Erreichen des 18. Lebensjahres, also unabhängig davon, ob sie die in Art. 8 Abs. 1 genannte Altersgrenze von 16 Jahren, die die Mitgliedstaaten nach Art. 8 Abs. 1 UAbs. 2 modifizieren können, überschritten haben. Angesichts des Verweises auf Art. 8 Abs. 1 ist kein Raum für eine solche Differenzierung.[39] Der Anspruch auf Löschung besteht dann nicht, wenn Daten über volljährige betroffene Personen gespeichert wurden.

19 Das Löschungsrecht nach Abs. 1 lit. f ist beschränkt auf Fälle, in denen die Datenverarbeitung auf eine Einwilligung des Kindes oder seiner Erziehungsberechtigten gestützt wird. Die Vorschrift hat neben Abs. 1 lit. b eine **eigenständige Bedeutung**, denn während die Löschung der Daten von Erwachsenen, die ihre Einwilligung widerrufen haben, abgelehnt werden kann, wenn die Datenverarbeitung auf eine andere Rechtsgrundlage gestützt werden kann, besteht diese Möglichkeit bei der Verarbeitung der Daten von Kindern nicht.[40] Der Löschungsanspruch kann zudem auch dann ausgeübt werden, wenn die Einwilligung nach Art. 8 Abs. 1 S. 1 von vornherein unwirksam war.[41]

20 Kinder, denen Dienste der Informationsgesellschaft direkt angeboten werden, müssen nach Art. 12 Abs. 1 S. 1 und Art. 13 Abs. 2 lit. b in einer altersangemessenen Sprache auf das Löschungsrecht nach Abs. 1 lit. f **hingewiesen** werden.

21 **g) Das Sonderproblem der Löschung von online publizierten Daten.** Löschungsrechte und -pflichten stoßen in offenen Netzen wie dem Internet sowohl an tatsächliche als auch rechtliche Grenzen.[42] Dies gilt zumindest solange, wie es keine technischen Möglichkeiten gibt, Datensätze mit einem Verfallsdatum zu versehen oder ihre Verbreitung rückgängig zu machen.[43] Die Nichtrückholbarkeit von einmal veröffentlichten Daten ist allerdings kein neues Phänomen. Auch bei gedruckten Publikationen oder der Weitergabe von Informationen offline tritt das Problem auf, wie Löschungsansprüche zu realisieren sind. Dem wird in der DS-RL durch eine Nachberichtspflicht (Art. 12 lit. c DSRL, nunmehr mit Modifikationen in Art. 19 DSGVO) und im Medienrecht durch das Gegendarstellungsrecht begegnet. Zudem können sich die Anbieter von **Online-Medien, Online-Archiven** und anderen journalistischen Plattformen in gleicher Weise wie Print-Medien oder Rundfunkveranstalter auf Sondervorschriften zum Schutz der Meinungs- und Informationsfreiheit berufen (Art. 9 DSRL, Art. 85 DSGVO). Allerdings führen besondere Instrumente der Informationsgewinnung in der Online-Welt wie **Suchmaschinen** zu zusätzlichen Eingriffen in das Recht auf informationelle Selbstbestimmung. Zugleich bieten sich im Internet technische Möglichkeiten, um zB durch Einschränkung

---

37   AA Sydow/*Peuker* Art. 17 Rn. 30, der den Löschungsanspruch auf rechtswidrig erhobene Daten beschränken will.

38   Demgegenüber räumt der kalifornische Gesetzgeber seit 2013 nur Minderjährigen in Kalifornien ein entsprechendes Löschungsrecht ein, vgl. Chapter 22.1, Sec. 22581 (a) (1) Business and Professions Code; diese Regelung setzt voraus, dass der Webseitenanbieter die Minderjährigkeit und den Wohn- oder Aufenthaltsort der betroffenen Person kennt, http://leginfo.legislature.ca.gov/faces/billNavClient.xhtml?bill_id=201320140SB568.

39   Dagegen plädiert Kühling/Buchner/*Herbst* Art. 17 Rn. 34, dafür, das Löschungsrecht nur Kindern einzuräumen, die nach Art. 8 Abs. 1 wirksam einwilligen konnten. Wie hier *Albrecht/Jotzo*, S. 87.

40   *Albrecht/Jotzo*, S. 86 f.; BeckOK DatenschutzR/*Worms* DSGVO Art. 17 Rn. 53; Kühling/Buchner/*Herbst* Art. 17 Rn. 35; krit. *Roßnagel/Nebel/Richter* ZD 2015, 455 (458); zweifelnd *Schantz* NJW 2016, 1841 (1845); aA Gola/Nolte/*Werkmeister* Art. 17 Rn. 27ff.; Auernhammer/*Stollhoff* DSGVO Art. 17 Rn. 14.

41   *Albrecht/Jotzo*, S. 87.

42   Zu den technischen Problemen vgl. insbes. *Druschel/Backes/Tirtea*, 8ff.

43   Dazu eingehend *Federrath et al.* DuD 2011, 403ff.

der Indexierbarkeit für Suchmaschinen zumindest die Auffindbarkeit von Datensätzen zu erschweren.[44] Dadurch könnte das Recht auf Löschung zumindest indirekt durch eine „Recht, nicht gefunden zu werden" verwirklicht werden.[45]

Der **EuGH** hat in seinem **wegweisenden Urteil vom 13.5.2014**[46] **(Google Spain)** aus Art. 7 und 8 GRCh   22 und aus Art. 12 und 14 DSRL das Recht einer betroffenen Person abgeleitet, vom Betreiber einer Suchmaschine unter bestimmten Voraussetzungen die Streichung von personenbezogenen Suchergebnissen (De-Listing) zu verlangen. In diesem Fall ging es um die wahrheitsgemäße Publikation von Bekanntmachungen über eine Zwangsversteigerung in der Presse und die Verlinkung der Online-Veröffentlichung in der Trefferliste der Suchmaschine, die bei der Eingabe des Schuldnernamens einen entsprechenden Link auf die Bekanntmachung als erstes anzeigte wurde. Hierdurch fühlte sich der Kläger, der seine finanziellen Schwierigkeiten überwunden hatte, 16 Jahre nach der Ankündigung der Versteigerung in seinen Rechten verletzt. Der EuGH sieht in der Möglichkeit, durch den Einsatz von Suchmaschinen ein mehr oder weniger **detailliertes Profil einer Person** zu erstellen[47] und weltweit zu verbreiten, eine potenzielle Verschärfung des Eingriffs in die Rechte der Betroffenen, der nicht allein durch das wirtschaftliche Interesse des Suchmaschinenbetreibers gerechtfertigt werden könne.[48] Mit dem Anspruch auf Entfernung von personenbezogenen Links aus der Ergebnisliste von Suchmaschinen hat der EuGH über die Lösung des konkreten Problems von diskreditierenden, veralteten Einzelinformationen hinaus ein **wichtiges Instrument zum Schutz vor der Bildung von Online-Profilen** aus dem Primärrecht abgeleitet, das neben Art. 21 steht und über diese Regelung des Sekundärrechts hinausgeht. Der Löschungsanspruch der betroffenen Person gegen den Suchmaschinenbetreiber besteht unabhängig davon, ob die Veröffentlichung auf der von der Suchmaschine gefundenen Website wahrheitsgemäß und rechtmäßig ist und ob deren Anbieter die personenbezogenen Daten selbst löschen muss.[49] Auch setzt der Anspruch auf Entfernung aus der Ergebnisliste keinen Schaden der betroffenen Person voraus.[50] Wesentlich für die Beurteilung des Löschungsanspruchs gegen Suchmaschinen ist der **Zeitfaktor,** wenn Daten, die früher zu einem bestimmten Zweck verarbeitet und veröffentlicht wurden, in Anbetracht der verstrichenen Zeit diesem Zweck nicht mehr entsprechen oder dafür nicht mehr erheblich sind.[51] Im zugrunde liegenden Fall war der Zweck der Veröffentlichung der Zwangsversteigerungsanzeige in der Presse (Schutz des Rechtsverkehrs) erreicht bzw. durch Zeitablauf erledigt. Zugleich verlangt der EuGH einen „angemessenen Ausgleich" zwischen den **Grundrechten der betroffenen Person** und den berechtigten **Interessen der Öffentlichkeit am Zugang zu diesen Informationen.** Im Allgemeinen überwiegen die Grundrechte auf Datenschutz und Schutz der Privatsphäre gegenüber dem Informationsinteresse der Internet-Nutzer. Allerdings kann der Ausgleich in besonders gelagerten Fällen in Anbetracht der Art der Stellung des Betroffenen im öffentlichen Leben so ausfallen, dass das Interesse der Öffentlichkeit an der Auffindbarkeit dieser Information überwiegt.[52] Umgekehrt kann die Sensitivität der Daten (möglicherweise auch bei Personen des öffentlichen Lebens) für eine Löschung von Suchergebnissen sprechen. Der primärrechtliche begründete Anspruch auf Entfernung bestimmter personenbezogener Daten aus der Ergebnisliste von Suchmaschinen gilt bereits vor dem Inkrafttreten der DSGVO und wird durch diese nicht beeinflusst (→ Rn. 26ff.).

---

44 Vgl. *Internationale Arbeitsgruppe zum Datenschutz in der Telekommunikation,* in: BBDI (Hrsg.), Dokumente zu Datenschutz und Informationsfreiheit 2013, 168ff. Diese Möglichkeiten (zB die Nutzung des robots.txt-Protokolls) können auch eine wichtige Rolle bei der Nutzung von Online-Archiven spielen, in denen Informationen über strafgerichtliche Verurteilungen langfristig gespeichert bleiben; vgl. hierzu BGH MMR 2013, 194 – Apollonia. Gegen dieses Urteil ist eine Verfassungsbeschwerde anhängig (1 BvR 16/13). In ihren Stellungnahmen gegenüber dem BVerfG in diesem Verfahren haben die Deutsche Gesellschaft für Recht und Informatik (http://www.dgri.de/index.php/fuseaction/download/lrn_file/dgri_stellungnahme_apollonia-fall-exec-.pdf) und mehrere Landesbeauftragte für Datenschutz und Informationsfreiheit den Einsatz von Techniken zur Beschränkung der Auffindbarkeit von personenbezogenen Datensätzen im Internet befürwortet.
45 Vgl. *Dix* in: Ständige Deputation des DJT (Hrsg.), Verhandlungen des 69. DJT, O 9 (19 f.).
46 EuGH C-131/12, NJW 2014, 2257.
47 EuGH C-131/12, NJW 2014, 2257 Rn. 80.
48 EuGH C-131/12, NJW 2014, 2257 Rn. 36 f., 80 f.
49 EuGH C-131/12, NJW 2014, 2257 Rn. 85.
50 EuGH C-131/12, NJW 2014, 2257 Rn. 96.
51 EuGH C-131/12, NJW 2014, 2257 Rn. 93.
52 EuGH C-131/12, NJW 2014, 2257 Rn. 81. Vgl. OLG Celle MDR 2017, 275, wo das Gericht die Löschung des Links zu einem vom Betroffenen gegebenen Interview abgelehnt hat.

23 Die Entscheidung des EuGH hat eine **weltweite kontroverse Diskussion** ausgelöst.[53] Insbesondere in den USA ist sie auf heftige Kritik gestoßen.[54] Dabei wurde dem EuGH zum einen eine unzureichende Berücksichtigung der – nach US-amerikanischem Rechtsverständnis besonders hoch bewerteten – **Meinungs- und Informationsfreiheit** vorgeworfen.[55] Zum anderen wurde bemängelt, dass die Entscheidung über die Abwägung zwischen informationeller Selbstbestimmung und Meinungsfreiheit einem **Unternehmen** überlassen bleiben soll, das – wie im konkreten Fall Google – noch dazu eine monopolähnliche Machtstellung auf dem Informationsmarkt innehat und das damit die **Funktion eines Zensors** erhalte.[56]

24 Die **Kritik geht** insofern **fehl**, als der EuGH selbst eine Abwägung zwischen dem Recht der betroffenen Person auf Datenschutz einerseits und der Meinungsäußerungsfreiheit des Autors sowie der Informationsfreiheit und dem Informationsinteresse der Öffentlichkeit ausdrücklich für geboten hält. Zum anderen verkennt die Kritik teilweise, dass der EuGH nicht die Löschung der streitigen Daten beim Urheber (also zB auf der Webseite eines Presseunternehmens) verlangt. Die Daten sind zwar nicht mehr durch Eingabe des Namens der betroffenen Person, wohl aber mithilfe einer Suche nach sachlichen Stichworten auffindbar.[57] Dies stärkt die Stellung der originären Anbieter des fraglichen Online-Inhalts (Online-Medien oder -Archive) gegenüber den Suchmaschinenbetreibern.[58] Schließlich ist es konsequent, dem Betreiber der Suchmaschine als dem für die Ergebnisliste datenschutzrechtlich Verantwortlichen die primäre Entscheidung darüber zu übertragen, welche Interessen überwiegen sollen. Diese Entscheidung ist sowohl durch die Aufsichtsbehörden als auch durch die Gerichte überprüfbar. Zugleich zeigt die Kritik gerade von Seiten der Presse, wie sehr diese mittlerweile auf Suchmaschinen angewiesen sind, um Reichweite zu erzielen.

25 Die **Umsetzung der Entscheidung des EuGH** in der Praxis ist von dem unmittelbar betroffenen Unternehmen (Google) mit erheblichem Aufwand betrieben worden.[59] Wirtschaftlich hat dies den Markteintritt von kleineren Anbietern von Suchmaschinen, die einen vergleichbaren Aufwand nicht treiben können, erschwert und damit paradoxerweise die dominante Marktmacht von Google noch verstärkt. Teilweise hat das Unternehmen auch versucht, die Verpflichtung zur Löschung von Suchergebnissen zu umgehen, indem es auf Datenbanken verwies, in denen die auf richterliche Anordnung hin zu löschenden Ergebnisse weiterhin gespeichert sind.[60] Zudem ist die Reichweite der EuGH-Entscheidung insofern umstritten, als Google die Löschung auf nationale und regionale Domains in der Europäischen Union beschränkt und die Einbeziehung außereuropäischer Domains (zB google.com) ablehnt. Demgegenüber vertreten die europäischen Datenschutzbehörden die Auffassung, dass ein wirkungsvoller Schutz des Einzelnen, der zu Recht die Entfernung von Suchergebnissen verlangt, nur durch ein globales De-Listing erreicht werden kann.[61] Diese Frage hat der französische Conseil d'Etat dem EuGH zur Entscheidung vorgelegt.[62] Eine völkerrechtskonforme Beantwortung dieser Frage könnte darin zu sehen sein, dass die betroffene Person und die potenziel-

53 Vgl. zB *Allen* EDPL 2015, 164; *Brown* CRi 2014, 161; *Fazlioglu* EDPL 2013, 149; *Floridi* in: Hruschka/Joerden (Hrsg.), Jahrbuch für Recht und Ethik, Bd. 23 (2015), 163; *Kranenborg* EDPL 2015, 70; *Kulk/Borgesius* ZD 2015, 113; *dies.* ZD 2015, 149; *Ning Yan* EDPL 2015, 190; *O'Hara/Shadbolt* EDPL 2015, 178; ein umfangreicher Katalog der akademischen und publizistischen Debatte im englischsprachigen Raum findet sich bei *Powles/Larsen*, Academic Commentary: Google Spain, Cambridge Code, http://www.cambridge-code.org/googlespain.html. Zu den völkerrechtlichen Aspekten des Urteils *Taylor* EDPL 2017, 195. Zur deutschsprachigen Diskussion vgl. etwa *Arning/Moos/Schefzig* CR 2014, 447; *Boehme-Neßler* NVwZ 2014, 825; *Buchholtz* AöR 140 (2015); 121; *Casermeiro/Hoeren* GRUR-Praxis 2014, 537; *Dix* in: Hruschka/Joerden (Hrsg.), Jahrbuch für Recht und Ethik, Bd. 23 (2015); *Gstrein* ZD 2012, 424; *ders.* Das Recht auf Vergessenwerden als Menschenrecht (2016); *Koreng/Feldmann* ZD 2012, 311; *Kühling/Klar* EuZW 2014, 527; *Leutheusser-Schnarrenberger* in: Hruschka/Joerden (Hrsg.), Jahrbuch für Recht und Ethik, Bd. 23 (2015), 181; *dies.* ZD 2015, 149; *Milstein* K&R 2013, 446; *Nolte* NJW 2014, 2238; *Paal* ZEuP 2016, 591; *Petri* in: Hruschka/Joerden (Hrsg.), Jahrbuch für Recht und Ethik, Bd. 23 (2015), 197; *Piltz* ZD 2013, 259; *Spiecker gen. Döhmann* KritV 2014, 28; *Spindler* JZ 2014, 981.
54 Vgl. nur *Rosen* 64 Stan. L. Rev. Online 2012, 88; zustimmend dagegen *Powles* 47 Loyola Univ. Chicago Law Journal 2015, 583; vgl. auch Sydow/*Peuker*, Art. 17 Rn. 62.
55 So zB *Rosen* 64 Stan.L.Rev. Online 2012, 88.
56 Vgl. zB *v. Lewinski* AfP 2015, 1
57 *Spiecker gen. Döhmann* CMLR 2015, 1033 (1052).
58 Vgl. *Spiecker gen. Döhmann* CMLR 2015, 1033 (1048 f.).
59 Vgl. Google Transparenzbericht, https://transparencyreport.google.com/eu-privacy/overview?hl=de, danach erhielt Google seit dem EuGH-Urteil 695.257 Ersuchen um Löschung, die 2,6 Mio. URLs betrafen. Davon löschte Google 44 %. Zur Praxis einer Aufsichtsbehörde *Kühn/Karg* ZD 2016, 61.
60 Die entsprechende Lumen-Database wird von der Harvard University betrieben. Das OLG München hat diese Praxis im einstweiligen Rechtsschutzverfahren für unzulässig erklärt, OLG München K&R 2017, 662.
61 *Art.-29-Gruppe*, WP 225, S. 11; ebenso das Mitglied des von Google zur Umsetzung des EuGH-Urteils berufenen Beirats *Leutheusser-Schnarrenberger* DuD 2015, 586 (588). AA *Holznagel/Hartmann* MMR 2016, 228 (232).
62 Der kanadische Supreme Court hat die weltweite Verpflichtung von Google zur Blockierung von urheberrechtswidrigen Inhalten bejaht, 2017 SCC 34, Case No. 36602 – Google Inc. v. Equustek Solutions Inc.; dazu *Etteldorf* EDPL 2017, 384. Allerdings hat das kanadische Gericht es für möglich gehalten, dass Google aufgrund des nationalen Rechts seines Sitzlandes (den USA) von dieser Pflicht befreit sein könnte; dies hat mittlerweile ein US-Gericht unter Hinweis auf die Meinungsfreiheit so entschieden (District Court for the Northern District of California. San José Division, Case No. 5:17- cv-04207-EJD).

len Nutzer der Suchmaschine sich in der Union aufhalten müssen.[63] Zudem hat der EuGH seine Rechtsprechung in Bezug auf Daten in öffentlich zugänglichen Registern mittlerweile präzisiert (→ Rn. 32). Die Datenschutzbehörden haben ihrerseits die Kriterien konkretisiert, die bei der vom Gerichtshof geforderten Abwägung zu berücksichtigen sind.[64] Sie messen der EuGH-Entscheidung Bedeutung nicht nur bei Suchmaschinen, sondern auch bei anderen Informationsmittlern (zB **Social-Media-Plattformen**) bei.

IV. Informationspflicht gegenüber Dritten (Abs. 2)

Die DSGVO regelt in Abs. 2 eine bloße Informationspflicht und ist damit – ebenso wie der EuGH – weit   26
davon entfernt, ein „Recht auf Vergessenwerden" oder gar eine „Pflicht zu Vergessen" zu statuieren (→ Rn. 1). Sie versucht vielmehr, dem Anspruch der betroffenen Person unter den technischen Gegebenheiten des Internets in pragmatischer Weise weitestgehend Geltung zu verschaffen.[65] Allerdings geht die DSGVO zum einen über das Urteil des EuGH insoweit hinaus, als sie eine Pflicht nicht nur für Suchmaschinenbetreiber, sondern für alle Verantwortlichen begründet. Diese Pflicht ähnelt vom Rechtsgedanken her der Nachberichtspflicht, die schon in Art. 12 lit. c DSRL enthalten war und sich jetzt in Art. 19 findet. Im Unterschied zu Art. 19 betrifft Abs. 2 aber ausschließlich den Fall der **Veröffentlichung**. Abs. 2 ist deshalb die gegenüber Art. 19 speziellere Vorschrift.[66] Auch Nutzer von soziale Netzwerken veröffentlichen personenbezogene Daten Dritter, die sie dort zum Abruf bereitstellen, wenn sie ihre Privatsphäre-Einstellungen nicht auf einen bestimmten, überschaubaren Personenkreis beschränkt haben. Sie können sich dann nicht auf die Ausnahme des Art. 2 Abs. 2 lit. c berufen und sind nach Abs. 2 informationspflichtig.[67] Wer personenbezogene Daten – nicht nur im Internet[68] – veröffentlicht hat und zu deren Löschung nach Abs. 1 verpflichtet ist, muss angemessene Maßnahmen treffen, um alle Verantwortlichen, die die Daten erhalten haben und verarbeiten, darüber zu informieren, dass eine betroffene Person nicht nur die Löschung der ursprünglich verarbeiteten und veröffentlichten Daten, sondern auch aller Links zu diesen Daten, Kopien oder Replikationen (Spiegelungen) verlangt hat. Die Vorschrift ist insofern missverständlich gefasst, als die betroffene Person „von ihnen", also von den verantwortlichen Dritten, die Löschung bestimmter Inhalte solange nicht unmittelbar verlangen kann, wie sie diese nicht kennt. Deshalb genügt es, wenn die betroffene Person ein entsprechendes Löschungsverlangen auch bezüglich der Links, Kopien und Replikationen von dem ursprünglich Verantwortlichen verlangt hat, um diesen nach Abs. 2 zur Information Dritter zu verpflichten.[69] Entsprechend der Pflicht zur Erleichterung der Rechtsausübung (Art. 12 Abs. 2 S. 1) ist der Verantwortliche gehalten, im Zweifelsfall bei der betroffenen Person zurückzufragen.[70] Zu informierende Verantwortliche müssen die Daten nicht von dem nach Abs. 2 Informationspflichtigen, sondern sie können sie auch auf andere Weise erhalten haben. Anders als nach Art. 19 sind nicht nur direkte Empfänger iSd Art. 4 Nr. 9, sondern alle, die die vom ursprünglich löschungspflichtigen Verantwortlichen verarbeiteten Daten anderweitig erhalten haben und selbst verarbeiten, zu informieren. Das gilt auch für Verantwortliche in **Drittländern**,[71] denn eine Beschränkung der Information auf weitere Verarbeiter in Europa würde ihre Wirkung in einem globalen Netz – wie beim De-Listing durch Suchmaschinen (→ Rn. 25) – unzulässig minimieren.

Die Maßnahmen müssen **„angemessen"** und können **„auch technischer Art"** sein. Die Angemessenheit ist   27
danach zu beurteilen, **welche Technologie verfügbar** ist und wie hoch die **Kosten der Implementierung** sind. Zu berücksichtigen ist bei der Prüfung der Angemessenheit aber auch die Art der zu löschenden Daten und in welcher Weise ihre fortgesetzte Verarbeitung die Rechte der betroffenen Person beeinträchtigt. Je intensiver diese Beeinträchtigung ist, desto größer ist der Aufwand, der dem für die Veröffentlichung Verantwortlichen abverlangt werden kann. Da die Vorschrift in erster Linie Online-Veröffentlichungen betrifft, ist der **Kreis der zu benachrichtigenden Personen und Stellen** nahezu unbegrenzt, denn der ursprünglich Verantwortliche wird keinen Überblick darüber haben, welcher Empfänger die Daten seinerseits verarbeitet oder nur zur Kenntnis genommen hat. Letzteres würde keine Informationspflicht auslösen. Technische Lösungen bieten sich bei Online-Veröffentlichungen an, zumal sie nur einen begrenzten Aufwand erfordern. Kennt der zur Information Verpflichtete die Nutzer seiner Veröffentlichung, weil es sich zB um eine geschlossene

---

63 Für eine solche Verknüpfung, die allerdings eine technische „Re-territorialisierung" des Internets (Geofencing) voraussetzen würde, *Taylor* EDPL 2017, 195 (206ff.).

64 *Art.-29-Gruppe*, WP 225, S. 14ff.

65 Krit. demgegenüber insbes. bei sozialen Netzwerken *Niemann/Scholz* in: Peters/Kersten/Wolfenstetter (Hrsg.), Innovativer Datenschutz, 2012, 109 (134).

66 Vgl. Kühling/Buchner/*Herbst* Art. 17 Rn. 66.

67 *Hornung/Hofmann* JZ 2013, 163 (167f.).

68 Sydow/*Peuker* Art. 17 Rn. 48.

69 Vgl. Kühling/Buchner/*Herbst* Art. 17 Rn. 52; Sydow/*Peuker* Art. 17 Rn. 55.

70 Ehmann/Selmayr/*Kamann/Braun* Art. 17 Rn. 41.

71 Kühling/Buchner/*Herbst* Art. 17 Rn. 54.

Nutzergruppe oder Plattform handelt, kann er deren Nutzer ohne Probleme elektronisch informieren. Eine **Information über das Löschungsverlangen auf der Website** des Verantwortlichen scheidet jedoch aus, weil dies den Eingriff in die Rechte der betroffenen Person noch verschärfen würde, indem die zu löschenden Daten möglicherweise erstmals einem unbegrenzten Personenkreis mitgeteilt würden (**sog Streisand-Effekt**).[72] In jedem Fall müssen zumindest die Anbieter der wichtigsten Suchmaschinen über das Löschungsverlangen informiert werden. Dieser Informationspflicht genügt der Anbieter einer Website nicht schon dadurch, dass er die personenbezogenen Daten in seinem Online-Angebot löscht und darauf vertraut, dass die Suchmaschinen bei der nächsten turnusmäßigen Indexierung diese Löschung nachvollziehen. Hierzu ist vielmehr der Einsatz bestimmter technischer Werkzeuge erforderlich, die genauere Anweisungen an die Suchmaschinen enthalten und von deren Betreibern teilweise angeboten werden.[73] Es kann bei besonders sensiblen Daten, deren Löschung verlangt wird, auch geboten sein, die Suchmaschine zur sofortigen Entfernung von Suchergebnissen aus Ergebnislisten oder Zwischenspeichern aufzufordern.[74] Es ist eine der zahlreichen Aufgaben des EDSA, Leitlinien, Empfehlungen und bewährte Verfahren für die Erfüllung der Informationspflicht nach Abs. 2 zu entwickeln (Art. 70 Abs. 1 lit. d).[75]

28 Abs. 2 begründet selbst **keine Löschungspflicht der zu informierenden Verantwortlichen**.[76] Vielmehr sollen diese durch nach Abs. 2 vorgeschriebene Information bösgläubig gemacht werden. Sie können überdies selbst nach Abs. 1 zur Löschung verpflichtet sein, es sei denn, zu ihren Gunsten greift – evtl. anders als für den primär löschungspflichtigen Verantwortlichen – eine der Ausnahmen nach Abs. 3 ein.[77] Die Informationspflicht des ursprünglich Verantwortlichen setzt aber nicht voraus, dass der Löschungsanspruch der betroffenen Person gegen die zu informierenden Dritten begründet ist. Der nach Abs. 2 Informationspflichtige könnte dies auch nicht in jedem Einzelfall überprüfen.[78] Der nach Abs. 2 zur Information Dritter verpflichtete Verantwortliche muss die betroffene Person nach Art. 12 Abs. 3 über die direkt informierten Dritten und über weitergehende Maßnahmen zur Information unbekannter Dritter unterrichten.[79] Die betroffene Person kann dann – falls nötig – unmittelbar gegen andere Verantwortliche vorgehen, die ihre Daten verarbeiten und eine Löschung ablehnen. So könnte zB jemand, der sich in einem Diskussionsforum unter Nennung seines Namens oder seiner E-Mail-Adresse kritisch über seinen Arbeitgeber geäußert hat, vom Betreiber einer Suchmaschine, die diese Äußerung indexiert hat und bei Suchanfragen anzeigt, Löschung verlangen.[80]

V. Ausnahmen (Art. 17 Abs. 3)

29 Der Verordnungsgeber hat in fünf Fällen Ausnahmen vom Löschungsrecht bzw. von der Löschungspflicht vorgesehen, die kein Tätigwerden des Unionsgesetzgebers oder der nationalen Gesetzgeber erfordern, sich teilweise aber mit anderen Regelungen der DSGVO überschneiden. Die technische **Unmöglichkeit der Löschung** oder mit ihr verbundener größerer Aufwand ist im Gegensatz zum bisherigen deutschen Datenschutzrecht (§ 35 Abs. 3 Nr. 3 BDSG aF) keine zugelassene Ausnahme vom Löschungsgebot. § 35 Abs. 1 BDSG nF, der diese Ausnahme in Fällen der rechtmäßigen Datenverarbeitung beibehalten und stattdessen der betroffenen Person ein Recht auf Einschränkung der Datenverarbeitung einräumen will, ist deshalb mit der Verordnung unvereinbar.[81] Derartige Fälle der technischen Unmöglichkeit dürften beim gegenwärtigen Stand der Digitalisierung ohnehin nahezu ausgeschlossen sein und sich eher noch weiter verringern. Unionsrechtskonforme Datenverarbeitungsprogramme müssen über die Möglichkeit verfügen, physikalische Löschungen (→ Rn. 4) automatisiert (zB über Löschroutinen) durchzuführen.[82] Auch dürfen nur solche Speichermedien verwendet werden, die wieder beschreibbar sind und eine **selektive Löschung** zulassen.[83]

30 **1. Meinungsäußerungs- und Informationsfreiheit (Abs. 3 lit. a).** Die Löschung personenbezogener Daten kann nicht verlangt werden, soweit ihre Verarbeitung zur Ausübung des in Art. 11 GRCh und Art. 10 EMRK iVm Art. 6 Abs. 1 EUV geschützten Rechts auf freie Meinungsäußerung und Information erforderlich ist. Diese unmittelbar anwendbare Ausnahme gilt unabhängig von **den in den Art. 85 und 86** enthalte-

---

72 Sydow/*Peuker* Art. 17 Rn. 52; aA *Jandt/Kieselmann/Wacker* DuD 2013, 235 (238); Kühling/Buchner/*Herbst* Art. 17 Rn. 53.
73 Dazu näher *Hornung/Hofmann* JZ 2013, 163 (168ff.).
74 Google sieht ein solches Eilverfahren vor, vgl. *Hornung/Hofmann* JZ 2013, 161 (169).
75 Diese Vorschrift spricht unscharf von der „Löschung von Links". Dabei handelt es sich offenkundig um ein Redaktionsversehen.
76 So auch Kühling/Buchner/*Herbst* Art. 17 Rn. 61; *Hornung/Hofmann* JZ 2013, 163 (166).
77 Kühling/Buchner/*Herbst* Art. 17 Rn. 62.
78 Sydow/*Peuker* Art. 17 Rn. 50.
79 Ebenso Kühling/Buchner/*Herbst* Art. 17 Rn. 64.
80 So das bei *Katko/Knöpfle/Kirschner* ZD 2014, 238 (241) genannte Beispiel.
81 Das gilt entsprechend für die §§ 32 f. Abs. 2 AO und 84 Abs. 1 SGB X idF des Gesetzes vom 17.7.2017 (BGBl. 2017 I 2541).
82 So auch BeckOK DatenschutzR/*Schild* DSGVO Art. 4 Rn. 61.
83 Vgl. Simitis/*Dix* § 35 Rn. 50.

nen Regelungsaufträgen an die Mitgliedstaaten. Sie ist allerdings noch weniger differenziert und aussagekräftig ausgestaltet als diese Regelungsaufträge. Weder die DSRL noch das BDSG nF enthalten eine vergleichbare Ausnahmevorschrift speziell für den Löschungsanspruch.[84] Auch die anderen Betroffenenrechte sind nicht entsprechend eingeschränkt. Abs. 3 lit. a betrifft nicht wie Art. 85 die Datenverarbeitung zu journalistischen, wissenschaftlichen, künstlerischen oder literarischen Zwecken, sondern allein die Ausübung des Rechts auf freie Meinungsäußerung und Information, die sich teilweise mit der Verfolgung journalistischer Zwecke überlappt. Die DSGVO trägt damit der grundlegenden Bedeutung der Meinungsfreiheit in einem demokratischen Gemeinwesen Rechnung.[85] Darauf können sich auch nicht-professionelle Autoren (zB Blogger und Nutzer sozialer Medien) berufen (→ Art. 85 Rn. 13 f.).[86] Allerdings hat der Unionsgesetzgeber selbst **keine präziseren Kriterien** vorgegeben, um die vom EuGH für erforderlich gehaltene Abwägung zwischen dem Datenschutz und dem Informationsinteresse der Öffentlichkeit (→ Rn. 22) genauer zu strukturieren.[87] Diese Abwägung wird daher auch in Zukunft Aufgabe der Aufsichtsbehörden und der Rechtsprechung sein. Dabei können neben dem öffentlichen Interesse z.B. an bestimmten Strafverfahren auch Faktoren wie die eingeschränkte Zugänglichkeit der im Netz veröffentlichten Informationen über verurteilte Straftäter deren Löschungsanspruch ausschließen (→ Art. 85 Rn. 28).[88]

Die nationalen Rechtsordnungen haben teilweise bereits Regelungen getroffen, um das Verhältnis zwischen **31** Datenschutz und Informationsfreiheit zu bestimmen. Diese Regelungen räumen auch in Deutschland[89] keineswegs immer dem Datenschutz den Vorrang gegenüber Informationszugangsansprüchen ein. Auch die einfachrechtlichen Medienprivilegien in § 41 BDSG aF und in Art. 57 RStV dienten dem Ausgleich zwischen Datenschutz und Meinungsfreiheit, waren in ihrem Anwendungsbereich allerdings auf die professionelle, journalistisch-redaktionelle Datenverarbeitung begrenzt. Abs. 3 lit. a verlangt trotz seiner apodiktischen Formulierung nicht, dass der Meinungsäußerungsfreiheit und der Informationsfreiheit stets der Vorrang vor dem Datenschutz einzuräumen ist ("soweit").[90] Vielmehr handelt es sich bei allen drei Rechtspositionen um **Grundrechte**, die durch die Europäische Grundrechte-Charta garantiert sind (Art. 7, 8 und 11). Sie müssen im Einzelfall zu einem **Ausgleich** gebracht werden, um allen berührten Grundrechten im Sinne einer praktischen Konkordanz[91] zu größtmöglicher Wirksamkeit zu verhelfen (→ Art. 85 Rn. 8ff. und EG 153 u. 154).

2. Rechtliche Verpflichtung oder Wahrnehmung einer Aufgabe im öffentlichen Interesse oder in Ausübung **32** öffentlicher Gewalt (Abs. 3 lit. b).

Eine weitere Ausnahme von der Löschungspflicht, oder anders formuliert, eine ausnahmsweise Befugnis an fortgesetzter Speicherung an sich zu löschender Daten, enthält Abs. 3 lit. b, der Formulierungen in den **Öffnungsklauseln** des Art. 6 Abs. 1 UAbs. 1 lit. c und e aufgreift. Der EuGH hat zur DSRL entschieden, dass ein Löschungs- oder Widerspruchsrecht grundsätzlich nicht besteht, soweit personenbezogene Daten von Geschäftsführern einer beschränkt haftenden Gesellschaft auch nach deren Insolvenz im Handels- oder Gesellschaftsregister zum Schutz des Rechtsverkehrs öffentlich zugänglich bleiben.[92] Vertragliche oder einseitig vom Verantwortlichen übernommene Verpflichtungen sind – wie schon nach der Vorläufervorschrift in der DSRL – keine Rechtspflichten iSd Abs. 3 lit. b, die einer Löschung entgegenstehen.[93] Deshalb verstößt § 35 Abs. 3 BDSG nF insoweit gegen Unionsrecht, als auch satzungsgemäße oder vertragliche Aufbewahrungsvorschriften die weitere Speicherung von Daten über die

---

84 Auch der Referentenentwurf des BMI für ein Zweites Gesetz zur Anpassung des Datenschutzrechts an die Verordnung (EU) 2016/679 und zur Umsetzung der Richtlinie (EU) 2016/680 enthält keine entsprechenden Regelungen; krit. dazu die EAID in ihrer Stellungnahme vom 16.7.2018, https://www.eaid-berlin.de/wp-content/uploads/2018/07/EAID-Stellungnahme-Referentenentwurf-2.-DSAnpUG-EU.pdf.

85 Vgl. EuGH C-73/07, MMR 2009, 175 Rn. 54 f. – Satamedia – zur DSRL.

86 Vgl. Kühling/Buchner/*Herbst* Art. 17 Rn. 72.

87 Die Ausnahme von den Vorgaben der DSRL für journalistische Tätigkeiten (Art. 9) spielte in der Google Spain-Entscheidung des EuGH (Rn. 85) nur insoweit eine Rolle, als sich nur die Anbieter der ursprünglichen Website (ein Presseorgan), nicht aber der Suchmaschinenbetreiber auf sie berufen können.

88 EGMR, Urt. v. 26.6.2018 – M.L. et W.W. c. Allemagne, AZ 60798/10 u. 65599/10, http://hudoc.echr.coe.int/eng?i=001-184438. In diesem Urteil hat der EGMR die Rechtsprechung des BGH in derselben Angelegenheit (Sedlmayr-Mord) (→ Art. 85 Rn. 17) bestätigt. Zu vergleichbaren Fällen vgl. die Entscheidungen des britischen High Court v. 13.4.2018, (2018) EWHC 799 (QB) und des Obersten Gerichtshofs Japans v. 31.1.2017, vgl. dazu *Corrales*, ZD 2018, XVIIIf. In allen Fällen wurden die Löschungsverlangen der verurteilten Straftäter im Ergebnis zurückgewiesen.

89 Vgl. § 6 BlnIFG, wonach unter bestimmten Bedingungen auch personenbezogene Daten allgemein zugänglich zu machen sind; zu undifferenziert deshalb BeckOK DatenschutzR/*Worms* DSGVO Art. 17 Rn. 82.

90 So auch Kühling/Buchner/*Herbst* Art. 17 Rn. 73.

91 *Hesse*, Grundzüge des Verfassungsrechts der Bundesrepublik Deutschland, 1995, § 28 Rn. 72.

92 EuGH C-398/15, EuZW 2017, 784 – Manni; dazu *Caravà* EDPL 2017, 287; *Montelero* EDPL 2016, 231; *Frenzel* EDPL 2017, 283. Allerdings hat er der EuGH nicht generell ausgeschlossen, dass die Mitgliedstaaten die Dauer der Speicherung in Ausnahmefällen aus überwiegenden, schutzwürdigen Gründen beschränken (Rn. 64).

93 *Dammann/Simitis* Art. 7 Rn. 7; Kühling/Buchner/*Herbst* Art. 17 Rn. 75.

Zweckerreichung hinaus rechtfertigen sollen. Die Grundverordnung ist insoweit vorrangig anzuwenden.[94] Auch ist die Löschungspflicht nicht etwa überall dort ausgeschlossen, wo der Unionsgesetzgeber oder die Mitgliedstaaten von den Öffnungsklauseln nach Art. 6 Abs. 1 lit. c und e Gebrauch gemacht haben. Vielmehr ist im Einzelnen zu prüfen, inwieweit die **Umsetzung dieser Regelungen durch Löschungspflichten vereitelt** würde („soweit"). Zudem müssen die der Verarbeitung zugrundeliegenden Rechtsgrundlagen den Anforderungen des Art. 6 Abs. 3 genügen (→ Art. 6 Abs. 3 Rn. 27ff.). Im Einzelnen ist auch zu prüfen, ob die Regelungen des Unionsrechts oder der Mitgliedstaaten nicht ihrerseits spezielle Löschungspflichten oder Begrenzungen der Speicherdauer enthalten, was durch den in Art. 6 Abs. 3 S. 4 genannten Verhältnismäßigkeitsgrundsatz geboten sein kann.[95] Beispiele für gesetzliche Regelungen, die eine Löschungspflicht begrenzen, sind die Aufbewahrungspflichten nach Handels- und Steuerrecht.[96]

33 **3. Öffentliche Gesundheit (Abs. 3 lit. c).** Abs. 3 lit. c steht einem Löschungsverlangen entgegen, soweit dadurch eine Verarbeitung der Daten aus Gründen des öffentlichen Interesses im Bereich der öffentlichen Gesundheit nach Art. 9 Abs. 2 lit. h und i vereitelt würde. Die Vorschrift ist insoweit **widersprüchlich,** als sie auf Gründe des öffentlichen Interesses im Bereich der öffentlichen Gesundheit verweist, die nur nach Art. 9 Abs. 2 lit. i ausnahmsweise die Verarbeitung von besonderen Kategorien personenbezogener Daten zulassen. Zugleich wird auf Art. 9 Abs. 2 lit. h und Art. 9 Abs. 3 Bezug genommen, der andere Fälle der Gesundheitsversorgung (einschließlich der ärztlichen Behandlung) betrifft. Die Formulierung in Abs. 3 lit. c beruht offenbar auf einem Redaktionsversehen. Löschungspflichten sollen in allen drei Fallkonstellationen ausgeschlossen sein, soweit sie die dort genannten Zwecke beeinträchtigen würden. Dabei ist zu beachten, dass Art. 9 Abs. 2 lit. h für den Bereich der öffentlichen Gesundheitsvorsorge selbst vorsieht, dass das Unionsrecht oder das Recht der Mitgliedstaaten **angemessene und spezifische Maßnahmen zur Wahrung der Rechte und Freiheiten der betroffenen Person** vorzusehen haben. Dies kann auch Löschungspflichten beinhalten. Ein Fall des Art. 9 Abs. 2 lit. h ist die ärztliche Dokumentationspflicht, nach der Ärzte Patientenakten für eine bestimmte Zeit aufzubewahren haben.[97]

34 **4. Archivzwecke, Forschungszwecke oder statistische Zwecke (Abs. 3 lit. d).** Die DSGVO schließt Löschungspflichten auch aus, soweit personenbezogene Daten zu bestimmten Zwecken verarbeitet werden. Es handelt sich um die auch in Art. 89 Abs. 1 genannten Archivzwecke, wissenschaftliche oder historische Forschungszwecke und statistische Zwecke. Die Verarbeitung zu archivarischen Zwecken muss **im öffentlichen Interesse** liegen, bei den wissenschaftlichen oder historischen Forschungszwecken und den Zwecken der Statistik ist kein öffentliches Interesse erforderlich.[98] Der Forschungszweck-Begriff der DSGVO ist weit gefasst (s. EG 159) und schließt auch die privat finanzierte Auftragsforschung sowie die Markt- und Meinungsforschung jedenfalls insoweit ein, als sie in Unabhängigkeit auch gegenüber dem Auftraggeber und nach den anerkannten Methoden der empirischen Sozialforschung durchgeführt wird.[99] Die Ausnahme beschränkt sich deshalb nicht auf die Forschung an staatlichen Hochschulen oder auf die amtliche Statistik. Dagegen sind private Archive nicht von den Pflichten nach Abs. 1 und 2 ausgenommen. Das betrifft insbes. auch die Archivierung aller Webseiten im **weltweiten Internet-Archiv** (archive.org), das in den USA privat betrieben wird. An dieses sind deshalb sowohl Informationen nach Abs. 2 als auch Löschungsansprüche nach Abs. 1 zu richten.[100]

35 Systematisch hätte die Ausnahmevorschrift des Abs. 3 lit. d besser in Art. 89 Abs. 2 und 3 geregelt werden sollen. Gründe für die **unübersichtliche Regelung** in der verabschiedeten DSGVO sind nicht erkennbar.[101] Aufgrund des systematischen Zusammenhangs mit Art. 89 ist aber auch der Ausschluss der Löschungspflicht unter den in Art. 89 Abs. 1 formulierten Vorbehalt zu stellen, dass die genannten privilegierten Verarbeitungszwecke **geeigneten Garantien für die Rechte und Freiheiten der betroffenen Personen** nach der

---

94 Die *DSK* will dies jeweils im Einzelfall prüfen und das BDSG im Sinne der größtmöglichen Transparenz auslegen, vgl. Kurzpapier Nr. 11, 3.

95 Vgl. Kühling/Buchner/*Herbst* Art. 17 Rn. 78.

96 Zur Situation in Deutschland eingehend *Katko/Knöpfle/Kirschner* ZD 2014, 238 (239) sowie *Keppeler/Berning*, ZD 2017, 314 (317).

97 Vgl. die deutsche Regelung in § 630 f BGB; Kühling/Buchner/*Herbst* Art. 17 Rn. 76, hält diese Konstellation allerdings für einen Fall des Art. 17 Abs. 3 lit. b.

98 Kühling/Buchner/*Buchner/Tinnefeld* Art. 89 Rn. 9.

99 So auch *Hornung/Hofmann* Beilage zu ZD 4/2017, 1 (5ff.), die allerdings darauf hinweisen, dass der deutsche Dachverband der Markt- und Meinungsforschungsunternehmen (ADM) keinen Bedarf für Einschränkungen der Betroffenenrechte sieht; restriktiver zum Forschungsbegriff der DSGVO *Caspar* → Art. 89 Rn. 10ff., 16ff.

100 Mit der Suchmaschine WaybackMachine bietet archive.org Unionsbürgern eine Dienstleistung an und unterliegt deshalb nach Art. 3 Abs. 2 lit. a der DSGVO. WaybackMachine lässt allerdings keine Einschränkung der Indexierbarkeit nach dem robots.txt-Protokoll zu, https://www.heise.de/-3693558.

101 Wenig überzeugend Sydow/*Peuker* Art. 17 Rn. 68, der den Regelungsort mit dem unmittelbaren Verlust der Daten durch die (vollzogene) Löschung begründet.

Verordnung unterliegen (vgl. auch Art. 5 Abs. 1 lit. e).[102] Dazu kann die Pseudonymisierung gehören, wenn auf diese Weise die genannten Zwecke erreicht werden können (Art. 89 Abs. 1 S. 3 → Art. 89 Rn. 49ff.). Der Hs. 2 in Abs. 3 lit. d wiederholt den für alle Ausnahmetatbestände geltenden und in dem einleitenden „soweit" zum Ausdruck kommenden Gedanken, dass ein Ausschluss der Löschungspflicht nur in Betracht kommt, **soweit die Löschung die Verwirklichung der privilegierten Zwecke unmöglich macht oder ernsthaft beeinträchtigt**. Die Informationspflicht nach Abs. 2 allein kann eine solche Wirkung kaum haben und hängt ohnehin von einer bestehenden Löschungspflicht ab; sie wird deshalb im Hs. 2 nicht erwähnt. 36

5. Rechtsansprüche (Abs. 3 lit. e). Auch die Geltendmachung und Ausübung von eigenen Rechtsansprü- 37 chen sowie die Verteidigung gegen die Rechtsansprüche Dritter kann die weitere Verarbeitung personenbezogener Daten, die an sich nach Abs. 1 zu löschen sind, im erforderlichen Umfang rechtfertigen. Dabei muss es sich nicht um **Rechtsansprüche des Verantwortlichen** bzw. sein Verteidigungsinteresse handeln[103]. Die Vorschrift bezieht sich auf Rechtsansprüche natürlicher oder juristischer Personen, obwohl letztere anders als in Art. 18 Abs. 2 nicht ausdrücklich genannt sind. Soweit es um Rechtsansprüche oder prozessuale Interessen der betroffenen Person geht, gibt Art. 18 Abs. 1 lit. c ihr das Recht, die Einschränkung der Verarbeitung ihrer Daten zu verlangen, was die Löschungspflicht nach Abs. 1 implizit aufhebt.[104]

Hält der Verantwortliche es für möglich, dass er auf die fraglichen Daten im Zusammenhang mit zivilrecht- 38 lichen Streitigkeiten zurückgreifen muss, so kann er die Daten nicht in jedem Fall bis zum Ende der **Verjährungsfrist** vorhalten. Vielmehr muss er durch eine Interessenabwägung nach Art. 6 Abs. 1 lit. f ermitteln, ob die Wahrscheinlichkeit der Geltendmachung von Rechtsansprüchen oder deren Gewicht den mit der anhaltenden Speicherung verbundenen Eingriff in die Grundrechte der betroffenen Person rechtfertigen.[105] Dies betrifft auch die Fälle einer Inanspruchnahme zB auf Schadensersatz oder auf außergerichtliche Offenlegung von Beweismitteln im Verfahren der grenzüberschreitenden **„Pre-Trial-Discovery"** nach US-amerikanischem Recht, deren abstrakte Möglichkeit keine fortdauernde Speicherung rechtfertigt. Der Verantwortliche ist von der Löschungspflicht nur befreit, soweit er **konkret** mit derartigen Ansprüchen oder Verfahren rechnen muss.[106] Für diesen Fall ist außerdem wesentlich, dass die DSGVO auf das in Art. 26 Abs. 1 lit. d DSRL enthaltene Erfordernis der Geltendmachung von Rechtsansprüchen „vor Gericht" verzichtet (→ Art. 49 Abs. 1 lit. c).[107] Umgekehrt unterstreicht die Möglichkeit der Inanspruchnahme auf Offenlegung von Daten bei Rechtsstreitigkeiten mit Parteien im anglo-amerikanischen Rechtskreis die allgemeine **Bedeutung von Lösch- und Archivierungskonzepten**[108] (Retention Policies) im Rahmen eines **Datenschutz- und Informationsmanagement-Systems** (→ Rn. 7). Liegen diese vor und werden sie umgesetzt, wird kein Gericht zB in den USA Sanktionen wegen verweigerter Discovery oder gar Beweisvereitelung verhängen.[109] Löschkonzepte sind insoweit auch ein Mittel zur Begrenzung der rechtlichen Risiken für den Verantwortlichen, die von unbegrenzten Datensammlungen ausgehen.

VI. Rechtsdurchsetzung und Sanktionen

Betroffene Personen können sich sowohl bei der zuständigen Aufsichtsbehörde nach Art. 77 **beschweren** als 39 auch einen **Rechtsbehelf** nach Art. 79 einlegen, was zu einer gerichtlichen Überprüfung des Verhaltens des Verantwortlichen führt. Die Verletzung der Löschungspflicht nach Abs. 1 wie auch der Informationspflicht nach Abs. 2 ist eine **Ordnungswidrigkeit**, die nach Art. 83 Abs. 5 lit. b die Verhängung eines Bußgelds rechtfertigt. Es gilt – wie bei allen Betroffenenrechten – der weitergehende Bußgeldrahmen nach Art. 83 Abs. 4. Damit geht die Verordnung über das bisherige deutsche Datenschutzrecht (§ 43 BDSG aF) weit hinaus. Zudem kann die zuständige Aufsichtsbehörde entweder den Verantwortlichen anweisen, dem Löschungsverlangen zu entsprechen (Art. 58 Abs. 2 lit. c) oder unmittelbar die Löschung anordnen (Art. 58 Abs. 2 lit. g).

---

102   So auch Kühling/Buchner/*Buchner/Tinnefeld* Art. 89 Rn. 3.

103   AA Ehmann/Selmayr/*Kamann/Braun* Art. 17 Rn. 58.

104   Kühling/Buchner/*Herbst* Art. 18 Rn. 21.

105   So auch Kühling/Buchner/*Herbst* Art. 17 Rn. 19, 82.

106   *Art.-29-Gruppe*, 06/DE WP 117, S. 14; *dies.*, 09/DE WP 158, S. 8f. Ähnlich Kühling/Buchner/*Herbst* Art. 17 Rn. 19; Art. 18 Rn. 23. Vgl. Simitis/*Dix* § 35 Rn. 38 zum Rechtszustand nach BDSG aF; demgegenüber wollten *Gassner/Schmidl* RDV 2004, 153 (155 f.) es ausreichen lassen, dass mit einer Geltendmachung von Ansprüchen „typischerweise" zu rechnen ist; ähnlich *Katko/Knöpfle/Kirschner* ZD 2014, 238 (240) sowie *Kühling/Klar* ZD 2014, 506 (509).

107   Kühling/Buchner/*Schröder* Art. 49 Rn. 30; Sydow/*Peuker* Art. 17 Rn. 70.

108   Vgl. *Katko/Knöpfle/Kirschner* ZD 2014, 238 (240 f.); Kühling/Buchner/*Herbst* Art. 17 Rn. 20.

109   Vgl. *The Sedona Conference*, The Sedona Conference International Litigation Principles on Discovery, Disclosure and Data Protection in Civil Litigation (Transitional Edition), 2017, sowie zu grenzüberschreitenden Amtshilfeersuchen und internen Unternehmensermittlungen *dies.*, International Principles for Addressing Data Protection in Cross-Border Government & Internal Investigations: Principles, Commentary & Best Practices, (Final/Prepublication Version) 2018.

Schließlich können die Mitgliedstaaten noch **weitergehende** wirksame, verhältnismäßige und abschreckende **Sanktionen** für derartige Verstöße vorsehen (vgl. Art. 84).

Artikel 18   Recht auf Einschränkung der Verarbeitung

(1) Die betroffene Person hat das Recht, von dem Verantwortlichen die Einschränkung der Verarbeitung zu verlangen, wenn eine der folgenden Voraussetzungen gegeben ist:

a)   die Richtigkeit der personenbezogenen Daten von der betroffenen Person bestritten wird, und zwar für eine Dauer, die es dem Verantwortlichen ermöglicht, die Richtigkeit der personenbezogenen Daten zu überprüfen,

b)   die Verarbeitung unrechtmäßig ist und die betroffene Person die Löschung der personenbezogenen Daten ablehnt und stattdessen die Einschränkung der Nutzung der personenbezogenen Daten verlangt;

c)   der Verantwortliche die personenbezogenen Daten für die Zwecke der Verarbeitung nicht länger benötigt, die betroffene Person sie jedoch zur Geltendmachung, Ausübung oder Verteidigung von Rechtsansprüchen benötigt, oder

d)   die betroffene Person Widerspruch gegen die Verarbeitung gemäß Artikel 21 Absatz 1 eingelegt hat, solange noch nicht feststeht, ob die berechtigten Gründe des Verantwortlichen gegenüber denen der betroffenen Person überwiegen.

(2) Wurde die Verarbeitung gemäß Absatz 1 eingeschränkt, so dürfen diese personenbezogenen Daten – von ihrer Speicherung abgesehen – nur mit Einwilligung der betroffenen Person oder zur Geltendmachung, Ausübung oder Verteidigung von Rechtsansprüchen oder zum Schutz der Rechte einer anderen natürlichen oder juristischen Person oder aus Gründen eines wichtigen öffentlichen Interesses der Union oder eines Mitgliedstaats verarbeitet werden.

(3) Eine betroffene Person, die eine Einschränkung der Verarbeitung gemäß Absatz 1 erwirkt hat, wird von dem Verantwortlichen unterrichtet, bevor die Einschränkung aufgehoben wird.

Literatur: *Piltz,* C., Die Datenschutz-Grundverordnung – Teil 2: Rechte der Betroffenen und korrespondierende Pflichten des Verantwortlichen, K&R 2016, 629.

I.   Vorbemerkung

1   Das Recht der betroffenen Person auf Einschränkung der Verarbeitung ist ein weiteres wichtiges Steuerungsrecht, dass einen **differenzierten Umgang** mit den personenbezogenen Daten in solchen Fällen ermöglicht, in denen eine Löschung oder sofortige Berichtigung nicht sachgerecht erscheint. Mit der Einschränkung der Verarbeitung (Art. 4 Nr. 3) geht die DSGVO zumindest teilweise über das hinaus, was nach der DSRL und in § 3 Abs. 4 Nr. 4 BDSG aF als Sperren bezeichnet wurde.

II.   Entstehungsgeschichte

2   Die DSRL enthielt in Art. 12 lit. b nur eine knappe Regelung der Sperrung von Daten, die entgegen der Richtlinie verarbeitet werden, unrichtig oder unvollständig sind. Die KOM hatte in ihrem ursprünglichen Vorschlag ein Recht auf Einschränkung der Verarbeitung als Alternative zur Löschung vorgesehen (Art. 17 Abs. 4 KOM-E). Sie verzichtete dabei auf eine Regelung des *non liquet*-Falles, für den das deutsche Datenschutzrecht in § 20 Abs. 4 und § 35 Abs. 4 BDSG aF bisher ebenfalls einen Löschungsanspruch vorsah. Stattdessen sah bereits ihr Vorschlag die Sperrung nur für einen Zeitraum vor, den die verantwortliche Stelle zur Prüfung der Richtigkeit benötigt. Auch sollte die Sperrung nur dann an die Stelle der Löschung treten, wenn die betroffene Person dies fordert, nicht aber – wie dies § 35 Abs. 3 Nr. 2 BDSG aF vorsah – in allen Fällen, in denen die Löschung schutzwürdige Belange Betroffener beeinträchtigen würde. Andererseits vermied der Entwurf den Begriff der „Sperrung" und ersetzte ihn durch die „Einschränkung der Verarbeitung", was der betroffenen Person eine größere Skala von Einwirkungsmöglichkeiten eröffnet (→ Art. 4

Rn. 4 f.). Auch enthielt der KOM-E keine Beschränkungsmöglichkeit in Fällen, in denen die Löschung wegen der besonderen Art der Speicherung nicht oder nur mit unverhältnismäßigem Aufwand möglich ist (§ 35 Abs. 3 Nr. 3 BDSG aF) – eine Fallgestaltung, die angesichts der zunehmenden Digitalisierung ohnehin an Bedeutung verlieren dürfte. Die KOM schlug außerdem eine Einschränkung der Verarbeitung in den Fällen vor, in denen die betroffene Person ihr Recht auf Datenübertragbarkeit (Art. 20) ausübt. Der zuletzt genannte Vorschlag wurde allerdings im Trilog ebenso wenig übernommen wie die Vorschläge des EP, eine Pflicht zur Einschränkung der Verarbeitung auch dann vorzusehen, wenn ein Gericht oder eine Regulierungsbehörde diese anordnet oder wenn vor Inkrafttreten der DSGVO eine Speichertechnologie verwendet wurde, die keine Löschung ermöglicht. Auf Vorschlag des Rats wurde schließlich das Recht auf Einschränkung der Verarbeitung in einen separaten Artikel ausgelagert, dabei der Tatbestand der Geltendmachung, Ausübung oder Verteidigung von Rechtsansprüchen präziser gefasst und als weiterer Fall der vorübergehenden Einschränkung die Ausübung des Widerspruchsrechts nach Art. 21 aufgenommen.

III. Voraussetzungen des Rechts auf Einschränkung (Abs. 1)

Das Recht auf Einschränkung der Verarbeitung kann unter vier alternativen Voraussetzungen geltend gemacht werden, von denen drei (lit. a, c und d) nur eine **vorübergehende Einschränkung** rechtfertigen, während im vierten Fall (lit. b) auch eine **dauerhafte Einschränkung** in Betracht kommt. Die Einschränkung der Verarbeitung hat der Unionsgesetzgeber in Art. 4 Nr. 3 **unvollständig definiert** (→ Art. 4 Rn. 1ff.).   3

1. Bestrittene Daten (Abs. 1 lit. a). Bestreitet die betroffene Person die Richtigkeit der verarbeiteten Daten, kann sie vom Verantwortlichen verlangen, die Verarbeitung solange einzuschränken, bis dieser die Möglichkeit hatte, die Richtigkeit der Daten zu überprüfen. Zu dieser Prüfung ist der Verantwortliche schon nach dem Grundsatz der Richtigkeit (Art. 5 Abs. 1 lit. d) und nach Art. 16 verpflichtet, für den Anspruch auf Einschränkung muss eine tatsächliche Prüfung durch den Verantwortlichen aber nicht stattgefunden haben. Die **Länge des Prüfungszeitraums** bestimmt sich nach Art. 16 S. 1, dh der Verantwortliche muss unverzüglich, also ohne schuldhaftes Zögern, prüfen, ob der Berichtigungsanspruch begründet ist und gegebenenfalls die Daten berichtigen. In keinem Fall darf der Prüfungszeitraum die **Monatsfrist** des Art. 12 Abs. 3 S. 1 überschreiten. Eine Verlängerungsmöglichkeit nach Art. 12 Abs. 3 S. 2 besteht nicht (→ Art. 16 Rn. 15). Unterlässt der Verantwortliche die (fristgemäße) Prüfung, muss er nach Art. 83 Abs. 5 lit. b mit einer Geldbuße rechnen und ist außerdem zur Berichtigung oder Löschung verpflichtet (→ Rn. 5), wenn er die Richtigkeit der Daten nicht nachweisen kann.   4

Für den Fall, dass die Richtigkeit der Daten auch nach einer Prüfung durch den Verantwortlichen streitig bleibt (**non-liquet-Fall**), sieht die Verordnung im Gegensatz zum bisherigen deutschen Recht (§ 20 Abs. 4 und § 35 Abs. 4 BDSG aF) keine explizite Einschränkung der Verarbeitung vor. Nach der Verordnung (Art. 5 Abs. 1 lit. d iVm Abs. 2) trägt der Verantwortliche die **Beweislast** für die Richtigkeit der Daten. Er ist daher auch dazu verpflichtet, Daten unverzüglich zu berichtigen oder zu löschen, deren Richtigkeit er nicht beweisen kann.[1] Wendet sich die betroffene Person in einem solchen Fall an die Aufsichtsbehörde oder macht ihren Berichtigungs- oder Löschungsanspruch gerichtlich geltend, kann sie nach Abs. 1 lit. c (→ Rn. 7) eine weitere Einschränkung der Verarbeitung ihrer Daten verlangen.[2]   5

2. Rechtswidrige Verarbeitung (Abs. 1 lit. b). Für den Fall, dass der Verantwortliche Daten über die betroffene Person zu Unrecht verarbeitet, ist er an sich zu deren Löschung verpflichtet (Art. 17 Abs. 1 lit. d). Während Art. 12 lit. b, c, Art. 28 Abs. 3 und Art. 32 Abs. 1 S. 3 DSRL die Rechte auf Berichtigung, Löschung und Sperrung noch nebeneinander stellte und es den Mitgliedstaaten überließ, deren Verhältnis näher zu regeln, räumt die DSGVO der betroffenen Person ein echtes **Wahlrecht** ein: Diese kann in Fällen der rechtswidrigen Verarbeitung statt der Löschung die Einschränkung der Verarbeitung verlangen. Sie muss diese Wahl nicht begründen. Infolge der Entscheidung der betroffenen Person für eine Einschränkung der Verarbeitung kann es zu einer **dauerhaften Speicherung unter den eingeschränkten Bedingungen des Abs. 2** kommen. Die Vorschrift soll der betroffenen Person die Möglichkeit geben, im Bedarfsfall belegen zu können, dass der Verantwortliche zu Unrecht Daten über sie verarbeitet hat. Insofern regelt Abs. 1 lit. b eine ähnliche Interessenlage wie Abs. 1 lit. c.[3] Zu Recht hat der deutsche Gesetzgeber mit § 35 Abs. 2 BDSG nF   6

---

[1] Ebenso Kühling/Buchner/*Herbst* Art. 18 Rn. 13; aA BeckOK DatenschutzR/*Worms* DSGVO Art. 18 Rn. 35 sowie Sydow/*Peuker* Art. 18 Rn. 12, die von einer weiteren Einschränkung der Verarbeitung ausgehen.

[2] Zur Sonderregelung im deutschen Steuerrecht → Rn. 16.

[3] BeckOK DatenschutzR/*Worms* DSGVO Art. 18 Rn. 39.

der betroffenen Person auch dann das Recht auf Einschränkung der Verarbeitung an Stelle der Löschung gegeben, wenn diese ihre schutzwürdigen Belange beeinträchtigen würde (→ Art. 23 Rn. 31).[4]

7 Der Verantwortliche, der aufgrund eines Auskunftsverlangens der betroffenen Person feststellt, dass er rechtswidrig Daten über sie verarbeitet, ist zur Löschung dieser Daten weder verpflichtet noch berechtigt. Vielmehr muss er nach Art. 12 Abs. 2 S. 1 zunächst **bei der betroffenen Person nachfragen**, ob sie eine (weitere) Einschränkung der Verarbeitung dieser Daten verlangt, um zunächst den Grund und Umfang der unrechtmäßigen Datenverarbeitung zu klären und etwaige Schadenersatzansprüche geltend zu machen. Solange sich die betroffene Person hierzu nicht erklärt hat, muss der Verantwortliche die Verarbeitung von sich aus einschränken (→ Art. 17 Rn. 6).

8 **3. Rechtsansprüche (Abs. 1 lit. c).** Die Einschränkung der Verarbeitung kann auch dann verlangt werden, wenn der Verantwortliche die Daten an sich wegen Zweckerreichung löschen müsste (Art. 17 Abs. 1 lit. a), die betroffene Person sie aber zur **Geltendmachung oder Ausübung von eigenen Rechtsansprüchen** oder zur Verteidigung gegen Rechtsansprüche Dritter gegen sie benötigt. Soweit es um die Geltendmachung und Ausübung von Rechtansprüchen Dritter geht, haben diese kein derartiges Recht. Auch in diesem Fall ist die Löschung nach Art. 17 Abs. 3 lit. e aber ausgeschlossen (→ Art. 17 Rn. 36). Allerdings können alle nach Abs. 1 in der Verarbeitung eingeschränkten Daten zur Geltendmachung, Ausübung oder Verteidigung von Rechtsansprüchen oder zum Schutz der Rechte einer anderen natürlichen oder juristischen Person verarbeitet werden (→ Rn. 11). Auch im Fall des Abs. 1 lit. c muss die Geltendmachung oder Ausübung von Rechtsansprüchen **konkret** beabsichtigt sein oder die Notwendigkeit einer Verteidigung gegen die Rechtsansprüche Dritter muss sicher bevorstehen (→ Art. 17 Rn. 37).[5] Die bloße Möglichkeit reicht hierzu nicht aus. Auch kann die Einschränkung nur solange verlangt werden, wie sie für den Schutz der rechtlichen Interessen der betroffenen Person erforderlich ist. Im Fall der unrechtmäßigen Datenverarbeitung hat die betroffene Person zudem die **Wahl** zwischen der Einschränkung der Verarbeitung für die Dauer der Geltendmachung ihrer Rechtsansprüche und der dauerhaften eingeschränkten Speicherung ihrer Daten nach Abs. 1 lit. b (→ Rn. 6).

9 **4. Widerspruch gegen die Verarbeitung (Abs. 1 lit. d).** Schließlich kann die betroffene Person die Einschränkung der Verarbeitung von Daten zu ihrer Person verlangen, wenn sie dieser nach Art. 21 Abs. 1 widersprochen hat. Die Einschränkung ist **auf den Zeitraum bis zur endgültigen Feststellung** begrenzt, ob der Verantwortliche **zwingende schutzwürdige Gründe für die Verarbeitung** nach Art. 21 Abs. 1 S. 2 nachweisen kann, die eine Fortsetzung der uneingeschränkten Datenverarbeitung rechtfertigen. Anders als im Fall des Abs. 1 lit. a kommt es nicht darauf an, wie lange der Verantwortliche für die Prüfung der Begründetheit des Widerspruchs benötigt;[6] allerdings wird der Verantwortliche regelmäßig ein Eigeninteresse an einer zügigen Klärung haben, da er die Daten bis dahin nicht vollumfänglich verwenden darf. Die endgültige Klärung kann durch Einigung mit der betroffenen Person oder durch gerichtliche Entscheidung erfolgen.[7] Im Fall des Widerspruchs gegen die Verarbeitung zu Zwecken der Direktwerbung (Art. 21 Abs. 2) kann die betroffene Person Löschung der Daten verlangen (→ Art. 17 Rn. 6). Allerdings kann sie stattdessen nach Abs. 1 lit. b und c alternativ zur Löschung auch verlangen, dass die Verarbeitung dieser Daten eingeschränkt wird.[8]

10 **Wenig einleuchtend** ist allerdings, weshalb Abs. 1 lit. d nur auf Art. 21 Abs. 1 verweist und der Verordnungsgeber folglich nach dem Wortlaut keine Möglichkeit der Einschränkung bei Widersprüchen gegen die **Verarbeitung von Daten zu wissenschaftlichen oder historischen Forschungszwecken oder zu statistischen Zwecken** (Art. 21 Abs. 6) vorgesehen hat. Da auch in diesem Fall eine Abwägung mit einem öffentlichen Interesse notwendig ist, bietet es sich an, im Wege der **Analogie** der betroffenen Person das Recht zur vorübergehenden Einschränkung der Verarbeitung auch in diesen Fällen einzuräumen.

IV. Rechtsfolgen der Einschränkung (Abs. 2)

11 Die Einschränkung der Verarbeitung führt zu einer **verschärften Zweckbindung**.[9] Die Daten dürfen zwar gespeichert bleiben, aber nur noch in vier Situationen verarbeitet werden. Zum einen ist die weitere Verarbeitung mit **Einwilligung** der betroffenen Person zulässig, wenn diese entweder der Verarbeitung der streit-

---

4   Die im Wesentlichen der bisherigen Regelung in §§ 20 Abs. 3 Nr. 2 u. 35 Abs. 3 Nr. 2 BDSG aF entsprechende Vorschrift enthält ein Redaktionsversehen insofern, als sie einerseits in Satz 1 die Einschränkung der Verarbeitung ausschließt, sie andererseits in Satz 3 aber voraussetzt. Vgl. auch § 84 Abs. 3 SGB X nF.

5   So auch Kühling/Buchner/*Herbst* Art. 18 Rn. 22 f.

6   Anders wohl *Piltz* K&R 2016, 629 (633).

7   Kühling/Buchner/*Herbst* Art. 18 Rn. 27.

8   BeckOK DatenschutzR/*Worms* DSGVO Art. 18 Rn. 45.

9   Vgl. Simitis/*Dix* § 35 Rn. 47.

befangenen Daten für bestimmte begrenzte Zwecke oder (zB nach einer gewissen Zeit) der unbeschränkten Weiterverarbeitung zustimmt (Abs. 2 Alt. 1).

Zum anderen können die Daten ohne Einwilligung der betroffenen Person zur Geltendmachung, Ausübung 12
oder Verteidigung von Rechtsansprüchen (Abs. 2 Alt. 2) oder zum Schutz der Rechte einer anderen natürlichen oder juristischen Person (Abs. 2 Alt. 3) verarbeitet werden. Es kann sich – wie aus Abs. 1 lit. c folgt – auch um geltend gemachte Rechtsansprüche der betroffenen Person handeln. Nur der „Schutz der Rechte" ist auf eine andere natürliche oder juristische Person beschränkt. Die Regelung verlangt – wie die Parallelvorschriften in Art. 17 Abs. 3 lit. c und Art. 18 Abs. 1 lit. c – die konkrete Geltendmachung solcher Rechtsansprüche bzw. die konkrete Gefährdung der Rechte einer anderen natürlichen oder juristischen Person. Die vage Aussicht, dass diese Voraussetzungen zukünftig vorliegen könnten, reicht nicht aus. Auch ist die Verarbeitung der an sich eingeschränkt verwendbaren Daten nur insoweit zulässig, als dies zur Durchsetzung von rechtlichen Interessen Dritter erforderlich ist.

Schließlich dürfen die Daten, deren Verarbeitung auf Verlangen der betroffenen Person eingeschränkt ist, 13
auch gegen deren Willen **aus Gründen eines wichtigen öffentlichen Interesses der Union oder eines Mitgliedstaates** (Abs. 2 Alt. 4) verarbeitet werden. Auch hier ist die Verarbeitung nach dem Grundsatz der Verhältnismäßigkeit auf das zur Verfolgung dieser Gründe erforderliche Maß begrenzt. Im Unterschied zu Art. 23 Abs. 1 lit. e, der wichtige Ziele des allgemeinen öffentlichen Interesses der Union oder eines Mitgliedstaates erwähnt, setzt **Abs. 2 Alt. 4** keine Rechtsvorschriften der Union oder der Mitgliedstaaten voraus. Umso wichtiger ist eine **einschränkende Auslegung des Abs. 2 Alt. 4**, die eine unmittelbar geltende Begrenzung des Rechts der betroffenen Person auf Datenschutz zur Folge hat. Bereits der Wortlaut des Art. 18 spricht dafür, dass Ziele des allgemeinen öffentlichen Interesses der Union oder eines Mitgliedstaates, insbes. rein wirtschaftliche oder finanzielle Interessen, anders als nach Art. 23 Abs. 1 lit. e, nicht ausreichen. Parallel zur dritten Alternative des Abs. 2 (→ Rn. 11) muss es sich um **rechtliche Interessen** der Union oder eines Mitgliedstaates handeln. Im Bereich der öffentlichen Gesundheit, die Art. 23 Abs. 1 lit. e ebenfalls erwähnt, dürften häufig zugleich Rechte anderer natürlicher Personen betroffen sein, so dass schon aus diesem Grund die Daten trotz Einschränkung für diese Zwecke verarbeitet werden dürfen.

Soweit Daten, deren Verarbeitung auf Wunsch der betroffenen Person eingeschränkt wurde, gegen deren 14
Willen nach Abs. 2 Alt. 2, 3 und 4 zu den dort genannten Zwecken verarbeitet und zB übermittelt werden, muss – im Gegensatz zum bisherigen deutschen Recht (§ 35 Abs. 4 a BDSG aF) – auch die **Tatsache der Einschränkung** (also die Markierung iSd Art. 4 Nr. 3) **mitübermittelt** werden.[10] Das ergibt sich aus Art. 19, der sogar eine nachträgliche Mitteilung an frühere Empfänger vorschreibt. Nur auf diese Weise kann sichergestellt werden, dass die Daten nicht zu Zwecken weiterverarbeitet werden, die von Abs. 2 nicht gedeckt sind.

V. Unterrichtungspflicht (Abs. 3)

Die betroffene Person ist immer dann zu unterrichten, **wenn** die von ihr erwirkte **Einschränkung der Verar-** 15
beitung aufgehoben wird. Dies muss nach der expliziten Regelung in Abs. 3 so rechtzeitig vor der Aufhebung erfolgen, damit die betroffene Person Rechtsschutz gegen eine unzulässige Aufhebung der Einschränkung erlangen kann.[11] Das gilt sowohl dann, wenn die vorübergehende Einschränkung nach Abs. 1 lit. a und d ihre Berechtigung verloren hat, weil die Prüfung der Richtigkeit oder der Begründetheit des Widerspruchs abgeschlossen ist, als auch dann, wenn die betroffene Person die Daten nicht mehr zur Verfolgung eigener rechtlicher Interessen benötigt. Falls sie in den Fällen des Abs. 1 lit. b und c den Verantwortlichen selbst darüber informiert hat, dass sie auf eine weitere Einschränkung verzichtet, ist eine solche Unterrichtung demgegenüber zwar regelmäßig nicht mehr nötig.[12] Kommt der Verantwortliche allerdings unabhängig von der betroffenen Person zu dem Schluss, dass diese die Daten nicht mehr zur Wahrung ihrer rechtlichen Interessen benötigt, sollte er die betroffene Person schon deshalb unterrichten und ihr Gelegenheit zur Stellungnahme geben, um zu vermeiden, dass er die Einschränkung zu Unrecht aufhebt.

Aber auch in all den Fällen, in denen **auf die** beschränkt zu verarbeitenden **Daten ohne Einwilligung der** 16
betroffenen Person nach Abs. 2, 2.-4. Alt., zugegriffen wird, muss diese zumindest in analoger Anwendung des Abs. 3 unterrichtet werden. Das folgt aus der Bedeutung der Unterrichtungspflicht für den Grundrechtsschutz der betroffenen Person.[13] Die Weiterverarbeitung der Daten nach Abs. 2 ohne Einwilligung der Betroffenen kommt einer zumindest teilweisen Aufhebung der Einschränkung gleich. Etwas anderes gilt nur, soweit die Union oder die Mitgliedstaaten nach Art. 23 eine Ausnahme von Art. 18 generell oder speziell von der Unterrichtungspflicht nach Abs. 3 geregelt haben.

---

10 Einschränkend BeckOK DatenschutzR/*Worms* DSGVO Art. 18 Rn. 22 (Offenlegung der Einschränkung, soweit erforderlich).
11 Vgl. Paal/Pauly/*Paal* Art. 18 Rn. 21; BeckOK DatenschutzR/*Worms* DSGVO Art. 18 Rn. 51.
12 Kühling/Buchner/*Herbst* Art. 18 Rn. 45.
13 Sydow/*Peuker* Art. 18 Rn. 30; vgl. auch Ehmann/Selmayr/*Kamann/Braun* Art. 18 Rn. 29.

VI. Weitere Beschränkungen und Ausnahmen

17   Weitere Beschränkungen und Ausnahmetatbestände enthält Art. 18 nicht. Solche können daher zum einen von der Union oder den Mitgliedstaaten im Rahmen des Art. 23 geregelt werden. Zum anderen können sowohl das Unionsrecht als auch das Recht der Mitgliedstaaten Ausnahmen vom Anspruch auf Einschränkung der Verarbeitung vorsehen, soweit dieser voraussichtlich die Verwirklichung **wissenschaftlicher oder historischer Forschungszwecke, statistischer Zwecke oder von im öffentlichen Interesse liegenden Archivzwecken** unmöglich machen oder ernsthaft beeinträchtigen würde und die Ausnahmen für die Erfüllung dieser Zwecke notwendig sind (**Art. 89 Abs. 2 u. 3** → Art. 89 Rn. 57ff.)[14]. Allein die Mitgliedstaaten können schließlich bei der Verarbeitung zu **journalistischen, wissenschaftlichen**[15], **künstlerischen oder literarischen Zwecken** Abweichungen und Ausnahmen vom Recht auf Einschränkung der Verarbeitung vorsehen, wenn dies erforderlich sind, um das Recht auf Datenschutz mit dem **Recht auf freie Meinungsäußerung und Informationsfreiheit** in Einklang zu bringen (**Art. 85 Abs. 2** → Art. 85 Rn. 25ff.). Der Bundesgesetzgeber hat im Steuerrecht[16] das Recht auf Einschränkung der Verarbeitung in den **non-liquet Fällen** (→ Rn. 5) ausgeschlossen, in denen die Daten einem Verwaltungsakt zugrunde liegen, der nicht mehr aufgehoben, geändert oder berichtigt werden kann. In diesem Fall ist die ungeklärte Sachlage in geeigneter Weise festzuhalten und die Daten dürfen nur mit einem entsprechenden Hinweis verarbeitet werden.

VII. Rechtsdurchsetzung und Sanktionen

18   Weigert sich der Verantwortliche, die Verarbeitung der Daten einzuschränken oder verwendet er sie trotzdem zu unzulässigen Zwecken, kann die betroffene Person sich sowohl bei der zuständigen Aufsichtsbehörde nach Art. 77 **beschweren** als auch einen **Rechtsbehelf** nach Art. 79 einlegen, was zu einer gerichtlichen Überprüfung des Verhaltens des Verantwortlichen führt. Die Verletzung der Einschränkungspflicht nach Abs. 1 und 2 wie auch der Unterrichtungspflicht nach Abs. 3 ist eine **Ordnungswidrigkeit**, die nach Art. 83 Abs. 5 lit. b die Verhängung eines Bußgelds rechtfertigt. Damit geht die Verordnung über das bisherige deutsche Datenschutzrecht hinaus, das in § 43 BDSG aF keinen derartigen Tatbestand kannte. Zudem kann die zuständige Aufsichtsbehörde entweder den Verantwortlichen anweisen, dem Verlangen nach Einschränkung der Verarbeitung zu entsprechen (Art. 58 Abs. 2 lit. c) oder unmittelbar die Einschränkung anordnen (Art. 58 Abs. 2 lit. g). Schließlich können die Mitgliedstaaten noch **weitergehende** wirksame, verhältnismäßige und abschreckende **Sanktionen** für derartige Verstöße vorsehen (vgl. Art. 84).

Artikel 19   Mitteilungspflicht im Zusammenhang mit der Berichtigung oder Löschung personenbezogener Daten oder der Einschränkung der Verarbeitung

[1]Der Verantwortliche teilt allen Empfängern, denen personenbezogenen Daten offengelegt wurden, jede Berichtigung oder Löschung der personenbezogenen Daten oder eine Einschränkung der Verarbeitung nach Artikel 16, Artikel 17 Absatz 1 und Artikel 18 mit, es sei denn, dies erweist sich als unmöglich oder ist mit einem unverhältnismäßigen Aufwand verbunden. [2]Der Verantwortliche unterrichtet die betroffene Person über diese Empfänger, wenn die betroffene Person dies verlangt.

Literatur: *Hornung, G./Hofmann, K.,* Ein „Recht auf Vergessenwerden"? Anspruch und Wirklichkeit eines neuen Datenschutzrechts, JZ 2013, 163; *Piltz, C.,* Die Datenschutz-Grundverordnung – Teil 2: Rechte der Betroffenen und korrespondierende Pflichten des Verantwortlichen, K&R 2016, 629.

---

14   Vgl. die Einschränkung in § 27 Abs. 2 Satz 1 BDSG nF.
15   Insoweit besteht eine Überschneidung zwischen Art. 85 Abs. 2 und Art. 89 Abs. 2.
16   § 32 f Abs. 1 AO nF.

I. Vorbemerkung

Zur Berichtigung, Löschung und Einschränkung der Verarbeitung ist primär **der Verantwortliche** verpflichtet, der die personenbezogenen Daten erstmals erhoben und verarbeitet hat. Diese Umsetzung der Betroffenenrechte bleibt allerdings beschränkt oder wirkungslos, wenn die Daten bereits an Dritte weitergegeben wurden. Der Verantwortliche wird deshalb durch die Vorschrift verpflichtet, die Empfänger der Daten in einem bestimmten Rahmen über die von ihm vorgenommene Berichtigung, Löschung oder Einschränkung der Verarbeitung zu informieren und der betroffenen Person die Empfänger mitzuteilen. 1

II. Entstehungsgeschichte

Auch Art. 12 lit. c DSRL enthielt eine **Nachberichtspflicht** des für die Verarbeitung Verantwortlichen über durchgeführte Berichtigungen, Löschungen und Sperrungen, soweit dies möglich und damit kein unverhältnismäßiger Aufwand verbunden war. Diese Regelung griff die KOM in ihrem Entwurf von 2012 in einer eigenen Vorschrift auf, die sich allerdings nach dem Wortlaut nur auf Berichtigungen und Löschungen bezog (Art. 13 KOM-E).[1] Das EP ergänzte sie in seiner Stellungnahme um das Recht der betroffenen Person auf Unterrichtung über die Empfänger (Art. 13 S. 2 Parl-E) und konnte sich damit durchsetzen. Im Trilog wurde diese Unterrichtungspflicht auf die Einschränkung der Verarbeitung erstreckt. 2

Die **JI-Richtlinie** enthält in diesem Punkt interessanterweise **Regelungen, die über die DSGVO hinausgehen**, wenngleich sie zunächst von den Mitgliedstaaten umgesetzt werden müssen. So verpflichtet Art. 16 Abs. 5 JI-Richtlinie die Mitgliedstaaten dazu vorzusehen, dass der Verantwortliche auch der Behörde, von der die unrichtigen Daten stammen, deren Berichtigung mitzuteilen hat. Außerdem sind die Empfänger, die der Verantwortliche über eine Berichtigung, Löschung oder Einschränkung der Verarbeitung in Kenntnis zu setzen hat, selbst zur Berichtigung, Löschung respektive Einschränkung der Verarbeitung zu verpflichten. 3

III. Mitteilungs- und Unterrichtungspflichten nach Berichtigung, Löschung und Einschränkung der Verarbeitung

Die DSGVO bekräftigt zum einen die nach bisherigem Sekundärrecht (→ Rn. 2) bestehende **Nachberichtspflicht** (S. 1), zum anderen schafft sie ein **neues Recht der betroffenen Person** auf Unterrichtung im Fall von Nachberichten (S. 2). 4

Der Anwendungsbereich des Art. 19 beschränkt sich auf Fälle der **direkten Offenlegung** von personenbezogenen Daten gegenüber Empfängern iSd Art. 4 Nr. 9 (→ Art. 4 Nr. 9 Rn. 3ff.). Im Fall der **Veröffentlichung** solcher Daten (online oder offline) wird die Vorschrift von der speziellen Regelung des Art. 17 Abs. 2 verdrängt (→ Art. 17 Rn. 25).[2] Dementsprechend verweist S. 1 nur auf Art. 17 Abs. 1. 5

Die Mitteilung nach S. 1 erfolgt **schriftlich** oder in anderer Form, gegebenenfalls auch **elektronisch** (Art. 12 Abs. 1 S. 2). **Mündlich** darf dagegen nur die Unterrichtung der betroffenen Person nach S. 2 erfolgen, wenn deren Identität in anderer Form nachgewiesen wurde (Art. 12 Abs. 1 S. 3; → Art. 12 Rn. 18).[3] 6

1. Nachberichtspflicht (Art. 19 S. 1). Der Verantwortliche ist verpflichtet, von sich aus jedem Empfänger iSd Art. 4 Nr. 9, also auch Auftragsverarbeitern, jede Berichtigung, Löschung oder Einschränkung der Verarbeitung personenbezogener Daten mitzuteilen. Darin kann eine Form der **Folgenbeseitigung** gesehen werden.[4] Einer Aufforderung durch die betroffene Person bedarf es – im Gegensatz zu S. 2 – dazu nicht; der Verweis auf die Art. 16, 17 Abs. 1 und 18 ist also im Sinne einer Spezifizierung der Tätigkeit des Verantwortlichen zu verstehen und bezieht sich nicht auf die Geltendmachung dieser Rechte. Die Mitteilung hat **unverzüglich bei oder** nach Vornahme des genannten Verarbeitungsschrittes zu erfolgen. Eine Mitteilung vor der geplanten Berichtigung, Löschung oder Einschränkung der Verarbeitung ist nicht geboten, kann aber im Interesse des Betroffenenschutzes ratsam sein. Eine Verlängerung der Höchstfrist von einem Monat nach Art. 12 Abs. 3 S. 2 wird kaum jemals gerechtfertigt sein, denn der Verantwortliche ist nach Art. 24 Abs. 1 und Art. 32 verpflichtet, durch technisch-organisatorische Maßnahmen (zB Protokollierung) sicherzustellen, dass Offenlegungen nachvollzogen und Empfänger ermittelt werden können. Diese Informationen hat der Verantwortliche so lange zu speichern, wie mit der Geltendmachung von Korrektur- und Löschungsansprüchen und mit der im Rahmen des Grundsatzes der Speicherbegrenzung (Art. 5 Abs. 1 lit. e) 7

---

1 Da dieser auf Art. 16 und Art. 17 KOM-E verwies und die Einschränkung der Verarbeitung in Art. 17 Abs. 4 KOM-E enthalten war, wäre eine diese einschließende Auslegung möglich gewesen.
2 *Hornung/Hofmann* JZ 2013, 163 (166).
3 AA *Piltz* K&R 2016, 629 (633), der auch mündliche Mitteilungen nach S. 1 grundsätzlich für zulässig hält; Gola/*ders.* Art. 19 Rn. 7, stellt auf Form des Erstberichts ab.
4 So auch Ehmann/Selmayr/*Kamann/Braun* Art. 19 Rn. 2.

zulässigen weiteren Verarbeitung bei den Empfängern zu rechnen ist.[5] Auch in diesem Zusammenhang empfiehlt sich der **Einsatz eines Datenschutzmanagement-Systems**, das die schnelle Umsetzung der Mitteilungspflicht nach S. 1 nach jeder Berichtigung, Löschung und Einschränkung der Verarbeitung ermöglicht.

8 Der Verantwortliche ist nicht dazu verpflichtet, selbst für die Berichtigung, Löschung oder Einschränkung der Verarbeitung der fraglichen Daten beim Empfänger zu sorgen. Mit der Mitteilung wird dieser lediglich **bösgläubig** gemacht (→ Art. 17 Rn. 28). **Jeder Empfänger ist** aber selbst nach Art. 5 Abs. 1 lit. d und 17 Abs. 1 **zur Berichtigung oder Löschung verpflichtet** (sofern nicht in seiner Person Ausnahmeregelungen wie Art. 17 Abs. 3 eingreifen oder eine selbstständige Verarbeitungsbefugnis nach Art. 6 besteht) und muss nach der Mitteilung zudem damit rechnen, dass die betroffene Person ihm gegenüber unter den Voraussetzungen des Art. 18 Abs. 1 auf einer Einschränkung der Verarbeitung besteht. Es sind allerdings mehrere Konstellationen denkbar, in denen der verantwortliche Empfänger selbst nicht zur Berichtigung oder Löschung verpflichtet ist, zB wenn die betroffene Person ihre Einwilligung nur selektiv bezogen auf einen von mehreren Verantwortlichen zurückzieht, der Empfänger sich nach Art. 17 Abs. 3 lit. a auf die Meinungsfreiheit oder auf seine archivarische Aufgabe nach Art. 17 Abs. 3 lit. d berufen kann. Gleiches gilt, wenn der Empfänger Partei eines noch nicht abgewickelten Vertrages ist und deshalb nach Art. 6 Abs. 1 lit. b die Daten weiter speichern darf oder wenn schließlich die Abwägung nach Art. 6 Abs. 1 lit. f für Absender und Empfänger der Mitteilung aus Gründen unterschiedlich ausgeht, die in der Person des Empfängers liegen (zB weil dieser besonderen rechtlichen Pflichten unterliegt).

9 Im Gegensatz zur JI-Richtlinie (→ Rn. 3) verpflichtet die DSGVO den Verantwortlichen nicht, die Stelle über die Berichtigung zu informieren, von der die unrichtigen Daten stammen. Darin liegt eine problematische Lücke des Berichtigungsanspruchs der betroffenen Person. Diese ist darauf angewiesen, dass der Verantwortliche seiner Pflicht nach Art. 14 Abs. 2 lit. f genügt, sie über die **Quelle** seiner unrichtigen Informationen zu informieren oder – falls daneben nötig – Auskunft nach Art. 15 Abs. 1 lit. g zu allen verfügbaren Informationen über die **Herkunft der Daten** zu verlangen. Die betroffene Person muss dann ihren Berichtigungsanspruch selbst gegenüber dem Verantwortlichen geltend machen, der die unrichtigen Daten in die Welt gesetzt hat.

10 Von der Pflicht nach S. 1 befreit ist der Verantwortliche nur dann, wenn die Mitteilung entweder **unmöglich** oder mit einem **unverhältnismäßigen Aufwand** verbunden ist. Diese unbestimmten Begriffe werden – anders als in Art. 14 Abs. 5 lit. b (→ Art. 14 Rn. 23) – nicht durch Regelbeispiele konkretisiert. Denkbare Fälle der Unmöglichkeit liegen vor, wenn ein Empfänger nicht erreichbar ist oder nicht mehr existiert und keinen Rechtsnachfolger hat.[6] Bei der Feststellung des unverhältnismäßigen Aufwandes ist das Interesse der betroffenen Person an der Durchsetzung seiner Rechte nach Art. 16, 17 Abs. 1 und 18 auch bei Empfängern gegenüber dem wirtschaftlichen Interesse des Verantwortlichen abzuwägen. Sind besondere Kategorien personenbezogener Daten iSd Art. 9 Gegenstand der geltend gemachten Rechte, ist ein höherer Aufwand gerechtfertigt als bei anderen Datenarten.[7] Dagegen kann der Aufwand bei gänzlich belanglosen Korrekturen als unverhältnismäßig angesehen werden.[8] Die Tatsache, dass es sich um eine große Zahl von Empfängern handelt, begründet noch keinen unverhältnismäßigen Aufwand,[9] zumal regelmäßig eine automatisierte Information möglich sein wird.

11 Anders als nach dem auf Veröffentlichungen anzuwendenden Art. 17 Abs. 2 (→ Art. 17 Rn. 25) oder Art. 34 Abs. 3 lit. c besteht bei gezielten Offenlegungen nach Art. 19 nicht die Möglichkeit, die vorgeschriebene Mitteilung ihrerseits durch **Veröffentlichung** (zB auf einer Website) vorzunehmen. Bei Übermittlungen im Rahmen eines automatisierten Abrufverfahrens genügt es nicht, den eigenen Datenbestand, aus dem abgerufen worden ist, zu korrigieren, denn es ist unklar, wann der nächste Abruf aus dem – korrigierten – Bestand erfolgen wird.[10] Insofern ist die Situation vergleichbar mit Online-Veröffentlichungen, bei denen eine bloße Korrektur der ursprünglichen Veröffentlichung zB auf einer Website und das Abwarten der nächsten Indexierung durch Suchmaschinen deren unmittelbare Information nicht ersetzt (→ Art. 17 Rn. 26).

12 **2. Unterrichtungspflicht über Empfänger (Art. 19 S. 2).** Wenn die Empfänger Mitteilungen über Berichtigungen, Löschungen oder Einschränkungen der Datenverarbeitung erhalten, musste die betroffene Person nach der DSRL darauf vertrauen, dass auch diese Verantwortlichen ihrer Pflicht zur rechtmäßigen Verwen-

---

5 Kühling/Buchner/*Herbst* Art. 19 Rn. 13.
6 *Piltz* K&R 2016, 629 (633).
7 So zutreffend Kühling/Buchner/*Herbst* Art. 19 Rn. 9.
8 Vgl. Simitis/*Mallmann* § 20 Rn. 96.
9 AA Plath/*Kamlah* BDSG § 35 Rn. 54.
10 Vgl. Simitis/*Dix* § 35 Rn. 66; ähnlich Sydow/*Peuker* Art. 19 Rn. 7; Gola/*ders.* Art. 19 Rn. 6. Kühling/Buchner/*Herbst* Art. 19 Rn. 12 will die Mitteilungspflicht davon abhängig machen, wann im Einzelfall der nächste Abruf erfolgt.

dung personenbezogener Daten nachkommen und ihrerseits die Betroffenenrechte umsetzen.[11] Die betroffene Person hatte bisher kein Recht zu erfahren, wem gegenüber ihre Daten offengelegt wurden, um selbst ihre Rechte gegenüber den Empfängern geltend machen zu können. Der Verordnungsgeber hat deshalb in S. 2 ein **neues Recht der betroffenen Person** geschaffen, die jetzt verlangen kann, dass der (ursprüngliche) Verantwortliche sie über diese Empfänger unterrichtet. Damit sind alle Empfänger nach S. 1 gemeint, denen gegenüber die Daten der betroffenen Person offengelegt worden sind. Der Verantwortliche darf die Unterrichtung nicht wie nach Art. 15 Abs. 1 lit. c auf Kategorien von Empfängern oder auf die Empfänger beschränken, denen er Mitteilungen nach S. 1 gemacht hat. Falls es ihm unmöglich oder mit unverhältnismäßigem Aufwand verbunden ist, bestimmte Empfänger zu erreichen, muss er die betroffene Person auch hierüber unterrichten.

Die Unterrichtung nach S. 2 **muss** erfolgen, wenn die betroffene Person dies verlangt. Sie **darf** aber **auch** 13
ohne ein solches **Verlangen** erfolgen. Soweit dabei im erforderlichen Umfang personenbezogene Daten der Empfänger offengelegt werden, ist dies zum Schutz der informationellen Selbstbestimmung der betroffenen Person gerechtfertigt.

IV. Ausnahmen

Abgesehen vom Fall der Unmöglichkeit und des unverhältnismäßigen Aufwandes sieht Art. 19 selbst keine 14
weiteren Ausnahmen vor. Auch ändern im Gegensatz zum bisherigen deutschen Recht (§ 20 Abs. 8, § 35 Abs. 7 BDSG aF) evtl. entgegenstehende schutzwürdige Interessen der betroffenen Person nichts an der Mitteilungspflicht nach S. 1. Offenbar hat der Verordnungsgeber die Möglichkeit, dass der Informationswert und die beeinträchtigende Wirkung einer alten, aber unrichtigen Information durch die Mitteilung nach S. 1 erneuert wird (Schneeball- oder Streisand-Effekt),[12] wie im Fall des Art. 17 Abs. 2 (→ Art. 17 Rn. 27) gegenüber dem Richtigkeitsgrundsatz und der Löschungspflicht als nachrangig angesehen. Negative Folgewirkungen für die betroffene Person werden sich auch durch eine datensparsame Mitteilung[13] gem. Art. 5 Abs. 1 lit. c nicht immer vermeiden lassen. Da Art. 19 wie alle anderen Vorschriften des III. Kapitels nicht disponibel (→ Art. 12 Rn. 6) ist, kann die betroffene Person auch nicht auf die Mitteilung verzichten. Allerdings können durch Unionsrecht oder das Recht der Mitgliedstaaten **Beschränkungen nach Art. 23** vorgenommen werden.[14] Eine Beschränkung der Mitteilungspflicht nach S. 1 in Fällen, in denen dadurch schutzwürdige Interessen der betroffenen Person beeinträchtigt würden, könnte aufgrund von Art. 23 Abs. 1 lit. i vorgesehen werden.[15] **Ausnahmen** bei der Verarbeitung für im öffentlichen Interesse liegende **Archivzwecke** nach Art. 89 Abs. 3 sind ebenfalls möglich. Im Bereich der wissenschaftlichen oder historischen Forschung und der Statistik können keine Ausnahmen von Art. 19 vorgesehen werden (Art. 89 Abs. 2). Allerdings können die Mitgliedstaaten Abweichungen oder Ausnahmen von Art. 19 vorsehen, wenn dies erforderlich ist, um das Recht auf Schutz personenbezogener Daten mit dem **Recht auf freie Meinungsäußerung und Informationsfreiheit** in Einklang zu bringen (Art. 85 Abs. 2).

V. Rechtsdurchsetzung und Sanktionen

Ebenso wie bei allen anderen Betroffenenrechten ist ein Verstoß gegen die Pflichten aus Art. 19 **bußgeldbe-** 15
wehrt (Art. 83 Abs. 5 lit. b). Zudem kann die betroffene Person sich bei einer Aufsichtsbehörde nach Art. 77 **beschweren** oder einen **gerichtlichen Rechtsbehelf** nach Art. 79 einlegen. Die Aufsichtsbehörde kann die Unterrichtung der Empfänger nach Art. 58 Abs. 2 lit. g **anordnen**. Zudem können die Mitgliedstaaten weitergehende Sanktionen nach Art. 84 festlegen.

---

11 Das Auskunftsrecht nach Art. 12 lit. a erster Gedankenstrich DSRL bezog sich auf „Empfänger oder Kategorien der Empfänger", eröffnete dem Verantwortlichen also die Möglichkeit, die konkreten Empfänger nicht zu benennen.

12 Vgl. dazu Simitis/*Dix* § 35 Rn. 67; Plath/*Kamlah* BDSG § 35 Rn. 53.

13 Dies befürwortet Kühling/Buchner/*Herbst* Art. 19 Rn. 11.

14 So hat der Bundesgesetzgeber für eine Vielzahl von Registern vorgesehen, dass die Pflicht zur Mitteilung nach S. 2 ausgeschlossen ist (§ 31a S. 1 Nr. 2 PatG nF, § 8 Abs. 8 S. 1 Nr. 2 GebrauchsmusterG nF, § 62a S. 1 Nr. 2 MarkenG nF, § 4 Abs. 3a S. 1 Nr. 2 HalbleiterschutzG nF, § 138a S. 1 Nr. 2 UrhG nF, § 52a S. 1 Nr. 2 VerwertungsgesellschaftenG nF, § 22 S. 1 Nr. 2 DesignG nF Darin liegt eine unionsrechtswidrige Einschränkung der Mitteilungspflicht nach S. 2 [→ Art. 15 Rn. 32]).

15 Vgl. Kühling/Buchner/*Herbst* Art. 19 Rn. 11. Der deutsche Gesetzgeber hat auf eine solche Ausnahme im Rahmen des BDSG nF verzichtet.

Artikel 20   Recht auf Datenübertragbarkeit

(1) Die betroffene Person hat das Recht, die sie betreffenden personenbezogenen Daten, die sie einem Verantwortlichen bereitgestellt hat, in einem strukturierten, gängigen und maschinenlesbaren Format zu erhalten, und sie hat das Recht, diese Daten einem anderen Verantwortlichen ohne Behinderung durch den Verantwortlichen, dem die personenbezogenen Daten bereitgestellt wurden, zu übermitteln, sofern

a) die Verarbeitung auf einer Einwilligung gemäß Artikel 6 Absatz 1 Buchstabe a oder Artikel 9 Absatz 2 Buchstabe a oder auf einem Vertrag gemäß Artikel 6 Absatz 1 Buchstabe b beruht und

b) die Verarbeitung mithilfe automatisierter Verfahren erfolgt.

(2) Bei der Ausübung ihres Rechts auf Datenübertragbarkeit gemäß Absatz 1 hat die betroffene Person das Recht, zu erwirken, dass die personenbezogenen Daten direkt von einem Verantwortlichen einem anderen Verantwortlichen übermittelt werden, soweit dies technisch machbar ist.

(3) [1]Die Ausübung des Rechts nach Absatz 1 des vorliegenden Artikels lässt Artikel 17 unberührt. [2]Dieses Recht gilt nicht für eine Verarbeitung, die für die Wahrnehmung einer Aufgabe erforderlich ist, die im öffentlichen Interesse liegt oder in Ausübung öffentlicher Gewalt erfolgt, die dem Verantwortlichen übertragen wurde.

(4) Das Recht gemäß Absatz 1 darf die Rechte und Freiheiten anderer Personen nicht beeinträchtigen.

Literatur: *Art.-29-Gruppe*, Leitlinien zum Recht auf Datenübertragbarkeit, zuletzt überarbeitet und angenommen am 5.4.2017, 16/DE WP 242 rev. 01; *Auwermeulen, B.*, How to attribute the right to data portabiity in Europe, CLSR 2017, 57; *Bräutigam, P./ Schmidt-Wudy, F.*, Das geplante Auskunfts- und Herausgaberecht des Betroffenen nach Art. 15 der EU-Datenschutzgrundverordnung, CR 2015, 56; *Dehmel, S./Hullen, N.*, Auf dem Weg zu einem zukunftsfähigen Datenschutz in Europa? Konkrete Auswirkungen der DS-GVO auf Wirtschaft, Unternehmen und Verbraucher, ZD 2013, 147; *Dix, A.*, Daten als Bezahlung – Zum Verhältnis zwischen Zivilrecht und Datenschutzrecht, ZEuP 2017, 1; *European Data Protection Board*, Endorsement 1/2018; *Faust, F.*, Digitale Wirtschaft – Analoges Recht: Braucht das BGB ein Update?, Gutachten zum 71. Deutschen Juristentag, Verhandlungen des 71. DJT, Bd. I, A 9ff.; *Gierschmann*, Was "bringt" deutschen Unternehmen die DS-GVO? – Mehr Pflichten, aber die Rechtsunsicherheit bleibt, ZD 2016, 51; *Hennemann, M.*, Datenportabilität, PinG 2017, 5; *Hornung, G.*, Eine Datenschutz-Grundverordnung für Europa? Licht und Schatten im Kommissionsentwurf vom 25.1.2012, ZD 2012, 99; *ders.*, Europa und darüber hinaus – Konzepte für eine Neuregelung des Datenschutzes im Internet und in sozialen Netzwerken, in: Hill, H./Schliesky, U. (Hrsg.), Die Neubestimmung der Privatheit. E-Volution des Rechts- und Verwaltungssystemes IV, 2014, 123; *Jülicher, T./Röttgen, C./v. Schönfeld, M.*, Das Recht auf Datenübertragbarkeit – Ein datenschutzrechtliches Novum, ZD 2016, 358; *Kipker, D./ Voskamp, F.*, Datenschutz in sozialen Netzwerken nach der Datenschutzgrundverordnung, DuD 2012, 737; *Kühling, J./Martini, M.*, Die Datenschutz-Grundverordnung: Revolution oder Evolution im europäischen und deutschen Datenschutzrecht?, EuZW 2016, 448; *Nebel, M./Richter, P.*, Datenschutz bei Internetdiensten nach der DS-GVO: Vergleich der deutschen Rechtslage mit dem Kommissionsentwurf, ZD 2012, 407; *Scudiero, L.*, Bringing Your Data Everywhere: A Legal Reading of The Right to Portability, EDPL 2017, 119; *Spindler, G.*, Verträge über digitale Inhalte – Haftung, Gewährleistung und Portabilität, Vorschlag der EU-Kommission zu einer Richtlinie über Verträge zur Bereitstellung digitaler Inhalte, MMR 2016, 219; *Strubel, M.*, Anwendungsbereich des Rechts auf Datenübertragbarkeit, ZD 2017, 355; *Werkmeister, C./Brandt, E.*, Datenschutzrechtliche Herausforderungen für Big Data, CR 2016, 233.

I. Vorbemerkung

1 Mit dem Recht auf Datenübertragbarkeit hat der Unionsgesetzgeber ein völlig neues rechtliches Instrument geschaffen, das die informationellen Steuerungsmöglichkeiten der betroffenen Person erweitert. Dieses – im positiven Sinne – „disruptive" Recht[1] ist eines der modernen Elemente in der DSGVO und stellt Querverbindungen zwischen Datenschutz-, Verbraucherschutz- und Wettbewerbsrecht her[2]. Die Art.-29-Gruppe sieht in Art. 20 ein Instrument, um die Balance zwischen dem Verantwortlichen und der betroffenen Person wiederherzustellen.[3] Die deutschen Datenschutzbehörden haben 2014 den **Zusammenhang zwischen**

---

1 So *Kühling/Martini* EuZW 2016, 448 (450).

2 Vgl. die Leitlinien der *Art.-29-Gruppe*, WP 242 rev. 01, S. 4. Der EDPB hat diese Leitlinien übernommen, vgl. Endorsement 1/2018; *Jülicher/Röttgen/v. Schönfeld* ZD 2016, 358 (360); aA *Dehmel/Hullen* ZD 2013, 147 (153) und *Kühling/Martini* EuZW, 2016, 448 (450 f.), die der Vorschrift den datenschutzrechtlichen Bezug absprechen; vgl. auch *Nebel/Richter* ZD 2012, 407 (413), die von einem „Fremdkörper" im Datenschutzrecht sprechen.

3 *Art.-29-Gruppe*, WP 242 rev. 01, S. 4.

Marktmacht und informationeller Selbstbestimmung hervorgehoben und ihre Überzeugung zum Ausdruck gebracht, dass ein „Recht auf Datenübertragbarkeit sowohl die Souveränität des einzelnen Nutzers stärken als auch die auf der Sammlung personenbezogener Daten beruhende Machtposition einzelner Marktteilnehmer begrenzen kann."[4] Auch wenn das Recht auf Datenübertragbarkeit zunächst in erster Linie gegen den **sog Lock-in-Effekt** gerichtet war, der vor allem in sozialen Netzwerken zu einer besonders intensiven Bindung der Nutzer an die jeweiligen Plattformen führt,[5] ist der Grundgedanke auch auf andere Formen der automatisierten Datenverarbeitung übertragbar. Allerdings wird die Regelung in ihrer jetzigen Form Lock-in-Effekte gerade in sozialen Netzwerken nicht beseitigen können, weil ein Nutzer, der unter Mitnahme seines Profils in ein anderes soziales Netzwerk wechselt, damit seine „Freunde" im bisherigen Netzwerk zurücklassen muss. Das könnten nur Vorgaben zur Interoperabilität und zur anbieter- und diensteübergreifenden Kommunikation verhindern, die jedoch fehlen.[6] Auch die Verwendung unterschiedlicher Datenformate erschwert die Übertragung eines personenbezogenen Datenbestandes erheblich.[7] Die Europäische Kommission ist bestrebt, das Recht auf Datenübertragbarkeit auch im Bereich des europäischen Zivilrechts für Online-Dienste und den Online-Handel zu verankern.[8] So soll der Anbieter dem Verbraucher bei der Beendigung eines Vertrages die Wiedererlangung der von diesem bereitgestellten Inhalte und sonstiger Daten, die durch die Nutzung digitaler Inhalte entstanden sind, technisch ermöglichen.[9] Vereinzelt wird in der Einführung des Rechts auf Datenportabilität eine erste Weichenstellung für den Handel mit personenbezogenen Daten gesehen.[10]

II. Entstehungsgeschichte

Die DSRL enthält keine mit dem Art. 20 vergleichbare Vorschrift. Die Kommission hatte in ihrem Gesamt- 2
konzept für den Datenschutz in der EU von 2010[11] ein Recht auf Datenübertragbarkeit ins Gespräch gebracht. Hintergrund hierfür waren Beschwerden von Nutzern sozialer Online-Netzwerke, die Probleme damit hatten, ihre Daten von den Betreibern solcher Netze zurückzuerhalten. Das EP unterstützte diesen Vorschlag in seiner Entschließung von 2011 und gab dabei der Erwartung Ausdruck, dass dieses Recht „das reibungslose Funktionieren sowohl des Binnenmarktes als auch des Internet und seiner charakteristischen Offenheit und Interkonnektivität erleichtern" werde.[12] Im **Vorschlag der Kommission** von 2012 war das Recht auf Datenübertragbarkeit **umfassender** als im beschlossenen Text der Verordnung formuliert. So sollte die betroffene Person im Fall der elektronischen Verarbeitung das Recht erhalten, eine Kopie der sie betreffenden Daten in einem gängigen elektronischen und strukturierten Format zu erhalten, das ihr die Weiterverarbeitung ermöglicht (Art. 18 Abs. 1 des Kommissionsvorschlags). Diese Regelung fand später in veränderter Form Eingang in die Regelung des Auskunftsrechts (Art. 15 Abs. 3; dort allerdings ohne die Anforderung der Bereitstellung in einem strukturierten, gängigen und maschinenlesbaren Format). In dem einschlägigen EG 55 des KOM-E wurden **soziale Netzwerke** als ein Beispiel für die Übertragung von personenbezogenen Daten von einer automatisierten Anwendung in eine andere erwähnt, auch wenn bereits die Kommission die Datenübertragbarkeit nicht auf derartige Anwendungen beschränken wollte. In der verabschiedeten Fassung der DSGVO findet sich der Bezug zu sozialen Netzwerken weder im Text noch im EG 68. Außerdem wurde der Vorschlag des Rats übernommen, das Recht auf Datenübertragbarkeit nur noch auf solche Daten zu erstrecken, die betroffene Person dem Verantwortlichen bereitgestellt hat. Auch der Ausschluss der Datenübertragbarkeit für Verarbeitungen im öffentlichen Interesse oder in Ausübung öffentlicher Gewalt (Art. 20 Abs. 3 S. 2) wurde auf Vorschlag des Rats in die Vorschrift aufgenommen. Dagegen wurde die von der Kommission vorgeschlagene Befugnis zur Präzisierung der Formate und Standards für die Datenübertragung durch delegierten Rechtsakt gestrichen.

Die **JI-Richtlinie** enthält kein Recht auf Datenübertragbarkeit (vgl. auch Art. 20 Abs. 3 S. 2), obwohl durch- 3
aus Konstellationen vorstellbar sind, in denen ein solches Recht gegenüber öffentlichen Stellen sinnvoll wäre (zB wenn eine Kommune ein eigenes soziales Netzwerk anbieten würde). Zudem kann es als gute Ver-

---

4 Entschließung der 88. Konferenz der Datenschutzbeauftragten des Bundes und der Länder v. 8./9.10.2014, in: BBDI, Dokumente zu Datenschutz und Informationsfreiheit 2014, 23 f.

5 *Hornung* ZD 2012, 99 (103); *Art.-29-Gruppe*, WP 242 rev. 01, S. 6.

6 So mit Recht *Hornung*, in: Hill/Schiesky (Hrsg.), Die Neubestimmung der Privatheit, 2014, 123 (142 f.), dessen entsprechende Vorschläge der Unionsgesetzgeber bisher nicht aufgegriffen hat.

7 *Laue/Nink/Kremer*, S. 154.

8 Vgl. Europäische Kommission, Vorschlag für eine RL über bestimmte vertragsrechtliche Aspekte der Bereitstellung digitaler Inhalte v. 9.12.2015 (COM 2015) 634 final. Dazu *Faust*, Verhandlungen des 71. DJT, Bd. I, A 9 (A 40 f.); *Spindler* MMR 2016, 219 ff.; *Dix* ZEuP 2017, 1 (2 ff.).

9 Art. 13 Abs. 2 lit. c des Richtlinienvorschlags der Kommission v. 9.12.2015.

10 So *Jülicher/Röttgen/v. Schönfeld* ZD 2016, 358 (361); krit. zum Konzept des Datenhandels *Dix* ZEuP 2017, 1 (2 ff.).

11 Mitteilung v. 4.11.2010, KOM(2010) 609, abgedruckt bei *Albrecht/Jotzo*, S. 293, 299 f.

12 Entschließung v. 6.7.2011, 2011/2025(INI), abgedruckt bei *Albrecht/Jotzo*, S. 323, 329 f.

waltungspraxis angesehen werden, wenn eine Behörde der betroffenen Person Daten noch einmal zur Verfügung stellt, die diese selbst vor längerer Zeit gegenüber der Behörde abgegeben hat (→ Rn. 17).

III. Rechte auf Erhalt und Übermittlung der Daten (Art. 20 Abs. 1)

4 Das Recht auf Datenübertragbarkeit nach Abs. 1 hat zwei Bestandteile. Zum einen hat die betroffene Person **das Recht, die** von ihr bereitgestellten **Daten** zu ihrer Person in einem bestimmten Format **zu erhalten**, zum anderen hat sie das Recht, diese Daten ohne Behinderung an einen anderen Verantwortlichen **zu übermitteln**.

5 **1. Voraussetzungen.** Zunächst muss es sich um **personenbezogene Daten** handeln. Das können auch lediglich sachbezogene Daten (zB Playlists bei Musikdiensten) sein, die die betroffene Person bereitgestellt hat und die sich (zB über Metadaten) auf sie zurückführen lassen. Auch personenbezogene Daten Dritter können, wie sich aus Art. 20 Abs. 4 ergibt, darunter fallen. Während anonyme Daten nicht übertragbar sind, unterfallen pseudonymisierte Daten dem Recht auf Übertragbarkeit.[13]

6 Außerdem sind nur solche Daten übertragbar, die sich **auf die Person beziehen, die das Recht auf Übertragbarkeit geltend macht**. Das erscheint konsequent, da die betroffene Person nicht über die Daten Dritter verfügen kann. In erster Linie ist hier an Daten zu denken, die mithilfe eines **Cloud-Anbieters** gespeichert werden und zu einem anderen derartigen Diensteanbieter übertragen werden sollen. Soweit der für ein **Big Data-System** Verantwortliche durch eine Datenverknüpfung den Bezug zur betroffenen Person herstellen kann, hat diese ein Recht auf Datenübertragung.[14] Das kann auch die Nutzung von Fitness-Trackern, Smart Watches oder Smartphone-Apps betreffen, mit deren Hilfe Aktivitäts- oder Gesundheitsdaten (zB Herzschlagfrequenz) auf Servern der Anbieter oder Gerätehersteller gespeichert werden. Zudem kann die betroffene Person nach Art. 20 die Übertragung von Playlists bei Musikdiensten und von Daten, die für Kundenkarten und ähnliche Kundenbindungsprogramme gespeichert werden sind, verlangen.[15] Auch ein **E-Mail-Account** beim Anbieter eines webbasierten Mail-Dienstes, **Telefonverbindungsdaten** oder Transaktionsdaten beim **Online-Banking** können auf diese Weise portiert werden. Zwar haben die Daten der betroffenen Person sehr häufig auch **Drittbezug** zu Absendern und Empfängern von Mails, zu Gesprächsteilnehmern oder Überweisungsempfängern. Auch auf diese Daten ist Art. 20 nach EG 68 anzuwenden, allerdings mit der Maßgabe des Abs. 4.[16] Mit Recht hat die Art.-29-Gruppe deshalb in diesem Punkt für eine weite Interpretation des Rechts auf Datenübertragbarkeit plädiert.[17] Sie weist darauf hin, dass die betroffene Person die Möglichkeit haben soll, im Rahmen der Ausnahme für ausschließlich persönliche und familiäre Tätigkeiten (Art. 2 Abs. 2 lit. c) Schriftverkehr und Anschriftenverzeichnisse zu führen[18] und dabei auch den Anbieter zu wechseln.[19] Das erfordert allerdings eine **Beschränkung der Verarbeitung der übertragenen Daten beim neuen Anbieter**: Dieser darf die Daten nur für die privaten oder familiären Zwecke der betroffenen Person verarbeiten, die diese Datenübertragung verlangt hat.[20] Auch muss sich die Verarbeitung der Daten beim neuen Anbieter auf den Zweck der von der betroffenen Person veranlassten Verarbeitung beschränken und dem Grundsatz der Datenminimierung genügen.[21] Jede Verwendung für andere Zwecke, zB für die Bewerbung Dritter ohne deren Zustimmung, würde die Rechte und Freiheiten anderer Personen iSd Abs. 4 unzulässig beeinträchtigen.[22] Auch dürfen die Rechte der Drittbetroffenen (zB auf Auskunft oder Löschung) nicht durch die Übertragung der Daten beschränkt werden (→ Rn. 18).[23]

7 Bei der **Nutzung sozialer Medien** und vergleichbarer Plattformen, für die das Recht auf Datenübertragbarkeit zunächst in erster Linie konzipiert worden ist,[24] geht es allerdings ganz überwiegend um Daten mit Drittbezug, bei denen sich die Daten der betroffenen Person nicht ohne Weiteres von denen der Drittbetroffenen („Freunde") trennen lassen.[25] Dies rechtfertigt es allerdings nicht, den Anspruch auf Datenübertragbarkeit in sozialen Netzwerken auf die Bestands-(Profil-)daten der betroffenen Person (Name, Geburtsda-

---

13 Vgl. EG 29; *Art.-29-Gruppe*, WP 242 rev. 01, S. 10.
14 Zu eng demgegenüber *Werkmeister/Brandt* CR 2016, 233 (237).
15 So die *Art.-29-Gruppe*, WP 242 rev. 01, S. 5.
16 So auch Kühling/Buchner/*Herbst* Art. 20 Rn. 10, BeckOK DatenschutzR/*v. Lewinski* DSGVO Art. 20 Rn. 32.
17 *Art.-29-Gruppe*, WP 242 rev. 01, S. 10 f.
18 Dazu vgl. EG 18.
19 *Art.-29-Gruppe*, WP 242 rev. 01, S. 8.
20 *Art.-29-Gruppe*, WP 242 rev. 01, S. 13.
21 *Art.-29-Gruppe*, WP 242 rev. 01, S. 7 f.
22 *Art.-29-Gruppe*, WP 242 rev. 01, S. 13 f.
23 *Art.-29-Gruppe*, WP 242 rev. 01, S. 13.
24 Vgl. *Albrecht/Jotzo*, S. 87 f.
25 Dazu *Auwermeulen* CLSR 2017, 57 (71).

tum, E-Mail-Adresse) zu beschränken[26], denn damit würde das primäre Regelungsziel des Art. 20 verfehlt. Deshalb kann auch die Übertragung von mit „Likes" versehenen Beiträgen Dritter oder auch von der betroffenen Person hochgeladene Bilder Dritter verlangt werden. Der neue Anbieter des sozialen Netzwerks darf diese Daten Dritter allerdings nur in der Weise verwenden, dass sie unter der Kontrolle der Person verbleiben, die die Übertragung verlangt hat. Sie dürfen zB nur mit Wissen und Zustimmung der Drittbetroffenen dazu verwendet werden, ihre Profile bei dem neuen Anbieter anzureichern oder zu anderen, von der ursprünglich betroffenen Person nicht intendierten Zwecken zu verwenden.[27] Die Art. 29-Gruppe hat die Verantwortlichen in diesem Zusammenhang auch dazu aufgerufen, **Werkzeuge** dafür bereitzustellen, damit andere betroffene Personen, die ebenfalls den Anbieter wechseln wollen, deren Daten aber nicht schon im Zusammenhang mit der Übertragung bereits zu dem neuen Verantwortlichen gelangt sind, der Weitergabe ihrer Daten unkompliziert zustimmen können.[28] Durch solche Werkzeuge würde das Fehlen von Vorgaben zur Interoperabilität (→ Rn. 1) allerdings nicht vollständig kompensiert.

Das Recht auf Datenübertragbarkeit beschränkt sich auf **Daten, die die betroffene Person** einem Verantwortlichen **bereitgestellt** hat. Das sind zunächst alle Daten, die willentlich dem Verantwortlichen gegenüber offengelegt worden sind. Soweit der Verantwortliche die Daten von Dritten erhalten hat, kann die betroffene Person ihre Übertragung nach Art. 20 nur dann verlangen, wenn sie zuvor eingewilligt hat, dass zB ihr Arbeitgeber oder ihre Bank dem Verantwortlichen die Daten zur Verfügung stellt.[29] Es macht keinen Unterschied, ob die Daten auf eine solche Anweisung direkt oder auf dem Umweg über die betroffene Person weitergegeben werden. Das Merkmal der Bereitstellung durch die betroffene Person kann aber nicht auf die Daten beschränkt werden, die bewusst offengelegt worden sind. Um das Recht auf Datenübertragbarkeit in einem praktisch wichtigen Bereich ausschöpfen zu können, sollten auch die von der betroffenen Person generierten **Nutzerdaten** oder durch die **Beobachtung des Nutzerverhaltens** zB durch ein Smart Meter, einen Fitness-Tracker, einen Browser (Suchhistorie) oder durch Sensoren gewonnenen Rohdaten als von der betroffenen Person bereitgestellt gelten und dem Recht nach Art. 20 unterliegen.[30] Das gilt auch für die Übermittlung von personenbezogenen Daten aus einem **vernetzten Fahrzeug** an den Hersteller.[31] Dagegen kann nicht die Übertragung von personenbezogenen **Auswertungsergebnissen** verlangt werden, die der Verantwortliche erst mithilfe der bereitgestellten Daten gewonnen hat.[32] Das gilt zB für **Scorewerte**, die allerdings Gegenstand eines Auskunftsverlangens nach Art. 15 oder eines Rechts auf menschliche Intervention nach Art. 22 sein können. Bei der Abgrenzung zwischen übertragbaren Daten über das Nutzerverhalten und nicht übertragbaren Auswertungsergebnissen befürworten die europäischen Datenschutzbehörden ebenfalls eine weite Auslegung des Art. 20.[33]

Das Recht auf Datenübertragbarkeit beschränkt sich gemäß Abs. 1 lit. a auf Daten, deren Verarbeitung entweder durch eine **Einwilligung** nach Art. 6 Abs. 1 lit. a oder Art. 9 Abs. 2 lit. a oder einen **Vertrag** nach Art. 6 Abs. 1 lit. b legitimiert ist. Beispiele dafür sind Listen online gekaufter Produkte (Bücher, Filme, Musik). Bei Beendigung eines Vertrages zur Nutzung eines Online-Dienstes (zB Schließung eines Kontos) ist der Verantwortliche nach Art. 13 Abs. 2 lit. b und Art. 14 Abs. 2 lit. c gehalten, die betroffene Person auf ihr Recht auf „Mitnahme" der Daten nach Art. 20 hinzuweisen.[34] Da das Recht auf Datenübertragung auf einwilligungs- oder vertragsbasierte Formen der Datenverarbeitung begrenzt ist, wird die betroffene Person zumeist den Verantwortlichen kennen, von dem sie die Übertragung ihrer Daten verlangen kann.[35] Soweit die Datenverarbeitung auf anderen Rechtsgrundlagen beruht, besteht kein Anspruch auf Datenübertragbarkeit (EG 68, → Rn. 16).

Schließlich ist nach Abs. 1 lit. b die **automatisierte Verarbeitung** der Daten Voraussetzung für ihre Übertragbarkeit. Bei nicht-automatisierter Datenverarbeitung hat die betroffene Person jedoch das Recht, eine Ko-

8

9

10

---

26 AA *Jülicher/Röttgen/v. Schönfeld* ZD 2016, 358 (361).

27 *Art.-29-Gruppe*, WP 242 rev. 01, S. 14.

28 Vgl. *Art.-29-Gruppe*, WP 242 rev. 01, S. 14. Die Möglichkeit einer rechtskonformen Einwilligung bei sozialen Medien bezweifeln dagegen *Jülicher/Röttgen/v. Schönfeld* ZD 2016, 358 (361), unter Hinweis auf die mangelnde Bestimmtheit.

29 *Jülicher/Röttgen/v. Schönfeld* ZD 2016, 358 (359).

30 *Art.-29-Gruppe*, WP 242 rev. 01, S. 12; vgl. auch *Jülicher/Röttgen/v. Schönfeld* ZD 2016, 358 (359), die die Möglichkeit der Kenntnisnahme durch den Verantwortlichen ausreichen lassen. AA *Strubel* ZD 2017, 355 (359 f.). Für eine einschränkende Auslegung des Art. 20 auch *Gierschmann* ZD 2016, 51 (54).

31 AA insoweit *Kühling/Buchner/Herbst* Art. 20 Rn. 11, der angesichts des Umfangs der übermittelten Daten eine Einwilligung bezweifelt; der Fahrzeugkäufer hat jedoch im Kaufvertrag die Grundlage für die Anwendung des Art. 20 gelegt.

32 *Art.-29-Gruppe*, WP 242 rev. 01, S. 12.

33 *Art.-29-Gruppe*, WP 242 rev. 01, S. 12.

34 *Art.-29-Gruppe*, WP 242 rev. 01, S. 15.

35 Demgegenüber befürworten *Jülicher/Röttgen/v. Schönfeld* ZD 2016, 358 (362) eine Renaissance der Idee des Datenbriefs, um eine effektivere Rechtswahrnehmung zu ermöglichen (→ Art. 12 Rn. 2, Art. 15 Rn. 3).

pie der Daten nach Art. 15 Abs. 3 S. 3 auch elektronisch zu verlangen (→ Art. 15 Rn. 31). Diese Kopie muss allerdings nicht maschinenlesbar sein.

11 **2. Umfang des Anspruchs.** Bei Vorliegen der Voraussetzungen hat die betroffene Person das Recht, die auf sie zu beziehenden Daten in einem bestimmten Format zu erhalten und sie selbst ohne Behinderung durch den Verantwortlichen (zB einen Cloud-Anbieter) einem anderen Verantwortlichen zu übermitteln. Der Erhalt der Daten wird in erster Linie durch die Bereitstellung zum **Download** erreicht. Um Sicherheitsprobleme bei der Online-Übermittlung auszuschließen, ist aber neben der Verschlüsselung auch eine **Offline-Bereitstellung** auf Datenträgern denkbar.[36] Das Format muss **strukturiert, gängig und maschinenlesbar** sein. Sinn dieser Vorgabe ist es, die betroffene Person in die Lage zu versetzen, die Daten problemlos weiterzuverarbeiten und einem konkurrierenden Anbieter, dessen Konditionen ihr vorzugswürdig erscheinen, in einer Form zur Verfügung zu stellen, die eine sofortige Weiterverarbeitung ermöglicht.[37] So ist zB die Bereitstellung des Inhalts eines Mail-Accounts im pdf-Format keine zulässige Übertragungsform, weil sie keine sinnvolle Weiterverarbeitung erlaubt.[38] Auch die Bereitstellung von Daten aus einem sozialen Netzwerk im HTML-Format ist kaum für eine Weiterverarbeitung in anderen sozialen Medien geeignet.[39] Der nach Art. 20 in Anspruch genommene Verantwortliche sollte deshalb auch so viel **Metadaten** wie möglich in einem hohen Granularitätsgrad zur Verfügung stellen, um eine bestmögliche Weiterverarbeitung zu erlauben.[40] Wie sich aus EG 68 ergibt, sind die Verantwortlichen aufgefordert, im Interesse der vom EP geforderten Interkonnektivität (→ Rn. 2) **interoperable Formate**[41] zu entwickeln; sie sind jedoch nicht verpflichtet, technisch **kompatible** Datenverarbeitungssysteme zu übernehmen oder beizubehalten. Der zuletzt genannte Umstand schmälert den Wert des Rechts auf Datenübertragbarkeit erheblich, denn es kann nicht ausgeübt werden, wenn der neue Anbieter ein anderes Datenverarbeitungssystem verwendet.[42] **Maschinenlesbar** ist ein Dateiformat entsprechend der Richtlinie über die Weiterverwendung von Informationen des öffentlichen Sektors dann, wenn es „so strukturiert ist, dass Softwareanwendungen konkrete Daten, einschließlich einzelner Sachverhaltsdarstellungen und deren interner Struktur, leicht identifizieren, erkennen und extrahieren können".[43] Die europäischen Datenschutzbehörden haben eine Zusammenarbeit der Hersteller und Wirtschaftsverbände bei der Entwicklung von interoperablen Standards und Formaten gefordert, um den Anforderungen des Art. 20 zu entsprechen.[44] Möglicherweise wird auch der EDSA diese Zusammenarbeit mit Leitlinien nach Art. 70 Abs. 1 lit. e fördern müssen.

12 Der Erhalt der Daten darf vom Verantwortlichen **weder technisch noch rechtlich** (zB durch Bedingungen oder Beschränkungen) **behindert** werden. Dieser darf die nach Art. 12 Abs. 5 grundsätzlich unentgeltliche Datenübertragung zB nicht hinsichtlich der Häufigkeit begrenzen.[45] Der bisherige Verantwortliche kann allerdings – wenn hierfür eine Rechtsgrundlage besteht – die Daten der betroffenen Person auch nach der Datenübertragung weiter nutzen (→ Rn. 16). Das Recht auf Datenübertragung ist nicht als Recht auf „Datenumzug" zu verstehen.[46]

IV. Direktübermittlung (Art. 20 Abs. 2)

13 Neben dem Recht, die Daten vom Verantwortlichen zu erhalten und selbst an einen anderen Verantwortlichen zu übermitteln, räumt Abs. 2 der betroffenen Person auch das Recht ein, den Verantwortlichen zur direkten Übermittlung der Daten an einen anderen Verantwortlichen aufzufordern. Die betroffene Person

---

36 Vgl. *Art.-29-Gruppe*, WP 242 rev. 01, S. 23.
37 Krit. zur praktischen Durchführbarkeit *Bräutigam/Schmidt-Wudy* CR 2015, 56 (59 f.).
38 So auch die *Art.-29-Gruppe*, WP 242 rev. 01, S. 21.
39 Vgl. *Kipker/Voskamp* DuD 2012, 737 (740), die auf strukturelle Unterschiede zwischen den meisten sozialen Netzwerken hinweisen.
40 *Art.-29-Gruppe*, WP 242 rev. 01, S. 21.
41 Interoperabilität wird unionsrechtlich definiert als „die Fähigkeit verschiedener und unterschiedlicher Organisationen zur Interaktion zum beiderseitigen Nutzen und im Interesse gemeinsamer Ziele; dies schließt den Austausch von Informationen und Wissen zwischen den beteiligten Organisationen durch von ihnen unterstützte Geschäftsprozesse mittels Datenaustausch zwischen ihren jeweiligen IKT-Systemen ein;", Art. 2 lit. a des Beschlusses Nr. 922/2009/EG des EP und des Rats vom 16.9.2009 über Interoperabilitätslösungen für europäische öffentliche Verwaltungen (ISA), ABl. 2009 L 260, 20; demgegenüber hält *Hennemann* PinG 2017, 5 (7 f.) Interoperabilität durch Art. 20 DSGVO nicht für geboten.
42 *Scudiero* EDPL 2017, 119 (127), bezeichnet dies als die entscheidende Regelungslücke in Art. 20.
43 Art. 2 Nr. 6 der RL 2003/98/EG über die Weiterverwendung von Informationen des öffentlichen Sektors, geändert durch die RL 2013/37/EU über die Weiterverwendung von Informationen des öffentlichen Sektors vom 26.6.2013, ABl. 2013 L 175, 6.
44 *Art.-29-Gruppe*, WP 242 rev. 01, S. 21; dabei verweist die Gruppe auf den von der Kommission vorgeschlagenen Europäischen Interoperabilitätsrahmen (EIF) für gemeinsame Dienstleistungen der öffentlichen Verwaltung.
45 Vgl. *Jülicher/Röttgen/v. Schönfeld* ZD 2016, 358 (359 f.). Die europäischen Aufsichtsbehörden haben darauf hingewiesen, dass exzessive Übertragungsanträge iSd Art. 12 Abs. 5 sehr unwahrscheinlich sein dürften, vgl. *Art.-29-Gruppe*, WP 242 rev. 01, S. 18.
46 BeckOK DatenschutzR/*v. Lewinski* DSGVO Art. 20 Rn. 115; aA Paal/Pauly/*Pauly* Art. 20 Rn. 4.

hat mithin ein **Wahlrecht**, ob sie selbst die Daten erhalten oder eine direkte Übermittlung an den neuen Verantwortlichen erwirken will. Letzteres wird häufig die vorgezogene Option sein.

Das Recht nach Abs. 2 steht allerdings unter dem **Vorbehalt des technisch Machbaren**. Diese Einschrän-   14
kung lässt keine Ablehnung des Übertragungsantrags unter Verweis auf den wirtschaftlichen Aufwand zu.[47]
Der Unionsgesetzgeber hat zwar davon abgesehen, die Verantwortlichen explizit zur Schaffung von technischen **Schnittstellen** zu verpflichten, die – nicht nur im Fall von sozialen Medien – eine wesentliche Voraussetzung für die Migration von Datenbeständen zwischen den Datenverarbeitungssystemen unterschiedlicher
Anbieter sind.[48] Die europäischen Aufsichtsbehörden betonen aber, dass die Schaffung solcher Schnittstellen (Application Programming Interfaces – API) ein sinnvoller Weg ist, um der betroffenen Person sowohl
den Download als auch die Direktübermittlung der Daten an den neuen Verantwortlichen zu ermöglichen.[49] Existiert eine solche Schnittstelle nicht, muss der Verantwortliche andere Möglichkeiten prüfen, um
die Portabilität der Daten zu ermöglichen. Den Vorbehalt des technisch Machbaren darf er erst geltend machen, wenn alle diese Möglichkeiten ausgeschöpft worden sind.

Keine ausdrückliche Regelung findet sich in der DSGVO zu der Frage, ob der Verantwortliche, an den die   15
Daten entweder von der betroffenen Person oder direkt auf deren Weisung vom bisherigen Verantwortlichen übermittelt worden sind, **zur Übernahme** dieser Daten **verpflichtet** ist.[50] Ebenso wenig wie die Forderung nach Datenübertragung mit einer Kündigung des mit dem bisher Verantwortlichen geschlossenen Vertrages gleichzusetzen ist,[51] begründet der Anspruch auf Datenübertragbarkeit einen Kontrahierungszwang
für den neuen Verantwortlichen.[52] Wenn die betroffene Person jedoch einen Vertrag mit einem neuen Verantwortlichen geschlossen hat, der keine Regelung zur Datenübertragung enthält, kann dieser nicht die
Übernahme der Daten ablehnen, wenn sie in einem gängigen, maschinenlesbaren Format übertragen werden. Insofern besteht eine grundsätzliche **Kooperationspflicht des zweiten Verantwortlichen** bei der Datenübertragung, auch wenn dieser nicht dem expliziten Behinderungsverbot nach Abs. 1 unterliegt.[53] Denkbar
ist allerdings, dass der neue Verantwortliche den Umfang der zu übernehmenden Daten vertraglich begrenzt.[54] Art. 20 schreibt auch nicht vor, dass die Verantwortlichen, die an der Datenübertragung beteiligt
sind, in irgendeiner Weise „ähnlich" sein oder dem **gleichen Wirtschaftszweig** angehören müssen. Zwar war
die ursprüngliche Motivation für das Recht auf Datenübertragbarkeit, den Wechsel zwischen sozialen
Netzwerken zu erleichtern. Aus dem Text der DSGVO lässt sich aber auch das Recht der betroffenen Person ableiten, zB die Übertragung ihrer Daten von einem Fitness-Portal an eine Krankenkasse zu verlangen.[55]

V. Verhältnis zur Löschung (Art. 20 Abs. 3 S. 1)

Das Recht auf Datenübertragbarkeit steht neben dem Recht auf Löschung. Die Übertragung der Daten   16
kann schon deshalb **nicht automatisch** zur **Löschung** der Daten führen, weil der Verantwortliche möglicherweise rechtlich (zB aufgrund eines Vertrags) zur weiteren Speicherung berechtigt oder sogar verpflichtet ist.
Hat die betroffene Person allerdings ein Recht auf Löschung nach Art. 17, kann sie sowohl die Übertragung als auch die anschließende Löschung der Daten verlangen.

VI. Ausnahmen (Art. 20 Abs. 3 S. 2, Abs. 4)

Schon aus Art. 20 Abs. 1 lit. a ergibt sich, dass das Recht auf Übertragbarkeit nur für die einwilligungs-   17
oder vertragsbasierte Verarbeitung von Daten gilt (→ Rn. 8). Dennoch regelt Art. 20 Abs. 3 S. 2 eine zusätzliche Ausnahme bezüglich der Datenverarbeitung für die **Wahrnehmung von Aufgaben im öffentlichen Interesse oder in Ausübung öffentlicher Gewalt** nach Art. 6 Abs. 1 lit. e (→ Art. 6 Abs. 1 Rn. 70ff.). Die Ausübung öffentlicher Gewalt muss dem Verantwortlichen zB durch Beleihung übertragen worden sein.[56] Der
zusätzliche Regelungsgehalt dieser Vorschrift beschränkt sich auf Fälle, in denen betroffene Personen ihre
Daten freiwillig oder aufgrund eines öffentlich-rechtlichen Vertrags für im öffentlichen Interesse liegende

---

47   AA wohl *Jülicher/Röttgen/v. Schönfeld* ZD 2016, 358 (359 f.).
48   *Kühling/Martini* EuZW 2016, 448 (450 f.), sehen deshalb die Gefahr, dass die Pflicht zur Datenübertragbarkeit zum „normativen Luft-
     schloss" wird, wenn die „Datenarkaden" nicht problemlos in die Architektur eines anderen Anbieters integriert werden können.
49   *Art.-29-Gruppe*, WP 242 rev. 01, S. 5 f., 22.
50   Dagegen BeckOK DatenschutzR/v. *Lewinski* DSGVO Art. 20 Rn. 57; dafür Gola/*Piltz* Art. 20 Rn. 27.
51   So zutreffend *Jülicher/Röttgen/v. Schönfeld* ZD 2016, 358 (360).
52   Ebenso Kühling/Buchner/*Herbst* Art. 20 Rn. 22.
53   *Jülicher/Röttgen/v. Schönfeld* ZD 2016, 358 (362).
54   Weitergehend v. *Lewinski*, in: BeckOK DatenschutzR/v. *Lewinski* DSGVO Art. 20 Rn. 80.2; enger Gola/*Piltz* Art. 20 Rn. 12, der "trifti-
     ge Gründe" für eine Beschränkung fordert.
55   Zweifelnd gerade für dieses Beispiel *Jülicher/Röttgen/v. Schönfeld* ZD 2016, 358 (362).
56   Vgl. Kühling/Buchner/*Herbst* Art. 20 Rn. 14.

Aufgaben bereitgestellt haben. Jedenfalls unterliegen öffentliche Stellen dann keiner Rechtspflicht zur Datenübertragung, wenn sie öffentlich-rechtlich tätig werden.[57] Allerdings bezeichnet die Art.-29-Gruppe es als **gute Verwaltungspraxis,** wenn zB Steuerbehörden den betroffenen Personen deren frühere Steuererklärungen elektronisch zur Verfügung stellen.[58] Im Gegensatz zum EG 68 und zu Art. 17 Abs. 3 lit. b enthält Art. 20 keine Ausnahme für Verarbeitungen, die der Erfüllung einer rechtlichen Verpflichtung dienen.[59]

18 Insgesamt darf nach Abs. 4 die Ausübung des Rechts auf Datenübertragbarkeit nicht die **Rechte und Freiheiten anderer Personen** beeinträchtigen. Dabei kann es sich sowohl um natürliche als auch um juristische Personen handeln. Bei der Übertragung von Daten mit gleichzeitigem Drittbezug (zB Transaktionsdaten aus einem Kontokorrentvertrag mit einer Bank oder Daten aus der Nutzung eines Webmail-Dienstes) werden die Rechte und Freiheiten der anderen Personen regelmäßig nicht beeinträchtigt, wenn die Daten auch beim neuen Anbieter nur unter der Kontrolle der betroffenen Person und für die bisherigen Zwecke genutzt werden.[60] Auch **Betriebs- und Geschäftsgeheimnisse sowie Urheberrechte** zB an Software können die Datenübertragung beschränken,[61] allerdings nur, wenn deren Beeinträchtigung durch die Übertragung konkret droht. Die Verantwortlichen können nicht aufgrund der bloßen Möglichkeit einer Verletzung solcher rechtlich geschützter Interessen die Übertragung pauschal ablehnen; vielmehr müssen sie nach Wegen suchen, um die Daten in einer Form zu übertragen, die eine Offenbarung von rechtlich geschützten Geheimnissen vermeidet.[62]

VII. Weitere Ausnahmen

19 Wie bei allen Betroffenenrechten können Rechtsvorschriften sowohl der Union als auch der Mitgliedstaaten unter den Voraussetzungen des **Art. 23 Abs. 1** weitere Beschränkungen des Rechts auf Datenübertragbarkeit vorsehen. Dabei ist allerdings für entsprechende Rechtsvorschriften nach Art. 23 Abs. 1 lit. i kein Raum mehr, denn Art. 20 Abs. 4 sieht selbst bereits eine solche Beschränkung zum Schutz der Rechte und Freiheiten anderer Personen vor. Auch können die Mitgliedstaaten Abweichungen oder Ausnahmen von Art. 20 vorsehen, wenn dies erforderlich ist, um das Recht auf Datenschutz mit der **Freiheit der Meinungsäußerung und der Informationsfreiheit** in Einklang zu bringen (**Art. 85 Abs. 2** → Art. 85 Rn. 25ff.). Schließlich können weitere Ausnahmen durch Unionsrecht oder mitgliedstaatliches Recht vorgesehen werden, soweit das Recht auf Portabilität die im öffentlichen Interesse liegenden **Archivzwecke** voraussichtlich unmöglich machen oder ernsthaft beeinträchtigen würde und solche Ausnahmen für die Erfüllung dieser Zwecke notwendig sind (**Art. 89 Abs. 3** → Art. 89 Rn. 59, 62). Im Gegensatz zum Löschungsrecht ist es praktisch kaum vorstellbar, dass durch die Datenübertragung zu Zwecken der **wissenschaftlichen und historischen Forschung** sowie der **Statistik** ernsthaft beeinträchtigt werden könnten, weshalb der Verordnungstext für diese Verarbeitungszwecke (allerdings entgegen dem EG 156) keine Ausnahmen vom Recht auf Datenübertragbarkeit zulässt (Art. 89 Abs. 2).[63] . Der Grund dafür, dass für diesen Zweck eine Ausnahme von der Datenübertragbarkeit vorgesehen ist, dürfte darin liegen, dass öffentliche Archive ebenso wenig wie andere öffentliche Stellen einer entsprechenden Pflicht unterworfen werden sollten (→ Rn. 17, Art. 89 Rn. 62).

VIII. Rechtsdurchsetzung und Sanktionen

20 Wie bei allen anderen Betroffenenrechten des Kapitels III ist auch ein Verstoß gegen das Recht auf Datenübertragbarkeit eine **Ordnungswidrigkeit,** die mit erhöhten Geldbußen[64] nach Art. 83 Abs. 5 lit. b geahndet werden kann. Zudem können betroffene Personen sich sowohl bei einer Aufsichtsbehörde nach Art. 77 **beschweren** als auch einen gerichtlichen **Rechtsbehelf** nach Art. 79 einlegen. Des Weiteren kann die zuständige Aufsichtsbehörde entweder den Verantwortlichen **anweisen,** dem Übertragungsverlangen zu entsprechen (Art. 58 Abs. 2 lit. c) oder die Datenverarbeitung auf bestimmte Weise und innerhalb eines bestimmten Zeitraums in Einklang mit der DSGVO zu bringen (Art. 58 Abs. 2 lit. d). Schließlich können die Mitgliedstaaten noch **weitergehende** wirksame, verhältnismäßige und abschreckende **Sanktionen** für derartige Verstöße vorsehen (vgl. Art. 84).

---

57 Kühling/Buchner/*Herbst* Art. 20 Rn. 14.
58 *Art.-29-Gruppe*, WP 242 rev. 01, S. 9.
59 Paal/Pauly/*Paal* Art. 20 Rn. 24; Kühling/Buchner/*Herbst* Art. 20 Rn. 15 („Redaktionsversehen").
60 So zu Recht die *Art.-29-Gruppe*, WP 242 rev. 01, S. 16.
61 Vgl. EG 63.
62 *Art.-29-Gruppe*, WP 242 rev. 01, S. 14 f.
63 Das übersehen *Jülicher/Röttgen/v. Schönfeld* ZD 2016, 358 (359).
64 Vgl. Art. 83 Abs. 4 und 5.

Abschnitt 4
Widerspruchsrecht und automatisierte Entscheidungsfindung im Einzelfall

Artikel 21   Widerspruchsrecht

(1) [1]Die betroffene Person hat das Recht, aus Gründen, die sich aus ihrer besonderen Situation ergeben, jederzeit gegen die Verarbeitung sie betreffender personenbezogener Daten, die aufgrund von Artikel 6 Absatz 1 Buchstaben e oder f erfolgt, Widerspruch einzulegen; dies gilt auch für ein auf diese Bestimmungen gestütztes Profiling. [2]Der Verantwortliche verarbeitet die personenbezogenen Daten nicht mehr, es sei denn, er kann zwingende schutzwürdige Gründe für die Verarbeitung nachweisen, die die Interessen, Rechte und Freiheiten der betroffenen Person überwiegen, oder die Verarbeitung dient der Geltendmachung, Ausübung oder Verteidigung von Rechtsansprüchen.

(2) Werden personenbezogene Daten verarbeitet, um Direktwerbung zu betreiben, so hat die betroffene Person das Recht, jederzeit Widerspruch gegen die Verarbeitung sie betreffender personenbezogener Daten zum Zwecke derartiger Werbung einzulegen; dies gilt auch für das Profiling, soweit es mit solcher Direktwerbung in Verbindung steht.

(3) Widerspricht die betroffene Person der Verarbeitung für Zwecke der Direktwerbung, so werden die personenbezogenen Daten nicht mehr für diese Zwecke verarbeitet.

(4) Die betroffene Person muss spätestens zum Zeitpunkt der ersten Kommunikation mit ihr ausdrücklich auf das in den Absätzen 1 und 2 genannte Recht hingewiesen werden; dieser Hinweis hat in einer verständlichen und von anderen Informationen getrennten Form zu erfolgen.

(5) Im Zusammenhang mit der Nutzung von Diensten der Informationsgesellschaft kann die betroffene Person ungeachtet der Richtlinie 2002/58/EG ihr Widerspruchsrecht mittels automatisierter Verfahren ausüben, bei denen technische Spezifikationen verwendet werden.

(6) Die betroffene Person hat das Recht, aus Gründen, die sich aus ihrer besonderen Situation ergeben, gegen die sie betreffende Verarbeitung sie betreffender personenbezogener Daten, die zu wissenschaftlichen oder historischen Forschungszwecken oder zu statistischen Zwecken gemäß Artikel 89 Absatz 1 erfolgt, Widerspruch einzulegen, es sei denn, die Verarbeitung ist zur Erfüllung einer im öffentlichen Interesse liegenden Aufgabe erforderlich.

Literatur: *Holland, H.,* Direktmarketing, 2. Aufl. 2004; *Moos, F. /Zeitler, A.,* Vorabwiderspruch bei Geodatendiensten – Gesetz oder Geste? Zwischenbilanz anhand erster Gerichtsentscheidungen zu Google Street View, ZD 2013, 178; *Schneider, A.,* Warum „Do not Track" den Datenschutz nicht retten wird? v. 10.11.2012, https://www.telemedicus.info/article/2440-Warum-Do-not-Track-den-Datenschutz-nicht-retten-wird.html.

I. Normzweck und Entstehungsgeschichte

Das Widerspruchsrecht ist kein neues Betroffenenrecht, sondern war bereits in Art. 14 DSRL enthalten. Es   1 gibt den betroffenen Personen die Möglichkeit, vor allem in Sondersituationen Einfluss auf die Zulässigkeit der Datenverarbeitung zu nehmen. Nach Art. 14 DSRL erkannten die Mitgliedstaaten das Recht der betroffenen Person an, jederzeit aus überwiegenden schutzwürdigen, sich aus ihrer besonderen Situation ergebenden Gründen zumindest in den Fällen von Art. 7 lit. e und f DSRL gegen eine Verarbeitung ihrer Daten Widerspruch einzulegen (Art. 14 lit. a DSRL). Zum anderen sah die Regelung einen Widerspruch mit Blick auf Direktwerbung nach Art. 14 lit. b vor.[1] Im nationalen Recht war der Widerspruch gegen die Direktwerbung

---

[1]   Dazu zB Sydow/*Helfrich* Art. 21 Rn. 4.

(sowie zusätzlich gegen die Markt- und Meinungsforschung) in § 28 Abs. 4 BDSG aF, im Übrigen in § 20 Abs. 5 (öffentliche Stellen) und § 35 Abs. 5 (nicht-öffentliche Stellen) BDSG aF geregelt.[2]

2　Die Strukturen der DSRL bleiben auch in Art. 21 weitgehend enthalten. So verweist das allgemeine Widerspruchsrecht in Abs. 1 auf Art. 6 Abs. 1 lit. e und f und entspricht damit der Verweisung in Art. 14 DS-RL auf die dortigen entsprechenden Art. 7 lit. e und f. Gegenüber der Regelung in Art. 14 DSRL bestimmt Abs. 1 S. 2 allerdings ausdrücklich, dass der Verantwortliche[3] gegenüber dem Widerspruchsführer zwingende schutzwürdige Gründe nachweisen muss, die die Interessen, Rechte und Freiheiten der betroffenen Person überwiegen. Die **Dokumentations- und Darlegungslast** liegt hier daher eindeutig auf Seiten der verantwortlichen Stelle, sobald ein Widerspruch eingegangen ist.[4] Neu sind überdies die detaillierten Regelungen in Art. 12 zur Ausübung der Betroffenenrechte, die auch für das Widerspruchsrecht gelten. Die Vorschrift geht auf Art. 19 KOM-E zurück.[5] Der Parl-E wollte das Widerspruchsrecht gegen Direktwerbung (Abs. 2) auf alle Fälle von Art. 6 Abs. 1 UAbs. 1 lit. f erweitern, konnte sich damit aber nicht durchsetzen. Dagegen gehen die Pflicht zur Information über das Widerspruchsrecht und die Möglichkeit, dieses im Internet automatisiert auszuüben, auf Art. 19 Abs. 2 a und 2 b Parl-E zurück. Der Rat ergänzte erfolgreich die Geltendmachung, Ausübung oder Verteidigung von Rechtsansprüchen in Abs. 1, setzte dort die Streichung von lit. d durch und ergänzte den jetzigen Abs. 6. Die Erwähnung des Profilings in Abs. 2 wurde erst im Trilog hinzugefügt.

3　Insgesamt schreibt Art. 21 das bestehende Widerspruchsrecht auf Ebene der neuen Struktur der DSGVO fort. Anders als bei dem rein materiellen Recht auf Berichtigung, Löschung oder Sperrung von Daten handelt es sich bei dem Widerspruchsrecht auch um eine **prozedurale Rechtsposition**, die es der betroffenen Person aus ihrer individuellen Stellung heraus ermöglicht, gegen eine zunächst einmal grundsätzlich zulässige Verarbeitung von Daten einen Rechtsbehelf geltend zu machen. Das formale Recht auf Widerspruch nach Abs. 1 S. 1 und Abs. 6 ist dabei grundsätzlich unabhängig von dessen Begründetheit, so dass sich allein aus der Einlegung eines Widerspruchs noch keine rechtlichen Folgen für die Datenverarbeitung ableiten lassen.[6] Anders ist dies nur im Rahmen des Widerspruchs gegen die Direktwerbung, der nach Abs. 3 unmittelbare Rechtsfolgen, nämlich den Ausschluss einer weiteren Verarbeitung nach sich zieht (→ Rn. 20ff.).

4　Gegenüber den Betroffenenrechten auf Löschung, Sperrung und Berichtigung von Daten ist der Widerspruch daher auch für den Fall statthaft, dass die Daten richtig sind bzw. (zunächst) rechtmäßig verarbeitet werden.[7]

5　Art. 21 sieht ein Widerspruchsrecht auf **drei unterschiedlichen Ebenen** vor. Neben dem allgemeinen Widerspruchsrecht gegenüber Datenverarbeitungen auf der Grundlage des Art. 6 Abs. 1 lit. e und f. in Abs. 1 wird ein Widerspruchsrecht für den Bereich der Direktwerbung in Abs. 2 und Abs. 3 sowie für den Bereich der Datenverarbeitung zu wissenschaftlichen oder historischen Forschungszwecken oder zu statistischen Zwecken gem. Art. 89 Abs. 1 mit jeweils unterschiedlichen tatbestandlichen Voraussetzungen in Abs. 6 geschaffen. In den ersten beiden Fällen erstreckt sich das Widerspruchsrecht explizit auch auf Profiling.

II.　Allgemeines Widerspruchsrecht (Abs. 1)

6　**1. Voraussetzungen.** Voraussetzung für den in Abs. 1 genannten „Grundfall" ist zunächst, dass das Widerspruchsrecht der betroffenen Person auf Gründe gestützt wird, die sich aus ihrer besonderen Situation ergeben. Um ein Widerspruchsrecht nach Abs. 1 geltend zu machen, ist zunächst zu klären, ob bei der betroffenen Person eine besondere Situation vorliegt, die einen Widerspruch rechtfertigt, der dann zur Folge hat, dass die verantwortliche Stelle die Argumentationslast dafür trifft, zwingende schutzwürdige Gründe für die Datenverarbeitung darzulegen.[8] Dies ergibt sich ganz unabhängig von der Frage, ob der Widerspruch am Ende begründet ist und zur Folge hat, dass keine weitere Verarbeitung von Daten mehr erfolgen darf.

7　Damit handelt es sich beim Widerspruchsrecht nicht um eine jeder Person völlig voraussetzungslos zustehende Rechtsposition, sondern es bedarf zusätzlicher Gründe, die sich aus der besonderen Situation der betroffenen Person ergeben. Eine enge Interpretation, wonach das Widerspruchsrecht „atypische Konstellationen besonders schutzwürdiger persönlicher Interessen" voraussetzt,[9] würde allerdings bereits auf der Schutzbe-

2　Vgl. *Gola/Schomerus* § 35 Rn. 28.
3　Auftragsverarbeiter iSd Art. 4 Nr. 8 werden von Art. 21 nicht erfasst, s. dazu zB Paal/Pauly/*Martini* Art. 21 Rn. 18; Sydow/*Helfrich* Art. 21 Rn. 56.
4　*Albrecht/Jotzo*, Teil 4 Rn. 24; Sydow/*Helfrich* Art. 21 Rn. 6.
5　S. zB Kühling/Bucher/*Herbst* Art. 21 Rn. 9; Paal/Pauly/*Martini* Art. 21 Rn. 7-9.
6　Grundlegend zum Widerspruchrecht als Ausgangspunkt für den Schutz von betroffenen Personen gegen Verlinkungen durch Suchmaschinen EuGH C-131/12, NJW 2014, 2257 – Google Spain.
7　Vgl. zum bisherigen Recht Taeger/Gabel/*Meents/Hinzpeter* BDSG § 35 Rn. 43.
8　S. zB Sydow/*Helfrich* Art. 21 Rn. 61, 65 f.
9　Paal/Pauly/*Martini* Art. 21 Rn. 30.

reichsebene dieses Recht zu sehr beschränken. Das Tatbestandsmerkmal der **besonderen Situation** muss daher als eine rein prozedurale Vorgabe verstanden werden, zumal eine inhaltliche Abwägung der Verarbeitungsinteressen der verantwortlichen Stellen mit den Rechten der betroffenen Person erst auf der nächsten Stufe in Betracht erfolgt. Insoweit sind die Gründe, die sich aus der besonderen Situation der betroffenen Person ergeben, nicht inhaltlicher Natur, etwa eine Betroffenheit, die sich in außerordentlicher, spezifischer und individueller Weise von der Situation anderer Personen unterscheidet,[10] sondern betreffen die Darlegungs- und Begründungslasten der betroffenen Person. Gerade aus EG 69 ergibt sich, dass auch gegenüber einer zulässigen Datenverarbeitung das Recht auf Widerspruch bestehen soll. Dies wäre aber nicht mehr gesichert, würde man an den Begriff zu hohe Anforderungen anlegen.[11] Letztlich erfordert der Hinweis auf eine **besondere Betroffenheit**, dass eine von der Datenverarbeitung betroffene Person konkrete Umstände des Einzelfalls vortragen muss, die eine Beeinträchtigung der Datenschutzrechte möglich machen, wobei unspezifische Einwände hier nicht ausreichen.[12] Eine Auslegung, wonach lediglich Umstände des Einzelfalls eine besondere Schutzwürdigkeit des Betroffen begründen,[13] würde das Recht weitgehend leerlaufen lassen, zumal gerade im **Bereich alltäglicher Datenverarbeitung** diese Voraussetzungen regelmäßig nur schwer darzutun sein werden. Das Widerspruchsrecht steht auch in Konstellationen zur Verfügung, in denen der Einzelne als Teil der Allgemeinheit von Datenverarbeitungen betroffen ist. So reicht hierzu die Veröffentlichung von Adressdaten in einem Telefonverzeichnis im Internet aus, wenn der Einzelne vorbringt, dass die Übermittlung und Speicherung seiner personenbezogenen Daten unzulässig ist, etwa weil keine zulässige Rechtsgrundlage für die Verarbeitung seiner Daten vorlag. Das Widerspruchsrecht ist nicht etwa nur gegenüber einer rechtmäßige Datenverarbeitung von Bedeutung, sondern gerade auch für den Fall, dass nicht feststeht, ob eine rechtmäßige Datenverarbeitung vorliegt. Es bezieht sich daher gerade auch auf Fälle einer zumindest aus Sicht des Betroffenen **rechtswidrigen** Datenverarbeitung. Ein **unmittelbarer Löschungsanspruch** nach Art. 17 Abs. 1 lit. d würde ja in der Praxis erst greifen, wenn sowohl für den Betroffenen als auch für den Verantwortlichen die Rechtswidrigkeit der Verarbeitung feststeht. Für den häufigen Fall des Non Liquet bringt es ja gerade eine Erleichterung des Betroffenen, über einen Widerspruch gegen die Verarbeitung vorzugehen (vgl. Art. 17 Abs. 1 lit. c).

Das Widerspruchsrecht nach Abs. 1 setzt weiter voraus, dass die Verarbeitung auf Grundlage der Datenverarbeitung nach Art. 6 Abs. 1 lit. e oder f erfolgt (→ Art. 6 Abs. 1 Rn. 64ff., 85ff.) oder für ein auf diese Bestimmung gestütztes Profiling (Art. 4 Nr. 4) durchgeführt wird. Im Ergebnis bleibt daher Abs. 1 hinter § 20 Abs. 5 und § 35 Abs. 5 BDSG aF zurück, die keine Begrenzungen der Anwendbarkeit auf bestimmte Zwecke der Datenverarbeitung beim Widerspruch vorsahen. Eine solche Erweiterung war nach dem Wortlaut von Art. 14 DSRL ausdrücklich zulässig,[14] ist mangels einer Öffnungsklausel in der Norm nunmehr aber auch im Wege nationaler Rechtsetzung künftig problematisch. **8**

Mit dem Verweis auf die auf Grundlage des Art. 6 Abs. 1 lit. e und f erfolgenden Verarbeitungen ist nicht gemeint, dass diese zwingend rechtlich zulässig sein müssen, sondern dass eine Verarbeitung auf dieser Grundlage lediglich in Betracht kommt. Schließlich ist der Widerspruch gerade auch dann zulässig, wenn der Verarbeiter sich nicht erfolgreich auf die Wahrnehmung einer Aufgabe im öffentlichen Interesse oder auf ein berechtigtes Interesse berufen kann und insoweit eine Weiterverarbeitung nicht zulässig ist. **9**

Grundsätzlich **ausgeschlossen** sind insbes. Widersprüche gegen solche Verarbeitungen, die aufgrund einer rechtlichen Verpflichtung (Art. 6 Abs. 1 lit. c), der Erfüllung eines Vertrages (lit. b) oder einer Einwilligung (lit. a) erfolgen.[15] **10**

Der Widerspruch ist nicht nur zulässig, sondern darüber hinaus nach Abs. 1 S. 2 auch materiell begründet, wenn der Verantwortliche keine zwingenden schutzwürdigen Gründe für die Verarbeitung nachweisen kann, die die Interessen, Rechte und Freiheiten der betroffenen Person überwiegen, oder wenn die Verarbeitung der Geltendmachung, Ausübung oder Verteidigung von Rechtsansprüchen dient. Anders als in § 20 Abs. 5 und § 35 Abs. 5 BDSG aF wird beim Widerspruchsrecht nach Abs. 1 – entsprechend dem allgemeinen Grundsatz der Rechenschaftspflicht nach Art. 5 Abs. 2 – die Darlegungs- und Argumentationslast ausdrücklich auf die verantwortliche Stelle verschoben: Der für die Verarbeitung Verantwortliche soll nach EG 69 S. 2 selbst darlegen, dass seine berechtigten Interessen Vorrang vor den Grundrechten und Grundfreihei- **11**

---

10 IdS aber Ehmann/Selmayr/*Kamann/Braun* Art. 21 Rn. 19.
11 AA wohl Plath/*Kamlah* DSGVO Art. 21 Rn. 5 wonach allerdings das Kriterium der besonderen Situation im Ergebnis eng auszulegen ist; ebenfalls abweichend Gola/*Schulz* Art. 21 Rn. 9 („strenger Maßstab"); widersprüchlich Paal/Pauly/*Martini*, wonach das Widerspruchsrecht einerseits keinen strengen tatbestandsrechtlichen Voraussetzungen unterliegen soll (Art. 21 Rn. 21), andererseits nicht extensiv interpretiert werden darf (Rn. 31).
12 Ähnlich *Härting*, Rn. 497.
13 Vgl. Paal/Pauly/*Martini* Art. 21 Rn. 30.
14 Dazu zB *Ehmann/Helfrich* Art. 14 Rn. 8.
15 Vgl. Paal/Pauly/*Martini* Art. 21 Rn. 22.

ten der betroffenen Person haben. Dies wird den Verantwortlichen bei Verarbeitungsprozessen, die in rechtmäßiger Weise in einem großen Rahmen Kundendaten betreffen, nicht schwer fallen, wenn insoweit die allgemeine Zulässigkeit der Verarbeitung für die jeweiligen Verfahren feststehen sollte. Besonderheiten des Einzelfalles können hier indes **spezifische Betroffenheiten** schaffen, die dann zu einem begründeten Widerspruch führen.

12 Angesichts des **weiten Schutzbereichs** des formellen Rechts auf Widerspruch erfordert seine Begründetheit eine **Abwägung nach Maßgabe des Verhältnismäßigkeitsgrundsatzes.** Die von der verantwortlichen Stelle vorgebrachten Gründe müssen substantiiert sein. Ferner muss für die Verarbeitung der Daten eine Erforderlichkeits- und Angemessenheitsprüfung durchlaufen werden. Dabei gilt es, das Erfordernis der Datenverarbeitung („zwingende schutzwürdige Gründe") ebenso zu prüfen, wie die Frage der Angemessenheit.[16]

13 Schwierig wird das auf Einzelfallbasis, wie etwa im Bereich des sog **Rechts auf Vergessenwerden.**[17] Dieses Recht wird zwar unmittelbar durch Art. 17 im Zuge eines Rechts auf Löschung geregelt. Gerade für den Bereich der Verlinkungen in Suchmaschinen auf Personennamen liegt das Widerspruchsrecht dem Recht auf Löschung jedoch voraus (vgl. Art. 17 Abs. 1 lit. c). Das Recht auf Löschung setzt hier regelmäßig eine Abwägung zwischen öffentlichem Informationsinteresse und Persönlichkeitsrecht der betroffenen Person im Rahmen des Art. 21 Abs. 1 voraus, die den spezifischen Besonderheiten des einzelnen Falles gerecht werden muss. Dagegen machen typisierte Widerspruchsrechte, wie etwa gegenüber der Veröffentlichung von Abbildungen von Wohngebäuden im Internet durch Geodatendienste wie Google Street View oder im Zusammenhang mit der Veröffentlichung individueller Adresslisten im Rahmen des Mitgliederverzeichnisses eines Sportvereins weit weniger aufwändige Abwägungsprozesse erforderlich.[18]

14 **2. Insbesondere: Widerspruch gegen Profiling (Abs. 1 S. 1, 2. Hs.).** Abs. 1 S. 1 aE eröffnet den Anwendungsbereich des Widerspruchsrechts ausdrücklich für den Bereich des Profiling. Da das Profiling bereits von der allgemeinen Regelung des ersten Satzteils umfasst ist, hat diese Bestimmung auf den ersten Blick eher einen deklaratorischen Charakter.[19]

15 Es besteht auch für das Profiling die Möglichkeit zum Widerspruch – allerdings ebenfalls nur innerhalb der Verarbeitungsregelungen in Art. 6 Abs. 1 lit. e und f. Der **Begriff „Profiling"** wird von der DSGVO in einem weiten Sinne verstanden und bezieht sich nach Art. 4 Nr. 4 auf jede Art der automatisierten Verarbeitung personenbezogener Daten, „die darin besteht, dass diese personenbezogenen Daten verwendet werden, um bestimmte persönliche Aspekte, die sich auf eine natürliche Person beziehen, zu bewerten, insbes. um Aspekte bezüglich Arbeitsleistung, wirtschaftliche Lage, Gesundheit, persönliche Vorlieben, Interessen, Zuverlässigkeit, Verhalten, Aufenthaltsort oder Ortswechsel dieser natürlichen Person zu analysieren oder vorherzusagen" (Art. 4 Nr. 4). Zum Bereich des Profilings gehören danach die Verarbeitung von personenbezogenen Daten von Auskunfteien, dem Scoring, der Auswertung des individuellen Nutzungsverhaltens durch Webseitenbetreiber, aber auch die statistische Auswertung von Gesundheitsrisiken durch Versicherungen (→ Art. 4 Rn. 8, 10).[20]

16 Gerade vor dem Hintergrund, dass das Profiling nach Art. 22 nur ein Recht der betroffenen Person regelt, nicht einer Entscheidung im Einzelfall unterworfen zu werden, bietet Art. 21 hier einen **zusätzlichen Schutzbereich.** Denn die betroffene Person kann bereits gegenüber dem bloßen Erheben und Speichern der Daten Widerspruch einlegen und muss nicht darauf warten, dass das Profiling ihm gegenüber eine Betroffenheit aufgrund einer **automatisierten Einzelfallentscheidung** auslöst.[21] Letztlich wird durch den Hinweis auf das Profiling klargestellt, dass die Vorschrift in Abs. 1 S. 1 neben Art. 22 zur Anwendung kommt und insoweit durch Art. 22 der Rückgriff auf das Widerspruchsrecht nicht ausgeschlossen ist.[22]

17 **3. Modalitäten (Art. 12).** Die Modalitäten des Widerspruchs sind nicht in der Vorschrift, sondern für alle Betroffenenrechte zentral in Art. 12 geregelt. Der Verantwortliche ist danach insbes. gehalten, Informationen über Maßnahmen in präziser, transparenter, verständlicher und leicht zugänglicher Form in einer klaren und einfachen Sprache zu übermitteln (Art. 12 Abs. 1) und die betroffene Person zu unterstützen (Art. 12 Abs. 2). Überdies sind die Fristregelungen der Art. 12 Abs. 3 und Abs. 4 anwendbar. Von besonderer Bedeutung ist, dass nach Art. 12 Abs. 5 (sa EG 59 S. 1) die Ausübung des Widerspruchsrechts unentgeltlich ist; dies gilt vorbehaltlich der Missbrauchsregelungen in Art. 12 Abs. 5 S. 2 und 3.

---

16 Dazu auch Paal/Pauly/*Martini* Art. 21 Rn. 35.
17 Hierzu EuGH C-131/12, NJW 2014, 2257 – Google Spain,
18 Anders zu Google Street View *Moos/Zeitler* ZD 2013, 178 (179).
19 Dazu auch Kühling/Buchner/*Herbst* Art. 21 Rn. 13.
20 Zu Auskunfteien, Scoring und Bonitätsauskünften s. *Müller* in: Roßnagel (Hrsg.), Das neue Datenschutzrecht, 2018, § 8 Rn. 386ff.
21 Zur berechtigten Kritik an der Gleichstellung zwischen Profiling und automatisierter Einzelfallentscheidung Plath/*Kamlah* DSGVO Art. 22 Rn. 3.
22 Zur Feststellung einer besonderen Situation beim Profiling s. Sydow/*Helfrich* Art. 21 Rn. 63 f.

Der Widerspruch ist beim Verantwortlichen einzulegen. Neben den spezifischen Pflichten des Verantwortli- 18
chen ist der Widerspruch auf Seiten der betroffenen Person weder an **Fristen** noch an bestimmte **Formerfor-**
dernisse gebunden. Mit Blick auf die Begründung bedarf es eines plausiblen Vortags, der die Betroffenheit
des den Widerspruch Einlegenden in seinen Datenschutzrechten hinreichend dokumentiert. Hier sind zur
Rechtswahrnehmung der Individuen zu hohe Hürden unbedingt zu vermeiden.[23]

4. Rechtsfolgen des allgemeinen Widerspruchs. Aus der Einlegung des zulässigen Widerspruchs nach Abs. 1 19
folgt, dass die betroffene Person das Recht hat, von der verantwortlichen Stelle nach Maßgabe des Art. 18
Abs. 1 lit. d das **Einstellen der weiteren Verarbeitung** ihrer Daten zu verlangen, solange keine Entscheidung
über das Überwiegen der schutzwürdigen Gründe nach Abs. 1 vorliegt (→ Art. 18 Rn. 9). Damit kann die
betroffene Person bereits durch Einlegung eines Widerspruchs seine materielle Rechtsposition gegenüber
der verantwortlichen Stelle verbessern. Dessen weitergehende Folge regelt Art. 17 Abs. 1 lit. c, indem dort
die **Löschverpflichtung** der verantwortlichen Stelle festgeschrieben wird (→ Art. 17 Rn. 13). Ferner darf der
Verantwortliche die Daten nicht mehr verarbeiten, es sei denn, er kann zwingende schutzwürdige Gründe
für die Verarbeitung nachweisen, die die Interessen, Rechte und Freiheiten der betroffenen Personen überwiegen oder die Verarbeitung erfolgt zur Ausübung oder Verteidigung von Rechtspositionen (Abs. 1 S. 2).
Solange noch nicht feststeht, ob die berechtigten Gründe des Verantwortlichen gegenüber denen der betroffenen Personen überwiegen, kann diese von dem Verantwortlichen die **Einschränkung der Verarbeitung** verlangen (Art. 18 Abs. 1 lit. d): Dies betrifft den Fall, dass der Verantwortliche sich auf zwingende Gründe
beruft, die die betroffene Person, die den Widerspruch eingelegt hat, bestreitet. Insoweit stellt hier Art. 18
Abs. 1 eine Absicherung der Rechte betroffener Personen dar. An die Stelle einer Löschung tritt dann die
Sperrung der Datenverarbeitung.[24]

III. Widerspruch gegenüber der Verarbeitung zum Zweck der Direktwerbung (Abs. 2 und 3)

Ein besonderes Widerspruchsrecht ergibt sich aus Abs. 2 für den speziellen Bereich der Direktwerbung und 20
für das mit diesem Zweck in Verbindung stehende Profiling. Gegenüber der allgemeinen Regelung in Abs. 1
eröffnet Abs. 2 in Verbindung mit Abs. 3 eine **Privilegierung** des Widerspruchs.[25] Ein erfolgreicher Widerspruch nach Abs. 2 für den Bereich der Direktwerbung bzw. des **Profilings**, soweit dieses mit der **Direktwer-**
bung verbunden ist, muss geringere Anforderungen erfüllen: Einerseits ist der Widerspruch im Bereich der
Direktwerbung und des diesen Zweck verfolgenden Profilings für die betroffenen Personen ohne besondere
Begründung möglich, da der Zusatz fehlt, dass der Widerspruch aus Gründen einzulegen ist, die sich aus
der besonderen Situation der betroffenen Person ergeben. Andererseits hat der wirksam eingelegte Widerspruch gemäß Abs. 3 automatisch zur Folge, dass der Verantwortliche die personenbezogenen Daten des
Widersprechenden nicht mehr zum Zweck der Direktwerbung verarbeiten darf. Eine Abwägung, wie in
Abs. 1 vorgesehen, hat nicht zu erfolgen.[26] Dem Verantwortlichen hilft insoweit auch nicht der Nachweis
von Verarbeitungsinteressen, die die schutzwürdigen Interessen der betroffenen Person überwiegen könnten.

Der **Begriff der Direktwerbung** ist innerhalb der DSGVO nicht legal definiert und deshalb von ihr voraus- 21
gesetzt. Der Begriff der Direktwerbung bzw. des Direktmarketings hat auch unter der DSRL und dem
BDSG keine anerkannte Ausprägung gefunden.[27] Im Wesentlichen ist davon auszugehen, dass der Begriff
diejenige Werbung meint, bei der eine individuelle Ansprache von betroffenen Personen erfolgt, die deren
personenbezogene Daten als Zuordnungsmaßstab vorsieht.[28] Dabei sind alle Formen der werblichen Kommunikation angesprochen, die durch postalische oder elektronische Adressen (einschließlich Telefonnummern) vermittelt werden. Im elektronischen Bereich muss sie sich daher auf Nutzer-IDs, Browserkennun-
gen, Cookies oder IP-Adressen beziehen als Informationen, die den Kontakt zu einzelnen Personen vermitteln können.[29] Daher ist gerade auch eine Anbahnung werblicher Kommunikation über die Nutzung von
Onlinediensten unter Verwendung derartiger Kennungen als Datenverarbeitung zum Zweck des Direktmarketings anzusehen.[30]

---

23 Zu weitgehend hier Teile des Schrifttums, s. nur Ehmann/Selmayr/*Kamann/Braun* Art. 21 Rn. 35; dazu bereits → Rn. 6ff.
24 *Schaffland/Holthaus* in: Schaffland/Wiltfang (Hrsg.), Datenschutz-Grundverordnung, 2017, Art. 21 Rn. 9.
25 Sydow/*Helfrich* Art. 21 Rn. 73 zum vereinfachten Widerspruchsrecht.
26 So auch Ehmann/Selmayr/*Kamann/Braun* Art. 21 Rn. 46.
27 *Holland*, Direktmarketing, 2004, S. 5 f.
28 Simitis/*Ehmann* § 29 Rn. 80 (→ Art. 6 Abs. 4 Rn. 21ff.; *Grigorjew* in: Roßnagel (Hrsg.), Das neue Datenschutzrecht, 2018, § 8 Rn. 163
    mwN; zum Begriff „Werbung" im Sinne der Werberichtlinie (RL 2006/41/EG) zB Ehmann/Selmayr/*Kamann/Braun* Art. 21 Rn. 46.
29 Ähnlich Ehmann/Selmayr/*Kamann/Braun* Art. 21 Rn. 46.
30 Enger hier wohl Paal/Pauly/*Martini* Art. 21 Rn. 48; Kühling/Buchner/*Herbst* Art. 21 Rn. 26.

22 Zur Zulässigkeit (ausführlich → Art. 6 Abs. 4 Rn. 21ff.) betont einerseits EG 47, dass die Verarbeitung personenbezogener Daten zum Zweck der Direktwerbung als eine einem **berechtigten Interesse** dienende Verarbeitung betrachtet werden kann. Insoweit bleibt die Direktwerbung über Art. 6 Abs. 1 lit. f zunächst grundsätzlich unter dem Aspekt der Wahrung berechtigter Interessen des Verantwortlichen vorbehaltlich einer Abwägung im Einzelfall zulässig, auch ohne dass hierfür eine Einwilligung betroffener Personen erforderlich wäre.[31] Andererseits werden der Direktwerbung durch Abs. 2 und Abs. 3 zugunsten der informationellen Selbstbestimmungsrechte betroffener Personen Grenzen gezogen, indem es ihnen ermöglicht wird, die Datenverarbeitung durch ihren Widerspruch zu stoppen: „Werden personenbezogene Daten verarbeitet, um Direktwerbung zu betreiben, so sollte die betroffene Person jederzeit unentgeltlich insoweit Widerspruch gegen eine solche — ursprüngliche oder spätere — Verarbeitung einschließlich des Profilings einlegen können, als sie mit dieser Direktwerbung zusammenhängt" (EG 70). Damit ist die Direktwerbung ein Anwendungsfall einer grundsätzlich berechtigten Datenverarbeitung bei jederzeitiger Widerrufbarkeit.

23 Die betroffene Person hat es jederzeit in der Hand, gegenüber der ursprünglichen oder späteren Verarbeitung Widerspruch einzulegen, so eine ursprünglich zulässige Erhebung der personenbezogenen Daten unzulässig zu machen und dadurch eine Löschungsverpflichtung bei dem Verantwortlichen auszulösen. Die Modalitäten auch des Widerspruchs nach Abs. 2 und Abs. 3 richten sich nach Art. 12 (→ Rn. 30). Dies gilt insbes. für die **Unentgeltlichkeit** nach Art. 12 Abs. 5, die für den Fall des Widerspruchs gegen Direktwerbung in EG 70 noch einmal explizit betont wird.

24 Mit dem Widerspruchsrecht in Art. 21 werden nationale Regelungen des Widerspruchsrechts im BDSG abgelöst. Das gilt sowohl für die allgemeinen Regelungen des Widerspruchs in § 20 Abs. 5 und § 35 Abs. 5 BDSG als auch für die besondere Vorschrift betreffend den **Adresshandel** und die **Werbung** in § 28 Abs. 3 BDSG. Sperrdateien von Verbraucherschutzverbänden sowie von Verbänden der Werbewirtschaft (sog **Robinsonlisten**) bleiben auch unter der DSGVO zu beachten.[32] Zwar hatte ein Eintrag in derartige Listen bislang nach hM nicht die Wirkung eines Widerspruchs, insbes. weil der Eintrag keine Erklärung an die verantwortliche Stelle generiert.[33] Auch aus Abs. 2 und 3 resultiert jedoch die Verpflichtung, bei der Vermarktung von Adressen den Abgleich mit der Liste vorzunehmen, um zu überprüfen, ob ein Grund zur Annahme eines Widerspruchs bzw. entgegenstehender Interessen der betroffenen Personen im jeweiligen Fall gegeben ist.[34] Ist dies der Fall, so ist dies zugunsten der betroffenen Personen zu berücksichtigen.

IV. Hinweispflicht (Abs. 4)

25 Abs. 4 normiert eine ausdrückliche Hinweispflicht für das Widerspruchsrecht nach Abs. 1 und Abs. 2. Es handelt sich hierbei um eine Ergänzung zu den Informationspflichten nach Art. 13 Abs. 2 lit. b sowie gemäß Art. 14 Abs. 2 lit. c.[35] Nach diesen allgemeinen Pflichten sind Informationen auch über Auskunfts- und Widerspruchsrechte bereitzustellen, soweit dies notwendig ist, um eine faire und transparente Verarbeitung zu gewährleisten. Während diese zum Zeitpunkt der Erhebung erfolgen muss, fordert Abs. 4 dieses spätestens zum Zeitpunkt der ersten Kommunikation. Es gilt der **Meistbegünstigungsgrundsatz:** Beide Regelungen gelten nebeneinander und lösen jeweils die Hinweispflicht für ihren Anwendungsbereich aus.[36]

26 Als Zeitpunkt für das Widerspruchsrecht nennt Abs. 4 spätestens die **erste Kommunikation** mit der betroffenen Person durch den für die Datenverarbeitung Verantwortlichen. Entsprechende Regelungen enthielten in unterschiedlichen Formulierungen sowohl Art. 14 lit. b DSRL als auch § 28 Abs. 4 S. 2 BDSG aF („Ansprache zum Zweck der Werbung") im Zusammenhang mit dem Werbewiderspruch.

27 Die Auffassung, wonach die Verpflichtung des Verantwortlichen, zum Zeitpunkt der ersten Kommunikation auf das Widerspruchsrecht hinzuweisen, bedeute, dass der Hinweis nicht bereits zum Zeitpunkt der Erhebung oder bei jeder weiteren Ansprache zu erfolgen hat,[37] erscheint problematisch. So ist gerade bei der Direktwerbung nach Abs. 2 die betroffene Person berechtigt, jederzeit Widerspruch gegen die Verarbeitung ihrer personenbezogenen Daten einzulegen. Die Nichteinlegung des Widerspruchs bereits zum Erhebungszeitpunkt hätte die Konsequenz, dass Daten der betroffenen Person, etwa deren IP-Adresse oder MAC-Adresse, die eine Verfolgung des Geräteinhabers ermöglichen, zunächst erhoben werden dürften. Dies würde aber dem Schutzansatz, dem das Widerspruchsrecht folgt, entgegenlaufen. Daher muss bereits die Hin-

---

31 Zur Abwägung berechtigter Interessen bei Direktwerbung *Grigorjew* in: Roßnagel (Hrsg.), Das neue Datenschutzrecht, 2018, § 8 Rn. 164ff.
32 So auch *Hohmann/Miedzianowski* in: Roßnagel (Hrsg.), Das neue Datenschutzrecht, 2018, § 4 Rn. 53.
33 Vgl. etwa BeckOK DatenschutzR/*Wolf* § 28 Rn. 191; *Gola/Schomerus* § 28 Rn. 62.
34 IdS auch *Hohmann/Miedzianowski* in: Roßnagel (Hrsg.), Das neue Datenschutzrecht, 2018, § 4 Rn. 53.
35 IdS zutreffend Paal/Pauly/*Martini* Art. 21 Rn. 65.
36 Für eine kumulative Anwendung ebenfalls Kühling/Buchner/*Herbst* Art. 21 Rn. 34.
37 Plath/*Kamlah* DSGVO Art. 21 Rn. 11.

weispflicht auf das Widerspruchsrecht möglichst früh – spätestens zum Zeitpunkt der Erhebung der Daten – ansetzen.[38]

Die Hinweispflicht nach Abs. 4 bezieht sich ausdrücklich nur auf Abs. 1 und Abs. 2. Für das Widerspruchs-   28
recht nach Abs. 6 bleibt es insoweit bei den allgemeinen Regelungen in Art. 13 Abs. 2 lit. b und Art. 14
Abs. 2 lit. c.

Eine Differenzierung zwischen Direktwerbung und anderen Formen der Erhebung der Daten bei der betrof-   29
fenen Person macht die Regelung nicht und sollte daher auch nicht in sie hineingelesen werden. „Kommunikation" ist in diesem Zusammenhang in einem weiten Sinne bereits durch **Kontaktherstellung** oder durch
das **Aufrufen von Webseiten** im Internet zu verstehen. Daneben greift regelmäßig die Vorschrift des Art. 13
Abs. 2 lit. b ein,[39] bzw. – wenn die Daten nicht bei der betroffenen Person erhoben wurden – Art. 14 Abs. 2
lit. c. Danach besteht eine Informationspflicht der verantwortlichen Stelle zum Zeitpunkt der Erhebung der
Daten (Art. 13 Abs. 2) bzw. spätestens nach einem Monat (Art. 14 Abs. 3), wenn dies notwendig ist, um
eine faire und transparente Verarbeitung zu gewährleisten. Im Ergebnis bleibt die praktische Auswirkung
der Problematik des Zeitpunkts der Information über das Widerspruchsrecht damit eher gering.

Der Hinweis muss in einer verständlichen und von anderen Informationen getrennten Form erfolgen. Dies   30
bedeutet, dass eine besondere Hervorhebung, die dem Nutzer eine leichte Erkennbarkeit des Rechts auf Widerspruch ermöglicht, erforderlich ist.[40]

V. Automatisierte Widerspruchsverfahren (Abs. 5)

Abs. 5 statuiert eine besondere Regelung, die eine **Durchbrechung** des nach Maßgabe von Art. 95 vorgese-   31
henen Prinzips der **vorrangigen Anwendung** der ePrivacyRL enthält. Während Art. 95 insoweit von einem
Zurücktreten der DSGVO ausgeht, weist Abs. 5 den umgekehrten Weg: Danach bleiben für das Widerspruchsrecht mittels automatisierter Verfahren die technischen und organisatorischen Maßnahmen der
ePrivacyRL ausdrücklich außer Betracht.[41] Der Vorrang der DSGVO ist zu begrüßen, da insoweit die anfallenden Nutzungsdaten von betroffenen Personen durch eine Vollharmonisierung des Widerspruchsrechts
unmittelbar geschützt werden und nicht erst einer Umsetzung der einzelnen Mitgliedstaaten überlassen bleiben. In der Vergangenheit hat gerade die **mangelnde Einheitlichkeit der Umsetzung der ePrivacyRL** bezüglich Opt-Out und Opt-In gegenüber einem Zugriff auf Informationen, die im Endgerät eines Nutzers gespeichert sind, zu massiver Rechtsunsicherheit insbes. hinsichtlich der unterschiedlichen Anwendung von
Umsetzungsverfahren in Europa geführt. Nun wird künftig zumindest die Ausübung des Widerspruchsrechts mittels automatisierter Verfahren unter Verwendung technischer Spezifikationen auf eine europäische Gesamtlösung hin konzipiert.

Soweit künftig die ePrivacyRL von einer **ePrivacyVO** abgelöst werden wird, die derzeit auf EU-Ebene ver-   32
handelt wird (dazu → Art. 95 Rn. 23ff.), bleibt nicht nur fraglich, welchen Inhalt diese für den Bereich des
Online- und Offline-Tracking und insbes. die Direktwerbung[42] haben wird, sondern auch ob diese neue
Vorschrift dann in den Verweis nach Abs. 5 als Ersatz für die dann aufgehobene Richtlinie aufgenommen
werden wird.

Das Widerspruchsrecht lässt sich jedenfalls künftig durch den Einsatz von intelligenten technischen Lösun-   33
gen umsetzen. Hierzu zählt insbes. die „**Do Not Track-Technik**", mit der die Nutzer in ihrem Browser automatisiert Widerspruchseinstellungen gegenüber einem Tracking durch Webseitenbetreiber geltend machen
können, aber auch alle anderen Formen einer automatisiert geltend zu machenden souveränen Entscheidung der betroffenen Personen gegen eine Erstellung von Nutzungsprofilen, die über technische Spezifikationen, wie etwa einen Opt-Out-Cookie, verfügen. Do Not Track wird damit künftig zu einem unionsweit
rechtlich verbindlichen Standard.[43]

Zwar haben die **nationalen Datenschutzbehörden** in der Vergangenheit immer wieder die Einhaltung der   34
Do Not Track-Standards gefordert. Im Rahmen des Widerspruchsrechts nach § 15 Abs. 3 TMG blieb
gleichwohl offen, ob das Senden des Do Not Track-Headers einen Widerspruch darstellt, da die Wider-
spruchsfunktion des Browsers nicht vom Webseitenbetreiber zur Verfügung gestellt wurde. In der Vergangenheit wurde der Do Not Track-Standard ausdrücklich auch durch die Internationale Konferenz der Be-

---

38   So auch im Ansatz Ehmann/Selmayr/*Kamann/Braun* Art. 21 Rn. 58.
39   Vgl. Paal/Pauly/*Martini* Art. 21 Rn. 66.
40   Vgl. Plath/*Kamlah* DSGVO Art. 21 Rn. 13.
41   Vgl. Paal/Pauly/*Pauly* Art. 95 Rn. 2.
42   Zum ePrivacyVO-E und Direktwerbung *Grigorjew* in: Roßnagel (Hrsg.), Das neue Datenschutzrecht, 2018, § 8 Rn. 178ff.
43   Vgl. *Albrecht/Jotzo*, Teil 4 Rn. 27; Roßnagel/*Hohmann*, Europ. DSGVO, § 3 Rn. 146.

auftragen für Datenschutz und den Schutz der Privatsphäre unterstützt.[44] Dennoch blieben die **technischen Browser-Optionen**, mit denen der Nutzer Webseitenanbietern **signalisieren** kann, dass keine Nutzungsprofile von ihm erstellt werden sollen, in der Vergangenheit mangels einer eindeutig normierten rechtlichen Vorgabe weitgehend folgenlos und mangels Vollzugs gegenüber den Seitenanbietern auch wirkungslos. Künftig stellen die durch die Nutzer vorgenommenen Browsereinstellungen als ausdrücklicher Widerspruch gegen das Setzen von Cookies automatisierte Widerspruchserklärungen dar, mit denen das Tracking auf den besuchten Webseiten und das Erstellen von Nutzerprofilen ausgeschlossen werden können, wenn es um eine Datenverarbeitung zum Zwecke der Direktwerbung oder um Profiling geht und der automatisierte Widerspruch deshalb die Rechtswirkung des Abs. 3 entfaltet. Die Webseitenbetreiber trifft dann eine konkrete Pflicht, auf diesen automatisierten Widerspruch hin keine Nutzungsdaten der betroffenen Person zu erheben, bewehrt ua mit erheblichen Geldbußen nach Art. 83 Abs. 5. Verstöße hiergegen können nach Art. 83 Abs. 5 Geldbußen im Höchstfall von bis zu 20 Mio. Euro oder 4 % des gesamten weltweiten Umsatzes eines Unternehmens nach sich ziehen.

35   Das Modell des **automatisierten Widerspruchs** durch **technische Spezifikationen** setzt jedoch voraus, dass der jeweilige Nutzer die Browsereinstellung selbst vornimmt. Problematisch ist indes der **vorinstallierte Widerspruch**, bei dem der Browser die Do Not Track-Funktion als standardmäßige Einstellung erhält, ohne dass der Nutzer diese Funktion bewusst aktiviert. Ob in diesem Fall von einer eindeutigen Willensbekundung ausgegangen werden kann, die für den Webseitenbetreiber einen Erklärungsgehalt hat und eine Rechtspflicht auslöst, erscheint nicht gänzlich unproblematisch.[45] Im Lichte des Grundsatzes von **Privacy by Default** ist dies gleichwohl zu bejahen. Denn Art. 25 Abs. 2 fordert gerade derartige datenschutzgerechte Voreinstellungen seitens der Anbieter. Ein automatisierter Widerspruch muss grundsätzlich daher auch dann möglich sein, wenn der Nutzer die DNT-Technologie bei entsprechend voreingestellten Browsern nutzt. Insoweit ist bei Nutzung der browserseitigen Voreinstellungen von einem entsprechenden Willen des Nutzers, nicht getrackt zu werden, auszugehen, denn die Anbieter sind gehalten, derartige Möglichkeiten zu schaffen.

VI.   Widerspruch bei Datenverarbeitung zu wissenschaftlichen, historischen und statistischen Zwecken (Abs. 6)

36   Das öffentliche Interesse an wissenschaftlicher Forschung und Erkenntnisgewinnung aus der Arbeit mit personenbezogenen Daten genießt einen besonderen Stellenwert, der sich in verschiedenen Bestimmungen der DSGVO widerspiegelt.[46] Abs. 6 nimmt diese Intention speziell zur Einschränkung des allgemein bestehenden Widerspruchsrechts auf. Diese Bestimmung enthält eine **Privilegierung der Datenverarbeitung zu wissenschaftlichen oder historischen Forschungszwecken oder zu statistischen Zwecken**.[47] Die DSGVO sieht im Übrigen in Art. 89 Abs. 2 bereits eine weitgehende Öffnungsklausel zu diesen Zwecken für die Mitgliedstaaten vor. Insofern können über Abs. 6 hinaus Einschränkungen der Betroffenenrechte für Forschung, Archive und Statistik eröffnet und weitergehende Einschränkungen von Betroffenenrechten insbes. durch die Union oder die Mitgliedstaaten verhängt werden. Diese gehen nach Maßgabe des Grundsatzes der Verhältnismäßigkeit über die in der DSGVO selbst vorgenommenen Einschränkungen hinaus (→ Art. 89 Rn. 57).

37   Auch gegenüber den besonders privilegierten Fallgruppen der Datenverarbeitung nach Abs. 6 hat die betroffene Person grundsätzlich weiterhin das Recht auf Widerspruch. Die Vorschrift stellt eine die Fallgruppe privilegierende Ausnahmebestimmung zu Abs. 1 S. 2 dar und **dispensiert** den Verantwortlichen von der Darlegung der dort geforderten zwingenden schutzwürdigen Gründe.

38   Der Widerspruch gegen die Verarbeitung seiner personenbezogenen Daten steht dort unter dem Vorbehalt, dass die Verarbeitung nicht zur Erfüllung einer im öffentliche Interesse liegenden Aufgabe erforderlich ist: Wie in Abs. 1 wird die Begründungs- und Darlegungslast hierfür auch in Abs. 6 der verantwortlichen Stelle aufgebürdet. Allerdings muss diese keine „zwingenden schutzwürdigen Gründe" wie in der allgemeinen Regelung in Abs. 1 dartun. Soweit die Voraussetzungen erfüllt sind, gelten dann die Rechtsfolgen des Abs. 1 S. 2.[48]

---

44   Erklärung der 35. Internationalen Konferenz der Beauftragten für den Datenschutz und den Schutz der Privatsphäre: Ein Kompass in einer Turbulenten Welt v. 23-26.11.2013, http://www.datenschutz.sachsen-anhalt.de/fileadmin/Bibliothek/Landesaemter/LfD/PDF/binary/Konferenzen/Internationale_Konferenz/warsaw2013_conference/EntschliessungZuWebtrackingUndDatenschutz.pdf.

45   *Schneider*, Warum „Do not Track" den Datenschutz nicht retten wird?, https://www.telemedicus.info/article/2440-Warum-Do-not-Track-den-Datenschutz-nicht-retten-wird.html.

46   S. EG 157; Paal/Pauly/*Martini* Art. 21 Rn. 54.

47   Mit Hinweis darauf, dass angesichts der allgemeinen Bedeutung der Verarbeitung personenbezogener Daten zu diesen privilegierten Zwecken daran zu denken sei, betroffenen Personen kein eigenständiges Widerspruchsrecht einzuräumen, vgl. Sydow/*Helfrich* Art. 21 Rn. 88.

48   Vgl. Sydow/*Helfrich* Art. 21 Rn. 100; Paal/Pauly/*Martini* Art. 21 Rn. 47.

Abs. 6 enthält zunächst eine **Darlegungslast** bezüglich des öffentlichen Interesses, die bereits durch eine **39** **Glaubhaftmachung** erfüllt wird,[49] da die Verarbeitungszwecke bereits durch die DSGVO selbst privilegiert werden und insoweit die Annahme eines öffentlichen Interesses in der Regel angenommen werden dürfte.[50] Gleichwohl muss der Zweck der Datenverarbeitung selbst substantiiert dargelegt werden, so dass von einer tatbestandlichen Voraussetzung für eine Datenverarbeitung zu wissenschaftlichen oder historischen Forschungszwecken oder zu statistischen Zwecken ausgegangen werden kann (zu den Begriffen → Art. 89 Rn. 10ff.). Dabei ist zu beachten, dass Abs. 6 anders als Art. 89 Abs. 1 und Abs. 3 eine Privilegierung für **Archivzwecke** nicht enthält.

Zur Überprüfung der erfolgreichen Geltendmachung des Widerspruchsrechts erfolgt **eine Erforderlichkeits-** **40** **prüfung,** bei der insbes. die Frage der Einhaltung besonderer Garantien zur Einhaltung des Grundsatzes der Datenminimierung bzw. technischer und organisatorischer Maßnahmen nach Maßgabe von Art. 89 Abs. 1. S. 1 zu prüfen ist (EG 156, allerdings zu Art. 89). Zwar sind diese Vorgaben nicht in Abs. 6, jedoch als Garantien in Art. 89 Abs. 1 enthalten. Eine im öffentlichen Interesse nach Abs. 6 liegende Aufgabe, die einem Widerspruch entgegensteht, setzt aber voraus, dass ausreichende technische und organisatorische Maßnahmen zum Schutz der personenbezogenen Daten, mit denen insbes. die Beachtung des Grundsatzes der Datenminimierung nach Art. 89 Abs. 1 S. 2 erfolgt, umgesetzt werden. Somit hat der besondere Zweck der Forschung oder Statistik in der Abwägung zum Persönlichkeitsrecht der betroffenen Person **keinen absoluten Vorrang,** sondern muss dann zurücktreten, wenn geeignete und erforderliche Maßnahmen zur technischen und organisatorischen Minimierung der Verarbeitung personenbezogener Daten durch die verantwortliche Stelle nicht oder nicht ausreichend in Betracht gezogen und implementiert wurden. Die Annahme eines zur Verarbeitung der Daten bestehenden öffentlichen Interesses ist dann nicht tunlich.

VII. Beschränkungen des Widerspruchsrechts

Art. 23 sieht wie bei den übrigen Betroffenenrechten die Möglichkeit vor, durch Rechtsvorschrift der Union **41** oder der Mitgliedstaaten das Widerspruchsrecht unter bestimmten Voraussetzungen zu beschränken (→ Art. 23 Rn. 37ff.; sa EG 73). Dasselbe gilt nach Art. 89 Abs. 2 und Abs. 3, wenn die Datenverarbeitung zu Zwecken der wissenschaftlichen oder historischen Forschung, der Statistik oder im öffentlichen Interesse liegender Archive erfolgt (→ Art. 89 Rn. 57ff.; sa EG 156) sowie nach Art. 85 Abs. 2 für die Verarbeitung zu journalistischen, wissenschaftlichen, künstlerischen oder literarischen Zwecken (→ Art. 85 Rn. 26ff.).

Der **deutsche Gesetzgeber** hat von diesen **Öffnungsklauseln** gleich mehrfach Gebrauch gemacht. § 36 BDSG **42** nF schränkt das Widerspruchsrecht nach Abs. 1 (nicht aber nach den folgenden Absätzen, insbes. nicht nach Abs. 6) gegenüber öffentlichen Stellen insoweit ein, als an der Verarbeitung ein **zwingendes öffentliches Interesse** besteht, das die Interessen der betroffenen Person überwiegt, oder eine Rechtsvorschrift zur Verarbeitung verpflichtet. Ausweislich der Begründung macht der Gesetzgeber damit von Art. 23 Abs. 1 lit. e Gebrauch.[51] Wann ein „zwingendes" öffentliches Interesse vorliegen soll, wird in der Begründung nicht erläutert. Eine **restriktive Auslegung** ist hier erforderlich, um das Leerlaufen des Widerspruchsrechts gegenüber öffentlichen Stellen zu verhindern. Insoweit kann nicht bereits die Tatsache, dass die Daten verarbeitende Stelle eine öffentliche Aufgabe erledigt, das Widerspruchsrecht entfallen lassen.

Daneben schränken § 27 Abs. 2 und § 28 Abs. 4 BDSG nF das Widerspruchsrecht ein, soweit es die Ver- **43** wirklichung von Forschungs- oder Statistikzwecken (§ 27 Abs. 2 BDSG nF) bzw. Archivzwecken (§ 28 Abs. 4) „voraussichtlich [...] unmöglich machen oder ernsthaft beeinträchtigen" würde und die Beschränkung für die Erfüllung des jeweiligen Zwecks notwendig ist. Diese weite Formulierung in Bezug auf die bloße Beeinträchtigung der privilegierten Zwecke ist durchaus fragwürdig. Sie soll nach Maßgabe der Begründung die Öffnungsklausel aus Art. 89 Abs. 2 die Rechte nach Art. 21 einschränken. Die Beeinträchtigung als unterste Stufe einer Betroffenheit kann allein nicht dazu führen, dass den betroffenen Personen das Recht auf Widerspruch nicht zusteht.

VIII. Sanktionen und Rechtsdurchsetzung

Verstöße gegen Art. 21 sind nach Art. 83 Abs. 5 lit. b bußgeldbewehrt. Daneben greifen das Beschwerde- **44** recht (Art. 77) sowie die Möglichkeit des gerichtlichen Rechtsbehelfs (Art. 79), wenn der Verantwortliche seinen Informationspflichten nicht nachkommt. Die Aufsichtsbehörde kann überdies Anordnungen nach Art. 58 Abs. 2 lit. g treffen, wenn der Verantwortliche seinen Pflichten im Falle eines begründeten Widerspruchs nicht nachkommt.

---

49 Paal/Pauly/*Martini* Art. 21 Rn. 60.
50 Vgl. EG 156ff.
51 BT-Drs. 18/11325, 106.

Artikel 22　Automatisierte Entscheidungen im Einzelfall einschließlich Profiling

(1) Die betroffene Person hat das Recht, nicht einer ausschließlich auf einer automatisierten Verarbeitung – einschließlich Profiling – beruhenden Entscheidung unterworfen zu werden, die ihr gegenüber rechtliche Wirkung entfaltet oder sie in ähnlicher Weise erheblich beeinträchtigt.

(2) Absatz 1 gilt nicht, wenn die Entscheidung

a)　für den Abschluss oder die Erfüllung eines Vertrags zwischen der betroffenen Person und dem Verant- wortlichen erforderlich ist,

b)　aufgrund von Rechtsvorschriften der Union oder der Mitgliedstaaten, denen der Verantwortliche un- terliegt, zulässig ist und diese Rechtsvorschriften angemessene Maßnahmen zur Wahrung der Rechte und Freiheiten sowie der berechtigten Interessen der betroffenen Person enthalten oder

c)　mit ausdrücklicher Einwilligung der betroffenen Person erfolgt.

(3) In den in Absatz 2 Buchstaben a und c genannten Fällen trifft der Verantwortliche angemessene Maß- nahmen, um die Rechte und Freiheiten sowie die berechtigten Interessen der betroffenen Person zu wahren, wozu mindestens das Recht auf Erwirkung des Eingreifens einer Person seitens des Verantwortlichen, auf Darlegung des eigenen Standpunkts und auf Anfechtung der Entscheidung gehört.

(4) Entscheidungen nach Absatz 2 dürfen nicht auf besonderen Kategorien personenbezogener Daten nach Artikel 9 Absatz 1 beruhen, sofern nicht Artikel 9 Absatz 2 Buchstabe a oder g gilt und angemessene Maß- nahmen zum Schutz der Rechte und Freiheiten sowie der berechtigten Interessen der betroffenen Person ge- troffen wurden.

Literatur: *Abel, R. B.,* Rechtsfragen von Scoring und Rating, RDV 2006, 108; *ders.,* Automatisierte Entscheidungen im Einzelfall gem. Art. 22 DS-GVO – Anwendungsbereich und Grenzen im nicht-öffentlichen Bereich, ZD 2018, 304; *Art.-29-Gruppe,* Stel- lungnahme 2/2010 zur Werbung auf Basis von Behavioural Targeting vom 22.6.2010 WP171; *dies.,* Leitlinien zur Datenschutz- Folgenabschätzung (DSFA) und Beantwortung der Frage, ob eine Verarbeitung im Sinne der Verordnung 2016/679 „wahrschein- lich ein hohes Risiko mit sich bringt", 17/DE WP248rev. 01; *dies.,* Guidelines on Automated individual decision-making and Pro- filing fort he purposes of Regulation 2016/679, 17/EN WP251rev. 01; *Becker, E.-M./Schwab, D.,* Big Data im Gesundheitswesen – Datenschutzrechtliche Zulässigkeit und Lösungsansätze, ZD 2015, 151; *Beckhusen, G. M.,* Der Datenumgang innerhalb des Kre- ditinformationssystems der Schufa, 2004; *Boehme-Neßler, V.,* Das Ende der Anonymität – Wie Big Data das Datenschutzrecht verändert, DuD 2016, 419; *Born, T.,* Bonitätsprüfungen im Online-Handel, ZD 2015, 66; *Braun Binder, N.,* Vollständig automa- tisierter Erlass eines Verwaltungsaktes und Bekanntgabe über Behördenportale, DÖV 2016, 891; *Bräutigam, P./Schmidt-Wudy, F.,* Das geplante Auskunfts- und Herausgaberecht des Betroffenen nach Art. 15 der EU-Datenschutzgrundverordnung, CR 2015, 56; *Brühann, U./Zerdick, Th.,* Umsetzung der EG-Datenschutzrichtlinie, CR 1996, 429; *Buchner, B.,* Informationelle Selbstbestim- mung im Privatrecht, 2006; *Dammann, U.,* Erfolge und Defizite der EU-Datenschutzgrundverordnung – Erwarteter Fortschritt, Schwächen und überraschende Innovationen, ZD 2016, 307; *Deuster, L.,* Automatisierte Entscheidungen nach der Datenschutz- Grundverordnung, PinG 2016, 75; *Deutsches Institut für Vertrauen und Sicherheit im Internet (DIVSI),* Big Data, 2016; *Eichler, C./Weichert, T.,* EC-Karten Nutzung, elektronisches Lastschriftverfahren und Datenschutz, DuD 2011, 201; *Eschholz, S.,* Big Da- ta-Scoring unter dem Einfluss der Datenschutz-Grundverordnung, DuD 2017, 180; *Giesswein, C.,* Die Verfassungsmäßigkeit des Scoringverfahrens der Schufa, 2012;. *Geminn, C. L.,* Smart Home als Herausforderung für das Datenschutzrecht. Enthält die Da- tenschutz-Grundverordnung risikoadäquate Regelungen?, DuD 2016, 575; *Gola, P.,* Die Digitalisierung der Personalakte und der Datenschutz, RDV 2008, 135; *Golla, S.,* Abgenickt von Algorithmik – Aktuelles zum Verbot automatisierter Entscheidungen, PinG 2014, 61; *Groß, N./Gressel, J.,* Entpersonalisierte Arbeitsverhältnisse als rechtliche Herausforderung – Wenn Roboter zu Kollegen und Vorgesetzten werden, NZA 2016, 990; *Hoeren, T.,* Rechtliche Grundlagen des SCHUFA-Scoring-Verfahrens, RDV 2007, 93; *ders.,* Datenschutz und Scoring: Grundelemente der BDSG-Novelle I, VuR 2009, 363; *Iraschko-Luscher, S.,* Der „gläser- ne" Schuldner, DuD 2005, 467; *Jandt, S.,* Smart Health – Wird die DSGVO den dynamischen Herausforderungen gerecht?, DuD 2016, 571; *Kamlah, W./Walter, S.,* Was ist zulässig und welche (Auskunfts-)Rechte haben die Betroffenen?, PinG 2015, 159; *Korczak, D./Wilken, M.,* Scoring im Praxistest: Aussagekraft und Anwendung von Scoringverfahren in der Kreditvergabe und Schlussfolgerungen, Studie im Auftrag des Verbraucherzentrale Bundesverbandes e.V., 2008; *Kugelmann, D.,* Datenfinanzierte Internetangebote – Regelungs- und Schutzmechanismen der DSGVO, DuD 2016, 566; *Lischka, Ph. K./ Klingel, A.,* Wenn Maschi- nen Menschen bewerten – Internationale Fallbeispiele für Prozesse algorithmischer Entscheidungsfindung, Arbeitspapier der Ber- telsmann Stiftung, 2017; *Martini, M.,* Big Data als Herausforderung für den Persönlichkeitsschutz und das Datenschutzrecht, DVBl 2014, 1481; *Mendoza, I./Bygrave, L. A.,* The Right Not to Be Subject to Automated Decisions Based on Profiling, Universi- ty of Oslo Faculty of Law Research Paper No. 2017-20; *Möller, J./Florax, B.-C.,* Kreditwirtschaftliche Scoring-Verfahren, MMR 2002, 806; *dies.,* Datenschutzrechtliche Unbedenklichkeit des Scoring von Kreditrisiken?, NJW 2003, 2724; *Moos, F./Rothkegel, T.,* Nutzung von Scoring-Diensten im Online-Versandhandel, ZD 2016, 561; *Müller, U.,* Personalauswahl in öffentlichen Verwal- tungen: Rechtliche, betriebswirtschaftliche und verhaltenswissenschaftliche Faktoren für die Praxis, VR 2009, 145; *Nebel, M./ Richter, Ph.,* Datenschutz bei Internetdiensten nach der DS-GVO – Vergleich der deutschen Rechtslage mit dem Kommissionsent- wurf, ZD 2012, 407; *Ohrtmann, J.-P./Schwiering, S.,* Big Data und Datenschutz – Rechtliche Herausforderungen und Lösungsan- sätze, NJW 2014, 2984; *Piltz, G. /Holländer, C.,* Scoring als modernes Orakel von Delphi, ZRP 2008, 143; *Richter, Ph.,* Big Da- ta, Statistik und die Datenschutz-Grundverordnung, DuD 2016, 581; *Roßnagel, A.,* Datenschutz in einem informatischen Alltag, 2007; *ders.,* Big Data – Small Privacy? Konzeptionelle Herausforderungen für das Datenschutzrecht, ZD 2013, 562; *ders.,* Wie zukunftsfähig ist die Datenschutz-Grundverordnung, DuD 2016, 561; *Roßnagel, A./Geminn, C. L./Jandt, S./Richter, Ph.,* Daten- schutzrecht 2016 – „Smart" genug für die Zukunft? – Ubiquitous Computing und Big Data als Herausforderungen des Daten- schutzrechts, 2016; *Roßnagel, A./Nebel, M./Richter, Ph.,* Was bleibt vom Europäischen Datenschutzrecht? Überlegungen zum

Ratsentwurf der DS-GVO, ZD 2015, 455; *Roßnagel, A./Richter, Ph./Nebel, M.,* Besserer Internetdatenschutz für Europa – Vorschläge zur Spezifizierung der DS-GVO, ZD 2013, 103; *Sachverständigenrat für Verbraucherfragen,* Verbraucherrecht 2.0 – Verbraucher in der digitalen Welt, 2016; *Spiecker gen. Döhmann, I.,* Zur Zukunft systemischer Digitalisierung – Erste Gedanken zur Haftungs- und Verantwortungszuschreibung bei informationstechnischen Systemen, CR 2016, 698; *Stegmüller, M.,* Vollautomatische Verwaltungsakte – eine kritische Sicht auf die neuen § 24 I 3 und § 35 a VwVfG, NVwZ 2018, 353; *Stiemerling, O.,* "Künstliche Intelligenz" – Automatisierung geistiger Arbeit, Big Data und das Internet der Dinge, CR 2015, 762; *Taeger, J.,* Scoring in Deutschland nach der EU-Datenschutzgrundverordnung, ZRP 2016, 72; *ders.,* Verbot des Profiling nach Art. 22 DS-GVO und die Regulierung des Scoring ab Mai 2018, RDV 2017, 3; *Thüsing, G.,* Automatisierte Einzelentscheidung in der PKV – Zur Europarechtskonformität des neuen § 37 Abs. 1 Nr. 2 BDSG, RDV 2018, 14; *Unabhängiges Landeszentrum für Datenschutz Schleswig-Holstein,* Scoringsysteme zur Beurteilung der Kreditwürdigkeit: Chancen und Risiken für Verbraucher, 2005; *Unabhängiges Landeszentrum für Datenschutz Schleswig-Holstein/GP Forschungsgruppe,* Scoring nach der Datenschutz-Novelle 2009 und neue Entwicklungen, 2014; *Wachter, S./Mittelstadt, B./Floridi, L.,* Why a Right to Explanation of Automated Decision-Making Does Not Exist in the General Data Protection Regulation, International Data Privacy Law 2017, 76; *Weichert, T.,* Datenschutzrechtliche Anforderungen an Verbraucher-Kredit-Scoring, DuD 2005, 582; *ders.,* Verbraucher-Scoring meets Datenschutz, DuD 2006, 399; *ders.,* Big Data und Datenschutz – Chancen und Risiken einer neuen Form der Datenanalyse, ZD 2013, 251; *ders.,* Big Data, Gesundheit und der Datenschutz, DuD 2014, 831; *ders.,* Scoring in Zeiten von Big Data, ZRP 2014, 168; *Wolber, T.,* Datenschutzrechtliche Zulässigkeit automatisierter Kreditentscheidungen, CR 2003, 623; *Wuermeling, U.,* Umsetzung der europäischen Datenschutzrichtlinie – Konsequenzen für die Privatwirtschaft, DB 1996, 663; *ders.,* Scoring rechtmäßig gestalten, in: LDI NW (Hrsg.), Living by numbers – Leben zwischen Statistik und Wirklichkeit, 2005, 38; *Zahariev, M.,* The evolution of EU data protection law on automated data profiling, PinG 2017, 73.

I. Gegenstand und Zweck der Regelung

Die Vorschrift begründet in Abs. 1 ein grundsätzliches **Verbot**, Entscheidungen, die eine rechtliche Wirkung oder wesentliche Beeinträchtigung für die betroffene Person nach sich ziehen, ausschließlich auf eine automatisierte Verarbeitung zu stützen. Erfasst werden davon ausdrücklich auch automatisierte Einzelentscheidungen, die auf Basis eines **Profilings** (Art. 4 Nr. 4 → Art. 4 Nr. 4 Rn. 1ff.) ergehen. 1

Von dem Verbot sieht Abs. 2 weitreichende **Ausnahmen** vor. Es gilt nicht, wenn die Entscheidung für den Abschluss oder die Erfüllung eines Vertrages mit der betroffenen Person erforderlich ist (lit. a) oder diese ausdrücklich eingewilligt hat (lit. c). Abs. 3 macht diese Ausnahmen wiederum von der Einhaltung zusätzlicher Voraussetzungen abhängig. So muss der Verantwortliche angemessene Maßnahmen treffen, um die Rechte und Interessen der betroffenen Personen zu wahren. Auch darf nach Abs. 4 die Entscheidung grundsätzlich nicht auf der Verarbeitung besonderer Kategorien personenbezogener Daten beruhen. Schließlich enthält die Vorschrift in Abs. 2 lit. b eine **Öffnungsklausel**. Danach dürfen die Mitgliedstaaten oder die EU durch Rechtsvorschrift weitere Ausnahmen vom Verbot der automatisierten Einzelentscheidung erlassen. Auch die danach zulässigen Entscheidungen müssen mit angemessenen Garantien zum Schutz der betroffenen Personen verbunden sein. 2

Die Vorschrift soll verhindern, dass rechtserhebliche oder nachteilige Entscheidungen ausschließlich auf automatisierte Verarbeitungsprozesse gestützt werden, ohne dass eine individuelle Einschätzung und Bewertung durch einen Menschen stattfindet. Der Einzelne soll davor geschützt werden, einem **rein technischen** und **undurchschaubaren Vorgang** ausgeliefert zu sein, ohne die zugrunde liegenden Annahmen und Bewertungsmaßstäbe nachvollziehen und gegebenenfalls seine Rechte und Interessen einbringen zu können.[1] Die Vorschrift beruht auf dem Grundgedanken, dass niemand zum **bloßen Objekt** einer allein auf Algorithmen basierenden Bewertung persönlicher Daten werden darf.[2] Vielmehr sollen belastende Wertungsentscheidun- 3

1　Vgl. Kühling/Buchner/*Buchner* Art. 22 Rn. 1; zu § 6 a BDSG aF Auernhammer/*Herbst* BDSG § 6 a Rn. 1; *Bergmann/Möhrle/Herb* BDSG § 6 a Rn. 3; *Golla* PinG 2014, 61 (63); *Mendoza/Bygrave,* The Right Not to Be Subject to Automated Decisions Based on Profiling, S. 5ff. Zum Aspekt des Ausgeliefertseins auch Buchner, Informationelle Selbstbestimmung im Privatrecht, 2006, S. 135 f. am Beispiel des Credit Reporting. Skeptisch Gola/*Schulz* Art. 22 Rn. 2, demzufolge der Verordnungsgeber die Vorteile einer objektiven Entscheidungsfindung gegenüber naturgemäß auch von nicht-sachlichen Erwägungen geleiteten Entscheidungen natürlicher Personen außer Acht lässt.

2　In diesem Sinne auch Paal/Pauly/*Martini* Art. 22 Rn. 1.

gen immer auch von einer natürlichen Person inhaltlich verantwortet werden.[3] Die Regelung zielt damit nicht nur auf den Schutz vor **diskriminierenden Entscheidungen** vermeintlich objektiver Datenverarbeitungsprogramme, sondern auch auf **Transparenz** und **Fairness** bei der Entscheidungsfindung selbst.[4]

4 Die Norm stellt insofern eine Besonderheit im Datenschutzrecht dar, als hier nicht die Verarbeitung personenbezogener Daten im engeren Sinn geregelt wird, sondern erst die darauf basierende **Entscheidungsfindung** und die **Anwendung** eines bestimmten **Verarbeitungsergebnisses**.[5] Die Vorschrift befasst sich also nicht mit der Frage, ob die automatisierte Verarbeitung, auf der die Entscheidung letztlich beruht, datenschutzrechtlich zulässig ist, sondern damit, wie ein Entscheidungsvorgang gestaltet werden muss, damit zum einen die betroffene Person ausreichend beteiligt und zum anderen die personale Verantwortung für die zu treffende Entscheidung gesichert ist.[6] Es handelt sich um eine **flankierende Verfahrensvorschrift** zu den eigentlichen datenschutzrechtlichen Erlaubnistatbeständen.[7]

5 Das gilt – trotz des missverständlichen Einschubs in Abs. 1 – auch mit Blick auf das **Profiling** (Art. 4 Nr. 4). Die Vorschrift hebt das Profiling als einen wichtigen Anwendungsfall zwar bewusst hervor (→ Rn. 20ff.). Sie begrenzt damit aber **nicht** dessen **datenschutzrechtliche Zulässigkeit**, sondern erfasst das Profiling nur, soweit es Bestandteil der auf einer automatisierten Verarbeitung gestützten Entscheidung ist.[8] Für diese Auslegung spricht neben den Informationspflichten in Art. 13 Abs. 2 lit. f und Art. 14 Abs. 2 lit. g und dem Auskunftsrecht in Art. 15 Abs. 1 lit. h, die sämtlich von einer „automatisierten Entscheidungsfindung einschließlich Profiling" sprechen, auch EG 71 UAbs. 1 S. 2 („Zu einer derartigen Verarbeitung zählt auch das Profiling, …"). Das Profiling stellt keine Untergruppe von automatisierten Entscheidungen dar, sondern ist eine besondere Ausprägung einer automatisierten Verarbeitung. Da die DSGVO gerade keine spezifische Rechtsgrundlage für das Profiling vorsieht, muss dieses an den allgemeinen Datenschutzgrundsätzen in Art. 5 und den Zulässigkeitstatbeständen in Art. 6 gemessen werden (→ Art. 6 Abs. 1 Rn. 121).[9] Das ergibt sich auch aus Art. 21 Abs. 1 S. 1 Hs. 2, der als mögliche Rechtsgrundlage für das Profiling auf Art. 6 Abs. 1 UAbs. 1 lit. e und f. verweist, und EG 72, wonach das Profiling „den Vorschriften der Verordnung für die Verarbeitung personenbezogener Daten" unterliegen soll.[10]

6 Die Vorschrift hat – dem Anwendungsbereich der DSGVO entsprechend – das Verhältnis der betroffenen Personen zu den für die Datenverarbeitung Verantwortlichen im Blick. Sie gilt sowohl für den **öffentlichen** als auch den **nicht-öffentlichen Bereich**. Im nicht-öffentlichen Bereich kann das Verbot automatisierter Einzelentscheidungen – soweit dieses Auswirkungen auf die inhaltliche Gestaltung der zu schließenden Verträge hat – auch die grundrechtlich geschützte **Privatautonomie** des Verantwortlichen beeinträchtigen. Die Norm schafft aber einen verhältnismäßigen Interessenausgleich, da die gesetzlichen Beschränkungen von vornherein nur dann eingreifen, wenn die betroffene Person durch die Entscheidung einer rechtlichen Wirkung ausgesetzt oder erheblich beeinträchtigt wird.[11]

7 **Nicht anwendbar** ist die Vorschrift auf Behörden, die personenbezogene Daten zum Zwecke der Verhütung, Ermittlung, Aufdeckung oder **Verfolgung von Straftaten** einschließlich des Schutzes vor und der **Abwehr von Gefahren für die öffentliche Sicherheit** verarbeiten (Art. 2 Abs. 2 lit. d). Für diesen Bereich greift die als zweiter Teil des „Datenschutzpakets" der EU-Kommission zusammen mit der DSGVO verabschiedete JI-Richtlinie.[12] Diese enthält in ihrem Art. 11 eine mit Art. 22 vergleichbare Regelung. Sie geht nur inso-

---

3 Vgl. schon zur DSRL *Dammann/Simitis* Art. 15 Rn. 1 f.; Grabitz/Hilf/Nettesheim/*Brühann* DSRL Art. 15 Rn. 1.

4 Nach *Roßnagel/Geminn/Jandt/Richter*, Datenschutzrecht 2016 – „Smart" genug für die Zukunft?, 2016, S. 167 handelt sich um eine der wenigen risikobezogenen Regelungen der DSGVO.

5 Vgl. *ULD*, Scoringsysteme zur Beurteilung der Kreditwürdigkeit, S. 86; *Dammann/Simitis* Art. 15 Rn. 1. Kritisch Plath/*Kamlah* BDSG § 6 a Rn. 2, der eine Verortung im BGB für passender hält.

6 Vgl. Gola/*Schulz* Art. 22 Rn. 3; *Dammann/Simitis* Art. 15 Rn. 1; zu § 6 a BDSG aF BeckOK DatenschutzR/*v.Lewinski* BDSG § 6 a Rn. 2; Gola/*Schomerus* § 6 a Rn. 2; *Abel* ZD 2018, 304 (305).

7 So BeckOK DatenschutzR/*v. Lewinski* DSGVO Art. 22 Rn. 3.

8 Vgl. *Laue/Nink/Kremer*, Das neue Datenschutzrecht in der betrieblichen Praxis, 2016, § 2 Rn. 73 f.; *Albrecht/Jotzo*, Das neue Datenschutzrecht der EU, 2016, 60; Gola/*Schulz* Art. 22 Rn. 4; Plath/*Kamlah*, DSGVO Art. 22 Rn. 2; *Richter* ZD 2016, 581 (585); *Kugelmann* DuD 2016, 566 (569); *Eschholz* DuD 2017, 180 (184).

9 Dazu *Art.-29-Gruppe*, 17/EN WP251rev. 01, S. 9ff.

10 So auch Kühling/Buchner/*Buchner* Art. 22 Rn. 4, 11; *Kugelmann* DuD 2016, 566 (570); *Richter* DuD 2016, 581 (585); *Härting*, Datenschutz-Grundverordnung, 2016, Rn. 608 f.; *Taeger* RDV 2017, 3 (6) – für das Scoring.

11 Zur verfassungsrechtlichen Einordnung s. Simitis/*Scholz* § 6 a Rn. 9ff.

12 Automatisierte Einzelentscheidungen spielen auch im Bereich der Gefahrenabwehr und Strafverfolgung eine immer größere Rolle. Ein Beispiel ist das „Predictive Policing", das auch in Deutschland angewandt wird, um vorherzusagen, in welchen Gegenden bestimmte Straftaten mit einer höheren Wahrscheinlichkeit begangen werden. In den USA werden auch individuelle Kriminalitätsprognosen, also die Vorhersage der Wahrscheinlichkeit, mit der eine bestimmte Person eine Straftat begeht, auf Algorithmen gestützt. Dazu *Lischka/Klingel*, Wenn Maschinen Menschen bewerten, 2017, S. 12ff.

weit über die DSGVO hinaus, als sie ein Profiling ausdrücklich verbietet, das zu einer Diskriminierung auf der Grundlage von besonders schutzwürdigen Daten führt.[13]

II. Hintergrund der Regelung

Die Vorschrift adressiert eine zentrale Frage der Informationsgesellschaft. Sollen Entscheidungen über die Möglichkeiten zur **Ausübung menschlicher Freiheiten** ungeprüft **Maschinen** und ihren Algorithmen **überlassen** werden?[14] Diese Frage gewinnt an Bedeutung, denn mit dem rasant wachsenden Aufkommen an Daten haben sich auch das Potenzial und die technischen Möglichkeiten zu deren Verknüpfung und Analyse enorm erweitert. Aus nahezu allen Lebensbereichen und den unterschiedlichsten Quellen stehen heute Daten zur Verfügung. Dazu zählen neben Angaben über privaten Konsum, Internetnutzung, E-Mail-Kommunikation, Mobiltelefonie, Finanztransaktionen, medizinische Behandlung, Fitnesszustand („Wearables"), Fahrverhalten („smart cars"), Energienutzung („smart meter"), Videoüberwachung und berufliche Tätigkeiten auch statistische Daten oder Angaben aus der Markt- und Meinungsforschung. Hinzu kommen vermehrt Sensordaten aus vernetzten Alltagsumgebungen und Alltagsgegenständen („**Internet der Dinge**").[15] 8

Big-Data-Anwendungen sind in der Lage, das Erkenntnispotential dieser Datenbestände zu erschließen und aus ihnen neue Bedeutungen, Zusammenhänge und Muster abzuleiten.[16] Analyse-Algorithmen zielen darauf, durch die Verknüpfung unterschiedlicher Daten neue Einsichten zu gewinnen, Ereignisse vorherzusagen und zu beeinflussen. Mit ihnen können aber auch bisher unbekannte Merkmale einer bestimmten Person besser und schneller erkannt und bewertet, personalisierte **Profile** erstellt und individuelle **Verhaltensmuster** berechnet werden. So findet in der Kreditwirtschaft entwickelte **Scoring**, bei dem ein künftiges Verhalten mit einem Wahrscheinlichkeitswert prognostiziert wird, inzwischen in zahlreichen Zusammenhängen Anwendung (vgl. Anh. 2 zu Art. 6 (Scoring)).[17] Schon weit verbreitet sind Scores zur Feststellung von Versicherungsrisiken sowie zur Bewertung von Arbeitnehmern oder Bewerbern. Die Adressierung von Marketing-Maßnahmen, insbes. bei der Online-Werbung, basiert regelmäßig auf Scoring-Verfahren. Immer öfter entscheiden **Algorithmen**, ob, und wenn ja welche Verträge zu welchen Bedingungen angeboten werden, welche Informationen oder Beratungsleistungen bereitgestellt werden, ob eine Zugangserlaubnis erteilt wird oder welche Freunde zu einem passen. Ein guter Scorewert wird für die **Freiheitswahrnehmung** in der digitalen Welt existenziell.[18] 9

Bei **Big-Data-Analysen** werden Korrelationen und Wahrscheinlichkeiten berechnet, hinter denen keine Kausalitäten stehen müssen.[19] Die erlangten Erkenntnisse können auf Zufälligkeiten beruhen oder auf Umständen, für die keine Daten in die Auswertung eingeflossen sind oder deren Gewichtung nicht richtig erkannt wurde.[20] **Algorithmen** haben keine soziale Kompetenz und können komplexe Sinnzusammenhänge nicht erfassen. Sie operieren auf Basis eines vordefinierten Ziels und sind von bestimmten Grundannahmen abhängig. Ihr Einsatz führt daher keineswegs automatisch zu „richtigen" Ergebnissen. Allein auf statistischen Wahrscheinlichkeiten beruhende Prognosen können sich als individuell falsch herausstellen. Aus der Analyse an sich zutreffender Einzeldaten können **fehlerhafte, unfaire, manipulative** und **diskriminierende Schlussfolgerungen** gezogen werden, die die Persönlichkeitsrechte und sonstige Freiheitsrechte des Einzelnen erheblich beeinträchtigen.[21] Mithilfe von Algorithmen-basierten Profilen kann das Verhalten von Personen ziel- 10

---

13 Danach ist etwa das „Racial Profiling" unzulässig, also staatliche Maßnahmen und Beurteilungen, die Personen aufgrund ihrer ethnischen Herkunft einordnen. Beispiel nach Schantz/Wolff/*Schantz*, Rn. 753.

14 S. zu dieser Frage auch die Entschließung des *EP* vom 16.2.2017 mit Empfehlungen an die KOM zu zivilrechtlichen Regelungen im Bereich Robotik (2015/2103(INL)).

15 Vgl. *Geminn* DuD 2016, 575 (zu Smart Home); *Jandt* DuD 2016, 571 (zu Smart Health); *Roßnagel*, Datenschutz in einem informatisierten Alltag, 2007; *Deutscher Bundestag*, Zukunftsreport – Ubiquitous Computing, BT-Drs. 17/405; *Sachverständigenrat für Verbraucherfragen*, Verbraucherdatenschutz im Internet der Dinge, SVRV Working Paper Nr. 3, 2016; *Roßnagel/Geminn/Jandt/Richter*, Datenschutzrecht 2016 – „Smart" genug für die Zukunft?, 2016.

16 Allgemein zu Big Data und Datenschutz zB *Boehme-Neßler* DuD 2016, 419ff.; *Richter* DuD 2016, 581ff.; *Ohrtmann/Schwiering* NJW 2014, 2984ff.; *Martini* DVBl 2014, 1481ff.; *Weichert* ZD 2013, 251ff.; *Roßnagel* ZD 2013, 562ff.; *Mayer-Schönberger/Cukier*, Big Data, 2013; *DIVSI*, Big Data, 2016; *EDPS*, Bewältigung der Herausforderungen in Verbindung mit Big Data, Stellungnahme 7/2015. Zu Big Data im Gesundheitswesen *Weichert* DuD 2014, 831ff.; *Becker/Schwab* ZD 2015, 151ff. Fallbeispiele für Prozesse algorithmischer Entscheidungsfindung bei *Lischka/Klingel*, Wenn Maschinen Menschen bewerten, 2017.

17 Dazu *Weichert* ZRP 2014, 168.

18 So *Weichert* ZRP 2014, 168 (169).

19 Vgl. *Martini* DVBl 2014, 1481 (1485).

20 Vgl. zu den Risiken *Weichert* DuD 2014, 831 (834); *Roßnagel* ZD 2013, 562 (566).

21 Der Algorithmus könnte bspw. denjenigen höhere Preise anbieten, die breit sind mehr zu bezahlen, oder potenzielle Adressaten aufgrund ihrer politischen Meinung oder ihres Geschlechts von einem Angebot ausschließen. Vgl. *Sachverständigenrat für Verbraucherfragen*, Verbraucherrecht 2.0 – Verbraucher in der digitalen Welt, 2016, 57.

gerichtet gesteuert und damit ihre Entscheidungsfreiheit eingeschränkt werden.[22] Dabei sind die betroffenen Personen sich des Einsatzes von Algorithmen häufig weder bewusst noch können sie nachvollziehen, wie ein bestimmtes Auswertungsergebnis zustande kommt. Ihnen bleibt nicht nur verborgen, welche Daten, sondern auch mit welchem Gewicht und mit welcher Analysemethode die Daten in den Prozess eingehen. Die Möglichkeit, ein bestimmtes Ergebnis zu überprüfen oder auf die Entscheidungsfindung Einfluss zu nehmen, besteht in der Regel nicht. Die Delegation wesentlicher Entscheidungen auf komplexe Algorithmen-gesteuerte Systeme kann daher leicht zu einem **Verlust an Transparenz, Kontrolle** und **individueller Verantwortung** führen.[23] Algorithmen können sich durch **maschinelles Lernen** zudem selbst weiterentwickeln, indem sie ihre eigenen Ergebnisse überprüfen und anhand ihrer „Erfahrungen" verbessern. Damit werden die von ihnen getroffenen Entscheidungen noch schwerer vorhersehbar und nachvollziehbar.[24]

11 Dem daraus folgenden **Regulierungsbedarf**[25] wird Art. 22 nur zum Teil gerecht.[26] Die Vorschrift sieht zwar ein grundsätzliches Verbot rein automatisierter Einzelentscheidungen vor. Die zugrunde liegenden Verarbeitungsprozesse werden von ihrem Anwendungsbereich aber nicht erfasst (→ Rn. 4 f.). Weder regelt die Vorschrift die äußerst relevante Frage, ob und unter welchen Voraussetzungen ein personenbezogenes Profil erstellt und verwendet werden darf[27], noch macht sie allgemein Vorgaben für einen nichtdiskriminierenden und transparenten Einsatz von Algorithmen.[28] Die Vorschrift belässt es im Wesentlichen bei einer vorsichtigen Fortschreibung der Regelung in Art. 15 DSRL. Dabei werden die Ausnahmen vom Verbot der Einzelentscheidung (bei den Vertragsbeziehungen und der Einwilligung) sogar noch weiter gefasst. Die **einschränkende Wirkung** der Vorschrift dürfte daher **begrenzt** sein, ihre praktische Bedeutung – im Vergleich zur bisherigen nationalen Regelung in § 6 a BDSG aF – nicht wesentlich steigen.

III. Entstehungsgeschichte

12 Art. 22 knüpft an die Regelung des Art. 15 **DSRL** an, die mit § 6 a BDSG aF im deutschen Recht umgesetzt wurde.[29] Nach Art. 15 Abs. 1 DSRL ist jeder Person das Recht einzuräumen, keiner für sie rechtliche Folgen nach sich ziehenden und keiner sie erheblich beeinträchtigenden Entscheidung unterworfen zu werden, die ausschließlich aufgrund einer automatisierten Verarbeitung von Daten zum Zwecke der **Bewertung einzelner Aspekte ihrer Person** ergeht.[30] Beispielhaft führt die DSRL die berufliche Leistungsfähigkeit, die Kreditwürdigkeit, die Zuverlässigkeit oder das Verhalten an. Nach Art. 15 Abs. 2 DSRL sind die Mitgliedstaaten verpflichtet, in zwei Fallgruppen automatisierte Einzelentscheidungen zuzulassen: Erstens, wenn eine Entscheidung im Rahmen eines **Vertragsabschlusses** oder zur **Vertragserfüllung** erfolgt und dem Ersuchen der betroffenen Person damit stattgegeben wurde oder die Wahrung der **berechtigten Interessen** durch geeignete Maßnahmen garantiert wird oder zweitens, wenn eine automatisierte Einzelentscheidung durch ein Gesetz, das ausreichende Garantien für die Wahrung der Rechte der betroffenen Person festlegt, zugelassen ist.[31]

13 Die **Europäische Kommission** hatte sich in ihrem Entwurf inhaltlich eng an der DSRL orientiert.[32] Trotz sprachlicher Abweichungen („Maßnahme" statt „Entscheidung") hatte auch Art. 20 KOM-E die aus-

---

22 Eine solche Bedrohung entsteht, wenn eine Person glaubt, aus freiem Willen eine Entscheidung getroffen zu haben, diese Entscheidung jedoch auf einer Informationsbasis beruht, die aufgrund von beobachteten Vorlieben präjudiziert wurde und bestimmte Angebotsoptionen von vornherein ausschließt.

23 Vgl. *Martini* DVBl 2014, 1481 (1488).

24 Dazu *Stiemerling* CR 2015, 762 (763ff.); Schantz/Wolff/*Schantz*, Rn. 728 mwN.

25 Dazu *Roßnagel* ZD 2013, 562 (566 f.); *Sachverständigenrat für Verbraucherfragen*, Verbraucherrecht 2.0 – Verbraucher in der digitalen Welt, 2016, S. 60ff.; *Roßnagel/Geminn/Jandt/Richter*, Datenschutzrecht 2016 – „Smart" genug für die Zukunft?, 2016, 150ff.

26 In diese Richtung auch Paal/Pauly/*Martini* Art. 22 Rn. 8, 45; *Kugelmann* DuD 2016, 566 (570).

27 Die *DSBK*, Stellungnahme zum Entwurf der Datenschutz-Grundverordnung v. 11.6.2012 hat darauf hingewiesen, dass schon die Profilbildung selbst (zB in sozialen Netzwerken, beim Scoring und bei Auskunfteien) in erheblicher Weise in das Grundrecht auf Datenschutz eingreift und deshalb regelungsbedürftig ist. Art. 21 Abs. 1 S. 1 Hs. 2 sieht zumindest ein Widerspruchsrecht gegen ein Profiling vor.

28 Kritisch schon zum KOM-E *Roßnagel/Richter/Nebel* ZD 2013, 103 (108).

29 Zur Geschichte der deutschen Regelung s. Simitis/*Scholz* § 6 a Rn. 2. Zum Vergleich mit der bisherigen Rechtslage auf Unionsebene auch Paal/Pauly/*Martini* Art. 22 Rn. 14.

30 Nicht einheitlich beurteilt wird, ob Art. 15 DSRL ein Verbot automatisierter Einzelentscheidungen konstatiert (so *Brühann/Zerdick* CR 1996, 433; dafür spricht die Begründung zum geänderten Vorschlag der KOM: „Verboten ist die strikte Anwendung der von dem System erzielten Ergebnisse ...") oder nur die Zulässigkeit automatisierter Einzelentscheidungen begrenzt wird (so *Ehmann/Helfrich* Art. 15 Rn. 3ff. mwN; Plath/*Kamlah* BDSG § 6 a Rn. 18). Hintergrund der Regelung war das französische und niederländische Asylrecht. In beiden Ländern kam es in der Vergangenheit zur Ablehnung von Asylanträgen aufgrund computergestützter Entscheidungen. Dazu *Wuermeling* DB 1996, 668; *Hoeren* VuR 2009, 363. Im Laufe des Rechtsetzungsverfahrens wurde diskutiert, ob auch zivilrechtliche Vorgänge wie die Ablehnung von Vertragsanträgen vom Anwendungsbereich erfasst sein sollten.

31 Dazu im Einzelnen *Ehmann/Helfrich* Art. 15 Rn. 23ff. Zur geringen praktischen Bedeutung der Norm *Mendoza/Bygrave*, The Right Not to Be Subject to Automated Decisions Based on Profiling, S. 4 f.

32 Zum KOM-E Sydow/*Helfrich* Art. 22 Rn. 11ff.; *ULD/GP*, Scoring nach der Datenschutz-Novelle 2009 und neue Entwicklungen, 2014, S. 158ff.

schließlich auf eine automatisierte Verarbeitung von bestimmten Persönlichkeitsmerkmalen gestützte Entscheidung zum Regelungsgegenstand. Es wurden lediglich weitere Beispiele für die zu bewertenden Merkmale der betroffenen Person benannt, nämlich ihre wirtschaftliche Situation, ihr Aufenthaltsort, ihr Gesundheitszustand und ihre persönlichen Vorlieben. Die Kommission verwendete in der Artikelüberschrift der von ihr vorgeschlagenen Regelung erstmals den Begriff des **Profiling**.[33] Aus der gewählten Formulierung „Auf Profiling basierende Maßnahmen" und den zugehörigen Erwägungsgründen wird aber deutlich, dass damit keine Regelung der datenschutzrechtlichen Zulässigkeit von Profilen als solchen beabsichtigt war.[34] Auf zwei wichtige Unterschiede zwischen dem Entwurf der Kommission und der DSRL ist aber hinzuweisen: Automatisierte Einzelentscheidungen sollten nach den Vorstellungen der Kommission auch zulässig sein, wenn die betroffene Person ihre **Einwilligung** hierzu erteilt hat.[35] Außerdem sollten ausschließlich auf die Auswertung **besondere Kategorien personenbezogener Daten** gestützte Maßnahmen ausnahmslos verboten sein.

Weitergehende Regelungen zum Profiling wurden vom **EP** in die Diskussion eingebracht.[36] Nach Art. 20 **14** Parl-E sollte jeder natürlichen Person das Recht zustehen, schon dem **Profiling** selbst zu widersprechen. Über dieses Recht sollte die betroffene Person in deutlich sichtbarer Weise unterrichtet werden. Das **Widerspruchsrecht** und die **Unterrichtungspflicht** haben in Art. 21 Abs. 1 S. 1 Hs. 2 und Abs. 4 Eingang in die DSGVO gefunden. Der Vorschlag des Parlaments sah zudem vor, dass der **Europäische Datenschutzausschuss** Leitlinien, Empfehlungen und bewährte Praktiken für die weitere Festlegung der Kriterien für die auf Profiling beruhenden Entscheidungen veröffentlicht. Eine entsprechende Regelung wurde mit Art. 70 Abs. 1 lit. f in die DSGVO übernommen. In der endgültigen Regelung nicht berücksichtigt wurde hingegen das im Parlamentsentwurf vorgesehene generelle Verbot eines aufgrund von Rasse, ethnischer Herkunft, politischer Überzeugung, Religion oder Weltanschauung, sexueller Orientierung oder Geschlechtsidentität **diskriminierenden Profilings**.[37]

Die Fassung der Vorschrift durch Art. 20 **Rat-E** hat sich letztlich auch im Trilog durchgesetzt. Der Rat hat **15** zunächst am Ansatz der Kommission festgehalten, nicht das **Profiling** als solches zu regeln, sondern automatisiert generierte Einzelentscheidungen – die auch auf einem Profiling beruhen können – grundsätzlich zu verbieten. Allerdings weicht der Rat in einem wichtigen Punkt von der Kommission und der Rechtslage nach der DSRL ab. Der Verbotstatbestand wurde so generalisiert, dass grundsätzlich alle automatisierten Entscheidungen davon erfasst werden, gleichgültig, ob das Verarbeitungsergebnis in einem spezifischen Zusammenhang mit Aspekten der Persönlichkeit und ihrer Bewertung steht.[38] Eine Verarbeitung, deren Zweck in der **Auswertung bestimmter persönlicher Merkmale** einer Person besteht, wird **nicht gefordert**, sondern nur noch beispielhaft für das Profiling erwähnt. Zudem fasst der Rat den **Ausnahmetatbestand für Vertragsverhältnisse** weiter als in der DSRL und in der Kommissionsfassung, weil er nicht nur solche Entscheidungen, die dem Begehren der betroffenen Person stattgeben, von dem Verbot ausnimmt, sondern alle erforderlichen Entscheidungen. Schließlich lässt der Ratsentwurf anders als die Kommission die **Einbeziehung von besonderen Kategorien personenbezogener Daten** in zwei Fällen zu: Zum einen, wenn die betroffene Person ausdrücklich eingewilligt hat und zum anderen, wenn die Verarbeitung auf einer gesetzlichen Grundlage aus Gründen des öffentlichen Interesses erforderlich ist.

IV. Automatisierte Entscheidung im Einzelfall (Abs. 1)

Die Vorschrift ist innerhalb der DSGVO im Kapitel zu den Betroffenenrechten verankert. Dementsprechend **16** formuliert Abs. 1 der Vorschrift auch ein individuelles **Recht der betroffenen Person**, nicht einer ausschließlich auf einer automatisierten Verarbeitung beruhenden Entscheidung unterworfen zu werden, die ihr gegenüber rechtliche Wirkung entfaltet oder sie in ähnlicher Weise erheblich beeinträchtigt. Nach Wortlaut

---

33 Auch Art. 15 DSRL hatte bereits die Verwendung von Persönlichkeitsprofilen zur Entscheidungsfindung im Blick, ohne dies allerdings ausdrücklich zu erwähnen. Dazu *Ehmann/Helfrich* Art. 15 Rn. 12; Simitis/*Scholz* § 6 a Rn. 21.

34 Vgl. EG 51, 58, 59 KOM-E. Anders Paal/Pauly/*Martini* Art. 22 Rn. 9, der den Vorschlag der KOM als umfassendes Profiling-Verbot interpretiert. Mit der Forderung nach einer datenschutzrechtlichen Regulierung der Profilbildung *Art.-29-Gruppe*, Advice paper on essential elements of a definition and a provision on profiling within the EU General Data Protection Regulation (13.5.2013) http://ec.eur opa.eu/justice/data-protection/article-29/documentation/other-document/index_en.htm. In diese Richtung auch *DSBK*, Eckpunktepapier „Ein modernes Datenschutzrecht für das 21. Jahrhundert" (2010), S. 11 f.; *dies.*, Stellungnahme zur Datenschutz-Grundverordnung v. 11.6.2012.

35 Dazu *Nebel/Richter* ZD 2012, 407 (412).

36 Dazu *Mendoza/Bygrave*, The Right Not to Be Subject to Automated Decisions Based on Profiling, S. 7; Sydow/*Helfrich* Art. 22 Rn. 20ff.

37 Die Gefahr der diskriminierenden Wirkung des Profilings wird lediglich in EG 71 UAbs. 2 S. 1 benannt und der Verantwortliche für verpflichtet erklärt, technische und organisatorische Gegenmaßnahmen zu treffen, um die Risiken zu minimieren. S. aber Art. 11 Abs. 3 JI-Richtlinie.

38 Vgl. *Dammann* ZD 2016, 307 (312); anders Kühling/Buchner/*Buchner* Art. 22 Rn. 10.

und systematischer Stellung scheint den Betroffenen damit lediglich ein Anspruch zuzustehen, dessen tatsächliche Durchsetzung von ihrem Willen abhängt. Gemessen am Regelungsgehalt und dem mit der Vorschrift verfolgten Zweck, die betroffene Person nicht zum bloßen Objekt rein automatisierter Entscheidungsprozesse zu machen, liegt es aber näher, die Vorschrift als ein **Verbot** zu verstehen, das nicht von der Geltendmachung eines Unterlassungsanspruchs im Einzelfall abhängig ist.[39]

17 **1. Einzelentscheidung.** Abs. 1 der Vorschrift setzt zunächst voraus, dass eine **Entscheidung** getroffen wird. Die automatisierte Verarbeitung allein stellt noch keine Entscheidung, sondern lediglich die der Entscheidung vorausgehende Datenauswertung dar.[40] Eine Entscheidung ist die Festlegung auf ein bestimmtes Ergebnis. Es muss daher ein gestaltender Akt mit abschließender Wirkung vorliegen. Die Programmentscheidung muss rechtlich einer (natürlichen oder juristischen) Person oder Organisation zuzurechnen sein. **Adressat der Norm** kann dem Anwendungsbereich der DSGVO entsprechend nur ein Verantwortlicher iSd Art. 4 Nr. 7 sein.[41] Außerdem muss sich die Entscheidung auf einen oder mehrere **Einzelfälle** beziehen. Es kommt also darauf an, dass die Entscheidung gegenüber Individuen getroffen wird. Abstrakt-generelle Regelungen und strategische (Unternehmens-)Entscheidungen fallen nicht unter die Vorschrift, solange sie sich nicht individuell auswirken.[42]

18 Die betroffene Person hat nach Abs. 1 das Recht, keiner automatisierten Entscheidung „unterworfen zu werden". Ein solches „**Unterworfensein**" liegt nur dann vor, wenn der Verantwortliche die Bedingungen der Verarbeitung und damit die Grundlagen der automatisierten Entscheidung einseitig festlegt.[43] Führt das Programm hingegen lediglich etwas aus, was zuvor mit der betroffenen Person – etwa im Rahmen eines Vertragsverhältnisses – wirksam vereinbart oder sogar von ihr angeordnet wurde, kommt die Vorschrift nicht zur Anwendung.[44] So stellt die bloße programmtechnische Überprüfung des Vorliegens von vereinbarten Voraussetzungen für eine bestimmte Rechtsfolge keine automatisierte Entscheidung iSv Abs. 1 dar.[45] Dies gilt zB für ein **Gehaltsprogramm**, das nach dem Arbeitnehmer bekannten Kriterien eine zu gewährende Leistungszulage ermittelt. Die Entscheidung über die Gewährung wird hier bereits im Vorfeld (etwa im Arbeitsvertrag, in einer Betriebsvereinbarung oder einem Tarifvertrag) getroffen und durch den Algorithmus lediglich rechnerisch nachvollzogen.[46] **Keine Entscheidungen** iSd Abs. 1 sind daher auch **Auszahlungen an Geldautomaten**, automatisierte Genehmigungen von Kreditkartenverfügungen oder automatisiert gesteuerte Abgleiche von Guthaben, um Überweisungen auszuführen, die alle diese Vorgänge allein aufgrund einer Prüfung der mit dem Kunden bereits vereinbarten Kreditlinie (Verfügungsrahmen) erfolgen.[47] Solche (einfachen) **Wenn-Dann-Entscheidungen** sind bereits gemessen am Schutzzweck der Norm nicht vom Anwendungsbereich erfasst. Auf das in diesen Fällen ebenfalls denkbare Vorliegen eines Ausnahmetatbestandes nach Abs. 2 lit. a oder lit. c kommt es daher nicht an. Einer Entscheidung „unterworfen" ist die betroffene Person im Übrigen auch dann nicht, wenn sie das zugrundeliegende System selbst kontrolliert oder maßgeblich steuern kann.[48]

19 Anders als noch Art. 15 Abs. 1 DSRL und der zu seiner Umsetzung in Deutschland ergangene § 6 a Abs. 1 BDSG aF verlangt die Vorschrift **nicht**, dass die Entscheidung auf der **Bewertung einzelner Persönlichkeitsmerkmale** der betroffenen Person beruht.[49] Art. 22 erfasst daher zunächst alle automatisierten Datenverar-

---

39 Dazu ausführlich *Mendoza/Bygrave*, The Right Not to Be Subject to Automated Decisions Based on Profiling, S. 9 f.; *Kühling/Martini et al.*, S. 338; Paal/Pauly/*Martini* Art. 22 Rn. 29; ebenso *Deuster* PinG 2016, 75 (77); Sydow/*Helfrich* Art. 22 Rn. 39; Kühling/Buchner/*Buchner* Art. 22 Rn. 12; *Abel* ZD 2018, 304 (305); *Art.-29-Gruppe*, 17/EN WP251rev. 01, S. 19; zweifelnd Plath/*Kamlah* DSGVO Art. 22 Rn. 4.
40 Vgl. BGH NJW 2014, 1235 Rn. 34; *Hoeren* RDV 2007, 93 (98); *Wolber* CR 2003, 623 (625 f.).
41 Da Computer keine Subjektfähigkeit besitzen, können sie nicht Normadressat sein, so BeckOK DatenschutzR/*v. Lewinski* DSGVO Art. 22 Rn. 6.1; zum Problem der Haftungs- und Verantwortungszuschreibung bei informationstechnischen Systemen *Spiecker gen. Döhmann* CR 2016, 698ff.
42 Dazu BeckOK DatenschutzR/*v. Lewinski* BDSG § 6 a Rn. 20.
43 So bereits zu § 6 a BDSG aF Gola/*Schomerus* § 6 a Rn. 3 f.
44 Vgl. Gola/*Schulz* Art. 22 Rn. 19; BeckOK DatenschutzR/*v. Lewinski* DS-GVO Art. 22 Rn. 18.
45 So Taeger/Gabel/*Mackenthun* BDSG § 6 a Rn. 6.
46 So Gola/*Schomerus* § 6 a Rn. 4.
47 Vgl. Grabitz/Hilf/Nettesheim/*Brühann* DSRL Art. 15 Rn. 8; *Bergmann/Möhrle/Herb* BDSG § 6 a Rn. 10; Plath/*Kamlah* BDSG § 6 a Rn. 16; Taeger/Gabel/*Mackenthun* BDSG § 6 a Rn. 6.
48 So sieht BeckOK DatenschutzR/*v. Lewinski* DSGVO Art. 22 Rn. 20 zB Smart-Home-Technik dann nicht vom Anwendungsbereich des Art. 22 erfasst, wenn der Bewohner die Entscheidung des Systems jederzeit durch Knopfdruck o.ä. überspielen kann.
49 Zur bisherigen Rechtslage ausführlich Simitis/*Scholz* § 6 a Rn. 21ff.; BeckOK DatenschutzR/*v. Lewinski* BDSG § 6 a Rn. 10ff. Biometrische Zugangs- oder Zutrittsberechtigungssysteme wurden daher bisher vom Anwendungsbereich ausgenommen, da die biometrischen Merkmale, wie zB Fingerabdruck, Irismuster oder Stimme, nicht zum Zweck der Bewertung der Person, sondern ausschließlich für den Zweck der Identifikation ihres Merkmalsträgers verarbeitet werden. So Gola/*Schomerus* § 6 a Rn. 8; DKWW/*Weichert* § 6 a Rn. 3; *Hornung/Desoi* K&R 2011, 153 (158).

beitungsprozesse, die zu einer abschließenden Entscheidung führen. Der Wortlaut ist insoweit eindeutig.[50] Der Verordnungsgeber hat aber – wie die Entstehungsgeschichte (→ Rn. 12ff.), die Erwägungsgründe[51] und die ausdrückliche Bezugnahme auf das **Profiling** zeigen – auch und gerade solche Entscheidungen im Blick gehabt, bei denen die automatisierte Verarbeitung zum Zweck der Analyse und Bewertung persönlicher Aspekte erfolgt.

2. Profiling. Das grundsätzliche Verbot aus Abs. 1 bezieht sich ausdrücklich auch auf Entscheidungen, die   20 auf der Grundlage eines Profilings getroffen werden. Die Vorschrift hebt das **Profiling** als den **wichtigsten Anwendungsfall** einer automatisierten Entscheidungsfindung besonders hervor. Inhaltliche oder methodische Vorgaben für das Profiling enthält die Norm allerdings nicht. Seine Zulässigkeit beurteilt sich vielmehr nach den allgemeinen Erlaubnistatbeständen des Art. 6 (→ Art. 6 Abs. 1 Rn. 121).[52] Lediglich in ihrem nicht verfügenden Teil verlangt die DSGVO, dass die Verantwortlichen geeignete Verfahren für das Profiling verwenden, um eine gegenüber der betroffenen Person faire und transparente Verarbeitung zu gewährleisten, sowie technische und organisatorische Maßnahmen treffen, um Risiken für die Persönlichkeit und Diskriminierungsgefahren zu minimieren (EG 71 UAbs. 2 S. 1).[53]

Unter dem Begriff Profiling wird jede Art der automatisierten Verarbeitung personenbezogener Daten verstanden, die zu dem Zweck erfolgt, **bestimmte persönliche Aspekte** zu bewerten, zu analysieren oder vorherzusagen (Art. 4 Nr. 4 → Art. 4 Rn. 3ff.). Zu Persönlichkeitsaspekten einer natürlichen Person zählt die   21 DSGVO bspw. die Arbeitsleistung, die wirtschaftliche Lage, den Gesundheitszustand, die persönlichen Vorlieben und Interessen, die Zuverlässigkeit oder das Verhalten.

Eine Entscheidung auf Basis eines Profilings stellt sich folglich als das Ergebnis eines **automatisierten Bewertungsprozesses** dar. Eine solche Bewertung liegt nur dann vor, wenn die Entscheidung nicht auf der   22 durch ein persönliches Merkmal repräsentierten Information, sondern auf einer Interpretation derselben oder der Kombination von mehreren beruht.[54] Kennzeichnend dabei ist, dass durch die Verknüpfung, Auswertung und Analyse von Einzeldaten neue Informationen über die betroffene Person generiert werden, die zu einer personenbezogenen Prognoseentscheidung führen (→ Art. 4 Rn. 6). Ein Anwendungsfall ist die Auswertung des **Online-Nutzerverhaltens**. So kann auf Basis vergangener Suchanfragen eine Sortierung von Suchergebnissen vorgenommen werden oder das Auswerten früherer (eigener und ähnlicher fremder) Einkäufe für die zielgerichtete Werbung (Predictive Behavioral Targeting)[55], für Produktempfehlungen, Preisgestaltungen oder Sonderangebote genutzt werden.[56]

Auch in anderen Lebensbereichen werden Profil-Analysen zur Entscheidungsfindung herangezogen. Man   23 denke etwa an die Auswertung von **Gesundheitsdaten** zur Diagnose- und Therapieunterstützung und -kontrolle[57], an programmgestützte Verfahren zur Auswahl von Organempfängern (§ 12 Abs. 3 TPG), an Daten aus der Mobilkommunikation für standortbasiertes Marketing, an die Analyse des Fahrverhaltens für die Berechnung von **Versicherungstarifen** („pay as you drive")[58], die Steuerung der Haustechnik auf Basis von Bewegungs- und Verhaltensmustern der Bewohner (**Smart Home**), die Bewertung des Fitnesszustands und der Ernährungsgewohnheiten für Bonus- und Prämienzahlungen in der Krankenversicherung, die Berücksichtigung der aktuellen und historischen Erreichbarkeit eines Kunden für Werbeanrufe („Predictive Dialing"), die Algorithmus basierte Anlageberatung („Robo-Advice")[59] oder an den Einsatz „intelligenter" Vi-

---

50   So *Dammann* ZD 2016, 307 (312); Sydow/*Helfrich* Art. 22 Rn. 1; *Art.-29-Gruppe*, 17/EN WP251rev. 01, S. 8. Demgegenüber aber Kühling/Buchner/*Buchner* Art. 22 Rn. 17ff., der ausgehend vom Schutzzweck ein solch weites Verständnis von Art. 22 ablehnt. Die Vorschrift erfasse von vornherein nur solche automatisierten Entscheidungen, die auf die Bewertung einzelner Persönlichkeitsmerkmale abzielen. So im Ergebnis auch BeckOK DatenschutzR/*v. Lewinski* DSGVO Art. 22 Rn. 9, 12 f., der vom „Verständnis der Vorgängervorschrift" ausgehen will und Gola/*Schulz* Art. 22 Rn. 20, der die Vorschrift im Wege „teleologischer Reduktion sinnstiftend geglättet" sehen will.

51   EG 71 UAbs. 1 S. 1 spricht von einer „Entscheidung ... zur Bewertung von ... persönlichen Aspekten". Auch bei Art. 35 Abs. 3 lit. a wird die Bewertung persönlicher Aspekte als spezifisches Charakteristikum hervorgehoben.

52   Vgl. Paal/Pauly/*Martini* Art. 22 Rn. 22; *Art.-29-Gruppe*, 17/EN WP251rev. 01, S. 12ff.

53   Plath/*Kamlah* DSGVO Art. 22 Rn. 16 weist zu Recht darauf hin, dass dieser EG systemwidrig verortet ist, da er nicht nur die Verordnungstext definierten Voraussetzungen an eine automatisierte Einzelentscheidung, sondern gesonderte Voraussetzungen an die Profilbildung formuliert, die eigentlich zu Art. 6 gehören.

54   So BeckOK DatenschutzR/*v. Lewinski* BDSG § 6 a Rn. 10.

55   Zur Erstellung von Nutzerprofilen *Art.-29-Gruppe*, 2/2010/DE WP171.

56   Zu Anwendungen, die mithilfe von RFID-Systemen, kundenspezifische Werbung platzieren oder die Überwachung von Räumen, Gegenständen oder Hausordnungen ebenfalls anhand von Profilauswertungen durchführen sollen *Müller*, Auto-ID-Verfahren im Kontext allgegenwärtiger Datenverarbeitung, 2017, S. 347ff.

57   Zu Big Data im Gesundheitswesen *Becker/Schwab* ZD 2015, 151; *Weichert* DuD 2014, 831; allgemein zur Digitalisierung im Gesundheitswesen *Sachverständigenrat für Verbraucherfragen*, Digitale Welt und Gesundheit, 2016.

58   Dazu *Weichert* SVR 2014, 241 (245 f.); *DIVSI*, Big Data, S. 70ff.

59   Zu den entsprechenden Angeboten der FinTech-Branche *Scholz-Fröhling*, BKR 2017, 133ff.

deoüberwachungssysteme zur Verhaltensanalyse[60]. **Einfache Abfragen**, mit denen nur festgestellt werden soll, ob bei einer Person ein bestimmtes objektives Merkmal vorliegt, stellen hingegen **keine automatisierte Einzelentscheidung** auf Basis eines Profilings dar.[61]

24 Ein typisches Instrument des Profiling sind **Scoring-Verfahren**, die von der Privatwirtschaft zB bei der **Kreditvergabe**, im Online- und Versandhandel, zur Tarifierung im Versicherungsgewerbe, in der Werbung oder bei der Wohnraumvermietung eingesetzt werden.[62] Das Scoring spielt auch im **Arbeitsverhältnis** eine Rolle, etwa bei der automatisierten Auswahl von Stellenbewerbern, für Laufbahnprognosen und Potenzialanalysen.[63] Beim Scoring wird aus bestimmten Merkmalen einer Person (zB Konsumverhalten, Finanzdaten, Wohnort, Alter, Kinderzahl) auf der Basis mathematisch-statistischer Verfahren für diese ein künftiges Verhalten (zB die Rückzahlung eines Kredits) mit einem Wahrscheinlichkeitswert (Score) prognostiziert. Das Scoring basiert auf der Annahme, dass durch die Zuordnung einer Person zu einer Gruppe anderer Personen mit bestimmten vergleichbaren Merkmalen, die sich in einer bestimmten Weise verhalten haben, ein ähnliches Verhalten vorausgesagt werden kann. Der Person, die ein bestimmtes Profil aufweist, wird der ermittelte Scorewert in einem Entscheidungsverfahren mit entsprechenden Konsequenzen zugerechnet, zB bei der Entscheidung, ob ein Kredit vergeben wird, welche Werbung eingeblendet wird oder welche Zahlungsmethoden für Online-Käufe angeboten werden. Entscheidungen, die an einen solchen Score anknüpfen, unterfallen damit grundsätzlich dem Anwendungsbereich der Vorschrift.[64]

25 **3. Ausschließlich automatisierte Verarbeitung.** Das Verbot aus Abs. 1 greift nur dann ein, wenn die jeweilige Einzelentscheidung auf einer **automatisierten Verarbeitung** beruht, dh mithilfe automatisierter Verfahren durchgeführt wird (Art. 2 Abs. 1, Art. 4 Nr. 2 → Art. 2 Rn. 14). Entscheidungen auf Basis nichtautomatisierter Verarbeitung (Art. 2 Abs. 1 → Art. 2 Rn. 16) fallen von vornherein nicht unter die Vorschrift. Das gilt etwa für Programmablaufpläne oder andere Ablaufdiagramme, die durch einen Menschen Schritt für Schritt abgearbeitet werden.[65]

26 Die Entscheidung muss zudem **ausschließlich** auf die automatisierte Verarbeitung gestützt werden. Das ist der Fall, wenn die konkrete Entscheidung „ohne jegliches menschliche Eingreifen" (EG 71) erfolgt, dh **keine inhaltliche Überprüfung** durch eine natürliche Person stattgefunden hat.[66] Hierin zeigt sich der Schutzzweck der Norm: Die Vorschrift verbietet nicht, dass bei der Entscheidungsfindung überhaupt auf automatisierte Verfahren (einschließlich Profiling) zurückgegriffen wird, untersagt aber die unmittelbare Anwendung des rein automatisiert erzeugten Ergebnisses auf einen Sachverhalt **ohne menschliches „Dazwischentreten"**. Von einer ausschließlich automatisierten Entscheidung ist nicht nur dann auszugehen, wenn von vornherein keine Überprüfung durch einen Menschen vorgesehen ist und eine solche nicht stattfindet, sondern auch, wenn der Mensch – ohne eigene Erwägungen anzustellen – die automatisierte Vorgabe lediglich bestätigt oder übernimmt.[67] Dabei ist es unbeachtlich, ob diese Vorgabe in Form eines Wertes (Score), einer Ja-Nein-Aussage oder anderweitig erfolgt.[68] Eine bloß **formale (Nach)Bearbeitung** oder Ausfertigung durch einen Menschen kann das Merkmal der Ausschließlichkeit nicht beseitigen.[69] In diesen Fällen werden die

60 Dazu *Bretthauer*, Intelligente Videoüberwachung, 2017, S. 167ff., 267f.

61 So bereits *Bergmann/Möhrle/Herb* BDSG § 6a Rn. 8. Für das bloße Einholen einer Bonitätsauskunft (ohne Scoring) als Entscheidungsgrundlage auch BeckOK DatenschutzR/*v. Lewinski* DSGVO Art. 22 Rn. 16.2. unter Verweis auf OLG Frankfurt ZD 2016, 137.

62 Dazu → Anh. 2 zu Art. 6 Rn. 28ff.; *Weichert* DuD 2006, 399; *Abel* RDV 2006, 108; *Piltz/Holländer* ZRP 2008, 143; *Hoeren* VuR 2009, 363; *Born* ZD 2015, 66; *Taeger* ZRP 2016, 72; *Kamlah/Walter* PinG 2015, 159. Einen Überblick über die Anwendungsfälle findet sich zB bei BeckOK DatenschutzR/*v. Lewinski* BDSG § 28b Rn. 4ff.; *Simitis/Ehmann* § 28b Rn. 38ff.; *Auernhammer/Kramer* BDSG § 28b Rn. 8ff.; *ULD/GP*, Scoring nach der Datenschutz-Novelle 2009 und neue Entwicklungen, 2014, 69ff. Zum Scoring im Online-Versandhandel *Moos/Rothkegel* ZD 2016, 561; beim elektronischen Lastschriftverfahren *Eichler/Weichert* DuD 2011, 208. Zum Personenscoring und -ranking auf der Basis von Daten aus sozialen Netzwerken *Weichert* ZD 2013, 251ff. Zum Scoringverfahren der SCHUFA *Helfrich*, Kreditscoring und Scorewertbildung der Schufa, 2010; *Giesswein*, Die Verfassungsmäßigkeit des Scoringverfahrens der Schufa, 2012. Zum Kreditscoring in den USA *Lischka/Klingel*, Wenn Maschinen Menschen bewerten, 2017, S. 31ff.

63 Zu Scoring- und Rankingmethoden bei der Personalauswahl in öffentlichen Verwaltungen *Müller* VR 2009, 145ff. Mit Beispielen aus Großbritannien und den USA *Lischka/Klingel*, Wenn Maschinen Menschen bewerten, 2017, S. 22ff.

64 So auch Paal/Pauly/*Martini* Art. 22 Rn. 24; Kühling/Buchner/*Buchner* Art. 22 Rn. 22.

65 Vgl. BeckOK DatenschutzR/*v. Lewinski* BDSG § 6a Rn. 14; BeckOK DatenschutzR/*ders.* DSGVO Art. 22 Rn. 22.

66 Mit dieser Auslegung der Norm auch Paal/Pauly/*Martini* Art. 22 Rn. 17. BeckOK DatenschutzR/*v. Lewinski* DSGVO Art. 22 Rn. 23 weist zutreffend darauf hin, dass es hierbei nicht um die Zurechnung der Entscheidung an sich geht, denn eine solche würde auch ohne abschließende Überprüfung denjenigen treffen, der eine Software einsetzt bzw. die relevanten Parameter setzt.

67 Vgl. zu § 6a BDSG aF *Möller/Florax* MMR 2002, 809; *Beckhusen*, Der Datenumgang innerhalb des Kreditinformationssystems der Schufa, 2004,S. 266f. *Iraschko-Luscher* DuD 2005, 471f.; *Mendoza/Bygrave*, The Right Not to Be Subject to Automated Decisions Based on Profiling, S. 10; *Bergmann/Möhrle/Herb* BDSG § 6a Rn. 6.

68 Vgl. *ULD*, Scoringsysteme zur Beurteilung der Kreditwürdigkeit, 2005, 87; DKWW/*Weichert* § 6a Rn. 1.

69 So zu § 6a Abs. 1 S. 2 BDSG aF Gola/*Schomerus* § 6a Rn. 6; *Auernhammer/Herbst* BDSG § 6a Rn. 9.

bestimmenden Motive oder Faktoren für die Entscheidung weiterhin durch automatisierte Vorgänge vorgegeben.[70]

Die Überprüfung der automatisierten Entscheidung durch einen Menschen setzt voraus, dass dieser dazu befugt ist, über die nötige **Datengrundlage** verfügt und die **fachliche Qualifikation** mitbringt. Außerdem muss er einen **Entscheidungsspielraum** haben, um von der automatisierten Entscheidung gegebenenfalls auch abweichen zu können.[71] Nicht gefordert ist, dass die überprüfende Person die Einzelheiten des Programms oder dessen Algorithmus kennt.[72] Nur wenn die inhaltliche Entscheidungsbefugnis tatsächlich ausgeübt wird, kann von einem menschlichen Eingreifen gesprochen werden. Die bloße Entscheidung, keine Überprüfung durchzuführen, genügt daher genauso wenig wie eine **Stichprobenkontrolle**.[73] Ebenfalls nicht ausreichend ist es, wenn sich die Überprüfung auf das Herausfiltern unplausibler Entscheidungen beschränkt.[74] Auch wahrscheinlich richtige Programmentscheidungen können sich als individuell falsch erweisen. Für das Vorliegen einer ausschließlich automatisierten Entscheidung spielt es im Übrigen keine Rolle, ob der Verarbeitungsprozess von dem Verantwortlichen, dh von der die Entscheidung treffenden Stelle selbst, von einer anderen Stelle oder von beiden im Zusammenwirken durchgeführt wird.[75] 27

Keine ausschließlich automatisierte Entscheidung iSd Vorschrift liegt vor, wenn durch das automatisierte Verfahren die Entscheidung zwar vorbereitet wird, diese dann aber von einem Menschen – anhand weiterer Kriterien – im Sinne einer abschließenden Beurteilung überprüft und damit in eine eigene Entscheidung übersetzt wird.[76] Soweit also die letzte Entscheidung nach individueller Bewertung im Einzelfall von einem Menschen getroffen und von ihm damit inhaltlich verantwortet wird, darf sie sich auf einen automatisiert erzeugten **Entscheidungsvorschlag** stützen. Dies gilt auch, wenn diesem Vorschlag letztendlich gefolgt wird.[77] Der Fall einer bloßen technikgestützten Vorbereitung der Entscheidung kann bspw. angenommen werden, wenn Bewerberdaten mithilfe eines automatisierten Verfahrens lediglich nach bestimmten Kriterien in einer Rangliste strukturiert werden.[78] Auch die **automatisierte Vorauswahl** innerhalb einer Personengruppe nach bestimmten objektiven Suchkriterien (Alter, Ausbildung, Zusatzqualifikation) – etwa im Vorfeld einer Personalbesetzung – stellt lediglich eine Entscheidungshilfe dar, der die eigentliche Entscheidung erst nachfolgt, und wird von dem Verbot nicht erfasst. Anders ist es zu beurteilen, wenn Bewerber – zB im Rahmen des **E-Recruiting** – in die weiteren Auswahlüberlegungen von vornherein nicht mehr einbezogen werden und bereits durch das System eine Absage erhalten, etwa weil sie einen bestimmten Punktwert nicht erreichen oder bestimmte formale Voraussetzungen nicht erfüllen.[79] 28

Bezogen auf das **Kredit-Scoring** ergibt sich folgende Rechtslage: Die Vorschrift ist nicht nur anwendbar, wenn durch den Scorewert eine Kreditentscheidung vorgegeben wird, sondern auch, wenn der Scorewert maßgeblich in die Entscheidung mit einfließt und damit zu deren wesentlicher Grundlage wird.[80] Eine ausschließlich automatisierte Entscheidung liegt danach vor, wenn der Kreditsachbearbeiter einen Kreditantrag allein oder jedenfalls ganz überwiegend aufgrund eines negativen Score-Ergebnisses ohne weitere Prüfung anhand zusätzlicher Kriterien ablehnt.[81] Dies ist etwa der Fall, wenn die Kreditvergaberichtlinien eines Instituts die Verweigerung eines Kredits vorsehen, ohne dem zuständigen Sachbearbeiter **Beurteilungsspiel-** 29

70 So für die automatisierte Erwirkung von Mahnbescheiden durch ein Inkassounternehmen AG Düsseldorf ZD 2018, 187. *Abel* ZD 2018, 304 (306) sieht diese Fälle schon nicht von Anwendungsbereich des Art. 22 erfasst, da es sich dabei um rein interne Verfahrensschritte handelt, deren Voraussetzungen gesetzlichen Vorgaben (Prozessrecht) folgen.

71 So auch *Art.-29-Gruppe*, 17/EN WP251rev. 01, S. 10.

72 Vgl. *Gola/Schulz* Art. 22 Rn. 16; BeckOK DatenschutzR/*v. Lewinski* DSGVO Art. 22 Rn. 24.

73 Ebenso *Kühling/Martini et al.*, S. 62.

74 So aber BeckOK DatenschutzR/*v. Lewinski* DSGVO Art. 22 Rn. 25.1.

75 Vgl. *Möller/Florax* NJW 2003, 2725; DKWW/*Weichert* § 6 a Rn. 7.

76 Vgl. BeckOK DatenschutzR/*v. Lewinski* BDSG § 6 a Rn. 15.

77 Vgl. DKWW/*Weichert* § 6 a Rn. 2; *Hoeren* RDV 2007, 98.

78 Vgl. Grabitz/Hilf/Nettesheim/*Brühann* DSRL Art. 15 Rn. 7 („automatisiert erstellte Eignungslisten für Bewerber"); *Gola/Schomerus* § 6 a Rn. 5. Als weiteren Anwendungsfall nennt BeckOK DatenschutzR/*v. Lewinski* BDSG § 6 a Rn. 21.1 das FOTRES genannte „Forensisches Operationalisiertes Therapie-Risiko-Evaluations-System", das für die Einschätzung der Rückfallwahrscheinlichkeit von Straftätern eingesetzt wird.

79 Dazu *Gola* RDV 2008, 140; *Gola/Schomerus* § 6 a Rn. 5. *Groß/Gressel* NZA 2016, 990 (992) verweisen darauf, dass auch bei der Beendigung des Arbeitsverhältnisses das Verbot automatisierter Einzelentscheidungen zu berücksichtigen ist, zB bei der automatisierten Sozialauswahl nach dem KSchG.

80 Erfahrungen aus dem Bereich der Datenschutzaufsicht sprechen dafür, dass dem Scorewert nicht nur eine, sondern *die* entscheidende Rolle bei der Kreditvergabe und der Gestaltung der Kreditbedingungen zukommt. Dazu *Korczak/Wilken*, Scoring im Praxistest, 2008, S. 19; *Abel* RDV 2006, 108 (112 f.).

81 Vgl. zu § 6 a BDSG aF BGHZ 200, 38 Rn. 34; *Möller/Florax* MMR 2002, 809; Plath/*Kamlah* BDSG § 6 a Rn. 12 f.; *Gola/Schomerus* § 6 a Rn. 6; *Abel* RDV 2006, 108 (112 f.).

räume für eine abweichende Entscheidung einzuräumen (zB Unterschreitung des sog **Cut-Off-Score**[82]).[83] Dabei ist es unbeachtlich, ob die Scoreberechnung durch das Kreditinstitut – also die entscheidende Stelle – selbst (internes Scoring) oder durch eine Kreditauskunftei (externes Scoring) erfolgt.[84]

30 Kein Verstoß gegen die Vorschrift liegt hingegen vor, wenn im Falle drohender Ablehnung aufgrund eines schlechten Scorewertes frühzeitig eine oder mehrere weitere Personen durch den Sachbearbeiter hinzugezogen werden, die aufgrund entsprechender **Entscheidungskompetenzen** und **Entscheidungsspielräume** befugt und fachlich in der Lage sind, die automatisierte Vorgabe inhaltlich zu überprüfen und zu bewerten.[85] Die Kompetenz, die automatisierte Entscheidung korrigieren zu dürfen, sollte dokumentiert werden. Maßgeblich ist aber auch hier, dass bei der geforderten individuellen Würdigung der Gesamtumstände im Hinblick auf die Zahlungswilligkeit und -fähigkeit außer dem Scorewert noch weitere Faktoren in die neue Entscheidung einfließen. Dabei ist es unschädlich, wenn diese Faktoren bereits bei der Scoreberechnung selbst berücksichtigt wurden.[86] Es ist auch nicht erforderlich, dass alle Einzelheiten der Scorewertberechnung nachvollzogen werden.[87] Insbesondere beim **externen Scoring** wird dies schon praktisch kaum möglich sein. Der von einer Auskunftei an das Kreditinstitut übermittelte Scorewert wird vielmehr direkt automatisiert in andere Parameter des Kreditinstituts eingearbeitet. Der Sachbearbeiter wird nur noch mit dem Ergebnis „Kreditgewährung ja/nein" konfrontiert, ohne die einzelnen, zu dem Scorewert führenden Berechnungen zu kennen und zu verstehen.

31 **4. Wirkung der Entscheidung.** Die Vorschrift erstreckt ihre Verbotsfolge nicht auf jede automatisierte Einzelentscheidung, sondern nur auf solche, die der betroffenen Person gegenüber rechtliche Wirkung entfalten oder sie in ähnlicher Weise erheblich beeinträchtigen.

32 **a) Rechtliche Wirkung.** Eine rechtliche Wirkung liegt vor, wenn die fragliche Entscheidung eine **Rechtsfolge** nach sich zieht – und zwar unabhängig davon, ob es sich um eine für die betroffene Person nachteilige oder günstige Folge handelt.[88] Es ist auch unbeachtlich, ob die rechtliche Folge durch die für die Entscheidung verantwortliche Stelle selbst oder durch eine andere Stelle gegenüber dem Betroffenen gesetzt wird.[89] Entscheidend ist, dass sich der **rechtliche Status** der betroffenen Person in irgendeiner Weise **verändert**. Eine faktische Veränderung, auch wenn sie rechtliche Erheblichkeit besitzt, reicht hierfür nicht.

33 Im **öffentlichen Bereich** betrifft dies vor allem Verwaltungsakte, durch die zB eine staatliche Leistung abgelehnt oder bewilligt oder eine Erlaubnis zurückgenommen oder erteilt wird.[90] Von Bedeutung ist hier vor allem der seit dem 1.1.2017 geltende § 35 a VwVfG (im Sozialrecht § 31 a SGB X). Danach können Verwaltungsakte auch **vollautomatisiert**, dh ohne jegliche personelle Bearbeitungsschritte, erlassen werden, sofern dies durch Rechtsvorschrift zugelassen ist und weder ein Ermessen noch ein Beurteilungsspielraum besteht.[91] Auf dieser Grundlage ermöglicht § 155 Abs. 4 AO die Erteilung „ausschließlich automationsgestützter" **Steuerbescheide**. Das Steuerfestsetzungsverfahren soll auf Basis der Daten aus der elektronischen Steuererklärung ohne menschliche Bearbeitung durchgeführt werden. Die Regelung kann sich auf die Öffnungsklausel des Abs. 2 lit. b stützen (→ Rn. 44ff.).[92] Rechtliche Folgen hat auch die Kündigung eines öf-

---

82 Dabei handelt es sich um den Grenz-Scorewert des höchsten Risikos, zu dem der Kreditgeber grundsätzlich noch bereit ist, einen Kredit zu vergeben. Der „Cut-off" stellt in aller Regel dann auch die Arbeitsanweisung für den Sachbearbeiter dar, nicht anders zu entscheiden.

83 Vgl. *Beckhusen*, Der Datenumgang innerhalb des Kreditinformationssystems der Schufa, 2004, S. 267; Taeger/Gabel/*Mackenthun* BDSG § 6 a Rn. 17; Plath/*Kamlah* BDSG § 6 a Rn. 13.

84 So zu § 6 a BDSG auch *Weichert* DuD 2005, 585; aA Plath/*Kamlah* BDSG § 6 a Rn. 5 (Fn. 3). Zur Unterscheidung von internem und externem Scoring vgl. *ULD*, Scoringsysteme zur Beurteilung der Kreditwürdigkeit, 2005, 23ff. mwN.

85 So *ULD*, Scoringsysteme zur Beurteilung der Kreditwürdigkeit, 2005, S. 87; Gola/*Schomerus* § 6 a Rn. 6. Dass der Entscheidungsträger seinerseits an gewisse Vorgaben gebunden ist, ist unschädlich, solange diese nicht fest mit der automatisierten Einzelbewertung verknüpft sind. Vgl. BeckOK DatenschutzR/*v. Lewinski* BDSG § 6 a Rn. 17.

86 Zur Diskussion insgesamt *Abel* RDV 2006, 112 f.; *Weichert* DuD 2006, 402 f.; *Wuermeling*, in: *LDI NW* (Hrsg.), Living by Numbers, 2005, S. 108 weist darauf hin, dass in der Praxis des SCHUFA-Verfahrens dem Sachbearbeiter neben dem Score auch der vollständige SCHUFA-Auszug und alle Daten zur Verfügung stehen, die die Bank selbst über den potenziellen Kreditnehmer bereithält. *Iraschko-Luscher* DuD 2005, 471 f. betont in diesem Kontext zu Recht das Nachweisproblem und fordert eine gesetzliche Beweislastumkehr zulasten des Kreditunternehmens.

87 So auch Sydow/*Helfrich* Art. 22 Rn. 48; Gola/*Schomerus* § 6 a Rn. 6.

88 Vgl. Paal/Pauly/*Martini* Art. 22 Rn. 26; zur DSRL Grabitz/Hilf/Nettesheim/*Brühann* DSRL Art. 15 Rn. 6; zu § 6 a BDSG Taeger/Gabel/*Mackenthun* BDSG § 6 a Rn. 8; Gola/*Schomerus* § 6 a Rn. 11. AA Kühling/Buchner/*Buchner* DSGVO Art. 25 Rn. 22, die wegen des Wortlauts („in ähnlicher Weise erheblich beeinträchtigt") nur nachteilige Folgen erfassen wollen. Zumindest solche Entscheidungen, die einem Begehren der betroffenen Person vollumfänglich stattgeben, sollen danach nicht unter Art. 22 fallen.

89 Vgl. Auernhammer/*Herbst* BDSG § 6 a Rn. 4.

90 So schon zur DSRL *Dammann/Simitis* Art. 15 Rn. 5; *Bergmann/Möhrle/Herb* BDSG § 6 a Rn. 12. Die *Art.-29-Gruppe*, 17/EN WP251-rev. 01, S. 10 nennt als weitere Beispiele die Zurückweisung an der Grenze oder die Ablehnung der Staatsbürgerschaft.

91 Dazu *Braun Binder* DÖV 2016, 891; *dies*. NVwZ 2016, 960; *Stegmüller* NVwZ 2018, 353.

92 Vgl. Paal/Pauly/*Martini* Art. 22 Rn. 7.

fentlich-rechtlichen Vertrages oder die Feststellung eines Rechtsverhältnisses (feststellender Verwaltungsakt).

Im Bereich des **Privatrechts** haben vor allem rechtsgeschäftliche Willenserklärungen, wie die, ein Vertrags- 34
angebot abzugeben oder anzunehmen oder einen **Vertrag** zu **kündigen**, rechtliche Wirkung. Keine unmittelbare (privatrechtliche) Rechtsfolge hat hingegen die automatisierte Beantragung eines Mahnbescheids, da die rechtliche Folge nur und erst kraft (öffentlichen) Prozessrechts eintritt.[93] **Ebenso wenig** zieht der **Nichtabschluss eines Vertrags** (zB automatisierte Ablehnung eines Kreditantrags) eine rechtliche Folge nach sich.[94] Eine vertragliche Verpflichtung kommt nicht zustande, so dass Rechtspositionen der betroffenen Person jedenfalls dann nicht berührt sind, wenn keine Diskriminierungsverbote verletzt werden. Außerdem besteht abseits etwaiger gesetzlicher Kontrahierungspflichten auch kein Recht auf Vertragsabschluss. Das gilt mit Blick auf automatisierte Einzelentscheidungen bei Einstellungsverfahren auch für arbeitsrechtliche Verträge.[95] Eine **Vertragsablehnung** stellt aber regelmäßig eine erhebliche Beeinträchtigung iSd zweiten Alternative dar (→ Rn. 36).[96] Da faktische Folgen bei erheblicher Beeinträchtigung den rechtlichen Folgen gleichgestellt werden, bestehen hier keine Schutzlücken.

b) Erhebliche Beeinträchtigung. Eine erhebliche Beeinträchtigung ist bei Entscheidungen gegeben, die mit 35
einer **negativen Folge** für die betroffene Person verbunden sind. Eine bloße Belästigung reicht hierfür nicht aus. Die Entscheidung muss vielmehr eine nachhaltige, mehr als geringfügige Beeinträchtigung der wirtschaftlichen oder persönlichen Belange der betroffenen Person bewirken oder ihr Verhalten wesentlich beeinflussen. Dazu zählt etwa jede Form der rechtswidrigen Diskriminierung.[97] Abzustellen ist auf die **Umstände des Einzelfalles.** Dabei ist eine erhebliche Beeinträchtigung umso eher anzunehmen, je mehr sie nicht eine ungewollte Nebenwirkung einer Entscheidung darstellt, sondern mit der fraglichen Entscheidung notwendig verbunden ist. Ob die Entscheidung zu einer erheblichen Beeinträchtigung führt, beurteilt sich nicht nach dem subjektiven Empfinden der jeweils betroffenen Person, sondern nach **objektiven Kriterien** am Maßstab eines durchschnittlichen Adressaten.[98]

Eine erhebliche Beeinträchtigung stellt die **Nichtbegründung eines Vertragsverhältnisses** dar.[99] Dies ist zB 36
der Fall, wenn allein aufgrund eines negativen Scorewertes ein beabsichtigter Kreditvertrag (oder ein anderes Rechtsgeschäft) abgelehnt wird.[100] Auch wenn ein **Angebot** zum Abschluss eines Vertrages **nur zu bestimmten Konditionen** oder unter Änderung der ursprünglich vorgeschlagenen Konditionen unterbreitet wird (modifizierte Vertragsannahme), ist regelmäßig die Schwelle der Erheblichkeit überschritten.[101] In Betracht kommen bspw. die automatisierte **Preisdifferenzierung** bei Internetangeboten („personalized pricing")[102], **personalisierte Versicherungstarife**, die Nichtgewährung von Rabatten oder anderen Vorzugskon-

---

93 So BeckOK DatenschutzR/*v. Lewinski* BDSG § 6 a Rn. 25.
94 So im Ergebnis auch BeckOK DatenschutzR/*v. Lewinski* DSGVO Art. 22 Rn. 35 (kein Fall der "Entfaltung rechtlicher Wirkung") und zu § 6 a BDSG aF schon *Wolber* CR 2003, 626 („Der Status des Betroffenen werde nicht verändert."); Plath/*Kamlah* BDSG § 6 a Rn. 6; BeckOK DatenschutzR/*v. Lewinski* BDSG § 6 a Rn. 29; aA *Möller/Florax* MMR 2002, 809; *Weichert* DuD 2005, 585; *ULD*, Scoringsysteme zur Beurteilung der Kreditwürdigkeit, 2005, S. 88.
95 Dazu BeckOK DatenschutzR/*v. Lewinski* BDSG § 6 a Rn. 29.
96 So auch Taeger/Gabel/*Mackenthun* BDSG § 6 a Rn. 11 f. Schon bei den Verhandlungen zur DSRL war umstritten, ob die Ablehnung eines Vertragsschlusses eine rechtliche Folge nach sich zieht. Um Regelungslücken zu vermeiden, wurde daher das Kriterium der erheblich beeinträchtigenden Entscheidung hinzugefügt, vgl. Grabitz/Hilf/Nettesheim/*Brühann* DSRL Art. 15 Rn. 6; *Beckhusen*, Der Datenumgang innerhalb des Kreditinformationssystems der Schufa, 2004, S. 268.
97 Das kann zB der Fall sein, wenn die betroffene Person im Rahmen eines Massengeschäfts iSd § 19 Abs. 1 AGG willkürlich, also ohne sachlichen Grund iSd § 20 Abs. 1 AGG, aufgrund seines Alters, Geschlechts oder eines seiner anderweitigen Merkmale iSd § 1 AGG benachteiligt wird. Dazu *Moos/Rothkegel* ZD 2016, 561 (564ff.).
98 Vgl. BeckOK DatenschutzR/*v. Lewinski* BDSG § 6 a Rn. 34 f.; *Zahariev* PinG 2017, 73 (76).
99 Mit Verweis auf EG 71 UAbs. 1 S. 1 („Ablehnung eines Online-Kreditantrags") Paal/Pauly/*Martini* Art. 22 Rn. 26; *Härting*, Rn. 617. Zu § 6 a BDSG bereits *Gola/Schomerus* § 6 a Rn. 11; Taeger/Gabel/*Mackenthun* BDSG § 6 a Rn. 14 f. Einschränkend Gola/*Schulz* Art. 22 Rn. 25; BeckOK DatenschutzR/*v. Lewinski* BDSG § 6 a Rn. 36; BeckOK DatenschutzR/*ders*. DS-GVO Art. 22 Rn. 39, die darauf abstellen wollen, ob die fragliche Leistung auf dem Markt und selbst zu deutlich ungünstigeren Bedingungen nicht zu bekommen ist. Nur dann könne man von einer erheblichen Beeinträchtigung sprechen. Diese Konstellation werde vornehmlich im Bereich der Versorgungsunternehmen und bei (Quasi)Monopolisten bestehen.
100 Differenzierend Plath/*Kamlah* § 6 a Rn. 7, der eine erhebliche Beeinträchtigung bei einer Ablehnung von Vertragsanträgen dann nicht für gegeben hält, wenn der beantragte Vertrag keinen „erheblichen" Gegenstand hat, er bspw. nur geringe wirtschaftliche oder praktische Bedeutung hat. Das sei bei Konsumentenkrediten – im Gegensatz zu Verträgen der Grundversorgung – der Fall.
101 So auch Gola/*Schomerus* § 6 a Rn. 10; DKWW/*Weichert* § 6 a Rn. 8; *Born* ZD 2015, 66 (69); *Moos/Rothkegel* ZD 2016, 561 (565 f.); aA Gola/*Schulz* Art. 22 Rn. 26; *Schaffland/Wiltfang* BDSG § 6 a Rn. 4; Plath/*Kamlah* BDSG § 6 a Rn. 8; BeckOK DatenschutzR/*v. Lewinski* BDSG § 6 a Rn. 34; *Golla* PinG 2014, 61 (63).
102 Vgl. dazu *Sachverständigenrat für Verbraucherfragen*, Expertise zum Thema „Personalisierte Preisdifferenzierung im Online-Handel", 2016; *Mendoza/Bygrave*, The Right Not to Be Subject to Automated Decisions Based on Profiling, S. 12.

ditionen, ein **höherer Zinssatz** als der öffentlich beworbenen[103] oder die Festlegung auf ein bestimmtes Zahlverfahren (Vorkasse, Rechnung) beim Online-Kauf.[104] Erfasst werden auch **laufende Verträge**, etwa wenn die Konditionen (zB Höhe der Versicherungsprämie) aufgrund einer Auswertung des individuellen Kundenverhaltens geändert werden sollen.

37 **Personalisierte Werbung** kann abhängig von Form, Umfang (Häufigkeit, Wiederholung) und Schutzbedürftigkeit der Zielgruppe (zB Kinder, vulnerable Gruppen) ebenfalls als erhebliche Beeinträchtigung zu qualifizieren sein.[105] So ist eine einmalige postalische Werbung anders zu beurteilen als zB das zielgruppenorientierte Marketing in sozialen Netzwerken („Behavioral Advertising") oder die massenhafte (E-Mail-)Werbung auf Basis von individuellen Kunden- oder Nutzerprofilen (**Werbescoring**).[106] Auf die Frage, ob die Werbung als solche datenschutzrechtlich zulässig ist (→ Anh. 3 zu Art. 6 Rn. 21ff.), kommt es bei dieser Einordnung nicht an. Auch das Widerspruchsrecht nach Art. 21 Abs. 2 spielt insoweit keine Rolle, da es sich gegen die Datenverarbeitung zu Zwecken der Direktwerbung wendet und nicht gegen die darauf basierende Entscheidung.[107] Ein mögliches Einverständnis der betroffenen Person wird im Übrigen erst im Rahmen der Prüfung der Ausnahmetatbestände (vgl. Abs. 2 lit. c) berücksichtigt.

V. Ausnahmetatbestände (Abs. 2)

38 Automatisierte Einzelentscheidungen, die eine rechtliche Wirkung entfalten oder die betroffene Person erheblich beeinträchtigen, sind nicht ausnahmslos verboten. Abs. 2 sieht vielmehr drei **Ausnahmetatbestände** vor.[108] Das Verbot des Abs. 1 greift dann nicht ein, wenn die Entscheidung für den Abschluss oder die Erfüllung eines Vertrags erforderlich ist (lit. a), wenn sie durch eine unionsrechtliche oder mitgliedstaatliche Regelung ausdrücklich zugelassen ist (lit. b) oder wenn eine ausdrückliche Einwilligung der betroffenen Person vorliegt (lit. c). Auf eine Interessenabwägung nach Art. 6 Abs. 1 UAbs. 2 lit. f kann die automatisierte Entscheidung hingegen nicht gestützt werden. Art. 70 Abs. 1 lit. f sieht vor, dass der EDSA im Sinne einer einheitlichen Rechtsanwendung Leitlinien, Empfehlungen und bewährte Verfahren bereitstellen soll, um die Kriterien und Bedingungen für die nach Abs. 2 ausnahmsweise zulässigen Entscheidungen näher zu bestimmen.

39 **1. Vertrag.** Nach Abs. 2 lit. a ist eine automatisierte Entscheidung ausnahmsweise zulässig, wenn sie für den Abschluss oder die Erfüllung eines Vertrags erforderlich ist. Es muss sich um ein **Vertragsverhältnis** zwischen dem für die Entscheidung Verantwortlichen und der von der Entscheidung betroffenen Person handeln. Die Norm bezieht ausdrücklich auch den Vertragsabschluss mit ein. Daraus folgt, dass auch automatisierte Einzelentscheidungen, die in **Vorbereitung eines Vertrags** erfolgen, von dem Ausnahmetatbestand erfasst werden können. **Außervertragliche Rechtsverhältnisse** werden – anders als noch in § 6 a Abs. 2 Nr. 1 BDSG aF („sonstiges Rechtsverhältnis") – **nicht erfasst**.[109]

40 Im Gegensatz zu den **Vorgängerregelungen** in der DSRL und im BDSG aF, die eine automatisierte Entscheidung im Rahmen eines Vertrags immer dann zuließen, wenn „dem Begehren des Betroffenen stattgegeben wurde",[110] kommt es nach Abs. 2 lit. a allein darauf an, ob die Entscheidung für den Vertragsabschluss oder dessen Erfüllung erforderlich ist. Das bedeutet einerseits, dass eine automatisierte Entscheidung auch dann zulässig sein kann, wenn der Vertragsabschluss abgelehnt oder nur zu schlechteren Konditionen als beantragt angeboten wird.[111] Andererseits kann in Fällen, in denen der begehrte Vertrag zustande kommt, die automatisierte Entscheidung letztlich unzulässig sein, weil es an deren Erforderlichkeit fehlt.[112] Der Ver-

---

103 Häufig wird in der Werbung mit besonders günstigen Zinskonditionen gelockt. Konkreten Kreditangeboten ist ein Scoring vorgeschaltet mit dem Ergebnis, dass das tatsächliche Angebot häufig mehrere Prozentpunkte über dem „Lockangebot" liegt. Zur Bewerbung von Kreditangeboten *Korczak/Wilken* Scoring im Praxistest, 2008, S. 78 f.

104 BeckOK DatenschutzR/*v. Lewinski* BDSG § 6 a Rn. 40 will für das Erreichen der erheblichen Beeinträchtigung auf eine Schlechterstellung des Betroffenen im Vergleich zum Durchschnitt abstellen.

105 So auch *Art.-29-Gruppe*, 17/EN WP251rev. 01, S. 22; zu § 6 a BDSG aF schon *Bergmann/Möhrle/Herb* BDSG § 6 a Rn. 13; DKWW/*Weichert* § 6 a Rn. 9; Gola/*Schomerus* § 6 a Rn. 10; aA Paal/Pauly/*Martini* Art. 22 Rn. 23; Gola/*Schulz* Art. 22 Rn. 28; BeckOK DatenschutzR/*v. Lewinski* BDSG § 6 a Rn. 37; BeckOK DatenschutzR/*ders.* DS-GVO Art. 22 Rn. 41 jedenfalls wenn sich die Werbung im Rahmen der wettbewerbsrechtlichen Vorschriften zum Belästigungsschutz (§ 7 UWG) bewegt. Offen gelassen bei Ehmann/Selmayr/*Hladjk* Art. 22 Rn. 9. Zur Profilbildung im Rahmen verhaltensbasierter Internetwerbung *Art.-29-Gruppe*, 2/2010/DE WP171.

106 Zur Unzumutbarkeit der Belästigung durch Wiederholung im Wettbewerbsrecht *Köhler/Bornkamm* UWG § 7 Rn. 27.

107 Mit diesem Argument aber Kühling/Buchner/*Buchner* Art. 22 Rn. 26; dem folgend *Abel* ZD 2018, 304 (306).

108 *Dammann* ZD 2016, 307 (313) hält die einschränkende Wirkung der Vorschrift gegenüber den allgemeinen Verarbeitungsbedingungen daher für sehr begrenzt.

109 S. aber § 37 Abs. 1 Nr. 1 BDSG nF für den Versicherungssektor. Dazu → Rn. 48ff.

110 Dazu im Einzelnen Simitis/*Scholz* § 6 a Rn. 30 f.; BeckOK DatenschutzR/*v. Lewinski* BDSG § 6 a Rn. 39 f.

111 Kühling/Buchner/*Buchner* Art. 22 Rn. 29 sieht hierin keine Absenkung des Schutzniveaus im Vergleich zu Art. 15 DSRL, da es letztlich darauf ankomme, ob der Verantwortliche angemessene Maßnahmen zum Schutz der betroffenen Person vorgesehen hat.

112 Das kritisiert Plath/*Kamlah* DSGVO Art. 22 Rn. 8, der das Kriterium der Erforderlichkeit in diesen Fällen daher weniger streng auslegen will.

stoß gegen Art. 22 könnte dann durch die zuständige Aufsichtsbehörde sanktioniert werden (→ Rn. 67), ohne dass dies Auswirkungen auf das konkrete zugrundeliegende Vertragsverhältnis hätte.

Der Maßstab der **Erforderlichkeit** zur Vertragserfüllung findet sich als allgemeine Zulässigkeitsvorausset- 41 zung bereits in Art. 6 Abs. 1 UAbs. 1 lit. b (→ Art. 6 Abs. 1 Rn. 32ff.). Während sich die Erforderlichkeit dort auf die Datenverarbeitung bezieht, stellt Abs. 2 lit. a auf die Erforderlichkeit der automatisierten Einzelentscheidung ab. Es ist also im Rahmen der Vorschrift nicht zu prüfen, ob die der Entscheidung vorausgehende automatisierte Verarbeitung datenschutzrechtlich zulässig ist, sondern ob die Anwendung des automatisiert erzeugten Ergebnisses für den Abschluss oder die Erfüllung des Vertrags notwendig ist. Die Zulässigkeit der zugrunde liegenden Datenverarbeitung ist allerdings Voraussetzung für die Erforderlichkeit auch der Einzelentscheidung. Ihr kommt daher bereits eine gewisse Indizwirkung bei der Bestimmung der Erforderlichkeit nach Abs. 2 lit. a zu.

Verlangt wird ein unmittelbarer sachlicher Zusammenhang zwischen der automatisierten Einzelentschei- 42 dung und dem **konkreten Vertragszweck** mit seinen Rechten und Pflichten. Die Erforderlichkeit ist gegeben, wenn die automatisierte Einzelentscheidung ein geeignetes Mittel zur Erreichung dieses Vertragszwecks ist und keine datenschutzrechtlich weniger eingreifenden, gleich wirksamen Mittel zur Verfügung stehen.[113] Im Stadium vor Abschluss eines Vertrags kommt es demnach vor allem darauf an, ob die Entscheidung über den Vertragsschluss auch ohne automatisierte Einzelentscheidung genauso gut hätte getroffen werden können.

Die Erforderlichkeit muss ausgehend von einer **objektiven Betrachtungsweise** letztlich im Rahmen einer 43 **Einzelfallprüfung** bezogen auf das konkrete Vertragsverhältnis beurteilt werden. Es lassen sich zumindest typisierende Betrachtungen anstellen. So wird man die Erforderlichkeit dann bejahen müssen, wenn die automatisierte Entscheidungsfindung als solche bereits – unter Einhaltung AGB-rechtlicher Anforderungen – vertraglich vereinbart wird, aber auch, wenn sie zur Erfüllung einer gesetzlichen Verpflichtung erfolgt. Letzteres ist zB bei Verbraucherdarlehensverträgen und Immobilien-Verbraucherdarlehensverträgen der Fall. § 18 a KWG und §§ 505 a ff. BGB sehen hier die Pflicht zur Durchführung einer **Kreditwürdigkeitsprüfung** auf der Basis von Informationen zu Einkommen, Ausgaben sowie anderen finanziellen und wirtschaftlichen Umständen des Darlehensnehmers vor.[114] Generell dürfte sich beim Abschluss von Verträgen, bei denen es entscheidend auf das Vorliegen der Zahlungsfähigkeit des Vertragspartners ankommt (zB Kreditverträge, Kaufverträge mit Kreditelementen oder Mietverträge), eine rein automatisierte Bonitätsprüfung noch im Bereich des Erforderlichen bewegen.[115] Voraussetzung hierfür ist allerdings, dass auch die der Entscheidung vorausgehende Verarbeitung der Bonitätsdaten auf der Grundlage von Art. 6 Abs. 1 UAbs. 1 lit. b zulässig ist.[116] Dient die automatisierte Entscheidung der **Betrugsprävention** („fraud detection") – etwa im Rahmen eines Zahlungsdienstevertrags –, spricht ebenfalls viel dafür, dass diese aufgrund der nebenvertraglichen Pflicht, den Kunden vor Missbrauch des Zahlungsmittels (zB Kreditkarte) zu schützen, erforderlich und damit zulässig ist.[117] Auch eine **vollautomatisierte Schadensprüfung** zur Erfüllung eines Versicherungsvertrags kann erforderlich sein, wenn dies zu einer Fehlerreduzierung und damit effektiveren Bearbeitung führt.[118]

2. Rechtsvorschrift. Das Verbot des Abs. 1 gilt auch dann nicht, wenn eine automatisierte Entscheidung 44 aufgrund von Rechtsvorschriften der Union oder eines Mitgliedstaates, welchem der Verantwortliche unterliegt, zulässig ist. Als fakultative **Öffnungsklausel** erlaubt Abs. 2 lit. b den Mitgliedstaaten, über die Regelungen in Abs. 2 lit. a und c hinausgehende Zulässigkeitstatbestände für automatisierte Entscheidungen im nationalen Recht zu schaffen. Die DSGVO nennt in EG 71 UAbs. 1 S. 3 exemplarisch **Anwendungsfälle**, in denen eine automatisierte Einzelentscheidung zulässig sein kann, nämlich um Betrug und Steuerhinterziehung zu überwachen und zu verhindern oder die Zuverlässigkeit und Sicherheit eines Dienstes, den der Verantwortliche bereitgestellt hat, zu gewährleisten. Darüber hinaus erlaubt Art. 23 Abs. 1 die Einschränkung von Abs. 1.

---

113 Zum Maßstab der Erforderlichkeit bei der Vertragserfüllung ausführlich → Art. 6 Abs. 1 Rn. 32ff.; BeckOK DatenschutzR/*Wolff* BDSG § 28 Rn. 33ff.; Simitis/*ders.* § 28 Rn. 57ff.

114 Dazu *Taeger* RDV 2017, 3 (5).

115 So auch Gola/*Schulz* Art. 22 Rn. 30. Anders offenbar *Härting*, Rn. 621, der zumindest ein Scoring vor Abschluss eines Kreditvertrags nicht für „objektiv erforderlich" hält. Zum objektiven Sachzusammenhang zwischen Bonitätsinformation und Kaufvertragsdurchführung Auernhammer/*Kramer* BDSG § 28 Rn. 50 f.

116 Zu den für die Bonität erforderlichen Datenarten bei § 28 Abs. 1 S. 1 Nr. 1 BDSG aF Simitis/ *ders.* BDSG § 28 Rn. 72; Plath/*ders.* BDSG § 28 Rn. 30.

117 Vgl. *Ohrtmann/Schwiering* NJW 2014, 2984 (2985); *Deuster* PinG 2016, 75 (78); Auernhammer/*Herbst* DSGVO Art. 22 Rn. 13. Zur bankaufsichtsrechtlichen Verpflichtung einer Bonitätsprüfung bei Geschäften mit Adressenausfallrisiken nach § 10 Abs. 2 KWG s. *Taeger* ZRP 2016, 72 (73 f.).

118 Zu entsprechenden Angeboten der „FinTech"- und „InsurTech"-Unternehmen

45 Der Anwendungsbereich der Öffnungsklausel erstreckt sich nur auf Entscheidungen nach Abs. 1. Sie ermöglicht es dem nationalen Gesetzgeber daher **nicht**, Anforderungen an die dem Verbot nicht unterfallende, weil der Entscheidung vorgeschaltete Verarbeitungsprozesse wie dem **Profiling** oder dem **Scoring** zu regeln.[119] Die nationale Regelung zum Scoring und zu Bonitätsausküften in § 31 BDSG nF (→ Anh. 2 zu Art. 6 Rn. 13ff.) lässt sich daher nicht auf die Öffnungsklausel in Art. 22 Abs. 2 lit. b stützen.[120] § 31 BDSG nF formuliert Bedingungen, unter denen ein Scorewert in Bezug auf eine bestimmte Person bei der Entscheidung über die Begründung, Durchführung oder Beendigung eines Vertragsverhältnisses mit dieser Person verwendet werden darf und konkretisiert, welche Voraussetzungen ein von einer Auskunftei ermittelter Scorewert im Hinblick auf sog Negativ-Merkmale erfüllen muss (→ Anh. 2 zu Art. 6 Rn. 37ff.). Nicht geregelt wird in § 31 BDSG nF hingegen die von Art. 22 behandelte Frage, ob und unter welchen Bedingungen eine die betroffene Person belastende Entscheidung allein auf einen Scorewert gestützt werden darf. Die Vorschriften haben einen unterschiedlichen Regelungsgegenstand und können daher beim Scoring **nebeneinander zur Anwendung** kommen.[121]

46 **a) Angemessene Maßnahmen.** Machen der Unionsgesetzgeber oder der nationale Gesetzgeber von ihrer Rechtssetzungsbefugnis Gebrauch, müssen die Rechtsvorschriften[122] angemessene Maßnahmen zur Wahrung der Rechte und Freiheiten sowie der berechtigten Interessen der betroffenen Personen enthalten. Damit soll sichergestellt werden, dass die Mitgliedstaaten den **Schutzstandard der DSGVO** nicht aushöhlen und die Wertungen des Unionsrechts nicht unterlaufen. Geeignet sind nur Erlaubnistatbestände, die konkrete risikobezogene Anforderungen formulieren sowie ergänzende Informations- und Beteiligungsmöglichkeiten für die betroffenen Personen vorsehen.[123]

47 Welche Garantien der Verordnungsgeber dabei im Einzelnen im Blick gehabt hat, deuten Art. 22 Abs. 3 sowie die EG 71 UAbs. 1 S. 4 und S. 5 an.[124] Zu den **Schutzmaßnahmen** können danach insbes. eine spezifische Unterrichtung der betroffenen Person sowie ein Anspruch auf direktes Eingreifen einer Person, auf Darlegung des eigenen Standpunktes, auf Erläuterung der getroffenen Entscheidung und auf Anfechtung der Entscheidung zählen (→ Rn. 56ff.). Der Normgeber kann aber auch teilweise oder ausschließlich andere geeignete Maßnahmen vorsehen.[125] Es sollte sichergestellt werden, dass automatisierte Entscheidungen grundsätzlich nicht gegenüber Kindern vorgenommen werden (EG 71 UAbs. 1 S. 6).[126] Ist dies ausnahmsweise notwendig – etwa zur Sicherung des Kindeswohls – müssen die angemessenen Schutzmaßnahmen speziell an Kindern ausgerichtet sein. Den besonderen Schutzbedarf von Kindern stellt EG 38 heraus.

48 **b) Nationales Recht (§ 37 BDSG nF).** Der deutsche Gesetzgeber hat von der Öffnungsklausel des Abs. 2 lit. b Gebrauch gemacht und mit § 37 BDSG nF im Bereich der **Versicherungswirtschaft** zwei weitere Zulässigkeitstatbestände für automatisierte Einzelentscheidungen im nationalen Recht geschaffen.[127] Nach § 37 Abs. 1 Nr. 1 BDSG nF soll eine Entscheidung im Rahmen der **Leistungserbringung nach einem Versicherungsvertrag** zulässig sein, wenn dem **Begehren der betroffenen Person stattgegeben** wurde. Hierbei ist – anders als bei Art. 22 Abs. 2 lit. a – das Bestehen eines Vertragsverhältnisses zwischen der von der automatisierten Entscheidung betroffenen Person und dem Verantwortlichen nicht erforderlich. Vielmehr sollen auch automatisierte Einzelentscheidungen im Rahmen **außervertraglicher Rechtsverhältnisse** erfasst werden.[128] Ausweislich der Gesetzesbegründung zielt die Vorschrift damit insbes. auf die **vollautomatisierte Schadensregulierung** zwischen der Versicherung des Schädigers und dem Geschädigten.[129] Ist der Geschädigte nicht Versicherungsnehmer (zB ein Geschädigter in der Kfz-Haftpflichtversicherung), besteht mit ihm

---

119   Vgl. Plath/*Kamlah* DSGVO Art. 22 Rn. 9; Paal/Pauly/*Martini* Art. 22 Rn. 44; Kühling/Buchner/*Buchner* Art. 22 Rn. 38; aA *Taeger* ZRP 2016, 72 (74 f.); *Härting*, Rn. 641.

120   Nach Schantz/Wolff/*Wolff*, Rn. 694ff. fällt die Regelung zumindest teilweise unter die Öffnungsklausel zur Zweckänderung (Art. 6 Abs. 4). Dazu auch *Taeger* RDV 2017, 3 (7 f.).

121   So bereits zum Verhältnis von § 6 a zu § 28 b BDSG aF Simitis/*Scholz* § 6 a Rn. 18; Auernhammer/*Herbst* BDSG, § 6 a Rn. 26. Zur Vereinbarkeit von § 31 BDSG nF mit der DSGVO → Anh. 2 zu Art. 6 Rn. 17ff.

122   Nach *Kühling/Martini et al.*, S. 63 f. muss es sich hierbei nicht zwingend um ein formelles Gesetz handeln. Es könne jede normative Rechtsregel und damit zB auch Verordnungs- oder Satzungsrecht genügen.

123   Vgl. Roßnagel/*Nebel*, Europ. DSGVO, § 3 Rn. 107.

124   Vgl. *Kühling/Martini et al.*, S. 65.

125   So BeckOK DatenschutzR/*v. Lewinski* DS-GVO Art. 22 Rn. 46.

126   Dazu *Mendoza/Bygrave*, The Right Not to Be Subject to Automated Decisions Based on Profiling, S. 8; *Art.-29-Gruppe*, 17/EN WP251rev. 01, S. 26.

127   Der Vorschlag des Bundesrates, die Ausweitung des § 37 BDSG nF auf weitere Vertragsarten zu prüfen und die Regelung des § 6 a Abs. 2 Nr. 1 BDSG aF beizubehalten (BT-Drs. 18/11655, S. 41) wurde nicht aufgegriffen.

128   Der *Verbraucherzentrale Bundesverband eV (vzbv)* kritisiert zu Recht, dass damit Mehr-Personenverhältnisse erfasst werden, während sich das geltende Recht in § 6 a Abs. 2 Nr. 1 BDSG ausschließlich auf Zwei-Personenverhältnisse bezieht. Vgl. Stellungnahme zum Regierungsentwurf eines Datenschutz-Anpassungs- und -Umsetzungsgesetz EU – DSAnpUG-EU v. 13.2.2017, S. 9.

129   S. Begründung des Gesetzentwurfs der Bundesregierung, BT-Drs. 18/11325, S. 106.

kein Vertrag, so dass Art. 22 Abs. 2 lit. a nicht eingreift. Es besteht aber ein anderes Rechtsverhältnis, nämlich ein direkter Anspruch des Geschädigten gegenüber dem Versicherungsunternehmen.[130] Reguliert der Versicherer aufgrund einer automatisierten Schadensprüfung, wird dem Begehren des Geschädigten, der gleichzeitig datenschutzrechtlich die betroffene Person ist, stattgegeben. Dabei muss sich die Stattgabe auf das gesamte Regulierungsbegehren beziehen, dem Antrag des Betroffenen muss also **vollumfänglich entsprochen** werden.[131]

Mit § 37 Abs. 1 Nr. 2 BDSG nF soll zudem die automatisierte Entscheidung über Versicherungsleistungen **49** der **Privaten Krankenversicherung** bei der Anwendung verbindlicher Entgeltregelungen für Heilbehandlungen ermöglicht werden. Auch wenn dem Begehren des Antragstellers als von der Entscheidung betroffener Person nicht oder nicht vollständig stattgegeben wird, soll die automatisierte Rechnungsprüfung durch die Private Krankenversicherung zulässig sein, wenn der Verantwortliche angemessene Maßnahmen zur Wahrung der berechtigten Interessen der betroffenen Person trifft. Die in der Regelung genannten Maßnahmen entsprechen den Schutzmechanismen des Art. 22 Abs. 3 (→ Rn. 56ff.). Über diese Rechte ist die betroffene Person im Falle einer nicht nur vorteilhaften Entscheidung zu informieren. Der späteste Zeitpunkt einer solchen Information ist dabei die Mitteilung des Verantwortlichen, dass dem Antrag nicht vollumfänglich entsprochen wird. Warum die bereichsspezifische Ausnahmeregelung in § 37 Abs. 1 Nr. 2 BDSG nF überhaupt erforderlich ist, lässt die Gesetzesbegründung offen. Die in Bezug genommene Konstellation dürfte bereits von Art. 22 Abs. 2 lit. a erfasst sein.[132]

Überdies soll § 37 Abs. 2 S. 1 BDSG nF Versicherungsunternehmen im Rahmen der zulässigen automatisierten Entscheidungen eine **Verarbeitung von Gesundheitsdaten** iSd Art. 4 Nr. 15 erlauben.[133] Dies sei – so die **50** Gesetzesbegründung[134] – insbes. bei der automatisierten Abrechnung von Leistungsansprüchen durch die Private Krankenversicherung notwendig. Die Regelung soll sich auf die **Öffnungsklausel** aus Art. 22 Abs. 4 iVm Art. 9 Abs. 2 lit. g stützen, da mit der Gewährleistung eines bezahlbaren und funktionsfähigen Krankenversicherungsschutzes in der Privaten Krankenversicherung ein erhebliches öffentliches Interesse verfolgt werde.[135] Diese Begründung erscheint allerdings wenig überzeugend, wenn es im Kern um das Interesse privater Unternehmen an Kostensenkungen geht.[136]

Außer § 6a BDSG aF, der durch § 37 BDSG nF abgelöst wird, enthielt das nationale Recht weitere Vorschriften zu automatisierten Einzelentscheidungen. Eine dem § 6a BDSG aF vergleichbare Regelungen bestand etwa im Sozialrecht (§ 67b Abs. 4 SGB X[137]). Auch die **Landesdatenschutzgesetze** sahen bis zur Geltung der DSGVO alle ein generelles Verbot automatisierter Entscheidungen vor.[138] Abweichungen zum Bundesrecht bestanden zum Teil hinsichtlich des Umfangs der Ausnahmen vom Verbotsgrundsatz.[139] Diese **51** allgemeinen Regelungen wurden im Zuge der Anpassung des Landesdatenschutzrechts an die DSGVO aufgehoben, da sie neben Art. 22 nicht zur Anwendung kommen könnten. Auch auf Landesebene könnten allenfalls Ausnahmetatbestände beibehalten oder neu geschaffen werden, die sich im Rahmen der Öffnungsklausel des Art. 22 Abs. 2 lit. b bewegen.[140]

3. Einwilligung. Nach Abs. 2 lit. c ist eine automatisierte Einzelentscheidung schließlich dann zulässig, **52** wenn sie mit ausdrücklicher Einwilligung der betroffenen Person erfolgt. Auch wenn es hier formal gesehen nicht um die Einwilligung in einzelne Datenverarbeitungsschritte, sondern um die Anwendung eines Datenverarbeitungsverfahrens geht, wird man diese Einwilligung ebenfalls an den Voraussetzungen der Art. 4

---

130 Vgl. Stellungnahme des *Gesamtverbandes der Deutschen Versicherungswirtschaft (GDV)* zum Referentenentwurf eines Datenschutz-Anpassungs- und -Umsetzungsgesetz EU – DSAnpUG-EU v. 6.12.2016, S. 5 f.

131 So zu § 6a Abs. 2 Nr. 1 BDSG aF Simitis/*Scholz* § 6a Rn. 31; Auernhammer/*Herbst*, BDSG § 6a Rn. 15.

132 Von vornherein keinen Regelungsbedarf sah der Gesetzgeber, wenn Daten eines Dritten, bspw. eines mitversicherten Familienangehörigen, Gegenstand der Verarbeitung sind. Solche Entscheidungen entfalten gegenüber der mitversicherten Person nicht die in Art. 22 Abs. 1 tatbestandlich geforderte Rechtswirkung (BT-Drs. 18/11325, S. 105).

133 Nicht erfasst von der Ausnahmeregelung sind damit genetische Daten iSd Art. 4 Nr. 13.

134 S. Begründung des Gesetzentwurfs der Bundesregierung, BT-Drs. 18/11325, S. 107.

135 S. Begründung des Gesetzentwurfs der Bundesregierung, BT-Drs. 18/11325, S. 107. Zu den weiteren Anforderungen an die nationale Regelung → Rn. 46 f.

136 Vgl. Schantz/Wolff/*Schantz*, Rn. 751. Anders *Thüsing* RDV 2018, 14 (17 f.), der in einer effizienten und damit kostengünstigeren Krankenversicherung ein erhebliches öffentliches Interesse begründet sieht.

137 Dazu Wulffen/Schütze/*Bieresborn* SGB X § 67b Rn. 16. Diese Regelung wurde durch das Gesetz zur Änderung des Bundesversorgungsgesetzes und anderer Vorschriften v. 17.7.2017 (BGBl. I Nr. 49, S. 2541) mittlerweile aufgehoben.

138 § 4 Abs. 7 LDSG BW; Art. 15 Abs. 6 BayDSG; § 15a BlnDSG; § 4 Abs. 4 Bbg DSG; § 5 Br DSG § 5a HmbDSG; § 7 Abs. 3 HDSG; § 12 DSG MV; § 10a NDSG; § 4 Abs. 4 DSG NW; § 5 Abs. 5 LDatG RhPf; § 31 Abs. 6 SDSG (nur für dienstliche Beurteilungen); § 34 SächsDSG; § 4a DSG LSA; § 19 LDSG SH; § 5a ThürDSG.

139 So enthielten die Gesetze in Baden-Württemberg, Saarland und Thüringen keine Ausnahmemöglichkeit. In anderen Ländern können Ausnahmen nur durch Gesetz zugelassen werden (Berlin, Brandenburg). In Mecklenburg-Vorpommern, Nordrhein-Westfalen und Sachsen-Anhalt muss dem Betroffenen die Gelegenheit eingeräumt werden, seine persönlichen Interessen geltend zu machen.

140 Zum Regelungsspielraum Paal/Pauly/*Martini* Art. 22 Rn. 42 f.

Nr. 11 und Art. 7 messen müssen.[141] Aus der Perspektive der betroffenen Personen ist das Schutzbedürfnis vergleichbar.[142] Die Einwilligung ist daher nur wirksam, wenn sie **unmissverständlich, freiwillig, bestimmt** sowie **informiert** abgegeben wird (→ Art. 7 Rn. 47ff.). Letzteres setzt voraus, dass die betroffene Person noch vor der Einwilligung alle Informationen bekommen muss, die notwendig sind, um Anlass, Ziel und Folgen der Verarbeitung korrekt abschätzen zu können.[143]

53 Bezogen auf die automatisierte Einzelentscheidung folgt daraus, dass die betroffene Person von dem Verantwortlichen nicht nur über den Umstand als solchen in Kenntnis gesetzt, sondern auch über die **involvierte Logik** sowie die **Tragweite** und die angestrebten **Auswirkungen** der automatisierten Entscheidungsfindung informiert werden muss. Für die Einwilligung ist dies zwar nicht ausdrücklich in der DSGVO vorgesehen. Die fraglichen Informationen müssen der betroffenen Person aber nach den Transparenzpflichten aus Art. 13 Abs. 2 lit. f, Art. 14 Abs. 2 lit. g und Art. 15 Abs. 1 lit. h zur Verfügung gestellt werden. Nichts anderes kann für die Information vor einer Einwilligung gelten.

54 Unter dem Begriff „Logik" sind Angaben über Aufbau, Struktur und Ablauf der automatisierten Datenverarbeitung zu verstehen (→ Art. 13 Rn. 16). Die Information muss daher die **tragenden Funktionsprinzipien** der Anwendungsprogramme und die grundlegenden **Entscheidungsmaßstäbe** umfassen. Die technischen Einzelheiten der verwendeten (Analyse-)Software oder der Quellcode müssen hingegen nicht mitgeteilt werden. Insoweit können sich die Verarbeiter in aller Regel auf den Schutz ihrer Geschäfts- und Betriebsgeheimnisse berufen.[144] Die betroffene Person muss aber verstehen können, in welcher Weise bestimmte Bewertungen und Klassifizierungen abgeleitet werden und welche Bedeutung und Gewichtung diese Werte für die automatisierte Entscheidung haben. Beim Einsatz von **Scoring-Verfahren** hat sich die Information daher auf alle für die Wahrscheinlichkeitsberechnung konkret herangezogenen Daten und ihre angenommene Wertigkeit zu erstrecken.[145] Wichtig ist zudem die Kenntnis der Vergleichsgruppen, denen die betroffene Person aufgrund von Korrelationen zugeordnet wird.[146] Selbst wenn diese Angaben für die Wettbewerbsfähigkeit eines Unternehmens relevant sind, gilt das daran bestehende wirtschaftliche Geheimhaltungsinteresse nicht vorbehaltlos.[147] Vielmehr steht ihm das erhebliche Informationsinteresse der betroffenen Personen gegenüber, die allein anhand von Einzeldaten und ohne Kenntnis der Vergleichsgruppen und der jeweiligen Gewichtung die Scorewertberechnung nicht richtig nachvollziehen und überprüfen können. Lediglich die Offenlegung der vollständigen **Scoreformel**, also des bei der Scoreberechnung angewandten Algorithmus, kann unter Hinweis auf **Geschäftsgeheimnisse** verweigert werden.[148]

55 Aufgrund des besonderen Risikos der Diskriminierung durch automatisierte Entscheidungen, muss die Einwilligung nach Abs. 2 lit. c – ebenso wie die Einwilligung in die Verarbeitung besonderer Kategorien personenbezogener Daten nach Art. 9 Abs. 2 lit. a – **ausdrücklich** erfolgen. Sie muss sich also explizit auch auf den Umstand beziehen, dass eine den Einzelnen betreffende Entscheidung ausschließlich auf einer automatisierten Datenverarbeitung beruht.[149] Eine Einwilligung durch konkludentes oder schlüssiges Handeln ist damit ausgeschlossen.[150]

---

141 So auch Plath/*Kamlah* DSGVO Art. 22 Rn. 12.

142 So Kühling/Buchner/*Buchner* Art. 22 Rn. 41.

143 Dazu *Zahariev* PinG 2017, 73 (75) und allgemein Simitis/*ders.* § 4 a Rn. 70ff. mwN.

144 Nach EG 63 darf das Auskunftsrecht, das sich ebenfalls auf die involvierte Logik bezieht, nicht zu einer Beeinträchtigung von Geschäftsgeheimnissen führen. Vgl. zum Auskunftsrecht nach § 6 a Abs. 3 BDSG aF bereits *Gola/Schomerus* § 6 a Rn. 18; BeckOK DatenschutzR/*v. Lewinski* BDSG § 6 a Rn. 52; zu Art. 15 *Bräutigam/Schmidt-Wudy* CR 2015, 56 (61). Zum Begriff des Geschäfts- oder Betriebsgeheimnis BVerfG MMR 2006, 375 (376), Rn. 87.

145 Zum Auskunftsrecht nach § 6 a Abs. 3 BDSG aF bereits *Simitis/Scholz* § 6 a Rn. 40. Kritisch Taeger/Gabel/*Mackenthun* BDSG § 6 a Rn. 23; Plath/*Kamlah* BDSG § 6 a Rn. 29. AA hinsichtlich der Gewichtung der in den Scorewert eingeflossenen Merkmale BGHZ 200, 38 Rn. 26ff. zu § 34 Abs. 4 BDSG aF Dazu kritisch *ULD/GP*, Scoring nach der Datenschutz-Novelle 2009 und neue Entwicklungen, 2014, S. 45ff.

146 Der BGHZ 200, 38 Rn. 26ff. hat einen entsprechenden Auskunftsanspruch gegenüber der SCHUFA (gestützt auf § 34 Abs. 4 BDSG aF) verneint: Es unterliege dem Geschäftsgeheimnis, welche allgemeinen Rechengrößen mit welcher Gewichtung bei der Score-Berechnung und bei der Ermittlung von Vergleichsgruppen eingeflossen sind. Diese Informationen seien Teil der Scoringformel und somit Geschäftsgeheimnis. Gegen das Urteil ist eine Verfassungsbeschwerde beim BVerfG (BVerfG – 1 BvR 756/14) anhängig.

147 Vgl. *ULD/GP*, Scoring nach der Datenschutz-Novelle 2009 und neue Entwicklungen, 2014, S. 47.

148 So zum Auskunftsrecht nach § 34 Abs. 4 BDSG aF schon BeckOK DatenschutzR/*Schmidt-Wudy* BDSG § 34 Rn. 70 f.; *Kamlah/Walter* PinG 2015, 159 (163); BGHZ 200, 38 Rn. 24ff. mwN Dem auch für die DSGVO folgend Paal/Pauly/*Paal* Art. 13 Rn. 31; Sydow/*Helfrich* Art. 22 Rn. 68; *Kugelmann* DuD 2016, 566 (568). Weitergehend aber → Art. 13 Rn. 17: Eine Offenlegung der Scoreformel könne nach der DSGVO geboten sein, wenn die betroffene Person nur auf diese Weise fehlerhafte Berechnungen vermeiden und korrigieren lassen kann. In diese Richtung auch *Roßnagel/Nebel/Richter* ZD 2015, 455 (458).

149 Vgl. Kühling/Buchner/*Buchner* Art. 22 Rn. 42.

150 So auch *Härting*, Rn. 623.

VI. Wahrung der Rechte der betroffenen Person (Abs. 3)

Abs. 3 stellt die Zulässigkeit einer automatisierten Entscheidung nach Abs. 2 lit. a und c unter den zusätzlichen Vorbehalt, dass der Verantwortliche **angemessene Maßnahmen** trifft, um die Rechte und Freiheiten sowie die berechtigten Interessen der betroffenen Person zu wahren. Als Mindestanforderungen benennt die Vorschrift das Recht der betroffenen Person, das Eingreifen einer Person seitens des Verantwortlichen zu erwirken, sowie das Recht auf Darlegung des eigenen Standpunkts und auf Anfechtung der Entscheidung.[151] Die Maßnahmen des Verantwortlichen sollen im Ergebnis sicherstellen, dass der gesamte Prozess der automatisierten Entscheidungsfindung **fair und transparent** verläuft.[152] Der betroffenen Person soll hierfür die Möglichkeit eingeräumt werden, ihre **individuelle Perspektive** einzubringen und die Entscheidung – die zunächst einmal ausschließlich automatisiert erfolgen sollte – einer nochmaligen inhaltlichen Überprüfung durch einen Menschen unterziehen zu lassen. Ein Verzicht der betroffenen Person auf diese Schutzmaßnahmen im Zuge der Einwilligung nach Abs. 2 lit. c ist nicht möglich.[153]   **56**

Will die betroffene Person ihre Einwirkungsrechte aus Abs. 3 wahrnehmen, muss sie nicht nur von der Tatsache des Vorliegens einer automatisierten Einzelentscheidung als solche Kenntnis haben. Ihr müssen zumindest auch die **wesentlichen Gründe** für die sie betreffende Entscheidung und deren Auswirkungen mitgeteilt und näher **erläutert** werden.[154] Erforderlich ist hierbei nicht, dass die Funktionsweise des automatisierten Verfahrens oder der verwendeten Software im Detail einschließlich des gesamten Algorithmus offengelegt wird (so schon zur informierten Einwilligung → Rn. 54).[155] Der betroffenen Person muss aber verdeutlicht werden, welche Beurteilungsmaßstäbe der Entscheidung zugrunde lagen und welche Gesichtspunkte und Erkenntnisse in ihrem Fall ausschlaggebend waren. Die betroffene Person muss auf Basis dieser Informationen erkennen können, ob falsche Daten über sie in das Verfahren Eingang gefunden haben oder die **individuellen Besonderheiten** ihrer Situation nicht hinreichend berücksichtigt wurden.[156] Nur mit diesen Informationen wird die betroffene Person in die Lage versetzt, die sie betreffende Entscheidung zu hinterfragen, substantiierte Einwände vorzubringen und eine Überprüfung unter menschlicher Beteiligung zu provozieren.   **57**

Dass die betroffene Person die erforderlichen Informationen erhält, wird regelmäßig bereits durch die Erfüllung der **Transparenzpflichten** aus Art. 13 Abs. 2 lit. f und Art. 14 Abs. 2 lit. g sichergestellt. Danach muss der Verantwortliche frühzeitig sowohl über das Bestehen einer automatisierten Entscheidungsfindung informieren als auch aussagekräftige Informationen über die involvierte Logik sowie die Tragweite und angestrebte Auswirkungen einer solchen Verarbeitung für die betroffene Person bereit stellen → Rn. 53 f.; → Art. 13 Rn. 16). Nach Art. 12 Abs. 1 müssen diese Informationen zudem in präziser, transparenter, **verständlicher** und leicht zugänglicher **Form** in einer klaren und einfachen Sprache erteilt werden, was insbes. bei den hier in Frage stehenden komplexen Entscheidungsprozessen eine wichtige Rolle spielt (→ Art. 12 Rn. 12ff.). Die in der Praxis schwierige Umsetzung dieser Transparenzanforderungen darf jedenfalls nicht als Argument für einen Informationsverzicht oder nur eingeschränkte Informationen herangezogen werden.   **58**

Das Recht der betroffenen Person, ein Eingreifen durch den Verantwortlichen zu erwirken, zielt auf eine erneute **Überprüfung** der automatisierten Einzelentscheidung unter Berücksichtigung des eigenen Standpunktes der betroffenen Person. Diese Überprüfung darf nicht wiederum ausschließlich automatisiert erfolgen. Auch die bloße Wiederholung der zunächst getroffenen Entscheidung und deren Mitteilung an die betroffene Person sind nicht ausreichend. Die Kontrolle des automatisiert ermittelten Ergebnisses muss vielmehr unter menschlicher Beteiligung erfolgen. Der verantwortliche Entscheidungsträger hat die Darstellung des Betroffenen tatsächlich zur Kenntnis zu nehmen und dessen **Einwände** sowie neue eigene Gesichtspunkte einzelfallbezogen zu **berücksichtigen**.[157] Die Entscheidungsfindung muss ergebnisoffen verlaufen, dh es muss tatsächlich die Möglichkeit bestehen, dass die ursprüngliche Entscheidung revidiert wird. Bei der Überprüfung ist nicht auf den **Zeitpunkt** der ursprünglichen Entscheidung, sondern auf den der Überprüfung abzustellen.[158] Das Ergebnis der Überprüfung muss wiederum gegenüber der betroffenen Person   **59**

151 Als weiteres Verfahren zur Wahrung der berechtigten Interessen der betroffenen Person kommt im Arbeitsverhältnis die Möglichkeit in Betracht, dass automatisierte Entscheidungen der Mitbestimmung der Personalvertretung unterworfen werden. Vgl. in Bezug auf § 6 a Abs. 2 Nr. 2 BDSG BeckOK DatenschutzR/*v. Lewinski* BDSG § 6 a Rn. 44; *Gola/Schomerus* § 6 a Rn. 14 b.

152 Vgl. Kühling/Buchner/*Buchner* Art. 22 Rn. 34.

153 So Kühling/Buchner/*Buchner* Art. 22 Rn. 43.

154 Das folgt bereits aus EG 71 UAbs. 1 S. 4, der von einer „spezifischen Unterrichtung" der betroffenen Person und des Anspruchs auf „Erläuterung der nach einer entsprechenden Bewertung getroffenen Entscheidung" spricht. Mit der Forderung nach einem verbindlichen „Right to Explanation" *Wachter/Mittelstadt/Floridi*, Inernational Data Privacy Law, 2017, 76ff.

155 So auch Kühling/Buchner/*Buchner* Art. 22 Rn. 35; Paal/Pauly/*Martini* Art. 22 Rn. 36.

156 Zu § 6 a Abs. 2 Nr. 2 BDSG aF DKWW/*Weichert* § 6 a Rn. 12; *Simitis/Scholz* § 6 a Rn. 40.

157 Vgl. zu § 6 a Abs. 2 Nr. 2 BDSG aF bereits Simitis/*Scholz* § 6 a Rn. 32; *Gola/Schomerus* § 6 a Rn. 14 b.

158 Vgl. zu § 6 a Abs. 2 Nr. 2 BDSG aF *Schaffland/Wiltfang* BDSG § 6 a Rn. 7; BeckOK DatenschutzR/ *v. Lewinski* BDSG § 6 a Rn. 43.3.

transparent dargelegt und ggf. erläutert werden. Zu diesem Zweck sollte der Prüfvorgang dokumentiert werden.

60   Bringt die betroffene Person – obwohl ihr die Möglichkeit dazu eingeräumt wird und sie darauf hingewiesen wird – **keine Einwände** vor, besteht für den Verantwortlichen auch kein Grund, die Entscheidung zu überprüfen. Es besteht auch keine Pflicht zu weitergehenden Ermittlungen etwa hinsichtlich Aktualität und Richtigkeit der für die automatisierte Entscheidung ausschlaggebenden Kriterien. Die Wahrung der Interessen der betroffenen Person wird in diesen Fällen schon dadurch ausreichend sichergestellt, dass ihr gegenüber ausdrücklich die Bereitschaft erklärt wird, ihr Vorbringen zu berücksichtigen, und ein entsprechender **Kommunikationsweg für die Beschwerde** eröffnet wird.[159]

61   Mit dem in Abs. 3 genannten **Recht auf Anfechtung** der Entscheidung soll der betroffenen Person die Möglichkeit eröffnet werden, gegenüber dem Verantwortlichen ihr Nichteinverständnis mit der sie betreffenden Entscheidung kundzutun. Die Anfechtung ist damit gewissermaßen die Vorstufe für die nachfolgende Geltendmachung der Rechte der betroffenen Person auf Darlegung ihres eigenen Standpunkts und auf Erwirkung einer Überprüfung der Entscheidung. Das Recht auf Anfechtung stellt jedenfalls **kein Widerspruchsrecht** iSd Art. 21 dar, so dass dessen rechtmäßige Ausübung auch nicht automatisch zur Rechtswidrigkeit der automatisierten Entscheidung führt.[160] Ebenso wenig wird mit dem Anfechtungsrecht ein neuer gerichtlicher Rechtsbehelf für die betroffene Person geschaffen.[161]

VII.   Besondere Kategorien personenbezogener Daten (Abs. 4)

62   Wegen des besonders hohen Schutzbedarfs, den die DSGVO den besonderen Kategorien personenbezogener Daten beimisst, normiert Abs. 4 ein **grundsätzliches Verbot** automatisierter Entscheidungen auf der Grundlage dieser Datenkategorien. Im Sinne einer Rückausnahme dürfen daher bei den nach Abs. 2 ausnahmsweise zulässigen Entscheidungen besonders schutzwürdige Daten iSd Art. 9 Abs. 1 nicht in die der Entscheidungsfindung zugrundeliegenden Verarbeitungsprozesse einfließen. Nach EG 71 UAbs. 2 soll damit im Interesse der betroffenen Personen verhindert werden, dass es ihnen gegenüber aufgrund von Rasse, ethnischer Herkunft, politischer Meinung, Religion oder Weltanschauung, Gewerkschaftszugehörigkeit, genetischer Anlagen, biometrischer Merkmale, Gesundheitszustand, Sexualleben oder sexueller Orientierung zu **diskriminierenden Wirkungen** oder zu einer Verarbeitung kommt, die eine solche Wirkung hat. Das Verbot greift schon dann, wenn neben anderen personenbezogenen Daten auch nur eine der in Art. 9 Abs. 1 genannten höchstpersönlichen Merkmale oder Eigenschaften bei der Entscheidungsfindung berücksichtigt wird.[162]

63   Das **Verbot** aus Abs. 4 gilt aber seinerseits **nicht ausnahmslos**. Die DSGVO lässt die Einbeziehung besonders schutzwürdiger Daten iSd Art. 9 Abs. 1 in zwei Fällen doch wieder zu. So soll eine Entscheidung zum einen dann zulässig sein, wenn die zugrunde liegende automatisierte Verarbeitung besonders schutzwürdiger Daten auf einer **ausdrücklichen Einwilligung** der betroffenen Person nach Maßgabe des Art. 9 Abs. 2 lit. a beruht. Zum anderen ist eine Entscheidung erlaubt, wenn die automatisierte Verarbeitung besonders schutzwürdiger Daten aus Gründen eines **erheblichen öffentlichen Interesses** erforderlich und auch insgesamt verhältnismäßig ist (Art. 9 Abs. 2 lit. g). Die Erheblichkeit des öffentlichen Interesses ist erst gegeben, wenn das Allgemeinwohl in besonderem Maße tangiert wird. Diese Ausnahme setzt zudem eine entsprechende Verarbeitungserlaubnis im Unionsrecht oder im Recht eines Mitgliedstaates voraus (zu § 37 BDSG nF → Rn. 48 ff.). Im Hinblick auf das besondere Gefährdungspotenzial legt die DSGVO hier hohe Maßstäbe an.[163] Die gesetzliche Erlaubnis muss den Wesensgehalt des Rechts auf Datenschutz[164] wahren sowie angemessene und spezifische Maßnahmen zur Wahrung der Grundrechte und der Interessen betroffener Personen vorsehen.[165] Für die Zulässigkeit der Entscheidung selbst auf Grundlage dieser Datenverarbeitung muss dann wieder einer der Ausnahmetatbestände des Abs. 2 gegeben sein.

64   Schließlich stellt Abs. 4 aE nochmals klar, dass auch in diesen Konstellationen die Zulässigkeit einer automatisierten Entscheidungen des Weiteren davon abhängt, dass der Verantwortliche **angemessene Maßnah-**

---

159   Hierbei genügt die Angabe einer postalischen oder elektronischen Adresse. So BeckOK DatenschutzR/*v. Lewinski* BDSG § 6 a Rn. 43.3; BeckOK DatenschutzR/*ders.* DS-GVO Art. 22 Rn. 49.1.

160   Art. 21 Abs. 1 S. 1 nennt als einen Anwendungsfall des Widerspruchsrechts das Profiling. Dazu Kühling/Buchner/*Herbst* Art. 21 Rn. 13.

161   Sydow/*Helfrich* Art. 22 Rn. 72 will die Vorschrift so verstanden wissen, dass bei Verarbeitungen im öffentlichen Bereich dem Betroffenen ein im nationalen Verwaltungsrecht verankertes Anfechtungsrecht gewährt werden müsse.

162   Anders noch Art. 20 Abs. 3 KOM-E, wonach besondere Datenarten „nicht ausschließlich" die Grundlage des Profilings bilden dürfen. Dazu kritisch *ULD/GP*, Scoring nach der Datenschutz-Novelle 2009, 2014, S. 158 ff.

163   Vgl. Paal/Pauly/*Martini* Art. 22 Rn. 41.

164   Kritisch zur Begrifflichkeit des Wesensgehalts *Thüsing* RDV 2018, 14 (19).

165   Dieses Erfordernis wird im deutschen Recht mit § 22 Abs. 2 BDSG nF umgesetzt.

men getroffen hat, um die Rechte und Freiheiten sowie die berechtigten Interessen der betroffenen Person zu schützen.

VIII. Verhältnis zu anderen Regelungen, Sanktionen

Die DSGVO sieht mit Art. 22 nicht nur ein Verbot automatisierter Einzelentscheidungen vor, sondern verbindet dieses auch mit besonderen **verfahrensrechtlichen Regelungen**, um der besonderen Schutzbedürftigkeit der betroffenen Person in solchen Konstellationen angemessen Rechnung zu tragen. So unterliegt der Verantwortliche nach Art. 13 Abs. 2 lit. f und Art. 14 Abs. 2 lit. g spezifischen **Informationspflichten**. Er muss die betroffene Person über das Bestehen der automatisierten Entscheidungsfindung sowie die involvierte Logik und die angestrebten Auswirkungen einer derartigen Verarbeitung für die betroffene Person unterrichten (→ Rn. 53 f., Art. 13 Rn. 16). Korrespondierend dazu normiert Art. 15 Abs. 1 lit. h ein **Auskunftsrecht** der betroffenen Person (→ Art. 15 Rn. 25 f.). Im Rahmen der Auskunftserteilung muss der Verantwortliche die betroffene Person auch über diejenigen Maßnahmen unterrichten, die er trifft, um seiner Verpflichtung aus Art. 22 Abs. 3 gerecht zu werden (Art. 12 Abs. 3).[166] **Adressat** der Transparenzpflichten ist der für die automatisierte Entscheidung Verantwortliche. Dieser bleibt auch dann zur Information und Auskunft verpflichtet, wenn das der Entscheidung zugrundeliegende Profiling durch eine andere Stelle erfolgt, wie dies zB beim externen **Kredit-Scoring** der Fall ist. Das den Scorewert nutzende Kreditinstitut kann der betroffen Person nicht entgegenhalten, dass es selbst keine Kenntnis von der Logik des Verfahrens habe. Vielmehr muss ihr die den Scorewert berechnende Stelle die für die Informationserteilung relevanten Angaben auf Verlangen liefern.   65

Art. 35 Abs. 3 nennt Regelbeispiele für Verarbeitungskonstellationen, bei denen eine Pflicht zur Durchführung einer **Datenschutz-Folgenabschätzung** besteht. Dazu gehört auch das Profiling als Datenverarbeitung in Vorbereitung einer automatisierten Einzelfallentscheidung nach Art. 22 Abs. 1 (→ Art. 35 Rn. 37 ff.).[167] Werden Verarbeitungsvorgänge durchgeführt, die aufgrund ihres Wesens, ihres Umfangs oder ihrer Zwecke eine regelmäßige und systematische Überwachung von betroffenen Personen erforderlich machen, müssen private Datenverarbeiter nach Art. 37 Abs. 1 lit. b einen **Datenschutzbeauftragten** bestellen (→ Art. 37 Rn. 25 ff.). Das dürfte bei auf Profiling beruhenden automatisierten Entscheidungen in aller Regel der Fall sein.[168] Sofern Unternehmensgruppen für ihre Mitglieder **verbindliche interne Datenschutzvorschriften** erlassen wollen, müssen diese, um von der zuständigen Aufsichtsbehörde genehmigt zu werden, ua auch das Recht der betroffenen Person enthalten, nicht einer automatisierten Einzelentscheidung unterworfen zu werden (Art. 47 Abs. 2 lit. e).   66

Bei einem **Verstoß** gegen das Verbot aus Art. 22 Abs. 1 kann die zuständige Aufsichtsbehörde **Geldbußen** verhängen (Art. 83 Abs. 5 lit. b). Der betroffenen Person steht ein **Unterlassungsanspruch** gegen den Verantwortlichen zu. Darüber hinaus wird man der betroffenen Person auch ein **Recht auf erneute Entscheidung** zusprechen müssen. Diese Entscheidung darf dann entweder nur nach menschlicher Überprüfung ergehen oder sie muss sich auf die Ausnahmetatbestände des Abs. 2 stützen. Ein Anspruch auf Abschluss eines möglicherweise begehrten Vertrags ist damit nicht verbunden. Führt eine nicht rechtskonform herbeigeführte automatisierte Entscheidung zu einem **Schaden**, ist dieser der betroffenen Person nach Art. 82 zu ersetzen.   67

Abschnitt 5
Beschränkungen

Artikel 23   Beschränkungen

(1) Durch Rechtsvorschriften der Union oder der Mitgliedstaaten, denen der Verantwortliche oder der Auftragsverarbeiter unterliegt, können die Pflichten und Rechte gemäß den Artikeln 12 bis 22 und Artikel 34 sowie Artikel 5, insofern dessen Bestimmungen den in den Artikeln 12 bis 22 vorgesehenen Rechten und Pflichten entsprechen, im Wege von Gesetzgebungsmaßnahmen beschränkt werden, sofern eine solche Beschränkung den Wesensgehalt der Grundrechte und Grundfreiheiten achtet und in einer demokratischen Gesellschaft eine notwendige und verhältnismäßige Maßnahme darstellt, die Folgendes sicherstellt:

a)   die nationale Sicherheit;

b)   die Landesverteidigung;

---

166   Vgl. Paal/Pauly/*Martini* Art. 22 Rn. 4.
167   Dazu auch *Schmitz/v. Dall'Armi* ZD 2017, 57 (60); *Art.-29-Gruppe*, 17/DE WP248rev. 01, S. 10.
168   Vgl. *Art.-29-Gruppe*, Guidelines on Data Protection Officers WP243, S. 8 f., 21; Kühling/Buchner/*Bergt* Art. 37 Rn. 23.

c)   die öffentliche Sicherheit;

d)   die Verhütung, Ermittlung, Aufdeckung oder Verfolgung von Straftaten oder die Strafvollstreckung, einschließlich des Schutzes vor und der Abwehr von Gefahren für die öffentliche Sicherheit;

e)   den Schutz sonstiger wichtiger Ziele des allgemeinen öffentlichen Interesses der Union oder eines Mitgliedstaats, insbesondere eines wichtigen wirtschaftlichen oder finanziellen Interesses der Union oder eines Mitgliedstaats, etwa im Währungs-, Haushalts- und Steuerbereich sowie im Bereich der öffentlichen Gesundheit und der sozialen Sicherheit;

f)   den Schutz der Unabhängigkeit der Justiz und den Schutz von Gerichtsverfahren;

g)   die Verhütung, Aufdeckung, Ermittlung und Verfolgung von Verstößen gegen die berufsständischen Regeln reglementierter Berufe;

h)   Kontroll-, Überwachungs- und Ordnungsfunktionen, die dauernd oder zeitweise mit der Ausübung öffentlicher Gewalt für die unter den Buchstaben a bis e und g genannten Zwecke verbunden sind;

i)   den Schutz der betroffenen Person oder der Rechte und Freiheiten anderer Personen;

j)   die Durchsetzung zivilrechtlicher Ansprüche.

(2) Jede Gesetzgebungsmaßnahme im Sinne des Absatzes 1 muss insbesondere gegebenenfalls spezifische Vorschriften enthalten zumindest in Bezug auf

a)   die Zwecke der Verarbeitung oder die Verarbeitungskategorien,

b)   die Kategorien personenbezogener Daten,

c)   den Umfang der vorgenommenen Beschränkungen,

d)   die Garantien gegen Missbrauch oder unrechtmäßigen Zugang oder unrechtmäßige Übermittlung;

e)   die Angaben zu den Verantwortlichen oder den Kategorien von Verantwortlichen,

f)   die jeweiligen Speicherfristen sowie die geltenden Garantien unter Berücksichtigung von Art, Umfang und Zwecken der Verarbeitung oder der Verarbeitungskategorien,

g)   die Risiken für die Rechte und Freiheiten der betroffenen Personen und

h)   das Recht der betroffenen Personen auf Unterrichtung über die Beschränkung, sofern dies nicht dem Zweck der Beschränkung abträglich ist.

Literatur: *Albrecht, J. P./Janson, N. J.*, Datenschutz und Meinungsfreiheit nach der Datenschutzgrundverordnung, CR 2016, 500; *Art.-29-Gruppe*, Erklärung der in der Art.-29-Gruppe vertretenen Europäischen Datenschutzbehörden, 14/DE WP 227; *dies.*, Arbeitsdokument „Überwachung der elektronischen Kommunikation zu nachrichtendienstlichen und nationalen Sicherheitszwecken", 14/DE WP 228; *dies.*, Working Document 01/2016 on the justification of interferences with the fundamental rights to privacy and data protection through surveillance measures when transferring personal data (European Essential Guarantees), 16/EN WP 237; *dies.*, Guidelines on transparency under Regulation 2016/679, 17/EN WP 260 rev. 01; *Bagger Tranberg, C.*, Proportionality and data protection in the case law of the European Court of Justice, IDPL 2011, 239; *Benecke, A./Wagner, J.*, Öffnungsklauseln in der Datenschutz-Grundverordnung und das deutsche BDSG – Grenzen und Gestaltungsspielräume für ein nationales Datenschutzrecht, DVBl. 2016, 600; *Bock, K./Engeler, M.*, Die verfassungsrechtliche Wesensgehaltsgarantie als absolute Schranke im Datenschutzrecht, DVBl. 2016, 593; *Brkan, M.*, The concept of essence of fundamental rights in the EU legal order: Peeling the onion to its core, European Constitutional Law Review 2018, 1; *Buchholtz, G.*, Das „Recht auf Vergessen" im Internet – eine Herausforderung für den demokratischen Rechtsstaat, AöR 140 (2015), 121; *Dix, A.*, Persönlichkeits- und Datenschutz im Internet – Anforderungen und Grenzen einer Regulierung, Referat in der Abt. IT- und Kommunikationsrecht, Verhandlungen des 69. DJT 2012, Bd. II, O 9; *Eichler, C./Nguyen, A.*, Die Vereinbarkeit des neuen BDSG mit der Datenschutz-Grundverordnung – Konsequenzen für Auslegung und Anwendbarkeit, in: *Dix et al.* (Hrsg.), Jahrbuch für Informationsfreiheit und Informationsrecht 2017, 17; *European Data Protection Board*, Endorsement 1/20128; *Gusy, C.*, Privatheit und Demokratie, KritV 2016, 450; *Härting, N./Schneider, J.*, Das Ende des Datenschutzes – es lebe die Privatsphäre, CR 2015, 819; *Malgieri, G.*, Trade Secrets v Personal Data: a possible solution for balancing rights, IDPL 2016, 102; *Müller-Peltzer, P./Nguyen, A.*, Das Recht auf Einsicht in die Patientenakte, DuD 2012, 117; *Piltz, C.*, Die Datenschutz-Grundverordnung – Teil 2: Rechte der Betroffenen und korrespondierende Pflichten des Verantwortlichen, K&R 2016, 629; *Wagner, J./Benecke, A.*, National Legislation within the framework of the GDPR – Limits and Opportunities of Member States Data Protection Law, EDPL 2016, 353.

I. Vorbemerkung

Die Betroffenenrechte in Kapitel III der DSGVO enthalten zum Teil selbst Ausnahmen und Beschränkungen, die der Unionsgesetzgeber formuliert hat. Darüber hinaus sieht Art. 23 eine **umfangreiche Liste** möglicher **weiterer Beschränkungen** dieser Rechte und bestimmter Rechte nach Art. 34 sowie der Grundsätze nach Art. 5 vor, die sowohl die EU als auch die Mitgliedstaaten unter bestimmten Voraussetzungen gesetzlich regeln können. Diese Beschränkungen haben Ausnahmecharakter. Zunächst gelten die Betroffenenrechte, die das Grundrecht nach **Art. 8 GRCh** konkretisieren, allein mit den Ausnahmen und Beschränkungen, die in den Art. 12–22 und 34 selbst vorgesehen sind. Soweit die Union oder die Mitgliedstaaten von der weiteren Beschränkungsmöglichkeit nach Art. 23 Gebrauch machen, darf das **Regel-Ausnahmeverhältnis** zwischen den Rechten der betroffenen Person einerseits und den ausnahmsweisen Beschränkungen andererseits nicht umgekehrt werden. Die nach Art. 23 vorgesehenen Beschränkungen dürfen weder rechtlich noch praktisch zur Regel werden. Auch müssen die gesetzlichen Regelungen, die derartige Beschränkungen vorsehen, ihrerseits im Licht des jeweils eingeschränkten Betroffenenrechts und des durch sie konkretisierten Grundrechts **restriktiv ausgelegt** werden,[1] um zu verhindern, dass im praktischen Vollzug der Regelungen das Recht der betroffenen Person vollständig entwertet wird. Art. 23 eröffnet die Möglichkeit von Beschränkungen durch Unionsrecht und das Recht der Mitgliedstaaten. Die Vorschrift enthält aber **keine Verpflichtung**, derartige Beschränkungen vorzusehen.[2] Eine solche Verpflichtung kann sich aber aus anderen Vorschriften des Unionsrechts (zB Art. 85 Abs. 1) oder des Verfassungsrechts eines Mitgliedstaates ergeben.[3]

In **systematischer Hinsicht** muss Art. 23 im Zusammenhang mit den übrigen an verschiedenen Stellen in der DSGVO vorgesehenen Ausnahmen und Öffnungsklauseln gesehen werden. Teilweise bestehen hier **Überschneidungen und Redundanzen**. Soweit insbes. die Vorschriften zu den Betroffenenrechten selbst bereits Ausnahmen vorsehen, die denselben Zwecken dienen wie Beschränkungszwecke des Art. 23 Abs. 1 (→ Rn. 19ff.), ist für weitergehende Gesetzgebungsmaßnahmen nach Art. 23 aufgrund dieser Zwecke regelmäßig kein Raum mehr. Darüber hinaus berechtigt Art. 23 Abs. 1 aber auch nicht dazu, Beschränkungen einer Informationspflicht oder eines Betroffenenrechts, die sich im Kapitel III oder in Art. 33 finden, auf eine andere Regelung zu erstrecken, die solche Beschränkungen nach Unionsrecht bisher nicht aufweist (→ Rn. 32).

Schließlich ist eine **differenzierte Anwendung des Art. 23** in dem Sinne geboten, dass nur in wenigen Ausnahmesituationen pauschale Beschränkungen für alle Betroffenenrechte nach Kapitel III oder für alle Grundsätze iSd Art. 5 zulässig sein werden. In aller Regel ist für jedes Betroffenenrecht und jeden Grundsatz gesondert zu prüfen, inwieweit die Voraussetzungen für Beschränkungen nach Art. 23 vorliegen. Aus Gründen der Verhältnismäßigkeit muss regelmäßig die Möglichkeit von Einzelfallentscheidungen eröffnet werden (→ Rn. 18).

Insgesamt müssen die Beschränkungen nach Art. 23 mit der **GRCh** und der **EMRK**[4] übereinstimmen, deren Formulierungen sich teilweise wörtlich in Art. 23 Abs. 1 wiederfinden. Deshalb und vor dem Hintergrund des Art. 6 Abs. 3 EUV kommt der Rechtsprechung des EGMR und des EuGH gerade bei der Interpretation des Art. 23 besondere Bedeutung zu.

Erfüllen Rechtsvorschriften der Union oder der Mitgliedstaaten, die **Beschränkungen** der Informationspflichten und Betroffenenrechte vorsehen, nicht die Voraussetzungen des Art. 23 und können sie auch nicht

---

1 Die *Art.-29-Gruppe* bezeichnet dies als „inhärenten Grundsatz des europäischen Rechts", s. WP 228, S. 27; vgl. auch EuGH C-203/15, NJW 2017, 717 – Tele 2 Sverige; C-698/15, NJW 2017, 717 Rn. 91, 107 f. – Secretary of State for the Home Department; *Albrecht/Janson* CR 2016, 500 (501); Kühling/Buchner/*Bäcker* Art. 23 Rn. 58.
2 Vgl. EuGH C-473/12, K&R 2014, 105 Rn. 32 – IPI zu Art. 13 DSRL.
3 Vgl. Kühling/Buchner/*Bäcker* Art. 23 Rn. 3.
4 S. EG 73.

verordnungs- und grundrechtskonform ausgelegt werden, gelten die Rechte und Pflichten nach Art. 12 bis 22 und 34 sowie die Grundsätze des Art. 5 uneingeschränkt.

6 Selbst unter Beachtung dieser Vorgaben verschafft die **Öffnungsklausel des Art. 23** sowohl dem Unionsgesetzgeber als auch den Mitgliedstaaten einen „recht weiten Gestaltungsspielraum, der wie kaum eine andere Vorschrift die mit der DSGVO bezweckte Vereinheitlichung der Datenschutzregeln gefährdet."[5] Insgesamt ist der **Katalog der Beschränkungsmöglichkeiten** gegenüber der schon sehr weitgehenden DSRL[6] nochmals **drastisch ausgeweitet** worden. Im Gegensatz zur Richtlinie wird dieser ausufernde Beschränkungskatalog allerdings durch hohe sowohl materielle Hürden in Art. 23 Abs. 1 (→ Rn. 13ff.) also auch durch Inhaltsvorgaben für die beschränkenden Rechtsvorschriften in Art. 23 Abs. 2 (→ Rn. 37ff.) begrenzt.[7]

II. Entstehungsgeschichte

7 Schon die **DSRL** enthält in Art. 13 eine generelle Ausnahmeklausel, deren Katalog der Beschränkungszwecke nur unwesentlich kürzer ist als der in Art. 23 Abs. 1. Allerdings finden sich in der DSRL keine an der EMRK orientierten materiellen Voraussetzungen für beschränkende Rechtsvorschriften wie der Wesensgehalt der Grundrechte oder die Notwendigkeit in einer demokratischen Gesellschaft. Teilweise wurden Beschränkungstatbestände aus der DSRL wörtlich in die DSGVO übernommen, aber der Katalog wurde darüber hinaus noch erweitert. Zudem enthielten die Betroffenenrechte in der DSRL selbst keine Ausnahmen;[8] nur die Informationspflicht bei der Datenerhebung bei Dritten sah in Art. 11 Abs. 2 DSRL Einschränkungen vor, die Art. 14 Abs. 5 lit. b und c DSGVO entsprechen. Der **KOM-E** hatte vorgeschlagen, Beschränkungen bereits dann zuzulassen, wenn diese in einer demokratischen Gesellschaft notwendig und verhältnismäßig sind. Das **EP** schlug vor, darüber hinaus nur solche Beschränkungen zuzulassen, die einem klar definierten öffentlichen Interesse dienen, den Wesensgehalt des Grundrechts auf Datenschutz sowie die anderen Grundrechte und Interessen der betroffenen Person achten und im Hinblick auf einen legitimen Zweck verhältnismäßig sind. Dieser Vorschlag fand zwar zunächst im **Rat** keine Unterstützung, wurde aber schließlich in wesentlichen Teilen im Trilog in den Verordnungstext übernommen. Nur aufgrund dieser materiellen Beschränkungen und der in Abs. 2 formulierten zusätzlichen Hürden fand die weitreichende Öffnungsklausel des Art. 23 mit dem umfassenden und überwiegend sehr unbestimmt formulierten Katalog der Beschränkungszwecke die Zustimmung des EPs.[9] Erst auf Vorschlag des Rats wurden die Beschränkungstatbestände der nationalen Sicherheit und der Landesverteidigung in Abs. 1 übernommen. Gegen den Widerstand des EP setzte sich die KOM mit ihrem Vorschlag durch, „**sonstige öffentliche Interessen**" der Union und der Mitgliedstaaten einschließlich der wirtschaftlichen oder finanziellen Interessen zum Anlass für Beschränkungen der Betroffenenrechte zu nehmen (Abs. 1 lit. e). Der Rat präzisierte und erweiterte diesen umfassenden Beschränkungstatbestand noch in der Weise, dass es sich um „wichtige Ziele des allgemeinen öffentlichen Interesses" handeln muss, und ergänzte die Bereiche der öffentlichen Gesundheit und der sozialen Sicherheit. Die Beschränkungstatbestände zur Sicherung der Unabhängigkeit der Justiz (Art. 23 Abs. 1 lit. f) und zur Durchsetzung zivilrechtlicher Ansprüche (Abs. 1 lit. j) gehen ebenfalls auf Vorschläge des Rats zurück. Bei den Mindestanforderungen an gesetzliche Regelungen zur Beschränkung der Betroffenenrechte hielt die KOM spezielle Bestimmungen lediglich hinsichtlich der Verarbeitungszwecke und der Verantwortlichen für erforderlich. Demgegenüber setzte sich das EP für einen längeren **Katalog von kompensatorischen Anforderungen** an beschränkende Gesetzgebungsmaßnahmen ein; dem schloss sich der Rat weitgehend an (vgl. Abs. 2). Dagegen wurde der Vorschlag des EPs, wonach beschränkende Regelungen in keinem Fall Verantwortliche zur Speicherung von Daten berechtigen oder verpflichten dürften, die über den ursprünglichen Verarbeitungszweck hinausgehen, nicht in die DSGVO übernommen.

8 Die **JI-Richtlinie** enthält keine vergleichbare allgemeine Vorschrift, die Beschränkungen der Betroffenenrechte erlaubt. Allerdings findet sich bei den einzelnen Informationspflichten und Betroffenenrechten jeweils ein wortgleicher Katalog von Beschränkungsmöglichkeiten, der die Beeinträchtigung von behördlichen Ermittlungen und Verfahren sowie der Strafverfolgung und Strafvollstreckung verhindern und dem Schutz der öffentlichen Sicherheit, der nationalen Sicherheit und der Rechte und Freiheiten anderer dienen

---

5 So zutreffend *Albrecht/Jotzo*, Teil 4 Rn. 30.
6 Krit. dazu mit Recht *Dammann/Simitis* Einleitung Rn. 37, die dem Richtliniengeber vorhalten, er sei bestrebt gewesen, „ja keinen nur denkbaren Fall auszulassen, in dem es wünschenswert erscheint, die Auskunft zu verweigern."; aA *Ehmann/Helfrich* Art. 13 Rn. 24 f.
7 *Benecke/Wagner*, DVBl. 2016, 600 (604); *Wagner/Benecke*, EDPL 2016, 353 (357).
8 Vgl. Art. 12 DSRL.
9 Vgl. *Albrecht/Jotzo*, Teil 4 Rn. 30.

soll.[10] Zum Schutz sonstiger öffentlicher Interessen dürfen die Betroffenenrechte in diesem Bereich nicht beschränkt werden.

III. Zulässigkeit von Beschränkungen der Betroffenenrechte (Art. 23 Abs. 1)

Die Zulässigkeit der Beschränkung von Betroffenenrechten hängt von einer Reihe von Voraussetzungen ab, die in Abs. 1 und 2 formuliert sind. Sie müssen teilweise **kumulativ** vorliegen, können – was den Katalog der Beschränkungszwecke nach Abs. 1 betrifft – aber auch **alternativ** erfüllt sein. Auf Abs. 1 nimmt Art. 6 Abs. 4 Bezug; beide Vorschriften enthalten allerdings keine Öffnungsklauseln für Zweckänderungen, die nicht durch Art. 6 Abs. 2 und 3 legitimiert sind.[11]   9

1. Einschränkbare Rechte. Beschränkt werden können nach Art. 23 zum einen nur Rechte der betroffenen   10
Personen nach Art. 12 bis 22 und Art. 34. Die Benachrichtigungspflicht des Verantwortlichen nach Art. 34 Abs. 1 ist strukturell mit den Informationspflichten nach Art. 12, 13 und 14 vergleichbar. Zum anderen eröffnet die Vorschrift die Möglichkeit zu **Beschränkungen der Grundsätze nach Art. 5**, insofern dessen Bestimmungen den in den Art. 12 bis 22 vorgesehenen Rechten und Pflichten entsprechen. Die KOM hatte in ihrem Vorschlag präziser auf bestimmte Grundsätze in Art. 5 verwiesen, die allerdings nicht mit dem beschlossenen Verordnungstext übereinstimmen. Die offenere Formulierung in Abs. 1 ist so zu verstehen, dass die objektivrechtlichen Grundsätze in Art. 5 nur insoweit eingeschränkt werden können, als sie eine Ausprägung in den subjektiven Rechten des Kapitels III gefunden haben. So kann zB – bei Vorliegen der materiellen Voraussetzungen des Art. 23 – der Löschungsanspruch nach Art. 17 eingeschränkt werden, was mit einer Beschränkung der Grundsätze der Rechtmäßigkeit und Datenminimierung verbunden sein kann. Eine derartige **Beschränkung ändert** aber **nichts an der objektivrechtlichen Verpflichtung des Verantwortlichen**, seine Datenverarbeitung an diesen Grundsätzen auszurichten, also Daten zu löschen, deren Löschung der Betroffene nicht verlangen kann, soweit dadurch nicht die in Art. 23 Abs. 1 aufgelisteten Rechtsgüter oder Interessen beeinträchtigt werden.[12] Verletzt der Verantwortliche seine grundsätzlichen Pflichten nach Art. 5, obwohl ein rechtskonformes Verhalten ohne Beeinträchtigung etwa der nationalen oder öffentlichen Sicherheit möglich wäre, muss er mit aufsichtsbehördlichen Maßnahmen nach Art. 58 und Sanktionen nach Art. 83 und 84 rechnen. Die betroffene Person kann sich über solche Verletzungen der Grundsätze nach Art. 5 auch beschweren (Art. 77), einen gerichtlichen Rechtsbehelf einlegen (Art. 79) oder Schadensersatz verlangen (Art. 82). Diese Rechte können nicht nach Art. 23 beschränkt werden. So kann eine betroffene Person, deren Auskunftsrecht nach Art. 23 zulässigerweise beschränkt ist, zwar nicht die Aufsichtsbehörde wegen einer verweigerten Auskunft anrufen, wohl aber, wenn sie aus anderen Quellen Hinweise darauf hat, dass der Verantwortliche ihre personenbezogene Daten rechtswidrig, insbes. unter Verstoß gegen Grundsätze nach Art. 5, verarbeitet, die nicht durch Rechtsvorschriften iSd Art. 23 beschränkt wurden. Damit hat Art. 23 wesentlichen Einfluss auf die Durchsetzung der grundsätzlichen Pflichten nach Art. 5, weil er die Wahrscheinlichkeit der Entdeckung von Verstößen verringert. Die **Rechenschaftspflicht des Verantwortlichen nach Art. 5 Abs. 2** hat dagegen keine Entsprechung in Kapitel III gefunden, so dass sie auch nicht nach Art. 23 beschränkt werden kann.

2. Rechtsvorschriften. In formeller Hinsicht setzt Abs. 1 **Rechtsvorschriften** entweder der Union oder eines   11
Mitgliedstaates voraus. Eine Rechtsetzungskompetenz der Union besteht nur für einen Teil der in Abs. 1 genannten Bereiche und insbes. nicht für die in Abs. 1 lit. a und b genannten Zwecke der nationalen Sicherheit und der Landesverteidigung. Abs. 1 stellt insoweit klar, dass die Mitgliedstaaten Beschränkungen vorsehen können, die sich auf Gebiete auswirken, in denen die DSGVO gilt.[13] Da die Vorschrift im Weiteren von **Gesetzgebungsmaßnahmen** spricht, stellt sich die Frage, wie diese – im Rahmen des Abs. 1 einheitlich zu interpretierenden – Begriffe zu verstehen sind.[14] EG 41 stellt insoweit klar, dass nicht notwendig ein Gesetz im formellen Sinn, also ein vom Parlament beschlossenes Gesetz, vorliegen muss.[15] Im Bereich des **Unionsrechts** sind aber zunächst das gesamte (ohnehin der DSGVO vorgehende) **Primärrecht** und alle verbindlichen Rechtsakte, die in einem Gesetzgebungsverfahren angenommen werden, erfasst, also alle Gesetzgebungsakte iSv Art. 289 Abs. 3 AEUV (**Sekundärrecht**). Dazu zählen jedenfalls EU-Verordnungen, die unmittelbar in jedem Mitgliedstaat verbindlich sind.[16] Richtlinien bedürfen allerdings nach richtiger Ansicht der

---

10   Vgl. Art. 13 Abs. 3, Art. 15 Abs. 1, Art. 16 Abs. 4 JI-Richtlinie.
11   Kühling/Buchner/*Buchner/Petri* Art. 6 Rn. 199 f.; sa → Art. 6 Abs. 2 Rn. 7ff., → Art. 6 Abs. 3 Rn. 13ff.
12   Vgl. auch Kühling/Buchner/*Bäcker* Art. 23 Rn. 9.
13   So schon zu Art. 13 DSRL *Dammann/Simitis* Art. 13 Rn. 3, 6; sa Sydow/*Peuker* Art. 23 Rn. 9.
14   Art. 13 DSRL spricht lediglich von „Regelungen".
15   *Kühling/Martini et al.*, S. 72; Kühling/Buchner/*Bäcker* Art. 23 Rn. 35.
16   Art. 288 S. 2 AEUV.

Umsetzung durch den nationalen Gesetzgeber, bevor sie Rechte von Unionsbürgern beschränken können.[17] Beschlüsse des EPs oder des Rats (Art. 288 UAbs. 4 AEUV) können allenfalls dann beschränkende Rechtsvorschriften gem. Art. 23 enthalten, wenn sie an die Mitgliedstaaten gerichtet sind.[18] Beschlüsse, die sich an Einzelpersonen richten, sind Individualrechtsakte und keine Rechtsvorschriften. Auch derartige Beschlüsse bedürfen zunächst der Umsetzung. Fraglich ist, ob auch delegierte Rechtsakte der KOM nach Art. 290 AEUV oder Durchführungsrechtsakte nach Art. 291 AEUV (sog **Tertiärrecht**) zu den Rechtsvorschriften bzw. Gesetzgebungsmaßnahmen iSd Art. 23 zählen. Da eine Beschränkung der Rechte der betroffenen Person iSd Art. 23 immer auch in deren Grundrechte, insbes. das Grundrecht auf Datenschutz, eingreift, können Vorschriften sowohl des Sekundär- als auch des Tertiärrechts nur dann Rechtsvorschriften nach Art. 23 enthalten, wenn bereits der zugrunde liegende Basisrechtsakt zum Eingriff in das Grundrecht ermächtigt.[19] Art. 8 Abs. 2 GRCh und Art. 16 Abs. 2 AEUV als primärrechtliche Grundlagen der DSGVO implizieren auch die Möglichkeit, mit der unionsweit einheitlichen Regelung der Datenverarbeitung Beschränkungen der Betroffenenrechte vorzusehen. Soweit die DSGVO selbst zum Erlass von delegierten Rechtsakten (→ Art. 12 Abs. 8, Art. 43 Abs. 8) bzw. Durchführungsrechtsakten ermächtigt und diese zu Beschränkungen der Betroffenenrechte führen können, ist jeweils zu prüfen, ob dies von den entsprechenden Ermächtigungen in der DSGVO gedeckt ist. Eine verfahrensrechtliche Sicherung des Grundrechtsschutzes findet sich in den Art. 92 und 93. In jedem Fall sollte entsprechende Rechtsgrundlage nach EG 41 **klar und präzise** sowie in ihrer Anwendung für die betroffenen Personen **vorhersehbar** sein.

12　Welche **Rechtsvorschriften der Mitgliedstaaten** Beschränkungen iSd Art. 23 vorsehen können, richtet sich nach innerstaatlichem Recht. EG 41 stellt klar, dass verfassungsrechtliche Vorgaben in den Mitgliedstaaten gerade in den Fällen unberührt bleiben, in denen sie – über das Unionsrecht hinausgehend (→ Rn. 11) – ein förmliches Parlamentsgesetz für Beschränkungen erfordern. Dies macht deutlich, dass gerade im öffentlichen Bereich schon innerhalb Deutschlands das Ziel einer Harmonisierung des Datenschutzes verfehlt wird, weil auch die Länder von den Beschränkungsmöglichkeiten des Art. 23 Gebrauch machen können. Das deutsche Verfassungsrecht sieht jedenfalls für von öffentlichen Stellen vorgenommene Beschränkungen der Betroffenenrechte als zentrale Elemente des Grundrechts auf Datenschutz einen strengen Gesetzesvorbehalt vor.[20] Rechtsverordnungen können nur dann Beschränkungen nach Art. 23 vorsehen, wenn die Ermächtigung zu ihrem Erlass bereits in einem Parlamentsgesetz enthalten ist.[21] Verwaltungsinterne Absprachen oder Verwaltungsvorschriften sind nach Auffassung des EuGH jedenfalls dann keine Rechtsvorschriften iSd DSRL, wenn sie nicht amtlich veröffentlicht wurden.[22] Es liegt nahe, Abs. 1 entsprechend zu interpretieren, wobei selbst veröffentlichte Verwaltungsvorschriften nach deutschem Recht Betroffenenrechte nur dann einschränken können, wenn die gesetzliche Ermächtigung zu ihrem Erlass dies in vorhersehbarer Weise erlaubt. Allein in Kollektivvereinbarungen (**Tarifverträgen, Betriebs- oder Dienstvereinbarungen**) enthaltene Beschränkungen des Transparenzgrundsatzes und der Informationspflichten und Betroffenenrechte (zB die Zulassung einer verdeckten Videoüberwachung) sind nach Art. 88 Abs. 2 im Bereich des Beschäftigtendatenschutzes ebenfalls unwirksam, solange der Gesetzgeber derartige Beschränkungen nicht selbst regelt (→ Art. 88 Rn. 34ff.).[23]

13　**3. Wesensgehalt der Grundrechte.** Die erste materielle Schranken-Schranke verweist auf Art. 52 Abs. 1 S. 1 GRCh, indem sie die **Achtung des Wesensgehalts der Grundrechte und Grundfreiheiten** zur Voraussetzung für jede Beschränkung nach Art. 23 macht. Die ursprünglich aus dem deutschen Verfassungsrecht (Art. 19 Abs. 2 GG) stammende Wesensgehaltsgarantie[24] ist angesichts der Verfassungsentwicklung in den Mitgliedstaaten inzwischen ein gemeineuropäisches Verfassungsprinzip.[25] Zugrunde zu legen ist bei der Ausschöpfung der vom Unionsgesetzgeber mit einem detaillierten Abwägungsprogramm versehenen Öffnungsklausel

---

17　Vgl. *Jarass* Art. 52 Rn. 24 mwN für den Meinungsstand.

18　Vgl. *Jarass* Art. 52 Rn. 24.

19　So zu Beschlüssen des Rats EuGH C-355/10, EuGRZ 2012, 625 Rn. 77 – EP/Rat; vgl. *Jarass* Art. 52 Rn. 25.

20　Kühling/Buchner/*Bäcker* Art. 23 Rn. 38. Beschränkungen der Betroffenenrechte bedürfen wegen ihrer zentralen Bedeutung für den Grundrechtsschutz in Deutschland auch nach der „Wesentlichkeitstheorie" (BVerfGE 33, 129 (159) – Facharzt) einer gesetzlichen Grundlage.

21　Das gilt in gleicher Weise für Polizeiverordnungen, die nach den Polizeigesetzen (zB § 55 ASOG Bln) nur bei Gefahr für die öffentliche Sicherheit oder Ordnung erlassen werden dürfen (zur unionsrechtlichen Problematik dieser Begriffe → Rn. 25).

22　EuGH C-201/14, NVwZ 2016, 375 Rn. 40 – Bara; Kühling/Buchner/*Bäcker* Art. 23 Rn. 35.

23　Kühling/Buchner/*Maschmann* Art. 88 Rn. 47; wohl auch Ehmann/Selmayr/*Selk* Art. 88 Rn. 81; aA offenbar Kühling/Buchner/*Bäcker* Art. 23 Rn. 36. Paal/Pauly/*Paal* Art. 23 Rn. 15 will für allgemein verbindlich erklärte Tarifverträge als Rechtsgrundlage für Beschränkungen ausreichen lassen. Der Bundesgesetzgeber hat weitergehend in § 26 Abs. 4 BDSG nF die Festlegung von Garantien nach Art. 88 Abs. 2 insgesamt auf die Tarifvertragsparteien delegiert.

24　Dazu *Bock/Engeler* DVBl. 2016, 593.

25　Meyer/*Borowsky* Art. 52 Rn. 12, 14. Vgl. die eingehende Analyse der Rechtsprechung des EGMR und des EuGH bei *Brkan* European Constitutional Law Review 2018, 1ff.

des Art. 23 der Maßstab der **GRCh**.[26] Mit der Bezugnahme auf die Grundrechte betont der Verordnungsgeber, dass die Rechte der Betroffenen nach Art. 12 bis 22 und 34 grundrechtskonkretisierenden Charakter haben, auch wenn diese Vorschriften nicht in allen Einzelheiten vom Schutzbereich der Grundrechtsgarantien der **GRCh** umfasst sind. Diese garantiert jedoch den Datenschutz als ein für die demokratische Gesellschaft unerlässliches und die kommunikative Kompetenz ihrer Mitglieder stärkendes Grundrecht,[27] das ganz wesentlich auf den Betroffenenrechten basiert. Sodann ist hervorzuheben, dass an dieser Stelle nicht allein das Grundrecht auf Schutz personenbezogener Daten nach Art. 8 GRCh genannt wird, sondern **alle Grundrechte und Grundfreiheiten**. Damit verbietet sich von vornherein eine Reduzierung des Schutzzwecks des Datenschutzrechts auf den Persönlichkeitsschutz.[28] Zum anderen wird damit deutlich, dass Beschränkungen der Rechte der betroffenen Personen auch andere Grundrechte tangieren können. Der von solchen Beschränkungen ausgehende **Einschüchterungseffekt (chilling effect)** kann Menschen davon abhalten, von ihren Grundrechten (zB der Versammlungsfreiheit) Gebrauch zu machen.[29] Jedes Grundrecht hat insofern eine informationelle Schicht, als seine Ausübung von Informationen über den Grundrechtsträger und ihre Verwendung durch öffentliche und private Verantwortliche abhängt.[30] Dies muss der Gesetzgeber auf der Ebene der Union und der Mitgliedstaaten berücksichtigen, wenn er Beschränkungen nach Art. 23 erwägt. Neben den Rechten der **GRCh** können auch die nationalen Grundrechte als Maßstab herangezogen werden, die im Fall des Grundgesetzes im Wesentlichen gleichartige Anforderungen stellen.[31]

Was die Achtung des Wesensgehalts der Grundrechte und Grundfreiheiten konkret bedeutet, ist abstrakt   14
schwer zu bestimmen. Die Achtung der **Menschenwürde** (Art. 1 GRCh) darf unter keinen Umständen beeinträchtigt werden. Zudem hat der EuGH festgestellt, dass zum einen Regelungen, die es den Behörden gestatten, generell auf den Inhalt elektronischer Kommunikation zuzugreifen, den Wesensgehalt des durch Art. 7 **GRCh** garantierten Grundrechts auf Achtung des Privatlebens verletzen.[32] Zum anderen hat der EuGH betont, dass „eine Regelung, die keine Möglichkeit für den Bürger vorsieht, mittels eines Rechtsbehelfs Zugang zu den ihn betreffenden personenbezogenen Daten zu erlangen oder ihre Berichtigung oder Löschung zu erwirken, den Wesensgehalt des in Art. 47 **GRCh** verankerten Grundrechts auf wirksamen gerichtlichen Rechtsschutz" verletzt.[33] Diese Aussage könnte so verstanden werden, dass betroffene Personen zumindest indirekt über die Einlegung eines Rechtsbehelfs immer das Recht haben müssen, Zugang zu ihren Daten zu erhalten oder deren Berichtigung oder Löschung zu erreichen. Näherliegender ist allerdings, dass der EuGH Beschränkungen dieser Rechte zwar für möglich hält, aber zumindest die **Möglichkeit einer gerichtlichen Überprüfung** der Rechtmäßigkeit von Beschränkungen dieser Rechte zum Wesensgehalt des Grundrechts nach Art. 47 GRCh rechnet. Denn das Vorhandensein einer wirksamen, zur Gewährleistung der Einhaltung des Unionsrechts dienenden gerichtlichen Kontrolle ist nach Auffassung des EuGH „dem Wesen eines Rechtsstaats inhärent".[34] Selbst wenn zB tatsächlich Gründe der nationalen Sicherheit vorliegen, die eine Beschränkung der Individualrechte rechtfertigen können, muss ein geregeltes Verfahren für die gerichtliche Überprüfung einer bestimmten Entscheidung existieren, das es ermöglicht, das Sicherheitsbedürfnis des Staates mit dem Recht des Einzelnen auf effektiven gerichtlichen Rechtsschutz zu einem angemessenen Ausgleich zu bringen.[35] Da Beschränkungen nach Art. 23 Gesetzgebungsmaßnahmen voraussetzen, muss der Einzelne also die Möglichkeit haben, zumindest inzident eine **Normenkontrolle** zu veranlassen. Zudem muss gerichtlich überprüfbar sein, weshalb im konkreten Einzelfall der betroffenen Person nicht aufgrund besonderer Umstände die Ausübung ihrer Rechte gestattet worden ist (→ Rn. 16). Aber auch ein vollständiger Ausschluss der in Art. 23 genannten Pflichten und Rechte gegenüber bestimmten Verantwortlichen oder in Bezug auf bestimmte Datenverarbeitungen dürfte den Wesensgehalt der Grundrechte und Grundfreiheiten missachten.[36]

---

26 Vgl. *Albrecht/Janson* CR 2016, 500 (503ff.).

27 Grundlegend dazu Simitis/*ders*. Einleitung Rn. 246, § 1 Rn. 35ff.

28 Eine solche Reduzierung befürworten *Buchholtz* AöR 140 (2015), 121 (144 f.) sowie *Härting/Schneider* CR 2015, 819; weitere Nachweise bei *Dix*, Referat 69. DJT, O 11 f.

29 Vgl. BVerfGE 65, 1 (43); EuGH C- 203/15, NJW 2017, 717 – Tele 2 Sverige; C- 698/15, NJW 2017, 717 Rn. 101 – Secretary of State for the Home Department.

30 Vgl. *Gusy* KritV 2016, 450 (453 f.).

31 *Albrecht/Janson* CR 2016, 500 (504 f.); Kühling/Buchner/*Bäcker* Art. 23 Rn. 7.

32 EuGH C-293/12, C-594/12, NJW 2014, 2169 Rn. 39 – Digital Rights Ireland; C-362/14, NJW 2015, 3151 Rn. 94 – Schrems; krit. zur Beschränkung auf den Inhalt der elektronischen Kommunikation im Unterschied zu den Metadaten *Bock/Engeler* DVBl. 2016, 593 (594 f.). Eine Beeinträchtigung des Wesensgehalts der Art. 7 und 8 GRCh abgelehnt hat der EuGH in seinem Gutachten 1/15, ECLI:EU:C:2017:592, zum PNR-Abkommen EU-Kanada.

33 EuGH C-362/14, NJW 2015, 3151 Rn. 95 – Schrems.

34 EuGH C-362/14, NJW 2015, 3151 Rn. 95 – Schrems.

35 EuGH C-300/11, NVwZ 2013, 1139 Rn. 57, 64 – ZZ.

36 So auch Kühling/Buchner/*Bäcker* Art. 23 Rn. 52.

15 Diese Auffassung findet ihre Stütze auch in den von den europäischen Datenschutzbehörden im Zusammenhang mit dem Drittstaatenexport formulierten „wesentlichen Garantien".[37] Dabei handelt es sich um **essentielle Garantien,** die auch beim Zugriff staatlicher Stellen auf personenbezogene Daten aus der Union zum Zweck der Überwachung im Drittstaat gewahrt bleiben müssen. Die vier essentiellen Garantien schreiben vor, dass die Datenverarbeitung auf klare, präzise und zugängliche Regeln gestützt sein müssen (EG 41), dass sie notwendig und in Bezug auf einen legitimen Zweck verhältnismäßig sein müssen, dass es eine unabhängige Aufsicht geben muss und schließlich dass der Einzelne wirksame Rechtsschutzmöglichkeiten haben muss.

16 Der Wesensgehalt der Grundrechte ist in erster Linie eine **Schranke für** die nach Abs. 2 möglichen **Gesetzgebungsmaßnahmen.** Er ist allerdings **auch bei der Durchführung** von verordnungskonformen Rechtsvorschriften durch die Union oder die Mitgliedstaaten im Einzelfall zu achten.

17 **4. Notwendigkeit in einer demokratischen Gesellschaft.** Selbst wenn der Wesensgehalt der Grundrechte durch die Beschränkung gewahrt wird, muss sie darüber hinaus in einer demokratischen Gesellschaft notwendig sein. Diese zusätzliche und über Art. 9 Abs. 2 lit. g hinausgehende materielle Voraussetzung[38] findet sich bereits in den Schrankenbestimmungen der **EMRK** (insbes. Art. 8 Abs. 2)[39] und in Art. 9 Abs. 2 der Konvention No. 108 des Europarats[40]. „Notwendigkeit" ist eine **verschärfte Form des Erforderlichkeitskriteriums,** das nach deutschem Verfassungsrecht als Teil des Verhältnismäßigkeitsgrundsatzes (→ Rn. 16) angesehen wird.[41] Der EGMR hat dieses Kriterium streng **im Sinne eines „zwingenden gesellschaftlichen Bedürfnisses"** (pressing social need) ausgelegt.[42] Das Schutzniveau der GRCh bleibt nicht hinter dem der EMRK zurück; die GRCh lässt es sogar zu, dass das Unionsrecht weitergehende Rechte gewährt (Art. 52 Abs. 3 GRCh).[43] Deshalb ist auch Art. 23 im Sinne der Rechtsprechung des EGMR streng auszulegen. Der EuGH hebt in ständiger Rechtsprechung hervor, dass Ausnahmen von den unionsrechtlichen Vorgaben zum Datenschutz sich auf das absolut Notwendige zu beschränken haben.[44]

18 **5. Verhältnismäßigkeit.** Neben der Wesensgehaltsgarantie und dem Notwendigkeitskriterium ist schließlich auch die Verhältnismäßigkeit der Beschränkung zu prüfen.[45] Dazu zählt zunächst, dass eine auf Art. 23 gestützte Rechtsvorschrift die Ziele benennen muss, deren Sicherung sie dienen soll.[46] Sodann müssen die Beschränkungen tatsächlich diesen Zielsetzungen dienen[47] und zu ihrer Umsetzung geeignet sein; dies reicht aber für sich genommen nicht aus.[48] Darüber hinaus muss die vorgenommene Beschränkung das **mildeste,** am wenigsten in Grundrechte eingreifende Mittel sein, um einen der in Abs. 1 genannten Zwecke zu erreichen.[49] Vor diesem Hintergrund sind dem vollständigen Ausschluss einzelner Informationspflichten oder Betroffenenrechte für bestimmte Kategorien von Datenverarbeitungen oder Verantwortlichen (**Bereichsausnahmen**) enge unionsrechtliche Grenzen gesetzt.[50] Dabei ist eine Gesamtbetrachtung der rechtlichen Situation im jeweiligen Mitgliedstaat sinnvoll. Ein Mitgliedstaat, der im Übrigen einen weitreichenden Schutz der Betroffenenrechte vorsieht, kann einzelne dieser Rechte stärker beschränken als ein anderer Staat, der alle Beschränkungsmöglichkeiten des Art. 23 ausschöpft. Nach deutschem Verfassungsrecht würde einer pauschalen Beschränkung bzw. einem Ausschluss für ganze Bereiche (Bereichsausnahmen für Kategorien von Verarbeitungen oder Verantwortlichen) regelmäßig die gebotene Angemessenheit fehlen.[51] Auch muss die

---

37 Vgl. *Art.-29-Gruppe,* WP 237.

38 Demgegenüber hält Sydow/*Peuker* Art. 23 Rn. 43, die Formulierung „notwendige und verhältnismäßige Maßnahme" bezüglich der Notwendigkeit für redundant.

39 Vgl. die entsprechenden Formulierungen in den Art. 9–11 EMRK.

40 SEV Nr. 108, Konvention zum Schutz des Menschen bei der automatischen Verarbeitung personenbezogener Daten v. 28.1.1981.

41 Das Erforderlichkeitskriterium wird vom EuGH teilweise bereits im Sinne einer absoluten Notwendigkeit interpretiert, vgl. Urt. v. 16.1.2008, C-73/07, ECLI:EU:C:2008:727, Rn. 56 (Satamedia); andererseits hat der Gerichtshof die Erforderlichkeit bejaht, soweit die Datenverarbeitung die effizientere Anwendung gesetzlicher Vorschriften erleichtert, vgl. Urt. v. 16.12.2008, C-524/06 ECLI:EU:C:2008:724, Rn. 52 (Huber).

42 EGMR-E 3, 430 Rn. 58 – Leander; EGMR EuGRZ 2009, 299 Rn. 101 – Marper.

43 Zum Verhältnis zwischen EMRK und GRCh vgl. EuGH C-203/15, NJW 2017, 717 – Tele 2 Sverige; C-698/15, NJW 2017, 717 Rn. 127ff. – Secretary of State for the Home Department; *Art.-29-Gruppe,* WP 228, S. 42.

44 EuGH C-73/07, EuZW 2009, 108 Rn. 56 – Satamedia; C-92/09 u. C-93/09, NJW 2011, 1338 Rn. 77, 86 – Schecke u. Eifert; C-473/12, K&R 2014, 105 Rn. 39 – IPI. Im Urt. v. 20.5.2003, C-465/00, C-138/01 und C-139/01, DVBl 2003, 1163 Rn. 83ff. – Österreichischer Rundfunk, hat der EuGH die Formulierung des EGMR vom zwingenden gesellschaftlichen Bedürfnis übernommen.

45 Der EuGH unterscheidet in seiner Rechtsprechung allerdings nicht streng zwischen der Verhältnismäßigkeit und dem Notwendigkeitserfordernis, s. C-203/15 u. C-698/15, NJW 2017, 717 Rn. 96 – Tele 2 Sverige AB u. Secretary of State for the Home Department.

46 Kühling/Buchner/*Bäcker* Art. 23 Rn. 44.

47 Vgl. EuGH C-203/15 u. C-698/15, NJW 2017, 717 Rn. 96 – Tele 2 Sverige AB u. Secretary of State for the Home Department.

48 Vgl. EGMR-E 1, 320 Rn. 49 – Klass.

49 Vgl. EuGH C-92/09 und 93/09, NJW 2011, 1338 Rn. 81 – Schecke u. Eifert.

50 Vgl. Kühling/Buchner/*Bäcker* Art. 23 Rn. 58.

51 Zutreffend Kühling/Buchner/*Bäcker* Art. 23 Rn. 58; vgl. auch Ehmann/Selmayr/*Bertermann* Art. 23 Rn. 4.

beschränkende Rechtsvorschrift die Möglichkeit vorsehen, der betroffenen Person aufgrund besonderer Umstände im Einzelfall trotz der generellen Beschränkung die Ausübung ihrer Rechte nach Kapitel III zu gestatten.[52] Die §§ 32–37 BDSG nF genügen dieser Vorgabe nur dort, wo sie eine Einzelfallabwägung mit den Interessen der betroffenen Person vorsehen.[53]

6. Katalog der Beschränkungszwecke. Rechtsvorschriften, die den Wesensgehalt der Grundrechte achten **19** und in einer demokratischen Gesellschaft notwendig und verhältnismäßig sind, sind nur dann unionsrechtskonform, wenn sie den Schutz eines oder mehrerer Rechtsgüter aus dem in Abs. 1 genannten **abschließenden Katalog**[54] sicherstellen. Die englischen („to safeguard") und französischen Fassungen („pour garantir") der DSGVO machen deutlicher als der deutsche Text, dass es sich um Beschränkungsziele oder Zweckbestimmungen handelt. Der Unionsgesetzgeber und die Gesetzgeber in den Mitgliedstaaten haben jeweils zu prüfen, inwieweit die Erfüllung der Informationspflichten und die Ausübung der Betroffenenrechte die genannten Rechtsgüter gefährden würden. Da die Ausübung der in Abs. 1 lit. a–e, g und h genannten Funktionen mit der **Ausübung öffentlicher Gewalt** verbunden sein muss, können jedenfalls auf der Grundlage von Abs. 1 lit. c–e, g und h auch Beschränkungen zugunsten von **Beliehenen** vorgesehen werden.

a) Nationale Sicherheit (Art. 23 Abs. 1 lit. a). Während Art. 13 Abs. 1 lit. a DSRL die „Sicherheit des Staa- **20** tes" an die erste Stelle der zulässigen Beschränkungszwecke setzt,[55] spricht die DSGVO von nationaler Sicherheit. Ein Bedeutungsunterschied ist damit nicht verbunden. Die nationale Sicherheit wird bereits in Art. 4 Abs. 2 S. 2 EUV erwähnt und steht in engem Zusammenhang mit der öffentlichen Sicherheit iSd Abs. 1 lit. c. Allerdings ist die nationale Sicherheit enger zu verstehen und umfasst das „fundamentale Bestandsinteresse" des einzelnen Mitgliedstaates.[56] Zwar hat die Union in diesem Bereich **keine Rechtssetzungskompetenz** (zB bezüglich der Tätigkeit von Nachrichtendiensten), die in die alleinige Verantwortung der Mitgliedstaaten fällt (Art. 4 Abs. 2 EUV). Dem tragen Art. 2 Abs. 2 lit. a und b DSGVO Rechnung. Deshalb können Beschränkungen iSd Art. 23 nur in Betracht kommen für solche Verantwortliche, die zwar selbst nicht für die Erhaltung der nationalen Sicherheit zuständig sind, aber über personenbezogene Daten verfügen, die diesen Bereich betreffen und sie in Abweichung vom ursprünglichen Erhebungszweck an eine Staatsschutzbehörde übermitteln.[57] Allerdings darf ein Mitgliedstaat die Information der betroffenen Person über eine Mitteilung an einen Nachrichtendienst nicht pauschal von dessen Zustimmung abhängig machen,[58] sondern muss dies an eine Gefährdung der nationalen Sicherheit im Einzelfall knüpfen und zudem eine Abwägung mit den Rechten der betroffenen Person nach Art. 23 Abs. 2 lit. g vornehmen (→ Rn. 44).

Der EGMR und der EuGH haben in ihrer Rechtsprechung die Verwendung des Vorbehalts der nationalen **21** Sicherheit – zumindest indirekt – begrenzt. Der EuGH betont zum einen, dass es keinen allgemeinen Vorbehalt zugunsten von Maßnahmen im Interesse der – weiter zu verstehenden (→ Rn. 29) – öffentlichen Sicherheit (→ Rn. 25) gibt, auf den sich ein Mitgliedstaat nur berufen müsste, um die Anwendung des Unionsrechts einschließlich der **GRCh** auszuschließen.[59] Dies muss in gleicher Weise für den Begriff der nationalen Sicherheit gelten. Zum anderen haben die Unterzeichnerstaaten der **EMRK** kein unbegrenztes Ermessen, um Maßnahmen im Interesse der nationalen Sicherheit zu ergreifen.[60] Insbesondere hat der EGMR die Gefahr unterstrichen, dass Staaten zur Verteidigung der Demokratie Maßnahmen für die Bekämpfung von Spionage und Terrorismus ergreifen, die im Gegenteil die Demokratie untergraben oder zerstören können. Deshalb hat er betont, dass die Konventionsstaaten auch im Interesse der nationalen Sicherheit[61] nicht jede ihnen geeignet erscheinende Maßnahme ergreifen dürfen.[62] Diese Erkenntnis ist auch bei der Auslegung von Abs. 1 lit. a zu berücksichtigen.

Aus diesem Grund fordern die europäischen Datenschutzbehörden von den Mitgliedstaaten eine **Begrün- 22 dung für jeden Einzelfall**, in dem sie sich zur Beschränkung des Datenschutzes auf den Schutz der nationalen Sicherheit berufen.[63] Das gilt entsprechend für den Ausnahmetatbestand des Abs. 1 lit. a, der bei prinzi-

---

52 Vgl. zum deutschen Verfassungsrecht BVerfGE 120, 351 (364 f.); BVerfGE 141, 220 Rn. 137; Kühling/Buchner/*Bäcker* Art. 23 Rn. 58.
53 So in § 32 Abs. 1 Nr. 2–4; § 33 Abs. 1 Nr. 1, Abs. 2 Nr. 1 und Abs. 3; § 34 Abs. 4; § 35 BDSG nF.
54 So auch für die Vorgängervorschrift des Art. 13 DSRL *Dammann/Simitis* Art. 13 Rn. 3 sowie *Ehmann/Helfrich* Art. 13 Rn. 8; Paal/Pauly/*Paal* Art. 23 Rn. 16; Kühling/Buchner/*Bäcker* Art. 23 Rn. 11.
55 Zur entspr. Vorschrift des Art. 15 Abs. 1 ePrivacyRL vgl. EuGH C-275/06, NJW 2008, 743 Rn. 49 – Promusicae.
56 Von der Groeben/Schwarze/Hatje/*Oberwexer* EUV Art. 4 Rn. 45.
57 Kühling/Buchner/*Bäcker* Art. 23 Rn. 16.
58 So aber § 33 Abs. 3 BDSG nF (→ Art. 14 Rn. 28).
59 EuGH C-387/05, ECLI:EU:C:2009:781 Rn. 45 – Kommission/Italien.
60 EGMR ÖJZ 2001, 74 Rn. 53 ff. – Rotaru.
61 Im Gegensatz zum Unionsrecht gilt die EMRK auch für Maßnahmen im Bereich der nationalen Sicherheit.
62 EGMR-E 1, 320 Rn. 49 – Klass. Sowohl in diesem Fall als auch im Fall EGMR, ECHR 2006-VII – Segerstedt-Wiberg hat der EGMR einen Verstoß gegen die EMRK festgestellt.
63 *Art.-29-Gruppe*, WP 228, S. 34.

pieller Anwendbarkeit des Unionsrechts auf die konkrete Datenverarbeitung durch Behörden oder Unternehmen die Beschränkung von Betroffenenrechten aufgrund entsprechender Rechtsvorschriften zulässt. Zu denken ist in diesem Zusammenhang an die Mitwirkung privater Verantwortlicher an Maßnahmen der Spionageabwehr oder Terrorismusbekämpfung.[64] Würde allerdings durch eine an sich vorgeschriebene Information oder eine der betroffenen Person erteilte Auskunft lediglich bekannt, dass der Verantwortliche gegen die DSGVO oder andere Rechtsvorschriften verstoßen hat, läge daran keine Beeinträchtigung der nationalen Sicherheit.[65]

23   Die nationale Sicherheit muss sich auf einen EU-Mitgliedstaat beziehen; die **nationale Sicherheit eines Drittstaats** kann nur dann zur Begründung einer beschränkenden Regelung herangezogen werden, wenn konkret zugleich das nationale Interesse eines Mitgliedstaates durch die Ausübung von Betroffenenrechten beeinträchtigt würde.[66] Die **Sicherheit der Union** ist in Abs. 1 lit. a im Gegensatz zum Schutz von sonstigen wichtigen Zielen des allgemeinen öffentlichen Interesses der Union nach Abs. 1 lit. e nicht genannt. Sie kann deshalb nur dann – bei prinzipieller Anwendbarkeit der DSGVO trotz Art. 2 Abs. 2 lit. b auf die jeweilige Datenverarbeitung – zur Begründung für beschränkende Rechtsvorschriften herangezogen werden, wenn zugleich die nationale Sicherheit von Mitgliedstaaten bedroht ist.

24   **b) Landesverteidigung (Art. 23 Abs. 1 lit. b).** Die Sicherstellung der Landesverteidigung bezeichnet entsprechend Art. 42 EUV die Sicherung des Hoheitsgebietes eines Mitgliedstaates mit militärischen Mitteln.[67] Sie wird häufig mit dem **Schutz der nationalen Sicherheit** zusammenfallen und kann regelmäßig nur unter den gleichen Voraussetzungen wie dieses zur Begründung von Beschränkungen herangezogen werden (→ Rn. 20ff.). Das betrifft nicht Maßnahmen der Terrorismus-Abwehr, kann sich aber auf einen Cyber-Angriff beziehen, der von einem anderen Staat ausgeht. Wie im Fall der nationalen Sicherheit ist die DSGVO nach Art. 2 Abs. 2 lit. a auch auf die Datenverarbeitung für Zwecke der Landesverteidigung nicht anwendbar, die Mitgliedstaaten können jedoch Regelungen für Verantwortliche treffen, die der DSGVO unterliegen und an Vorsorgemaßnahmen für den Verteidigungsfall beteiligt sind.[68]

25   **c) Öffentliche Sicherheit (Art. 23 Abs. 1 lit. c).** Die öffentliche Sicherheit umfasst den innerstaatlichen Schutz wichtiger Rechtsgüter wie zB den Schutz von Menschenleben bei Naturkatastrophen (EG 73). Die Abwehr von Gefahren für die öffentliche Sicherheit wird ausdrücklich in Abs. 1 lit. d genannt. Die dadurch entstehende Überschneidung der Ausnahmetatbestände hatte die DSRL noch vermieden.[69] Die **öffentliche Ordnung** im Sinne des deutschen Polizeirechts ist nicht identisch mit dem gleichen Begriff im unionsrechtlichen Sinn,[70] der seinerseits eng auszulegen ist[71] und zudem in Art. 23 nicht als Schutzgut genannt wird.[72] Auch kann der weite deutsche Begriff der öffentlichen Ordnung nicht unter den Begriff der öffentlichen Sicherheit nach der DSGVO subsumiert werden.[73] Deshalb sind §§ 30 Abs. 2 S. 2, 32 Abs. 1 Nr. 3 sowie 33 Abs. 1 Nr. 1 lit. b und Nr. 2 lit. b BDSG nF insoweit mit der DSGVO nicht zu vereinbaren, als sie eine Gefährdung der öffentlichen Ordnung als Grund für die Beschränkung der Informationspflichten und Betroffenenrechte anführen (→ Art. 13 Rn. 23, Art. 14 Rn. 28).

26   **d) Strafverfolgung, Strafvollstreckung und Gefahrenabwehr (Art. 23 Abs. 1 lit. d).** Zwar sind die Strafverfolgung, die Strafvollstreckung und die polizeiliche Gefahrenabwehr nach Art. 2 Abs. 2 lit. d vom Anwendungsbereich der DSGVO ausgenommen; auf die Datenverarbeitung durch die hierfür zuständigen Behörden ist allein die JI-Richtlinie anzuwenden, die ihrerseits für die Verarbeitung durch diese Behörden Betroffenenrechte enthält (Art. 12ff.). Aber auch hier regelt die DSGVO – ähnlich wie nach Abs. 1 lit. a und b – Fälle, in denen andere **Behörden und Unternehmen mit Strafverfolgungs- oder Polizeibehörden zusammenarbeiten**, indem sie zB personenbezogene Daten, die zunächst für andere Zwecke erhoben wurden, zweckändernd an Strafverfolgungs- oder Gefahrenabwehrbehörden übermitteln. Solche Verantwortliche können

---

64   So die Beispiele bei *Dammann/Simitis* Art. 13 Rn. 6, die in solchen Fällen die Begrenzung des Auskunftsrechts von Beschäftigten gegenüber ihrem Arbeitgeber für zulässig halten.

65   Vgl. Simitis/*Mallmann* § 19 Rn. 90.

66   *Art.-29-Gruppe*, WP 228, S. 35ff.

67   Kühling/Buchner/*Bäcker* Art. 23 Rn. 17.

68   Vgl. *Dammann/Simitis* Art. 13 Rn. 6.

69   Vgl. Art. 13 Abs. 1 lit. c und d DSRL.

70   AA Grabitz/Hilf/Nettesheim/*Brühann* DSRL Art. 13 Rn. 10. Die von ihm zitierte Rechtsprechung des EuGH (C-41/74, NJW 1975, 2165 – van Duyn) betrifft den primärrechtlichen Begriff der „public policy", während Art. 13 DSRL ebenso wie Art. 23 DSGVO nur den englischen Begriff der „public security" verwenden.

71   Von der Groeben/Schwarze/Hatje/*Oberwexer* EUV Art. 4 Rn. 41 f.

72   Anders als in Art. 45 Abs. 3, Art. 52 Abs. 1, Art. 65 Abs. 1 lit. b und Art. 202 AEUV. Das verkennt Kühling/Buchner/*Bäcker* Art. 23 Rn. 19.

73   AA wohl Kühling/Buchner/*Bäcker* Art. 23 Rn. 19.

sich unter bestimmten engen Voraussetzungen auf Beschränkungen der Betroffenenrechte berufen.[74] Die **Gefahren** für die öffentliche Sicherheit müssen **konkret** bestehen, abstrakte Gefährdungen reichen nicht aus.[75] Gefahren für die öffentliche Ordnung sind auch hier nicht genannt und können nicht unter Abs. 1 lit. d subsumiert werden (→ Rn. 25).[76] Gleiches gilt für die Verfolgung von Ordnungswidrigkeiten, die eine Einschränkung von Betroffenenrechten nicht rechtfertigt.

e) Sonstige wichtige Ziele des öffentlichen Interesses (Art. 23 Abs. 1 lit. e). Der Beschränkungstatbestand ist   27
gegenüber der Vorgängervorschrift in Art. 13 Abs. 1 lit. e DSRL nochmals erheblich ausgeweitet worden und hat wegen seiner offenen Formulierung ("insbesondere") nahezu **Blankettcharakter**.[77] Damit konterkariert dieser Tatbestand den abschließenden Charakter des Zweckkatalogs in Abs. 1 (→ Rn. 17) fast vollständig.[78] Er lässt Beschränkungen zum Schutz "sonstiger wichtiger Ziele des allgemeinen öffentlichen Interesses der Union oder eines Mitgliedstaates" zu. Dazu zählen neben wirtschaftlichen und fiskalischen Interessen, für die beispielhaft der Währungs-,[79] Haushalts- und Steuerbereich genannt werden,[80] auch der Gesundheitsbereich und die soziale Sicherheit. Auch im öffentlichen Bildungsbereich oder anderen Teilen der Leistungsverwaltung sind bereichsspezifische Regelungen nach Abs. 1 lit. e vorstellbar. Allerdings ist die Vorschrift gerade wegen ihrer vagen Formulierung als Ausnahme eng auszulegen und rechtfertigt zudem wegen des Attributs "wichtig" nicht die Beschränkung von Betroffenenrechten für jegliches im öffentlichen Interesse liegende Ziel.[81]

Demgegenüber geht das BDSG nF noch über das von der DSGVO zugelassene Maß hinaus, indem es Be-   28
schränkungen der Betroffenenrechte zulässt, soweit ihre Ausübung eine **vertrauliche Übermittlung von Daten an öffentliche Stellen** gefährden würde.[82] Das Interesse, Daten vertraulich an Behörden zu übermitteln, ist nicht generell schützenswert, sondern nur insoweit, als die Information über die Herkunft der Daten im Einzelfall die Rechte und Freiheiten anderer Personen verletzen würde oder eine Behörde ohne vertrauliche Hinweise bestimmte Aufgaben (etwa der Korruptionsbekämpfung) nicht erfüllen könnte. Die **Probleme des Informantenschutzes und der Hinweisgebersysteme** können zudem ohne gesetzliche Beschränkung der Betroffenenrechte nach den zB von der Rechtsprechung in Deutschland entwickelten Maßstäben angemessen gelöst werden (→ Art. 14 Rn. 25).

f) Unabhängigkeit der Justiz (Art. 23 Abs. 1 lit. f). Die Beschränkungsmöglichkeit zum Schutz der Unab-   29
hängigkeit der Justiz und zum Schutz von Gerichtsverfahren war in der DSRL noch nicht enthalten und wurde erst auf Vorschlag des Rats in die DSGVO aufgenommen. Die Unabhängigkeit der Justiz ist Teil der grundrechtlichen Gewährleistung in Art. 47 Abs. 2 S. 1 GRCh, die sich auf durch Gesetz errichtete und öffentlich tagende Gerichte bezieht. Damit besteht die Beschränkungsmöglichkeit des Abs. 1 lit. f nicht bei Schiedsgerichten. Auch ist der Schutz der Unabhängigkeit auf die richterliche Spruchtätigkeit beschränkt, so dass die Verwaltungstätigkeit der Gerichte keine Beschränkungen der Betroffenenrechte zulässt.[83] Deshalb müssen die Gerichtsverwaltungen die gebotenen Informationen und Auskünfte in einfacher und verständlicher Sprache erteilen und haben den betroffenen Personen die Ausübung ihrer Rechte zu erleichtern (→ Art. 12 Abs. 1 und 2). Dem entspricht auch die bisherige Rechtslage in einzelnen Mitgliedstaaten.[84] Der Schutz des Gerichtsverfahrens rechtfertigt die Beschränkung von Informationspflichten und -rechten, damit zB das **Beratungsgeheimnis** nicht unterlaufen wird. Die Datenverarbeitung durch die Justiz zum Zweck der Strafverfolgung und Strafvollstreckung fällt bereits unter den enger begrenzten Abs. 1 lit. d[85] (→ Rn. 26), und die in diesem Bereich bestehenden Betroffenenrechte werden in der JI-Richtlinie (Art. 12 ff.) geregelt.

---

74 Inwieweit die Einschränkung von Informationspflichten zur Verhütung von Schäden durch Straftaten bei indirekter Datenerhebung notwendig und verhältnismäßig sein kann, wie dies § 33 Abs. 1 lit. a BDSG nF vorsieht, bezweifeln *Eichler/Nguyen* in: Dix et al. (Hrsg.), Jahrbuch für Informationsfreiheit und Informationsrecht 2017, 17 (35), mit beachtlichen Gründen.
75 Vgl. *Ehmann/Helfrich* Art. 13 Rn. 51; Paal/Pauly/*Paal* Art. 23 Rn. 26.
76 EG 73 nennt darüber hinaus auch „das Führen von öffentlichen Registern aus Gründen des allgemeinen öffentlichen Interesses sowie die Weiterverarbeitung von archivierten personenbezogenen Daten zur Bereitstellung spezifischer Informationen im Zusammenhang mit dem politischen Verhalten unter ehemaligen totalitären Regimen" als Bestandteil der öffentlichen Sicherheit. Dieses wird allerdings in Art. 89 Abs. 3 speziell geschützt (vgl. EG 158).
77 Krit. zur Weite des Katalogs in Art. 23 Abs. 1 grundsätzlich Kühling/Buchner/*Bäcker* Art. 23 Rn. 11.
78 Krit. auch Kühling/Buchner/*Bäcker* Art. 23 Rn. 22; Sydow/*Peuker* Art. 23 Rn. 16.
79 Vgl. bereits Art. 9 Abs. 2 lit. a der Konvention Nr. 108 des Europarats.
80 Während Art. 13 Abs. 1 lit. e DSRL noch darauf verzichtet, ein „zwingendes wirtschaftliches oder finanzielles Interesse" zu fordern (vgl. dazu *Ehmann/Helfrich* Art. 13 Rn. 55 ff.), setzt die DSGVO auch hier ein zwingendes gesellschaftliches Bedürfnis in einer demokratischen Gesellschaft voraus (→ Rn. 17).
81 Auernhammer/*Herbst* DSGVO Art. 23 Rn. 15.
82 § 32 Abs. 1 Nr. 5 BDSG nF. Auch *Eichler/Nguyen* in: Dix et al. (Hrsg.), Jahrbuch für Informationsfreiheit und Informationsrecht 2017, 17 (34 f.) halten die Vorschrift für nicht verordnungskonform.
83 Ebenso Sydow/*Peuker* Art. 23 Rn. 30.
84 Vgl. § 1 Abs. 2 Nr. 2 lit. b BDSG aF sowie § 1 Abs. 1 Nr. 2 lit. b BDSG nF.
85 Kühling/Buchner/*Bäcker* Art. 23 Rn. 25.

Sie enthält keine explizite Möglichkeit zur Beschränkung dieser Rechte zum Schutz der richterlichen Unabhängigkeit, wohl aber zur Gewährleistung, dass behördliche oder gerichtliche Untersuchungen, Ermittlungen oder Verfahren nicht behindert werden.[86]

30 **g) Verstöße gegen berufsständische Regeln (Art. 23 Abs. 1 lit. g).** Die Verhütung, Ermittlung, Feststellung und Verfolgung von Verstößen gegen berufsständische Regeln bei reglementierten Berufen ist bereits nach Art. 13 Abs. 1 lit. d DSRL ein möglicher Grund für die Beschränkung von Betroffenenrechten gewesen. Reglementierte Berufe sind nach Art. 3 Abs. 1 lit. a der RL über die Anerkennung von Berufsqualifikationen[87] Berufe, bei denen die Aufnahme oder Ausübung durch Rechts- und Verwaltungsvorschriften an den Besitz bestimmter Berufsqualifikationen gebunden ist. Nach dieser Richtlinie verfolgen die entsprechenden Berufsverbände und Kammern das Ziel eines „hohen Niveaus" in dem jeweiligen Beruf und gewährleisten zur Erreichung dieses Ziels, dass ihre Mitglieder die von ihnen vorgeschriebenen berufsständischen Regeln beachten.[88] Der Tatbestand der Verhütung, Ermittlung und Feststellung von Verstößen gegen derartige Regeln wird vom Verordnungsgeber in Abs. 1 lit. g separat von der staatlichen Strafverfolgung (lit. d) genannt. Deshalb können **nicht nur** Verstöße gegen diejenigen **berufsständischen Regeln** zum Anlass für Beschränkungen genommen werden, die zugleich durch Straftatbestände geschützt werden (zB die ärztliche oder anwaltliche **Schweigepflicht**).[89] Sonst wäre Abs. 1 lit. g angesichts des Abs. 1 lit. d überflüssig. Abs. 1 lit. g hebt allgemein auf berufsständische Regeln bei reglementierten Berufen ab, so dass sämtliche Rechtsvorschriften erfasst sind, die zB den Zugang zu solchen Berufen oder deren Ausübung regeln.[90] Dazu zählen auch die durch Satzung festgelegten Berufsordnungen der Heilberufe. Andererseits ist die Ausnahmevorschrift – wie alle anderen Beschränkungen nach Abs. 1 – restriktiv auszulegen und umfasst nicht etwa ungeschriebene Regeln des Berufsethos.[91]

31 **h) Kontroll-, Überwachungs- und Ordnungsfunktionen (Art. 23 Abs. 1 lit. h).** Soweit andere Behörden oder Personen (Beliehene), die nicht direkt an der Verfolgung der in den Abs. 1 lit. a bis e und g genannten Zwecke beteiligt sind, in Ausübung öffentlicher Gewalt bestimmte Kontrollen hierfür durchführen oder Überwachungs- und Ordnungsfunktionen ausüben, kann das Unionsrecht oder das Recht der Mitgliedstaaten zusätzliche Beschränkungen nach Abs. 1 lit. h vorsehen. Auch wenn dies **keine allgemeine Vollzugsermächtigungsvorschrift** ist, betrifft sie zB die Polizei, Ordnungsbehörden oder Justiz.[92] Dabei handelt es sich um eine Vorschrift, die lediglich der Klarstellung dient[93] und nicht eigenständige neue Zwecke einführt.[94] So kann zB die Pflicht zur und das Recht auf Löschung von personenbezogenen Daten aus Protokolldateien eingeschränkt werden, die lediglich der Datensicherheit und der Kontrolle des Datenschutzes dienen (→ Art. 32).[95] Demgegenüber rechtfertigt Abs. 1 lit. h nicht die Beschränkung des Auskunftsrechts hinsichtlich all der Daten, die aufgrund von gesetzlichen, satzungsmäßigen oder vertraglichen Aufbewahrungsvorschriften nicht gelöscht werden dürfen. Das aber sieht § 34 Abs. 1 Nr. 2 lit. a BDSG nF vor[96], der insoweit der DSGVO widerspricht. Das Auskunftsrecht nach Art. 15 gilt deshalb auch in solchen Fällen vorrangig.[97]

32 **i) Schutz der betroffenen und anderer Personen (Art. 23 Abs. 1 lit. i).** Beschränkungen sind des Weiteren wie schon nach Art. 13 Abs. 1 lit. g DSRL zulässig zum Schutz sowohl der betroffenen Person als auch der Rechte und Freiheiten anderer Personen.[98] Einschränkungen können den Schutz der Rechte und Freiheiten anderer **natürlicher oder juristischer Personen** zum Ziel haben. Allerdings muss es sich um rechtlich geschützte Interessen handeln. Lediglich „berechtigte", also rein wirtschaftliche Interessen legitimieren derartige Einschränkungen nicht.[99] Einschränkungen können auch dem Ziel des Schutzes der Rechte und Frei-

---

86 Art. 13 Abs. 1 lit. a, Art. 15 Abs. 1 lit. a, Art. 16 Abs. 4 S. 2 lit. a sowie Art. 18 JI-Richtlinie.
87 RL 2005/36/EG.
88 Art. 3 Abs. 2 UAbs. 2 RL 2005/36/EG.
89 AA Sydow/*Peuker* Art. 23 Rn. 32; *Dammann/Simitis* Art. 13 Rn. 8; *Ehmann/Helfrich* Art. 13 Rn. 54, jeweils zu Art. 13 Abs. 1 lit. d DSRL.
90 Vgl. Kühling/Buchner/*Bäcker* Art. 23 Rn. 26; Auernhammer/*Herbst* DSGVO Art. 23 Rn. 17, der auf EuGH C-473/12, K&R 2014, 105 Rn. 42, 50 – IPI verweist.
91 Missverständlich insofern der englische Verordnungstext, der von „breaches of ethics for regulated professions" spricht. Der englische Text der RL 2005/36/EG verwendet dagegen in Art. 3 Abs. 2 UAbs. 2 den Begriff „rules of professional conduct", während der deutsche Text wie die DSGVO von „berufsständischen Regeln" spricht.
92 BeckOK DatenschutzR/*Stender-Vorwachs* DSGVO Art. 23 Rn. 30.
93 Kühling/Buchner/*Bäcker* Art. 23 Rn. 28.
94 Vgl. *Dammann/Simitis* Art. 13 Rn. 10.
95 Vgl. auch § 19 a Abs. 3 iVm § 19 Abs. 2; § 33 Abs. 2 S. 1 Nr. 2 BDSG aF.
96 Mit Ausnahme vertraglicher Aufbewahrungsvorschriften.
97 Das ergibt sich auch aus § 1 Abs. 5 BDSG nF.
98 So BT-Drs. 18/11325, S. 32.
99 BT-Drs. 18/11325, S. 32 geht deshalb insoweit über die DSGVO hinaus. Ein entsprechendes Gesetz müsste daher unionskonform in der Weise ausgelegt werden, dass nur rechtliche Interessen Einschränkungen rechtfertigen können.

heiten des Verantwortlichen dienen, da er ebenfalls eine andere Person im Sinne von lit. i ist. Auch hier muss es sich aber um rechtlich geschützte Belange handeln. **Allgemein anerkannte Geschäftszwecke** rechtfertigen daher ebenso wenig Einschränkungen der Betroffenenrechte wie ein **unverhältnismäßiger Aufwand**[100], der nur ausnahmsweise im Fall des Art. 14 Abs. 5 lit. b die Einschränkung der Informationspflicht in bestimmten Fällen legitimiert.

Zum **Schutz der betroffenen Person** selbst werden deren Rechte vor dem Hintergrund ihres Rechts auf informationelle Selbstbestimmung nur in extremen Ausnahmefällen eingeschränkt werden können.[101] So ist im **Bereich der medizinischen Daten** für ein generelles **therapeutisches Privileg** kein Raum, wonach der behandelnde Arzt nach Gutdünken darüber entscheiden kann, inwieweit er dem Patienten Einsicht in die Krankenunterlagen gewährt.[102] Kommt der Arzt allerdings nach sorgfältiger Prüfung zu dem Schluss, dass die Einsicht durch den Patienten erhebliche Gefährdungen des Behandlungserfolgs bis hin zur Suizidgefahr auslösen würde, kann er die Einsichtnahme ablehnen oder beschränken.[103] Möglich ist auch eine Vermittlung eines Teils des Akteninhalts durch den Arzt. Die vollständige Verweigerung der Akteneinsicht sollte aber die ultima ratio bleiben.[104] Zum Schutz der betroffenen Person können auch die Pflicht zur und das Recht auf **Löschung** nach Art. 17 eingeschränkt und stattdessen eine **Einschränkung der Verarbeitung** nach Art. 18 vorgesehen werden, soweit die Löschung schutzwürdige Interessen der betroffenen Person beeinträchtigen würde.[105] Dabei handelt es sich im Grunde nicht um eine Einschränkung der Rechte der betroffenen Person, sondern um eine Erweiterung ihrer Wahlmöglichkeiten. Sie kann die Löschung dann verlangen, wenn ihre schutzwürdigen Interessen dadurch nicht mehr beeinträchtigt werden.

Geheimhaltungspflichten ermöglichen nicht generell die Beschränkung der Rechte und Pflichten nach Art. 12 bis 22 und 34, sondern gemäß Abs. 1 lit. i Alt. 2 nur, soweit sie dem Schutz der Rechte und Freiheiten anderer Personen oder einem anderen in Abs. 1 lit. a bis j genannten Rechtsgut dienen. Die DSGVO kennt insbes. keine Informationen, die „ihrem Wesen nach" generell geheim gehalten werden müssen. § 29 Abs. 1 BDSG nF ist deshalb mit Unionsrecht nicht vereinbar. Die Informationspflichten nach Art. 14 gelten deshalb auch hier vorrangig.[106] Art. 14 Abs. 5 lit. d schränkt die Informationspflicht des Verantwortlichen hinsichtlich der Informationen, die einem Berufsgeheimnis unterliegen, nur im multipolaren Verhältnis ein, also gegenüber Dritten, über die dem Träger des Berufsgeheimnisses (zB Arzt, Anwalt) etwas anvertraut wird (→ Art. 14 Rn. 30). Im bipolaren Verhältnis sind derartige Einschränkungen nur in der Arzt-Patienten-Beziehung und dort auch nur in krassen Ausnahmesituationen denkbar (→ Rn. 30). In multipolaren Verhältnissen kann aber das Auskunftsrecht von Dritten, über die der Patient oder Mandant dem Berufsgeheimnisträger etwas anvertraut hat, nach Art. 23 Abs. 1 lit. i eingeschränkt werden (praktisch relevant vor allem im Verhältnis zwischen Rechtsanwalt und Mandant).

Zu den zu schützenden Rechten und Freiheiten anderer Personen gehören auch das geistige Eigentum sowie **Betriebs- und Geschäftsgeheimnisse.** EG 63 nennt in diesem Zusammenhang insbes. das **Urheberrecht** an Software, betont aber zugleich, dass dieser Schutzzweck nicht dazu führen darf, dass der betroffenen Person jegliche Auskunft verweigert wird.[107] Insbesondere bei den Informationspflichten und Auskunftsansprüchen im **Fall der automatisierten Entscheidungsfindung einschließlich des Profiling** nach Art. 22 (Art. 13 Abs. 2 lit. f, Art. 14 Abs. 2 lit. g und Art. 15 Abs. 1 lit. h) geht der Gesetzgeber davon aus, dass eine aussagekräftige und verständliche **Erklärung der involvierten Logik** sowie der Tragweite und der angestrebten Auswirkungen für die betroffene Person ohne Verletzung von Geschäftsgeheimnissen möglich ist.

j) Durchsetzung zivilrechtlicher Ansprüche (Art. 23 Abs. 1 lit. j). Schließlich kann auch die Durchsetzung zivilrechtlicher Ansprüche Beschränkungen der Art. 12 bis 22 und 34 rechtfertigen. Dieser auf Vorschlag des Rats in die DSGVO aufgenommene Passus hat keine Parallele in der DSRL. Er beschränkt sich nicht auf Ansprüche der betroffenen Person, andererseits schließt er andere als zivilrechtliche Ansprüche (zB aus öffentlich-rechtlichen Verträgen) aus. Insgesamt erscheint dieser Tatbestand **redundant**, weil bereits Abs. 1 lit. i die Rechte und Freiheiten sowohl der betroffenen als auch anderer Personen als Schutzgüter nennt. Soweit also die Ausübung von Betroffenenrechten die **Durchsetzung anderer als zivilrechtlicher Ansprüche**

100 Verordnungswidrig sind deshalb § 34 Abs. 1 Nr. 2 und § 35 Abs. 1 BDSG nF; wie hier Kühling/Buchner/*Bäcker* Art. 23 Rn. 12. Die Ansprüche auf Auskunft und Löschung nach der DSGVO haben Vorrang, vgl. § 1 Abs. 5 BDSG.

101 So *Dammann/Simitis* Art. 13 Rn. 11.

102 Vgl. Simitis/*Mallmann* § 19 Rn. 100; Simitis/*Dix* § 34 Rn. 93 f.; Kühling/Buchner/*Bäcker* Art. 23 Rn. 30.

103 Vgl. die entsprechende Regelung in § 630g Abs. 1 S. 1 BGB, wonach die Einsichtnahme aufgrund „erhebliche[r] therapeutische[r] Gründe" abgelehnt werden kann.

104 Vgl. *Müller-Peltzer/Nguyen* DuD 2012, 117 (121).

105 So § 35 Abs. 2 BDSG nF im Anschluss an § 20 Abs. 3 Nr. 2, § 35 Abs. 3 Nr. 2 BDSG aF (→ Art. 18 Rn. 5).

106 Vgl. § 1 Abs. 5 BDSG nF.

107 Eingehend zum Verhältnis zwischen Datenschutz und Urheberrecht mit rechtsvergleichenden Hinweisen *Malgieri,* IDPL 2016, 102.

gefährdet, könnte eine entsprechende Beschränkung auf Abs. 1 lit. i gestützt werden.[108] Umgekehrt kann eine entsprechende Rechtsvorschrift ergänzend eine Abwägung mit den Interessen der betroffenen Person vorschreiben, so dass nicht jede Durchsetzung von rechtlichen Ansprüchen eine Beschränkung der Informationspflichten und Betroffenenrechte legitimiert.[109]

IV. Mindestanforderungen an beschränkende Gesetzgebung (Art. 23 Abs. 2)

37 Gesetzgebungsmaßnahmen nach Abs. 1 müssen zudem **„insbesondere gegebenenfalls"** spezifische Vorschriften enthalten, die die Beschränkung der Informationspflichten und Betroffenenrechte **zumindest** durch bestimmte Regelungen kompensieren.[110] Die Worte „insbesondere" und „zumindest" machen deutlich, dass der Verordnungsgeber keine abschließende Liste möglicher Kompensationsregelungen vorgeben wollte. Andererseits könnte die Formulierung „gegebenenfalls" darauf hin deuten, dass nicht in jeder Regelung der ganze in Abs. 2 genannte Katalog von kompensierenden Maßnahmen enthalten sein muss, sondern dass bestimmte Vorkehrungen von den Zielen der konkreten Einschränkung abhängen und nur in bestimmten Zusammenhängen getroffen werden müssen. Der Verordnungsgeber wollte aber lediglich irrelevante Angaben im Hinblick auf den jeweiligen Regelungszweck ausschließen.[111] Richtigerweise wird der einschränkungswillige Gesetzgeber den Katalog des Abs. 2 im Übrigen kumulativ zu verstehen haben.[112] Insgesamt verfolgt die Vorschrift das Ziel, den Verlust an Transparenz und individuellen Zugangsrechten für die betroffenen Personen durch Regelungen zu einem **Mindestmaß an generell-abstrakter Transparenz,** zu den Bedingungen der Datenverarbeitung oder zu anderen Maßnahmen etwa der **Datenminimierung** (Art. 5 Abs. 1 lit. c) oder **Speicherbegrenzung** (Art. 5 Abs. 1 lit. e) auszugleichen. Je undifferenzierter die beschränkenden Rechtsvorschriften sind, desto höhere Anforderungen sind an die in Abs. 1 vorgegebene Grundrechtskonformität, Notwendigkeit in einer demokratischen Gesellschaft und Verhältnismäßigkeit zu stellen. Bereichsausnahmen sind in aller Regel unverhältnismäßig (→ Rn. 19). Die Anforderungen des Abs. 1 und Abs. 2 zwingen den Gesetzgeber auf Unions- und mitgliedstaatlicher Ebene dazu, die Beschränkungen – soweit möglich – auf einzelne Verarbeitungszwecke und -kategorien, Datenkategorien oder Verantwortliche zu begrenzen.

38 **1. Verarbeitungszwecke und -kategorien (Art. 23 Abs. 2 lit. a).** Im Text der beschränkenden Rechtsvorschriften müssen die Zwecke und Kategorien der Verarbeitung bezeichnet werden. Je weniger bestimmt die Vorschriften insoweit sind, desto schwieriger sind sie mit den **materiellen Voraussetzungen des Abs. 1 Hs. 1** in Einklang zu bringen.

39 **2. Datenkategorien (Art. 23 Abs. 2 lit. b).** Auch für die Bezeichnung der Kategorien personenbezogener Daten, hinsichtlich derer die Pflichten und Rechte nach Art. 12 bis 22, 34 und 5 beschränkt werden sollen, gilt, dass statt einer pauschalen Beschränkung möglichst differenzierte Regelungen für bestimmte Datenkategorien getroffen werden müssen. Ein Beispiel wäre die Beschränkung des Auskunftsrechts Dritter bezüglich der Daten aus einem anwaltlichen Mandatsverhältnis (→ Rn. 31).

40 **3. Umfang der Beschränkungen (Art. 23 Abs. 2 lit. c).** Die Rechtsvorschrift muss selbst diejenigen Pflichten und Rechte, die beschränkt werden sollen, und den Umfang der jeweiligen Beschränkung bezeichnen. **Pauschale Beschränkungen** aller Pflichten und Rechte nach Art. 12 bis 22, 34 und 5 dürften in aller Regel dem Unionsrecht widersprechen. Der Gesetzgeber muss ohnehin prüfen, inwieweit die Erfüllung bestimmter Pflichten oder die Ausübung bestimmter Rechte die Erreichung der in Abs. 1 genannten Ziele gefährdet und bezogen auf welche dieser Pflichten und Rechte Beschränkungen notwendig und verhältnismäßig sind.

41 **4. Garantien gegen Missbrauch und Rechtsverstöße (Art. 23 Abs. 2 lit. d).** Wenn die Union oder die Mitgliedstaaten die genannten Pflichten der Verantwortlichen und Rechte der Betroffenen beschränken, müssen sie im Gegenzug Garantien formulieren, die **Missbrauch** und einen **unrechtmäßigen Zugang** oder eine **unrechtmäßige Übermittlung** zumindest entscheidend erschweren. Der Begriff des Missbrauchs findet ansonsten im Text der DSGVO selbst keine Verwendung, sondern nur in EG 88. Als missbräuchlich ist jede unrechtmäßige Verwendung iSd Art. 4 Nr. 2 anzusehen, die nicht als Zugang oder Übermittlung qualifiziert werden kann. In erster Linie dürfte es dabei um unzulässige Zweckentfremdungen gehen. Der Verordnungsgeber wollte erkennbar die Beschränkungen nach Art. 23 an Vorkehrungen gegen jede mögliche Form der rechtswidrigen Datenverarbeitung knüpfen. Praktisch bedeutsam ist auch die Forderung der DSGVO,

---

108 Unzutreffend demgegenüber die Begründung des Regierungsentwurfs zu § 32 BDSG-E, BT-Drs. 18/11325, S. 103.
109 So § 33 Abs. 1 Nr. 2 lit. a BDSG nF.
110 Vgl. Kühling/Buchner/*Bäcker* Art. 23 Rn. 40.
111 Paal/Pauly/*Paal* Art. 23 Rn. 44.
112 *Piltz* K&R 2016, 629 (636).

Garantien gegen Rechtsverstöße in die beschränkenden Vorschriften aufzunehmen. Damit wird ein zwingendes Junktim zwischen der Beschränkung der Betroffenenrechte und den Vorkehrungen gegen mögliche Rechtsverstöße bei der – vom Betroffenen nicht mehr oder nur noch eingeschränkt zu kontrollierenden – Verarbeitung seiner Daten hergestellt. Entscheidend ist aber, dass die Einschränkung der Kontrollmöglichkeiten für die betroffene Person, mit der diese häufig Rechtsverstöße feststellen kann, mit anderen Formen und Verfahren einhergehen muss, die den dadurch bedingten Kontrollverlust auszugleichen geeignet sind. Zu denken ist hier etwa an **technisch-organisatorische Maßnahmen iSd Art. 32** zur Kennzeichnung von Daten, die es zukünftig ermöglichen würden, Daten eindeutig und unabänderlich einem Verantwortlichen zuzuordnen, um später eine rechtswidrige Übermittlung nachweisen zu können. Damit könnten Datenflüsse auch dann noch nachverfolgbar sein, wenn das individuelle Auskunftsrecht oder andere Betroffenenrechte, die diesem Zweck dienen, ausgeschlossen sind. Aber auch die unabhängige Kontrolle der Ablehnung von Auskünften[113] oder von heimlichen Überwachungsmaßnahmen[114] ist eine von der **EMRK** vorgeschriebene Schutzvorkehrung, die als Garantie iSd Abs. 2 lit. d anzusehen ist. Die unabhängige Kontrollinstanz muss über wirksame Befugnisse verfügen und letztverbindlich darüber entscheiden können, ob ein Betroffenenrecht zu Recht eingeschränkt wurde.

5. Angaben zu Verantwortlichen (Art. 23 Abs. 2 lit. e). Auch bezüglich der Verantwortlichen, zu deren **42** Gunsten Verpflichtungen und Rechte eingeschränkt werden sollen, ist Differenzierung geboten. Die Begrenzung auf einen bestimmten Verantwortlichen wird nur in wenigen Fällen, etwa bei bestimmten Institutionen der Union, möglich sein. Aber in jedem Fall hat der Gesetzgeber zu prüfen, ob die jeweilige **Beschränkung** nicht **auf Kategorien von Verantwortlichen** (zB auf Rechtsanwälte oder andere Berufsgeheimnisträger, → Rn. 30) zu begrenzen ist. Wenn gerade die Pflicht zur Information über den konkret Verantwortlichen nach Art. 13 Abs. 1 lit. a und Art. 14 Abs. 1 lit. a eingeschränkt werden soll, muss das einschränkende Gesetz jedenfalls die Kategorien von Verantwortlichen benennen, für die dies gelten soll.

6. Speicherfristen und Garantien (Art. 23 Abs. 2 lit. f). Zum Ausgleich für die Beschränkung der Pflichten **43** und Rechte nach dem Kapitel III und nach den Art. 5 und 34 muss der Gesetzgeber jedenfalls die Angabe der **Speicherdauer** und des Umfangs der Datenverarbeitung vorschreiben. Wenn die Informationspflichten und -rechte in Bezug auf diese wichtigen Parameter der Datenverarbeitung beschränkt werden, müssen diese jedenfalls in der entsprechenden Rechtsvorschrift öffentlich und damit vorhersehbar festgelegt werden.

7. Risiken für betroffene Personen (Art. 23 Abs. 2 lit. g). Die Risiken für die Rechte und Freiheiten betrof- **44** fener Personen sind zum einen nach Art. 24 Abs. 1 ein wesentlicher Maßstab für den Verantwortlichen bei der Umsetzung geeigneter technischer und organisatorischer Maßnahmen zur Sicherstellung einer rechtskonformen Datenverarbeitung und zum anderen ein wesentliches Kriterium für den Umfang der Informationspflichten des Verantwortlichen nach Art. 33 Abs. 1 und Art. 34 Abs. 1. **EG 75** präzisiert die Risiken in einer auch für Art. 23 Abs. 2 lit. g maßgeblichen Weise. Danach sind ua sowohl die Möglichkeit physischer, materieller oder immaterieller Schäden als auch die einer diskriminierenden Wirkung einer Datenverarbeitung zB durch die Verarbeitung besonderer Datenkategorien nach Art. 9, die Folgen eines Identitätsdiebstahls oder andere erhebliche wirtschaftliche Nachteile in Betracht zu ziehen.[115] EG 75 nennt ausdrücklich auch den Fall, dass betroffene Personen daran gehindert werden, die sie betreffenden Daten zu kontrollieren. Jede Beschränkung der Pflichten und Rechte nach Abs. 1 begrenzt die Kontrollrechte der betroffenen Person und begründet damit Risiken für ihre Rechte und Freiheiten. Wenn solche Beschränkungen statthaft sein sollen, müssen sie ausgeglichen werden durch andere Kontrollmöglichkeiten der betroffenen Person, zB durch einen Hinweis auf die Beschränkung (→ Rn. 45), auf die Beschwerdemöglichkeit nach Art. 77 und die Möglichkeit eines gerichtlichen Rechtsbehelfs nach den Art. 78 und 79. Im Zusammenhang mit den einschränkbaren Pflichten und Rechten können Maßnahmen zur Begrenzung von Risiken für die Rechte und Freiheiten betroffener Personen wie etwa die **Pseudonymisierung** personenbezogener Daten geboten sein (vgl. EGe 28, 29). Solche technisch-organisatorischen Maßnahmen aufgrund einer Risikoanalyse schreibt Art. 24 in allgemeiner Form vor. Welche „spezifischen Vorschriften" der Verordnungsgeber in Abs. 2 im Auge hatte, ist unklar. Denkbar ist, dass der Gesetzgeber versucht hat, besonderen, durch die Beschränkung der Betroffenenrechte verschärften Risiken der Datenverarbeitung zu begegnen, indem er spezifische risikobegrenzende Maßnahmen vorschreibt, die über Art. 24 hinausgehen können.

8. Recht auf Information über Beschränkungen (Art. 23 Abs. 2 lit. h). Abschließend nennt die DSGVO das **45** Recht der betroffenen Person, über die Beschränkung unterrichtet zu werden. Damit kann nicht die ab-

---

113 EGMR-E 4, 358 Rn. 49 – Gaskin.
114 EGMR, Urt. v. 4.12.2015 – 47143/06 Rn. 258 – Zakharov.
115 Für die Ermittlung des Risikos können nach EG 77 genehmigte Verhaltensrichtlinien nach Art. 40, genehmigte Zertifizierungsverfahren nach Art. 42 und Leitlinien des EDSB nach Art. 70 Abs. 1 lit. g und h erstellt und herangezogen werden.

strakte Regelung in einem Gesetz gemeint sein, das die betroffene Person „zu kennen hat". Vielmehr muss der Verantwortliche dazu verpflichtet werden, die betroffenen Personen unter Verweis auf die gesetzliche Beschränkung der Betroffenenrechte **auf diese Beschränkung hinzuweisen.** Die Art.-29-Gruppe sieht den Verantwortlichen darüber hinaus in der Pflicht darzulegen, auf welche Weise nationale Rechtsvorschriften auf ihn anzuwenden sind, wenn diese seine Transparenzpflichten reduzieren.[116] Die Hinweispflicht gilt nur insofern nicht, als dies dem Zweck der Beschränkung abträglich ist. Wenn also eine Informationspflicht für bestimmte Zwecke, Verarbeitungs- oder Datenkategorien oder Verantwortliche beschränkt ist, müssen die betroffenen Personen hierüber **in allgemeiner Form** und sinnvollerweise so **rechtzeitig** benachrichtigt werden, dass sie sich darauf einstellen und – soweit möglich – ihrerseits Maßnahmen zur Begrenzung des Risikos für ihre Rechte und Freiheiten treffen können. Der Hinweis auf die Beschränkung erst im Zusammenhang mit der Ausübung des eingeschränkten Rechts, also zB bei der Auskunftsverweigerung, genügt dem nicht. Das führt zu einer gesteigerten Verpflichtung des Verantwortlichen, den richtigen Zeitpunkt dieser Information zu wählen.

---

116 *Art.-29-Gruppe*, WP 260 rev. 01, S. 32. Der European Data Protection Board hat sich dieses Papier zueigen gemacht, vgl. Endorsement 1/2018.

Artikel 24 Verantwortung des für die Verarbeitung Verantwortlichen

(1) [1]Der Verantwortliche setzt unter Berücksichtigung der Art, des Umfangs, der Umstände und der Zwecke der Verarbeitung sowie der unterschiedlichen Eintrittswahrscheinlichkeit und Schwere der Risiken für die Rechte und Freiheiten natürlicher Personen geeignete technische und organisatorische Maßnahmen um, um sicherzustellen und den Nachweis dafür erbringen zu können, dass die Verarbeitung gemäß dieser Verordnung erfolgt. [2]Diese Maßnahmen werden erforderlichenfalls überprüft und aktualisiert.

(2) Sofern dies in einem angemessenen Verhältnis zu den Verarbeitungstätigkeiten steht, müssen die Maßnahmen gemäß Absatz 1 die Anwendung geeigneter Datenschutzvorkehrungen durch den Verantwortlichen umfassen.

(3) Die Einhaltung der genehmigten Verhaltensregeln gemäß Artikel 40 oder eines genehmigten Zertifizierungsverfahrens gemäß Artikel 42 kann als Gesichtspunkt herangezogen werden, um die Erfüllung der Pflichten des Verantwortlichen nachzuweisen.

Literatur: *Albrecht, J. P.*, Das neue EU-Datenschutzrecht – von der Richtlinie zur Verordnung, CR 2016, 88; *Bergt, M.*, Verhaltensregeln als Mittel zur Beseitigung der Rechtsunsicherheit in der Datenschutz-Grundverordnung, CR 2016, 670; *Bieker, F.*, Die Risikoanalyse nach dem neuen EU-Datenschutzrecht und dem Standard-Datenschutzmodell, DuD 2018, 27; *Karper, I.*, Datenschutzsiegel und Zertifizierungen nach der Datenschutz-Grundverordnung, PinG 2016, 201; *König, F.*, Haftung für Cyberschäden, AG 2017, 262; *Koós, C./Englisch, B.*, Eine „neue" Auftragsdatenverarbeitung, ZD 2014, 276; *Kranig, A./Sachs, T./Gierschmann, M.*, Datenschutz-Compliance nach der DS-GVO, 2017; *Krauß, C./von Pape, T./Robrahn, R./Zelle, D.*, Selbstdatenschutz im vernetzten Fahrzeug, DuD 2017, 217; *Piltz, T.*, Die Datenschutz-Grundverordnung. Teil 3: Rechte und Pflichten des Verantwortlichen und Auftraggebers, K&R 2016, 709; *Thode, J. C.*, Die neuen Compliance-Pflichten nach der Datenschutz-Grundverordnung, CR 2016, 714; *Wichtermann, M.*, Einführung eines Datenschutz-Management-Systems – Pflicht oder Kür? Kurzüberblick über die Erweiterungen durch die DSGVO, ZD 2016, 421.

I. Allgemeines

1. Bedeutung und Normzweck. Art. 24 ist die zentrale Vorschrift zur Pflichtenstellung des Verantwortlichen zur Einhaltung der Vorschriften der DSGVO. Abs. 1 und 2 beschreiben bestimmte Grundpflichten des Verantwortlichen, „um sicherzustellen und den Nachweis dafür erbringen zu können, dass die Verarbeitung gemäß dieser Verordnung erfolgt." Nachweisbarkeit in diesem Sinne bedeutet insbes., dass der Verantwortliche seine am Risiko der Verarbeitung orientierten Maßnahmen so wählt, umsetzt, dokumentiert und auf Wirksamkeit überprüft, dass er sie – etwa aus Anlass einer Datenschutzprüfung – jederzeit umfassend und zeitnah darlegen kann.[1] Daraus wird bereits deutlich, dass die Vorschrift **nicht nur die Verantwortlichkeit, sondern auch die Haftung** des Verantwortlichen regelt.[2] EG 74 S. 1 betont dabei, dass dieser für jedwede Verarbeitung personenbezogener Daten verantwortlich ist und haftet, die durch ihn oder in seinem Namen erfolgt.[3] Dem entspricht auch Abs. 3, der sich mit konkreten Möglichkeiten zur Erfüllung der

1

---

1 Vgl. in Bezug auf die Verantwortlichkeit von Kliniken BayLfD und BayLDA, Leitfaden: Anforderungen an das Datenschutzmanagement in bayerischen öffentlichen und privaten Krankenhäusern (Stand März 2018), S. 3.
2 Speziell zum Haftungsaspekt vgl. zB *König* AG 2017, 262ff.
3 Zur umfassenden Verantwortlichkeit und Haftung vgl. auch Ehmann/Selmayr/*Bertermann* Art. 24 Rn. 1; Sydow/*Raschauer* Art. 24 Rn. 9.

in Abs. 1 S. 1 aE statuierten Nachweispflicht befasst. **Dabei verknüpft Art. 24 generalklauselartig[4] die Grundsätze der Verarbeitung** aus den Art. 5ff. mit der **Verpflichtung zu geeigneten[5] technisch-organisatorischen Maßnahmen** des Kapitel IV, die entsprechend nachgewiesen sein müssen. Angesprochen sind damit insbes. die technisch-organisatorisch geprägten Pflichten zu Privacy by Design and Default (Art. 25), zur Sicherheit der Datenverarbeitung (Art. 32) und bei der Auftragsverarbeitung (Art. 28). In dieser Verknüpfung von Verarbeitungsgrundsätzen und relativ konkreten technisch-organisationsrechtlichen Vorgaben dürfte die eigentliche Bedeutung der Vorschrift liegen.[6]

2 Ob die Rechenschaftspflicht aus Art. 5 Abs. 2 iVm den Pflichten aus Art. 24 den Verantwortlichen zur Einführung eines Datenschutz-Managements verpflichtet oder ein solches Datenschutz-Management im Sinne der Compliance nur dringend zu empfehlen ist,[7] ist letztlich eine müßige Diskussion.[8] Tatsache ist, dass der Verantwortliche nach Art. 24 bestimmte technisch-organisatorische Maßnahmen treffen muss, wenn er nicht erhebliche Haftungsrisiken oder empfindliche Bußgelder riskieren will, die in Art. 82 und 83 vorgesehen sind. Kennzeichnend für die Vorschrift ist, dass der Verantwortliche weitaus deutlicher als bislang darauf verpflichtet wird, die möglichen Risiken seiner Verarbeitung für betroffene Personen in den Blick zu nehmen („**risikobasierter Ansatz**").[9] Abs. 1 S. 1 und EG 75 zählen dazu Kriterien auf, die für die Risikobeurteilung und die daraus folgenden Maßnahmen erheblich sein können.[10]

3 Einige Autoren stellen wenig überzeugend darauf ab, „**Risiken**" iSd Art. 24 Abs. 1 seien das Produkt aus möglicher Schadensschwere und Eintrittswahrscheinlichkeit eines zukünftigen Ereignisses.[11] Damit wäre indes das Risiko kaum von einer Gefahr im polizei- und ordnungsrechtlichen Sinne zu unterscheiden. Vielmehr sind Risikolagen durch eine Situation geprägt, in der ein Verantwortlicher trotz unzureichender Sachverhaltskenntnisse Entscheidungen treffen muss, die sich negativ auswirken können. Ausgehend von Sinn und Zweck des risikobasierten Ansatzes wird der Verantwortliche also vielmehr iSd **Vorsorgeprinzips** verpflichtet sein, durch entsprechende Vorkehrungen dafür zu sorgen, dass Gefahrenlagen überhaupt nicht entstehen oder zumindest nur begrenzte Schadensneigung entfalten können. Ob ein solcher risikobasierter Ansatz bei der Verarbeitung personenbezogener Daten angesichts deren Rekombinationsmöglichkeiten und damit immer neuen Risikopotentialen überhaupt sinnvoll ist, wird teilweise bezweifelt.[12]

4 Den Begriff des Risikos definiert die DSGVO selbst nicht. Nach EG 75 können aus einer Verarbeitung personenbezogener Daten **Risiken für die Rechte und Freiheiten natürlicher Personen**[13] mit „unterschiedlicher Eintrittswahrscheinlichkeit und Schwere" entstehen. Damit orientiert sich die DSGVO zT an **anderen EU-Rechtsakten**, die ebenfalls einen risikobasierten Ansatz verfolgen. Insbes. sieht die **Geldwäsche-RL (EU) 2015/849 in Art. 10ff.** vor, dass die Finanzinstitute gemäß dem risikobasierten Ansatz bestimmten Sorgfaltspflichten hinsichtlich der Geldwäscheprävention unterliegen. Dabei unterstellt die RL, dass es typische Situationen gibt, in denen nur eine geringe bzw. eine gesteigerte Sorgfaltspflicht grundsätzlich geboten ist (EG 21ff.); dies wird in Art. 15 (vereinfachte Sorgfaltspflicht) und Art. 18 (verstärkte Sorgfaltspflicht) umgesetzt. Die Richtlinie ermächtigt die KOM in Art. 6, eine Bewertung der Risiken auch für bestimmte Bereiche des Binnenmarktes und einzelner Sektoren durchzuführen. Der Risikogedanke bringt die Notwendigkeit einer kontinuierlichen Überwachung mit sich (vgl. zB Art. 13 Abs. 1 lit. d RL (EU) 2015/849).

5 Überträgt man die regulatorischen Grundannahmen der Geldwäsche-RL auf die DSGVO, wird man den risikobasierten Ansatz so verstehen müssen, dass der Verantwortliche jedenfalls zu einer typisierenden Risikobetrachtung seiner Verarbeitungsprozesse verpflichtet ist. Regelmäßig wird ein solches **Risikomanage-**

---

4 Vgl. Paal/Pauly/*Martini* Art. 24 Rn. 1 („Generalnorm der Verantwortungszuweisung"); Kühling/Buchner/*Hartung* Art. 24 Rn. 9 („Funktion als Generalnorm").

5 Der in der deutschen Fassung verwendete Begriff der „geeigneten" Maßnahme ist nicht gleichbedeutend mit der Geeignetheit als Merkmal des verfassungsrechtlichen Verhältnismäßigkeitsgrundsatzes. Aus anderen Sprachfassungen ergibt sich vielmehr, dass der Verantwortliche „passende" oder „situationsangemessene" Maßnahmen (appropriate measures) zu ergreifen hat.

6 Gut nachvollziehbar scheint *Albrecht* CR 2016, 88 (91) in diesem Umstand eine ganz wesentliche Weiterentwicklung des bisher geltenden EU-Datenschutzrechts zu sehen.

7 So wohl *Wybitul*, Kap. IV Rn. 104.

8 Vgl. zB *Bergt* CR 2016, 670 (677); *Kranig/Sachs/Gierschmann*, Datenschutz-Compliance nach der DS-GVO, S. 78; *Thode* CR 2016, 714 (716).

9 Ähnlich auch *Kranig/Sachs/Gierschmann*, Datenschutz-Compliance nach der DS-GVO, S. 78: „Risikobezug in der DS-GVO"; vgl. auch *Bieker* DuD 2018, 27.

10 Ausführlich zu den konkreten Anforderungen eines Risikomanagements aus Art. 24 vgl. *Kra-nig/Sachs/Gierschmann*, Datenschutz-Compliance nach der DS-GVO, S. 78ff.

11 Vgl. Paal/Pauly/*Martini*, Art. 24 Rn. 28.

12 Kritisch zum risikobasierten Ansatz zB *Spiecker gen. Döhmann* in: Staatslexikon, 8. Aufl. 2017, Stichwort Datenschutz (sub 3.7).

13 *Bieker* DuD 2018, 27 (29) weist darauf hin, dass das für das EU-Datenschutzrecht maßgebliche Risiko auf die Rechte und Freiheiten natürlicher Personen bezogen werden muss. Dementsprechend weicht der datenschutzrechtliche Risikobegriff von dem Risikobegriff ab, wie er in der Informationssicherheit verwendet wird.

ment in mindestens drei Phasen unterteilt:[14] Durch eine Risikoanalyse hat der Verantwortliche zunächst mögliche Gefahrenquellen systematisch zu erforschen und zu identifizieren. Ist dies geschehen, ist zweitens das Risikopotential im Rahmen einer Risikobewertung zu beschreiben und abzuschätzen. Und schließlich umfasst das Risikomanagement auch die Pflicht zur Risikosteuerung in dem Sinne, dass die Risiken durch ein optimales Abwägen verschiedener Maßnahmen und Interessen bewältigt werden. Häufig mitumfasst ist daneben eine Risikokommunikation, bei der Informationen und Meinungen interaktiv ausgetauscht werden. Risikomanagement ist stets eine Daueraufgabe.[15]

2. Entstehungsgeschichte. Ein mit Art. 24 vergleichbarer Artikel fehlte in der DSRL. Allerdings hatten die 6
Mitgliedstaaten nach **Art. 17 Abs. 1 DSRL** den Verantwortlichen darauf zu verpflichten, geeignete technischen und organisatorischen Maßnahmen zu treffen. Der Gedanke der Rechenschaftspflicht des Verantwortlichen wurde bereits angedeutet, indem EG 46 DSRL betonte, die Mitgliedstaaten hätten „dafür Sorge zu tragen, dass der für Verarbeitung Verantwortliche diese Maßnahmen einhält."

Im Gesetzgebungsverfahren zur DSGVO enthielt Art. 22 KOM-E zunächst eine „detaillierte Beschreibung 7
der dem Verantwortlichen obliegenden Verpflichtung, für die Einhaltung der Verordnung zu sorgen und dies nachzuweisen, ua durch die Einführung hierzu geeigneter interner Maßnahmen und Verfahren."[16] Die **Begründung der Kommission** hob bereits ausdrücklich hervor, dass in Art. 22 KOM-E „die Diskussion über den Grundsatz der Rechenschaftspflicht eingeflossen" sei.[17] Der Wortlaut des Art. 22 Abs. 1 KOM-E verpflichtete den Verantwortlichen dazu, durch „geeigneten Strategien und Maßnahmen" sicherzustellen, „dass personenbezogene Daten in Übereinstimmung mit dieser Verordnung verarbeitet werden und er den Nachweis dafür erbringen kann." Abs. 2 enthielt einen nicht abschließenden Katalog von Maßnahmen zur Umsetzung des Abs. 1. Nach Abs. 3 wurde der Verantwortliche zur Überprüfung der Wirksamkeit seiner Maßnahmen verpflichtet. Diese Überprüfung sollte durch unabhängige Prüfer durchgeführt werden. Die Befugnis zu delegierten Rechtsakten in einem Abs. 4 sollte die Kommission überdies befähigen, die Vorgaben der Abs. 2 und 3 zu ergänzen und zu konkretisieren.

Das EP regte an, klarstellend bereits in die Überschrift der Vorschrift neben der Verantwortlichkeit auch die 8
Rechenschaftspflicht aufzunehmen.[18] Im Übrigen trat das EP für umfangreiche Ergänzungen des Art. 22 ein. Inhaltlich befürwortete es sinngemäß, den Risikogedanken in Art. 22 einzuführen. Nach dem Lösungsansatz des EP sollte der Verantwortliche in Abs. 1 dazu verpflichtet werden, den jeweiligen Verwendungszusammenhang der Verarbeitung stärker auf Compliance hin zu überprüfen. Diese Überlegung wurde durch den **Rat** im Grundsatz übernommen und im Rahmen eines **risikobasierten Ansatzes** umgearbeitet. Auf die Anregung des Rats wurde Abs. 3 zur möglichen Erfüllung der Rechenschaftspflicht durch die Befolgung von Verhaltensregeln oder Zertifizierungsverfahren eingefügt. Art. 22 Abs. 2 und Abs. 4 KOM-E hingegen wurden von EP und Rat abgelehnt und dementsprechend gestrichen. Im **Trilog** wurde Abs. 1 S. 2 eingeführt.

II. Einzelerläuterungen

1. Verantwortlichkeit und Haftung (Abs. 1). a) Normadressat: der Verantwortliche. Adressat der Regelung 9
ist **der Verantwortliche**. Gemäß Art. 4 Nr. 7 ist hierunter regelmäßig die Stelle zu verstehen, die allein oder gemeinsam mit anderen über die Zwecke und Mittel der Verarbeitung personenbezogener Daten entscheidet (→ Art. 4 Nr. 7 Rn. 1ff.). Andere Stellen wie beispielsweise **Auftragsverarbeiter** werden in Art. 24 nicht genannt; ihre Verantwortlichkeit ist regelmäßig[19] auf spezifisch geregelte Aspekte beschränkt.[20] Diese beschränkte Verantwortlichkeit berührt nicht die umfassende Verantwortlichkeit und Haftung des Verantwortlichen im Außenverhältnis.[21] Auch die im Außenverhältnis geltende Verantwortlichkeit und Haftung einer Stelle wird durch eine **gemeinsame Verantwortlichkeit** mehrerer Stellen nicht berührt. Ob die Entscheidungshoheit über Zweck und Mittel der Verarbeitung zwischen den Stellen dabei gleich oder ungleich

---

14 Vgl. zB Wolf/Bachof/Stober/Kluth/*Stober*, Verwaltungsrecht I, 13. Aufl. 2017, § 4 Rn. 39ff.; *Bieker* DuD 2018, 27 (29ff.) unterscheidet zwischen der Ermittlung, der Beurteilung und der Eindämmung von Risiken.

15 Im Ergebnis ähnlich *Kranig/Sachs/Gierschmann*, Datenschutz-Compliance nach der DS-GVO, S. 88ff. in starker Anlehnung an ISO-Standards.

16 KOM, Begründung der DSGVO, BR-Drs. 52/12, 10 (zu Art. 22 KOM-E).

17 KOM, Begründung der DSGVO, BR-Drs. 52/12, 10 (zu Art. 22 KOM-E).

18 Diese Klarstellung erfolgt nun in EG 74 S. 1.

19 Anderes gilt für den Auftragsverarbeiter, sofern er selbst über Zwecke und Mittel entscheidet. In diesem Fall gilt er selbst als Verantwortlicher, vgl. Art. 28 Abs. 10 (→ Art. 28 Rn. 93).

20 Beim Auftragsverarbeiter beschränkt sich die Verantwortlichkeit und Haftung wie bisher im Wesentlichen auf die Gewährleistung eines angemessenen technisch-organisatorischen Schutzes (vgl. insbes. Art. 32) und Pflichten gegenüber dem Verantwortlichen (vgl. zB Art. 33 Abs. 2).

21 So auch Sydow/*Raschauer* Art. 24 Rn. 9.

verteilt ist, ist im Grundsatz für die Verantwortlichkeit im Außenverhältnis ohne Belang.[22] Auch muss der Verantwortliche nicht zwingend Zugriff auf verarbeitete Daten haben.[23] Im Grundsatz kann jede Person oder Stelle als Verantwortlicher angesehen werden, wenn sie aus Eigeninteresse auf die Verarbeitung personenbezogener Daten Einfluss nimmt und so an der Entscheidung über Zweck und Mittel der Verarbeitung mitwirkt.[24]

10 Eine mit der Auftragsverarbeitung vergleichbare Entlastung von der Verantwortlichkeit ist für **öffentliche Stellen** denkbar, **die auf Ersuchen einer anderen öffentlichen Stelle personenbezogene Daten übermitteln.** Voraussetzung dafür ist, dass das einzelstaatliche Recht die Verantwortlichkeit unmissverständlich der Daten empfangenden öffentlichen Stelle zuweist, vgl. Art. 4 Nr. 7 aE (→ Art. 4 Nr. 7 Rn. 23ff.). Eine Festlegung der Verantwortlichkeit war in § 15 Abs. 2 S. 2 BDSG aF vorgesehen; danach hatte die übermittelnde Stelle bei Übermittlungen auf Ersuchen einer öffentlichen Stelle regelmäßig nur zu überprüfen, ob das Übermittlungsersuchen im Rahmen der Aufgaben der ersuchenden Stelle liegt. Eine solche Regelung sieht das neue BDSG nicht mehr vor. Dieser Umstand wirft Fragen hinsichtlich der Zulässigkeit von Übermittlungen auf. Spätestens nach der Entscheidung des BVerfG zum BKAG sind **Übermittlungen regelmäßig als zweckändernde Verarbeitungen** anzusehen, weil und soweit Daten nicht mehr von der derselben Behörde zur Erfüllung derselben Aufgabe und desselben Ziels verarbeitet werden.[25] Auch im Lichte dieser Rechtsprechung und angesichts des Zusammenspiels von Art. 6 Abs. 1, 4 und Art. 23 lässt § 25 Abs. 1 S. 1 BDSG nF die Übermittlung nur noch unter den Bedingungen der Zweckänderung zu. Im Sozialdatenschutzrecht sehen die §§ 67dff. SGB X ohnehin bereichsspezifische Übermittlungsregelungen vor. Hier bleibt die übermittelnde Stelle auch nach neuem Recht für die Rechtmäßigkeit der Übermittlung verantwortlich, vgl. § 67d Abs. 1 S. 1, 2 SGB X nF Der Datenempfänger trägt allerdings die Verantwortlichkeit für die Richtigkeit der Angaben, die sein Ersuchen tragen.

11 **b) Risikobeurteilung.** Zur erstmaligen Feststellung der notwendigen Maßnahmen zur Anpassung an die DSGVO dürfte eine umfassende **Bestandsaufnahme** der einzelnen Verarbeitungstätigkeiten und bereits vorhandenen Maßnahmen geboten sein.[26] Um geeignete Maßnahmen ergreifen zu können, muss der Verantwortliche zunächst eine Risikobeurteilung vornehmen,[27] die in der Praxis häufig auf Grundlage des Verzeichnisses der Verarbeitungstätigkeiten nach Art. 30 („Verarbeitungsverzeichnis") vorgenommen wird.[28] Nach EG 76 S. 2 hat der Verantwortliche **„anhand einer objektiven Risikobewertung"** festzustellen, ob die Verarbeitung für die hiervon betroffenen Personen ein Risiko darstellt. Falls der Verantwortliche ein Risiko feststellt, muss er beurteilen, wie es zu gewichten ist. Liegt voraussichtlich ein hohes Risiko für die Rechte und Freiheiten natürlicher Personen vor, muss der Verantwortliche eine Datenschutz-Folgenabschätzung nach Art. 35 durchführen, um im Anschluss seiner Pflicht aus Art. 24 Abs. 1 nachkommen zu können, dem Risiko angemessene technische und organisatorische Maßnahmen durchzuführen. Als Orientierungsmaßstab für eine Risikobeurteilung und das anschließende Risikomanagement werden teils ISO-Standards,[29] teils das Standarddatenschutzmodell[30] der DSK herangezogen.

12 Als **Kriterien für die** qualitative und quantitative **Einordnung von Verarbeitungsrisiken** nennt Abs. 1 S. 1 die Art, den Umfang, die Umstände und die Zwecke der Verarbeitung sowie die unterschiedliche Eintrittswahrscheinlichkeit und die Schwere der Risiken für die Rechte und Freiheiten der betroffenen Personen. Hieraus lassen sich Bewertungsmaßstäbe bilden. Eine risikobehaftete Art der Datenverarbeitung kann beispielsweise die Veröffentlichung sein. Der Umfang wird genannt, weil die massenhafte Verarbeitung personenbezogener Daten (v.a. bei Profilen) Risiken erzeugt, auch wenn die einzelnen Daten für sich genommen eher belanglos erscheinen. Besondere Umstände können vorliegen, wenn sensible Daten verarbeitet, diese lange gespeichert oder Daten in einen anderen Kontext überführt werden. Risikobehaftete Zwecke bestehen regel-

---

22 Zur gemeinsamen Verantwortlichkeit vgl. EuGH, U. v. 5.6.2018 – C-210/16, Abs. 28, 43, 44; Schlussanträge des Generalanwalts Yves Bot vom 24.10.2017 in der Rs. C-210/17 Rn. 42ff.

23 EuGH, U. v. 5.6.2018 – C-210/16, Abs. 38, EuGH, U. v. 10.7.2018 – C-25/17, Abs. 69.

24 Vgl. EuGH, U. v. 10.7.2018 – C-25/17, Abs. 68.

25 Vgl. BVerfGE 141, 220 (325 Rn. 279). Das BVerfG musste sich bei der Beurteilung des BKAG allerdings nicht mit Sonderfällen beschäftigen, bei der Übermittlungen den eigentlichen Verarbeitungszweck darstellen. Insbes. für staatliche Register dürfte die Übermittlung zu gesetzlich festgelegten Zwecken keine Zweckänderung sein.

26 Vgl. DSK, Kurzpapier Nr. 8: Maßnahmenplan „DS-GVO" für Unternehmen, S. 1.

27 Zum Begriff des Risikos vgl. bereits → Rn. 2ff.

28 Dementsprechend enthalten Muster von Verarbeitungsverzeichnissen häufig auch die Klärung der Frage, ob eine Datenschutz-Folgeabschätzung vorzunehmen ist. Vgl. etwa Bayerisches Staatsministerium des Innern, Beschreibung einer Verarbeitungstätigkeit, Rubrik Nr. 11; veröffentlicht unter www.stmi.bayern.de.

29 Vgl. zB *Kranig/Sachs/Gierschmann*, Datenschutz-Compliance nach der DSGVO, S. 88.

30 Abrufbar zB unter www.datenschutz-bayern.de unter Themen / Technik und Organisation; kritisch zu den Kriterien von Abs. 1 S. 1 *Roßnagel* DuD 2016, 561 (565): die einschränkenden Kriterien würden in der Praxis dazu führen, dass nur ein Bruchteil aller Verantwortlichen die vorgesehenen Maßnahmen zur Erfüllung der Verantwortung erfüllen werde.

mäßig in sozialen Abhängigkeitsverhältnissen und dann, wenn die Verarbeitung auf grundrechtserhebliche Folgemaßnahmen zielt. Insbes. für die Schwere der Risiken werden Kriterien ua in EG 75[31] näher erläutert. Grob lassen sich die dort gebildeten Beispiele in folgende Fallgruppen einordnen:[32]

Erstens sind **mögliche Folgen** zu analysieren, insbes. **physische, materielle oder immaterielle Schäden sowie 13 das Gewicht dieser potenziellen Schäden.** Hiervon erfasst sind auch alle Arten von „erheblichen wirtschaftlichen und gesellschaftlichen Nachteilen". EG 75 nennt ua Diskriminierungsrisiken, mögliche Rufschädigungen, finanzielle Nachteile, aber auch die Beeinträchtigung von Berufsgeheimnissen. Der Verantwortliche wird dabei berücksichtigen müssen, dass Risikoprognosen stets in dem Sinne fehlerbehaftet sein können, als Risiken über- oder unterschätzt werden. Angesichts der Nachweispflicht ist es dringend zu empfehlen, in Zweifelsfällen stets ein Risiko anzunehmen.

Zweitens können aus einer Verarbeitung **mögliche Ursachen** für weitere Schäden durch weitere Datenverar- 14 beitungen entstehen, die dann ihrerseits auch über Beeinträchtigungen des Persönlichkeitsrechts hinausreichen und als solche zusätzlich risikoerhöhend wirken, jetzt aber oftmals noch nicht konkretisiert beschrieben werden können. Das schließt eine gesetzlich nicht vorgesehene Einschränkung von Betroffenenrechten, die Verarbeitung von sensiblen Daten iSd Art. 9 und 10, die Erstellung von Persönlichkeitsprofilen, die Erfassung von besonders schutzbedürftigen Personen (zB Kinder) oder eine besondere Reichweite der Verarbeitung ein. Diese können dann zB dazu genutzt werden, Entscheidungen des Betroffenen zu beeinflussen, Diskriminierungen und Differenzierungen vorzunehmen oder die Teilhabe an Leistungen vorzuenthalten. Arten von Verarbeitungsvorgängen mit voraussichtlich hohem Risiko werden in EG 89 und 91 näher erläutert; dies schließt insbes. die Verwendung neuer Technologien ein.

Wesentlich für die Risikobeurteilung sind auch die **Listen von Verarbeitungstätigkeiten**, die von den Auf- 15 sichtsbehörden nach Art. 35 Abs. 4 und Abs. 5 herausgegeben werden. Sie legen fest, welche Verarbeitungsvorgänge (k)eine Datenschutz-Folgenabschätzung erfordern.

c) Geeignete technische und organisatorische Maßnahmen. Im Anschluss an die Risikobeurteilung hat der 16 Verantwortliche „geeignete technische und organisatorische Maßnahmen" zu treffen, um die Verordnung umzusetzen und seiner Rechenschaftspflicht nachzukommen. Der Begriff „geeignete technische und organisatorische Maßnahmen"[33] wird in der DSGVO an unterschiedlichen Stellen und teilweise auch mit unterschiedlichen Bedeutungsgehalt verwendet (Art. 5 Abs. 1 lit. f, Art. 25 Abs. 1, Abs. 2, Art. 28 Abs. 1, Art. 32 Abs. 1, Art. 34 Abs. 3, Art. 89 Abs. 1). Der im Laufe des Gesetzgebungsverfahrens als überflüssig gestrichene Art. 22 Abs. 2 KOM-E listete – nicht abschließend – **Pflichtmaßnahmen des Verantwortlichen** auf.[34] Sie können als Anhaltspunkte dafür gelten, was nach Art. 24 Abs. 1 zu den geeigneten technischen und organisatorischen Maßnahmen zählt, die der Verantwortliche in jedem Fall vorzunehmen hat.

Anders als in Art. 25 und 32 sieht der Wortlaut des Art. 24 Abs. 1 zwar nicht vor, dass der Verantwortliche 17 den jeweiligen Stand der Technik und die Implementierungskosten zu berücksichtigen hat. Dennoch hat der Verantwortliche bei der Festlegung der geeigneten Maßnahmen auch den **Verhältnismäßigkeitsgrundsatz** anzuwenden.[35] Da Art. 24 weitere Vorschriften einschließt, können die Vorgaben durchaus über die Anforderungen der Art. 25 und 32 hinausgehen – etwa in Bezug auf die Ansprache Minderjähriger nach Art. 8 Abs. 2.[36]

Die **Maßnahmen müssen geeignet sein,** die Einhaltung der DSGVO sicherzustellen. Das setzt voraus, dass 18 sie die festgestellten Risiken wirksam begrenzen. Die in Art. 22 Abs. 2 KOM-E bereits genannten in die DSGVO aufgenommenen Maßnahmen können hier exemplarisch herangezogen werden: die Dokumentation (nunmehr: Verzeichnis von Verarbeitungstätigkeiten, Art. 30), Vorkehrungen für die Datensicherheit (Art. 32), die Durchführung von Datenschutz-Folgeabschätzungen (Art. 35), die Umsetzung von Konsultationspflichten (Art. 36) sowie gegebenenfalls die Bestellung eines Datenschutzbeauftragten (Art. 37 Abs. 1). Nach den durch das EP angestoßenen Änderungen des späteren Art. 25 gehört auch die Pflicht zur Umsetzung der Grundsätze des Datenschutzes durch Technik und durch datenschutzfreundliche Voreinstellungen zu den geeigneten Maßnahmen iSd Art. 24 Abs. 1. Je nach Umfang und Risikoträchtigkeit der Verarbeitungen kann es auch geboten sein, Vorkehrungen für den Fall von Datenschutzverletzungen zu treffen, um die in Art. 33 Abs. 1 genannte 72-Stunden-Frist für Meldungen einhalten zu können. Hinzu treten allgemeine Pflichten wie Maßnahmen zur Sensibilisierung und Fortbildung des zur Verarbeitung eingesetzten Personals

---

31 Die Kriterien werden in EG 85 in Bezug auf das mögliche Gewicht von Schäden nach Datenschutzverletzungen wiederholt.
32 Vgl. die tabellarische Übersicht bei *Kranig/Sachs/Gierschmann*, Datenschutz-Compliance nach der DS-GVO, S. 84 f.
33 Zur Unterscheidung zwischen technischen und organisatorischen Maßnahmen Schantz/Wolff/*Wolff*, Rn. 825.
34 Vgl. dazu *Art.-29-Gruppe*, WP 218, S. 2.
35 So zu Recht Ehmann/Selmayr/*Bertermann* Art. 24 Rn. 6.
36 AA Kühling/Buchner/*Hartung* Art. 24 Rn. 18 unter Berufung auf *Kóos/Englisch* ZD 2014, 276 (278). Diese beiden Autoren beziehen sich aaO allerdings allein auf die Maßnahmen, die nach Art. 30 KOM-E zu beurteilen sind.

sowie die Sanktionierung von datenschutzrechtlichem Fehlverhalten. Diese und andere Maßnahmen müssen nach Abs. 1 S. 1 aE auch dazu geeignet sein, den Nachweis der Einhaltung der DSGVO zu erbringen. Letztlich läuft die Umsetzung des Art. 24 Abs. 1 darauf hinaus, dass der Verantwortliche ein Datenschutzmanagementsystem etabliert.

19 **d) Überprüfung und Aktualisierung (Abs. 1 S. 2).** Abs. 1 S. 2 verlangt vom Verantwortlichen, dass er die getroffenen Maßnahmen **erforderlichenfalls überprüft und aktualisiert.** Art. 22 Abs. 3 KOM-E hatte noch vorgesehen, dass der Verantwortliche Mechanismen einrichten muss, um die Wirksamkeit der Maßnahmen sicherzustellen. Dieser Regelungsvorschlag wurde im späteren Gesetzestext nicht übernommen. Hieraus und aus dem Umstand, dass Art. 32 Abs. 1 lit. d die Einrichtung eines Verfahrens zur regelmäßigen Überprüfung der Sicherheitsmaßnahmen vorsieht, schließt ein Teil der Literatur, dass eine regelmäßige Überprüfung sämtlicher Maßnahmen nicht geboten ist. Maßnahmen, die nicht die Sicherheit der Verarbeitung nach Art. 32 betreffen, müssten danach nur bei konkreten Anlässen überprüft und aktualisiert werden.[37] Solche Anlässe seien beispielsweise in gerichtlichen oder aufsichtsbehördlichen Entscheidungen bzw. in Veränderungen der Verarbeitung zu sehen. Derartige Ereignisse könnten eine neue Interessenabwägung und eine Anpassung der technischen und organisatorischen Maßnahmen erfordern.[38]

20 Der dargestellten Auffassung kann nicht gefolgt werden, weil und soweit sie das Zusammenspiel von Abs. 1 S. 1 und S. 2 sowie das **Kriterium der Erforderlichkeit** nicht hinreichend würdigt. Nach S. 1 muss der Verantwortliche jederzeit in der Lage sein, die Rechtmäßigkeit der Verarbeitung nachzuweisen. Das wirkt sich auch auf die Pflicht zur Überprüfung und Aktualisierung von Maßnahmen aus. Gegenüber der Pflicht zur regelmäßigen Überprüfung nach Art. 32 Abs. 1 lit. d stellt das Erforderlichkeitsprinzip flexiblere Anforderungen, um sie an die Notwendigkeiten des Einzelfalls anzupassen – nicht mehr und nicht weniger. Da die internen und äußeren Bedingungen von Verarbeitungen einem ständigen Wandel unterliegen, trifft den Verantwortlichen also eine stetige Beobachtungspflicht.[39] Bei risikoträchtigen Verarbeitungen können auch regelmäßige Überprüfungen erforderlich sein, bei weniger risikoträchtigen Verarbeitungen mag es genügen, Überprüfungen und Aktualisierungen nur anlassbezogen vorzunehmen.

21 Wenn der Verantwortliche seine **Maßnahmen überprüfen** muss, setzt dies voraus, dass er untersucht, ob sich die tatsächlichen oder rechtlichen Gegebenheiten verändert haben, ob die ursprüngliche Risikobeurteilung weiterhin zutrifft und ob andere oder zusätzliche Maßnahmen geboten sind. Ergibt die Überprüfung einen Anlass, die ursprünglich getroffenen **Maßnahmen** zu **aktualisieren**, sind sie an die neuen tatsächlichen Gegebenheiten anzupassen. Anknüpfungspunkt sind nicht nur die Einzelmaßnahmen, sondern insbes. das mit ihnen verbundene zu erreichende Schutzniveau. Dieses muss den Anforderungen der DSGVO entsprechen. Dementsprechend müssen diejenigen Maßnahmen getroffen werden, die erforderlich sind, um eine Wahrung der Rechte und Pflichten der DSGVO sicherzustellen. Sie können von einer punktuellen Erneuerung bis hin zu vollständig neuen Maßnahmen reichen.

22 **2. Anwendung geeigneter Datenschutzvorkehrungen (Abs. 2).** Abs. 2 erweitert die zu treffenden Maßnahmen auf Datenschutzvorkehrungen, jedoch nur dann, wenn diese in einem angemessenen Verhältnis zu den Verarbeitungstätigkeiten stehen. Die DSGVO beschreibt nicht näher, was unter geeigneten **Datenschutzvorkehrungen** zu verstehen ist. Auch wird der Begriff nur in Art. 24 Abs. 2 verwendet, weist allerdings Verwandtschaften zu den „Maßnahmen zum Schutz personenbezogener Daten" iSd Art. 4 Nr. 20 auf.[40] Aus anderssprachigen Fassungen des Abs. 2[41] wird deutlich, dass dieser **Datenschutzrichtlinien** bzw. **Privacy Policies** meint. Darunter ist eine Art Datenschutzpolitik zu verstehen, die der Verantwortliche nach innen und nach außen vertritt.[42] Eine Organisation, die eine Datenschutzrichtlinie verabschiedet, gibt betriebsintern bestimmte Datenschutzstandards verbindlich vor. Sie erzeugen durchaus eine Selbstbindung der verantwortlichen Stellen, wenn und soweit sie Zusagen für bestimmte Gruppen betroffenen Personen enthalten. In diesem Sinne stellen Privacy Policies ein Instrument des organisationsinternen **Datenschutzmanagements** dar.[43]

---

37 Vgl. zB Ehmann/Selmayr/*Bertermann* Art. 24 Rn. 8; Sydow/*Raschauer* Art. 24 Rn. 45 spricht von einer periodischen Überprüfung und empfiehlt eine anlassunabhängige Überprüfung alle drei bis sechs Monate.

38 Vgl. zB Ehmann/Selmayr/*Bertermann* Art. 24 Rn. 8.

39 Ähnlich dürfte Gola/*Piltz* Art. 24 Rn. 48 zu verstehen sein.

40 Hierauf weist *Piltz* K&R 2016, 709 (710) sinngemäß hin.

41 Das englische Korrelat zum Begriff „Datenschutzvorkehrungen" in Art. 24 Abs. 2 lautet „data protection policies", das französische Korrelat „politiques appropriées en matière des données", das italienische Korrelat „politiche adeguate in materia die protezione die dati".

42 Vgl. bereits *Petri* in: Bäumler/Breinlinger/Schrader, Datenschutz von A–Z, Stichwort Privacy Policy (Loseblatt, Stand 2001, P 1350), S. 1.

43 Zu Einzelheiten vgl. bereits *Petri* in: Bäumler/Breinlinger/Schrader (Hrsg.), Datenschutz von A–Z, Stichwort Privacy Policy (Loseblatt, Stand 2001, P 1350); vgl. auch Paal/Pauly/*Martini* Art. 24 Rn. 39 f.; *Wichtermann* ZD 2016, 421.

Die eigenständige Bedeutung der Vorschrift ist umstritten. Aus dem Umstand, dass „die Maßnahmen gemäß Abs. 1" die Anwendung von Datenschutzvorkehrungen „umfassen", wird teilweise abgeleitet, dass Abs. 2 lediglich deklaratorische Bedeutung habe.[44] Wenn die technischen und organisatorischen Maßnahmen des Abs. 1 die Datenschutzvorkehrungen des Abs. 2 umfassen müssten, seien diese Datenschutzvorkehrungen lediglich ein Unterfall des Abs. 1. Diese Auffassung vernachlässigt allerdings den Umstand, dass Abs. 2 auf die **verbindliche Anwendung von Datenschutzstrategien** abzielt, während Abs. 1 dem Verantwortlichen ein Auswahlermessen belässt. Wenn Datenschutzstrategien angewendet werden „müssen", setzt das letztlich die Existenz entsprechender verbindlicher Datenschutzrichtlinien voraus. Abs. 2 kann damit beispielsweise die verbindliche Umsetzung von Binding Corporate Rules (BCR) betreffen, wie sie etwa im Zusammenhang mit Datenübermittlungen an Drittländer ausdrücklich vorgesehen sind (vgl. Art. 46 Abs. 2 lit. b, Art. 47). 23

Die Bedeutung des Abs. 2 geht allerdings über die BCR hinaus. Das ergibt sich aus dem Umstand, dass die Anwendung von Datenschutzstrategien unter dem **Vorbehalt der Verhältnismäßigkeit** steht. Bei BCR besteht jedoch kein Raum für Verhältnismäßigkeitserwägungen – sie sind schon begrifflich rechtlich bindend, vgl. Art. 47 Abs. 1 lit. a (→ Art. 47 Rn. 13). Abs. 2 kann deshalb durchaus als eine **Rechtspflicht** des Verantwortlichen verstanden werden, erforderlichenfalls im angemessenen Rahmen **organisationsinterne Datenschutzrichtlinien zu erlassen**.[45] Verletzt er diese Pflicht, ist dies beispielsweise bei der Entscheidung über Sanktionen nach Maßgabe des Art. 83 Abs. 2 lit. c zu berücksichtigen. 24

3. Erfüllung der Rechenschaftspflicht (Abs. 3). Nach Art. 5 Abs. 2 muss der Verantwortliche die Einhaltung der Verarbeitungsgrundsätze nachweisen können. Aus Art. 24 Abs. 1 wird deutlich, dass die Rechenschaftspflicht sich auch auf technisch-organisatorische Maßnahmen bezieht. Abs. 3 stellt insoweit klar, dass die Einhaltung von **Verhaltensregeln und Zertifizierungsverfahren** als „Gesichtspunkt" **zur Erfüllung dieser Rechenschaftspflicht** herangezogen werden „kann". Der Verordnungsgeber verfolgt den Ansatz des Rückgriffs auf diese Instrumente also nicht mit letzter Konsequenz: Kann der Verantwortliche belegen, dass seine Verarbeitung personenbezogener Daten sich im Rahmen einer Verhaltensregel iSd Art. 40 oder eines Zertifizierungsverfahrens nach Art. 42 hält, bedeutet das nicht zwingend, dass damit der Nachweis einer rechtskonformen Verarbeitung erbracht ist. 25

Die Einhaltung der Instrumente „**kann als Gesichtspunkt herangezogen werden**", um die Rechtskonformität zu belegen – dem Wortlaut der Vorschrift nach muss dies aber nicht geschehen. Insbes. ist die **Aufsichtsbehörde** bei der Beurteilung der Verarbeitung nicht an die Ergebnisse einer Verhaltensregel oder an ein Zertifikat gebunden (→ Art. 42 Rn. 33). Diese dienen also nicht als abschließender Nachweis, sondern sind eher als Anleitungen für ein datenschutzkonformes Verhalten zu verstehen, vgl. EG 77 S. 1.[46] Die Aufsichtsbehörde wird den Nachweis in eigener Verantwortung unabhängig prüfen.[47] Aus rechtsstaatlichen Gründen wird eine Aufsichtsbehörde dabei allerdings verpflichtet sein, das Vorliegen derartiger Belege zu berücksichtigen.[48] 26

Alternative Nachweismöglichkeiten werden in EG 77 – nicht abschließend – aufgeführt. Als „Anleitung" für die Risikobeurteilung benennt EG 77 S. 1 insbes. Leitlinien des EDSA nach Art. 70 Abs. 1, genehmigte Verhaltensregeln nach Art. 40, Vorgaben aus genehmigten Zertifizierungsverfahren nach Art. 42 sowie Hinweise eines betrieblichen oder behördlichen Datenschutzbeauftragten nach Art. 37ff. 27

4. Keine mitgliedstaatliche Regelungsbefugnis. Seinem Wortlaut nach eröffnet Art. 24 den Mitgliedstaaten **keine Befugnis, die Vorgaben zu konkretisieren** oder gar auszugestalten. Hiervon unberührt bleibt das Recht der Mitgliedstaaten, die (technisch-organisatorischen) Anforderungen an eine Verarbeitung nach Art. 6 Abs. 1 lit. c oder e zu konkretisieren.[49] Diese Konkretisierungsbefugnis erstreckt sich allerdings nicht auf die Rechenschaftspflicht nach Art. 5 Abs. 2. Dementsprechend werden die inhaltlichen Anforderungen des Art. 24 in den Vorschriften des BDSG nF über die Pflichten des Verantwortlichen nicht konkreter ausgeformt, vgl. Teil 2 Kapitel 3 (die dort normierten §§ 38, 39 BDSG nF regeln anderweitige Fragen zu Datenschutzbeauftragten und Akkreditierung). 28

---

44 So etwa Ehmann/Selmayr/*Bertermann* Art. 24 Rn. 10.
45 Möglicherweise ähnlich zu verstehen ist *Wichtermann* ZD 2016, 421, der die Einführung eines Datenschutz-Managements fordert, das eine „Datenschutz-Strategie" einschließt.
46 Vgl. dazu Plath/*Plath* DSGVO Art. 24 Rn. 12.
47 Vgl. dazu Ehmann/Selmayr/*Bertermann* Art. 24 Rn. 11 unter Hinweis auf EuGH ZD 2015, 549 (Safe Harbor).
48 Paal/Pauly/*Martini* Art. 24 Rn. 45 sieht darin ein intendiertes Ermessen.
49 Vgl. Paal/Pauly/*Martini* Art. 24 Rn. 49 unter Hinweis auf Art. 6 Abs. 2, Abs. 3.

Artikel 25   Datenschutz durch Technikgestaltung und durch datenschutzfreundliche Voreinstellungen

(1) Unter Berücksichtigung des Stands der Technik, der Implementierungskosten und der Art, des Umfangs, der Umstände und der Zwecke der Verarbeitung sowie der unterschiedlichen Eintrittswahrscheinlichkeit und Schwere der mit der Verarbeitung verbundenen Risiken für die Rechte und Freiheiten natürlicher Personen trifft der Verantwortliche sowohl zum Zeitpunkt der Festlegung der Mittel für die Verarbeitung als auch zum Zeitpunkt der eigentlichen Verarbeitung geeignete technische und organisatorische Maßnahmen – wie z.B. Pseudonymisierung –, die dafür ausgelegt sind, die Datenschutzgrundsätze wie etwa Datenminimierung wirksam umzusetzen und die notwendigen Garantien in die Verarbeitung aufzunehmen, um den Anforderungen dieser Verordnung zu genügen und die Rechte der betroffenen Personen zu schützen.

(2) [1]Der Verantwortliche trifft geeignete technische und organisatorische Maßnahmen, die sicherstellen, dass durch Voreinstellung nur personenbezogene Daten, deren Verarbeitung für den jeweiligen bestimmten Verarbeitungszweck erforderlich ist, verarbeitet werden. [2]Diese Verpflichtung gilt für die Menge der erhobenen personenbezogenen Daten, den Umfang ihrer Verarbeitung, ihre Speicherfrist und ihre Zugänglichkeit. [3]Solche Maßnahmen müssen insbesondere sicherstellen, dass personenbezogene Daten durch Voreinstellungen nicht ohne Eingreifen der Person einer unbestimmten Zahl von natürlichen Personen zugänglich gemacht werden.

(3) Ein genehmigtes Zertifizierungsverfahren gemäß Artikel 42 kann als Faktor herangezogen werden, um die Erfüllung der in den Absätzen 1 und 2 des vorliegenden Artikels genannten Anforderungen nachzuweisen.

Literatur: *AK Technik der Konferenz der unabhängigen Datenschutzbehörden des Bundes und der Länder,* Das Standard-Datenschutzmodell – Eine Methode zur Datenschutzberatung und -prüfung auf der Basis einheitlicher Gewährleistungsziele V.1.0 – Erprobungsfassung, 2016; *AK Technik der Datenschutzbeauftragten des Bundes und der Länder,* Arbeitspapier „Datenschutzfreundliche Technologien", 1997, http://www.datenschutz-bayern.de/technik/grundsatz/apdsft.htm; *ders.,* Arbeitspapier „Datenschutzfreundliche Technologien in der Telekommunikation", 1997; *Art.-29-Gruppe,* Stellungnahme 10/2004 zu einheitlicheren Bestimmungen über Informationspflichten, 04/DE WP 100; *dies.,* Stellungnahme 7/2013 zum Muster für die Datenschutzfolgenabschätzung für intelligente Netze und intelligente Messsysteme, erstellt durch die Sachverständigengruppe 2 der Taskforce der Kommission für intelligente Netze, 13/DE WP 209; *dies.,* Stellungnahme 5/2014 zu Anonymisierungstechniken, 14/DE WP 216; *dies.,* Stellungnahme 8/2014 zu den jüngsten Entwicklungen im Internet der Dinge, 14/DE WP 223; *Bieker, F./Hansen, M.,* Datenschutz „by Design" und „by Default" nach der neuen europäischen Datenschutz-Grundverordnung, RDV 2017, 165; *Borking, J.,* Der Identity-Protector, DuD 1996, 654; *ders.,* Einsatz datenschutzfreundlicher Technologien, DuD 1998, 636; *Bygrave, L.A.,* Data Protection by Design and by Default: Deciphering the EU's Legislative Requirements, Oslo Law Review Vol. 4 Nr. 2 (2017), 105; *Cavoukian, A.,* Privacy by Design – The 7 Foundational Principles, 2009, überarbeitet 2011, https://www.ipc.on.ca/wp-content/uploads/Resources/7foundationalprinciples.pdf; *Chaum, D.,* Security without Identification: Transaction Systems to make Big Brother Obsolete, Communications of the ACM, 1985, 1030; *Díaz, C./Tene, O./Gürses, S.,* Hero or Villain: The Data Controller in Privacy Law and Technologies, Ohio State Law Journal 74 (2013), 923; *ENISA Ad-Hoc-Arbeitsgruppe zu Datenschutz und Technologie,* Technologiebedingte Herausforderungen für den Datenschutz in Europa, 2008; *ENISA,* Privacy and Data Protection by Design – from Policy to Engineering, 2014, https://www.enisa.europa.eu/activities/identity-and-trust/library/deliverables/privacy-and-data-protection-by-design; *dies.,* Readiness Analysis for the Adoption and Evolution of Privacy Enhancing Technologies, 2015; https://www.enisa.europa.eu/activities/identity-and-trust/library/deliverables/pets; *Fischer-Hübner, S./Berthold, S.,* Privacy Enhancing Technologies, in: Vacca, J. (Hrsg.): Computer and Information Security Handbook, 2017, 759; *Gürses, S./Troncoso, T./Díaz, C.,* Engineering Privacy by Design Reloaded, Proc. Amsterdam Privacy Conference, 2015; *Hansen, M.,* Data Protection by Default in Identity-Related Applications; in: Proc. IDMAN 2013, IFIP AICT 396, 2013, 4; *Hansen, M./Jensen, M./Rost, M.,* Protection Goals for Privacy Engineering, in: Proc. International Workshop on Privacy Engineering (IWPE), Security and Privacy Workshops (SPW), 2015, 159; *Hansen, M./Hoepman, J.-H./Jensen, M.,* Towards Measuring Maturity of Privacy-Enhancing Technologies; in: Proc. APF 2015, LNCS Vol. 9484, 2016, 3; *Hoepman, J.-H.,* Privacy Design Strategies, in: Proc. SEC 2015, IFIP AICT 428, 2014, 446; *Hornung, G./Möller, J.,* Passgesetz – Personalausweisgesetz: PassG/PAuswG, Kommentar, C.H.Beck, 2011; *International Conference of Data Protection and Privacy Commissioners,* Resolution on Privacy by Design, 27–29. Oktober 2010, Jerusalem, http://www.ipc.on.ca/site_documents/pbd-resolution.pdf; *Müller, G./Rannenberg, K.* (Hrsg.), Multilateral Security in Communications – Technology, Infrastructure, Economy, 1999; *Pfitzmann, A.,* Datenschutz durch Technik – Vorschlag für eine Systematik, DuD 1999, 405; *ders.,* Multilateral Security: Enabling Technologies and Their Evaluation, in: Proc. ETRICS, LNCS 3995, 2006, 1; *Pfitzmann, B./Waidner, M./Pfitzmann, A.,* Rechtssicherheit trotz Anonymität in offenen digitalen Systemen, DuD 1990, 243 und 305; *van Rossum, H., et al.,* Privacy-Enhancing Technologies: The Path to Anonymity, Volume I und II, hrsg. von Registratiekamer, The Netherlands & Information and Privacy Commissioner/Ontario, Canada, 1995 (Revised version 2000), https://autoriteitpersoonsgegevens.nl/sites/default/files/downloads/av/av 11.pdf.

I. Überblick

Art. 25 beschreibt ein **neues Instrument** der DSGVO: „**Datenschutz durch Technikgestaltung und durch da-** **1** **tenschutzfreundliche Voreinstellungen**". Der Verantwortliche muss demnach die geeigneten technischen und organisatorischen Maßnahmen treffen, um die Datenschutzgrundsätze und die Anforderungen der DSGVO insgesamt wirksam umzusetzen (Abs. 1, → Rn. 28ff.). Ziel ist ein in die Verarbeitung personenbezogener Daten **eingebauter Datenschutz**. Die Maßnahmen sind sowohl bereits vor der Verarbeitung, nämlich wenn der Verantwortliche die Mittel für die Verarbeitung festlegt, als auch während der eigentlichen Verarbeitung zu treffen. Zudem muss der Verantwortliche gewährleisten, dass durch Voreinstellung die personenbezogenen Daten nur im Rahmen ihrer Erforderlichkeit für den Verarbeitungszweck verarbeitet werden (Abs. 2, → Rn. 39ff.). Diese Regelung zielt darauf ab, dass die Verarbeitung keine vermeidbaren Risiken für die Rechte und Freiheiten natürlicher Personen im Rahmen des vorgegebenen Verarbeitungszwecks mit sich bringt, solange der Nutzende nicht durch aktives Tun eine Änderung herbeiführt (→ Rn. 55 f.). Abs. 3 verweist auf die Möglichkeit, dass für den Nachweis der Einhaltung der Vorschrift eine Zertifizierung nach Art. 42 als Faktor herangezogen werden kann (→ Rn. 57 f.). Ein Verstoß gegen Art. 25 kann gemäß Art. 83 Abs. 4 lit. a mit Geldbußen von bis zu 10 Mio. EUR oder im Falle eines Unternehmens von bis zu 2 % des weltweiten Vorjahresumsatzes geahndet werden.

Dem Art. 25 ist der **EG 78** zugeordnet, der sich sowohl auf Datenschutz durch Technikgestaltung[1] als auch **2** auf datenschutzfreundliche Voreinstellungen beziehen soll, allerdings die Aspekte der Voreinstellungen kaum in den Blick nimmt. Vorangestellt erläutert EG 78 das Ziel: die Erfüllung der Anforderungen der DSGVO, indem geeignete technische und organisatorische Maßnahmen getroffen werden. Der darauffolgende Satz konkretisiert, wie der Verantwortliche die Einhaltung der DSGVO nachweisen soll: durch **Festlegung interner Strategien** (Englisch: „internal policies") und das Ergreifen von entsprechenden Maßnahmen. Beispielhaft und nicht abschließend werden infrage kommende Maßnahmen aufgezählt: Minimierung der Verarbeitung personenbezogener Daten, frühestmögliche Pseudonymisierung, Herstellung von Transparenz in Bezug auf die Funktionen und die Verarbeitung personenbezogener Daten, Bereitstellung einer Möglichkeit zum Überwachen der Verarbeitung personenbezogener Daten durch die betroffene Person sowie Unterstützung des Verantwortlichen dabei, Sicherheitsfunktionen zu schaffen und zu verbessern.

II. Entstehungsgeschichte

1. Bisherige Regelungen im nationalen und europäischen Recht. Für Art. 25 gibt es **keine unmittelbare Vor-** **3** **gängerregelung** im Unionsrecht. Das Ziel der Norm – eingebauter Datenschutz – wurde zwar unter besonderer Berücksichtigung der Datenminimierung in wesentlichen Zügen auch von § 3a BDSG aF „Datenvermeidung und Datensparsamkeit" verfolgt. Dennoch waren die Auswirkungen auf die „Auswahl und Gestaltung von Datenverarbeitungssystemen" (§ 3a S. 1 BDSG aF) beschränkt, zumal ein Verstoß gegen § 3a BDSG aF nicht sanktionsbewehrt war. Zudem regelte § 9 BDSG aF den technischen Datenschutz mit Fokus auf Informationssicherheit in Umsetzung des Art. 17 DSRL.[2]

Zu den nationalen Rechtsnormen, die einzelne Aspekte der Regeln des Art. 25 adressieren, gehören § 13 **4** Abs. 6, 8 TMG, wonach ein Diensteanbieter die Nutzung von Telemedien und ihre Bezahlung **anonym oder**

---

1 In der deutschen Fassung von EG 78 S. 5 lautet die Übersetzung von „data protection by design" „Datenschutz durch Technik" statt „Datenschutz durch Technikgestaltung". Diese Verkürzung hat keine Auswirkungen auf die Bedeutung.
2 Zum Vergleich zwischen Art. 25 und § 9 BDSG aF ausführlich Paal/Pauly/*Martini* Art. 25 Rn. 54ff.

unter **Pseudonym** ermöglichen muss, die Regelungen zur Verwendung eines Pseudonyms in einem Signaturzertifikat (§§ 5 Abs. 3, 7 Abs. 1, 14 Abs. 2 SigG aF in Umsetzung der Richtlinie 1999/93/EG ebenso wie die Nachfolger-Verordnung (EU) Nr. 910/2014 (eIDAS-Verordnung)[3]) oder spezialgesetzliche Normen, bspw. im Gesundheitsbereich. Auf europäischer Ebene werden die **Begriffe „eingebauter Datenschutz"** und **„Privacy by Design"** in **Art. 12 der eIDAS-Verordnung** als Kriterien für die Ausgestaltung eines europäischen Interoperabilitätsrahmens für die elektronischen Identifizierungssysteme der Mitgliedstaaten benannt.[4]

5 **2. Diskussionen zu Privacy by Design, Privacy-Enhancing Technologies und mehrseitiger Sicherheit.** Die **Idee des in Technik implementierten Datenschutzes** wurde nicht nur in wissenschaftlichen Veröffentlichungen im Fachgebiet der Informatik spätestens seit Ende der 1970er Jahre vorangebracht,[5] sondern ab etwa 1995 verstärkt in der Datenschutz-Community propagiert: So prägten die Datenschutzbeauftragten der Niederlande und von Ontario, Kanada, mit der Veröffentlichung „The Path to Anonymity" den Begriff der **„Privacy-Enhancing Technologies"** (übersetzt als datenschutzfördernde Technik oder datenschutzfreundliche Technologien).[6] In Deutschland griff der Arbeitskreis Technik der Datenschutzbeauftragten des Bundes und der Länder diese Idee in zwei Orientierungshilfen auf.[7] Während sich international der Begriff „Privacy by Design" etablierte,[8] wurde in Deutschland dieselbe Zielrichtung unter der Bezeichnung **„Datenschutz durch Technik"** mit den **Unterkategorien „Systemdatenschutz"**[9] und **„Selbstdatenschutz"**[10] debattiert. Ab Ende der 1990er Jahre wurde zudem das **Konzept der mehrseitigen Sicherheit**[11] vorgeschlagen, das die Perspektiven aller Beteiligten in der Datenverarbeitung und speziell in der Kommunikationstechnik einbezieht und in einen fairen und transparenten Ausgleich zu bringen versucht. Dies soll insbes. die Rolle der betroffenen Personen mit ihren Rechten und Freiheiten stärken, die in der Technikgestaltung bisher oft zu wenig berücksichtigt wurden. Das Konzept der mehrseitigen Sicherheit strebt nachgewiesene und überprüfbare Vertrauenswürdigkeit an, statt blindes Vertrauen der Nutzenden vorauszusetzen. Mit Umsetzungsvorschlägen zur implementierten Anonymität oder Pseudonymität und zu einer verbesserten Transparenz umfasst der Ansatz der mehrseitigen Sicherheit auch Anforderungen des technischen Datenschutzes.

6 Systemdatenschutz, Selbstdatenschutz, Privacy-Enhancing Technologies und mehrseitige Sicherheit fügten sich in der nationalen Debatte zur Modernisierung des Datenschutzes zu einem Fokus auf Systemgestaltung zusammen, konzeptionell unterstützt durch die Möglichkeiten der Evaluation und Zertifizierung im Rahmen von Datenschutz-Audit und Datenschutz-Gütesiegel. Dies wurde in dem Gutachten „Modernisierung des Datenschutzrechts" von 2001 aufgegriffen, das ausgehend von dem damaligen Diskussionsstand eine Vision einer juristischen Novellierung unter Einbeziehung eines starken technischen Datenschutzes formulierte, um einen effektiveren Schutz zu gewährleisten.[12] Einige Aspekte des technischen Datenschutzes fanden zwar tatsächlich ihren Weg in die Gesetzgebung (→ Rn. 3), da die Regelungen jedoch oft keine Sanktionen bei Nichterfüllung dieser Regeln vorsahen und auf Ebene des Bundes und der meisten Länder keine Anreize wie bspw. eine Datenschutz-Zertifizierung etabliert wurden, blieb es auch in Deutschland bei einem **„Soft Law"** ohne echte Durchschlagskraft. Ausnahmen zeigen sich im medizinischen Bereich, in dem wegen der Sensibilität der Daten Produkte und Verfahren für Berufsgeheimnisträger und Forscher zunehmend auch technische Garantien des Schutzes aufweisen. Zudem betont die Art.-29-Gruppe in einzelnen Stellungnahmen aus jüngerer Zeit die Forderung nach eingebautem Datenschutz für künftige Technologien und Anwendungen, bspw. mit konkretisierenden Anforderungen für den Bereich des Internet of Things zu Privacy by Design und Privacy by Default.[13]

3   VO (EU) Nr. 910/2014 des EP und des Rates vom 23.7.2014 über elektronische Identifizierung und Vertrauensdienste für elektronische Transaktionen im Binnenmarkt und zur Aufhebung der Richtlinie 1999/93/EG.

4   Art. 12 Abs. 3 lit. c eIDAS-Verordnung: „er fördert die Umsetzung des Grundsatzes des ‚eingebauten Datenschutzes' (privacy by design […])". Welche konkreten Anforderungen daraus resultieren, ist noch offen. Entwurfsdokumente der KOM zu den „Principles and guidance on eID interoperability for online platforms" von Ende 2017/Anfang 2018 verweisen sowohl auf das Prinzip der Verhältnismäßigkeit und damit das Erfordernis der Datenminimierung als auch auf Transparenz und andere Aspekte der Vertrauenswürdigkeit.

5   *Chaum* CACM 1985, 1030ff.; *Pfitzmann/Waidner/Pfitzmann* DuD 1990, 243ff. (305ff.).

6   *Van Rossum et al.,* Privacy-Enhancing Technologies: The Path to Anonymity, 1995; *Borking* DuD 1996, 654; *ders.* DuD 1998, 636; Roßnagel/*Hansen,* HB DSR, Kap. 3.3 Rn. 291ff.; *European Commission,* Promoting Data Protection by Privacy Enhancing Technologies (PETs), IP/07/598, 2.5.2007.

7   *AK Technik der Datenschutzbeauftragten des Bundes und der Länder,* Arbeitspapier „Datenschutzfreundliche Technologien", 1997, sowie Arbeitspapier „Datenschutzfreundliche Technologien in der Telekommunikation", 1997.

8   *Cavoukian,* Privacy by Design – The 7 Foundational Principles, 2009/2011.

9   Roßnagel/*Dix,* HB DSR, Kap. 3.5 Rn. 363ff.

10 Roßnagel/*ders.,* HB DSR, Kap. 3.4 Rn. 325ff.

11 *Müller/Rannenberg (Hrsg.),* Multilateral Security in Communications – Technology, Infrastructure, Economy, 1999; *Pfitzmann* in: Proc. ETRICS, LNCS 3995 (2006), S. 1ff.

12 *Roßnagel/Pfitzmann/Garstka,* S. 36.

13 *Art.-29-Gruppe,* WP 223, S. 3, 22, 25ff.

Weder in der nationalen Diskussion noch international beschränkten sich Datenschutz durch Technik und   7
Privacy by Design auf den Technikteil der Verarbeitung. Stattdessen wurden auch **organisatorische Prozesse, vertragliche Zusammenhänge und Geschäftsmodelle**[14] in den Blick genommen, um eine **ganzheitliche Systemgestaltung** iS eines eingebauten Datenschutzes zu gewährleisten. So formuliert es auch die im Jahr 2010 einstimmig durch die Internationale Konferenz der Datenschutzbeauftragten verabschiedete „Privacy by Design Resolution".[15] Weiterhin griff die US-amerikanische Federal Trade Commission diese Ansätze in einem Report mit Empfehlungen an Unternehmen und politische Entscheidungsträger auf.[16]

Der Punkt der **datenschutzfreundlichen Voreinstellungen oder Privacy by Default** wird als ein besonderer   8
Fall des eingebauten Datenschutzes, also als eine Konkretisierung von Privacy by Design, verstanden.[17] Datenschutzfunktionalität soll also nicht nur implementiert, sondern auch vorkonfiguriert sein. Ein Aktivwerden der Nutzenden soll für einen Schutz vor Risiken für die Rechte und Freiheiten nicht notwendig sein. Es darf also zumindest nichts per Voreinstellung vorgegeben sein, was aus Datenschutzgründen anders konfiguriert sein müsste; „opt-out", also die Notwendigkeit eines aktiven Widerspruchs der betroffenen Person gegen eine Datenverarbeitung, steht demnach nicht im Einklang mit diesem Prinzip.[18] In der internationalen Diskussion zu Privacy by Default wurde eher generell auf datenschutzinvasive Eigenschaften von Produkten oder Diensten abgestellt, vor denen die betroffenen Personen zu schützen sind, als lediglich auf die Erforderlichkeit von Daten zu dem jeweiligen Zweck, wie dies in der DSGVO aufgenommen wurde.[19]

Die Frage der datenschutzfreundlichen Voreinstellungen spielte eine prominente Rolle in Bezug auf die   9
Standardisierung von **„Do Not Track"** (DNT) durch das World Wide Web Consortium (W3C). Bei DNT handelt es sich um eine Konfigurationsmöglichkeit in Browsern, die der Webseite oder Webanwendung signalisiert, ob die aufrufende Person der Erstellung eines Nutzungsprofils zustimmt oder nicht. DNT kann drei Werte einnehmen: „0: Tracking ja", „1: Tracking nein", „null – noch nicht konfiguriert" (dann keine Übertragung der Information). Wie der Webanbieter dieses Signal auswertet, bleibt ihm selbst – im Rahmen der für ihn geltenden gesetzlichen Regelungen – überlassen. Aus Datenschutzsicht wäre eine Voreinstellung „1:Tracking nein" zu bevorzugen, doch dies wurde von der Werbeindustrie insbes. in den USA und der Federal Trade Commission massiv kritisiert, die nur eine aktive Entscheidung der aufrufenden Person akzeptieren wollte und androhte, vom Browser-Hersteller vorkonfigurierte Werte zu ignorieren.[20] Da solche Voreinstellungen nicht unterscheidbar von bewusst zum Ausdruck gebrachten Entscheidungen sind, wären in diesem Fall alle „Tracking nein"-Werte der betroffenen Browser nicht berücksichtigt worden. Die KOM hat daraufhin die Wichtigkeit der Information der Nutzenden über die Standardeinstellungen ihrer Software und Geräte betont; sie hat sich nicht eindeutig für die Voreinstellung „Tracking nein" ausgesprochen.[21] Die aktuelle Fassung der W3C-Spezifikation erklärt, dass keine Voreinstellung vorgenommen werden soll, weil es darum gehe, die Wünsche der Nutzenden zu kommunizieren, statt ein Deaktivieren von Tracking durchzusetzen.[22]

3. Entwicklung der Norm im Gesetzgebungsprozess. Art. 23 KOM-E sieht man an, dass die Norm zu „Da-   10
ta Protection by Design and by Default" **aus Art. 17 DSRL „Security of Processing" (Sicherheit) entstanden** ist.[23] Abs. 1 beschreibt Datenschutz durch Technikgestaltung mit dem Ziel, dass die Anforderungen der Verordnung erfüllt und die Rechte der betroffenen Personen gewährleistet sind. Abs. 2 stellt Datenschutz

---

14 *Cavoukian,* Privacy by Design – The 7 Foundational Principles, 2009/2011.
15 „Offering Privacy by Design as a holistic concept that may be applied to operations throughout an organization, end-to-end, including its information technology, business practices, processes, physical design and networked infrastructure" – *International Conference of Data Protection and Privacy Commissioners,* Resolution on Privacy by Design, 2010, S. 1.
16 *Federal Trade Commission,* Protecting Consumer Privacy in an Era of Rapid Change – Recommendations for Businesses and Policymakers, 2012, S. 22ff.
17 Zu den sieben Grundprinzipien des Privacy by Design gehört Privacy by Default, *Cavoukian,* Privacy by Design – The 7 Foundational Principles, 2009/2011.
18 *Leon et al.* in: Proc. CHI '12, 2012, S. 589.
19 So auch der EDSB in seiner Stellungnahme zum Datenschutzreformpaket vom 7.3.2012: „The principle of data protection by default aims at protecting the data subject in situations in which there might be a lack of understanding or control on the processing of their data, especially in a technological context. The idea behind the principle is that privacy intrusive features of a certain product or service are initially limited to what is necessary for the simple use of it. The data subject should in principle be left the choice to allow use of his or her personal data in a broader way."
20 Schreiben der Federal Trade Commission v. 20.6.2012 an die World Wide Web Consortium Tracking Protection Working Group.
21 Rede der Vizepräsidentin der KOM *Kroes* am 11.10.2012 „Online-Geschäfte und Schutz der Privatsphäre im Internet: Do Not Track – Update" mit der Forderung: „Bei der Installation oder der ersten Nutzung müssen die Nutzer darüber aufgeklärt werden, wie wichtig ihre Entscheidung für oder gegen DNT ist. Sie müssen über eine etwaige Standardeinstellung informiert und dazu aufgefordert werden, sie beizuhalten [sic] oder zu ändern. Geschieht dies nicht, muss nämlich davon ausgegangen werden, dass die meisten Nutzer keine Entscheidung in Kenntnis der Sachlage treffen."
22 Tracking Preference Expression (DNT), W3C Candidate Recommendation 19.11.2017, https://www.w3.org/TR/tracking-dnt/: „10.1 Why DNT:1 is Not Preconfigured by Default".
23 Zum Vergleich zwischen Art. 17 DSRL und Art. 25 Paal/Pauly/*Martini* Art. 25 Rn. 20–22.

durch datenschutzfreundliche Voreinstellungen dar. Er geht primär auf die Erforderlichkeit der personenbezogenen Daten für die Zwecke der Verarbeitung ein und bezieht sich auf die Menge und die Speicherfristen. Art. 23 Abs. 3 und 4 KOM-E behandeln die Befugnis der KOM, delegierte Rechtsakte zu erlassen und technische Standards zu definieren, die sich auf die Absätze 1 und 2 beziehen.

11 Diese Absätze 3 und 4 wurden im Parl-E gestrichen. Zusätzlich dehnte dieser Entwurf den Anwendungsbereich auf vorhandene **Auftragsverarbeiter** aus und ersetzte das Abwägungskriterium der Implementierungskosten in Ergänzung zum Stand der Technik durch „neueste technische Errungenschaften" und „bewährte internationale Verfahren". Weitere Konkretisierungen wurden ergänzt, bspw. der Bezug auf das **„gesamte Lebenszyklusmanagement personenbezogener Daten von der Erhebung über die Verarbeitung bis hin zu Löschung"**. Zudem schlug das EP einen neuen Abs. 1 a vor, der Datenschutz durch Technik als Voraussetzung für öffentliche Ausschreibungen forderte. In Abs. 2 zu den Voreinstellungen wurde die Anforderung hinzugefügt, dass betroffene Personen in der Lage sein sollten, die Verbreitung ihrer personenbezogenen Daten zu kontrollieren. Die meisten Ergänzungen fanden ihren Weg nicht in den finalen Normtext, jedoch greift EG 78 in S. 5 den Punkt der öffentlichen Ausschreibungen auf.

12 Die Rat-E-Fassung kommt der endgültigen Version schon sehr nahe, indem Abs. 1 die Datenminimierung gesondert erwähnt, die Kriterien der Erforderlichkeitsbetrachtung in Abs. 2 durch Umfang und Zugänglichkeit der Daten erweitert werden und ein weiterer Absatz vorgeschlagen wird, der das **genehmigte Zertifizierungsverfahren als einen Faktor für den Nachweis** der Übereinstimmung mit den Anforderungen aus den vorherigen Absätzen einführt. In den Trilog-Verhandlungen nicht übernommen wurde die privilegierende Ausnahme, dass für den Fall, dass der Zweck der Verarbeitung darin besteht, der Öffentlichkeit Informationen zur Verfügung zu stellen, die Voreinstellung nicht gewährleisten muss, dass Daten nur infolge eines menschlichen Eingreifens einer unbestimmten Zahl natürlicher Personen zugänglich gemacht werden.[24]

13 In der verabschiedeten deutschen Sprachfassung war ein Übersetzungsfehler enthalten, der mit dem Corrigendum vom 19.4.2018 korrigiert wurde. In Abs. 2 hieß es: „Der Verantwortliche trifft geeignete technische und organisatorische Maßnahmen, die sicherstellen, dass durch Voreinstellung **grundsätzlich** nur personenbezogene Daten, deren Verarbeitung für den jeweiligen bestimmten Verarbeitungszweck erforderlich ist, verarbeitet werden." In dieser früheren deutschen Sprachfassung der DSGVO wäre zu vermuten gewesen, dass durch den Begriff „grundsätzlich" eine Relativierung der Anforderung, dass durch Voreinstellung nur die erforderlichen personenbezogenen Daten verarbeitet werden, gemeint sei. Es handelte sich jedoch um einen **Übersetzungsfehler**, denn diese Einschränkung fehlt bspw. in der Fassung in der englischen Verhandlungssprache: „The controller shall implement appropriate technical and organisational measures for ensuring that, by default, only personal data which are necessary for each specific purpose of the processing are processed." (Abs. 2 S. 1) Der Fehler erklärt sich vermutlich durch eine Doppelübersetzung des Begriffs „by default", der im Deutschen mit „durch Voreinstellung grundsätzlich" wiedergegeben wurde. Auch wenn alle Sprachfassungen parallel gelten, hätte sich ein Verantwortlicher nicht darauf zurückziehen können, dass er dieser Verpflichtung nicht nachgekommen ist, weil der Begriff „grundsätzlich" Ausnahmen zulassen würde (→ Rn. 45).[25] Jedoch gilt ohnehin nunmehr die offiziell korrigierte Version, so dass dieses potenzielle Missverständnis ausgeräumt ist.

III. Kommentierung des Normtexts

14 **1. Telos, Adressaten und Systematik.** Die Wichtigkeit des Datenschutzes by design ergibt sich bereits aus EG 4, in dem es heißt: **„The processing of personal data should be designed to serve mankind. [...]"**. In der deutschen Fassung des EG 4 wird die Gestaltungsanforderung zwar nicht expliziert; jedoch ist klar, dass jeder Verarbeitung personenbezogener Daten ein Gestaltungsaspekt innewohnt. Diese Gestaltung ist charakterisiert durch die bezüglich der Verarbeitung getroffenen Entscheidungen und zeigt sich bspw., wenn der Verantwortliche die Mittel der Verarbeitung festlegt oder – mit oder ohne Hilfe von Auftragsverarbeitern – die Verarbeitung operativ durchführt. Art. 25 konkretisiert ebenso wie Art. 32 (→ Art. 32 Rn. 10) die Anforderungen des Art. 24 zur Verantwortung, um die Einhaltung der DSGVO sicherzustellen und den Nachweis dafür erbringen zu können.

15 Durch die Formulierung des Ziels der Norm in Abs. 1 „die Datenschutzgrundsätze [...] wirksam umzusetzen und die notwendigen Garantien in die Verarbeitung aufzunehmen, um den Anforderungen dieser Verordnung zu genügen und die Rechte der betroffenen Personen zu schützen", wird **Art. 25 unter einer gestalterischen und operativen Perspektive zu der umfassendsten Norm der DSGVO**, denn sie verweist auf die

---

24 Zur Entstehungsgeschichte zB auch Paal/Pauly/*Martini* Art. 25 Rn. 16ff.; Kühling/Buchner/*Hartung* Art. 25 Rn. 4ff.
25 EuGH Rs. 26/69, DVBl 1970, 612 – Stauder v. Stadt Ulm Rn. 3: „so verbietet es die Notwendigkeit einheitlicher Anwendung und damit Auslegung, die Vorschrift in einer ihrer Fassungen isoliert zu betrachten und gebietet es vielmehr, sie nach dem wirklichen Willen des Urhebers und dem von diesem verfolgten Zweck, namentlich im Licht ihrer Fassung in allen vier Sprachen auszulegen".

zentralen Datenschutzgrundsätze in Art. 5 und auf die Verordnung selbst.[26] Mit diesem holistischen Ansatz geht Art. 25 deutlich über den Regelungsumfang von Art. 32 hinaus; man kann es sogar so verstehen, dass Art. 32, der vornehmlich am Datenschutzgrundsatz der Integrität und Vertraulichkeit in Art. 5 Abs. 1 lit. f (→ Art. 5 Rn. 168ff.) ansetzt, bereits in Art. 25 enthalten ist. Die Ganzheitlichkeit ist jedoch nicht nur von Vorteil, sondern durch die großenteils abstrakten Formulierungen bleiben die konkreten Pflichten für die Verantwortlichen im Unklaren. Dies mag angesichts der Neuheit des gesetzlichen Instruments so gewollt sein, um eine sachgerechte Ausformung über die nächsten Jahre passend zum technischen Fortschritt zu ermöglichen.[27] Jedoch sind für einen rechtssicheren Umgang beim Gestalten der Verarbeitung und bei der Bewertung und etwaigen Sanktionierung durch Aufsichtsbehörden Präzisierungen notwendig (→ Rn. 25, 37).

a) Ziel: Verarbeitung mit eingebautem Datenschutz. Die deutsche Fassung der DSGVO betitelt Art. 25 mit 16 „Datenschutz durch Technikgestaltung und durch datenschutzfreundliche Voreinstellungen". „Technikgestaltung" klingt nach einer Aufgabe, die von Herstellern und Entwicklern von Technik erbracht werden muss. Dies ist sicherlich nicht falsch, doch muss man berücksichtigen, dass **der Begriff „Technik" nur in sehr wenigen Sprachfassungen** des Art. 25 vorkommt. Überwiegend werden in den anderen Sprachen der DSGVO Formulierungen wie „Datenschutz durch Gestaltung" oder „eingebauter Datenschutz" verwendet.[28] Im Englischen – der Verhandlungssprache – heißt es „Data Protection by Design and by Default". Demnach erstreckt sich die **Gestaltungsanforderung auf die gesamte Verarbeitung** einschließlich der organisatorischen Prozesse sowie der rechtlichen Ausgestaltung für den konkreten Fall. Sie ist keinesfalls auf den technischen Teil beschränkt. Auch lassen sich die Anforderungen des Art. 25 nicht allein durch Technik erfüllen. Dennoch kann datenschutzfördernde Technik Bestandteil der Umsetzung dieser Anforderungen sein, bspw. mithilfe von Privacy-Enhancing Technologies oder anderen Technikkomponenten, die rechtliche Datenschutzanforderungen umsetzen oder unterstützen.[29]

Das Ziel von Art. 25 besteht darin, die Verarbeitung personenbezogener Daten derart auszugestalten, dass 17 die Datenschutzgrundsätze und die Anforderungen der DSGVO insgesamt erfüllt werden. Die Gestaltung iSd eingebauten Datenschutzes **unterstützt damit den Verantwortlichen in der Erfüllung seiner Pflichten und erschwert Verstöße oder Fehler bezüglich der Verarbeitung.** Gegenüber einem rein rechtlichen Ansatz führt dies zu Effektivitätsvorteilen.[30] Dieser Gedanke ist nicht neu (→ Rn. 6), hat jedoch bisher kaum Einzug in die Praxis der Software- und Hardware-Entwicklung gefunden. Für den Fall, dass die für die Verarbeitung eingesetzten informationstechnischen Systeme und organisatorischen Prozesse nicht dem Grundsatz des Datenschutzes durch (Technik-)Gestaltung und durch datenschutzfreundliche Voreinstellungen einhielten, läge in der Regel nicht nur ein Verstoß gegen Art. 25 vor, sondern es wäre zudem zweifelhaft, ob sich die übrigen Anforderungen der DSGVO mit der notwendigen Verlässlichkeit erfüllen ließen.

Sowohl Abs. 1 als auch Abs. 2 beschreiben, dass geeignete technische und organisatorische Maßnahmen zu 18 treffen sind, um die formulierten Ziele – die Übereinstimmung mit den Anforderungen der DSGVO – zu erfüllen. Allerdings bedeutet die Anforderung des Datenschutzes by Design, dass **frühzeitig Einfluss auf die Gestaltung der Verarbeitung** iSd Datenschutzanforderungen genommen wird, anstatt dass lediglich versucht wird, technische und organisatorische Maßnahmen auf ein existierendes Verfahren zur Verarbeitung personenbezogener Daten „aufzusatteln". Eine Interpretation der Regelung, dass man für eine beliebige gegebene Verarbeitung durch ein Andocken von einigen technischen und organisatorischen Maßnahmen die Anforderungen des Art. 25 erfüllen kann, würde in die Irre führen. Verarbeitet bspw. ein informationstechnisches System mehr Daten als erforderlich, ohne dass sich dies durch den Verantwortlichen beschränken ließe, könnten zwar technische und organisatorische Maßnahmen zu einer Zugriffsbeschränkung oder zu einer nachträglichen Löschung der übermäßig gesammelten Daten beitragen, doch wäre dies nicht geeignet, um die Datenschutzgrundsätze der Datenminimierung und der Speicherbeschränkung wirksam umzusetzen. Zur Erfüllung der Anforderungen des Abs. 1 müsste das informationstechnische System umgestaltet oder ersetzt werden.

Abs. 1 betont daher auch, dass die geeigneten Maßnahmen sowohl zum Zeitpunkt der Festlegung der Mit- 19 tel für die Verarbeitung – also ausdrücklich vor dem Beginn der Verarbeitung – als auch zum Zeitpunkt der

---

26 Einschließlich selbstbezüglich auf Art. 25.
27 *Bygrave* Oslo Law Review Vol. 4 Nr. 2 (2017), 105 (120).
28 Vgl. [EN]: Data protection by design and by default; [ES]: Protección de datos desde el diseño y por defecto; [FR]: Protection des données dès la conception et protection des données par défaut; [IT] Protezione dei dati fin dalla progettazione e protezione per impostazione predefinita; [NL]: Gegevensbescherming door ontwerp en door standaardinstellingen; [SV]: Inbyggt dataskydd och dataskydd som standard. Der Begriff „Technik" findet sich nur in wenigen Sprachfassungen, bspw. in der kroatischen Übersetzung: [HR] Tehnička i integrirana zaštita podataka.
29 *ENISA*, Privacy and Data Protection by Design – from Policy to Engineering, 2014: Als Kategorien von Privacy Techniques werden bspw. Transparency-Enhancing Techniques (S. 44ff.) und Intervenability-Enhancing Techniques (S. 47) genannt.
30 *Roßnagel* MMR 2005, 74.

eigentlichen Verarbeitung getroffen werden müssen. **Für eine Eigenentwicklung** einer Verarbeitung personenbezogener Daten müssen also bereits während der Konzeption der informationstechnischen Systeme und der Verfahrensabläufe die Anforderungen der DSGVO einfließen und bei der Umsetzung berücksichtigt werden. Entscheidet der Verantwortliche, sich Komponenten wie Hardware oder Software oder Dienstleistungen zu bedienen, die von Herstellern oder Anbietern bereitgestellt werden, bedeutet die Festlegung der Mittel für die Verarbeitung, dass schon bei der Auswahl zwischen verschiedenen Angeboten oder bei der Formulierung des Pflichtenhefts die Anforderungen der DSGVO beachtet werden müssen. Der zugehörige EG 78 S. 5 spricht davon, dass dem **bei öffentlichen Ausschreibungen** Rechnung getragen werden sollte (→ Rn. 11).[31] Nach dem Wortlaut von Abs. 1 sind die **Grundsätze des Datenschutzes durch Technik** in jedem Fall **bei einer Beschaffung** im Rahmen einer geplanten Verarbeitung personenbezogener Daten einzubeziehen: Dies ist schon deswegen sachgerecht, als der Zeitpunkt der Festlegung der Mittel spätestens auf den Zeitpunkt gelegt werden muss, in dem die zu beschaffenden Komponenten für die Verarbeitung und etwaige Dienstleister ausgewählt werden. In der Praxis bietet es sich an, die Bedingungen für die Beschaffung und die Auswahl – hier also die Erfüllung der Anforderungen der DSGVO – von vornherein zu dokumentieren und als Kriterien für die Entscheidung heranzuziehen. Dagegen wäre ein Ignorieren der Anforderungen des Art. 25 im Verfahren zur Ausschreibung von Produkten, Diensten und Anwendungen kontraproduktiv und könnte im Einsatz Probleme aufwerfen.

20 **b) Adressat der Regelung.** Adressat der Regelung ist **der Verantwortliche.** Dies folgt der Vorgabe aus Art. 24, dass der Verantwortliche für die Verarbeitung verantwortlich ist (→ Art. 24 Rn. 9). Die Verarbeitung personenbezogener Daten basiert allerdings zu einem großen Teil auf Produkten, Diensten und Anwendungen, die der Verantwortliche nicht selbst entwickelt, sondern von einem Hersteller erworben hat. Das auf dem Markt verfügbare Angebot von informationstechnischen Komponenten spielt daher eine erhebliche Rolle in der Umsetzung der Norm.

21 Art. 25 richtet sich jedoch **nicht an die Hersteller**, sofern sie nicht gleichzeitig Verantwortliche sind.[32] Gleichwohl stellt EG 78 in S. 4 klar, dass von der **Gestaltung der Produkte, Dienste und Anwendungen** abhängt, inwieweit die Verantwortlichen und Verarbeiter ihre Datenschutzpflichten erfüllen können. Der Appell in EG 78 S. 4, Hersteller „sollten […] ermutigt werden, das Recht auf Datenschutz bei der Entwicklung und Gestaltung […] zu berücksichtigen", erscheint insoweit an unerwarteter Stelle, als viele Möglichkeiten für Anreize für Hersteller außerhalb des unmittelbaren Einflussbereichs des Verantwortlichen als Normadressat liegen. Es ist nicht festgelegt, wie diese Ermutigung aussehen soll. Zum einen können die Mitgliedstaaten Vorgaben gegenüber den Herstellern regeln oder Anreize für datenschutzfreundliche Gestaltung schaffen, bspw. über Steuererleichterungen oder Förderprogramme.[33] Zum anderen wird jeder Verantwortliche in der Absicht, seine Pflicht nach Art. 25 zu erfüllen, dafür Sorge tragen müssen, dass seine Verarbeitung einschließlich der von Herstellern bereitgestellten Komponenten die Anforderungen der DSGVO umsetzt (→ Rn. 19). Da der Verantwortliche dies zum Zeitpunkt der Festlegung der Mittel für die Verarbeitung berücksichtigen muss, kann daraus eine Nachfrage für verbesserte, der DSGVO angepasste Angebote entstehen. Im Fall von Produkten, Diensten und Anwendungen, bei deren Gestaltung die DSGVO nicht berücksichtigt worden ist, obliegt dem Verantwortlichen die Prüfung, ob diese sich überhaupt – ggf. unter Hinzuziehung weiterer technischer und organisatorischer Maßnahmen – für eine rechtskonforme Verarbeitung einsetzen lassen.

22 Auch **Auftragsverarbeiter sind nicht unmittelbare Adressaten** des Art. 25;[34] hierin besteht ein Unterschied zu Art. 32 (→ Art. 32 Rn. 15). Gleichwohl besteht der indirekte Effekt der Anforderungen aus Art. 25 auf Auftragsverarbeiter, wenn der Verantwortliche seinen Pflichten nach Art. 28 Abs. 1 DSGVO nachkommt: Er ist nämlich verpflichtet, sich nur solcher Auftragsverarbeiter zu bedienen, die „hinreichend Garantien dafür bieten, dass geeignete technische und organisatorische Maßnahmen so durchgeführt werden, dass die Verarbeitung im Einklang mit den Anforderungen dieser Verordnung erfolgt". Demnach muss auch Art. 25 im Rahmen der Auftragsverarbeitung umgesetzt werden.[35] Die Entscheidung des Verantwortlichen für die Mittel der Verarbeitung umfasst auch das Einbeziehen von Auftragsverarbeitern; bei der Ausgestaltung der Auftragsverarbeitung muss der Verantwortliche auf die Einhaltung der DSGVO insgesamt hinwirken. Die Verantwortung für die Verarbeitung verbleibt beim Verantwortlichen. Ähnliches gilt für andere Dienstleis-

---

31 Dies war im Parl-E noch im Normtext enthalten (Art. 23 Abs. 1 a Parl-E).
32 Dies war im Gesetzgebungsverfahren umstritten, s. einerseits gegen eine Erstreckung auf Hersteller *Schulz* CR 2012, 204 (207 f.), andererseits dafür *Richter* DuD 2012, 576.
33 *Bieker/Hansen* RDV 2017, 166; zu den ökonomischen Anreizen Sydow/*Mantz* Art. 25 Rn. 78ff.; *Bile ua* in: Friedewald (Hrsg.), Privatheit und selbstbestimmtes Leben in der digitalen Welt, 2018, 83 (101ff.).
34 Dies war allerdings in Art. 23 Abs. 1 Parl-E vorgesehen gewesen.
35 So auch zB Paal/Pauly/*Martini* Art. 26 Rn. 26; Sydow/*Mantz* Art. 25 Rn. 16.

ter, bspw. im Rahmen einer gemeinsamen Verantwortung nach Art. 26 (→ Art. 26 Rn. 14), die ohnehin die Anforderungen aus Art. 25 unmittelbar erfüllen müssen.

c) Keine Gleichsetzung von „Privacy" und „Datenschutz". Art. 25 ist aus der Tradition des international   23 diskutierten „Privacy by Design" entstanden.[36] Dennoch ist es nicht korrekt, im Zusammenhang mit der DSGVO von „Privacy" zu sprechen, denn **„Privacy" und „Datenschutz" sind nicht identisch.** In früheren Entwurfsfassungen der DSGVO wurden die Begriffe teilweise vermischt verwendet.[37] Dagegen konzentriert sich die finale Fassung auf Datenschutz und vermeidet Begriffe wie Privacy oder Privatsphäre.[38] Während Art. 7 GRCh mit dem Recht auf Achtung des Privat- und Familienlebens, der Wohnung sowie der Kommunikation „Privacy", dh das Grundrecht auf Privatsphäre, adressiert, ist der Schutz der personenbezogener Daten, dh das Grundrecht auf Datenschutz, in Art. 8 GRCh geregelt. Obwohl beide Grundrechte eine Verwandtschaft aufweisen, sind sie nicht deckungsgleich.[39] Die DSGVO regelt explizit Datenschutz und kommt ohne einen Rückgriff auf „Privatsphäre" oder „Privacy" aus – anders als die DSRL.[40] Allerdings beinhalten die in der DSGVO häufig referenzierten Rechte und Freiheiten natürlicher Personen das Recht auf Privatsphäre nach Art. 7 GRCh; implizit ist damit „Privacy" also umfasst. Dennoch sollte bei Art. 25 nicht von „Privacy by Design and by Default" gesprochen werden: Zum einen ist die Begrifflichkeit gezielt anders gewählt worden, zum anderen erlaubt die Formulierung **„Data Protection by Design and by Default"** eine Ablösung von den bisherigen Arbeiten zu „Privacy by Design" und bezieht sich explizit auf die Anforderungen der DSGVO, statt einem mehr oder weniger ausgearbeiteten Konzepte bezüglich der Umsetzung von Privacy-Anforderungen zu folgen[41] oder eine Deckungsgleichheit mit Anforderungen aus einem ISO-Standard nahezulegen.[42]

d) Bezug zwischen den Regelungen in Abs. 1 und Abs. 2. Art. 25 unterscheidet zwischen Datenschutz   24 durch Technikgestaltung (Abs. 1) und Datenschutz durch datenschutzfreundliche Voreinstellungen (Abs. 2). In beiden Fällen geht es um die Einflussnahme auf die Gestaltung; **Abs. 2 betont** insoweit einen **speziellen Aspekt der Anforderungen an die Gestaltung**, die in **Abs. 1 behandelt** wird, nämlich die **Voreinstellungen**. Tatsächlich hängt die Frage nach möglichen Voreinstellungen von den Entscheidungen über die Verfahrensgestaltung ab: Bei jedem Verfahren ist bei der Gestaltung festzulegen, welche Funktionalität ohne Konfigurationsmöglichkeit fest eingebaut ist und bei welcher Funktionalität Wahlmöglichkeiten bestehen. Sofern eine Wahl bezüglich der Funktionalität möglich ist, muss wiederum entschieden werden, ob es dafür eine Vorkonfiguration geben soll oder nicht.[43] Für einige Funktionen ist es sachlich geboten oder sinnvoll, dass auf eine vordefinierte Voreinstellung verzichtet wird und stattdessen der Nutzende aktiv festlegt, welche Konfiguration er für den jeweils aktuellen Fall oder auch für die Zukunft wünscht. Dies gilt in der Regel für die Konfiguration, welches Bezahlverfahren der Nutzende in Anspruch nehmen möchte. Diese Entscheidungen, welche Funktionalität ohne eine Änderungsmöglichkeit implementiert ist und wo den Nutzenden Wahlmöglichkeiten überlassen werden, folgen den Anforderungen aus Abs. 1. Dagegen bestimmt Abs. 2 für die Fälle, in denen Voreinstellungen vorgegeben werden, dass diese möglichst risikoarm und speziell beschränkt auf die Erforderlichkeit der personenbezogenen Daten und der Verarbeitung ausgestaltet sein müssen. Die Anforderungen sowohl des Abs. 1 als auch des Abs. 2 müssen im Gestaltungsprozess der Verarbeitung berücksichtigt werden.

e) Sanktionen. Während § 3a BDSG aF mit der Forderung nach Datenvermeidung und Datensparsamkeit   25 keine korrespondierenden Sanktionsregeln aufwies, ist dies bei Art. 25 anders: Der Charakter dieser Regelung ist also keine unverbindliche Zielvorgabe, sondern eine **sanktionsbewehrte Pflicht des Verantwortlichen.** Nach Art. 83 Abs. 4 lit. a werden bei einem Verstoß gegen Art. 25 Geldbußen von bis zu 10 Mio. EUR oder im Falle eines Unternehmens von bis zu 2 % des weltweiten Vorjahresumsatzes verhängt. Allerdings verweist Art. 25 auf die Datenschutzgrundsätze, die in Art. 5 ausgeführt sind, und auf die sonstigen

---

36   *International Conference of Data Protection and Privacy Commissioners,* Resolution on Privacy by Design, 2010.
37   „Privacy by Design" findet sich trotz der abweichenden Formulierung in Art. 23 der Entwürfe zB in Art. 30 Abs. 3 KOM-E sowie in Art. 30 Abs. 3 und EG 75, 75a Parl-E.
38   Dies gilt bemerkenswerterweise auch für die englischen Sprachfassungen. Art. 23 KOM-E, Parl-E und Rat-E vermeiden ebenso wie der verabschiedete Art. 25 trotz der im Englischen lange eingeführten Begrifflichkeit des „Privacy by Design" den Begriff der Privacy.
39   *Michl* DuD 2017, 349.
40   Bspw. EGe 2, 7, 9, 10, 11, 33, 34 und 68 sowie Art. 1, 9, 13, 25, 26 DSRL.
41   Dazu gehören die fundamentalen Prinzipien von „Privacy by Design" von *Cavoukian,* Privacy by Design – The 7 Foundational Principles, 2011. Zudem konzentrieren sich zahlreiche Arbeiten im Bereich des „Privacy Engineering" auf den Selbstdatenschutzaspekt und wählen als Startpunkt ein Angreifermodell, in dem sich der Nutzende gegen den Verantwortlichen verteidigen muss oder sich zumindest nicht darauf verlassen kann, dass dieser sich an Datenschutzgesetze zu halten versucht, vgl. *Díaz/Tene/Gürses* Ohio State Law Journal 74 (2013), 923.
42   Bspw. der in Vorbereitung befindliche Standard ISO/IEC 27550 zu Privacy Engineering, dessen Arbeitsfassung in 2017 vorgelegt wurde.
43   *Hansen* in: Proc. IDMAN 2013, 2013, 4 (8ff.).

Vorschriften der DSGVO: Würde zugleich gegen die Grundsätze für die Verarbeitung gemäß Art. 5 verstoßen, könnten nach Art. 83 Abs. 5 lit. a Geldbußen von bis zu 20 Mio. EUR oder 4 % des weltweiten Vorjahresumsatzes fällig werden. Nun ist zweifelhaft, ob Art. 5 angesichts seiner abstrakten Formulierungen dem rechtsstaatlichen Bestimmtheitsgebot genügt, um Sanktionen lediglich auf dieser Basis verhängen zu können (→ Art. 5 Rn. 190). Doch auch Art. 25 weist einen hohen Abstrahierungsgrad auf (→ Rn. 15). Zudem gelten die Anforderungen aus Abs. 1 nicht absolut, sondern unterfallen einschränkenden Bedingungen, die auslegungsbedürftig sind und – solange Konkretisierungen bspw. durch den EDSA ausstehen (→ Rn. 37) – unterschiedlich interpretiert werden mögen: Stand der Technik, Implementierungskosten, Art, Umfang, Umstände und Zwecke der Verarbeitung sowie die damit verbundenen Risiken sind zu berücksichtigen (→ Rn. 36). Der Verantwortliche sollte seine Abwägung und die Entscheidung für oder gegen bestimmte technische und organisatorische Maßnahmen iSd Abs. 1 deshalb auch über Art. 5 Abs. 2 und Art. 24 Abs. 1 S. 1 so dokumentieren, dass im Fall einer Überprüfung die Aufsichtsbehörde die Argumentation nachvollziehen und bewerten kann. Ohne eine Dokumentation wäre nicht erkennbar, ob der Verantwortliche sich überhaupt mit Datenschutz durch Technikgestaltung beschäftigt hat. Ähnliches gilt für Abs. 2, der zwar keine einschränkenden Bedingungen aufweist, aber bei dem die Wahl der besten Voreinstellung nicht immer eindeutig ist (→ Rn. 39).

26   **f) Umsetzungsverpflichtung.** Die DSGVO gilt **ab dem 25.5.2018.** Ab diesem Datum sind auch die Anforderungen der Art. 25 zu erfüllen. Ohnehin hat der Verantwortliche seine gesamte Verarbeitung personenbezogener Daten daraufhin zu überprüfen, inwieweit Nachbesserungen oder Anpassungen zur Erfüllung der DSGVO erforderlich sind. Auch wenn für Verarbeitungen die Festlegung der Mittel bereits erfolgt ist, kann der Verantwortliche technische und organisatorische Maßnahmen **für die eigentliche Verarbeitung** treffen. Dazu gehört auch, eingebundene Auftragsverarbeiter auf Art. 25 und die weiteren Verpflichtungen hinzuweisen und abzufragen, wie die Anforderungen umgesetzt werden. Sollte der Verantwortliche die Anforderungen des Art. 25 mit seiner bisherigen Verarbeitung nicht erfüllen können, kann es erforderlich sein, eine geänderte Festlegung der Mittel vorzunehmen.

27   Auch die **datenschutzfreundlichen Voreinstellungen** müssen umgesetzt werden. Jedoch sollten nicht solche Konfigurationen überschrieben und übersteuert werden, die bewusst von den Nutzenden vorgenommen wurden. In vielen Fällen wird aber Änderungsbedarf an den initialen Konfigurationen bestehen, so dass spätestens vom 25.5.2018 an datenschutzfreundliche Voreinstellungen für alle neuen Nutzungsbeziehungen umzusetzen sind. Bestimmte Einstellungen sind für alle Nutzenden umzukonfigurieren, bspw. wenn ein personenbezogenes Tracking für den Verarbeitungszweck nicht erforderlich ist und die Nutzenden keine Einwilligung gegeben haben. Für andere Änderungen bietet sich an, die Nutzenden über ihre Optionen zu informieren und ihnen Wahlmöglichkeiten zur Verfügung zu stellen.

28   **2. Datenschutz durch Gestaltung (Abs. 1).** Abs. 1 beschreibt die Anforderungen an den Verantwortlichen zur Implementierung von Datenschutz in die Verarbeitung (→ Rn. 29 f.). Dies soll mithilfe von geeigneten technischen und organisatorischen Maßnahmen erreicht werden, die der Verantwortliche vor und während der Verarbeitung (→ Rn. 33 f.) treffen muss. Es handelt sich nicht um eine absolute Vorgabe, sondern der Verantwortliche hat die **Verpflichtung einer Abwägung,** wie dies auch schon in Art. 24 vorgesehen ist (→ Rn. 36 ff.), allerdings unter zusätzlicher Berücksichtigung des Stands der Technik und der Implementierungskosten.

29   **a) Ziel: in die Verarbeitung eingebauter Datenschutz.** Das Ziel des Abs. 1 ist durch die Charakterisierung dieser Maßnahmen vorgegeben: Diese sollen dafür ausgelegt sein, die Datenschutzgrundsätze aus Art. 5 (→ Art. 5 Rn. 20 ff.) wirksam umzusetzen und die notwendigen Garantien in die Verarbeitung aufzunehmen, um den Anforderungen der DSGVO insgesamt zu genügen sowie die Rechte der betroffenen Personen zu schützen. Der Begriff „dafür ausgelegt sein" (Englisch: „are designed to") betont, dass diese **Maßnahmen tatsächlich die Datenschutzanforderungen adressieren** sollen und nicht abweichende Ziele verfolgen oder Nebenwirkungen aufweisen. Denn ohne Kenntnis oder Berücksichtigung der Datenschutzanforderungen könnten leicht neue Risiken entstehen. Es ist allerdings nicht erforderlich, dass die Maßnahmen nur zu dem Zweck der Umsetzung der Verordnung entstanden sind und mit einer Passgenauigkeit für Art. 25 werben.

30   Die **wirksame Umsetzung der Datenschutzgrundsätze** bezieht sich auf Art. 5 und betrifft nicht nur die exemplarisch genannte Datenminimierung (Art. 5 Abs. 1 lit. c, → Art. 5 Rn. 117 ff.), sondern auch die anderen dort aufgezählten Grundsätze: Rechtmäßigkeit, Verarbeitung nach Treu und Glauben, Transparenz (Art. 5 Abs. 1 lit. a, → Art. 5 Rn. 31 ff.), Zweckbindung (Art. 5 Abs. 1 lit. b, → Art. 5 Rn. 63 ff.), Richtigkeit (Art. 5 Abs. 1 lit. d, → Art. 5 Rn. 137 ff.), Speicherbegrenzung (Art. 5 Abs. 1 lit. e, → Art. 5 Rn. 151 ff.) sowie Integrität und Vertraulichkeit (Art. 5 Abs. 1 lit. f, → Art. 5 Rn. 168 ff.). Die Erfüllung von Art. 25 unterstützt die Rechenschaftspflicht des Verantwortlichen nach Art. 5 Abs. 2 (→ Art. 5 Rn. 175 ff.). Die Wirksamkeit der Umsetzung (Englisch: „in an effective manner") erfordert, dass die Maßnahmen so funktionieren, dass

die **fehlerfreie Umsetzung gewährleistet** ist, und dass dies **ohne Probleme und besondere Schwierigkeiten** geschieht.

Zusätzlich zu der wirksamen Umsetzung der Datenschutzgrundsätze nach Art. 5 verlangt Abs. 1, die **not- 31 wendigen Garantien** in die Verarbeitung aufzunehmen, um den Anforderungen der DSGVO zu genügen und die Rechte der betroffenen Personen zu schützen. Die Aufnahme der notwendigen Garantien (Englisch: „necessary safeguards")[44] entspricht der wirksamen Umsetzung. Hier geht es aber nicht nur um die sechs bzw. acht[45] Datenschutzgrundsätze aus Art. 5, sondern jede den Verantwortlichen betreffende Regelung in der DSGVO soll hier Berücksichtigung finden. Dies schließt selbstverständlich auch Art. 5 mit ein, so dass das Herausstellen der Datenschutzgrundsätze mit zusätzlicher Nennung der Datenminimierung zur Veranschaulichung dient und regelungstechnisch nicht notwendig gewesen wäre. Wiederum ist die Forderung in Art. 24 bereits auf die Verarbeitung gemäß der DSGVO insgesamt ausgerichtet, so dass die Regelung in Abs. 1 nicht überraschend wirkt. Man muss sich aber bewusst machen, dass dies weit über Datenminimierung hinausgeht, bspw. wenn technische und organisatorische Maßnahmen für die Rechte der betroffenen Person (Kapitel III, Art. 12ff.) oder Spezialregelungen wie Art. 11 zur Verarbeitung, für die eine Identifizierung der betroffenen Person nicht erforderlich ist, zu betrachten sind.

Die notwendigen Garantien sollen auch den Schutz der **Rechte der betroffenen Personen** (Englisch: „rights 32 of data subjects") beinhalten. Auch dies ist kein Plus zu der vorher genannten Anforderung, die DSGVO zu erfüllen. Die Formulierung verweist wiederum beispielhaft auf die Rechte der betroffenen Person aus Kapitel III der Verordnung. Unabhängig davon ist es nicht falsch, die Regelung des Abs. 1 so zu verstehen, dass sie die Grundrechte und Grundfreiheiten natürlicher Personen adressiert, die in Art. 1 Abs. 2 als Gegenstand der DSGVO benannt sind, denn diese sind selbstverständlich ebenfalls von den Anforderungen der Verordnung umfasst. Deutlich wird, dass die Perspektive der von der Verarbeitung betroffenen Personen – anders als dies mit einem reinen Fokus auf Informationssicherheit der Fall wäre – in Hinblick auf ihre Rechte zu berücksichtigen ist, denn zu ihrem Schutz sollen die Maßnahmen dienen.

b) Zeitpunkte der Maßnahmen. Das nachhaltige Implementieren von Datenschutz in die Verarbeitung be- 33 darf einer Berücksichtigung der Anforderungen bereits in der Phase der Konzeption, da zu jenem Zeitpunkt bereits Entscheidungen getroffen werden, die die späteren Gestaltungsmöglichkeiten einschränken können. Datenschutz „by Design" betrifft **von Anfang an den gesamten Lebenszyklus der Verarbeitung und der verarbeiteten personenbezogenen Daten von der Erhebung bis zu ihrer Löschung**, wie dies der Entwurf des EP expliziert hat (→ Rn. 11). Diese konkrete Formulierung wurde zwar nicht in Abs. 1 übernommen, sie war jedoch ohnehin nur eine zusätzliche Klarstellung zum KOM-E, der (wie auch die endgültige Fassung) auf den gesamten Prozess der Verarbeitung verweist. Diese Herangehensweise gehört auch zu den grundlegenden Prinzipien von „Privacy by Design".[46] Die Betonung dieses umfassenden Ansatzes ist sachgerecht, da alle Phasen der Datenverarbeitung bei der Gestaltung betrachtet werden müssen und sowohl vor der Verarbeitung als auch währenddessen die geeigneten technischen und organisatorischen Maßnahmen zu treffen sind.[47] Dies bringt auch Abs. 1 zum Ausdruck, indem zeitlich sowohl auf den Zeitpunkt der Festlegung der Mittel für die Verarbeitung, dh im Vorfeld der Verarbeitung, als auch auf den Zeitpunkt der eigentlichen Verarbeitung, dh die Dauer des gesamten Lebenszyklus, abgestellt wird. Die Verarbeitung umfasst nach Art. 4 Nr. 2 „jeden mit oder ohne Hilfe automatisierter Verfahren ausgeführten Vorgang oder jede solche Vorgangsreihe im Zusammenhang mit personenbezogenen Daten", zB Erheben, Erfassen, Organisation, Ordnen, Speicherung, Anpassung, Veränderung, Auslesen, Abfragen, Verwendung, Offenlegung durch Übermittlung, Verbreitung oder andere Form der Bereitstellung, Abgleich, Verknüpfung, Einschränkung, Löschen oder Vernichtung (→ Art. 4 Nr. 2 Rn. 11). In der Phase der Festlegung der Mittel müssen bspw. Entscheidungen getroffen werden, welche Komponenten der Verarbeitung herangezogen werden und wo Dienstleister unterstützen sollen. Für eine Beschaffung von Komponenten und eine Ausschreibung von Dienstleistungen sind die Anforderungen des Art. 25 und damit die Anforderungen der DSGVO insgesamt als Kriterien für die Auswahl anzulegen (→ Rn. 19).

Abs. 1 schließt sich an Art. 24 an, der zwar keine Zeitpunkte für die Maßnahmen benennt, aber den Ver- 34 antwortlichen ebenso wie Art. 32 Abs. 1 lit. d dazu verpflichtet, die Maßnahmen **erforderlichenfalls zu überprüfen und zu aktualisieren.** Die Überprüfung und Aktualisierung dient dem Zweck, die **Wirksamkeit**

---

44 Auch in der DSRL wurden „safeguards" in der deutschen Fassung mit „Garantien" übersetzt. Im Bereich der Informationssicherheit spricht man eher von Schutzmaßnahmen, da eine wirkliche Garantie, dh eine hundertprozentige Sicherheit, generell nicht gegeben werden kann. In diesem Sinne ist der Begriff auch in der Verordnung zu verstehen.

45 Art. 5 Abs. 1 lit. a enthält der Sache nach drei selbstständige Grundsätze.

46 *Cavoukian*, Privacy by Design – The 7 Foundational Principles, 2011: „Privacy Embedded into Design" sowie „End-to-End Security – Lifecycle Protection".

47 So auch Gola/Nolte/*Werkmeister* Art. 25 Rn. 12 f.

bzgl. des Ziels der Regelung kontinuierlich zu gewährleisten. Es wird kein Zeitrahmen festgelegt, innerhalb dessen eine Überprüfung und Aktualisierung notwendig ist, sondern dies muss in Abhängigkeit von den Gegebenheiten wie dem Risiko oder den Änderungen durch interne oder externe Einflüsse geschehen ($\rightarrow$ Art. 24 Rn. 19 f.). Dies setzt voraus, dass der Verantwortliche solche Änderungen, die eine Neubewertung erfordern, im Blick hält, bspw. über sein **Datenschutzmanagement**. Damit der Verantwortliche dieser stetigen Beobachtungspflicht nachkommen kann, ist es sinnvoll, regelmäßige Überprüfungstermine vorzusehen ($\rightarrow$ Art. 24 Rn. 20). Das dafür zu verwendende Zeitintervall hängt wiederum von den möglichen Risiken ab: So ist im Bereich der Informationssicherheit eine kurzfristige Reaktionsgeschwindigkeit erforderlich, so dass sich Verantwortliche zumindest bei vernetzten Systemen zur Verarbeitung personenbezogener Daten üblicherweise täglich mit der Sichtung von Sicherheitswarnungen und etwa bereitgestellten Aktualisierungen beschäftigen müssen. Zusätzlich zu solchen regelmäßigen Aktualisierungen, die ohnehin gewährleistet sein müssen, sollte die Wirksamkeit der generellen Maßnahmen zumindest jährlich auf den Prüfstand kommen. Bei besonders sensiblen Daten oder einem hohen Risiko wäre möglicherweise ein kleineres Überprüfungsintervall geboten. Zudem können konkrete technische Entwicklungen oder Ereignisse es erforderlich machen, eine Überprüfung vorzunehmen. Der Verantwortliche muss den Umgang mit Überprüfungen und Aktualisierungen dokumentieren, um nachweisen zu können, dass er seinen Pflichten gemäß Art. 24 Abs. 1 S. 2 sowie Art. 25 Abs. 1 genügt.

35 Bei der Evaluierung ist die **Wirksamkeit der kombinierten Maßnahmen in ihrem Zusammenspiel** maßgeblich, da sich bei einer Einzelbetrachtung jeder Maßnahme mögliche Verstärkungen oder Schwächungen, die sich aus etwaigen Nebenwirkungen oder Abhängigkeiten ergeben, nicht verlässlich bewerten lassen. Allerdings können für die Beurteilung der Maßnahmenkombination auch Eigenschaften der einzelnen Maßnahmen relevant sein, bspw. wenn sich eine Fehleranfälligkeit herausstellt, der nicht bereits durch andere Maßnahmen wirksam begegnet wird, oder wenn eine Maßnahme nicht mehr dem Stand der Technik zugerechnet werden kann.

36 **c) Abwägung beim Treffen der Maßnahmen.** Die Maßnahmen, die nach Abs. 1 getroffen werden, müssen geeignet sein, um das Ziel – die Garantien für die Einhaltung der Anforderungen der Verordnung – zu erreichen. Dabei hat der Verantwortliche einen **Spielraum**, der durch die Berücksichtigung der in Abs. 1 genannten Faktoren aufgespannt wird. Gegenüber den in Art. 24 Abs. 1 genannten Faktoren, die sich aus der Verarbeitung und aus den damit verbundenen Risiken ergeben, kommen **mit dem Stand der Technik und den Implementierungskosten zusätzliche Gesichtspunkte** hinzu.[48] Hier besteht ein Gleichlauf mit Art. 32 Abs. 1 ($\rightarrow$ Art. 32 Rn. 19). Beide Gesichtspunkte sind nicht neu, da bereits Art. 17 DSRL eine ähnliche Formulierung verwendet hat.[49]

37 Die genannten Faktoren für das Treffen der Maßnahmen sind konkretisierungsbedürftig; der Verantwortliche muss die notwendige Auslegung im Zuge seiner Abwägung leisten. Aus Gründen der Nachvollziehbarkeit, die sich aus der Rechenschaftspflicht aus Art. 5 Abs. 2 ergibt, muss er dokumentieren, warum die von ihm ausgewählten und implementierten Maßnahmen geeignet sind und wie sie die Anforderungen aus Abs. 1 erfüllen. Diese Dokumentation ist zudem hilfreich, um die Pflicht zur Überprüfung und Aktualisierung nach Art. 24 Abs. 1 S. 2 umzusetzen, der der Verantwortliche zu einem späteren Zeitpunkt nachkommen muss. Der Verweis auf zu berücksichtigende Faktoren setzt das Gebot der Technikneutralität um und erlaubt eine **Dynamisierung im Gleichklang mit dem technischen Fortschritt und anderen Weiterentwicklungen**, die sowohl die Verarbeitung und die Risiken als auch die verfügbaren technischen und organisatorischen Maßnahmen bestimmen. Falsch wäre es, wenn der Verantwortliche die zu berücksichtigenden Faktoren als „Ausreden" heranzöge, um notwendige Maßnahmen nicht umzusetzen. Sie sollen nicht zu einer Verwässerung der Regelung zum eingebauten Datenschutz führen, sondern **im Rahmen der Angemessenheit und Verhältnismäßigkeit eine untere und eine obere Schranke für die zu treffenden Maßnahmen definieren**. Konkretisierungen werden durch Leitlinien, Empfehlungen und bewährte Verfahren zur Sicherstellung einer einheitlichen Anwendung der DSGVO, die der EDSA nach Art. 70 Abs. 1 lit. e bereitstellt, durch Datenschutzaufsichtsbehörden in ihrer Aufgabenerfüllung nach Art. 57 Abs. 1 lit. a oder durch gerichtliche Entscheidungen erwartet.

38 Die **Abwägung kann analog zu Art. 32 Abs. 1 vorgenommen werden** ($\rightarrow$ Art. 32 Rn. 19ff.). S. dort: zum Stand der Technik $\rightarrow$ Art. 32 Rn. 22ff., zu den Implementierungskosten $\rightarrow$ Art. 32 Rn. 26, zu Art, Umfang, Umständen und Zwecken der Verarbeitung $\rightarrow$ Art. 32 Rn. 27, zum Risiko $\rightarrow$ Art. 32 Rn. 28ff. Bezüglich der Implementierungskosten sei – wie auch bei Art. 32 Abs. 1 – betont, dass sie sämtliche Kosten, die mit der Implementierung der Maßnahmen in Zusammenhang stehen, über den gesamten Lebenszyklus umfas-

---

48 Ausführlich zu den Abwägungskriterien Sydow/*Mantz* Art. 25 Rn. 36 ff.

49 „[...] unter Berücksichtigung des Standes der Technik und der bei ihrer Durchführung entstehenden Kosten [...]" / Having regard to the state of the art and the cost of their implementation, [...]" – Art. 17 Nr. 1 S. 2 DSRL.

sen (→ Art. 32 Rn. 26).[50] Zu betonen ist, dass es schon bei Art. 32, erst recht aber bei Art. 25 trotz eines Bezugs zu technischen Verarbeitungssystemen nicht ausreicht, die Datensicherheitsanforderungen und die Bedrohungen für die klassischen Schutzziele der Informationssicherheit zu berücksichtigen (→ Art. 32 Rn. 11). Stattdessen müssen der erweiterte Risikobegriff der DSGVO sowie damit verbunden die Rechte und Freiheiten natürlicher Personen in den Mittelpunkt gestellt werden (→ Art. 32 Rn. 28ff.). Während in der Informationssicherheit mittlerweile teilweise sehr umfangreiche Maßnahmenkataloge vorliegen (→ Art. 32 Rn. 23, 78), ist dieser Grad der Professionalität für Maßnahmen, die Datenschutzanforderungen umsetzen oder unterstützen, noch nicht erreicht. Insbes. fehlt es an verlässlichen Aussagen für die **Bestimmung des Reifegrads im Bereich der datenschutzfördernden Technik und anderen Maßnahmen mit dem Fokus auf Datenschutz**.[51] Eine solche Reifegradbestimmung („Maturity") darf nicht nur die Einsatzfähigkeit („Readiness") evaluieren, sondern muss auch die Qualität („Quality") der jeweiligen Maßnahme bestimmen.[52] Für den Verantwortlichen wären stetig zu aktualisierende Kataloge oder Datenbanken hilfreich, die Festlegungen dazu enthalten, inwieweit eine Maßnahme oder eine Maßnahmenkombination dem Stand der Technik zuzuordnen ist.[53] Weiterhin wäre es von Bedeutung, Annahmen und Bedingungen zum Einsatz der Maßnahme einschließlich etwaiger unerwünschter Seiteneffekte in solchen Katalogen oder Datenbanken zu dokumentieren, denn es ist nicht gewährleistet, dass bei einer Kombination von zwei datenschutzfördernden Maßnahmen die Datenschutzeigenschaften erhalten bleiben.[54] Ein einfaches Beispiel mag dies verdeutlichen: Eine Technik mit dem Ziel der Anonymisierung von Identifikatoren wie Geräteadressen oder Kreditkartennummern besteht im Kürzen des vorderen oder des hinteren Teils. Kürzt man nun bei einigen Verwendungen dieser Daten den vorderen, bei anderen den hinteren Teil, kann durch einen Abgleich mit dem in beiden Fällen nicht von der Kürzung betroffenen Mittelteil der vollständige Identifikator rekonstruiert und damit der Anonymisierung entgegengewirkt werden.

3. Datenschutz durch datenschutzfreundliche Voreinstellungen (Abs. 2). Mit Datenschutz durch daten- 39
schutzfreundliche Voreinstellungen wird ein **Paradigmenwechsel** eingeführt, denn die heutige Praxis sieht keinesfalls so aus, dass die Voreinstellungen, also die vorkonfigurierten Eigenschaften einer Verarbeitung, maximal datensparsam in Bezug auf den jeweiligen Verarbeitungszweck sind. Vielfach beschäftigen sich die Nutzenden nicht mit den Voreinstellungen, so dass die initiale Vorkonfiguration bestimmt, inwieweit personenbezogene Daten weitergegeben und verarbeitet werden. Diejenigen, denen daran gelegen ist, ihre Privatsphäre zu schützen, müssen sich häufig mühsam durch die Einstellmöglichkeiten in den Menüs der Software hangeln, um die Konfiguration an ihre Bedürfnisse anzupassen. Mit Datenschutz „by Default" soll sich dies ändern, denn nur für diejenigen, die durch aktives Tun die Konfiguration ändern, besteht die Möglichkeit, mehr als die für den Verarbeitungszweck erforderlichen personenbezogenen Daten herauszugeben und verarbeiten zu lassen, bspw. für weitere Zwecke. Die Idee dahinter ist: Wer seine Voreinstellungen nicht ändert, setzt sich keinem erhöhten Risiko aus. Nutzende können zunächst Erfahrungen sammeln und auf dieser Basis bewusst entscheiden, ob sie weitere Daten herausgeben möchten, zB um ihre Nutzung zu personalisieren. Dabei beschränkt sich Abs. 2 nicht auf die Verarbeitung durch den Verantwortlichen selbst: Zwar ist der Verantwortliche zum Treffen der Maßnahmen verpflichtet, und er ist auch derjenige, der den Zweck der Verarbeitung bestimmt hat, doch bezweckt die Vorschrift eine generelle Risikominimierung, so dass die Maßnahmen auch darauf zielen, einen Schutz vor der Weitergabe an Dritte oder vor deren Zugriff zu gewährleisten.

Mit der Anforderung aus Abs. 2 werden insbes. die **Datenschutzgrundsätze Datenminimierung** (Art. 5 40
Abs. 1 lit. c) und **Speicherbegrenzung** (Art. 5 Abs. 1 lit. e), ergänzt um die **Zweckbindung** (Art. 5 Abs. 1 lit. b), konkretisiert. Obwohl damit die Grundlagen für „Datenschutz durch datenschutzfreundliche Voreinstellungen" bereits in der DSGVO verortet sind, handelt es sich bei Abs. 2 keinesfalls um eine überflüssige Regel. Zum einen hat sich die Verarbeitung personenbezogener Daten von Nutzenden im Internet in den vergangenen Jahren gegenläufig entwickelt: Die Voreinstellungen sind keinesfalls datenminimierend, sondern die Weitergabe von Nutzungsdaten an Tracking-Dienste und Werbe-Netzwerke hat sich zum – wenn auch unrechtmäßigen – Status Quo entwickelt, dem das bisherige Datenschutzrecht nur wenig entgegensetzen konnte. Zum anderen hat sich das US-amerikanische Prinzip „Notice & Choice" in Bereichen wie dem Internet so durchgesetzt, dass auf der Basis einer gewissen, oft nur oberflächlichen Transparenz der Verarbeitung die Nutzenden per aktivem Tun bereits erfolgende Datenweitergaben deaktivieren oder dagegen

---

50 AA Paal/Pauly/*Martini* Art. 25 Rn. 41.
51 *ENISA,* Readiness Analysis for the Adoption and Evolution of Privacy Enhancing Technologies, 2015, S. 7.
52 *ENISA,* Readiness Analysis for the Adoption and Evolution of Privacy Enhancing Technologies, 2015, S. 12, 19ff.; *Hansen/Hoepman/Jensen* in: Proc. APF 2015, 2016, 3 (8ff.).
53 *ENISA,* Readiness Analysis for the Adoption and Evolution of Privacy Enhancing Technologies, 2015, S. 44.
54 *ENISA,* Privacy and Data Protection by Design – from Policy to Engineering, 2014, S. 48.

Widerspruch einlegen können (opt-out). In diesen Fällen ändert das Prinzip von Datenschutz durch datenschutzfreundliche Voreinstellungen die Vorzeichen und zwingt die Verantwortlichen zu einer Änderung ihrer Vorgehensweise.

41 **a) Szenarien für Voreinstellungen.** Während Art. 25 sowohl in der Überschrift als auch in Abs. 2 S. 3 von „durch Voreinstellungen" (Plural) spricht, ist in Abs. 2 S. 1 von „durch Voreinstellung" (Singular) die Rede. Da in der englischen Sprachfassung einheitlich „by default" verwendet wird, muss hier dieselbe Interpretation angelegt werden. Unter Voreinstellungen wird üblicherweise eine **Konfiguration verstanden, die initialisiert ist und die sich ändern lässt.** Es handelt sich nicht zwangsläufig um die voreingestellten Werte, die Nutzende im Einstellungsmenü einer Software sichten und modifizieren können. Stattdessen kann der Begriff der Voreinstellung auch die Festlegung umfassen, ob eine Verarbeitung, bspw. eine Veröffentlichung von Daten, automatisch erfolgt oder ob vorher eine Interaktion mit den Nutzenden erforderlich ist. Dieses Beispiel gibt die Art.-29-Gruppe in ihrer Stellungnahme zum Internet of Things, die Aussagen zu Standardeinstellungen („default settings") trifft: Vor der Veröffentlichung der von IoT-Geräten erzeugten Daten auf sozialen Plattformen sollten die Nutzenden im Rahmen der Standardeinstellungen aufgefordert werden, die Daten zu überprüfen, zu bearbeiten und auszuwählen.[55] Ein Automatismus soll also per Voreinstellung gerade nicht gegeben sein. Damit adressiert diese Design-Entscheidung auch Abs. 1, dh Datenschutz durch Technikgestaltung. Allerdings ist eine Voreinstellung üblicherweise so zu verstehen, dass die Möglichkeit einer Änderung der initialen Werte oder der Eigenschaften besteht, da man ansonsten von eingebauter Funktionalität sprechen würde.

42 Ein typisches Szenario für Voreinstellungen ist die Nutzung eines Dienstes im Internet, bspw. unter einem Benutzerkonto, bei dem die **Datenpreisgabe von den Voreinstellungen abhängt.** Dies können sowohl Daten sein, die der Verantwortliche über den eigentlichen Zweck hinaus erhält, als auch Daten, die gegenüber Dritten wie anderen Nutzenden sichtbar gemacht werden. Beispiele sind vorkonfigurierte Lesebestätigungen für E-Mails oder Messaging-Nachrichten, die an den Absender gesandt werden, ohne dass der Empfänger dies gesteuert hat, oder das Speichern von Telefonnummern in einer Telefonanlage von Personen, deren Anruf nicht entgegengenommen wurde, die nicht explizit einen Rückrufwunsch hinterlassen haben.[56] Ebenso könnte im Fall eines Sozialen Netzwerks durch Voreinstellung bestimmt sein, welche weiteren Nutzenden – natürliche Personen oder Organisationen – auf bereitgestellte Inhalte zugreifen können, zB nur „Freunde", auch „Freunde von Freunden", die Öffentlichkeit oder eine globale Suchmaschine zur Indexierung der Inhalte. In diesem Fall wäre der Nutzende in der Regel eine der betroffenen Personen, denn die Inhalte können weitere Personen betreffen, zB ein Foto mit mehreren Menschen. Es ist sogar möglich, dass der Nutzende nicht zum Kreis der betroffenen Personen gehört.

43 Ein weiteres mögliches Szenario, das von Abs. 2 umfasst wird, beschränkt sich rein auf **Voreinstellungen beim Verantwortlichen,** ohne dass diese Voreinstellungen für die betroffenen Personen sichtbar oder änderbar sind. Zwar ist Abs. 2 entstehungsgeschichtlich durch Soziale Netzwerke motiviert, zielt also auf Fälle der Interaktion zwischen Verantwortlichen und betroffenen Personen. Weder der Wortlaut noch der Sinn und Zweck der Vorschrift setzen dies jedoch voraus; das Prinzip des „Privacy by Default" ist ebenfalls allgemeiner gefasst. Abs. 2 beinhaltet auch Anforderungen an Voreinstellungen beim Verantwortlichen, wenn Daten von betroffenen Personen verarbeitet werden und durch Voreinstellung die Menge der in die Auswertung aufgenommenen Daten zunächst reduziert ist. Dies kann bspw. in der Software realisiert sein, die ein Sachbearbeiter verwendet, um Konditionen für einen Vertrag zu berechnen oder eine Prognose bezüglich einer betroffenen Person zu erstellen. Auch die Einstellungen in einem dienstlichen Telefon hinsichtlich der gespeicherten Nummern der Anrufenden gehört in die Kategorie der Voreinstellungen beim Verantwortlichen. Während im ersten Szenario der Nutzende in der Regel als Privatperson die Voreinstellungen ändern kann, wäre dies im zweiten Fall ein Beschäftigter bei dem Verantwortlichen – entweder auf eigene Veranlassung, soweit gestattet, oder unter Vorgaben für die gesamte Organisation. Wird die Änderung einer Voreinstellung von der betroffenen Person selbst informiert und freiwillig vorgenommen, kann dies als Einwilligung betrachtet werden, bspw. in die Verarbeitung zu weiteren Zwecken (→ Rn. 56). Eine Verarbeitung von personenbezogenen Daten, die nicht für den eigentlichen Verarbeitungszweck erforderlich sind, ist nur unter besonderen Voraussetzungen zulässig (→ Art. 6 Abs. 1 Rn. 12ff.).

44 Nutzerseitige Voreinstellungen spielen zudem eine Rolle, wenn **Nutzende informationstechnische Systeme installieren und verwenden.** Abs. 2 adressiert jedoch nicht den Fall, bei dem der Hersteller nicht auch Verantwortlicher ist, da er nicht selbst personenbezogene Daten verarbeitet. Dieser Fall ist zwar mittlerweile

---

55 *Art.-29-Gruppe,* WP 223, S. 27.
56 Im Fall einer Beratungsstelle wäre es kritisch, wenn die Beschäftigten ohne expliziten Rückrufwunsch die Nummer eines Haushalts wählen und eine andere Person das Telefonat annimmt. Dies kann bereits eine Offenbarung von sensiblen Daten bedeuten. Hier dürfen die Nummern der Anrufenden – auch wenn das Telefonat nicht zustande gekommen ist – nicht gespeichert werden.

seltener geworden, da häufig ein Kundenverhältnis mit dem Hersteller besteht und zumindest eine Datenverarbeitung im Rahmen von Aktualisierungen (Updates) stattfindet, wenn diese online erfolgt. Jedoch kann dies informationstechnische Systeme wie Telefone oder Computer oder auch Software wie Textverarbeitungen oder Kamera-Apps betreffen, bei denen datenschutzfreundliche Voreinstellungen durchaus hilfreich wären. Bspw. kann es ärgerlich sein, wenn im Auslieferungszustand Computer oder Smartphones mit unnötigen Programmen bzw. Apps versehen sind, die sich nur schwer entfernen lassen, wenn Telefone die Nummern der gewählten oder empfangenen Anrufe ungefragt und ohne ausreichenden Zugriffsschutz mitspeichern, wenn Metadaten unbewusst in Text- oder Fotodateien eingebettet werden. Solange der Hersteller kein Verantwortlicher ist, kann gegen diese Konfigurationen jedoch nach der DSGVO nichts unternommen werden. **Abs. 2 ist nur anwendbar, soweit personenbezogene Daten von einem Verantwortlichen verarbeitet** werden. Ob andernfalls der Kunde des Herstellers selbst unter Abs. 2 fällt, ist separat zu beurteilen (→ Rn. 42 f.). Wenn dies der Fall ist, erstreckt sich die Norm zwar weiterhin nicht auf den Hersteller. Aufgrund der eigenen Pflicht des Kunden wird dieser aber das System entweder iSv Abs. 2 konfigurieren oder darauf dringen müssen, es bereits in diesem Zustand geliefert zu bekommen. In diesem Fall wirkt sich Abs. 2 zumindest mittelbar auch auf Hersteller aus, die selbst nicht an die Norm gebunden sind.

b) Keine relativierenden Bedingungen. Während Art. 24 Abs. 1, Art. 25 Abs. 1 sowie Art. 32 Abs. 1 jeweils 45
Bedingungen voranstellen, die der Verantwortliche bei dem Treffen der technischen und organisatorischen Maßnahmen berücksichtigen muss und die sowohl als auch als untere Schranke fungieren können, fehlen solche Bedingungen für Abs. 2. Dies war in der ersten deutschen Sprachfassung aufgrund eines Übersetzungsfehlers nicht deutlich, wurde aber im Corrigendum vom 19.4.2018 klargestellt (→ Rn. 13). Daher muss man sich bewusst machen, dass Abs. 2 eine **unbeschränkte Verpflichtung des Verantwortlichen** darstellt: Es ist durch Voreinstellung zu gewährleisten, dass keine überschießenden personenbezogenen Daten, die für den jeweiligen Verarbeitungszweck nicht erforderlich sind, verarbeitet werden.

c) Ziel: Beschränkung auf für den Zweck erforderliche Daten durch Voreinstellung. Während in der Debat 46
te um „Privacy by Default" gefordert wurde, dass durch Voreinstellungen eines informationstechnischen Systems vollständig garantiert werden sollte, dass die Privatsphäre der betroffenen Personen geschützt bleibt, ohne dass sie aktiv eingreifen müssen, fokussiert Abs. 2 auf die **Erforderlichkeit der Verarbeitung für den jeweiligen Zweck**, wie in S. 1 gefordert. Der Verantwortliche muss daher zunächst den Zweck festlegen, damit bestimmt werden kann, welche personenbezogenen Daten dafür erforderlich sind. S. 2 verdeutlicht, dass die Anforderung der Beschränkung auf das Erforderliche nicht nur für die Menge der erhobenen Daten gilt, sondern auch für den Umfang der Verarbeitung, der Speicherfrist und die Zugänglichkeit. Diese Anforderungen sind auslegungsbedürftig.

Die Minimierung der **Menge der erhobenen Daten** unterscheidet sich je nach Verarbeitungszweck. Das Er 47
heben findet durch den Verantwortlichen statt, der lediglich erheben kann, was ihm gegenüber preisgegeben wurde. Handelt es sich um nutzerseitig änderbare Voreinstellungen, könnten die Nutzenden auf der Basis einer datenminimierenden Voreinstellung weitere Daten hinzufügen, die preisgegeben werden. Die Festlegung der minimalen Datenmenge ist nicht immer eindeutig und kann von der **Gestaltung der Verarbeitung** abhängen. So würde sich im Fall einer notwendigen Authentifizierung die Menge der erhobenen Daten in Abhängigkeit von dem gewählten Verfahren ändern: Wird bspw. die eID-Funktion des elektronischen Personalausweises angeboten und reicht eine Authentifizierung unter Pseudonym aus, können die Nutzenden, die darüber verfügen, ohne Nennung von weiteren Daten authentifiziert werden.[57] Dies muss in den Voreinstellungen berücksichtigt werden.

Es kann sein, dass **durch die Nutzenden überschießende Informationen übertragen** werden, bspw. techni 48
sche Daten über Geräteadressen oder Browser-Eigenschaften. In diesen Fällen müsste, sofern die Daten nicht für den Verarbeitungszweck erforderlich sind, die Erhebung dieser Daten aufseiten des Verantwortlichen unterbleiben. In vielen Fällen wird die Erhebungsmöglichkeit technisch nicht vollständig ausgeschlossen, sondern konfigurierbar sein, da es bspw. im Fall einer Fehlersuche sinnvoll sein kann, temporär zusätzliche Daten auszuwerten. Die Voreinstellung beim Verantwortlichen würde sich jedoch für den normalen Operativbetrieb auf die dafür erforderliche Menge der erhobenen Daten beschränken.

Die Erforderlichkeit beschränkt sich nicht auf die Menge der Daten, sondern erstreckt sich nach Abs. 2 S. 2 49
auch auf den Umfang der Verarbeitung (Englisch: „the extent of their processing").[58] Hierunter ist die „Tiefe" der Verarbeitung zu verstehen.[59] Es geht darum, die **Sensitivität der Verarbeitung** ebenfalls auf das

---

57 Hornung/Möller/*Möller* PassG/PAuswG, PAuswG § 18 Rn. 3ff.
58 In der deutschen Sprachfassung wird „Umfang" auch ein Art. 24 Abs. 1 oder Art. 25 Abs. 1 verwendet, entspricht an diesen Stellen aber dem englischen „scope" und ist nicht mit „extent" gleichzusetzen.
59 Paal/Pauly/*Martini* Art. 25 Rn. 50.

erforderliche Maß zu beschränken, bspw. indem die Daten nicht verknüpft werden oder sogar nicht verkettbar sind und so Persönlichkeitsprofile vermieden werden. Der Umfang der Verarbeitung könnte zudem Speicherdauern und Zugriffe betreffen, die in der Regeln zu minimieren sind, wie zu den weiteren Bedingungen Speicherfristen (→ Rn. 50) und Zugänglichkeit (→ Rn. 51) ausgeführt.

50 In den Voreinstellungen sind die **Speicherfristen** ebenfalls im Einklang mit dem Verarbeitungszweck festzulegen. In vielen Fällen müssen die erhobenen Daten keine lange Speicherung aufweisen, aber für einige Zwecke kann auch geboten sein, dass die Daten grds. aufbewahrt und verfügbar bleiben. Bspw. wird man bei einem Backup-Service nicht erwarten, dass die Speicherdauer auf eine kurze Frist voreingestellt ist. Eine automatische Löschung soll in solchen Fällen zumeist nicht stattfinden. Ähnliches mag erwartungskonform sein für Internet-Veröffentlichungen oder Soziale Medien, in denen die Inhalte über Jahre vorgehalten werden – möglicherweise nur für einen kleinen Nutzerkreis (vgl. Zugänglichkeit, → Rn. 51). Allerdings könnte es gerade im Zuge der Diskussion um das Recht auf Vergessenwerden (→ Art. 17 Rn. 21ff.) geboten sein, dass als Voreinstellung kurze Speicherfristen konfiguriert werden, die sich fallweise oder generell vom Nutzenden verlängern lassen.[60] Einige Soziale Medien setzen sogar absichtlich auf flüchtige Informationen, die nur für eine kurze Zeit zugänglich sind und deren Speicherdauer die Nutzenden nicht erweitern können. Diese Entscheidung der Anbieter kennzeichnet den Verarbeitungszweck.

51 Besonders relevant ist der Begriff der **Zugänglichkeit** („accessibility"), der in dieser Begriffswahl der DSGVO nur an dieser einen Stelle vorkommt und nicht definiert wird. Es geht einerseits um die Zugriffsmöglichkeiten, für die – in Anlehnung an die Terminologie aus der Anlage zu § 9 BDSG aF – auch Zutritts- oder Zugangsmöglichkeiten zu den Systemen der Datenverarbeitung relevant sein können. Andererseits beinhaltet die Zugänglichkeit auch Möglichkeiten einer Auswertung, was sich aus Art. 4 Nr. 6 mit der Formulierung „strukturierte Sammlung personenbezogener Daten, die nach bestimmten Kriterien zugänglich sind" ergibt.[61]

52 Eine Beschränkung der Zugänglichkeit für die personenbezogenen Daten auf das Maß, wie es für den jeweiligen Verarbeitungszweck erforderlich ist, kann in der Regel nur im Zusammenspiel mit den Gestaltungsentscheidungen (→ Rn. 28ff.) umgesetzt werden. **Maßnahmen zur Begrenzung der Zugänglichkeit** sind bspw. ein Verzicht auf eine Veröffentlichung der Daten, möglichst weitgehend eingeschränkte Zugriffsrechte, Verschlüsselung gegen einen Zugriff auf den Klartext, Festlegung von Speicherorten ohne eine übermäßige Zugänglichkeit der Daten, zB lokal aufseiten der oder des Nutzenden. Sofern dies nicht explizit für den Verarbeitungszweck erforderlich ist, sollte als Voreinstellung keine Speicherung der Daten im Klartext in Drittländern ohne adäquates Datenschutzniveau erfolgen, da aus gesetzlich vorgesehenen behördlichen Zugriffsmöglichkeiten eine übermäßige faktische Zugänglichkeit der personenbezogenen Daten resultiert.

53 **d) Zugänglichmachen für eine unbestimmte Zahl natürlicher Personen (Abs. 2 S. 3).** Abs. 2 S. 3 konkretisiert die Anforderung des Abs. 2 S. 1 und 2, insbes. bezüglich der Zugänglichkeit, in einem relevanten **Spezialfall**: Er fordert ein Eingreifen der Person[62] für den Fall, dass personenbezogene Daten einer unbestimmten Zahl von natürlichen Personen zugänglich gemacht werden. Die Voreinstellung wäre also so zu wählen, dass keine unbestimmte Zahl von Menschen Zugriff auf die personenbezogenen Daten erhält. Dies bezieht sich bspw. auf Soziale Netzwerke oder Internet-Veröffentlichungen, bei denen den Nutzenden nicht bewusst ist, wie erheblich die Verbreitung der personenbezogenen Daten sein kann. Die Art.-29-Gruppe fordert im Zusammenhang mit dem Internet of Things: „Schon im Rahmen der Standardeinstellungen von sozialen Anwendungen auf IoT-Geräten sollten die Nutzer aufgefordert werden, die von ihren Geräten erzeugten Daten vor der Veröffentlichung auf sozialen Plattformen zu überprüfen, zu bearbeiten und auszuwählen. Die von IoT-Geräten an soziale Plattformen übermittelten Informationen sollten standardmäßig nicht öffentlich sein und nicht von Suchmaschinen indexiert werden."[63]

54 Bei Sozialen Netzwerken betrifft die Voreinstellung also zumindest die Sichtbarkeit der Daten für die Öffentlichkeit, für „Freunde von Freunden" und für globale Suchmaschinen. Im Fall der sog Facebook-Partys, in denen Nutzende versehentlich Tausende von Personen eingeladen hatten, wäre die Voreinstellung so zu wählen, dass die Informationen zu einer solchen Veranstaltung zunächst nicht für die Öffentlichkeit zugänglich wären, aber dies durch bewusstes Tun ermöglicht wird. Es ist also eine **explizite Freigabe der Daten für diese erweiterte Zugänglichkeit** erforderlich. In der Literatur wird teilweise darunter verstanden, dass die betroffene Person selbst dieses Eingreifen leisten soll, jedoch ist diese möglicherweise nicht mit dem

---

60 Paal/Pauly/*Martini* Art. 25 Rn. 51 weist in diesem Zusammenhang auf die Frage des digitalen Nachlasses hin.
61 *Bieker/Hansen* RDV 2017, 168.
62 Englisch: „individual", dh es kommen nur natürliche und nicht juristische Personen für ein solches Eingreifen infrage.
63 *Art.-29-Gruppe*, WP 223, S. 27.

Nutzer, der die technische Möglichkeit zum Eingreifen hat, identisch.[64] Abs. 2 fordert vom Verantwortlichen lediglich das Treffen von Maßnahmen, so dass personenbezogene Daten einer betroffenen Person nicht ohne Eingreifen des Nutzers diesem weiten Kreis zugänglich gemacht werden. Eine Prüfung, inwieweit dieser Eingriff zur Freigabe der Daten von der betroffenen Person autorisiert wurde, obliegt dem Verantwortlichen jedenfalls nach Abs. 2 nicht. Die Verantwortung für die Handlung des Eingreifens trifft die Person, aufgrund deren Intervention die Zugänglichmachung erfolgt. Problematisch wäre es jedoch, wenn dies ohne Wissen und ggf. sogar gegen den Willen der betroffenen Person geschähe.

e) **Änderungen von Voreinstellungen.** Da die Voreinstellung so zu wählen ist, dass die für den Zweck erfor-   55
derlichen Daten weiterhin verarbeitet werden können, geraten die Nutzenden nicht in eine Situation, in der sie aufgrund eines übermäßigen Schutzes die erwartete Funktionalität gar nicht erhalten können. Allerdings kann es geschehen, dass Nutzende aufgrund ihrer bisherigen Erfahrungen **unterschiedliche Erwartungen an die Verarbeitung** haben, bspw. dass alle Daten standardmäßig in einer Cloud statt lokal verarbeitet werden oder dass stets eine Betreuung der Nutzenden aufgrund einer eigentlich für den Verarbeitungszweck nicht erforderlichen Personalisierung erfolgt. Nicht alle Nutzenden werden mit den datenschutzfreundlichen und risikominimierenden Voreinstellungen einverstanden sein und sie an ihre Bedürfnisse anpassen wollen.

Für das Ändern von Voreinstellungen ist eine **gute Benutzbarkeit** essentiell. Da die Nutzenden künftig auf   56
der Basis von datenschutzfreundlichen Voreinstellungen Anpassungen vornehmen, ist besonders wichtig, dass sie über die Auswirkungen der Umkonfiguration informiert werden. Ein Ändern der Voreinstellungen ohne das Bewusstsein der Nutzenden über etwaige Risiken soll vermieden werden. Abs. 2 regelt nicht, ob der initiale Schutz durch datenschutzfreundliche Voreinstellungen mit einem Klick vollständig seine Wirkung einbüßen darf. Dass dies nicht so sein darf, lässt sich aber aus Art. 5 Abs. 1 lit. a schließen, der den Grundsatz „Rechtmäßigkeit, Verarbeitung nach Treu und Glauben, Transparenz" beschreibt. Gibt die betroffene Person weitere Daten heraus oder gestattet sie eine weitergehende Verarbeitung, bspw. zu zusätzlichen Zwecken, wird eine solche Änderung regelmäßig als Einwilligung gemäß Art. 7 aufzufassen sein, die informiert und freiwillig zu erfolgen hat (→ Art. 7 Rn. 47 ff.).[65] Dann müssten mithilfe der Benutzungsoberfläche auf jeden Fall die **Transparenzanforderungen** des Art. 12 und die **Informationspflicht** nach Art. 13 umgesetzt werden. Unabhängig von der Transparenz über etwaige Risiken sind auch für die zusätzlichen Zwecke die Grundsätze der Zweckbindung (Art. 5 Abs. 1 lit. b) und Datenminimierung (Art. 5 Abs. 1 lit. c) zu berücksichtigen.[66]

4. Rolle der Zertifizierung (Abs. 3). Der Verantwortliche kann zum Nachweis, dass die Anforderungen von   57
Datenschutz „by Design" und „by Default" erfüllt werden, nach Abs. 3 ein genehmigtes Zertifizierungsverfahren gemäß Art. 42 als Faktor[67] (im Englischen: „used as an element to demonstrate compliance") heranziehen. Dies gilt sowohl für die Zertifizierung der eigenen Verarbeitung als auch für das Beiziehen von zertifizierten Komponenten oder Auftragsverarbeitern. Die Regelung in Abs. 3 findet sich in ähnlicher Form in den Art. 24 Abs. 3, Art. 28 Abs. 5 und Art. 32 Abs. 3. Während diese anderen Normen zusätzlich einen Verweis auf genehmigte Verhaltensregeln gemäß Art. 40 aufweisen, hat der Verordnungsgeber bei Abs. 3 darauf verzichtet und **erkennt lediglich Zertifizierungsverfahren als einen Faktor zum Nachweis der Einhaltung** an. Dies ergibt sich vermutlich daraus, dass Verhaltensregeln nach Art. 40 nicht zwingend auf gestaltende Elemente der Verarbeitung eingehen und damit keine Aussage zu der Umsetzung der Anforderungen des Art. 25 beinhalten müssen.

Die genehmigten Zertifizierungsverfahren gemäß Art. 42 müssen demnach die **Anforderungen aus Abs. 1**   58
und 2 in ihren Prüfkatalog aufnehmen und bei der Zertifizierung evaluieren (→ Art. 42 Rn. 48). Der Verantwortliche kann seine Verarbeitung einer solchen Zertifizierung unterziehen. Ebenso ist es möglich, dass Verantwortliche Komponenten oder Auftragsverarbeiter für ihre eigene Verarbeitung aufnehmen, die ein

---

64 AA Paal/Pauly/*Martini* Art. 25 Rn. 52; Kühling/Buchner/*Hartung* Art. 25 Rn. 26: *Martini* bezieht das Eingreifen auf das Ändern der Voreinstellung durch den Betroffenen (vermutlich in der Bedeutung der betroffenen Person); *Hartung* erläutert, die Regelung ergebe nur Sinn, sofern die betroffene Person gemeint ist. Jedoch weist die abweichende Formulierung in Abs. 2 S. 3 darauf hin, dass auch weitere Nutzende die Intervention vornehmen könnten und dies demnach vom „Eingreifen der Person" (in der englischen Sprachfassung: „the individual's. intervention", dh abweichend von dem in Art. 4 Nr. 1 definierten „data subject") umfasst ist, bspw. wenn eine nutzende Person ein Foto einer anderen natürlichen Person im Sozialen Netzwerk veröffentlicht. In einem solchen Fall kann die nutzende Person zum (Mit-)Verantwortlichen werden.

65 EG 32 S. 3 betont, dass „bereits angekreuzte Kästchen oder Untätigkeit der betroffenen Person" keine Einwilligung darstellen. Dies stützt die Notwendigkeit der möglichst datenschutzfreundlichen Voreinstellung, *Herfurth/Benner-Tischler,* Nudging in der DS-GVO und die Wirkung von Privacy by Default, ZD-Aktuell 2017, 05901.

66 *Bieker/Hansen* RDV 2017, 168.

67 Die deutsche Sprachfassung verwendet sowohl „Faktor" (außer in Abs. 3 auch in Art. 28 Abs. 5, Art. 32 Abs. 3 und in EG 81 S. 2) als auch „Gesichtspunkt" (Art. 24 Abs. 3). Ein inhaltlicher Unterschied wird daraus nicht begründet; die englische Fassung der DSGVO bleibt konstant bei dem Begriff „element".

genehmigtes Zertifizierungsverfahren durchlaufen haben. In beiden Fällen kann der Verantwortliche ein erfolgreich durchgelaufenes genehmigtes Zertifizierungsverfahren **als einen Faktor** zum Nachweis der Erfüllung der Anforderungen aus Abs. 1 und 2 heranziehen. Im Falle von zertifizierten Komponenten oder Auftragsverarbeitern reicht es allerdings nicht aus, eine Kopie des Zertifikats abzuheften oder auf Nachfrage der Aufsichtsbehörde vorzulegen, sondern es ist notwendig, anhand der Dokumentation und der **Informationen über das konkret durchgeführte Zertifizierungsverfahren zu überprüfen**, wie die datenschutzrechtlichen Anforderungen – auch in Bezug auf Art. 25 – umgesetzt wurden. Daraus kann sich möglicherweise ergeben, welche weiteren technischen und organisatorischen Maßnahmen aufseiten des Verantwortlichen zu treffen sind, damit keine neuen Risiken für die Rechte und Freiheiten natürlicher Personen entstehen. Im Bereich der datenschutzfördernden Gestaltung kann sich der Verantwortliche nicht darauf verlassen, dass verschiedene Einzelkomponenten mit Garantien für die Einhaltung der DSGVO auch in der Kombination die datenschutzrechtlichen Anforderungen erfüllen (→ Rn. 38).

59   **5. Rechtsfolgen von Abs. 1 und Abs. 2 und praktische Umsetzung durch den Verantwortlichen.** Wie auch andere Regelungen der Verordnung ist Art. 25 recht abstrakt formuliert, um offen für zukünftige Entwicklungen zu sein. Daher bedient sich die Regelung dynamisch auszulegender Begrifflichkeiten, die sowohl von der Verarbeitungssituation beim Verantwortlichen (zB Zwecke, informationstechnische Umgebung) als auch von äußeren, sich über die Zeit ändernden Gegebenheiten (zB Stand der Technik) abhängen. In dieser Situation ist es für den Verantwortlichen wichtig, sich mit den neuen rechtlichen Anforderungen Datenschutz durch Technikgestaltung und durch datenschutzfreundliche Voreinstellungen zu beschäftigen, die **möglichen Auswirkungen dieser Grundsätze auf die eigene aktuelle und geplante Verarbeitung zu prüfen** und die **Ergebnisse schriftlich niederzulegen.**

60   Art. 25 begründet zudem Pflichtaufgaben für den Verantwortlichen, die sanktionierbar sind (→ Rn. 24). Da der Verantwortliche iS seiner Rechenschaftspflicht nach Art. 5 Abs. 2 und nach Art. 24 Abs. 1 den Nachweis dafür erbringen können muss, dass die Verarbeitung die Anforderungen der DSGVO umsetzt, betrifft dies auch Art. 25. Zum Nachweis bietet sich eine Dokumentation darüber an, wie der Verantwortliche Abs. 1 und Abs. 2 sowohl bei der Festlegung der Mittel für die Verarbeitung als auch bei deren Durchführung erfüllt. EG 78 S. 2 gibt eine Hilfestellung, indem er auf „interne Strategien" (Englisch: „internal policies") verweist.[68] Dabei handelt es sich zwar nicht um einen feststehenden Rechtsbegriff. Jedoch bringt dieser Begriff zum Ausdruck, dass es sich um eine Leitungsentscheidung mit Ausstrahlung für die Zukunft handelt, die allen, die mit der Verarbeitung in der Organisation zu tun haben, bekannt sein muss. Es geht um **organisationsinterne Richtlinien** für die Verarbeitung personenbezogener Daten, die sich nicht nur auf ein abstraktes Leitbild beschränken dürfen, sondern konkreter beschreiben müssen, wie den Anforderungen der DSGVO nachgekommen wird. Dazu gehören bspw. Zuständigkeiten und organisatorische Prozesse bezüglich der Ausgestaltung der Verarbeitung, der Auswahl von Maßnahmen, der Ausschreibungs- und Beschaffungsvorgänge, der Dokumentation der Verarbeitung und ihrer Komponenten im Zusammenspiel, des Durchführens und Auswertens von Protokollierungen, die etwaige regelmäßige oder punktuelle Einbindung von Dienstleistern wie Auditoren oder Ziele wie angestrebte Zertifizierungen. Für konkrete Entscheidungen ist zudem schriftlich zu dokumentieren, wie die Abwägung für die Auswahl der Maßnahmen unter Berücksichtigung der in Abs. 1 genannten Faktoren (→ Rn. 36ff.) erfolgte. In diesem Zusammenhang ist auch zu beachten, dass in Bezug auf Abs. 2 keine Abwägung erfolgt, sondern jene Anforderungen absolut anzulegen sind (→ Rn. 45). Daher bietet es sich an, die Anforderungen aus Abs. 1 und Abs. 2 getrennt in dem Dokument zu den internen Strategien zu betrachten.

61   Zusätzlich zu den internen Strategien, die übergeordnet die Vorgaben an die Verarbeitung darstellen, gilt es, die **geeigneten technischen und organisatorischen Maßnahmen umzusetzen.** Ziel ist es, die Anforderungen der DSGVO insgesamt wirksam umzusetzen (→ Rn. 1). EG 78 listet zu diesem Zweck beispielhaft und nicht erschöpfend eine Reihe von Maßnahmen auf, die mindestens in die Überlegungen und Dokumentationen aufzunehmen sind. Ebenso müssen zumindest die Datenschutzgrundsätze aus Art. 5 daraufhin analysiert werden, inwieweit sie in der Gestaltung durch technische und organisatorische Maßnahmen iSv Art. 25 unterstützt oder umgesetzt werden. Dazu gehören sowohl **Verfahren**, die der **Implementierung der Datenschutzgrundsätze dienen**, als auch **Gestaltungsanforderungen**, die den **Gefährdungen für die Datenschutzgrundsätze entgegenwirken**. Zahlreiche Ansätze, um Datenschutz durch Gestaltung zu systematisie-

---

68   „Internal policies" oder „interne Strategien" kommen an keiner weiteren Stelle in der DSGVO vor; der Begriff „policies" wird verwendet in Art. 4 Nr. 20 (im Deutschen: Maßnahmen), in Art. 24 Abs. 2 (im Deutschen: Vorkehrungen) und in Art. 39 Abs. 1 lit. b (im Deutschen: Strategien).

ren, sind über die letzten Jahre entstanden und zeichnen sich durch eigene Schwerpunkte aus.[69] Da Art. 25 keine Formvorschrift beinhaltet, ist der Verantwortliche nicht auf eine Herangehensweise festgelegt, sofern er verdeutlichen kann, dass er die Anforderungen der Verordnung vollständig adressiert.

Der **Datenschutzgrundsatz „Rechtmäßigkeit, Verarbeitung nach Treu und Glauben, Transparenz"** (Art. 5 **62** Abs. 1 lit. a, → Art. 5 Rn. 31ff.) umfasst allgemeine Anforderungen an die Verarbeitung. Gestaltungsanforderungen, die die Rechtmäßigkeit der Datenverarbeitung unterstützen, lassen sich primär organisatorisch umsetzen, bspw. indem nur Verfahren zur Verarbeitung freigegeben werden und zum Einsatz kommen, bei denen die Rechtsgrundlage festgestellt und dokumentiert wurde. Sofern die Verarbeitung auf einer Einwilligung der betroffenen Personen basiert, kann neben den organisatorischen Prozessanforderungen für das Einholen und Ablegen einer Einwilligung sowie für die Bearbeitung eines Widerspruchs auch ein automatisiertes **Einwilligungsmanagement** zum Einsatz kommen, zB für Online-Kontakte mit den betroffenen Personen.

Eine Verarbeitung nach Treu und Glauben beschreibt abstrakt eine Anforderung an die **Fairness** (Art. 5 **63** Abs. 1 lit. a, → Art. 5 Rn. 47). Als Gestaltungsanforderung nach Art. 25 könnte man daraus ableiten, dass bei der Entwicklung und beim Betrieb der Verarbeitung die Perspektive der betroffenen Personen Eingang gefunden haben muss. Dies ergibt sich schon daraus, dass die Risiken für die Rechte und Freiheiten natürlicher Personen zu berücksichtigen sind. Das **Prinzip der mehrseitigen Sicherheit** (→ Rn. 5) macht sich diesen Grundsatz zu eigen. Insbes. ist eine unfaire Gestaltung der Systeme zu vermeiden, die bspw. für die betroffenen Personen besondere Hürden bei der Wahrnehmung ihrer Rechte beinhaltet. EG 78 S. 3 führt als eine Maßnahme auf, dass „der betroffenen Person ermöglicht wird, die Verarbeitung personenbezogener Daten zu überwachen".[70] Diese Anforderung, die auch einen engen Bezug zur Transparenz (→ Rn. 63) hat, stärkt die Position der betroffenen Personen. Ebenso passt ein **fair ausgestalteter Selbstdatenschutz** zu diesem Grundsatz, der eben nicht so verstanden werden darf, dass die Eindämmung der Risiken für die Rechte und Freiheiten nur denjenigen zusteht, die sich selbst um ihren Datenschutz kümmern. In diesem Zusammenhang ist für die Gestaltung relevant, dass der Verantwortliche die Verwendung von Selbstdatenschutz-Mitteln (zB von Anonymisierungsdiensten zur Verschleierung der IP-Adresse oder des Wohn- oder Standorts[71] sowie von Script- und Werbeblockern[72]) durch die Nutzenden in der Regel zu tolerieren hat.[73] Darüber hinaus lässt sich aus diesem Grundsatz ableiten, dass im Rahmen der Verhältnismäßigkeit Schnittstellen zu Selbstdatenschutz-Tools bereitgestellt werden müssen (→ Art. 5 Rn. 173).

Die **Transparenzanforderungen** aus diesem Datenschutzgrundsatz beinhalten, dass die personenbezogenen **64** Daten in einer für die betroffene Person nachvollziehbaren Weise verarbeitet werden. In EG 78 S. 3 wird dies über die Forderung adressiert, dass Transparenz in Bezug auf die Funktionen und die Verarbeitung personenbezogenen Daten hergestellt wird. Zum einen enthält dieser Grundsatz die Anforderung an die Systementwicklung und Dokumentation, denn die tatsächliche und mögliche Verarbeitung und die mit ihr verbundenen Risiken müssen mit angemessenem Aufwand sowohl für den Verantwortlichen als auch für die betroffenen Personen verständlich gemacht werden können (Art. 5 Abs. 1 lit. a, → Art. 5 Rn. 57). Der Verantwortliche muss nach EG 39 S. 3 gewährleisten, dass „alle Informationen und Mitteilungen zur Verarbeitung" der personenbezogenen Daten „leicht zugänglich und verständlich und in klarer und einfacher Sprache abgefasst sind". Dies bedeutet gerade nicht, dass die betroffenen Personen in dem Bestreben nach Vollständigkeit einem Wust an Informationen ausgesetzt sind, wodurch ihnen kein wirkliches Verstehen der für

---

69 Bspw. das Standard-Datenschutzmodell mit seinen Gewährleistungszielen, die gegenüber Vertraulichkeit, Integrität und Verfügbarkeit die Ziele Datenminimierung, Nichtverkettbarkeit, Transparenz und Intervenierbarkeit hinzunehmen, *AK Technik der DSK*, Das Standard-Datenschutzmodell, 2016; *Hansen/Jensen/Rost* in: Proc. International Workshop on Privacy Engineering (IWPE), 2015, 159; *Hoepman* in: IFIP International Information Security Conference, 2014; zur LINDDUN Privacy Threat Analysis Methodology s. *Deng et al.* Requirements Engineering 16 (2011), 3, https://distrinet.cs.kuleuven.be/software/linddun/; *Gürses/Troncoso/Díaz*, Proc. Amsterdam Privacy Conference, 2015; künftig wird der Standard ISO/IEC 27520 zu Privacy Engineering, der 2017 in einer Arbeitsfassung vorgelegt wurde, bestimmte Gestaltungsfragen adressieren, aber als weltweiter Standard wohl nicht spezifisch auf die DSGVO eingehen.

70 Damit ist ein „Überwachen" iS eines Beobachtens und Nachvollziehens der Verarbeitung gemeint, wie sich aus der englischen Sprachfassung ergibt: „monitor the data processing".

71 Selbstdatenschutztools wie Anonymisierungsdienste können nicht nur ein ungewolltes Tracking einschränken oder verhindern, sondern auch einem Geoblocking entgegenwirken, das den eigenen Wohn- oder Standort aus der übertragenen IP-Adresse ableitet. Um einer Diskriminierung aufgrund der Staatsangehörigkeit, des Wohnsitzes oder des Ortes der Niederlassung des Kunden durch ungerechtfertigtes Geoblocking im europäischen Markt entgegenzuwirken, hat das EP im Februar 2018 die Verordnung COM (2016) 289 beschlossen. Diese Verordnung wird voraussichtlich Ende 2018 Geltung erlangen.

72 Scripts auf Webseiten, die vielfach zum Tracking von Nutzenden oder zur Darstellung von Werbung dienen, können Datenschutz- und Sicherheitsrisiken verursachen, sa *Schröder/Rieger*, Ad-Wars, Keynote am 5.3.2016 auf der re:publica, https://re-publica.com/en/session/ad-wars-ausflug-realitat-online-werbung. Als Selbstschutztools eignen sich Script- oder Werbeblocker. Zur (primär aus wettbewerbsrechtlicher Sicht bestätigten) Zulässigkeit von Werbeblocker vgl. OLG Köln MMR 2017, 124; OLG München WRP 2017, 1377; MMR 2017, 756.

73 *Kühling/Seidel/Sivridis*, Datenschutzrecht 2015, Rn. 287, 680.

sie relevanten Aussagen möglich wird. Stattdessen muss die Transparenz situationsgerecht gegeben werden (Art. 5 Abs. 1 lit. a, → Art. 5 Rn. 60), bspw. um Entscheidungen zu ermöglichen. Auch sollten solche Informationen gestuft zur Verfügung gestellt werden, zB im **Mehr-Ebenen-Format** (Multi-Layer):[74] Auf der ersten Ebene werden die nötigen Informationen übersichtlich bereitgestellt, und wer mehr Details erfahren möchte, kann sich diese auf einer oder zwei weiteren Ebenen darstellen lassen. Die Datenschutzerklärungen („Privacy Policies") können im **maschinenlesbaren Format** abrufbar und auf Seiten der Nutzenden mithilfe von eigenen Tools auswertbar sein. Visuelle Unterstützung ist bspw. über **Bildsymbole** (Art. 12 Abs. 7) möglich. Für individuelle Auskünfte über die Verarbeitung der eigenen personenbezogenen Daten kann der ohnehin vom Verantwortlichen vorzusehende **Auskunftsprozess** technisch unterstützt werden. Statt auf Auskunftsersuchen zu reagieren, kann der Verantwortliche auch von sich aus Methoden bereitstellen, welche der betroffenen Person einen Überblick über die verarbeiteten Daten geben, bspw. in Form eines (digital und abgesichert) versandten Datenbriefs, über Meldungen, wann auf die eigenen Daten zugegriffen wird, oder über sog Dashboards im Nutzerkonto. In diesem Zusammenhang seien die **„Transparency-Enhancing Technologies (TETs)"** erwähnt, mit deren Hilfe betroffene Personen mehr Transparenz erhalten sollen.[75] Für den Fall, dass der Verantwortliche jedoch nur einen Teil der vorhandenen Daten aktiv kommuniziert, muss deutlich werden, dass der datenschutzrechtliche Auskunftsanspruch nach Art. 15 damit nicht bereits erfüllt ist.

65 Der Zweck der Verarbeitung ist entscheidend für viele gestalterische Entscheidungen bezüglich der Verarbeitung. Daher kommt dem **Datenschutzgrundsatz der Zweckbindung** (Art. 5 Abs. 1 lit. b, → Art. 5 Rn. 63ff.) eine hohe Bedeutung zu. Zunächst ist der Zweck sorgfältig festzulegen. Im Gleichlauf mit der Bestimmung der Rechtsgrundlage ist organisatorisch zu regeln, dass kein Verfahren ohne Zweckfestlegung freigegeben und eingesetzt werden kann. Die Zweckbindung besagt zudem, dass es keine Verarbeitung geben darf, die nicht mit den Zwecken zu vereinbaren ist. Dies kann unterstützt werden durch eine **getrennte Haltung und Verarbeitung der für verschiedene Zwecke erhobenen Daten**. Bei der Aufbewahrung der Daten können dezentrale Ansätze zur Trennung oder Isolation der Daten beitragen. Außerdem können die Datensätze mit dem ihnen jeweils zugeordneten Zweck **gekennzeichnet** werden. Bei der Verarbeitung ist dann dafür Sorge zu tragen, dass die Datenbestände getrennt bleiben. Mithilfe sog „Sticky Policies"[76] werden die zugelassenen Verarbeitungsoperationen kryptographisch an die Daten gebunden, so dass keine anderen Auswertungen zugelassen werden. Um auszuschließen, dass Daten, die zu verschiedenen Zwecken erhoben wurden, später zusammengeführt und verknüpft werden können, muss eine **Verkettbarkeit über gleiche oder ableitbare Identifikatoren unmöglich** gemacht werden. Lässt sich dies nicht schon bei der Erhebung der Daten umsetzen, können Anonymisierungstechniken zum Einsatz kommen (→ Art. 4 Nr. 5 Rn. 54ff.). Einige Gestaltungsentscheidungen können etwaigen Gefährdungen des Grundsatzes der Zweckbindung entgegenwirken (→ Art. 5 Rn. 112ff.), ua informationelle Gewaltenteilung (→ Art. 5 Rn. 113), das Verbot der Datenhaltung auf Vorrat (→ Art. 5 Rn. 114), der Verzicht auf Freitextfelder oder auf zweckübergreifende Identifikatoren.

66 Der **Datenschutzgrundsatz der Datenminimierung** (Art. 5 Abs. 1 lit. c, → Art. 5 Rn. 117ff.) ist **zentral** für den Art. 25, da er in Abs. 1 explizit herausgestellt wird.[77] EG 78 S. 3 nennt als erste beispielhafte Maßnahme, dass die Verarbeitung personenbezogener Daten minimiert werden soll. Die Datenminimierung umfasst sowohl die Minimierung der personenbezogenen Daten (Art. 5 Abs. 1 lit. c, → Art. 5 Rn. 126ff.) als auch die Minimierung der Verarbeitung (Art. 5 Abs. 1 lit. c, → Art. 5 Rn. 130ff.). Die Minimierung der personenbezogenen Daten darf nicht als reine Reduktion der verarbeiteten Bits verstanden werden, sondern Datenminimierung zielt darauf ab, den Grundrechtseingriff auf das erforderliche Maß zu beschränken (Art. 5 Abs. 1 lit. c, → Art. 5 Rn. 126). Dazu gehört auch, den Personenbezug von Daten zu begrenzen (Art. 5 Abs. 1 lit. c, → Art. 5 Rn. 127), indem die **Verkettungs- und Nutzungsmöglichkeiten für die Daten von Anfang an minimiert** werden (Art. 5 Abs. 1 lit. c, → Art. 5 Rn. 133), bspw. durch Trennung von Daten und Verzicht auf zweckübergreifende Identifikatoren (→ Rn. 65). Eine Aufhebung oder zumindest Begrenzung des Personenbezugs bei bereits erhobenen Daten kann ua durch Löschung (→ Art. 17 Rn. 5), durch Anonymisierung (→ Art. 4 Nr. 5 Rn. 21 f.) oder durch Pseudonymisierung (→ Art. 4 Nr. 5 Rn. 23 f.) zum frühestmöglichen Zeitpunkt (→ Rn. 68) erreicht werden. Auch die Anzahl der betroffenen Personen ist zu minimieren (Art. 5 Abs. 1 lit. c, → Art. 5 Rn. 132). Für die Datenverarbeitung beginnend bei der Erhebung und Erfassung gilt, dass schon die **Möglichkeiten der Erhebung und Erfassung auf das erforderliche Maß**

---

74 *Art.-29-Gruppe*, WP 100, S. 8.
75 *Fischer-Hübner/Berthold*, Privacy Enhancing Technologies, in: Vacca, Computer and Information Security Handbook, 2017, 759 (770ff.).
76 *Pearson/Casassa Mont* Computer 44 (2011), 60ff.
77 Die Formulierung lautet: „Datenschutzgrundsätze wie etwa Datenminimierung".

reduziert werden müssen.[78] Dies betrifft bspw. die Frage, inwieweit Notebooks mit eingebauten **Kameras am Arbeitsplatz** eingesetzt werden, wenn diese Funktionalität später nie zum Einsatz kommen soll und daher die Kameras als Schutz gegen eine Bildübertragung im Falle einer möglichen (Fern-)Aktivierung abgeklebt werden müssen. Auch Erfassungsmöglichkeiten über Mikrofone und alle möglichen Sensoren sind für viele Zwecke nicht erforderlich und sollten daher in diesem Fällen gar nicht erst verbaut werden. Will man solche Funktionalität lediglich für bestimmte Zwecke nutzen, muss es möglich sein, sie dann gezielt zu aktivieren. Anderenfalls ist aus gestalterischer Sicht ein **sicheres Deaktivieren** erforderlich. Dazu kann auch gehören, dass ein Gerät wirklich ausgeschaltet wird, bspw. durch Entfernen der Energiezufuhr. Dem Grundsatz der Datenminimierung entgegen stehen demnach solche Geräte, deren Akkus festverbaut und nicht mehr herausnehmbar sind, so dass sich die Nutzenden nicht sicher sein können, ob nicht doch eine (Fern-)Aktivierung vorgenommen werden kann. Weitere Möglichkeiten der Minimierung der Datenverarbeitung bestehen darin, die **Nutzungsmöglichkeiten maximal einzuschränken** (Art. 5 Abs. 1 lit. c, → Art. 5 Rn. 131), bspw. durch restriktive Zugriffsberechtigungen (nur lesen statt lesen/schreiben; keine Möglichkeiten des Kopierens, Sendens oder Ausdruckens) für die minimale Anzahl von Nutzenden. Auch das Anlegen von temporären Dateien ist in Sinne einer Datenminimierung kritisch zu sehen; wenn dies aus Gründen der Verfügbarkeit sinnvoll sein kann, muss jedenfalls sichergestellt sein, dass diese Dateien frühestmöglich gelöscht werden.

Der **Datenschutzgrundsatz der Richtigkeit** (Art. 5 Abs. 1 lit. d, → Art. 5 Rn. 137ff.) lässt sich gestalterisch   67
sowohl durch technische und organisatorische **Integritätsmaßnahmen** für die Daten und die Verarbeitung erreichen als auch durch die Interaktion mit den betroffenen Personen. Hat die betroffene Person den Eindruck, dass die Richtigkeit der Daten nicht gegeben ist, kann sie entsprechend intervenieren und nach Art. 16 **Berichtigung** und ggf. **Vervollständigung** der Daten verlangen. Der Verantwortliche muss dieses Verlangen prüfen und ggf. umsetzen. Zu diesem Zweck bietet es sich an, einen organisatorischen und ggf. technisch unterstützten Prozess aufzusetzen, der die Prüfung des Verlangens der betroffenen Personen, das Umsetzen und den Umgang mit Zweifelsfällen, also bspw. der Einschränkung der Verarbeitung, beinhaltet (Art. 18 Abs. 1 lit. a).

Der **Datenschutzgrundsatz der Speicherbegrenzung** (Art. 5 Abs. 1 lit. e, → Art. 5 Rn. 151ff.) ist eng ver-   68
wandt mit der Datenminimierung (→ Rn. 66). EG 78 S. 3 nennt als eine mögliche Maßnahme zur Umsetzung des Art. 25, personenbezogene Daten so schnell wie möglich zu pseudonymisieren. Dabei geht es selbstverständlich nicht darum, ein besonders schnelles Pseudonymisierungsverfahren, das mit hoher Geschwindigkeit arbeitet, zu verwenden, sondern gefordert ist eine Pseudonymisierung zum frühestmöglichen Zeitpunkt (englisch: „as soon as possible"). Andere Möglichkeiten, diesen Grundsatz in der technischen Gestaltung zu berücksichtigen, bestehen im Löschen oder Anonymisieren. Um den Grundsatz der Speicherbegrenzung umzusetzen, hat der Verantwortliche zunächst eine **Speicherfrist für alle Daten oder Datenkategorien** festzulegen (Art. 5 Abs. 1 lit. e, → Art. 5 Rn. 160), die sich aus dem Minimum dessen ergibt, was für den Zweck der Verarbeitung erforderlich ist. Zudem muss der Verantwortliche bestimmen, was nach Ablauf dieser Frist zu geschehen hat, bspw. automatisierte Löschung der Daten, Anonymisierung oder Pseudonymisierung mit einem vorher definierten Verfahren oder Prüfung einer etwaigen Verlängerung der Speicherung, weil dies der Zweck erfordert (Art. 5 Abs. 1 lit. e, → Art. 5 Rn. 161).

Bei dem **Datenschutzgrundsatz der Integrität und Vertraulichkeit** (Art. 5 Abs. 1 lit. f, → Art. 5 Rn. 168ff.) ist   69
zu vermuten, dass eine weite Interpretation anzulegen ist, die auf einen umfassenden Schutz vor unbefugter oder unrechtmäßiger Verarbeitung zielt (Art. 5 Abs. 1 lit. f, → Art. 5 Rn. 170). EG 78 S. 3 nennt als Maßnahme, dass der Verantwortliche in die Lage versetzt wird, **Sicherheitsfunktionen zu schaffen und zu verbessern**.[79] Dies betont die Notwendigkeit, unterschiedlichen Schutzbedarfen gerecht zu werden und va die Sicherheitsfunktionalität regelmäßig zu aktualisieren und nachzusteuern, statt auf dem einmal erreichten Stand zu verharren. Etwas anderes wäre auch den sich über die Zeit ändernden Risiken nicht angemessen. Weitere Anforderungen und Umsetzungsmöglichkeiten zum Grundsatz der Integrität und Vertraulichkeit finden sich in Art. 32, der den Systemdatenschutz mit Fokus auf Informationssicherheit adressiert.

Die **Rechenschaftspflicht** (Art. 5 Abs. 2, → Art. 5 Rn. 175ff.) muss ebenfalls mithilfe von technischen und   70
organisatorischen Maßnahmen unterstützt werden. Dies betrifft bspw. die Erstellung und Anpassung der Dokumentation von Prozessen und informationstechnischen Systemen sowie das Protokollieren von Änderungen oder anderen nachzuweisenden Ereignissen. Wichtig sind auch **Festlegungen von organisationsinternen Prozessen** für die Beschaffung und Auswahl von Produkten, Diensten und Anwendungen unter Berücksichtigung von Art. 25, für die Einbindung der Datenschutzbeauftragten sowie für den Test und die Freiga-

---

78 *Pfitzmann* DuD 1999, 405 schlägt ein gestuftes Vorgehen vor, indem zunächst die Erfassungsmöglichkeit für personenbezogene Daten minimiert wird, dann die Erfassung, anschließend die Verwendungsmöglichkeit und schließlich die Verwendung.

79 In der englischen Sprachfassung heißt es: „create and improve security features".

be von Verarbeitungen. Es bietet sich an, die nötigen Prozesse über ein Datenschutzmanagementsystem (→ Rn. 34), das parallel zum Informationssicherheitsmanagementsystem (→ Art. 32 Rn. 57) aufgesetzt wird, zusammenzuführen und damit dauerhaft die Erfüllung der Anforderungen der Verordnung zu gewährleisten.

Artikel 26   Gemeinsam Verantwortliche

(1) [1]Legen zwei oder mehr Verantwortliche gemeinsam die Zwecke der und die Mittel zur Verarbeitung fest, so sind sie gemeinsam Verantwortliche. [2]Sie legen in einer Vereinbarung in transparenter Form fest, wer von ihnen welche Verpflichtung gemäß dieser Verordnung erfüllt, insbesondere was die Wahrnehmung der Rechte der betroffenen Person angeht, und wer welchen Informationspflichten gemäß den Artikeln 13 und 14 nachkommt, sofern und soweit die jeweiligen Aufgaben der Verantwortlichen nicht durch Rechtsvorschriften der Union oder der Mitgliedstaaten, denen die Verantwortlichen unterliegen, festgelegt sind. [3]In der Vereinbarung kann eine Anlaufstelle für die betroffenen Personen angegeben werden.

(2) [1]Die Vereinbarung gemäß Absatz 1 muss die jeweiligen tatsächlichen Funktionen und Beziehungen der gemeinsam Verantwortlichen gegenüber betroffenen Personen gebührend widerspiegeln. [2]Das wesentliche der Vereinbarung wird der betroffenen Person zur Verfügung gestellt.

(3) Ungeachtet der Einzelheiten der Vereinbarung gemäß Absatz 1 kann die betroffene Person ihre Rechte im Rahmen dieser Verordnung bei und gegenüber jedem einzelnen der Verantwortlichen geltend machen.

Literatur: *Albrecht, J. P.*, Das neue EU-Datenschutzrecht – von der Richtlinie zur Verordnung, CR 2016, 88; *Dovas, M.-U.*, Joint Controllership – Möglichkeiten oder Risiken der Datennutzung?, ZD 2016, 512; *Kroschwald, S.*, Kollektive Verantwortung für den Datenschutz in der Cloud, ZD 2013, 388; *Petri, T.*, Datenschutzrechtliche Verantwortlichkeit im Internet – Überblick und Bewertung der aktuellen Rechtsprechung, ZD 2015, 103; *Spiecker gen. Döhmann, I.*, Zur Zukunft systemischer Digitalisierung – Erste Gedanken zur Haftungs- und Verantwortungszuschreibung bei informationstechnischen Systemen, CR 2016, 698.

I. Allgemeines

1   **1. Normbedeutung, Normstruktur und Verhältnis zu anderen Vorschriften.** Art. 26 klärt nicht die Frage der **grundsätzlichen Zulässigkeit der gemeinsamen Verantwortlichkeit.** Insbesondere stellt Art. 26 keine Rechtsgrundlage für eine Verarbeitung durch mehrere Verantwortliche dar. Dementsprechend muss für die Verarbeitung eines jeden Verantwortlichen eine eigene Rechtsgrundlage nach Art. 6 Abs. 1 vorliegen.[1] Diese können unterschiedlich oder auch identisch sein, wenn beispielsweise in einer einheitlichen Erklärung die Einwilligung für die Verarbeitung durch mehrere Verantwortliche erteilt wird.

2   Art. 26 reagiert auf die zunehmend vernetzte Verarbeitung personenbezogener Daten, wie sie für die Digitalisierung und das Internet gleichermaßen charakteristisch ist. Verarbeiten mehrere oder gar viele Stellen arbeitsteilig personenbezogene Daten, kann diese Kooperation erhebliche datenschutzrechtliche Auswirkungen auf die betroffene Person haben: Arbeitsteilig organisierte Dienstleistungen sind für betroffene Nutzerinnen und Nutzer intransparent, weil und soweit sie die sie betreffenden Datenflüsse regelmäßig nicht nachvollziehen können. Tendenziell wirken sich arbeitsteilige Verarbeitungen personenbezogener Daten risikoerhöhend aus; insbes. können sie verschleiern, wer für eine Verarbeitung konkret verantwortlich ist, wer damit Adressat von Rechten und Pflichten ist und wer gegebenenfalls bei Schäden haftet. Eine betroffene Person kann dann nur unter erschwerten Bedingungen ihre Betroffenenrechte geltend machen. Erhält sie keine Hilfestellungen, muss sie selbst klären, wer ihre Anlaufstelle für Auskunftsersuchen oder die Wahrnehmung sonstiger Betroffenenrechte ist. Nach EG 79 ist es deshalb bei kooperierenden Stellen stets gebo-

---

[1] Wohl überwiegende Meinung, wie hier Ehmann/Selmayr/*Bertermann* Art. 26 Rn. 9; *Dovas* ZD 2016, 512 (515).

ten, für eine **klare Zuteilung der Verantwortlichkeit und Haftung** zu sorgen. Für die Zusammenarbeit zwischen Verantwortlichen und Auftragsverarbeitern regelt Art. 28 diese Zuteilung, für die Kooperation zwischen mehreren Verantwortlichen Art. 26. Damit wird auch dem Transparenzgebot Rechnung getragen.

Beispiele für gemeinsam Verantwortliche kann es grundsätzlich bei allen Formen von Kooperationen geben, die mit der Verarbeitung personenbezogener Daten zusammenhängen. Traditionell kommen gemeinsame Verantwortlichkeiten in **Konzernstrukturen** ebenso wie bei projektbezogenen Verarbeitungen durch mehrere Unternehmen (joint ventures) in Betracht. **Internetbasierte Dienstleistungen** beruhen häufig auf einem vernetzten Zusammenwirken verschiedener Dienste, das bereits aufgrund seiner Komplexität für Normalnutzerinnen und -nutzer undurchschaubar ist. **E-Government-Lösungen** der öffentlichen Verwaltung bestehen zunehmend aus Portallösungen, bei denen häufig eine Behörde für die zentrale Portalinfrastruktur verantwortlich ist, während die angeschlossenen (teilnehmenden) Fachbehörden für die Inhalte ihrer eigenen Kommunikation verantwortlich sind, die sie über das Portal führen. Ebenso gibt es eigenständige Zusammenschlüsse zur Bereitstellung von Infrastruktur, die dann von den Verwaltungsträgern übernommen werden (Dataport, AKDB). Auch hier stellt sich jeweils die Problematik der Verantwortlichkeit. Der EuGH hat jüngst bei der im Rahmen der Verkündigungstätigkeit erfolgten Verarbeitung eine gemeinsame Verantwortlichkeit von Religionsgemeinschaft und missionierenden Gemeinschaftsmitgliedern angenommen, wenn die Religionsgemeinschaft aus Eigeninteresse auf die Verarbeitung personenbezogener Daten Einfluss nimmt und so an der Entscheidung über Zweck und Mittel der Verarbeitung mitwirkt.[2]

Die konkrete **Zuteilung der Verantwortlichkeit und Haftung** regelt Art. 26 nicht unmittelbar, sondern **beauftragt grundsätzlich die beteiligten Stellen mit der Klärung dieser Fragen**, setzt also auf regulierte Selbstregulierung. Allerdings macht Art. 26 konkrete Vorgaben zur Ausgestaltung und zu den Inhalten der Vereinbarung zur Ausübung der gemeinsamen Verantwortlichkeit.[3] Regelt nicht ausnahmsweise das Unionsrecht oder einzelstaatliches Recht die Frage der Aufgabenverteilung, müssen die Verantwortlichen im Rahmen einer Vereinbarung in transparenter Weise festlegen, wer welche datenschutzrechtlichen Pflichten zu übernehmen hat.

Abs. 1 regelt das **Innenverhältnis zwischen mehreren Verantwortlichen**. Dabei enthält Abs. 1 S. 1 eine Legaldefinition von gemeinsam Verantwortlichen, die inhaltlich aber gegenüber der Legaldefinition des Verantwortlichen in Art. 4 Nr. 7 keine neuen Anforderungen enthält. Gemeinsam Verantwortliche müssen nach Abs. 1 S. 2 eine Vereinbarung treffen, wer von den Verantwortlichen welche datenschutzrechtlichen Aufgaben gegenüber den betroffenen Personen übernimmt. Insbesondere muss die Vereinbarung die Informationspflichten bei der Erhebung von personenbezogenen Daten einem (oder mehreren) Verantwortlichen zuordnen. Anderes gilt nur, wenn diese Zuteilung der Verantwortlichkeit bereits gesetzlich geregelt ist. Wohl eher klarstellend erlaubt Abs. 1 S. 3 es, dass die Vereinbarung eine zentrale Anlaufstelle für die betroffenen Personen enthält.

Die **Absätze 2 und 3** regeln das **Verhältnis der gemeinsam Verantwortlichen zu den betroffenen Personen**. Nach Abs. 2 muss die Vereinbarung die tatsächlichen Funktionen und Beziehungen der Verantwortlichen gegenüber den betroffenen Personen im Wesentlichen zutreffend widerspiegeln. Die wesentlichen Punkte der Vereinbarung sind den betroffenen Personen mitzuteilen. Abs. 3 erlaubt es ihnen, ungeachtet der Festlegungen in der Vereinbarung ihre Betroffenenrechte gegen jeden einzelnen Verantwortlichen geltend zu machen.

Verarbeiten zuständige Behörden personenbezogene Daten zu Zwecken der Straftatenbekämpfung, ist die JI-Richtlinie anzuwenden. **Art. 21 JI-Richtlinie** regelt dabei die gemeinsame Verantwortlichkeit. Dabei ergeben sich drei wesentliche Unterschiede zu Art. 26 DSGVO:

Erstens sieht Art. 26 Abs. 1 S. 3 DSGVO lediglich vor, dass in der Vereinbarung eine **Anlaufstelle für betroffene Personen** angegeben werden kann. Nach Art. 21 Abs. 1 S. 3 JI-Richtlinie ist demgegenüber eine Anlaufstelle zwingend anzugeben. **§ 63 BDSG nF setzt** diese **Vorgabe der JI-Richtlinie nicht eindeutig um**. Immerhin ist in § 63 S. 4 BDSG vorgesehen, dass sich betroffene Personen an jede der gemeinsam verantwortlichen Stellen wenden können. § 47 ÖDSG sieht demgegenüber vor, dass in der zu treffenden Vereinbarung eine zentrale Anlaufstelle anzugeben ist. Nach Art. 21 Abs. 1 S. 4 JI-Richtlinie können die Mitgliedstaaten angeben, welcher der gemeinsamen Verantwortlichen als zentrale Anlaufstelle handeln kann, wenn es um Betroffenenrechte geht. Beispielsweise beantwortet nach § 84 BKAG nF das BKA etwaige Auskunftsersuchen aus dem polizeilichen Informationsverbund im Einvernehmen mit der nach § 31 Abs. 2 BKAG inhaltlich verantwortlichen Behörde.

2 Vgl. EuGH, U. v. 10.7.2018 – C -25/17, Abs. 68.
3 Vgl. dazu *Dovas* ZD 2016, 512, die in diesem Umstand eine Aufwertung der gemeinsamen Verantwortlichkeit durch den EU-Gesetzgeber sieht.

Zweitens fehlt in Art. 21 JI-Richtlinie eine Regelung wie in Art. 26 Abs. 2. Art. 21 JI-Richtlinie verlangt von den Vertragspartnern also nicht, dass die von ihnen **vereinbarte Zuständigkeitsverteilung** den tatsächlichen Funktionen und Beziehungen entsprechen muss. Der Wortlaut der Vorschrift verlangt auch nicht wie in Art. 26 Abs. 2 S. 2 vorgesehen, dass die gemeinsam Verantwortlichen den betroffenen Personen die wesentlichen Vereinbarungsinhalte zur Verfügung stellen. Eine mögliche Erklärung für diese vordergründig klare Schlechterstellung liegt in dem Umstand, dass die Aufgabenverteilung bei den zuständigen Behörden der Strafjustiz ohnehin gesetzlich geregelt sein muss. Gemeinsam Verantwortliche, die nach den Vorgaben der JI-Richtlinien bei der Verarbeitung personenbezogener Daten kooperieren, können insoweit nicht mithilfe von Vereinbarungen über die gesetzliche Aufgabenzuteilung disponieren.

Drittens sieht Art. 26 Abs. 3 vor, dass die betroffene Person sich an jede der kooperierenden verantwortlichen Stellen wenden kann. Art. 21 Abs. 2 JI-Richtlinie erlaubt es den Mitgliedstaaten, gebietet es aber nicht, eine mit Art. 26 Abs. 3 vergleichbare Vorschrift zu schaffen. Österreich hat von dieser Möglichkeit nicht Gebrauch gemacht, Deutschland hingegen schon. Beispielsweise sieht § 63 S. 4 BDSG nF vor, dass eine Vereinbarung von gemeinsam Verantwortlichen über die Verantwortungszuteilung die betroffene Person diese nicht hindert, ihre Rechte gegenüber jedem der gemeinsam Verantwortlichen geltend zu machen.

8 **2. Entstehungsgeschichte.** Das **Datenschutz-Übereinkommen Nr. 108** des Europarats erwähnt die Möglichkeit einer gemeinsamen Verantwortlichkeit noch nicht. Diese wurde erst Laufe des Gesetzgebungsverfahrens zur DSRL eingeführt. Als „für die Verarbeitung Verantwortlichen" bestimmte Art. 2 lit. d **DSRL** wie jetzt Art. 4 Nr. 7 eine Stelle, die „allein oder gemeinsam mit anderen über die Zwecke und Mittel der Verarbeitung personenbezogener Daten entscheidet." Weitere ausdrückliche Regelungen zur gemeinsamen Verantwortlichkeit enthielt die DSRL nicht. Diese Begriffsbestimmung der Richtlinie wurde bewusst **funktional** ausgestaltet. Wenn etwa für einzelne Abschnitte eines einheitlichen Datenverarbeitungskomplexes mehrere Stellen über die Zwecke und Mittel der Verarbeitung entscheiden, waren sie nach Art. 2 lit. d DSRL auch nebeneinander verantwortlich.[4] Folgefragen zur gemeinsamen Verantwortlichkeit, etwa wie die Verantwortlichkeit und Haftung zwischen gemeinsamen Verantwortlichen zu verteilen sind oder wie sich die gemeinsame Verantwortlichkeit auf Betroffenenrechte auswirkt, ließ die DSRL ungeregelt.

9 **Im Gesetzgebungsverfahren zur DSGVO** sah Art. 24 KOM-E zunächst nur vor, dass gemeinsam Verantwortliche vereinbaren sollten, wie zwischen ihnen die Aufgaben der Verantwortlichen aus DSGVO zu verteilen sind. Namentlich sollten die gemeinsam Verantwortlichen regeln, wie den betroffenen Personen die Wahrnehmung ihrer Rechte ermöglicht werde.

Unter Gesichtspunkten eines effektiven Datenschutzes war diese Regelung allerdings offenkundig unter mehreren Aspekten unbefriedigend. Zum einen hätten die gemeinsam Verantwortlichen die Verteilung der Verantwortlichkeit beliebig und völlig unabhängig von den tatsächlichen Gegebenheiten festlegen können. Zum anderen verpflichtete Art. 24 KOM-E die Verantwortlichen jedenfalls nicht ausdrücklich dazu, ihre Vereinbarung gegenüber betroffenen Personen offenzulegen.

10 Vor diesem Hintergrund regte **das EP** die Vorgaben an, dass die Vereinbarung die jeweiligen tatsächlichen Funktionen und Beziehungen der gemeinsam Verantwortlichen im Verhältnis zu den betroffenen Personen gebührend widerspiegeln müsse. Der Kern der Vereinbarung müsse den Betroffenen zur Verfügung gestellt werden. Im Fall unklarer Verantwortlichkeiten sollten die gemeinsam Verantwortlichen gesamtschuldnerisch haften.

11 Die **allgemeine Ausrichtung des Rats** entsprach inhaltlich in großen Teilen der Fassung des späteren Art. 26 – mit einem wesentlichen Unterschied: Wenn die betroffene Person in angemessener Weise über die vereinbarte Verantwortungsverteilung informiert worden ist, sollte sie sich bei der Wahrnehmung ihrer Betroffenenrechte grundsätzlich an dieser vereinbarten Verteilung orientieren. Dieser Lösungsansatz war bereits im Rat umstritten, weil die effektive Wahrnehmung von Betroffenenrechten nicht von Vereinbarungen der gemeinsam Verantwortlichen abhängen dürfte.[5] Jedenfalls vereinbarten die Gesetzgebungsorgane im **Trilog**, dass betroffene Personen ihre Betroffenenrechte ungeachtet der Vereinbarungen gegenüber jedem beteiligten Verantwortlichen geltend machen können.

II. Einzelerläuterungen

12 **1. Vorliegen einer gemeinsamen Verantwortlichkeit (Abs. 1 S. 1). a) Normadressat: mehrere Verantwortliche.** Legen zwei oder mehrere Verantwortliche gemeinsam die Zwecke der und Mittel zur Verarbeitung

---

4 Vgl. *Dammann/Simitis* Art. 2 Rn. 13.

5 Namentlich Spanien machte diesen Gesichtspunkt geltend. In der Tendenz ähnlich argumentierten Deutschland und Frankreich: Es liege im Interesse der betroffenen Personen, klare Regeln zu erhalten, wie und gegenüber wem sie ihre Rechte geltend machen können. Vgl. Ratsdok. 12312/14, zu Art. 24 Fn. 30.

fest, sind sie nach Abs. 1 S. 1 gemeinsam Verantwortliche. Diese Legaldefinition klärt den Begriff des Verantwortlichen nicht selbst, sondern setzt seine Klärung voraus (Art. 4 Nr. 7 → Art. 4 Nr. 7 Rn. 13ff.). Es wäre allerdings wünschenswert gewesen, die wesentlichen Elemente der gemeinsamen Verantwortlichkeit normativ zu bestimmen, denn grundlegende Fragen sind nach wie vor ungeklärt und umstritten.[6] Dabei ist es ein Wesensmerkmal der Verantwortlichkeit und damit auch der gemeinsamen Verantwortlichkeit, dass die **Entscheidung sowohl über die Verarbeitungszwecke als auch über die Verarbeitungsmittel** gefällt wird. Dies wird von Teilen der Kommentarliteratur offenbar als zu eng empfunden,[7] ist aber eine bewusste Festlegung des Gesetzgebers. Das ergibt sich aus der Entstehungsgeschichte zu Art. 4 Nr. 7 und zu Art. 26, bei denen eine Ausweitung[8] ebenso wie eine Einschränkung[9] der Voraussetzungen politisch diskutiert wurde. Nach der jüngeren Rechtsprechung genügt es für die gemeinsame Verantwortlichkeit, wenn eine Person oder Stelle aus Eigeninteresse auf die Verarbeitung personenbezogener Daten Einfluss nimmt und so an der Entscheidung über Zweck und Mittel der Verarbeitung mitwirkt.[10]

Keine gemeinsame Verantwortlichkeit liegt in Fällen der Auftragsverarbeitung (Art. 28) vor, bei der eine   13
Stelle personenbezogene Daten im Auftrag und auf Weisung einer anderen Stelle verarbeitet.[11] Da die Legaldefinition des Verantwortlichen in Art. 4 Nr. 7 (→ Art. 4 Rn. 13ff.) äußerst abstrakt ausfällt, sind ihre Einzelmerkmale umstritten – und damit auch die Abgrenzung der gemeinsamen Verantwortlichkeit von der Auftragsverarbeitung.

Zu entscheiden ist bereits, welche Anforderungen an die **gemeinsame Festlegung der Zwecke und Mittel** zu   14
stellen sind. Nach einer älteren Auffassung ist die gemeinsame Verantwortlichkeit durch eine grundsätzlich gleichberechtigte Verantwortung der Kooperationspartner geprägt.[12] Es sei auch nicht ausgeschlossen, dass jeder gemeinsam Verantwortliche eigene Zwecke verfolge, die sich von den Verarbeitungszwecken anderer Verantwortlicher unterscheide.[13] Um davon sprechen zu können, dass eine Partei „die Zwecke der und die Mittel zur Verarbeitung" „festlegt", sei jedenfalls zu fordern, dass sie selbst ihre eigenen Zwecke verfolgt. Diese Zwecke müssten innerhalb der gemeinsamen Kontrolle auch verfolgt werden können, folglich auch tatsächlich maßgebend sein.[14] Nach anderer, vorzugswürdiger Auffassung ermöglicht Art. 26 eine flexible Handhabung dieser Frage. Eine „gemeinsame" Festlegung der Zwecke und Mittel der Verarbeitung müsse nicht „gleichberechtigt" oder „einstimmig" erfolgen. Der Begriff „gemeinsam" könne auch bedeuten, dass die Verarbeitung „hauptsächlich", aber nicht „ausschließlich" durch einen Verantwortlichen festgelegt werde.[15] Diese Haltung entspricht einer Stellungnahme der Art.-29-Gruppe, wonach bei der „Bewertung der gemeinsamen Kontrolle ein sachbezogener funktioneller Ansatz" gewählt werden solle.[16] Art. 26 Abs. 2 S. 1 greift diesen Ansatz einerseits auf, andererseits begrenzt Abs. 2 die Gestaltungsmöglichkeiten der Verantwortlichen in dem Sinne, als **die Vereinbarung die jeweiligen tatsächlichen Funktionen** gegenüber betroffenen Personen **gebührend widerspiegeln** muss. Unklar bleibt dabei die erörterte vorgelagerte Frage, ab welchem Grad der Mitgestaltung und -entscheidung überhaupt von einer gemeinsamen Verantwortlichkeit ausgegangen werden kann. Bei der gemeinsamen Kontrolle dürfte es nicht darauf ankommen, ob die gesamte Infrastruktur in der körperlichen Sachherrschaft eines der beiden Verantwortlichen steht oder ob bei einer komplexeren IT aus mehreren Komponenten die körperliche Sachherrschaft an einer Komponente bei einem Verantwortlichen und an einer anderen Komponente bei einem anderen Verantwortlichen liegt.[17] Hinsichtlich der Funktionsherrschaft an Einzelkomponenten wird es maßgeblich darauf ankommen, dass die Verantwortlichen die Zwecke und Mittel gemeinsam festlegen. Eine **gleichsam dingliche unmittelbare**

---

6   Möglicherweise erbringt ein Vorabentscheidungsverfahren beim EuGH dazu die notwendige Klärung, vgl. BVerwG ZD 2016, 393. Das Verfahren wird unter dem Aktenzeichen C-210/16 geführt.

7   Vgl. Plath/*Plath* DSGVO Art. 26 Rn. 4.

8   Vgl. bereits Art. 4 Nr. 5 und Art. 26 Abs. 1 KOM-E, wonach ein Verantwortlicher bzw. gemeinsame Verantwortliche nicht nur über Zwecke und Mittel der Verarbeitung, sondern auch über ihre Bedingungen entscheiden sollte(n).

9   Nach Änderungsantrag 1748 (MdEP Valean, Rohde) sollten nur diejenigen als gemeinsame Verantwortliche gelten, die über die Zwecke der Verarbeitung entscheiden. Die Bestimmung der Verarbeitungsmittel wäre danach keine Voraussetzung für die gemeinsame Verantwortlichkeit mehr gewesen.

10   Vgl. EuGH, U. v. 10.7.2018 – C-25/17, Abs. 68.

11   Zur Abgrenzung zur Auftragsverarbeitung zB Auernhammer/*Thomale* DSGVO Art. 26 Rn. 3, 11; Kühling/Buchner/*Hartung* Art. 26 Rn. 12; *Laue/Nink/Kremer*, § 1 Rn. 65.

12   Vgl. BeckOK DatenschutzR/*Spoerr* DSGVO Art. 26 Vorb.

13   Vgl. BeckOK DatenschutzR/*Spoerr* DSGVO Art. 26 Rn. 16.

14   So nachvollziehbar BeckOK DatenschutzR/*Spoerr* DSGVO Art. 26 Rn. 16 in Auseinandersetzung mit *Art.-29-Gruppe*, WP 169, S. 22 f.

15   *EuGH* Generalanwalt Bot, Schlussanträge vom 24.10.2017 in der Rs. 210/16, Rn. 61, 62 sowie *Dovas* ZD 2016, 512 (513), beide unter Hinweis auf *Art.-29-Gruppe*, WP 169, S. 23; ähnlich Sydow/*Ingold* Art. 26 Rn. 4.

16   *Art.-29-Gruppe*, WP 169, S. 22.

17   Vgl. BeckOK DatenschutzR/*Spoerr* DSGVO Art. 26 Rn. 19.

Beteiligung an der Funktionsherrschaft ist keine zwingende Voraussetzung für die gemeinsame Verantwortlichkeit.[18]

15 Vor diesem Hintergrund heftig umstritten und Gegenstand eines Vorabentscheidungsverfahrens beim EuGH[19] war beispielsweise die Frage, ob und inwieweit gemeinsame Verantwortlichkeit vorliegt, wenn Verantwortliche internetgestützte Infrastrukturen (**Social Media Plattformen**) nutzen.[20] Insoweit wurde um die Frage gerungen, ob Teilnehmer der Plattform für Rechtsverstöße des Infrastrukturanbieters mitverantwortlich sind oder zumindest mithaften.[21] Der EuGH hat diese Frage nun in dem Sinne beantwortet, dass der Begriff des Verantwortlichen den Betreiber einer bei einem sozialen Netzwerk unterhaltenen Fanpage mitumfasst.[22] Für eine gemeinsame Verantwortlichkeit sei es insbes. nicht notwendig, dass bei mehreren Betreiber für dieselbe Verarbeitung jeder Zugang zu den betreffenden personenbezogenen Daten habe.[23] Ähnliche Fragen werden hinsichtlich der Einbindung von Social Plugins („Like-Button") durch Content-Provider aufgeworfen.[24]

16 **b) Zuteilung von Verantwortlichkeit und Haftung (Abs. 1 S. 2, Abs. 2 S. 1).** Gemeinsame Verantwortliche sind grundsätzlich verpflichtet, in einer **Vereinbarung** festzulegen, wer von ihnen welche Verpflichtungen aus der DSGVO zu erfüllen hat (zu Ausnahmen → Rn. 22; zu Rechtsfolgen bei fehlender Vereinbarung → Rn. 30ff.). Auf diese Weise soll die DSGVO sicherstellen, dass eine betroffene Person nicht schlechter gestellt wird, wenn mehrere Verantwortliche zusammenarbeiten.[25] Die Vereinbarung erzwingt eine klare Definition der Rolle der jeweiligen Verantwortlichen.[26] Unerlässlich dürfte auch mit Blick auf Abs. 2 S. 1 eine spezifische Erfassung der tatsächlichen logischen Infrastruktur, also der Anwendungsprogramme, ihrer Schnittstellen und der ihnen zu Grunde liegenden physikalischen Infrastrukturen sein.[27]

17 In besonderer Weise betont Abs. 1 S. 2 die Pflicht zur **Wahrung der Betroffenenrechte** sowie der **Informationspflichten** nach Art. 13 und 14. Im Hinblick auf das Recht der betroffenen Personen, sich an jeden einzelnen der Verantwortlichen zu wenden, ist es zwar nicht rechtlich geboten, aber zu empfehlen, in der Vereinbarung auch Regelungen zu treffen, wie Eingaben betroffener Personen intern weiterbearbeitet werden. Vereinbaren die Partner, wie in Art. 26 Abs. 1 S. 3 vorgesehen, dass ein Verantwortlicher als Anlaufstelle dient, dürfte es beispielsweise im rein praktischen Sinne auch naheliegen, dass Anfragen bei anderen Partnern an ihn zur Bearbeitung weitergeleitet werden (zur Verantwortlichkeit im Verhältnis zur betroffenen Person → Rn. 23ff.).

18 Eine **bestimmte Form** schreibt Art. 26 für die Vereinbarung nicht ausdrücklich vor. In der Praxis wird eine Vereinbarung schriftlich oder in Textform schon deshalb notwendig sein, weil die gemeinsam Verantwortlichen nur damit ihrer Rechenschaftspflicht nachkommen können.[28] Es kann empfehlenswert sein, die offenzulegenden Vertragsteile **separat als Vertragsanlage** zu regeln, damit die für die betroffenen Personen wesentlichen Inhalte mitgeteilt werden können, ohne vertrauliche Inhalte unkenntlich machen zu müssen.[29]

19 Die Vereinbarung hat in **transparenter Form** zu erfolgen. Die Vereinbarung dient nicht nur den Belangen der Vertragspartner, sondern auch Interessen Dritter (insbes. Betroffene und Aufsichtsbehörden). Dementsprechend ist Maßstab für die Transparenz, dass die Regelungen für Dritte auch verständlich, klar und in sich widerspruchsfrei sind.[30]

20 Nach **Abs. 2 S. 1** hat die Vereinbarung hat die **jeweiligen tatsächlichen Funktionen und Beziehungen** der gemeinsam Verantwortlichen gegenüber den betroffenen Personen **gebührend widerzuspiegeln**. Geboten ist eine inhaltlich richtige und nachvollziehbare Darstellung der datenschutzrechtlichen Rolle der jeweils betei-

---

18 Vgl. BeckOK DatenschutzR/*Spoerr* DSGVO Art. 26 Rn. 20.
19 Verfahren Rs. C-210/16.
20 Zur Problematik der Verantwortlichkeit bei Internetdiensten ausführlich *Petri* ZD 2015, 103 sowie speziell zur gemeinsamen Verantwortlichkeit bei Clouddiensten bereits *Kroschwald* ZD 2013, 388. Zu den noch weitgehend unbeleuchteten Verantwortlichkeits- und Haftungsfragen bei systemischer Digitalisierung vgl. *Spiecker gen. Döhmann* CR 2016, 698.
21 Vgl. Vorlagebegründung BVerwG ZD 2016, 393 mAnm *Petri* ZD 2016, 398 f. Die Vorinstanz hatte eine Haftung pauschal verneint, weil die Betreiber von Fanseiten insoweit keine datenschutzrechtliche Verantwortlichkeit trügen, vgl. OVG Schleswig ZD 2014, 643 mAnm *Werkmeister*. Der zuständige Generalanwalt beim EuGH hat in seinen Schlussanträgen eine gemeinsame Verantwortlichkeit von Facebook und den Betreibern von Fanpages angenommen, vgl. Schlussanträge in der Rs. C-210/16, Rn. 42ff.
22 Vgl. EuGH, U.v. 5.6.2018 – C -210/16.
23 Vgl. EuGH, U. v. 5.6.2018 – C-210/16, Abs. 38.
24 Vgl. OLG Düsseldorf ZD 2017, 334 mAnm *Piltz* ZD 2017, 336 f.
25 Vgl. *Dovas* ZD 2016, 512 (514).
26 So die treffende Beschreibung Ehmann/Selmayr/*Bertermann* Art. 26 Rn. 10.
27 Ebenso BeckOK DatenschutzR/*Spoerr* DSGVO Art. 26 Rn. 33; zu möglichen Regelungspunkten in der Vereinbarung Kühling/Buchner/*Hartung* Art. 26 Rn. 25.
28 So auch Auernhammer/*Thomale* DSGVO Art. 26 Rn. 9; Paal/Pauly/*Martini* Art. 26 Rn. 25.
29 So sinngemäß Plath/*Plath*, DSGVO Art. 26 Rn. 7.
30 Vgl. Plath/*Plath*, DSGVO Art. 26 Rn. 5; *Dovas* ZD 2016, 512 (515).

ligten Verantwortlichen für die betroffenen Personen (siehe auch Abs. 2 S. 2 → Rn. 25ff.).[31] Dabei geht es „insbesondere" – aber nicht nur (→ Rn. 17) – um die Frage, wer konkret als Ansprechpartner für die Wahrnehmung von Betroffenenrechten dient.

Der Wortlaut des Art. 26 schließt es nicht aus, dass die **Vereinbarung mit anderen Absprachen verbunden** 21 wird, sofern hierdurch die Qualität der Information nicht leidet.

Eine Vereinbarung ist nicht geboten, wenn die Aufgabenverteilung **durch Unionsrecht oder einzelstaatliches** 22 **Recht** eines Mitgliedstaats festgelegt wird. Für diesen Fall sieht Abs. 1 S. 2 keine Notwendigkeit einer vertraglichen Vereinbarung mehr. Diese Fallgruppe dürfte angesichts der begrenzten Öffnungsklauseln nur bei der Verarbeitung im öffentlichen Interesse eine nennenswerte Rolle spielen, etwa beim Betrieb von gemeinsamen Verfahren nach § 11 EGovG.

c) Anlaufstelle für die betroffenen Personen (Abs. 1 S. 3). Die Vereinbarung kann, muss aber keine Anlauf- 23 stelle für die betroffenen Personen vorsehen.[32] Die DSGVO verwendet den Begriff der **Anlaufstelle** mehrfach und in unterschiedlichen Zusammenhängen (Art. 26 Abs. 1 S. 3, Art. 27 Abs. 4, Art. 33 Abs. 3 lit. b, Art. 39 Abs. 1 lit. e, EG 119 iVm Art. 51 Abs. 3). Charakteristisch für sie ist, dass eine Person oder Stelle mit der Aufgabe einer Anlaufstelle betraut wird – sei es durch Vertrag (wie in Art. 26 Abs. 1 S. 2) oder durch Benennung (wie in Art. 27 Abs. 1, Abs. 4 oder in Art. 37 Abs. 1). In jedem Fall soll sie eine funktionierende Kommunikation zwischen Verantwortlichen einerseits und Aufsichtsbehörden und betroffenen Personen andererseits sicherstellen. Wie weit die Vertretungsmacht der „Anlaufstellen" dabei jeweils reicht, regelt die DSGVO – anders als in Art. 27 und 39 – bei Art. 26 Abs. 1 S. 2 nicht ausdrücklich. Da die Einrichtung einer Anlaufstelle als solche ins Belieben der Vertragspartner gestellt ist, spricht einiges dafür, dass sie insoweit Gestaltungsfreiheit genießen.

Teilweise wird die Einrichtung einer Anlaufstelle empfohlen, „damit funktionale Prozesse für alle Verant- 24 wortlichen geschaffen werden können."[33] Gemeint ist wohl, dass mehrere Verantwortliche insbes. ihre Informationspflichten über einen der Verantwortlichen erfüllen, den sie als Anlaufstelle bestimmt haben. Ob eine solche Anlaufstelle tatsächlich empfehlenswert ist, hängt von der Anzahl der beteiligten gemeinsamen Verantwortlichen und der Komplexität der Verarbeitungsprozesse ab. Den Beteiligten muss klar sein, dass angesichts des Abs. 3 eine **Freizeichnung** von Verantwortlichkeit und Haftung gegenüber den betroffenen Personen durch eine Vereinbarung nach Abs. 1 S. 3 **nicht möglich** ist.[34] Dementsprechend bleibt jeder Verantwortliche nach Art. 12 verpflichtet, Vorkehrungen zur Befriedigung von Betroffenenrechten zu treffen. Daraus wird teilweise abgeleitet, dass das Informationsmaterial nur durch die Anlaufstelle zusammengestellt und erzeugt wird, jeder Verantwortliche aber selbst die Information der betroffenen Person zur Verfügung zu stellen hat.[35]

2. Pflichten gegenüber den betroffenen Personen (insbes. Abs. 2 S. 2, Abs. 3). a) Informationspflich- 25 **ten.** Nach Abs. 2 S. 2 „wird" das Wesentliche der Vereinbarung der betroffenen Person zur Verfügung gestellt. Die Vorschrift vermeidet es, die insoweit **auskunftspflichtige verantwortliche Stelle** ausdrücklich zu benennen. Angesichts der Vielgestaltigkeit von Kooperationsformen bei der Verarbeitung personenbezogener Daten und des damit verbundenen gesteigerten Risikos für die betroffene Person durch mehrere Datenverarbeiter ist dies sachgerecht, zumal jeder einzelne Verantwortliche die Pflichten nach Art. 12ff. zu erfüllen hat.

Der Wortlaut des Abs. 2 klärt nicht unmittelbar, was **das Wesentliche der Vereinbarung** ist. Die mitzuteilen- 26 den Informationen lassen sich jedoch aus der Funktion der Vereinbarung ableiten, für die betroffene Person eine klare Zuordnung der Verantwortlichkeit und Haftung zu ermöglichen, vgl. EG 79. Daraus folgt, dass das „Wesentliche" jedenfalls den Mindestinhalt der Vereinbarung nach Abs. 1 S. 2 abdecken muss. Dazu zählen zunächst klare und konkreten Angaben darüber, welche Stellen beteiligt sind,[36] die Verarbeitungszwecke, die Organisation der Verarbeitung, soweit sie für die Geltendmachung der Betroffenenrechte erforderlich werden kann[37] und wem die jeweiligen Informationspflichten aus Art. 13 und 14 sowie der übrigen Pflichten der Verantwortlichen nach Kapitel III (Art. 15-22) konkret zugeordnet sind. Wird eine Anlaufstel-

---

31 Zum Wahrheitsgebot der Vereinbarung Paal/Pauly/*Martini* Art. 26 Rn. 30.
32 Anders Art. 24 Abs. 1 S. 3 Rat-E: die einzige Anlaufstelle sollte ein zwingender Teil der Erklärung sein; s. dazu Paal/Pauly/*Martini* Art. 26 Rn. 16, 28.
33 So namentlich Ehmann/Selmayr/*Bertermann* Art. 26 Rn. 10.
34 So wohl auch *Dovas* ZD 2016, 512 (515 f.).
35 Vgl. Ehmann/Selmayr/*Bertermann* Art. 26 Rn. 11.
36 Ausführlich dazu Ehmann/Selmayr/*Knyrim* Art. 13 Rn. 31, 32. Wie hier BeckOK DatenschutzR/*Spoerr* Art. 26 DSGVO Rn. 35; aA offenbar aufgrund von Plausibilitätserwägungen Plath/*Plath* DSGVO Art. 26 Rn. 8.
37 So auch Kühling/Buchner/*Hartung* Art. 26 Rn. 26.

le benannt, ist auch diese Angabe wesentlich. Angaben zu wirtschaftlichen Konditionen hingegen gehören nach einhelliger Meinung regelmäßig nicht zu den für die betroffene Person wesentlichen Informationen.[38]

27 Abs. 2 S. 2 schreibt den Verantwortlichen vor, das Wesentliche der Vereinbarung der betroffenen Person **„zur Verfügung zu stellen"**,[39] was in schriftlicher, aber auch in elektronischer Form geschehen kann. Die englische Fassung („shall be made available") deutet eher auf eine elektronische Bereitstellung der Informationen hin.[40] Insgesamt dürfte beispielsweise die Bereitstellung der relevanten Informationen auf einer Webseite den Anforderungen des Abs. 2 S. 2 genügen.[41] Eine mündliche erteilte Information wird wohl eher kein „Zur Verfügung stellen" sein und wäre ohnehin im Hinblick auf die Rechenschaftspflicht der Verantwortlichen nicht zu empfehlen (→ Rn. 30).

28 **b) Wahrnehmung von Betroffenenrechten (Abs. 3).** Nach Abs. 3 lässt die Vereinbarung der gemeinsam Verantwortlichen das Recht der betroffenen Person unberührt, sich **an jeden der gemeinsam Verantwortlichen** zu wenden, um ihre Rechte geltend zu machen. Keiner der Verantwortlichen soll sich darauf zurückziehen können, nach dem Inhalt der Vereinbarung nicht für das Anspruchsbegehren der betroffenen Person zuständig zu sein.[42] Am ehesten ist diese Konstruktion der Verantwortlichkeit und Haftung vergleichbar mit einer Gesamtschuldnerschaft iSd § 421 BGB.[43]

29 Dementsprechend ist es naheliegend, in der Vereinbarung unter Gesichtspunkten der **Haftung** nicht nur eine Orientierungsgrundlage für die Geltendmachung von Ansprüchen betroffener Personen zu sehen, sondern auch eine Grundlage für etwaige Ausgleichsansprüche zwischen den Verantwortlichen (zu Einzelheiten bei der Haftung s. Art. 82 f.).

III. Sanktionen und Rechtsdurchsetzung

30 Die **Vereinbarung** nach Art. 26 Abs. 1 S. 2, Abs. 2 ist **Ausfluss der Rechenschaftspflicht** nach Art. 5 Abs. 2.[44] Fehlt die Vereinbarung oder wird sie unzureichend ausgestaltet, wird zugleich einer der tragenden datenschutzrechtlichen Grundsätze verletzt.

31 Dementsprechend kann die Aufsichtsbehörde die Vollziehung des Art. 26 mit Untersuchungs- und Abhilfebefugnissen nach Art. 58 durchsetzen. Sie kann die Verantwortlichen zB anweisen, Informationen über die faktische Zusammenarbeit und deren rechtliche Regelung zu geben (Art. 58 Abs. 1 lit. a) und die Zusammenarbeit auch vor Ort kontrollieren (Art. 58 Abs. 1 lit. e, f.). Bei den Abhilfebefugnissen wird Art. 26 zwar nicht ausdrücklich genannt, die Anweisung, Verarbeitungsvorgänge innerhalb eines bestimmten Zeitraums in Einklang mit der DSGVO zu bringen (Art. 58 Abs. 2 lit. d), trägt aber jedenfalls die Verpflichtung, ein zulässiges Modell der Zusammenarbeit umzusetzen (gemeinsame Verantwortlichkeit, Auftragsverarbeitung oder nach Art. 6 zulässige Übermittlung) oder diese andernfalls zu unterlassen (Art. 58 Abs. 2 lit. f). Führt der Verstoß gegen Art. 26 zu einer fehlenden oder rechtswidrigen Umsetzung der besonders hervorgehobenen Betroffenenrechte, so kommt auch eine Anweisung nach Art. 58 Abs. 2 lit. c in Betracht.

32 Der Verstoß gegen Art. 26 ist in Art. 83 Abs. 4 lit. a bußgeldbewehrt (Geldbußen von bis 10 Mio. Euro oder bis zu 2 % des weltweiten Jahresumsatzes des vorangegangenen Geschäftsjahres).

Artikel 27   Vertreter von nicht in der Union niedergelassenen Verantwortlichen oder Auftragsverarbeitern

(1) In den Fällen gemäß Artikel 3 Absatz 2 benennt der Verantwortliche oder der Auftragsverarbeiter schriftlich einen Vertreter in der Union.

(2) Die Pflicht gemäß Absatz 1 des vorliegenden Artikels gilt nicht für

a)   eine Verarbeitung, die gelegentlich erfolgt, nicht die umfangreiche Verarbeitung besonderer Datenkategorien im Sinne des Artikels 9 Absatz 1 oder die umfangreiche Verarbeitung von personenbezogenen Daten über strafrechtliche Verurteilungen und Straftaten im Sinne des Artikels 10 einschließt und unter

---

38 Vgl. Ehmann/Selmayr/*Bertermann* Art. 26 Rn. 13.
39 Gleichbedeutend die französische und italienische Fassung („sont mise á la disposition", „è messo a disposizione").
40 AA Kühling/Buchner/*Hartung* Art. 26 Rn. 20.
41 Vgl. Paal/Pauly/*Martini* Art. 26 Rn. 34 und 35; zustimmend BeckOK DatenschutzR/*Spoerr* DSGVO Art. 26 Rn. 35; *Laue/Nink/Kremer*, § 1 Rn. 64.
42 Vgl. Paal/Pauly/*Martini* Art. 26 Rn. 36.
43 Vgl. Paal/Pauly/*Martini* Art. 26 Rn. 36.
44 Vgl. EG 79.

Berücksichtigung der Art, der Umstände, des Umfangs und der Zwecke der Verarbeitung voraussichtlich nicht zu einem Risiko für die Rechte und Freiheiten natürlicher Personen führt, oder

b)   Behörden oder öffentliche Stellen.

(3) Der Vertreter muss in einem der Mitgliedstaaten niedergelassen sein, in denen die betroffenen Personen, deren personenbezogene Daten im Zusammenhang mit den ihnen angebotenen Waren oder Dienstleistungen verarbeitet werden oder deren Verhalten beobachtet wird, sich befinden.

(4) Der Vertreter wird durch den Verantwortlichen oder den Auftragsverarbeiter beauftragt, zusätzlich zu diesem oder an seiner Stelle insbesondere für Aufsichtsbehörden und betroffene Personen bei sämtlichen Fragen im Zusammenhang mit der Verarbeitung zur Gewährleistung der Einhaltung dieser Verordnung als Anlaufstelle zu dienen.

(5) Die Benennung eines Vertreters durch den Verantwortlichen oder den Auftragsverarbeiter erfolgt unbeschadet etwaiger rechtlicher Schritte gegen den Verantwortlichen oder den Auftragsverarbeiter selbst.

Literatur: S. bei Art. 3.

I.   Ziel und Funktion der Vorschrift

Art. 27 ist ein Baustein im System der **Geltung und Durchsetzung** der **DSGVO in Drittländern**. Da Art. 3 **1** Abs. 2 den räumlichen Anwendungsbereich in bestimmten Fällen auch auf Verantwortliche und Auftragsverarbeiter in diesen Ländern erstreckt (→ Art. 3 Rn. 39ff.), die Aufsichtsbehörden der Mitgliedstaaten dort aber keine Hoheitsgewalt ausüben können, besteht grundsätzlich die Gefahr eines Leerlaufens der materiellrechtlichen Pflichten der dortigen Verantwortlichen und Auftragsverarbeiter. Die Benennung eines Vertreters (Art. 4 Nr. 17) entlastet nicht von diesen Pflichten (Abs. 5), sondern dient maßgeblich einer geordneten Kommunikation mit Aufsichtsbehörden und betroffenen Personen (Abs. 4). Inwieweit der Vertreter darüber hinaus rechtlichen Pflichten nach der Verordnung unterworfen ist oder sogar selbst haftet, ist umstritten (→ Rn. 30ff.).

II.   Entstehungsgeschichte und Vorgängerregelungen

Die Vorschrift hat eine Vorgängerregelung in **Art. 4 Abs. 2 DSRL** (sa EG 20 DSRL). Dieser regelte für das **2** Recht der Mitgliedstaaten, dass im Falle der Anwendbarkeit des nationalen Datenschutzrechts auf Verantwortliche in Drittländern aufgrund des Rückgriffs auf Mittel in einem Mitgliedstaat (Art. 4 Abs. 1 lit. c DSRL) der Verantwortliche einen im Hoheitsgebiet dieses Mitgliedstaats ansässigen Vertreter zu benennen hatte.[1] Art. 27 setzt dies unter Erweiterung auf Auftragsverarbeiter für Art. 3 Abs. 2 fort, der die Nachfolgevorschrift zu Art. 4 Abs. 1 lit. c DSRL darstellt.

In Deutschland wurde Art. 4 Abs. 2 DSRL durch **§ 1 Abs. 5 S. 3 BDSG aF** umgesetzt.[2] Dieser bestimmte für **3** den Fall der Anwendbarkeit des Gesetzes in Drittländern, dass „soweit" die verantwortliche Stelle nach dem BDSG zu nennen war,[3] auch Angaben über im Inland ansässige Vertreter zu machen waren. Die nach Art. 4 Abs. 2 DSRL bestehende Rechtspflicht zur Benennung eines solchen Vertreters ergab sich aus diesem Wortlaut nicht, sondern allenfalls im Wege europarechtskonformer Auslegung.[4]

---

1   Der geänderte Entwurf der KOM (KOM(92)422 endg., abgedruckt in BT-Drs. 12/8329) hatte noch vorgeschlagen, dass der Vertreter „in die Rechte und Pflichten des Verantwortlichen eintritt".
2   Zusätzlich bestimmte § 1 Abs. 5 S. 4 BDSG aF eine Ausnahme für den Fall des Datentransits.
3   Diese Beschränkung der Reichweite war mit der DSRL unvereinbar.
4   Simitis/*Dammann* § 1 Rn. 231; ohne Problematisierung: *Gola/Schomerus* § 1 Rn. 12.3.

4 Im **Gesetzgebungsverfahren** wurde die Vorschrift mehrfach verändert.[5] In Abs. 1 geht die sprachliche Fassung, va aber das Schriftlichkeitsgebot auf Art. 25 Rat-E zurück. Die wichtige Erstreckung der Norm auf Auftragsverarbeiter war in keinem Entwurf enthalten und wurde erst im Trilog aufgenommen. Bei den Ausnahmen in Abs. 2 hatten KOM und EP vorgeschlagen, Verantwortliche in Drittländern auszunehmen, für die ein Angemessenheitsbeschluss (nunmehr Art. 45 Abs. 3) vorliegt. Dies wurde auf Vorschlag des Rats[6] gestrichen. Dasselbe gilt für weitere Ausnahmen, die KOM und EP entsprechend ihrer allgemein verwendeten Risikokriterien vorbrachten.[7] Abs. 2 lit. a ist eine Mischung aus Art. 25 Abs. 2 lit. d KOM-E, Art. 25 Abs. 2 lit. d Parl-E und Art. 25 Abs. 2 lit. b Rat-E; Abs. 2 lit. b war in allen Entwürfen enthalten. Die Vorgabe für die Niederlassung des Vertreters in Abs. 3 entspricht grds. Art. 25 Abs. 3 KOM-E und Rat-E. Im Trilog wurde die Anknüpfung geändert. Nunmehr kommt es auf den Aufenthalt der betroffenen Personen an, nicht darauf, wo diese ansässig sind; dies entspricht der parallelen Änderung in Art. 3 Abs. 2 (→ Art. 3 Rn. 7). Abs. 4 wurde erfolgreich durch den Rat vorgeschlagen (Art. 25 Abs. 3 a Rat-E), während Abs. 5 in allen Vorschlägen enthalten war. Die Entstehungsgeschichte des zugehörigen EG 80 folgt den beschriebenen Einflüssen: EG 80 S. 1 ist eine Mischung der verschiedenen Entwürfe, S. 2 war unumstritten, S. 3–6 entstammen EG 63 Rat-E, die Ergänzung um die Auftragsverarbeiter wurde erst im Trilog aufgenommen.

III. Systematische Stellung; nationales Recht

5 Der Vertreter nach Art. 27 wird in Art. 4 Nr. 17 legal definiert, seine Stellung in EG 80 näher erläutert. Die Norm ist unmittelbar verknüpft mit der Erstreckung des **räumlichen Anwendungsbereichs** auf Drittländer in Art. 3 Abs. 2. Enge Bezüge bestehen überdies zur Datenübermittlung in Drittländer nach Art. 44ff. Abzugrenzen ist der Vertreter von der Anlaufstelle nach Art. 26 Abs. 1 S. 3, die gerade keine Vertretungsmacht inne hat (→ Art. 26 Rn. 23 f.).

6 Im Text der DSGVO wird der **Begriff des Vertreters** trotz der Definition in Art. 4 Nr. 17 **nicht einheitlich** gebraucht. Neben dem Vertreter nach Art. 4 Nr. 17 gibt es auch „Vertreter" von betroffenen Personen (Art. 35 Abs. 9),[8] der Beteiligten im EDSA (Art. 68 Abs. 3–5, Art. 73 Abs. 2, Art. 74 Abs. 2) und von Dritten (Art. 76 Abs. 2). Auf den Vertreter iSv Art. 27 nimmt die **DSGVO an verschiedenen Stellen** Bezug. Bei der Datenerhebung ist er der betroffenen Person mitzuteilen (Art. 13 Abs. 1 lit. a → Art. 13 Rn. 8 und Art. 14 Abs. 1 lit. a → Art. 14 Rn. 3 f.). Art. 30 Abs. 1 und Abs. 2 verpflichten ihn, ein Verzeichnis von Verarbeitungstätigkeiten zu führen, das nach Art. 30 Abs. 4 der Aufsichtsbehörde auf Anfrage zur Verfügung zu stellen ist (→ Art. 30 Rn. 40). Gemäß Art. 31 ist er auf Anfrage der Aufsichtsbehörde zur Zusammenarbeit mit dieser verpflichtet. Art. 58 Abs. 1 lit. a eröffnet ihr außerdem die Befugnis, den Vertreter zur Bereitstellung aller Informationen zu verpflichten, die sie für die Erfüllung ihrer Aufgaben benötigt.

7 Die **JI-Richtlinie** beinhaltet schon keine echte Parallelnorm zu Art. 3 (→ Art. 3 Rn. 9) und folglich auch nicht zu Art. 27. In § 44 **Abs. 3 BDSG nF** hat der Bundesgesetzgeber im Rahmen der Umsetzung der DSGVO eine Regelung zur Empfangszuständigkeit für Zustellungen in zivilgerichtlichen Verfahren normiert (→ Rn. 27 f.).

IV. Pflicht zur Benennung eines Vertreters (Abs. 1)

8 Abs. 1 enthält die grundsätzliche Rechtspflicht zur Benennung; sie gilt vorbehaltlich der Ausnahmen nach Abs. 2. **Adressaten** der Pflicht sind sowohl Verantwortliche (Art. 4 Nr. 7) als auch Auftragsverarbeiter (Art. 4 Nr. 8). Einziges **Tatbestandsmerkmal** ist das Eingreifen von Art. 3 Abs. 2 (→ Art. 3 Rn. 39ff.), wobei die Reichweite von Art. 3 Abs. 2 für Verantwortliche und Auftragsverarbeiter jeweils separat zu prüfen ist (→ Art. 3 Rn. 62ff.).

9 Rechtsfolge von Abs. 1 ist die Pflicht zur **Benennung eines Vertreters**. Der Singular ist iSv „**mindestens einen**" zu verstehen. Es ist also zulässig, zB in jedem Mitgliedstaat einen Vertreter zu benennen, wenn jeder von ihnen über die Befugnisse aus Art. 27 verfügt. Da ohnehin keine singuläre Zuständigkeit nur einer (federführenden) Aufsichtsbehörde eintritt (→ Rn. 23, → Art. 3 Rn. 65) und aufgrund der dadurch erzielten Vermeidung von Sprachproblemen ist eine solche Mehrfachbenennung auch im Interesse der Behörden und

---

5   Sa Schwartmann/Jaspers/Thüsing/Kugelmann/*Kremer* Art. 27 Rn. 11 f.; ausführliche Analyse mit Blick auf völkerrechtliche Anknüpfungsprinzipien bei *Uecker*, Extraterritoriale Regelungshoheit im Datenschutzrecht, 2017, S. 112ff.

6   Ebenso zuvor *Art.-29-Gruppe*, WP 191, S. 17.

7   S. Art. 25 Abs. 2 lit. b KOM-E: Unternehmen mit weniger als 250 Mitarbeitern; Art. 25 Abs. 2 lit. b Parl-E: Verantwortliche, die Daten von weniger als 5.000 betroffenen Personen in zwölf aufeinanderfolgenden Monaten verarbeiten, solange es sich nicht um besondere Kategorien (Art. 9 Abs. 1), Standortdaten, Daten über Kinder oder Arbeitnehmerdaten aus groß angelegten Ablagesystemen handelt.

8   Dies wird verwechselt von Paal/Pauly/*Martini* Art. 27 Rn. 4.

der betroffenen Personen. Eine Grenze wäre erst erreicht, wenn eine Vielzahl von Vertretern zu Zuständig-keitsverwirrungen führen würde.

Was genau eine „**Benennung**" ist, regelt die DSGVO nicht; die abweichende Formulierung in Art. 4 Nr. 17 **10** („bestellt") und EG 80 S. 6 („ausdrücklich bestellen und schriftlich beauftragen") sind inkonsistente Über-setzungen des englischen „designated".[9] Nach Sinn und Zweck kann sich die Vorgabe nicht im reinen „Nennen" erschöpfen, sondern beinhaltet eine Pflicht zur Bestellung, also auch zum Abschluss eines Ver-trags mit dem Vertreter,[10] weil dieser ansonsten seine Funktionen nicht erfüllen könnte. Es handelt sich also um ein „**Mandat**" (EG 80 S. 5). Eine Pflicht zur Anzeige der Benennung zB bei der Aufsichtsbehörde be-steht nicht,[11] sie muss aber nach Art. 13 Abs. 1 lit. a, Art. 14 Abs. 1 lit. a gegenüber den betroffenen Perso-nen offengelegt werden und ist der Aufsichtsbehörde auf Anfrage (Art. 58 Abs. 1 lit. a) mitzuteilen. Die Be-nennung hat nach Abs. 1, Art. 4 Nr. 17 und EG 80 S. 3 ausdrücklich **schriftlich** zu erfolgen. Anders als in Art. 28 Abs. 9 und Art. 30 Abs. 3 wird ein elektronisches Format nicht zugelassen; dies ist als Ausschluss der Textform iSv § 126 b BGB zu werten.[12] Der Begriff der Schriftform ist autonom auszulegen,[13] es existie-ren jedoch keine europarechtlichen Regelungen zu Anforderungen an diese Form. Nach Sinn und Zweck von Abs. 1 dient das Schriftlichkeitsgebot dem rechtssicheren Nachweis der Benennung. Dies spricht für eine gewisse Strenge in der Form. Europarechtlich wird der qualifizierten elektronischen Signatur (wenn auch in anderem Kontext) durch Art. 25 Abs. 2 eIDAS-VO die gleiche Rechtswirkung zugesprochen wie der handschriftlichen Unterschrift.[14] Daraus lässt sich – europarechtlich autonom – ableiten, dass die **elektroni-sche Form nach §§ 126 Abs. 3, 126 a BGB** auch für Art. 27 ausreicht.[15] Keine Regelung enthält die DSGVO zur Dauer der Benennung und zu einem etwaigen Widerruf bzw. einer Kündigung. Es ist deshalb zulässig, die Benennung zu **befristen** und **Kündigungsgründe** vorzusehen. Allerdings ergibt sich aus Art. 27 im Falle des Wechsels des Vertreters eine Pflicht, den Übergang geordnet abzuwickeln, also rechtzeitig vor-zunehmen und eine Übergabe von Unterlagen etc. zu organisieren.

Nach der Definition in Art. 4 Nr. 17 kann auch eine juristische Person (→ Art. 4 Nr. 18 Rn. 1) ein Vertreter **11** sein.[16] Dieser kann **auch für mehrere** Verantwortliche oder Auftragsverarbeiter tätig sein.[17] Allerdings darf dies die Funktion nicht beeinträchtigen. Es müssen deshalb hinreichende Kapazitäten für die Aufgabener-füllung bereitgehalten werden, und es darf **nicht zu Interessenkonflikten** wegen der Vertretung mehrerer Verantwortlicher oder Auftragsverarbeiter kommen.[18] Die Vertretung mehrerer in Konkurrenz stehender Unternehmen aus Drittstaaten wird dabei in aller Regel schon vertraglich ausgeschlossen werden.

Besondere Anforderungen an die persönliche Qualifikation enthält weder Art. 27 noch Art. 4 Nr. 17. Zu **12** fordern ist allerdings ein **Mindestmaß an persönlicher Eignung** (Fachkenntnisse, Zuverlässigkeit), um die nach der DSGVO zugewiesenen Aufgaben zu erfüllen.[19] Ein **externer Datenschutzbeauftragter kann nicht** benannt werden, weil er nach Art. 38 Abs. 3 weisungsfrei, der Vertreter jedoch gerade weisungsgebunden ist (→ Rn. 29).[20] Im Übrigen ist jenseits evident ausgeschlossener, aber wenig realistischer Fälle (Benennung eines Mitarbeiters einer Aufsichtsbehörde oÄ) eine Einzelfallprüfung erforderlich. Wird eine prinzipiell un-geeignete Person benannt, liegt ein bußgeldbewehrter Verstoß gegen Art. 27 vor (→ Rn. 36). Sofern nur im Einzelfall ein Interessenkonflikt auftritt, ist ein anderer Vertreter zu benennen.

In Betracht kommen **berufsmäßige Interessenvertreter** wie Rechtsanwälte oder Anbieter von Datenschutz- **13** Beratungsleistungen, aber auch wirtschaftliche Kooperationspartner oder sonstige Dienstleister. Insbes. ist es auch zulässig, eine **Zweigstelle als Vertreter** zu benennen, die die Anforderungen an eine Niederlassung nach Art. 3 Abs. 1 nicht erfüllt (→ Art. 3 Rn. 21ff.), oder die diese Anforderungen zwar erfüllt, nicht aber

---

9   Dies wird übersehen von Gola/*Piltz* Art. 27 Rn. 12.

10 AA Sydow/*Ingold* Art. 27 Rn. 8: Bestellung als einseitiger Rechtsakt. Dass dieser keiner Zustimmung des Vertreters bedürfen soll (ebd.), ist nicht nur praxisfern, sondern entspricht auch nicht dem Bild des EG 80.

11 Paal/Pauly/*Martini* Art. 27 Rn. 21ff.

12 Paal/Pauly/*Martini* Art. 27 Rn. 19; tendenziell auch Kühling/Buchner/*Hartung* Art. 27 Rn. 13; aA Gola/*Piltz* Art. 27 Rn. 15; Auernham-mer/*Thomale* DSGVO Art. 27 Rn. 9; Schwartmann/Jaspers/Thüsing/Kugelmann/*Kremer* Art. 27 Rn. 23ff.; ohne konkretes Ergebnis Schantz/Wolff/*Wolff*, Rn. 934.

13 AA DWWS/*Däubler* DSGVO Art. 3 Rn. 5.

14 VO (EU) Nr. 910/2014 v. 23. Juli 2014 über elektronische Identifizierung und Vertrauensdienste für elektronische Transaktionen im Binnenmarkt und zur Aufhebung der Richtlinie 1999/93/EG. Ihr Art. 2 Abs. 3 lässt nationale Formvorschriften ausdrücklich unberührt. Dementsprechend ist auch Art. 25 Abs. 2 keine Regelung zur Form, sondern greift nur, sofern eine nationale Formvorschrift (wie § 126 Abs. 1 BGB) eine handschriftliche Unterschrift verlangt; näher *Roßnagel*, Das Recht der Vertrauensdienste, 2016, S. 52ff., 172ff.

15 Im Ergebnis ebenso Paal/Pauly/*Martini* Art. 27 Rn. 19.

16 Dies galt trotz fehlender Regelung auch nach § 1 Abs. 5 S. 3 BDSG aF, s. Simitis/*Dammann* § 1 Rn. 234.

17 Schwartmann/Jaspers/Thüsing/Kugelmann/*Kremer* Art. 27 Rn. 15; s. schon für das bisherige Recht: Simitis/*Dammann* § 1 Rn. 234.

18 Paal/Pauly/*Martini* Art. 27 Rn. 25.

19 Paal/Pauly/*Martini* Art. 27 Rn. 25; aA Schwartmann/Jaspers/Thüsing/Kugelmann/*Kremer* Art. 27 Rn. 14; wohl auch Gierschmann/Schlender/Stentzel/Veil/*Schlender/Gramlich* Art. 4 Nr. 17 Rn. 12, wonach „jede" Person benannt werden können soll.

20 Gola/*Piltz* Art. 27 Rn. 5; DWWS/*Däubler* DSGVO Art. 3 Rn. 4.

das Kriterium der Verarbeitung „im Rahmen der Tätigkeit". Allein durch eine Beauftragung nach Art. 27 wird eine solche Zweigstelle nicht zur Niederlassung iSv Art. 3 Abs. 1 (→ Art. 3 Rn. 23).

V. Ausnahmen (Abs. 2)

14 **1. Eingeschränkte, nicht risikogeneigte Verarbeitung (lit. a).** Abs. 2 lit. a enthält **drei kumulative Tatbestandsvoraussetzungen** (ähnlich in Art. 30 Abs. 5 → Art. 30 Rn. 42), deren jeweilige **Unbestimmtheit** sich **problematisch aufaddiert.**[21] Um unter die Ausnahme zu fallen, darf die Verarbeitung erstens nur gelegentlich erfolgen, zweitens nicht die umfangreiche Verarbeitung von Daten nach Art. 9 Abs. 1 oder Art. 10 einschließen und drittens voraussichtlich nicht zu einem Risiko für die Rechte und Freiheiten natürlicher Personen führen. Weder aus der Norm noch aus EG 80 ergeben sich irgendwelche Anhaltspunkte für die Begriffe „gelegentlich" und „umfangreich"; auch der Risikobegriff ist in der DSGVO problematisch unkonturiert (→ Einl. Rn. 198ff., 242 f.; → Art. 24 Rn. 11ff.). Der Sache nach könnten die ersten beiden Merkmale auch in der Risikobewertung aufgehen, wo der Umfang der Verarbeitung ohnehin genannt ist.

15 Hinsichtlich der Anforderung **„gelegentlich"** ist nur sicher, dass ein einziger Fall eines Angebots von Waren oder Dienstleistungen bzw. der Verhaltensbeobachtung in der Union die Pflicht aus Abs. 1 noch nicht auslöst. Im Übrigen wird es auf das Fehlen einer gewissen Regelmäßigkeit bzw. die Beschränkung auf vereinzelte Vorgänge ankommen; abstrakte Zahlen lassen sich der Norm nicht entnehmen. Das Merkmal sollte jedenfalls mit Blick auf die betroffenen Personen in der Union bestimmt werden, dh nicht durch einen Vergleich mit den sonstigen Geschäftsaktivitäten des Verantwortlichen oder Auftragsverarbeiters,[22] weil es nach Sinn und Zweck der Norm nicht darauf ankommen kann, wie deren weltweites Geschäftsmodell aufgestellt ist. Wenn also in der Praxis nur wenigen Personen in der Union, diesen jedoch immer wieder Waren oder Dienstleistungen angeboten werden, ist dies nicht mehr gelegentlich.

16 **Umfangreich** werden Daten nach Art. 9 und 10 verarbeitet, wenn sie sich entweder auf eine Vielzahl von Personen beziehen oder eine Vielzahl von Daten über einzelne Personen verarbeitet werden (va Profile).[23] Für Art. 35 bestimmt EG 91 S. 4, dass die Verarbeitung durch einen einzelnen Arzt oder Rechtsanwalt nicht als umfangreich gelten sollte; jenseits der Frage der Übertragbarkeit auf Art. 27 wird dieser Fall aber im Bereich von Drittländern nur selten auftreten.

17 Die **Risikoprognose** der dritten Variante entspricht in ihren Kriterien (Art, Umfang, Umstände und Zwecke der Verarbeitung) derjenigen in einer Reihe anderer Vorschriften der DSGVO.[24] Eine Definition dieser Kriterien – die übrigens nicht überschneidungsfrei sind – hat sich bisher ebenso wenig herausgebildet wie eine anerkannte Methode der Risikobewertung. Jedenfalls ist der Begriff der „Rechte und Freiheiten" – entsprechend dem Schutzzweck in Art. 1 Abs. 2 – weiter als das Recht auf Schutz personenbezogener Daten (→ Art. 1 Rn. 36ff.). Nähere Hinweise finden sich va in EG 75. Danach sind physische, materielle und immaterielle Schäden zu berücksichtigen, va Diskriminierung, Identitätsdiebstahl oder -betrug, finanzielle Verluste, Rufschädigung, Verlust der Vertraulichkeit durch Berufsgeheimnisse geschützte Daten, unbefugte Aufhebung einer Pseudonymisierung und andere „erhebliche wirtschaftliche oder gesellschaftliche Nachteile". Hinzu kommen Behinderungen bei Betroffenenrechten, die Verarbeitung von Daten nach Art. 9 und 10, die Bewertung persönlicher Aspekte (va Profile), die Verarbeitung von Daten schutzbedürftiger natürlicher Personen (insbes. Kinder), von großen Mengen personenbezogener Daten und einer großen Zahl von betroffenen Personen. Diese Kriterien sind dementsprechend durch den Verantwortlichen oder Auftragsverarbeiter im Drittland im Rahmen einer Risikoprognose sorgfältig zu prüfen.

18 **Entscheidend** ist letztlich **für alle drei Anforderungen**, ob sich aus dem Charakter der Verarbeitung ein **Kontrollbedürfnis** ergibt, das einen Ansprechpartner in der Union erforderlich macht.[25] Da diese Beurteilung keine leichte Aufgabe ist, ein einfaches Risiko bereits ausreicht[26] und ein Verstoß gegen Art. 27 nach Art. 80 Abs. 4 lit. a bußgeldbewehrt ist, kann man der Praxis nur anraten, in **Zweifelsfällen** einen Vertreter **zu benennen**.

19 **2. Behörden und öffentliche Stellen (lit. b).** Die zweite Ausnahme (Abs. 2 lit. b) gilt für **Behörden und öffentliche Stellen** von Drittländern. Beide Begriffe sind funktional auszulegen. Es geht maW darum, ob die

---

21 Kühling/Buchner/*Hartung* Art. 27 Rn. 7; Gola/*Piltz* Art. 27 Rn. 23ff.; sa für „gelegentlich" *Art.-29-Gruppe*, WP 191, S. 17.
22 So aber Schwartmann/Jaspers/Thüsing/Kugelmann/*Kremer* Art. 27 Rn. 34; Auernhammer/*Thomale* DSGVO Art. 27 Rn. 12: im Vergleich zum Geschäftsfeld des Verarbeiters erkennbar untergeordnete Tätigkeit; wie hier Paal/Pauly/*Martini* Art. 27 Rn. 35.
23 Paal/Pauly/*Martini* Art. 27 Rn. 39 f.
24 Artt. 24 Abs. 1, 25 Abs. 1, 32 Abs. 1, 35 Abs. 1, 39 Abs. 2.
25 Paal/Pauly/*Martini* Art. 27 Rn. 36, 39 f., 43; Kühling/Buchner/*Hartung* Art. 27 Rn. 9.
26 *Laue/Nink/Kremer*, § 1 Rn. 90.

jeweilige Stelle öffentliche Aufgaben erfüllt und die Datenverarbeitung entweder durch den Staat selbst erfolgt oder ihm zurechenbar ist.[27]

VI. Niederlassung des Vertreters (Abs. 3)

Abs. 3 spezifiziert die Pflicht aus Abs. 1 in örtlicher Hinsicht. Mit Blick auf die rechtliche Stellung des Vertreters (→ Rn. 22ff.) ist es von erheblicher Bedeutung, wo dieser niedergelassen ist. Dies gilt insbes. für die Rechtsbeziehungen zu betroffenen Personen und der Aufsichtsbehörde. Aber auch faktisch spielt der Standort eine Rolle, weil der Vertreter regelmäßig in seiner eigenen Landessprache korrespondieren wird. Abs. 3 folgt insoweit der **ratio des Marktortprinzips aus Art. 3 Abs. 2** und konkretisiert dieses innerhalb der Union auf die Teilmärkte, in denen das Angebot gemacht bzw. das Verhalten beobachtet wird. Damit wird zumindest teilweise verhindert, dass ein Verantwortlicher oder Auftragsverarbeiter es den betroffenen Personen unbillig erschwert, ihre Rechte wahrzunehmen, indem er einen Vertreter in einem Mitgliedstaat benennt, in dem er niemanden adressiert.   20

Die **Anforderungen an das Bestehen einer Niederlassung** entsprechen denen in Art. 3 Abs. 1[28] und sind **entsprechend niedrig** (→ Art. 3 Rn. 21ff.). Ein Vertreter darf für die gesamte Union tätig werden; es ist also möglich (→ Rn. 9), nicht aber zwingend, in jedem Mitgliedstaat einen solchen zu benennen.[29] Entscheidend ist nicht der Wohnsitz, sondern der Aufenthaltsort der betroffenen Personen. Für Art. 3 Abs. 2 lit. a ist dies plausibel, für lit. b werden freilich die Probleme der Reichweite dieser Norm weiter verschärft: Da keine Zielrichtung der Verhaltensbeobachtung auf die Union erforderlich ist (→ Art. 3 Rn. 61), wird den Verantwortlichen und Auftragsverarbeitern oftmals auch nicht klar sein, in welchem Mitgliedstaat sich die betroffenen Personen aufhalten. Probleme können überdies auftreten, wenn die beobachtete Person Ländergrenzen überschreitet.   21

VII. Rechtliche Stellung des Vertreters

Art. 27 regelt die rechtliche Stellung des Vertreters **nur unvollständig**, indem dieser in Abs. 4 als „Anlaufstelle" beschrieben wird. Weitere Hinweise enthalten Art. 4 Nr. 17 und EG 80, die aber ebenfalls nicht alle Fragen erfassen. Zusätzlich ergeben sich weitere Rechtsfragen aus dem Recht der Mitgliedstaaten.   22

1. Anlaufstelle und Vertretung (Abs. 4, Art. 4 Nr. 17). Abs. 4 beschreibt die zentrale Funktion des Vertreters. Die Funktion einer „Anlaufstelle"[30] hat zunächst maßgeblich **kommunikativen Charakter**. Aufsichtsbehörden, betroffene Personen, aber auch sonstige Stellen – zB andere Behörden, Gerichte, sonstige Akteure nach der DSGVO (Auftragsverarbeiter, Stellen nach Art. 41 Abs. 1, Zertifizierungsstellen), aber auch Wettbewerber (soweit sie von Datenverarbeitungsaktivitäten betroffen sind, die der DSGVO unterfallen) oder Betriebsräte – können sich mit jedem rechtserheblichen Anliegen an den Vertreter wenden, das den Verantwortlichen oder Auftragsverarbeiter im Drittland betrifft. Dies ist nicht auf Akteure des Mitgliedstaats beschränkt, in dem der Vertreter niedergelassen ist. Seine Niederlassung begründet insbes. nach Wortlaut und Systematik keine Zuständigkeit einer federführenden Aufsichtsbehörde nach Art. 56 (→ Art. 3 Rn. 65).   23

Die Funktion des Vertreters geht aber **über die eines Erklärungs- und Empfangsboten hinaus**. Der Begriff der Anlaufstelle wird insoweit in der DSGVO nicht konsistent verwendet. Während die Anlaufstelle nach Art. 26 Abs. 1 S. 3 gerade keine Vertretungsmacht inne hat (→ Art. 26 Rn. 23 f.), werden Verantwortliche und Auftragsverarbeiter gemäß Art. 4 Nr. 17 in Bezug auf die ihnen nach der DSGVO obliegenden (also sämtliche) Pflichten „vertreten". Diese **gesetzlich geregelte Vertretungsmacht** ist nicht vertraglich änderbar.[31] MaW gibt der Vertreter **rechtswirksame Erklärungen** ab und nimmt solche als Empfangsvertreter entgegen.[32] Entgegen aA[33] ändert die Bindung des Vertreters in EG 80 S. 5 an das Mandat des Vertretenen daran nichts, weil sie das Innenverhältnis betrifft. Die Vertretung führt auch dazu, dass sich der Vertretene   24

---

27 Paal/Pauly/*Martini* Art. 27 Rn. 44ff.; Schwartmann/Jaspers/Thüsing/Kugelmann/*Kremer* Art. 27 Rn. 40ff.; ähnlich Kühling/Buchner/*Hartung* Art. 27 Rn. 11; wohl aA Gola/*Piltz* Art. 27 Rn. 30.

28 Paal/Pauly/*Martini* Art. 27 Rn. 48; Gola/*Piltz* Art. 27 Rn. 18: aA Sydow/*Ingold* Art. 27 Rn. 7: Maßstab des Art. 4 Nr. 5 RL 2006/123/EG.

29 *Laue/Nink/Kremer*, § 1 Rn. 91; Gola/*Piltz* Art. 27 Rn. 17.

30 Kritisch zur deutschen Terminologie BeckOK DatenschutzR/*Hanloser* Art. 27 Rn. 5, wo allerdings der englische Wortlaut überdehnt wird. Aus der Formulierung „mandated [...] to be addressed [..] on all issuess" ergibt sich nicht, dass der Vertreter „Adressat zur Gewährleistung der Einhaltung der DSGVO" ist (so aber ebd.), sondern dass er in Fragen der Einhaltung adressiert, also angesprochen werden kann.

31 BeckOK DatenschutzR/*Hanloser* DSGVO Art. 27 Rn. 2.

32 Kühling/Buchner/*Hartung* Art. 27 Rn. 14; Sydow/*Ingold* Art. 27 Rn. 11.

33 Gola/*Piltz* Art. 27 Rn. 33; Schwartmann/Jaspers/Thüsing/Kugelmann/*Kremer* Art. 27 Rn. 49, 53.

im Drittland **Verstöße des Vertreters zurechnen** lassen muss, wenn dieser in Ausübung seiner Position gegen Pflichten verstößt, die dem Vertretenen nach Art. 4 Nr. 17 obliegen (also beispielsweise unvollständige Auskünfte erteilt oÄ).

25 Nach Abs. 4 können die Vertretenen **entscheiden**, ob sie selbst zusätzlich solche **Kommunikation entgegennehmen** oder der Vertreter der ausschließliche Ansprechpartner ist.[34] Dies wird im Außenverhältnis nur wirksam, wenn es dem jeweiligen Kommunikationspartner gegenüber angezeigt wurde.[35]

26 Eine gesetzliche **Befugnis oder Pflicht zur Bearbeitung oder Entscheidung** der Anliegen ist mit der Position als Anlaufstelle **nicht verbunden**. Es ist zwar möglich, derartige Aufgaben an den Vertreter zu delegieren. Dies kann allerdings dazu führen, dass eine Niederlassung des Verantwortlichen nach Art. 3 Abs. 1 begründet wird. Damit entfällt zugleich die Pflicht nach Art. 27, ohne dass damit für andere Akteure Nachteile verbunden sind, weil die Niederlassung ohnehin zur Kommunikation verpflichtet ist.

27 **2. Zustellungen in zivilgerichtlichen Verfahren (§ 44 Abs. 3 BDSG nF).** Nach § 44 Abs. 3 S. 1 BDSG nF gilt der Vertreter nach Abs. 1 auch als bevollmächtigt, Zustellungen in bestimmten zivilgerichtlichen Verfahren nach § 44 Abs. 1 BDSG nF entgegenzunehmen.[36] Dies betrifft **ausschließlich Klagen von betroffenen Personen**. Nicht erfasst sind damit zB Klagen von Mitbewerbern.

28 Zwar enthält Art. 27 keine Öffnungsklausel für die Mitgliedstaaten. Er steht aber nationalen Vorschriften des Prozessrechts nicht entgegen, die seiner Durchführung dienen.[37] Da Abs. 4 sich nicht auf Aufsichtsbehörden und betroffene Personen beschränkt („insbesondere") und die Entgegennahme von Zustellungen unter „Anlaufstelle" subsummierbar ist, ließe sich zwar vertreten, § 44 Abs. 3 S. 1 BDSG nF sei überflüssig. Da Abs. 4 Gerichte nicht erwähnt, ist die Regelung aber jedenfalls als präzisierende Durchführung auch **europarechtlich zulässig**.[38]

29 **3. Weisungsgebundenheit.** Bereits aus dem Wesen der Beauftragung nach Abs. 4 folgt, dass der Vertreter seine Aufgaben im Innenverhältnis nur nach den Weisungen des Verantwortlichen oder Auftragsverarbeiters ausführen darf (auch wenn ein Handeln unter Verstoß gegen diese Pflicht im Außenverhältnis wirksam ist → Rn. 24). Dies hält EG 80 S. 5 („**entsprechend dem Mandat**") ausdrücklich fest. In der nach Abs. 1 schriftlich zu erfolgenden Benennung werden typischerweise die Aufgaben, Pflichten und etwaige Haftungsfragen geregelt. Schon aus der Definition in Art. 4 Nr. 17 folgt, dass die Parteien dabei den Pflichtenkreis des Vertreters nicht verengen können, sondern dieser in Bezug auf sämtliche Pflichten des Verantwortlichen oder Auftragsverarbeiters nach der DSGVO tätig wird. Spezifizierungen und zusätzliche Aufgaben sind hingegen möglich.

30 **4. Eigene Pflichten und Verantwortlichkeit.** Die DSGVO regelt an mehreren Stellen eigene Pflichten des Vertreters. Er ist nach Art. 30 Abs. 1 zusätzlich zum Verantwortlichen verpflichtet, ein **Verzeichnis von Verarbeitungstätigkeiten** zu führen.[39] Dies gilt, soweit diese der Zuständigkeit des Vertreters unterliegen, erfasst also nicht alle Verarbeitungen des Verantwortlichen, sondern nur die, aufgrund derer der räumliche Anwendungsbereich nach Art. 3 Abs. 2 eröffnet ist. Die Pflicht erfasst nach Art. 30 Abs. 2 auch eine Vertretung von Auftragsverarbeitern. Das Verzeichnis ist gemäß Art. 30 Abs. 4 (auch) durch den Vertreter auf Anfrage der Aufsichtsbehörde zur Verfügung zu stellen. Daneben enthält Art. 31 eine allgemeine Pflicht des Vertreters, auf Anfrage **mit der Aufsichtsbehörde zusammenzuarbeiten** (sa EG 80 S. 5). Dies kann jede Tätigkeit der Behörde umfassen, die in Erfüllung ihrer Aufgaben erfolgt (→ Art. 31 Rn. 3 f.). Bei der Erfüllung der Pflichten aus Art. 30, 31 ist der Vertreter in erheblichem Maße auf den vertretenen Verantwortlichen oder Auftragsverarbeiter angewiesen, weil er typischerweise selbst nicht über die erforderlichen Informationen verfügt. Im Vertrag sollten deshalb entsprechende Pflichten zur Zusammenarbeit aufgenommen werden. Eine Bußgeldbewehrung besteht für den Vertreter nicht (→ Rn. 37). Dementsprechend handelt es sich bei seinen Pflichtverstößen regelmäßig **nur um Vertragspflichtverletzungen** im Verhältnis zu seinem Auftraggeber.

31 Fraglich ist, ob den Vertreter jenseits von Art. 30, 31 eine eigene **materielle Verantwortlichkeit** trifft. Die DSGVO enthält dazu keine Regelungen, allerdings spricht EG 80 S. 6 davon, dass bei Verstößen des Verantwortlichen oder Auftragsverarbeiters der Vertreter „Durchsetzungsverfahren unterworfen werden" soll-

---

34 Explizit gegen den Wortlaut, aber ohne Begründung aA Plath/*ders.* DSGVO Art. 27 Rn. 6.

35 Paal/Pauly/*Martini* Art. 27 Rn. 50; Kühling/Buchner/*Hartung* Art. 27 Rn. 15; aA Sydow/*Ingold* Art. 27 Rn. 10: keinerlei Wirkung im Außenverhältnis.

36 Die Möglichkeit der Anordnung der Benennung eines Zustellungsbevollmächtigten nach § 184 ZPO bleibt gemäß § 44 Abs. 3 S. 2 BDSG nF unberührt.

37 AA offenbar Kühling/Buchner/*Hartung* Art. 27 Rn. 26.

38 Ebenso Roßnagel/*Blazy*, Das neue DSR, § 5 Rn. 32; aA Schwartmann/Jaspers/Thüsing/Kugelmann/*Kremer* Art. 27 Rn. 60.

39 Die Ausnahme in Art. 30 Abs. 5 ist insoweit nicht anhand des Vertreters, sondern des Vertretenen zu bestimmen; offen gelassen von Kühling/Buchner/*Hartung* Art. 27 Rn. 16.

te. Der Begriff der Durchsetzungsverfahren kommt in der DSGVO (auch in der englischen und französischen Sprachfassung) sonst nirgendwo vor. Ob mit ihm eine Erweiterung der materiellen Pflichten bezweckt war, ist offen, im Ergebnis aber abzulehnen. Eine solche Absicht – so sie bestand – hat im Text der DSGVO keinen Niederschlag gefunden. Die Formulierung entspricht vielmehr Art. 4 Abs. 2 DSRL, in dessen Gesetzgebungsgeschichte explizit ein Vorschlag nicht umgesetzt wurde, nach dem der Vertreter „in die Rechte und Pflichten des Verantwortlichen eintritt".[40] Eine derart weitreichende Rechtsfolge wie die Erstreckung von Pflichten nach Artt. 24ff. oder die eigene Haftung für Verstöße des Verantwortlichen und Auftragsverarbeiters sowie insbes. die damit verbundenen Haftungs- und Bußgelddrohung nach Artt. 82, 83 kann **nicht ohne jeden Anhaltspunkt im Wortlaut des Normtexts** angenommen werden.[41] Auch die praktischen Folgen einer aA wären erheblich: Größere Unternehmen in Drittländern würden angesichts der Kostenrisiken entweder gar keine Vertreter in der Union finden oder müssten für diese Versicherungen mit erheblichen Deckungssummen abschließen.[42]

Im Ergebnis ist also die Unterwerfung unter Durchsetzungsverfahren in EG 80 S. 6 nicht als allgemeine Erweiterung des Pflichtenkreises des Vertreters zu lesen, sondern verweist auf die in der DSGVO geregelten Mechanismen der **Rechtsdurchsetzung**, die sich **spezifisch gegen den Vertreter** richten, sowie auf seine Rolle als Anlaufstelle für Maßnahmen gegen den Vertretenen.[43] Ersteres beschränkt sich auf Art. 58 Abs. 1 lit. a.[44] Danach ist die Aufsichtsbehörde befugt, den Vertreter anzuweisen, alle Informationen bereitzustellen, die für die Erfüllung ihrer Aufgaben erforderlich sind (→ Art. 58 Rn. 9ff.). Die weiteren Untersuchungsbefugnisse, va die Kontrollen vor Ort, dürfen sich im Umkehrschluss nicht gegen den Vertreter richten. Dasselbe gilt für die Abhilfebefugnisse nach Art. 58 Abs. 2. Diese richten sich gegen Verantwortliche und Auftragsverarbeiter, wobei die Kommunikation aber gemäß Abs. 1 über den Vertreter abläuft. Entsprechend ist der Vertreter für den gerichtlichen Rechtsbehelf nach Art. 79 und die Ansprüche nach Art. 82 nicht passiv legitimiert, fungiert aber als Anlaufstelle beispielsweise für Zustellungen und sonstige Kommunikation.[45] Dies gilt unabhängig von der zivilgerichtlichen Regelung in § 44 Abs. 3 S. 1 BDSG nF (→ Rn. 27).

5. Fortbestehende Verantwortlichkeit der vertretenen Stelle im Drittland (Abs. 5). Gemäß Abs. 5 bleiben   33
„rechtliche Schritte" gegen den Verantwortlichen oder Auftragsverarbeiter möglich (in anderer Formulierung ebenso bisher Art. 4 Abs. 2 Hs. 2 DSRL). Dieser wird also **weder materiell- noch verfahrensrechtlich** aus seiner Verantwortlichkeit **entlassen**, weil er einen Vertreter benannt hat. Die einzige Erleichterung besteht insoweit darin, dass die Kommunikation gemäß Abs. 1 auf den Vertreter kanalisiert werden kann. Die Verantwortlichkeit wird durch die Bestellung eines Vertreters in gewisser Weise sogar erweitert, weil ein durch diesen verursachter Verstoß gegen die DSGVO nach allgemeinen Regeln **dem Verantwortlichen oder Auftragsverarbeiter zugerechnet** wird.[46]

Aus Abs. 5 wird auch deutlich, dass das **zentrale Problem** der Erstreckung des räumlichen Anwendungsbereichs nach Art. 3 Abs. 2 – nämlich die **Rechtsdurchsetzung** – durch Art. 27 nur unvollkommen gelöst wird.   34
Zwar sind gewisse Zwangsmaßnahmen gegen den Vertreter möglich (→ Rn. 37). Der Vertretene kann sich aber auch dieser **beschränkten Durchsetzung gegen seinen Vertreter** dadurch entziehen, dass er dessen Mandat beendet. Wird kein neuer Vertreter bestellt, liegt darin zwar ein Verstoß gegen Art. 27; dieser leidet jedoch an denselben Durchsetzungsproblemen wie alle übrigen Verstöße eines in einem Drittland niedergelassenen Verantwortlichen oder Auftragsverarbeiters.

Die **Abhilfebefugnisse** gemäß Art. 58 Abs. 2 (bis hin zum Verbot der Verarbeitung) können nur gegen den   35
Verantwortlichen oder Auftragsverarbeiter **im Drittland** verhängt werden. Die Durchsetzung vor Ort hängt dann wesentlich von einer Rechtshilfe durch die dortigen Behörden ab. An dieser wird es oftmals fehlen,

---

40 S. Art. 4 Abs. 2 in KOM(92)422 endg., abgedruckt in BT-Drs. 12/8329; sa die Begründung ebd. S. 16 f. In einigen Mitgliedstaaten war dies überschießend umgesetzt worden, indem der Vertreter stärker in die Verantwortung genommen wurde, s. *Art.-29-Gruppe*, WP 179, S. 29; mit angesichts der Entstehungsgeschichte zu weitem Verständnis *Dammann/Simitis* Art. 4 Rn. 10, wonach die Aufsichtsbehörde ihre Befugnisse gemäß Art. 28 Abs. 3 DSRL gegenüber dem Vertreter ausüben können sollte.

41 Wie hier Schwartmann/Jaspers/Thüsing/Kugelmann/*Kremer* Art. 27 Rn. 64ff.; aA jedenfalls für bestimmte Fälle BeckOK DatenschutzR/*Hanloser* DSGVO Art. 27 Rn. 10ff. Danach soll der Vertreter offenbar selbst Anspruchsgegner für die Betroffenenrechte sein (Rn. 11) und haftet nach Art. 82 für eine Verletzung der damit verbundenen Pflichten (Rn. 13). Mit dem Wortlaut ist diese Ansicht unvereinbar.

42 Ähnlich Kühling/Buchner/*Hartung* Art. 27 Rn. 23.

43 AA auf Basis einer erweiterten Auslegung von EG 80 S. 6 Gola/*Piltz* Art. 27 Rn. 42 f. (allerdings ohne Ergebnis zu den zulässigen Maßnahmen gegen den Vertreter). Mangels Anhaltspunkt im Normtext kann der EG aber ohnehin nicht entscheidend sein (s. zB EuGH C-345/13, EuZW 2014, 703 Rn. 31; C-136/04, Slg 2005, I-10095 Rn. 32 mwN).

44 Paal/Pauly/*Martini* Art. 27 Rn. 55; Kühling/Buchner/*Hartung* Art. 27 Rn. 15; unklar Ehmann/Selmayr/*Bertermann* Art. 27 Rn. 7; aA gegen den klaren Gesetzeswortlaut BeckOK DatenschutzR/*Hanloser* DSGVO Art. 27 Rn. 14: auch Befugnisse nach Art. 58 Abs. 2 lit. e.

45 S. für Art. 4 Abs. 2 DSRL Simitis/*Dammann* § 1 Rn. 236; aA offenbar *Ehmann/Helfrich* Art. 4 Rn. 19 (Vertreter als „Anspruchsgegner").

46 Schwartmann/Jaspers/Thüsing/Kugelmann/*Kremer* Art. 27 Rn. 72.

zumindest bei gravierenden Verstößen wird sich eine Weiterleitung an zuständige Behörden wie die FTC aber durchaus lohnen (→ Art. 55 Rn. 17).[47] Als eigenständige Maßnahme ultima ratio erscheint zwar denkbar, das Verbot der Verarbeitung durch ein **Verbot des Anbietens** von Waren oder Dienstleistungen oder der Verhaltensbeobachtung in der EU befindlicher Personen durchzusetzen.[48] Dies würde sich freilich va bei Online-Dienstleistungen letztlich nur durch technisch und rechtlich erheblich problematische Netzsperren realisieren lassen.[49]

VIII. Rechtsdurchsetzung und Sanktionen

36   Ein Verstoß gegen Art. 27 führt als solcher **nicht zur Rechtswidrigkeit der Datenverarbeitung,**[50] ist aber (anders als bei § 1 Abs. 5 S. 3 BDSG aF) gemäß **Art. 83 Abs. 4 lit. a bußgeldbewehrt.** Wird also kein Vertreter benannt, ist dieser völlig unqualifiziert oder nicht entsprechend Abs. 3 niedergelassen, so beträgt die Sanktion bis zu 10 Mio. Euro oder bei Unternehmen bis zu 2 % des gesamten weltweit erzielten Jahresumsatzes des vorangegangenen Geschäftsjahres. Die fehlende Benennung führt überdies zu einem Verstoß gegen Art. 13 Abs. 1 lit. a, Art. 14 Abs. 1 lit. a, weil ein Vertreter nicht mitgeteilt werden kann. Dieser Verstoß ist selbstständig bußgeldbewehrt (erhöhter Bußgeldrahmen, **Art. 83 Abs. 4 lit. b**) und kann Abhilfebefugnisse nach Art. 58 Abs. 2 auslösen. Allerdings dürfte es in der Praxis Schwierigkeiten bereiten, Bußgelder in Drittländern beizutreiben, wenn keine pfändbaren Gegenstände in der Union existieren (→ Rn. 34 f.).

37   Hinsichtlich der Rechtsdurchsetzung gegen den Vertreter sind Anordnungen nach Art. 58 Abs. 1 lit. a im Wege des **Verwaltungszwangs** durchsetzbar. Demgegenüber bestehen keine Ordnungswidrigkeitentatbestände. Soweit Art. 83 Abs. 4 lit. a auch Art. 27 erfasst, betrifft dies die Pflicht zur Benennung (→ Rn. 8ff.), nicht aber etwaige Verstöße des Vertreters zB gegen die Anweisungen des Vertretenen. Art. 30 und Art. 31 sind in Art. 83 Abs. 4 lit. a zwar bußgeldbewehrt, dies bezieht sich aber explizit nur auf die Pflichten „der Verantwortlichen und der Auftragsverarbeiter". Ob sich der Gesetzgeber der Ausklammerung der Vertreter bewusst war, ist unklar. Der Sache nach wäre eine **Bußgeldbewehrung der selbstständigen Pflichten des Vertreters** auch sinnvoll. Angesichts des klaren Wortlauts ist diese de lege lata jedoch **abzulehnen.**[51] Vertritt man die aA, so richtet sich die Bußgeldhöhe jedenfalls nicht nach dem weltweiten Jahresumsatz des Verantwortlichen oder Auftragsverarbeiters, sondern nach dem des Vertreters. Beruht die objektive Pflichtverletzung auf einer unzureichenden Information durch den Vertretenen (→ Rn. 30), so würde es für das Ob und die Höhe eines Bußgelds darauf ankommen, ob die Fehler für den Vertreter erkennbar waren, dieser ggf. eine Präzisierung verlangt und erkannte Mängel im Rahmen der Zusammenarbeit mit den Aufsichtsbehörden offengelegt hat.

Artikel 28   Auftragsverarbeiter

(1) Erfolgt eine Verarbeitung im Auftrag eines Verantwortlichen, so arbeitet dieser nur mit Auftragsverarbeitern, die hinreichend Garantien dafür bieten, dass geeignete technische und organisatorische Maßnahmen so durchgeführt werden, dass die Verarbeitung im Einklang mit den Anforderungen dieser Verordnung erfolgt und den Schutz der Rechte der betroffenen Person gewährleistet.

(2) ¹Der Auftragsverarbeiter nimmt keinen weiteren Auftragsverarbeiter ohne vorherige gesonderte oder allgemeine schriftliche Genehmigung des Verantwortlichen in Anspruch. ²Im Fall einer allgemeinen schriftlichen Genehmigung informiert der Auftragsverarbeiter den Verantwortlichen immer über jede beabsichtigte Änderung in Bezug auf die Hinzuziehung oder die Ersetzung anderer Auftragsverarbeiter, wodurch der Verantwortliche die Möglichkeit erhält, gegen derartige Änderungen Einspruch zu erheben.

(3) ¹Die Verarbeitung durch einen Auftragsverarbeiter erfolgt auf der Grundlage eines Vertrags oder eines anderen Rechtsinstruments nach dem Unionsrecht oder dem Recht der Mitgliedstaaten, der bzw. das den Auftragsverarbeiter in Bezug auf den Verantwortlichen bindet und in dem Gegenstand und Dauer der Verarbeitung, Art und Zweck der Verarbeitung, die Art der personenbezogenen Daten, die Kategorien betroffener Personen und die Pflichten und Rechte des Verantwortlichen festgelegt sind. ²Dieser Vertrag bzw. dieses andere Rechtsinstrument sieht insbesondere vor, dass der Auftragsverarbeiter

47 Im Ausgangspunkt zutreffend, insgesamt aber zu negativ zu den Durchsetzungsmöglichkeiten *Uecker,* Extraterritoriale Regelungshoheit im Datenschutzrecht, 2017, S. 76ff.
48 *Däubler* RIW 2018, 405 (411); DWWS/*Däubler* DSGVO Art. 3 Rn. 14.
49 Zweifelnd auch Gierschmann/Schlender/Stentzel/Veil/*Schlender* Art. 3 Rn. 28.
50 So schon für § 1 Abs. 5 S. 3 BDSG aF Simitis/*Dammann* § 1 Rn. 235.
51 *Laue/Nink/Kremer,* § 1 Rn. 95; Kühling/Buchner/*Hartung* Art. 27 Rn. 18; aA (ohne Problematisierung) Gola/*Piltz* Art. 27 Rn. 47.

a) die personenbezogenen Daten nur auf dokumentierte Weisung des Verantwortlichen – auch in Bezug auf die Übermittlung personenbezogener Daten an ein Drittland oder eine internationale Organisation – verarbeitet, sofern er nicht durch das Recht der Union oder der Mitgliedstaaten, dem der Auftragsverarbeiter unterliegt, hierzu verpflichtet ist; in einem solchen Fall teilt der Auftragsverarbeiter dem Verantwortlichen diese rechtlichen Anforderungen vor der Verarbeitung mit, sofern das betreffende Recht eine solche Mitteilung nicht wegen eines wichtigen öffentlichen Interesses verbietet;

b) gewährleistet, dass sich die zur Verarbeitung der personenbezogenen Daten befugten Personen zur Vertraulichkeit verpflichtet haben oder einer angemessenen gesetzlichen Verschwiegenheitspflicht unterliegen;

c) alle gemäß Artikel 32 erforderlichen Maßnahmen ergreift;

d) die in den Absätzen 2 und 4 genannten Bedingungen für die Inanspruchnahme der Dienste eines weiteren Auftragsverarbeiters einhält;

e) angesichts der Art der Verarbeitung den Verantwortlichen nach Möglichkeit mit geeigneten technischen und organisatorischen Maßnahmen dabei unterstützt, seiner Pflicht zur Beantwortung von Anträgen auf Wahrnehmung der in Kapitel III genannten Rechte der betroffenen Person nachzukommen;

f) unter Berücksichtigung der Art der Verarbeitung und der ihm zur Verfügung stehenden Informationen den Verantwortlichen bei der Einhaltung der in den Artikeln 32 bis 36 genannten Pflichten unterstützt;

g) nach Abschluss der Erbringung der Verarbeitungsleistungen alle personenbezogenen Daten nach Wahl des Verantwortlichen entweder löscht oder zurückgibt und die vorhandenen Kopien löscht, sofern nicht nach dem Unionsrecht oder dem Recht der Mitgliedstaaten eine Verpflichtung zur Speicherung der personenbezogenen Daten besteht;

h) dem Verantwortlichen alle erforderlichen Informationen zum Nachweis der Einhaltung der in diesem Artikel niedergelegten Pflichten zur Verfügung stellt und Überprüfungen – einschließlich Inspektionen –, die vom Verantwortlichen oder einem anderen von diesem beauftragten Prüfer durchgeführt werden, ermöglicht und dazu beiträgt.

Mit Blick auf Unterabsatz 1 Buchstabe h informiert der Auftragsverarbeiter den Verantwortlichen unverzüglich, falls er der Auffassung ist, dass eine Weisung gegen diese Verordnung oder gegen andere Datenschutzbestimmungen der Union oder der Mitgliedstaaten verstößt.

(4) [1]Nimmt der Auftragsverarbeiter die Dienste eines weiteren Auftragsverarbeiters in Anspruch, um bestimmte Verarbeitungstätigkeiten im Namen des Verantwortlichen auszuführen, so werden diesem weiteren Auftragsverarbeiter im Wege eines Vertrags oder eines anderen Rechtsinstruments nach dem Unionsrecht oder dem Recht des betreffenden Mitgliedstaats dieselben Datenschutzpflichten auferlegt, die in dem Vertrag oder anderen Rechtsinstrument zwischen dem Verantwortlichen und dem Auftragsverarbeiter gemäß Absatz 3 festgelegt sind, wobei insbesondere hinreichende Garantien dafür geboten werden muss, dass die geeigneten technischen und organisatorischen Maßnahmen so durchgeführt werden, dass die Verarbeitung entsprechend den Anforderungen dieser Verordnung erfolgt. [2]Kommt der weitere Auftragsverarbeiter seinen Datenschutzpflichten nicht nach, so haftet der erste Auftragsverarbeiter gegenüber dem Verantwortlichen für die Einhaltung der Pflichten jenes anderen Auftragsverarbeiters.

(5) Die Einhaltung genehmigter Verhaltensregeln gemäß Artikel 40 oder eines genehmigten Zertifizierungsverfahrens gemäß Artikel 42 durch einen Auftragsverarbeiter kann als Faktor herangezogen werden, um hinreichende Garantien im Sinne der Absätze 1 und 4 des vorliegenden Artikels nachzuweisen.

(6) Unbeschadet eines individuellen Vertrags zwischen dem Verantwortlichen und dem Auftragsverarbeiter kann der Vertrag oder das andere Rechtsinstrument im Sinne der Absätze 3 und 4 des vorliegenden Artikels ganz oder teilweise auf den in den Absätzen 7 und 8 des vorliegenden Artikels genannten Standardvertragsklauseln beruhen, auch wenn diese Bestandteil einer dem Verantwortlichen oder dem Auftragsverarbeiter gemäß den Artikeln 42 und 43 erteilten Zertifizierung sind.

(7) Die Kommission kann im Einklang mit dem Prüfverfahren gemäß Artikel 93 Absatz 2 Standardvertragsklauseln zur Regelung der in den Absätzen 3 und 4 des vorliegenden Artikels genannten Fragen festlegen.

(8) Eine Aufsichtsbehörde kann im Einklang mit dem Kohärenzverfahren gemäß Artikel 63 Standardvertragsklauseln zur Regelung der in den Absätzen 3 und 4 des vorliegenden Artikels genannten Fragen festlegen.

(9) Der Vertrag oder das andere Rechtsinstrument im Sinne der Absätze 3 und 4 ist schriftlich abzufassen, was auch in einem elektronischen Format erfolgen kann.

(10) Unbeschadet der Artikel 82, 83 und 84 gilt ein Auftragsverarbeiter, der unter Verstoß gegen diese Verordnung die Zwecke und Mittel der Verarbeitung bestimmt, in Bezug auf diese Verarbeitung als Verantwortlicher.

Literatur: *BvD, BvITG, GMDSS, DKG, GDD,* Muster-Auftragsverarbeitungs-Vertrag für das Gesundheitswesen, Version 2.0 (Stand 14.6.2017); *dies.,* Umgang mit Altverträgen bzgl. Auftragsverarbeitung („ADV-Verträge"), Version 1.0 (Stand 14.6.2017); *Eckhardt, J.,* DS-GVO: Anforderungen an die Auftragsverarbeitung als Instrument zur Einbeziehung Externer, CCZ 2017, 111; *Eckhardt, J. /Kramer, R.,* Auftragsdatenverarbeitung beim Einsatz von Persönlichkeitsanalysetools, DuD 2016, 144; *ENISA,* Critical Cloud Computing, 2012; *Hartung, J./Büttgen, L.,* Die Auftragsverarbeitung nach der DS-GVO, DuD 2017, 549; *Heymann, T.,* Der Schutz von Daten bei der Cloud Verarbeitung, CR 2015, 807; *Hornung, G. /Sädtler, S.,* Europas Wolken, CR 2012, 638; *Knyrim, R.* Das neue Datenschutzrecht in Österreich und in der EU, 2016; *Kompetenzzentrum Trusted Cloud,* Arbeitsgruppe „Rechtsrahmen des Cloud Computing", Thesenpapier – Datenschutzrechtliche Lösungen für Cloud Computing, 2012; *Koós, C. / Englisch, B.,* Eine „neue" Auftragsdatenverarbeitung, ZD 2014, 276; *Krohm, N. /Müller-Peltzer, P.,* (Fehlende) Privilegierung der Auftragsverarbeitung unter der Datenschutz-Grundverordnung? RDV 2016, 307; *Müthlein, T.,* ADV 5.0 – Neugestaltung der Auftragsdatenverarbeitung in Deutschland, RDV 2016, 74; *Petri, T.,* Auftragsdatenverarbeitung – heute und morgen, ZD 2015, 305; *Roßnagel, A. /Kroschwald, S.,* Was wird aus der Datenschutzgrundverordnung? Die Entschließung des Europäischen Parlaments über ein Verhandlungsdokument, ZD 2014, 495; *Roßnagel, A./Richter, P./Nebel, M.,* Besserer Internetdatenschutz für Europa – Vorschläge zur Spezifizierung der DS-GVO, ZD 2013, 103; *Schäfer, C. /Fox, D.,* Zertifizierte Auftragsdatenverarbeitung, DuD 2016, 744; *Schmidt-Bens, J.,* Auftragsdatenverarbeitung und globaler Datenschutz mit Fokus U.S.A., 2017; *Schmidt, B./Freund, B.,* Perspektiven der Auftragsdatenverarbeitung, ZD 2017, 14; *Schmitz, B./von Dall´Armi, J.,* Auftragsdatenverarbeitung in der DS-GVO – Das Ende der Privilegierung?, ZD 2016, 427; *Weichert, T,.* Informationstechnische Arbeitsteilung und datenschutzrechtliche Verantwortung, ZD 2014, 605.

I. Allgemeines

1 1. Bedeutung und Zweck der Vorschrift. Art. 28 regelt insbes. das Verhältnis zwischen Verantwortlichem und Auftragsverarbeiter. Der **Begriff des Auftragsverarbeiters** wird in Art. 4 Nr. 8 definiert (→ Art. 4 Nr. 8Rn. 1ff.). Er ist gekennzeichnet als Stelle, die personenbezogene Daten im Auftrag des Verantwortlichen verarbeitet. Daraus folgt, dass der Auftragsverarbeiter stets eine andere Stelle ist als der Verantwortliche. Der **Verantwortliche** ist nach Art. 4 Nr. 7 eine Stelle, die allein oder gemeinsam mit anderen Verantwortlichen über die Zwecke und Mittel der Verarbeitung personenbezogener Daten entscheidet (→ Art. 4 Rn. 13ff.). Wer also über Zwecke und Mittel einer Verarbeitung entscheidet, kann insoweit kein Auftragsverarbeiter sein. In Betracht kommt dann entweder eine alleinige Verantwortlichkeit oder eine gemeinsame Verantwortlichkeit nach Art. 26.[1]

Art. 28 regelt damit wesentliche Voraussetzungen einer speziellen Art der Arbeitsteilung bei der Datenverar- 2 beitung. Sie hat in den letzten Jahren stetig an Bedeutung gewonnen, da im Zuge einer zunehmenden Spezialisierung und Vernetzung vieler Unternehmen das Bedürfnis besteht, bestimmte Teilprozesse an Dienstleister outzusourcen. Eine solche Auslagerung an IT-Dienstleister ermöglicht es gerade kleinen und neu gegründeten Wirtschaftsteilnehmern, sich auf ihr Kerngeschäft zu konzentrieren und Fehler bei den Datenverarbeitungsprozessen zu vermeiden. Zugleich eröffnen sich erhebliche Chancen für Dienstleister, deren Geschäftsmodell die professionelle Erbringung derartiger Prozesse ist. Ein relativ neues Beispiel ist der Bereich des **Cloud Computings**, in dem skalierbare Ressourcen (Hardware, Software, Speicherplatz) nach Bedarf abgerufen werden können, die die Auftraggeber sonst im vollen Umfang vorhalten müssten. Im Idealfall profitieren so alle Seiten einschließlich der Endkunden, weil die verschiedenen Anbieter ihre Geschäftsmodelle effektiv verfolgen können und so am Markt Angebote zu Preisen entstehen, die einzelne Anbieter nicht realisieren könnten. Kehrseite der zunehmenden Verflechtung ist freilich ein enormer Zuwachs des Austauschs personenbezogener Daten, der mit der Gefahr einer organisierten Intransparenz und einer Verunklarung der Verantwortlichkeiten einhergeht. Dieses Spannungsverhältnis ist in erheblichem Maße regelungsbedürftig.

Die Verarbeitung personenbezogener Daten im Auftrag ist dadurch gekennzeichnet, dass der Verantwortli- 3 che eine andere Stelle mit der Durchführung bestimmter Verarbeitungsvorgänge beauftragt, die er ansonsten selbst ausführen müsste. Der Auftragsverarbeiter (Art. 4 Nr. 8) hingegen verarbeitet die ihm anvertrauten personenbezogenen Daten typischerweise im Interesse des Verantwortlichen, ohne ein eigenes Verarbeitungsinteresse jenseits der Erfüllung der Verpflichtungen gegenüber dem Verantwortlichen zu haben. Zugleich behält der Verantwortliche im Außenverhältnis die volle datenschutzrechtliche Verantwortlichkeit für die Verarbeitung mit den personenbezogenen Daten. Der Verantwortliche ist damit der Adressat für Betroffenenrechte. Art. 28 knüpft an die Auftragsverarbeitung bestimmte Voraussetzungen, um sicherzustellen, dass derartige **Auslagerungen der Verarbeitung nicht zu einer Minderung des gebotenen Datenschutzstandards** führen.[2] Wie sich aus Art. 28 Abs. 1-3 und Art. 29 ergibt, ist der Auftragsverarbeiter hinsichtlich Art und Umfang der Verarbeitung von den Weisungen des Verantwortlichen abhängig. Löst er sich ungerechtfertigt von diesem Weisungsverhältnis, liegt ein Aufgabenexzess nach Abs. 10 vor, für den der Auftragsverarbeiter voll verantwortlich ist (→ Rn. 93).

Auffällig ist, dass bereits Art. 3 den räumlichen Anwendungsbereich auf Verarbeitungen erstreckt, die „im 4 Rahmen der Tätigkeiten einer Niederlassung eines Verantwortlichen oder eines Auftragsverarbeiters" in der Union erfolgt (→ Art. 3 Rn. 18ff.). Art. 4 DSRL hatte den Anwendungsbereich des in Umsetzung der DSRL erlassenen Rechts noch auf den für die Verarbeitung Verantwortlichen beschränkt. Nunmehr deutet schon Art. 3 darauf hin, dass der **Auftragsverarbeiter** außerhalb des Art. 28 **eigenen Rechten und Pflichten** unterliegt.[3]

Obwohl die DSGVO die Pflichten von Auftragsverarbeitern erweitert, stimmen die **Grundstrukturen der** 5 **Auftragsverarbeitung** (Verantwortlichkeit und Voraussetzungen der privilegierten Weitergabe an den Auftragsverarbeiter) mit den Regeln der DSRL (→ Rn. 9 f.) weitgehend überein.[4] Die Einschätzung, der EU-Verordnungsgeber habe mit Art. 28 Verantwortliche und Auftragsverarbeiter hinsichtlich Verantwortlichkeit und Haftung weitgehend gleichbehandeln wollen,[5] beruht offenkundig auf einer Fehlinterpretation von EG 13.[6]

Die **inhaltlichen Anforderungen an die Auftragsverarbeitung** sind in Art. 28 **abschließend beschrieben**. Die 6 Vorschrift sieht insoweit zwar zu bestimmten Einzelaspekten „Öffnungsklauseln" vor, die den Mitgliedstaaten aber nur minimale Spielräume hinsichtlich der Verfahrensgestaltung eröffnen.[7] So kann der mitgliedstaatliche Gesetzgeber nach Abs. 3 S. 2 lit. a abweichend vom Regelfall der dokumentierten Weisung den Auftragsverarbeiter unmittelbar zu Verarbeitungen verpflichten. Nach Abs. 3 S. 2 lit. g kann er auch

1 Vgl. Ehmann/Selmayr/*Bertermann* Art. 28 Rn. 3.
2 Vgl. bereits *Petri* ZD 2015, 305 (306). Ähnliche Einschätzung bei *Krohm/Müller-Peltzer* RDV 2016, 307.
3 *Hartung/Büttner* DuD 2017, 549 (550).
4 So auch *Albrecht/Jotzo*, Teil 5 Rn. 21; Ehmann/Selmayr/*Bertermann* Art. 28 Rn. 1; Roßnagel/*Hofmann*, Europ. DSGVO, § 3 Rn. 251; vgl. auch *Petri* ZD 2015, 305 (308 f.).
5 Zumindest diesen Eindruck erwecken die Beiträge etwa von *Müthlein* RDV 2016, 74 (77 f.) oder *Wybitul* BB 2016, 1077.
6 In EG 13 S. 1 heißt es zwar tatsächlich: „Damit in der Union ein gleichmäßiges Datenschutzniveau für natürliche Personen gewährleistet ist … ist eine Verordnung erforderlich, die …dieselben Pflichten und Zuständigkeiten von Verantwortlichen und Auftragsverarbeitern vorsieht,…". Diese Forderung zielt aber nicht auf eine Gleichbehandlung zwischen Verantwortlichen und Auftragsverarbeitern, sondern darauf, die unterschiedliche Behandlung der Auftragsverarbeitung in den Mitgliedstaaten zu beseitigen.
7 In der Tendenz ähnlich *Kühling/Martini et al.*, S. 78ff.

von dem Grundsatz abweichen, dass der Auftragsverarbeiter nach Beendigung des Auftragsverhältnisses die verarbeiteten Daten löscht oder zurückgibt.

7 Vor allem im Hinblick auf die Verarbeitungspraxis von Unternehmen und Behörden wird in Deutschland diskutiert, welchen Anpassungsaufwand Art. 28 zur Folge hat.[8] Obwohl die Regelungen zur Vertragsgestaltung in Abs. 3 die Vorschrift des § 11 BDSG aF zum Vorbild haben (→ Rn. 13), erzeugt Art. 28 in Deutschland einen nicht unerheblichen **Anpassungsbedarf**.[9] Als eine Kernursache für diesen Anpassungsbedarf sehen einige Autoren eine „geänderte Verantwortlichkeitsabgrenzung zwischen Verantwortlichen und Auftragsverarbeiter".[10] Zahlreiche der zitierten Publikationen erwecken den wohl unzutreffenden Eindruck, dass die DSGVO insoweit eine völlig neue Verteilung der Verantwortlichkeit vorsieht.[11]

8 Der **Anpassungsbedarf in Deutschland hängt allerdings auch mit hausgemachten Mängeln des deutschen Umsetzungsgesetzes zur DSRL** zusammen. So entsprachen schon die Legaldefinitionen des BDSG 2003 eher den Begriffsbestimmungen des BDSG 1990 als denen der DSRL. Das galt namentlich für die Legaldefinition zur „verantwortlichen Stelle" in § 3 Abs. 7 BDSG 2003, die für Auftragsverarbeitungsverhältnisse erhebliche Bedeutung hatte.[12] Ähnlich wie § 3 Abs. 8 BDSG 1990 zur „speichernden Stelle" stellte § 3 Abs. 7 BDSG 2003 darauf ab, dass eine Stelle „personenbezogene Daten für sich selbst erhebt, verarbeitet oder nutzt oder dies durch andere im Auftrag vornehmen lässt." Demgegenüber verlangte bereits die DSRL in Art. 2 lit. d wie jetzt Art. 4 Abs. 7 grundsätzlich, dass die Stelle entweder allein oder gemeinsam über die Zwecke und Mittel der Verarbeitung entscheidet. Vor diesem Hintergrund ist die deutsche Regelung in zweifacher Hinsicht mängelbehaftet gewesen: Erstens ging sie nicht auf die gemeinsame Verantwortlichkeit ein, zweitens stellte sie ihrem Wortlaut nach nicht auf die grundsätzliche Entscheidungshoheit des Verantwortlichen ab. Beide Mängel haben zu erheblichen Auslegungsschwierigkeiten insbes. im Bereich der Sozialen Medien geführt.[13]

9 **2. Entstehungsgeschichte.** Auch die **DSRL** sah Regelungen zur Auftragsverarbeitung vor. Als Auftragsverarbeiter iSd DSRL galt gemäß Art. 2 lit. e DSRL jede Stelle, die personenbezogene Daten im Auftrag eines für die Verarbeitung Verantwortlichen verarbeitete. Gemäß Art. 17 Abs. 2 DSRL hatte die verantwortliche Stelle einen Auftragsverarbeiter auszuwählen, der hinsichtlich der für die Verarbeitung zutreffenden Sicherheitsmaßnahmen und organisatorische Vorkehrungen „ausreichende Gewähr" bot. Der für die Verarbeitung Verantwortliche hatte sich von der Einhaltung der Maßnahmen zu überzeugen. Nach Art. 17 Abs. 3 DSRL hatte die Durchführung der Auftragsverarbeitung auf Grundlage eines Vertrags oder Rechtsakts zu erfolgen, durch den der Auftragsverarbeiter an die verantwortliche Stelle gebunden war. Dabei war vorzusehen, dass der Auftragsverarbeiter nur auf Weisung des Verantwortlichen handelte und die Verpflichtungen zu technischen und organisatorischen Sicherheitsmaßnahmen auch den Auftragsverarbeiter trafen. Der Vertrag oder Rechtsakt hatte die maßgeblichen datenschutzrechtlichen „Elemente" und die technischen und organisatorischen Mindeststandards zu dokumentieren. Auslegungshilfen zur Auftragsverarbeitung gab ein Arbeitspapier der Art. 29-Gruppe (WP 169) vom 16.2.2010.

10 Das deutsche **BDSG 2003** entwickelte in Umsetzung der DSRL ein Konzept der Auftragsdatenverarbeitung, das oft etwas missverständlich als **Privilegierung der Auftragsdatenverarbeitung** bezeichnet wird.[14] Ausgangspunkt war der Umstand, dass der Auftragnehmer iSd § 11 BDSG aF (jetzt: Auftragsverarbeiter) gemäß § 3 Abs. 8 S. 3 BDSG aF (solange er in der Union oder im EWR ansässig war) kein „Dritter" war, die Übermittlung nach § 3 Abs. 4 Nr. 3 BDSG aF aber eine Weitergabe von personenbezogenen Daten an Dritte voraussetzte. Dementsprechend unterstellte ein großer Teil der Literatur, dass es für die Datenweitergabe vom Auftraggeber (jetzt: Verantwortlichen) an den Auftragnehmer keines Erlaubnistatbestands bedurfte.[15] Die Verarbeitung verbleibe im „inneren Kreis" des Auftraggebers.[16] Diese erleichterte Anforderung greife allerdings nur dann, wenn die Verarbeitung eine zulässige und rechtmäßige Auftragsdatenverarbeitung darstelle.[17] Tatsächlich war der Auftragnehmer definitorisch kein „Dritter" und war die Auftragsdatenverarbeitung gekennzeichnet durch eine strikte Weisungsabhängigkeit des Auftragnehmers. Die wohl überwie-

---

8 Vgl. zB *Müthlein* RDV 2016, 74ff.; *Rücker/Kugler* DB 2016, 2767 (2768); auch allgemein zur DSGVO *Wybitul* BB 2016, 1077ff.

9 So auch *Müthlein* RDV 2016, 74; zur Kritik des Art. 28 Sydow/*Ingold* Art. 28 Rn. 78ff.

10 So namentlich *Rücker/Kugler* DB 2016, 2767 (2768).

11 Vgl. insbes. Nachweise in Fn. 8.

12 Vgl. auch *Müthlein* RDV 2016, 74.

13 Vgl. etwa das Vorlageverfahren zur Verantwortlichkeit bei Facebook-Fanseiten, BVerwG ZD 2016, 393.

14 ZB zu § 11 BDSG Simitis/*Petri* § 11 Rn. 43.

15 Jedenfalls diese Annahme war falsch, weil die Datenweitergabe nach § 3 Abs. 5 BDSG aF zumindest eine Nutzung darstellte, die gemäß § 4 Abs. 1 BDSG aF ebenfalls rechtfertigungsbedürftig war. Vgl. dazu bereits Simitis/*Petri* § 11 Rn. 43 mwN; s. dazu auch Ehmann/Selmayr/*Bertermann* Art. 28 Rn. 4.

16 Vgl. *Art. 29-Gruppe*, WP 169 (DE), S. 8.

17 So rückblickend *Schmitz/Dall'Armi* ZD 2016, 427.

gende Literatur ging davon aus, dass die Weitergabe von Daten an den Auftragnehmer keiner gesonderten Rechtsgrundlage bedürfe.

Die Auftragsdatenverarbeitung nach § 11 BDSG aF stand im Gegensatz zur nicht von der Auftragsverarbei- 11
tung erfassten sog **Funktionsübertragung**, wonach der Dienstleister einen eigenen Beurteilungs-, Ermessens- und Entscheidungsspielraum in Bezug auf die konkrete Verarbeitung hatte.[18] Die Weitergabe von personenbezogenen Daten an solche Dienstleister wurde als Datenübermittlung gewertet. Wenn der Datentransfer im Rahmen der Auftragsverarbeitung weniger strengen Anforderungen unterlag, wurde dies als „Privilegierung" gewertet. Eine solche „Privilegierung" war jedoch nicht das eigentliche Ziel der gesetzlichen Regelung, sondern Ausdruck des **geringeren Gefährdungspotenzials** der Auftragsdatenverarbeitung.[19] Sie hängt zunächst mit dem inhaltlichen Verarbeitungsinteresse des Auftragnehmers zusammen: Wer kein eigenes inhaltliches Interesse an den zu verarbeitenden Daten hat, wird weniger zu einer zweckentfremdeten Verarbeitung neigen.[20] Zudem wird das Risiko einer zweckentfremdeten Verarbeitung durch die weitgehenden Kontrollpflichten des Auftraggebers begrenzt.

Ein ähnliches Konzept verfolgte § 4 Nr. 5 (Legaldefinition des Dienstleisters), §§ 10-11 **ÖDSG 2000** (Vor- 12
aussetzungen für die Zulässigkeit der Überlassung von Daten zur **Erbringung von Dienstleistungen**). Nach § 10 Abs. 1 ÖDSG durften Auftraggeber bei ihren Datenanwendungen Dienstleister (nur) in Anspruch nehmen, wenn sie „ausreichende Gewähr" für eine rechtmäßige und sichere Datenverwendung boten. Hierzu hatte der Auftraggeber mit dem Dienstleister die hierfür notwendigen Vereinbarungen zu treffen. Ähnlich wie nach § 11 BDSG aF hatte sich der Auftraggeber von den tatsächlich getroffenen Maßnahmen zu überzeugen. § 11 ÖDSG sah Pflichten des Dienstleisters vor, die sie unabhängig von allfälligen vertraglichen Vereinbarungen mit dem Auftraggeber zu beachten hatten.

Im Gesetzgebungsverfahren zur DSGVO wurde die Regelung des Art. 17 DSRL von allen Gesetzgebungsor- 13
ganen als zu abstrakt und damit als unzureichend empfunden. Dementsprechend lehnte sich bereits Art. 26 KOM-E stark an die Regelungen in § 11 BDSG aF und §§ 10-11 ÖDSG aF an. Zugleich versuchte die KOM, mit dem Entwurf einige offene Streitfragen zu Art. 17 DSRL zu klären. Beispielsweise erklärte Art. 26 Abs. 4 KOM-E mit grundsätzlicher Zustimmung des EP[21] den eigenmächtig handelnden Auftragsverarbeiter zu einem Verantwortlichen und ordnete die gemeinsame Verantwortlichkeit des Verantwortlichen und des Auftragsverarbeiters an. Die Rechtsfolge der gemeinsamen Verantwortlichkeit wurde auf Einspruch des Rats später gestrichen. Im Rat wurde der Kom-E zu Art. 26 ohnehin kontrovers diskutiert. Vor allem eine praktikable Abgrenzung der Rollen von Verantwortlichen und Auftragsverarbeitern sahen diverse Mitgliedstaaten als schwierig an. Insbesondere bei **Cloud Computing** seien Verantwortliche kaum in der Lage, die Art und Weise der Verarbeitung durch die Auftragsverarbeiter zu kontrollieren.[22] Im Ergebnis geht die Formulierung von Abs. 1 auf den Rat-E zurück. Die besonderen Regelungen zu Unterauftragnehmern in Abs. 2 und Abs. 4 wurden ebenfalls durch den Rat vorgeschlagen; KOM und Parlament hatten hier noch deutlich abstrakter formuliert. Die Anforderungen an die Vereinbarung in Abs. 3 sind eine Mischung der verschiedenen Entwürfe, wobei sich der Rat hinsichtlich der konkreten Formulierungen überwiegend durchgesetzt hat. Dasselbe gilt für die Abs. 5-9.

3. Systematik, Verhältnis zu anderen Vorschriften. Abs. 1 verpflichtet die Verantwortlichen, nur mit zuver- 14
lässigen und fachkundigen Auftragsverarbeitern zusammenzuarbeiten, die über ausreichende Ressourcen verfügen, um die datenschutzrechtlichen Pflichten aus der DSGVO zu erfüllen. Regelmäßig erfolgt die Auftragsverarbeitung auf der Grundlage eines schriftlichen[23] Vertrags zwischen dem Verantwortlichen und dem Auftragsverarbeiter, seltener auf anderer rechtlicher Grundlage. Die inhaltlichen Anforderungen werden in Abs. 3 beschrieben. Abs. 2 und 4 regeln die Anforderungen an die Erteilung etwaiger Unterauftragsverhältnisse. Sinngemäß schreibt Abs. 2 dazu vor, dass der Verantwortliche zwar stets die Erteilung von Unteraufträgen gestatten kann, die Letztentscheidung über die Erteilung von Unterauftragsverhältnissen aber behalten muss. Abs. 4 gestaltet die Anforderungen an den Unterauftrag analog zur Auftragserteilung nach Abs. 3 und enthält eine Regelung über die Haftung des Auftragsverarbeiters gegenüber dem Verantwortlichen. Abs. 5 stellt klar, dass die Einhaltung von Verhaltensregeln und Zertifizierungsverfahren zum Nachweis von hinreichenden Garantien beitragen kann. Abs. 6-8 regeln Fragen zum Verhältnis zwischen der

---

18 Ausführlich zur Abgrenzung von Auftragsdatenverarbeitung und Funktionsübertragung bereits Simitis/*Petri* § 11 Rn. 20-24.

19 So sinngemäß die zutreffende Charakterisierung bei *Schmitz/Dall'Armi* ZD 2016, 427 (429).

20 *Petri* ZD 2015, 305 (306); *Laue/Nink/Kremer*, § 5 Rn. 4.

21 Vgl. EP, Legislative Entschließung vom 12.3.2014 (COM (2012) 011 (COD) – C7-0025/2012 – 2012/011 (COD)). Nach der Entschließung sollte der Auftragsverarbeiter nicht als Verantwortlicher gelten, wenn er personenbezogene Daten weisungswidrig verarbeitet, sondern auch, wenn er die entscheidende Partei in Bezug auf die Zwecke und Mittel der Verarbeitung wird.

22 Vgl. bereits Ratsdok 9398/13, S. 95 (zu Art. 16 KOM-E).

23 Vgl. Abs. 9, wobei das Schriftformgebot das elektronische Format einbezieht.

Auftragsgrundlage (Vertrag, anderes Rechtsinstrument) und Standardvertragsklauseln. In Bezug auf den Auftragsexzess bestimmt Abs. 10, dass der Auftragsverarbeiter ggf. als Verantwortlicher gilt.

15 Vergleicht man den **Wortlaut** der DSGVO mit dem Wortlaut der DSRL und des BDSG aF, bringt die DSGVO **für den Auftragsverarbeiter vordergründig eigene Verantwortlichkeiten und Pflichten**. Bei genauerer Betrachtung dürften einige der „neuen" Regelungen allerdings eher klarstellenden Charakter haben. Das gilt insbes. für die Verantwortlichkeit des eigenmächtig handelnden Auftragsverarbeiters nach Abs. 10 und für die Verantwortlichkeit des Auftragsverarbeiters in Bezug auf technisch-organisatorische Maßnahmen (vgl. insbes. Art. 32-36): Bereits der Wortlaut des § 11 Abs. 4 BDSG aF legte eine Eigenverantwortlichkeit des Auftragnehmers für die Einhaltung technisch-organisatorischer Vorgaben nahe.

16 Neu ist die Pflicht zur **Benennung eines inländischen Vertreters**, die nach Art. 27 nun auch Auftragsverarbeiter trifft. Bislang sollte nach Art. 4 Abs. 2 DSRL nur der für die Verarbeitung Verantwortliche mit Sitz in einem Drittland verpflichtet sein, einen inländischen Vertreter zu benennen. Auftragsverarbeiter sind überdies verpflichtet, ein Verzeichnis von Verarbeitungstätigkeiten für alle Kategorien von im Auftrag eines Verantwortlichen durchgeführten Tätigkeiten der Verarbeitung zu führen (**Dokumentationspflichten** nach Art. 30 Abs. 2 → Art. 30 Rn. 34ff.). In Art. 37 ist anders als bisher die Pflicht zur Bestellung von Datenschutzbeauftragten geregelt. Neu sind zudem die ausdrücklichen Regeln zur Haftung und zum Recht auf Schadensersatz: Auftragsverarbeitern drohen bei Verstößen auch Schadensersatzforderungen von betroffenen Personen (Art. 82). Aus Art. 83 Abs. 3 ergibt sich, dass Bußgelder auch gegen Auftragsverarbeiter verhängt werden können.

17 Die **JI-Richtlinie** sieht in Art. 22 eine Regelung der Auftragsverarbeitung vor. In ihr fehlen Bestimmungen zu Standardvertragsklauseln sowie zur Berücksichtigung von Verhaltensregeln und Zertifizierungsverfahren. Zudem ist der Katalog festzulegender Pflichten schlanker ausgestaltet als in Abs. 3. Art. 22 JI-Richtlinie wird in Deutschland ua durch § 62 BDSG nF umgesetzt. § 62 Abs. 1 BDSG nF weicht vom Wortlaut, nicht aber vom Sinngehalt des Art. 22 JI-Richtlinie ab. In Österreich dient § 48 ÖDSG der Umsetzung von Art. 22 JI-Richtlinie. § 48 Abs. 2 ÖDSG weicht insofern von Art. 22 JI-Richtlinie ab, als er stets eine gesonderte Genehmigung von Unterauftragsverhältnissen verlangt. Bedenken gegen diese Regelung bestehen nicht, weil die JI-Richtlinien strengere einzelstaatliche Regelungen gestattet, vgl. Art. 1 Abs. 3.

18 **4. Sonderfälle der Auftragsverarbeitung.** Zahlreiche Web-Services werden seit einigen Jahren dem Begriff „**Cloud Computing**" zugeordnet. Eine verbindliche Definition gibt es nicht.[24] Die KOM etwa definiert Cloud Computing eher holzschnittartig als Verarbeitung von Daten, „die sich in entfernten Rechnern befinden und auf die über das Internet zugegriffen wird."[25] Weit verbreitet ist die wesentlich differenziertere begriffliche Einordnung des National Institute of Standard and Trust (NIST). Danach ist Cloud Computing durch eine Reihe von charakteristischen Merkmalen gekennzeichnet, zB durch einen On-demand-self-service, breiten Netzwerkzugang, Ressource Pooling, eine große Elastizität der Kapazitäten usw Zentrales Charakteristikum soll dabei sein, dass Datenverarbeitung als „Service" strukturiert wird.[26] Üblicherweise werden mindestens drei Arten von Services genannt (Software as a Service, Platform as a Service und Infrastructure as a Service).[27] Unterschiedliche Erscheinungsformen des Cloud Computing lassen sich neben der Art der Dienstleistungen nach Betriebs-, Eigentums- und Organisationsaspekten unterscheiden.[28] Angesichts der großen Bandbreite von Dienstleistungen, die als Cloud Computing angeboten werden, **verbietet sich eine pauschale datenschutzrechtliche Einordnung** als „Auftragsverarbeitung". Geboten ist vielmehr eine nähere Betrachtung der konkret angebotenen Dienstleistung. Häufig wird Cloud Computing bei entsprechender Vertragsgestaltung durchaus eine spezielle Ausprägung der Auftragsverarbeitung sein.

19 Cloud Computing ist **aus datenschutzrechtlicher Sicht ambivalent**. Einerseits können bestimmte Cloud-Dienste je nach Ausgestaltung zu einer Erhöhung der IT-Sicherheit und zur Senkung von Kosten der IT-Nutzung beitragen (vgl. bereits → Rn. 2). Andererseits führt insbes. die Inanspruchnahme der Services von großen Cloud-Anbietern zu einer extremen Anhäufung auch von sensiblen Daten bei wenigen Organisationen.[29] Datenschutzverstöße solcher Services haben oft bereits zahlenmäßig erhebliche bis massive Auswirkungen. Hinzukommt, dass – jedenfalls bei der sog „Public Cloud" – eine genaue Lokalisierung der Daten zu einem bestimmten Zeitpunkt schwerfällt. Dementsprechend anspruchsvoll ist es, die komplexen Cloud-Infrastrukturen kontrollierbar auszugestalten oder die Verarbeitung iSe Nachvollziehbarkeit der Datenströ-

---

24 Ähnlich *Hornung/Sädtler* CR 2012, 638.
25 KOM, Mitteilung zur „Freisetzung des Cloud Computing-Potenzials in Europa", COM(2012) 529.
26 Vgl. zB *Kompetenzzentrum Trusted Cloud*, Thesenpapier – Datenschutzrechtliche Lösungen, S. 6 (These Nr. 1).
27 Vgl. *Mell/Grance*, NIST Special Publication 800-156: The NIST Definition of Cloud Computing 2011, S. 2; *Hornung/Sädtler* CR 2012, 638.
28 *Mell/Grance*, NIST Special Publication 800-156: The NIST Definition of Cloud Computing 2011, S. 3.
29 So pointiert bereits ENISA, Critical Cloud Computing, 2012, S. III.

me transparent zu machen.[30] Es gibt zwar neuere Cloud-Angebote, die in Reaktion auf die NSA-Affäre und auf die sog Safe-Harbor-Entscheidung des EuGH zu Drittstaatentransfers in die USA[31] regional eingehegte Clouds anbieten. Inwieweit sie tatsächlich einen datenschutzrechtlichen Mehrwert erbringen, ist allerdings noch nicht abschließend geklärt.

Sofern dabei allerdings Verarbeitungen an externe Unternehmen in der „Cloud" vergeben werden, bestehen **besondere datenschutzrechtliche Anforderungen** an die sorgfältige Auswahl. Der Verantwortliche hat zunächst Gesichtspunkte der IT-Sicherheit (insbes. die Integrität und Vertraulichkeit seiner Daten, s. Art. 5 Abs. 1 lit. f) zu berücksichtigen. Die Rechtmäßigkeit der Auftragsverarbeitung hängt überdies davon ab, ob der Verantwortliche seine Kontrollrechte gegenüber dem Auftragsverarbeiter effektiv wahrnehmen und die Einhaltung der Zweckbindung sicherstellen kann. Nicht selten sind cloudbasierte Dienstleistungen mit einem Datentransfer an Stellen verbunden, die ihren Geschäftssitz nicht in der EU haben. Solche personenbezogenen Datenübermittlungen an Drittländer müssen die Voraussetzungen der Art. 44ff. erfüllen. In Bezug auf die Betroffenen wird auch relevant sein, inwiefern sie ihre Rechte effektiv wahrnehmen können. Die Datenschutzaufsichtsbehörden haben zu den datenschutzrechtlichen Anforderungen im Einzelnen an das Cloud Computing eine Reihe von Hinweispapieren und Stellungnahmen veröffentlicht.[32] 20

Die Auftragsverarbeitung ist **von Verarbeitungen abzugrenzen**, bei der die beauftragte Stelle selbst allein oder gemeinsam über die Zwecke und Mittel entscheidet („**Funktionsübertragung**"). Dann nämlich ist sie „verantwortlich" iSd Art. 4 Nr. 7. Die Abgrenzung fällt vor Allem dann schwer, wenn die vertragliche Vereinbarung zwischen Auftraggeber und Auftragnehmer eine „Auftragsverarbeitung" ausweist, tatsächlich aber der Auftragnehmer über die Zwecke und Mittel der Verarbeitung mitentscheidet. Maßgeblich sind dann die tatsächlichen Gegebenheiten (zu Einzelheiten → Art. 4 Nr. 7 Rn. 4, 20). 21

Nach § 11 Abs. 5 BDSG aF waren die Regelungen der Auftragsverarbeitung auf die **Fernwartung** entsprechend anzuwenden. Die Anforderungen der Fernwartung weichen allerdings regelmäßig erheblich von denen der klassischen Auftragsdatenverarbeitung ab. Wie bereits in Art. 17 DSRL fehlt auch in Art. 28 eine ausdrückliche Regelung der Fernwartung. Angesichts der unmittelbaren und allgemeinen Geltung des Art. 28 entfällt die Möglichkeit, wie bislang in § 11 BDSG aF für die Fernwartung gesetzlich die Rechtsfolgen der Auftragsverarbeitung unabhängig davon anzuordnen, ob sie die Voraussetzungen der Auftragsverarbeitung erfüllen.[33] 22

Danach ist bei der datenschutzrechtlichen Einordnung der Fernwartung wie folgt zu differenzieren: Vereinbaren der Verantwortliche und der Auftragsverarbeiter eine IT-Wartung oder Fernwartung (zB Prüfung von Speicher-Dumps, Support-Arbeiten in Systemen des Verantwortlichen usw) und muss der Auftragsverarbeiter hierfür auf personenbezogene Daten zugreifen (können), so kann es sich im Hinblick auf die weite Legaldefinition der Verarbeitung in Art. 4 Nr. 2[34] um eine Auftragsverarbeitung nach Art. 4 Nr. 8 handeln. Gegebenenfalls sind die Anforderungen des Art. 28 umzusetzen; insbes. ist ein Vertrag nach Abs. 3 zu schließen. Anders ist die rein technische Wartung der Infrastruktur einer IT[35] durch einen Dienstleister zu bewerten. Mangels Verarbeitung personenbezogener Daten liegt keine Auftragsverarbeitung vor, so dass auch Art. 28 nicht anzuwenden ist. 23

Bei **Konzerndatenverarbeitungen** ist das Vorliegen einer Auftragsverarbeitung zweifelhaft, wenn ein konzernangehöriges Unternehmen die Verarbeitung personenbezogener Daten zB von Beschäftigten einem anderen Konzernunternehmen (insbes. der Konzernmuttergesellschaft) überlassen muss. In solchen Fallgruppen ist zu prüfen, welches Unternehmen über die Zwecke und Mittel der Verarbeitung tatsächlich entscheidet. Nur soweit das „Auftrag gebende" Unternehmen auch der Konzernmuttergesellschaft verbindliche Weisungen zur Verarbeitung personenbezogener Daten erteilen kann, kommt eine Auftragsverarbeitung in Betracht. Häufig werden das Auftrag gebende Unternehmen und die Konzernmutter gemeinsam Verantwortliche iSd Art. 26 sein. Die Rechtmäßigkeit der Verarbeitung durch die Konzernmutter hängt davon ab, inwieweit sie ihre Verarbeitung wie das „Auftrag gebende" Unternehmen auf eine Rechtsgrundlage iSv Art. 6 Abs. 1 stützen kann und auch im Übrigen die Datenschutzprinzipien des Kapitels II erfüllt. 24

Aus der DSGVO geht nicht unmittelbar hervor, wie die **Verantwortlichkeit im Verhältnis von zuständigen Behörden im ministeriellen Weisungsstrang** verteilt ist. In der öffentlichen Verwaltung unterliegen die Da- 25

---

30 Ähnlich bereits *Hornung/Sädtler* CR 2012, 638 (639); vgl. auch *Art. 29-Gruppe* WP 196, S. 6. *Heymann* CR 2015, 807 (808) charakterisiert die Kontrolldefizite pointiert dahin gehend, der Gewinn an Flexibilität und Kontrolle über die Mittel zur Verarbeitung der Daten werde durch einen Verlust der Kontrolle über die Daten selbst erkauft.

31 Vgl. EuGH C-362/14, NJW 2015, 3151 – Schrems/Digital Rights Ireland.

32 Vgl. zB *Art.-29-Gruppe*, WP 196: Opinion 05/2012 on Cloud Computing; WP 232: Opinion 02/2015 on C-SIG Code of Conduct on Cloud Computing.

33 Ähnlich Ehmann/Selmayr/*Bertermann* Art. 28 Rn. 7.

34 ZB können die Regelbeispiele des Auslesens, Abfragens oder Verwendens vorliegen.

35 ZB Arbeiten an der Stromzufuhr, Kühlung oder Heizung.

ten verarbeitenden Behörden regelmäßig einer Fach- und Rechtsaufsicht durch übergeordnete Behörden. Solche übergeordneten Aufsichtsbehörden können ihren nachgeordneten Behörden Weisungen erteilen und auf diesem Weg auch die Verarbeitungsprozesse der nachgeordneten Behörde beeinflussen. Auf Bedenken würde dabei etwa stoßen, wenn eine nachgeordnete Behörde Verarbeitungsprozesse auf eine ihr übergeordnete Behörde überträgt. Die Frage ist in Deutschland insbes. bei gemeinsamen Verfahren relevant. Das BDSG nF trifft keine Aussage dazu, ob solche gemeinsamen Verfahren auch im Wege einer Auftragsverarbeitung errichtet werden können. In praktischer Hinsicht fällt es schwer, ein Auftragsverarbeitungsverhältnis zu konstruieren, in dem eine übergeordnete Behörde „im Auftrag" von nachgeordneten Behörden als Auftragsverarbeiter personenbezogene Daten verarbeitet.

26 Auftragsverarbeitungen, die mit der **Übermittlung von personenbezogenen Daten an ein Drittland** oder **an internationale Organisationen** verbunden sind, unterliegen – neben den allgemeinen Bedingungen – auch den besonderen Bedingungen des Kapitel V (Art. 44ff.).

II. Einzelerläuterungen

27 **1. Auswahl von Auftragsverarbeitern (Abs. 1).** Abs. 1 legt fest, welche Anforderungen der Verantwortliche an seine Auftragsverarbeiter zu stellen hat.

28 Seinem Wortlaut nach **regelt Abs. 1 nicht** die **Voraussetzungen einer Verarbeitung** im Auftrag, sondern setzt sie voraus (Art. 4 Nr. 8). Allerdings gestaltet Art. 28 jedenfalls die Rahmenbedingungen für eine rechtskonforme Auftragsverarbeitung aus. Bei der Auftragsverarbeitung bestimmter besonderer Kategorien personenbezogener Daten haben die Mitgliedstaaten nach Art. 9 Abs. 4 die Möglichkeit, weitergehende Bedingungen der Verarbeitung festzulegen. In Deutschland macht zB § 80 SGB X von dieser Möglichkeit Gebrauch.

29 **a) Grundsätzlich kein Erfordernis einer gesonderten Rechtsgrundlage für die Auftragsverarbeitung.** Auch für die Auftragsverarbeitung gilt, dass die **Rechtsgrundlage für die Verarbeitung an sich** einzig in Art. 6 Abs. 1 zu suchen ist.

30 Umstritten ist die Frage, ob der Verantwortliche über sein eigenes Verarbeitungsinteresse hinaus **für die Weitergabe von personenbezogenen Daten an einen Auftragsverarbeiter eine gesonderte Rechtsgrundlage** benötigt. Anders als nach dem BDSG aF (→ Rn. 11, 12) lässt sich diese Frage nicht mehr definitorisch, sondern nur mittels einer systematischen Auslegung beantworten. Ein beträchtlicher Teil der Literatur bejaht das Erfordernis einer gesonderten Rechtsgrundlage iSd Art. 6 Abs. 1 mit der Erwägung, dass der Auftragsverarbeiter nach der DSGVO nicht mehr als Teil des Verantwortlichen, sondern als selbstständiger Empfänger anzusehen sei. Übermittlungen an ihn bedürften deshalb einer eigenständigen Rechtsgrundlage.[36]

31 Nach anderer Auffassung stellt **Art. 28 einen eigenständigen Erlaubnistatbestand** für die Verarbeitung im Zuge der Auftragsverarbeitung dar.[37]

32 Einer dritten Meinung zufolge bilden **Verantwortlicher und Auftragsverarbeiter** – ungeachtet eigener Rechte und Pflichten – hinsichtlich der Verarbeitung im Interesse des Verantwortlichen **nach wie vor eine Einheit**. Insoweit sei die Verarbeitung durch den Auftragsverarbeiter dem Verantwortlichen zuzurechnen. Dies ergebe sich aus der Legaldefinition nach Art. 4 Nr. 10, wonach der Auftragsverarbeiter nicht Dritter sei sowie aus der strikten Bindung des Auftragsverarbeiters an den Verantwortlichen nach Abs. 3 UAbs. 1 S. 1 und Art. 29.[38]

33 Soweit ersichtlich, ist das aufgeworfene Auslegungsproblem eine spezifisch deutsche Streitfrage, die möglicherweise mit dem Umstand zusammenhängt, dass das BDSG aF die Frage nach einer Privilegierung der Auftragsverarbeitung (→ Rn. 10) mithilfe von Definitionen auflöste, vgl. § 3 Abs. 8 S. 3, Abs. 4 Nr. 3 BDSG aF Aus der maßgeblichen EU-rechtlichen Sicht darf man hieraus keine Schlüsse ziehen. Vielmehr sind die Vorgaben der DSGVO mit der DSRL zu vergleichen. Insoweit sprechen die besseren Gründe dafür, bereits für die DSRL eine gesonderte, über die Anforderungen an die Auftragsverarbeitung hinausgehende Ermächtigung abzulehnen. Dies hat sich durch Art. 28 nicht verändert.[39] Würde man über die Vorgaben der Norm hinaus auch die Voraussetzungen für eine Übermittlung einfordern, hätte dies die sinnwidrige Folge, dass eine Auftragsverarbeitung höhere Anforderungen als eine Übermittlung erfüllen müsste. Allerdings wäre es auch fragwürdig, in Art. 28 eine eigenständige Rechtsgrundlage „hineinzulesen". Dagegen spricht

---

36 Vgl. zB *Roßnagel/Kroschwald* ZD 2014, 495 (497), zuvor bereits *Roßnagel/Richter/Nebel* ZD 2013, 103 (105). Zustimmend *Laue/Nink/Kremer*, § 5 Rn. 10; *Koós/Englisch* ZD 2014, 276; *Eckhardt/Kramer* DuD 2013, 287 (291).

37 *Eckhard/Kramer* DuD 2013, 287 (291); dazu *Krohm/Müller-Peltzer* RDV 2016, 307 (308 f.); *Albrecht/Jotzko*, Teil 5 Rn. 22; *Auernhammer/Thomale* DSGVO Art. 28 Rn. 8.

38 Vgl. *DSK*, Kurzpapier zur DSGVO Nr. 16: Auftragsverarbeitung, Art. 28 DS-GVO, S. 1; ähnlich *Albrecht/Jotzo*, Teil 5 Rn. 22, Kühling/Buchner/*Hartung* Art. 28 Rn. 15ff.; Plath/*Plath* DSGVO Art. 28 Rn. 3; zuvor bereits *Petri* ZD 2015, 305 (308 f.); vermittelnd *Bogendorfer* in: Knyrim (Hrsg.), Das neue Datenschutzrecht in Österreich und in der EU, 169 (172 f.).

39 *Schmidt/Freund*, ZD 2017, 14ff.

bereits der eindeutige Wortlaut des Art. 6 Abs. 1, wonach eine Verarbeitung nur gerechtfertigt sein kann, wenn eine dort aufgeführte Rechtsgrundlage vorhanden ist. Zudem ist Art. 28 nicht wie eine Rechtsgrundlage ausgestaltet.[40] Im Ergebnis sprechen wohl die besten Gründe dafür, den Vorgang der Auftragsverarbeitung regelmäßig als einen einheitlichen Verarbeitungsvorgang des Verantwortlichen anzusehen.[41] Die Weitergabe an den Auftragsverarbeiter ist dann als ein Verarbeitungsschritt zu bewerten, der mit der Weitergabe an einen Beschäftigten des Verantwortlichen gleichzusetzen ist. Minderungen des Schutzniveaus – etwa in Bezug auf sensible Daten iSd Art. 9 Abs. 1 – sind nicht zu befürchten, wenn man berücksichtigt, dass besondere Geheimhaltungspflichten vorrangig zu beachten sind.[42] Dem tragen ua Art. 25 und Art. 32 auch technisch-organisatorisch Rechnung, indem sie den Verantwortlichen dazu verpflichten, die Zugänglichkeit der Daten auf das erforderliche Maß zu beschränken. Besonderheiten können in den seltenen Fällen auftreten, in denen die Datenweitergabe an den Auftragsverarbeiter eine zweckändernde Verarbeitung zur Folge hat: Sie ist an den Voraussetzungen des Art. 6 Abs. 4 zu messen.

b) Zusammenarbeit des Verantwortlichen mit Auftragsverarbeitern. Zu einer rechtskonformen Auftragsver- 34 arbeitung gehört nach Abs. 1 zunächst, dass der **Verantwortliche nur mit Auftragsverarbeitern arbeitet**, die hinreichende Garantien für eine datenschutzkonforme Verarbeitung und einen angemessenen Schutz für die betroffenen Personen bieten (→ Rn. 37ff.). Die Zusammenarbeit nur mit Auftragsverarbeitern, die hinreichende Garantien bieten, setzt zunächst eine sorgfältige Auswahlentscheidung des Verantwortlichen voraus.

Die **Anforderungen an die persönlichen und fachlichen Qualifikationen des Auftragsverarbeiters** verdeutli- 35 chen, dass der Verantwortliche bei seiner Auswahlentscheidung nicht frei ist. Vielmehr hat er auch bei seiner Auswahl von Dienstleistern seine Verantwortlichkeit wahrzunehmen und zu prüfen, ob bei der Inanspruchnahme des Auftragsverarbeiters eine rechtmäßige und sichere Verarbeitung gewährleistet ist.[43] Die Sorgfaltspflichten hängen dabei zusätzlich von der Sensibilität der beabsichtigten Verarbeitungen ab.

Der Wortlaut des Abs. 1 stellt überdies klar, dass der Verantwortliche den Auftragsverarbeiter nicht nur 36 einmal vor Erteilung des Auftrags überprüft. Vielmehr stellt er die gesamte Zusammenarbeit unter den Vorbehalt hinreichender Garantien. Daraus folgt, dass der Verantwortliche den Auftragsverarbeiter nicht nur sorgfältig auszuwählen hat,[44] sondern sich auch im Rahmen der laufenden Auftragsverarbeitung fortlaufend vergewissern muss, ob der Auftragsverarbeiter den Anforderungen genügt.[45]

c) Hinreichende Garantien des Auftragsverarbeiters. Auftragsverarbeiter müssen **hinreichende Garantien** 37 dafür bieten, dass geeignete technische und organisatorische Maßnahmen so durchgeführt werden, dass die Verarbeitung datenschutzkonform erfolgt und den Schutz der Rechte der betroffenen Person gewährleistet.

Den Begriff der „Garantie" verwendet die DSGVO in vielfältigen Zusammenhängen, mit unterschiedlichen 38 Qualifikationen (zB notwendige, geeignete, angemessene, zusätzliche Garantien) – und zumindest zwei unterschiedlichen Bedeutungen: Regelmäßig ist die Garantie im Sinne von rechtlichen oder technischen Vorkehrungen (englisch: safeguards) gemeint, die Fehlentwicklungen vorbeugen sollen. Beispiele dazu sind ua in Art. 9 Abs. 2 lit. b, d, h, Art. 10 S. 1, Art. 23 Abs. 2 lit. d und f., Art. 25 Abs. 1 zu finden. Der Begriff der „hinreichenden Garantie" ist etwas anders zu verstehen. Dies ergibt sich unter anderem aus dem Sinnzusammenhang und aus der englischen Sprachfassung des Art. 28, die auf „sufficient guarantees" abstellt. Es geht dabei weniger um konkrete Vorkehrungen hinsichtlich einzelner Verarbeitungstätigkeiten als vielmehr um **die Zuverlässigkeit, mit der ein Auftragsverarbeiter ein bestimmtes Schutzniveau gewährleisten kann.** Dafür spricht auch die Entstehungsgeschichte der Norm. Art. 17 DSRL sah noch vor, dass der Auftragsverarbeiter „hinsichtlich der Verarbeitung zu treffenden technischen Sicherheitsmaßnahmen und organisatorischen Vorkehrungen ausreichende Gewähr" bieten müsse. Ähnlich wird auch die hinreichende Garantie hier zu verstehen sein.

Die Auftragsverarbeiter müssen insbes. über ein ausreichendes Fachwissen, Zuverlässigkeit und Ressourcen 39 verfügen, um die Einhaltung der Verordnung garantieren zu können, vgl. EG 81 S. 1 (zum Nachweis dieser Fähigkeiten → Rn. 86ff.).

Die Garantien des Auftragsverarbeiters müssen sich zunächst auf **geeignete technische und organisatorische** 40 **Maßnahmen** beziehen. Der gebotene Schutzstandard hat sich an den Pflichten zu orientieren, die der Verantwortliche zu erfüllen hat, denn er bedient sich des Auftragsverarbeiters zu seiner Entlastung. In erster Linie muss danach der Auftragsverarbeiter die Anforderungen aus Art. 32 erfüllen und zwar in der Weise,

---

40 So auch *Krohm/Müller-Peltzer* RDV 2016, 307 (310).
41 I.Erg. ähnlich *Eckhardt* CCZ 2017, 111 f.; Sydow/*Ingold* Art. 28 Rn. 3.
42 Vgl. dazu *DSK* Kurzpapier Nr. 16: Auftragsverarbeitung, Art. 28 DS-GVO.
43 Ähnlich *Bogendorfer* in: Knyrim (Hrsg.), Das neue Datenschutzrecht in Österreich und in der EU, 169 (174).
44 Vgl. dazu *Kranig/Sachs/Gierschmann*, Datenschutz-Compliance, 2017, S. 44.
45 So zutreffend Paal/Pauly/*Martini* DSGVO Art. 28 Rn. 21, im Grundsatz auch Kühling/Buchner/*Hartung* Art. 28 Rn. 60.

dass die zugrundeliegende Verarbeitung im Einklang mit den Verarbeitungsgrundsätzen erfolgt und der Schutz der betroffenen Personen gewährleistet wird. Demgegenüber werden die Anforderungen des Datenschutzes durch Technikgestaltung und durch datenschutzfreundliche Voreinstellungen allein durch den Verantwortlichen festgelegt, vgl. Art. 25 Abs. 1.

41 Die garantierten technischen und organisatorischen Maßnahmen müssen durch den Auftragsverarbeiter (voraussichtlich) **so durchgeführt werden**, dass die Verarbeitung im Einklang mit der Verordnung erfolgt und den Schutz der Rechte der betroffenen Personen gewährleistet. Der Verantwortliche hat also bei seiner Auswahl seines Auftragsverarbeiters nicht nur die technisch-organisatorischen Ressourcen zu überprüfen, sondern auch die Art und Weise der Verarbeitung mit den rechtlichen Anforderungen der DSGVO abzugleichen.

42 **2. Genehmigung von Unterauftragsverhältnissen durch den Verantwortlichen (Abs. 2).** Die grundsätzliche Berechtigung des Auftragsverarbeiters zur Erteilung von Unteraufträgen ist im Rahmen des Vertrags oder eines anderen Rechtsinstruments nach Abs. 3 UAbs. 1 S. 2 lit. d zu klären. Gestattet der Vertrag die Unterbeauftragung, so ist für den Unterauftrag erstens nach Abs. 2 stets eine vorherige Genehmigung durch den Verantwortlichen erforderlich. Zweitens muss der Unterauftrag nach Abs. 4 die im Auftrag geltenden Datenschutzpflichten verbindlich auch dem Unterauftragnehmer auferlegen (→ Rn. 84ff.).

43 Abs. 2 S. 1 bindet die Beauftragung von Unterauftragsverarbeitern an eine **vorherige**[46] **Genehmigung durch den Verantwortlichen.** Der Auftragsverarbeiter kann also nicht nach Belieben Unteraufträge vergeben, weil ihm dies technisch oder wirtschaftlich sinnvoll erscheint. Abs. 2 erlaubt die Genehmigung in zwei Fallgestaltungen. In beiden Fällen muss sie **schriftlich**[47] erfolgen. Die Schriftform dürfte auch ein elektronisches Format einbeziehen.[48] Dies wird zwar anders als in Abs. 9 nicht erwähnt, wenn jedoch sogar der gesamte Vertrag elektronisch geschlossen werden kann, wäre es sinnwidrig, für einzelne Weisungen auf der Papierform zu bestehen. Es wäre zwar grammatikalisch möglich, das Schriftformerfordernis nur auf die allgemeine Genehmigung zu beziehen und dies teleologisch durch die damit verbundenen größeren datenschutzrechtlichen Risiken zu begründen. Im Ergebnis spricht aber schon sprachlich mehr dafür, drei separate Anforderungen anzunehmen (vorherig, gesondert oder allgemein, schriftlich), und auch mit einer gesonderten Genehmigung können je nach Fallgestaltung erhebliche Risiken verbunden sein.

44 Eine **Genehmigung** kann zum einen **allgemein** erteilt werden (Abs. 2 S. 1 2. Var. 1). In diesem Fall gestattet der Verantwortliche dem Auftragsverarbeiter allgemein oder für bestimmte Verarbeitungstätigkeiten, im Vertrag nicht näher bezeichnete Unterauftragsverarbeiter einzusetzen. Die Erlaubnis ist allerdings nach Abs. 2 S. 2 an eine Informationspflicht des Auftragsverarbeiters gekoppelt: Dieser muss den Verantwortlichen informieren, bevor er andere Unterauftragsverarbeiter hinzuziehen oder bestehende Unterauftragsverarbeiter durch andere ersetzen will. Auf diese Weise wird der Verantwortliche in die Lage versetzt, missliebige Änderungen durch Einspruch zu unterbinden.[49] Diese Regelungstechnik des Abs. 2 folgt Empfehlungen, die Aufsichtsbehörden für das Cloud-Computing ausgesprochen haben.[50] Sie dürfte für den Verantwortlichen vor allem sinnvoll sein, wenn bereits bei Abschluss des Vertrags erkennbar ist, dass der Auftragsverarbeiter zahlreiche Unterauftragsverhältnisse eingehen wird und dies für den Verantwortlichen akzeptabel ist.

45 Abs. 2 Satz 3 sieht vor, Verantwortliche **Einspruch gegen** eine geplante Änderung in Bezug auf die Hinzuziehung oder die Ersetzung eines Auftragsverarbeiters einlegen kann. Die DSGVO stellt zwar die Rechtsfolge eines solchen Einspruchs nicht ausdrücklich fest, die Weisungsgebundenheit des Auftraggebers legt aber die Schlussfolgerung nahe, dass die Unterbeauftragung dann unzulässig ist. Der Verantwortlichen sollte eine Einigung mit dem Auftragsverarbeiter anstreben oder – falls eine Einigung nicht möglich ist – das Auftragsverhältnis beenden.[51] Teile der Literatur empfehlen im Hinblick auf diese Rechtslage dringend, die Rechtsfolgen eines Einspruchs des Verantwortlichen vorab vertraglich zu klären.[52]

46 Eine Genehmigung kann zum anderen auch in dem Sinne **gesondert** erfolgen, dass der Verantwortliche ein konkretes Unterauftragsverhältnis mit einem konkreten Unter-Auftragsverarbeiter erlaubt (Abs. 2 S. 1 2. Var. 2).[53] Eine solche Vorgehensweise ist nur zu empfehlen, wenn von vornherein absehbar ist, dass der Auftragsverarbeiter Unterauftragsverhältnisse nur ausnahmsweise begründen wird.

46 Der Begriff der Genehmigung in Art. 28 weicht damit von dem deutschen zivilrechtlichen Verständnis der Genehmigung als einer nachträglichen Zustimmung ab, vgl. § 184 BGB.
47 AA wohl *BvD ua*, Umgang mit Altverträgen bzgl. Auftragsverarbeitung, 2017, S. 6.
48 So auch *Bogendorfer* in: Knyrim (Hrsg.), Das neue Datenschutzrecht in Österreich und in der EU, 169 (177).
49 Vgl. bereits *Petri* ZD 2015, 305 (309).
50 Vgl. *Art. 29-Gruppe*, WP 196 (2012), S. 13.
51 Vgl. *DSK*, Kurzpapier Nr. 16: Auftragsverarbeitung, Art. 28 DS-GVO.
52 So namentlich *Laue/Nink/Kremer*, § 5 Rn. 22 und Kühling/Buchner/*Hartung* Art. 28 Rn. 88.
53 Vgl. Kühling/Buchner/*Hartung* Art. 28 Rn. 87.

3. Vertragsgestaltung (Abs. 3). a) Inhaltliche Anforderungen an die Rechtsgrundlage einer Auftragsverar- **47** **beitung (Abs. 3 UAbs. 1 S. 1).** Abs. 3 verlangt eine Verarbeitung im Auftrag auf Grundlage eines **Vertrags** (→ Rn. 47ff.) oder eines anderen **Rechtsinstruments** nach dem Unionsrechts oder einzelstaatlichen Rechts eines Mitgliedstaats (→ Rn. 46). Verträge bzw. andere Rechtsinstrumente müssen nach Abs. 3 S. 1 im Wesentlichen die gleichen inhaltlichen Anforderungen erfüllen.

Ein **anderes Rechtsinstrument** als der Vertrag schließt die Möglichkeiten zur Regelung der Auftragsverar- **48** beitung durch ein formelles Gesetz oder durch eine Verordnung ein, wie es etwa in Deutschland bei einigen staatlichen Registern angeordnet bzw. erlaubt wird, vgl. zB § 1 AZRG, § 387 FamFG, § 126 Abs. 3 GBO. Verantwortlicher und Auftragsverarbeiter werden dabei ausdrücklich durch den Gesetzgeber benannt. Auch eine solche gesetzliche Anordnung hat allerdings die Anforderungen des Abs. 3 UAbs. 1 S. 1 zu erfüllen.[54]

Im Regelfall wird eine Verarbeitung allerdings **auf Grundlage eines Vertrags** zwischen dem Verantwortli- **49** chen und dem Auftragsverarbeiter erfolgen. Welche Rechtsnatur der Vertrag hat, lässt die DSGVO offen. Im Grundsatz ist deshalb auch ein öffentlich-rechtlicher Vertrag denkbar.[55] Die DSGVO lässt auch offen, ob der Vertrag weitere Bestimmungen zB zu Gegenleistungen des Verantwortlichen enthalten darf. Solange hierdurch die Bindungen des Auftragsverarbeiters an den Verantwortlichen nicht infrage gestellt werden, bestehen insoweit keine Bedenken.

Der Vertrag bzw. das andere Rechtsinstrument hat den Auftragsverarbeiter an den Verantwortlichen zu **50** binden. Diese rechtliche[56] **Bindung** wird von der DSGVO nicht näher charakterisiert. Sie lässt sich allerdings aus den inhaltlichen Anforderungen des Abs. 3 an den Vertrag bzw. das andere Rechtsinstrument sowie aus der Weisungsgebundenheit des Auftragsverarbeiters nach Art. 29 ableiten.[57] Unverbindliche Erklärungen genügen daher nicht dem Erfordernis der rechtlichen Bindung nach Abs. 3.

Mit den nach Abs. 3 UAbs. 1 S. 1 zu treffenden **grundlegenden Festlegungen im Vertrag** bzw. Rechtsinstru- **51** ment entscheidet der Verantwortliche regelmäßig zugleich über Zweck und Mittel der Verarbeitung – er nimmt also seine Verantwortung für die Datenverarbeitung wahr. Dass diese Festlegung des Verarbeitungszwecks und der Verarbeitungsmittel im Einvernehmen mit dem Auftragsverarbeiter erfolgt, stellt die Entscheidungshoheit des Verantwortlichen nicht grundsätzlich infrage. Anderes kann allerdings gelten, wenn der Auftragsverarbeiter dem Verantwortlichen – etwa in Form seiner Geschäftsbedingungen – die Bedingungen der Verarbeitung diktiert. Dieser Fall tritt zunehmend auf, weil anders als früher in vielen Verarbeitungsbereichen nicht mehr ein wirtschaftsstarker Verantwortlicher einen kleinen, spezialisierten Dienstleister mit nachrangigen Verarbeitungsaufgaben betraut, sondern – v.a. im Bereich des Cloud Computings – internationale Konzerne standardisierte Dienstleistungen für kleine Verantwortliche anbieten, so dass sich das Verhandlungsgewicht von den Verantwortlichen auf die Auftragsverarbeiter verschiebt. Solange die Geschäftsbedingungen des Auftragsverarbeiters die konkrete Entscheidung über Zwecke und Mittel der Verarbeitung nicht determiniert (hierauf kommt es nach Art. 4 Nr. 7 für die Stellung als Verantwortlicher an), spricht nichts dagegen, diese Konstellation ebenfalls als Auftragsverarbeitung auszugestalten – sofern die inhaltlichen Vorgaben von Abs. 3 UAbs. 1 S. 2 nicht nur vereinbart, sondern auch gelebt werden.

Festzulegen sind zunächst **Gegenstand und Dauer der Verarbeitung.** Der Auftrag muss so aussagekräftig be- **52** schrieben werden, dass jedenfalls die vom Auftragsverarbeiter zu vollziehende Verarbeitung und ihr Umfang eindeutig einem bestimmten Auftrag zuzuordnen ist. Wie konkret die Festlegungen sein müssen, hängt von der Risikoträchtigkeit der Verarbeitung ab. Im Allgemeinen wird die Auflistung konkreter einzelner Verarbeitungsschritte nicht erforderlich sein, wenn sie im Rahmen der Spezifizierung von Art und Zweck der Verarbeitung ohnehin erfolgt (→ Rn. 51). Im Regelfall sind der geplante Beginn und das Ende der Verarbeitung in die Vereinbarung aufzunehmen. Die Festlegung der Verarbeitungsdauer soll die Überprüfung ermöglichen, ob der zeitliche Umfang des Auftrags eingehalten wird. Auch ihr kann unter Umständen entnommen werden, ob ein konkreter Verarbeitungsvorgang einem bestimmten Auftrag zuzuordnen ist. Grundsätzlich sollte das Rechtsinstrument also eine konkrete Zeitspanne nennen. Eine solche Festlegung wird allerdings nicht bei allen Dienstleistungen möglich sein. In einem solchen Fall müssten zumindest Kriterien genannt werden, anhand derer das Ende eines Auftrags bestimmt werden kann. Die Vertragspartner können auch ein Auftragsverhältnis für unbestimmte Zeit festlegen, wobei dann Angaben zur Kündigungsfrist getroffen werden sollten.[58]

---

54 Ähnlich *Bogendorfer* in: Knyrim (Hrsg.), Das neue Datenschutzrecht in Österreich und in der EU, 169 (175) sowie Paal/Pauly/*Martini* Art. 28 Rn. 25.
55 *Kühling*/*Martini et al.*, S. 79.
56 Paal/Pauly/*Martini* Art. 28 Rn. 28.
57 Vgl. *DSK*, Kurzpapier zur DS-GVO Nr. 16: Auftragsverarbeitung, Art. 28 DS-GVO.
58 Dazu auch Ehmann/Selmayr/*Bertermann* Art. 28 Rn. 15.

53 Auch die Festlegung von **Art und Zweck der Verarbeitung** dient vor allem dazu, den Auftragsverarbeiter in die Lage zu versetzen, die überlassenen Daten weisungsgemäß zu verarbeiten. Soweit der Vertrag die Art der Verarbeitung festlegt, klärt er die im Einzelnen vorzunehmenden Verarbeitungsschritte iSd Art. 4 Nr. 2 (Erheben, Erfassen, Organisation, Ordnen usw). Demgegenüber beschreibt der Verarbeitungszweck das eigentliche Motiv für die Verarbeitung. Er begründet die Zweckbindung nach Art. 5 Abs. 1 lit. b. Die Festlegung von Art und Zweck der Verarbeitung betreffen daher zentrale Bedingungen der rechtmäßigen Verarbeitung. Dementsprechend sollten sie möglichst eindeutig und vollständig gefasst werden. Die Angaben sind so genau zu fassen, dass der Verantwortliche seiner Rolle ebenfalls gerecht wird. Daraus folgt, dass die im Vertrag festgelegten Weisungen auf den einzelnen Auftrag mit seinen spezifischen Fallgestaltungen und auf die einzelnen Verarbeitungsschritte bezogen sein müssen.[59] Bei der Art der Verarbeitung soll der Verantwortliche dem Auftragsverarbeiter einen gewissen Spielraum hinsichtlich der Mittel einräumen können.[60]

54 Soweit die **Art der personenbezogenen Daten** festzulegen ist, verdeutlicht Abs. 3 UAbs. 1 S. 1, dass der Verantwortliche nicht auf jedes individuelle Einzeldatum bezogene Festlegungen zu treffen hat. Eine solche Vorgabe wäre auch nicht praktikabel und würde die Auftragsverarbeitung entwerten. Ausgehend von dem Zweck, Rechtmäßigkeitskontrollen zu ermöglichen, geht es allerdings auch nicht nur um eine allgemeine Beschreibung von Datenkategorien. Globale Bezeichnungen genügen jedenfalls nicht. Insbesondere die Verarbeitung sensibler Daten iSd Art. 9 und 10 ist ausdrücklich zu bezeichnen.

55 Zu benennen sind zudem die **Kategorien betroffener Personen**. Auch insoweit sollte der Vertrag so genau wie möglich den Kreis der betroffenen Personen bezeichnen und Pauschalangaben wie „Kundschaft" vermeiden. Ausgehend vom risikobasierten Ansatz kann bei wenig sensiblen Verarbeitungsvorgängen die Angabe von Kategorien wie Beschäftigte, Kunden, Lieferanten und Interessenten ausreichen, bei sensiblen Verarbeitungen sind hingegen strengere Maßstäbe anzulegen.

56 Die **Pflichten und Rechte des Verantwortlichen** sind zu bestimmen. Aus ihnen ergeben sich im Umkehrschluss die Verarbeitungspflichten des Auftragsverarbeiters. Die Pflichten des Verantwortlichen sind überwiegend aus den Kapiteln III und IV abzuleiten. Sie zu benennen ist erforderlich, damit der Auftragsverarbeiter seine Verarbeitung hieran ausrichten kann. Als Rechte kommen in erster Linie Rechte gegenüber dem Auftragsverarbeiter in Betracht. Hierzu zählt beispielsweise das Weisungsrecht nach Art. 29.

57 b) Pflichtangaben nach Abs. 3 UAbs. 1 S. 2. Abs. 3 UAbs. 1 S. 2 schreibt einen **Katalog von Pflichtangaben** vor, die der Vertrag oder das andere Rechtsinstrument insbes. enthalten muss. Das Merkmal „insbesondere" verdeutlicht, dass der Katalog nicht abschließend ist. Auch die Pflichtangaben können ergänzt werden, sofern durch die Ergänzung nicht der Schutzstandard der explizit vorgeschriebenen Pflichtangaben unterlaufen wird.

58 aa) **Grundsätzliche Unterwerfung unter die Weisungsgewalt des Verantwortlichen und Dokumentation (lit. a).** Der Auftragsverarbeiter ist darauf zu verpflichten, die personenbezogenen Daten nur auf dokumentierte **Weisung** des Verantwortlichen zu verarbeiten; weitere Anforderungen ergeben sich aus Art. 29. Nur die Weisungsgebundenheit des Auftragsverarbeiters begrenzt die zusätzlichen Risiken der Verarbeitung, die typischerweise bei der Einbindung zusätzlicher Stellen in den Verarbeitungsprozess entstehen. Sie rechtfertigt es, die Rechtmäßigkeit der Verarbeitung allein nach der Rechtsgrundlage zu beurteilen, auf die der Verantwortliche die Verarbeitung stützt. Der Verantwortliche kann sich im Vertrag ein Einzelweisungsrecht vorbehalten. Zur Erhöhung der Rechtssicherheit können die Vertragspartner auch vereinbaren, dass Einzelweisungen nur durch namentlich benannte Abteilungen oder Personen erteilt werden können.

59 Eine Weisung ist **dokumentiert**, wenn ihr Inhalt in elektronischer oder schriftlicher Form festgehalten wird. Die DSGVO verlangt nicht, dass die Weisung bereits zum Zeitpunkt des Vertragsschlusses erfolgt – dies wäre ohnehin häufig nicht praktikabel. Mündliche Weisungen sind also nicht ausgeschlossen, wenn sie nachträglich dokumentiert werden.[61]

60 Ist eine Auftragsverarbeitung mit **Datenübermittlungen an Drittländer oder an internationale Organisationen** verbunden, muss die Bindung des Auftragsverarbeiters an dokumentierte Weisungen auch auf diese Datentransfers bezogen werden.

61 Im Grundsatz darf der Auftragsverarbeiter nicht von den dokumentierten Weisungen des Verantwortlichen abweichen. Nach Abs. 3 UAbs. 1 S. 2 lit. a hat der Vertrag oder das andere Rechtsinstrument allerdings klarzustellen, dass die Pflichten aus dem Auftragsverhältnis den Auftragsverarbeiter nicht von der **Gesetzestreue** entbinden können.[62] Eine weisungsfremde Verarbeitung ist danach ausdrücklich zu erlauben, wenn

---

59 Vgl. dazu BT-Drs. 16/12011, S. 40 zu § 11 Abs. 2 S. 2 BDSG aF. Diese Vorschrift war das Vorbild für die Regelung in Art. 28 Abs. 3.
60 Vgl. *Art. 29-Gruppe*, WP 169, S. 17. Zustimmend Ehmann/Selmayr/*Bertermann* Art. 28 Rn. 16.
61 I.Erg. ähnlich Paal/Pauly/*Martini* Art. 28 Rn. 39; dazu auch Kühling/Buchner/*Hartung* Art. 28 Rn. 69.
62 Diese Klarstellung wurde auf Drängen des Rats eingefügt, vgl. Ratsdok. 12966/15, S. 65 (zu Art. 26 KOM-E).

der Auftragsverarbeiter durch Unionsrecht oder einzelstaatliches Recht eines Mitgliedstaats hierzu verpflichtet wird. Die Klausel soll Auftragsverarbeiter von möglichen Interessenskonflikten entlasten, zwischen drohenden Vertragstrafen und staatlichen Sanktionen wegen gesetzeswidrigem Verhalten entscheiden zu müssen. Zugleich dürfte sie für haftungsrechtliche Fragen bedeutsam sein. Auftragsverarbeiter dürften deshalb künftig stärker darauf drängen, dass die gesetzlich gebotene weisungsfremde Verarbeitung im Vertrag zur Auftragserteilung ausdrücklich geregelt wird.

Abs. 3 S. 2 lit. a betrifft nur die Verpflichtung des Auftragsverarbeiters zur weisungsfremden Verarbeitung **62** aufgrund des Rechts der Union und des Rechts der EU-Mitgliedstaaten. Nicht vertraglich vorzusehen ist die weisungsfremde Verarbeitung aufgrund des Rechts von Drittländern. Die Verarbeitung im Auftrag durch einen **Auftragsverarbeiter mit Sitz in einem Drittland** richtet sich zwar auch nach Art. 28, der Drittstaatentransfer muss zusätzlich die Voraussetzungen der Art. 44ff. erfüllen.

Nach dem Recht der Mitgliedstaaten scheint die **gesetzliche Verpflichtung des Auftragsverarbeiters zur weisungsfremden Verarbeitung** ganz überwiegend den Zwecken der Inneren Sicherheit zu dienen. In Deutschland sehen polizeirechtliche Bestimmungen wie etwa § 22a Abs. 5 BPolG oder § 10 Abs. 3-5 BKAG nF ausdrücklich eine Auskunftspflicht von TK-Dienstleistern gegenüber der Bundespolizei vor. Das Österreichische Recht verpflichtet in § 53 SPG öffentliche Stellen zur Auskunftserteilung an die Sicherheitspolizei und § 22 MBG zur Auskunftserteilung an militärische Organe und Dienststellen.

Abs. 3 UAbs. 1 S. 2 lit. a sieht vor, dass der Auftragsverarbeiter **den Verantwortlichen über eine etwaige wei- 64 sungsfremde Verarbeitung zu informieren** hat. Dies verschafft dem Verantwortlichen die Transparenz hinsichtlich des Zugriffs, die bei einer Datenverarbeitung ohne Auftragsverhältnis vorliegen würde. Überdies gibt es die Möglichkeit, soweit erforderlich die betroffenen Personen zu informieren und überdies den Auftragsverarbeiter zu wechseln, falls die weisungsfremde Verarbeitung zwar rechtlich zulässig ist, aber zB den Unternehmensprinzipien des Verantwortlichen widerspricht. Ausnahmen von der Informationspflicht gelten nur, sofern das betreffende Recht eine solche Mitteilung im öffentlichen Interesse verbietet. Ein typisches Beispiel dürften Übermittlungen des Auftragsverarbeiters an Ermittlungsbehörden in Strafsachen oder Steuerangelegenheiten sein. Würde der Auftragsverarbeiter solche Übermittlungen dem Verantwortlichen mitteilen, könnte das den Erfolg der Ermittlungen gegen den Verantwortlichen gefährden.

Unklar ist, wie die **datenschutzrechtliche Verantwortlichkeit in Fällen der weisungsfremden Verarbeitung 65 aufgrund rechtlicher Verpflichtungen** verteilt ist. Soweit diese Verpflichtung – wie regelmäßig – nicht allein aufgrund einer gesetzlichen Regelung folgt, sondern einen Beschluss einer Behörde oder eines Gerichts voraussetzt, ist diese anordnende Stelle nach den jeweiligen Rechtsgrundlagen für ihre Datenerhebung bzw. für die angeordnete Verarbeitung des Auftragsverarbeiters jedenfalls datenschutzrechtlich mitverantwortlich. Nach der DSGVO ist hingegen zu entscheiden, wer im Verhältnis zwischen Verantwortlichem und Auftragsverarbeiter verantwortlich ist. Nach Abs. 10 trifft den Auftragsverarbeiter eine eigene Verantwortung als Verantwortlicher, wenn er Verarbeitungen eigenmächtig unter Verstoß gegen die DSGVO vornimmt. Abs. 10 stellt also nicht auf Verstöße gegen Weisungen, sondern auf Verstöße gegen die DSGVO ab. Derartige weisungsfremde Verarbeitungen sind ausdrücklich in den Vertrag oder in das andere Rechtsinstrument aufzunehmen. Diese Umstände sprechen dafür, dass der Verantwortliche auch für die auf rechtlichen Pflichten beruhenden weisungsfremden Verarbeitungen des Auftragsverarbeiters verantwortlich ist und haftet. Dagegen spricht allerdings die Legaldefinition des Verantwortlichen, die auf die tatsächliche Entscheidungshoheit einer Stelle abstellt. Eine solche Entscheidungshoheit fehlt jedoch gerade, wenn der „Auftragsverarbeiter" ohne Kenntnis des „Verantwortlichen" personenbezogene Daten verarbeitet. Da überdies die Verarbeitung aufgrund rechtlicher Verpflichtung eine Verantwortlichkeit nicht ausschließt,[63] spricht im Ergebnis mehr dafür, die Verantwortlichkeit und Haftung für die weisungsfremde Verarbeitung dem Auftragsverarbeiter zuzuweisen.

bb) Verschwiegenheitspflicht (lit. b). Der Auftragsverarbeiter ist vertraglich bzw. durch das andere Rechts- **66** instrument darauf zu verpflichten, seinerseits die konkret mit der Verarbeitung betrauten Personen zur Verschwiegenheit zu verpflichten, sofern diese nicht ohnehin einer angemessenen gesetzlichen Verschwiegenheitspflicht unterliegt. Die Regelung ist mit den Anforderungen des § 5 BDSG aF vergleichbar, der eine Verpflichtung der mit der Verarbeitung personenbezogener Daten betrauten Beschäftigten auf das Datengeheimnis vorsah. „Angemessen" ist eine gesetzliche Verschwiegenheitspflicht jedenfalls, wenn sie einer etwaigen Verschwiegenheitspflicht des Verantwortlichen entspricht oder mit ihr vergleichbar ist.[64] Beispielsweise sehen einige Krankhausgesetze der deutschen Länder vor, dass Kliniken personenbezogene Patientendaten im Auftrag nur anderen Kliniken überlassen dürfen, vgl. Art. 27 Abs. 4 S. 6 BayKrG.

---

63 Die Verarbeitung zur Erfüllung einer rechtlichen Verpflichtung schließt eine datenschutzrechtliche Verantwortlichkeit nicht aus, vgl. Art. 6 Abs. 1 lit. c.

64 Ähnlich wohl *Bogendorfer* in: Knyrim (Hrsg.), Das neue Datenschutzrecht in Österreich und in der EU, 169 (176).

67 Nach dem „**Gesetz zur Neuregelung des Schutzes von Geheimnissen bei der Mitwirkung Dritter zur Berufs-ausübung schweigepflichtiger Personen**"[65] stehen ärztliche Schweigepflicht[66] und datenschutzrechtliche Verschwiegenheitspflicht nicht mehr selbstständig nebeneinander. Wenn früher ein Arzt mit einem Dienstleister ein sog Auftragsverarbeitungsverhältnis vereinbarte, konnte eine Weitergabe von Patientendaten unter bestimmten Voraussetzungen datenschutzrechtlich zulässig sein – und trotzdem die ärztliche Schweigepflicht verletzen, weil auch eine nach § 11 BDSG zulässige Auftragsdatenverarbeitung keine Befugnis zur Offenbarung eines Privatgeheimnisses nach § 203 Abs. 1, Abs. 2 StGB darstellte. Diesen Zustand hat der Bundesgesetzgeber geändert. Berufsgeheimnisträger sind zunehmend bei ihrer beruflichen oder dienstlichen Tätigkeit auf die Hilfeleistung externer Dienstleister angewiesen. Solche „mitwirkende Personen" können deshalb künftig rechtmäßig von geschützten Geheimnissen Kenntnis erlangen (§ 203 Abs. 3 S. 2 StGB nF). Sie werden dann allerdings auch in die Strafbarkeit nach § 203 Abs. 4 S. 1 StGB nF einbezogen. Verantwortliche als Berufsgeheimnisträger machen sich nach § 203 Abs. 4 S. 1 Nr. 1 StGB nF strafbar, wenn die mitwirkende Person unbefugt ein fremdes Geheimnis offenbart und sie nicht dafür Sorge getragen haben, dass sie zur Geheimhaltung verpflichtet wurde. Im Kern dürfte das bedeuten, dass die Berufsgeheimnisträger die von ihnen beauftragten Personen in schriftlicher Form zur Verschwiegenheit verpflichten müssen (**Geheimschutzverpflichtung**). Diese Verpflichtung soll dann der Sache nach derjenigen nach Abs. 3 UAbs. 1 S. 2 lit. b entsprechen, allerdings ist sie mit einer Belehrung über die strafrechtlichen Folgen einer Pflichtverletzung zu verbinden. Zudem muss der Verantwortliche seine Dienstleister sorgfältig auswählen und überwachen. Erfüllt der Verantwortliche alle diese Pflichten, wird eine Offenbarung von Geheimnissen nicht als Verstoß gegen berufsrechtliche Verschwiegenheitspflichten gewertet und begründet dementsprechend auch kein strafbewehrtes Offenbaren im Sinne von § 203 Abs. 1 und Abs. 2 StGB.

68 **cc) Datensicherheit (lit. c).** Soweit der Verantwortliche den Auftragsverarbeiter dazu verpflichten muss, „alle gemäß Art. 32 erforderlichen Maßnahmen" zu ergreifen, gibt diese Verpflichtung lediglich die Gesetzeslage wider. Denn nach Art. 32 Abs. 1 sind Verantwortlicher und Auftragsverarbeiter jeweils für ihre eigenen Zuständigkeitsbereiche verantwortlich (→ Art. 32 Rn. 15, 16). Die Festlegungen zur Datensicherheit im Vertrag oder dem anderen Rechtsinstrument befähigen den Verantwortlichen dazu, den Nachweis für eine sachgerechte Auswahl des Auftragsverarbeiters iSd Abs. 1 S. 1 führen zu können. Es besteht nach lit. c keine ausdrückliche Pflicht, die zu treffenden Maßnahmen im Vertrag oder dem anderen Rechtsinstrument konkret zu benennen. Eine verbindliche Festlegung der konkret zu treffenden Sicherheitsmaßnahmen ist gleichwohl notwendig und auch im Hinblick die Haftungsregelungen dringend zu empfehlen.[67]

69 **dd) Unterauftragsverhältnisse (lit. d).** Nach Abs. 3 UAbs. 1 S. 2 lit. d ist der Auftragsverarbeiter auf die Einhaltung der Rahmenbedingungen nach Abs. 2 und 4 zu verpflichten (→ Rn. 42ff., 84ff.). Da gemäß Abs. 2 die Erteilung von Unterauftragsverhältnissen stets von einer Genehmigung des Verantwortlichen abhängig ist, können die Partner Unterauftragsverhältnisse auch generell ausschließen. Vereinbaren die Partner eine allgemeine Genehmigung, sollte der Verantwortliche prüfen, ob er diese allgemeine Genehmigung nur auf konkrete Verarbeitungsvorgänge beschränken will.[68]

70 **ee) Unterstützung des Verantwortlichen bei der Befriedigung von Betroffenenrechten (lit. e).** Je nach **Art der Verarbeitung** im Auftragsverhältnis kann der Verantwortliche die Betroffenenrechte nach Kapitel III nicht oder nur mit großem Aufwand allein befriedigen. Informationspflichten und Auskunftsansprüche (Art. 13-15) sind betroffen, weil der Verantwortliche in der Regel keine ganz genaue Kenntnis von den Datenverarbeitungsvorgängen haben wird, wenn diese durch den Auftragsverarbeiter durchgeführt wurden. Wenn Daten zu berichtigen (Art. 16) oder zu löschen ist (Art. 17), ihre Verarbeitung geschränkt werden muss (Art. 18) oder sie an andere Verantwortliche zu übertragen sind (Art. 20), so kann dies technisch nicht ohne den Auftragsverarbeiter erfolgen, sofern sie bei diesem gespeichert sind. Deshalb sieht Abs. 3 UAbs. 1 S. 2 lit. e vor, dass der Auftragsverarbeiter den Verantwortlichen dabei unterstützt, entsprechende Anträge von betroffenen Personen zu beantworten. Diese Unterstützung soll „**nach Möglichkeit**" und mit „geeigneten technischen und organisatorischen Maßnahmen" erfolgen. Die Beschränkung auf nach Art der Verarbeitung mögliche Unterstützungsleistungen begründet eine Unterstützungspflicht des Auftragsverarbeiters, soweit sie sein Aufgabenspektrum betrifft und technisch leistbar ist.[69] Zugleich berücksichtigt sie, dass es bestimmte Auftragsverarbeitungen gibt, die eine Unterstützung entweder nicht oder nur in bestimmten

65 Vom 30.10.2017, BGBl. 2017 I S. 3618.
66 Vgl. in Deutschland § 9 MBOÄ, in Österreich § 54 ÄrzteG.
67 Vgl. Ehmann/Selmayr/*Bertermann* Art. 28 Rn. 21.
68 Vgl. Ehmann/Selmayr/*Bertermann* Art. 28 Rn. 22.
69 AA *Bogendorfer* in: Knyrim (Hrsg.), Das neue Datenschutzrecht in Österreich und in der EU, 169 (176), der darauf abstellt, ob die Unterstützung für den Auftragsverarbeiter zumutbar ist.

Hinsichten zulassen. Ein klassisches Beispiel einer Auftragsverarbeitung ist die Akten- und Datenträgervernichtung durch ein externes Dienstleistungsunternehmen. Sie könnte ihrer Art nach den Verantwortlichen nur bei der Befriedigung von Löschansprüchen unterstützen.

„Geeignet" sind „technische und organisatorische Maßnahmen", wenn sie die gesetzlichen Vorgaben zur   71
Umsetzung der Betroffenenrechte wirksam umsetzen.

ff) Unterstützung des Verantwortlichen bei technisch-organisatorischen Maßnahmen (lit. f). Art. 32 bis 36   72
verpflichten den Verantwortlichen, für eine angemessene Sicherheit der Verarbeitung zu sorgen (Art. 32),
ggf. etwaige Datenschutzverletzungen an die Aufsichtsbehörde zu melden (Art. 33) bzw. betroffene Personen von solchen Verletzungen zu benachrichtigen (Art. 34), vor risikoträchtigen Verarbeitungen eine Datenschutz-Folgeabschätzung durchzuführen (Art. 35) und schließlich in bestimmten Zweifelfragen die Aufsichtsbehörde zu konsultieren (Art. 36). Für diese Pflichten sind in den einzelnen Normen zumeist[70] bereits
ausdrücklich eigene Pflichten des Auftragsverarbeiters sowie Unterstützungsleistungen gegenüber dem Verantwortlichen vorgesehen. Abs. 3 UAbs. 1 S. 2 lit. f erweitert dies auf eine ganz allgemeine, im Vertrag oder
dem anderen Rechtsinstrument vorzusehende Pflicht des Auftragsverarbeiters zur Unterstützung der genannten Pflichten. Sie kann also – ggf. deutlich – über das hinausgehen, was in den Art. 32 bis 36 bereits
für den Auftragsverarbeiter genannt ist.

Für die **Sicherheit der Verarbeitung** tragen der Verantwortliche und der Auftragsverarbeiter eine gemeinsa-   73
me Verantwortlichkeit. Das ergibt sich aus dem Wortlaut des Art. 32 Abs. 1, wonach der **Verantwortliche
und** der **Auftragsverarbeiter** geeignete technische und organisatorische Maßnahmen zu treffen haben. In EG
81 ist vorgesehen, dass entweder der Verantwortliche oder der Auftragsverarbeiter hierzu eine Risikobewertung vorzunehmen haben, auf deren Grundlage die notwendigen geeigneten Maßnahmen ermittelt werden können. Es liegt daher nahe, in den Festlegungen zu klären, wer die Risikobewertung vorzunehmen hat
und wie die Verantwortung für die notwendigen technischen und organisatorischen Schutzmaßnahmen im
Übrigen verteilt wird.

Hinsichtlich der **Meldung von Datenschutzverletzungen** sieht Art. 33 Abs. 2 vor, dass der Auftragsverarbei-   74
ter den Verantwortlichen über Datenschutzverstöße informiert, die ihm bekannt geworden sind. Je nach
den Umständen kann es auch angebracht sein, dass der Auftragsverarbeiter die Funktion einer Anlaufstelle
für weitere Informationen (Art. 33 Abs. 3 lit. b) übernimmt. Hier spiegelt sich einmal mehr wider, dass der
Auftragsverarbeiter wegen der Durchführung der Datenverarbeitung häufig näher am Risiko und an dessen
Verwirklichung ist und daher der Verantwortliche zu seiner Pflichtenerfüllung auf dessen Kooperation angewiesen sein kann.

Bei der **Benachrichtigung betroffener Personen** von Datenschutzverletzungen nach Art. 34 kann der Auf-   75
tragsverarbeiter den Verantwortlichen vor allem mit technischen und organisatorischen Maßnahmen unterstützen. Dies ist zwar in Art. 34 nicht ausdrücklich vorgesehen, ist aber nach Abs. 3 lit. f vertraglich vorzusehen.

Entsprechende Unterstützungshandlungen liegen auch nahe, wenn der Verantwortliche nach Art. 35 eine   76
Datenschutz-Folgenabschätzung vorzunehmen hat. Oft wird nur der Auftragsverarbeiter dazu fähig sein,
nach Art. 35 Abs. 1 für die Risikobewertung einzubeziehenden Faktoren zu erfassen, das Risiko entsprechend einzuschätzen sowie nachgelagert ggf. geeignete technische und organisatorische Maßnahmen zu entwickeln bzw. einzusetzen, die bestimmte hohe Risiken für die Rechte und Freiheiten der betroffenen Personen wirksam begrenzen. Beispiel: In Bereich der Kommunalverwaltung entwickeln Betreiber von Rechenzentren Verarbeitungsverfahren, die sie den Kommunen zur Verfügung stellen. Zugleich schließen die Kommunen mit diesen Dienstleistern Auftragsverarbeitungsvereinbarungen ab. Losgelöst von der Frage, inwieweit die Kommunen weiterhin über die Zwecke der Verarbeitung entscheiden, wären sie formal als „Verantwortliche" für die Durchführung der Datenschutz-Folgenabschätzung zuständig. Eine Risikoabschätzung ist ihnen allerdings in der Praxis kaum möglich; sie sind dabei weitgehend auf die Hilfe der Dienstleister angewiesen, die das Verfahren entwickelt haben. Abs. 3 UAbs. 1 S. 2 lit. f schreibt vor, den Auftragsverarbeiter zu einer solchen Unterstützung zu verpflichten. Hierdurch darf aber die Entscheidungshoheit des
Verantwortlichen nicht infrage gestellt werden.

Geht aus einer Datenschutz-Folgenabschätzung hervor, dass die Verarbeitung ein hohes Risiko zur Folge   77
hätte, hat der Verantwortliche nach Art. 36 Abs. 1 die **Aufsichtsbehörde** zu **konsultieren.** Dabei hat er dieser nach Art. 36 Abs. 3 lit. a ua mitzuteilen, welche Verarbeitungsvorgänge er an welche Auftragsverarbeiter delegiert hat (→ Art. 36 Rn. 33). Wenn es zielführend ist, kann die Aufsichtsbehörde gemäß Art. 36
Abs. 2 dem Verantwortlichen und dem Auftragsverarbeiter schriftliche Empfehlungen unterbreiten bzw.
ihre Kompetenzen aus Art. 58 ausüben. Dementsprechend hat der Vertrag bzw. das andere Rechtsinstru-

---

70 In Art. 34 wird der Auftragsverarbeiter nicht ausdrücklich erwähnt.

ment nach Art. 28 Abs. 3 UAbs. 1 S. 2 lit. f zu klären, in welchem Umfang der Auftragsverarbeiter an einer Datenschutz-Folgenabschätzung bzw. Konsultation und an der Umsetzung deren Ergebnissen mitzuwirken hat.

78 **gg) Löschung oder Rückgabe nach Beendigung des Auftragsverhältnisses (lit. g).** Die Vorschrift ist Ausdruck fortdauernder und nachwirkender Verpflichtungen auch nach dem Ende des Auftragsverhältnisses. Hat der Auftragsverarbeiter die vereinbarten Verarbeitungsleistungen erbracht, muss er regelmäßig die personenbezogenen Daten entweder löschen oder zurückgeben. Die Pflicht zur Löschung bzw. Rückgabe ist technikoffen zu verstehen. Hat der Auftragsverarbeiter beispielsweise Kopien aus Akten gefertigt, hat er deshalb nicht nur die Akten zu vernichten bzw. zurückzugeben, sondern auch die Kopien. Die Wahl übt der Verantwortliche aus. Die Vereinbarungen nach Abs. 3 UAbs. 1 S. 2 lit. g können die entsprechende Verpflichtung des Auftragsverarbeiters festschreiben; sie können aber auch den Zeitpunkt bestimmen, an dem der Verantwortliche seine Wahlentscheidung zu treffen hat. In jedem Fall gilt aber der Grundsatz, dass beim Auftragsverarbeiter keinerlei personenbezogene Daten zurückbleiben, die ihm vom Verantwortlichen zwecks Auftragserfüllung überlassen wurden.[71] Abs. 3 UAbs. 1 S. 2 lit. g konkretisiert damit für das Auftragsverhältnis den Grundsatz der Speicherbegrenzung aus Art. 5 Abs. 1 lit. e. Teilweise empfiehlt die Fachliteratur, in den Vertrag auch Regelungen aufzunehmen, die Art und Weise der Rückgabe der Daten (ggf. in welchem Format) an den Verantwortlichen klären.[72]

79 Die Festlegungen haben den Fall zu berücksichtigen, dass Unionsrecht oder einzelstaatliches Recht eine **Verpflichtung zur Speicherung** der personenbezogenen Daten durch den Auftragsverarbeiter vorsehen kann. Insoweit ist der Auftragsverarbeiter von der Lösch- bzw. Rückgabepflicht zu befreien. In diesem Fall der weisungsfremden Speicherung hat der Auftragsverarbeiter die Verarbeitung auf die rechtliche Verpflichtung zu beschränken. Da eine Rückgabe- bzw. Löschpflicht nur vertraglich verankert werden kann, sofern keine gesetzliche Speicherpflicht des Auftragsverarbeiters besteht (in Deutschland vgl. dazu § 134 BGB), müssen sich die Vertragspartner über die Gesetzeslage versichern. Der Vertrag ist entsprechend dieser Gesetzeslage im Mitgliedstaat auszugestalten.

80 **hh) Kontrolle durch den Verantwortlichen (lit. h).** Der Auftragsverarbeiter ist zu verpflichten, dem Verantwortlichen alle erforderlichen Informationen zur Verfügung zu stellen, die er benötigt, um den Nachweis einer datenschutzkonformen Verarbeitung beim Auftragsverarbeiter zu ermöglichen. Hierzu dürften insbes. Protokolldaten gehören, die der Auftragsverarbeiter zur Einhaltung von Datenschutz und Datensicherheit angefertigt hat.

81 Darüber hinaus ist der Auftragsverarbeiter auf eine **Kooperation mit dem Verantwortlichen** zu verpflichten, so dass dieser die Einhaltung der DSGVO und etwaiger nationaler Rechtspflichten durch den Auftragsverarbeiters überprüfen kann. Der Auftragsverarbeiter muss dabei den Verantwortlichen Überprüfungen nicht nur ermöglichen, sondern ihn dabei auch aktiv unterstützen. Der Auftragsverarbeiter muss also nicht nur passiv Forderungen des Verantwortlichen entsprechen, sondern diesen auch aktiv aufmerksam machen und mitwirken. Überprüfungen schließen „Inspektionen" vor Ort oder Einsichtnahmen in IT-Systeme und Verfahren ein; insofern lässt sich aus der Vorschrift auch ein Betretensrecht ableiten. In welcher Weise der **Verantwortliche** sein **Kontrollrecht** auszuüben hat, hängt maßgeblich von der Sensibilität der Verarbeitungstätigkeiten ab.[73] Die Inspektionen können durch den Verantwortlichen oder einen beauftragten Prüfer durchgeführt werden. Die DSGVO hat damit die zu § 11 BDSG aF umstrittene Frage beantwortet, ob der Verantwortliche einer persönlichen Pflicht zur Kontrolle vor Ort unterliegt. Dies wurde v.a. in der älteren Literatur vertreten,[74] war aber in Zeiten von Cloud Computing nicht mehr realistisch umsetzbar. Analog zur allgemeinen Möglichkeit in Abs. 5, die Einhaltung der Vorgaben von Abs. 1 bis 4 durch Zertifizierungsverfahren nachzuweisen (→ Rn. 86), können Inspektionen nunmehr durch spezialisierte Dienstleister durchgeführt werden. Ob diese oder der Verantwortliche selbst prüft, kann verbindlich in einem Rechtsinstrument festgelegt, in Verträgen aber auch vereinbart werden. Eine solche Festlegung ist allerdings an Voraussetzungen geknüpft, insbes. muss ein Zertifizierungsverfahren die Einhaltung der Vorgaben vollumfänglich belegen können. Besondere Anforderungen an die Prüfer werden nicht normiert. Nach Sinn und Zweck müssen sie aber über eine hinreichende persönliche Qualifikation verfügen.

82 Sofern der Auftragsverarbeiter seine hinreichenden Garantien in Gestalt von Zertifikaten nachweist, liegt es nahe, dass der Verantwortliche und der Auftragsverarbeiter vereinbaren, dass der Auftragsverarbeiter diese

---

71   Zustimmend Ehmann/Selmayr/*Bertermann* Art. 28 Rn. 24.
72   *Bogendorfer* in: Knyrim (Hrsg.), Das neue Datenschutzrecht in Österreich und in der EU, 169 (176 mwN).
73   Ausführlich zu Arten der Kontrolle Gola/*Klug* Art. 28 Rn. 11.
74   Zu den Kontrollpflichten nach § 11 BDSG vgl. Simitis/*Petri* § 11 Rn. 56ff. mwN.

Garantien auch aufrechtzuerhalten und dem Verantwortlichen unverzüglich mitzuteilen hat, falls die Zertifizierung entfällt oder sich verändert.[75] Insoweit muss dem Verantwortlichen ein Kontrollrecht zustehen.

ii) Hinweise des Auftragsverarbeiters auf vermeintliche Rechtsverstöße (Abs. 3 UAbs. 2). Falls der Auftrags- 83
verarbeiter meint, dass eine Weisung iSd Abs. 3 UAbs. 1 S. 2 lit. a gegen datenschutzrechtliche Vorschriften
verstößt, hat er den Verantwortlichen hierauf hinzuweisen (Abs. 3 UAbs. 2). Die Norm enthält keine Pflicht
des Auftragsverarbeiters, regelmäßig die Weisungen seines Verantwortlichen zu überprüfen. Erkennt der
Auftragsverarbeiter gleichwohl die Rechtswidrigkeit einer Weisung, so hat er den Verantwortlichen unverzüglich zu informieren. Hält der Verantwortliche an seiner Weisung fest, darf der Auftragsverarbeiter regelmäßig auf die Rechtmäßigkeit der Weisung vertrauen. Anderes gilt allerdings, wenn der Verantwortliche
dem Auftragsverarbeiter offenkundige Rechtsverstöße oder schwerwiegende Verletzungen des Persönlichkeitsrechts abverlangt. Dann ist der Auftragsverarbeiter im Verhältnis zum Verantwortlichen zur Verweigerung der Durchführung der Datenverarbeitung berechtigt.[76]

4. Inhaltliche Anforderungen an die Erteilung von Unteraufträgen (Abs. 4). Über das grundsätzliche Erfor- 84
dernis einer Genehmigung in Abs. 2 hinaus enthält Abs. 4 inhaltliche Vorgaben für den Unterauftrag selbst.
Abs. 4 S. 1 schreibt vor, dass die **Erteilung eines Unterauftrags** durch den Auftragsverarbeiter hinsichtlich
der datenschutzrechtlichen Anforderungen **inhaltlich genau den Anforderungen der Erteilung seines Auftrags durch den Verantwortlichen entsprechen muss**. Ausdrücklich hervorgehoben wird das Erfordernis hinreichender Garantien dafür, dass die geeigneten technischen und organisatorischen Maßnahmen so durchgeführt werden, dass die Verarbeitung entsprechend der DSGVO erfolgt. Nach Abs. 4 S. 2 haftet der erste
Auftragsverarbeiter gegenüber dem Verantwortlichen dafür, dass die weiteren Auftragsverarbeiter die ihm
selbst auferlegten Pflichten ebenfalls einhalten.

Die Vorgaben in Abs. 2 und Abs. 4 lassen auch die Erteilung von Unter-Unteraufträgen zu. Dies folgt rege- 85
lungstechnisch daraus, dass der Unterauftragsverarbeiter als „weiterer Auftragsverarbeiter" bezeichnet
wird, dementsprechend die Definition in Art. 4 Nr. 8 erfüllt und sämtliche Regelungen der DSGVO zur
Auftragsverarbeitung auf ihn anwendbar sind. Eine Grenze wird man nur dort annehmen können, wo
durch ein verwirrendes Geflecht von mehrfachen Unterbeauftragungen im Ergebnis – v.a. aus Sicht des Verantwortlichen bzw. der betroffenen Personen – die Transparenz beispielsweise über die Einhaltung der technischen und organisatorischen Maßnahmen nicht mehr gewahrt werden kann. Im Grundsatz stellen die
Anforderungen aus Art. 28 aber sicher, dass die rechtlichen Anforderungen an die Verarbeitung, die den
Verantwortlichen treffen, bis zum letzten Glied „durchgereicht" werden. Durch die Regelung in Abs. 4 S. 2
wird in diesen Konstellationen die Ketten-Datenverarbeitung haftungsrechtlich jeweils auf das vorherige
Glied der Kette zurückbezogen. Für die betroffene Person ist somit die Inanspruchnahme des Verantwortlichen für alle Auftrags- und Unterauftragsverarbeitungsverhältnisse gewahrt; die Vermehrung der Datenverarbeiter führt insoweit auch nicht zu einer Komplizierung des Rechtsschutzes und der Haftung. Allerdings
kommen aus Perspektive der betroffenen Person neue Haftungssubjekte hinzu, wenn mehrere Verantwortliche oder Auftragsverarbeiter an der Verarbeitung beteiligt waren und für sie verantwortlich sind; diese haften gemäß Art. 82 Abs. 4 als Gesamtschuldner (→ Art. 82 Rn. 33).

5. Die Einhaltung von Verhaltensregeln und genehmigten Zertifizierungsverfahren als Faktor zum Nach- 86
weis „hinreichender Garantien", Absatz 5. Während Abs. 1 materielle Anforderungen an die „hinreichende
Garantien" statuiert, befasst sich Abs. 5 mit der Frage, wie sie „nachzuweisen" sind. Dies kann über verschiedene Wege erfolgen. Ausdrücklich sieht Abs. 5 die Möglichkeit vor, hierzu die **Einhaltung genehmigter
Verhaltensregeln** gemäß Art. 40 oder eines **genehmigten Zertifizierungsverfahrens** gemäß Art. 42 als einen
Faktor heranzuziehen. Dieser Regelung liegt wohl die Überlegung zugrunde, dass Art. 40 und Art. 42 jeweils eine gesonderte Prüfung der Datenschutzkonformität verlangen und insoweit einem ähnlichen Maßstab wie Art. 28 genügen müssen. Garantien können aber auch auf anderem Wege, etwa durch ausdrückliche **vertragliche Zusicherungen** oder durch vorgelegte **individuelle Sicherheitskonzepte** belegt werden.[77]

Der Wortlaut von Abs. 5 stellt nicht klar, welche Stelle wem gegenüber den Nachweis führt. Nach Sinn und 87
Zweck ist dies in zwei Richtungen der Fall: Zum einen kann der Auftragsverarbeiter dem Verantwortlichen
gegenüber nachweisen, dass er hinreichende Garantien nach Abs. 1 gewährleistet und deshalb als Auftragsverarbeiter zulässig ausgewählt werden darf. Zum anderen kann der Verantwortliche die Einhaltung von
Verhaltensregeln oder Zertifizierungsverfahren durch den Auftragsverarbeiter auch dazu verwenden, gegenüber der Aufsichtsbehörde oder anderen Stellen nachzuweisen, dass er eine rechtmäßige Auswahlentscheidung durchgeführt hat. In beiden Fällen gelten die Einhaltung von Verhaltensregeln und genehmigte Zerti-

---

75 Ebenso Ehmann/Selmayr/*Bertermann* Art. 28 Rn. 26.
76 So im Ansatz auch Paal/Pauly/*Martini* Art. 28 Rn. 58.
77 Darauf weist *Bogendorfer* in: Knyriem (Hrsg.), Das neue Datenschutzrecht in Österreich und in der EU, 175 zu Recht hin.

fizierungsverfahren gleichwohl nur als „ein Faktor" für den Nachweis einer hinreichenden Garantie. Der Verantwortliche wird dies bei seiner Auswahlentscheidung zu berücksichtigen haben. Zudem werden Verhaltensregeln und Zertifizierungen häufig nur Teilaspekte von Verarbeitungstätigkeiten betreffen. Der Verantwortliche und die Aufsichtsbehörde werden daher insbes. zu prüfen haben, inwieweit die vertraglich vereinbarte Verarbeitung mit den Verhaltensregeln und Zertifizierungsverfahren korrespondiert. Im Ergebnis sind Verhaltensregeln und Zertifizierungsverfahren durchaus zu berücksichtigen, für sich betrachtet aber keine hinreichende Bedingung für den Nachweis.

88 Umstritten ist die Frage, wie stark sich die Einhaltung von Verhaltensregeln und genehmigten Zertifizierungsverfahren auf die aufsichtliche Überprüfung auswirkt. Die Meinungen reichen von einer grundsätzlichen Verpflichtung, die Faktoren heranzuziehen,[78] bis zur weitgehenden Freiheit der Aufsichtsbehörde bei ihrer Entscheidungsfindung.[79] Die normative Aufwertung von Verhaltensregeln und Zertifizierungsverfahren in der DSGVO spricht eher für eine grundsätzliche Berücksichtigungspflicht.

89 **6. Verwendung von Standardvertragsklauseln (Abs. 6-8).** Abs. 6 überlässt es dem Verantwortlichen und dem Auftragsverarbeiter, ob sie im Vertrag individuelle Regelungen vereinbaren oder auf Standardvertragsklauseln zurückgreifen. Das gilt auch, wenn die **Standardvertragsklauseln** Bestandteil einer dem Verantwortlichen oder Auftragsverarbeiter erteilten Zertifizierung sind. Die Verwendung von Standardvertragsklauseln kann für beide Parteien mit erheblichen Einsparungen verbunden sein; sie wird daher häufig vorkommen, zumal den Parteien offensteht, auch nur auf einzelne Klauseln zurückzugreifen. Die DSRL kennt Standardvertragsklauseln zur Auftragsverarbeitung im Zusammenhang mit sog Drittstaatentransfers nach Art. 26 Abs. 4 DSRL. Die Wirksamkeit von Standardvertragsklauseln im Zusammenhang mit Übermittlungen in Drittländer ist allerdings seit dem sog „Safe-Harbor"-Urteil des EuGH[80] umstritten (→ Art. 46 Rn. 38ff.).

90 **Standardvertragsklauseln** können nach Ab. 7 von der **Kommission** im Einklang mit dem Prüfverfahren gem. Art. 97 Abs. 2 festgelegt werden (→ Art. 97 Rn. 6ff.). Sie können sich auf Formulierungen in Verträgen und anderen Rechtsinstrumenten nach Abs. 3 und 4 beziehen.

91 Alternativ können nach Abs. 8 auch die **Aufsichtsbehörden Standardvertragsklauseln** festlegen. In diesem Fall findet das **Kohärenzverfahren** nach Art. 63 Anwendung, um eine europaweit einheitliche Standardisierung der Regelungsinhalte abzusichern.

92 **7. Schriftformerfordernis (Abs. 9).** Das **Schriftformerfordernis** ist europarechtlich autonom auszulegen: Abs. 9 sieht zwar ausdrücklich die Schriftform vor; dies schließt aber ausdrücklich elektronische Formate ein. Dies erfasst nicht nur die elektronische Form nach § 126 a BGB. Auch die Textform des § 126 b BGB genügt den Anforderungen der elektronischen Form iSd Art. 28.[81]

93 **8. Eigenmächtig handelnde Auftragsverarbeiter (Abs. 10).** Es ist bereits ein Begriffsmerkmal des Auftragsverarbeiters, dass er nicht über Zweck und Mittel der Verarbeitung entscheidet, weil dies nach Art. 4 Nr. 7 dem Verantwortlichen vorbehalten ist. Maßt sich ein Auftragsverarbeiter dieses Recht dennoch entgegen der Vereinbarung mit dem Verantwortlichen an, gilt er nach Abs. 10 als Verantwortlicher. Ihn treffen alle Pflichten in dieser Funktion, und er haftet auch dementsprechend, vgl. Art. 82 Abs. 2 S. 2.[82] Dies gilt auch für alle Unterauftragsverarbeiter, weil diese ebenfalls Auftragsverarbeiter iSv Art. 4 Nr. 8 sind.

94 Ob daneben eine Haftung des Verantwortlichen in Betracht kommt, hängt zunächst davon ab, inwieweit er seiner Verantwortung bei der Auswahlentscheidung gerecht geworden ist. Stellt der Verantwortliche Datenschutzverstöße durch den Auftragsverarbeiter fest – und dazu gehört auch der **Aufgabenexzess** iSd Abs. 10 –, hat er gegenüber dem Auftragsverarbeiter mit den Mitteln des Vertragsrechts auf ein vertragskonformes Verhalten zu drängen. Notfalls muss er das Vertragsverhältnis mittels Kündigung beenden. In Extremfällen kann es auch angezeigt sein, dass der Verantwortliche nach Artt. 33, 4 Nr. 12 die Aufsichtsbehörde informiert. Ist der Auftragsverarbeiter eine öffentliche Stelle, können im Rahmen der Rechtsaufsicht übergeordnete Behörden eingeschaltet werden.

95 **9. Sonstiges: Umgang mit Altverträgen.** Die Anforderungen des Art. 28 an Verträge zur Auftragsverarbeitung entsprechen weitgehend – aber nicht vollständig – den überkommen Anforderungen des deutschen Datenschutzrechts, insbes. des § 11 BDSG aF. Das wirft die Frage nach der Notwendigkeit der Anpassung

---

78 Vgl. Paal/Pauly/*Martini* Art. 28 Rn. 69, der von einer „Privilegierungswirkung" der Verhaltensregeln und Zertifizierungsverfahren spricht.

79 Vgl. auch Ehmann/Selmayr/*Bertermann* Art. 28 Rn. 27: Die Aufsichtsbehörden seien frei in der Prüfung und Bewertung der Nachweise.

80 EuGH C-362/14, NJW 2015, 3151 – Schrems/Digital Rights Ireland.

81 Vgl. *Hartung/Büttner* DuD 2017, 549 (554).

82 In Österreich entspricht das recht eindeutig der bislang geltenden Rechtslage, vgl. *DSK*, Entscheidung vom 20.10.2006, K121.155/0015-DSK/2006. Zur bisherigen Rechtslage in Deutschland vgl. Simitis/*Petri* § 11 Rn. 87.

von Altverträgen an die Erfordernisse der DSGVO auf. Einen **besonderen Bestandsschutz für Altverträge sieht die DSGVO nicht vor**. Die Vertragspartner können insbes. nicht über die Änderung der Gesetzeslage vertraglich disponieren. Dementsprechend müssen auch bestehende Auftragsverhältnisse ab 26. Mai 2018 den Erfordernissen der DSGVO entsprechen.[83] Ob ein Vertrag über eine Auftragsdatenverarbeitung an die Anforderungen der DSGVO angepasst werden muss, hängt davon ab, er – gegebenenfalls im Wege der Auslegung – bereits den Anforderungen der DSGVO entspricht.[84] Das setzt jedenfalls eine Überprüfung der Verträge zur Auftragsdatenverarbeitung voraus.

Inhaltliche Anpassungen empfohlen werden in der Literatur[85] vor allem im Hinblick auf die Hinweispflicht   96 des Auftragsverarbeiters bei rechtswidrigen Weisungen (Abs. 3 UAbs. 2), bei der Dokumentationspflicht von Weisungen, für die weisungsabhängige Übermittlung an Drittländer, bei Hinweispflichten zur gesetzlich verlangten weisungsfremden Verarbeitung sowie bei den Unterstützungspflichten nach Abs. 3 UAbs. 1 S. 2 lit. e und f.

Artikel 29   Verarbeitung unter der Aufsicht des Verantwortlichen oder des Auftragsverarbeiters

Der Auftragsverarbeiter und jede dem Verantwortlichen oder dem Auftragsverarbeiter unterstellte Person, die Zugang zu personenbezogenen Daten hat, dürfen diese Daten ausschließlich auf Weisung des Verantwortlichen verarbeiten, es sei denn, dass sie nach dem Unionsrecht oder dem Recht der Mitgliedstaaten zur Verarbeitung verpflichtet sind.

I. Allgemeines

1. Bedeutung und Zweck der Vorschrift. Im Unterschied zur vertraglichen Pflicht des Auftragsverarbeiters   1 zur Befolgung von Weisungen des Verantwortlichen nach Art. 28 Abs. 3 S. 1 handelt es sich bei Art. 29 um eine **gesetzlich angeordnete Gefolgschaftspflicht**.[1] Die Vorschrift trägt damit zur eigenen Datenschutzaufsicht durch die betroffenen Unternehmen und Behörden bei (Selbstkontrolle), soweit sie in der Rolle eines Verantwortlichen oder Auftragsverarbeiters sind.[2]

2. Entstehungsgeschichte. Wohl entstehungsgeschichtlich bedingt trägt die Vorgängernorm **Art. 16 DSRL**   2 die Überschrift „Vertraulichkeit der Verarbeitung". Die Vorschrift ging allerdings über eine Vertraulichkeitsregelung hinaus, indem sie bestimmte, dass „Personen, die dem für die Verarbeitung Verantwortlichen oder dem Auftragsverarbeiter unterstellt sind und Zugang zu personenbezogenen Daten haben, sowie der Auftragsverarbeiter selbst [...] personenbezogene Daten nur auf Weisung des für die Verarbeitung Verantwortlichen verarbeiten [dürfen], es sei denn, es bestehen gesetzliche Verpflichtungen." Die sprachlich missglückte[3] Regelung verpflichtete Auftragsverarbeiter sowie Mitarbeiter des Verantwortlichen und von Auftragsverarbeitern darauf, personenbezogene Daten nur gemäß den Weisungen des Verantwortlichen zu verarbeiten. Da auch Art. 17 Abs. 3 DSRL eine Weisungsbindung des Auftragsverarbeiters enthielt, sollte seine Erwähnung in Art. 16 DSRL streng genommen überflüssig,[4] aber auch unschädlich sein.[5] Die Bindung an Weisungen des Verantwortlichen entfiel nur, soweit „gesetzliche Verpflichtungen bestehen". Die Verpflichtung musste sich gerade an die unterstellte Person richten – auf eine rechtliche Verpflichtung des Verantwortlichen kam es nicht an (zur Vertraulichkeit → Rn. 13).[6]

---

83 Unklar insoweit *Laue/Nink/Kremer*, § 5 Rn. 30.
84 Ähnlich sind wohl *Hartung/Büttgen* DuD 2017, 549 (554) zu verstehen.
85 Vgl. Ehmann/Selmayr/*Bertermann* Art. 28 Rn. 28 f.; Roßnagel/*Hofmann*, Europ. DSGVO, § 3 Rn. 267; *Klug* RDV 2016, 75 (76). Zurückhaltender *Hartung/Büttgen* DuD 2017, 549 (554), die zu einer differenzierenden Sicht neigen und auch die verordnungsfreundliche Auslegung bestehender Verträge in Betracht ziehen.
1 So auch Auernhammer/*Thomale* Art. 29 Rn. 4.
2 Vgl. Gola/*Klug* Art. 29 Rn. 1.
3 Vgl. *Ehmann/Helfrich* Art. 16 Rn. 3: „irreführend".
4 Ähnlich *Dammann/Simitis* Art. 16 Rn. 4.
5 Vgl. *Ehmann/Helfrich* Art. 16 Rn. 4.
6 Vgl. *Dammann/Simitis* Art. 16 Rn. 7.

3 Das **BDSG aF** setzte diese Vorgabe der DSRL in § 5 und § 11 Abs. 3 S. 1 BDSG aF um. § 5 BDSG aF sah ein Verbot für die „bei der Datenverarbeitung beschäftigten Personen" vor, personenbezogene Daten unbefugt zu erheben, zu verarbeiten oder zu nutzen. § 11 Abs. 3 S. 1 BDSG aF enthielt die Weisungsbindung des Auftragnehmers (heute: Auftragsverarbeiter). In **Österreich** enthielt § 15 ÖDSG 2000 eine Verpflichtung von Auftraggebern (heute: Verantwortliche), Dienstleister (heute: Auftragsverarbeiter) und ihrer Mitarbeiter auf das Datengeheimnis.

4 Im **Gesetzgebungsverfahren zur DSGVO** schlug die KOM mit Art. 27 KOM-E eine Vorschrift vor, welche der Sache nach Art. 16 DSRL entsprach und lediglich die Ausnahmen von der Weisungsbindung etwas ausführlicher fasste, indem statt pauschal auf gesetzliche Verpflichtungen konkreter auf Unionsrecht oder mitgliedstaatliches Recht verwiesen wurde. Der Rat regte an, die Vorschrift in Art. 30 KOM-E (späterer Art. 32) zu verlagern. Dort sah ein Art. 30 Abs. 2 b eine Verpflichtung des Verantwortlichen und des Auftragsverarbeiters vor, eine weisungsgemäße Verarbeitung durch eigene Mitarbeiter zu gewährleisten. Dieser Ansatz einer vertraglichen Lösung setzte sich nicht durch. Im Trilog verständigten sich die Gesetzgebungsorgane vielmehr auf die ursprüngliche Fassung der KOM.[7]

5 **3. Verhältnis zu anderen Vorschriften; einzelstaatliches Recht.** Art. 29 ergänzt die Regelungen zur Weisungsgebundenheit und zur Verschwiegenheit in Art. 28 Abs. 3 S. 1, 2 lit. b und Art. 32 Abs. 4. Der Verantwortliche hat den **Auftragsverarbeiter** bereits nach Art. 28 Abs. 3 S. 1 grundsätzlich an sich zu binden. Nach Abs. 2 lit. b ist sicherzustellen, dass die mit der Verarbeitung betrauten Personen entweder Verschwiegenheitspflichten unterliegen oder zur Verschwiegenheit verpflichtet werden. Dementsprechend unterliegt der Auftragsverarbeiter schon vertraglichen Weisungs- und Verschwiegenheitspflichten. Art. 29 weist auch Bezüge zu Art. 32 Abs. 4 auf. Nach dieser Vorschrift haben der Verantwortliche und der Auftragsverarbeiter jeweils sicherzustellen, dass ihnen **unterstellte Personen** personenbezogene Daten grundsätzlich nur auf Anweisung verarbeiten. Während Art. 28 und 32 jeweils insbes. auf eine vertragliche Bindung abzielen, sieht Art. 29 eine **gesetzliche Regelung zur Weisungsgebundenheit** vor. Eine Verschwiegenheitspflicht sieht Art. 29 zwar nicht ausdrücklich vor, aus dem Gebot der nur weisungsgebundenen Verarbeitung wird jedoch – auch – ein **Datengeheimnis** abgeleitet.[8]

6 Das **BDSG nF** enthält **keine Regelung mehr**, die dem Datengeheimnis iSd § 5 BDSG aF entspricht. Anders verhält es sich voraussichtlich bei einigen Länderregelungen. Entsprechende Gesetzesentwürfe untersagen es den bei öffentlichen Stellen beschäftigten Personen, personenbezogene Daten unbefugt zu verarbeiten (Datengeheimnis).[9] Das Datengeheimnis soll auch nach dem Ende ihrer Tätigkeit fortbestehen. Im nationalen Recht regelt ferner § 52 BDSG nF den parallelen Fall für die Umsetzung von Art. 23 JI-Richtlinie. Die damit zusammenhängende Weisungsunterworfenheit des Auftragsverarbeiters bestimmt § 62 Abs. 5 S. 2 Nr. 1, § 64 Abs. 3 S. 1 Nr. 12 BDSG nF (s. Art. 22, 29 JI-Richtlinie).[10]

7 Eine ausführlichere Regelung zum Datengeheimnis sieht **§ 6 ÖDSG** vor. Abs. 1 sieht eine grundsätzliche Verschwiegenheitspflicht vor. Übermittlungen durch Mitarbeiter sind nur aufgrund einer ausdrücklichen Anordnung ihres Dienstgebers gestattet. Hierauf sind die Mitarbeiter von Dienstgeber und Auftraggeber vertraglich zu verpflichten. Abs. 3 sieht vor, dass der Verantwortliche und der Auftragsverarbeiter die von einer Übermittlungsanordnung betroffenen Mitarbeiter über das Datengeheimnis und Folgen seiner Verletzung zu belehren haben. Weigert sich ein Mitarbeiter, die Anordnung einer unzulässigen Datenübermittlung zu befolgen, darf ihm nach Abs. 4 hieraus kein Nachteil erwachsen. Hat der Verantwortliche ein gesetzliches Aussageverweigerungsrecht, nimmt der Auftragsverarbeiter gemäß § 6 Abs. 5 ÖDSG an dem daran geknüpften Sicherstellungs- und Beschlagnahmeschutz teil.[11]

8 Während gegenwärtige Entwürfe von Landesdatenschutzgesetzen noch iSd Art. 6 Abs. 2, Abs. 3 als Konkretisierung des Art. 29 für die Verarbeitung im öffentlichen Interesse verstanden werden können, könnten bei § 6 ÖDSG in Teilen Zweifel bestehen, ob die Vorschrift unionsrechtskonform ist. Denn Art. 29 sieht – ebenso wie Art. 32 Abs. 4 – eine Öffnungsklausel nur für die Zulässigkeit von weisungsfremden Verarbeitungen vor. Diese Frage wird durch § 6 ÖDSG jedoch gerade nicht geregelt. Eine **Konkretisierungsbefugnis der Mitgliedstaaten** für die Verschwiegenheitspflicht im Übrigen besteht jedoch nach Art. 6 Abs. 2 allenfalls „in Bezug auf" Verarbeitungstätigkeiten im öffentlichen Interesse, nach Art. 6 Abs. 3 nur bei Rechtsgrundlagen der Verarbeitung.

---

7   Dies gilt jedenfalls für die englische Fassung, in der die Verhandlungen geführt wurden. Im Deutschen entspricht die endgültige Fassung dagegen im letzten Halbsatz dem Rat-E. Inhaltliche Unterschiede sind damit nicht verbunden.

8   Vgl. zB Ehmann/Selmayr/*Bertermann* Art. 29 Rn. 1; sa ebd. Rn. 5 kritisch zum Verhältnis zwischen Art. 29 und Art. 28 Abs. 3 lit. b.

9   Vgl. etwa Art. 11 BayDSG nF.

10   Dazu Roßnagel/*Weinhold*, Das neue DSR, § 7 Rn. 95 und 97.

11   Kritisch bereits zu dem Entwurf des § 6 ÖDSG *Bundesministerium für Justiz*, Stellungnahme BMJ-Z97.000/0012-I-8/2017: Ein solcher Sicherstellungs- und Beschlagnahmeschutz sei nur für (berufliche) Verschwiegenheitspflichte, nicht jedoch für gesetzliche Aussageverweigerungsrechte angebracht.

II. Einzelerläuterungen

1. Adressaten. Weisungsgebunden sind der Auftragsverarbeiter (Art. 4 Nr. 8) sowie **jede dem Verantwortli-** **9** **chen oder dem Auftragsverarbeiter unterstellte Person.** Zu den „unterstellten Personen" gehören jedenfalls Mitarbeiter des Verantwortlichen oder des Auftragsverarbeiters. Das sind nach § 6 Abs. 1 ÖDSG Arbeitnehmer und Personen in einem arbeitnehmerähnlichen Verhältnis. Vermutlich werden alle Personen zu den unterstellten Personen gehören, die nach § 26 Abs. 8 BDSG nF zu den Beschäftigten zählen: Arbeitnehmer, zu ihrer Berufsbildung beschäftigte Personen, Rehabilitanten, in anerkannten Werkstätten für Behinderte beschäftigte Personen, nach dem Jugendfreiwilligengesetz oder dem Bundesfreiwilligengesetz Beschäftigte, arbeitnehmerähnliche Personen, Bewerber für ein Beschäftigungsverhältnis sowie Beamte, Richter, Soldaten und Freiwilligendienstleistende.

Darüber hinaus können auch **freie Mitarbeiter, externe Berater** oder **Beschäftigte von fremden Dienstleis-** **10** **tungsunternehmen** unterstellte Personen sein.[12] Soweit sie keine arbeitnehmerähnlichen Personen sind, arbeiten sie auf Grundlage eines Dienst- oder Werkvertrags. Sie sind dann nicht als Beschäftigte des Verantwortlichen oder Auftragsverarbeiters anzusehen, sind aber dennoch iSv Art. 29 unterstellt.

Die unterstellten Personen müssen **Zugang zu personenbezogenen Daten** haben, die in die Verantwortungs- **11** sphäre des Verantwortlichen fällt. Isoliert betrachtet setzt die Zugangsmöglichkeit zwar nicht zwingend ein Rechtsverhältnis zwischen der Person und dem Verantwortlichen oder dem Auftragsverarbeiter voraus. Die Personen müssen aber auch dem Verantwortlichen oder Auftragsverarbeiter unterstellt sein, was eine Rechtsbeziehung voraussetzt.[13]

2. Weisungspflicht. „Auf Weisung" handelt eine unterstellte Person, wenn sie personenbezogene Daten auf **12** Anordnung eines Verantwortlichen und unter seiner Kontrolle verarbeitet.[14] Jedenfalls dem Wortlaut zufolge ist erster Maßstab die Befolgung von Weisungen, nicht die rechtskonforme Verarbeitung personenbezogener Daten (dazu aber → Rn. 18).[15] Maßgeblich sind also die Anordnungen, die der Verantwortliche im Innenverhältnis den ihm unterstellten Personen gegeben hat. Werden diese Weisungen eingehalten, ist zugleich das Prinzip der Vertraulichkeit gewahrt.[16] Allerdings ist auch festzuhalten, dass die Bedeutung des Art. 29 über das Gebot der Vertraulichkeit hinausgeht. Man kann insoweit von einer **allgemeinen Gefolg-** **schaftspflicht** gegenüber dem für die Verarbeitung Verantwortlichen in Bezug auf seine Anordnungen sprechen.[17]

In Anlehnung an Art. 28 Abs. 3 S. 1 kann der **Inhalt der Weisung** auf den Gegenstand und die Dauer der **13** Verarbeitung, die Art und den Zweck der Verarbeitung, auf den Kreis der betroffenen Personen sowie technisch-organisatorische Maßnahmen bezogen sein. Der Weisungsbefugte kann dabei seine Anordnung allgemein formulieren oder auf einen konkreten Einzelfall beziehen.

Art. 29 sieht für die Weisung **keine besondere Form** vor. Nur im Verhältnis des Verantwortlichen zum Auf- **14** tragsverarbeiter ist das Dokumentationsgebot des Art. 28 Abs. 3 S. 2 lit. a zu beachten. Die Anordnung muss allerdings **unmissverständlich erteilt** worden sein, um die Befugnis zur Verarbeitung zu begründen. Soweit der Weisungsbefugte die Verarbeitung durch eine ihm unterstellte Person nur duldet, liegt keine Weisung vor.[18]

Aus Art. 4 Nr. 10 lässt sich ableiten, dass der Verantwortliche bzw. Auftragsverarbeiter gegenüber den ihm **15** unterstellten Personen die **tatsächliche Kontrollbefugnis** („unmittelbare Verantwortlichkeit") besitzen muss, die es ihm ermöglicht zu prüfen, ob die ihm unterstellten Personen seine Weisungen tatsächlich einhalten.[19]

Die rechtmäßige Weisung begründet für den Auftragsverarbeiter und die unterstellten Personen eine **Befug-** **16** **nis zur Verarbeitung** iSd Art. 4 Nr. 10.[20] Setzt sich eine unterstellte Person über Weisungen hinweg, verletzt die Verarbeitung nicht nur die Vertraulichkeit, sondern geschieht auch unbefugt und ist damit regelmäßig rechtswidrig (zu Ausnahmen → Rn. 18 f.). Verletzt der Auftragsverarbeiter die ihm durch die Weisungen gezogenen Grenzen, sind auf ihn die Regeln über den Auftragsexzess anzuwenden (Art. 28 Abs. 10, Art. 82 Abs. 2 → Art. 28 Rn. 93).

---

12 So bereits *Dammann/Simitis* Art. 16 Rn. 3; dazu auch Kühling/Buchner/*Hartung* Art. 29 Rn. 13.
13 AA wohl Ehmann/Selmayr/*Bertermann* Art. 29 Rn. 3; Paal/Pauly/*Martini* Art. 29 Rn. 16.
14 Insoweit übertragbar EuGH C-119/12, ZD 2013, 77 (78 Abs. 21) (zu Art. 6 Abs. 5 RL 2002/58).
15 Zum Begriff „Weisung" auch Kühling/Buchner/*Hartung* Art. 29 Rn. 15 f; Paal/Pauly/*Martini* Art. 29 Rn. 18.
16 So bereits *Dammann/Simitis* Art. 16 Rn. 5.
17 Ähnlich bereits *Ehmann/Helfrich* Art. 16 Rn. 3: „allgemeine Gehorsamspflicht".
18 Vgl. Paal/Pauly/*Martini* Art. 29 Rn. 18.
19 Insoweit übertragbar EuGH C-119/12 ZD 2013, 77 (78 Abs. 23) (zu Art. 6 Abs. 5 RL (EG) 2002/58).
20 Zum Zusammenhang zwischen Art. 29 und Art. 4 Nr. 10 vgl. Paal/Pauly/*Martini* Art. 29 Rn. 7 („abgeleitete Rechtfertigung") und → Rn. 17.

Petri

17 Die Weisungspflicht bezieht sich auf **alle Formen der Verarbeitung**.[21] Sie ist namentlich nicht auf die Weitergabe oder Offenbarung von Daten begrenzt.

18 **3. Ausnahmen von der Gefolgschaftspflicht. Grenzen der allgemeinen Gefolgschaftspflicht** bestehen nicht schon dann, wenn der Verantwortliche nach Auffassung des Auftragsverarbeiters oder der unterstellten Person gegen geltendes Datenschutzrecht verstoßen könnte. Anderenfalls stünde Art. 29 im Wertungswiderspruch zu Art. 28 Abs. 3 S. 3, wonach der Auftragsverarbeiter den Verantwortlichen auf vermeintliche Rechtsverstöße hinzuweisen hat. Die Verantwortlichkeit des Verantwortlichen bedingt, dass er jedenfalls bei unsicherer Rechtslage grundsätzlich die Durchführung seiner Weisung verlangen kann. Anderes muss allerdings für Fälle gelten, in denen die Rechtslage klar ist, schwerwiegende Verletzungen des Persönlichkeitsrechts im Raum stehen oder der Auftragsverarbeiter bzw. die unterstellte Person das Risiko einer strafbaren Handlung in Kauf nehmen müsste, falls sie die Weisung des Verantwortlichen befolgt.[22] In solchen Fällen stößt das Weisungsrecht des Verantwortlichen an die rechtlichen Grenzen der allgemeinen Gesetzestreue. Sanktionen gegenüber dem Auftragsverarbeiter oder den unterstellten Personen wären unzulässig.[23] Dieses Ergebnis wird durch die Haftungsregeln des Art. 82 Abs. 2 gestützt, wonach der Auftragsverarbeiter von der Haftung befreit ist, solange und soweit er sich an „rechtmäßig erteilte Anordnungen" hält. Der Verantwortliche kann nicht erwarten, dass seine Weisungsempfänger rechtswidrig erteilte Anordnungen befolgen und deshalb für Verstöße mithaften.[24]

19 **Ausnahmen von der Weisungsbindung** lässt Art. 29 Hs. 2 – ähnlich wie Art. 28 Abs. 3 und Art. 32 Abs. 4 – nur zu, **wenn die unterstellte Person hierzu** nach dem Unionsrecht oder nach dem Recht eines Mitgliedstaats **zur Verarbeitung verpflichtet ist**.[25] Der Auftragsverarbeiter oder „die unterstellte Person" muss gerade zur weisungsfremden Verarbeitung verpflichtet sein; nicht gemeint sind rechtliche Gebote, die an den Verantwortlichen gerichtet sind. Als ein Beispiel für eine rechtliche Verpflichtung, die eine weisungsfremde Verarbeitung rechtfertigt bzw. gebietet, nennt die bereits die Begründung zur DSRL[26] Aussagen von weisungsunterworfenen Personen für strafrechtliche Ermittlungszwecke.

20 Aufgrund seiner grundsätzlichen Loyalitätspflicht gegenüber dem Verantwortlichen kann der Auftragsverarbeiter verpflichtet sein, behördliche oder gerichtliche **Anordnungen weisungsfremder Verarbeitungen gerichtlich überprüfen** zu lassen. Das gilt jedenfalls dann, wenn der Auftragsverarbeiter rechtlich zur Verschwiegenheit gegenüber dem Verantwortlichen verpflichtet ist. Ohnehin ist es regelmäßig im Interesse sowohl des Verantwortlichen als auch des Auftragsverarbeiters, dass die Fragen nach der Information des Verantwortlichen über Anordnungen weisungsfremder Verarbeitungen bzw. nach ihrer gerichtlichen Überprüfung eindeutig geklärt sind. Einen normativen Anknüpfungspunkt für diesbezügliche vertragliche Vereinbarungen bietet Art. 28 Abs. 3 Satz 2 lit. a (zu Dokumentationspflichten → Art. 32 Rn. 17, 57; 62ff.).

III. Sanktionen

21 **Verstöße gegen Art. 29** können nach Art. 83 Abs. 4 lit. a mit Bußgeldern gegenüber Verantwortlichen und Auftragsverarbeitern sanktioniert werden.[27] Zu klären wäre, ob eine eigenmächtig verarbeitende natürliche Person, die einem Verantwortlichen oder Auftragsverarbeiter unterstellt ist, selbst als Verantwortlicher anzusehen ist.[28] Sanktionen auch gegen unterstellte Personen dürften allerdings nicht pauschal möglich sein. Maßgebliches Kriterium für eine Verantwortlichkeit dürfte in Anlehnung an Art. 28 Abs. 10 sein, ob und inwieweit die unterstellten Personen sich die eigene Entscheidung über Zwecke und Mittel der Verarbeitung anmaßen (→ Art. 28 Rn. 93).

Artikel 30   Verzeichnis von Verarbeitungstätigkeiten

(1) ¹Jeder Verantwortliche und gegebenenfalls sein Vertreter führen ein Verzeichnis aller Verarbeitungstätigkeiten, die ihrer Zuständigkeit unterliegen. ²Dieses Verzeichnis enthält sämtliche folgenden Angaben:

---

21 So bereits *Ehmann/Helfrich* Art. 16 Rn. 2.
22 Ähnlich im Ergebnis Kühling/Buchner/*Hartung* Art. 29 Rn. 18.
23 Vgl. dazu auch § 6 Abs. 4 ÖDSG → Rn. 7.
24 Zu einem ähnlichen Ergebnis kommt Paal/Pauly/*Martini* Art. 29 Rn. 20ff.
25 Die Vorschrift enthält einen reinen Verweis auf Recht der Union und der Mitgliedstaaten, das als solches kompetenzgemäß sein muss. MaW handelt es sich nicht um eine Öffnungsklausel für die Mitgliedstaaten, nach Belieben Verarbeitungspflichten für unterstellte Personen einzuführen; sa *Kühling/Martini et al.*, S. 87: „unechte Öffnungsklausel".
26 Abgedruckt bei *Dammann/Simitis* Art. 16.
27 Zu den Sanktionen bei Verstößen gegen Art. 29 auch Ehmann/Selmayr/*Bertermann* Art. 29 Rn. 7; Kühling/Buchner/*Hartung* Art. 29 Rn. 20.
28 So Ehmann/Selmayr/*Bertermann* Art. 29 Rn. 7.

a) den Namen und die Kontaktdaten des Verantwortlichen und gegebenenfalls des gemeinsam mit ihm Verantwortlichen, des Vertreters des Verantwortlichen sowie eines etwaigen Datenschutzbeauftragten;

b) die Zwecke der Verarbeitung;

c) eine Beschreibung der Kategorien betroffener Personen und der Kategorien personenbezogener Daten;

d) die Kategorien von Empfängern, gegenüber denen die personenbezogenen Daten offengelegt worden sind oder noch offengelegt werden, einschließlich Empfänger in Drittländern oder internationalen Organisationen;

e) gegebenenfalls Übermittlungen von personenbezogenen Daten an ein Drittland oder an eine internationale Organisation, einschließlich der Angabe des betreffenden Drittlands oder der betreffenden internationalen Organisation, sowie bei den in Artikel 49 Absatz 1 Unterabsatz 2 genannten Datenübermittlungen die Dokumentierung geeigneter Garantien;

f) wenn möglich, die vorgesehenen Fristen für die Löschung der verschiedenen Datenkategorien;

g) wenn möglich, eine allgemeine Beschreibung der technischen und organisatorischen Maßnahmen gemäß Artikel 32 Absatz 1.

(2) Jeder Auftragsverarbeiter und gegebenenfalls sein Vertreter führen ein Verzeichnis zu allen Kategorien von im Auftrag eines Verantwortlichen durchgeführten Tätigkeiten der Verarbeitung, die Folgendes enthält:

a) den Namen und die Kontaktdaten des Auftragsverarbeiters oder der Auftragsverarbeiter und jedes Verantwortlichen, in dessen Auftrag der Auftragsverarbeiter tätig ist, sowie gegebenenfalls des Vertreters des Verantwortlichen oder des Auftragsverarbeiters und eines etwaigen Datenschutzbeauftragten;

b) die Kategorien von Verarbeitungen, die im Auftrag jedes Verantwortlichen durchgeführt werden;

c) gegebenenfalls Übermittlungen von personenbezogenen Daten an ein Drittland oder an eine internationale Organisation, einschließlich der Angabe des betreffenden Drittlands oder der betreffenden internationalen Organisation, sowie bei den in Artikel 49 Absatz 1 Unterabsatz 2 genannten Datenübermittlungen die Dokumentierung geeigneter Garantien;

d) wenn möglich, eine allgemeine Beschreibung der technischen und organisatorischen Maßnahmen gemäß Artikel 32 Absatz 1.

(3) Das in den Absätzen 1 und 2 genannte Verzeichnis ist schriftlich zu führen, was auch in einem elektronischen Format erfolgen kann.

(4) Der Verantwortliche oder der Auftragsverarbeiter sowie gegebenenfalls der Vertreter des Verantwortlichen oder des Auftragsverarbeiters stellen der Aufsichtsbehörde das Verzeichnis auf Anfrage zur Verfügung.

(5) Die in den Absätzen 1 und 2 genannten Pflichten gelten nicht für Unternehmen oder Einrichtungen, die weniger als 250 Mitarbeiter beschäftigen, es sei denn, die von ihnen vorgenommene Verarbeitung birgt ein Risiko für die Rechte und Freiheiten der betroffenen Personen, die Verarbeitung erfolgt nicht nur gelegentlich oder es erfolgt eine Verarbeitung besonderer Datenkategorien gemäß Artikel 9 Absatz 1 bzw. die Verarbeitung von personenbezogenen Daten über strafrechtliche Verurteilungen und Straftaten im Sinne des Artikels 10.

Literatur: *Art.-29-Gruppe*, Leitlinien in Bezug auf Datenschutzbeauftragte („DSB"), 16/DE WP 243; Bayerisches Staatsministerium des Innern (Hrsg.), Arbeitshilfen zur praktischen Umsetzung der Datenschutz-Grundverordnung, der Richtlinie (EU) 2016/680, (Richtlinie zum Datenschutz bei Polizei und Justiz) und des neuen Bayerischen Datenschutzgesetzes für bayerische öffentliche Stellen (Stand Februar 2018); Bitkom (Hrsg.), Das „Verarbeitungsverzeichnis" – Verzeichnis von Verarbeitungstätigkeiten nach Art. 30 EU-Datenschutz-Grundverordnung (Stand: 2017); *Duda, D.*, Das Verfahrensverzeichnis und die DSGVO – Ohne geht es nicht!, PinG 2016, 248; *Gossen, H./Schramm, M.*, Das „Verarbeitungsverzeichnis" der DS-GVO, ZD 2017, 7; *Hansen-Oest, S.*, Datenschutzrechtliche Dokumentationspflichten nach dem BDSG und der Datenschutz-Grundverordnung, PinG 2016, 79; *Lepperhoff, N.*, Dokumentationspflichten in der DS-GVO, RDV 2016, 135; *Licht, S.*, Das „Verarbeitungsverzeichnis" nach der DSGVO, ITRB 2017, 65; *Schäffter, M.*, Verfahrensverzeichnis 2.0, 2016; *Thode, J.-C.*, Die neuen Compliance-Pflichten nach der Datenschutz-Grundverordnung, CR 2016, 714.

I. Allgemeines

1 **1. Bedeutung und Zweck der Vorschrift.** Art. 30 verpflichtet Verantwortliche und Auftragsverarbeiter sowie ggf. den Vertreter nach Art. 27 jeweils dazu, ein Verzeichnis von Verarbeitungstätigkeiten („**Verarbeitungsverzeichnis**") zu führen. Es soll nach EG 82 S. 1 den Nachweis ermöglichen, dass der Verantwortliche bzw. der Auftragsverarbeiter personenbezogene Daten im Einklang mit der DSGVO verarbeitet. Teilweise wird das „Verarbeitungsverzeichnis" deshalb als Grundlage für Datenschutz-Compliance angesehen.[1] Die Erstellung des Verzeichnisses könne als interne Bestandsaufnahme begriffen werden, um ggf. Optimierungspotenziale feststellen zu können.[2] Zugleich bietet das „Verarbeitungsverzeichnis" eine Grundlage für die Risikoabschätzungen, die nach Art. 24 Abs. 1 S. 1 durchzuführen sind (→ Art. 24 Rn. 11). Ganz allgemein dienen die **Dokumentationspflichten** der DSGVO dem Ziel, die Verarbeitungstätigkeiten nachvollziehbar zu gestalten.[3] Sie konkretisieren damit den in Art. 5 Abs. 1 lit. a verankerten Grundsatz der **Transparenz** und gestalten zugleich das in Art. 5 Abs. 2 und Art. 24 Abs. 1 S. 1 2. Hs. vorgesehene Prinzip der **Rechenschaftspflicht** aus.

2 **2. Entstehungsgeschichte.** Nach Art. 8 lit. a des **Datenschutz-Übereinkommens SEV Nr. 108** muss „jedermann" die Möglichkeit haben, das Vorhandensein einer automatisierten Datei/Datensammlung mit personenbezogenen Daten, ihre Hauptzwecke sowie die Bezeichnung, den gewöhnlichen Aufenthaltsort oder den Sitz des Verantwortlichen für die Datei/Datensammlung festzustellen. Aus einer Zusammenschau mit Art. 8 lit. b ergibt sich, dass das **Jedermannsrecht auf Informationen** nach lit. a unabhängig von der persönlichen Betroffenheit bestehen soll.

3 Die DSRL etablierte in Art. 18 und Art. 19 eine allgemeine Pflicht für verantwortliche Stellen, ihre Verfahren personenbezogener Verarbeitungen der nationalen Kontrollstelle (Aufsichtsbehörde) zu melden. Die **Meldeverfahren** dienten gemäß EG 48 DSRL der Offenlegung der Zweckbestimmungen der Verarbeitungen sowie ihrer wichtigsten Merkmale mit dem Zweck der Überprüfung ihrer Vereinbarkeit mit den einzelstaatlichen Vorschriften zur Umsetzung der DSRL. Eine Befreiung von der Meldepflicht war unter bestimmten Voraussetzungen möglich, bspw. wenn die verantwortliche Stelle einen betrieblichen oder behördlichen Datenschutzbeauftragten bestellt hatte, vgl. Art. 18 Abs. 2 zweiter Spiegelstrich DSRL. In Konkretisierung des Art. 8 lit. a Datenschutzübereinkommen SEV Nr. 108 schrieb Art. 21 DSRL die **Öffentlichkeit der Verarbeitung** vor – sei es über ein allgemein einsehbares Register bei den nationalen Kontrollstellen, sei es über ein allgemein einsehbares Verfahrensverzeichnis, das der Datenschutzbeauftragte führte. Die Vorgaben der DSRL wurden in Deutschland durch die §§ 4 d, 4 e, 4 g BDSG aF umgesetzt.[4]

4 Im **Gesetzgebungsverfahren zur DSGVO** ging die **KOM** ausweislich EG 70 S. 2 KOM-E davon aus, dass die generelle Meldepflicht nach der DSRL „mit einem bürokratischen und finanziellen Aufwand verbunden" sei und „doch keineswegs in allen Fällen zu einem besseren Schutz personenbezogener Daten geführt" habe.[5] Ausgehend von diesem Befund schlug Art. 28 KOM-E vor, die allgemeine Meldepflicht nach Art. 18 und Art. 19 DSRL abzuschaffen. An ihre Stelle sollte die Pflicht des Verantwortlichen und des Auftragsverarbeiters treten, die unter ihrer Verantwortung vollzogenen Verarbeitungsvorgänge zu dokumentieren.[6] Gemäß dem KOM-E sollten alle Verantwortlichen und Auftragsverarbeiter sowie etwaige Vertreter die ihrer Zuständigkeit unterliegenden Verarbeitungsvorgänge dokumentieren. Abs. 2 enthielt einen für alle Dokumentationspflichtigen einheitlichen Katalog an dokumentationspflichtigen Angaben. Nach Abs. 3 sollten die Dokumentationspflichtigen ihre Dokumentation auf entsprechende Anforderung hin der Aufsichtsbehörde zur Verfügung stellen. Öffentliche Verfahrensverzeichnisse, wie sie Art. 21 Abs. 2 DSRL noch vorsah, enthielt der KOM-E nicht mehr. Abs. 4 sah Ausnahmen von der Dokumentationspflicht für natürliche Personen ohne wirtschaftliches Eigeninteresse und für Kleinstunternehmen sowie kleine und mittlere Unternehmen im Sinne der Empfehlung 2003/361/EG vor. Ein Abs. 5 sah die Befugnis zu delegierten Rechtsakten der KOM zur Festlegung von Anforderungen für die Dokumentation vor, Abs. 6 die Befugnis der KOM zur Erarbeitung von Standardvorlagen in Durchführungsrechtsakten. Das Prinzip der **Verarbeitungsöffentlichkeit** wurde trotz Art. 8 lit. a Datenschutzübereinkommen **aufgegeben**, besteht aber als völkerrechtliche Pflicht für die Signatarstaaten des Übereinkommens weiter (→ Rn. 9).

5 Das **EP** behielt in seiner legislativen Entschließung die Überschrift und den Tenor der Vorschrift bei. Es regte eine klarstellende Ergänzung an, dass die Dokumentation nach Abs. 1 mit der **Pflicht** verbunden werde, sie **regelmäßig zu aktualisieren**. Nach dem Ansatz des EP wurden die Vertreter von der Dokumentations-

---

1 *Licht* ITRB 2017, 65.
2 *Gossen/Schramm* ZD 2017, 7 (9ff.) anhand des Beispiels der Überprüfung von einwilligungsbasierten Verarbeitungen.
3 Roßnagel/*Marschall*, Europ. DSGVO, § 3 Rn. 161.
4 Zur Dokumentationspraxis nach den §§ 4 d, 4 e BDSG aF vgl. *Hansen-Oest* PinG 2016, 79.
5 Zustimmend zu dieser Einschätzung der KOM *Hansen-Oest* PinG 2016, 79 (83).
6 Vgl. Vorschlag zur DSGVO: KOM (2012) 0011 endg., Begr. S. 11 (= BR-Drs. 52/12, 11).

pflicht entbunden. Der Katalog der dokumentationspflichtigen Angaben wurde deutlich reduziert. Angaben über Verarbeitungszwecke, die Kategorien betroffener Personen und personenbezogener Daten, über sog Drittstaatstransfers und Löschfristen sollten gestrichen werden. Abs. 3–6 sollten ersatzlos entfallen.

Nach dem **Rat-E** sollte die Überschrift zur Dokumentationspflicht durch „Records of categories of personal   6
data processing activities" – Aufzeichnungen zu den Kategorien von Tätigkeiten der Verarbeitung personenbezogener Daten – ersetzt werden. Der Rat schlug vor, bei den **Aufzeichnungspflichten nach Verantwortlichen** (Art. 28 Abs. 1 KOM-E) **und Auftragsverarbeitern** (Abs. 2 a) **zu unterscheiden.** Zudem sah ein
neuer Abs. 3 a erstmals ein **Schriftformgebot** vor. Die Vorlagepflicht bei der Aufsichtsbehörde sollte wieder
aufgenommen werden. Hinsichtlich Abs. 4 wollte der Rat Ausnahmen von Aufzeichnungspflichten auf
Kleinstunternehmen sowie kleine und mittlere Unternehmen beschränken. Gemäß seinem betont risikoorientierten Ansatz sollte die Ausnahme jedoch nicht für bestimmte aufgeführte risikoträchtige Verarbeitungen gelten.[7]

Die endgültige Fassung ist im Wesentlichen ein Kompromiss zwischen KOM-E und Rat-E, wobei die Struk   7
tur der Norm auf den Rat-E zurückgeht. Der ursprüngliche Ratsvorschlag, lediglich Kategorien von Verarbeitungstätigkeiten in das Verzeichnis aufzunehmen, setzte sich nicht durch. Vielmehr sind konkret „alle
Verarbeitungstätigkeiten" zu dokumentieren. Ähnliches gilt für Art. 28 Abs. 1 lit. f Rat-E, wonach nur die
Kategorien von Datenübermittlungen in Drittländer umfasst sein sollten. Dagegen wurde Abs. 1 lit. d nunmehr tatsächlich auf „Kategorien von Empfängern" beschränkt. Auch die Ergänzung von Abs. 1 lit. f und g
um das einschränkende „wenn möglich" geht auf den Rat-E zurück. Abs. 2 und Abs. 3 (Schriftformgebot)
wurden sogar komplett aus dem Rat-E übernommen. Auch der risikoorientierte Ansatz im jetzigen Abs. 5
entspricht der Intention nach Art. 28 Abs. 4 Rat-E, wurde aber entsprechend den allgemeinen Modifikationen der Risikoorientierung im Trilog abgeändert; überdies wurde die Rückausnahme bei Vorliegen eines
„hohen" Risikos im Trilog auf „Risiko" abgemildert (→ Rn. 44).

3. Verhältnis zu anderen Vorschriften. Verstöße gegen Art. 30 können nach Art. 83 Abs. 4 lit. a mit Bußgel   8
dern gegenüber Verantwortlichen und Auftragsverarbeitern sanktioniert werden. Angesichts des klaren
Wortlauts ist der Vertreter nach Art. 27 nicht erfasst, obwohl er unter Art. 30 fällt. Zu klären wäre, ob eine
eigenmächtig verarbeitende natürliche Person, die einem Verantwortlichen oder Auftragsverarbeiter unterstellt ist, selbst als Verantwortliche anzusehen ist.[8] Gegen solche unterstellten Personen dürften Sanktionen
allerdings nicht pauschal möglich sein. Maßgebliches Kriterium für eine Verantwortlichkeit dürfte in Anlehnung an Art. 28 Abs. 10 sein, ob und inwieweit die unterstellten Personen sich eine eigene Entscheidung
über Zwecke und Mittel der Verarbeitung anmaßen (→ Art. 28 Rn. 93).

4. Nationales Recht. Im Grundsatz (zur Zugänglichkeit des „Verarbeitungsverzeichnisses" s. allerdings →   9
Rn. 22) erlaubt Art. 30 es den Mitgliedstaaten nicht, den Inhalt des Verzeichnisses von Verarbeitungstätigkeiten näher auszugestalten. Dementsprechend sieht das BDSG nF **nur zur Umsetzung von Art. 24 JI-Richtlinie** eine Regelung zum Verzeichnis vor. § 70 BDSG nF kennt insoweit strengere Maßstäbe als die JI-Richtlinie, als er in Abs. 1 Nr. 8 und Nr. 9 die Verantwortlichen vorbehaltlos zur Dokumentation der tatsächlichen Lösch(prüf)fristen und zur allgemeinen Beschreibung der technisch und organisatorischen Maßnahmen verpflichtet. Entsprechendes gilt nach § 70 Abs. 2 Nr. 3 BDSG nF für den Auftragsverarbeiter in Bezug
auf die allgemeine Beschreibung der technischen und organisatorischen Maßnahmen. Aus der Regelung
lässt sich ableiten, dass der Bundesgesetzgeber für die Verarbeitung in Ausübung hoheitlicher Gewalt
(Art. 6 Abs. 1 lit. e) es für **möglich und zumutbar** hält, **dass die zuständige Behörde generell Angaben zu
Lösch(prüf)fristen und technisch-organisatorischen Maßnahmen macht.**

Auch § 49 ÖDSG nF dient der **Umsetzung des Art. 24 JI-Richtlinie.** Das Verzeichnis soll im Grundsatz[9]   10
aber nach Maßgabe von § 30 Abs. 1–4 DSGVO erstellt und geführt werden.

5. Systematik der Vorschrift. Abs. 1 legt fest, welche Angaben der Verantwortliche in sein Verzeichnis der   11
Verarbeitungstätigkeiten aufzunehmen hat. Abs. 2 sieht Entsprechendes für den Auftragsverarbeiter vor,
wobei dessen eingeschränkte Verantwortlichkeit sich in einem deutlich schlankeren Katalog von dokumentationspflichtigen Angaben niederschlägt. Nach Abs. 3 haben die Dokumentationspflichtigen die Schriftform zu beachten, wobei diese Schriftform elektronische Formate einschließt. Nach Abs. 4 ist den Aufsichtsbehörden das Verzeichnis auf Anfrage zur Verfügung zu stellen. Im Widerspruch zu Art. 8 lit. a Datenschutzübereinkommen SEV Nr. 108 sieht Abs. 4 nicht mehr vor, dass sich jedermann über die wesentlichen
Verarbeitungsprozesse eines Verantwortlichen informieren kann (→ Rn. 22). Versteht man Art. 8 lit. a des

---

7 Ratsdok 9565/15, 117 (zu Art. 28 KOM-E).
8 So Ehmann/Selmayr/*Bertermann* Art. 29 Rn. 7.
9 § 49 Abs. 2 ÖDSG stellt sicher, dass das Verzeichnis auch die nach Art. 24 Abs. 1 lit. e und g JI-Richtlinie zusätzlich zu treffenden Angaben enthält.

Übereinkommens in diesem allgemeinen Sinne, so sind die Signatarstaaten (also alle Mitgliedstaaten der Union) zwar nicht aufgrund von Art. 30 DSGVO,[10] wohl aber aufgrund von Art. 8 lit. a des Übereinkommens weiterhin verpflichtet, ein entsprechendes Jedermannsrecht einzuführen.[11] Abs. 5 sieht eine Ausnahme von der Dokumentationspflicht für Kleinstunternehmen sowie kleine und mittlere Unternehmen unter 250 Beschäftigten vor. Da diese Ausnahme gemäß dem risikobasierten Ansatz an bestimmte Voraussetzungen (Gegenausnahmen) geknüpft ist, wirkt die Vorschrift kompliziert.[12]

II. Einzelerläuterungen

12 **1. Vom Verantwortlichen zu führendes Verzeichnis (Abs. 1). a) Adressaten.** Jeder Verantwortliche (Art. 4 Nr. 7) und gegebenenfalls sein Vertreter (Art. 4 Nr. 17) haben nach Abs. 1 S. 1 ein Verzeichnis aller ihrer Verarbeitungstätigkeiten zu führen. Die in Umsetzung der DSRL übliche Praxis von Unternehmensleitungen, die Erstellung und Verwaltung des Verfahrensverzeichnisses auf den betrieblichen Datenschutzbeauftragten zu übertragen, ist in den Aufgabenkatalog des Datenschutzbeauftragten nach Art. 39 Abs. 1 nicht aufgenommen worden. Allerdings beschreibt dieser Katalog das Aufgabenfeld des Datenschutzbeauftragten nicht abschließend – der Wortlaut stellt darauf ab, dass der Datenschutzbeauftragte „zumindest" die aufgelisteten Aufgaben zu erfüllen hat. Vor diesem Hintergrund schließt die Art.-29-Gruppe nicht aus, dass der Datenschutzbeauftragte die Aufgabe erhält, das Verzeichnis zu verwalten und notfalls zu ergänzen.[13] Den Datenschutzbeauftragten mit der Erstellung des Verzeichnisses zu betrauen, würde allerdings seiner Kontrollfunktion zuwiderlaufen[14] und sollte deshalb unterbleiben.

13 **b) Inhalt des Verzeichnisses.** Sowohl aus Abs. 1 S. 1 („aller Verarbeitungstätigkeiten") als auch aus Abs. 1 S. 2 („sämtliche folgende Angaben") ergibt sich der **Anspruch auf Vollständigkeit, Aktualität und Aussagekraft** des Verzeichnisses. Abs. 1 S. 2 beschreibt die **Mindestinhalte** des Verzeichnisses.[15]

14 Bei genauerer Betrachtung stellt das Verzeichnis eine zusammenfassende Auflistung von Angaben dar, die der Verantwortliche aufgrund seiner Verantwortlichkeit nach anderen Vorschriften ohnehin vorhalten muss.[16] Angesichts der Rechenschaftspflicht nach Art. 5 Abs. 2, Art. 24 Abs. 1 S. 1 empfehlen **von Aufsichtsbehörden**[17] **und Verbänden**[18] **zur Verfügung gestellte Hinweise und Muster** regelmäßig, dass der Verantwortliche zusätzlich zur gesetzlich angeordneten Dokumentation **weitere Angaben** in das Verzeichnis aufnimmt. Insbesondere sollte das Ergebnis der nach Art. 24 Abs. 1 iVm Art. 25 und 32 vorzunehmenden Risikoabschätzungen dokumentiert sein. Auch die (fehlende) Notwendigkeit einer Datenschutz-Folgeabschätzung sowie ggf. ihr Ergebnis sollte festgehalten werden. Sinnvoll können auch Angaben sein, wo Pflichtinformationen den Betroffenen zugänglich gemacht werden.[19]

15 Zwar konnte sich das EP mit seiner Forderung nach expliziter Verpflichtung zur „regelmäßigen" Aktualisierung nicht durchsetzen. Nach Sinn und Zweck des Verzeichnisses ist dieses jedoch sowohl in angemessenen regelmäßigen Abständen als auch ad hoc bei entsprechendem Bedarf zu überarbeiten. Anderenfalls würde das „Verarbeitungsverzeichnis" seine Funktion nicht erfüllen können, die Rechtmäßigkeit der Verarbeitung zu belegen. Dieser Umstand spricht auch dafür, alte Versionen des Verzeichnisses" jedenfalls für eine gewisse Zeitspanne zu archivieren.

---

10 Vgl. DSK, Kurzpapier Nr. 1: Verzeichnis von Verarbeitungstätigkeiten – Art. 30 DS-GVO (Stand: 29.6.2017), wonach das Jedermannsrecht zur Einsichtnahme nach der DSGVO „nicht mehr vorgesehen" sei.

11 Die DSGVO dürfte einer solchen nationalen Regelung nicht entgegenstehen: Die EU hat die Bindungswirkung der Grundrechte der EMRK auch in Primärakten betont (vgl. insbes. Art. 6 Abs. 3 EUV Lissabon). Zudem ist in Art. 6 Abs. 2 EUV der Beitritt der EU zur EMRK erklärtes Ziel, auch wenn die Beitrittsverhandlungen gegenwärtig aufgrund des EuGH-Gutachtens 2/13, DÖV 2016, 36 ins Stocken geraten sind. Dementsprechend dürfte der einfache EU-Gesetzgeber keine Vorgaben machen, die einen Beitritt zur EMRK (und ihren Konkretisierungen wie etwa das Abkommen SEV Nr. 108) erschweren. Das ist bei der Auslegung des Art. 30 zu berücksichtigen. Vor diesem Hintergrund liegt die Annahme nahe, dass die DSGVO die Frage der allgemeinen Zugänglichkeit von Verarbeitungsverzeichnissen überhaupt nicht regelt – auch nicht durch Verzicht einer positiven Erlaubnis. Die Mitgliedstaaten wären dann auch nicht an einer eigenen, EMRK-konformen Regelung gehindert.

12 Das kritisiert ua Kühling/Buchner/*Hartung* Art. 30 Rn. 1 (aE).

13 *Art.-29-Gruppe*, WP 243, S. 21.

14 Ebenso *Licht* ITRB 2017, 65.

15 Vgl. Paal/Pauly/*Martini* Art. 30 Rn. 6; *Schäffter*, Verfahrensverzeichnis 2.0, 2016, S. 41 f. empfiehlt sogar nachträglich, über den Mindestinhalt hinausgehend weitere Inhalte aufzunehmen, um den Nachweis der Einhaltung der Datenschutzprinzipien des Art. 5 leichter erbringen zu können.

16 *Lepperhoff* RDV 2016, 197 (202); zustimmend Kühling/Buchner/*Hartung* Art. 30 Rn. 11.; Kurzübersicht über Konkretisierung der Rechenschaftspflicht in verschiedenen Artikeln der DSGVO bei *Duda* PinG 2016, 248 (252).

17 Vgl. zB DSK, Hinweise zum Verzeichnis von Verarbeitungstätigkeiten, Art. 30 DS-GVO. Das Bayerische Staatsministerium des Innern hat ein Muster speziell für bayerische öffentliche Stellen veröffentlicht, vgl. BayStMI, Arbeitshilfen, S. 23.

18 Vgl. zB Bitkom, Das Verarbeitungsverzeichnis – Verzeichnis von Verarbeitungstätigkeiten nach Art. 30 EU-Datenschutz-Grundverordnung, 2017, Nr. 2.5.3, S. 17. Abrufbar unter www.bitkom.de.

19 Vgl. Muster Bitkom (Fn. 18).

Anknüpfungspunkt des Verzeichnisses ist dabei die **Verarbeitungstätigkeit**. Art. 30 weicht damit begrifflich 16 von dem Verzeichnis der Verarbeitungen (sog Verfahrensverzeichnis) nach Art. 18 Abs. 2, Art. 21 und Art. 19 Abs. 1 DSRL ab. Anders als die Verarbeitung (Art. 4 Nr. 2) ist die Verarbeitungstätigkeit in der DSGVO nicht legaldefiniert und wird als Begriff auch nicht konsistent verwendet: Legt man den Wortlaut des Abs. 2 zugrunde, müsste man zum Ergebnis kommen, dass es keinen relevanten Unterschied zwischen der Verarbeitung und der Verarbeitungstätigkeit gibt.[20] Denn der Einleitungshalbsatz zu Abs. 2 stellt auf die Kategorien von Tätigkeiten der Verarbeitung ab, während Abs. 2 lit. b die Dokumentation der Kategorien von Verarbeitungen erfordert. Aus EG 36 S. 4 ergibt sich zugleich, dass die Verarbeitungstätigkeit von Verfahren zur Verarbeitung personenbezogener Daten zu unterscheiden ist. Danach würde der Begriff der Verarbeitungstätigkeit vor allem berücksichtigen, dass jeder einzelne Verarbeitungsschritt iSd Art. 4 Nr. 2 uU einer eigenen Zweckbindung unterliegen kann.[21] Auch die Regelungen zur Datenschutz-Folgenabschätzung legen es nahe, die Verarbeitungstätigkeit als ein Synonym für den Begriff des konkreten Verarbeitungsvorgangs anzusehen, vgl. Art. 35 Abs. 10. Der Begriff Verarbeitungstätigkeit wird allerdings in unterschiedlichen Zusammenhängen verwendet, etwa zur Abgrenzung des Anwendungsbereichs von DSGVO und JI-Richtlinie (EG 19 S. 2), bei der Bestimmung der Hauptniederlassung eines Verantwortlichen (Art. 4 Nr. 16 lit. b, EG 36 S. 4), im Zusammenhang mit dem Nachweis der datenschutzkonformen Verarbeitungstätigkeit (Art. 24 Abs. 2, EG 74 S. 2) und der Bestellung inländischer Vertreter (EG 80) sowie bei der Auftragsverarbeitung und Unterauftragsverarbeitung (Art. 28 Abs. 4, EG 81 S. 1), der Datenschutz-Folgenabschätzung (Art. 35 Abs. 6, Abs. 10, EG 94 S. 1), der Zuständigkeit von Aufsichtsbehörden hinsichtlich von Verarbeitungstätigkeiten (Art. 42 Abs. 6, Aufzählung in EG 122 S. 2) sowie bei der Zusammenarbeit zwischen den Aufsichtsbehörden (Art. 40 Abs. 7, EG 126, 127, 131). Bei näherer Betrachtung der nicht abschließend aufgezählten Tatbestände wird deutlich, dass der Begriff der Verarbeitungstätigkeit häufig verwendet wird, wenn es um **mehrere gleichartige Verarbeitungen oder um eine Kategorie der Verarbeitung** geht.[22] Zudem ist die Verarbeitungstätigkeit begrifflich gekennzeichnet durch eine **gewisse zeitliche Kontinuität**: Eine punktuelle Verarbeitung personenbezogener Daten würde man nicht als „Tätigkeit" bezeichnen. Die Angaben nach Abs. 1 S. 2 sind für die jeweilige Verarbeitungstätigkeit zu treffen.

Nach Abs. 1 S. 2 lit. a aufzuführen sind Name und Kontaktdaten des **Verantwortlichen** (Art. 4 Nr. 7). 17 Zweigniederlassungen und unselbständige Zweigstellen haben kein „Verarbeitungsverzeichnis" zu führen, es sei denn sie gelten als Verantwortliche. Die Angaben zu Abs. 1 S. 2 lit. a dürften zu allen Verarbeitungstätigkeiten gleich sein. Ein Teil der Fachliteratur zieht sie deshalb als allgemeine Angaben vor die Klammer der speziellen Angaben nach Abs. 1 lit. b–g.[23]

Bei Verarbeitungstätigkeiten unter gemeinsamer Verantwortlichkeit sind die Namen und Kontaktdaten aller 18 **gemeinsam Verantwortlichen** (Art. 26 Abs. 1 S. 1) aufzuführen. Ist ein Verantwortlicher nicht in der EU niedergelassen, hat er nach Maßgabe des Art. 3 Abs. 2 und Art. 27 einen inländischen **Vertreter** zu benennen (Art. 4 Nr. 17). Er ist gegebenenfalls auch im Verzeichnis mit Namen und Kontaktdaten aufzuführen. Gleiches gilt für betriebliche oder behördliche **Datenschutzbeauftragte** (zu den Benennungsvoraussetzungen s. Art. 37).

Zunächst ist der **Name** des Verantwortlichen und der weiteren aufzunehmenden Personen festzuhalten. Der 19 Name ist vollständig anzugeben, um eine eindeutige und zweifelsfreie Identifizierung zu ermöglichen.[24] Bei natürlichen Personen sind also der Vor- und Zuname sowie etwaige Namenszusätze in das Verzeichnis aufzunehmen. Bei juristischen Personen und Personengesellschaften ist der vollständige Handelsname (**Firma**) anzugeben.[25] Sofern eine Eintragung im Handelsregister oder im Firmenbuch des Unternehmens existiert, sollte zur eindeutigen Identifizierung auch die **Registernummer** bzw. Firmenbuchnummer dokumentiert sein.

Kontaktdaten dienen dazu, eine jederzeitige Erreichbarkeit der Verantwortlichen und letztlich eine effektive 20 Kontrolle der Verarbeitungstätigkeit[26] zu gewährleisten. Abs. 1 S. 2 lit. a verwendet den Begriff „die Kontaktdaten" in der bestimmten Pluralform. Hieraus und aus der Zielsetzung der Vorschrift ergibt sich, dass **alle üblichen Erreichbarkeitsdaten** aufzuführen sind, soweit sie verwendet werden. Dazu zählen jedenfalls

---

20 BeckOK DatenschutzR/*Spoerr* DSGVO Art. 30 Rn. 6; Gola/*Klug* Art. 30 Rn. 3 gehen generell von einer gleichen Bedeutung der beiden Begriffe aus.
21 So tendenziell *Licht* ITRB 2017, 65 (68), wonach das Wort Verarbeitungstätigkeiten den Fokus auf einzelne Verarbeitungsschritte unterstreiche.
22 Insoweit ähnlich Kühling/Buchner/*Hartung* Art. 30 Rn. 15, der iErg abweichend von der hier vertretenen Position die Verarbeitungstätigkeit mit „Verfahren" gleichsetzen will.
23 So zB *Schäffter*, Verfahrensverzeichnis 2.0, 2016, S. 42 f.
24 Ähnlich Paal/Pauly/*Martini* Art. 30 Rn. 7.
25 Vgl. § 17 HGB, § 18 Ö-UGB, Ö-FBG.
26 EG 82 stellt insoweit auf den Nachweis der datenschutzrechtskonformen Verarbeitungstätigkeit ab.

die postalische Anschrift, aber auch eine E-Mail-Adresse oder Internetadresse. Die Namen von Inhabern, Vorständen, Geschäftsführern, Behördenleitern oder sonstigen **Vertretungsorganen** werden in Abs. 1 S. 2 lit. a zwar nicht ausdrücklich erwähnt,[27] ermöglichen aber eine zielgerichtete Adressierung.

21 **Abs. 1 S. 2 lit. b** verlangt vom Verantwortlichen, die **Zwecke der Verarbeitung** zu dokumentieren (s. Art. 5 Abs. 1 lit. b). Da lit. b ausdrücklich an die Zwecke der Verarbeitung anknüpft, kann die Zweckbestimmung nicht aus einem wie auch immer gearteten Unternehmensgegenstand oder einem Geschäftszweck abgeleitet werden, der sich in allgemeiner Form zB aus der Satzung, dem Gesellschaftsvertrag oder sonstigen Gründungsdokumenten ergibt und auch bei der Gewerbe- oder Handelsregistereintragung anzugeben ist. Bei Behörden ist die Zweckbestimmung an der jeweiligen konkreten Verwaltungsaufgabe auszurichten.[28]

22 Der Verarbeitungszweck bestimmt typischerweise das Risikopotenzial einer Verarbeitung.[29] Da das Verzeichnis dem Nachweis der Rechtmäßigkeit der Verarbeitung dient, ist deshalb auf eine **möglichst präzise und aussagekräftige Beschreibung der Verarbeitungszwecke** Wert zu legen. Bspw. könnte als Zweckbestimmung die Entscheidung über einen bestimmten Leistungsantrag oder die Bewerberauswahl im Bewerbungsverfahren bezeichnet werden.[30]

23 **Abs. 1 S. 2 lit. c** verlangt eine **Beschreibung der Kategorien betroffener Personen und personenbezogener Daten.** Der Begriff der Kategorie verdeutlicht, dass es nicht um die Aufzählung einzelner Personen oder Daten geht, sondern um die Zuordnung zu Gruppen, die durch gemeinsame Merkmale gekennzeichnet sind. So spricht einiges dafür, dass die „Kategorie" personenbezogener Daten gleichbedeutend zur „Art" personenbezogener Daten in Art. 6 Abs. 4 ist.[31]

24 In Bezug auf **betroffene Personengruppen** sind bei Wirtschaftsunternehmen häufig abstrakt drei Kategorien denkbar: Unternehmensangehörige, Vertragspartner im weitesten Sinne (unterteilbar in Kunden, Lieferanten, Dienstleister sowie Vertragsinteressenten) und Dritte. Bei Behörden werden zumeist Beschäftigte des öffentlichen Dienstes (als Funktionsträger aber auch unter dem Gesichtspunkt des Beschäftigtendatenschutzes), Bürgerinnen und Bürger als Verfahrensbeteiligte und sonstige Bürgerinnen und Bürger relevant sein. Ob eine Benennung dieser Oberkategorien genügt,[32] hängt maßgeblich davon ab, ob diese Kategorien hinreichend aussagekräftig sind, um die Rechtmäßigkeit der Verarbeitungstätigkeit nachvollziehen zu können. Bspw. wird eine allgemeine Beschreibung der betroffenen Personengruppen bei der offenen Videoüberwachung eines öffentlichen Platzes regelmäßig genügen, bei automatisierten Bonitätsprüfungssystemen von kreditgebenden Unternehmen und Versicherungen aufgrund der damit verbundenen Risiken nicht. **Kinder** werden in Art. 8 in bestimmten Zusammenhängen als besonders schutzwürdige Kategorie von Personen genannt und sollten deshalb gesondert benannt werden. Betrifft eine Verarbeitungstätigkeit mehrere Personengruppen, sind alle betroffenen Personengruppen aufzulisten.

25 Was die **Kategorien personenbezogener Daten** anbelangt, sind sie den betroffenen Personengruppen zuzuordnen. Die DSGVO unterscheidet selbst zwischen verschiedenen Gruppen von Daten. Art. 9 benennt in Abs. 1 Oberkategorien besonders sensibler Daten, entsprechendes gilt für Art. 10. Diese Kategorien werden in den EG 51ff. näher beschrieben. Hiervon zu unterscheiden sind die übrigen Daten, die ihrem Wesen nach nicht von vornherein sensibel sind. Deshalb sollte es ausdrücklich in das Verzeichnis aufgenommen werden, welche Datentypen nach Art. 9 und Art. 10 verarbeitet werden.[33] Im Übrigen wird regelmäßig eine thematische bzw. inhaltliche Kategorisierung von Daten angebracht sein. Bei der Beschreibung der gemeinsamen Merkmale, die eine Kategorie personenbezogener Daten ausmachen, wird häufig auf den jeweiligen Verarbeitungszweck abgestellt. Häufige Beispiele hierfür sind Identitätsdaten, Kontaktdaten, Profildaten usw Bei Profildaten sollte allerdings geprüft werden, inwieweit nicht eine Spezifizierung der Datenkategorien angebracht ist, da Profiling regelmäßig mit erhöhten rechtlichen Anforderungen verbunden ist (Art. 22, Art. 35 Abs. 3 lit. a).

26 **Abs. 1 S. 2 lit. d** erfordert die Aufnahme der **Kategorien von Empfängern** (Art. 4 Nr. 9). Erfasst werden sollen alle Empfängergruppen, gegenüber denen die Daten offengelegt worden sind oder noch offengelegt werden sollen. Zulässig ist es auch, einzelne Empfänger zu benennen. Sinnvoll kann dies sein, wenn die Datenweitergabe nur an einen oder sehr wenige Empfänger erfolgt und der Verantwortliche damit bspw. entspre-

---

27 Anders noch § 4 e Nr. 2 BDSG aF.
28 Ebenso Paal/Pauly/*Martini* Art. 30 Rn. 9.
29 Ähnlich Gola/*Klug* Art. 30 Rn. 5.
30 Beispiele angelehnt an Paal/Pauly/*Martini* Art. 30 Rn. 10.
31 Wohl ebenso Paal/Pauly/*Martini* Art. 30 Rn. 10.
32 So wohl Plath/*Plath* DSGVO Art. 30 Rn. 2.
33 Anderenfalls kann anhand des Verzeichnisses zB nicht beurteilt werden, ob und inwieweit Ausnahmen vom Verarbeitungsverbot nach Art. 9 Abs. 2 einschlägig sind.

chende Nachfragen der Aufsichtsbehörde vermeiden kann.[34] Nicht erfasst werden müssen Behörden, wenn sie nach Art. 4 Nr. 9 Hs. 2 aufgrund eines bestimmten Untersuchungsauftrags nicht als Empfänger gelten.

Abs. 1 S. 2 lit. d enthält überdies ausdrücklich eine Pflicht zur Angabe von Empfängerkategorien; dies 　27 schließt Empfänger in Drittländern oder internationalen Organisationen. ein. Dem Wortlaut der Vorschrift nach genügt die Benennung von Empfängerkategorien,[35] sie müssen allerdings so aussagekräftig bezeichnet sein, dass gemäß der Rechenschaftsfunktion des „Verarbeitungsverzeichnisses" eine kursorische Rechtmäßigkeitsprüfung unterstützt wird. Das bedingt, dass die drittlandsbezogenen Empfängerkategorien gesondert aufzunehmen sind, um sie bestimmten Drittländern zuordnen zu können (→ Rn. 26).[36]

Nach **Abs. 1 S. 2 lit. e** hat der Verantwortliche auch anzugeben, wenn er personenbezogene Daten **an ein** 　28 **Drittland** oder **eine internationale Organisation** übermittelt oder übermitteln wird (Art. 44ff.). Pauschale Angaben genügen hier nicht; jedes betreffende Drittland und jede betroffene Organisation sind namentlich aufzuführen. Dies ist notwendig, weil die Identität des Drittlandes oder der Organisation maßgeblich für die Beurteilung sein kann, ob die Übermittlung rechtmäßig ist. Bspw. ist ein Datentransfer an ein Drittland mit anerkannt angemessenem Datenschutzniveau ohne weitere Voraussetzungen möglich, während der Verantwortlichen ansonsten ua geeignete Garantien für den Schutz vorzusehen hat (Art. 45 Abs. 1, Art. 46 Abs. 1). Besondere Anforderungen an die Dokumentation bestehen, wenn auf der Empfängerseite kein angemessenes Datenschutzniveau gewährleistet ist und eine Verarbeitung nach den meldepflichtigen Ausnahmefällen in Art. 49 Abs. 1 UAbs. 2 erfolgt ist oder erfolgen soll. In diesen Fällen muss der Verantwortliche die geeigneten Garantien in Bezug auf den Schutz personenbezogener Daten benennen, die er getroffen hat.

Wenn möglich, sollen nach **Abs. 1 S. 2 lit. f** die **vorgesehenen Fristen für die Löschung** (vgl. das Recht auf 　29 Löschung in Art. 17 Abs. 1) **der verschiedenen Datenkategorien** angegeben werden. Wie aus dem Zusatz „wenn möglich" folgt, sind tatsächliche Speicherfristen gemeint.[37] Eine pauschale Aussage, die Daten würden innerhalb einer gesetzlichen Regelfrist gelöscht werden, genügt nicht. Sie lässt außer Betracht, dass anhand der Angaben gerade überprüft werden soll, ob gesetzliche Regelfristen eingehalten werden.

Anders als in § 4 e S. 1 Nr. 7 BDSG aF stellt Art. 30 die Angabe der Löschfristen unter den Vorbehalt der 　30 Realisierbarkeit („**wenn möglich**"). Im Regelfall wird die Angabe von konkreten Löschfristen möglich sein, weil und soweit der Verantwortliche ohnehin verpflichtet ist, Löschfristen oder zumindest Löschprioritäten festzulegen, vgl. EG 39 S. 8 und 10. Anderes gilt bspw. für Daten, die sich im Nachhinein als unrichtig erweisen und deshalb gelöscht werden müssen, vgl. EG 39 S. 11. In solchen Fällen ist es für den Verantwortlichen schlechthin nicht vorhersehbar, welche Daten wann gelöscht werden. Letztlich läuft Abs. 1 S. 2 lit. f darauf hinaus, dass der Verantwortliche sein **Löschkonzept** dokumentiert. Das schließt insbes. Löschroutinen mit ein, vgl. Art. 25 Abs. 2 S. 2 („Speicherfrist").

Die Löschfristen sind für **verschiedene Datenkategorien** vorzusehen. Der Verordnungsgeber geht davon aus, 　31 dass die gespeicherten Datenkategorien nicht pauschal einer einheitlichen Speicherfrist unterliegen und ordnet deshalb eine Differenzierung nach Datenkategorien an.

Vor allem bei **Verarbeitungstätigkeiten im öffentlichen Interesse** hat sich die tatsächliche Speicherfrist an 　32 Vorgaben zu orientieren, die der einzelstaatliche Gesetzgeber nach Maßgabe der Art. 6 Abs. 1 lit. c und e, Abs. 2 und 3 sowie nach Art. 17 iVm Art. 23 Abs. 1 bestimmt.

Wenn möglich, hat der Verantwortliche nach **Abs. 1 S. 2 lit. g** eine **allgemeine Beschreibung der technischen** 　33 **und organisatorischen Maßnahmen nach Art. 32 Abs. 1** vorzunehmen. Die Vorschrift verweist ausdrücklich auf Art. 32 Abs. 1, der entsprechend dem Risiko der Verarbeitung angemessene Sicherheitsmaßnahmen verlangt. Gemeint sein dürfte (nur) eine Beschreibung aller wesentlichen Sicherheitsmaßnahmen, die im Zusammenhang mit der dokumentierten Verarbeitungstätigkeit stehen.[38] Dementsprechend dürfte die Unmöglichkeit einer allgemeinen Beschreibung die seltene Ausnahme sein. Um die Angemessenheit der Maßnahmen beurteilen zu können, können je nach Sensibilität der Verarbeitungsvorgänge kategorisierende Angaben wie „Einsatz von Antivirenprogrammen", „Sperrung von externen Schnittstellen" oä genügen. Führt der Verantwortliche zahlreiche Verarbeitungstätigkeiten aus, kann dies zu einem erheblichen Dokumentationsaufwand führen. Weniger aufwändig ist die bisherige Praxis einiger Unternehmen, jedem dokumentierten Verfahren eine standardisierte Sicherheitsstufe zuzuweisen, anstatt jeweils umfangreich Einzelmaßnahmen zu beschreiben. Das ist zulässig, wenn (zB aus einem Anhang) ersichtlich ist, mit welchen Einzelmaß-

---

34　Denkbar sind insbes. Datentransfers an Stellen mit Sitz in den USA auf der Grundlage des EU-US Privacy Shields. Hier kann eine namentliche Benennung des konkreten Empfängers sinnvoll sein, weil und soweit diese Stelle positiv gelistet ist.

35　Str. aA wohl DSK, Hinweise zum Verzeichnis von Verarbeitungstätigkeiten – Art. 30 DS-GVO, Abschnitt 6.5.

36　Ähnlich Kühling/Buchner/*Hartung* Art. 30 DSGVO Rn. 20.

37　AA offenbar BeckOK DatenschutzR/*Spoerr* Art. 30 Rn. 10, der den Zusatz „wenn möglich" so interpretiert, „dass es weniger um das ob' als um das ‚wie viel' bzw. ‚wie genau' der Angaben geht."; Paal/Pauly/*Martini* Art. 30 Rn. 17 beschränkt die Pflicht auf Fälle, in denen eine Fristangabe ohne unverhältnismäßigen Aufwand in einer annäherungsweise berechenbaren Weise umsetzbar ist.

38　Wie hier zB *Laue/Nink/Kremer*, § 7 Rn. 121.

nahmen eine Sicherheitsstufe unterlegt wird. Ist in der verantwortlichen Stelle ein Sicherheitskonzept zB nach ISO 27001 vorhanden, kann auch darauf Bezug genommen werden.[39]

34 **2. Vom Auftragsverarbeiter zu führendes Verzeichnis (Abs. 2). a) Adressaten.** Jeder Auftragsverarbeiter (Art. 4 Nr. 8) und gegebenenfalls sein Vertreter (Art. 4 Nr. 17) haben ein Verzeichnis zu allen Kategorien von im Auftrag eines Verantwortlichen (Art. 4 Nr. 7) durchgeführten Tätigkeiten der Verarbeitung zu führen. Die **Dokumentationspflicht folgt** im Wesentlichen der **Verantwortlichkeit des Auftragsverarbeiters,** die sich nach Art. 28 grundsätzlich auf eine weisungsbezogene Verarbeitung und auf technisch-organisatorische Maßnahmen beschränkt. Das Verzeichnis des Auftragsverarbeiters enthält insbes. solche Angaben nicht, über die der Verantwortliche zu entscheiden hat (Verarbeitungszweck, Betroffene, Empfänger, Löschfristen).[40] Will bspw. eine Aufsichtsbehörde die Rechtmäßigkeit der Verarbeitung näher überprüfen, wird sie den in Abs. 2 lit. a aufgeführten Verantwortlichen auffordern, dessen Verzeichnis gemäß Abs. 4 vorzulegen.

35 Das Verzeichnis bezieht sich auf alle Kategorien von Verarbeitungstätigkeiten, die **im Auftrag eines Verantwortlichen** durchgeführt werden. Verarbeitet der Auftraggeber personenbezogene Daten in Aufträgen mehrerer Verantwortlicher, so hat er für jeden Verantwortlichen jeweils ein Verzeichnis zu erstellen.

36 Die Dokumentationspflicht des Auftragsverarbeiters beschränkt sich auf **Kategorien von Verarbeitungstätigkeiten.** In erster Linie geht es darum, Gruppen von Verarbeitungstätigkeiten klar einzelnen Verantwortlichen zuzuordnen und dadurch einen besseren Überblick über die Sensibilität der damit verbundenen Persönlichkeitsbeeinträchtigungen zu erlangen.[41]

37 **b) Inhalt des Verzeichnisses.** Nach **Abs. 2 lit. a** hat der Auftragsverarbeiter **den Namen** (→ Rn. 18) und die **Kontaktdaten** (→ Rn. 20) des Auftragsverarbeiters (Art. 4 Nr. 8, Art. 28) oder der Auftragsverarbeiter und jedes Verantwortlichen (Art. 4 Nr. 7, Art. 24, Art. 26, Art. 28) zu dokumentieren, in dessen Auftrag er tätig ist. Bei Unternehmen mit Sitz in einem Drittland muss er auch den Vertreter des Verantwortlichen (Art. 4 Nr. 17, Art. 27) oder des Auftragsverarbeiters dokumentieren. Auch Datenschutzbeauftragte sind ggf. aufzulisten (Art. 37). Insbesondere bei Massengeschäften wie etwa **Cloud-Services, Host-Providern** usw kann die Dokumentationspflicht für Auftragsverarbeiter einen bürokratischen Aufwand bedeuten, weil sie eine Vielzahl von Namen und Kontakten festhalten und aktuell halten müssen.[42] Freilich ist auch zu berücksichtigen, dass die Auftragsverarbeitung gerade bei international agierenden Unternehmen weitgehend standardisiert ablaufen dürfte. Dementsprechend dürfte sich zumindest bei dieser Klientel die Dokumentationspflicht nach Abs. 2 lit. a im beherrschbaren Rahmen bewegen.

38 **Abs. 2 lit. b** verlangt die Dokumentation der **Kategorien von Verarbeitungen.** Dabei geht es nicht um die Aufzählung einzelner Verarbeitungen, sondern um die Zuordnung zu Verarbeitungsarten, die durch gemeinsame Merkmale gekennzeichnet sind. Zu **Abs. 2 lit. c** → Rn. 23, zu **Abs. 2 lit. d** → Rn. 26.

39 **3. Schriftform (Abs. 3).** Die Verzeichnisse sind in Schriftform zu führen. Nach Abs. 3 schließt dies auch elektronische Formate ein. Besondere Anforderungen an das elektronische Format stellt Abs. 3 nicht,[43] so dass bspw. keine qualifizierte elektronische Signatur oä erforderlich ist. Insbesondere wenn ein Verantwortlicher das „Verarbeitungsverzeichnis" als Arbeitsinstrument zum Nachweis der Rechtmäßigkeit ernst nimmt, ist eine elektronische Fassung des Verzeichnisses zielführender, weil sie Verweisungen auf andere Dokumentationen (zB zu Sicherheitskonzepten, zum Informationsmanagement usw) unterstützt.

40 **4. Vorlagepflicht gegenüber der Aufsichtsbehörde (Abs. 4). Auf Anfrage** hat der dokumentationspflichtige Verantwortliche, Auftragsverarbeiter oder Vertreter der Aufsichtsbehörde das Verzeichnis zur Verfügung zu stellen. Eine Anfrage setzt eine wie auch immer geartete Initiative der Aufsichtsbehörde voraus, das Verzeichnis der Verarbeitungstätigkeiten zu erlangen.

41 Das Verzeichnis ist der Aufsichtsbehörde **zur Verfügung** zu stellen. Ausgehend von dem Normzweck, eine effektive Datenschutzkontrolle zu ermöglichen, dürfte regelmäßig die Aufsichtsbehörde das Recht haben zu bestimmen, wie dies geschehen soll. In Betracht kommen bspw. eine Einsichtnahme vor Ort oder die Übersendung der Dokumentation in der Schriftform des Abs. 3. Bei ihrem Verlangen hat die Aufsichtsbehörde das Verhältnismäßigkeitsprinzip zu wahren. Insbesondere bei der Übermittlung von elektronischen Formaten sind überdies die Grundsätze der Integrität und Vertraulichkeit zu beachten, vgl. Art. 5 Abs. 1 lit. f, Art. 25, Art. 32.

---

39 *Schäffter,* Verfahrensverzeichnis 2.0, 2016, S. 124.
40 Ähnlich Kühling/Buchner/*Hartung* Art. 30 Rn. 26.
41 Paal/Pauly/*Martini* Art. 30 Rn. 20; *Laue/Nink/Kremer,* § 7 Rn. 123.
42 *Licht* ITRB 2017, 65 (66); *Thode* CR 2016, 714 (718); insoweit gegenüber der Vorgabe kritisch Ehmann/Selmayr/*Bertermann* Art. 30 Rn. 11.
43 Ganz überwiegende Meinung, vgl. Kühling/Buchner/*Hartung* Art. 30 Rn. 32; Plath/*ders.* DSGVO Art. 30 Rn. 4.

5. Ausnahmen bei Kleinstunternehmen sowie kleinen und mittleren Unternehmen (Abs. 5). Unternehmen 42
(Art. 4 Nr. 18) mit weniger als 250 Mitarbeitern (**Kleinstunternehmen, kleine und mittlere Unternehmen –
KMU)**[44] sind regelmäßig nicht verpflichtet, ein Verzeichnis von Verarbeitungstätigkeiten zu führen. Für die
Einordnung als KMU maßgeblich ist die Zahl der beschäftigten Personen, nicht der mit der Verarbeitung
personenbezogener Daten betrauten Personen. Ausgehend vom risikobasierten Ansatz sieht Abs. 5 jedoch
einige bedeutsame Ausnahmen vor, in denen Unternehmen ungeachtet ihrer Beschäftigtenzahl ein Verzeichnis von Verarbeitungstätigkeiten zu führen haben:

Erstens besteht eine Dokumentationspflicht, sofern die vorgenommene Verarbeitung ein **Risiko für die** 43
Rechte und Freiheiten der betroffenen Personen birgt. Fraglich ist dabei, was konkret unter einem Risiko
zu verstehen ist, das eine Dokumentationspflicht auslöst. Häufig wird darauf hingewiesen, dass im Grundsatz jede Verarbeitung personenbezogener Daten ein Risiko darstellen könne.[45] Daraus wird gefolgert, dass
eine Dokumentation nur bei erheblichen bzw. gegenüber dem Normalmaß gesteigerten Risiken geboten
sei.[46]

Einen **Auslegungsansatz** bietet Art. 35 Abs. 1, der die Pflicht zur Durchführung einer Datenschutz-Folgen- 44
abschätzung regelt. Diese Vorschrift verlangt anders als Abs. 5 ein „hohes Risiko für die Rechte und Freiheiten" betroffener Personen. Genau dies hatte auch Art. 28 Abs. 4 Rat-E vorgesehen. Da Abs. 5 aber nach
dem Kompromiss des Trilogs nunmehr lediglich auf das Vorliegen eines Risikos abstellt, sind an die Dokumentationspflicht jedenfalls niedrigere Anforderungen zu stellen als an die Datenschutz-Folgenabschätzung.
Andererseits knüpft der Wortlaut an Risiken „für die Rechte und Freiheiten der betroffenen Personen" an.
Das spricht allerdings dafür, dass nicht jedes Risiko einer Datenschutzverletzung ein Risiko iSd Abs. 5 darstellen muss. Kriterien können die EG 75–78 an die Hand geben, die Fallbeispiele für die Risikoermittlung
anhand Art, Umfang, Umständen und Zweck der Verarbeitung bieten.[47] Im Zweifel wird ein risikoträchti-
ger Verwendungszweck den Ausschlag für die Dokumentationspflicht geben.

Zweitens unterliegen auch KMU der Dokumentationspflicht, wenn sie **personenbezogene Daten nicht nur** 45
gelegentlich verarbeiten. Bei der Auslegung zu berücksichtigen ist der Gedanke, dass KMU dann nicht mit
der Erstellung des Verzeichnisses belastet werden sollen, wenn von ihrer Verarbeitung typischerweise keinerlei Gefahr für die Rechte und Freiheiten der Betroffenen ausgeht. Das wird dann der Fall sein, wenn ein
Unternehmen personenbezogene Daten nicht stetig und systematisch verarbeitet. In diesem Sinne kann das
Wort gelegentlich mit den Synonymen „hin und wieder, unregelmäßig, sporadisch" umschrieben werden.[48]
Fortdauernde Verarbeitungstätigkeiten wie Kundenmanagement, Buchhaltung und Personalmanagement
sind jedenfalls keine nur gelegentlichen Verarbeitungstätigkeiten, sofern sie vom verantwortlichen KMU
vorgenommen werden.[49]

Eine Dokumentationspflicht besteht drittens auch, wenn das Unternehmen **sensible Daten** verarbeitet 46
(Art. 9 Abs. 1, Art. 10). Da typischerweise **Arbeitgeber** auch personenbezogene Daten über die Religionszugehörigkeit (Abführung von Kirchensteuer) und Gesundheitsdaten verarbeiten, soll die Dokumentationspflicht generell jedes Unternehmen mit Beschäftigten treffen.[50]

Hinsichtlich des **Umfangs der Dokumentationspflicht bei KMU** spricht der Wortlaut des Abs. 1, Abs. 5 da- 47
für, dass auch ein KMU zur Erstellung eines vollständigen „Verarbeitungsverzeichnisses" verpflichtet ist,
wenn es nur einen einzigen Ausnahmetatbestand des Abs. 5 erfüllt. Denn Abs. 5 verweist auf die in den
Abs. 1 und 2 genannten Pflichten. Abs. 1 S. 1 verlangt das Führen eines Verzeichnisses *aller* Verarbeitungstätigkeiten.[51] Dem Wortlaut entsprechend genügt es auch, wenn ein grundsätzlich nach Abs. 5 privilegiertes
Unternehmen nur eine einzige Gegenausnahme erfüllt, um die Privilegierung des Abs. 5 vollständig entfallen zu lassen.[52]

Legt man den eindeutigen Wortlaut des Abs. 5 zugrunde, dürfte die Vorschrift also ihre **Funktion verfehlen,** 48
KMU von bürokratischen Lasten zu befreien. Eine einengende Auslegung des Abs. 5, die der Entlastungs-
funktion gerecht wird, müsste dazu führen, dass zwar die aufgeführten Unterausnahmen alternativ angewendet werden. Der Wortlaut des Abs. 5 eröffnet allenfalls einen gewissen Auslegungsspielraum dahin ge-

44 Zum Begriff des KMU vgl. Empfehlung KOM(2003) 361, Anhang Titel I Art. 2.
45 So *Lepperhoff* RDV 2016, 197 (202); *Licht* ITRB 2017, 65 (66).
46 So zB Paal/Pauly/*Martini* Art. 30 Rn. 32; BeckOK DatenschutzR/*Spoerr* DSGVO Art. 30 Rn. 21; vorsichtiger Kühling/Buchner/*Hartung*
    Art. 30 Rn. 36 (aE).
47 Ähnlich *Licht* ITRB 2017, 65 (66).
48 Vgl. *Licht* ITRB 2017, 65 (66).
49 Vgl. auch BeckOK DatenschutzR/*Spoerr* DSGVO Art. 30 Rn. 24, der eine vorhersehbar regelmäßig wiederkehrende Verarbeitung gene-
    rell nicht als gelegentlich einordnet.
50 *Licht* ITRB 2017, 65 (66).
51 So wohl auch DSK, Hinweise zum Verzeichnis von Verarbeitungstätigkeiten, Art. 30 DS-GVO, Abschnitt 5.
52 Das ergibt sich daraus, dass die Aufzählung der Gegenausnahmen mit einem „oder" verknüpft sind, vgl. Kühling/Buchner/*Hartung*
    Art. 30 DSGVO Rn. 34; iErg ähnlich *Laue/Nink/Kremer*, § 7 Rn. 111 f.

hend, dass die Pflicht zum Führen eines Verzeichnisses von Verarbeitungstätigkeiten auf die Dokumentation von solchen Verarbeitungstätigkeiten beschränkt werden kann, die unter die jeweilige Ausnahme fallen.

Artikel 31   Zusammenarbeit mit der Aufsichtsbehörde

Der Verantwortliche und der Auftragsverarbeiter und gegebenenfalls deren Vertreter arbeiten auf Anfrage mit der Aufsichtsbehörde bei der Erfüllung ihrer Aufgaben zusammen.

I. Struktur, Entstehungsgeschichte und Zwecke der Norm

1 Art. 31 sieht vor, dass Verantwortliche, Auftragsverarbeiter und Vertreter (Art. 4 Nr. 17) mit der Aufsichtsbehörde zusammenarbeiten, um diese bei der **Erfüllung ihrer Aufgaben** zu unterstützen. Die Vorschrift hat keine Vorläufer in der DSRL. Art. 29 KOM-E hatte die Anforderungen und die Rechtsfolge ursprünglich deutlich spezifischer und mit dem Beispiel des Zugangs zu Informationen formuliert sowie mit einer Frist versehen, während der Rat eine Regelung für verzichtbar hielt. Im Trilog einigte man sich auf die vorliegende pauschale Bestimmung. § 68 BDSG nF enthält eine ähnliche Regelung für den Bereich der JI-Richtlinie.

2 Die Vorschrift steht in Kapitel IV, Abschnitt 1, in dem die Pflichten für Verantwortliche und Auftragsverarbeiter normiert sind. Mit Art. 31 hat der Verordnungsgeber eine generelle **Mitwirkungspflicht gegenüber der Aufsichtsbehörde** statuiert,[1] die an anderen Stellen der DSGVO immer wieder zusätzlich präzisiert wird. Art. 31 verändert das grundsätzlich dualistisch geprägte Verhältnis zwischen Verantwortlichem, Auftragsverarbeiter oder Vertreter einerseits und Aufsichtsbehörde andererseits einseitig zulasten des Verantwortlichen, Auftragsverarbeiters oder Vertreters in ein kooperatives Verhältnis: Der Adressat darf sich den Vorstellungen der Aufsichtsbehörde zur Zusammenarbeit nicht entziehen und muss aktiv mitwirken. Damit wird an die Kooperationswilligkeit des Normadressaten appelliert.

II. Zusammenarbeit

3 **1. Inhalt der Zusammenarbeitsverpflichtung.** Die Verpflichtung zur Zusammenarbeit ist **allgemeiner Art** und erschöpft sich nicht etwa in den Verpflichtungen Verantwortlicher und Auftragsverarbeiter, nach Art. 30 Abs. 4 der Aufsichtsbehörde ein Verfahrensverzeichnis auf Anfrage zur Verfügung zu stellen oder in der Verpflichtung des Vertreters, nach Art. 27 Abs. 4 der Aufsichtsbehörde als Anlaufstelle zu dienen. Zweck der Zusammenarbeit ist die **Erfüllung der Aufgaben der Aufsichtsbehörde.** Diese ergeben sich maßgeblich, aber nicht nur aus Art. 57. Denkbar ist, dass im Rahmen einer Beratung (Art. 57 Abs. 1 lit. l) oder Sensibilisierung der Verantwortlichen und Auftragsverarbeiter (Art. 57 Abs. 1 lit. d) ein Bedarf der Aufsichtsbehörde an einer Zusammenarbeit besteht. Eine Verpflichtung zur Zusammenarbeit kann für die Adressaten einer Anfrage der Aufsichtsbehörde auch etwa dann bestehen, wenn diese eine neue Konzeption zur Umsetzung einer Datenverarbeitung und neue Sicherheitsmaßnahmen planen.

4 Die entsprechende Verpflichtung steht auch neben der **Aufgabe des Datenschutzbeauftragten** nach Art. 39 Abs. 1 lit. d, mit der Aufsichtsbehörde zusammen zu arbeiten. Schon weil ein solcher nicht stets zu bestellen ist, kann dies nicht alle Fälle von Art. 31 erfassen. Auch wenn ein Datenschutzbeauftragter existiert, erschöpft sich die Pflicht aus Art. 31 aber nicht in dessen Zusammenarbeitsaufgaben. Vielmehr betrifft die Norm auch und gerade solche Fälle der Zusammenarbeit, die nur die jeweilige Unternehmens- oder Behördenleitung erfüllen kann.

5 **2. Rechtsnatur der Anfrage, Rechtsschutz und Schutz vor Selbstbelastung.** Die Verpflichtung zur Zusammenarbeit besteht für die in Art. 31 genannten Adressaten nur **auf Anfrage** der Aufsichtsbehörde hin. Eine proaktive Pflicht besteht ebenso wenig wie eine Pflicht zur Selbstbelastung, wenn Bußgelder oder Strafen zu befürchten sind. Zudem können entgegenstehende Betriebs- und Geschäftsgeheimnisse in Einzelfällen Schwärzung erlauben. Die Aufsichtsbehörde kann eine Frist zur Beantwortung der Anfrage setzen.[2]

6 Bei der Anfrage, selbst wenn sie mit einer Frist verbunden ist, handelt es sich nicht um einen **Verwaltungsakt** nach § 35 (L)VwVfG, da der entsprechenden Maßnahme der Regelungscharakter fehlt.[3] Es handelt sich

---

1 AA Paal/Pauly/*Martini* Art. 31 Rn. 14.
2 Ebenso Kühling/Buchner/*Hartung* Art. 31 Rn. 10; *Koós/Englisch* ZD 2014, 276 (281).
3 Ehmann/Selmayr/*Hladjk* Art. 31 Rn. 11; Kühling/Buchner/*Hartung* Art. 31 Rn. 9.

um eine unvertretbare Handlung, die grundsätzlich vollstreckbar ist. Anfragen müssen unabhängig davon **hinreichend bestimmt** sein. Es muss für den Adressaten zumindest deutlich werden, welche Informationen oder welches Handeln in zu welchem konkreten Sachverhalt von der Aufsichtsbehörde begehrt werden. Die Kooperationspflicht manifestiert sich hier insoweit als der Adressat der Anfrage sich nicht auf die fehlende Bestimmtheit zurückziehen kann, sondern gehalten ist, die Vorstellungen der Aufsichtsbehörde auch seinerseits zu erfragen. Die Grenzen des nationalrechtlichen verwaltungsrechtlichen Amtsermittlungsgrundsatzes werden durch die in Art. 31 manifestierte Kooperationspflicht hinausgeschoben.[4]

Wichtig ist, dass der Empfänger der Anfrage erkennen kann, ob abweichend von Art. 31 spezielle Befugnis- 7
se nach Art. 58 Abs. 1 geltend gemacht werden, da dies Fragen des bestehenden **Rechtsschutzes** betrifft. Art. 31 zählt nicht zu den Untersuchungsbefugnissen. Bei der **Geltendmachung von Untersuchungsbefugnissen** wird die Aufsichtsbehörde Maßnahmen mit Verwaltungsaktqualität erlassen (→ Art. 58 Rn. 50), wobei die Adressaten vor allem deutlich über bestehende Rechtsbehelfe und damit über den bestehenden Rechtsschutz aufgeklärt werden müssen (EG 129 S. 6), und etwa eine Anfechtungsklage in Betracht kommt. Maßnahmen etwa nach Art. 58 Abs. 1 lit. a, die eine Anweisung zur Bereitstellung von Informationen enthalten, könnten auch mit Zwangsmitteln durchgesetzt werden[5] (→ Art. 58 Rn. 53), gegen die ebenfalls spezieller Rechtsschutz möglich wäre. Weiterhin könnten sich bei den Untersuchungsbefugnissen im Falle der Anordnung des sofortigen Vollzugs besondere Fragen des Rechtsschutzes stellen (→ Art. 58 Rn. 54). Anfragen nach Art. 31 könnten hingegen nicht mit Zwangsmitteln durchgesetzt werden, und es wäre auch keine Anordnung der sofortigen Vollziehung möglich. Denkbar sind bei Anfragen nach Art. 31 Rechtsschutzmöglichkeiten, die im Wege einer **allgemeinen Feststellungsklage** verfolgt werden können, um zu prüfen, ob mit der Anfrage die Grenzen der Verpflichtung zur Zusammenarbeit eingehalten wurden.[6]

Die Adressaten müssen bei Anfragen von Aufsichtsbehörden auch erkennen können, ob es sich um Aus- 8
kunftsverlangen nach § 40 Abs. 4 BDSG nF handelt. Dies gilt wiederum im Hinblick auf den möglicherweise bestehenden **Rechtsschutz** gegen einen entsprechenden Verwaltungsakt (→ Art. 58 Rn. 62) als auch bezüglich des etwaigen **Bestehens eines Auskunftsverweigerungsrechts** nach Maßgabe von § 383 ZPO (→ Art. 58 Rn. 61). Bei Anfragen nach Art. 31 besteht gerade kein Auskunftsverweigerungsrecht für den Verantwortlichen, den Auftragsverarbeiter und für deren Vertreter. Folglich geht einer Anfrage nach Art. 31 auch keine Belehrung über ein solches voraus.

Aus der Kooperationspflicht des Art. 31 folgt, dass die Aufsichtsbehörde auch **ohne konkreten Anlass** und 9
ohne bisherige Anhaltspunkte etwa für Verstöße gegen die DSGVO Anfragen an die Verantwortlichen, Auftragsverarbeiter und gegebenenfalls deren Vertreter stellen kann. Das veränderte Verhältnis (→ Rn. 2) verlangt von den Verantwortlichen und Auftragsverarbeitern, grundsätzlich an der Einhaltung der DSGVO mitzuwirken. Dazu gehört dann auch die Beantwortung von Anfragen ohne konkreten Anlass.[7] Dies kann für die Aufsichtsbehörden etwa dann hilfreich sein, wenn sie Einschätzungen zu gängigen Praktiken in einer Branche gewinnen möchte.

Verstöße gegen die Zusammenarbeitspflicht sind nach Art. 83 Abs. 4 lit. a bußgeldbewehrt, gehört Art. 31 10
doch unter die genannten Vorschriften der Art. 25 bis 39. Angesichts des extrem offenen Wortlauts wird man für einen Verstoß allerdings eine vorherige (zulässige) Konkretisierung durch die Aufsichtsbehörde **in Form eines Verlangens einer spezifischen Handlung** der Zusammenarbeit verlangen müssen.

Abschnitt 2
Sicherheit personenbezogener Daten

Artikel 32   Sicherheit der Verarbeitung

(1) Unter Berücksichtigung des Stands der Technik, der Implementierungskosten und der Art, des Umfangs, der Umstände und der Zwecke der Verarbeitung sowie der unterschiedlichen Eintrittswahrscheinlichkeit und Schwere des Risikos für die Rechte und Freiheiten natürlicher Personen treffen der Verantwortliche und der Auftragsverarbeiter geeignete technische und organisatorische Maßnahmen, um ein dem Risiko angemessenes Schutzniveau zu gewährleisten; diese Maßnahmen schließen gegebenenfalls unter anderem Folgendes ein:

---

4 Einen Anwendungsvorrang bejaht gleichfalls Paal/Pauly/*Martini* Art. 31 Rn. 2, 10 f.
5 Paal/Pauly/*Martini* Art. 31 Rn. 34.
6 Paal/Pauly/*Martini* Art. 31 Rn. 43.
7 Diese Dimension verkennt Paal/Pauly/*Martini* Art. 31 Rn. 30.

a) die Pseudonymisierung und Verschlüsselung personenbezogener Daten;
b) die Fähigkeit, die Vertraulichkeit, Integrität, Verfügbarkeit und Belastbarkeit der Systeme und Dienste im Zusammenhang mit der Verarbeitung auf Dauer sicherzustellen;
c) die Fähigkeit, die Verfügbarkeit der personenbezogenen Daten und den Zugang zu ihnen bei einem physischen oder technischen Zwischenfall rasch wiederherzustellen;
d) ein Verfahren zur regelmäßigen Überprüfung, Bewertung und Evaluierung der Wirksamkeit der technischen und organisatorischen Maßnahmen zur Gewährleistung der Sicherheit der Verarbeitung.

(2) Bei der Beurteilung des angemessenen Schutzniveaus sind insbesondere die Risiken zu berücksichtigen, die mit der Verarbeitung verbunden sind, insbesondere durch – ob unbeabsichtigt oder unrechtmäßig – Vernichtung, Verlust, Veränderung oder unbefugte Offenlegung von beziehungsweise unbefugten Zugang zu personenbezogenen Daten, die übermittelt, gespeichert oder auf andere Weise verarbeitet wurden.

(3) Die Einhaltung genehmigter Verhaltensregeln gemäß Artikel 40 oder eines genehmigten Zertifizierungsverfahrens gemäß Artikel 42 kann als Faktor herangezogen werden, um die Erfüllung der in Absatz 1 des vorliegenden Artikels genannten Anforderungen nachzuweisen.

(4) Der Verantwortliche und der Auftragsverarbeiter unternehmen Schritte, um sicherzustellen, dass ihnen unterstellte natürliche Personen, die Zugang zu personenbezogenen Daten haben, diese nur auf Anweisung des Verantwortlichen verarbeiten, es sei denn, sie sind nach dem Recht der Union oder der Mitgliedstaaten zur Verarbeitung verpflichtet.

Literatur *AK Technik der Konferenz der unabhängigen Datenschutzbehörden des Bundes und der Länder,* Das Standard-Datenschutzmodell – Eine Methode zur Datenschutzberatung und -prüfung auf der Basis einheitlicher Gewährleistungsziele V.1.0 – Erprobungsfassung, 2016; *Art.-29-Gruppe,* Stellungnahme 7/2013 zum Muster für die Datenschutzfolgenabschätzung für intelligente Netze und intelligente Messsysteme, erstellt durch die Sachverständigengruppe 2 der Taskforce der Kommission für intelligente Netze, 13/DE WP 209; *dies.,* Stellungnahme 5/2014 zu Anonymisierungstechniken, 14/DE WP 216; *dies.,* Guidelines on Personal data breach notification under Regulation 2016/679, 18/EN WP 250rev. 01; *Bishop, M.,* Introduction to Computer Security. Addison-Wesley Professional, 2004; *Bundesamt für Sicherheit in der Informationstechnik,* IT-Grundschutz-Kompendium, 2018; *dass.,* BSI TR-02102-1 „Kryptographische Verfahren: Empfehlungen und Schlüssellängen", Version 2018-01, 2018; *Common Criteria Implementation Board,* Common Criteria for Information Technology Security Evaluation, CC v 3.1. Release 5, 2017, in einer früheren Fassung standardisiert als ISO/IEC 15408 (2009, zurzeit in Überarbeitung), 2017, <https://www.commoncriteriaportal.org/cc/>; *ENISA Ad-Hoc-Arbeitsgruppe zu Datenschutz und Technologie,* Technologiebedingte Herausforderungen für den Datenschutz in Europa, 2008; *International Organization for Standardization (ISO)/International Electrotechnical Commission (IEC),* Information technology – Security techniques – Information security management systems – Requirements, ISO/IEC 27001, 2013; *dies.,* Information technology – Security techniques – Code of practice for information security controls, ISO/IEC 27002, 2013; *Goncherowski, S., Hansen, M., Rost, M.,* Resilienz – eine neue Anforderung aus der Datenschutz-Grundverordnung, DuD 2018 (im Erscheinen); *Hansen, M./Jensen, M./Rost, M.,* Protection Goals for Privacy Engineering, in: Proc. International Workshop on Privacy Engineering (IWPE), Security and Privacy Workshops (SPW), 2015, 159; *Hornung, G.,* Datenschutz durch Technik in Europa – Die Reform der Richtlinie als Chance für ein modernes Datenschutzrecht, ZD 2011, 51; *Knopp, M.,* Stand der Technik – Ein alter Hut oder eine neue Größe, DuD 2017, 663; *Madni, A.M./Jackson, S.,* Towards a Conceptual Framework for Resilience Engineering, in: IEEE Systems Journal Vol. 3 Issue 2, 2009, 181; *Seibel, M.,* Abgrenzung der „allgemein anerkannten Regeln der Technik" vom „Stand der Technik", NJW 2013, 3000.

I. Überblick

1   Art. 32 beschreibt die **Anforderungen an die Sicherheit der Verarbeitung,** dh an den Schutz der personenbezogenen Daten und der Verarbeitungssysteme sowohl vor Angriffen als auch vor einem Ausfall oder einer

Beeinträchtigung der Zuverlässigkeit der Systeme (→ Rn. 9). Im Fokus stehen die geeigneten technischen und organisatorischen Maßnahmen, die der Verantwortliche und der Auftragsverarbeiter treffen müssen, um ein dem Risiko angemessenes Schutzniveau zu gewährleisten. Anders als Art. 25 zu Datenschutz durch Technikgestaltung und durch datenschutzfreundliche Voreinstellungen (→ Art. 25 Rn. 15) betrifft die Norm nicht unterschiedslos alle Datenschutzgrundsätze aus Art. 5 (→ Art. 5 Rn. 20ff.). Stattdessen liegt der Schwerpunkt für die Festlegung der Maßnahmen bei denjenigen Risiken, welche die Sicherheit der personenbezogenen Daten und der für die Verarbeitung eingesetzten – nicht notwendigerweise automatisierten – Systeme betreffen. Art. 32 konkretisiert demnach insbes. den **Datenschutzgrundsatz „Integrität und Vertraulichkeit", Art. 5 Abs. 1 lit. f.** (→ Art. 5 Rn. 168ff.). Während Art. 25 den eingebauten Datenschutz im Fokus hat und sich auf technische und organisatorische Maßnahmen bezüglich aller Anforderungen der DSGVO bezieht (→ Art. 25 Rn. 15), nimmt Art. 32 mit den Sicherheitsaspekten bzgl. der personenbezogenen Daten und ihrer Verarbeitung insoweit eine Untermenge der Anforderungen in den Blick. Art. 32 stellt im Gegensatz zu Art. 25 kein neues Instrument dar, sondern folgt dem bisherigen Art. 17 Abs. 1 DSRL.

Abs. 1 beinhaltet die Kernaussage der **Norm mit der Verpflichtung von Verantwortlichen und Auftragsverarbeitern zum Treffen von geeigneten technischen und organisatorischen Maßnahmen,** die beispielhaft in Abs. 1 lit. a–d erläutert werden (→ Rn. 19ff.). Abs. 2 geht auf die Beurteilung des angemessenen Schutzniveaus ein, bei der alle Sicherheitsrisiken zu berücksichtigen sind (→ Rn. 58ff.). Abs. 3 weist darauf hin, dass für den Nachweis der Erfüllung der Anforderungen aus Abs. 1 genehmigte Verhaltensregeln nach Art. 40 oder ein genehmigtes Zertifizierungsverfahren nach Art. 42 als Faktor herangezogen werden können (→ Rn. 63ff.). Abs. 4 betont eine Verpflichtung, die in ähnlicher Form in Art. 29 formuliert ist (→ Art. 29 Rn. 5): Die Beschäftigten bei dem Verantwortlichen und beim etwaigen Auftragsverarbeiter dürfen grundsätzlich nur auf Weisung handeln, und dies ist durch geeignete Maßnahmen zu gewährleisten (→ Rn. 66ff.). Eine Sanktionierung bei Nichterfüllung der Anforderungen dieser Norm ist in Art. 83 Abs. 4 lit. a geregelt, in dem Geldbußen von bis zu 10 Mio. EUR oder bis zu 2 % des weltweiten Vorjahresumsatzes vorgesehen sind.

Verschiedene EG betreffen Aspekte von Art. 32: Zentral ist **EG 83,** der **speziell die Sicherheit und die Vorbeugung gegen eine gegen die DSGVO verstoßende Verarbeitung** in den Blick nimmt. Bei diesem EG handelt es sich um eine Kurzfassung von Abs. 1 und 2; neue Informationen oder Interpretationshilfen sind nicht enthalten. In Ergänzung beschreiben EG 75 bis 77 die Risikobeurteilung, die für die Wahl geeigneter technischer und organisatorischer Maßnahmen eine wesentliche Rolle spielt. EG 81 fordert geeignete technische und organisatorische Maßnahmen auch für die Sicherheit der Verarbeitung beim Auftragsverarbeiter (→ Art. 28 Abs. 1 Rn. 37, 41). Verwandte Regeln werden durch weitere EG adressiert: So ist EG 78 primär auf die Gestaltungsanforderungen nach Art. 25 ausgerichtet (→ Art. 25 Rn. 61), die Verletzung des Schutzes personenbezogener Daten nach Art. 33 wird in den EG 85 bis 88 adressiert, und EG 89 bis 95 beziehen sich auf die Datenschutz-Folgenabschätzung nach Art. 35 (→ Art. 35 Rn. 1) sowie die vorherige Konsultation nach Art. 36 (→ Art. 36 Rn. 1). Die Forderungen nach Sicherheit und Verlässlichkeit finden sich bereits in EG 7 S. 3.[1] Ebenso enthält EG 39 S. 12 einen Verweis auf den dem Art. 32 zugrundeliegenden Datenschutzgrundsatz Art. 5 Abs. 1 lit. f. und fordert hinreichende Sicherheit und Vertraulichkeit. Speziell der Punkt der Netz- und Informationssicherheit wird zudem in EG 49 behandelt.

II. Entstehungsgeschichte

1. Bisherige Regelungen im nationalen und europäischen Recht. Für Art. 32 gibt es eine **unmittelbare Vorgängerregelung** in Art. 17 DSRL, der ebenfalls mit Sicherheit der Verarbeitung betitelt war. Laut Art. 17 Abs. 1 DSRL hatten die Mitgliedstaaten zu regeln, dass der Verantwortliche die geeigneten technischen und organisatorischen Maßnahmen durchzuführen hat, die erforderlich für den Schutz vor Sicherheitsbedrohungen und vor jeder anderen Form der unrechtmäßigen Verarbeitung personenbezogener Daten sind. Art. 17 Abs. 2–4 DSRL betrafen die Modalitäten für eine Auftragsverarbeitung und sind daher nicht speziell als Vorgänger von Art. 32 anzusehen.

In Deutschland waren diese Anforderungen insbes. im BDSG aF sowie in den LDSG aF auf verschiedene Art und Weise umgesetzt worden. Während einige LDSG aF den Ansatz von Schutzzielen verfolgten, zu denen die geeigneten technischen und organisatorischen Maßnahmen zu treffen waren,[2] regelte § 9 BDSG aF den technischen Datenschutz mit Fokus auf Informationssicherheit durch Vorgaben in einer Anlage, die acht Kontrollgebote enthielt (→ Rn. 78).[3] Eine ähnliche Normstruktur ist nunmehr in **Art. 29 JI-Richtlinie**

---

1 Im Englischen wird Sicherheit in EG 7 S. 3 nicht mit „security", sondern mit „certainty" beschrieben: „Legal and practical certainty for natural persons, economic operators and public authorities should be enhanced."
2 Bspw. § 5 LDSG Schleswig-Holstein.
3 Simitis/*Ernestus* § 9 Rn. 64.

enthalten, der in Abs. 2 mit elf Kontrollgeboten[4] – regelungstechnisch merkwürdig – deutlich konkretere Vorgaben als Art. 32 macht, obwohl es sich um eine Richtlinie handelt. Die Norm wird durch § 64 BDSG nF umgesetzt, der in Abs. 3 sogar 14 Kontrollgebote vorsieht. Diese Aufspaltung der Vorgaben für die IT-Sicherheit im öffentlichen Bereich ist neu, weil bisher § 9 BDSG aF und die zugehörige Anlage zumindest subsidiär auch für den Bereich von Polizei und (Straf-)Justiz galten. Im Ergebnis führt die Aufspaltung in Bezug auf die zu treffenden Maßnahmen zu geringfügigen Unterschieden (→ Rn. 81 f.). Zusätzlich stellen sich Fragen in der praktischen Anwendung für diejenigen Stellen, die Anforderungen sowohl der DSGVO als auch der Normen zur Umsetzung der JI-Richtlinie – wie das BDSG nF oder ein LDSG nF – erfüllen müssen (→ Rn. 80).

6   **2. Entwicklung der Norm im Gesetzgebungsprozess.** Die **Ursprungsfassung** des jetzigen Art. 32 war **Art. 30 KOM-E,** der in Abs. 1 die geeigneten technischen und organisatorischen Maßnahmen forderte, die für das Schutzniveau angesichts der von der Verarbeitung ausgehenden Risiken und der Art der zu schützenden personenbezogenen Daten angemessen sind. Abs. 2 ergänzte weitere Maßnahmen, die gegen dargelegte Sicherheitsrisiken zu treffen sind. Abs. 3 und 4 enthielten Ermächtigungen der KOM zum Erlass von delegierten Rechtsakten bzw. Durchführungsbestimmungen.

7   Der **Parl-E** strich die Abs. 3 und 4 aus dem KOM-E und ersetzte sie durch einen neuen Abs. 3 mit dem Auftrag an den EDSA, Leitlinien, Empfehlungen und bewährte Praktiken für die geeigneten technischen und organisatorischen Maßnahmen zu veröffentlichen. Dabei sollten die technologische Entwicklung sowie Lösungen für Datenschutz durch Technik und datenschutzfreundliche Voreinstellungen berücksichtigt werden. Dieser neu vorgeschlagene Absatz wurde in der endgültigen Version nicht aufgenommen; die Idee, den Ausschuss mit solchen Leitlinien, Empfehlungen und bewährten Praktiken zu beauftragen, findet sich nunmehr in verschiedenen lit. von Art. 70. Dort wird zwar Art. 32 nicht explizit erwähnt, die Norm fällt aber unter die Generalklausel von Art. 70 Abs. 1 S. 2 lit. e (→ Art. 70 Rn. 6). Dem Vorschlag im Parl-E, in Abs. 1 einen Verweis auf die Datenschutz-Folgenabschätzung zu ergänzen, wurde – ohne Reduktion der Aussage – nicht gefolgt. Weitere **Sicherheitszielvorgaben** wurden in einem neuen Abs. 1 a (Bestandteile einer Sicherheitspolitik) sowie in Abs. 2 (Mindestwirkungen) formuliert, von denen schließlich Abs. 1 a lit. b, c und e in die finale Fassung, dort Abs. 1 lit. b–d, aufgenommen wurden.

8   Im **Rat-E** zeigt sich **fast schon die endgültige Fassung.** Die Abs. 2–4, dh die Anforderungen an die Risikobeurteilung, der Verweis auf die Selbstregulierung und die Weisungsbindung der unterstellten Personen, stammen aus dem Rat-E. Der Vorschlag für Abs. 1 Rat-E wurde redaktionell überarbeitet[5] und kommt dem Ergebnis recht nahe bis auf Abs. 1 lit. b–d, die aus dem Parl-E stammen. Interessant ist die Entwicklung von Abs. 1 lit. a, in dem sowohl die Pseudonymisierung aus dem Parl-E als auch die Verschlüsselung, die ihren Ursprung in keinem der Entwürfe hatte, sondern erst im Trilog hinzukam, als mögliche Maßnahmen genannt werden. Genau dieser Abs. 1 lit. a fällt auch deshalb aus dem Rahmen, weil die Pseudonymisierung nur als optionales Beispiel im Rat-E genannt wird, Abs. 1 lit. b–d im Parl-E jedoch als notwendige Bestandteile einer Sicherheitspolitik („security policy") verlangt wurden. Im Trilog hielt der Rat die Fassung des Parl-E für zu detailliert. Er war nur bereit, diese Textteile aufzunehmen, wenn es sich nicht um Pflichtmaßnahmen, sondern um nützliche Hilfestellung für die Verantwortlichen und Auftragsverarbeiter handelte; dies solle durch die Formulierung „inter alia, as appropriate" („unter anderen, wie angemessen") klargestellt werden.[6] Tatsächlich enthält die englische Sprachfassung der DSGVO diesen Passus; bei der verabschiedeten deutschen Übersetzung ist er aber verloren gegangen (→ Rn. 31).[7] Jedoch wurde die deutsche Sprachfassung durch das Corrigendum vom 19.4.2018 ergänzt um den Begriff „gegebenenfalls", so dass es klarstellend nunmehr heißt „diese Maßnahmen schließen gegebenenfalls unter anderem Folgendes ein".

III.   Kommentierung des Normtexts

9   **1. Telos, Adressaten und Systematik.** Der Fokus des Art. 32 ist die Sicherheit der Verarbeitung: Während im Englischen die Begriffe Security (Sicherheit vor Angriffen) und Safety (Zuverlässigkeit eines Systems) unterschieden werden, wird beides vom deutschen Wort Sicherheit umfasst. Die englische Fassung der DSGVO verwendet Safety nicht im Kontext von Art. 32.[8] Dennoch betreffen die Sicherheitsrisiken aus

---

4   Art. 29 Abs. 2 lit. a–j JI-Richtlinie, wobei lit. j zwei Kontrollgebote umfasst.
5   Bspw. wurde aus der „verfügbaren Technologie" des Rat-E der „Stand der Technik". Der Begriff der Best available techniques (BAT) ist bspw. für den Bereich des Emissionsschutzes in Art. 3 Nr. 10 der RL 2010/75/EU normiert. Zwar weist er Ähnlichkeiten zum Stand der Technik auf, verengt den Blick jedoch durch einen vordringlichen Fokus wirtschaftliche Aspekte, Art. 3 Nr. 10 lit. b der RL 2010/75/EU.
6   Ratsdokument 13885/15, 13.11.2015, S. 3.
7   Auf diesen Übersetzungsfehler der verabschiedeten deutschen Fassung weist Piltz hin, Gola/*Piltz* Art. 32 Rn. 24.
8   Es gibt lediglich Vorkommen von „safety of health care" (Art. 9 Abs. 2 lit. i) oder „safety at work" (Art. 88 Abs. 1).

Abs. 1 nicht nur **Security-**, sondern auch **Safety-Aspekte**. Ebenso können die in Abs. 2 betrachteten Datenpannen sowohl aus Angriffen als auch aus einer beeinträchtigten Zuverlässigkeit des Systems resultieren. **Spiegelbildlich zu Art. 25** (→ Art. 25 Rn. 14) folgt die Norm **dem Art. 24**, der fordert, dass der Verantwort- 10 liche geeignete technische und organisatorische Maßnahmen umsetzt, um sicherzustellen und den Nachweis dafür erbringen zu können, dass die Verarbeitung gemäß der DSGVO erfolgt (→ Art. 24 Rn. 25). Die Nachweispflicht ergibt sich aus Art. 5 Abs. 2 (→ Art. 5 Rn. 175ff.).

a) Ziel: Sicherheit der Verarbeitung. Dass die Gewährleistung von Sicherheit der personenbezogenen Daten 11 und der Verarbeitung eine notwendige – jedoch keine hinreichende – Bedingung für die Erfüllung der datenschutzrechtlichen Anforderungen ist, gehört zu den Selbstverständlichkeiten. „Built-in security",[9] also eingebaute Sicherheit, wirkt Verstößen oder Fehlern bezüglich der Verarbeitung entgegen. Wie auch beim technischen Datenschutz bedeutet eine Implementierung der Sicherheitsanforderungen in die Systeme einen effektiveren Schutz, als wenn man sich lediglich auf das Recht verlässt.[10] Allerdings sind Sicherheit und Datenschutz nicht dasselbe, und nicht jede Sicherheitsmaßnahme ist aus Datenschutzsicht uneingeschränkt zu begrüßen, sondern kann selbst Datenschutzgrundsätzen zuwiderlaufen.[11] Aus diesem Grund müssen die **Anforderungen des Art. 32 im Sinne der gesamten DSGVO interpretiert** werden, damit alle Datenschutzgrundsätze Berücksichtigung finden.

Während Art. 25 sämtliche Datenschutzgrundsätze aus Art. 5 in den Blick nimmt, **konzentriert sich Art. 32** 12 **auf Art. 5 Abs. 1 lit. f „Integrität und Vertraulichkeit"** (→ Art. 5 Rn. 168ff.). Dieser Datenschutzgrundsatz listet als Bedrohungen die unbefugte oder unrechtmäßige Verarbeitung auf, den unbeabsichtigten Verlust, die unbeabsichtigte Zerstörung und die unbeabsichtigte Schädigung. All diese Aspekte finden sich in Abs. 2 in leicht geänderter Formulierung wieder, der eine Parallelität mit der Definition der Verletzung des Schutzes personenbezogener Daten in Art. 4 Nr. 12 aufweist (→ Art. 4 Nr. 12 Rn. 2). Legt man die klassischen Informationssicherheits-Schutzziele Vertraulichkeit, Integrität und Verfügbarkeit zugrunde,[12] zeigt sich, dass – obwohl der Begriff Verfügbarkeit in Art. 5 Abs. 1 lit. f keine Erwähnung findet – Verlust und Zerstörung zentrale Bedrohungen der Verfügbarkeit darstellen. Insoweit zeigt sich hier eine Inkonsistenz in den Begrifflichkeiten, denn die DSGVO kennt die Verfügbarkeit als eigenes Schutzziel aus Abs. 1 lit. b und c. Es hätte zur Klarheit beigetragen, wenn die Kurzform des Datenschutzgrundsatzes Art. 5 Abs. 1 lit. f „Vertraulichkeit, Integrität und Verfügbarkeit" gelautet hätte.

Es wäre auch **nicht ausreichend, Art. 32 auf den Datenschutzgrundsatz des Art. 5 Abs. 1 lit. f zu reduzieren**. 13 In jedem Fall dient die Norm auch der Umsetzung und Unterstützung des Datenschutzgrundsatzes „Verarbeitung nach Treu und Glauben" als Teil des Art. 5 Abs. 1 lit. a. Ebenso sind Aspekte der Richtigkeit, wie in Art. 5 Abs. 1 lit. d als Datenschutzgrundsatz genannt, Teil der Integrität und werden von der Vorschrift adressiert.

Es **verweisen mehrere Vorschriften der DSGVO auf Art. 32**: Auftragsverarbeiter, Art. 28 Abs. 3 S. 2 lit. c 14 und f (→ Art. 28 Rn. 37ff.), Verzeichnis von Verarbeitungstätigkeiten, Art. 30 Abs. 1 S. 2 lit. g (→ Art. 30 Rn. 33) und Art. 30 Abs. 2 lit. d (→ Art. 30 Rn. 38). Interessanterweise werden nur an einer dieser Stellen zudem Art. 24 und 25 referenziert.[13] Inhaltlich sind die Referenzen auf die Sicherheit der Verarbeitung gerechtfertigt, jedoch nicht die Aussparung des eingebauten Datenschutzes. Hier muss ein Gleichlauf mit Art. 25 mitgedacht werden, der ohnehin mit seinem umfassenderen Ansatz des Datenschutzes durch Technikgestaltung für alle Anforderungen der DSGVO zu berücksichtigen ist. Aus der Nichterwähnung des Art. 25 darf keinesfalls auf ein Primat der Sicherheit geschlossen werden.

b) Adressat der Regelung. Während Art. 24 (→ Art. 24 Rn. 9) und Art. 25 (→ Art. 25 Rn. 20) lediglich den 15 Verantwortlichen in die Pflicht nehmen, sind **Normadressat** für Art. 32 sowohl der **Verantwortliche** als auch der **Auftragsverarbeiter**. Die Vorschrift entfaltet keine unmittelbare Wirkung für Hersteller von Produkten, Diensten oder Anwendungen, solange sie nicht Verantwortliche oder Auftragsverarbeiter sind. Dies ist misslich, weil die am Markt vorhandenen Angebote heutzutage erhebliche Defizite bezüglich ihrer Sicherheitsgarantien aufweisen. Trotz einer langen Tradition der Sicherheitszertifizierung[14] sind zertifizierte Produkte die Ausnahme. Stattdessen ist selbst im Falle von Standardisierungsinitiativen nicht garantiert,

---

9   *McGraw,* Software Security: Building Security In, 2006, S. 25ff.
10 *Roßnagel* MMR 2005, 74.
11 Dies wird in der Methodik des Standard-Datenschutzmodells anhand der Gewährleistungsziele berücksichtigt, *AK Technik der DSK,* Das Standard-Datenschutzmodell, 2016.
12 *Bishop,* Introduction to Computer Security, 2004, S. 3ff.
13 Verhaltensregeln, Art. 40 Abs. 2 lit. h.
14 Bspw. Common Criteria oder ISO 27000.

dass keine Hintertüren, dh Möglichkeiten der Umgehung von Sicherheitsmechanismen, in den Spezifikationen oder Implementierungen eingebaut wurden.[15]

16 Eine **mittelbare Wirkung auf die Hersteller** entsteht jedoch dadurch, dass Verantwortliche und Auftragsverarbeiter bei der Gestaltung ihrer Verarbeitung gemäß den Anforderungen des Art. 32 die geeigneten Produkte, Dienste und Anwendungen auszuwählen haben, damit sie ihren Pflichten nach der DSGVO nachkommen können. Es ist also zu erwarten, dass künftig mehr Sicherheit nachgefragt und auch mehr Sicherheitsgarantien gegeben werden. Verantwortliche und Auftragsverarbeiter dürfen etwaige Schwächungen des erforderlichen Sicherheitsniveaus – bspw. durch Hintertüren – bei der Verarbeitung nicht hinnehmen, sondern müssen dem entgegenwirken (→ Rn. 75).

17 **c) Sanktionen.** Ein Verstoß gegen Art. 32 kann nach Art. 83 Abs. 4 lit. a mit **Geldbußen von bis zu 10 Mio. EUR oder von bis zu 2 % des weltweiten Vorjahresumsatzes** geahndet werden. Zu beachten ist, dass in diesen Fällen ebenfalls ein Verstoß gegen Art. 5 Abs. 1 lit. f vorliegen wird, der nach Art. 83 Abs. 5 lit. a den doppelten Bußgeldrahmen vorsieht, doch vermutlich wird im Fall des Verstoßes der konkretere Artikel zugrunde gelegt werden. Im Bereich der Sicherheit kennt man schon vielfach – anders als bei der Umsetzung eines eingebauten Datenschutzes, wie er nach Art. 25 Abs. 1 gefordert wird – bestimmte Anforderungen, die nicht zu unterschreiten sind. Dies betrifft bspw. Anforderungen an Kryptoalgorithmen oder Schlüssellängen[16] oder die Update- und Patchnotwendigkeit von Informationssystemen, die eine Verbindung zum Internet haben oder andere Datenaustausche vornehmen. Solche Vorgaben, die mutmaßlich vom EDSA über die Zeit konkretisiert werden, müssen bei der Abwägung nach Abs. 1 einbezogen werden. Eine **Dokumentation des Verantwortlichen oder des Auftragsverarbeiters**, auf welche Weise Abs. 1, 2 und 4 erfüllt wurden (Risikobeurteilung, Maßnahmenauswahl, Wirksamkeitsüberprüfung), dient der Nachweispflicht und ist der Aufsichtsbehörde auf Nachfrage vorzulegen.

18 **d) Kontinuierliche Umsetzungsverpflichtung.** Die Anforderungen des Art. 32 waren bis zum 25.5.2018 umzusetzen. Anschließend ist zu gewährleisten, dass die Anforderungen weiterhin erfüllt bleiben, denn es werden ständig neue Angriffsmechanismen im Sicherheitsbereich bekannt, und die Verarbeitungssysteme werden regelmäßig nachgebessert, um auf einem ausreichend sicheren Stand zu bleiben. Nichtstun führt schnell zu einer Erosion des einstigen Sicherheitsniveaus. Der Verantwortliche und der Auftragsverarbeiter müssen also **ständig das angemessene Sicherheitsniveau gewährleisten.**[17] Aus diesem Grund ist das in Abs. 1 lit. d beschriebene Verfahren zur regelmäßigen Überprüfung, Bewertung und Evaluierung der Wirksamkeit der Maßnahmen essentiell, das die Kernfunktionalität eines **Informationssicherheitsmanagementsystem (ISMS)** darstellt (→ Rn. 57).

19 **2. Technische und organisatorische Maßnahmen (Abs. 1).** Das Ziel der Norm wird in Abs. 1 verdeutlicht: Der Verantwortliche und der Auftragsverarbeiter müssen die geeigneten technischen und organisatorischen Maßnahmen für ein dem Risiko angemessenes Schutzniveau treffen. Dies steht in ähnlicher Form bereits in Art. 24 Abs. 1 (→ Abs. 24 Rn. 16ff.). Um festzulegen, welche Maßnahmen geeignet sind, gibt Abs. 1 im Gleichlauf mit Art. 25 Abs. 1 (→ Art. 25 Rn. 36) **vier Kriterien für eine Abwägung** durch den Verantwortlichen bzw. Auftragsverarbeiter vor. Das Risiko für die Rechte und Freiheiten natürlicher Personen spielt dabei eine zentrale Rolle sowohl für die Maßnahmen als auch für die Bestimmung des angemessenen Schutzniveaus, das gewährleistet werden muss. Neben dem Risiko mit Eintrittswahrscheinlichkeit und Schwere (→ Rn. 28ff.) sind der Stand der Technik (→ Rn. 22ff.), die Implementierungskosten (→ Rn. 26) sowie Art, Umfang, Umstände und Zwecke der Verarbeitung (→ Rn. 27) in die Abwägung einzuziehen. Im Vergleich zum allgemeineren Art. 24 kommen als Gesichtspunkte der Stand der Technik und die Implementierungskosten hinzu, die bereits nach der Vorgängerregelung des Art. 17 DSRL zu berücksichtigen waren.[18]

20 **a) Abwägung beim Treffen der Maßnahmen.** Da es dem Verantwortlichen und dem Auftragsverarbeiter obliegt, für ihren Bereich die geeigneten technischen und organisatorischen Maßnahmen zu treffen, müssen sie **dokumentieren**, auf welcher Basis sie zu der Auswahl der Maßnahmen gekommen sind und wie sie die **Abwägung der genannten Kriterien** vorgenommen haben. Die Unbestimmtheit der Begriffe eröffnet einen

---

15 Dies war der Fall bei einem Standard zu Zufallszahlengeneratoren für Kryptoalgorithmen, bei dem das US-Normungsinstitut National Institute of Standards and Technology (NIST) offensichtlich auf Betreiben der National Security Agency (NSA) unwissentlich eine Komponente aufnahm, die als Hintertür genutzt werden konnte. Als dies bekannt wurde, musste NIST vor dem eigenen Standard warnen und ihn überarbeiten, *Greenemeier*, NSA Efforts to Evade Encryption Technology Damaged U.S. Cryptography Standard, Scientific American, 18.9.2013, https://www.scientificamerican.com/article/nsa-nist-encryption-scandal/.

16 *BSI*, BSI TR-02102-1 „Kryptographische Verfahren: Empfehlungen und Schlüssellängen", Version 2018-01.

17 Die Notwendigkeit von Maßnahmen nach Art. 32 zur Gewährleistung des angemessenen Schutzniveaus ist nach hM nicht abdingbar, vgl. dazu mwN Kühling/Buchner/*Jandt* Art. 32 Rn. 39 f.

18 „[...] unter Berücksichtigung des Standes der Technik und der bei ihrer Durchführung entstehenden Kosten [...]" / Having regard to the state of the art and the cost of their implementation, [...]" – Art. 17 Nr. 1 S. 2 DSRL.

Spielraum beim Verantwortlichen und beim Auftragsverarbeiter, der jedoch nicht völlig frei von ihnen genutzt werden kann, sondern eine nachvollziehbare Argumentation erfordert. Damit realisiert die DSGVO die gebotene Technikneutralität und zeigt Offenheit für neue Entwicklungen im dynamischen Feld der automatisierten Verarbeitung – sowohl in Bezug auf Risiken als auch mit Blick auf technische und organisatorische Maßnahmen, die den Risiken entgegenwirken können.

Wer aus den Kriterien folgert, er müsse keine Maßnahmen treffen, da er die damit verbundenen Kosten   21 nicht zu tragen gewillt ist, hat nicht verstanden, dass eine Verarbeitung personenbezogener Daten nur stattfinden darf, wenn das Risiko ausreichend eingedämmt ist, zB durch Minimierung der Risikogründe, der Eintrittswahrscheinlichkeit und der Schwere (einschließlich Tragweite und Dauer) potenzieller Schäden. Das nach Umsetzung der Maßnahmen etwa verbleibende Restrisiko ist jeweils zu bestimmen; falls es als hoch einzustufen wäre, wäre nach Art. 36 eine vorherige Konsultation der Aufsichtsbehörde durchzuführen (→ Art. 36 Rn. 10, 18). Es sind also in jedem Fall technische und organisatorische Maßnahmen vorzusehen; lediglich bei der Auswahl liegen Freiheitsgrade vor. Die Regelung ist so verstehen, dass ein **Mindestmaß nicht unterschritten** werden darf. Es ist zu erwarten, dass der EDSA nach Art. 70 Abs. 1 lit. e künftig Konkretisierungen in Form von Leitlinien, Empfehlungen und bewährten Verfahren zur Sicherstellung einer einheitlichen Anwendung der DSGVO vorgeben wird. Auch wird es Hilfestellungen von Datenschutzaufsichtsbehörden oder vom BSI geben.

Das erste genannte Kriterium für die Abwägung ist der Stand der Technik. Der Begriff wurde zwar bereits   22 in Art. 17 Abs. 1 S. 2 DSRL verwendet, doch fehlt eine eindeutige Definition in der DSGVO. Die **Referenz auf den Stand der Technik leistet eine Dynamisierung der DSGVO**, da sich der Stand der Technik weiterentwickelt. Der Begriff findet sich nicht nur in der DSGVO, sondern auch – neben dem Umweltrecht – in nationalen Gesetzen wie § 109 Abs. 1 TKG, § 13 Abs. 7 TMG, § 8 a Abs. 1 S. 2 BSI-G und zur Einstufung von Verschlüsselungsmaßnahmen in der Anlage zu § 9 BDSG aF. Auch verweisen mehrere Gerichtsentscheidungen auf den Stand der Technik.[19] Insbesondere aus Sicht der Informationssicherheit und der Beherrschung von Risiken durch technische Maßnahmen lebt die Debatte um den Stand der Technik in Deutschland auf.[20] Dies ist ebenfalls relevant für die Auslegung des Art. 25 Abs. 1 (→ Art. 25 Rn. 28ff.). Allerdings ginge eine rein nationale Auslegung des Begriffs für die DSGVO fehl.[21] Wie im deutschen Recht ist jedoch auch nach der DSGVO davon auszugehen, dass der Stand der Technik eine mittlere Stufe einnimmt und einerseits mehr umfasst als die anerkannten Regeln der Technik (die sich bereits in der Praxis verbreitet und bewährt haben), andererseits aber weniger als der Stand von Wissenschaft und Technik (der auch neueste Erkenntnisse der Forschung umfasst).

Für die Informationssicherheit sind bereits einige Ansätze zum „State-of-the-art" oder zu den verwandten   23 „Best available techniques" (beste verfügbare Techniken)[22] ausgearbeitet, bspw. zum Feststellen der Geeignetheit eines Verschlüsselungsverfahrens.[23] Zwar mag eine genaue Abstufung in vielen Einzelfällen Schwierigkeiten aufwerfen, jedoch kann der Verantwortliche oder der Auftragsverarbeiter sich an Maßnahmenkatalogen orientieren (→ Rn. 78) und üblicherweise recht gut einstufen, wenn **eine Maßnahme noch nicht oder nicht mehr dem Stand der Technik zuzurechnen** ist: Einerseits haben oft innovative Konzepte und Implementierungen aus dem Forschungslabor ihre Funktionsfähigkeit noch nicht unter Beweis gestellt und sind bisher nicht auf dem Markt verfügbar. Sie werden daher eher „Stand der Wissenschaft" sein. Andererseits gehören definitiv nicht mehr zum Stand der Technik (und noch nicht einmal zu den anerkannten Regeln der Technik) überaltete und vor allem nicht mehr gepflegte Systeme, für die auch keine Aktualisierungen (Updates oder Patches) zur Verfügung gestellt werden. Ebenso sind „gebrochene" Kryptoverfahren, bei denen konzeptionelle Schwächen erforscht und publiziert sind, für die keine Abhilfe bereit steht, nicht dem Stand der Technik zuzuordnen. In solchen Fällen ist es fraglich, ob die Maßnahmen die erforderliche Wirksamkeit entfalten und das nötige Schutzniveau garantieren können.

Der Stand der Technik ist zudem **lediglich zu berücksichtigen** und nicht um jeden Preis einzuhalten. Bspw.   24 kann es notwendig sein, bestimmte Daten zum Zweck, dass im Bedarfsfall Kontrollen der Finanzaufsicht ermöglicht werden, für viele Jahre aufzubewahren. Wenn sich während der langen Aufbewahrungsdauer die üblichen Speichermedien oder die Formate der Verarbeitung ändern und keine Migration stattfindet,

---

19 Die grundlegende „Kalkar-Entscheidung" des BVerfG vom 8.8.1978 unterscheidet zwischen „allgemein anerkannten Regeln der Technik", dem „Stand der Technik" und dem „Stand von Wissenschaft und Technik", s. BVerfGE 47, 89 (135ff.); vgl. *Seibel* NJW 2013, 3000.

20 *Knopp* DuD 2017, 663.

21 Vielmehr wären „im Grundsatz die Definitionsansätze sämtlicher europäischer Rechtskreise zu berücksichtigen", wie *Knopp* korrekt ausführt, DuD 2017, 665.

22 *ENISA Ad-Hoc-Arbeitsgruppe zu Datenschutz und Technologie,* Technologiebedingte Herausforderungen für den Datenschutz in Europa, 2008, S. 8; *Art.-29-Gruppe,* WP 209, S. 13.

23 *BSI,* BSI TR-02102-1 „Kryptographische Verfahren: Empfehlungen und Schlüssellängen", Version 2018-01.

mag der Verantwortliche oder der Auftragsverarbeiter zu diesem Zweck ein Altsystem bereithalten. Solch ein System kann Defizite bezüglich der Sicherheit oder des eingebauten Datenschutzes aufweisen, so dass der Verantwortliche bzw. der Auftragsverarbeiter durch zusätzliche Maßnahmen gewährleisten muss, die Risiken für die Rechte und Freiheiten natürlicher Personen ausreichend eingedämmt zu haben. So wird in diesem Beispiel für einen Schutz vor unberechtigten Zugriffen eine Anbindung ans Internet unterbunden werden müssen. Die Kombination des Altsystems bei gleichzeitiger Einschränkung der möglichen Zugriffe durch Abkapselung kann eine sinnvolle Lösung für die Gestaltung der Verarbeitung sein. Allerdings sind dies Ausnahmefälle; regelmäßig wird der Stand der Technik eine untere Grenze an Mindestanforderungen definieren.

25 Gleichzeitig kann die Pflicht zur Berücksichtigung des Stands der Technik auch als obere Grenze verstanden werden: Es besteht **keine Verpflichtung für den Verantwortlichen oder für den Auftragsverarbeiter,** die **neuesten wissenschaftlichen Trends und Prototypen zu implementieren** und seine Verarbeitung umzubauen, sobald neue Maßnahmen in der Fach-Community diskutiert werden. Allerdings kann der Verantwortliche auch nicht davon ausgehen, dass die Verarbeitung und die technischen und organisatorischen Maßnahmen über eine lange Zeit statisch bleiben, da die Notwendigkeit zur Überprüfung, Bewertung und Evaluierung festgeschrieben ist (→ Rn. 53).

26 Beim Treffen der geeigneten technischen und organisatorischen Maßnahmen soll der Verantwortliche die **Implementierungskosten** berücksichtigen, also alle Kosten, die die Umsetzung dieser Maßnahmen betreffen. Sie beinhalten bspw. mögliche **Installationskosten im Vorfeld der Verarbeitung sowie Folgekosten,** zB Betriebs- und Wartungskosten, bei der Verarbeitung.[24] Umfasst sind ebenso Ausgaben für Hardware, Software oder Dienstleistungen wie Aufwände des Personals. Wie beim Stand der Technik (→ Rn. 22ff.) handelt es sich um einen Faktor, der in die Abwägung zum Feststellen der Verhältnismäßigkeit eingeht und der auch schon aus Art. 17 Abs. 1 S. 2 DSRL bekannt ist.[25] Allerdings darf dies nicht überbewertet werden: Art. 24 Abs. 1, der die Verantwortung des Verantwortlichen regelt, nennt die Implementierungskosten gerade nicht. Der Verantwortliche könnte sich also bei einem Verzicht auf notwendige technische und organisatorische Maßnahmen nicht darauf berufen, dass ihm die finanziellen oder personellen Mittel fehlen: Er muss stets in der Lage sein, seiner Verantwortung nach Art. 24 Abs. 1 sowie der Rechenschaftspflicht nach Art. 5 Abs. 2 nachzukommen.

27 Da die Grundlage für die technischen und organisatorischen Maßnahmen die eigentliche Verarbeitung personenbezogener Daten ist, müssen zunächst **Art, Umfang, Umstände und Zwecke der Verarbeitung festgestellt** werden (→ Art. 24 Rn. 12), da sich hieraus Risiken ergeben können, zB wenn umfangreiche Datensammlungen geführt werden, die Verarbeitung sensible Daten betrifft oder eine hohe Komplexität der Realisierung, uU mit zahlreichen Auftragsverarbeitern, besteht. Zu diesem Zeitpunkt sollte auch klar sein, auf welcher Rechtsgrundlage die Verarbeitung basiert, denn sollte die Datenverarbeitung nicht rechtmäßig sein können (Art. 5 Abs. 1 lit. a, Art. 6), muss erst dieser Punkt geklärt werden, bevor technische und organisatorische Maßnahmen ausgewählt und implementiert werden.

28 In der Informationssicherheit sind die Akteure – zB Sicherheitsverantwortliche – gewohnt, mit Risiken umzugehen. Das Risiko in der Informationssicherheit ist definiert als die Eintrittswahrscheinlichkeit p (für „probability") multipliziert mit dem Schaden i (für „impact"). Der **Risikobegriff der DSGVO** ist zunächst einmal ähnlich konzipiert, wie sich in der Formulierung in Abs. 1 und in EG 76 S. 1 zeigt. Allerdings gibt es einen gewichtigen Unterschied: Während die Informationssicherheit üblicherweise aus Sicht der verarbeitenden Organisation bestimmt wird, die ihre Schutzgüter gegen Angriffe oder andere Risiken abwehren muss, sind die **europäischen Grundrechte, vornehmlich Art. 7 und 8 GRCh, das Schutzgut des Risikos in der DSGVO.**[26] Es steht demnach nicht die Organisation mit ihren Schutzgütern im Fokus, sondern es muss das Risiko für die Rechte und Freiheiten natürlicher Personen bestimmt werden. Was dies alles umfassen kann und insbes. welche potenziellen Schäden in den Blick zu nehmen sind, listet EG 75 beispielhaft auf (→ Art. 24 Rn. 13): Diskriminierung, Identitätsdiebstahl oder -betrug, finanzieller Verlust, Rufschädigung, wirtschaftliche oder gesellschaftliche Nachteile, Erschwerung der Rechtsausübung und Verhinderung der Kontrolle durch betroffene Personen, Verarbeitung sensibler Daten oder Bewertung persönlicher Aspekte

---

24 AA Paal/Pauly/*Martini* Art. 32 Rn. 60: Fälschlich wird angenommen, es gebe eine „bewusste Abkehr von der Formulierung des Art. 17 Abs. 2 S. 2 DSRL", aus der sich ein klarer normativer Wille erkennen ließe, Folgekosten seien nicht von Implementierungskosten miterfasst. Jedoch handelt es sich eher um eine Freiheit der Übersetzung, die aus dem englischen Begriff „cost of implementation" aus der englischen Sprachfassung des Art. 17 Abs. 2 S. 2 DSRL für die deutsche Fassung „bei ihrer Durchführung entstehenden Kosten" gemacht hat. Gemeint waren – 1995 wie heute – Implementierungskosten, dh sämtliche Kosten, die mit der Implementierung der Maßnahmen in Zusammenhang stehen, über den gesamten Lebenszyklus, einschließlich aller Folgekosten.
25 § 9 S. 2 BDSG aF setzte diese Anforderungen aus Art. 17 Abs. 1 S. 2 DSRL durch den Hinweis um: „Erforderlich sind Maßnahmen nur, wenn ihr Aufwand in einem angemessenen Verhältnis zu dem angestrebten Schutzzweck steht."
26 *Bieker* DuD 2018, 27.

zur Profilerstellung oder -nutzung. EG 75 verdeutlicht auch, dass auch immaterielle Schäden zu betrachten sind. Dennoch ist der Begriff „Schaden" (Englisch: „damage") zumindest gewöhnungsbedürftig[27] für Situationen, in denen die Datenverarbeitung selbst einen Eingriff in die Rechte und Freiheiten darstellt. Hier wäre stets die Eingriffsintensität zu prüfen und im Abwägungsprozess festzustellen, ob es mildere Mittel gibt, um das Ziel zu erreichen. Dieses Vorgehen ist im Informationssicherheitsbereich kaum bekannt, so dass für die Praxis zumindest anfänglich Missverständnisse zu erwarten sind. Allerdings fokussiert Art. 32 durch Abs. 1 lit. b–d sowie Abs. 2 deutlicher auf Sicherheitsrisiken als die meisten anderen Artikel der DSGVO.

Für die in Art. 32 geforderte **Risikobeurteilung** müssen zunächst die Risiken identifiziert und ihre Eintrittswahrscheinlichkeit sowie der Schwere möglicher Schäden abgeschätzt werden. Zu unterscheiden ist zwischen solchen Risiken, die sich für natürliche Personen – es muss sich nicht bereits um betroffene Personen handeln – aus der geplanten, zulässigen und ordnungsgemäß durchgeführten Datenverarbeitung selbst ergeben, und anderen Risiken, die **absichtlich oder versehentlich verursacht** werden oder aus **Naturereignissen oder höherer Gewalt resultieren** können. Es bietet sich an, ausgehend von der geplanten Datenverarbeitung (einschließlich der Art, des Umfangs, der Umstände und der Zwecke) die Risiken zu identifizieren und angesichts des angestrebten Schutzniveaus (→ Rn. 30) zu beurteilen. Anschließend lassen sich die Maßnahmen in den Blick nehmen, die im Hinblick auf den Stand der Technik und die Implementierungskosten bewertet werden. Die Abwägung zwischen den genannten Gesichtspunkten erfolgt nach dem Verhältnismäßigkeitsgrundsatz (→ Art. 24 Rn. 17). Im Ergebnis müssen die Maßnahmen geeignet sein (→ Art. 24 Rn. 18), um das Gesamtrisiko einzudämmen und die DSGVO zu erfüllen. Dies betrifft insbes. die in Abs. 1 lit. a–d aufgezählten Anforderungen. **29**

Abs. 1 fordert das Treffen von technischen und organisatorischen Maßnahmen, um „ein dem Risiko angemessenes Schutzniveau" zu gewährleisten. Für den Fall, dass eine Datenschutz-Folgenabschätzung nach Art. 35 durchgeführt wurde, sind deren Ergebnisse bei der Auswahl der Maßnahmen zu berücksichtigen, EG 84 S. 2. Nicht alle Erwähnungen von „Schutzniveau" in der deutschen Sprachfassung bedeuten dasselbe, wie sich im Abgleich mit der englischen DSGVO zeigt, doch in Abs. 1 und Abs. 2 bezieht sich das **Schutzniveau** eindeutig auf Sicherheit („security").[28] Verwandt – und durchaus zum Bestimmen des Schutzniveaus geeignet – ist die **Schutzbedarfsfeststellung**, die im IT-Grundschutz[29] und im Standard-Datenschutzmodell[30] durchführt wird.[31] Wichtig ist, dass die Anforderungen des Abs. 2 zur Bestimmung des Schutzniveaus einbezogen werden, dh die Berücksichtigung der Sicherheitsrisiken betreffend die Datenverarbeitung (→ Rn. 58ff.), während der Risikobegriff in der DSGVO üblicherweise die Risiken für die Rechte und Freiheiten natürlicher Personen in den Fokus nimmt. **30**

Nach dem Feststellen des Schutzniveaus und unter Berücksichtigung der vier vorgegebenen Kriterien zur Abwägung sind die geeigneten technischen und organisatorischen Maßnahmen zu treffen. Als Hilfestellung dient die **Aufzählung von Abs. 1 lit. a–d mit beispielhaften Maßnahmen**.[32] Diese aufgezählten Maßnahmen sind – wie dies in der englischen Sprachfassung deutlich wird – im Rahmen der Angemessenheit („as appropriate")[33] umzusetzen. Die Liste der Maßnahmen ist nicht vollständig; umgekehrt müssen auch nicht alle Punkte realisiert werden. Dies wird schon durch die Formulierung in Abs. 1 klar, denn nicht immer sind Maßnahmen wie Pseudonymisierung oder Verschlüsselung zielführend für den Zweck der Verarbeitung; in einem solchen Fall würde dieser Aspekt bei der Umsetzung entfallen. Gleichwohl dient Abs. 1 lit. a als Hinweis darauf, dass es sich bei Pseudonymisierung und Verschlüsselung um Standardmaßnahmen handelt, deren Implementierung vielfach sinnvoll ist. Außerdem gehören die Maßnahmen Abs. 1 lit. b–d zu den Standardanforderungen zur Gewährleistung eines angemessenen Sicherheitsniveaus, so dass diese Punkte nicht ignoriert werden dürfen. Auch wenn die jeweilige Umsetzung stark vom Einzelfall abhängen mag, sind doch Verantwortlicher und Auftragsverarbeiter gehalten, sich **zu allen Maßnahmen aus Abs. 1 lit. a–d** **31**

---

27 In EG 94 S. 2 wird der Begriff „Schädigung" um „Beeinträchtigung der persönlichen Rechte und Freiheiten" (Englisch: „interference with the rights and freedoms") ergänzt. Da diese Terminologie nicht weiter aufgegriffen wird, muss wohl weiterhin mit einem grundrechtlich erweiterten, von der Informationssicherheit abweichenden Schadensbegriff gearbeitet werden.

28 Insbesondere kommt der Begriff „Schutzniveau" (level of protection) in der allgemeineren, nicht auf Sicherheit fokussierten Bedeutung mehrfach vor, wenn es um die Datenübermittlung ins Ausland (Art. 44 S. 2) und um einen Angemessenheitsbeschluss (Art. 45) geht.

29 *BSI,* IT-Grundschutz-Kompendium, 2018.

30 *AK Technik der DSK,* Das Standard-Datenschutzmodell, 2016, mit weiteren Dokumenten.

31 Im IT-Grundschutz werden für die zu schützenden Informationen und die eingesetzten Verarbeitungssysteme die Schutzbedarfskategorien „normal", „hoch" und „sehr hoch" verwendet, die sich an der Schwere möglicher Schäden bei Beeinträchtigung von Vertraulichkeit, Integrität oder Verfügbarkeit orientieren. Bei der Verarbeitung besonderer personenbezogener Daten nach Art. 9 liegt bspw. eine höhere Sensibilität vor, so dass der Schutzbedarf „normal" überstiegen wird.

32 Genau genommen handelt es sich bei Abs. 1 lit. b und c um Fähigkeiten („abilities") und nicht um Maßnahmen. Diese Fähigkeiten können aber durch geeignete Maßnahmen erreicht werden.

33 Gola/*Piltz* Art. 32 Rn. 24 mit Hinweis auf den Übersetzungsfehler, dass dieser Passus in der deutschen Sprachfassung fehlte; durch das Corrigendum vom 19.4.2018 wurde durch das Hinzufügen des Worts „gegebenenfalls" deutlich gemacht, dass hier eine Angemessenheitsbetrachtung zu erfolgen habe.

zu überlegen, inwieweit und auf welche Weise sie für **den betrachteten Fall implementiert** werden sollen, damit ein dem Risiko angemessenes Schutzniveau gewährleistet wird.

32 Abs. 1 lit. a nennt als risikoreduzierende Maßnahmen Pseudonymisierung und Verschlüsselung (→ Rn. 33ff.). Diese Maßnahmen dienen als Beispiel für eine Veränderung der Daten oder der Verarbeitung. Sie betreffen die **Gestaltung der Verarbeitung** unmittelbar und nehmen Einfluss auf die Nutzbarkeit der Daten. Im Gegensatz dazu sind die Maßnahmen aus Abs. 1 lit. b–d abstrakter formuliert. Abs. 1 lit. b enthält die Anforderung, die genannten Schutzziele andauernd zu erfüllen (→ Rn. 36ff.). Diese Anforderung adressiert die Datenverarbeitung von Beginn an und während des gesamten Betriebs. Gefordert sind präventive Maßnahmen, die eine Beeinträchtigung des Schutzniveaus vermeiden und dafür sorgen, dass der Risikofall möglichst niemals eintritt. Abs. 1 lit. b adressiert den Regelbetrieb. Daneben beschreibt Abs. 1 lit. c die Anforderungen für den Fall, dass ein Zwischenfall stattgefunden hat und korrektive Maßnahmen – ex post – erforderlich sind (→ Rn. 47ff.). Auch Abs. 1 lit. b und c betreffen mit den Maßnahmen die Gestaltung der Datenverarbeitung, dh der Verarbeitungstätigkeiten selbst, und ihrer Einbettung in die Organisation. Dagegen legt Abs. 1 lit. d den Fokus auf ein gesondertes Verfahren, das als Steuer- und Kontrollkomponente die Wirksamkeit der technischen und organisatorischen Maßnahmen sicherstellen soll (→ Rn. 53ff.). Dieses Verfahren zum Sicherheitsmanagement ist orthogonal zu den üblichen Verarbeitungstätigkeiten zu verstehen.

33 **b) Pseudonymisierung und Verschlüsselung.** Pseudonymisierung und Verschlüsselung personenbezogener Daten zielen als Maßnahmen darauf ab, das **Risiko einer missbräuchlichen Nutzung zu reduzieren**. In diesem Zusammenspiel kommen Verschlüsselung und Pseudonymisierung an einer weiteren Stelle vor: Art. 6 Abs. 4 lit. e nennt sie als mögliches Beispiel für das Vorhandensein geeigneter Garantien bei der Betrachtung, inwieweit eine zweckändernde Verarbeitung zulässig sein kann. Sowohl Pseudonymisierung als auch eine (grundsätzlich reversible) Verschlüsselung ändern nichts an der Einstufung der Daten als personenbezogen (→ Art. 4 Nr. 5 Rn. 15).

34 **Pseudonymisierung** wird in Art. 4 Nr. 5 definiert (→ Art. 4 Nr. 5 Rn. 30ff.). Es handelt sich dabei um eine technisch-organisatorische Maßnahme, die risikoreduzierend wirken und damit zur Sicherheit der Verarbeitung beitragen kann. Bedingung ist, dass die zusätzlichen Informationen, die erforderlich dafür sind, um einen Personenbezug (wieder) herzustellen, bei der Verarbeitung der pseudonymisierten Daten nicht verfügbar sind. Um dies sicherzustellen, sind in der Regel weitere technische und organisatorische Maßnahmen erforderlich, bspw. Trennung der Datenbestände oder Zugangskontrollen. Für eine Pseudonymisierung kommen geeignete Hashwert- oder Verschlüsselungsverfahren, Referenztabellen oder Treuhänder infrage.[34]

35 Das Konzept der Verschlüsselung wird in der DSGVO nicht explizit definiert, aber in Abs. 34 Abs. 3 lit. a charakterisiert. Demnach eignet sich **Verschlüsselung** dazu, **personenbezogene Daten für alle unbefugten Personen unzugänglich** zu machen. Bspw. kann eine Verschlüsselung von Daten dazu führen, dass im Fall einer Verletzung des Schutzes personenbezogener Daten nach Art. 34 die Benachrichtigung der betroffenen Personen entfallen kann.[35] Die der Verschlüsselung zugrundeliegenden Verfahren der Kryptographie gemäß dem Stand der Technik[36] sind ein wichtiger Mechanismus, um Informationssicherheit gemäß Art. 32 zu implementieren, aber auch Anforderungen des Art. 25 umzusetzen. Dies bedingt allerdings, dass keine Hintertüren in die Verschlüsselungssysteme eingebaut werden dürfen, die einen unbefugten Zugang eröffnen. Symmetrische Verschlüsselungsverfahren (zB AES, Blowfish, IDEA, RC6, Twofish) verwenden denselben Parameter (Schlüssel) zum Ver- und Entschlüsseln und sind bspw. geeignet für eine Festplatten- oder Dateiverschlüsselung. Asymmetrische Kryptoverfahren (zB ECC, ElGamal, RSA) basieren auf einem Schlüsselpaar bestehend aus einem öffentlichen Schlüssel und einem nur der befugten Person bekannten privaten Schlüssel. Will man eine Nachricht an die befugte Person senden, kommt zum Verschlüsseln der öffentliche Schlüssel dieser Person zum Einsatz. Nur sie kann die Nachricht mit dem korrespondierenden privaten Schlüssel entschlüsseln. Asymmetrische Kryptoverfahren können auch zum elektronischen Signieren verwendet werden und damit Integrität und Authentizität gewährleisten; diese Funktionsweise ist in Abs. 1 lit. a aber nicht gemeint.

36 **c) Vertraulichkeit, Integrität, Verfügbarkeit und Belastbarkeit.** Abs. 1 lit. b beschreibt den **Präventionsgedanken** in Bezug auf Sicherheit: Es geht darum, Sicherheitsanforderungen **auf Dauer** dynamisch (Englisch: „ongoing") – dh ständig, über die gesamte Zeit der Verarbeitung bzw. der Lebensdauer der verarbeiteten personenbezogenen Daten – zu gewährleisten. Schwerpunkt dieser Regelung ist also der Vorsorgeaspekt. Da sich Abs. 1 lit. b auf den Normalbetrieb bezieht, sind nicht nur rein vorbeugende Maßnahmen erfasst,

34 *Art.-29-Gruppe,* WP 216, S. 24ff.
35 *Art.-29-Gruppe,* WP 250rev. 01, S. 18 f.
36 *BSI,* BSI TR-02102-1 „Kryptographische Verfahren: Empfehlungen und Schlüssellängen", Version 2018-01.

sondern zum Regelungsziel gehören auch die Erkennung von Zwischenfällen, dh unerwünschten Ereignissen, und die angemessene Reaktion auf diese.[37] Der Aspekt der nachhaltigen Gewährleistung des Schutzniveaus wird ebenfalls in Abs. 1 lit. d adressiert (→ Rn. 53ff.). Während Abs. 1 lit. b die Kriterien für die Auswahl der geeigneten Maßnahmen vorgibt, betrifft Abs. 1 lit. d ein gesondertes Verfahren zur Gewährleistung von deren Wirksamkeit, das eine regelmäßige Überprüfung vorsieht.

Sowohl die Verarbeitungssysteme als auch zur Verarbeitung genutzte Dienste sind von der Anforderung des **37** Abs. 1 lit. b umfasst. Der **Begriff Systeme muss weit aufgefasst** werden, so dass nicht nur technische Systeme zur automatisierten Verarbeitung, sondern bspw. auch Systeme zur Unterstützung einer papiergebundenen Verarbeitung in den Blick zu nehmen sind. Die Anforderung erstreckt sich auf den gesamten Anwendungsbereich der DSGVO, wie er in Art. 2 Abs. 1 (→ Art. 2 Rn. 13ff.) beschrieben ist. Dasselbe gilt für den Begriff der Dienste. Nicht außer Acht gelassen werden dürfen die natürlichen Personen, die mit den Systemen und Diensten umgehen und ebenfalls in die Verarbeitung der personenbezogenen Daten eingebunden sind. In diesem Zusammenhang ist nicht nur an Verpflichtungen der Personen zu denken, wie dies noch Abs. 4 als Maßnahme infrage kommt, sondern auch an regelmäßige Schulungen, um das andauernde Bewusstsein für die Risiken und die Wichtigkeit, dass die festgelegten Regeln im Sinne des Datenschutzes und der Informationssicherheit befolgt werden müssen und nicht umgangen werden dürfen, zu vermitteln.

Abs. 1 lit. b bedient sich der **klassischen Schutzziele der Informationssicherheit** (→ Rn. 12): Vertraulichkeit **38** (→ Rn. 39), Integrität (→ Rn. 40) und Verfügbarkeit (→ Rn. 41). Als vierte Anforderung mit Bezug zu den klassischen Schutzzielen wird Belastbarkeit (Englisch: „resilience") angefügt (→ Rn. 42ff.).[38] Auch wenn nicht die personenbezogenen Daten direkt als Schutzgut adressiert werden, sondern nach der gewählten Formulierung die Systeme und Dienste als hauptsächlicher Schutzgegenstand angesehen werden könnten, ergibt sich aus dem Zusammenhang, dass es um die gesamte Verarbeitung einschließlich der Daten geht. Deutlich wird dies zumindest für das Schutzziel Vertraulichkeit, das in Art. 1 lit. b nicht bedeuten soll, dass die Verarbeitungsabläufe, das Hardware-Design oder der Software-Code vertraulich, dh geheim gehalten, sein sollen, sondern gemeint sind Vertraulichkeitsgarantien für die Daten bei ihrer Verarbeitung.[39] Allerdings geht es stets um die Gestaltung der Verarbeitung einschließlich der Systeme und Dienste, damit diese Garantien gegeben werden können. Integrität und Verfügbarkeit sind Schutzziele, die sich sowohl auf die Verarbeitungssysteme und -dienste als auch auf die Daten selbst beziehen können. Belastbarkeit adressiert dagegen vornehmlich die Systeme und Dienste.

Vertraulichkeit kommt in der DSGVO nicht nur als Teil des Datenschutzgrundsatzes in Art. 5 Abs. 1 lit. f **39** vor, sondern wird an mehreren Stellen aufgegriffen.[40] Eine Definition wird in der DSGVO nicht gegeben; man kann sich an dieser Stelle einer typischen Definition aus der Informationssicherheit bedienen: Demnach ist Vertraulichkeit der Schutz vor unbefugter Preisgabe von Informationen; vertrauliche Daten und Informationen dürfen ausschließlich Befugten in der zulässigen Weise zugänglich sein.[41] Zu den Maßnahmen zum Gewährleisten oder Unterstützen von Vertraulichkeitsanforderungen gehören die Verschlüsselung von Daten, Berechtigungssysteme für Zutritt, Zugang und Zugriff zusammen mit einer Authentifizierung anhand von einem oder mehreren Faktoren.

Im Gegensatz zur Vertraulichkeit wird **Integrität** als Begriff in der DSGVO nicht vielfach erwähnt, sondern **40** lediglich in Abs. 1 sowie im Datenschutzgrundsatz in Art. 5 Abs. 1 lit. f. Allerdings finden sich an mehreren Stellen Verweise auf mit Integrität zusammenhängenden Konzepten, zB in Bezug auf die Vollständigkeit oder Authentizität von Daten (EG 49) sowie das Recht auf Berichtigung (Art. 16 S. 1 und S. 2). Integrität kann sich sowohl auf die Unversehrtheit von Daten als auch auf die korrekte Funktionsweise von Systemen beziehen.[42] Eine unerlaubte Veränderung stellt eine Verletzung der Integrität von Informationen dar; dies kann neben dem eigentlichen Inhalt auch Attribute wie den Urheber oder Absender sowie den Zeitpunkt der Erstellung betreffen.[43] Die Integrität lässt sich schützen durch Maßnahmen wie elektronische Signaturen oder Prüfziffern, Eingabekontrollen (Protokollierung) zum Feststellen, von wem wann welche personenbezogenen Daten eingegeben, verändert oder gelöscht wurden, oder Berechtigungssysteme für Zutritt, Zugang und Zugriff. Blockchain-Systeme weisen einen hohen Grad an Integrität auf, doch vor der Auswahl

---

37 In der Informationssicherheit spricht man von „prevention", „detection" und „correction/reaction", zB *Vallabhaneni*, Auditing Information Systems Security in: *Bidgoli* (Hrsg.), Handbook of Information Security, Threats, Vulnerabilities, Prevention, Detection, and Management, 2006, Vol. 3, 829 (835).

38 *Gonscherowski/Hansen/Rost* DuD 2018, iErg.

39 Bei Integrität, Verfügbarkeit und Belastbarkeit passt dagegen der Fokus auf die Systeme und Dienste der Verarbeitung.

40 Mit Art. 76 gibt es sogar einen eigenen Artikel mit der Bezeichnung „Vertraulichkeit", jedoch geht es – erkennbar am Kapitel VII, in dem sich dieser Artikel befindet – lediglich um die Vertraulichkeit der Beratungen des Ausschusses und nicht um allgemeine Vertraulichkeitsanforderungen.

41 *BSI*, IT-Grundschutz-Kompendium, Vertraulichkeit, Glossar, 2018.

42 *BSI*, IT-Grundschutz-Kompendium, Integrität, Glossar, 2018.

43 *BSI*, IT-Grundschutz-Kompendium, Integrität, Glossar, 2018.

eines solchen Systems für die Verarbeitung ist zu berücksichtigen, dass Betroffenenrechte auf Löschung oder Korrektur kaum umsetzbar sind und viele Implementierungen auch dem Datenschutzgrundsatz der Speicherbegrenzung entgegenstehen.[44]

41 Die **Verfügbarkeit** wird nicht in den Datenschutzgrundsätzen als Begriff erwähnt, ist aber konzeptionell durchaus in Art. 5 Abs. 1 lit. f enthalten, da die Bedrohungen des Verlustes oder der Zerstörung genannt werden. In EG 49 wird die Wichtigkeit der Verfügbarkeit von gespeicherten oder übermittelten personenbezogenen Daten betont. Verfügbarkeit ist aber nicht immer im Sinne des Datenschutzes gewünscht; im Gegenteil ist häufig die Nichtverfügbarkeit von Daten notwendig, bspw. zur Umsetzung der Datenschutzgrundsätze der Datenminimierung (Art. 5 Abs. 1 lit. c) oder Speicherbegrenzung (Art. 5 Abs. 1 lit. e), wenn Löschungen verlangt werden (Art. 17, EG 67) oder bezüglich der zusätzlichen Informationen bei einer Pseudonymisierung (Art. 4 Nr. 5). Die Verfügbarkeit der Verarbeitungssysteme einschließlich der Verarbeitung zur Löschung oder Pseudonymisierung ist dagegen normalerweise gewünscht. Verfügbarkeit von Dienstleistungen, Funktionen eines IT-Systems, IT-Anwendungen oder IT-Netzen oder auch von Informationen bedeutet, dass diese von den Anwendern stets wie vorgesehen genutzt werden können.[45] Maßnahmen zur Unterstützung der Verfügbarkeit sind bspw. die redundante Auslegung von Systemen, eine unterbrechungsfreie Stromversorgung, Vertretungsregelungen, Speicherungen in RAID-Systemen oder in (mehreren) Clouds sowie Datensicherungen.

42 Bei der Belastbarkeit handelt es sich **nicht um ein viertes elementares Schutzziel der Informationssicherheit**. Die **Übersetzung von Resilience als Belastbarkeit** greift zu kurz; dasselbe gilt für die verwandten Begriffe Widerstandsfähigkeit, Robustheit, Elastizität oder Anpassungsfähigkeit. Man sollte daher besser dichter am Original von Resilienz sprechen. Die Resilienzforschung ist jünger als die schon über viele Jahrzehnte laufende Beschäftigung der Informatik mit den klassischen Schutzzielen. Ausgangspunkt ist die Erkenntnis, dass es immer zu Fehlern oder Zwischenfällen kommen kann und dass es daher essentiell ist, dass die Verarbeitungssysteme damit in einer geeigneten Weise umgehen und ihre Funktionsfähigkeit – möglicherweise mit einer adaptierten Verarbeitung – aufrechterhalten wird.[46] In der Informationssicherheit muss Resilienz nicht bedeuten, dass nach einer Störung oder Schädigung ein Zurückspringen in den ursprünglichen Zustand geschieht, aber zumindest soll die Funktionalität möglichst weitgehend aufrechterhalten bleiben.

43 Ein Teil der Resilienzforschung ist im Bereich der Safety und im Umgang mit Unfällen oder Naturereignissen angesiedelt. Dennoch geht es bei der Resilienz allgemein um die **angemessenen Reaktionen auf nicht vorhergesehene Änderungen in den Abläufen**. Solche Änderungen können sich bspw. ergeben aus einem Technikversagen, gezielten Angriffen, menschlichen Fehlern, neuen wissenschaftlichen Erkenntnissen über Sicherheitsrisiken, aber auch aus Rechtsänderungen oder einer Insolvenz eines Dienstleisters. Aus dieser Komplexität ergibt sich, dass sich Resilienz keineswegs auf Verfügbarkeitsgarantien in Hochlastsituationen reduzieren lässt.[47] Stattdessen bezieht sich Resilienz prinzipiell auf alle Datenschutzgrundsätze des Art. 5 Abs. 1 und insbes. auf alle Schutzziele der Informationssicherheit[48] und ebenso auf die Gewährleistungsziele des Standard-Datenschutzmodells.[49] Zudem können datenschutzfördernde Systeme mit Resilienzfunktionalität kombiniert werden, ohne dass die Datenschutzfunktionalität beeinträchtigt wird.[50] Allerdings laufen einige Resilienzmaßnahmen den Datenschutzgrundsätzen wie der Transparenz, der Datenminimierung oder der Speicherbegrenzung zuwider.[51]

44 Die zunehmende Wichtigkeit der Resilienz ergibt sich daraus, dass insbes. durch gesteigerte Verarbeitungskapazität, Miniaturisierung und Vernetzung komplexere Verarbeitungssituationen entstehen und durch den Trend zu **stärker autonom handelnden Systemen**, die in Interaktion mit anderen Geräten und ihrer Umgebung eintreten. Dazu gehören bspw. selbstfahrende Autos, Robotik oder Anwendungen des Internet of Things. Resilienz wird daher künftig verstärkt Einfluss auf die Gestaltung der Systeme nehmen; der Verantwortliche und der Auftragsverarbeiter müssen in ihrem Verantwortungsbereich auf die Resilienz einwirken.

---

44 *Marnau*, in: Eibl/Gaedke (Hrsg.), INFORMATIK 2017, 1025 (1034). Die Autorin unterscheidet dabei Ansätze der „Permissionless Blockchain", der „Permissioned Blockchain" und der „Permissioned Redactable Blockchain" und kommt zum Schluss, dass das letztgenannte Konzept am ehesten den Anforderungen der DSGVO gerecht werden kann.

45 *BSI*, IT-Grundschutz-Kompendium, Verfügbarkeit, Glossar, 2018.

46 *Sterbenz et al.*, Computer Networks, Vol. 54 No. 8, 2010, 1245 (1252); zu Ansätzen für eine juristische Resilienzforschung s. *Gander et al.* (Hrsg.), Resilienz in der offenen Gesellschaft, 2012; *v. Lewinski* (Hrsg.), Resilienz des Rechts, 2016.

47 So jedoch Paal/Pauly/*Martini* Art. 32 Rn. 39: Unter Belastbarkeit wird dort verstanden, dass „Datenverarbeitungssysteme [...] so widerstandsfähig sind, dass ihre Funktionsfähigkeit selbst bei starkem Zugriff bzw. starker Auslastung gewährleistet ist. Das gilt nicht zuletzt mit Blick auf die gezielte Überlastung von Servern, um die Verfügbarkeit trotz eines Angriffs von außen, etwa durch sog DoS- oder DDoS-Attacken (‚(Distributed) Denial of Service'), sicherzustellen."

48 *Bishop et al.* in Proceedings of the 2011 New Security Paradigms Workshop, 2011, 95 (100ff.).

49 *Gonscherowski/Hansen/Rost* DuD 2018, iErg.

50 Ein Beispiel gibt *Wohlgemuth* 2014 IEEE Security and Privacy Workshops, 31 (36).

51 *Gonscherowski/Hansen/Rost* DuD 2018, iErg.

Maßnahmen für Resilienz beinhalten das Verringern von Angriffsflächen (zB durch das Härten von Syste- 45
men, indem nur die nötigste Funktionalität installiert wird und Sicherheits-Updates umgehend installiert
werden), das Erkennen von Angriffen oder Störungen und die geeignete Reaktion darauf (zB durch Intrusi-
on-Detection-and-Response-Systeme an den Netzschnittstellen) oder das Schulen von Beschäftigten zum Erkennen von Problemen und zum Lernen aus Fehlern. Die Verarbeitung sollte so gestaltet sein, dass bei
einem Zwischenfall in einen Modus gewechselt wird, der zu einem möglichst geringen Schaden führt (Fail-
Safe-Modus, zB abgekoppelt vom Internet). Das Schaffen von Interventionsmöglichkeiten, zB durch
menschliches Eingreifen, kann ebenfalls die Resilienz unterstützen. Kritische Abhängigkeiten, bspw. von
zentralen Komponenten oder von nicht rasch ersetzbaren Dienstleistern, sollten vermieden werden. Eine
Realisierung mit dezentralen Komponenten oder die Möglichkeit, beim Versagen der zentralen Komponenten auf dezentrale Alternativen zu wechseln, gehören ebenfalls zur Resilienz (zB ein Wechsel der von zentralen Telekommunikationsanbietern betriebenen Mobilkommunikation auf Ad-hoc-Netzwerke, die klein-
räumig zwischen den Geräten aufgebaut werden). Auch eine Abhängigkeit von zentralen Sicherheitskom-
ponenten ist kritisch, zB wenn sich herausstellt, dass der verwendete Verschlüsselungsmechanismus nicht
mehr als ausreichend sicher einzustufen ist und er schnell ersetzt werden muss; hier wären Prozesse für
einen Austausch solcher Komponenten oder ein zeitweiser Parallelbetrieb, der aber nicht selbst zu Sicher-
heits- oder Datenschutzrisiken führen darf, denkbar. Auch ist eine interoperable Gestaltung der Verarbeitung mit definierten, offengelegten Schnittstellen hilfreich, um leichter Alternativen in Betrieb nehmen zu
können. Resilienz betrifft Hardware, Software und Prozesse. Ein modulares, komplexitätsreduzierendes
Design der Verarbeitungssysteme unterstützt Resilienz; doch geeignete resiliente Verfahren können auch damit umgehen, wenn nicht alle Komponenten sicher und verlässlich funktionieren[52] oder wenn das Vorhandensein von Hintertüren nicht ausgeschlossen werden kann.[53] Selbstlernende Systeme spielen ebenfalls eine
wichtige Rolle bei der Resilienz; hierbei müssen aber **Eingreif- und Überprüfungsmöglichkeiten vorgesehen**
sein, um die **Beherrschbarkeit und Nachvollziehbarkeit** zu wahren.[54]

Eine Anforderung wie in Abs. 1 lit. a, die knapp auf bestimmte Zielvorgaben verweist, lässt sich aufgrund 46
ihrer Abstraktheit nicht unmittelbar implementieren. Hinzu kommt, dass die Zielvorgaben nicht unabhängig voneinander sind, sondern konzeptionell oder in ihren Implementierungen Einfluss aufeinander nehmen.[55] Bspw. bedeutet das Umsetzen von Vertraulichkeitsanforderungen in der Weise, dass Daten so verschlüsselt sind, dass man nur bei Mitwirkung von mehreren Personen an den Klartext herankommt (zB
durch geteilte Passwörter), dass die Verfügbarkeit auf diese Daten eingeschränkt wird, denn diese hängt
von der Verfügbarkeit all jener Personen ab.[56] Auch **zwischen anderen Zielvorgaben bestehen solche Span-
nungen**, die bei der Festlegung des Schutzniveaus, bei dem häufig nicht alle Zielvorgaben gleich wichtig
sein werden, und bei der Entscheidung über die Maßnahmen bewusst aufgelöst werden müssen: Dies betrifft sowohl die Schutzbedarfsfeststellung (→ Rn. 30) als auch die Auswahl von Maßnahmen, die einzeln
und in Kombination in Bezug auf die Vereinbarkeit mit den Anforderungen der gesamten DSGVO in den
Blick zu nehmen sind (→ Rn. 11).

d) Wiederherstellbarkeit. Abs. 1 lit. c betrifft die Situation, dass es bereits einen Vorfall gegeben hat. Da 47
diese Regelung explizit darauf verweist, dass für solche – kaum vollständig auszuschließenden – Fälle Vorsorge zu tragen ist, hat auch diese Anforderung präventiven Charakter, um das angemessene Schutzniveau
zu gewährleisten und Beeinträchtigungen entgegenzuwirken. Die Regelung adressiert lediglich solche **Zwischenfälle** (Englisch: „incidents"),[57] die zu einer **Einschränkung der Verfügbarkeit der personenbezogenen
Daten oder des Zugangs zu ihnen** führen. Die Anforderung, dass es sich um einen physischen oder technischen Zwischenfall handeln muss, bedeutet kaum eine Reduktion der infrage kommenden Situation. Denkbar wäre ein rechtlicher „Vorfall", zB wenn nach einer gesetzlichen oder richterlichen Anforderung oder
durch eine Anforderung der Datenschutzaufsichtsbehörde Daten zu löschen sind und dann üblicherweise –
bei einem echten Löschen – auch nicht wiederherstellbar sind. Solche Fälle werden in Abs. 1 lit. c ausgenommen. Physische Zwischenfälle können der Verlust von Speichermedien oder die Zerstörung von Geräten oder Räumen, die mit der Verarbeitung in Zusammenhang stehen, umfassen. Technische Zwischenfälle
betreffen bspw. Löschbefehle nach Umgehen von Zugangskontrollmechanismen oder die bekannten Ran-

---

52 *Dobson/Randell* in Proc. IEEE Symposium on Security and Privacy, 1986, 187 (192).
53 *Mavroudis et al.* 24th ACM Conference on Computer and Communications Security, 2017, 1583 (1595).
54 *Madni/Jackson,* IEEE Systems Journal Vol. 3 Issue 2, 2009, 181 (190).
55 *Rost/Pfitzmann* DuD 2009, 35.
56 Das Problem lässt sich entschärfen, wenn ein System zum Multi-Threshold Secret Sharing verwendet wird, bei dem nur eine kleinere
    (beliebige) Untermenge der Personen verfügbar sein müsste, um den Klartext zu erkennen.
57 Der Begriff Zwischenfall kommt an keiner weiteren Stelle der DSGVO vor. Dasselbe gilt für die englische Entsprechung „incident", die
    lediglich durch Nennung von „Computer Security Incident Response Teams (CSIRTs) in EG 49 Erwähnung findet.

somware-Angriffe, bei denen die gespeicherten Daten verschlüsselt werden und der Angreifer eine Entschlüsselung erst nach einer Lösegeldzahlung verspricht.

48 Die Verfügbarkeit ist sowohl wichtig für die planmäßige Verarbeitung der personenbezogenen Daten zu dem definierten Zweck als auch zum Erfüllen der Betroffenenrechte. Abs. 1 lit. b betrifft sowohl die Daten selbst als auch den Zugang zu ihnen. Dass dies getrennt dargestellt wird, soll wohl dazu führen, dass die **Maßnahmenauswahl den gesamten Bereich der Verfügbarkeit** – und **Wiederherstellbarkeit** – in den Blick nimmt. Offensichtlich wäre die Verfügbarkeit beeinträchtigt, wenn zwar das Verarbeitungssystem nutzbar ist, aber die vorher vorhandenen Daten gelöscht wurden. Andersherum reichen Maßnahmen gegen eine Löschung oder Zerstörung von Daten nicht aus, wenn sie damit zwar vorhanden, aber in Ermangelung einer Zugangsmöglichkeit nicht für die weitere Verarbeitung nutzbar sind. Der Begriff des Zugangs in der DSGVO ist umfassend als „access" iSv Zugang, Zutritt und Zugriff zu verstehen und beschränkt sich nicht wie in der Anlage zu § 9 BDSG aF oder im IT-Grundschutz[58] auf die Zugangskontrolle.

49 Die Anforderung nach Wiederherstellung der Verfügbarkeit bedeutet nicht, dass das System in **denselben Zustand gebracht** werden muss, den es vor dem Zwischenfall hatte. Dies wäre auch häufig nicht sachgerecht, bspw. wenn sich herausstellt, dass die Verfügbarkeitseinschränkungen schon vorher drohten, zB bei unzureichender physischer Sicherung, oder technische Verwundbarkeiten bestanden, die sich von Angreifern ausnutzen ließen. Ganz deutlich ist dies im Fall eines Trojaners, der sich schon längere Zeit im System festgesetzt hat, dessen Schadpotenzial aber erst mit Zeitverzögerung ausgelöst wird.

50 Die Integrität wird in Abs. 1 lit. c nicht gesondert herausgestellt. Dennoch ist anzunehmen, dass sich die Anforderung nach Verfügbarkeit der Daten und Zugangssysteme nur dann sinnvoll erfüllen lässt, wenn es sich auch um **integre Daten und integre Zugangssysteme** handelt, wie dies auch in Abs. 1 lit. b durch die Anforderung an Integrität beschrieben ist. Ebenso darf die Forderung nach Zugang nicht unbeschränkt oder beliebig verstanden werden, sondern gemeint ist die Wiederherstellung des rechtmäßigen und befugten Zugangs zu den Daten (→ Rn. 66ff., → Art. 29 Rn. 11).

51 Die Wiederherstellung der Verfügbarkeit ist nur dann erforderlich, wenn die Maßnahmen zur Gewährleistung der Verfügbarkeit nach Abs. 1 lit. b nicht erfolgreich waren (→ Rn. 41ff.) und es zB trotz unterbrechungsfreier Stromversorgung oder verteilter Speicherung zu den Verfügbarkeitseinschränkungen gekommen ist. Insoweit **bedient Abs. 1 lit. c die Resilienzanforderung** aus Abs. 1 lit. b. Maßnahmen umfassen das Vorhalten von redundanten Systemen, zB Ersatzhardware, einen Mechanismus zum Neuaufsetzen der verwendeten Systeme mit Betriebssystem und Software (ohne dass etwaige Trojaner erneut ins System eingebettet werden) oder Möglichkeiten des gezielten vollständigen oder teilweise Einspielens einer Datensicherung (ggf. vor einer etwaigen Infektion des Systems).

52 Die Möglichkeit der Wiederherstellung (Englisch: „recovery") wird auch in **Art. 29 Abs. 2 lit. i JI-Richtlinie** gefordert und in § 64 Abs. 3 Nr. 9 BDSG nF aufgegriffen: Es ist zu gewährleisten, „dass eingesetzte Systeme im Störungsfall wiederhergestellt werden können (Wiederherstellung)[59]". Der Störungsfall ist wohl mit dem physischen oder technischen Zwischenfall vergleichbar. Doch im Gegensatz zur DSGVO fehlt hier die Verfügbarkeit der Daten, und es gibt auch **keine Zeitvorgabe** wie „rasch" (Englisch: „in a timely manner") aus Abs. 1 lit. c. Das BDSG nF löst dies durch ein Aufgreifen der Formulierung der DSGVO in Abs. 64 Abs. 2 S. 2 Nr. 2, der auch die Anforderung einer raschen Wiederherstellung enthält.

53 e) **Sicherheitsmanagement.** Die Anforderung des Abs. 1 lit. d ist **orthogonal** zu den vorherigen Anforderungen, denn es wird – neben der Verarbeitung der personenbezogenen Daten zur Erfüllung des Zwecks durch den Verantwortlichen oder Auftragsverarbeiter – explizit ein zusätzliches Verfahren gefordert, das dem **Sicherheitsmanagement** dient. Ohne ein solches Verfahren wird es angesichts der dynamischen Entwicklung von Bedrohungen der Informationssicherheit schwierig oder sogar unmöglich sein, das angemessene Schutzniveau dauerhaft aufrechtzuerhalten, auf das Art. 32 insgesamt abzielt. Inhalt des Verfahrens ist die regelmäßige Überprüfung, Bewertung und Evaluierung der Wirksamkeit der technischen und organisatorischen Maßnahmen. Während in Abs. 1 lit. b und c lediglich eine Fähigkeit mit bestimmten Zielvorgaben gefordert wird, ist jetzt die Wirksamkeitsgarantie der Maßnahmen gefragt – und zwar für die Sicherheit der Verarbeitung, dh für alle Anforderungen des Art. 32, die mit Maßnahmen unterstützt oder realisiert werden. Primär betrifft dies die nach Abs. 1 getroffenen technischen und organisatorischen Maßnahmen, aber auch die Schritte, die nach Abs. 4 zu unternehmen sind. Zudem können die durch Mechanismen der Selbstregulierung versprochenen Zusicherungen nach Abs. 3 umfasst sein.

54 Mit dem Verfahren aus Abs. 1 lit. d steht die **Wirksamkeit der Maßnahmen auf dem Prüfstand**, die für den Nachweis des Verantwortlichen, dass die Verarbeitung gemäß der Verordnung erfolgt, notwendig ist. Dies

---

58 *BSI*, IT-Grundschutz-Kompendium, Zugang/Zugriff/Zutritt, Glossar, 2018.
59 Im BDSG nF heißt es an dieser Stelle „Wiederherstellbarkeit".

verdeutlicht EG 74 S. 2, der sich auf Art. 24 Abs. 1 bezieht und vom Verantwortlichen geeignete und wirksame Maßnahmen verlangt. Der Nachweis erstreckt sich demnach auch auf die Wirksamkeit der Maßnahmen. In Art. 25 wird die Anforderung nicht gleichermaßen explizit herausgestellt, ist aber durch die Formulierung „wirksam umzusetzen" ebenfalls enthalten (→ Art. 25 Rn. 30ff.). Die Wirksamkeit der Maßnahmen ist jeweils nur zu ermitteln in Bezug auf die tatsächliche Implementierung im Zusammenhang mit dem technischen und organisatorischen Gesamtsystem der Verarbeitung beim Verantwortlichen, beim Auftragsverarbeiter und in dem Zusammenspiel zwischen den beteiligten Stellen. Ebenso ist erforderlich, dass die Entwicklung der Risiken verfolgt wird, die sich aus der Verarbeitung oder durch weitere Einflüsse ergeben können.

Die geforderte **Regelmäßigkeit der Überprüfung** folgt einerseits aus der Notwendigkeit, das angemessene 55
Schutzniveau auf Dauer sicherzustellen (→ Abs. 1 lit. b, Rn. 36), andererseits erschließt sich dies bereits aus der Rechenschaftspflicht des Verantwortlichen nach Art. 5 Abs. 2 (→ Art. 5 Rn. 175ff.) sowie nach Art. 24 Abs. 1 (→ Art. 24 Rn. 2). Art. 24 Abs. 1 S. 2 verlangt, dass die Maßnahmen erforderlichenfalls überprüft und aktualisiert werden (→ Art. 24 Rn. 19). Ein zeitliches Intervall gibt die DSGVO nicht vor, sondern es obliegt dem Verantwortlichen und dem Auftragsverarbeiter, die Überprüfung, Bewertung und Evaluierung der Wirksamkeit so häufig und so detailliert durchzuführen, dass ihnen der Nachweis der Erfüllung des Art. 32 gelingt und sie sicher sein können, die geeigneten Maßnahmen getroffen zu haben. Je **höher das Risiko und je höher das angemessene Schutzniveau,** desto öfter und genauer müssen sich der **Verantwortliche** und der **Auftragsverarbeiter der Wirksamkeit der Maßnahmen versichern.** Änderungen in der Verarbeitung oder in der Umgebung, das Bekanntwerden von Bedrohungen, Meldungen von Sicherheitsvorfällen, neue Dienstleister oÄ können neben den regelmäßigen Überprüfungen Anlässe für zusätzliche Überprüfungen sein.

Die Aufgabe der **Überprüfung, Bewertung und Evaluierung** (Englisch: „testing, assessing and evaluating") 56
kann in drei Schritte aufgeteilt werden: Zunächst findet im Rahmen der Überprüfung ein Testen der Wirksamkeit von Maßnahmen statt. Dies umfasst nicht nur kontrollierte und geplante Tests, bspw. indem man die eigene Verarbeitung gezielten Angriffen oder Ausfällen von Komponenten aussetzt, sondern auch die ständige Aufgabe der Auswertung von Sicherheitsmeldungen des Verarbeitungssystems, auffälligen Protokolleinträgen, Hinweisen der Hersteller auf Updates oder Patches sowie Warnungen aus der Fachpresse oder durch das BSI. Das Spektrum möglicher Tests ist groß – vom Sichten der Arbeitsplätze nach Passwort-Zetteln über das computergestützte Durchprobieren von Netzwerkzugriffen bis hin zu bestellten Angriffen durch sogenannte Tiger Teams, die ua Penetrationstests durchführen und damit Teile der Resilienzanforderungen nach Abs. 1 lit. b (→ Rn. 42ff.) überprüfen können. Tests sind in ihrer Planung und Durchführung ebenso wie die Testergebnisse zu dokumentieren. Nur wenn der Verantwortliche und der Auftragsverarbeiter im Vorfeld das Soll für die Maßnahmenüberprüfung festgelegt haben, das sich für die konkreten Testfälle aus dem festgelegten Schutzniveau ergibt, lassen sich die Resultate und Feststellungen aus der Überprüfung – insbes. in Hinblick auf etwaige Abweichungen vom Soll – sinnvoll bewerten. Die Begriffe Bewertung und Evaluierung sind nicht trennscharf; wichtig ist aber, dass bei der Evaluierung der Wirksamkeit nicht nur jede einzelne Maßnahme, sondern das Zusammenspiel des gesamten Systems mit den technischen und organisatorischen Maßnahmen in den Blick genommen wird. Dies betrifft zudem mögliche Änderungsbedarfe, die sich aus veränderten Bedingungen, bspw. bezüglich des Stands der Technik oder der Implementierungskosten ergeben. Sollte das Verfahren in der Überprüfung und Bewertung zum Ergebnis führen, dass die Wirksamkeit der Maßnahmen nicht ausreichend gegeben ist, muss die Abhilfe im Rahmen der Evaluierung geplant und geschaffen werden. Art. 24 Abs. 1 S. 2 spricht von einer Aktualisierung (Englisch: „update") der Maßnahmen (→ Art. 24 Rn. 19). Dies kann möglicherweise bedeuten, dass alte Maßnahmen nicht mehr zum Einsatz kommen dürfen, sondern durch neue Maßnahmen ersetzt werden müssen, oder dass sogar die Verarbeitung selbst umgestaltet werden muss, um bestimmte Risiken ausreichend eindämmen zu können.

Überprüfung, Bewertung und Evaluierung zur Bestimmung der Wirksamkeit der technischen und organisa- 57
torischen Maßnahmen gehören ebenso wie die Beschäftigung mit Risiken oder die Festlegung des angemessenen Schutzniveaus (Abs. 2, → Rn. 58ff.) zu den **Aufgaben des Informationssicherheitsmanagements.** Dies bezeichnet die „Planungs-, Lenkungs- und Kontrollaufgabe […], die erforderlich ist, um einen durchdachten und wirksamen Prozess zur Herstellung von Informationssicherheit aufzubauen und kontinuierlich umzusetzen"[60]. Dies dafür erforderliche Verfahren nennt man **Informationssicherheitsmanagementsystem (ISMS).** Dabei handelt es sich nicht um eine technische Lösung, sondern Bestandteile dieses Verfahrens sind
1. natürliche Personen, bspw. Beschäftigte, die in klar definierter Zuständigkeit ihre Aufgaben durchführen,
2. organisatorische Prozesse, welche die Abläufe festlegen, um Informationssicherheit aufzubauen und um-

---

60 *BSI,* IT-Grundschutz-Kompendium, Baustein ISMS: Sicherheitsmanagement, 2018.

zusetzen, und 3. technische Unterstützung bspw. zum Testen und zur Dokumentation. Aufgrund der Wichtigkeit dieser Aufgabe muss das ISMS geeignet in die Organisation eingebettet werden und von der Leitungsebene unterstützt werden. Dies ergibt sich bereits daraus, dass die Verantwortung nach Art. 24 beim Verantwortlichen verbleibt. Da die Anforderungen des Art. 32 nicht identisch sind mit denen des Art. 25 und möglicherweise Zielkonflikte festgestellt und aufgelöst werden müssen, sollte das ISMS parallel zum Datenschutzmanagementsystem (→ Art. 25 Rn. 34) installiert werden. Die beiden Systeme sollten nicht in einem System verschmelzen, aber Schnittstellen aufweisen, bspw. durch einen regelmäßigen Informationsaustausch zwischen den verschiedenen Teams, die sich mit den einzelnen Themen beschäftigen.

58 **3. Beurteilung des angemessenen Schutzniveaus (Abs. 2).** Abs. 2 bezieht sich auf Abs. 1: Während Abs. 1 die Zielvorgabe der Norm formuliert, ein dem Risiko **angemessenes Schutzniveau** zu gewährleisten, beschreibt Abs. 2, welche Risiken bei dessen Beurteilung insbes. zu berücksichtigen sind, nämlich die **Risiken eines Sicherheitsvorfalls**, wie dies Art. 4 Nr. 12 als „Verletzung des Schutzes personenbezogener Daten" definiert (→ Art. 4 Nr. 12 Rn. 2; zur Meldepflicht → Art. 33 Rn. 7) und wie dies in Abs. 2 durch (fast) wortidentische Formulierung aufgegriffen wird.[61] Dies wird in Abs. 1 noch nicht deutlich, der in S. 1 das Risiko für die Rechte und Freiheiten natürlicher Personen generell anspricht. Zwar kann man aus den beispielhaft aufgezählten Maßnahmen unter Abs. 1 lit. a–d auf die jeweils adressierten Risiken schließen, doch die Maßnahmen sind nicht abschließend dargestellt. Daher ist eine explizite **Konkretisierung der Anforderungen an die Beurteilung des Schutzniveaus** hilfreich. Aus Abs. 2 ergibt sich der **Fokus auf die Sicherheit** der Verarbeitung. Anders gelagerte Risiken für die Rechte und Freiheiten natürlicher Personen, zB das Risiko einer Diskriminierung, wie in EG 75 dargelegt, dürfen vom Verantwortlichen und vom Auftragsverarbeiter nicht ignoriert werden, sind aber nicht Schwerpunkt in der Betrachtung nach Art. 32, sondern müssen bspw. im Rahmen von Art. 25 für Datenschutz durch Technikgestaltung oder Art. 35 für die Datenschutz-Folgenabschätzung aufgenommen werden.[62]

59 Es geht in Abs. 2 um Risiken, die mit der Verarbeitung verbunden sind. Generell bedeutet dies im Kontext der DSGVO, dass solche Risiken sich entweder unmittelbar aus der vom Verantwortlichen beabsichtigten und geplanten Verarbeitung ergeben oder ohne seine Absicht, zB bedingt durch Fremdeinfluss oder höhere Gewalt, bestehen. In Abs. 2 liegt der Schwerpunkt nicht auf solchen Risiken, welche die beabsichtigte und geplante Verarbeitung mit sich bringen, sondern auf **unerwünschten Ereignissen**.[63] Dies wird in Abs. 2 ausgedrückt durch das zweite „insbesondere": Einerseits werden unbeabsichtigte (Englisch: „accidental") Ereignisse, die eintreten können, in den Blick genommen, bspw. **menschliche Fehler** beim Verantwortlichen oder Auftragsverarbeiter mit Auswirkungen auf die personenbezogenen Daten oder **höhere Gewalt** wie bei Naturkatastrophen.[64] Andererseits erwähnt Abs. 2 unrechtmäßige (Englisch: „unlawful") Ereignisse, bspw. **Angriffe** aus dem Internet oder unbefugte Zugriffe vor Ort, die in voller Absicht der handelnden Personen durchgeführt werden, aber gegen das Recht verstoßen.[65]

60 Ohne dass die Schutzziele der IT-Sicherheit genannt werden, spannt Abs. 2 das Feld der hier insbes. zu betrachtenden Risiken **Verletzungen der Verfügbarkeit, der Integrität und der Vertraulichkeit** in Bezug auf personenbezogene Daten auf, die sich jeweils auf alle möglichen Ausprägungen der Verarbeitung beziehen: übermittelte, gespeicherte oder auf andere Weise verarbeitete Daten. Dass Übermitteln vor dem für die Verarbeitung grundlegenderen Speichern[66] genannt wird, soll möglicherweise dafür sensibilisieren, dass mit einer Datenweitergabe stets zusätzliche Sicherheitsrisiken verbunden sind. Allerdings sind bei der Beurteilung des angemessenen Schutzniveaus ohnehin alle Arten der Verarbeitung personenbezogener Daten zu betrachten; dies ist auch im Sinne der Nachweispflicht zu dokumentieren.

61 Das Risiko bezüglich der unbeabsichtigten oder unrechtmäßigen Vernichtung von personenbezogenen Daten beschreibt eine Verletzung des Schutzziels Verfügbarkeit, zB durch Löschen von Daten, die verfügbar gehalten werden müssen. Ähnliches gilt für einen Verlust von personenbezogenen Daten. Die unbeabsichtigte oder unrechtmäßige Veränderung der Daten betrifft deren Integrität. Eine Bedrohung der Vertraulich-

---

61 Die englische Formulierung der Definition „personal data breach" in Art. 4 Nr. 12 ist wortidentisch mit dem letzten Teil von Abs. 2; die deutsche Sprachfassung zeigt nur unwesentliche Unterschiede.

62 Es sei angemerkt, dass der Normadressat von Art. 25 und 35 der Verantwortliche und nicht unmittelbar der Auftragsverarbeiter ist. Art. 32 und 33 sehen dagegen Pflichten sowohl für den Verantwortlichen als auch für den Auftragsverarbeiter vor.

63 Dass unerwünschte Ereignisse im Fokus stehen, betont auch *Art.-29-Gruppe*, WP 250rev. 01, S. 7.

64 Es gibt also nicht in jedem Fall einen Rechtsverstoß, wie dies von *Martini* angenommen wird: „... namentlich zum einen die Vernichtung, den Verlust oder die Veränderung von Daten – egal ob dies unbeabsichtigt oder beabsichtigt, in jedem Fall aber unrechtmäßig erfolgt –", Paal/Pauly/*Martini* Art. 32 Rn. 52.

65 Sollte die Verarbeitung an sich unrechtmäßig sein, sollte dies klar sein, bevor eine Beurteilung des angemessenen Schutzniveaus nach Art. 32 durchgeführt wird. Eine unrechtmäßige Verarbeitung wird nicht dadurch rechtmäßig, dass technische und organisatorische Maßnahmen nach dem Stand der Technik oder besser getroffen wurden.

66 In der Legaldefinition von Verarbeitung in Art. 4 Nr. 2 wird Übermitteln erst später aufgeführt.

keit geschieht durch die unbefugte Offenlegung von oder den unbefugten Zugang zu personenbezogenen Daten. Selbstverständlich ist nicht jede Vernichtung, Veränderung oder Offenlegung personenbezogener Daten unrechtmäßig, sondern dies alles kann beabsichtigter Bestandteil der Verarbeitungstätigkeiten des Verantwortlichen oder des Auftragsverarbeiters oder sogar notwendig für die Einhaltung des Datenschutzrechts sein. Bspw. wäre ein Vernichten (Löschen) von nicht mehr erforderlichen personenbezogenen Daten keineswegs als Sicherheitsvorfall zu werten, sondern als notwendiger Schritt der Verarbeitung im Sinne der Datenschutzgrundsätze Datenminimierung (Art. 5 Abs. 1 lit. c, → Art. 5 Rn. 117ff.) oder Speicherbegrenzung (Art. 5 Abs. 1 lit. e, → Art. 5 Rn. 151ff.), der auch durch technische und organisatorische Maßnahmen umgesetzt oder unterstützt werden muss (→ Art. 25 Rn. 66 u. 68). Dieselbe Verarbeitungsoperation, in diesem Fall das Löschen, kann zu einem Zeitpunkt der Verarbeitung unbeabsichtigt oder sogar unrechtmäßig sein (wenn bspw. die Verfügbarkeit der personenbezogenen Daten zu gewährleisten ist), zu einem anderen Zeitpunkt aber eine gebotene Maßnahme darstellen (wenn es keine Rechtsgrundlage für die weitere Speicherung gibt). Der Verantwortliche und der Auftragsverarbeiter müssen dafür Sorge tragen, dass sie **unterscheiden** können, ob es sich um eine **beabsichtigte oder unbeabsichtigte** bzw. **rechtmäßige oder unrechtmäßige Verarbeitung** handelt.

Aufgrund der Pflicht, nachweisen zu können, dass die Maßnahmen das dem Risiko angemessene Schutzniveau gewährleisten (Abs. 1 iVm Art. 24 Abs. 1 sowie Art. 5 Abs. 2, → Art. 5 Rn. 174ff.), müssen der Verantwortliche und der Auftragsverarbeiter insbes. die in Abs. 2 aufgeführten Risiken in den Blick nehmen und in Bezug auf Eintrittswahrscheinlichkeit und Schwere des möglichen Schadens beurteilen.[67] In der Dokumentation der Risiken, der Beurteilung des angemessenen Schutzniveaus und der ausgewählten Maßnahmen zur Eindämmung der Risiken, wie dies nach Abs. 1 erforderlich ist, müssen als **Minimalanforderung** die in Abs. 2 angegebenen Punkte, dh die möglichen Sicherheitsvorfälle, aufgegriffen und nachvollziehbar beschrieben werden. Ein korrektes Vorgehen erlaubt im Sinne der **Prävention**, sich der Risiken bezüglich der Verletzungen des Schutzes personenbezogener Daten bewusst zu werden und geeignete Abhilfemaßnahmen zu treffen, um **Sicherheitsvorfälle möglichst ganz zu vermeiden** oder zumindest in ihren potenziellen Auswirkungen so zu begrenzen, dass das Risiko tragbar wird. Es bietet sich an, dies als Bestandteil des **Sicherheitskonzepts der Organisation** aufzunehmen, das regelmäßig fortzuschreiben ist.

4. Bezug zu Verhaltensregeln und Zertifizierung (Abs. 3). Wie auch in Art. 24 Abs. 3 und 28 Abs. 5 vorgesehen,[68] bestimmt Abs. 3, dass Verantwortliche und Auftragsverarbeiter im Fall von genehmigten Verhaltensregeln gemäß Art. 40 (→ Art. 40 Rn. 32) oder genehmigten Zertifizierungsverfahren gemäß Art. 42 (→ Art. 42 Rn. 1)dies als Faktor[69] für den Nachweis der Anforderungen in Abs. 1 einbeziehen können. Im Umkehrschluss folgt daraus, dass diese **genehmigten Verhaltensregeln** bzw. **Zertifizierungsverfahren tatsächlich auf die Anforderungen des Abs. 1 eingehen** müssen. Während Art. 40 Abs. 2 lit. h die Maßnahmen für die Sicherheit der Verarbeitung gemäß Art. 32[70] explizit herausstellt und als ein Beispiel nennt (→ Art. 40 Rn. 46), bleibt Art. 42 auf einem abstrakten Niveau und enthält lediglich die allgemeine Anforderung nachzuweisen, dass die DSGVO eingehalten werde (→ Art. 42 Rn. 48).

Da genehmigte Verhaltensregeln oder Zertifizierungsverfahren lediglich einen Faktor beim Nachweis der Einhaltung der rechtlichen Anforderungen darstellen, reicht es in der Regel nicht, wenn sich Verantwortliche oder Auftragsverarbeiter in solchen Fällen ohne weitere Prüfung darauf verlassen, dass die Sicherheit der Verarbeitung vollumfänglich gewährleistet ist. Stattdessen müssen sie **prüfen**, inwieweit die **Verhaltensregeln oder Zertifizierungsverfahren die aktuellen Anforderungen aus Abs. 1 adressieren** und ob diese geeignet sind, um **den Nachweis der Einhaltung zu erbringen**. Zum einen betrifft dies die Frage der Kriterien zur Sicherheit der Verarbeitung, die im Rahmen der Verhaltensregeln bzw. Zertifizierungsverfahren zu prüfen sind. Zum anderen muss eine Dokumentation für diese Prüfung vorliegen. Nur soweit tatsächlich Verhaltensregeln oder Zertifizierungsverfahren die Anforderungen des Abs. 1 widerspiegeln und ein Nachweis der Umsetzung erbracht wird, kann dies vom Verantwortlichen oder Auftragsverarbeiter im Rahmen der

---

67 In der deutschen Sprachfassung wird für die englischen Formulierungen „assessing/assessment/assess" teilweise der Begriff „Beurteilung/beurteilen" (Art. 7 Abs. 4, 32 Abs. 2, 35 Abs. 8, 45 Abs. 3 S. 1, 49 Abs. 1 S. 2 und Abs. 6, 70 Abs. 1 lit. s.), teilweise „Bewertung/bewerten" (Art. 32 Abs. 1 lit. d, 35 Abs. 7 lit. b und c sowie Abs. 11, 41 Abs. 2 lit. b, 43 Abs. 4 S. 1), teilweise „Abschätzung" (Datenschutz-Folgenabschätzung, Art. 35) und teilweise „Prüfung" (Art. 45 Abs. 2 S. 1) verwendet, ohne dass in diesen Fällen unterschiedliche Bedeutungen zu vermuten sind.

68 Art. 25 Abs. 3 beinhaltet lediglich einen Verweis auf ein genehmigtes Zertifizierungsverfahren gemäß Art. 42, nicht aber auf genehmigte Verhaltensregeln gemäß Art. 40.

69 Neben dem Begriff „Faktor" wie in Abs. 3 sowie Art. 25 Abs. 3, 28 Abs. 5 kommt in der deutschen Sprachfassung auch die Formulierung „Gesichtspunkt" (Art. 24 Abs. 3) vor. Die englische Fassung verwendet durchgehend den Begriff „element", so dass sich hieraus keine semantischen Unterschiede ergeben.

70 Zwar bezieht sich Abs. 3 speziell auf die Erfüllung der Anforderungen des Abs. 1; jedoch nennt Art. 40 Abs. 2 lit. h keine speziellen Absätze des Art. 32, so dass die genehmigten Verhaltensregeln auch Präzisierungen zu Abs. 2 oder 4 oder auch Abs. 3 bzgl. des Zertifizierungsverfahrens (um die Rekursion eines Verweises auf Art. 40 zu vermeiden) beinhalten könnten.

eigenen Rechenschaftspflichten unterstützend Verwendung finden. Der Normadressat muss **für eigene Prüf- und Dokumentationszwecke** die nötigen Materialien bereithalten; sollte er nicht darüber verfügen, muss er sie anfordern und auf ihre Geeignetheit überprüfen. Sofern nicht sämtliche Verarbeitungsoperationen den Verhaltensregeln oder Zertifizierungsverfahren unterliegen, ist zudem zu gewährleisten, dass die Verarbeitung als Ganzes ebenfalls die Anforderungen nach Abs. 1 erfüllt und nicht – bspw. durch Umgehungsmöglichkeiten aufgrund von nicht betrachteten Verarbeitungsprozessen – das vermeintlich erreichte Schutzniveau abgesenkt wird und als nicht mehr angemessen eingestuft werden müsste.

65 Insbesondere ist zu berücksichtigen, dass **Sicherheit nichts Statisches** ist, sondern stets **dynamisch an die jeweiligen Gegebenheiten angepasst** werden muss (→ Rn. 53). Ein einmaliger Beleg der Erfüllung der Anforderungen wäre als unzureichende, weil rasch veraltete Momentaufnahme zu werten. Stattdessen ist es nötig, die Verarbeitung – auch in Bezug auf die Verarbeitung, für die Verhaltensregeln gelten oder die eine Zertifizierung durchlaufen haben – in das **Informationssicherheitsmanagementsystem** (→ Rn. 57) einzubetten, in dem dynamisch auf sich ändernde Anforderungen, bspw. bekannt gewordene Sicherheitslücken, weiterentwickelte Abhilfemaßnahmen, rechtliche Änderungen usw, reagiert wird.

66 **5. Verarbeitung grundsätzlich nur auf Weisung (Abs. 4). Abs. 4 greift die Anforderungen des Art. 29 auf,** der für Verantwortliche und Auftragsverarbeiter bestimmt, dass eine Verarbeitung durch ihnen unterstellte Personen **nur auf Weisung des Verantwortlichen** vorgenommen werden darf, es sei denn, es sind Ausnahmen durch das nationale oder europäische Recht vorgesehen. Die Regelung in Abs. 4 verlangt vom Verantwortlichen und Auftragsverarbeiter, Schritte zu unternehmen, welche die Erfüllung des Art. 29 sicherstellen. Damit ist Abs. 4 die prozedurale Entsprechung zu Art. 29. Die Ausnahme, die mit „es sei denn" eingeleitet wird, ist wohl von den zu unternehmenden Schritten umfasst: Dh die Schritte können sich sowohl auf die Weisungsgebundenheit als auch auf die Bedingungen für die weisungsfremde, auf rechtlichen Verpflichtungen beruhende Verarbeitung beziehen.[71] Im Unterschied zu Art. 29 bezieht sich Abs. 4 lediglich auf natürliche Personen, dh auf die Beschäftigten beim Verantwortlichen oder bei Auftragsverarbeitern. Dagegen umfasst die Formulierung als „Person" in Art. 29 neben den natürlichen Personen potenziell auch unterstellte juristische Personen, in jedem Fall aber neben Beschäftigten auch nicht arbeitnehmerähnliche Personen wie freie Mitarbeiter oder externe Berater (→ Art. 29 Rn. 10).[72] Dass im Deutschen in Art. 29 der Begriff „auf Weisung" und in Abs. 4 „auf Anweisung" verwendet wird, ist ohne Belang; die englische Sprachfassung bleibt bei „on instructions".

67 Art. 32 insgesamt ist **maßnahmenorientiert**; der Begriff „Maßnahmen" (Englisch: „measures") wird gleich mehrfach verwendet. Dasselbe gilt für den verwandten Art. 25. Auch bei Verweisen auf Art. 32 in der DSGVO ist von Maßnahmen die Rede, zB in Art. 28 Abs. 3 lit. c. Jedoch weicht Abs. 4 von dieser Terminologie ab, indem der Begriff „Schritte" (Englisch: „steps") benutzt wird. Keinesfalls bedeutet die Wortwahl, dass die Verpflichtung des Verantwortlichen oder Auftragsverarbeiters geringer ausfällt als beim Einfordern von Maßnahmen; es ist also nicht so, dass nur irgendwelche Schritte unternommen werden müssen, die das richtige Ziel vor Augen haben, aber es möglicherweise nie erreichen, um die Anforderung zu erfüllen. Dies wird dadurch deutlich, dass diese Schritte „sicherstellen" (Englisch: „ensure") müssen, dass die Verarbeitung nur auf Anweisung geschieht. Der Erfüllungsgrad muss also stets ausreichend hoch sein. Allerdings sind sowohl das menschliche Handeln der unterstellten Personen als auch die Anweisungen des Verantwortlichen und darüber hinaus die Situationen, die Ausnahmen von der weisungsgebunden Verarbeitung begründen, kaum vollständig automatisierbar und in vielen Fällen vom Ermessen handelnder Personen beeinflusst, so dass die zu treffenden Schritte möglicherweise abstrakter und verarbeitungsferner sind als die typischen technischen und organisatorischen Maßnahmen; dies könnte die Formulierung der Schritte erklären. Neben einer **Dokumentation der Anweisung**, der **Gestaltung der Verarbeitung** sowie **geeigneter Kontrollmöglichkeiten** während und im Anschluss an eine etwaige Verarbeitung können insbes. **vertragliche Verpflichtungen der unterstellten Personen** beim Verantwortlichen und beim Auftragsverarbeiter zu den Schritten des Verantwortlichen gehören.

68 Bisher geschahen solche Verpflichtungen bei nichtöffentlichen Stellen auf Basis des § 5 BDSG aF,[73] der künftig wegfällt, aber durch die unmittelbare Geltung von Art. 29 und 32 Abs. 4 ersetzt bzw. weitergeführt wird: Nach § 5 S. 2 BDSG aF waren die Beschäftigten von nichtöffentlichen Stellen bei der Aufnahme ihrer Tätigkeit **auf das Datengeheimnis zu verpflichten.** Bei öffentlichen Stellen ergab sich die Wahrung des Datengeheimnisses aus der beruflichen Verschwiegenheitspflicht. Das Datengeheimnis betraf nicht nur die Ver-

---

71 AA Gola/*Piltz* Art. 32 Rn. 53; demnach wird der zweite Teil in Abs. 4 so interpretiert, dass Verantwortlicher und Auftragsverarbeiter keine Schritte unternehmen müssen, wenn „die natürliche Person bereits aufgrund der Vorgaben von Vorschriften des europäischen Rechts oder auch nationaler Gesetze auf diesen weisungsgebundenen Umgang mit personenbezogenen Daten verpflichtet ist [sic]".

72 Kühling/Buchner/*Hartung* Art. 29 Rn. 14.

73 Vorgängernorm ist Art. 16 DSRL.

traulichkeit von personenbezogenen Daten, sondern es war untersagt, personenbezogene Daten unbefugt zu erheben, zu verarbeiten oder zu nutzen. Mit der Formulierung in Abs. 4 wird der umfassende Begriff „verarbeiten" verwendet, so dass alle Arten der Verarbeitung nach Art. 4 Nr. 2 erfasst sind (→ Art. 4 Nr. 2 Rn. 10ff.). Die Gefolgschaftspflicht der unterstellten Personen gegenüber dem Verantwortlichen bezüglich seiner Weisung nach Art. 29 bzw. Art. 32 Abs. 4 betrifft also alle Arten der Verarbeitung (→ Art. 29 Rn. 12, 17). Das bisherige Datengeheimnis ist von dieser Weisungsgebundenheit umfasst (→ Art. 29 Rn. 5).[74]

Zu den Schritten, die der Verantwortliche und der Auftragsverarbeiter nach Abs. 4 unternehmen müssen, **69** um Art. 29 zu erfüllen, gehört die **Verpflichtung der Beschäftigten, bevor eine Verarbeitung personenbezogener Daten aufgenommen** wird. Hierbei ist zu beachten, dass nicht nur das Stammpersonal, sondern auch freie Mitarbeiter oder Praktikanten und ebenso externe Berater oder Beschäftigte von Dienstleistungsunternehmen vor einer etwaigen Datenverarbeitung zu verpflichten sind, soweit sie Zugang zu personenbezogenen Daten haben (→ Art. 29 Rn. 10). Zum Begriff Zugang zu personenbezogenen Daten sei angemerkt, dass er sowohl den Zugriff auf die Daten (Zugriffskontrolle nach Nr. 3 der Anlage zu § 9 BDSG aF) als auch den Zugang zu den Verarbeitungssystemen (Zugangskontrolle nach Nr. 2 Anlage zu § 9 BDSG aF) umfasst (→ Rn. 48). Den Verpflichteten muss deutlich sein, welche Sanktionen ihnen bei einem Verstoß drohen. Zumindest das Wissen darüber, wer Zugang zu diesen Daten haben kann, wird demnach beim Verantwortlichen bzw. beim Auftragsverarbeiter für ihren jeweiligen Bereich vorausgesetzt. Durch die Tatsache, dass ein Zugang zu personenbezogenen Daten besteht, ist bereits ein Missbrauchsrisiko gegeben, das der Verantwortliche im Sinne des Abs. 4 eindämmen muss. Nach Abs. 1 werden zudem **wirkungsvolle Zugangskontrollmaßnahmen** zu treffen sein, die dafür Sorge tragen, dass lediglich die befugten Personen Zugang zu den Daten haben, dh dass einerseits die Zugangsmöglichkeiten minimiert werden, andererseits aber auch der notwendige Grad an Verfügbarkeit der Daten, bspw. im Krankheitsfall von Beschäftigten, gewährleistet ist. Die Zugangskontrollmaßnahmen müssen Änderungen der Befugnisse berücksichtigen und entsprechend umsetzen, zB wenn ein Beschäftigter aus dem Unternehmen oder dem Arbeitsbereich ausscheidet.

Neben dieser Verpflichtung können weitere Maßnahmen zum Sicherstellen der Anforderungen des Abs. 4 **70** beitragen. Dies betrifft zunächst den ersten Teil von Abs. 4, nämlich dass die unterstellten Personen nur auf Anweisung des Verantwortlichen die personenbezogenen Daten verarbeiten dürfen. Zwar müssen sowohl Verantwortlicher als auch Auftragsverarbeiter die entsprechenden Schritte für die ihnen unterstellten natürlichen Personen unternehmen, allerdings ist die Anweisung allein des Verantwortlichen maßgeblich. Der Auftragsverarbeiter muss also diese Anweisung weiterkommunizieren. Die Form der Anweisung ist nicht festgelegt; insbes. muss nicht jeder einzelne Verarbeitungsschritt durch eine Detailanleitung konkretisiert werden. Das Verzeichnis der Verarbeitungtätigkeiten nach Art. 30 Abs. 1 (→ Art. 30 Rn. 1) kann als Basis für die Anweisung herangezogen werden. Die Anweisung muss zwar nicht schriftlich gegeben werden, doch muss sie unmissverständlich erteilt sein (→ Art. 29 Rn. 14); im Sinne der Rechenschaftspflicht des Verantwortlichen nach Art. 5 Abs. 2 ist daher eine **geeignete Dokumentation** darüber zu erstellen, welche **unterstellten Personen welche Anweisung erhalten** haben. Wiederholte Schulungen der unterstellten Personen sind sinnvoll, um die Anweisung erneut ins Gedächtnis zu rufen. Sofern es sich um eine Anweisung gegenüber einem Auftragsverarbeiter handelt, geschieht dies nach Art. 28 Abs. 3 UAbs. 1 S. 2 lit. a ohnehin „auf dokumentierte Weisung des Verantwortlichen" (→ Art. 28 Abs. 3 Rn. 61). Auch die handelnden Personen beim Verantwortlichen und beim Auftragsverarbeiter werden ein Interesse daran haben, nachweisen zu können, dass sie die Verarbeitung von personenbezogenen Daten entsprechend der Anweisung vornehmen. Sowohl eine Dokumentation der Anweisung als auch eine **technisch-organisatorische Gestaltung der Verarbeitung personenbezogener Daten** – bspw. in **Form von Software oder organisatorischen Abläufen** – derart, dass diese gemäß der Anweisung durchgeführt wird, stellen daher Schritte dar, die vom Verantwortlichen und Auftragsverarbeiter nach Abs. 4 unternommen werden können. Damit lassen sich auch Anforderungen des Art. 25 Abs. 1 umsetzen, der das Treffen von geeigneten technischen und organisatorischen Maßnahmen zur Erfüllung der Anforderungen der DSGVO verlangt (→ Art. 25 Abs. 1 Rn. 28ff.).

Zu den zu unternehmenden Schritten gehört, dass der Verantwortliche und der Auftragsverarbeiter kon- **71** trollieren, ob eine Verarbeitung der personenbezogenen Daten ohne Anweisung oder entgegen einer ausgegebenen Anweisung durchgeführt wird. Eine derartige **Kontrollbefugnis** lässt sich aus Art. 4 Nr. 10 ableiten (→ Art. 29 Rn. 15), die **Kontrollpflicht** folgt generell aus der Rechenschaftspflicht (Art. 5 Abs. 2, → Art. 5

---

74 AA Paal/Pauly/*Martini* Art. 30 Rn. 77: Demnach wäre das Datengeheimnis nach § 5 BDSG aF weiter gefasst, weil darin alle „bei der Datenverarbeitung beschäftigten Personen" in die Pflicht genommen würden; Abs. 4 adressiere lediglich Verantwortliche und Auftragsverarbeiter. Dies stellt jedoch keine Beschränkung dar, denn zum einen ist ohnehin dafür Sorge zu tragen, dass nur befugte Personen Zugang zu den personenbezogenen Daten erhalten, zum anderen kann eine Weisung auch nur gegenüber unterstellten Personen Wirkung entfalten. Sollte es bei der Datenverarbeitung beschäftigte Personen geben, die weder dem Verantwortlichen noch dem Auftraggeber unterstellt sind, muss deren Zugang zu den personenbezogenen Daten ausgeschlossen werden.

Rn. 175ff.) und konkret bzgl. der Sicherheit der Verarbeitung aus Abs. 1. Da unterstellte natürliche Personen betroffen sind, sind die Kontrollmaßnahmen gemäß den Anforderungen des Beschäftigtendatenschutzes auszugestalten (→ Art. 88 Rn. 13). Zu den technischen und organisatorischen Maßnahmen gehört neben der Gestaltung der Systeme mit Zugriffsrechten, die den jeweiligen Befugnissen angepasst sind, auch die **Protokollierung der Verarbeitung** einschließlich einer **Auswertung der Protokolldaten.**

72 Die allgemeine Gefolgschaftspflicht endet, wenn eine Anweisung des Verantwortlichen klarerweise rechtswidrig ist, insbes. wenn sich eine unterstellte Person bei der Ausführung strafbar machen würde. Allerdings reicht es nicht aus, wenn eine unterstellte Person in ungeklärter Rechtslage zu der Auffassung gelangt, die Anweisung könne rechtswidrig sein (→ Art. 29 Rn. 18). In einer solchen Situation wäre ein geeigneter Schritt die **Implementierung eines Meldewegs**, in dem die Bedenken einer unterstellten Person aufgenommen und einer Klärung zugeführt werden könnten. Solche Meldewege können über die Vorgesetzten, über Betriebs- oder Personalräte, über behördliche oder betriebliche Datenschutzbeauftragte oder auch über technisch gestützte Hinweisgebersysteme realisiert werden. Nicht tragbar ist üblicherweise die Situation, dass der Verantwortliche eine seiner Meinung nach rechtskonforme Anweisung ausgibt und unterstellte Personen eigenmächtig und ohne Rückmeldung die Verarbeitung personenbezogener Daten nicht oder auf eine andere Weise durchführen.

73 Die Anforderungen des zweiten Teils von Abs. 4 betreffen die Ausnahmesituation, dass die unterstellten Personen nach dem Recht der Union oder der Mitgliedstaaten zur Verarbeitung verpflichtet sind. Dies betrifft in der Regel besondere Situationen, die nicht von den **Zwecken der Verarbeitungstätigkeiten des Verantwortlichen umfasst** sind, bspw. strafrechtliche Ermittlungsverfahren mit richterlichen Anordnungen, zB in Bezug auf Durchsuchungen oder Beschlagnahmen.[75] In einem solchen Fall haben die unterstellten Personen der richterlichen Anordnung Folge zu leisten. Es bietet sich an, dass der Verantwortliche – selbst wenn er nicht jede Situation im Voraus erahnen kann – eine Anweisung für typische Situationen herausgibt.

74 Im Falle einer **Durchsuchung oder Beschlagnahme** ist es sinnvoll, dass die unterstellten Personen, die mit dieser Anforderung durch Vertreter von Polizei oder Justiz konfrontiert werden, zunächst die Leitung informieren und ein Anwalt kontaktiert wird. Ist nicht der Verantwortliche selbst Adressat der Maßnahme und hat er bereits Kenntnis, muss er sobald wie möglich darüber informiert werden. Ob die Durchsuchung oder Beschlagnahme rechtmäßig ist und damit die unterstellten Personen möglicherweise personenbezogene Daten herausgeben müssen, können diese in der Regel nicht vollständig prüfen; hier sind Leitungsentscheidungen, ggf. auf der Basis anwaltlicher Unterstützung, erforderlich. Bei einer Durchsuchung ist, sofern vorhanden, von der Polizei oder Staatsanwaltschaft der Beschluss auszuhändigen; für den Fall, dass kein Beschluss vorliegt, müssen die Gründe für die Annahme von Gefahr im Verzug genannt werden und sollten dokumentiert werden. Wichtig sind die Informationen über Tatverdacht, vermuteten Tatzeitraum und gesuchte Gegenstände. Nicht immer richtet sich der Beschluss gegen Beschuldigte, sondern es sind nach § 103 StPO auch Durchsuchungen bei unverdächtigen Personen möglich, sofern die Annahme besteht, dass die gesuchten Gegenstände dort auffindbar sind. Sofern unterstellte Personen dazu aufgefordert werden, personenbezogene Daten zu verarbeiten, bspw. der Polizei Zugang zu personenbezogenen Daten zu verschaffen oder diese herauszusuchen, ohne dass dies von der Anweisung des Verantwortlichen abgedeckt ist, müssen sie dies dokumentieren und die Dokumentation dem Verantwortlichen übergeben. Die Dokumentation ist **durch geeignete Maßnahmen gegen unbefugte Zugriffe zu sichern** – sowohl aus Datenschutzgründen, bspw. wegen der Nennung von Straftaten in einem Beschluss (→ Art. 10), als auch aus sonstigen betrieblichen Vertraulichkeitsgründen. Falls wichtige Originaldokumente oder Datenbestände sichergestellt werden, sollte versucht werden, im Sinne der Verfügbarkeit Kopien von allen Daten zu behalten, die für die weitere Verarbeitung der personenbezogenen Daten gemäß der Anweisung des Verantwortlichen erforderlich sind. Bei jeder Sicherstellung sollte das Aushändigen des Sicherstellungsverzeichnisses verlangt werden, um einen Beleg darüber zu haben, welche Daten betroffen sind. Im Zweifel sollte Widerspruch gegen die Maßnahme eingelegt werden, auch wenn dies deren Durchführung nicht verhindert. Generell kann geboten sein, solche Anordnungen weisungsfremder Verarbeitungen gerichtlich überprüfen zu lassen (→ Art. 29 Rn. 20).

75 Den unterstellten Personen sollte durch Anweisung oder Schulung bewusst gemacht werden, dass **nicht jede Mitwirkung, die vorgeblich auf rechtlicher Grundlage von ihnen verlangt wird, rechtmäßig** ist und sie im Zweifel beim Verantwortlichen nachfragen. Bspw. besteht zurzeit in Deutschland keine Rechtsgrundlage dafür, dass unterstellte Personen auf Anfrage von Sicherheitsbehörden Hintertüren in die Verarbeitungssysteme einprogrammieren oder die Informationssicherheit der eigenen Verarbeitung schwächen. Sofern die Daten verschlüsselt vorliegen und der Verantwortliche oder die unterstellten Personen nicht über die Schlüssel verfügen, zB weil sie sich nur im Besitz von betroffenen Personen außerhalb des Einflussbereichs des Verantwortlichen befinden, können diese Schlüssel natürlich nicht herausgegeben werden. Auch besteht

---

75 Kühling/Buchner/*Hartung* Art. 29 Rn. 21.

in Deutschland keine Pflicht der Verantwortlichen oder der unterstellten Personen, Passwörter zu nennen.[76] Allerdings können Dateien oder Papiere mit Informationen über Passwörter, Schlüssel oder andere Hilfsmittel zur Sichtung von Beweisgegenständen unter die Beschlagnahme fallen.[77]

Abs. 4 beschreibt eine typische **„Break-Glass"-Situation**[78]: Die normale Verarbeitung folgt den vorab gegebenen Instruktionen des Verantwortlichen, aber im Falle eines **besonderen Ereignisses** kann oder muss rasch **außerhalb dieser Anweisungen gehandelt** werden. Diese **Ausnahmesituation** darf nicht unüberprüfbar geschehen, sondern sie muss **nachvollziehbar dokumentiert** werden. Der Break-Glass-Begriff aus dem Informatikbereich, der sich mit Zugriffskontrollen beschäftigt, basiert auf dem Konstrukt eines manuellen Feuermelders, der von einer Glasscheibe gegen das versehentliche Auslösen geschützt ist: Vor dem Auslösen des Alarms muss zunächst die Glasscheibe bewusst eingedrückt werden, das gebrochene Glas kennzeichnet den Eintritt einer außergewöhnlichen Situation. Das zerstörte Glas allein sagt noch nichts darüber aus, ob es sich um einen berechtigten oder zumindest nachvollziehbaren Anlass zum Auslösen des Feuermelders handelt. Die Break-Glass-Zugriffskontrolle bedeutet, dass die für den Standardfall geltenden Beschränkungen der Verarbeitung überschrieben werden, zB durch einen direkten Zugriff auf die Daten, die ansonsten aufgrund eingeschränkter Befugnisse gegen diesen Zugriff geschützt wären. Um eine nachträgliche Prüfung der Situation zu ermöglichen, ist eine genaue Protokollierung darüber nötig, wer aus welchem Anlass die übliche Zugriffskontrolle umgangen und welche Verarbeitung durchgeführt hat.

Dass diese Regel in Art. 32 verortet ist, liegt daran, dass ein **weisungsfremdes Handeln üblicherweise als** **Risiko für die Informationssicherheit** interpretiert werden muss und die technisch-organisatorische Gestaltung der Verarbeitungssysteme dieses Risiko zu minimieren sucht. Dies geschieht insbes. durch Beschränkungen der Verarbeitungsmöglichkeiten, zB durch restriktive Zugriffsrechte. Dennoch kann es rechtlich geboten sein, dass in Ausnahmefällen eine Intervention ermöglicht wird und damit an den Beschränkungen vorbei eine Verarbeitung erfolgen kann.[79] Abs. 4 zielt daher auf einen mit den **Informationssicherheitsanforderungen verträglichen Ausgleich** zwischen dem **weisungsgebundenen Standardfall** und den etwaigen **Ausnahmefällen**. Eine Realisierung derart, dass immer jede beliebige Verarbeitung personenbezogener Daten durch unterstellte Personen technisch ermöglicht wird und die Schutzmaßnahmen gegen eine unbefugte Verarbeitung lediglich in organisatorischen, dh nicht technisch durchsetzbaren, Anweisungen bestehen, würde zwar eine bequeme Umsetzung bezüglich der Ausnahmefälle einer rechtlich verpflichtenden Verarbeitung erlauben. Doch angesichts des Risikos eines Missbrauchs wird dies in der Regel nicht als angemessen gemäß den Anforderungen in Abs. 1 und 4 zu werten sein. Zumindest müssen wirksame Kontrollmöglichkeiten, bspw. durch eine Protokollierung jeder weisungsfremden Datenverarbeitung, bestehen.

6. Praktische Umsetzung durch den Verantwortlichen oder durch den Auftragsverarbeiter. Art. 32 ist zielorientiert und verlangt das Treffen von geeigneten technischen und organisatorischen Maßnahmen, ohne sie im Detail vorzugeben; lediglich Pseudonymisierung und Verschlüsselung werden beispielhaft genannt. Auch die konkreteren Anforderungen des Art. 29 JI-Richtlinie benennen mit den am BDSG aF orientierten Kontrollgeboten noch keine spezifischen Maßnahmen. In der Praxis der Informationssicherheit haben sich mehrere, teilweise sehr umfangreiche **Maßnahmenkataloge** entwickelt, die sich in ihren Schwerpunkten unterscheiden. So stellen die BSI-Standards die Grundlage für die IT-Grundschutz-Methodik dar, deren Maßnahmenbeschreibungen ständig aktualisiert werden.[80] Vergleichsweise abstrakt dagegen bleiben die ISO/IEC 27001-Normen, die sich bspw. um den Maßnahmenkatalog der ISO/IEC 27002[81] ergänzen lassen. Zudem sind die Common Criteria, ISO/IEC 15408, zu nennen, mit denen sich Sicherheitseigenschaften von IT-Produkten prüfen und bewerten lassen. Der prozessorientierte Ansatz von COBIT enthält ausdifferenzierte Prozesse zum Sicherheitsmanagement.[82] Keines dieser bekannten Rahmenwerke hat bislang einen Fokus auf die Erfüllung der rechtlichen Datenschutzanforderungen oder auf Risiken für Grundrechte und Grundfreiheiten gelegt (→ Rn. 28ff.). Dies wird durch das in der Methodik mit dem IT-Grundschutz verwandten **Standard-Datenschutzmodell** geleistet, das allerdings noch nicht den Umfang der jahrzehntelang

76

77

78

---

76 Im Rahmen der Bestandsdatenauskunft nach § 100j Abs. 1 S. 2 StPO können Sicherheitsbehörden unter bestimmten Bedingungen beim Telekommunikationsanbieter Auskunft über Zugangssicherungscodes, dh PIN und PUK bei Mobiltelefonen, Tablets oder anderen Geräten mit Internetzugang über das Mobilfunknetz, verlangen.

77 LG Trier NJW 2004, 869.

78 *Joint NEMA/COCIR/JIRA Security and Privacy Committee (SPC)*, Break-glass: An approach to granting emergency access to healthcare systems. White paper, 2004; *Brucker/Petritsch*, Extending Access Control Models with Break-glass, ACM Symposium on Access Control Models and Technologies, 2009, 157 (158).

79 Break-Glass-Strategien gehören zu den Maßnahmen, um das Gewährleistungsziel Intervenierbarkeit zu unterstützen; *Hansen/Jensen/Rost*, Protection Goals for Privacy Engineering, 2015, 159 (160).

80 *BSI*, IT-Grundschutz-Kompendium, 2018.

81 Vormals ISO/IEC 17799.

82 *ISACA*, COBIT (Control Objectives for Information and Related Technology), 2012.

entwickelten Informationssicherheitskataloge aufweist und ebenfalls noch nicht vollständig an die Begrifflichkeiten und Konzepte der DSGVO angepasst ist.[83] Es ist nicht zu erwarten, dass internationale Standards vollständig die Anforderungen des europäischen Datenschutzrechts in den Mittelpunkt stellen; eher könnten – und sollten – mittelfristig bspw. auf der Basis des Standard-Datenschutzmodells und des IT-Grundschutzes europäische Standards erarbeitet werden, die passgenaue Kataloge sowohl für die Art. 32 und 25 DSGVO als auch die korrespondierenden Regelungen der JI-Richtlinie enthalten.

79 Verantwortliche und Auftragsverarbeiter müssen nachweisen können, dass sie die Anforderungen des Art. 32 erfüllen. Die zu diesem Zweck zu erstellende Dokumentation (→ Rn. 17) muss erkennen lassen, wie die Anforderungen der Abs. 1, 2 und 4 umgesetzt wurden. Zur besseren Übersichtlichkeit bietet es sich an, bei der Dokumentation der getroffenen technischen und organisatorischen Maßnahmen zu **vermerken, welche normative Anforderung damit unterstützt oder umgesetzt** wird. Ebenso ist die Abwägung, die zur Auswahl und Gestaltung der Maßnahmen geführt hat, zu dokumentieren. Auftragsverarbeiter können diese Dokumentation ihren Auftraggebern zur Verfügung stellen.

80 Allerdings zeigt sich ein Problem in der Handhabbarkeit, wenn Verantwortliche oder Auftragsverarbeiter nicht nur die **DSGVO**, sondern auch Regelungen erfüllen müssen, die aus der **JI-Richtlinie** bzw. ihren **Umsetzungsgesetzen** – bspw. dem BDSG nF oder einem LDSG nF – hervorgehen. Dies betrifft insbes. Behörden wie Städte und Kommunen, die neben ihren üblichen Aufgaben, die dem DSGVO-Regime unterliegen, auch Ordnungswidrigkeitenverfahren durchführen, die dem Geltungsbereich der JI-Richtlinie unterfallen. Die **inkongruente Darstellung erschwert die Überprüfung**, ob alle Anforderungen aus den jeweiligen Gesetzeswerken erfüllt sind. Um dies leisten zu können, sollte die Dokumentation der Konzepte und Maßnahmen auf die spezifischen Regelungen sowohl der DSGVO als auch der Normen, welche die JI-Richtlinie umsetzen, verweisen.

81 **Unterschiede im Konkretisierungsgrad oder im Umfang der Anforderungen** zeigen sich bspw. in den folgenden Punkten: Wer Art. 29 JI-Richtlinie erfüllt, hat damit möglicherweise noch keine Maßnahmen für die in Art. 32 Abs. 1 lit. b geforderte Belastbarkeit (→ Rn. 42ff.) getroffen, die der JI-Richtlinie unbekannt ist, jedoch in § 64 Abs. 1 BDSG nF aufgeführt wird.[84] Außerdem reicht Art. 32 Abs. 4 (→ Rn. 66ff.) weiter als § 64 Abs. 3 Nr. 12 BDSG nF (Auftragskontrolle; nicht explizit als Kontrollgebot in der JI-Richtlinie aufgeführt); die Anforderung einer gleichartigen Umsetzung kann jedoch aus dem Gleichlauf von Art. 29 DSGVO und Art. 23 JI-Richtlinie gefolgert werden. Die konkreten Anforderungen an eine Protokollierung aus Art. 25 JI-Richtlinie, weiter detailliert in § 76 BDSG nF bspw. durch Vorgabe einer Löschfrist, fehlen wiederum in der DSGVO; selbstverständlich ist Protokollierung aber eine geeignete Maßnahme für Integrität nach Art. 32 Abs. 1 lit. b (→ Rn. 40), für das Sicherheitsmanagement nach Art. 32 Abs. 1 lit. d (→ Rn. 55ff.) sowie für die Kontrollen der Verarbeitung nur auf Weisung (→ Rn. 71ff.). Allerdings muss man berücksichtigen, dass die JI-Richtlinie mit ihren Verarbeitungszwecken im Bereich der Straftaten und Gefahrenabwehr grundsätzlich von einem hohen Schutzbedarf ausgeht, während die DSGVO ein breiteres Spektrum adressiert. Daher wäre es nicht in jedem Fall nach der DSGVO geboten, eine Protokollierung analog zu Art. 25 Abs. 1 JI-Richtlinie vorzusehen, bei der auch lesende Zugriffe in Informationssystemen (Abfrage) umfasst sein müssen. Zudem ist zu berücksichtigen, dass solche Protokolldaten wiederum personenbezogene Daten enthalten, die ebenfalls zu schützen sind.

82 Missverständnisse sind programmiert durch **fehlerhafte terminologische Unterschiede zwischen BDSG nF** einerseits und den **EU-Normen andererseits** bzgl. des Risikos (→ Rn. 28).[85] Das BDSG nF spricht in § 64 und an weiteren Stellen nicht von den Risiken für die Rechte und Freiheiten natürlicher Personen, sondern verwendet stattdessen die Formulierung der mit der Verarbeitung verbundenen Gefahren für die Rechtsgüter der betroffenen Personen. Schwierigkeiten bereitet insbes. der Begriff der Gefahr, der im deutschen Polizei- und Ordnungsrecht anders belegt ist als der des Risikos und insbes. dazu führen könnte, dass Risiken mit geringeren Eintrittswahrscheinlichkeiten gar nicht erst betrachtet werden. Auch greift es zu kurz, wenn lediglich betroffene Personen in den Blick genommen werden, anstatt den erweiterten Kreis natürlicher Personen einzubeziehen – unabhängig davon, ob deren personenbezogene Daten verarbeitet werden. Damit könnten Risiken der Diskriminierung von Personen oder Personengruppen aus dem Fokus geraten. Anwender des BDSG nF müssen daher die Begriffe im europarechtlichen Sinne und damit an dieser Stelle im Gleichlauf von DSGVO und JI-Richtlinie interpretieren.

---

83 *AK Technik der DSK,* Das Standard-Datenschutzmodell, 2016, mit weiteren Dokumenten.
84 Die Umsetzungsgesetze der JI-Richtlinie müssten Belastbarkeit / Resilienz nicht aufführen.
85 *Bieker/Hansen* DuD 2017, 285 (289).

Artikel 33 Meldung von Verletzungen des Schutzes personenbezogener Daten an die Aufsichtsbehörde

(1) ¹Im Falle einer Verletzung des Schutzes personenbezogener Daten meldet der Verantwortliche unverzüglich und möglichst binnen 72 Stunden, nachdem ihm die Verletzung bekannt wurde, diese der gemäß Artikel 55 zuständigen Aufsichtsbehörde, es sei denn, dass die Verletzung des Schutzes personenbezogener Daten voraussichtlich nicht zu einem Risiko für die Rechte und Freiheiten natürlicher Personen führt. ²Erfolgt die Meldung an die Aufsichtsbehörde nicht binnen 72 Stunden, so ist ihr eine Begründung für die Verzögerung beizufügen.

(2) Wenn dem Auftragsverarbeiter eine Verletzung des Schutzes personenbezogener Daten bekannt wird, meldet er diese dem Verantwortlichen unverzüglich.

(3) Die Meldung gemäß Absatz 1 enthält zumindest folgende Informationen:

a) eine Beschreibung der Art der Verletzung des Schutzes personenbezogener Daten, soweit möglich mit Angabe der Kategorien und der ungefähren Zahl der betroffenen Personen, der betroffenen Kategorien und der ungefähren Zahl der betroffenen personenbezogenen Datensätze;

b) den Namen und die Kontaktdaten des Datenschutzbeauftragten oder einer sonstigen Anlaufstelle für weitere Informationen;

c) eine Beschreibung der wahrscheinlichen Folgen der Verletzung des Schutzes personenbezogener Daten;

d) eine Beschreibung der von dem Verantwortlichen ergriffenen oder vorgeschlagenen Maßnahmen zur Behebung der Verletzung des Schutzes personenbezogener Daten und gegebenenfalls Maßnahmen zur Abmilderung ihrer möglichen nachteiligen Auswirkungen.

(4) Wenn und soweit die Informationen nicht zur gleichen Zeit bereitgestellt werden können, kann der Verantwortliche diese Informationen ohne unangemessene weitere Verzögerung schrittweise zur Verfügung stellen.

(5) ¹Der Verantwortliche dokumentiert Verletzungen des Schutzes personenbezogener Daten einschließlich aller im Zusammenhang mit der Verletzung des Schutzes personenbezogener Daten stehenden Fakten, von deren Auswirkungen und der ergriffenen Abhilfemaßnahmen. ²Diese Dokumentation muss der Aufsichtsbehörde die Überprüfung der Einhaltung der Bestimmungen dieses Artikels ermöglichen.

Literatur: *Art.-29-Gruppe*, Arbeitsdokument 1/2011 über die EU-Regeln für Verstöße gegen die Datenschutzvorschriften mit Empfehlungen für zukünftige Politikentwicklungen, 11/DE WP 184; *dies.*, Stellungnahme 6/2012 zum Entwurf des Beschlusses der Kommission über die Maßnahmen für die Benachrichtigung von Verletzungen des Schutzes personenbezogener Daten gemäß der Richtlinie 2002/58/EG des Europäischen Parlaments und des Rates (Datenschutzrichtlinie für elektronische Kommunikation), 12/DE WP 197; *dies.*, Stellungnahme 3/2014 über die Meldung von Verletzungen des Schutzes personenbezogener Daten, 14/DE WP 213; *dies.*, Guidelines on Personal Data Breach Notification under Regulation 2016/679, 17/EN WP 250 rev. 01; *Beucher, K./ Utzerath, J.*, Cybersicherheit – Nationale und internationale Regulierungsinitiativen, MMR 2013, 362; *DSK (Konferenz der unabhängigen Datenschutzbehörden des Bundes und der Länder)*, Kurzpapier Nr. 18 Risiko für die Rechte und Freiheiten natürlicher Personen (2018); *Duisberg, A./Picot, H.*, Rechtsfolgen von Pannen in der Datensicherheit, CR 2009, 823; *Eckhardt, J./Schmitz, P.*, Informationspflicht bei „Datenschutzpannen", DuD 2010, 390; *European Data Protection Board*, Endorsement 1/2018; *European Union Agency for Network and Information Security (ENISA)*, Recommendations on technical implementation guidelines of Article 4, 2012; *dies.*, Recommendations for a methodology of the assessment of severity of personal data breaches, Working Document, 2013; *Gercke, M.*, Der Entwurf für eine neue EU-Richtlinie über Netz- und Informationssicherheit (NIS), CR 2016, 28; *Hanloser, S.*, Europäische Security Breach Notification, MMR 2010, 300; *ders.*, Europäische Security Breach Notification: Änderung des § 42 a BDSG erforderlich?, DSB 3/2010, 8; *Hansen-Dix, F.*, Die Gefahr im Polizeirecht, 1982; *Hornung, G.*, Informationen über „Datenpannen" – Neue Pflichten für datenverarbeitende Unternehmen, NJW 2010, 1841; *ders.*, Neue Pflichten für Betreiber kritischer Infrastrukturen: Das IT-Sicherheitsgesetz des Bundes, NJW 2015, 3334; *Kaufmann, N. C.*, Meldepflichten und Datenschutz-Folgeabschätzung – Kodifizierung neuer Pflichten in der neuen EU-Datenschutz-Grundverordnung, ZD 2012, 358; *Denninger, E.*, Polizeiaufgaben, in: Lisken, H./Denninger, E., Handbuch des Polizeirechts, 5. Aufl., 2012, 280; *Marschall, K.*, Wann drohen schwerwiegende Beeinträchtigungen im Rahmen von § 42 a BDSG? Mehr Rechtssicherheit durch mehr Information?, RDV 2015, 17; *ders.* Datenpannen – „neue" Meldepflicht nach der europäischen DS-GVO?, DuD 2015, 183; *Maurushat, A.*, Data Breach Notification Law Across the World from California to Australia, University of New South Wales Faculty of Law Research Series 2009, Paper 11; *Orthwein, M./Rücker, K. A.*, Kann Europa von Kalifornien lernen?, DuD 2014, 613; *Rath, M./ Kuss, C./Bach, S.*, Das neue IT-Sicherheitsgesetz, K&R 2015, 437; *Schwartz, P. M./Janger, E., J.*, Notification of data security breaches, Michigan Law Review 105 (2007) 913; *Stiemerling, O./Hartung, J.*, Datenschutz und Verschlüsselung – Wie belastbar ist Verschlüsselung gegenüber dem Anwendungsbereich des Datenschutzrechts?, CR 2012, 60; *Thole, E./Solms, C./Moll, C.*, Cyber Security: How to Deal With (Cross Border) Data Breaches? A Dutch law perspective on introducing a general data breach notification duty to enhance cyber security and to anticipate the EU General Data Protection Regulation, CRi 2015, 134; *van Waesberge, C./De Smedt, S.*, Cybersecurity and Data Breach Notification Obligations Under the Current and Future Legislative Framework, EDPL 2016, 391; *Westin, A.*, Japan's data leak: comparison with the U.S., Privacy Laws & Business international newsletter (2007) 87.

I. Vorbemerkung

1 In direktem Zusammenhang mit der Pflicht des Verantwortlichen, bei der Verarbeitung personenbezogener Daten ein dem Risiko angemessenes Schutzniveau zu gewährleisten (Art. 32), stehen die Melde- und Publizitätspflichten bei einer Verletzung dieses Schutzniveaus (Art. 33 und 34). Der Verordnungsgeber misst – anknüpfend an Regelungen im US-amerikanischen Recht zu „security breach notifications" oder „data breach reporting"[1] und an Art. 4 der ePrivacyRL[2] – der Publizität von Sicherheitsverstößen eine erhebliche Anreizwirkung für die verbesserte Rechtsbefolgung und Rechtsdurchsetzung bei,[3] die neben die Sanktionen für Verstöße gegen die Datensicherheit (Art. 83 Abs. 4 lit. a) tritt. Die Praxis in den USA illustriert die große Bedeutung dieser Mitteilungspflichten: Seit 2005 wurden bei der Verarbeitung personenbezogener Daten in den Bundesstaaten mit entsprechenden Gesetzen über 8.000 Sicherheitslecks bekannt, die mehr als 10 Milliarden Datensätze betrafen.[4] Die Zahl der betroffenen Personen dürfte noch höher liegen. Zugleich ist Art. 33 – ebenso wie Art. 34 – Ausdruck des risikobasierten Ansatzes der DSGVO,[5] der dazu geführt hat, die als ineffektiv empfundene, generell auf jede Datenverarbeitung bezogene Meldepflicht nach Art. 18 DS-RL (s. dazu EG 85) auf bestimmte Schutzverletzungen zu begrenzen. Die Art. 33 und 34 sehen ein zweistufiges Transparenzkonzept bei Schutzverletzungen vor.

II. Entstehungsgeschichte

2 Schon der KOM-E enthielt zwei Vorschriften zur Meldepflicht des Verantwortlichen bei Datenlecks. Die Meldepflicht gegenüber der Aufsichtsbehörde wurde von vornherein getrennt von der Meldepflicht gegenüber den betroffenen Personen gesehen. Dabei schlug die KOM vor, eine Meldepflicht gegenüber der Aufsichtsbehörde bei jeder Verletzung der Datensicherheit vorzusehen, ohne dass eine Beeinträchtigung des Datenschutzes oder der Privatsphäre der betroffenen Person gegeben sein muss. Falls diese materiellen Voraussetzungen vorliegen, sollte zusätzlich auch eine Benachrichtigung der betroffenen Personen erfolgen. Dieser zweistufigen Konzeption der Melde- und Benachrichtigungspflichten stimmte das EP zu. Demgegenüber führte der Rat auch bei der Meldepflicht gegenüber der Aufsichtsbehörde die materielle Schwelle eines wahrscheinlich hohen Risikos für die Rechte und Freiheiten Einzelner ein, wobei er beispielhaft Diskriminierung, Identitätsdiebstahl, Betrug, finanzielle Verluste, unbefugte Aufhebung der Pseudonymisierung, Rufschädigung, Bruch der Vertraulichkeit der von Berufsgeheimnissen geschützten Daten und andere wesentliche wirtschaftliche und soziale Nachteile nannte.[6] An dieselben Voraussetzungen knüpfte der Rat die Benachrichtigungspflicht gegenüber den betroffenen Personen. Bei einer Umsetzung dieses Vorschlags wären die Meldepflicht gegenüber der Aufsichtsbehörde und die Benachrichtigungspflicht gegenüber der betroffenen Person – bei Vorliegen der materiellen Voraussetzungen – stets gemeinsam ausgelöst worden. Der Rat wollte außerdem dem Verantwortlichen die Möglichkeit eröffnen, sich von der Melde- und Benachrich-

---

1 Das erste Gesetz dieser Art wurde 2002 in Kalifornien verabschiedet und trat am 1.7.2003 in Kraft, vgl. California Civil Code s. 1798.29 (e) und s. 1798.82 (a). Zwar haben bisher 47 Bundesstaaten entsprechende Gesetze beschlossen, eine bundesweit geltende Regelung fehlt jedoch in den USA bisher.

2 Zur Durchführung dieser RL vgl. VO (EU) 611/2013 der KOM v. 24.6.2013 über die Maßnahmen für die Benachrichtigung von Verletzungen des Schutzes personenbezogener Daten gemäß der Richtlinie 2002/58/EG des EP und des Rats. Die ePrivacyRL soll nach dem Vorschlag der KOM v. 10.1.2017 ersetzt werden durch eine ePrivacyVO, die zusätzlich zu den Pflichten nach der DSGVO (Art. 1 Abs. 3, Art. 4 Abs. 1 lit. a ePrivacyVO-E) die Anbieter von elektronischen Kommunikationsdiensten dazu verpflichten soll, die Nutzer auf bestehende Risiken für die Netzsicherheit und die Sicherheit der angebotenen Dienste hinzuweisen (Art. 17 ePrivacyVO-E).

3 Zur Funktion von Meldepflichten *Hornung* NJW 2015, 3334 (3336).

4 Vgl. die laufend aktualisierte Übersicht bei www.privacyrights.org/data-breaches. Entsprechende Zahlen für Meldungen über Datenpannen in Europa fehlen bisher. In Deutschland ist die Zahl der Verletzungen der Datensicherheit allein im Telekommunikationsbereich, die der oder dem BfDI nach § 109 a TKG zu melden sind, von 258 im Jahr 2015 auf 814 im Jahr 2016 angestiegen. BfDI, 26. Tätigkeitsbericht 2015-2016, Ziff. 17.2.4.6.

5 Wie hier Paal/Pauly/*Martini* Art. 33 Rn. 3.

6 Diese Beispiele finden sich jetzt in EG 85.

tigungspflicht zu befreien, indem er darlegt, dass er angemessene technisch-organisatorische Maßnahmen ergriffen hat. Im Trilog kam es zu einem Kompromiss, wonach die ursprüngliche zweistufige Konzeption wiederaufgegriffen, allerdings auch die Meldepflicht gegenüber der Behörde an eine materielle Voraussetzungsschwelle geknüpft wurde. Diese wurde negativ gefasst, so dass eine Meldepflicht nach Art. 33 nur ausscheidet, wenn die Schutzverletzung voraussichtlich nicht zu einem Risiko für die Rechte und Freiheiten natürlicher Personen führt. Diese Risikoprognose wurde allerdings im Verordnungstext nicht – wie vom Rat vorgeschlagen – mit Regelbeispielen unterlegt.

Meinungsunterschiede gab es im Gesetzgebungsverfahren auch bezüglich der Reaktionszeit. Nach den Vor- **3** stellungen der KOM sollte die Meldung an die Behörde unverzüglich, spätestens jedoch innerhalb von 24 Stunden nach Bekanntwerden des Datenlecks erfolgen. Dabei orientierte sich die KOM an der von ihr erlassenen VO (EU) 611/2013 zur Durchführung der ePrivacyRL.[7] Während das EP auf eine Höchstfrist völlig verzichten wollte, schlug der Rat eine Anhebung dieser Frist auf 72 Stunden nach Bekanntwerden vor, deren Überschreitung durch eine Begründung hätte gerechtfertigt werden können. Auch hier wurde ein Kompromiss gefunden: die Meldung muss unverzüglich und möglichst innerhalb von 72 Stunden erfolgen; wenn sie später erfolgt, muss dies begründet werden. Dagegen wurde der Vorschlag des EP, die Aufsichtsbehörde ein öffentliches Register mit den Arten von Datenlecks führen zu lassen, nicht aufgegriffen.

Anstelle der von der KOM vorgeschlagenen Konkretisierung der Meldeschwelle und der Meldeformate **4** durch delegierten Rechtsakt bzw. Durchführungsrechtsakt wurde auf Vorschlag des EP der EDSA damit beauftragt, entsprechende Leitlinien, Empfehlungen und bewährte Verfahren zu entwickeln (Art. 70 Abs. 1 lit. g).

Die JI-Richtlinie enthält eine entsprechende Regelung in Art. 30, dessen Abs. 6 darüber hinaus auch Vorga- **5** ben für Meldungen bei grenzüberschreitenden Schutzverletzungen macht.

III. Meldepflicht des Verantwortlichen gegenüber der Aufsichtsbehörde (Abs. 1)

1. Voraussetzungen der Meldepflicht (Abs. 1 S. 1). Die Voraussetzungen der Meldepflicht des Verantwort- **6** lichen gegenüber der Aufsichtsbehörde sind überwiegend positiv formuliert. Die entscheidende materielle Meldeschwelle ist dagegen als Ausnahme („es sei denn") geregelt.

a) Bekanntwerden der Schutzverletzung. Eine Meldepflicht besteht nur, wenn eine Verletzung des Schutzes **7** personenbezogener Daten vorliegt, wie sie in Art. 4 Nr. 12 (→ Art. 4 Nr. 12) definiert ist. Es gehört zu den Aufgaben des EDSA, Leitlinien, Empfehlungen und bewährte Verfahren zur Feststellung solcher Schutzverletzungen zu entwickeln (Art. 70 Abs. 1 lit. g). Der Begriff der Feststellung wird in Art. 33 selbst nicht verwendet, stattdessen spricht die Vorschrift in Abs. 1 und Abs. 2 von bekannt werden. Hierfür reicht es nach den bestehenden unionsrechtlichen Maßstäben aus, wenn der Verantwortliche nach Abs. 1 oder der Auftragsverarbeiter nach Abs. 2 hinreichende Kenntnis von einer Schutzverletzung hat, um eine Meldung nach Abs. 3 gegenüber der Aufsichtsbehörde abgeben zu können.[8] Zieht man die VO (EU) 611/2013 zur ePrivacyRL heran,[9] so muss der Verantwortliche eine „hinreichende Kenntnis" insoweit erlangt haben, dass eine „sinnvolle Benachrichtigung" der vorgeschriebenen Art vornehmen kann.[10] Das bedeutet allerdings nicht, dass er bereits alle Informationen über die Schutzverletzung haben muss, um eine vollständige Benachrichtigung bzw. Meldung durchzuführen, denn Abs. 4 lässt auch eine stufenweise Meldung zu.[11] Der Verantwortliche muss zwar nicht auf den bloßen Verdacht einer Schutzverletzung hin eine Meldung vornehmen;[12] seine Meldepflicht wird aber ausgelöst, sobald ihm Informationen über Art, Umstände und Zeitpunkt der Schutzverletzung sowie über die Kategorien der betroffenen Daten vorliegen.[13] Er muss noch keine sicheren Informationen über alle in Abs. 3 genannten Details (zB die wahrscheinlichen Folgen der Schutzverletzung und die ergriffenen Maßnahmen zu deren Abmilderung) haben, bevor er eine erste Meldung gegenüber der Aufsichtsbehörde abgibt. Es reicht aus, wenn ihm vorliegende tatsächliche Anhaltspunkte für die hohe Wahrscheinlichkeit einer Schutzverletzung sprechen.[14] Ob der Verantwortliche die ihm

---

7 Art. 2 Abs. 2: „Der Betreiber benachrichtigt die zuständige nationale Behörde von der Verletzung des Schutzes personenbezogener Daten binnen 24 Stunden nach Feststellung der Verletzung, soweit dies möglich ist."

8 So auch *Marschall* DuD 2015, 183 (185 f.) mwN Vgl. die praktischen Beispiele in den Guidelines der *Art.-29-Gruppe*, WP 250 rev. 01, S. 9, 27ff. Der *European Data Protection Board* hat sich dieses Papier zueigen gemacht, vgl. Endorsement 1/2018.

9 Dafür *Marschall* DuD 2015, 183 (185); die VO dürfte allerding nach deren Verabschiedung an die geplante ePrivacyVO angepasst werden.

10 Art. 2 Abs. 2 S. 2 VO (EU) 611/2013.

11 Ebenso *Marschall* DuD 2015, 183 (185).

12 So auch EG 8 zur VO (EU) 611/2013.

13 In diesem Sinne *Marschall* DuD 2015, 183 (186).

14 *Laue/Nink/Kremer*, S. 223.

bekannten Tatsachen rechtlich als Schutzverletzung iSd Art. 4 Nr. 12 bewertet oder nicht, ist unerheblich.[15] Ein diesbezüglicher Irrtum kann allenfalls bei der Verhängung von Sanktionen nach Art. 83 Abs. 4 eine Rolle spielen.

8   **b) Adressaten der Meldepflicht.** Zur Meldung verpflichtet sind alle für die Verarbeitung personenbezogener Daten Verantwortlichen iSd Art. 4 Nr. 7. Damit weicht die Meldepflicht nach der DSGVO erheblich von der Meldepflicht nach der NIS-Richtlinie ab.[16] Diese sieht nur für Betreiber wesentlicher Dienste eine Pflicht zur Meldung von Sicherheitsvorfällen auch dann vor, wenn keine personenbezogenen Daten betroffen sind.[17] Auftragsverarbeiter sind nach Abs. 2 nicht zur Meldung gegenüber der Aufsichtsbehörde, sondern gegenüber dem Verantwortlichen verpflichtet (→ Rn. 18 f.). Eine Meldepflicht von Herstellern sieht die Grundverordnung nicht vor, obwohl es bereits Fälle mit weltweiten Auswirkungen gegeben hat, in denen eine solche Meldepflicht angezeigt gewesen wäre.[18]

9   **c) Empfänger der Meldung.** Die Meldung ist gegenüber der gemäß Art. 55 zuständigen Aufsichtsbehörde abzugeben. Wer die zuständige Aufsichtsbehörde ist, richtet sich nach dem Ort der Datenverarbeitung (s. EG 122). Bei grenzüberschreitender Datenverarbeitung ist regelmäßig die federführende Aufsichtsbehörde der Hauptniederlassung nach Art. 56 Abs. 1 zuständig.[19] Wird die Meldung gegenüber einer unzuständigen Behörde abgegeben, stellt sich die Frage, ob dies eine unverzügliche oder fristgemäße Meldung ist (→ Rn. 16).

10   **d) Ausnahme: Kein Risiko für die Rechte und Freiheiten natürlicher Personen.** Zwar löst regelmäßig jede Schutzverletzung eine Meldepflicht des Verantwortlichen aus, diese entfällt jedoch, wenn die Schutzverletzung voraussichtlich nicht zu einem Risiko für die Rechte und Freiheiten natürlicher Personen führt. Diese Ausnahme von der Meldepflicht ist so ausgestaltet, dass den Verantwortlichen die Nachweispflicht für den Risikoausschluss trifft. EG 85 stellt dies unter Hinweis auf die Rechenschaftspflicht nach Art. 5 Abs. 2 klar.[20] Da der Verantwortliche insofern das Risiko einer Fehleinschätzung trägt, ist die vorherige Konsultation der Aufsichtsbehörde zu empfehlen (→ Art. 34 Rn. 12).[21]

11   Der Verantwortliche muss, wenn er die Meldepflicht ausschließen will, eine Risikoprognose vornehmen. Dabei ist nicht erforderlich, dass ein Risiko für die Rechte und Freiheiten natürlicher Personen ausgeschlossen werden kann, es genügt, dass ein solches Risiko voraussichtlich nicht gegeben ist. Allerdings lässt die DSGVO die entscheidende Frage offen, welcher Grad an Unwahrscheinlichkeit erforderlich ist, um eine Meldepflicht auszuschließen. Zunächst müssen keine schwerwiegenden Beeinträchtigungen der Rechte natürlicher Personen drohen, wie dies § 42 a S. 1 BDSG aF verlangte.[22] Danach war anerkannt, dass ein solches Risiko für den Betroffenen nicht deshalb ausscheidet, weil dieser aufgrund der Schutzverletzung Rückbuchungs- bzw. Widerrufsmöglichkeiten oder Versicherungsansprüche hat.[23] Die Formulierung der DSGVO, dass nur dann keine Meldung erfolgen muss, wenn jedes derartige Risiko voraussichtlich ausgeschlossen werden kann, verdeutlicht, dass die Meldeschwelle nach Unionsrecht erheblich niedriger ist als nach bisherigem deutschem Datenschutzrecht.[24] Andererseits liegt es in der Natur jeder Prognoseentscheidung, dass nicht der sichere Ausschluss jedes Risikos verlangt werden kann. Bei der erforderlichen negativen Risikoprognose nach Art. 33 sollte in Anlehnung an das allgemeine Gefahrenabwehrrecht das gefährdete Rechtsgut und die Wahrscheinlichkeit einer tatsächlichen Beeinträchtigung zueinander in Relation gesetzt werden.[25] Je größer die mögliche Beeinträchtigung der Rechte und Freiheiten natürlicher Personen ist, desto geringere Anforderungen sind an die Eintrittswahrscheinlichkeit zu stellen.[26] Bezogen auf die negative Prognose nach Abs. 1 bedeutet dies, dass die Anforderungen an einen voraussichtlichen Ausschluss des Ri-

15   Vgl. Paal/Pauly/*Martini* Art. 33 Rn. 18.
16   RL (EU) 2016/1148 des EPs und des Rats v. 6.7.2016 über Maßnahmen zur Gewährleistung eines hohen gemeinsamen Sicherheitsniveaus von Netz- und Informationssystemen in der Union, ABl. 2016 L 194, 1; dazu *Gercke* CR 2016, 28 (30).
17   Art. 14 Abs. 3 NIS-Richtlinie. Eine entsprechende Meldepflicht für Betreiber kritischer Infrastrukturen sieht das deutsche Recht in § 8 b und § 8 c BSIG vor; dazu *Hornung* NJW 2015, 3334 (3336 f.) mit Hinweisen auf andere spezialgesetzliche Meldepflichten.
18   Etwa die Hardware-Sicherheitslücken *Meltdown* und *Spectre*, vgl. https://www.bsi-fuer-buerger.de/BSIFB/DE/Service/Aktuell/Informationen/Artikel/Meltdown_Spectre_Sicherheitsluecke_10012018.html.
19   Zum Problem der grenzüberschreitenden Schutzverletzungen vgl. *Art.-29-Gruppe*, WP 184, S. 8; WP 250, S. 14 f.; *Thole/Solms/Moll* CRi 2015, 134 (136).
20   Nach der ePrivacyRL stellt sich dieses Problem nicht, weil dort keine materielle Meldeschwelle vorgesehen ist, vielmehr muss bei jeder Schutzverletzung die zuständige nationale Behörde benachrichtigt werden (Art. 4 Abs. 3 S. 1 ePrivacyRL).
21   Vgl. DKWW/*Weichert* § 42 a Rn. 6 a.
22   Im Gegensatz zu Art. 34 Abs. 1 ist in Art. 33 Abs. 1 nicht von einem *hohen* Risiko die Rede.
23   Simitis/*Dix* § 42 a Rn. 9.
24   Gola/*Reif* Art. 33 Rn. 30; aA wohl *Marschall* DuD 2015, 183 (187).
25   Zu dieser Relation im Gefahrenabwehrrecht näher *Hansen-Dix*, Die Gefahr im Polizeirecht, 1982, S. 38ff., 134ff., sowie *Denninger* in: Lisken/Denninger (Hrsg.), Handbuch des Polizeirechts, 280ff. Zur DSGVO ebenso *Marschall* RDV 2015, 17 (20ff.).
26   Vgl. DKWW/*Weichert* § 42 a Rn. 6 a.

sikos umso höher sind, je gravierender die Rechtsverletzung im Fall ihrer Realisierung wäre. Die ENISA hat unter Beteiligung der französischen und deutschen Datenschutzbehörden den Versuch unternommen, für die elektronische Kommunikation eine Methodologie zur mathematischen Berechnung des durch Sicherheitsvorfälle verursachten Risikos zu entwickeln.[27] Dabei stellt sie zur Entwicklung einer entsprechenden Formel auf die Kriterien des Verarbeitungskontextes, des Identifizierungsrisikos und die Umstände der Schutzverletzung ab. Ob sich das Risiko allerdings stets auf diese Weise durch „Scoring"[28] der genannten Faktoren schematisch ermitteln und damit auch automatisieren lässt, erscheint zweifelhaft. Die Art. 29-Gruppe hat ihrerseits Richtlinien beschlossen, die allgemeinere Kriterien für die Beurteilung des Risikos enthalten.[29] Danach sollen in einer Gesamtschau die Art des Datenlecks, die Art, Sensitivität und der Umfang der betroffenen Daten, die Möglichkeit der Herstellung eines Personenbezugs durch Dritte, die Schwere der Konsequenzen für Betroffene, Besonderheiten der Betroffenen (z.B. Kinder oder andere besonders schutzwürdige Personen) und der Verantwortlichen (z.B. ein Krankenhaus) in Rechnung gestellt werden.[30] Es ist zu erwarten, dass der EDSA diese Richtlinien unterstützen wird. Unternehmen sollten ihr internes Berichtswesen so organisieren, dass abgesehen von offensichtlich unbedeutenden Schutzverletzungen jeder derartige Vorfall der Aufsichtsbehörde gemeldet wird.[31] Dafür spricht auch, dass der Verantwortliche das Risiko einer fehlerhaften Prognose trägt.

Die Tatsache, dass die von der Schutzverletzung betroffenen Daten sicher verschlüsselt sind, rechtfertigt **12** nicht den Verzicht auf eine Meldung bei der Aufsichtsbehörde. Das ergibt sich im Umkehrschluss aus Art. 34 Abs. 3 lit. a.[32] Zwar hat die Art.-29-Gruppe in ihrer Stellungnahme über die Meldung von Verletzungen des Schutzes personenbezogener Daten nach der ePrivacyRL bei bestimmten Formen der Verschlüsselung die Benachrichtigung der betroffenen Person für verzichtbar gehalten.[33] Eine Meldung gegenüber der Aufsichtsbehörde ist aber nach dieser Richtlinie in jedem, also auch diesem Fall geboten. Auch nach der DSGVO müssen die Aufsichtsbehörden die Möglichkeit haben, die Sicherheit des jeweiligen Verschlüsselungsverfahrens zu überprüfen, was ausgeschlossen wäre, wenn man in solchen Fällen eine Meldung bei ihnen von vornherein für verzichtbar hielte. Auch können die Aufsichtsbehörden nur auf diese Weise die nötigen Meta-Informationen über reale Angriffsszenarien bei Hacking-Attacken wie auch über Fehlverhalten der Verantwortlichen gewinnen.

Anders als nach Art. 34 Abs. 3 lit. c kann der Verantwortliche auch dann nicht von einer Meldung absehen, **13** wenn er durch nachfolgende Maßnahmen sichergestellt hat, dass das Risiko für die Rechte und Freiheiten der betroffenen Personen künftig nicht mehr besteht.

Welche Risiken für die Rechte und Freiheiten natürlicher Personen in Frage kommen, beschreibt die Vor- **14** schrift nicht im Einzelnen. Allerdings nennt EG 85 Beispiele für solche Beeinträchtigungen, die voraussichtlich ausgeschlossen sein müssen. Es kann sich um physische, materielle oder immaterielle Schäden infolge der Schutzverletzung handeln. Diese kann aber auch zum Verlust der Kontrolle über ihre personenbezogenen Daten, zu einer Einschränkung ihrer Rechte, Diskriminierung, Identitätsdiebstahl oder -betrug, zu finanziellen Verlusten, unbefugter Aufhebung der Pseudonymisierung, Rufschädigung, zum Verlust der Vertraulichkeit von dem Berufsgeheimnis unterliegenden Daten oder zu anderen erheblichen wirtschaftlichen oder gesellschaftlichen Nachteilen führen. Dieser Katalog von Beispielen ist nicht abschließend. Auch hier sind konkretisierende Vorgaben des EDSA nach Art. 70 Abs. 1 lit. g in der Zukunft wahrscheinlich.[34] Zudem soll die Erarbeitung von Verhaltensregeln nach Art. 40 Abs. 2 lit. i gefördert werden, denen die DSGVO allerdings nicht explizit eine privilegierende Wirkung beimisst.[35]

---

27 *ENISA*, Recommendations for a methodology of the assessment of severity of personal data breaches, Working Document, 2013, S. 4ff.; Recommendations on technical implementation guidelines of Article 4, 2013, S. 3ff.

28 So ausdrücklich *ENISA*, Recommendations on technical implementation guidelines of Article 4, 2013, S. 4ff.

29 *Art. 29-Gruppe*, WP 250 rev. 01, 22ff. Vgl. auch *DSK*, Kurzpapier Nr. 18 (2018), 2ff.

30 Vgl. auch die praktischen Beispiele im Anhang zum WP 250 rev. 01, 31ff.

31 So auch *Laue/Nink/Kremer*, S. 222 f.; vgl. ferner *Hornung* NJW 2010, 1841 (1843); Simitis/*Dix* § 42 a Rn. 9.

32 So auch Sydow/*Sassenberg* Art. 33 Rn. 8, der allerdings zu Unrecht davon ausgeht, dass bei einer Sicherheitsverletzung im Fall von verschlüsselten Daten in der Regel kein voraussichtliches Risiko für die betroffenen Personen für gegeben hält. Ähnlich für den Fall der Zerstörung eines Datenträgers Gola/*Reif* Art. 33 Rn. 32. Dabei verkennen beide, dass auch die Beeinträchtigung der Verfügbarkeit ein Risiko für die betroffenen Personen begründen kann (→ Art. 34 Rn. 13).

33 *Art.-29-Gruppe*, WP 213, S. 15 f.

34 Bereits vor Inkrafttreten der DSGVO haben nationale oder subnationale Aufsichtsbehörden Richtlinien zur Anwendung der geltenden Meldepflichten veröffentlicht, vgl. zB die Richtlinien der niederländischen Datenschutzbehörde v. 8.12.2015: <https://autoriteitpersoons gegevens.nl/sites/default/files/atoms/files/policy_rules_data_breach_notification_obligation.pdf>; dazu *van Waesberge/De Smedt* EDPL 2016, 391 (392 f.). Vgl. ferner die FAQs der Berliner Beauftragten für Datenschutz und Informationsfreiheit v. Mai 2014 < https://www.datenschutz-berlin.de/meldung-datenleck.html >.

35 Anders als in den Art. 24 Abs. 3, 25 Abs. 3 und 32 Abs. 3. Zur möglichen mittelbar privilegierenden Wirkung solcher Verhaltensregeln BeckOK DatenschutzR/*Martini* DSGVO Art. 34 Rn. 10.

15   **e) Sonstige mögliche Ausnahmen.** Art. 33 sieht keine weiteren Ausnahmen von der Meldepflicht vor. Auch Rechtsvorschriften der Union oder der Mitgliedstaaten nach Art. 23 können von dieser Pflicht (anders als bei der Benachrichtigungspflicht nach Art. 34) nicht dispensieren. Soweit im Einzelfall durch die Meldung der Schutzverletzung Geheimhaltungspflichten, insbes. Betriebs- und Geschäftsgeheimnisse tangiert werden, lässt dies die Meldepflicht nicht von vornherein entfallen. Vielmehr muss der meldepflichtige Verantwortliche einen Ausgleich zwischen seiner Pflicht zur Meldung und der Geheimhaltungspflicht bzw. dem Geheimhaltungsinteresse herstellen.[36] Zudem sind die Aufsichtsbehörden – im Gegensatz zu den nach Art. 34 zu informierenden betroffenen Personen – häufig nach innerstaatlichem Recht selbst geheimhaltungspflichtig,[37] so dass ihnen ein Geheimhaltungsinteresse nur eingeschränkt entgegengehalten werden kann.

16   **2. Meldefrist und Folgen ihrer Überschreitung (Abs. 1 S. 2).** Die Meldung ist unverzüglich, also ohne schuldhaftes Zögern vorzunehmen. Bei der Prüfung der Frage, ob eine Meldung unverzüglich erfolgt ist, sollen nach EG 87 auch die Art und Schwere der Schutzverletzung sowie deren Folgen und nachteiligen Auswirkungen für die betroffenen Personen berücksichtigt werden. Zusätzlich schreibt die DSGVO eine Meldung möglichst binnen 72 Stunden vor. Dass es sich dabei nicht um eine strikte Frist handelt, ergibt sich aus Abs. 1 S. 2, wonach eine Überschreitung dieser Frist lediglich dazu führt, dass diese gegenüber der Aufsichtsbehörde begründet werden muss. Allerdings sind die Gründe für die Verzögerung konkret zu benennen; sie müssen umso schwerer wiegen, je gravierender die möglichen Folgen der Schutzverletzung und je länger die Dauer der Verzögerung sind.[38] Die mit Bekanntwerden der Schutzverletzung (→ Rn. 7) beginnende Regelfrist von 72 Stunden weicht erheblich ab von der für die Umsetzung der ePrivacyRL vorgesehenen Frist, die 24 Stunden beträgt.[39] Bei einer Meldung gegenüber einer unzuständigen Aufsichtsbehörde (→ Rn. 9) stellt sich die Frage, ob die dadurch eingetretene Verzögerung zu einem Verstoß gegen die Pflicht zur unverzüglichen oder fristgemäßen Meldung führt. Die DSGVO enthält zwar keine ausdrückliche Hinweispflicht der unzuständigen Aufsichtsbehörde gegenüber dem Verantwortlichen, es spricht aber viel dafür, zumindest eine solche Hinweispflicht anzunehmen. Wünschenswert ist ein generell abgestimmtes Vorgehen der Aufsichtsbehörden, ob sie in solchen Fällen die Meldung selbst an die zuständige Behörde weiterleiten oder unter welchen Umständen eine mögliche Verzögerung als Pflichtverstoß nach Art. 83 Abs. 4 lit. a mit Bußgeldern geahndet werden soll.[40]

17   Die im Gesetzgebungsverfahren umstrittene Regelfrist für Meldungen macht deutlich, wie wichtig eine präventive Verfahrensweise der Unternehmen bezüglich möglicher Schutzverletzungen ist. Da bei derartigen Vorfällen schnell reagiert werden muss, ist ein effektives internes Berichtswesen (Data Breach Response Plan)[41] von entscheidender Bedeutung. Dieses ist als Teil des Datenschutz- und Datensicherheitsmanagements anzusehen, das auch im Rahmen der Zertifizierung nach Art. 42 zu prüfen ist. Insgesamt können die Melde- und Benachrichtigungspflichten der Art. 33 und 34 dazu beitragen, allen Verantwortlichen die Notwendigkeit eines solchen Datenschutz- und Datensicherheitsmanagements zu verdeutlichen und vorhandene Kommunikationswege zu optimieren,[42] zumal die Verletzung der Melde- und Berichtspflicht mit empfindlichen Geldbußen bedroht wird (Art. 84 Abs. 4 lit. a).

18   **3. Meldepflicht des Auftragsverarbeiters (Abs. 2).** Abs. 2 stellt klar, dass die Meldepflicht auch im Fall der Auftragsdatenverarbeitung beim Auftraggeber liegt. Der Auftragnehmer ist allerdings seinerseits verpflichtet, den Verantwortlichen zu informieren, sobald ihm eine Schutzverletzung bekannt geworden ist. Dabei gelten für die Kenntnis des Auftragnehmers die gleichen Kriterien wie für den Verantwortlichen (→ Rn. 7). Allerdings muss der Auftragsverarbeiter den Verantwortlichen über jede Schutzverletzung informieren, selbst wenn er ein Risiko für die betroffenen Personen für ausgeschlossen hält.[43] Die Information des Auftraggebers hat unverzüglich zu erfolgen, eine regelmäßige Höchstfrist von 72 Stunden besteht in diesem Fall nicht. Je länger der Auftragnehmer mit der Information des Auftraggebers wartet, desto kürzer wird die für diesen nach Abs. 1 S. 1 geltende Frist. Die Frist nach Abs. 1 S. 2 (→ Rn. 16) beginnt bereits mit der Kenntnis des Auftragnehmers von der Schutzverletzung zu laufen. Verzögerungen im Bereich des Auftragnehmers muss der Verantwortliche sich deshalb in aller Regel zurechnen lassen.[44] Die Unterstützungspflicht des Auftragsverarbeiters ist nach Art. 28 Abs. 3 S. 2 lit. f auch vertraglich zu fixieren.

---

36   Vgl. DKWW/*Weichert* § 42 a Rn. 6 a.

37   ZB § 23 Abs. 5 BDSG aF; § 29 Abs. 3 S. 2 BDSG nF.

38   So zutr. Kühling/Buchner/*Jandt* Art. 33 Nr. 16.

39   Art. 2 Abs. 2 S. 1 VO (EU) 611/2013. Mit dem Inkrafttreten der von der KOM vorgeschlagenen ePrivacyVO würde Art. 33 DSGVO auch für die elektronische Kommunikation gelten, so dass kein Unterschied bei den Meldefristen mehr bestünde → Art. 95 Rn. 23 f.

40   In diesem Sinne auch Kühling/Buchner/*Jandt* Art. 33 Rn. 17.

41   So *Thole/Solms/Moll* CRi 2015, 134 (139).

42   Vgl. Simitis/*Dix* § 42 a Rn. 1.

43   *Laue/Nink/Kremer*, § 7 Rn. 50; Sydow/*Sassenberg* Art. 33 Rn. 27; Auernhammer/*Schreibauer* DSGVO Art. 33 Rn. 16.

44   AA Plath/*Grages* DSGVO Art. 33 Rn. 10; vgl. auch Auernhammer/*Schreibauer* DSGVO Art. 33 Rn. 16.

Zudem ist der Auftragsverarbeiter verpflichtet, den Verantwortlichen unter Berücksichtigung der Art der 19 Verarbeitung und der ihm zur Verfügung stehenden Informationen bei der Einhaltung der Pflichten nach Art. 33 und 34 zu unterstützen (Art. 28 Abs. 3 lit. f).

4. Inhalt und Form der Meldung (Abs. 3). Der Unionsgesetzgeber hat Mindestvorgaben für den Inhalt der 20 Meldung an die Aufsichtsbehörde gemacht. So muss der Aufsichtsbehörde jedenfalls mitgeteilt werden, welcher Art die Schutzverletzung ist, nach Möglichkeit müssen die Kategorien sowohl der betroffenen Personen als auch der Datensätze unter Angabe einer ungefähren Quantifizierung mitgeteilt werden, auf die sich die Schutzverletzung bezieht (Abs. 3 lit. a). Diese Angaben stehen insgesamt unter dem Vorbehalt des Möglichen, wobei entsprechende Angaben auch später mitgeteilt werden können (→ Rn. 18). Der Verantwortliche ist auch nicht verpflichtet, der Aufsichtsbehörde technische Details über Sicherheitslücken mitzuteilen oder Betriebs- und Geschäftsgeheimnisse zu offenbaren. Auch dürfen weder die Namen betroffener Personen noch die konkret betroffenen Datensätze mitgeteilt werden; zu melden sind jeweils nur die entsprechenden Kategorien.[45] Daneben muss die Meldung den Namen und die Kontaktdaten des Datenschutzbeauftragten nach Art. 37 (wo ein solcher benannt worden ist) oder die Kontaktdaten eines Ansprechpartners für weitere Informationen und Rückfragen der Aufsichtsbehörde enthalten (Abs. 3 lit. b). Diese Informationen sollten standardmäßig in einem vorbereiteten Meldeformular enthalten sein. Des Weiteren muss der Aufsichtsbehörde mitgeteilt werden, welche Folgen die Schutzverletzung wahrscheinlich haben wird (Abs. 3 lit. c) und welche Maßnahmen der Verantwortliche ergriffen hat oder vorschlägt, um die Schutzverletzung zu beheben oder die nachteiligen Auswirkungen abzumildern (Abs. 3 lit. d). Die nach Abs. 3 lit. b bis d der Aufsichtsbehörde zu meldenden Informationen und Maßnahmen sind auch deshalb von besonderer Bedeutung, weil sie zugleich die Grundlage für eine evtl. gebotene Benachrichtigung der betroffenen Personen bilden (→ Art. 34 Abs. 2).[46]

Zur Form der Meldung macht Art. 33 keine Vorgabe. Die Vorgaben des Art. 12 Abs. 1 S. 2 und 3 gelten 21 hier – anders als bei der Benachrichtigung der betroffenen Personen (→ Art. 34 Rn. 7) – nicht. Eine Schriftform der Meldung ist deshalb nicht vorgeschrieben.[47] Aufgrund der Rechenschaftspflicht nach Art. 5 Abs. 2 und angesichts der Dokumentationspflicht nach Abs. 5 sollte jedoch jede Meldung (zB auch eine telefonische Vorabmeldung) stets schriftlich dokumentiert werden, um in einem möglichen aufsichtsbehördlichen oder Bußgeldverfahren das eigene rechtskonforme Verhalten belegen zu können.[48]

5. Sukzessive Meldung (Abs. 4). Um zu verhindern, dass Verantwortliche die gebotene Meldung hinauszö- 22 gern, bis ihnen alle nach Abs. 3 gebotenen Informationen vorliegen, lässt die DSGVO explizit auch eine schrittweise Information der Aufsichtsbehörde zu. Das ist sinnvoll, denn die Aufsichtsbehörde erhält dadurch die Möglichkeit, ihrerseits erste Maßnahmen zu ergreifen oder die vom Verantwortlichen vorzunehmenden Maßnahmen zeitnah zu beeinflussen. Es empfiehlt sich, dass die Unternehmen bestimmte Mindestinformationen in einer Erstbenachrichtigung mitteilen (Art, Umstände und Zeitpunkt der Schutzverletzung sowie die Kategorien der betroffenen Daten) (→ Rn. 7). Die übrigen in Abs. 3 genannten Informationen sind nach evtl. nötigen Ermittlungen innerhalb eines angemessenen Zeitraums sukzessiv nachzureichen. Die Höchstfrist von 72 Stunden bezieht sich auf die vollständige Meldung, so dass eine Nachmeldung nach Ablauf dieser Frist nach Abs. 1 S. 2 zu begründen ist.

6. Dokumentationspflicht (Abs. 5). Aus dem Gebot der Rechenschaftspflicht nach Art. 5 Abs. 2 ergibt sich 23 bereits, dass der Verantwortliche jederzeit in der Lage sein muss, nachzuweisen, auf welche Weise er die Beachtung des Grundsatzes der Vertraulichkeit und Integrität der verarbeiteten Daten (Art. 5 Abs. 1 lit. f) gewährleistet. Abs. 5 S. 1 konkretisiert diese Rechenschaftspflicht für den Fall, dass eine Verletzung des Schutzes personenbezogener Daten stattgefunden hat, die Risiken für die betroffenen Personen zur Folge haben wird. Der Verantwortliche hat neben der Schutzverletzung auch alle mit ihr zusammenhängenden Fakten sowie die Auswirkungen und ergriffenen Abhilfemaßnahmen zu dokumentieren.[49] Dazu zählen auch Fälle, in denen das verantwortliche Unternehmen eine negative Risikoprognose vorgenommen und deshalb nicht von einer Meldepflicht ausgegangen ist.[50] Diese Dokumentation muss der Verantwortliche

---

45 Vgl. Kühling/Buchner/*Jandt* Art. 33 Rn. 21.
46 Vgl. Paal/Pauly/*Martini* Art. 33 Rn. 45.
47 So Paal/Pauly/*Martini* Art. 33 Rn. 29.
48 Vgl. Gola/*Reif* Art. 33 Rn. 36; Sydow/*Sassenberg* Art. 33 Rn. 25, hält wegen der kurzen Frist generell nur eine Meldung in Textform für praktikabel.
49 Vgl. auch *DSK*, Kurzpapier Nr. 18, 4., wo auf die Notwendigkeit hingewiesen wird, die Einordnung der Eintrittswahrscheinlichkeit und der möglichen Schäden in bestimmte Kategorien zu begründen.
50 So zutreffend Kühling/Buchner/*Jandt* Art. 33 Rn. 26.

der Aufsichtsbehörde auf deren Verlangen zur Verfügung stellen[51], damit diese die Einhaltung der Vorgaben des Art. 33 kontrollieren kann (Abs. 5 S. 2).

IV. Rechtsfolgen und Sanktionen

24 Bei einer Verletzung der Pflichten nach Art. 33 kann die Aufsichtsbehörde das verantwortliche Unternehmen oder seinen Auftragsverarbeiter anweisen, ihr alle notwendigen Informationen bereitzustellen (Art. 58 Abs. 1 lit. a), etwa wenn Dritte sie über die Schutzverletzung informieren. Daneben können Verantwortliche mit Bußgeldern nach Art. 83 Abs. 4 lit. a in Höhe von bis zu 10 Mio. Euro oder bei Unternehmen von bis zu 2% des gesamten weltweite erzielten Jahresumsatzes belegt werden, wenn sie ihre Meldepflicht verletzen oder einer Anweisung nach Art. 58 Abs. 1 lit. a nicht Folge leisten. Nur bei Nichtbefolgung der Anweisung, betroffene Personen zu benachrichtigen, ist der höhere Bußgeldrahmen nach Art. 83 Abs. 6 eröffnet (→ Art. 34 Rn. 19). Schließlich können die Mitgliedstaaten zusätzliche Sanktionen vorsehen (Art. 84).

25 Aufgrund der nach Art. 33 gemachten Meldung kann die Aufsichtsbehörde außerdem Maßnahmen gegen das verantwortliche Unternehmen treffen, wenn die Schutzverletzung darauf zurückzuführen ist, dass das Unternehmen seine Pflicht insbes. nach Art. 32 verletzt hat.[52] In diesem Zusammenhang können auch die Informationen verwendet werden, die das Unternehmen entsprechend seiner Verpflichtung nach Art. 33 der Aufsichtsbehörde mitgeteilt hat. Indem die DSGVO auf ein Verbot der Verwendung dieser Daten verzichtet, geht sie erheblich über das in Deutschland geltende Recht hinaus. § 42 a S. 6 BDSG aF enthielt bereits ein solches Verwendungsverbot. Das BVerfG hat den Grundsatz, dass niemand verpflichtet werden kann, sich selbst zu belasten („nemo tenetur se ipsum accusare") und das daraus folgende Schweigerecht des Angeklagten im Strafprozess aus der Menschenwürde (Art. 1 Abs. 1 GG) und der allgemeinen Handlungsfreiheit (Art. 2 Abs. 1 GG) abgeleitet.[53] Art. 33 schweigt zu dieser Frage. Wollte man daraus schließen, dass Informationen, die ein Verantwortlicher der Aufsichtsbehörde mitteilen muss, von dieser in einem Bußgeldverfahren gegen ihn verwertet werden darf, wäre dies aber mit dem auch im Bußgeldverfahren geltenden[54] Grundsatz des fairen Strafverfahrens, wie es Art. 6 EMRK garantiert,[55] nicht zu vereinbaren.[56] Deshalb ist die Vorschrift grundrechtskonform in der Weise auszulegen, dass die Aufsichtsbehörde die Pflichtinformationen nach Abs. 3 zwar verwenden,[57] aber nicht in einem Straf- oder Bußgeldverfahren gegen den meldepflichtigen Verantwortlichen verwerten darf.[58] Dies sehen §§ 42 Abs. 4 und 43 Abs. 4 BDSG nF auch vor. So kann die Aufsichtsbehörde die nach Art. 33 mitgeteilten Informationen zum Anlass für weitere Ermittlungen gegen den Verantwortlichen nehmen, die in eine Anordnung nach Art. 58 münden können.[59] Auch können betroffene Personen Meldungen aufgrund von Art. 33 in Schadensersatzprozessen nach Art. 82 vor Zivilgerichten verwenden.

Artikel 34 Benachrichtigung der von einer Verletzung des Schutzes personenbezogener Daten betroffenen Person

(1) Hat die Verletzung des Schutzes personenbezogener Daten voraussichtlich ein hohes Risiko für die persönlichen Rechte und Freiheiten natürlicher Personen zur Folge, so benachrichtigt der Verantwortliche die betroffene Person unverzüglich von der Verletzung.

(2) Die in Absatz 1 genannte Benachrichtigung der betroffenen Person beschreibt in klarer und einfacher Sprache die Art der Verletzung des Schutzes personenbezogener Daten und enthält zumindest die in Artikel 33 Absatz 3 Buchstaben b, c und d genannten Informationen und Maßnahmen.

(3) Die Benachrichtigung der betroffenen Person gemäß Absatz 1 ist nicht erforderlich, wenn eine der folgenden Bedingungen erfüllt ist:

---

51 *Marschall* DuD 2015, 183 (186); Paal/Pauly/*Martini* Art. 33 Rn. 58.
52 Eine Rechtsverletzung des Verantwortlichen ist keine Voraussetzung für das Vorliegen einer Schutzverletzung (→ Art. 4 Nr. 12 Rn. 4).
53 BVerfGE 56, 37 (42, 50).
54 Vgl. Art. 83 Abs. 8.
55 Vgl. auch Art. 48–50 GRCh.
56 So zutreffend BeckOK DatenschutzR/*Scheffczyk* BDSG § 42 a Rn. 70.
57 EG 87 spricht allgemein davon, dass eine Meldung zu einem Tätigwerden der Aufsichtsbehörde im Einklang mit ihren in der DSGVO festgelegten Aufgaben und Befugnissen führen kann.
58 In diesem Sinne wohl auch Paal/Pauly/*Martini* Art. 33 Rn. 27; im Ergebnis auch BeckOK DatenschutzR/*Brink* DSGVO Art. 33 Rn. 42.
59 Art. 58 Abs. 4 steht dem nicht entgegen; vgl. EG 87; aA offenbar Sydow/*Sassenberg* Art. 33 Rn. 29. Die Verwendung der Informationen in anderen als Ordnungswidrigkeiten- oder Strafverfahren war auch schon nach § 42 a S. 6 BDSG aF möglich, vgl. Simitis/*Dix* § 42 a Rn. 20.

a) der Verantwortliche geeignete technische und organisatorische Sicherheitsvorkehrungen getroffen hat und diese Vorkehrungen auf die von der Verletzung betroffenen personenbezogenen Daten angewandt wurden, insbesondere solche, durch die die personenbezogenen Daten für alle Personen, die nicht zum Zugang zu den personenbezogenen Daten befugt sind, unzugänglich gemacht werden, etwa durch Verschlüsselung;

b) der Verantwortliche durch nachfolgende Maßnahmen sichergestellt hat, dass das hohe Risiko für die Rechte und Freiheiten der betroffenen Personen gemäß Absatz 1 aller Wahrscheinlichkeit nach nicht mehr besteht;

c) dies mit einem unverhältnismäßigen Aufwand verbunden wäre. In diesem Fall hat stattdessen eine öffentliche Bekanntmachung oder eine ähnliche Maßnahme zu erfolgen, durch die die betroffenen Personen vergleichbar wirksam informiert werden.

(4) Wenn der Verantwortliche die betroffene Person nicht bereits über die Verletzung des Schutzes personenbezogener Daten benachrichtigt hat, kann die Aufsichtsbehörde unter Berücksichtigung der Wahrscheinlichkeit, mit der die Verletzung des Schutzes personenbezogener Daten zu einem hohen Risiko führt, von dem Verantwortlichen verlangen, dies nachzuholen, oder sie kann mit einem Beschluss feststellen, dass bestimmte der in Absatz 3 genannten Voraussetzungen erfüllt sind.

Literatur: S. die Literaturhinweise bei Art. 33

I. Vorbemerkung

Die Publizitätspflichten des Verantwortlichen bei Schutzverletzungen können sich nicht auf Meldungen gegenüber der Aufsichtsbehörde nach Art. 33 beschränken, sondern müssen unter bestimmten Voraussetzungen auch die betroffenen Personen einbeziehen. Deren Benachrichtigung ist allerdings nicht in all den Fällen geboten, in denen die Aufsichtsbehörde zu informieren ist. Art. 34 regelt gemeinsam mit der Parallelvorschrift des Art. 33 ein **zweistufiges Transparenzkonzept** bei Schutzverletzungen. Sinn einer Benachrichtigung Betroffener über Verletzungen des Schutzes ihrer personenbezogenen Daten ist es in erster Linie, diesen **Maßnahmen des Selbstschutzes** oder der **Schadensminderung** zu ermöglichen und sie über die vom Verantwortlichen eingeleiteten Schritte zu informieren. Daneben soll aber über mögliche Schadensersatzansprüche der betroffenen Personen (→ Rn. 19) auch ein Anreiz für bessere Vorsorge bei den Verantwortlichen geschaffen und damit eine **präventive Wirkung** erzielt werden (→ Art. 33 Rn. 1). 1

II. Entstehungsgeschichte

Die KOM hatte vorgeschlagen, die betroffene Person dann von der Schutzverletzung zu benachrichtigen, wenn diese wahrscheinlich nachteilige Auswirkungen auf den Schutz ihrer Privatsphäre oder ihrer Daten haben wird. Dem stimmte das EP im Wesentlichen zu. Der Rat hingegen wollte ein hohes Risiko für die Rechte und Freiheiten der Betroffenen zur Voraussetzung für deren Benachrichtigung machen, wobei er wie bei Art. 33 (→ Art. 33 Rn. 2) vorschlug, konkrete Beispiele in den Verordnungstext aufzunehmen. Dieser Vorschlag setzte sich im Trilog durch, allerdings fanden die Beispiele nicht in den Text des Artikels, sondern in EG 85 Eingang. Die Bekräftigung der Pflicht zur Verwendung einer einfachen und klaren Sprache bei der Benachrichtigung (Abs. 2) geht auf einen Vorschlag des EP zurück. Von der Benachrichtigungspflicht sollte der Verantwortliche nach den Vorschlägen von KOM und EP nur dann entbunden werden, wenn er gegenüber der Aufsichtsbehörde schlüssig dargelegt hat, dass er angemessene technische Sicherheitsmaßnahmen vor der bekannt gewordenen Schutzverletzung getroffen und umgesetzt hat, mit denen die Daten für Unbefugte unlesbar gemacht worden sind. Der Rat schlug die Streichung der Darlegungspflicht gegenüber der Aufsichtsbehörde vor und erweiterte den Katalog der Ausnahmen um die Fälle, in denen zum einen der Verantwortliche nach der Schutzverletzung Maßnahmen gegen die Realisierung des hohen Risikos für die Betroffenen getroffen hat, und zum anderen die Benachrichtigung einen unverhältnismäßigen Aufwand verursachen würde. Im letztgenannten Fall sollte an die Stelle der individuellen Benachrichtigung eine öffentliche Bekanntmachung oder eine ähnlich effektive Maßnahme wie etwa eine Veröffentlichung treten. Wäh- 2 rend diese Vorschläge des Rats in den Verordnungstext übernommen wurden, fand sein weiterer Vorschlag, die Benachrichtigungspflicht auch bei entgegenstehenden wichtigen öffentlichen Interesse entfallen zu lassen, im Trilog keine Unterstützung. Die von der KOM vorgeschlagenen Eigenkompetenzen zum Erlass von Tertiärrecht zur Präzisierung der Risikoschwelle des Abs. 1 und zur Festlegung der Benachrichtigungsform wurden ebenfalls nicht übernommen. Stattdessen erhielt der EDSA auf Vorschlag des EP wie bei Art. 33 die Aufgabe, Leitlinien, Empfehlungen und bewährte Verfahren zu den Umständen zu entwickeln, unter denen eine Schutzverletzung voraussichtlich ein hohes Risiko für die Rechte und Freiheiten der betroffenen Personen zur Folge hat (Art. 70 Abs. 1 lit. h).

3 Die JI-Richtlinie enthält eine vergleichbare Benachrichtigungspflicht (Art. 31), von der aber in wesentlich weiter gehendem Umfang Ausnahmen zugelassen werden.[1]

III. Pflicht zur Benachrichtigung betroffener Personen (Abs. 1)

4 **1. Hohes Risiko.** Die Pflicht des Verantwortlichen zur Benachrichtigung der betroffenen Personen ergänzt die Informationspflichten nach Kapitel III. Anders als bei der Meldepflicht nach Art. 33 ($\rightarrow$ Art. 33 Rn. 6, 10 f.) ist das durch die Schutzverletzung iSd Art. 4 Nr. 12 voraussichtlich ausgelöste Risiko für die Rechte und Freiheiten der betroffenen Person nicht (im Falle des Fehlens) ein Ausnahmetatbestand für die grundsätzlich bestehende Meldepflicht, sondern sein Vorliegen bereits materielle Voraussetzung für die Benachrichtigungspflicht.[2] Dabei muss es sich um ein hohes Risiko handeln. Nach Art. 33 besteht die Meldepflicht in der Regel und entfällt sie nur ausnahmsweise, wenn der Verantwortliche den voraussichtlichen Ausschluss von Risiken nachweisen kann. Demgegenüber ist der Verantwortliche nach Abs. 1 zur Prüfung verpflichtet, ob die Schutzverletzung ein hohes Risiko für die Rechte und Freiheiten der betroffenen Person zur Folge hat. Daraus kann allerdings nicht der Schluss gezogen werden, die Benachrichtigungspflicht sei im Gegensatz zur Meldepflicht nach Art. 33 nur ausnahmsweise anzunehmen (im Zweifel oder bei non-liquet-Situationen also nicht).[3] Zum einen dürfen die Anforderungen an die hohe Risikoschwelle nicht überspannt werden.[4] Zum anderen muss der Verantwortliche in jedem Fall selbst Ermittlungen anstellen, welche Folgen die Schutzverletzung für die Betroffenen voraussichtlich haben wird. Er darf die Benachrichtigungspflicht nicht als Ausnahme verstehen, die nur eingreift, wenn ihm von dritter Seite Hinweise auf hohe Risiken für die Betroffenen zugehen. Wenn der Verantwortliche einen Rechtsverstoß und mögliche Sanktionen sicher vermeiden will, sollte er im Zweifel die betroffenen Personen ebenso benachrichtigen wie er den Sicherheitsverstoß der Aufsichtsbehörde nach At. 33 zu melden hat ($\rightarrow$ Art. 33 Rn. 11).

5 Welcher Art die Risiken sein können, erläutert – wie für Art. 33 – EG 85 anhand von Regelbeispielen: Es kann sich um Fälle von physischen, materiellen oder immateriellen Schäden für die Betroffenen, Verlust der Kontrolle über ihre Daten, Diskriminierung, Identitätsdiebstahl oder -betrug, finanzielle Verluste, unbefugte Aufhebung der Pseudonymisierung, Rufschädigung, Verlust der Vertraulichkeit von dem Berufsgeheimnis unterliegenden Daten oder andere erhebliche wirtschaftliche oder gesellschaftliche Nachteile handeln. Wie bei der Meldepflicht gegenüber der Aufsichtsbehörde ($\rightarrow$ Art. 33 Rn. 11) gilt auch hier, dass an das Erfordernis des hohen Risikos umso geringere Anforderungen zu stellen sind, je schwerwiegender die zu befürchtenden Beeinträchtigungen für die betroffenen Personen sind. Zudem hat die Art.-29-Gruppe in ihren Richtlinien zur Benachrichtigungspflicht praktische Hinweise zur Ermittlung der Risiken von Schutzverletzungen gegeben und sie mit zahlreichen Beispielen illustriert,[5] die auch für die Auslegung des Abs. 1 herangezogen werden können. So wird man bei Schutzverletzungen, die besondere Kategorien personenbezogener Daten nach Art. 9 Abs. 1 (zB medizinische Daten) betreffen, regelmäßig von einem voraussichtlich hohen Risiko iSd Abs. 1 auszugehen haben. Das gilt ebenso für Bankverbindungs- und Kreditkartendaten. Schließlich können für die Auslegung des Begriffs „hohes Risiko" über die genannten Anwendungsfälle hinaus die Regelbeispiele des Art. 35 Abs. 3 herangezogen werden.[6] Dies sind die systematische und umfassende Bewertung persönlicher Aspekte natürlicher Personen aufgrund automatisierter Verarbeitung ein-

---

1 Vgl. Paal/Pauly/*Martini* Art. 34 Rn. 15.

2 Vgl. Gola/*Reif* Art. 33 Rn. 30.

3 In diesem Sinne aber Paal/Pauly/*Martini* Art. 34 Rn. 4; auch BeckOK DatenschutzR/*Brink* DSGVO Art. 34 Rn. 24 lässt weder ein „mittleres, durchschnittliches, nicht erhöhtes Risiko" noch „ein Risiko, das (noch) nicht näher bestimmt werden kann" genügen; Kühling/Buchner/*Jandt* Art. 34 Rn. 6 geht davon aus, dass bei einem „normalen" Risiko zwar die Aufsichtsbehörde (Art. 33), aber nicht der Betroffene (Art. 34) zu informieren ist.

4 Vgl. *Marschall* DuD 2015, 183 (188), der bei einem Überhandnehmen von Benachrichtigungen die Gefahr der Desensibilisierung der Betroffenen sieht, die der Intention des Gesetzgebers zuwiderliefe. Die Erfahrungen in den USA bestätigen eine solche Tendenz zur „data breach fatigue" nicht, vgl. *Bruemmer*, The Privacy Advisor v. 22.2.2016, https://iapp.org/news/a/the-misconceptions-of-data-breach-fatigue/.

5 *Art.-29-Gruppe*, WP 250 rev. 01, S. 22ff., 31ff.; vgl. auch *DSK*, Kurzpapier Nr. 15, 2ff.

6 Paal/Pauly/*Martini* Art. 34 Rn. 30.

schließlich Profiling, die umfangreiche Verarbeitung von Daten über strafrechtliche Verurteilungen und Straftaten und die systematische umfangreiche Überwachung öffentlich zugänglicher Bereiche. Es ist davon auszugehen, dass der EDSA Leitlinien, Empfehlungen und bewährte Verfahren formulieren wird (Art. 70 Abs. 1 lit. h), die an die Stellungnahme der Art.-29-Gruppe von 2014 anknüpfen. Auch soll die Ausarbeitung von Verhaltensregeln zur Frage der Benachrichtigung (wie auch der Meldung nach Art. 33) gefördert werden (Art. 40 Abs. 2 lit. i), deren Befolgung allerdings keine unmittelbare privilegierende Wirkung hat.[7]

Die Verletzung der Vertraulichkeit von Daten – insbes. wenn sie einem Berufsgeheimnis unterliegen – ist   6
nur ein Beispiel möglicher hoher Risiken, die Benachrichtigungspflichten gegenüber den betroffenen Personen auslösen. Wie EG 85 ausdrücklich betont, kann auch der Verlust der Kontrolle über die Daten, insbes. der Verlust der Verfügbarkeit zB durch Zerstörung, Vernichtung oder Veränderung zu einem erheblichen Risiko für die Betroffenen iSd Abs. 1 führen.[8]

2. Zu benachrichtigende Personen. Der Verantwortliche hat bei einem voraussichtlich hohen Risiko die na-   7
türlichen Personen zu benachrichtigen, deren Rechte und Freiheiten infolge der Schutzverletzung beeinträchtigt werden können. Dabei muss es sich nicht um Unionsbürger oder Personen handeln, die sich in der Union aufhalten. Es sind auch Personen außerhalb der EU zu benachrichtigen, wenn deren Daten vom Verantwortlichen verarbeitet werden und von der Schutzverletzung betroffen sind.

IV. Form, Inhalt und Zeitpunkt der Benachrichtigung (Abs. 2)

Abs. 2 wiederholt die Vorgaben des Art. 12 Abs. 1, wonach der Verantwortliche gegenüber den betroffenen   8
Personen in klarer und einfacher Sprache die Art der Schutzverletzung beschreiben muss. Dass die Benachrichtigung in präziser, transparenter, verständlicher und leicht zugänglicher Form erfolgen muss, wird zwar in Abs. 2 nicht wiederholt, ergibt sich aber ebenso unmittelbar aus Art. 12 Abs. 1 wie das Erfordernis der altersangemessenen Sprache bei einer Benachrichtigung von betroffenen Kindern. Die Benachrichtigung hat schriftlich oder in anderer Form, gegebenenfalls auch elektronisch, zu erfolgen (Art. 12 Abs. 1 S. 2). Die Benachrichtigung ist in der Landessprache abzufassen, die die betroffene Person versteht und in der der Verantwortliche bisher mit ihr kommuniziert hat.[9]

Die Benachrichtigung muss zumindest die in Art. 33 Abs. 3 lit. b, c und d genannten Informationen und   9
Maßnahmen enthalten. Von besonderer Bedeutung sind dabei die nach Art. 33 Abs. 3 lit. d zu gebenden Empfehlungen an die betroffenen Personen, wie die nachteiligen Auswirkungen der Schutzverletzung gemindert werden können (EG 86). Die Art der Schutzverletzung muss ohnehin beschrieben werden (→ Rn. 6). Die übrigen in Art. 33 Abs. 3 lit. a genannten Informationen (Kategorien und Anzahl der betroffenen Personen sowie Kategorien und Anzahl der betroffenen Datensätze) müssen den betroffenen Personen dagegen nicht mitgeteilt werden. Der Verantwortliche ist aber nicht daran gehindert, die Betroffenen auch darüber zu informieren, zumal Abs. 2 nur den Mindestinhalt der Benachrichtigung beschreibt.

Die Benachrichtigung hat unverzüglich zu erfolgen, also ohne schuldhaftes Zögern, oder „stets so rasch wie   10
nach allgemeinem Ermessen möglich" (EG 86). Eine Höchstfrist, deren Überschreitung begründungsbedürftig ist, kennt Art. 34 im Gegensatz zu Art. 33 nicht. Auch die für die Erfüllung der übrigen Betroffenenrechte geltende Monatsfrist ist nicht anwendbar (Art. 12 Abs. 3 S. 1). Allerdings kann vor einer Benachrichtigung oder ersatzweisen Publikation nach Abs. 3 lit. c eine Absprache mit den Strafverfolgungsbehörden geboten sein, deren Ermittlungen (zB bei Computerstraftaten) durch ein zu frühes Bekanntwerden der Schutzverletzung erschwert werden können. EG 86 spricht sogar davon, dass die Strafverfolgungsbehörden entsprechende Weisungen (zB die Veröffentlichung zurückzustellen) erteilen können.[10]

Im Übrigen müssen bei der Beurteilung der Unverzüglichkeit der Benachrichtigung – ebenso wie bei der   11
Meldung nach Art. 33 – die Art und Schwere der Schutzverletzung und deren Folgen und nachteiligen Auswirkungen auf die Betroffenen berücksichtigt werden (EG 86). Wenn das Risiko eines unmittelbar drohenden Schadens begrenzt werden muss, ist eine sofortige Benachrichtigung der betroffenen Person geboten; geht es darum, geeignete Maßnahmen gegen fortlaufende oder vergleichbare Schutzverletzungen in der Zukunft zu treffen, kann eine längere Benachrichtigungsfrist gerechtfertigt sein (EG 87). Im Zweifel sollte der Verantwortliche sich für eine zeitnahe Benachrichtigung entscheiden.

---

7   Anders als nach den Art. 24 Abs. 3, 25 Abs. 3 und 32 Abs. 3; Paal/Pauly/*Martini* Art. 34 Rn. 10, misst solchen Verhaltensregeln dennoch eine mittelbar privilegierende Wirkung bei.

8   Enger demgegenüber § 42 a S. 1 BDSG aF, wonach die Daten unrechtmäßig übermittelt oder unrechtmäßig zur Kenntnis gelangt sein mussten. Offenbar will *Marschall* DuD 2015, 183 (188) auch Art. 34 in dieser Weise auslegen.

9   So zutr. Kühling/Buchner/*Jandt* Art. 34 Rn. 10.

10 S. auch EG 88.

V. Ausnahmen (Abs. 3)

12 Die DSGVO sieht in Abs. 3 drei alternative Ausnahmen[11] von der Benachrichtigungspflicht vor. Bei Vorliegen eines dieser Ausnahmetatbestände darf der Verantwortliche die betroffenen Personen gleichwohl benachrichtigen. Durch Rechtsvorschriften der Union oder der Mitgliedstaaten können unter den Voraussetzungen des Art. 23 weitere Beschränkungen dieser Pflicht vorgesehen werden. § 29 Abs. 1 S. 3 BDSG nF, der die Benachrichtigungspflicht bei Informationen aussetzt, die „ihrem Wesen nach" geheim gehalten werden müssen, ist allerdings verordnungswidrig. Derartige Informationen kennt das Unionsrecht nicht (→ Art. 14 Rn. 30). Gerade bei Sicherheitsverstößen, die bei Berufsgeheimnisträgern auftreten, wird man in aller Regel von einem überwiegenden Benachrichtigungsinteresse der betroffenen Patienten oder Mandanten auszugehen haben.[12] Da der Verantwortliche das Risiko einer fehlerhaften Beurteilung der Ausnahmetatbestände trägt, ist eine vorherige Konsultation der Aufsichtsbehörde jedenfalls zu empfehlen.[13] Die Aufsichtsbehörde hat zwar die Befugnis, nach Abs. 4 eine Benachrichtigung Betroffener auch später noch anzuweisen; aufgrund des Zeitablaufs sind dann aber möglicherweise bereits Schäden eingetreten, die Schadenersatzansprüche nach Art. 82 auslösen können.

13 **1. Technisch-organisatorische Sicherheitsvorkehrungen (Abs. 3 lit. a).** Im Gesetzgebungsverfahren bestand Einigkeit darüber, dass der Verantwortliche von einer Benachrichtigungspflicht gegenüber den betroffenen Personen freigestellt werden sollte, wenn er vor der Schutzverletzung nicht nur die nach Art. 32 vorgeschriebenen notwendigen technischen und organisatorischen Sicherheitsvorkehrungen getroffen, sondern diese auch auf die später von der Schutzverletzung betroffenen Daten angewandt hat. Im Anschluss an die VO (EU) 611/2013 zur Durchführung der ePrivacyRL [14] (Art. 4) nennt die DSGVO als Beispiel für eine die Benachrichtigung entbehrlich machende technische Maßnahme, dass die Daten für Unbefugte unzugänglich gemacht werden. In diesem Zusammenhang spielt in der Praxis eine wirksame **Verschlüsselung** die wichtigste Rolle.[15] Die Art.-29-Gruppe hat hierfür konkrete Verfahren beschrieben, die auch im Anwendungsbereich der DSGVO genutzt werden können.[16] Allerdings muss die Sicherheit der Verschlüsselung im Zeitpunkt der Schutzverletzung beurteilt werden, denn kryptografische Verfahren sind nicht statisch zu bewerten und können aufgrund der technischen Entwicklung schnell veralten.[17] Anders als die VO (EU) 611/2013 sieht die DSGVO in einer Verschlüsselung allerdings nicht das einzige Mittel, um geeignete technische und organisatorische Sicherheitsvorkehrungen zu treffen, die eine Benachrichtigungspflicht entfallen lassen. Denkbar sind auch Maßnahmen zur Pseudonymisierung, räumlichen Abschottung der Daten oder dienstliche bzw. innerbetriebliche Anweisungen.[18]

14 **2. Folgemaßnahmen (Abs. 3 lit. b).** Allerdings können Maßnahmen, die die Daten unzugänglich machen, nur bei solchen Schutzverletzungen eine Ausnahme begründen, die zur Verletzung der Vertraulichkeit geführt haben. Da auch der Verlust der Verfügbarkeit über die Daten zu schweren Beeinträchtigungen der Rechte und Freiheiten betroffener Personen führen kann (→ Rn. 5), können solche Beeinträchtigungen selbst durch eine effektive Verschlüsselung nicht ausgeschlossen werden, wenn der Verantwortliche nicht über eine hinreichend aktuelle Sicherungskopie der Daten verfügt.[19]

15 Auch Maßnahmen, die der Verantwortliche nach der Schutzverletzung ergreift, können die Benachrichtigungspflicht entfallen lassen, wenn dadurch sichergestellt wird, dass das Risiko für die betroffenen Personen aller Wahrscheinlichkeit nach nicht mehr besteht. Auch hier ist (wie nach Abs. 1) eine Prognoseentscheidung zu treffen; der Ausschluss jedes Risikos wird nicht verlangt. Andererseits reicht eine bloße Einschränkung des Risikos nicht aus. Dabei kann es sich sowohl um repressive Maßnahmen[20] handeln, mit

---

11 So auch BeckOK DatenschutzR/*Martini* DSGVO Art. 34 Rn. 35.

12 § 29 Abs. 3 S. 4 BDSG nF sieht eine Benachrichtigungspflicht dagegen nur vor, wenn eine Abwägung ergibt, dass die Interessen betroffener Personen „insbesondere unter Berücksichtigung drohender Schäden" überwiegen. Das Gesetz lässt offen, ob es sich dabei um materielle Schäden handeln muss.

13 Vgl. DKWW/*Weichert* § 42 a Rn. 6 a.

14 ABl. 2014 L 173, 2.

15 *Marschall* DuD 2015, 183 (187), verweist darauf, dass die KOM mit dem Ausnahmetatbestand des Art. 33 Abs. 3 lit. a die Unternehmen generell (und ergänzend zu Art. 32 Abs. 1 lit. a) zum verstärkten Einsatz von Verschlüsselungstechniken habe bewegen wollen.

16 Die Art.-29-Gruppe sah ausreichende technisch-organisatorische Maßnahmen als gegeben an, wenn die Daten entweder mithilfe eines dem Stand der Technik entsprechenden Algorithmus oder unter Verwendung eines Salt-Werts und einer dem Stand der Technik entsprechenden Hash-Funktion verschlüsselt wurden und die verwendeten geheimen Schlüssel und Salt-Werte ihrerseits durch keine Sicherheitsverletzung beeinträchtigt sind, *Art.-29-Gruppe*, WP 213, S. 15.

17 Zutreffend *Marschall* DuD 2015, 183 (189).

18 So zu Recht Paal/Pauly/*Martini* Art. 34 Rn. 38; vgl. auch BeckOK DatenschutzR/*Brink* DSGVO Art. 34 Rn. 39. Die von Art. 6 Abs. 4 lit. e abweichende Formulierung ist nicht so zu verstehen, dass eine Pseudonymisierung als taugliche technisch-organisatorische Sicherheitsvorkehrung ausscheidet („etwa durch Verschlüsselung").

19 Vgl. den Beispielsfall 1 der *Art.-29-Gruppe*, WP 213, S. 6 f.

20 So der Begriff von *Thole/Solms/Moll* CRi 2015, 134 (139).

denen zB eine Infektion der übrigen Datenbestände durch eingeschleuste Schadsoftware verhindert wird. Es können aber auch präventive Maßnahmen ergriffen werden, durch die eine Wiederholung der Schutzverletzung erschwert wird. Ist der Schaden bereits eingetreten und besteht das Risiko aller Wahrscheinlichkeit nach nicht mehr, ohne dass der Verantwortliche durch entsprechende Maßnahmen dafür gesorgt hat, bleibt er zur Benachrichtigung verpflichtet.[21] Insofern kann die Benachrichtigung auch dem Zweck dienen, der betroffenen Person die Möglichkeit zur Geltendmachung von Schadenersatzansprüchen zu eröffnen.

3. Unverhältnismäßiger Aufwand (Abs. 3 lit. c). Schließlich ist der Verantwortliche nicht zur Benachrichtigung der Betroffenen verpflichtet, wenn dies mit einem unverhältnismäßigen Aufwand verbunden wäre. 16 Dann tritt an die Stelle der Benachrichtigungspflicht eine Pflicht zur Publikation der Schutzverletzung, die vergleichbar wirksam ist. Diese erst im Trilog in die DSGVO aufgenommene Ausnahme orientiert sich an § 43 a S. 5 BDSG aF, auch wenn sie nicht denselben Grad an Detailliertheit hinsichtlich der Form der ersatzweisen Publikation aufweist. Die DSGVO erläutert den Begriff des unverhältnismäßigen Aufwands nicht. Ein solcher Aufwand kann sich zB aus der Zahl der zu benachrichtigenden Betroffenen ergeben (so § 42 a S. 5 BDSG aF). Auch wenn dies dazu führt, dass eine hohe Zahl von individuellen Folgen, die eine Sicherheitsverletzung hat, zugunsten des Verantwortlichen wirkt, wird man die Vorschrift mit zwei Einschränkungen so verstehen müssen: Die Größe des verantwortlichen Unternehmens kann ebenso wie die Verwendung elektronischer Kommunikationskanäle (zB das Vorhandensein eines E-Mail-Verteilers)[22] zu dem Ergebnis führen, dass auch bei einer hohen Zahl betroffener Personen der Aufwand nicht unverhältnismäßig ist. Insgesamt sollte die Ausnahme des Abs. 3 lit. c – wie alle Ausnahmen zu Informationspflichten (→ Art. 23 Rn. 1) – restriktiv ausgelegt werden.[23] Dazu wird in der Praxis häufig beitragen, dass für den Verantwortlichen die öffentliche Bekanntmachung aufgrund des damit verbundenen Reputationsverlustes einschneidendere Folgen haben dürfte als die individuelle Benachrichtigung der betroffenen Personen.[24]

Die individuelle Benachrichtigung der betroffenen Personen muss bei dadurch ausgelöstem unverhältnismäßigem Aufwand durch eine öffentliche Bekanntmachung oder ähnliche Maßnahme ersetzt werden, die für 17 die Betroffenen einen vergleichbar wirksamen Informationseffekt hat. Dabei kann es sich um eine Veröffentlichung in der Tagespresse oder in amtlichen Bekanntmachungen (Bundesanzeiger, Amtsblätter) handeln.[25] Eine Online-Veröffentlichung zB auf der Website des verantwortlichen Unternehmens hat demgegenüber den Vorteil, dass die zunächst evtl. unvollständige Information leichter aktualisiert werden kann. Die notwendigen Informationen können im Auftrag des Verantwortlichen auch auf einer anderen Website veröffentlicht werden.[26] Allerdings kann nicht in jedem Fall unterstellt werden, dass alle betroffenen Personen Zugang zum Internet haben.[27] Es empfiehlt sich deshalb eine gleichzeitige Bekanntmachung über verschiedene, auch analoge Kanäle wie Printmedien. Auch die Publikation der Schutzverletzung muss nach Art. 12 Abs. 1 in klarer und einfacher Sprache erfolgen.[28]

VI. Befugnisse der Aufsichtsbehörde (Abs. 4)

Der Aufsichtsbehörde stehen im Fall des Art. 34 zwei Befugnisse zu, die in allgemeiner Form auch in 18 Art. 58 Abs. 2 lit. c genannt werden.[29] Zum einen kann die Behörde von dem Verantwortlichen, der die Betroffenen bisher nicht benachrichtigt hat, diese Benachrichtigung verlangen. Dabei hat sie die Wahrscheinlichkeit eines durch die Schutzverletzung ausgelösten hohen Risikos nach Abs. 1 zu berücksichtigen. Die Aufsichtsbehörde kann also eine fehlerhafte Risikoprognose des Verantwortlichen korrigieren. Dagegen wäre eine Anweisung, auch bei einem geringen Risiko zu benachrichtigen, rechtsfehlerhaft. Die Aufsichtsbehörde kann aber auch durch Beschluss feststellen, dass bestimmte (oder mehrere) Voraussetzungen für eine Befreiung von der Benachrichtigungspflicht nach Abs. 3 erfüllt sind. Dabei handelt es sich nach deutschem Recht um einen feststellenden Verwaltungsakt, bei dessen Erlass der Behörde kein Beurteilungsspielraum zusteht und der daher in vollem Umfang gerichtlich überprüfbar ist (→ Rn. 19). Ein solcher Beschluss kann sinnvoll sein, um dem Verantwortlichen in Zweifelsfällen Klarheit zu verschaffen.

---

21 AA Paal/Pauly/*Martini* Art. 34 Rn. 17, der in solchen Fällen eine Benachrichtigung entgegen dem Wortlaut der Vorschrift nicht für „erforderlich" hält.
22 So auch Gola/*Reif* Art. 34 Rn. 9.
23 Ebenso Paal/Pauly/*Martini* Art. 34 Rn. 35.
24 Paal/Pauly/*Martini* Art. 34 Rn. 40; BeckOK DatenschutzR/*Brink* DSGVO Art. 34 Rn. 42.
25 Sehr viel detaillierter noch die Vorgabe in § 42 a S. 5 BDSG aF.
26 Vgl. DKWW/*Weichert* § 42 a Rn. 6 a.
27 Zu diesem Einwand auch Gola/*Reif* Art. 34 Rn. 9; BeckOK DatenschutzR/*Brink* Art. 34 Rn. 43.
28 Vgl. auch Paal/Pauly/*Martini* Art. 34 Rn. 42.
29 Trotz der etwas abweichenden Formulierung handelt es sich um eine Doppelregelung, wie hier Paal/Pauly/*Martini* Art. 34 Rn. 56.

VII.   Rechtsfolgen und Sanktionen

19   Verstöße gegen die Benachrichtigungspflicht können mit Bußgeldern in Höhe von bis zu 10 Mio. Euro oder bei Unternehmen von bis zu 2 % des gesamten weltweit erzielten Jahresumsatzes belegt werden (Art. 83 Abs. 4 lit. a). Setzt sich ein Verantwortlicher dagegen über die Anweisung der Aufsichtsbehörde nach Art. 34 Abs. 4 und Art. 58 Abs. 2 lit. e hinweg, betroffene Personen zu benachrichtigen, so ist der höhere Bußgeldrahmen des Art. 83 Abs. 6 eröffnet. Zudem können die Mitgliedstaaten zusätzliche Sanktionen nach Art. 84 vorsehen.

20   Eine betroffene Person, die nach Abs. 3 lit. c von der Schutzverletzung erfährt und im Gegensatz zur Aufsichtsbehörde der Auffassung ist, dass das verantwortliche Unternehmen zur individuellen Benachrichtigung verpflichtet war, kann gegen einen Beschluss nach Abs. 4 vorgehen und die gerichtliche Feststellung beantragen, dass keine Ausnahme von der Benachrichtigungspflicht vorlag. Das setzt ein Feststellungsinteresse voraus, das vorliegen könnte, wenn bei einer früheren individuellen Benachrichtigung ein Schaden hätte vermieden werden können. Auch die in Benachrichtigungen enthaltenen Informationen können in gleicher Weise wie bei Meldungen nach Art. 33 von den Aufsichtsbehörden – zB nach entsprechenden Hinweisen betroffener Personen – verwendet werden. Allerdings können Bußgelder wegen des Verbots der Selbstbelastung nicht auf diese Informationen gestützt werden (→ Art. 33 Rn. 23 f.).[30] Dagegen können die benachrichtigten Personen sich in Schadenersatzprozessen vor den Zivilgerichten auf sie berufen.

Abschnitt 3
Datenschutz-Folgenabschätzung und vorherige Konsultation

Artikel 35   Datenschutz-Folgenabschätzung

(1) [1]Hat eine Form der Verarbeitung, insbesondere bei Verwendung neuer Technologien, aufgrund der Art, des Umfangs, der Umstände und der Zwecke der Verarbeitung voraussichtlich ein hohes Risiko für die Rechte und Freiheiten natürlicher Personen zur Folge, so führt der Verantwortliche vorab eine Abschätzung der Folgen der vorgesehenen Verarbeitungsvorgänge für den Schutz personenbezogener Daten durch. [2]Für die Untersuchung mehrerer ähnlicher Verarbeitungsvorgänge mit ähnlich hohen Risiken kann eine einzige Abschätzung vorgenommen werden.

(2) Der Verantwortliche holt bei der Durchführung einer Datenschutz-Folgenabschätzung den Rat des Datenschutzbeauftragten, sofern ein solcher benannt wurde, ein.

(3) Eine Datenschutz-Folgenabschätzung gemäß Absatz 1 ist insbesondere in folgenden Fällen erforderlich:

a)   systematische und umfassende Bewertung persönlicher Aspekte natürlicher Personen, die sich auf automatisierte Verarbeitung einschließlich Profiling gründet und die ihrerseits als Grundlage für Entscheidungen dient, die Rechtswirkung gegenüber natürlichen Personen entfalten oder diese in ähnlich erheblicher Weise beeinträchtigen;

b)   umfangreiche Verarbeitung besonderer Kategorien von personenbezogenen Daten gemäß Artikel 9 Absatz 1 oder von personenbezogenen Daten über strafrechtliche Verurteilungen und Straftaten gemäß Artikel 10 oder

c)   systematische umfangreiche Überwachung öffentlich zugänglicher Bereiche.

(4) [1]Die Aufsichtsbehörde erstellt eine Liste der Verarbeitungsvorgänge, für die gemäß Absatz 1 eine Datenschutz-Folgenabschätzung durchzuführen ist, und veröffentlicht diese. [2]Die Aufsichtsbehörde übermittelt diese Listen dem in Artikel 68 genannten Ausschuss.

(5) [1]Die Aufsichtsbehörde kann des Weiteren eine Liste der Arten von Verarbeitungsvorgängen erstellen und veröffentlichen, für die keine Datenschutz-Folgenabschätzung erforderlich ist. [2]Die Aufsichtsbehörde übermittelt diese Listen dem Ausschuss.

(6) Vor Festlegung der in den Absätzen 4 und 5 genannten Listen wendet die zuständige Aufsichtsbehörde das Kohärenzverfahren gemäß Artikel 63 an, wenn solche Listen Verarbeitungstätigkeiten umfassen, die mit dem Angebot von Waren oder Dienstleistungen für betroffene Personen oder der Beobachtung des Verhaltens dieser Personen in mehreren Mitgliedstaaten im Zusammenhang stehen oder die den freien Verkehr personenbezogener Daten innerhalb der Union erheblich beeinträchtigen könnten.

---

30   § 43 Abs. 4 BDSG nF lässt dies nur mit Zustimmung des Benachrichtigenden zu.

(7) Die Folgenabschätzung enthält zumindest Folgendes:

a) eine systematische Beschreibung der geplanten Verarbeitungsvorgänge und der Zwecke der Verarbeitung, gegebenenfalls einschließlich der von dem Verantwortlichen verfolgten berechtigten Interessen;

b) eine Bewertung der Notwendigkeit und Verhältnismäßigkeit der Verarbeitungsvorgänge in Bezug auf den Zweck;

c) eine Bewertung der Risiken für die Rechte und Freiheiten der betroffenen Personen gemäß Absatz 1 und

d) die zur Bewältigung der Risiken geplanten Abhilfemaßnahmen, einschließlich Garantien, Sicherheitsvorkehrungen und Verfahren, durch die der Schutz personenbezogener Daten sichergestellt und der Nachweis dafür erbracht wird, dass diese Verordnung eingehalten wird, wobei den Rechten und berechtigten Interessen der betroffenen Personen und sonstiger Betroffener Rechnung getragen wird.

(8) Die Einhaltung genehmigter Verhaltensregeln gemäß Artikel 40 durch die zuständigen Verantwortlichen oder die zuständigen Auftragsverarbeiter ist bei der Beurteilung der Auswirkungen der von diesen durchgeführten Verarbeitungsvorgänge, insbesondere für die Zwecke einer Datenschutz-Folgenabschätzung, gebührend zu berücksichtigen.

(9) Der Verantwortliche holt gegebenenfalls den Standpunkt der betroffenen Personen oder ihrer Vertreter zu der beabsichtigten Verarbeitung unbeschadet des Schutzes gewerblicher oder öffentlicher Interessen oder der Sicherheit der Verarbeitungsvorgänge ein.

(10) Falls die Verarbeitung gemäß Artikel 6 Absatz 1 Buchstabe c oder e auf einer Rechtsgrundlage im Unionsrecht oder im Recht des Mitgliedstaats, dem der Verantwortliche unterliegt, beruht und falls diese Rechtsvorschriften den konkreten Verarbeitungsvorgang oder die konkreten Verarbeitungsvorgänge regeln und bereits im Rahmen der allgemeinen Folgenabschätzung im Zusammenhang mit dem Erlass dieser Rechtsgrundlage eine Datenschutz-Folgenabschätzung erfolgte, gelten die Absätze 1 bis 7 nur, wenn es nach dem Ermessen der Mitgliedstaaten erforderlich ist, vor den betreffenden Verarbeitungstätigkeiten eine solche Folgenabschätzung durchzuführen.

(11) Erforderlichenfalls führt der Verantwortliche eine Überprüfung durch, um zu bewerten, ob die Verarbeitung gemäß der Datenschutz-Folgenabschätzung durchgeführt wird; dies gilt zumindest, wenn hinsichtlich des mit den Verarbeitungsvorgängen verbundenen Risikos Änderungen eingetreten sind.

Literatur: *Art.-29-Gruppe*, Leitlinien zur Datenschutz-Folgenabschätzung (DSFA) und Beantwortung der Frage, ob eine Verarbeitung im Sinne der Verordnung 2017/679 „wahrscheinlich ein hohes Risiko mit sich bringt", 17/DE WP 248 Rev. 01 v. 4.10.2017; *Bieker, F./Hansen, M.*, Normen des technischen Datenschutzes nach der europäischen Datenschutzreform, DuD 2017, 285; *Datenschutzkonferenz*, Kurzpapier Nr. 5, Datenschutz-Folgenabschätzung nach Art. 35 DS-GVO, 24.7.2017; *Dovas, M.-U.*, Joint Controllership – Möglichkeiten oder Risiken der Datennutzung? ZD 2016, 512; *Falker, F.*, Risikomanagement unter der Datenschutz-Grundverordnung, in: Taeger, J. (Hrsg.), Recht 4.0 – Innovationen aus dem rechtswissenschaftlichen Laboren, DSRITB 2017, 29; *Franck, L.*, Altverhältnisse unter DS-GVO und neuem BDSG – Anwendungen des neuen Datenschutzrechts auf bereits laufenden Datenverarbeitungen?, ZD 2017, 509; *Friedewald, M./ Bieker, F./ Obersteller, H./ Nebel, M./ Martin, N./ Rost, M./Hansen, M.*, White Paper Datenschutz-Folgenabschätzung – Ein Werkzeug für einen besseren Datenschutz, 3. Auflage 2017; *Hansen, M.*, Datenschutz-Folgeabschätzung – gerüstet für Datenschutzvorsorge? DuD 2016, 587; Der Landesbeauftragte für den Datenschutz und die Informationsfreiheit Rheinland-Pfalz, Liste von Verarbeitungsvorgängen nach Art. 35 Abs. 4 DS-GVO, Vorversion – Nichtöffentlicher Bereich, 24.05.2018; *Petri, T.*, Verantwortlichkeit von Facebook und des Betreibers einer Facebook-Fanpage für die Verarbeitung personenbezogener Daten, Besprechung EuGH C-210/16, EuZW 2018, 534; *Phan, I.*, Die Datenschutzfolgeabschätzung nach der Datenschutz-Grundverordnung, PinG 2016, 243; *Wichtermann, M.*, Die Datenschutzfolgeabschätzung in der DS-GVO, DuD 2017, 797; *Wright, D./de Hert, P.*, Privacy Impact Assessment, 2012; *Schmitz, B./v. Dall'Armi, J.*, Datenschutz-Folgenabschätzung – verstehen und anwenden, ZD 2017, 57.

I. Entstehungsgeschichte, Zweck und Systematik

1 Mit der Einführung einer Datenschutz-Folgenabschätzung werden die bisher in der DSRL enthaltenen und in der Regel stark formalisiert betrachteten und entsprechend umgesetzten Anforderungen an die Prüfung der Konformität der Datenverarbeitung in eine tatsächliche Folgenabschätzung umgestaltet. Die Durchführung einer Folgenabschätzung ist eine **materielle Rechtspflicht** und ein zentrales Element des durch die DSGVO vorgeschriebenen **Datenschutzmanagements** des Verantwortlichen. Sie ist Teil der umfassenden Verpflichtungen Verantwortlicher zur Ergreifung **organisatorischer Maßnahmen** zur Gewährleistung eines hohen Datenschutzniveaus.

2 Sie beinhaltet die Prüfung der Auswirkungen der Verarbeitung personenbezogener Daten auf die **Rechte und Freiheiten der betroffenen Person**, wird als Ausprägung des sog *risk-based-approach* der DSGVO gesehen[1] und stellt diesbezüglich eine Art **Frühwarnsystem** für die Verantwortlichen ebenso wie für die betroffenen Personen und zuständigen Aufsichtsbehörden dar.[2]

3 Folgenabschätzungen sind als Instrument nichts Neues und zB Teil der Tätigkeit des Bundestages.[3] In einigen europäischen Ländern gehören sie zur datenschutzrechtlichen Bewertung der Auswirkungen des Einsatzes von Verarbeitungstechnologie auf die Rechte und Interessen von Menschen. Das zT etablierte Verständnis über Art, Umfang und Zweck[4] einer Technikfolgenabschätzung muss allerdings nicht notwendiger Weise mit der Zielsetzung des Art. 35 im Einklang stehen. Telos und Methodik der Datenschutz-Folgenabschätzung sind daher weitestgehend aus der DSGVO heraus festzulegen und ggf. zu entwickeln. Dasselbe gilt für den Bereich von **Art. 27 JI-Richtlinie.** Dieser wurde durch § 67 BDSG nF umgesetzt, der das Verfahren weitgehend parallel zu Art. 35 ausgestaltet.[5]

4 **1. Entstehungsgeschichte und bisherige Regelungen.** Die Datenschutz-Folgenabschätzung war und ist auf der europäischen Ebene, zB bei der Einführung der RFID-Technologie,[6] sowie in einzelnen Mitgliedstaaten der EU, zB Frankreich und Großbritannien, Bestandteil des Datenschutzmanagements.[7] Aufgrund der Erfahrungen va aus der (aufsichtsbehördlichen) Praxis[8] entschied sich der Unionsgesetzgeber, die in Art. 18ff. DSRL bestehenden und für den Schutz der Betroffenenrechte unwirksamen und rein formalistischen Meldepflichten durch wirksame und effektive Instrumente zu ersetzen. Unterschiedslose und allgemein geltende Meldepflichten wurden daher abgeschafft (s. EG 89), und es wurde der Versuch unternommen, ein wirksameres Regime der Datenschutz-Folgenabschätzung zu schaffen.

5 Art. 33 KOM-E entsprach im Wesentlichen der heutigen Struktur und Ausrichtung der Norm.[9] Bereits in diesem war erkennbar, dass der Fokus der Folgenabschätzung auf der Bewertung der Risiken für die Rechte und Freiheiten der betroffenen Personen liegen sollte. Nach den Vorstellungen der KOM sollte eine Folgenabschätzung erforderlich sein, wenn *konkrete* Risiken für die Recht und Freiheiten der betroffenen Personen zu erwarten waren. Diesen Gedanken nahm der Parl-E auf und baute ihn aus. Während Art. 33 Abs. 1 KOM-E ganz allgemein von Risiken für die Rechte und Interessen der betroffenen Personen sprach, präzisierte Art. 33 Abs. 1 Parl-E dies dahin, dass das Recht auf den Schutz personenbezogener Daten hier „insbesondere" zu berücksichtigen war und stellte damit deutlicher heraus, dass auch die Gefährdung anderer Grundrechte und Grundfreiheiten der betroffenen Personen in Betracht zu ziehen seien. Der Rat-E begrenzte diesen weiten Ansatz von KOM und EP deutlich. Zum einen sollte nur dann eine Folgenabschätzung vorzunehmen sein, wenn die Verarbeitung voraussichtlich ein *hohes Risiko* für die Betroffenenrechte darstellen würde. Zum anderen beschränkte der Rat den Umfang der in die Risikobewertung zu beurteilenden Rechte. Enumerativ benannte Art. 33 Rat-E lediglich Gefahren im Hinblick auf *Diskriminierung, Identitätsdieb-*

---

1 Paal/Pauly/*Martini* Art. 35 Rn. 6.
2 *Phan* PinG 2016, 243 (247); Sydow/*Baumgartner* Art. 35 Rn. 2.
3 § 56 a GO BT.
4 S. dazu *Hansen* DuD 2016, 587.
5 Zur Umsetzung von § 67 BDSG nF *Johannes/Weinhold*, Das neue Datenschutzrecht bei Polizei und Justiz, 2018, § 1 Rn. 267.
6 KOM, ABl. der EU v. 16.5.2009, S. 47ff.
7 *Wichtermann* DuD 2017, 797.
8 *Hansen* DuD 2016, 587 (588).
9 Zur Entstehungsgeschichte zB auch Sydow/*Sassenberg/Schwendemann* Art. 35 Rn. 5; Paal/Pauly/*Martini* Art. 35 Rn. 10 f.

stahl oder -betrug, finanzielle Verluste, Rufschädigung, unbefugte Umkehr der Pseudonymisierung, Verlust der Vertraulichkeit von dem Berufsgeheimnis unterliegenden Daten oder andere erhebliche wirtschaftliche oder gesellschaftliche Nachteile. Damit wären nur die unmittelbaren Auswirkungen der Datenverarbeitung oder nur gravierende finanzielle und wirtschaftliche Beeinträchtigungen oder empfindliche Nachteile im Hinblick auf die gesellschaftliche Stellung der betroffenen Person erfasst worden. Letztlich konnte sich diese enge Sichtweise nicht durchsetzen. Allerdings verblieb es bei der Beschränkung der Durchführung der Folgenabschätzung lediglich bei hohen Risiken (→ Rn. 21 ff.), und die Risikobewertungskriterien aus Art. 33 Rat-E finden sich nunmehr in EG 75.

Die von der KOM vorgeschlagenen **Regelbeispiele**, wann eine Folgenabschätzung durchzuführen sei, wurden durch das EP deutlich erweitert. Gemäß Art. 32 a Parl-E sollte ua eine Risikoanalyse zwingend sein, wenn personenbezogene Daten von mehr als 5.000 Menschen innerhalb eines Zeitraums von zwölf aufeinanderfolgenden Monaten betroffen wären, bei der Verarbeitung besonderer Kategorien personenbezogener Daten, Standortdaten, Daten über Kinder oder Arbeitnehmerdaten, im Falle des Profiling, der Verarbeitung personenbezogener Daten für die Erbringung von Gesundheitsdiensten, für epidemiologische Studien oder für Erhebungen über Geisteskrankheiten oder ansteckende Krankheiten, soweit diese sich auf *spezifische Einzelpersonen* beziehen, bei der weiträumigen automatisierte Überwachung öffentlicher Räume oder bei der Wahrscheinlichkeit, dass die Verletzung des Schutzes personenbezogener Daten zu negativen Auswirkungen auf den Schutz der personenbezogenen Daten, die Privatsphäre, die Rechte oder die legitimen Interessen der betroffenen Person führt usw Die sehr detaillierten Vorschläge des EPs setzen sich allerdings nicht gegen die deutlich engere Auffassung des Rats durch. Dieser reduzierte die Beispielsfälle auf die nunmehr in Abs. 3 normierten Beispiele und ließ damit mehr Spielraum bei der Interpretation, unter welchen Umständen die Verarbeitung der Daten ein hohes Risiko beinhaltet, zu. 6

Durch den Rat wurde zudem der personelle Anwendungsbereich der Verpflichtungen zur Durchführung einer Datenschutz-Folgenabschätzung eingeschränkt. Art. 33 KOM-E und Parl-E sahen eine Pflicht sowohl für den Verantwortlichen als auch den Auftragsverarbeiter vor. Die durch den Rat durchgesetzte Beschränkung der Rechtspflicht auf die Verantwortlichen führt allerdings nicht zu einer Minimierung des Schutzniveaus, sondern vermeidet ein „Zuständigkeitspingpong". Denn die rechtliche Verpflichtung zur Durchführung der Folgenabschätzung liegt nunmehr bei einer Stelle, die sich nicht durch Verweis auf ihren Auftragsverarbeiter rechtlich exkulpieren kann (→ Rn. 15 f.). 7

Nicht durchsetzen konnte sich das EP bei den sehr umfassenden formalen Vorgaben für die Durchführung der Folgenabschätzung (Art. 33 Abs. 3, 3 b; auch Art. 32 a Abs. 4 Parl-E), gerade auch zur Operationalisierung. Die nunmehr geltende Fassung ist ein Kompromiss mit den im Vergleich dazu sehr rudimentär ausgestalteten Verfahrensvorschriften der KOM und des Rats. Die dadurch erreichte Verschlankung der Vorschrift führt allerdings auch zu größeren Ermessensspielräumen. 8

2. Definition und Normzweck. Die DSGVO definiert den Begriff der Datenschutz-Folgenabschätzung nicht. Sie kann als ein Instrument verstanden werden, durch welches das durch die Verarbeitung personenbezogener Daten verursachte Risiko für die Rechte und Interessen der betroffenen Personen erkannt und bewertet wird.[10] Die Datenschutz-Folgenabschätzung soll nach dem Willen des Unionsgesetzgebers einen wirksamen Mechanismus darstellen, der sich vorrangig mit denjenigen Arten von Verarbeitungsvorgängen befasst, die aufgrund ihrer Art, ihres Umfangs, ihrer Umstände und ihrer Zwecke voraussichtlich ein hohes Risiko für die Rechte und Freiheiten der betroffenen Personen darstellen (EG 89). 9

Der Rückgriff auf bisherige Konzepte des sog Privacy Impact Assessment va aus der anglo-amerikanischen Datenschutzrechtssystematik[11] ist problematisch. Diese erfassen den Zweck der Datenschutz-Folgenabschätzung iSv Art. 35 nur unzureichend, denn sie betrachten die Thematik ausschließlich bzw. vorrangig aus der technischen und organisatorischen Perspektive. Gerade diese Sichtweise übernimmt die DSGVO nicht. Sie definiert den Abwägungsprozess nicht technisch oder organisatorisch, sondern vorrangig rechtlich.[12] Zentraler Ausgangspunkt der Abwägung ist nämlich der **Schutz der Rechte** der betroffenen Personen. Auch wenn die positiven Nebeneffekte, wie die Verbesserung der Umsetzung der Vorgaben des *privacy by design* gemäß Art. 25, die **Vermeidung von Sanktionen** und hohen **Verfahrens- und Produktionskosten** bei einer erforderlichenfalls nachträglichen Umsetzung von Vorgaben der DSGVO, die verbesserte **Nachweisbarkeit** der Beachtung der Vorgaben für technisch-organisatorische Maßnahmen oder die Erhöhung der **Transparenz** eher im Fokus von Unternehmen stehen,[13] sind diese nicht die vorrangigen Ziele der Rege- 10

---

10 *Friedewald et al.,* Whitepaper Datenschutzfolgenabschätzung, 2017, S. 5; *Phan* PinG 2016, 243 (244).
11 S. dazu ausführlich *Wright/De Hert* in: dies. (Hrsg.), Privacy Impact Assessment, 2012, Chapter 1, Ziff. 1.3.
12 *Kühling/Buchner/Jandt* Art. 35 Rn. 42.
13 AA *Wichtermann* DuD 2017, 797 (798).

lung. Primär und zuvörderst werden Verantwortliche verpflichtet, sich die Folgen der Verarbeitung für die betroffenen Personen und nicht für die eigene Organisation bewusst zu machen.

11 Erkennbar ist zudem, dass hierbei nicht allein eine Risikomanagementaufgabe, sondern eine **Risikominimierungsverpflichtung** normiert wird.[14] Ziel der Datenschutz-Folgenabschätzung ist, über die Erfassung und Bewertung der durch die Verarbeitung begründeten Risiken für die Rechte der betroffenen Personen, wirksame Schutzmaßnahmen zu ergreifen und dadurch zu einer **Operationalisierung** des Grundrechtschutzes zu gelangen.[15] Denn der Verantwortliche wird gemäß Abs. 7 lit. d auch verpflichtet, die *„zur Bewältigung der Risiken geplanten Abhilfemaßnahmen"* zu bewerten. Die Folgenabschätzung ist daher nicht Selbstzweck oder bloßer Teil der Transparenz- und Dokumentationsverpflichtung. Sie beinhaltet auch die Bewertung aktiv ergriffener Maßnahmen zur **Minimierung der Folgen der Datenverarbeitung** für die betroffenen Personen.[16] Erkennbar wird dies zudem aus der engen Verzahnung des Art. 35 mit Art. 36, wonach eine vorherige Konsultation der zuständigen Aufsichtsbehörde obligatorisch ist, wenn keine Abwehrmaßnahmen zur Verringerung des Risikos der betroffenen Personen ergriffen wurden (→ Art. 36 Rn. 17ff.).

12 Die Datenschutz-Folgenabschätzung beinhaltet im Wesentlichen zwei, je nach Sichtweise[17] auch drei, Folgenabschätzungen, die allerdings unter dem Oberbegriff „Datenschutz" zusammengefasst werden. Einerseits sind die Auswirkungen der rechtlichen Risiken und andererseits die der technischen Risiken der Datenverarbeitung für die Rechte und Grundfreiheiten der betroffenen Personen zu betrachten. Unzureichend wäre es insoweit, lediglich die Beachtung der technischen Schutzziele der Integrität, Vertraulichkeit und Verfügbarkeit als Maßstab der Abwägung zu wählen. Nach einer anderen Auffassung soll in einer dritten und sog **Bewertungsphase** allein das technische Risiko für die Rechte der betroffenen Personen betrachtet werden.[18] Dem Zweck eines umfassenden Schutzes entspricht allerdings die Sichtweise, wonach die in Art. 5 normierten **Schutzziele** Gegenstand der Folgenabschätzung und Maßstab für die normative Bewertung des Risikos und der konkreten technischen und organisatorischen Ausgestaltung der Verfahren sind. Die Datenschutz-Folgenabschätzung ist somit eine umfassende technische, organisatorische und rechtliche Überprüfung und Bewertung der Verfahren und Grundlage für die daraufhin zu ergreifenden **Risikominimierungsmaßnahmen**.

13 **3. Aufbau der Norm und systematische Stellung.** Die Datenschutz-Folgenabschätzung ist eingebettet in ein zT sehr detailliert ausdekliniertes System der Rechenschaftspflicht des Verantwortlichen gemäß Art. 5 Abs. 2[19] und stellt einen zentralen Bestandteil des Datenschutzmanagementsystems der DSGVO dar. Sie ist Teil des formellen Datenschutzrechts und integraler Bestandteil der formellen Dokumentationsverpflichtungen der DSGVO. Sie ist das Scharnier zwischen dem formellen und materiellen Datenschutzrecht. Denn wesentlicher Teil der Folgenabschätzung ist die materiellrechtliche Bewertung der Folgen der Datenverarbeitung durch den Verantwortlichen (va Abs. 7 lit. b, c). Dabei ist die Formulierung der „Bewertung" im engeren Sinn zu verstehen. Denn die Folgenabschätzung verlangt nicht allein eine reine Dokumentation, sondern den **Nachweis eines wertenden Abwägens** des Verantwortlichen, ob die durch die Datenverarbeitung verursachten Eingriffe und potenziellen Gefahren für den Schutz der Grundrechte und Grundfreiheiten der betroffenen Personen im Lichte des verfolgten Zwecks einerseits tragbar sind und andererseits die Eintrittswahrscheinlichkeit einer rechtswidrigen Verarbeitung der Daten der betroffenen Person durch technische und organisatorische Maßnahmen hinreichend vermindert werden können. Sie ist zudem Grundlage für die Aktivierung der Aufsichtsbehörde, falls die Verantwortlichen selbst nicht in der Lage sind, das von ihnen durch die Verarbeitung verursachte Risiko für die Rechte der betroffenen Personen zu beherrschen (vgl. Art. 36 Abs. 1).

14 Art. 35 gliedert sich in drei Regelungsbereiche. Zum einen legt er die materiellrechtlichen Bedingungen für die Durchführung und die Zielrichtung der Datenschutz-Folgenabschätzung in Abs. 1, 3 und 8 fest. Mit Abs. 2, 7, 9 und 11 regelt er zum anderen die verfahrensmäßige Durchführung der Folgenabschätzung. Die restlichen Normierungen (Abs. 4 bis 6 und 10) betreffen die Umsetzung der Aufstellung von Positiv- und Negativlisten. Va letzteres trägt nicht zur Übersichtlichkeit der Norm bei und hätte besser in den Art. 63ff. geregelt werden können.

14 Ehmann/Selmayr/*Baumgartner* Art. 36 Rn. 4.
15 *Friedewald et al.,* White Paper Datenschutzfolgenabschätzung, 2017, S. 14 f.; Kühling/Buchner/*Jandt* Art. 43 Rn. 49; Paal/Pauly/*Martini* Art. 35 Rn. 7.
16 Kühling/Buchner/*Jandt* Art. 43 Rn. 42.
17 *De Hert* in: Wright/De Hert (Hrsg.), Privacy Impact Assessment, 2012, Chapter 2, Ziff. 2.1; für zwei Phasen zB Schantz/Wolff/*Wolff* Rn. 869.
18 Kühling/Buchner/*Jandt* Art. 35 Rn. 42.
19 Ehmann/Selmayr/*Baumgartner* Art. 36 Rn. 1.

II. Personeller und materieller Anwendungsbereich (Abs. 1)

Art. 35 adressiert die Verantwortlichen und deren Verarbeitungsverfahren. Während die KOM und das EP 15 parallel dazu eine Verpflichtung der Auftragsverarbeiter vorsehen wollten (→ Rn. 7), entspricht die nunmehrige Verpflichtung allein der Verantwortlichen dem überkommenen System und Zweck des Datenschutzrechts. Adressat der rechtlichen Verpflichtung zur Dokumentation und Führung des Nachweises über die Beherrschung und Eindämmung des Risikos gegenüber den betroffenen Personen und den Aufsichtsbehörden sind die Verantwortlichen.[20] Eine (teilweise) Verlagerung oder gar Verteilung der Verantwortlichkeit im Außenverhältnis auf den Auftragsverarbeiter würde der erforderlichen eindeutigen Allokation der Rechtspflicht entgegenstehen.

Allerdings ignoriert die DSGVO damit einen maßgeblichen Akteur bei der Verarbeitung personenbezogener 16 Daten. Obwohl es dringend geboten wäre,[21] werden Hersteller von Soft- und Hardware durch die DSGVO nicht zu einer Abschätzung der Folgen ihrer Produkte verpflichtet. Lediglich in EG 78 wird im Hinblick auf das Konzept des *Privacy by Design* Bezug auf die Hersteller genommen. Eine rechtlich verbindliche Verpflichtung der Hersteller wäre unter dem derzeit geltenden System allerdings in den Fällen realisierbar, in denen diese im Innenverhältnis zu den Verantwortlichen als Auftragsverarbeiter durch die Vertragsgestaltung gemäß Art. 28 Abs. 3 auf die Beachtung der Vorgaben der DSGVO verpflichtet werden.[22] Freilich lassen sich derartige Vertragsbeziehungen nur im Rahmen von Dienstleistungsverträgen etablieren, wenn Hersteller Verarbeitungen oder Teilschritte der Verarbeitung für die Verantwortlichen übernehmen. Im Zuge der sich ausbreitenden cloudbasierten Verfügbarmachung von Soft- und Hardware wie *Software as a Service* oder *Platform und Infrastructure as a Service* (→ Art. 28 Rn. 18) entstehen hierbei neue Gestaltungsräume. In jedem Fall sind Auftragsverarbeiter in den Prozess der Durchführung der Folgenabschätzung einzubeziehen, wenn diese ganz oder teilweise Verarbeitungsverfahren für den Verantwortlichen durchführen.[23]

Der materielle Anwendungsbereich des Art. 35 erstreckt sich primär auf singuläre Verarbeitungsverfahren.[24] Der Gegenstand der Datenschutz-Folgenabschätzung, welcher etwas missverständlich als *Verarbeitung* bezeichnet wird und besser als **Verarbeitungsverfahren** oder -vorgang auszulegen ist, setzt sich aus Daten und deren Format, den verwendeten IT-Systemen und deren Schnittstellen sowie den Prozesse und Funktionsrollen zusammen.[25] Verantwortliche sind demnach verpflichtet, für den konkreten Verarbeitungsvorgang eine Folgenabschätzung durchzuführen.

Allerdings sieht Abs. 1 S. 2 die Möglichkeit einer kumulativen Folgenabschätzung vor. Dies ist möglich bei 18 *ähnlichen* Verarbeitungsvorgängen mit *ähnlich hohen Risiken*. Als Ausdruck der Angemessenheit und Verhältnismäßigkeit und aus *Gründen der ökonomischen Vernunft* und Zweckmäßigkeitserwägungen, lässt die DSGVO die Durchführung projektübergreifender Folgenabschätzungen zu. Davon erfasst sind nach EG 92 gemeinsame Anwendungen und Verarbeitungsplattformen öffentlicher Stellen, die Nutzung gemeinsamer Anwendungen oder Verarbeitungsumgebungen für gesamte Wirtschaftssektoren oder die Einführung weit verbreiteter horizontaler Tätigkeiten. Darunter sind insbes. die als „gemeinsame Verfahren" bezeichneten Verarbeitungsvorgänge zu fassen, die etwa in § 11 EGovG geregelt sind. Verbindendes Element muss allerdings der identische Zweck[26] sowie die Gleichförmigkeit der Art, des Umfangs sowie des Kontextes der bzw. des Verfahrens sein.[27]

Unzureichend wäre es hingegen, lediglich die eingesetzte Verfahrenstechnologie unter Missachtung des 19 Zwecks und Kontextes zu betrachten. So führt die Bewertung eines **Videoüberwachungssystems** in dem öffentlich-zugänglichen Bereiche eines Bahnhofes zu einer anderen Bewertung als der Einsatz desselben Systems in einem von der Öffentlichkeit abgegrenzten Bereich, der nur Mitarbeitern zugänglich ist. Primär werden daher va zu **identischen Zwecken** gemeinsam genutzte IT-Infrastrukturen und -Dienste von dieser Erleichterung erfasst.[28]

---

20 Ehmann/Selmayr/*Baumgartner* Art. 36 Rn. 6; Sydow/*Sassenberg/Schwendemann* Art. 35 Rn. 6, 36.
21 *Bieker/Hansen* DuD 2017, 285 (286).
22 So auch BeckOK DatenschutzR/*Hansen* DSGVO Art. 35 Rn. 7.
23 *Art.-29-Gruppe,* WP 248, S. 18; sa EG 95, zur Unterstützung durch Auftragsverarbeiter Sydow/*Sassenberg/Schwendemann* Art. 35 Rn. 36.
24 Paal/Pauly/*Martini* Art. 35 Rn. 21.
25 *DSK,* Kurzpapier Nr. 5, S. 1; *Hansen* DuD 2016, 587 (590).
26 Paal/Pauly/*Martini* Art. 35 Rn. 21.
27 *Art.-29-Gruppe,* WP 248, S. 8.
28 Ehmann/Selmayr/*Baumgartner* Art. 35 Rn. 17.

III. Materiellrechtliche Verpflichtung zur Datenschutz-Folgenabschätzung

20 Nach der Zwecksetzung durch den Unionsgesetzgeber ist eine Datenschutz-Folgenabschätzung immer dann erforderlich, wenn Verantwortliche Verarbeitungsvorgänge planen und durchführen, die voraussichtlich ein hohes Risiko für die Rechte und Freiheiten der betroffenen Personen darstellen. Dies ist va beim Einsatz neuer bzw. neuartiger Technologien der Fall, bei denen bisher keine Datenschutz-Folgenabschätzung vorgenommen wurde oder deren Folgenabschätzung bereits vor längerem erfolgt ist und dieser Zeitablauf eine erneute Prüfung notwendig macht (EG 89). Aus dieser recht vagen Zweckbestimmung und dem Wortlaut des Art. 35 lassen sich vier Tatbestände herauskristallisieren, die zur Durchführung einer Datenschutz-Folgenabschätzung verpflichten. Der Gesetzgeber hat bei der Ausgestaltung der materiellrechtlichen Verpflichtung zur Durchführung einer Datenschutz-Folgenabschätzung den in Abs. 1 geregelten Grundtatbestand (→ Rn. 21) durch Regelbeispiele konkretisiert (→ Rn. 36) und zudem den Aufsichtsbehörden einen gewissen Umsetzungsspielraum durch den Erlass von Positiv- und Negativlisten eingeräumt (→ Rn. 47). Abs. 10 enthält darüber hinaus eine Erleichterung für öffentliche Stellen. Anders als es der Aufbau der Norm vermuten lässt, wird die Prüfung im Hinblick auf die Verpflichtung zur Durchführung einer Folgenabschätzung in entgegengesetzter Richtung verlaufen. Va öffentliche Stellen werden primär prüfen, ob der Gesetzgeber bereits eine den Anforderungen des Abs. 10 entsprechende Folgenabschätzung vorgenommen hat. Ist dies nicht der Fall, so ist zu prüfen, ob sich aus den gemäß Abs. 4 und 5 veröffentlichten Positiv- und Negativlisten der Aufsichtsbehörden eine Verpflichtung zur oder ein Ausschluss von der Pflicht zur Durchführung der Folgenabschätzung herleiten lässt. Ergibt sich hieraus ebenfalls keine eindeutige Antwort, ist die Erfüllung der Regelbeispiele nach Abs. 3 und ggf. danach der Grundtatbestand gemäß Abs. 1 festzustellen.[29]

21 **1. Grundtatbestand (Abs. 1).** Verantwortliche sind zur Durchführung einer Datenschutz-Folgenabschätzung verpflichtet, soweit die geplanten Verarbeitungsvorgänge voraussichtlich ein hohes Risiko[30] für die Rechte und Freiheiten der betroffenen Personen zur Folge haben. Bis auf die in den in Abs. 3 enthaltenen Regelbeispiele und die Auslegungshinweise der EG lassen sich keine weiteren konkret benannten Kriterien und Maßstäbe aus dem Text entnehmen.[31] Deutlich wird aus der historischen Entwicklung der Norm (→ Rn. 7), dass nicht jedes wie auch immer geartete Risiko für die betroffenen Rechte und Freiheiten erfasst werden sollte. Lediglich bei einem hohen Risiko ist die Durchführung der Folgenabschätzung rechtlich verpflichtend. Hierbei ist allerdings im Interesse eines effektiven und wirksamen Schutzes von einem weiten Verständnis des Begriffs „hohes Risiko" auszugehen.[32]

22 **a) Begriff des Risikos.** Die DSGVO definiert weder den Begriff des Risikos noch existiert eine **normative Bewertungsskala**, wann das selbige hoch ist. Beides wird in Abs. 1 lediglich vorausgesetzt. Unter dem Begriff des Risikos kann die Eintrittswahrscheinlichkeit (EG 75) eines Schadens für das geschützte Rechtsgut verstanden werden. Das Risiko zu bestimmen setzt eine Prognoseentscheidung seitens der wertenden Person voraus, welche vollständig gerichtlich überprüfbar ist.[33] Diese Prognoseentscheidung hat – dem Kern des Datenschutzrechts als Technikrecht entsprechend – nach dem Vorsorgeprinzip zu erfolgen. Dies folgt gerade auch daraus, dass die konkreten Gefahrenlagen sowohl für die betroffene Person als auch für den Verantwortlichen häufig noch nicht vollständig absehbar sind. Potenzielle Gefährdungen müssen daher in die Prognose eingestellt werden.

23 In dieser Prognoseentscheidung muss der Verantwortliche eine Abschätzung und Vorhersage über den möglichen Eintritt eines Schadens für die durch die DSGVO geschützten Rechtsgüter vornehmen Die Bewertung im Rahmen von Art. 35 erfolgt auf der Grundlage von zwei Faktoren. Einerseits muss der Verantwortliche die Eintrittswahrscheinlichkeit des befürchteten Schadens bestimmen. Andererseits muss die Schwere des Schadens im Hinblick auf das geschützte Rechtsgut prognostiziert werden, worauf EG 75 S. 1 hinweist. Aus dem Verhältnis zwischen beiden Faktoren wird dann das Gesamtrisiko ermittelt, welches die Verpflichtung zur Durchführung der Datenschutz-Folgenabschätzung auslösen kann.[34] Was in diesem Zusammenhang als Schaden zu bewerten ist, bestimmt die DSGVO dahin gehend, dass eine Prognose über die Verletzung der *Rechte und Freiheiten natürlicher Personen* zu treffen ist. Zudem enthält der Begriff Risiko eine Bewertung, wie relevant ein bestimmtes Schadensszenario im jeweils vorliegenden Fall ist (→ Rn. 26).

---

29   Ehmann/Selmayr/*Baumgartner* Art. 36 Rn. 28.
30   Zum Begriff des Risikos Paal/Pauly/*Martini* Art. 35 Rn. 15 sowie → Rn. 22 f.
31   BeckOK DatenschutzR/*Hansen* DSGVO Art. 35 Rn. 2.
32   AA Ehmann/Selmayr/*Baumgartner* Art. 36 Rn. 14.
33   Paal/Pauly/*Martini* Art. 35 Rn. 19.
34   Gierschmann/Schlender/Stentzel/Veil/*Kramer* Art. 35 Rn. 97 f.; *Falker* in: Taeger (Hrsg.), Recht 4.0 – Innovationen aus den rechtswissenschaftlichen Laboren, 2017, 29 (36).

b) Bewertungsmaßstab. Zwar legt Art. 35 Kriterien für die Bewertung der Höhe des Risikos fest (→ 24
Rn. 27ff). Allerdings fehlt ein Maßstab für die Abgrenzung zwischen zB einem niedrigen, normalen oder
hohen Risiko. MaW reicht es nicht aus, lediglich Kriterien für die Bewertung heranzuziehen, wenn normativ kein Bewertungsmaßstab (Schwellwert) existiert. Zudem ist häufig unklar, von welchen Zukunftsszenarien auszugehen ist. In der va durch das BSI verfolgten Methodik der Datensicherheit haben sich bei der
Schutzbedarfsfeststellung drei Schutzbedarfskategorien herausgebildet, die auch bei der Bestimmung der
Höhe des Risikos zur Anwendung kommen können.[35]

Nach dem Ansatz des BSI sind der Schutzbedarf bzw. das Risiko   25

- **normal**, wenn die Schadensauswirkungen begrenzt und überschaubar sind,
- **hoch**, wenn die Schadensauswirkungen beträchtlich sind und
- **sehr hoch**, wenn die Schadensauswirkungen ein existentiell bedrohliches, katastrophales Ausmaß erreichen.[36]

Die Schwäche dieses Ansatzes liegt allerdings darin, dass sie keine Aussage über die Eintrittswahrscheinlichkeit des potenziellen Schadens trifft. Deshalb sollte die Methodik des BSI lediglich als Richtschnur genutzt und um die spezifischen Anforderungen der DSGVO erweitert werden.

In die Festlegung des Risikomaßstabs müssen zudem die Schadensdauer und die Möglichkeit, einen Scha- 26
denseintritt zumindest zu minimieren, einfließen. Je weniger die Möglichkeit der Folgenbeseitigung eines
Schadens besteht, desto höher muss das Risiko für das zu betrachtende Schutzgut angesetzt werden. Weiterhin müssen die Folgen für die betroffenen Personen, welche über die eigentliche Rechtsverletzung hinausgehen, betrachtet werden.[37] Im Falle einer Datenverarbeitung gilt zudem, dass die Folgen einmal verarbeiteter
Daten regelmäßig nicht mehr rückgängig gemacht werden können und zB bei einer Übermittlung von personenbezogenen Daten zudem das permanente Risiko einer parallele Mehrfachverwendung ohne Möglichkeit der Kenntnisnahme durch die betroffenen Personen besteht.[38]

c) Bewertungskriterien. Mit Rückgriff auf die EG lassen sich allerdings Kriterien für eine Grenzziehung 27
zwischen einem normalen und einem hohen Schadensrisiko finden. Für die Bestimmung der Höhe des Risikos sind entsprechend EG 91 die **verwendete Technologie**, der (räumliche und zeitliche) **Umfang und die
Art der Verarbeitung**, die **Datenmengen** und die **Anzahl der betroffenen Personen**, die **Sensibilität** der verarbeiteten Informationen bzw. die sich aus dem jeweiligen **Verarbeitungskontext** ergebende Sensibilität oder
die damit einhergehende **Beeinträchtigung der Ausübung der Abwehrrechte** der betroffenen Personen maßgebend. Ebenso ist der **Zweck** des Verfahrens heranzuziehen.[39] Aus der Formulierung der EG ließe sich
schlussfolgern, dass ein hohes Risiko nur dann vorliegt, wenn bei einer kumulativen Betrachtung aller genannten Kriterien ein hohes Risiko besteht. Wenn also mittels neuer Technologien große Mengen besonderer personenbezogener Daten auf regionaler, nationaler oder supranationaler Ebene verarbeitet werden und
davon eine große Zahl von Personen betroffen sind und diese Verarbeitungsvorgänge den betroffenen Personen die Ausübung ihrer Rechte erschweren würden (EG 91), muss von einem hohen Risiko iSd DSGVO
ausgegangen werden.

Eine solche Sichtweise würde allerdings dem Ziel eines **weiten Anwendungsbereichs** der Norm[40] entgegen- 28
stehen. Denn bereits das Vorliegen eines einzelnen Kriteriums kann zu einem hohen Risiko für die Rechte
und Freiheiten der betroffenen Personen führen.[41] So betrifft das Betreiben einer gemeinsamen Terroris-
musdatei mengenmäßig idR nur eine geringe Anzahl an Personen. Die damit verbundenen Auswirkungen
für die aufgenommenen Personen sind hingegen gravierend. Hier löst bereits der Zweck des Verfahrens ein
hohes Risiko für die Freiheiten und Rechte der betroffenen Personen aus, die die Durchführung einer Datenschutz-Folgenabschätzung rechtfertigt. Dieser Auffassung folgt in letzter Konsequenz auch die Art.-29-
Gruppe, auch wenn sie als „Daumenregel" zwar grundsätzlich die Erfüllung von zwei der genannten Kriterien als erforderlich ansieht, sehr wohl aber ein hohes Risiko auf der Grundlage eines Kriteriums in Ausnahmefällen annimmt.[42]

Zweifelsfälle gehen iSd Vorsorgeprinzips **zulasten** des Verantwortlichen, der bei einer Fehleinschätzung 29
bzw. fehlerhaften Anwendung der Bewertungskriterien die jeweiligen Konsequenzen zu tragen hat. Insoweit

---

35 So auch Gola/*Nolte*/*Werkmeister* Art. 35 Rn. 48 f.; *Friedewald et al.*, White Paper Datenschutzfolgenabschätzung, 2017, S. 31 f.
36 *BSI*, BSI-Standard 200-1 Managementsysteme für Informationssicherheit (ISMS), Ziff. 10.2.1.
37 Vgl. dazu detailliert *Friedewald et al.*, White Paper Datenschutzfolgenabschätzung, 2017, S. 31 f.
38 *Spiecker gen. Döhmann* in: Bartsch/Briner (Hrsg.), DGRI-Jahresband 2012, 37 (39ff.); zu den besonderen Eigenschaften von Informa-
    tionen *Spiecker gen. Döhmann* Rechtswissenschaft 2010, 247 (256ff.).
39 Paal/Pauly/*Martini* Art. 35 Rn. 17.
40 Paal/Pauly/*Martini* Art. 35 Rn. 15.
41 So auch Kühling/Buchner/*Jandt* Art. 35 Rn. 7; *Wichtermann* DuD 2017, 797 (798).
42 *Art.-29-Gruppe*, WP 248, S. 12 f.

sollten Verantwortliche in Grenzfällen eher von einem hohen Risiko ausgehen und die Folgenabschätzung durchführen.[43] Denn eine **überobligatorische Erfüllung** des Art. 35 birgt aus unternehmerischer und behördlicher Sicht weniger gravierende Konsequenzen als die Unterschätzung des Risikos und die damit verbundene Ordnungswidrigkeit gemäß Art. 83 Abs. 4 lit. a (→ Art. 83 Rn. 44).

30   Aus den genannten Kriterien und normierten Regelbeispielen (→ Rn. 35) ergeben sich abstrakte Szenarien, bei denen die Durchführung einer Datenschutz-Folgenabschätzung obligatorisch ist. Dabei lässt sich nicht immer eine trennscharfe Abgrenzung zwischen den einzelnen Fallgruppen finden. Überschneidungen bei der Anwendung einzelner Kriterien auf konkrete Anwendungsfälle sind systemimmanent:

31   ■   Auf der Grundlage des **Technologie-Kriteriums** gelten sämtliche Verfahren der automatisierten Einzelfallentscheidungen (Art. 22) mit rechtlichen Wirkungen oder vergleichbaren Beeinträchtigungen auf die betroffenen Personen ebenso wie Verfahren mittels innovativen und/oder neuartigen Verarbeitungstechnologien[44] als hinreichend risikobehaftet. Dies trifft va auf den Einsatz von Technologien zu, bei denen die persönlichen, sozialen, wirtschaftlichen oder sonstigen gesellschaftlichen Auswirkungen zum Zeitpunkt des Einsatzes unbekannt oder unsicher sind.[45] Ein hohes Risiko beinhaltet außerdem die Auswertung biometrischer[46] oder genetischer[47] Daten oder die Verarbeitung von Daten im Rahmen des „Internet der Dinge" bei einem umfangreichen Vernetzungsgrad. Auch die Verschneidung von Informationen zur Gewinnung neuer Erkenntnisse über die betroffenen Personen oder den Einsatz von selbstlernenden Algorithmen zur Persönlichkeitsbewertung sind Faktoren, die zu einer hohen Risikoerwartung führen, wie zB beim Scoring.[48] Der Einsatz von Verfahren, bei denen der Verantwortliche aufgrund der Organisation des Verfahren einen Kontrollverlust hinnimmt und bei denen im Hinblick auf die vollständige Beherrschbarkeit des Verfahrens Zweifel bestehen, wie zB dem Einsatz von Cloud-Diensten beim Einsatz umfangreicher Datenbanksystemen als *Software as a Service* ebenso wie *Bring-Your-Own-Device* Programme im Beschäftigungsverhältnis,[49] begründen eine Pflicht zur Datenschutz-Folgenabschätzung.

32   ■   Die **Sensibilität der Datenverarbeitung** als Kriterium kommt zum Tragen, wenn die Verarbeitung besonderer Kategorien personenbezogener Daten gemäß Art. 9 oder personenbezogener Daten über strafrechtliche Verurteilungen und Straftaten gemäß Art. 10 geplant ist oder wenn sich aus dem **Kontext** der Verarbeitung eine besondere **Sensibilität der Datenverarbeitung** für die betroffenen Personen ergibt. Diese kann auch darin liegen, dass die betroffenen Personen als besonders schutzwürdig angesehen werden, wozu zB **Beschäftigte im Beschäftigungskontext**[50] oder **Kinder** zählen.[51] Zu dieser Kategorie gehört außerdem die Verarbeitung personenbezogener Daten aus gesetzlich besonders geschützter Vertrauensverhältnissen, wie die Auswertung von Verkehrs- und Inhaltsdaten der elektronischen Kommunikation durch den Dienstanbieter. Aufgrund der Sensibilität der Kommunikationsinhalte der elektronischen Kommunikation geht ua die KOM davon aus, dass die Verarbeitung von Kommunikationsdaten regelmäßig hohe Risiken für die Rechte und Freiheiten der betroffenen Personen mit sich bringt, was bei der Planung der Verarbeitung derartiger Daten zu einer Pflicht der Durchführung einer Datenschutz-Folgenabschätzung führt.[52] Eine hohe Schutzerwartung und damit ein hohes Risiko der Verletzung der Rechte der betroffenen Personen besteht bei der Verarbeitung von Informationen aus Mandanten- und Patientenverhältnissen. Allerdings soll nach EG 91 eine Datenschutz-Folgenabschätzung dann nicht erforderlich sein, wenn die Verarbeitung durch einen „einzelnen" Arzt, sonstigen Angehörigen eines Gesundheitsberufes oder Rechtsanwalt erfolgt. Obwohl eine explizite Begründung für diese Ausnahme fehlt,[53] wird in diesen Fällen anzunehmen sein, dass die verantwortliche Person hinreichend die Rechte der betroffenen Personen schützt und zudem die Verarbeitung im überwiegenden Interesse der betroffenen Personen liegt. Die in den EG explizit genannten Ausnahmen sind allerdings eng aufzufassen. Denn gerade in diesen rechtlich besonders geschützten Vertrauensverhältnissen werden regelmäßig besondere personenbezogene Daten iSd Art. 9 verarbeitet. Eine Ausdehnung dieser rechtlich nicht bindenden Ausnahmen würde mit dem besonderen Schutz eben dieser Daten und den bei der Verarbeitung derselben einhergehenden Risiken für die Rechte und Freiheiten der betroffenen Personen nicht im

---

43   So auch *Art.-29-Gruppe*, WP 248, S. 9 die auf die positive Compliance-Wirkung der Folgenabschätzung verweist.
44   Zum Begriff *Schmitz/von Dall'Armi* ZD 2017, 57 (58).
45   *Art.-29-Gruppe*, WP 248, S. 10, 12.
46   *Karg* HFR 2012, 120 (123).
47   *Gräfin von Hardenberg* ZD 2014, 115 (116).
48   Zu den Gefahren des Scorings BGH NJW 2014, 1235 (1237).
49   Ehmann/Selmayr/*Baumgartner* Art. 35 Rn. 15.
50   *Art.-29-Gruppe*, WP 248, S. 12.
51   S. Art. 8.
52   *KOM*, Vorschlag für eine Verordnung über Privatsphäre und elektronische Kommunikation v. 10.1.2017, 2017/0003 (COD); sa EG 19.
53   Kühling/Buchner/*Jandt* Art. 35 Rn. 9.

Einklang stehen. So wäre die Verarbeitung zB von **Patientendaten** in einer medizinischen Forschungsdatenbank keine unter diese Ausnahme fallende Verarbeitungssituation und eine Durchführung der Datenschutz-Folgenabschätzung zwingend. Dies gilt selbst dann, wenn die Datenbank durch einen Angehörigen eines medizinischen Berufes betrieben wird. Denn der Zweck der Verarbeitung würde nicht unmittelbar der Erfüllung des **Patienten-Arzt-Verhältnisses** dienen, sondern einen darüberhinausgehenden Zweck erfüllen.[54] Gleiches gilt für Krankenhausinformationssysteme oder den Betrieb von digitalen Informationssystemen, bei denen die Daten nicht allein in einer Einzelakte verarbeitet werden. Denn hierbei wird das Kriterium des Zugriffs auf die Daten durch den einzelnen Berufsgeheimnisträger bzw. der aktenmäßigen Abbildung des bilateralen Vertrauensverhältnisses überschritten. Zudem betrifft aus der Perspektive der betroffenen Person diese Form der Datenverarbeitung nicht ausschließlich das individuelle Kommunikationsverhältnis zum jeweiligen Berufsgeheimnisträger. In Überschneidung mit dem Technologiekriterium wäre damit auch die Verarbeitung derartiger Daten in **Cloud-Anwendungen** als hinreichend risikobehaftet anzusehen und würde die Pflicht zur Datenschutz-Folgenabschätzung auslösen.[55]

■   Ebenso kann ein großer Umfang der Datenverarbeitung zu einem hohen Risiko iSd Art. 35 führen. Die   **33** Art des Umfangs kann dabei unter unterschiedlichen Aspekten betrachtet werden. Datenschutz-Folgenabschätzungen sind erforderlich im **internationalen Datenverkehr** mit Drittländern, da hier ein besonderer **räumlicher Umfang** der Datenverarbeitung vorliegt.[56] Vergleichbares gilt bei der Übermittlung personenbezogener Daten an internationale Organisationen. Begründen lässt sich dies va durch die gestiegenen neuen Herausforderungen und Anforderungen in Bezug auf den Schutz personenbezogener Daten im internationalen Datenverkehr.[57] Eine ähnliche Problematik besteht bei der Verteilung der datenschutzrechtlichen Verantwortung auf mehrere Verantwortliche. Aufgrund der ggf. unklaren Zuteilung der Verantwortungsbeiträge und der damit einhergehenden Erosion der deutlichen und klaren Zuständigkeiten kann darin ebenfalls ein hohes Risiko gesehen werden.[58] Zu einer Risikoerhöhung führen zudem die gemeinsamen Zwecke und Mittel der Verarbeitung.[59] Betrachtet man das Merkmal **Umfang** auch als **mengenmäßiges Kriterium**, fallen in diese Kategorien sämtliche Verfahren, bei denen Daten von einer hohen Anzahl an Personen oder einer hohen Prozentzahl betroffener Personen bezogen auf die relevante Personengruppe verarbeitet werden (EG 91). Dies trifft va Anbieter **Sozialer Medien** und **Sozialer Netzwerke,** die aufgrund der schieren Masse an Nutzerzahlen bereits eine hohe Anzahl an personenbezogenen Daten verarbeiten. Das Kriterium der Menge beinhaltet neben dem quantitativen Element auch eine qualitative Komponente. Insbes. die Verarbeitungsverfahren der Anbieter von **Diensten der Informationsgesellschaft** und des **E-Commerce,** von denen neben **Inhaltsdaten** auch **Nutzungsdaten** von betroffenen Nutzern erfasst sind, stellen ein potenziell hohes Risiko für die Rechte und Freiheiten der betroffenen Personen dar.[60] Ebenso liegt ein hohes Risiko vor, wenn Daten über einen längeren Zeitraum verarbeitet werden.[61]

■   Ein hohes Risiko kann nicht ausgeschlossen werden, wenn bereits der **Zweck** der Datenverarbeitung zu   **34** einem hohen Risiko für die Rechte und Freiheiten der betroffenen Personen führt. Dies ist beim Profiling gemäß Art. 22 der Fall, also die in jeglicher Form automatisierte(r) Verarbeitung personenbezogener Daten unter Bewertung der persönlichen Aspekte in Bezug auf eine natürliche Person insbes. zur Analyse oder Prognose von Aspekten bezüglich Arbeitsleistung, wirtschaftliche Lage, Gesundheit, persönliche Vorlieben oder Interessen, Zuverlässigkeit oder Verhalten, Aufenthaltsort oder Ortswechsel der betroffenen Person, soweit dies rechtliche Wirkung für die betroffene Person entfaltet oder sie in ähnlicher Weise erheblich beeinträchtigt (EG 71, 91). Ebenso zählen dazu die verhaltensbasierte Werbung oder die sog Personalisierung von Dienstangeboten im Internet.[62] Hier zeigen sich allerdings deutlich die Überschneidungen zum Technologiekriterium. Denn die Umsetzung der Ziele, zB einer auf dem Nutzungsverhalten einer Person zugeschnittenen Werbung wird erst durch umfassende und teilweise exzessive Datenverarbeitungsprozesse ermöglicht. Zudem schreibt die DSGVO selbst in Abs. 3 lit. a eine Folgenabschätzung für derartige Verfahren vor.

---

54   Zur Schwierigkeit der Abgrenzung *Gräfin von Hardenberg* ZD 2014, 115 (117).
55   So auch Ehmann/Selmayr/*Baumgartner* Art. 35 Rn. 15; BeckOK DatenschutzR/*Hansen* DSGVO Art. 35 Rn. 22.
56   *Art.-29-Gruppe*, WP 248, S. 11; EG 91.
57   BeckOK DatenschutzR/*Kamp* DSGVO Art. 44 Rn. 2.
58   Siehe zu Anforderungen an die Transparenz bei der gemeinsamen Verantwortlichkeit *Petri* EuZW 2018, 534 (541).
59   *Dovas* ZD 2016, 512 (516).
60   *Art.-29-Gruppe*, WP 248, S. 11.
61   *Art.-29-Gruppe*, WP 248, S. 11.
62   *Art.-29-Gruppe*, WP 248, S. 10.

35 ■ Eine Datenschutz-Folgenabschätzung ist nach EG 91 zudem erforderlich, wenn die Datenverarbeitung betroffenen Personen die **Wahrnehmung eines Rechts** oder die Nutzung einer Dienstleistung bzw. Durchführung eines Vertrags erschwert oder unmöglich macht.

36 **2. Gesetzliche Regelfälle (Abs. 3).** Ergänzend zu dem Grundtatbestand beinhaltet Abs. 3 Verarbeitungsszenarien, in denen eine Datenschutz-Folgenabschätzung zu erfolgen hat. Hierbei handelt es sich allerdings um Beispielsfälle. Die Liste ist nicht abschließend,[63] was durch die Verwendung des Wortes *„insbesondere"* deutlich wird. Die Liste beschränkt daher nicht den Anwendungsbereich des Abs. 1, sondern illustriert diesen. MaW lässt Abs. 3 keine Schlüsse auf Verarbeitungen zu, die keine Folgenabschätzung erfordern. Verantwortliche müssen daher, auch wenn die in Frage stehende Verarbeitung nicht in Abs. 3 gelistet ist, dennoch prüfen, ob ein hohes Risiko durch die Verarbeitung entsteht.[64] Die Regelbeispiele sind als *lex specialis* vorrangig zu Abs. 1 zu prüfen. Soweit eine Verarbeitung unter einen der genannten Fallgruppen subsumiert werden kann, bedarf es keiner weiteren gesonderten Darlegung, dass ein hohes Risiko existiert.

37 **a) Profiling und automatisierte Einzelfallentscheidung (lit. a).** Eine Folgenabschätzung muss bei der **automatisierten Einzelfallentscheidung** und dem **Profiling** durchgeführt werden. Das erste Regelbeispiel muss als Teil der Zulässigkeit iS einer Rechtspflicht zur Ergreifung organisatorischer Maßnahmen zu Art. 22 verstanden werden. Es flankiert das als besonders risikoreich eingestufte Profiling (Art. 4 Nr. 4) und die rechtsverbindlich oder auf ähnliche Weise wirkenden automatisierten Entscheidungen auf der Grundlage der Verarbeitung personenbezogener Daten.[65]

38 Tatbestandsmäßig begründet dem Wortlaut nach eine Verarbeitung nur dann ein hohes Risiko, wenn **persönliche Aspekte** Grundlage des Profilings oder Faktoren für die automatisierte Einzelfallentscheidung sind. Mit Verweis auf Art. 22 zählen nach EG 71 dazu Informationen wie zB Arbeitsleistung, wirtschaftliche Lage, Gesundheit, persönliche Vorlieben oder Interessen, Zuverlässigkeit oder Verhalten, Aufenthaltsort oder Ortswechsel der betroffenen Person.

39 Die Verarbeitung begründet nur dann ein hohes Risiko, wenn sie **systematisch** und **umfassend** ist. Bei der Auslegung des Merkmals „systematisch" kann eine Parallelwertung zu den Faktoren der systematischen Überwachung im dritten Regelbeispiel (lit. c) vorgenommen werden (→ Rn. 42). Mit dem Merkmal „umfangreich" wird deutlich, dass es für die Annahme eines hohen Risikos nicht ausreichend ist, dass lediglich ein **einzelner Aspekt** verarbeitet wird. In einer Gesamtschau der Verarbeitung sollte erkennbar werden, dass bei der Verarbeitung ganz oder teilweise **Persönlichkeitsprofile** der betroffenen Personen erstellt oder zur Grundlage von Entscheidungen gemacht werden. Das hohe Risiko ergibt sich dann nicht aus der eigentlichen **Zwecksetzung** der Verarbeitung, sondern aus dem Umstand, dass durch die Verarbeitung die persönlichen Interessen, Vorlieben, Neigungen oder Charakterzüge, also letztlich der Merkmale, welche die **Einzigartigkeit** und **Individualität** des Menschen ausmachen, erkennbar und einer automatisierten Verarbeitung und Auswertung zugänglich gemacht werden.

40 Daher muss sämtlichen Tendenzen der Bagatellisierung der Profilbildung über die verfolgten Zwecke widersprochen werden.[66] **Verhaltensbasierte Werbung, Online-Tracking,** die **Personalisierung von Internetdienstleistungen** etc können unabhängig von den unmittelbaren rechtlichen Auswirkungen auf die betroffene Person nicht ohne Weiteres von dieser Kategorie ausgenommen werden. Zweifellos gehören die rechtlich und wirtschaftlich bindenden, algorithmen-basierten Entscheidungen durch **verhaltensbasierte Preisgestaltung,** **(Kredit-)Scoring,**[67] **Smart Metering**[68] oder maximalinvasive Verfahren wie das **Predictive Policing**[69] zu den von Abs. 3 lit. a erfassten Verfahren. Aber auch die Quantifizierung menschlichen Verhaltens, der Interessen und Vorlieben und die Verfügbarmachung dieser Informationen zur gezielten Beeinflussung und Steuerung menschlichen Verhaltens zB zu Zwecken der Werbung und des Marketings führen zu einem hohen Risiko für die Rechte und Freiheiten der davon betroffenen Personen.

41 **b) Umfangreiche Verarbeitung besonderer Kategorien personenbezogener Daten (lit. b).** Eine Risikofolgenabschätzung ist bei der *umfangreichen* Verarbeitung (→ Rn. 33) besonderer personenbezogener Daten gemäß Art. 9 oder Daten über strafrechtliche Verurteilungen und Straftaten gemäß Art. 10 durchzuführen. Wird der Tatbestand der umfangreichen Verarbeitung derartiger **Risikodaten**[70] nicht erfüllt, kann allerdings

---

63 Kühling/Buchner/*Jandt* Art. 35 Rn. 12.
64 Art.-29-Gruppe, WP 248, S. 9.
65 Ehmann/Selmayr/*Baumgartner* Art. 35 Rn. 23.
66 S. zum Ausschluss von Online-Werbung und ihr zugrundeliegendem Tracking durch Abs. 1 lit. a Ehmann/Selmayr/*Baumgartner* Art. 35 Rn. 21.
67 Plath/*von dem Busche* DSGVO Art. 35 Rn. 11.
68 Auer-Reinsdorff/Conrad/*Conrad*, HdB IT- und Datenschutzrecht, 2016, § 34 Rn. 576.
69 *Meinicke* in: Taeger (Hrsg.), Big Data & Co – Neue Herausforderungen für das Informationsrecht, 2014, 183 (184); *Rademacher* AöR 142 (2017), 366.
70 Kühling/Buchner/*Jandt* Art. 35 Rn. 12.

unter dem Kriterium der Sensibilität der Verarbeitung oder der besonderen Schutzwürdigkeit der betroffenen Personen eine Risikofolgenabschätzung nach Abs. 1 angezeigt sein (→ Rn. 32).

c) Überwachung öffentlich zugänglicher Bereiche (lit. c). Eine Folgenabschätzung ist zu guter Letzt auch   42
dann durchzuführen, wenn öffentliche Räume **systematisch** und **umfangreich** erfasst werden. Der Grund für diese Erweiterung liegt va in dem Umstand, dass die betroffenen Personen sich der Überwachung nicht immer bewusst sein werden, der Zweck und Umfang der Überwachung häufig nicht transparent zu Tage tritt und oft eine Vermeidung der Überwachung schwer zu realisieren ist.[71]

Bei **öffentlich zugänglichen Bereichen** handelt es sich um Gebiete, welche einer unbestimmten Anzahl von   43
Personen tatsächlich zugänglich und dazu auch bestimmt sind. Das Kriterium „**systematisch**" setzt voraus, dass bei der Überwachung einer oder mehrere der folgenden Faktoren erfüllt sind:

- sie erfolgt nach einer spezifischen Methode oder einem übergreifend koordinierten Verfahren,
- sie wird vorab arrangiert, organisiert und methodisch durchgeführt,
- sie ist Teil eines übergreifenden Plans zur Erhebung personenbezogener Daten oder
- sie wird als Teil einer weitergehenden Strategie vorgenommen.[72]

Anhaltspunkt für die Beantwortung der Frage kann zudem die Analyse des Zwecks der Überwachung sein.   44
Dient die Überwachung va der Dokumentation eines Zufalls oder keines konkret in den Fokus der Überwachung gerückten menschlichen Verhaltens, also zB die Erfassung einer Sachbeschädigung der Außenwand eines Ladenlokals, fehlt es an einer systematischen Verarbeitung der Daten. Eine sporadische oder vereinzelte, va kurzzeitige Überwachung öffentlicher Räume würde damit allein unter diesem Regelbeispiel kein hohes Risiko auslösen, zB eine **Videoanlage** an einer Wohnungs- oder Haustür als Einlasskontrolle.[73] Allerdings setzt dies voraus, dass die Überwachung selbst nicht eines der anderen Kriterien erfüllt. Anderes gilt hingehen bei der kontinuierlichen Erfassung des Verhaltens einer Person oder Personengruppe, wie zB der Aufzeichnung der Tätigkeit von Beschäftigten während ihrer Tätigkeit an der Kasse oder in einem Verkaufsraum.

„**Umfangreich**" ist die Überwachung, wenn räumlich ein großer Bereich erfasst wird oder viele Menschen   45
der Überwachung unterliegen. Zahlenmäßig lassen sich hierbei zwar keine Größen festlegen. Der systematische Zusammenhang mit dem Merkmal des öffentlich zugänglichen Bereiches verdeutlicht allerdings, dass das Merkmal bereits dann erfüllt ist, wenn von dem Verantwortlichen die Anzahl der betroffenen Personen nicht vorab konkret bestimmt werden kann und aus dem Zweck der Überwachung deutlich wird, dass nicht nur Einzelpersonen im Fokus der Kontrollen stehen.

Auch wenn die DSGVO ansonsten keine Vorgaben zur Rechtmäßigkeit der **Videoüberwachung öffentlicher**   46
Räume beinhaltet, unterfällt diese dem Regelbeispiel. Die EG nehmen ausdrücklich auf die Verarbeitung von Daten mittels *opto-elektronischer Vorrichtungen* Bezug (ausführlich → Art. 6 Abs. 1 Rn. 141ff.). Das Regelbeispiel erschöpft sich jedoch nicht in der Videoüberwachung. Die **technologieneutrale Formulierung** führt dazu, dass auch andere Formen der Überwachung öffentlicher Räume erfasst werden.[74] Dazu zählt die Verwendung anderer Sensoren (zB Mikrofonen) ebenso wie die der **WLAN- und Bluetooth-Technologie** zur **georeferenzierten Erfassung** von Endgeräten mit dem Ziel der Verfolgung und Auswertung von Bewegungen einzelner Personen im öffentlichen Raum zB für die intelligente Verkehrssteuerung[75] oder Location-Based-Services.

3. Positiv- und Negativlisten (Abs. 4 bis 6). Unabhängig von dem jeweiligen Ergebnis der Bewertung des   47
Risikos sind Verantwortliche verpflichtet, eine Folgenabschätzung durchzuführen, wenn die Aufsichtsbehörden eine Form der Verarbeitung in eine Positivliste gemäß Abs. 4 aufgenommen haben. Kurz vor dem Geltungsbeginn der DSGVO veröffentlichten einige der Aufsichtsbehörden eigene Listen für den öffentlichen und nicht-öffentlichen Bereich.[76] Diese sind allerdings teilweise nur als Vorversionen bezeichnet worden. Die Anforderungen der DSGVO entsprechen allerdings nur die dem Gemeinsamen Ausschuss gemäß Abs. 4 S. 2 übersandten Listen und gemäß Abs. 6 dem Kohärenzverfahren unterworfenen Listen. Anderenfalls würde die harmonisierende Wirkung der Listen sich nicht vollständig entfalten können (→ Rn. 53).[77]

---

71   *Art.-29-Gruppe*, WP 248, S. 10 f.
72   *Art.-29-Gruppe*, WP 248, S. 10.
73   Paal/Pauly/*Martini* Art. 35 Rn. 31.
74   Ehmann/Selmayr/*Baumgartner* Art. 35 Rn. 23.
75   S. § 4 Intelligente Verkehrssysteme Gesetz; LfD RLP, S. 7.
76   ZB LfD RlPf, Vorversion vom 24.5.2018.
77   Die DSK soll zum Zeitpunkt des Redaktionsschlusses des Kommentars eine DSFA Liste, Version 1.0 vom 10.7.2018 an den Ausschuss übermittelt haben, die allerdings durch die DSK nicht offiziell veröffentlicht wurde; https://www.ldi.nrw.de/mainmenu_Aktuelles/subme nu_EU-Datenschutzreform/Inhalt/EU-Datenschutzreform/Datenschutz-Folgenabschaetzung.html.

48   Umstritten ist, ob die Erstellung von Positivlisten für die Aufsichtsbehörden obligatorisch ist. Teilweise wird vertreten, dass insbes. aufgrund des englischen Wortlautes (*shall*) eine Normierungspflicht besteht.[78] Dies ist grundsätzlich zutreffend, zumal die Aufsichtsbehörde nach Art. 57 Abs. 1 lit. k eine Liste der Verarbeitungsarten erstellen und führen „muss", für die gemäß Abs. 4 eine Datenschutz-Folgenabschätzung durchzuführen ist. Soweit damit allerdings offenbar die Erwartung verbunden wird, Rechtssicherheit im Hinblick auf die einer Folgenabschätzung unterliegenden Verarbeitungsverfahren zu erreichen,[79] stellt dies einen Trugschluss dar. Denn Rechtssicherheit wird damit letztlich nur im Hinblick auf das konkrete Verfahren und ggf. den konkret damit verfolgten Zweck bzw. die Umstände der Verarbeitung erreicht. Mit der Positivliste ist nämlich kein Ausschluss anderer Verfahren verbunden, und erst recht können derartige Listen zukünftige Entwicklungen oder Verfahren nicht vorwegnehmen.[80] Zudem wird zu Recht die Sinnhaftigkeit der Positivlisten mit dem Verweis auf die Entscheidung des BVerfG, dass die Sensibilität und damit letztlich die Höhe des Risikos für die Rechte der betroffenen Personen durch den Verarbeitungskontext bestimmt wird, bestritten.[81] Eine Pflicht iSe aktiven anlassfreien Erstellung einer Positivliste wäre daher lediglich eine Pflichtübung, die keinen faktischen und rechtspolitischen Mehrwert enthalten würde und auf dem Niveau der Abstraktheit der DSGVO verbleiben müsste.

49   Das obligatorische Erstellen einer Positivliste sollte damit vielmehr iSe aktiven **Konkretisierungspflicht** der Aufsichtsbehörden verstanden werden. Die mit der Erstellung der Positivlisten einhergehende Veröffentlichungspflicht und die Übermittlungspflicht an den Gemeinsamen Ausschuss verdeutlichen dies ebenso wie die Formulierung des Art. 57 Abs. 1 lit. k. Danach erstellt und führt die Aufsichtsbehörde eine Liste mit den Verarbeitung**sarten**. Diese Formulierung und die mit der Veröffentlichung und Kenntnisgabe verfolgten Ziele der Information der Verantwortlichen und Gewährleistung der kohärenten Umsetzung der DSGVO deuten darauf hin, dass Aufsichtsbehörden anhand konkret durchgeführter Bewertungen Listen erstellen und führen.

50   Bezüglich der in Abs. 5 geregelten Negativlisten besteht hingegen keine Pflicht der Aufsichtsbehörden, diese zu erstellen. Soweit allerdings Verarbeitungsvorgänge ausgenommen werden bzw. festgestellt wird, dass diese kein hohes Risiko beinhalten, sind sie dem Ausschuss gemäß Art. 68 mitzuteilen.

51   Auch wenn fraglich bleibt, ob **Negativlisten** durch die Aufsichtsbehörden überhaupt erstellt werden, weil bezweifelt wird, dass generell bestimmten Arten von Verarbeitungsvorgängen das hohe Risiko abgesprochen werden kann,[82] würde die Veröffentlichung derartiger Listen zu einer erhöhten **Rechtssicherheit** seitens der Verantwortlichen führen. Denn soweit konkrete Arten der Verarbeitung ausgenommen werden, können sich Verantwortliche darauf va gegenüber der erlassenden Aufsichtsbehörde berufen. Der Sorge, dass durch eine Benennung von Verfahren potenzielle Risiken ausgeblendet werden, kann durch eine detaillierte Beschreibung der Zwecke, der Art und des Umfangs sowie der genutzten Infrastruktur bzw. Hard- und Software und Organisation begegnet werden.

52   Abzulehnen ist in diesem Zusammenhang der Versuch, durch eine umfassende Beschreibung technischer und organisatorischer Maßnahmen der Datensicherheit Verfahren, die ansonsten ein hohes Risiko mit sich bringen, über die **Negativlisten** von der Anwendung der Datenschutz-Folgenabschätzung auszunehmen.[83] Denn damit würde gerade das Gegenteil des Zwecks des Art. 35 erreicht werden. Verantwortliche sollen gerade bei der Einführung von Verarbeitungsarten, die ein hohes Risiko beinhalten, sich aktiv um die Bewertung des Risikos und die Ergreifung der Maßnahmen der **Vermeidung des Risikos** bemühen. Diese Auseinandersetzung würde konterkariert, wenn pauschal Einzelmaßnahmen beschrieben werden und der Eindruck erweckt würde, damit bestünde kein hohes Risiko mehr. Das träfe letztlich nicht zu, denn das Risiko bestünde weiterhin. Lediglich der Eintritt der Gefährdung bleibt aufgrund der ergriffenen Maßnahmen aus. Daher erfassen die in Abs. 5 genannten Negativlisten tatsächlich nur diejenigen Verarbeitungsverfahren, von denen *a priori* kein hohes Risiko für die Rechte der betroffenen Personen ausgeht.

53   Zur Gewährleistung eines europaweit einheitlichen Standards sind Aufsichtsbehörden nach Abs. 6 verpflichtet, die erstellten Positiv- und Negativlisten dann dem **Kohärenzverfahren** gemäß Art. 63 zu unterziehen, wenn diese Listen Verarbeitungstätigkeiten umfassen, die im Wesentlichen Auswirkungen über den nationalen Bereich hinaus auf den **Datenverkehr** haben. Dies ist der Fall, wenn davon Verarbeitungstätigkeiten betroffen sind, die sich mit dem Angebot von Dienstleistungen und Waren oder dem Beobachten von Personen in mehreren Mitgliedstaaten beschäftigen oder eine erhebliche Beeinträchtigung des **freien Verkehrs von Daten** in der EU zu erwarten ist. Hierdurch wird letztlich eine für den europäischen Binnenmarkt

---

78 Kühling/Buchner/*Jandt* Art. 35 Rn. 14; Paal/Pauly/*Martini* Art. 35 Rn. 33; aA wohl Gola/*Nolte*/*Werkmeister* Art. 35 Rn. 28.
79 Paal/Pauly/*Martini* Art. 35 Rn. 36; *Phan* PinG 2016 243 (244).
80 So explizit BeckOK DatenschutzR/*Hansen* DSGVO Art. 35 Rn. 17; Ehmann/Selmayr/*Baumgartner* Art. 35 Rn. 27.
81 *Hansen* DuD 2016, 587 (589 f.).
82 BeckOK DatenschutzR/*Hansen* DSGVO Art. 35 Rn. 21.
83 So Ehmann/Selmayr/*Baumgartner* Art. 35 Rn. 27 für die Lohnbuchhaltung.

kohärente Umsetzung der Vorgaben der DSGVO für die Verantwortlichen und die betroffenen Personen angestrebt.

In der Literatur wird auf einen Widerspruch in der Normierung des **Kohärenzverfahrens** hingewiesen. Danach sieht zwar Abs. 6 die Durchführung des Kohärenzverfahrens sowohl bei **Positiv- als auch bei Negativlisten** vor. Die damit korrespondierende **Verfahrensvorschrift** in Art. 64 Abs. 1 S. 2 lit. a sieht allerdings eine Stellungnahme des EDSA nur bei Positivlisten vor. Dieses eventuelle redaktionelle Versehen kann entweder durch eine eigenständige Information der anderen Aufsichtsbehörden durch die erlassende Aufsichtsbehörde[84] oder durch die Annahme, es handele sich bei Abs. 6 um eine *lex specialis* gegenüber Art. 64 Abs. 1 S. 2 lit. a,[85] aufgelöst werden.

Der inhaltliche Maßstab für die Erstellung der Listen entspricht den Vorgaben des Abs. 1 und 3. Dennoch beinhaltet diese Kompetenz eine **quasi-gesetzgeberische Wirkung**. Denn mit der Erstellung dieser Listen ist nicht allein die Anwendung des Art. 35 verbunden. Aufsichtsbehörden müssen letztlich den identischen Abwägungsprozess vornehmen, wie dies von Verantwortlichen erwartet wird. Im Gegensatz zu letzteren hat die Aufnahme des Ergebnisses dann keine individuell-konkrete, sondern eine generell-abstrakte Wirkung. Diese erstreckt sich aus Sicht der Verantwortlichen primär auf die Vermeidung von Sanktionen wegen der Missachtung der Vorgaben des Art. 35. Rechtlich ist damit allerdings die Aussage verbunden, dass das in die Liste aufgenommene Verarbeitungsverfahren eine bestimmte (rechtliche) Wirkung auf die betroffenen Personen ausübt. Rechtsschutz gegen die Liste werden Verantwortliche nicht direkt erlangen können, sondern sich nur im Fall einer auf dieser Liste basierenden Maßnahme der Aufsichtsbehörden gegen den Einzelakt wehren können.

4. Gesetzliche Ausnahmen (Abs. 10). Eine Datenschutz-Folgenabschätzung muss zudem nicht durchgeführt werden, wenn gemäß Abs. 10 die Verarbeitungsvorgänge auf einer gemäß Art. 6 Abs. 1 lit. c und e beruhenden **europäischen oder nationalen Rechtsgrundlage** erfolgt und beim Erlass dieser Rechtsgrundlage der jeweilige Gesetzgeber bereits eine Folgenabschätzung vorgenommen hat (EG 93). Eine **Rückausnahme** besteht lediglich dann, wenn der europäische oder nationale Gesetzgeber die Durchführung der Folgenabschätzung explizit vorgesehen hat.

Teilweise wird vertreten, dass es sich bei Abs. 10 um eine **Öffnungsklausel** für das Recht der Mitgliedstaaten, Ausnahmen von der Durchführung einer Datenschutz-Folgenabschätzung vorzunehmen, handele.[86] Rechtsdogmatisch erscheint diese Auffassung jedoch ungenau, und es ist fraglich, ob Abs. 10 einen von der DSGVO in relevanter Weise abweichenden Regelungsgehalt ermöglicht. Denn bereits dem Wortlaut nach handelt es sich nicht um eine Öffnungsklausel zur Regulierung einer Ausnahme von der Folgenabschätzung, sondern vielmehr um die Berechtigung der Mitgliedstaaten, eine Verlagerung der Verantwortung für die Durchführung der selbigen vorzunehmen. Die (erneute) Durchführung einer Folgenabschätzung durch die verantwortliche (staatliche) Stelle entfällt, wenn bereits der Gesetzgeber diese vorgenommen hat. Denn Abs. 10 entbindet die Verantwortlichen nicht vollständig. So verbleibt es bei der Pflicht zur Überprüfung der erfolgten Datenschutz-Folgenabschätzung gem. Abs. 11 oder der Einbindung von **Stakeholdern** und der Beachtung genehmigter Verhaltensregeln auf der Grundlage der Abs. 8 und 9.

Für die Verlagerung der Durchführung der Datenschutz-Folgenabschätzung auf den unionsrechtlichen oder nationalen Gesetzgeber müssen allerdings mehrere Voraussetzungen erfüllt sein:

1. So muss der in Frage stehende Verarbeitungsvorgang auf einer unionsrechtlichen oder nationalen Rechtsvorschrift basieren, die nach Art. 6 Abs. 1 UAbs. 1 lit. c oder e entweder eine rechtliche Verpflichtung zur Verarbeitung enthält oder eine Aufgabe im öffentlichen Interesse überträgt. Es muss sich also um **bereichsspezifische Verarbeitungsregeln** der staatlichen Aufgabenwahrnehmung handeln.[87]

2. Das Verarbeitungsverfahren muss zudem tatbestandlich konkret normiert sein. Unzureichend wäre lediglich eine Aufgabenbeschreibung ohne die entsprechende rechtliche Befugnis zum Eingriff in die Rechte der betroffenen Personen.[88] Unzureichend wären demnach die in einzelnen LDSGe existierenden Befugnisnormen, wonach die Verarbeitung personenbezogener Daten durch Behörden zugelassen wird, soweit dies zur Erfüllung einer **gesetzlich zugewiesenen Aufgabe** erforderlich ist.[89]

3. Außerdem muss erkennbar sein, dass der staatliche Gesetzgeber eine den Anforderungen des Art. 35 entsprechende Datenschutz-Folgenabschätzung vorgenommen hat. Unzureichend wäre allerdings, wie

---

84 Kühling/Buchner/*Jandt* Art. 35 Rn. 29 f.
85 Paal/Pauly/*Martini* Art. 35 Rn. 41.
86 *Kühling/Martini et al.*, S. 89; Paal/Pauly/*Martini* Art. 35 Rn. 64 ff.; sowie offenbar Gola/*Nolte/Werkmeister* Art. 35 Rn. 70 ff., die Abs. 10 unter der Zwischenüberschrift „Öffnungsklausel für Mitgliedstaaten" kommentieren.
87 Ehmann/Selmayr/*Baumgartner* Art. 35 Rn. 50.
88 *Kühling/Martini et al.*, S. 90.
89 ZB § 11 Abs. 1 Nr. 1 LDSG Schleswig-Holstein v. 9.2.2000 idF v. 11.1.2012.

teilweise vertreten wird, dass jede Art der Auseinandersetzung mit den gesetzlichen Folgen ausreichend sein soll.[90] Abs. 10 ist gerade nicht zu entnehmen, dass die Mitgliedstaaten eine **Änderungsbefugnis** im Hinblick auf die materiellrechtlichen Vorgaben der DSGVO bei der Durchführung der Folgenabschätzung erhalten. Sie sollen lediglich den staatlichen Stellen die für ihre Aufgabenwahrnehmung erforderlichen bürokratischen Anforderungen minimieren.[91] Es muss weiterhin eine Datenschutz-Folgenabschätzung nach den im Folgenden erläuterten Maßstäben erfolgen (→ Rn. 60ff.).

59 Nicht verbunden ist mit Abs. 10 eine Absenkung des Niveaus der Datenschutz-Folgenabschätzung. Daher muss sich nachweislich aus dem Gesetzgebungsverfahren ergeben, dass der Gesetzgeber das potenzielle Risiko für die betroffenen Personen erkannt und bewertet hat.[92] Weiterhin muss er die zur Begrenzung des Risikos ergriffenen Maßnahmen beschreiben und va gewährleistet sein, dass diese durch die staatlichen Stellen beachtet werden können, zB indem den Verantwortlichen die zur Umsetzung der Maßnahmen erforderlichen sachlichen und personellen Ressourcen zur Verfügung gestellt werden.

IV. Verfahren der Datenschutz-Folgenabschätzung

60 Art. 35 beinhaltet keine detaillierten Vorgaben zur konkreten Durchführung der Datenschutz-Folgenabschätzung. Die in den Abs. 2, 7, 9 und 11 enthaltenen **Verfahrensvorschriften** beschreiben einen normativen Rahmen, der durch den Verantwortlichen einzuhalten ist und der die Mindestanforderungen an die **Operationalisierung** der Folgenabschätzung stellt.[93] Die konkrete Durchführung einer Datenschutz-Folgenabschätzung erfolgt auf der Grundlage einer eigenen **Methodik und Fachlichkeit**. Die Herausforderung für Verantwortliche besteht darin, die gesetzgeberische Zielvorstellung in konkrete **Datenschutzmanagementmaßnahmen** zu „übersetzen" und damit das gesetzgeberische Ziel zu erfüllen.[94] Eine spezifische Methodik der Datenschutz-Folgenabschätzung ist auf europäischer Ebene bisher nicht deutlich entwickelt worden, jedoch rechtspolitisch gewollt.[95] Zwar existieren bereits gewisse Zielvorstellungen, wie zB der Wunsch nach eine **Skalierbarkeit der Methode**, um damit auf die unterschiedlichen Fähigkeiten der jeweiligen Stellen oder auf bereichsspezifische Anforderungen reagieren zu können.[96] Auch haben sich Folgenabschätzungen mit unterschiedlichen Zielsetzungen bzw. Charakteren herausgebildet,[97] wobei auch Überlappungen mit anderen Systemen der Folgenabschätzung bestehen (zB ISO 31000).[98] Eine konkrete Methode bzw. Methodik ist, soweit erkennbar, aber bisher lediglich in Deutschland entwickelt und im Wesentlichen durch die Aufsichtsbehörden verabschiedet worden.

61 **1. Zeitpunkt.** Die Datenschutz-Folgenabschätzung muss als integraler Bestandteil des **gesamten Planungs- und Realisierungsprozesses** eines Datenverarbeitungsverfahrens vor dem Beginn der Verarbeitung personenbezogener Daten durchgeführt werden, wie sich aus dem Wortlaut von Abs. 7 lit. a und EG 90 ergibt. MaW muss der **Zeitpunkt** der Durchführung der Datenschutz-Folgenabschätzung der Realisierung der vermuteten Beeinträchtigung vorgelagert sein. Das ergibt sich bereits aus der Formulierung des Abs. 1 S. 1 2. Hs., wonach das **Risiko** der Verarbeitung für die Rechte der betroffenen Personen „vorab" zu bewerten ist. Ein Risiko bezeichnet immer die Wahrscheinlichkeit des Eintritts eines Schadensereignisses und wird *a priori* bestimmt.

62 In der Praxis bedeutet dies eine enge normative Verflechtung zu den in Art. 25 enthaltenen Anforderungen des Prinzips *privacy by design* (→ Art. 25 Rn. 5). Die Beachtung der Vorgaben des Datenschutzes und im Besonderen der DSGVO bereits in der Konzeptionsphase der Entwicklung eines Verfahrens spiegelt sich in der Verpflichtung einer vorherigen Folgenabschätzung wider. Verantwortliche sollen vor der Inbetriebnahme von Verfahren effektive und effiziente Maßnahmen für die Wahrung des Schutzes der personenbezogenen Daten der betroffenen Personen ergreifen. Die dafür erforderlichen Maßnahmen der Erfassung und Bewertung der Risiken sind dafür die notwendige Voraussetzung.

63 Während in der Vergangenheit die Frage umstritten war, ob in einer Pilotphase eines Verfahrens, bei dem zu reinen **Testzwecken** bereits ein Teil der **Echtdaten** verwendet werden, sämtliche (ggf. spätere) datenschutzrechtliche Anforderungen erfüllt sein müssen, beantwortet die DSGVO diese Frage nunmehr zugunsten einer umfänglichen Beachtung der Anforderungen der DSGVO auch während einer **Test- oder Betaphase**.

90 So jedenfalls *Kühling/Martini et al.*, S. 91.
91 Ehmann/Selmayr/*Baumgartner* Art. 35 Rn. 51.
92 Kühling/Buchner/*Jandt* Art. 35 Rn. 27.
93 *Art.-29-Gruppe,* WP 248, S. 19.
94 Kühling/Buchner/*Jandt* Art. 35 Rn. 33.
95 *Art.-29-Gruppe,* WP 248, S. 21; *Friedewald et al.*, White Paper Datenschutzfolgenabschätzung, 2017, S. 15.
96 *Art.-29-Gruppe,* WP 248, S. 21 f.
97 *Friedewald et al.*, White Paper Datenschutzfolgenabschätzung, 2017, S. 23.
98 *Art.-29-Gruppe,* WP 248, S. 21.

Denn gerade bei diesen Verfahren ist die Wahrscheinlichkeit eines Schadenseintritts höher als bei einem bereits getesteten und freigegebenen Verfahren. Zudem lässt die DSGVO diesbezüglich keinen Spielraum. Ist für den Verantwortlichen erkennbar, dass voraussichtlich ein Schadenseintritt erfolgen wird, hat er die erforderlichen Maßnahmen zu ergreifen.

Etwas anderes gilt allerdings notwendiger Weise bei der Durchführung einer Datenschutz-Folgenabschätzung aufgrund der in Abs. 11 normierten **Überprüfungspflicht**. Stellt der Verantwortliche im Wege der kontinuierlichen Überprüfung[99] fest, dass sich das Risiko aufgrund der sich ändernden Umstände erhöht hat und deshalb die ursprüngliche Datenschutz-Folgenabschätzung geändert werden muss, erfolgt dies selbstverständlich nach Inbetriebnahme des Verfahrens. Mit Abs. 11 ist eine kontinuierliche Pflicht zum Monitoring der sich gerade im Bereich der Datenverarbeitung häufig ändernden tatsächlichen und rechtlichen Bedingungen verbunden.[100] Va beim Einsatz neuartiger Technologien oder umfangreicher Datenverarbeitungen sind derartige Überprüfungen integraler Bestandteil des Datenschutzmanagements.   64

Insoweit existieren für die vor dem Geltungsbeginn der DSGVO bereits betriebenen Verfahren kein Bestandsschutz und keine Ausnahmenregeln.[101] Für bestehende Verarbeitungsverfahren, bei denen ein hohes Risiko existiert, müssen Verantwortliche eine Folgenabschätzung spätestens nach Geltungsbeginn der DSGVO durchführen. Denn bereits durch das Inkrafttreten der DSGVO treten Änderungen ein, die sich auf die Bewertung des Risikos auswirken können. Es handelt sich bei den in Abs. 11 in Bezug genommenen Änderungen nämlich nicht allein um durch Verarbeitungsverfahren selbst ausgelöste Änderungen, sondern ebenso um den Wandel externer Faktoren. Zu diesen äußeren Umständen zählen gesetzliche Änderungen, die zB zu einem höheren gesetzlichen Schutz bestimmter Rechte der betroffenen Personen führen und deswegen eine Anpassung der Risikobewertung erforderlich machen. Eine Änderung der äußeren Umstände ist der Beginn der Anwendbarkeit der DSGVO. Verantwortliche können nicht *a priori* davon ausgehen, dass bestehende Verarbeitungsverfahren kein hohes Risiko beinhalten. Auf der Grundlage des Abs. 11 sind daher für Bestandsverfahren im Zweifel nach Geltungsbeginn der DSGVO ebenso Datenschutz-Folgenabschätzungen durchzuführen.   65

2. Verfahrensbeteiligte und Interessenwahrnehmung. Die DSGVO schreibt nicht vor, wie die innerbetriebliche oder innerbehördliche Organisation aufgestellt sein muss, um die Folgenabschätzung durchzuführen. Auch hierbei lässt sie den Verantwortlichen freie Hand. Allerdings ergeben sich bereits aus den zu erreichenden Zielen methodische Notwendigkeiten, die die innerbetriebliche oder innerbehördliche Organisation prägen. Neben der Unabhängigkeit und hinreichenden Ausstattung muss auch die fachliche Qualifikation der Akteure gewährleistet sein.[102]   66

a) Beteiligung des Datenschutzbeauftragten (Abs. 2). Die DSGVO schreibt gemäß **Abs. 2 verpflichtend** die aktive[103] Beteiligung des innerbehördlichen bzw. -betrieblichen Datenschutzbeauftragten vor, wobei die DSGVO keinen konkreten Zeitpunkt vorsieht. ZT wird vertreten, dass auch noch zum finalen Entwurf der Folgenabschätzung die Beteiligung möglich sein soll. Allerdings schränkt diese Auffassung diese Feststellung dahin gehend ein, dass es möglich sein muss, den Rat des innerbehördlichen bzw. -betrieblichen Datenschutzbeauftragten noch zu berücksichtigen.[104] Die praktische Relevanz dieser Auffassung ist daher gering. Denn nach Abschluss eines derartigen Prozesses wird die Bereitschaft der Beteiligten, Änderungen vorzunehmen, gering sein. Allerdings ist zu beachten, dass lediglich der *Rat* des innerbehördlichen bzw. -betrieblichen Datenschutzbeauftragten einzuholen ist. Damit wird zudem deutlich, dass die interne Durchführung der Datenschutz-Folgenabschätzung nicht an den **Datenschutzbeauftragten** delegiert werden kann. Anderenfalls könnte dieser nicht seine beratende Funktion gegenüber dem Verantwortlichen wahrnehmen (→ Art. 39 Rn. 29). Die Nichtbeteiligung des Datenschutzbeauftragten stellt nach Art. 83 Abs. 4 lit. a eine Ordnungswidrigkeit dar;[105] seine Einbindung sollte aus diesen Gründen dokumentiert werden.[106]   67

Zwar ist die Auffassung der oder des Datenschutzbeauftragten nicht bindend.[107] Sollten allerdings Verantwortliche Entscheidungen gegen den expliziten Rat des Datenschutzbeauftragten treffen, zB indem sie ein hohes Risiko verneinen, kann dies im Falle der Bewertung von Sanktionen oder Maßnahmen der Aufsichtsbehörden Auswirkungen haben. So wäre zu bezweifeln, ob sich ein Verantwortlicher noch auf Fahrlässig-   68

---

99   Kühling/Buchner/*Jandt* Art. 35 Rn. 59.
100   *Friedewald et al.*, White Paper Datenschutzfolgenabschätzung, 2017, S. 15.
101   AA *Franck* ZD 2017, 509 (513).
102   *Friedewald et al.*, White Paper Datenschutzfolgenabschätzung, 2017, S. 23.
103   BeckOK DatenschutzR/Hansen DSGVO Art. 35 Rn. 9.
104   Gola/*Nolte/Werkmeister* DSGVO Art. 35 Rn. 58.
105   Ehmann/Selmayr/*Baumgartner* Art. 35 Rn. 18.
106   BeckOK DatenschutzR/*Hansen* DSGVO Art. 35 Rn. 9.
107   Kühling/Buchner/*Jandt* Art. 35 Rn. 18.

keit berufen kann, wenn die oder der Datenschutzbeauftragte plausibel und stringent auf zB entgegenstehende Rechtsauffassungen der zuständigen Aufsichtsbehörde hingewiesen hat. Die Beteiligung des Datenschutzbeauftragten ist daher kein rein prozedurales Feigenblatt des Datenschutzmanagements.

69 **b) Anhörung betroffener Personen (Abs. 9).** Mit Abs. 9 wird dem Umstand Rechnung getragen, dass im Fokus der Folgenabschätzung die Rechte der betroffenen Personen stehen. Die Regelung soll die hinreichende Beachtung des Standpunkts derjenigen gewährleisten, über deren Rechte der Verantwortliche eine Entscheidung trifft. Daher kann der Verantwortliche unter Wahrung seiner Betriebs- und Geschäftsgeheimnisse sowie der Wahrung vertraulicher Maßnahmen der Datensicherheit den Standpunkt der betroffenen Personen direkt oder über eine Interessensvertretung[108] einholen. Die DSGVO verweist zu diesem Zweck auf den *Vertreter* der betroffenen Person hin. Wer darunter zu verstehen ist, lässt die DSGVO offen. Ausgeschlossen ist allerdings bereits aus teleologischer Sicht, dass es sich hierbei um den Vertreter des Verantwortlichen iSd Art. 4 Nr. 17 DSGVO handelt.[109] Vielmehr werden darunter zB die gesetzlichen Interessenvertretungen nach den Regeln der betrieblichen Mitbestimmung oder anderer Personengruppen wie Elternoder Schülervertreter gemeint sein. Abs. 9 soll letztlich eine hinreichende, parteiliche und subjektive Betrachtung des zu bewertenden Risikos durch die Betroffenen gewährleisten.

70 Die als **fakultative Beteiligung** („gegebenenfalls") der betroffenen Personen ausgestaltete Anhörung ist halbherzig und erlangt wenig Konturen.[110] So bleibt unklar, worauf sich das *gegebenenfalls* bezieht. Teilweise wird vertreten, dass eine Anhörung der betroffenen Personen in der Regel verpflichtend ist und nur dann unterbleiben kann, wenn der Aufwand unverhältnismäßig erscheint.[111] Maßgeblich wird wohl bei teleologischer Auslegung sein, das eine Verpflichtung zur Anhörung immer dann besteht, wenn der Verantwortliche nicht anderweitig sicherstellen kann, dass die spezifischen Betroffeneninteressen hinreichend beachtet und gewahrt werden. Ist dies durch andere Maßnahmen gesichert, ist eine gesonderte Anhörung entbehrlich. Kritikwürdig ist auch die fehlende Vollziehbarkeit der Anforderung. So ist zweifelhaft, wie gerade bei Verfahren, deren Risiko ua wegen der Menge an betroffenen Personen als hoch eingestuft wird, eine koordinierte und halbwegs verallgemeinerungsfähige Stellungnahme eingeholt werden kann. Diese Problematik lässt sich allerdings über die Einbindung der **Interessensvertretungen** lösen. So werden gerade bei der Verarbeitung von Daten vieler betroffener Personen die Stellungnahmen der Interessenvertreter verallgemeinerungsfähiger sein und va ressourcenschonender erhoben werden können. Zu diesen Interessenvertretern zählen neben den **innerbetrieblichen** und **-behördlichen Vertretungen** wie **Betriebs- und Personalrat** auch Verbände und Vereine, wie Verbraucherschutz- und Mieterschutzverbände, Gewerkschaften, oder gesetzmäßige oder satzungsmäßige Vertretungen von Statusgruppen, zB Studierendenvertretungen.[112]

71 Wie bereits bei der Beteiligung der oder des innerbetrieblichen bzw. -behördlichen **Datenschutzbeauftragten** ist die Auffassung der betroffenen Personen bzw. deren Interessensvertretung aus der DSGVO heraus nicht bindend. Sie kann allerdings bei einer Überprüfung durch die Aufsichtsbehörde va bei der Bewertung des Risikos für die Betroffenenrechte ausschlaggebend sein. Dies gilt va dann, wenn der Verantwortliche zu dem Ergebnis kommt, dass die ergriffenen Maßnahmen das bestehende Risiko hinreichend minimieren und diese Bewertung auch auf der Einschätzung der betroffenen Personen oder deren Vertretern beruht.

72 Bei der Beteiligung der betroffenen Personen muss der Verantwortliche allerdings nicht sämtliche Informationen offenlegen. Abs. 9 lässt Ausnahmen im Hinblick auf den Schutz gewerblicher und öffentlicher Interessen sowie dem Schutz der Sicherheit der Datenverarbeitung zu. Dies ist ein Hinweis darauf, dass der Gesetzgeber letztlich doch eine gewisse Pflicht in der Beteiligung der betroffenen Personen vorgesehen hat. Anderenfalls wäre die Regelung dieser Ausnahme nicht erforderlich. Denn der Verantwortliche hätte dann vollkommen freie Entscheidungsbefugnis über das Ob und den Umfang der Beteiligung der betroffenen Personen.

73 **3. Beachtung der Verhaltensregeln in Rahmen der Selbstregulierung (Abs. 8).** Gemäß Abs. 8 ist in die Folgenabschätzung die Beachtung der gemäß Art. 40 **genehmigten Verhaltensregeln** durch die Verantwortlichen oder deren Auftragsverarbeiter „gebührend zu berücksichtigen". Die praktische Relevanz dieser Vorgaben erschließt sich nur, soweit dies die Einhaltung der Vorgaben durch den Auftragsverarbeiter betrifft. Denn wenn diese eigenen Branchenvorgaben unterliegen, wie zB im Bereich von **Cloud-Anbietern**, können diese Vorgaben den Abwägungsprozess maßgeblich beeinflussen. Dies gilt va in Bereichen, in denen der

---

108 *Laue/Nink/Kremer*, § 7 Rn. 99 halten eine „in irgendeiner Weise bestehende rechtliche Verbundenheit zwischen den betroffenen Personen und dem Vertreter" für erforderlich; Kühling/Buchner/*Jandt* Art. 35 Rn. 55 versteht unter „Vertreter" sowohl den gesetzlichen Vertreter, zB bei einem betroffenen Kind, als auch Interessenvertreter.
109 Gierschmann/Schlender/Stentzel/Veil/*Kramer* Art. 35 Rn. 115.
110 So auch Kühling/Buchner/*Jandt* Art. 35 Rn. 56.
111 Gola/*Nolte/Werkmeister* Art. 35 Rn. 59 f.
112 Kühling/Buchner/*Jandt* Art. 35 Rn. 55.

Verantwortliche gerade auf Auftragsverarbeiter zugreift, weil ihm selbst die technische Expertise für diesen Teil des Verarbeitungsvorganges fehlt. Dies kann den Aufwand für die Verantwortlichen deutlich reduzieren.[113]

Die Auswirkungen von **Verhaltensregeln der regulierten Selbstregulierung**, denen die Verantwortlichen unterliegen, sind hingegen gering. Da diese Vorgaben wie andere Normen der DSGVO auch durch die Verantwortlichen beachtet werden müssen, fließen sie in die normale Folgenabschätzung mit ein. Denkbar wäre lediglich, dass für bestimmte branchenweit einheitliche Verfahren durch die **Selbstregulierung** zusammengefasste Bewertungen iSd Abs. 1 S. 2 regulatorisch vorgenommen werden oder bereits Maßnahmen zur Reduzierung des Risikos vorgesehen sind. **74**

4. Verfahrensphasen der Datenschutz-Folgenabschätzung (Abs. 7). Das Verfahren der Folgenabschätzung gliedert sich gemäß Abs. 7 und nach überwiegender Auffassung in der Literatur in die Vorbereitungs-, Bewertungs-, Maßnahmen/Umsetzungs- und Berichtsphase.[114] Der Begriff „zumindest" deutet dabei auf die Minimalforderung der DSGVO hin. Denkbar sind zusätzliche Schritte und Zwischenphasen. **75**

a) Systematische Beschreibung (lit. a). Fast denknotwendig ist die erste Phase der Datenschutz-Folgenabschätzung. In dieser erfolgt im Wesentlichen eine verfahrensorientierte Bestandsaufnahme. Um in den späteren Phasen zu belastbaren Ergebnissen zu kommen, ist die Bestimmung des sog *target of evaluation*, also der konkreten Be- und Umschreibung des Prüfgegenstanden von eminenter Bedeutung. Hierbei sind die von dem Verantwortlichen verfolgten Interessen und Zwecke sowie der Kontext der Datenverarbeitung zu benennen. Außerdem zählen zu der Beschreibung die Bestandteile des Verfahrens: **76**

- die **Daten** und deren **Formate** bei der Verarbeitung,
- die verwendete **Hardware, Software** und **IT-Systeme** und deren **Schnittstellen** und
- die **Prozesse** und die jeweiligen **Funktionsrollen**.[115]

Ebenso sind bereits in der Vorbereitungsphase mögliche **Risikoquellen**,[116] wie zB Dritte, technische und organisatorische **Schwachstellen**, zu beschreiben und der relevante Rechtsrahmen zu definieren.[117] Gesetzgeberischer Zweck der **Beschreibungsphase** ist, durch Erfassung sämtlicher den Verarbeitungsvorgang **charakterisierender Umstände** diesen systematisch zu dokumentieren. Sie stellt insoweit den in den Folgephasen zu bewertenden Sachverhalt dar. Diese Phase der Folgenabschätzung prägt maßgeblich das Endergebnis, denn die Änderung des Zwecks einer Verarbeitung kann zB wesentlich die darauffolgende **Risikobewertung** beeinflussen. So macht es einen Unterschied für die Rechte der betroffenen Personen, ob der Zweck einer Adressdatenbank der Bewerbung der betroffenen Personen oder als Grundlage von Terrorermittlung der Sicherheitsbehörden dient. **77**

Die nur fakultativ formulierte Erfassung der berechtigten Interessen des Verantwortlichen sollte bereits in seinem Eigeninteresse Eingang in den deskriptiven Teil der Beschreibung des Verfahrens finden. Sie ist überdies für die Bewertung wichtig, da Risiken sich ua auch aus der wirtschaftlichen Notwendigkeit der Verwertung personenbezogener Daten ergeben. **78**

b) Normative Bewertung der Notwendigkeit, der Verhältnismäßigkeit und des Risikos (lit. b und c). In der **Bewertungsphase** gemäß Abs. 7 lit. b und c erfolgen der eigentliche normative und wertende **Abwägungsprozess** und die Bestimmung der durch die Verarbeitungsverfahren entstehenden potenziellen Gefährdung der Rechte der betroffenen Personen. Diese Phase erfordert eine wertende Betrachtung der verfolgten Interessen der Verantwortlichen und der durch die Verfolgung dieser Interessen verursachten Gefahren für die Rechte der von der Datenverarbeitung betroffenen Personen. Ziel dieses Vorgangs ist die Ermittlung der spezifischen **Eintrittswahrscheinlichkeit** und **Schwere des Risikos** unter Berücksichtigung der Art, des Umfangs, der Umstände und der Zwecke der Verarbeitung und der Ursachen des Risikos (EG 90). Die Bewertung muss spezifisch erfolgen, dh auf die konkrete Verarbeitungssituation im Hinblick auf die in der ersten Phase festgestellten Kriterien und den Charakter des Verfahrens anhand von Art, Umfang, Umständen und Zwecken der Verarbeitung. **79**

Verantwortliche müssen die durch die konkrete Verarbeitung potenziell entstehenden Verletzungen der Rechte und Freiheiten der betroffenen Personen betrachten. **Kein** Gegenstand der Bewertung ist hingegen das Risiko für den Verantwortlichen oder die in seinem Auftrag tätigen Organisationen,[118] wobei nicht **80**

---

113 Ehmann/Selmayr/*Baumgartner* Art. 35 Rn. 45.
114 *Hansen* DuD 2016, 587 (590); Ehmann/Selmayr/*Baumgartner* Art. 35 Rn. 30ff., *Friedewald et al.*, White Paper Datenschutzfolgenabschätzung, 2017, S. 19ff.
115 *Friedewald et al.*, White Paper Datenschutzfolgenabschätzung, 2017, S. 24.
116 *Art.-29-Gruppe*, WP 248, S. 21; sa EG 90.
117 BeckOK DatenschutzR/*Hansen* DSGVO Art. 35 Rn. 28.
118 Kühling/Buchner/*Jandt* Art. 35 Rn. 43; *Hansen* DuD 2016, 587 (588).

ausgeschlossen werden kann, dass hierbei Überlappungen existieren, wie zB bei dem „gemeinsamen" Interesse an der Abwehr externer Angreifer auf die Datensicherheit.

81   Im Zentrum der rechtlichen Betrachtung der geschützten Rechte stehen die **Grundrechte und Grundfreiheiten** der GRCh.[119] Während dabei primär Art. 8 und 7 in die Bewertung einzustellen sind (→ Einl. Rn. 167ff.), kann nicht ausgeschlossen werden, dass auch andere Rechte wie zB Achtung des **Privat- und Familienlebens**, der **Wohnung** und der **Kommunikation, Gedanken-, Gewissens- und Religionsfreiheit**, Freiheit der **Meinungsäußerung** und **Informationsfreiheit, unternehmerische Freiheit**, Recht auf einen wirksamen Rechtsbehelf und ein **faires Verfahren** und **Vielfalt der Kulturen, Religionen und Sprachen** (EG 4) durch die geplante Verarbeitung beeinträchtigt werden. Die DSGVO beschränkt ihren Schutz gerade nicht nur auf unmittelbar durch die Datenverarbeitung entstehende Gefahren, wie Identitätsdiebstahl oder -betrug, finanzielle Verluste, Rufschädigung, De-Pseudonymisierung oder Verlust der Vertraulichkeit von Informationen usw Diese enge Betrachtung, vertreten durch den Rat im Gesetzgebungsprozess, hat sich gerade nicht durchgesetzt (→ Rn. 6). Daher ist bei der Prognoseentscheidung ein möglichst weiter und einen umfassenden und effektiven Grundrechtschutz der betroffenen Personen gewährleistender Ansatz zu verfolgen. Die Datenschutz-Folgenabschätzung lediglich auf die spezifischen Datenschutzrechte zur beschränken, würde dem Zweck der DSGVO nicht gerecht werden.

82   So wären zB bei der Verarbeitung von **Gesundheitsdaten Schwangerer** nicht nur die Auswirkungen auf die unmittelbaren Rechte der zukünftigen Mütter, sondern ggf. auch die Auswirkungen auf das Recht auf Schutz der Familie und selbstverständlich der Rechte des ungeborenen Lebens (→ Art. 4 Rn. 40 f.) zu prüfen. Die **Videoüberwachung von Demonstrationen** durch staatliche Stellen greift nicht nur in das Recht auf Anonymität in der Öffentlichkeit, sondern ggf. auch in die Demonstrationsfreiheit[120] und die Veröffentlichung und Bewertung von Tätigkeiten auf Online-Bewertungsportalen in das Rechte auf Berufsfreiheit ein.[121]

83   Der konkrete Bewertungsvorgang beginnt in Form einer Verhältnismäßigkeitsprüfung unter Beachtung der verfolgten Zwecke und Interessen der Verantwortlichen sowie der im Rahmen der systematischen Beschreibung festgestellten Faktoren des konkreten Verarbeitungsverfahrens.[122] In der Bewertungsphase kommen die in Abs. 1 und 3 genannten Kriterien zum Tragen, und das daraus resultierende Risiko für die geschützten Rechtsgüter wird ermittelt.

84   Die in lit. b und c beschriebe normative Bewertung ist allerdings unvollständig umschrieben. In diese müssen auch die in Art. 5 genannten Grundsätze der Verarbeitung personenbezogener Daten einfließen. Anderenfalls wäre die Betrachtung des Risikos unzureichend, und zudem könnte der Verantwortliche nicht den in der letzten Phase der Folgenabschätzung geforderten **Nachweis** der **Einhaltung** der Verordnung nach Abs. 7 lit. d erbringen. Das bedeutet, dass nach der Identifikation und Beschreibung sämtlicher Umstände des Verarbeitungsverfahrens, die potenziell betroffenen Rechte identifiziert werden und die **Verhältnismäßigkeit** eines Eingriffs in diese Rechte in Abwägung zum verfolgten Zweck festgestellt wird. In der in lit. c beschriebenen eigentlichen Risikobetrachtung wird sodann unter Hinzunahme der in Abs. 1 genannten Kriterien geprüft, ob die jeweiligen Grundsätze der Datenverarbeitung gemäß Art. 5 adressiert werden und welche Maßnahmen für die Umsetzung dieser Vorgaben erforderlich sind. Letztlich kann erst nach Abschluss dieses Prozesses bewertet werden, wie hoch tatsächlich das Risiko für die Rechte der betroffenen Personen ist.

85   Aufgrund des umfangreichen **Abwägungsprozesses** bis zur Feststellung der Höhe des Risikos und des Umstandes, dass eine letztlich nicht durchgeführte Datenschutz-Folgenabschätzung bußgeldbewehrt ist (→ Rn. 87), wird in der Praxis die Durchführung der Folgenabschätzung, anders als der Rechtstext es vermuten lässt, als regelmäßiges Element der Einführung neuer Verarbeitungsverfahren vorgeschaltet werden. Denn der Aufwand der sich an die Bewertungsphase anschließenden Feststellung der zu ergreifenden Abhilfemaßnahmen ist im Vergleich zur Höhe der angedrohten **Bußgelder** minimal. Hinzu kommt, dass selbst bei dem Ergebnis, dass das Risiko nicht erhöht ist, in Abwesenheit entsprechender Präzedenzfälle und Negativlisten eine Restunsicherheit besteht, wie letztlich die Aufsichtsbehörden die Bewertung vornehmen werden. Der Zweifel kann dadurch minimiert werden, dass dennoch **Risikominimierungsmaßnahmen** ergriffen werden[123] und ggf. gemäß Art. 36 der zuständigen Aufsichtsbehörde die Abschätzung vorgelegt wird.

---

119   *Schmitz/von Dall'Armi* ZD 2017, 57 (59).
120   OVG Koblenz ZD 2015, 496 (497).
121   BGH GRUR 2014, 1228 (1230) Rn. 27.
122   Kühling/Buchner/*Jandt* Art. 35 Rn. 47.
123   So Ehmann/Selmayr/*Baumgartner* Art. 35 Rn. 16, der allerdings empfiehlt, lediglich eine Dokumentation vorzuhalten.

c) **Feststellung der Abhilfemaßnahmen (lit. d).** In der Maßnahmen- und Berichtsphase bestimmt der Ver- 86
antwortliche gemäß lit. d aufgrund der erfolgten Bewertung die zur **Minimierung des Risikos** erforderlichen
technischen und organisatorischen Maßnahmen. Aus der Formulierung wird deutlich, dass die Verantwortlichen nicht nur die geplanten Maßnahmen festlegen und **dokumentieren**[124] sollen. Auch die konkrete Umsetzung derselben muss in dieser Phase belegt werden. Anderenfalls erreicht der Verantwortliche nicht das
gesetzgeberische Ziel, den Nachweis dafür zu erbringen, *dass diese Verordnung eingehalten wird.* Die
Pflicht, nicht nur entsprechende TOM zu ergreifen, sondern diese auch zu dokumentieren, ergibt sich aus
Art. 5 Abs. 2.[125]

V. Rechtsfolgen und Sanktionen

Gemäß Art. 83 Abs. 4 lit. a kann die Missachtung der Vorgaben des Art. 35 durch Verantwortliche mit 87
einem Bußgeld von bis zu 10 Mio. Euro oder bei einem Unternehmen von bis zu 2 % des weltweit erzielten
Jahresumsatzes geahndet werden (→ Art. 83 Rn. 44). Aufgrund der sehr hohen Bußgeldandrohung und der
im Verhältnis dazu relativ geringen Verfahrenskosten für die Umsetzung der Datenschutz-Folgenabschätzung sollte diese als zentraler und va routinemäßiger Teil in das Datenschutzmanagement jedes Verantwortlichen integriert werden. Jenseits von Art. 83 Abs. 4 lit. a sieht die DSGVO keine explizite Sanktion vor, insbes. keine Befugnis zur Anordnung der Durchführung einer unterlassenen oder Korrektur einer fehlerhaften
Datenschutz-Folgenabschätzung.

Im Übrigen wirkt sich eine nicht oder fehlerhaft durchgeführte Datenschutz-Folgenabschätzung nicht auf 88
die materielle Zulässigkeit des Verarbeitungsvorgangs personenbezogener Daten aus.[126] Allerdings wird
man darin einen Verstoß gegen die Verfahrensvorschriften der Datenverarbeitung sehen müssen.

Artikel 36   Vorherige Konsultation

(1) Der Verantwortliche konsultiert vor der Verarbeitung die Aufsichtsbehörde, wenn aus einer Datenschutz-Folgenabschätzung gemäß Artikel 35 hervorgeht, dass die Verarbeitung ein hohes Risiko zur Folge
hätte, sofern der Verantwortliche keine Maßnahmen zur Eindämmung des Risikos trifft.

(2) ¹Falls die Aufsichtsbehörde der Auffassung ist, dass die geplante Verarbeitung gemäß Absatz 1 nicht im
Einklang mit dieser Verordnung stünde, insbesondere weil der Verantwortliche das Risiko nicht ausreichend
ermittelt oder nicht ausreichend eingedämmt hat, unterbreitet sie dem Verantwortlichen und gegebenenfalls
dem Auftragsverarbeiter innerhalb eines Zeitraums von bis zu acht Wochen nach Erhalt des Ersuchens um
Konsultation entsprechende schriftliche Empfehlungen und kann ihre in Artikel 58 genannten Befugnisse
ausüben. ²Diese Frist kann unter Berücksichtigung der Komplexität der geplanten Verarbeitung um sechs
Wochen verlängert werden. ³Die Aufsichtsbehörde unterrichtet den Verantwortlichen oder gegebenenfalls
den Auftragsverarbeiter über eine solche Fristverlängerung innerhalb eines Monats nach Eingang des Antrags auf Konsultation zusammen mit den Gründen für die Verzögerung. ⁴Diese Fristen können ausgesetzt
werden, bis die Aufsichtsbehörde die für die Zwecke der Konsultation angeforderten Informationen erhalten hat.

(3) Der Verantwortliche stellt der Aufsichtsbehörde bei einer Konsultation gemäß Absatz 1 folgende Informationen zur Verfügung:

a)   gegebenenfalls Angaben zu den jeweiligen Zuständigkeiten des Verantwortlichen, der gemeinsam Ver-
     antwortlichen und der an der Verarbeitung beteiligten Auftragsverarbeiter, insbesondere bei einer Ver-
     arbeitung innerhalb einer Gruppe von Unternehmen;
b)   die Zwecke und die Mittel der beabsichtigten Verarbeitung;
c)   die zum Schutz der Rechte und Freiheiten der betroffenen Personen gemäß dieser Verordnung vorgese-
     henen Maßnahmen und Garantien;
d)   gegebenenfalls die Kontaktdaten des Datenschutzbeauftragten;
e)   die Datenschutz-Folgenabschätzung gemäß Artikel 35 und
f)   alle sonstigen von der Aufsichtsbehörde angeforderten Informationen.

---

124   Zur Veröffentlichung des Ergebnisses Paal/Pauly/*Martini* Art. 35 Rn. 55.
125   *Friedewald et al.*, White Paper Datenschutzfolgenabschätzung, 2017, S. 34.
126   Dazu auch Gola/Nolte/*Werkmeister* Art. 35 Rn. 73.

(4) Die Mitgliedstaaten konsultieren die Aufsichtsbehörde bei der Ausarbeitung eines Vorschlags für von einem nationalen Parlament zu erlassende Gesetzgebungsmaßnahmen oder von auf solchen Gesetzgebungsmaßnahmen basierenden Regelungsmaßnahmen, die die Verarbeitung betreffen.

(5) Ungeachtet des Absatzes 1 können Verantwortliche durch das Recht der Mitgliedstaaten verpflichtet werden, bei der Verarbeitung zur Erfüllung einer im öffentlichen Interesse liegenden Aufgabe, einschließlich der Verarbeitung zu Zwecken der sozialen Sicherheit und der öffentlichen Gesundheit, die Aufsichtsbehörde zu konsultieren und deren vorherige Genehmigung einzuholen.

Literatur: *Hansen-Oest, S.*, Datenschutzrechtliche Dokumentationspflichten nach dem BDSG und der Datenschutz-Grundverordnung, PinG 2016, 79; *Schmitz, B./von Dall'Armi, J.*, Datenschutz-Folgenabschätzung – verstehen und anwenden, ZD 2017, 57; *Veil, W.*, DS-GVO: Risikobasierter Ansatz statt rigides Verbotsprinzip – Eine erste Bestandsaufnahme, ZD 2015, 347.

I. Überblick

1 Art. 36 gewährleistet die Einbindung der Aufsichtsbehörde bei der datenschutzrechtlichen Bewertung vor der Einführung von Verfahren, die aus Sicht des Verantwortlichen zwar rechtmäßig sind, trotz ergriffener technischer und organisatorischer Maßnahmen aber dennoch ein **hohes Risiko** für den Schutz der Rechte der betroffenen Personen darstellt. Die Norm steht damit in enger Verzahnung zur Datenschutz-Folgenabschätzung gemäß Art. 35, die für die Verpflichtung zur vorherigen Konsultation nach Abs. 1 kausal ist. Die Regelungen in den Abs. 1 und 4 bilden den normativen Kern der Konsultationsverpflichtung. Sie sehen vor, dass nicht nur die Verantwortlichen einer **Konsultationspflicht** unterliegen. Auch den Mitgliedstaaten obliegt es nach Abs. 4, vor der Regulierung datenschutzbedeutsamer Verarbeitungsverfahren die Aufsichtsbehörden zu konsultieren. Die vorherige Konsultation ist nicht als **Genehmigungs-, sondern als Beratungsverpflichtung** normiert. In den Abs. 2 und 3 erfolgt die Ausgestaltung des Verfahrens und der Rechtsfolgen der Konsultation. Abs. 5 beschreibt den Umfang des nationalen Regulierungsspielraums. Die Missachtung der Vorgaben des Art. 36 ist gemäß Art. 83 Abs. 4 lit. a bußgeldbewehrt und kann mit einem Bußgeld von bis zu 10 Mio. Euro oder im Falle eines Unternehmens von bis zu 2 % des weltweiten Jahresumsatzes geahndet werden.

II. Entstehungsgeschichte, Zweck und Systematik

2 **1. Vorgängerregelung Art. 20 DSRL und Entstehungsgeschichte.** Das Prinzip der vorherigen Konsultation hat in Art. 20 DSRL eine als **Vorabkontrolle** bezeichnete Vorgängerregelung.[1] Die als starr angesehene[2] Vorabkontrolle sah ebenfalls eine Vorabprüfung durch die Aufsichtsbehörden (in der DSRL Kontrollstellen genannt) vor. Allerdings oblag es den Mitgliedstaaten, die Fälle, in denen diese durchzuführen war, festzulegen bzw. den Anwendungsbereich zu konkretisieren.[3] Die Konsultation im Rahmen von Gesetzgebungsverfahren war nach Art. 20 Abs. 3 DSRL (anders als nunmehr nach Abs. 4) sogar völlig freiwillig. Wie in der nunmehr bestehenden Regelung bestand folglich keine allgemeine Verpflichtung zur vorherigen Befassung der Aufsichtsbehörden bei der Einrichtung von Verarbeitungsverfahren. Die Vorabkontrolle gemäß Art. 20 DSRL war, bestätigt durch die Rechtsprechung des EuGH,[4] auf die Verarbeitungsfälle beschränkt, die spezifische Risiken für die betroffenen Personen darstellen konnten. Weitere, konkretere Vorgaben sah Art. 20 Abs. 2 DSRL nur dahin gehend vor, dass die Kontrolle dem internen Datenschutzbeauftragten übertragen werden konnte. Art. 20 Abs. 3 regelte die Konsultation der Aufsichtsbehörden durch die Parlamente bei gesetzgeberischen Aktivitäten. Dadurch sollte nach EG 53 f. DSRL gewährleistet werden, dass die Aufsichtsbehörden auch diesbezüglich **Einwirkungsmöglichkeiten** erhalten. In Deutschland erfolgte die Umsetzung

---

1 *Kühling/Martini et al.*, S. 92.
2 *Albrecht/Jotzo*, Teil 5 Rn. 15.
3 Grabitz/Hilf/Nettesheim/*Brühann* DSRL Art. 20 Rn. 5.
4 EuGH C-92/09 und 93/09, EuZW 2010, 939 Rn. 104 f.

ua durch §§ 4 d und 4 e BDSG aF. In der Praxis der Aufsichtsbehörden spielte die Vorabkontrolle aufgrund der ua im BDSG aF vielfältig normierten Ausnahmen[5] eine untergeordnete Rolle.

Mit dem KOM-E sollte die Vorabkontrolle teilweise zu einem **echten Genehmigungsverfahren** aufgewertet 3 werden. Art. 34 Abs. 1 KOM-E sah vor, dass zumindest in den Fällen der Übermittlung von Daten in Drittländer oder an internationale Organisationen eine Genehmigung durch die zuständigen Aufsichtsbehörden erforderlich gewesen wäre. Weder das EP noch der Rat haben diesen Vorschlag übernommen, und es verblieb damit bei der auch in Art. 34 Abs. 2 KOM-E vorgesehenen Konsultationsverpflichtung. Diese war nach dem KOM-E ebenfalls an das Ergebnis der Datenschutz-Folgenabschätzung gekoppelt und sah eine vorherige Konsultation – als Ausfluss eines risikobasierten Ansatzes der DSGVO – nur bei Verfahren vor, die ein besonderes Risiko für die Rechte der betroffenen Personen darstellen.[6]

Art. 34 Abs. 4 KOM-E enthielt zusätzlich die Befugnis der Aufsichtsbehörden, Listen mit Verfahren zu er- 4 stellen, welche vorab zu melden gewesen wären. Diese Regelung wurde nicht übernommen. Auch die durch das EP vorgeschlagene Liste von konsultationspflichtigen Verfahren, die durch den Gemeinsamen Ausschuss hätte erstellt werden sollen, fand keinen Eingang in die DSGVO. Nunmehr findet sich im Rahmen der Datenschutz-Folgenabschätzung in Art. 35 Abs. 4 und 5 das Recht der Aufsichtsbehörden wieder, Verfahren als risikoträchtig bzw. als wenig risikobehaftet zu definieren. Damit können die Aufsichtsbehörden **steuern**, welche Verfahren konsultationspflichtig sind, freilich auch nur dann, wenn die weiteren Tatbestandsmerkmale des Abs. 1 erfüllt sind.

Eine Veränderung hat auch der nunmehr geltende Abs. 4 erfahren. Während Art. 34 Abs. 7 KOM-E und 5 Parl-E jeweils eine Konsultation *„bei der Ausarbeitung einer von ihren nationalen Parlamenten zu erlassenden Legislativmaßnahme oder einer sich auf eine solche Legislativmaßnahme gründenden Maßnahme"* vorsahen, beschränkte Art. 34 Abs. 7 Rat-E die Beteiligung der Aufsichtsbehörden auf die *Ausarbeitung eines Vorschlags* für ein gesetzgeberisches Vorhaben und setzte sich damit im Trilog durch. Darin kann eine Beschränkung der Konsultation auf die initiale Phase eines Gesetzesvorhabens gesehen werden (→ Rn. 12).

2. Systematik. Die Vorgaben des Art. 36 zur vorherigen Konsultation der Aufsichtsbehörden bilden den 6 Teil eines in der Literatur als gestuftes System[7] beschriebenen **Aufbau- und Ablauforganisation** des Datenschutzmanagements eines Verantwortlichen. Art. 36 stellt eine **Rechtspflicht** im Rahmen der verfahrensrechtlichen Vorgaben der DSGVO dar und ist eng mit der Datenschutz-Folgenabschätzung in Art. 35 verbunden. Denn im Wesentlichen normiert er diese Folgen, dh wenn durch die Folgenabschätzung ein hohes Risiko für die betroffenen Personen festgestellt wird, kann daraus die **Pflicht zu Konsultation** folgen.

Die Norm muss zudem als Teil der Bemühungen des Unionsgesetzgebers gesehen werden, die Prinzipien des 7 **Privacy by Design** als zentrales, gestaltendes Element des **Datenschutzmanagements** in der DSGVO[8] zu etablieren. Eine Operationalisierung dieses materiellrechtlich in Art. 25 Abs. 1 niedergelegten Prinzips (→ Art. 25 Rn. 5) ist nur dann wirksam möglich, wenn Verantwortliche bereits in der Planungsphase mögliche Folgen der Verarbeitungstätigkeit antizipieren und in Zweifelsfällen die Kompetenz der Aufsichtsbehörden[9] zu Rate ziehen, um Rechtsverletzungen von vornherein auszuschließen.

Aus Sicht der Aufsichtsbehörde konkretisiert Art. 36 die Aufgabenzuweisung des Art. 57 Abs. 1 lit. l im 8 Hinblick auf die Beratung der Verantwortlichen und Auftragsverarbeiter sowie der mitgliedstaatlichen Gesetzgebungsorgane. Art. 36 ist **lex specialis** zu der entsprechenden Aufgabenzuweisung der Aufsichtsbehörden.[10] Insbes. die von Art. 20 DSRL übernommene Pflicht zur Konsultation im Rahmen von Gesetzgebungsverfahren soll das bei der Umsetzung der DSRL und dem Vollzug der Vorgaben beobachtete Auseinanderdriften des Datenschutzniveaus zwischen den Mitgliedstaaten (s. EG 9 f.) minimieren. Denn durch die Einbindung der Aufsichtsbehörden, die über den **Kohärenzmechanismus** gemäß Art. 63ff. zur einheitlichen Anwendung der DSGVO verpflichtet werden,[11] können die im Wege dieses Mechanismus festgelegten einheitlichen Positionen Eingang in die verbliebene nationale Normsetzung finden.

Das Instrument der vorherigen Konsultation findet sich zudem in Art. 28 JI-Richtlinie und ist diesbezüglich 9 in § 69 BDSG nF in nationales Recht umgesetzt worden (→ Rn. 24).

---

5 Simitis/*Petri* § 4 d Rn. 7ff.
6 *Veil* ZD 2015, 347 (348).
7 Ehmann/Selmayr/*Baumgartner* Art. 36 Rn. 4.
8 *Baumgartner/Gausling* ZD 2017, 308 (309).
9 BeckOK DatenschutzR/*Hansen* DSGVO Art. 36 Rn. 5; Zweifel am technischen Sachverstand aufgrund unzureichender Ausstattung äußert *Hansen-Oest* PinG 2016, 79 (84).
10 So auch Kühling/Buchner/*Jandt* Art. 36 Rn. 8.
11 Ehmann/Selmayr/*Klabunde* Art. 63 Rn. 6.

10 **3. Normzweck.** Zweck des Art. 36 ist die **Prävention**. Die Datenschutzkonformität von Verarbeitungsverfahren soll vor deren Beginn geprüft und soweit möglich festgestellt werden.[12] Die rechtliche Pflicht zur Konsultation gilt allerdings nicht für sämtliche Verarbeitungsverfahren, sondern lediglich für jene, die eine besondere **Gefährdung für die Rechte der betroffenen Personen** darstellen können. Die vorherige Konsultation soll damit Ausdruck des sog **risikobasierten Ansatzes** der DSGVO sein,[13] wonach eine Regulierung nur in Abhängigkeit von der konkreten Gefährdung der Rechte der betroffenen Personen erfolgt.[14] Neu ist dieser Ansatz allerdings im Hinblick auf die Beteiligung der Aufsichtsbehörden nicht, denn bereits Art. 20 DS-RL und die Umsetzung in §§ 4 d und 4 e BDSG aF sahen ein derartiges Verfahren vor.[15]

11 Mit dem Pflichtkontakt zur Aufsichtsbehörde wird darüber hinaus die Verpflichtung der Verantwortlichen zur Transparenz gemäß Art. 5 Abs. 1 lit. a und zur **Rechenschaftspflicht** gemäß Art. 5 Abs. 2 umgesetzt. Nur wenn Risiken erkennbar gemacht werden, sind die Verantwortlichen in der Lage, wirksam auf die Minimierung derselben hinzuwirken. Die vorherige Konsultation beinhaltet gemeinsam mit der Datenschutz-Folgenabschätzung eine **Warnfunktion**, weil Verantwortliche sich dadurch verdeutlichen müssen, welche Risiken mit der Verarbeitung der personenbezogenen Daten einhergehen. Indem die Aufsichtsbehörden verpflichtend in die innerbehördlichen und -betrieblichen datenschutzrechtlichen **Complianceprüfungen** bei risikobehafteten Verfahren eingebunden werden, beinhaltet die vorherige Konsultation ein Element der Rechenschaftspflicht der Verantwortlichen. Denn sie müssen gegenüber der Aufsichtsbehörde darlegen, aus welchen Gründen sie trotz des erkennbaren Risikos das Verfahren durchführen möchten und welche technischen und organisatorischen Maßnahmen sie ergriffen haben.

12 Dies beschreibt den Zweck des Art. 36 allerdings nur unvollständig. Denn Abs. 4 normiert zusätzlich eine **Konsultationspflicht** im Rahmen von **Gesetzgebungsverfahren**. Diese kommt nicht allein bei risikobehafteten Verfahren zum Tragen, sondern bei jeder Form gesetzlicher Regulierung der Verarbeitung personenbezogener Daten. Diese bereits in der Vorgängervorschrift des Art. 20 Abs. 3 DSRL enthaltene Beteiligung der Aufsichtsbehörden zielt auf die kohärente Umsetzung der DSGVO in ihrem gesamten territorialen Anwendungsbereich. Das ist letztlich auch konsequent. Denn obwohl es sich hierbei um eine allgemeingültige Verordnung handelt, existieren zahlreiche Öffnungsklauseln, die im Ergebnis zu der bereits unter der Geltung der DSRL kritisierten uneinheitlichen Umsetzung und dem inhomogenen Vollzug des Datenschutzrechts in den einzelnen Mitgliedstaaten[16] führen könnten. Durch die Verpflichtung der vorherigen Konsultation der Aufsichtsbehörden im Gesetzgebungsverfahren soll die **Kohärenz** gewahrt werden.[17]

13 Erkennbar ist es das Ziel, für die Verantwortlichen und damit indirekt auch für die betroffenen Personen Rechtssicherheit im Hinblick auf die Zulässigkeit der Verfahren herzustellen. Dies ist allerdings nur teilweise gelungen. Denn selbst bei einer (nicht einmal zwingend vorgesehenen)[18] inhaltlichen Reaktion der Aufsichtsbehörde auf das Ersuchen zur Konsultation erhält der Verantwortliche keine die Aufsichtsbehörden **rechtlich** bindende Reaktion (→ Rn. 35). Art. 36 beinhaltet also **keinen Genehmigungsvorbehalt**,[19] obwohl die Rechtsfolgen der Konsultation bzw. die Handlungsoptionen der Aufsichtsbehörde in Abs. 2 beschrieben werden. Sie gehen formalrechtlich nicht über den ohnehin geltenden Rahmen der Befugnisse oder Konsequenzen aufsichtsbehördlichen Handelns gemäß Art. 58 hinaus (→ Rn. 35).

14 Das in Art. 36 geregelte Konsultationsverfahren wird nicht nur begrüßt. So wird auf die mögliche Innovationsfeindlichkeit der Regelung verwiesen. Die mit der Konsultation trotz der gesetzten Fristen einhergehende Verzögerung stehe der agilen und schnellen Entwicklung neuer Verfahren und Dienste entgegen. Dies gelte insbes. vor dem Hintergrund der tatsächlich und kompetenzmäßig unzureichend ausgestatteten Aufsichtsbehörden.[20] Diese seien daher kaum in der Lage, eine sachgerechte und adäquate Bewertung vorzunehmen. Zudem wird kritisiert, dass der bürokratische Aufwand für die Verantwortlichen sich erhöhe und letztlich in Art. 36 eine Verschärfung des derzeitigen Zustands zu sehen sei.[21]

15 Dem kann nicht vollumfänglich zugestimmt werden. Es mag zutreffend sein, dass der Umfang der formalen Anforderungen, insbes. im Bereich der Dokumentation von Verfahren und der Konsultationen mit den Aufsichtsbehörden ganz allgemein, aber auch speziell im Zusammenhang mit der Datenschutz-Folgenabschät-

---

12 Kühling/Buchner/*Jandt* Art. 36 Rn. 4.
13 Ehmann/Selmayr/*Baumgartner* Art. 36 Rn. 1.
14 *Veil* ZD 2015, 347 (348).
15 Paal/Pauly/*Paal* Art. 36 Rn. 3.
16 Vgl. EG 9 und 10.
17 BeckOK DatenschutzR/*Hansen* DSGVO Art. 36 Rn. 23.
18 BeckOK DatenschutzR/*Hansen* DSGVO Art. 36 Rn. 11.
19 *Laue/Nink/Kremer*, § 7 Rn. 91; Gola/*Nolte/Werkmeister* Art. 36 Rn. 14; ähnlich Plath/*von dem Busche* Art. 36 Rn. 1; Sydow/*Reimer* Art. 36 Rn. 8 sieht ein „formelles" präventives Verarbeitungsverbot, das iErg nur geringe Unterschiede zu einem echten Genehmigungsverfahren aufweise.
20 *Hansen-Oest* PinG 2016, 79 (84).
21 Gola/*Nolte/Werkmeister* Art. 36 Rn. 1; Paal/Pauly/*Paal* Art. 36 Rn. 4.

zung und der vorherigen Konsultation, ausgeweitet worden ist. Allerdings liegt dies an der gestiegenen **Komplexität** der Verfahren und den damit einhergehenden Risiken für die schutzwürdigen Interessen der betroffenen Personen. So erfolgt zB die Verarbeitung personenbezogener Daten von Kunden, Mitarbeitern und Patienten eben nicht mehr in Papierakten, sondern in **hochkomplexen Datenbanken**, die umfassende Auswertungen und vielfältige Verknüpfungen mit anderen Informationen ermöglichen. Hinzu kommt die **Allgegenwärtigkeit** der Erhebung personenbezogener Daten insbes. bei der Verwendung moderner Kommunikations- und Informationsdienste, mittels derer sich ebenfalls aussagekräftige Details über den Einzelnen und detaillierte Informationen über deren Neigungen, Vorlieben und Interessen identifizieren und generieren lassen. Die Steigerung der Komplexität der Verfahren und der Bedrohung der Interessen der betroffenen Personen schlägt sich insoweit auch in den formellen Anforderungen an die Datenschutzorganisation nieder.

Zutreffend ist, dass durch vorherige Konsultation die Schnelligkeit und **Agilität** der Entwicklung neuer   16
Dienste und Software beeinträchtigt wird. Darin ist allerdings kein Fehler der DSGVO, sondern eine bewusste **Entschleunigung** der Entwicklung zu sehen. Nicht selten haben sich als Branchenstandard bezeichnete Verfahren nachträglich als unzulässig und die Rechte der betroffenen Personen massiv beeinträchtigend erwiesen,[22] gerade weil vorab die **Rechtskonformität** unzureichend geprüft wurde. Letztlich dient eine gründlichere vorherige Überprüfung geplanter Verfahren auch der nachhaltigeren Entwicklung neuer Dienste und Produkte, weil dies die Akzeptanz fördert.

III. Materiellrechtliche Verpflichtung zur vorherigen Konsultation

1. Konsultation durch Verantwortliche (Abs. 1). Die Verpflichtung zur Konsultation durch Verantwortliche   17
(Art. 4 Nr. 7) betrifft – vorbehaltlich einer mitgliedstaatlichen Pflicht im Rahmen der Öffnungsklausel des Abs. 5 (→ Rn. 41) – nur Verfahren, bei denen erstens aufgrund einer gemäß Art. 35 durchgeführten Folgenabschätzung ein **hohes Risiko** für die Rechte und Freiheiten der betroffenen Personen festgestellt wurde und zweitens bis spätestens zum Beginn der Verarbeitung keine Maßnahmen zur **Eindämmung des Risikos** durch den Verantwortlichen ergriffen wurden. Ergänzt wird der Tatbestand des Abs. 1 durch die Erläuterung des EG 94, wonach eine Verpflichtung zur Konsultation den Verantwortlichen trifft, wenn das Fehlen von **Garantien, Sicherheitsvorkehrungen und Mechanismen zur Minderung des Risikos** zu einem hohen Risiko für die Rechte und Freiheiten natürlicher Personen führt und der Verantwortliche der Auffassung ist, dass er das hohe Risiko nicht eindämmen kann, weil keine verfügbaren Technologien dafür existieren oder die **Implementierungskosten** für die Minderungsmaßnahmen nicht vertretbar sind. Zur Beschreibung des Tatbestandes, welcher die Verpflichtung zur Konsultation auslöst, ist es zudem hilfreich, die Rechtsfolge in Abs. 2 zu betrachten. Danach besteht die Unvereinbarkeit mit der DSGVO, wenn *insbesondere* der Verantwortliche das Risiko *nicht ausreichend ermittelt hat*.

Die Konsultation muss vor Beginn der Verarbeitung durchgeführt werden. Bezüglich der restlichen Bedin-   18
gungen besteht in der Literatur allerdings, maßgeblich aufgrund des nicht hinreichend bestimmten Wortlauts der Norm und des korrespondierenden EG 94, Unklarheit.[23] So wird zT vertreten, dass nur dann eine Konsultationsverpflichtung existiert, wenn das nach der Datenschutz-Folgenabschätzung bestehende **Restrisiko,** also das Risiko, das verbleibt, nachdem Schutzmaßnahmen getroffen wurden, als hoch einzustufen ist,[24] weil der Verantwortliche, trotz bereits ergriffener Minimierungsmaßnahmen, aus allgemeinen und/oder individuellen Gründen nicht in der Lage ist, das verbleibende hohe Risiko **auszuschalten**. Einer wohlmöglich aA nach, die sich enger an dem Wortlaut des Abs. 1 zu orientieren scheint, reicht es aus, wenn ein hohes Risiko durch die Datenschutz-Folgenabschätzung festgestellt wurde und der Verantwortliche grundsätzlich der Auffassung ist, ganz allgemein das Risiko nicht mindern zu können bzw. zu wollen.[25] MaW wäre nach dieser Auffassung nicht erst bei einer Restrisikoanalyse die Frage der Möglichkeit der Minderung des Risikos zu stellen, sondern bereits vorher. Teilweise wird sogar argumentiert, dass bereits die Existenz eines hohen Risikos als Ergebnis der Datenschutz-Folgenabschätzung unabhängig von Minderungsmaßnahmen des Verantwortlichen eine Konsultationspflicht begründen würde. Datenschutz-Folgenabschätzung und Konsultationspflicht wären dann zwei Seiten derselben Medaille.[26]

22 S. zB die Entscheidung des BGH zum Freunde-Finden-Verfahren durch Facebook, BGH ZD 2016, 484.
23 Ehmann/Selmayr/*Baumgartner* Art. 36 Rn. 7ff.
24 Gola/*Nolte*/*Werkmeister* Art. 36 Rn. 4; wohl auch BeckOK DatenschutzR/*Hansen* DSGVO Art. 36 Rn. 3; Gierschmann/Schlender/ Stentzel/Veil/*Kramer* Art. 36 Rn. 20.
25 Paal/Pauly/*Paal* Art. 36 Rn. 5; wohl auch Kühling/Buchner/*Jandt* Art. 36 Rn. 5.
26 So Ehmann/Selmayr/*Baumgartner* Art. 36 Rn. 8, der allerdings diese Auffassung ebenso wenig vertritt wie die von ihm als Beleg angeführten *Laue/Nink/Kremer*, § 7 Rn. 89.

19 Es besteht insoweit unstreitig eine Konsultationspflicht für den Verantwortlichen gemäß Abs. 1, wenn er das durch die Verarbeitung personenbezogener Daten verursachte hohe Risiko nicht auf das normale Niveau minimieren kann und dadurch eine hohe Schadenneigung zuungunsten der Grundrechte und Grundfreiheiten der betroffenen Personen besteht. Wann ein hohes Risiko vorliegt, wird durch die Vorgaben des Art. 35 normiert[27] (→ Art. 35 Rn. 22ff.). Die dort vorgegebenen Faktoren sind bei der Prüfung der Konsultationspflicht zu beachten. Eine mit dem Wortlaut und Telos des Art. 36 in Einklang zu bringende Auslegung führt damit zu einer mehrstufigen Prüfung, um die Pflicht zur Konsultation festzustellen. Besteht nach der Datenschutz-Folgenabschätzung unabhängig von den ergriffenen Maßnahmen ein hohes Risiko[28] für die Rechte der betroffenen Personen, so hat der Verantwortliche auf der Grundlage der gemäß Art. 35 Abs. 7 lit. d aufzuführenden Abhilfemaßnahmen diese wie folgt systematisch abzuprüfen:

20 ■ Zuerst müssen überhaupt und objektiv betrachtet Maßnahmen nach dem **Stand der Technik** existieren, um das erkannte Risiko zu minimieren. Nur wenn dies der Fall ist, ist die Prüfung fortzusetzen. Anderenfalls ist die Konsultation zwingend, und die Prüfung der Aufsichtsbehörde reduziert sich auf die Frage, ob das Risiko in Anbetracht des verfolgten Zwecks hingenommen werden muss oder die Verarbeitung aufgrund des Risikos unzulässig ist.[29]

21 ■ Bestehen nach dem **Stand der Technik** Maßnahmen zur Minimierung des Risikos, muss der Verantwortliche, den mit der Ergreifung der Maßnahmen verbundenen **individuellen Aufwand** feststellen. Kann oder will er diesen nicht tragen und möchte er die Verarbeitung dennoch durchführen, obliegt ihm die Konsultation der Aufsichtsbehörde. Diese bewertet dann unter Abwägung des individuell verfolgten Zwecks und der Leistungsfähigkeit und -bereitschaft des Verantwortlichen die datenschutzrechtliche Konformität des Verfahrens.[30]

22 ■ Eine Konsultationspflicht besteht zudem, wenn der Verantwortliche zwar Maßnahmen ergriffen hat, mit denen das hohe Risiko minimiert wurde, das verbleibende **Restrisiko** aber **dennoch als hoch** einzustufen ist. Bedeutsam ist dabei, dass auch Zweifel über das Bestehen eines hohen Restrisikos die **Konsultationspflicht** auslösen. Anderenfalls ergäbe das erste Regelbeispiel des Abs. 2 S. 1 keinen Sinn. Danach kann die Aufsichtsbehörde eine schriftliche Empfehlung aussprechen, wenn die Verarbeitung nicht im Einklang mit der DSGVO steht, weil der Verantwortliche *das Risiko nicht ausreichend ermittelt hat*.[31] Zu dieser Feststellung kann die Aufsichtsbehörde nur gelangen, wenn **Unklarheit** über das Risikopotential besteht. Hat der Verantwortliche allerdings lediglich Zweifel über die Höhe des Risikos oder geht er von einem geringen Risiko auf der Grundlage der Datenschutz-Folgenabschätzung aus, käme er aus seiner Perspektive überhaupt nicht zur Verpflichtung der Konsultation. Das schützt ihn zwar nicht vor möglichen Sanktionsmaßnahmen der Aufsichtsbehörde. Es löst allerdings auch nicht die **schriftliche Empfehlung** der Aufsichtsbehörde aus, mittels derer sie seine Risikobewertung im Rahmen des Abs. 2 korrigieren kann. Der Verantwortliche muss also einmal von einem hohen Risiko ausgegangen sein, um überhaupt zu einem Antrag auf Konsultation durch die Aufsichtsbehörde zu gelangen – sei es aufgrund der eigenen Datenschutz-Folgenabschätzung oder wegen Durchführung von gesetzlich oder durch die Aufsichtsbehörde festgelegten Verfahren mit hohem Risiko gemäß Art. 35 Abs. 4 (→ Art. 35 Rn. 47). Ist dies geschehen, bleibt im Prinzip kein Raum für die Aufsichtsbehörde, die Risikoprognose zu korrigieren.[32] Denn der Verantwortliche hat bereits ein hohes Risiko festgestellt. Lediglich in dem beschriebenen Fall einer zweifelhaften **Restrisikoprognose** erfolgt auf der Grundlage eines bereits bestehenden hohen Risikos eine Zweitbewertung des verbleibenden Risikopotentials nach der geplanten Umsetzung von Minimierungsmaßnahmen. Diese Prognose kann die Aufsichtsbehörde dann auch korrigieren.

23 **2. Konsultation durch Mitgliedstaaten (Abs. 4).** Abs. 4 sieht die Konsultation der Aufsichtsbehörden durch die Mitgliedstaaten bei der Gesetzgebung mit Bezug zur Verarbeitung personenbezogener Daten vor. Die Konsultationsverpflichtung erstreckt sich auf sämtliche normsetzenden Aktivitäten im Anwendungsbereich der DSGVO gemäß Art. 2. Erfasst wird damit in föderalen Staaten nicht allein die Regelungstätigkeit auf Bundesebene, sondern auch die der Länder.[33] Damit sind die Mitgliedstaaten verpflichtet, bei der Wahr-

---

27 Kühling/Buchner/*Jandt* Art. 36 Rn. 7.
28 *Schmitz/von Dall'Armi* ZD 2017, 57 (63).
29 Nach Sydow/*Reimer* Art. 36 Rn. 6 besteht eine Konsultationspflicht nicht, wenn der Verantwortliche schon selbst (irgendwelche) Maßnahmen zur Eindämmung des Risikos getroffen oder vorgesehen hat.
30 Zur möglichen Folge beim Kosteneinsparungsinteresse des Verantwortlichen Kühling/Buchner/*Jandt* Art. 36 Rn. 5.
31 Dazu Gierschmann/Schlender/Stentzel/Veil/*Veil* Art. 36 Rn. 24.
32 Theoretisch wäre natürlich die Ablehnung des Bestehens eines hohen Risikos möglich, was allerdings unwahrscheinlich ist, denn der Verantwortliche wird ein Interesse haben, eher kein hohes Risiko anzunehmen, um die Verarbeitung vornehmen zu können.
33 Gierschmann/Schlender/Stentzel/Veil/*Kramer* Art. 36 Rn. 43.

nehmung der durch die Öffnungsklauseln (→ Einl. Rn. 226ff.) eingeräumten Regelungskompetenzen die jeweils zuständigen Aufsichtsbehörden in das **Normsetzungsverfahren** einzubinden. In Abs. 4 kann daher eine Modifikation der nationalen Gesetzgebungsverfahren gesehen werden (dazu allerdings → Rn. 26 f.). [34]

Keine Geltung kann diese Konsultationsverpflichtung für Bereiche haben, die durch die DSGVO nicht erfasst werden. So entfällt die Verpflichtung zur Konsultation gemäß Abs. 4 bei der Umsetzung der JI-Richtlinie. Zwar ergibt sich aus Art. 28 Abs. 2 JI-Richtlinie eine **vergleichbare Verpflichtung**. Diese ist jedoch bisher unzureichend umgesetzt. § 69 BDSG nF enthält lediglich eine Abs. 1 entsprechende Pflicht der Konsultation durch Verantwortliche. [35] § 14 Abs. 1 Nr. 3 BDSG nF normiert lediglich die Aufgabe der oder des BfDI zur Beratung des Gesetzgebers und der Bundesregierung.   24

Praktische Relevanz erwirbt die Verpflichtung zur vorherigen Konsultation bei allen mitgliedstaatlichen Gesetzgebungsmaßnahmen, die im Rahmen der **Öffnungsklauseln** (va bei den weitreichenden Möglichkeiten im öffentlichen Bereich nach Art. 6 Abs. 3, aber zB auch bei den besonderen Verarbeitungssituationen gemäß Kapitel IX und allen weiteren der je nach Zählung bis zu 70 Öffnungsklauseln) durchgeführt werden. Die Öffnungsklauseln entbinden also nicht von der Konsultationspflicht nach Abs. 4, sondern sind gerade deren Anwendungsbereich. So kann zudem die einheitliche Umsetzung der DSGVO in den einzelnen Mitgliedsstaaten gewährleistet werden. [36] Insbes. iVm Art. 6 Abs. 3 erhält Art. 36 eine hohe Reichweite. Nach Art. 6 Abs. 3 dürfen die Mitgliedstaaten die Datenverarbeitung im Bereich des allgemeinen und besonderen Verwaltungsrechts weiterhin umfassend, wenn auch in den Grenzen der DSGVO, regeln. Da die Verarbeitung personenbezogener Daten zentraler Bestandteil der Tätigkeit der öffentlichen Verwaltung ist, sind kaum Fälle denkbar, in denen Änderungen dieser Bestimmungen nicht iSv Abs. 4 „die Verarbeitung betreffen". Die bisher in Teilen bereits praktizierte Einbindung der Aufsichtsbehörden in den Gesetzgebungsprozess erhält hiermit einen **bindenden Charakter**.   25

Allerdings beschränkt sich die Konsultationspflicht auf die dem eigentlichen **Gesetzgebungsprozess** vorgelagerten Verfahren. Bereits der Wortlaut des Abs. 4 verdeutlicht, dass anders als tlw. in der Literatur vertreten, [37] die Konsultation nicht im eigentlichen Gesetzgebungsverfahren iSd Art. 77ff. GG, sondern aufgrund der Formulierung im Rahmen der **Gesetzgebungsinitiative** iSd Art. 76 GG zu erfolgen hat. Denn dem Wortlaut nach muss die Konsultation bei der „Ausarbeitung eines Vorschlags" von gesetzlichen Maßnahmen vorgenommen werden. Damit werden, dem nationalen Verständnis über den Ablauf eines Gesetzgebungsprozesses entsprechend, die Initiativberechtigten verpflichtet, die Aufsichtsbehörden frühzeitig einzubinden. Gemäß Art. 76 Abs. 1 GG sind dies auf Bundesebene die Bundesregierung, der Bundestag bzw. Teile davon oder der Bundesrat. Für die Landesebene gelten die jeweiligen landesverfassungsrechtlichen Vorgaben.   26

Wegen des unionsrechtlichen Grundprinzips der begrenzten Einzelermächtigung gemäß Art. 5 Abs. 2 EUV iVm Art. 16 AEUV beschränkt sich die Regelungskompetenz der EU auf Bereiche im Zusammenhang mit der Verarbeitung personenbezogener Daten. Wenn damit allerdings eine Modifikation des nationalen parlamentarischen Gesetzgebungsprozesses bewirkt werden würde, wäre diese problematisch. Denn dies könnte ein Eingriff in die verfassungsrechtlich geschützte Eigenständigkeit bedeuten. Zwar wird mit Abs. 4 keine unmittelbar materiellrechtliche Frage des Schutzes personenbezogener Daten geregelt, sondern vielmehr eine Vorgabe zum formellen Gesetzgebungsverfahren des Mitgliedstaates getroffen. Man kann diese jedoch (noch) als von Art. 16 AEUV gedeckt ansehen. Denn letztlich betrifft dies eine Konsultationspflicht, die im Einleitungsverfahren zur wirksamen Umsetzung der DSGVO erfüllt werden muss. Der eigentliche parlamentarische Kernprozess ist maW nicht davon betroffen.   27

Dem Zweck des Abs. 4 ist Genüge getan, wenn die Auffassung der Kontrollbehörde in der Entwurfsphase der gesetzlichen Maßnahme formalisiert eingebracht wird. Für diese Argumentation spricht die Genese des jetzigen Abs. 4. Die Entwürfe der KOM und des EP (→ Rn. 3) sahen eine Konsultation bei der *Ausarbeitung* der legislativen Maßnahmen vor. Das kann bei einem weiten Verständnis des Gesetzgebungsverfahrens die Beteiligung der Aufsichtsbehörden in jedem Stadium des Gesetzgebungsverfahrens bedeuten, solange sich die gesetzlichen Maßnahmen noch im Entwurfsstadium befinden. Damit könnte auch das parlamentarische Gesetzgebungsverfahren iSd Art. 77ff. GG gemeint sein. Denn solange das Gesetz nicht verabschiedet wurde, befindet es sich bei einem weiten Verständnis des Begriffs noch in der *Ausarbeitung*. Mit der Verengung auf den Begriff des *Vorschlags* einer Maßnahme, näherte sich der Rat grammatikalisch eher dem Stadium eines Gesetzesentwurfes in der **Initiativphase** an. Da es bei dieser Formulierung geblieben ist, besteht eine Konsultationsverpflichtung in der Phase der Gesetzesinitiative. Das beschränkt freilich nicht das Recht des Parlaments während des Gesetzgebungsprozesses, die Expertise der Aufsichtsbehörde einzuholen.   28

---

34 *Kühling/Martini et al.*, S. 92.
35 Zu § 69 BDSG nF *Johannes/Weinhold*, Das neue Datenschutz bei Polizei und Justiz, 2018, § 1 Rn. 292–300.
36 Vgl. EG 10.
37 Ehmann/Selmayr/*Baumgartner* Art. 36 Rn. 18; Kühling/Buchner/*Jandt* Art. 36 Rn. 11; Gola/Nolte/*Werkmeister* Art. 36 Rn. 10.

29 Bezüglich der Konsultationsverpflichtung für die auf der Grundlage von Parlamentsgesetzen zu erlassenden Regelungsmaßnahmen werden sämtliche Verfahren des Erlasses von Rechtsverordnungen iSd Art. 80 GG erfasst.[38] Dazu zählen außerdem die normativen Aktivitäten bei der Ausübung der kommunalen Selbstverwaltung.[39]

IV. Aufsichtsbehördliches Verfahren und Informationsverpflichtung (Abs. 2 und 3)

30 Verfahrensrechtliche Bestimmungen enthält Art. 36 nur für die Konsultation durch die Verantwortlichen, nicht für diejenige durch die Mitgliedstaaten nach Abs. 4.

31 **1. Verfahren, Fristen und Informationsverpflichtung.** Bis auf die Fristen, die Form der Reaktion der Aufsichtsbehörde und den Umfang des Auskunftsbegehrens der Aufsichtsbehörde, der durch Abs. 3 normiert wird, enthält Art. 36 keine Vorgaben bezüglich des Ablaufs des Verfahrens und überlässt insoweit die konkrete Ausgestaltung den Aufsichtsbehörden bzw. dem mitgliedstaatlichen Verfahrensrecht.[40]

32 Die Konsultation ist **antragsgebunden** und setzt damit ein Tätigwerden des Verantwortlichen voraus. Gleichzeitig verpflichtet der Antrag die Aufsichtsbehörde zum Tätigwerden, anderenfalls würden die gesetzten Fristen keinen Sinn ergeben. Der **Prüfungsmaßstab** ist nach dem ausdrücklichen Wortlaut von Abs. 2 S. 1 die Feststellung der Vereinbarkeit der geplanten Verarbeitung mit den Vorgaben der DSGVO.[41] Die Aufsichtsbehörde ist daher nicht darauf beschränkt, lediglich die Risikobewertung oder die Minimierungsmaßnahmen des Verantwortlichen zu bewerten, wie sich aus dem Wort „insbesondere" im Hinblick auf die Feststellungen der Aufsichtsbehörde ergibt (Abs. 2 S. 1). Sie kann umfänglich das geplante Verfahren überprüfen und eine entsprechende Bewertung vornehmen.

33 Als Informationsgrundlage erhält sie von dem Verantwortlichen die in Abs. 3 bezeichneten Informationen. Dazu zählen Informationen zu den jeweiligen Zuständigkeiten des Verantwortlichen; dies gilt insbes. im Hinblick auf gemeinsam Verantwortliche und den oder die beteiligten Auftragsverarbeiter, Angaben zu den Zwecken und den Mitteln der beabsichtigten Verarbeitung, eine Beschreibung der Maßnahmen und Garantien, die das Risiko beschränken sollen, die Kontaktdaten des Datenschutzbeauftragten sowie die Datenschutz-Folgenabschätzung gemäß Art. 35. Eine Generalklausel enthält Abs. 3 lit. f., wonach die Aufsichtsbehörde entscheiden kann, welche Informationen sie zusätzlich anfordert. Sie hat dabei einen weiten **Ermessensspielraum.**[42] Der Anspruch auf Information geht einher mit einer Informationsverpflichtung seitens des Verantwortlichen. Anderenfalls würde der Informationsanspruch leerlaufen. Insoweit unterfällt die Missachtung des Informationsanspruches der Aufsichtsbehörde durch den Verantwortlichen der **Bußgeldandrohung** gemäß Art. 83 Abs. 4 lit. a. Freilich hat der Verantwortliche im Zweifel kein Interesse an einer Behinderung des Informationsanspruches der Aufsichtsbehörde, da gemäß Abs. 2 S. 4 der Ablauf der vorgesehenen Fristen durch die Aufsichtsbehörde ausgesetzt werden kann, solange die angeforderten Informationen nicht vorliegen.

34 Abs. 2 sieht einen sehr ambitionierten Zeitplan für die Durchführung der Konsultation vor. Wichtig ist deshalb, dass die Ergreifung der (insbes. in Art. 58 normierten) Befugnisse gemäß EG 94 S. 4 nicht der Fristenregelung unterliegt. Im Regelfall muss die Aufsichtsbehörde nach Abs. 2 S. 1 innerhalb von acht Wochen mit einer schriftlichen Stellungnahme reagieren; dies kann sich bei komplexen Fällen gemäß Abs. 2 S. 1 auf insgesamt 14 Wochen verlängern. Innerhalb von einem Monat muss die Behörde bereits feststellen, ob ein komplexer Fall vorliegt, da sie nach Abs. 2 S. 3 bis dahin dem Verantwortlichen mitteilen muss, ob eine Fristverlängerung erforderlich ist. Die Fristen sind va deswegen als eng bemessen anzusehen, weil idR keine Standardverfahren oder etablierte Verarbeitungen Gegenstand der vorherigen Konsultation sind. So besteht ein hohes Risiko va bei dem Einsatz **innovativer Technologien** und **neuartiger Verfahren** (→ Art. 35 Rn. 31). Bei diesen stellt nicht nur das Verständnis der technischen Abläufe eine Herausforderung für die Aufsichtsbehörden dar, sondern auch die Prognose des Risikos. Denn für diese wird es in der Regel keine Erfahrungswerte geben.

35 **2. Rechtsfolgen der Konsultation.** Aus Abs. 2 ergibt sich die rechtliche Verpflichtung der Aufsichtsbehörde, innerhalb der beschriebenen Fristen eine Feststellung zu treffen. Die Palette der Handlungsoptionen der Aufsichtsbehörde wird durch Abs. 2 nicht konkret vorgegeben. Im Regelfall hat die Aufsichtsbehörde bei der Feststellung der Unvereinbarkeit der geplanten Verarbeitung mit der DSGVO eine **schriftliche Empfehlung** gegenüber dem Verantwortlichen auszusprechen. Abs. 2 beschränkt die Befugnisse der Aufsichtsbehör-

---

38 Gola/*Nolte/Werkmeister* Art. 36 Rn. 10.
39 AA Gierschmann/Schlender/Stentzel/Veil/*Kramer* Art. 36 Rn. 44.
40 Ehmann/Selmayr/*Baumgartner* Art. 36 Rn. 11.
41 *Schmitz/von Dall'Armi* ZD 2017, 57 (63).
42 Ehmann/Selmayr/*Baumgartner* Art. 36 Rn. 16.

de gemäß Art. 58 nicht, sie kann unabhängig von der Konsultation weiterhin die ihr zugewiesenen Befugnisse ausüben.[43] Die von der Aufsichtsbehörde ausgesprochene Empfehlung besitzt keinen genehmigenden Charakter.[44] Vereinzelt wird andererseits vertreten, dass vor dem Ablauf der in Abs. 2 geregelten Frist das Verfahren nicht begonnen werden darf.[45] Sollte der Verantwortliche dies dennoch tun, müsste er mit einem entsprechenden Antrag die entsprechende **Genehmigung** der Aufsichtsbehörde einholen.[46] Letztere Auffassung dehnt allerdings die Wirkung der Entscheidung der Aufsichtsbehörde über den eigentlichen Zweck der vorherigen Konsultation hinaus aus. Dieser besteht nicht in der Feststellung der Vereinbarkeit des Verfahrens bzw. der Verarbeitung der personenbezogenen Daten mit der DSGVO, sondern in der Überprüfung der spezifischen Risikobewertung des Verantwortlichen. Zudem lassen sich aus den Wortlauten des Abs. 2 sowohl in der deutschen Textfassung „Empfehlung" wie auch der englischen Textfassung „advice" keine genehmigende, sondern eine **beratende Wirkung** der Stellungnahme der Aufsichtsbehörde herauslesen. Der Empfehlung nach Abs. 2 fehlt es somit an einer unmittelbar die Zulässigkeit des Verarbeitungsverfahrens regulierenden Wirkung. Allerdings wird eine offensichtliche Missachtung der Wertung der Aufsichtsbehörde im Fall eines Bußgeldverfahrens regelmäßig einen Vorsatz begründen. Überdies wird die Ausübung der weiteren Befugnisse der Aufsichtsbehörden durch ihre eigene Stellungnahme nicht unmittelbar beschränkt. Jedoch muss aus Gründen des **Vertrauensschutzes** der Verantwortliche davon ausgehen dürfen, dass bei einer Befolgung der durch die Aufsichtsbehörde beschriebenen Maßnahmen die geplante Verarbeitung rechtkonform ist. Dies wirkt etwa im Bereich der Bußgeldtatbestände privilegierend, bis dem Verantwortlichen eine geänderte Rechtsauffassung mitgeteilt wird.

Die Folgen einer durch die Verantwortlichen durchgeführten Konsultation sind im Fall einer **abweichenden** 36 **Bewertung** die schriftlichen Empfehlungen der Aufsichtsbehörde an den Verantwortlichen oder Auftragsverarbeiter.[47] Stellt die Aufsichtsbehörde fest, dass das Risiko nicht tragbar ist und damit die Verarbeitung rechtswidrig wäre, kommt auch die Untersagung der Verarbeitung als Handlungsoption in Betracht.[48] Gegenstand der schriftlichen Empfehlung ist die Mitteilung über die datenschutzrechtliche Bewertung des in Frage stehenden Verfahrens durch die Aufsichtsbehörde und die sich daraus ergebenden rechtlichen, technischen und/oder organisatorischen Maßnahmen. Aus teleologischer Sicht sollte die schriftliche Empfehlung dem Verantwortlichen vermitteln, ob und ggf. unter Ergreifung welcher Maßnahmen die geplante Verarbeitung rechtskonform durchgeführt werden kann. Sie sollte, soweit die Aufsichtsbehörde die Risikoprognose des Verantwortlichen nicht teilt, verdeutlichen, aus welchen Gründen eine abweichende Prognose erstellt wurde.

Normiert werden allerdings nur die Handlungsoptionen der Behörde, wenn sie der Auffassung ist, dass das 37 Verfahren nicht im Einklang mit der DSGVO steht. Eine Pflicht zur **positiven Bestätigung** der Rechtskonformität oder eine Reaktionspflicht[49] durch die Aufsichtsbehörde sind nicht **explizit** vorgesehen. Teilweise wird daher auf der Grundlage eines Umkehrschlusses diskutiert, ob bei Bewertungen, die nach Ansicht der Behörde das Risiko ordnungsgemäß bewertet und ausreichend Maßnahmen zur Eindämmung des Risikos ergriffen haben, keine Äußerung durch die Aufsichtsbehörde erfolgen muss.[50] Dem steht allerdings EG 94 entgegen. Dieser beschreibt dieses Szenario dahin gehend, dass die Aufsichtsbehörde, *wenn sie nicht innerhalb dieser Frist reagiert hat*, die *entsprechend* [...] *dieser Verordnung festgelegten Aufgaben und Befugnissen* ergreifen kann, *was die Befugnis einschließt, Verarbeitungsvorgänge zu untersagen*. Mit dem Untätigbleiben der Aufsichtsbehörde verknüpft die DSGVO keine Beschränkung der weitergehenden Handlungsoptionen der Aufsichtsbehörde. Aus Sicht des Gesetzgebers und der Aufsichtsbehörden ist dies konsequent. Denn anderenfalls würde die fehlende Reaktion die Unbedenklichkeit des Verfahrens aus Sicht der Aufsichtsbehörde fingieren. Zudem wäre nicht ausgeschlossen, dass in einer derartigen Konstellation die Verantwortlichen sich auf eine Art Vertrauensschutz berufen, welches die Ergreifung aufsichtsbehördlicher Vollzugsmaßnahmen rechtlich beschränken könnte. Eine derartige Wirkung ist erkennbar nicht gewollt.

Allerdings ist die sich daraus ergebene Situation sowohl rechtspolitisch als auch für die Verantwortlichen 38 unbefriedigend.[51] Denn sie führt bei einer inaktiven Aufsichtsbehörde zu einer erheblichen Rechtsunsicherheit seitens des Verantwortlichen. Er kann sich weder darauf verlassen, dass die Verarbeitung rechtmäßig

---

43 Kühling/Buchner/*Jandt* Art. 36 Rn. 8.
44 Gierschmann/Schlender/Stentzel/Veil/*Kramer* Art. 36 Rn. 53; Ehmann/Selmayr/*Baumgartner* Art. 36 Rn. 1; iErg Kühling/Buchner/*Jandt* Art. 36 Rn. 4; Gola/*Nolte*/*Werkmeister* Art. 36 Rn. 14; BeckOK DatenschutzR/*Hansen* DSGVO Art. 36 Rn. 7; *Laue/Nink/Kremer*, § 7 Rn. 91.
45 Bergmann/Möhrle/Herb/*Wagner* EU-GVO Art. 36 Rn. 12; Sydow/*Reimer* Art. 36 Rn. 8, 23.
46 Bergmann/Möhrle/Herb/*Wagner* EU-GVO Art. 36 Rn. 12.
47 Gola/*Nolte*/*Werkmeister* Art. 36 Rn. 6.
48 EG 94; Kühling/Buchner/*Jandt* Art. 36 Rn. 4.
49 Gierschmann/Schlender/Stentzel/Veil/*Kramer* Art. 36 Rn. 36.
50 BeckOK DatenschutzR/*Hansen* DSGVO Art. 36 Rn. 11.
51 BeckOK DatenschutzR/*Hansen* DSGVO Art. 36 Rn. 11.

ist, noch muss er von einer Unzulässigkeit ausgehen. Letztlich kann die Erstellung des Ergebnisses durch die Aufsichtsbehörde nicht über den Klageweg gemäß Art. 78 Abs. 1 erzwungen werden, weil das Ergebnis der Konsultation keinen **rechtsverbindlichen Beschluss** darstellt. Auch ist die schriftliche Stellungnahme der Aufsichtsbehörde aus Ermangelung eines Regelungscharakters kein Verwaltungsakt, dessen Erlass durch eine Untätigkeitsklage gemäß § 75 VwGO erzwungen werden könnte. Allerdings ist nicht ausgeschlossen, dass der Verantwortliche seinen Anspruch auf Konsultation nach fruchtlosen Ablauf der Fristen durch eine allgemeine Leistungsklage iSd § 40 iVm § 43 Abs. 2 S. 1 VwGO gegenüber der Aufsichtsbehörde geltend macht.

V. Sanktionen

39 Die Missachtung der Vorgaben des Art. 36 kann gemäß Art. 83 Abs. 4 lit. a mit einem Bußgeld in Höhe von bis zu 10 Mio. Euro oder 2 % des weltweiten Jahresumsatzes geahndet werden. Wie auch im Hinblick auf die **Bußgeldandrohung** bei der Datenschutz-Folgenabschätzung werden Verantwortliche bereits aus Risikominimierungsgesichtspunkten die im Wesentlichen formal geprägte Konsultation eher durchführen als das Risiko der empfindlichen Bußgelder einzugehen. Bußgeldbewehrt ist neben der **Missachtung der Konsultationspflicht** gemäß Abs. 1 zudem die Missachtung der Informationsverpflichtung. Nicht erfasst wird allerdings die Nichtbeachtung der schriftlichen Empfehlung.

40 Die Verletzung der Konsultationspflicht gemäß Abs. 4 ist nicht von einem der Bußgeldtatbestände des Art. 83 erfasst.[52] Zudem hat der Bundesgesetzgeber mit § 43 Abs. 3 BDSG nF von der Öffnungsklausel des Art. 83 Abs. 7 Gebrauch gemacht und die Verhängung von Bußgeldern gegen Behörden und sonstige öffentliche Stellen ausgeschlossen.[53] Die Missachtung der Beteiligung der Aufsichtsbehörden ist aufgrund der eindeutigen Regelung dennoch eine durch Verantwortliche zu beachtende Pflicht.

VI. Öffnungsklausel (Abs. 5) und nationale Rechtsetzung

41 Die in Abs. 5 normierte Öffnungsklausel ist fakultativer Natur und räumt den Mitgliedstaaten einen Ermessenspielraum ein.[54] Allerdings werden aufgrund der Beschränkung auf die Datenverarbeitung zur Erfüllung der im öffentlichen Interesse liegenden Aufgaben, insbes. im Bereich der sozialen Sicherheit und der öffentlichen Gesundheit, die Regelungen ausschließlich den öffentlichen Sektor und zu einem nicht unerheblichen Maß Landesregelungen betreffen. Auf Bundesebene hat der Gesetzgeber von der Klausel bislang keinen Gebrauch gemacht. Die in § 69 BDSG nF vorgesehene vorherige Konsultation beruht auf Art. 28 JI-Richtlinie.[55]

Abschnitt 4
Datenschutzbeauftragter

Artikel 37   Benennung eines Datenschutzbeauftragten

(1) Der Verantwortliche und der Auftragsverarbeiter benennen auf jeden Fall einen Datenschutzbeauftragten, wenn

a)   die Verarbeitung von einer Behörde oder öffentlichen Stelle durchgeführt wird, mit Ausnahme von Gerichten, soweit sie im Rahmen ihrer justiziellen Tätigkeit handeln,

b)   die Kerntätigkeit des Verantwortlichen oder des Auftragsverarbeiters in der Durchführung von Verarbeitungsvorgängen besteht, welche aufgrund ihrer Art, ihres Umfangs und/oder ihrer Zwecke eine umfangreiche regelmäßige und systematische Überwachung von betroffenen Personen erforderlich machen, oder

c)   die Kerntätigkeit des Verantwortlichen oder des Auftragsverarbeiters in der umfangreichen Verarbeitung besonderer Kategorien von Daten gemäß Artikel 9 oder von personenbezogenen Daten über strafrechtliche Verurteilungen und Straftaten gemäß Artikel 10 besteht.

(2) Eine Unternehmensgruppe darf einen gemeinsamen Datenschutzbeauftragten ernennen, sofern von jeder Niederlassung aus der Datenschutzbeauftragte leicht erreicht werden kann.

---

52   BeckOK DatenschutzR/*Hansen* DSGVO Art. 36 Rn. 37.
53   BT-Drs. 18/11325, S. 109.
54   *Kühling/Martini et al.*, S. 93.
55   BT-Drs. 18/11325, 117 f.; zur nationalen Umsetzung von Art. 28 JI-Richtlinie *Johannes/Weinhold*, Das neue Datenschutzrecht bei Polizei und Justiz, 2018, § 1 Rn. 292–300.

(3) Falls es sich bei dem Verantwortlichen oder dem Auftragsverarbeiter um eine Behörde oder öffentliche Stelle handelt, kann für mehrere solcher Behörden oder Stellen unter Berücksichtigung ihrer Organisationsstruktur und ihrer Größe ein gemeinsamer Datenschutzbeauftragter benannt werden.

(4) ¹In anderen als den in Absatz 1 genannten Fällen können der Verantwortliche oder der Auftragsverarbeiter oder Verbände und andere Vereinigungen, die Kategorien von Verantwortlichen oder Auftragsverarbeitern vertreten, einen Datenschutzbeauftragten benennen; falls dies nach dem Recht der Union oder der Mitgliedstaaten vorgeschrieben ist, müssen sie einen solchen benennen. ²Der Datenschutzbeauftragte kann für derartige Verbände und andere Vereinigungen, die Verantwortliche oder Auftragsverarbeiter vertreten, handeln.

(5) Der Datenschutzbeauftragte wird auf der Grundlage seiner beruflichen Qualifikation und insbesondere des Fachwissens benannt, das er auf dem Gebiet des Datenschutzrechts und der Datenschutzpraxis besitzt, sowie auf der Grundlage seiner Fähigkeit zur Erfüllung der in Artikel 39 genannten Aufgaben.

(6) Der Datenschutzbeauftragte kann Beschäftigter des Verantwortlichen oder des Auftragsverarbeiters sein oder seine Aufgaben auf der Grundlage eines Dienstleistungsvertrags erfüllen.

(7) Der Verantwortliche oder der Auftragsverarbeiter veröffentlicht die Kontaktdaten des Datenschutzbeauftragten und teilt diese Daten der Aufsichtsbehörde mit.

Literatur: *Abel, R.,* Der behördliche Datenschutzbeauftragte, MMR 2002, 289; *Art.-29-Gruppe,* Leitlinien in Bezug auf Datenschutzbeauftragte, 16/DE WP 243 rev. 01; *Bittner, T.,* Der Datenschutzbeauftragte gemäß EU-Datenschutz-Grundverordnungs-Entwurf, RDV 2014, 183; *Gürtler-Bayer, M.,* Der behördliche Datenschutzbeauftragte – eine Analyse rechtlicher Probleme in der Konzeption des behördlichen Datenschutzbeauftragten unter Berücksichtigung der EU-Datenschutz-Grundverordnung, 2014; *Hessischer Datenschutzbeauftragter,* Der behördliche und betriebliche Datenschutzbeauftragte nach neuem Recht [Stand Juni 2017]; *Jaspers, A./Reif, Y.,* Der Datenschutzbeauftragte nach der Datenschutz-Grundverordnung: Bestellpflicht, Rechtsstellung und Aufgaben, RDV 2016, 61; *Klug, C.,* Der Datenschutzbeauftragte in der EU – Maßgaben der Datenschutzgrundverordnung, ZD 2016, 315; *Kort, M.,* Was ändert sich für Datenschutzbeauftragte, Aufsichtsbehörden und Betriebsrat mit der DSGVO?, ZD 2017, 3; *Marschall, K./Müller, P.,* Der Datenschutzbeauftragte im Unternehmen zwischen BDSG und DSGVO. Bestellung, Rolle, Aufgaben und Anforderungen im Fokus europäischer Veränderungen, ZD 2016, 415; *Niklas, T./Faas, T.,* Der Datenschutzbeauftragte nach der Datenschutz-Grundverordnung, NZA 2017, 1091; *Reinhard, A.,* Interner Datenschutzbeauftragter im Konzern – Bestellung, Widerruf und Kündigung, NZA 2013, 1049. *Reinhard, B.,* Die neue Rolle des betrieblichen Datenschutzbeauftragten, ArbRB 2017, 317.

I. Normzweck und Gesetzgebungsgeschichte

Art. 37 enthält die grundlegenden Regelungen zur Bestellung von Datenschutzbeauftragten für den öffentlichen und den nicht-öffentlichen Bereich. Abs. 1 ordnet dies für den öffentlichen Bereich stets an (lit. a), für den nicht-öffentlichen Bereich dagegen nur unter bestimmten Umständen (lit. b und c). Abs. 2 und Abs. 3 treffen Regelungen, wann gemeinsame Datenschutzbeauftragte in der Unternehmensgruppe (Abs. 2) oder für mehrere Behörden oder Stellen (Abs. 3) bestellt werden können. Abs. 4 regelt als Abweichung zu Abs. 1, dass das Recht der Union oder der Mitgliedstaaten **weitere Tatbestände für eine Bestellungspflicht** vorsehen kann und dass auch eine **freiwillige Einrichtung eines Datenschutzbeauftragten** zulässig ist. Abs. 4 S. 2 trifft eine besondere Vertretungsregel. Abs. 5 bestimmt die Anforderungen an **Qualität und Sachkunde** von Datenschutzbeauftragten. Dass es neben internen auch externe Datenschutzbeauftragte geben kann, ist Rege- 1 lungsgehalt von Abs. 6. Abs. 7 schließlich etabliert den Datenschutzbeauftragten als Ansprechpartner für Aufsichtsbehörden und Betroffene, indem seine Kontaktdaten veröffentlicht werden müssen.

2 Die Regelungen in der DSRL enthielten nur rudimentäre Regelungen zum betrieblichen und behördlichen Datenschutzbeauftragten. In den Datenschutzbestimmungen einzelner Mitgliedsstaaten wie etwa in §§ 4 d Abs. 2 und 6, 4 f, 4 g, 38 Abs. 1 S. 2, Abs. 5 S. 2 BDSG aF fanden sich detailliertere Vorgaben zu den Aufgaben und zur Stellung des Datenschutzbeauftragten. Art. 18 Abs. 2 zweiter Gedankenstrich DSRL sah für den Fall der Bestellung eines betrieblichen Datenschutzbeauftragten eine Befreiung von der allgemeinen Meldepflicht von Datenverarbeitungen bei Aufsichtsbehörden vor.[1] Mit dem Wegfall dieser Pflicht – die in der DSGVO nicht mehr enthalten ist – hätte daher theoretisch auch die allgemeine Pflicht zur Benennung eines betrieblichen Datenschutzbeauftragten entfallen können.

3 Gerade die Frage, unter welchen **Voraussetzungen** ein betrieblicher Datenschutzbeauftragter bestellt werden muss, war im Rahmen des Gesetzgebungsverfahrens bis in den Trilog hinein **sehr umstritten**.[2] Die KOM schlug eine Pflicht zur Ernennung eines Datenschutzbeauftragten für Unternehmen vor, die 250 Mitarbeiter oder mehr beschäftigen (Art. 35 Abs. 1 lit. b KOM-E), um so kleine und mittlere Unternehmen zu entlasten.[3] Das EP sah deutlich weiterreichende Vorschläge für eine Bestellpflicht vor (Art. 35 Abs. 1 lit. b-d Parl-E); ua sollte es ausreichen, wenn die Verarbeitung sich innerhalb von zwölf Monaten auf mehr als 5.000 betroffene Personen bezieht. Der Rat hat diese sehr weitgehenden Vorgaben abgelehnt und wollte in Art. 35 Abs. 1 Rat-E die Benennung sowohl für öffentliche Stellen wie für Unternehmen weitgehend den Mitgliedstaaten überlassen. Hintergrund war die Befürchtung einzelner Mitgliedsstaaten vor **übergroßem Bürokratismus** und dass die Benennung eines betrieblichen Datenschutzbeauftragten sich für die Unternehmen eher als hinderlich erweisen würde. Die Erfahrungen in Deutschland bestätigen aber das Gegenteil. Ein qualifizierter und engagierter Datenschutzbeauftragter, der sowohl mit den Zielen des Unternehmens als auch mit den damit zusammenhängenden Datenverarbeitungsvorgängen vertraut ist, kann das Unternehmen bei der Einhaltung datenschutzrechtlicher Vorgaben **sehr gut unterstützen** und trägt so zur **Reduzierung von Risiken des Verantwortlichen** oder Auftragsverarbeiters bei. Diese Ansicht, die vor allem von Österreich und Deutschland vertreten wurde, konnte sich aber wegen diverser Widerstände im Laufe des Gesetzgebungsverfahrens nur teilweise durchsetzen.

4 Insgesamt orientieren sich die Regelungen zum Datenschutzbeauftragten an den Erfahrungen, die in Deutschland gesammelt worden sind. Den Regelungen im Abschnitt 4 liegt das Modell der **regulierten Selbstkontrolle** zugrunde.[4] Der betriebliche oder behördliche Datenschutzbeauftragte soll den Verantwortlichen oder Auftragsverarbeiter bei seiner Aufgabenwahrnehmung unterstützen, indem er die Umsetzung der DSGVO kontrolliert und **berät**, wie die **erkannten Defizite beseitigt** werden können. Dadurch trägt er dazu bei, dass von vornherein datenschutzkompatible Vorgänge und Verfahren etabliert werden. Die Institution des Datenschutzbeauftragten ergänzt damit die behördliche Aufsicht. Der Datenschutzbeauftragte wird aber nicht als „verlängerter Arm" oder Hilfsorgan der Aufsichtsbehörde tätig.[5] Die Zusammenarbeit zwischen Verantwortlichem bzw. Auftragsverarbeiter und Datenschutzbeauftragtem sollte von gegenseitigem Vertrauen geprägt sein. Gerade vor dem Hintergrund der gestiegenen Bedeutung des Datenschutzes im Unternehmen, nicht auch zuletzt durch die hohen Bußgeldandrohungen, kommt der **vertrauensvollen Zusammenarbeit** von Datenschutzbeauftragtem und dem Verantwortlichen eine gestiegene Bedeutung zu. Eine solche vertrauensvolle Zusammenarbeit ist auch bei Wahrnehmung gegensätzlicher Interessen möglich und sollte mit **gegenseitigem Respekt** erfolgen. **Ehrlichkeit, Transparenz und Offenheit** im Umgang miteinander sind unbedingte Voraussetzungen für eine vertrauensvolle Zusammenarbeit.[6]

5 Art. 32 JI-Richtlinie enthält eine Pflicht der Mitgliedstaaten, im Geltungsbereich der Richtlinie für eine Benennung von Datenschutzbeauftragten bei Verantwortlichen (nicht aber bei Auftragsverarbeitern) zu sorgen. Der deutsche Gesetzgeber hat dies sinnvollerweise so umgesetzt, dass in § 5 BDSG nF eine weitgehende Parallelregelung zu Art. 37 eingeführt wurde. § 5 Abs. 1 BDSG nF enthält eine Pflicht zur Bestellung eines Datenschutzbeauftragten für sämtliche öffentlichen Stellen. § 5 Abs. 2, 3, 4 und 5 BDSG nF sind Parallelregelungen zu Abs. 3, 5, 6 und 7.

---

1 Deutschland hatte hiervon durch § 4 d Abs. 2 BDSG aF Gebrauch gemacht.
2 Vgl. *Albrecht* CR 2016, 88 (94).
3 *Reding* ZD 2012, 195 (198).
4 Vgl. hierzu Simitis/*ders.* § 4 f Rn. 5 f.
5 Vgl. Ehmann/Selmayr/*Heberlein* Art. 39 Rn. 16.
6 So das BAG hinsichtlich der Pflicht zur vertrauensvollen Zusammenarbeit von Betriebsrat und Unternehmen (BAG BB 1959, 848).

II. Pflicht zur Benennung (Abs. 1)

Abs. 1 enthält verschiedene Fälle einer verpflichtenden Benennung eines Datenschutzbeauftragten. Diese er- 6 strecken sich nicht nur auf den Verantwortlichen, sondern durchgängig auch auf Auftragsverarbeiter. Die genannten Tatbestände sind im Rahmen der DSGVO abschließend, Abs. 4 ermöglicht aber dem Unions- und mitgliedstaatlichen Recht, weitere Benennungstatbestände zu erlassen. Da keine Übergangsregelungen vorgesehen sind, ist mit Inkrafttreten der DSGVO ein Datenschutzbeauftragter bei Vorliegen der Verpflichtungsvoraussetzungen zu benennen.[7]

1. Benennungspflicht von Behörden und öffentlichen Stellen (Abs. 1 lit. a). Abs. 1 lit. a sieht eine Pflicht zur 7 Benennung eines Datenschutzbeauftragten für alle Behörden oder öffentlichen Stellen vor, die personenbezogene Daten verarbeiten.[8] Die DSGVO unterscheidet nicht weiter zwischen Behörden oder öffentlichen Stellen und definiert diese Begriffe auch nicht. Aus Sicht der Art.-29-Gruppe sollen sie nach nationalem Recht bestimmt werden.[9]

Der Bundesgesetzgeber hat in § 2 BDSG nF definiert, wer zu den öffentlichen Stellen zählt. Sofern sich Be- 8 hörden zur Erfüllung ihrer **öffentlich-rechtlichen Aufgaben** einer natürlichen oder juristischen Person des Privatrechts bedient, gelten diese nach § 2 Abs. 3 BDSDG nF als öffentliche Stellen. Die Bestellpflicht nach Abs. 1 muss in diesem Fall beachtet werden.[10] Eine **zwingende Pflicht** zur Bestellung eines Datenschutzbeauftragten besteht danach auch für **Auftragsverarbeiter, die für öffentliche Stellen Datenverarbeitungen durchführen**. Sofern etwa öffentliche Stellen des Bundes **am Wettbewerb teilnehmen**, gelten sie nach § 2 Abs. 5 BDSG nF hingegen als nicht-öffentliche Stellen. Für die Bestimmung dieses Begriffs kann auf die Begrifflichkeiten in §§ 12 Abs. 1 und Abs. 2 Nr. 1, 27 Abs. 1 Nr. 2 lit. a und b BDSG aF zurückgegriffen werden. Solche Stellen sollten aber ohnehin freiwillig einen Datenschutzbeauftragten bestellen, sofern nicht ohnehin eine Bestellpflicht aus anderen Gründen (Abs. 1 lit. b, c iVm Unions- oder nationalem Recht) vorliegt.[11]

Behörden und öffentliche Stellen können sowohl einen internen als auch einen externen Datenschutzbeauf- 9 tragten bestellen, da Abs. 6 auch für Behörden gilt (→ Rn. 50). Die öffentlichen Stellen bzw. Behörden müssen aber – sofern einschlägig – die **Pflicht zur Ausschreibung** dieser Position einhalten. Die **Vergaberechtsregeln** sind auch bei dem Auswahlverfahren für einen externen Datenschutzbeauftragten zu beachten.

Eine Ausnahme von der Pflicht zur Ernennung eines Datenschutzbeauftragten besteht nach Abs. 1 lit. a für 10 **Gerichte**, die im Rahmen ihrer **justiziellen Tätigkeit** handeln; EG 97 erweitert dies auf **unabhängige Justizbehörden**. Diese Ausnahme wurde zur Sicherstellung der Unabhängigkeit der Gerichte eingeführt, so dass sie in diesem Bereich keinen Kontrollen durch einen Datenschutzbeauftragten unterliegen. Jenseits der justiziellen Tätigkeit – also im Bereich der Justizverwaltung – besteht dagegen sehr wohl für die Justizbehörde die Pflicht, einen Datenschutzbeauftragten zu benennen. Allerdings ist der Bereich der **justiziellen Tätigkeit** seinen Kontroll- und Beratungsaufgaben entzogen.[12]

Im nationalen Recht wird dazu im Rahmen von § 23 EGGVG auf einen **funktionalen Justizbehördenbegriff** 11 abgestellt. Die Abgrenzung stützt sich hier wesentlich auf den Erlass von Justizverwaltungsakten.

2. Benennungspflicht bei Kritikalität der Datenverarbeitung (Abs. 1 lit. b). Für Unternehmen (Art. 4 Nr. 18) 12 im privaten Bereich besteht eine Pflicht zur Benennung nach Abs. 1 lit. b, sofern die Kerntätigkeit des Verantwortlichen bzw. des Auftragsverarbeiters in der Durchführung von Datenverarbeitungsvorgängen bestehen, die aufgrund ihrer Art, ihres Umfangs und/oder ihrer Zwecke eine umfangreiche, regelmäßige und systematische Überwachung von betroffenen Personen erforderlich machen. Damit wird Bezug genommen auf den Aspekt der **risikoorientierten Datenverarbeitung**, wie er in vergleichbarer Form auch in Art. 24 Abs. 1 besteht (→ Art. 24 Rn. 2 ff.). Die DSGVO stellt darauf ab, wie kritisch die Datenverarbeitungen sind und welche Auswirkungen die Datenverarbeitungen auf den Betroffenen haben können. Sofern eine **Zusammenschau** der genannten Kriterien eine gewisse Kritikalität erreicht, muss ein Datenschutzbeauftragter bestellt werden.[13]

Sofern die fehlende Pflicht zur Benennung eines Datenschutzbeauftragten nicht offensichtlich ist, muss der 13 Verantwortliche oder Auftragsverarbeiter **intern dokumentieren**, warum keine Benennungspflicht besteht.

---

7 So auch Kühling/Buchner/*Bergt* Art. 37 Rn. 15; großzügiger *Marschall*/*Müller* ZD 2016, 415 (416), die Unternehmen im Einzelfall eine Frist einräumen wollen, die sich an der Monatsfrist des § 4 f Abs. 2 S. 3 BDSG aF orientieren soll.

8 S. zum behördlichen Datenschutzbeauftragten nach BDSG aF: *Abel* MMR 2002, 289.

9 Vgl. *Art.-29-Gruppe*, WP 243, S. 6 f.

10 In diesem Sinne auch *LfD Bremen*, 39. Jahresbericht, 2016, S. 31.

11 So die Empfehlung der *Art.-29-Gruppe*, WP 243, S. 7.

12 So auch Kühling/Buchner/*Bergt* Art. 37 Rn. 17.

13 Vgl. *Kort* ZD 2017, 3.

Ein entsprechender **Nachweis** zur fehlenden Benennungspflicht muss im Rahmen der Anforderungen nach Art. 24 erbracht werden können.[14]

14 Die Bezugnahme auf die Kerntätigkeit der Datenverarbeitung als Grenze hin zur Benennung eines Datenschutzbeauftragten eröffnet dem Verantwortlichen oder Auftragsverarbeiter einen gewissen **Wertungsspielraum**. Eine starre Grenze, ab der eine Bestellpflicht vorliegt, findet sich im Gegensatz zum bisherigen Recht,[15] aber auch zu den neuen, im Rahmen von Abs. 4 erlassenen Regelungen in § 38 Abs. 1 BDSG nF (→ Rn. 37), nicht. In der Praxis kann daher die Frage nach der Pflicht zur Ernennung eines Datenschutzbeauftragten nach Abs. 1 lit. b aufgrund dieses Wertungsspielraums schwierig sein. Letztlich sollte diese Frage von der **Ratio der Norm** her beantwortet werden. Ist die **Unterstützung** des Verantwortlichen oder Auftragsverarbeiters bei Umsetzung und Einhaltung der DSGVO **durch einen Datenschutzbeauftragten geboten,** dann liegt eine Bestellpflicht vor. Dies ist regelmäßig der Fall, wenn die **Kerntätigkeit** des Verantwortlichen oder Auftragsverarbeiters im Bereich der Datenverarbeitung liegt und eine entsprechende **Kritikalität** aufweist.

15 Zwei Faktoren müssen erfüllt sein, damit eine Pflicht zu Benennung eines Datenschutzbeauftragten besteht: Die Datenverarbeitung muss eine Kern- bzw. Haupttätigkeit des Unternehmens betreffen, und zudem muss die Datenverarbeitung ein bestimmtes Maß an Kritikalität aufweisen. Hier liegt der Schwerpunkt auf der Überwachung des Betroffenen.

16 **a) Bestimmung der Kerntätigkeit.** Der Begriff der Kerntätigkeit wird in EG 97 dahin gehend präzisiert, dass er sich auf die Haupttätigkeit des Unternehmens und nicht auf die Nebentätigkeit bezieht. Eine **Haupttätigkeit** liegt vor, wenn der Datenverarbeitung eine **wesentliche Aufgabe** zur Erreichung **der Unternehmensziele** zukommt oder damit **untrennbar verbunden** ist.[16] Dies ist dann der Fall, wenn der **primäre Geschäftszweck** des Unternehmens **ohne die Verarbeitung personenbezogener Daten nicht erreicht** werden kann. Als Beispiel nennt etwa die Art.-29-Gruppe ein Krankenhaus, dessen primärer Geschäftszweck in der Gesundheitsversorgung liegt, das aber für die Erreichung dieses Ziels auf die Verarbeitung von Gesundheitsdaten angewiesen ist.[17]

17 Eine Kernaktivität ist nach EG 97 S. 2 von den **Nebentätigkeiten** abzugrenzen, die von dem Unternehmen auch verfolgt werden, aber nicht der Erreichung von Unternehmenszielen dienen. Datenverarbeitungen, die nur im Rahmen von Nebentätigkeiten eines Unternehmens erfolgen, lösen keine Pflicht zur Benennung eines Datenschutzbeauftragten nach Abs. 1 lit. b aus. Hierunter fallen Tätigkeiten von Unternehmen, die standardmäßig anfallen und für die Erreichung des eigentlichen Unternehmenszieles keine hervorgehobene Rolle spielen.[18] Hierunter fallen **klassische Supportfunktionen** im Unternehmen, wie etwa die Buchhaltung, aber auch der Bereich der Mitarbeiterdatenverarbeitung.[19]

18 Noch nicht abschließend geklärt ist die Frage, ob sich die Kerntätigkeit auf das **gesamte Unternehmen** erstrecken muss oder ob es genügt, wenn der Datenverarbeitung innerhalb **einzelner Unternehmensbereiche** eine wesentliche Aufgabe zur Erreichung der Unternehmensziele zukommt. Ein Rückgriff auf den Wortlaut der Norm, der sich in der deutschen Sprachfassung nur auf *„die Kerntätigkeit"* bezieht, hilft kaum weiter. Nach der englischen Sprachfassung sind *„core activities"* erfasst, so dass danach auch die Kernaktivität eines Unternehmens aus Datenverarbeitungen in einzelnen Unternehmensbereichen abgeleitet werden kann. Die Frage ist letztlich von der **Zielsetzung der Norm** her zu beantworten, wonach **kritische Datenverarbeitungen** in einem Unternehmen die Bestellung eines Datenschutzbeauftragten auslösen sollen. Daher können letztlich auch Datenverarbeitungen in **einzelnen Unternehmensbereichen**, denen eine wesentliche Aufgabe zur Erreichung der Unternehmensziele zukommt, als Kernaktivität angesehen werden.[20] Eine Kerntätigkeit im Sinn von Art. 37 liegt nicht nur bei Unternehmen vor, die bislang dem Anwendungsbereich des § 29 BDSG aF unterfallen.[21]

19 **b) Kritikalität der Datenverarbeitung.** Sofern die Datenverarbeitung einer Kerntätigkeit des Verantwortlichen oder Auftragsverarbeiters zuzurechnen ist und nicht nur eine Nebentätigkeit darstellt, muss diese Da-

---

14 So auch *Art.-29-Gruppe*, WP 243, S. 56.
15 § 4 f Abs. 1 S. 4 BDSG aF: Bestellpflicht, wenn mindestens zehn Personen ständig mit automatisierter Verarbeitung personenbezogener Daten beschäftigt waren.
16 Vgl. *Art.-29-Gruppe*, WP 243, S. 8; Hess. DSB, Der behördliche und betriebliche Datenschutzbeauftragte nach neuem Recht [Stand Juni 2017], S. 6 f.
17 Vgl. *Art.-29-Gruppe*, WP 243, S. 8.
18 Vgl. *Jaspers/Reif* RDV 2016, 61 (62).
19 Vgl. BeckOK DatenschutzR/*Moos* DSGVO Art. 37 Rn. 5; *Reinhard*, ArbRB 2017, 317 (319); aA wohl Paal/Pauly/*Paal* Art. 37 Rn. 8; weitergehend auch *Weichert* CuA 4/2016, 8 (10); sowie *Marschall/Müller* ZD 2017, 415 (417) wonach etwa auch Zeiterfassungssysteme aufgrund ihrer Kritikalität als Kerntätigkeit angesehen werden können.
20 Ebenso Kühling/Buchner/*Bergt* Art. 37 Rn. 19.
21 So aber *Niklas/Faas* NZA 2017, 1091 (1092).

tenverarbeitung zudem eine gewisse Kritikalität aufweisen. Diese Anforderung – das Vorliegen einer Datenverarbeitung im Bereich der Kernaktivität des Verantwortlichen oder Auftragsverarbeiters – gilt für sämtliche der nachfolgend behandelten Kriterien.

Lit. b knüpft an folgende Kriterien an, die für die Bewertung der Kritikalität zu berücksichtigen sind: die 20 Art, der Umfang und/oder der Verwendungszweck der Daten. Dabei sind die drei **Anknüpfungspunkte nicht nur singulär** zu betrachten. Auch aus einer **Zusammenschau** der genannten Kriterien, etwa der Art der Daten und dem konkret verfolgten Verwendungszweck, kann gefolgert werden, dass eine kritische Datenverarbeitung vorliegt.[22] Letztlich folgt der Gesetzgeber hier einmal mehr dem risikoorientierten Ansatz und gibt **keine starren Kriterien** für eine Bestellpflicht vor. Sofern sich daher aus dem Gewicht eines oder aber aus einer Zusammenschau mehrerer Kriterien eine Kritikalität für den Betroffenen ergibt, ist dieses weitere Merkmal erfüllt.

Die Frage nach der **Kritikalität der Datenverarbeitung** muss im Zusammenhang mit den weiteren Kriterien 21 für eine Bestellpflicht gesehen werden. Letztlich geht es um eine **risikoorientierte Bewertung der Datenverarbeitungsaktivitäten** des Verantwortlichen oder Auftragsverarbeiters. Im Rahmen einer **Gesamtschau** muss der Datenverarbeitungsprozess daraufhin bewertet werden, ob die **Unterstützung des Verantwortlichen** oder Auftragsverarbeiters bei der Umsetzung der Vorgaben der DSGVO durch einen Datenschutzbeauftragten aufgrund dieser Datenverarbeitungsprozesse **geboten** ist. Daher muss auch die Kritikalität der Datenverarbeitung unter Berücksichtigung der weiteren Kriterien für eine Bestellpflicht bestimmt werden. So kann etwa eine Verarbeitung von Daten, die ihrer Art nach eine hohe Kritikalität aufweisen, zur Erreichung eines diskriminierenden Zwecks dazu führen, dass an den Umfang der Datenverarbeitung keine allzu großen Anforderungen gestellt werden müssen. Die **Größe des Unternehmens** gibt nur bedingt Aufschluss über die Kritikalität der Datenverarbeitung. Auch kleine Unternehmen können problemlos mittels Cloud-Applikationen umfangreiche – und auch sehr risikoträchtige – Datenverarbeitungen vornehmen.

Die **Art der Daten** bezieht sich auf die **Qualität der verwendeten Daten**, insbes. auf die daraus resultierende 22 Kritikalität der Daten für den Betroffenen. Hier muss der Verantwortliche oder Auftragsverarbeiter bewerten, welche **Bedeutung** die verwendeten Daten **für den Betroffenen** haben. Zudem müssen die Auswirkungen einer Verwendung dieser Daten auf den Betroffenen mit in die Risikobewertung einfließen. So haben etwa Bonitätsdaten oder auch unternehmensintern erstellte Profile eine andere Kritikalität als die Anschrift des Betroffenen, die vielleicht auch im Telefonbuch veröffentlicht wird. Auch die Verarbeitung von Daten nach Art. 9 oder Art. 10 fällt unter das Tatbestandsmerkmal der Art der Daten; insoweit ist Abs. 1 lit. c aber spezieller.

Weiterhin kann der **Umfang der Datenverarbeitung** – somit die **Quantität der Daten** – dazu führen, dass 23 eine Pflicht zur Benennung eines Datenschutzbeauftragten besteht. Dieser Anwendungsfall betrifft die massenhafte Verarbeitung personenbezogener Daten und lässt sich festmachen an der Anzahl der Betroffenen, der Menge der betroffenen Datensätze bzw. der Vielzahl der Datenverarbeitungsprozesse als auch an der Dauer der Datenverarbeitung und der geographischen Reichweite.[23] Dies ist etwa gegeben bei **Big- und Smart-Data Applikationen**, da diese darauf ausgelegt sind, massenhaft personenbezogene Daten zu verarbeiten.

Das letzte Kriterium betrifft den **Verwendungszweck** (→ Art. 5 Rn. 63ff., → Art. 6 Einf. Rn. 9), den der 24 Verantwortliche oder Auftragsverarbeiter mit der Datenverarbeitung verfolgt. Sollen die personenbezogenen Daten zum Zweck der Erstellung von – soweit dies bei derartigen Big-Data Anwendungen möglich ist – tatsächlich anonymisierten statistischen Auswertungen verwendet werden, liegt nur eine marginale Betroffenheit vor, so dass das mit der Datenverarbeitung verbundene Risiko gering ist. Anders verhält es sich etwa bei der Verarbeitung von Daten zum Zwecke der Bonitätsprüfung, wo die Datenverarbeitung konkrete Auswirkungen auf die Konditionen eines Vertrags haben kann.

c) Umfangreiche, regelmäßige und systematische Überwachung. Sofern die vorangegangenen Merkmale er- 25 füllt sind und somit eine kritische Datenverarbeitung im Kernbereich der Unternehmenstätigkeit vorliegt, muss diese Datenverarbeitung weiterhin eine **umfangreiche, regelmäßige und systematische Überwachung** der betroffenen Personen erforderlich machen. Auch hier ist eine **Gesamtschau** anzustellen, so dass die einzelnen **Kriterien nicht gleichgewichtig** vorliegen müssen. Hier zeigt sich einmal mehr die Abkehr des Gesetzgebers von starren Grenzen für eine Bestellpflicht, die etwa von dem EP gefordert worden ist, für den Verantwortlichen oder Auftragsverarbeiter dadurch aber erhebliche Rechtsunsicherheiten mit sich bringt.

Die Begrifflichkeiten der umfangreichen, regelmäßigen und systematischen Überwachung werden von der 26 DSGVO nicht definiert. Eine umfangreiche Datenverarbeitung lässt sich nicht pauschal definieren. Nach

---

22 So auch *Klug* ZD 2016, 315 (316).
23 Vgl. *Art.-29-Gruppe*, WP 243, S. 9f.

EG 91 sind die große Zahl Betroffener, die räumliche Verbreitung oder die Sensibilität der Daten bei der Frage, ob eine umfangreiche Datenverarbeitung vorliegt, zu berücksichtigen.

27 Weiterhin muss eine regelmäßige und systematische Überwachung der Betroffenen erfolgen. Eine regelmäßige Überwachung findet statt, wenn diese nicht nur gelegentlich erfolgt. Es muss eine **wiederholt erfolgende Überwachung** vorliegen, so dass Einzelfälle ausscheiden.[24] Die geforderte systematische Überwachung erfordert ein **gezieltes, planmäßiges Vorgehen**. Beispiele sind datengetriebene Marketingaktivitäten, insbes. verhaltensbasierte Werbung oder Retargeting, Profilbildung bzw. ein Scoring zur Risikobewertung oder die Bereitstellung von Telekommunikationsdienstleistungen.[25]

28 **3. Benennungspflicht bei Verarbeitung besonderer Kategorien von Daten (Abs. 1 lit. c).** Nach Abs. 1 lit. c genügt schon die umfangreiche Verarbeitung einer bestimmten Art von Daten im privaten Sektor, die umfangreich verarbeitet werden müssen, um die Benennungspflicht auszulösen, nämlich von Daten besonderer Kategorien gem. Art. 9 bzw. von Daten über strafrechtliche Verurteilungen und Straftaten gem. Art. 10. Auch in diesem Fall muss die Verarbeitung dieser Daten eine **Kerntätigkeit des Unternehmens** darstellen und darf nicht bloß zu den Nebentätigkeiten zählen (→ Rn. 16 ff.). So kommt es darauf an, ob die Verarbeitung von Mitgliederdaten einer Partei oder einer Gewerkschaft dem Kernbereich der Organisation zuzurechnen ist, etwa weil sie auf eine Mobilisierung der Mitglieder als Kernaufgabe ausgerichtet ist oder dieser Bereich nur eine Nebentätigkeit darstellt, da es nur um den Einzug des Mitgliederbeitrags geht. Sofern es sich um eine Kerntätigkeit handelt, werden auch besondere Kategorien von Daten verarbeitet, so dass regelmäßig auch eine Bestellpflicht anzunehmen ist. Überdies ist wiederum eine **umfangreiche Datenverarbeitung erforderlich** (→ Rn. 23).

29 Ein Dienstleister, der etwa Rezeptdaten verarbeitet, unterfällt dieser Kategorie. Ein Krankenhaus, das ein entsprechendes IT-System unterhält, um Patientendaten zu verarbeiten, erfüllt diese Anforderungen ebenfalls. Die Datenverarbeitung dient der Erreichung der wesentlichen Unternehmensziele, dem Betrieb eines Krankenhauses. Die Datenverarbeitungsprozesse unterstützen das Krankenhaus bei der Erreichung dieses Unternehmenszieles. Auch Krankenversicherungen werden nach lit. c regelmäßig einen Datenschutzbeauftragten bestellen müssen. Zudem werden auch Dating-Portale, Labore, die DNA-Proben verarbeiten oder gesundheitsrelevante Tests auswerten, oder Unternehmen, die biometrische Zugangskontrollen durchführen, nach dieser Norm zur Bestellung eines Datenschutzbeauftragten verpflichtet sein, sofern die weiteren Voraussetzungen (Kerntätigkeit → Rn. 16 sowie umfangreiche Datenverarbeitung → Rn. 23) vorliegen. Die Tätigkeit als Arzt oder Apotheker führt nicht schon allein aufgrund der Verarbeitung besonderer Kategorien personenbezogener Daten zur einer Bestellpflicht nach Abs. 1 lit. c. Hier müssen vielmehr weitere Voraussetzungen vorliegen: Es sind 10 oder mehr Personen mit der Verarbeitung personenbezogener Daten beschäftigt oder es ist eine Datenschutzfolgenabschätzung erforderlich (→ Rn. 42). Weiterhin kann eine umfangreiche Datenverarbeitung – etwa bei großen Praxisgemeinschaften – eine Bestellpflicht auslösen. Auch der Einsatz neuer Technologien kann dazu führen, dass ein hohes Risiko vorliegt und somit eine Bestellpflicht besteht, auch wenn weniger als 10 Personen ständig mit der Verarbeitung personenbezogener Daten zu tun haben.[26]

III. Datenschutzbeauftragter einer Unternehmensgruppe – Konzerndatenschutzbeauftragter (Abs. 2)

30 Mit der Regelung in Abs. 2 wird im privaten Bereich die Benennung eines Konzerndatenschutzbeauftragten bzw. eines gemeinsamen Datenschutzbeauftragten für eine Unternehmensgruppe im Sinne von Art. 4 Nr. 19 (→ Art. 4 Rn. 3) ausdrücklich geregelt. Bislang gab es keine Regelung zum Konzerndatenschutzbeauftragten im BDSG aF oder gar in der DSRL. Vielmehr wurde für eine Unternehmensgruppe bzw. einen Konzern der Konzerndatenschutzbeauftragte für sämtliche Unternehmen einzeln benannt.[27] Mit der Regelung in Abs. 2 wird insofern eine **bestehende Praxis abgebildet**, zumal gerade Konzerne – auch ohne dass eine Pflicht zur Bestellung gesetzlich bestehen muss – häufig einen Konzerndatenschutzbeauftragten freiwillig bestellen, um eine fokussierte Umsetzung der Datenschutzbestimmungen zu erreichen. Künftig ist es ausreichend, wenn dieser von der Konzernleitung für sämtliche Unternehmen bestellt wird. Eine **gesonderte Ernennung** durch die einzelnen Gesellschaften der Unternehmensgruppe ist dann (ebenso wie als actus contrarius die gesonderte Abberufung) nicht mehr erforderlich.[28]

31 Als Voraussetzung für die Bestellung eines Konzerndatenschutzbeauftragten muss nach Abs. 2 die **leichte Erreichbarkeit** des Konzerndatenschutzbeauftragten aus den einzelnen Niederlassungen heraus gewährleis-

---

24 Vgl. *Art.-29-Gruppe*, WP 243, S. 10.
25 Vgl. *Art.-29-Gruppe*, WP 243, S. 10 f. mit weiteren Bsp.
26 Vgl. Düsseldorfer Kreis, Entschließung vom 25./26. April 2018.
27 Vgl. Simitis/*ders.* § 4 f Rn. 36; sowie umfassend *Braun-Lüdicke*, Der Konzerndatenschutzbeauftragte, 2009.
28 Vgl. Ehmann/Selmayr/*Heberlein* Art. 37 Rn. 29.

tet sein. Mit dieser Anforderung soll sichergestellt werden, dass sich die Beschäftigten **ohne größeren Aufwand** an den Konzerndatenschutzbeauftragten wenden können. Dies erfordert nicht, dass dieser innerhalb kurzer Zeit auch in den einzelnen Niederlassungen **physisch präsent ist**.[29] Es genügt, wenn der Konzerndatenschutzbeauftragte für die Beschäftigten in einer Niederlassung entweder physisch oder aber **per Telefon oder anderer Kommunikationsmittel (E-Mail) erreichbar** ist[30] und innerhalb angemessener Zeit reagiert. Sofern sich aus der Anfrage weitergehender Klärungsbedarf ergibt, der ein persönliches Gespräch erfordert, muss der Konzerndatenschutzbeauftragte im Rahmen seiner Termine vor Ort einen Besprechungstermin einplanen.

Weiterhin ist auch nicht erforderlich, dass der Konzerndatenschutzbeauftragte die jeweilige **Landessprache** 32 beherrscht; dies wäre bei multinationalen Konzernen eine **kaum zu erfüllende Anforderung**. In jedem Fall muss der Konzerndatenschutzbeauftragte die für den Konzern vorgegebene Sprache – somit meist Englisch – beherrschen. Der Verweis auf die Aufgabe des Datenschutzbeauftragten, auch als Ansprechpartner für Betroffene (Art. 38 Abs. 4 → Art. 38 Rn. 43 ff.) und die Aufsichtsbehörden (Art. 39 Abs. 1 lit. d → Art. 39 Rn. 35) zur Verfügung zu stehen, führt zu keiner anderen Bewertung.[31]

Es muss aber in der Praxis sichergestellt sein, dass der Konzerndatenschutzbeauftragte in der jeweiligen 33 Landessprache mit den Betroffenen und/oder den Aufsichtsbehörden kommunizieren kann,[32] was auch durch einen **Übersetzungsdienstleister** oder durch **Mitarbeiter** mit den entsprechenden Sprachkenntnissen sichergestellt werden kann. Der Konzern darf nicht aufgrund der Bestellung eines Konzerndatenschutzbeauftragten besser gestellt werden als das Einzelunternehmen; zudem müssen die Hürden niedrig gehalten werden, dass sich Mitarbeiter an den Datenschutzbeauftragten wenden.

In der Praxis wurde dies regelmäßig unter den Bestimmungen der DSRL bzw. des BDSG aF so umgesetzt, 34 dass der Konzerndatenschutzbeauftragte über einen **größeren Stab von Mitarbeitern** sowohl in der Zentrale als auch den angeschlossenen Unternehmen verfügt. Zudem wurden auch **Datenschutz-Koordinatoren** in den einzelnen Betriebsstätten ernannt. Entsprechende Prozesse zur Beantwortung von Anfragen Betroffener oder von Aufsichtsbehörden waren regelmäßig im Rahmen des Datenschutzmanagements zu implementieren. Insofern musste bei Anfragen Betroffener dann ggf. eine Übersetzung der Anfrage vorgenommen werden, sofern nicht vor Ort Datenschutz-Koordinatoren über Kenntnisse in der Landessprache verfügen und die Beantwortung der Anfrage gemäß den internen Regeln übernehmen. Die Einrichtung eines Konzerndatenschutzbeauftragten erforderte sodann auch **die Bereitstellung von entsprechenden Ressourcen, insbes. auch von Hilfs- und Korrespondenzpersonal**, damit der Konzerndatenschutzbeauftragte seinen Aufgaben wirksam nachkommen kann.[33] Diese Praxis wird auch unter der DSGVO fortgeführt werden können.

Nach Abs. 2 muss die Erreichbarkeit aus der Niederlassung sichergestellt sein, nicht aber die **Erreichbarkeit** 35 **für Betroffene**, die sich auch außerhalb des Konzerns befinden können. Für diese genügt die **Veröffentlichung der Kontaktdaten** des Konzerndatenschutzbeauftragten und die leichte Erreichbarkeit mittels der üblichen Kommunikationsmittel.[34] Regelmäßig verfügen derartige Unternehmensgruppen auch über ein gemeinsames Intranet. Hier sollte der Konzerndatenschutzbeauftragte präsent sein und neben den allgemeinen Ausführungen auch die Kontaktdaten kommunizieren.

IV. Gemeinsamer Datenschutzbeauftragter von Behörden (Abs. 3)

Nach Abs. 3 können auch Behörden oder öffentliche Stellen einen gemeinsamen – internen oder externen – 36 Datenschutzbeauftragten benennen, sofern dies nach der **Organisationsstruktur bzw. der Größe** angemessen ist. Schon bislang sahen einige LDSGe die Möglichkeit vor, dass mehrere öffentliche Stellen einen gemeinsamen Datenschutzbeauftragten bestellen können.[35] Da öffentliche Stellen generell nach Abs. 1 lit. a einer Bestellpflicht eines Datenschutzbeauftragten unterliegen, wollte der Gesetzgeber der **Arbeits- und Personalsituation bei kleineren Behörden** oder Einrichtungen – etwa bei Grundschulen – und bei Organisationen mit wenigen personenbezogenen Daten nachkommen.[36] Eine Ernennung eines Datenschutzbeauftragten darf allerdings nur in dem Umfang erfolgen, wie eine **Aufgabenerfüllung** durch ihn bei den einzelnen Behörden **auch sichergestellt** ist.[37]

---

29 So aber Kühling/Buchner/*Bergt* Art. 37 Rn. 28; Ehmann/Selmayr/*Heberlein* Art. 37 Rn. 30.
30 Ebenso *Art.-29-Gruppe*, WP 243, S. 12.
31 So auch Sydow/*Helfrich* Art. 37 Rn. 99ff. Anders Kühling/Buchner/*Bergt* Art. 37 Rn. 29; Paal/Pauly/*Paal* Art. 37 Rn. 10; *Bittner* RDV 2014, 183 (184).
32 Vgl. *Art.-29-Gruppe*, WP 243, S. 12.
33 Vgl. Ehmann/Selmayr/*Heberlein* Art. 37 Rn. 30; Gola/*Klug* Art. 37 Rn. 17.
34 Vgl. *Art.-29-Gruppe*, WP 243, S. 12.
35 Vgl. etwa § 11 Abs. 1 SächsDSG; Art. 25 BayDSG.
36 Vgl. zur vergleichbaren Regelung im BayDSG Wilde et al./*Wilde* BayDSG Art. 25 Rn. 20.
37 So auch Kühling/Buchner/*Bergt* Art. 37 Rn. 30.

V. Weitere Fälle fakultativer und verpflichtender Benennung (Abs. 4)

37 **1. Fakultative Bestellung jenseits von Abs. 1.** Abs. 1 S. 1 Hs. 1 stellt zunächst klar, dass Abs. 1 nicht so zu verstehen ist, dass Verantwortliche und Auftragsverarbeiter ausschließlich in den verpflichtenden Fällen einen Datenschutzbeauftragten benennen dürfen. Wenn nicht verpflichtete Unternehmen dies als sinnvoll erachten, können sie eine solche Benennung durchführen. In diesem Fall gelten allerdings die weiteren **Anforderungen der DSGVO nur mit Modifikationen:** Im Hinblick auf die Aufgaben und auch die Stellung des Datenschutzbeauftragten gelten die Vorgaben der DSGVO auch für den freiwillig bestellten Datenschutzbeauftragten. Eine **Ausnahme** wird für die **Abberufung** des Datenschutzbeauftragten gelten. Da keine Pflicht zur Bestellung besteht, wird das Unternehmen den Datenschutzbeauftragten auch jederzeit abberufen können.[38] Für das nationale Recht bestimmt § 38 Abs. 2 BDSG nF, dass die Regelungen zur Verschwiegenheitspflicht und zum Zeugnisverweigerungsrecht (§ 6 Abs. 5 S. 2, Abs. 6 BDSG nF) auch für die freiwillige Benennung gelten, nicht aber der Abberufungs- und Kündigungsschutz nach § 6 Abs. 4 BDSG nF.

38 **2. Datenschutzbeauftragter eines Verbandes.** Darüber hinaus sieht Abs. 4 S. 1 Hs. 1 auch vor, dass Verbände und andere Vereinigungen, die Verantwortliche oder Auftragsverarbeiter vertreten (→ Art. 40 Rn. 33), entsprechende Datenschutzbeauftragte benennen können. Der Bedeutungsgehalt dieser Regelung erschließt sich nicht auf Anhieb. Dass Verbände und Vereinigungen, sofern sie selbst Verantwortliche nach Art. 4 Nr. 7 sind, einen solchen bestellen „können", sollte jedenfalls nicht als Privilegierung gegenüber Abs. 1 verstanden werden – wenn nach Abs. 1 eine Pflicht besteht, gilt sie auch für Verbände und Vereinigungen. Die einzig sinnvolle Auslegung von Abs. 4 besteht dann darin, dass Verbände und vergleichbare Vereinigungen **für ihre Mitglieder einen gemeinsamen Datenschutzbeauftragten** bestellen können. Dieser wäre für die Mitglieder dann ein externer Datenschutzbeauftragter. Mit dem **Wortlaut** der Norm ist dies allerdings nur begrenzt vereinbar.[39] Diese ist dahin gehend zu verstehen, dass die Verbände einen solchen in Vorschlag bringen können, die Mitglieder aber dann diesen einzeln bestellen müssen. In der Folge bestellen dann mehrere Mitglieder denselben externen Datenschutzbeauftragten.

39 **3. Weitergehende Bestellpflicht nach nationalem Datenschutzrecht.** Nach Abs. 4 Hs. 2 besteht die Möglichkeit für Mitgliedstaaten, strengere Bestellpflichten im nationalen Datenschutzrecht vorzusehen. Von dieser Option hat Deutschland mit der Regelung in § 38 Abs. 1 BDSG nF[40] Gebrauch gemacht und die bisherigen, gegenüber der DSGVO strikteren Vorstellungen zumindest zum Teil aufrechterhalten. Danach muss der Verantwortliche oder ein Auftragsverarbeiter einen Datenschutzbeauftragten benennen, soweit sich in der Regel mindestens zehn Personen ständig mit der automatisierten Verarbeitung personenbezogener Daten beschäftigen. Weiterhin sieht diese Regelung eine Bestellpflicht vor, wenn der Verantwortliche bzw. der Auftragsverarbeiter Datenverarbeitungen vornimmt, die einer **Datenschutz-Folgenabschätzung nach Art. 35** unterliegen oder personenbezogene Daten geschäftsmäßig zum Zwecke der Übermittlung, der anonymisierten Übermittlung oder für Zwecke der Markt- oder Meinungsforschung verarbeiten. In diesen Fällen haben die Verantwortlichen oder Auftragsverarbeiter unabhängig von der Anzahl der Beschäftigten einen Datenschutzbeauftragten zu benennen. Mit § 38 Abs. 1 BDSG nF hat der Gesetzgeber im Wesentlichen die Regelung in § 4 f Abs. 1 BDSG aF beibehalten; dabei wurde lediglich die bisherige Bestellpflicht beim Vorliegen einer Vorabkontrolle gegen die Datenschutz-Folgenabschätzung ausgetauscht.

40 Eine Bestellpflicht liegt vor, sofern in der Regel mindestens die gesetzlich vorgeschriebene Mindestzahl an zehn Personen, die mit der Datenverarbeitung betraut sind, erreicht wird. **Vorübergehende Schwankungen** in der Mitarbeiterzahl wirken sich nicht auf die Bestellpflicht aus. Sofern die Anzahl der bei der Verarbeitung beschäftigten Personen im Normalfall nicht unter zehn liegt, entfällt die Bestellpflicht.[41] Eine **temporäre Unterschreitung** stellt insofern nicht die Verpflichtung infrage, einen Datenschutzbeauftragten zu bestellen, noch beendet sie die Tätigkeit eines bereits bestellten Datenschutzbeauftragten.

41 Weiterhin müssen die in Betracht kommenden Personen **ständig** mit den spezifischen Aufgaben einer automatisierten Datenverarbeitung befasst sein. Es kommt damit nicht darauf an, dass die betroffenen Personen ausschließlich mit der Verarbeitung personenbezogener Daten betraut sind. Wer aber **nur gelegentlich** mit der Datenverarbeitung zu tun hat, zählt nicht zu den Personen, die bei Bestimmung der gesetzlich vorgesehenen Mindestzahl zu berücksichtigen sind.[42] Das Gesetz verlangt ausdrücklich eine ständige Beschäftigung

---

38 Weitergehend Kühling/Buchner/*Bergt* Art. 37 Rn. 26, der sich für eine umfassende Geltung von Art. 38, 39 ausspricht. Nach Ehmann/Selmayr/*Heberlein* Art. 37 Rn. 11 sind „[u]nabhängig davon, ob die Benennung aufgrund einer Rechtspflicht oder freiwillig erfolgt, [...] in allen Fällen die Vorgaben der DS-GVO über den Datenschutzbeauftragten zwingend einzuhalten."

39 So auch Kühling/Buchner/*Bergt* Art. 37 Rn. 31.

40 Eine Gegenüberstellung der Regelungen zum Datenschutzbeauftragten für öffentliche Stellen nach DSGVO, JI-Richtlinie und BDSG nF liefert *Johannes* ZD-Aktuell 2017, 05794.

41 So zum BDSG aF Simitis/*ders.* § 4 f Rn. 19.

42 Vgl. zum BDSG aF Simitis/*ders.* § 4 f Rn. 23.

mit der Verarbeitung personenbezogener Daten. **Voll- und Teilzeitbeschäftigte** sind gleichermaßen einzubeziehen. Auf den **Anteil der für die Datenverarbeitung aufgewendeten Arbeitszeit** kommt es ebenfalls nicht
weiter an.[43] Anders als in Abs. 1 angesprochen, müssen diese Personen aber **nicht im Kernbereich** des Unternehmens mit Datenverarbeitung beschäftigt sein. Damit unterfallen auch Unternehmen nach nationalem
Recht der Bestellpflicht, bei denen sich die Kerntätigkeit nicht mit Datenverarbeitung befasst, aber zehn
oder mehr Personen damit befasst sind, zB Personalverwaltung mit Automatisierung zu betreiben.

Ein weiterer Fall der Bestellpflicht liegt vor, sofern Unternehmen eine Datenschutz-Folgenabschätzung nach 42
Art. 35 vornehmen müssen. Die Pflicht zur Datenschutz-Folgenabschätzung knüpft an bestimmte **risikogeneigte Verarbeitungen** an. In diesen Fällen will der deutsche Gesetzgeber, dass als zusätzliches Schutzinstrument ein Datenschutzbeauftragter bestellt wird. Da zudem die Aufsichtsbehörden nach Art. 35 Abs. 4 in gewissen Grenzen selbst festlegen können, in welchen Fällen eine Datenschutz-Folgenabschätzung vorzunehmen ist (→ Art. 35 Rn. 47ff.), können sie künftig zumindest teilweise auch auf die Pflicht zur Benennung
von Datenschutzbeauftragten in Deutschland Einfluss nehmen.

Die Regelung in § 38 Abs. 1 BDSG nF nimmt zudem noch Bezug auf ein **Relikt des BDSG aF.** Eine Pflicht 43
zur Benennung eines Datenschutzbeauftragten wird für Unternehmen eingeführt, die personenbezogene Daten „geschäftsmäßig zum Zwecke der Übermittlung, der anonymisierten Übermittlung oder für Zwecke der
Markt- und Meinungsforschung vornehmen". Diese Formulierung knüpft an die Datenverarbeitung nach
§§ 29, 30 und 30a BDSG aF an. Damit unterwirft der Gesetzgeber wie bisher die Unternehmen einer
Pflicht zur Benennung eines Datenschutzbeauftragten, die etwa als Adresshändler oder als Auskunftei und
in der Markt- und Meinungsforschung tätig sind (→ Anh. 2 zu Art. 6 Rn. 63, 64, → Anh. 4 zu Art. 6
Rn. 1ff.).

Mit dem Inkrafttreten der DSGVO ist die Unterteilung in Unternehmen, die für eigene Zwecke Daten ver- 44
arbeiten und solche, deren Hauptgegenstand die Datenverarbeitung ist, da sie Daten zum Zwecke der Übermittlung verwenden, entfallen; ebenso kennt die DSGVO zB Markt- und Meinungsforschung nicht. Insofern wäre es konsequent, auf **Bezugnahmen auf das BDSG aF insgesamt zu verzichten.** An anderer Stelle
hat der Gesetzgeber konsequenter gehandelt, wie die Einführung einer neuen Regelung zu Scoring und Bonitätsauskünften in § 31 BDSG nF zeigt. Zudem stellt sich die Frage, ob eine derartige Regelung überhaupt
erforderlich ist. Sollten derartige Unternehmen unter die Grenze von 10 Personen fallen, dürfte schon regelmäßig aufgrund der Kritikalität der Datenverarbeitung eine Bestellpflicht nach Abs. 1 lit. b vorliegen.

VI. Qualifikation des Datenschutzbeauftragten (Abs. 5)

Abs. 5 benennt das erforderliche Maß der Qualifikation eines betrieblichen oder behördlichen Datenschutz- 45
beauftragten.[44] Danach muss der Datenschutzbeauftragte **im Zeitpunkt der Benennung** über die erforderliche berufliche Qualifikation und insbes. über ein entsprechendes Fachwissen im Gebiet des Datenschutzrechts und der Datenschutzpraxis verfügen. Beides muss sich über die DSGVO hinaus auf das **übrige Datenschutzrecht der Union und des jeweiligen Mitgliedstaats** erstrecken, da auch diese Bereiche Teil der Bera-
tungs- und Überwachungsaufgaben nach Art. 39 Abs. 1 lit. a und b sind (→ Art. 39 Rn. 7ff.).

Dieses Fachwissen muss der Datenschutzbeauftragte zum **Zeitpunkt seiner Bestellung** bereits aufweisen. Er 46
kann sich vorab in geeigneten Lehrgängen sowohl die Kenntnis im Datenschutzrecht als auch das Fachwissen zur Datenschutzpraxis aneignen. Hierzu gehören nunmehr auch Kenntnisse im **Risikomanagement,** da
der Datenschutzbeauftragte nach Art. 39 Abs. 2 verpflichtet ist, bei Erfüllung seiner Aufgaben die mit der
Datenverarbeitung verbundenen Risiken zu berücksichtigen.[45] Der **Umfang der Qualifikation** des Datenschutzbeauftragten richtet sich maßgeblich nach den **durchgeführten Datenverarbeitungen** und dem **Schutzbedarf** der vom Verantwortlichen bzw. Auftragsverarbeiter verarbeiteten Daten, wie EG 97 bestätigt. Sofern ein höheres Risiko mit der Datenverarbeitung verbunden ist, wobei nach Art. 39 Abs. 2 Art, Umfang,
Umstände und Zwecke der Datenverarbeitung zu berücksichtigen sind, muss auch eine höhere Qualifikation des betrieblichen oder behördlichen Datenschutzbeauftragten vorhanden sein.

Darüber hinaus muss der Datenschutzbeauftragte befähigt sein, die Erfüllung der in Art. 39 genannten Auf- 47
gaben sicherzustellen. Dieser Aspekt betrifft neben der beruflichen Qualifikation auch die **persönliche Eignung** und damit auch die **Zuverlässigkeit** des Datenschutzbeauftragten,[46] auch wenn diese anders als in
§ 4f Abs. 2 S. 1 BDSG aF nicht mehr explizit genannt wird. Erforderlich ist ein hohes Maß an **persönlicher**

43 Vgl. zum BDSG aF Simitis/*ders.* § 4f Rn. 23 mwN.
44 Zu den Mindestanforderungen an die Fachkunde des Datenschutzbeauftragten nach BDSG aF s. Düsseldorfer Kreis, Beschluss vom
    24./25.11.2010; zu den unter BDSG aF festgestellten Qualifikationsmängeln s. *Brink* ZD 2012, 55 (58).
45 Vgl. *Klug* ZD 2016, 315 (315); Ehmann/Selmayr/*Heberlein* Art. 37 Rn. 40.
46 In diesem Sinne auch Roßnagel/*Maier/Ossoinig,* Europ. DSGVO, § 3 Rn. 347; Ehmann/Selmayr/*Heberlein* Art. 37 Rn. 40 sowie zum
    BDSG aF Simitis/*ders.* § 4f Rn. 94ff.

Integrität und Berufsethik.[47] Er muss in der Lage sein, die Ergebnisse seiner Überwachungsmaßnahme auch adäquat unternehmens- oder behördenintern zu adressieren und die Geschäfts- bzw. Behördenleitung für die Umsetzung der von ihm als erforderlich erachteten Maßnahmen zur Sicherstellung des Datenschutzes zu gewinnen. Der betriebliche oder behördliche Datenschutzbeauftragte wird nur dann erfolgreich sein, wenn er **konstruktive Wege für die Einhaltung des Datenschutzes aufzeigt** und es nicht bei einem bloßen „geht nicht" belässt. Dazu wird der betriebliche oder behördliche Datenschutzbeauftragte aber erst in der Lage sein, wenn er auch über ein ausreichendes Wissen im Datenschutzrecht verfügt und gegenüber der jeweils zuständigen Führungsebene des Unternehmens bzw. der Behörde aufzeigen kann, welche Handlungsoptionen zur Verfügung stehen und wo die Grenze hin zur Unzulässigkeit der Datenverarbeitung verläuft. Er kann auch im Rahmen seiner Beratungsfunktion eigene Lösungen für den datenschutzkonformen Einsatz von Verfahren entwickeln und vorschlagen. Ob dieser Vorschlag übernommen wird, bedarf einer entsprechenden Entscheidung des Unternehmens.

48   Der Datenschutzbeauftragte ist auch verpflichtet, für den Erhalt des erforderlichen Fachwissens zu sorgen und sich **fortzubilden.** Dies wird von Abs. 5 nicht ausdrücklich gefordert, ist aber geboten, da er sonst nicht in der Lage ist, seine Aufgaben nach Art. 38 nachhaltig zu erfüllen.[48] Das erforderliche **Fachwissen** muss nicht nur zum Zeitpunkt der Bestellung, sondern während der **gesamten Dauer der Ernennung** vorliegen. Aus diesem Grund verpflichtet Art. 38 Abs. 2 den Verantwortlichen auch zur Bereitstellung der zum Erhalt des Fachwissens erforderlichen Ressourcen.

49   Zum betrieblichen oder behördlichen Datenschutzbeauftragten können **nur natürliche Personen** ernannt werden. So spricht EG 97 etwa von Personen, die den Verantwortlichen oder Auftragsverarbeiter unterstützen sollen. Juristische Personen können nicht über die hier angeführten Qualifikationsmerkmale verfügen.[49]

VII. Benennung eines internen oder externen Datenschutzbeauftragten (Abs. 6)

50   Die Regelung in Abs. 6 bildet die derzeitige Praxis für Unternehmen in Deutschland ab, wonach sowohl Beschäftigte als interne Datenschutzbeauftragte oder aber entsprechend qualifizierte Berater als externe Datenschutzbeauftragte bestellt werden können. Die Neuregelung ist allerdings eine Erweiterung für Behörden und öffentliche Stellen, die bisher gem. § 4 f Abs. 2 S. 4 BDSG aF nur einen Bediensteten aus einer anderen öffentlichen Stelle zum Beauftragten für den Datenschutz bestellen durften.[50] Dies ist im öffentlichen Bereich weiterhin zulässig, nunmehr kommt aber auch die Bestellung eines privaten externen Datenschutzbeauftragten als Alternative hinzu.

51   Die rechtliche Ausgestaltung des Dienstverhältnisses bei betrieblichen Datenschutzbeauftragten wird durch die DSGVO nicht geregelt,[51] ebenso wenig die arbeitsrechtliche Ausgestaltung bei internen Datenschutzbeauftragten.[52] Externe Datenschutzbeauftragte erbringen ihre Tätigkeit auf Grundlage eines Dienstleistungsbzw. Geschäftsbesorgungsvertrags. Da Datenschutzbeauftragte bei Behörden eine öffentliche Aufgabe erfüllen, dürfte es sich regelmäßig um einen öffentlich-rechtlichen Vertrag handeln.

52   Die Benennung erfolgt durch den Verantwortlichen oder Auftragsverarbeiter. Er ist in seiner Entscheidung frei, sofern der Datenschutzbeauftragte über die nach Abs. 5 (→ Rn. 45 ff.) erforderliche Qualifikation verfügt und keine Interessenkollision vorliegt (Art. 38 Abs. 6 S. 2 → Art. 38 Rn. 53). Eine bestimmte **Form für die Benennung** als Datenschutzbeauftragter ist, anders als in § 4 f Abs. 1 S. 1 BDSG aF (Schriftform), nicht vorgeschrieben. Gleichwohl empfiehlt es sich zum Nachweis gegenüber Aufsichtsbehörden, eine solche Benennung schriftlich vorzunehmen. Für die Bestellung eines Datenschutzbeauftragten im öffentlichen Bereich ist das **Vergaberecht** zu beachten (→ Rn. 9).

53   Ein **Mitbestimmungsrecht** der Arbeitnehmervertretung besteht insofern nicht, es sei denn, aus dem Kollektivarbeitsrecht eines Mitgliedstaates ergibt sich ein solches Erfordernis. Dies kann nach § 99 BetrVG etwa der Fall sein, wenn ein Mitarbeiter im Rahmen einer Versetzung zum Datenschutzbeauftragten ernannt werden soll.[53] Darüber hinaus kann im Wege einer freiwilligen Betriebsvereinbarung dem Betriebsrat ein

47   Vgl. *Art.-29-Gruppe*, WP 243, S. 14.
48   Ebenso Auernhammer/*Raum* DSGVO Art. 37 Rn. 32.
49   Siehe ULD Praxisreihe „Datenschutzbestimmungen praktisch umsetzen" Nr. 2 Rn. 2.8; ebenso Ehmann/Selmayr/*Heberlein* Art. 37 Rn. 43; Kühling/Buchner/*Bergt* Art. 37 Rn. 36; *Kremer/Sander* in: Koreng/Lachenmann, Formularhandbuch Datenschutzrecht, 2018, Teil B II. Nr. 2; *Laue/Nink/Kremer*, § 6 Rn. 25; *Haag* in: Forgó/Helfrich/Schneider (Hrsg.), Betrieblicher Datenschutz, 2017, 180 ff.; ähnlich Paal/Pauly/*Paal* Art. 37 Rn. 15; anders *Knopp* DuD 2015, 98.
50   Vergleichbare Vorgaben enthalten schon bisher die LDSGe, s. etwa Art. 25 Abs. 2 BayDSG; anders dagegen § 11 Abs. 1 SächsDSG, wonach schon bisher eine Bestellung eines externen Datenschutzbeauftragten für öffentliche Stellen zulässig ist.
51   Vgl. zur Einordnung der Bestellung eines behördlichen Datenschutzbeauftragten umfassend *Gürtler-Bayer,* Der behördliche Datenschutzbeauftragte – eine Analyse rechtlicher Probleme in der Konzeption des behördlichen Datenschutzbeauftragten unter Berücksichtigung der EU-Datenschutz-Grundverordnung, 2014, S. 67 ff. sowie *Abel* MMR 2002, 289 (290 f.).
52   Vgl. hierzu ErfK/*Franzen* BDSG § 4 f Rn. 8.
53   Vgl. *Reinhard* NZA 2013, 1049 (1054).

Mitbestimmungsrecht eingeräumt werden. Das Alleinentscheidungsrecht des Verantwortlichen oder Auftragsverarbeiters kann insofern eingeschränkt werden. Hierdurch darf aber nicht die Pflicht zur Ernennung eines Datenschutzbeauftragten unterlaufen werden, sofern sich Betriebsrat und Verantwortlicher bzw. Auftragsverarbeiter nicht auf eine Person verständigen können. Hier muss in der Betriebsvereinbarung ein Verfahren vorgesehen werden, das eine zeitnahe Ernennung sicherstellt.

Für den öffentlichen Bereich sehen einige **Landesgesetze** ein **Mitbestimmungsrecht** der Personalvertretung 54
bei Benennung des Datenschutzbeauftragten vor.[54] Das **Bundespersonalvertretungsgesetz** enthält dagegen keine ausdrückliche Regelung, die eine Mitbestimmung der Personalvertretung bei Benennung des behördlichen Datenschutzbeauftragten vorsieht.

Die Benennung als interner oder externer Datenschutzbeauftragter kann und sollte aus Sicht des Verantwortlichen 55
wortlichen **befristet** erfolgen. In Art. 35 Abs. 7 KOM-E war etwa vorgesehen, dass die Ernennung für einen Zeitraum von mindestens zwei Jahren erfolgt. Das EP verlangte sogar eine Ernennung über einen Mindestzeitraum von vier Jahren bei internen und über zwei Jahre bei externen Datenschutzbeauftragten (Art. 35 Abs. 7 Parl-E). Keiner dieser Vorschläge wurde übernommen, so dass es nach geltendem Recht **weder eine konkrete Mindest-, noch eine Höchstdauer für die Bestellung** gibt. Eine unbefristete Bestellung ist damit zulässig, während eine gewisse Mindestdauer aus der Stellung und der Funktion des Datenschutzbeauftragten abgeleitet werden kann.[55] Ein zu häufiger Wechsel würde dazu führen, dass die unabhängige Stellung gefährdet wäre und gerade in größeren Unternehmen und Behörden die Aufgaben nach Art. 39 nicht mehr effektiv erfüllt werden könnten. Denn ohnehin steht der externe Datenschutzbeauftragter in einem besonderen Spannungsverhältnis, da er den Verantwortlichen zwar einerseits auf Datenschutzrechtsverstöße aufmerksam machen und ihn hinsichtlich der Einhaltung der Vorschriften beraten soll, andererseits aber im Hinblick auf den Fortbestand der Vertragsbedingungen Anreizen unterliegt, für den Verantwortlichen möglichst wenig Aufwand durch den Hinweis auf solche Problemlagen zu verursachen.

Für die Praxis lässt sich auf den Erfahrungen zum bisherigen Recht aufbauen. Insoweit war anerkannt, dass 56
eine **zeitliche Befristung** der Ernennung eines betrieblichen oder behördlichen Datenschutzbeauftragten **zulässig** war. Die im Düsseldorfer Kreis zusammengeschlossenen Aufsichtsbehörden haben sich etwa für eine **Mindestvertragslaufzeit von vier Jahren** bzw. bei Erstverträgen – wegen der Notwendigkeit der Prüfung der Eignung – für eine Vertragslaufzeit von ein bis zwei Jahren ausgesprochen.[56] Mit dieser Maßgabe sei auch die Unabhängigkeit des Datenschutzbeauftragten bei seiner Aufgabenwahrnehmung hinreichend sichergestellt. Dieses **Konzept einer zeitlichen Befristung** der Tätigkeit des Datenschutzbeauftragten über einen Zeitraum von mindestens vier Jahren bietet einen **adäquaten Kompromiss** zwischen der erforderlichen Unabhängigkeit des Datenschutzbeauftragten bei seiner Aufgabenwahrnehmung einerseits und den Interessen des Verantwortlichen oder Auftragsverarbeiters andererseits, nicht übermäßig lange an einen betrieblichen oder behördlichen Datenschutzbeauftragten gebunden zu sein.

VIII.   Abberufung und Beendigung der Tätigkeit als Datenschutzbeauftragter

Die Abberufung des Datenschutzbeauftragten ist in der DSGVO nicht geregelt. In Art. 38 Abs. 3 S. 2 findet 57
sich lediglich der Verweis, dass der Datenschutzbeauftragte nicht wegen der Erfüllung seiner Aufgaben abberufen oder sonst benachteiligt werden darf (→ Art. 38 Rn. 37). Damit ist aber noch nicht geregelt, unter welchen Voraussetzungen eine Abberufung des Datenschutzbeauftragten tatsächlich erfolgen kann.

1. Fehlende Regelung in der DSGVO und nationale Spielräume. Der deutsche Bundesgesetzgeber hat diese 58
fehlende Regelung zur Abberufung des betrieblichen oder behördlichen Datenschutzbeauftragten in der DSGVO in § 6 Abs. 4 und § 38 Abs. 2 BDSG nF für die Bereiche der Bundesverwaltung und den nicht-öffentlichen Bereich in Anlehnung an das bisherige Recht geschlossen. Da die Art. 37-39 für die Abberufung keine Öffnungsklausel für die Mitgliedstaaten enthalten, ist die **Regelungskompetenz** für dieses Vorgehen **problematisch**. Der Bundesgesetzgeber argumentiert, die Regelungen seien arbeitsrechtlicher Natur und könnten deshalb beibehalten werden.[57] Dies erscheint für den Kündigungsschutz überzeugend, für den Abberufungsschutz weniger, weil dieser datenschutzrechtlich motiviert ist.[58] Zudem unterfällt die Regelung für den Datenschutzbeauftragten im öffentlichen Bereich nicht dem Arbeitsrecht, sondern dem öffentlichen Dienstrecht.

54   Vgl. etwa § 66 Nr. 6 BBGPersVG; § 71 Abs. 3 Nr. 1 b BWLPVG; § 72 Abs. 4 Nr. 6 NWPVG; § 67 Abs. 1 Nr. 6 NPersVG; § 80 Abs. 2 Nr. 8 RPLPersVG.
55   So auch Kühling/Buchner/*Bergt* Art. 38 Rn. 29.
56   Vgl. Beschluss der obersten Aufsichtsbehörden für den Datenschutz im öffentlichen Bereich vom 24./25.11.2010.
57   BT-Drs. 18/11325, 82.
58   Kritisch im Hinblick auf die Regelungsbefugnis auch *Kühling/Martini et al.*, S. 330.

59   **2. Abberufung aus wichtigem Grund.** Nach § 6 Abs. 4 S. 1 BDSG nF (bei Unternehmen iVm § 38 Abs. 2 BDSG nF) ist die Abberufung des öffentlichen oder privaten Datenschutzbeauftragten **nur über entsprechende Anwendung des § 626 BGB zulässig**. Damit sind die Regeln zur fristlosen Kündigung aus wichtigem Grund auch auf die Abberufung des Datenschutzbeauftragten anwendbar. Als zusätzliches Schutzinstrument über den Abberufungsschutz hinaus wurde auch ein **besonderer Kündigungsschutz** normiert, der ein Jahr nach Ende der Tätigkeit als Datenschutzbeauftragter nachwirkt (§ 6 Abs. 4 S. 2 und 3 BDSG nF (→ Art. 38 Rn. 36). Der Gesetzgeber hat damit die bisherige Regelung des § 4 f Abs. 3 S. 4–6 BDSG aF übernommen.[59]

60   Der Widerruf der Ernennung zum betrieblichen oder behördlichen Datenschutzbeauftragten in entsprechender Anwendung des § 626 BGB setzt voraus, dass ein **wichtiger Grund** mit der Funktion des Datenschutzbeauftragten zusammenhängt und die weitere Ausübung unmöglich machen oder gefährden würde. **Schwerwiegende Versäumnisse** bei der Beratung des Verantwortlichen oder Auftragsverarbeiters, eine **systematische Vernachlässigung der Prüfung** einzelner Datenverarbeitungsbereiche, **nachträglich festgestellte Mängel** der Fachkunde, **Verstöße gegen Verschwiegenheitspflichten** und die **beharrliche Weigerung, Beratungs- oder Kontrollverpflichtungen** zu erfüllen, sind typische Beispiele für schwerwiegende Gründe.[60] Ein Zerwürfnis mit der Unternehmens- oder Behördenleitung kann aber nicht als wichtiger Grund dienen, auch wenn dadurch die Effektivität der Tätigkeit des Datenschutzbeauftragten beeinträchtigt ist, weil ansonsten die Beschränkung des Widerrufs der Ernennung einseitig umgangen werden könnte.

61   Bei externen Beauftragten beendet der Widerruf der Ernennung gleichzeitig auch ihre vertragliche Beziehung zum Verantwortlichen oder Auftragsverarbeiter. Ein Widerruf darf während der vorgesehenen vertraglichen Dauer grundsätzlich nur erfolgen, wenn "wichtige Gründe" vorliegen. Auch hier gilt, dass die Unabhängigkeit in der Aufgabenwahrnehmung durch die Bezugnahme auf § 626 BGB während der vorgesehenen Mindestlaufzeit des Vertrages abgesichert ist.

62   **3. Befristung und Abberufung bei unbefristeter Bestellung.** Im Fall einer unbefristet vorgenommenen Bestellung stellt sich die Frage, wann in diesen Fällen eine Abberufung eines Datenschutzbeauftragten erfolgen kann. Nach § 6 Abs. 4 S. 1 BDSG nF – ggf. iVm § 38 Abs. 2 BDSG nF – ist eine Abberufung nur unter entsprechender Anwendung von § 626 BGB zulässig. Sofern der Verantwortliche keine zulässige befristete Bestellung des Datenschutzbeauftragten vorgenommen hat und kein wichtiger Grund für eine Abberufung des Datenschutzbeauftragten vorliegt, wäre das Unternehmen an den internen Datenschutzbeauftragten bis zum Eintritt in den Ruhestand gebunden. Hier stellt sich aber die Frage, ob die Regelung in § 6 Abs. 4 S. 1 BDSG nF noch von einer Öffnungsklausel gedeckt ist. Die DSGVO enthält – mit Ausnahme des Abberufungsschutzes wegen der Erfüllung seiner Aufgaben in Art. 38 Abs. 3 S. 2 – keine Angaben dazu, wie und wann ein Datenschutzbeauftragter abberufen oder durch eine andere Person ersetzt werden darf.[61]

63   **4. Sonstige Fälle der Beendigung des Amtes.** Darüber hinaus endet die Benennung dann, wenn der Datenschutzbeauftragte sein Amt **niederlegt**. Dieser Fall ist zwar nicht explizit in der DSGVO geregelt. Auch im BDSG nF findet sich keine entsprechende Regelung. Die Möglichkeit, das Amt des Datenschutzbeauftragten niederzulegen, ergibt sich bei internen Datenschutzbeauftragten daraus, dass sie nicht gegen ihren Willen verpflichtet werden können, dieses Amt weiter fortzuführen.[62] Eine solche Niederlegung wird beim externen Datenschutzbeauftragten im Zweifel auch eine Kündigung des Vertrages umfassen.[63] Der Datenschutzbeauftragte muss dem Unternehmen ausreichend Zeit für die Benennung eines Nachfolgers einräumen, es sei denn, eine sofortige Beendigung der Tätigkeit aus wichtigem Grund ist geboten.[64] Externe Datenschutzbeauftragte sind an die Beachtung der vertraglich vereinbarten **Kündigungsfrist** gebunden, es sei denn die Voraussetzungen für eine Kündigung aus wichtigem Grund liegen vor.

64   Die einseitige Beendigung setzt genauso wie die einvernehmliche Auflösung der Benennung eine ausdrücklich auf die Benennung bezogene Erklärung voraus. Schon aus Nachweisgründen sollte diese schriftlich erfolgen.

65   Die **Abberufung** des betrieblichen Datenschutzbeauftragten **auf Verlangen der Aufsichtsbehörde** ist in der DSGVO nicht vorgesehen. Der deutsche Gesetzgeber hat eine solche Befugnis aber in § 40 Abs. 6 S. 2 BDSG nF normiert und insoweit § 4 f Abs. 3 S. 4 BDSG aF übernommen. Eine Abberufung auf Verlangen der Aufsichtsbehörde kann daher erfolgen, sofern der Datenschutzbeauftragte nicht über die erforderliche

59 S. die Begründung, BT-Drs. 18/11325, 82.
60 So auch Simitis/*ders.* § 4 f Rn. 183.
61 Vgl. *Art.-29-Gruppe*, WP 243 rev. 01, S. 19.
62 So zum BDSG aF Simitis/*ders.* § 4 f Rn. 179.
63 Vgl. Kühling/Buchner/*Bergt* Art. 37 Rn. 41.
64 Vgl. Kühling/Buchner/*Bergt* Art. 37 Rn. 41; zum BDSG aF: Simitis/*ders.* § 4 f Rn. 179.

Fachkunde verfügt oder ein Fall der Interessenkollision vorliegt.[65] Angesichts einer **fehlenden Öffnungs-klausel** hierfür dürfte die Regelung **europarechtswidrig** sein.

Der Datenschutzbeauftragte ist für ein Unternehmen bestellt. Erlischt dieses Unternehmen, erlischt auch die   66
Bestellung des Datenschutzbeauftragten. Ein Übergang der Funktion findet nicht statt.[66] Die Bestellung
muss nicht noch gesondert widerrufen werden. Ein klassisches Beispiel ist die **Verschmelzung von Unternehmen**, wodurch die bisherigen Datenschutzbeauftragten ihr Amt verlieren.[67] Die neue Stelle ist verpflichtet, einen eigenen Datenschutzbeauftragten zu bestellen, der die gesetzlichen Anforderungen erfüllt.

IX. Veröffentlichung von Kontaktdaten (Abs. 7)

Neu ist die Vorgabe in Abs. 7, wonach der Verantwortliche oder der Auftragsverarbeiter die Kontaktdaten   67
des Datenschutzbeauftragten zu veröffentlichen und diese der Aufsichtsbehörde mitzuteilen haben. Eine besondere Form der Veröffentlichung ist nicht vorgeschrieben. Aus funktionaler Sicht sollte diese im Intra-und Internet erfolgen.[68]

Gefordert ist nach dem Wortlaut der DSGVO lediglich die Veröffentlichung der Kontaktdaten, somit der   68
Daten, die zur **Kontaktaufnahme mit dem Datenschutzbeauftragten erforderlich** sind. Eine **namentliche
Nennung** ist **nicht gefordert**, gleichwohl sinnvoll, um auch dem Betroffenen bzw. der Aufsichtsbehörde gegenüber aufzuzeigen, wer konkret die Aufgabe des Datenschutzbeauftragten übernommen hat und so ein
weitergehendes Vertrauen zu schaffen.[69] Gleiches gilt auch im Rahmen der Konsultation nach Art. 36
Abs. 3 lit. d (Konsultation → Art. 36 Rn. 33). Die Veröffentlichung des Namens ist auch ohne Einwilligung
des Datenschutzbeauftragten nach Art. 6 Abs. 1 lit. e. zulässig. Eine namentliche Benennung des Datenschutzbeauftragten ist dagegen nach Art. 30 Abs. 1 lit. a und Abs. 2 lit. a (Verzeichnisse → Art. 30 Rn. 18),
Art. 33 Abs. 3 lit. b (Meldung bei Verlust von personenbezogenen Daten) erforderlich, es sei denn, es wird
eine andere Anlaufstelle für weitere Informationen mitgeteilt (→ Art. 33 Rn. 20).

X. Sanktionen, Durchsetzung und Rechtsschutz

Eine unzureichende Ernennung eines betrieblichen Datenschutzbeauftragten kann nach Art. 83 Abs. 4 lit. a   69
mit Geldbußen von bis zu 10 Mio. Euro bzw. bis zu 2 % des gesamten weltweit erzielten Jahresumsatzes
des vorangegangenen Geschäftsjahres geahndet werden. Eine unzureichende Benennung liegt etwa vor,
wenn ein nicht hinreichend qualifizierter Datenschutzbeauftrager ernannt wird. Weiterhin kann eine Geldbuße verhangen werden, wenn er entgegen den Vorgaben aus Abs. 3 nicht leicht erreichbar ist oder nach
Abs. 7 gegenüber der Aufsichtsbehörde nicht benannt wird.

Sofern die Aufsichtsbehörde die Abberufung eines Datenschutzbeauftragten durchsetzt und die Ernennung   70
eines entsprechend qualifizierten Datenschutzbeauftragten anordnet, stehen dem Verantwortlichen oder
Auftragsverarbeiter gerichtliche Rechtshelfe nach Art. 78 Abs. 1 zur Verfügung. Hier kann der Verantwortliche bzw. Auftragsverarbeiter insbes. darauf verweisen, dass die **Regelung zur Abberufung** des Datenschutzbeauftragten aufgrund einer fehlenden Öffnungsklausel **europarechtswidrig** sein könnte (→ Rn. 64).

Die DSGVO sieht keinen speziellen Rechtsbehelf des Datenschutzbeauftragten gegen den Verantwortlichen   71
bzw. den Auftragsverarbeiter vor. Der **Rechtsschutz des Datenschutzbeauftragten** etwa gegen eine rechtswidrige Abberufung beurteilt sich daher nach den allgemeinen Regeln, dh für den Rechtsweg nach dem zugrunde liegenden Rechtsverhältnis. Für derartige gerichtliche Auseinandersetzungen sind in Deutschland
bei internen betrieblichen Datenschutzbeauftragten die Arbeitsgerichte bzw. bei externen wie internen behördlichen Datenschutzbeauftragten die Verwaltungsgerichte zuständig. Bei externen betrieblichen Datenschutzbeauftragten sind hingegen die Zivilgerichte zuständig.[70]

Ein Betroffener kann kein Rechtsmittel ergreifen, wenn ein Unternehmen einen Datenschutzbeauftragten   72
trotz entgegenstehender Verpflichtung nicht bestellt hat. Er muss sich in diesem Fall an die Aufsichtsbehörde wenden oder kann – bei fehlendem behördlichem Datenschutzbeauftragten – auch die nächsthöhere Behörde informieren. Die Datenverarbeitung wird aufgrund der fehlenden Bestellung eines Datenschutzbeauftragten aber nicht rechtswidrig, auch wenn dem Unternehmen die og Sanktionen drohen.

65   Vgl. zum BDSG aF: BeckOK DatenschutzR/*Brink* BDSG aF § 38 Rn. 81ff.
66   Vgl. BAG NJW 2011, 476 Rn. 26.
67   Vgl. BAG NJW 2011, 476 für die Fusion von Ortskrankenkassen; s. zum BDSG aF: Simitis/*ders.* § 4 f Rn. 200.
68   *Weichert* CuA 4/2016, 8 (10). Weitergehend Kühling/Buchner/*Bergt* Art. 37 Rn. 37: sogar Pflicht zur Publikation auf Webseite.
69   So auch Kühling/Buchner/*Bergt* Art. 37 Rn. 38.
70   Vgl. Simitis/*ders.* § 4 f Rn. 201.

Artikel 38   Stellung des Datenschutzbeauftragten

(1) Der Verantwortliche und der Auftragsverarbeiter stellen sicher, dass der Datenschutzbeauftragte ordnungsgemäß und frühzeitig in alle mit dem Schutz personenbezogener Daten zusammenhängenden Fragen eingebunden wird.

(2) Der Verantwortliche und der Auftragsverarbeiter unterstützen den Datenschutzbeauftragten bei der Erfüllung seiner Aufgaben gemäß Artikel 39, indem sie die für die Erfüllung dieser Aufgaben erforderlichen Ressourcen und den Zugang zu personenbezogenen Daten und Verarbeitungsvorgängen sowie die zur Erhaltung seines Fachwissens erforderlichen Ressourcen zur Verfügung stellen.

(3) [1]Der Verantwortliche und der Auftragsverarbeiter stellen sicher, dass der Datenschutzbeauftragte bei der Erfüllung seiner Aufgaben keine Anweisungen bezüglich der Ausübung dieser Aufgaben erhält. [2]Der Datenschutzbeauftragte darf von dem Verantwortlichen oder dem Auftragsverarbeiter wegen der Erfüllung seiner Aufgaben nicht abberufen oder benachteiligt werden. [3]Der Datenschutzbeauftragte berichtet unmittelbar der höchsten Managementebene des Verantwortlichen oder des Auftragsverarbeiters.

(4) Betroffene Personen können den Datenschutzbeauftragten zu allen mit der Verarbeitung ihrer personenbezogenen Daten und mit der Wahrnehmung ihrer Rechte gemäß dieser Verordnung im Zusammenhang stehenden Fragen zu Rate ziehen.

(5) Der Datenschutzbeauftragte ist nach dem Recht der Union oder der Mitgliedstaaten bei der Erfüllung seiner Aufgaben an die Wahrung der Geheimhaltung oder der Vertraulichkeit gebunden.

(6) [1]Der Datenschutzbeauftragte kann andere Aufgaben und Pflichten wahrnehmen. [2]Der Verantwortliche oder der Auftragsverarbeiter stellt sicher, dass derartige Aufgaben und Pflichten nicht zu einem Interessenkonflikt führen.

Literatur: *Art.-29-Gruppe*, Leitlinien in Bezug auf Datenschutzbeauftragte, 16/DE WP 243 rev 01; *Jaspers, A./Reif, Y.*, Der Datenschutzbeauftragte nach der Datenschutz-Grundverordnung: Bestellpflicht, Rechtsstellung und Aufgaben, RDV 2016, 61; *Lambert, P.*, The Data Protection Officer: Profession, Rules, and Role, 2016; *Renz, H. T./Frankenberger, M.*, Compliance und Datenschutz – Ein Vergleich der Funktionen unter Berücksichtigung eines risikobasierten Ansatzes, ZD 2015, 158; *Schefzig, J.*, Der Datenschutzbeauftragte in der betrieblichen Datenschutzorganisation – Konflikt zwischen Zuverlässigkeit und datenschutzrechtlicher Verantwortung, ZD 2015, 503; *Wybitul, T.*, Welche Folgen hat die EU-Datenschutz-Grundverordnung für Compliance?, CCZ 2016,194; *Wybitul, T./von Gierke, L.*, Checklisten zur DSGVO – Teil 2: Pflichten und Stellung des Datenschutzbeauftragen im Unternehmen, BB 2017, 181.

I. Normzweck und Gesetzgebungsgeschichte

1 Die besondere Rolle des Datenschutzbeauftragten als Instrument einer **staatlich vorgegebenen Selbstkontrolle** des Verantwortlichen bzw. Auftragsverarbeiters kann nur wirksam sein, wenn der Datenschutzbeauftragte umfassend unterstützt und in die betrieblichen bzw. behördeninternen Prozesse eingebunden wird. Nur so kann der Datenschutzbeauftragte auch seinen von der DSGVO vorgesehenen Aufgaben nachkommen und eine aktive Rolle in der Ausgestaltung der Datenverarbeitungsprozesse wahrnehmen.[1] Mit diesen Vorgaben nicht vereinbar ist eine Verdrängung bzw. ein Abschieben des Datenschutzbeauftragten auf eine

---

[1] Ebenso Kühling/Buchner/*Bergt* Art. 38 Rn. 1 f.

Rolle, in der er den zur Bewertung der Verfahren erforderlichen Informationen nachlaufen muss bzw. erst gar nicht über die Einführung neuer Technologien, Softwareapplikationen, informationstechnischer Dienste oder organisatorischer Änderungen informiert wird.

Wichtig ist die Einbeziehung des Datenschutzbeauftragten auch vor dem Hintergrund seiner **Kontrollfunk-** 2 **tion**. Es ist für das Unternehmen bzw. die öffentliche Stelle ausgesprochen misslich, wenn nach Einführung einer neuen Softwareapplikation der Datenschutzbeauftragte im Rahmen seiner Kontrollen feststellt, dass bestimmte datenschutzrechtliche Anforderungen nicht eingehalten werden. Hier wird sich die Geschäftsführung bzw. Behördenleitung dann gezwungen sehen, entsprechende **Nachbesserungen** vorzunehmen, was die Einführung neuer Informationstechnischer Dienste verzögern würde. Diese Situation soll mit der Vorgabe zur rechtzeitigen und ordnungsgemäßen Einbeziehung des Datenschutzbeauftragten vermieden werden. Auch die unternehmensinterne Aufbau von **(Compliance-)Abteilungen**, die sich mit der Zulässigkeit der Datenverarbeitungen befassen, **erübrigen die Einbeziehung des Datenschutzbeauftragten nicht.**

Die vor allem in Art. 39 geregelten Aufgaben bringen den Datenschutzbeauftragten überdies zumindest po- 3 tenziell in eine Position, in der er (wirklichen oder vorgeblichen) **betriebswirtschaftlichen Notwendigkeiten** – mindestens vorübergehend – **entgegentreten** muss. Je nach Persönlichkeit des Datenschutzbeauftragten kann dies eine mehr oder weniger große Herausforderung sein. Die in der Norm geregelten Instrumente (Schutz vor Abberufung und Benachteiligung) stellen den Versuch einer **organisatorischen Absicherung** der betrieblichen bzw. behördeninternen Rolle dar und sollen es dem Datenschutzbeauftragten ermöglichen, **seine Sichtweise** zur datenschutzrechtlichen Bewertung des Verfahrens auch **vorbehaltlos der Geschäftsführung bzw. Behördenleitung gegenüber zu kommunizieren.**

Im Gesetzgebungsverfahren war die Norm nur in wenigen Teilen umstritten. Abs. 1 bis 3 gehen auf Art. 36 4 KOM-E zurück. Abs. 1 war in allen Entwürfen identisch formuliert. Die endgültige Form von Abs. 2 entstammt dem Rat-E; das EP konnte sich mit der Forderung nach einer Pflicht der Verantwortlichen und Auftragsverarbeiter zur Benennung eines „Mitglieds der obersten Leitung", das für die Einhaltung der DSGVO verantwortlich zeichnet, nicht durchsetzen. Im Übrigen wurden Sätze zwischen Abs. 2 und 3 getauscht, wobei das EP die Pflicht zur Bereitstellung der Ressourcen zur Erhaltung des Fachwissens (Abs. 2) durchsetzen konnte. Abs. 4 entstammt Art. 35 Abs. 10 KOM-E, erhielt seinen jetzigen Wortlaut durch den Rat und wurde im Trilog in die Vorschrift verschoben. Eine Regelung zur Vertraulichkeit (Abs. 5) hatte das EP vorgeschlagen; diese wurde im Trilog deutlich modifiziert. Abs. 6 entstammt Art. 36 Abs. 4 Rat-E.

Art. 33 JI-Richtlinie enthält eine teilweise Parallelnorm, die weitgehend wortgleich Abs. 1 und 2 entspricht, 5 jedoch keine Aussagen zu den Norminhalten von Abs. 3-6 trifft. Der deutsche Gesetzgeber hat in § 6 BDSG nF die Umsetzung der JI-Richtlinie insoweit sinnvollerweise (in Übernahme von Abs. 3 und 4) so vorgenommen, dass eine weitgehend einheitliche Ausgestaltung für die behördlichen Datenschutzbeauftragten bei Bundesbehörden entsteht.

II. Einbindung des Datenschutzbeauftragten durch das Unternehmen bzw. die öffentliche Stelle (Abs. 1)

Nach Abs. 1 müssen sowohl der Verantwortliche als auch der Auftragsverarbeiter den Datenschutzbeauf- 6 tragten ordnungsgemäß und frühzeitig in alle Fragen einbeziehen, die die Verarbeitung personenbezogener Daten betreffen.

1. Gegenstand der Einbeziehung und Aufgabenwahrnehmung nach Art. 39. Abs. 1 schreibt eine frühzeitige 7 und ordnungsgemäße Einbeziehung in alle mit dem Schutz personenbezogener Daten zusammenhängender Fragen vor. Den Verantwortlichen bzw. Auftragsverarbeiter trifft somit eine **Pflicht zur aktiven Information und Kommunikation**. So soll eine **sachgerechte und wirksame Wahrnehmung** der gesetzlich vorgeschriebenen Aufgaben des Datenschutzbeauftragten nach Art. 39 ermöglicht werden.[2] Durch diese Vorgabe werden **alle datenschutzrechtlichen Fragestellungen** des Unternehmens bzw. der Behörde einer **Kontrolle durch den Datenschutzbeauftragten** unterworfen. Er wird in die Lage versetzt, das Unternehmen oder die Behörde auf etwaige datenschutzrechtliche Defizite einer neuen Anwendung hinzuweisen und kann so seinen gesetzlich vorgesehenen Auftrag umsetzen. Abs. 1 geht also weit über die Spezialregelung in Art. 35 Abs. 2 hinaus, den den Verantwortlichen bei der Durchführung einer Datenschutz-Folgenabschätzung dazu verpflichtet, den Datenschutzbeauftragten einzubeziehen.

Nach dem Wortlaut ist der Datenschutzbeauftragte in **alle** mit dem Schutz personenbezogener Daten zu- 8 sammenhängende Fragen einzubinden. Gegenstand der Einbindung ist somit nicht jede einzelne Datenverarbeitung, sondern die **zugrundeliegende datenschutzrechtliche Fragestellung**.[3] So kann die Einbindung des

---

2 Vgl. Ehmann/Selmayr/*Heberlein* Art. 38 Rn. 7.
3 AA Kühling/Buchner/*Bergt* Art. 38 Rn. 16, wonach der Datenschutzbeauftragte von jeder einzelnen Datenverarbeitung Kenntnis erlangen muss.

Datenschutzbeauftragten etwa dazu führen, dass für bestimmte Fragestellungen betreffend den Schutz personenbezogener Daten unternehmens- oder behördeninterne Vorgaben erarbeitet werden. Diese mit dem Datenschutzbeauftragten erarbeiteten Richtlinien enthalten dann Vorgaben für den Umgang mit personenbezogenen Daten in bestimmten regelmäßig anfallenden Konstellationen. Eine Information des Datenschutzbeauftragten über jedes einzelne Verfahren wäre gerade bei Konzernen unzweckmäßig und nicht umsetzbar. Auch der **Rechenschaftsgrundsatz** erfordert nicht, dass der Datenschutzbeauftragte über jedes Verfahren informiert wird.[4] Wohl aber wird – dem Risikogedanken der DSGVO gemäß – auch eine einzelne Datenverarbeitung mit dem Datenschutzbeauftragten abzusprechen sein, wenn diese besondere Bedeutung hat oder besondere Risiken mit sich bringt.

9   Ebenso wie der Verantwortliche gegenüber der Aufsichtsbehörde den Umfang der Datenverarbeitungen aufzeigen muss, kann auch der Datenschutzbeauftragte sich Kenntnis von den Datenverarbeitungsprozessen verschaffen und die Einhaltung der Datenschutzbestimmungen prüfen. Die Einbeziehung iSd Abs. 1 normiert also nicht nur eine aktive Informations- und Kommunikationspflicht der verantwortlichen Person oder Auftragsverarbeiters, sondern auch deren **passive Informations- und Kommunikationspflicht** gegenüber Anfragen des Datenschutzbeauftragten, auch in Verbindung mit Abs. 2.

10   Der Datenschutzbeauftragte ist etwa zu beteiligen, wenn ein Verantwortlicher oder Auftragsverarbeiter **Strategien zur Einhaltung des Datenschutzes** entwickelt (→ Art. 39 Rn. 7). Ein Unternehmen oder eine Behörde können zB entsprechende **Vorgaben** erarbeiten, welche Anforderungen bei der Einbeziehung von externen Dienstleistern im Rahmen der Auftragsverarbeitung (→ Art. 28 Rn. 27ff.) unternehmensintern zu beachten sind und muss dazu den Datenschutzbeauftragten iSd Abs. 1 frühzeitig und ordnungsgemäß einbeziehen. Neben der **Abstimmung eines Standardvertrages** zur Auftragsverarbeitung betrifft dies etwa ein Register mit sämtlichen Dienstleistern, die als Auftragsverarbeiter tätig werden. Der Verantwortliche hat die zugrundeliegende Fragestellung unter Einbindung des Datenschutzbeauftragten zu klären. Er muss nicht bei jeder neuen Beauftragung eines externen Dienstleisters eingebunden werden oder hierüber informiert werden. Es reicht aus, wenn er im Rahmen seiner Prüfungen Einblick in das unternehmensinterne Register nehmen kann und sich von der Einhaltung der vereinbarten Regeln überzeugen kann. Gleiches gilt auch für die **Einstellung von neuen Mitarbeitern**. Hier sind die **zugrundeliegenden Fragestellungen**, wie die neuen Mitarbeiter die relevanten datenschutzrechtlichen Informationen erhalten und entsprechend geschult werden, unter Einbeziehung des Datenschutzbeauftragten zu regeln. Er muss nicht über jede Einstellung eines neuen Mitarbeiters informiert werden.[5]

11   Neben der Einbeziehung des Datenschutzbeauftragten ist der Verantwortliche nicht daran gehindert, eine **datenschutzrechtliche Bewertung** einer neuen Applikation durch die **interne Rechtsabteilung** oder einen Rechtsanwalt vornehmen zu lassen. Gleichwohl ist auch in diesen Fällen der betriebliche oder behördliche Datenschutzbeauftragte mit der zugrundeliegenden datenschutzrechtlichen Fragestellung zu befassen. Die in den Behörden oder Unternehmen handelnden Personen sollten entsprechende Vorgaben hinsichtlich der Einbeziehung des Datenschutzbeauftragten in den nach Art. 24 vorgesehenen behörden- oder unternehmensinternen Richtlinien erhalten. Gleichwohl entlastet sie das nicht davon, selbstständig prüfen zu müssen, ob der Datenschutzbeauftragte einzubeziehen ist.

12   **2. Frühzeitige Einbindung.** Abs. 1 verlangt die frühzeitige Einbeziehung. Die Information muss **unaufgefordert und so zeitnah** erfolgen, dass der Datenschutzbeauftragte seine gesetzlich vorgesehenen **Beratungsaufgaben wahrnehmen** kann. Er darf nicht vor vollendete Tatsachen gestellt werden. Der Datenschutzbeauftragte muss entsprechend Zeit erhalten, sich mit dem Verfahren zu befassen und eine Bewertung vornehmen zu können. Die **Ergebnisse** müssen auch noch unternehmens- oder behördenintern vor einer verbindlichen Entscheidung über die Ausgestaltung des Verfahrens **berücksichtigt werden** können.[6] Er muss also zu einem Zeitpunkt involviert werden, zu dem **Veränderungen noch möglich** sind, so dass sich seine Bewertung und Befassung nicht darin erschöpft, Datenschutzkonformität zu bejahen oder zu verneinen.

13   Die Frage nach der Rechtzeitigkeit einer Einbeziehung des Datenschutzbeauftragten hängt von der Art der geplanten Maßnahme ab. Daher gibt es **keinen festen Zeitpunkt**. Bei Verfahren, die der Datenschutz-Folgeabschätzung nach Art. 35 unterliegen, sollte die Einbindung des Datenschutzbeauftragten bereits in der **Konzeptionsphase** erfolgen. Hier werden häufig die grundlegenden Anforderungen an die Ausgestaltung des Systems definiert. Daher ist es sinnvoll und geboten, dass der Datenschutzbeauftragte in diesem Stadium bereits seine Bewertung abgibt und etwa prüft, inwiefern die Anforderungen an den Systemdatenschutz eingehalten werden.

---

4   So aber Kühling/Buchner/*Bergt* Art. 38 Rn. 16.
5   AA wohl Kühling/Buchner/*Bergt* Art. 38 Rn. 13.
6   Vgl. Ehmann/Selmayr/*Heberlein* Art. 38 Rn. 8.

Es bietet sich für Unternehmen und öffentliche Stellen ab einer bestimmten Größenordnung an, einen **regel-** 14 **mäßigen Austausch** zwischen den besonders mit Datenverarbeitungen befassten Abteilungen, zB der IT-Abteilung bzw. der Entwicklungsabteilung einerseits und dem Datenschutzbeauftragten andererseits unter Hinzuziehung des IT-Sicherheitsbeauftragten – sofern diese Position nicht in Personalunion besetzt wird – vorzusehen. Ein **Informationsaustausch** im Rahmen zB eines Quartalsmeetings stellt sicher, dass der Datenschutzbeauftragte über alle relevanten Planungen frühzeitig informiert ist und so rechtzeitig einen **Prüfbedarf anmelden** kann. Gleichzeitig wird damit sichergestellt, dass die besonders mit Datenverarbeitungen befassten Abteilungen das Anliegen des Datenschutzes frühzeitig kennenlernen und auch von sich aus berücksichtigen.

Die ordnungsgemäße und **rechtzeitige Einbeziehung** des Datenschutzes muss unternehmens- bzw. behör- 15 deninternen **geregelt** werden. Der Verantwortliche oder Auftragsverarbeiter muss im Rahmen der nach Art. 24 erforderlichen technischen und organisatorischen Maßnahmen verbindlich vorgeben, wie die Einbeziehung des Datenschutzbeauftragten durch die Mitarbeiter, speziell die Führungskräfte, zu erfolgen hat. Entsprechende Vorgaben für Projektabläufe sollten erstellt werden. So sollten **unternehmens- bzw. behördeninternen vorgegebene Formulare**, etwa zur Durchführung eines „Change Requests", angepasst werden.

3. Ordnungsgemäße Einbindung und Umfang der mitzuteilenden Informationen. Abs. 1 verlangt auch eine 16 ordnungsgemäße Einbindung. Dieser Umstand bezieht sich wesentlich auf die **Informationen**, die dem **Datenschutzbeauftragten mitzuteilen** sind. Deren **Umfang und Qualität** hängt ganz von dem **konkreten Verfahren** ab, das eingeführt bzw. geändert werden soll. Bei komplexen Datenverarbeitungsverfahren müssen in größerem Umfang Informationen vorgelegt werden, als bei Einführung einer Standardsoftware, für die etwa der Hersteller auf seiner Homepage ausreichende Dokumentationen zur Verfügung stellt. Hier genügt es häufig, wenn der jeweilige Fachbereich bzw. die Abteilung darlegt, wie die Einbindung der Standardsoftware durch den Verantwortlichen oder Auftragsverarbeiter erfolgt.

Der Verantwortliche bzw. der Auftragsverarbeiter müssen sicherstellen, dass der Datenschutzbeauftragte al- 17 le zur datenschutzrechtlichen Bewertung der Datenverarbeitungsprozesse **erforderlichen Informationen** erhält. Hierzu gehört etwa eine **Beschreibung der Datenverarbeitungsprozesse** unter Angabe der **Verwendungszwecke** und der verwendeten Daten. Auch die **Herkunft** der Daten und die **Art und Weise der Erhebung** unter Angabe der dem Betroffenen nach Art. 13 und 14 mitzuteilenden **Informationen** sind zusätzlich zu den **Löschregeln** anzuführen. Zudem bedarf es einer Darlegung, welche **Schnittstellen** zu weiteren Applikationen bestehen und wie das Verfahren in die **IT-Infrastruktur** des Unternehmens bzw. der öffentlichen Stelle eingebunden ist. Häufig gibt es in Unternehmen und Behörden ein **Fachkonzept**, das vor Einführung einer neuen Softwareapplikation erstellt wird. Eine derartige Übersicht ermöglicht dem Datenschutzbeauftragten einen ersten Einstieg. Auf dieser Grundlage kann er weitere Informationen anfordern.

Stellt der Datenschutzbeauftragte im Laufe seiner Prüfung fest, dass ihm Informationen für die Bewertung 18 der datenschutzrechtlichen Zulässigkeit fehlen, muss der Verantwortliche oder Auftragsverarbeiter die zusätzlich erforderlichen Unterlagen bereitstellen. Gleiches gilt für **Änderungen** im Rahmen des Projektes, die dem Datenschutzbeauftragten **unaufgefordert zugeleitet** werden müssen. Andernfalls wird der Datenschutzbeauftragte keine abschließende Bewertung des Verfahrens vornehmen können und es als nicht datenschutzkonform einzustufen haben.

III. Unterstützungspflicht (Abs. 2)

Abs. 2 sichert dem Datenschutzbeauftragten die erforderliche Unterstützung des Verantwortlichen bzw. des 19 Auftragsverarbeiters bei der Erfüllung seiner Aufgaben nach Art. 39 zu. Dies umfasst einerseits die Bereitstellung der erforderlichen Ressourcen für die Aufgabenerfüllung und andererseits ein Zugangsrecht zu sämtlichen Datenverarbeitungen im Unternehmen bzw. in der Behörde und den dort verwendeten Daten. Ergänzend sind ihm die zur Erhaltung seines Fachwissens erforderlichen Ressourcen zur Verfügung zu stellen. Während § 4 f Abs. 5 BDSG aF eine umfassende Unterstützungspflicht des Datenschutzbeauftragten durch die verantwortliche Stelle anordnete, gibt Abs. 2 scheinbar punktuell vor, was von der Unterstützungspflicht umfasst ist. Angesichts der weiten Fassung liegt aber im Ergebnis kein Unterschied vor.[7] Durch die Unterstützungspflicht wird dem Datenschutzbeauftragten die **effektive Aufgabenerfüllung** ermöglicht.[8]

1. Ressourcen für Aufgabenerfüllung. Der Begriff der erforderlichen Ressourcen bezieht sich auf ein Bün- 20 del von Pflichten des Verantwortlichen oder Auftragsverarbeiters. Inhaltlich geht es insbes. um Informationen, Zeitkontingente, Sachmittel, Zugangsberechtigungen, Fragerechte und Personal.

---

7 Vgl. Ehmann/Selmayr/*Heberlein* Art. 38 Rn. 9.
8 Vgl. *Wybitul/von Gierke* BB 2017, 181 (184).

21   Dem Datenschutzbeauftragten muss ein Mindestmaß an **Information zur Organisation** des Verantwortlichen oder Auftragsverarbeiters sowie über die Datenverarbeitungsprozesse zur Verfügung gestellt werden. So sollte der Verantwortliche oder Auftragsverarbeiter dem Datenschutzbeauftragten eine **Übersicht zur IT-Landschaft** und ein **Datenflussdiagramm** überlassen, damit er einen hinreichend detaillierten Überblick zu den tatsächlich stattfindenden Datenverarbeitungen erhält.

22   Die dem Datenschutzbeauftragten zu erteilende Information muss über die **Verarbeitungsübersicht** nach Art. 30 hinausgehen. Diese bietet dem Datenschutzbeauftragten nur eine erste Orientierung und ermöglicht eine Schwerpunktsetzung in seiner Kontroll- und Beratungstätigkeit.

23   Die Unterstützungspflicht umfasst sowohl beim internen als auch beim externen Datenschutzbeauftragten die Bereitstellung eines entsprechenden **Zeitkontingentes** für die Aufgabenwahrnehmung.[9] Das Zeitkontingent des internen Datenschutzbeauftragten darf nicht so bemessen sein, dass er sonstige zur Wahrnehmung zugewiesene Aufgaben im Unternehmen oder in der Behörde wegen seiner Aufgaben als Datenschutzbeauftragter vernachlässigen muss oder umgekehrt diese Tätigkeit nicht ordnungsgemäß erbracht werden kann, weil er mit sonstigen Aufgaben belastet wird. Sollte sich das vorab vereinbarte Zeitbudget als unzureichend erweisen, muss der Datenschutzbeauftragte darlegen, dass die Aufgabenerfüllung nach Art. 39 durch ihn nicht in ordnungsgemäßem Umfang wahrgenommen werden kann. Dann ist das Unternehmen bzw. die öffentliche Stelle verpflichtet, ein **angemessenes Zeitbudget zu gewähren** und ggf. entsprechende Korrekturen in der Zuweisung anderer Aufgaben vorzunehmen.[10] Der Datenschutzbeauftragte kann dies notfalls vor den Arbeits- bzw. Verwaltungsgerichten durchsetzen.

24   Auch die Bestellung des externen Datenschutzbeauftragten und die in der Praxis häufig anzutreffende Vereinbarung einer **Zeitpauschale** für die Erledigung der nach Art. 39 geforderten Aufgaben darf nicht dazu führen, dass der Datenschutzbeauftragte durch dieses vorab vereinbarte Zeitbudget die gesetzlich vorgesehenen Aufgaben nur unzureichend wahrnehmen kann. Auch hier wird der externe Datenschutzbeauftragte aufzeigen müssen, dass die ordnungsgemäße Aufgabenwahrnehmung nicht im Rahmen des vertraglich vereinbarten Zeitbudgets erfolgen kann. Letztlich darf das vertraglich vereinbarte Zeitbudget nicht als Instrument verwendet werden, um Einfluss auf die Tätigkeit des Datenschutzbeauftragten zu nehmen und so die **unabhängige Aufgabenwahrnehmung** beeinflussen. Da der externe Datenschutzbeauftrage für private Datenverarbeiter auf der Basis eines privatrechtlichen Vertrags tätig wird, ist fraglich, ob er eine angemessene Erweiterung seines Vertrags vor den Zivilgerichten erstreiten kann. Jedenfalls kann er die Aufsichtsbehörden informieren.

25   Außer zeitlichen sind auch materielle Ressourcen bereitzustellen. Dies umfasst die erforderliche IT-Infrastruktur, Räumlichkeiten, Bürobedarf, Software, Fachliteratur und Reisekosten. Bei anspruchsvollen Fragestellungen im Bereich des Datenschutzrechts oder der Datenverarbeitungstechnik speziell im Bereich der IT-Sicherheit kann dies auch die **Übernahme von Beratungskosten** zur Klärung der offenen Fragen erfordern.[11]

26   Je nach Größe des Unternehmens oder der Behörde kann es auch erforderlich sein, dass der Datenschutzbeauftragte durch ein **Team von Mitarbeitern** bei seiner Aufgabenwahrnehmung unterstützt wird. Dies gilt insbes. bei der Bestellung eines Datenschutzbeauftragten für eine Unternehmensgruppe oder einen Konzern oder mehrere Behörden. Hier muss der Datenschutzbeauftragte über **Mitarbeiter in den einzelnen Gesellschaften oder Behörden** verfügen können, die ihn bei der Aufgabenwahrnehmung unterstützen.[12] Dies gilt gleichermaßen für die Auslagerung der Tätigkeit auf einen externen Datenschutzbeauftragten bei größeren Unternehmen oder Behörden. Die **Unterstützung** durch das Unternehmen oder die Behörde muss in dem Umfang erfolgen, dass der Datenschutzbeauftragte für die Unternehmensgruppe oder die Gruppe von Behörden seine **gesetzlich vorgesehenen Aufgaben adäquat erfüllen** kann.

27   **2. Zugang zu Daten und Verarbeitungsvorgängen.** Der Zugang des Datenschutzbeauftragten sowohl zu personenbezogenen Daten im Unternehmen bzw. in der Behörde als auch zu einzelnen IT-Applikationen sollte in der Praxis selbstverständlich sein, handelt es sich doch um die entscheidende Grundlage für seine effektive Tätigkeit. Um dies sicherzustellen, sieht Abs. 2 Hs. 1 explizit vor, dass die Unterstützungspflicht des Verantwortlichen bzw. des Auftragsverarbeiters auch diesen Bereich mit umfasst. Dazu gehört sowohl ein **räumliches Zutrittsrecht** in entsprechende Bereiche des Unternehmens oder der Behörde als auch entsprechende **EDV-Zugangs- und Zugriffsrechte**. Sofern vom Datenschutzbeauftragten gewünscht, muss der Verantwortliche auch eine **Erläuterung** der einzelnen Datenverarbeitungsvorgänge sicherstellen. Der Datenschutzbeauftragte muss den Ablauf hinsichtlich der **technischen Dimension verstehen**, aber auch die **Auswirkungen auf den Betroffenen** abschätzen können. Sollten etwa einzelne Fachbereiche dem Datenschutz-

---

9   Vgl. Ehmann/Selmayr/*Heberlein* Art. 38 Rn. 10; Kühling/Buchner/*Bergt* Art. 38 Rn. 22.
10   Vgl. *Art.-29-Gruppe*, WP 243, S. 16 f.; Ehmann/Selmayr/*Heberlein* Art. 38 Rn. 10.
11   Ebenso Kühling/Buchner/*Bergt* Art. 38 Rn. 21.
12   Ebenso Ehmann/Selmayr/*Heberlein* Art. 38 Rn. 10.

beauftragten den Zugang zu personenbezogenen Daten verwehren, müsste die Geschäfts- bzw. Behördenleitung eingreifen und diesen **Missstand abstellen**. Aufgrund dieser Vorgabe sieht Abs. 3 lit. h als ein Bestandteil des Vertrags mit dem Auftragsverarbeiter ein entsprechendes Kontrollrecht vor, welches dann auch vom Datenschutzbeauftragten ausgeübt werden kann. Auch dies kann vor den Gerichten durchgesetzt werden.

Der Zugang zu personenbezogenen Daten umfasst auch Daten, die einem **Geschäfts- oder Berufsgeheimnis** 28 unterliegen. So kann dem Datenschutzbeauftragten nicht entgegengehalten werden, die Personalakte sei vertraulich, die Forschungsdaten unterlägen dem Schutz der Unternehmensgeheimnisse oder die Daten seien durch das Arztgeheimnis gesondert geschützt.[13] Auch die Daten des Betriebs- bzw. Personalrats unterfallen dem Kontrollrecht des Datenschutzbeauftragten.[14] Auch externe Datenschutzbeauftragte unterliegen einer entsprechenden Verschwiegenheitspflicht (Abs. 5).

3. Ressourcen für Fortbildungen. Die Aufgabe des Verantwortlichen bzw. des Auftragsverarbeiters, dem 29 Datenschutzbeauftragten auch die erforderlichen Ressourcen für den **Erhalt seines Fachwissens** zur Verfügung zu stellen (Abs. 2 Hs. 2), betrifft ausschließlich den internen Datenschutzbeauftragten. Der externe Datenschutzbeauftragte muss sich in eigener Verantwortung sowohl um seine Fortbildung kümmern als auch den Zugang zu den notwendigen Ressourcen verschaffen. Diese Verpflichtung des Verantwortlichen oder Auftragsverarbeiters zur Unterstützung des Datenschutzbeauftragten umfasst die Bereitstellung der erforderlichen sachlichen Mittel, wie etwa die Anschaffung von Kommentaren bzw. Fachzeitschriften (sofern dies nicht bereits unter Abs. 2 Hs. 1 fällt), aber auch die Teilnahme an Fortbildungsveranstaltungen. Es ist allerdings, wie sich aus Art. 37 Abs. 5 ergibt, Aufgabe und Pflicht des Verantwortlichen bzw. Auftragsverarbeiters, regelmäßig zu **überprüfen**, ob der externe Datenschutzbeauftragte über **ausreichende Qualifikationen** verfügt, wozu gerade auch regelmäßige Fortbildungen gehören. Zu den Ressourcen für Fortbildungen gehören auch Ressourcen für einen angemessenen **Austausch mit anderen Datenschutzbeauftragten**.

IV. Unabhängigkeit in der Aufgabenwahrnehmung (Abs. 3)

Die Unabhängigkeit des betrieblichen bzw. behördlichen Datenschutzbeauftragten bei seiner Aufgaben- 30 wahrnehmung wird durch die in Abs. 3 genannten Anforderungen – Weisungsfreiheit, Benachteiligungsverbot und Berichtspflicht an die höchste Managementebene – gewährleistet.

1. Weisungsfreiheit (Abs. 3 S. 1). In der fachlichen Bewertung einzelner Verfahren bzw. in seiner sonstigen 31 Aufgabenwahrnehmung nach Art. 39 ist der interne – ebenso wie der externe – Datenschutzbeauftragte weisungsfrei. Kein Mitarbeiter des Verantwortlichen bzw. des Auftragsverarbeiters kann ihm vorgeben, wie er Datenverarbeitungsprozesse zu bewerten hat. Auch den Mitarbeitern des Datenschutzbeauftragten kann nur der Datenschutzbeauftragte Weisungen erteilen.[15] Der Datenschutzbeauftragte kann und muss sich **selbst Prioritäten setzen** und festlegen, welche Datenverarbeitungsprozesse er kontrollieren will. Im Rahmen des **risikoorientierten Ansatzes** nach Art. 39 Abs. 2 sollte er sich dabei von der **Kritikalität der Datenverarbeitungsprozesse** leiten lassen.

Die Weisungsfreiheit bezieht sich zunächst auf die **inhaltliche Bewertung** von Datenverarbeitungen im Un- 32 ternehmen bzw. in der Behörde, die der Datenschutzbeauftragte im Rahmen seiner Kontrollen oder sonstigen (Beratungs-)aufgaben durchführt. Darüber hinaus können der Verantwortliche bzw. der Auftragsverarbeiter weder dem internen noch dem externen Datenschutzbeauftragten vorgeben, welche Datenverarbeitungen er zu welchem **Zeitpunkt** in seine Kontrollaktivitäten einzubeziehen hat. Auch dieser Punkt ist von der Weisungsfreiheit umfasst, da andernfalls der Verantwortliche oder Auftragsverarbeiter versucht sein könnte, die Kontrollaktivitäten auf eher unkritische Bereiche zu lenken und Weisungen des Verantwortlichen bzw. des Auftragsverarbeiters zu einer fehlgeleiteten Schwerpunktbildung in der Aufgabenwahrnehmung des Datenschutzbeauftragten führen könnten. Dieser muss selbst entscheiden und festlegen, **welche Verfahren** er **wann** und **in welcher Intensität** prüft. Der Datenschutzbeauftragte arbeitet weisungsfrei – sowohl in inhaltlicher als auch in zeitlicher Hinsicht.[16]

Die Weisungsfreiheit bezieht sich auf die Erfüllung der Aufgaben als Datenschutzbeauftragter und nicht auf 33 **sonstige organisatorische Regelungen**.[17] Daher sind Weisungen, die nicht die Aufgabenwahrnehmung betreffen, zulässig. Dies kann etwa die Zuweisung von Räumlichkeiten oder aber die Vorgabe an den internen Datenschutzbeauftragten sein, sich an die **Reisekostenrichtlinie** zu halten.[18]

---

13 Vgl. zum BDSG aF Simitis/*ders.* § 4 g Rn. 35.
14 So auch Kühling/Buchner/*Bergt* Art. 38 Rn. 18; anders dagegen zum BDSG aF Simitis/*ders.* § 4 g Rn. 40; näher → Art. 39 Rn. 25.
15 Vgl. zum BDSG aF Simitis/*ders.* § 4 f Rn. 123.
16 Vgl. *Art.-29-Gruppe*, WP 243, S. 17 f.; Kühling/Buchner/*Bergt* Art. 38 Rn. 27; Ehmann/Selmayr/*Heberlein* Art. 38 Rn. 13; *Haag* in: Forgó/Helfrich/Schneider (Hrsg.), Betrieblicher Datenschutz, 2017, Teil II. Kap. 2 Rn. 70.
17 Vgl. *Art.-29-Gruppe*, WP 243, S. 17 f.; Ehmann/Selmayr/*Heberlein* Art. 38 Rn. 14.
18 Ebenso Kühling/Buchner/*Bergt* Art. 38 Rn. 21.

34   Davon zu unterscheiden ist die **Beratungsfunktion** des Datenschutzbeauftragten. Hier findet sich in Art. 39 Abs. 1 lit. c der Hinweis, dass der Datenschutzbeauftragte auf Anfrage („where requested") entsprechende Beratungsleitungen zu erbringen hat. Diesem Recht auf Anfrage einer Beratungsleistung beim Datenschutzbeauftragten korrespondiert auch eine entsprechende Verpflichtung, sich auf diese Aufgabe einzulassen. Selbstverständlich ist er bei der inhaltlichen Bewertung weisungsfrei, muss die **Anfrage aber zeitadäquat beantworten.**[19] Bei den darüberhinausgehenden Aktivitäten ist der Datenschutzbeauftragte hingegen keinen Weisungen unterworfen.

35   **2. Verbot der Abberufung und Benachteiligung (Abs. 3 S. 2).** Eine der Geschäfts- oder Behördenleitung insgesamt nicht genehmer Datenschutzbeauftragter, nicht genehme Stellungnahmen zur (Un-)Zulässigkeit einer Datenverarbeitungsmaßnahme oder die sonstige Aufgabenwahrnehmung durch den Datenschutzbeauftragten dürfen nicht dazu führen, dass er **in irgendeiner Weise benachteiligt** wird. Dies betrifft insbes. den internen Datenschutzbeauftragten, weil er durch die Einbindung in die jeweilige Organisation leichter zum Ziel direkter oder indirekter Sanktionen werden kann. Der Datenschutzbeauftragte muss ein Verfahren ohne Rücksicht auf die damit für das Unternehmen oder die öffentliche Stelle verbundenen Folgen bewerten können, was letztlich nur möglich ist, wenn er **keine Repressalien** aufgrund kritischer Bewertungen oder kontinuierlicher Nachfragen zu befürchten hat. Dies gilt aber auch für den externen Datenschutzbeauftragten. Der Verantwortliche bzw. Auftragsverarbeiter kann den Vertrag nicht allein deshalb nicht verlängern oder kündigen, weil der externe Datenschutzbeauftragte nicht genehme Einschätzungen getätigt hat.

36   Ein **besonderer Kündigungsschutz** ist mit dieser Regelung nicht verbunden. Hier obliegt es dem nationalen Recht, ggf. einen besonderen Kündigungsschutz für den betrieblichen oder behördlichen Datenschutzbeauftragten einzuführen; dies ist als arbeitsrechtliche Regelung auch ohne diesbezügliche Öffnungsklausel in der DSGVO zulässig.[20] Die Lücke wird mit § 6 Abs. 4 S. 2 und 3 BDSG nF (für die Bundesverwaltung) und § 38 Abs. 2 BDSG nF (für den nicht-öffentlichen Bereich) geschlossen. Danach ist die Kündigung des Arbeitsverhältnisses unzulässig, wenn keine Tatsachen vorliegen, die den Verantwortlichen oder Auftragsverarbeiter zur Kündigung aus wichtigem Grund ohne Einhaltung einer Kündigungsfrist berechtigen. Dies gilt nicht nur während der Tätigkeit als Datenschutzbeauftragter, sondern auch noch ein Jahr nach deren Ende.

37   Weiterhin darf die Aufgabenwahrnehmung des Datenschutzbeauftragten nicht dazu führen, dass er aufgrund seiner Tätigkeit, etwa der Prüfung von Datenverarbeitungen in der Geschäftsführung oder Behördenleitung unerwünschten Bereichen, abberufen oder nach Beendigung der Tätigkeit als Datenschutzbeauftragter noch Nachteile erleidet, etwa bei Beförderungen. Gleichwohl können **anderweitige Defizite** in der Aufgabenwahrnehmung, etwa eine sich nachträglich herausstellende unzureichende Qualifikation des Datenschutzbeauftragten im Hinblick auf die tatsächlich stattfindende Datenverarbeitung oder aber eine unzureichende Kenntnis vom Datenschutzrecht, dazu führen, dass der Datenschutzbeauftragte **abberufen** wird (→ Art. 37 Rn. 57). Auch eine **Verletzung der Vertraulichkeit** kann zu einer Abberufung des Datenschutzbeauftragten führen und stellt insofern keinen Verstoß gegen das Benachteiligungsverbot dar. Dagegen darf eine zulässige befristete Bestellung des Datenschutzbeauftragten[21] nicht dazu missbraucht werden, Druck auf die Aufgabenwahrnehmung des Datenschutzbeauftragten auszuüben, indem ihm etwa in Aussicht gestellt wird, die Ernennung nicht zu erneuern.

38   **3. Berichtspflicht gegenüber höchster Managementebene (Abs. 3 S. 3).** Der Datenschutzbeauftragte berichtet unmittelbar der höchsten Managementebene des Verantwortlichen bzw. des Auftragsverarbeiters. Damit erhält der Datenschutzbeauftragte einen privilegierten, ihn **heraushebenden Zugang zur Leitungsebene.** Hierbei handelt es sich im nicht-öffentlichen Bereich regelmäßig um die **Geschäftsführungsebene** des Verantwortlichen oder Auftragsverarbeiter, somit Vorstand oder Geschäftsführer.[22] Bei öffentlichen Stellen ist der Behördenleiter angesprochen. Diese Ebene ist primär für die Einhaltung der Datenschutzbestimmungen verantwortlich, so dass sie auch vom Datenschutzbeauftragten adäquat über den Stand der Umsetzung von Datenschutzbestimmungen und etwaige datenschutzrechtliche Defizite im Unternehmen oder in der öffentlichen Stelle informiert werden muss. Diese Informationspflicht stellt insofern keine Option, sondern eine **Verpflichtung des Datenschutzbeauftragten** dar.

---

19   Ähnlich *Schefzig* ZD 2015, 503 (505), der sich für ein Initiativrecht des Verantwortlichen gegenüber dem Datenschutzbeauftragten ausspricht.

20   S. die Begründung zum BDSG nF: BT-Drs. 18/11325, 82.

21   Zur Dauer der Bestellung Kühling/Buchner/*Bergt* Art. 38 Rn. 29.

22   Ebenso *Lambert,* The Data Protection Officer: Profession, Rules, and Role, 2016, S. 72 f.; *Schefzig* ZD 2015, 503 (505); anders dagegen *Laue/Nink/Kremer,* § 6 Rn. 38, wonach die Ebene unterhalb der Leitung des Verantwortlichen oder Auftragsverarbeiters die höchste Management-Ebene sein soll.

In der Praxis üblich sind Jahresgespräche zum Datenschutz mit einem Vertreter dieser Managementebene. 39
Die Vorlage eines **Jahresberichts zum Datenschutz** durch den Datenschutzbeauftragten stellt ein geeignetes
Forum dar, in dem der Datenschutzbeauftragte gegenüber der höchsten Managementebene über den Stand
des Datenschutzes im Unternehmen oder in der öffentlichen Stelle berichten kann und aufzeigen sollte, wo
aus seiner Sicht Handlungsbedarf besteht. Bei **kritischen Entwicklungen** im Unternehmen oder in der Behörde, die insbes. eine erhebliche Bußgeldrelevanz haben können, sollte der Datenschutzbeauftragte – neben einer Information der Fachabteilung – darüber hinaus auch die **Geschäftsführung bzw. Behördenleitung informieren.**

Neben dieser Berichtspflicht ist es gerade für externe Datenschutzbeauftragte gängige Praxis, dass sie An- 40
sprechpartner bzw. **Koordinatoren zum Datenschutz** in einzelnen Unternehmen oder Behörden haben, die
ihnen als Ansprechpartner für die **tägliche Beratungspraxis** zur Verfügung stehen und sie in der Aufgabenwahrnehmung unterstützen. Häufig dienen Mitarbeiter in Stabstellen, wie etwa der Leiter der Rechtsabteilung, der Compliance Abteilung oder der Revision, als Ansprechpartner für externe Datenschutzbeauftragte. Durch diese Unterstützung wird **nicht die Berichtspflicht hin zur höchsten Managementebene eingeschränkt** und auch nicht erfüllt. Die nach Art. 24 gebotenen unternehmens- und behördeninternen Regelungen sollten entsprechende Ausführungen zu dieser Form der Zusammenarbeit enthalten.

Die Berichtspflicht gegenüber der höchsten Managementebene sichert auch die Position des Datenschutzbe- 41
auftragten innerhalb des Unternehmens bzw. der öffentlichen Stelle ab. So hat er bei etwaigen Konflikten
mit Mitarbeitern – speziell den Führungskräften des Unternehmens oder der Behörde – im Rahmen seiner
Aufgabenwahrnehmung immer die Möglichkeit, sich an die oberste Managementebene zu wenden. Es besteht somit für den Datenschutzbeauftragten stets die Möglichkeit **zur Eskalation** bis hin zur Spitze der Un-
ternehmens- oder Behördenleitung, so dass auch die für die Einhaltung des Datenschutzes relevanten Personen entsprechende Vorgaben in den streitigen Themen erteilen können.

Die Frage nach der **organisatorischen Stellung** ist dagegen (anders als nach § 4 f Abs. 3 S. 1 BDSG aF, wo- 42
nach der Datenschutzbeauftragte unmittelbar der Leitung zu unterstellen war) belanglos, da der Datenschutzbeauftragte weisungsfrei agiert und nur an die oberste Managementebene berichtet.[23] Eine hervorgehobene Stellung kann jedenfalls nicht mit der Gewährleistung eines effektiven Datenschutzmanagements
begründet werden, da dies letztlich eine Aufgabe ist, die dem Verantwortlichen oder Auftragsverarbeiter
obliegt und keine originäre Aufgabe des Datenschutzbeauftragten.

V. Der Datenschutzbeauftragte als Ansprechpartner der Betroffenen (Abs. 4)

Der betriebliche bzw. behördliche Datenschutzbeauftragte hat nicht nur die in Art. 39 Abs. 1 geregelten 43
Aufgaben (→ Art. 39 Rn. 7ff.; v.a. Kontrolle der Datenverarbeitungsprozesse beim Verantwortlichen bzw.
Auftragsverarbeiter auf die Einhaltung der Datenschutzbestimmungen und Beratung bei der Umsetzung der
Datenschutzbestimmungen). Vielmehr ist er nach Abs. 4 auch Ansprechpartner für Betroffene, die sich in
allen Fragen zur Verarbeitung ihrer personenbezogenen Daten bzw. zur Wahrnehmung ihrer Rechte an den
betrieblichen oder behördlichen Datenschutzbeauftragten wenden können. Diese Betroffene können sowohl
Beschäftigte als auch Dritte (Kunden von Unternehmen, Antragsteller bei Behörden) sein.

Für den Datenschutzbeauftragten sind derartige Anfragen Betroffener häufig eine zusätzliche **Quelle an In-** 44
formationen zu etwaigen Defiziten in der Datenverarbeitungspraxis beim Verantwortlichen oder Auftragsverarbeiter, da sich Betroffene üblicherweise erst dann an den Datenschutzbeauftragten wenden, wenn sie
über die sonst vorgesehenen unternehmens- oder behördeninternen Prozesse keine befriedigende Antwort
auf ihre Anfragen erhalten haben. Häufig weisen Betroffene auch pauschal auf die aus ihrer Sicht bestehenden Defizite in der Datenverarbeitung hin. Dem Datenschutzbeauftragten kommt hier die Rolle eines **Om-
budsmanns** zu, der den benannten **Defiziten** in der Umsetzung des Datenschutzes **nachgehen und aufklären**
muss.

Sofern sich ein Betroffener mit einem konkreten Anliegen hinsichtlich der Zulässigkeit der Datenverarbei- 45
tung oder der Wahrnehmung seiner Rechte an den Datenschutzbeauftragten wendet, ist dieser auch verpflichtet, dieser Anfrage nachzugehen.[24] Er muss dann den zugrundeliegenden Sachverhalt aufklären bzw.
aufklären lassen und datenschutzrechtlich bewerten. Sofern er Defizite feststellt, wird er mit dem Fachbereich bzw. der Abteilung die datenschutzkonforme Vorgehensweise besprechen. Schon allein aus Compli-
ance-Gründen sollte dann der festgestellte Verstoß beseitigt werden. Einen Anspruch auf Beseitigung der erkannten Defizite hat der Datenschutzbeauftragte dagegen nicht, zumal er auch nicht für die Rechtmäßig-

---

23 Vgl. hierzu Kühling/Buchner/*Bergt* Art. 38 Rn. 25 sowie Plath/*v. d. Bussche* DSGVO Art. 38 Rn. 2; *Jaspers/Reif* RDV 2016, 61 (64);
    BeckOK DatenschutzR/*Moos* DSGVO Art. 38 Rn. 17.
24 Vgl. zum BDSG aF Simitis/*ders.* § 4 f Rn. 163; zur DSGVO Paal/Pauly/*Paal* Art. 38 Rn. 12.

keit der Datenverarbeitung verantwortlich ist. Bei Nicht-Befolgung verbleibt ihm daher nur, die festgestellten Verstöße mit der Leitungsebene im Rahmen seines Berichtsrechts nach Abs. 3 S. 3 zu besprechen.

46 Darüber hinaus hat der Datenschutzbeauftragte dem Petenten das Ergebnis seiner Recherchen und seiner datenschutzrechtlichen Bewertung mitzuteilen.[25] Zu beachten ist allerdings, dass diese Pflichten zur Behandlung und Bescheidung der Eingabe objektive Pflichten sind, die der Verantwortliche bzw. Auftragsverarbeiter wegen der Weisungsfreiheit nach Abs. 3 S. 1 nicht selbst durchsetzen kann. Vielmehr ist hierzu der Rechtsweg zu beschreiten.

47 Vielfach findet in der Praxis eine Zusammenarbeit bzw. Unterstützung durch unternehmens- oder behördeninterne Ansprechpartner statt. Dies darf nicht dazu führen, dass die Vertraulichkeit der Kommunikation mit dem Datenschutzbeauftragten in Frage gestellt wird. So darf nicht durch interne Weisung erst jede Anfrage an die Rechtsabteilung geleitet werden, die dann entscheidet, ob sie den Datenschutzbeauftragten einbezieht oder nicht. Hier muss eine **unmittelbare Kontaktaufnahme** mit dem Datenschutzbeauftragten möglich sein.

VI. Pflicht zur Geheimhaltung und Gewährleistung der Vertraulichkeit (Abs. 5)

48 Der Datenschutzbeauftragte unterlag schon bisher nach § 4 f Abs. 4 BDSG aF einer Verschwiegenheitspflicht. Diese soll die effektive interne Kontrolle absichern, so dass sich Mitarbeiter auch vertrauensvoll an den Datenschutzbeauftragten wenden und von etwaigen Missständen berichten können.

49 Abs. 5 enthält eine **missverständliche Regelung** zur Geheimhaltung und zur Vertraulichkeit. Diese könnte zunächst als ein reiner Verweis auf das Recht der Union bzw. der Mitgliedsstaaten verstanden werden.[26] Die Regelung in Abs. 5 enthält aber bereits selbst die Pflicht zur Geheimhaltung und Gewährleistung der Vertraulichkeit. Diese Regelung besteht in dem Umfang, wie sie nach dem Recht der EU bzw. der Mitgliedstaaten ausgestaltet wird.[27]

50 Der deutsche Gesetzgeber hat § 6 Abs. 5 S. 2 BDSG nF (für Bundesbehörden) bzw. iVm § 38 Abs. 2 BDSG nF (für nicht-öffentliche Stellen) den Umfang der Verschwiegenheitspflicht des Datenschutzbeauftragten näher geregelt. Dieser ist danach verpflichtet, über die Identität der betroffenen Person sowie über Umstände, die Rückschlüsse auf die betroffene Person zulassen, Verschwiegenheit zu wahren. Diese Verschwiegenheitspflicht entfällt, sofern er von dem Betroffenen hiervon befreit wird. Sie wird in § 6 Abs. 6 (iVm § 38 Abs. 2) BDSG nF teilweise zusätzlich durch ein Zeugnisverweigerungsrecht abgesichert, das für Daten gilt, für die der Leitung des Verantwortlichen oder Auftragsverarbeiters bzw. einer dort beschäftigten Person ein Zeugnisverweigerungsrecht zusteht.

51 Ein Verstoß gegen die Verschwiegenheitspflicht muss nach nationalem Recht geahndet werden, da die DSGVO keine Regelung enthält (insbes. nicht in Art. 83, wohl aber nach Art. 84, da die Mitgliedstaaten wirksame, verhältnismäßige und abschreckende Strafen für Verstöße gegen die DSGVO vorsehen müssen). Im deutschen Recht betrifft dies beispielsweise die Strafbarkeit nach § 203 Abs. 2 a StGB. Danach wird mit Freiheitsstrafe bis zu einem Jahr oder mit Geldstrafe bestraft, wer als Datenschutzbeauftragter unbefugt ein fremdes Geheimnis offenbart, das einem Berufsgeheimnisträger nach § 203 Abs. 1 und 2 StGB in dessen beruflicher Eigenschaft anvertraut worden oder sonst bekannt geworden ist und von dem er bei der Erfüllung seiner Aufgaben als Datenschutzbeauftragter Kenntnis erlangt hat. **Wiederholte Verstöße** des Datenschutzbeauftragten gegen die Verschwiegenheitspflicht – in Fällen mit entsprechenden Auswirkungen auf den Betroffenen auch einzelne Verstöße – können außerdem eine **Abberufung** des Datenschutzbeauftragten rechtfertigen (→ Art. 37 Rn. 60).

52 Die Pflicht zur Wahrung der Geheimhaltung betrifft die Geheimhaltungsregeln des Verantwortlichen. Insbesondere die **staatlichen Geheimhaltungsregeln** für den öffentlichen Bereich sind hiervon umfasst. Bei nicht-öffentlichen Stellen unterfallen die **Betriebs- und Geschäftsgeheimnisse** dieser Pflicht zur Geheimhaltung.[28]

VII. Anderweitige Aufgabenwahrnehmung und Interessenkonflikt (Abs. 6)

53 Nach Abs. 6 S. 1 kann der Datenschutzbeauftragte durchaus andere Aufgabe und Pflichten wahrnehmen. Bei der Wahrnehmung anderer Aufgaben und Pflichten durch den Datenschutzbeauftragten muss gemäß S. 2 sichergestellt sein, dass diese Aufgaben und Pflichten nicht zu einem Interessenkonflikt führen. Das Fehlen einer Interessenkollision muss sowohl **bei Bestellung** des Datenschutzbeauftragten als auch **während seiner Ernennung** vorliegen bzw. kann bei späterem Auftreten eine **Abberufung** rechtfertigen, wenn die In-

25 Vgl. Kühling/Buchner/*Bergt* Art. 38 Rn. 36; *Jaspers/Reif* RDV 2012, 78 (82).
26 In diesem Sinne Paal/Pauly/*Paal* Art. 38 Rn. 13 sowie *Jaspers/Reif* RDV 2016, 61 (65).
27 Ebenso Kühling/Buchner/*Bergt* Art. 38 Rn. 38.
28 Vgl. Auernhammer/*Raum* DSGVO Art. 38 Rn. 19.

teressenkollision durch den Datenschutzbeauftragten verursacht wurde und gemäß § 6 Abs. 4 S. 1 BDSG nF (für nicht-öffentliche Stellen iVm § 38 Abs. 2 BDSG nF) die Grenze der Anwendung von § 626 BGB erreicht (→ Art. 37 Rn. 59).

1. Zulässige und unzulässige anderweitige Aufgabenwahrnehmung. Ein Interessenkonflikt liegt vor, wenn 54
der Datenschutzbeauftragte durch die anderweitigen Aufgaben und Pflichten, die er zusätzlich erfüllen muss, in seiner Aufgabenwahrnehmung nach Art. 39 derart eingeschränkt ist, dass **keine objektive Aufgabenwahrnehmung** vorliegt. Dies ist der Fall, wenn die anderweitigen Aufgaben und Pflichten, die der Datenschutzbeauftragte noch zu erfüllen hat, Einfluss auf seine Bewertungen haben. Mithin würde das Konzept der **unternehmens- und behördeninternen Selbstkontrolle** durch den Datenschutzbeauftragten unterlaufen, wenn der Datenschutzbeauftragte etwa die von ihm selbst vorgenommenen oder veranlassten Datenverarbeitungstätigkeiten kontrollieren müsste.

Daher sind die **Inhaber bestimmter Aufgabenbereiche** aufgrund einer **Interessenkollision** nicht geeignet, die 55
Funktion des betrieblichen bzw. behördlichen Datenschutzbeauftragten zu übernehmen. Dies betrifft zunächst einmal die Mitglieder der Geschäfts- oder Behördenleitung selbst, da hier das System der unternehmens- bzw. behördeninternen **Selbstkontrolle konterkariert** würde. Gleiches gilt aber auch für entsprechende andere Positionen im Unternehmen oder der Behörde, wie etwa den Leiter der IT-Abteilung oder den Leiter des Bereichs Marketing. Auch der Leiter der Personalabteilung ist aufgrund umfassender Verarbeitung von Mitarbeiterdaten und der somit nicht gegebenen unabhängigen Kontrolle dieser Datenverarbeitungsprozesse von der Aufgabenwahrnehmung als Datenschutzbeauftragter ausgeschlossen. Zudem sind Betriebs- und Personalratsmitglieder aufgrund einer Interessenkollision vom Amt des Datenschutzbeauftragten ausgeschlossen.[29] Dies gilt insbes. vor dem Hintergrund der Kontrollpflichten des Datenschutzbeauftragten gegenüber dem Betriebs- und Personalrat (→ Art. 39 Rn. 27).[30] Anders ist dagegen die Position des IT-Sicherheitsbeauftragten zu bewerten. Hier dürfte regelmäßig keine Interessenkollision vorliegen, zumal der Datenschutzbeauftragte auch regelmäßig die Einhaltung der IT-Sicherheitsanforderungen mit prüfen muss.[31] Mitarbeiter der IT-Abteilung können nur nach Einzelfallprüfung Datenschutzbeauftragte werden; sie unterliegen regelmäßig einem Interessenkonflikt.[32]

Die Frage der Interessenkollision stellt sich auch bei Leitern anderer Abteilungen[33] wie etwa der Rechtsab- 56
teilung, da häufig der Leiter der Rechtsabteilung in die unternehmens- oder behördeninternen Geschäftsprozesse so eingebunden ist, dass er aufgrund dieser weitergehenden Aufgabenwahrnehmung nicht mehr über die erforderliche Unabhängigkeit in der Bewertung einzelner Datenverarbeitungsprozesse verfügt. Auch hier hängt es von der Aufgabenwahrnehmung im Einzelfall ab. Sofern ein einzelner Jurist im Unternehmen oder in der Behörde die vollständige Beratung übernimmt, kann er in die Position kommen, widerstreitende Interessen vertreten zu müssen.[34] Dies mag bei einem **Syndikus-Anwalt** anders sein, da nach § 46 Abs. 4 BRAO die fachliche Unabhängigkeit in der Berufsausübung vertraglich und tatsächlich zu gewährleisten ist.

2. Das Verhältnis zur Compliance-Abteilung nicht-öffentlicher Stellen. Kritsch zu beurteilen ist im Unter- 57
nehmensbereich die Zusammenlegung von Compliance-Beauftragtem und Datenschutzbeauftragtem in einer Person oder die Integration des Datenschutzbeauftragten in die Compliance-Abteilung. Dies hängt mit **unterschiedlichen Verantwortlichkeiten** zusammen: Der Compliance-Beauftragte ist regelmäßig für die Einhaltung bestimmter Vorgaben etwa im Bereich Korruption, aber je nach Unternehmensorganisation ggf. auch für die Einhaltung des Datenschutzrechts verantwortlich und hat regelmäßig auch die Möglichkeit, bei festgestellten Defiziten entsprechende Änderungen zu veranlassen. Der Datenschutzbeauftragte ist dagegen nicht für die Einhaltung des Datenschutzes im Unternehmen verantwortlich, vgl. Art. 39. Es ist Aufgabe der Geschäftsleitung, die Einhaltung der DSGVO sicherzustellen und die hierzu erforderlichen Maßnahmen zu veranlassen. Der Datenschutzbeauftragte kontrolliert die Einhaltung der DSGVO und zeigt bei erkannten Defiziten mögliche Lösungsansätze auf. Er hat aber nicht qua Amt zugleich die Befugnis, die Um-

---

29 So auch Simitis/*ders.* § 4 f Rn. 108 mwN; aA Kühling/Buchner/*Bergt* Art. 38 Rn. 45, der davon ausgeht, dass nur ausnahmsweise ein Interessenkonflikt vorliegt; Ehmann/Selmayr/*Heberlein* DSGVO Art. 38 Rn. 23 geht von Einzelfallentscheidungen aus. Zum BDSG aF BAG NZA 2011, 1036.
30 In diesem Sinne auch *Brink* jurisPR-ArbR 4/2012 Anm. 4.
31 Ebenso Kühling/Buchner/*Bergt* Art. 38 Rn. 42; Auernhammer/*Raum* BDSG § 4 f Rn. 99.
32 AA Kühling/Buchner/*Bergt* DSGVO Art. 38 Rn. 40, der eine Interessenkollision ablehnt und die Benennung einer IT-kundigen Person sogar befürwortet; so wie hier für das BDSG aF Simitis/*ders.* § 4 f Rn. 106 und Auernhammer/*Raum* BDSG § 4 f Rn. 97, weil grundsätzlich ein Interessenkonflikt wegen Einbindung in die Strukturen und Beurteilungen durch die Abteilungsleitung anzunehmen ist.
33 Kühling/Buchner/*Bergt* Art. 38 Rn. 41 geht davon aus, dass leitende Angestellte wegen zu großer Nähe zur benennenden Stelle regelmäßig nicht als Datenschutzbeauftragte in Betracht kommen.
34 Siehe LDA Bayern, 7. TB 2015/2016, Abschnitt 4.1; sowie zum BDSG aF Simitis/*ders.* § 4 f Rn. 103.

setzung dieser Maßnahmen zu veranlassen. Die Umsetzung der einzelnen Maßnahmen obliegt den konkret zuständigen Mitarbeitern des Verantwortlichen oder Auftragsverarbeiters.

58 Die sowohl dem Datenschutzbeauftragten als auch dem **Compliance-Beauftragten** zugewiesene Aufgabe, die Einhaltung der Datenschutzbestimmungen im Unternehmen zu prüfen, kann daher nicht dazu führen, den Datenschutzbeauftragten als Teil der Compliance-Abteilung zu sehen. Der bloße Verweis auf die fehlende Interessenkollision hilft nicht weiter.[35] Schon die Weisungsfreiheit des Datenschutzbeauftragten hinsichtlich seiner Aufgabenwahrnehmung spricht **gegen die Eingliederung des Datenschutzbeauftragten in die Compliance-Abteilung** oder gar eine Zusammenlegung von Datenschutzbeauftragtem und Compliance-Beauftragtem. Die Mitarbeiter der Compliance-Abteilung sind üblicherweise weisungsgebunden und insofern in ihrer Aufgabenwahrnehmung und damit auch ihrer Einschätzung nicht frei und unabhängig. Daher sind andere Gestaltungsformen für eine – durchaus wünschenswerte und sinnvolle – Zusammenarbeit von Datenschutzbeauftragten und Compliance-Abteilung erforderlich.

59 Zwischenzeitlich haben größere Unternehmen ganze **Abteilungen für Datenschutz** aufgebaut, die die Einhaltung des Datenschutzrechts sicherstellen sollen, typischerweise aber nicht dem betrieblichen Datenschutzbeauftragten unterstehen, sondern wie die Compliance-Abteilung weisungsgebunden agieren. In der Praxis stellt sich dann regelmäßig die Frage, ob und wie eine enge Verknüpfung von Compliance-Abteilung und Datenschutzabteilung erfolgen kann.[36] Gerade im Bereich der Datenschutzkontrolle führt dies häufig zu Schnittmengen. Daher sollte unternehmensintern geregelt werden, wie diese Aufgaben sinnvoll wahrgenommen werden.[37] Mindestens ist eine regelmäßige Konsultation dieser Abteilungen und dem Datenschutzbeauftragten geboten.

60 Ohne eine derartige Abstimmung dürfte unternehmensintern die Akzeptanz derartiger Kontrollmaßnahmen rapide sinken. Die **Zusammenarbeit von Compliance- und Datenschutzabteilung** hängt letztlich davon ab, welche Aufgabe der Datenschutzabteilung zugewiesen wird. Handelt es sich um eine Abteilung, die sich auf die Durchführung von unternehmensinternen Kontrollen im Datenschutzrecht einschließlich eines Reporting an die Fachabteilungen fokussiert, kann eine Zusammenlegung mit der Compliance- oder Revisionsabteilung erfolgen. Einer solchen Datenschutzabteilung könnte auch ein Datenschutzbeauftragter vorstehen. Die Grenze wäre dagegen erreicht, sofern dieser Abteilung auch eine Verantwortung für die Einhaltung des Datenschutzes zugewiesen würde. Eine solche Aufgabendelegation ist mit der Rolle des Datenschutzbeauftragten nicht vereinbar.[38] Diese Aufgabe kann einer Compliance-Abteilung zugewiesen werden und etwa die Durchführung von Wirksamkeitskontrollen nach Art. 24 und die Veranlassung von Maßnahmen zur Beseitigung erkannter Defizite umfassen. Dann müsste aber ergänzend ein Datenschutzbeauftragter bestellt werden, der sich von der Wirksamkeit der durchgeführten Kontrollen überzeugt und sich entsprechende Berichte vorlegen lässt.

61 **3. Interessenkonflikt bei externen Beratern.** Die Frage nach einer Interessenkollision stellt sich grundsätzlich auch bei externen Datenschutzbeauftragten, die eine anderweitige Beratung des Unternehmens oder der Behörde vornehmen. Hier kommt es im Einzelfall darauf an, ob im Rahmen dieser anderweitigen Beratung eine grundsätzliche Unabhängigkeit sichergestellt ist. **Rechtsanwälte** sind etwa verpflichtet, die Unternehmens- oder Behördeninteressen wahrzunehmen, gleichzeitig aber auch eine **Unabhängigkeit in der Beratung** aufzuzeigen. Letztlich beraten sie ein Unternehmen oder eine Behörde im Hinblick auf etwaige datenschutzrechtliche Risiken, die mit Datenverarbeitungsprozessen verbunden sind, und bereiten somit die unternehmens- oder behördeninterne Entscheidung vor. Insofern schließt eine beratende Tätigkeit als Rechtsanwalt nicht zugleich die Aufgabenwahrnehmung als betrieblicher bzw. behördlicher Datenschutzbeauftragter aus. Die Grenzen sind hier vielmehr fließend.

VIII. Sanktionen, Durchsetzung und Rechtsschutz

62 Sämtliche Verstöße gegen Art. 38 können von einer Aufsichtsbehörde nach Art. 83 Abs. 4 lit. a mit Geldbuße von bis zu 10 Mio. EUR bzw. bis zu 2 % des gesamten weltweit erzielten Jahresumsatzes des vorangegangenen Geschäftsjahres geahndet werden. Dies kann etwa die frühzeitige und ordnungsgemäße Einbindung (Abs. 1), die fehlende Unterstützung bzw. Ausstattung des Datenschutzbeauftragten (Abs. 2) oder auch den fehlenden Zugang zur höchsten Managementebene (Abs. 3 S. 3) betreffen. Die Aufsichtsbehörde kann auch entsprechende Anordnungen treffen, mit denen die festgestellten Defizite – etwa die fehlende Unterstützung des Datenschutzbeauftragten – beseitigt werden. Auch wenn die weisungsfreie Aufgaben-

---

35 So aber *Wybitul* CCZ 2016, 194 (195); von einer Interessenkollision geht hingegen Kühling/Buchner/*Bergt* Art. 38 Rn. 42 aus.
36 Siehe hierzu *Schefzig* ZD 2015, 503.
37 Vgl. hierzu *Renz/Frankenberger* ZD 2015, 158.
38 So zutreffend *Schefzig* ZD 2015, 503 (507).

wahrnehmung des Datenschutzbeauftragten (Abs. 3 S. 1) oder die Möglichkeit zur direkten Kontaktaufnahme (Abs. 4) nicht sichergestellt ist, kann ein Bußgeld verhangen werden. Im Fall einer Interessenkollision (Abs. 6 S. 2) kann die Aufsichtsbehörde den Datenschutzbeauftragten nach § 40 Abs. 6 S. 2 BDSG nF abberufen und ein Bußgeld verhängen. Der Verantwortliche bzw. der Auftragsverarbeiter können gegen entsprechende Anordnungen und/oder Bußgelder Klage vor dem Verwaltungsgericht erheben (Art. 78 Abs. 1).

Sanktionen für Verstöße des Datenschutzbeauftragten bei Verletzung seiner Pflichten nach Abs. 5 sieht die **63** DSGVO nicht vor. Hier enthält das nationale Recht aber entsprechende Sanktionen nach Art. 84 bereit (→ Rn. 48). Zur Haftung des Datenschutzbeauftragten → Art. 39 Rn. 41.

Bei Streitigkeiten sieht die DSGVO keine eigenständigen Rechtsbehelfe vor, so dass nach mitgliedstaatli-**64** chem Recht vorgegangen werden muss. Dies führt zu verschiedenen Rechtswegen vor den Arbeits-, Zivil- und Verwaltungsgerichten, je nachdem ob ein öffentlicher oder betrieblicher Datenschutzbeauftragter benannt ist und ob dieser als interner oder externer Datenschutzbeauftragter tätig wird.

Artikel 39   Aufgaben des Datenschutzbeauftragten

(1) Dem Datenschutzbeauftragten obliegen zumindest folgende Aufgaben:

a)   Unterrichtung und Beratung des Verantwortlichen oder des Auftragsverarbeiters und der Beschäftigten, die Verarbeitungen durchführen, hinsichtlich ihrer Pflichten nach dieser Verordnung sowie nach sonstigen Datenschutzvorschriften der Union bzw. der Mitgliedstaaten;

b)   Überwachung der Einhaltung dieser Verordnung, anderer Datenschutzvorschriften der Union bzw. der Mitgliedstaaten sowie der Strategien des Verantwortlichen oder des Auftragsverarbeiters für den Schutz personenbezogener Daten einschließlich der Zuweisung von Zuständigkeiten, der Sensibilisierung und Schulung der an den Verarbeitungsvorgängen beteiligten Mitarbeiter und der diesbezüglichen Überprüfungen;

c)   Beratung – auf Anfrage – im Zusammenhang mit der Datenschutz-Folgenabschätzung und Überwachung ihrer Durchführung gemäß Artikel 35;

d)   Zusammenarbeit mit der Aufsichtsbehörde;

e)   Tätigkeit als Anlaufstelle für die Aufsichtsbehörde in mit der Verarbeitung zusammenhängenden Fragen, einschließlich der vorherigen Konsultation gemäß Artikel 36, und gegebenenfalls Beratung zu allen sonstigen Fragen.

(2) Der Datenschutzbeauftragte trägt bei der Erfüllung seiner Aufgaben dem mit den Verarbeitungsvorgängen verbundenen Risiko gebührend Rechnung, wobei er die Art, den Umfang, die Umstände und die Zwecke der Verarbeitung berücksichtigt.

Literatur: *Art.-29-Gruppe*, Leitlinien in Bezug auf Datenschutzbeauftragte, 16/DE WP 243 rev. 01; *Aßmus, U.*, Kontrolle des Betriebsrats durch den betrieblichen Datenschutzbeauftragten?, ZD 2011, 27; *Bongers, F./Krupna, K.*, Haftungsrisiken des internen Datenschutzbeauftragten, ZD 2013, 594; *Eßer, S./Steffen, N.*, Zivilrechtliche Haftung des betrieblichen Datenschutzbeauftragten, CR 2018, 289; *Gürtler-Bayer, M.*, Der behördliche Datenschutzbeauftragte – eine Analyse rechtlicher Probleme in der Konzeption des behördlichen Datenschutzbeauftragten unter Berücksichtigung der EU-Datenschutz-Grundverordnung, 2014; *Jaspers, A./Reif, Y.*, Der Datenschutzbeauftragte nach der Datenschutz-Grundverordnung: Bestellpflicht, Rechtsstellung und Aufgaben, RDV 2016, 61; *Klug, C.*, Der Datenschutzbeauftragte in der EU – Maßgaben der Datenschutzgrundverordnung, ZD 2016, 315; *Kort, M.*, Was ändert sich für Datenschutzbeauftragte, Aufsichtsbehörden und Betriebsrat unter der DSGVO?, ZD 2017, 3; *Lambert, P.*, The Data Protection Officer: Profession, Rules, and Role, 2016; *Lantwin, T.*, Risikoberuf Datenschutzbeauftragter? Die Haftung nach der neuen DS-GVO, ZD 2017, 411; *Marschall, K.*, Strafrechtliche Haftungsrisiken des betrieblichen Datenschutzbeauftragten? Notwendige Handlungsempfehlungen, ZD 2014, 66; *Marschall, K./Müller, P.*, Der Datenschutzbeauftragte im Unternehmen zwischen BDSG und DSGVO, Bestellung, Rolle, Aufgaben und Anforderungen im Fokus europäischer Veränderungen, ZD 2016, 415; *Niklas, T./Faas, T.*, Der Datenschutzbeauftragte nach der Datenschutz-Grundverordnung, NZA 2017, 1091; *Wybitul, T.*, Was ändert sich mit dem neuen EU-Datenschutzrecht für Arbeitgeber und Betriebsräte? Anpassungsbedarf bei Beschäftigtendatenschutz und Betriebsvereinbarungen, ZD 2016, 203.

I. Normzweck und Gesetzgebungsgeschichte

1 Art. 39 legt einen **Mindestkatalog** an Aufgaben des betrieblichen bzw. behördlichen Datenschutzbeauftragten fest, der weitgehend die im nationalen Recht bereits aus § 4g Abs. 1 BDSG aF bekannten klassischen Aufgaben übernimmt und durch weitere Vorschriften der DSGVO ergänzt wird (→ Rn. 5 ff.). Die Aufgabenzuweisungen gelten sowohl für den nach Art. 37 Abs. 1 verpflichtend zu bestellenden Datenschutzbeauftragten, als auch für diejenigen, die gemäß Art. 37 Abs. 4 auf der Basis mitgliedstaatlichen Rechts oder freiwillig bestellt werden. Es wurde somit ein verbindlicher (Mindest-)Aufgabenkatalog für betriebliche bzw. behördliche Datenschutzbeauftragte im gesamten Anwendungsbereich der DSGVO vorgegeben, unabhängig davon auf welcher Grundlage der Datenschutzbeauftragte bestellt worden ist.[1]

2 Der Aufgabenkatalog des Art. 39 spiegelt sehr deutlich die Rolle des Datenschutzbeauftragten wider: Er führt Prüfungen durch und zeigt auf, wo Defizite im Unternehmen oder in der Behörde in der Umsetzung des Datenschutzes vorliegen, so dass die verantwortlichen Führungskräfte entsprechende Maßnahmen zur Beseitigung der aufgezeigten Defizite ergreifen können, um eine weitergehende Haftung des Unternehmens oder der Behörde zu vermeiden. Ergänzend berät der Datenschutzbeauftragte hinsichtlich der datenschutzrechtlichen Optionen, die dem Verantwortlichen oder Auftragsverarbeiter im konkreten Fall zur Verfügung stehen. Er ist aber nicht für die Einhaltung von Datenschutzbestimmungen im Unternehmen oder in der Behörde verantwortlich. Daher hat der **Datenschutzbeauftragte** auch regelmäßig **keine Garantenstellung** für die Einhaltung des Datenschutzes im Unternehmen oder in der Behörde (→ Rn. 59 ff.).[2] Andernfalls müssten ihm auch die Mittel zur Verfügung stehen, erkannte Defizite abzustellen. Eine solche Befugnis sieht die DSGVO aber nicht vor, da die Aufgabe, die Datenschutzkonformität der Datenverarbeitungsprozesse sicherzustellen, dem Unternehmen oder der Behörde als „Verantwortlichem" oder Auftragsverarbeiter zugewiesen ist. Bei nicht-öffentlichen Stellen ist der **Datenschutzbeauftragte** zudem **nicht der „Compliance-Beauftragte für Datenschutz"** eines Unternehmens (→ Art. 38 Rn. 57 ff.).

3 Art. 37 Abs. 1 KOM-E hatte noch einen Katalog von zehn, Art. 37 Abs. 1 Parl-E sogar von zwölf Aufgaben umfasst. Der Rat-E hatte dies substantiell beschnitten und setzte sich in praktisch allen Fällen durch. Die Unterrichtungs- und Beratungsaufgabe wurde nicht um einen Bezug auf technische und organisatorische Maßnahmen (lit. a Parl-E), sondern um die Beratung der Beschäftigten (lit. a Rat-E) ergänzt. Die durch das EP vorgeschlagene Sensibilisierungsaufgabe wurde hingegen aufgenommen, allerdings auf Vorschlag des Rats in lit. b. Dieser setzte in lit. b überdies die globale Aufgabe der Überwachung der Einhaltung der DSGVO und anderer Datenschutzvorschriften durch, die in lit. c KOM-E und Parl-E deutlich spezifischer enthalten gewesen war. Völlig gestrichen wurden die Aufgaben der Sicherstellung der Dokumentation und der Überwachung der Dokumentation und Meldung von Schutzverletzungen (lit. d, e KOM-E und Parl-E). Die in lit. f KOM-E und Parl-E vorgeschlagene Funktion der Überwachung der Datenschutz-Folgenabschätzung wurde auf Wunsch des Rats um eine vorrangige Beratung ergänzt. Interessanterweise wurde die in allen Entwürfen wortgleich enthaltene Funktion der **Überwachung der Umsetzung aufsichtsbehördlicher Maßnahmen** im Trilog **gestrichen**; lit. d enthält nunmehr nur noch die Aufgabe der Zusammenarbeit. Auch lit. e erhielt den Wortlaut maßgeblich durch den Rat, der überdies im Trilog auch seinen Vorschlag des risikoorientierten Ansatzes (Art. 37 Abs. 2 Rat-E) durchsetzen konnte. Die Ermächtigungsnorm für delegierte Rechtsakte (Art. 37 Abs. 2 KOM-E) spielte schon seit der Streichung durch das EP im Trilog keine Rolle mehr.

4 **Art. 34 JI-Richtlinie** enthält eine mit Abs. 1 (bis auf die Verpflichteten) **wortgleiche Regelung.** Diese hat der Bundesgesetzgeber in § 7 Abs. 1 S. 1 BDSG nF ohne weitere Konkretisierungen übernommen und überdies zusätzliche Parallelregelungen zur DSGVO eingeführt, um die Aufgaben der Datenschutzbeauftragten öffentlicher Stellen für alle Verarbeitungszwecke einheitlich auszugestalten.[3] Dies umfasst in § 7 Abs. 3 BDSG nF auch den risikobasierten Ansatz aus Art. 39 Abs. 2, obwohl die JI-Richtlinie diesen nicht enthält. Der Gesetzgeber rechtfertigt die Regelung mit dem Argument, es handele sich um einen allgemeinen Grundsatz.[4]

---

1 Vgl. Ehmann/Selmayr/*Heberlein* Art. 39 Rn. 2.
2 Vgl. *Art.-29-Gruppe*, WP 243, S. 20.
3 S. die Begründung, BT-Drs. 18/11325, 82.
4 S. die Begründung, BT-Drs. 18/11325, 82.

II. Einzelne Aufgaben (Abs. 1)

Abs. 1 enthält einen explizit **nicht abschließenden Katalog an Aufgaben** des Datenschutzbeauftragten, der 5
durch weitere, damit vereinbare Aufgaben ergänzt werden kann. In der DSGVO selbst sind weitere Aufgaben enthalten, nämlich die Behandlung von Eingaben betroffener Personen (Art. 38 Abs. 4 → Art. 38 Rn. 43 ff.) sowie diejenigen Aufgaben, die dem Datenschutzbeauftragen gemäß Art. 47 Abs. 2 lit. h durch verbindliche interne Datenschutzvorschriften zugewiesen werden (→ Art. 47 Rn. 30). Darüber hinaus können auch der nationale Gesetzgeber und die verantwortliche Stelle bzw. der Auftragsverarbeiter wegen des Wortlauts von Abs. 1 („zumindest") weitere Aufgaben vorsehen.[5]

Aufgrund vertraglicher Absprache kann insbes. bei Beauftragung eines externen Datenschutzbeauftragten 6
der **Pflichtenkreis erweitert** werden. Dabei darf der Datenschutzbeauftragte aber durch diese zusätzlichen Aufgaben **nicht in eine Position kommen**, in der er für die **Einhaltung der Datenschutzbestimmungen bei Datenverarbeitungsvorgängen selbst verantwortlich** wird oder seine Unabhängigkeit gefährdet ist. Dies wäre mit seiner Stellung im Unternehmen bzw. in der öffentlichen Stelle als **unabhängiges Kontrollorgan** nicht vereinbar (→ Art. 38 Rn. 30 ff.). Die Verantwortlichkeit für die Zulässigkeit der Datenverarbeitung verbleibt bei dem Verantwortlichen oder Auftragsverarbeiter und kann nicht auf den Datenschutzbeauftragten übertragen werden. Davon unabhängig ist die Frage einer etwaigen Verantwortlichkeit des Datenschutzbeauftragten nach Zivil- und Strafrecht zu beurteilen (→ Rn. 41 ff.).

1. Unterrichtung und Beratung hinsichtlich datenschutzrechtlicher Pflichten (lit. a). Zunächst führt Abs. 1 7
lit. a die Aufgabe der Unterrichtung und Beratung des Verantwortlichen oder Auftragsverarbeiters sowie deren Beschäftigten, die Datenverarbeitungen durchführen, über deren datenschutzrechtliche Pflichten an. Die Begriffe der Unterrichtung und Beratung haben eine **unterschiedliche Zielrichtung**, überschneiden sich aber, ohne dass dies rechtliche Auswirkungen hätte. Eine **Unterrichtung** umfasst allgemeine **Mitteilungen und Hinweise** zu relevanten rechtlichen Themen und Entwicklungen, beispielsweise neue gesetzlichen Vorgaben und neue Rechtsprechung, aber auch neue technische Entwicklungen, die zu Datenschutzrisiken führen können oder umgekehrt zusätzliche Schutzinstrumente eröffnen. Inkludiert ist auch die Erläuterung dieser Vorschriften und der jeweiligen Rechtsauffassung. Während die Unterrichtung proaktiv erfolgt, zielt die **Beratung** auf die **Behandlung konkreter Probleme oder Sachfragen**, die in der Behörde oder im Unternehmen auftreten.

Die Pflicht nach lit. a darf nicht unterschätzt werden. Mit der Unterrichtung und Beratung wirkt der Daten- 8
schutzbeauftragte unmittelbar auf die Geschäftsführung und die weiteren Beschäftigten ein. Die Unterrichtung und Beratung umfasst nämlich sowohl die einzelnen Beschäftigten (also zB Sachbearbeiter), als auch die Behörden- oder Unternehmensleitung. Die **Führungskräfte** des Verantwortlichen oder Auftragsverarbeiters sollen vom Datenschutzbeauftragten **mit ihren Aufgaben nach der DSGVO vertraut gemacht** werden, damit sie ein Verständnis für die Belange des Datenschutzes entwickeln und eine **Datenschutzkultur vorleben** können.

Die **Unterrichtung und Beratung** bezieht sich auf die Aufgaben, die der Verantwortliche oder Auftragsver- 9
arbeiter sowie die konkret tätigen Mitarbeiter bei einer Datenverarbeitung nach den einschlägigen Datenschutzbestimmungen zu beachten haben. Der Verantwortliche oder Auftragsverarbeiter und seine Beschäftigten sollen somit **befähigt werden**, die nach der DSGVO und weiteren Bestimmungen bestehenden **datenschutzrechtlichen Anforderungen selbst umzusetzen**.

Es ist unkritisch, wenn der Verantwortliche **zusätzliche Fachkräfte** für die datenschutzrechtliche Beratung 10
der Mitarbeiter einstellt. Hiervon unberührt bleibt die Aufgabe, den Datenschutzbeauftragten rechtzeitig einzubinden (→ Art. 38 Rn. 11). An dieser Stelle zeigt sich einmal mehr, dass die Verantwortung für die Datenschutzkonformität allein bei dem Verantwortlichen oder Auftragsverarbeiter liegt (→ Art. 24 Rn. 9, 22).

Die **Beratung** bezieht sich auf ein **konkretes Verfahren** und muss vom Datenschutzbeauftragten unter Be- 11
achtung des **risikobasierten Ansatzes** nach Abs. 2 (→ Rn. 38 ff.) erfolgen; sie ist also typischerweise bedarfsorientiert und anlassabhängig.[6] Gegenstand der Beratung ist die konkrete Datenverarbeitung durch einen Mitarbeiter oder eine Abteilung. Hier wird der Datenschutzbeauftragte aufzeigen, welche datenschutzrechtlichen Anforderungen in der konkreten Datenverarbeitungssituation zu beachten sind bis hin dazu, dass er dazu beitragen kann, wie Probleme zu lösen sein können.[7]

Inhaltlicher Anknüpfungspunkt ist zunächst der Katalog im Kapitel IV der DSGVO, in dem die allgemeinen 12
Pflichten bzw. nachgelagert weitergehende Vorgaben zum Thema IT-Sicherheit angesprochen werden. Die

---

5 AA Sydow/*Helfrich* Art. 39 Rn. 59; differenzierend Ehmann/Selmayr/*Heberlein* Art. 39 Rn. 20, der solche weiteren Aufgaben nur durch den Verantwortlichen bzw. den Auftragsverarbeiter zulassen will.
6 So auch BeckOK DatenschutzR/*Moos* DSGVO Art. 39 Rn. 4.
7 Vgl. Ehmann/Selmayr/*Heberlein* Art. 39 Rn. 9; Paal/Pauly/*Paal* Art. 39 Rn. 5; Sydow/*Helfrich* Art. 39 Rn. 64.

Pflichten des Verantwortlichen bzw. Auftragsverarbeiters gehen aber weiter und umfassen letztlich **alle Vorgaben zur Zulässigkeit der Datenverarbeitung** nach der DSGVO sowie weiterer einschlägiger Regelungen nach dem Unionsrecht (beispielsweise die geplante ePrivacyVO) bzw. nach dem Recht der Mitgliedsstaaten. Daher muss der Datenschutzbeauftragte auch über **Kenntnisse im jeweiligen nationalen Datenschutzrecht** verfügen (→ Art. 37 Rn. 45). Bei dem Konzerndatenschutzbeauftragten nach Art. 37 Abs. 2 (→ Art. 37 Rn. 34) muss sichergestellt sein, dass er zumindest über entsprechende **Datenschutzkoordinatoren** vor Ort über die Anforderungen des nationalen Datenschutzrechts informiert wird. Dann kann er diese Anforderungen gebündelt an die jeweiligen Führungskräfte weitergeben.

13 In der **Praxis** gibt es unterschiedliche Wege, wie die Unterrichtungs- und Beratungsaufgabe des Datenschutzbeauftragten umgesetzt werden kann. Ein Weg ist etwa, mittels **Rundschreiben** an die Geschäfts- bzw. Behördenleitung bzw. an die führenden Mitarbeiter im Unternehmen bzw. der Behörde auf aktuelle Entwicklungen im Datenschutzrecht hinzuweisen und dies mit dem Hinweis zu verbinden, gerne ausführlicher die angesprochenen Fragen darzulegen. Der Datenschutzbeauftragte muss **von sich aus** auf einschlägige **Entwicklungen hinweisen.** Er kann aber die Geschäfts- oder Behördenleitung oder sonstige Führungskräfte idR nicht verpflichten, an einer Unterrichtung des Datenschutzbeauftragten über Verlautbarungen des EDSA teilzunehmen. Hier könnte allerdings eine entsprechende Verpflichtung in den unternehmens- oder behördeninternen Vorgaben zur Umsetzung der Datenschutzbestimmungen nach Art. 24 getroffen werden.

14 Die Beratungsfunktion hinsichtlich der datenschutzkonformen Ausgestaltung einzelner Datenverarbeitungsverfahren ist für den Datenschutzbeauftragten ein wichtiger Hebel, sich umfassend im Unternehmen oder in der Behörde einzubringen. Der Datenschutzbeauftragte sollte von sich aus entsprechende Impulse setzen und **proaktiv auf einzelne Abteilungen bzw. Fachbereiche zugehen**, wenn sich etwa die rechtlichen Rahmenbedingungen geändert haben. Dann kann der Verantwortliche bzw. Auftragsverarbeiter rechtzeitig diese geänderten Anforderungen umsetzen bzw. bei Planungen berücksichtigen. Weiterhin sollte der Datenschutzbeauftragte auf häufiger auftretende **Kunden- oder Bürgerbeschwerden** zu den Datenverarbeitungstätigkeiten in einem Fachbereich bzw. einer Abteilung reagieren und eine Beratung anbieten.

15 Die Unterrichtung und Beratung ist abzugrenzen von einer **Schulung im Datenschutzrecht**, deren Umsetzung dem Verantwortlichen oder Auftragsverarbeiter obliegt.[8] Der Datenschutzbeauftragte hat hier nur zu prüfen, ob die Schulung der Mitarbeiter im Datenschutz tatsächlich erfolgt. Häufig sind die Grenzen zwischen einer Schulung einerseits und einer Beratung bzw. Unterweisung andererseits aber fließend. Insofern ist es sinnvoll und geboten, den Datenschutzbeauftragten im Rahmen des Schulungskonzeptes auch bestimmte Aufgaben zuzuweisen. Dies könnte die Unterrichtung einzelner Fachabteilungen zu speziellen Fragestellungen, etwa zum Beschäftigtendatenschutz, zum Umgang mit besonderen Datenarten nach Art. 9 oder zum Online-Marketing umfassen.

16 **2. Überwachungsfunktion (lit. b). a) Überwachung der Einhaltung von Datenschutzvorschriften.** Die **Überwachung** der Einhaltung der Vorgaben der DSGVO und weiterer anwendbarer Datenschutzbestimmungen durch den Verantwortlichen oder Auftragsverarbeiter sowie deren Umsetzungsstrategien zählt zu den **Kernaufgaben** des Datenschutzbeauftragten.

17 Der Umfang der Kontrolltätigkeit betrifft den in Art. 2 definierten **Anwendungsbereich der DSGVO.** Danach unterfallen sowohl ganz als auch teilweise automatisierte Datenverarbeitungen der Kontrollbefugnis des Datenschutzbeauftragten. Auch **nicht-automatisiert verarbeitete Daten** wie etwa Personalakten, die in einem Dateisystem gespeichert werden, unterliegen der Kontrolle.

18 Der **Umfang an Überprüfungshandlungen** orientiert sich an dem **Umfang und der Kritikalität der Datenverarbeitung.** Der Datenschutzbeauftragte sollte eine langfristige – zB jahresbezogene – Planung entwerfen, wann er welche Verfahren zur Datenverarbeitung prüfen will. Dabei muss er sich gemäß Abs. 2 von der Kritikalität der Datenverarbeitung leiten lassen (→ Rn. 38). Neben der vorgesehenen **Regelkontrolle** wird es dann auch **Anlasskontrollen** aufgrund aufgetretener Beschwerden, Verletzungen des Schutzes (Art. 33) oder sonstiger Vorfälle geben, wofür gleichfalls Vorkehrungen zu treffen sind. Auch unangekündigte Kontrollen sollte der Datenschutzbeauftragte durchführen.

19 Die Kontrollen dürfen sich **nicht auf eine abstrakte Bewertung** anhand der unternehmens- oder behördeninternen Dokumentation **beschränken.** Hier sind vielmehr **Einsichtnahmen vor Ort erforderlich.** So muss sich der Datenschutzbeauftragte davon überzeugen, dass die nach der Dokumentenlage zu treffenden Maßnahmen tatsächlich umgesetzt worden sind.[9]

---

8 Ebenso Kühling/Buchner/*Bergt* Art. 39 Rn. 12; *Jaspers/Reif* RDV 2016, 61 (66).
9 So auch *Marschall/Müller* ZD 2016, 415 (418).

Wichtig ist eine **Rückmeldung** des Datenschutzbeauftragten an den unternehmens- oder behördenintern **zu-** 20 **ständigen Mitarbeiter** oder Abteilung. Diese müssen darüber informiert werden, wie das Ergebnis der Kontrolle ausgefallen und welcher Nachbesserungsbedarf festgestellt worden ist.[10] Sofern unternehmens- oder behördenintern vorhanden, sollte eine Kopie des Berichts auch an den Compliance-Verantwortlichen, die Rechtsabteilung oder an die Revisionsabteilung geschickt werden. Ist die Durchführung der nach Art. 24 DSGVO geforderten **Wirksamkeitskontrollen** nicht dem Datenschutzbeauftragten zugewiesen, sollte die hierfür verantwortliche Person ebenfalls eine Kopie des Prüfberichts erhalten.

Der Datenschutzbeauftragte sollte die von ihm durchgeführten Kontrollen und deren wesentliche Ergebnis- 21 se in einem **Jahresbericht** anführen. Zudem sollte er die Beseitigung der von ihm erkannten **Defizite nach-halten.** Dies kann ein wesentlicher Anknüpfungspunkt für seine Berichte an die Managementebene sein. Verpflichtet ist er dazu allerdings nicht.

b) Überwachung der Strategie des Verantwortlichen oder Auftragsverarbeiters. Der Datenschutzbeauftragte 22 hat auch die Strategie des Verantwortlichen oder Auftragsverarbeiters zur Einhaltung des Datenschutzes zu überprüfen. Die englischsprachige Fassung der DSGVO verwendet hier den Begriff „policies" und die französischsprachige Fassung den Begriff „régles internes", was deutlicher zum Ausdruck bringt, dass die unternehmens- oder behördeninternen Regelungen zum Datenschutz – etwa in Form von **Organisations- oder Verfahrensanweisungen zum Datenschutz** – vom Datenschutzbeauftragten überprüft werden sollen.[11] Dieser Begriff in der englischen Fassung wird auch in Art. 24 Abs. 2 verwendet, womit die technischen und organisatorischen Maßnahmen umschrieben werden, die der Verantwortliche oder Auftragsverarbeiter nach Art. 24 Abs. 1 zur Einhaltung der DSGVO zu erlassen hat. Somit geht es bei den von Art. 39 erfassten Regeln um die **unternehmens- bzw. behördeninternen Vorgaben zur Umsetzung der DSGVO.** Gemäß EG 78 S. 2 umfassen derartige Strategien insbes. auch die in Art. 25 Abs. 1 und 2 festgelegten Grundsätze des **Datenschutzes durch Technik** und durch **datenschutzfreundliche Voreinstellungen** ($\rightarrow$ Art. 25 Rn. 28 ff., 39 ff.). Sofern entsprechende Regelungen fehlen oder unzureichend sind, sollte der Datenschutzbeauftragte die Initiative ergreifen und der Geschäfts- oder Behördenleitung einen Vorschlag für eine solche Regelung unterbreiten. An der Entwicklung dieser Strategien ist der Datenschutzbeauftragte zu beteiligen, wie sich schon aus Art. 38 Abs. 1 ergibt.[12]

Gemäß Abs. 1 lit. b gehört zu der zu kontrollierenden Strategie insbes. die Frage der **Zuweisung von Zu-** 23 **ständigkeiten.** In den nach Art. 24 zu erlassenden organisatorischen Vorgaben, etwa Organisations- oder Verfahrensanweisungen zum Datenschutz, sollte auch die **konkrete Zuordnung von Rollen und Verantwortlichkeiten** für die Einhaltung des Datenschutzes geregelt sein. Regelmäßig werden Führungskräfte dafür verantwortlich gemacht, dass in ihrem Verantwortungsbereich die unternehmens- oder behördeninternen Vorgaben zum Datenschutz eingehalten werden. Hier ist es Aufgabe des Datenschutzbeauftragten zu überprüfen, inwiefern derartige **Zuweisungen** für die Einhaltung von Datenschutz im Unternehmen oder in der Behörde tatsächlich **erfolgt** sind und letztlich auch, in welchem Umfang die hieraus resultierenden **Aufgaben wahrgenommen** werden. Häufig lässt sich in der Praxis feststellen, dass den Führungskräften eines Unternehmens oder einer Behörde ihre nach der DSGVO oder nach internen Regelungen bestehenden Aufgaben für die Einhaltung der Datenschutzgesetze nicht bewusst sind. Hier setzt Abs. 1 lit. b an und verpflichtet den Datenschutzbeauftragten, die Zuweisung der Verantwortlichkeit zu prüfen. Sollten die Führungskräfte die ihnen zugewiesenen datenschutzrechtlichen Pflichten nicht kennen, stellt dies ein **Defizit** sowohl in der **Sensibilisierung der Führungskräfte** als auch hinsichtlich der effektiven Umsetzung der unternehmens- oder behördeninternen Vorgaben zum Datenschutz dar.

Zur Strategie zählt schließlich die **Sensibilisierung und Schulung von Mitarbeitern** im Datenschutz, die Auf- 24 gabe des Verantwortlichen oder Auftragsverarbeiters ist.[13] Der Datenschutzbeauftragte muss prüfen, ob diese Maßnahmen in der Praxis auch wirklich stattfinden. Der Verantwortliche oder Auftragsverarbeiter muss sicherstellen, dass ein Schulungskonzept bzw. Maßnahmen zur Sensibilisierung der Mitarbeiter hinsichtlich der datenschutzrechtlichen Belange und der Verantwortlichkeiten vorliegen. Der Verantwortliche oder Auftragsverarbeiter kann diesen Aspekt auf unterschiedlichem Wege umsetzen. Neben einem E-Learning-Modul für eine Basisschulung bietet es sich an, den Datenschutzbeauftragten oder eine andere hinreichend qualifizierte Person – etwa aus der Rechtsabteilung – für eine spezifische Schulung von Fachabteilungen heranzuziehen. Hierzu sollte auch die Form der **Präsenzschulung** verwendet werden. Der Datenschutzbeauftragte ist aber – ohne weitergehende Vereinbarung – nicht verpflichtet, die Schulung bzw. Sensibilisierung der Mitarbeiter selbst zu übernehmen. Der Datenschutzbeauftragte muss also zunächst nur

---

10 Vgl. Ehmann/Selmayr/*Heberlein* Art. 39 Rn. 10.
11 Vgl. Ehmann/Selmayr/*Heberlein* Art. 39 Rn. 11.
12 So auch Kühling/Buchner/*Bergt* Art. 39 Rn. 14; Ehmann/Selmayr/*Heberlein* Art. 39 Rn. 11, aA wohl *Jaspers/Reif* RDV 2012, 78 (81).
13 Ebenso Kühling/Buchner/*Bergt* Art. 39 Rn. 12; vgl. Ehmann/Selmayr/*Heberlein* Art. 39 Rn. 12; *Jaspers/Reif* RDV 2016, 61 (66).

überprüfen, ob diese Aufgabe, die dem Unternehmen oder der Behörde zugeordnet ist, auch tatsächlich umgesetzt wird.

25 Aus Sicht sowohl der Mitarbeiter als auch des Datenschutzbeauftragten ist es allerdings sinnvoll, ihn mit in das **Schulungskonzept** einzubinden, da er so auch seine Erwartungen an eine Zusammenarbeit mit ihm sowie die von ihm vertretenen datenschutzrechtlichen Ansichten vorstellen kann. Die allgemeine Informationspflicht nach lit. a kann möglicherweise auch fließend in eine **spezifische Beratung** übergehen. Die Akzeptanz des Datenschutzbeauftragten im Unternehmen bzw. der Behörde hängt ganz wesentlich davon ab, dass er auch auf Arbeitsebene anerkannt wird. Hierzu benötigt er aber auch geeignete Foren, denen er sich als kompetenter Berater mit entsprechendem Verständnis für die praktischen Notwendigkeiten vorstellen und so das Vertrauen der Mitarbeiter gewinnen kann.

26 **c) Insbesondere: Rechenschaftsgrundsatz.** Weiterhin obliegt es dem Datenschutzbeauftragten, die entsprechenden Überprüfungen, die im Rahmen des Rechenschaftsgrundsatzes vorzunehmen sind, nachzuhalten. Das Unternehmen bzw. die Behörde ist nach Art. 24 iVm Art. 5 Abs. 2 verpflichtet, aufgrund des Rechenschaftsgrundsatzes **Nachweise** zu führen, dass die unternehmens- oder behördeninternen **Vorgaben eingehalten** werden. Hierzu hat der Verantwortliche oder Auftragsverarbeiter die Durchführung der gebotenen Wirksamkeitskontrollen zu veranlassen.
Die Durchführung dieser **Wirksamkeitskontrollen** gehört **nicht zu den originären Aufgaben** des Datenschutzbeauftragten. Gleichwohl kann der Verantwortliche bzw. Auftragsverarbeiter dem Datenschutzbeauftragten diese Aufgabe zuweisen, was aufgrund seiner Sachnähe und Kompetenz durchaus sinnvoll ist. Je nach dieser Aufgabenzuweisung unterscheidet sich die Kontrollaufgabe nach Abs. 1 lit. b. Obliegt die Wirksamkeitskontrolle einer anderen Stelle, so muss der Datenschutzbeauftragte überprüfen, ob diese in der **Praxis durchgeführt** werden. Ist die Durchführung der Wirksamkeitskontrollen hingegen ihm selbst übertragen worden, so muss er darauf achten, dass eine **ordnungsgemäße Dokumentation** der vorgenommenen Prüfungen erfolgt und die relevanten **Mitarbeiter** über die **Ergebnisse der Prüfung informiert** werden.

27 **d) Kontrolle des Betriebs- oder Personalrats durch den Datenschutzbeauftragten.** Der Datenschutzbeauftragte hat die Aufgabe, die Einhaltung der DSGVO durch den Verantwortlichen oder Auftragsverarbeiter zu überwachen. Der Betriebs- oder Personalrat ist **Teil des Verantwortlichen** oder Auftragsverarbeiters und nicht Dritter iSv Art. 4 Nr. 10 (→ Art. 88 Rn. 209).[14] Die Datenverarbeitung des Betriebs- oder Personalrats ist deshalb Teil der Datenverarbeitung durch den Verantwortlichen oder Auftragsverarbeiter mit der Folge, dass der Datenschutzbeauftragte berechtigt und verpflichtet ist, die Datenverarbeitung des Betriebs- oder Personalrats zu kontrollieren. Es gibt **keine kontrollfreie Datenverarbeitung.**

28 Bislang wurde die Kontrollbefugnis des Datenschutzbeauftragten hinsichtlich der Datenverarbeitung durch den Betriebs- oder Personalrat in Deutschland abgelehnt, da der Datenschutzbeauftragte durch die verantwortliche Stelle bestellt werde.[15] Diese Argumentation ist nach der DSGVO aber nicht länger vertretbar. Der Datenschutzbeauftragte ist als **weisungsunabhängiges Organ** tätig und nimmt keine unternehmerische oder behördliche Tätigkeit wahr. Sowohl die Weisungsfreiheit nach Art. 38 Abs. 3 S. 1 (→ Art. 38 Rn. 30 ff.) als auch die Verpflichtung zur **Wahrung der Geheimhaltung** und der **Vertraulichkeit** nach Art. 38 Abs. 5 iVm § 6 Abs. 6 und § 38 Abs. 2 BDSG nF (→ Art. 38 Rn. 48) stellen sicher, dass keine vertraulichen Informationen über die Datenverarbeitungstätigkeit des Betriebs- oder Personalrats unberechtigt weitergegeben werden. Sollten hier Bedenken bestehen, steht die Qualifikation des Datenschutzbeauftragten hinsichtlich der ordnungsgemäßen Wahrnehmung seiner Aufgaben in Frage. Die Kontrolle der Datenverarbeitungstätigkeit des Betriebs- oder Personalrats durch den Datenschutzbeauftragten ist schon zur Vermeidung entsprechender Defizite in der Umsetzung der DSGVO geboten, da andernfalls eine Haftung des Verantwortlichen oder Auftragsverarbeiters für entsprechende Verstöße begründet sein kann. Um hier Risiken möglichst auszuschließen, muss der Datenschutzbeauftragte die Datenverarbeitungspraxis des **Betriebs- oder Personalrats** auch **kontrollieren** dürfen.[16] Die Unternehmens- oder Behördenleitung hat aber keinerlei Anspruch darauf zu erfahren, was der Datenschutzbeauftragte geprüft hat und zu welchem Befund er gelangt ist, wenn der Datenschutzbeauftragte sich nicht seinerseits im Rahmen seiner Unabhängigkeit zu einem entsprechenden Bericht entschließt.

---

14 S. zum BDSG aF etwa BAG NZA 2012, 11; *Bergmann/Möhrle/Herb* BDSG § 4 f Rn. 83 ff.; sowie *Gola/Pötters/Wronka*, HdB Arbeitnehmerdatenschutz, 2016, Rn. 2128 sowie Rn. 1766 zur DSGVO. Anders Gola/*ders.* Art. 4 Rn. 55, der den Betriebsrat selbst als Verantwortlichen ansieht.
15 Vgl. BAG NJW 1998, 2466.
16 Ebenso Kühling/Buchner/*Bergt* Art. 38 Rn. 18; *Kort* ZD 2017, 3 (6); *Gola/Pötters/Wronka*, HdB Arbeitnehmerdatenschutz, 2016, Rn. 1766; *Taeger/Rose* BB 2016, 819 (828 f.); ebenso zum BDSG aF Plath/*v. d. Bussche* BDSG § 4 g Rn. 30 ff; Auernhammer/*Raum* BDSG § 4 f Rn. 103; aA zum BDSG aF Simitis/*ders.* § 4 g Rn. 40; *Aßmus* ZD 2011, 27 sowie BAG NJW 1998, 2466.

3. Beratungs- und Überwachungsfunktion hinsichtlich der Datenschutz-Folgenabschätzung (lit. c). Während Abs. 1 lit. a die Unterrichtung und Beratung von Verantwortlichem, Auftragsverarbeiter und Beschäftigten und lit. b die Überwachung jeweils in allgemeiner Hinsicht vorgibt, betrifft Abs. 1 lit. c die Beratung und Überwachung hinsichtlich der datenschutzrechtlichen Ausgestaltung konkreter Verfahren zur Datenverarbeitung, allerdings nur im Rahmen der Datenschutz-Folgenabschätzung und nur auf Anfrage.

Die Beratung bei der Datenschutz-Folgenabschätzung ist ein **Sonderfall der allgemeinen Beratungsaufgabe** 30 des Datenschutzbeauftragten. Die Beratung des Datenschutzbeauftragten sollte ua **folgende Punkte umfassen:**[17]

- Ob die Durchführung einer Datenschutz-Folgenabschätzung erforderlich ist
- Welche Methodik für die Durchführung der Datenschutz-Folgenabschätzung angewandt werden sollte
- Ob eine Datenschutz-Folgenabschätzung intern durchgeführt oder an einen externen Berater vergeben werden sollte
- Welche Schutzmaßnahmen zur Reduzierung der Risiken getroffen werden sollten
- Ob eine Datenschutz-Folgenabschätzung korrekt durchgeführt worden ist und ob die Schlussfolgerungen mit der DSGVO im Einklang stehen.

Die Durchführung einer Datenschutz-Folgenabschätzung ist dem Verantwortlichen oder Auftragsverarbei- 31 ter zugewiesen,[18] da dies sonst **zu viele Ressourcen beim Datenschutzbeauftragten binden** würde.[19] Entgegen der bisherigen Vorgabe zur vergleichbaren Konstellation einer Vorabkontrolle (§ 4 d Abs. 5 und 6 BDSG aF) ist dies **nicht originäre Aufgabe des Datenschutzbeauftragten.**[20]

Nach dem Wortlaut des Abs. 1 lit. c soll der Datenschutzbeauftragte **nur auf Anfrage** („at request") bera- 32 tend tätig werden, während nach Art. 35 Abs. 2 die Mitwirkung des Datenschutzbeauftragten verpflichtend vorgegeben wird. Diese Formulierung in Abs. 1 lit. c ist missverständlich und darf nicht so verstanden werden, dass die Mitwirkung des Datenschutzbeauftragten in das Belieben des Verantwortlichen oder des Auftragsverarbeiters gestellt wird. Die **speziellere Norm des Art. 35 geht insoweit vor.**[21] Es würde auch wenig Sinn ergeben, wenn der Datenschutzbeauftragte die Einhaltung der entwickelten internen technischen und organisatorischen Vorkehrungen als Aufgabe zu überprüfen hätte, aber an ihrer Entwicklung nicht beteiligt wäre. Zudem würde eine andere Auslegung im Widerspruch zu Abs. 2 stehen, wonach der Datenschutzbeauftragte bei der Erfüllung seines Amtes einem risikobasierten Ansatz folgt. Die Festlegung der nach Art. 35 als besonders risikobehaftet anzusehenden Vorgänge und des Umgangs mit ihnen gehört gerade in den **Kernbereich** dessen, wo die Bedeutung einer im Unternehmen oder in der Behörde wurzelnden Beratungseinrichtung zum Tragen kommt. Dementsprechend sieht die korrespondierende Regelung in § 7 Abs. 1 Nr. 3 BDSG nF auch nicht vor, dass die Mitwirkung des Datenschutzbeauftragten nur „auf Anfrage" erfolgt. Die **Beratung** des Verantwortlichen bzw. Auftragsverarbeiters durch den Datenschutzbeauftragten bei Durchführung der Datenschutz-Folgenabschätzung ist **verpflichtend.**[22] Will man im „auf Anfrage" kein generelles Redaktionsversehen sehen, lässt sich allenfalls ableiten, dass die lösungsorientierte Mitwirkung des Datenschutzbeauftragten iS einer Beratung (→Rn. 9) zurückgefahren sein soll und er nur auf Anfrage des Verantwortlichen oder des Auftragsverarbeiters Lösungsvorschläge (mit) entwickeln soll. Dies wäre dann über die damit verbundene Entlastungswirkung der Tätigkeit des Datenschutzbeauftragten begründbar.

Nach § 38 Abs. 1 S. 2 BDSG nF besteht eine Pflicht des Verantwortlichen oder des Auftragsverarbeiters 33 einen Datenschutzbeauftragten zu bestellen, sofern für eine Datenverarbeitung eine Datenschutz-Folgenabschätzung durchgeführt werden muss (→ Art. 37 Rn. 29).

Weiterhin ist dem Datenschutzbeauftragten auch die **Überwachung der Durchführung** einer Datenschutz- 34 Folgenabschätzung als weitere Aufgabe in Abs. 1 lit. c zugewiesen, und dies nicht nur auf Anfrage. Der Datenschutzbeauftragte muss sowohl die Einhaltung der Vorgaben von Art. 35 als auch die getroffenen **inhaltlichen Bewertungen überprüfen.** Insofern muss er sich die entsprechenden Dokumentationen, die im Rahmen der Datenschutz-Folgenabschätzung zu erstellen sind (→ Art. 35 Rn. 42), vorlegen lassen. Den **Bericht**

---

17 Vgl. *Art.-29-Gruppe*, WP 243, S. 20 f.
18 Vgl. *Art.-29-Gruppe*, WP 243, S. 20; kritisch *Jaspers/Reif* RDV 2012, 78 (82, 84).
19 Vgl. Ehmann/Selmayr/*Heberlein* Art. 39 Rn. 13, 21, der bei Durchführung der Datenschutz-Folgenabschätzung durch den Datenschutzbeauftragten eine Interessenkollision befürchtet.
20 Vgl. Kühling/Buchner/*Bergt* Art. 39 Rn. 16.
21 Offen lassend Paal/Pauly/*Paal* Art. 39 Rn. 7.
22 Vgl. Kühling/Buchner/*Bergt* Art. 39 Rn. 16; Ehmann/Selmayr/*Heberlein* Art. 39 Rn. 15; *Klug* ZD 2016, 315 (318 f.); *Jaspers/Reif* RDV 2016, 61 (66); Sydow/*Helfrich* Art. 39 Rn. 102 f. differenziert zwischen der Pflicht des Verantwortlichen zur Konsultation des Datenschutzbeauftragten nach Art. 35 Abs. 2 und der „passiven Rolle", die dem Datenschutzbeauftragten nach Abs. 1 lit. c zufällt bis der Verantwortliche sich mit der Bitte um Beratung an ihn wendet.

über seine Bewertung des Verfahrens sollte er an den verantwortlichen Mitarbeiter, bei **gravierenden Mängeln** auch an die Geschäfts- bzw. Behördenleitung schicken.

35 **4. Zusammenarbeit mit Aufsichtsbehörden (lit. d und e).** Weiterhin ist der Datenschutzbeauftragte nach Abs. 1 lit. d und e ganz allgemein zur Zusammenarbeit mit der Aufsichtsbehörde verpflichtet.[23] Der Datenschutzbeauftragte ist insofern schon bisher vielfach **erste Anlaufstelle der Aufsichtsbehörde** im Unternehmen bzw. in der Behörde, ohne dass dies allerdings im BDSG aF explizit als Aufgabe normiert war. Nunmehr schreibt Abs. 1 lit. e diese Funktion vor. Dies ist aus praktischer Sicht sehr sinnvoll: Schließlich sprechen Datenschutzbeauftragter und Aufsichtsbehörde „die gleiche Sprache", so dass eine Verständigung auf dieser Ebene wesentlich leichter erfolgen kann. Vor diesem Hintergrund ist es gemäß Art. 37 Abs. 7 auch Pflicht des Verantwortlichen oder Auftragsverarbeiters, der Aufsichtsbehörde die Kontaktdaten des Datenschutzbeauftragten zu benennen. Dementsprechend kann sich auch die Aufsichtsbehörde an den Datenschutzbeauftragten zur Klärung von Fragen betreffend die Datenverarbeitungspraxis im Unternehmen wenden. Der Datenschutzbeauftragte wird hierdurch aber **nicht zum Hilfsorgan der Aufsichtsbehörde.**[24] Er bleibt dem Unternehmen bzw. der Behörde zugeordnet, die ihn bestellt hat und für die er tätig wird.[25] Seine Stellung im Unternehmen bzw. der Behörde wird aber durch die Zusammenarbeit mit der Aufsichtsbehörde noch einmal gestärkt.[26]

36 Die Pflicht zur Zusammenarbeit bedingt **im Regelfall aber nicht,** die von dem Datenschutzbeauftragten unternehmens- bzw. behördenintern erfassten und der Leitungsebene gegenüber benannten **Verstöße der Aufsichtsbehörde zu melden.**[27] Dies gilt auch im Fall einer fortgesetzten Missachtung; eine Grenze dürfte erst bei **schwersten Verstößen** (insbes., wenn diese Straftatbestände erfüllen) erreicht sein.[28] Der Datenschutzbeauftragte ist **nicht der verlängerte Arm der Aufsichtsbehörde** im Unternehmen bzw. in der Behörde. Er tritt hier vielmehr als **Intermediär** auf.[29] Eine Pflicht zur Meldung bei der Aufsichtsbehörde würde die **vertrauensvolle Zusammenarbeit** des Datenschutzbeauftragten mit seiner Organisation unmöglich machen und damit letztlich seine Funktion im Unternehmen oder in der Behörde gefährden.[30]

37 Darüber hinaus steht dem Datenschutzbeauftragten die Aufsichtsbehörde nach Abs. 1 lit. e auch zur Beratung zur Verfügung. In der deutschen Sprachfassung wird diese Aufgabe mit „gegebenenfalls Beratung zu allen sonstigen Fragen" umschrieben, betrifft aber die **Aufgabe der Aufsichtsbehörden, den Datenschutzbeauftragten zu beraten.**[31] Der Datenschutzbeauftragte kann diese Beratungsaufgabe der Aufsichtsbehörde nach Art. 57 Abs. 3 kostenlos beanspruchen (→ Art. 57 Rn. 54), was insbes. für datenschutzrechtlich anspruchsvolle Verfahren sinnvoll ist.

III. Risikoorientierter Ansatz (Abs. 2)

38 Nach Abs. 2 muss der Datenschutzbeauftragte bei Ausübung seiner Beratungs- und Kontrollaufgaben dem mit der Datenverarbeitung verbundenen Risiko angemessen Rechnung tragen. Er muss auf Art, Umfang, Umstände und Zwecke der Datenverarbeitung bei der Bewertung einzelner Datenverarbeitungsvorgänge eingehen und dies insbes. im Rahmen einer etwaigen Interessenabwägung berücksichtigen. So fordert die DSGVO vom Datenschutzbeauftragten, die datenschutzrechtlichen Anforderungen „mit Augenmaß" umzusetzen. Abs. 2 bestimmt dann den Sorgfaltsmaßstab.

39 Dieser risikoorientierte Ansatz findet sich an verschiedenen Stellen der DSGVO.[32] Es ist insofern nur konsequent, dass auch der Datenschutzbeauftragte diesen Ansatz bei seiner Bewertung einzelner Datenverarbeitungsverfahren beachten muss. Diese Aufgabe besagt zunächst, dass der Datenschutzbeauftragte die **kritischen Datenverarbeitungen** in den **Mittelpunkt seiner Tätigkeit** stellen muss.

40 Die Berücksichtigung der mit den Verarbeitungsvorgängen verbundenen Risiken im Rahmen der Beratungs- und Kontrollaufgaben des Datenschutzbeauftragten setzt eine entsprechende **Sicherheit** des Datenschutzbeauftragten in der **Bewertung der Risiken** voraus. Daher bestätigt sich hier: Je anspruchsvoller die Datenver-

---

23　Vgl. Ehmann/Selmayr/*Heberlein* Art. 39 Rn. 17.
24　So auch Ehmann/Selmayr/*Heberlein* Art. 39 Rn. 16.
25　Vgl. *Bergmann/Möhrle/Herb* BDSG § 4 f Rn. 11.
26　Paal/Pauly/*Paal* Art. 39 Rn. 8.
27　So auch Ehmann/Selmayr/*Heberlein* Art. 39 Rn. 19; Paal/Pauly/*Paal* Art. 39 Rn. 8; aA zum BDSG aF insofern Simitis/*ders.* § 4 g Rn. 23.
28　Vgl. Kühling/Buchner/*Bergt* Art. 39 Rn. 19; Ehmann/Selmayr/*Heberlein* Art. 39 Rn. 19.
29　Vgl. *Lambert*, The Data Protection Officer: Profession, Rules, and Role, 2016, S. 131.
30　So auch Ehmann/Selmayr/*Heberlein* Art. 39 Rn. 19.
31　Vgl. *Lambert*, The Data Protection Officer: Profession, Rules, and Role, 2016, S. 131 f.; Kühling/Buchner/*Bergt* Art. 39 Rn. 20; *Jaspers/Reif* RDV 2016, 61 (67). Dieser Punkt ergibt sich auch deutlicher aus der englischen Sprachfassung der DSGVO; aA Paal/Pauly/*Paal* Art. 39 Rn. 9; Sydow/*Helfrich* Art. 39 Rn. 110, die von einer Beratung der Aufsichtsbehörde durch den Datenschutzbeauftragten ausgehen.
32　Vgl. *Veil* ZD 2015, 347.

arbeitungsprozesse im Unternehmen oder in der Behörde sind, desto **höhere Anforderungen** sind an die **Qualifikation des Datenschutzbeauftragten** zu stellen (→ Art. 37 Rn. 46). Dies betrifft sowohl die **datenschutzrechtliche Kompetenz** als auch die **Fähigkeit**, entsprechende **Risikobewertungen vornehmen zu können**. Daher kann es sich ein Datenschutzbeauftragter nicht erlauben, nur die Unzulässigkeit einer Datenverarbeitung festzustellen. Er muss auch aufzeigen, wie die Datenverarbeitung datenschutzkonform ausgestaltet werden kann. Dann wird er zu einem geschätzten Ansprechpartner im Unternehmen oder in der Behörde.

IV. Haftung des Datenschutzbeauftragten

Neben der Frage nach dem Tätigkeitsgebiet, den Aufgaben und Befugnissen des Datenschutzbeauftragten   41
stellt sich die Frage nach seiner Haftung für Verstöße gegen seine gesetzlich oder vertraglich zugewiesenen Aufgaben.[33] Zu beachten ist hier in besonderem Maße, dass der Datenschutzbeauftragte nicht dazu verpflichtet ist, für die Einhaltung der Vorschriften der DSGVO zu sorgen (→Rn. 2), ihm also regelmäßig ein Verstoß gegen Datenschutzrecht nicht angelastet werden kann. Sein **Fehlverhalten** muss **im Vorfeld stattfinden**, was ua auch Fragen der **Kausalität** aufwirft. Regelmäßig wird man nicht davon ausgehen können, dass bei einem ordnungsgemäßen Verhalten des Datenschutzbeauftragten der Verantwortliche oder Auftragsverarbeiter sich mit an Sicherheit grenzender Wahrscheinlichkeit datenschutzkonform verhalten hätte oder dass, bei Verletzung von Informations- und Beratungspflichten, ein anderes Verhalten die Folge gewesen wäre. Einfacher dagegen dürfte die Kausalität bei einem Verstoß des Datenschutzbeauftragten gegen Geheimhaltungspflichten nachzuweisen sein.

Die Haftung des Datenschutzbeauftragten wird in der DSGVO sowie im BDSG nF nicht geregelt, obwohl   42
sie für die Praxis gerade angesichts der hohen Bußgeldandrohungen enorm bedeutsam sein wird. Geldbußen gegenüber dem Datenschutzbeauftragten bei Verstoß gegen seine Pflichten aus Art. 39, Art. 38 Abs. 4 und Art. 47 Abs. 2 lit. h sehen die Art. 83 Abs. 4 und 5 nicht vor. Insofern verbleibt die Frage, in welchem Umfang für einen Datenschutzbeauftragten neben der DSGVO eine zivil- bzw. straf- und ordnungswidrigkeitsrechtliche Haftung zugunsten des Betroffenen in Betracht kommt. Gegenüber dem Vertragspartner beim privaten und beim externen behördlichen Datenschutzbeauftragten bzw. gegenüber dem Dienstherrn beim internen behördlichen Datenschutzbeauftragten bestehen die angesprochenen Haftungsgrundlagen (→ Rn. 44 und 46).

1. Vertragliche bzw. dienstrechtliche Haftung. Der Datenschutzbeauftragte nimmt vertragliche Pflichten **ge-**   43
genüber dem Verantwortlichen wahr. Ihm gegenüber ist er zur Beratung und zur Durchführung von Kontrollen verpflichtet, so dass sich aus einer Pflichtverletzung **Schadensersatzansprüche** des Verantwortlichen ergeben können. Die gegenüber dem Betroffenen nach Art. 38 Abs. 4 bestehenden Aufgaben führen nicht dazu, dass ein Vertrag mit **Schutzwirkung zugunsten Dritter** vorliegt.[34] Eine vertragliche Beziehung mit dem Betroffenen ergibt sich hieraus nicht, noch führt die bloße Möglichkeit, den Datenschutzbeauftragten zu Rate zu ziehen, zu vertraglichen Schutzpflichten zugunsten des Betroffenen.

Eine zivilrechtliche Haftung des externen Datenschutzbeauftragten **gegenüber dem Verantwortlichen**   44
kommt bei einer **Verletzung des Dienstleistungs- oder Geschäftsbesorgungsvertrages** (§§ 280ff. BGB) in Betracht. Eine entsprechende Pflichtverletzung einschließlich der Schlechtleistung kann sich daraus ergeben, dass eine falsche, unvollständige oder zu späte Datenschutzberatung erfolgt. Auch aufgrund **unterlassener oder unzutreffender Hinweise** zu datenschutzrechtlichen Defiziten im Unternehmen oder in der Behörde kann unter Umständen eine Haftung des Datenschutzbeauftragten in Betracht kommen. Dasselbe gilt bei einer **unterbliebenen oder mangelhaft durchgeführten unternehmens- oder behördeninternen Kontrolle**. Hier ist aber zu prüfen, inwiefern eine konkrete Pflichtverletzung vorliegt, da der Datenschutzbeauftragte grundsätzlich in der Aufgabenwahrnehmung frei und unabhängig ist. Seine besondere Stellung wirkt sich also auch auf den Pflichtenkreis aus.

Bei einem internen Datenschutzbeauftragten sind die **Grundsätze der beschränkten Arbeitnehmerhaftung**   45
anwendbar.[35] Die Aufgabenwahrnehmung des Datenschutzbeauftragten ist eine betrieblich veranlasste Tätigkeit. Das betrieblich veranlasste Schadensrisiko – insbes. die im Einzelfall drohenden exorbitanten Geldbußen, wenn sie vom Verantwortlichen bzw. Auftragsverarbeiter an den Datenschutzbeauftragten im Falle eines Regresses durchgereicht werden könnten – ist also grundsätzlich beim Arbeitgeber anzusiedeln und

---

33 Zur Rechtslage unter dem BDSG aF Auernhammer/*Raum* BDSG § 4g Rn. 80ff.
34 Vgl. Kühling/Buchner/*Bergt* Art. 37 Rn. 52 sowie zum BDSG aF BeckOK DatenschutzR/*Moos* BDSG § 4g Rn. 43; zum Ganzen auch *Lantwin* ZD 2017, 411 (412).
35 Vgl. hierzu *Eßer/Steffen* CR 2018, 289 (293) sowie zum BDSG aF: *Bongartz/Krupna* ZD 2013, 594 (595 f.) und BeckOK DatenschutzR/*Moos* BDSG § 4g Rn. 41.

wird nach den Grundsätzen der Rechtsprechung nur in einer nach dem Grad der Fahrlässigkeit abgestuften Form auf den Beschäftigten abgewälzt.

46   Sofern bei einer öffentlichen Stelle ein Beamter zum Datenschutzbeauftragten bestellt wird, wird regelmäßig § 75 Abs. 1 BBG (bzw. die entsprechende landesrechtliche Regelung) anwendbar sein. Danach haftet der Datenschutzbeauftragte, sofern er vorsätzlich oder grob fahrlässig die ihm obliegende Pflicht verletzt hat.

47   Unter Geltung des BDSG aF ist ein Schadensersatzanspruch gegenüber der verantwortlichen Stelle regelmäßig entfallen, da ein Schaden nicht nachweisbar war. Künftig wird aber wegen der Regelung des Art. 82 Abs. 1 zur **Haftung auch für immaterielle Schäden** genau zu prüfen sein, inwiefern aufgrund des weitergehenden Haftungsregimes der DSGVO nicht doch ein **ersatzfähiger Schaden** vorliegt und auch der interne betriebliche oder behördliche Datenschutzbeauftragte in Regress genommen werden kann.[36] Sofern dies der Fall ist und auch die Grundsätze der beschränkten Arbeitnehmerhaftung nicht greifen (→ Rn. 45), dürften sich bei internen Datenschutzbeauftragten, die nicht wie bestimmte externe Anbieter über eine Berufshaftpflichtversicherung verfügen, neue Fragen der **versicherungstechnischen Absicherung** stellen. Der Datenschutzbeauftragte sollte daher seine **Beratungen und Kontrollen** zur Vermeidung einer Haftung entsprechend **dokumentieren.**

48   **2. Deliktische Haftung.** Die deliktische Haftung des Datenschutzbeauftragten wird vielfach nur der **Ausnahmefall** sein.[37] Derartige Fälle können vorliegen, wenn der Verstoß unmittelbar auf den Datenschutzbeauftragten zurückzuführen ist. Dies kann etwa bei der Verletzung der Verschwiegenheitspflicht gegeben sein. Anders ist es dagegen, wenn der Datenschutzbeauftragte etwaige **datenschutzrechtliche Defizite** in einem Verfahren **nicht erkannt** hat und daher der Verantwortliche keine Veranlassung sah, Korrekturen am Datenverarbeitungsprozess vorzunehmen. Hier hängt die Ersatzpflicht des Datenschutzbeauftragten davon ab, inwiefern er in der Lage war, entsprechende Defizite zu erkennen. Dies setzt voraus, dass der Verantwortliche dem Datenschutzbeauftragten auch alle erforderlichen Unterlagen zur Bewertung zur Verfügung gestellt hat und er auch über die notwendigen organisatorischen und personellen Mittel verfügt.[38] Zudem wird es häufig daran fehlen, dass der Datenschutzbeauftragte einen anderen Erfolg hätte erreichen können. Bei Vornahme der gebotenen Handlung müsste der tatbestandliche Erfolg mit an Sicherheit grenzender Wahrscheinlichkeit ausgeblieben sein. Der **Ursächlichkeit des Verhaltens des Datenschutzbeauftragten** für den eingetretenen Schaden kommt somit **große Bedeutung** zu. Die **Pflichtverletzung** des Datenschutzbeauftragten muss für die eingetretene **Rechtsgutverletzung kausal** gewesen sein und die **Rechtsgutverletzung den Schaden verursacht** haben.[39]

49   Sofern der Datenschutzbeauftragte eine Pflichtverletzung begeht, ist eine deliktische Haftung des Datenschutzbeauftragten **gegenüber dem Betroffenen** grundsätzlich denkbar. Dies könnte etwa im Fall einer **Verletzung der Verschwiegenheitspflicht** des Datenschutzbeauftragten (Art. 38 Abs. 5 iVm § 6 Abs. 5 S. 2, § 38 Abs. 2 BDSG nF) oder auch im Falle einer **vorsätzlichen oder fahrlässigen Falschberatung** des Verantwortlichen oder Auftragsverarbeiters vorliegen. Auch eine **unterbliebene oder fehlerhafte Kontrolle** der Datenverarbeitungen, die letztlich zu einem Verstoß gegen die Pflichten des Datenschutzbeauftragten nach Art. 39 führt, könnte bei entsprechender Pflichtenstellung dazu führen, dass ein Schadensersatzanspruch des Betroffenen vorliegt.

50   Ein Verstoß des Datenschutzbeauftragten gegen die Pflichten aus Art. 39 kann zu einer Verletzung des von § 823 Abs. 1 BGB geschützten **Persönlichkeitsrechts des Betroffenen** führen. Auch hier ist aber die Eigenart der Aufgabenzuweisung an den Datenschutzbeauftragten zu berücksichtigen. Da von dem Verantwortlichen oder Auftragsverarbeiter selbst abhängt, in welchem Umfang Abhilfe geschaffen wird, wird es regelmäßig an der Kausalität für einen Schaden fehlen.

51   Darüber hinaus könnte sich ein **Schadensersatzanspruch** aus § 823 Abs. 2 BGB iVm Art. 39 ergeben. Dies setzt voraus, dass die Pflichten des Art. 39 drittgerichtet sind. Mit der Schaffung der Institution des Datenschutzbeauftragten als unabhängiges und weisungsfreies internes Kontrollorgan soll sichergestellt werden, dass keine Datenschutzverstöße im Unternehmen bzw. der Behörde stattfinden und so der Betroffene in seinen Rechten verletzt wird. Die **Pflichten in Art. 39** intendieren zumindest auch den Schutz des Betroffenen, so dass diese Norm die notwendige **Drittbezogenheit** aufweist.[40]

---

36   AA *Lantwin* ZD 2017, 411 (413 f.), der eine Zunahme der Haftungsrisiken ausdrücklich verneint.

37   Vgl. zum BDSG aF Simitis/*ders.* § 4 g Rn. 104.

38   So schon zum BDSG aF Simitis/*ders.* § 4 g Rn. 105.

39   Siehe hierzu *Eßer/Steffen* CR 2018, 289 (292).

40   Ebenso Kühling/Buchner/*Bergt* Art. 37 Rn. 54; vgl. zum BDSG aF Simitis/*ders.* § 4 g Rn. 106; Plath/*v. d. Bussche* BDSG § 4 g Rn. 45; *Bergmann/Möhrle/Herb* BDSG § 4 g Rn. 65; Taeger/Gaber/*Scheja* BDSG § 4 g Rn. 43.

Auch bei einem Schadensersatzanspruch aus § 823 Abs. 2 BGB iVm Art. 39 muss die **Eigenart der Aufga-** 52
benzuweisung an den Datenschutzbeauftragten berücksichtigt werden. Er muss seinen Beratungs- und Kontrolltätigkeiten gegenüber dem Verantwortlichen nachkommen. In welchem Umfang die von ihm aufgezeigten Defizite beseitigt werden, hängt letztlich vom Verantwortlichen ab.

Sofern eine Einstandspflicht des Datenschutzbeauftragten besteht, kann es nach den Grundsätzen der be- 53
schränkten Arbeitnehmerhaftung (→ Rn. 45) zu einem **Freistellungsanspruch** gegen den Verantwortlichen
bzw. Auftragsverarbeiter kommen.[41]

Auch bei behördlichen Datenschutzbeauftragten richtet sich ein möglicher Schadensersatzanspruch nach 54
§§ 823ff. BGB. Das Aufgabenfeld des betrieblichen und des behördlichen Datenschutzbeauftragten ist identisch. Der Amtshaftungsanspruch nach § 839 BGB ist insofern nicht anwendbar.[42]

Die **Beweislast** liegt regelmäßig beim Anspruchsteller. Die in Art. 82 (→ Art. 82 Rn. 31) vorgesehene Be- 55
weislastregelung greift vorliegend nicht.[43] Die Regelung in Art. 82 sieht keine Ansprüche gegen den Datenschutzbeauftragten vor.

3. Straf- und ordnungswidrigkeitenrechtliche Haftung. Darüber hinaus kommt eine straf- und ordnungs- 56
widrigkeitenrechtliche Haftung des Datenschutzbeauftragten insbes. nach § 41, 42 BDSG nF – bzw. bei öffentlichen Stellen nach § 84 BDSG nF – in Betracht.[44]

a) Verantwortlichkeit für eigenes Tun. Der Datenschutzbeauftragte kann zunächst als Täter, Mittäter oder 57
Anstifter handeln und so gegen §§ 41, 42 BDSG nF – bzw. bei öffentlichen Stellen nach § 84 BDSG nF verstoßen. Dies ist etwa der Fall, wenn er sich über seine **Befugnisse hinwegsetzt** und etwa ein unzulässiges
Massenscreening von Mitarbeiterdaten durch die IT-Abteilung veranlasst. Eine eigene Strafbarkeit kommt
insbes. auch wegen **Verstoßes gegen** § 203 StGB in Betracht. Derartige Verstöße des Datenschutzbeauftragten dürften in der Praxis aber eher die Ausnahme darstellen.

b) Beteiligung durch Unterlassen. Praxisrelevanter dürfte die Frage sein, ob eine Strafbarkeit des Daten- 58
schutzbeauftragten wegen Beteiligung durch Unterlassen in Betracht kommt. Als Form der Beteiligung
kommt – wie bei allen (unechten) Unterlassungsdelikten – jede Art der Teilnahme in Betracht, etwa **Täterschaft** (dies in allen Formen des § 25 StGB) oder **Beihilfe,** § 27 StGB.[45] Eine solche Teilnahme kann sich
etwa daraus ergeben, dass der Datenschutzbeauftragte **nicht die gebotenen Prüfungen im Unternehmen**
durchführt oder die Führungskräfte nicht auf aktuelle datenschutzrechtliche Entwicklung hinweist.

Eine solche Strafbarkeit durch Unterlassen setzt nach § 13 StGB zunächst voraus, dass der Datenschutzbe- 59
auftragte eine **Garantenstellung** einnimmt. Nach dem BDSG aF wurde eine solche Garantenstellung regelmäßig abgelehnt, da der Datenschutzbeauftragte gemäß § 4g Abs. 1 S. 1 BDSG aF nur auf die Einhaltung
der einschlägigen Rechtsvorschriften „hinwirken" musste.[46] Die Frage nach der **Garantenstellung und den**
Garantenpflichten muss letztlich nach nationalem Recht unter Berücksichtigung der Stellung und Aufgaben
des Datenschutzbeauftragten nach der DSGVO **neu beantwortet** werden.

Die Annahme einer Garantenstellung folgt aus dem Gedanken der Übernahme von **Obhutspflichten** für 60
eine bestimmte Gefahrenquelle. Die Übernahme eines Pflichtenkreises kann eine rechtliche Einstandspflicht
begründen. Maßgeblich ist insofern die Bestimmung des Verantwortungsbereichs, den der Verpflichtete
übernommen hat.[47]

Die Übernahme entsprechender Pflichten kann aus einem Dienstvertrag erfolgen oder aber aus der Über- 61
nahme der gesetzlichen vorgesehenen Funktion als Beauftragter. Der Inhalt und der Umfang der Garantenpflicht bestimmen sich aus dem konkret übertragenen Pflichtenkreis. Nach dem BGH kommt es entscheidend darauf an, ob aufgrund einer vertraglichen Übernahme oder aufgrund der gesetzlichen Funktion eines
Beauftragten die Aufgabe übertragen wurde, Pflichtverstöße aufzudecken und künftig zu verhindern oder
sogar entsprechende Rechtsverstöße zu unterbinden.[48]

Der BGH stellt auf zwei Punkte ab, die für die Annahme einer **Garantenstellung wesentlich** sind: die **Pflicht** 62
zur Aufdeckung von Verstößen und die Pflicht, derartige **Verstöße künftig zu verhindern** oder gar zu unter-

---

41 Vgl. Kühling/Buchner/*Bergt* Art. 37 Rn. 54; s. zum BDSG aF Simitis/*ders.* § 4g Rn. 112; Plath/*v. d. Bussche* BDSG § 4g Rn. 47; *Bergmann*/Möhrle/*Herb* BDSG § 4g Rn. 65; Taeger/Gaber/*Scheja* BDSG § 4g Rn. 43.
42 So auch zum BDSG aF Simitis/*ders.* § 4g Rn. 110; Plath/*v. d. Bussche* BDSG § 4g Rn. 48; Taeger/Gabel/*Scheja* BDSG § 4g Rn. 47; aA *Gürtler-Bayer*, Der behördliche Datenschutzbeauftragte, 2014, S. 227ff.
43 Vgl. Kühling/Buchner/*Bergt* Art. 37 Rn. 54; zum BDSG aF Simitis/*ders.* § 4g Rn. 110; Plath/*v. d. Bussche* BDSG § 4g Rn. 46.
44 Dazu für das BDSG aF *Marschall* ZD 2014, 66; *Bongers/Krupna* ZD 2013, 594; sowie *Barton* RDV 2010, 19.
45 Vgl. zur Differenzierung der Teilnahmeform Fischer/*ders.* StGB § 13 Rn. 92–96.
46 S. hierzu *Bongartz/Krupna* ZD 2013, 594 (598); Plath/*v. d. Bussche* BDSG § 4g Rn. 54ff.; BeckOK DatenschutzR/*Moos* BDSG § 4g Rn. 46; Paal/Pauly/*Paal* Art. 39 Rn. 12; aA *Marschall* ZD 2014, 66 (68); *Barton* RDV 2010, 19.
47 Vgl. BGH NJW 2009, 3173 Rn. 23.
48 Vgl. BGH NJW 2009, 3173 Rn. 26.

binden.[49] Im Fall des Datenschutzbeauftragten liegt aber nur die Pflicht zur Durchführung von Kontrollen vor, nicht aber die Pflicht, festgestellte Verstöße gegen das Datenschutzrecht zu verhindern oder zu unterbinden. Dies ist **originäre Aufgabe des Unternehmens**. Der Verantwortliche muss die entsprechenden Maßnahmen ergreifen, damit das Unternehmen datenschutzkonform arbeitet. Der **Datenschutzbeauftragte ist nicht dafür verantwortlich**, dass ein **strafrechtlich missbilligter Erfolg** ausbleibt.

63 Auch aus der bloßen Aufgabenumschreibung in Art. 39, speziell aus der Zuweisung von Überwachungsaufgaben in Abs. 1 lit. b., kann nicht eine Einordnung als **Überwachergarant** gefolgert werden. Die Aufgabe des Datenschutzbeauftragten, die Einhaltung des Datenschutzrechts zu überwachen, ist nicht neu. Auch das BDSG aF verpflichtete den Datenschutzbeauftragten in § 4g Abs. 1 S. 3 dazu, die ordnungsgemäße Anwendung der Datenverarbeitungsprogramme zu überwachen. Vergleichbar zum „Hinwirken" als Aufgabenumschreibung in § 4g Abs. 1 BDSG aF findet sich im EG 97 die Erläuterung, dass der Datenschutzbeauftragte den Verantwortlichen bei seiner Aufgabenwahrnehmung „unterstütze". Somit wurde das **Aufgabenspektrum** des Datenschutzbeauftragten **anders definiert**, hat sich aber in seiner **Grundausrichtung nicht geändert**. Aus dem Verweis auf die Überwachungsaufgaben in Art. 39 allein lässt sich keine Garantenstellung des Datenschutzbeauftragten ableiten.[50]

64 Wie der BGH in einer Entscheidung aus dem Jahr 2009 in einem *obiter dictum* festgestellt hat, kommt auch für sog „Beauftragte" eine Haftung aufgrund einer Garantenstellung in Betracht. Es ist grundsätzlich ausreichend, wenn sich der Pflichtenkreis ausschließlich aus dem Gesetz ergibt.[51] Auch das OLG Frankfurt hat im Fall eines Gewässerschutzbeauftragten die Annahme eines „Überwachungsgaranten" aufgrund eines gesetzlich definierten Pflichtenkreises angenommen, der für die Erfüllung seiner gesetzlichen Kontroll- und Informationspflichten einzustehen habe. Eine Bestrafung des Gewässerschutzbeauftragten als Teilnehmer komme dann in Betracht, wenn der Beauftragte pflichtwidrig seine Informations- und Kontrollpflichten nicht nachkommt, obwohl ihm dies zumutbar und möglich war.[52]

65 Auf dieser Grundlage wird vielfach eine **strukturelle Parallelität** hin zum Datenschutzbeauftragten angenommen: Auch mit der DSGVO wird ein gesetzlich definierter Aufgabenkreis auf den Datenschutzbeauftragten übertragen, wobei hier mit dem Verweis auf den risikoorientierten Beratungsansatz (Art. 39 Abs. 2 → Rn. 38 ff.) in der praktischen Umsetzung der Aufgaben ein entsprechender Handlungsspielraum eingeräumt wird. Vor diesem Hintergrund wird **teilweise eine Garantenstellung** des Datenschutzbeauftragten nach der DSGVO **bejaht**.[53]

66 Es ist noch nicht abschließend geklärt, ob sich eine Garantenstellung allein aus der gesetzlich definierten Pflicht zur Durchführung von Kontrollen und zur Information des Unternehmens ableiten lässt oder ob noch **weitergehende Anforderungen** hinsichtlich der **Verhinderung des Erfolgseintritts** erfüllt sein müssen. So hat der BGH bei Verurteilung eines Compliance Officers maßgeblich darauf abgestellt, dass noch die Pflicht zur Verhinderung des Erfolgseintritts mit Bestandteil des Pflichtenkreises sein muss, damit eine Garantenstellung vorliegt. Nach der Rechtsprechung des BGH muss die **Pflichtenstellung des Beauftragten** auch die **Verhinderung** oder gar Unterbindung von **Rechtsverstößen** umfassen.[54] Ohne ausdrückliche Ausstattung der Funktion des Compliance Officers mit dieser Befugnis, für die Durchsetzung der Regeltreue zu sorgen, verbleibe die Garantenstellung dagegen beim Leitungsorgan und es liege keine Verletzung einer Garantenpflicht eines Compliance Officers vor.[55]

Insofern liegt es nahe, nach den Grundsätzen des BGH zur Überwachung einer Gefahrenquelle eine **Garantenstellung** des Datenschutzbeauftragten **allein aufgrund der gesetzlich vorgesehenen Aufgabenzuweisung in Art. 39 zu verneinen**. Ihm wurde gerade nicht die Aufgabe zugewiesen, erkannte Defizite im Datenschutz zu unterbinden. Ihm fehlt schlichtweg die Kompetenz, eine Beseitigung der von ihm erkannten Datenschutzdefizite zu veranlassen; auf die Verwirklichung des Straftat- oder Ordnungswidrigkeitentatbestands hat er keinen Einfluss. Die Einhaltung der Datenschutzbestimmungen ist **originäre Aufgabe des Verantwortlichen** oder Auftragsverarbeiters, der nach Art. 5 Abs. 2 auch entsprechende Nachweise zur internen Umsetzung der Datenschutzbestimmungen führen können muss. Letztlich wird man sich im Konfliktfall den Pflichten-

---

49 Vgl. BGH NJW 2009, 3173 Rn. 26.
50 Ebenso *Lantwin* ZD 2017, 411 (413).
51 Vgl. BGH NJW 2009, 3173 sowie OLG Frankfurt NJW 1987, 2753.
52 Vgl. OLG Frankfurt NJW 1987, 2753.
53 Vgl. *Wybitul* ZD 2016, 203 (205) sowie Kühling/Buchner/*Bergt* Art. 39 Rn. 55.
54 Vgl. BGH NJW 2009, 3173 Rn. 26.
55 Vgl. *Böttger* in: Schulz (Hrsg.), Compliance-Management im Unternehmen, 2017, 18. Kap. Teil 3 Rn. 117.

kreis des Datenschutzbeauftragten genau ansehen müssen und kann nicht generell aus der Aufgabenzuweisung in Art. 39 auf eine Garantstellung schließen.[56]

Eine **Erweiterung des Aufgabenkreises** des Datenschutzbeauftragten einschließlich der Übertragung von 67 Entscheidungsbefugnissen könnte dazu führen, dass eine **Beschützergarantenstellung** vorliegt. Einer Übertragung von weiteren Aufgaben sind aber Grenzen gesetzt. Eine Erweiterung des Aufgabenkreises mit der Verantwortung für die Regeltreue im Bereich des Datenschutzes ist jedenfalls mit seiner Stellung im Unternehmen bzw. in der Behörde **nicht vereinbar**. Der Datenschutzbeauftragte ist ein Organ der unternehmens- bzw. behördeninternen Selbstkontrolle und auf die Aufgaben der Kontrolle und Beratung hinsichtlich möglicher Gestaltungsoptionen zur Vermeidung von Datenschutzverstößen begrenzt.

4. Zu Kausalität und Vorsatz. Sofern man eine Garantstellung des Datenschutzbeauftragten bejaht, 68 müsste sein **Unterlassen** auch **kausal** für den späteren **Taterfolg** gewesen sein. Dies ist der Fall, wenn bei Vornahme der gebotenen Handlung der tatbestandliche Erfolg mit an Sicherheit grenzender Wahrscheinlichkeit ausgeblieben wäre.

Zudem ist Vorsatz erforderlich. Kommt **täterschaftliches Unterlassen** in Betracht, müsste der Datenschutz- 69 beauftragt wissen – oder ernsthaft für möglich halten (bedingter Vorsatz) –, dass er Garant für die Abwendung des Erfolgs ist. Es genügt die **Kenntnis der Umstände**, die die Garantstellung begründen. Ist **Beihilfe** anzunehmen, so ist erforderlich, dass der Haupttäter (also ein anderer Beschäftigter) vorsätzlich oder (soweit nach dem jeweiligen Delikt möglich) fahrlässig handelt und der Datenschutzbeauftragte im Rahmen des nötigen **doppelten Teilnehmervorsatzes** sowohl diese Haupttat als auch seine eigene Beihilfehandlung (das Unterlassen des Eingreifens) vorsätzlich begeht und im Bewusstsein der Garantstellung gehandelt hat.[57] Dies zeigt, dass die Voraussetzungen für eine Strafbarkeit des Datenschutzbeauftragten erkennbar recht hoch sind.

Abschnitt 5
Verhaltensregeln und Zertifizierung

Artikel 40   Verhaltensregeln

(1) Die Mitgliedstaaten, die Aufsichtsbehörden, der Ausschuss und die Kommission fördern die Ausarbeitung von Verhaltensregeln, die nach Maßgabe der Besonderheiten der einzelnen Verarbeitungsbereiche und der besonderen Bedürfnisse von Kleinstunternehmen sowie kleinen und mittleren Unternehmen zur ordnungsgemäßen Anwendung dieser Verordnung beitragen sollen.

(2) Verbände und andere Vereinigungen, die Kategorien von Verantwortlichen oder Auftragsverarbeitern vertreten, können Verhaltensregeln ausarbeiten oder ändern oder erweitern, mit denen die Anwendung dieser Verordnung beispielsweise zu dem Folgenden präzisiert wird:

a)   faire und transparente Verarbeitung;
b)   die berechtigten Interessen des Verantwortlichen in bestimmten Zusammenhängen;
c)   Erhebung personenbezogener Daten;
d)   Pseudonymisierung personenbezogener Daten;
e)   Unterrichtung der Öffentlichkeit und der betroffenen Personen;
f)   Ausübung der Rechte betroffener Personen;
g)   Unterrichtung und Schutz von Kindern und Art und Weise, in der die Einwilligung des Trägers der elterlichen Verantwortung für das Kind einzuholen ist;
h)   die Maßnahmen und Verfahren gemäß den Artikeln 24 und 25 und die Maßnahmen für die Sicherheit der Verarbeitung gemäß Artikel 32;
i)   die Meldung von Verletzungen des Schutzes personenbezogener Daten an Aufsichtsbehörden und die Benachrichtigung der betroffenen Person von solchen Verletzungen des Schutzes personenbezogener Daten;
j)   die Übermittlung personenbezogener Daten an Drittländer oder an internationale Organisationen oder

---

56 Ebenso Schantz/Wolff/*Wolff*, Rn. 911; Gierschmann/Schlender/Stentzel/Veil/*Mayer* Art. 38 Rn. 72; *Lantwin* ZD 2017, 411 (414); die Garantenstellung tendenziell bejahend: *Wybitul* ZD 2016, 203 (205); *Niklas/Faas* NZA 2017, 1091 (1096); *Kremer/Sander* in: Koreng/Lachenmann (Hrsg.), Formularhandbuch Datenschutzrecht, 2018, B II Rn. 19 sowie Kühling/Buchner/*Bergt* Art. 39 Rn. 55.
57 Vgl. *Barton* RDV 2010, 247 (252ff.); Plath/*v. d. Bussche* BDSG § 4g Rn. 58.

k) außergerichtliche Verfahren und sonstige Streitbeilegungsverfahren zur Beilegung von Streitigkeiten zwischen Verantwortlichen und betroffenen Personen im Zusammenhang mit der Verarbeitung, unbeschadet der Rechte betroffener Personen gemäß den Artikeln 77 und 79.

(3) [1]Zusätzlich zur Einhaltung durch die unter diese Verordnung fallenden Verantwortlichen oder Auftragsverarbeiter können Verhaltensregeln, die gemäß Absatz 5 des vorliegenden Artikels genehmigt wurden und gemäß Absatz 9 des vorliegenden Artikels allgemeine Gültigkeit besitzen, auch von Verantwortlichen oder Auftragsverarbeitern, die gemäß Artikel 3 nicht unter diese Verordnung fallen, eingehalten werden, um geeignete Garantien im Rahmen der Übermittlung personenbezogener Daten an Drittländer oder internationale Organisationen nach Maßgabe des Artikels 46 Absatz 2 Buchstabe e zu bieten. [2]Diese Verantwortlichen oder Auftragsverarbeiter gehen mittels vertraglicher oder sonstiger rechtlich bindender Instrumente die verbindliche und durchsetzbare Verpflichtung ein, die geeigneten Garantien anzuwenden, auch im Hinblick auf die Rechte der betroffenen Personen.

(4) Die Verhaltensregeln gemäß Absatz 2 des vorliegenden Artikels müssen Verfahren vorsehen, die es der in Artikel 41 Absatz 1 genannten Stelle ermöglichen, die obligatorische Überwachung der Einhaltung ihrer Bestimmungen durch die Verantwortlichen oder die Auftragsverarbeiter, die sich zur Anwendung der Verhaltensregeln verpflichten, vorzunehmen, unbeschadet der Aufgaben und Befugnisse der Aufsichtsbehörde, die nach Artikel 55 oder 56 zuständig ist.

(5) [1]Verbände und andere Vereinigungen gemäß Absatz 2 des vorliegenden Artikels, die beabsichtigen, Verhaltensregeln auszuarbeiten oder bestehende Verhaltensregeln zu ändern oder zu erweitern, legen den Entwurf der Verhaltensregeln bzw. den Entwurf zu deren Änderung oder Erweiterung der Aufsichtsbehörde vor, die nach Artikel 55 zuständig ist. [2]Die Aufsichtsbehörde gibt eine Stellungnahme darüber ab, ob der Entwurf der Verhaltensregeln bzw. der Entwurf zu deren Änderung oder Erweiterung mit dieser Verordnung vereinbar ist und genehmigt diesen Entwurf der Verhaltensregeln bzw. den Entwurf zu deren Änderung oder Erweiterung, wenn sie der Auffassung ist, dass er ausreichende geeignete Garantien bietet.

(6) Wird durch die Stellungnahme nach Absatz 5 der Entwurf der Verhaltensregeln bzw. der Entwurf zu deren Änderung oder Erweiterung genehmigt und beziehen sich die betreffenden Verhaltensregeln nicht auf Verarbeitungstätigkeiten in mehreren Mitgliedstaaten, so nimmt die Aufsichtsbehörde die Verhaltensregeln in ein Verzeichnis auf und veröffentlicht sie.

(7) Bezieht sich der Entwurf der Verhaltensregeln auf Verarbeitungstätigkeiten in mehreren Mitgliedstaaten, so legt die nach Artikel 55 zuständige Aufsichtsbehörde – bevor sie den Entwurf der Verhaltensregeln bzw. den Entwurf zu deren Änderung oder Erweiterung genehmigt – ihn nach dem Verfahren gemäß Artikel 63 dem Ausschuss vor, der zu der Frage Stellung nimmt, ob der Entwurf der Verhaltensregeln bzw. der Entwurf zu deren Änderung oder Erweiterung mit dieser Verordnung vereinbar ist oder – im Fall nach Absatz 3 dieses Artikels – geeignete Garantien vorsieht.

(8) Wird durch die Stellungnahme nach Absatz 7 bestätigt, dass der Entwurf der Verhaltensregeln bzw. der Entwurf zu deren Änderung oder Erweiterung mit dieser Verordnung vereinbar ist oder – im Fall nach Absatz 3 – geeignete Garantien vorsieht, so übermittelt der Ausschuss seine Stellungnahme der Kommission.

(9) [1]Die Kommission kann im Wege von Durchführungsrechtsakten beschließen, dass die ihr gemäß Absatz 8 übermittelten genehmigten Verhaltensregeln bzw. deren genehmigte Änderung oder Erweiterung allgemeine Gültigkeit in der Union besitzen. [2]Diese Durchführungsrechtsakte werden gemäß dem Prüfverfahren nach Artikel 93 Absatz 2 erlassen.

(10) Die Kommission trägt dafür Sorge, dass die genehmigten Verhaltensregeln, denen gemäß Absatz 9 allgemeine Gültigkeit zuerkannt wurde, in geeigneter Weise veröffentlicht werden.

(11) Der Ausschuss nimmt alle genehmigten Verhaltensregeln bzw. deren genehmigte Änderungen oder Erweiterungen in ein Register auf und veröffentlicht sie in geeigneter Weise.

Literatur: *Art.-29-Gruppe*, Künftige Arbeit im Hinblick auf Verhaltensregeln, WP 13 vom 10.9.1998; *dies.*, Stellungnahme 3/2003 zum europäischen Verhaltenskodex von FEDMA zur Verwendung personenbezogener Daten im Direktmarketing, WP 77; *dies.*, Stellungnahme 4/2010 zum europäischen Verhaltenskodex von FEDMA zur Verwendung personenbezogener Daten im Direktmarketing, WP 174; *Bergt, M.*, Verhaltensregeln als Mittel zur Beseitigung der Rechtsunsicherheit in der Datenschutz-Grundverordnung, CR 2016, 670; *Düsseldorfer Kreis*, Orientierungshilfe der Datenschutzaufsichtsbehörden für den Umgang mit Verhaltensregeln nach § 38 a BDSG vom 26./27.2013; *Heil, H.*, Datenschutz durch Selbstregulierung – Der europäische Ansatz, DuD 2001, 129; *Herfurth, C./Engel, F.*, Codes of Conduct im Konzern? Verhaltensregeln von Unternehmensgruppen nach Art. 40 DS-GVO, ZD 2017, 367; *Kranig, T./Peintinger, S.*, Selbstregulierung im Datenschutzrecht. Rechtslage in Deutschland, Europa und den USA unter Berücksichtigung des Vorschlags zur DS-GVO, ZD 2014, 3; *Krings, G./Mammen, L.*, Zertifizierung und Verhaltensregeln – Bausteine eines modernen Datenschutzes für die Industrie 4.0, RDV 2015, 231; *Krohm, N.* Anreize für Selbstregulierung nach der Datenschutz-Grundverordnung, PinG 2016, 205; *Martini, M.*, Do it yourself im Datenschutzrecht – Der „GeoBusiness Code of Conduct" als Erprobungsfeld regulierter Selbstregulierung, NVwZ 2016, 353; *Roßnagel, A.*, Die Datenschutzaufsicht nach der Datenschutz-Grundverordnung, 2017; *ders.*, Pseudonymisierung personenbezogener Daten. Ein zentrales Instrument im Datenschutz nach der DS-GVO, ZD 2018, 243; *ders.*, Kontinuität oder Innovation? Der deutsche Spielraum in der Anpassung des bereichsspezifischen Datenschutzrechts, DuD 2018, 477; *Roßnagel, A./Pfitzmann, A./Garstka, H.*, Modernisierung des Datenschutzrechts, 2002; *Spindler, G.*, Selbstregulierung und Zertifizierungsverfahren nach der DS-GVO. Reichweite und Rechtsfolgen der genehmigten Verhaltensregeln, ZD 2016, 407; *Talidou, Z.*, Regulierte Selbstregulierung im Bereich des Datenschutzes, 2005; *Vomhof, M.*, Verhaltensregeln nach § 38a BDSG. Der Code of Conduct der Versicherungswirtschaft, PinG 2015, 209; *Wronka, G.*, Anmerkungen zu den Verhaltensregeln der Deutschen Versicherungswirtschaft, RDV 2014, 93; *Wolff, H. A.*, Verhaltensregeln nach Art. 40 DS-GVO auf dem Prüfstand. Neuauflage eines europäischen Instituts mit schlechter Entwicklungsprognose, ZD 2017, 151.

I. Ziel und Funktion der Vorschrift

Viele Regelungen der DSGVO sind hochabstrakt und zu allgemein, um in einem rechtsstaatlichen Verfahren vollzogen und sanktioniert werden zu können. Wenn der Unionsgesetzgeber seine Regelungsaufgaben nur unzureichend erfüllt,[1] am Ende aber entschieden werden muss, ob ein Datum verarbeitet werden darf, müssen andere die für diese Entscheidung notwendigen Regeln setzten.[2] Sie bedürfen der weiteren **regelsetzenden Präzisierung oder Konkretisierung**.[3] Die DSGVO sieht hierfür die Mitgliedstaaten,[4] die Aufsichtsbehörden (→ Art. 57 Rn. 41) oder – in dieser Vorschrift – Verbände und Vereinigungen der Regelungsadressaten in der Pflicht.[5] **1**

Die Aufstellung von Verhaltensregeln durch **Wirtschafts- oder Branchenverbände** kann den Datenschutz befördern. Sie kann die Verantwortung der betroffenen Verantwortlichen aktivieren, kann deren Kenntnisse über Möglichkeiten zur wirtschaftlichen Erfüllung der Datenschutzanforderungen nutzen, kann deren Interesse an einem Datenschutz durch Technikgestaltung stärken und die abstrakten Vorgaben der DSGVO in vollzugstauglicher Weise präzisieren. Sie kann allerdings auch dazu führen, dass versucht wird, datenschutzrechtliche Anforderungen aufzuweichen und die Umsetzung des Datenschutzrechts allein oder überwiegend an den geschäftlichen Bedürfnissen der Verantwortlichen oder Auftragsdatenverarbeiter zu orientieren.[6] **2**

Mit der Förderung und Anerkennung von Verhaltensregeln der Regelungsadressaten übernimmt die DSGVO das **Konzept der Ko-Regulierung** durch Staat und Verbände.[7] Die Vorschrift verfolgt dabei den Steuerungsmodus der **regulierten Selbstregulierung**.[8] Die DSGVO hat die wichtigsten Entscheidungen selbst getroffen, um den betroffenen Grundrechten der Verantwortlichen und der Auftragsverarbeiter sowie der betroffenen Personen gerecht zu werden und dem Demokratieprinzip zu genügen. Mit der Vorschrift gibt sie den Verbänden und Vereinigungen diese Grundentscheidungen als Zielsetzungen der Selbstregulierung **3**

1　S. zB Roßnagel/*Roßnagel*, Das neue DSR, § 1 Rn. 27 f.
2　S. hierzu Roßnagel/*Roßnagel*, HB DSch, Kap. 3.6 Rn. 3 ff.
3　S. hierzu Roßnagel/*Roßnagel*, Das neue DSR, § 1 Rn. 32; *Wolff* ZD 2017, 151; Kühling/Buchner/*Bergt* Art. 40 Rn. 1; Sydow/*Raschauer* Art. 40 Rn. 5.
4　S. zu den Öffnungsklauseln für Mitgliedstaaten zB *Kühling/Martini et al.*, S. 2 ff.; Roßnagel/*Roßnagel*, Europ. DSGVO, § 1 Rn. 13 f., 32 f., 49; *Laue* ZD 2016, 463.
5　Roßnagel/*Roßnagel*, Das neue DSR, § 5 Rn. 193 f.
6　S. hierzu näher Roßnagel/*Roßnagel*, HB DSch, Kap. 3.6 Rn. 36 ff., 53 ff.
7　S. Roßnagel/*Roßnagel*, HB DSch, Kap. 3.6 Rn. 21 ff. mwN; *Spindler/Thorun*, MMR-Beilage 6/2016.
8　S. hierzu *Talidou*, Regulierte Selbstregulierung, 2005, S. 27 ff.; Roßnagel/*Roßnagel*, HB DSch, Kap. 3.6 Rn. 19 ff., 68 ff.; *Herfurth/Engel* ZD 2017, 367 (367).

vor, ermöglicht ihnen aber, sie sektor- und branchenspezifisch auszufüllen. Zugleich legt die Vorschrift die Regeln der Selbstregulierung und der Anerkennung ihrer Ergebnisse fest und sorgt damit für die Verwendbarkeit der Verhaltensregeln als verbindliche Regelungen des Datenschutzes. Um aber für die verbindliche Selbstregulierung angesichts der beschriebenen Nachteile ein faires Verfahren, einen angemessenen Interessenausgleich, ein einheitliches Regelungsniveau, die Berücksichtigung von Gemeinwohlinteressen und eine gewisse demokratische Legitimation zu gewährleisten, muss der Gesetzgeber dieser Regelsetzung einen verbindlichen Rahmen vorgeben.[9] Dies ist in der Vorschrift noch nicht ausreichend gelungen (→ Rn. 85ff.).

4   Das Konzept der Selbstregulierung durch Interessenverbände war im Datenschutz bisher in Europa wenig erfolgreich. In Deutschland sind in mehr als 20 Jahren nur zwei anerkannte Verhaltensregeln (→ Rn. 14) entstanden,[10] in anderen Mitgliedstaaten ist die Entwicklung ebenfalls nicht sehr ermutigend. Unionsweit wurden nur einmal Verhaltensregeln anerkannt.[11] Dennoch will die Vorschrift dieses Konzept mit **neuen Impulsen** versehen.

5   Die Vorschrift gilt **nur für nichtöffentliche Stellen** und ist für öffentliche Stellen nicht anwendbar. Diese können nach Art. 41 Abs. 6 nicht durch private Überwachungsstellen kontrolliert werden. Verhaltensregeln müssen jedoch nach Abs. 4 Verfahren vorsehen, wie solche Überwachungsstellen die Einhaltung der Verhaltensstellen überwachen können (→ Rn. 53 f.). Solche Verfahren sind aber für öffentliche Stelle ausgeschlossen.

6   Die **Durchsetzung der Verhaltensregeln** erfolgt nach Art. 41 durch eigene Überwachsungsstellen. Diese können zwar keine Sanktionen nach Art. 83 Abs. 4 oder 5 anordnen, müssen aber nach Abs. 4 (→ Rn. 53 f.) und Art. 41 Abs. 4 (→ Art. 41 Rn. 28) eigene Durchsetzungsbefugnisse haben. Vor allem aber bleiben die Aufsichtsaufgaben und die Aufsichtsbefugnisse der Aufsichtsbehörden auch in Branchen mit eigenen Verhaltensregeln erhalten und beziehen sich auch auf die Einhaltung der Verhaltensregeln. Da die Verhaltensregeln Vorschriften der DSGVO präzisieren (→ Rn. 33ff.), kann ein Verstoß gegen eine Verhaltensregel zugleich einen Verstoß gegen die präzisierte Vorschrift der DSGVO darstellen.[12] In diesem Fall kann die Aufsichtsbehörde von ihren Aufsichtsbefugnissen nach Art. 58 und ihren Sanktionsbefugnissen nach Art. 83 Gebrauch machen.

II. Entstehungsgeschichte

7   Eine der Vorschrift vergleichbare, allerdings weniger ausführliche Regelung enthielt Art. 27 DSRL. Diese Regelung wurde in der 1. Änderungsnovelle zum BDSG vom 21.5.2001 in § 38 a BDSG aF umgesetzt. Die Vorschrift greift die Zielsetzung dieser Regelungen auf und präzisiert diese. Dabei konnte der Rat seine Vorstellungen fast vollständig durchsetzen.

8   **1. Datenschutzrichtlinie.** Art. 27 Abs. 1 DSRL erwartete, dass die KOM und die Mitgliedstaaten die Ausarbeitung von Verhaltensregeln fördern.[13] Für Aufsichtsbehörden und die Art.-29-Gruppe kannte die DS-RL jedoch keine Förderpflicht. Art. 27 DSRL bot für Verbände die Möglichkeit, ihre Verhaltensregeln den Aufsichtsbehörden zu unterbreiten. In diesem Fall sollte die Aufsichtsbehörde die Vereinbarkeit der ihr unterbreiteten Entwürfe mit dem geltenden Datenschutzrecht überprüfen. Die Verhaltensregeln waren grundsätzlich unverbindlich, konnten aber von den Mitgliedstaaten für allgemeinverbindlich erklärt werden. Nach Art. 27 Abs. 3 DSRL konnten Entwürfe für unionsweite Verhaltensregeln der Art.-29-Gruppe unterbreitet werden, die sie auf ihre Vereinbarkeit mit allen zur Umsetzung der DSRL erlassenen Vorschriften überprüfte.[14] Die KOM konnte geeignete unionsweite Verhaltensregeln veröffentlichen.[15]

9   Die **Vorschrift unterscheidet sich** von Art. 27 DSRL vor allem dadurch, dass sie Beispiele zur sektorspezifischen Präzisierung oder Konkretisierung der Vorschriften nennt und eine Genehmigung der Verhaltensregeln durch die Aufsichtsbehörde vorsieht. Außerhalb des Anwendungsbereichs der DSGVO können Datenverarbeiter nach Abs. 3 die Einhaltung genehmigter und von der KOM anerkannter Verhaltensregeln als Garantie für die Übermittlung personenbezogener Daten in Drittstaaten und an internationale Organisationen einsetzen. Indem die DSGVO Verhaltensregeln zum Anknüpfungspunkt von Erleichterungen für Ver-

---

9   Roßnagel/*Roßnagel*, HB DSch, Kap. 3.6 Rn. 124.

10   Zu einem weiterreichenden Konzeptvorschlag für Deutschland s. *Roßnagel/Pfitzmann/Garstka*, S. 153ff.; Roßnagel/*Roßnagel*, HB DSch, Kap. 3.6 Rn. 106ff.

11   S. für den Bereich der Direktwerbung der Ehrenkodex der Federation of European Direct Marketing RDV 2003, 195; s. auch *Art. 29-Gruppe*, WP 77 sowie WP 174 zur Neufassung des Kodex 2010.

12   S. zB Roßnagel/*Roßnagel*, HB DSch, Kap. 3.6 Rn. 142; aA *Laue/Nink/Kremer*, S. 262.

13   S. hierzu *Dammann/Simitis* Art. 27 Rn. 3; Roßnagel/*Roßnagel*, HB DSch, Kap. 3.6 Rn. 26; *Heil* DuD 2001, 132.

14   S. *Art.-29-Gruppe*, WP 13.

15   S. hierzu *Heil* DuD 2001, 129 (131); *Ehmann/Helfrich* Art. 27 Rn. 13 f.

antwortliche und Auftragsverarbeiter macht (→ Rn. 17), bietet sie explizite Anreize zur Erstellung derartiger Verhaltensregeln.

2. Bundesdatenschutzgesetz aF. Art. 27 DSRL wurde durch § 38 a BDSG aF in das deutsche Datenschutz- 10 recht umgesetzt. Diese Regelung trug die Überschrift „Verhaltensregeln zur Förderung der Durchführung datenschutzrechtlicher Regelungen". Das BDSG aF kannte keine Pflicht zur Förderung von Verhaltensregeln. § 38 a BDSG aF stellte es in das Belieben der Verbände, die freiwillige Verhaltensregeln aufstellen, ob sie diese der Aufsichtsbehörde „unterbreiten". Die Aufsichtsbehörde „überprüft" nach § 38 a Abs. 2 BDSG aF „die Vereinbarkeit der ihr unterbreiteten Entwürfe mit dem geltenden Datenschutzrecht".[16] Die Verhaltensregeln hatten **keine Außenwirkung**, sondern sollten als „interne Regelungen" zur ordnungsgemäßen Durchführung datenschutzrechtlicher Vorschriften beitragen.[17] Die Aufsichtsbehörde überprüfte die Vereinbarkeit der ihr unterbreiteten Entwürfe mit dem geltenden Datenschutzrecht, um zu verhindern, dass die Vereinigungen sich interne Verhaltensregeln geben, die im Widerspruch zu den gesetzlichen Regelungen stehen.[18] Die Anerkennung der Verhaltensregeln band jedoch die Aufsichtsbehörde und andere Behörden in ihrem folgenden Aufsichtsverhalten.[19] Eine klare Regelung zur Bindungswirkung enthielt § 38 a BDSG aF nicht.

Hinsichtlich der Beschreibung der Verhaltensregeln und ihrer Überprüfung war die Regelung in § 38 a 11 BDSG aF weniger aussagekräftig als die Regelung in Art. 27 DSRL. **Kriterien und Verfahrensregeln** für die Aufstellung und Prüfung der Verhaltensregeln kennt § 38 a BDSG aF **nicht**. Er grenzte die vorlageberechtigten Verbände auf Berufsverbände ein.

Bisher entstanden in Deutschland[20] zwar einige wenige **Verhaltensregeln**,[21] aber nur zwei wurden von der 12 zuständigen Aufsichtsbehörde überprüft und anerkannt, nämlich die Verhaltensregeln des Gesamtverbands der Deutschen Versicherungswirtschaft vom 7.9.2012[22] und der „Geo-Business Code of Conduct" des Selbstregulierung Informationswirtschaft (SRIW) eV und der Kommission für Geoinformationswirtschaft (GIW) vom 13.1.2015.[23]

3. Gesetzgebungsprozess. Eine Vorschrift zu Verhaltensregeln war als Art. 38 in allen drei Entwürfen vor- 13 gesehen. Im Trilog konnte der **Rat** eindeutig seinen Vorschlag durchsetzen. Seine Fassung entspricht bis auf geringe redaktionelle Anpassungen dem Text der Vorschrift. Die späteren Abs. 3, 4, 6, 7 und 10 waren nur in der Ratsfassung enthalten. Neu waren auch in Abs. 2 die Beispiele b), d), h) und i); die Buchstaben j) und k) stammen aus dem Vorschlag der KOM. Das EP scheiterte mit seinen abweichenden Vorschlägen vollständig, die ua die Aufstellung von Verhaltensregeln durch die Aufsichtsbehörde (Abs. 1), die Konkretisierung der Achtung der Rechte der Verbraucher (Abs. 2) und die Konformitätsfeststellung für Verhaltensregelns mit der DSGVO in Form delegierter Rechtsakte vorsahen.

4. Erwägungsgründe. Die DSGVO übernahm EG 76 des Rat-E nahezu wörtlich als **EG 98**. In diesem wur- 14 de lediglich die Festlegung, dass die Verhaltensregeln **„in den Grenzen"** der DSGVO auszuarbeiten sind, im Trilog für die deutsche Sprachfassung verändert. Alle drei Entwürfe hatten stattdessen vorgesehen, dass die Verhaltensregeln „im Einklang" mit der DSGVO zu erstellen sind; die endgültige deutsche Sprachfassung liegt auf der Linie der englischen Texte, die durchgängig in allen Entwürfen und im verabschiedeten Text von „within the limits of this Regulation" sprechen. Der Vorschlag der KOM entspricht im Wesentlichen dem ersten Satz des Rat-E. Der Rat hat lediglich die Rücksichtnahme auf Kleinstunternehmen sowie der kleinen und mittleren Unternehmen ergänzt. Dagegen forderte der Entwurf des EPs, dass die Verhaltensregeln erst „nach Anhörung der Arbeitnehmervertreter" erstellt werden sollten. Außerdem fügte es an den Vorschlag der KOM den Satz an: „Derartige Verhaltenskodizes sollten ein Handeln der Unternehmen in Übereinstimmung mit dieser DSGVO vereinfachen". Beide Ergänzungen konnte das EP im Trilog nicht durchsetzen. Die zweite Ergänzung ist sinngemäß in EG 99 enthalten.

Zur Vorschrift gibt es einen zweiten EG. Er wurde erst durch den Rat als EG 76 a eingeführt. Er wurde bis 15 auf redaktionelle Änderungen unverändert in die DSGVO übernommen und regelt nunmehr als EG 99

---

16 S. hierzu auch *Vomhof* PinG 2014, 209.
17 BT-Drs. 14/4329, 46.
18 BT-Drs. 14/4329, 46; *Heil* DuD 2001, 129 (131).
19 S. Simitis/*Petri* § 38 a Rn. 25; aA Auernhammer/*v. Lewinski* BDSG § 38 a Rn. 47.
20 Zur Situation in anderen Staaten s. zB *Talidou*, Regulierte Selbstregulierung, 2005, S. 204 ff.; Roßnagel/*Roßnagel*, HB DSch, Kap. 3.6 Rn. 71 f.
21 S. *Schaar*, Selbstregulierung im Datenschutz – Chancen, Grenzen, Risiken, 2013; *Vomhof* PinG 2014, 209.
22 S. hierzu *BlnBDI*, Datenschutz und Informationsfreiheit – Dokumente, 2012, S. 37 ff.; *Vomhoff* PinG 2014, 109; *Wronka* RDV 2014, 93; *Kranig/Peintinger* ZD 2014, 3 (4).
23 S. *Martini* NVwZ 2016, 353.

einen Auftrag zur Konsultation von Interessenträgern (einschließlich betroffener Personen) und zur Berücksichtigung ihrer Eingaben und Stellungnahmen.

16 Die **Beteiligung maßgeblicher Interessenträger** ist in der Vorschrift nicht vorgesehen. Insofern ergänzt EG 99 deren Regelungen um eine Empfehlung (→ Rn. 37). Die Konsultation soll nicht nur Arbeitnehmervertreter einbeziehen,[24] sondern alle „maßgeblichen Interessenträger" und möglichst auch die betroffenen Personen oder deren Vertreter.

III. Systematische Stellung

17 Die DSGVO enthält in vielen Regelungen **Verweisungen auf die Vorschrift**. Zum einen kann die Einhaltung genehmigter Verhaltensregeln als „Gesichtspunkt" oder als „Faktor" herangezogen werden, um „die Erfüllung" von Pflichten oder „hinreichende Garantien ... nachzuweisen".[25] Dies gilt nach Art. 24 Abs. 3 für die Pflichten des Verantwortlichen (→ Art. 24 Rn. 25),[26] nach Art. 28 Abs. 5 für die Pflichten des Auftragsverarbeiters (→ Art. 28 Rn. 86),[27] nach Art. 32 Abs. 3 für die Sicherungspflichten (→ Art. 32 Rn. 63) und nach Art. 35 Abs. 8 für die Beurteilung der Auswirkungen der Datenverarbeitungsvorgänge im Rahmen der Datenschutz-Folgenabschätzung (→ Art. 35 Rn. 73). Nach Art. 46 Abs. 2 lit. e können genehmigte Verhaltensregeln gemäß der Vorschrift „zusammen mit rechtsverbindlichen und durchsetzbaren Verpflichtungen des Verantwortlichen oder des Auftragsverarbeiters in dem Drittland zur Anwendung der geeigneten Garantien, einschließlich in Bezug auf die Rechte der betroffenen Personen", als „geeignete Garantien" angesehen werden, um ohne besondere Genehmigung einer Aufsichtsbehörde personenbezogene Daten an ein Drittland oder eine internationale Organisation zu übermitteln (→ Art. 46 Rn. 67ff.).[28]

18 Zum anderen verweisen mehrere Regelungen der DSGVO auf die Vorschrift, wenn es um **Aufgaben der Aufsichtsbehörden und des EDSA** geht. So nennt Art. 57 Abs. 1 lit. m drei Aufgaben der Aufsichtsbehörde, die Verhaltensregeln betreffen. Die Aufsichtsbehörden müssen ihre Ausarbeitung fördern, zu ihren Entwürfen Stellungnahmen abgeben und sie im positiven Fall billigen (→ Art. 57 Rn. 41). Gemäß Art. 58 Abs. 3 lit. d stehen der Aufsichtsbehörde alle notwendigen Befugnisse zu, um „eine Stellungnahme abzugeben und Entwürfe von Verhaltensregeln" entsprechend Abs. 5 der Vorschrift „zu billigen" (→ Art. 58 Rn. 56). Nach Art. 64 Abs. 1 lit. b hat der EDSA eine Stellungnahme zu der Frage abzugeben, ob „ein Entwurf von Verhaltensregeln ... mit dieser Verordnung in Einklang steht" (→ Art. 64 Rn. 15). In der Aufgabenbeschreibung des Ausschusses in Art. 70 Abs. 1 werden Verhaltensregeln zweimal angesprochen. Zum einen hat er nach lit. n die Ausarbeitung von Verhaltensregeln zu fördern und zum anderen nach lit. x Stellungnahmen zu den auf Unionsebene erarbeiteten Verhaltensregeln gemäß Abs. 9 der Vorschrift abzugeben (→ Art. 70 Rn. 9). Schließlich müssen die Aufsichtsbehörden bei der Entscheidung über die Verhängung einer Geldbuße gemäß Art. 83 Abs. 2 S. 2 lit. j die Einhaltung von genehmigten Verhaltensregeln gebührend berücksichtigen (→ Art. 83 Rn. 34).

IV. Verhaltensregeln (Abs. 1)

19 Nach Abs. 1 müssen die Mitgliedstaaten, die Aufsichtsbehörden,[29] der Ausschuss und die KOM die Ausarbeitung von Verhaltensregeln fördern. Die DSGVO setzt **große Hoffnungen** darauf, dass Verbände oder andere Vereinigungen präzisierende oder konkretisierende Verhaltensregeln erstellen.[30] Daher sieht die Vorschrift vor, dass „Verbände und andere Vereinigungen, die Kategorien von Verantwortlichen oder Auftragsverarbeitern vertreten, ... Verhaltensregeln ausarbeiten" können.[31]

20 **1. Verhaltensregeln.** Verhaltensregeln sind Vorschriften, die sich die **Regelungsadressaten** selbst geben, um ihr Verhalten in gleicher Weise zu regeln.[32] Die von der Vorschrift erfassten datenschutzrechtlichen Verhaltensregeln sollen nach Abs. 1 „nach Maßgabe der Besonderheiten der einzelnen Verarbeitungsbereiche ... zur ordnungsgemäßen Anwendung dieser Verordnung beitragen".

---

24 So EG 76 Parl-E.

25 S. hierzu die Aufzählung in Paal/Pauly/*Paal* Art. 40 Rn. 5.

26 Aus den Verhaltensregeln können sich nach EG 77 S. 1 Anleitungen ergeben, wie der Verantwortliche oder der Auftragsverarbeiter geeignete Maßnahmen durchzuführen hat und wie die Einhaltung der Anforderungen nachzuweisen ist.

27 S. hierzu auch EG 81 S. 2.

28 S. auch *Albrecht/Jotzo*, S. 99.

29 S. auch Art. 57 Abs. 1 lit. m.

30 S. EG 98.

31 Die Erarbeitung und Nutzung der Verhaltensregeln sollen die Transparenz der Verarbeitung und die Verantwortlichkeit des Verantwortlichen weiter fördern – s. zB *Albrecht* CR 2016, 94.

32 S. hierzu auch *Talidou*, Regulierte Selbstregulierung, 2005, S. 140.

Selbstregulierung kann aus Gründen demokratischer Legitimation nicht als Ersatz für gesetzlichen Daten- 21
schutz stehen, sondern soll mit diesem gemeinsam die Herausforderungen des Datenschutzes arbeitsteilig
und kooperativ bewältigen. Selbstregulierung kann daher nur in **Ausfüllung** solcher Regelungen erfolgen,
indem sie die abstrakten und allgemeinen Vorgaben der DSGVO **sektor- oder branchenspezifisch** für einzelne Fragen **präzisiert** oder unter Berücksichtigung der besonderen Umstände des jeweiligen Verarbeitungsbe-
reichs **konkretisiert**. Verhaltensregeln verstärken die Regelungstiefe der gesetzlichen Vorgaben und tragen
den Besonderheiten der jeweiligen Branche Rechnung. Die gesetzlichen Regelungen dienen dabei als Anleitung für die Erstellung der Verhaltensregeln. Sie sind zugleich die eng auszulegende normative Rückfallpo-
sition, wenn Selbstregulierung misslingt oder deren Ergebnisse von Verantwortlichen oder Auftragsverarbeitern nicht angenommen werden.[33]

Die **DSGVO** ist aufgrund der nahezu durchgängigen Unterkomplexität ihrer Regelungen[34] in besonderer 22
Weise auf **ausfüllende Regelsetzung** angewiesen. Aufgrund ihrer hochabstrakten Regelungen ist sie
„für das komplexe und grundrechtssensible Datenschutzregime des digitalen Zeitalters als solche nicht hinreichend vollzugsfähig".[35] Ihr fehlen außerdem – verglichen mit dem Entwurf der KOM – 40 Ermächtigungen für delegierte Rechtsakte und für Durchführungsrechtsakte, die die KOM für sich selbst vorgesehen
hatte, mittels derer sie eine Präzisierung und Anpassung an die technische und gesellschaftliche Entwicklung vornehmen wollte. Da der Unionsgesetzgeber diese zugunsten von Demokratie und Gewaltenteilung
gestrichen hat,[36] muss die notwendige Konkretisierung von anderen Instanzen vorgenommen werden. Eine
Instanz sind Verbände und Vereinigungen, die Verhaltensregeln zur Ausfüllung der DSGVO aufstellen.

Die Ausfüllungsbedürftigkeit gilt insbes. für die Technikneutralität und **Risikoneutralität** der DSGVO,[37] die 23
in ihrem Vollzug für jede Branche und für jeden Anwendungsbereich **überwunden** werden müssen.[38] Für
die Rationalität und Rechtssicherheit des Vollzugs wäre es sehr hilfreich, wenn die Verantwortlichen sich
selbst Regeln setzen würden, nach denen sie bestimmte Datenschutzmaßnahmen vorsehen.

Die Verhaltensregeln sollen auch die „besonderen **Bedürfnisse von Kleinstunternehmen sowie kleinen und** 24
mittleren Unternehmen" berücksichtigen. Wann es sich um ein kleines oder mittleres Unternehmen oder
um ein Kleinstunternehmen handelt, ergibt sich nach EG 13 aus der Definition in der Empfehlung
2003/361/EG der KOM vom 6.5.2003.[39] Nach Art. 2 des Anhangs zu dieser Empfehlung ist ein Unternehmen mit weniger als zehn Beschäftigten und einem Jahresumsatz von maximal 2.000.000 EUR ein Kleinstunternehmen, mit weniger als 50 Beschäftigten und einem Jahresumsatz von maximal 10.000.000 EUR ein
kleines Unternehmen und mit weniger als 250 Beschäftigten und einem Jahresumsatz von maximal
43.000.000 EUR ein mittleres Unternehmen. Die Vorschrift erwartet, dass in den Verhaltensregeln die unterschiedlichen Handlungsmöglichkeiten für kleine und mittlere Unternehmen einerseits und Großunternehmen andererseits berücksichtigt werden. So wie die DSGVO selbst diese Unternehmen von aufwändigen
Pflichten ausnimmt,[40] sollen auch Verhaltensregeln ihnen Erleichterungen hinsichtlich einzelner Pflichten
oder des Nachweises ihrer Einhaltung durch Standardisierung von Abläufen oder durch Formulare oder
Musterschreiben bieten.[41] Die Vorgaben der DSGVO gelten jedoch grundsätzlich unabhängig von der Unternehmensgröße.

2. Förderpflicht. Bisher bestand weder in Deutschland noch in der Union ein großes Interesse an anerkann- 25
ten Verhaltensregeln (→ Rn. 12). Sich auf solche Regeln innerhalb einer Branche zu einigen, ist sehr aufwändig und mühselig. Nach ihrer internen Kosten-Nutzen-Rechnung **bedarf** es **starker Anreize**, um Unternehmen und Verbände zu veranlassen, diese Arbeit auf sich zu nehmen.

---

33   Roßnagel/*Roßnagel*, HB DSch, Kap. 3.6 Rn. 107-109; Roßnagel/*Roßnagel*, Das neue DSR, § 5 Rn. 196; s. auch Paal/Pauly/*Paal* Art. 40
    Rn. 6.
34   S. hierzu Roßnagel/*Roßnagel*, Das neue DSR, § 1 Rn. 29, 43; Roßnagel/*Geminn/Jandt/Richter*, Datenschutzrecht 2016 – „Smart" genug
    für die Zukunft?, 2016, S. 175; *Roßnagel* DuD 2016, 561.
35   *Kühling/Martini* EuZW 2016, 449.
36   S. hierzu Roßnagel/*Roßnagel*, Das neue DSR, § 1 Rn. 24.
37   Der risikobasierte Ansatz der DSGVO – etwa in den Art. 24, 25, 32, 33, 34, 35 – gilt nur für die Pflichten der Verantwortlichen und
    führt dazu, dass diese für sehr viele Verantwortliche oder nicht umfangreich gelten werden. Die Regelungen zur Zulässigkeit der
    Datenverarbeitung und zu Rechten der Betroffenen gelten jedoch für die größte „Datenkrake" ebenso wie für den „Bäcker um die
    Ecke" ohne Unterschied.
38   Roßnagel/*Geminn/Jandt/Richter*, Datenschutzrecht 2016 – „Smart" genug für die Zukunft?, 2016, S.176; Roßnagel/*Roßnagel*, Das
    neue DSR, § 1 Rn. 42, § 5 Rn. 197.
39   C (2003) 1422, ABl. L 124, 3.
40   S. den risikobasierten Ansatz für die Pflichten der Verantwortlichen.
41   S. Gola/*Lepperhoff* Art. 40 Rn. 16.

26   Ein **Anreiz** besteht in der Vorschrift selbst[42] und in den mit Verhaltensregeln verbundenen Gewinnen an **Rechtssicherheit** für die Unternehmen.[43] Für manche Branche könnte es interessant sein, eigene spezifische Bedingungen der Verarbeitung personenbezogener Daten selbst zu entwickeln, statt zB von der Konkretisierung der sehr abstrakten Erlaubnistatbestände des Art. 6 Abs. 1 UAbs. 1 lit. b und f durch Aufsichtsbehörden abhängig zu sein. Nur so können sie über fest umrissene, klare Rahmenbedingungen ihrer Datenverarbeitung verfügen.[44] Ein Anreiz dürfte auch in den Regelungen zu sehen sein, nach denen die Einhaltung genehmigter Verhaltensregeln als „Gesichtspunkt" oder als „**Faktor**" herangezogen werden kann, um „die Erfüllung" von Pflichten oder „hinreichende Garantien … nachzuweisen" (→ Rn. 17). Ein weiterer Anreiz dürfte auch darin bestehen, dass die Aufsichtsbehörden bei der Festlegung von Sanktionen die Einhaltung von genehmigten Verhaltensregeln zu berücksichtigen haben (→ Art. 83 Rn. 34).

27   Trotz dieser Anreize in der DSGVO sieht Abs. 1 vor, dass KOM, EDSA, Mitgliedstaaten und Aufsichtsbehörden die Ausarbeitung von Verhaltensregeln zusätzlich fördern müssen, damit diese Möglichkeit stärker genutzt wird als bisher. Was „**Fördern**" bedeutet, bestimmt die DSGVO nicht. In der Literatur findet sich die Umschreibung, dass die Adressaten ein „Umfeld schaffen müssen", in dem „selbstregulatorische Verhaltensregeln sich zu wirksamen Instrumenten datenschutzrechtlicher Selbstkontrolle entwickeln können".[45] Die Adressaten dieser Regelung dürfen sich nicht nur auf das Unterlassen von Behinderungen beschränken, sondern müssen Verhaltensregeln durch geeignete Rahmenregelungen und Kriterien, durch zügige Anerkennungsverfahren und durch sonstige Aufklärungs- und Unterstützungsmaßnahmen aktiv fördern. Die Förderpflicht ist vor allem zugunsten der Kleinstunternehmen sowie kleinen und mittleren Unternehmen zu erfüllen.[46] Die Förderung von Verhaltensregeln ist eine Rechtspflicht, ohne jedoch subjektive Rechte zu begründen.[47] Wie die Förderpflicht zu erfüllen ist, unterliegt einem großen Einschätzungsspielraum der Adressaten. Insofern dürfte allenfalls eine vollständige Verweigerung justiziabel sein.[48] Die Förderpflicht entfaltet ihre Wirkung vor allem argumentativ – im Rahmen anderer Rechtsstreitigkeiten oder in der politischen Auseinandersetzung.

28   Die **Mitgliedstaaten** haben die Erarbeitung von Verhaltensregeln durch politische und publizistische Maßnahmen zu fördern. Die rechtliche Rahmensetzung, die nach der DSRL ihre Hauptaufgabe war,[49] ist ihnen durch den Anwendungsvorrang der Vorschrift jedoch verwehrt. Soweit dieser nicht berührt ist, können sie weitere rechtliche Anreize zur Verwendung und Anerkennung der Verhaltensregeln setzen.[50] Auch könnten sie durch Forschungs- und Entwicklungsprojekte Muster für geeignete Verhaltensregeln ausarbeiten lassen.

29   Die **Aufsichtsbehörden** haben ohnehin nach Abs. 5 zu vorgelegten Entwürfen Stellungnahmen abzugeben und diese bei Übereinstimmung mit der DSGVO zu genehmigen (→ Rn. 55ff.). Nach Art. 57 Abs. 1 lit. m müssen sie darüber hinausgehend durch weitere Maßnahmen die Ausarbeitung von Verhaltensregeln fördern (→ Art. 57 Rn. 41). Hierfür stehen ihnen nach Art. 58 Abs. 3 lit. d alle notwendigen Beratungsbefugnisse zur Verfügung (→ Art. 58 Rn. 56). Aufgrund der bisherigen (eher schlechten) Erfahrung mit datenschutzrechtlichen Verhaltensregeln in Deutschland und Europa (→ Rn. 12) wird der Förderzweck jedoch nur erreicht werden können, wenn die Aufsichtsbehörde initiativ wird, auf die betroffenen Verantwortlichen, Auftragsverarbeiter und Verbände aktiv zugeht und bei diesen für die Konkretisierung von Vorgaben der DSGVO durch Verhaltensregeln aktiv wirbt.[51] Soll die Initiative der Aufsichtsbehörde erfolgreich sein, erfordert sie einen hohen Aufwand. Neben der Überzeugung eines regelungsbefugten Verbands von dem Vorteil von branchenspezifischen Verhaltensregeln muss der jeweils vorgelegte Entwurf – wie die Erfahrung zeigt – in vielen Runden mit der zuständigen Aufsichtsbehörde und dem Düsseldorfer Kreis verhandelt und modifiziert werden.[52] An Ende muss in dem Verband die Mehrheit der Mitglieder überzeugt werden, für den vorgelegten und mit den Aufsichtsbehörden abgestimmten Entwurf zu stimmen.[53]

30   Der **EDSA** muss nach Abs. 7 und nach Art. 64 Abs. 1 lit. b (→ Art. 64 Rn. 15) zu Entwürfen von Verhaltensregeln, die Verarbeitungstätigkeiten in mehreren Mitgliedstaaten betreffen, und nach Art. 70 Abs. 1 lit. x (→ Art. 70 Rn. 9) zu Entwürfen von Durchführungsrechtsakten der KOM, mit denen sie die allgemeine Gültigkeit von Verhaltensregeln in der Union beschließen will, Stellungnahmen abgeben. Darüber hinaus

---

42   S. auch Plath/*von Braunmühl* DSGVO Art. 40 Rn. 7.
43   Zur Verbindlichkeit der Genehmigung durch die Aufsichtsbehörde → Rn. 69.
44   Roßnagel/*Roßnagel*, HB DSch, Kap. 3.6 Rn. 115.
45   Paal/Pauly/*Paal* Art. 40 Rn. 5; s. auch *Dammann/Simitis* Art. 27 Rn. 4.
46   S. auch Sydow/*Raschauer* Art. 40 Rn. 18.
47   S. auch Sydow/*Raschauer* Art. 40 Rn. 16.
48   Ebenso Sydow/*Raschauer* Art. 40 Rn. 16.
49   S. zB *Dammann/Simitis* Art. 27 Rn. 3; *Heil* DuD 2001, 129 (132).
50   S. Roßnagel/*Roßnagel*, Das neue DSR, § 2 Rn. 15ff.
51   *Roßnagel*, Datenschutzaufsicht nach der DSGVO, 2017, S. 110.
52   S. hierzu §§ 17-19 BDSG nF.
53   S. *Roßnagel*, Datenschutzaufsicht nach der DSGVO, 2017, S. 110 f.

fordert Art. 70 Abs. 1 lit. n zusammen mit Abs. 1 der Vorschrift wie für Aufsichtsbehörden auch, die Ausarbeitung von Verhaltensregeln zu fördern. Dabei sollte sich der Ausschuss eher auf Verhaltensregeln konzentrieren, die für große Teile der Union oder für die gesamte Union gelten sollen, da für die Förderung in einem Mitgliedstaat bereits die nationalen Aufsichtsbehörden verpflichtet sind. Die Förderung kann neben anderen Maßnahmen (→ Rn. 29) darin bestehen, Leitlinien, Empfehlungen sowie bewährte Verfahren und Muster zur Verfügung zu stellen.

Schließlich ist die **KOM** verpflichtet, die Erarbeitung von Verhaltensregeln zu fördern. Im Gegensatz zu den   31
Mitgliedstaaten sollte sie sich auf die Unionsebene konzentrieren. Für sie kommen prinzipiell die gleichen
Fördermaßnahmen in Betracht wie für die Mitgliedstaaten (→ Rn. 29).

V. Präzisierung der DSGVO (Abs. 2)

Verhaltensregeln sollen einzelne in Abs. 2 genannte Regelungen der DSGVO präzisieren oder konkretisie-   32
ren. Nach EG 98 dienen die Verhaltensregeln dem Zweck, die wirksame Anwendung der DSGVO zu erleichtern. Sie können ein Mittel darstellen, die zahlreichen unbestimmten Regelungen der DSGVO durch Selbstregulierung vollzugsfähig zu machen und hierdurch die **Rechtssicherheit** für Verantwortliche, Auftragsverarbeiter und betroffenen Personen zu erhöhen.[54] Eine schlichte Wiederholung des abstrakten Verordnungstextes ist unzulässig. Sie können auch dazu dienen, die **Wirksamkeit** und **Adäquatheit** der abstrakten Vorgaben der DSGVO herzustellen und deren Akzeptanz zu steigern.

1. Verbände und andere Vereinigungen. Abs. 2 eröffnet Verbänden und anderen Vereinigungen, die Kate-   33
gorien von Verantwortlichen oder Auftragsverarbeitern vertreten, die Möglichkeit, Verhaltensregelungen zu erarbeiten. Die DSGVO übernimmt den **weiten Begriff** der Verbände und Vereinigungen, den auch Art. 27 Abs. 2 DSRL benutzte.[55] Vorlageberechtigt sind somit nicht nur Vereine, sondern alle freiwilligen Zusammenschlüsse.[56] Notwendig ist nur, dass sie eine bestimmte Kategorie von Verantwortlichen oder Auftragsverarbeitern vertreten. Dies setzt eine gewisse Homogenität der Vereinigung bezogen auf die Vertretenen voraus.[57] Nicht erforderlich ist, dass sie die vertretene Gruppe vollständig oder mehrheitlich vertreten.[58] Nicht vorlageberechtigt sind dagegen einzelne Unternehmen, die ihre unternehmensinternen Regelungen überprüfen lassen wollen.[59]

Ob auch **Konzerne** und andere Unternehmensgruppen ihre Verhaltensregeln vorlegen können,[60] ist umstrit-   34
ten. Gegen diese Möglichkeit wird mit guten Gründen vorgebracht, dass sie allenfalls für Konzerne gelten kann, wenn diese „Kategorien von Verantwortlichen oder Auftragsverarbeitern" umfassen und die Verhaltensregeln „Besonderheiten der einzelnen Verarbeitungsbereiche" präzisieren. Die Unternehmen des Konzerns müssen daher in identischen oder ähnlichen Branchen tätig sein (also zB in der Automobilbranche).[61] Bei Mischkonzernen, deren Unternehmen in vielen Branchen tätig sind, fehlt die Gemeinsamkeit einer vergleichbaren Datenverarbeitung.[62] Die Verhaltensregelungen können nicht den „Besonderheiten der einzelnen Verarbeitungsbereiche" gerecht werden. Auch ist daran zu zweifeln, ob die Unternehmen des Konzerns sich auf gemeinsame Regeln zur Datenverarbeitung einigen. Vielmehr ist davon auszugehen, dass die einheitliche Leitung (§ 18 AktG) des Konzerns allen Konzernunternehmen vorgibt, wie sie personenbezogene Daten zu verarbeiten haben. Daher besteht im Konzern eine vergleichbare Situation wie in einzelnen Unternehmen. Die Vorschrift geht jedoch davon aus, dass nur „Verbände und anderen Vereinigungen", die mehrere selbstständige „Verantwortlichen oder Auftragsverarbeitern vertreten", die Möglichkeit haben sollen, Verhaltensregelungen zu erarbeiten.[63]

Als vorlageberechtigt gelten überwiegend auch alle **Kammern und Innungen**, die für die Selbstregulierung   35
freier Berufe zuständig sind.[64] Diese Auffassung übersieht jedoch die Regelung des Art. 41 Abs. 6, der die
Überwachung der Einhaltung der genehmigten Verhaltensregeln durch akkreditierte private Überwachungs-

---

54   S. *Kranig/Peintinger* ZD 2014, 3 (8); Paal/Pauly/*Paal* Art. 40 Rn. 2.
55   *Ehmann/Helfrich* Art. 27 Rn. 8; Simitis/*Petri* § 38 a Rn. 10.
56   Kühling/Buchner/*Bergt* Art. 40 Rn. 13; *Herfurth/Engel* ZD 2017, 367 (367); für das BDSG aF s. Simitis/*Petri* § 38 a Rn. 12.
57   Paal/Pauly/*Paal* Art. 40 Rn. 11; Kühling/Buchner/*Bergt*, Art. 40 Rn. 12; Sydow/*Raschauer* Art. 40 Rn. 22.
58   Paal/Pauly/*Paal* Art. 40 Rn. 12; *Ehmann/Helfrich* Art. 27 Rn. 12.
59   S. *Herfurth/Engel* ZD 2017, 367 (367); Paal/Pauly/*Paal* Art. 40 Rn. 9; Plath/*von Braunmühl* DSGVO Art. 40 Rn. 10; Gola/*Lepperhoff* Art. 40 Rn. 9; s. auch Roßnagel/*Pfitzmann/Garstka*, S. 158.
60   Plath/*von Braunmühl* DSGVO Art. 40 Rn. 10; *Bergt* CR 2016, 670 (674); Kühling/Buchner/*Bergt* Art. 40 Rn. 13; für das BDSG aF DKWW/*Weichert* § 38 a Rn. 3; Simitis/*Petri* § 38 a Rn. 12.
61   S. hierzu auch Auernhammer/*Vomhof* DSGVO Art. 40, Rn. 10.
62   S. *Herfurth/Engel* ZD 2017, 367ff.
63   Auernhammer/*Vomhof* DSGVO Art. 40 Rn. 10, weist darauf hin, dass in Art. 4 Nr. 19 eigens der Begriff der „Unternehmensgruppe" definiert ist, der in Art. 46 genutzt wird, nicht aber in Art. 40 und schließt daraus, dass Konzerne keine Verhaltensregeln erstellen können.
64   S. zB Kühling/Buchner/*Bergt* Art. 40 Rn. 13; *Herfurth/Engel* ZD 2017, 367 (367); für das BDSG aF s. Simitis/*Petri* § 38 a Rn. 12.

stellen für die Datenverarbeitung durch Behörden und öffentliche Stellen ausschließt.[65] Kammern und In-nungen sind jedoch Körperschaften des öffentlichen Rechts und insoweit Behörden und öffentliche Stel-len.[66] Sie können daher die Anforderung nach Abs. 4 der Vorschrift, in den Verhaltensregeln die Überwa-chung durch private Überwachungsstellen nach Art. 41 sicherzustellen, nicht einhalten. Daher können ihre Verhaltensregeln nicht nach Abs. 5 genehmigt werden.[67]

36 **2. Ausarbeitung, Änderung oder Erweiterung.** Nach Abs. 2 können die vorlageberechtigten Vereinigungen Verhaltensregeln ausarbeiten, ändern oder erweitern. Da für alle drei Bearbeitungsformen die gleichen Re-geln gelten, ist eine begrifflich scharfe Unterscheidung insbes. zwischen „ändern" und „erweitern" nicht er-forderlich. Konkrete Vorgaben für die **Erarbeitung der Entwürfe** innerhalb der Vereinigung regelt die DSGVO nicht. Ohne gesetzliche Vorgaben zum Schutz von Fairness und Interessenberücksichtigung ent-scheidet die jeweilige Satzung über die innerverbandliche Willensbildung. Da es unterschiedliche Formen und Verfahren der Willensbildung in Verbänden gibt, ist dadurch eine gleichmäßige Berücksichtigung der „besonderen Bedürfnisse von Kleinstunternehmen sowie kleinen und mittleren Unternehmen" nicht per se gewährleistet (→ Rn. 88). Die Aufsichtsbehörde kann nach Abs. 5 eine Genehmigung des Entwurfs allen-falls dann verweigern, wenn er im Ergebnis einen Mindeststandard der gebotenen Berücksichtigung der be-sonderen Bedürfnisse von Kleinstunternehmen sowie kleinen und mittleren Unternehmen unterschreitet.

37 Nach EG 99 sind bei der Erarbeitung von Verhaltensregeln „die maßgeblichen **Interessenträger**, möglichst auch die betroffenen Personen, (zu) **konsultieren** und die Eingaben und Stellungnahmen", die sie einrei-chen, zu berücksichtigen. Diesem EG entspricht keine Regelung der DSGVO. Ein solch ergänzender EG be-gründet keine verbindlichen Rechte und Pflichten. Er bringt aber zum Ausdruck, dass der Unionsgesetzge-ber das beschriebene Ergebnis gern sehen würde.[68] Ein solcher EG kann daher als eine starke Empfehlung des Unionsgesetzgebers verstanden werden. Ziel dieses EG ist es, die Verhaltensregeln soweit möglich auf einen gesellschaftlichen Konsens zu stützen und eine einseitige Durchsetzung der Interessen eines Verbands zu vermeiden.[69] Hierzu ist aber den Interessenträgern eine ausreichende **Transparenz und Interessenartiku-lation** zu gewährleisten (→ Rn. 89). Diese ist nicht geregelt und daher auch nicht gerichtlich durchsetzbar.

38 **3. Gegenstände der Verhaltensregelungen.** Verhaltensregeln sollen zur ordnungsgemäßen Anwendung der DSGVO beitragen. Diese Zweckbestimmung macht deutlich, dass Verhaltensregeln keine eigenen Rechts-grundlagen zur Verarbeitung personenbezogener Daten erzeugen können.[70] Die Vorschrift enthält keine Öffnungsklausel, nach der Verbände von Vorgaben der DSGVO abweichen können. Soweit sie dies beach-ten, können sich die Verhaltensregeln grundsätzlich auf alle die Verantwortlichen und Auftragsverarbeiter betreffenden Regelungen erstrecken.[71] Abs. 2 nennt hierzu einige wichtige Beispiele, die nicht abschließend gemeint sind. Verhaltensregeln können daher weitere Inhalte umfassen, aber auch einzelne der genannten Beispiele nicht aufgreifen:

39 Lit. a nennt die „**faire und transparente Verarbeitung**". Dieses Beispiel bezieht sich auf die Anforderungen des Art. 5 Abs. 1 (→ § 5 Rn. 44ff. und 49ff.). Es könnte die brancheneinheitliche Festlegung notwendiger Vertragsdaten und der Daten, für die eine Einwilligung der betroffenen Person einzuholen ist, betreffen. Diese Regelung könnte durch brancheneinheitliche Einwilligungserklärungen ergänzt werden, die auf Be-sonderheiten der Branche bezogen sind. Ein anderer Anwendungsfall für die Regelung einer fairen und transparenten Verarbeitung könnte in der Konkretisierung und Abgrenzung von Zweckbestimmungen lie-gen sowie in der Konkretisierung der Erforderlichkeit bestimmter Daten für typische Zwecke der Branche. Die Transparenz könnte durch die Erarbeitung branchenspezifischer Datenschutzerklärungen unterstützt werden.[72]

40 Lit. b erwähnt „die **berechtigten Interessen** des Verantwortlichen in bestimmten Zusammenhängen". Um dieses Beispiel zu erfüllen, könnten die Verhaltensregeln Festlegungen zu branchentypischen Abwägungen zwischen den berechtigten Interessen des Verantwortlichen und schutzwürdigen Interessen der betroffenen Person gemäß Art. 6 Abs. 1 UAbs. 1 lit. f enthalten. Die Verhaltensregeln könnten auch die berechtigten In-

65   Ebenso *Wolff* ZD 2017, 151 (153).
66   S. zB Simitis/*Dammann* § 2 Rn. 61.
67   Aus einem anderen Grund ablehnend Ehmann/Selmayr/*Schweinoch* Art. 40 Rn. 24, weil diese Vereinigungen durch ihre Zwangsmit-gliedschaft und ihr hoheitliche Verpflichtung der Mitglieder die Freiwilligkeit des Beitritts zu Verhaltensregeln nicht gewährleisten.
68   S. zur rechtlichen Bedeutung der EGe s. *Borchardt* in: Schulze/Zuleeg/Kadelbach (Hrsg.), Europarecht, 2015, § 15 Rn. 44.
69   S. hierzu auch Roßnagel/*Roßnagel*, HB DSch, Kap. 3.6, Rn. 125-127.
70   *Wolff* ZD 2017, 151 (152); *Laue/Nink/Kremer*, S. 256; *Dammann/Simitis* Art. 27 Rn. 3; aA *Martini* NVwZ 2016, 353 (354): „Fortbil-dung".
71   S. EG 98 S. 2.
72   S. zB *Krohm* PinG 2016, 205 (209).

teressen zur Gewährleistung der Netz- und Informationssicherheit gemäß EG 49 und der Werbung in der jeweiligen Branche nach EG 47 näher regeln.[73]

Lit. c nennt als weiteres Beispiel die „**Erhebung personenbezogener Daten**". Dieses Beispiel kann in Verhal- 41 tensregeln zum einen aufgegriffen werden, um bereichs- und branchenspezifisch festzulegen, welche Daten unter welchen Umständen als personenbeziehbar anzusehen sind. Dies kann allerdings nicht so verstanden werden, dass die Verhaltensregeln über den Anwendungsbereich der DSGVO für eine bestimmte Branche entscheiden können. Da die Verhaltensregeln von der Aufsichtsbehörde genehmigt werden müssen, um verbindlich zu sein, kann es allenfalls darum gehen, zusammen mit der Aufsichtsbehörde Zweifelsfälle des höchst abstrakten Begriffs der personenbezogenen Daten zu präzisieren. Zum anderen könnten typische Erhebungssituationen beschrieben werden, in denen die Erhebung einem bestimmten Erlaubnisstatbestand entspricht oder widerspricht. Drittens wäre es hilfreich, Regeln für die Erhebung bestimmter Datenkategorien (zB Gesundheitsdaten oder weitere besondere Kategorien von Daten oder Daten von Kindern) festzulegen. Schließlich könnten bestimmte Erhebungsverfahren (bei der betroffenen Person oder Dritten, offen oder verdeckt, informiert oder uninformiert) und bestimmte Schutzvorkehrungen vorgesehen oder ausgeschlossen werden.

Lit. d listet die „**Pseudonymisierung** personenbezogener Daten" als Beispiel auf. Dieses Beispiel überschnei- 42 det sich mit lit. h. Seine Aufführung ist damit unsystematisch, bringt aber zum Ausdruck, dass die DSGVO der Pseudonymisierung (Art. 4 Nr. 5) eine besondere Bedeutung als Mittel der Datensicherung zuweist. Auch für den Einsatz dieses Mittels würde Rechtssicherheit hergestellt, wenn bereichs- oder branchenspezifische Verfahren anonymen und pseudonymen Handelns oder der nachträglichen Pseudonymisierung oder Anonymisierung festgelegt würden. Auch wären Kriterien hilfreich, die für einen Bereich oder eine Branche bestimmen, unter welchen Umständen ein ausreichender faktischer Ausschluss eines Personenbezugs erfolgt. Sinnvoll könnten auch Regelungen sein, die die Verteilung der Zuordnungsregeln festlegen und bestimmen, wie die von Art. 4 Nr. 7 geforderte sichere Aufbewahrung der Zuordnungsregel gewährleistet wird.[74]

Lit. e führt die „**Unterrichtung der Öffentlichkeit und der betroffenen Personen**" als geeignetes Beispiel für 43 Verhaltensregeln an. Auch die Voraussetzungen und die Ausnahmen für die Unterrichtung der Öffentlichkeit – etwa durch Datenschutzerklärungen im Internet – und der betroffenen Personen (Art. 12, 13 und 14) sind in der DSGVO zu unbestimmt geregelt. Daher sollte in Verhaltensregeln rechtssicher bestimmt werden, wie und unter welchen Umständen bereichs- oder branchenspezifisch die Unterrichtung betroffener Personen oder der Öffentlichkeit vorgenommen werden soll oder unterlassen werden darf. So könnten Verhaltensregeln zB Vorgaben für die Auffindbarkeit von Informationen im Web festlegen.[75]

Lit. f bezieht sich auf die „**Ausübung der Rechte betroffener Personen**". In der DSGVO sind die Rechte der 44 betroffenen Person auf Auskunft (Art. 15), Berichtigung (Art. 16), Löschung (Art. 17), Einschränkung (Art. 18), Mitteilung (Art. 19), Datenübertragbarkeit (Art. 20) und Widerspruch (Art. 21 sowie auf Ausschluss automatisierter Entscheidungen (Art. 22) an einzelne Voraussetzungen und Bedingungen ihrer Erfüllung geknüpft. Diese oft sehr abstrakten Festlegungen näher bereichs- oder branchenspezifisch zu bestimmen, könnte für Verantwortliche und betroffene Personen die Rechtsicherheit erheblich erhöhen. Das Gleiche gilt auch für die Ausnahmen für die Betroffenenrechte, die die Mitgliedstaaten nach Art. 23 festlegen können. Wie etwa §§ 32 bis 37 BDSG nF zeigt, ist der Abstraktionsgrad der nationalen Einschränkungen oft ähnlich hoch wie der der DSGVO.

Lit. g nennt als Regulierungsbeispiel „**Unterrichtung und Schutz von Kindern** und Art und Weise, in der die 45 Einwilligung des Trägers der elterlichen Verantwortung für das Kind einzuholen ist". Auch in diesen in Art. 8 angesprochenen Fragen verursacht die DSGVO eine hohe Verunsicherung, die durch bereichs- oder branchenspezifische Konkretisierungen verringert werden kann. Dies gilt vor allem für Branchen, die sich mit ihren Angeboten an Kinder und Jugendliche richten. Auch hier können einheitliche Regeln für die Branche auch den lauteren Wettbewerb unterstützen.

Lit. h erwähnt „Maßnahmen und Verfahren" zur Sicherstellung der **Verantwortung** (Art. 24) und zur Um- 46 setzung der Prinzipien des **Privacy by Design** und **Privacy by Default** (Art. 25 Abs. 1, Abs. 2) sowie Maßnahmen „für die **Sicherheit** der Verarbeitung" (Art. 32). In allen vier Beispielen sind technisch-organisatorische Maßnahmen angesprochen, die sicherstellen sollen, dass die Grundsätze der Datenverarbeitung nach Art. 5 eingehalten werden. Gemäß **Art. 24 Abs. 1** muss der Verantwortliche geeignete technische und organisatorische Maßnahmen umsetzen, um sicherzustellen und den Nachweis dafür erbringen zu können, dass die Verarbeitung gemäß dieser DSGVO erfolgt (→ Art. 24 Rn. 25). Welche Maßnahmen gefordert werden,

---

73 Auernhammer/*Vomhof* DSGVO Art. 40 Rn. 14.
74 S. EG 28; s. auch Auernhammer/*Vomhof* DSGVO Art. 40 Rn. 16; *Roßnagel* ZD 2018, 243ff.
75 Auernhammer/*Vomhof* DSGVO Art. 40 Rn. 17.

bestimmt die DSGVO nicht. Sie legt lediglich fest, dass der Verantwortliche dies selbst zu bestimmen hat und dabei die Art, den Umfang, die Umstände und den Zweck der Verarbeitung sowie die unterschiedliche Eintrittswahrscheinlichkeit und Schwere der Risiken für die Rechte und Freiheiten natürlicher Personen berücksichtigen muss. Verhaltensregeln können diese viel zu unbestimmten Vorgaben bereichs- oder branchenspezifisch präzisieren oder konkretisieren. Das gleiche gilt für die ebenso unbestimmten Vorgaben nach **Art. 25 Abs. 1**, geeignete technische und organisatorische Maßnahmen zu treffen, die dafür ausgelegt sind, die Datenschutzgrundsätze wirksam umzusetzen und die notwendigen Garantien in die Verarbeitung aufzunehmen, um den Anforderungen dieser DSGVO zu genügen und die Rechte der betroffenen Personen zu schützen (→ Art. 25 Rn. 28ff.). Diese Maßnahmen soll der Verantwortliche unter Berücksichtigung des Stands der Technik, der Implementierungskosten und der Art, des Umfangs, der Umstände und der Zwecke der Verarbeitung sowie der unterschiedlichen Eintrittswahrscheinlichkeit und Schwere der mit der Verarbeitung verbundenen Risiken für die Rechte und Freiheiten natürlicher Personen selbst bestimmen. Auch in diesem Fall können Festlegungen in Verhaltensregeln für mehr Rechtssicherheit sorgen. Nach **Art. 25 Abs. 2** muss der Verantwortliche geeignete technische und organisatorische Maßnahmen treffen, die sicherstellen, dass durch Voreinstellung grundsätzlich nur personenbezogene Daten, deren Verarbeitung für den jeweiligen bestimmten Verarbeitungszweck erforderlich ist, verarbeitet werden (→ Art. 25 Rn. 39ff.). Was erforderlich ist und wie die Voreinstellungen vorzunehmen sind, können Verhaltensregeln rechtssicherer bestimmen als die DSGVO. Schließlich muss der Verantwortliche nach **Art. 32** geeignete technische und organisatorische Maßnahmen treffen, um ein dem Risiko angemessenes Schutzniveau zu gewährleisten (→ Art. 32 Rn. 11ff.). Hierbei muss er den Stand der Technik, die Implementierungskosten und die Art, den Umfang, die Umstände und die Zwecke der Verarbeitung sowie die unterschiedliche Eintrittswahrscheinlichkeit und Schwere des Risikos für die Rechte und Freiheiten natürlicher Personen berücksichtigen. Diese Anforderungen sind rechtssicher nicht ohne bereichs- oder branchenspezifische Verhaltensregeln zu bestimmen.

47 Lit. i nennt als Beispiel „die **Meldung von Verletzungen** des Schutzes personenbezogener Daten an Aufsichtsbehörden und die **Benachrichtigung der betroffenen Person** von solchen Verletzungen des Schutzes personenbezogener Daten". Diese in Art. 33 und 34 geregelten Pflichten des Verantwortlichen setzen unter anderem die Einschätzung von Risiken für die Rechte und Freiheiten natürlicher Personen,[76] der wahrscheinlichen Folgen der Schutzverletzung, geeigneter technischer und organisatorischer Sicherheitsvorkehrungen und des Aufwands der Benachrichtigung voraus. Alle diese unbestimmten Rechtsbegriffe verursachen Rechtsunsicherheit. Für diese können bereichs- oder branchenspezifische Konkretisierungen zu mehr Rechtssicherheit beitragen.

48 Lit. j erwähnt die „**Übermittlung** personenbezogener Daten **an Drittländer** oder an internationale Organisationen" als Beispiel für Verhaltensregeln. Die DSGVO legt in Art. 44 bis 49 die Voraussetzungen fest, unter denen solchen Datenübermittlungen erfolgen dürfen. In spezifischen Fällen sind solche Datenübermittlungen von geeigneten Garantien der übermittelnden und empfangenden Unternehmen abhängig. Als solche akzeptiert Art. 46 Abs. 2 lit. e genehmigte Verhaltensregeln zusammen mit rechtsverbindlichen und durchsetzbaren Verpflichtungen des Verantwortlichen oder des Auftragsverarbeiters in dem Drittland, geeignete Garantien, einschließlich in Bezug auf die Rechte der betroffenen Personen, anzuwenden (→ Art. 46 Rn. 67ff.). In Verhaltensregeln können diese Voraussetzungen erfüllt und auch im Rahmen des Abs. 3 dieser Vorschrift genutzt werden (→ Rn. 51).

49 Schließlich führt lit. k „außergerichtliche Verfahren und sonstige **Streitbeilegungsverfahren** zur Beilegung von Streitigkeiten zwischen Verantwortlichen und betroffenen Personen im Zusammenhang mit der Verarbeitung" an. Dieser Anregung entsprechend können Verhaltensregeln bereichs- oder branchenspezifische Schlichtungsverfahren einrichten. Diese können an Stelle oder als „zweite Instanz" zur Beschwerdemöglichkeit gegenüber dem betrieblichen Datenschutzbeauftragten nach Art. 38 Abs. 4 (→ Art. 38 Rn. 43ff.) wirken.[77] Diese Regelungen dürfen aber nicht Rechte betroffener Personen auf Beschwerde gegenüber der zuständigen Aufsichtsbehörde gemäß Art. 77 und auf wirksamen gerichtlichen Rechtsbehelf gemäß Art. 79 beschränken.[78]

VI. Verhaltensregeln zur internationalen Übermittlung personenbezogener Daten (Abs. 3)

50 Abs. 3 betrifft nicht das Erarbeiten von Verhaltensregeln, sondern eine spezifische **Form ihrer Nutzung und ihrer Wirkung**. Danach können Verantwortliche oder Auftragsverarbeiter, die gemäß Art. 3 nicht in den räumlichen Anwendungsbereich der DSGVO fallen, Verhaltensregeln einhalten, um **geeignete Garantien** im

---

76 Auernhammer/*Vomhof* DSGVO Art. 40 Rn. 21.
77 S. hierzu auch *Roßnagel/Pfitzmann/Garstka*, S. 175 f.
78 S. zB Gola/*Lepperhoff* Art. 40 Rn. 15.

Rahmen der Übermittlung personenbezogener Daten an Drittländer oder internationale Organisationen zu bieten. Abs. 3 korrespondiert mit Art. 46 Abs. 2 lit. e, der Verhaltensregeln zusammen mit rechtsverbindlichen und durchsetzbaren Verpflichtungen des Verantwortlichen oder des Auftragsverarbeiters in dem Drittland als geeignete Garantien ansieht (→ Art. 46 Rn. 67ff.). Sollen Verhaltensregeln für diese Nutzungsform geeignet sein, ist dies bei ihrer Formulierung zu beachten.

Diese Rechtswirkung ist jedoch an mehrere **Voraussetzungen** geknüpft. Erstens müssen die Verhaltensregeln   51
gemäß Abs. 5 genehmigt sein (→ Rn. 55ff.) und gemäß Abs. 9 allgemeine Gültigkeit besitzen (→ Rn. 79).[79]
Zweitens müssen die Verantwortlichen oder Auftragsverarbeiter aus dem Drittstaat oder einer internationalen Organisation mittels vertraglicher oder sonstiger rechtlich bindender Instrumente die verbindliche und durchsetzbare Verpflichtung eingehen, die geeigneten Garantien anzuwenden.[80] Drittens müssen sowohl die Verhaltensregeln als auch die besonderen Verpflichtungen sich insbes. auf die Rechte der betroffenen Personen erstrecken. Diese müssen nach Abs. 3 S. 2 für die Betroffenen durchsetzbar sein.

Allerdings regelt die DSGVO nicht, was sie unter „**zusätzlichen rechtsverbindlichen und durchsetzbaren**   52
Verpflichtungen" in Abs. 3 S. 2 versteht. Dieser unbestimmte Rechtsbegriff ist teleologisch dahin gehend auszulegen, dass die betroffene Person im Ergebnis sicher sein kann, dass die von ihr im Ausland nicht kontrollierbare Verarbeitung ihrer personenbezogenen Daten mit dem im Wesentlichen gleichen Datenschutzniveau wie in der Union erfolgt. Außerdem muss sie auch im Ausland vergleichbare Rechte wahrnehmen können, wie wenn die Daten in der Union verarbeitet würden.[81] Außerdem müssen die Verhaltensregeln alle grundrechtlichen Anforderungen erfüllen, wie sie in der Rechtsprechung des EuGH[82] und EGMR enthalten sind.[83] Dies müssen die „zusätzlichen rechtsverbindlichen und durchsetzbaren Verpflichtungen" sicherstellen, um als geeignete Garantien gelten zu können. Praktisch werden dies das übermittelnden Unternehmen und das empfangende Unternehmen in einem Vertrag vereinbaren, der in Bezug auf die Betroffenenrechte zugunsten aller betroffenen Personen gilt.[84]

VII. Kontrollen der Einhaltung der Verhaltensregeln (Abs. 4)

Wenn eine Vereinigung Verhaltensregeln festlegt, muss sie nach Abs. 4 auch ein Verfahren vorsehen, das es   53
einer mit der Vereinigung kooperierenden Stelle ermöglicht, „die obligatorische Überwachung der Einhaltung ihrer Bestimmungen durch die Verantwortlichen oder die Auftragsverarbeiter, die sich zur Anwendung der Verhaltensregeln verpflichten, vorzunehmen". In der Regel sollen also die Vereinigungen selbst dafür sorgen, dass ihre Verhaltensregeln eingehalten werden. Sie können und sollen sich hierfür der in Art. 41 geregelten **Überwachungsstellen** bedienen (→ Art. 41 Rn. 9ff.).

Die in den Verhaltensregeln vorgesehenen **Überwachungsverfahren** müssen effektiv sein. Ob sie effektiv   54
sind, hängt zum einen von den Verhaltensregeln und den darin vorgesehenen Pflichten und zum anderen von den vorgesehenen Überwachungsbefugnissen der Überwachungsstellen ab. Die Verhaltensregeln müssen daher auch die Befugnisse und Sanktionen vorsehen, die die Überwachungsstellen auf Grundlage der Verbandssatzung oder einer Unterwerfungserklärung verhängen dürfen. Dies können etwa Hinweise und Ermahnungen, Vertragsstrafen sowie Veröffentlichungen von Verstößen sein. Nach Art. 41 Abs. 4 ist immer auch der vorläufige oder endgültige Ausschluss des Verantwortlichen oder Auftragsverarbeiters von den Verhaltensregeln als mögliche Sanktion vorzusehen (→ Art. 41 Rn. 27).

VIII. Prüfung, Stellungnahme und Genehmigung (Abs. 5)

Die Vorschrift überlässt es den Verbänden, ob sie ihre Verhaltensregeln der Aufsichtsbehörde vorlegen so-   55
wie überprüfen und genehmigen lassen wollen. Die **Rechtsfolgen**, die in der DSGVO vorgesehen sind, greifen allerdings nur, wenn die nach Art. 55 Abs. 1 zuständige Aufsichtsbehörde die Verhaltensregeln **genehmigt** hat. Die behördliche Überprüfung und Genehmigung soll die Rechtmäßigkeit der Verhaltensregeln sicherstellen und den betroffenen Personen ein ausreichendes Vertrauen in sie vermitteln.[85] Abs. 5 regelt nur ansatzweise, unklar und widersprüchlich das Verfahren der Überprüfung, Stellungnahme und Genehmigung[86] und nennt die Voraussetzungen für die jeweiligen Entscheidungen (→ Rn. 90 f.).

79 Diese Anforderungen sind kumulativ – s. zB *Schantz*, NJW 2016, 1841; *Spindler* ZD 2016, 407 (410); *Bergt* CR 2016, 760 (7671 f.);
    Wolff ZD 2017, 151 (153 f.); Paal/Pauly/*Paal* Art. 40 Rn. 17; aA Ehmann/Selmayr/*Schweinoch* Art. 40 Rn. 31: Genehmigung genügt.
80 S. hierzu auch Kühling/Buchner/*Bergt* Art. 40 Rn. 9.
81 Roßnagel/*Roßnagel*, Das neue DSR, § 5 Rn. 202.
82 S. insbes. EuGH C-362/14, NJW 2015, 3151 – Safe Harbor.
83 S. Kühling/Buchner/*Bergt* Art. 40 Rn. 15.
84 Ebenso *Laue/Nink/Kremer*, S. 185.
85 *Martini* NVwZ 2016, 353 (354).
86 So auch Kühling/Buchner/*Bergt* Art. 40 Rn. 23.

56   **1. Vorlage und Prüfung.** Im Gegensatz zu Art. 27 Abs. 2 DSRL und § 38 a Abs. 2 BDSG aF regelt Abs. 5 der Vorschrift, welche **Pflichten** die vorlegende Vereinigung und die Aufsichtsbehörde haben, wenn die Vereinigungen der zuständigen Aufsichtsbehörde „den Entwurf der Verhaltensregeln" vorlegen will.

57   Die vorlegende Vereinigung muss den **Entwurf** rechtlich, technisch und organisatorisch ausreichend begründen. Er ist der nach Art. 55 Abs. 1 zuständigen Aufsichtsbehörde vorzulegen. Um diese und das erforderliche Verfahren (nach Abs. 5 oder Abs. 7) bestimmen zu können, muss der Entwurf den räumlichen Anwendungsbereich der Verhaltensregeln und den Hauptsitz des vorlegenden Verbands benennen. Zuständig ist die Aufsichtsbehörde im Hoheitsgebiet des Mitgliedstaats, in dem die Vereinigung ihren Sitz hat (→ Art. 55 Rn. 7ff.).[87] In Deutschland ist dies die Aufsichtsbehörde des Landes, in dem der Verband seinen Hauptsitz hat. Gibt Art. 55 Abs. 1 einen Spielraum, hat der vorlegende Verband die Wahl, welcher zuständigen Behörde er den Entwurf vorlegt.[88] Legt ein Verband einen Entwurf vor, der nur Datenverarbeitungen in Deutschland betrifft, haben die deutschen Aufsichtsbehörden bezogen auf § 38 a BDSG aF vereinbart, dass der Antrag bei der für den Hauptsitz des Verbands zuständigen Aufsichtsbehörde zu stellen ist und sich die Aufsichtsbehörden dann untereinander abstimmen, um eine bundesweite Bindungswirkung zu gewährleisten.[89] Bei Regelungsentwürfen mit Bezug zu mehreren Mitgliedstaaten erarbeiten die Aufsichtsbehörden des Bundes und der Länder nach § 18 BDSG nF den Entwurf ihrer Stellungnahme nach Abs. 7 der Vorschrift als einen **gemeinsamen Standpunkt** und legen diesen dem EDSA vor (→ Rn. 76). Findet keine Einigung zu dem gemeinsamen Standpunkt statt, entscheidet nach § 18 Abs. 2 BDSG nF in letzter Instanz nicht die zuständige Aufsichtsbehörde, sondern die einfache Mehrheit aller deutschen Aufsichtsbehörden.

58   Die Vorlage des Entwurfs bei der Aufsichtsbehörde eröffnet ein **Verwaltungsverfahren** zwischen dem vorlegenden Verband und der zuständigen Aufsichtsbehörde nach § 9 VwVfG. Dieses endet mit der Genehmigung der Verhaltensregeln oder einer ablehnenden Entscheidung der Aufsichtsbehörde.[90] Die Pflicht, dieses Verwaltungsverfahren durchzuführen, wird in Art. 57 Abs. 1 lit. m wiederholt (→ Art. 57 Rn. 41).[91]

59   Die Aufsichtsbehörde überprüft den Entwurf daraufhin, ob er mit der DSGVO vereinbar ist. Aus dem Wortlaut ergibt sich eindeutig, dass die Verhaltensregeln weder das **Datenschutzniveau** der DSGVO einschließlich ihrer mitgliedstaatlichen Ausfüllungen der Öffnungsklauseln unterschreiten dürfen[92] noch dieses Niveau übertreffen müssen.[93] Der datenschutzrechtliche **Mehrwert** der Verhaltensregeln besteht darin, dass sie die abstrakten und allgemeinen Vorgaben der DSGVO sektor- und branchenspezifisch präzisieren oder konkretisieren, indem sie die „Besonderheiten der einzelnen Verarbeitungsbereiche und der besonderen Bedürfnisse von Kleinstunternehmen sowie kleinen und mittleren Unternehmen" aufgreifen und damit die DSGVO oft erst vollzugsfähig machen.[94]

60   Soweit der Entwurf von Verhaltensregeln Tätigkeiten und Verpflichtungen von Datenverarbeitern, die **nicht der DSGVO unterliegen**, betrifft, prüft die Aufsichtsbehörde im Fall des Abs. 3 statt der Vereinbarkeit des Entwurfs mit der DSGVO, ob der vorgelegte Entwurf „geeignete Garantien" enthält (→ Rn. 50-52).

61   **2. Stellungnahme und Genehmigung.** Auf der Grundlage der Prüfung gibt die Aufsichtsbehörde nach Abs. 5 S. 2 eine Stellungnahme darüber ab, ob der Entwurf der Verhaltensregeln mit der DSGVO „vereinbar" ist. Diese erfolgt am Maßstab der DSGVO. Ihr Schutzniveau darf im Entwurf der Verhaltensregeln überschritten, aber nicht unterschritten werden. Maßstab sind ebenso die nationalen Vorschriften, die auf der Grundlage einer Öffnungsklausel der DSGVO ergangen sind.[95] Wenn die Stellungnahme dies bestätigt und die Aufsichtsbehörde „der Auffassung ist, dass er ausreichende geeignete Garantien bietet", dann genehmigt sie diesen Entwurf der Verhaltensregeln. Das **Verfahren** erfolgt also **zweistufig:**[96] In der ersten Stufe prüft und bewertet die Aufsichtsbehörde den Entwurf am Maßstab der DSGVO. Diese Stufe endet mit der Stellungnahme. Diese ist noch keine Regelung mit Außenwirkung und damit kein Verwaltungsakt, der getrennt angefochten werden kann. Ist die Stellungnahme positiv, erarbeitet sich die Aufsichtsbehörde in der daran anschließenden zweiten Stufe eine Auffassung darüber, ob der Entwurf ausreichende geeignete Garantien bietet. Ist dies der Fall, endet das Verfahren mit der Genehmigung. Fehlt es an ausreichenden

87   S. EuGH C-230/14, EuZW 2015, 912 Rn. 20ff. – Weltimmo.
88   *Bergt* CR 2016, 670 (674); Kühling/Buchner/*Bergt* Art. 40 Rn. 25.
89   *Düsseldorfer Kreis*, Kap. C.4.
90   Kopp/Ramsauer/*Ramsauer* VwVfG § 9 Rn. 27ff.
91   S. zum Verfahren Paal/Pauly/*Paal* Art. 40 Rn. 19 bis 24.
92   S. EG 98, s. zB auch *Bergt* CR 2016, 670 (672); Roßnagel/*Roßnagel,* Das neue DSR, § 5 Rn. 204; Paal/Pauly/*Paal* Art. 40 Rn. 15; Ehmann/Selmayr/*Schweinoch* Art. 40 Rn. 29.
93   S. zB *Wolff* ZD 2017, 151; weitergehende Regelungen sind jedoch zulässig – s. zB Paal/Pauly/*Paal* Art. 40 Rn. 15; Ehmann/Selmayr/*Schweinoch* Art. 40 Rn. 29.
94   S. auch *Kranig/Peintinger* ZD 2014, 3 (4); Paal/Pauly/*Paal* Art. 40 Rn. 15; Simitis/*Petri* § 38 a Rn. 17.
95   S. hierzu auch Gola/*Lepperhoff* Art. 40 Rn. 25.
96   So auch Plath/*von Braunmühl* Art. 40 Rn. 12; Gola/*Lepperhoff* Art. 40 Rn. 2; Ehmann/Selmayr/*Schweinoch* Art. 40 Rn. 21, 34; Roßnagel/*Roßnagel,* Das neue DSR, § 5 Rn. 205; aA Paal/Pauly/*Paal* Art. 40 Rn. 22.

geeigneten Garantien, lehnt die Aufsichtsbehörde die Genehmigung ab. Dass Stellungnahme und Genehmigung zwei getrennte Entscheidungen sind, zeigt sich deutlich bei Verhaltensregeln mit grenzüberschreitendem Anwendungsbereich, weil bei diesen zwischen Stellungnahme und Genehmigung nach Abs. 7 das Kohärenzverfahren vor dem EDSA tritt.

Die **Stellungnahme** ergeht zu der Frage, ob der Entwurf mit der DSGVO vereinbar ist. Sie ergeht in jedem   62
Fall. Fällt sie negativ aus, endet das Verwaltungsverfahren mit einer Ablehnung des Genehmigungsantrags. In diesen kann die negative Stellungnahme integriert werden. Fällt die Stellungnahme positiv aus, prüft die Aufsichtsbehörde in der zweiten Stufe des Verfahrens den Erlass einer **Genehmigung**. Nach dem Wortlaut des Abs. 6 wird zwar „durch" die Stellungnahme der Entwurf genehmigt. Nach dem Wortlaut des Abs. 5 S. 2 ist jedoch die positive Stellungnahme auf die Vereinbarkeit des Entwurfs mit der DSGVO zu beziehen,[97] während die Genehmigung nur ergehen kann, wenn der Entwurf außerdem „ausreichende geeignete Garantien bietet". Die DSGVO ist somit in sich widersprüchlich. Da aber der Wortlaut des Abs. 5 S. 2 präziser ist und der Wortlaut des Abs. 6 der verwaltungsrechtlichen Logik widerspricht, da die Genehmigung eine eigene Prüfung und eine eigene Entscheidung erfordert, ist davon auszugehen, in Stellungnahme und Genehmigung rechtlich getrennt als zwei Entscheidungen zu sehen, von denen die positive Stellungnahme die Voraussetzung für das Weiterverfolgen des Entscheidungsprogramms ist. Eine Regelung mit Außenwirkung und damit ein anfechtbarer Verwaltungsakt, ist aber immer nur die zweite Entscheidung über die Erteilung oder Ablehnung der Genehmigung. Eine andere Frage ist, ob zur Verwaltungsvereinfachung eine positive Stellungnahme in die Begründung der Genehmigung integriert wird oder die Begründung auf eine von ihr getrennte Stellungnahme verweist.

Die Genehmigung setzt die „Auffassung" der Aufsichtsbehörde voraus, dass der Entwurf „**ausreichende geeignete Garantien**" bietet. S. 2 verwendet hier einen unbestimmten Rechtsbegriff, der der Aufsichtsbehörde   63
eine eigene „Auffassung" ermöglicht, ihr also einen eigenständigen Beurteilungsspielraum bietet.[98] Anders als Art. 46 nennt die Vorschrift keine Beispiele für „ausreichende geeignete Garantien". Aus Sinn und Zweck der Vorschrift ist abzuleiten, dass die Garantien dann vorliegen, wenn die Verhaltensregeln ausreichende Maßnahmen vorsehen, dass die Verantwortlichen und Auftragsverarbeiter ihre Pflichten umsetzen und Vorkehrungen installiert haben, dass die von den Verhaltensregeln Verpflichteten diese tatsächlich einhalten.[99] Zu den „ausreichenden geeigneten Garantien" gehört eine rechtliche Bindungswirkung für die Verpflichteten. Diese kann durch Satzungsrecht oder durch Selbstverpflichtungen begründet werden. Außerdem gehören zu ihnen in jedem Fall die Überwachungsverfahren, die nach Abs. 4 verpflichtend vorzusehen sind (→ Rn. 54).[100] Diese müssen es privaten Überwachungsstellen gemäß Art. 41 Abs. 1 ermöglichen, die verpflichteten Verantwortlichen und die Auftragsverarbeiter darauf hin zu überwachen, ob sie die Verhaltensregeln einhalten (→ Art. 41 Rn. 28).

Die Genehmigung ist eine Voraussetzung für die Gültigkeit der Verhaltensregeln. Sie ist jedoch keine Kontrollerlaubnis, sondern trotz der irreführenden Bezeichnung „Genehmigung" ein **feststellender Verwaltungsakt**,[101] der die Rechtsfolgen, die mit Verhaltensregeln verbunden sind, nach sich zieht. Die positive   64
Feststellung ausreichender Garantien kann auch unter **Bedingungen** getroffen werden, wenn ansonsten die Feststellung zu verweigern wäre.[102] Dies kann etwa der Fall sein, wenn bestimmte Nachweise nicht vorliegen und es unsicher ist, wann sie vorliegen werden. Die Feststellung kann auch zeitlich **befristet** werden, wenn eine unbefristete Feststellung ausreichender Garantien nicht möglich ist, weil bestimmte Regelungen in den Verhaltensregeln oder Vollzugsgarantien von bestehenden, sich aber vermutlich ändernden Bedingungen abhängig sind.[103] Dies ist etwa anzunehmen, wenn es um technikrelevante Regelungen geht oder um die rechtspolitische Entwicklung in einem Empfängerstaat. Bedingungen und Befristungen sind in diesem Zusammenhang geringere Belastungen für den vorlegenden Verband als die Ablehnung der Genehmigung. Die Vorschrift sieht zwar keine Bedingung und – im Gegensatz zu Art. 42 Abs. 7 – auch keine Befristung vor. Es gibt aber auch keine Hinweise, dass die Aufsichtsbehörde die Genehmigung versagen muss, wenn sie ausreichende Garantien unbedingt und unbefristet nicht feststellen kann. Vielmehr spricht im dynamischen Wandel der Datenverarbeitung sachlich vieles für die Möglichkeit der Aufsichtsbehörde, die Ge-

97 Nach Gola/*Lepperhoff* Art. 40 Rn. 25 auch auf ausreichend geeignete Garantien.
98 Entgegen *Spindler* ZD 2016, 407 (408) und Ehmann/Selmayr/*Schweinoch* Art. 40 Rn. 34, ist dies keine Frage des Ermessens, weil der Begriff nicht die Rechtsfolgenseite der Vorschrift betrifft.
99 S. näher Plath/*von Braunmühl* DSGVO Art. 40 Rn. 12; Roßnagel/*Roßnagel,* Das neue DSR, § 5 Rn. 205.
100 S. näher Plath/*von Braunmühl* DSGVO Art. 40 Rn. 13.
101 S. *Kranig/Peintinger* ZD 2014, 3 (4, 7); *Wronka* RDV 2014, 93 (94); *Laue/Nink/Kremer*, S. 258; Roßnagel/*Roßnagel,* Das neue DSR, § 5 Rn. 205; Kühling/Buchner/*Bergt* Art. 40 Rn. 40; Ehmann/Selmayr/*Schweinoch* Art. 40 Rn. 34; s. zum BDSG aF Simitis/*Petri* § 38 a Rn. 25; Roßnagel/*Roßnagel*, HB DSch, Kap. 3.6 Rn. 137; *Martini* NVwZ 2016, 353 (354); aA *Wolff* ZD 2017, 151 (152), der die „Genehmigung" nur „hoheitlich erstelltes Rechtsgutachten" ansieht, von dem eine „Vermutung der Rechtmäßigkeit" ausgeht.
102 AA Sydow/*Raschauer* Art. 40 Rn. 36.
103 Ebenso *Bergt* CR 2016, 670 (675); aA Sydow/*Raschauer* Art. 40 Rn. 36.

Roßnagel   927

nehmigung nach pflichtgemäßem Ermessen bedingt und befristet zu erteilen. Fallen die Voraussetzungen für die Erteilung der Genehmigung nachträglich weg, greifen die Regelungen zur **Rücknahme** oder zum **Widerruf** eines begünstigenden Verwaltungsakts nach §§ 48 f. VwVfG.[104]

65 Das Verfahren der Beteiligung der Aufsichtsbehörde wird **in der Praxis** nicht in der Weise ablaufen, wie es der Wortlaut des Abs. 5 nahelegt. Vielmehr zeigt die bisherige Erfahrung mit § 38 a BDSG aF in Deutschland, dass die Verhaltensregeln, bevor sie in das förmliche Verwaltungsverfahren gegeben werden, das Abs. 5 beschreibt, in einem **iterativen Prozess** von Entwürfen, Verhandlungen, Modifikationen, Kompromisssuchen, Überarbeitungen, Prüfungen und letztlich einer Einigung erarbeitet werden. Dieser Prozess wird die Nachfrage nach Genehmigungen für die Aufsichtsbehörde auf einem Niveau halten, das sie mit ihrer Ausstattung in der gebotenen Qualität bewältigen kann.[105]

66 Eine **Beteiligung oder Anhörung** der maßgeblichen Interessenträger und betroffenen Personen, wie diese EG 99 vorsieht, ist keine verfahrensmäßige Voraussetzung der Genehmigung.[106] Dies hindert aber nicht die Aufsichtsbehörde, vor ihrer Genehmigung eine solche Anhörung durchzuführen.[107]

67 **3. Verbindlichkeit der Verhaltensregelungen.** Die genehmigten Verhaltensregeln sind kein allgemeinverbindliches Recht, da ihnen die notwendige über das Demokratieprinzip vermittelte personelle Legitimation fehlt. Ihre Verbindlichkeit ist daher **adressatenbezogen differenziert** zu beurteilen.[108]

68 Inwieweit die genehmigten Verhaltensregeln für die **Mitglieder** des Verbands oder der Vereinigung rechtlich verbindlich sind, ist eine Frage des jeweiligen Satzungsrechts. Sie können für sie verbindlich sein, weil eine Satzung dies so in zulässiger Weise festlegt oder weil sie sich den Verhaltensregeln ausdrücklich unterworfen haben.[109] Die Verhaltensregeln sind jedoch gegenüber Unternehmen, die weder Mitglied der Vereinigung sind, noch eine Verpflichtungserklärung abgegeben haben, nicht verbindlich. Auch können sie **Gerichte** nicht binden.[110] Ob eine Einhaltung der Verfahrensregeln auch die Vorgaben der DSGVO erfüllt, stellen die Gerichte eigenständig fest, ohne an die Feststellung, dass die Verhaltensregeln der DSGVO entsprechen, gebunden zu sein.[111] Dies gilt auch dann, wenn die KOM nach Abs. 9 beschlossen hat, dass die Verhaltensregeln allgemeine Gültigkeit in der Union besitzen. Damit werden die Verhaltensregeln in der gesamten Union verbindlich, aber nur für diejenigen, die ihnen unterliegen (→ Rn. 81).

69 Gegenüber der genehmigenden **Aufsichtsbehörde** tritt spätestens mit Eintritt der Bestandskraft der Genehmigung eine Bindungswirkung ein. Solange die Genehmigung nicht zurückgenommen oder widerrufen ist, muss die Aufsichtsbehörde die genehmigten Verhaltensregeln bei ihrer Auslegung der DSGVO, bei ihrer Aufsichtstätigkeit und bei der Verhängung von Sanktionen beachten.[112] Diese Bindung betrifft inhaltlich die von der Aufsichtsbehörde anerkannten Präzisierungen und Konkretisierungen der DSGVO.[113] Die Verhaltensregeln können zwar nicht die Pflichten der Verantwortlichen und Auftragsverarbeiter nach der DSGVO abändern. Sie können und sollen sie aber sektor- oder branchenspezifisch präzisieren oder konkretisieren, damit die meist viel zu abstrakten Vorgaben der DSGVO in dem spezifischen Bereich vollziehbar werden. Für die Verhaltensregeln gilt daher auch nicht die Orientierung an einer technikneutralen Regelung. Vielmehr sollen sie Funktionen von Techniksystemen und Geschäftsmodellen aufgreifen, deren spezifische Risiken und daraus abzuleitende Pflichten der Verantwortlichen und Auftragsverarbeiter regeln. Wenn die Aufsichtsbehörde diese Präzisierungen und Konkretisierungen einzelner Vorschriften der DSGVO genehmigt hat, wäre es ein widersprüchliches Verhalten, wenn sie in ihrer Interpretation dieser Vorschriften für den betroffenen Bereich oder die spezifische Branche davon abweichen würde. Vielmehr können sich die verpflichteten Unternehmen darauf verlassen, dass die Aufsichtsbehörde diese Vorschriften so versteht,

---

104 *Bergt* CR 2016, 670 (675); Kühling/Buchner/*Bergt* Art. 40 Rn. 35ff.
105 S. *Roßnagel*, Datenschutzaufsicht nach der DSGVO, 2017, S. 57, 189 f.; aA *Martini* NVwZ 2016, 353 (354), der erwartet, dass sich Verhaltensregeln „schnell zu einer Ersatzgesetzgebung" auswachsen.
106 S. näher Plath/*von Braunmühl* DSGVO Art. 40 Rn. 13; Kühling/Buchner/*Bergt* Art. 40 Rn. 24.
107 S. näher Plath/*von Braunmühl* DSGVO Art. 40 Rn. 13.
108 *Roßnagel*/*Roßnagel*, HB DSch, Kap. 3.6 Rn. 135; *Roßnagel*/*Roßnagel*, Das neue DSR, § 5 Rn. 206.
109 Kühling/Buchner/*Bergt* Art. 40 Rn. 8; *Gola*/*Schomerus* § 38 a Rn. 6; *Kranig*/*Peintinger* ZD 2014, 3 (4); *Laue*/*Nink*/*Kremer*, S. 261; *Roßnagel*/*Roßnagel*, HB DSch, Kap. 3.6 Rn. 133; Auernhammer/*Vomhof* DSGVO Art. 40 Rn. 38.
110 *Ehmann*/*Helfrich* Art. 27 Rn. 9; *Spindler* ZD 2016, 407 (412).
111 An die Tatbestandswirkung, dass die Aufsichtsbehörde die Verhaltensregeln genehmigt haben, ist auch ein Gericht gebunden, jedoch nicht an die damit verbundene Rechtsmeinung. Das Gericht kann implizit oder explizit feststellen, dass die Aufsichtsbehörde mit ihrer Genehmigung gegen die DSGVO verstoßen hat.
112 *Roßnagel*/*Roßnagel*, HB DSch, Kap. 3.6 Rn. 137; *Düsseldorfer Kreis*, Kap. C.6; *Kranig*/*Peintinger* ZD 2014, 3 (4); *Spindler* ZD 2016, 407 (412); Kühling/Buchner/*Bergt* Art. 40 Rn. 41; *Roßnagel*/*Roßnagel*, Das neue DSR, § 5 Rn. 207; Simitis/*Petri*, § 38 a Rn. 25; *Martini* NVwZ 2016, 353 (354); Auernhammer/*Vomhof* DSGVO Art. 40, Rn. 38.
113 Simitis/*Petri* § 38 a Rn. 7.

wie sie in den Verhaltensregeln präzisiert oder konkretisiert worden sind. Auf diese Bindung können sich aber die Unternehmen nicht berufen, für die die Verhaltensregeln nicht gelten.[114]

Die Bindungswirkung gilt für die Aufsichtsbehörde, die für die Vereinigung zuständig ist. Für die einzelnen **70** Unternehmen können jedoch andere Aufsichtsbehörden zuständig sein. In diesem Fall darf aber das föderale System der Aufsichtsbehörden in Deutschland nicht zum Nachteil des Verantwortlichen oder Auftragsverarbeiters wirken. Vielmehr gelten die genehmigten Verhaltensregeln für den gesamten Mitgliedstaat. Sie binden also auch **andere Behörden**.[115] Die Genehmigung, die im Vollzug von Unionsrecht, das in Bund und Ländern unmittelbar gilt, durch die jeweils zuständige Aufsichtsbehörde ergeht, enthält eine rechtliche Feststellungswirkung, die als solche überall im Bundesgebiet beachtet werden muss. Eine ausdrückliche gesetzliche Regelung ist hierfür nicht erforderlich.[116] Soweit die genehmigten Verhaltensregelungen in mehreren Mitgliedstaaten gelten, binden sie auch den EDSA, der ihnen nach Abs. 7 (→ Rn. 76) und Art. 64 zugestimmt hat (→ Art. 64 Rn. 15), und die Aufsichtsbehörden in anderen Mitgliedstaaten.[117] Hat die KOM nach Abs. 9 beschlossen, dass die Verhaltensregeln allgemeine Gültigkeit in der Union besitzen (→ Rn. 79), sind sie für die KOM und alle Aufsichtsbehörden in allen Mitgliedstaaten verbindlich,[118] jedoch nicht für Unternehmen, die nicht der Vereinigung angehören und die Verhaltensregeln nicht als für sich verpflichtend anerkannt haben.

Für die **betroffenen Personen** haben die genehmigten Verhaltensregeln zwar insofern eine faktische Wir- **71** kung, als die Unternehmen sie ihrer Datenverarbeitung und die Aufsichtsbehörden sie ihrer Aufsichtstätigkeit zu Grunde legen.[119] Die Verhaltensregeln sind für sie jedoch nicht verbindlich. Sie können jederzeit die Rechtsauffassung geltend machen, dass die Verhaltensregeln der DSGVO widersprechen und eine ihnen folgende Datenverarbeitung rechtswidrig ist.[120] Sie waren nicht Beteiligte des Verwaltungsverfahrens, in dem die Aufsichtsbehörde die Feststellung der Konformität und der ausreichenden Garantien festgestellt hat.

4. Rechtsschutz. Gegen eine Ablehnung der Genehmigung kann die vorlegende Vereinigung **Verpflichtungs-** **72** **klage** nach § 42 Abs. 1 VwGO vor dem Verwaltungsgericht einlegen. Sollten sie Amtshaftungsansprüche gegen den Träger der Aufsichtsbehörde geltend machen wollen, sind diese vor dem Zivilgericht geltend zu machen. In der Praxis wird eine Vereinigung aber die Genehmigung nicht einklagen, sondern mit der Aufsichtsbehörde Verhandlungen führen, wie die Verhaltensregeln angepasst werden müssen, um der DSGVO zu entsprechen und ausreichende geeignete Garantien zu bieten.[121]

Eine **betroffene Person** kann die Datenverarbeitung, die auf genehmigten Verhaltensregeln beruht, vor **Ge-** **73** **richt** angreifen, indem sie vorträgt, dass diese Regeln der DSGVO nicht entsprechen. Bei der Inzidentprüfung dieser Frage ist das Gericht nicht an die Verhaltensregeln gebunden. Es muss zwar die Genehmigung im Rahmen der Tatbestandswirkung des Verwaltungsakts anerkennen, kann aber von der Rechtsbewertung der Aufsichtsbehörde abweichen.[122]

IX. Verzeichnisse und Veröffentlichungen von Verhaltensregeln (Abs. 6 und 11)

Die genehmigten Verhaltensregeln haben rechtliche Wirkung. Daher entspricht es dem Publizitätsgebot, **74** dass sie veröffentlicht werden, so dass sie jeder zur Kenntnis nehmen kann. Insbesondere müssen alle betroffenen Personen in der für Rechtsnormen üblichen Weise erfahren können, welche Datenschutzregeln in einer bestimmten Branche verbindlich sind.[123] Betreffen die Verhaltensregeln Verarbeitungstätigkeiten nur in einem Mitgliedstaat, nimmt nach Abs. 6 die zuständige Aufsichtsbehörde die Verhaltensregeln in ein **Verzeichnis** auf und **veröffentlicht** sie. Betreffen sie Verarbeitungstätigkeiten in mehreren Mitgliedstaaten, nimmt nach Abs. 11 der EDSA alle genehmigten Verhaltensregeln sowie deren genehmigte Änderungen und Erweiterungen in ein Register auf und veröffentlicht sie in geeigneter Weise. Der Rat forderte, dass dies im

---

114 So aber *Laue/Nink/Kremer*, S. 262.
115 *Kranig/Peintinger* ZD 2014, 3 (5); *Wronka* RDV 2014, 93 (94); *Krings/Mammen* RDV 2015, 231 (233); *Laue/Nink/Kremer*, S. 261; *Plath/von Braunmühl* DSGVO Art. 40 Rn. 18; *Simitis/Petri* § 38 a Rn. 7; aA *Bergt* CR 2016, 670 (676); *Spindler* ZD 2016, 407 (412) und zur alten Rechtslage *Auernhammer/v. Lewinski* BDSG § 38 a Rn. 47.
116 S. *Roßnagel/Roßnagel*, HB DSch, Kap. 3.6 Rn. 132.
117 *Roßnagel/Roßnagel*, Das neue DSR, § 5 Rn. 207.
118 S. *Bergt* CR 2016, 670 (677).
119 *Roßnagel/Roßnagel*, Das neue DSR, § 5 Rn. 208.
120 S. *Roßnagel/Roßnagel*, HB DSch, Kap. 3.6 Rn. 138.
121 *Roßnagel*, Datenschutzaufsicht nach der DSGVO, 2017, S. 48.
122 S. *Roßnagel/Roßnagel*, HB DSch, Kap. 3.6 Rn. 138.
123 S. *Roßnagel/Roßnagel*, HB DSch, Kap. 3.6 Rn. 130.

Europäischen Justizportal erfolgt.[124] Die DSGVO legt sich hier nicht fest. Der Vorschlag des Rats ist aber eine zulässige und sinnvolle Umsetzungsvariante.

75 Zusätzlich sollte die Vereinigung und jedes verpflichtete **Unternehmen** die Regeln **im Internet** verfügbar halten. Für Unternehmen, die im elektronischen Geschäftsverkehr tätig sind, besteht diese Verpflichtung ohnehin nach § 312 g Abs. 1 Nr. 2 BGB und Art. 246 § 3 Nr. 5 EGBGB.[125] Danach müssen Telemedienanbieter alle einschlägigen Verhaltenskodizes, denen sie sich unterwerfen, einschließlich Informationen darüber, wie diese Kodizes auf elektronischem Weg zugänglich sind, im Internet angeben.

X. Verhaltensregeln für mehrere Mitgliedstaaten (Abs. 7 bis 10)

76 Bezieht sich der Entwurf der Verhaltensregeln auf Verarbeitungstätigkeiten in **mehreren Mitgliedstaaten,** so legt die zuständige Aufsichtsbehörde nach Abs. 7 – bevor sie den Entwurf genehmigt – ihn im Rahmen des Kohärenzverfahrens dem **EDSA** vor. Mehrere Mitgliedstaaten sind betroffen, wenn der Entwurf Verarbeitungstätigkeiten in mindestens zwei Mitgliedstaaten betrifft. Nach Abs. 7 ist der Entwurf dem Ausschuss vor einer Genehmigung vorzulegen, nicht aber vor einer Ablehnung.[126] Nach Art. 64 Abs. 1 lit. b hat dagegen die Aufsichtsbehörde ihren Entscheidungsentwurf dem Ausschuss vorzulegen, wenn dieser „eine Angelegenheit gemäß Abs. 7 und damit die Frage betrifft, ob ein Entwurf von Verhaltensregeln oder eine Änderung oder Ergänzung von Verhaltensregeln mit dieser Verordnung in Einklang steht". Danach ist der Entwurf auch vor einer Ablehnung vorzulegen.[127]

77 Nach Art. 64 Abs. 3 beschließt der Ausschuss die Stellungnahme binnen acht Wochen mit einfacher Mehrheit der Mitglieder. Diese Frist kann unter Berücksichtigung der Komplexität der Angelegenheit um weitere sechs Wochen verlängert werden. Wenn ein Mitglied während dieser Frist keine Einwände erhoben hat, wird angenommen, dass es dem Beschlussentwurf zustimmt (→ Art. 64 Rn. 33 ff.). Die Aufsichtsbehörde soll nach Art. 64 Abs. 7 der Stellungnahme „weitestgehend Rechnung" tragen. Weicht sie von der Stellungnahme ab, erfolgt nach Art. 64 Abs. 8 eine Streitbeilegung durch den Ausschuss, der abschließend und für die Aufsichtsbehörde **verbindlich** nach Art. 65 mit Zwei-Drittel-Mehrheit beschließt (→ Art. 65 Rn. 21 ff.).

78 Der Ausschuss nimmt nach Abs. 7 und Art. 64 Abs. 1 lit. b (→ Art. 64 Rn. 15) nur zu der Frage Stellung, ob der Entwurf der Verhaltensregeln mit der DSGVO vereinbar ist oder – im Fall nach Abs. 3 der Vorschrift – geeignete Garantien vorsieht. Die Stellungnahme des Ausschusses ergeht jedoch nicht zu der Frage, ob die Aufsichtsbehörde den Entwurf abschließend genehmigt. Die **Genehmigung** ergeht nach Abs. 5 nämlich nur, wenn die Aufsichtsbehörde zu der Auffassung gelangt ist, dass der Entwurf ausreichende geeignete Garantien bietet. Dies der zuständigen Aufsichtsbehörde zu überlassen,[128] kann dem Ziel einer gemeinsamen Entscheidung aller Aufsichtsbehörden im Weg der Ausschussfeststellung widersprechen, ist aber in Abs. 7 und 8 sowie in Art. 64 Abs. 1 lit. b dreimal ausdrücklich so geregelt.

79 Wenn der Ausschuss in seiner Stellungnahme bestätigt, dass der Entwurf der Verhaltensregeln mit dieser DSGVO vereinbar ist oder – im Fall nach Abs. 3 – geeignete Garantien vorsieht, so übermittelt er seine Stellungnahme nach Abs. 8 der **KOM.** Diese kann dann im Wege von Durchführungsrechtsakten beschließen, dass die ihr übermittelten genehmigten Verhaltensregeln **allgemeine Gültigkeit in der Union** besitzen. Im Rahmen ihres Beschlusses kann die Kommission die Allgemeingültigkeit der Verhaltensregeln auch **befristen.**[129]

80 Das **Verfahren** zum Erlass der Durchführungsrechtsakte richtet sich gemäß Abs. 9 S. 2 nach Art. 93 Abs. 2 iVm Art. 5 und 8 der VO (EU) 182/2011. Danach kann die KOM den Durchführungsrechtsakt sofort in Kraft setzen. Sie muss jedoch gleichzeitig den Akt einem Ausschuss mit Vertretern der Mitgliedstaaten vorlegen. Dieser kann mit Mehrheit gegen den Akt ein Veto einlegen. Durch dieses wird ein Konsultationsverfahren eingeleitet, in dem der Akt aufgehoben oder abgeändert werden kann. Das EP ist an diesem Rechtssetzungsverfahren nicht beteiligt.[130]

81 Welche **Rechtswirkung** der Beschluss zur allgemeinen Gültigkeit in der Union hat, lässt die DSGVO offen. Ein Durchführungsrechtsakt kann nach Art. 291 AEUV nur bestehende Regelungen einer Verordnung durchführen, aber nicht ändern.[131] Die Rechtspflichten aller Beteiligten können sich also nicht aus einem Durchführungsrechtsakt ergeben, sondern nur aus dem Rechtsakt, der durchzuführen ist. Der Beschluss der KOM kann also keine neuen Rechtswirkungen begründen, die nicht in der Verordnung bereits enthalten

---

124 S. Art. 38 Abs. 5 a Rat-E.
125 S. *Tamm* in: Roßnagel (Hrsg.), RTM, 2013, BGB § 312 g Rn. 26.
126 So Gola/*Lepperhoff* Art. 40 Rn. 28.
127 S. *Bergt* CR 2016, 670 (674 f.); Ehmann/Selmayr/*Schweinoch* Art. 40 Rn. 36.
128 S. Ehmann/Selmayr/*Schweinoch* Art. 40 Rn. 36.
129 So für Art. 27 Abs. 3 DSRL *Ehmann/Helfrich* Art. 27 Rn. 14.
130 S. näher Plath/*von Braunmühl* DSGVO Art. 40 Rn. 17.
131 S. Calliess/Ruffert/*Ruffert* AEUV Art. 291 Rn. 11.

sind. In der DSGVO wird auf die Erklärung der allgemeinen Gültigkeit in der Union nur in Abs. 3 und Art. 46 Abs. 2 lit. e Bezug genommen (→ Rn. 50). Die Rechtswirkung dieser Erklärung kann daher nur als eine **Erstreckung der Genehmigung** durch die zuständige Aufsichtsbehörde **auf die gesamte Union** angesehen werden.[132] Der Durchführungsrechtsakt der KOM ersetzt die Genehmigungen der Aufsichtsbehörden in allen Mitgliedstaaten,[133] erweitert aber nicht die rechtlichen Wirkungen der Verhaltensregeln. Sie bindet alle Aufsichtsbehörden in der Union, führt aber nicht zu einer allgemeinen rechtlichen Verbindlichkeit.[134] Es gelten ansonsten die Rechtswirkungen, die mit der Genehmigung verbunden sind (→ Rn. 67ff.). Die Verhaltensregeln binden weder die Gerichte[135] noch die betroffenen Personen. Auch wird der Kreis der verpflichteten Verantwortlichen und Auftragsverarbeiter nicht erweitert.[136] Dies ergibt sich auch aus Abs. 4, weil für Dritte, die sich nicht den Verhaltensregeln unterworfen haben, die Überwachung durch Überwachungsstellen nicht sichergestellt werden kann.

Abs. 9 räumt der KOM einen weiten **Ermessensspielraum** ein.[137] Sinnvoll ist die Erklärung der allgemeinen 82 Gültigkeit, wenn die Verhaltensregeln Tätigkeiten betreffen, die in allen oder einer Vielzahl von Mitgliedstaaten erfolgen können. Dies kann vor allem Datenverarbeitungen im Rahmen von Internetdiensten betreffen. Die KOM kann einen solchen Beschluss auch fassen, wenn eine unionsweit tätige Vereinigung die Verhaltensregeln vorlegt und die allgemeine Gültigkeit in der Union beantragt.

Die KOM trägt nach Abs. 10 dafür Sorge, dass die genehmigten Verhaltensregeln, denen sie gemäß Abs. 9 83 allgemeine Gültigkeit zuerkannt hat, in geeigneter Weise **veröffentlicht** werden. Welche Weise geeignet ist, legt die DSGVO nicht fest, sondern überlässt dies der KOM. Sie muss jedenfalls dafür sorgen, dass die Verhaltensregeln in allen 24 Amtssprachen verfasst und in allen Mitgliedstaaten zugänglich sind, da sie in der gesamten Union gelten sollen.

XI. Keine Regelungen im BDSG nF

Das neue Bundesdatenschutzgesetz enthält keine Regelungen zu Verhaltensregeln von Vereinigungen und 84 Verbänden. Obwohl präzisierende und ausfüllende Regelungen insbes. zu den Verfahren der Genehmigung von Verhaltensregeln möglich und hilfreich gewesen wären, hat der deutsche Gesetzgeber seine Förderpflicht nach Art. 40 Abs. 1 verfehlt und solche Regelungen nicht getroffen. Das Thema der Selbstregulierung durch Verhaltensregeln wird also von der **DSGVO allein** geregelt.[138] Unterstützende Vorschriften fehlen in Deutschland.

XII. Ausblick

Angesichts der zunehmenden Dynamik und Komplexität sind bereichs- und branchenspezifische Präzisierungen 85 und Konkretisierungen des Datenschutzrechts immer wichtiger, um dieses spezifischen Bedingungen anzupassen und durchzusetzen. Für die Erarbeitung von Verhaltensregeln bietet die Vorschrift erheblich **bessere Rahmenbedingungen** und die DSGVO **wirksamere Anreize** als die DSRL.

Die Vorschrift bewirkt aber auch kontraproduktive Effekte. Verhaltensregeln sind notwendig auf eine Branche 86 und im Regelfall auch auf eine Region beschränkt. Sie sind daher von Branche zu Branche und Region zu Region unterschiedlich. Da die Vorgaben der DSGVO meist sehr allgemein und abstrakt sind, können unterschiedliche Präzisierungen und Konkretisierungen in Verhaltensregeln nicht als Verstoß gegen die DSGVO angesehen und abgelehnt werden, sondern sind unvermeidlich, wenn die Abstraktheit der Vorgaben überwunden wird. Daher führen die Verhaltensregeln zu einer weiteren **Zersplitterung des Datenschutzrechts** und nicht zu einer Vereinheitlichung.[139] Dies ist eine Folge der Unvollständigkeit, Abstraktheit und Unterkomplexität der DSGVO.

Auch wenn die Vorschrift erheblich umfangreicher und präziser als Art. 27 DSRL ist, fehlen doch einige 87 wichtige Regelungen, die **mehr Rechtssicherheit** für alle Beteiligten bieten würden.

Um der Interessenselektivität jeder Selbstregulierung entgegen zu wirken, sind **Verfahrensregelungen** not- 88 wendig, die ein Mindestmaß an Fairness und Interessenberücksichtigung gewährleisten. Dies gilt insbes. für

---

132 Ähnlich *Spindler* ZD 2016, 407 (410 f.); *Bergt* CR 2016, 670 (676); Ehmann/Selmayr/*Schweinoch* Art. 40 Rn. 37.
133 S. *Spindler* ZD 2016, 407 (411); Ehmann/Selmayr/*Schweinoch* Art. 40 Rn. 37.
134 So aber *Krings/Mammen* RDV 2015, 231 (234); *Wolff* ZD 2017, 151 (153); Auernhammer/*Vomhof* DSGVO Art. 40 Rn. 46; Paal/Pauly/*Paal* Art. 40 Rn. 28; Plath/*von Braunmühl* DSGVO Art. 40 Rn. 23; *Kranig/Peintinger* ZD 2014, 3 (7), allerdings kritisch.
135 *Spindler* ZD 2016, 407 (411); aA *Bergt* CR 2016, 670 (677); Auernhammer/*Vomhof* DSGVO Art. 40 Rn. 48; *Krohm* PinG 2016, 205 (209) geht von einer Vermutungswirkung für Gerichte aus.
136 So aber *Martini* NVwZ 2016, 353 (354); Plath/*von Braunmühl* DSGVO Art. 40 Rn. 23 – jeweils mit Bezug auf das Tarifvertragsrecht.
137 S. zB *Wolff* ZD 2017, 151 (154).
138 Roßnagel/*Roßnagel*, Das neue DSR, § 5 Rn. 224; *Roßnagel*, DuD 2018, 477ff.
139 Roßnagel/*Roßnagel*, Das neue DSR, § 5 Rn. 226.

die innerverbandliche Willensbildung, wenn die Interessen der Kleinstunternehmen, kleinen und mittleren Unternehmen berücksichtigt werden sollen. Für sie ist eine ausreichende Transparenz und Einflussnahme zu ermöglichen und sicherzustellen (→ Rn. 24, 36).[140]

89 Verfahrensregelungen sind auch notwendig, um die **Beteiligung der maßgeblichen Interessenträger** an der Erarbeitung sicherzustellen. EG 99 fordert, diese Interessenträger, „möglichst auch die betroffenen Personen", zu konsultieren und ihre Eingaben und Stellungnahmen zu berücksichtigen (→ Rn. 37, 66). Doch wurde diese Forderung nicht in die Vorschrift aufgenommen, was zu Rechtsunsicherheit und Ineffektivität führt.

90 Je verbindlicher die Verhaltensregeln sind, desto attraktiver sind sie. Daher erweist sich als großes Manko der Vorschrift, dass sie die **Verbindlichkeit** der genehmigten Verhaltensregeln für Verantwortliche und Auftragsverarbeiter, betroffene Personen und Aufsichtsbehörden nicht regelt.

91 Schließlich sollte in der Vorschrift klargestellt werden, dass die Genehmigung der Verhaltensregeln **zeitlich begrenzt** ist – wie etwa eine Zertifizierung gemäß Art. 42 Abs. 7 (→ Art. 42 Rn. 42) oder eine Akkreditierung nach Art. 43 Abs. 4 S. 2 (→ Art. 43 Rn. 21).

92 Da diese ergänzenden Regelungen zur Verbindlichkeit der Verhaltensregeln nicht der Vorschrift widersprechen, sondern nur helfen würden, dass sie ihr Ziel besser erreichen kann, wären entsprechende **mitgliedstaatliche Vorschriften** mit dem Anwendungsvorrang vereinbar.[141] Diese Regelungen müssen nicht umfangreich sein. Formulierungsvorschläge wurden bereits vorgelegt.[142]

Artikel 41 Überwachung der genehmigten Verhaltensregeln

(1) Unbeschadet der Aufgaben und Befugnisse der zuständigen Aufsichtsbehörde gemäß den Artikeln 57 und 58 kann die Überwachung der Einhaltung von Verhaltensregeln gemäß Artikel 40 von einer Stelle durchgeführt werden, die über das geeignete Fachwissen hinsichtlich des Gegenstands der Verhaltensregeln verfügt und die von der zuständigen Aufsichtsbehörde zu diesem Zweck akkreditiert wurde.

(2) Eine Stelle gemäß Absatz 1 kann zum Zwecke der Überwachung der Einhaltung von Verhaltensregeln akkreditiert werden, wenn sie

a) ihre Unabhängigkeit und ihr Fachwissen hinsichtlich des Gegenstands der Verhaltensregeln zur Zufriedenheit der zuständigen Aufsichtsbehörde nachgewiesen hat;

b) Verfahren festgelegt hat, die es ihr ermöglichen, zu bewerten, ob Verantwortliche und Auftragsverarbeiter die Verhaltensregeln anwenden können, die Einhaltung der Verhaltensregeln durch die Verantwortlichen und Auftragsverarbeiter zu überwachen und die Anwendung der Verhaltensregeln regelmäßig zu überprüfen;

c) Verfahren und Strukturen festgelegt hat, mit denen sie Beschwerden über Verletzungen der Verhaltensregeln oder über die Art und Weise, in der die Verhaltensregeln von dem Verantwortlichen oder dem Auftragsverarbeiter angewendet werden oder wurden, nachgeht und diese Verfahren und Strukturen für betroffene Personen und die Öffentlichkeit transparent macht, und

d) zur Zufriedenheit der zuständigen Aufsichtsbehörde nachgewiesen hat, dass ihre Aufgaben und Pflichten nicht zu einem Interessenkonflikt führen.

(3) Die zuständige Aufsichtsbehörde übermittelt den Entwurf der Anforderungen an die Akkreditierung einer Stelle nach Absatz 1 gemäß dem Kohärenzverfahren nach Artikel 63 an den Ausschuss.

(4) [1]Unbeschadet der Aufgaben und Befugnisse der zuständigen Aufsichtsbehörde und der Bestimmungen des Kapitels VIII ergreift eine Stelle gemäß Absatz 1 vorbehaltlich geeigneter Garantien im Falle einer Verletzung der Verhaltensregeln durch einen Verantwortlichen oder einen Auftragsverarbeiter geeignete Maßnahmen, einschließlich eines vorläufigen oder endgültigen Ausschlusses des Verantwortlichen oder Auftragsverarbeiters von den Verhaltensregeln. [2]Sie unterrichtet die zuständige Aufsichtsbehörde über solche Maßnahmen und deren Begründung.

(5) Die zuständige Aufsichtsbehörde widerruft die Akkreditierung einer Stelle gemäß Absatz 1, wenn die Anforderungen an ihre Akkreditierung nicht oder nicht mehr erfüllt sind oder wenn die Stelle Maßnahmen ergreift, die nicht mit dieser Verordnung vereinbar sind.

(6) Dieser Artikel gilt nicht für die Verarbeitung durch Behörden oder öffentliche Stellen.

---

140 Roßnagel/*Roßnagel*, HB DSch, Kap. 3.6 Rn. 125.
141 S. Roßnagel/*Roßnagel*, Das neue DSR, § 2 Rn. 25ff.; *Roßnagel* DuD 2018, 477ff.
142 S. *Roßnagel/Pfitzmann/Garstka*, S. 157, 159, 161 und 168.

Literatur: *Kranig, T./Peintinger, S.*, Selbstregulierung im Datenschutzrecht. Rechtslage in Deutschland, Europa und den USA unter Berücksichtigung des Vorschlags zur DS-GVO, ZD 2014, 3; *Krings, G./Mammen, L.*, Zertifizierung und Verhaltensregeln – Bausteine eines modernen Datenschutzes für die Industrie 4.0, RDV 2015, 231; *Roßnagel, A.*, Die Datenschutzaufsicht nach der Datenschutz-Grundverordnung, 2017; *Spindler, G.*, Selbstregulierung und Zertifizierungsverfahren nach der DS-GVO. Reichweite und Rechtsfolgen der genehmigten Verhaltensregeln, ZD 2016, 407.

I. Ziel und Funktion der Vorschrift

Nichtöffentliche Verantwortliche und Auftragsverarbeiter müssen sich hinsichtlich der Einhaltung genehmigter Verhaltensregeln nach Art. 40 Abs. 4 (→ Art. 40 Rn. 53 f.) von privaten akkreditierten Überwachungsstellen kontrollieren lassen.[1] Diese Möglichkeit verstärkt die **Selbstverantwortung** für Verbände und andere Vereinigungen durch die Selbstkontrolle[2] ihrer Verhaltensregeln. Die Erwartung, dass die Einhaltung der Verhaltensregeln durch unabhängige private Überwachungsstellen erfolgt, erhöht das Vertrauen der Verantwortlichen und Auftragsverarbeiter in die Verhaltensregeln ihres jeweiligen Verbands und verstärkt die Anreize, sich genehmigten Verhaltensregeln zu unterstellen.[3] Sie können allerdings nicht darauf vertrauen, von hoheitlichen Aufsichtsmaßnahmen völlig verschont zu bleiben.[4] Vielmehr bleibt – was Abs. 1 deutlich betont – die Letztverantwortung der Aufsichtsbehörde für die Einhaltung der DSGVO bestehen.   **1**

Dennoch führt die Akkreditierung privater Überwachungsstellen zu einer **Entlastung der Aufsichtsbehörden**. Diese behalten zwar die volle Kontrollverantwortung, können jedoch die Überprüfung, ob die Verhaltensregeln, die die Vorgaben der DSGVO präzisieren oder konkretisieren (→ Art. 40 Rn. 21), eingehalten werden, im ersten Zugriff den Überwachungsstellen überlassen. Allerdings wachsen ihr Aufgabenspektrum und damit ihre **Belastung** durch die Erstellung von Kriterien für die Akkreditierung nach Abs. 3 und die Durchführung der Akkreditierungsverfahren nach Abs. 2.[5]   **2**

Nach Abs. 6 gilt die Vorschrift **nicht für** die Überwachung der Verarbeitung personenbezogener Daten durch Behörden oder **öffentliche Stellen**. Diese können nicht durch private Überwachungsstellen, sondern nur durch die zuständige Aufsichtsbehörde kontrolliert werden. Da die Überwachung durch akkreditierte Überwachungsstellen nach Art. 40 Abs. 4 eine zwingende Voraussetzung für die Genehmigung von Verhaltensregeln ist, können Behörden und öffentlichen Stellen keine Verhaltensregeln genehmigen lassen (→ Art. 40 Rn. 35).   **3**

Die **Durchsetzung** der Pflichten der Überwachungsstellen erfolgt vor allem durch den Widerruf der Akkreditierung der Überwachungsstelle nach Abs. 5 (→ Rn. 23) und durch Sanktionen gegenüber der Überwachungsstelle nach Art. 83 Abs. 4 lit. c (→ Art. 83 Rn. 44ff.).   **4**

II. Entstehungsgeschichte

Die Vorschrift ist **ohne Vorbild**. Ihr entspricht keine Regelung in der DSRL. Auch in das BDSG aF wurde 2001 keine vergleichbare Regelung aufgenommen. Die Vorstellung, dass die betroffene Wirtschaft nicht nur sich selbst reguliert (→ Art. 40 Rn. 3), sondern auch sich selbst durch selbstständige Kontrollstellen – die vorwiegend durch die Verbände, die die Verhaltensregeln erlassen haben, initiiert und finanziert werden – kontrolliert, ist erst im Gesetzgebungsverfahren zur DSGVO entstanden.   **5**

Weder der KOM-E noch der Parl-E enthielten eine vergleichbare Regelung. Erst der Rat-E schlug die Vorschrift vor. Sie wurde – bis auf redaktionelle Änderungen – unverändert in die DSGVO aufgenommen. Lediglich zu Abs. 4 führte der Trilog zu einer kleinen redaktionellen Änderung. Abs. 4 fordert „geeignete" statt „angemessene" Garantien.   **6**

Zu der Vorschrift gibt es **keine EGe**. Auch der Rat-E enthielt zu ihr keinen EG.   **7**

---

1 S. Roßnagel/*Roßnagel*, Das neue DSR, § 5 Rn. 211.
2 Zum Unterschied zwischen Selbstregulierung und Selbstkontrolle s. zB Roßnagel/*Roßnagel*, HB DSch, Kap. 3.6 Rn. 2.
3 *Kranig/Peintinger* ZD 2014, 3 (7); *Krings/Mammen* RDV 2015, 231 (232); Plath/*von Braunmühl* DSGVO Art. 41 Rn. 1.
4 So jedoch Plath/*von Braunmühl* DSGVO Art. 41 Rn. 1.
5 *Roßnagel*, Datenschutzaufsicht nach der DSGVO, 2017, S. 54ff., 67ff. und 110 f.

III. Systematische Stellung

8   Mehrere Regelungen der DSGVO **verweisen** auf die Vorschrift, wenn es um Aufgaben der Aufsichtsbehörden und des EDSA geht. So muss jede Aufsichtsbehörde nach Art. 57 Abs. 1 lit. p die Kriterien für die Akkreditierung einer Stelle, die die Einhaltung der Verhaltensregeln überwachen soll, „abfassen und veröffentlichen" sowie nach Art. 57 Abs. 1 lit. q die Akkreditierung einer solchen gemäß der Vorschrift „vornehmen" (→ Art. 57 Rn. 46). Für den EDSA hält Art. 64 Abs. 1 lit. c fest, dass er die Kriterien jeder Aufsichtsbehörde für die Akkreditierung einer Überwachungsstelle billigen muss (→ Art. 64 Rn. 18).

IV. Private Überwachungsstellen (Abs. 1)

9   Nach Abs. 1 kann die **Einhaltung von genehmigten Verhaltensregeln** von einer Stelle überwacht werden.[6] Diese Überwachungsstelle muss keine Behörde, sondern kann eine private Stelle sein, die über das geeignete Fachwissen hinsichtlich des Gegenstands der Verhaltensregeln (→ Rn. 18) verfügt und „von der zuständigen Aufsichtsbehörde zu diesem Zweck akkreditiert" ist (→ Rn. 12ff.).[7] Die Überwachungsstellen beschränken sich auf die Überwachung, ob die genehmigten Verhaltensregeln eingehalten werden. Da die Verhaltensregeln die Vorgaben der DSGVO präzisieren oder konkretisieren (→ Art. 40 Rn. 21), überprüfen sie indirekt auch die Einhaltung dieser Vorschriften der DSGVO. Soweit aber keine präzisierenden oder konkretisierenden Verhaltensregeln bestehen, dürfen sie eine Einhaltung der Verordnung nicht überwachen.

10   Die privaten Überwachungsstellen[8] wirken „unbeschadet der Aufgaben und Befugnisse der zuständigen Aufsichtsbehörde". Die **Aufsichtsbehörde** bleibt trotz der Überwachungstätigkeit der Überwachungsstelle weiterhin in vollem Umfang und mit uneingeschränkten Befugnissen nach Art. 58 zuständig, die Einhaltung der DSGVO und auch die Einhaltung der Verhaltensregeln gegenüber den Verantwortlichen und Auftragsverarbeitern durchzusetzen. Sie kann jederzeit – auch parallel zu den Überwachungsstellen, Prüfungen anlassbezogen oder anlasslos durchführen.[9] Die Umschreibung in Abs. 1, dass die Einhaltung der Verhaltensregeln von akkreditierten Stellen durchgeführt werden „kann", spricht jedoch auch dafür, dass sich die Aufsichtsbehörde durch die Kontrolle der Verhaltensregeln durch die Überwachungsstelle entlasten und sich grundsätzlich auf eine Überwachung der Überwachungsstellen beschränken kann. Auch sollen Beschwerden bei dem Verdacht, dass Verpflichtete gegen die Verhaltensregeln verstoßen, an die Überwachungsstellen gerichtet werden. Wenn jedoch der Verdacht entsteht oder Beschwerden an die Aufsichtsbehörde gerichtet werden, dass die Überwachungsstellen die DSGVO nicht korrekt oder effektiv durchsetzen, kann und muss die Aufsichtsbehörde von ihren Befugnissen gegenüber den Verantwortlichen und Auftragsverarbeitern sowie gegenüber den Überwachungsstellen Gebrauch machen.

11   Zwar wird der Aufsichtsbehörde weder in der Vorschrift noch in Art. 57 oder 58 die Überwachung der Verhaltensregeln übertragen. Doch sind die Verhaltensregeln nur Präzisierungen oder Konkretisierungen von Vorgaben der DSGVO (→ Art. 40 Rn. 21), für deren Überwachung die Aufsichtsbehörde auch nach der Genehmigung von Verhaltensregeln zuständig bleibt. Sie kann also jederzeit die **Einhaltung** der abstrakten und allgemeinen Regeln **der Verordnung überwachen.** Bei genehmigten Verhaltensregeln, muss sie jedoch akzeptieren, dass diese die abstrakten und allgemeinen Vorgaben präzisieren oder konkretisieren, und insoweit für sie bindend sind (→ Art. 40 Rn. 69).

V. Akkreditierung und Widerruf (Abs. 2 und 5)

12   Eine Überwachungsstelle kann nach Abs. 2 auf ihren Antrag hin akkreditiert werden. Soweit datenschutzrechtliche Verhaltensregeln genehmigt sind, ist auch zu erwarten, dass private Stellen – insbes. aus dem Kreis der Vereinigungen, die die Verhaltensregeln aufgestellt haben – **Anträge** stellen, um als Überwachungsstelle akkreditiert zu werden, damit sie diese Tätigkeit kommerziell ausüben können. Die Akkreditierung ist die Voraussetzung dafür, dass die Überwachungsstelle ihre Überwachungstätigkeit aufnehmen darf.[10]

---

6   Das „kann" bezieht sich auf die Überwachung, die nicht unbedingt durch die Aufsichtsbehörde erfolgen muss, sondern im Fall von Verhaltensregeln durch die Überwachungsstelle erfolgen „kann". Dies befreit nicht von der zwingenden Vorgabe des Art. 40 Abs. 4 → Art. 40 Rn. 53.

7   Unverständlich, wie Sydow/*Raschauer* Art. 41 Rn. 9, zu dem Ergebnis kommt, dass auch die nationale Akkreditierungsstelle eine Überwachungsstelle für Verhaltensregeln sein könnte.

8   Sie werden durch die Akkreditierung nicht beliehen und über keine hoheitliche Gewalt aus – so aber Sydow/*Raschauer* Art. 41 Rn. 34.

9   Roßnagel/*Roßnagel*, Das neue DSR, § 5 Rn. 212.

10   S. zB Roßnagel/*Roßnagel*, Das neue DSR, § 5 Rn. 213.

1. Akkreditierungsverfahren. Das Akkreditierungsverfahren ist in der Vorschrift nicht näher geregelt. 13 Art. 57 Abs. 1 lit. q hält lediglich fest, dass die zuständige Aufsichtsbehörde[11] die „**Akkreditierung** einer Stelle für die Überwachung der Einhaltung der Verhaltensregeln" prüfen und „vornehmen" muss.[12] Im Gegensatz zur Akkreditierung von Zertifizierungsstellen nach Art. 3 Abs. 2 und § 39 BDSG nF wirkt die nationale Akkreditierungsstelle an der Akkreditierung von Überwachungsstellen nicht mit. Die Akkreditierung setzt einen Antrag der künftigen Überwachungsstelle voraus. Mit dem Antrag wird ein **Verwaltungsverfahren** nach § 9 VwVfG eröffnet. Dieses ist mangels unionsrechtlicher Vorgaben nach den Regeln der Verwaltungsverfahrensgesetze durchzuführen.[13] Es endet mit der Entscheidung für eine Akkreditierung als begünstigender gestaltender Verwaltungsakt oder mit einem ablehnenden Bescheid der Aufsichtsbehörde. Die Akkreditierung ist eine echte Kontrollerlaubnis.[14] Sie erst ermöglicht der Überwachungsstelle, ihre Tätigkeit auszuüben. Ihre weiteren Wirkungen sind in der DSGVO nicht geregelt. Sie sind in der Akkreditierung festzulegen. In dieser ist nicht nur zu bestimmen, für welche Verhaltensregeln die Überwachungsstelle zuständig ist, sondern auch für welche Branchen. In der Akkreditierung ist auch der regionale Bereich festzulegen, in dem sie ihre Überwachungstätigkeit ausüben darf.[15] Dieser kann sich – bei Verhaltensregeln, die für die ganze Union gültig sind[16] – auf das Gebiet der gesamten Union erstrecken.[17]

Eine **zeitliche Begrenzung** der Akkreditierung sieht die DSGVO nicht vor. Es gibt aber auch keine Hinweise, 14 dass sie von einer unbefristeten Geltung der Akkreditierung ausgeht.[18] Eine Befristung kann das mildere Mittel sein, wenn eine zeitlich dynamische Aspekte verhindern, eine unbefristete Akkreditierung zu erteilen.[19] Die Akkreditierung kann daher nach § 36 VwVfG wie jeder Verwaltungsakt mit Nebenbestimmungen versehen werden. Sie kann somit auch nach pflichtgemäßem Ermessen gemäß § 36 Abs. 1 Nr. 2 VwVfG befristet werden (→ Art. 40 Rn. 64).[20] Außerdem hat die zuständige Aufsichtsbehörde nach Abs. 5 die Akkreditierung einer Überwachungsstelle zu widerrufen, „wenn die Voraussetzungen für ihre Akkreditierung nicht oder nicht mehr erfüllt sind oder wenn die Stelle Maßnahmen ergreift, die nicht mit dieser DSGVO vereinbar sind" (→ Rn. 23).

Die Aufsichtsbehörde „kann" die Akkreditierung vornehmen. Diese Wortwahl impliziert ein **Ermessen** der 15 Aufsichtsbehörde.[21] Dieses Ermessen besteht allerdings praktisch nur in der Einschätzung, ob überhaupt ein Überwachungsbedarf wegen genehmigter Verhaltensregeln besteht.[22] Ansonsten muss die Aufsichtsbehörde im Rahmen ihres pflichtgemäßen Ermessens berücksichtigen, dass der Antragsteller sein Grundrecht auf Berufsfreiheit gemäß Art. 12 GG und Art. 15 GRCh und auf unternehmerische Freiheit nach Art. 16 GRCh geltend macht. Sie kann den Antrag bei einem Bedarf an Überwachung daher praktisch nur ablehnen, wenn eine Akkreditierungsvoraussetzung fehlt. Sie hat bei der Akkreditierung die von ihr aufgestellten (→ Rn. 24) und vom EDSA gebilligten Kriterien (→ Art. 64 Rn. 18) zugrunde zu legen.

2. Akkreditierungsvoraussetzungen (Abs. 2). Die Aufsichtsbehörde kann die Akkreditierung erteilen, wenn 16 die beantragende Stelle **kumulativ vier Voraussetzungen** erfüllt.[23] Diese Voraussetzungen müssen durch geeignete Dokumente belegt werden, die mit dem Antrag auf Akkreditierung vorzulegen sind.[24]

Nach lit. a muss die beantragende Stelle „ihre Unabhängigkeit und ihr Fachwissen hinsichtlich des Gegen- 17 stands der Verhaltensregeln zur Zufriedenheit der zuständigen Aufsichtsbehörde nachgewiesen" haben. Für die Bestimmung der **Unabhängigkeit** kann eine gewisse Orientierung an Art. 52 erfolgen (→ Art. 52

---

11 Unverständlich, wieso Sydow/*Raschauer* Art. 41 Rn. 9, bei dem eindeutigen Wortlaut erörtert, ob die Akkreditierung auch durch die nationale Akkreditierungsstelle nach VO (EG) 265/2008 vorgenommen werden müsste.

12 Zum dafür notwendigen Akkreditierungsmanagementsystem s. *Roßnagel*, Datenschutzaufsicht nach der DSGVO, 2017, S. 74.

13 Roßnagel/*Roßnagel*, Das neue DSR, § 5 Rn. 213; Kühling/Buchner/*Bergt* Art. 41 Rn. 11; Gola/*Lepperhoff* Art. 41 Rn. 14 f.

14 Roßnagel/*Roßnagel*, Das neue DSR, § 5 Rn. 213.

15 So auch Sydow/*Raschauer* Art. 41 Rn. 25.

16 Beispiel: Ein unionsweit agierender Verband hat unionsweit geltende Verhaltensregeln aufgestellt, die nach Art. 40 Abs. 5 genehmigt sind, für die der EDSA nach Art. 40 Abs. 7 die Konformität mit der DSGVO festgestellt hat und die KOM nach Art. 40 Abs. 9 für allgemeingültig erklärt hat, und gründet eine unabhängige Überwachungsstelle, die beantragt, als Überwachungsstelle akkreditiert zu werden, die die Einhaltung der Verhaltensregeln unionsweit überprüfen kann.

17 S. auch Gola/*Lepperhoff* Art. 41 Rn. 12.

18 Kühling/Buchner/*Bergt* Art. 41 Rn. 11: Befristung „nicht ausgeschlossen"; aA Ehmann/Selmayr/*Schweinoch* Art. 41 Rn. 16, 29; Sydow/*Raschauer* Art. 41 Rn. 25: unbefristet.

19 Ein Umkehrschluss zu Art. 43 Abs. 4 ist nicht angebracht, da diese Vorschrift eine obligatorische Befristung vorsieht, die hier nicht gefordert wird. Wenn die DSGVO – wie zur Akkreditierung der Überwachungsstellen – keine (abschließende) Regelung zum Verwaltungsverfahren trifft, sind die nationalen Regelungen zum Verwaltungsverfahren anzuwenden – s. zB EuGH C-392/04 und 422/04, NVwZ 2006, 1277 Rn. 57; s. auch Kühling/Buchner/*Bergt* Art. 41 Rn. 11; Gola/*Lepperhoff* Art. 41 Rn. 14 f.

20 Kopp/Ramsauer/*Ramsauer* VwVfG § 36 Rn. 53ff.

21 Roßnagel/*Roßnagel*, Das neue DSR, § 5 Rn. 213; Gola/*Lepperhoff* Art. 41 Rn. 14; aA Kühling/Buchner/*Bergt* Art. 41 Rn. 4; Sydow/*Raschauer* Art. 41 Rn. 24.

22 S. auch Paal/Pauly/*Paal* Art. 41 Rn. 5.

23 Roßnagel/*Roßnagel*, Das neue DSR, § 5 Rn. 214.

24 Ebenso Sydow/*Raschauer* Art. 41 Rn. 12.

Rn. 5ff.), der die Unabhängigkeit der Aufsichtsbehörde regelt. Danach darf die Überwachungsstelle von niemandem weisungsabhängig und muss mit ausreichenden Ressourcen ausgestattet sein.[25] Zum Beleg der Unabhängigkeit ist nachzuweisen, dass personell-organisatorisch keine Verflechtung mit Verantwortlichen und Auftragsverarbeitern besteht, die zu überwachen wären, und keine formelle Beeinflussung durch die zu Kontrollierenden möglich ist.[26] Auch darf keine kommerzielle beratende oder unterstützende Tätigkeit für Kontrollunterworfene in der Vergangenheit erfolgt sein – auch nicht als externer Datenschutzbeauftragter.[27] Die Vereinigung, die die Verhaltensregeln beschlossen hat, kann zwar eine private Überwachungsstelle gründen, muss für diese aber die genannten Vorgaben einer ausreichenden Unabhängigkeit sicherstellen.[28] Ob es danach möglich ist, die Überwachungsstelle in die Vereinigung zu integrieren und von dieser zu betreiben,[29] erscheint fraglich, auch wenn organisatorisch gesichert ist, dass keine Weisungsabhängigkeit gegenüber der Vereinigung besteht. Zweifelhaft erscheint auch, dass die Vereinigung die Überwachungsstelle selbst betreiben kann, wenn der Vorstand von den Mitgliedern der Vereinigung weisungsunabhängig ist.[30]

18 Neben der Unabhängigkeit muss der Antragsteller auch sein „**Fachwissen** hinsichtlich des Gegenstands der Verhaltensregeln" nachweisen.[31] Das notwendige Fachwissen umfasst die relevanten rechtlichen Regelungen, die technischen Grundlagen für die typischen Datenverarbeitungen in der jeweiligen Branche und die organisatorischen Strukturen bezogen auf die vorherrschenden Geschäftsprozesse.[32] Die Stelle muss in der Lage sein, die Vereinbarkeit oder Unvereinbarkeit der Datenverarbeitungsvorgänge mit allen Vorgaben der Verhaltensregeln zu erkennen. Als Nachweis für ein angemessenes Fachwissen sind etwa Ausbildungszeugnisse von Mitarbeitern, Arbeitszeugnisse über eine geeignete Berufserfahrung oder eine Zertifizierung als Datenschutzbeauftragte[33] möglich.[34]

19 Unabhängigkeit und Fachwissen müssen „zur Zufriedenheit der zuständigen Aufsichtsbehörde" nachgewiesen sein. Diese Spezifizierung deutet einen eigenen **Beurteilungsspielraum** der Aufsichtsbehörde an.[35] Diesen muss sie in ihren Kriterien nach Abs. 3 näher spezifizieren, so dass er für die Antragsteller vorhersehbar ist und diese damit die Ergebnisse der Aufsichtsbehörde nachvollziehen können.

20 Nach lit. b muss die beantragende Stelle „**Verfahren** festgelegt" haben, die es ihr ermöglichen zu bewerten, ob Verantwortliche und Auftragsverarbeiter die Verhaltensregeln anwenden können, die Einhaltung der Verhaltensregeln durch die Verantwortlichen und Auftragsverarbeiter zu überwachen und die Anwendung der Verhaltensregeln regelmäßig zu überprüfen. Welche Verfahren die Stelle eingerichtet haben muss, hängt von den Pflichten der Verhaltensregeln, von den Umständen der Verarbeitungstätigkeit in der spezifischen Branche und von den Risiken für die betroffenen Personen ab. Für die **Bewertung**, ob Verantwortliche und Auftragsverarbeiter die Verhaltensregeln anwenden können, sind deren Datenverarbeitungsvorgänge im Vergleich zu den Anforderungen der Verhaltensregeln zu untersuchen und hinsichtlich ihrer Konformitätsfähigkeit einzuschätzen.[36] Zusicherungen und Selbstverpflichtungen der Verantwortlichen und Auftragsverarbeiter genügen dafür nicht.[37] Für die **Überwachung**, ob die Verantwortlichen und Auftragsverarbeiter die Verhaltensregeln einhalten, ist ein Überwachungsverfahren für die einzelne Überprüfung nachzuweisen, das einen Verstoß gegen die Verhaltensregeln effektiv erkennen kann. Dies kann eine externe Kontrolle – etwa von Webangeboten oder Datenschutzerklärungen – sein oder eine Untersuchung vor Ort oder ein Audit des Unternehmens.[38] Alternativ kann die Einhaltung der Verhaltensregeln auch durch eine Zertifizierung nach Art. 42 nachgewiesen werden.[39] Ein Beschwerdeverfahren reicht hierfür nicht aus[40] – zum einen, weil dies zu wenig effektiv wäre, und zum anderen, weil es eigens von lit. c gefordert wird. Werden Verstöße festgestellt, muss die Stelle effektive Mittel haben, um diese abzustellen.[41] Schließlich muss die Stelle nachweisen, dass sie Verfahren etabliert hat, um „die Anwendung der Verhaltensregeln regelmäßig zu überprüfen". Für

---

25 S. auch Kühling/Buchner/*Bergt* Art. 41 Rn. 7; Gola/*Lepperhoff* Art. 41 Rn. 16; Ehmann/Selmayr/*Schweinoch* Art. 41 Rn. 20; zu weitgehenden Sydow/*Raschauer* Art. 41 Rn. 15, „keine nennenswerten Berührungspunkte".
26 Gola/*Lepperhoff* Art. 41 Rn. 16; Plath/*von Braunmühl* DSGVO Art. 41 Rn. 4; Kühling/Buchner/*Bergt* Art. 41 Rn. 7.
27 S. auch Paal/Pauly/*Paal* Art. 41 Rn. 7; Sydow/*Raschauer* Art. 41 Rn. 16.
28 S. auch Auernhammer/*Vomhof* DSGVO Art. 41 Rn. 9; Gola/*Lepperhoff* Art. 41 Rn. 6.
29 So *Spindler* ZD 2016, 407 (408).
30 So aber Plath/*von Braunmühl* DSGVO Art. 41 Rn. 4.
31 Diese Anforderung gilt hier nicht für die „Prüfer der Akkreditierungsstelle" – so aber Sydow/*Raschauer* Art. 41 Rn. 14.
32 Wieso nach Sydow/*Raschauer* Art. 41 Rn. 14, hierzu auch das „Versicherungsvertragswesen" gehören soll, bleibt unbegründet.
33 Ohne allerdings als Datenschutzbeauftragter für ein zu kontrollierendes Mitglied der Vereinigung tätig zu sein → Rn. 17.
34 S. auch Plath/*von Braunmühl* DSGVO Art. 41 Rn. 4.
35 Sydow/*Raschauer* Art. 41 Rn. 17, leitet hieraus nur Mitwirkungspflichten ab.
36 S. auch Auernhammer/*Vomhof* DSGVO Art. 41 Rn. 11.
37 So aber Plath/*von Braunmühl* DSGVO Art. 41 Rn. 5.
38 Auernhammer/*Vomhof* DSGVO Art. 41 Rn. 12.
39 Plath/*von Braunmühl* DSGVO Art. 41 Rn. 5.
40 So aber Plath/*von Braunmühl* DSGVO Art. 41 Rn. 5.
41 Ebenso Plath/*von Braunmühl* DSGVO Art. 41 Rn. 5.

diese **Überprüfungen** ist ein Überwachungsplan für alle betroffenen Unternehmen vorzulegen, der Maßnahmen für die anlassunabhängige und die anlassbezogene Überwachung beinhaltet.[42] Diese Verfahren müssen dokumentiert und umsetzbar sein und zu effektiven Ergebnissen führen.

Nach lit. c muss die beantragende Stelle „Verfahren und Strukturen festgelegt" haben, „mit denen sie **Be-** 21 **schwerden** über Verletzungen der Verhaltensregeln oder über die Art und Weise, in der die Verhaltensregeln von dem Verantwortlichen oder dem Auftragsverarbeiter angewendet werden oder wurden, nachgeht und diese Verfahren und Strukturen für betroffene Personen und die Öffentlichkeit transparent macht". Diese Verfahren und Strukturen müssen betroffene Personen effektiv in die Lage versetzen, von ihrem Beschwerderecht zu erfahren und dies niederschwellig umzusetzen. Zu diesem Zweck muss das Beschwerdeverfahren für alle potenziell betroffenen Personen erreichbar sein und in leicht verständlicher Form bekannt gemacht werden.[43] Die Stelle muss außerdem ein geeignetes Beschwerdemanagement etabliert haben. Die Beschwerde muss im Ergebnis ein effektives Mittel sein, um Verstöße abzustellen.[44]

Schließlich muss die beantragende Stelle nach lit. d „zur Zufriedenheit der zuständigen Aufsichtsbehörde 22 nachgewiesen" haben, dass ihre Aufgaben und Pflichten zu **keinem Interessenkonflikt** führen. Diese Anforderung hängt eng mit der ersten Anforderung der Unabhängigkeit der Stelle zusammen, weil bei fehlender Unabhängigkeit Interessenskonflikte sehr schnell eintreten. Sie geht aber darüber hinaus, weil trotz Unabhängigkeit ein Interessenkonflikt mit anderen Zielsetzungen der Stelle möglich ist.[45] Von einem solchen Konflikt wäre etwa dann auszugehen, wenn die Überwachungsstelle direkt oder indirekt in der gleichen Branche operativ tätig wäre wie die von ihr zu prüfenden Verantwortlichen oder Auftragsverarbeiter und daher eine Wettbewerbssituation besteht.[46] Der Hinweis, dass der Nachweis zur Zufriedenheit der zuständigen Aufsichtsbehörde nachgewiesen sein muss, verweist wiederum auf einen eigenen Beurteilungsspielraum ($\rightarrow$ Rn. 19).

3. Widerruf der Akkreditierung (Abs. 5). Nach Abs. 5 widerruft die zuständige Aufsichtsbehörde die Ak- 23 kreditierung einer Überwachungsstelle, „wenn die Voraussetzungen für ihre Akkreditierung nicht oder nicht mehr erfüllt sind oder wenn die Stelle Maßnahmen ergreift, die nicht mit dieser Verordnung vereinbar sind". Der Widerruf ist eine gebundene Entscheidung, die erfolgen muss, wenn die **Voraussetzungen** von Abs. 5 erfüllt sind.[47] Ob die Voraussetzungen der Akkreditierung noch erfüllt sind, ist am Maßstab der in Abs. 2 genannten Voraussetzungen und am Maßstab der nach Abs. 3 aufgestellten und vom EDSA gebilligten Kriterien zu entscheiden. Die Überwachungsstelle ergreift Maßnahmen, die nicht mit der DSGVO vereinbar sind, wenn sie ihre Kompetenzen hinsichtlich der zu überprüfenden Regeln oder der zu ergreifenden Abhilfe- oder Sanktionsmaßnahmen überschreitet.[48] Da die Aufsichtsbehörde bei der Akkreditierung ihr Ermessen ausüben kann, ob überhaupt ein Überwachungsbedarf besteht, ist es auch zulässig, dass sie die Akkreditierung widerruft, weil kein Bedarf mehr an Überwachung besteht – etwa weil die Verhaltensregeln nicht mehr gelten oder sich niemand mehr ihnen unterwirft.[49] Da der Widerruf verhältnismäßig sein muss, ist immer auch zu prüfen, ob weniger einschneidende Maßnahmen den gleichen Erfolg versprechen.

Führt der Widerruf der Akkreditierung dazu, dass Verhaltensregeln nicht mehr überwacht werden, ist auch 24 die Genehmigung der **Verhaltensregeln zu widerrufen**, weil diese nach Art. 40 Abs. 4 zwingend eine effektive Kontrolle voraussetzen ($\rightarrow$ Art. 40 Rn. 53).[50] Sie können nach neuer Akkreditierung wieder genehmigt werden. Weder für den Widerruf noch für die erneute Genehmigung der inhaltlich unveränderten Verhaltensregeln ist das Kohärenzverfahren vor dem EDSA durchzuführen, weil die Verhaltensregeln inhaltlich bereits durch den Ausschuss gebilligt sind.[51] Betrifft der Widerruf Verhaltensregeln, die die KOM für allgemeingültig erklärt hat, muss die KOM die Erklärung der Allgemeingültigkeit ebenfalls widerrufen oder zumindest bis zu einer neuen Akkreditierung einer Überwachungsstelle aussetzen.[52]

42 Ebenso Auernhammer/*Vomhof* DSGVO Art. 41 Rn. 12.
43 Hier sollte auch auf die Vertraulichkeit im Umgang mit Beschwerden hingewiesen werden – s. Kühling/Buchner/*Bergt* Art. 41 Rn. 9 f.
44 S. auch Paal/Pauly/*Paal* Art. 41 Rn. 9.
45 Roßnagel/*Roßnagel*, Das neue DSR, § 5 Rn. 218.
46 S. zB *Laue/Nink/Kremer*, S. 260; Sydow/*Raschauer* Art. 41 Rn. 16.
47 Roßnagel/*Roßnagel*, Das neue DSR, § 5 Rn. 219; Gola/*Lepperhoff* Art. 41 Rn. 24; Kühling/Buchner/*Bergt* Art. 41 Rn. 11; Ehmann/Selmayr/*Schweinoch* Art. 41 Rn. 29.
48 Paal/Pauly/*Paal* Art. 41 Rn. 19.
49 Paal/Pauly/*Paal* Art. 41 Rn. 20.
50 S. Kühling/Buchner/*Bergt* Art. 41 Rn. 11; aA Gola/*Lepperhoff* Art. 41 Rn. 25; unklar Ehmann/Selmayr/*Schweinoch* Art. 41 Rn. 13, 27: „Wegfall der Wirkungen genehmigter Verhaltensregeln".
51 S. Kühling/Buchner/*Bergt* Art. 41 Rn. 11.
52 S. Kühling/Buchner/*Bergt* Art. 41 Rn. 11.

VI. Kriterien der Akkreditierung (Abs. 3)

25 Abs. 3 fordert von der zuständigen Aufsichtsbehörde, **Kriterien für die Akkreditierung** einer Überwachungsstelle zu erarbeiten und den Entwurf der Kriterien gemäß dem Kohärenzverfahren nach Art. 63 an den EDSA zu übermitteln.[53] Diese Vorgabe wird ergänzt durch Art. 57 Abs. 1 lit. p, nach dem die Aufsichtsbehörde ihre Kriterien für die Akkreditierung festzulegen und zu **veröffentlichen** hat. Nach ihrer Aufstellung sind die Akkreditierungskriterien in gewissen Abständen oder nach bestimmten Vorfällen zu überprüfen und anzupassen.[54]

26 Diese Kriterien müssen die abstrakten **Akkreditierungsvoraussetzungen** nach Abs. 2 **konkretisieren**. Die DSGVO legt die Voraussetzungen für die Akkreditierung in Abs. 2 nur sehr abstrakt für die gesamte Union fest. Daher muss jede Aufsichtsbehörde die praktisch relevanten Kriterien für ihren jeweiligen Zuständigkeitsbereich konkretisieren und festlegen. Die Kriterien müssen spezifisch für den Anwendungsbereich und zugleich nachprüfbar festlegen, unter welchen Bedingungen die Akkreditierungsvoraussetzungen „zur Zufriedenheit der zuständigen Aufsichtsbehörde nachgewiesen" sind. Die Aufsichtsbehörde muss hierfür abstrakt-generelle inhaltliche Vorgaben für die Akkreditierung erarbeiten, die für viele unterschiedliche Fallkonstellation anwendbar sein und auf unterschiedliche Antragsteller passen müssen.[55]

27 Vor dem Beschluss über die Kriterien muss die Aufsichtsbehörde gemäß Abs. 3 ihren Entwurf dem EDSA bekannt geben und das **Kohärenzverfahren** nach Art. 64 Abs. 1 lit. c und 65 durchlaufen.[56] Dieses Verfahren soll eine gewisse Einheitlichkeit der Kriterien in der Union gewährleisten. In der Bundesrepublik Deutschland sind die Entwürfe der Kriterien unter den Aufsichtsbehörden nach § 18 BDSG nF abzustimmen.

VII. Abhilfebefugnisse der Überwachungsstelle (Abs. 4)

28 Wenn die Verhaltensregeln verbindlich sein sollen, müssen sie auch vollzogen und durchgesetzt werden. Da nach der Vorschrift dafür in erster Linie die Überwachungsstellen zuständig sind, regelt Abs. 4 deren Durchsetzungsbefugnisse. Nach dieser Regelung ergreift die Überwachungsstelle im Fall einer **Verletzung** der Verhaltensregeln durch einen Verantwortlichen oder einen Auftragsverarbeiter geeignete Maßnahmen, um die Verletzung **abzustellen**. Die Abhilfebefugnisse können nur auf Satzungs- oder Vertragsrecht beruhen[57] und müssen gemäß Art. 40 Abs. 4 in den Verhaltensregeln vorgesehen sein (→ Art. 40 Rn. 54).[58] Dies können zB Hinweise und Ermahnungen, Vertragsstrafen sowie Veröffentlichungen von Verstößen sein. Nach dem Wortlaut der Vorschrift muss immer auch der vorläufige oder endgültige Ausschluss des Verantwortlichen oder Auftragsverarbeiters von den Verhaltensregeln als mögliche Sanktion vorgesehen sein. Auf diese Befugnisse muss die Aufsichtsbehörde zurückgreifen, um jedem Verstoß gegen die Verhaltensregeln abzuhelfen.[59] Sie hat dabei das Prinzip der Verhältnismäßigkeit anzuwenden.

29 Abs. 4 stellt die Durchsetzungsbefugnisse der Überwachungsstelle unter den **Vorbehalt „geeigneter Garantien"**. Dieser Vorbehalt ist ein Ausfluss des Prinzips der Verhältnismäßigkeit: Die Überwachungsstelle kann von Abhilfemaßnahmen absehen, wenn Verantwortliche oder Auftragsverarbeiter angemessene Sicherungsmaßnahmen ergriffen haben, um trotz eines Verstoßes gegen Vorgaben der Verhaltensregeln eine Verletzung der Grundrechte und Freiheiten der betroffenen Person letztlich zu verhindern. Dies kann etwa der Fall sein, wenn im System der Datenverarbeitung zwar eine unzulässige Sicherheitslücke besteht, eine Verletzung der Interessen der betroffenen Person aber deshalb ausgeschlossen ist, weil alle Daten zuverlässig verschlüsselt sind.[60]

30 Nach Abs. 4 S. 2 **unterrichtet** die Überwachungsstelle die zuständige **Aufsichtsbehörde** über Maßnahmen zur Durchsetzung der Verhaltensregeln und deren Begründung. Dadurch soll die Aufsichtsbehörde den Überblick über die Situation zur Befolgung der Verhaltensregeln und damit letztlich auch der DSGVO behalten. Unter dieser Zielsetzung muss die Überwachungsstelle die zuständige Aufsichtsbehörde nicht nur über ergriffene, sondern auch über unterlassene Maßnahmen zur Durchsetzung der Verhaltensregeln unterrichten. Die Berichte der Überwachungsstelle können unter Umständen weitere hoheitliche Maßnahmen

---

53 Diese Regelung betrifft nicht das Verfahren der Akkreditierung – so aber Paal/Pauly/*Paal* Art. 41 Rn. 11 –, sondern nur die Kritierienerstellung.

54 S. *Roßnagel*, Datenschutzaufsicht nach der DSGVO, 2017, S. 67ff.

55 Nicht Teil der Kriterien und damit Gegenstand des Kohärenzverfahrens sind mögliche Verfahrensrichtlinien der Aufsichtsbehörde – so aber Sydow/*Raschauer* Art. 41 Rn. 23.

56 S. hierzu Roßnagel/*Roßnagel*, Das neue DSR, § 6 Rn. 101 ff.

57 S. Kühling/Buchner/*Bergt* Art. 41 Rn. 13; Ehmann/Selmayr/*Schweinoch* Art. 41 Rn. 5; aA Sydow/*Raschauer* Art. 41 Rn. 31, 34: Verwaltungsakte.

58 Roßnagel/*Roßnagel*, Das neue DSR, § 5 Rn. 220; Gola/*Lepperhoff* Art. 41 Rn. 11.

59 S. Kühling/Buchner/*Bergt* Art. 41 Rn. 12; Gola/*Lepperhoff* Art. 41 Rn. 9.

60 S. Kühling/Buchner/*Bergt* Art. 41 Rn. 15.

der Aufsichtsbehörden zur Folge haben. Ob dies den Anreiz zur Unterwerfung unter Verhaltensregeln mindert,[61] ist fraglich. Andernfalls würde das Unternehmen unmittelbar der Kontrolle der Aufsichtsbehörde unterstehen. Außerdem sind die Verhaltensregeln von der Aufsichtsbehörde genehmigt, so dass sie an die Präzisierung oder Konkretisierung der DSGVO durch die Verhaltensregeln gebunden ist (→ Art. 40 Rn. 69). Die dadurch mögliche Rechtssicherheit reduziert Konflikte mit der Aufsichtsbehörde erheblich.

Die Abhilfebefugnisse der Überwachungsstelle gelten nach Abs. 4 S. 1 „unbeschadet der **Aufgaben und Be- 31 fugnisse der zuständigen Aufsichtsbehörde** und der Bestimmungen des Kapitels VIII". Da die Verhaltensregeln die gesetzlichen Regelungen nur präzisieren oder konkretisieren (→ Art. 40 Rn. 24), kann ein Verstoß gegen diese immer zugleich auch ein Verstoß gegen die Verpflichtungen aus der DSGVO sein. Da die Abhilfebefugnisse nach Art. 58 Abs. 2 und die Sanktionsbefugnisse nach Art. 83 Abs. 4 und 5 ebenfalls auf die Regelungen der DSGVO bezogen sind, kann die Aufsichtsbehörde bei einer Verletzung von Verhaltensregelungen, die zugleich die Pflichten aus der Verordnung betrifft, Anordnungen treffen und Sanktionen verhängen, die sich unmittelbar auf die Befugnisse aus der Verordnung stützen.[62]

VIII. Rechtsschutz

Gegen eine **Ablehnung der Akkreditierung** kann der Antragsteller Verpflichtungsklage nach § 42 Abs. 1 32 VwGO vor dem Verwaltungsgericht einlegen. In diesem Verfahren werden inzident auch die Akkreditierungskriterien der Aufsichtsbehörde überprüft. Will sich eine Überwachungsstelle gegen den **Widerruf einer Akkreditierung** wehren, kann sie Anfechtungsklage gegen den Widerrufsbescheid nach § 42 Abs. 1 VwGO vor dem Verwaltungsgericht erheben.

Gegen **Abhilfemaßnahmen der Überwachungsstelle** können betroffene Verantwortliche und Auftragsverar- 33 beiter nicht das Verwaltungsgericht anrufen, weil die Überwachungsstelle nicht hoheitlich tätig wird. Sie handelt vielmehr auf der Grundlage des Satzungsrechts der jeweiligen Vereinigung oder aufgrund der Selbstverpflichtungserklärung des betroffenen Unternehmens. Wenn die Überwachungsstelle diese Grundlagen verletzt oder überschreitet, kann das betroffene Unternehmen Klage vor dem Zivilgericht erheben und Unterlassung oder Schadensersatz geltend machen.[63]

Eine **betroffene Person** kann Maßnahmen der Überwachungsstelle nicht unmittelbar rechtlich angreifen 34 oder einfordern. Sie kann aber gemäß Art. 77 Beschwerde bei der zuständigen Aufsichtsbehörde einlegen (→ Art. 77 Rn. 5ff.) und bei Untätigkeit oder einer Ablehnung, die Tätigkeit der Überwachungsstelle zu überprüfen oder gegen Missstände einzugreifen, gemäß Art. 78 Abs. 2 (→ Art. 78 Rn. 11) beim Verwaltungsgericht eine Untätigkeitsklage oder eine allgemeine Leistungsklage einlegen.[64] Sie kann sich dabei gemäß Art. 80 Abs. 1 durch einen Verband vertreten lassen (→ Art. 80 Rn. 6).

Gegen **Verantwortliche oder Auftragsverarbeiter**, die gegen genehmigte Verhaltensregeln verstoßen, können 35 anspruchsberechtigte Stellen nach § 3 UKlaG, insbes. Verbraucherschutzverbände, nach § 2 Abs. 2 Nr. 11 UKlaG **Unterlassungsklagen** vor dem Zivilgericht einlegen, wenn es um die Verarbeitung personenbezogener Daten zu Zwecken der Werbung, der Markt- und Meinungsforschung, des Betreibens einer Auskunftei, des Erstellens von Persönlichkeitsprofilen, des Adresshandels, des sonstigen Datenhandels oder zu „vergleichbaren kommerziellen Zwecken" geht.[65] Dadurch besteht neben den Tätigkeiten der Überwachungsstellen eine weitere Möglichkeit der nicht behördlichen Kontrolle der Einhaltung von Verhaltensregeln.

IX. Ausblick

Die Vorschrift ermöglicht, die Selbstregulierung der Wirtschaft durch **Selbstkontrolle** der Verhaltensregeln 36 zu ergänzen. Insofern ist die Vorschrift die konsequente Fortsetzung der Ermöglichung in Art. 40, bereichs- und branchenspezifische Verhaltensregeln zu erarbeiten und genehmigen zu lassen. Die Lösung durch private Überwachungsstellen, die privatrechtliche Durchsetzungs- und Sanktionsinstrumente wahrnehmen, und deren Zulassung und Kontrolle durch die staatlichen Aufsichtsbehörden nach Akkreditierungskriterien, die unionsweit abgestimmt werden, ist überzeugend.

Allerdings lässt die Vorschrift viele **Fragen ungeklärt** und erzeugt damit unnötige Rechtsunsicherheit. Dies 37 betrifft vor allem das Verfahren und die Wirkungen der Akkreditierung, ihre zeitliche Begrenzung und die Reichweite des Akkreditierungsermessens (→ Rn. 13ff.). Die unvollständige Regelung der Akkreditierungsvoraussetzungen führt zu einer erheblichen Mehrbelastung der Aufsichtsbehörden und des EDSA. Alle Auf-

61 So *Laue/Nink/Kremer*, S. 259.
62 Roßnagel/*Roßnagel*, HB DSch, Kap. 3.6 Rn. 145.
63 Ebenso Ehmann/Selmayr/*Schweinoch* Art. 41 Rn. 33.
64 S. zB Paal/Pauly/*Körffer* Art. 78 Rn. 10; *Laue/Nink/Kremer*, S. 312; *Roßnagel*, Datenschutzaufsicht nach der DSGVO, 2017, S. 113; s. auch VG Neustadt ZD 2016, 150; VG Darmstadt MMR 2011, 416.
65 S. zB *Halfmeier* NJW 2016, 1126; *Spindler* ZD 2016, 114; *Dieterich* ZD 2016, 265.

sichtsbehörden in allen Mitgliedstaaten müssen die eigentlichen inhaltlichen Regeln für die Akkreditierung in Form von Akkreditierungskriterien selbst erarbeiten und dann alle diese unterschiedlichen Kriterien im Ausschuss mühsam unionsweit abstimmen. Ihnen hat der Unionsgesetzgeber die gesetzgeberischen Aufgaben übertragen, die er eigentlich hätte selbst erfüllen müssen.[66]

Artikel 42   Zertifizierung

(1) [1]Die Mitgliedstaaten, die Aufsichtsbehörden, der Ausschuss und die Kommission fördern insbesondere auf Unionsebene die Einführung von datenschutzspezifischen Zertifizierungsverfahren sowie von Datenschutzsiegeln und -prüfzeichen, die dazu dienen, nachzuweisen, dass diese Verordnung bei Verarbeitungsvorgängen von Verantwortlichen oder Auftragsverarbeitern eingehalten wird. [2]Den besonderen Bedürfnissen von Kleinstunternehmen sowie kleinen und mittleren Unternehmen wird Rechnung getragen.

(2) [1]Zusätzlich zur Einhaltung durch die unter diese Verordnung fallenden Verantwortlichen oder Auftragsverarbeiter können auch datenschutzspezifische Zertifizierungsverfahren, Siegel oder Prüfzeichen, die gemäß Absatz 5 des vorliegenden Artikels genehmigt worden sind, vorgesehen werden, um nachzuweisen, dass die Verantwortlichen oder Auftragsverarbeiter, die gemäß Artikel 3 nicht unter diese Verordnung fallen, im Rahmen der Übermittlung personenbezogener Daten an Drittländer oder internationale Organisationen nach Maßgabe von Artikel 46 Absatz 2 Buchstabe f geeignete Garantien bieten. [2]Diese Verantwortlichen oder Auftragsverarbeiter gehen mittels vertraglicher oder sonstiger rechtlich bindender Instrumente die verbindliche und durchsetzbare Verpflichtung ein, diese geeigneten Garantien anzuwenden, auch im Hinblick auf die Rechte der betroffenen Personen.

(3) Die Zertifizierung muss freiwillig und über ein transparentes Verfahren zugänglich sein.

(4) Eine Zertifizierung gemäß diesem Artikel mindert nicht die Verantwortung des Verantwortlichen oder des Auftragsverarbeiters für die Einhaltung dieser Verordnung und berührt nicht die Aufgaben und Befugnisse der Aufsichtsbehörden, die gemäß Artikel 55 oder 56 zuständig sind.

(5) [1]Eine Zertifizierung nach diesem Artikel wird durch die Zertifizierungsstellen nach Artikel 43 oder durch die zuständige Aufsichtsbehörde anhand der von dieser zuständigen Aufsichtsbehörde gemäß Artikel 58 Absatz 3 oder – gemäß Artikel 63 – durch den Ausschuss genehmigten Kriterien erteilt. [2]Werden die Kriterien vom Ausschuss genehmigt, kann dies zu einer gemeinsamen Zertifizierung, dem Europäischen Datenschutzsiegel, führen.

(6) Der Verantwortliche oder der Auftragsverarbeiter, der die von ihm durchgeführte Verarbeitung dem Zertifizierungsverfahren unterwirft, stellt der Zertifizierungsstelle nach Artikel 43 oder gegebenenfalls der zuständigen Aufsichtsbehörde alle für die Durchführung des Zertifizierungsverfahrens erforderlichen Informationen zur Verfügung und gewährt ihr den in diesem Zusammenhang erforderlichen Zugang zu seinen Verarbeitungstätigkeiten.

(7) [1]Die Zertifizierung wird einem Verantwortlichen oder einem Auftragsverarbeiter für eine Höchstdauer von drei Jahren erteilt und kann unter denselben Bedingungen verlängert werden, sofern die einschlägigen Kriterien weiterhin erfüllt werden. [2]Die Zertifizierung wird gegebenenfalls durch die Zertifizierungsstellen nach Artikel 43 oder durch die zuständige Aufsichtsbehörde widerrufen, wenn die Kriterien für die Zertifizierung nicht oder nicht mehr erfüllt werden.

(8) Der Ausschuss nimmt alle Zertifizierungsverfahren und Datenschutzsiegel und -prüfzeichen in ein Register auf und veröffentlicht sie in geeigneter Weise.

Literatur: *Baeriswyl, B.,*Qualitätssicherung im Datenschutz, digma 2006, 10; *Bäumler, H.,* Marktwirtschaftlicher Datenschutz, DuD 2002, 325; *ders.,* Ein Gütesiegel für den Datenschutz, DuD 2004, 80; *Bizer, J.,* Strukturplan modernes Datenschutzrecht, DuD 2004, 6; *ders.,* Bausteine eines Datenschutzaudits, DuD 2006, 5; *Bizer, J./Petri, T. B.,* Kompetenzrechtliche Fragen des Datenschutz-Audits, DuD 2001, 97; *Bijok, B. C./Kling, S./Weibler, M.,* Informationssicherheits- und Datenschutz-Audit bei Bosch: Erfahrungen in einem Konzern, DuD 2004, 621; *Bock, K.,* EuroPriSe – Das Datenschutz-Gütesiegel aus Schleswig-Holstein wird europäisch, DuD 2007, 410; *dies.,* EuroPriSe – Präventiver Datenschutz, DuD 2008, 712; *v. Braunmühl, P.,* Ansätze zur Ko-Regulierung in der Datenschutz-Grundverordnung, PinG 2015, 231; *Dahm, P.,* Unverbindlich verbindlich – Zur Selbstregulierung durch Verhaltenskodizes und Gütesiegel, DuD 2002, 412; *Diekmann, U./Eitschberger, B./Eul, H./Schwarzhaupt, P./Wohlrab, G.,* Datenschutzaudit – Quo Vadis?, DuD 2001, 549; *Duda, D./Sowa, A.,* Datenschutzaudit – Prüfung relevanter Datenschutzkontrollen durch die interne Revision, PinG 2015, 30; *European Data Protection Board,* Guidelines 1/2018 on certification and identifying certification criteria in accordance with Articles 42 and 43 of the Regulation 2016/697 vom 25.05.2018 (draft version); *Euro-*

---

66   *Roßnagel,* Datenschutzaufsicht nach der DSGVO, 2017, S. 69.

pean Union Agency for Network and Information Security (ENISA), On the security, privacy and usability of online seals. An overview, 2013; *Feik, S./v. Lewinski, K.*, Der Markt für Datenschutz-Zertifizierungen – Eine Übersicht, ZD 2014, 59; *Gora, S.*, Security Audits, DuD 2009, 238; *Grimm, R./Roßnagel, A.*, Datenschutz für das Internet in den USA, DuD 2000, 446; *Hammer, V./Schuler, K.*, Cui bono? – Ziele und Inhalte eines Datenschutz-Zertifikats, DuD 2007, 77; *Härting, N.*, Datenschutzreform in Europa: Einigung im EU-Parlament, CR 2013, 715; *Hladjk, J.*, Gütesiegel als vertrauensbildende Maßnahme im E-Commerce, DuD 2002, 597; *ders.*, Qualität und Effektivität von Gütesiegeln. Eine Übersicht über nationale und internationale Angebote, DuD 2002, 672; *Hofmann, J.*, Zertifizierungen nach der DS-GVO, ZD-Aktuell, 05324; *Hornung, G.*, Eine Datenschutz-Grundverordnung für Europa? – Licht und Schatten im Kommissionsentwurf vom 25.1.2012, ZD 2012, 99; *Hornung, G./Hartl, K.*, Datenschutz durch Marktanreize – auch in Europa? Stand der Diskussion zu Datenschutzzertifizierung und Datenschutzaudit, ZD 2014, 219; *Karper, I.*, Datenschutzsiegel und Zertifizierungen nach der Datenschutz-Grundverordnung, PinG 2016, 201; *Karper, I./Maseberg, S.*, Zertifikat für Datenschutz-Management, DuD 2010, 704; *Kinast, K./Schröder, M.*, Audit & Rating: Vorsprung durch Selbstregulierung – Datenschutz als Chance für den Wettbewerb, ZD 2012, 207; *Königshofen, T.*, Prinzipien und Leitlinien für ein Datenschutz-Audit bei Multimediadiensten, DuD 1999, 266; *Koós, C./Englisch, B.*, Eine „neue" Auftragsdatenverarbeitung? – Gegenüberstellung der aktuellen Rechtslage und der DS-GVO in der Fassung des LIEBE-Entwurfs, DuD 2014, 276; *Kraska, S.*, Datenschutz-Zertifizierungen in der EU-Datenschutzgrundverordnung, ZD 2016, 153; *Krings, G./Mammen, L.*, Zertifizierungen und Verhaltensregelungen – Bausteine eines modernen Datenschutzes für die Industrie 4.0, RDV 2015, 231; *Kühling, J./Martini, M. et al.*, Die Datenschutz-Grundverordnung und das nationale Recht – Erste Überlegungen zum innerstaatlichen Regelungsbedarf, 2016; *Laue, Ph./Nink, Ph./Kremer, S.*, Das neue Datenschutzrecht in der betrieblichen Praxis, 2016; *Lepperhoff, N./Jaspers, A.*, Neuer Datenschutzstandard DS-BvD-GDD-01 mit passendem Gütesiegel, MMR 2013, 617; *Meints, M.*, Datenschutz nach BSI-Grundschutz?, DuD 2006, 13; *Meissner, S.*, Zertifizierungskriterien für das Datenschutzgütesiegel EuroPriSe, DuD 2008, 525; *ders.*, EuroPriSe 2.0: Neues vom europäischen Datenschutzsiegel, DuD 2014, 153; *Neundorf, L.*, Praxisbericht – Konzerninternes Datenschutzaudit, DuD 2002, 338; *Niemann, F./Scholz, Ph.*, Privacy by Design und Privacy by Default – Wege zu einem funktionierenden Datenschutz in Sozialen Netzwerken, in: *Peters, F./Kersten, H./Wolfenstetter, K. D.*, Innovativer Datenschutz 2012, 109; *Petri, T. B.*, Vorrangiger Einsatz auditierter Produkte, DuD 2001, 150; *Piltz, G./Schulz, S.*, Die Stiftung Datenschutz – moderner Datenschutz neu gedacht, RDV 2011, 117; *Richter, F.*, Die Stiftung Datenschutz als chancenreiche Ergänzung, ZD 2013, 249; *ders.*, Chancen für die Zertifizierung im Datenschutz, RDV 2017, 63; *Richter, Ph.*, Datenschutz durch Technik und die Grundverordnung der EU-Kommission, DuD 2012, 576; *Roßnagel, A.*, Datenschutz-Audit, DuD 1997, 505; *ders.*, Datenschutzaudit – Konzeption, Durchführung, gesetzliche Regelung, 2000; *ders.*, Audits stärken Datenschutzbeauftragte, DuD 2000, 231; *ders.*, Datenschutzaudit in Japan, DuD 2001, 154; *ders.*, Modernisierung des Datenschutzrechts für eine Welt allgegenwärtiger Datenverarbeitung, MMR 2005, 71,; *Roßnagel, A./Nebel, M./Richter, Ph.*, Was bleibt vom Europäischen Datenschutzrecht? Überlegungen zum Ratsentwurf der DSGVO, ZD 2015, 455; *Roßnagel, A./Pfitzmann, A./Garstka, H.*, Modernisierung des Datenschutzrechts, 2001; *Roßnagel, A./Richter, Ph./Nebel, M.*, Besserer Internetdatenschutz für Europa – Vorschläge zur Spezifizierung der DS-GVO, ZD 2013, 103; *Rost, M.*, Datenschutzmanagementsystem, DuD 2013, 295; *Schaar, P./Stutz, O.*, Datenschutz-Gütesiegel für Online-Dienstleistungen, DuD 2002, 330; *Schläger, U./Stutz, O.*, ips – Das Datenschutz-Zertifikat für Online-Dienste, DuD 2003, 406; *Schwartmann, R./Weiß, S.*, Ko-Regulierung vor einer neuen Blüte – Verhaltensregelungen und Zertifizierungsverfahren nach der Datenschutzgrundverordnung, RDV 2016, 68; *Sievers, B. H./Weber, J. K.*, Externes Datenschutzaudit, DuD 2002, 342; *Simon, C.*, Datenschutz im IT-Grundschutz, DuD 2007, 87; *Spindler, G.*, Selbstregulierung und Zertifizierungsverfahren nach der DS-GVO, ZD 2016, 407; *Staub, S.*, Datenschutzstandard und Datenschutzsiegel. Zertifizierungen am Beispiel des DS-BvD-GDD-01, DuD 2014, 159; *Tiede, W./Ryczewski, C./Yang, M.*, Einführung in das Akkreditierungsrecht Deutschlands, NVwZ 2012, 1212; *Ulmer, C. D./Zwick, W.*, Messung des Datenschutzniveaus: das Datenschutzaudit der Deutschen Telekom Gruppe, DuD 2004, 85; *Weichert, T.*, Datenschutz als Verbraucherschutz, DuD 2001, 264; *ders.*, Datenschutz-Audit und Gütesiegel im Medizinbereich, MedR 2003, 674.

I. Gegenstand der Regelung

Die Vorschrift sieht die **Einführung von datenschutzspezifischen Zertifizierungsverfahren** sowie von Daten- 1 schutzsiegeln und -prüfzeichen vor. Diese sollen die Transparenz der Datenverarbeitung erhöhen und die Einhaltung der Verordnung verbessern, indem sie Verantwortlichen und Auftragsverarbeitern als Nachweis ihrer Datenschutzkonformität dienen und den betroffenen Personen einen schnellen Überblick über das gewährleistete Datenschutzniveau ermöglichen (vgl. EG 100). Mit den Art. 42 und 43 erhalten Datenschutzzertifizierungen als wesentliche Elemente eines modernen Datenschutzes erstmals eine **umfassende europaweite Grundlage**.[1]

2   Abs. 1 enthält eine an die Mitgliedstaaten, die Aufsichtsbehörden, den EDSA und die Kommission gerichtete **Förderungspflicht** und legt den **Gegenstand** und den **Prüfungsmaßstab** von datenschutzrechtlichen Zertifizierungen fest. Abs. 2 bestimmt, dass Zertifizierungen auch eine „**geeignete Garantie**" im Rahmen von Datenübermittlungen an Drittländer darstellen können. Ein Zwang zur Zertifizierung besteht nicht. Nach Abs. 3 muss diese stets **freiwillig** und über ein transparentes Verfahren zugänglich sein. Durch Abs. 4 der Vorschrift wird klargestellt, dass eine Zertifizierung nicht von der Pflicht zur Einhaltung der Verordnung befreit sowie Aufgaben und Befugnisse der Aufsichtsbehörden unberührt lässt. Die Zertifizierung erfolgt durch eine **Zertifizierungsstelle** oder die zuständige Aufsichtsbehörde. Grundlage der Zertifizierung sind die von der zuständigen Aufsichtsbehörde oder durch den EDSA festgelegten **Zertifizierungskriterien** (Abs. 5). Aus den vom Ausschuss genehmigten Kriterien soll ein „Europäisches Datenschutzsiegel" entstehen. Möchte ein Verantwortlicher oder ein Auftragsverarbeiter eine Zertifizierung beantragen, ist er nach Abs. 6 zur **Mitwirkung** verpflichtet. Abs. 7 regelt die **Gültigkeitsdauer**, Möglichkeiten der Verlängerung sowie den **Widerruf** einer erteilten Zertifizierung. Der EDSA nimmt alle Zertifizierungsverfahren sowie Datenschutzsiegel und -prüfzeichen in ein **Register** auf und macht sie öffentlich zugänglich (Abs. 8).

3   Die in der Vorschrift genannten **Datenschutzsiegel und -prüfzeichen** werden nicht näher definiert. Während mit dem Begriff des Zertifizierungsverfahrens die eigentliche datenschutzrechtliche Prüfung bezeichnet wird, stellen die Siegel und Prüfzeichen das nach außen sichtbare **Ergebnis dieser Prüfung** dar.[2] Die Verordnung nimmt diese Unterscheidung allerdings nicht immer nachvollziehbar vor, sondern vermengt zum Teil terminologisch Prozess und Ergebnis.[3]

II.   Zweck und Hintergrund der Regelung

4   Ein zeitgemäßer Datenschutz ist vor allem dann wirksam, wenn er mit den und nicht gegen die für die Datenverarbeitung Verantwortlichen betrieben wird. Hierfür bedarf es alternativer Datenschutzkonzepte, die das bisherige Schutzprogramm mit seinem ordnungsrechtlichen Ansatz sinnvoll ergänzen. Zu diesen neueren Instrumenten zählen auch Datenschutzaudits und Datenschutzzertifizierungen.[4] Sie zielen auf die **Schaffung von Marktanreizen** zu datenschutzkonformem Verhalten.[5] Wird ein Audit- oder Zertifizierungsverfahren erfolgreich durchgeführt, berechtigt es den Verantwortlichen mit dem bestätigten Datenschutzniveau in Form eines Qualitätsnachweises (zB Siegel, Zertifikat oder Prüfzeichen) öffentlich zu werben und auf diese Weise gegenüber Konkurrenten einen **Wettbewerbsvorteil** zu erzielen („privacy sells").[6] Sie ermöglichen ein verlässliches Signal. Marktmechanismen und Wettbewerb sollen so das Angebot und die Verbreitung datenschutzfreundlicher Verfahren und Produkte fördern und letztlich zu einer kontinuierlichen **Verbesserung des Datenschutzes** und der Datensicherheit beitragen.[7]

5   Auditierung und Zertifizierung stärken das Bewusstsein der Datenverarbeiter für die datenschutzrechtlichen Implikationen ihres Handels und aktivieren das **Eigeninteresse** an der Einhaltung datenschutzrechtlicher Vorgaben. Die Datenverarbeiter können nicht nur mit positiven Prüfungsergebnissen werben, sondern auch eine größere Sicherheit über die Datenschutzkonformität ihrer Produkte und Verfahren erzielen.[8] Zertifizierungsverfahren können außerdem dazu beitragen, die Datenverarbeitungsprozesse insgesamt effektiver und damit in vielen Fällen auch kostengünstiger zu gestalten, weil sie systematisches Wissen über die in der jeweiligen Organisation eingesetzten Verfahren und deren Zusammenwirken erzeugen.[9] Die Durchführungen der Prüfungen führen zu mehr **Transparenz** und können so die interne und externe Datenschutzkontrolle erleichtern.[10] Datenschutzaudits und -zertifizierungen mobilisieren somit legitimen Eigennutz, um

---

1   Vgl. Auernhammer/*Hornung* DSGVO Art. 42 Rn. 1.

2   So auch Kühling/Buchner/*Bergt* Art. 42 Rn. 1. Anders Paal/Pauly/*Paal* Art. 42 Rn. 6, der Zertifizierungsverfahren, Datenschutzsiegel und -prüfzeichen unter dem Oberbegriff Zertifizierung zusammenfassen will.

3   Dazu Auernhammer/*Hornung* DSGVO Art. 42 Rn. 3. So sollen nach Abs. 2 S. 1 sowohl Zertifizierungsverfahren als auch „Siegel oder Prüfzeichen" nach Abs. 5 „genehmigt" werden. In Abs. 5 S. 2 wird das Europäische Datenschutzsiegel als Zertifizierung definiert. Und nach Abs. 7 wird eine Zertifizierung „erteilt" und „widerrufen", was eher zur Vergabe von Siegeln und Prüfzeichen passen würde. Zu den Begrifflichkeiten siehe auch *European Data Protection Board*, Guidelines 1/2018, S. 5 f.

4   Zur begrifflichen Unterscheidung Auernhammer/*Hornung* BDSG § 9 a Rn. 4.

5   Vgl. Roßnagel/*ders.*, HB DSR, Kap. 3.7 Rn. 1ff.; *Roßnagel/Pfitzmann/Garstka*, S. 132ff.; *Bäumler* DuD 2004, 80ff.; Auernhammer/*Hornung* BDSG § 9 a Rn. 5ff.; *Krings/Mammen* RDV 2015, 231 (232).

6   Zum Standortfaktor Datenschutz *Richter* ZD 2013, 249 (250).

7   Vgl. *BfDI* 26. TB, 10.2.11.2.

8   Vgl. *Roßnagel*, Datenschutzaudit, 2000, S. 35ff. Zum Aspekt der verbesserten Rechtssicherheit auch *v. Braunmühl*, PinG 2015, 231.

9   So Auernhammer/*Hornung* BDSG § 9 a Rn. 7.

10   Vgl. *Hornung/Hartl* ZD 2014, 219 (220).

dadurch Beiträge zur Verwirklichung von Gemeinwohlzielen hervorzubringen.[11] Die notwendige Eigenverantwortung der Datenverarbeiter kommt dadurch zum Ausdruck, dass Audits und Zertifizierungen die grundsätzliche **Freiwilligkeit des Verfahrens** voraussetzen.[12] Andernfalls bekämen sie den Charakter von Vorabgenehmigungsverfahren.[13]

Das Instrument der Zertifizierung ist auch eine Antwort auf das gestiegene Datenschutzbewusstsein bei   6 Nutzern und Verbrauchern. Datenschutz ist zu einem wichtigen **Akzeptanz- und Vertrauensfaktor** insbes. bei digitalen Diensten und Anwendungen geworden. Gütesiegel und Zertifikate können dabei helfen, den betroffenen Personen die unternommenen Anstrengungen im Datenschutz nachvollziehbar zu vermitteln und eröffnen Vergleichsmöglichkeiten.[14] Die Datenverarbeiter können leichter aufzeigen, dass sie etwa die Pflichten zum Datenschutz durch Technikgestaltung und durch datenschutzfreundliche Voreinstellungen einhalten. Entscheidungen können zugunsten zertifizierter Produkte und Verfahren beeinflusst und die Nachfrage im Markt gestärkt werden. Verantwortliche, die bei der Konzeption und Gestaltung ihrer Datenverarbeitung Datenschutzbelange umfassend berücksichtigen, werden auf diese Weise belohnt.[15] Der Datenschutz wird damit zu einem **Werbe- und Wettbewerbsfaktor**.[16] Dies ist für Branchen interessant, die mit sensiblen Informationen arbeiten müssen, wie der Banken- und Versicherungssektor oder die Gesundheitswirtschaft.[17] Es ist aber zunehmend auch für Bereiche von Bedeutung, die – vor allem wegen der Intransparenz der Datenverarbeitungsvorgänge – auf besonderes Vertrauen der Kunden und Nutzer in die Datenschutzkonformität angewiesen sind, wie zum Beispiel Internetdienste oder vernetzte Alltagsumgebungen und Alltagsgegenstände („Internet der Dinge").[18] Unter den Voraussetzungen eines funktionierenden Marktes kann die Teilnahme einzelner Akteure an einer Datenschutzzertifizierung einen Wettbewerbsdruck auf andere Marktteilnehmer auslösen, sich ebenfalls für eine Verbesserung des Datenschutzes und der Datensicherheit ihrer Produkte und Verfahren zu engagieren.

Die mit der Auditierung oder Zertifizierung geschaffenen Anreize zur Selbstkontrolle können schließlich die   7 **Defizite** in der Einhaltung des geltenden Datenschutzrechts **verringern**.[19] Statt auf aufsichtsbehördliche Kontrollen und gegebenenfalls nachträgliche Kritik oder die Sanktionierung von Verstößen zu warten, gibt die Zertifizierung den Verantwortlichen die Möglichkeit, sich pro-aktiv und positiv mit den Datenschutzfragen zu befassen. Die Aussicht auf ein werbewirksames Datenschutzsiegel oder -zertifikat kann die Entwicklung und frühzeitige Implementierung **datenschutzfreundlicher Technologien** sowie die Erarbeitung von Best Practices oder Schutzprofilen fördern.[20] Audits und Zertifikate können auf diese Weise **präventive Wirkung** entfalten und den administrativen, allein auf Ge- und Verboten basierenden Datenschutz entlasten.

Die Idee eines Datenschutzaudits als neues Steuerungsinstrument im Datenschutzrecht geht in **Deutschland**   8 bis in die 1990er Jahre zurück. Ein erstes umfassendes **Konzept zum Datenschutzaudit** wurde 1997 vorgelegt[21] und 1999 in einem Gutachten für das Bundesministerium für Wirtschaft und Technologie ausgearbeitet.[22] Diese Überlegungen wurden in Wissenschaft, Wirtschaft und von den Datenschutzbehörden von Beginn an überwiegend positiv aufgenommen, im politischen Raum aufgegriffen und als Bestandteil eines modernen Datenschutzes eingefordert.[23] 2001 wurde eine **Programmnorm** in § 9 a BDSG aF aufgenommen, die ein bundeseinheitliches Datenschutzaudit ankündigte.[24] Das für eine Praxiseinführung notwendige Aus-

---

11 *Roßnagel/Pfitzmann/Garstka*, S. 133.
12 Vgl. *Roßnagel* DuD 1997, 505 (509); *ders.*, Datenschutzaudit, S. 61ff.; *Königshofen* DuD 1999, 266; *Bizer* DuD 2006, 5 (6); *Simitis/Scholz* § 9 a Rn. 5. Zur Möglichkeit nicht-freiwilliger vergleichender „Datentests" *Piltz/Schulz* RDV 2011, 117 (120); BeckOK DatenschutzR/*Schantz* BDSG § 9 a Rn. 19ff.
13 Vgl. *Auernhammer/Hornung* BDSG, § 9 a Rn. 5.
14 Zu den Vorteilen für die Kunden zertifizierter Angebote auch *Kühling/Buchner/Bergt* Art. 42 Rn. 4.
15 Vgl. *Bäumler* DuD 2002, 325 f.
16 Vgl. *Bizer/Petri* DuD 2001, 97; *Weichert* DuD 2001, 264; *Bäumler* DuD 2002, 325 f.; *ders.* DuD 2004, 80 f.; *Roßnagel* MMR 2005, 75; *Kinast/Schröder* ZD 2012, 210; *Plath/ders.* BDSG § 9 a Rn. 2. Zum Datenschutz als Wettbewerbsvorteil vgl. auch die Beiträge in *Bäumler/v. Mutius*, Datenschutz als Wettbewerbsvorteil, 2002.
17 Dazu ausführlich *Weichert* MedR 2003, 674.
18 Vgl. DKWW/*Weichert* § 9 a Rn. 4; *Spindler*, Gutachten F zum 69. DJT, S. 103 f. Ein Gütesiegel für vertrauenswürdige Cloud Services wurde im Rahmen des vom Bundesministerium für Wirtschaft und Energie durchgeführten Technologieprogramms „Trusted Cloud" entwickelt (www.trusted-cloud.de). Das „Trusted Cloud Datenschutz Profil" soll zu einer Datenschutz-Zertifizierung auf der Grundlage der DSGVO weiterentwickelt werden, vgl. *BfDI*, 26. TB, 17.2.3. Dazu auch *Richter* RDV 2017, 63 (66 f.).
19 Vgl. *Roßnagel/ders.*, HB DSR, Kap. 3.7 Rn. 6.
20 Vgl. *Schaar/Stutz* DuD 2002, 331.
21 Dazu *Roßnagel* DuD 1997, 505.
22 Das Gutachten wurde in überarbeiteter Form in *Roßnagel*, Datenschutzaudit – Konzeption, Durchführung, gesetzliche Regelung (2000), publiziert. Dieses Konzept ging auch in das 2001 im Auftrag des Bundesministeriums des Innern erstellte Gutachten zur Modernisierung des Datenschutzrechts ein. S. *Roßnagel/Pfitzmann/Garstka*, S. 132ff.
23 Vgl. *Simitis/Scholz* § 9 a Rn. 8 mwN.
24 Zur Entstehungsgeschichte des § 9 a BDSG *Auernhammer/Hornung* BDSG § 9 a Rn. 13 f.

führungsgesetz wurde allerdings nicht erlassen, alle Umsetzungsversuche sind gescheitert.[25] Landesrechtliche Regelungen zu Audits und Zertifizierungen finden sich in Brandenburg, Bremen, Mecklenburg-Vorpommern, Nordrhein-Westfalen und Schleswig-Holstein.[26]

9 Umfassende praktische Erfahrungen mit der Durchführung eines Datenschutzaudits und der Erteilung von Datenschutz-Gütesiegeln durch eine öffentliche Stelle gibt es bislang nur in **Schleswig-Holstein**.[27] Dort werden auf entsprechender landesgesetzlicher Grundlage seit 2002 Verfahren und IT-Produkte vom Unabhängigen Landeszentrum für Datenschutz (ULD) auditiert bzw. zertifiziert.[28] Wegen der hohen Nachfrage und des nationalen wie internationalen Bedarfes hat das ULD im Rahmen eines von der EU geförderten Projektes in Kooperation mit Partnern aus acht europäischen Ländern das Datenschutzgütesiegel Schleswig-Holstein zum **European Privacy Seal** (EuroPriSe)[29] für IT-Produkte und IT-basierte Dienstleistungen erweitert.[30] EuroPriSe ist auf europaweite Anerkennung des verliehenen Siegels angelegt, operiert bisher allerdings ohne entsprechende Rechtsgrundlagen. Kriterien für die Prüfung sind im Wesentlichen die Vorgaben der DSRL, auch wenn diese Zertifizierungen nicht explizit thematisiert.[31] Seit 2014 wird das Projekt in privater Trägerschaft durch die EuroPriSe GmbH fortgeführt.[32]

10 Auch andere nationale Aufsichtsbehörden versuchen mittlerweile, entsprechende Verfahren zu etablieren.[33] In Frankreich besteht die Möglichkeit eines freiwilligen Audits durch die Aufsichtsbehörde (Commission Nationale de l'Informatique et des Libertés – CNIL), das in die Bescheinigung einer datenschutzkonformen Verarbeitung münden kann.[34] Im Vereinigten Königreich befindet sich das „ICO Privacy Seal" der dortigen Datenschutzaufsichtsbehörde (Information Commmissioner's. Office) in Planung.[35] Die auf **europäischer Ebene** bestehende uneinheitliche Zertifizierungslandschaft, die auch in den fehlenden Vorgaben durch die DSRL begründet ist, hat die KOMim Rahmen des der DSGVO vorgeschalteten Konsultationsverfahrens dazu bewogen, den Nutzen von EU-weiten Zertifizierungsprogrammen (zB Datenschutzsiegel) zu prüfen.[36] Ergebnis dieser Evaluation war ein eigener Vorschlag der KOM zur Regelung von Zertifizierungen in der DSGVO (→ Rn. 14).

11 Trotz fehlender gesetzlicher Regelungen haben sich mittlerweile zahlreiche **private Angebote** für Datenschutz- oder Datensicherheitsgütesiegel in Deutschland[37] und in anderen Ländern[38] entwickelt, um dem Bedürfnis der Nachweisbarkeit eines adäquaten Datenschutzes nachzukommen.[39] Der Schwerpunkt liegt hier im Online-Bereich.[40] Daneben spielen auch **unternehmensinterne Audits** eine gewisse Rolle. Eine Reihe größerer Unternehmen und Konzerne prüft ihre Datenschutzorganisation im Rahmen eigener Audits, etwa als Bestandteil des Risikomanagements oder der Compliance-Strategie.[41] Auch Standards der **Informationssicherheit** adressieren das Thema Datenschutz. Datenschutzrechtliche Aspekte finden dabei sowohl bei der

---

25 Zum gescheiterten Datenschutzauditgesetz von 2009 Simitis/*Scholz* § 9 a Rn. 40ff.; Auernhammer/*Hornung* BDSG § 9 a Rn. 15ff.

26 Dazu Simitis/*Scholz* § 9 a Rn. 19ff.

27 Zu den Erfolgen vgl. die Tätigkeitsberichte des *ULD* jeweils unter Punkt 9.2. Kritisch *Kinast/Schröder* ZD 2012, 207: „Eine befruchtende Wirkung für ganz Deutschland hat (...) bislang nicht stattgefunden".

28 S. dazu Simitis/*Scholz* § 9 a Rn. 20ff.; Auernhammer/*Hornung* BDSG § 9 a Rn. 84ff.

29 Siehe www.european-privacy-seal.eu.

30 Vgl. *Bock* DuD 2007, 410; *dies.* DuD 2008, 712.

31 Zu den Zertifizierungskriterien bei EuroPriSe: *Meissner* DuD 2008, 525 (527ff.). Im Januar 2017 wurden an die Vorgaben der DSGVO angepasste Zertifizierungskriterien vorgelegt: https://www.european-privacy-seal.eu/EPSen/Criteria.

32 Hierzu *Meissner* DuD 2014, 153.

33 Zu Datenschutz-Zertifizierungen in Europa *Schwartmann/Weiß* RDV 2016, 68 (69).

34 Siehe www.cnil.fr/en/privacy-seals.

35 Siehe https://ico.org.uk/for-organisations/improve-your-practices/privacy-seals/.

36 Vgl. *Europäische Kommission*, Mitteilung v. 4.11.2010, Gesamtkonzept für den Datenschutz in der Europäischen Union, KOM(2010) 609 endg.; *dies.*, Mitteilung v. 10.6.2009, Ein Raum der Freiheit, der Sicherheit und des Rechts im Dienste des Bürger, KOM(2009) 262 endg. Die Mitteilung wurde als sog „Stockholmer Programm" durch die Staats- und Regierungschefs auf dem Europäischen Rat im Dezember 2009 in Stockholm verabschiedet.

37 Eine Übersicht über in Deutschland angebotene Datenschutzgütesiegel und Datenschutzzertifikate hält die Stiftung Datenschutz unter https://stiftungdatenschutz.org/zertifizierung/zertifikate-uebersicht/ bereit. S. auch *Richter* RDV 2017, 63 (64f.).

38 Vgl. für die USA *Grimm/Roßnagel* DuD 2000, 446 (449) und für Japan *Roßnagel* DuD 2001, 154; *ders.*, Datenschutzaudit, S. 31ff. Zur Entwicklung in der Schweiz *Baeriswyl* digma 1/2010, 10.

39 Die Datenschutzaufsichtsbehörden unterstützen entsprechende Bemühungen, vgl. *Düsseldorfer Kreises*, Beschluss vom 25./26.2.2014: „Modelle zur Vergabe von Prüfzertifikaten, die im Wege der Selbstregulierung entwickelt und durchgeführt werden".

40 Einen Überblick über den existierenden Markt bieten *Feik/v. Lewinski* ZD 2014, 59. Beispiele auch bei Simitis/*Scholz* § 9 a Rn. 10. S. ferner *Hladjk* DuD 2002, 597; *ders.* DuD 2002, 672; *Schaar/Stutz* DuD 2002, 330; *Schläger/Stutz* DuD 2003, 406; *Duda/Sowa* PinG 2015, 30. Ein aktueller Standard (nebst Siegel) zur Auftragsdatenverarbeitung wurde im Jahr 2013 durch GDD und BvD entwickelt (www.dsz-audit.de). Dazu *Lepperhoff/Jaspers* MMR 2013, 617; *Staub* DuD 2014, 159; *Richter* RDV 2017, 63 (66).

41 Beispiele bei *Königshofen*, in: Bäumler/v. Mutius (Hrsg.), Datenschutz als Wettbewerbsvorteil, 2002, S. 58ff.; *Weber/Sievers* DuD 2002, 342; *Neundorf* DuD 2002, 338; *Bijok/Kling/Wiebler* DuD 2004, 621; *Ulmer/Zwick* DuD 2004, 85.

Prüfung und Bewertung von Informationssicherheits-Managementsystemen als auch bei IT-Produkten und -Systemen Berücksichtigung.[42]

Die DSGVO untersagt nicht die weitere Anwendung bestehenden Verfahren oder neuer Angebote außerhalb der formellen und materiellen Anforderungen der Art. 42 und 43. Verfahren der rein **marktwirtschaftlichen Selbstregulierung** leiden allerdings unter dem Problem der Glaubwürdigkeit und Vertrauenswürdigkeit, wenn sie Bewertungskriterien selbst wählen, das Verfahren selbst bestimmen und die Bewertung selbst vornehmen. Bei vielen Angeboten fehlt es an der erforderlichen Transparenz und Vergleichbarkeit der Verfahren und der Prüfkriterien.[43] Derartige Audits können für andere Marktteilnehmer und die Öffentlichkeit kaum als verlässliche Orientierungshilfe genutzt werden, ihre Verwendung kann unter Umständen wettbewerbswidrig sein.[44] Die Akzentuierung von Potenzialen der Eigenverantwortung darf daher nicht notwendig die Aufgabe staatlicher Verantwortung bedeuten. Nur in einem **rechtlich verbindlichen Verfahren** kann die notwendige Akzeptanz, Transparenz und Objektivität sichergestellt werden. Durch eine staatliche Letztkontrolle – zB mittels staatlich akkreditierter Gutachter – wird zugleich der Gefahr von Abhängigkeitsverhältnissen und dem Verdacht von Gefälligkeitsprüfungen entgegengewirkt.[45]

III. Entstehungsgeschichte

Auf europäischer Ebene fehlte es bislang an normativen Grundlagen zu Datenschutzaudits und -zertifizierungen. Die **DSRL** enthält keine unmittelbare Regelung.[46] Die Vorgaben in der DSGVO bauen daher auf nationalen Konzepten und ersten gesetzlichen Vorbildern auf, die beispielsweise in Deutschland, aber auch in anderen Mitgliedstaaten entwickelt worden sind (→ Rn. 9 f.).

Der **Kom-E** enthielt zu Zertifizierungen nur äußerst vage Aussagen und beschränkte sich im Wesentlichen auf eine Förderungspflicht, allerdings nur für Mitgliedstaaten und Kommission (Art. 39 Abs. 1 Kom-E). Weder wurden Anforderungen und Kriterien für die Prüfverfahren formuliert oder Zertifizierungsstellen benannt noch die Rechtsfolgen der Zertifizierung geregelt.[47] Die weitere Ausgestaltung sollte nahezu vollständig der Kommission überlassen bleiben. Sie wurde dementsprechend ermächtigt, alle wesentlichen Festlegungen durch **delegierte Rechtsakte** und **Durchführungsrechtsakte** zu treffen (Art. 39 Abs. 2 und 3 Kom-E).[48]

Das **EP** konkretisierte und erweiterte den Kommissionsvorschlag ganz erheblich. Verantwortlichen und Auftragsdatenverarbeitern sollte es danach möglich sein, im Rahmen eines freiwilligen, erschwinglichen, transparenten und nicht unangemessen aufwändigen Zertifizierungsverfahrens (Art. 39 Abs. 1 b Parl-E) ein „**Europäisches Datenschutzsiegel**" zu erhalten (Abs. 1 e).[49] Dabei ging schon der Parl-E – wie nunmehr auch Art. 42 – davon aus, dass **Prüfungsmaßstab** für die Zertifizierung allein die Einhaltung der Verordnung ist. Das Prinzip des Datenschutzes durch Technik wurde dabei ausdrücklich genannt. Als **Prüfstellen** waren in erster Linie die Aufsichtsbehörden vorgesehen.[50] Der Einsatz unabhängiger **akkreditierter Gutachter** sollte möglich, aber keine Pflicht sein (Abs. 1 d).[51] Nach den Vorstellungen des Parlaments sollte jeder Datenverarbeiter bei jeder beliebigen Aufsichtsbehörde in der Union eine Zertifizierung beantragen können (Abs. 1 a). Mit dieser Idee konnte sich das Parlament im weiteren Gesetzgebungsverfahren aber ebenso wenig durchsetzen wie mit dem Vorschlag, dass die Aufsichtsbehörde eine angemessene **Gebühr** unter Berücksichtigung der Verwaltungskosten für die Zertifizierung festsetzen kann.[52]

Das Parlament wollte zudem die Rolle des **EDSA** stärken. Dieser sollte nach Abs. 1 i die Befugnis erhalten, in eigener Initiative einem „technischen Standard zur Verbesserung des Datenschutzes" zu bescheinigen, dass er die Anforderungen der Verordnung erfüllt. Auf der **Rechtsfolgenseite** sollte die erfolgreiche Zertifizierung zu einer **Privilegierung** im Rahmen aufsichtsbehördlicher Sanktionen für Datenschutzverstöße füh-

---

42 Zu nennen sind für Managementsysteme etwa die Anforderungen von ISO 27001 und für Clouds der Standard ISO 27018 (dazu *Gora* DuD 2009, 238; *Kraska* ZD 2016, 153). Mit dem IT-Grundschutz des Bundesamtes für Sicherheit in der Informationstechnik und dem in Anlehnung daran entwickelten Standard-Datenschutzmodell (www.datenschutzzentrum.de/sdm/) stehen zudem detaillierte Anforderungen an technisch und organisatorische Maßnahmen zur Verfügung, die auf internationaler Ebene aber noch nicht hinreichend bekannt sind. Zum IT-Grundschutz-Baustein „Datenschutz" *Meints* DuD 2006, 13; *Simon* DuD 2007, 87.

43 Vgl. *Dahm* DuD 2002, 412 (414 f.). Kritisch auch *Piltz/Schulz* RDV 2011, 121.

44 Vgl. dazu auch die Untersuchung der *ENISA*, On the security, privacy and usability of online seals. An overview, 2013.

45 Vgl. DKWW/*Weichert* § 9 a Rn. 7; *Hornung//Hartl* ZD 2014, 219 (221). Zur Notwendigkeit einer gesetzlichen Regelung schon *Roßnagel*, Datenschutzaudit, 2000, S. 121.

46 Dazu Simitis/*Scholz* § 9 Rn. 12; Auernhammer/*Hornung* BDSG § 9 a Rn. 35ff.

47 Zur Kritik *Roßnagel/Richter/Nebel* ZD 2013, 103 (106); *Hornung* ZD 2012, 99 (103); *Richter* DuD 2012, 576 (579).

48 Kritisch zum geringen Detaillierungsgrad des KOM-Entwurf *Hornung/Hartl* ZD 2014, 219 (223 f.).

49 Zum Prüfungsgegenstand *Hornung/Hartl* ZD 2014, 219 (223 f.).

50 Kritisch dazu *Härting* CR 2013, 715 (720).

51 Zur Bewertung *Hornung/Hartl* ZD 2014, 219 (224).

52 Vgl. Kühling/Buchner/*Bergt* Art. 42 Rn. 6.

ren. Des Weiteren war vorgesehen, dass ein gültiges Datenschutzsiegel als „geeignete Garantie" für **Dritt-staatenübermittlungen** eingesetzt werden kann (Art. 42 Abs. 2 lit. a aa Parl-E). Dieser Regelungsvorschlag findet sich jetzt in leicht geänderter Form in Art. 42 Abs. 2 und 46 Abs. 2 lit. f.

17 Der **Rat der EU** schlug schließlich die Aufspaltung in zwei Artikel vor (Art. 39, 39 a Rat-E) und machte erstmals konkrete Vorgaben für die **Akkreditierung von Zertifizierungsstellen**. Letztere waren – anders als noch im Parl-E – gleichberechtigt neben den Aufsichtsbehörden für die Durchführung der Zertifizierung vorgesehen. Der Rats-E hat sich – von kleineren Änderungen abgesehen – letztlich auch im Trilog durchgesetzt. Das gilt insbes. für Abs. 1, 2, 4, 6, 7 und 8 sowie für den gesamten Art. 43. So fand sich etwa die Regelung, dass eine Zertifizierung weder die Verantwortlichen oder die Auftragsdatenverarbeiter von ihrer Verantwortung entlastet noch die Aufgaben und Befugnisse der Aufsichtsbehörde berührt, ebenso bereits im Rat-E, wie die ausdrückliche Verpflichtung des Verantwortlichen oder des Auftragsverarbeiters, der Zertifizierungsstelle alle erforderlichen Informationen zur Verfügung zu stellen. Auch die **Gültigkeitsdauer** eines Zertifikates von höchstens drei Jahren mit Verlängerungsmöglichkeit geht auf den Vorschlag des Rates zurück.[53]

IV. Förderung von Zertifizierungsverfahren (Abs. 1)

18 **1. Förderungspflicht.** Nach Abs. 1 S. 1 der Vorschrift werden die **Mitgliedstaaten**, die **Aufsichtsbehörden**, der **EDSA** und die **Kommission** ausdrücklich dazu angehalten, „insbesondere auf Unionsebene die Einführung von datenschutzspezifischen Zertifizierungsverfahren" zu fördern, um eine Nachweisführung für eine datenschutzkonforme Datenverarbeitung zu ermöglichen. Diese allgemeine **Förderungspflicht** wird hinsichtlich der Aufsichtsbehörden und der Ausschusses nochmals im Rahmen der jeweiligen Aufgabenbeschreibung nach Art. 57 Abs. 1 lit. n und Art. 70 Abs. 1 lit. n bekräftigt. Neben den konkreten Aufgaben, die ihnen nach Art. 42 und 43 zukommen[54], sind die Adressaten der Förderungspflicht dazu aufgerufen, die Einführung von Datenschutzzertifizierungsmechanismen sowohl im politischen Raum als auch gegenüber Wirtschaft und Verwaltung anzuregen und entsprechende Aktivitäten zu unterstützen.[55] Mit Blick auf die Mitgliedstaaten und die Kommission kommen hierbei zB Beratungs- und Informationsangebote oder die Förderung von Forschungsvorhaben in Betracht. Zu denken wäre auch an den bevorzugten Einsatz zertifizierter Verfahren in der öffentlichen Verwaltung (→ Rn. 56).[56] Ein bestimmtes zu förderndes Zertifizierungsverfahren schreibt der Gesetzgeber dabei nicht vor. Die Hervorhebung der Unionsebene verweist auf das Europäische Datenschutzsiegel nach Abs. 5 S. 2.

19 **2. Adressaten der Zertifizierung.** Adressaten der Zertifizierung sind **Verantwortliche** (Art. 4 Nr. 7) und **Auftragsverarbeiter** (Art. 4 Nr. 8). Entsprechend dem Anwendungsbereich der Verordnung richtet sich die Vorschrift an öffentliche und private Stellen gleichermaßen. **Nicht** erfasst von den Regelungen zur Zertifizierung werden hingegen **Hersteller** und **Anbieter** von Produkten und Dienstleistungen, da diese regelmäßig im Vorfeld der tatsächlichen Verarbeitung personenbezogener Daten tätig werden und dementsprechend nicht unter die Datenschutzregelungen fallen. Das ist gemessen an dem Ziel einer datenschutzkonformen Technikgestaltung zu eng.[57] Gerade Hersteller von IT-Produkten können durch Konzeption, Erforschung und Entwicklung für die tatsächliche Verfügbarkeit von datenschutzfreundliche Lösungen am Markt sorgen. Auch sie sollten daher die Möglichkeit erhalten, Datenschutzgütesiegel zu erhalten und damit öffentlichkeitswirksam zu werben.[58]

20 Nach Abs. 1 S. 2 sind die besonderen Bedürfnisse von **kleinsten, kleinen und mittelständischen Unternehmen** zu berücksichtigen.[59] Dabei handelt es sich um eine an Organe und Einrichtungen der Union sowie die Mitgliedstaaten und deren Aufsichtsbehörden gerichtete Zielvorgabe, die für die gesamte Anwendung der Verordnung gilt (EG 13), ohne dass allerdings näher bestimmt wird, welche Bedürfnisse damit im Einzelnen gemeint sind. In Bezug auf die Zertifizierung kann dies nur bedeuten, dass Zertifizierungen grundsätz-

---

53 Zu den Regelungsvorschlägen im Vergleich Kühling/Buchner/*Bergt* Art. 42 Rn. 6ff.; *Krings/Mammen* RDV 2015, 231 (233 f.).
54 Siehe dazu die Übersicht bei Gierschmann/Schlender/Stentzel/Veil/*Heilmann/Schulz* Art. 42 Rn. 19 f.
55 Vgl. Auernhammer/*Hornung* DSGVO Art. 42 Rn. 8. Ein klagbarer Anspruch ergibt sich aus der Regelung nicht, so BeckOK DatenschutzR/*Eckhardt* DSGVO Art. 42 Rn. 22; Sydow/*Raschauer* Art. 42 Rn. 8.
56 Zurückhaltender Ehmann/Selmayr/*Will* Art. 42 Rn. 12.
57 Vgl. Auernhammer/*Hornung* DSGVO Art. 9, 35; *Hofmann* ZD-Aktuell 2016, 05324. Nach EG 78 sollen die Hersteller der Produkte, Dienste und Anwendungen ermutigt werden, das Recht auf Datenschutz bei der Entwicklung und Gestaltung der Produkte, Dienste und Anwendungen zu berücksichtigen.
58 Zu den Adressaten eines technikgestützten Datenschutzes *Hornung* ZD 2011, 51 (52 f.); *Niemann/Scholz*, in: Peters (Hrsg.), Innovativer Datenschutz, 2012, S. 114, 140.
59 Maßgeblich für die Einstufung ist die Empfehlung der KOM vom 6. Mai 2003 betreffend die Definition der Kleinstunternehmen sowie der kleinen und mittleren Unternehmen (ABl. L124/36 vom 20.5.2003, S. 36).

lich auch für diese Unternehmen in der Praxis zugänglich sein müssen.[60] Anforderungen und Verfahren sollten daher so ausgestaltet sein, dass sie für Unternehmen mit beschränkten Ressourcen bezahlbar bleiben und nicht übermäßig aufwändig sind.[61]

3. Zertifizierungsgegenstand. Gegenstand von Zertifizierungen sind nach dem klaren Wortlaut des Abs. 1   21
S. 1 allein die „**Verarbeitungsvorgänge**", die von Verantwortlichen oder Auftragsverarbeitern durchgeführt werden. Anders als es EG 100 naheglegt, ist die Zertifizierung eines Produkts oder einer Dienstleistung als solche nicht vorgesehen.[62] Das wird auch dadurch bestätigt, dass Adressaten der Zertifizierung nur Verantwortliche und Auftragsverarbeiter sind (→ Rn. 19). Art. 42 und 43 regeln – trotz der missverständlichen Terminologie – somit allein die Zertifizierung von Verfahren eines Datenverarbeiters (**Verfahrensaudit**).[63] Zertifizierte Produkte können nur im Rahmen der Prüfung eines spezifischen Verarbeitungsprozesses eine Rolle spielen, sind aber nicht selbst Prüfungsgegenstand.[64]

Indem ein Verfahrensaudit nicht auf die einmalige Evaluierung eines einzelnen Produktes zielt, sondern den   22
Datenverarbeiter in den Blick nimmt, trägt es zu einer umfassenden „**Datenschutz-Compliance**" bei.[65] Die Fokussierung auf Verantwortliche und Auftragsverarbeiter bedeutet allerdings nicht, dass diese sich nur mit ihrer gesamten Datenverarbeitung einer Prüfung unterziehen können.[66] Ein Datenverarbeiter als Ganzes mit all seinen Organisationsteilen dürfte als Gegenstand einer Zertifizierung im Regelfall zu groß und zu komplex sein. Gegenstand der Zertifizierung können vielmehr auch **einzelne Verfahren** automatisierter oder nicht automatisierter Datenverarbeitung oder ein abgrenzbarer Teilbereich der datenverarbeitenden Stelle sein, innerhalb dessen **mehrere Verfahren** eingesetzt werden.[67] Dabei kommt es nicht auf den jeweiligen Zweck der einzelnen technischen und organisatorischen Komponenten, sondern auf die übergreifende Zielsetzung an.[68] Entscheidend ist, dass durch die Bestimmung des oder der Verfahren eine in sich geschlossene, systematische Struktur für die Verarbeitung personenbezogener Daten erfasst wird, innerhalb derer die spezifischen Datenschutzrisiken vollständig erfasst und überprüft werden können.[69] **Beispiele** für solche Verfahren sind Krankenhausinformationssysteme oder Personaldatenverarbeitungssysteme. Die spezifische Leistung eines Auftragsverarbeiters bietet sich ebenfalls als Prüfungsgegenstand an. Ein Verfahren ist im Übrigen nicht auf den Einflussbereich eines Verantwortlichen beschränkt, sondern kann von mehreren Verantwortlichen betrieben werden.[70]

Der Zuschnitt des oder der zu zertifizierenden Verfahren sollte vom Datenverarbeiter im Rahmen eines Da-   23
tenschutzkonzepts bestimmt werden. Das **Datenschutzkonzept** bildet insoweit die Grundlage für die Prüfung und Bewertung.[71] Es sollte ausgehend von einer technischen, rechtlichen und organisatorischen Bestandsaufnahme einschließlich eines Sicherheitskonzepts, die Festlegung von Datenschutzzielen, deren Organisation in einem entsprechenden **Datenschutzmanagementsystem**[72] und die systematische Kontrolle der Umsetzung umfassen.[73]

Weil Datenverarbeiter ihre Organisationsstrukturen, Abläufe und eingesetzte Technik fortlaufend verän-   24
dern, besteht auch die Herausforderung eines sich ändernden Prüfungsgegenstands. Ein Verfahrensaudit

60 Vgl. Paal/Pauly/*Paal* Art. 42 Rn. 8; Kühling/Buchner/*Bergt* Art. 42 Rn. 13.
61 *Laue/Nink/Kremer*, § 8 Rn. 28. Gola/*Lepperhoff* Art. 42 Rn. 12 schlägt hierfür eine stärkere Standardisierung von Abläufen vor. Mangels Regelung in der DSGVO können Gebühren für das Tätigwerden der Aufsichtsbehörden im Rahmen der Zertifizierung nach nationalem Recht festgelegt und festgesetzt werden. Bei privaten Zertifizierungsstellen sind die Kosten privatrechtlich zu vereinbaren. Dazu Sydow/*Raschauer* Art. 42 Rn. 42ff.
62 So auch Auernhammer/*Hornung* DSGVO Art. 42 Rn. 10; *Laue/Nink/Kremer*, § 8 Rn. 29; *Karper* PinG, 2016, 201 (203); anders Sydow/*Raschauer* Art. 42 Rn. 23; unklar Gola/*Lepperhoff* Art. 42 Rn. 9; BeckOK DatenschutzR/*Eckardt* DSGVO Art. 42 Rn. 32. Nicht zertifizierbar ist auch eine persönliche Fachkunde oder Qualifikation, wie dies beispielsweise bei der Ausbildung von Datenschutzbeauftragten vorgesehen ist, vgl. *Schwartmann/Weiß* RDV 2016, 68 (70).
63 So im Ergebnis auch *Hofmann* ZD-Aktuell 2016, 05324. Zur Konzeption eines Verfahrensaudits ausführlich Auernhammer/*Hornung* BDSG § 9 a Rn. 4, 49ff.; Simitis/*Scholz* § 9 a Rn. 28ff.
64 Vgl. *Hornung/Hartl* ZD 2014, 219 (224). Zur Frage, ob die Mitgliedstaaten eine Produktzertifizierung normieren könnten, der sich Hersteller unterwerfen Auernhammer/*Hornung* DSGVO Art. 42 Rn. 35.
65 Vgl. *European Data Protection Board*, Guidelines 1/2018, S. 2.
66 Vgl. *Diekmann et al.* DuD 2001, 551 f.
67 Dazu *Hammer/Schuler* DuD 2007, 77 (79).
68 Zum Verfahren einer bestimmten Dienstleistung können beispielsweise die Datenverarbeitungssysteme zum Marketing, zur Kundendatenverwaltung, zum Erbringen der Vertragsleistung, zur Abrechnung, zum Bezahlen und zur Wartung sowie ihre Schnittstellen und Kommunikationswege gehören. Beispiel nach *Roßnagel/Pfitzmann/Garstka*, S. 136.
69 Zum Begriff des Verfahrens ausführlich *Roßnagel*, Datenschutzaudit, 2000, S. 69ff.
70 Zu Einschränkungen, wenn mehrere verantwortliche Stellen ein Verfahren betreiben und zueinander oder gemeinsam zu einem Dritten in einem Abhängigkeitsverhältnis stehen *Roßnagel/Pfitzmann/Garstka*, S. 137.
71 Zum Ablauf *Bizer* DuD 2006, 5.
72 Zum Datenschutzmanagement ausführlich *Roßnagel/Pfitzmann/Garstka*, S. 130ff.; *Karper/Maseberg* DuD 2010, 704.; *Rost* DuD 2013, 295.
73 Zu den notwendigen Inhalten des Konzepts Simitis/*Scholz* § 9 a Rn. 33ff. mwN.

muss daher immer als Prüfung des Datenschutzmanagements mit dem konkreten Verfahren als Bezugspunkt verstanden werden. Bewertet wird dann die Frage, ob dieses Management so in der Organisation verankert ist, dass zum einen konkrete Verfahren eine rechtskonforme Verarbeitung sicherstellen und zum anderen ein **dynamischer Lern- und Verbesserungsprozess** angeregt wird.[74]

25 **4. Zertifizierungsmaßstab.** Die Zertifizierung dient gemäß Abs. 1 S. 1 dem Nachweis, dass die Verarbeitung im Einklang mit der Verordnung erfolgt. Ein „Mehr" an Datenschutz wird nicht verlangt.[75] Das bedeutet, dass zum Erhalt eines Datenschutzsiegels oder -prüfzeichens eine über die **Einhaltung der gesetzlichen Vorgaben** hinausgehende Leistung im Sinne einer möglichst datenschutzfreundlichen Verarbeitung nicht erforderlich ist.[76] Die Verordnung vernachlässigt damit die Möglichkeit von Markteffekten, die sich bei einer Prämierung von bloßer Rechtstreue weit weniger einstellen dürften, als wenn sich ein Unternehmen durch überobligatorische Leistungen positiv von seinen Wettbewerbern abheben kann. Die Zertifizierung am **Maßstab des geltenden Rechts** kann für den Datenverarbeiter aber dann sinnvoll sein, wenn er unsicher ist, ob er sich rechtskonform verhält. Das dürfte vor allem der Fall sein, wenn die Rechtskonformität am Maßstab offener Abwägungsklauseln wie der Wahrnehmung von Aufgaben im öffentlichen Interesse (Art. 6 Abs. 1 UAbs. 1 lit. e, → Art. 6 Abs. 1 Rn. 78ff.) oder der Wahrung von berechtigten Interessen (Art. 6 Abs. 1 UAbs. 1 lit. f, → Art. 6 Abs. 1 Rn. 85ff.) zu bestimmen ist.[77]

26 Da in Abs. 3 die Freiwilligkeit der Zertifizierung vorgeben ist, sollte der in der Vorschrift angelegte Prüfungsmaßstab nicht so verstanden werden, dass damit den Verantwortlichen und Auftragsverarbeitern von vornherein untersagt ist, sich auch strengeren Anforderungen zu unterwerfen und deren Einhaltung überprüfen zu lassen.[78] Hierbei muss dann an **individuelle Maßstäbe** angeknüpft werden, bei denen der jeweilige Datenverarbeiter im Einzelfall angestrebte Verbesserungen des Datenschutzes und der Datensicherheit für sich selbst definiert und sich ihre Einhaltung bestätigen lässt.[79]

V. Zertifizierung beim Datentransfer in Drittländer (Abs. 2)

27 Einen besonderen Stellenwert nehmen Zertifizierungsverfahren im Rahmen der Übermittlung von Daten in Staaten außerhalb der EU ein. Nach Abs. 2 können Verantwortliche oder Auftragsverarbeiter, die – weil sie außerhalb der EU niedergelassen sind – nicht dem räumlichen Anwendungsbereich der DSGVO nach Art. 3 Abs. 1 unterfallen, von der Durchführung eines Zertifizierungsverfahrens profitieren. Eine erfolgreiche Zertifizierung ermöglicht es ihnen, personenbezogene Daten aus der EU zu erhalten, obwohl sie in einem Drittland ansässig sind, für das kein Angemessenheitsbeschluss nach Art. 45 Abs. 3 (→ Art. 45 Rn. 19ff.) existiert. Ein „genehmigter Zertifizierungsmechanismus" kann nach Art. 46 Abs. 2 lit. f eine „geeignete Garantie" darstellen, auf deren Basis auch ohne Genehmigung einer Aufsichtsbehörde eine Übermittlung in unsichere Drittländer und an internationale Organisationen erfolgen darf (→ Art. 46 Rn. 72ff.). Soll das Zertifizierungsverfahren zu einer solchen **Rechtfertigung von Datenexporten in Drittländer** genutzt werden, muss es vom Anbieter auch ausdrücklich darauf ausgerichtet sein.[80] Anders als bei einer rein nationalen Zertifizierung können dabei nur solche Kriterien zugrunde gelegt werden, die vom EDSA – nach Durchführung des Kohärenzverfahrens gem. Art. 63ff. – genehmigt worden sind (→ Rn. 39).

28 Ziel und Gegenstand der Zertifizierung nach Abs. 2 ist der Nachweis, dass der Datenempfänger im Drittland die Verarbeitung entsprechend den Anforderungen des europäischen Datenschutzrechts durchführt. Die Regelung schafft damit einerseits Anreize für einen „Export" der europäischen Datenschutzstandards und deren Etablierung im globalen Datenverkehr.[81] Andererseits setzt der Gesetzgeber damit auch großes Vertrauen in private Zertifizierungsstellen, die sicherstellen müssen, dass ihre Zertifizierungen die hohen Vorgaben an **geeignete Garantien** iSd Art. 46 erfüllen.[82] Diese Garantien sollen das fehlende angemessene Schutzniveau im Drittland möglichst umfassend kompensieren. Es muss daher ein den wesentlichen materiellen Vorgaben der DSGVO entsprechendes Datenschutzniveau gewährleistet werden. Außerdem müssen den betroffenen Personen vergleichbare Rechte wie bei einem Verbleib der Daten innerhalb der EU zuste-

---

74 So *Hornung/Hartl* ZD 2014, 219 (220); *Roßnagel*, Datenschutzaudit, 2000, S. 58 f.

75 So auch *Laue/Nink/Kremer*, § 8 Rn. 30; Kühling/Buchner/*Bergt* Art. 42 Rn. 15; Plath/*v. Braunmühl* DSGVO Art. 42 Rn. 8.

76 Vgl. umfassend zum Prüfungsmaßstab bei Audits und Zertifizierungen Auernhammer/*Hornung* BDSG § 9 a Rn. 53ff. mwN; *Roßnagel*, Datenschutzaudit, 2000, S. 85ff.

77 Vgl. *Hornung/Hartl* ZD 2014, 219 (224).

78 Ebenso Auernhammer/*Hornung* DSGVO Art. 42 Rn. 11; Kühling/Buchner/*Bergt* Art. 42 Rn. 15; *Schwartmann/Weiß* RDV 2016, 68 (72).

79 So das Konzept von *Roßnagel*, Datenschutzaudit, 2000, S. 85ff.; *Hammer/Schuler* DuD 2007, 77 (81). Vgl. auch Auernhammer/*Hornung* BDSG § 9 a Rn. 59; Simitis/*Scholz* § 9 a Rn. 29.

80 Vgl. Kühling/Buchner/*Bergt* Art. 42 Rn. 14.

81 Zur Anreizwirkung auch Auernhammer/*Hornung* DSGVO Art. 42 Rn. 32; Ehmann/Selmayr/*Will* Art. 42 Rn. 6.

82 So Kühling/Buchner/*Schröder* Art. 46 Rn. 38.

hen. Hierzu zählen insbes. **Kontrollmöglichkeiten** durch unabhängige Instanzen, ein **effektiver Rechtsschutz** durch die Einräumung von durchsetzbaren und wirksamen Rechtsbehelfen bei Behörden oder vor Gericht sowie das Recht, Ersatz erlittener Schäden zu verlangen (Art. 46 Abs. 1, EG 108).[83]

Angesichts der erheblichen Folgen, die eine Weitergabe in unsichere Drittländer für die betroffenen Personen haben kann, müssen die Datenimporteure nach Abs. 2 S. 2 **rechtsverbindliche und durchsetzbare Verpflichtungen** zur Anwendung und Einhaltung der geeigneten Garantien eingehen. Dies kann zum einen durch einen **Vertrag** zwischen der übermittelnden Stelle und der im Drittland verarbeitenden Stelle sichergestellt werden, in dem die Schutzgarantien als Vertragsbestandteil einbezogen werden.[84] Zum anderen lässt die Vorschrift „sonstige rechtlich bindende Instrumente" ausreichen. Zu denken ist hier an Verwaltungsvereinbarungen im öffentlichen Bereich oder bei Datenübermittlungen in internationalen Konzernen auch an unternehmensinterne Regelungen. Die große Herausforderung bleibt, wie bei Verarbeitern außerhalb der EU die Einhaltung dieser Verpflichtungen insbes. gegenüber den betroffenen Personen effektiv kontrolliert werden kann.[85] Stehen hierfür keine tauglichen Mechanismen – die sich auch aus dem Recht des Drittstaates ergeben können – zur Verfügung, darf die Datenübermittlung nicht auf Art. 46 Abs. 2 lit. f gestützt werden. 29

VI. Freiwilligkeit und transparentes Verfahren (Abs. 3)

Abs. 3 stellt klar, dass Verantwortliche und Auftragsverarbeiter **kein Zwang** zur Zertifizierung trifft, sondern diese **immer auf freiwilliger Basis** erfolgt. Das entspricht dem Ziel von Zertifizierungen, die **Eigenverantwortung** der Datenverarbeiter zu fordern und zu fördern (→ Rn. 5). Die Durchführung eines Zertifizierungsverfahrens kann daher weder durch nationales Recht vorgeschrieben oder durch die Aufsichtsbehörde angeordnet[86] noch kann sie mittelbar etwa über Ausschreibungsbedingungen durch öffentliche Auftraggeber verlangt werden.[87] Allerdings ist es dem Verantwortlichen nicht verwehrt, bei der Entscheidung über die Eingehung eines Auftragsverarbeitungsvertrags, die Auswahl des Auftragsverarbeiters von der Vorlage einer Zertifizierung abhängig zu machen.[88] 30

Weiterhin sieht Abs. 3 die Zugänglichkeit der Zertifizierung über ein **transparentes Verfahren** vor.[89] Damit ist nicht nur die Offenlegung der Kriterien durch die Aufsichtsbehörde gemeint, wie sie bereits Art. 43 Abs. 6 iVm Art. 42 Abs. 5 ausdrücklich vorsieht. Vielmehr müssen insgesamt die Anforderungen, Kosten, Zuständigkeiten und Verfahrensabläufe für interessierte Verantwortliche und Auftragsverarbeiter nachvollziehbar und verständlich sein.[90] Damit wird auch eine gewisse **Vergleichbarkeit** der angebotenen Zertifizierungsverfahren ermöglicht. Für die notwendige Transparenz hat die Zertifizierungsstelle zu sorgen, ohne dass damit eine aktive Beratungspflicht verbunden wäre. 31

VII. Verantwortung der zertifizierten Stelle und Verhältnis zur Aufsichtsbehörde (Abs. 4)

Die Zertifizierung **mindert** zum einen **nicht** die **Verantwortung** des Zertifizierten für die Einhaltung der Verordnung. Die Pflichten des Verantwortlichen oder Auftragsverarbeiters werden durch eine Zertifizierung weder beschränkt noch von zusätzlichen Bedingungen abhängig gemacht. Das stellt Abs. 4 ausdrücklich klar. Zertifizierungen können allerdings zum Nachweis der Erfüllung verschiedener rechtlicher Anforderungen der Verordnung herangezogen werden (→ Rn. 48ff.). 32

Zum anderen lässt die Zertifizierung die **Aufgaben und Befugnisse der Aufsichtsbehörden** unberührt. Die zur Erteilung einer Zertifizierung notwendige Datenschutzprüfung erfolgt unabhängig von der Überwachungs- und Kontrolltätigkeit einer Aufsichtsbehörde. Eine einmal erfolgreiche Zertifizierung kann daher für Verantwortliche und Auftragsverarbeiter keine Rechtssicherheit im Hinblick auf eine mögliche spätere Untersuchung durch die für sie zuständige Aufsichtsbehörde bedeuten.[91] Die Aufsichtsbehörde wäre folg- 33

83 Vgl. BeckOK DatenschutzR/*Lange/Filip* DSGVO Art. 46 Rn. 12ff., 56; Paal/Pauly/*Pauly* Art. 46 Rn. 4, 35; Kühling/Buchner/*Bergt* Art. 42 Rn. 14 mit Verweis auf die Anforderungen aus dem Safe-Harbor-Urteil des EuGH C-362/14, NJW 2015, 3151.

84 Vgl. *Laue/Nink/Kremer*, § 5 Rn. 54 f.

85 So auch Auernhammer/*Hornung* DSGVO Art. 42 Rn. 13.

86 So im Ergebnis auch Ehmann/Selmayr/*Will* Art. 42 Rn. 22, der auf die verbleibende Möglichkeit der Aufsichtsbehörden hinweist, im Rahmen ihrer Beratungsbefugnisse auf die Durchführung von Zertifizierungen hinzuwirken.

87 Vgl. Kühling/Buchner/*Bergt* Art. 42 Rn. 10. Zertifizierte Datenverarbeiter können aber im Rahmen staatlicher Vergabeentscheidungen privilegiert werden. Dazu Auernhammer/*Hornung* BDSG § 9 a Rn. 77ff.; *Neumann/Schulz* DuD 2007, 248 (254 f.).

88 So Ehmann/Selmayr/*Will* Art. 42 Rn. 21.

89 Sydow/*Raschauer* Art. 42 Rn. 13 will daraus einen Anspruch von Verantwortlichen und Auftragsverarbeitern auf Zugang zu mindestens einem transparenten Zertifizierungsverfahren ableiten.

90 Vgl. Paal/Pauly/*Paal* Art. 42 Rn. 11.

91 Dazu näher Simitis/*Scholz* § 9 a Rn. 15; Auernhammer/*Hornung* BDSG § 9 a Rn. 82; BeckOK Datenschutzrecht/*Schantz* BDSG § 9 a Rn. 7.

lich nicht gehindert, gegenüber dem Verantwortliche oder Auftragsverarbeiter Abhilfemaßnahmen anzuordnen, die im Widerspruch zu der mit der Zertifizierung ursprünglich getroffenen Feststellung einer rechtskonformen Verarbeitung stehen. Die durch Art. 16 Abs. 2 AEUV auch primärrechtlich verankerte „völlige" **Unabhängigkeit der Aufsichtsbehörden** (Art. 52 Abs. 1, → Art. 52 Rn. 5ff.) wäre beeinträchtigt, wenn eine Bindung an eine Zertifizierung bestünde, die durch andere Aufsichtsbehörden oder Zertifizierungsstellen nach Art. 43 erteilt wurden.[92] Das wird durch Art. 58 Abs. 2 lit. h bestätigt, wonach die Aufsichtsbehörde eine Zertifizierungsstelle anweisen kann, eine Zertifizierung zu widerrufen. Auch ohne die **Überwachungstätigkeit** der Aufsichtsbehörde zu präjudizieren, kann eine Zertifizierung diese aber **unterstützen** und erleichtern und damit zumindest **faktische Wirkungen** entfalten.[93]

34 Auch in den Fällen, in denen die Zertifizierung durch die Aufsichtsbehörde selbst durchgeführt wird (→ Rn. 35), tritt dadurch **keine Selbstbindung** der Aufsichtsbehörde ein.[94] Beurteilt die Aufsichtsbehörde nämlich einen von ihr zertifizierten Verarbeitungsvorgang später als rechtswidrig, muss sie die Zertifizierung nach Abs. 7 S. 2 widerrufen (→ Rn. 44). An eine zu Unrecht erteilte Zertifizierung ist die Aufsichtsbehörde nicht gebunden. Vielmehr muss sie im Rahmen ihres Ermessens aufsichtsbehördlich tätig werden und darauf hinwirken, dass die Rechtsverstöße abgestellt werden.[95] Der Kontrollverantwortung gegenüber den betroffenen Personen kommt insoweit Vorrang zu. Die Aufsichtsbehörde sollte dabei allerdings die Gesichtspunkte besonders berücksichtigen und darlegen, die zu einer Korrektur ihrer ursprünglich positiven Beurteilung der Datenverarbeitung geführt haben.[96]

VIII. Erteilung der Zertifizierung (Abs. 5)

35 **1. Zuständigkeit.** Die Zertifizierung obliegt gemäß Abs. 5 S. 1 den nach Art. 43 **akkreditierten Zertifizierungsstellen** oder direkt als staatliches Verfahren den **Aufsichtsbehörden**. Die „Einführung von Datenschutzzertifizierungsmechanismen und von Datenschutzsiegeln und -prüfzeichen" gehört nach Art. 57 Abs. 1 lit. n zu den Aufgaben der Aufsichtsbehörden. Daraus leitet sich aber keine Verpflichtung ab, tatsächlich auch selbst Zertifizierungsverfahren durchzuführen. Die Aufsichtsbehörden entscheiden vielmehr nach eigenem Ermessen, ob sie diese Leistung anbieten.[97] Dazu berechtigt ist zunächst jede nationale Aufsichtsbehörde. Die Verordnung hält aber nur eine Zertifizierung durch die „zuständige" Aufsichtsbehörde für zulässig. Daher darf eine Aufsichtsbehörde nur die Datenverarbeiter zertifizieren, die auch ihrer aufsichtsbehördlichen Zuständigkeit unterliegen. Die entsprechenden Genehmigungsbefugnisse ergeben sich aus Art. 58 Abs. 3 lit. f. Welche Aufsichtsbehörde bei Zertifizierungen nach Abs. 2 zuständig ist, wird nicht geregelt. Denkbar wäre, dass die für die übermittelnde Stelle zuständige Behörde auch für die Zertifizierung der datenempfangenden Stelle im Drittland zuständig ist.[98]

36 Vor dem Hintergrund der Freiwilligkeit der Verfahren (Abs. 3, → Rn. 30) und einer möglichen Interessenkollision erscheint der Weg über eine (meist private) Zertifizierungsstelle nach Art. 43 vorzugswürdig.[99] Bei einer Zertifizierung durch die Aufsichtsbehörden könnten die Verfahren leicht den Charakter einer „Vorabgenehmigung" bekommen.[100] Das Modell **staatlich akkreditierter Zertifizierungsstellen** hat sich hingegen bereits in der Praxis bewährt.[101] Das geregelte Akkreditierungsverfahren und die Möglichkeit des Widerrufs der Akkreditierung (Art. 43 Abs. 7, → Art. 43 Rn. 26 f.) sichern das nötige Vertrauen in die Unabhängigkeit, Sachkunde und Zuverlässigkeit der Zertifizierungsstellen.[102] Wird die Zertifizierung dennoch durch eine Aufsichtsbehörde durchgeführt, sollte zur Vermeidung von Interessenskonflikten jedenfalls eine strikte

92 So Auernhammer/*Hornung* DSGVO Art. 42 Rn. 26.
93 Dazu Simitis/*Scholz* § 9a Rn. 16 mwN Eine faktische Selbstbindung der Aufsichtsbehörden betont Kühling/Buchner/*Bergt* Art. 42 Rn. 27.
94 Anders aber Auernhammer/*Hornung* DSGVO Art. 42 Rn. 27; *Spindler* ZD 2016, 407 (412 f.).
95 In diesem Sinne auch Paal/Pauly/*Paal* Art. 42 Rn. 12.
96 Für eine „gesteigerte Darlegungslast" Ehmann/Selmayr/*Will* Art. 42 Rn. 28; Plath/*v. Braunmühl* DSGVO Art. 42 Rn. 8.
97 So auch BeckOK DatenschutzR/*Eckardt* DSGVO Art. 42 Rn. 49 („keine Pflichtaufgabe"); Gierschmann/Schlender/Stentzel/Veil/*Heilmann/Schulz* Art. 42 Rn. 27; aA Ehmann/Selmayr/*Will* Art. 42 Rn. 31, der einen Entscheidungsspielraum der Aufsichtsbehörde nur hinsichtlich des Zeitpunktes der Erstellung eigener Zertifizierungskriterien und des Umfangs ihrer Zertifizierungsangebote anerkennen will.
98 So Auernhammer/*Hornung* DSGVO Art. 42 Rn. 15.
99 Vgl. *Roßnagel*, Datenschutzaudit, 2000, S. 111; *Hornung/Hartl* ZD 2014, 219 (224).
100 *Krings/Mammen* RDV 2015, 231 (233 f.) weisen zudem darauf hin, dass die Aufsichtsbehörden oftmals nicht über die notwendigen Ressourcen verfügen, um den Zertifizierungsbedarf abzudecken. Kritisch zur Doppelrolle als Aufsichtsbehörde und Zertifizierungsstelle auch Gola/*Lepperhoff* Art. 42 Rn. 8; Gierschmann/Schlender/Stentzel/Veil/*Heilmann/Schulz* Art. 42 Rn. 28.
101 Ein solches Modell wurde beispielsweise in Schleswig-Holstein umgesetzt. Dazu Simitis/*Scholz* § 9 a Rn. 20 f. mwN.
102 So Auernhammer/*Hornung* BDSG § 9 a Rn. 65.

organisatorische und personelle Trennung der Zertifizierungs- von der Aufsichtstätigkeit vorgenommen werden.[103]

Nicht angesprochen wird in der Vorschrift das Verhältnis zwischen Zertifizierungsstellen und dem **Datenschutzbeauftragten** nach Art. 37 ff. Eine faktische Konkurrenz kann sich zumindest bei der Bestellung eines externen Datenschutzbeauftragten (Art. 37 Abs. 6, 2. Alt.) ergeben. Trotz möglicher Ähnlichkeiten sollten die Tätigkeiten aber als komplementär verstanden werden.[104] Die Rolle des Datenschutzbeauftragten kann sogar Teil der Zertifizierung sein. Der Datenschutzbeauftragte sollte bei einer Zertifizierung von Anfang an mit eingebunden werden. Nicht kompatibel ist allerdings die Tätigkeit als Zertifizierungsstelle und externer Datenschutzbeauftragter für denselben Verantwortlichen oder Auftragsverarbeiter. Dies wäre mit der Unabhängigkeit der jeweiligen Aufgabenwahrnehmung (→ Art. 38 Rn. 30 ff., → Art. 43 Rn. 15) nicht vereinbar.

2. Zertifizierungskriterien. Grundlage der Zertifizierung sind **angemessene, vergleichbare** und nach Möglichkeit **europaweit einheitliche Kriterien**.[105] In diesen wird festgelegt, wie die Vorgaben der Verordnung hinsichtlich des Zertifizierungsgegenstands umzusetzen sind.[106] Die Kriterien sollten allgemeine Regelungen der Verordnung präzisieren, dürfen aber keine darüber hinausgehenden Anforderungen stellen.[107] Wer die Zertifizierungskriterien ausarbeitet, legt die Verordnung nicht fest. Sinnvollerweise erfolgt dies durch die akkreditierten Zertifizierungsstellen. Führen Aufsichtsbehörden die Zertifizierung selbst durch, können sie hierfür auch ihre eigenen Kriterien festlegen.[108] Ebenso ist denkbar, dass Wirtschafts- oder Verbraucherverbände zum Beispiel bezogen auf ein bestimmtes zu prüfendes Verfahren spezifische Kriterien entwickeln.[109] Um hier eine gewisse Harmonisierung zu erreichen, ist es wichtig, dass die Kommission zügig von ihrer Kompetenz nach Art. 43 Abs. 8 (→ Art. 43 Rn. 28) Gebrauch macht, in delegierten Rechtsakten nähere Anforderungen für die Aufstellung von Zertifizierungskriterien festzulegen. Diese wären dann in ganz Europa zu berücksichtigen.

Die Zertifizierungskriterien müssen genehmigt werden, um im Rahmen einer Zertifizierung Anwendung zu finden. Die **Genehmigung** wird nach Abs. 5 S. 1 entweder von der **Aufsichtsbehörde** vorgenommen, die auch die Zertifizierung durchführt („von dieser zuständigen"). Diese Aufgabe ist in Art. 57 Abs. 1 lit. n festgelegt. Die Befugnis hierzu ergibt sich aus Art. 58 Abs. 3 lit. f oder die Genehmigung erfolgt durch den **EDSA** im Kohärenzverfahren nach Art. 63 ff. Dem Ausschuss ist diese Aufgabe ausdrücklich durch Art. 70 Abs. 1 S. 2 lit. o zugewiesen.[110] Der Wortlaut der Vorschrift („oder"), der darauf hindeutet, dass eine Genehmigung immer auch ohne Beteiligung des EDSA allein auf der Ebene der nationalen Aufsichtsbehörden erfolgen kann, ist allerdings missverständlich. Der Ausschuss ist bei der Genehmigung von Zertifizierungskriterien jedenfalls dann zwingend zu befassen, wenn grenzüberschreitende Datenverarbeitungsvorgänge betroffen sind, sich die Kriterien (wie häufig) in mehreren Mitgliedstaaten anwenden lassen oder wenn sich die Kriterien zwecks Rechtfertigung von Datenexporten speziell an Verarbeiter in Drittländern richten.[111] Das folgt aus dem im Zuge der Berichtigung der DSGVO (ABl. L 127/2 vom 23.5.2018) ergänzten Art. 64 Abs. 1 S. 2 lit. c. Danach ist die Aufsichtsbehörde verpflichtet, den von ihr erstellten Entwurf der Kriterien vorab dem Ausschuss zur **Stellungnahme** vorlegen. Es handelt sich hier um den Fall eines gesetzlich angeordneten **Kohärenzverfahrens** (zum Verfahren → Art. 64 Rn. 31 ff.).[112] Gibt der EDSA mit der einfachen Mehrheit seiner Mitglieder eine positive Stellungnahme ab (Art. 64 Abs. 3), stellt diese Entscheidung im Ergebnis eine Genehmigung der Zertifizierungskriterien dar. Die genehmigten Zertifizierungskriterien sind nach Art. 43 Abs. 6 S. 2 von der Aufsichtsbehörde zu veröffentlichen.

---

103   Zu möglichen Interessenkonflikten auch *European Data Protection Board*, Guidelines 1/2018, S. 6.
104   Dazu ausführlich Auernhammer/*Hornung* BDSG § 9 a Rn. 66 ff.; Simitis/*Scholz* § 9 a Rn. 17 f.; Gola/Schomerus/*Gola/Schomerus* § 9 a Rn. 9 ff. jeweils mwN.
105   So Auernhammer/*Hornung* DSGVO Art. 42 Rn. 17.
106   Vgl. Gola/*Lepperhoff* Art. 42 Rn. 11.
107   Gola/*Lepperhoff* Art. 42 Rn. 26; aA wohl Kühling/Buchner/*Bergt* Art. 42 Rn. 15 („schärfere Kriterien sind zulässig"). Zum Zertifizierungsmaßstab → Rn. 25 f.
108   Vgl. *BfDI*, 26. TB, 10.2.11.2. Im Arbeitsprogramm der Art. 29-Datenschutzgruppe wird das Thema der Zertifizierung besonders priorisiert. Es wurde eine Arbeitsgruppe eingerichtet, die entsprechende Vorgaben, wie zB Verfahrensordnungen für die Zertifizierung und die Akkreditierung erarbeitet.
109   Vgl. Kühling/Buchner/*Bergt* Art. 42 Rn. 16.
110   Vgl. Berichtigung der Verordnung (EU) 2016/679, ABl. L 127/2 vom 23.5.2018, S. 7.
111   So auch Ehmann/Selmayr/*Will* Art. 42 Rn. 35.
112   Für eine Begrenzung des Art. 64 Abs. 1 auf solche Maßnahmen, die eine grenzüberschreitende Datenverarbeitung zum Gegenstand haben Paal/Pauly/*Körffer* Art. 64 Rn. 1; Kühling/Buchner/*Caspar* Art. 64 Rn. 3; aA aber BeckOK DatenschutzR/*Marsch* DSGVO Art. 64 Rn. 7; Schantz/Wolff/*Wolff*, Rn. 1047 mit der Folge, dass eine Genehmigung der Zertifizierungskriterien nie allein auf der Ebene der Aufsichtsbehörden erfolgen kann.

40   **3. Europäisches Datenschutzsiegel.** Wer erfolgreich ein Zertifizierungsverfahren auf der Basis von Kriterien durchläuft, die der EDSA genehmigt hat, soll nach Abs. 5 S. 2 künftig berechtigt sein, das **Europäische Datenschutzsiegel** zu führen. Als einheitliches Zertifizierungszeichen ist das Europäische Datenschutzsiegel auf eine europaweite Anerkennung angelegt und soll so maßgeblich zu einer **Harmonisierung** im Bereich der Datenschutzzertifizierung beitragen.[113] Einzelheiten zur Ausgestaltung und zum Verfahren regelt die Verordnung nicht. Auch hier wird es deshalb darauf ankommen, dass die Kommission im Wege eines delegierten Rechtsaktes nach Art. 43 Abs. 8 die nähere Ausgestaltung vornimmt. Bisher ist davon auszugehen, dass das Europäische Datenschutzsiegel von den Stellen vergeben werden soll, die auch die Zertifizierung erteilen – also akkreditierte Zertifizierungsstellen oder Aufsichtsbehörden. Trotz der unbestimmten Formulierung in Abs. 5 S. 2 („kann … führen"), die Entscheidungsspielräume der zertifizierenden Stellen nahe legt, dürften für die Entscheidung über die Erteilung eines Europäischen Datenschutzsiegels **keine anderen Maßstäbe** gelten als für sonstige Zertifizierungen.[114] Auch ist das Europäische Datenschutzsiegel weder mit weitergehenden Rechtswirkungen noch aufsichtsbehördlichen Bindungswirkungen verbunden, als dies bei sonstigen Zertifizierungen der Fall ist.

IX.   Mitwirkungspflicht (Abs. 6)

41   Möchte ein Verantwortlicher oder ein Auftragsverarbeiter die Zertifizierung einer von ihm durchgeführten Verarbeitung beantragen, ist er nach Abs. 6 zur Mitwirkung verpflichtet. Nur dann kann die Zertifizierungsentscheidung auf vollständiger und richtiger Tatsachengrundlage getroffen werden. Er muss daher der für die Zertifizierung zuständigen Stelle zunächst proaktiv sämtliche **Informationen zur Verfügung stellen,** die für die Durchführung des Zertifizierungsverfahrens erforderlich sind. Nach Aufforderung durch die zertifizierende Stelle sind ggf. ergänzende Unterlagen nachzureichen, etwa wenn der Antrag unvollständig oder unklar ist. Überdies muss der Verantwortliche oder Auftragsverarbeiter **Zugang** zu den maßgeblichen Verarbeitungsaktivitäten **gewähren.** Damit ist zunächst ein elektronischer Zugang im Sinne eines Einsichtsrechts gemeint. Denkbar ist aber auch ein physischer Zugang im Sinne einer Vor-Ort-Kontrolle, wenn diese im konkreten Fall erforderlich ist.[115] Was an Informationen erforderlich ist, bestimmt sich objektiv ausgehend vom konkreten Zertifizierungsgegenstand. Grenzen der Mitwirkung können sich aus Betriebs- und Geschäftsgeheimnissen ergeben. Die Mitwirkungspflichten bestehen auch im Rahmen von Überprüfungsmaßnahmen (→ Rn. 43), die nach Erteilung einer Zertifizierung vorgenommen werden. Verweigert der Verantwortliche die Mitwirkung, hat dies die Nichterteilung bzw. den Widerruf der Zertifizierung zur Folge. Darüber hinaus ist ein Verstoß gegen die Mitwirkungspflicht nach Art. 83 Abs. 4 lit. a auch bußgeldbewehrt.

X.   Gültigkeit der Zertifizierung (Abs. 7 S. 1)

42   Nach Abs. 7 S. 1 wird die Zertifizierung für eine **Höchstdauer von drei Jahren** erteilt. Die Erteilung für einen kürzeren Zeitraum ist damit möglich. Wegen des Verfahrensaufwands einer Zertifizierung für die Datenverarbeiter, sollte dies aber nur im Ausnahmefall bei Vorliegen gewichtiger Gründe erfolgen.[116] Über die Gültigkeitsdauer entscheidet die Zertifizierungsstelle nach Art. 43 oder die zuständige Aufsichtsbehörde, wenn diese die Zertifizierung selbst durchführt. Mit der Befristung wird der technischen Weiterentwicklung und einer sich daraus ergebenden Notwendigkeit zur Änderung der zertifizierten Verarbeitungsverfahren oder der Aktualisierung der Zertifizierungskriterien Rechnung getragen.[117] Die Zertifizierung will derartige Veränderungsprozesse nicht verhindern. Eine Zertifizierung kann deshalb auf Antrag auch verlängert werden, wenn zum Zeitpunkt der **Re-Zertifizierung** die einschlägigen Zertifizierungskriterien weiterhin erfüllt werden. Hierfür muss eine erneute Prüfung auf der Basis dann ggf. aktualisierter Zertifizierungskriterien durchgeführt werden. Auch eine mehrfache Verlängerung ist unter diesen Bedingungen denkbar.[118]

---

113   Vgl. *European Data Protection Board*, Guidelines 1/2018, S. 9 f. Positiv bewertet dies auch Paal/Pauly/*Paal* Art. 42 Rn. 14.

114   So auch Ehmann/Selmayr/*Will* Art. 42 Rn. 37; aA Kühling/Buchner/*Bergt* Art. 42 Rn. 18, der davon ausgeht, dass der EDSA für das Europäische Datenschutzsiegel höhere Anforderungen aufstellen kann.

115   In diese Richtung auch *Schwartmann/Weiß* RDV 2016, 68 (72).

116   So Paal/Pauly/*Paal* Art. 42 Rn. 17.

117   Vgl. *Laue/Nink/Kremer*, § 8 Rn. 34; Gierschmann/Schlender/Stentzel/Veil/*Heilmann/Schulz* Art. 42 Rn. 38; Sydow/*Raschauer* Art. 42 Rn. 38, der auf wenig erprobte Datenverarbeitungen verweist.

118   Kühling/Buchner/*Bergt* Art. 42 Rn. 21. Zur Notwendigkeit der Weiterentwicklung und Aktualisierung auch der Prüfkriterien *Hofmann* ZD-Aktuell 2016, 05324.

XI. Überprüfung und Widerruf der Zertifizierung (Abs. 7 S. 2)

Unabhängig von der Überprüfung im Rahmen der Verlängerung einer Zertifizierung muss die für die Zerti- 43
fizierung zuständige Stelle auch während der Gültigkeit der Zertifizierung **regelmäßige Überprüfungen** vornehmen. Für die Aufsichtsbehörde, die die Zertifizierungen selbst durchführen, folgt dies aus der Aufgabenzuweisung in Art. 57 Abs. 1 lit. o. Die Befugnis für die hierfür erforderlichen Untersuchungen findet sich in
Art. 58 Abs. 1 lit. c. Für Zertifizierungsstellen ist nach Art. 43 Abs. 2 lit. c die Festlegung von Verfahren ua
für die Überprüfung der Datenschutzzertifizierung Akkreditierungsvoraussetzung.[119] Überprüfungen werden wegen des damit verbundenen Aufwandes in der Praxis aber nur stichprobenhaft oder aufgrund von
Beschwerden verlangt werden können.[120]

Stellt die die Zertifizierung erteilende Stelle bei einer solchen Überprüfung oder auf anderem Wege fest, 44
dass die Kriterien für die Zertifizierung nicht oder nicht mehr erfüllt werden, ist sie nach Abs. 7 S. 2 verpflichtet, die Zertifizierung zu widerrufen.[121] Bei einem späteren Wegfall der Zertifizierungsvoraussetzungen wirkt der **Widerruf** ex nunc. Die bis zu diesem Zeitpunkt mit der Zertifizierung verbundenen Rechtswirkungen (→ Rn. 48 ff.) bleiben bestehen. In Art. 58 Abs. 2 lit. h wird der Aufsichtsbehörde ausdrücklich
die Befugnis zum Widerruf der Zertifizierung zugewiesen. Das kann aber nur für die Fälle gelten, in denen
die Zertifizierung auch durch die Aufsichtsbehörde selbst erteilt wurde. Ansonsten obliegt der Widerruf der
jeweiligen Zertifizierungsstelle, die nur akkreditiert werden kann, wenn sie hierfür Verfahren festlegt
(Art. 43 Abs. 2 lit. c → Art. 43 Rn. 13). Die Zertifizierungsstelle unterliegt beim Widerruf den Weisungen
der Aufsichtsbehörde. Diese kann nach Art. 58 Abs. 2 lit. h die Zertifizierungsstelle zum Widerruf oder zur
Nichterteilung einer Zertifizierung anweisen, wenn die Kriterien nicht oder nicht mehr erfüllt werden. Nur
wenn die Weisung nicht durchsetzbar ist, kommt ein unmittelbarer Durchgriff auf die Zertifizierung in Betracht („**Selbsteintrittsrecht**").[122]

Der Begriff des Widerrufs in Abs. 7 entspricht nicht der Terminologie des deutschen **Verwaltungsverfah-** 45
rensrechts. Die §§ 48 ff. VwVfG kommen daher – auch für den Widerruf von Zertifizierungen durch Aufsichtsbehörden – nicht zur Anwendung.[123] Der Widerruf richtet sich vielmehr nach den Regeln, die die zertifizierende Stelle selbst festgelegt hat. Für private Zertifizierungsstellen nach Art. 43 ergibt sich das unmittelbar aus Art. 43 Abs. 2 lit. c.

XII. Öffentliches Register (Abs. 8)

Nach Abs. 8 nimmt der EDSA alle Zertifizierungsverfahren sowie Datenschutzsiegel und -prüfzeichen in ein 46
Register auf und veröffentlicht sie in geeigneter Weise. Dazu gehört zumindest auch eine elektronische **Ver-**
öffentlichung über das Internet.[124]

Die Veröffentlichungspflicht bezieht sich nicht nur abstrakt auf die angebotenen Zertifizierungsverfahren, 47
Siegel und Prüfzeichen. Vielmehr umfasst das Register auch **alle zertifizierten** oder mit einem Gütesiegel
oder Prüfzeichen versehenen **Verantwortlichen und Auftragsverarbeiter** – und zwar unabhängig vom Ort
ihrer Niederlassung.[125] Damit kann die erfolgreiche Zertifizierung eine Wirkung im Markt entfalten. Das
Register muss aktuell gehalten werden. Nicht mehr gültige oder widerrufene Zertifikate müssen aus dem
Register entfernt werden. Etwas anderes ergibt sich auch nicht aus der Aufgabenzuweisung in Art. 70
Abs. 1 S. 2 lit. o. Danach gehört es ua zu den Aufgaben des Ausschusses, ein öffentliches Register „der in
Drittländern niedergelassenen zertifizierten Verantwortlichen oder Auftragsverarbeiter gemäß Artikel 42
Absatz 7" zu führen. Die Beschränkung der Publizitätspflicht auf zertifizierte Datenverarbeiter in Drittlän-
dern ist nicht nachvollziehbar. Sie widerspricht klar der Regelung in Abs. 8. Schließlich ist der Verweis auf
Abs. 7 – trotz Berichtigung der Verordnung (ABl. L 127/2 vom 23.5.2018) – unzutreffend, da die Register-
regelung in Abs. 8 enthalten ist.

---

119 Paal/Pauly/*Paal* Art. 42 Rn. 22.
120 Kühling/Buchner/*Bergt* Art. 42 Rn. 22.
121 Für eine Widerrufspflicht sprechen sich trotz der missverständlichen Formulierung in der deutschen Sprachfassung („gegebenenfalls")
     auch Paal/Pauly/*Paal* Art. 42 Rn. 21; Gierschmann/Schlender/Stentzel/Veil/*Heilmann/Schulz* Art. 42 Rn. 40 aus, weil der Sinn der Zer-
     tifizierung bei Verstoß gegen die Verordnungsvorgaben entfällt.
122 Auernhammer/*Hornung* DSGVO Art. 42 Rn. 22.
123 So auch BeckOK DatenschutzR/*Eckhardt* DSGVO Art. 42 Rn. 65; aA Kühling/Buchner/*Bergt* Art. 42 Rn. 14.
124 In Art. 39 Abs. 5 a Rat-E wurde eine Veröffentlichung über das Europäische Justizportal vorgeschlagen.
125 Vgl. Kühling/Buchner/*Dix* Art. 70 Rn. 15. Vorbild kann hier das European Privacy Seal (www.european-privacy-seal.eu) (→
     Rn. 9), dass alle erteilten Zertifikate in einem Register veröffentlicht.

XIII.　Rechtswirkungen der Zertifizierung

48　Zertifizierungen können berücksichtigt werden, um die **Einhaltung** bestimmter **rechtlicher Anforderungen** der Verordnung nachzuweisen. Damit schafft der Verordnungsgeber – neben der Aussicht auf Wettbewerbsvorteile (→ Rn. 4) – zumindest begrenzte normative **Anreize für Datenverarbeiter**, sich einer Zertifizierung zu unterziehen. Das betrifft zunächst Art. 24 Abs. 1, wonach der Verantwortliche – unter Berücksichtigung des mit der Verarbeitung verbundenen Risikos – „geeignete technische und organisatorische Maßnahmen" umsetzen muss, um sicherzustellen und nachzuweisen, dass die Verarbeitung gemäß der Verordnung erfolgt. Für diesen Nachweis „kann" nach Art. 24 Abs. 3 die Einhaltung eines genehmigten Zertifizierungsverfahrens als „Gesichtspunkt" herangezogen werden (→ Art. 24 Rn. 25ff.). Dasselbe gilt gemäß Art. 25 Abs. 3 für den Nachweis der Erfüllung der Anforderungen zum **Datenschutz durch Technikgestaltung** und durch **datenschutzfreundliche Voreinstellungen** (→ Art. 25 Rn. 57 f.) sowie nach Art. 32 Abs. 3 für die Vorgaben zur **Sicherheit der Verarbeitung** (→ Art. 32 Rn. 63ff.).[126]

49　Auch im Rahmen der **Auftragsverarbeitung** kann die Einhaltung genehmigter Zertifizierungsverfahren als „Faktor" herangezogen werden, um hinreichende Garantien nachzuweisen, die der Auftragsverarbeiter nach Art. 28 Abs. 1 und 4 bieten muss (Art. 28 Abs. 5 → Art. 28 Rn. 86ff.). Damit soll dem in der Praxis bestehenden Problem begegnet werden, dass Auftraggeber die Zuverlässigkeit von Auftragsverarbeitern gerade im Online-Bereich heute kaum noch selbst überprüfen können.[127] Sie sehen sich häufig weltweit agierenden Unternehmen gegenüber, die die Bedingungen der Verarbeitung vollständig vorgeben. Um hier Abhilfe zu schaffen, könnte die Auswahl eines zertifizierten Auftragnehmers die direkte Kontrolle durch den Auftraggeber ersetzen.[128]

50　Allerdings sieht die Verordnung ein genehmigtes Zertifizierungsverfahren immer nur als einen „Gesichtspunkt" oder einen „Faktor" an, der herangezogen werden „kann".[129] Es muss im Einzelfall entschieden werden, ob ein durchlaufenes Zertifizierungsverfahren den Nachweis vollständig erbringen kann, oder ob es zusätzlicher anderer „Faktoren" bedarf – die die Verordnung freilich nicht benennt.[130] Der Zertifizierung kann daher nur eine **Indizwirkung** für den Nachweis der Rechtskonformität zukommen. Eine Pflicht zur Berücksichtigung oder erst recht eine Bindungswirkung ergibt sich daraus jedenfalls nicht.[131] Im konkreten Haftungsfall dürfte eine Zertifizierung umso geringere Nachweiswirkungen entfalten, je länger sie oder ihre Überprüfung zurückliegt.[132] Trotzdem können Zertifizierungen auf diese Weise die Rechts- und Planungssicherheit steigern.[133]

51　Nach Art. 83 Abs. 2 lit. j ist die Einhaltung genehmigter Zertifizierungsverfahren bei der Entscheidung über die **Verhängung einer Geldbuße** und deren Höhe in jedem Einzelfall gebührend zu berücksichtigen (→ Art. 83 Rn. 34). Wer erfolgreich ein Zertifizierungsverfahren durchläuft, hat zusätzliche Anstrengen unternommen, sich rechtskonform zu verhalten und dies auch nachzuweisen. Es ist daher naheliegend, diesen Aspekt zugunsten des Täters zu berücksichtigen und damit einen zusätzlichen (finanziellen) Anreiz zur Durchführung von Zertifizierungsverfahren zu setzen.[134]

52　Anders als für Verhaltensregelungen ist eine Berücksichtigung von Zertifizierungen im Rahmen der **Datenschutz-Folgenabschätzung** durch Art. 35 Abs. 8 **nicht vorgesehen**.[135] Das ist damit zu erklären, dass die Zertifizierung die Rechtskonformität eines (ggf. bereits eingeleiteten) Verarbeitungsvorgangs bestätigt, während die Folgenabschätzung vor der Entscheidung über den Einsatz einer bestimmten Verarbeitung durchzuführen ist, um mögliche Risiken einzudämmen.[136] Daher kann sich vielmehr umgekehrt eine bereits durchgeführte Folgenabschätzung positiv auf den Zertifizierungsprozess auswirken.

126　Dazu *Kraska* ZD 2016, 153 (154). Zu den Anforderungen an den Nachweis *European Data Protection Board*, Guidelines 1/2018, S. 5.

127　So Auernhammer/*Hornung* DSGVO Art. 42 Rn. 30 mit Verweis auf das Cloud Computing. Zum Problem der Kontrolle vor Ort vgl. Simitis/*Petri* § 11 Rn. 59.

128　Vgl. *Koós/Englisch* ZD 2014, 276 (282).

129　Paal/Pauly/*Martini* Art. 24 Rn. 45; Art. 28 Rn. 69 geht hier von einem „intendierten Entschließungsermessen" aus.

130　Vgl. Roßnagel/*Hofmann*, Europ. DSGVO, § 3 Rn. 256.

131　Vgl. *Spindler* ZD 2016, 407 (409 f.).

132　Vgl. *Laue/Nink/Kremer*, § 8 Rn. 42.

133　Vgl. Gierschmann/Schlender/Stentzel/Veil/*Heilmann/Schulz* Art. 42 Rn. 44.

134　So auch *Schwartmann/Weiß* RDV 2016, 68 (72).

135　Zum Verhältnis zwischen Zertifizierung und Verhaltensregeln BeckOK DatenschutzR/*Eckhardt* DSGVO Art. 42 Rn. 17ff.; Gierschmann/Schlender/Stentzel/Veil/*Heilmann/Schulz* Art. 42 Rn. 10.

136　Näher Ehmann/Selmayr/*Will* Art. 42 Rn. 7.

XIV. Rechtsfolgen bei Verstößen

Im Falle einer Verletzung ihrer Pflichten aus Art. 42 drohen Verantwortlichen oder Auftragsverarbeitern **Geldbußen** von bis zu zehn Millionen Euro oder zwei Prozent des weltweiten Vorjahresumsatzes, je nachdem welcher Betrag höher ist (Art. 83 Abs. 4 lit. a). Pflichtverletzungen sind ua die Zurückhaltung von für die Zertifizierung erforderlichen Informationen oder die Verweigerung des Zugangs zu den Verarbeitungstätigkeiten (Abs. 6).[137] Für Verletzungen der Pflichten aus Abs. 3, 5 und 7 durch eine Zertifizierungsstelle sieht Art. 83 Abs. 4 lit. b Bußgelder in gleicher Höhe vor (→ Art. 43 Rn. 31). **53**

Daneben kann ein Verstoß gegen Art. 42 wettbewerbsrechtliche Folgen haben.[138] Sollten Datenschutzsiegel und -prüfzeichen verwendet werden, obwohl eine zugrundeliegende Zertifizierung nicht erfolgt oder deren Gültigkeit abgelaufen ist, kann dies nach Nr. 2 Anhang zu § 3 Abs. 3 UWG einen **Wettbewerbsverstoß** darstellen. Danach ist es unzulässig, „Gütezeichen, Qualitätskennzeichen oder Ähnliche[s.] ohne die erforderliche Genehmigung" zu verwenden. Gleiches gilt, wenn ausdrücklich werbend auf ein nicht bestehendes Gütesiegel verwiesen wird (Nr. 4 Anhang zu § 3 Abs. 3 UWG).[139] Gegen Wettbewerbsrecht dürften Unternehmen auch dann verstoßen, wenn sie ein nach Art. 42 erteiltes Datenschutzsiegel oder -prüfzeichen im Rahmen ihrer Produktwerbung verwenden, ohne dabei hinreichend deutlich zu machen, dass sich die Zertifizierung nicht auf das Produkt als solches, sondern nur auf bestimmte Verarbeitungsvorgänge bezieht. Dabei könnte es sich um eine produktbezogene Irreführung iSd § 5 Abs. 2 S. 1 Nr. 1 UWG handeln.[140] **54**

XV. Nationales Recht

Der im Jahr 2001 in das novellierte BDSG aufgenommene § 9a BDSG aF kündigte die Einführung eines bundesweiten **Datenschutzaudits** an. Das für die Anwendung notwendige Ausführungsgesetz ist allerdings nie erlassen worden,[141] und könnte auch nicht mehr erlassen werden, da Art. 42 keine Öffnungsklausel vorsieht. Im BDSG nF ist die Vorschrift deshalb nicht mehr enthalten. § 39 BDSG nF legt lediglich die Akkreditierungsstellen fest (→ Art. 43 Rn. 6). **55**

Soweit die **LDSGe** – wie zB § 43 Abs. 2 LDSG SH[142] – Regelungen zu Datenschutzaudits für öffentliche Stellen (Behördenaudit) enthalten, dürfen diese (und die zugehörigen Durchführungsbestimmungen) künftig wegen des **Anwendungsvorrangs** der Verordnung nicht mehr angewendet werden.[143] Demgegenüber können landesrechtliche Vorschriften weiterhin Bestand haben, wenn sie mit den Zertifizierungsregelungen der Verordnung nach Art. 42 und 43 nicht in Konflikt stehen. Das könnte für die zB in Bremen (§ 7b Abs. 2 BrDSG) und Schleswig-Holstein (§ 4 Abs. 2 LDSG SH) geltenden Privilegierungen **zertifizierter Produkte** und Verfahren bei der öffentlichen Vergabe der Fall sein.[144] Die Regelung solch spezifischer Rechtsfolgen einer Zertifizierung dürfte unter die Kompetenz der Mitgliedstaaten fallen und durch die Förderungspflicht aus Abs. 1 gestützt werden. **56**

Artikel 43   Zertifizierungsstellen

(1) ¹Unbeschadet der Aufgaben und Befugnisse der zuständigen Aufsichtsbehörde gemäß den Artikeln 57 und 58 erteilen oder verlängern Zertifizierungsstellen, die über das geeignete Fachwissen hinsichtlich des Datenschutzes verfügen, nach Unterrichtung der Aufsichtsbehörde – damit diese erforderlichenfalls von ihren Befugnissen gemäß Artikel 58 Absatz 2 Buchstabe h Gebrauch machen kann – die Zertifizierung. ²Die Mitgliedstaaten stellen sicher, dass diese Zertifizierungsstellen von einer oder beiden der folgenden Stellen akkreditiert werden:

a) der gemäß Artikel 55 oder 56 zuständigen Aufsichtsbehörde;

b) der nationalen Akkreditierungsstelle, die gemäß der Verordnung (EG) Nr. 765/2008 des Europäischen Parlaments und des Rates¹ im Einklang mit EN-ISO/IEC 17065/2012 und mit den zusätzlichen von

---

137 Vgl. Gola/*Lepperhoff* Art. 42 Rn. 29.
138 Dazu *Laue/Nink/Kremer*, § 8 Rn. 45ff.
139 Vgl. Simitis/*Scholz* § 9a Rn. 39; DKWW/*Weichert* § 9a Rn. 6.
140 So *Laue/Nink/Kremer*, § 8 Rn. 46.
141 Vgl. Simitis/*Scholz* § 9a Rn. 1, 40.
142 Dazu Simitis/*Scholz* § 9a Rn. 20ff.
143 Zum Anwendungsvorrang der DSGVO Roßnagel/*Hofmann*, Europ. DSGVO, § 2 Rn. 2ff.
144 Vgl. Kühling/Buchner/*Bergt* Art. 42 Rn. 40ff., der es allerdings für erforderlich hält, die Vorschriften so anzupassen, dass sie auf Art. 42, 43 verweisen. Zum vorrangigen Einsatz auditierter Produkte *Petri* DuD 2001, 150.
  1 Verordnung (EG) Nr. 765/2008 des Europäischen Parlaments und des Rates vom 9. Juli 2008 über die Vorschriften für die Akkreditierung und Marktüberwachung im Zusammenhang mit der Vermarktung von Produkten und zur Aufhebung der Verordnung (EWG) Nr. 339/93 des Rates (ABl. L 218 vom 13.8.2008, S. 30).

der gemäß Artikel 55 oder 56 zuständigen Aufsichtsbehörde festgelegten Anforderungen benannt wurde.

(2) Zertifizierungsstellen nach Absatz 1 dürfen nur dann gemäß dem genannten Absatz akkreditiert werden, wenn sie

a) ihre Unabhängigkeit und ihr Fachwissen hinsichtlich des Gegenstands der Zertifizierung zur Zufriedenheit der zuständigen Aufsichtsbehörde nachgewiesen haben;

b) sich verpflichtet haben, die Kriterien nach Artikel 42 Absatz 5, die von der gemäß Artikel 55 oder 56 zuständigen Aufsichtsbehörde oder – gemäß Artikel 63 – von dem Ausschuss genehmigt wurden, einzuhalten;

c) Verfahren für die Erteilung, die regelmäßige Überprüfung und den Widerruf der Datenschutzzertifizierung sowie der Datenschutzsiegel und -prüfzeichen festgelegt haben;

d) Verfahren und Strukturen festgelegt haben, mit denen sie Beschwerden über Verletzungen der Zertifizierung oder die Art und Weise, in der die Zertifizierung von dem Verantwortlichen oder dem Auftragsverarbeiter umgesetzt wird oder wurde, nachgehen und diese Verfahren und Strukturen für betroffene Personen und die Öffentlichkeit transparent machen, und

e) zur Zufriedenheit der zuständigen Aufsichtsbehörde nachgewiesen haben, dass ihre Aufgaben und Pflichten nicht zu einem Interessenkonflikt führen.

(3) [1]Die Akkreditierung von Zertifizierungsstellen nach den Absätzen 1 und 2 erfolgt anhand der Anforderungen, die von der gemäß Artikel 55 oder 56 zuständigen Aufsichtsbehörde oder – gemäß Artikel 63 – von dem Ausschuss genehmigt wurden. [2]Im Fall einer Akkreditierung nach Absatz 1 Buchstabe b des vorliegenden Artikels ergänzen diese Anforderungen diejenigen, die in der Verordnung (EG) Nr. 765/2008 und in den technischen Vorschriften, in denen die Methoden und Verfahren der Zertifizierungsstellen beschrieben werden, vorgesehen sind.

(4) [1]Die Zertifizierungsstellen nach Absatz 1 sind unbeschadet der Verantwortung, die der Verantwortliche oder der Auftragsverarbeiter für die Einhaltung dieser Verordnung hat, für die angemessene Bewertung, die der Zertifizierung oder dem Widerruf einer Zertifizierung zugrunde liegt, verantwortlich. [2]Die Akkreditierung wird für eine Höchstdauer von fünf Jahren erteilt und kann unter denselben Bedingungen verlängert werden, sofern die Zertifizierungsstelle die Anforderungen dieses Artikels erfüllt.

(5) Die Zertifizierungsstellen nach Absatz 1 teilen den zuständigen Aufsichtsbehörden die Gründe für die Erteilung oder den Widerruf der beantragten Zertifizierung mit.

(6) [1]Die Anforderungen nach Absatz 3 des vorliegenden Artikels und die Kriterien nach Artikel 42 Absatz 5 werden von der Aufsichtsbehörde in leicht zugänglicher Form veröffentlicht. [2]Die Aufsichtsbehörden übermitteln diese Anforderungen und Kriterien auch dem Ausschuss.

(7) Unbeschadet des Kapitels VIII widerruft die zuständige Aufsichtsbehörde oder die nationale Akkreditierungsstelle die Akkreditierung einer Zertifizierungsstelle nach Absatz 1, wenn die Voraussetzungen für die Akkreditierung nicht oder nicht mehr erfüllt sind oder wenn eine Zertifizierungsstelle Maßnahmen ergreift, die nicht mit dieser Verordnung vereinbar sind.

(8) Der Kommission wird die Befugnis übertragen, gemäß Artikel 92 delegierte Rechtsakte zu erlassen, um die Anforderungen festzulegen, die für die in Artikel 42 Absatz 1 genannten datenschutzspezifischen Zertifizierungsverfahren zu berücksichtigen sind.

(9) [1]Die Kommission kann Durchführungsrechtsakte erlassen, mit denen technische Standards für Zertifizierungsverfahren und Datenschutzsiegel und -prüfzeichen sowie Mechanismen zur Förderung und Anerkennung dieser Zertifizierungsverfahren und Datenschutzsiegel und -prüfzeichen festgelegt werden. [2]Diese Durchführungsrechtsakte werden gemäß dem in Artikel 93 Absatz 2 genannten Prüfverfahren erlassen.

Literatur: Siehe vor Art. 42.

I. Gegenstand der Regelung

Die Vorschrift bestimmt die organisatorischen und prozeduralen Voraussetzungen für die **Akkreditierung** 1
von Zertifizierungsstellen und ergänzt damit Art. 42 Abs. 5 S. 1, wonach akkreditierte Zertifizierungsstellen
berechtigt sind, Datenschutzzertifizierungen zu erteilen. Das damit implementierte **System einer staatlichen**
Akkreditierung sichert das Vertrauen in die Unabhängigkeit, Sachkunde und Zuverlässigkeit der (privaten)
Zertifizierungsstellen und kann so der Gefahr von Abhängigkeitsverhältnissen und dem Verdacht von Gefälligkeitsprüfungen entgegenwirken (→ Art. 42 Rn. 36).[2] Da gem. Art. 42 Abs. 5 S. 1 auch die Aufsichtsbehörden Zertifizierungen erteilen können, kann es zu einem Nebeneinander privatrechtlicher Rechtsverhältnisse und öffentlich-rechtlicher Rechtsbeziehungen kommen.

Abs. 1 der Vorschrift normiert die **Zuständigkeit** für die Akkreditierung. Konkrete **Anforderungen** an die zu 2
akkreditierenden Stellen werden in den Absätzen 2 und 3 festgelegt. Die Absätze 4 und 5 präzisieren **Ver-**
antwortlichkeit und Pflichten der akkreditierten Zertifizierungsstellen und sehen eine Befristung der Akkreditierung vor. Abs. 6 sieht Veröffentlichungs- und Übermittlungspflichten für die Aufsichtsbehörden vor.
Nach Abs. 7 kann eine Akkreditierung widerrufen werden. Die Absätze 8 und 9 enthalten schließlich Befugnisse der Kommission zur Erlass von Durchführungsrechtsakten und delegierten Rechtsakten. Die Systematik der Vorschrift ist nur schwer nachvollziehbar, da Aspekte der Akkreditierung (Abs. 1 bis 3, 4 S. 2
und 7) mit Fragen des Zertifizierungsverfahrens (Abs. 4 S. 1, 5) vermengt werden.

Zum Hintergrund und zur Entstehungsgeschichte der Regelung siehe die Kommentierung zu Art. 42 (→ 3
Art. 42 Rn. 4ff., 13ff.).

II. Zuständigkeit für die Akkreditierung (Abs. 1 S. 2)

Abs. 1 S. 2 sieht vor, dass die für die Zertifizierung von Verantwortlichen oder Auftragsverarbeitern zustän- 4
digen Zertifizierungsstellen durch die nach Art. 55 oder 65 zuständigen nationalen **Aufsichtsbehörden**[3] (lit.
a) oder die gemäß der Verordnung (EG) 765/2008 über die Vorschriften für die Akkreditierung und Marktüberwachung im Zusammenhang mit der Vermarktung von Produkten benannten **nationalen Akkreditie-**
rungsstellen (lit. b) akkreditiert werden. Die Mitgliedstaaten haben sicherzustellen, dass die Akkreditierung
durch eine oder beide dieser Institutionen erfolgt. Im Falle einer Kompetenzzuweisung an eine Akkredite-
rungsstelle kann die zuständige nationale Aufsichtsbehörde nach Abs. 1 S. 2 lit. b „zusätzliche Anforderungen" an die Akkreditierungsstelle richten. Denkbar wären hier etwa Fachkundeanforderungen an das Personal der Akkreditierungsstelle.[4]

Die Verordnung (EG) 765/2008 zielt darauf ab, einen EU-weiten Rechtsrahmen für die Akkreditierung vor- 5
zusehen und verpflichtet die Mitgliedstaaten zur Etablierung einer einzigen nationalen Akkreditierungsstelle. In Deutschland wurde hierzu die **Deutsche Akkreditierungsstelle** (DAkkS) gegründet.[5] Diese führt nach
§ 1 Abs. 1 S. 1 Akkreditierungsstellengesetz die Akkreditierung als **hoheitliche Aufgabe** des Bundes durch.

Nach § **39 S. 1 BDSG nF** wird die Akkreditierung der Zertifizierungsstellen künftig durch die DAkkS auf 6
der Grundlage des Akkreditierungsstellengesetzes vorgenommen. Um die gebotene Einwirkungsmöglichkeit
der zuständigen Aufsichtsbehörde in die Akkreditierungsentscheidung der DAkkS zu gewährleisten, erhalten die Aufsichtsbehörden des Bundes und der Länder durch § 39 S. 1 BDSG nF die Zuständigkeit als Befugnis erteilende Behörde im Sinne des § 1 Abs. 2 S. 1 des Akkreditierungsstellengesetzes (AkkStelleG).[6]
Durch § 39 S. 2 BDSG nF werden diejenigen Normen des Akkreditierungsstellengesetzes für entsprechend
anwendbar erklärt, die die notwendige **Beteiligung und Mitsprache der Aufsichtsbehörden** an der Akkre-
tierungsentscheidung durch die DAkkS gewährleisten. Es wird damit ein zweistufiges Verfahren umgesetzt.
Auf der ersten Stufe trifft die DAkkS die Akkreditierungsentscheidung im Einvernehmen mit der zuständigen Aufsichtsbehörde (§ 4 Abs. 3 AkkStelleG) und unter Heranziehung des dort vorhandenen Fachwissens
(§ 2 Abs. 3 AkkStellG). Auf der zweiten Stufe erteilt die zuständige Aufsichtsbehörde auf Grundlage der erteilten Akkreditierung die Befugnis, in ihrem Zuständigkeitsbereich tätig zu werden.

Die ursprüngliche Fassung des Art. 70 Abs. 1 S. 2 lit. o sah als Aufgabe des **EDSA** auch die Akkreditierung 7
von Zertifizierungsstellen und deren regelmäßige Überprüfung vor. Das stand in klarem Widerspruch zu

---

2 Vgl. Auernhammer/*Hornung* DSGVO Art. 43 Rn. 5.
3 Die entsprechende Aufgabenzuweisung findet sich in Art. 57 Abs. 1 lit. q und die Befugnisnorm in Art. 58 Abs. 3 lit. e.
4 *Schwartmann/Weiß* RDV 2016, 68 (70).
5 Dazu *Tiede/Ryczewski/Yang* NVwZ 2012, 1212; *Bartsch* NWwZ 2014, 340.
6 Zum Begriff der Befugniserteilung *Frank*, in: Bloehs/Frank, Akkreditierungsrecht § 1 Rn. 8. Es wäre sinnvoll, in § 1 Abs. 2 AkkStelleG
   den Datenschutz explizit zu erwähnen.

Abs. 1 S. 2.[7] Diese Aufgabenzuweisung wurde daher im Rahmen einer zweiten Berichtigung der DSGVO gestrichen.[8]

III. Anforderungen an die Zertifizierungsstelle (Abs. 1 S. 1, Abs. 2)

8   Abs. 1 S. 1 weist den mit besonderem Fachwissen im Bereich des Datenschutzes ausgestatteten Stellen die Aufgabe zu, Zertifizierungen zu erteilen und zu verlängern. Die entsprechende Befugnis ergibt sich bereits aus Art. 42 Abs. 5 S. 1. Die Zuständigkeit der Aufsichtsbehörden, selbst Zertifizierungen durchzuführen, bleibt hiervon unberührt (→ Art. 42 Rn. 35). Die notwendige Akkreditierung ist nicht auf **private** Zertifizierungsstellen beschränkt. Sie steht auch **öffentlich-rechtlichen Stellen** wie zB Kammern offen.[9] Zertifizierungsstellen, die ihren Sitz außerhalb der EU haben, können nicht akkreditiert werden, da es schon an einer hierfür „zuständigen Aufsichtsbehörde" bzw. nationalen Akkreditierungsstelle fehlt.[10]

9   Zertifizierungsstellen dürfen nach Abs. 2 nur akkreditiert werden, wenn sie vorab die folgenden **fachlichen und organisatorischen Anforderungen** erfüllen[11]:

10   Die Zertifizierungsstelle muss – **erstens** – über das „geeignete **Fachwissen** hinsichtlich des Datenschutzes" (Abs. 1 S. 1) und den „Gegenstand der Zertifizierung" (Abs. 2 lit. a) verfügen und dieses gegenüber der zuständigen Aufsichtsbehörde nachgewiesen haben. Die Fachkenntnisse müssen sich auf sämtliche den Zertifizierungskriterien nach Art. 42 Abs. 5 (→ Art. 42 Rn. 38) zugrundeliegende organisatorische, technische und rechtliche Aspekte des Datenschutzes erstrecken. Die Fachkunde kann durch eigene Mitarbeiter oder beauftragte Dritte, wie zB Gutachter oder Auditoren, vorgehalten werden.[12] Eine Akkreditierung kann sich auf bestimmte Zertifizierungstätigkeiten beziehen, so dass die Zertifizierungsstelle in diesem Fall auch nur für diese Bereiche (zB Branchen) Fachwissen vorweisen muss. Das erforderliche Fachwissen kann sich zB aus Zeugnissen über die Berufsausbildung des Personals oder aus sonstigen Fachkundenachweisen ergeben.

11   **Zweitens** muss die Zertifizierungsstelle für die Akkreditierung ihre **Unabhängigkeit** nachgewiesen haben (Abs. 2 lit. a). Jede direkte oder indirekte Einflussnahme von außen muss folglich ausgeschlossen sein. Die Zertifizierungsstelle oder ihre Mitglieder dürfen nicht von einem zu zertifizierenden Verantwortlichen oder Auftragsverarbeiter personell, rechtlich oder wirtschaftlich abhängig sein. Erforderlich sind ua differenzierte Angaben zur finanziellen Unabhängigkeit im Akkreditierungsantrag (zB der Nachweis ausreichender Haftpflichtversicherung oder von Rücklagen).[13] Die Finanzierung über eine kostenpflichtige Zertifizierung steht der Unabhängigkeit grundsätzlich aber nicht entgegen.[14]

12   **Drittens** darf die Akkreditierung nur erteilt werden, wenn sich die Zertifizierungsstelle dazu verpflichtet, die nach Art. 42 Abs. 5 von der zuständigen Aufsichtsbehörde oder dem EDSA genehmigten **Zertifizierungskriterien** einzuhalten (Abs. 2 lit. b). Diese Verpflichtung folgt bereits unmittelbar aus Art. 42 Abs. 5.

13   Die Zertifizierungsstelle muss – **viertens** – interne **Verfahren und Strukturen** für die Erteilung, die regelmäßig Überprüfung (wie etwa den Umfang einer Stichprobenkontrolle) und den Widerruf von Zertifizierungen festlegen (Abs. 2 lit. c → Art. 42 Rn. 43ff.). Die Verfahren müssen die Einhaltung der gesetzlichen Vorgaben sicherstellen und sollten aus Nachweisgründen dokumentiert werden.[15]

14   **Fünftens** hat die Zertifizierungsstelle ein **Beschwerdemanagement** vorzuhalten, das Beschwerden über Verstöße gegen Zertifizierungsanforderungen oder deren Umsetzung durch die Verantwortlichen oder Auftragsverarbeiter nachgeht (Abs. 2 lit. d). Dabei muss eine inhaltliche Prüfung und Erledigung in angemessener Zeit sichergestellt werden. Zudem sollte der Beschwerdeführer über das Ergebnis der Prüfung informiert werden. Die Beschwerdemöglichkeiten müssen für die betroffenen Personen und die Öffentlichkeit (zB über die Internetpräsenz) transparent gemacht werden.[16]

15   Schließlich muss – **sechstens** – die Zertifizierungsstelle nachweisen, dass ihre Aufgaben und Pflichten nicht zu einem **Interessenkonflikt** führen (Abs. 2 lit. e). Diese Verpflichtung ist eng mit dem Unabhängigkeitserfordernis des Abs. 2 lit. a verknüpft. Ein Interessenkonflikt liegt vor, wenn eine organisatorisch-personelle Verknüpfung zwischen akkreditierter Stelle und zu zertifizierendem Datenverarbeiter besteht. Das wäre et-

---

7   Vgl. Kühling/Buchner/*Bergt* Art. 43 Rn. 4 („Redaktionsversehen").

8   Vgl. Berichtigung der Verordnung (EU) 2016/679, ABl. L 127/2 vom 23.5.2018, S. 7.

9   Vgl. Gola/*Lepperhoff* Art. 43 Rn. 14.

10 Dazu Auernhammer/*Hornung* DSGVO Art. 43 Rn. 4.

11 Vergleichbare Anforderungen finden sich bereits im Beschluss des Düsseldorfer Kreises vom 25./26.2.2014 hinsichtlich Modellen zur Vergabe von Prüfzertifikaten, die im Wege der Selbstregulierung entwickelt und durchgeführt werden.

12 Gola/*Lepperhoff* Art. 43 Rn. 18.

13 Vgl. Ehmann/Selmayr/*Will* Art. 43 Rn. 7.

14 Vgl. Gola/*Lepperhoff* Art. 43 Rn. 17.

15 Kritisch zur Verfahrensgestaltung durch Zertifizierungsdienstanbieter *Hofmann* ZD-Aktuell 2016, 05324, die einen Wettlauf um die geringsten Anforderungen fürchtet.

16 Vgl. *Schwartmann/Weiß* RDV 2016, 68 (71). Ausführlich zum Beschwerdemanagement Kühling/Buchner/*Bergt* Art. 43 Rn. 11 f.

wa bei einer Tätigkeit als externer Datenschutzbeauftragter oder Auftragsverarbeiter für das zu zertifizierende Unternehmen der Fall.[17] Bereits die Beratung in Datenschutzfragen könnte zu Interessenkonflikten führen, weil die Zertifizierungsstelle sich damit faktisch selbst binden könnte.[18]

Abs. 2 statuiert in Bezug auf die „persönlichen" Anforderungen in lit. a und e eine umfassende **Mitwirkungspflicht** der antragstellenden Zertifizierungsstelle. Sie hat das Vorliegen dieser Akkreditierungsvoraussetzungen gegenüber der zuständigen Aufsichtsbehörde durch geeignete Unterlagen nachzuweisen. Der Wortlaut – „zur Zufriedenheit der zuständigen Aufsichtsbehörde" – spricht dafür, dass in Bezug auf diese Anforderungen ein gewisser **Beurteilungsspielraum** besteht.[19]   16

IV. Akkreditierung (Abs. 3)

Die Akkreditierung der Zertifizierungsstellen erfolgt nach Abs. 3 S. 1 anhand von genehmigten Anforderungen. Die Akkreditierungsanforderungen sollten die aus Abs. 2 folgenden allgemeinen Anforderungen an Zertifizierungsstellen datenschutzspezifisch konkretisieren und ergänzen, um das notwendige Vertrauen in die Zertifizierung sicherzustellen. Gem. Art. 57 Abs. 1 lit. p, 2. Alt. werden die **Anforderungen an die Akkreditierung** von den Aufsichtsbehörden abgefasst und veröffentlicht. Diese Vorschrift schließt aber nicht aus, dass die Aufstellung und Vorlage solcher Anforderungen auch von der nationalen Akkreditierungsstelle vorgenommen wird. Mit Blick auf die späteren Zertifizierungskosten sind bei der Ausgestaltung die besonderen Bedürfnisse von Kleinstunternehmen, kleinen und mittleren Unternehmen zu berücksichtigen (Art. 42 Abs. 1 S. 2).   17

Im Falle einer Akkreditierung durch die nationale Akkreditierungsstelle (Abs. 1 S. 1 lit. b) gelten nach Abs. 3 S. 2 die in der **Verordnung (EG) 765/2008** und in den **technischen Vorschriften** – in denen die Methoden und Verfahren der Zertifizierungsstellen beschrieben werden – genannten Anforderungen ergänzend. Damit ist ua die in Abs. 1 S. 2 lit. b zitierte **europäische Norm** ISO/IEC 17065:2012 mit der deutschen Bezeichnung "Konformitätsbewertung – Anforderungen an Stellen, die Produkte, Prozesse und Dienstleistungen zertifizieren" angesprochen.   18

Die Akkreditierungsanforderungen müssen vor ihrer Verwendung im Akkreditierungsverfahren genehmigt werden. Der Wortlaut von Abs. 3 S. 1, wonach die Anforderungen von der nach Art. 55 oder 56 zuständigen **Aufsichtsbehörde** *oder* vom **EDSA** genehmigt werden, ist allerdings irreführend. Der Ausschuss ist mit den Akkreditierungsanforderungen zwingend zu befassen. Nach Art. 64 Abs. 1 S. 2 lit. c ist die Aufsichtsbehörde verpflichtet, den von ihr erstellten Entwurf der Anforderungen vorab dem Ausschuss zur **Stellungnahme** vorlegen. Nach Art. 70 Abs. 1 S. 2 lit. p hat allein der Ausschuss die Aufgabe, die Anforderungen für die Akkreditierung nach Abs. 3 zu genehmigen. Für eine bloße Genehmigung auf der Ebene der nationalen Aufsichtsbehörden bleibt damit kein Raum. Das in diesem Fall verpflichtende Kohärenzverfahren sorgt für unionsweit einheitliche Standards (zum Ablauf des Verfahrens → Art. 64 Rn. 31ff.).   19

V. Verantwortlichkeit der Zertifizierungsstelle, Befristung der Akkreditierung (Abs. 4)

Nach Abs. 4 S. 1 trifft die Zertifizierungsstellen die Verantwortung für die „angemessene" Bewertung einer Zertifikatsvergabe bzw. deren Entzug. Sie muss daher auf Basis der Zertifizierungskriterien umfassend und sorgfältig prüfen, ob die Voraussetzungen für eine Zertifizierung vorliegen. Die Vorschrift sieht eine eigenständige Kontrollverantwortlichkeit der Zertifizierungsstelle vor, verzichtet aber auf klare Vorgaben zu deren Erfüllung wie zB Stichprobenkontrollen oder Überprüfungszyklen.[20] Von Bedeutung ist diese explizite Zuweisung der Verantwortlichkeit besonders im Hinblick auf die Sanktionsregelung des Art. 83 Abs. 4 lit. b, wonach die Zertifizierungsstelle bei einem Verstoß gegen die ihr obliegenden Pflichten mit einer **Geldbuße** belegt werden kann (→ Rn. 53). In Betracht kommt darüber hinaus eine **zivilrechtliche Haftung** der Zertifizierungsstelle gegenüber Dritten, die aufgrund eine Pflichtverstoßes (zB eine rechtswidrig erteilte Zertifizierung) einen Schaden erlitten haben.[21]   20

Die Akkreditierung von Zertifizierungsstellen wird nach Abs. 4 S. 2 nur befristet für eine **Höchstdauer von fünf Jahren** erteilt. Wie bei Art. 42 Abs. 7 (→ Rn. 42) stellt die Höchstdauer einen vertretbaren Kompromiss zwischen Aktualität und Praktikabilität dar.[22] Die Erteilung für einen kürzeren Zeitraum ist daher nur im Ausnahmefall zulässig. Eine **Verlängerung** der Akkreditierung ist – auch mehrfach – **möglich**, solange die Akkreditierungsvoraussetzungen weiter vorliegen. Hierfür muss eine erneute Prüfung durchgeführt wer-   21

17 Vgl. Paal/Pauly/*Paal* Art. 41 Rn. 7.
18 So Kühling/Buchner/*Bergt* Art. 41 Rn. 7.
19 Vgl. BeckOK DatenschutzR/*Eckhardt* DSGVO Art. 43 Rn. 19.
20 Vgl. Ehmann/Selmayr/*Will* Art. 43 Rn. 11.
21 Dazu Kühling/Buchner/*Bergt* Art. 42 Rn. 35.
22 Vgl. Gierschmann/Schlender/Stentzel/Veil/*Heilmann*/*Schulz* Art. 43 Rn. 21.

den. Mit der Befristung wird der ständigen Fortentwicklung des erforderlichen Fachwissens Rechnung getragen.

VI. Information der Aufsichtsbehörde (Abs. 1 S. 1, Abs. 5)

22 Nach Abs. 1 S. 1 sind die Zertifizierungsstellen verpflichtet, die für sie zuständige Aufsichtsbehörde über die geplante **Erteilung oder Verlängerung** einer Zertifizierung zu unterrichten. Die **Unterrichtung** muss **vor der Entscheidung** der Zertifizierungsstelle erfolgen. Die Verordnung nennt keine konkrete Frist, jedoch muss die Information die Aufsichtsbehörde so rechtzeitig erreichen, dass diese ggf. von ihren Befugnissen nach Art. 58 Abs. 2 lit. h Gebrauch machen kann, dh die Zertifizierungsstelle anweisen kann, die Zertifizierung nicht zu erteilen. Für den Fall der Nichterteilung einer beantragten Zertifizierung ist keine Information der Aufsichtsbehörde vorgesehen, bietet sich aber im Sinne einer effektiven Zusammenarbeit zwischen Zertifizierungsstelle und Aufsichtsbehörde an.[23]

23 Nach Abs. 5 muss die Information der Aufsichtsbehörde auch die **Gründe für die Erteilung oder den Widerruf** der Zertifizierung umfassen. Nur in Kenntnis der Gründe kann die Aufsichtsbehörde sinnvoll prüfen, ob sie von ihrem Weisungsrecht gegenüber der Zertifizierungsstelle Gebrauch machen oder anderweitige Kontrollmaßnahmen ergreifen will. Eine Pflicht der Aufsichtsbehörde zur Prüfung oder zum Tätigwerden leitet sich daraus aber nicht ab. Bei einer bloßen Verlängerung der Zertifizierung wird die Mitteilung der Gründe nicht explizit gefordert, so dass insoweit eine Unterrichtung der Aufsichtsbehörde genügt.[24]

VII. Veröffentlichung der Zertifizierungs- und Akkreditierungskriterien, öffentliches Register (Abs. 6)

24 Nach Abs. 6 S. 1 sind die Akkreditierungsanforderungen nach Abs. 3 und die Zertifizierungskriterien nach Art. 42 Abs. 5 **von der Aufsichtsbehörde** in leicht zugänglicher Form – also mindestens auch über das Internet – zu veröffentlichen und nach Abs. 6 S. 2 dem EDSA zu übermitteln.

25 Die ursprünglich in Abs. 6 S. 3 enthaltene Regelung zum **öffentlichen Register** war – bis auf das Fehlen der Datenschutzprüfzeichen – eine Doppelung zu Art. 42 Abs. 8 (→ Art. 42 Rn. 46 f.) und wurde im Zuge der Berichtigung der DSGVO (ABl. L 127/2 vom 23.5.2018) gestrichen. Es hätte nahegelegen, an dieser Stelle stattdessen ein Register der **akkreditierten Einrichtungen** zu regeln. Die Führung eines solchen Registers gehört nach Art. 70 Abs. 1 S. 2 lit. o zu den Aufgaben des Ausschusses.

VIII. Widerruf der Akkreditierung (Abs. 7)

26 Die Akkreditierung einer Zertifizierungsstelle muss nach Abs. 7 durch die für die Akkreditierung zuständige Stelle, dh durch die zuständige Aufsichtsbehörde oder die nationale Akkreditierungsstelle (→ Rn. 4 ff.), widerrufen werden, wenn die **Voraussetzungen für die Akkreditierung nicht oder nicht mehr erfüllt** sind oder wenn die Zertifizierungsstelle Maßnahmen ergreift, die nicht mit der Verordnung vereinbar sind. Wie beim Widerruf der Zertifizierung besteht kein Entscheidungsspielraum für die Akkreditierungsstelle („widerruft"). Liegen die Voraussetzungen vor, hat der Widerruf zu erfolgen.[25] Bei den mit der Verordnung unvereinbaren Maßnahmen sind **Pflichtverstöße der Zertifizierungsstelle** gemeint, wie das Missachten der Zertifizierungskriterien bei der Erteilung und Verlängerung oder beim Unterlassen eines gebotenen Widerrufs. Auch Verstöße gegen die Informationspflichten gegenüber der Aufsichtsbehörde nach Abs. 1 S. 1 und Abs. 5 können einen Widerruf der Akkreditierung rechtfertigen.[26]

27 Der Widerruf der Akkreditierung hat zur Folge, dass die Zertifizierungsstelle keine Zertifizierungen mehr erteilen, verlängern oder widerrufen darf. Bereits erteilte Zertifizierungen werden allerdings nicht berührt, sondern bleiben bis zum Ende ihrer **Gültigkeit** bestehen. Widerrufen könnte eine solche Zertifizierung dann nur noch die Aufsichtsbehörde im Rahmen ihres Selbsteintrittsrechts (→ Art. 42 Rn. 44). Mit der Formulierung „unbeschadet des Kapitels VIII" wird klargestellt, dass die Möglichkeit zur Auferlegung **weiterer Sanktionen** wie Bußgeldern gegenüber der Zertifizierungsstelle durch den Widerruf der Akkreditierung unberührt bleibt.

---

23 So Auernhammer/*Hornung* DSGVO Art. 43 Rn. 10; aA Gierschmann/Schlender/Stentzel/Veil/*Heilmann*/*Schulz* Art. 43 Rn. 27, da dadurch vermieden werde, dass Hinweise auf mögliche datenschutzrechtliche Unzulänglichkeiten der für eine Zertifizierung vorgesehenen Datenverarbeitungsvorgänge offengelegt werden.

24 Weitergehend Kühling/Buchner/*Bergt* Art. 43 Rn. 18.

25 Gierschmann/Schlender/Stentzel/Veil/*Heilmann*/*Schulz* Art. 43 Rn. 22 erwägen, ob die Behörde statt des Widerrufs auch auf mildere Mittel zurückgreifen kann, zB die Anordnung des vorübergehenden Ruhens der Akkreditierung.

26 Vgl. Kühling/Buchner/*Bergt* Art. 43 Rn. 15.

IX. Delegierte Rechtsakte und Durchführungsrechtsakte (Abs. 8, 9)

Ob sich im Rahmen der Art. 42 und 43 tatsächlich attraktive Angebote für Datenschutzzertifizierungen in   28
der EU entwickeln, wird nicht zuletzt davon abhängen, ob und in welchem Umfang die Europäische Kommission von ihren **Rechtssetzungsbefugnissen** aus Abs. 8 und 9 Gebrauch macht. Abs. 8 – der systematisch zu Art. 42 gehört – eröffnet der Kommission die Möglichkeit, über delegierte Rechtsakte Anforderungen und Kriterien für die Zertifizierungsverfahren zu konkretisieren (EG 166).[27] Dies kann zu einer **Harmonisierung** beitragen. Der EDSA gibt zum Entwurf dieser Anforderungen nach Art. 70 Abs. 1 S. 2 lit. q eine Stellungnahme ab. Art. 92 legt die Modalitäten der Befugnisübertragung, deren Dauer und Widerruflichkeit sowie die Abhängigkeit des Inkrafttretens einzelner **delegierter Rechtsakte** vom Ausbleiben von Einwänden des Parlaments und des Rats fest (→ Art. 92 Rn. 8ff.).

Nach Abs. 9 wird der Kommission die Befugnis übertragen, im Prüfverfahren nach Art. 93 Abs. 2 **Durch-**   29
führungsrechtsakte zu technischen Standards für Zertifizierungen sowie Mechanismen zu deren Förderung und Anerkennung zu erlassen. Die Kommission kann eigene technische Standards entwickeln, aber auch bestehende Standards, etwa aus dem Bereich der Informationssicherheit, anerkennen.

Abs. 8 und 9 zählen zu den wenigen in der DSGVO verbliebenen Befugnissen der Kommission zum Erlass   30
von delegierten Rechtsakten (Art. 290 AEUV) und von Durchführungsrechtsakten (Art. 291 AEUV). Die
Kommission hatte in ihrem Verordnungsentwurf noch sehr umfassend von diesen mit dem Vertrag von Lissabon eingeführten Instrumenten Gebrauch gemacht.[28] In den weiteren Verhandlungen wurde die Zahl der Ermächtigungen aber durch Rat und Parlament deutlich reduziert.[29]

X. Rechtsfolgen bei Verstößen, Rechtsschutz

Art. 83 Abs. 4 lit. b sieht für Verstöße der Zertifizierungsstelle gegen ihre Pflichten aus Art. 42 und 43 eine   31
Geldbuße von bis zu zehn Millionen Euro oder – sofern höher – zwei Prozent des weltweiten Vorjahresumsatzes vor. Bußgeldbewehrte Pflichten für die Zertifizierungsstelle ergeben sich aus Art. 42 Abs. 3 (Vorhalten eines transparenten Verfahrens), Abs. 5 (Einhaltung der Zertifizierungskriterien) und Abs. 7 (Verlängerung und Widerruf der Zertifizierung) sowie aus Art. 43 Abs. 1 S. 1 und Abs. 5 (Informationspflichten) und Abs. 4 S. 1 (angemessene Bewertung).

Aus den unterschiedlichen Parteibeziehungen des Zertifizierungsverfahrens ergeben sich teils öffentlich-   32
rechtliche, teils privatrechtliche Rechtsverhältnisse mit Auswirkungen auf die Rechtsschutzmöglichkeiten: Bei Streitigkeiten zwischen dem Verantwortlichen oder Auftragsverarbeiter und einer privaten Zertifizierungsstelle nach Art. 43 ist der Zivilrechtsweg gegeben, da es sich um ein **privatrechtliches Rechtsverhältnis** handelt.[30] Das betrifft etwa den Fall, dass eine Zertifizierung (rechtswidrig) abgelehnt oder widerrufen wurde. Wird das Zertifizierungsverfahren hingegen von einer Aufsichtsbehörde durchgeführt, ist das Rechtsverhältnis – ungeachtet der Freiwilligkeit der Zertifizierung – als öffentlich-rechtlich einzuordnen, so dass der Verwaltungsrechtsweg einschlägig ist. Streitigkeiten im Verhältnis zwischen Zertifizierungsstelle und Aufsichtsbehörde bzw. nationaler Akkreditierungsstelle – etwa weil die Akkreditierung nicht erteilt oder widerrufen wird – betreffen **öffentlich-rechtliche Berufszulassungsentscheidungen** und unterliegen damit dem Verwaltungsrechtsweg.[31]

---

27   Einschränkend aber Ehmann/Selmayr/*Will* Art. 43 Rn. 15, der davon ausgeht, dass die Ermächtigung allein auf die in Art. 42 Abs. 1
       genannten Förderungspflichten und nicht auf eine nähere Ausgestaltung des in Art. 42 Abs. 2 bis 8 und Art. 43 geregelten datenschutz-
       rechtlichen Zertifizierungsverfahrens zielt.
28   Dazu kritisch *Art.-29-Gruppe*, Stellungnahme 08/2012 mit weiteren Beiträgen zur Diskussion der Datenschutzreform (WP 199), S. 9ff.;
       dies., Arbeitsunterlage 01/2013, Beitrag zu den vorgeschlagenen Durchführungsrechtsakten (WP 200); *Hornung* ZD 2012, 99 (105).
29   Vgl. *Laue/Nink/Kremer* § 1 Rn. 124; *Roßnagel/Nebel/Richter* ZD 2015, 455 (455 f.).
30   Vgl. Ehmann/Selmayr/*Will* Art. 42 Rn. 47.
31   Vgl. Ehmann/Selmayr/*Will* Art. 43 Rn. 17.

Kapitel V
Übermittlungen personenbezogener Daten an Drittländer oder an internationale Organisationen
Artikel 44 Allgemeine Grundsätze der Datenübermittlung

[1]Jedwede Übermittlung personenbezogener Daten, die bereits verarbeitet werden oder nach ihrer Übermittlung an ein Drittland oder eine internationale Organisation verarbeitet werden sollen, ist nur zulässig, wenn der Verantwortliche und der Auftragsverarbeiter die in diesem Kapitel niedergelegten Bedingungen einhalten und auch die sonstigen Bestimmungen dieser Verordnung eingehalten werden; dies gilt auch für die etwaige Weiterübermittlung personenbezogener Daten aus dem betreffenden Drittland oder der betreffenden internationalen Organisation an ein anderes Drittland oder eine andere internationale Organisation. [2]Alle Bestimmungen dieses Kapitels sind anzuwenden, um sicherzustellen, dass das durch diese Verordnung gewährleistete Schutzniveau für natürliche Personen nicht untergraben wird.

Literatur: *Art.-29-Gruppe*, Erste Leitlinien für die Übermittlung personenbezogener Daten in Drittländer – Mögliche Ansätze für eine Bewertung der Angemessenheit, 97/DE WP 4 v. 26.6.1997; *Azoulai, L./von der Sluis*, *M.*, Institutionalizing personal data protection in times of global institutional distrust: Schrems, 53 CMLR (2016) 1343; *Bygrave, L.*, Data Protection Law – An International Perspective, 2014; *Colonna, L.*, Article 4 of the EU Data Protection Directive and the irrelevanace of the EU-US Safe Harbor Program, 4 IDPL 203 (2014); *Draf, O.*, Die Regelung der Übermittlung personenbezogener Daten in Drittländer nach Art. 25, 26 der EG-Datenschutzrichtlinie, 1999; *Hillenbrand-Beck, R.*, Aktuelle Fragestellungen des internationalen Datenverkehrs, RDV 2007, 231; *Karg, M.*, Gegenwart und Zukunft der Angemessenheit des Datenschutzniveaus im außereuropäischen Datenverkehr, VuR 2016, 458; *Kuner, C.*, Developing an Adequate Legal Framework for International Data Transfers, in: Gutwirth, S. et al. (Eds.), Reinventing Data Protection?, 2009, 263; *Kuner, C.*, Transborder Data Flows and Data Privacy Law, 2013; *Kuner, C.*, Extraterritoriality and regulation of international data transfers in EU data protection law, 5 IDPL 235 (2015); *Kuner, C.*, Reality and Illusion in EU Data Transfer Regulation Post Schrems, 18 GLJ 881 (2017); *Mouzakiti, F.*, Transborder Data Flows 2.0: Mending the Holes of the Data Protection Directive, EDPL 2015, 39; *Padova, Y.*, The Safe Harbour is invalid: what tools remain for data transfers and what comes next?, 6 IDPL 139 (2016); *Schwartz, P.*, The EU-U.S. Privacy Collision: A Turn to Institutions and Procedures, 126 Harv. L. Rev. 1966 (2013); *Taylor, M.*, The EU's human rights obligations in relation to its data protection laws with extraterritorial effect, 5 IDPL 246 (2015); *Weber, R. H.*, Transborder data transfers: concepts, regulatory approaches and new legislative initiatives, 3 IDPL 117 (2013).

I. Einordnung und Entstehungsgeschichte

1 S. 1 Hs. 1 regelt den Anwendungsbereich des Kapitels V und stellt das Verhältnis der Übermittlung personenbezogener Daten an Stellen außerhalb der EU oder des EWR zu den übrigen Regelungen der DSGVO klar. Danach handelt es sich um zusätzliche Zulässigkeitsvoraussetzungen, die bei einer Übermittlung an eine Stelle in einem Drittland oder an eine internationale Organisation einzuhalten sind. Die Regelung entspricht insoweit Art. 25 Abs. 1 DSRL, der auf recht komplizierte Weise in § 4b Abs. 1 und 2 BDSG aF umgesetzt war. Eine Neuerung ist jedoch die Ausdehnung des Anwendungsbereichs auf Weiterübermittlungen (S. 1 Hs. 2). S. 1 war so bereits in Art. 40 S. 1 KOM-E enthalten, ist aber von EP und Rat zunächst gestrichen worden, bevor die Regelung im Trilog wieder aufgenommen wurde.

2 Im Trilog kam auch S. 2 hinzu; die Regelung enthält einen Auslegungsgrundsatz, der in allen Fällen der Drittlandsübermittlung zu beachten ist. Hierbei handelt es sich um eine unmittelbare Reaktion des Gesetz-

gebers auf das Urteil des EuGH in der Rs. Schrems, das während der Trilogverhandlungen erging.[1] Der EuGH hatte darin den Grundsatz aufgestellt, dass nach Art. 8 Abs. 1 GRCh eine Übermittlung in ein Drittland nur zulässig sei, wenn im Empfängerstaat ein Datenschutzniveau gewährleistet ist, das „der Sache nach gleichwertig" („essentially equivalent") ist.[2]

Art. 35ff. JI-Richtlinie enthalten ebenfalls Regelungen zur Übermittlung von Daten an die zuständigen Behörden in Drittländern sowie – in eng begrenzten Ausnahmefällen gemäß Art. 39 JI-Richtlinie – an andere Empfänger in Drittländern. Art. 35 bis 38 JI-Richtlinie orientieren sich stark an der Struktur der Art. 45ff. Zum Schutz der Interessen und Rechte der betroffenen Person ist eine Übermittlung in ein Drittland nur zulässig, wenn ein Angemessenheitsbeschluss der KOM, geeignete Garantien oder die Voraussetzungen einer Ausnahme im Einzelfall vorliegen. Insbesondere die Ausnahmetatbestände des Art. 38 Abs. 1 JI-Richtlinie, die eine Übermittlung erlauben, obwohl im Empfängerland kein gleichwertiges Datenschutzniveau besteht, sind angesichts der Vorgaben des EuGH sehr problematisch. Da auch das BVerfG eine Übermittlung nur erlaubt, wenn ein „angemessenes materielles datenschutzrechtliches Niveau" im Empfängerstaat gewährleistet ist,[3] und die JI-Richtlinie nach ihrem Art. 1 Abs. 3 nur eine Mindestharmonisierung ist, hat der deutsche Gesetzgeber bei der Umsetzung der Art. 35ff. JI-Richtlinie in den §§ 78ff. BDSG nF zwar die Struktur der JI-Richtlinie beibehalten, in der Sache aber einen anderen Ansatzpunkt gewählt. Grundvoraussetzung für jede Übermittlung ist nach § 78 Abs. 2 BDSG nF (ggf. iVm §§ 79 Abs. 1, 80 Abs. 1, 81 Abs. 1 BDSG nF), dass im Empfängerstaat im Einzelfall ein datenschutzrechtlich angemessener und die elementaren Menschenrechte wahrender Umgang mit den Daten hinreichend gesichert ist.[4]

II. Zweck der Art. 44 bis 50

1. Problemstellung. „Wollen wir in einem Europa der Kaufleute oder einem der Menschenrechte leben?".[5] So brachte die französische Datenschutzbehörde CNIL das Dilemma des internationalen Datenverkehrs bereits 1993 auf den Punkt. Die Übermittlung von Daten in ein Drittland birgt für die Rechte und Freiheiten des Betroffenen einerseits erhebliche **Gefahren:**[6] Die übermittelten Daten könnten dort ohne Rücksichtnahme auf Restriktionen des europäischen Datenschutzrechts verarbeitet oder in andere Staaten weiterübermittelt werden. Es ist nicht ausgeschlossen, dass hierbei Erkenntnisse gewonnen werden, die dann wieder in die EU zurück übermittelt werden können. Auch rein faktisch ist es für betroffene Personen in der Regel schwieriger, ihre Rechte außerhalb der EU durchzusetzen. Des Weiteren ist auch eine wirksame Datenschutzaufsicht als institutionelle Absicherung außerhalb der EU nur eingeschränkt möglich.[7] Schließlich besteht die Möglichkeit eines – im Vergleich zum Unionsrecht – exzessiven Zugriffs auf die übermittelten Daten durch staatliche Stellen des Drittlands.

Andererseits ist eine **globalisierte und vernetzte Welt** mit einem grenzüberschreitenden Austausch von Waren, Dienstleistungen und Informationen ohne eine Übermittlung personenbezogener Daten zwischen der EU und Drittländern nicht denkbar. Dies erkennt auch der europäische Gesetzgeber an (vgl. EG 101 S. 1; ebenso schon EG 56 S. 1 DSRL). Dies könnte dafür sprechen, im Falle einer Drittlandsübermittlung Abstriche im Schutzniveau hinzunehmen. Der EuGH und ihm folgend der Unionsgesetzgeber sind diesen Weg jedoch nicht gegangen und haben damit – um die eingangs aufgeworfene Frage zu beantworten – den Menschenrechten einen Vorrang vor den Belangen der Kaufleute eingeräumt. Dieser Ansatz ist letztlich auch im Interesse der europäischen Wirtschaft, denn er **gleicht die Wettbewerbsbedingungen an.** Anderenfalls müssten europäische Unternehmen die vergleichsweise strengen europäischen Datenschutzvorschriften beachten, während außereuropäische Konkurrenten die Daten ihrer europäischen Kunden möglicherweise ohne diese Bindungen verarbeiten könnten.[8] Ähnlichen Überlegungen folgt auch die Ausweitung des Anwendungsbereichs des europäischen Datenschutzrechts durch das Marktortprinzip (→ Art. 3 Rn. 4).

2. Regelungsziel: Perpetuierung des Schutzniveaus. In der Rs. Schrems leitete der EuGH aus Art. 8 Abs. 1 GRCh die **Schutzpflicht** des Unionsgesetzgebers und der Mitgliedstaaten her, auch bei einer Übermittlung personenbezogener Daten in ein Drittland den Fortbestand des hohen Datenschutzniveaus zu gewährleis-

---

1 Vgl. zum Einfluss des Urteils auf den Trilog *Albrecht/Jotzo*, Teil 6 Rn. 4; dazu auch Sydow/*Towfight/Ulrich* Art. 44 Rn. 4 mwN, Rn. 12 f.
2 EuGH C-352/14, NJW 2015, 3151 Rn. 72 f. – Schrems; bestätigt in EuGH Gutachten 1/15 ZD 2018, 23 Rn. 134 – PNR-Abkommen mit Kanada.
3 BVerfGE 141, 220 Rn. 335 f. – BKA-Gesetz.
4 Ausführlich zur Umsetzung Schantz/Wolff/*Schantz*, Rn. 804; dazu auch Roßnagel/*Weinhold*, Das neue DSR, § 7 Rn. 105.
5 Commission nationale de l'informatique et des libertés, 14 e rapport d'activité, 75, zitiert nach *Schwartz,* 126 Harv. L. Rev. 1966, 1988 (2013).
6 Vgl. *Weber* 3 IDPL 117, 118 f. (2013).
7 Vgl. EuGH C-293/12 u. C-594/12, NJW 2014, 2167 Rn. 68 – Digital Rights Ireland.
8 So auch Kühling/Buchner/*Schröder* Art. 44 Rn. 1; auf diese Dimension im Kontext der Safe-Harbor-Entscheidung weist auch *Bull* PinG 2016, 1 (2 und 5 f.) hin.

ten, das die Unionsrechtsordnung bietet.[9] Dies sieht er nur dann als gegeben an, wenn das Schutzniveau im Empfängerland „der Sache nach gleichwertig" („essentially equivalent") ist. Anderenfalls könne das hohe Datenschutzniveau der EU umgangen werden, indem eine Datenverarbeitung in ein Drittland verlagert wird.[10] Aus Art. 8 Abs. 1 GRCh ergibt sich damit die Pflicht zur **Perpetuierung des unionsrechtlichen Schutzniveaus**[11] im Falle einer Übermittlung aus der EU hinaus. Hierbei kommt es nicht darauf an, ob die europäischen Grundrechte extraterritoriale Wirkung entfalten und dem Unionsgesetzgeber auch auferlegen, seinen Schutzpflichten nachzukommen, wenn Grundrechtsgefährdungen außerhalb der EU drohen.[12] Entscheidend ist, dass sie ihn in der Frage binden, inwieweit er das Tor für die Übermittlung in Drittländer durch einen europäischen Verantwortlichen oder Auftragsverarbeiter öffnen darf.[13] Wenn der Unionsgesetzgeber die Übermittlung in ein Drittland erlaubt, ist dies ein Eingriff in Art. 7 und 8 GRCh.[14] Die Schwere dieses Eingriffs hängt auch davon ab, welche Folgen der betroffenen Person nach der Übermittlung im Drittland drohen – sei es durch die Datenverarbeitung durch den Empfänger oder private Dritte, sei es durch ausländische staatliche Stellen.[15] Der EuGH hat die Gefahren für die Rechte und Interessen der betroffenen Personen allerdings nur sehr generell und weder im konkreten Einzelfall noch in Bezug auf ein konkretes Drittland betrachtet; stattdessen hat er stark typisiert angenommen, dass sich die Gefahren bereits dann zu einer grundrechtlichen Schutzpflicht verdichten, wenn kein angemessenes Datenschutzniveau im Empfängerstaat gegeben ist. Diese typisierende Betrachtungsweise ist im Rahmen der Bewertung eines Angemessenheitsbeschlusses und auch vielen Fällen geeigneter Garantien konsequent. Denn diese Instrumente erlauben ebenfalls in generalisierter Form eine Übermittlung in ein Drittland; eine Abwägung mit den Interessen der betroffenen Personen im Einzelfall ist im Rahmen dieser Instrumente gerade nicht vorgesehen.[16] Raum hierfür bieten die Ausnahmen des Art. 49 (→ Art. 49 Rn. 8ff.) sowie die geeigneten Garantien, welche im Einzelfall genehmigt werden (→ Art. 46 Rn. 16).

7 Der Gesetzgeber hat diese Pflicht als Programmsatz und Auslegungsgrundsatz in S. 2 ausdrücklich aufgenommen (→ Rn. 33). Ferner bezieht er die Weiterübermittlung durch die Empfänger in Drittländern in die Gewährleistungsverpflichtung ein (S. 1 Hs. 2 → Rn. 28ff.). Das Motiv des Unionsgesetzgebers ist daher primär, den Schutz von personenbezogenen Daten aus der EU sicherzustellen. „Protektionistische" Auswirkungen[17] zulasten Verantwortlicher in Drittländern sind hierbei eher Nebeneffekt. Wie auch im Rahmen des Art. 3 Abs. 2 zeigt sich hier der politische Wille, den Schutz der europäischen Grundrechte nicht an den Grenzen enden zu lassen (→ Art. 3 Rn. 4). Mittelbar erlangt der europäische Datenschutzstandard so aber einen **universellen Geltungsanspruch**. Denn indem der Unionsgesetzgeber Anforderungen an die Empfängerstaaten und die empfangenden Stellen formuliert, setzt er einen **globalen Standard**. Für Verantwortliche in Drittländern lohnt es häufig nicht, ihre Organisation, Technik und Angebote nach den unterschiedlichen datenschutzrechtlichen Anforderungen einzelner Staaten zu differenzieren. Sie richten ihre Datenverarbeitung daher häufig nach dem höchsten Standard aus, und dieser ist zumeist das europäische Datenschutzrecht.[18]

8 In Abwesenheit eines globalen Datenschutzstandards stellt daher das Urteil des EuGH in der Rs. Schrems einen wichtigen, wenn auch unilateralen Schritt zur **Konstitutionalisierung des internationalen Datenverkehrs** dar. Die hohen Anforderungen des EuGH führen im Ergebnis dazu, dass Drittländer sich in ihrem Datenschutzniveau dem der EU annähern müssen.[19] Anderenfalls bleibt vielen Unternehmen nur die Möglichkeit, ihre Daten komplett in der EU zu verarbeiten, um eine Übermittlung in ein Drittland zu vermeiden.[20] Dieser unilaterale Ansatz zum Schutz personenbezogener Daten, die aus der EU stammen, kann je-

9 EuGH C-352/14, NJW 2015, 3151 Rn. 72; vgl. auch EuGH Gutachten 1/15, ZD 2018, 23 Rn. 134 und 214.

10 EuGH C-352/14, NJW 2015, 3151 Rn. 73.

11 Paal/Pauly/*Pauly* Art. 45 Rn. 6.

12 So aber *Kuner* 5 IDPL 235, 241ff. (2015); *Eichenhofer* EuR 2016, 77 (87).

13 Vgl. *Taylor* 5 IDPL 246, 252 (2015): „obligation to avoid conduct that would enable third states to interfere with its citizens' right to data protection".

14 *Karg* VuR 2016, 458 (458).

15 Strukturell ähnlich ist die Situation in Auslieferungsfällen, grundlegend EGMR NJW 1990, 2183 § 88 – Soering./. Vereinigtes Königreich. Auf diese Parallele weisen auch *Milanovic* 56 Harv.Int'l. L. J. 124, Fn. 176 (2014) und *Rauhofer/Bowden* Protecting their own: Fundamental rights implications for EU data sovereignty in the cloud, University of Edinburgh School of Law Research Paper Series No 2013/28, 25 f. hin.

16 Das Fehlen der Berücksichtigung der vornehmlich unternehmerischen Interessen des Verantwortlichen bemängeln etwa Kühling/Buchner/*Schröder* Art. 46 Rn. 13; *Kühling/Heberlein* NVwZ 2016, 7 (9, 12); für eine Abwägung auch *Kuner*, Transborder Data Flows and Data Privacy Law, 2013, S. 168 f.; für eine Differenzierung nach Art der Daten *Moos/Schefzig* CR 2015, 625 (630).

17 Offenlassend in Bezug auf Art. 25, 26 DSRL *Bygrave*, Data Privacy Law, 2014, S. 125.

18 *Bamberger/Mulligan*, Privacy on the Ground, 2015; zum „Brussels effect" *Bradford* 107 Nw. L. Rev. 1, 22 et seq. (2012); diesen Ansatz ablehnend *Schwartz* 126 Harv. L. Rev. 1966, 1985 ff. (2013); *Schwartz/Peifer* 106 Geo. L. J. 115, 174ff. (2017).

19 Bereits die DSRL hatte erheblichen Einfluss auf diese Entwicklung, vgl. *Greenleaf* 2 IDPL 68,72ff. (2012).

20 *Hoffmann* „Privacy Shield": Kein ausreichender Datenschutz im unsicheren Hafen USA, 2016, 32 f.; *Padova* 6 IDPL 139, 157 (2016).

doch nur gelingen, wenn er auch politisch strikt durchgesetzt wird.[21] Dementsprechend hat der EuGH Angemessenheitsbeschlüsse der KOM einer strikten Kontrolle unterworfen und der KOM keinen politischen Handlungsspielraum zugebilligt.[22] Am politischen Willen kann man jedoch mit Blick auf den schnellen Abschluss der Verhandlungen zum Privacy Shield zweifeln.[23]

3. Regelungsansatz: Verbotsprinzip (S. 1 Hs. 1). Nach S. 1 Hs. 1 muss eine Übermittlung im Einklang mit   9
den Bedingungen des Kapitels V der DSGVO erfolgen. Es muss also für jede Übermittlung einer der darin
enthaltenen Erlaubnistatbestände vorliegen. Auch wenn die DSGVO dies nicht ausdrücklich festlegt, besteht damit ein spezielles **Verbotsprinzip**, das neben das allgemeine Verbotsprinzip in Art. 6 Abs. 1 tritt:
Eine Übermittlung von Daten in Drittländer in anderen Fällen, als sie Art. 45ff. nennen, ist unzulässig.

III. Anwendungsbereich

1. Übermittlung. a) Begriff. Nach S. 1 Hs. 1 gelten die Regelungen der Art. 44 bis 50 nur für die „Über-   10
mittlung" personenbezogener Daten in Drittländer oder internationale Organisationen. In der deutschen
Sprachfassung wird dabei – wie schon iRd DSRL[24] – nicht deutlich, dass damit nicht die „Übermittlung"
als Unterfall der Verarbeitung nach Art. 4 Nr. 2 („transmission") gemeint ist, während im Rahmen der
Art. 44 bis 50 der Begriff „transfer" verwendet wird.[25] Wie schon die DSRL[26] enthält auch die DSGVO
hierfür keine Definition. Der Begriff des „transfer" ist daher teleologisch auszulegen. Da die Regelungen
zur Drittlandsübermittlung verhindern sollen, dass das Schutzniveau der DSGVO untergraben wird (vgl.
S. 2), indem personenbezogene Daten einem Verantwortlichen, Auftragsverarbeiter oder anderen Empfänger übermittelt werden (EG 101 S. 3), ist der Begriff weit zu verstehen. Er umfasst daher alle Handlungen,
durch welche ein Empfänger von diesen Daten Kenntnis erlangt.[27] Anders als noch gemäß § 3 Abs. 4 S. 1
Nr. 3 BDSG aF muss der Empfänger nach Art. 4 Nr. 9 kein Dritter mehr sein; insbes. im Kontext der Auftragsverarbeitung (→ Rn. 12) und der Datenübermittlung innerhalb eines Unternehmens (→ Rn. 11) beseitigt dies Unklarheiten.

b) Unternehmen und Konzern. Da der Empfänger gemäß Art. 4 Nr. 9 kein Dritter sein muss, kommt es   11
nicht darauf an, ob er im Drittland Teil des Verantwortlichen oder eine selbstständige Einheit ist. Auch
wenn eine **unselbstständige Konzernniederlassung** Daten an die Konzernzentrale in ein Drittland übermittelt (oder umgekehrt), muss daher ein Erlaubnistatbestand der Art. 45ff. vorliegen.[28] Gleiches gilt etwa,
wenn innerhalb einer Abteilung personenbezogene Daten an einen Mitarbeiter übermittelt werden, der sich
in einem Drittland befindet.

c) Auftragsverarbeitung. Ausweislich EG 101 S. 3 ist es ebenfalls nun eindeutig eine Übermittlung in ein   12
Drittland, wenn ein Verantwortlicher in der EU Daten an seinen **Auftragsverarbeiter in einem Drittland**
übermittelt.[29] Auch im umgekehrten Fall – der Übermittlung von einem Auftragsverarbeiter in der EU an
seinen **Auftraggeber in einem Drittland** – liegt eine Übermittlung in ein Drittland vor.[30] Die DSGVO ist territorial auf einen Auftragsverarbeiter gemäß Art. 3 Abs. 1 anwendbar, soweit er die Daten im Rahmen einer
Niederlassung in der EU verarbeitet; eine Niederlassung wird man angesichts der niedrigen Anforderungen
des EuGH bereits bei einem eigenen Server in der EU annehmen können (→ Art. 3 Rn. 23). Seinem Wortlaut nach erfasst S. 1 Hs. 1 auch die Übermittlung durch einen Auftragsverarbeiter. An diesem Ergebnis
könnte man nur insoweit zweifeln, als die Berührungspunkte zur EU in dieser Konstellation – ähnlich wie

---

21 Zweifelnd *v. Lewinski* EuR 2016, 405 (409).
22 EuGH C-352/14, NJW 2015, 3151 Rn. 78 – Schrems; kritisch hierzu *Azoulai/von der Sluis* 53 CMLRev. (2016) 1343 (1366); Kühling/
    Buchner/*Schröder* Art. 46 Rn. 11; *Moos/Schefzig* CR 2015, 625 (631).
23 *Prantl* DuD 2016, 347 (351); *Kuner* 18 GLJ 881, 910 (2017).
24 Hierzu *Colonna* 4 IDPL 203, 217 (2014); *Jotzo*, Der Schutz personenbezogener Daten in der Cloud, 2013, S. 154; *Draf*, Die Regelung
    der Übermittlung personenbezogener Daten in Drittländer nach Art. 25, 26 der EG-Datenschutzrichtlinie, 1999, S. 59 f.
25 Paal/Pauly/*Pauly* Vor Art. 44 bis 50 Rn. 2.
26 Hierzu EuGH C-101/00, EuZW 2004, 245 Rn. 56 – Lindqvist.
27 Paal/Pauly/*Pauly* Vor Art. 44 bis 50 Rn. 2; BeckOK DatenschutzR/*Kamp* Art. 44 Rn. 9; ähnlich zur DSRL schon Grabitz/Hilf/Nettesheim/*Brühann* DSRL Art. 25 Rn. 6; vgl. zum ähnlich weiten Begriff des Offenlegens („disclosure") Kühling/Buchner/*Herbst* Art. 4 Nr. 2
    Rn. 29; weitergehend Ehmann/Selmayr/*Zerdick* Art. 44 Rn. 7, wonach es bereits ausreicht, dass die Daten von einem Drittland aus zugänglich sind.
28 BeckOK DatenschutzR/*Kamp* DSGVO Art. 44 Rn. 11.1; so schon die hM nach dem BDSG aF, obwohl in diesem Fall strenggenommen
    nach dem BDSG aF keine Übermittlung an einen Dritten (§ 3 Abs. 8 S. 2; Abs. 4 S. 2 Nr. 3 BDSG aF) vorlag, vgl. *Düsseldorfer Kreis*,
    Positionspapier „Internationaler Datenverkehr" v. 12./13.2.2007, unter I.2.; BeckOK DatenschutzR/*Schantz* BDSG § 4 b Rn. 12; *Hillenbrand-Beck* RDV 2007, 231 (232); Simitis/*Simitis* § 4 b Rn. 15.
29 BeckOK DatenschutzR/*Kamp* DSGVO Art. 44 Rn. 11.
30 Anders zum bisherigen Recht *Düsseldorfer Kreis*, Positionspapier „Internationaler Datenverkehr" v. 12./13.2.2007, Anlage 2 Fallgruppen F bis H; *Hillenbrand-Beck* RDV 2007, 231 (235).

bei einem Transit – vergleichsweise gering sein können, insbes. wenn keine Daten mit Bezug zu Personen in der EU verarbeitet werden.[31] Die deutschen Aufsichtsbehörden haben bisher in dieser Konstellation keine Drittlandsübermittlung angenommen, da der Auftraggeber im Drittland im Verhältnis zum Auftragsverarbeiter kein Dritter sei (§ 3 Abs. 8 S. 2 BDSG aF) und es daher an einer Übermittlung fehle.[32] Diese Argumentation trägt nun nicht mehr, weil eine „Übermittlung" iSd Art. 44ff. keinen Dritten als Adressaten mehr erfordert, sondern nur einen Empfänger iSd Art. 4 Nr. 9 (→ Rn. 10).

13 **d) Übermittlung unmittelbar durch die betroffene Person?** Schwierig zu beantworten ist die Frage, ob eine Übermittlung iSd S. 1 Hs. 1 auch dann vorliegt, wenn die Daten **direkt von einer betroffenen Person** an einen Verantwortlichen in einem Drittland übermittelt werden, es also keinen Verantwortlichen in der EU gibt. Der Text der DSGVO hält für diese alltägliche Situation keine eindeutige Antwort bereit.

14 Es sind zwei Fälle zu unterscheiden: (1) Ist die DSGVO auf den Verantwortlichen nicht anwendbar (zB weil er nicht beabsichtigt, Personen in der EU seine Dienstleistungen anzubieten und daher Art. 3 Abs. 2 lit. a nicht greift), fehlt es bereits an einer von der DSGVO erfassten Datenverarbeitung, da die betroffene Person ihre eigenen Daten nicht als Verantwortlicher verarbeitet. (2) Was aber, wenn für den Empfänger im Drittland die DSGVO gilt (weil zB Art. 3 Abs. 2 lit. a greift oder beim Webtracking gemäß Art. 3 Abs. 2 lit. b)? Gegen einen Fall der Drittlandsübermittlung sprechen zwei Argumente: Zum einen könnte man argumentieren, der Empfänger unterliege ja bereits der DSGVO, so dass ein angemessenes Datenschutzniveau gegeben sei.[33] Diese Sichtweise blendet jedoch aus, dass Gefahren für die übermittelten Daten auch durch die Heimatrechtsordnung des Empfängerstaates entstehen können (zB durch exzessive staatliche Zugriffsbefugnisse auf diese Daten);[34] das normative Umfeld im Empfängerstaat ist deshalb unabhängig davon, welche Regeln für die Verarbeitung der Daten durch die empfangende Stelle für eigene Zwecke gelten, umfassend zu berücksichtigen.[35] Auch die Befugnisse der Aufsichtsbehörden sind gegenüber einem Verantwortlichen in einem Drittland eingeschränkt (zB das Recht zu Kontrollen vor Ort).

15 Der zweite Einwand ist rechtskonstruktiver Natur: Die Regelungen zur Drittlandsübermittlung wenden sich bisher an die datenexportierende Stelle; dies wäre hier aber die betroffene Person, kein Verantwortlicher oder Auftragsverarbeiter. An einer Reihe von Stellen ist der bisherige Ansatz, der einen Sitz des Verantwortlichen in der EU voraussetzt, auch in der DSGVO erhalten geblieben (etwa Art. 46 Abs. 1 Abs. 3 lit. a, EG 108 S. 1). Damit ist aber nicht zwingend ausgeschlossen, auch in anderen Fällen eine Drittlandsübermittlung anzunehmen. Vielmehr erwähnt S. 1 Hs. 1 ausdrücklich sogar neben dem Fall, dass Daten in der EU „bereits verarbeitet werden", die Konstellation, dass sie „nach ihrer Übermittlung (...) verarbeitet werden sollen". Die Erwähnung dieser zweiten Konstellation macht jedoch nur Sinn, wenn die Daten vor der Übermittlung nicht verarbeitet worden sind, sondern erstmalig im Drittland verarbeitet werden sollen. Erstmalig werden Daten aber nur dann verarbeitet, wenn sie direkt bei der betroffenen Person erhoben werden und kein anderer Verantwortlicher zwischengeschaltet ist. Schließlich wäre eine Schutzlücke zu befürchten, wenn der Schutz der betroffenen Personen davon abhängen würde, ob Daten direkt in ein Drittland übermittelt werden oder aber von einer Niederlassung eines Verantwortlichen in der EU aus. Mehr noch: Es wäre für ein Unternehmen vorteilhaft, Daten nur in einem Drittland zu verarbeiten, ohne eine Niederlassung in der EU zwischenzuschalten. Dies würde nicht nur die Risiken für die betroffene Person erhöhen und die Aufsicht über die Verarbeitung erschweren; es widerspräche auch dem Ziel der DSGVO, durch das Privileg des One-Stop-Shops einen Anreiz zu geben, eine Niederlassung in der EU zu gründen.

16 Die praktischen Folgen einer Anwendung des Kapitels V auf diese Konstellation sind aber nicht zu unterschätzen, da bereits Websitebetreiber, die Webtracking betreiben, unter die DSGVO fallen (→ Art. 3 Rn. 59 f.). Wenn sie sich in einem Drittland befinden, zu dem es keinen Angemessenheitsbeschluss gibt, kommen nur einseitig festgelegte geeignete Garantien wie BCRs, Zertifizierungen oder genehmigte Verhaltensregeln in Betracht. Eine Übermittlung kann in dieser Konstellation nicht auf den Privacy-Shield-Beschluss gestützt werden, da dieser nicht greift, wenn der Empfänger im Drittland selbst der DSGVO unterliegt (→ Art. 46 Rn. 53).

---

31 Kritisch daher *Kuner* 5 IDPL 235, 242 (2015).

32 *Düsseldorfer Kreis*, Positionspapier „Internationaler Datenverkehr" v. 12./13.2.2007, unter III.2 und 3; erläuternd hierzu *Hillenbrand-Beck* RDV 2007, 231 (235).

33 *Kuner* 5 IDPL 235, 244 (2015); *ders.*, European Data Protection Law, 2nd ed. 2007, Rn. 4.33; *Maier* 18 Int'l J. of Law & Tech. 142, 160 (2010); Anklänge auch bei Paal/Pauly/*Pauly* Art. 44 Rn. 7 aE; eine Drittlandsübermittlung nach dem BDSG aF mangels „Übermittlung" ablehnend *Karg* VuR 2016, 457 (459); auf eine abweichende Haltung der Aufsichtsbehörden hinweisend *Hon*/*Millard* in: Millard (Hrsg.), Cloud Computing Law, 254 (260); gegen eine Ausnahme bei Anwendbarkeit der DSGVO: BeckOK DatenschutzR/*Kamp* DSGVO Art. 44 Rn. 7; für die DSRL bereits Grabitz/Hilf/Nettesheim/*Brühann* DSRL Art. 25 Rn. 7; *Draf*, Die Regelung der Übermittlung personenbezogener Daten in Drittländer nach Art. 25, 26 der EG-Datenschutzrichtlinie, 1999, S. 60.

34 *Börding* CR 2016, 431 (433 f.).

35 Vgl. EuGH C-352/14, NJW 2015, 3151 Rn. 75 – Schrems.

e) **Sonderfall: Veröffentlichungen im Internet.** Ein Sonderfall ist aufgrund der Rechtsprechung des EuGH in   17
der **Rs. Lindqvist** die Veröffentlichung von Informationen im Internet. Gegenstand der Entscheidung war,
dass eine schwedische Gemeindemitarbeiterin Informationen über ihre Kollegen ohne deren Einwilligung
auf der Website der Gemeinde veröffentlicht hatte. Der EuGH unterteilte den Vorgang in zwei Phasen: das
Hochladen der Informationen auf den Server des Hostproviders zum Abruf der Informationen durch Internetnutzer und den eigentlichen Abruf der Informationen durch diese. Der EuGH beschränkte sein Urteil
ausdrücklich auf die erste Phase und auf die Konstellation, dass der Hostprovider in der EU niedergelassen
ist; den Serverstandort ließ der EuGH offen.[36] Der EuGH lehnte in dieser speziellen Konstellation eine
Übermittlung in ein Drittland durch Frau Lindqvist ab und stützte sich hierbei auf drei Argumente: Erstens
liege keine direkte Übermittlung von Frau Lindqvist an die Websitebesucher vor.[37] Zweitens stellte er auf
den mutmaßlichen Willen des Gesetzgebers ab. Angesichts des Entwicklungsstands des Internets bei Erlass
der DSRL im Jahr 1995 und aufgrund des Fehlens von Kriterien für die Internetnutzung könne man nicht
annehmen, der Unionsgesetzgeber habe die Internetnutzung als Fall der Drittlandsübermittlung ansehen
wollen.[38] Dies würde, drittens, dazu führen, dass die Sonderregelungen für die Drittlandsübermittlung zu
einer allgemeinen Regelung für das Internet werden würden. Wenn die KOM (gemäß Art. 25 Abs. 4 DSRL;
jetzt Art. 45 Abs. 1) bindend feststellen würde, dass auch nur ein Land auf der Welt nicht über ein angemessenes Datenschutzniveau verfügt, müsse jegliche Veröffentlichung personenbezogener Daten im Internet
unterbleiben.[39]

Die Argumentation des EuGH war erkennbar von der Furcht getrieben, die EU könne faktisch vom Inter-   18
net abgekoppelt werden.[40] Denn die Regelungen zur Drittlandsübermittlung widersprechen der Ubiquität
des Internets, also der Abrufbarkeit von Informationen von jedem Ort der Welt. Juristisch ist die Argumentation des EuGH aber alles andere als zwingend,[41] zumal die Aufspaltung der Internetnutzung in einzelne
Phasen künstlich ist und von den konkreten technischen Gegebenheiten abhängt.

Was bedeutet das Urteil aber für die DSGVO? Die DSGVO enthält – wie schon die DSRL – keine Kriterien   19
oder Anhaltspunkte, wie mit einer Veröffentlichung von personenbezogenen Daten im Internet umzugehen ist. Aber natürlich kannte der Unionsgesetzgeber die Problematik – und die Auslegung des EuGH in der
Rs. Lindqvist. Es spricht daher viel dafür, dass der Unionsgesetzgeber – auch mangels alternativer Lösungsansätze – an diesem Thema nicht rühren wollte.[42]

Allerdings hat der EuGH in seinem Urteil viele Fragen offengelassen. So lässt sich zwar annehmen, dass er   20
seine Argumentation auf alle Phasen der Internetnutzung, also auch den Abruf der Website, übertragen
würde.[43] Unklar sind zudem die Grenzen der Argumentation des EuGH. Der entschiedene Fall wies einige
Eigenheiten auf, die es dem EuGH leicht machten, eine Übermittlung abzulehnen.[44] So kam es zu keinem
nachweisbaren Abruf aus einem Drittland. Dies wäre auch sehr unwahrscheinlich gewesen, denn die Informationen waren in schwedischer Sprache und richteten sich nur an die Gemeindemitglieder. Was aber,
wenn gerade der Abruf der Daten von einem Drittland aus das Ziel der Veröffentlichung ist (zB in Form
eines Angebots, das – ähnlich wie im Rahmen des Art. 3 Abs. 2 lit. a – **auf Empfänger eines Drittlands ausgerichtet** ist)?[45] Findet in dieser Konstellation wie beabsichtigt ein Abruf von einem Drittland aus statt,
kann der datenschutzrechtliche Schutz der betroffenen Personen nicht vom Medium der Übertragung abhängen; eine Übermittlung in ein Drittland ist daher anzunehmen.[46] Die Anwendung der Art. 44ff. führt
dann freilich zu erheblichen Problemen, weil die meisten Übermittlungstatbestände der Art. 45ff. im Fall
einer Veröffentlichung im Internet kaum helfen, wenn die Empfänger im Drittland noch nicht feststehen.
Im Ergebnis wird in vielen Fällen derjenige, der die Daten über eine Webseite bereitstellt, die auf bestimmte
Drittländer ausgerichtet ist, eine Einwilligung nach Art. 49 Abs. 1 UAbs. 1 lit. a einholen müssen.

---

36 EuGH C-101/00, MMR 2004, 95 Rn. 59–62 – Lindqvist.
37 EuGH C-101/00, MMR 2004, 95 Rn. 61 – Lindqvist.
38 EuGH C-101/00, MMR 2004, 95 Rn. 67 f. – Lindqvist.
39 EuGH C-101/00, MMR 2004, 95 Rn. 69 – Lindqvist.
40 *Baumann*, Datenschutzkonflikte zwischen der EU und den USA, 2016, S. 52 f.
41 *Dammann* RDV 2004, 19 (20 f.); positiver *Roßnagel* MMR 2004, 99 (100); *Fechner* JZ 2004, 246 (247).
42 AA Ehmann/Selmayr/*Zerdick* Art. 44 Rn. 7, der nunmehr Art. 44 ff. auf das Einstellen von Informationen in das Internet generell an-
    wenden möchte.
43 *Roßnagel* MMR 2004, 99 (100).
44 *Kuner*, European Data Protection Law, 2nd ed. 2007, Rn. 4.08; *Kuner*, Transborder Data Flows and Data Privacy Law, 2013, S. 12.
45 Vgl. *Bygrave*, Data Privacy Law, 2014, S. 192.
46 *Information Commissioner's. Office*, The Eighth Data Protection Principle and International Data Transfers, Version 4.0, 2010,
    Ziff. 1.3.4.; *Taraschka* CR 2004, 280 (284 f.); *Roßnagel* MMR 2004, 99 (100) („kein Freibrief für eine Umgehung"); *Fechner* JZ 2004,
    246 (247); *Kuner*, European Data Protection Law, 2nd ed., 2007, Rn. 4.08; *Kuner*, Transborder Data Flows and Data Privacy Law,
    2013, S. 13; skeptisch auch *Kuner* 18 GLJ 881, 893 (2017) und Ehmann/Selmayr/*Zerdick* Art. 44 Rn. 8, ob der EuGH vor dem Hinter-
    grund seiner Rechtsprechungsentwicklung noch einmal die Anwendung der Regelungen zur Drittlandsübermittlung verneinen würde.

21 Eine andere Frage ist, ob im Falle eines **Routings**, also der Durchleitung von Daten durch die EU, eine Übermittlung in ein Drittland vorliegt, wenn die Daten die EU wieder verlassen. Dies hängt entscheidend davon ab, ob der Anwendungsbereich der DSGVO überhaupt eröffnet ist (→ Art. 3 Rn. 47).[47]

22 f) **Übermittlung in die EU.** Die Regelungen zur Drittlandsübermittlung finden keine Anwendung auf eine **Übermittlung von einem Drittland in die EU.**[48] Ihr Zweck ist in dieser Konstellation nicht berührt. Die Verarbeitung dieser Daten durch den Empfänger unterfällt allerdings nach Art. 3 Abs. 1 dem Anwendungsbereich der DSGVO und muss sich insbes. an Art. 6 messen lassen. Bei der Beurteilung der Zulässigkeit der Verarbeitung kann dann auch zu berücksichtigen sein, unter welchen Umständen und mit welchen Mitteln diese Daten erhoben oder auf andere Weise verarbeitet worden sind. Auch wenn die DSGVO auf die Erhebung im Drittland keine Anwendung fand, können derartige Faktoren zB im Rahmen der Abwägung nach Art. 6 Abs. 1 UAbs. 1 lit. f eine Rolle spielen.

23 **2. Empfänger.** Die Art. 44ff. sind auf die Übermittlung in Drittländer und an internationale Organisationen anwendbar. **Drittländer** sind alle Staaten, die nicht Mitglied der EU sind. Keine Drittländer sind die Mitgliedstaaten des EWR, da diese am 6. Juli 2018 die Verordnung übernommen haben.[49] Aufgrund des Schutzzwecks der Art. 44ff. liegt keine Übermittlung in ein Drittland vor, soweit Daten an eine Stelle in einem Drittland übermittelt werden, die der Hoheitsgewalt eines Mitgliedstaats unterliegt und gar nicht oder nur sehr eingeschränkt der des Empfängerstaates (zB eine **diplomatische Vertretung**);[50] die DSGVO ist auf eine dort stattfindende Datenverarbeitung nach Art. 3 Abs. 3 anwendbar (→ Art. 3 Rn. 66). Umgekehrt ist jedoch eine Übermittlung in ein Drittland anzunehmen, sobald eine Übermittlung an eine solche Stelle eines Drittlandes erfolgt, auch wenn sie in der EU belegen ist; schon in diesem Moment ist die Kontrolle über die weitere Verwendung der Daten erheblich eingeschränkt. **Internationale Organisationen** sind in Art. 4 Nr. 26 definiert (→ Art. 4 Nr. 26 Rn. 1ff.). Die EU und ihre Organe gelten nicht als internationale Organisationen idS.

24 **3. Verhältnis zu internationalen Verträgen.** EG 102 S. 1 stellt klar, dass völkerrechtliche Abkommen zwischen der **EU und Drittländern**, welche die Übermittlung von personenbezogenen Daten enthalten (zB Abkommen zur Übermittlung von Fluggastdaten oder Freihandelsabkommen)[51], von der DSGVO nicht berührt werden. Dies entspricht der Stellung der Abkommen im Rang zwischen Primär- und Sekundärrecht (vgl. Art. 216 Abs. 2 AEUV).[52] Sie gehen daher den Regelungen der DSGVO vor. Erlauben solche Abkommen eine Übermittlung von Daten aus der EU in einen anderen Staat und sehen Bedingungen vor, unter denen diese Daten dort verarbeitet werden dürfen, handelt es sich hierbei nach der Rechtsprechung des EuGH um Eingriffe in Art. 7 und 8 GrCh.[53] Internationale Abkommen können zwar eine gesetzliche Grundlage nach Art. 52 Abs. 1 und Art. 8 Abs. 2 GrCh sein, da Art. 218 Abs. 6 AEUV die Gesetzgebungsbefugnisse der Organe auf internationaler Ebene spiegelt.[54] Die Übermittlung aus der EU in einen anderen Staat ist aber nur zulässig, soweit im Empfängerland ein gleichwertiges Datenschutzniveau gewährleistet ist.[55]

25 EG 102 S. 2 scheint den **Mitgliedstaaten** zu erlauben, dass auch sie die Übermittlung personenbezogener Daten in Abkommen mit Drittstaaten regeln können. Als Voraussetzungen sieht EG 102 S. 2 vor, dass das Abkommen keine negativen Auswirkungen auf die DSGVO oder andere unionsrechtliche Regelungen haben darf und ein angemessenes Datenschutzniveau im Empfängerstaat sicherstellen muss. EG 102 S. 2 scheint damit mitgliedstaatliche Abkommen von der DSGVO auszunehmen; dies wäre aber ein Missverständnis. Unter ähnlichen Voraussetzungen ordnet Art. 96 die Weitergeltung früher abgeschlossener Abkommen der Mitgliedstaaten an; im Umkehrschluss bedeutet dies aber, dass Abkommen, welche die Mitgliedstaaten nach Inkrafttreten der DSGVO abschließen, nur im Rahmen der DSGVO zulässig sind. Eine Herausnahme aus dem Anwendungsbereich wäre zudem eine Durchbrechung des Vorrangs des Unionsrechts.[56] Völkerrechtliche Abkommen der Mitgliedstaaten können aber als geeignete Garantien nach Art. 46 Abs. 2 lit. a anzusehen sein (→ Art. 46 Rn. 26).

---

47 Übermittlung ablehnend *Kuner*, European Data Protection Law, 2nd ed. 2007, Rn. 4.09; *Kuner*, Transborder Data Flows and Data Privacy Law, 2013, S. 16f. unter Verweis auf Art. 4 Abs. 1 lit. c DSRL.

48 BAG NJOZ 2005, 4974 (4976) zu §§ 4b, 4c BDSG aF.

49 Kühling/Buchner/*Schröder* Art. 44 Rn. 17; zur Übernahme vgl. Entscheidung 154/2018 des gemeinsamen Ausschusses des EWR.

50 Grabitz/Hilf/Nettesheim/*Brühann* DSRL Art. 25 Rn. 7.

51 Zu datenschutzrechtlichen Aspekten solcher Abkommen s. *Irion/Yakovleva/Bartl*, Trade and Privacy: Complicated Bedfellows?, 2016, https://www.ivir.nl/publicaties/download/1807.

52 *Leopold* ZD 2016, 475 (476).

53 EuGH Gutachten 1/15, ZD 2018, 23 Rn. 125f. – PNR-Abkommen mit Kanada.

54 EuGH Gutachten 1/15, ZD 2018, 23 Rn. 146 – PNR-Abkommen mit Kanada.

55 EuGH Gutachten 1/15, ZD 2018, 23Rn. 134 – PNR-Abkommen mit Kanada.

56 Vgl. zum ähnlich gelagerten Art. 96 Gola/*Piltz* Art. 96 Rn. 10.

IV. Verhältnis zu den anderen Regelungen der DSGVO

1. Art. 44 bis 50 als zusätzliche Zulässigkeitsvoraussetzung. Die Bedingungen der Art. 44 bis 50 gelten als **26** **zusätzliche Voraussetzung** für die Datenübermittlung in Drittländer neben den anderen Vorschriften der DSGVO (vgl. S. 1 Hs. 1 aE). Neben einer Rechtfertigung für die Übermittlung aus der EU in ein Drittland gemäß Art. 44 bis 50 müssen – wie bei einer Inlandsverarbeitung – daher insbes. die Grundsätze des Art. 5 eingehalten werden, und es muss eine Rechtsgrundlage für Verarbeitung nach Art. 6ff. vorliegen.

2. Drittlandsübermittlung im Rahmen anderer Regelungen der DSGVO. Die DSGVO trägt den besonderen **27** Gefahren der **Drittlandsübermittlung auch außerhalb der Art. 44 bis 50** an vielen Stellen Rechnung. Insbesondere ist es Ziel der DSGVO, auch hier die Transparenz zu verbessern. Die betroffene Person ist daher über eine beabsichtigte Übermittlung in ein Drittland, das Vorliegen oder Fehlen der Angemessenheit des dortigen Datenschutzniveaus und das Vorliegen geeigneter Garantien zu informieren (Art. 13 Abs. 1 lit. f; Art. 14 Abs. 1 lit. f). Auch das Auskunftsrecht bezieht sich ausdrücklich auf Empfänger in Drittländern und gibt der betroffenen Person das Recht, über geeignete Garantien iSd Art. 46 unterrichtet zu werden. Im Rahmen der Auftragsdatenverarbeitung ist klargestellt, dass ein Auftragsverarbeiter nur nach Weisung Daten in Drittländer übermitteln darf (Art. 28 Abs. 3 lit. a). Auch im Verarbeitungsverzeichnis sind Übermittlungen in Drittländer separat aufzuführen (Art. 30 Abs. 1 lit. e; Abs. 2 lit. e). Schließlich ist nun in Art. 58 Abs. 2 lit. j ausdrücklich die Befugnis der Aufsichtsbehörden festgehalten, Übermittlungen in Drittländer auszusetzen oder endgültig zu unterbinden. Ein Verstoß gegen die Art. 44 bis 50 ist zudem als besonderer schwerer Verstoß gegen die DSGVO eingestuft und kann daher nach Art. 83 Abs. 5 lit. c mit einem Bußgeld von bis zu 20 Mio. EUR oder 4 % des weltweiten Jahresumsatzes bestraft werden.

V. Weiterübermittlung (S. 1 Hs. 2)

1. Regelungsproblem und Anwendungsbereich. Bisher wurde der Weiterübermittlung personenbezogener **28** Daten durch den Empfänger im Drittland relativ wenig Aufmerksamkeit geschenkt.[57] Es besteht die Gefahr, dass beim Empfänger der Weiterübermittlung kein angemessenes Datenschutzniveau gewährleistet ist. Dies kann zum einen der Fall sein, wenn die Daten von einem Drittland, für das es einen Angemessenheitsbeschluss gibt, **in ein anderes Drittland oder an eine internationale Organisation** ohne angemessenes Datenschutzniveau weitergeleitet werden; diese Konstellation benennt S. 1 Hs. 2. Auch in diesem Fall muss nach der Rechtsprechung des EuGH aber „gewährleistet werden, dass das vom Unionsrecht gewährte Schutzniveau fortbesteht".[58]

Nicht minder problematisch ist es aber, wenn die Übermittlung **innerhalb des Drittlandes** stattfindet und **29** für das Drittland kein Angemessenheitsbeschluss nach Art. 45 Abs. 1 vorliegt. Ein solcher Fall tritt auf, wenn eine Übermittlung an den Empfänger aufgrund geeigneter Garantien gemäß Art. 46 Abs. 1 erfolgte oder eine Ausnahmeregelung nach Art. 49 gegeben war. Diese Konstellation spricht S. 1 Hs. 2 zwar nicht ausdrücklich an, allerdings EG 101 S. 3, so dass S. 1 Hs. 2 aufgrund des vergleichbaren Risikos für die betroffenen Personen in diesem Fall ebenfalls anzuwenden ist.[59]

2. Rechtsfolge. Die DSGVO reagiert auf das Problem der Weiterübermittlung, indem sie auch hier versucht, das Schutzniveau über die Übermittlung aus der EU in ein Drittland hinaus zu **perpetuieren.**[60] S. 1 **30** Hs. 2 ordnet daher an, dass für die Weiterübermittlung die gleichen Voraussetzungen gelten wie für die Übermittlung in das Drittland aus der EU. Unklar sind jedoch zwei Punkte: Welche Regelungen sind zu beachten? Ergeben sich aus S. 1 Hs. 2 unmittelbare Verpflichtungen für den Empfänger im Drittland oder ist primärer Adressat die Stelle, welche die Daten aus der EU in das Drittland übermittelt hat?

Seinem Wortlaut nach bezieht sich S. 1 Hs. 2 durch Bezugnahme auf Hs. 1 nicht nur auf die Regelungen zur **31** Drittlandsübermittlung, sondern auch auf die „sonstigen Bestimmungen dieser Verordnung". Auch EG 101 S. 4 spricht von der „strikten Einhaltung dieser Verordnung". Im Ergebnis würde dies dazu führen, dass die Regelungen der DSGVO den übermittelten Daten unabhängig von ihrem Verarbeitungsort dauerhaft anhaften würden.[61] Dies erscheint zwar konsequent, wenn die datenexportierende Stelle im Drittland der DSGVO aufgrund von Art. 3 Abs. 2 unterliegt. Darüber hinaus würde die Regelung so aber faktisch den räumlichen Anwendungsbereich auf alle Stellen ausweiten, die Daten verarbeiten, die aus der EU stammen.

---

57 *Mouzakiti* EDPL 2015, 39 (41); *Kuner* in: Gutwirth et al. (Hrsg.), Reinventing Data Protection?, 2009, S. 263 unter II.; siehe aber *Art.-29-Gruppe*, WP 4, S. 7, die eine Weiterübermittlung nur bei Vorliegen einer Ausnahme nach Art. 26 DSRL für zulässig hielt.
58 EuGH Gutachten 1/15 ZD 2018, 23, 219 Rn. 214 – PNR-Abkommen mit Kanada.
59 BeckOK DatenschutzR/*Kamp* DSGVO Art. 44 Rn. 35; Kühling/Buchner/*Schröder* Art. 44 Rn. 21; Auernhammer/*Hjadek* DSGVO Art. 44 Rn. 8.
60 Paal/Pauly/*Pauly* Art. 44 Rn. 6.
61 *Karg* VuR 2016, 458 (459): „weitervererbt".

Es ist zweifelhaft, ob der Unionsgesetzgeber so weit gehen wollte, ohne dass dies in Art. 3 in irgendeiner Form zum Ausdruck kommt.[62] Überzeugender erscheint es, aus S. 1 Hs. 1 die Vorgabe abzuleiten, dass der Verantwortliche sicherstellen muss (zB durch entsprechende vertragliche Regelungen), dass eine Weiterübermittlung nur unter Einhaltung der Vorgaben der DSGVO zulässig ist.[63] Ferner ist die Vorgabe des S. 1 Hs. 1 bei der Ausgestaltung geeigneter Garantien (→ Art. 46 Rn. 8 und 44) und der Frage zu berücksichtigen, ob ein Drittland über ein angemessenes Datenschutzniveau verfügt (→ Art. 45 Rn. 11 und 59).[64]

32 Ist bereits bei der Übermittlung aus der EU eine Weiterleitung in ein anderes Drittland absehbar oder gar beabsichtigt, hält die Art.-29-Gruppe eine Übermittlung aus der EU heraus nur für zulässig, wenn auch eine direkte Übermittlung in das Drittland zulässig wäre.[65] Dies erscheint im Hinblick auf die Vorgabe des S. 1 Hs. 2 sowie den Auslegungsgrundsatz des S. 2 konsequent.

VI. Auslegungsgrundsatz des S. 2

33 S. 2 ist eine allgemeine Auslegungsregelung für alle Regelungen zur Drittlandübermittlung. Die Art. 44 bis 50 sind danach so auszulegen, dass das Schutzniveau der DSGVO nicht untergraben wird. Die Regelung ist erst im Trilog als unmittelbare Reaktion auf das Urteil des EuGH in der Rs. Schrems aufgenommen worden und greift die Schutzpflicht auf, die der EuGH aus Art. 8 Abs. 1 GRCh hergeleitet hat (→ Rn. 6 f.).[66] Im Trilog war es nicht mehr möglich, die verschiedenen Instrumente zur Drittlandsübermittlung, welche die DSGVO aus der DSRL übernommen hat, auf ihre Vereinbarkeit mit den Vorgaben des EuGH zu prüfen. So lässt sich aus dem Urteil ableiten, dass ein Ansatz nicht mehr mit Art. 8 Abs. 1 GRCh vereinbar ist, der sich allein auf die Angemessenheit des Datenschutzniveaus der empfangenden Stelle konzentriert, aber die Defizite der rechtlichen Rahmenbedingungen ignoriert, denen der Empfänger im Drittland unterliegt. Sowohl die Ausnahmen nach Art. 49 (→ Art. 49 Rn. 8 ff., 19 und 38) wie auch zu weiten Teilen die geeigneten Garantien nach Art. 46 (→ Art. 46 Rn. 16, 54 und 74 und → Art. 47 Rn. 10 und 35) berücksichtigen dieses Regelungsproblem nur sehr eingeschränkt und müssen daher im Lichte des S. 2 einschränkend ausgelegt werden.

Artikel 45 Datenübermittlung auf der Grundlage eines Angemessenheitsbeschlusses

(1) [1]Eine Übermittlung personenbezogener Daten an ein Drittland oder eine internationale Organisation darf vorgenommen werden, wenn die Kommission beschlossen hat, dass das betreffende Drittland, ein Gebiet oder ein oder mehrere spezifische Sektoren in diesem Drittland oder die betreffende internationale Organisation ein angemessenes Schutzniveau bietet. [2]Eine solche Datenübermittlung bedarf keiner besonderen Genehmigung.

(2) Bei der Prüfung der Angemessenheit des gebotenen Schutzniveaus berücksichtigt die Kommission insbesondere das Folgende:

a) die Rechtsstaatlichkeit, die Achtung der Menschenrechte und Grundfreiheiten, die in dem betreffenden Land bzw. bei der betreffenden internationalen Organisation geltenden einschlägigen Rechtsvorschriften sowohl allgemeiner als auch sektoraler Art – auch in Bezug auf öffentliche Sicherheit, Verteidigung, nationale Sicherheit und Strafrecht sowie Zugang der Behörden zu personenbezogenen Daten – sowie die Anwendung dieser Rechtsvorschriften, Datenschutzvorschriften, Berufsregeln und Sicherheitsvorschriften einschließlich der Vorschriften für die Weiterübermittlung personenbezogener Daten an ein anderes Drittland bzw. eine andere internationale Organisation, die Rechtsprechung sowie wirksame und durchsetzbare Rechte der betroffenen Person und wirksame verwaltungsrechtliche und gerichtliche Rechtsbehelfe für betroffene Personen, deren personenbezogene Daten übermittelt werden,

b) die Existenz und die wirksame Funktionsweise einer oder mehrerer unabhängiger Aufsichtsbehörden in dem betreffenden Drittland oder denen eine internationale Organisation untersteht und die für die Einhaltung und Durchsetzung der Datenschutzvorschriften, einschließlich angemessener Durchsetzungs-

---

62 Ebenso im Ergebnis Paal/Pauly/*Pauly* Art. 44 Rn. 7; zumindest die Art. 44 ff. hält Ehmann/Selmayr/*Zerdick* Art. 44 Rn. 15 offenbar für unmittelbar anwendbar; für eine Ausweitung des räumlichen Anwendungsbereichs der DSGVO auch Auernhammer/*Hjadek* DSGVO Art. 44 Rn. 8; Sydow/*Towfigh/Ulrich* Art. 44 Rn. 6, welche die Drittländer als verpflichtet ansehen.

63 IErg ablehnend Plath/*v.d. Busche* DSGVO Art. 44 Rn. 4.

64 Vgl. EuGH Gutachten 1/15, ZD 2018, 23 Rn. 214 – PNR-Abkommen mit Kanada.

65 *Art. 29-Gruppe*, WP 238, S. 21.

66 EuGH C-352/14, NJW 2015, 3151 Rn. 72 f. – Schrems.

befugnisse, für die Unterstützung und Beratung der betroffenen Personen bei der Ausübung ihrer Rechte und für die Zusammenarbeit mit den Aufsichtsbehörden der Mitgliedstaaten zuständig sind, und

c) die von dem betreffenden Drittland bzw. der betreffenden internationalen Organisation eingegangenen internationalen Verpflichtungen oder andere Verpflichtungen, die sich aus rechtsverbindlichen Übereinkünften oder Instrumenten sowie aus der Teilnahme des Drittlands oder der internationalen Organisation an multilateralen oder regionalen Systemen insbesondere in Bezug auf den Schutz personenbezogener Daten ergeben.

(3) ¹Nach der Beurteilung der Angemessenheit des Schutzniveaus kann die Kommission im Wege eines Durchführungsrechtsaktes beschließen, dass ein Drittland, ein Gebiet oder ein oder mehrere spezifische Sektoren in einem Drittland oder eine internationale Organisation ein angemessenes Schutzniveau im Sinne des Absatzes 2 des vorliegenden Artikels bieten. ²In dem Durchführungsrechtsakt ist ein Mechanismus für eine regelmäßige Überprüfung, die mindestens alle vier Jahre erfolgt, vorzusehen, bei der allen maßgeblichen Entwicklungen in dem Drittland oder bei der internationalen Organisation Rechnung getragen wird. ³Im Durchführungsrechtsakt werden der territoriale und der sektorale Anwendungsbereich sowie gegebenenfalls die in Absatz 2 Buchstabe b des vorliegenden Artikels genannte Aufsichtsbehörde bzw. genannten Aufsichtsbehörden angegeben. ⁴Der Durchführungsrechtsakt wird gemäß dem in Artikel 93 Absatz 2 genannten Prüfverfahren erlassen.

(4) Die Kommission überwacht fortlaufend die Entwicklungen in Drittländern und bei internationalen Organisationen, die die Wirkungsweise der nach Absatz 3 des vorliegenden Artikels erlassenen Beschlüsse und der nach Artikel 25 Absatz 6 der Richtlinie 95/46/EG erlassenen Feststellungen beeinträchtigen könnten.

(5) ¹Die Kommission widerruft, ändert oder setzt die in Absatz 3 des vorliegenden Artikels genannten Beschlüsse im Wege von Durchführungsrechtsakten aus, soweit dies nötig ist und ohne rückwirkende Kraft, soweit entsprechende Informationen – insbesondere im Anschluss an die in Absatz 3 des vorliegenden Artikels genannte Überprüfung – dahingehend vorliegen, dass ein Drittland, ein Gebiet oder ein oder mehrere spezifischer Sektor in einem Drittland oder eine internationale Organisation kein angemessenes Schutzniveau im Sinne des Absatzes 2 des vorliegenden Artikels mehr gewährleistet. ²Diese Durchführungsrechtsakte werden gemäß dem Prüfverfahren nach Artikel 93 Absatz 2 erlassen.

In hinreichend begründeten Fällen äußerster Dringlichkeit erlässt die Kommission gemäß dem in Artikel 93 Absatz 3 genannten Verfahren sofort geltende Durchführungsrechtsakte.

(6) Die Kommission nimmt Beratungen mit dem betreffenden Drittland bzw. der betreffenden internationalen Organisation auf, um Abhilfe für die Situation zu schaffen, die zu dem gemäß Absatz 5 erlassenen Beschluss geführt hat.

(7) Übermittlungen personenbezogener Daten an das betreffende Drittland, das Gebiet oder einen oder mehrere spezifische Sektoren in diesem Drittland oder an die betreffende internationale Organisation gemäß den Artikeln 46 bis 49 werden durch einen Beschluss nach Absatz 5 des vorliegenden Artikels nicht berührt.

(8) Die Kommission veröffentlicht im *Amtsblatt der Europäischen Union* und auf ihrer Website eine Liste aller Drittländer beziehungsweise Gebiete und spezifischen Sektoren in einem Drittland und aller internationalen Organisationen, für die sie durch Beschluss festgestellt hat, dass sie ein angemessenes Schutzniveau gewährleisten bzw. nicht mehr gewährleisten.

(9) Von der Kommission auf der Grundlage von Artikel 25 Absatz 6 der Richtlinie 95/46/EG erlassene Feststellungen bleiben so lange in Kraft, bis sie durch einen nach dem Prüfverfahren gemäß den Absätzen 3 oder 5 des vorliegenden Artikels erlassenen Beschluss der Kommission geändert, ersetzt oder aufgehoben werden.

Literatur: *Art.-29-Gruppe*, Übermittlungen personenbezogener Daten an Drittländer: Anwendung von Artikel 25 und 26 der Datenschutzrichtlinie der EU v. 24.7.1998, 19/DE WP 12; *dies.*, Stand des Datenschutzes in den Vereinigten Staaten und zu den derzeitigen Verhandlungen zwischen der Europäischen Kommission und der amerikanischen Regierung v. 26.1999, 99/DE WP 15; *dies.*, Arbeitsunterlage zum gegenwärtigen Stand der Diskussionen zwischen der Europäischen Kommission und der Regierung der Vereinigten Staaten über die „Internationalen Grundsätze des Sicheren Hafens" v. 7.9.1999, 99/DE WP 23; *dies.*, Stellungnahme 5/2012 zum Cloud Computing v. 1.7.2012, 12/DE WP 196; *dies.*, Working Document 01/2016 on the justification of interferences with the fundamental rights to privacy and data protection through surveillance measures when transferring personal data (European Essential Guarantees) v. 13.4.2016, 16/EN WP 237; *dies.*, Opinion 01/2016 on the EU – U.S. Privacy Shield draft adequacy decision v. 13.4.2016, 16/EN WP 238; *dies.*, Adequacy Referential (updated), 17/EN WP 254 v. 28.11.2017; *Wuermeling, U.*, Handelshemmnis Datenschutz, 2000.

Siehe im Übrigen die Literatur zu Art. 44.

I. Einordnung und Entstehungsgeschichte

1 Art. 45 führt das Instrument der Angemessenheitsbeschlüsse gemäß Art. 25 Abs. 6 DSRL fort, der durch § 4 b Abs. 2 und 3 BDSG aF umgesetzt worden war. Art. 45 verzichtet jedoch auf die – in der Praxis ohnehin eher theoretische – Möglichkeit, dass ein Verantwortlicher Daten in ein Drittland übermittelt, nachdem er selbst die Angemessenheit des dortigen Datenschutzniveaus festgestellt hat. Auch die Möglichkeit, dass die Mitgliedstaaten die Angemessenheit feststellen, die einige Mitgliedstaaten vorgesehen hatten, gibt es nun nicht mehr.[1] Stattdessen konzentriert Abs. 1 die Beurteilung des Angemessenheitsniveaus in den Händen der KOM.[2] Dementsprechend konnten alle Mechanismen wegfallen, die Art. 25 DSRL vorsah, um eine einheitliche Beurteilung von Drittländern zu gewährleisten (zB eine Negativentscheidung der KOM zu einem Drittland sowie Informationspflichten der Mitgliedstaaten über ihre Einschätzung, Art. 25 Abs. 2 und 4 DSRL). Stattdessen regelt Art. 45 erheblich detaillierter das Verfahren und die Anforderungen zum Erlass und Widerruf von Angemessenheitsbeschlüssen. Gegenüber Art. 41 KOM-E wurde Art. 45 in den **Verhandlungen** nur punktuell verändert. Hinzugekommen ist insbes. die Pflicht der KOM, das Datenschutzniveau im Empfängerstaat fortlaufend zu überwachen (Abs. 4).

2 Art. 36 **JI-Richtlinie** enthält eine inhaltlich übereinstimmende und ganz überwiegend wortgleiche Bestimmung. Diese wird durch § 78 BDSG nF umgesetzt. Bei der Entscheidung gemäß Art. 36 Abs. 1 JI-Richtlinie, ob ein angemessenes Datenschutzniveau vorliegt, berücksichtigt die KOM, ob ein Angemessenheitsbeschluss nach Art. 45 vorliegt. Angemessenheitsbeschlüsse nach Abs. 1 gelten auch für die Übermittlung durch Organe und Einrichtungen der EU (Art. 9 Abs. 5 DSVO 45/2001/EG).[3]

II. Angemessenheitsbeschluss der Kommission als Übermittlungsgrund

3 **1. Inhalt und Wirkung (Abs. 1).** Nach Abs. 1 S. 1 ist eine Übermittlung in ein Drittland erlaubt, wenn die KOM in einem Beschluss gemäß Art. 288 Abs. 1 und 3 AEUV die Angemessenheit des Schutzniveaus festgestellt hat (sog **Adäquanzentscheidung**). Aus Sicht der Praxis handelt es sich hierbei um die Übermittlungslegitimation mit der größten Sicherheit. Allerdings gibt es im Moment lediglich zwölf Angemessenheitsbeschlüsse (→ Rn. 28). Diese geringe Zahl erklärt sich auch dadurch, dass die Beurteilung des Datenschutzniveaus eines ganzen Staats komplex und langwierig ist.[4] Andererseits hat die Zahl der Staaten, die über datenschutzrechtliche Regelungen auf Basis ähnlicher Grundsätze wie die EU verfügen, stark zugenommen.[5] So verfügten im Jahr 2015 zumindest 108 Staaten über datenschutzrechtliche Regelungen. Die KOM hat daher angekündigt, sich zukünftig stärker auf Angemessenheitsbeschlüsse zu konzentrieren (zB zu Südko-

---

1 Ehmann/Selmayr/*Zerdick* Art. 45 Rn. 2 und 4.
2 *Albrecht/Jotzo*, Teil 6 Rn. 7; *Mouzakiti* EDPL 2015, 39 (47).
3 Hierauf weist Ehmann/Selmayr/*Zerdick* Art. 45 Rn. 3 hin.
4 *Kuner* in: Gutwirth et al. (Hrsg.), Reventing Data Protection?, 2009, S. 263 unter I.; *Mouzakiti* EDPL 2015, 39 (41).
5 *Greenleaf* 2 IDPL 68, 69ff. (2012); *ders.* 23 J. of Law Information and Science 4 (2014).

rea oder Japan),[6] häufig im Zusammenhang mit der Aushandlung von Freihandelsabkommen. Am 5.9.2018 hat die Kommission den Entwurf einer Angemessenheitsentscheidung zu Japan vorgelegt.[7] Üblicherweise bezieht sich ein solcher Beschluss auf ein Drittland insgesamt. Abs. 1 S. 1 stellt aber klar, dass **4** der Beschluss – gewissermaßen als „Minus" – auch regional auf bestimmte **Gebiete** oder sachlich auf **spezifische Sektoren**" beschränkt sein kann. Aus Gründen der Rechtssicherheit ist der Anwendungsbereich partieller Angemessenheitsbeschlüsse eindeutig **anhand objektiver Kriterien abzustecken**. Denkbar ist eine Orientierung an bestimmten Verarbeitungsvorgängen oder am Anwendungsbereich bestimmter Regelungen des Rechts des Drittlandes (EG 104 S. 2). Solche partiellen Angemessenheitsbeschlüsse entsprechen der bisherigen Praxis: Sowohl die Safe Harbor-Entscheidung (2000/520/EG) als auch die Entscheidung zum EU-US-Datenschutzschild („Privacy Shield", Durchführungsbeschluss (EU) 2016/1250) beziehen sich nicht auf die USA insgesamt, sondern nur auf Unternehmen, die sich zur Einhaltung der Verarbeitungsgrundsätze verpflichten und der Aufsicht durch die Federal Trade Commission (FTC) oder das Department of Transportation unterliegen. Auch die Adäquanzentscheidung zu Kanada ist auf Unternehmen begrenzt, die dem kanadischen Personal Information Protection and Electronic Dokuments Act unterliegen (Art. 1 Entscheidung 2002/2/EG); dies sind sämtliche „Organisationen, die im Rahmen einer kommerziellen Tätigkeit personenbezogene Daten" verarbeiten (EG 5 Entscheidung 2002/2/EG).

Wenn ein Angemessenheitsbeschluss vorliegt, bedarf eine Übermittlung **keiner weiteren Genehmigung** **5** durch die Aufsichtsbehörde (Abs. 1 S. 2). Die Aufsichtsbehörden sind als Organe der Mitgliedstaaten an die Entscheidung der KOM aufgrund des Vorrangs des Unionsrechts gebunden (Art. 288 Abs. 4 AEUV). Sie dürfen daher das Datenschutzniveau in diesem Drittland grds. nicht in Frage stellen, indem sie zB eine Übermittlung nach Art. 58 Abs. 2 lit. j untersagen, weil sie im Rahmen ihrer Untersuchung zu dem Ergebnis gekommen sind, dass in diesem Drittland kein angemessenes Datenschutzniveau gewährleistet ist.[8] In diesem Fall kann die Behörde lediglich gegen den Angemessenheitsbeschluss selbst gerichtlich vorgehen, so dass letztlich der EuGH über die Gültigkeit des Beschlusses der KOM entscheidet (→ Rn. 34ff.).[9]

2. Beurteilung des Schutzniveaus im Empfängerstaat. a) Angemessenheit. Voraussetzung für einen Ange- **6** messenheitsbeschluss ist, dass in dem Drittland ein angemessenes Datenschutzniveau besteht. Abs. 2 listet nicht abschließend eine Reihe von Faktoren auf, die in diese Beurteilung einfließen sollen. Über den materiellen Gehalt dessen, was ein angemessenes Datenschutzniveau ausmacht, lässt sich Art. 45 nichts entnehmen. Bis zur Entscheidung des EuGH in der Rs. Schrems wurde überwiegend angenommen, ein angemessenes Datenschutzniveau müsse dem der Union gerade nicht gleichwertig sein; dementsprechend seien Abstriche im Schutzniveau punktuell sowie insgesamt zulässig.[10] Wie der EuGH jedoch klargestellt hat, ist ein angemessenes Datenschutzniveau nur gegeben, wenn es dem der EU „**der Sache nach gleichwertig**" („essentially equivalent") ist (vgl. auch EG 104 S. 3).[11] Der EuGH macht damit auf Ebene des Schutzniveaus keinerlei Abstriche, erkennt aber an, dass sich die Mittel, wie im Drittland ein der Sache nach gleichwertiger Datenschutz erreicht werden kann, von denen der EU unterscheiden können.[12] Es kommt daher auf einen **funktionalen Vergleich** der Rechtsordnung und Praxis des Drittlandes mit der EU an.[13] Der Ansatz des EuGH engt die Spielräume der KOM zwar stark ein. Er erlaubt ihr es insbes. nicht, aus übergeordneten politischen Gründen die Angemessenheit eines Drittlandes festzustellen. Ferner erinnert der EuGH daran, dass es sich bei einem Angemessenheitsbeschluss um eine einseitige Maßnahme der KOM handelt und nicht um das Ergebnis von Verhandlungen wie zuletzt mit den USA zum Privacy Shield, in deren Rahmen die KOM Zugeständnisse machen kann.[14] Grundrechtlich ist der Ansatz des EuGH aber konsequent, denn er verhindert wirksam, dass das Datenschutzniveau der EU durch eine Übermittlung in ein Drittland umgangen werden kann (vgl. auch Art. 44 S. 2).[15] Dementsprechend billigt der EuGH der KOM in dieser Frage

---

6   KOM, Austausch und Schutz personenbezogener Daten in einer globalisierten Welt COM(2017) 7 final, S. 9.
7   Abrufbar unter https://ec.europa.eu/info/sites/info/files/draft_adequacy_decision.pdf.
8   EuGH C-352/14, NJW 2015, 3151 Rn. 51 f. – Schrems.
9   EuGH C-352/14, NJW 2015, 3151 Rn. 63ff. – Schrems.
10 Etwa Taeger/Gabel/*Gabel* BDSG § 4 b Rn. 21; *Dammann/Simitis* Art. 25 Rn. 8; *Wuermeling,* Handelshemmnis Datenschutz, 2000, S. 103 f.; *Draf,* Die Regelung der Übermittlung personenbezogener Daten in Drittländer nach Art. 25, 26 der EG-Datenschutzrichtlinie, 1999, S. 84ff.; aA Grabitz/Hilf/Nettesheim/*Brühann* DSRL Art. 25 Rn. 16 f. zum Verständnis der Begriffe „Gleichwertigkeit" und „Angemessenheit".
11 EuGH C-352/14, NJW 2015, 3151 Rn. 73 f. – Schrems; zuletzt EuGH Gutachten 1/15, EWS 2017, 219 Rn. 134 – PNR-Abkommen mit Kanada.
12 EuGH C-352/14, NJW 2015, 3151 Rn. 74 – Schrems; vgl. auch KOM, Austausch und Schutz personenbezogener Daten in einer globalisierten Welt COM(2017) 7 final, S. 7 („keine Eins-zu-eins-Übereinstimmung").
13 *Dammann/Simitis* Art. 25 Rn. 8; Grabitz/Hilf/Nettesheim/*Brühann* DSRL Art. 26 Rn. 15.
14 Kritisch daher *Azoulai/van der Sluis* 53 CMLR (2016) 1343 (1367 f.).
15 Vgl. EuGH C-352/14, NJW 2015, 3151 Rn. 73 – Schrems.

auch **keinen Wertungsspielraum** zu und kontrolliert ihre Entscheidung vollumfänglich;[16] er macht so deutlich, dass die Anerkennung der Angemessenheit des Datenschutzniveaus eines Drittlands nicht allein aufgrund von politischen Motiven erfolgen darf.

7 **b) Bewertungsfaktoren (Abs. 2).** Abs. 2 nennt eine Reihe von Faktoren, die bei der Beurteilung des Datenschutzniveaus eines Empfängerstaats zu berücksichtigen sind. Diese Aufzählung ist aber nicht abschließend („insbesondere"). Die KOM muss alle Faktoren berücksichtigen, die das Datenschutzniveau im Drittland wesentlich beeinflussen.[17] Entscheidend ist, dass sich die KOM nicht darauf beschränken darf, allein die rechtlichen Vorschriften („law in the books") zu analysieren; sie muss auch die Anwendung der Regelungen in der **Praxis** einbeziehen („law in action").[18] Hierzu gehören eine Analyse der Rspr. und Behördenpraxis, da es für den tatsächlichen Schutz der Daten der betroffenen Personen auf die Auslegung der rechtlichen Regelungen ankommt, sowie eine allgemeine Beurteilung der Effektivität des rechtlichen Rahmens in der Praxis (vgl. Abs. 2 lit. a: „Anwendung dieser Rechtsvorschriften (...), die Rechtsprechung"). Angesichts der Bedeutung der Entscheidung für die Grundrechte und Interessen der betroffenen Personen in der EU reicht es nicht aus, wenn sich die KOM dabei allein auf die Darstellung der Regierung des Drittlandes bezieht; sie muss vielmehr auch unabhängige Quellen und Expertisen zurate ziehen. Auch wenn Art. 45 dies nicht ausdrücklich vorsieht, muss die KOM ihre Entscheidung – wie jeden Rechtsakt (vgl. Art. 296 Abs. 2 AEUV) – angemessen **begründen**[19] (s. zB die Begründung in EG 14 bis EG 142 Durchführungsbeschluss (EU) 2016/1250 zum Privacy Shield).

8 **aa) Rechtsordnung des Drittlands (lit. a).** Die Bewertung des Datenschutzniveaus setzt unabdingbar ausreichende **datenschutzrechtliche Regelungen** voraus, erschöpft sich jedoch nicht darin, sondern nimmt auch Rechtsstaatlichkeit, Menschenrechte und Grundfreiheiten in Bezug (→ Rn. 13). Ausgangspunkt der Bewertung ist allerdings das Datenschutzrecht im Drittland. Dieses kann sich anderer Instrumente und Regelungskonzepte bedienen als die EU. Für einen wertenden Rechtsvergleich kommt es daher darauf an zu identifizieren, was den Kern des europäischen Datenschutzniveaus ausmacht. Wichtigste Erkenntnisquelle hierfür ist das datenschutzrechtliche Sekundärrecht,[20] va also die DSGVO. In jedem Fall umfasst sind aber die Gewährleistungen, die sich unmittelbar aus Art. 7 und 8 GRCh ergeben; insbes. Art. 8 GRCh soll gerade den Kern der datenschutzrechtlichen Gewährleistungen grundrechtlich absichern.[21]

9 Ziel der DSGVO (EG 7 S. 2) und auch des Art. 8 Abs. 1 GRCh[22] ist es, die **Kontrolle der betroffenen Person** über ihre Daten zu gewährleisten. Zwingend erforderlich ist dazu **Transparenz**, damit die betroffene Person die Verarbeitung ihrer Daten nachvollziehen und vorhersehen kann, wer unter welchen Voraussetzungen für welche Zwecke Daten über sie verarbeitet. Unabdingbar, um die Verarbeitung ihrer Daten nachvollziehen zu können, ist das Auskunftsrecht (Art. 15 DSGVO sowie Art. 8 Abs. 2 S. 2 GRCh).[23] Auch dieses nutzt der betroffenen Person wenig, wenn sie nicht weiß, dass jemand Daten über sie verarbeitet. Anhaltspunkte hierfür können hinreichend klare und präzise gesetzliche Grundlagen für eine Verarbeitung bieten.[24] Darüber hinaus muss aber die betroffene Person bereits bei der Erhebung oder – wenn keine Direkterhebung vorliegt – sobald wie möglich über die Datenverarbeitung informiert werden (Art. 13, 14). Nur wenn eine Datenverarbeitung ausreichend transparent ist, kann die betroffene Person zur Gewährleistung der **Richtigkeit** der verarbeiteten Daten (Art. 5 Abs. 1 lit. d) deren **Berichtigung** (Art. 16; 8 Abs. 2 S. 2 GRCh) oder **Löschung** (Art. 17) verlangen.[25] Das Recht auf Datenportabilität (Art. 18) gehört aufgrund eines wettbewerbsrechtlichen Hintergrundes nicht zum datenschutzrechtlichen Kernbestand.[26]

10 „Grundstein des Datenschutzrechts"[27] ist der Grundsatz der **Zweckbindung** (Art. 5 Abs. 1 lit. b Hs. 1). Er beinhaltet das Erfordernis, dass eine Datenverarbeitung nur für bestimmte Zwecke erfolgen darf und nur soweit und solange dies für diese Zwecke **erforderlich** ist (Art. 8 Abs. 2 S. 1 GRCh); ferner müssen der Ver-

---

16 EuGH C-352/14, NJW 2015, 3151 Rn. 78 – Schrems.
17 Ausführlich zur Auslegung des Wortes „berücksichtigen" Sydow/*Towfigh/Ulrich* Art. 45 Rn. 7 f.
18 EuGH C-352/14, NJW 2015, 3151 Rn. 75 – Schrems.
19 EuGH C-352/14, NJW 2015, 3151 Rn. 96 – Schrems.
20 Vgl. *Art.-29-Gruppe*, WP 12, S. 5ff.
21 Vgl. die Erläuterungen des Konventionspräsidiums zur Grundrechte-Charta, die bei deren Auslegung zu berücksichtigen sind (Art. 52 Abs. 7 GRC), ABl. EU 2007, C 303, 2 (20); ausführlich zum Verhältnis zwischen Art. 8 GRC und dem Sekundärrecht *Lynskey*, The Foundations of EU Data Protection Law, 2015, S. 268ff.
22 Vgl. Calliess/Ruffert/*Kingreen* GRC Art. 8 Rn. 9 („Herrschaft über die eigenen Daten").
23 Simitis/*Simitis* § 4 b Rn. 59.
24 Vgl. EuGH C-465/00, C-138/01 u. C-139/01, EuR 2004, 276 Rn. 77 – Österreichischer Rundfunk; C-293/12 u. C-594/12, NJW 2014, 2169 Rn. 54 – Digital Rights Ireland.
25 Zum Löschungs- und Berichtigungsrecht EuGH C-352/14, NJW 2015, 3151 Rn. 95 – Schrems; allgemein *Art.-29-Gruppe*, WP 254, S. 6.
26 *Art.-29-Gruppe*, WP 254, S. 6 Fn. 12.
27 *Art.-29-Gruppe*, WP 203, S. 4 („cornerstone of data protection law").

Schantz

arbeitung für andere Zwecke Grenzen gesetzt sein. Würden Daten nach einer Übermittlung in ein Drittland für beliebige Zwecke verwendet werden können, würde die betroffene Person ihre Kontrolle über sie vollständig einbüßen.[28] Unmittelbarstes Instrument der betroffenen Person, Kontrolle über ihre Daten auszuüben, ist die **Einwilligung** und die Möglichkeit, diese zu widerrufen. Aber auch ohne eine Einwilligung ist es von großer Bedeutung, dass die betroffene Person die weitere Verarbeitung ihrer Daten beeinflussen kann (zB durch ein **Widerspruchsrecht**). Da ein missbräuchlicher Zugriff durch Dritte die Interessen der betroffenen Person ebenso beeinträchtigen kann wie eine Zweckentfremdung durch den Empfänger, muss die Rechtsordnung des Drittlandes auch Vorgaben zur **Datensicherheit** enthalten. Schließlich muss die betroffene Person die Möglichkeit haben, ihre Rechte **effektiv gerichtlich durchzusetzen** und einen **Ersatz von erlittenen Schäden** zu verlangen. Ohne eine effektive Möglichkeit zu ihrer Durchsetzung würden die materiellen Rechte der betroffenen Person leerlaufen. Die Art.-29-Gruppe verlangt zudem ein Widerspruchsrecht gegen Direktmarketing, strengere Regelungen für besondere Kategorien personenbezogener Daten iSd Art. 9 und Regelungen für automatisierte Einzelentscheidungen;[29] diese Vorgaben erscheinen aber bereits sehr detailliert.

Eine besondere Gefahr besteht, wenn die Daten aus dem sicheren Drittland in einen anderen Staat **weiterübermittelt** werden (vgl. Art. 44 S. 1 Hs. 2). Abs. 2 lit. a verlangt daher, dass die Rechtsordnung des Drittlandes Sicherungen vorsieht, die verhindern, dass das Datenschutzniveau, das die EU und das Drittland aufweisen, umgangen wird.[30] Dies ist insbes. gewährleistet, wenn die Weiterübermittlung in ein weiteres Drittland erfolgt, für das ebenfalls ein Angemessenheitsbeschluss der KOM vorliegt, oder Ausnahmetatbestände mit einer ähnlichen Reichweite wie nach Art. 49 gegeben sind.[31] **11**

Das Drittland muss dabei nicht dem Modell der EU folgen, allgemeine datenschutzrechtliche Regelungen zu erlassen, die jede Art von Datenverarbeitung erfassen. Abs. 2 lit. a erwähnt ausdrücklich „sektorale" Regelungen. Einen derartigen Ansatz verfolgen etwa die USA (→ Rn. 42).[32] Schwierig ist es allerdings, auf diese Weise ein flächendeckendes Datenschutzniveau für ein gesamtes Land zu erreichen. Abs. 2 lit. a nennt neben gesetzlichen Regelungen auch Berufsregeln; hierzu gehören auch **Standesregeln**, soweit sie für die Verantwortlichen aufgrund ihrer gesetzlichen Einbettung verbindlich sind sowie effektiv kontrolliert und durchgesetzt werden. Der EuGH hielt unter diesen Bedingungen sogar ein „**System der Selbstzertifizierung**" wie den Safe-Harbor-Mechanismus nicht „als solches" für ungeeignet, um ein angemessenes Datenschutzniveau zu gewährleisten.[33] **12**

In die Beurteilung der Angemessenheit des Datenschutzniveaus sind auch die **rechtsstaatlichen und menschenrechtlichen Rahmenbedingungen** im Drittland einzubeziehen. Dies ist in zweierlei Hinsicht sinnvoll: Zum einen ist es zweifelhaft, dass datenschutzrechtliche Regelungen wirklich den Schutz der Rechte und Interessen gewährleisten können, wenn sie für sich alleinstehen und nicht in ein rechtsstaatliches und freiheitliches Umfeld eingebettet sind. Zum anderen darf die EU nicht die „Hand zu Verletzungen der Menschenwürde reichen"[34], indem sie eine Übermittlung von Daten in Staaten erlaubt und hierdurch Menschenrechtsverletzungen im Empfängerstaat ermöglicht oder unterstützt. **13**

Der EuGH hat mit seiner Entscheidung in der Rs. Schrems den Fokus auf die **Zugriffsrechte von Sicherheitsbehörden** gelenkt.[35] Das Urteil hat in Abs. 2 lit. a und dem korrespondierenden EG 101 S. 1 im Trilog unmittelbaren Niederschlag im Text gefunden.[36] Der EuGH hat hier die Maßstäbe, die er selbst im Rahmen der rechtlichen Bewertung der Vorratsdatenspeicherung[37] für hoheitliche Eingriffe in Art. 7, 8 GRCh entwickelt hatte, auf Drittländer übertragen.[38] Ein Eingriff in Art. 7 und 8 GRCh darf danach nur aufgrund gesetzlicher Regelungen erfolgen, die „klare und präzise Regeln für die Tragweite und Anwendung einer Maßnahme" enthalten sowie ausreichende Garantien, um einen Missbrauch oder eine unberechtigte Nutzung der Daten zu verhindern. Zudem sind Eingriffe in diese Grundrechte auf das „absolut Notwendige" zu begrenzen; dies ist insbes. nicht der Fall, wenn Daten massenweise, undifferenziert und ohne konkret verfolgtes Ziel gespeichert werden. **14**

---

28 Simitis/*Simitis* § 4 b Rn. 58.
29 *Art.-29-Gruppe*, WP 254, S. 7.
30 EuGH Gutachten 1/15, EWS 2017, 219 Rn. 214 – PNR-Abkommen mit Kanada; *Art.-29-Gruppe*, WP 254, S. 7.
31 Vgl. zur DSRL *Art.-29-Gruppe*, WP 12, S. 7.
32 *Buchner*, Informationelle Selbstbestimmung im Privatrecht, 2005, S. 15.
33 EuGH C-352/14, NJW 2015, 3151 Rn. 81 – Schrems.
34 Vgl. BVerfGE 141, 220 Rn. 328 – BKA-Gesetz.
35 Vgl. EuGH C-352/14, NJW 2015, 3151 Rn. 87f. – Schrems.
36 Paal/Pauly/*Pauly* Art. 45 Rn. 5.
37 EuGH C-293/12 u. C-594/12, NJW 2014, 2169 Rn. 52ff. – Digital Rights Ireland.
38 EuGH C-352/14, NJW 2015, 3151 Rn. 91ff. – Schrems; zur Konkretisierung s. auch *Art.-29-Gruppe*, WP 237, S. 6ff.

15 Zudem hat der EuGH die Erforderlichkeit eines **wirksamen Rechtsschutzes gegen solche Maßnahmen** gemäß Art. 47 Abs. 1 GRCh hervorgehoben.[39] Hiergegen lässt sich auch nicht anführen, die EU stelle damit im Verhältnis zu Drittländern Maßstäbe im Bereich der nationalen Sicherheit (zB Nachrichtendienste) auf, für den sie selbst innerhalb der EU nicht zuständig ist (vgl. Art. 4 Abs. 2 S. 3 EUV) und die ihre Mitglieder selbst nicht immer einhalten.[40] Die Regelungen zur Drittlandsübermittlung greifen jedoch nicht in diese *domain réservé* der Mitgliedstaaten ein; sie sollen lediglich verhindern, dass ein Drittland aufgrund der Erlaubnis zur Übermittlung durch die KOM in die Grundrechte der betroffenen Personen eingreifen kann.[41]

16 **bb) Unabhängige Datenschutzaufsicht (lit. b).** Im Drittland muss es ferner eine unabhängige Aufsichtsbehörde geben, die mit der Durchsetzung der datenschutzrechtlichen Regelungen betraut ist (Abs. 2 lit. b).[42] Bereits aus der Gliederung des Abs. 2 wird deutlich, dass der Gesetzgeber diesem Aspekt eine besondere Bedeutung zumessen wollte (vgl. auch EG 104 S. 4).[43] Erforderlich ist, dass die Aufsichtsbehörde über die erforderlichen Befugnisse zur Durchsetzung des Datenschutzrechts im Drittland verfügt. Hierzu gehören **ausreichende Ermittlungsbefugnisse**[44] sowie **abschreckende Sanktionsbefugnisse**[45] – und, dass sie hiervon auch in der Praxis Gebrauch macht. Die Aufsichtsbehörde soll zudem den Aufsichtsbehörden der Mitgliedstaaten als Ansprechpartner dienen und die betroffenen Personen bei der Durchsetzung beraten und unterstützen.[46] Der letzte Punkt verdeutlicht, dass die Datenschutzaufsicht nicht nur aus eigener Initiative tätig werden muss, sondern auch auf Bitten der betroffenen Person. Um im Rahmen des Datenverkehrs mit dem Drittland eine lückenlose Aufsicht zu gewährleisten, ist es darüber hinaus erforderlich, dass die Aufsichtsbehörde im Drittland mit den Aufsichtsbehörden in der EU **kooperiert** (vgl. EG 104 S. 4).[47]

17 Es ist allerdings nicht erforderlich, dass die mit der Datenschutzaufsicht betraute Behörde nur für diese Aufgabe zuständig ist.[48] Entscheidend ist, dass sie unabhängig ist (vgl. Art. 8 Abs. 3 GRCh; Art. 16 Abs. 2 S. 2 AEUV), dh ohne Einflussnahme durch Politik oder Dritte ihre Aufgabe erfüllen kann (vgl. Art. 52 Abs. 2).[49] Die Unabhängigkeit kann jedoch auch dadurch beeinträchtigt sein, dass die Aufsichtsbehörde im Rahmen ihrer anderen Aufgaben dem Einfluss von außen ausgesetzt ist oder durch ihre anderen Aufgaben einem Zielkonflikt unterliegt und sich deshalb nur eingeschränkt für die Durchsetzung des Schutzes personenbezogener Daten einsetzen kann. Unproblematisch dürfte es daher sein, wenn die Aufsichtsbehörde zugleich mit Aufgaben des wirtschaftlichen Verbraucherschutzes und des Schutzes des Wettbewerbs betraut ist (wie im Falle der FTC), weil zwischen diesen Zielen kein Konflikt besteht.

18 **cc) Internationale Verpflichtungen (lit. c).** Abs. 2 lit. c nennt als einen weiteren Faktor die internationalen Verpflichtungen des Drittlands.[50] Damit soll – gerade im Hinblick auf die Weiterübermittlung von Daten – auch das völkerrechtliche Umfeld des Drittlands in die Gesamtbeurteilung einbezogen werden. Hier sind sowohl datenschutzfreundliche als auch problematische Umstände (zB zwingende Übermittlungen in Drittländern auf deren Anfrage) zu berücksichtigen. Der Unionsgesetzgeber zielt hierbei vor allem auf die Datenschutzkonvention 108 des Europarats (EG 105 S. 2, → Einl. Rn. 78ff.); aufgrund ihrer Verbreitung über die Grenzen des Europarats hinaus ist die Konvention der Ansatz für die Etablierung globaler Datenschutzprinzipien, der den meisten Erfolg verspricht.[51] Für die Frage der Angemessenheit des Datenschutzniveaus im Drittland sind dessen internationale Verpflichtungen aber von eher untergeordneter Bedeutung, da es für einen effektiven Schutz der betroffenen Person auf die Anwendung der internationalen Verpflichtung als Teil der nationalen Rechtsordnung (in einem monistischen System) oder ihrer Umsetzung im nationalen Recht (in einem dualistischen System) ankommt.[52]

19 **3. Verfahren (Abs. 3).** Die KOM erlässt den Angemessenheitsbeschluss als Durchführungsrechtsakt gemäß Art. 291 AEUV (Abs. 3 S. 1) als Kollegium im Prüfverfahren (Abs. 3 S. 4 iVm Art. 93 Abs. 2, → Art. 93

39 EuGH C-352/14, NJW 2015, 3151 Rn. 89 f. und 95 – Schrems.
40 Im Ergebnis auch Kühling/Buchner/*Schröder* Art. 45 Rn. 13; zweifelnd *Cohen* EDPL 2015, 240 (244); anders *Eichenhofer* EuR 2016, 76 (88).
41 *Kuner* 18 GLJ 881 (896ff.) (2017).
42 EuGH C-352/14, NJW 2015, 3151 Rn. 41 – Schrems; Gutachten 1/15, EWS 2017 Rn. 229 – PNR-Abkommen mit Kanada.
43 *Piltz* K&R 2016, 777 (777); aA Kühling/Buchner/*Schröder* Art. 45 Rn. 21 unter Verweis auf Art. 45 Abs. 3 S. 3, wonach nur „gegebenenfalls" die Aufsichtsbehörde des Drittlands zu nennen ist.
44 Simitis/*Simitis* § 4 b Rn. 63.
45 Paal/Pauly/*Pauly* Art. 45 Rn. 6.
46 Kühling/Buchner/*Schröder* Art. 45 Rn. 19.
47 Kühling/Buchner/*Schröder* Art. 45 Rn. 19.
48 Simitis/*Simitis* § 4 b Rn. 62.
49 Paal/Pauly/*Pauly* Art. 45 Rn. 6; vgl. zum Maßstab EuGH C-614/10, ZD 2012, 563 Rn. 41ff. – KOM./. Österreich; C-518/07, NJW 2010, 1265ff. Rn. 25, 27, 33ff. – KOM./. Deutschland.
50 Ebenso EuGH C-352/14, NJW 2015, 3151 Rn. 75, 96 – Schrems.
51 *Brown/Mardsen*, Regulating Code, 2013, S. 50; *Greenleaf* 2 IDPL 68, 91 f. (2012).
52 Vgl. *Dammann/Simitis* Art. 25 Rn. 28.

Rn. 7). In diesem Verfahren hat die KOM eine ausgesprochen starke Stellung. Die Mitgliedstaaten können einen Entwurf der KOM letztlich nur mit einer qualifizierten Mehrheit stoppen (vgl. Art. 5 Abs. 4 UAbs. 1 S. 1 VO (EU) Nr. 182/2011). Das EP kann lediglich darauf hinweisen, dass die KOM die Grenzen des an sie delegierten Spielraumes überschreitet (Art. 11 VO (EU) Nr. 182/2011). Auch der EDSA ist nach EG 105 S. 3 lediglich vor Erlass des Beschlusses zu konsultieren. Seine Stellungnahme ist aber nicht bindend.[53] Seine Beteiligung ist für einen wirksamen Erlass des Beschlusses auch nicht erforderlich, da nach Art. 291 Abs. 3 AEUV lediglich der Rat kontrolliert, wie die KOM ihre Befugnisse ausübt.[54]

Der Angemessenheitsbeschluss muss nach der Rechtsprechung des EuGH „gebührend begründete" Feststel- [20] lungen zum Datenschutzniveau im Drittland enthalten.[55] Handelt es sich um einen partiellen Angemessenheitsbeschluss, muss er seinen Geltungsbereich klar festlegen (→ Rn. 4) und die zuständigen Aufsichtsbehörden im Drittland nennen (Abs. 3 S. 3). Inhaltlich ist der Gestaltungsspielraum der KOM darüber hinaus – anders als im Rahmen delegierter Rechtsakte gemäß Art. 290 AEUV – sehr begrenzt. So darf die KOM im Durchführungsrechtsakt zB nicht die Befugnisse der Aufsichtsbehörden regeln.[56] Die KOM hat daher die entsprechenden Regelungen in allen Adäquanzentscheidungen aufgehoben (Durchführungsbeschluss (EU) 2016/2295).

Unabhängig von der Pflicht der KOM zur Beobachtung der Rechtsentwicklung im Drittland nach Abs. 4 [21] (→ Rn. 22) muss der Durchführungsrechtsakt eine regelmäßige Überprüfung vorsehen, die mindestens alle vier Jahre erfolgen muss (Abs. 3 S. 2). Im Rahmen dieser Überprüfung muss die KOM nicht nur den Kontakt mit dem Drittland suchen (EG 106 S. 3), sondern auch die Standpunkte und Feststellungen des EP neben anderen Quellen berücksichtigen (EG 106 S. 4). Über das Ergebnis muss die KOM dem Prüfausschuss des Rats und dem EP berichten (EG 106 S. 5). Die hervorgehobene Rolle, die dem EP im Rahmen dieser turnusmäßigen Überprüfungen eingeräumt wird, kompensiert, dass es sich mit seinem Wunsch nicht durchsetzen konnte, bereits beim Erlass der Angemessenheitsbeschlüsse mehr Einfluss zu erhalten.[57]

III. Überwachung und Widerruf eines Angemessenheitsbeschlusses

1. Monitoringpflicht (Abs. 4). Neben der regelmäßigen Evaluation der Angemessenheitsbeschlüsse[58] ist die [22] KOM nach Abs. 4 dazu verpflichtet, fortlaufend alle Entwicklungen in Drittländern zu beobachten, die in Frage stellen könnten, ob das Datenschutzniveau im Drittland auch weiterhin als angemessen beurteilt werden kann. Sobald Anhaltspunkte für eine Verschlechterung des Datenschutzniveaus vorliegen (zB aufgrund von Gesetzesänderungen), muss die KOM dem nachgehen.[59] Angesichts der Bedeutung eines Angemessenheitsbeschlusses trifft die KOM auch eine Pflicht, wichtige rechtliche Entwicklungen in Drittländern zu beobachten und ausreichende Ressourcen hierfür zur Verfügung zu stellen.

2. Widerruf, Abänderung oder Aussetzung des Angemessenheitsbeschlusses (Abs. 5 und 6). Kommt die [23] KOM zu dem Ergebnis, dass in einem Drittland kein angemessenes Datenschutzniveau mehr besteht, ist sie nach Abs. 5 UAbs. 1 S. 1 verpflichtet, den Angemessenheitsbeschluss auszusetzen, zu ändern (zB durch Beschränkung seines Geltungsbereichs)[60] oder ihn ganz zu widerrufen. Auch dies erfolgt nach dem Prüfverfahren gemäß Art. 93 Abs. 2. Abs. 5 UAbs. 2 ermächtigt die KOM, in „hinreichend begründeten Fällen äußerster Dringlichkeit" einen sofort geltenden Durchführungsrechtsakt ohne Beteiligung des Prüfausschusses zu erlassen (Art. 93 Abs. 3 iVm Art. 8 VO (EU) Nr. 182/2011); auf diese Weise kann die KOM den Angemessenheitsbeschluss zB für bis zu sechs Monate aussetzen (Art. 8 Abs. 2 VO (EU) Nr. 182/2011). Ebenso wie beim Erlass eines Angemessenheitsbeschlusses dürfte der KOM auch hier kein politischer Handlungsspielraum zuzubilligen sein.[61] Der Beschluss der KOM ist im ABl. sowie auf einer Website zu veröffentlichen (→ Rn. 27).

Erlässt die KOM als Reaktion auf eine Verschlechterung des Datenschutzniveaus einen Durchführungs- [24] rechtsakt nach Abs. 5, hat dies Auswirkungen auf die Beziehungen der EU zum Drittland und auf den Wirtschaftsverkehr zwischen der EU und dem Drittland. Die KOM muss daher ihre Entscheidung gegenüber dem Drittland ausführlich begründen (EG 103 S. 3) und so schnell wie möglich mit ihm in Konsultationen

---

53   Ehmann/Selmayr/*Zerdick* Art. 45 Rn. 9.
54   AA *Piltz* K&R 2016, 707 (707); Kühling/Buchner/*Schröder* Art. 45 Rn. 25, der auf Art. 93 Abs. 2 verweist; der dort genannte Ausschuss ist aber nicht der EDSA, sondern mit Vertretern der Mitgliedstaaten besetzt und ersetzt den Art. 31-Ausschuss nach der DSRL.
55   EuGH C-352/14, NJW 2015, 3151 Rn. 96 – Schrems.
56   EuGH C-352/14, NJW 2015, 3151 Rn. 103 zu Art. 25 Abs. 6 DSRL; Paal/Pauly/*Pauly* Art. 45 Rn. 28.
57   *Albrecht/Jotzo*, Teil 6 Rn. 7. Ein Vetorecht des EP wäre mit Art. 291 AEUV auch schwerlich vereinbar gewesen.
58   Keine eigenständige Bedeutung scheint Art. 45 Abs. 4 Paal/Pauly/*Pauly* Art. 45 Rn. 29 einzuräumen.
59   Sa EuGH C-352/14, NJW 2015, 3151 Rn. 76 – Schrems.
60   Paal/Pauly/*Pauly* Art. 45 Rn. 31.
61   Vgl. auch Schlussanträge GA Bot, Rs. C-362/14 Rn. 217 – Schrems.

eintreten (Abs. 6; EG 107 S. 3 und 4). Ziel der Verhandlungen ist es, wieder eine Verbesserung des Datenschutzniveaus im Drittland zu erreichen, zB durch Maßnahmen, welche die Verschlechterung des Datenschutzniveaus kompensieren.[62]

25 **3. Rechtsfolgen des Widerrufs (Abs. 5, 7).** Der Widerruf einer Angemessenheitsentscheidung erfolgt nach Abs. 5 UAbs. 1 S. 1 „**ohne rückwirkende Kraft**". Die Rechtmäßigkeit von Übermittlungen in das Drittland in der Vergangenheit wird daher durch den Widerruf nicht berührt. Davon ist zu unterscheiden, inwieweit die Verarbeitung der übermittelten Daten im Drittland weiterhin zulässig bleibt. Fällt der Empfänger der Daten selbst in den Anwendungsbereich der DSGVO, dürfte eine **weitere Verarbeitung der Daten im Drittland** ausscheiden, wenn nicht ein anderer Ausnahmetatbestand nach Art. 46ff. vorliegt. Zwar beziehen sich die Art. 44ff. nur auf die Übermittlung in ein Drittland. Es wäre aber mit dem Ziel unvereinbar, ein Unterlaufen des Datenschutzniveaus in der EU zu verhindern (Art. 44 S. 2), wenn eine spätere Veränderung des Datenschutzniveaus anders behandelt werden würde, als wenn von vornherein kein angemessenes Datenschutzniveau gewährleistet gewesen wäre. Unterliegt der Empfänger nicht der DSGVO, muss zumindest der Verantwortliche, der die Daten übermittelt hat, alle Möglichkeiten nutzen, um eine weitere Verarbeitung im Drittland zu unterbinden, zB durch Ausübung des Weisungsrechts des Verantwortlichen gegenüber dem Auftragsverarbeiter.

26 Wie Abs. 7 klarstellt, kann eine Übermittlung nach dem Widerruf oder während der Aussetzung eines Angemessenheitsbeschlusses weiterhin auf die **anderen Tatbestände der Art. 46ff.** gestützt werden. Es ist aber nicht ausgeschlossen, dass die Feststellungen der KOM auch auf die anderen Tatbestände „durchschlagen". Stellt die KOM etwa fest, dass im Drittland staatliche Zugriffsbefugnisse auf die übermittelten Daten bestehen, die mit Art. 7, 8 GRCh unvereinbar sind, kann diese Bewertung im Rahmen einer Übermittlung auf Basis geeigneter Garantien gemäß Art. 46 nicht ausgeblendet werden (→ Art. 46 Rn. 16, 54 und 74).

IV. Veröffentlichungspflicht (Abs. 8)

27 Abs. 8 verpflichtet die KOM, im ABl. sowie auf ihrer Website eine Liste aller Drittländer und internationalen Organisationen zu veröffentlichen, zu denen sie einen Durchführungsrechtsakt über die Angemessenheit erlassen hat. Dieser kann entweder darin bestehen, dass sie die Angemessenheit des Datenschutzniveaus festgestellt hat oder – im Falle eines Widerrufs nach Abs. 5 – dass ein angemessenes Datenschutzniveau in einem Drittland nicht besteht.[63] Die gesammelte Veröffentlichung der Durchführungsrechtsakte der KOM ist für die Praxis eine erhebliche Erleichterung und wird auch schon bisher von der KOM angeboten.[64] Die Veröffentlichungspflicht nach Abs. 8 erfasst nicht die Entscheidungen selbst, sondern nur eine Auflistung der Länder bzw. der Sektoren oder Territorien im Rahmen partieller Angemessenheitsentscheidungen. Die Durchführungsrechtsakte der KOM sind als Gesetzgebungsakte in ihrem vollen Wortlaut gemäß Art. 297 Abs. 1 UAbs. 3 S. 1 AEUV auch im ABl. zu veröffentlichen.

V. Bestehende Angemessenheitsbeschlüsse

28 **1. Bisherige Angemessenheitsbeschlüsse.** Auf der Basis von Art. 25 Abs. 6 UAbs. 1 DSRL hat die KOM **zwölf Angemessenheitsbeschlüsse** erlassen, die aktuell noch in Kraft sind:

- Andorra,[65]
- Argentinien,[66]
- Guernsey,[67]
- Faröer Inseln,[68]
- Isle of Man,[69]
- Israel,[70]
- Jersey,[71]
- Kanada,[72]

---

62 Paal/Pauly/*Pauly* Art. 45 Rn. 31.
63 Ehmann/Selmayr/*Zerdick* Art. 45 Rn. 24.
64 http://ec.europa.eu/justice/data-protection/international-transfers/adequacy/index_en.htm.
65 ABl. 2010 L 277, 27.
66 ABl. 2003 L 168, 19.
67 ABl. 2003 L 308, 27.
68 ABl. 2010 L 58, 17.
69 ABl. 2004 L 151, 51, berichtigt in ABl. EU 2004 L 208, 47.
70 ABl. 2011 L 27, 39.
71 ABl. 2008 L 138, 21.
72 ABl. 2002 L 2, 13.

- Neuseeland,[73]
- Schweiz,[74]
- Vereinigte Staaten von Amerika („Privacy Shield"),[75]
- Uruguay[76].

Alle Angemessenheitsbeschlüsse sind durch den Durchführungsbeschluss (EU) 2016/2295 an die Entschei- 29 dung des EuGH in der Rs. Schrems **angepasst** worden. Zum einen wurden hierzu die Regelungen zu den Befugnissen der Aufsichtsbehörde gestrichen, weil diese nicht von der Durchführungsbefugnis der KOM gedeckt waren.[77] Zum anderen ist die KOM nun zur laufenden Überwachung der Angemessenheit des Datenschutzniveaus im Drittland verpflichtet und muss sich mit den Mitgliedstaaten über Veränderungen der Rechtslage austauschen, insbes. im Hinblick auf staatliche Zugriffsbefugnisse.

Neben diesen Angemessenheitsbeschlüssen existieren noch ein Übereinkommen mit den USA über den Aus- 30 tausch von Daten des Zahlungsverkehrsdienstleisters **SWIFT** zur Bekämpfung des Terrorismus (Terrorist Finance Tracking Program)[78] sowie Abkommen der EU zur Übermittlung von **Fluggastdaten** (Passenger Name Records – PNR) mit den USA[79] und Australien[80]. Ein Abkommen mit Kanada[81] sowie ein früherer Angemessenheitsbeschluss in Bezug auf die Canada Border Services Agency[82] sind ausgelaufen;[83] ein neues Abkommen mit Kanada zur Übermittlung von Fluggastdaten ist zwar unterzeichnet, aber vom EuGH im Juli 2017 für nichtig erklärt worden.[84]

Das sog „**Umbrella Agreement**"[85] aus dem Jahr 2016 enthält einen allgemeinen datenschutzrechtlichen 31 Rahmen für die Übermittlung von personenbezogenen Daten von europäischen Behörden an US-amerikanische Behörden zum Zwecke der Verhütung, Untersuchung, Aufdeckung und Verfolgung von Straftaten und betrifft damit gemäß Art. 2 Abs. 2 lit. d keine Verarbeitungsvorgänge, die in den Anwendungsbereich der DSGVO fallen.

2. Weitergeltung bestehender Angemessenheitsbeschlüsse (Abs. 9). Gemäß Abs. 9 bleiben die Angemessen- 32 heitsbeschlüsse, welche die KOM auf der Grundlage von Art. 25 Abs. 6 DSRL erlassen hatte, in Kraft. Eine Abänderung oder ein Widerruf erfolgt wie für neu erlassene Angemessenheitsbeschlüsse im Prüfverfahren nach Art. 93 Abs. 2. Das EP konnte sich mit seiner Forderung nicht durchsetzen, die Gültigkeit der bisherigen Angemessenheitsbeschlüsse auf fünf Jahre zu befristen (Art. 41 Abs. 3 Parl-E).

Die Monitoringpflicht der KOM nach Abs. 4 bezieht sich auch auf die bestehenden Angemessenheitsbe- 33 schlüsse (EG 106 S. 1); ferner hat die KOM eine entsprechende Verpflichtung in alle Angemessenheitsbeschlüsse eingefügt (s. Durchführungsbeschluss (EU) 2016/2295). Anders als im Fall neuer Angemessenheitsbeschlüsse ergibt sich eine Pflicht zur regelmäßigen Evaluation allerdings nur insoweit, als die KOM im Rahmen ihres allgemeinen Berichts über die Bewertung und Prüfung der DSGVO (Art. 97) – erstmals zum 25.5.2020, danach alle vier Jahre – ausdrücklich auf die „Anwendung und die Wirkungsweise" aller Angemessenheitsbeschlüsse eingehen muss (Art. 97 Abs. 2 lit. a, → Art. 97 Rn. 6).[86]

VI. Rechtsdurchsetzung

1. Befugnisse der Aufsichtsbehörden. Was kann eine Aufsichtsbehörde tun, wenn sie daran zweifelt, ob ein 34 Drittland über ein angemessenes Datenschutzniveau verfügt, obwohl die KOM einen entsprechenden Angemessenheitsbeschluss erlassen hat? Da die Aufsichtsbehörde an den Angemessenheitsbeschluss gemäß Art. 288 Abs. 4 AEUV gebunden ist, steht der **Vorrang des Unionsrechts** hier im Konflikt mit einem möglichst effektiven Schutz der Rechte der betroffenen Personen. Der EuGH suchte hier in der Rs. Schrems

---

73 ABl. 2013 L 28, 11.
74 ABl. 2000 L 215, 1.
75 ABl. 2016 L 207, 1.
76 ABl. 2012 L 227, 11.
77 EuGH C-352/14, NJW 2015, 3151 Rn. 103 – Schrems.
78 ABl. 2010 L 195, 1 v. 27.7.2010; zur sog „SWIFT-Affäre" *Hummer* AVR 2010, 203.
79 ABl. 2012 L 225, 5; ABl. 2012 L 174, 1; das ursprüngliche Abkommen und die dazugehörige Angemessenheitsentscheidung hat der EuGH für nichtig erklärt, weil die Übermittlung im Kern die öffentliche Sicherheit und das Strafrecht betreffe, EuGH EuZW 2006, 403 Rn. 56ff. und 63ff. – PNR-Abkommen mit den USA.
80 ABl. 2012 L 186, 4.
81 ABl. 2006 L 82, 15.
82 Entscheidung 2006/253/EG, ABl. 2006 L 91, 46.
83 Vgl. Art. 5 Abs. 1 und 2 des Abkommens sowie Art. 7 Entscheidung 2006/253/EG.
84 EuGH Gutachten 1/15, EWS 2017, 219 – PNR-Abkommen mit Kanada.
85 ABl. 2016 L 336, 1.
86 Sa KOM, Austausch und Schutz personenbezogener Daten in einer globalisierten Welt, COM(2017) 7 final, 9.

Schantz   979

einen Mittelweg:[87] Einerseits stellte er klar, dass die Aufsichtsbehörde ihrem Verdacht zwar weiter nachgehen darf, insbes. wenn er auf einer entsprechenden Beschwerde einer betroffenen Person beruht. Sie ist aber an den Angemessenheitsbeschluss der KOM gebunden und darf keine Maßnahmen ergreifen, die seinen Inhalt in Frage stellen (zB eine Übermittlung in ein Drittland mangels angemessenen Datenschutzniveaus nach Art. 58 Abs. 2 lit. j untersagen).[88] Andererseits ist den Aufsichtsbehörden aber, so der EuGH, ein **Klagerecht gegen Angemessenheitsbeschlüsse** der KOM im nationalen Recht einzuräumen. Das nationale Gericht muss dann, soweit es die Ansicht der Aufsichtsbehörde teilt, die Frage der Wirksamkeit des Angemessenheitsbeschlusses gemäß. Art. 267 Abs. 1 AEUV dem EuGH vorlegen.[89] Letztlich hat der EuGH so ein Korrektiv gegenüber der sehr starken Stellung der KOM bei der Verabschiedung von Angemessenheitsbeschlüssen geschaffen; dies kann auch als Ausdruck des Misstrauens gegenüber der bisherigen Praxis der KOM verstanden werden.[90]

35   Der EuGH stützte das Klagerecht auf Art. 28 Abs. 3 UAbs. 1 3. SpStr. DSRL iVm Art. 8 Abs. 3 GRCh; seine Argumentation ist auf Art. 58 Abs. 5 sowie auf Art. 47 Abs. 5 JI-Richtlinie übertragbar. Dementsprechend hat der deutsche Gesetzgeber in § 42 b BDSG aF (nunmehr § 21 BDSG nF) ein solches Klagerecht geschaffen und sich hierbei ausdrücklich auf den EuGH berufen.[91] Erstinstanzlich ist das BVerwG zuständig (§ 21 Abs. 3 BDSG nF). Das BVerwG kann in diesem Verfahren der KOM Gelegenheit zur Stellungnahme geben (§ 21 Abs. 4 S. 3 BDSG nF). Es kommt nicht darauf an, ob – wie im Fall Schrems – eine Beschwerde einer betroffenen Person vorliegt. Dies ist sachgerecht, weil die Aufsichtsbehörden auch aus eigener Initiative tätig werden können; der Grundkonflikt zwischen dem Vorrang des Unionsrechts und dem Schutz der betroffenen Personen besteht dann aber genauso.

36   Offen ist bisher die Frage, ob eine gerichtliche Aussetzung der Übermittlung in Drittländer in **Eilfällen** in Betracht kommt.[92] Nach der Rspr. des EuGH ist es im einstweiligen Rechtsschutz möglich, auf einem Unionsrechtsakt beruhende Durchführungsmaßnahmen auszusetzen. Voraussetzung hierfür ist, dass erhebliche Zweifel an der Wirksamkeit des Unionsrechtsakts bestehen und anderenfalls irreparable Schäden drohen, während der EuGH über seine Gültigkeit entscheidet.[93] Der Grundgedanke des EuGH ist auf die gerichtliche Überprüfung eines Angemessenheitsbeschlusses übertragbar, weil es auch hier um die Regelung einer Zwischenphase geht, bis der EuGH über die Rechtmäßigkeit eines Unionsrechtsakts entschieden hat. Ein irreparabler Schaden dürfte bei einer Übermittlung in ein Drittland fast immer anzunehmen sein; denn sind die Daten in ein Drittland übermittelt, kann ihre weitere Verarbeitung nur noch schwer kontrolliert oder untersagt werden. Gegen die Anordnung einstweiliger Maßnahmen (zB der Aussetzung der Übermittlung) spricht auch nicht, dass die KOM nach Abs. 5 UAbs. 2 selbst den Angemessenheitsbeschluss zeitweilig aussetzen könnte; das vom EuGH geschaffene Klagerecht soll gerade die Tätigkeit der KOM kontrollieren.

37   Die bisherigen Angemessenheitsbeschlüsse sahen in ihrer ursprünglichen Form Befugnisse der Aufsichtsbehörden vor, in zwei Konstellationen **im Einzelfall** unter sehr engen Voraussetzungen einzelne Übermittlungen in ein Drittland zu untersagen (s. nunmehr die explizite Befugnis in Art. 58 Abs. 2 lit. j): (1) Die Aufsichtsbehörden sollten zum einen verhindern können, dass der betroffenen Person durch die Übermittlung schwere Schäden entstehen, wenn die Aufsichtsbehörde im Drittland trotz Aufforderung nicht einschreitet. (2) Zum anderen sollten sie eine Übermittlung untersagen können, wenn die Aufsichtsbehörde im Drittland festgestellt hat, dass der Empfänger gegen den anwendbaren Datenschutzstandard verstößt (vgl. etwa Art. 2 Durchführungsbeschluss 2013/65/EU zu Neuseeland). Nachdem der EuGH festgestellt hatte, dass die Durchführungsbefugnis der KOM nach Art. 25 Abs. 6 DSRL nicht einschließt, die Befugnisse der Aufsichtsbehörden zu beschränken,[94] hat die KOM diese Regelungen aus den Angemessenheitsbeschlüssen gestrichen (Durchführungsbeschluss (EU) 2016/2295).

38   Es stellt sich nun die Frage, ob die Aufsichtsbehörden bei **punktuellen Verstößen im Einzelfall** eine Übermittlung in ein Drittland trotz eines Angemessenheitsbeschlusses untersagen können.[95] Hierfür spricht, dass der EuGH davon ausging, die Aufsichtsbehörden würden über diese (und noch weitergehende) Befugnisse verfügen und die KOM könne diese in ihrem Durchführungsbeschluss nicht „beschränken"; es ging ihm

---

87   Ähnlich *Padova* 6 IDPL 139, 147 f. (2016).
88   EuGH C-352/14, NJW 2015, 3151 Rn. 52 f. – Schrems. Dies hatte der Generalanwalt noch anders gesehen, vgl. Schlussanträge GA Bot, Rs. C-362/14 Rn. 97 ff. – Schrems.
89   EuGH C-352/14, NJW 2015, 3151 Rn. 62 ff. – Schrems.
90   *Azoulai/van der Sluis* 53 CMLR (2016) 1343 (1359).
91   BT-Drs. 18/11325, 94.
92   *Cohen* EDPL 2015, 240 (242); für eine Befugnis der Aufsichtsbehörden, vorläufige Maßnahmen zu ergreifen Auernhammer/*Hladjk* DSGVO Art. 45 Rn. 6; Sydow/*Towfigh/Ulrich* Art. 45 Rn. 15; Laue/Nink/Kremer, § 5 Rn. 37.
93   EuGH C-143/88 u. C-92/89, NVwZ 1991, 460 Rn. 23 ff. – Zuckerfabrik Süderdithmarschen.
94   EuGH C-352/14, NJW 2015, 3151 Rn. 103 – Schrems.
95   Für eine solche Möglichkeit Ehmann/Selmayr/*Zerdick* Art. 45 Rn. 18.

also um eine Stärkung der Befugnisse der Aufsichtsbehörden.[96] Von diesem Verständnis ist auch die neue Fassung der Angemessenheitsbeschlüsse geprägt, die nach ihrer Anpassung jeweils in Art. 3 bzw. Art. 2 vorsehen, dass die Aufsichtsbehörden die KOM unterrichten müssen, wenn sie eine Übermittlung in ein Drittland untersagen; dies setzt die entsprechende Befugnis voraus. EG 60 Durchführungsbeschluss (EU) 2016/1250 zum Privacy Shield geht sogar noch weiter und erlaubt eine Untersagung der Übermittlung, wenn der Empfänger gegen seine Selbstverpflichtung zur Einhaltung der „Grundsätze" verstößt. Ferner stellt ein Eingreifen im Einzelfall nicht die Feststellungen der KOM zum Datenschutzniveau im gesamten Drittland in Frage, insbes. wenn es sich um eine Reaktion auf eine Handlung der Aufsichtsbehörde im Drittland handelt. Es wäre schließlich auch schwer nachvollziehbar, wenn die Aufsichtsbehörden die Möglichkeit hätten, gravierende Gefährdungen im Einzelfall zu verhindern, aber aufgrund des Vorrangs des Unionsrechts ihre Hände in den Schoß legen müssten.[97]

2. Rechtsschutz. a) Betroffene Personen. Ein Weg für die betroffene Person, die Gültigkeit eines Angemes-   39
senheitsbeschlusses anzugreifen ist es, entweder nach Art. 78 Abs. 1 direkt gegen den Verantwortlichen vorzugehen oder gegen die Aufsichtsbehörde, wenn sie ihre Beschwerde mit Verweis aus den Angemessenheitsbeschluss abweist. Die Gültigkeit des Angemessenheitsbeschlusses wäre dann entscheidungserheblich und könnte dem **EuGH gemäß Art. 267 AEUV** vorgelegt werden. Denkbar erscheint auch eine **Nichtigkeitsklage** nach Art. 263 Abs. 4 3. Alt. AEUV. Danach können natürliche und juristische Personen direkt gegen einen „Rechtsakt mit Verordnungscharakter" vorgehen, der sie unmittelbar, dh ohne weiteren Durchführungsakt, betrifft. Durchführungsrechtsakte iSd Art. 291 Abs. 2 AEUV sind nicht in einem Gesetzgebungsverfahren ergangen und können daher „Rechtsakte mit Verordnungscharakter" sein.[98] Der Verordnungscharakter eines Angemessenheitsbeschlusses ergibt sich dadurch, dass er allgemein gültig das Datenschutzniveau im Drittland feststellt, ohne dass weitere Durchführungsakte erforderlich sind,[99] die Übermittlung in dieses Drittland erlaubt und so auch die Rechte der betroffenen Person berührt.

b) Verantwortliche. Auch Verantwortliche können ein Interesse haben, die Rechtmäßigkeit eines Durchfüh-   40
rungsbeschlusses der KOM anzugreifen, nämlich den Widerruf eines Angemessenheitsbeschlusses und die Feststellung, dass ein Drittland über kein angemessenes Datenschutzniveau gemäß Abs. 5 verfügt. Soweit eine Aufsichtsbehörde auf dieser Basis anordnet, eine Übermittlung in ein Drittland nach Art. 58 Abs. 2 lit. j auszusetzen, kann die Gültigkeit eines Widerrufs eines Angemessenheitsbeschlusses ebenfalls dem EuGH vorgelegt werden. Auch eine Nichtigkeitsklage erscheint denkbar (→ Rn. 39). Die Erfolgsaussichten sind jedoch zweifelhaft. Es dürfte bereits kein Anspruch auf Erlass eines Angemessenheitsbeschlusses bestehen. Man kann zwar argumentieren, dass es die unternehmerische Freiheit des Verantwortlichen ungerechtfertigt beeinträchtigt, wenn die KOM trotz eines angemessenen Datenschutzniveaus in einem Drittland keinen Beschluss erlässt. Auch ist es denkbar, dass die KOM einen Angemessenheitsbeschluss aus sachfremden Erwägungen (zB aus protektionistischen oder außenpolitischen Erwägungen) nicht erlässt. Aufgrund der Komplexität der Bewertung der Angemessenheit, der begrenzten Ressourcen der KOM, die eine Konzentration auf die Bewertung einzelner Länder erfordern, und auch der grundrechtlichen Relevanz, die eine gewisse Vorsicht vor Erlass einer solchen Entscheidung rechtfertigt, hat die KOM jedoch ein weites Ermessen. In etwas abgeschwächter Form besteht dieses Ermessen auch bei der Entscheidung über den Widerruf eines Angemessenheitsbeschlusses, auch wenn dieser selbst erst einmal die Vermutung begründet, dass ein angemessenes Datenschutzniveau zumindest zum Zeitpunkt seines Erlasses bestand. Der EuGH müsste jedoch mit der Nichtigkeit des Widerrufs zugleich – implizit – die Angemessenheit des Datenschutzniveaus im Drittland bestätigen. Dies ist schwer vorstellbar.

VII. Insbesondere: Übermittlung in die USA (Privacy Shield)

1. Entstehungsgeschichte. a) Systemunterschiede zwischen der EU und den USA. Die Übermittlung von   41
Daten in die USA nimmt in der Praxis eine besondere Bedeutung ein. Allerdings verfolgen die USA einen strukturell vollständig anderen Ansatz im Datenschutzrecht als die EU.[100] Diese Unterschiede verhindern,

---

96 *Azoulai/van der Sluis* 53 CMLR (2016) 1343 (1361); *Padova* 6 IDPL 139, 151 (2016); BeckOK DatenschutzR/*Lange/Filip* DSGVO Art. 46 Rn. 78; Ehmann/Selmayr/*Zerdick* Art. 45 Rn. 15.
97 Vgl. Schlussanträge GA Bot, Rs. C-362/14 Rn. 100ff. – Schrems mit Verweis auf EuGH C-411/10 u. C-493/10, NVwZ 2012, 417 – N.S. ua.
98 EuG T-397/13 Rn. 32 – Tilly-Sabco ./. KOM; der EuGH hat in seinem Urt. v. 20.9.2017, Rs. C-183/16 P, der Nichtigkeitsklage gegen eine Durchführungsverordnung stattgegeben.
99 Vgl. EuG T-397/13 Rn. 45 – Tilly-Sabco ./. KOM.
100 Zusammenfassend etwa *Buchner,* Informationelle Selbstbestimmung im Privatrecht, 2005, S. 5ff.; *Schwartz/Peifer* 106 Geo. L. J. 115 (2017); *Kühling/Klar* AöR 141 (2016), 165 (176ff.) mit Fallbeispielen (182ff.); umfassende Darstellung bei *Wittmann,* Der Schutz der Privatsphäre vor staatlichen Überwachungsmaßnahmen durch die US-amerikanische Bundesverfassung, 2014, S. 370ff.

dass die KOM eine Angemessenheit des Datenschutzniveaus in den USA insgesamt feststellen kann, obwohl die EU und die USA im Vergleich zu anderen Staaten der Welt insgesamt sehr viel mehr eint als trennt.

42 Während in der EU durch die DSGVO ein flächendeckender und lückenloser Datenschutz gewährleistet wird, fehlt ein solches allgemeines Datenschutzrecht auf Bundesebene in den USA. Stattdessen gibt es einen datenschutzrechtlichen „Flickenteppich",[101] bestehend aus einzelstaatlichen Regelungen (zB in Kalifornien)[102] und speziellen Datenschutzgesetzen (zB Children's Online Privacy Protection Act (COPPA), Fair Credit Reporting Act, Health Insurance Portability and Accoutability Act (HIPAA)).[103] Diese weisen teilweise sogar ein sehr hohes Niveau auf. So orientiert sich der Schutz von Kindern nach Art. 8 an Grundideen des COPPA, der grundsätzlich die elterliche Zustimmung verlangt, wenn im Internet personenbezogene Daten über Kinder verarbeitet werden.[104] Soweit keine gesetzliche Regelung einschlägig ist, benötigen private Akteure keine Einwilligung oder vertragliche Grundlage für die Verarbeitung personenbezogener Daten betroffener Personen.[105] Dieser punktuelle Regelungsansatz spiegelt die größere Zurückhaltung in den USA wider, in das Verhältnis zwischen Privaten regulierend einzugreifen; häufig reagieren Regulierungsansätze daher sondern nur auf konkrete Missstände.[106] Daneben fehlt es in den USA an einer flächendeckenden unabhängigen Datenschutzaufsicht, die auch auf Beschwerden der betroffenen Personen hin tätig wird. Die Federal Trade Commission (FTC) erfüllt diese Aufgabe nur teilweise, weil sie lediglich tätig wird, wenn ein Unternehmen einen Verbraucher irreführt oder täuscht (→ Rn. 50 und 52).[107] Schließlich ist unsicher, inwieweit es den betroffenen Personen in den USA möglich ist, gegen die bloße Verarbeitung ihrer Daten vorzugehen oder es hierzu einer Rechtsgutverletzung („harm") bedarf.[108]

43 Dazu kommen auch auf verfassungsrechtlicher Ebene erhebliche Unterschiede.[109] So hat der Supreme Court bisher offengelassen, ob es ein Recht auf „information privacy" als in der US-amerikanischen Verfassung unbenannte Freiheit gibt.[110] Der Schutz der Privatsphäre wird daher va aus anderen Freiheitsrechten hergeleitet, insbes. dem Schutz vor Durchsuchung und Beschlagnahme nach dem **Vierten Zusatzartikel** (Fourth Amendment). Der Schutz des Fourth Amendment ist jedoch eher räumlich orientiert und bedingt physische Eingriffe,[111] auch wenn neuere Entscheidungen im Umdenken erahnen lassen.[112] Er setzt zudem voraus, dass die betroffene Person auf vertraulicher Weise auf die Vertraulichkeit von Informationen vertrauen darf („**reasonable expectation of privacy**").[113] Nach der bisherigen Rspr. des Supreme Court sind daher zB Telekommunikationsverbindungsdaten nicht geschützt, weil sie gegenüber dem Provider offengelegt werden („Third Party Doctrine").[114] Erste Anzeichung für ein Umdenken könnte die Entscheidung *Carpenter v. U.S.* markieren, in welcher die Supreme Court, ohne seine bisherige Rechtsprechung aufzugeben, im Zugriff auf Geolokationsdaten eines Telekommunikationsanbieters einen Eingriff in das Fourth Amendment sah.[115] Aus europäischer Sicht ist zudem ein Hindernis, dass der Vierte Zusatzartikel nur US-amerikanische Staatsangehörige und Personen schützt, die sich dauerhaft legal in den USA aufhalten.[116] Zudem hat die **Meinungsfreiheit** (First Amendment) in der US-amerikanischen Rechtsprechung eine überragende Be-

---

101 Ähnlich *Schwartz,* Referat auf dem 69. DJT, 2012, S. O96 („Flickwerk").

102 *Lejeune* CR 2013, 755 (758); *Orthwein/Rücker* DuD 2014, 613.

103 *Determann* NVwZ 2016, 561 (564); Übersicht bei *Schwartz/Solove,* Information Privacy Law, 4. Aufl. 2014, S. 516ff., 741ff. und 890ff.

104 *Rauda* MMR 2017, 15ff.

105 *Schwartz/Peifer* 106 Geo. L. J. 115, 120 (2017); *Schwartz* 126 Harv. L. Rev. 1996, 1974 f. (2013).

106 *Schwartz/Peifer* 106 Geo. L. J. 115, 133 f. (2017).

107 Zusammenfassend zur inzwischen sehr umfangreichen Tätigkeit der FTC *Solove/Hartzog* 114 Columbia L. Rev. 583 (2014).

108 Unklar *Spokeo Inc. v. Robbins,* 578 U.S. ___ (2016), CRi 2016, 87 in einem Fall zu einer Personensuchmaschine, ob eine Verarbeitung falscher Daten eine hinreichend konkrete und bestimmte Rechtsverletzung ist und ein Anspruch daher mit Art. III der US-amerikanischen Verfassung vereinbar ist; hierzu *Solove/Citron* Risk and Anxiety: A Theory of Data Breach Harms, GWU Law School Public Law Research Paper No. 2017-2, zur Veröffentlichung vorgesehen in 56 Texas L. Rev. (2017); *Schwartz/Peifer* 106 Geo. L. J. 115, 135 (2017).

109 *Schwartz,* Referat auf dem 69. DJT, 2012, S. O75ff.; *F. H. Cate/ B.H. Cate* 2 IDPL 255 (2012).

110 *NASA v. Nelson,* 562 U.S. 134, 144 (2010).

111 *Berg/Mausbach,* Wie der Prinz in seinem Schloss?, FAZ v. 9.9.2013, 7; *Whitman* 113 Yale L. J. 1153, 121ff. (2004).

112 *Carpenter v. U.S.,* 585 ___ (2018); *Riley v. California,* 573 U.S. ___ (2014); *U.S. v. Jones,* 565 U.S. ___ (2012).

113 Grundlegend die zustimmende Meinung von Justice *Harlan* in Katz v. U.S., 389 U.S. 347, 361 (1967).

114 *Smith v. Maryland,* 422 U.S. 735, 744 (1979); gleiches gilt für Inhaltsdaten, s. *Katz v. U.S.,* 389 U.S. 347 (1967); zusammenfassend *Slobogin,* Die Verwaltung 2011, 465 (467 f. und 474); *Wittmann,* Der Schutz der Privatsphäre vor staatlichen Überwachungsmaßnahmen durch die US-amerikanische Bundesverfassung, 181ff.

115 *Carpenter v. U.S.,* 585 ___ (2018), slip opinion S. 10 ff.

116 Grundlegend *U.S. v. Verdugo-Urquidez,* 494 U.S. 259, 266ff. (1990); ausführlich *Walen* 16 GLJ 1131, 1143 (2015).

Schantz

deutung;[117] datenschutzrechtliche Übermittlungsbeschränkungen werden daher primär als Kommunikationsregulierung behandelt.[118]

b) Safe-Harbor-Mechanismus. Aufgrund der großen wirtschaftlichen Bedeutung der Beziehungen zu den **44** USA wurde eine rechtssichere Alternative zu einem Angemessenheitsbeschluss für die USA insgesamt politisch als zwingend angesehen. Die KOM hatte daher in Zusammenarbeit mit den USA den Safe-Harbor-Mechanismus entwickelt. Wie auch bei seinem Nachfolger, dem Privacy Shield, handelte es sich um einen **Selbstzertifizierungsmechanismus** für US-amerikanische Unternehmen. Diese verpflichten sich freiwillig nach US-amerikanischem Recht, bestimmte Grundsätze bei der Verarbeitung personenbezogener Daten aus der EU einzuhalten (ausführlich → Rn. 48ff.). Trotz Kritik der Aufsichtsbehörden[119] erkannte die KOM 2000 das Datenschutzniveau in den USA in Bezug auf Unternehmen als angemessen an, die sich entsprechend zertifiziert hatten.[120]

In der Folgezeit gab es erhebliche **Kritik** an der Aufsicht durch die zuständigen Behörden in den USA und **45** der Einhaltung der Grundsätze durch die zertifizierten Unternehmen (→ Rn. 50). Aufgrund dieser Defizite hielten die deutschen[121] und europäischen[122] Aufsichtsbehörden es nicht mehr für ausreichend, dass sich die datenexportierenden Stellen allein auf die Zertifizierung verließen; stattdessen verlangten sie von ihnen, sich auch von der Einhaltung der Grundsätze zu überzeugen. Die Kritik am Safe Harbor-Mechanismus spitzte sich zu, als **Edward Snowden** im Sommer 2013 den Umfang der US-amerikanischen Überwachungsprogramme offenlegte. Die KOM nahm daraufhin Verhandlungen mit den USA auf, um die Defizite des Safe Harbor-Mechanismus zu beheben.[123]

Noch während die Verhandlungen nur schleppend vorankamen, erklärte der **EuGH in der Rs. Schrems** den **46** Safe-Harbor-Mechanismus für ungültig. Der EuGH stützte seine Entscheidung darauf, dass die KOM ihre Pflicht verletzt habe, die Rechtslage in den USA umfassend zu prüfen. Die Safe-Harbor-Entscheidung der KOM enthielt mehrere Klauseln, die einen Vorrang des US-amerikanischen Rechts (Anhang IV Abschnitt B) oder Vorbehalte zugunsten der nationalen Sicherheit vorsahen (Anhang I Abs. 4). Daher hätte die KOM prüfen müssen, ob das US-amerikanische Recht ausreichende Begrenzungen staatlicher Zugriffsbefugnisse auf die übermittelten Daten sowie einen effektiven Rechtsschutz bereithält.[124] Mit dieser formalen Begründung vermied es der EuGH, die US-amerikanische Rechtslage im Detail zu prüfen. Stattdessen bezog sich der EuGH auf die eigene Einschätzung der KOM[125] und konnte so zwischen den Zeilen deutlich machen, dass die US-amerikanische Rechtslage hinsichtlich des Umfangs des Zugriffs staatlicher Stellen und der Rechtsschutzmöglichkeiten nicht angemessen sei.

c) Privacy Shield. Da die Entscheidung des EuGH keine Übergangsfrist vorsah, wurden erhebliche Auswir- **47** kungen auf den transatlantischen Wirtschaftsverkehr befürchtet. Es bestand daher ein starker politischer Wille, so schnell wie möglich einen Nachfolgemechanismus zu schaffen. Auch die Aufsichtsbehörden erlegten sich zunächst Zurückhaltung bei der Umsetzung des Urteils auf.[126] Dies war durchaus überraschend, da sie sich früher für die Aussetzung des Safe Harbor-Mechanismus eingesetzt hatten.[127] Am 29.2.2016, dh knapp fünf Monate nach dem Urteil des EuGH, legte die KOM den Entwurf eines Angemessenheitsbeschlusses über den EU-US-Datenschutzschild ("Privacy Shield") vor. Nach punktuellen Nachbesserungen auf Drängen des EDSB[128] und der Aufsichtsbehörden[129] erließ die KOM am 12.7.2016 den Angemessenheitsbeschluss.[130] Seit dem 1.8.2016 können Unternehmen den Privacy Shield-Mechanismus nutzen. Am 18.10.2017 legte die KOM den ersten Bericht über die jährliche Überprüfung des Privacy Shield vor.[131]

---

117 *Buchner,* Informationelle Selbstbestimmung im Privatrecht, 2005, S. 20ff.; zu den tieferliegenden rechtskulturellen Unterschieden s. *Whitman* 113 Yale L. J. 1153 (2004).
118 *Sorrell v. IMS Health,* 564 U.S. 552 (2011) zu einem Gesetz des Staates Vermont, das die Weitergabe von personenbezogenen Informationen über Verschreibungen durch Apotheker verbot.
119 *Art.-29-Gruppe,* WP 15 und WP 23, passim. ⊠
120 Entscheidung 2000/520/EG, ABl. 2000 L 215, 7.
121 *Düsseldorfer Kreis,* Beschluss v. 28./29.4.2010; AK Technik, Orientierungshilfe – Cloud Computing v. 26.9.2011, S. 11.
122 *Art.-29-Gruppe,* WP 196, S. 17 f. (zum Cloud Computing).
123 COM(2013) 846 final, 6ff.; COM(2013) 847 final.
124 EuGH C-352/14, NJW 2015, 3151 Rn. 83ff. – Schrems.
125 EuGH C-352/14, NJW 2015, 3151 Rn. 90 unter Verweis auf COM(2013) 846 final, unter 7.1, 7.2 und 8 sowie COM(2013) final, Rn. 13 bis 16 und Rn. 22 bis 25.
126 *Art.-29-Gruppe,* Pressemitteilung v. 3.2.2016.
127 Schreiben der *Art.-29-Gruppe,* an Kommissarin Reding v. 10.4.2014 und an Kommissarin Jourová v. 5.2.2015, abrufbar unter http://ec.europa.eu/justice/data-protection/article-29/documentation/other-document/index_en.htm.
128 *EDSB,* Opinion 4/2016 v. 30.5.2016.
129 *Art.-29-Gruppe,* WP 238, passim.
130 Durchführungsbeschluss (EU) 2016/1250, ABl. 2016 L 207/1.
131 COM(2017) 611 final.

48 **2. Kernstück: Selbstzertifizierungsmechanismus. a) Funktionsweise.** Wie schon der Safe Harbor-Mechanismus basiert auch der Privacy Shield auf einer freiwilligen Selbstverpflichtung US-amerikanischer Unternehmen. Indem sie sich gegenüber dem US-amerikanischen Handelsministerium (Department of Commerce) zertifizieren, verpflichten sie sich, die Daten, die aus der EU übermittelt worden sind, nur nach den „**Grundsätzen**" gemäß Anlage II Privacy Shield zu verarbeiten (hierzu → Rn. 13ff.). Die EU erkennt im Gegenzug an, dass die USA insoweit über ein angemessenes Datenschutzniveau verfügen, wie Daten aus der EU nur an diese Unternehmen übermittelt werden (Art. 1 Abs. 1 und Abs. 3 Privacy Shield). Es handelt sich um einen sehr **eigenwilligen Angemessenheitsbeschluss**, der sich nicht in die Dogmatik des Art. 45 einpasst. Strenggenommen bezieht er sich nicht auf einen bestimmten Sektor der USA oder gar auf das Datenschutzniveau in den USA insgesamt. Strukturell handelt es sich um Garantien, welche der jeweilige Empfänger als Selbstverpflichtung abgibt, also um ein privatrechtlich begründetes, organisationsbezogenes Datenschutzregime speziell für Daten, die aus der EU übermittelt werden; dies ist aber eher typisch für die geeigneten Garantien des Art. 46. Die Besonderheit des Privacy Shield ist jedoch, dass die (Selbst-)Verpflichtung und ihre Durchsetzung nach US-amerikanischem Recht erfolgt.

49 Das Handelsministerium veröffentlicht im Internet eine Liste der zertifizierten Unternehmen sowie der Unternehmen, die aus der Liste gestrichen worden sind („Datenschutzschild-Liste").[132] Bis Juli 2018 haben sich mehr als ~~3.300~~ 2.400 Unternehmen registriert. Die Selbstzertifizierung, die jährlich erneuert werden muss, steht zunächst allen Unternehmen offen, die der Aufsicht der Federal Trade Commission (FTC) oder des US-Verkehrsministeriums (Department of Transport) unterliegen; die EU kann aber den Anwendungsbereich ausweiten, wenn sie die Aufsicht anderer US-amerikanischer Behörden als ebenso effektiv ansieht (Anlage II unter I.2 Privacy Shield). Der Privacy Shield-Mechanismus steht damit Unternehmen aus dem Telekommunikations- und Finanzsektor zunächst nicht zur Verfügung.

50 **b) Aufsicht.** Der EuGH hat einen derartigen Selbstzertifizierungsmechanismus nicht „als solchen" verworfen; er hat aber deutlich gemacht, dass die Gewährleistung eines angemessenen Datenschutzniveaus „wesentlich auf der Schaffung wirksamer Überwachungs- und Kontrollmechanismen" beruht.[133] Dieser Hinweis erfolgte nicht grundlos. Verschiedene empirische Studien legten erhebliche **Defizite des Vollzugs des Safe Harbor-Mechanismus** offen.[134] So leitete etwa die FTC erst 2009 das erste Verfahren gegen ein Unternehmen ein, um Verstöße gegen die Selbstverpflichtung zu sanktionieren. Bis November 2013 folgten lediglich neun weitere Verfahren, in denen die FTC allerdings aus europäischer Sicht empfindliche Sanktionen verhängte.[135]

51 Im Rahmen der Selbstzertifizierung **prüft das Handelsministerium va formale Kriterien** (zB Hinweise auf Streitschlichtungsmechanismen, Verlinkung der „Grundsätze" im Internet, Angaben zur Art der Datenschutzaufsicht, vgl. Anhang I, Anlage 1); eine inhaltliche Prüfung, ob die Datenverarbeitung durch das Unternehmen tatsächlich wie zugesagt den Grundsätzen folgt, findet – anders als EG 32 Privacy Shield suggeriert – somit nicht statt. Allerdings sagt das US-Handelsministerium in Anhang I, Anlage 1 zusätzliche Überwachungsmaßnahmen zu, insbes. wenn Unternehmen ihre Zertifizierung nicht mehr erneuern (vgl. EG 32 bis 37 Privacy Shield). In seiner ersten jährlichen Überprüfung sieht die KOM offenbar in der fehlenden aktiven Überwachung durch das US-Handelsministerium einen Schwachpunkt.[136]

52 Die eigentliche **Durchsetzung** erfolgt durch die **FTC** und das US-**Verkehrsministerium**. Verstöße gegen die „Grundsätze" nach Anhang II Privacy Shield können als irreführende oder unlautere Praktiken nach Sec. 5 FTC Act geahndet werden (Anhang II unter I.2). Die FTC und das US-Verkehrsministerium haben eine vorrangige Bearbeitung von Beschwerden wegen Verstößen gegen die Grundsätze zugesagt (Anhang V und VI; Anhang II unter III.11.f.).

53 **3. Verarbeitungsgrundsätze.** Den materiellen Kern des Privacy Shield bilden die Grundsätze in Anhang II des Durchführungsbeschlusses. Sie sind ein eigenständiges datenschutzrechtliches Regime, nach dem die übermittelten Daten in den USA verarbeitet werden dürfen. Die Grundsätze gelten nicht, soweit die datenverarbeitende Stelle selbst dem Unionsrecht unterliegt (EG 15 Privacy Shield). Dies wird aufgrund des **Marktortprinzips** (Art. 3 Abs. 2) vielfach der Fall sein, wenn ein US-amerikanisches Unternehmen direkt mit betroffenen Personen in Europa in Kontakt tritt,[137] obwohl nach der hier vertretenen Ansicht

---

132 www.privacyshield.gov.
133 EuGH C-352/14, NJW 2015, 3151 Rn. 81 – Schrems.
134 *Galexia* The US Safe-Harbor – Fact or Fiction?, 2008; ausführlich hierzu *Marnau/Schlehahn* DuD 2011, 311 (313 f.); *Erd* K&R 2010, 624 (625ff.); andere Einschätzung bei *Greer* RDV 2011, 267 (269ff.).
135 COM(213) 847 final, 6 und 12.
136 COM(2017) 611 final, S. 5.
137 *Colonna* 4 IDPL 203, 215ff. (2014) zum Zusammenspiel von Safe-Harbor-Mechanismus und räumlichem Anwendungsbereich des europäischen Datenschutzrechts.

(→ Art. 44 Rn. 13ff.) in dieser Konstellation auch eine Übermittlung in ein Drittland gemäß Art. 44 S. 1 Hs. 1 vorliegt.

Im Vergleich zur Safe Harbor-Entscheidung sind die „Grundsätze" des Privacy Shield ein großer Fort- **54** schritt; sie sind sehr viel detaillierter und enthalten auch erstmals Definitionen zu Kernbegriffen (Anhang II unter I.8).[138] Den Kern der Grundsätze bilden **sieben Prinzipien**, die für einige spezielle Konstellationen ergänzt werden:

Der Grundsatz der „**Informationspflicht**" (Anhang II unter II.1) sieht die Pflicht vor, die betroffene Person **55** entweder bei Erhebung oder „sobald wie möglich danach", spätestens aber vor einer Zweckänderung oder Weitergabe an Dritte über wesentliche Eckdaten der Verarbeitung zu informieren.

Die Möglichkeiten zur Weiterverarbeitung der Daten durch den Empfänger in den USA richten sich vor al- **56** lem nach dem Grundsatz der „**Wahlmöglichkeit**" (Anlage II unter II.2.) Sein Ziel ist es, dass die Daten der betroffenen Person entsprechend ihren Erwartungen und Entscheidungen verarbeitet werden (Anlage II unter III.12.a, S. 1). Der betroffenen Person wird zur Kontrolle über ihre Daten ein **Widerspruchsrecht** („opt out") eingeräumt. Eine Übermittlung der Daten an Dritte, die nicht Auftragsverarbeiter sind oder eine Verwendung zu Zwecken, die sich vom ursprünglichen Verarbeitungszweck wesentlich unterscheiden, ist danach nur zulässig, wenn die betroffene Person die Möglichkeit hatte zu widersprechen. Eine Verarbeitung auf Basis überwiegender Interessen des Verantwortlichen und Dritter wie nach Art. 6 Abs. 1 UAbs. 1 lit. f ist nicht vorgesehen. Wann ein Zweck sich vom ursprünglichen Zweck der Verarbeitung wesentlich unterscheidet, wird nicht definiert. Es handelt sich hierbei jedoch um einen engeren Rahmen, als ihn der Grundsatz der Zweckbindung (Art. 5 Abs. 1 lit. b 1. Hs. iVm Art. 6 Abs. 4) setzt; denn ein Zweck, der sich wesentlich vom ursprünglichen Verarbeitungszweck unterscheidet, ist nicht zwingend mit diesem unvereinbar.[139]

Welche Spielräume dem Verantwortlichen dadurch bleiben, dass er die übermittelten Daten für Zwecke ver- **57** arbeiten darf, die sich vom ursprünglichen Zweck nicht wesentlich unterscheiden, bleibt unklar, weil es diesen Begriff in der DSGVO nicht gibt.

Spezielle Regelungen sind für das **Direktmarketing** vorgesehen (Anhang II unter III.12.). Hier kann eine an- **58** gemessene Frist für einen Widerspruch gesetzt werden und dieser auch über ein zentrales „Widerspruchsprogramm" (zB Mail Preference Service) ausgeübt werden. Ist es nicht möglich, die betroffene Person vorher zu kontaktieren, muss sie mit der ersten Kontaktaufnahme auf ihr Widerspruchsrecht hingewiesen werden. Eine ausdrückliche Zustimmung ist hingegen vor einer Übermittlung oder jeder Zweckänderung **sensibler Daten** erforderlich (Anhang II unter II.2.c). Als sensible Daten werden zwar nur die Datenkategorien des Art. 8 DSRL genannt, also nicht biometrische und genetische Daten; zusätzlich kann aber die übermittelnde Stelle weitere Daten als sensibel einstufen, was mit Anwendung der DSGVO für biometrische und genetische Daten anzunehmen sein dürfte. Eine Verarbeitung sensibler Daten ist auch ohne Einwilligung in Fällen möglich, die an Art. 9 Abs. 2 angelehnt sind (Anhang II unter III.1.).

Durch den Grundsatz der „**Verantwortlichkeit der Weitergabe**" (Anhang II unter II.3.) soll sichergestellt **59** werden, dass das Datenschutzniveau des Privacy Shield nicht durch Weiterübermittlung an Unternehmen in den USA, die sich den Verpflichtungen nicht unterworfen haben, oder in Drittländern unterlaufen wird. Hierzu ist lediglich vorgesehen, dass das Unternehmen, das dem Privacy Shield unterliegt, den Empfänger, an den es die Daten übermittelt, vertraglich verpflichtet, die Daten nur zu dem Zweck zu verarbeiten, zu dem sie übermittelt werden; ferner muss der Empfänger, soweit er kein Auftragsverarbeiter ist (Anhang II unter III.10.a), ein angemessenes Datenschutzniveau zusagen. Dies bedeutet, dass die übermittelnde Stelle sich selbst nicht von der Angemessenheit des Datenschutzniveaus überzeugen muss; der Privacy Shield ist in diesem Punkt im Hinblick auf Art. 44 S. 1 Hs. 2 problematisch.[140] Im Falle einer Übermittlung innerhalb einer Unternehmensgruppe können an die Stelle eines Vertrags vergleichbare konzerninterne Regelungen treten (Anhang II unter III.10.b). Auch bei einer Weitergabe an einen **Auftragsverarbeiter** bleibt die übermittelnde Stelle in den USA nach dem Konzept der „Accountability" für die weitere Verarbeitung durch ihn haftungsrechtlich verantwortlich (Anlage II unter II.7.d).

Der Grundsatz der „**Sicherheit**" (Anhang II unter II.4.) verpflichtet das Unternehmen in den USA, angemes- **60** sene Maßnahmen zum Schutz der übermittelten Daten vor Zerstörung, Missbrauch, unbefugtem Zugriff, Weitergabe oder Veränderung zu treffen.

Der Grundsatz der „**Datenintegrität und Zweckbindung**" (Anhang II unter II.5.) gewährleistet, dass die **61** verarbeiteten Daten richtig und aktuell sein müssen. Anders als der Grundsatz der Datenminimierung (Art. 5 Abs. 1 lit. c) verlangt dieser Grundsatz nur, dass die Daten für den Verarbeitungszweck erheblich

---

138 *Art.-29-Gruppe*, WP 238, S. 15.
139 *Schwartz/Peifer* 106 Geo. L. J. 115, 163 (2017).
140 Im Ergebnis ähnlich *Moinár-Gábor/Kaffenberger* ZD 2017, 18 (22 f.); *Art.-29-Gruppe*, WP 238, S. 21.

sein müssen. Die Grundsätze der **Erforderlichkeit** und der Angemessenheit im Verhältnis zum Erhebungszweck fehlen im Rahmen des Privacy Shield, obwohl es sich hierbei um Grundprinzipien des europäischen Datenschutzrechts handelt.[141] Ähnlich abgemildert ist der Grundsatz der **Speicherbegrenzung** (Art. 5 Abs. 1 lit. e); die Daten dürfen im Rahmen der Grundsätze aufbewahrt werden, solange damit ein Verarbeitungszweck erfüllt wird. Eine Begrenzung der Verarbeitungsmöglichkeiten findet durch das Verbot statt, die Daten zu Zwecken zu verarbeiten, die mit dem ursprünglichen Erhebungszweck nicht vereinbar sind. Diese Schranke kann auch durch eine Widerspruchsmöglichkeit nach dem Prinzip der Wahlmöglichkeit nicht überwunden werden.

62 Der Grundsatz des „**Auskunftsrechts**" (Anhang II unter II.6.) beinhaltet nicht nur das Recht der betroffenen Person, die Information zu erhalten, dass und welche Daten über sie verarbeitet werden, sondern auch sie berichtigen oder löschen zu lassen (Anhang II unter III.8.a). Im Vergleich zu Art. 15 ist der Umfang des Auskunftsrechts aber erheblich eingeschränkt.[142] Neben anderen Konstellationen scheidet eine Auskunft insbes. aus, wenn der Aufwand und die Kosten der Auskunft außer Verhältnis zum Interesse der betroffenen Person an der Auskunft stehen (Anhang II unter III.8.b und e).

63 Der Grundsatz von „**Rechtsschutz, Durchsetzung und Haftung**" (Anhang II unter II.7.) erfordert schließlich die Einrichtung einer unabhängigen Beschwerdestelle und die Unterwerfung unter ein Schiedsgericht (→ Rn. 64). Spezielle Regelungen finden sich für den Umgang mit **Personaldaten und Reisedaten**, für die Verarbeitung zu **journalistischen Zwecken**, für die **pharmazeutische Forschung** und die Sicherheit von **Medizinprodukten** sowie für die Verarbeitung durch **Wirtschaftsprüfer** oder im Rahmen einer **Due Diligence**.

64 **4. Streitschlichtungsmechanismen und Beschwerdemöglichkeiten.** Verstößt ein Unternehmen gegen die „Grundsätze" des Anhangs II, stehen der betroffenen Person verschiedene Wege zur Verfügung, hiergegen vorzugehen:

- Die betroffene Person kann sich direkt an das **Unternehmen** wenden; dieses ist verpflichtet, binnen 45 Tagen auf die Beschwerde substantiiert zu antworten (EG 44 Privacy Shield, Anhang II unter III.11.d.i).
- Unternehmen müssen als Ausprägung des Grundsatzes des Rechtsschutzes, der Durchsetzung und Haftung eine **unabhängige Beschwerdestelle** in den USA oder in der EU benennen, die der Beschwerde kostenlos nachgeht und über effektive Abhilfebefugnisse verfügt (EG 45 Privacy Shield; Anhang II unter III.11.d.ii und iii sowie e). Das Unternehmen kann als Beschwerdestelle auch eine europäische Aufsichtsbehörde benennen; diese entscheidet dann nicht allein, sondern zusammen mit anderen europäischen Aufsichtsbehörden in einem informellen Panel (EG 49 Privacy Shield). Wenn das Unternehmen Personaldaten verarbeitet, ist die Zusammenarbeit mit den europäischen Aufsichtsbehörden sogar verpflichtend (EG 44 Privacy Shield, Anhang II unter III.9.d.ii). Kommt das Unternehmen der Entscheidung der Beschwerdestelle nicht nach, wird dies dem US-Handelsministerium, welches das Unternehmen bei wiederholten Verstößen aus der „Datenschutzschild-Liste" streicht (Anhang II unter III.11.g), sowie der FTC mitgeteilt, die dann prüft, ob ein irreführendes oder unlauteres Verhalten vorliegt (EG 47 und 49 Privacy Shield).
- Die betroffene Person kann sich an ihre **lokale Aufsichtsbehörde in der EU** wenden; diese leitet dann die Beschwerde an das US-Handelsministerium oder die FTC weiter (EG 51 f. Privacy Shield).
- Zudem hat die betroffene Person die Möglichkeit, **direkt bei den zuständigen US-Behörden**, insbes. der FTC, Beschwerde einzulegen (EG 54 Privacy Shield). Die Zusage der zuständigen Behörden zur vorrangigen Behandlung von Beschwerden bezieht sich aber nicht auf diese Fälle (vgl. Anhang III.11.f.).
- Sollten diese Streitbeilegungsmechanismen zu keiner befriedigenden Lösung führen, kann die betroffene Person als „letztes Mittel" ein **Schiedsgericht** („**Datenschutz-Panel**") anrufen, das nach US-amerikanischem Recht entscheidet (EG 56 ff. Privacy Shield; Anhang II unter III.11.d.iv sowie Anlage I). Kosten fallen hierfür in der Regel keine an. Im Regelfall soll eine Übersetzung erfolgen; die Teilnahme der betroffenen Person soll durch Zuschaltung per Telefon oder Videotelefonie erleichtert werden. Das Schiedsgericht kann der betroffenen Person allerdings keinen Schadensersatz zusprechen (Anhang II Anlage I unter B.).
- Schließlich können betroffene Personen **Klage vor US-amerikanischen Gerichten** erheben.

65 Als weitere Reaktion auf eine Beschwerde können auch die europäischen **Aufsichtsbehörden** eine Übermittlung gegenüber der datenexportierenden Stelle untersagen (s. Art. 58 Abs. 2 lit. j), wenn sie meinen, dass der Empfänger gegen die Grundsätze verstößt (EG 60 Privacy Shield).

---

141 *Weichert* ZD 2016, 209 (215).
142 Kritisch daher *Weichert* ZD 2016, 209 (215); *Moinár-Gábor/Kaffenberger* ZD 2017, 18 (21 f.).

5. Staatliche Zugriffsrechte. Anlass der Entscheidung des EuGH in der Rs. Schrems waren die Eingriffsbe- 66 fugnisse der US-amerikanischen Sicherheitsbehörden.[143] Diese bleiben ein Schwachpunkt des Privacy Shield. Die „Grundsätze" enthalten noch immer einen Vorrang des US-amerikanischen Rechts gegenüber „Erfordernissen der nationalen Sicherheit" und räumen bei widersprüchlichen Regelungen dem US-Recht den Vorrang ein (Anhang II unter I.5). Die KOM hielt dies dennoch für akzeptabel; sie vertritt die Auffassung, das Datenschutzniveau in den USA habe sich durch verschiedene Reformen in den USA seit 2013 verbessert, va durch den Freedom Act und die Presidential Policy Directive 28 (PPD-28),[144] und sei nun in dieser Hinsicht als angemessen zu beurteilen (EG 67 Privacy Shield). Die KOM begründet ihre Einschätzung zwar ausführlich (EG 67 bis 141 Privacy Shield). Hierbei stützt sie sich aber offenbar allein auf die Darstellung der Rechtslage durch die US-Behörden, die den Anhängen VI und VII beigefügt sind. Darüber hinaus scheint keine eigene Analyse der Praxis und Rechtsprechung (va des Foreign Intelligence Surveillance Courts, FISC) stattgefunden zu haben.

Ob ein angemessenes Datenschutzniveau anzunehmen ist, ist zweifelhaft.[145] Wesentlich stellt die 67 KOM auf die Grenzen ab, welche die **PPD-28** der anlasslosen, massenweisen Speicherung („bulk collection") durch die US-amerikanischen Nachrichtendienste setzt. Danach muss eine derartige Überwachung der Telekommunikation lediglich „as tailored as feasible" sein (PPD-28 Sec. 2), soweit keine alternativen Mittel der Informationserhebung in Betracht kommen. Die Ziele der Überwachung werden dabei in der PPD-28 in sehr genereller Form vorgegeben (zB Terrorismusbekämpfung oder Bedrohungen im Cyberraum). Für eine betroffene Person ist damit kaum abzuschätzen, ob sie unter eine derartige Überwachungsmaßnahme fällt.[146] Dies ist aber nach der Rechtsprechung des EuGH[147] und des EGMR[148] erforderlich, um das Gefühl bei den betroffenen Personen zu verhindern, dass „ihr Privatleben Gegenstand ständiger Überwachung ist".[149] Hinzukommt, dass es sich bei der PPD-28 lediglich um eine verwaltungsinterne Anweisung des Präsidenten handelt, auf die sich eine betroffene Person nicht berufen (Sec. 6(d) PPD-28)[150] und die jederzeit und weitgehend formlos widerrufen werden kann.

Problematisch bleibt auch weiterhin der gezielte Zugriff auf Daten von großen IT-Unternehmen im Rahmen 68 des Programms PRISM gemäß Sec. 702 Foreign Intelligence Surveillance Act (FISA),[151] das Gegenstand der Enthüllungen von Edward Snowden war.[152] Danach ist ein Zugriff auf Daten von Ausländern zulässig, die ein Cloud Computing-Anbieter in den USA hostet.[153] Eine individualisierte richterliche Genehmigung des Zugriffs ist nicht erforderlich (EG 109 Privacy Shield).[154] Ausreichend ist eine allgemeine Genehmigung derartiger Maßnahmen für die Dauer von bis zu einem Jahr durch den Foreign Intelligence Surveillance Court; es genügt, dass wesentliches Ziel der Maßnahmen ist, nachrichtendienstliche Informationen zu gewinnen.[155] Eine gewisse Eingrenzung erfolgt lediglich dadurch, dass die Behörde sich die Selektoren, die sie für die Überwachung nutzt, richterlich genehmigen lassen muss.[156] PPD-28 und Freedom Act berühren diese Zugriffsbefugnisse kaum.[157] Sie sind Anfang 2018 für sechs Jahre verlängert und sogar noch ausgeweitet worden, indem nun auch die Praxis der Suche nach Stichworten legalisiert wurde.[158]

143 Zusammenfassend *Wischmeyer*, Überwachung ohne Grenzen, 2017, passim.
144 Hierzu ausführlich *Boehm* EDPL 2015, 178 (183ff.); *Severson* 56 Harv. Int. L. J 465, 481ff. (2015); *Wischmeyer*, Überwachung ohne Grenzen, 2017, S. 89ff.
145 So im Ergebnis auch *Schreiber/Kohm* ZD 2016, 255, 25; *Moinár-Gábor/Kaffenberger* ZD 2017, 18 (26); *Weichert* ZD 2016, 210 (216 f.); *Padova* 6 IDPL 139, 153 f. (2016); *Börding* CR 2016, 431 (438).
146 Ähnlich auch *Art.-29-Gruppe*, WP 238, S. 37.
147 EuGH C-352/14, NJW 2015, 3151 Rn. 91 – Schrems; C-292/12 u. C-594/12, NJW 2014, 2269 Rn. 54, 55 – Digital Rights Ireland.
148 EGMR, Application No. 47143/06, § 229 – Zakharov v. Russia mwN.
149 EuGH C-203/15 u. C-698/15, NJW 2017, 717 Rn. 100 – Tele2 Sverige; C-292/12 u. C-594/12, NJW 2014, 2269 Rn. 37 – Digital Rights Ireland.
150 *Börding* CR 2016, 431 (435); *Art.-29-Gruppe*, WP 238, S. 44.
151 50 U.S.C. § 1881 a.
152 Vgl. *Greenwald*, Die globale Überwachung, 2014, S. 160ff.; *Rosenbach/Stark*, Der NSA-Komplex, 2014, S. 132ff.
153 Vgl. „provider of remote computing services" (50 U.S.C. § 1881(b)(4)(C)), hierzu *Bowden*, Die Überwachungsprogramme der USA und ihre Auswirkungen auf die Grundrechte der EU-Bürger, Themenpapier für den LIBE-Ausschuss des EP, PE 474.405, 2013, S. 26.
154 *Goitein/Patel*, What went wrong with the FISA Court, Brennan Center for Justice, 2015, S. 27, 31ff.; *Severson* 56 Harv. Int. L. J. 465, 481 (2015); *Wischmeyer*, Überwachung ohne Grenzen, 2017, S. 91.
155 50 U.S.C. § 1881a(g)(A)(v.); hierzu *Börding* CR 2016, 431 (437).
156 *Wischmeyer*, Überwachung ohne Grenzen, 2017, S. 91.
157 *Wischmeyer*, Überwachung ohne Grenzen, 2017, S. 97.
158 Hierzu *Crocker/Ruiz*, How Congress's Extension of Section 702 May Expand the NSA's Warrantless Surveillance Authority, https://www.eff.org/de/deeplinks/2018/02/how-congresss-extension-section-702-may-expand-nsas-warrantless-surveillance.

Schantz 987

69 Ebenfalls ist noch immer **kein effektiver Rechtsschutz** gewährleistet.[159] Unabhängig von verfahrensrechtlichen Schwierigkeiten, die eigene Betroffenheit nachzuweisen,[160] scheidet der Rechtsschutz vor den US-Gerichten für EU-Bürger aus, da sie sich nicht auf den Vierten Zusatzartikel berufen können und ihnen damit die Klagebefugnis fehlt (EG 115 Privacy Shield).[161] Auch der Judicial Redress Act schafft entgegen einiger Behauptungen keine Abhilfe. Mit ihm erfüllen die USA nur ihre Verpflichtung aus dem Umbrella Agreement mit der EU, die Rechte von US-Bürgern aus dem Privacy Act teilweise auch EU-Bürgern zuzubilligen. Der Judicial Redress Act ist lediglich auf direkte Übermittlungen einer europäischen an eine US-amerikanische Strafverfolgungsbehörde anwendbar.[162] Die KOM verweist daher auf die Möglichkeit, eine Beschwerde bei einer Ombudsperson einzureichen (EG 116 ff. Privacy Shield; Anhang III). Hierbei handelt es sich um eine Staatssekretärin im US-Außenministerium, die in ihrer Funktion zwar unabhängig agieren soll. Sie verfügt aber über keine Befugnisse, der Beschwerde abzuhelfen, sondern dient nur als „Transmissionsriemen", um die internen Compliance-Mechanismen der US-Nachrichtendienste, die Inspector Generals, damit zu befassen.[163] Der **Ombudsperson** fehlt somit die Abhilfebefugnis und damit ein entscheidendes Merkmal für einen effektiven Rechtsschutz.[164] Die betroffene Person erhält zudem unabhängig von der Berechtigung ihrer Beschwerde immer eine identische und grotesk bedeutungslose Antwort.[165] Denn die Ombudsperson darf weder bestätigen noch dementieren, dass überhaupt Daten der betroffenen Person verarbeitet worden sind; sie darf lediglich versichern, dass der Beschwerde nachgegangen und das US-Recht eingehalten wurde oder etwaige Verstöße abgestellt worden sind (sic!, vgl. EG 121 Privacy Shield; Anhang III Anlage A unter 4.e).[166]

70 Auch bei Zugriffen der **Strafverfolgungsbehörden** ist zumindest unklar, ob die betroffene Person sich dagegen wehren kann oder ihr die Klagebefugnis fehlt.[167] Nach EG 127 Privacy Shield kann allein der Adressat des Herausgabeverlangens, also der Verantwortliche in den USA, Rechtsschutz suchen (EG 127 Privacy Shield); allerdings hat ein Berufungsgericht auch eine Klage einer Person, die kein US-amerikanischer Staatsbürger ist und deren Daten auf einem Server in den USA gespeichert wurden, als zulässig angesehen.[168]

Artikel 46   Datenübermittlung vorbehaltlich geeigneter Garantien

(1) Falls kein Beschluss nach Artikel 45 Absatz 3 vorliegt, darf ein Verantwortlicher oder ein Auftragsverarbeiter personenbezogene Daten an ein Drittland oder eine internationale Organisation nur übermitteln, sofern der Verantwortliche oder der Auftragsverarbeiter geeignete Garantien vorgesehen hat und sofern den betroffenen Personen durchsetzbare Rechte und wirksame Rechtsbehelfe zur Verfügung stehen.

(2) Die in Absatz 1 genannten geeigneten Garantien können, ohne dass hierzu eine besondere Genehmigung einer Aufsichtsbehörde erforderlich wäre, bestehen in

a) einem rechtlich bindenden und durchsetzbaren Dokument zwischen den Behörden oder öffentlichen Stellen,

b) verbindlichen internen Datenschutzvorschriften gemäß Artikel 47,

c) Standarddatenschutzklauseln, die von der Kommission gemäß dem Prüfverfahren nach Artikel 93 Absatz 2 erlassen werden,

d) von einer Aufsichtsbehörde angenommenen Standarddatenschutzklauseln, die von der Kommission gemäß dem Prüfverfahren nach Artikel 93 Absatz 2 genehmigt wurden,

---

159 *Art.-29-Gruppe,* WP 238, S. 42 f.
160 Vgl. *Clapper v. Amnesty International,* 568 U.S. 398 (2013); nach den Enthüllungen von Edward Snowden nahmen untere Gerichte eine Klagebefugnis an *Klayman v. Obama,* 957 F.Supp.2 d 1, 26ff. (D.D.C. 2013); *ACLU v. Clapper,* 959 F.Supp.2 d 724, 736 (S.D.N.Y. 2013); hierzu *Gärditz/Stuckenberg* JZ 2014, 209 (213ff.).
161 Eine weitere Hürde im Rahmen des Rechtsschutzes gegen Überwachungsmaßnahmen ist das „state secrets privilege". Versichert danach eine staatliche Stelle, dass die Offenlegung von bestimmten Informationen die nationale Sicherheit gefährde, dürfen diese Informationen nicht Gegenstand des Gerichtsverfahrens sein. Im Rahmen der Überwachungsmaßnahmen nach dem FISA ist ein in-camera-Verfahren vorgesehen (vgl. 50 U.S.C. § 1806(f.); *Jewel v. Nat'l Sec. Agency,* 965 F. Supp. 2 d at 1090, 1112 (N.D. Cal. 2013).
162 *V. Lewinski* EuR 2016, 405 (413); *Börding* CR 2016, 431 (435).
163 *V. Lewinski* EuR 2016, 405 (413 f.)
164 So im Ergebnis auch *v. Lewinski* EuR 2016, 405 (417 f.); *Börding* CR 2016, 431 (439); *Boehm* EDPL 2016, 178 (189 f.); *Weichert* ZD 2016, 209 (216); *Art.-29-Gruppe,* WP 238, S. 50 f.
165 So auch *Boehm* EDPL 2016, 178 (189).
166 Hierauf weist auch *Börding* CR 2016, 431 (439).
167 *Art.-29-Gruppe,* WP 238, S. 55.
168 *Suzlon Energy Ltd. v. Microsoft Corp.,*671 F.3 d 726 (9th Cir. 2011); hierauf weisen *Schuppert/v. Reden* ZD 2013, 210 (217) hin.

e) genehmigten Verhaltensregeln gemäß Artikel 40 zusammen mit rechtsverbindlichen und durchsetzbaren Verpflichtungen des Verantwortlichen oder des Auftragsverarbeiters in dem Drittland zur Anwendung der geeigneten Garantien, einschließlich in Bezug auf die Rechte der betroffenen Personen, oder

f) einem genehmigten Zertifizierungsmechanismus gemäß Artikel 42 zusammen mit rechtsverbindlichen und durchsetzbaren Verpflichtungen des Verantwortlichen oder des Auftragsverarbeiters in dem Drittland zur Anwendung der geeigneten Garantien, einschließlich in Bezug auf die Rechte der betroffenen Personen.

(3) Vorbehaltlich der Genehmigung durch die zuständige Aufsichtsbehörde können die geeigneten Garantien gemäß Absatz 1 auch insbesondere bestehen in

a) Vertragsklauseln, die zwischen dem Verantwortlichen oder dem Auftragsverarbeiter und dem Verantwortlichen, dem Auftragsverarbeiter oder dem Empfänger der personenbezogenen Daten im Drittland oder der internationalen Organisation vereinbart wurden, oder

b) Bestimmungen, die in Verwaltungsvereinbarungen zwischen Behörden oder öffentlichen Stellen aufzunehmen sind und durchsetzbare und wirksame Rechte für die betroffenen Personen einschließen.

(4) Die Aufsichtsbehörde wendet das Kohärenzverfahren nach Artikel 63 an, wenn ein Fall gemäß Absatz 3 des vorliegenden Artikels vorliegt.

(5) [1]Von einem Mitgliedstaat oder einer Aufsichtsbehörde auf der Grundlage von Artikel 26 Absatz 2 der Richtlinie 95/46/EG erteilte Genehmigungen bleiben so lange gültig, bis sie erforderlichenfalls von dieser Aufsichtsbehörde geändert, ersetzt oder aufgehoben werden. [2]Von der Kommission auf der Grundlage von Artikel 26 Absatz 4 der Richtlinie 95/46/EG erlassene Feststellungen bleiben so lange in Kraft, bis sie erforderlichenfalls mit einem nach Absatz 2 des vorliegenden Artikels erlassenen Beschluss der Kommission geändert, ersetzt oder aufgehoben werden.

Literatur: *Art.-29-Gruppe*, Stellungnahme 8/2003 zu dem von mehreren Wirtschaftsverbänden eingereichten Entwurf von Standardvertragsklauseln („alternative Standardvertragsklauseln") v. 17.12.2003; 03/DE WP 84; *dies.*, Häufig gestellte Fragen zu bestimmten Aspekten im Zusammenhang mit dem Inkrafttreten des Beschlusses 2010/87/EU der Kommission vom 5. Februar 2010 über Standardvertragsklauseln für die Übermittlung personenbezogener Daten an Auftragsverarbeiter in Drittländern nach der Richtlinie 95/46/EG v. 12.7.2010, 10/DE WP 176; *dies.*, Stellungnahme 05/2012 zum Cloud Computing v. 1.7.2012, 12/DE WP 196; *dies.*, Arbeitsdokument 01/2014 zum Entwurf von Ad-hoc-Vertragsklauseln „EU-Datenverarbeiter an Unterauftragsverarbeiter außerhalb der EU" v. 21.3.2014, 14/DE WP 214; *dies.*, Arbeitsunterlage zu einem Verfahren der Zusammenarbeit für die Abgabe gemeinsamer Stellungnahmen zu „Vertragsklauseln", die als konform mit den Standardvertragsklauseln der Europäischen Kommission gelten, v. 26.11.2014, 14/DE WP 226; *Büllesbach, A.*, Transnationalität und Datenschutz, 2008; *Ellger, R.*, Vertragslösungen als Ersatz für ein angemessenes Schutzniveau bei Datenübermittlungen in Drittstaaten nach dem neuen Europäischen Datenschutzrecht, RabelsZ 60 (1996), 738; *Grapentin, S.*, Haftung und anwendbares Recht im internationalen Datenverkehr, CR 2011, 102; *Hoeren, T.*, EU-Standardvertragsklauseln, BCR und Safe Harbor Principles – Instrumente für ein angemessenes Datenschutzniveau, RDV 2012, 271; *Kuner, C./Hladjk, J.*, Die alternativen Standardvertragsklauseln der EU für internationale Datenübermittlungen, RDV 2005, 193; *Moerel, L.*, Binding Corporate Rules, 2012; *Moos, F.*, Die EU-Standardvertragsklauseln für Auftragsverarbeiter 2010, CR 2010, 281; *Scheja, G.*, Datenschutzrechtliche Zulässigkeit einer weltweiten Kundendatenbank, 2006; *Schmitz, B./v. Dall'Armi, J.*, Standardvertragsklauseln – heute und morgen, ZD 2016, 217; *Schröder, C.*, Die Haftung für Verstöße gegen Privacy Policies und Codes of Conduct nach US-amerikanischem und deutschem Recht, 2007; *Weichert, T./Schuler, K.*, Ein „Export-Import-Standardvertrag" für den Drittlands-Datentransfer, DuD 2016, 386; *Wojtan, B.*, The new EU Model Clauses: One step forward, two steps back?, 1 IDPL (2011) 76.

Siehe auch die Literatur zu Art. 44 und 45.

Schantz   989

I. Zweck der Regelung

1 Die meisten Staaten der Welt verfügen über kein angemessenes Datenschutzniveau; ein Angemessenheitsbeschluss hinsichtlich des gesamten Drittlandes oder eines Sektors nach Art. 45 scheidet damit aus. Ein Rückgriff auf die Übermittlungstatbestände des Art. 49 muss eine Ausnahme bleiben, da sie keine Garantien für ein angemessenes Datenschutzniveau enthalten. Als Alternative kommt daher nur Betracht, unabhängig von der Rechtsordnung des Empfängers ein spezielles Datenschutzregime beim Empfänger für Daten zu errichten, die aus der EU übermittelt worden sind. Hierdurch können die Defizite des Datenschutzniveaus im Drittland in vielen Punkten kompensiert werden.[1] Diese für die Praxis enorm wichtige Aufgabe erfüllen die geeigneten Garantien des Art. 46. Seine Grenzen erreicht dieser Ansatz va, wenn es Defizite gibt, die er nicht kompensieren kann, weil sie auf der Rechtsordnung des Drittlandes beruhen, welcher der Empfänger unterliegt.

II. Entstehungsgeschichte

2 Art. 46 knüpft an Art. 26 Abs. 2 DSRL an, der bereits geeignete Garantien als Grundlage für die Übermittlung von Daten in ein Drittland ohne angemessenes Datenschutzniveau vorsah. Dieser wurde durch § 4 c Abs. 2 und 3 BDSG aF umgesetzt. Beispielhaft nannte Art. 26 Abs. 2 DSRL nur Standarddatenschutzklauseln, § 4 c Abs. 2 S. 1 Hs. 2 BDSG aF zusätzlich verbindliche Unternehmensregelungen (Binding Corporate Rules – BCRs). Art. 46 erkennt nun neben diesen beiden Fällen eine Vielzahl weiterer geeigneter Garantien an.

3 Bereits der Vorschlag der KOM sah vor, dass die Initiative für Standarddatenschutzklauseln zukünftig auch von einer Aufsichtsbehörde ausgehen kann, ihre Genehmigung aber weiterhin der KOM obliegt (Abs. 2 lit. d). Auf Vorschlag des Rates sind als Beispiele für geeignete Garantien aber auch neue Instrumente aufgenommen worden, die bisher nicht als solche eingeordnet worden wären: rechtlich bindende und durchsetzbare Dokumente zwischen Behörden oder öffentlichen Stellen, genehmigte Verhaltensregeln und Vereinbarungen zwischen Behörden oder öffentlichen Stellen; der Vorschlag für das Instrument der Zertifizierung stammte von Rat und EP (Abs. 2 lit. a, e und f sowie Abs. 3 lit. b). Das EP konnte sich nicht damit durchsetzen, bereits erteilte Genehmigungen nach zwei Jahren auslaufen zu lassen.[2]

III. Anwendungsbereich

4 Abs. 1 scheint die Verwendung geeigneter Garantien nur zuzulassen, wenn kein Angemessenheitsbeschluss vorliegt. Die geeigneten Garantien sind aber eine selbstständige Grundlage für Übermittlungen in Drittländer, die **neben den Angemessenheitsbeschlüssen** nach Art. 45 steht; dies zeigt auch Art. 45 Abs. 7. Es wäre darüber hinaus vor dem Sinn und Zweck der Art. 44ff. widersinnig, wenn eine doppelte Absicherung des Datenschutzniveaus in einem Drittland unzulässig wäre.[3] Auch kann es für einen Datenexporteur sinnvoll sein, auf einen Angemessenheitsbeschluss nicht zu vertrauen, wenn er Zweifel an seiner Rechtmäßigkeit hat. Im Falle von internen verbindlichen Datenschutzvorschriften ist darüber hinaus das Ziel, in einer **Un-**

---

1 Vgl. *Art.-29-Gruppe*, WP 12, S. 17 f.; *Scheja*, Datenschutzrechtliche Zulässigkeit einer weltweiten Kundendatenbank, 2006, S. 207 jeweils zu Standarddatenschutzklauseln sowie Grabitz/Hilf/Nettesheim/*Brühann*, DSRL Art. 26 Rn. 13.
2 Dazu auch Kühling/Buchner/*Schröder* Art. 46 Rn. 5 f.
3 Ebenso iErg Ehmann/Selmayr/*Zerdick* Art. 46 Rn. 5.

ternehmensgruppe international geltende Garantien für den Umgang mit personenbezogenen Daten zu schaffen; dies wäre nicht möglich, wenn gerade die Niederlassungen und Tochterunternehmen nicht teilnehmen könnten, an die eine Übermittlung bereits aufgrund eines Angemessenheitsbeschlusses zulässig ist. Infolgedessen kann ein Datenexporteur auch auf die geeigneten Garantien nach Art. 46 zurückgreifen, wenn bereits ein Angemessenheitsbeschluss vorliegt.[4]

IV. Allgemeine Anforderungen (Abs. 1)

Abs. 1 enthält allgemeine Vorgabe geeigneter Garantien, während in Abs. 2 und 3 geregelt ist, für welche 5 Typen von geeigneten Garantien eine Genehmigung der Aufsichtsbehörden im Einzelfall erforderlich ist (Abs. 3) und für welche nicht (Abs. 2). Nach Abs. 1 reicht aber die Existenz geeigneter Garantien alleine nicht aus, auch wenn die Überschrift der Norm dies nahelegt. Den betroffenen Personen müssen zusätzlich durchsetzbare Rechte und wirksame Rechtsbehelfe eingeräumt werden. Dies ist separat zu prüfen. Schließlich muss eine unabhängige Aufsicht gewährleistet sein.

1. Geeignete Garantien. Ziel der geeigneten Garantien (deren Form sich aus Abs. 2 und 3 ergibt) ist es, ver- 6 traglich oder durch einseitige Verpflichtung ein angemessenes Datenschutzniveau im Drittland herzustellen (EG 108 S. 3 Hs. 1). Auch wenn EG 108 S. 4 nur die Grundsätze der Datenverarbeitung[5] sowie die Grundsätze des Datenschutzes durch Technik und datenschutzfreundliche Voreinstellungen nennt, ist diese Aufzählung keineswegs abschließend. An geeignete Garantien sind vielmehr Anforderungen zu stellen wie an die Angemessenheit des Datenschutzniveaus eines Drittlands (→ Art. 45 Rn. 8ff.).[6] Dementsprechend müssen sie den **materiellen Gehalt der DSGVO** grundsätzlich abbilden.[7] Allerdings muss die **Angemessenheit** im Falle geeigneter Garantien im Hinblick auf die Art der übermittelten Daten sowie die geplante Verarbeitung gewährleistet sein; dementsprechend können und sollten die geeigneten Garantien auf den jeweiligen Kontext zugeschnittene, möglichst detaillierte Regelungen enthalten.[8] Ein Ansatzpunkt können die detaillierten Anforderungen an verbindliche interne Datenschutzvorschriften nach Art. 47 Abs. 2 sein.[9] Aufgrund von Art. 44 S. 1 Hs. 2 müssen die geeigneten Garantien vorsehen, dass der Empfänger sich verpflichtet, die empfangenen Daten nicht an andere Stellen weiterzuleiten, an die eine direkte Übermittlung nicht zulässig wäre.

2. Durchsetzbare Rechte der betroffenen Person. Abs. 1 stellt klar, dass eine Übermittlung auf der Basis ge- 7 eigneter Garantien nur erfolgen darf, wenn der betroffenen Person durchsetzbare Rechte eingeräumt werden. Gemeint sind hiermit die Betroffenenrechte nach Art. 15ff.;[10] hierzu gehören insbes. das Recht auf **Auskunft** (Art. 15), auf **Berichtigung** (Art. 16) und auf **Löschung** (Art. 17), das Recht auf Einschränkung der Verarbeitung (Art. 18), das **Widerspruchsrecht** (Art. 21) sowie das Recht, **Schadensersatz** in der EU oder im Drittstaat geltend zu machen (EG 108 S. 3). Allein die Einräumung materieller Rechte nützt der betroffenen Person jedoch wenig; zu ihrer Durchsetzung müssen ihr auch wirksame Rechtsbehelfe zur Verfügung stehen (ausführlich → Rn. 10).

Da es keine gesetzlichen Regelungen gibt, auf die sich die betroffene Person beziehen kann, wenn sie ihre 8 Rechte durchsetzen möchte, ist eine andere Rechtsgrundlage erforderlich. Diese kann nur auf einer Selbstverpflichtung der datenverarbeitenden Stelle im Drittland beruhen. Diese Selbstverpflichtung kann in einer Konstruktion wie einem **Vertrag zugunsten Dritter** (vgl. § 328 BGB) bestehen; der Vertrag kann mit der datenexportierenden Stelle (wie im Fall der Standarddatenschutzklauseln), im Fall verbindlicher Verhaltensregeln auch mit dem Verband, der diese erarbeitet hat (→ Rn. 68), oder auch zwischen den einzelnen Konzernunternehmen[11] abgeschlossen werden (→ Rn. 36 und → Art. 47 Rn. 14). Kommt aufgrund des anwendbaren nationalen Zivilrechts eine solche einseitige Verpflichtung nicht in Betracht (zB früher wegen der Doktrin des *privity contract*),[12] wird vorgeschlagen, stattdessen einen Vertrag zugunsten Dritter mit einer Aufsichtsbehörde abzuschließen.[13] Als weitere Alternative, die allerdings in Abs. 2 und 3 nicht direkt

---

4   Ebenso Kühling/Buchner/*Schröder* Art. 46 Rn. 9.
5   Vgl. *Art.-29-Gruppe*, WP 12, S. 18 zu den verschiedenen Grundsätzen.
6   *Wuermeling*, Handelshemmnis Datenschutz, 2000, S. 160 zur DSRL; aA *Piltz* K&R 2016, 777 (778), der in der Formulierung des EG 108 S. 3 Hs. 1 eine Relativierung des Erfordernisses der Angemessenheit sieht.
7   Ehmann/Selmayr/*Zerdick* Art. 46 Rn. 6; Kühling/Buchner/*Schröder* Art. 46 Rn. 10; zum bisherigen Recht *Räther/Seitz* MMR 2002, 520 (521).
8   *Art.-29-Gruppe*, WP 12, S. 18.
9   Kühling/Buchner/*Schröder* Art. 46 Rn. 12.
10 Sydow/*Towfigh/Ulrich* Art. 46 Rn. 15.
11 Hierzu *Büllesbach*, Transnationalität und Datenschutz, 2008, S. 183 f.
12 Hierzu *Ellger* RabelsZ 60 (1996) 738 (764ff.); dieses Problem hat sich durch The Contracts (Rights of Third Parties) Act von 1999 erledigt, vgl. *Wuermeling*, Handelshemmnis Datenschutz, 2000, S. 159.
13 *Dammann/Simitis* Art. 26 Rn. 18; eher distanziert zu dieser Variante *Art.-29-Gruppe*, WP 12, S. 21 (mit Verweis auf die aA der französischen Aufsichtsbehörde).

Schantz 991

genannt ist, kommt auch eine Verpflichtung der übermittelnden Stelle gegenüber der betroffenen Person in Betracht, wonach die übermittelnde Stelle – iSd Ansatzes der „Accountability"[14] – für die Datenverarbeitung vollständig im Außenverhältnis verantwortlich bleibt und sich verpflichtet, die Rechte der betroffenen Person intern gegenüber dem Empfänger als Verstoß gegen den Vertrag geltend zu machen.[15] Schließlich kann der Empfänger sich auch mittels einer nicht empfangsbedürftigen Garantieerklärung *ad incertas personas* gegenüber den betroffenen Personen binden.[16] Wie diese Selbstverpflichtung begründet wird, hängt auch vom anwendbaren Recht ab.[17]

9   Sowohl ein Vertrag zugunsten Dritter als auch einseitige Garantieerklärungen sind freiwillige Verpflichtungen; das **anwendbare Recht** bestimmt sich daher nach der Rom I-VO. Ohne eine Rechtswahl nach Art. 3 Abs. 1 Rom I-VO ist das Recht des Staates maßgeblich, in dem sich der gewöhnliche Aufenthaltsort des Vertragspartners befindet, der die charakteristische Leistung erbringt (Art. 4 Abs. 2 Rom I-VO); dies ist in diesem Fall die Verpflichtung des Empfängers im Drittland.[18] Da viele betroffene Personen Verbraucher sind, ließe sich überlegen, ob ein Verbrauchervertrag iSd Art. 6 Abs. 1 Rom I-VO vorliegt.[19] Voraussetzung ist jedoch, dass der Unternehmer seine Tätigkeit auf den Mitgliedstaat, in dem der Verbraucher seinen gewöhnlichen Aufenthaltsort hat, ausgerichtet hat. Bei einem Verbrauchervertrag wird die Rechtswahl nur eingeschränkt, damit dem Verbraucher nicht der Schutz seiner Heimatrechtsordnung entzogen werden kann (Art. 6 Abs. 2 Rom I-VO). Hierum geht es jedoch gerade nicht, weil der Empfänger durch seine Verpflichtung die gegen ihn durchsetzbaren Rechte ja erst begründet. Entscheidend ist vielmehr, ob eine Verpflichtung, die nach dem Recht eines Drittlandes erfolgt, den betroffenen Personen ebenso wirksam diese Rechte einräumt wie ihre Heimatrechtsordnung. Ist dies nicht der Fall, liegen die Voraussetzungen des Abs. 1 nicht vor und eine Übermittlung darf nicht erfolgen. Diese Schwierigkeiten lassen sich jedoch vermeiden, wenn der Empfänger für seine Verpflichtung gemäß Art. 3 Abs. 1 Rom I-VO das Recht eines Mitgliedstaates für anwendbar erklärt.

10   **3. Wirksame Rechtsbehelfe.** Zwingend erforderlich ist nach Abs. 1 schließlich, dass der betroffenen Person „wirksame Rechtsbehelfe", also ein effektiver Rechtschutz, zur Verfügung stehen – zum einen zur Durchsetzung ihrer Rechte aus der geeigneten Garantie, zum anderen aber auch, um gegen Eingriffe aufgrund der Rechtsordnung des Drittlandes vorzugehen.[20] Inwieweit es der betroffenen Person möglich ist, ihre Rechte gerichtlich im jeweiligen Drittland geltend zu machen, kann problematisch sein. Wie im Fall hoheitlicher Zugriffsrechte handelt es sich hierbei um einen Faktor, der eine Würdigung der tatsächlichen und rechtlichen Umstände im Drittland erfordert. Hinzu kommen praktische Schwierigkeiten, wenn eine Person, die in der EU ansässig ist, ihre Rechte in einem fernen Drittland nach einer ihr unbekannten Verfahrensordnung geltend machen soll; hierzu trägt auch bei, dass die betroffene Person selbst durch Datenschutzverstöße regelmäßig keinen materiellen Schaden erleidet, während die Durchsetzung ihrer Rechte in einem Drittland zumindest ein schwer kalkulierbares finanzielles Risiko bedeutet (zB wenn sie, wie in den USA selbst im Falle des Obsiegens, ihre Kosten selbst tragen muss). Die Vorgabe eines effektiven Rechtsschutzes kann so in der Praxis leicht zu einem leeren Versprechen werden.

11   Anders als im Fall hoheitlicher Zugriffsrechte entzieht sich dieser Aspekt nicht ganz den Gestaltungsmöglichkeiten der Beteiligten. So stellt sich dieses Problem nicht, wenn sich die datenimportierende Stelle einem **Gerichtsstand** in der EU unterwirft, wie dies die Standardvertragsklauseln vorsehen (→ Rn. 53); mit Blick auf Art. 79 Abs. 2 S. 1 sollte dieser Gerichtsstand sich in dem Mitgliedstaat befinden, in dem die betroffene Person ihren gewöhnlichen Aufenthaltsort hat. Prinzipiell nicht ausgeschlossen erscheint es zudem, außergerichtliche Streitbeilegungsmechanismen wie Schiedsgerichte vorzusehen, soweit diese für die betroffene Person einen praktisch handbaren und effektiven Rechtsschutz bieten.[21]

12   **4. Unabhängige Aufsicht.** Eine unabhängige Datenschutzaufsicht gehört nach Art. 8 Abs. 3 GRCh und Art. 16 Abs. 2 S. 2 AEUV zu den Kerngewährleistungen des europäischen Datenschutzrechts. Der EuGH

---

14 Zu diesem Ansatz *Kuner,* Transborder Data Flows and Data Privacy Law, 2013, S. 173 f.

15 *Art.-29-Gruppe,* WP 12, S. 20 f.; *Ellger* RabelsZ 60 (1996), 738 (763).

16 Zum Meinungsstand *Schröder,* Die Haftung für Verstöße gegen Privacy Policies und Codes of Conduct nach US-amerikanischem und deutschem Recht, 2007, S. 97ff., 170ff. und 212ff.; aus internationaler Perspektive *Moerel,* Binding Corporate Rules, 2012, S. 132ff.

17 Hierauf weist schon *Art.-29-Gruppe,* WP 12, S. 19 hin.

18 *Grapentin* CR 2011, 102 (106); *Moerel,* Binding Corporate Rules, 2012, S. 162ff. (jeweils für BCR).

19 Hierzu aus der Rechtsprechung des EuGH zu Gewinnzusagen EuGH K&R 2009, 465 Rn. 54 – Ilsinger (zur Brüssel I-VO, die aber auch die Rom I-VO übertragbar ist, vgl. EG 7 Rom I-VO); gegen einen Vertragsschluss *Moerel,* Binding Corporate Rules, 2012, S. 165ff.

20 EuGH C-352/14, NJW 2015, 3151 Rn. 81, 89 und 95 – Schrems; dies betont *Albrecht* CR 2016, 88 (95).

21 Der EuGH hat sich zur Effektivität der Schiedsmechanismen des Safe-Harbor Mechanismus nicht geäußert, vgl. EuGH C-352/14, NJW 2015, 3151 Rn. 89 – Schrems.

hat diese Anforderung auch auf die Verarbeitung von Daten über Daten in Drittländern übertragen.[22] Auch nach Art. 45 Abs. 2 lit. b muss eine unabhängige Aufsicht gewährleistet sein, um ein angemessenes Datenschutzniveau annehmen zu können. Zweck der geeigneten Garantie nach Art. 46 ist es, das fehlende Datenschutzniveau im Drittland zu kompensieren.[23] Dementsprechend muss auch im Rahmen der geeigneten Garantie des Art. 46 eine unabhängige Aufsicht vorhanden sein, die ihre Einhaltung überwacht.[24]

Im Falle von Vertragsbestimmungen kommt eine **Unterwerfung unter die Kontrolle der europäischen Auf-**   13 **sichtsbehörden** in Betracht.[25] Dies ist nicht präzedenzlos. So durfte der Berliner LfDI im Rahmen der Kooperation von Deutscher Bahn und Citibank auch Kontrollen in den USA vornehmen,[26] ebenso die spanische Aufsichtsbehörde in Kolumbien.[27] Kontrollen einer europäischen Aufsichtsbehörde berühren als Ausübung von Hoheitsrechten auf fremdem Territorium jedoch die Souveränität eines anderen Staates und sind daher nur mit dessen Zustimmung zulässig.[28] Zudem ist eine effektive Datenschutzaufsicht auch angesichts der erforderlichen Ressourcen in einem Drittland schon viel schwieriger zu gewährleisten als im Inland.[29]

Inwieweit eine Datenschutzaufsicht durch die **Behörden des Drittlandes** erfolgt, ist im Einzelfall zu prüfen;   14 insbes. müssen diese die Befugnis haben, die Einhaltung der Verpflichtungen des Empfängers zur Einhaltung der geeigneten Garantie zu überprüfen und Verstöße wirksam zu sanktionieren. Dies ist nicht selbstverständlich, da die geeigneten Garantie nicht Teil des Datenschutzrechts des Drittlands sind, sondern auf einer privatautonomen Verpflichtung des Empfängers beruhen. Ein Beispiel hierfür ist die Federal Trade Commission, die gemäß Art. 5 FTC Act[30] Verstöße gegen „Versprechen gegenüber dem Markt" als irreführendes Verhalten oder Täuschung nur ahnden kann, wenn sie Teil der „Privacy Policies" sind.[31]

Denkbar erscheint eine Aufsicht durch unabhängige **private Stellen**, denen vertraglich entsprechende Befug-   15 nisse eingeräumt werden.[32] Die Möglichkeit eines Audits durch eine unabhängige Stelle ist in den Standardvertragsklauseln vorgesehen (→ Rn. 51). Auch im Falle einer Zertifizierung und genehmigter Verhaltensregeln erfolgt eine Aufsicht durch eine unabhängige Stelle neben der Datenschutzaufsicht (→ Rn. 75). Erforderlich sind aber für eine wirksame Aufsicht auch angemessen abschreckende Sanktionen; diese könnten als Vertragsstrafe vereinbart werden.[33] Hier kann sich aber das Folgeproblem ergeben, weil nicht jede Rechtsordnung die Vollstreckung von Vertragsstrafen ermöglicht oder weitere Voraussetzungen hierfür verlangt.

5. Verpflichtungen der Rechtsordnung des Drittlandes. Die geeigneten Garantie des Art. 46 sind – zumin-   16 dest scheinbar – „blind" bezüglich der Defizite der Rechtsordnung des Drittlandes, welcher der Datenimporteur unterliegt. Dies entspricht grundsätzlich ihrem Ansatz, unabhängig von der Rechtsordnung eines bestimmten Empfängerlandes ein angemessenes Datenschutzniveau durch vertragliche oder einseitige Verpflichtungen herzustellen. Dieser Ansatz stößt jedoch dann an seine Grenzen, wenn er mit der Rechtsordnung des Drittlandes in Konflikt gerät.[34] Zwar ist nach dem Wortlaut des Abs. 1 eine Übermittlung an die entsprechende Stelle in einem Drittland auch in diesen Fällen ohne weitere Voraussetzung und Bedingung zulässig, wenn geeignete Garantie bestehen. Den Unionsgesetzgeber trifft aus Art. 7, 8 GRCh eine Pflicht, die Übermittlung in ein Drittland nicht zu erlauben, wenn der Empfänger im Drittland Verpflichtungen oder Zugriffsbefugnissen unterliegt, die über Art. 23 hinausgehen oder gegen staatliche Maßnahmen kein effektiver Rechtsschutz besteht (→ Art. 44 Rn. 6ff.).[35] Dementsprechend ist **Abs. 1** ist im Lichte von Art. 44

---

22 EuGH Gutachten 1/15, EWS 2017, 219 Rn. 228ff. – PNR-Abkommen mit Kanada; s. schon EuGH C-352/14, NJW 2015, 3151 Rn. 81 – Schrems, worin der EuGH „wirksame Überwachungs- und Aufsichtsmechanismen" verlangt; Paal/Pauly/*Pauly* Art. 46 Rn. 9 leitet aus dem Urteil sogar das Erfordernis einer unabhängigen Aufsicht ab; für verzichtbar hält eine Datenschutzaufsicht im Drittland offenbar Ehmann/Selmayr/*Zerdick* Art. 46 Rn. 11.
23 Ehmann/Selmayr/*Zerdick* Art. 46 Rn. 6.
24 Vgl. *Art.-29-Gruppe*, WP 12, S. 21.
25 *Art.-29-Gruppe*, WP 12, S. 21 f.; für zwingend erforderlich hält dies Simitis/*ders.* BDSG § 4 c Rn. 55.
26 Ausführliche Darstellung des Falls bei *Draf*, Die Regelung der Übermittlung personenbezogener Daten in Drittländer nach Art. 25, 26 der EG-Datenschutzrichtlinie, 1999, S. 131ff.
27 Hierzu *Kuner* IDPL 2015, 235 (240).
28 *Ellger* RabelsZ 60 (1996) 738 (762).
29 Zweifelnd an der Praktikabilität *Art.-29-Gruppe*, WP 12, S. 22. Vgl. auch EuGH C-293/12 u. C-594/12, NJW 2014, 2269 Rn. 68 – Digital Rights Ireland, der aus den schlechteren Möglichkeiten der Aufsicht das Erfordernis der Inlandsspeicherung von Telekommunikationsverbindungsdaten ableitet.
30 15 U.S.C. § 45.
31 *Solove/Hartzog* 114 Columbia LRev. 583, 595ff. (2014); *Schröder* Die Haftung für Verstöße gegen Privacy Policies und Codes of Conduct nach US-amerikanischem und deutschem Recht, 2007, S. 81ff.
32 *Art.-29-Gruppe*, WP 12, S. 22; *Draf*, Die Regelung der Übermittlung personenbezogener Daten in Drittländer nach Art. 25, 26 der EG-Datenschutzrichtlinie, 1999, S. 140 f.
33 Vgl. *Weichert/Schuler* DuD 2016, 386 (389, dort Art. 6 Abs. 3); zu Vertragsstrafen (allerdings des Datenexporteurs) schon *Dammann/Simitis* Art. 26 Rn. 18.
34 Bereits *Art.-29-Gruppe*, WP 12, S. 23; Grabitz/Hilf/Nettesheim/*Brühann*, DSRL Art. 26 Rn. 13; *Dammann/Simitis* Art. 26 Rn. 16; *Ellger* RabelsZ 60 (1996), 738 (762 f.); *Scheja*, Datenschutzrechtliche Zulässigkeit einer weltweiten Kundendatenbank, 2006, S. 213.
35 Vgl. EuGH C-352/14, NJW 2015, 3151 Rn. 89 und 95 – Schrems; dies betont *Albrecht* CR 2016, 88 (95).

S. 2 und Art. 7, 8 GRCh dahin gehend **einschränkend auszulegen**, dass er zumindest in diesen Fällen keine Übermittlung erlaubt.[36] Es lässt sich auch nicht argumentieren, der Unionsgesetzgeber habe die Funktionsgrenzen der geeigneten Garantien billigend in Kauf genommen.[37] Im Trilog wurde das Grundkonzept der geeigneten Garantien nach dem Urteil des EuGH in der Rs. Schrems vielmehr nicht noch einmal überprüft. Anders verhält es sich, soweit eine geeignete Garantie einer **Genehmigung** bedarf. Dann stehen die Drittländer, in die Daten übermittelt werden sollen, in der Regel bereits fest. Das rechtliche Umfeld der Empfänger kann und muss daher bereits im Rahmen der Genehmigung berücksichtigt werden. Gleiches gilt für die Erteilung einer **Zertifizierung** eines Datenimporteurs in einem Drittland (Art. 42 Abs. 2 → Art. 42 Rn. 27ff.).

17 **6. Späterer Wegfall der Garantien.** Alle geeigneten Garantien beruhen letztlich auf einer Selbstverpflichtung der empfangenden Stelle. Sie garantieren daher nur so lange ein angemessenes Datenschutzniveau, wie die empfangende Stelle diese Selbstbindung aufrechterhält.[38] Aus datenschutzrechtlicher Sicht ist eine dauerhafte Sicherung angemessener Garantien im Drittland nur gewährleistet, wenn diese **während der gesamten Dauer der Verarbeitung** gegeben sind.[39] Die Standvertragsklauseln I und II enthalten daher eine entsprechende Regelung, die eine Geltung der vertraglichen Bestimmungen über die Dauer des Vertrags hinaus festlegt (→ Rn. 57).

18 Auch dieser Ansatz stößt jedoch an seine Grenze, wenn sich die Rechtslage im Drittland verändert und der Datenimporteur nunmehr staatlichen Herausgabeverlangen ausgesetzt ist, die über Art. 23 hinausgehen. Ein Schutz dieser Daten kann dann nur erreicht werden, wenn der Empfänger sich verpflichtet, sie zu **löschen**, sobald kein ausreichender Schutz dieser Daten mehr gewährleistet ist.[40]

19 Beruht die Übermittlung auf einer Genehmigung durch die Aufsichtsbehörde (zB im Fall von verbindlichen internen Datenschutzregelungen oder geeigneten Garantien gemäß Abs. 3), muss die Aufsichtsbehörde die Genehmigung mit Wirkung für die Zukunft **widerrufen**, wenn sie die Genehmigung auf Basis der veränderten Umstände nicht hätte erteilen dürfen (vgl. § 49 Abs. 2 S. 1 Nr. 3 VwVfG); aufgrund der Wertung des Art. 44 S. 2 ist das Ermessen der Aufsichtsbehörde „auf Null" reduziert.[41]

20 **7. Rechtsdurchsetzung. a) Befugnisse der Aufsichtsbehörden.** Soweit geeignete Garantien auf Durchführungsbeschlüssen der KOM beruhen, sind die Befugnisse der Aufsichtsbehörden ähnlich beschränkt wie im Fall von Angemessenheitsbeschlüssen (→ Art. 45 Rn. 34ff.). Der Unterschied liegt jedoch darin, welche Feststellungen der Durchführungsbeschluss der KOM enthält. Bei einem Angemessenheitsbeschluss wird das Datenschutzniveau in einem Drittland insgesamt beurteilt. Geeignete Garantien sind demgegenüber auf kein bestimmtes Drittland zugeschnitten und enthalten daher – anders als Angemessenheitsbeschlüsse – zu dessen Rechtsordnung keinerlei Feststellung. Wenn eine Aufsichtsbehörde eine Übermittlung in ein Drittland, die auf der Basis einer geeigneten Garantie erfolgen soll, wegen exzessiver hoheitlicher Zugriffsbefugnisse im Empfängerland untersagt, so liegt deshalb in der Sache kein Widerspruch zum entsprechenden Durchführungsbeschluss der KOM vor und damit kein Konflikt mit dem Vorrang des Unionsrechts, weil die KOM diesen Aspekt gar nicht bewertet hat. In den geltenden Standardvertragsklauseln sind entsprechende Befugnisse der Aufsichtsbehörden konsequenterweise bereits angelegt (→ Rn. 55).

21 Anders liegt der Fall, wenn eine Aufsichtsbehörde die durch einen Durchführungsbeschluss genehmigten geeigneten Garantien nicht für ausreichend hält. Dann darf sie – wie im Fall von Angemessenheitsbeschlüssen (→ Art. 45 Rn. 34ff.) – keine der Feststellung der KOM widersprechenden Maßnahmen ergreifen, sondern kann nur den Durchführungsbeschluss gerichtlich angreifen.[42] Der deutsche Gesetzgeber hat in § 21 Abs. 1 BDSG nF (zuvor bereits § 42b BDSG aF) auch eine entsprechende **Klage gegen Standarddatenschutzklauseln und genehmigte Verhaltensregeln** geschaffen. Der irische High Court hat – auf Anregung der irischen Aufsichtsbehörde – beschlossen, die Frage der Wirksamkeit der Entscheidungen zu den Standardvertragsklauseln dem EuGH vorzulegen.[43]

22 Unklar ist allerdings, wann eine Aufsichtsbehörde eine Übermittlung aussetzen, untersagen oder eine Genehmigung versagen kann. Die Untersagung kann nach Art. 58 Abs. 2 lit. j angeordnet werden. Sie ist als Verwaltungsakt eine **Entscheidung im Einzelfall** oder mehrerer gleichgelagerter Fälle, die sich an einen Da-

---

36 BeckOK DatenschutzR/*Lange/Filip* DSGVO Art. 46 Rn. 15 f.; Paal/Pauly/*Pauly* Art. 46 Rn. 10; *Art.-29-Gruppe*, WP 12, S. 22 f.; *Moos/Schefzig* K&R 2015, 625 (632); *Borges* NJW 2015, 3617 (3620).

37 So aber Kühling/Buchner/*Schröder* Art. 46 Rn. 16.

38 S. zu Vertragsklauseln bereits die Kritik bei Simitis/*Simitis* § 4 c DSRl Art. Rn. 48; *Ellger* RabelsZ 60 (1996), 738 (761).

39 *Dammann/Simitis* Art. 26 Rn. 16; *Scheja*, Datenschutzrechtliche Zulässigkeit einer weltweiten Kundendatenbank, 2006, S. 212.

40 Vgl. den Vorschlag für Standarddatenschutzklauseln von *Weichert/Schuler* DuD 2016, 386 (390, dort Art. 9).

41 Vgl. zum unionsrechtlichen Maßstab *v. Danwitz*, Europäisches Verwaltungsrecht, 2008, S. 402.

42 Vgl. die insoweit übertragbaren Ausführungen des EuGH C-352/14, NJW 2015, 3151 Rn. 63ff. – Schrems; wie hier Ehmann/Selmayr/*Zerdick* Art. 46 Rn. 10.

43 Vgl. https://www.irishtimes.com/business/technology/high-court-asks-ecj-to-examine-facebook-case-1.3242468.

tenexporteur richtet.[44] Dementsprechend ist es in bestimmtem Umfang möglich, die Interessen und Risiken des Einzelfalls einfließen zu lassen.[45] Entscheidend ist daher, wie groß das Risiko ist, dass die übermittelten Daten einem solchen Zugriff im Drittland ausgesetzt sind. Im Rahmen der Gefahrenprognose ist auch zu berücksichtigen, um welche Daten und Datenkategorien es sich handelt. So kann eine Übermittlung zulässig sein, wenn der Empfänger gar nicht Adressat der exzessiven Offenlegungspflichten ist (zB weil diese nur für Telekommunikationsunternehmen gelten oder weil die übermittelten Daten besonders rechtlich geschützt sind, etwa weil sie einem Berufsgeheimnis unterliegen) und daher ein Zugriff auf sie ausscheidet. Gerade bei einer undifferenzierten und massenweisen Überwachung wird sich ein Zugriff auf die übermittelten Daten aber nicht ausschließen lassen; Gleiches gilt für heimliche Zugriffe, die auf keiner ausreichend bestimmten Rechtsgrundlage beruhen, weil sich dann nicht voraussehen lässt, ob die Zugriffsbefugnis auch die übermittelten Daten einschließt. Im Rahmen der **Gefahrenprognose** ist zu berücksichtigen, dass die Bedeutung der übermittelten Daten für die betroffene Person und die Wahrscheinlichkeit eines exzessiven staatlichen Zugriffs im Empfängerstaat miteinander zusammenhängen. Wenn ein Zugriff auf die übermittelten Daten ein besonders schwerer Eingriff in die Rechte der betroffenen Person ist (zB aufgrund ihrer Aussagekraft oder Sensibilität), reicht bereits eine geringere Wahrscheinlichkeit eines exzessiven staatlichen Zugriffs im Drittland aus, um eine Untersagung der Übermittlung zu rechtfertigen.

b) Rechtsschutz der betroffenen Person. Hält eine betroffene Person eine Übermittlung auf der Basis geeigneter Garantien für rechtswidrig, kann sie hiergegen direkt gegen den Verantwortlichen gemäß Art. 79 Abs. 1 vorgehen. Beruht die Übermittlung auf geeigneten Garantien, welche die KOM im Prüfverfahren als **Durchführungsbeschluss** erlassen hat und welche die betroffene Person nicht für ausreichend hält, um ein gleichwertiges Schutzniveau zu gewährleisten, ist die Situation ähnlich wie im Fall von Angemessenheitsbeschlüssen (→ Art. 45 Rn. 39); idR ist eine Vorlage der Frage der Gültigkeit des Durchführungsbeschlusses an den EuGH erforderlich.

Sind die geeigneten Garantien von einer Aufsichtsbehörde **genehmigt** worden, kann die betroffene Person gegen diese Entscheidung vorgehen, da sie durch diesen Beschluss in ihren Rechten betroffen ist.[46] Sie muss aber nicht zuerst gegenüber der Aufsichtsbehörde den Widerruf der Genehmigung erwirken, sondern kann auch direkt gegen den Datenexporteur gemäß Art. 79 Abs. 1 vorgehen. Die betroffene Person ist nicht am Genehmigungsverfahren beteiligt und die Genehmigung ist nicht direkt an sie gerichtet. Dies gilt auch, wenn sich die Genehmigung der Aufsichtsbehörde letztlich auf einer Entscheidung des EDSA beruht wie im Fall von Vertragsklauseln gemäß Abs. 3 lit. a oder verbindlichen internen Datenschutzvorschriften gemäß Art. 47 (Art. 64 Abs. 1 S. 1 lit. e und f). Zwar gibt der EDSA zunächst nur eine unverbindliche Stellungnahme ab, an dessen Stelle aber ein verbindlicher Beschluss tritt, wenn die zuständige Aufsichtsbehörde ihm nicht folgen will (Art. 64 Abs. 8 iVm Art. 65 Abs. 1); damit determiniert der EDSA faktisch die Entscheidung der Aufsichtsbehörde. Bereits Art. 78 Abs. 4 zeigt, dass eine betroffene Person, die nicht an der Entscheidung des EDSA beteiligt gewesen ist (zB als Beschwerdeführer), nicht zwingend direkt gegen die Entscheidung des EDSA vorgehen muss. Allerdings wird die Rechtmäßigkeit der Entscheidung des EDSA regelmäßig in einem Vorabentscheidungsverfahren gemäß Art. 267 AEUV durch den EuGH geklärt werden müssen, da ein nationales Gericht nicht über die Rechtmäßigkeit eines Akts des Unionsrechts entscheiden kann. Die betroffene Person wird hierbei in der Regel auch nicht durch die Bestandskraft der Entscheidung des EDSA daran gehindert sein, dessen Rechtmäßigkeit anzugreifen. Grundsätzlich wäre sie nach der Rechtsprechung daran gehindert, dies im Rahmen eines Vorabentscheidungsverfahrens zu tun, wenn sie gegen die Entscheidung im Wege einer Nichtigkeitsklage nach Art. 263 Abs. 4 AEUV hätte vorgehen können, dies aber in der Frist des Art. 263 Abs. 6 AEUV nicht getan hat (deklaratorisch insoweit EG 143 letzter Satz).[47] Dies gilt aber nur, wenn eine Nichtigkeitsklage „ohne jeden Zweifel" zulässig gewesen wäre.[48] Hiervon kann nicht gesprochen werden, wenn die Entscheidung – wie Entscheidungen des EDSA – nicht direkt an die betroffene Person gerichtet ist, sondern aus ihrer Sicht eher Verordnungscharakter hat; ihr in dieser Konstellation die Überprüfung der Rechtmäßigkeit der Entscheidung zu verwehren, würde ihr Grundrecht auf einen effektiven Rechtsschutz in problematischer Weise einschränken.[49]

c) Rechtsschutz des Verantwortlichen und Auftragsverarbeiters. Ein Verantwortlicher kann gemäß Art. 78 Abs. 1 gegen den Widerruf einer Genehmigung oder die Untersagung einer Übermittlung in ein Drittland

23

24

25

44 BeckOK DatenschutzR/*Lange/Filip* DSGVO Art. 46 Rn. 83.
45 Vgl. auch BeckOK DatenschutzR/*Lange/Filip* DSGVO Art. 46 Rn. 80 und 82 sowie tendenziell enger Kühling/Buchner/*Schröder* Art. 44 Rn. 14 und Art. 46 Rn. 16; *Borges* NJW 2015, 3617 (3620).
46 Paal/Pauly/*Körffer* Art. 78 Rn. 6.
47 EuGH C-188/92, EuZW 1994, 250 Rn. 17 – TWD Textilwerke Deggendorf.
48 Grabitz/Hilf/Nettesheim/*Dörr* AEUV Art. 263 Rn. 141 f.; Calliess/Ruffert/*Gaitanides* AEUV Art. 267 Rn. 38.
49 Vgl. Grabitz/Hilf/Nettesheim/*Dörr* AEUV Art. 263 Rn. 143.

auf Basis von Art. 58 Abs. 2 lit. j vorgehen. Schwieriger zu beurteilen ist die Frage, ob er auf Basis von Art. 78 Abs. 1 auch eine Genehmigung, also einen begünstigenden Verwaltungsakt verlangen kann. Ein entsprechender Anspruch lässt sich bei Unternehmen in Regel bereits dadurch begründen, dass es ihre unternehmerische Freiheit (Art. 16 GRCh) unverhältnismäßig eingeschränkt werden würde, wenn sie die Daten trotz geeigneter Garantien nicht in ein Drittland übermitteln dürften. Nach seinem Wortlaut setzt Art. 78 Abs. 1 einen Beschluss voraus. Diesen kann man lediglich in eine ausdrückliche Ablehnung des Begehrens hineinlesen.[50] Auch wenn die Genehmigung von einer Entscheidung des EDSA abhängt, bleibt die zuständige Aufsichtsbehörde Klagegegner.

V. Geeignete Garantien ohne Genehmigungserfordernis (Abs. 2)

26 **1. Rechtlich bindende Vereinbarung zwischen Behörden oder öffentlichen Stellen (lit. a).** Abs. 2 lit. a sieht als geeignete Garantien rechtlich bindende Dokumente, dh Vereinbarungen, zwischen Behörden und öffentlichen Stellen vor. Systematisch wären derartige Übermittlungen bisher eher als Übermittlung im öffentlichen Interesse (nun Art. 49 Abs. 1 UAbs. 1 lit. b) einzuordnen gewesen. Es ist ein Fortschritt, dass nunmehr klargestellt wird, dass durch Abkommen institutionalisierte Übermittlungsvorgänge zukünftig die in Art. 46 vorgesehenen Anforderungen einhalten müssen. Diese Vorgabe gilt für alle Abkommen, die von den Mitgliedstaaten nach dem 24.5.2016 abgeschlossen worden sind (Art. 96). Auch wenn Abs. 2 lit. a seinem Wortlaut nach auf die abschließenden Stellen abstellt, sind damit in erster Linie **völkerrechtliche Abkommen der Mitgliedstaaten** erfasst (zB Doppelbesteuerungsabkommen); diese dürfen die Mitgliedstaaten abschließen, soweit sich dies nicht auf die DSGVO auswirkt (EG 102 S. 2). Völkerrechtliche Abkommen der EU, die eine Übermittlung personenbezogener Daten in Drittstaaten vorsehen, gehen der DSGVO vor (Art. 218 Abs. 11 AEUV).

27 Zwar enthält Abs. 2 lit. a, anders als Abs. 3 lit. b, nicht die explizite Vorgabe, dass das Dokument **durchsetzbare und wirksame Rechte** für die betroffene Person enthalten muss; diese Vorgabe ergibt sich aber für alle geeigneten Garantien aus Abs. 1. Da sich diese Garantien unmittelbar aus dem Dokument ergeben müssen, muss die Vereinbarung insoweit so bestimmt sein, dass sie „self-executing"[51] ist und nicht erst einer Ausformung der Rechte der betroffenen Person im nationalen Recht des Empfängerstaates bedarf.

28 Anders als bei den sonstigen in Art. 46 genannten Garantien ist im Falle rechtsverbindlicher Vereinbarungen zwischen Behörden oder öffentlichen Stellen **an keiner Stelle ein Beschluss der KOM oder eine Genehmigung** durch die Aufsichtsbehörden erforderlich. Dieser „Vertrauensvorschuss"[52] wird teilweise damit begründet, dass die Beteiligten unmittelbar an die GRCh gebunden seien.[53]

29 **2. Verbindliche interne Datenschutzvorschriften (lit. b).** Abs. 2 lit. b führt – wie schon § 4c Abs. 2 S. 1, 2. Hs. BDSG aF – nun auch ausdrücklich verbindliche interne Datenschutzvorschriften (sog Binding Corporate Rules, BCRs) gemäß Art. 4 Nr. 20 als geeignete Garantien auf (→ Art. 4 Nr. 20 Rn. 1 ff.). Auch wenn die Einordnung in Abs. 2 nahelegt, es sei keine Genehmigung durch die Aufsichtsbehörden erforderlich, bezieht sich dies nur auf den einzelnen Übermittlungsvorgang, nicht auf die BCRs selbst. Diese müssen gemäß Art. 47 Abs. 1 von der zuständigen Aufsichtsbehörde im Kohärenzverfahren gemäß Art. 63, 64 Abs. 1 lit. f genehmigt werden. Die inhaltlichen Anforderungen an verbindliche interne Datenschutzvorschriften legt Art. 47 fest (→ Art. 47 Rn. 20ff.).

30 **3. Standarddatenschutzklauseln (lit. c und d). a) Allgemeines.** Standarddatenschutzklauseln bieten in der Praxis eine einfache und relativ rechtssichere Möglichkeit zur Übermittlung personenbezogener Daten an eine Stelle in einem Drittland ohne ein angemessenes Datenschutzniveau. Ihre Relevanz für die Praxis ist daher sehr hoch.[54] Die KOM hat folgerichtig angekündigt, neue Standarddatenschutzklauseln zu erarbeiten.[55] Zwar hat eine Vertragslösung auch Schwächen,[56] weil zB die Durchsetzung der vertraglichen Kontroll- und Mitwirkungsrechte des Datenexporteurs auch von dessen Motivation abhängt und der Vertrag

---

50 Paal/Pauly/*Körffer* Art. 78 Rn. 4; Schantz/Wolff/*Wolff*, Rn. 1102.
51 Ehmann/Selmayr/*Zerdick* Art. 46 Rn. 8.
52 Paal/Pauly/*Pauly* Art. 46 Rn. 14.
53 BeckOK DatenschutzR/*Lange/Filip* DSGVO Art. 46 Rn. 15.
54 BeckOK DatenschutzR/*Lange/Filip* DSGVO Art. 46 Rn. 26 f.; Paal/Pauly/*Pauly* Art. 46 Rn. 19; *Hoeren* RDV 2012, 271 (276).
55 KOM, Exchanging and Protecting Personal Data in a Globalised Word, COM(2017) final, S. 10 f.
56 Hierzu *Ellger* RabelsZ 60 (1996), 731 (761ff.); Grabitz/Hilf/Nettesheim/*Brühann* DSRL Art. 26 Rn. 13; *Dammann/Simitis* Art. 26 Rn. 16ff.

generell zur Disposition der Parteien steht.[57] Die geltenden Standarddatenschutzklauseln der KOM (nach alter Terminologie: „Standardverträge") haben sich aber bemüht, diese Schwachpunkte zu minimieren.[58] Dennoch erscheinen sie in einiger Hinsicht überarbeitungsbedürftig.

aa) Wirkung der Standarddatenschutzklauseln. Verwenden eine datenexportierende Stelle in der EU und **31** eine datenimportierende Stelle in einem Drittland die Standarddatenschutzklauseln nach Abs. 2 lit. c oder d, stellen diese eine geeignete Garantie dar, die **keiner zusätzlichen Genehmigung** durch die Aufsichtsbehörden bedarf; diese waren bisher nach § 4 c Abs. 2 S. 1 BDSG aF erforderlich, wurde aber in den Mitgliedstaaten unterschiedlich gehandhabt.[59] Es ist auch **keine Anzeige** gegenüber den Aufsichtsbehörden vorgesehen.[60]

Diese Privilegierung gegenüber anderen vertraglichen Lösungen (Abs. 3 lit. a) bezieht sich grundsätzlich nur **32** auf die von der KOM beschlossenen Standarddatenschutzklauseln. Jede **Abweichung** führt danach grundsätzlich zur Genehmigungspflicht, um den Aufsichtsbehörden die Überprüfung der Vertragsklauseln zu ermöglichen. Vor dem Hintergrund des Regelungszwecks lösen nach der vorherrschenden Meinung allerdings solche Änderungen keine Genehmigungspflicht aus, die aus Sicht der betroffenen Personen eindeutig positiv sind.[61] Dies wird in der Regel nur dann festzustellen sein, wenn die Regelungen der Standarddatenschutzklauseln unverändert bleiben und **Ergänzungen** vorgenommen werden. **Ergänzungen** sind möglich, ohne eine Genehmigungspflicht auszulösen (und werden vom Unionsgesetzgeber in EG 109 S. 1 sogar angeregt), wenn sie nicht zulasten der Rechte der betroffenen Personen gehen[62] und den Standarddatenschutzklauseln nicht widersprechen. Zur Absicherung ist jedoch zu empfehlen, vertraglich zu vereinbaren, den Standarddatenschutzklauseln vor individuell vereinbarten Klauseln bei Widersprüchen Vorrang einzuräumen.[63] Ein solcher Widerspruch kann zB auftreten, wenn die vertraglichen Rechte der datenexportierenden Stelle eingeschränkt werden, denn sie sind ein wesentliches Instrument zur Durchsetzung der Vereinbarung.[64] Dies ist auch bei vertraglichen Regelungen zu beachten, welche die Standarddatenschutzklauseln auslegen und auf die konkreten Umstände des Vertrags zuschneiden (zB zum Ablauf von Kontrollen des Datenexporteurs).[65]

Im Bereich der **Auftragsdatenverarbeitung** waren nach Ansicht der deutschen Aufsichtsbehörden zudem er- **33** gänzende Regelungen notwendig, weil die Standarddatenschutzklauseln für Auftragsdatenverarbeiter nicht alle Anforderungen des § 11 Abs. 2 BDSG aF erfüllten.[66] Da Art. 28 Abs. 3 sich am früheren deutschen Recht orientiert, dürfte dieses Problem auch in Zukunft bestehen.[67] Denn die KOM kann im Rahmen ihrer Befugnis zum Erlass von Standarddatenschutzklauseln nicht die Anforderungen verändern, die auf der „ersten Stufe" iRd Art. 28 an eine Auftragsverarbeitung gestellt werden.[68] Auch **Mehrparteienverträge** (→ Rn. 37) können ohne weitere Genehmigung auf den Standarddatenschutzklauseln basieren, wenn die Datenflüsse und die Rollen der Vertragsparteien (Auftragsdatenverarbeiter/Verantwortlicher; Importeur/Exporteur) klar festgelegt sind.[69]

bb) Arten von Standarddatenschutzklauseln. Abs. 2 lit. c sieht wie schon Art. 26 Abs. 4 DSRL Standarddatenschutzklauseln vor, die von der KOM erarbeitet und im Prüfverfahren nach Art. 93 Abs. 2 beschlossen werden. Hinzugekommen ist die Möglichkeit, dass die Initiative für neue Standarddatenschutzklauseln von

---

57 Vor einem bloßen „Abheften" der Standarddatenschutzklauseln warnt daher *Kuner,* European Data Protection Law, 2nd ed, 2007, Rn. 4.82. Für ungeeignet, wenn die Übermittlung für „fremde Zwecke" erfolgt, halten *Ellger* RabelsZ 60 (1996), 731 (766) und *Draf,* Die Regelung der Übermittlung personenbezogener Daten in Drittländer nach Art. 25, 26 der EG-Datenschutzrichtlinie, 1999, S. 143 die Standarddatenschutzklauseln.

58 Simitis/*Simitis* § 4 c Rn. 50.

59 *Art.-29-Gruppe,* WP 226, S. 2.

60 Ehmann/Selmayr/*Zerdick* Art. 46 Rn. 7; zur strittigen früheren Rechtslage BeckOK DatenschutzR/*Schantz* BDSG § 4 c Rn. 43 mwN.

61 Vgl. schon *Düsseldorfer Kreis,* Positionspapier „Internationaler Datenverkehr" v. 12./13.2.2007, unter II.4.; Taeger/Gabel/*Gabel* BDSG § 4 c Rn. 27; *Hillenbrand-Beck* RDV 2007, 231 (234); aA Paal/Pauly/*Pauly* Art. 46 Rn. 19, soweit die Klauseln selbst verändert werden.

62 Vgl. schon *Düsseldorfer Kreis,* Positionspapier „Internationaler Datenverkehr" v. 12./13.2.2007, unter II.4.; Taeger/Gabel/*Gabel* BDSG § 4 c Rn. 27; *Hillenbrand-Beck* RDV 2007, 231 (234); aA Paal/Pauly/*Pauly* Art. 46 Rn. 19.

63 Vgl. Taeger/Gabel/*Gabel* BDSG § 4 c Rn. 27; 23. Bericht der Landesregierung über die Tätigkeit der für den Datenschutz im nicht öffentlichen Bereich in Hessen zuständigen Aufsichtsbehörden, LT-Drs. 18/2942, S. 19.

64 Zum Fall der Abbedingung der Einwilligung des Auftraggebers von der Einschaltung eines Unterauftragnehmers nach Klausel 5 lit. h sowie seines Kontrollrechts nach Klausel 5 lit. f. Kommissionsbeschluss 2010/87/EU im Kontext des Cloud Computings s. *BayLDA,* 7. TB 2015/2016, S. 87 f. und 6. TB 2013/2014, S. 101 f.; zusammenfassend BeckOK DatenschutzR/*Lange/Filip* DSGVO Art. 46 Rn. 32.

65 Kühling/Buchner/*Schröder* Art. 46 Rn. 32.

66 Arbeitskreise Technik und Medien der Konferenz der Datenschutzbeauftragten des Bundes und der Länder sowie der Arbeitsgruppe Internationaler Datenverkehr des Düsseldorfer Kreises, Orientierungshilfe – Cloud Computing, Version 2.0 v. 9.10.2014, S. 16; 23. Bericht der Landesregierung über die Tätigkeit der für den Datenschutz im nicht-öffentlichen Bereich in Hessen zuständigen Aufsichtsbehörden, LT-Drs. 18/2942, S. 18.

67 BeckOK DatenschutzR/*Lange/Filip* DSGVO Art. 46 Rn. 43.

68 AA Kühling/Buchner/*Schröder* Art. 46 Rn. 33.

69 BeckOK DatenschutzR/*Lange/Filip* DSGVO Art. 46 Rn. 31; 23. Bericht der Landesregierung über die Tätigkeit der für den Datenschutz im nicht-öffentlichen Bereich in Hessen zuständigen Aufsichtsbehörden, LT-Drs. 18/2942, S. 19.

einer Aufsichtsbehörde in einem Mitgliedstaat ausgeht. Um die einheitliche Handhabung zu gewährleisten,[70] werden sie jedoch nur zu Standarddatenschutzklauseln, wenn die KOM sie auch im Prüfverfahren als Durchführungsbeschluss erlässt (Abs. 2 lit. d). Bevor eine Aufsichtsbehörde der KOM einen Entwurf übersendet, muss sie dem EDSA im Kohärenzverfahren Gelegenheit zur Stellungnahme geben (Art. 64 Abs. 1 lit. d).[71] Es kann dahinstehen, ob das Kohärenzverfahren nur zur Anwendung kommt, wenn eine grenzüberschreitende Datenverarbeitung und damit mehrere Mitgliedstaaten betroffen sind;[72] dies ist bei Standarddatenschutzklauseln immer anzunehmen, weil sie nach dem Beschluss der KOM in allen Mitgliedstaaten angewandt werden können.

35   cc) **Anwendungsbereich vertraglicher Lösungen.** Niemand kann einen Vertrag mit sich selbst schließen. Vertragliche Lösungen kommen daher nur zwischen unterschiedlichen Rechtsträgern in Betracht. Standarddatenschutzklauseln scheiden daher aus, wenn Daten innerhalb einer juristischen Person übermittelt werden (zB zwischen einer **unselbständigen Niederlassung** in der EU und der Unternehmenszentrale in einem Drittland).[73] Nach Ansicht der deutschen Aufsichtsbehörden konnten die Standarddatenschutzklauseln aber als Basis für eine Garantieerklärung der Hauptniederlassung im Drittland genutzt werden, die diese gegenüber den betroffenen Personen abgibt.[74] Selbst wenn die Garantie mit den Standarddatenschutzklauseln wörtlich übereinstimmt, besteht aber entgegen ihrer Ansicht eine Genehmigungspflicht, da eine solche Erklärung als sonstige Garantie gemäß Abs. 3 einzuordnen wäre.[75] Denn die Standarddatenschutzklauseln setzen einen Vertragspartner voraus, der die Einhaltung der Standvertragsklauseln überwacht. Dies ist ein wichtiger Bestandteil ihrer Durchsetzung. Im Falle einer einseitigen Verpflichtung fehlt aber genau dieser Vertragspartner.

36   Fraglich ist aufgrund ähnlicher Überlegungen, ob Vertragsklauseln als geeignete Garantien in Betracht kommen, wenn der Empfänger im Drittland zwar eine andere juristische Person ist, der Datenimporteur den Datenexporteur aber anweisen kann, den Vertrag abzuschließen, wie dies typischerweise in einem **Konzern** der Fall ist.[76] Soweit ersichtlich wird der Rückgriff auf vertragliche Garantien in dieser Konstellation in der Praxis bisher nicht in Frage gestellt, obwohl auch hier die vertragsrechtlichen Durchsetzungsmechanismen aufgrund der gesellschaftsrechtlichen Einwirkungsmechanismen ausfallen. Ein effektiverer Schutz ließe sich in einem Konzern durch BCRs erreichen, die gerade auf diese Konstellation zugeschnitten.

37   Nicht ausgeschlossen ist auch eine Verwendung der Standarddatenschutzklauseln im Rahmen eines **Mehrparteienvertrags.** Ein solcher Vertrag wird häufig von den Mitgliedern einer Unternehmensgruppe als „Intra-Group-Agreement" anstelle verbindlicher interner Datenschutzvorschriften abgeschlossen.[77] In Betracht kommen zwei Varianten: entweder Verträge aller beteiligten Unternehmen miteinander („Vertragsnetz") oder ein „Hauptvertrag", dem Anlagen beigefügt sind, welche die einzelnen Datenflüsse und Beteiligten mit ihren jeweiligen Rollen spezifizieren.[78]

38   b) **Geltende Standarddatenschutzklauseln. aa) Überblick.** Die Idee vertraglicher Lösungen im internationalen Datenverkehr wurde bereits vor Erlass der DSRL vom Europarat und der Internationalen Handelskammer verfolgt. Auch in der Praxis hatten sich vertragliche Lösungen herausgebildet, welche die Aufsichtsbehörden akzeptierten.[79] Die KOM begann kurz nach der Verabschiedung der Safe-Harbor-Entscheidung mit der Entwicklung von Standarddatenschutzklauseln gemäß Art. 26 Abs. 4 DSRL (nach damaliger Terminologie „Standardvertragsklauseln"). Bis heute gibt es drei „Sets" von Standarddatenschutzklauseln, auf die bei einer Übermittlung in ein Drittland zurückgegriffen werden kann:[80]

■   Standardvertragsklauseln für eine Übermittlung zwischen einem Verantwortlichen in der EU und einem Verantwortlichen im Ausland (Entscheidung 2001/497/EG – **Standardvertrag I**);

70   Ehmann/Selmayr/*Zerdick* Art. 46 Rn. 13.
71   AA Paal/Pauly/*Pauly* Art. 46 Rn. 26 mit Verweis auf die Vorschläge des EP und der KOM.
72   So BeckOK DatenschutzR/*Lange/Filip* DSGVO Art. 46 Rn. 48; Paal/Pauly/*Körffer* Art. 64 Rn. 1.
73   *Kuner,* European Data Protection Law, 2nd ed., 2007, Rn. 4.69; Paal/Pauly/*Pauly* Art. 46 Rn. 11; *Düsseldorfer Kreis,* Positionspapier „Internationaler Datenverkehr" vom 12./13.2.2007, Anlage 1 unter I.4.
74   19. Bericht der Landesregierung über die Tätigkeit der für den Datenschutz im nicht öffentlichen Bereich in Hessen zuständigen Aufsichtsbehörden, LT-Drs. 16/5892, S. 26 f.; *Düsseldorfer Kreis,* Positionspapier „Internationaler Datenverkehr" vom 12./13.2.2007, Anlage 1 unter I.4.
75   AA 19. Bericht der Landesregierung über die Tätigkeit der für den Datenschutz im nicht öffentlichen Bereich in Hessen zuständigen Aufsichtsbehörden, LT-Drs. 16/5892, S. 27; Paal/Pauly/*Pauly* Art. 46 Rn. 11.
76   Ähnliche Zweifel im Hinblick auf die Kontrollrechte *Wuermeling,* Handelshemmnis Datenschutz, 2000, S. 158 f.
77   BeckOK DatenschutzR/*Lange/Filip* DSGVO Art. 46 Rn. 31; 23. Bericht der Landesregierung über die Tätigkeit der für den Datenschutz im nicht öffentlichen Bereich in Hessen zuständigen Aufsichtsbehörden, LT-Drs. 18/2942, 18ff.
78   *Kuner,* European Data Protection Law, 2nd ed., 2007, Rn. 4.92ff.
79   Hierzu *Draf,* Die Regelung der Übermittlung personenbezogener Daten in Drittländer nach Art. 25, 26 der EG-Datenschutzrichtlinie, 2000, S. 127ff.; *Ellger* RabelsZ 60 (1996), 738 (743ff.).
80   Zur Entwicklung *Kuner,* European Data Protection Law, 2nd ed., 2007, Rn. 4.70ff.

- **Alternative Standarddatenschutzklauseln** für Übermittlungen zwischen Verantwortlichen, basierend auf einem Vorschlag der Internationalen Handelskammer und von Wirtschaftsverbänden (Entscheidung 2004/915/EG – **Standardvertrag II**, welche die Entscheidung 2001/497/EU ändert und ergänzt);
- Standardvertragsklauseln für die Übermittlung von einem Verantwortlichen in der EU an einen Auftragsverarbeiter in einem Drittland (Beschluss 2010/87/EU – **Standardvertrag für Auftragsdatenverarbeiter**).

Die KOM hat alle Beschlüsse im Dezember 2016 ebenso wie die Angemessenheitsbeschlüsse angepasst, um **39** dem Urteil des EuGH in der Rs. Schrems Rechnung zu tragen (Durchführungsbeschluss (EU) 2016/2297). Die Standarddatenschutzklauseln selbst blieben unverändert. Es wurden lediglich die Befugnisse der Aufsichtsbehörden gemäß Art. 4 der Entscheidung 2001/497/EG und des Beschlusses 2010/87/EU gestrichen und durch einen Verweis auf ihre Befugnisse nach Art. 28 DSRL ersetzt; Hintergrund ist, dass Art. 26 Abs. 4 DSRL der KOM nicht das Recht verlieh, die Befugnisse der Aufsichtsbehörden zu beschränken.[81]

bb) Standardverträge I und II für die Übermittlung zwischen Verantwortlichen. Verantwortliche in der EU, **40** die Daten an einen Verantwortlichen in einem Drittland übermitteln wollen (vgl. Art. 2 UAbs. 2 Entscheidung 2001/497/EG), können hierzu wählen, ob sie die **Standardvertrag I oder II** verwenden wollen. Sie dürfen sie allerdings **nicht kombinieren** (Art. 1 Abs. 2 Entscheidung 2001/497/EG). Insgesamt gilt der Standardvertrag II, den die internationale Handelskammer und Wirtschaftsverbände entworfen haben, als wirtschaftsfreundlicher, was sich vor allem in der Frage der Haftung zeigt (→ Rn. 49 f.).[82]

Nach Ansicht der deutschen Aufsichtsbehörden[83] reichen die Garantien des **Standardvertrags II** nicht aus, **41** um eine Übermittlung von **Arbeitnehmerdaten** zu rechtfertigen. Sie würden einer Ergänzung bedürfen, da Haftung und Auskunftspflicht des datenexportierenden Arbeitgebers eingeschränkt seien. Dies ist nicht überzeugend. Die KOM hat den Anwendungsbereich des Standardvertrags II nicht auf bestimmte Datenarten beschränkt.[84] Wenn die Aufsichtsbehörden nun in Zweifel ziehen, ob es sich auch für die Übermittlung dieser Daten um geeignete Garantien handelt, stellen sie diese Feststellung der KOM in Frage und müssten nach § 21 BDSG nF gegen den Standardvertrag II vorgehen.

(1) Datenschutzgrundsätze. Entscheidend ist, dass beim Empfänger die **datenschutzrechtlichen Grundsätze** **42** der DSGVO gewährleistet sind. Hierfür bestehen nach den Standardverträgen I und II drei Möglichkeiten: Der Empfänger kann sich verpflichten, die Daten (1.) nur nach den in der Anlage aufgeführten Grundsätzen zu verarbeiten, (2.) nach den Datenschutzbestimmungen, denen der Datenexporteur unterliegt, also zukünftig nach der DSGVO, oder (3.) auf der Basis von sektoralen datenschutzrechtlichen Bestimmungen seines Heimatstaates, welche die KOM als angemessen anerkannt hat, die aber nach dem Recht des Drittlandes nicht auf ihn anwendbar wären (Klausel 5 lit. b Standardvertrag I; Ziff. II. lit. h Standardvertrag II). Eine entscheidende Sicherung ist eine **starke Zweckbindung**.[85] Der Empfänger darf die übermittelten Daten nur zu dem Zweck verarbeiten, zu dem sie wie im Vertrag spezifiziert[86] übermittelt worden sind (Anlage 2 und 3, jeweils Ziffer 1 Standardvertrag I; Ziff. II. lit. d Anhang A Ziffer 2 Standardvertrag II). Eine Pflicht zur **Information der betroffenen Personen** vor der Übermittlung sensibler Daten (Klausel 4 lit. b Standardvertrag I) ergibt sich nun unmittelbar für alle Daten aus Art. 13 Abs. 1 lit. f und Art. 14 Abs. 1 lit. f.

Werden sensible Daten iSd Art. 9 Abs. 1 übermittelt, ist nach dem Standardvertrag I die betroffene Person **43** vor der Übermittlung oder sobald wie möglich danach darüber zu informieren, dass ihre Daten in ein Land ohne angemessenes Datenschutzniveau übermittelt werden könnten (Klausel 4 lit. b Standardvertrag I).

Problematisch ist, dass Ziff. II. lit. i Standardvertrag II die **Weiterübermittlung** von nicht-sensiblen Daten an **44** andere Empfänger erlaubt, die sich weder den Bindungen des Standardvertrags unterworfen haben, noch in einem Drittland mit einem angemessenen Datenschutzniveau ansässig sind, wenn die betroffene Person **informiert** worden ist und **nicht widersprochen** hat.[87] Im Rahmen des Standardvertrags I ist – wie nach Art. 49 Abs. 1 UAbs. 1 lit. a – die „eindeutige Zustimmung" der betroffenen Person erforderlich (Anlage 2 Ziff. 6 lit. a und Anlage 3 Ziff. 3 lit. a Standardvertrag I). Nur dies entspricht auch der Vorgabe des Art. 44

81　EuGH C-352/14, NJW 2015, 3151 Rn. 103 – Schrems.
82　Paal/Pauly/*Pauly* Art. 46 Rn. 23.
83　*Düsseldorfer Kreis,* Positionspapier „Internationaler Datenverkehr" v. 12./13.2.2007, unter II.2; ebenso Simitis/*Simitis* § 4 c Rn. 57; *Hillenbrand-Beck* RDV 2007, 231 (234); Taeger/Gabel/*Gabel* BDSG § 4 c Rn. 24; Plath/*v. d. Busche* BDSG § 4 c Rn. 30; ebenso noch BeckOK DatenschutzR/*Schantz* BDSG § 4 c Rn. 49.
84　Ebenso Auernhammer/*Thomale* BDSG § 4 c Rn. 20; Gola/Schomerus/*Gola/Schomerus/Körffer* § 4 c Rn. 12.
85　Hierzu auch Simitis/*Simitis* § 4 c Rn. 56.
86　*Kuner/Hladjk* RDV 2009, 193 (196) weist darauf hin, die KOM habe in den Verhandlungen mit den Verbänden zugestanden, dass die Zwecke im Anhang B Standardvertrag II sehr allgemein gehalten sein könnten. Maßgeblich ist jedoch Zweckbestimmung nach der DSGVO, welche die Vorausehbarkeit der Verarbeitung gewährleisten soll.
87　*Scheja,* Datenschutzrechtliche Zulässigkeit einer weltweiten Kundendatenbank, 2006, S. 227.

S. 1 Hs. 2, wonach auch bei einer Weiterübermittlung die Vorgaben der DSGVO nicht unterlaufen werden dürfen. Deshalb reicht es auch nicht aus, wenn der Empfänger einer Weiterübermittlung einfach den Standardvertrag nur unterzeichnet; seine Pflichten bei der Auswahl des Empfängers (Ziff. I. lit. b Standardvertrag II) kann der Datenexporteuer als Auftraggeber nur ausüben, wenn er dem Beitritt zustimmen muss. Im Rahmen dieser Auswahlentscheidung muss er auch berücksichtigen, welchen hoheitlichen Verpflichtungen der Empfänger in seinem Heimatstaat ausgesetzt ist.

45 Fragen werfen auch die weitgehenden Beschränkungen des **Auskunftsrechts** der betroffenen Person auf, die sich so weder in der DSRL noch der DSGVO finden (Anhang A, Ziff. 5 Standardvertrag II). So muss über die Quellen der Daten nur Auskunft gegeben werden, soweit keine „unzumutbaren Anstrengungen" erforderlich sind.[88]

46 **(2) Durchsetzbare Rechte des Betroffenen.** Alle Standardverträge enthalten eine Regelung zur **Drittbegünstigung** der betroffenen Personen (Klausel 3 S. 1 Standardvertrag I; Ziff. III. lit. b S. 1 Standardvertrag II). Wie der gesamte Vertrag ist auch auf diese Drittbegünstigung das Recht des Mitgliedstaates anwendbar, in dem der Datenexporteur seinen Sitz hat (Klausel 10 Standardvertrag I; Ziff. IV Standardvertrag II). Der Standardvertrag I erlaubt sogar die Vertretung der betroffenen Person durch einen Verband, soweit dies das nationale Recht zulässt (Klausel 3 S. 2 Standardvertrag I).

47 Ein Unterschied zwischen den Standardverträgen I und II liegt darin, an wen sich die betroffene Person als **primären Ansprechpartner** wenden kann. Nach Klausel 4 lit. d Standardvertrag I muss auch der Datenexporteur innerhalb einer angemessenen Frist[89] auf Anfragen der betroffenen Person zur Datenverarbeitung durch den Empfänger reagieren. Dies stellt eine relativ große Belastung dar, weil der Datenimporteuer die Fragen leichter beantworten kann.[90] Daher können nach Ziff. I. lit. d Standardvertrag II die Parteien bestimmen, dass sich die betroffene Person zunächst an den Datenimporteur wenden muss; der Datenexporteur bleibt aber subsidiärer Ansprechpartner, wenn der Datenimporteur nicht innerhalb einer angemessenen Frist antwortet.

48 Genau den entgegengesetzten Ansatz verfolgt der Standardvertrag II, wenn die betroffene Person **Vertragsverletzungen** geltend machen will: Hier muss sie zunächst den Datenexporteur auffordern, ihre Rechte gegenüber dem Empfänger durchzusetzen; nur subsidiär darf sich die betroffene Person direkt an den Datenimporteur wenden, wenn der Datenexporteur nicht innerhalb einer angemessenen Frist (regelmäßig ein Monat) tätig wird (Ziff. III. lit. b S. 2 Standardvertrag II).

49 **(3) Haftung.** Der augenfälligste Unterschied zwischen den Standardverträgen ist das Haftungsregime. Der **Standardvertrag I** sieht eine **Haftungsgemeinschaft** zwischen Datenexporteur und Datenimporteur vor; die gesamtschuldnerische Einstandspflicht für Schäden der betroffenen Person, die ein Beteiligter durch eine Vertragsverletzung verursacht hat, entfällt nur, wenn keinen von beiden eine Verantwortung trifft (Klausel 6 Standardvertrag I). Dem liegt der Gedanke zugrunde, dass der Datenexporteur durch die Übermittlung eine neue Gefahrenlage geschaffen hat. Außerdem besteht so ein starker Anreiz zu einer sorgfältigen Auswahl des Empfängers.[91] Drastische Folge ist aber, dass der Datenimporteur auch schon vor Empfang der Daten für Fehler der datenexportierenden Stelle haftet.[92]

50 Nach dem **Standardvertrag II** haftet jede Vertragspartei nur für die von ihr verursachten Schäden; Strafschadensersatz ist ausdrücklich ausgeschlossen (Ziff. III. lit. a Standardvertrag II). Zugleich werden aber die Sorgfaltspflichten der datenexportierenden Stelle bei der Auswahl des Empfängers (*culpa in eligendo*) verschärft.[93] So kann die betroffene Person sich direkt an den Datenexporteur halten, wenn dieser nicht nachweisen kann, im Rahmen des Zumutbaren überprüft zu haben, dass der Datenimporteur seine rechtlichen Verpflichtungen erfüllen kann (Ziff. III. lit. b S. 3 Standardvertrag II). Zu diesen Verpflichtungen gehört neben der Gewährleistung der Datensicherheit auch eine ausreichende finanzielle Ausstattung und ggf. Versicherungsschutz (Ziff. II lit. a, b, f. Standardvertrag II), was das Risiko des Geschädigten, dass der Datenimporteur insolvent wird, noch einmal verringert.

51 **(4) Kontrolle durch den Datenexporteuer und die Aufsichtsbehörde.** Der Datenimporteur ist nach dem Standardvertrag I nicht nur verpflichtet, mit der Aufsichtsbehörde des Datenexporteurs zu kooperieren (Klausel 5 lit. c Standardvertrag I). Er muss dem Datenexporteur oder von ihm benannten unabhängigen Prüfern auch ohne weitere Voraussetzungen die **Prüfung seiner Datenverarbeitungseinrichtungen** erlauben

---

88 Vgl. *Art.-29-Gruppe,* WP 84, S. 5 f.; zustimmend *Scheja,* Datenschutzrechtliche Zulässigkeit einer weltweiten Kundendatenbank, 2006, S. 222 f.
89 *Räther/Seitz* MMR 2002, 520 (524): „maximal ein bis zwei Wochen"; dies erscheint im Vergleich zu Art. 12 Abs. 3 und 3 sehr kurz.
90 *Kuner/Hladjk* RDV 2005, 193 (195).
91 *Räther/Seitz* MMR 2002, 520 (524).
92 *Räther/Seitz* MMR 2002, 520 (524).
93 *Grapentin* CR 2011, 102 (103 f.).

(Klausel 5 lit. d Standardvertrag I).[94] Der Standardvertrag II beschneidet demgegenüber die Kontrollrechte recht stark (Ziff. II. lit. g Standardvertrag II): So darf eine Überprüfung nicht willkürlich sein und nur nach Ankündigung während der üblichen Geschäftszeiten erfolgen. Zudem kann der Datenimporteur gegen die unabhängigen Prüfer, die der Datenexporteur beauftragt hat, begründete Einwände erheben. Schließlich muss vor der Durchführung einer Überprüfung – soweit erforderlich – die Zustimmung des Drittlandes eingeholt werden,[95] was die Effektivität der Aufsicht erheblich beeinträchtigt.[96] Weder die Verträge noch die DSGVO enthalten jedoch eine Pflicht des Datenexporteurs, diese Kontrollmöglichkeiten auch zu nutzen und den Vertrag ggf. zu beenden.

Während der Datenimporteur sich gemäß Klausel 5 lit. d Standardvertrag I verpflichtet, die Feststellungen   52
(„advice") der zuständigen europäischen **Aufsichtsbehörde** zu „respektieren", gilt dies nach Ziff. V. lit. c Standardvertrag II nur für „rechtskräftige Endentscheidungen".[97] Die Aufsichtsbehörden können eine **Übermittlung aussetzen oder untersagen**, wenn der Datenimporteur gegen die Standarddatenschutzklauseln verstößt (vgl. EG 5 S. 2 Durchführungsbeschluss (EU) 2016/2297). In diesem Fall sind die Voraussetzungen der geeigneten Garantien nicht mehr erfüllt.

(5) Effektiver Rechtsschutz. Die Standardverträge I und II legen als **Gerichtsstand** die Gerichte im Mitglied-   53
staat des Datenexporteurs fest (Klausel 7 Ziff. 1 lit. b Standardvertrag I; Ziff. III lit. b S. 1 Hs. 2 Standardvertrag II), enthalten aber auch Öffnungsklauseln für schiedsgerichtliche Verfahren und Mitwirkungspflichten im Rahmen anderer **Streitbeilegungsmechanismen** (Klausel 7 Ziff. 1 lit. 2 und Ziff. 2 Standardvertrag I; Ziff. V lit. b Standardvertrag II).

(6) Rechtliche Verpflichtungen des Empfängerstaates. Die Standardverträge blenden rechtliche Verpflich-   54
tungen, denen der Datenimporteur in seinem Heimatstaat unterliegt, nicht vollkommen aus. Nach dem Standardvertrag I **garantiert der Datenimporteur beim Vertragsabschluss**, dass er keinen nationalen Gesetzen unterliegt, welche die Erfüllung seiner Vertragspflichten unmöglich machen; hierunter sind auch staatliche Befugnisse zu fassen, die über das in einer demokratischen Gesellschaft notwendige und erforderliche Maß (vgl. Art. 23 Abs. 1) hinausgehen.[98] Im Falle der USA (→ Art. 45 Rn. 66ff.), aber auch vieler anderer Staaten erscheint eine Verwendung der Standardvertragsklauseln daher zweifelhaft. Ferner ist der Datenimporteur verpflichtet, die Entwicklung der **Rechtslage zu überwachen** und **seinen Vertragspartner über Gesetzesänderungen zu informieren**, die sich „voraussichtlich sehr nachteilig auf die Garantien" auswirken. Ggf. kann der Datenexporteur vom Vertrag zurücktreten (Klausel 5 lit. a Standardvertrag I). Der **Standardvertrag II enthält keine solchen Überwachungspflichten** oder eine Pflicht zur Prüfung der Rechtslage, sondern stellt nur auf das positive Wissen des Datenimporteurs ab (Ziff. II. lit. d Standardvertrag II).[99]

Es ist deshalb nicht ganz klar, dass immer zugleich ein Verstoß gegen die Standardvertragsklauseln vorliegt,   55
wenn der Datenimporteur in seinem Heimatstaat Verpflichtungen unterliegt, die über Art. 23 Abs. 1 hinausgehen. Zudem ist der Datenexporteur nach keinem der Standardverträge verpflichtet, sein Kündigungsrecht auszuüben. Daher gab Art. 4 Abs. 1 lit. a Entscheidung 2001/497/EG den Aufsichtsbehörden die **Befugnis**, eine **Übermittlung auf Basis der Standardvertragsklauseln auszusetzen**, wenn der Empfänger Anforderungen unterliegt, die über Art. 13 DSRL (jetzt Art. 23) hinausgehen.[100] Diese Befugnis ist zwar mit dem Durchführungsbeschluss (EU) 2016/2297 im Dezember 2016 aufgehoben worden, um eine unzulässige Einschränkung der Befugnisse der Datenschutzschutzaufsichtsbehörden zu vermeiden (→ Art. 45 Rn. 37 f.). Diese Änderung sollte aber die Befugnisse der Aufsichtsbehörden nicht beschneiden, sondern stärken; es ist daher davon auszugehen, dass sie weiterhin in diesem Fall eine Übermittlung auf Basis der Standardverträge gemäß Art. 58 Abs. 2 lit. j aussetzen können.[101] Wie dargelegt (→ Rn. 20) besteht insoweit auch kein inhaltlicher Widerspruch zur Feststellung der KOM, dass die Standarddatenschutzklauseln im Übrigen geeignete Garantien darstellen.

(7) Änderung/Beendigung/Kündigung. Als ein Vorteil des Standardvertrags II wird angesehen, dass er –   56
anders als Standardvertrag I (Klausel 11) – unkompliziert ermöglicht, die spezifischen Angaben zu den

---

94 Kritisch *Räther/Seitz* MMR 2002, 520 (524): „eine Zumutung", die sie aber für kaum vermeidbar halten, ohne den Status einer geeigneten Garantie zu verlieren.

95 *Kuner/Hladjk* RDV 2005, 193 (196).

96 Für eine unzureichende Garantie halt den Standardvertrag II insoweit *Scheja*, Datenschutzrechtliche Zulässigkeit einer weltweiten Kundendatenbank, 2006, S. 235 f.

97 *Kuner/Hladjk* RDV 2005, 193 (198); *Hoeren* RDV 2012, 271 (276); Paal/Pauly/*Pauly* Art. 46 Rn. 23.

98 Plath/*v. d. Busche* BDSG § 4 c Rn. 30.

99 *Kuner/Hladjk* RDV 2005, 193 (195).

100 Hierzu *Schmitz/v. Dall'Armi* ZD 2016, 217 (219ff.).

101 BeckOK DatenschutzR/*Lange/Filip* DSGVO Art. 46 Rn. 77 f.

Zwecken der Übermittlung und den übermittelten Daten (Anhang B) zu **aktualisieren** (Ziff. VII Standardvertrag II).[102]

57 Die Standardverträge entziehen ihre Garantien der Dispositionsbefugnis der Vertragsparteien. Sie legen fest, dass die **Verpflichtungen aus dem Vertrag auch nach seiner Beendigung andauern**, solange Daten vom Datenimporteuer verarbeitet werden, die auf Basis des Vertrags übermittelt worden sind (Klausel 9 Standardvertrag I; Ziff. VI lit. d Standardvertrag II). Nicht ausreichend ist diese Regelung allerdings, wenn der Vertrag beendet worden ist, weil der Datenimporteur sich fortgesetzt nicht an den Vertrag hält, insolvent wird oder im Drittland exzessive Zugriffsbefugnisse staatlicher Behörden auf die übermittelten Daten oder andere Konflikte mit der dortigen Rechtsordnung bestehen. In diesen Fällen bietet auch eine **Fortgeltung des Vertrags** keine geeignete Garantie mehr. Ein ausreichender Schutz kann dann nur durch eine Beendigung der Verarbeitung im Drittland durch Löschung der Daten erreicht werden.

58 **cc) Standardvertrag für Auftragsverarbeiter.** Die Standardvertragsklauseln für die Übermittlung an Auftragsverarbeiter in Drittländern passen diese an die typische Rollenverteilung zwischen Verantwortlichem und Auftragsverarbeiter an. Sie treten neben den Vertrag, den beide bereits nach Art. 28 Abs. 3 abschließen müssen, um ihr Verhältnis zueinander und den Zweck der Verarbeitung zu regeln. Hierbei kommt es zu Überschneidungen. Die Anforderungen des Art. 28 und die Standvertragsklauseln stehen jedoch unabhängig nebeneinander und müssen beide von den Vertragspartnern beachtet werden.

59 **(1) Anwendungsbereich.** Die KOM hatte bereits im Jahr 2001 Standardvertragsklauseln für die Auftragsdatenverarbeitung in einem Drittland beschlossen (Entscheidung 2002/16/EG). Diese Klauseln wurden im Jahr 2010 überarbeitet (Beschluss 2010/87/EU); der alte Standardvertrag darf nur noch übergangsweise bis zur nächsten Änderung durch die Vertragsparteien verwendet werden (Art. 7 Abs. 2 Beschluss 2010/87/EU).[103] Eine Schwierigkeit in der Praxis kann sein, dass sich die Vertragsparteien festlegen müssen, ob der Empfänger Verantwortlicher oder Auftragsverarbeiter ist; teilweise wird empfohlen, in Grenzfällen den Standardvertrag für Auftragsdatenverarbeiter neben dem Standardvertrag I oder II zu verwenden.[104]

60 Der Standardvertrag darf nur für die Übermittlung von einem Verantwortlichen an einen Auftragsverarbeiter in einem Drittland verwendet werden, nicht jedoch bei der Übermittlung von einem Auftragsverarbeiter in der EU an einen **Unterauftragsverarbeiter** in einem Drittland. In diesem Fall sind die Standarddatenschutzklauseln nicht anwendbar, weil sie voraussetzen, dass sich der primäre Auftragnehmer im Drittland befindet (Art. 2 UAbs. 2 Beschluss 2010/87/EU). Hierdurch kommt es zu einer paradoxen Situation, wenn Unterauftragnehmer in einem Drittland eingeschaltet werden müssen (wie typischerweise beim Cloud Computing): Es ist leichter, einen Auftragsverarbeiter in einem Drittland zu beauftragen als einen Auftragsverarbeiter mit Sitz in der EU. Die Art.-29-Gruppe hat für diese Konstellation bereits einen Entwurf für Standarddatenschutzklauseln erarbeitet.[105] Auch die KOM will sich des Themas annehmen.[106] In der Praxis behalf man sich wie folgt: Der Auftragsverarbeiter schloss im Namen des Verantwortlichen mit dem Unterauftragsverarbeiter einen Standardvertrag für die Auftragsverarbeitung ab, dem der Auftragsverarbeiter mit Sitz in der EU beitrat.[107] Gehören der Auftragsverarbeiter und der Unterauftragsverarbeiter dergleichen Unternehmensgruppe an, können auch verbindliche interne Datenschutzvorschriften (→ Art. 47 Rn. 4) eine Alternative sein.[108]

61 **(2) Inhalt des Standardvertrags für Auftragsverarbeiter.** Der Standardvertrag für die Auftragsverarbeitung orientiert sich an den Standardverträgen I und II, passt sie aber an die Struktur der Auftragsdatenverarbeitung an, indem er dem datenexportierenden Auftraggeber die primäre Verantwortung für die Verarbeitung durch den Auftragsverarbeiter im Drittland zuweist, auch hinsichtlich Datensicherheit und technisch-organisatorischer Maßnahmen (Klausel 4 Standardvertrag Auftragsverarbeiter). Dementsprechend kann die betroffene Person ihre Rechte aus dem Vertrag **grundsätzlich nur gegenüber dem Datenexporteur** geltend machen (Klausel 3 Abs. 1 Standardvertrag Auftragsverarbeiter) und nur subsidiär gegenüber dem Datenimporteur, wenn es keinen Rechtsnachfolger des Datenexporteurs gibt; Gleiches gilt im Verhältnis zwischen Auf-

102 Paal/Pauly/*Pauly* Art. 46 Rn. 23.
103 Hierzu ausführlich *Art.-29-Gruppe,* WP 176, S. 7; *Moos* CR 2010, 281 (284).
104 Millard/*Hon*/Millard, Cloud Computing, 2013, S. 273.
105 *Art.-29-Gruppe,* WP 214. ▯
106 KOM, Exchanging and Protecting Personal Data in a Globalised Word, COM(2017) 7 final, S. 11.
107 *Düsseldorfer Kreis,* Positionspapier „Internationaler Datenverkehr" v. 12./13.2.2007, Anlage 2 Fallgruppe B; *Arbeitskreise Technik und Medien der Konferenz der Datenschutzbeauftragten des Bundes und der Länder sowie der Arbeitsgruppe Internationaler Datenverkehr des Düsseldorfer Kreises,* Orientierungshilfe – Cloud Computing, Version 2.0 v. 9.10.2014, S. 15; *Art.-29-Gruppe,* WP 176, S. 3 f.; BeckOK DatenschutzR/*Lange/Filip* DSGVO Art. 46 Rn. 41 f.; Paal/Pauly/*Pauly* Art. 46 Rn. 23; *Moos* CR 2010, 281 (283).
108 *Arbeitskreise Technik und Medien der Konferenz der Datenschutzbeauftragten des Bundes und der Länder sowie der Arbeitsgruppe Internationaler Datenverkehr des Düsseldorfer Kreises,* Orientierungshilfe – Cloud Computing, Version 2.0 v. 9.10.2014, S. 18; *Eckhardt* DuD 2015, 176 (181).

Schantz

tragsverarbeiter und Unterauftragsverarbeiter (Klausel 3 Abs. 2 und 3 Standardvertrag Auftragsverarbeiter). Eine solche Abwicklung entlang der Verarbeitungskette erfolgt auch im Rahmen der **Haftung**. Primär haftet der Datenexporteur für alle Schäden, subsidiär – auch im Falle der Zahlungsunfähigkeit des Datenexporteurs – der Auftragsverarbeiter und in letzter Linie der Unterauftragsnehmer im Rahmen seiner Verarbeitungstätigkeit (Klausel 6 Standardvertrag Auftragsverarbeiter). Bemerkenswerterweise haftet der Auftragsverarbeiter nach dem Wortlaut des Vertrags auch für Pflichtverletzungen des Auftraggebers.

Der Auftragsverarbeiter ist auch hier verpflichtet, **Kontrollen** des Datenexporteurs zu dulden, auch wenn diese in Absprache mit der für den Datenexporteur zuständigen Aufsichtsbehörde durch unabhängige Dritte durchgeführt werden (Klausel 5 lit. f Standardvertrag Auftragsverarbeiter). Ferner unterwirft er sich der Kontrolle durch die Aufsichtsbehörde, die für den Datenexporteur zuständig ist, und verpflichtet sich, den Datenexporteur über alle Regelungen im Drittland zu informieren, die dessen Prüfung des Auftragsverarbeiters entgegenstehen könnten (Klausel 8 Abs. 2 und 3 Standardvertrag Auftragsverarbeiter). Ebenfalls muss er ihm **staatliche Zugriffsbefugnisse** mitteilen, denen er seines Wissens unterliegt und die über Art. 13 Abs. 1 DSRL (jetzt: Art. 23 Abs. 1) hinausgehen (Klausel 5 lit. b Standardvertrag Auftragsverarbeiter); zusätzlich muss er ihn über konkrete Herausgabeverlangen informieren, soweit dies nach dem Recht des Drittlandes zulässig ist (Klausel 5 lit. d Standardvertrag Auftragsverarbeiter). In beiden Fällen berechtigen entsprechende gesetzliche Regelungen des Drittlandes den Datenexporteur zur Kündigung des Vertrags und verpflichten ihn zur Information der Aufsichtsbehörde (Art. 4 lit. g Standardvertrag Auftragsverarbeiter, zu deren Befugnissen → Rn. 54 f.). Nach Beendigung des Vertrags darf der Auftragsverarbeiter die Daten nicht selbst aktiv weiterverarbeiten (Klausel 12 Abs. 1 Standardvertrag Auftragsverarbeiter). 62

(3) Unterauftragsverarbeitung. Wesentliche Neuerung der Standardvertragsklauseln für Auftragsdatenverarbeiter aus dem Jahr 2010 war die Einführung der Möglichkeit zur Vergabe von Unteraufträgen. Voraussetzung ist allerdings die **vorherige schriftliche Einwilligung** des Datenexporteurs (vergleichbar dem neuen Art. 28 Abs. 2). Dies ermöglicht dem Datenexporteur, seine Verpflichtung zu erfüllen, dass der Schutz durch die Einschaltung einer weiteren Stelle in einem Drittland nicht sinkt (vgl. Klausel 4 lit. i Standardvertrag Auftragsverarbeiter) und er die Kontrolle über die Verarbeitung der übermittelten Daten behält. 63

Ferner müssen dem Unterauftragsverarbeiter die gleichen Pflichten (einschließlich der Drittbegünstigung der betroffenen Personen) auferlegt werden wie dem Auftragsverarbeiter durch den Standardvertrag mit dem Datenexporteur (Klausel 11 Abs. 1 S. 1 und 2 sowie Abs. 2 Standardvertrag Auftragsverarbeiter, s. nunmehr Art. 28 Abs. 4). Rein praktisch kann der Unterauftragsverarbeiter dem Vertrag zwischen Datenexporteur und Auftragsverarbeiter beitreten (vgl. Fn. 1 zu Klausel 11 Standardvertrag Auftragsverarbeiter). 64

Der Vertrag zwischen Auftragsverarbeiter und Unterauftragsverarbeiter muss dem Datenexporteur zur Verfügung gestellt werden (Klausel 5 lit. j Standardvertrag Auftragsverarbeiter).[109] Sowohl der Datenexporteur als auch die für ihn zuständige Aufsichtsbehörde können die Einhaltung des Vertrags durch den Unterauftragnehmer kontrollieren; das Recht des Datenexporteurs zur **Vorortkontrolle** nach Klausel 5 lit. f kann auch nicht ausgeschlossen werden, ohne dass der Vertrag genehmigungsbedürftig wird.[110] Auch unabhängig davon bleibt aber gegenüber dem Datenexporteur und den betroffenen Personen der Auftragsverarbeiter für die Unterauftragsverarbeitung vollständig verantwortlich (Klausel 11 Abs. 1 S. 3 Standardvertrag Auftragsverarbeiter). 65

Eine praktische Schwierigkeit ist die vorherige Einwilligung des Datenexporteurs in die Erteilung eines Unterauftrags, weil in der Praxis die Unterauftragsverarbeiter zum Zeitpunkt des Abschlusses des Standardvertrags mit dem Datenexporteur häufig noch gar nicht feststehen. Es stellt sich daher die Frage, ob der Datenexporteur seine **Einwilligung ohne Kenntnis der Identität des Unterauftragsverarbeiters** generalisiert erteilen kann,[111] wie dies jetzt auch Art. 28 Abs. 2 ausdrücklich vorsieht. Klausel 5 lit. h Standardvertrag Auftragsverarbeiter verlangt, dass der Auftragsverarbeiter den Verantwortlichen vor der Vergabe des Unterauftrags benachrichtigt und der Verantwortliche vorher schriftlich einwilligt. Die Art.-29-Gruppe meint, der Standardvertrag lasse diese Frage offen,[112] und hält eine generalisierte Einwilligung für ausreichend, da der Datenexporteur jederzeit widersprechen oder den Vertrag beenden könne.[113] Dies entspricht dem Recht des Verantwortlichen nach Art. 28 Abs. 2 S. 2, Einspruch gegen eine Veränderung im Rahmen der Auftragsverarbeitung zu erheben. Das Einspruchsrecht kann jedoch nur dann in seiner Wirksamkeit einer Einwilligung wie in Klausel 5 lit. h gleichkommen, wenn der Auftragsverarbeiter den Datenexporteur rechtzeitig und umfassend vor der Übermittlung über den Unterauftrag informiert und ihm ausreichend Gelegenheit 66

109 Kritisch hierzu *Wojtan* 1 IDPL (2011) 76 (79).
110 *BayLDA*, 7. TB 2015/2016, S. 88; 6. TB 2013/2014, S. 101; 5. TB 2011/2012, S. 60.
111 Hierfür *Moss* CR 2010, 281 (283 f.).
112 *Art.-29-Gruppe*, WP 176, S. 6.
113 *Art.-29-Gruppe*, WP 196, S. 12 f.

zum Widerspruch gibt. Dies ist erforderlich, damit der Datenexporteur seine Pflicht aus Klausel 4 lit. i Standardvertrag Auftragsverarbeiter sowie aus Art. 44 S. 1 Hs. 2 erfüllen kann, ein Absinken des Datenschutzniveaus zu verhindern; hierzu muss er die Einhaltung der in Klausel 4 und 5 Standardvertrag Auftragsverarbeiter enthaltenen Garantien prüfen. Nimmt er diese Pflichten ernst, ist der praktische Gewinn einer generalisierten Einwilligung gering.

67   **4. Genehmigte Verhaltensregeln (lit. e).** Ein neues Instrument zur Übermittlung personenbezogener Daten in einen Drittstaat ist die Unterwerfung des Empfängers unter genehmigte Verhaltensregeln (**Codes of Conduct**) gemäß Art. 40 f. Diese werden von Verbänden oder Vereinigungen aufgestellt und dienen innerhalb der EU der Spezifizierung der Vorgaben zur DSGVO, zB in bestimmten Branchen (vgl. Art. 40 Abs. 2). Damit sie eine geeignete Garantie für eine Übermittlung in ein Drittland sein können, müssen genehmigte Verhaltensregeln aber nicht nur einzelne Aspekte der Datenverarbeitung konkretisieren; sie müssen vielmehr alle Punkte erfassen, die erforderlich sind, um im Hinblick auf die geplante Verarbeitung im Drittland ein angemessenes Datenschutzniveau zu garantieren und die grundrechtlichen Anforderungen hieran zu erfüllen (hierzu → Rn. 6 f.).[114]

68   Ferner setzt Abs. 2 lit. e voraus, dass die genehmigten Verhaltensregeln eine „rechtsverbindliche und durchsetzbare Verpflichtung des Verantwortlichen oder des Auftragsverarbeiters in dem Drittland zur Anwendung geeigneter Garantien" sind. Eine Möglichkeit, die Verbindlichkeit der genehmigten Unternehmensregeln zu erreichen, ist eine **einseitige schuldrechtliche Verpflichtung** des Empfängers, ähnlich wie im Fall verbindlicher interner Datenschutzvorschriften. Art. 40 Abs. 3 S. 2 nennt als weitere Option eine **vertragliche Verpflichtung**, so dass die genehmigten Verhaltensregeln ähnlich wie ein weiteres Set Standarddatenschutzklauseln wirken würden (→ Art. 40 Rn. 52). Als Vertragspartner kommt daher auch hier die datenexportierende Stelle in Betracht; vom Wortlaut her nicht ausgeschlossen ist auch eine vertragliche Verpflichtung gegenüber dem Verband oder der Vereinigung, welche die Verhaltensregeln aufgestellt hat.

69   Zugleich muss der Vertrag neben der betroffenen Person aber auch die Stelle berechtigen, die mit der **Überwachung** der Verhaltensregeln nach Art. 41 Abs. 1 betraut ist. Diese Stelle wird von der zuständigen Aufsichtsbehörde akkreditiert und kann geeignete Maßnahmen bei Verstößen gegen die genehmigten Verhaltensregeln verhängen, bis hin zum Ausschluss des Empfängers von den genehmigten Verhaltensregeln (Art. 41 Abs. 4 S. 1); hierdurch wäre der weiteren Datenverarbeitung durch den Empfänger im Drittland der Boden entzogen. Diese Aufsicht übt keine hoheitlichen Befugnisse aus, sondern wird im Rahmen eines Selbstregulierungsmechanismus tätig. Daher spricht viel dafür, dass sie leichter als die Aufsichtsbehörden auch im Drittland die Befolgung der Verhaltensregeln untersuchen kann.[115] Allerdings ist der Ausschluss des Empfängers von den genehmigten Verhaltensregeln keine ausreichende Sanktion, um eine Befolgung effektiv zu gewährleisten.

70   Verhaltensregeln können nur dann eine Übermittlung in ein Drittland legitimieren, wenn sie von der zuständigen Aufsichtsbehörde genehmigt und zusätzlich von der KOM für allgemein verbindlich erklärt worden sind (Art. 40 Abs. 3 S. 1).[116] Die **Genehmigung** erfolgt nach Art. 40 Abs. 5 durch die zuständige Aufsichtsbehörde, die aber den Entwurf der Verhaltensregeln dem EDSA vorlegen muss, wenn die Verarbeitungstätigkeit mehrere Mitgliedstaaten betrifft (Art. 40 Abs. 7); dies ist im Fall einer Drittstaatenübermittlung anzunehmen, da anderenfalls die Gefahr bestünde, dass die genehmigten Verhaltensregeln als „Sprungbrett" für Übermittlungen von Daten aus allen Mitgliedstaaten der EU in ein Drittland genutzt werden könnten.

71   Die KOM verleiht Verhaltensregeln **allgemeine Gültigkeit** mittels eines Durchführungsbeschlusses (Art. 40 Abs. 9 iVm Art. 93 Abs. 2).[117] An die Feststellung, dass die genehmigten Verhaltensregeln geeignete Garantien enthalten, sind daher die Aufsichtsbehörden grundsätzlich ebenso gebunden wie an Angemessenheitsbeschlüsse (→ Art. 45 Rn. 34ff.). Der deutsche Gesetzgeber hat ihnen daher konsequenterweise auch in diesem Fall ein **Klagerecht** eingeräumt (vgl. § 21 Abs. 1 BDSG nF), um eine Vorlage zum EuGH zu erreichen.[118] Die Reichweite der Bindungswirkung unterscheidet sich jedoch von Angemessenheitsbeschlüssen. Denn genehmigte Verhaltensregeln treffen keine umfassende Aussage zur Angemessenheit des Rechtsrahmens im Drittstaat, insbes. nicht zu gesetzlichen Verpflichtungen, denen der Empfänger unterliegt und beschränken insoweit die Befugnisse der Aufsichtsbehörden nicht (→ Rn. 21ff.).

---

114   *Bergt* CR 2016, 670 (671).
115   Ähnlich auch *Bergt* CR 2016, 670 (672).
116   *Bergt* CR 2016, 670 (671 f.); BeckOK DatenschutzR/*Lange/Filip* DSGVO Art. 46 Rn. 51; *Spindler* ZD 2016, 407 (410).
117   BeckOK DatenschutzR/*Lange/Filip* DSGVO Art. 46 Rn. 51; aA Paal/Pauly/*Pauly* Art. 46 Rn. 31 (nur soweit mehrere Mitgliedstaaten betroffen sind).
118   Vgl. *Bergt* CR 2016, 670 (677), der auch eine Nichtigkeitsklage gemäß Art. 263 Abs. 4 AEUV für möglich hält.

5. Genehmigte Zertifizierungsmechanismen (lit. f). Ebenfalls neu hinzugekommen ist die Zulässigkeit der 72 Übermittlung an eine Stelle in einem Drittstaat, wenn gemäß Art. 42 Abs. 5 zertifiziert worden ist, dass sie personenbezogene Daten entsprechend den Vorgaben der DSGVO verarbeitet. Die Zertifizierung erfolgt durch die zuständige Aufsichtsbehörde oder durch eine **akkreditierte Zertifizierungsstelle** gemäß Art. 43 auf der Basis von Kriterien, welche die zuständige Aufsichtsbehörde oder der EDSA im Kohärenzverfahren aufgestellt hat (Art. 42 Abs. 5 S. 1 → Art. 42 Rn. 38ff.). Da eine Übermittlung an einen zertifizierten Empfänger aus allen Mitgliedstaaten möglich ist, ist zwingend ein Kohärenzverfahren durchzuführen.

Damit ist Abs. 2 lit. f im Vergleich zu den anderen Garantien in zweierlei Hinsicht ein Systembruch und zu- 73 gleich eine **potenzielle „Schwachstelle":** Zum einen kann die endgültige Erteilung der Zertifizierung durch eine private Stelle erfolgen, die unabhängige Zertifizierungsstelle nach Art. 43; dieses Risiko wird allerdings abgemildert, weil sie die zuständige Aufsichtsbehörde über die Erteilung der Zertifizierung informieren muss (Art. 43 Abs. 5).[119] Zum anderen verlangt Art. 42 Abs. 5 nicht zwingend, dass die Zertifizierungskriterien durch den EDSA genehmigt werden und damit unionsweit einheitlich sind. Dies ist nur für die Erteilung des Europäischen Datenschutzsiegels erforderlich. In allen anderen Fällen können die Zertifizierungskriterien auch durch eine einzelne Aufsichtsbehörde genehmigt werden.

Wie auch im Falle genehmigter Verhaltensregeln muss sich die empfangende Stelle rechtsverbindlich und 74 durchsetzbar verpflichten, geeignete Garantien anzuwenden (Abs. 2 lit. f). Auch hier kommt eine **Selbstverpflichtung durch eine einseitige Erklärung** in Betracht. Inhalt dieser Verpflichtung muss die **Einhaltung der DSGVO** sein, denn dies wird durch die Zertifizierung nachgewiesen (Art. 42 Abs. 1 S. 1). Zusätzlich wird die Stelle, die das Zertifikat erteilt, berücksichtigen müssen, ob im Drittland die weiteren grundrechtlich gebotenen Anforderungen an ein angemessenes Datenschutzniveau erfüllt sind, insbes. ein effektiver Rechtsschutz und keine über Art. 23 hinausgehenden einschlägigen staatlichen Zugriffsbefugnisse bestehen.

Die Zertifizierung wird für einen Zeitraum von maximal drei Jahren erteilt (Art. 42 Abs. 7 S. 1). Die akkre- 75 ditierte Zertifizierungsstelle muss zwar während der Laufzeit die Einhaltung der Zertifizierungsvoraussetzungen überprüfen können,[120] denn gemäß Art. 42 Abs. 7 S. 2 kann sie die Zertifizierung auch widerrufen. Derartige Befugnisse sind in der DSGVO aber nicht ausdrücklich aufgeführt. Bereits deshalb ist eine effektive Aufsicht im Drittland durch die akkreditierte Zertifizierungsstelle fraglich; auch der Widerruf der Zertifizierung stellt allein noch keine wirksame Sanktion dar.

VI. Geeignete Garantien mit Genehmigungserfordernis (Abs. 3 und 4)

1. Allgemeines. Für alle Formen von geeigneten Garantien, die nicht in Abs. 2 aufgeführt sind, muss eine 76 Genehmigung eingeholt werden. Abs. 3 nennt beispielhaft Ad-hoc Vertragsklauseln und nicht verbindliche Verwaltungsvereinbarungen. Dieser Katalog ist aber nicht abschließend. Denkbar wären zB auch selbstständige Garantieerklärungen des Empfängers, wie sie bisher – inhaltlich angelehnt an die Standardvertragsklauseln – für Übermittlungen zwischen einem Unternehmen und einer unselbständigen Niederlassung genutzt worden sind (→ Rn. 35).

Eine einheitliche Handhabung wird in den Fällen des Abs. 3 nicht von der KOM durch delegierte Rechtsak- 77 te, sondern durch die Aufsichtsbehörden sichergestellt. Diese stimmen ihre Haltung im **Kohärenzverfahren** ab (Abs. 4 iVm Art. 63ff.). Allerdings erwähnt Art. 64 Abs. 1 S. 2 lit. e – anders als Abs. 4 – nur die Genehmigung von Ad-hoc Vertragsklauseln. Im Falle von Verwaltungsvereinbarungen erscheint eine Befassung des EDSA aber auch nicht erforderlich, da solche Verarbeitungen in der Regel keine grenzüberschreitende Datenverarbeitung nach Art. 4 Nr. 23 DGVO sind; sachgemäß erscheint hingegen die Befassung des EDSA im Falle ungenannter geeigneter Garantien (zB einseitiger Garantieerklärungen).[121]

2. Ad-hoc Vertragsklauseln (lit. a). Wollen die Beteiligen Vertragsklauseln verwenden, die nicht von der 78 KOM im Prüfverfahren angenommen worden sind, müssen diese von der zuständigen Aufsichtsbehörde genehmigt werden. Dies gilt auch, wenn die Beteiligten die Standarddatenschutzklauseln verwenden, von ihnen aber in einem Punkt zulasten der betroffenen Personen abweichen möchten. Derartige Vertragsklauseln bieten den Beteiligten größtmögliche Gestaltungsfreiheit, sind aber im Vergleich zu Standarddatenschutzklauseln aufgrund des Genehmigungsverfahrens erheblich aufwändiger und benötigen mehr Zeit.[122] Vor einer Genehmigung durch die zuständige Aufsichtsbehörde muss der EDSA im Kohärenzverfahren eine Stellungnahme abgeben (Abs. 4 iVm Art. 63, 64 Abs. 1 lit. a).

119 Weniger skeptisch daher Paal/Pauly/*Pauly* Art. 46 Rn. 39.
120 Paal/Pauly/*Paal* Art. 42 Rn. 22.
121 AA Paal/Pauly/*Körffer* Art. 64 Rn. 3, die stattdessen ein Redaktionsversehen in Art. 46 Abs. 4 vermutet.
122 Paal/Pauly/*Pauly* Art. 46 Rn. 44; BeckOK DatenschutzR/*Lange/Filip* DSGVO Art. 46 Rn. 65.

79 Zugleich bietet das Kohärenzverfahren aber auch die Chance, dass sich in der Praxis der Aufsichtsbehörden faktische Standardregelungen herausbilden. Denkbar wäre dies zB im Falle von Verträgen eines **Auftrags-verarbeiters mit Unterauftragsverarbeitern**, weil in diesem Fall die Standardvertragsklauseln für die Auftragsverarbeitung nicht anwendbar sind (→ Rn. 60). Abs. 3 lit. a adressiert – anders als noch Art. 26 Abs. 2 DSRL – nun auch Auftragsverarbeiter; EG 109 S. 1 erkennt solche Verträge zwischen Auftragsverarbeitern ausdrücklich an. Die Art.-29-Gruppe hat für diese Konstellation bereits einen Entwurf für Standarddaten-schutzklauseln erarbeitet.[123] Auch die KOM hat angekündigt, hieran zu arbeiten.[124]

80 **3. Nichtbindende Verwaltungsvereinbarungen (lit. b).** Eine Genehmigung ist weiterhin einzuholen, wenn die Übermittlung auf der Basis einer Vereinbarung zwischen öffentlichen Stellen oder Behörden beruht, die – anders als im Fall des Abs. 2 lit. a – für die abschließenden Parteien nicht verbindlich ist (sog **Memorandum of Understanding**). Auch wenn die Vereinbarung selbst nicht bindend ist, muss sie den betroffenen Personen **durchsetzbare und wirksame Rechte** vermitteln. Wie dies mit einem solchen Instrument erreicht werden kann, erscheint fraglich. Auch ein effektiver Rechtsschutz sowie die Kontrolle durch unabhängige Stellen müssen gewährleistet sein, weil es sich hierbei um grundrechtlich zwingend einzuhaltende Vorgaben handelt.[125]

81 Hierdurch kommt es zu dem merkwürdigen Ergebnis, dass die abschließenden Parteien die datenschutz-rechtlichen Garantien der Vereinbarungen nicht durchsetzen können, wohl aber die betroffene Person. Dies mindert die Effektivität dieser Garantien erheblich, weil die datenexportierende öffentliche Stelle – als primärer Ansprechpartner der Aufsichtsbehörden und der betroffenen Person – nur die weiteren Übermittlungen einstellen könnte, sonst aber keine rechtliche Handhabe hätte. Dementsprechend leitete das BVerfG in seiner Entscheidung zum BKA-Gesetz aus dem Recht auf informationelle Selbstbestimmung (Art. 2 Abs. 1 iVm Art. 1 Abs. 1 GG) ab, dass Garantien, die ein Empfängerstaat abgibt, um ein fehlendes Datenschutzni-veau zu kompensieren, völkerrechtlich verbindlich sein müssen;[126] diese verfassungsrechtliche Vorgabe haben deutsche öffentliche Stellen zu berücksichtigen, weil ihnen die DSGVO insoweit überlässt, ob sie auf diese Garantie zurückgreifen.

VII. Übergangsregelungen (Abs. 5)

82 Abs. 5 regelt den Fortbestand mitgliedstaatlicher Genehmigungen von geeigneten Garantien (va BCRs, Ad-hoc Vertragsklauseln) gemäß Art. 26 Abs. 2 DSRL und der Entscheidungen der KOM über die Angemes-senheit der Standarddatenschutzklauseln gemäß Art. 26 Abs. 4 DSRL. Abs. 5 lässt sie in Kraft, bis sie „er-forderlichenfalls" aufgehoben oder geändert werden. Diese Entscheidungen werden damit nicht befristet oder aufgehoben. Der Unionsgesetzgeber hat keine Entscheidung getroffen, ob es geboten ist, die zur Verfü-gung stehenden Möglichkeiten zu nutzen, um zB eine erteilte Genehmigung angesichts des veränderten ge-setzlichen Umfelds zu widerrufen.

Artikel 47 Verbindliche interne Datenschutzvorschriften

(1) Die zuständige Aufsichtsbehörde genehmigt gemäß dem Kohärenzverfahren nach Artikel 63 verbindli-che interne Datenschutzvorschriften, sofern diese

a) rechtlich bindend sind, für alle betreffenden Mitglieder der Unternehmensgruppe oder einer Gruppe von Unternehmen, die eine gemeinsame Wirtschaftstätigkeit ausüben, gelten und von diesen Mitglie-dern durchgesetzt werden, und dies auch für ihre Beschäftigten gilt,

b) den betroffenen Personen ausdrücklich durchsetzbare Rechte in Bezug auf die Verarbeitung ihrer per-sonenbezogenen Daten übertragen und

c) die in Absatz 2 festgelegten Anforderungen erfüllen.

(2) Die verbindlichen internen Datenschutzvorschriften nach Absatz 1 enthalten mindestens folgende Anga-ben:

a) Struktur und Kontaktdaten der Unternehmensgruppe oder Gruppe von Unternehmen, die eine gemein-same Wirtschaftstätigkeit ausüben, und jedes ihrer Mitglieder;

---

123 *Art.-29-Gruppe*, WP 214, passim.
124 COM(2017) 7 final, S. 11.
125 Paal/Pauly/*Pauly* Art. 46 Rn. 46.
126 BVerfGE 141, 220 Rn. 337 f. – BKA-Gesetz.

b) die betreffenden Datenübermittlungen oder Reihen von Datenübermittlungen einschließlich der betreffenden Arten personenbezogener Daten, Art und Zweck der Datenverarbeitung, Art der betroffenen Personen und das betreffende Drittland beziehungsweise die betreffenden Drittländer;

c) interne und externe Rechtsverbindlichkeit der betreffenden internen Datenschutzvorschriften;

d) die Anwendung der allgemeinen Datenschutzgrundsätze, insbesondere Zweckbindung, Datenminimierung, begrenzte Speicherfristen, Datenqualität, Datenschutz durch Technikgestaltung und durch datenschutzfreundliche Voreinstellungen, Rechtsgrundlage für die Verarbeitung, Verarbeitung besonderer Kategorien von personenbezogenen Daten, Maßnahmen zur Sicherstellung der Datensicherheit und Anforderungen für die Weiterübermittlung an nicht an diese internen Datenschutzvorschriften gebundene Stellen;

e) die Rechte der betroffenen Personen in Bezug auf die Verarbeitung und die diesen offenstehenden Mittel zur Wahrnehmung dieser Rechte einschließlich des Rechts, nicht einer ausschließlich auf einer automatisierten Verarbeitung – einschließlich Profiling – beruhenden Entscheidung nach Artikel 22 unterworfen zu werden sowie des in Artikel 79 niedergelegten Rechts auf Beschwerde bei der zuständigen Aufsichtsbehörde beziehungsweise auf Einlegung eines Rechtsbehelfs bei den zuständigen Gerichten der Mitgliedstaaten und im Falle einer Verletzung der verbindlichen internen Datenschutzvorschriften Wiedergutmachung und gegebenenfalls Schadenersatz zu erhalten;

f) die von dem in einem Mitgliedstaat niedergelassenen Verantwortlichen oder Auftragsverarbeiter übernommene Haftung für etwaige Verstöße eines nicht in der Union niedergelassenen betreffenden Mitglieds der Unternehmensgruppe gegen die verbindlichen internen Datenschutzvorschriften; der Verantwortliche oder der Auftragsverarbeiter ist nur dann teilweise oder vollständig von dieser Haftung befreit, wenn er nachweist, dass der Umstand, durch den der Schaden eingetreten ist, dem betreffenden Mitglied nicht zur Last gelegt werden kann;

g) die Art und Weise, wie die betroffenen Personen über die Bestimmungen der Artikel 13 und 14 hinaus über die verbindlichen internen Datenschutzvorschriften und insbesondere über die unter den Buchstaben d, e und f dieses Absatzes genannten Aspekte informiert werden;

h) die Aufgaben jedes gemäß Artikel 37 benannten Datenschutzbeauftragten oder jeder anderen Person oder Einrichtung, die mit der Überwachung der Einhaltung der verbindlichen internen Datenschutzvorschriften in der Unternehmensgruppe oder Gruppe von Unternehmen, die eine gemeinsame Wirtschaftstätigkeit ausüben, sowie mit der Überwachung der Schulungsmaßnahmen und dem Umgang mit Beschwerden befasst ist;

i) die Beschwerdeverfahren;

j) die innerhalb der Unternehmensgruppe oder Gruppe von Unternehmen, die eine gemeinsame Wirtschaftstätigkeit ausüben, bestehenden Verfahren zur Überprüfung der Einhaltung der verbindlichen internen Datenschutzvorschriften. Derartige Verfahren beinhalten Datenschutzüberprüfungen und Verfahren zur Gewährleistung von Abhilfemaßnahmen zum Schutz der Rechte der betroffenen Person. Die Ergebnisse derartiger Überprüfungen sollten der in Buchstabe h genannten Person oder Einrichtung sowie dem Verwaltungsrat des herrschenden Unternehmens einer Unternehmensgruppe oder der Gruppe von Unternehmen, die eine gemeinsame Wirtschaftstätigkeit ausüben, mitgeteilt werden und sollten der zuständigen Aufsichtsbehörde auf Anfrage zur Verfügung gestellt werden;

k) die Verfahren für die Meldung und Erfassung von Änderungen der Vorschriften und ihre Meldung an die Aufsichtsbehörde;

l) die Verfahren für die Zusammenarbeit mit der Aufsichtsbehörde, die die Befolgung der Vorschriften durch sämtliche Mitglieder der Unternehmensgruppe oder Gruppe von Unternehmen, die eine gemeinsame Wirtschaftstätigkeit ausüben, gewährleisten, insbesondere durch Offenlegung der Ergebnisse von Überprüfungen der unter Buchstabe j genannten Maßnahmen gegenüber der Aufsichtsbehörde;

m) die Meldeverfahren zur Unterrichtung der zuständigen Aufsichtsbehörde über jegliche für ein Mitglied der Unternehmensgruppe oder Gruppe von Unternehmen, die eine gemeinsame Wirtschaftstätigkeit ausüben, in einem Drittland geltenden rechtlichen Bestimmungen, die sich nachteilig auf die Garantien auswirken könnten, die die verbindlichen internen Datenschutzvorschriften bieten, und

n) geeignete Datenschutzschulungen für Personal mit ständigem oder regelmäßigem Zugang zu personenbezogenen Daten.

(3) ¹Die Kommission kann das Format und die Verfahren für den Informationsaustausch über verbindliche interne Datenschutzvorschriften im Sinne des vorliegenden Artikels zwischen Verantwortlichen, Auftragsverarbeitern und Aufsichtsbehörden festlegen. ²Diese Durchführungsrechtsakte werden gemäß dem Prüfverfahren nach Artikel 93 Absatz 2 erlassen.

Literatur: *Art.-29-Gruppe*, Arbeitsdokument: Übermittlung personenbezogener Daten in Drittländer: Anwendung von Artikel 26 Absatz 2 der EU-Datenschutzrichtlinie auf verbindliche unternehmensinterne Vorschriften für den internationalen Datentransfer, 03/DE WP 74; *dies.*, Arbeitsdokument „Festlegung eines Kooperationsverfahrens zwecks Abgabe gemeinsamer Stellungnahmen zur Angemessenheit der verbindlich festgelegten unternehmensinternen Datenschutzgarantien" 05/DE WP 107; *dies.*, Arbeitsdokument „Muster-Checkliste für Anträge auf Genehmigungen verbindlicher unternehmensinterner Datenschutzregelungen", 05/DE WP 108; *dies.*, Arbeitsdokument zu „Häufig gestellten Fragen" über verbindliche unternehmensinterne Datenschutzregelungen (BCR), 09/DE WP 155 rev. 04; *dies.*, Arbeitsdokument mit einer Übersicht über die Bestandteile und Grundsätze verbindlicher unternehmensinterner Datenschutzregelungen (BCR), 08/DE WP 153; *dies.*, Arbeitsdokument „Rahmen für verbindliche unternehmensinterne Datenschutzregelungen (BCR)", 12/DE WP 195; *dies.*, Working Document on Frequently Asked Questions (FAQs) related to Binding Corporate Rules, 15/EN WP 204 rev. 01; *dies.*, Working Document setting up a table with the elements and principles to be found in Binding Corporate Rules (updated), 17/EN WP 256; *dies.*, Working Document setting up a table with the elements and principles to be found in Binding Processor Corporate Rules (updated), 17/EN WP 257; *Büllesbach, A.*, Transnationalität und Datenschutz, 2008; *Filip, A.*, Binding Corporate Rules (BCR) aus der Sicht einer Datenschutzaufsichtsbehörde, ZD 2013, 51; *Moerel, L.*, Binding Corporate Rules – Corporate Self-Regulation of Global Data Transfers, 2012; *Schröder, Chr.*, Die Haftung für Verstöße gegen Privacy Policies und Codes of Conduct nach US-amerikanischem und deutschem Recht, 2007; *Voskamp, F.*, Transnationaler Datenschutz, 2015.

I. Regelungsgegenstand

1 Art. 47 spezifiziert, welche Anforderungen verbindliche interne Datenschutzregelungen (definiert in Art. 4 Nr. 20 → Art. 4 Nr. 20 Rn. 1) – in der Regel BCR (Binding Corporate Rules) genannt – erfüllen müssen, um von den Aufsichtsbehörden als geeignete Garantien genehmigt zu werden. BCR basieren auf der Idee, dass eine Unternehmensgruppe ein eigenständiges **privatrechtliches Datenschutzregime innerhalb der Unternehmensgruppe** errichtet und in der Lage ist, diese Regelungen aufgrund der gesellschaftsrechtlichen Einwirkungs- und Kontrollmechanismen auch durchzusetzen. Ähnlich wie im Falle von verbindlichen Verhaltensregelungen handelt es sich um eine Form **regulierter Selbstregulierung.**[1] Die Konkretisierung der datenschutzrechtlichen Anforderungen wird hierbei bewusst den eigentlichen Adressaten überlassen, die Zuerkennung der rechtlichen Wirkungen liegt jedoch weiterhin bei einer staatlichen Stelle (hier: den Aufsichtsbehörden). Damit ist es Unternehmen möglich, auf ihre Bedürfnisse zugeschnittene Regelungen zu entwickeln, was wiederum die Akzeptanz im Unternehmensalltag steigert. BCR werden daher auch als Chance gesehen, in weltweit tätigen Unternehmen eine einheitliche „Datenschutzkultur" zu etablieren.[2]

2 Abs. 2 lehnt sich bewusst sehr eng an die Genehmigungspraxis der Art.-29-Gruppe an.[3] Trotzdem bestanden in der EU erhebliche Unterschiede in der Einschätzung, ob BCR überhaupt geeignete Garantien gemäß Art. 26 Abs. 2 DSRL sein konnten und ob die einzelnen Übermittlungen einer Genehmigung bedurften. In Deutschland brachte die knappe Erwähnung in § 4c Abs. 2 S. 1 BDSG aF insoweit kaum Klarheit. Die DSGVO schafft in diesen Punkten nun Rechtssicherheit und **wertet BCRs als Instrument erheblich auf,** indem sie sie nicht nur als geeignete Garantien anerkennt, sondern auch das Genehmigungsverfahren sowie

---

1 *Büllesbach*, Transnationalität und Datenschutz, 2008, S. 95ff.; *Voskamp*, Transnationaler Datenschutz, 2015, S. 121ff.
2 *Kuner*, European Data Protection Law, 2nd ed., 2007, Rn. 4.121 f.
3 Vgl. KOM-E, S. 13; Paal/Pauly/*Pauly* Art. 47 Rn. 2; *Albrecht/Jotzo*, Teil 6 Rn. 15.

die inhaltlichen Anforderungen vereinheitlicht.[4] Es ist daher davon auszugehen, dass die Bedeutung von BCR in der Praxis steigen wird. Dies gilt erst recht, da innerhalb von Unternehmensgruppen der Bedarf des Austausches von Kunden- und Beschäftigtendaten zunimmt, auch um eine zentralisierte Verarbeitung dieser Daten zu ermöglichen.

II. Entstehungsgeschichte

Die DSRL enthielt keine Vorläufervorschrift zu Art. 47. Der KOM-E zum Inhalt von BCR ist in den Verhandlungen **weitgehend unverändert** geblieben. Auf Vorschlag des Rats ist jedoch der Anwendungsbereich von BCRs auf Unternehmen ausgeweitet worden, die gemeinsam eine wirtschaftliche Tätigkeit ausüben, aber nicht zu einer Unternehmensgruppe gehören. Der Vorschlag in Art. 43 Abs. 1 lit. a Parl-E, auch „externe Subunternehmen" in den Anwendungsbereich von BCR einzubeziehen, ist demgegenüber nicht aufgegriffen worden. Damit stellt sich die Frage, ob diese von der Erweiterung auf Unternehmen, die gemeinsam eine wirtschaftliche Tätigkeit ausüben, miterfasst sind (→ Art. 4 Nr. 20 Rn. 4). Darüber hinaus sind die inhaltlichen Anforderungen an BCRs auf Vorschlag des Rats um Angaben zu Beschwerdeverfahren (Abs. 2 lit. i), interne Datenschutzaudits (Abs. 2 lit. j S. 2 und 3), Meldeverfahren zu problematischen drittstaatlichen Regelungen (Abs. 2 lit. m) und Datenschutzschulungen (Abs. 2 lit. n) ergänzt worden. Nicht aufgenommen wurde der Vorschlag des EP zur Beteiligung der Arbeitnehmervertreter in Bezug auf Beschäftigtendaten (Art. 43 Abs. 1 a Parl-E). **3**

III. Anwendungsbereich

1. Personell. Der personelle Anwendungsbereich von BCR ergibt sich aus deren Definition in Art. 4 Nr. 20. Danach können BCR durch hierarchisch organisierte Unternehmensgruppen (Art. 4 Nr. 19) verwendet werden, aber auch durch Unternehmen, die lediglich eine gemeinsame wirtschaftliche Tätigkeit ausüben (zB in Form eines Joint Ventures). Denkbar erscheint auch die Einbindung von Auftragsverarbeitern in die BCR eines Verantwortlichen[5] (ausführlich → Art. 4 Nr. 20 Rn. 4). Zudem können BCR auch innerhalb eines Unternehmens verwendet werden, zB für den Datenfluss zwischen unselbstständigen Niederlassungen (→ Art. 4 Nr. 20 Rn. 3). Voraussetzung ist aber jeweils eine Niederlassung des Verantwortlichen oder Auftragsverarbeiters in der EU (vgl. Art. 4 Nr. 20). Durch diese wird sichergestellt, dass die betroffene Person eine Stelle innerhalb der EU oder des EWR in Anspruch nehmen kann. **4**

2. Sachlich. BCR beziehen sich nur auf die Übermittlung innerhalb der Unternehmensgruppe oder zwischen Unternehmen, soweit sie gemeinsam eine wirtschaftliche Tätigkeit ausüben, nicht aber auf die Übermittlung an sonstige Dritte. Im Fall der **Weiterübermittlung** an Dritte außerhalb der EU gelten gemäß Art. 44 S. 1 Hs. 2 die gleichen Vorgaben wie im Fall einer direkten Übermittlung aus der EU in ein Drittland.[6] **5**

BCR müssen sich zumindest auf Daten beziehen, die aus der **EU** oder dem **EWR in ein Drittland übermittelt** werden, sowie auf deren weitere Verarbeitung.[7] Hierzu müssen aber auch personenbezogene Daten gezählt werden, die mit den aus der EU stammenden Daten **verknüpft** werden und so ihren Aussagegehalt verändern oder die durch **deren Analyse gewonnen** werden. Ferner werden sämtliche personenbezogenen Daten erfasst, die auch nur **zwischenzeitlich von einer Niederlassung in der EU** im Rahmen ihrer Tätigkeit verarbeitet worden sind (vgl. Art. 3 Abs. 1).[8] Ob sich eine Unternehmensgruppe oder ein Unternehmen entscheidet, sämtliche personenbezogene Daten, unabhängig von ihrer Herkunft, einheitlich den BCR zu unterwerfen, ist eine konzern- bzw. unternehmenspolitische Entscheidung.[9] Die Aufsichtsbehörden raten zu einer einheitlichen Behandlung.[10] Entscheidet sich eine Unternehmensgruppe oder ein Unternehmen, nach der Herkunft der Daten zu differenzieren, ist zu empfehlen, dass die Daten entsprechend gekennzeichnet werden; nur so ist gewährleistet, dass in jeder Situation eindeutig ist, welchem Rechtsregime sie unterliegen. **6**

---

4 Kühling/Buchner/*Schröder* Art. 47 Rn. 2; *Mouzatiki* EDPL 2015, 39 (48).
5 Ablehnend Kühling/Buchner/*Schröder* Art. 47 Rn. 17.
6 Paal/Pauly/*Pauly* Art. 47 Rn. 5; zur bisherigen Rechtslage schon *Kuner,* European Data Protection Law, 2nd ed., 2007, Rn. 4.127 und 4.133; *Art.-29-Gruppe,* WP 74, S. 9; WP 204 rev. 01, S. 7.
7 *Filip* ZD 2013, 51 (56 f.); Kühling/Buchner/*Schröder* Art. 47 Rn. 17; zur bisherigen Rechtslage *Art.-29-Gruppe,* WP 155 rev. 04, S. 2.
8 Vgl. 6. TB des BayLDA 2013/2014, S. 97 (zu Art. 4 Abs. 1 lit. c DSRL).
9 Kühling/Buchner/*Schröder* Art. 47 Rn. 4; *Filip* ZD 2013, 51 (56).
10 *Art.-29-Gruppe,* WP 155 rev. 04, S. 2.

IV. Genehmigungsverfahren

7 **1. Zuständigkeit (Abs. 1).** Gemäß Abs. 1 werden die BCR durch die zuständige Aufsichtsbehörde im Kohärenzverfahren genehmigt. **Zuständig** ist nach Art. 56 Abs. 1 die federführende Behörde am Sitz der Hauptniederlassung oder, falls es nur eine Niederlassung in der EU gibt, die für diese Niederlassung zuständige Behörde. Ohne eine Niederlassung können BCR nicht verwendet werden, wie sich aus der Definition in Art. 4 Nr. 20 ergibt. Fraglich ist aber, welche **Aufsichtsbehörde** zuständig ist, wenn es mehrere Niederlassungen gibt und sich die Hauptniederlassung, in der über die Datenverarbeitung entschieden wird (vgl. Art. 4 Nr. 16), außerhalb der EU befindet. Vorgeschlagen wird die Aufsichtsbehörde, die für die Niederlassung zuständig ist, von der die Übermittlungen schwerpunktmäßig ausgehen.[11] Unter der DSRL wurde teilweise auch angenommen, die Unternehmensgruppe könne eine Niederlassung als Repräsentanten benennen.[12] Überzeugend ist es aber nicht, die Zuständigkeit einer Behörde zur Disposition des Beaufsichtigten zu stellen. Befindet sich die Hauptniederlassung außerhalb der EU, lässt sich auch innerhalb der EU anhand der Kriterien des EG 36 eine Niederlassung identifizieren, die im Verhältnis zu den anderen Niederlassungen aufgrund ihres Einflusses auf die Datenverarbeitungsvorgänge heraussticht. Ist dies nicht möglich, erscheint es sinnvoll, dass die Aufsichtsbehörde zuständig ist, der die Aufsicht über die Niederlassung obliegt, welche die Verpflichtungserklärung zur Einhaltung der BCR abgibt.[13]

8 Eine Genehmigung von BCR erfolgt nach Abs. 1 im **Kohärenzverfahren** gemäß Art. 63, 64 Abs. 1 S. 2 lit. f. Das bisher von einer Reihe von Mitgliedstaaten und EWR-Staaten praktizierte **Verfahren der gegenseitigen Anerkennung**[14] ist damit obsolet.[15] Teilweise wird vertreten, ein Kohärenzverfahren sei nur durchzuführen, wenn eine grenzüberschreitende Übermittlung (Art. 4 Nr. 23) vorliege, der Verantwortliche oder Auftragsverarbeiter mehr als zwei Niederlassungen in der EU habe oder aber die Genehmigung mehr als einen Mitgliedstaat betreffe.[16] Diese Voraussetzung ergibt sich jedoch weder aus dem Wortlaut der Regelung, noch ist sie sachgerecht. Mit einer Genehmigung eröffnet eine Aufsichtsbehörde eine Möglichkeit zur Übermittlung in Drittländer, die später auch Personen in anderen Mitgliedstaaten betreffen kann. Anders als bei Sachverhalten innerhalb der EU, die nur einen Mitgliedstaat betreffen, ist bei einer Übermittlung in ein Drittland daher immer eine einheitliche Vorgehensweise innerhalb der EU angezeigt. Entscheidungen, die aus diesem Grund zwingend einer abgestimmten Vorgehensweise in Europa bedürfen, hat der Unionsgesetzgeber daher in Art. 64 Abs. 1 aufgelistet; hierzu gehört auch die Genehmigung von BCRs (Art. 64 Abs. 1 S. 2 lit. f).

9 **2. Gegenstand und Wirkung der Genehmigung.** Gegenstand der Genehmigung durch die Aufsichtsbehörde sind nicht die einzelnen Übermittlungsvorgänge, sondern die BCRs selbst.[17] Diese müssen aber gemäß Abs. 2 lit. b spezifizieren, welche Arten von Daten übermittelt und verarbeitet werden, zu welchem Zweck dies geschieht, welche Personen betroffen sind und in welche Drittländer übermittelt wird. Nur auf **diese Datenverarbeitungsvorgänge** bezieht sich die Genehmigung. Folge der Genehmigung ist, dass eine Übermittlung in ein Drittland gemäß Art. 44 S. 1 zulässig ist; eine separate Genehmigung der einzelnen Übermittlungsvorgänge – wie sie einige Aufsichtsbehörden bisher verlangten –, ist daher nicht erforderlich.[18] Ob die Voraussetzungen für eine rechtmäßige Verarbeitung nach Art. 6ff. („erste Stufe", hierzu allgemein → Art. 44 Rn. 26) vorliegen, ist unabhängig davon zu beurteilen. BCR ermöglichen daher **keinen freien Datenfluss innerhalb der Unternehmensgruppe.**[19] Zu beachten ist auch, dass bei der Verarbeitung personenbezogener Daten ggf. die strengeren Vorgaben des nationalen Datenschutzrechts eines Drittlands eingehalten werden müssen.[20]

10 Soweit die Voraussetzungen erfüllt werden, welche Art. 47 für die Genehmigung von BCR aufstellt, hat der Datenexporteur grundsätzlich einen **Anspruch auf deren Genehmigung.** Voraussetzung hierfür ist jedoch, dass durch die BCR ein gegenüber der EU **gleichwertiges Schutzniveau** gewährleistet wird (Art. 44 S. 2). Die

---

11 Paal/Pauly/*Pauly* Art. 47 Rn. 13 unter Verweis auf die Kriterien der Zuständigkeit im Verfahren der gegenseitigen Anerkennung der Aufsichtsbehörden *Art.-29-Gruppe*, WP 107, S. 2 unter 2.e.
12 *Kuner,* European Data Protection Law, 2nd ed., 2007, Art. 4.127; *Art.-29-Gruppe,* WP 107, S. 2 Fn. 2.
13 Vgl. allgemein zur Identifikation der zuständigen Aufsichtsbehörde, wenn sich die Hauptniederlassung nicht in der EU befindet, *Art.-29-Gruppe*, WP 244 rev. 01, S. 6 f. und 8.
14 Grundlegend *Art.-29-Gruppe,* WP 107, passim; hierzu Paal/Pauly/*Pauly* Art. 47 Rn. 10; *Filip* ZD 2013, 51 (53ff.).
15 Für offen halten dies BeckOK DatenschutzR/*Lange/Filip* DSGVO Art. 47 Rn. 22.
16 Kühling/Buchner/*Schröder* Art. 47 Rn. 25; BeckOK DatenschutzR/*Lange/Filip* DSGVO Art. 47 Rn. 15 f.; Paal/Pauly/*Pauly* Art. 47 Rn. 12.
17 Kühling/Buchner/*Schröder* Art. 47 Rn. 7.
18 BeckOK DatenschutzR/*Lange/Filip* DSGVO Art. 47 Rn. 17ff.; Gola/*Klug* Art. 47 Rn. 7; Paal/Pauly/*Pauly* Art. 47 Rn. 11 mwN zur bisherigen Rechtslage und der divergierenden Praxis.
19 Kühling/Buchner/*Schröder* Art. 47 Rn. 12.
20 *Kuner,* European Data Protection Law, 2nd ed., 2007, Rn. 4.123.

Regelung in Art. 47 ist insoweit problematisch, weil sie ihrem Wortlaut nach nur eine Prüfung der BCR und deren Umsetzung durch die beteiligten Unternehmen vorsieht, nicht jedoch des normativen Umfelds, dem die Empfänger der Daten in Drittländern unterliegen. Diese Problematik stellt sich im Rahmen aller geeigneten Garantien des Art. 46 (ausführlich → Art. 46 Rn. 16). Bestehen im Drittland zB **staatliche Zugriffsbefugnisse**, die über Art. 23 hinausgehen und die Daten betreffen, die Gegenstand der BCR wären, scheidet eine Genehmigung aus, da dann kein gleichwertiges Schutzniveau iSd Art. 44 S. 2 gewährleistet ist.[21]

Die Genehmigung durch die zuständige Aufsichtsbehörde entfaltet Wirkung im Verhältnis zwischen Aufsichtsbehörden und Verantwortlichem oder Auftragsverarbeiter. Sie selbst kann auf zwei Arten gerichtlich kontrolliert werden. Zum einen ist ein gerichtlicher Rechtsbehelf des Betroffenen gegen den Verantwortlichen oder Auftragsverarbeiter nach Art. 79 möglich. Hier wird die Genehmigung inzident durch das Gericht kontrolliert; behördliche Ermessensspielräume bestehen nicht. Zum anderen sollte eine Genehmigung von BCR auch als ein die betroffenen Personen „betreffender rechtsverbindlicher Beschluss" iSv Art. 78 Abs. 1 verstanden werden. Die betroffenen Mitarbeiter und Kunden müssen also eine Genehmigung von BCR, die sie als rechtswidrig erachten, nicht so lange hinnehmen, bis ihre Daten tatsächlich in Drittländer übermittelt werden.   11

3. Widerruf der Genehmigung. Die DSGVO enthält keine Vorgaben für den Widerruf oder die Rücknahme einer Genehmigung durch die Aufsichtsbehörden. Es ist daher insoweit auf das **nationale Verwaltungsverfahrensrecht** zurückzugreifen, idR also auch die landesrechtlichen Entsprechungen zu §§ 48, 49 VwVfG unter Berücksichtigung der europarechtlichen Grundlagen (hierzu → Art. 46 Rn. 19).   12

V. Genehmigungsvoraussetzungen

1. Interne rechtliche Verbindlichkeit (Abs. 1 lit. a). Abs. 1 lit. a verlangt in unterschiedlicher Terminologie, dass die BCR rechtsverbindlich sind. Sie müssen erstens „rechtlich bindend" sein; mit dieser Formulierung ist systematisch eine Verbindlichkeit innerhalb der Unternehmensgruppe oder Gruppe von Unternehmen gemeint. Sie müssen für alle beteiligten Unternehmen „gelten" und von ihnen „durchgesetzt werden"; dies gilt (klarstellenderweise) auch gegenüber den Beschäftigten.   13

Unternehmensgruppen bestehen aus verschiedenen Unternehmen. Daher muss sichergestellt werden, dass alle Mitglieder der Unternehmensgruppe verpflichtet sind, die datenschutzrechtlichen Gewährleistungen durch die BCR zu befolgen. In einer hierarchisch organisierten Unternehmensgruppe iSd Art. 4 Nr. 19 kann interne Verbindlichkeit der BCR häufig durch die **gesellschaftsrechtlichen Einwirkungsmöglichkeiten** des herrschenden Unternehmens hergestellt werden. Werden die BCR zum Teil der internen Unternehmensrichtlinien, können die beherrschten Gesellschaften zB angewiesen werden, diese zu beachten. Daneben gibt es auch die Möglichkeit, dass die einzelnen Mitglieder einer Unternehmensgruppe sich gegenseitig oder gegenüber der Konzernmutter **vertraglich zur Einhaltung der BCR verpflichten**[22] und im Falle eines Verstoßes vertragliche Ansprüche gegeneinander geltend machen.[23] Vorteil einer vertraglichen Lösung ist auch die Möglichkeit der Drittbegünstigung, durch welche zugleich die externe Verbindlichkeit der BCR erreicht werden kann (→ Rn. 17). Mangels gesellschaftsrechtlicher Einwirkungsmöglichkeiten kann ein Rückgriff auf wechselseitige vertragliche Verpflichtungen aber erforderlich sein, wenn die BCR nicht für eine Unternehmensgruppe gelten, sondern für Unternehmen, die eine gemeinsame wirtschaftliche Tätigkeit ausüben.[24] Schließlich kommen noch **einseitige Verpflichtungen** der einzelnen Mitglieder der Unternehmensgruppe oder der Muttergesellschaft mit Wirkung für ihre Tochtergesellschaften in Betracht; inwieweit dies aber möglich ist, hängt vom anwendbaren nationalen Recht ab, das in dieser Frage in der EU divergiert.[25]   14

Abs. 1 lit. a verlangt zudem auch, dass die BCR im Unternehmen **tatsächlich durchgesetzt** werden.[26] Hierzu dienen Schulungen und unternehmensinterne Compliance-Strukturen (vgl. Abs. 2 lit. h, i, j, n).   15

Ferner müssen die **Mitarbeiter** auf die Einhaltung der BCR verpflichtet werden. Dies kann durch das Weisungsrecht des Arbeitgebers geschehen oder, indem die BCR oder entsprechende Unternehmensrichtlinien   16

---

21   So wohl auch Kühling/Buchner/*Schröder* Art. 47 Rn. 12.
22   *Art.-29-Gruppe*, WP 108, S. 5 unter 5.6.1; WP 256, S. 5 unter 1.2; Paal/Pauly/*Pauly* Art. 47 Rn. 16; *Moerel*, Binding Corporate Rules, 2012, S. 132.
23   Vgl. *Art.-29-Gruppe*, WP 74, S. 11 Fn. 11; WP 204 rev. 01, S. 8 Fn. 12.
24   Kühling/Buchner/*Schröder* Art. 47 Rn. 18.
25   *Art.-29-Gruppe*, WP 74, S. 12; WP 108, S. 6 unter 5.7; WP 256, S. 5 unter 1.2; Paal/Pauly/*Pauly* Art. 47 Rn. 16; BeckOK DatenschutzR/*Lange/Filip* DSGVO Art. 47 Rn. 25; *Kuner*, European Data Protection Law, 2nd ed., 2007, Rn. 4.123; *Filip* ZD 2013, 51 (57 f.).
26   BeckOK DatenschutzR/*Lange/Filip* DSGVO Art. 47 Rn. 27; Kühling/Buchner/*Schröder* Art. 47 Rn. 19; *Art.-29-Gruppe*, WP 74, S. 10.

zum Umgang mit personenbezogenen Daten in den Arbeitsvertrag einbezogen werden.[27] Der Arbeitgeber kann auf Verstöße dann mit arbeitsrechtlichen Sanktionen regieren und so die Einhaltung der unternehmensinternen datenschutzrechtlichen Regelungen durch seine Mitarbeiter gewährleisten.[28]

17 **2. Externe rechtliche Verbindlichkeit (Abs. 1 lit. b).** Gemäß Abs. 1 lit. b müssen die BCR den betroffenen Personen ausdrücklich **durchsetzbare Rechte** einräumen, damit diese die Einhaltung der BCR selbst durchsetzen können. Welche Rechte dies sind, spezifiziert Abs. 2 lit. e (→ Rn. 26). Implizit ist damit vorausgesetzt, dass die BCR auch inhaltlich (zB hinsichtlich der Qualitätsgrundsätze, der Zulässigkeit der Datenverarbeitung oder der Datensicherheit) **gegenüber den betroffenen Personen bindend** sind, da diese nur so in der Lage sind, Verstöße gegen die BCR gegenüber verarbeitenden Unternehmen geltend zu machen.[29] Wie schon die Art.-29-Gruppe gibt auch die DSGVO nicht vor, wie die rechtliche Verbindlichkeit der BCR gegenüber den betroffenen Personen zivilrechtlich hergestellt werden soll. Entscheidend hierfür ist das anwendbare nationale Recht.[30] Innerhalb der EU können Dritten nach allen nationalen Rechtordnungen im Rahmen eines Vertrags Rechte eingeräumt werden (vgl. § 328 Abs. 1 BGB für das deutsche Recht).[31] Unklar ist demgegenüber, ob auch einseitige Verpflichtungen mittels einer Garantieerklärung nach dem Recht aller Mitgliedstaaten anerkannt werden. Im deutschen Recht ist eine solche einseitige Selbstverpflichtung *ad incertas personas* ohne Annahmeerklärung durch die betroffenen Personen nach § 311 Abs. 1 iVm § 151 S. 1 BGB möglich.[32]

18 Die DSGVO verlangt **keine Selbstverpflichtung gegenüber den Aufsichtsbehörden.**[33] Dies ist auch nicht erforderlich. Auch wenn BCR nach Abs. 2 lit. j bis lit. m Vorgaben für die Kooperation mit den Aufsichtsbehörden enthalten müssen, muss sich die Aufsichtsbehörde zu deren Durchsetzung nicht auf die BCR berufen; sie kann die Genehmigung widerrufen, wenn diese Vorgaben der BCR durch die beteiligten Unternehmen nicht eingehalten werden.

19 Art. 4 Nr. 20 definiert BCR als eine **Verpflichtung eines in der EU niedergelassenen Verantwortlichen oder Auftragsverarbeiters,** der Teil der Unternehmensgruppe ist oder mit anderen Unternehmen eine wirtschaftliche Tätigkeit ausübt. Diese Niederlassung übernimmt damit die rechtliche Verantwortung und – wie sich auch aus Abs. 2 lit. f ergibt – auch die Haftung für die Einhaltung durch alle Unternehmen, für welche die BCR gelten. Hierdurch wird sichergestellt, dass die betroffenen Personen eine Stelle innerhalb der EU in Anspruch nehmen können, was die Durchsetzung ihrer Rechte erleichtert. Eine effektive Durchsetzung ihrer Rechte wird nur möglich sein, wenn der in der EU niedergelassene Verantwortliche oder Auftragsverarbeiter nicht nur für die Einhaltung der BCR durch die gesamte Unternehmensgruppe haftet, sondern in einer Position ist, die Rechte der betroffenen Personen gegenüber anderen Mitgliedern der Unternehmensgruppe durchzusetzen (zB wenn eine betroffene Person die Löschung ihrer Daten verlangt). Dies ist gewährleistet, wenn der in der EU niedergelassene Teil der Unternehmensgruppe die Muttergesellschaft ist. Im Fall einer einfachen Niederlassung muss dies durch eine entsprechende Verpflichtung der anderen Unternehmensteile sichergestellt werden.

20 **3. Inhaltliche Anforderungen (Abs. 1 lit. c iVm Abs. 2).** Gemäß Abs. 1 lit. c kann eine Genehmigung nur erteilt werden, wenn die BCR die inhaltlichen Anforderungen erfüllen, welche Abs. 2 spezifiziert. Pate hierfür standen die Arbeiten der Art.-29-Gruppe, auf die bei der Auslegung des Abs. 2 zurückgegriffen werden kann. Da die BCR verhindern sollen, dass durch eine Übermittlung in ein Drittland das Datenschutzniveau innerhalb der EU umgangen wird, müssen die BCR letztlich sämtliche relevanten Regelungen der DSGVO aufnehmen.[34]

21 **a) Mitglieder, Struktur und Kontaktdaten (lit. a).** Bereits um den **Geltungsbereich der BCR** zu definieren, müssen die BCR die **Mitglieder der Unternehmensgruppe** oder der Gruppe von Unternehmen, die eine gemeinsame wirtschaftliche Tätigkeit ausüben, einschließlich ihrer **Kontaktdaten** benennen.[35] Dies ist auch erforderlich, da die BCR nicht notwendigerweise auch für Unternehmen gelten müssen, die keine Daten

---

27 *Art.-29-Gruppe,* WP 108, S. 6 unter 5.9; WP 204 rev. 01, S. 8; Kühling/Buchner/*Schröder* Art. 47 Rn. 19; Paal/Pauly/*Pauly* Art. 47 Rn. 17; *Moerel,* Binding Corporate Rules, 2012, S. 132.

28 Hierzu insbes. *Art.-29-Gruppe,* WP 108, S. 6 unter 5.9; WP 204 rev. 01, S. 8.

29 *Art.-29-Gruppe,* WP 155 rev. 04, S. 6 f.; BeckOK DatenschutzR/*Lange/Filip* DSGVO Art. 47 Rn. 29.

30 Ausführlich *Moerel,* Binding Corporate Rules, 2012, S. 162ff.

31 *Art.-29-Gruppe,* WP 74, S. 12; WP 204 rev. 01, S. 9.

32 Paal/Pauly/*Pauly* Art. 47 Rn. 18; BeckOK DatenschutzR/*Lange/Filip* DSGVO Art. 47 Rn. 30; Kühling/Buchner/*Schröder* Art. 47 Rn. 20; *Schröder*, Die Haftung für Verstöße gegen Privacy Policies und Codes of Conduct nach US-amerikanischem und deutschem Recht, 2007, S. 227ff.; zur Zulässigkeit nach niederländischem Recht *Moerel,* Binding Corporate Rules, 2012, S. 132 f.; zur DSRL vgl. BayLDA 6. TB 2011/2012, 96 (soweit die Erklärung nach deutschem Recht von einer in der EU ansässigen Konzernmutter abgegeben wird).

33 Kühling/Buchner/*Schröder* Art. 47 Rn. 20; anders zur DSRL noch *Art.-29-Gruppe,* WP 74, S. 13.

34 Kühling/Buchner/*Schröder* Art. 47 Rn. 28.

35 Paal/Pauly/*Pauly* Art. 47 Rn. 19.

verarbeiten, die aus der EU stammen.[36] Zusätzlich müssen die BCR die **Struktur** der Unternehmensgruppe enthalten. Hierdurch sollen die BCR die gesellschaftsrechtlichen Beziehungen zwischen den einzelnen Unternehmen transparent machen; dies ist im Rahmen des Genehmigungsverfahrens zB erforderlich, um zu beurteilen, ob es sich überhaupt um eine Unternehmensgruppe iSd Art. 4 Nr. 19 handelt oder ob die interne rechtliche Verbindlichkeit der BCR gewährleistet ist.

b) Umfasste Datenverarbeitungen (lit. b). Ob die BCR eine geeignete Garantie für die in einen Drittstaat 22 übermittelten und dort innerhalb der Unternehmensgruppe oder Gruppe von Unternehmen verarbeiteten Daten sind, hängt entscheidend davon ab, um welche Art von Daten es sich handelt, wie und zu welchem Zweck sie verarbeitet werden, welche Personen betroffen sind und in welchen Drittländern die Verarbeitung geschieht.[37] Diese Informationen sind nicht nur erforderlich, um beurteilen zu können, ob die BCR als geeignete Garantien für die Übermittlung und weitere Verarbeitung der Daten in den betroffenen Drittländern ausreichen. Zugleich legen die BCR hierdurch ihren **materiellen Geltungsbereich** fest. Sie müssen daher so eindeutig gefasst sein, dass auch die betroffenen Personen beurteilen können, ob ihre Daten von den BCR erfasst werden.[38]

c) Interne und externe Rechtsverbindlichkeit (lit. c). Gemäß Abs. 2 lit. c müssen die BCR Ausführungen zu 23 ihrer internen und externen Rechtsverbindlichkeit enthalten. Die externe Rechtsverbindlichkeit betrifft vor allem die Drittbegünstigung der betroffenen Personen, die bereits Abs. 1 lit. b voraussetzt; diese muss sich eindeutig[39] aus den BCR ableiten lassen, damit die betroffene Person aus den BCR selbst schließen kann, dass ihr eigene Rechte zustehen (→ Rn. 17ff.).[40] Die interne Verbindlichkeit betrifft vor allem die Durchsetzung der BCR innerhalb der Unternehmensgruppe oder Gruppe von Unternehmen (→ Rn. 13ff.).

d) Anwendung der allgemeinen Datenschutzgrundsätze (lit. d). Abs. 2 lit. d verlangt, dass die BCR Ausfüh- 24 rungen zur **Anwendung** der allgemeinen Datenschutzgrundsätze der DSGVO enthalten. Sie umfassen neben den Grundsätzen des Art. 5 Abs. 1[41] auch Vorgaben für die Gestaltung der Datenverarbeitung wie *privacy by design and default* (Art. 25) und für die Datensicherheit (Art. 32), sowie gesonderte Vorgaben für die Verarbeitung besonderer Kategorien personenbezogener Daten iSd Art. 9 Abs. 1. Schließlich müssen die BCR auch Vorgaben für die Übermittlung an andere Stellen vorsehen; um ein Unterlaufen des Schutzniveaus der DSGVO zu vermeiden (vgl. Art. 44 S. 1 Hs. 2 und S. 2), ist eine Weiterübermittlung nur zulässig, wenn eine Ausnahme nach Art. 45ff. vorliegt (→ Art. 44 Rn. 28ff.).

Es reicht nicht aus, wenn die BCR diese Grundsätze nur aufführen, wie dies etwa Appendix 2 der Stan- 25 dardvertragsklauseln tut; sie müssen auch deren Anwendung regeln, die Grundsätze für die umfassten Datenverarbeitungsvorgänge also **konkretisieren**.[42] Zwar sollen BCR einen allgemeinen datenschutzrechtlichen Rahmen für eine Vielzahl verschiedener Datenverarbeitungsvorgänge in einer Unternehmensgruppe oder Gruppe von Unternehmen bieten und müssen daher einen gewissen Grad an Flexibilität aufweisen. Andererseits sollen BCR die Mängel des Datenschutzniveaus in Drittländern ausgleichen[43] und in den dort ansässigen Unternehmen oder Unternehmensteilen eine eigene Datenschutzkultur etablieren. Die BCR sollten daher – idealerweise – Vorgaben enthalten, die von den zuständigen Mitarbeitern im Unternehmen direkt umgesetzt werden können.[44]

e) Rechte der betroffenen Personen (lit. e). Abs. 2 lit. e zählt die verschiedenen Rechte der betroffenen Per- 26 sonen und ihre Möglichkeiten auf, ihre Rechte und die Einhaltung der BCR individuell durchzusetzen. Die Aufzählung ist nicht abschließend. Kerngedanke ist, dass die betroffenen Personen bei einer Datenverarbeitung **nicht schlechter stehen sollen als bei einer Datenverarbeitung innerhalb der EU.**[45] Es wird dabei nicht zwischen Verantwortlichen und Auftragsverarbeitern differenziert, obwohl die DSGVO innerhalb der EU grundsätzlich davon ausgeht, dass die betroffene Person ihre Rechte nur gegenüber dem Verantwortlichen geltend machen kann. Auch die Standarddatenschutzklauseln für Auftragsverarbeiter gehen davon aus, dass die betroffene Person ihre Rechte nur subsidiär gegenüber dem Auftragsverarbeiter geltend machen kann (→ Art. 46 Rn. 61); dies erscheint auch hier sachgerecht.[46]

---

36 Kühling/Buchner/*Schröder* Art. 47 Rn. 16.
37 *Art.-29-Gruppe*, WP 256, S. 3 und 14 unter 4.1 und 4.2.
38 Kühling/Buchner/*Schröder* Art. 47 Rn. 32; Paal/Pauly/*Pauly* Art. 47 Rn. 20.
39 Hierauf weist insbes. Paal/Pauly/*Pauly* Art. 47 Rn. 21 hin („kein Interpretationsspielraum").
40 Kühling/Buchner/*Schröder* Art. 47 Rn. 33; s. bereits *Art.-29-Gruppe*, WP 153, S. 3; WP 195, S. 3.
41 *Art.-29-Gruppe*, WP 256, S. 3 stellt klar, dass die Aufzählung in Abs. 2 lit. d die anderen Grundsätze nicht ausschließt.
42 Kühling/Buchner/*Schröder* Art. 47 Rn. 36 f.
43 Auf das Zusammenspiel mit dem Datenschutzrecht des Drittlandes hinweisend Paal/Pauly/*Pauly* Art. 47 Rn. 22.
44 Paal/Pauly/*Pauly* Art. 47 Rn. 22; Kühling/Buchner/*Schröder* Art. 47 Rn. 36; s. bereits *Art.-29-Gruppe*, WP 74, S. 14 f.
45 Paal/Pauly/*Pauly* Art. 47 Rn. 23; Kühling/Buchner/*Schröder* Art. 47 Rn. 40.
46 *Art.-29-Gruppe*, WP 257, S. 7 unter 1.3.

27 Die betroffene Person kann ihre Rechte zunächst gegenüber der Stelle beanspruchen, welche die Verpflichtung zur Einhaltung der BCR durch die Unternehmensgruppe oder Gruppe von Unternehmen übernommen hat. Die BCR können darüber hinaus die Möglichkeit einräumen, die Rechte auch direkt gegenüber dem verarbeitenden Mitglied der Unternehmensgruppe oder Gruppe von Unternehmen geltend zu machen.[47] Für Klagen gegen einen Verantwortlichen oder Auftragsdatenverarbeiter richtet sich die **gerichtliche Zuständigkeit** nach Art. 79 Abs. 2; betroffene Personen können daher auch an ihrem zuständigen Aufenthaltsort gegen Verstöße gegen die BCR vorgehen.[48]

28 **f) Haftung (lit. f).** Die BCR müssen ferner festlegen, dass ein Verantwortlicher oder Auftragsdatenverarbeiter, der in der EU niedergelassen ist, die Haftung für sämtliche Verstöße gegen die BCR durch andere Mitglieder der Unternehmensgruppe übernimmt; auch wenn nicht ausdrücklich erwähnt, gilt dies auch für eine Gruppe von Unternehmen, die eine gemeinsame wirtschaftliche Tätigkeit ausüben. Welche **Niederlassung** dies ist, kann die Unternehmensgruppe frei festlegen, da die DSGVO insoweit keine Vorgaben enthält.[49] Wünschenswert,[50] aber von der DSGVO nicht ausdrücklich vorgesehen, ist eine ausreichende **finanzielle Ausstattung** des haftenden Unternehmensteils, wie sie die Art.-29-Gruppe bisher schon verlangt.[51] Die haftungsrechtliche Verantwortlichkeit wird – wie im Rahmen von Art. 82 – vermutet. Zu einer Haftungsbefreiung kommt es nur, wenn der haftende Unternehmensteil nachweisen kann, dass der Umstand, durch den die Haftung eingetreten ist, dem Mitglied der Unternehmensgruppe nicht zur Last gelegt werden kann. Die Aufsichtsbehörden hatten in der Vergangenheit auch **abweichende Haftungsmodelle** unter engen Voraussetzungen akzeptiert.[52] Dies erscheint angesichts der eindeutigen Vorgaben der DSGVO zukünftig nicht mehr möglich.[53] Nunmehr wollen die Aufsichtsbehörden jedoch akzeptieren, dass die datenexportierenden Niederlassungen in der EU jeweils nur die Haftung für die weitere Verarbeitung dieser Daten übernehmen.[54]

29 **g) Information der betroffenen Personen (lit. g).** Die BCR müssen ferner Informationen über die „Art und Weise" enthalten, wie die betroffenen Personen über den Inhalt der BCR informiert werden und wie sie Zugang dazu erhalten (zB über das Internet). Eine entsprechende Informationspflicht gegenüber den betroffenen Personen ergibt sich bereits aus Art. 13 Abs. 1 lit. f und Art. 14 Abs. 1 lit. f.

30 **h) Aufgaben der Datenschutz-Compliance (lit. h).** Gemäß Abs. 1 lit. a müssen die BCR auch innerhalb der Unternehmensgruppe oder Gruppe von Unternehmen durchgesetzt werden. Hierzu gehört die Einrichtung von Stellen innerhalb der Gruppe, welche die Einhaltung der BCR überwachen. Zuständig hierfür kann der Datenschutzbeauftragte gemäß Art. 37 sein; viele Unternehmen beauftragen aber auch externe Stellen oder die Compliance-Abteilungen mit dieser Aufgabe. Diese Stellen und ihre Aufgaben müssen in den BCR nach Abs. 2 lit. h beschrieben werden.

31 **i) Beschwerdeverfahren (lit. i).** Die BCR müssen ein Beschwerdeverfahren vorsehen, in dem die betroffenen Personen direkt gegenüber der Unternehmensgruppe oder Gruppe von Unternehmen Verstöße gegen die BCR geltend machen können. Dieses **Beschwerderecht** steht neben dem Recht, sich an eine Aufsichtsbehörde zu wenden (Art. 77) oder gerichtlich gegen einen Verantwortlichen oder Auftragsverarbeiter vorzugehen (Art. 79).[55] Aus Sicht der betroffenen Personen müssen die BCR dabei vor allem festlegen, an welche Stelle sie sich in welcher Form wenden können.[56] Bei der Verarbeitung durch einen **Auftragsverarbeiter** ist zu beachten, dass diesen primär die Pflicht trifft, die Beschwerde an den Verantwortlichen weiterzuleiten, da er von dessen Weisungen abhängig ist. Eine eigenständige Beantwortung der Beschwerde kommt nur subsidiär in Betracht, wenn der Verantwortliche nicht mehr erreichbar oder zahlungsunfähig ist.[57]

32 **j) Verfahren zur Einhaltung der BCR (lit. j).** Die BCR müssen Verfahren enthalten, durch die ihre Einhaltung überprüft wird (sog Audits). Die Überprüfung kann sowohl durch interne wie durch externe Stellen

---

47 Kühling/Buchner/*Schröder* Art. 47 Rn. 40.
48 Kühling/Buchner/*Schröder* Art. 47 Rn. 41; Paal/Pauly/*Pauly* Art. 47 Rn. 23; BeckOK DatenschutzR/*Lange/Filip* DSGVO Art. 47 Rn. 41; *Art.-29-Gruppe*, WP 256, S. 3.
49 Kühling/Buchner/*Schröder* Art. 47 Rn. 43.
50 Für zwingend hält Kühling/Buchner/*Schröder* Art. 47 Rn. 43 diese Anforderung, weil sich Art. 47 Abs. 2 eng an die bisherige Genehmigungspraxis anlehne.
51 *Art.-29-Gruppe*, WP 153, S. 4 f.; WP 195, S. 4 f.; WP 256, S. 9 unter 1.5.
52 Etwa *Art.-29-Gruppe*, WP 155 rev. 04, S. 4 f.; WP 204 rev. 01, S. 17; zusammenfassend BeckOK DatenschutzR/*Lange/Filip* DSGVO Art. 47 Rn. 44ff.
53 BeckOK DatenschutzR/*Lange/Filip* DSGVO Art. 47 Rn. 44; Kühling/Buchner/*Schröder* Art. 47 Rn. 44; anders wohl Paal/Pauly/*Pauly* Art. 47 Rn. 24.
54 *Art.-29-Gruppe*, WP 256, S. 8 unter 1.4.
55 Paal/Pauly/*Pauly* Art. 47 Rn. 27.
56 Ausführlich *Art.-29-Gruppe*, WP 256, S. 11 unter 2.2.
57 *Art.-29-Gruppe*, WP 204 rev. 01, S. 15; BeckOK DatenschutzR/*Lange/Filip* DSGVO Art. 47 Rn. 56.

erfolgen.[58] Wie sich jedoch aus Abs. 2 lit. j S. 2 ergibt, darf es sich dabei nicht um eine der Stellen handeln, denen gemäß Abs. 2 lit. h im Alltag die Umsetzung und Durchsetzung der BCR anvertraut ist; gerade auch deren Tätigkeit soll durch Audits überprüft werden.[59] Nach Abs. 2 lit. j S. 2 erhalten die für die Umsetzung der BCR zuständigen Stellen sowie der Verwaltungsrat der Muttergesellschaft der Unternehmensgruppe bzw. die Verwaltungsräte der Unternehmen, welche eine gemeinsame Wirtschaftstätigkeit ausüben, die Ergebnisse der Audits; hierdurch wird sichergestellt, dass die Einhaltung der BCR in der Unternehmensgruppe ausreichend Bedeutung erhält und eine Leitungsaufgabe ist. Schließlich sind die Untersuchungsergebnisse auch den Aufsichtsbehörden zur Verfügung zu stellen; hierin lässt sich ein gewisser Ausgleich für die eingeschränkten Möglichkeiten zur Kontrolle vor Ort in einer international tätigen Unternehmensgruppe oder Gruppe von Unternehmen sehen.

k) Änderung der BCR und Meldung an die Aufsichtsbehörden (lit. k). BCR sind in der Praxis keine statischen Gebilde. Insbesondere ändert sich die Zusammensetzung einer Unternehmensgruppe oder Gruppe von Unternehmen häufig und damit die Unternehmen, die den BCR unterliegen. Grundsätzlich sind die BCR aber von den Aufsichtsbehörden in einer bestimmten Fassung im Kohärenzverfahren genehmigt; Änderungen und Anpassungen würden daher eine neue Genehmigung erforderlich machen. Dies würde die Attraktivität von BCR in der Praxis erheblich vermindern. Die Aufsichtsbehörden hatten es daher bisher als ausreichend akzeptiert, dass ihnen **Änderungen** und **Aktualisierungen von den Unternehmen mitgeteilt** werden.[60] Aus Abs. 2 lit. k lässt sich ableiten, dass der Unionsgesetzgeber an diese Praxis anknüpfen wollte und nicht jede Anpassung von BCR für genehmigungsbedürftig hielt. Eine Grenze ist bei Änderungen erreicht, welche die Bewertung beeinflussen könnten, die der Genehmigung zugrunde liegt. Dies ist etwa der Fall, wenn die BCR sich auf neue Verarbeitungsvorgänge oder Datenarten beziehen sollen, die Anwendung der Datenschutzgrundsätze verändert wird[61] oder eine Übermittlung in ein weiteres Drittland erfolgt. Unterhalb dieser Schwelle sind nach lit. k sämtliche, auch nachrangige Änderungen jedenfalls meldepflichtig.[62] 33

l) Zusammenarbeit mit den Aufsichtsbehörden (lit. l). Die Aufsichtsbehörden haben gegenüber den Mitgliedern der Unternehmensgruppe oder Gruppe von Unternehmen, die nicht in der EU niedergelassen sind, nur eingeschränkte Aufsichtsbefugnisse und Kontrollmöglichkeiten. Die BCR müssen daher alle Mitglieder der Unternehmensgruppe oder Gruppe von Unternehmen verpflichten, mit den europäischen Aufsichtsbehörden zu **kooperieren**, dh deren Anweisungen und Rechtsauffassung zu beachten und ihnen vor Ort Kontrollen zu ermöglichen.[63] Derartige Kontrollen kommen nicht häufig vor; es gibt aber Präzedenzfälle.[64] Eine Verletzung der Kooperationspflicht kann zu einem Widerruf der Genehmigung führen.[65] Dies gilt auch dann, wenn Kontrollen der Aufsichtsbehörden von einem Drittland nicht akzeptiert werden, weil hier eine ausländische Behörde auf seinem Territorium hoheitliche Befugnisse ausübt. 34

m) Information der Aufsichtsbehörden über rechtliche Bestimmungen eines Drittlands (lit. m). Wie auch die Standardvertragsklauseln (→ Art. 46 Rn. 54 f. und 62) müssen die BCR eine Verpflichtung vorsehen, die Aufsichtsbehörden über rechtliche Regelungen in einem Drittstaat zu informieren, die dazu führen könnten, dass die BCR keine ausreichenden Garantien bieten. Dies sind vor allem **Zugriffsbefugnisse von Behörden auf die übermittelten Daten**, welche über Art. 23 hinausgehen. Ziel der Verpflichtung ist es, die Aufsichtsbehörde in die Lage zu setzen zu entscheiden, ob sie die Genehmigung der BCR widerrufen muss; im Zweifel ist die zuständige Aufsichtsbehörde über potenziell nachteilige Regelungen des Drittlands zu informieren, auch wenn die Unternehmensgruppe sie selbst im Ergebnis für unproblematisch hält. Auch wenn die Regelung sich ihrem Wortlaut nach nur auf den Rechtsrahmen erstreckt, spricht viel dafür, sie – entsprechend den bisherigen Anforderungen der Aufsichtsbehörden – auch auf die Praxis der Behörden in einem Drittland anzuwenden. Auch bei einer Verpflichtung zur Verschwiegenheit nach dem Recht des Drittlands, sind die Aufsichtsbehörden zumindest in aggregierter Form über derartige Zugriffe zu informieren.[66] 35

n) Datenschutzschulungen (lit. n). Um die BCR in der Praxis auch in einem Umfeld umzusetzen, in dem der Schutz personenbezogener Daten nicht den gleichen Stellenwert genießt wie in der EU, müssen die Mitarbeiter, die mit der Verarbeitung personenbezogener Daten betraut sind, gesondert geschult werden. Dies 36

---

58 Vgl. zu den Vorgaben an Audits *Art.-29-Gruppe*, WP 153, S. 8; WP 204 rev. 01, S. 14 f.
59 BeckOK DatenschutzR/*Lange/Filip* DSGVO Art. 47 Rn. 58.
60 *Art.-29-Gruppe*, WP 74, S. 15 f.; WP 204 rev. 01, S. 13 f.
61 *Art.-29-Gruppe*, WP 74, S. 16; Paal/Pauly/*Pauly* Art. 47 Rn. 29; BeckOK DatenschutzR/*Lange/Filip* DSGVO Art. 47 Rn. 59.
62 *Art.-29-Gruppe*, WP 256, S. 15 unter 5.1 geht von einer gesammelten Meldung einmal im Jahr aus.
63 *Art.-29-Gruppe*, WP 74, S. 17 f.
64 Vgl. *Kuner* 5 IDPL 235, 240 (2015).
65 *Art.-29-Gruppe*, WP 74, S. 18.
66 *Art.-29-Gruppe*, WP 256, S. 19 unter 6.3.

verlangt nicht nur eine einmalige, sondern eine **fortgesetzte Information**, die zudem angepasst sein muss an die konkreten Verarbeitungsvorgänge.

VI. Erlass von Durchführungsrechtsakten (Abs. 3)

37 Gemäß Abs. 3 kann die KOM in einem Durchführungsrechtsakt das Verfahren zur Genehmigung von BCR weiter vereinheitlichen, indem sie **Vorgaben** für das Format und den Informationsaustausch festlegt (zB ein einheitliches Antragsformular, Fristen, Anzahl der Ausfertigungen). Die Ermächtigung erlaubt der KOM nicht, zusätzliche oder abweichende inhaltliche Anforderungen festzulegen.[67] Die KOM hat diese Ermächtigung bisher nicht genutzt.

Artikel 48 Nach dem Unionsrecht nicht zulässige Übermittlung oder Offenlegung

Jegliches Urteil eines Gerichts eines Drittlands und jegliche Entscheidung einer Verwaltungsbehörde eines Drittlands, mit denen von einem Verantwortlichen oder einem Auftragsverarbeiter die Übermittlung oder Offenlegung personenbezogener Daten verlangt wird, dürfen unbeschadet anderer Gründe für die Übermittlung gemäß diesem Kapitel jedenfalls nur dann anerkannt oder vollstreckbar werden, wenn sie auf eine in Kraft befindliche internationale Übereinkunft wie etwa ein Rechtshilfeabkommen zwischen dem ersuchenden Drittland und der Union oder einem Mitgliedstaat gestützt sind.

Literatur: *Albrecht, J.,* Das neue EU-Datenschutzrecht – von der Richtlinie zur Verordnung, CR 2016, 88; *Hornung, G.,* Eine Datenschutz-Grundverordnung für Europa? Licht und Schatten im Kommissionsentwurf vom 25.1.2012, ZD 2012, 99; *Metz, M./ Spittka, J.,* Datenweitergabe im transatlantischen Rechtsraum – Konflikt oder Konsistenz?, ZD 2017, 361; *Rath, M./Kuß, C./ Maiworm, C.,* Die neue Microsoft Cloud in Deutschland mit Datentreuhand als Schutzschild gegen NSA & Co.? Eine erste Analyse des von Microsoft vorgestellten Datentreuhänder-Modells, CR 2016, 98; *Schwartz, P./Peifer, N.,* Datentreuhändermodelle – Sicherheiten vor Herausgabeverlangen US-amerikanischer Behörden und Gerichte?, CR 2017, 165; *Werkmeister, C./Mirza-Khanian, F.,* Internationale Pflichtenkollisionen – widersprüchliche Rechtsordnungen und damit einhergehende Haftungsrisiken, CCZ 2016, 98.

I. Zweck der Regelung

1 Art. 48 ist kein Erlaubnistatbestand für eine Übermittlung in ein Drittland, sondern enthält nur die **Klarstellung**, dass eine Entscheidung eines Gerichts oder einer Behörde eines Drittlands als solche keine hinreichende Basis für eine Übermittlung in ein Drittland bildet.[1] Eine Ausnahme besteht, wenn ein **internationales Übereinkommen** zwischen dem Drittland und der EU oder dem Mitgliedstaat die Anerkennung solcher Entscheidungen regelt. Da Art. 48 zudem die anderen Rechtsgrundlagen des Kapitel V nicht ausschließt, handelt es sich vor allem um einen Programmsatz mit symbolischer Bedeutung,[2] der allerdings zur Auslegung des Art. 49 herangezogen werden kann. Durch Art. 48 macht der Unionsgesetzgeber deutlich, dass die Unionsrechtsordnung nicht zurückweicht, wenn ein Verantwortlicher oder Auftragsverarbeiter widerstreitenden Verpflichtungen ausgesetzt ist.[3] Dies schließt nicht aus, dieses Dilemma mildernd zu berücksichtigen, wenn Sanktionen verhängt werden.[4]

2 Zugleich versucht der Unionsgesetzgeber, den **extraterritorialen Zugriff** von Drittländern auf Datenbestände in völkerrechtliche Bahnen zu lenken. Völkerrechtliche Verträge (wie zB Rechtshilfeübereinkommen) sehen in der Regel vor, dass ein entsprechendes Herausgabeverlangen aus einem Drittstaat zunächst von einer

---

67 Kühling/Buchner/*Schröder* Art. 47 Rn. 58; Paal/Pauly/*Pauly* Art. 47 Rn. 34; BeckOK DatenschutzR/*Lange/Filip* DSGVO Art. 47 Rn. 66.
1 *EDSA*, Guidelines on the derogation of Article 49 under Regulation 2016/679 v. 25.5.2018, S. 5; *Metz/Spittka* ZD 2017, 361 (365); aA Gola/*Klug* Art. 48 Rn. 2, der die Norm als speziellen Erlaubnistatbestand versteht.
2 Ähnlich Kühling/Buchner/*Schröder* Art. 48 Rn. 2; *Metz/Spittka* ZD 2017, 361 (365); BeckOK DatenschutzR/*Jungkind* DSGVO Art. 48 Rn. 3ff.
3 Vgl. auch Ehmann/Selmayr/*Zerdick* Art. 48 Rn. 1.
4 Zur Rechtslage nach dem OWiG *Werkmeister/Mirza-Khanian* CCZ 2016, 98 (99ff.); Paal/Pauly/*Pauly* Art. 48 Rn. 4 empfiehlt sehr weitgehend den „Weg des kleineren Übels".

inländischen Behörde oder einem Gericht geprüft wird; hierdurch wird gewährleistet, dass die Rechte und Interessen der betroffenen Personen ausreichend geschützt werden, denn die inländische Stelle muss deren Rechte bereits aufgrund ihrer Grundrechtsbindung bei ihrer Entscheidung beachten.

II. Entstehungsgeschichte

Interne Entwürfe der KOM für die DSGVO sahen eine Regelung ähnlich Art. 48 vor.[5] Die KOM nahm sie 3 jedoch nach massivem US-amerikanischem Druck nicht in den endgültigen Entwurf auf.[6] Erst das EP griff die Idee als Reaktion auf die Enthüllungen von *Snowden* über die Überwachungspraxis der US-amerikanischen Nachrichtendienste wieder auf;[7] die Regelung wird aufgrund dieses Kontexts häufig auch „**Anti-FI-SA-Klausel**" genannt.[8] Art. 43a Parl-E sah als zusätzliche Gewährleistungen eine Genehmigungspflicht durch die Aufsichtsbehörden vor sowie eine Pflicht, die betroffene Person zu informieren. Zwar konnte das EP im Trilog gegen die Mehrheit des Rats die Aufnahme von Art. 48 durchsetzen; diese zusätzlichen Sicherungen wurden jedoch nicht übernommen.

III. Voraussetzungen

1. Hoheitliches Herausgabeverlangen. Art. 48 soll alle Konstellationen erfassen, in denen ein Verantwortli- 4 cher oder Auftragsverarbeiter personenbezogene Daten aufgrund einer hoheitlichen Anordnung eines Drittlands in das Drittland übermitteln soll. Die Regelung ist weit zu verstehen. Sie nennt selbst **behördliche Entscheidungen** („judgement") und gerichtliche Urteile. Erfasst sind nach ihrem Zweck – und angedeutet im Wortlaut („jegliche Entscheidung") – aber auch andere gerichtliche Entscheidungen wie Beweisbeschlüsse, die einen Verantwortlichen oder Auftragsverarbeiter zur Offenlegung oder Übermittlung personenbezogener Daten zwingen.[9] Entscheidend ist der hoheitliche Charakter der Verpflichtung. Nicht unter Art. 48 fällt daher die Offenlegung von personenbezogenen Daten im Rahmen von Pre-Trial-Discovery-Verfahren (hierzu → Art. 49 Rn. 41), soweit diese in Eigenregie der Parteien betrieben werden, und kein Gericht die Offenlegung ausdrücklich angeordnet hat; solange fehlt es an einer gerichtlichen Entscheidung.[10]
Ohne Bedeutung ist der **Zweck des Herausgabeverlangens**.[11] Art. 48 ist auch dann anwendbar, wenn die 5 ausländische Behörde Zwecke verfolgt, die nicht in den Anwendungsbereich des Unionsrechts fallen, zB Zwecke der nationalen Sicherheit nach Art. 4 Abs. 2 S. 3 EUV;[12] die Regelung dient nur dem Schutz der *domaine réservé* der Mitgliedstaaten, nicht aber von Drittländern. Auch wenn die Übermittlung der Verhütung und Verfolgung von Straftaten durch die Ausländische Behörde dient, ist weiterhin die DSGVO anwendbar. Die JI-Richtlinie würde sie nur verdrängen, wenn die Übermittlung durch eine zuständige Behörde eines Mitgliedstaats erfolgen würde (Art. 2 Abs. 2 lit. d).

2. Adressaten. Eindeutig findet Art. 48 Anwendung, wenn ein Herausgabeverlangen **unmittelbar an einen** 6 **Verantwortlichen oder Auftragsverarbeiter in der EU** gerichtet ist und hierdurch eine extraterritoriale Wirkung entfaltet. Nicht erfasst ist demgegenüber der Fall, dass der Verantwortliche oder Auftragsverarbeiter **im Drittland ansässig** ist, dessen Stellen die Herausgabe der Daten verlangen, und er trotzdem nach Art. 3 Abs. 2 der DSGVO unterliegt:[13] Zwar stellt Art. 44 S. 1 Hs. 2 klar, dass die Regelungen des Kapitel V in dieser Konstellation auch auf Weiterübermittlungen Anwendung finden. Weil die Behörden des Drittlands in diesem Fall im Rahmen ihres eigenen Hoheitsgebiets tätig werden, bedarf es aber keiner Anerkennung oder Vollstreckung der Entscheidung innerhalb der EU; Art. 48 passt also seinem Wortlaut nach nicht. Zudem bezieht der Unionsgesetzgeber in EG 115 klar Stellung gegen extraterritoriale Zugriffe von Drittstaaten, während bei einem in einem Drittland ansässigen Verantwortlichen aufgrund des Territorialitätsprinzips ein klarer völkerrechtlicher Anknüpfungspunkt besteht. Eine Ausnahme ist lediglich dann anzunehmen, wenn die Daten (zB durch einen Auftragsverarbeiter oder eine unselbständige Niederlassung) in der EU verarbeitet werden. In dieser Konstellation würden die Daten erst aufgrund der hoheitlichen Anordnung eines Drittlands den Schutzbereich der DSGVO verlassen.[14]

---

5 http://www.statewatch.org/news/2011/dec/eu-com-draft-dp-reg-inter-service-consultation.pdf, s. dort Art. 42.
6 *Albrecht* CR 2016, 88 (94 f.); *Hornung* ZD 2012, 99 (99); s. zur Einflussnahme der USA auf den endgültigen Entwurf auch die damals zuständige Kommissarin *Reding* ZD 2012, 195 (196).
7 *Albrecht* CR 2016, 88 (94).
8 Paal/Pauly/*Pauly* Art. 48 Rn. 2.
9 Paal/Pauly/*Pauly* Art. 48 Rn. 5.
10 Paal/Pauly/*Pauly* Art. 48 Rn. 6; Kühling/Buchner/*Schröder* Art. 48 Rn. 13.
11 Ehmann/Selmayr/*Zerdick* Art. 48 Rn. 6.
12 So aber Kühling/Buchner/*Schröder* Art. 48 Rn. 15; Paal/Pauly/*Pauly* Art. 48 Rn. 7.
13 Kühling/Buchner/*Schröder* Art. 48 Rn. 14.
14 Ehmann/Selmayr/*Zerdick* Art. 48 Rn. 5.

7 In der Praxis richtet sich eine behördliche Anforderung häufig **gegen ein Mitglied derselben Unternehmens-gruppe** im Drittland, das verpflichtet wird, personenbezogene Daten offenzulegen, die von einem anderen Mitglied der Unternehmensgruppe in der EU verarbeitet werden. Diese Konstellation liegt zB dem Fall von **Microsoft Ireland** zugrunde, die nun durch den Clarifying Lawful Overseas Use of Data Act ("CLOUD Act") geregelt ist.[15] In diesem Verfahren wurde die US-amerikanische Muttergesellschaft verpflichtet, im Rahmen eines strafrechtlichen Ermittlungsverfahrens E-Mails herauszugeben, die allein auf einem Server ihrer irischen Tochtergesellschaft gespeichert waren.[16] Auch in diesem Fall erfolgt keine Vollstreckung oder Anerkennung in der EU.[17] Allerdings ist in dieser Konstellation Art. 48 bei **der Auslegung der Ausnahme-tatbestände zu berücksichtigen**, welche die Übermittlung an den Unternehmensteil im Drittland rechtfertigen können, an den das Herausgabeverlangen gerichtet ist. Insbesondere die Tatbestände des Art. 49 Abs. 1 sind eng auszulegen,[18] damit die Wertung des Art. 48 nicht einfach umgangen wird, indem ein anderer Adressat des Herausgabeverlangens gewählt wird (→ Art. 49 Rn. 36).

8 **3. Anwendbarkeit auf das Vereinigte Königreich.** Das Vereinigte Königreich hat erklärt, Art. 48 nicht an-wenden zu wollen, weil dieser die Anerkennung von Urteilen regele. Er falle daher unter den Titel V (Art. 67) des AEUV.[19] Nach Art. 1 und 2 des Protokolls Nr. 21 zum Vertrag von Lissabon gelten solche Re-gelungen für das Vereinigte Königreich nur, wenn dieses einen opt-in gemäß Art. 3ff. des Protokolls Nr. 21 erklärt. Das Argument des Vereinigten Königreichs orientiert sich zwar streng am Wortlaut des Art. 48. Es ignoriert aber, dass die Regelung materiell nur die Wirkungen ausländischer Entscheidungen auf die Befug-nis eines Verantwortlichen oder Auftragsverarbeiters regelt, personenbezogene Daten in einen Drittstaat zu übermitteln. Rechtsgrundlage sind dementsprechend nicht die Art. 67ff. AEUV, sondern ist allein Art. 16 AEUV.[20] Der Vorbehalt ist daher unwirksam.

IV. Rechtsfolge

9 **1. Keine Anerkennung oder Vollstreckung.** Rechtsfolge des Art. 48 ist, dass die Entscheidung des Dritt-staats in der EU nicht anerkannt oder vollstreckt wird, also **keine rechtliche Wirkung in der EU** entfaltet. Dementsprechend kann sie auch nicht als Rechtfertigung für eine Übermittlung in das Drittland herangezo-gen werden.

10 **2. Ausnahme: internationale Übereinkommen.** Art. 48 findet keine Anwendung, wenn ein **internationales Abkommen** zwischen der EU oder dem Mitgliedstaat und dem Drittland besteht, welches das Herausgabe-verlangen sachlich abdeckt. Art. 48 nennt hier beispielhaft Rechtshilfeübereinkommen als wichtigsten Fall. Unklar ist, aus welchem Grund hervorgehoben ist, dass das Übereinkommen in Kraft sein muss; dies ist selbstverständlich.[21] Man könnte die Formulierung so verstehen, dass das Übereinkommen zum Zeitpunkt der Verabschiedung der DSGVO bereits in Kraft sein muss; dies würde aber der Intention widersprechen, solche Übermittlungen in einen völkerrechtlichen Rahmen einzubetten, der zumindest zukünftig den Anfor-derungen der DSGVO genügen muss (vgl. Art. 96).

11 **3. Rückgriff auf sonstige Übermittlungstatbestände.** Art. 48 gilt aber nur "unbeschadet anderer Gründe der Übermittlung". Auch wenn der Verantwortliche oder Auftragsverarbeiter zur Übermittlung in den Drittstaat aufgrund eines Urteils oder einer behördlichen Entscheidung verpflichtet ist, kann daher eine Übermittlung zulässig sein, wenn ein Übermittlungstatbestand der Art. 45ff. gegeben ist, zB wenn die Über-mittlung aus Gründen des öffentlichen Interesses notwendig oder für die Geltendmachung, Ausübung und Verteidigung von Rechtsansprüchen erforderlich ist (Art. 49 Abs. 1 S. 1 lit. d und lit. e; vgl. EG 115 S. 4 und 5).

12 Die Möglichkeit, auf die anderen Übermittlungstatbestände zurückzugreifen, nimmt Art. 48 praktisch sei-nen Regelungsgehalt. Er ist nur noch eine **Klarstellung**, dass ein öffentliches Interesse eines Drittlands und die Pflicht, Entscheidungen des Drittlands zu befolgen, eine Übermittlung in ein Drittland nicht legitimieren

---

15 Zum CLOUD Act *Spies* ZD-Aktuell 2018, 04291.
16 Vgl. *In the Matter of a Warrant to Search a Certain E-Mail Account Controlled and Maintained by Microsoft Corporation*, 829 F.3 d 197 (2 d Cir. 2016); zu einem Parallelverfahren gegen Google, in dem ein Bezirksgericht – anders als im Fall von Microsoft – das Her-ausgabeverlangen bestätigte *In re Search* Warrant 2017 WL 471564 *9 (E.D. Pa 2017) zum US-amerikanischen Recht *Schwartz/Peifer* CR 2017, 165 (165ff.) sowie der Einrichtung eines Datentreuhandmodells, mit dem sich Microsoft der Möglichkeit des Zugriffs bege-ben will *Rath/Kuß/Maiworm* CR 2016, 98 (100ff.).
17 Im Ergebnis ebenso Paal/Pauly/*Pauly* Art. 48 Rn. 6.
18 So auch Kühling/Buchner/*Schröder* Art. 48 Rn. 24.
19 Ratsdokument 7920/16.
20 Ehmann/Selmayr/*Zerdick* Art. 48 Rn. 8.
21 Gola/*Klug* Art. 48 Rn. 4.

können. Dies entsprach zwar schon der Rechtslage unter der DSRL,[22] gibt – ebenso wie Art. 49 Abs. 4 – diesem Aspekt aber noch einmal ein zusätzliches Gewicht, das zB bei der Auslegung der Erlaubnistatbestände des Art. 49 Abs. 1 zu berücksichtigen ist (→ Art. 49 Rn. 36).

Artikel 49   Ausnahmen für bestimmte Fälle

(1) Falls weder ein Angemessenheitsbeschluss nach Artikel 45 Absatz 3 vorliegt noch geeignete Garantien nach Artikel 46, einschließlich verbindlicher interner Datenschutzvorschriften, bestehen, ist eine Übermittlung oder eine Reihe von Übermittlungen personenbezogener Daten an ein Drittland oder an eine internationale Organisation nur unter einer der folgenden Bedingungen zulässig:

a) die betroffene Person hat in die vorgeschlagene Datenübermittlung ausdrücklich eingewilligt, nachdem sie über die für sie bestehenden möglichen Risiken derartiger Datenübermittlungen ohne Vorliegen eines Angemessenheitsbeschlusses und ohne geeignete Garantien unterrichtet wurde,

b) die Übermittlung ist für die Erfüllung eines Vertrags zwischen der betroffenen Person und dem Verantwortlichen oder zur Durchführung von vorvertraglichen Maßnahmen auf Antrag der betroffenen Person erforderlich,

c) die Übermittlung ist zum Abschluss oder zur Erfüllung eines im Interesse der betroffenen Person von dem Verantwortlichen mit einer anderen natürlichen oder juristischen Person geschlossenen Vertrags erforderlich,

d) die Übermittlung ist aus wichtigen Gründen des öffentlichen Interesses notwendig,

e) die Übermittlung ist zur Geltendmachung, Ausübung oder Verteidigung von Rechtsansprüchen erforderlich,

f) die Übermittlung ist zum Schutz lebenswichtiger Interessen der betroffenen Person oder anderer Personen erforderlich, sofern die betroffene Person aus physischen oder rechtlichen Gründen außerstande ist, ihre Einwilligung zu geben,

g) die Übermittlung erfolgt aus einem Register, das gemäß dem Recht der Union oder der Mitgliedstaaten zur Information der Öffentlichkeit bestimmt ist und entweder der gesamten Öffentlichkeit oder allen Personen, die ein berechtigtes Interesse nachweisen können, zur Einsichtnahme offensteht, aber nur soweit die im Recht der Union oder der Mitgliedstaaten festgelegten Voraussetzungen für die Einsichtnahme im Einzelfall gegeben sind.

[1]Falls die Übermittlung nicht auf eine Bestimmung der Artikel 45 oder 46 – einschließlich der verbindlichen internen Datenschutzvorschriften – gestützt werden könnte und keine der Ausnahmen für einen bestimmten Fall gemäß dem ersten Unterabsatz anwendbar ist, darf eine Übermittlung an ein Drittland oder eine internationale Organisation nur dann erfolgen, wenn die Übermittlung nicht wiederholt erfolgt, nur eine begrenzte Zahl von betroffenen Personen betrifft, für die Wahrung der zwingenden berechtigten Interessen des Verantwortlichen erforderlich ist, sofern die Interessen oder die Rechte und Freiheiten der betroffenen Person nicht überwiegen, und der Verantwortliche alle Umstände der Datenübermittlung beurteilt und auf der Grundlage dieser Beurteilung geeignete Garantien in Bezug auf den Schutz personenbezogener Daten vorgesehen hat. [2]Der Verantwortliche setzt die Aufsichtsbehörde von der Übermittlung in Kenntnis. [3]Der Verantwortliche unterrichtet die betroffene Person über die Übermittlung und seine zwingenden berechtigten Interessen; dies erfolgt zusätzlich zu den der betroffenen Person nach den Artikeln 13 und 14 mitgeteilten Informationen.

(2) [1]Datenübermittlungen gemäß Absatz 1 Unterabsatz 1 Buchstabe g dürfen nicht die Gesamtheit oder ganze Kategorien der im Register enthaltenen personenbezogenen Daten umfassen. [2]Wenn das Register der Einsichtnahme durch Personen mit berechtigtem Interesse dient, darf die Übermittlung nur auf Anfrage dieser Personen oder nur dann erfolgen, wenn diese Personen die Adressaten der Übermittlung sind.

(3) Absatz 1 Unterabsatz 1 Buchstaben a, b und c sowie Absatz 1 Unterabsatz 2 gelten nicht für Tätigkeiten, die Behörden in Ausübung ihrer hoheitlichen Befugnisse durchführen.

(4) Das öffentliche Interesse im Sinne des Absatzes 1 Unterabsatz 1 Buchstabe d muss im Unionsrecht oder im Recht des Mitgliedstaats, dem der Verantwortliche unterliegt, anerkannt sein.

---

22 *Art.-29-Gruppe*, WP 114, S. 17; Plath/*v. d. Busche* BDSG § 4c Rn. 12; BeckOK DatenschutzR/*Schantz* BDSG § 4c Rn. 20; Taeger/ Gabel/*Gabel* BDSG § 4c Rn. 10.

(5) ¹Liegt kein Angemessenheitsbeschluss vor, so können im Unionsrecht oder im Recht der Mitgliedstaaten aus wichtigen Gründen des öffentlichen Interesses ausdrücklich Beschränkungen der Übermittlung bestimmter Kategorien von personenbezogenen Daten an Drittländer oder internationale Organisationen vorgesehen werden. ²Die Mitgliedstaaten teilen der Kommission derartige Bestimmungen mit.

(6) Der Verantwortliche oder der Auftragsverarbeiter erfasst die von ihm vorgenommene Beurteilung sowie die angemessenen Garantien im Sinne des Absatzes 1 Unterabsatz 2 des vorliegenden Artikels in der Dokumentation gemäß Artikel 30.

Literatur: *Ambrock, J./Karg, M.*, Ausnahmetatbestände der DS-GVO als Rettungsanker des internationalen Datenverkehrs?, ZD 2017, 1; *Art.-29-Gruppe*, Übermittlungen personenbezogener Daten an Drittländer: Anwendung von Artikel 25 und 26 der Datenschutzrichtlinie der EU v. 24.7.1998, 19/DE WP 12; *dies.*, Arbeitspapier über eine gemeinsame Auslegung des Art. 26 Abs. 1 der RL 95/46/EG vom 24.10.1995, 05/DE WP 114; *dies.*, Stellungnahme 10/2006 zur Verarbeitung personenbezogener Daten durch die Society for Worldwide Interbank Telecommunication (SWIFT) v. 22.11.2006, 06/DE WP 128; *dies.*, Arbeitsunterlage 1/2009 über Offenlegungspflichten im Rahmen der vorprozessualen Beweiserhebung bei grenzübergreifenden zivilgerichtlichen Verfahren (pre-trial discovery) v. 11.2.2009, 09/DE WP 158; *EDSA*, Guidelines on the derogation of Article 49 under Regulation 2016/679 v. 25.5.2018; *Karg, M.*, Gegenwart und Zukunft der Angemessenheit des Datenschutzniveaus im außereuropäischen Datenverkehr, VuR 2016, 458; *Loof, A./Schefold, C.*, Kooperation bei Ermittlungsverfahren gegen Unternehmen in den USA. Datentransfer zwischen Skylla und Charybdis, ZD 2016, 107; *Metz, M./Spittka, J.*, Datenweitergabe im transatlantischen Rechtsraum – Konflikt oder Konsistenz?, ZD 2017, 361; *Wybitul, T./Ströbel, L./Rueß, M.*, Übermittlung personenbezogener Daten in Drittländer, ZD 2017, 503.

I. Allgemeines

1 **1. Zweck der Regelung.** Art. 49 enthält wie schon Art. 26 Abs. 1 DSRL eine **abschließende** Liste von Ausnahmefällen, in denen eine Übermittlung in ein Drittland zulässig ist, ohne dass dort ein angemessenes Datenschutzniveau gewährleistet ist. Aus Sicht der betroffenen Person birgt eine solche Übermittlung ihrer Daten daher ein **hohes Risiko**; ihre Daten sind im Drittland „gänzlich ungeschützt"[1], sowohl gegenüber staatlichen Zugriffen als auch gegenüber der weiteren Verarbeitung zu anderen Zwecken durch den Empfänger oder Dritte, denen der Empfänger die Daten weiterübermittelt. Dies ist bei der Auslegung von Art. 49 zwingend zu berücksichtigen (→ Rn. 7 f.). Gleichwohl ist absehbar, dass die Ausnahmetatbestände des Abs. 1 – wie schon die Vorgängerregelungen in Art. 26 Abs. 1 DSRL – in der Praxis eine hohe Relevanz haben werden, weil sie alltägliche Verarbeitungsvorgänge erfassen (zB Flugbuchungen, Versandhandel oder Zahlungsverkehr).[2] Aus Sicht der übermittelnden Stelle ist es aber vergleichsweise riskant, eine Übermittlung in ein Drittland auf einen Ausnahmetatbestand des Abs. 1 zu stützen.[3] Anders als im Falle eines Angemessenheits-

---

1 *EDSA*, Guidelines on the derogation of Article 49 under Regulation 2016/679 v. 25.5.2018, S. 4; *Art.-29-Gruppe*, WP 114, S. 7.
2 Kühling/Buchner/*Schröder* Art. 49 Rn. 2; Paal/Pauly/*Pauly* Art. 49 Rn. 2.
3 Kühling/Buchner/*Schröder* Art. 49 Rn. 1.

beschlusses oder geeigneter Garantien muss sie selbstständig beurteilen, ob die Voraussetzungen für eine Übermittlung gegeben sind[4] und für eine fehlerhafte Beurteilung einstehen.

Die Ausnahmetatbestände des Abs. 1 UAbs. 1 zeichnen sich dadurch aus, dass die Übermittlung entweder **2** im weiteren Sinne im Interesse oder mit Billigung der betroffenen Person erfolgt (Abs. 1 UAbs. 1 lit. a, b, c und f. Alt. 1) oder aber der Gesetzgeber die Güterabwägung vorweggenommen und den Interessen des Verantwortlichen den Vorrang eingeräumt hat; dies erfolgte teilweise aufgrund des geringen Risikos für die betroffene Person (im Falle der Inhalte öffentlicher Register, Abs. 1 UAbs. 1 lit. g) oder aufgrund des hohen öffentlichen oder privaten Interesses an der Übermittlung (Abs. 1 UAbs. 1 lit. d, e und f. Alt. 2).[5] Daneben enthält Abs. 1 UAbs. 2 nunmehr als Basis der Übermittlung eine offene Interessenabwägung, die durch verschiedene Sicherungsmaßnahmen flankiert wird, was ihren Ausnahmecharakter unterstreicht.

2. Entstehungsgeschichte. Art. 49 basiert auf Art. 26 Abs. 1 DSRL, der durch § 4 c Abs. 1 BDSG aF umge- **3** setzt worden war. Die darin enthaltenen Ausnahmetatbestände sind bis auf punktuelle Änderungen, die vor allem der Klarstellung dienten, von der KOM in Art. 44 KOM-E übernommen und im Trilog kaum verändert worden.

In Abs. 1 UAbs. 1 lit. a ist die Forderung des Rats übernommen worden, dass die Einwilligung in die Über- **4** mittlung **ausdrücklich** sein muss. Ferner wurde klargestellt, dass die betroffene Person vor der Abgabe der Einwilligung nicht nur über tatsächlich bestehende, sondern auch über **mögliche Risiken** aufzuklären ist.[6] Im Laufe der Beratung wurde ausgeschlossen, dass Behörden eine Übermittlung in ein Drittland auf die Einwilligung der betroffenen Person stützen können (Abs. 3).

Gegenstand intensiver Beratungen war die **offene Interessenabwägung gemäß Abs. 1 UAbs. 2,** für die es in **5** Art. 26 Abs. 1 DSRL kein Vorbild gab. Die KOM hatte sehr weitgehend vorgeschlagen, eine Übermittlung zuzulassen, wenn dies für die berechtigten Interessen des Verantwortlichen erforderlich sei und ggf. zusätzliche Garantien vorlägen (Art. 44 Abs. 1 lit. h KOM-E). Das EP lehnte einen solchen zusätzlichen Ausnahmetatbestand gänzlich ab. Auch der Rat war kritisch, forderte eine Begrenzung auf Einzelfälle und eine Berücksichtigung der Interessen der betroffenen Person. Im Trilog wurde der Vorschlag der KOM über die Änderungswünsche des Rats hinaus noch einmal enger gefasst. Die Übermittlung muss nun für die Wahrung zwingender berechtigter Interessen des Verantwortlichen erforderlich sein. Als zusätzliche Sicherungsmaßnahmen müssen die betroffene Person und die Aufsichtsbehörde informiert werden.

Auf Wunsch des Rats wurde die Möglichkeit aufgenommen, dass Mitgliedstaaten die Übermittlung be- **6** stimmter Kategorien von Daten in Drittländer untersagen können (Abs. 5). Einen ähnlichen Verweis auf Rückausnahmen im nationalen Recht sah bereits Art. 26 Abs. 1 DSRL vor. Nicht übernommen wurde die Befugnis der KOM mittels delegierter Rechtsakte näher zu definieren, was Gründe des öffentlichen Interesses sind (Art. 44 Abs. 7 KOM-E).

3. Auslegungsgrundsätze. Die Ausnahmetatbestände des Abs. 1 sind – wie schon Art. 26 Abs. 1 DSRL[7] – **7** **abschließend** („nur unter einer der folgenden Bedingungen")[8] und müssen **restriktiv ausgelegt und ange-** **wendet werden.**[9] Generell darf auf sie nur zurückgegriffen werden, wenn weder ein Angemessenheitsbeschluss gemäß Art. 45 Abs. 3 vorliegt, noch es zumutbar ist, geeignete Garantien gemäß Art. 46 zu verwenden;[10] diese **Subsidiarität** des Abs. 1 kommt auch in dessen Wortlaut deutlich zum Ausdruck. Im Falle einer punktuellen Datenübermittlung kann es einen unverhältnismäßigen Aufwand bedeuten, mit dem Empfänger geeignete Garantien zu vereinbaren. Anders aber, wenn die Datenübermittlung wiederholt oder in einer Vielzahl ähnlicher Fälle erfolgt: Dann ist es nicht mehr gerechtfertigt, auf geeignete Garantien gemäß Art. 46 zu verzichten.[11] Im diesem Sinne ist auch die Empfehlung der Aufsichtsbehörden zu verstehen, „wiederholte, massenhafte oder routinemäßige Übermittlungen" auf geeignete Garantien zu stützen statt

---

4 Vgl. *Ambrock/Karg* ZD 2017, 154 (155) mit Verweis auf den erhöhten Bußgeldrahmen; ein besonderes Risiko für die betroffenen Personen sieht darin *EDSA*, Guidelines on the derogation of Article 49 under Regulation 2016/679 v. 25.5.2018, S. 4.

5 Vgl. zu Art. 26 Abs. 1 DSRL *Art.-29-Gruppe*, WP 12, S. 26.

6 Kühling/Buchner/*Schröder* Art. 49 Rn. 5 interpretiert die Änderung als Einschränkung des Umfangs der Risiken, über welche betroffene Personen zu informieren ist.

7 *Art.-29-Gruppe*, WP 114, S. 10 f.; WP 12, S. 26.

8 *Piltz* K&R 2016, 777 (780); *Albrecht/Jotzo*, Teil 6 Rn. 18; Paal/Pauly/*Pauly* Art. 49 Rn. 3.

9 *EDSA*, Guidelines on the derogation of Article 49 under Regulation 2016/679 v. 25.5.2018, S. 4; *Albrecht/Jotzo*, Teil 6 Rn. 18; Kühling/Buchner/*Schröder* Art. 49 Rn. 2; Paal/Pauly/*Pauly* Art. 49 Rn. 2; BeckOK DatenschutzR/*Lange/Filip* DSGVO Art. 49 Rn. 2; *Mouzakiti* EDPL 2015, 39 (50); aA *Piltz* K&R 2016, 777 (780) mit Verweis auf einzelne Stimmen in den Beratungen des Rats, welche den Regelcharakter der Ausnahmen anerkennen wollten.

10 Zu Art. 26 Abs. 1 DSRL *Art.-29-Gruppe*, WP 114, S. 10 f. („eine Übermittlung auf der Grundlage von Artikel 26 Absatz 2 wirklich unangemessen oder gar unmöglich wäre").

11 Ähnlich *EDSA*, Guidelines on the derogation of Article 49 under Regulation 2016/679 v. 25.5.2018, S. 4, wenn eine "stable relationship" vorliegt, worunter er auch den dauerhaften Zugang zu einer Datenbank fasst; Ehmann/Selmayr/*Zerdick* Art. 49 Rn. 4.

auf die Ausnahmebestände.[12] Im Zusammenhang mit **Cloud Computing-Anwendungen** scheidet ein Rückgriff auf Abs. 1 aus diesem Grund regelmäßig aus.[13]

8 Gegen ein enges Verständnis des Abs. 1 spricht auch nicht, dass die Ausnahmen auch für eine „Reihe von Übermittlungen" gelten;[14] dies weist nur darauf hin, dass damit auch mehrere gleichgelagerte Fälle erfasst werden können. Zwar ist nur die Interessenabwägung nach Abs. 1 UAbs. 2 ausdrücklich auf Übermittlungen begrenzt, die weder wiederholt erfolgen, noch eine große Anzahl von Personen betreffen. Auch EG 111 S. 1 erwähnt eine gelegentliche Übermittlung nur im Zusammenhang mit Abs. 1 UAbs. 1 lit. b und e. Ein Umkehrschluss, die anderen Ausnahmetatbestände des Abs. 1 UAbs. 1 würden daher in größerem Umfang Übermittlung in Drittländer erlauben, lässt sich daraus aber nicht ableiten;[15] die Einschränkung in Abs. 1 UAbs. 2 S. 1 spiegelt nur das intensive Bemühen wieder, diesen neuen und systemfremden Ausnahmetatbestand einzuhegen. Ein enges Verständnis des Abs. 1 ist schließlich auch **systematisch und grundrechtlich geboten**. Anderenfalls bestünde die Gefahr, dass die hohen Anforderungen leerlaufen würden, die insbes. an geeignete Garantien gestellt werden.[16] Zudem ist zu berücksichtigen, dass Abs. 1 Ausnahmen von der Pflicht gemäß Art. 7 und 8 GRCh beinhaltet, auch bei einer Übermittlung in ein Drittland ein Absinken des Datenschutzniveaus zu verhindern (vgl. Art. 44 S. 2, → Art. 44 Rn. 6ff.).[17]

9 Anders als im Fall eines Angemessenheitsbeschlusses kommt es im Rahmen des Abs. 1 darauf an, ob **im Einzelfall ein verhältnismäßiger Eingriff in Art. 7 und 8 GRCh** durch eine Übermittlung in ein Drittland vorliegt. Mit Ausnahme von Fällen der Einwilligung und des Abrufs aus Registern (Abs. 1 UAbs. 1 lit. a und g) stellt Abs. 1 UAbs. 1 zwar nur auf die Erforderlichkeit der Übermittlung ab. Eine Abwägung der Interessen und Rechte des Betroffenen und des Verantwortlichen im konkreten Fall ist nicht vorgesehen, da der Unionsgesetzgeber diese selbst vorgenommen hat; auch kompensatorische Maßnahmen durch zusätzliche Garantien fehlen – anders als im Rahmen der Interessenabwägung nach Abs. 1 UAbs. 2. Dies erscheint angesichts der Gefahren, die im Einzelfall mit einer Übermittlung in ein Drittland für die betroffene Person verbunden sein können, problematisch; denn die Ausnahmetatbestände berücksichtigen nicht alle betroffenen Interessen und Umstände und führen daher nicht immer zu einer verhältnismäßigen Lösung im Einzelfall.

10 Im Lichte von Art. 7, 8 GRCh sowie Art. 44 S. 2 ist daher **im Einzelfall eine restriktive Auslegung erforderlich**, soweit die Übermittlung nicht auf Veranlassung der betroffenen Person erfolgt (Abs. 1 UAbs. 1 lit. b und c, s. hierzu → Rn. 21 und 27). So ist insbes. der Erforderlichkeit genau zu prüfen; kann der Zweck auch durch eine Verarbeitung der Daten in der EU erreicht werden, spricht dies gegen die Zulässigkeit einer Übermittlung. Ferner kann eine Einschränkung der Übermittlungstatbestände des Abs. 1 – abhängig auch von den Interessen der betroffenen Personen, des Verantwortlichen und Dritter – geboten sein, wenn im Drittland das Risiko eines **hoheitlichen Zugriffs** auf die übermittelten Daten besteht, der die Grenzen des Art. 23 überschreitet (zur Gefahrenprognose → Rn. 46 Rn. 22). Problematisch ist auch, dass die Übermittlungstatbestände keine Sicherungsmaßnahmen vorsehen, um das Risiko einer **Zweckänderung** zu minimieren; § 4c Abs. 1 S. 2 BDSG aF verpflichtete die übermittelnde Stelle zumindest, den Empfänger darauf hinzuweisen, dass er die Daten nur für den Übermittlungszweck verarbeiten durfte. Art. 44 S. 1 Hs. 2 verlangt zudem eine Beachtung der Vorgaben der DSGVO, wenn der Empfänger die Daten **weiterleitet** (→ Art. 44 Rn. 28ff.). Um diese Vorgabe einzuhalten, müssen ggf. ebenfalls Sicherungsmaßnahmen (zB durch vertragliche Vereinbarungen mit dem Empfänger) vorgesehen werden.

II. Ausnahmen (Abs. 1)

11 **1. Informierte, ausdrückliche Einwilligung der betroffenen Person (UAbs. 1 lit. a).** Wie bereits Art. 8 Abs. 2 S. 1 GRCh zeigt, kann die betroffene Person sich selbst entscheiden, neben den Chancen auch die Risiken und Nachteile einer Datenverarbeitung zu akzeptieren, indem sie in diese einwilligt. Die informationelle Selbstbestimmung erfasst auch die Einwilligung in eine Übermittlung in ein Drittland. Allerdings sind hiermit im Vergleich zu einer Datenverarbeitung in der EU spezifische Gefahren verbunden, da die betroffene Person die weitere Datenverarbeitung nach der Übermittlung nicht mehr im gleichen Maße wie in der EU kontrollieren kann. So ist die Durchsetzung ihrer Betroffenenrechte im Drittland unsicher; ebenso kann sie

---

12 *EDSA*, Guidelines on the derogation of Article 49 under Regulation 2016/679 v. 25.5.2018, S. 4; bereits *Art.-29-Gruppe*, WP 114, S. 11.

13 *Art.-29-Gruppe*, WP 196, S. 22 f.; *Hornung/Sädtler* CR 2012, 638 (643); aA *Spindler* DB 2016, 937 (946 f.), der auf Art. 49 Abs. 1 UAbs. 1 lit. c DSGVO zurückgreifen möchte.

14 So aber *Piltz* K&R 2016, 777 (780).

15 *EDSA*, Guidelines on the derogation of Article 49 under Regulation 2016/679 v. 25.5.2018, S. 7 f.

16 *EDSA*, Guidelines on the derogation of Article 49 under Regulation 2016/679 v. 25.5.2018, S. 5.

17 Vgl. EuGH C-352/14, NJW 2015, 3151 Rn. 72 f. – Schrems.

nicht darauf vertrauen, der Datenverarbeitung durch Widerruf ihrer Einwilligung die Grundlage entziehen zu können; die Durchsetzung der eigenen Rechte ist häufig schon durch sprachliche Hindernisse und die fremde Rechtsordnung erheblich erschwert. Dementsprechend knüpft Abs. 1 UAbs. 1 lit. a die Einwilligung in eine Übermittlung in ein Drittland ohne angemessenes Datenschutzniveau an **erhöhte Anforderungen**; im Übrigen richten sich die Anforderungen an eine wirksame Einwilligung nach den allgemeinen Regeln (vgl. Art. 4 Nr. 11, Art. 7).

a) Ausdrückliche Einwilligung. So muss die Einwilligung in die Übermittlung an ein Drittland **ausdrücklich** 12 erfolgen. Eine Einwilligung durch **Schweigen, konkludentes Handeln** oder ein **Opt-out** (zB vorangekreuzte Kästchen) scheidet damit eindeutig aus.[18] Dies entspricht der bisherigen Rechtslage, wonach eine Einwilligung gemäß Art. 26 Abs. 1 lit. a DSRL „ohne jeden Zweifel" erteilt worden sein musste.[19] Zusätzlich ist daher zu verlangen, dass sich die Einwilligung – wie bei der Verarbeitung besonderer Kategorien von Daten gemäß Art. 9 Abs. 2 lit. a – ausdrücklich auf die Übermittlung in ein Drittland bezieht.[20]

Eine Einholung der Einwilligung ist auch im Rahmen von **Allgemeinen Geschäftsbedingungen (AGB)** mög- 13 lich.[21] Dies zeigt sich bereits daran, dass Abs. 1 UAbs. 1 lit. a von einer vorgeschlagenen („proposed") Datenübermittlung spricht. Wenn aber die Initiative für die Übermittlung und damit auch die Einwilligung, die diese trägt, vom Verantwortlichen ausgehen, liegen idR AGB vor. Vom Verantwortlichen vorformulierte AGB dürfen keine missbräuchlichen Klauseln iSd Richtlinie 93/13/EG (Klausel-RL) enthalten (EG 42 S. 3). Eine Einwilligung in eine Übermittlung in ein Drittland ohne angemessenes Datenschutzniveau führt aber zu einer erheblichen Benachteiligung der betroffenen Person gemäß Art. 3 Abs. 1 und Art. 4 Abs. 1 Klausel-RL, wenn eine Übermittlung in ein Drittland für die betroffene Person aufgrund des Kontexts der Einwilligung **überraschend** ist.[22] Dies wird etwa häufig der Fall, wenn die Einwilligung im Zusammenhang mit der Erbringung einer Dienstleistung abgegeben wird, die keinen spezifischen und für die betroffene Person erkennbaren Bezug zu diesem Drittland oder überhaupt einen Auslandsbezug aufweist.

b) Information über die möglichen Risiken derartiger Übermittlungen. Die betroffene Person muss, bevor 14 sie in die Übermittlung in ein Drittland ohne angemessenes Datenschutzniveau oder geeignete Garantien einwilligt, über die für sie bestehenden möglichen **Risiken derartiger Datenübermittlungen gesondert informiert** werden (Abs. 1 UAbs. 1 lit. a). Ein abstrakter Hinweis auf das Fehlen eines angemessenen Datenschutzniveaus im konkreten Drittland und geeigneter Garantie des Empfängers reicht hierbei nicht aus;[23] hierüber ist die betroffene Person bereits nach Art. 13 Abs. 1 lit. f und Art. 14 Abs. 1 lit. f zu informieren. Wie sich aus dem Wortlaut der Regelung ergibt, sind der betroffenen Person darüber hinaus die typischen Risiken, die mit einer Übermittlung in ein Drittland ohne angemessenes Datenschutzniveau verbunden sind, deutlich vor Augen zu führen (zB erschwerte Durchsetzung von Betroffenenrechten, fehlende Kontrolle der Weiterverarbeitung und Übermittlung der Daten, fehlende Datenschutzaufsicht oder Zugriffe durch staatliche Stellen).[24] Liegen dem Verantwortlichen aber **Hinweise über spezifische Risiken** in einem Drittland vor (zB aufgrund von Medienberichten), und besteht ein konkretes Risiko, dass sie sich in Bezug auf die zu übermittelnden Daten realisieren könnten, ist die betroffene Person darüber aufzuklären.[25] Anderenfalls würde sie die Entscheidung, ob sie einwilligt, auf einer unvollständigen Tatsachengrundlage treffen; ihr eine derart wichtige Information vorzuenthalten, wäre mit dem Grundsatz von Treu und Glauben (Art. 5 Abs. 1 lit. a) unvereinbar.

Die Einwilligung muss erteilt werden, **bevor die Übermittlung** stattfindet[26] und sich auf eine konkrete Über- 15 mittlung oder Reihe von Übermittlungen beziehen. **Pauschaleinwilligungen** in Übermittlungsvorgänge, deren Gegenstand und Zielort noch nicht feststehen, können schwerlich informiert sein und scheiden daher aus.[27]

c) Freiwilligkeit. Wie auch sonst muss die Einwilligung freiwillig erteilt werden. Hierfür gelten die allge- 16 meinen Anforderungen, dh die betroffene Person muss eine **echte Wahl** haben und ihre Einwilligung **ohne**

---

18   Kühling/Buchner/*Schröder* Art. 49 Rn. 14; *Ambrock/Karg* ZD 2017, 155 (157); Gola/*Klug* Art. 49 Rn. 5; BeckOK DatenschutzR/*Lange/Filip* DSGVO Art. 49 Rn. 9.

19   *Art.-29-Gruppe,* WP 114, S. 12; BeckOK DatenschutzR/*Schantz* BDSG § 4 c Rn. 8.

20   *EDSA,* Guidelines on the derogation of Article 49 under Regulation 2016/679 v. 25.5.2018, S. 7; *Ambrock/Karg* ZD 2017, 155 (157).

21   AA BeckOK DatenschutzR/*Lange/Filip* DSGVO Art. 49 Rn. 9.

22   Ebenso Kühling/Buchner/*Schröder* Art. 49 Rn. 14; schon zur bisherigen Rechtslage BeckOK DatenschutzR/*Schantz* BDSG § 4 c Rn. 7.

23   Paal/Pauly/*Pauly* Art. 49 Rn. 6; BeckOK DatenschutzR/*Lange/Filip* DSGVO Art. 49 Rn. 8.

24   *EDSA,* Guidelines on the derogation of Article 49 under Regulation 2016/679 v. 25.5.2018, S. 8.

25   *Ambrock/Karg* ZD 2017, 154 (157); wohl auch Gola/*Klug* Art. 49 Rn. 5; aA BeckOK DatenschutzR/*Lange/Filip* DSGVO Art. 49 Rn. 8; restriktiver auch Kühling/Buchner/*Schröder* Art. 49 Rn. 15 (keine Ermittlung der Lage vor Ort).

26   *Piltz* K&R 2016, 777 (780); Paal/Pauly/*Pauly* Art. 49 Rn. 8 mit Verweis auf die Formulierung „vorgeschlagene Übermittlung"; zur bisherigen Rechtslage *Art.-29-Gruppe,* WP 114, S. 12.

27   *Art.-29-Gruppe,* WP 114, S. 14.

Nachteile verweigern oder widerrufen können (EG 43 S. 5). Die Art.-29-Gruppe hat die Freiwilligkeit etwa abgelehnt im Falle der Einwilligung in die Übermittlung von **Fluggastdaten** durch Fluggesellschaften an ausländische Behörden, weil die betroffene Person nur die Alternative hat, den Flug nicht anzutreten.[28] Im Einzelfall zu beurteilen ist, ob ein **Arbeitnehmer** gegenüber dem Arbeitgeber eine Einwilligung erteilen kann (→ Art. 7 Rn. 64ff., → Art. 88 Rn. 215ff.).

17 Zweifelhaft ist die Freiwilligkeit der betroffenen Person zudem, wenn eine **Behörde** die Daten im Rahmen ihrer hoheitlichen Befugnisse übermittelt. Konsequenterweise schließt Abs. 3 die Einwilligung als Übermittlungsgrundlage in diesem Fall aus.

18 Eine Einwilligung gilt nach EG 43 S. 2 Alt. 1 nicht als freiwillig, wenn die betroffene Person nicht in verschiedene Datenverarbeitungsvorgänge einwilligen konnte, obwohl dies angebracht wäre (sog **differenzierte Einwilligung**). Diese Vorgabe bezieht sich aber nur auf verschiedene Datenverarbeitungsvorgänge. Zu weit ginge es daher, daraus die Pflicht abzuleiten, dass die betroffene Person separat entscheiden können muss, ob sie neben der Datenverarbeitung selbst auch in die Übermittlung in ein Drittland einwilligt.[29] Anderenfalls wäre der Verantwortliche quasi gezwungen, eine alternative Verarbeitung in der EU vorzuhalten. Besteht aber eine solche Verarbeitungsmöglichkeit in der EU, muss der Verantwortliche darauf hinweisen und dem Betroffenen die Wahl eröffnen.

19 **d) Grenzen der Einwilligung.** Teilweise wird bestritten, dass die Einwilligung auch eine Übermittlung in ein Drittland legitimieren kann, wenn dort aufgrund exzessiver staatlicher Zugriffsbefugnisse oder mangels effektiven Rechtsschutzes kein gleichwertiges Datenschutzniveau besteht und es hierdurch im Drittland zu einer **Verletzung des Wesensgehalts** (Art. 52 Abs. 1 GRCh) von Art. 7, 8 GRCh käme.[30] Diese Argumentation ist jedoch nicht überzeugend.[31] Der EuGH hat eine Verletzung des Wesensgehalts von Art. 7 GRCh angenommen, wenn eine Behörde generell auf den Inhalt elektronischer Kommunikation zugreifen könne.[32] Der EuGH nimmt also eine Makroperspektive ein, die aber für die Beurteilung der Wirksamkeit einer konkreten Entscheidung einer betroffenen Person nicht maßgeblich sein kann.[33] Sinn und Zweck der Art. 7 und 8 GRCh ist es, die betroffene Person vor einem ungewollten Eindringen in ihre Privatsphäre zu schützen und ihr die Kontrolle über personenbezogene Daten einzuräumen, die sie betreffen.[34] Die betroffene Person mag im Einzelfall ihre Gründe haben, warum sie die Risiken der Übermittlung ihrer Daten akzeptiert und sich so weitgehend datenschutzrechtlicher Gewährleistungen begibt. Die Einwilligung soll gerade eine Entscheidung nach ihren Präferenzen und ihrer Risikobereitschaft ermöglichen.[35] Eine Einschränkung der Dispositionsbefugnis der betroffenen Person über ihre Daten ist daher schwer zu rechtfertigen. Soweit die betroffene Person nach Art. 7 in eine Datenverarbeitung einwilligen kann, muss es ihr deshalb auch möglich sein, ausreichend informiert und freiwillig in eine Übermittlung in ein Drittland einzuwilligen.

20 **2. Erfüllung eines Vertrags mit der betroffenen Person und Durchführung vorvertraglicher Maßnahmen (UAbs. 1 lit. b). a) Vertragserfüllung (UAbs. 1 lit. b Alt. 1).** Wie schon Art. 26 Abs. 1 lit. b DSRL erlaubt Abs. 1 UAbs. 1 lit. b Alt. 1 die Übermittlung von Daten in ein Drittland, wenn dies zur **Erfüllung** eines Vertrags zwischen der betroffenen Person und dem Verantwortlichen erforderlich ist. Ist die betroffene Person nicht Vertragspartei, sondern erfolgt die Verarbeitung auf vertraglicher Grundlage nur in ihrem Interesse, kann ein Fall des Abs. 1 UAbs. 1 lit. c vorliegen (→ Rn. 26). Soweit eine Übermittlung personenbezogener Daten in ein Drittland für den **Abschluss** des Vertrags erforderlich ist, handelt es sich hierbei um vorvertragliche Maßnahmen iSv Abs. UAbs. 1 lit. b Alt. 2 (→ Rn. 27ff.).[36] Wie auch im Falle einer Einwilligung kann sich eine Behörde im Rahmen ihrer hoheitlichen Tätigkeit nicht auf diese Ausnahme berufen (Abs. 3).

21 Entscheidendes Kriterium ist das Merkmal der **Erforderlichkeit**, das den weiten Tatbestand erheblich einengt. Erstens muss die Übermittlung für die **Erfüllung des Vertrags** tatsächlich erforderlich sein. Mindestens eine der vertraglichen Leistungen muss also unmöglich sein, falls es nicht zu einer Übermittlung der Daten

---

28 *Art.-29-Gruppe,* WP 114, S. 13 (so deutlich im dort zitierten WP 66, S. 6 noch nicht formuliert).

29 So aber *Ambrock/Karg* ZD 2017, 154 (158).

30 Positionspapier des ULD zum Safe-Harbor-Urteil des Gerichtshofs der Europäischen Union vom 6.10.2015, C-362/14 v. 14.10.2015 unter 3.a; *Bock/Engeler* DVBl. 2016, 593 (597ff.); *Karg* VuR 2016, 457 (462); *Ambrock/Karg* ZD 2017, 152 (158 f.); Sympathie bei BeckOK DatenschutzR/*Lange/Filip* DSGVO Art. 49 Rn. 69; zweifelnd an der Einwilligung nach Art. 26 Abs. 1 lit. a DSRL im Hinblick auf Art. 7, 8 GRCh *Eichenhofer* EuR 2016, 76 (86 f.).

31 Eine Einwilligung für zulässig halten daher zB Kühling/Buchner/*Schröder* Art. 49 Rn. 15; *Börding* CR 2016, 431 (441); *Piltz* K&R 2016, 1 (3 und 5 f.); *Borges* NJW 2015, 3617 (3619); *Kühling/Heberlein* NVwZ 2016, 7 (10 f.); *Fuchs* BB 2015, 3074 (3078).

32 EuGH NJW 2014, 2169 Rn. 38 f. – Digital Rights Ireland; NJW 2015, 3151 Rn. 94 – Schrems.

33 Dies erkennen auch *Ambrock/Karg* ZD 2017, 152 (158 f.), die daher auf den Einzelfall abstellen und eine Interessenabwägung durchführen wollen, die aber gerade ausscheidet, wenn der Wesensgehalt verletzt ist.

34 Hierauf weist Paal/Pauly/*Pauly* Art. 49 Rn. 5 hin.

35 *Piltz* K&R 2016, 1 (6); *Kühling/Heberlein* NVwZ 2016, 7 (11).

36 Kühling/Buchner/*Schröder* Art. 49 Rn. 20.

kommt (zur Erforderlichkeit → Art. 6 Abs. 1 Rn. 27). Zweitens muss zwischen der Datenübermittlung und der Vertragserfüllung ein **enger und direkter Zusammenhang** bestehen.[37] An einem solchen Zusammenhang fehlt es, wenn eine Maßnahme nur dem Interesse des Verantwortlichen dient,[38] zB bei **Marketingmaßnahmen** gegenüber Kunden (follow-up-Marketing)[39] oder einer Datensicherung in einem Drittland.[40] Gleiches gilt bei der Übermittlung von **Fluggastdaten** durch Fluggesellschaften an ausländische Behörden. Die Verarbeitung vieler dieser Daten ist für die Erfüllung des Beförderungsvertrags nicht erforderlich, und schon gar nicht ihre Übermittlung an ausländische Behörden. Die Fluggesellschaft erfüllt hierdurch vielmehr ihre gesetzlichen Verpflichtungen im Drittland;[41] eine Übermittlung ist dann nur auf der Basis eines Abkommens zwischen der EU und dem Drittland möglich.

Drittens muss gerade die **Übermittlung in ein Drittland** erforderlich sein, um den Vertrag zu erfüllen. Dies **22** ist in der Regel der Fall, wenn der Vertrag einen deutlichen **Auslandsbezug** hat. Typische Beispiele hierfür sind Beförderungsverträge,[42] Hotelbuchungen,[43] der internationale Zahlungsverkehr,[44] E-Commerce-Angebote eines Verantwortlichen mit Sitz in einem Drittland[45] oder Garantieverträge zwischen einem Kunden und einem Hersteller mit Sitz in einem Drittland.[46] Nicht ausreichend ist es, wenn eine Übermittlung nur für die Zwecke der Vertragserfüllung **dienlich** oder **nützlich** ist oder dem Verantwortlichen die **Einsparung von Kosten** ermöglicht (zB durch Zentralisierung oder Outsourcing).[47] Eine Zentralisierung der Personalverwaltung oder Lohnbuchhaltung in einem globalen Konzern ist daher für die Erfüllung des Arbeitsvertrags nicht erforderlich; seine Erfüllung gelingt auch, wenn die Datenverarbeitung innerhalb der EU oder des EWR erfolgt.[48] Schließlich sind Übermittlungen im Zuge solcher organisatorischer Maßnahmen nicht nur gelegentlich und können nach EG 111 S. 1 nicht auf diese Ausnahme gestützt werden.[49]

Besonders praxisrelevant ist die Frage, wann **Mitarbeiterdaten in einem Konzern** zur Erfüllung des Arbeits- **23** vertrags übermittelt werden dürfen. Wenn der Arbeitsvertrag von vornherein eine **Konzerndimension** aufweist (zB indem er dem Arbeitgeber einen weltweiten Einsatz eines Mitarbeiters innerhalb der Unternehmensgruppe erlaubt), kann dies eine Vielzahl von Übermittlungen legitimieren;[50] die Datenübermittlung kann dann erforderlich sein, damit der Arbeitgeber sein Weisungsrecht (zB Anordnung eines Auslandseinsatzes, Eingliederung in Matrixstrukturen) wirksam ausüben kann.[51] Beginnt ein Arbeitnehmer darüber hinaus eine Tätigkeit in einem internationalen Konzern, ist die Übermittlung seiner Daten zulässig, soweit sie erforderlich ist, damit er seine arbeitsvertraglich geschuldete Tätigkeit reibungslos ausfüllen kann (zB Übermittlung zur Erstellung von Kommunikationsverzeichnissen und Skill-Datenbanken).[52]

Gerade im Fall von Übermittlungen innerhalb eines Konzerns ist allerdings häufig zweifelhaft, ob ein Rück- **24** griff auf die Ausnahme nach Abs. 1 UAbs. 1 lit. b erforderlich ist. In einer **internationalen Unternehmensgruppe** ist es regelmäßig möglich und zumutbar, durch geeignete Garantien ein angemessenes Datenschutzniveau herzustellen, da es eine Vielzahl gleichgelagerter Vorgänge gibt.[53]

Abs. 1 UAbs. 1 lit. b sieht anders als im Falle einer Einwilligung nach lit. a keine **Informationspflichten** vor, **25** die der betroffenen Person die Risiken der Datenübermittlung in ein unsicheres Drittland vor Augen führen. In beiden Fällen basiert die Übermittlung aber letztlich auf einer Willensentscheidung der betroffenen Person, wenn auch im Falle von lit. b eingebettet in einen Vertrag. Allein ein erkennbarer Auslandsbezug des Vertrags reicht daher zumindest dann nicht aus, wenn es zB konkrete Risiken gibt, denen die Daten der

---

37 *Art.-29-Gruppe*, WP 114, S. 15 zu Art. 26 Abs. 1 lit. b DSRL („enger und erheblicher Zusammenhang zwischen der betroffenen Person und den Zwecken des Vertrags"; „direkter und objektiver Zusammenhang zwischen der Erfüllung eines Beschäftigungsvertrags und einer solchen Datenübermittlung").
38 Taeger/Gabel/*Gabel* BDSG § 4 c Rn. 7.
39 *Art.-29-Gruppe*, WP 12, S. 26; darauf Bezug nehmend COM(2015) 566 final, 10; Ehmann/Selmayr/*Zerdick* Art. 49 Rn. 10.
40 *Art.-29-Gruppe*, WP 128, S. 29; Stellungnahme des ULD v. 23.8.2006, S. 7 zur Spiegelung der Datenbestände von SWIFT in den USA.
41 *Art.-29-Gruppe*, WP 66, S. 7; WP 114, S. 15; Paal/Pauly/*Pauly* Art. 49 Rn. 13; zweifelnd Kühling/Buchner/*Schröder* Art. 49 Rn. 18 Fn. 19.
42 *EDSA*, Guidelines on the derogation of Article 49 under Regulation 2016/679 v. 25.5.2018, S. 9; *Art.-29-Gruppe*, WP 12, S. 26.
43 *Art.-29-Gruppe*, WP 114, S. 15.
44 Plath/*v. d. Busche* BDSG § 4 c Rn. 9.
45 Kühling/Buchner/*Schröder* Art. 49 Rn. 18; Plath/*v. d. Busche* BDSG § 4 c Rn. 9.
46 Simitis/*Simitis* § 4 c Rn. 13.
47 Kühling/Buchner/*Schröder* Art. 49 Rn. 19; Taeger/Gabel/*Gabel* BDSG § 4 c Rn. 7; Plath/*v. d. Busche* BDSG § 4 c Rn. 9; *Kuner*, European Data Protection Law, 2nd ed., 2007, Rn. 4.109 und 4.111.
48 *EDSA*, Guidelines on the derogation of Article 49 under Regulation 2016/679 v. 25.5.2018, S. 8; *Art.-29-Gruppe*, WP 114, S. 15; BeckOK DatenschutzR/*Lange/Filip* DSGVO Art. 49 Rn. 15 f.; *Kuner*, European Data Protection Law, 2nd ed., 2007, Rn. 4.109.
49 *EDSA*, Guidelines on the derogation of Article 49 under Regulation 2016/679 v. 25.5.2018, S. 9.
50 Simitis/*Simitis* § 4 c Rn. 14 f.; DKWW/*Däubler* BDSG § 4 c Rn. 6; BeckOK DatenschutzR/*Lange/Filip* DSGVO Art. 49 Rn. 15 f; Auernhammer/*Hladjk* DSGVO Art. 49 Rn. 3.
51 Taeger/Gabel/*Gabel* BDSG § 4 c Rn. 7; BeckOK DatenschutzR/*Schantz* BDSG § 4 Rn. 14.
52 Plath/*v. d. Busche* BDSG § 4 c Rn. 9; BeckOK DatenschutzR/*Schantz* BDSG § 4 Rn. 14.
53 Kühling/Buchner/*Schröder* Art. 49 Rn. 19.

betroffenen Person im Empfängerland ausgesetzt sind; neben der Pflicht zur Information über das Fehlen eines angemessenen Datenschutzniveaus gemäß Art. 13 Abs. 1 lit. g verstieße es gegen Treu und Glauben (Art. 5 Abs. 1 lit. a), wenn der Verantwortliche der betroffenen Person wesentliche Informationen über die Risiken der Übermittlung vorenthalten würde.

26 **b) Vorvertragliche Maßnahmen (UAbs. 1 lit. b Alt. 2).** Nach der zweiten Alternative des Abs. 1 UAbs. 1 lit. b ist eine Übermittlung in ein Drittland auch zulässig, um **vorvertragliche Maßnahmen** durchzuführen. Dies sind alle Schritte, die im Hinblick auf einen (möglichen) Vertragsabschluss unternommen werden, zB die Prüfung der Bonität des Kunden oder die Verifikation seiner Kreditkartendaten. Da noch kein Vertrag abgeschlossen worden ist, fehlt es in dieser Konstellation aber noch an einem sicheren Anknüpfungspunkt. Abs. 1 UAbs. 1 lit. b Alt. 2 greift daher nur, wenn die vorvertraglichen Maßnahmen auf **Antrag der betroffenen Person** durchgeführt werden. Eine Übermittlung wäre danach zulässig, wenn die betroffene Person den Verantwortlichen um Zusendung von Informationen zu einem Produkt bittet, nicht aber wenn der Verantwortliche gegenüber der betroffenen Person aus eigener Initiative für seine Produkte werben möchte.[54] Ähnlich wie im Fall einer Einwilligung oder eines Vertragsschlusses ist die Legitimationsbasis der Drittstaatenübermittlung damit der Wille der betroffenen Person.[55]

27 **3. Abschluss oder Erfüllung eines Vertrags im Interesse der betroffenen Person (UAbs. 1 lit. c).** Abs. 1 UAbs. 1 lit. c erlaubt auch eine Übermittlung in einen Drittstaat zur Erfüllung eines Vertrags, bei dem die betroffene Person nicht selbst Vertragspartei ist. Voraussetzung ist, dass es sich um einen Vertrag zwischen dem Verantwortlichen und einem Dritten im Interesse der betroffenen Person handelt und die Übermittlung der Daten zu seinem Abschluss oder seiner Erfüllung erforderlich ist. Auch hier ist das entscheidende Merkmal die Erforderlichkeit der Übermittlung in einen Drittstaat; die Überlegungen zu Abs. 1 UAbs. 1 lit. b (→ Rn. 21ff.) sind insoweit übertragbar. Strukturell unterscheidet sich Abs. 1 UAbs. 1 lit. c jedoch von den Fällen einer Einwilligung und eines Vertragsschlusses des Betroffenen. Legitimationsgrund ist hier nicht primär die Entscheidung der betroffenen Person selbst, auch wenn sie den Vertrag in vielen Fällen veranlasst haben wird; die Ausnahme beruht vielmehr auf der typisierten Annahme eines überwiegenden Eigeninteresses der betroffenen Person.[56] Da diese aber am Vertragsabschluss selbst gar nicht beteiligt ist, muss ihr **Interesse an dem Vertrag besonders eindeutig** sein.[57] Ebenso muss besonders darauf geachtet werden, dass zwischen dem Interesse der betroffenen Person und der Übermittlung in das Drittland ein **enger Zusammenhang** bestehen.[58]

28 Idealtypisch handelt es sich um die Konstellation eines **Vertrags zugunsten Dritter** (§ 328 BGB). Typische Konstellationen sind die Buchung durch einen Reiseveranstalter, die Abwicklung des internationalen Zahlungsverkehrs durch Banken und Kreditkartenunternehmen[59] oder die Mitteilung der Anschrift der betroffenen Person an ein Transportunternehmen im Versandhandel.[60] Ein weiterer Anwendungsfall ist der Abschluss einer Versicherung zugunsten des Mitarbeiters durch den Arbeitgeber.[61]

29 Bei Verträgen, mit denen der Verantwortliche die Erbringung von Vorteilen zugunsten der betroffenen Person auslagert (**Outsourcing**), fehlt dagegen der erforderliche enge Zusammenhang zwischen den Interessen der betroffenen Person und der Übermittlung. Motiv für die Maßnahme ist regelmäßig nicht der Mehrwert für die betroffene Person (wie zB bei einer Versicherung), sondern die Kostenersparnis[62] und damit das Interesse des Verantwortlichen.[63] Eine Auslagerung der **Lohnbuchhaltung** kann daher nicht auf diese Ausnahme gestützt werden,[64] ebenso wenig eine Übermittlung von Daten an einen **Cloud Computing**-Anbieter.[65] Auch im Falle der Auslagerung der Verwaltung von Aktienoptionsplänen eines Konzerns an einen externen Spezialisten ist zu fragen, ob diese Auslagerung zum einen überhaupt erforderlich ist und zum anderen gerade in einem Drittstaat erbracht werden muss.[66] In allen diesen Konstellationen ist zudem zu berücksichtigen, dass schon aufgrund der Dauerhaftigkeit des Vertrags und der Vielzahl der betroffenen Personen ein

---

54 *Art.-29-Gruppe*, WP 12, S. 26; Ehmann/Selmayr/*Zerdick* Art. 49 Rn. 10.
55 Simitis/*Simitis* § 4 c Rn. 16.
56 Vgl. *Dammann/Simitis* Art. 26 Rn. 7
57 BeckOK DatenschutzR/*Lange/Filip* Art. 49 Rn. 21.
58 *Art.-29-Gruppe*, WP 114, S. 16; BeckOK DatenschutzR/*Lange/Filip* DSGVO Art. 49 Rn. 22; Gola/*Klug* Art. 49 Rn. 7; zur Zurückhaltung mahnt auch Plath/*v. d. Busche* BDSG § 4 c Rn. 10.
59 Zu diesen Beispielen schon *Art.-29-Gruppe*, WP 12, S. 26 f.; BeckOK DatenschutzR/*Lange/Filip* DSGVO Art. 49 Rn. 24.
60 Simitis/*Simitis* BDSG § 4 c Rn. 17.
61 Gola/*Klug* Art. 49 Rn. 7; Taeger/Gabel/*Gabel* BDSG § 4 c Rn. 8.
62 Plath/*v. d. Busche* BDSG § 4 c Rn. 10.
63 Kühling/Buchner/*Schröder* Art. 49 Rn. 22.
64 *EDSA*, Guidelines on the derogation of Article 49 under Regulation 2016/679 v. 25.5.2018, S. 10; *Art.-29-Gruppe*, WP 114, S. 16; BeckOK DatenschutzR/*Lange/Filip* DSGVO Art. 49 Rn. 22.
65 AA *Spindler* DB 2016, 937 (947).
66 Ablehnend daher *Art.-29-Gruppe*, WP 114, S. 16 f.; BeckOK DatenschutzR/*Lange/Filip* DSGVO Art. 49 Rn. 23.

Rückgriff auf die Ausnahme des Abs. 1 UAbs. 1 lit. c gar nicht erforderlich ist, weil zwischen dem Verantwortlichen und seinem Vertragspartner geeignete Garantien vereinbart werden können.[67]

Da die Legitimation dieser Ausnahme das Interesse der betroffenen Person an der Durchführung des Vertrags ist, kann eine Übermittlung ausscheiden, wenn im Drittland für die Rechte und Interessen der betroffenen Person konkrete Risiken bestehen (zB aufgrund von exzessiven **Zugriffsrechten staatlicher Stellen**). Abs. 1 UAbs. 1 lit. c ist dann **teleologisch zu reduzieren**, denn es kann dann nicht schematisch davon ausgegangen werden, dass eine solche Übermittlung den Interessen der betroffenen Person entspricht. **30**

4. Wichtige Gründe des öffentlichen Interesses (UAbs. 1 lit. d und Abs. 4). Abs. 1 UAbs. 1 lit. d erlaubt eine **31** Übermittlung aus wichtigen Gründen des öffentlichen Interesses. Die Regelung ist ausgesprochen vage und auch aus grundrechtlicher Sicht problematisch, da die datenschutzrechtlichen Risiken im Empfängerstaat nicht berücksichtigt werden (→ Rn. 38). Der Anwendungsbereich der Ausnahme ist daher erheblich einzuschränken.

a) Anwendungsbereich. In den meisten Fällen werden **öffentliche Stellen** Daten auf der Basis von Abs. 1 **32** UAbs. 1 lit. d Daten in ein Drittland übermitteln. Eine **Übermittlung durch Private** auf dieser Grundlage ist aber nach dem Wortlaut der Regelung nicht ausgeschlossen.[68] Es ist angesichts der Unschärfe der Übermittlungsvoraussetzungen aber alles andere als unproblematisch, wenn eine private Stelle entscheidet, wann ein ausreichend gewichtiges öffentliches Interesse vorliegt. Sie muss nicht nur im Recht eines Mitgliedstaats oder dem Unionsrecht das darin enthaltene öffentliche Interesse identifizieren, sondern auch beurteilen, ob gerade eine Übermittlung in ein Drittland zur Wahrung dieses Interesses erforderlich ist. Dies wird erst recht problematisch, wenn sie durch Anfragen ausländischer Behörden Gefahr läuft, gegenläufigen rechtlichen Verpflichtungen ausgesetzt zu sein (→ Rn. 36).

Die Regelung ist auf Übermittlungen beschränkt, die in den Anwendungsbereich der DSGVO fallen. Für **33** die praktisch wichtigen Übermittlungen zu Zwecken der Verhütung und Verfolgung von Straftaten ist dies nicht der Fall, da sie unter die JI-Richtlinie fallen – allerdings nur, soweit die Übermittlung durch die zuständigen Behörden erfolgt (Art. 2 Abs. 2 lit. d). Aufgrund dieser personellen Komponente des Anwendungsbereichs der JI-Richtlinie erstreckt sich der Anwendungsbereich der DSGVO – und damit von lit. d – auch auf eine Übermittlung von Privaten in ein Drittland zu Zwecken der **Terrorismusbekämpfung, Strafverfolgung oder Geldwäscheprävention;**[69] hierin liegt eine Erweiterung des Anwendungsbereichs der DSGVO gegenüber der DSRL (vgl. Art. 3 Abs. 2 erster Gedankenstrich DSRL).[70] Ebenfalls in den Anwendungsbereich fällt eine Übermittlung in ein Drittland, die der **nationalen Sicherheit** des Drittlands dient; Art. 4 Abs. 2 S. 3 EUV schützt nur die Zuständigkeit der Mitgliedstaaten im Verhältnis zur EU.[71]

b) Wichtige Gründe des öffentlichen Interesses. Im Vergleich zur Vorgängerregelung in Art. 26 Abs. 1 lit. d **34** DSRL hat der Unionsgesetzgeber die Formulierung („wichtige Gründe des öffentlichen Interesses" statt zuvor „wichtiges öffentliches Interesse") leicht verändert; angesichts der Übernahme und Erweiterung der entsprechenden Erwägungsgründe erscheint es zweifelhaft, ob damit eine Änderung beabsichtigt war.[72] Wie schon die Vorgängerregelung[73] ist Abs. 1 UAbs. 1 lit. d **eng auszulegen**, so dass nicht jedes öffentliche Interesse eine Übermittlung in einen Drittstaat rechtfertig kann, sondern nur ein öffentliches Interesse, das dem **Schutz eines wichtigen Rechtsguts** dient.[74]

Abs. 4 stellt klar, dass es sich um ein öffentliches Interesse handeln muss, das im Recht des Mitgliedstaats, **35** dem der Verantwortliche unterliegt, oder dem **Unionsrecht anerkannt** sein muss. Damit macht der Gesetzgeber deutlich, dass **öffentliche Interessen von Drittstaaten** eine Übermittlung allein nicht rechtfertigen können; anderenfalls könnte eine unilaterale politische Entscheidung eines Drittstaats bestimmen, wann eine

---

67 Kühling/Buchner/*Schröder* Art. 49 Rn. 22; BeckOK DatenschutzR/*Lange/Filip* DSGVO Art. 49 Rn. 23.

68 *EDSA*, Guidelines on the derogation of Article 49 under Regulation 2016/679 v. 25.5.2018, S. 11; BeckOK DatenschutzR/*Lange/Filip* DSGVO Art. 49 Rn. 29.

69 AA Kühling/Buchner/*Schröder* Art. 49 Rn. 24 und Art. 48 Rn. 15; Paal/Pauly/*Pauly* Art. 49 Rn. 20. Wie hier bereits für die DS-RL *Art.-29-Gruppe*, Brief an die Mitglieder des Cybercrime Convention Committee des Europarates v. 28.11.2014, S. 4 (Übermittlung durch Private an Strafverfolgungsbehörden in Drittländern falle unter DSRL).

70 Vgl. zur Abgrenzung im Kontext der Übermittlung von Fluggastdaten in die USA nach der früheren Rechtslage EuGH C-317, 318/04, NJW 2006, 2029 Rn. 54ff. – EP/Rat.

71 BeckOK DatenschutzR/*Lange/Filip* DSGVO Art. 49 Rn. 28 unter Verweis auf *Art.-29-Gruppe*, WP 228, S. 44.

72 So aber *Ambrock/Karg* ZD 2017, 154 (159), die daraus schließen, die Übermittlung müsse nicht nur allgemein einer Übermittlung einer wichtigen Aufgabe dienen, sondern auch im Einzelfall besonders wichtig sein.

73 *Art.-29-Gruppe*, WP 114, S. 17; Simitis/*Simitis* BDSG § 4c Rn. 19f.; *Kuner*, European Data Protection Law, 2nd ed., 2007, Rn. 4.109 und 4.111.

74 Kühling/Buchner/*Schröder* Art. 49 Rn. 24; Paal/Pauly/*Pauly* Art. 49 Rn. 19.

Übermittlung zulässig ist.[75] Darüber hinaus bleibt aber vage, was wichtige Gründe eines öffentlichen Interesses sind. EG 112 nennt als **Beispiele** den Austausch zwischen Wettbewerbs-, Steuer- oder Zollbehörden, zwischen Finanzaufsichtsbehörden und Sozialbehörden sowie die öffentliche Gesundheit und Bekämpfung des **Dopings**[76] im Sport. Kein öffentliches Interesse besteht an **Compliance**-Maßnahmen von Unternehmen, denn diese dienen lediglich der Einhaltung der rechtlichen Verpflichtungen des Unternehmens.[77]

36 Es erscheint jedoch problematisch, auf Basis von Abs. 1 UAbs. 1 lit. d **Übermittlungen an ausländische Behörden** bereits dann zu erlauben, wenn eine Konvergenz der öffentlichen Interessen des Mitgliedstaats oder der EU und des Drittstaats vorliegt. Es mag Einigkeit über ein abstraktes öffentliches Interesse geben (zB Bekämpfung von Terrorismus, Geldwäsche oder organisierte Kriminalität). Die Einschätzungen, was zur Wahrung dieses Interesses erforderlich und angemessen ist, können aber divergieren;[78] dies belegen die Überwachungsmaßnahmen der US-amerikanischen Nachrichtendienste. Die Entscheidung darüber, ob ein ausländisches Ersuchen einem inländischen öffentlichen Interesse dient, sollte daher nicht einer privaten Stelle überlassen bleiben, die Gefahr läuft, vor wiederstreitenden rechtlichen Verpflichtungen zu stehen. Darüber hinaus lässt sich aus Art. 48 ein „**Vorrang der zwischenstaatlichen Kooperation**"[79] vor direkten Herausgabeverlangen ableiten, auch wenn Art. 48 einen Rückgriff auf Abs. 1 UAbs. 1 lit. d nicht ausschließt (vgl. EG 115 S. 5).[80] Art. 48 betont gerade, dass primär der Weg über internationale Vereinbarungen zu suchen ist. Steht einem Drittland der Weg über ein Rechtshilfeübereinkommen offen, ist eine direkte Übermittlung des Verantwortlichen nicht erforderlich und damit unzulässig.[81] Internationale Abkommen regeln bereits jetzt teilweise abschließend die Informationsbeschaffung durch ausländische Behörden im Inland. So ist nach Ansicht der Bundesregierung gemäß Art. 1 Abs. 5 des **deutsch-amerikanischen Vertrags über die Rechtshilfe in Strafsachen**[82] zunächst ein Rechtshilfeersuchen an die zuständigen deutschen Behörden zu stellen; eine direkte Übermittlung der betroffenen Stellen ohne Einschaltung der deutschen Justizbehörden ist nicht zulässig.[83] Soweit private Stellen Daten an Behörden eines Drittlands aus eigener Initiative zur Milderung einer möglichen Strafe übermitteln (**cooperation credits**), erfolgt dies nicht primär aus wichtigen Gründen eines öffentlichen Interesses, sondern im Interesse des Verantwortlichen.[84]

37 **c) Notwendigkeit der Übermittlung.** Die Übermittlung muss aus wichtigen Gründen des öffentlichen Interesses notwendig sein. Eine Abwägung mit den Interessen und Rechten der betroffenen Person und den Risiken einer Übermittlung in ein Drittland ist in Abs. 1 UAbs. 1 lit. d seinem Wortlaut nach nicht vorgesehen. Schon aus grundrechtlichen Erwägungen muss jede Übermittlung aber auch im Einzelfall **verhältnismäßig** sein. Wie auch bei den anderen Ausnahmetatbeständen ist dabei zu prüfen, ob den wichtigen Gründen des öffentlichen Interesses auch durch eine inländische Verarbeitung oder eine Übermittlung in ein Drittland mit angemessenem Datenschutzniveau Rechnung getragen werden kann.[85]

38 Nach dem Urteil des EuGH in der Rechtssache Schrems scheidet eine Übermittlung in ein Drittland aus, wenn dort **kein angemessenes Datenschutzniveau** in Bezug auf die übermittelten Daten und ihre weitere Verarbeitung gewährleistet ist.[86] In diesem Fall kann eine Übermittlung auch nicht auf Abs. 1 UAbs. 1 lit. d gestützt werden. Die Regelung greift daher nur, wenn die übermittelnde Stelle auch ohne einen Angemessenheitsbeschluss nach Art. 45 feststellt, dass in Bezug auf die übermittelten Daten und ihre Verwendung ein angemessenes Datenschutzniveau gewährleistet ist. In vielen Fällen wird eine Übermittlung zur Wahrung öffentlicher Interessen aber nicht auf Abs. 1 UAbs. 1 lit. d gestützt werden können, sondern wird nur auf Basis **geeigneter Garantien** gemäß **Art. 46 Abs. 2 lit. a** oder in Form einseitiger **völkerrechtlicher Zusicherungen** erfolgen können, die im Einzelfall die Defizite des Schutzes der übermittelten Daten im Empfängerland kompensieren. Dies entspricht auch der Rechtsprechung des **BVerfG**, die von deutschen Behörden

---

75 *EDSA*, Guidelines on the derogation of Article 49 under Regulation 2016/679 v. 25.5.2018, S. 10; hierzu bereits *Art.-29-Gruppe,* WP 66, S. 7; WP 114, S. 17; WP 128, S. 31.

76 Speziell zum Doping *Kornbeck* IDPL 6 (2016), 291ff.; kritisch zur Ausweitung *Schlarmann* ZD 2016, 472 (477).

77 Offen hierfür aber Plath/*v. d. Busche* BDSG § 4 c Rn. 11; Taeger/Gabel/*Gabel* BDSG § 4 c Rn. 10.

78 *EDSA*, Guidelines on the derogation of Article 49 under Regulation 2016/679 v. 25.5.2018, S. 10.

79 Kühling/Buchner/*Schröder* Art. 49 Rn. 24.

80 So bereits zur DSRL *Art.-29-Gruppe* Brief an die Mitglieder des Cybercrime Convention Committee des Europarates v. 28.11.2014, 3 f. (keine direkte Übermittlung, soweit keine Rechtsgrundlage für die Übermittlung im nationalen Recht oder ein Rechtshilfeübereinkommen besteht und es sich nicht um Fall von „Leben und Tod" handelt); darauf verweisend *Kopp/Pfisterer* CCZ 2015, 151 (155).

81 *EDSA*, Guidelines on the derogation of Article 49 under Regulation 2016/679 v. 25.5.2018, S. 5; *Becker/Nikolaeva* CR 2012, 170 (173); *Metz/Spitta* ZD 2017, 361 (366), die aber einen Rückgriff auf Abs. 1 S. 2 erlauben wollen.

82 BGBl. II 2007, 1618.

83 Zum Ganzen Jahresbericht des Berliner LfDI 2007, 187ff. mit dem dort abgedruckten Schreiben des BMJ v. 31.1.2007; kritisch dazu *Loof/Schefold* ZD 2016, 107ff.

84 AA *Loof/Schefold* ZD 2016, 107ff.

85 Vgl. *Art.-29-Gruppe*, WP 128, S. 30 zur Spiegelung (Back-up) der Datenbestände von SWIFT.

86 EuGH C-352/14 NJW 2015, 3151 Rn. 72 f. – Schrems.

im Rahmen der Anwendung der Unionsrechts zu berücksichtigen ist; auch danach ist der Schutz personenbezogener Daten kein Abwägungsbelang,[87] sondern muss durch völkerrechtlich verbindliche Zusagen gewährleistet werden, wenn der Empfängerstaat nicht schon über ausreichende datenschutzrechtliche Garantien verfügt.[88]

5. Geltendmachung, Ausübung und Verteidigung von Rechtsansprüchen (UAbs. 1 lit. e). Abs. 1 UAbs. 1 **39** lit. e ermöglicht die Übermittlung von Daten in ein Drittland zur Geltendmachung, Ausübung und Verteidigung von Rechtsansprüchen. Strukturell handelt es sich um einen Fall des überwiegenden Interesses des Verantwortlichen oder eines Dritten und fügt sich systematisch in das Wertungsgefüge der DSGVO ein, die diesem Belang durchgängig einen hohen Stellenwert einräumt (vgl. Art. 9 Abs. 2 lit. f; Art. 17 Abs. 3 lit. e; Art. 21 Abs. 1 S. 2).

a) Anwendungsbereich. Im Vergleich zu Art. 26 Abs. 1 lit. d DSRL[89] hat der Gesetzgeber den Anwendungs- **40** bereich dieser Ausnahme erweitert; er verlangt nun nicht mehr, dass die Geltendmachung, Ausübung und Verteidigung von Rechtsansprüchen „vor Gericht" erfolgt. EG 111 S. 1 nennt neben gerichtlichen Verfahren auch den Verwaltungsweg und außergerichtliche Verfahren sowie Verfahren vor Regulierungsbehörden. Damit ist klargestellt, dass auch **schiedsgerichtliche Verfahren** unter diese Ausnahme fallen.[90] Gleiches dürfte für die **außergerichtliche Geltendmachung** oder Verteidigung von Ansprüchen gelten, da lediglich EG 111 S. 1 an entsprechende Verfahren anknüpft.[91] Die Ausnahme legitimiert auch die Übermittlung von personenbezogenen Daten an **Rechtsanwälte und Sachverständige**, soweit dies der Vorbereitung der Geltendmachung, Ausübung oder Verteidigung von Rechtsansprüchen dient.[92] Erforderlich ist aber eine enge Verbindung zu einem konkreten Streitfall (vgl. „in a (…) procedure", EG 111 S. 1).[93]

Abs. 1 UAbs. 1 lit. e erfasst nun auch US-amerikanische **Pre-Trial-Discovery-Verfahren.**[94] Ein solches Ver- **41** fahren dient funktional der Geltendmachung oder Verteidigung von Rechtsansprüchen. Bisher war unklar,[95] ob es sich hierbei um ein gerichtliches Verfahren handelt, weil es nur unter gerichtlicher Aufsicht, sonst aber in Eigenregie der Parteien stattfindet.[96] Auch ein Rechtshilfeersuchen ist nach Abs. 1 UAbs. 1 lit. e nicht erforderlich.[97] Es handelt sich auch um keinen Fall des Art. 48, da im Rahmen von Abs. 1 UAbs. 1 lit. e das Interesse des Verantwortlichen an der Wahrung seiner rechtlichen Position die Übermittlung legitimiert, nicht das Herausgabeverlangen des ausländischen Gerichts gemäß Art. 48.[98] Dementsprechend schließt Art. 48 einen Rückgriff auf Abs. 1 UAbs. 1 lit. e gerade nicht aus (EG 115 S. 2).[99]

Eindeutig fallen unter Abs. 1 UAbs. 1 lit. e **zivilrechtliche Ansprüche.** Nicht in den Anwendungsbereich der **42** Regelung dürften **strafrechtliche Verfahren** fallen;[100] die Ausnahme erfasst nicht allgemein die Verteidigung der Rechte des Verantwortlichen, sondern nur die Geltendmachung und Verteidigung von Rechtsansprüchen („legal claims"). Wie EG 111 S. 1 zeigt, kann eine Geltendmachung, Ausübung oder Verteidigung von Rechtsansprüchen auch in **Verwaltungsverfahren vor Behörden** erfolgen (zB im Rahmen der Fusionskon-

---

87   BVerfGE 141, 220 Rn. 353 – BKA-Gesetz.
88   BVerfGE 141, 220 Rn. 335 und 338 – BKA-Gesetz.
89   Hinzuweisen ist darauf, dass in der englischen Sprachfassung anders als in der deutschen, italienischen, französischen oder spanischen Fassung eine solche Einschränkung nicht enthalten war (vgl. *Loof/Schefold* ZD 2016, 107 (112, insbes. Fn. 52).
90   Kühling/Buchner/*Schröder* Art. 49 Rn. 30; BeckOK DatenschutzR/*Lange/Filip* DSGVO Art. 49 Rn. 35; bejahend mit Verweis auf die in der Regel vereinbarte Vertraulichkeit BeckOK DatenschutzR/*Schantz* BDSG § 4 c Rn. 22.
91   Im Ergebnis auch Kühling/Buchner/*Schröder* Art. 49 Rn. 34; aA *Ambrock/Karg* ZD 2017, 152 (159).
92   *Spies/Schröder* MMR 2008, 275 (279).
93   *EDSA*, Guidelines on the derogation of Article 49 under Regulation 2016/679 v. 25.5.2018, S. 11 f.
94   *EDSA*, Guidelines on the derogation of Article 49 under Regulation 2016/679 v. 25.5.2018, S. 11; Kühling/Buchner/*Schröder* Art. 49 Rn. 34 f.; BeckOK DatenschutzR/*Lange/Filip* DSGVO Art. 49 Rn. 30; Sydow/*Towfigh/Ulrich* Art. 49 Rn. 10; *Wybitul/Ströbel/Rueß* ZD 2017, 503 (508).
95   Für eine Anwendung des Art. 26 Abs. 1 lit. d DSRL *Art.-29-Gruppe*, WP 158, S. 10; aA TB des Berliner LfDI 2007, 191; *Lux/Glienke* RIW 2010, 603 (605).
96   Überblick bei *Thole/Gnauck* RIW 2012, 417ff.; *Rath/Klug* K&R 2008, 596ff.
97   Anders ursprünglich noch die Aufsichtsbehörden (*Art.-29-Gruppe*, WP 114, S. 18; ebenso Simitis/*Simitis* § 4 c Rn. 21). Gerade im Falle von Pre-Trial-Discovery-Verfahren fehlte diese Möglichkeit eines Rechtshilfeersuchens auf Basis der Haager Beweisübereinkommens (HBÜ) jedoch, da zahlreiche Mitgliedstaaten der EU, ua Deutschland, die Niederlande, Frankreich und Spanien einen Vorbehalt gegen die Pflicht zur Erledigung von Rechtshilfeersuchen aus Discovery-Verfahren eingelegt haben. Die Aufsichtsbehörden hatten daher in Bezug auf Pre-Trial-Discovery-Verfahren ihre Haltung abgemildert und forderten nur noch, eine Anwendung des HBÜ „in Erwägung zu ziehen", „wo dies möglich ist" (*Art.-29-Gruppe*, WP 158, S. 15 f.).
98   Ähnlich zum Verhältnis zu Art. 48 DSGVO auch Paal/Pauly/*Pauly* Art. 49 Rn. 22.
99   BeckOK DatenschutzR/*Lange/Filip* DSGVO Art. 49 Rn. 32; anders möglicherweise Ehmann/Selmayr/*Zerdick* Art. 49 Rn. 15, der die Übermittlung „im Einzelfall trotz einer grundsätzlichen Unzulässigkeit" für möglich hält.
100 Sydow/*Towfigh/Ulrich* Art. 49 Rn. 10; aA *Loof/Schefold* ZD 2016, 107 (112) für Ermittlungsverfahren des US-Justizministeriums wegen Korruptionsstraftaten; möglicherweise ebenso *EDSA*, Guidelines on the derogation of Article 49 under Regulation 2016/679 v. 25.5.2018, S. 11.

trolle[101]). Eine Übermittlung an Behörden in einem Drittland ist aber nur in diesem engen Umfang legitimiert und erfasst keine staatlichen Auskunftsverlangen. Anderenfalls wäre die Regelung ein „Einfallstor"[102] für Auskunftsverlangen ausländischer Behörden und würde es erlauben, die Schranken derartiger Übermittlungen zu umgehen, die Art. 48 und Abs. 1 UAbs. 1 lit. d und Abs. 4 gerade ziehen sollen.[103] Dies gilt auch dann, wenn einem Verantwortlichen ohne die Übermittlung Nachteile oder Sanktionen drohen oder ihm Vorteile entgehen (zB weil er seine Kooperationsbereitschaft nicht unter Beweis stellen kann);[104] im Vordergrund steht dann weiterhin das öffentliche Interesse des Drittlands an der Informationsübermittlung und nicht zwangsläufig auch das Interesse des Verantwortlichen an der Durchsetzung seiner Rechtsansprüche. Im Einzelfall kann eine Übermittlung aber ggf auf die Interessenabwägung nach Abs. 1 UAbs. 2 gestützt werden.[105]

43 Abs. 1 UAbs. 1 lit. e setzt seinem Wortlaut nach nicht voraus, dass es sich um einen Anspruch des Verantwortlichen handelt oder dieser in Anspruch genommen wird. Die Aufsichtsbehörden haben schon bisher eine Übermittlung akzeptiert, wenn sich der Anspruch gegen ein **Konzernunternehmen** richtete.[106]

44 **b) Erforderlichkeit.** Die Erforderlichkeit für die Geltendmachung, Ausübung oder Verteidigung des Rechtsanspruchs ist die einzige Schranke zur Begrenzung des Umfangs der Datenübermittlung und dementsprechend **eng auszulegen**. Für die Erforderlichkeit ist allerdings nicht maßgeblich, welche Informationen der Verantwortliche nach dem ausländischen Verfahrensrecht zwingend offenlegen muss. Entscheidend ist, welche Informationen er nutzen muss, um seine Rechtsansprüche im Drittland erfolgreich geltend zu machen oder zu verteidigen.[107]

45 Anhand des Pre-Trial-Discovery-Verfahrens haben die Aufsichtsbehörden Grundsätze entwickelt, wie der Umfang der übermittelten Daten im Rahmen der **Beweiserhebung** eingegrenzt werden kann.[108] In einer ersten Stufe ist danach genau zu prüfen, ob die verlangten Informationen unter den Beweisantrag fallen. Hierzu ist zumindest mittels Stichwortsuche die Relevanz für das Beweisthema zu prüfen.[109] Ferner ist eine Sichtung der ermittelten Unterlagen per Hand als weiterer Filter erforderlich.[110] Diese Daten sind danach zunächst pseudonymisiert an das ausländische Gericht zu übermitteln. Eine Aufhebung der Pseudonymisierung kommt nur als letzter Schritt in Betracht, wenn das Gericht oder die gegnerische Prozesspartei begründet, warum dies im konkreten Fall erforderlich ist.[111] Diese Vorgehensweise ist auch von US-amerikanischen Gerichten akzeptiert worden.[112] Diese verschließen sich nicht in allen Fällen datenschutzrechtlichen Belangen.[113] Auch das US-amerikanische Verfahrensrecht bietet mit einer in-camera-Durchsicht der Unterlagen sowie Schutz- und Geheimhaltungsanordnungen des Gerichts (protective orders) Möglichkeiten, die Auswirkungen auf die Rechte und Interessen der betroffenen Personen zu begrenzen.[114] Der Verantwortliche muss alle zumutbaren verfahrensrechtlichen Schritte unternehmen, um diese Möglichkeiten auch zu nutzen.[115]

---

101 *EDSA*, Guidelines on the derogation of Article 49 under Regulation 2016/679 v. 25.5.2018, S. 11.

102 *EDSA*, Guidelines on the derogation of Article 49 under Regulation 2016/679 v. 25.5.2018, S. 12; Kühling/Buchner/*Schröder* Art. 49 Rn. 33.

103 Kühling/Buchner/*Schröder* Art. 49 Rn. 32 f.; ähnlich *Metz/Spittka* ZD 2017, 361 (366); anders wohl *Wybitul/Ströbel/Rueß* ZS 2017, 503 (508), die auch Auskunftsverlangen des *Department of Justice* darunter fassen wollen.

104 Kühling/Buchner/*Schröder* Art. 49 Rn. 33; aA *Loof/Schefold* ZD 2016, 107 (112).

105 *EDSA*, Guidelines on the derogation of Article 49 under Regulation 2016/679 v. 25.5.2018, S. 15.

106 BayLDA, TB 2009/2010, 70; vgl. auch das Beispiel der *Art.-29-Gruppe*, WP 114, S. 17 f.

107 Vgl. *Patzack/Hilgard/Wybitul* CRi 2011, 13 (15).

108 Zum Folgenden *EDSA*, Guidelines on the derogation of Article 49 under Regulation 2016/679 v. 25.5.2018, S. 12; *Art.-29-Gruppe*, WP 158, S. 12; Tätigkeitsbericht des Berliner LfDI 2007, 191ff; sowie TB 2006, 169ff.; BayLDA, TB 2009/2010, 70 f.; ausführlich auch *Deutlmoser/Filip* ZD-Beilage 2012, 1 (16ff.).

109 BeckOK DatenschutzR/*Lange/Filip* DSGVO Art. 49 Rn. 33; sa den Anwendungsfall im TB des Berliner LfDI 2006, 171.

110 TB des Berliner LfDI 2006, 171; BayLDA, TB 2009/2010, 70 f.; sa *Art.-29-Gruppe*, WP 158, S. 11 und 13, die zusätzlich die Einschaltung eines Treuhänders anregt.

111 *Art.-29-Gruppe*, WP 158, S. 12; BeckOK DatenschutzR/*Lange/Filip* DSGVO Art. 49 Rn. 34; Kühling/Buchner/*Schröder* Art. 49 Rn. 33.

112 S. BayLDA, TB 2009/2010, 71.

113 Vgl. US District Court of California ZD 2013, 271 (271) – Plaintiff v. MARINEMAX, Inc. (Hinweis auf Schwärzung personenbezogener Daten und Möglichkeiten des US-amerikanischen Zivilprozessrechts zum Schutz der Daten); In re Vitamins Antitrust Litigation, 2001 WL 1049433 (D.D.C. 2001) (Ablehnung von Arbeitnehmerdaten aus datenschutzrechtlichen Erwägungen); anders aber Dictrict Court for the District of Utah MMR 2010, 275 – Accessdata Corporation v. ALSTE Technologies GmbH (Ablehnung des BDSG als „blocking statute" nach wenig substantiiertem Vortrag); zum Ganzen *Flägel/v. Georg* RIW 2013, 439 (442). S. allgemein aus US-amerikanischer Sicht die Vorschläge der *Sedona Conference* International Principles on Discovery, Disclosure & Data Protection in Civil Litigation (Transitional Edition), Januar 2017.

114 Hierauf weisen auch der US District Court of California ZD 2013, 271 (271) – Plaintiff v. MARINEMAX, Inc. sowie der US District Court of California ZD 2018, 76 (77) – BrightEdge Technologies, Inc. v. Searchmetrics GmbH et. al. hin.

115 *Deutlmoser/Filip* ZD-Beilage 2012, 1 (18); *Spies/Schröder* MMR 2008, 275 (280 f.).

6. Lebenswichtige Interessen einer Person (UAbs. 1 lit. f). Abs. 1 UAbs. 1 lit. f erlaubt die Übermittlung zum 46
Schutz lebenswichtiger Interessen. Anders als die Vorgängerregelung in Art. 26 Abs. 1 lit. e DSRL können
dies nicht nur die lebenswichtigen Interessen der betroffenen Person, sondern auch solche Dritter sein. Diese Ausweitung lässt sich damit rechtfertigen, dass der Anwendungsbereich der Regelung durch einen **Vorrang der Selbstbestimmung** der betroffenen Person auf Extremfälle begrenzt worden ist:[116] Eine Übermittlung auf dieser Grundlage ist – wie im Fall der Verarbeitung besonderer Kategorien von Daten gemäß
Art. 9 Abs. 2 lit. c (→ Art. 9 Rn. 46ff.) – nur zulässig, wenn die betroffene Person ihre Einwilligung aus
physischen oder rechtlichen Gründen nicht erteilen kann (zB wenn die betroffene Person nach einem Unfall
bewusstlos ist oder in einem Krisengebiet nicht erreichbar ist).

Lebenswichtige Interessen sind abzugrenzen von finanziellen, eigentumsbezogenen oder familiären Grün- 47
den.[117] Häufig wird es sich um medizinische Notfälle handeln. EG 112 S. 5 nennt jedoch auch die Übermittlung durch **humanitäre Hilfsorganisationen**, die in bewaffneten Konflikten ihre Aufgaben nach dem
humanitären Völkerrecht wahrnehmen.

7. Öffentliche Register (UAbs. 1 lit. g und Abs. 2). Abs. 1 UAbs. 1 lit. g behandelt die Übermittlung von 48
Daten aus öffentlichen Registern. Auch dieser Ausnahme liegt eine typisierte Interessenabwägung zugrunde:[118] Üblicherweise ist das Schutzbedürfnis der betroffenen Personen an diesen Daten gering,[119] während
ein großes Informationsinteresse des Rechtsverkehrs an der Verfügbarkeit dieser Daten besteht.[120] Da das
Ziel öffentlicher Register in der Regel das reibungslose Funktionieren des Rechtsverkehrs ist, besteht zudem
kein Anlass, Teilnehmer am Rechtsverkehr aus Drittstaaten anders zu behandeln als Inländer.[121] Allerdings
sieht EG 111 S. 4 zusätzlich vor, dass die Übermittlung den Interessen und Rechten der betroffenen Person
„in vollem Umfang Rechnung tragen muss". Dies kann so verstanden werden, dass zu prüfen ist, ob im
Einzelfall Gründe gegen eine Übermittlung sprechen.[122]

Unter die Ausnahme fallen **Register**, die aufgrund des nationalen Rechts oder des Unionsrechts zur Infor- 49
mation der Öffentlichkeit bestimmt sind (zB Grundbuch, Handelsregister, Vereinsregister, Bundeszentralregister). Dabei kommt es nicht darauf an, ob sie der gesamten Öffentlichkeit zur Verfügung stehen oder nur,
soweit ein berechtigtes Interesse nachgewiesen wird (zB Grundbuch, § 12 Abs. 1 S. 1 GBO).[123] Nicht erfasst
werden **private Datensammlungen**, wie sie von Auskunfteien angeboten werden.[124]

Die Übermittlung in ein Drittland ist gemäß Abs. 1 UAbs. 1 lit. g nur insoweit zulässig, wie die **gesetzlichen** 50
Voraussetzungen für die Einsichtnahme in das Register vorliegen; denn die Übermittlung soll letztlich nur
den Zwecken dienen, zu denen das Register eingerichtet worden ist. Um dies sicherzustellen, darf die Übermittlung aus einem Register, das nur mit einem berechtigten Interesse eingesehen werden darf, nur erfolgen,
wenn eine Person mit einem berechtigten Interesse die Anfrage gestellt hat oder sie Adressat der Übermittlung ist (Abs. 2 S. 2).

Schließlich darf die Übermittlung nicht die **Gesamtheit oder ganze Kategorien des Registers** umfassen 51
(Abs. 2 S. 1). Solch umfangreiche Übermittlungen sind für die Funktion öffentlicher Register, der Information des Rechtsverkehrs, nicht erforderlich. Sie bergen außerdem Risiken: So könnten außerhalb der EU parallele Datenbestände aufgebaut werden, die ohne Einhaltung der datenschutzrechtlichen und registerrecht-
lichen Vorgaben verarbeitet und zu anderen Zwecken genutzt werden könnten,[125] zB um Profile über einzelne Personen zu erstellen.[126] Abs. 2 S. 1 soll dies vermeiden.

8. Zwingende überwiegende Interessen des Verantwortlichen (UAbs. 2 und Abs. 6). Ähnlich wie im Rah- 52
men der Verarbeitung besonderer Kategorien von Daten gab es bisher im Rahmen der Drittstaatenübermittlung keine offene Interessenabwägung. Abs. 1 UAbs. 2 ist daher in gewisser Weise ein Bruch mit dem
bisherigen System. Die KOM und der Rat hielten gegen den Widerstand des EP die Regelung jedoch für
unabdingbar, um Fälle zu erfassen, die unter keine der anderen Ausnahmen fallen.[127] Allerdings sollte die

116 BeckOK DatenschutzR/*Lange/Filip* DSGVO Art. 49 Rn. 38; Paal/Pauly/*Pauly* Art. 49 Rn. 23.
117 *EDSA*, Guidelines on the derogation of Article 49 under Regulation 2016/679 v. 25.5.2018, S. 13; *Art.-29-Gruppe*, WP 12, S. 27.
118 Zur Vorgängerregelung *Dammann/Simitis* Art. 26 Rn. 11.
119 BeckOK DatenschutzR/*Lange/Filip* DSGVO Art. 49 Rn. 42.
120 Vgl. EuGH C-131/12, NJW 2014, 2257 Rn. 81 und 98 – Google Spain zur Sensibilität der Information und dem Informationsinteres-
     se als relevanten Faktoren.
121 Zur Vorgängerregelung *Dammann/Simitis* Art. 26 Rn. 11.
122 Kühling/Buchner/*Schröder* Art. 49 Rn. 33.
123 *EDSA*, Guidelines on the derogation of Article 49 under Regulation 2016/679 v. 25.5.2018, S. 14.
124 *EDSA*, Guidelines on the derogation of Article 49 under Regulation 2016/679 v. 25.5.2018, S. 13 f.; Kühling/Buchner/*Schröder*
     Art. 49 Rn. 36; aA Gola/*Klug* Art. 49 Rn. 11.
125 *Art.-29-Gruppe*, WP 114, S. 19.
126 *Art.-29-Gruppe*, WP 12, S. 27; zum besonderen Gewicht der Erstellung von Profilen einer Person EuGH C-131/12, NJW 2014, 2257
     Rn. 80 – Google Spain.
127 Zweifel an der Erforderlichkeit bei *Ambrock/Karg* ZD 2017, 152 (160).

Regelung auch nicht ermöglichen, die hohen Hürden zu umgehen, welche die übrigen Tatbestände für die Übermittlung in Drittländer aufstellen.[128] Daher wurde die Flexibilität im Anwendungsbereich durch hohe tatbestandliche und verfahrensmäßige Anforderungen kompensiert, die deshalb zudem eng auszulegen sind. Sie unterstreichen, dass es sich bei der Regelung um eine **Ausnahme unter den Ausnahmen** handelt.[129] Der Anwendungsbereich ist noch unklar; denkbar scheint eine Übermittlung an ausländische Behörden auf dieser Grundlage.[130] Behörden dürfen Übermittlungen in Drittländer im Rahmen ihrer hoheitlichen Tätigkeiten nicht auf Abs. 1 UAbs. 2 stützen (Abs. 3).

53 **a) Tatbestandsvoraussetzungen (UAbs. 2 S. 1).** Aus dem Wortlaut der Regelung sowie aus EG 113 S. 5 ergibt sich die **Subsidiarität** der Regelung; sie ist nur anwendbar, wenn keine der anderen Ausnahmen genutzt werden kann. Insbesondere fehlt es an der Erforderlichkeit, wenn ein Rückgriff auf geeignete Garantien möglich und zumutbar ist.[131] Dies betont der Gesetzgeber auch, indem er die Vorgabe der Datenschutzbeauftragten zu den Ausnahmetatbeständen gemäß Art. 26 Abs. 1 DSRL[132] aufgreift, dass die Ausnahme keine wiederholten Übermittlungen trägt und nur eine **begrenzte Zahl von Personen** betreffen darf.[133]

54 Kern der Legitimation der Übermittlung ist, dass die Übermittlung zur Wahrung eines **zwingenden berechtigten Interesses des Verantwortlichen** erforderlich sein muss. Dies entspricht den hohen Anforderungen, unter denen Art. 21 Abs. 1 S. 2 erlaubt, trotz eines begründeten Widerspruchs der betroffenen Person ihre Daten zu verarbeiten (→ Art. 21 Rn. 11). Erforderlich ist dementsprechend ein herausgehobenes Interesse des Verantwortlichen von hohem Gewicht.[134] Im Gegensatz zu Art. 6 Abs. 1 UAbs. 1 lit. f rechtfertigen Interessen Dritter die Übermittlung nicht.[135] Abweichend hierzu[136] soll bei der Verarbeitung zu Zwecken der **Forschung und Statistik** ausnahmsweise auch der **gesamtgesellschaftliche Wissenszuwachs** zu berücksichtigen sein (EG 113 S. 4). Gegenüber dem zwingenden berechtigten Interesse des Verantwortlichen dürfen ferner die Interessen der betroffenen Person nicht überwiegen. In diese Beurteilung muss der Verantwortliche sämtliche relevanten Faktoren einfließen lassen, insbes. den Zweck der Übermittlung, die Art der Daten sowie die Situation im Herkunfts- und Empfängerstaat (EG 113 S. 2). In diesem Kontext sind daher auch das Datenschutzniveau im Empfängerstaat (einschließlich staatlicher Zugriffsbefugnisse) und die daraus erwachsenden Risiken zu einzubeziehen, die zu einem Ausschluss der Übermittlung führen können.[137]

55 Auf Basis dieser Beurteilung muss der Verantwortliche **geeignete Garantien** zum Schutz der Daten vorsehen. Diese müssen zwar **kein gleichwertiges Datenschutzniveau** herstellen;[138] anderenfalls würde die Ausnahme im Vergleich zu Art. 46 keinen Mehrwert bieten. Ziel der Garantien ist es im Kontext des Abs. 1 UAbs. 2 jedoch, die Verhältnismäßigkeit des Eingriffs in die Rechte der betroffenen Person sicherzustellen, indem die spezifischen Risiken durch die Übermittlung in ein Drittland soweit erforderlich kompensiert werden. Denkbar sind vertragliche Lösungen, in denen – ähnlich wie im Rahmen der Standardvertragsklauseln – die Grundsätze der Verarbeitung (zB Zweckbindung, Löschpflichten, Reaktionen auf staatliche Zugriffe) und die Rechte der betroffenen Person festgelegt werden,[139] die sie aber auch durchsetzen können muss (EG 114).[140]

56 **b) Verfahrensregelungen (UAbs. 2 S. 2 und 3 sowie Abs. 6).** Die Abs. 1 UAbs. 2 S. 2 und 3 sehen als weitere Sicherung der Rechte der betroffenen Person vor, dass der Verantwortliche die zuständige **Aufsichtsbehörde und die betroffene Person über die Übermittlung** informiert. Die betroffene Person ist zusätzlich über das berechtigte zwingende Interesse in Kenntnis zu setzen, auf das sich der Verantwortliche gestützt hat.

57 Fraglich ist, ob der Verantwortliche die Aufsichtsbehörde und die betroffene Person bereits vor der Übermittlung informieren muss. Eine **vorherige Information** ist sicherlich effektiver als die betroffene Person und die Aufsichtsbehörde vor vollendete Tatsachen zu stellen. Die Information der betroffenen Person soll

---

128 Vgl. *Albrecht/Jotzo*, Teil 6 Rn. 26.
129 Vgl. auch Plath/*v. d. Busche* DSGVO Art. 49 Rn. 6.
130 Kühling/Buchner/*Schröder* Art. 49 Rn. 43.
131 *Ambrock/Karg* ZD 2017, 152 (160); für eine Berücksichtigung des Aufwands von BCR im Verhältnis zur Unternehmensgröße *EDSA*, Guidelines on the derogation of Article 49 under Regulation 2016/679 v. 25.5.2018, S. 15.
132 *Art.-29-Gruppe*, WP 114, S. 11.
133 Enger und gleichzeitig weiter BeckOK DatenschutzR/*Lange/Filip* DSGVO Art. 49 Rn. 52, wonach die Gruppe „bestimmt" aber „nicht exorbitant groß" sein dürfe.
134 *Ambrock/Karg* ZD 2017, 152 (160); Gola/*Klug* Art. 49 Rn. 14.
135 Kühling/Buchner/*Schröder* Art. 49 Rn. 43; *Ambrock/Karg* ZD 2017, 152 (160); *Piltz* K&R 2016, 777 (780).
136 Kühling/Buchner/*Schröder* Art. 49 Rn. 42; aA *Ambrock/Karg* ZD 2017, 152 (160), die daraus schließen, die gesamtgesellschaftliche Perspektive sei immer zu berücksichtigen.
137 BeckOK DatenschutzR/*Lange/Filip* DSGVO Art. 49 Rn. 55; zu eng *Ambrock/Karg* ZD 2017, 152 (160), die nur auf eine Verletzung des Wesensgehalts abstellen.
138 BeckOK DatenschutzR/*Lange/Filip* DSGVO Art. 49 Rn. 55.
139 Kühling/Buchner/*Schröder* Art. 49 Rn. 41; BeckOK DatenschutzR/*Lange/Filip* DSGVO Art. 49 Rn. 55.
140 Gola/*Klug* Art. 49 Rn. 15.

zusätzlich zu den Informationspflichten nach Art. 13 und 14 erfolgen; danach ist schon über die Absicht der Drittstaatenübermittlung zu informieren (Art. 13 Abs. 1 lit. g; Art. 14 Abs. 1 lit. f). Dies spricht dafür, dass die Information nach Abs. 1 UAbs. 2 S. 3 wenigstens zeitgleich erfolgen muss und damit idR vor der Übermittlung.[141]

Abs. 6 verpflichtet den Verantwortlichen zusätzlich, die Übermittlungen sowie die Beurteilung, also die zu- **58** grundeliegende Abwägung, ins Verfahrensverzeichnis aufzunehmen. Dies erleichtert der Aufsichtsbehörde nicht nur die Kontrolle und macht sie leichter nachvollziehbar. Die **Dokumentationspflicht** diszipliniert den Verantwortlichen auch, weil er seine Beurteilung schriftlich niederlegen muss.

III. Übermittlungen im Rahmen hoheitlicher Befugnisse von Behörden (Abs. 3)

Nach Abs. 3 dürfen sich Behörden, soweit sie im Rahmen ihrer hoheitlichen Tätigkeit Daten in ein Dritt- **59** land übermitteln, nicht auf eine Einwilligung und vertragliche Grundlagen (Abs. 1 UAbs. 1 lit. a bis c) sowie die Interessenabwägung nach Abs. 1 UAbs. 2 stützen. Die Übermittlung durch Behörden erfolgt daher hauptsächlich auf Grundlage von Abs. 1 UAbs. 1 lit. d oder auf der Basis geeigneter Garantien (Art. 46 Abs. 2 lit. a und Abs. 3 lit. b). Die Vorschrift sichert damit die Rechtsstellung des Betroffenen gegenüber Übermittlungen von Behörden, indem deren Ermächtigungsgrundlagen eng begrenzt gehalten werden.

IV. Einschränkung der Übermittlung von Daten in Drittländer durch die Mitgliedstaaten (Abs. 5)

Abs. 5 S. 1 erlaubt den Mitgliedstaaten (und der EU) Regelungen zu erlassen, welche die Übermittlung von **60** bestimmten Kategorien personenbezogener Daten in Drittländer aus **wichtigen öffentlichen Gründen** verbieten. Dieses Recht besteht nur dann nicht, wenn die KOM die Angemessenheit des Datenschutzniveaus eines Drittlands gemäß Art. 45 Abs. 3 festgestellt hat: Eine Übermittlung scheidet dann aber nicht nur auf Basis der Ausnahmen des Abs. 1 aus, sondern auch aufgrund geeigneter Garantien nach Art. 46.[142] Dies legt nahe, dass ein Übermittlungsverbot sich auch auf einzelne Drittländer beziehen kann. Gemäß Abs. 5 S. 2 müssen die Mitgliedstaaten solche Übermittlungsverbote gegenüber der KOM notifizieren.

Abs. 5 S. 1 rechtfertigt nur Einschränkungen der Übermittlung in Drittländer; zwischen den Mitgliedstaaten **61** herrscht weiterhin das **Prinzip des freien Datenverkehrs** (Art. 1 Abs. 3). Damit stellt sich aber die Frage, wie wirksam ein Übermittlungsverbot eines Staats ist, wenn die Daten von einem anderen Mitgliedstaat aus in den gleichen Drittstaat möglicherweise problemlos übermittelt werden können. Eine Lösung könnte darin bestehen, dass die anderen Mitgliedstaaten diese Entscheidung berücksichtigen und umsetzen müssten, so dass aufgrund der nationalen Regelung eine Übermittlung aus allen Mitgliedstaaten unzulässig wäre.[143] Dies würde es aber wiederum erforderlich machen, nach dem Herkunftsland der Daten zu unterscheiden, was mit dem Gedanken eines freien Datenverkehrs im Binnenmarkt schwer vereinbar wäre. Damit ist das Problem noch ungelöst.

Artikel 50   Internationale Zusammenarbeit zum Schutz personenbezogener Daten

In Bezug auf Drittländer und internationale Organisationen treffen die Kommission und die Aufsichtsbehörden geeignete Maßnahmen zur

a) Entwicklung von Mechanismen der internationalen Zusammenarbeit, durch die die wirksame Durchsetzung von Rechtsvorschriften zum Schutz personenbezogener Daten erleichtert wird,

b) gegenseitigen Leistung internationaler Amtshilfe bei der Durchsetzung von Rechtsvorschriften zum Schutz personenbezogener Daten, unter anderem durch Meldungen, Beschwerdeverweisungen, Amtshilfe bei Untersuchungen und Informationsaustausch, sofern geeignete Garantien für den Schutz personenbezogener Daten und anderer Grundrechte und Grundfreiheiten bestehen,

c) Einbindung maßgeblicher Interessenträger in Diskussionen und Tätigkeiten, die zum Ausbau der internationalen Zusammenarbeit bei der Durchsetzung von Rechtsvorschriften zum Schutz personenbezogener Daten dienen,

d) Förderung des Austauschs und der Dokumentation von Rechtsvorschriften und Praktiken zum Schutz personenbezogener Daten einschließlich Zuständigkeitskonflikten mit Drittländern.

---

141 Im Ergebnis ebenso BeckOK DatenschutzR/*Lange/Filip* DSGVO Art. 49 Rn. 57 f.
142 Ehmann/Selmayr/*Zerdick* Art. 49 Rn. 19.
143 In diese Richtung Ehmann/Selmayr/*Zerdick* Art. 49 Rn. 19.

Literatur: *Schiedermair, S.*, Data Protection – is there a bridge across the Atlantic?, in: Dörr, D./Weaver, R. L. (Eds.), The Right to Privacy in the Light of Media Convergence, Perspectives from three Continents, 2012, 357; *dies.*, Der Schutz des Privaten als internationales Grundrecht, 2012.

I. Entstehungsgeschichte und Ziel der Vorschrift

1 Der neu eingeführte Art. 50 zur internationalen Zusammenarbeit **verpflichtet** die KOM und die nationalen Aufsichtsbehörden **zur Zusammenarbeit** in Bezug auf **Drittländer** außerhalb der EU sowie in Bezug auf andere **internationale Organisationen**. Die Norm geht auf Art. 45 KOM-E zurück. Die vier Maßnahmen in lit. a–d wurden im Trilog nur unwesentlich verändert (Einfügung des Worts „wirksame" in lit. a auf Initiative des Rats sowie die Ergänzung von lit. d um die Zuständigkeitskonflikte mit Drittländern in Übernahme von Art. 45 lit. da Parl-E). Gestrichen wurde Art. 45 Abs. 2 KOM-E, wonach die KOM im Falle eines Angemessenheitsbeschlusses geeignete Maßnahmen zur Förderung der Beziehungen zum Drittland bzw. der internationalen Organisation ergreifen sollte; der Sache nach dürfte dies aber aus den verabschiedeten lit. a–d ableitbar sein.

2 Die Vorschrift enthält zwar ausweislich ihres Wortlauts eine Verpflichtung der KOM und der Aufsichtsbehörden („treffen...Maßnahmen").[1] Bereits die Formulierung „geeignete" Maßnahmen zeigt aber an, dass diese Verpflichtung einen ganz **erheblichen Handlungsspielraum** für die KOM und für die Behörden lässt.[2] Der KOM obliegt gemäß Art. 17 Abs. 1 S. 6 EUV grundsätzlich die Außenvertretung der EU.[3] Bezüglich der Kompetenz der **KOM** zum Austausch mit Drittstaaten und internationalen Organisationen in Datenschutzfragen spezifiziert Art. 50 daher nur die grundsätzliche Zuständigkeit der KOM. Daneben werden aber auch die **nationalen Aufsichtsbehörden** zur internationalen Zusammenarbeit ermächtigt und verpflichtet.[4]

3 Hinter dieser Verpflichtung zur internationalen Zusammenarbeit in Datenschutzfragen steht die Grundüberlegung, dass Datenschutz im Internetzeitalter notwendigerweise auch international sein muss, wenn er effektiv sein möchte.[5] Diese Idee teilt auch die DSGVO und widmet sich dieser vor allem unter dem Gesichtspunkt des **Rechtsschutzes in Fällen mit internationalem Bezug**. So sieht die DSGVO laut EG 116 S. 1–3 eine erhöhte Gefahr, dass natürliche Personen ihre Datenschutzrechte nicht wahrnehmen können, wenn personenbezogene Daten in ein Land außerhalb der EU übermittelt werden. Mangelndes oder unzureichendes Tätigwerden der Aufsichtsbehörden außerhalb der EU, unzureichende Abhilfebefugnisse, widersprüchliche Rechtsordnungen und Ressourcenknappheit sind weitere Faktoren, welche die DSGVO als Risiken für die Durchsetzung datenschutzrechtlicher Ansprüche betrachtet. Entsprechend EG 116 S. 4 ist es daher ein Anliegen des Verordnungsgebers, die Zusammenarbeit zwischen den Aufsichtsbehörden innerhalb und außerhalb der EU zu fördern, damit Informationen ausgetauscht und gemeinsame Untersuchungen durchgeführt werden können.

4 Die Verpflichtung zur internationalen Zusammenarbeit in Art. 50 bezieht sich zwar ausdrücklich auf Staaten außerhalb der EU und auf andere internationale Organisationen als die EU. Voraussetzung für eine gelungene Zusammenarbeit mit Akteuren außerhalb der EU ist aber zunächst eine Kooperation der KOM mit den Aufsichtsbhörden der Mitgliedstaaten, der Aufsichtsbehörden untereinander und mit dem EDSA; dies wird durch die Art. 60ff. normiert. Ziel der Zusammenarbeit ist es nach EG 116 S. 5 auch, die **internationale Amtshilfe** bei der Durchsetzung von Rechtsvorschriften zum Datenschutz zu **erleichtern**. Dementsprechend nennt lit. a als erstes Ziel der zu treffenden Maßnahmen die Entwicklung von Mechanismen der internationalen Zusammenarbeit zur Erleichterung der Durchsetzung von Datenschutzvorschriften. Hierfür können die KOM und die Behörden sowohl an bestehende Mechanismen anknüpfen als auch neue Mechanismen ins Leben rufen. Die Art.-29-Gruppe, der Vorläufer des EDSA (Art. 68ff.), hat schon teilweise **Initiativen zur internationalen Kooperation** ergriffen.[6] Allerdings verlangt Art. 50 von den Beteiligten, sich zu-

---

1 *Knyrim* in: ders. (Hrsg.), DSGVO, 2016, 253 (277), spricht daher von einem „Arbeitsauftrag an die Kommission und die Aufsichtsbehörden".
2 Plath/*von dem Bussche* DSGVO Art. 50 Rn. 1, sieht daher in der Norm eine bloße „diplomatische Absichtserklärung".
3 Insbes. die GASP bleibt dem Rat vorbehalten, vgl. Art. 17 Abs. 1 S. 6 EUV.
4 Nach Plath/*von dem Bussche* DSGVO Art. 50 Rn. 1 liegt hierin die eigentliche Bedeutung der Norm.
5 Vgl. hierzu etwa *Masing* NJW 2012, 2305 (2309 f.); *Schiedermair*, Der Schutz des Privaten als internationales Grundrecht, 2012, S. 1 f.
6 Etwa das Treffen von Vertretern der Art.-29-Gruppe mit der Asia-Pacific Economic Cooperation (APEC) 2013 in Jakarta, um für in Europa und der Asien-Pazifik Region tätige Unternehmen ein Instrument zur Vereinfachung der Übermittlung personenbezogener Daten zu entwickeln, s. dazu *die Pressemitteilung* der *Art.-29-Gruppe* vom 26.3.2013, http://www.bfdi.bund.de/DE/Europa_International/Internat ional/Artikel/032013_PMArt. 29Gruppe.html.

Schiedermair

mindest um eine gewisse Verstetigung oder sogar um eine Institutionalisierung der Kooperation zu bemühen.

II. Internationale Zusammenarbeit

Auf internationaler Ebene exitieren bereits zahlreiche Foren zur Zusammenarbeit und zum Austausch in Datenschutzsachen. An diese können Aktivitäten nach Art. 50 anknüpfen und sie ausbauen. Allerdings hat die Norm eine andere Zielrichtung, weil sie neben der KOM als „normalem" Außenvertreter der Union auch die Aufsichtsbehörden erfasst, die in den bisherigen institutionalisierten Kooperationen normalerweise nicht mitwirken. Dementsprechend sind zur Erfüllung des Auftrags aus Art. 50 neue Instrumente der Zusammenarbeit zu entwickeln. Allerdings bleibt es im völkerrechtlichen Außenverhältnis bei der Verantwortlichkeit der Staaten für das Handeln ihrer Aufsichtsbehörden. Insofern werden sich die Bundesregierung und die Aufsichtsbehörden gegebenenfalls abstimmen müssen, wer im Außenverhältnis für die Bundesrepublik handeln darf.

Die **OECD**, die mit ihren am 23.9.1980 vom Ministerrat der OECD verabschiedeten Datenschutz-Leitlinien das erste internationale Dokument zum Datenschutz entwickelt hat,[7] befasste sich schon früh mit Datenschutzfragen. Die Leitlinien sind als solche unverbindlich, viele Grundideen und Formulierungen aus den Leitlinien sind aber weltweit in die nationale Datenschutzgesetzgebung eingeflossen.[8] Auch die Leitlinien der Vereinten Nationen wurden von den Leitlinien der OECD maßgeblich mitbeeinflusst. Die OECD bietet ihren Mitgliedern ein Forum, in dem die in der Organisation vertretenen Industriestaaten vor allem wirtschaftliche Fragen diskutieren können.[9] Der Datenschutz wird daher bei der OECD tendenziell unter einem ökonomischen Blickwinkel diskutiert.

Demgegenüber verfolgen die **Vereinten Nationen**, die sich auf globaler Ebene ebenfalls mit dem Datenschutz befassen, einen menschenrechtlich orientierten Ansatz in Datenschutzfragen. Die Vereinten Nationen knüpfen an den Schutz des Privaten aus Art. 17 IPbpR an, wovon nach der vom UN-Menschenrechtsausschuss vorgenommenen dynamischen Auslegung auch der Datenschutz mitumfasst ist.[10] Die UNO hat mit einer Resolution der Generalversammlung vom 14.12.1990 ebenfalls Leitlinien zum Datenschutz geschaffen.[11] Darüber hinaus ruft die UNO immer wieder Kommunikationsforen zum Datenschutz ins Leben, um den internationalen Austausch in Datenschutzfragen zu fördern.[12] Sowohl bei der OECD als auch bei der UNO bestehen für die KOM und die Aufsichtsbehörden somit vielfältige Möglichkeiten, die durch Art. 50 geforderte Zusammenarbeit zu vertiefen.

Auf der regionalen Ebene war der **Europarat** eine der ersten internationalen Organisationen, die sich intensiv mit dem Datenschutz befasst und mit der Datenschutzkonvention auch den ersten verbindlichen internationalen Vertrag zum Datenschutz vorgelegt hat (→ Einl. Rn. 111ff.). Allerdings hat der Europarat seine Vorreiterrolle in Datenschutzfragen mittlerweile an die EU abgegeben (→ Einl. Rn. 116ff.).

III. Kooperationspartner und Mechanismen der Zusammenarbeit

1. Kooperationspartner. Art. 50 verpflichtet zur Zusammenarbeit mit Drittländern und internationalen Organisationen. Die wichtigsten Organisationen sind diejenigen, die bereits institutionelle Foren zum Datenschutz haben (→ Rn. 5ff. → Einl. Rn. 92ff., also OECD, Vereinte Nationen und Europarat. In diesen Foren findet zugleich auch eine Zusammenarbeit mit Drittländern statt. Vielfach wird der Austausch mit diesen Ländern aber auch bi- oder multilateral erforderlich sein, weil Organisationen wie die OECD bestimmte Verfahrensabläufe und Themen vorgeben, die im Einzelfall nicht hinreichend sein werden. In derartigen Fällen sind KOM und Aufsichtsbehörden aufgefordert, den direkten Austausch zumindest mit solchen Drittländern zu suchen, die wie die USA einen erheblichen Einfluss auf die Verarbeitung personenbezogener Daten von in der Union ansässigen betroffenen Personen haben.

2. Mechanismen (lit. a–d). Um den Auftrag aus Art. 50 zu erfüllen, sollen die KOM und die Aufsichtsbehörden Informationen austauschen und mit den zuständigen Behörden der Drittländer und den Organen der internationalen Organisationen gemäß dem völkerrechtlichen Grundsatz der Gegenseitigkeit zusam-

---

7 *OECD*, Guidelines on the Protection of Privacy and Transborder Flows of Personal Data, https://www.oecd.org/sti/ieconomy/oecdguid elinesontheprotectionofprivacyandtransborderflowsofpersonaldata.htm.

8 Vgl. *Schiedermair*, Der Schutz des Privaten als internationales Grundrecht, 2012, S. 150 f.

9 S. hierzu *Schiedermair*, Der Schutz des Privaten als internationales Grundrecht, 2012, S. 152ff.

10 Ausführlich hierzu *Schiedermair*, Der Schutz des Privaten als internationales Grundrecht, 2012, S. 67ff.

11 UN-Res. 45/95, Guidelines for the Regulation of Computerized Personal Data Files v. 14.12.1990, http://www.un.org/documents/ga/res /45/a45r095.htm. Ausführlich zu den Leitlinien *Schiedermair*, Der Schutz des Privaten als internationales Grundrecht, 2012, S. 118ff.

12 Vgl. hierzu *Schiedermair*, Der Schutz des Privaten als internationales Grundrecht, 2012, S. 130ff.

menarbeiten (EG 116 S. 5). Dabei stehen der KOM und den Aufsichtsbehörden eine **Vielzahl an Mechanismen** zur Verfügung; lit. a–d listen ausdrücklich verschiedene einzelne Aufträge auf:

- die Schaffung von **Mechanismen** der internationalen Zusammenarbeit (lit. a). Dies bezieht sich explizit auf die wirksame Durchsetzung von Rechtsvorschriften zum Schutz personenbezogener Daten (also nicht nur die DSGVO). Ein solcher Mechanismus könnte die institutionalisierte Zusammenarbeit zur Unterstützung betroffener Personen hinsichtlich ihrer Betroffenenrechte sein.[13]
- die Leistung internationaler **Amtshilfe** bei der Durchsetzung von Rechtsvorschriften (lit. b). Während die Amtshilfe innerhalb der Union va in Art. 61 sowie in Art. 52 Abs. 4, Art. 57 Abs. 1 lit. g und Art. 60 Abs. 2 geregelt ist, geht es hier um die Amtshilfe jenseits der Grenzen der EU. Lit. b nennt – nicht abschließend – spezifische Mechanismen der Amtshilfe und formuliert zwei Voraussetzungen für sie. Zum einen muss es sich um eine „gegenseitige" Leistung von Amtshilfe handeln. Dies entspricht den international üblichen Verpflichtungen zur Amtshilfe, die grundsätzlich nach dem völkerrechtlichen Reziprozitätsprinzip funktionieren. Zum anderen verlangt lit. b geeignete Garantien für den Schutz der Daten sowie der Grundrechte und Grundfreiheiten. Dahinter steht der Gedanke, dass gerade im Rahmen der Amtshilfe personenbezogene Daten in Drittländer gelangen können (etwa, wenn eine ausländische Aufsichtsbehörde eine Untersuchung in der Union durch eine Aufsichtsbehörde erbittet und das Ergebnis in das Drittland übermittelt werden soll). Dies darf nach der Vorschrift nicht dazu führen, dass die Rechte der betroffenen Person verletzt werden.[14]
- die **Einbindung der Interessenträger** in Diskussionen und Tätigkeiten, die zum Ausbau der internationalen Zusammenarbeit dienen (lit. c). Der Begriff der „Interessenträger" ist denkbar weit und schließt etwa Verbraucherschutzorganisationen, private Verantwortliche und Auftragsverarbeiter (oder deren Organisationen, etwa Wirtschaftsverbände), aber auch staatliche Datenverarbeiter mit ein. Denkbar ist auch die Zusammenarbeit mit sonstigen Akteuren, die nach der DSGVO wichtige Funktionen ausüben (etwa Berufsverbände von Datenschutzbeauftragten oder Zertifizierungsstellen).
- sowie die **Förderung des Austauschs und der Dokumentation** von Rechtsvorschriften und Praktiken zum Datenschutz (lit. d). Ein solcher Austausch sollte institutionalisiert erfolgen, damit die Aktualität der ausgetauschen Dokumente gewährleistet ist. Lit. d nennt ausdrücklich Informationen zu Zuständigkeitskonflikten, die im Rahmen des durch Art. 3 Abs. 2 erweiterten räumlichen Anwendungsbereichs, aber auch aufgrund der Regeln zur Drittlandübermittlung in Art. 44 mutmaßlich eine größere Bedeutung als bisher erlangen werden. Informationen hierüber sind insbes. für grenzüberschreitend agierende Unternehmen von erheblicher Bedeutung.

11 **3. Umsetzung der Handlungspflichten.** Die vier Aufträge in lit. a–d haben zwar unterschiedliche Stoßrichtungen, sind jedoch nicht als voneinander losgelöste Arbeitsschritte zu betrachten, sondern werden durch Mechanismen umgesetzt, die häufig mehreren der genannten Ziele dienen. Dies gilt etwa für den internationalen Austausch zwischen Datenschutz-Experten aus Wissenschaft und Praxis sowie zwischen Politikern, der nicht nur den Austausch und die Dokumentation fördert, sondern zugleich auch auf die Schaffung von Mechanismen einer effektiveren internationalen Zusammenarbeit mit dem Ziel einer besseren Rechtsdurchsetzung im Datenschutz gerichtet ist. Der Austausch erfolgt beispielsweise auf internationalen Fachkonferenzen oder politischen Foren. Eine wichtige Rolle als weltweites Datenschutz-Forum spielt die **Internationale Datenschutzkonferenz**, die 2016 zum 38. Mal stattfand und sich ua mit den Auswirkungen digitaler Technologien auf den Datenschutz befasste.[15] Auf der Konferenz wurde auch eine neue Arbeitsgruppe eingerichtet, die den internationalen Datenschutz effizienter organisieren soll. Die deutsche BfDI wird sich an der Arbeitsgruppe beteiligen. Die an der Konferenz teilnehmenden Mitglieder verabschiedeten außerdem eine Entschließung zur Weiterentwicklung der internationalen Zusammenarbeit der Aufsichtsbehörden.[16] Diese Entwicklung ist ganz iSd Art. 50.

IV. Ausblick: Hürden für die Zusammenarbeit

12 Allerdings trifft die **internationale Zusammenarbeit in Datenschutzsachen** auf nicht unerhebliche **Hürden**. Die in höchstem Maße divergenten Regelungen zum Datenschutz in den Staaten weltweit – wenn denn überhaupt Regelungen bestehen – machen bereits den Diskurs in Datenschutzfragen zu einer Herausforderung. Schon die Zusammenarbeit zwischen der EU und den USA erweist sich in Datenschutzangelegenhei-

---

13 S. Kühling/Buchner/*Schröder* Art. 50 Rn. 6; Beispiele für Mechanismen bei Auernhammer/*Zufall* DSGVO Art. 50 Rn. 7ff.
14 Paal/Pauly/*Pauly* Art. 50 Rn. 5.
15 S. dazu die Pressemitteilung der *BfDI* vom 1.11.2016, http://www.bfdi.bund.de/DE/Infothek/Pressemitteilungen/2016/17_IDSKWillZus ammenarbeitStaerken.html?nn=5217154.
16 Vgl. https://icdppc.org/wp-content/uploads/2015/02/7._resolution_on_international_enforcement_cooperation.pdf.

ten als schwierig.[17] Das wurde im Schrems-Urteil des EuGH vom 6.10.2015 deutlich, in dem dieser die Entscheidung der KOM für ungültig erklärt hat, dass ein Datentransfer in die Vereinigten Staaten von Amerika auf der Basis des sog Safe-Harbor-Agreements erfolgen kann, weil dieses mangels verfahrensrechtlicher Absicherungen nicht dafür Sorge trägt, dass ein angemessenes Niveau angenommen werden kann.[18] Die zwischen den USA und der EU im Datenschutz zutage tretenden Divergenzen geben einen Eindruck davon, wie schwer internationale Einigungen in Datenschutzfragen zu erlangen sind – vor allem, wenn konkrete Regelungen getroffen werden sollen und es nicht nur um die Formulierung allgemeiner, unverbindlicher Grundsätze geht. Verstetigtere Formen der Zusammenarbeit zum Zweck einer besseren Durchsetzung datenschutzrechtlicher Vorschriften, wie sie Art. 50 als Zielvorgabe formuliert, sind realistischerweise nur zwischen Staaten mit nicht vollkommen divergenten datenschutzrechtlichen Vorgaben denkbar und sinnvoll. Ein weltweit verbindlicher völkerrechtlicher Vertrag zum Datenschutz, etwa eine Erweiterung des nur für die Mitgliedstaaten des Europarats geltenden Datenschutzabkommens des Europarats, stellt daher zwar theoretisch einen zweckdienlichen Rechtsmechanismus dar, begegnet aber in der Praxis gravierenden Hindernissen.

---

17 Zu Unterschieden zwischen der EU und den USA im Datenschutz vgl. *Schiedermair* in: Dörr/Weaver (Eds.), The Right to Privacy in the Light of Media Convergence, Perspectives from three Continents, 2012, 357ff.
18 EuGH C-362/14, EuZW 2015, 881 (886f. Rn. 79–98) – Schrems. Der EuGH ging angesichts der besonderen Bedeutung des in Art. 8 GRC verankerten Datenschutzes von einem eingeschränkten Wertungsspielraum der KOM aus und nahm folglich eine strikte Kontrolle vor, vgl. ebd., Rn. 78.

Artikel 51 Aufsichtsbehörde

(1) Jeder Mitgliedstaat sieht vor, dass eine oder mehrere unabhängige Behörden für die Überwachung der Anwendung dieser Verordnung zuständig sind, damit die Grundrechte und Grundfreiheiten natürlicher Personen bei der Verarbeitung geschützt werden und der freie Verkehr personenbezogener Daten in der Union erleichtert wird (im Folgenden „Aufsichtsbehörde").

(2) [1]Jede Aufsichtsbehörde leistet einen Beitrag zur einheitlichen Anwendung dieser Verordnung in der gesamten Union. [2]Zu diesem Zweck arbeiten die Aufsichtsbehörden untereinander sowie mit der Kommission gemäß Kapitel VII zusammen.

(3) Gibt es in einem Mitgliedstaat mehr als eine Aufsichtsbehörde, so bestimmt dieser Mitgliedstaat die Aufsichtsbehörde, die diese Behörden im Ausschuss vertritt, und führt ein Verfahren ein, mit dem sichergestellt wird, dass die anderen Behörden die Regeln für das Kohärenzverfahren nach Artikel 63 einhalten.

(4) Jeder Mitgliedstaat teilt der Kommission bis spätestens 25. Mai 2018 die Rechtsvorschriften, die er aufgrund dieses Kapitels erlässt, sowie unverzüglich alle folgenden Änderungen dieser Vorschriften mit.

Literatur: *Gola P./Schomerus R.*, Die Organisation der staatlichen Datenschutzkontrolle in der Privatwirtschaft, ZRP 2000, 183; *Härting, N.*, Datenschutz-Grundverordnung, DSRITB 2012, 687; *Kühling, J./Martini, M.*, Die Datenschutz-Grundverordnung: Revolution oder Evolution im europäischen und deutschen Datenschutzrecht?, EuZW 2016, 448; *v. Lewinski, K.*, Datenschutzaufsicht in Europa als Netzwerk, NVwZ 2017, 1483; *Szydlo, M.*, Principles underlying independence of national data protection authorities, 50 CMLR (2013) , 1809; *Tinnefeld, M-T.*, Europas Datenschutz unter Reformdruck, ZD 2012, 301.

I. Grundlagen und Entstehungsgeschichte

1 Aufsichtsbehörden im Sinne von Abs. 1 sind nach Maßgabe von Art. 4 Nr. 21 (→ Art. 4 Rn. 1) von einem Mitgliedstaat eingerichtete unabhängige staatliche Stellen, die einerseits für die Kontrolle der öffentlichen Stellen, andererseits für eine Überwachung der **nichtöffentlichen Stellen** zuständig sind. In einem Mitgliedstaat können nach Abs. 1 auch mehrere Aufsichtsbehörden Zuständigkeiten haben, was auch in Art. 68 Abs. 4 zum Ausdruck kommt. Allerdings muss dann nach Abs. 3 in jenem Mitgliedstaat geregelt werden, welche Aufsichtsbehörde die Vertretung im EDSA übernimmt.[1] Für die deutschen Aufsichtsbehörden ist hierbei § 17 BDSG nF maßgebend.

2 Die Existenz unabhängiger Datenschutzaufsichtsbehörden wird vom EuGH als bedeutsame Voraussetzung für die effektive Kontrolle datenschutzrechtlicher Vorgaben angesehen.[2] Dies ist schon zuvor vom BVerfG für das nationale Recht herausgearbeitet worden: Ein effektiver Schutz des Rechts auf informationelle Selbstbestimmung nach Art. 1 Abs. 1 GG iVm Art. 2 Abs. 1 GG bedarf ergänzender organisatorischer und verfahrensrechtlicher Vorkehrungen, welche der Gefahr einer **Verletzung des Persönlichkeitsrechts** entgegenwirken.[3] Hervorgehoben wird, dass wegen der für den Bürger bestehenden Undurchsichtigkeit der Speicherung und Verwendung personenbezogener Daten im Zusammenhang mit automatisierten Datenverarbeitungen und im Interesse eines vorgezogenen Rechtsschutzes durch rechtzeitige Vorkehrungen die Beteili-

---

1 *Kühling/Martini* EuZW 2016, 448 (453).
2 EuGH C-518/07, NJW 2010, 1265, Rn. 17ff.; EuGH C-614/10, ZD 2012, 563, Rn. 40ff.; EuGH C-288/12, ZD 2014, 301, Rn. 47ff.; EuGH C-362/14, ZD 2015, 549, Rn. 40ff. – Safe Harbor. Zu dieser EuGH-Rechtsprechung s. auch *Szydlo* 50 CMLR 2013, 1809.
3 BVerfGE 65, 1 (44, 46).

gung unabhängiger Datenschutzbeauftragter von erheblicher Bedeutung ist.[4] In der DSGVO wird das entsprechende Schutzkonzept aufgegriffen, indem für die interne Kontrolle von Verantwortlichen und Auftragsverarbeitern Datenschutzbeauftragte nach Art. 37 benannt werden sollen und für die externe, staatliche Kontrolle nach Abs. 1 unabhängige Behörden zuständig sind.

Das Bestehen einer unabhängigen Datenschutzaufsicht ist durch das primäre **Unionsrecht** vorgegeben. 3
Nach Art. 16 Abs. 2 AEUV erlassen das EP und der Rat gemäß dem ordentlichen Gesetzgebungsverfahren Vorschriften über den Schutz natürlicher Personen bei der Verarbeitung personenbezogener Daten durch die Organe, Einrichtungen und sonstigen Stellen der Union sowie durch die Mitgliedstaaten im Rahmen der Ausübung von Tätigkeiten, die in den Anwendungsbereich des Unionsrechts fallen, und über den freien Datenverkehr. Die Einhaltung dieser Vorschriften wird von unabhängigen Behörden überwacht; dies gibt auch Art. 8 Abs. 3 GRCh vor.

Mit den Aufsichtsbehörden für den Datenschutz besteht eine eigenständige staatliche Institution, die für die 4
Einhaltung der Vorschriften zuständig ist. Vor Geltung der DSRL wurde noch höchst kontrovers diskutiert, ob eine unabhängige aufsichtsbehördliche Kontrolle erforderlich ist, oder ob vielmehr eine Selbstkontrolle durch die Verantwortlichen ausreicht.[5] Mit Inkrafttreten der DSRL wurde mit dem Ziel einer Harmonisierung des europäischen Datenschutzrechts zwar der Weg für eine unabhängige staatliche Aufsicht frei; in Art. 28 Abs. 1 DSRL wurde vorgesehen, dass die Mitgliedstaaten eine oder mehrere öffentliche Stellen beauftragen, die Anwendung der von den Mitgliedstaaten zur Umsetzung dieser Richtlinie erlassenen einzelstaatlichen Vorschriften in ihrem Hoheitsgebiet zu überwachen (→ Art. 63 Rn. 6). Allerdings entwickelten sich die Positionen der europäischen Datenschutzbehörden, bedingt durch die geschichtliche Entwicklung, die Rechtsprechung, Kultur und interne Organisation in den Mitgliedstaaten, sehr unterschiedlich.[6] Ua die Art.-29-Gruppe kritisierte, dass die DSRL in einigen Mitgliedstaaten bis zu einem gewissen Grad schlecht umgesetzt wurde. So waren etwa **die Befugnisse der Aufsichtsbehörden** in den einzelnen Mitgliedstaaten sehr unterschiedlich ausgestaltet.[7] Demgegenüber sind nunmehr die differenzierten Regelungen, die gesteigerte Verbindlichkeit und die konkretisierten Aufgaben und Befugnisse einschließlich der Vorgaben zur Ausgestaltung der nationalen Aufsichtsbehörden ein deutliches Signal dafür, dass der Verordnungsgeber die Aufsichtsbehörden nunmehr im System des Datenschutzrechts mit hoher Aufmerksamkeit geregelt und ihnen eine wichtige Rolle zugewiesen hat.[8]

Erheblichen Streit hat die Ausgestaltung der Aufsichtsbehörden unter dem Merkmal der „Unabhängigkeit" 5
ausgelöst. Ua von der Art.-29-Gruppe wurde ins Feld geführt, dass Art. 28 DSRL teils unklar formuliert und für die Datenschutzbehörden ein präziser und (neuer) Rechtsrahmen erforderlich sei. Dieser Rechtsrahmen erfordere eine vollumfängliche institutionelle Unabhängigkeit der Aufsichtsbehörden, wonach diese keiner anderen Regierungsbehörde unterstehen dürfen. Ferner müsse eine funktionale Unabhängigkeit vorliegen, wonach die Aufsichtsbehörden keinen Anweisungen oder Kontrollen in Bezug auf die Art und den Umfang ihrer Tätigkeiten unterliegen. Schließlich müsse eine finanzielle Unabhängigkeit bestehen. Den Aufsichtsbehörden müssen angemessene eigene Ressourcen zugewiesen sein, um die gesetzlichen Aufgaben mit eigenem Personal zu erfüllen.[9] Dieser Streit ist durch die Rechtsprechung des EuGH jedenfalls teilweise beendet worden (→ Art. 52 Rn. 6ff.).

Die in Abs. 2 S. 2 genannte Zusammenarbeit der Aufsichtsbehörden mit der KOM als Beitrag zur einheitli- 6
chen Anwendung der DSGVO wurde im Zusammenhang mit der Schaffung einer tragfähigen Schlussfassung teilweise als kritikwürdig betrachtet. Dies wurde im Hinblick auf die Einflussmöglichkeiten der KOM auf das **Kohärenzverfahren** so vertreten.[10] Moniert wurde auch, dass die Deutungshoheit für wichtige datenschutzrechtliche Begrifflichkeiten möglicherweise nicht beim EDSA liegt, sondern vielmehr bei der KOM.[11]

Das Erfordernis einer unabhängigen Kontrollstelle wird nach Art. 41 Abs. 2 DSVO 45/2001/EG auch für 7
den EDSB normiert, der seine Überwachungsaufgaben im Rahmen der Verarbeitung personenbezogener Daten durch Organe oder Einrichtungen der Gemeinschaft wahrnimmt. Im Rahmen des Kohärenzverfahrens ist der EDSB auch in die Tätigkeit der Aufsichtsbehörden einbezogen.

Die Unabhängigkeit der Datenschutzaufsicht und ihre Funktion wird durch die Tätigkeit der deutschen 8
Verbraucherzentralen nicht beeinträchtigt. Die Verbraucherzentralen leisten einen wichtigen Beitrag zur

---

4 BVerfGE 65, 1 (43 f); *Gola/Schomerus* ZRP 2000, 183 (184).
5 S. dazu Kühling/Buchner/*Boehm* Art. 51 Rn. 4.
6 Paal/Pauly/*Körffer* Art. 51 Rn. 1.
7 *Art.-29-Gruppe*, WP168, S. 25.
8 Vgl. auch BeckOK DatenschutzR/*Schneider* DSGVO Art. 51 Rn. 3; Sydow/*Ziebarth* DSGVO Art. 51 Rn. 1 f.
9 *Art.-29-Gruppe*, WP168 S. 26.
10 *Härting* DSRITB 2012, 687 (694).
11 *Tinnefeld* ZD 2012, 301 (302).

Prüfung von Zuwiderhandlungen gegen Verbraucherschutzgesetze, wozu seit einiger Zeit auch Normen zählen, welche die Verarbeitung personenbezogener Daten durch einen Unternehmer betreffen, § 2 Abs. 2 Nr. 11 UKlaG. Eine Beteiligung der Aufsichtsbehörden in den gerichtlichen Verfahren wird über § 12 a UKlaG sichergestellt, indem diese vor einer gerichtlichen Entscheidung anzuhören sind. Weiterhin wird die Unabhängigkeit der Aufsichtsbehörden nicht durch die Tätigkeit der Stiftung Datenschutz, einer Stiftung bürgerlichen Rechts mit Sitz in Leipzig, tangiert. Nach der Stiftungssatzung besteht der Zweck der Stiftung darin, die Belange des Datenschutzes insbes. durch die Entwicklung eines Datenschutzaudits, die Stärkung des Bildungssektors, die Verbesserung des Selbstdatenschutzes durch Aufklärung und die Prüfung von Produkten und Dienstleistungen auf ihre Datenschutzfreundlichkeit hin zu fördern. Die Aufsichtsbehörden können unabhängig davon ihre Aufgaben und Befugnisse nach → Art. 57 und → Art. 58 wahrnehmen.

II. Bedeutung und Aufgaben der Aufsichtstätigkeit (Abs. 1, 2)

9   **1. Überwachungsaufgabe (Abs. 1).** Nach Abs. 1 sind die Mitgliedstaaten verpflichtet, unabhängige Aufsichtsbehörden einzurichten. Abs. 1 normiert überdies deren grundsätzliche Aufgabe, nämlich die Überwachung der Anwendung der Verordnung. Auch EG 117 bestätigt noch einmal den Schutz natürlicher Personen bei der Verarbeitung personenbezogener Daten als Aufgabe der Datenschutzaufsichtsbehörden.[12] Die Aufsichtsbehörden sind dafür zuständig, im eigenen Hoheitsgebiet ihre Befugnisse auszuüben und ihre Aufgaben zu erfüllen (EG 122). Dabei dient die Überwachung der Einhaltung der Bestimmungen der DSGVO der einheitlichen Rechtsanwendung in der gesamten Union. Zu diesem Zweck arbeiten die Datenschutzaufsichtsbehörden untereinander und mit der KOM zusammen (EG 123).

10 Überdies wird die Zielrichtung dieser Überwachungstätigkeit normiert: Sie bezieht sich auf den Schutz der Grundrechte und Grundfreiheiten natürlicher Personen bei der Verarbeitung ihrer personenbezogenen Daten. Dieser Schutzzweck wird auch aus Art. 1 Abs. 2 ersichtlich.[13]

11 Mit den Grundrechten werden im Kern Art. 7 und 8 GRCh erfasst. Speziell nach Art. 8 Abs. 1 und 2 GRCh hat jede Person das Recht auf Schutz der sie betreffenden personenbezogenen Daten, wobei eine Datenverarbeitung nach Treu und Glauben für konkret festgelegte Zwecke auf Grundlage einer Einwilligung oder einer sonstigen gesetzlich geregelten legitimierenden Grundlage erfolgen muss. Ferner bestehen für eine betroffene Person vor allem **Auskunfts- und Berichtigungsrechte.** Aus den Art. 7 und 8 der GRCh wird in der Rechtsprechung auch ein Recht auf Löschung hergeleitet.[14] Gemäß Art. 8 Abs. 3 der GRCh wird die Einhaltung dieser Vorschriften von einer unabhängigen Stelle überwacht. Art. 8 der GRCh stellt gegenüber Art. 7 der GRCh zwar möglicherweise eine Spezialregelung dar. Die beiden Grundrechte können jedenfalls durchaus nebeneinander zur Anwendung kommen, wenn etwa die Achtung der Privatsphäre im Focus steht.[15] Artt. 7 und 8 der GRCh kamen auch parallel zur Anwendung, als ein **Suchmaschinenbetreiber** verpflichtet wurde, eine personenbezogene Information nicht mehr im Rahmen einer Ergebnisliste der Öffentlichkeit zur Verfügung zu stellen.[16] Für den Fall eines unbeschränkten Zugriffs auf Kommunikationsinhalte wurde in einem Fall hingegen allein Art. 7 der GRCh als einschlägig betrachtet.[17]

12 Die Aufsichtsbehörden werden bei der Wahrnehmung ihrer Überwachungsaufgaben auch prüfen, ob **Grundrechte anderer natürlicher und juristischer Personen** beachtet werden müssen. In Betracht kommen vor allem die Berufsfreiheit, die unternehmerische Freiheit und das Eigentumsrecht, Art. 15–17 der GRCh. Gemäß Art. 52 Abs. 1 der GRCh muss jede Einschränkung der Ausübung der in der Charta anerkannten Rechte und Freiheiten gesetzlich vorgesehen sein und den Wesensgehalt dieser Rechte und Freiheiten achten. Unter Wahrung des Grundsatzes der Verhältnismäßigkeit dürfen Einschränkungen nur vorgenommen werden, wenn sie notwendig sind und den von der Union anerkannten, dem Gemeinwohl dienenden Zielsetzungen oder den Erfordernissen des Schutzes der Rechte und Freiheiten anderer tatsächlich entsprechen.

13 Nach Abs. 1, Art. 1 Abs. 2 umfasst die Überwachungsaufgabe auch den Schutz der **Grundfreiheiten natürlicher Personen** bei der Verarbeitung von deren personenbezogenen Daten. Umfasst ist davon der gesamte Binnenmarkt. Dieser bezieht sich auf die Zollunion, die sich auf den gesamten Warenverkehr erstreckt, Art. 28, 30ff. AEUV, die Personenfreizügigkeit mit der allgemeinen Bewegungs- und Aufenthaltsfreiheit nach Art. 21 AEUV, der Arbeitnehmerfreizügigkeit nach Art. 45 AEUV und der Niederlassungsfreiheit nach Art. 49 AEUV, ferner die Dienstleistungsfreiheit nach Art. 56ff. AEUV sowie die Freiheit des Kapital- und

---

12 Paal/Pauly/*Körffer* Art. 51 Rn. 2.
13 BeckOK DatenschutzR/*Schneider* DSGVO Art. 51 vor Rn. 1, Rn. 7 kritisiert einen institutionellen Bias zugunsten von Datenschutzbelangen ggüb. dem freien Datenverkehr; aA Sydow/*Ziebarth* Art. 51 Rn. 20, der die „einseitige Aufgabenzuweisung" befürwortet.
14 EuGH C-131/12, NJW 2014, 2257 (2264).
15 EuGH C-291/12, NVwZ 2014, 435 (438).
16 EuGH C-131/12, NJW 2014, 2257 (2264).
17 EuGH C-362/14, MMR 2015, 753 (759).

Zahlungsverkehrs nach den Artt. 63ff. AEUV. Denkbar ist etwa, dass die betroffene Person zum Schutz ihrer Grundfreiheiten die Rechte nach Kapitel III ausüben möchte. Die Aufsichtsbehörde ermöglicht in diesem Fall mit der Überwachung der Anwendung der DSGVO, dass zum Beispiel Rechte auf Auskunft, Berichtigung, Löschung, Einschränkung oder Datenübertragbarkeit gewahrt werden. Den Schutz der Grundfreiheiten hatte bereits der EU-Richtliniengeber in Art. 1 Abs. 1 DSRL aufgenommen.

Die Beschränkung und Untersagung des **freien Verkehrs personenbezogener Daten** zwischen den Mitgliedstaaten aus Gründen des Schutzes der Grundrechte und Grundfreiheiten natürlicher Personen wurde bereits in Art. 1 Abs. 2 DSRL ausgeschlossen. Die Kontrolle der Einhaltung dieser Vorgabe zählte aber nicht zum Aufgabenspektrum der Aufsichtsbehörden. Neu ist in Abs. 1 nun auch die Aufgabe der Aufsichtsbehörden, die Erleichterung des freien Verkehrs personenbezogener Daten in der Union zu überwachen und somit den Anforderungen eines einheitlichen Markts Rechnung zu tragen. Erleichterungen werden vor allem mit einer einheitlichen Anwendung der DSGVO durch die Aufsichtsbehörden gewährleistet. Den Verantwortlichen und Auftragsverarbeitern dürfen etwa keine Standortnachteile entstehen, die infolge der Verarbeitung in einem bestimmten Mitgliedstaat durch eine unterschiedliche Rechtsanwendung ausgelöst würden. Dabei werden die Aufsichtsbehörden eine einheitliche Rechtsanwendung fördern, indem Abstimmungen zu rechtlichen Positionen in Arbeitskreisen auf europäischer Ebene stattfinden und die Rechtsprechung in den einzelnen Mitgliedstaaten bei den Erörterungen Berücksichtigung findet, vor allem aber durch das Kohärenzverfahren (Art. 63ff.). **14**

2. Einheitliche Anwendung und Zusammenarbeit (Abs. 2). a) Beitrag zur einheitlichen Anwendung (Abs. 2 S. 1). Die Aufsichtsbehörden der Mitgliedstaaten sind nach Abs. 2 S. 1 verpflichtet, einen Beitrag zur einheitlichen Anwendung der DSGVO in der Union zu leisten. Durch die Formulierung „einen Beitrag" wird zudem deutlich gemacht, dass die Aufsichtsbehörden nicht nur zu Duldung, sondern auch zu aktivem Tun im Sinne der Zusammenarbeit und der Durchsetzung verpflichtet sind. **15**

Laut EG 129 betrifft die einheitliche Anwendung der DSGVO zunächst deren einheitliche Überwachung und Durchsetzung. Damit wird den Aufsichtsbehörden aufgegeben, den Zielen der DSGVO, dem Vollzugsdefizit, das sich auch aus der unterschiedlichen Anwendung und Durchsetzung der DSRL ergeben hatte, auf der Grundlage der Vorschriften der DSGVO abzuhelfen. **16**

Die einheitliche Anwendung der DSGVO bezieht sich zudem auf die Gewährleistung einer **einheitlichen Rechtsanwendung.** Hierzu dient das Kohärenzverfahren (Art. 63ff.), dessen Einleitung nach EG 135 schon dann erfolgen soll, wenn der Erlass einer Maßnahme durch eine Aufsichtsbehörde beabsichtigt ist, die rechtliche Wirkungen in Bezug auf Verarbeitungsvorgänge entfalten soll, die für eine bedeutende Zahl betroffener Personen in mehreren Mitgliedstaaten erhebliche Auswirkungen haben. **17**

Die Verpflichtung, einen Beitrag zur einheitlichen Anwendung zu leisten, erstreckt sich auch auf die Vollstreckung; der Begriff der „Anwendung" ist insoweit weit zu lesen. **18**

b) Zusammenarbeit (Abs. 2 S. 2). Verwiesen wird in Abs. 2 S. 2 auf das Kapitel zur **Zusammenarbeit und Kohärenz** nach den Art. 60ff. Damit bezieht sich die Vorschrift auf die Zusammenarbeit der federführenden Aufsichtsbehörde und den anderen betroffenen Aufsichtsbehörden, die **gegenseitige Amtshilfe,** gemeinsame Maßnahmen der Aufsichtsbehörden, die Durchführung des **Kohärenzverfahrens** und die Zusammenarbeit im EDSA (→ Art. 65 Rn. 14). Zudem wird hier auch die Zusammenarbeit mit der KOM angesprochen. **19**

Während Art. 60 die Zusammenarbeit mit konkreten Vorschriften näher bestimmt, ist Abs. 2 S. 1 als allgemeine Kooperationspflicht ausgestaltet (→ Art. 65 Rn. 16). Die Vorschrift beinhaltet damit ein über die Vorschriften der Kohärenz oder des One-Stop-Shops hinausgehendes Kooperationsgebot. **20** Konkret sollen die zur Umsetzung dieser Verpflichtung notwendigen Untersuchungs-, Abhilfe-, Sanktions-, Genehmigungs- und Beratungsbefugnisse in Übereinstimmung mit den geeigneten Verfahrensgarantien nach dem Unionsrecht und dem Recht der Mitgliedstaaten unparteiisch, gerecht und innerhalb einer angemessenen Frist und auf der Basis des Abs. 2 S. 1 in kooperativer Weise ausgeübt werden (→ Art. 65 Rn. 16; → Art. 66 Rn. 14). Ein **fristgemäßes Tätigwerden** ist etwa im Rahmen des Umgangs mit Beschlussentwürfen einer federführenden Aufsichtsbehörde nach Art. 60 Abs. 3, 5 und 6 von Bedeutung. Weiterhin zählt zu den Verpflichtungen der Aufsichtsbehörden die Prüfung, ob einzelne Maßnahmen geeignet, erforderlich und angemessen sind und dass die angeschriebenen Verantwortlichen und Auftragsverarbeiter vor dem Erlass einer Maßnahme angehört werden. Gemäß EG 129 sind auch überflüssige Kosten und übermäßige Unannehmlichkeiten für die Betroffenen zu vermeiden. Rechtsverbindliche Maßnahmen sollten schriftlich erlassen werden sowie klar und eindeutig sein. Ferner sind Hinweise für wirksame Rechtsbehelfe aufzunehmen. Bei unterschiedlichen Vorstellungen der Aufsichtsbehörden zu den verfahrensrechtlichen Voraussetzungen greift das Kooperationsgebot und kann dazu führen, dass die strikteren Vorstellungen insgesamt heranzuziehen sind.

21 In Deutschland erfolgt die Koordination über die **nationale Datenschutzkonferenz**. Zweimal jährlich tagen dort die Datenschutzbeauftragten des Bundes und der Länder und verabschieden abgestimmte Entschließungen, welche die Haltung zu datenschutzrechtlichen Themen aufzeigen. Weiterhin agiert der sog **Arbeitskreis Wirtschaft** als **Koordinierungs- und Beschlussgremium** der Datenschutzaufsichtsbehörden im nichtöffentlichen Bereich. Auch dort erfolgt eine Abstimmung über gemeinsame Positionen zu datenschutzrechtlichen Fragen, wobei die Datenverarbeitung in der Privatwirtschaft im Fokus steht. Aus der nationalen Datenschutzkonferenz und dem Düsseldorfer Kreis sind mehrere Arbeitskreise und Arbeitsgruppen hervorgegangen, welche auf bestimmte Fragestellungen und Themen in den Bereichen von Recht und Technik spezialisiert sind. Auch hierdurch soll – unabhängig von der DSGVO, beschränkt auf die nationale Ebene – eine einheitliche Vorgehensweise der Datenschutzbehörden im nationalen Bereich gefördert werden.

22 **c) Zusammenarbeit mit der Kommission (Abs. 2 S. 2).** Die Zusammenarbeit mit der KOM durch die Aufsichtsbehörden im Rahmen des Kapitels VII beschränkt sich auf das Kohärenzverfahren nach Art. 63ff. Dabei beschränken sich die Befugnisse der KOM auf das Antragsrecht nach Art. 64 Abs. 2 und deren Vorlagerecht an den EDSA nach Art. 65 Abs. 1 lit. c. Hierdurch wird die Unabhängigkeit der Aufsichtsbehörden nicht beeinträchtigt.

III. Kohärenzverfahren (Abs. 3)

23 Sind zB aufgrund der föderalen Struktur in einem Mitgliedstaat mehrere Aufsichtsbehörden vorhanden, so muss nach Abs. 3 zur Sicherstellung der einheitlichen Anwendung der DSGVO ein Mechanismus innerhalb dieses Mitgliedstaats geschaffen werden, um zu einheitlichen Positionen zu gelangen, die dann im Rahmen der Zusammenarbeit mit anderen Aufsichtsbehörden der Mitgliedstaaten eingebracht und im Rahmen eines Kohärenzverfahrens zu einem Ergebnis führen sollen. Die Einrichtung einer zentralen Stelle dient der Ermöglichung einer raschen und reibungslosen Zusammenarbeit mit den anderen europäischen Aufsichtsbehörden, der KOM und dem EDSA (EG 119). Dabei ist auch zu regeln, nach welchem Verfahren gemeinsame Standpunkte zu datenschutzrechtlichen Fragestellungen zustande kommen.[18]

24 Für Deutschland besteht die in Abs. 3 formulierte Sachlage, dass mehr als eine Aufsichtsbehörde vorhanden ist.[19] Folglich muss ein **Abstimmungsmechanismus** unter den Datenschutzbehörden des Bundes und der Länder etabliert werden, um eine zentrale Anlaufstelle und einen gemeinsamen Vertreter für den EDSA zu bestellen. § 17 BDSG nF regelt diesen Sachverhalt nun auf nationaler Ebene. Gemeinsamer Vertreter im EDSA und zentrale Anlaufstelle ist die oder der Bundesbeauftragte, wobei der Bundesrat die Leiterin oder den Leiter einer Aufsichtsbehörde der Länder für fünf Jahre – wiederwählbar – als Stellvertreter wählt. Die Aufsichtsbehörden des Bundes und der Länder sind verpflichtet, sich frühzeitig Gelegenheit zur Stellungnahme zu geben, bevor gemeinsame Standpunkte an die Aufsichtsbehörden der anderen Mitgliedstaaten, die KOM oder den EDSA übermittelt werden (§ 18 Abs. 1 S. 2 BDSG nF). Dies bildet eine organisatorische Herausforderung, wenn für Abstimmungen nur kurze Fristen bestehen. Bei Rückäußerungen der Empfänger gemeinsamer Standpunkte können zudem erneute Abstimmungen innerhalb einer Frist erforderlich werden. Dies erfordert auch eine ständige Rückkopplung mit dem gemeinsamer Vertreter, der in den terminlich im Voraus festgelegten Sitzungen im EDSA die deutsche Position vertritt.[20] Erzielen die Aufsichtsbehörden des Bundes und der Länder im Vorfeld kein Einvernehmen über gemeinsame Standpunkte, so sieht § 18 Abs. 2 S. 2 BDSG nF vor, dass ein Vorschlag für einen gemeinsamen Standpunkt vom Stellvertreter des gemeinsamen Vertreters vorgelegt wird, wenn die Angelegenheit die Wahrnehmung von Aufgaben betrifft, für welche die Länder allein das Recht der Gesetzgebung haben oder welche die Einrichtung oder das Verfahren von Landesbehörden betreffen. Der gemeinsame Vertreter und dessen Stellvertreter sind an den gemeinsamen Standpunkt der Aufsichtsbehörden des Bundes und der Länder gebunden und legen unter dessen Berücksichtigung einvernehmlich die jeweilige Verhandlungsführung fest (§ 18 Abs. 3 S. 1 BDSG nF).

IV. Erlass von Rechtsvorschriften (Abs. 4)

25 Abs. 4 sieht eine Notifizierungspflicht vor, dass jeder Mitgliedstaat der KOM bis spätestens zum 25.5.2018, dem gemäß Art. 99 Abs. 2 normierten Beginn der Geltung der DSGVO, alle Rechtsvorschriften mitgeteilt werden, die aufgrund des Kapitels VI erlassen werden sowie alle folgenden Änderungen dieser Vorschriften.

---

18 Zur europäischen Datenschutzaufsicht als Netzwerk und der Zuständigkeit und Verantwortungszurechnung innerhalb dieses Netzwerks s. *v. Lewinski* NVwZ 2017, 1483.
19 *Sydow/Ziebarth* Art. 51 Rn. 9ff. gibt einen Überblick über die föderale und sektorale Gliederung der Aufsichtsbehörden in Deutschland.
20 Zur Frage, ob die zentrale Anlaufstelle auch selbst fachlich-inhaltliche (Zu-)Arbeit leistet s. BeckOK DatenschutzR/*Kisker* BDSG nF § 17 Rn. 5.

Dies bezieht sich vor allem auf Bestimmungen zur Errichtung von Aufsichtsbehörden (Art. 54 Abs. 1), zur Schaffung von Befugnissen der Aufsichtsbehörden, Verstöße gegen die DSGVO den **Justizbehörden** zur Kenntnis zu bringen und gegebenenfalls die Einleitung eines gerichtlichen Verfahrens zu betreiben oder sich sonst daran zu beteiligen (Art. 58 Abs. 5), zur Normierung von Befugnissen, die über den Katalog in Art. 58 DSGVO hinausgehen (Art. 58 Abs. 6) sowie auf Regeln zur Bestimmung eines gemeinsamen Vertreters im **EDSA** und zur Erarbeitung gemeinsamer Standpunkte zu datenschutzrechtlichen Fragestellungen in Vorbereitung der Teilnahme an einem europäischen Kohärenzverfahren für einen Mitgliedstaat mit mehr als einer Aufsichtsbehörde. Was Rechtsvorschriften in diesem Sinne sein können, wird nicht näher bestimmt. Es dürften aber wegen Sinn und Zweck der Notifizierungspflichten nicht nur parlamentarisch zustande gekommene Vorschriften erfasst sein. Ausreichend sind demnach etwa auch unterhalb eines Gesetzes stehende Bestimmungen oder Beschlüsse, die nach dem Recht des jeweiligen Mitgliedstaats als verbindlich gelten.

Durch die Meldung wird die Prüfung durch die KOM erleichtert, ob die Mitgliedstaaten ihren Verpflichtungen zum Erlass von Rechtsvorschriften fristgemäß nachgekommen sind. Dabei kann auch nachvollzogen werden, ob die Mitgliedstaaten mit ihren nationalen Bestimmungen den durch die DSGVO vorgegebenen Rahmen beachtet haben. Die Feststellung und die Entscheidung über etwaige Verstöße bleiben allerdings einer gerichtlichen Beurteilung vorbehalten. Erfasst sind die §§ 8-16 BDSG nF, welche in Bezug auf die oder den BfDI die Bestimmungen zur Errichtung, Zuständigkeit, Unabhängigkeit, Amtszeit, die Rechte und Pflichten, Aufgaben und Befugnisse sowie die Vorgaben zum Tätigkeitsbericht enthalten. Weiterhin zählen die §§ 17-19 BDSG nF dazu, die Vorgaben zur Vertretung im EDSA, zur zentralen Anlaufstelle und der Zusammenarbeit der Aufsichtsbehörden des Bundes und der Länder regeln. Ferner gehören auch die zusätzlichen Befugnisse der Aufsichtsbehörden nach § 40 BDSG nF dazu (etwa Verarbeitung personenbezogener Daten zu anderen Zwecken, wenn die Daten ursprünglich zum Zweck der Datenschutzaufsicht verarbeitet wurden, Auskunftsrecht, Betretungsrechte, Rechte zum Zugang zu Datenverarbeitungsanlagen und -geräten, Abberufung eines Datenschutzbeauftragten). **26**

Artikel 52   Unabhängigkeit

(1) Jede Aufsichtsbehörde handelt bei der Erfüllung ihrer Aufgaben und bei der Ausübung ihrer Befugnisse gemäß dieser Verordnung völlig unabhängig.

(2) Das Mitglied oder die Mitglieder jeder Aufsichtsbehörde unterliegen bei der Erfüllung ihrer Aufgaben und der Ausübung ihrer Befugnisse gemäß dieser Verordnung weder direkter noch indirekter Beeinflussung von außen und ersuchen weder um Weisung noch nehmen sie Weisungen entgegen.

(3) Das Mitglied oder die Mitglieder der Aufsichtsbehörde sehen von allen mit den Aufgaben ihres Amtes nicht zu vereinbarenden Handlungen ab und üben während ihrer Amtszeit keine andere mit ihrem Amt nicht zu vereinbarende entgeltliche oder unentgeltliche Tätigkeit aus.

(4) Jeder Mitgliedstaat stellt sicher, dass jede Aufsichtsbehörde mit den personellen, technischen und finanziellen Ressourcen, Räumlichkeiten und Infrastrukturen ausgestattet wird, die sie benötigt, um ihre Aufgaben und Befugnisse auch im Rahmen der Amtshilfe, Zusammenarbeit und Mitwirkung im Ausschuss effektiv wahrnehmen zu können.

(5) Jeder Mitgliedstaat stellt sicher, dass jede Aufsichtsbehörde ihr eigenes Personal auswählt und hat, das ausschließlich der Leitung des Mitglieds oder der Mitglieder der betreffenden Aufsichtsbehörde untersteht.

(6) Jeder Mitgliedstaat stellt sicher, dass jede Aufsichtsbehörde einer Finanzkontrolle unterliegt, die ihre Unabhängigkeit nicht beeinträchtigt und dass sie über eigene, öffentliche, jährliche Haushaltspläne verfügt, die Teil des gesamten Staatshaushalts oder nationalen Haushalts sein können.

Literatur: *Dieterich, T.*, Rechtsdurchsetzungsmöglichkeiten der DS-GVO – Einheitlicher Rechtsrahmen führt nicht zwangsläufig zu einheitlicher Rechtsanwendung, ZD 2016, 260; *Frenzel, M.*, „Völlige Unabhängigkeit" im demokratischen Rechtsstaat, DÖV 2010, 925; *Petri, T./Tinnefeld, M.-T.*, Völlige Unabhängigkeit der Datenschutzkontrolle – Demokratische Legitimation und unabhängige parlamentarische Kontrolle als moderne Konzeption der Gewaltenteilung, MMR 2010, 157; *Roßnagel, A.*, Unabhängigkeit der Datenschutzaufsicht – Zweites Gesetz zur Änderung des BDSG, ZD 2015, 106; *ders.*, Datenschutzaufsicht nach der EU-Datenschutz-Grundverordnung. Neue Aufgaben und Befugnisse der Aufsichtsbehörden, 2017; *Skouris, V.*, Leitlinien der Rechtsprechung des EuGH zum Datenschutz, NVwZ 2016, 1359; *Spicker gen. Döhmann, I.*, Unabhängigkeit der Datenschutz-Aufsichtsbehörden im nicht-öffentlichen Bereich, JZ 2010, 787; *dies.*, Unabhängigkeit von Datenschutzbehörden als Voraussetzung von Effektivität, in: M. Kröger/A. Pilniok (Hrsg.), Unabhängiges Verwalten in der Europäischen Union, 2016, 97; *Thome, S.*, Die Unabhängigkeit der Bundesdatenschutzaufsicht, VuR 2015, 130.

I. Vorbemerkung

1 Schon in Art. 28 Abs. 1 S. 2 DSRL war vorgesehen, dass die von den Mitgliedstaaten dazu bestimmten öffentlichen Stellen die ihnen zugewiesenen Überwachungsaufgaben in völliger Unabhängigkeit wahrnehmen. Eine Umsetzung dieser Vorgabe erfolgte in Deutschland zunächst nicht vollständig.[1] Noch im Jahre 2010 waren von 16 Datenschutzaufsichtsbehörden der Länder lediglich acht für die Aufsicht im nichtöffentlichen Bereich zuständig, während im Übrigen Behörden zuständig waren, die keine Unabhängigkeit besaßen. Vollständige Unabhängigkeit bestand auch für den oder die BfDI lange Zeit[2] nicht.[3] Darüber hinaus unterlagen die Aufsichtsbehörden teilweise einer Rechtsaufsicht, die ein weisungsfreies Tätigwerden nicht ermöglichte. Die fehlende Umsetzung beruhte auf der Annahme, die DSRL verlange nur eine funktionale Unabhängigkeit in der Form, dass nationale Aufsichtsstellen vom privatwirtschaftlichen Bereich unabhängig sein müssten und keinen **sachfremden Einflüssen** unterliegen dürfen.[4] Der Prozess der ordnungsgemäßen Installation einer unabhängigen Datenschutzaufsicht in Deutschland wurde noch vor Inkrafttreten der DSGVO abgeschlossen, nachdem der EuGH die Anforderungen an die völlige Unabhängigkeit im Jahre 2010 grundlegend klarstellte.[5] Die Unabhängigkeit des oder der BfDI wurde in § 10 BDSG nF ausdrücklich normiert.

2 Ferner ist zu berücksichtigen, dass das Konzept einer unabhängigen Datenschutzaufsicht auch auf europäischer Ebene installiert wurde. Der EDSA übt nach Art. 44 Abs. 1 der DSVO 45/2001/EG sein Amt in **völliger Unabhängigkeit** aus. Gemäß Art. 44 Abs. 2 der DSVO 45/2001/EG ersucht er in Ausübung seines Amts niemanden um Weisung und nimmt keine Weisungen entgegen. Vor diesem Hintergrund entschied der EuGH, dass Art. 28 der DSRL und Art. 44 der DSVO 45/2001/EG homogen auszulegen sind.[6] Für Art. 52 ist aufgrund des eindeutigen Wortlauts keine andere Deutung zulässig.

3 Eine zwar unbedenkliche, aber gleichwohl gegenüber der DSRL zu konstatierende **Einschränkung der Unabhängigkeit** der Aufsichtsbehörden erfolgt durch die Einrichtung des EDSA in Art. 65 Abs. 1, da dessen verbindliche Beschlüsse von der Aufsichtsbehörde zu beachten sind. Da der EDSA allerdings seinerseits mit Vertretern unabhängiger Aufsichtsbehörden besetzt ist, ist dies vereinbar mit der Rechtsprechung des EuGH. Systematisch würde Art. 65 Abs. 1 ohnehin als speziellere Vorschrift Vorrang entfalten.

4 Eine problematische Einschränkung der Unabhängigkeit der Aufsichtsbehörden findet sich dagegen in der Pflicht der Aufsichtsbehörden zur Zusammenarbeit mit der KOM, wie sie vor allem durch Art. 64 Abs. 2 verankert wird:[7] Durch die Möglichkeit, eine Angelegenheit mit allgemeiner Geltung oder mit Auswirkungen in mehr als einem Mitgliedstaat vom EDSA prüfen zu lassen, erhält die KOM Einfluss auf Inhalt und Umfang der Beratungen und Entscheidungen des EDSA, ohne aber ihrerseits unabhängig zu sein.

II. Völlige Unabhängigkeit bei der Erfüllung der Aufgaben und Ausübung der Befugnisse

5 **1. Völlige Unabhängigkeit (Abs. 1, 2).** Unabhängigkeit meint eine **institutionelle und nicht nur funktionelle Eigenständigkeit**.[8] Die Errichtung einer behördlichen Datenschutzaufsicht muss demnach frei von staatlicher Kontrolle sein. Eine **staatliche Rechts- und Fachaufsicht** ist mit einer völligen Unabhängigkeit nicht vereinbar. Nicht ausreichend wäre eine bloße funktionale Unabhängigkeit, welche auf die Unabhängigkeit der Aufsicht von der zu kontrollierenden Stelle abstellt.[9] Bedenken etwa aus demokratietheoretischer Sicht mitgliedstaatlicher Verständnisse haben dahinter zurückzutreten.[10] Unberührt davon bleibt eine gerichtliche Überprüfung von Entscheidungen der Aufsichtsbehörden. Die institutionelle Eigenständigkeit beinhaltet

---

1 *Frenzel* DÖV 2010, 925 (926).
2 Erst seit dem 1.1.2016 mit dem Gesetz zur Stärkung der Unabhängigkeit der Datenschutzaufsicht im Bund durch Errichtung einer obersten Bundesbehörde (BGBl. 2015 I, 162) ist dies gewährleistet.
3 *Petri/Tinnefeld* MMR 2010, 157.
4 *Skouris* NVwZ 2016, 1359 (1363).
5 EuGH C-518/07, NJW 2010, 1265.
6 EuGH C-518/07, NJW 2010, 1265 (1266).
7 So auch *Kahler* RDV 2013, 69 (70); vgl. auch *Hornung* ZD 2012, 99 (105); *Ziebarth* CR 2013, 60 (68).
8 *Kühling/Buchner/Boehm* Art. 52 Rn. 8.
9 *Kopp* DuD 1995, 204 (211); Gola/*Nguyen* Art. 52 Rn. 6.
10 Siehe etwa *Spiecker gen. Döhmann* JZ 2010, 787 mwN.

auch eine Unabhängigkeit von politischer Beeinflussung. **Politische Verantwortungsträger** dürfen daher nicht die Arbeit einer Datenschutzaufsicht bestimmen. Zwischen den Aufsichtsbehörden und politischen Institutionen muss eine klare Trennung bestehen, um auszuschließen, dass aufsichtsbehördliche Entscheidungen durch politische Ziele intendiert sind.[11]

Der EuGH verbindet den Begriff der völligen Unabhängigkeit (Abs. 1) mit einer Stellung der zuständigen 6 öffentlichen Stellen, wonach diese **frei von Weisungen** und Druck handeln können. Er hat dies präzisiert durch verschiedene Kriterien wie wirksame und zuverlässige Kontrolle, Objektivität und Unparteilichkeit, Schutz der Betroffenen statt besonderer Stellung der Kontrollstelle, Vermeidung von Interessenkollisionen auch im Hinblick auf staatliche Interessen (polizeiliche Informationstätigkeit, Vergaberecht etc) oder auch die Vermeidung von strategischen Entscheidungen.[12] Entgegen der damaligen Auffassung von Deutschland, die Unabhängigkeit beziehe sich ausschließlich auf das Verhältnis der Aufsichtsbehörden zu den kontrollierten Stellen, wird eine völlige Unabhängigkeit nur dann erreicht, wenn eine Entscheidungsgewalt verliehen wurde, die jeder **Einflussnahme** von außerhalb der Aufsichtsbehörde, sei sie mittelbar oder unmittelbar, entzogen ist.[13]

Weiterhin zählt zu einer völligen Unabhängigkeit, dass die Aufsichtsbehörden in ihren **Prüfbefugnissen** 7 nicht eingeschränkt werden, damit die Ziele nach Art. 51 Abs. 1 (→ Art. 51 Rn. 4) und Art. 1 Abs. 2 und 3 (→ Art. 1 Rn. 25) erreicht werden können. Den Aufsichtsbehörden obliegt damit die Aufgabe, im Kollisionsfall widerstreitende Grundrechte und Grundfreiheiten zu prüfen, wozu ein weisungsfreies, objektives und unparteiisches Tätigwerden im Rahmen einer völligen Unabhängigkeit erforderlich ist.

Die völlige Unabhängigkeit kann aber fehlen, wenn umfassende **Befugnisse einer Dienstaufsicht** bestehen. 8 So hatte die Republik Österreich die Vorgaben von Art. 28 DSRL verletzt, indem das geschäftsführende Mitglied der Datenschutzkommission ein der Dienstaufsicht unterliegender Bundesbediensteter war, eine Eingliederung der Geschäftsstelle der Datenschutzkommission in das Bundeskanzleramt erfolgte und der Bundeskanzler über ein unbedingtes Recht verfügte, sich über alle Gegenstände der Geschäftsführung der Datenschutzkommission zu unterrichten.[14] Durch das bestehende Dienstverhältnis zwischen dem geschäftsführenden Mitglied der Datenschutzkommission und dem Bundeskanzleramt war es dem Vorgesetzten dieses Mitglieds möglich, eine Überwachung der Tätigkeiten der entsprechenden Datenschutzaufsicht auszuüben. Die Bestimmungen des österreichischen Dienstrechts sehen zudem vor, dass der Vorgesetzte nicht nur befugt ist, darauf zu achten, dass seine Mitarbeiter ihre dienstlichen Aufgaben gesetzmäßig und in zweckmäßiger, wirtschaftlicher und sparsamer Weise erfüllen, sondern er hat auch seine Mitarbeiter dabei anzuleiten, aufgetretene Fehler und Missstände abzustellen, für die Einhaltung der Dienstzeit zu sorgen, das dienstliche Fortkommen seiner Mitarbeiter nach Maßgabe ihrer Leistungen zu fördern und ihre Verwendung so zu lenken, dass sie ihren Fähigkeiten weitgehend entspricht.[15] Eine Einschränkung der völligen Unabhängigkeit der Datenschutzkommission sah der EuGH schließlich in dem sehr weit gefassten Unterrichtungsrecht des Bundeskanzlers, sich über alle Gegenstände der Geschäftsführung der **Datenschutzkommission** zu unterrichten, wodurch ein mittelbarer Einfluss auf die Entscheidungshoheit der Datenschutzkommission möglich war.[16]

Eine staatliche Aufsicht, in Form der Fach- oder Rechtsaufsicht, steht der Annahme einer völligen Unabhängigkeit entgegen. Die **Entscheidungspraxis der Aufsichtsbehörden** darf nicht der Kontrolle durch andere 9 Stellen unterworfen sein, wonach diese getroffene Entscheidungen auf ihre Rechtmäßigkeit hin untersuchen oder eine Zweckmäßigkeitskontrolle nach Art und Weise der Aufgabenerfüllung durchführen. Völlige Unabhängigkeit in diesem Zusammenhang bedeutet dagegen nicht, dass die Aufsichtsbehörden in keiner Weise einem Kontroll- oder Überwachungsmechanismus unterworfen sind und dass ihre Entscheidungen keiner gerichtlichen Überprüfung unterzogen werden können (EG 118). Denkbar ist etwa – neben einer Kontrolle durch ihrerseits unabhängige Gerichte – eine **parlamentarische Kontrolle**, um den Verdacht einer Korruption bei einem Mitglied der Aufsichtsbehörde zu prüfen und dadurch die ordnungsgemäße Erledigung der dienstlichen Aufgaben zu gewährleisten.[17]

Der EuGH hebt hervor, dass die Regierung eines Landes möglicherweise ein Interesse an der Nichteinhaltung der Vorschriften über den Schutz natürlicher Personen bei der Verarbeitung personenbezogener Daten 10 haben kann, wenn es um die Verarbeitung solcher Daten im nichtöffentlichen Bereich geht. Die Regierung kann selbst involvierte Partei dieser Verarbeitung sein, wenn sie davon betroffen ist oder sein könnte, wie

---

11 EuGH C-614/10, ZD 2012, 563 (565).
12 Siehe dazu zB *Spicker gen. Döhmann* in: Kröger/Pilniok (Hrsg.), Unabhängiges Verwalten in der Europäischen Union, 97 (99ff., 117).
13 EuGH C-518/07, NJW 2010, 1265; *Thome* VuR 2015, 130 (131); *Spicker gen. Döhmann* JZ 2010, 787.
14 EuGH C-614/10, ZD 2012, 563 (565).
15 EuGH C-614/10, ZD 2012, 563 (564).
16 EuGH C-614/10, ZD 2012, 563 (565).
17 *Roßnagel* ZD 2015, 106 (108).

etwa im Fall einer Kooperation von öffentlichen und privaten Stellen oder im Rahmen öffentlicher Aufträge an den privaten Bereich. Außerdem könnte die Regierung ein besonderes Interesse haben, wenn sie für bestimmte ihrer Aufgaben, insbes. zu Zwecken der Finanzverwaltung oder der Strafverfolgung, **Zugang zu Datenbanken** benötigt oder ein solcher Zugang einfach nur sachdienlich ist. Im Übrigen könnte diese Regierung auch geneigt sein, wirtschaftlichen Interessen den Vorrang zu geben, wenn es um die Anwendung der genannten Vorschriften durch bestimmte Unternehmen geht, die für das Land oder die Region wirtschaftlich von Bedeutung sind.[18] Dabei sieht der EuGH auch das Risiko einer politischen Einflussnahme.[19] Die Freiheit der Mitglieder einer Aufsichtsbehörde von jeglicher direkter oder indirekter Beeinflussung von außen sowie der Umstand, dass kein Ersuchen um Weisungen erfolgt oder Weisungen entgegen genommen werden, ergibt sich aus Abs. 2. Das Verbot der Beeinflussung und die normierte Weisungsfreiheit beziehen sich auf die Erfüllung der Aufgaben und die Ausübung der Befugnisse und damit auch die Kataloge in den Art. 57 und 58.

11 Eine Beeinträchtigung der völligen Unabhängigkeit kann auch dann gegeben sein, wenn **Rahmenbedingungen personeller Art** bestimmt werden; Regelungen dazu finden sich nunmehr in Art. 53 Abs. 3 und 4. Dies ist etwa gegeben, wenn die Amtszeit des Mitglieds einer Aufsichtsbehörde durch staatliche Einflussnahme vorzeitig enden soll. So hatte Ungarn gegen die Vorgaben des Art. 28 DSRL verstoßen, indem es das Mandat der Kontrollstelle für Datenschutz vorzeitig beendet hat.[20] Das ungarische Recht sah vor, dass die Amtszeit eines Datenschutzbeauftragten sechs Jahre beträgt. Mit der Anwendung einer Übergangsbestimmung im ungarischen Recht im Zusammenhang mit der Festlegung des institutionellen Modells zur Wahl eines Datenschutzbeauftragten endete das Amt jedoch bereits nach etwa drei Jahren. In der Folge wurde eine andere Person zum Datenschutzbeauftragten gewählt. Der EuGH führte hierzu aus, dass jeder Mitgliedstaat frei darin sei, ein **institutionelles Modell** zur Bestellung eines Datenschutzbeauftragten zu ändern. Allerdings muss jener Mitgliedstaat dann die völlige Unabhängigkeit der bestehenden Kontrollstelle wahren und in diesem Kontext auch die Wahlperiode des amtierenden Leiters unverändert belassen. Nach dem ursprünglich geltenden ungarischen Recht kam eine vorzeitige Beendigung der Amtszeit nur in Betracht, wenn der Datenschutzbeauftragte durch Zeitablauf, Rücktritt, Todesfall, Erklärung eines Interessenkonflikts, Versetzung in den Ruhestand von Amts wegen oder wegen Amtsenthebung aus dem Dienst ausscheidet. Entsprechende Beendigungsgründe waren hier aber nicht einschlägig.[21] In Art. 53 Abs. 3 wird nun konkret bestimmt, in welchen Fällen das Amt eines Mitglieds der Aufsichtsbehörde endet. Art. 53 Abs. 4 enthält die Anforderungen an eine Amtsenthebung. Nach Einschätzung des EuGH könnte die Drohung einer vorzeitigen Beendigung durch Änderung rechtlicher Grundlagen, die dann während der gesamten Ausübung des Mandats über dieser Stelle schwebte, zu einer Form des Gehorsams dieser Stelle gegenüber den politisch Verantwortlichen führen, die mit dem Unabhängigkeitsgebot nicht vereinbar wäre. Dies gilt auch dann, wenn das vorzeitige Ende des Mandats auf einer Umstrukturierung oder einer Änderung des institutionellen Modells beruht; diese Änderungen sind deshalb in einer Weise zu gestalten, dass sie die Anforderungen der geltenden Rechtsvorschriften an die Unabhängigkeit erfüllen.[22] Faktisch bedeutet dies, dass Rechtsänderungen, die den Status und die Ausgestaltung der nationalen Datenschutzbehörden betreffen, nur zulässig sind, wenn sie die bestehenden Rechte bis zum Ablauf der Ist-Regelung unangetastet lassen.

12 **2. Unvereinbare Handlungen und Tätigkeiten (Abs. 3).** Abs. 3 stellt Verpflichtungen für die Ausübung der Tätigkeit der Mitglieder der Aufsichtsbehörden auf und regelt das Nebeneinander von Aufgaben der Mitglieder der Aufsichtsbehörde und anderen **entgeltlichen oder unentgeltlichen Tätigkeiten.**[23] In Bezugnahme auf Art. 245 Abs. 2 S. 1 AEUV ist der Begriff der „Tätigkeiten" in einem beruflichen Zusammenhang zu sehen, wogegen „Handlungen" umfassender auch in den privaten Bereich hineinreichend verstanden werden, indem hierzu etwa die Annahme von Geschenken zählt.[24] Bei den Tätigkeiten macht es ausweislich des Wortlauts des Abs. 3 keinen Unterschied, ob diese beruflich, nebenberuflich oder ehrenamtlich erfolgen.[25] Maßgebend ist, ob die jeweilige Tätigkeit mit dem Amt „unvereinbar" ist. Dabei geht es um mehr als bloße Rechtswidrigkeit, die sich bereits aus anderen Vorschriften ergeben kann, sondern um das Vermeiden des bösen Scheins einer verminderten Unabhängigkeit und Neutralität, vergleichbar den Befangenheitsvorschriften. Dies ist nach einem prognostischen Maßstab zu beurteilen. Daher wird eine Unvereinbarkeit dann vorliegen, wenn durch die Tätigkeit Interessenkollisionen mit der unabhängigen Amtsausübung ein-

---

18   EuGH C-518/07, NJW 2010, 1265 (1266).
19   EuGH C-288/12, ZD 2014, 301 (302).
20   EuGH C-288/12, ZD 2014, 301.
21   EuGH C-288/12, ZD 2014, 301 (303).
22   EuGH C-288/12, ZD 2014, 301 (303).
23   Vgl. auch EG 121 S. 2.
24   Gola/*Nguyen*Art. 52 Rn. 11 unter Verweis auf von der Groeben/Schwarze/*Schmitt von Sydow* AEUV Art. 245 Rn. 12.
25   Ehmann/Selmayr/*Selmayr* Art. 52 Rn. 20.

treten können und Einflussnahmen auf das Amt, sei es in wirtschaftlicher, politischer oder sonstiger Art, nicht ausgeschlossen sind. Dies erfordert eine klare zeitliche, räumliche und aufgabenspezifische Trennung der Tätigkeit von der Amtsausübung. Unvereinbar ist zB die Übernahme eines weiteren beruflichen Amts wie die Leitung einer zu kontrollierenden Stelle.[26] Dagegen ist vereinbar die gleichzeitige Ausübung des Amts als Beauftragter für Informationsfreiheit, wie es im Bund und in den Ländern überwiegend zusammenfassend auch von den Aufsichtsbehörden wahrgenommen wird.[27]

Ein Einfluss auf die Amtsausübung kann regelmäßig verneint werden, wenn eine **entgeltliche Beratung** von 13 Stellen erfolgt, die außerhalb des eigenen Hoheitsbereichs ansässig sind. Allerdings muss auch in diesen Fällen geprüft werden, ob eine Verbindung zu eigenen Amtsgeschäften bestehen kann. Letzteres kann etwa der Fall sein, wenn es sich um die Niederlassung oder den Auftragsverarbeiter einer zu kontrollierenden Stelle im eigenen Hoheitsbereich handelt. Bei der Erledigung von Tätigkeiten als Steuerberater oder Rechtsanwalt muss vor allem hinsichtlich der Mandatierung und der zu übertragenden Aufgabe analysiert werden, ob Kollisionen mit aufsichtsbehördlichen Aufgaben eintreten können. Entsprechende freiberufliche Tätigkeiten sind aber nicht von vornherein mit dem Amt unvereinbar. Gleiches gilt etwa für die Mitarbeit in politischen Arbeitskreisen. Dabei wird insbes. von Bedeutung sein, ob die thematische Befassung Berührungspunkte zu Fragen des Datenschutzes aufweist, welche Stellung im Rahmen der Mitarbeit bekleidet wird und welche Entscheidungsbefugnisse bestehen. In der Konsequenz kann dies dazu führen, dass ein Mitglied der Aufsichtsbehörde, das nebenberuflich als Rechtsanwalt tätig ist, keine Mandate mit Bezug zum Datenschutz bearbeiten darf.

Die Bestimmung des Abs. 3 umfasst in jedem Fall **Handlungen**, die etwa eine Strafbarkeit nach den 14 §§ 331ff. oder § 353b StGB begründen. Nicht mit dem Amt vereinbare Handlungen sind vor allem auch solche, die nach den jeweils einschlägigen Vorschriften der Mitgliedstaaten und der EU-rechtlichen Vorgaben eine Amtsenthebung begründen. Eine Konkretisierung zu **Inkompatibilitäten** wird auf Bundesebene derzeit in § 13 Abs. 1 BDSG nF wie bisher in § 23 Abs. 2 BDSG aF in Anlehnung an Art. 55 GG geregelt; die LDSGe sehen eigene Vorschriften vor. Nach § 13 Abs. 1 S. 2 BDSG nF darf die oder der BfDI neben dem Amt kein anderes besoldetes Amt, kein Gewerbe und keinen Beruf ausüben und weder der Leitung oder dem Aufsichtsrat oder Verwaltungsrat eines auf Erwerb gerichteten Unternehmens noch einer Regierung noch einer gesetzgebenden Körperschaft des Bundes oder eines Landes angehören. Sie oder er dürfen gemäß § 13 Abs. 1 S. 3 BDSG nF nicht gegen Entgelt außergerichtliche Gutachten abgeben. Diese deutschen Regelungen sind deutlich enger als Abs. 3: Während europarechtlich lediglich eine „mit dem Amt [...] nicht zu vereinbarende entgeltliche oder unentgeltliche Tätigkeit" ausgeschlossen ist, verbietet erstere jede gewerbliche oder berufliche Tätigkeit. Mit Blick auf die Zielrichtung der Unabhängigkeit ist dies aber noch von der Konkretisierungskompetenz nach Art. 54 Abs. 1 lit. f gedeckt.

3. Angemessene Ausstattung (Abs. 4). Bisher wurde in EG 63 DSRL nur eine Ausstattung der Aufsichtsbe- 15 hörden mit den notwendigen Mitteln zur Erfüllung ihrer Aufgaben gefordert. Gemäß Abs. 4 wird die entsprechende Verpflichtung für die Mitgliedstaaten nun erstmals im Normtext selbst verankert, damit ganz erheblich gestärkt und zugleich auf personelle, technische und finanzielle **Ressourcen, Räumlichkeiten und Infrastrukturen** erweitert, um die Aufgaben und Befugnisse im Rahmen der Amtshilfe, Zusammenarbeit und Mitwirkung im EDSA effektiv wahrnehmen zu können.[28] Denn Unabhängigkeit einer Aufsichtsbehörde setzt nicht nur eine institutionelle Unabhängigkeit voraus. Vielmehr verlangt Unabhängigkeit auch eine entsprechende wirtschaftliche und ausstattungsrelevante Unabhängigkeit.[29] Die Abgrenzung zwischen den verschiedenen Ausstattungsmerkmalen verläuft fließend; den Aufsichtsbehörden ist als Teil ihrer Unabhängigkeit auch Ressourcenhoheit im Rahmen der ihnen zugewiesenen Mittel gewährt.

Konkrete Vorgaben des Verordnungsgebers zum **Umfang des Gesamtetats** fehlen. Auch bei der Festlegung 16 des Bedarfs darf es kein Zusammenwirken mit dem Kontrollierten geben; der Einfluss, der über Finanzierung und Ausstattung erfolgen kann, muss auf ein Minimum reduziert werden.[30] Allerdings verlangt Abs. 4, dass sichergestellt ist, dass die benötigte Ausstattung vorhanden ist. Damit bleibt die Einschätzung, ob die entsprechende Ausstattung ausreichend ist, auf Bundes- wie auf Länderebene der Mitgliedstaaten eine parlamentarische Aufgabe. Dabei besteht fortwährend die Gefahr einer Fehleinschätzung der Bedarfe bei den Aufsichtsbehörden.[31] So werden vor allem durch die erhebliche Erweiterung des Aufgabenspektrums (Art. 57 Abs. 1, → Art. 57 Rn. 6) und der Befugnisse (Art. 58, → Art. 58 Rn. 1) der Aufsichtsbehör-

---

26 So auch Sydow/*Ziebarth* Art. 52 Rn. 35.
27 Paal/Pauly/*Körffer* Art. 52 Rn. 8; Sydow/*Ziebarth* Art. 52 Rn. 34.
28 *Dieterich* ZD 2016, 260 (263); vgl. auch EG 120 S. 1.
29 *Spiecker* gen. *Döhmann* in: Kröger/Pilniok (Hrsg.), Unabhängiges Verwalten in der Europäischen Union, 97 (109).
30 *Spiecker* gen. *Döhmann* in: Kröger/Pilniok (Hrsg.), Unabhängiges Verwalten in der Europäischen Union, 97 (109).
31 Kühling/Buchner/*Boehm* Art. 52 Rn. 24.

den sowie durch den erhöhten Abstimmungs- und Koordinierungsaufwand (Art. 60ff., → Art. 60 Rn. 1) zusätzliche personelle Ressourcen benötigt. Die verstärkte Zusammenarbeit mit den anderen europäischen Aufsichtsbehörden im Wege der gegenseitigen Amtshilfe (Art. 61) und gemeinsamer Maßnahmen (Art. 62), die Erarbeitung gemeinsamer Positionen, Leitlinien und Empfehlungen in Arbeitskreisen und die damit im Zusammenhang stehende vorbereitende Arbeit für Tätigkeiten des EDSA (Art. 70) werden neben einer erhöhten zeitlichen Beanspruchung auch zu einem finanziellen Mehrbedarf führen, indem der Umfang der Reisekosten steigt und auch die sichere Kommunikation mit Hilfsmitteln nach dem Stand der Technik sichergestellt werden muss. Eine **schlechte finanzielle Ausstattung der Aufsichtsbehörden** kann dazu führen, dass Verantwortliche oder Auftragsverarbeiter nur gegen solche Bußgeldbescheide gerichtlich vorgehen, die von Aufsichtsbehörden mit geringem Etat verhängt wurden. Weiterhin kann eine schlechte finanzielle Ausstattung dazu führen, dass Aufsichtsbehörden infolge eines Prozessrisikos von der Verhängung besonders hoher Bußgelder (Art. 83) absehen, da der Landeshaushalt keine ausreichende Deckung für die Prozesskosten vorsieht. Vor diesem Hintergrund können sich aus Abs. 4 durchaus konkrete Anforderungen an die Ausstattung ergeben, nämlich dann, wenn strukturell die Aufgabenerfüllung nicht mehr möglich ist. Der Beurteilungsspielraum des nationalen Gesetzgebers endet dann.

17 **Personelle Ressourcen** beziehen sich einerseits auf den notwendigen Umfang des Personals, andererseits auch auf das Vorhandensein von Fachpersonal zur Bewältigung der Aufgaben und Ausübung der Befugnisse. Dies fordert vor allem Mitarbeiter mit einem Ausbildungshintergrund in den Bereichen Rechtswissenschaft und Informatik. Dabei ist im Rahmen der geltenden Gehaltsstrukturen sicherzustellen, dass die Vergütung derart ausgestaltet ist, dass qualitativ hochwertige Mitarbeiter im Wettbewerb mit der Privatwirtschaft gewonnen werden können. Zur personellen Ausstattung gehören ferner administrative begleitende Ressourcen, etwa für Hausmeister, Öffentlichkeitsarbeit und Sekretariat.

18 **Technische Ressourcen** zielen auf eine angemessene Ausstattung mit Hard- und Software ab, um die übertragenen Amtsgeschäfte erledigen zu können. Die Aufsichtsbehörden müssen sich auf dem neuesten Stand der Informations- und Kommunikationstechnologie befinden, um ihre Überwachungsaufgabe auch technisch erfüllen zu können. Zudem müssen sie imstande sein, mit dem EDSA und untereinander kommunizieren zu können.

19 **Finanzielle Ressourcen** erfassen ausreichende finanzielle, nicht bereits zuvor zugewiesene Mittel zur Aufgabenerfüllung. Dazu gehören etwa Mittel für Reisekosten auch zur Teilnahme an Fort- und Weiterbildungen, zur Durchführung von Konferenzen und Workshops, zur Einholung externen Sachverstands bei schwierigen Rechtsfragen oder in der Prozessvertretung oder zur kurzfristigen Verstärkung der Personaldeckung bei besonderem Arbeitsanfall. Eine nicht von vornherein festgelegte finanzielle Ausstattung trägt dazu bei, auf Ereignisse und Entwicklungen zügig reagieren und die Schwerpunkte der Aufsichtstätigkeit anforderungsgerecht ausgestalten zu können. Die Ausstattung mit finanziellen Ressourcen steht in engem Zusammenhang mit der Eingliederung der Aufsichtsbehörden in Haushaltspläne nach Abs. 6 Hs. 2.

20 Schließlich müssen **Räumlichkeiten** in angemessener Zahl zur Verfügung stehen, was nicht lediglich die Büroräume von Mitarbeitern der Aufsichtsbehörde betrifft. Hierzu zählen auch Konferenz- und Besprechungsräume in ausreichender Zahl, um zB die Durchführung von Arbeitsgruppensitzungen mit Mitarbeitern anderer Aufsichtsbehörden sicherzustellen oder um eine Beratung von Verantwortlichen, Auftragsverarbeitern und betroffenen Personen anbieten zu können. Da zu den Aufgaben der Aufsichtsbehörden auch die Aufklärung der Öffentlichkeit (Art. 57 Abs. 1 lit. b.) und die Sensibilisierung der Datenverarbeiter (Art. 57 Abs. 1 lit. d) gehören, sind zudem ausreichende Räumlichkeiten für eine Öffentlichkeitsarbeit wie die Durchführung von Informationsveranstaltungen, Schulungen, Tagungen, etc Teil der benötigten Ausstattung.

21 **Infrastrukturen** im Rahmen von Abs. 4 umfassen etwa eine sichere technische Arbeitsgrundlage, was durch den Betrieb eigener Server erfolgen kann. Dabei muss auch in Zukunft eine sichere Datenverarbeitung nach dem Stand der Technik gewährleistet sein. Hierfür muss auch der erforderliche administrative Aufwand zum Betrieb einer sicheren technischen Infrastruktur durch ausreichendes Personal bewältigt werden. Im Einzelnen kann dies den Zugang zu fachspezifischen nationalen und internationalen Datenbanken, Literatur und die Verwendung moderner Datenbankmanagementsysteme umfassen.

22 Hinsichtlich der personellen, technischen und finanziellen Ressourcen, Räumlichkeiten und Infrastrukturen ist zu berücksichtigen, dass sich der Aufgabenkatalog für die Aufsichtsbehörden erheblich vergrößert hat. Zu nennen ist etwa die Verfolgung maßgeblicher Entwicklungen, soweit sie sich auf den Schutz personenbezogener Daten auswirken, insbes. die Entwicklung der **Informations- und Kommunikationstechnologie** und der Geschäftspraktiken gemäß Art. 57 Abs. 1 lit. i. Ferner zählen hierzu etwa die Erstellung einer Liste für Verarbeitungstätigkeiten, für die eine Datenschutz-Folgenabschätzung durchzuführen ist, die Anregung zur Einführung von Datenschutzzertifizierungsmechanismen und von Datenschutzsiegeln und -prüfzeichen und die Billigung von Zertifizierungskriterien, die regelmäßige Überprüfung von Zertifizierungen, die Ab-

fassung von Kriterien für eine Akkreditierung, die Vornahme von Akkreditierungen sowie die Leistung von Beiträgen zur Tätigkeit des EDSA, Art. 57 Abs. 1 lit. k, n, o, p, q und t. Dies führt dazu, dass der benötigte und von Abs. 4 gewährleistete Bedarf der Ressourcen gegenüber den benötigten Ressourcen unter der DS-RL erheblich zugenommen hat und von den Mitgliedstaaten erheblich angepasst werden muss,[32] zumal die Ausstattung schon unter der DSRL zu knapp bemessen war.[33]

III. Eigenes Personal (Abs. 5)

Abs. 5 konkretisiert noch einmal in personeller Hinsicht die Unabhängigkeitsanforderungen, indem die   23
Entscheidung über die Besetzung des Personals allein der Aufsichtsbehörde übertragen und ihr damit die **Personalhoheit** zugewiesen wird.[34] Dies betrifft sowohl die Auswahl als auch den Bestand. Hierbei handelt es sich um eine zentrale Weichenstellung für das Funktionieren der Verwaltung in einer Aufsichtsbehörde bei der Erfüllung der Aufgaben und der Ausübung der Befugnisse. Hierdurch kann die Aufsichtsbehörde auf bestehende fachliche Bedarfe besser reagieren und für eine Kontinuität der Arbeitsverhältnisse Sorge tragen.

Dies soll es den Aufsichtsbehörden ermöglichen, geeignete Beschäftigte hinsichtlich vorhandener Fachkunde, beruflicher Qualifikation und Erfahrung in die Erfüllung der Kontrollaufgaben einzubinden.[35] Ein Schutz der Grundrechte und Grundfreiheiten natürlicher Personen sowie des Rechts auf Schutz personenbezogener Daten ist gegebenenfalls nicht erreichbar und beeinflussbar, wenn andere Stellen für die Datenschutzaufsicht eine **Personalauswahl** treffen sollen, die aufgrund der diesen übertragenen Aufgaben nicht imstande sind, eine objektive Entscheidung zu treffen.

Das Personal muss ausschließlich der Leitung des Mitglieds oder der Mitglieder der betreffenden Aufsichts-   24
behörde unterstehen. Dem widerspräche die Eingliederung der Mitglieder einer Aufsichtsbehörde in den Geschäftsbereich einer anderen Behörde, wodurch der Leiter dieser anderen Behörde als Vorgesetzter Einfluss auf die Entscheidungen der Aufsichtsbehörde im Rahmen der Dienstaufsicht ausüben kann.[36] Eine entsprechende Eingliederung in einen fremden Geschäftsbereich birgt zudem das Risiko, dass ein Mitglied einer Aufsichtsbehörde nicht über jeden Verdacht einer Parteilichkeit erhaben ist. Eine unabhängige **Wahrnehmung der Überwachungsaufgaben** wird nicht mehr gewährleistet, wenn im Rahmen einer staatlichen Aufsicht ein vorauseilender Gehorsam die Entscheidungspraxis der Aufsichtsbehörden beeinflussen könnte.[37] Dem steht nicht entgegen, auf dem Wege der **Abordnung** geeignetes Personal von anderen Dienststellen zu gewinnen, da der an die Aufsichtsbehörde abgeordnete Mitarbeiter allein den Weisungen und der Auswahlentscheidung der Aufsichtsbehörde für die Dauer seiner Abordnung unterliegt und auch beförderungstechnisch dadurch keine Nachteile erfahren darf.[38]

IV. Finanzkontrolle und Haushaltsbelange (Abs. 6)

Abs. 6 ermöglicht es den Mitgliedstaaten, eine Finanzkontrolle für die Aufsichtsbehörden einzurichten,   25
stellt dafür aber strenge Voraussetzungen wegen des Grundsatzes der Unabhängigkeit auf. Damit wird eine Kontrolle durch die **Rechnungshöfe** sichergestellt. Die Unabhängigkeit der Aufsichtstätigkeit wird damit nicht beeinträchtigt, da auch die Aufsichtsbehörden eine sinnvolle Verwendung ihrer Mittel sicherstellen müssen und die Vorgaben zur Verhinderung von Korruption eingehalten werden müssen.[39] Auf Bundesebene wurde abweichend von Abs. 6 durch § 10 Abs. 2 BDSG nF normiert, dass die oder der BfDI der Rechnungsprüfung durch den Bundesrechnungshof unterliegt, „soweit" hierdurch ihre oder seine Unabhängigkeit nicht beeinträchtigt wird. Damit sind Beeinträchtigungen der Unabhängigkeit durch eine externe Rechnungskontrolle möglich, was etwa der Fall sein kann, wenn durch die Kontrolltätigkeit des Rechnungshofs Befugnisse nicht mehr effektiv wahrgenommen oder die gesetzliche Aufgabenerfüllung erschwert wird.

Von Bedeutung ist schließlich die Verfügung der Aufsichtsbehörden über **eigene, öffentliche, jährliche**   26
Haushaltspläne. Die Aufsichtsbehörden können somit den Mitteleinsatz nach internen Bedarfen (Personal, Reisekosten etc) selbst bestimmen; die Vorschrift stärkt somit noch einmal die Ressourcenhoheit der Aufsichtsbehörden im Rahmen ihrer Unabhängigkeit. Die Haushaltspläne sind nach Abs. 6 Teil des gesamten

---

32 S. ausführlich *Roßnagel*, Datenschutzaufsicht nach der EU-Datenschutz-Grundverordnung, 2017.
33 Überblick zur bisherigen Ausstattung bei *Lüdemann/Wenzel* RDV 2015, 285 (287ff.).
34 Zum Ernennungsverfahren auch EG 121 S. 1, 3.
35 Ehmann/Selmayr/*Selmayr* Art. 52 Rn. 24.
36 EuGH C-614/10, ZD 2012, 563 (565).
37 EuGH C-518/07, NJW 2010, 1265 (1267); EuGH C-614/10, ZD 2012, 563 (565).
38 So auch Sydow/*Ziebarth* Art. 52 Rn. 47.
39 Ehmann/Selmayr/*Selmayr* Art. 52 Rn. 27.

Staatshaushalts oder Teil eines nationalen Haushalts,[40] dh es wäre auch die Einfügung des Haushalts der Aufsichtsbehörden als Bestandteil eines ministeriellen Budgets zulässig, solange die Ressourcenhoheit dadurch nicht angetastet wird.

Artikel 53   Allgemeine Bedingungen für die Mitglieder der Aufsichtsbehörde

(1) Die Mitgliedstaaten sehen vor, dass jedes Mitglied ihrer Aufsichtsbehörden im Wege eines transparenten Verfahrens ernannt wird, und zwar

- vom Parlament,
- von der Regierung,
- vom Staatsoberhaupt oder
- von einer unabhängigen Stelle, die nach dem Recht des Mitgliedstaats mit der Ernennung betraut wird.

(2) Jedes Mitglied muss über die für die Erfüllung seiner Aufgaben und Ausübung seiner Befugnisse erforderliche Qualifikation, Erfahrung und Sachkunde insbesondere im Bereich des Schutzes personenbezogener Daten verfügen.

(3) Das Amt eines Mitglieds endet mit Ablauf der Amtszeit, mit seinem Rücktritt oder verpflichtender Versetzung in den Ruhestand gemäß dem Recht des betroffenen Mitgliedstaats.

(4) Ein Mitglied wird seines Amtes nur enthoben, wenn es eine schwere Verfehlung begangen hat oder die Voraussetzungen für die Wahrnehmung seiner Aufgaben nicht mehr erfüllt.

I.   Vorbemerkung

1   Die Vorschrift regelt allgemeine Bedingungen für die Mitglieder der Aufsichtsbehörde. Sie hat keine echte Vorläufernorm in der DSRL, die in Art. 28 lediglich Aufgaben, Befugnisse und Unabhängigkeit der Aufsichtsbehörden normierte. Die Bedingungen für die Mitglieder einer Aufsichtsbehörde hinsichtlich ihrer Ernennung, der fachlichen Anforderungen an die zu ernennende Person und die Gründe für eine **Beendigung der Amtszeit** müssen von den Mitgliedstaaten nach Art. 54 Abs. 1 lit. b bis f konkret normiert werden. „Mitglieder" sind nur die Leiter von Aufsichtsbehörden. Deutlich wird dies anhand von Art. 54 Abs. 2, wo zwischen Mitgliedern und Bediensteten der Aufsichtsbehörden differenziert wird (→ Art. 54 Rn. 2). Die völlige Unabhängigkeit der Aufsichtsbehörde bei der Erfüllung der zugewiesenen Aufgaben und Ausübung der Befugnisse wird auch dadurch gewährleistet, dass jedes Mitglied selbst in einem transparenten Verfahren für eine Amtszeit ernannt wird und die Beendigung dieser Zeit nur unter strengen Voraussetzungen erfolgen kann.

2   Die Vorschrift hat sich während des Gesetzgebungsverfahrens gegenüber Art. 48 KOM-E in einigen Punkten verändert. Gerade die Bestimmungen zur Amtszeit dürften auch in Reaktion auf die Rechtsprechung des EuGH[1] präzisiert worden sein. Der Parl-E hatte keine Änderungen vorgeschlagen. Der Rat schlug erfolgreich zwei weitere Möglichkeiten der Ernennung in Abs. 1 vor, nämlich zum einen die durch das Staatsoberhaupt, und zum anderen die durch eine ihrerseits unabhängige Stelle. Überdies ergänzte der Rat die explizite Vorgabe eines transparenten Verfahrens. Auch die Formulierung von Abs. 2 geht im Wesentlichen auf den Rat zurück; im KOM-E fehlte noch die Vorgabe der erforderlichen Qualifikation. Schließlich schlug der Rat erfolgreich den Verweis in Abs. 3 auf das Recht der Mitgliedstaaten sowie die Streichung von Art. 48 Abs. 5 KOM-E vor, der bestimmt hätte, dass ein Mitglied der Aufsichtsbehörde nach Ende der Amtszeit oder Rücktritt sein Amts so lange weiter ausübt, bis ein neues Mitglied ernannt ist; diese Frage können nunmehr die Mitgliedstaaten regeln (s. § 12 Abs. 2 S. 6 BDSG nF → Rn. 16).

II.   Transparentes Verfahren, Abs. 1

3   Die Ernennung jedes Mitglieds einer Aufsichtsbehörde muss nach Abs. 1 im Wege eines transparenten Verfahrens erfolgen, von einem Parlament, von einer Regierung, vom Staatsoberhaupt oder von einer unab-

---

40   Vgl. auch EG 120 S. 2.
1   EuGH C-288/12, ZD 2015, 580.

hängigen Stelle, die nach dem Recht des Mitgliedstaats mit der Ernennung betraut wird. Von Bedeutung ist, welche **Stelle** die Ernennung vornimmt und auf welcher Entscheidungsbasis vorgegangen wurde. Die Wahl muss ohne Rücksicht auf Parteiinteressen durchgeführt werden. Im Rahmen einer parlamentarischen Abstimmung können jedoch politische Interessen Einfluss gewinnen, die eine unparteiische Entscheidung gefährden. Vorzugswürdig erscheint vor diesem Hintergrund die Einsetzung einer unabhängigen Stelle, die nach innerstaatlichen Vorschriften mit der Ernennung betraut wird. Mit der Zusammensetzung des Entscheidungsgremiums sind dann aber wiederum besondere Herausforderungen verbunden, zumal auch die personelle Zusammensetzung dieser Stelle die Anforderungen an eine Unabhängigkeit wahren müsste. Zum Vergleich kann auf die Bestimmung des Art. 42 Abs. 1 der VO 45/2001 verwiesen werden, in welcher die Ernennung des EDSB normiert wird. Demnach ernennen ihn das EP und der Rat im gegenseitigen Einvernehmen für eine Amtszeit von fünf Jahren, wobei sie ihre Entscheidung auf der Grundlage einer von der KOM im Anschluss an eine öffentliche Aufforderung zur Einreichung von Bewerbungen erstellten Liste treffen.

Hinsichtlich des **transparenten Verfahrens** der Ernennung macht die DSGVO keine näheren Angaben dazu, 4 wie dieses ausgestaltet sein soll. Es ist entsprechend durch die Mitgliedstaaten näher zu bestimmen (EG 121). Als Mindestanforderungen der Transparenz ist eine Öffentlichkeit des Auswahlprozesses zu wahren. Dies muss nicht so weit reichen, dass die Stelle öffentlich ausgeschrieben wird, wie dies etwa für den EDSB der Fall ist. Allerdings muss sich aus dem Verfahren ergeben, dass mehrere Alternativen nach den von der DSGVO vorgegebenen Kriterien erwogen und beurteilt worden sind. Die Unabhängigkeit der Aufsichtsbehörden lässt insoweit auch Rückschlüsse auf die Ausgestaltung des Verfahrens zu: So darf etwa die politische oder parteiliche Positionierung eines Kandidaten keine maßgebliche Rolle spielen; eine Orientierung können insoweit auch die Regularien der Auswahl von unabhängigen Richtern bieten.

Der deutsche Gesetzgeber hat in § 11 Abs. 1 S. 1 BDSG nF entschieden, dass in Deutschland wie bisher der 5 Bundestag die oder den BfDI wählt und die Ernennung durch den Bundespräsidenten erfolgt. Dies könnte man als problematisch ansehen, weil weiterhin keine Aussprache vorgesehen ist. Ob genügt, dass damit eine öffentliche Beschädigung der Kandidaten verhindert werden soll,[2] ist unter Transparenzgesichtspunkten zumindest fraglich.

III. Qualifikation, Erfahrung und Sachkunde, Abs. 2

Gemäß Abs. 2 muss jedes Mitglied über die für die Erfüllung seiner Aufgaben und Ausübung seiner Befug- 6 nisse erforderliche Qualifikation, Erfahrung und Sachkunde insbes. im Bereich des Schutzes personenbezogener Daten verfügen. Die Vorschrift legt damit verbindliche Mindestanforderungen fest, die nach Art. 54 Abs. 1 lit. b durch die mitgliedstaatlichen Regelungen präzisiert werden (→ Art. 54 Rn. 5 f.). Die „**Qualifikation**" umfasst den Ausbildungshintergrund, wie den Abschluss einer Berufsausbildung, das Absolvieren eines Studiums, den Erwerb von Zusatzqualifikationen und Fortbildungsnachweisen in Bezug auf die Tätigkeiten der Aufsichtsbehörde. Die Qualifikation zielt damit auf den Nachweis, dass theoretisches Wissen erworben wurde. Die „**Erfahrung**" stellt einen zeitlichen Bezug her, indem das Erlernte in der praktischen Tätigkeit[3] angewandt und vertieft wurde. Die „**Sachkunde**" betrifft den Erwerb praktischen Wissens und der erforderlichen Interdisziplinarität, der zB durch die Wahrnehmung aufsichtsbehördlicher Aufgaben und die Ausübung aufsichtsbehördlicher Befugnisse nachgewiesen werden kann. Regelmäßige Mitarbeit in praxisrelevanten Projekten wäre ein anderer Nachweis für Sachkunde. Ähnlich werden die Anforderungen für den **EDSB** formuliert. Nach Art. 42 Abs. 2 VO 45/2001 wird er aus einem Kreis von Personen ausgewählt, an deren Unabhängigkeit kein Zweifel besteht und die über eine herausragende Erfahrung und Sachkunde für die Erfüllung der Aufgaben verfügen, wie beispielsweise die gegenwärtige oder frühere Tätigkeit in einer Kontrollstelle nach Art. 28 DSRL. Gemäß Art. 37 Abs. 5 wird auch ein **Datenschutzbeauftragter beim Verantwortlichen bzw. Auftragsverarbeiter** auf der Grundlage seiner beruflichen Qualifikation und insbes. des Fachwissens benannt, das er auf dem Gebiet des Datenschutzrechts und der **Datenschutzpraxis** besitzt.

Die Anforderungen an die Qualifikation der Mitglieder der Aufsichtsbehörde fügen sich in diesen Rahmen 7 ein. Für Mitglieder einer Aufsichtsbehörde wird zwar vom Wortlaut her nicht auf eine speziell berufliche Qualifikation im Sinne eines bestimmten Studienabschlusses (etwa ausschließlich Rechtswissenschaften) oder einer bestimmten Ausbildung abgestellt. Ferner wird für die entsprechenden Mitglieder nicht speziell auf ein Fachwissen auf dem Gebiet der Datenschutzpraxis abgestellt; eine „Sachkunde im Bereich des Schutzes personenbezogener Daten" kann auch durch theoretische Befassung erworben worden sein. Gleichwohl wird für ein Mitglied einer Aufsichtsbehörde zu fordern sein, dass eine einschlägige berufliche

---

2 So *Kühling/Martini et. al*, S. 168.
3 Ehmann/Selmayr/*Selmayr* Art. 53 Rn. 8.

Qualifikation und aus der Datenschutzpraxis erworbene Kenntnisse vorliegen; die Ernennung eines Mitglieds der Aufsichtsbehörde ohne vorherige Erfahrung im Datenschutzrecht dürfte damit ausscheiden. Es gibt keinen ersichtlichen Grund, für die Benennung eines Datenschutzbeauftragten nach Art. 37 Abs. 5 teilweise höhere Anforderungen zu verlangen als für die Ernennung des Mitglieds einer Aufsichtsbehörde. Dabei ist auch zu berücksichtigen, dass das **Vorhandensein von Fachwissen** auf den Gebiet der Datenschutzpraxis nach Art. 37 Abs. 5 auch Gegenstand einer bußgeldrechtlichen Prüfung sein kann (Art. 83 Abs. 4 lit. a), die durch die Aufsichtsbehörde erfolgt. Zur Beurteilung muss die Aufsichtsbehörde aber auch selbst über die nötige Datenschutzpraxis verfügen. Dementsprechend sieht § 11 Abs. 1 S. 5 nunmehr auch „durch einschlägige Berufserfahrung erworbene Kenntnisse des Datenschutzrechts" als Voraussetzung vor.

8   § 11 Abs. 1 BDSG nF enthalten Vorgaben auf Bundesebene. § 11 Abs. 1 S. 4 wiederholt 53 Abs. 2. Daneben sind aber auch weitere Anforderungen enthalten. Die oder der Bundesbeauftragte muss bei ihrer oder seiner Wahl das 35. Lebensjahr vollendet haben (S. 3) sowie über durch **einschlägige Berufserfahrung** erworbene **Kenntnisse des Datenschutzrechts** verfügen und die Befähigung zum Richteramt oder höheren Verwaltungsdienst haben (S. 5). Wie erläutert, entspricht das Erfordernis der einschlägigen Berufserfahrung der Sache nach ohnehin europäischen Vorgaben. Das Alterserfordernis und die Voraussetzung eines Studienabschlusses lassen sich dadurch rechtfertigen, dass hierdurch die Anforderungen an eine angemessene Qualifikation gewahrt werden und der Erwerb von notwendigen beruflichen Erfahrungen sowie von Sachkunde durch praktisches Wissen über einen mehrjährigen Zeitraum erfolgten. Da immerhin die Leitung der Aufsichtsbehörde davon erfasst ist und somit eine Vielzahl von strategischen, wirtschaftlich relevanten und unter Umständen sehr umstrittenen Entscheidungen mit hoher Öffentlichkeitswirkung zu treffen sind, wird damit sichergestellt, dass das Mitglied zumindest regelmäßig eine gewisse persönliche und fachliche Standfestigkeit aufweisen wird, wie sie das Amt verlangt.

IV. Amtszeit, Abs. 3 und Abs. 4

9   Abs. 3 und 4 regeln die Beendigung der **Amtszeit des Mitglieds** einer Aufsichtsbehörde, wobei Abs. 4 den Sonderfall der Amtsenthebung normiert. Die Regelungen erschweren damit über die Rechtsprechung des EuGH[4] hinaus die Möglichkeit zur Einflussnahme auf die Ausübung der Tätigkeit der Aufsichtsbehörde dadurch, dass das Mitglied der Aufsichtsbehörde mit neuen Regelungen seiner Amtszeit konfrontiert, abgewählt oder in sonstiger Weise seines Amts enthoben wird. Die Regelungskompetenz der Mitgliedstaaten erstreckt sich auch auf die besonderen Voraussetzungen der Beendigung der Amtszeit eines Mitglieds. Denn Art. 54 Abs. 1 verlangt von den Mitgliedstaaten explizit Regelungen zu Qualifikationen (lit. b), zur Ernennung (lit. c) und Wiederernennung (lit. e) sowie zu einer mindestens vierjährigen Amtszeit (lit. d).

10 Der in Abs. 3 genannte **Zeitablauf** bezieht sich auf das Erreichen des vorgesehenen Endes der Amtsperiode. Der **Rücktritt** beendet die Amtszeit auf eigenen Wunsch des Mitglieds. Die **Versetzung in den Ruhestand** kennzeichnet eine Entlassung aus besonderen Gründen, die auf Bundesebene jedoch nicht in § 12 Abs. 2 S. 2 BDSG nF übernommen wurde.[5] Wegen des Zusatzes „verpflichtend" wird deutlich, dass es sich um eine vergleichbar vorhersehbare und damit die Unabhängigkeit nicht beeinträchtigende Regelung wie den Zeitablauf handeln muss. Daher verletzt die vorzeitige Beendigung eines Mandats durch die Änderung von Rechtsvorschriften über die Dauer einer Amtsperiode und die damit erfolgte Umstrukturierung des bestehenden Modells der Bestellung die Anforderungen an die Unabhängigkeit. Wie unter Geltung von Art. 28 DSRL ist Art. 53 die Verpflichtung zu entnehmen, die Dauer des Mandats der Kontrollstelle bis zu seinem Ablauf zu beachten und sie nur unter Einhaltung der Grundsätze und Garantien der anwendbaren Rechtsvorschriften vorzeitig zu beenden. Die Beachtung der Amtszeit wird vom EuGH als Hauptvoraussetzung der Unabhängigkeit erachtet.[6]

11 Keine Regelung wurde für den **Todesfall** getroffen, wofür den Mitgliedstaaten eine Regelungskompetenz zugebilligt werden muss. Allerdings würde die Amtszeit im Falle des Todes faktisch enden, was ebenfalls zu einer Beendigung der Amtszeit führt.

12 § 11 Abs. 3 BDSG nF sieht eine fünfjährige Amtszeit mit einmaliger Wiederwahl für den BfDI vor. § 12 Abs. 2 S. 2 BDSG nF kennt als Beendigungsgründe lediglich das Ende der Amtszeit oder Rücktritt; S. 3 regelt die Gründe und das Verfahren für eine Amtsenthebung. Die LDSGe befinden sich derzeit in der Überarbeitung mit je eigenen Regelungen.

13 Die **Enthebung** seines Amtes nach Abs. 4 ist nur unter den engen Voraussetzungen möglich, wenn das Mitglied eine schwere Verfehlung begangen hat oder es die Voraussetzungen für die Wahrnehmung seiner Aufgaben nicht mehr erfüllt. Dies wird in § 12 Abs. 2 S. 3 BDSG nF identisch geregelt. Eine **schwere Verfehlung**

---

4 EuGH C-288/12, ZD 2015, 580.
5 Kühling/Buchner/*Boehm* Art. 53 Rn. 17.
6 EuGH C-288/12, ZD 2015, 580, Rn. 56.

(Alt. 1) bezieht sich zunächst auf die Anforderungen an das persönliche Verhalten der Mitglieder, maßgeblich sind also die **unvereinbaren Handlungen und Ämter** nach Art. 52 Abs. 3 (→ Art. 52 Rn. 9). Daneben wird man auch sonstige die persönliche Integrität betreffende Handlungen (etwa Straftaten) ausreichen lassen müssen. Da die Amtsenthebung eine Ausnahme sein muss,[7] ist allerdings das Merkmal der schweren Verfehlung eng zu verstehen. Die **Voraussetzungen für die Wahrnehmung der Aufgaben** (Alt. 2) entfallen zum einen, wenn die Anforderungen aus Abs. 2 nicht mehr vorliegen. Zum anderen können persönliche Gründe (schwere Krankheiten) oder Verhaltensweisen einschlägig sein, die deutliche Zweifel an der persönlichen Unabhängigkeit des Mitglieds bewirken.

Hinsichtlich der **Rechtsfolgen einer Amtsenthebung** wird in Art. 53 keine Aussage getroffen. Im Vergleich **14** zu Abs. 4 wird in Art. 42 Abs. 5 der VO 45/2001 für den EDSB bestimmt, dass dieser auf Antrag des EP, des Rates oder der KOM vom Gerichtshof seines Amtes enthoben oder seiner Ruhegehaltsansprüche oder an ihrer Stelle gewährten Vergünstigungen für verlustig erklärt werden kann, wenn er die Voraussetzungen für die Ausübung seines Amtes nicht mehr erfüllt oder eine schwere Verfehlung begangen hat. Mangels Regelung in der DSGVO ist hier auf die allgemeinen Grundsätze zurückzugreifen. Danach darf die Enthebung nicht die Unabhängigkeit bedrohen und muss daher institutionell und verfahrensrechtlich ausreichend abgesichert sein. Dies ist jedenfalls dann der Fall, wenn die Ernennung im Sinne der actus contrarius Theorie von derjenigen Institution unverzüglich rückgängig zu machen ist, die das Mitglied der Aufsichtsbehörde ernannt hat und dies im ähnlichen Verfahren erfolgt. Vorstellbar wäre auch, dass im nationalen Recht besondere Vorschriften vorgesehen werden, welche die Unabhängigkeit absichern.

Dem entsprechen die Spezifizierungen des § 12 Abs. 2 S. 3 BDSG nF möglicherweise nur zum Teil. Danach **15** erfolgt die Amtsenthebung durch den Bundespräsidenten, allerdings mit dem weiteren Erfordernis des Vorschlags des Präsidenten des Bundestags. Als materielle Voraussetzungen werden im Einklang mit Abs. 4 schwere Verfehlung oder fehlende Voraussetzungen für die Wahrnehmung der Aufgaben festgelegt, ohne dass allerdings eine Präzisierung erfolgt, was darunter zu verstehen ist. Ein Rückgriff auf die Gründe, die nach § 21 DRiG zur Entlassung eines Richters auf Lebenszeit führen können,[8] wird nur gelegentlich und nur argumentativ, nicht aber als Analogie möglich sein: Zum einen unterscheidet das DRiG zwischen einer Entlassung kraft Gesetzes (Abs. 1) und einer Entlassung durch Entscheidung (Abs. 2), die sich so nicht für die Mitglieder der Aufsichtsbehörden wiederfindet. Zudem passen eine Reihe der Gründe auf die Rechts- und Amtsstellung der Aufsichtsbehörden nicht. Und schließlich geht es bei der Richterentlassung um die Entlassung aus einem Lebenszeitverhältnis, während die Amtsenthebung des Mitglieds der Aufsichtsbehörde eine Person trifft, die durch eine politische Wahlentscheidung auf Zeit in ein Amt berufen wurde.

§ 12 Abs. 2 S. 6 BDSG nF sieht außerdem über den Wortlaut des Art. 53 hinaus vor, dass nach Ablauf der **16** Amtszeit eine kommissarische Leitung durch den oder die bisherige BfDI für maximal sechs Monate auf Ersuchen des Präsidenten des Bundestags, also ohne Beschluss des Bundestags, möglich ist. Wegen der engen zeitlichen Begrenzung und der Beschränkung auf den Beendigungstatbestand des Endes der Amtszeit sowie insbes. wegen der diesbezüglichen Streichung von Art. 48 Abs. 5 KOM-E (→ Rn. 2) ist dies mit den Vorgaben zur klaren Regelung der Amtszeit nach Abs. 3 vereinbar. § 12 Abs. 3 BDSG nF trägt zudem dem Bedürfnis einer kontinuierlichen Aufgabenerfüllung durch den BfDI Rechnung, indem eine Übergangsregelung kraft Gesetzes geschaffen wird, falls das Amt nicht besetzt ist. Im Einklang mit Art. 52 wird sichergestellt, dass für diesen Zeitraum die Unabhängigkeit so gewährleistet ist, als handele es sich um ein gewähltes Mitglied der Aufsichtsbehörde.

Artikel 54 Errichtung der Aufsichtsbehörde

(1) Jeder Mitgliedstaat sieht durch Rechtsvorschriften Folgendes vor:

a) die Errichtung jeder Aufsichtsbehörde;

b) die erforderlichen Qualifikationen und sonstigen Voraussetzungen für die Ernennung zum Mitglied jeder Aufsichtsbehörde;

c) die Vorschriften und Verfahren für die Ernennung des Mitglieds oder der Mitglieder jeder Aufsichtsbehörde;

d) die Amtszeit des Mitglieds oder der Mitglieder jeder Aufsichtsbehörde von mindestens vier Jahren; dies gilt nicht für die erste Amtszeit nach 24. Mai 2016, die für einen Teil der Mitglieder kürzer sein kann,

---

7 EuGH C-288/12, ZD 2015, 580, Rn. 56.
8 So Kühling/Buchner/*Boehm* Art. 53 Rn. 18.

wenn eine zeitlich versetzte Ernennung zur Wahrung der Unabhängigkeit der Aufsichtsbehörde notwendig ist;

e)   die Frage, ob und – wenn ja – wie oft das Mitglied oder die Mitglieder jeder Aufsichtsbehörde wiederernannt werden können;

f)   die Bedingungen im Hinblick auf die Pflichten des Mitglieds oder der Mitglieder und der Bediensteten jeder Aufsichtsbehörde, die Verbote von Handlungen, beruflichen Tätigkeiten und Vergütungen während und nach der Amtszeit, die mit diesen Pflichten unvereinbar sind, und die Regeln für die Beendigung des Beschäftigungsverhältnisses.

(2) [1]Das Mitglied oder die Mitglieder und die Bediensteten jeder Aufsichtsbehörde sind gemäß dem Unionsrecht oder dem Recht der Mitgliedstaaten sowohl während ihrer Amts- beziehungsweise Dienstzeit als auch nach deren Beendigung verpflichtet, über alle vertraulichen Informationen, die ihnen bei der Wahrnehmung ihrer Aufgaben oder der Ausübung ihrer Befugnisse bekannt geworden sind, Verschwiegenheit zu wahren. [2]Während dieser Amts- beziehungsweise Dienstzeit gilt diese Verschwiegenheitspflicht insbesondere für die von natürlichen Personen gemeldeten Verstößen gegen diese Verordnung.

I.   Struktur und Entstehungsgeschichte

1   Abs. 1 sieht für die Mitgliedstaaten vor, dass diese nähere Bestimmungen zur Errichtung jeder Aufsichtsbehörde schaffen, die insbes. die Einhaltung der Vorgaben der Artt. 51 bis 53 sicherstellen. Dabei sind die vorgegebenen allgemeinen Bedingungen für Mitglieder der Aufsichtsbehörden nach Art. 53 zu beachten. Die Vorschriften sind insoweit zT deklaratorisch, als sie über den Regelungsgehalt der Artt. 51-53 nicht hinausgehen (Abs. 1 lit. a bis c); zT präzisieren sie die Rahmenbedingungen, unter denen die Mitglieder ihre Tätigkeit ausüben (Abs. 1 lit. d bis f). In Abs. 2 normiert der Verordnungsgeber **Verschwiegenheitspflichten**, sowohl für Mitglieder als auch für Bedienstete jeder Aufsichtsbehörde.

2   In Art. 28 Abs. 1 DSRL wurde zumindest geregelt, dass eine oder mehrere öffentliche Stellen in jedem Mitgliedstaat mit der Überwachung der datenschutzrechtlichen Vorschriften beauftragt werden sollen. Ferner sollten die Mitglieder und Bediensteten der Kontrollstellen dem Berufsgeheimnis unterliegen (Art. 28 Abs. 7 DSRL). Die DSRL kannte keine entsprechende Vorgängervorschrift; allerdings sah Art. 28 Abs. 7 DSRL ein Berufsgeheimnis für die Mitglieder und Bediensteten vor, und Art. 45 DSVO 45/2001/EG kennt Vorgaben für die Qualifikation und die Verschwiegenheitspflicht des EDSB. Eine Erweiterung gegenüber Art. 28 Abs. 7 DSRL nimmt Abs. 2 dadurch vor, dass nun auch eine unionsrechtliche Vorschrift die Verschwiegenheit anordnen kann.

3   Im Gesetzgebungsprozess wurde Art. 54 inhaltlich kaum geändert. Lediglich im Hinblick auf Abs. 2 wurde auf Veranlassung des Rats erreicht, dass Mitglieder und Bedienstete „gemäß dem Unionsrecht oder dem mitgliedstaatlichen Recht" den Verschwiegenheitspflichten unterliegen. Hierdurch sollte erreicht werden, dass auch die besonderen nationalen Rechtsvorschriften Beachtung finden.[1] Zudem ist auf Betreiben des Rats die Wiederernennung geregelt worden. Eine Amtszeitbegrenzung konnte sich nicht durchsetzen. Zur Errichtung der Aufsichtsbehörde enthält Abs. 1 eine umfassende **Öffnungsklausel**, die den Gesetzgebern der Mitgliedstaaten einen Regelungsspielraum einräumt. Von diesem Spielraum hat der Bundesgesetzgeber in den §§ 8ff. BDSG nF Gebrauch gemacht.

II.   Regelungsauftrag an die Mitgliedstaaten (Abs. 1)

4   Abs. 1 enthält eine Reihe von Regelungsaufträgen, die allerdings zT schon anderenorts in der DSGVO präzisiert sind. Dies betrifft nach lit. a zunächst die Errichtung „jeder" **Aufsichtsbehörde**. Der Verordnungsgeber hat bereits in Art. 51 Abs. 1 klargestellt, dass eine oder mehrere unabhängige Behörden für die Überwachung der Anwendung der DSGVO zuständig sein können (→ Art. 51 Rn. 1). Damit bleibt die Errichtung mehrerer Aufsichtsbehörden nach Abs. 1 lit. a zulässig. **Länderkompetenzen** im föderalen Aufbau der Bundesrepublik Deutschland werden nicht berührt. Auf Bundesebene gilt nunmehr § 8 BDSG nF, der die oder den BfDI errichtet.

5   Abs. 1 lit. b betrifft die Schaffung von Rechtsvorschriften über die erforderlichen **Qualifikationen** und sonstigen Voraussetzungen für die Ernennung zum Mitglied jeder Aufsichtsbehörde. Insoweit sind die nationalen Gesetzgeber an den von Art. 53 Abs. 2 bereits vorgegebenen Rahmen gebunden; zu den sonstigen Voraussetzungen neben der Qualifikation kommt es danach auf **Erfahrung und Sachkunde** an (→ Art. 53 Rn. 3; dort auch zu den nationalen Regelungen im BDSG nF). Demnach zählen nicht nur Nachweise einer einschlägigen Ausbildung zu den Anforderungen, um den Erwerb theoretischen Wissens zu belegen, son-

---

1   Kühling/Buchner/*Boehm* Art. 54 Rn. 6.

dern die Gesetzgeber der Mitgliedstaaten müssen auch Anforderungen an praktische Erfahrungen normieren. Der Bundesgesetzgeber hat hierzu in § 11 Abs. 1 S. 4 BDSG nF zunächst Qualifikation, Erfahrung und Sachkunde als Voraussetzungen für die Übernahme des Amts der oder des BfDI normiert. Nach § 11 Abs. 1 S. 5 BDSG nF muss er „insbesondere" über durch „einschlägige Berufserfahrung erworbene Kenntnisse des Datenschutzrechts" verfügen. Eine einschlägige Berufserfahrung kommt etwa für Personen in Betracht, die bereits als Mitglied oder Bedienstete einer Aufsichtsbehörde tätig waren.

Von lit. b ebenfalls gedeckt ist es, wenn die Mitgliedstaaten etwa eine **Altersgrenze für die Ernennung** vorse-   6
hen. Dies ist in § 11 Abs. 1 S. 3 BDSG nF erfolgt (Mindestalter von 35 Jahren). Die Mindestaltervorgabe wird teilweise als willkürliche Festlegung angesehen.[2] Dafür spricht zunächst, dass im Wortlaut von lit. b hierzu keine Aussage getroffen wird. Allerdings hat der Verordnungsgeber mit den sonstigen Voraussetzungen für die Ernennung den Mitgliedstaaten ermöglicht, auch die eigenen nationalen arbeits- und beamtenrechtlichen Regelungen anzuwenden. Die Normierung einer Altersgrenze etwa in Anlehnung an beamtenrechtliche Regelungen ist daher nicht zu beanstanden. Die nötige Qualifikation, Erfahrung und Sachkunde kann auch beim Erreichen eines Alters von 35 Jahren vorliegen.

Nach Abs. 1 lit. c sind durch die Mitgliedstaaten Vorschriften und Verfahren für die Ernennung des Mit-   7
glieds oder der Mitglieder jeder Aufsichtsbehörde zu schaffen. Die Vorschrift ist daher im Kontext von Art. 53 Abs. 1 zu sehen.[3] Die Formulierung **Mitglieder** erfasst vor allem nationale Modelle, die – wie zB in Luxemburg – nicht eine einzelne Person als Leitung der Aufsichtsbehörde vorsehen, sondern eine Kommission aus gleichberechtigten Mitgliedern. Auf Bundesebene normiert § 11 BDSG nF die Ernennung. Danach wählt der Bundestag ohne Aussprache auf Vorschlag der Bundesregierung die oder den BfDI mit mehr als der Hälfte der gesetzlichen Zahl seiner Mitglieder. Die oder der Gewählte ist von der Bundespräsidentin oder dem Bundespräsidenten zu ernennen. Vorgaben zur **Wahl und zur Ableistung des Amtseides** ergeben sich auf Bundesebene aus § 11 Abs. 1 und 2 BDSG nF.

Die **Amtszeit** des Mitglieds oder der Mitglieder jeder Aufsichtsbehörde beträgt nach Abs. 1 lit. d mindestens   8
vier Jahre. Die Mitgliedstaaten sind danach frei, auch **längere Amtszeiten** festzulegen. Die Festlegung einer Amtszeit von mindestens vier Jahren erfolgte in Anlehnung an den Umstand, dass in mehreren Mitgliedstaaten die Legislaturperioden einen Vier-Jahres-Zeitraum umfassen und auch für das Amt eines Mitglieds einer Aufsichtsbehörde die Wahl auf Basis einer parlamentarische Entscheidung (Art. 53 Abs. 1) in Betracht kommt.[4] Obergrenzen für die Dauer einer Amtszeit werden in lit. d nicht vorgegeben. Eine Amtszeit, die grundsätzlich auf **Lebenszeit** erfolgt oder bis zur Pensionierung andauern soll, wird aber ausgeschlossen sein, da lit. e die Frage der Wiederernennung thematisiert und daher von einer regelmäßigen Neu-Ernennung ausgeht (→ Art. 53 Rn. 10). Der zweite Halbsatz der Vorschrift ist als Übergangsvorschrift für diejenigen Aufsichtsbehörden zu sehen, die als Kommission organisiert sind.[5] Dies ist in Deutschland nicht der Fall. Auf Bundesebene beträgt die Amtszeit des oder der BfDI nach § 11 Abs. 3 S. 1 BDSG nF fünf Jahre.

Nach Abs. 1 lit. e ist zu regeln, ob und – wenn ja – wie oft das Mitglied oder die Mitglieder jeder Aufsichts-   9
behörde wiederernannt werden können. Da die Aufsichtsbehörden mit einer Unabhängigkeit ausgestattet sein müssen, die es ihnen ermöglicht, ihre Aufgaben ohne äußere Einflussnahme wahrzunehmen und dabei auch eine wirtschaftliche und politische Einwirkung vermieden werden soll,[6] wäre insbes. eine im Mindestmaß nur vierjährige Amtszeit unter der Ausschluss einer Wiederwahl oder die Zulässigkeit einer nur einmaligen Wiederwahl nicht sinnvoll.[7] Bei entsprechend kurz bemessenen Amtszeiten und dem Ausschluss einer Wiederwahl besteht die Gefahr, dass das jeweilige Mitglied der Aufsichtsbehörde nach jeweils kurzen Zeiträumen von der Wahrnehmung der Aufgaben und Ausübung der Befugnisse entbunden wird, ohne dass generell oder in Einzelfällen eine **Entscheidungspraxis** entwickelt werden konnte. Zudem verlangt es dem Mitglied ab, sich innerhalb kürzester Zeit zur Sicherung seiner wirtschaftlichen Existenz neu zu orientieren, was gleichfalls der Qualität der Wahrnehmung der gestellten Aufgaben hinderlich ist und zudem dazu führen kann, dass das Mitglied sogar noch vor Ablauf der Amtszeit ausscheidet. Durch die Vorgaben in lit. d und e ist die einmalige Ernennung für eine vierjährige Amtszeit jedoch zulässig. Im Rahmen der Erarbeitung nationaler Rechtsvorschriften empfiehlt sich eine Orientierung an Art. 42 Abs. 3 der DSVO 45/2001/EG. Demnach ist eine Wiederernennung des EDSB zulässig. Dies schließt die Möglichkeit einer zwei- oder mehrmaligen Wiederernennung ein. Auf Bundesebene ist nach § 11 Abs. 3 S. 2 BDSG nF eine einmalige Wiederwahl für weitere fünf Jahre zulässig.

---

2   Kühling/Buchner/*Boehm* Art. 53 Rn. 15.
3   Dazu auch EG 121 S. 1.
4   Ehmann/Selmayr/*Selmayr* Art. 54 Rn. 9.
5   Zum unklaren Wortlaut Sydow/*Ziebarth* Art. 54 Rn. 29.
6   EuGH C-518/07, NJW 2010, 1265 (1266); EuGH C-288/12, ZD 2014, 301 (302).
7   Sydow/*Ziebarth* Art. 54 Rn. 35 sieht die Gefahr, dass ein Mitglied, das wieder gewählt werden will, sich zu unangemessenen Zugeständnissen verleiten lässt, lehnt iErg die Möglichkeit einer Wiederwahl aber wohl nicht ab.

10   Abs. 1 lit. f. gibt den Mitgliedstaaten mehrere Regelungsaufträge. Dies betrifft erstens **Pflichten der Mitglieder und Bediensteten**, zweitens **Verbote von Handlungen, beruflichen Tätigkeiten und Vergütungen**, die während – explizit aber auch nach – der Amtszeit mit den geregelten Pflichten unvereinbar sind, sowie drittens die **Regeln für die Beendigung des Beschäftigungsverhältnisses**. Hinsichtlich der Regeln für die Beendigung des Beschäftigungsverhältnisses ist der nationale Gesetzgeber an die Vorgabe nach Art. 53 Abs. 3 und 4 gebunden. Im deutschen Recht sind Pflichten und Verbote in § 13 Abs. 1 und 2 sowie Regeln zur Beendigung in § 12 Abs. 2 S. 2 bis 6, Abs. 3 BDSG nF enthalten.

11   Abs. 1 lit. f geht über Art. 52 Abs. 3 hinaus, als er auch die Bediensteten und nicht nur das Mitglied erfasst. Der Regelungsauftrag der Mitgliedstaaten kann daher auch so ausgeführt werden, dass für die Bediensteten andere Grundsätze hinsichtlich ihrer Pflichten, möglicher verbotener Handlungen und Regelungen für die Beendigung des Beschäftigungsverhältnisses gelten als für das Mitglied der Aufsichtsbehörde. Regelmäßig wird aber jedenfalls der Maßstab aus Art. 52 Nr. 3 gelten.

12   In Bezug auf weitere berufliche Tätigkeiten (→ Art. 52 Rn. 9) wird die Bestellung des Mitglieds einer Aufsichtsbehörde als **Informationsfreiheitsbeauftragter** zulässig sein, die sich zumindest in Deutschland durchgesetzt hat (s. exemplarisch § 8 Abs. 1 BDSG nF). Zwischen den beiden Ämtern besteht regelmäßig keine Interessenkollision.[8] Teilweise werden Inkompatibilitäten gesehen, wenn der Datenschutz- und zugleich Informationsfreiheitsbeauftragte den Zugang zu personenbezogenen Daten beurteilen muss.[9] Im Bereich der Informationsfreiheit hat nach Maßgabe der bestehenden Bundes- und Landesvorschriften jede Person gegenüber öffentlichen Stellen einen Anspruch auf Zugang zu den dort vorhandenen Informationen (s. zB § 1 Abs. 1 S. 1 IFG), wobei einem Informationszugang der Schutz personenbezogener Daten Dritter entgegenstehen kann (zB nach § 5 IFG). Das konkrete Verhältnis der beiden Rechtsmaterien überlässt Art. 86 der Ausgestaltung durch die Mitgliedstaaten. Übernimmt das Mitglied einer Aufsichtsbehörde zugleich die Funktion als **Beschwerde- und Beratungsstelle** für Antragsteller und potenziell informationspflichtige Stellen (zB § 12 Abs. 1 IFG), so erfolgt in diesem Kontext auch die Klärung von Fragen im Anwendungsbereich der DSGVO, soweit der Zugang zu personenbezogenen Daten begehrt wird. Die Unabhängigkeit der jeweiligen Aufsichtsbehörde wird dabei nicht berührt. Anderes würde aber dann gelten, wenn die Bestellung zum Informationsfreiheitsbeauftragten mit der Eingliederung in einen anderen Geschäftsbereich verbunden wäre und hierdurch eine Weisungsgebundenheit entstünde, die sich auf fachliche Entscheidungen auswirken kann. In diesem Fall wäre die parallele Ausübung des Amts als Mitglied einer Aufsichtsbehörde nicht zulässig. Daraus folgt, dass die Unabhängigkeit verbundener Ämter nie geringer sein darf als die Unabhängigkeit der Datenschutzaufsichtsbehörde.

13   Die **Pflichten** des Mitglieds und der Bediensteten einer Aufsichtsbehörde werden zum einen durch die Wahrung der Unabhängigkeit aus Art. 52, zum anderen aber auch aus den Aufgaben und Befugnissen der Aufsichtsbehörde insbes. nach Art. 57 und 58 bestimmt. Dazu gehören auch die sonstigen Verpflichtungen, die nach Landesrecht das Mitglied und die Bediensteten treffen, etwa die allgemeinen beamtenrechtlichen Verpflichtungen aus dem Dienst- und Treueverhältnis wie zB in §§ 60 bis 86 BBG für die Bundesbeamten geregelt. Soweit diese allerdings in Konflikt mit der Unabhängigkeit der Aufsichtsbehörde geraten, sind die europarechtlichen Vorschriften der DSGVO vorrangig.

14   Bezüglich der **Verbote von Handlungen, beruflichen Tätigkeiten und Vergütungen** während und nach der Amtszeit, die mit diesen Pflichten unvereinbar sind, geht Abs. 1 lit. f über die korrespondierende Regelung des Art. 52 Abs. 3 hinaus: Denn die Mitgliedstaaten erhalten auch eine Regelungsbefugnis für die Zeit nach der Amtszeit. Damit soll sichergestellt werden, dass der Anschein der Unabhängigkeit auch nicht nachträglich in Zweifel gezogen wird.

15   Die Regeln für die **Beendigung des Beschäftigungsverhältnisses** betreffen, anders als die Regelungen zur Amtszeit in Art. 53 Abs. 3 und 4 sowie Abs. 1 lit. d und e, insbes. die Beschäftigten einer Aufsichtsbehörde. Auch hier können die Mitgliedstaaten eigene Regelungen vorsehen. Damit wird der Eingliederung der Beschäftigten einer Aufsichtsbehörde in die allgemeinen öffentlich-rechtlichen und beamtenrechtlichen Vorstellungen eines Mitgliedstaats Rechnung getragen. Diese müssen ihrerseits kaum konkretisierten inhaltlichen Vorgaben genügen; allerdings darf auch hier durch die mitgliedstaatlichen Regelungen die Unabhängigkeit der Aufsichtsbehörde nicht gefährdet werden. Insoweit ist auch EG 121 und Art. 52 Abs. 5 zu berücksichtigen, wonach das Personal der Aufsichtsbehörden unabhängig ausgewählt werden muss und es ausschließlich der Leitung des Mitglieds der Aufsichtsbehörde untersteht.

---

8   Ehmann/Selmayr/*Selmayr* Art. 52 Rn. 20.
9   Gola/*Nguyen* Art. 52 Rn. 11.

III. Verschwiegenheitspflichten (Abs. 2)

Abs. 2 trifft eine eigenständige Regelung zur Verschwiegenheitsverpflichtung der **Mitglieder sowie zusätz-** 16
lich der Bediensteten einer Aufsichtsbehörde. Abs. 2 S. 1 statuiert die grundsätzlichen Voraussetzungen,
während S. 2 einen besonderen Gegenstand anspricht, auf den die Verschwiegenheitspflicht bezogen ist,
nämlich die von natürlichen Personen gemeldeten Verstöße gegen die DSGVO. Damit werden die Daten der
betroffenen Personen sowie die Betriebs- und Geschäftsgeheimnisse der Verantwortlichen und Auftragsverarbeiter geschützt, wenn ein aufsichtsbehördliches Verfahren betrieben wird. Zudem wird gesichert, dass
die Aufsichtsbehörden ihre Aufgaben und Befugnisse auch dadurch effektiv wahrnehmen können, dass Informanten vertraulich behandelt werden können. Die Verschwiegenheitsverpflichtungen finden ihre Herkunft entweder im **mitgliedstaatlichen Recht oder aber im Unionsrecht.** Sie können daher in Bezug auf die
verschiedenen Regelungen in ihrer Reichweite variieren.

Unter **Verschwiegenheitsverpflichtungen** sind Regelungen zu verstehen, nach denen die Weitergabe oder 17
Mitteilung von Informationen, die dem Mitglied oder Beschäftigtem im Rahmen seiner Tätigkeit für die
Aufsichtsbehörde bekannt geworden oder anvertraut worden sind, unzulässig ist. Diese bestehen grundsätzlich gegenüber jedermann. Nicht notwendig, aber hinreichend für eine Verschwiegenheitsverpflichtung
ist, dass sie zu einem **Zeugnisverweigerungsrecht** gegenüber Ermittlungsbehörden oder Gerichten erstarkt
oder dass sie strafrechtlich bewehrt ist. Keine Voraussetzung ist die Strafbewehrung. Verschwiegenheitsverpflichtungen gehen über den abgegrenzten Schutz von Betriebs- und Geschäftsgeheimnissen, Urheberrech-
ten oder eben auch Datenschutzrechten hinaus. Sie können, müssen aber nicht, dem Datenschutzrecht entstammen. Im Zweifel ist aber von einer Vertraulichkeit auszugehen.

In Betracht kommen **beamtenrechtliche und tarifvertragliche Verschwiegenheitspflichten.** Der Verweis auf 18
Bestimmungen des **Unionsrechts** bezieht sich va auf Art. 45 DSVO 45/2001/EG. Danach sind der EDSB
und sein Personal während ihrer Amtszeit und auch nach deren Beendigung verpflichtet, über alle vertraulichen Informationen, die ihnen bei der Wahrnehmung ihrer Aufgaben bekannt geworden sind, Verschwiegenheit zu bewahren. Weitere Regelungen können hinzutreten.

Im **deutschen Recht** enthält § 13 Abs. 4 BDSG nF entsprechende, besonders normierte Verschwiegenheits- 19
pflichten. Diese gelten nach § 13 Abs. 6 BDSG nF auch für die Datenschutzbeauftragten der Länder. Sie gehen den allgemeinen beamtenrechtlichen Verschwiegenheitspflichten (etwa § 37 BeamtStG, § 67 BBG bzw.
die entsprechenden Normen der Länder) vor. Insbesondere ist geregelt, dass die oder der BfDI auch nach
Beendigung ihres oder seines Amts verpflichtet ist, über die amtlich bekannt gewordenen Angelegenheiten
Verschwiegenheit zu bewahren. Ausnahmen bestehen etwa für Tatsachen, die offenkundig sind oder ihrer
Bedeutung nach keiner Geheimhaltung bedürfen (§ 13 Abs. 4 S. 2 BDSG nF). Nicht geheimhaltungsbedürf-
tig sind solche Angaben, für die zB ein Anspruch nach dem Informationsfreiheitsgesetz des Bundes bestehen
würde. § 13 Abs. 3 etabliert zudem konsequenterweise ein weitreichendes Zeugnisverweigerungsrecht für
den BfDI und seine Mitarbeiter.

Diese Verschwiegenheitspflichten sind nach § 353 b StGB unter bestimmten Voraussetzungen auch **strafbe-** 20
wehrt. Gemäß § 353 b Abs. 1 Nr. 1 StGB macht sich strafbar, wer ein Geheimnis, das ihm als Amtsträger
anvertraut worden oder sonst bekanntgeworden ist, unbefugt offenbart und dadurch wichtige öffentliche
Interessen gefährdet. Der BGH hat entschieden, dass eine Strafbarkeit nach § 353 b Abs. 1 Nr. 1 StGB mangels Gefährdung wichtiger öffentlicher Interessen nicht vorliegt, wenn ein Mitglied einer Aufsichtsbehörde
mit der Veröffentlichung datenschutzrechtlicher Verstöße auch auf ein gesetzmäßiges Verhalten hinwirkt.[10]
Im konkreten Fall hatte das Mitglied die innerdienstlichen Vermerke und Verfügungen eines Justizministers
in einer Pressekonferenz öffentlich verlesen. Da hiermit personenbezogene Informationen im Zusammenhang mit der Kontrolle einer Amtswalters verbunden waren, über welche nach den datenschutzrechtlichen
Vorschriften Verschwiegenheit zu wahren war, bejahte der BGH die Offenbarung eines Geheimnisses im
Sinne von § 353 b Abs. 1 Nr. 1 StGB. Dementsprechend würde auch ein Verstoß gegen § 13 Abs. 4 BDSG
nF vorliegen; das entsprechende Verhalten wäre also rechtswidrig – neben der ohnehin regelmäßig bestehenden datenschutzrechtlichen Unzulässigkeit eines solchen Vorgehens eines Datenschutzbeauftragten. Verneint wurde jedoch eine Gefährdung wichtiger öffentlicher Interessen und damit die Strafbarkeit. Nach der
Beurteilung des BGH kann ein **Amtsträger,** der zur Kontrolle der Gesetzestreue eines anderen Amtsträgers
berufen ist, „wichtige öffentliche Interessen nicht durch die Offenbarung eines Gesetzesverstoßes gefährden, wenn er die Öffentlichkeit auch als Verbündeten gewinnen will, um auf ein gesetzmäßiges Verhalten
hinzuwirken."[11] Der BGH wollte damit verdeutlichen, dass die Bürgerinnen und Bürger ein Interesse daran
haben, dass gesetzliche Vorschriften gerade auch von Amtsträgern eingehalten und Verstöße gegen diese

---

10 BGH NJW 2003, 979 (980).
11 BGH NJW 2003, 979 (980).

Vorschriften bekannt gemacht und aufgeklärt werden. Maßgebend war, dass das Mitglied der Aufsichtsbehörde mit der Bekanntgabe von Verstößen selbst ein wichtiges öffentliches Interesse verfolgte, ohne hierdurch das Vertrauen der Öffentlichkeit in sein Amt in Frage zu stellen. Zudem waren die Verfügungen und Vermerke des Justizministers im geschilderten Fall im Rahmen eines **datenschutzrechtlichen Prüfverfahrens** in rechtmäßiger Weise Gegenstand des entsprechenden Aktenvorgangs geworden.

21　Die Verschwiegenheitsverpflichtung endet nicht mit der Beendigung der Zugehörigkeit zur Aufsichtsbehörde, wie Abs. 2 S. 1 verdeutlicht, sondern reicht über das **Ende der Amts- bzw. Dienstzeit** hinaus. Dies gilt auch für Abs. 2 S. 2; die Beschränkung auf „während" ist als Redaktionsversehen zu betrachten.

22　Abs. 2 S. 2 führt explizit aus, dass die Verschwiegenheitsverpflichtung der Mitglieder sowie der Bediensteten der Aufsichtsbehörde sich auch auf Verstöße gegen die DSGVO bezieht. Dies betrifft sowohl die personenbezogenen Daten der Betroffenen, die sich mit einer Beschwerde an die Aufsichtsbehörde wenden, als auch die dieser zur Kenntnis gelangten Informationen über und von Verantwortlichen und Auftragsverarbeitern. Nicht zuletzt ist die Aufsichtsbehörde darauf angewiesen, dass sie von Datenschutzverstößen auch dadurch Kenntnis erlangt, dass sich Hinweisgeber bei ihr melden. Dies dürfte vor allem Beschäftigte von Datenverarbeitern betreffen. Diese müssen sich darauf verlassen können, dass sie nicht bekannt werden, um keine Nachteile zu erleiden. Auch dies sichert Abs. 2 S. 2.

Abschnitt 2
Zuständigkeit, Aufgaben und Befugnisse

Artikel 55　Zuständigkeit

(1) Jede Aufsichtsbehörde ist für die Erfüllung der Aufgaben und die Ausübung der Befugnisse, die ihr mit dieser Verordnung übertragen wurden, im Hoheitsgebiet ihres eigenen Mitgliedstaats zuständig.

(2) ¹Erfolgt die Verarbeitung durch Behörden oder private Stellen auf der Grundlage von Artikel 6 Absatz 1 Buchstabe c oder e, so ist die Aufsichtsbehörde des betroffenen Mitgliedstaats zuständig. ²In diesem Fall findet Artikel 56 keine Anwendung.

(3) Die Aufsichtsbehörden sind nicht zuständig für die Aufsicht über die von Gerichten im Rahmen ihrer justiziellen Tätigkeit vorgenommenen Verarbeitungen.

Literatur: *Caspar, J.*, Das aufsichtsbehördliche Verfahren nach der EU-Datenschutz-Grundverordnung – Defizite und Alternativregelungen, ZD 2012, 555;*Dammann, U.*, Erfolge und Defizite der EU-Datenschutzgrundverordnung – Erwarteter Fortschritt, Schwächen und überraschende Innovationen, ZD 2016, 307;*Ehmann, E.*, Der weite Weg zur Datenschutzgrundverordnung – Näher am Erfolg, als viele glauben?, ZD 2015, 6;*Hornung, G.*, Eine Datenschutz-Grundverordnung für Europa? – Licht und Schatten im Kommissionsentwurf vom 25.1.2012, ZD 2012, 99;*Kartheuser, I./Schmitt, F.*, Der Niederlassungsbegriff und seine praktischen Auswirkungen – Anwendbarkeit des Datenschutzrechts eines Mitgliedstaats auf ausländische EU-Gesellschaften, ZD 2016, 155;*Kühling, J.*, Rückkehr des Rechts: Verpflichtung von „Google & Co." zu Datenschutz, EuZW 2014, 527;*ders./Martini, M.*, Die Datenschutz-Grundverordnung: Revolution oder Evolution im europäischen und deutschen Datenschutzrecht?, EuZW 2016, 448; *v. Lewinski, K./Herrmann, C.*, Cloud vs. Cloud – Datenschutz im Binnenmarkt, ZD 2016, 467; *Reding, V.*, Sieben Grundbausteine der europäischen Datenschutzreform, ZD 2012, 195; *Roßnagel, A./Kroschwald, S.*, Was wird aus der Datenschutzgrundverordnung? – Die Entschließung des Europäischen Parlaments über ein Verhandlungsdokument, ZD 2014, 495; *Schantz, P.*, Die Datenschutz-Grundverordnung – Beginn einer neuen Zeitrechnung im Datenschutzrecht, NJW 2016, 1841.

I. Systematik und Entstehungsgeschichte

1　Mit der Norm trifft der Verordnungsgeber grundsätzliche Aussagen zur Zuständigkeit der Aufsichtsbehörden. Nach der Grundregel in Abs. 1 besteht eine Zuständigkeit der Aufsichtsbehörde im Hoheitsgebiet ihres eigenen Mitgliedstaats (Territorialitätsprinzip). Die Grundregel steht in engem Zusammenhang mit Art. 56. Darin schuf der Verordnungsgeber hinsichtlich der räumlichen Zuständigkeit eine Ausnahme zugunsten einer **federführenden Aufsichtsbehörde**.[1] Unabhängig davon, dass die federführende Aufsichtsbehörde etwa bindende Beschlüsse nach Art. 60 Abs. 6 erlassen kann, bleibt die betroffene Aufsichtsbehörde nach Maßgabe von Abs. 1 für die Umsetzung hoheitlicher Maßnahmen im eigenen Mitgliedstaat zuständig, gegen die eine betroffene Person dieses Mitgliedstaats Rechtsschutz begehren kann. Abs. 2 ist eigentlich eine Ausnahme zu diesem Prinzip einer federführenden Aufsichtsbehörde nach Art. 56 und weniger zur Zuständigkeit der mitgliedstaatlichen Aufsichtsbehörde nach Art. 55, denn bei Datenverarbeitungen im öffentlichen Interesse bzw. auf rechtlicher Verpflichtung bleibt es entgegen Art. 56 bei einer ausschließlichen Zuständigkeit der mitgliedstaatlichen Aufsichtsbehörde. In Abs. 3 wird die Ausnahme geregelt, dass **Gerichte** der aufsichtsbehördlichen Kontrolle nicht unterliegen.

Art. 28 Abs. 1 und 6 DSRL enthielten nur rudimentäre Vorgängervorschriften. Danach waren die Auf- 2 sichtsbehörden nur, aber auch ausschließlich im jeweiligen Hoheitsgebiet des Mitgliedsstaats zuständig. Die Problematik grenzüberschreitender Datenverarbeitungen wurde nicht geregelt und war dementsprechend umstritten.

In Art. 51 Abs. 2 KOM-E war noch allein die **Hauptniederlassung** eines Unternehmens Anknüpfungspunkt 3 für die Begründung der Zuständigkeit einer Aufsichtsbehörde.[2] Diese Regelung diente in erster Linie den Interessen der Unternehmen, die in mehr als einem Mitgliedstaat eine Niederlassung haben. Folglich hätte das Unternehmen nur die Maßgaben einer einzigen Aufsichtsbehörde beachten müssen. Befürchtet wurden **exekutive Umsetzungsdefizite** für den Fall, dass ausschließlich am Sitz der Hauptniederlassung des Unternehmens angeknüpft wird.[3] Nachteilig erwies sich, dass betroffene Personen sich an eine Aufsichtsbehörde hätten wenden müssen, die nicht in dem Mitgliedstaat ihres Wohnsitzes belegen ist. Erst das EP erarbeitete eine Änderung, wonach zwar eine federführende Aufsichtsbehörde zentraler Ansprechpartner für den Verantwortlichen und den Auftragsverarbeiter sein soll, diese jedoch mit anderen betroffenen Aufsichtsbehörden zusammenarbeitet, die wiederum rechtserhebliche Maßnahmen zugunsten der betroffenen Personen gegen den Verantwortlichen verfügen können.[4] Dieser Ansatz dient den Interessen der betroffenen Personen und letztlich auch der Unternehmen mehr. Haben diese Personen am Ort ihres Wohnsitzes ihre Beschwerde bei der dort ansässigen Aufsichtsbehörde eingereicht, so erhalten sie auch von dieser nach Art. 4 Nr. 22 lit. c betroffenen Aufsichtsbehörde (→ Art. 4 Rn. 7) weitere Informationen und können darüber Rechtsschutz erhalten (→ Art. 78 Rn. 11). Die endgültige Form erhielten Art. 55 und 56 durch den Vorschlag des Rats (Art. 51, 51 a Rat-E).

Die alleinige Anknüpfung am Sitz der Hauptniederlassung eines international operierenden Unternehmens 4 war letztlich auch deshalb in Kritik geraten, weil die Befürchtung bestand, dass die Unternehmen ihre Hauptniederlassung gezielt im Zuständigkeitsbereich jener Aufsichtsbehörden wählen könnten, von denen der geringste Widerstand bei der Klärung datenschutzrechtlicher Konfliktlagen zu erwarten war.[5] Die durch das EP vorgenommene Abwandlung des Konzepts eines **One-Stop-Shop** war daher folgerichtig, zumal die Anwendung und Durchsetzung datenschutzrechtlicher Vorgaben in der Praxis der einzelnen Aufsichtsbehörden in den Mitgliedstaaten sehr unterschiedlich war.[6]

II. Beschränkung der Zuständigkeit der Aufsichtsbehörden auf Hoheitsgebiet (Abs. 1 und Abs. 2)

1. Zuständigkeitsregelung (Abs. 1) und Rechtsprechung des EuGH. Jede Aufsichtsbehörde ist nach Abs. 1 5 für die Erfüllung der Aufgaben und die Ausübung der Befugnisse, die ihr mit der DSGVO übertragen wurden, im Hoheitsgebiet ihres eigenen Mitgliedstaats zuständig. Diese generelle Aussage, die der völkerrechtlichen Souveränität entspricht, war bereits in der Vorgängerregelung des Art. 28 Abs. 6 S. 1 DSRL enthalten. Demnach war jede **Kontrollstelle** im Hoheitsgebiet ihres Mitgliedstaats für die Ausübung der ihr übertragenen Befugnisse zuständig, unabhängig vom einzelstaatlichen Recht, das auf die jeweilige Verarbeitung anwendbar war. Dies hat der EuGH in seiner Entscheidung zu Weltimmo vom Art. 28 Abs. 6 DSRL herausgehoben, die aber wegen des vergleichbaren Niederlassungsbegriffs weitergelten dürfte: Während eine Aufsichtsbehörde sehr wohl auch das (Datenschutz-)recht eines anderen Mitgliedstaats der eigenen Beurteilung zugrunde legen kann, ist sie in der Ausübung ihrer Befugnisse auf ihr Hoheitsgebiet beschränkt.[7] Art. 55 ist eingebettet in die Vorschriften zum territorialen Anwendungsbereich (Art. 3).

1 *Ehmann* ZD 2016, 307 (309); *Schantz* NJW 2016, 1841 (1847).
2 Dazu *Reding* ZD 2012, 195 (196).
3 Vgl. *Caspar* ZD 2012, 555 (556).
4 *Albrecht/Jotzo*, S. 117.
5 *Roßnagel/Kroschwald* ZD 2014, 495 (499).
6 *Hornung* ZD 2012, 99 (105).
7 EuGH C-230/14, NJW 2015, 3636 Rn. 54.

6   Wann genau eine Aufsichtsbehörde iSv Abs. 1 im Hoheitsgebiet ihres eigenen Mitgliedstaates zuständig ist, regelt die Vorschrift nicht. Ein Anknüpfen an den räumlichen Geltungsbereich ist nicht möglich, weil Art. 3 nur die Anwendung der Verordnung insgesamt, nicht aber die Frage der Zuständigkeit der Behörden der einzelnen Mitgliedstaaten regelt. EG 122 S. 2 spezifiziert die Zuständigkeitsfrage allerdings näher. Danach ist die mitgliedstaatliche Aufsichtsbehörde insbes. zuständig für die Verarbeitung im Rahmen der Tätigkeiten einer Niederlassung des Verantwortlichen oder Auftragsverarbeiters im Hoheitsgebiet ihres Mitgliedstaats, für die Verarbeitung personenbezogener Daten durch Behörden oder private Stellen, die im öffentlichen Interesse handeln, für Verarbeitungstätigkeiten, die Auswirkungen auf betroffene Personen in ihrem Hoheitsgebiet haben, oder für Verarbeitungstätigkeiten eines Verantwortlichen oder Auftragsverarbeiters ohne Niederlassung in der Union, sofern sie auf betroffene Personen mit Wohnsitz in ihrem Hoheitsgebiet ausgerichtet sind.

7   **a) Anknüpfung an die Niederlassung.** Der Begriff der Niederlassung wird in Abs. 1 nicht erwähnt. Eine Konkretisierung bezüglich der Bestimmung der räumlichen Zuständigkeit ergibt sich aber durch die Verzahnung mit EG 122 S. 2, welcher die Verarbeitung im Rahmen der Tätigkeit einer Niederlassung als erste Variante für die räumliche Zuständigkeit der Aufsichtsbehörde erwähnt. Nach der ersten Variante von EG 122 S. 2 kommt es also auf die „Verarbeitung **im Rahmen der Tätigkeit einer Niederlassung**" an. Dies war auch nach bisherigem Recht weithin der Fall, weil die räumliche Zuständigkeit vielfach dem räumlichen Anwendungsbereich des jeweiligen nationalen Rechts folgte. Hierfür enthielt Art. 4 DSRL entsprechende Vorgaben, die deshalb mittelbar auch für die Befugnisse der Aufsichtsbehörden relevant wurden. Diese Begrenzung der hoheitlichen Befugnisse auf das Hoheitsgebiet des eigenen Mitgliedstaats wurde in der Rechtsprechung des EuGH mehrmals aufgegriffen.[8] Diese Rechtsprechung ist auch für das neue Recht noch relevant, weil nach der Grundaussage in Abs. 1 eine Begrenzung der Befugnisse entsprechend normiert wurde („im Hoheitsgebiet ihres eigenen Mitgliedstaats"). Die Verarbeitung im Rahmen der Tätigkeiten einer Niederlassung im Hoheitsgebiet eines Mitgliedstaats ist auch nach dem neuen Recht ein Anknüpfungspunkt für die Begründung der räumlichen Zuständigkeit (EG 122 S. 2).

8   Die DSGVO enthält keine Definition der Niederlassung, in EG 22 aber Indizien. Eine Niederlassung setzt danach die effektive und tatsächliche Ausübung einer Tätigkeit durch eine feste Einrichtung voraus. Weder die Rechtsform noch die Frage der eigenen Rechtspersönlichkeit sind dabei entscheidend.[9] Ein Hinweis, wann eine Niederlassung in diesem Sinne vorliegt, ergibt sich aus der EuGH-Entscheidung Google Spain, in welchem die spanische Aufsichtsbehörde gegenüber einer **Niederlassung der US-amerikanischen Google Inc. in Spanien**, der Google Spain, der Beschwerde eines Bürgers stattgegeben hat.[10] Da es für die Annahme einer Niederlassung nach der Bestimmung des Art. 4 Abs. 1 lit. a DSRL ausreichte, dass eine Verarbeitung personenbezogener Daten „im Rahmen" von deren Tätigkeiten erfolgt und nicht von dieser selbst vorgenommen werden muss (→ Art. 3 Rn. 26), handelte es sich nach Ansicht des EuGH zugleich um eine Stelle, gegenüber welcher die spanische Aufsichtsbehörde hoheitliche Maßnahmen verfügen durfte. Die Bestimmung des Art. 4 Abs. 1 lit. a DSRL (vgl. hierzu Art. 4 Nr. 16 lit. b → Art. 4 Nr. 16 Rn. 2) war nach den Vorgaben des EuGH dahin auszulegen, dass im Sinne dieser Bestimmung eine Verarbeitung personenbezogener Daten im Rahmen der Tätigkeiten einer Niederlassung, die der für die Verarbeitung Verantwortliche im Hoheitsgebiet eines Mitgliedstaats besitzt, ausgeführt wird, wenn der **Suchmaschinenbetreiber** in einem Mitgliedstaat für die Förderung des Verkaufs der Werbeflächen der Suchmaschine und diesen Verkauf selbst eine Zweigniederlassung oder Tochtergesellschaft gründet, deren Tätigkeit auf die Einwohner dieses Staates ausgerichtet ist.[11]

9   Die Beschränkung der hoheitlichen Befugnisse auf den eigenen Mitgliedstaat erläuterte der EuGH auch im Fall des Unternehmens **Weltimmo** mit Sitz in der Slowakei.[12] Dabei wurde auch die Frage der Qualifizierung als Niederlassung thematisiert, wodurch wiederum eine Bedeutung für die künftige Anwendung von

---

8   EuGH C-131/12, EuZW 2014, 541; EuGH C-230/14, NJW 2015, 3636; EuGH C-191/15, EuZW 2016, 754.

9   Die Niederlassung ist va für Art. 3 Abs. 1 relevant; ausführlich → Art. 3 Rn. 21.

10   EuGH C-131/12, EuZW 2014, 541; mit der Beschwerde wurde das Ziel verfolgt, dass die personenbezogen Daten nicht mehr in der von Google betriebenen Suchmaschine angezeigt würden, oder das andernfalls zum Schutz der Daten von bestimmten, von den Suchmaschinen zur Verfügung gestellten technischen Möglichkeiten Gebrauch zu machen ist. Der EuGH skizzierte die Feststellungen des vorlegenden Gerichts wie folgt: Der Google-Konzern bedient sich seiner Tochtergesellschaft Google Spain, um Werbung für den Verkauf der Werbeflächen auf der Website „www.google.com" zu machen. Als Handelsvertreter des Google-Konzerns in Spanien wendet sich Google Spain im Wesentlichen an in Spanien ansässige Unternehmen. Gesellschaftszweck ist die Förderung, Erleichterung und Durchführung des Verkaufs von Produkten und Diensten der Onlinewerbung an Dritte und das entsprechende Marketing.

11   EuGH C-131/12, EuZW 2014, 541 (545); *Kühling/Martini* EuZW 2016, 448 (450).

12   EuGH C-230/14, NJW 2015, 3636.

Abs. 1 besteht.[13] Die Entscheidung des EuGH beinhaltete die Beurteilung, dass der Begriff der **Niederlassung** flexibel konzipiert ist und auch tatsächliche und effektive Tätigkeiten mittels einer festen Einrichtung erfasst sind, die nicht mit dem eingetragenen Sitz des Unternehmens identisch sein müssen.[14] Ausreichend für die Annahme einer Wirtschaftlichkeit war die tatsächliche Tätigkeit mithilfe einiger Webseiten von in Ungarn belegenen Immobilien in ungarischer Sprache. Zusätzlich existierte ein ungarischer Vertreter, der im slowakischen Handelsregister mit einer ungarischen Anschrift aufgeführt war, und es bestand auch eine entsprechend zugeordnete Bankverbindung. Auf Basis dieser Feststellungen nahm der EuGH die Existenz einer Niederlassung in Ungarn an, auf welche ungarisches Datenschutzrecht Anwendung finde.[15] In Auslegung von Art. 28 Abs. 6 S. 1 DSRL, der Vorgängerregelung zu Abs. 1, verwies der EuGH folgerichtig darauf, dass die Anforderungen zu beachten sind, die sich aus der **territorialen Souveränität** des betreffenden Mitgliedstaats, der Gesetzmäßigkeit der Verwaltung und dem Begriff des Rechtsstaats ergeben. Daher ist zwar ungarisches Datenschutzrecht anwendbar, aber die Sanktionsgewalt, dh der Vollzug kann grundsätzlich nicht außerhalb der gesetzlichen Grenzen stattfinden, in denen eine Behörde nach dem Recht ihres Mitgliedstaats ermächtigt ist.[16]

Der EuGH bekräftigte das gefundene Ergebnis zur Anwendung des bisherigen Datenschutzrechts in einer   10
weiteren Entscheidung.[17] Demnach reicht es für die Annahme einer Niederlassung nicht aus, wenn von einem Mitgliedstaat aus lediglich auf den **Webauftritt eines Unternehmens** in einem anderen Mitgliedstaat zugegriffen werden kann. In diesem Fall fehlen die notwendige Beständigkeit und die Ausübung einer tatsächlichen Tätigkeit in diesem Mitgliedstaat. Bestünde jedoch etwa in Deutschland eine Niederlassung des Unternehmens, so müssten hoheitliche Maßnahmen, die sich gegen diese Niederlassung richten, von der deutschen zuständigen Aufsichtsbehörde erlassen werden. Hoheitliche Maßnahmen, die sich gegen die Europazentrale in einem anderen Mitgliedstaat richteten, müssten dagegen von der dortigen Aufsichtsbehörde verhängt werden. Auch insoweit entfaltet die unter Geltung der DSRL erlassene Entscheidung des EuGH noch Relevanz im Rahmen der Anwendung von Abs. 1, indem zur Bestimmung der räumlichen Zuständigkeit der Aufsichtsbehörde in EG 122 S. 2 erwähnte Fall einer Verarbeitung im Rahmen der Tätigkeiten einer Niederlassung heranzuziehen ist.

In Bezug auf Abs. 1 ist damit hinsichtlich des in EG 122 S. 2, 1. Alt. genannten Kriteriums der Niederlas-   11
sung entscheidend, welchem Mitgliedstaat die zu prüfende Verarbeitung personenbezogener Daten zugeordnet werden kann. Erfolgt etwa die rechtswidrige Datenverarbeitung durch eine Niederlassung in Deutschland, so muss die dort nach dem **föderalen System** zuständige Aufsichtsbehörde über die Durchführung hoheitlicher Maßnahmen wie etwa die Verhängung eines Bußgeldes gegen diese Niederlassung in Anwendung der DSGVO und gegebenenfalls weiterer spezieller Befugnisse (Art. 61) entscheiden. Aufsichtsbehörden anderer Mitgliedstaaten könnten demnach ihre Untersuchungs- und Abhilfebefugnisse nach Art. 58 Abs. 1 und 2 gegenüber dieser Niederlassung nicht ausüben, da diese nach Abs. 1 auf ihr eigenes Hoheitsgebiet beschränkt sind. Für die Bestimmung einer Niederlassung bleiben die vom EuGH unter Geltung der DSRL getroffenen Entscheidungen von Bedeutung.

b) Zuständigkeit bei Behörden. EG 122 S. 2 erläutert in seiner zweiten Variante eine **Zuständigkeit der**   12
Aufsichtsbehörde für die Verarbeitung personenbezogener Daten durch Behörden oder private Stellen, die im öffentlichen Interesse handeln. Diese Variante der räumlichen Zuständigkeit für nationale Behörden dürfte im Wesentlichen unproblematisch sein. Innerstaatlich sind ggf. wie in Deutschland bestehende nationale Besonderheiten zu berücksichtigen; dies ist aber keine europarechtliche Frage.

c) Zuständigkeit aufgrund von Auswirkungen auf betroffene Personen im Hoheitsgebiet. Unklar und po-   13
tenziell weitreichend ist demgegenüber die in der dritten Variante von EG 122 S. 2 erwähnte Zuständigkeit für Verarbeitungstätigkeiten, die Auswirkungen auf betroffene Personen in ihrem Hoheitsgebiet haben. Dies könnte so verstanden werden, als könnte eine nationale Behörde alleine aufgrund der Auswirkungen in ihrem Hoheitsgebiet auch Maßnahmen für Verantwortliche in einem anderen Mitgliedstaat treffen. Allerdings würden dann diese Maßnahmen die **Souveränität der anderen Mitgliedstaaten** antasten. Im Sinne der EuGH-Entscheidung zu Weltimmo[18] ist vielmehr davon auszugehen, dass die Aufsichtsbehörde die

---

13 EuGH C-230/14, NJW 2015, 3636; Weltimmo betrieb eine Webseite zur Vermittlung von in Ungarn belegenen Immobilien und verarbeitete hierzu personenbezogene Daten von Inserenten. Die ungarische Aufsichtsbehörde verhängte auf eine Beschwerde hin gegen Weltimmo ein Bußgeld, da die personenbezogenen Daten der Inserenten nicht gelöscht wurden und der Vermittlungsdienst die Daten entgegen deren Willen fortan für entgeltpflichtige Dienste verwendete.
14 EuGH C-230/14, NJW 2015, 3636 (3638) → Art. 3 Rn. 24.
15 EuGH C-230/14, NJW 2015, 3636 (3639).
16 EuGH C-230/14, NJW 2015, 3636 (3640).
17 EuGH C-191/15, EuZW 2016, 754.
18 EuGH C-230/14, NJW 2015, 3636.

Maßnahmen treffen, aber sie nicht durchsetzen kann, sondern sie zB im Wege der Amtshilfe vorgehen muss. Maßnahmen gegen einen Verantwortlichen oder Auftragsverarbeiter werden durch die federführende Aufsichtsbehörde im eigenen Hoheitsbereich getroffen. Nach EG 125 S. 1 ist die federführende Aufsichtsbehörde auch allein berechtigt, verbindliche Beschlüsse über Maßnahmen zu erlassen. Haben Verarbeitungen Auswirkungen auf betroffene Personen im Hoheitsgebiet einer Aufsichtsbehörde, so kommt ihr gegebenenfalls die Aufgabe zu, der betroffenen Person einen abweisenden Beschluss (EG 125 S. 3, Art. 60 Abs. 8) zukommen zu lassen.

14 **d) Marktortprinzip.** Von Bedeutung ist auch die Frage der Zuständigkeit der Aufsichtsbehörden im Falle einer Datenverarbeitung, welche von Verantwortlichen oder Auftragsverarbeitern ausgehen, die keine **Niederlassung in der Union** begründet haben. EG 122 S. 2 erläutert in seiner letzten Variante für diesen Fall, dass eine Zuständigkeit für Verarbeitungstätigkeiten eines Verantwortlichen oder Auftragsverarbeiters ohne Niederlassung in der Unionbesteht, sofern sie „auf betroffene Personen mit Wohnsitz in ihrem Hoheitsgebiet ausgerichtet sind". Dies folgt dem allgemeinen Ansatz der DSGVO, im Verhältnis zu Drittstaaten stärker als bisher auf das Marktortprinzip zu setzen.[19] Dieses Prinzip findet seine maßgebliche Ausprägung in Art. 3 Abs. 2. Demnach findet die DSGVO Anwendung auf die Verarbeitung personenbezogener Daten von betroffenen Personen, die sich in der Union befinden, wenn die Datenverarbeitung durch einen nicht in der Union niedergelassenen Verantwortlichen oder Auftragsverarbeiter geschieht und sie im Zusammenhang damit steht, betroffenen Personen in der Union Waren oder Dienstleistungen anzubieten, auch unentgeltlich, oder sie dazu dient, das Verhalten betroffener Personen zu beobachten, soweit ihr Verhalten in der Union erfolgt (→ Art. 3 Rn. 55ff.).

15 Wenn der Verordnungsgeber den Anwendungsbereich der DSGVO auf Unternehmen mit Sitz in einem Drittstaat ausdehnt, sofern sie personenbezogene Daten nach Maßgabe von Art. 3 Abs. 2 verarbeiten, so muss es auch eine für solche Unternehmen zuständige Aufsichtsbehörde geben. Ansonsten würde das Vollzugsdefizit, das ua zur Reform des europäischen Datenschutzrechts und Verabschiedung der DSGVO führte (→ Einleitung Rn. 209), fortbestehen. Hierfür enthält wie erwähnt EG 122 S. 2 Hinweise, wonach diese Zuständigkeit auch für Verarbeitungstätigkeiten eines Verantwortlichen oder Auftragsverarbeiters ohne Niederlassung in der Union gelten soll, sofern sie auf betroffene Personen mit **Wohnsitz in ihrem Hoheitsgebiet** ausgerichtet sind. Gerade die personale Konkretisierung ergibt sich aus den Vorgaben des Art. 3 Abs. 2. Im Ergebnis kann es somit zu einer parallelen Zuständigkeit der Aufsichtsbehörden mehrerer Mitgliedstaaten für einen einzigen Verantwortlichen im Drittstaat kommen, weil jede Behörde für Personen mit Wohnsitz in ihrem Hoheitsgebiet zuständig ist. Da es sich regelmäßig um Internet-Sachverhalte handeln wird, die keine lokale Begrenzung aufweisen, wird diese parallele Zuständigkeit sogar die Regel sein.

16 Fraglich bleibt, wie die entsprechende Maßgabe des Verordnungsgebers in EG 122 S. 2 im Hinblick auf die Grundregel des Abs. 1 zu beurteilen ist, wonach die Befugnisse einer Aufsichtsbehörde auf das **Hoheitsgebiet ihres eigenen Mitgliedstaats** begrenzt sind. Unproblematisch ist es, wenn die Aufsichtsbehörde Beratungsaufgaben für die in ihrem Hoheitsgebiet betroffenen Personen erfüllt. Problematisch sind demgegenüber Befugnisse, die die Datenverarbeitung selbst betreffen oder sogar Bußgelder und andere Sanktionen umfassen. Die Ausübung von Befugnissen ist gegenüber Vertretern von nicht in der Union niedergelassenen Verantwortlichen oder Auftragsverarbeitern ausweislich des Wortlauts des Art. 58 Abs. 1 lit. a auf die Anweisung zur Bereitstellung erforderlicher Informationen beschränkt. In Bezug auf die anderen in Art. 58 geregelten Abhilfebefugnisse wird der Vertreter nicht genannt. Nach Art. 27 Abs. 3 (→ Art. 27 Rn. 20) muss der Vertreter in einem der Mitgliedstaaten niedergelassen sein, in denen die betroffenen Personen, deren personenbezogene Daten im Zusammenhang mit den ihnen angebotenen Waren oder Dienstleistungen verarbeitet werden oder deren **Verhalten beobachtet** wird, sich befinden. Die Aufsichtsbehörde jenes Mitgliedstaates könnte nach Abs. 1 ihre hoheitlichen Befugnisse gemäß Art. 58 Abs. 1 lit. a gegenüber diesem Vertreter ausüben.

17 Ungeklärt bleibt bisher die Ausübung hoheitlicher Befugnisse gegenüber einem Unternehmen ohne Niederlassung in der Union, welches seine Tätigkeit entsprechend Art. 3 Abs. 2 und EG 122 auf betroffene Personen mit Wohnsitz in der Union ausrichtet und entgegen Art. 27 Abs. 3 keinen Vertreter benannt hat. Genau betrachtet stellt sich die gleiche Problematik im Falle der Bestellung eines Vertreters, da auch dann die Ausübung hoheitlicher Maßnahmen gegen den Verantwortlichen und den Auftragsverarbeiter fraglich ist. Würde hier keine **räumliche Zuständigkeit** einer mitgliedstaatlichen Aufsichtsbehörde bestehen, wären die Ziele nach Art. 1 Abs. 2, die Grundrechte und Grundfreiheiten natürlicher Personen und insbes. deren Recht auf Schutz personenbezogener Daten zu schützen, nicht erreichbar. Der Verordnungsgeber hält aber offenbar rechtliche Maßnahmen für möglich, da nach Art. 27 Abs. 5 die Benennung eines Vertreters durch den Ver-

---

[19] S. dazu *Kartheuser/Schmitt* ZD 2016, 155 (159); *Schantz* NJW 2016, 1841 (1842).

antwortlichen oder den Auftragsverarbeiter „**unbeschadet rechtlicher Schritte** gegen den Verantwortlichen oder den Auftragsverarbeiter selbst" erfolgt (→ Art. 27 Rn. 33). Die Ausübung von Befugnissen nach Art. 58 außerhalb der Union würde jedoch die Souveränität des fremden Staates verletzen. Rechtliche Schritte wären daher nur in Zusammenarbeit mit den dort tätigen staatlichen Stellen denkbar. In Bezug auf die USA wäre etwa die Weiterleitung von Informationen an die Federal Trade Commission (FTC) denkbar, die dann in eigener Zuständigkeit eine Verhängung von Sanktionen nach U.S. Recht prüfen muss. Weiterhin könnten den Aufsichtsbehörden der Mitgliedstaaten in Verträgen zwischen Datenimporteuren außerhalb der Union und -exporteuren innerhalb der Union Rechte gegenüber den Datenexporteuren eingeräumt werden, die dann allerdings nur auf vertraglicher Basis durchsetzbar wären. Keine Sanktionen, aber eine Verpflichtung zur Beachtung von Ratschlägen der Aufsichtsbehörden, werden derzeit etwa in den **Standardvertragsklauseln** (Art. 5 lit. e 2010/87/EU) für Datenexporteure geregelt. Die Ausübung hoheitlicher Befugnisse durch die Aufsichtsbehörde gegenüber den Datenexporteuren ist damit aber nicht verbunden. Die Einleitung rechtlicher Schritte für den letztgenannten Fall ist freilich davon abhängig, dass überhaupt ein entsprechender Vertrag existiert. In der Konsequenz ist also auch in diesen Fällen, in denen es keinen benannten Vertreter gibt, eine oder auch mehrere Aufsichtsbehörden in der EU zuständig, in deren Hoheitsgebiet Bürger adressiert oder deren Verhalten beobachtet wird.

2. Besondere Verarbeitungsgrundlagen, Abs. 2. Eine ausschließliche Zuständigkeit für die Aufsichtsbehörde 18 eines Mitgliedstaats wird für die in Abs. 2 erwähnten Fälle normiert. Dies betrifft die erforderliche Verarbeitung zur Erfüllung einer rechtlichen Verpflichtung, welcher der Verantwortliche unterliegt (Art. 6 Abs. 1 lit. c), sowie den Fall, dass die Verarbeitung für die Wahrnehmung einer Aufgabe erforderlich ist, die im **öffentlichen Interesse** liegt oder in Ausübung öffentlicher Gewalt erfolgt, die dem Verantwortlichen übertragen wurde (Art. 6 Abs. 1 lit. e). In diesen Fallkonstellationen besteht gemäß Abs. 2 S. 2 keine Zuständigkeit einer federführenden Aufsichtsbehörde nach Maßgabe von Art. 56, sondern es bleibt bei der alleinigen Zuständigkeit der Aufsichtsbehörde des betroffenen Mitgliedsstaats. Ergänzt wird diese Vorgabe durch EG 128. Danach finden die Vorschriften über die federführende Behörde sowie das Verfahren der Zusammenarbeit und Kohärenz keine Anwendung, wenn die Verarbeitung durch Behörden oder private Stellen im öffentlichen Interesse erfolgt. In diesen Fällen – also in denen von Art. 6 Abs. 1 lit. e (lit. c wird in EG 128 nicht in Bezug genommen) – ist deshalb nach Abs. 2 S. 2 die Aufsichtsbehörde des Mitgliedstaats, in dem die Behörde oder private Einrichtung ihren Sitz hat, die einzige Aufsichtsbehörde, die dafür zuständig ist, die Befugnisse auszuüben, die ihr mit der DSGVO übertragen wurden. Damit wird erneut der Souveränität des Mitgliedstaats Rechnung getragen.

III. Justizielle Tätigkeit

Gemäß Abs. 3 sind die Aufsichtsbehörden nicht zuständig für die Aufsicht über die von Gerichten im Rah- 19 men ihrer justiziellen Tätigkeit vorgenommenen Verarbeitungen. Die Bestimmung wird flankiert durch EG 20, der die Verbindung zur **Unabhängigkeit der Justiz** herausstellt und die Regelung in Abs. 3 damit begründet, dass diese bei der Ausübung ihrer gerichtlichen Aufgaben einschließlich ihrer Beschlussfassung unangetastet bleiben muss. Eine Zuständigkeit kann vielmehr für besondere Stellen im Justizsystem des jeweiligen Mitgliedstaats bestehen, die Richter und Staatsanwälte besser für ihre Pflichten aus der DSGVO sensibilisieren und Beschwerden in Bezug auf derartige Datenverarbeitungsvorgänge bearbeiten sollten. Hierfür findet sich im Normtext der DSGVO freilich keine Regelung. Auch Art. 37 Abs. 1 lit. a enthält eine Ausnahme für die Justiz (→ Art. 37 Rn. 7), und die Mitgliedstaaten haben insoweit eine spezifische Öffnungsklausel in Art. 23 Abs. 1 lit. f (→ Art. 23 Rn. 29). Auf Bundesebene regelt § 9 Abs. 2 BDSG nF, dass die oder der BfDI nicht für die Aufsicht über die von den Bundesgerichten im Rahmen ihrer justiziellen Tätigkeit vorgenommenen Verarbeitungen zuständig ist. § 24 Abs. 3 BDSG aF enthielt demgegenüber umgekehrt eine positive Zuständigkeitsregelung für Verwaltungsangelegenheiten der Gerichte; der Sache nach hat sich dadurch nichts geändert, weil die Bereiche der justiziellen Tätigkeit und der Verwaltungsangelegenheiten (zumindest theoretisch) überschneidungsfrei sind.

Die justizielle Tätigkeit in diesem Kontext umfasst Maßnahmen, die in richterlicher Unabhängigkeit er- 20 bracht werden. Demnach sind die Richter unabhängig und nur dem Gesetze unterworfen. Die richterliche Unabhängigkeit bezieht sich vor allem auf den **Entscheidungsspruch** und diesem dienende, vorbereitende und nachfolgende Sach- und Verfahrensentscheidungen wie etwa die Reihenfolge der Bearbeitung, die Terminbestimmung, Ladungen, Fristsetzungen, Beweiserhebungen und Protokollführung, nicht hingegen aber Justizverwaltungsangelegenheiten wie die Referendarausbildung und die Rechtshilfe.[20]

---

20 *Jarass/Pieroth* Art. 97 Rn. 3-4 a.

Artikel 56   Zuständigkeit der federführenden Aufsichtsbehörde

(1) Unbeschadet des Artikels 55 ist die Aufsichtsbehörde der Hauptniederlassung oder der einzigen Niederlassung des Verantwortlichen oder des Auftragsverarbeiters gemäß dem Verfahren nach Artikel 60 die zuständige federführende Aufsichtsbehörde für die von diesem Verantwortlichen oder diesem Auftragsverarbeiter durchgeführte grenzüberschreitende Verarbeitung.

(2) Abweichend von Absatz 1 ist jede Aufsichtsbehörde dafür zuständig, sich mit einer bei ihr eingereichten Beschwerde oder einem etwaigen Verstoß gegen diese Verordnung zu befassen, wenn der Gegenstand nur mit einer Niederlassung in ihrem Mitgliedstaat zusammenhängt oder betroffene Personen nur ihres Mitgliedstaats erheblich beeinträchtigt.

(3) ¹In den in Absatz 2 des vorliegenden Artikels genannten Fällen unterrichtet die Aufsichtsbehörde unverzüglich die federführende Aufsichtsbehörde über diese Angelegenheit. ²Innerhalb einer Frist von drei Wochen nach der Unterrichtung entscheidet die federführende Aufsichtsbehörde, ob sie sich mit dem Fall gemäß dem Verfahren nach Artikel 60 befasst oder nicht, wobei sie berücksichtigt, ob der Verantwortliche oder der Auftragsverarbeiter in dem Mitgliedstaat, dessen Aufsichtsbehörde sie unterrichtet hat, eine Niederlassung hat oder nicht.

(4) ¹Entscheidet die federführende Aufsichtsbehörde, sich mit dem Fall zu befassen, so findet das Verfahren nach Artikel 60 Anwendung. ²Die Aufsichtsbehörde, die die federführende Aufsichtsbehörde unterrichtet hat, kann dieser einen Beschlussentwurf vorlegen. ³Die federführende Aufsichtsbehörde trägt diesem Entwurf bei der Ausarbeitung des Beschlussentwurfs nach Artikel 60 Absatz 3 weitestgehend Rechnung.

(5) Entscheidet die federführende Aufsichtsbehörde, sich mit dem Fall nicht selbst zu befassen, so befasst die Aufsichtsbehörde, die die federführende Aufsichtsbehörde unterrichtet hat, sich mit dem Fall gemäß den Artikeln 61 und 62.

(6) Die federführende Aufsichtsbehörde ist der einzige Ansprechpartner der Verantwortlichen oder der Auftragsverarbeiter für Fragen der von diesem Verantwortlichen oder diesem Auftragsverarbeiter durchgeführten grenzüberschreitenden Verarbeitung.

Literatur: *Art. 29-Gruppe*, Guidelines for identifying a controller or processor's lead supervisory authority, WP 244 (rev. 01); *Dammann, U.*, Erfolge und Defizite der EU-Datenschutzgrundverordnung – Erwarteter Fortschritt, Schwächen und überraschende Innovationen, ZD 2016, 307; *Kühling, J./Martini, M.*, Die Datenschutz-Grundverordnung: Revolution oder Evolution im europäischen und deutschen Datenschutzrecht?, EuZW 2016, 448; *Nguyen, A.*, Die zukünftige Datenschutzaufsicht in Europa – Anregungen für den Trilog zu Kap. VI bis VII der DS-GVO, ZD 2015, 265; *Schantz, P.*, Die Datenschutz-Grundverordnung – Beginn einer neuen Zeitrechnung im Datenschutzrecht, NJW 2016, 1841.

I. Vorbemerkung, Entstehungsgeschichte und Zwecke der Vorschrift

1 Mit Art. 55 wird ein Kernstück des sog **One-Stop-Shops** und damit einer vereinheitlichten Anwendung der Regeln der DSGVO normiert, nämlich die federführende Aufsichtsbehörde und die sie betreffenden Verfahrens-, Entscheidungs- und Kooperationsregeln. Damit bleibt die Eigenständigkeit der Mitgliedstaaten in der Ausgestaltung ihrer eigenen Aufsichtsbehörden gewahrt (Art. 52ff.), gleichzeitig aber wird, wie auch mit dem Kohärenzverfahren nach Art. 63ff. und dem Verfahren nach Art. 60ff., eine inhaltliche Vereinheitlichung möglich.

2 Dass die DSRL keinerlei Mechanismus und damit auch keinerlei Vorgängervorschriften kannte, über alle Mitgliedstaaten hinweg bei grenzüberschreitenden Sachverhalten eine vereinheitlichte, für alle verbindliche Vorgehensweise zu erreichen, war einer der Auslöser für den Reformbedarf der Richtlinie, der schließlich zur DSGVO führte.[1]

---

1 Siehe zur Entwicklungsgeschichte unter der DSRL Kühling/Buchner/*Dix* Art. 56 Rn. 2.

Der KOM-E hatte in Art. 51 Abs. 2 vorgesehen, dass die Aufsichtsbehörde der Hauptniederlassung die alleinige Zuständigkeit für die Regulierung einer grenzüberschreitenden Datenverarbeitung innehaben sollte. Dieses Konzept entsprach der Vorstellung einer ausschließlichen Zuständigkeit und stieß deshalb unter den Mitgliedstaaten, die Souveränitätsverluste fürchteten, auf heftige Kritik. Dies hätte zudem dazu geführt, dass betroffene Personen sich unter Umständen an die Aufsichtsbehörden anderer Mitgliedstaaten wenden müssten, was angesichts der damit verbundenen räumlichen Distanz, den verschiedenen Verfahrensordnungen und bestehenden Sprachbarrieren mit erheblichen Nachteilen verbunden gewesen wäre.[2] In den Beratungen zeichnete sich daher deutlich ab, dass die abgewandelte Form eines **One-Stop-Shop** normiert werden sollte, in welcher betroffene Personen eine Beschwerdeinstanz im eigenen Mitgliedstaat aufsuchen können, die über die notwendigen hoheitlichen Befugnisse zur Durchsetzung bestehender Rechte verfügt.[3] Der Parl-E brachte daher in Art. 54a erstmalig das Konzept einer federführenden Aufsichtsbehörde ins Spiel, die allerdings deutlich weiter reichende Zuständigkeiten haben sollte. Ua war hier auch – was nunmehr nicht mehr ausdrücklich geregelt ist – eine Zuständigkeit für diejenigen Fälle geregelt, in denen der Verantwortliche keine Niederlassung in der EU hat, seine Datenverarbeitung gleichwohl Betroffene in mehreren Mitgliedstaaten betrifft. Der Rat entwickelte schließlich weitgehend die Fassung, die auch im Trilog Bestand hatte (Art. 51a Rat-E).[4]

Unbeschadet der Grundregeln in Art. 55 hat der Verordnungsgeber in Abs. 1 die Zuständigkeit für eine federführende Aufsichtsbehörde eingerichtet. Diese Zuständigkeit erstreckt sich auf die von einem Verantwortlichen oder einem Auftragsverarbeiter durchgeführte grenzüberschreitende Datenverarbeitung. Die ausschließliche Zuständigkeit der Behörde am Sitz der Haupt- oder einzigen Niederlassung einer zu kontrollierenden Stelle für alle mit dieser im Zusammenhang stehenden datenschutzrechtlichen Fragen ist damit nicht verbunden. Um dem Betroffenen weiterhin die eigene Aufsichtsbehörde als zuständige Aufsichtsbehörde zu erhalten, enthalten nunmehr Abs. 2, 3, 4 und 5 sowie Art. 60 Abs. 7 und 8 eine Kompromisslösung (→ Art. 60 Rn. 16 und 18). Abs. 7 statuiert noch einmal den Grundsatz, dass für die Verantwortlichen und Auftragsverarbeiter – eben anders als für die betroffenen Personen – nur die federführende Aufsichtsbehörde Ansprechpartner ist. Die Vorschrift ergänzt auf der kompetenziellen Seite die Vorstellungen des Art. 58, dass die Aufsichtsbehörde sowohl gegen den Verantwortlichen als auch gegen den Auftragsverarbeiter vorgehen kann.

Die federführende Aufsichtsbehörde nimmt eine zentrale Stellung ein, wobei sie mit den anderen örtlichen („betroffenen") Aufsichtsbehörden im Wege der Zusammenarbeit nach Art. 60 kooperiert und etwaige fachliche Streitigkeiten im **Kohärenzverfahren** nach Art. 63 geklärt werden sollen.[5]

II. Federführende Aufsichtsbehörde (Abs. 1)

1. Bedeutung und Funktion. Ist Art. 55 Abs. 2 als Ausnahmeregelung zu Art. 56 nicht einschlägig, ist gemäß Abs. 1 die Aufsichtsbehörde der Hauptniederlassung (legal definiert in Art. 4 Nr. 16 (→ Art. 4 Rn. 5)) oder der einzigen Niederlassung des Verantwortlichen oder des Auftragsverarbeiters die zuständige federführende Aufsichtsbehörde für **grenzüberschreitende Verarbeitungen**. Es wird dann das Verfahren nach Art. 60 angewendet. Grenzüberschreitende Verarbeitung ist in Art. 4 Nr. 23 legal definiert (→ Art. 4 Rn. 3) und wird der Sache nach auch in EG 124 in Bezug genommen. Findet demnach die Verarbeitung personenbezogener Daten im Zusammenhang mit der Tätigkeit einer Niederlassung eines Verantwortlichen oder eines Auftragsverarbeiters in der Union statt und hat der Verantwortliche oder der Auftragsverarbeiter Niederlassungen in mehr als einem Mitgliedstaat oder hat die Verarbeitungstätigkeit im Zusammenhang mit der Tätigkeit einer einzigen Niederlassung eines Verantwortlichen oder Auftragsverarbeiters in der Union erhebliche Auswirkungen auf betroffene Personen in mehr als einem Mitgliedstaat bzw. wird sie voraussichtlich solche Auswirkungen haben, so fungiert die Aufsichtsbehörde für die **Hauptniederlassung** des Verantwortlichen oder Auftragsverarbeiters oder für die einzige Niederlassung des Verantwortlichen oder Auftragsverarbeiters als **federführende Behörde**.

Adressiert wird also der Fall, dass ein Unternehmen eine solche Verarbeitung durch mehrere Niederlassungen in **mehreren Mitgliedstaaten** durchführt, für die nach Art. 55 Abs. 1 im jeweiligen Hoheitsgebiet unterschiedliche Aufsichtsbehörden zuständig sind (Alt. 1), oder überhaupt nur eine Niederlassung hat (Alt. 2), die aber im Rahmen einer grenzüberschreitenden Tätigkeit personenbezogene Daten verarbeitet, also beispielsweise Online-Dienstleistungen in der gesamten Union anbietet. In diesen Fällen könnte Art. 55 Abs. 1

---

2 *Albrecht/Jotzo*, S. 121.
3 *Albrecht/Jotzo*, S. 121; *Nguyen* ZD 2015, 265 (266).
4 Zu anderen Vorstellungen zur Bestimmung der federführenden Aufsichtsbehörde insbes. der Art.-29.-Gruppe siehe Kühling/Buchner/*Dix* Art. 56 Rn. 6.
5 *Kühling/Martini* EuZW 2016, 448 (452); *Dammann* ZD 2016, 307 (309).

alleine dazu führen, dass die verschiedenen Aufsichtsbehörden ein und dieselbe Datenverarbeitung rechtlich unterschiedlich bewerten. Dies ist unter dem Gesichtspunkt eines funktionierenden Binnenmarktes kaum akzeptabel. Die Regelungen zur federführenden Aufsichtsbehörde versuchen, hierfür eine Lösung zu bieten, ohne zu tief in die Souveränität der Mitgliedstaaten und die Unabhängigkeit der jeweils betroffenen Aufsichtsbehörden einzugreifen. Gleichzeitig sind damit inhaltliche Kriterien, wie etwa der Ort, an dem die (meisten) Datenverarbeitungen stattfinden, belanglos.[6]

8   **2. Zuständigkeit.** Die Zuständigkeitsregelung in Abs. 1 bezieht sich auf die **durchgeführte grenzüberschreitende Verarbeitung**, also nicht nur auf Beschwerden von Betroffenen, sondern auch auf alle anderen Entscheidungsbefugnisse der Aufsichtsbehörden nach Art. 58 und die damit verbundenen rechtlichen Bewertungen. Die Abläufe lassen sich allerdings an der Entscheidung über eine Beschwerde besonders gut verdeutlichen. Nach Art. 77 Abs. 1 hat jede betroffene Person unbeschadet eines anderweitigen verwaltungsrechtlichen oder gerichtlichen Rechtsbehelfs das Recht auf Beschwerde bei einer Aufsichtsbehörde, insbes. in dem Mitgliedstaat ihres Aufenthaltsorts, ihres Arbeitsplatzes oder des Orts des mutmaßlichen Verstoßes, wenn die betroffene Person der Ansicht ist, dass die Verarbeitung der sie betreffenden personenbezogenen Daten gegen die DSGVO verstößt. Handelt es sich um einen grenzüberschreitenden Sachverhalt, so ist für die Entscheidung in der Sache aber gerade nicht jede in dieser Weise angerufene, sondern die federführende Aufsichtsbehörde zuständig, welche vorbehaltlich der in Abs. 2 geregelten Ausnahmen eine Entscheidung über die Rechtmäßigkeit der Datenverarbeitung trifft.[7] Das weitere Verfahren richtet sich nach Art. 60, insbes. Art. 60 Abs. 1, 6 und 7 (→ Art. 60 Rn. 1).

9   Bestehen Unklarheiten, welche Behörde die federführende Aufsichtsbehörde ist, entscheidet der EDSA nach Art. 65 Abs. 1 lit. b (→ Art. 65 Rn. 13).

III. Zuständigkeit der mitgliedstaatlichen Aufsichtsbehörde (Abs. 2 bis Abs. 5)

10   **1. Ausschließlicher Zusammenhang mit Niederlassung oder erhebliche Beeinträchtigungen (Abs. 2).** Nicht die federführende Aufsichtsbehörde, sondern jede Aufsichtsbehörde selbst ist nach Abs. 2 dafür zuständig, sich mit einer bei ihr eingereichten Beschwerde oder einem etwaigen Verstoß gegen die DSGVO zu befassen, wenn der Gegenstand nur mit einer Niederlassung in ihrem Mitgliedstaat zusammenhängt oder betroffene Personen nur ihres Mitgliedstaats erheblich beeinträchtigt. Von Bedeutung ist, dass auch in diesen Fällen eine federführende Aufsichtsbehörde existiert, was anhand des in Abs. 3 normierten Verfahrens deutlich wird. Maßgebend für das weitere Verfahren ist im Einzelfall, ob diese Behörde in der Folge als federführende Aufsichtsbehörde nach EG 127, Abs. 3 fungiert oder ob sie nach Maßgabe von Abs. 5 den **Beschwerdefall** nicht übernimmt.

11   Nach der Intention des Verordnungsgebers bezieht sich Abs. 2 auf Fälle, die eine örtliche Zuständigkeit begründen, weil der Verantwortliche oder Auftragsverarbeiter zwar Niederlassungen in mehr als einem Mitgliedstaat hat, jedoch spezifische Verarbeitungstätigkeiten oder betroffene Personen nur in einem Mitgliedstaat betroffen sind. Als Beispiel wird in EG 127 die Verarbeitung von personenbezogenen Daten von Arbeitnehmern im spezifischen Beschäftigungskontext eines Mitgliedstaats genannt. Hierzu wird richtigerweise vertreten, dass etwa die Videoüberwachung einer örtlichen Filiale erfasst sein kann.[8] Die Datenverarbeitung wird im **Beschäftigungskontext** nur mit einer Niederlassung zusammenhängen, wenn ausschließlich dort spezifische Maßnahmen etwa einer Leistungs- oder Verhaltenskontrolle wie Überwachungssysteme am Arbeitsplatz (Art. 88 Abs. 2) zum Einsatz kommen.

12   Die Formulierung in EG 127 weicht vom Wortlaut her von Abs. 2 ab. Im erwähnten EG betrifft der Gegenstand der spezifischen Verarbeitung nur die Verarbeitungstätigkeiten in einem einzigen Mitgliedstaat und nur betroffene Personen in diesem Mitgliedstaat. Im bezeichneten Art. 56 wird hingegen geregelt, dass der Gegenstand nur mit einer Niederlassung in ihrem Mitgliedstaat zusammenhängt oder betroffene Personen nur ihres Mitgliedstaats erheblich beeinträchtigt. Der Wortlaut der letzteren Formulierung legt aufgrund des Wortes „oder" nahe, dass der ausschließliche Bezug zu einer Niederlassung einerseits und die erheblichen Beeinträchtigungen betroffener Personen eines Mitgliedstaats andererseits alternative, und nicht wie in EG 127 kumulative Anforderungen bilden. Der Formulierung in Abs. 2 ist normativ der Vorrang gegenüber der abweichenden Formulierung in EG 127 einzuräumen. Fraglich bleibt dann, ob in Abs. 2, losgelöst vom Erfordernis einer **Niederlassung**, der Fall normiert werden sollte, dass sich eine Datenverarbeitung ohne Anknüpfung an eine Niederlassung auf die betroffenen Personen nur eines Mitgliedstaats erheblich auswirkt. Es liegt die These nahe, der Verordnungsgeber habe mit der aufgeführten Alternative für die Begrün-

---

6 So auch Kühling/Buchner/*Dix* Art. 56 Rn. 6.
7 *Albrecht/Jotzo*, S. 122.
8 *Schantz* NJW 2016, 1841 (1847).

dung einer **örtlichen Zuständigkeit** jene Konstellationen erfassen wollen, in denen nach Art. 3 Abs. 2 eine Niederlassung in der Union nicht existiert und die Datenverarbeitung ohnehin nur EU-Recht unterfällt, weil sie im Zusammenhang damit steht, betroffenen Personen in der Union Waren oder Dienstleistungen entgeltlich oder unentgeltlich anzubieten oder das Verhalten betroffener Personen zu beobachten, soweit ihr Verhalten in der Union erfolgt (Marktortprinzip, Art. 3 Abs. 2). Gegen diese Annahme spricht, dass Abs. 2 auf die Bestimmung des Abs. 1 Bezug nimmt, in welcher auf das Vorhandensein einer Hauptnieder-lassung oder einzigen Niederlassung abgestellt wird. Mit Abs. 2 hat der Verordnungsgeber daher keine spe-zielle Zuständigkeitsregelung für die in Art. 3 Abs. 2 aufgeführten Fälle geschaffen; der Anwendungsbereich erfordert zumindest eine einzige Niederlassung iSv Abs. 1. Die Alternative in Abs. 2, wonach betroffene Personen nur ihres Mitgliedstaats erheblich beeinträchtigt werden, kann demnach nur die Situation betref-fen, dass zwei oder mehrere Niederlassungen existieren oder zwar eine Hauptniederlassung in einem ande-ren Mitgliedstaat besteht, die entsprechenden erheblichen Beeinträchtigungen betroffener Personen jedoch ausschließlich in einem Mitgliedstaat ohne Niederlassung/Hauptniederlassung eintreten. Folge davon ist, dass für die nach dem **Marktortprinzip** in Art. 3 Abs. 2 konstruierten Situationen keine federführende Zu-ständigkeit einer Aufsichtsbehörde nach Art. 56 begründet wird. Ferner existiert keine örtliche Aufsichtsbe-hörde nach Abs. 2. Losgelöst vom Prinzip des One-Stop-Shop werden in den in Art. 3 Abs. 2 normierten Fällen somit alle mitgliedstaatlichen Aufsichtsbehörden zuständig sein.

2. Einbeziehung der federführenden Aufsichtsbehörde (Abs. 3 bis Abs. 6). a) Unterrichtung der und Befas- **13** **sung durch die federführende Aufsichtsbehörde.** Abs. 3 ermöglicht der federführenden Aufsichtsbehörde ein Selbsteintrittsrecht. Mit dieser Rückausnahme wird sichergestellt, dass der Gedanke des Art. 56 einer vereinheitlichten Kompetenzregelung bewahrt bleibt. Wird nach Abs. 2 eine örtliche aufsichtsbehördliche Zuständigkeit begründet, so unterrichtet die befasste Aufsichtsbehörde nach Abs. 3 S. 1 unverzüglich die fe-derführende Aufsichtsbehörde über die Angelegenheit. Innerhalb einer dreiwöchigen Frist nach der Unter-richtung entscheidet die federführende Aufsichtsbehörde nach Abs. 3 S. 2, ob sie sich mit der Angelegenheit befasst oder nicht. Dabei findet Berücksichtigung, ob der Verantwortliche oder der Auftragsverarbeiter in dem Mitgliedstaat, dessen Aufsichtsbehörde sie unterrichtet hat, eine **Niederlassung** hat oder nicht. Die ent-sprechende Prüfung bezüglich einer Niederlassung dient nach EG 127 dazu, die wirksame Durchsetzung von Beschlüssen gegenüber dem Verantwortlichen oder Auftragsverarbeiter sicherzustellen. Daher ist die Wahrnehmung des Selbsteintrittsrechts unter dem Gedanken der Souveränität der mitgliedstaatlichen Auf-sichtsbehörden und deren Unabhängigkeit restriktiv zu handhaben.[9]

Wenn die federführende Aufsichtsbehörde entscheidet, sich mit der Angelegenheit zu befassen, findet ge- **14** mäß Abs. 4 S. 1 das Verfahren nach Art. 60 Anwendung. Die Aufsichtsbehörde, welche die federführende Aufsichtsbehörde unterrichtet hat, wird in dieses in besonderer Weise einbezogen, denn sie kann dieser nach Abs. 4 S. 2 einen **Beschlussentwurf** vorlegen. Die federführende Aufsichtsbehörde soll diesen Entwurf in dem nach Art. 60 Abs. 3 (→ Art. 60 Rn. 9) geregelten Verfahren bei der Erstellung eines eigenen Be-schlussentwurfs weitestgehend berücksichtigen. Auch inhaltlich wird also der über Abs. 2 vermittelten Stel-lung der nationalen Aufsichtsbehörde besondere Rechnung getragen. Vor allem hinsichtlich der Verhän-gung von Geldbußen wird die federführende Aufsichtsbehörde nach EG 130 S. 2 die Einschätzung der un-terrichtenden Aufsichtsbehörde beachten. Die federführende Aufsichtsbehörde ist allerdings nicht daran ge-bunden, den Beschlussentwurf unverändert zu übernehmen. Bei unterschiedlichen Sichtweisen wird die fe-derführende Aufsichtsbehörde vielmehr versuchen müssen, eine **Kompromisslösung** zu erarbeiten. Dies wird umso mehr an Bedeutung gewinnen, wenn zwei oder mehrere unterrichtende Aufsichtsbehörden nach Abs. 2 Beschlussentwürfe übersenden.[10] Letzteres kann etwa gegeben sein, wenn der Gegenstand der Be-schwerde nur mit der Niederlassung in einem Mitgliedstaat zusammenhängt und eine zweite Beschwerde, bezogen auf den gleichen Sachverhalt, bei einer anderen Aufsichtsbehörde eingeht, wobei betroffene Perso-nen nur dieses Mitgliedstaats erheblich beeinträchtigt sind. Kommt hinsichtlich des von der federführenden Aufsichtsbehörde zu fassenden Beschlusses keine Einigung mit der unterrichtenden Aufsichtsbehörde oder den unterrichtenden Aufsichtsbehörden zustande, so bleibt nur die Möglichkeit, das **Kohärenzverfahren** nach Art. 63, 60 Abs. 4 einzuleiten.[11]

b) Befassung durch die unterrichtende Aufsichtsbehörde. Wenn die federführende Aufsichtsbehörde eine ei- **15** gene Befassung ablehnt, befasst sich die unterrichtende Aufsichtsbehörde mit der Angelegenheit. Die unter-richtende Behörde wird dann nach Abs. 5 gegebenenfalls im Wege der gegenseitigen **Amtshilfe** mit anderen

---

9 So auch für den Fall des örtlichen Bezugs zur Datenverarbeitung Kühling/Buchner/*Dix* Art. 56 Rn. 12.
10 Kühling/Buchner/*Dix* Art. 56 Rn. 14.
11 Ehmann/Selmayr/*Selmayr* Art. 56 Rn. 19.

Aufsichtsbehörden maßgebliche Informationen austauschen und gemeinsame Untersuchungen und **Durchsetzungsmaßnahmen** durchführen.

IV. Federführende Behörde als Ansprechpartner für grenzüberschreitende Datenverarbeitung

16 In allen Fällen von Art. 56, auch von Abs. 2, bleibt die **federführende Aufsichtsbehörde** gemäß Abs. 6 der einzige Ansprechpartner der Verantwortlichen oder der Auftragsverarbeiter für Fragen der von diesem Verantwortlichen oder diesem Auftragsverarbeiter durchgeführten grenzüberschreitenden Verarbeitung. Dies gilt auch dann, wenn die unterrichtende Aufsichtsbehörde in dem Verfahren nach Abs. 5 sich anstelle der federführenden Aufsichtsbehörde mit der Angelegenheit befasst. Die Regelung betrifft nicht die Frage, wer Ansprechpartner der betroffenen Person ist. Diese kann sich nach Art. 77 Abs. 1 an eine Aufsichtsbehörde ihrer Wahl wenden. Erhalten bleiben auch die Klagemöglichkeiten nach Art. 78, mit denen formelle wie materiellrechtliche **Mängel eines Beschlusses** der federführenden Aufsichtsbehörde geltend gemacht werden können. Dazu können etwa auch die fehlende Zuständigkeit als federführende Aufsichtsbehörde,[12] die fehlende Berücksichtigung von Standpunkten unterrichtender Aufsichtsbehörden oder die Berücksichtigung von Standpunkten solcher Aufsichtsbehörden zählen, die nicht unterrichtende Aufsichtsbehörden nach Abs. 2 sind.

Artikel 57 Aufgaben

(1) Unbeschadet anderer in dieser Verordnung dargelegter Aufgaben muss jede Aufsichtsbehörde in ihrem Hoheitsgebiet

a) die Anwendung dieser Verordnung überwachen und durchsetzen;

b) die Öffentlichkeit für die Risiken, Vorschriften, Garantien und Rechte im Zusammenhang mit der Verarbeitung sensibilisieren und sie darüber aufklären. Besondere Beachtung finden dabei spezifische Maßnahmen für Kinder;

c) im Einklang mit dem Recht des Mitgliedsstaats das nationale Parlament, die Regierung und andere Einrichtungen und Gremien über legislative und administrative Maßnahmen zum Schutz der Rechte und Freiheiten natürlicher Personen in Bezug auf die Verarbeitung beraten;

d) die Verantwortlichen und die Auftragsverarbeiter für die ihnen aus dieser Verordnung entstehenden Pflichten sensibilisieren;

e) auf Anfrage jeder betroffenen Person Informationen über die Ausübung ihrer Rechte aufgrund dieser Verordnung zur Verfügung stellen und gegebenenfalls zu diesem Zweck mit den Aufsichtsbehörden in anderen Mitgliedstaaten zusammenarbeiten;

f) sich mit Beschwerden einer betroffenen Person oder Beschwerden einer Stelle, einer Organisation oder eines Verbandes gemäß Artikel 80 befassen, den Gegenstand der Beschwerde in angemessenem Umfang untersuchen und den Beschwerdeführer innerhalb einer angemessenen Frist über den Fortgang und das Ergebnis der Untersuchung unterrichten, insbesondere, wenn eine weitere Untersuchung oder Koordinierung mit einer anderen Aufsichtsbehörde notwendig ist;

g) mit anderen Aufsichtsbehörden zusammenarbeiten, auch durch Informationsaustausch, und ihnen Amtshilfe leisten, um die einheitliche Anwendung und Durchsetzung dieser Verordnung zu gewährleisten;

h) Untersuchungen über die Anwendung dieser Verordnung durchführen, auch auf der Grundlage von Informationen einer anderen Aufsichtsbehörde oder einer anderen Behörde;

i) maßgebliche Entwicklungen verfolgen, soweit sie sich auf den Schutz personenbezogener Daten auswirken, insbesondere die Entwicklung der Informations- und Kommunikationstechnologie und der Geschäftspraktiken;

j) Standardvertragsklauseln im Sinne des Artikels 28 Absatz 8 und des Artikels 46 Absatz 2 Buchstabe d festlegen;

k) eine Liste der Verarbeitungsarten erstellen und führen, für die gemäß Artikel 35 Absatz 4 eine Datenschutz-Folgenabschätzung durchzuführen ist;

l) Beratung in Bezug auf die in Artikel 36 Absatz 2 genannten Verarbeitungsvorgänge leisten;

m) die Ausarbeitung von Verhaltensregeln gemäß Artikel 40 Absatz 1 fördern und zu diesen Verhaltensregeln, die ausreichende Garantien im Sinne des Artikels 40 Absatz 5 bieten müssen, Stellungnahmen abgeben und sie billigen;

---

12 Ehmann/Selmayr/*Selmayr* Art. 52 Rn. 21.

n) die Einführung von Datenschutzzertifizierungsmechanismen und von Datenschutzsiegeln und -prüfzeichen nach Artikel 42 Absatz 1 anregen und Zertifizierungskriterien nach Artikel 42 Absatz 5 billigen;

o) gegebenenfalls die nach Artikel 42 Absatz 7 erteilten Zertifizierungen regelmäßig überprüfen;

p) die Anforderungen an die Akkreditierung einer Stelle für die Überwachung der Einhaltung der Verhaltensregeln gemäß Artikel 41 und einer Zertifizierungsstelle gemäß Artikel 43 abfassen und veröffentlichen;

q) die Akkreditierung einer Stelle für die Überwachung der Einhaltung der Verhaltensregeln gemäß Artikel 41 und einer Zertifizierungsstelle gemäß Artikel 43 vornehmen;

r) Vertragsklauseln und Bestimmungen im Sinne des Artikels 46 Absatz 3 genehmigen;

s) verbindliche interne Vorschriften gemäß Artikel 47 genehmigen;

t) Beiträge zur Tätigkeit des Ausschusses leisten;

u) interne Verzeichnisse über Verstöße gegen diese Verordnung und gemäß Artikel 58 Absatz 2 ergriffene Maßnahmen und

v) jede sonstige Aufgabe im Zusammenhang mit dem Schutz personenbezogener Daten erfüllen.

(2) Jede Aufsichtsbehörde erleichtert das Einreichen von in Absatz 1 Buchstabe f genannten Beschwerden durch Maßnahmen wie etwa die Bereitstellung eines Beschwerdeformulars, das auch elektronisch ausgefüllt werden kann, ohne dass andere Kommunikationsmittel ausgeschlossen werden.

(3) Die Erfüllung der Aufgaben jeder Aufsichtsbehörde ist für die betroffene Person und gegebenenfalls für den Datenschutzbeauftragten unentgeltlich.

(4) ¹Bei offenkundig unbegründeten oder – insbesondere im Fall von häufiger Wiederholung – exzessiven Anfragen kann die Aufsichtsbehörde eine angemessene Gebühr auf der Grundlage der Verwaltungskosten verlangen oder sich weigern, aufgrund der Anfrage tätig zu werden. ²In diesem Fall trägt die Aufsichtsbehörde die Beweislast für den offenkundig unbegründeten oder exzessiven Charakter der Anfrage.

Literatur: *Spindler, G.*, Selbstregulierung und Zertifizierungsverfahren nach der DS-GVO – Reichweite und Rechtsfolgen der genehmigten Verhaltensregeln, ZD 2016, 407.

I. Vorbemerkung, Entstehungsgeschichte und Zwecke der Vorschrift

Die Vorschrift enthält einen Katalog an Pflichtaufgaben, die jede Aufsichtsbehörde in ihrem Hoheitsgebiet 1 wahrnehmen muss. EG 123 führt aus, dass die Aufgabe der Aufsichtsbehörden darin besteht, einerseits die Anwendung der Bestimmungen dieser Verordnung zu überwachen und andererseits zu ihrer einheitlichen Anwendung in der gesamten Union beizutragen, um jeweils natürliche Personen im Hinblick auf die Verarbeitung ihrer Daten zu schützen und den freien Verkehr personenbezogener Daten im Binnenmarkt zu erleichtern. Art. 57 befasst sich vorwiegend mit der Konkretisierung dieser Aufgaben mit einem Schwerpunkt auf der Überwachung, nennt aber auch weitere Arten von Aufgaben, etwa Informations- und Beratungsaufgaben oder Kooperationsaufgaben. In Abs. 1 lit. v. ist ein Auffangtatbestand enthalten.

2 Art. 28 Abs. 1 S. 2 DSRL sah lediglich vor, dass die Aufsichtsbehörden die ihnen zugewiesenen Aufgaben in völliger Unabhängigkeit wahrnehmen. Ein dem Art. 57 vergleichbarer Aufgabenkatalog fehlte hingegen; Art. 28 regelte im Wesentlichen Befugnisse. Aus der Zusammenschau von EG 62 und 63 DSRL ließ sich ableiten, dass ua der Schutz der Personen bei der Verarbeitung personenbezogener Daten eine wesentliche Aufgabe der Aufsichtsbehörden sein sollte. Auch ansonsten wurde eher indirekt auf Aufgaben Bezug genommen, so etwa in Art. 28 Abs. 6 S. 3 (Kontrollaufgaben) oder im EG 64 DSRL zur Kooperation der Behörden.[1] Nach § 38 Abs. 1 BDSG aF wurde eine **Kontrollaufgabe** geregelt, die sich auf die Ausführung des BDSG aF und andere Vorschriften über den Datenschutz bezog. Weiterhin enthielt diese Vorschrift die **Aufgabe der Beratung** der Beauftragten für den Datenschutz und der verantwortlichen Stellen. § 38 Abs. 2 BDSG aF normierte noch die Aufgabe der **Führung eines Registers** meldepflichtiger automatisierter Verarbeitungen.

3 Im Laufe des Gesetzgebungsverfahrens sind die Aufgaben gegenüber dem KOM-E deutlich präzisiert und erweitert worden; vor allem Beratungsaufgaben sind auf Betreiben des Rats ergänzt worden; im Trilog wurde noch die Führung von Verzeichnissen nach Abs. 1 lit. u aufgenommen.

4 Systematisch ist zwischen Aufgaben (Art. 57) und Befugnissen (Art. 58) zu unterscheiden. Das gilt insbes. im **Bereich von Grundrechtseingriffen.** Hier ist es nicht ausreichend, dass Art. 57 eine entsprechende Aufgabe (etwa die „Überwachung" nach Abs. 1 lit. a) normiert. Erforderlich ist vielmehr eine konkrete Befugnis, beispielsweise die, eine Datenschutzüberprüfung durchzuführen (Art. 58 Abs. 1 lit. b). Allerdings hat Art. 57 durchaus insoweit verbindlichen Charakter, als er die Erfüllung der aufgezählten Aufgaben nicht in das Belieben der Aufsichtsbehörde stellt. Dies wird durch die Verwendung des Wortes „muss" im Eingangssatz deutlich. Mit anderen Worten wird die Behörde bei einer Reihe von Aufgaben Spielräume hinsichtlich der Erfüllung haben, kann aber nicht gänzlich untätig bleiben. Aus der Reihenfolge der Aufgaben lässt sich nicht auf eine Priorisierung durch den Verordnungsgeber schließen.

5 Auf Bundesebene normiert § 14 BDSG nF weitere Aufgaben des oder der BfDI. Diese beziehen sich nicht auf die DSGVO, sondern dienen teilweise der Umsetzung der JI-Richtlinie, teilweise der Aufgabenzuweisung in Bereichen, die nicht in den Anwendungsbereich des Unionsrechts fallen.[2] Diese weiteren Aufgaben, insbes. diejenigen aus dem IFG für die Funktion als Informationsfreiheitsbeauftragter, stehen der Unabhängigkeit des oder der BfDI nicht entgegen (→ Art. 54 Rn. 12). Bei der Formulierung wurde eine weitgehende Angleichung mit Art. 57 vorgenommen.

6 Die Bezugnahme auf das Hoheitsgebiet in Abs. 1 stellt zugleich klar, dass ein **hoheitliches Tätigwerden** außerhalb dieses geografischen Bereichs nicht erfasst wird.[3] Dies gilt für alle Aufgaben des Katalogs, ist aber insbes. für diejenigen wichtig, die sich auf konkrete Adressaten beziehen. Die Sensibilisierung für die aus der Verordnung entstehenden Pflichten sowie die Überwachung und Durchsetzung datenschutzrechtlicher Vorgaben nach Abs. 1 lit. a und lit. d ist auf Verantwortliche und Auftragsverarbeiter im eigenen Hoheitsgebiet begrenzt. Ferner muss etwa der Begriff der Öffentlichkeit im Zusammenhang mit Abs. 1 lit. b in der Weise verstanden werden, dass nur Verantwortliche, Auftragsverarbeiter und die Bevölkerung im eigenen Hoheitsgebiet gemeint sein können. Bei der Verfolgung maßgeblicher Einwicklungen nach Abs. 1 lit. i kann zwar Informations- und Kommunikationstechnologie betroffen sein, die in einem anderen Hoheitsbereich hergestellt oder konzipiert wurde. Maßgebend ist dabei aber die Frage der Auswirkung entsprechender Technik und der darauf aufbauenden Diensteangebote auf die betroffenen Personen, Verantwortlichen und Auftragsverarbeiter im eigenen Hoheitsbereich. Hier dürfte eine geografische Abgrenzung angesichts weitgehend globalisierter und systemischer Informationsdienstleistungen faktisch kaum möglich sein. Jede mitgliedstaatliche Aufsichtsbehörde ist damit gehalten, insbes. **technologische Entwicklungen und Geschäftspraktiken** auch in Drittstaaten zu beobachten und zu analysieren, die Einfluss auf den Schutz personenbezogener Daten von betroffenen Personen im eigenen Hoheitsbereich nehmen.

---

1 Deutlich weitergehend von den Befugnissen her auf Aufgaben schließend Kühling/Buchner/*Dix* Art. 57 Rn. 4.
2 S. die Begründung BT-Drs. 18/11325, S. 87.
3 Vgl. auch EuGH C 230/14, NJW 2015, 3636 – Weltimmo.

II. Aufgabenspektrum (Abs. 1)

1. Überwachung und Durchsetzung (lit. a). Abs. 1 lit. a enthält die zentrale Aufgabe der Überwachung und 7
Durchsetzung der Anwendung der DSGVO. Während mit der Überwachung gemeint ist, die Einhaltung der
DSGVO zu prüfen, meint die Durchsetzung die Abhilfe festgestellter Verstöße einschließlich des Vollzugs.

Die Überwachung bezieht sich primär auf die **Durchführung von Datenschutzüberprüfungen** bei Verant- 8
wortlichen und Auftragsverarbeitern (korrespondierende Befugnis aus Art. 58 Abs. 1 lit. b) sowie auf entsprechende begleitende Informations- und Betretensrechte (Art. 58 Abs. 1 lit. a, e und f). Die Aufgabe der
Überwachung wird auch dadurch erfüllt, dass etwa eine Überprüfung der nach Art. 42 Abs. 7 erteilten Zertifizierungen erfolgt (Art. 58 Abs. 1 lit. c).

Die Durchsetzung der Anwendung der DSGVO bezieht sich im Wesentlichen auf die Wahrnehmung der 9
Abhilfebefugnisse der Aufsichtsbehörden nach Art. 58 Abs. 2. So erfolgt die Durchsetzung geltenden Datenschutzrechts zB durch die Warnung der Verantwortlichen und Auftragsverarbeiter, dass **beabsichtigte Verarbeitungsvorgänge** voraussichtlich gegen die Vorschriften der DSGVO verstoßen (Art. 58 Abs. 2 lit. a), durch
die Verwarnung der Verantwortlichen und Auftragsverarbeiter, wenn diese mit Verarbeitungsvorgängen gegen die DSGVO verstoßen haben (Art. 58 Abs. 2 lit. b), durch die Ausübung der Befugnisse zur Anweisung
nach Art. 58 Abs. 2 lit. c–e, durch die Verhängung einer vorübergehenden oder endgültigen Beschränkung
der Verarbeitung, einschließlich des Verbots (Art. 58 Abs. 2 lit. f), durch die Anordnung von Maßnahmen
nach Art. 58 Abs. 2 lit. g, wie etwa die Berichtigung oder Löschung personenbezogener Daten, durch die
Ausübung von Befugnissen im Zusammenhang mit einer Zertifizierung nach Art. 58 Abs. 2 lit. h, die Verhängung von Bußgeldern nach Art. 58 Abs. 2 lit. i) sowie durch die Anordnung einer Aussetzung der Übermittlung von Daten an einen Empfänger in einem Drittland oder an eine internationale Organisation
(Art. 58 Abs. 2 lit. j).

Im Gegensatz zu § 38 Abs. 1 BDSG aF verengt Abs. 1 lit. a den Anwendungsbereich dem Wortlaut nach auf 10
„diese Verordnung". Dies würde bedeuten, dass sich die Aufgabe nicht auf die **Überwachung und Durchsetzung anderer, spezialgesetzlicher Datenschutznormen** bezieht. Der Gesetzgeber müsste in jedem Spezial-
gesetz regeln, dass die Aufsichtsbehörde auch für die Überwachung des Spezialgesetzes zuständig ist. Damit
würde der Verordnungsgeber jedoch das Ziel verfehlen, die Grundrechte und Grundfreiheiten natürlicher
Personen und insbes. deren Recht auf Schutz personenbezogener Daten zu wahren, Art. 1 Abs. 2. Hinzu
kommt, dass in Spezialgesetzen auf Normen der DSGVO Bezug genommen wird (etwa Vorschriften der AO
und des BMG) und auch deren Überwachung und Durchsetzung zur Gewährleistung eines umfassenden
Schutzes notwendig ist. Vorzugswürdig ist daher, für die Aufsichtsbehörden aus Abs. 1 lit. a auch die Aufgabe abzuleiten, für die Überwachung des Spezialgesetzes zuständig zu sein. Dies gilt auch für alle anderen
Aufgaben des Art. 57.

2. Sensibilisierung und Aufklärung der Öffentlichkeit (lit. b). Jede Aufsichtsbehörde muss nach Abs. 1 lit. b 11
in ihrem Hoheitsgebiet die Öffentlichkeit für die Risiken, Vorschriften, Garantien und Rechte im Zusammenhang mit der Verarbeitung sensibilisieren und sie darüber aufklären. Dabei handelt es sich um eine präventive Maßnahme, die insbes. auch an Kinder gerichtet sein sollen (S. 2).

Mit Aufklärung und Sensibilisierung sind keine grundsätzlichen verschiedenen Begrifflichkeiten erfasst. Die 12
Aufklärung erfasst etwa die Kenntnisgabe des aktuellen Rechts, die Information über bestehende Problemlagen und auch die Vermittlung grundsätzlicher Fertigkeiten. Der Begriff der Sensibilisierung, der auch in
Abs. 1 lit. d in Bezug auf die Verantwortlichen und Auftragsverarbeiter verwendet wird, lässt sich vor diesem Hintergrund dahin gehend verstehen, dass die Aufsichtsbehörden im Hinblick auf eine datenschutzfreundliche Ausgestaltung der Gesellschaft und unter besonderer Betonung der Risiken hin agieren und informieren. Die Aufsichtsbehörden dürfen daher gezielt auch die Wahrnehmung der Problematik von Datenschutzverstößen verstärken. Eine solche Aufgabenwahrnehmung darf allerdings das Gebot der Sachlichkeit
und Wahrhaftigkeit nicht verletzen.

EG 132 erläutert näher, wer mit Öffentlichkeit gemeint ist und damit wer die **Adressaten** der **Sensibilisie-** 13
rungsmaßnahmen sind. Die Aufsichtsbehörden sollen sich danach nicht nur an natürliche Personen (also
potenziell Betroffene) richten, sondern auch an die Verantwortlichen und die Auftragsverarbeiter, wobei
Kleinstunternehmen sowie KMU (also solche Datenverarbeiter, die typischerweise über wenig Ressourcen
verfügen) besonders hervorgehoben werden. Gemeint ist (→ Rn. 6) die Öffentlichkeit im Hoheitsgebiet.

Der Begriff der **Risiken** wird nicht definiert. Der Begriff entstammt dem Technikfolgenrecht und ist entspre- 14
chend im Sinne eines Vorsorgeprinzips weit zu verstehen. Es werden in der DSGVO selbst in den EGen
Konstellationen erläutert, in welchen besondere Risiken auftreten können. Nach EG 51 ist etwa die **Sensibilität der Daten** (EG 10 und Art. 9 Abs. 1) ein wichtiges Kriterium, da im Zusammenhang mit ihrer Verarbeitung erhebliche Risiken für die Grundrechte und Grundfreiheiten auftreten können. Werden besondere
Kategorien personenbezogener Daten im Sinne von Art. 9 Abs. 1 verarbeitet, so kann allein hierdurch eine

Verpflichtung der Aufsichtsbehörden zur Sensibilisierung und Aufklärung entstehen. Nach EG 75 können weitere Fallgruppen eine Aufklärung über Risiken erforderlich machen. Hierzu zählt etwa die Verarbeitung von Daten, die zu einem physischen, materiellen oder immateriellen Schaden führen können, insbes. wenn die Verarbeitung zu einer **Diskriminierung**, einem **Identitätsdiebstahl** oder -betrug oder einem finanziellen Verlust führen könnte. Aufklärungs- und Sensibilisierungspflichten können etwa bestehen, wenn Daten zur Identifikation einer Person auf Speichermedien abgelegt werden, die unbemerkt und kontaktlos durch Unbefugte ausgelesen werden können. Aufgeführt wird ferner die Gefahr einer Rufschädigung und der drohende Verlust der Vertraulichkeit von einem Berufsgeheimnis unterliegenden personenbezogenen Daten. So zählt es auch zu den Aufgaben der Aufsichtsbehörden, darüber aufzuklären, wenn etwa Angaben, die unter die ärztliche Schweigepflicht nach § 203 Abs. 1 Nr. 1 StGB oder das Mandatsgeheimnis nach § 203 Abs. 1 Nr. 3 StGB fallen, über ungesicherte Kommunikationswege und Netze übermittelt werden.

15 Genannt wird in EG 75 auch die **unbefugte Aufhebung einer Pseudonymisierung** (Art. 4 Nr. 5). Aufklärungs- und Sensibilisierungspflichten können in diesem Zusammenhang entstehen, wenn die Gefahr besteht, dass ein unbefugter Zugriff auf Zuordnungsregeln erfolgen kann oder der Personenbezug durch eine Verknüpfung von pseudonymen Daten mit anderen personenbezogenen Informationen durchgeführt wird. Weiterhin entstehen Risiken, wenn für betroffene Personen ein **Kontrollverlust** über ihre personenbezogenen Daten droht. Zudem sieht EG 75 Risiken auch dann, wenn durch eine Datenverarbeitung die **Ausübung bestehender Rechte** unzumutbar erschwert wird. Hier bestehen gegebenenfalls Aufklärungs- und Sensibilisierungspflichten für die Aufsichtsbehörden, wenn die personenbezogenen Daten zB in **Drittstaaten ohne angemessenem Schutzniveau** verarbeitet werden, dabei keine alternativen Garantien für eine rechtmäßige und sichere Verarbeitung, wie etwa Verträge mit Standardvertragsklauseln, bestehen und angemessene Möglichkeiten zur Wahrnehmung eines gerichtlichen Rechtsschutzes in diesem Drittstaat fehlen, mithin etwa Rechte zur Geltendmachung von Auskunfts- und Löschrechten dort nicht wahrgenommen werden können.

16 Nach EG 75 können Risiken auch darin bestehen, dass persönliche Aspekte bewertet werden, insbes. wenn Aspekte, die die Arbeitsleistung, wirtschaftliche Lage, Gesundheit, persönliche Vorlieben oder Interessen, die Zuverlässigkeit oder das Verhalten, den Aufenthaltsort oder Ortswechsel betreffen, analysiert oder prognostiziert werden, um persönliche Profile zu erstellen oder zu nutzen. **Maßnahmen des Profiling** nach Art. 22 können daher Aufklärungs- und Sensibilisierungspflichten der Aufsichtsbehörden auslösen.

17 Zu den Risiken zählen auch **Datensicherheitsrisiken**. Nach EG 83 und Art. 32 Abs. 2 ist zu berücksichtigen, ob unbeabsichtigt oder unrechtmäßig eine Vernichtung, der Verlust, die Veränderung oder unbefugte Offenlegung von oder ein unbefugter Zugang zu personenbezogenen Daten, die übermittelt, gespeichert oder auf sonstige Weise verarbeitet wurden, erfolgt, insbes. wenn dies zu physischen, materiellen oder immateriellen Schaden führen könnte.

18 Gemäß Abs. 1 lit. b bezieht sich die **Aufklärungs- und Sensibilisierungsverpflichtung** auch auf **Vorschriften** und **Garantien**. Eine Definition des Begriffs Vorschriften fehlt. Da aber aus dem Wortlaut keine inhaltlichen oder qualitativen Beschränkungen erkennbar werden, insbes. keine Verengung auf die Verordnung normiert wurde, können sowohl Bestimmungen im Rang eines Gesetzes als auch Bestimmungen unterhalb dieses Ranges darunter zählen. Weiterhin fehlt eine Definition des Begriffs Garantien. Hilfestellung bietet die Bezugnahme auf andere Vorschriften der DSGVO, nämlich Art. 46 Abs. 2 im Zusammenhang mit internationaler Datenübermittlung. Unter Garantien werden aber auch technisch-organisatorische Maßnahmen verstanden, vgl. Art. 25 Abs. 1. Gemäß Art. 6 Abs. 4 lit. e können zu geeigneten Garantien die Verschlüsselung und die Pseudonymisierung zählen. Eine Bezugnahme auf geeignete Garantien erfolgt zudem in Art. 9 Abs. 2 lit. b, d, h, Art. 10, Art. 13 Abs. 1 lit. f, Art. 14 Abs. 5 lit. b, Art. 15 Abs. 2 und Art. 28 Abs. 1.

19 Die Aufgabe, die Öffentlichkeit im Zusammenhang mit der Verarbeitung zu sensibilisieren und darüber aufzuklären, bezieht sich auch auf die **Rechte** betroffener Personen. Diese Rechte beziehen sich vor allem auf Kapitel III und damit insbes. auf das Recht auf Auskunft zu personenbezogenen Daten (Art. 15), das Recht auf Berichtigung (Art. 16), das Recht auf Löschung (Art. 17), das Recht auf Einschränkung der Verarbeitung (Art. 18), das Recht auf Datenübertragbarkeit (Art. 20) und das Widerspruchsrecht (Art. 21). Zu den Rechten zählen aber auch das **Recht auf Schadensersatz** (Art. 82) sowie bestehende verwaltungsrechtliche oder sonstige außergerichtliche und gerichtliche Rechtsbehelfe sowie Beschwerderechte (Art. 77ff.) und Petitionen.

20 Abs. 1 lit. b erwähnt **spezifische Maßnahmen für Kinder**. Nach EG 38 verdienen Kinder bei ihren personenbezogenen Daten besonderen Schutz, da Kinder sich der betreffenden Risiken, Folgen und Garantien und ihrer Rechte bei der Verarbeitung personenbezogener Daten möglicherweise weniger bewusst sind. Dies betrifft sowohl die inhaltliche Aufgabe, nämlich dass speziell auch Kinder sensibilisiert werden sollen, als auch die Art der Darstellung, dass die Sensibilisierung ihnen gegenüber kindgerecht und differenziert erfolgt. Unter den Begriff des Kindes fallen auch Jugendliche. Ein solcher besonderer Schutz sollte insbes. die

Verwendung personenbezogener Daten von Kindern für **Werbezwecke** oder für die Erstellung von Persönlichkeits- oder Nutzerprofilen und die Erhebung von personenbezogenen Daten von Kindern bei der Nutzung von Diensten, die Kindern direkt angeboten werden, betreffen. Die Aufgabe der Sensibilisierung und Aufklärung obliegt den Aufsichtsbehörden damit in Hinblick auf die Schulen, etwa im Zusammenhang mit der Nutzung von Informations- und Kommunikationsdiensten durch Kinder. Davon erfasst sein können die Gestaltung und Verteilung von kindgerechtem Informationsmaterial sowie die Durchführung von Schulbesuchen und Bildungsveranstaltungen. Darüber hinaus kann aus der Aufgabenzuweisung ein **allgemeiner Bildungsauftrag** für die Aufsichtsbehörden abgeleitet werden, der etwa mit dem Angebot von Fortbildungen und einem speziell auf die Belange und Interessen von Kindern abgestimmten Unterrichtsangebot zum Schutz von deren Grundrechten und Grundfreiheiten und dem Recht auf Schutz ihrer personenbezogenen Daten erfüllt wird.

3. Beratung zu legislativen und administrativen Maßnahmen (lit. c). Zu den Aufgaben der Aufsichtsbehör- 21 den zählt nach Abs. 1 lit. c die Beratung staatlicher Stellen über legislative und administrative Maßnahmen zum Schutze der Rechte und Freiheiten natürlicher Personen in Bezug auf die Verarbeitung. Die Aufsichtsbehörde soll ihr Expertenwissen in die staatlichen Entscheidungen einbringen.[4] Die Beratungsfunktion gewinnt etwa Bedeutung im Rahmen von **Anhörungen zu Gesetzgebungsverfahren** sowie bei der Teilnahme der Aufsichtsbehörden in den zugeordneten Fachausschüssen der Legislative. **Legislative Maßnahmen** in diesem Kontext betreffen den Erlass von Gesetzen und Rechtsverordnungen. **Administrative Maßnahmen** beziehen sich zum Beispiel auf Weisungen der Ministerien an untergeordnete Dienststellen in Ausübung ihrer Fach- und Rechtsaufsicht, wenn eine bestimmte Maßgabe zum Umgang mit personenbezogenen Daten oder zur Gewährleistung der Sicherheit in der Datenverarbeitung erteilt werden soll, erfasst aber auch sonstige administrative Maßnahmen bis hin zum Erlass von Rechtsverordnungen, bei denen die Aufsichtsbehörden ihre Aufgabe wahrnehmen sollen. Hier erfasst die Beratungsaufgabe auch die Ausgestaltung der Verwaltungsabläufe, zB im Rahmen von eGovernment, in datenschutzkonformer Weise. Da gemäß Abs. 2 lit. c die **Beratungsfunktion** im Einklang mit dem Recht des jeweiligen Mitgliedstaats erfolgen soll, können die dort geltenden Vorschriften bereits für die Frage herangezogen werden, was zum Beispiel unter der Regierung zu verstehen ist. Letztlich sind aber ohnehin durch den Auffangtatbestand der anderen Einrichtungen und Gremien praktisch alle staatlichen Organe und ihre Untergliederungen der Exekutive und Legislative, nicht aber der Judikative erfasst.

4. Sensibilisierung von Verantwortlichen und Auftragsverarbeitern (lit. d). Gemäß Abs. 1 lit. d besteht die 22 Aufgabe, die Verantwortlichen und die Auftragsverarbeiter für die ihnen aus dieser Verordnung entstehenden Pflichten zu sensibilisieren. Maßgeblich ist ein **proaktives Handeln der Aufsichtsbehörden**. Dazu wird zum einen eine allgemeine Ansprache, zB durch Informationsmaterial oder die **Durchführung von Informationsveranstaltungen**, erfolgen. Vorstellbar ist aber auch eine konkrete Sensibilisierung einzelner Verantwortlicher oder Auftragsverarbeiter. Dieses Handeln bezieht sich explizit auf „die" (also alle) aus der DSGVO sowie sonstiger datenschutzrechtlicher Vorschriften (→ Rn. 10) erwachsenden Pflichten für Verantwortliche und Auftragsverarbeiter, also nicht nur auf die aus Kapitel IV.

5. Information über Rechte betroffener Personen (lit. e). Abs. 1 lit. e weist den Aufsichtsbehörden die Auf- 23 gabe zu, dazu beizutragen, dass betroffene Personen ihr Recht auf informationelle Selbstbestimmung und Privatheit ausüben können, indem sie die erforderlichen Informationen erhalten, um ihre Rechte wahrnehmen zu können. Für die Aufsichtsbehörden wird eine **Verpflichtung zur Bereitstellung** geregelt, die aber keinen Anspruch für betroffene Personen formuliert, die erwähnten Informationen zu erhalten. Denn die Aufnahme in den Aufgabenkatalog ist nicht auf den konkreten Anfragenden hin ausgerichtet, vermittelt also kein mit der Aufgabe und Verpflichtung korrespondierendes subjektiv-öffentliches Recht. Gemäß Abs. 1 lit. e wird die Aufsichtsbehörde nur **auf Anfrage** hin tätig. Dann ist sie verpflichtet, betroffenen Personen nicht nur auf generalisierter Basis, etwa durch vorgehaltenes Informationsmaterial, sondern auch im konkreten Einzelfall Informationen über die Ausübung ihrer Rechte aufgrund der DSGVO bereitzustellen (→ Rn. 24 ff.).

Ferner enthält Abs. 1 lit. e eine Pflicht aller Aufsichtsbehörden zur wechselseitigen **Zusammenarbeit und** 24 **Kooperation** zur Erfüllung dieser Aufgabe. Eine Ermittlung von Informationen kann etwa auf Basis gegenseitiger Amtshilfe erfolgen (Art. 61). Auf diese Weise erhalten die betroffenen Personen zunächst die notwendigen Informationen, um in konkreten Fallkonstellationen auf eine datenschutzkonforme Verarbeitung ihrer personenbezogenen Daten hinzuwirken oder sich selbst beispielsweise durch Ausübung ihres Auskunftsrechts Kenntnis von Verarbeitungsvorgängen zu verschaffen. Dazu kann auch gehören festzustellen,

---

4 Siehe auch Kühling/Buchner/*Dix* Art. 57 Rn. 15.

ob eine Niederlassung in einem anderen Mitgliedstaat gegeben ist. Wenn ein Verantwortlicher oder Auftragsverarbeiter die aus der Geltendmachung dieser Rechte resultierenden Verpflichtungen nicht erfüllt und damit Vorschriften dieser Verordnung verletzt werden, werden die Aufsichtsbehörden gehalten sein, nach Maßgabe von Abs. 1 lit. a eine Durchsetzung dieser Rechte zu prüfen. Dies korrespondiert mit der Befugnis nach Art. 58 Abs. 2 lit. c.

25 Die Bereitstellung von Informationen zur **Ausübung ihrer Rechte** bezieht sich auf alle Rechte betroffener Personen einschließlich der gerichtlichen oder außergerichtlichen **Rechtsbehelfe und Beschwerderechte**, auch solche des speziellen Datenschutzrechts außerhalb der DSGVO (→ Rn. 10), aber wohl nicht aus sonstigen Rechtsmaterien wie dem Wettbewerbs- oder Kartellrecht. So müssen etwa die allgemeinen Anspruchsvoraussetzungen für einen Anspruch auf Schadensersatz nach Art. 82 erläutert werden. Die Anfragen können auch auf das Recht auf Beschwerde bei einer Aufsichtsbehörde nach Art. 77 oder auf das **Recht auf wirksamen gerichtlichen Rechtsbehelf** gegen eine Aufsichtsbehörde nach Art. 78 Abs. 2 abzielen. Gegebenenfalls richtet sich die Anfrage also auf die Rechtsausübung gegen die Aufsichtsbehörde selbst. Die entsprechende Verpflichtung zur Bereitstellung von Informationen gegenüber betroffenen Personen wird in verwaltungsrechtlichen Verfahren von Hinweispflichten der Aufsichtsbehörden nach EG 129 S. 7 flankiert. Demnach sollte jede rechtsverbindliche Maßnahme einer Aufsichtsbehörde einen Hinweis auf das Recht auf einen wirksamen Rechtsbehelf enthalten; für den Beschwerdeführer ist dies auch unmittelbar in Art. 77 Abs. 2 geregelt. Das Recht auf einen wirksamen Rechtsbehelf ergibt sich aus Art. 78.

26 Anfragen betroffener Personen können auch das Recht auf einen wirksamen gerichtlichen Rechtsbehelf gegen Verantwortliche oder Auftragsverarbeiter nach Art. 79 umfassen sowie das Recht nach Art. 80 Abs. 1, eine bestimmte Einrichtung, Organisation oder Vereinigung ohne Gewinnerzielungsabsicht mit der Einreichung von Beschwerden und der Geltendmachung von Rechten zu beauftragen. Für Klagen gegen Verantwortliche oder Auftragsverarbeiter nach Maßgabe von Art. 79 Abs. 2 gehört zu den Informationen der Aufsichtsbehörde auch die **Benennung des zuständigen Gerichts**.

27 Bei der Erfüllung der aus Abs. 1 lit. e erwachsenen Aufgabe und Verpflichtung sind die Aufsichtsbehörden nicht gehalten, der betroffenen Person im Sinne eines Rechtsvertreters zur Seite zu stehen. Sie müssen zwar individualisierte Auskünfte erteilen, nicht aber eine konkrete Rechtsberatung vornehmen.

28 **6. Bearbeitung von Beschwerden (lit. f).** Abs. 1 lit. f normiert die Aufgabe und gleichzeitig auch Verfahrensanforderungen der Aufsichtsbehörden, sich mit Beschwerden zu befassen. Dies korrespondiert in Bezug auf die betroffene Person mit Art. 77. Gleichzeitig erstreckt sich die **Aufgabenzuweisung** auf Beschwerden einer Stelle, einer Organisation oder eines Verbandes gemäß Artikel 80, die durch diese entweder in Vertretung der betroffenen Person (Art. 80 Abs. 1) oder – sofern im nationalen Recht vorgesehen – im eigenen Namen (Art. 80 Abs. 2) erhoben werden. Diese gegenüber Art. 80 abweichende Formulierung (dort heißt es Einrichtung, Organisation oder Vereinigung) ist eine gesetzgeberisch unschöne, im Ergebnis aber unerhebliche unterschiedliche Übersetzung derselben Begriffe der englischen Version.[5] Die Aufsichtsbehörden **befassen** sich mit den eingegangenen Beschwerden. Die Befassung bezieht sich auf die Prüfung der Zuständigkeit und das Vorliegen eines Sachverhaltes, der Anhaltspunkte für eine Verletzung datenschutzrechtlicher Normen bietet. Der Gegenstand der Beschwerde ist in angemessenem Umfang zu **untersuchen**. Dabei muss allerdings ein Sachverhalt vorgebracht werden, der nahelegt, dass Vorschriften der DSGVO oder einschlägiger Spezialgesetze (→ Rn. 10) verletzt wurden. Dies ergibt sich auch mit Blick auf Art. 77 Abs. 1, wonach aus der Beschwerde zumindest hervorgehen muss, dass die betroffene Person der Ansicht ist, dass die Verarbeitung der sie betreffenden personenbezogenen Daten gegen diese Verordnung verstößt. Ein Vorbringen, das etwa allein auf urheber-, wettbewerbs-, steuer- oder arbeitsrechtliche Verstöße hinweist, bildet keinen **tauglichen Beschwerdegegenstand** und löst damit auch keine Untersuchungspflicht aus. Die Aufsichtsbehörden werden im Rahmen des Vorbringens allerdings auch prüfen, ob Anhaltspunkte für eine Straftat vorliegen. Ist dies der Fall, wird der Beschwerdeführer insoweit auf die strafrechtlichen Ermittlungsbehörden verwiesen. Ebenso werden die Aufsichtsbehörden auf die Zuständigkeiten anderer Behörden verweisen (etwa Finanzbehörden, Gewerbeaufsicht), wenn entsprechende Anhaltspunkte vorliegen.

29 Liegt eine Beschwerde mit einem tauglichen Beschwerdegegenstand vor, ist der Beschwerdeführer innerhalb einer **angemessenen Frist** über den Fortgang und das Ergebnis der Untersuchung zu unterrichten, insbes., wenn eine weitere Untersuchung oder Koordinierung mit einer anderen Aufsichtsbehörde notwendig ist (sa Art. 77 Abs. 2 → Art. 77 Rn. 14). Die Fristen zur Unterrichtung des Beschwerdeführers über den Fortgang einerseits und über das Ergebnis der Untersuchung andererseits sind zwei verschiedene Fälle, so dass die Angemessenheit der Fristen unabhängig voneinander zu bewerten ist. So kann eine Mitteilung an den Be-

---

5 Im englischen Text heißt es sowohl in Abs. 1 lit. f als auch in Art. 80 Abs. 1 und Abs. 2 „body, organisation or association"; auch die französische Fassung enthält keine Abweichung.

schwerdeführer zum weiteren Vorgehen regelmäßig zeitnah erfolgen. Die Unterrichtung über ein Untersuchungsergebnis kann im Einzelfall hingegen erst nach einer längeren Zeitspanne möglich sein, nachdem etwa Datenschutzüberprüfungen vor Ort abgeschlossen sind, notwendige Antworten durch den Verantwortlichen oder den Auftragsverarbeiter erfolgten, maßgebliche Unterlagen vorgelegt und geprüft wurden, verwaltungsrechtliche Maßnahmen der Aufsichtsbehörden **bestandskräftig** sind, von Verantwortlichen oder Auftragsverarbeitern angestrengte gerichtliche Verfahren gegen Maßnahmen der Aufsichtsbehörden wie die vorübergehende oder endgültige Beschränkung der Verarbeitung einschließlich eines Verbots beendet wurden oder die adressierte Stelle nach Intervention durch die Aufsichtsbehörde die erforderlichen technisch-organisatorischen Maßnahmen umgesetzt hat. Die Frist bis zur Unterrichtung über das Ergebnis kann auch dadurch einen längeren Zeitraum umfassen, dass eine Koordinierung mit einer oder mehreren anderen Aufsichtsbehörden notwendig wird, wenn ein Kohärenzverfahren nach Art. 63 durchgeführt wird, durch den Europäischen Datenschutzausschuss nach Art. 65 verbindliche Beschlüsse erlassen werden müssen oder zunächst das **Ergebnis einer Nichtigkeitsklage** gemäß Art. 263 AEUV nach der Anfechtung von Beschlüssen des Europäischen Datenschutzausschusses abzuwarten ist.

7. Zusammenarbeit mit anderen Aufsichtsbehörden (lit. g). Abs. 1 lit. g enthält die Aufgabe der Zusam- 30
menarbeit mit anderen Aufsichtsbehörden. Damit wird eine allgemeine Kooperationsaufgabe normiert. Die Zusammenarbeit mit anderen Aufsichtsbehörden erfordert danach nicht nur, aber insbes. einen Informationsaustausch sowie die Leistung von Amtshilfe, um die einheitliche Anwendung und Durchsetzung dieser Verordnung zu gewährleisten. Die Zusammenarbeit im Wege des Informationsaustauschs wird in mehreren Bestimmungen von Art. 60, aber auch in Art. 56 Abs. 3 bis 5 (→ Art. 56 Rn. 9ff.), Maßnahmen der Amtshilfe werden in Art. 61 näher ausgeführt. Darüber hinaus basieren praktisch das gesamte Kohärenzverfahren (Art. 63 ff.) sowie die Zusammenarbeit der Aufsichtsbehörden im EDSA (Art. 68 ff.) auf dem Austausch von Informationen. Für die Übermittlung von Informationen werden in mehreren Fällen (Art. 60 Abs. 12, Art. 61 Abs. 6, Art. 64 Abs. 4, 5 und 7) standardisierte Formate vorgeschrieben, die die KOM im Wege von Durchführungsrechtsakten festlegen kann (Art. 61 Abs. 9 → Art. 61 Rn. 18 und Art. 67 → Art. 67 Rn. 4). Jenseits dessen ist von der Kooperationsaufgabe aber auch die Pflicht zu wechselseitiger Unterstützung in jeglicher Hinsicht und zur Kompromissbereitschaft erfasst. Die einheitliche Anwendung und Durchsetzung der Verordnung wird unter den Aufsichtsbehörden zum Beispiel auch durch die **Koordination von Prüf-maßnahmen**, die einheitliche Auslegung datenschutzrechtlicher Vorgaben, die Festlegung von Vorgaben für technisch-organisatorische Standards, die Entwicklung einheitlicher Kriterien für Zertifizierungsverfahren und die gemeinsame Erörterung von Fragen zum grenzüberschreitenden Datenverkehr auf europäischer Ebene gesteuert.

8. Untersuchungen zur Rechtsanwendung (lit. h). Nach Abs. 1 lit. h müssen die Aufsichtsbehörden **Unter-** 31
suchungen über die Anwendung dieser Verordnung durchführen. Der damit verbundene Auftrag des Verordnungsgebers beinhaltet vor allem zwei Aspekte.[6]

a) Statistische Informationen. In Abgrenzung zur Aufgabe der Überwachung der Anwendung nach Abs. 1 32
lit. a handelt es sich hierbei um die Erhebung und Auswertung statistischer Informationen, die darüber Aufschluss geben können, gegenüber wie vielen Verantwortlichen und Auftragsverarbeitern die Untersuchungs-, Abhilfe- und Genehmigungsbefugnisse nach Art. 58 ausgeübt wurden. Die Überwachung der Anwendung dieser Verordnung nach lit. a bezieht sich in Abgrenzung hierzu auf die Durchführung von Datenschutzüberprüfungen (→ lit. a Rn. 2). Der Begriff der Untersuchungen beinhaltet nicht allein den Aspekt einer Überwachung, vielmehr zählt auch die Analyse von vorhandenen Informationen hinzu. Dieser Teil steht in enger Verbindung mit Abs. 1 lit. u.

b) Verwaltungsrechtliche Verfahren. Ein weiterer Untersuchungsauftrag betrifft die Durchführung und den 33
Verlauf **verwaltungsrechtlicher Verfahren**, indem untersucht wird, ob Verantwortliche und Auftragsverarbeiter nach Ausspruch einer Warnung nach Art. 58 Abs. 2 lit. a auf die beabsichtigte Verarbeitungsvorgänge verzichtet haben, ob die Beteiligten nach einer Verwarnung gemäß Art. 58 Abs. 2 lit. b eine weitere Verarbeitung unterließen, ob aufsichtsbehördliche Anweisungen nach Art. 58 Abs. 2 lit. c bis e in der künftigen Geschäftspraxis eines Verantwortlichen oder Auftragsverarbeiters eingehalten werden, nachdem in der Vergangenheit ein aufsichtsbehördliches Verfahren durchgeführt wurde, ob Beschränkungen der Verarbeitung oder Verarbeitungsverbote für die Zukunft beachtet, ob die Rechte betroffener Personen in der Geschäftspraxis eines Verantwortlichen oder Auftragsverarbeiters künftig ordnungsgemäß erfüllt wurden oder inwieweit die Voraussetzungen einer erfolgten Zertifizierung noch bestehen. Im Ergebnis dürfte sich der zweite Aspekt der Aufgabenzuweisung auf **Wiederholungsprüfungen** beziehen.

---

6   AA Paal/Pauly/*Körffer* Art. 57 Rn. 10.

34 **9. Verfolgung maßgeblicher Entwicklungen (lit. i).** Abs. 1 lit. i weist den Aufsichtsbehörden die **Aufgabe der Verfolgung maßgeblicher Entwicklungen** zu. Abs. 1 lit. i bezieht sich auf Entwicklungen, soweit sie sich auf den Schutz personenbezogener Daten auswirken. Gemeint sind damit Maßnahmen des eigentlichen Datenschutzes wie auch Maßnahmen der Datensicherheit. Diese sind nicht eng beschränkt auf das Hoheitsgebiet der Aufsichtsbehörde, sofern die Möglichkeit besteht, dass die Entwicklungen auch auf das Hoheitsgebiet Auswirkungen haben können (→ Rn. 9) oder weil zB bei IT-Dienstleistern aus Drittstaaten das Marktortprinzip gilt. Ähnlich wie bei Abs. 1 lit. h (→ Rn. 20) gilt auch für die Aufgabenzuweisung nach lit. i, dass sie nicht mit der Aufgabe einer Überwachung nach Abs. 1 lit. a gleichzusetzen ist. Vielmehr geht es bei letzterer um die **Überwachung der Anwendung der Verordnung** hinsichtlich konkreter Verantwortlicher oder Auftragsverarbeiter in verwaltungsrechtlichen Verfahren, die etwa nach Einreichung einer Beschwerde eingeleitet werden, während nach lit. i allgemein die bezeichneten Entwicklungen und Geschäftspraktiken zu verfolgen sind, was zumindest die Auswertung öffentlich zugänglicher Informationen einschließt. Bestehen auf Basis der Auswertung öffentlich zugänglicher Informationen aber konkrete Anhaltspunkte für einen Verstoß gegen datenschutzrechtliche Vorgaben, so kann sich die Wahrnehmung von Überwachungsaufgaben und damit die Einleitung eines verwaltungsrechtlichen Verfahrens anschließen.

35 **a) Informations- und Kommunikationstechnologie.** Aufsichtsbehörden leisten einen wichtigen Beitrag zur Vermeidung ernsthafter Risiken, die durch die Verwendung neuer Techniken entstehen, indem sie proaktiv den jeweiligen Stand der Technik und Wissenschaft zur Kenntnis nehmen sowie einordnen und bewerten. Erst dies setzt sie imstande, kenntnisreich und zügig ihren sonstigen Aufgaben nachkommen zu können. Eine effektive Überwachung und Durchsetzung datenschutzrechtlicher Vorschriften wird durch die Aufsichtsbehörden nicht gewährleistet, wenn technologische Entwicklungen außer Acht gelassen und die in den Unternehmen und öffentlichen Stellen zur Verarbeitung personenbezogener Daten neu eingesetzten Produkte, Dienste und Anwendungen nicht berücksichtigt werden. Eine wichtige Rolle spielt dabei, dass die Verordnung einen technologieneutralen Ansatz wählt und die Verfolgung maßgeblicher Entwicklungen nicht auf bestimmte Techniken begrenzt ist (EG 15).[7]

36 Auf Basis verfügbarer Informationen müssen insbes. maßgebliche Entwicklungen der Informations- und Kommunikationstechnologie verfolgt werden. Dazu zählen einerseits neue invasive Verarbeitungsmethoden (zB in den Bereichen Big Data, Mustererkennung oder Internetüberwachung), andererseits aber auch technische Entwicklungen, die zur Sicherstellung datenschutzrechtlicher Vorgaben verwendet werden können, also zum Beispiel Optionen zur getrennten Datenspeicherung, zur Verkettung von personenbezogenen Daten, das Vorhandensein oder Nichtvorhandensein von Möglichkeiten der Protokollierung, **Verschlüsselung und Pseudonymisierung**, von Löschoptionen, revisionssichere Verarbeitungen sowie der Einsatz bestimmter automatisierter Verfahren und die Verwendung sicherer Netze.

37 **b) Geschäftspraktiken. Entwicklungen** sind dem Wortlaut nach nicht auf einen technologischen Bezug beschränkt, sondern erfassen allgemein jegliche Umstände mit Einfluss auf die Erfüllung datenschutzrechtlicher Vorgaben. Daher sind auch **gesellschaftliche oder wirtschaftliche Entwicklungen** ebenso wie neuartige Geschäftspraktiken erfasst. Von Bedeutung ist daher nicht nur, wie in Zukunft die Vorgaben der Art. 25, 32 eingehalten werden können, sondern auch, welche Faktoren auf die Einhaltung einwirken. Die Verfolgung maßgeblicher Entwicklungen von Geschäftspraktiken bezieht sich auf die Recherche zu wirtschaftlichen Zielen von Verantwortlichen und Auftragsverarbeitern beim Umgang mit personenbezogenen Daten und die organisatorische Umsetzung der datenschutzrechtlichen Vorgaben. Das Augenmerk liegt dabei etwa auf Trends bei der Verarbeitung personenbezogener Daten zu Zwecken der Werbung, des Marketing (§§ 30, 31 BDSG nF) und im Beschäftigtenkontext (Art. 88), der Datenverarbeitung zu weiteren Zwecken (Art. 6 Abs. 4) und der Verwendung von neuen Einwilligungs- und Vertragsklauseln. Die Recherchen beziehen über die erwähnten Beispiele hinaus auf alle Informationen, die eine Einschätzung zur Rechtmäßigkeit der Datenverarbeitung und der Einhaltung technisch-organisatorischer Anforderungen erlauben.

38 **10. Festlegung von Standardvertragsklauseln (lit. j).** Zum Aufgabenkreis jeder Aufsichtsbehörde zählt die Festlegung von Standardvertragsklauseln nach Maßgabe von Abs. 1 lit. j. Es handelt sich um Standardvertragsklauseln im Zusammenhang mit der Beauftragung eines Auftragsverarbeiters (Art. 28 Abs. 8) und der Datenübermittlung in Drittländer (Art. 46 Abs. 2 lit. d). In den Standardvertragsklauseln der Auftragsverarbeitung werden gemäß Art. 28 Abs. 8 Vertragsinhalte nach den Vorgaben gemäß Art. 28 Abs. 3 und 4 festgelegt. Aufsichtsbehörden, die entsprechende Standardvertragsklauseln entwickeln, übermitteln gemäß Art. 64 Abs. 1 S. 2 lit. d dem EDSA den Entwurf eines Beschlusses, welcher der Festlegung von Standard-Datenschutzklauseln gemäß Art. 46 Abs. 2 lit. d, 28 Abs. 8 dient. Das weitere Verfahren richtet sich nach

---

7 Ehmann/Selmayr/*Selmayr* Art. 57 Rn. 19.

den Art. 64 und 65. Bedeutsam ist, dass die Aufgabe der Festlegung von Standardvertragsklauseln nicht exklusiv bei den Aufsichtsbehörden liegt. Auch die KOM kann dies nach Art. 28 Abs. 7 und Art. 46 Abs. 2 lit. c tun.

11. Liste für Datenschutz-Folgenabschätzung (lit. k). Nach Abs. 1 lit. k muss jede Aufsichtsbehörde in   39
ihrem Hoheitsgebiet eine Liste der Verarbeitungstätigkeiten erstellen und führen, für die gemäß Art. 35 Abs. 4 eine Datenschutz-Folgenabschätzung nach den dort präzisierten Vorschriften durchzuführen ist. Diese Liste muss die jeweilige Aufsichtsbehörde nach Art. 35 Abs. 4 S. 1 veröffentlichen und nach S. 2 an den Europäischen Datenschutzausschuss übermitteln. Sie enthält eine Aufzählung von Verarbeitungsvorgängen, die insbes. bei **Verwendung neuer Technologien** aufgrund der Art, das Umfangs, der Umstände und der Zwecke der Verarbeitung voraussichtlich ein hohes Risiko für die Rechte und Freiheiten natürlicher Personen zur Folge haben. Abs. 1 lit. k bezieht sich explizit nur auf diese „Positivliste" nach Art. 35 Abs. 4, nicht auf die „Negativliste" nach Art. 35 Abs. 5. Dies ist konsequent, weil Abs. 1 („muss") Pflichtaufgaben enthält, während Art. 35 Abs. 5 das Führen der Negativliste in das Ermessen der jeweiligen Aufsichtsbehörde stellt.

12. Empfehlungen bei Datenschutz-Folgenabschätzung (lit. l). Für die Aufsichtsbehörden besteht eine Bera-   40
tungsverpflichtung in Bezug auf die in Art. 36 Abs. 2 genannten, demnach den Vorgaben der DSGVO nicht genügenden Verarbeitungen im Rahmen einer Datenschutz-Folgenabschätzung; das konkrete Verfahren und die Fristen sind dort vorgegeben (→ Art. 36 Rn. 31ff.). Fraglich bleibt dabei, inwieweit in diesem Konsultationsverfahren die Beratungsverpflichtung erfüllt und vor allem die Durchsetzungs- und Abhilfebefugnisse durch die Aufsichtsbehörde nach Art. 58 Abs. 1 und 2 ausgeübt werden sollen. Die **Beratung** und die **Abhilfebefugnisse** sind zu trennen: Die angesprochenen Befugnisse nach Art. 58 Abs. 1 und 2 sind nicht Teil der Aufgabenzuweisung nach lit. l, weil sie keine Beratung sind. In lit. l wird nicht Art. 36 Abs. 2 insgesamt erfasst, sondern nur der beratende Teil. Hierfür spricht auch der Wortlaut von lit. l, in dem Beratung in Bezug auf die in Art. 36 Abs. 2 genannten Verarbeitungsvorgänge erfasst wird. Die Beratungsverpflichtung wird sich auf das Verfahrensstadium der Konsultation beziehen, in dem nach Erhalt der erforderlichen Informationen gemäß Art. 36 Abs. 3 eine schriftliche Empfehlung durch die Aufsichtsbehörde unterbreitet wird. Die Beratungsleistung kann etwa im Falle von Rückfragen des Verantwortlichen oder gegebenenfalls des Auftragsverarbeiters erfüllt werden. Die Wahrnehmung von Untersuchungs- und Abhilfebefugnissen nach Art. 58 Abs. 2 wird in Abgrenzung hierzu dann von Bedeutung sein, wenn die schriftlichen Empfehlungen der Aufsichtsbehörde keine Berücksichtigung finden und der Verantwortliche und gegebenenfalls der Auftragsverarbeiter fortwährend eine ordnungsgemäße Risikoermittlung und Eindämmung des Risikos unterlassen.

13. Ausarbeitung von Verhaltensregeln (lit. m). Die Aufsichtsbehörden haben die Aufgabe, die Ausarbei-   41
tung von Verhaltensregeln gemäß Art. 40 Abs. 1 zu fördern (→ Art. 40 Rn. 25) und zu diesen Verhaltensregeln, die ausreichende Garantien im Sinne des Art. 40 Abs. 5 bieten müssen, Stellungnahmen abzugeben und die Regeln zu billigen (→ Art. 40 Rn. 61). Der Begriff der Billigung hat denselben Bedeutungsinhalt wie die Genehmigung in Art. 40 Abs. 5. Es handelt sich um einen Übersetzungsfehler der deutschen Version, in der das englische „approve" (einheitlich in Art. 40 Abs. 5, Art. 57 Abs. 1 lit. m sowie der zugeordneten Befugnis in Art. 58 Abs. 3 lit. d) misslicherweise, aber ohne inhaltliche Konsequenzen abweichend übersetzt wurde.

14. Zertifizierungen, Siegel und Prüfzeichen (lit. n). Den Aufsichtsbehörden obliegt es nach Abs. 1 lit. n, die   42
Einführung von Datenschutzzertifizierungsmechanismen und von Datenschutzsiegeln und -prüfzeichen nach Art. 42 Abs. 1 anzuregen und **Zertifizierungskriterien** nach Art. 42 Abs. 5 zu billigen.[8] Anregungen können die Aufsichtsbehörden vor allem dadurch geben, indem den Verantwortlichen und Auftragsverarbeitern die Vorzüge einer Zertifizierung vor Augen geführt werden. Hierzu zählt etwa, dass ein genehmigtes Zertifizierungsverfahren zum Nachweis der Erfüllung von Pflichten dienen kann (s. zB Art. 24 Abs. 3 für allgemeine technische und organisatorische Maßnahmen, Art. 25 Abs. 3 für Datenschutz und Technikgestaltung und datenschutzfreundliche Voreinstellungen, Art. 28 Abs. 5 für hinreichende Garantien bei der Auftragsverarbeitung, Art. 32 Abs. 3 für die Sicherheit der Verarbeitung). Außerdem kann ein Zertifizierungsmechanismus gemäß Art. 46 Abs. 2 lit. f zusammen mit rechtsverbindlichen und durchsetzbaren Verpflichtungen des Datenempfängers Übermittlungen in Drittstaaten legitimieren. Letztlich sind Zertifizierungsverfahren sowie Datenschutzgütesiegel und -prüfzeichen auch für betroffene Personen beziehungsweise für Verbraucher ein klares Signal dafür, dass sich der jeweilige Verantwortliche oder Auftragsverarbeiter bei seinen Verarbeitungsvorgängen die Vorgaben der Verordnung einhält. Diese kann zu **Wettbewerbsvor-**

---

8 *Spindler* ZD 2016, 407 (409).

teilen führen, zumal die Zertifizierungen, Datenschutzgütesiegel und -prüfzeichen nach Art. 42 Abs. 8 in ein Register aufgenommen und veröffentlicht werden.

43 Der Aufgabenkatalog ist in Abs. 1 lit. n unvollständig. Es fehlt die Erwähnung der Aufgabe der Erteilung der Zertifizierung. Hierbei handelt es sich entweder um ein Versehen des Verordnungsgebers oder um einen Fall der Aufgabenregelung außerhalb des explizit nicht abschließenden Abs. 1. Art. 42 Abs. 5 regelt nämlich explizit, dass die Zertifizierung entweder durch eine Zertifizierungsstelle nach Art. 43 oder (so die deutsche Lösung in § 39 BDSG nF → Art. 43 Rn. 1) durch die zuständige Aufsichtsbehörde selbst erfolgt. Auf diese Funktion nimmt auch die mit Abs. 1 lit. n korrespondierende Befugnis der Aufsichtsbehörden gemäß Art. 58 Abs. 3 lit. f Bezug, die deutlich macht, dass **Genehmigungsbefugnisse und beratende Befugnisse** bestehen, die es der jeweiligen Aufsichtsbehörde gestatten, im Einklang mit Art. 42 Abs. 5 Zertifizierungen zu erteilen und Kriterien für die Zertifizierung zu billigen.

44 **15. Überprüfung von Zertifizierungen (lit. o).** Die Aufsichtsbehörden haben nach Abs. 1 lit. o die Aufgabe, gegebenenfalls die nach Art. 42 Abs. 7 erteilten Zertifizierungen **regelmäßig zu überprüfen.** Dagegen wird in Art. 42 Abs. 7 S. 2 nur erwähnt, dass die Zertifizierung gegebenenfalls widerrufen wird. Das Aufgabenspektrum ist hier in seiner Gesamtheit zu betrachten. Art. 57 Abs. 1 formuliert hierfür unbeschadet anderer in dieser Verordnung dargelegter Aufgaben, wodurch sich Art. 42 Abs. 7 Satz 2 hinsichtlich der Aufgabe des Widerrufs einer Zertifizierung unter den dort genannten Bedingungen und lit. o mit der Aufgabe der regelmäßigen Überprüfung gegenseitig ergänzen. Die Überprüfung korrespondiert mit der Befugnis nach Art. 58 Abs. 1 lit. c (→ Art. 58 Rn. 8). Die Erteilung der Zertifizierung erfolgt für eine Höchstdauer von drei Jahren (Art. 42 Abs. 7) und kann unter denselben Bedingungen verlängert werden, sofern die einschlägigen Voraussetzungen weiterhin erfüllt werden (→ Art. 42 Rn. 42). Von erheblicher Bedeutung ist, dass die Aufgabenzuweisung sämtliche Fälle der Zertifizierung nach Art. 42 Abs. 7 erfasst, m.a.W. auch dann gilt, wenn die Zertifizierung nicht durch die Aufsichtsbehörde selbst, sondern durch eine Zertifizierungsstelle erfolgte. Feststellungen, die zu einem Widerruf führen können, werden im Rahmen einer Überprüfung nach Abs. 1 lit. o getroffen, die in Art. 42 Abs. 7 nicht (direkt) erwähnt wird. Erkenntnisse, die eine entsprechende Überprüfung auslösen, können auch im Zusammenhang mit der Untersuchung eines Vorbringens in einem **Beschwerdeverfahren** nach Art. 77 ermittelt worden sein. Weiterhin können auch bei der Wahrnehmung der Aufgabe der Überwachung der Anwendung der DSGVO gemäß Abs. 1 lit. a der zuständigen Aufsichtsbehörde Umstände bekannt werden, die eine Überprüfung der Zertifizierung notwendig machen. Die Befugnis zum Widerruf regelt Art. 58 Abs. 2 lit. h (→ Art. 58 Rn. 31).

45 **16. Kriterien für die Akkreditierung (lit. p).** Den Aufsichtsbehörden obliegt die **Abfassung und Veröffentlichung** der Kriterien für die Akkreditierung einer Stelle für die Überwachung der Einhaltung der Verhaltensregeln gemäß Art. 41 und einer Zertifizierungsstelle gemäß Art. 43. Die Abfassung im Sinne von Abs. 1 lit. p bezieht sich im ersten Fall auf die Erarbeitung des Entwurfs eines Beschlusses, welcher nach Maßgabe von Art. 41 Abs. 3, Art. 64 Abs. 1 S. 2 lit. c an den Datenschutzausschuss zu übermitteln ist (→ Art. 41 Rn. 25). Im Fall von Art. 43 Abs. 3 S. 1 werden die Kriterien für die **Akkreditierung von Zertifizierungsstellen** dagegen entweder durch die zuständige Aufsichtsbehörde oder durch den Datenschutzausschuss genehmigt (→ Art. 43 Rn. 4). Eine Abfassung nach Abs. 1 lit. p kann sich deshalb in diesem Fall einerseits auf die Erarbeitung eines Beschlussentwurfs beziehen, der ebenfalls nach Art. 64 Abs. 1 S. 2 lit. c weitergeleitet wird. Andererseits können die Aufsichtsbehörden selbst die Kriterien für eine Akkreditierung von Zertifizierungsstellen genehmigen, so dass der Begriff der Abfassung in diesem Fall auch die Genehmigung der Kriterien erfasst. Die Veröffentlichung der Kriterien erfolgt nach Maßgabe von Art. 43 Abs. 6 S. 1 (→ Art. 43 Rn. 24).

46 **17. Akkreditierung von Stellen (lit. q).** Nach Abs. 1 lit. q müssen die Aufsichtsbehörden – auf Basis der nach lit. p abgefassten Kriterien – die Akkreditierung einer Stelle für die Überwachung der Einhaltung der Verhaltensregeln gemäß Art. 41 und einer Zertifizierungsstelle gemäß Art. 43 vornehmen (letzteres ist in Deutschland nach § 39 BDSG nF bis auf weiteres nicht relevant→ Art. 43 Rn. 6). Neben der Akkreditierung einer Stelle für die Überwachung der Einhaltung der erwähnten Verhaltensregeln obliegt den Aufsichtsbehördennach Art. 41 Abs. 5 aber auch der **Widerruf der erteilten Akkreditierung** einer solchen Stelle, wenn die Voraussetzungen für ihre Akkreditierung nicht oder nicht mehr erfüllt sind oder wenn die Stelle Maßnahmen ergreift, die nicht mit dieser Verordnung vereinbar sind. Ferner ergibt sich die Aufgabe, Akkreditierungen von Zertifizierungsstellen gegebenenfalls zu widerrufen, aus Art. 43 Abs. 7. Die Aufgabe der Akkreditierung einer Zertifizierungsstelle korrespondiert mit der Genehmigungsbefugnis der Aufsichtsbehörden in Art. 58 Abs. 3 lit. e.

47 **18. Genehmigung von Vertragsklauseln und Bestimmungen (lit. r).** Nach Abs. 1 lit. r genehmigen die Aufsichtsbehörden Vertragsklauseln und Bestimmungen gemäß Art. 46 Abs. 3. Der Verordnungsgeber hat die hiermit im Zusammenhang stehenden Genehmigungsbefugnisse in Art. 58 Abs. 3 lit. h und i normiert. Für

den Begriff der **geeigneten Garantien** bei der Übermittlung personenbezogener Daten an Drittländer oder eine internationale Organisation gilt die Maßgabe von Art. 46 Abs. 3 (→ Art. 46 Rn. 76).

19. Genehmigung verbindlicher interner Vorschriften (lit. s). Die Aufsichtsbehörden müssen in ihrem Ho- 48 heitsgebiet verbindliche interne Vorschriften nach Art. 47 genehmigen, was durch die Genehmigungsbefugnis in Art. 58 Abs. 3 lit. j ergänzt wird (zum Verfahren → Art. 47 Rn. 7ff.).

20. Beiträge für die Tätigkeit des Ausschusses (lit. t). Nach Abs. 1 lit. t leisten die Aufsichtsbehörden Bei- 49 träge zur Tätigkeit des **EDSA** (Art. 68). Der Begriff der **Beiträge** in diesem Sinne ist umfassend zu verstehen. Er bezieht sich etwa auf die Berichterstattung des Ausschusses (Art. 71) sowie das gesamte Kohärenzverfahren (Art. 63ff.). Vor allem wird damit auf die Wahrnehmung der Aufgaben des Ausschusses nach Art. 70 Abs. 1 Bezug genommen. Insbesondere die dort aufgeführten vielfältigen Beratungstätigkeiten, die Bereitstellung von Leitlinien, Empfehlungen und bewährten Verfahren in bestimmten Konstellationen, die Akkreditierung von Zertifizierungsstellen, die Abgabe von Stellungnahmen für die KOM, die Förderung der Zusammenarbeit zwischen den Aufsichtsbehörden und des Transfers von Fachwissen mit Datenschutzbehörden in aller Welt erfordern eine Unterstützung durch die Aufsichtsbehörden selbst. Ihre Beiträge fließen etwa über die Mitgliedschaft in **Arbeitsgruppen auf europäischer Ebene** ein, welche den Ausschuss bei der Erledigung seiner Aufgaben unterstützen. Derzeit erfolgt eine Koordination von Stellungnahmen zu datenschutzrechtlichen Fragestellungen auf europäischer Ebene mit den Aufsichtsbehörden der anderen Mitgliedstaaten in mehreren thematisch aufgeteilten Arbeitsgruppen (zB International TransfersSubgroup, Technology Subgroup, Financial MattersSubgroup, Key-ProvisionsSubgroup). Die Aufsichtsbehörden des Bundes und der Länder entsenden für die entsprechenden Arbeitsgruppen deutsche Vertreter, die in der Konferenz der Datenschutzbeauftragten des Bundes und der Länder gewählt werden. Die Abstimmung von gemeinsamen Standpunkten in Stellungnahmen bzw. Arbeitspapieren, deren Entwürfe in den Arbeitsgruppen vorbereitet wurden, erfolgt in den Sitzungen der Art.-29-Gruppe, an denen ein von der Konferenz gewählter Leiter einer Datenschutzbehörde des Bundes oder der Länder teilnimmt. Die Arbeit der erwähnten Arbeitsgruppen wird unter der Geltung der DSGVO zur künftigen Unterstützung des Ausschusses bei seinen Aufgaben voraussichtlich fortgesetzt. Die Einbindung der oder des BfDI als zentrale Anlaufstelle und gemeinsamer Vertreter im Ausschuss sowie die Zusammenarbeit der Aufsichtsbehörden des Bundes und der Länder in Angelegenheiten der EU ergibt sich aus den §§ 17-19 BDSG nF.

21. Verzeichnisse über Verstöße (lit. u). Nach Abs. 1 lit. u führen die Aufsichtsbehörden interne Verzeich- 50 nisse über Verstöße gegen die Verordnung und zu Maßnahmen, die in Wahrnehmung von Abhilfebefugnissen nach Art. 58 Abs. 2 (→ Art. 58 Rn. 17ff.) ergriffen wurden und erfüllen damit eine Dokumentationsaufgabe. **Verstöße** liegen vor, wenn Vorgaben der Verordnung verletzt wurden. Maßnahmen beziehen sich ausweislich des Wortlauts auf die **Abhilfebefugnisse** nach Art. 58 Abs. 2. Zu den konkreten **Inhalten** der **internen Verzeichnisse** hat der Verordnungsgeber keine Aussage getroffen. Ausreichend wäre etwa eine stichpunktartige Bezeichnung der Verstöße und der Art der getroffenen Maßnahmen (zB Warnungen nach Art. 58 Abs. 2 lit. a, Verwarnungen nach Art. 58 Abs. 2 lit. b, Anordnungen, Verhängung von Bußgeldern). Nicht zwingend wäre etwa die Aufführung der Höhe verhängter Bußgelder und Zwangsgelder. Die Führung **interner Verzeichnisse** bedeutet nicht, dass die Weitergabe rein statistischer Informationen ausgeschlossen sein soll; Abs. 1 lit. u. verpflichtet die Aufsichtsbehörden nur mindestens dazu, solche Verzeichnisse zu führen. Nach dem Landespressegesetzen, dem Informationsfreiheitsgesetz des Bundes und den Informationsfreiheits-, Informationszugangs- und Transparenzgesetzen der Länder können im Einzelfall Ansprüche auf Zugang zu den Verzeichnissen bestehen; auch eine aktive Veröffentlichung von Teilen der Verzeichnisse ist vorstellbar, zB auch zur Erfüllung der Aufgabe der Sensibilisierung nach lit. b. Die Nutzung dieser gesammelten Informationen kann im Übrigen beispielsweise für die vielfältigen Beratungs- und Einschätzungsaufgaben der Aufsichtsbehörde genutzt werden und eine wichtige Grundlage für den Tätigkeitsbericht nach Art. 59 sein. Zudem ermöglicht ein solches Verzeichnis der Behörde strategische Entscheidungen über die zukünftige Ausrichtung ihrer Tätigkeit, ihre Effektivität, die Zusammenarbeit mit anderen Behörden und allgemeine Entwicklungen. Nicht zuletzt kann ein solches Verzeichnis auch die Grundlage dafür sein, die Ausstattung der Aufsichtsbehörde anhand der Aufgabenbewältigung zu verändern nach Art. 52 Abs. 4 bzw. damit ihre Tätigkeit nach außen hin zu dokumentieren.

22. Sonstige Aufgaben (lit. v). Der Verordnungsgeber hat mit Abs. 1 lit. v eine Auffangklausel geschaffen. 51 Dies kann sich zum Beispiel auf die Durchführung von allgemeinen **Informationsveranstaltungen** beziehen. Schließlich zählt zu den sonstigen Aufgaben die Anregung, Unterstützung, Mitwirkung oder auch Koordinierung von **Forschungsprojekten** im Anwendungsbereich der DSGVO. Dabei kann zum Beispiel die Ermittlung von Lösungen für einen Datenschutz durch Technikgestaltung oder von datenschutzfreundlichen Voreinstellungen von Bedeutung sein. Sonstige Aufgaben umfassen auch jegliche Formen von **Öffentlich-**

keitsarbeit, etwa Pressemitteilungen, Gutachten, Hinweise zur Erfüllung datenschutzrechtlicher Vorgaben und zum Gesetzgebungsbedarf oder empfohlene Maßnahmen zum Selbstschutz betroffener Personen.

III. Erleichterung von Beschwerden, Abs. 2

52   Abs. 2 verlangt von den Aufsichtsbehörden, die Einreichung einer Beschwerde nach Abs. 1 lit. f formal erleichtert auszugestalten (entsprechendes gilt nach § 14 Abs. 3 BDSG nF für den Bereich der JI-Richtlinie). Die Vorschrift sieht Erleichterungen für die Einreichung einer Beschwerde auf der formalen Seite vor, während die inhaltliche Erleichterung durch Bereitstellung von Informationen über das Beschwerderecht sowie die Befassung mit dem jeweiligen Vorbringen und die Untersuchung des Beschwerdegegenstands bereits in Abs. 1 lit. e und f. geregelt sind. Ausweislich des Wortlautes bildet die Bereitstellung eines Beschwerdeformulars nur eine mögliche Variante, um die Einreichung von Beschwerden **unbürokratisch und einfach** im Rahmen von eGovernment zu gestalten. Gleichzeitig wird damit auch der Aufsichtsbehörde die Erfüllung ihrer Aufgaben erleichtert, weil sie mit Standardisierungen das Beschwerdeverfahren effektiver gestalten kann.[9] Mit der Gestaltung eines Beschwerdeformulars können dem Beschwerdeführer auch **Ausfüllhinweise** unterbreitet werden, was die Arbeit der Aufsichtsbehörden erleichtert und etwaige Rückfragen entbehrlich macht. So kann etwa aufgeführt werden, welche Angaben zum Beschwerdegegner und -gegenstand erforderlich sind und welche gegebenenfalls vorhandenen Beweismittel von Bedeutung sein können. Da bestimmte Kommunikationsmittel nicht ausgeschlossen werden, wird die Aufsichtsbehörde generell postalisch, per Telefon, E-Mail oder Telefax **erreichbar** sein. Eine Beschränkung auf die Einreichung von Beschwerden mittels elektronischer Kommunikationsmittel ist der Vorschrift nicht zu entnehmen. Gerade ältere Beschwerdeführer, die mit elektronischer Kommunikation nicht vertraut sind, können ihre Beschwerden auch in anderer Form, etwa durch persönliche Abgabe, einreichen.[10]

IV. Unentgeltlichkeit und Ausnahmen

53   **1. Grundsatz: Unentgeltlichkeit der Aufgabenerfüllung (Abs. 3).** Abs. 3 und 4 (analog § 14 Abs. 4 BDSG nF für den Anwendungsbereich der JI-Richtlinie) regeln die insbes. aus Betroffenenperspektive bedeutsame Frage der (Un-)Entgeltlichkeit der Aufgabenerfüllung. Im Grundsatz ist die Aufgabenerfüllung für betroffene Personen unentgeltlich, für Datenschutzbeauftragte gegebenenfalls unentgeltlich und für Verantwortliche und Auftragsverarbeiter von der DVGO ungeregelt. Die Hürden für betroffene Personen, sich an die Aufsichtsbehörden zu wenden, sollen durch die Unentgeltlichkeit möglichst gering gehalten werden.

54   Für Beratungsleistungen, die der **Datenschutzbeauftragte** im Rahmen seines gesetzlich zugewiesenen Aufgabenkreises erhält, wird kein Entgelt anfallen. Dies bezieht sich etwa auf die Zusammenarbeit mit der Aufsichtsbehörde (Art. 39 Abs. 1 lit. d) und die Tätigkeit als Anlaufstelle im Konsultationsverfahren nach Art. 36 (Art. 39 Abs. 1 lit. e). Im Rahmen der bloßen Funktion als Kommunikationsstelle für den Verantwortlichen oder Auftragsverarbeiter werden damit regelmäßig keine entgeltpflichtigen Leistungen entstehen. Anderes kann gelten, wenn der Datenschutzbeauftragte selbst eine Beratung durch die Aufsichtsbehörde wünscht oder dieser die Beratung als verlängerter Arm des Verantwortlichen oder Auftragsverarbeiters wahrnehmen möchte.[11] In Art. 52 Abs. 5 Rat-E war zunächst eine **entgeltfreie Beratungsverpflichtung** für Datenschutzbeauftragte vorgesehen. Die Frage, ob die Aufsichtsbehörde mit dem zur Verfügung stehenden Personal eine solche Beratung leisten kann und hierfür ein Entgelt erhoben werden soll, steht nun aber im Ermessen der Aufsichtsbehörde. Daher dürfte jedenfalls für interne Datenschutzbeauftragte regelmäßig die Unentgeltlichkeit anzunehmen sein.[12]

55   Für Beratungsleistungen, die gegenüber **Verantwortlichen oder Auftragsverarbeitern** erbracht werden, können die Aufsichtsbehörden hingegen eine Kostenerstattung verlangen. Dazu bedarf es einer nationalen Kostenregelung.

56   **2. Ausnahmen für exzessive Anfragen (Abs. 4).** Abs. 4 normiert eine Ausnahme von der Grundregel nach Abs. 3 und Abs. 1 lit. f für offenkundig unbegründete oder exzessive Anfragen. Als Ausnahme von einem der wesentlichen sichernden Rechte, der Beschwerde, ist die Vorschrift eng auszulegen. Die Aufsichtsbehörde kann nach freiem Ermessen bestimmen, ob sie dann als Sanktion das ökonomische Mittel der **Verteuerung ihrer Leistung** (Gebühr) wählt oder aber sich weigert, überhaupt ihre Leistung zu erbringen.

---

9   Vgl. auch *Weichert* RDV 2013, 8 (13).
10   Ehmann/Selmayr/*Selmayr* Art. 57 Rn. 20.
11   Gola/*Nguyen* Art. 57 Rn. 17.
12   So auch Kühling/Buchner/*Boehm* Art. 57 Rn. 26.

a) Voraussetzung: Offenkundige Unbegründetheit oder Exzessivität. An die **Offenkundigkeit der Unbegründetheit** einer Anfrage sind hohe Maßstäbe anzulegen, weil damit das Recht der Beschwerde eingeschränkt wird. Dementsprechend wird das Tatbestandsmerkmal regelmäßig nur dann erfüllt sein, wenn eine Beschwerde gar keinen Bezug zu datenschutzrechtlichen Fragestellungen beziehungsweise Verstößen aufweist. Zurückhaltung ist demgegenüber mit der Annahme geboten, eine beanstandete Datenverarbeitung sei offenkundig rechtmäßig.

Für die Alternative der **exzessiven Anfragen** gibt Abs. 4 das Beispiel der häufigen Wiederholung. Dazu wird nicht reichen, dass ein Beschwerdeführer mehrfach in vergleichbaren Fällen vorstellig wird oder dass er in zeitlichen Abständen immer wieder Beschwerde gegen eine bestimmte Datenverarbeitung einlegt. Denn es ist zu berücksichtigen, dass sich auch rechtliche Einschätzungen ändern können. Neben der häufigen Wiederholung werden Anfragen etwa dann einen exzessiven Charakter erfüllen, wenn deren Bearbeitung den durchschnittlichen Zeit- und Arbeitsaufwand für vergleichbare Fälle deutlich überschreitet und zusätzlich der erhöhte Aufwand auf eine übermäßige Fülle von substanzlosen oder ausschweifenden Ausführungen zurückzuführen ist. Mit der Qualifizierung von Beschwerden als exzessiv in diesem letzteren Beispiel ist allerdings ebenso Zurückhaltung geboten. Es muss berücksichtigt werden, dass Beschwerdeführer regelmäßig nicht über juristische oder technische Kenntnisse verfügen und die Darlegung von mitunter komplexen Sachverhalten erfolgt. Allein der hohe Zeitaufwand der Bearbeitung oder eine vergleichsweise Banalität der rechtlichen Beurteilung erlaubt noch keine Einordnung als exzessiv. Die Beweislast für die Offenkundigkeit, Unbegründetheit und Exzessivität der Beschwerde trägt die Aufsichtsbehörde (S. 2). Die Klärung entsprechender Rechtsstreitigkeiten erfolgt regelmäßig vor den Verwaltungsgerichten.

b) Rechtsfolge: Gebühr oder Verweigerung der Tätigkeit. Abs. 4 enthält keine Pflicht zur **Erhebung von Gebühren** oder Ablehnung des Tätigwerdens, sondern eröffnet der Aufsichtsbehörde ein Ermessen. Dies engt die Norm über die ohnehin hohen tatbestandlichen Voraussetzungen hinaus weiter ein und führt dazu, dass ihre Rechtsfolgen in der Konstellation der offenkundigen Unbegründetheit nicht praxisrelevant erscheinen. Erhält die Aufsichtsbehörde nämlich Beschwerden, die offenkundig keine Bezüge zu datenschutzrechtlichen Fragestellungen beziehungsweise Verstößen aufweisen, so reicht regelmäßig eine entsprechende Mitteilung der Einschätzung der Aufsichtsbehörde gegenüber dem Beschwerdeführer, dass die Aufsichtsbehörde zuständigkeitshalber nicht tätig werden wird oder dass der vorgetragene Sachverhalt keinen datenschutzrechtlichen Bezug aufweist. Die Geltendmachung von Gebühren oder gar das Verweigern dieser (geringfügigen) Tätigkeit wird hier regelmäßig ermessensfehlerhaft sein und deshalb kaum eine Rolle spielen.

Demgegenüber kann die Erhebung einer **angemessenen Gebühr** auf der Grundlage der Verwaltungskosten oder die Ablehnung der Tätigkeit demgegenüber, insbes. im Fall häufiger Wiederholung, bei exzessiven Anfragen durchaus in Betracht kommen. Die Aufsichtsbehörde wird in diesen Fällen prüfen, inwieweit die betroffene Person – die eine oder mehrere exzessive Anfragen gestellt hat – in der Lage ist, zunächst ihre Rechte selbst gegenüber den Verantwortlichen oder Auftragsverarbeitern geltend zu machen, ob nur sehr geringfügige Verstöße gegen die Verordnung in Betracht kommen oder ob bereits kleine technische Lösungsvorschläge zum Selbstdatenschutz für die betroffene Person zur Beseitigung eines Verstoßes unterbreitet werden können. Mit anderen Worten kann es trotz des exzessiven Charakters geboten sein, dennoch tätig zu werden oder auf eine Gebühr zu verzichten.

Mit Blick auf das **Auswahlermessen der Aufsichtsbehörde** zwischen Gebühr und Tätigkeitsverweigerung ist zu betonen, dass letzteres mindestens dann nur ausnahmsweise in Betracht kommen wird, wenn die in Abs. 4 genannte Anfrage eine Beschwerde nach Art. 77 ist. Andererseits kann es auch im Interesse des Anfragenden sein, lieber auf ein Tätigwerden der Behörde zu verzichten, als eine uU sehr hohe Gebühr tragen zu müssen. Im Zweifel ist diese deshalb anzukündigen.

Artikel 58   Befugnisse

(1) Jede Aufsichtsbehörde verfügt über sämtliche folgenden Untersuchungsbefugnisse, die es ihr gestatten,

a)   den Verantwortlichen, den Auftragsverarbeiter und gegebenenfalls den Vertreter des Verantwortlichen oder des Auftragsverarbeiters anzuweisen, alle Informationen bereitzustellen, die für die Erfüllung ihrer Aufgaben erforderlich sind,

b)   Untersuchungen in Form von Datenschutzüberprüfungen durchzuführen,

c)   eine Überprüfung der nach Artikel 42 Absatz 7 erteilten Zertifizierungen durchzuführen,

d)   den Verantwortlichen oder den Auftragsverarbeiter auf einen vermeintlichen Verstoß gegen diese Verordnung hinzuweisen,

e) von dem Verantwortlichen und dem Auftragsverarbeiter Zugang zu allen personenbezogenen Daten und Informationen, die zur Erfüllung ihrer Aufgaben notwendig sind, zu erhalten,

f) gemäß dem Verfahrensrecht der Union oder dem Verfahrensrecht des Mitgliedstaats Zugang zu den Räumlichkeiten, einschließlich aller Datenverarbeitungsanlagen und -geräte, des Verantwortlichen und des Auftragsverarbeiters zu erhalten.

(2) Jede Aufsichtsbehörde verfügt über sämtliche folgenden Abhilfebefugnisse, die es ihr gestatten,

a) einen Verantwortlichen oder einen Auftragsverarbeiter zu warnen, dass beabsichtigte Verarbeitungsvorgänge voraussichtlich gegen diese Verordnung verstoßen,

b) einen Verantwortlichen oder einen Auftragsverarbeiter zu verwarnen, wenn er mit Verarbeitungsvorgängen gegen diese Verordnung verstoßen hat,

c) den Verantwortlichen oder den Auftragsverarbeiter anzuweisen, den Anträgen der betroffenen Person auf Ausübung der ihr nach dieser Verordnung zustehenden Rechte zu entsprechen,

d) den Verantwortlichen oder den Auftragsverarbeiter anzuweisen, Verarbeitungsvorgänge gegebenenfalls auf bestimmte Weise und innerhalb eines bestimmten Zeitraums in Einklang mit dieser Verordnung zu bringen,

e) den Verantwortlichen anzuweisen, die von einer Verletzung des Schutzes personenbezogener Daten betroffene Person entsprechend zu benachrichtigen,

f) eine vorübergehende oder endgültige Beschränkung der Verarbeitung, einschließlich eines Verbots, zu verhängen,

g) die Berichtigung oder Löschung von personenbezogenen Daten oder die Einschränkung der Verarbeitung gemäß den Artikeln 16, 17 und 18 und die Unterrichtung der Empfänger, an die diese personenbezogenen Daten gemäß Artikel 17 Absatz 2 und Artikel 19 offengelegt wurden, über solche Maßnahmen anzuordnen,

h) eine Zertifizierung zu widerrufen oder die Zertifizierungsstelle anzuweisen, eine gemäß den Artikel 42 und 43 erteilte Zertifizierung zu widerrufen, oder die Zertifizierungsstelle anzuweisen, keine Zertifizierung zu erteilen, wenn die Voraussetzungen für die Zertifizierung nicht oder nicht mehr erfüllt werden,

i) eine Geldbuße gemäß Artikel 83 zu verhängen, zusätzlich zu oder anstelle von in diesem Absatz genannten Maßnahmen, je nach den Umständen des Einzelfalls,

j) die Aussetzung der Übermittlung von Daten an einen Empfänger in einem Drittland oder an eine internationale Organisation anzuordnen.

(3) Jede Aufsichtsbehörde verfügt über sämtliche folgenden Genehmigungsbefugnisse und beratenden Befugnisse, die es ihr gestatten,

a) gemäß dem Verfahren der vorherigen Konsultation nach Artikel 36 den Verantwortlichen zu beraten,

b) zu allen Fragen, die im Zusammenhang mit dem Schutz personenbezogener Daten stehen, von sich aus oder auf Anfrage Stellungnahmen an das nationale Parlament, die Regierung des Mitgliedstaats oder im Einklang mit dem Recht des Mitgliedstaats an sonstige Einrichtungen und Stellen sowie an die Öffentlichkeit zu richten,

c) die Verarbeitung gemäß Artikel 36 Absatz 5 zu genehmigen, falls im Recht des Mitgliedstaats eine derartige vorherige Genehmigung verlangt wird,

d) eine Stellungnahme abzugeben und Entwürfe von Verhaltensregeln gemäß Artikel 40 Absatz 5 zu billigen,

e) Zertifizierungsstellen gemäß Artikel 43 zu akkreditieren,

f) im Einklang mit Artikel 42 Absatz 5 Zertifizierungen zu erteilen und Kriterien für die Zertifizierung zu billigen,

g) Standarddatenschutzklauseln nach Artikel 28 Absatz 8 und Artikel 46 Absatz 2 Buchstabe d festzulegen,

h) Vertragsklauseln gemäß Artikel 46 Absatz 3 Buchstabe a zu genehmigen,

i) Verwaltungsvereinbarungen gemäß Artikel 46 Absatz 3 Buchstabe b zu genehmigen

j) verbindliche interne Vorschriften gemäß Artikel 47 zu genehmigen.

(4) Die Ausübung der der Aufsichtsbehörde gemäß diesem Artikel übertragenen Befugnisse erfolgt vorbehaltlich geeigneter Garantien einschließlich wirksamer gerichtlicher Rechtsbehelfe und ordnungsgemäßer Verfahren gemäß dem Unionsrecht und dem Recht des Mitgliedstaats im Einklang mit der Charta.

(5) Jeder Mitgliedstaat sieht durch Rechtsvorschriften vor, dass seine Aufsichtsbehörde befugt ist, Verstöße gegen diese Verordnung den Justizbehörden zur Kenntnis zu bringen und gegebenenfalls die Einleitung eines gerichtlichen Verfahrens zu betreiben oder sich sonst daran zu beteiligen, um die Bestimmungen dieser Verordnung durchzusetzen.

(6) [1]Jeder Mitgliedstaat kann durch Rechtsvorschriften vorsehen, dass seine Aufsichtsbehörde neben den in den Absätzen 1, 2 und 3 aufgeführten Befugnissen über zusätzliche Befugnisse verfügt. [2]Die Ausübung dieser Befugnisse darf nicht die effektive Durchführung des Kapitels VII beeinträchtigen.

Literatur: *Dieterich, T.*, Rechtsdurchsetzungsmöglichkeiten der DS-GVO – Einheitlicher Rechtsrahmen führt nicht zwangsläufig zu einheitlicher Rechtsanwendung, ZD 2016, 260; *Martini, M./Wenzel, M.*, „Gelbe Karte" von der Aufsichtsbehörde: die Verwarnung als datenschutzrechtliches Sanktionshybrid, PinG 2017, 92; *Spindler, G.*, Selbstregulierung und Zertifizierungsverfahren nach der DS-GVO – Reichweite und Rechtsfolgen der genehmigten Verhaltensregeln, ZD 2016, 407.

I. Vorbemerkung, Entstehungsgeschichte und Zweck der Norm

In Art. 58 hat der Verordnungsgeber 26 konkrete **Untersuchungs-, Abhilfe- und Genehmigungsbefugnisse** 1 normiert.[1] Dies erfolgt erheblich detaillierter als in Art. 28 Abs. 3 DSRL, wo nur relativ grob Untersuchungs- und Einwirkungsbefugnisse sowie das Klagerecht und die Anzeigebefugnis der Aufsichtsbehörden normiert waren.[2] In den Beratungen schlug der Rat vor, die Befugnisse nicht direkt in der DSGVO zu normieren, sondern den Mitgliedstaaten insoweit einen Regelungsauftrag zu erteilen. Dies konnte sich im Trilog nicht durchsetzen (sa EG 129 S. 1, der die Bedeutung einheitlicher Befugnisse in jedem Mitgliedstaat betont), führte aber zu der Öffnungsklausel in Abs. 6. Von dieser hat der Bundesgesetzgeber mit § 40 BDSG nF Gebrauch gemacht (→ Rn. 61). Außerdem ist in Abs. 1 lit. f eine Öffnungsklausel für mitgliedstaatliches Verfahrensrecht für den Zugang zu den Geschäftsräumen enthalten, womit dem besonderen Schutz der Wohnung nach mitgliedstaatlichem Recht, etwa Art. 13 GG, Rechnung getragen wird. Auch Abs. 4 und 5 sehen Regelungsbefugnisse für die Mitgliedstaaten vor. Abs. 4 wurde erst durch den Rat hinzugefügt; in Abs. 5 ergänzte der Rat erfolgreich die Notwendigkeit entsprechender mitgliedstaatlicher Regelungen. Art. 6 wurde erst im Trilog hinzugefügt.

Von ganz erheblicher Bedeutung zumindest aus deutscher Perspektive ist, dass die Regelung – entsprechend 2 dem Gesamtansatz der DSGVO – nicht zwischen **öffentlichen und nicht-öffentlichen Stellen** unterscheidet. Nach bisherigem Recht bleiben die Befugnisse der Datenschutzbeauftragten des Bundes und der Länder gegenüber öffentlichen Stellen erheblich hinter denen gegenüber dem privaten Bereich zurück. So war zB die oder der BfDI nach § 25 BDSG aF selbst bei schwersten Datenschutzverstößen durch Bundesbehörden darauf beschränkt, diese zu beanstanden. Demgegenüber ist es nunmehr nach Art. 58 möglich, direkt auf die

---

1 *Dieterich* ZD 2016, 260 (263).
2 Siehe dazu *Dammann/Simitis*; Kühling/Buchner/*Boehm* Art. 58 Rn. 3ff.

Datenverarbeitung durch Behörden einzuwirken und diese als ultima ratio sogar nach Abs. 2 lit. f zu verbieten; lediglich bei den Bußgeldern besteht nach Art. 83 Abs. 7 die Möglichkeit zur Differenzierung. Der Bundesgesetzgeber hat mit § 16 Abs. 1 BDSG nF versucht, zumindest einen Teil der hergebrachten Privilegierung aufrecht zu erhalten. Danach muss die oder der BfDI vor der Ausübung von Befugnissen nach Abs. 2 lit. b bis g, i und j die zuständige Rechts- oder Fachaufsichtsbehörde informieren und dieser – vorbehaltlich von Eilfällen – Gelegenheit zur Stellungnahme geben. Da die Rechts- oder Fachaufsichtsbehörden über diese Stellungnahme hinaus nicht in die Entscheidung der Aufsichtsbehörde eingreifen können, ist diese Regelung durch die verfahrensrechtliche Öffnungsklausel nach Abs. 4 gedeckt. Rechtspolitisch abzulehnen ist es demgegenüber, dass der Gesetzgeber in § 16 Abs. 2 BDSG nF für alle datenschutzrechtlichen Fälle außerhalb des Anwendungsbereichs der DSGVO eine Regelung vorgesehen hat, die der Sache nach § 25 BDSG aF fortschreibt.

3   Art. 58 systematisiert im Wesentlichen nach den Befugnissen im Verlauf eines (verwaltungsrechtlichen) aufsichtsbehördlichen Verfahrens und unterteilt die Befugnisse nach den verschiedenen Verfahrensschritten. Zudem werden den in Art. 57 und weiteren Vorschriften näher konkretisierten Aufgaben und Pflichten der Aufsichtsbehörden konkrete Befugnisse zur Seite gestellt, um diese Aufgaben wirkungsvoll erfüllen zu können. Art. 58 schafft damit Rechtsgrundlagen für aufsichtsbehördliches Handeln im Sinne des Rechtsstaatsprinzips und des Vorbehalts des Gesetzes. EG 129 betont dazu, dass die Befugnisse unparteiisch, gerecht und innerhalb einer angemessenen Frist ausgeübt werden sollen und der Verhältnismäßigkeitsgrundsatz unter Berücksichtigung des jeweiligen Einzelfalls zu beachten ist. An verfahrensrechtlichen Sicherungen wird vor allem das Recht auf rechtliches Gehör in S. 5 hervorgehoben.

4   Die Untersuchungsbefugnisse in Abs. 1 beziehen sich auf die **Ermittlungsphase**, in der das Vorliegen eines Verstoßes gegen die Verordnung von den Aufsichtsbehörden geprüft und festgestellt wird. In dieser Phase muss es möglich sein, von den Verantwortlichen und Auftragsverarbeitern die notwendigen Informationen zu erlangen, um eine wirksame Überwachung und Durchsetzung der Anwendung der Verordnung zu gewährleisten. Die Abhilfebefugnisse nach Abs. 2 gestatten es den Aufsichtsbehörden, abgesehen vom Sonderfall der Warnung, bei festgestellten Verstößen verwaltungsrechtliche Maßnahmen gegenüber den Verantwortlichen und Auftragsverarbeitern zu treffen, um auf die **künftige Einhaltung datenschutzrechtlicher Vorgaben** hinzuwirken oder den jeweiligen Verstoß für die Zukunft zu beseitigen und um Verletzungen von Vorschriften zum Schutz natürlicher Personen bei der Verarbeitung personenbezogener Daten und zum freien Verkehr solcher Daten zu sanktionieren. Die **Genehmigungsbefugnisse und beratenden Befugnisse** nach Abs. 3 unterscheiden sich von den vorhergehenden Absätzen. Mit ihnen verfolgt der Verordnungsgeber einen präventiven Ansatz, indem Verstöße gegen die datenschutzrechtlichen Vorgaben vermieden werden sollen, wobei zum Beispiel eine beabsichtigte Datenverarbeitung von den Aufsichtsbehörden im Vorfeld geprüft, Vertragsklauseln, Verwaltungsvereinbarungen, Verhaltensregeln oder verbindliche interne Vorschriften analysiert, Zertifizierungsstellen akkreditiert und Zertifizierungen erteilt und Zertifizierungskriterien gebilligt werden sollen. Abs. 4 stellt noch einmal heraus, dass die Befugnisse sich in das bestehende Rechtsbehelfs- und Verfahrensrecht der Union und des Mitgliedstaats einfügen müssen. Die Mitgliedstaaten müssen nach Abs. 5 durch Rechtsvorschriften gewährleisten, dass eine Durchsetzung der Bestimmungen der Verordnung im Rahmen der Durchführung gerichtlicher Verfahren möglich ist. Im Übrigen steht es den Mitgliedstaaten gemäß Abs. 6 frei, in ihren nationalen Rechtsbestimmungen weitere Befugnisse für ihre Aufsichtsbehörden zu schaffen, die über den Katalog des Art. 58 hinausgehen.

II. Systematik und Rechtsqualität aufsichtsbehördlicher Maßnahmen

5   Die in Abs. 1–3 geregelten Untersuchungs-, Abhilfe-, Beratungs- und Genehmigungsbefugnisse können von den Aufsichtsbehörden **gegenüber öffentlichen wie nicht-öffentlichen Stellen** geltend gemacht werden. Nach bisheriger Rechtslage wurden in Umsetzung von Art. 28 DSRL nur einige Eingriffsbefugnisse gegenüber nicht-öffentlichen Stellen im BDSG aF normiert. Öffentliche Stellen hatten im Falle eines Verstoßes gegen Datenschutzvorschriften nach § 25 BDSG aF und nach den Regelungen der Landesdatenschutzgesetze allenfalls mit einer Beanstandung durch die Aufsichtsbehörden zu rechnen.

6   Speziell für die Abhilfebefugnisse in Abs. 2 lit. a–f ist eine **Steigerung in der Intensität der Maßnahmen** erkennbar. So steht zu Beginn in Abs. 2 lit. a die Warnung in Bezug auf voraussichtliche Verstöße als eingriffsschwächste Maßnahme (→ Rn. 24). Abs. 2 lit. b setzt bereits einen Verstoß gegen die DSGVO voraus und ermöglicht die Verhängung einer Verwarnung (→ Rn. 20). Es folgt die Befugnis zum Erlass von Anordnungen, die auf eine bilaterale Lösung zwischen den Verantwortlichen oder Auftragsverarbeitern und den betroffenen Personen abzielen (Abs. 2 lit. c), bevor nach Abs. 2 lit. d die Aufsichtsbehörde losgelöst von Anträgen der betroffenen Person eine konkrete Maßnahme verfügt. Schließlich sind nach Abs. 2 lit. f Beschränkungen der Verarbeitung, einschließlich Verbote, möglich. Eine **Rangfolge der Befugnisse** ist damit allerdings nicht verbunden. Entscheidendes Kriterium ist die Effektivität des Vorgehens. Die Aufsichtsbe-

hörde kann im Rahmen des Verhältnismäßigkeitsgrundsatzes nach **Ermessen** entscheiden, in welchem Verfahrensstadium welche Maßnahmen ergriffen werden sollen. Zur Verhängung einer Beschränkung der Verarbeitung ist die Aufsichtsbehörde nicht verpflichtet, zunächst die weniger eingriffsintensiven Anordnungen, wie etwa eine Verwarnung, zu ergreifen. Sie wird aber, wie EG 129 betont, in jedem Einzelfall prüfen, ob die jeweilige Maßnahme erforderlich und verhältnismäßig ist und ob dabei insbes. mildere Eingriffsmittel anzuwenden sind.

Bei den Maßnahmen, die aufgrund der insgesamt 26 Einzelbefugnisse in Abs. 1–3 getroffen werden kön- 7
nen, handelt es sich ganz überwiegend um **Verwaltungsakte** nach § 35 S. 1 (L)VwVfG.[3] Bezüglich der Untersuchungsbefugnisse enthält etwa die Anweisung, alle Informationen bereitzustellen, die für die Erfüllung der aufsichtsbehördlichen Aufgaben erforderlich sind (Abs. 1 lit. a), ein entsprechendes Verlangen mit regelndem Charakter. Hinsichtlich der Maßnahmen nach Abs. 1 lit. e und f, den Zugang zu Informationen sowie Geschäftsräumen und Datenverarbeitungsanlagen und -geräten zu erhalten, wird ein Verwaltungsakt spätestens mit dem Erlass einer Prüfanordnung vorliegen (→ Rn. 14 und 17). Bei Hinweisen nach Abs. 1 lit. d wird hingegen keine Maßnahme in Form eines Verwaltungsakts ergehen, da kein konkreter **Regelungs- und Bindungswille** der Aufsichtsbehörde entnommen werden kann und damit die unmittelbare Verbindlichkeit der Maßnahme fehlt. Ein regelnder Charakter fehlt im Rahmen der Abhilfebefugnisse auch der **Warnung** nach Abs. 2 lit. a. Ein Verwaltungsakt muss im Falle einer Warnung verneint werden, da mehr eine prognostische Einschätzung, hingegen keine verbindliche Feststellung eines Verstoßes gegen die DSGVO erfolgt. Letzteres ist aber für die **Verwarnung** nach Abs. 2 lit. b zu bejahen. Mit der Verwarnung entstehen für den Adressaten zwar keine Handlungspflichten, allerdings wird eine verbindliche, missbilligende Feststellung zu einem konkreten Datenschutzverstoß getroffen, die als feststellender Verwaltungsakt zu qualifizieren ist.[4] Maßnahmen nach Abs. 2 lit. c–j regeln wiederum jeweils rechtsverbindlich einen bestimmten Sachverhalt und haben damit Verwaltungsaktqualität. **Beratungen** nach Abs. 3 lit. a und b stellen im Übrigen keine Verwaltungsakte dar, zumal keine konkreten Handlungspflichten rechtsverbindlich geregelt werden, sondern nur Empfehlungen und Hinweise für die rechtskonforme Gestaltung einer geplanten Datenverarbeitung erteilt werden. Der Erlass von Verwaltungsakten erfolgt auch bei der Ausübung der zusätzlichen Befugnisse nach § 40 Abs. 4–6 BDSG nF (→ Rn. 62).

Die Aufsichtsbehörde kann auch mehrere Maßnahmen miteinander kombinieren[5] und hintereinander ge- 8
staffelt anwenden.

III. Untersuchungsbefugnisse (Abs. 1)

1. Anweisung zur Bereitstellung von Informationen (lit. a). Die Aufsichtsbehörden verfügen nach Abs. 1 9
lit. a über die Befugnis, den Verantwortlichen, den Auftragsverarbeiter und gegebenenfalls deren Vertreter anzuweisen, alle Informationen bereitzustellen, die für die Erfüllung ihrer Aufgaben erforderlich sind. Damit korrespondiert die Pflicht dieser drei Adressaten zur Zusammenarbeit mit den Aufsichtsbehörden (Art. 31). Adressaten der Vorschrift sind damit auch Vertreter von nicht in der Union niedergelassenen Verantwortlichen oder Auftragsverarbeitern nach Art. 4 Nr. 17 (→ Art. 4 Rn. 1), die nach Art. 27 Abs. 1 zu bestellen sind (→ Art. 27 Rn. 8). Gemäß Art. 27 Abs. 5 erfolgt die Benennung eines Vertreters durch den Verantwortlichen oder den Auftragsverarbeiter unbeschadet etwaiger rechtlicher Schritte gegen den Verantwortlichen oder den Auftragsverarbeiter selbst. Der Verordnungsgeber hat in Übereinstimmung mit der Untersuchungsbefugnis nach Abs. 1 lit. a den Aufsichtsbehörden damit gestattet, die Bereitstellung von Informationen auch von einem im Inland **niedergelassenen Vertreter** zu fordern, selbst wenn rechtliche Schritte gegen den Verantwortlichen oder Auftragsverarbeiter selbst möglich sein sollten.

Die Befugnis der Aufsichtsbehörden ist auf die Anweisung der Bereitstellung der **erforderlichen Informatio-** 10
nen beschränkt. Dabei ist eine konkrete Benennung von einzelnen Unterlagen nicht zwingend notwendig. Es reicht eine allgemeine Umschreibung der Informationen, aus welcher der Adressat der Anweisung erkennen kann, was zur Aufklärung eines Sachverhalts gefordert wird und auf welche Unterlagen sich das Begehren der Aufsichtsbehörde bezieht. Abgestellt wird für die Bestimmung der Erforderlichkeit auf den konkreten Verarbeitungsvorgang, der auf die Einhaltung der datenschutzrechtlichen Vorschriften hin überprüft wird. Der zuständigen Aufsichtsbehörde sind zum Beispiel vertragliche Vereinbarungen sowie vorhandene Kommunikation mit Verantwortlichen, Auftragsverarbeitern und betroffenen Personen, Verfahrensdokumentationen einschließlich vorhandener Datenschutz- und Sicherheitskonzepte und Beschreibungen sowie Auswertungen zu technisch-organisatorischen Maßnahmen, Leistungs- und Systembeschreibungen, interne

---

3 Gola/*Nguyen* Art. 58 Rn. 20.
4 *Martini/Wenzel* PinG 2017, 92 (96).
5 So auch Kühling/Buchner/*Boehm* Art. 58 Rn. 20.

Handlungsanweisungen und Richtlinien, Verzeichnisse von Verarbeitungstätigkeiten nach Art. 30, dokumentierte Weisungen an Auftragsverarbeiter nach Art. 28 Abs. 3 S. 2 lit. a, nach Art. 33 Abs. 5 dokumentierte Verletzungen sowie Unterlagen zur Meldung nach Art. 33 Abs. 3, dokumentierte Datenschutz-Folgenabschätzungen mit den Inhalten nach Art. 35 Abs. 7 sowie Unterlagen zur **beruflichen Qualifikation**, zu dem Fachwissen und der praktischen Erfahrung eines benannten Datenschutzbeauftragten nach Art. 37 Abs. 5 und der Prüfung eines **Interessenkonflikts** nach Art. 38 Abs. 6 vorzulegen.

11   Bei den Verantwortlichen, Auftragsverarbeitern oder Vertretern (Art. 4 Nr. 17) **vorhandene Informationen**, die bereitgestellt werden müssen, sind unabhängig von ihrer Form erfasst. Dies betrifft etwa Informationen in Schrift-, Bild-, Ton- oder Datenverarbeitungsform und die in sonstigen Informationsmedien gespeicherten beziehungsweise zugänglichen Daten.

12   Die **Bereitstellung** bezieht sich auf die Aushändigung der Informationen im Rahmen einer Datenschutzüberprüfung der Aufsichtsbehörde bei den Verantwortlichen, Auftragsverarbeitern oder Vertretern vor Ort sowie auf die Zusendung der Informationen an die Aufsichtsbehörde. Die Adressaten einer Maßnahme nach Abs. 1 lit. a müssen für die Aufsichtsbehörde die verlangten Informationen vor allem **intern recherchieren** und hierfür gegebenenfalls technisches Fachpersonal hiermit betrauen, Kopien von Unterlagen oder **Ausdrucke auf eigene Kosten** anfertigen, Informationen in elektronischer Form vor Ort bereitstellen oder auf elektronischen Kommunikationswegen an die Aufsichtsbehörde übermitteln.

13   Die Anweisung zur Bereitstellung von Informationen beinhaltet auch eine Auskunftsverpflichtung des Verantwortlichen, Auftragsverarbeiters und Vertreters; dies wird durch § 40 Abs. 3 S. 1 BDSG nF klargestellt. Da mit einer solchen Auskunft die Gefahr einer Selbstbelastung mit Blick auf ein ggf. nach Art. 83 drohendes Bußgeldverfahren oder sogar ein nach Art. 84 durch die Mitgliedstaaten vorzusehendes Strafverfahren (→ Art. 84 Rn. 5) droht, hat der Gesetzgeber – wie in § 38 Abs. 3 S. 3 BDSG aF – nunmehr in § 40 Abs. 3 S. 2 BDSG nF als Ausprägung des Grundsatzes **nemo tenetur se ipsum accusare** geregelt, dass der Auskunftpflichtige die Auskunft auf solche Fragen verweigern kann, deren Beantwortung ihn selbst oder einen der in § 383 Abs. 1 Nr. 1 bis 3 ZPO bezeichneten Angehörigen der Gefahr strafgerichtlicher Verfolgung oder eines Verfahrens nach dem Gesetz über Ordnungswidrigkeiten aussetzen würde. Hierauf ist der Auskunftpflichtige gemäß § 40 Abs. 3 S. 3 BDSG nF hinzuweisen.

14   **2. Datenschutzüberprüfungen (lit. b).** Die Aufsichtsbehörden führen nach Abs. 1 lit. b Untersuchungen in Form von Datenschutzüberprüfungen durch. Diese Befugnis ist bewusst allgemein formuliert. Möglich ist in diesem Zusammenhang auch eine **nicht anlassbezogene** Einleitung von Prüfverfahren. Denkbar ist etwa, dass im Rahmen der Wahrnehmung von Aufgaben nach Art. 57 Abs. 1 lit. i **Geschäftspraktiken** allgemein bekannt werden oder die Aufsichtsbehörde im Rahmen anderer Verfahren Kenntnis davon erhält, dass bestimmte Datenverarbeitungen auch bei anderen Verantwortlichen oder Auftragsverarbeitern praktiziert werden. Ferner kommen Hinweise anderer Aufsichtsbehörden oder einer anderen Behörde in Betracht. **Datenschutzüberprüfungen** umfassen sämtliche Maßnahmen zur Analyse von Verarbeitungsvorgängen zu personenbezogenen Daten bei einem Verantwortlichen oder Auftragsverarbeiter.[6] Dies betrifft etwa den Zugriff auf Unterlagen, die systematische Prüfung von zB eingesetzter Hard- und Software, Netzen, Datenbanken, Applikationen, Schnittstellen, die Erprobung von vorgefundenen Sicherheitsmaßnahmen oder die Auswertung von Datensätzen. Flankiert werden Datenschutzprüfungen regelmäßig durch Maßnahmen nach Abs. 1 lit. a, e und f.

15   **3. Überprüfung erteilter Zertifizierungen (lit. c).** Aus dem Zusammenspiel von Abs. 1 lit. c mit Art. 57 Abs. 1 lit. o ergibt sich, dass die Aufsichtsbehörden erteilte Zertifizierungen regelmäßig überprüfen dürfen. Die Überprüfung muss nicht zwangsläufig am Ende der Höchstdauer für eine Zertifizierung von drei Jahren (Art. 42 Abs. 7 S. 1) oder am Ende des jeweils festgelegten kürzeren Zertifizierungszeitraums erfolgen. Die Aufsichtsbehörde kann vielmehr davon **abweichende Prüfintervalle** einrichten. Bei den Prüfungen wird untersucht, ob die Voraussetzungen für die Zertifizierung noch erfüllt werden. Die Überprüfung der erteilten Zertifizierungen wird insbes. durch Maßnahmen nach Abs. 1 lit. b erfolgen (→ Abs. 1 lit. b Rn. 9).

16   **4. Hinweis auf vermeintliche Verstöße (lit. d).** Gemäß Abs. 1 lit. d verfügt jede Aufsichtsbehörde über die Befugnis, den Verantwortlichen oder den Auftragsverarbeiter auf einen vermeintlichen Verstoß gegen die Verordnung hinzuweisen. **Vermeintlich** ist ein Verstoß dann, wenn dieser noch nicht endgültig festgestellt wurde. So können sich etwa im Rahmen einer Datenschutzüberprüfung (Abs. 1 lit. b) Anhaltspunkte für die Verletzung datenschutzrechtlicher Vorschriften ergeben, ein Analyseergebnis steht allerdings noch aus, oder es fehlen noch notwendige Beweismittel. Ferner können sich aus Beschwerden oder eingegangenen Informationen von anderen Aufsichtsbehörden oder sonstigen Hinweisgebern sowie durch Auswertung öffent-

---

6   Ähnlich Gola/*Nguyen* Art. 58 Rn. 6; Kühling/Buchner/*Boehm* Art. 58 Rn. 15.

lich zugänglicher Informationen Anhaltspunkte für Verstöße ergeben. In diesen Stadien kann die Aufsichtsbehörde an die betroffenen Verantwortlichen oder Auftragsverarbeiter einen Hinweis nach lit. d erteilen. Die Adressaten eines solchen Hinweises können daraufhin frühzeitig Gegenmaßnahmen zur Beseitigung des Verstoßes ergreifen, falls dieser tatsächlich besteht. Anderenfalls können gegenüber der Aufsichtsbehörde auch Belege erbracht werden, welche die Existenz eines Verstoßes von Anfang an widerlegen. Der Hinweis nach lit. d kann als Vorstufe zu Abhilfemaßnahmen nach Abs. 2 dienen,[7] ist aber für den Erlass entsprechender Maßnahmen keine Voraussetzung.

5. Zugang zu Informationen (lit. e). Durch Verwendung der zwei Begriffe Daten und Informationen macht der Verordnungsgeber deutlich, dass neben dem Zugang zu personenbezogenen Daten auch die Ermittlung von sonstigen Informationen erfasst ist, die **keinen Personenbezug** aufweisen; soweit dies der Fall ist, verfügt die Aufsichtsbehörde mit § 40 Abs. 2 BDSG nF über eine Verarbeitungsbefugnis. Informationen kann durchaus auch als Oberbegriff verwendet werden. Durch die Einbeziehung sonstiger Informationen ist die Aufsichtsbehörde zB auch befugt, die **technisch-organisatorischen Hintergründe** der Datenverarbeitung zu erfassen, womit vor allem sämtliche Unterlagen zu Verfahrens- und Sicherheitsdokumentationen einem Zugang unterliegen. Umfasst sind auch technische Informationen zu Systemen, die noch keine personenbezogenen Daten verarbeiten, jedoch eine Verknüpfung mit oder zu personenbezogenen Daten ermöglichen können. 17

Im Gegensatz zu Abs. 1 lit. a, wonach von den Verantwortlichen, Auftragsverarbeitern und Vertretern ein aktives Verhalten in der Form der Bereitstellung verlangt werden kann, wird über Abs. 1 lit. e nunmehr die Aufsichtsbehörde selbst zur Informationsbeschaffung tätig. Da die Befugnis darauf gerichtet ist, von den Verantwortlichen und Auftragsverarbeitern einen Zugang zu erhalten, sind Letztere verpflichtet, den Behörden einen Zugang zu eröffnen. Damit einher geht eine entsprechende Mitwirkungs- und Duldungspflicht der entsprechenden Informationsgewinnungsmaßnahmen. Schon nach der alten Rechtslage in § 38 Abs. 4 S. 4 BDSG aF hatte der Auskunftspflichtige ua die Einsicht in gespeicherte personenbezogene Daten und Datenverarbeitungsprogramme zu dulden. Die Ausprägung des Grundsatzes **nemo tenetur se ipsum accusare** bezieht sich nur auf die Auskunftsverpflichtung nach § 38 Abs. 3 BDSG aF mit dem entsprechenden Auskunftsverweigerungsrecht, was nunmehr in § 40 Abs. 3 S. 3 BDSG nF zum Ausdruck kommt. 18

Es wird grundsätzlich im **Ermessen der Aufsichtsbehörde** stehen, in welcher Weise sie ihre gesetzlichen Aufgaben erfüllt, wobei die gesetzlichen Grenzen des Ermessens durch Prinzipien wie Gleichbehandlung, Selbstbindung der Verwaltung, Geeignetheit und vor allem auch durch den **Grundsatz der Verhältnismäßigkeit** der Mittel bestimmt werden.[8] Denkbar ist daher, dass die Aufsichtsbehörde vorab den Verantwortlichen oder Auftragsverarbeiter telefonisch oder schriftlich über den beabsichtigten Prüfungstermin und die Verpflichtung, einen Zugang zu personenbezogenen Daten und Informationen zu erhalten, informiert. Der Erlass einer Prüfungsanordnung und in diesem Kontext die Reduzierung des behördlichen Ermessens kann jedoch eintreten, wenn dies zur Festlegung und Klarstellung der gesetzlichen **Duldungspflicht** im Einzelfall geboten ist.[9] Weigert sich etwa der Verantwortliche oder Auftragsverarbeiter, den Zugang zu personenbezogenen Daten und Informationen zu eröffnen, die zur Erfüllung der aufsichtsbehördlichen Aufgaben erforderlich sind und bestreitet dieser die Befugnisse der Aufsichtsbehörde, so kann der Erlass einer Prüfungsanordnung und zur Bereitstellung von Informationen nach Abs. 1 lit. b und a zur Konkretisierung der Pflichten des jeweiligen Adressaten in Betracht kommen. 19

Prüfungen vor Ort müssen durch die Aufsichtsbehörde grundsätzlich nicht angekündigt werden. Zwar konnte sich das EP nicht mit der Forderung durchsetzen, für die Untersuchungsbefugnisse explizit zu normieren, dass diese auch **ohne Vorankündigung** ausgeübt werden (Art. 53 Abs. 2 Parl-E). Umgekehrt besteht aber auch keine explizite Vorgabe zu einer solchen Ankündigung.[10] Sie ist auch aus dem Grundsatz der Verhältnismäßigkeit heraus nicht geboten: Weder ist eine vorab angekündigte Prüfung gleich geeignet noch ist sie von der Zielrichtung her identisch. Es lassen sich auch aus dem nationalen oder Unionsrecht keine derartigen Grundsätze ablesen. So existiert keine Vergleichbarkeit mit steuerrechtlichen Außenprüfungen, bei welchen verpflichtende Mitteilungen über eine Prüfung dem Steuerpflichtigen angemessene Zeit vor Beginn der Prüfung nach § 5 Abs. 4 BPO bekanntzugeben sind, wenn der Prüfungszweck dadurch nicht gefährdet wird. 20

Im Hinblick auf die **Reichweite der Zugangsbefugnis** ist wegen der Berufs- und Geschäftsgeheimnisse, die betroffen sein können, die Öffnungsklausel des Art. 90 Abs. 1 zu beachten. Von dieser hat der Bundesgesetzgeber mit § 29 Abs. 3 BDSG nF Gebrauch gemacht. Gegenüber den in § 203 Abs. 1, 2 a und 3 StGB 21

---

7 Ehmann/Selmayr/*Selmayr* Art. 58 Rn. 15.
8 So BSG NZA 1993, 524 bezüglich der Betretung eines Betriebsgrundstücks nach § 7 Abs. 3 AÜG ohne vorherige Prüfungsanordnung.
9 BSG NZA 1993, 524.
10 AA jedenfalls für den Zugang zu Geschäftsräumen Kühling/Buchner/*Boehm* Art. 58 Rn. 19.

genannten Personen sind die Untersuchungsbefugnisse der Aufsichtsbehörden dementsprechend insoweit eingeschränkt, als ein Verstoß gegen Geheimhaltungspflichten entstehen würde. Falls der Aufsichtsbehörde dennoch solche Daten zur Kenntnis gelangen, unterliegt sie einer Geheimhaltungspflicht.

22 **6. Zugang zu Geschäftsräumen und elektronischer Datenverarbeitung (lit. f).** Der Zugang zu Daten und Informationen nach lit. e wird praktisch immer den Zugang zu den zur Speicherung und Verarbeitung verwendeten Anlagen und Geräten sowie regelmäßig das Betreten der entsprechenden Liegenschaften erfordern. Dies wird in Abs. 1 lit. f geregelt. Der Befugnis der Aufsichtsbehörde korrespondiert nach § 40 Abs. 4 S. 2 BDSG nF eine Duldungspflicht des Adressaten hinsichtlich des Betretens von Grundstücken und Geschäftsräumen sowie des Zugangs zu allen Datenverarbeitungsanlagen und -geräten; für die Bundesverwaltung gilt entsprechendes nach § 16 Abs. 4 BDSG nF. Der Verordnungsgeber hat hier eine Öffnungsklausel für mitgliedstaatliches Recht vorgesehen, um zusätzliche verfahrensrechtliche Sicherungen wegen des schweren Grundrechtseingriffs in die Unverletzlichkeit der Wohnung etwa nach Art. 7 GRCh, Art. 8 EMRK und Art. 13 GG zu ermöglichen, von denen in § 40 BDSG nF allerdings nur in geringem Ausmaß Gebrauch gemacht wurde. Hinsichtlich der Prüfungen vor Ort ist eine **Vorankündigung** durch die Aufsichtsbehörde nicht erforderlich (→ Rn. 16 für Abs. 1 lit. e).[11] Denn der nationale Gesetzgeber hätte dies in § 40 BDSG nF als weitere Verfahrensvorschrift vorsehen können, hat es aber unterlassen; eine allgemeine, etwa im Rechtsstaatsprinzip des Art. 20 Abs. 3 GG wurzelnde nationale Verfahrensregelung gibt es nicht, und auch aus dem Unionsrecht ergibt sich keine solche Pflicht. Auch diese aufsichtsbehördliche Befugnis unterliegt im privaten Bereich nach Maßgabe von § 29 Abs. 3 BDSG nF im Hinblick auf **Berufsgeheimnisse** oder vergleichbare Geheimhaltungsverpflichtungen Beschränkungen. Wie auch bei der Befugnis der Aufsichtsbehörde nach Abs. 1 lit. e steht es im behördlichen Ermessen, ob vor der Prüfung in den Geschäftsräumen des Verantwortlichen oder Auftragsverarbeiter eine Prüfungsanordnung getroffen wird (→ Rn. 14).

23 Der Verordnungsgeber hat den Begriff der **Geschäftsräume** nicht definiert. Entsprechende Räume dienen in Abgrenzung zu privaten Wohnräumen beruflichen oder gewerblichen Zwecken. Private Wohnräume sind hingegen dadurch gekennzeichnet, dass in einem räumlich abgegrenzten Bereich das Privat- und Familienleben stattfindet.[12] Die Befugnis erfasst nicht das Betreten **privater Räume**, wohl aber gemischt genutzter Räumlichkeiten sowie gemischt genutzter Datenverarbeitungsanlagen. Die Aufsichtsbehörde darf Zugang zu allen **Datenverarbeitungsanlagen und -geräten** erhalten. Auch hierzu fehlt eine definitorische Erläuterung im Verordnungstext. Es ist nicht erkennbar, dass der Verordnungsgeber mit den Begrifflichkeiten eine Eingrenzung auf bestimmte Apparaturen und Kommunikationsmittel beabsichtigte. Unter Datenverarbeitungsanlagen und -geräten werden daher sämtliche informationstechnischen Systeme, Geräte, Netze zusammengefasst, die Grundlage oder Hilfsmittel für eine elektronische Datenverarbeitung im Anwendungsbereich der DSGVO sein können. Ausweislich des Wortlautes von Abs. 1 lit. f ist – anders als nach Abs. 1 lit. e – die Wahrnehmung der Betretungs- und Untersuchungsrechte nicht an eine besondere Erforderlichkeit für die Erfüllung von aufsichtsbehördlichen Aufgaben nach Art. 57 gekoppelt. Zwar können nach allgemeinen Regeln Befugnisnormen, die weiter gehen als zugeordnete Aufgabennormen, letztere erweitern bzw. selbstständig Befugnisse begründen. Dies dürfte hier aber nicht erforderlich sein: Das Betreten von Geschäftsräumen und der Zugang zu Datenverarbeitungsanlagen und -geräten wird sich aber ohnehin in der Regel auf einzelne Aufgaben im Katalog des Art. 57 Abs. 1 stützen lassen, da nach Art. 57 Abs. 1 lit. a eine Verpflichtung zur Überwachung der Anwendung der DSGVO besteht.

IV. Abhilfebefugnisse (Abs. 2)

24 **1. Warnung (lit. a).** Mit der Warnung wird ein **spezialpräventiver Ansatz** verfolgt, indem Hinweise auf eine voraussichtliche Rechtsverletzung den Verantwortlichen oder Auftragsverarbeiter dazu anregen sollen, die Verarbeitung personenbezogener Daten nach Maßgabe der Datenschutzvorschriften regelkonform zu gestalten. Damit kann eine künftige Sanktionierung von Verstößen verhindert werden.[13] **Warnungen** (s. auch → Rn. 54) sind dadurch gekennzeichnet, dass durch die Aufsichtsbehörde (noch) kein datenschutzrechtlicher Verstoß rechtswirksam festgestellt wurde, wohl aber vermutet wird. Es fehlt damit also regelmäßig an einer Regelungswirkung mangels Eingriff. Ein **voraussichtlicher Verstoß** liegt also vor, wenn die Aufsichtsbehörde nachvollziehbare Anhaltspunkte ihrer Einschätzung zugrunde legt.

25 Der Verantwortliche oder Auftragsverarbeiter muss einen Datenverarbeitungsvorgang beabsichtigen. Das Kriterium der **Absicht** verlangt, dass die Datenverarbeitung bereits ein konkretisiertes Stadium erreicht hat. Lediglich allgemeine Überlegungen oder erste Schritte zur Prüfung eines weiteren Vorgehens genügen nicht.

---

11   AA Kühling/Buchner/*Boehm* Art. 58 Rn. 19.
12   Gola/*Nguyen* Art. 58 Rn. 7.
13   *Martini/Wenzel* PinG 2017, 92.

Bei der Beurteilung ist, gemäß des Datenschutzrechts als Technikrecht, ein risikovorsorgender Ansatz zu wählen.

Typisch dürfte sein, dass aus einer Beratungssituation heraus (Art. 57 Abs. 1 lit. v) der Verantwortliche oder 26
Auftragsverarbeiter darauf hingewiesen wird, dass die Umsetzung einer intendierten Verarbeitungskonzeption voraussichtlich gegen geltendes Datenschutzrecht verstoßen würde. Die Aufsichtsbehörde kann und wird dann üblicherweise zunächst Empfehlungen geben. Sie kann aber auch unmittelbar ihre Befugnis nach Abs. 2 lit. a ausüben und eine Warnung aussprechen. Auch im Beratungsverfahren nach Art. 57 Abs. 1 lit. v kann eine Warnung ausgesprochen werden, wenn hierfür eine Notwendigkeit besteht, wenn Empfehlungen der Aufsichtsbehörde nicht beachtet und der Verantwortliche oder Auftragsverarbeiter die rechtswidrige Konzeption zur unternehmensinternen Datenverarbeitung realisieren möchte. In der Praxis kann dies eintreten, wenn zum Beispiel Entwürfe zu Verträgen zur Auftragsverarbeitung nach Art. 28 Abs. 3, Entwürfe für eine Dokumentation hinsichtlich der Sicherheit der Verarbeitung nach Art. 32 oder zu **Kollektivvereinbarungen** nach Art. 88 zur Beurteilung vorgelegt werden, eine Mängelbehebung durch den Verantwortlichen oder Auftragsverarbeiter nach Abschluss der Beratung jedoch aktuell nicht zu erwarten ist.

2. Verwarnung (lit. b). Bereits in Art. 28 Abs. 3 DSRL sah der Richtliniengeber vor, dass die Aufsichtsbe- 27
hörden über die Befugnis verfügen sollen, eine Verwarnung an den für die Verarbeitung Verantwortlichen zu richten. Die Gesetzgeber des Bundes und der Länder hatten dies in den datenschutzrechtlichen Vorschriften umgesetzt, indem die Aufsichtsbehörden eine **Beanstandung** aussprechen konnten. Die Beanstandung zB nach § 25 BDSG aF ist jedoch mit der Verwarnung in Abs. 2 lit. b nicht identisch.[14] So war etwa in § 25 BDSG aF vorgesehen, dass der Adressat der Beanstandung zur Stellungnahme innerhalb einer bestimmten Frist aufgefordert wurde und die oder der BfDI gleichzeitig die zuständige Aufsichtsbehörde unterrichtete. Weiterhin musste die Stellungnahme auch auf Maßnahmen Bezug nehmen, die nach Aussprechen der Beanstandung von dem Verantwortlichen getroffen wurden. Mit der Verwarnung nach Abs. 2 lit. b ist hingegen keine Verpflichtung zur Stellungnahme und eine Unterrichtung anderer Fach- und Rechtsaufsichtsbehörden verbunden.

Ein weiterer Unterschied zwischen Beanstandung und Verwarnung besteht darin, dass mit den Beanstan- 28
dungen **bisher nur öffentliche Stellen** adressiert werden konnten. Die Verwarnung gemäß Abs. 2 lit. b erfasst hingegen auch nicht-öffentliche Stellen. Schließlich bezieht sich die Befugnis, eine Verwarnung zu erteilen, nach dem Wortlaut nicht nur auf Verantwortliche, wie dies noch nach Art. 28 Abs. 3 DSRL der Fall war („Befugnis, eine Verwarnung oder eine Ermahnung an den für die Verarbeitung Verantwortlichen zu richten"). Vielmehr werden in Abs. 2 lit. b **Verantwortliche und Auftragsverarbeiter** angesprochen.

Die **Verwarnung** unterscheidet sich von der Warnung nach Abs. 2 lit. a dadurch, dass ein datenschutzrecht- 29
licher Verstoß ermittelt wurde. Es handelt sich also nicht wie dort lediglich um die nicht endgültige Bewertung einer Konzeption, welche der Verantwortliche oder Auftragsverarbeiter erst noch realisieren möchte. Mit der Verwarnung kommt kein präventives Mittel zur Verhinderung eines befürchteten, in der Zukunft liegenden Datenschutzverstoßes zum Einsatz. Ferner verlangt die Verwarnung nicht, die Verletzung datenschutzrechtlicher Vorschriften zu beseitigen.[15] Es entsteht also für den Verantwortlichen oder Auftragsverarbeiter **keine Rechtspflicht**, einen Verstoß abzustellen oder zu ändern.[16] Die Verwarnung ist daher zwar ein Verwaltungsakt[17] (→ Rn. 7), aber wegen der beschränkten Feststellungswirkung nicht vollstreckbar.

3. Anweisung zur Erledigung von Anträgen betroffener Personen (lit. c). Mit der Anweisung besteht die 30
Möglichkeit, dass zunächst zwischen der betroffenen Person und dem Verantwortlichen oder dem Auftragsverarbeiter eine Lösung gefunden wird. In diesem Kontext sollen die Anträge der betroffenen Person erledigt werden, bevor die Aufsichtsbehörde die jeweilige Stelle adressiert, die Datenverarbeitung nach bestimmten Vorgaben zu gestalten (vgl. insbes. Abs. 2 lit. d, e und g). Die Anweisung zur Erledigung des gestellten Antrags erweist sich daher im Gegensatz zu direkten Anordnungen, wie etwa der Aufforderung zur Löschung von Daten, als weniger eingriffsintensive Maßnahme. Hinsichtlich der Anträge nach lit. c kommen dabei vor allem die Rechte betroffener Personen auf Auskunft, Berichtigung, Löschung, Einschränkung der Verarbeitung, Datenübertragbarkeit und das Widerspruchsrecht, Art. 15ff. in Betracht. Das nach der DSGVO geltend gemachte Recht muss der betroffenen Person zustehen, was die Aufsichtsbehörde ermitteln muss. Anderenfalls bestünde für die Aufsichtsbehörde die Gefahr, dass beim Nichtbestehen des Rechts eine rechtswidrige Anweisung getroffen wird.

---

14 Paal/Pauly/*Körffer* Art. 58 Rn. 18.
15 *Martini/Wenzel* PinG 2017, 92 (93).
16 Paal/Pauly/*Körffer* Art. 58 Rn. 18.
17 Dies wurde für die Beanstandung bisher abgelehnt, da dieser die Regelungswirkung abgesprochen wurde, OVG Bautzen NVwZ-RR 2011, 980 (981), allerdings unter Bezugnahme auf eine fehlende Verwaltungsakts-Befugnis der Aufsichtsbehörden gegenüber öffentlichen Stellen, VG Hannover ZD 2016, 349 (351).

31   Eine **Anweisung der Aufsichtsbehörde** kommt erst dann in Betracht, wenn die betroffene Person zunächst ihre Rechte gegenüber dem Verantwortlichen oder dem Auftragsverarbeiter geltend gemacht und diesen nicht entsprochen wurde, so dass der Betroffene nunmehr über eine Beschwerde die Aufsichtsbehörde mit dem Fall befasst. Im Rahmen des folgenden aufsichtsbehördlichen Verwaltungsverfahrens erhält der Verantwortliche oder der Auftragsverarbeiter die Gelegenheit, zur Wahrung seines rechtlichen Gehörs zu dem mutmaßlichen Verstoß Stellung zu nehmen. Nach **Feststellung eines Verstoßes** prüft die Aufsichtsbehörde den Erlass einer Anweisung nach Abs. 2 lit. c. Zwar wird im Wortlaut nicht erwähnt, dass die betroffene Person zunächst ihre Rechte gegenüber dem Verantwortlichen oder Auftragsverarbeiter geltend machen muss. Ebenso wenig wird die vorherige Feststellung eines Verstoßes angesprochen. Allerdings erweist es sich als wiederum **weniger eingriffsintensiv**, wenn der Versuch unternommen wird, den datenschutzrechtlichen Konflikt zunächst zwischen der betroffenen Person und dem Verantwortlichen oder Auftragsverarbeiter zu lösen. Ein Eingreifen der Aufsichtsbehörde mittels Anweisung nach lit. c ist dann in Betracht zu ziehen, wenn der bestehende Konflikt nicht unter den Parteien gelöst werden konnte. Ferner wird die Aufsichtsbehörde nicht ohne eigene Ermittlungen eine Anweisung nach lit. c erlassen: Zunächst muss feststehen, dass überhaupt ein entsprechender Antrag gestellt und gegen eine Verpflichtung zur Erledigung verstoßen wurde. Letzteres kann etwa fehlen, wenn sich der Verantwortliche oder der Auftragsverarbeiter nach Art. 12 Abs. 5 lit. b zulässigerweise weigert, aufgrund eines Antrags tätig zu werden.

32   **4. Anweisung zur Abstellung von Verstößen (lit. d).** In § 38 Abs. 5 S. 1 und 2 BDSG aF hatte der Bundesgesetzgeber bereits **eine allgemeine Befugnis** zur Beseitigung von Verstößen und zur Untersagung der Datenverarbeitung und des Einsatzes von Verfahren normiert. Abs. 2 lit. d regelt vergleichsweise allgemein, Verarbeitungsvorgänge in Einklang mit der DSGVO zu bringen. Ein Unterschied besteht aber vor allem darin, dass das in § 38 Abs. 5 S. 1 und 2 BDSG aF geregelte komplexe Stufenverhältnis keine Anwendung mehr findet.

33   Abs. 2 lit. d setzt voraus, dass Verarbeitungsvorgänge **nicht im Einklang mit der Verordnung** stehen. Das bedingt, dass die Aufsichtsbehörde den Sachverhalt zuvor ermittelt und einen Verstoß festgestellt hat. Da die Verarbeitungsvorgänge in Einklang mit der Verordnung gebracht werden können, kann es sich nur um Verarbeitungen handeln, die nicht gar nicht durchgeführt werden dürfen. Vielmehr müssen behebbare Verstöße vorliegen. In Betracht kommen etwa die fehlerhafte oder fehlende Bestellung eines Datenschutzbeauftragten (Art. 37), Verletzungen bei der Führung von Verfahrensverzeichnissen (Art. 30), notwendige Anpassungen von Verträgen zur Auftragsverarbeitung (Art. 28) oder von Einwilligungserklärungen (Art. 7) oder Kollektivvereinbarungen (Art. 88). Die Vorschrift hat aber vor allem dort einen großen Anwendungsbereich, wo für die Verarbeitungen nicht **die technisch-organisatorischen Anforderungen** beachtet wurden.[18] Vorgaben zum Datenschutz durch Technikgestaltung und zu datenschutzfreundlichen Voreinstellungen (Art. 25) und zur Sicherheit der Verarbeitung (Art. 32) können daher ebenfalls Gegenstand einer Anweisung nach Abs. 2 lit. d sein. Denkbar sind damit Anordnungen, Verschlüsselungstechnik einzusetzen, Daten zu pseudonymisieren, Zugriffsberechtigungen festzulegen oder qualifizierte elektronische Signaturen zu verwenden.

34   Abs. 2 lit. d statuiert, dass mit der Anordnung die Anpassung der Verarbeitungsvorgänge **gegebenenfalls auf bestimmte Weise und innerhalb eines bestimmten Zeitraums** verlangt werden kann. Anordnungen müssen immer inhaltlich hinreichend bestimmt sein. Für den Adressaten der Anordnung muss **vollständig, klar und unzweideutig** erkennbar sein, was die anordnende Stelle verlangt, damit dieser sein Verhalten danach richten kann.[19] Die Formulierung „gegebenenfalls" kann sich vor diesem Hintergrund nicht auf die Bestimmtheit der Anordnung selbst beziehen. Vielmehr sind Konstellationen gemeint, in denen für die Einhaltung der Vorgaben der DSGVO mehrere Möglichkeiten in der Umsetzung bestehen. Die Handlungsmöglichkeiten des Adressaten der Anordnung dürfen in solchen Situationen aus Gründen der Verhältnismäßigkeit nicht eingeengt werden. Existieren nach dem Stand der Technik etwa mehrere gleich effiziente Verschlüsselungsverfahren, so ist zu prüfen, ob mit der Anordnung die Wahl des konkreten Verfahrens dem Adressaten überlassen werden kann. Die Formulierung „innerhalb eines bestimmten Zeitraums" bezieht sich auf **konkrete Fristsetzungen** der Aufsichtsbehörde gegenüber dem Verantwortlichen oder Auftragsverarbeiter. Da das Wort gegebenenfalls sich auf beide Alternativen bezieht, obliegt es dem Ermessen der Aufsichtsbehörde, ob entsprechende Fristsetzungen zur Herstellung von Konformität mit der DSGVO in der Anordnung eingefügt werden.

35   Aus Gründen der Verhältnismäßigkeit wird die Aufsichtsbehörde prüfen, ob anstelle einer Maßnahme nach Abs. 2 lit. d als milderes Mittel eine Verwarnung nach Abs. 2 lit. b in Betracht kommt. Allerdings sind die

18 Ehmann/Selmayr/*Selmayr* Art. 58 Rn. 22.
19 Paal/Pauly/*Körffer* Art. 58 Rn. 21.

beiden Maßnahmen, ua wegen der fehlenden Vollstreckbarkeit der Verwarnung, nicht gleich geeignet. Die im Vorfeld zum Ausdruck gekommene **Weigerungshaltung** des Adressaten, der Anordnung nachzukommen, wird noch nicht zur Annahme einer Unmöglichkeit der Anpassung an die Vorgaben der Verordnung führen, wenn die Herstellung von Rechtskonformität mit den Mitteln des Verwaltungszwangs (zB Zwangsgeld) erreichbar ist. Ferner wird etwa zu prüfen sein, ob eine Abhilfe nach Abs. 2 lit. d im konkreten Fall durch spezielle Anweisungen, etwa nach Abs. 2 lit. e, g und h, zu bewerkstelligen ist.

5. Anweisungen zur Benachrichtigung (lit. e). Abs. 2 lit. e ermöglicht der Aufsichtsbehörde, durch ihre An- 36 weisung einer ohnehin bereits aus Art. 34 bestehenden Pflicht zur Benachrichtigung betroffener Personen Nachdruck zu verleihen. Dies wird insbes. dann der Fall sein, wenn die Ansichten über das Bestehen der Verpflichtung zwischen Aufsichtsbehörde und Verarbeiter divergieren. Da Art. 34 nur den Verarbeiter verpflichtet, ist auch nur er Adressat der aufsichtsbehördlichen Maßnahme. Auftragsverarbeiter sind nach Maßgabe von Art. 28 Abs. 3 S. 2 lit. f vertraglich dazu zu verpflichten, an der Erfüllung der Benachrichtigung mitzuwirken, können aber nicht selbst durch die Aufsichtsbehörde nach lit. e in die Pflicht genommen werden. Die Aufsichtsbehörde prüft vor einer Anweisung, ob eine Benachrichtigung nach Art. 34 Abs. 3 im Einzelfall nicht erforderlich ist.

Nach Art. 34 Abs. 1 besteht eine Pflicht zur **unverzüglichen Benachrichtigung.** Infolge der unverzüglichen 37 Handlungspflicht und der Risiken für die Rechte und Freiheiten der betroffenen Personen, die durch die Verletzung des Schutzes personenbezogener Daten drohen, ist im Einzelfall zu prüfen, ob mit der Anweisung eine **sofortige Vollziehung** nach § 80 Abs. 2 Nr. 4 VwGO anzuordnen ist. Infolge der Gefährdungslage wird die Anordnung der sofortigen Vollziehung der Regelfall sein, zumal nach Art. 34 Abs. 1 und 4 bereits eine Prognose für ein hohes Risiko für die persönlichen Rechte und Freiheiten natürlicher Personen besteht. Die Verpflichtung zur Unterrichtung der betroffenen Personen von der Verletzung muss unverzüglich erfolgen, was durch die Ingangsetzung langer Rechtsmittelfristen vereitelt würde (§ 74 Abs. 1 S. 2 VwGO, § 20 Abs. 6 BDSG nF). Ausweislich der Bestimmung in Art. 34 Abs. 4 bleibt eine nachträgliche Benachrichtigung möglich, wobei die Aufsichtsbehörde die Wahrscheinlichkeit prüft, mit der die Verletzung des Schutzes personenbezogener Daten zu einem hohen Risiko führt. Auch in diesem Fall kann die Aufsichtsbehörde von ihrer Befugnis nach Abs. 2 lit. e Gebrauch machen.

6. Verhängung von Beschränkungen für Verarbeitung (lit. f). Bereits Art. 28 Abs. 3 DSRL sah für die Auf- 38 sichtsbehörden wirksame Einwirkungsbefugnisse in der Form vor, ein vorläufiges oder endgültiges Verbot einer Verarbeitung anzuordnen. Die Anordnung von Maßnahmen zur Beseitigung festgestellter Verstöße und Untersagungen von Verarbeitungen wurde vom Bundesgesetzgeber in § 38 Abs. 5 S. 1 und 2 BDSG aF umgesetzt. Abs. 2 lit. f normiert nun die Befugnis zur **Beschränkung der Verarbeitung.** Dies kann sowohl qualitativ als auch quantitativ ausgerichtet sein. Eine Beschränkung qualitativer Art wäre es, wenn nur bestimmte Daten nicht erhoben, gespeichert oder übermittelt werden dürfen.[20] Ferner zählt auch die Verarbeitung personenbezogener Daten nur zu bestimmten Zwecken dazu. Anordnungen könnten sich daher auch darauf beziehen, dass die Verfolgung bestimmter Verarbeitungszwecke unzulässig ist. In Betracht zu ziehen ist zB auch die **räumliche und zeitliche Eingrenzung** einer Verarbeitung, was etwa durch die Bestimmung einer Löschfrist, die Einschränkung einer Videoüberwachung[21] oder die Begrenzung der technischen Reichweite einer Datenerhebung erfolgen könnte. Beschränkungen können sich auch in quantitativer Beschränkung auf **einen bestimmten Personenkreis** beziehen, indem zB Zugriffsberechtigungen auf Datenbanken geändert werden.

Abs. 2 lit. f sieht auch die Möglichkeit des **Verbots** vor. Die Beschränkung bildet den umfassenderen Begriff 39 im Gegensatz zum Verbot, was durch das Wort einschließlich deutlich wird. Durch das Verbot wird eine Verarbeitung vollständig untersagt. Die Beschränkung bezieht sich dann zB nicht lediglich auf bestimmte Daten, Verarbeitungszwecke oder eine bestimmte Dauer, sondern die Verarbeitung insgesamt ist unzulässig. Letzteres kann zutreffen, wenn etwa eine Auftragsverarbeitung mit einem bestimmten Dienstleister generell nicht datenschutzkonform gestaltet werden kann.

Abs. 2 lit. f enthält mit dem Verbot eine der belastendsten Maßnahmen für die Datenverarbeiter. Dement- 40 sprechend muss die Aufsichtsbehörde vor Erlass einer solchen Verfügung weniger **eingriffsintensive Maßnahmen** nach anderen Alternativen von Art. 58 prüfen, um ein verhältnismäßiges Vorgehen zu gewährleisten. Zu berücksichtigen sind insbes. Anweisungen nach Abs. 2 lit. d. Die Anordnung von Verboten kann aber insbes. dann verhältnismäßig sein, wenn die Herstellung von Rechtskonformität für einen Verarbeitungsvorgang für den Verantwortlichen oder Auftragsverarbeiter **unmöglich** ist, indem etwa die Datenverarbeitung nach Maßgabe von Art. 6 nicht rechtmäßig gestaltet werden kann, die Bedingungen für eine Ein-

---

20 Dies sieht auch als von Abs. 2 lit. f erfasst an Gola/*Nguyen* Art. 58 Rn. 14.
21 Paal/Pauly/*Körffer* Art. 58 Rn. 23; Ehmann/Selmayr/*Selmayr* Art. 58 Rn. 24.

willigung nach Art. 7 in Bezug auf den Verarbeitungsvorgang nicht erfüllbar sind oder keine geeigneten technisch-organisatorischen Maßnahmen nach Art. 32 nach dem Stand der Technik eingesetzt werden können. Es steht im **Ermessen** der Behörde (→ Rn. 6), ob sie nicht womöglich eine sofortige Abhilfe der verzögerten Anpassung vorzieht. Auch Maßnahmen nach Abs. 2 lit. j können ein milderes Abhilfeinstrument sein, wenn neben der Übermittlung in ein Drittland auch Datenübermittlungen innerhalb der EU stattfinden. Kommen keine weniger eingriffsintensiven Abhilfemaßnahmen in Betracht, ist im Rahmen von Abs. 2 lit. f weiter zu untersuchen, ob eine **Beschränkung der Maßnahme** auf einzelne Verarbeitungsformen geboten ist, wie etwa das Speichern. Beschränkungen können nach Abs. 2 lit. f **vorübergehend oder endgültig** erfolgen. Dabei ist zu prüfen, ob eine zeitliche Befristung in Form einer vorübergehenden Beschränkung der Verarbeitung ausreichend ist, bevor eine endgültige Beschränkung verfügt wird. Erst als **ultima ratio** ist ein Verbot der gesamten Verarbeitung in Erwägung zu ziehen.

41   Auch wenn der Verordnungstext dies nicht näher spezifiziert, sind vom Normzweck her Verarbeiter und Auftragsverarbeiter erfasst,[22] da die Zielrichtung die Beschränkung von Datenverarbeitungen ist, die durch beide ausgeführt werden können. Die Gefährdungslage für den Betroffenen ist identisch.

42   **7. Anordnung zur Löschung, Berichtigung, Einschränkung und Unterrichtung (lit. g).** Abs. 2 lit. g gibt der Aufsichtsbehörde die Befugnis, anders als Abs. 2 lit. c auch ohne Antrag der betroffenen Person, von Amts wegen deren Rechte gegenüber dem Datenverarbeiter durchzusetzen. Damit kann die Aufsichtsbehörde sogar gegen den Willen des Betroffenen tätig werden. Eine solche Befugnis ist wichtig, da im Rahmen von **Datenschutzüberprüfungen**, Prüfungen vor Ort oder aufgrund der Zuleitung von Informationen Tatsachen für das Vorliegen eines Verstoßes gegen datenschutzrechtliche Vorgaben bestehen können, welche die Aufsichtsbehörde zu Maßnahmen veranlassen können, etwa eine Löschung der personenbezogenen Daten zu verfügen. Eine Löschungsverfügung wäre sonst nur möglich, soweit die einzelnen betroffenen Personen einen Antrag auf Löschung gestellt haben und diesen Anträgen nicht entsprochen wurde.

43   Die Anordnung der Aufsichtsbehörde kann nur gegenüber dem Verantwortlichen ergehen, da die in Abs. 2 lit. g aufgelisteten Rechte ihrerseits nur diesem gegenüber bestehen.

44   **8. Maßnahmen im Zusammenhang mit Zertifizierungen (lit. h).** Abs. 2 lit. h folgt dem actus-contrarius-Prinzip: Nach Vorliegen der Voraussetzungen des Art. 42 Abs. 7 S. 2 widerruft diejenige Stelle, die die Zertifizierung erteilt hat, diese auch wieder. Daher kann die Aufsichtsbehörde nur die selbst erteilten Zertifizierungen widerrufen, muss im Übrigen aber die Zertifizierungsstelle dazu anweisen, dies zu tun. Korrespondierend dazu sieht Art. 43 Abs. 1 eine Verpflichtung der Zertifizierungsstellen zur Mitteilung von **Erteilung oder Verlängerung einer Zertifizierung**, damit die Aufsichtsbehörden von ihrer Befugnis nach Abs. 2 lit. h Gebrauch machen können.[23] Für die Zertifizierungsstellen selbst gehören – eigene – Verfahren für die Überprüfung und den Widerruf zu den Akkreditierungsvoraussetzungen (Art. 43 Abs. 2 lit. c).

45   Die Befugnis kann ausdrücklich auch bereits vor einer erfolgten Zertifizierung geltend gemacht werden, nämlich um eine Zertifizierung zu verhindern. Die Aufsichtsbehörden erhalten damit ein wichtiges Instrument, die Zertifizierungen zu begleiten, auch wenn sie von einer Zertifizierungsstelle durchgeführt werden.

46   **9. Verhängung von Geldbußen (lit. i).** Die Wahrnehmung weiterer Abhilfebefugnisse neben dem Betreiben eines Ordnungswidrigkeitenverfahrens bleibt zulässig. Jeder Mitgliedstaat kann nach Art. 83 Abs. 7 festlegen, ob und in welchem Umfang gegen Behörden und öffentliche Stellen, die in dem betreffenden Mitgliedstaat niedergelassen sind, Geldbußen verhängt werden können. Nach Art. 83 Abs. 5 lit. e hat der Verordnungsgeber einen bestimmten Bußgeldrahmen auch für solche Fälle normiert, in denen die Anweisung oder eine vorübergehende oder endgültige Beschränkung oder Aussetzung des Datenübermittlung durch die Aufsichtsbehörde vom jeweiligen Adressaten nicht befolgt wurde. Damit werden Maßnahmen nach Abs. 2 lit. c bis f. und j einbezogen. Werden verfügte Abhilfemaßnahmen nicht befolgt, ist die **Verhängung eines Bußgeldes** erst dann zulässig, wenn der jeweilige Verwaltungsakt **bestandskräftig** ist.[24] Anderenfalls bestünde noch kein sanktionsbedürftiger Verstoß gegen geltendes Datenschutzrecht. Dem Verantwortlichen oder Auftragsverarbeiter muss innerhalb der bestehenden Fristen die Möglichkeit verbleiben, gegen die aufsichtsbehördliche Maßnahme Rechtsschutz zu erlangen.

47   Eine ausgesprochene Warnung nach Abs. 2 lit. a kann bei der Verhängung der Geldbuße in einem **Ordnungswidrigkeitenverfahren** Bedeutung erlangen. Gemäß Art. 83 Abs. 2 S. 2 lit. i wird bei der Entscheidung über die Verhängung einer Geldbuße und über den Betrag berücksichtigt, inwieweit nach Abs. 2 angeord-

---

22   Ebenso Kühling/Buchner/*Boehm* Art. 58 Rn. 26.
23   *Spindler* ZD 2016, 407 (413).
24   Vgl. OLG Hamm NVwZ-RR 1993, 244 (245) für ein Bußgeld bei Nichterteilung einer Auskunft nach § 17 HwO; OLG Köln NZV 1997, 407 (408) für ein Bußgeld bei Nichterteilung einer Auskunft nach § 54 a PBefG; OLG Hamm NJW 1980, 1476 für ein Bußgeld nach § 58 BaföG im Falle der Nichterteilung einer Auskunft.

nete Maßnahmen eingehalten wurden. Hat der Verantwortliche oder Auftragsverarbeiter durch die Warnung von der Rechtswidrigkeit einer beabsichtigten Datenverarbeitung Kenntnis erhalten, so bestehen im Falle der künftigen Umsetzung dieser Verarbeitung Anhaltspunkte für ein **vorsätzliches Verhalten**, das nach Art. 83 Abs. 2 S. 2 lit. b ebenfalls in die Bewertung einfließen wird.

10. Aussetzung von Datenübermittlungen in Drittländer (lit. j). Die **Aussetzung** bezeichnet eine zeitlich be- 48
schränkte Maßnahme. Die DSRL kannte eine solche Maßnahme höchstens mittelbar über Art. 25 Abs. 4, wonach die Mitgliedstaaten im Falle der Feststellung eines nicht angemessenen Schutzniveaus durch die KOM die erforderlichen Maßnahmen zu treffen hatten, damit keine Datenübermittlung in das Drittland erfolgte. Die Aussetzung nach Abs. 2 lit. j kann sich etwa auf den Zeitraum erstrecken, in dem **geeignete Garantien** nach Art. 46 geschaffen werden sollen. Neben den geeigneten Garantien müssen für die betroffen Personen nach Art. 46 Abs. 1 aber auch durchsetzbare Rechte und wirksame Rechtsbehelfe zur Verfügung stehen, um eine Datenübermittlung zu legitimieren. Auch Letzteres wird bei der Prüfung einer Aussetzung von Bedeutung sein. Die Vorschrift ist also ihrerseits zum einen Ausdruck des Verhältnismäßigkeitsgrundsatzes, wie in EG 129 vorgesehen, zum anderen aber auch ein wichtiges Mittel für die Aufsichtsbehörden, um den internationalen Datenverkehr effektiv und im Hinblick auf Einzelfallverstöße gegen die DSGVO zu kontrollieren.

V. Genehmigungs- und Beratungsbefugnisse (Abs. 3)

Beratungsbefugnisse werden unter Abs. 3 lit. a und b, Genehmigungsbefugnisse unter Abs. 3 lit. c bis j gere- 49
gelt. Die Ausübung der entsprechenden Befugnisse hat Eingriffscharakter und bedarf daher spezieller Befugnisnormen, weshalb eine bloße Normierung von Beratungs- und Genehmigungsaufgaben in Art. 57 nicht ausreichend wäre.[25] So kann etwa die Befugnis nach Abs. 3 lit. b, sich mit Stellungnahmen an die Öffentlichkeit zu richten, in das Recht am eingerichteten und ausgeübten Gewerbebetrieb von Unternehmen eingegriffen werden, wenn vor einer bestimmten Praxis der Datenverarbeitung gewarnt wird.[26] Mit den Genehmigungsbefugnissen erfolgt hingegen eine Beurteilung von Maßnahmen im Vorfeld vor deren Umsetzung, die eine Einhaltung der Regeln der DSGVO sicherstellen sollen.

1. Beratung bei Datenschutz-Folgenabschätzung (lit. a). In Zusammenhang mit der Aufgabenzuweisung in 50
Art. 57 Abs. 1 lit. l hat der Verordnungsgeber in Abs. 3 lit. a die Befugnis geschaffen, im **Konsultationsverfahren** nach Art. 36 eine Beratung des Verantwortlichen vorzunehmen. Nicht erwähnt wird der Auftragsverarbeiter, obwohl dieser nach Art. 36 Abs. 2 im Konsultationsverfahren gegebenenfalls einzubeziehen ist und auch diesem gegenüber dann schriftliche Empfehlungen ausgesprochen werden können. In der Praxis dürfte dies kaum von Bedeutung sein, da im Beratungsgespräch mit dem Verantwortlichen eine freiwillige Beiziehung des Auftragsverarbeiters im Einzelfall möglich bleiben wird.

2. Anfertigung von Stellungnahmen (lit. b). Abs. 3 lit. b gewährt der Aufsichtsbehörde ein umfassendes 51
Recht, sich mit Stellungnahmen an der Diskussion zum Datenschutz zu beteiligen. Erfasst sind alle Fragen, die **im Zusammenhang** mit dem Schutz personenbezogener Daten stehen. Aufsichtsbehörden dürfen demnach nicht nur direkt auf die personenbezogene Datenverarbeitung Bezug nehmen. Vielmehr wird ihnen etwa auch erlaubt, auf wirtschaftliche, gesellschaftliche, soziale und ethische Zusammenhänge einzugehen, die auf die Verarbeitung personenbezogener Daten Einfluss haben können. Erfasst sind auch zB Bezugnahmen auf technische Entwicklungen, die selbst noch keine personenbezogene Datenverarbeitung zum Gegenstand haben, für eine entsprechende Verarbeitung aber nutzbar wären. Die Befugnis zur Anfertigung von **Stellungnahmen** korrespondiert mit den Aufgaben gemäß Art. 57 Abs. 1 lit. b und c, aber auch lit. h und i, sowie in Einzelfällen lit. m, n. Informationen dürfen etwa über Pressemitteilungen, aber auch durch konkrete Beratungsleistungen wie etwa gutachterliche Stellungnahmen, Empfehlungen und Anhörungen an die Öffentlichkeit gerichtet werden. Vorstellbar sind auch Vorträge und Vortragsreihen, Seminare, Schulungen, Workshops, Tagungen und ähnliche Instrumente einschließlich damit einhergehender verallgemeinerter Öffentlichkeits- und Beratungsleistungen wie der Veröffentlichung von Tagungsberichten, Zusammenfassungen, Tagungs- und Herausgebersammelbänden etc.
Die Aufsichtsbehörden dürfen die Stellungnahmen **von sich aus oder auf Anfrage** abgeben. Dies eröffnet 52
eine eigene Befugnis zur allgemeinen Öffentlichkeitsarbeit, die dem Wortlaut nach nicht auf vorherige Anfragen begrenzt ist. Darüber hinaus können die Aufsichtsbehörden aber auch konkrete Stellungnahmen gezielt für einzelne Adressaten abgeben.

---

25 Ehmann/Selmayr/*Selmayr* Art. 58 Rn. 29. AA Paal/Pauly/*Körffer* Art. 58 Rn. 28.
26 Gola/*Nguyen* Art. 58 Rn. 17.

53   Mit den **nationalen Parlamenten** sind der Bundestag, Bundesrat und die Landtage, mit den **Regierungen der Mitgliedstaaten** die Bundesregierung, bestehend aus Bundeskanzler und den Bundesministerien (Art. 62 GG) sowie die Landesregierung mit den Ministerpräsidenten und den Landesministerien adressiert. Dieser vorgesehene Mindest-Adressatenkreis macht deutlich, dass die Aufsichtsbehörden auch zu aktuellen gesetzgeberischen und administrativen Vorhaben Stellung nehmen können sollen. Sonstige Einrichtungen oder Stellen können öffentliche oder nichtöffentliche Adressaten betreffen, was etwa untere Landesbehörden wie Kommunen oder privatwirtschaftliche Unternehmen, aber auch Gerichte umfassen kann. Von der **Öffentlichkeit** sind insbes. die Bürgerinnen und Bürger des jeweiligen Mitgliedstaats umfasst, darüber hinaus aber alle Empfänger der Stellungnahmen, die in dem Mitgliedstaat und über dessen Grenzen hinaus mit den Stellungnahmen medial erreicht werden können.

54   Stellungnahmen an sonstige Einrichtungen oder Stellen sowie an die Öffentlichkeit müssen **im Einklang mit dem Recht des Mitgliedstaats** stehen. Dem Wortlaut nach bezieht sich diese Einschränkung nicht auf Stellungnahmen an das nationale Parlament und an die Regierung des Mitgliedstaats, was durch die Formulierung „oder" deutlich wird. Nach dem Wortlaut, auch der englischen Fassung („as well as to the public"), ist auch die Öffentlichkeit von dieser Einschränkung erfasst.[27] Mit der Bezugnahme des Verordnungsgebers auf den Einklang mit dem Recht des Mitgliedstaats sollen vor allem die rechtlichen Anforderungen an die Zulässigkeit behördlicher Öffentlichkeitsarbeit einschließlich Warnungen, Informationen und Mahnungen Berücksichtigung finden. **Aufsichtsbehördliche Warnhinweise**, die sich auf ein bestimmtes Unternehmen oder bestimmte Personen beziehen, müssen nach der Rechtsprechung des Bundesverfassungsgerichts[28] das Gebot der Sachlichkeit wahren, da die entsprechenden Äußerungen grundrechtsrelevant im Hinblick auf Art. 2 Abs. 1 iVm Art. 2 Abs. 1, 5 Abs. 1, 12 und 14 sowie vergleichbarer europarechtlicher Grundrechte sein können (s. auch → Rn. 24). Demnach müssen die Informationen inhaltlich richtig sein, und es muss eine sorgsame Sachverhaltsermittlung unter Nutzung aller verfügbarer Informationsquellen erfolgen. Wertungen dürfen nicht auf sachfremden Erwägungen beruhen und Informationen selbst bei zutreffendem Inhalt weder unsachlich noch herabsetzend formuliert sein.[29]

55   **3. Genehmigung bei Datenverarbeitung im öffentlichen Interesse (lit. c).** In Abs. 3 lit. c wird eine Genehmigungsbefugnis der Aufsichtsbehörden für den in Art. 36 Abs. 5 beschriebenen Fall geregelt. Demnach können Verantwortliche durch das Recht der Mitgliedstaaten verpflichtet werden, bei der Verarbeitung zur Erfüllung einer im öffentlichen Interesse liegenden Aufgabe, einschließlich der Verarbeitung zu Zwecken der sozialen Sicherheit und der öffentlichen Gesundheit, die Aufsichtsbehörde zu konsultieren und deren **vorherige Genehmigung** einzuholen (→ Art. 36 Rn. 41).

56   **4. Billigung von Verhaltensregeln (lit. d).** Die Aufsichtsbehörde gibt nach Art. 40 Abs. 5 S. 2 eine Stellungnahme darüber ab, ob der **Entwurf zu Verhaltensregeln** beziehungsweise der Entwurf zu deren Änderung oder Erweiterung mit dieser Verordnung vereinbar ist und genehmigt diesen Entwurf, wenn sie der Auffassung ist, dass er ausreichende geeignete Garantien bietet (→ Art. 40 Rn. 60). Die Befugnis zur Stellungnahme und die damit verbundene Genehmigungsbefugnis wird in Abs. 3 lit. d geregelt. Die Normierung einer Befugnis ist erforderlich, da deren Ausübung mit dem Eingriff in die Rechte Einzelner, zB deren wettbewerbliche Stellung, verbunden sein kann.

57   **5. Akkreditierung von Zertifizierungsstellen (lit. e).** Art. 43 Abs. 1 S. 2 lit. a sieht vor, dass die Akkreditierung von Zertifizierungsstellen nach dem mitgliedstaatlichen Recht auch oder nur von den zuständigen Aufsichtsbehörden erfolgt (→ Art. 57 Rn. 33; → Art. 43 Rn. 4). Der Bundesgesetzgeber hat in § 39 BDSG nF diese Aufgabe den Aufsichtsbehörden zugewiesen, diese aber zugleich an eine Akkreditierung der nationalen Akkreditierungsstelle gebunden. Darauf nimmt Abs. 3 lit. e Bezug. Da diese Entscheidungen der Aufsichtsbehörden Eingriffe in die Rechte der Zertifizierungsstellen bedeuten können, ist diese Befugnis geboten.

58   **6. Erteilung von Zertifizierungen und Billigung von Kriterien (lit. f).** Nach Art. 42 Abs. 5 wird eine Zertifizierung durch akkreditierte Zertifizierungsstellen oder durch die zuständige Aufsichtsbehörde anhand von genehmigten **Zertifizierungskriterien** vorgenommen (→ Art. 57 Rn. 29; → Art. 42 Rn. 4). Abs. 3 lit. f normiert die Befugnis der Aufsichtsbehörde zur Erteilung der Zertifizierung und zur Billigung der Kriterien für eine Zertifizierung.

---

27   AA Kühling/Buchner/*Boehm* Art. 58 Rn. 34.
28   BVerfG NJW 2002, 2621 (2624).
29   OVG Schleswig ZD 2014, 536 (538); BVerfG NJW 2002, 2621 (2624); OVG Münster NVwZ 2012, 767; *Weichert* DuD 2015, 323 und 397.

7. Festlegung von Standarddatenschutzklauseln (lit. g). Spiegelbildlich zur Aufgabenzuweisung in Art. 57 **59** Abs. 1 lit. j, **Standardvertragsklauseln** festzulegen, wird in Abs. 3 lit. g die entsprechende Befugnis der Aufsichtsbehörden normiert. Die Bezugnahme auf Art. 28 Abs. 8 sowie Art. 46 Abs. 2 lit. d hat nicht lediglich deklaratorischen Charakter. Der Wortlaut von Art. 28 Abs. 8 legt zwar nahe, dass die Befugnis zur Festlegung von Standarddatenschutzklauseln bereits in dieser Vorschrift geregelt wird. Hiergegen spricht, dass Art. 28 generell zum Themenkreis Auftragsverarbeiter Stellung bezieht, Art. 58 aber dem Titel nach die Befugnisse normiert. Art. 46 Abs. 2 lit. d enthält ferner einen Hinweis auf angenommene Standarddatenschutzklauseln als geeignete Garantien, ohne dass zur eigentlichen Befugnis der Aufsichtsbehörden dort näher ausgeführt wird. In Abs. 3 lit. g wird auf Art. 28 Abs. 8 und Art. 46 Abs. 2 lit. d gleichermaßen Bezug genommen. Dies erfolgt allein dazu, die sich allein aus Abs. 3 lit. g ergebende Befugnis der Aufsichtsbehörden näher zu beschreiben.

8. Genehmigung von Vertragsklauseln (lit. h). Die Aufgabenzuweisung in Art. 57 Abs. 1 lit. r zur Genehmi- **60** gung von **Vertragsklauseln** nach Art. 46 Abs. 3 lit. a wird ergänzt durch die zugehörige Genehmigungsbefugnis der Aufsichtsbehörden in Abs. 3 lit. h. Ein deklaratorischer Verweis auf Art. 46 Abs. 3 lit. a ist hiermit nicht verbunden, denn nach dem klaren Wortlaut ergibt sich die Befugnis zur Genehmigung der Vertragsklauseln allein aus Abs. 3 lit. h.

9. Genehmigung von Verwaltungsvereinbarungen (lit. i). Die Befugnis nach Abs. 3 lit. i steht mit der Aufga- **61** benzuweisung in Art. 57 Abs. 1 lit. r im Zusammenhang. Die Bezugnahme auf Art. 46 Abs. 3 lit. b hat keinen deklaratorischen Charakter. Die Befugnis zur Genehmigung von **Verwaltungsvereinbarungen** ergibt sich allein aus Abs. 3 lit. i.

10. Genehmigung verbindlicher interner Vorschriften (lit. j). Die Genehmigung verbindlicher **interner Vor-** **62** **schriften** gemäß Art. 47 durch Unternehmensgruppen oder eine Gruppe von Unternehmen wird in Art. 57 Abs. 1 lit. s als Aufgabe, in Abs. 3 lit. j als Befugnis erfasst. Art. 47 regelt insoweit nur die materiellrechtlichen Kriterien, die erfüllt sein müssen, so dass es Abs. 3 lit. j als Befugnisnorm bedarf.

VI. Verfahren und Vollstreckung (Abs. 1–3)

1. Verfahrensrechtliche Grundsätze. Die Aufsichtsbehörden müssen bei der Ausübung ihrer Befugnisse den **63** **Verhältnismäßigkeitsgrundsatz** beachten. Dabei sind die Umstände des Einzelfalls zu prüfen, wobei jede Maßnahme auch geeignet und erforderlich sein muss (EG 129 S. 5). So kann eine Verwarnung (Abs. 2 lit. b) vorzuziehen sein, wenn die Verhängung einer Geldbuße wegen der Geringfügigkeit des Verstoßes oder der mit einer Geldbuße zusammenhängenden unverhältnismäßigen Belastung ausscheidet (EG 148 S. 2). Dabei berücksichtigen die Aufsichtsbehörden auch **Art, Schwere und Dauer des Verstoßes** (EG 148 S. 3), wobei etwa hinsichtlich der Schwere von Bedeutung ist, welche Intensität einer Verletzung der Persönlichkeitsrechte betroffener Personen festgestellt wurde, welche Anzahl an Datensätzen und welche Kategorien von Daten verarbeitet wurden. Neben der Vorsätzlichkeit des Verstoßes sind auch **Maßnahmen zur Minderung des entstandenen Schadens** zu berücksichtigen (EG 148 S. 3). Entsprechende Maßnahmen können sich etwa darauf beziehen, dass die Verantwortlichen oder Auftragsverarbeiter unverzüglich technisch-organisatorische Sicherheitsmaßnahmen getroffen haben, indem zB eine sichere Verschlüsselung veranlasst und umgesetzt wurde. Ebenfalls zu würdigen ist die Herstellung eines rechtskonformen Zustands nach Feststellung eines Verstoßes. Zu würdigen ist etwa auch, ob **Einzelfälle oder wiederholte Verstöße** vorliegen, ob die Verantwortlichen oder Auftragsverarbeiter den Verstoß selbst angezeigt oder sie eine Aufklärung des Sachverhalts vereitelt haben. Weiterhin wird zB von Bedeutung sein, ob die Adressaten einer Maßnahme intern bestehende Verhaltensregeln beachteten. Angeordnete Abhilfemaßnahmen können bei der Verhängung einer Geldbuße in einem Ordnungswidrigkeitenverfahren Bedeutung erlangen. Gemäß Art. 83 Abs. 2 S. 2 lit. i wird bei der **Entscheidung über die Verhängung einer Geldbuße** und über den Betrag berücksichtigt, inwieweit nach Abs. 2 angeordnete Maßnahmen eingehalten wurden. Hat der Verantwortliche oder Auftragsverarbeiter zB durch die rechtsverbindliche Feststellung eines Verstoßes von der Rechtswidrigkeit einer beabsichtigten Datenverarbeitung Kenntnis erhalten, so können im Falle der künftigen Nichtbeachtung der Feststellung Anhaltspunkte für ein vorsätzliches Verhalten bestehen, die nach Art. 83 Abs. 2 S. 2 lit. b ebenfalls in die Bewertung einfließen.

Zu den verfahrensrechtlichen Grundsätzen zählt auch, den Adressaten einer Maßnahme zunächst anzuhö- **64** ren (EG 129 S. 5), was letztlich dessen faire Behandlung und die Aufklärung des Sachverhalts fördert. Die **Verpflichtung zur Anhörung** vor dem Erlass von Verwaltungsakten ergibt sich auch aus dem Verfahrensrecht (§ 28 (L)VwVfG). Ferner ist die **Bestimmtheit behördlicher Anordnungen** zu wahren, indem etwa Maßnahmen schriftlich ergehen sollten sowie klar und eindeutig sein müssen (EG 129 S. 6). Im Hinblick auf die Bestimmtheit und Form von Verwaltungsakten ist wiederum das nationale Verfahrensrecht zu beachten (§ 37 (L)VwVfG). Maßnahmen der Aufsichtsbehörde müssen zB auch einen Hinweis auf das Recht auf einen **wirksamen Rechtsbehelf** enthalten (EG 129 S. 6). Nach § 20 Abs. 6 BDSG nF findet ein Vorverfahren (§§ 68ff. VwGO) nicht statt. Der Hinweis auf einen wirksamen Rechtsbehelf umfasst jedoch vor allem die Pflicht, über bestehende Rechtsmittel zu belehren (§ 58 Abs. 1 VwGO), wie etwa das Recht, eine Anfechtungs- oder Verpflichtungsklage zu erheben.

65   **2. Zwangsmaßnahmen und sofortiger Vollzug.** Die Aufsichtsbehörden können nach den nationalen Vorschriften die Verwaltungsakte, die in Ausübung der Befugnisse nach Abs. 1–3 erlassen werden, mit der **Androhung von Vollstreckungsmaßnahmen** verbinden.

66   Als Zwangsmittel kommen alle regulären Mittel der Verwaltungsvollstreckung in Betracht, etwa auf Bundesebene die Verhängung von Zwangsgeld, die Ersatzvornahme als Fremd- oder Eigenvornahme oder unmittelbarer Zwang (§ 9 Abs. 1 VwVG). Die Zwangsmittel müssen so bestimmt werden, dass die betroffene Person und die Allgemeinheit am wenigsten beeinträchtigt werden. Als am wenigsten eingriffsintensive Maßnahme kommt dabei die **Verhängung eines Zwangsgeldes** regelmäßig in Betracht. Gerade bei vertretbaren Handlungen kann ein Zwangsgeld verhängt werden, wenn der Adressat der Maßnahme außerstande ist, die Kosten einer Ersatzvornahme zu tragen, die aus der Ausführung durch einen anderen entstehen. **Unmittelbarer Zwang** kommt nur als ultima ratio Maßnahme in Betracht. Letzteres bedarf einer Gefahrenlage, in welcher zwar ein Sofortvollzug noch nicht in Betracht kommt (vgl. § 6 Abs. 2 VwVG; die Ländergesetze kennen zumeist ähnliche Einschränkungen), die Verhängung eines Zwangsgeldes oder einer Ersatzvornahme aber zur Herstellung von Rechtskonformität nicht mehr als effiziente Mittel eingesetzt werden können, weil etwa auf die mehrmalige Festsetzung von Zwangsgeldern hin keine Reaktion erfolgte und auch die Einbindung Dritter im Wege der Ersatzvornahme keinen Erfolg verspricht. Im Falle der Uneinbringlichkeit von Zwangsgeldern kommt auch die Anordnung einer **Ersatzzwangshaft** in Betracht (§ 13 VwVG). Auf Landesebene existieren vergleichbare Vorschriften bezüglich der Verhängung von Vollstreckungsmaßnahmen.

67   Für die durch Verwaltungsakte getroffenen Maßnahmen können die Aufsichtsbehörden nach § 80 Abs. 2 Nr. 4 VwGO die **sofortige Vollziehung** anordnen. Dies bedarf nach § 80 Abs. 3 S. 1 VwGO einer gesonderten schriftlichen Begründung, aus der ersichtlich wird, dass die sofortige Vollziehung im öffentlichen Interesse oder im überwiegenden Interesse eines Beteiligten steht. Dabei ist eine umfassende Abwägung der privaten Interessen des Adressaten der jeweiligen aufsichtsbehördlichen Maßnahme und den öffentlichen Interessen und den Interessen anderer Beteiligter, insbes. der Betroffenen, vorzunehmen. Die besondere Dringlichkeit einer Maßnahme kann sich daraus ergeben, dass durch ein Verhalten des Verantwortlichen oder Auftragsverarbeiters schwer in die Persönlichkeitsrechte betroffener Personen eingegriffen wird und für diese irreparable Schäden drohen. Dies kann der Fall sein, wenn der Verantwortliche eine notwendige Benachrichtigung nach § 34 Abs. 1 pflichtwidrig unterlässt (→ Rn. 29). Weiterhin kann die Anordnung einer sofortigen Vollziehung etwa in Betracht kommen, wenn eine Beschränkung der Verarbeitung nach Abs. 2 lit. f in einem Fall verhängt wird, in welchem der Dienstleister eines Online-Angebots plötzlich auf die sensiblen Kommunikationsinhalte seiner Kunden zugreift und diese für eigene oder fremde Zwecke verarbeitet, ohne dass hierfür eine Rechtsgrundlage besteht. Ein Sofortvollzug nach § 80 Abs. 2 Nr. 4 VwGO ist vor allem auch dann zu prüfen, wenn **Untersuchungsbefugnisse** nach Abs. 1 lit. b, e und f. ergriffen werden sollen. Beim Erlass einer Prüfanordnung (→ Rn. 14 und 17) wird der Zugang zu Informationen, zu Geschäftsräumen und Datenverarbeitungsanlagen und -geräten von der Aufsichtsbehörde für einen konkreten Zeitpunkt von dem Verantwortlichen oder Auftragsverarbeiter verlangt. Besteht hierfür eine besondere Dringlichkeit, indem etwa die schnelle Aufklärung eines mutmaßlich schweren Eingriffs in die Persönlichkeitsrechte betroffener Personen erfolgen soll oder droht zB eine Vereitelung von Rechten betroffener Personen, so kann nach dem Ergebnis einer Abwägung der öffentlichen und privaten Interessen die Anordnung einer entsprechenden Prüfmaßnahme mit kurzer Fristsetzung, verbunden mit einer sofortigen Vollziehung zulässig sein. Die Anordnung der sofortigen Vollziehung wird beim Erlass von Prüfanordnungen zu Untersuchungsbefugnissen nach Abs. 1 lit. b, e und f häufig in Betracht kommen, wenn zB die Untersuchung infolge der besonderen Dringlichkeit zu einem bestimmten Zeitpunkt innerhalb der nächsten Tage stattfinden soll und mit der Ingangsetzung von Rechtsmittelfristen (§ 74 Abs. 1 S. 2 VwGO) eine Prüfung zu diesem Zeitpunkt nicht mehr stattfinden könnte.

VII.   Garantien und Rechtsbehelfe (Abs. 4)

68   Abs. 4 bindet die Ausübung der aufsichtsbehördlichen Befugnisse an verfahrensrechtliche Sicherungsinstrumente (s. auch → Rn. 64ff.). EG 129 konkretisiert die Bestimmung (→ Rn. 51 und 53). Demnach sollten die Befugnisse der Aufsichtsbehörden in Übereinstimmung mit **geeigneten Verfahrensgarantien** unparteiisch, gerecht und innerhalb einer angemessenen Frist ausgeübt werden. Zu den Verfahrensgarantien zählen

etwa der effektive Schutz der Grundrechte durch angemessene Gestaltung des Verfahrens, die Gewährleistung eines effektiven Rechtsschutzes nach Art. 19 Abs. 4 GG und die Durchführung eines fairen Verfahrens. Dabei ist das Unionsrecht zu beachten, nach welchem wichtige Verfahrensgrundsätze, wie etwa der Grundsatz der Gesetzmäßigkeit der Verwaltung, der Grundsatz des Vorbehaltes des Gesetzes, der Grundsatz der Verhältnismäßigkeit, der Grundsatz der Unparteilichkeit, der Grundsatz einer umfassenden und sorgfältigen Sachverhaltsermittlung, der Grundsatz der vorherigen Anhörung von Stellen, gegenüber denen eine Maßnahme verfügt werden soll, der Grundsatz auf Gewährung von Akteneinsicht, der Grundsatz der Pflicht zur Begründung von behördlichen Maßnahmen und der Grundsatz der effektiven und einheitlichen Durchsetzung des EU-Rechts von Bedeutung sind. Mit der Bezugnahme auf das **Unionsrecht und das Recht des jeweiligen Mitgliedstaats** wird eine doppelte verfahrensrechtliche Absicherung herbeigeführt. Soweit bestimmte Verfahrensgrundsätze auf beiden Rechtsebenen bestehen, kann es dabei zu Kollisionen kommen, wenn unterschiedliche Vorgaben zu beachten sind. Diese sind nach den allgemeinen europarechtlichen Grundsätzen aufzulösen.

Auf nationaler Ebene wird die Vorgabe der Verfahrensgarantien durch eine Vielzahl hergebrachter Rege- 69 lungen zum verwaltungsrechtlichen Verfahren (vor allem Anhörungs- und Akteneinsichtsrechte nach §§ 28, 29 (L)VwVfG, aber auch Beratungs- und Auskunftspflichten nach § 25 (L)VwVfG oder die Zügigkeit des Verfahrens nach § 10 S. 2 (L)VwVfG) umgesetzt. Im Falle des besonders intensive Grundrechtseingriffs bei einer Durchsuchung im Ordnungswidrigkeitenverfahren greift daneben der Richtervorbehalt nach § 46 OWiG iVm § 105 Abs. 1 StPO. Dies gilt nach ständiger Rechtsprechung des BVerfG[30] allerdings nicht für Betretungs- und Besichtigungsrechte der Verwaltung, hier also nicht für die Befugnis nach Abs. 1 lit. f.

Die Vorgabe eines **wirksamen Rechtsbehelfs** verweist zunächst auf Art. 78, daneben aber auch auf sonstige, 70 durch Art. 78 Abs. 1 explizit zugelassene (→ Art. 78 Rn. 5) nationale Rechtsbehelfe. Gegen Maßnahmen von Aufsichtsbehörden, die in Form eines Verwaltungsakts ergangen sind, können die Verantwortlichen und Auftragsverarbeiter vor allem eine Anfechtungsklage (§§ 42 Abs. 1, 74 Abs. 1 VwGO) erheben. Im Falle der Anordnung der sofortigen Vollziehung nach § 80 Abs. 2 Nr. 4 VwGO kann nach § 80 Abs. 5 VwGO beim Gericht der Hauptsache ein Antrag auf Wiederherstellung der aufschiebenden Wirkung der Anfechtungsklage zulässig sein. Im Übrigen kommen weitere Rechtsbehelfe des allgemeinen Verwaltungsprozessrechts in Betracht, wie etwa die Feststellungsklage, die Leistungs- bzw. Unterlassungsklage,[31] uU auch die Fortsetzungsfeststellungsklage. Bei der richterlichen Anordnung einer Durchsuchung im Rahmen eines Ordnungswidrigkeitenverfahrens, § 46 OWiG, §§ 102, 105 Abs. 1 StPO kann eine Beschwerde nach § 304 StPO statthaft sein. Im Falle der nichtrichterlichen Anordnung einer Durchsuchung im Ordnungswidrigkeitenverfahren ist die Beantragung einer richterlichen Entscheidung zulässig, § 46 OWiG, § 102 StPO, § 98 Abs. 2 S. 2 StPO analog.

VIII.   Wirksame Durchsetzungsbefugnisse (Abs. 5)

Abs. 5 enthält eine breite Öffnungsklausel, gleichzeitig aber auch eine – gegebenenfalls bei Nicht-Erfüllung 71 im Vertragsverletzungsverfahren zu ahndende – Verpflichtung der Mitgliedstaaten, den Aufsichtsbehörden zur Erfüllung der Vorschriften der DSGVO rechtliche Möglichkeiten an die Hand zu geben, um auch andere Behörden, insbes. die Justizbehörden, zum Tätigwerden zu veranlassen, einschließlich der Betreibung eines gerichtlichen Verfahrens. Damit entspricht auch diese Vorschrift dem Anliegen der DSGVO, bestehende Vollzugsdefizite auszuräumen und die Aufsichtsbehörden in der Durchsetzung zu unterstützen (→ Einl. Rn. 209). Damit kann den Aufsichtsbehörden eine Befugnis eingeräumt werden, zB im Falle des Anfangsverdachts für eine datenbezogene Straftat, einen **Strafantrag** zu stellen. Dies ist wie im bisherigen Recht (§ 44 Abs. 2 S. 2 BDSG aF) nunmehr in § 42 Abs. 3 S. 2 BDSG nF geregelt.

Der deutsche Gesetzgeber hat den Regelungsauftrag nach Abs. 5 im Übrigen nur in einer sehr spezifischen 72 Art und Weise erfüllt. § 21 BDSG nF eröffnet – erstmals – die Möglichkeit der Aufsichtsbehörde, laufende Verfahren auszusetzen und eine gerichtliche Entscheidung über die Gültigkeit eines Angemessenheitsbeschlusses der KOM sowie von Beschlüssen über die Anerkennung von Standardschutzklauseln oder über die Allgemeingültigkeit von genehmigten Verhaltensregeln herbeizuführen. Die Schaffung von § 21 BDSG nF ist ausweislich der Gesetzesbegründung[32] als Reaktion des Bundesgesetzgebers auf die Entscheidung des EuGH in Sachen Schrems[33] zu qualifizieren. Der EuGH hat in dieser Entscheidung deutlich formuliert, dass für den Fall, dass eine Kontrollstelle die Rügen der Person, die sich mit einer Eingabe zum Schutz ihrer Rechte und Freiheiten bei der Verarbeitung ihrer personenbezogenen Daten an sie gewandt hat, für begrün-

---

30 Seit BVerfGE 32, 54 (75 f.).
31 Paal/Pauly/*Körffer* Art. 78 Rn. 5.
32 BT-Drs. 18/11325, S. 94.
33 EuGH C-362/14, NJW 2015, 3151.

det hält, sie nach Art. 28 Abs. 3 DSRL im Licht insbes. von Art. 8 Abs. 3 GRCh ein Klagerecht haben muss. Insoweit sei es Sache des nationalen Gesetzgebers, Rechtsbehelfe vorzusehen, die es der betreffenden nationalen Kontrollstelle ermöglichen, die von ihr für begründet erachteten Rügen vor den nationalen Gerichten geltend zu machen, damit diese, wenn sie die Zweifel der Kontrollstelle an der Gültigkeit der Entscheidung der KOM teilen, den EuGH um eine **Vorabentscheidung** über deren Gültigkeit ersuchen.[34] Die Vorlage zur Vorabentscheidung ist in § 21 Abs. 6 BDSG nF explizit genannt, indem das BVerwG nach Art. 267 AEUV verfährt, wenn es einen Beschluss der KOM nicht für gültig hält.

IX. Weitere Befugnisse nach dem Recht der Mitgliedstaaten (Abs. 6)

73 Nach Abs. 6 kann jeder Mitgliedstaat den nationalen Aufsichtsbehörden **zusätzliche Befugnisse** einräumen. Auch hierin liegt eine Öffnungsklausel, die zu unterschiedlichen Durchsetzungsstandards führen kann. Anders als nach Abs. 5 liegt die Ausübung im Ermessen der Mitgliedstaaten. Der Entstehung unterschiedlicher Standards bei der Durchsetzung werden zwei Grenzen gesetzt. Zum einen müssen die Befugnisse den durch Art. 57 gesetzten Rahmen der zugewiesenen Aufgaben einhalten, wobei nach Maßgabe von Art. 57 Abs. 1 lit. v die Aufgaben im Zusammenhang mit dem Schutz personenbezogener Daten stehen müssen.[35] Andererseits dürfen dem Wortlaut nach die Befugnisse nicht die effektive Durchführung der **Zusammenarbeit und Kohärenz** unter den Aufsichtsbehörden beeinträchtigen. Damit dürfen Zusatzbefugnisse nicht mit den Vorgaben der Art. 60ff. im Widerspruch stehen.

74 Mit § 40 BDSG nF hat der Bundesgesetzgeber von dieser Möglichkeit Gebrauch gemacht. Danach besteht eine **Auskunftspflicht** der der Aufsicht unterliegenden Stellen und mit der Leitung beauftragten Personen gegenüber der Aufsichtsbehörde (§ 40 Abs. 4 BDSG nF), wobei im Hinblick auf ein Auskunftsverweigerungsrecht auf Regelungen des § 383 ZPO verwiesen wird. Eine vergleichbare Regelung bestand bereits nach § 38 Abs. 3 BDSG aF. Die Auskunftsverpflichtung tritt neben die Befugnis in Abs. 1 lit. a (→ Rn. 8), wird aber unabhängig davon bei sämtlichen Untersuchungsbefugnissen in Abs. 1 relevant sein. Durch die Bezugnahme auf die **der Aufsicht unterliegenden Stellen** sind Verantwortliche als auch Auftragsverarbeiter einbezogen, so dass beide von der Auskunftsverpflichtung erfasst sind. Mit § 40 Abs. 5 BDSG nF hat der Bundesgesetzgeber das Recht normiert, Grundstücke und Geschäftsräume zu betreten sowie Zugang zu allen Datenverarbeitungsanlagen und -geräten zu erhalten. Dies wurde bereits in § 38 Abs. 4 BDSG aF erfasst. Eine entsprechende Verpflichtung findet sich auch in Abs. 1 lit. f geregelt (→ Rn. 17). Der einzige Unterschied zu Abs. 1 lit. f besteht darin, dass in § 40 Abs. 5 BDSG nF zusätzlich das **Betreten von Grundstücken** normiert wurde. Nach § 40 Abs. 6 S. 1 BDSG nF wurde eine **Beratungs- und Unterstützungspflicht für Datenschutzbeauftragte** (Art. 37–39) normiert. Eine solche Verpflichtung sah bisher § 38 Abs. 1 S. 2 BDSG aF vor. Die Verpflichtung nach § 40 Abs. 6 S. 1 BDSG nF soll für den Datenschutzbeauftragten bei der Wahrnehmung seiner Aufgaben nach Art. 39 Abs. 1 eine Hilfestellung bieten. Zusätzlich besteht nach § 40 Abs. 6 S. 2 BDSG nF die Befugnis, eine **Abberufung des Datenschutzbeauftragten** zu verlangen, wenn die vorausgesetzte Fachkunde nicht besteht oder ein Interessenkonflikt nach Art. 38 Abs. 6 gegeben ist. Der Wortlaut des § 40 Abs. 6 BDSG nF lässt keine Eingrenzung auf bestimmte Adressaten der Beratungs- und Unterstützungspflicht und der Abberufung der Datenschutzbeauftragten erkennen. Die Befugnis zur Abberufung besteht aber gegenüber Verantwortlichen und ebenso gegenüber Auftragsverarbeitern, da beide eine Bestellverpflichtung nach Art. 37 Abs. 1 lit. a und Art. 37 Abs. 4 iVm § 38 Abs. 1 BDSG nF haben können. Ferner besteht die Verpflichtung zur Unterstützung und Beratung gegenüber allen Datenschutzbeauftragten, unabhängig davon, ob diese bei einem Verantwortlichen oder Auftragsverarbeiter bestellt wurden (Art. 37 Abs. 1). Die zusätzlichen Befugnisse der Aufsichtsbehörden in § 40 BDSG nF halten dabei den durch Art. 57 gesetzten Rahmen für die zugewiesenen Aufgaben ein. Die Befugnisse können auch so ausgeübt werden, dass kein Widerspruch zu den Vorgaben nach den Art. 60ff. entsteht.

75 Maßnahmen, die nach § 40 Abs. 4-6 BDSG nF getroffen werden, stellen regelmäßig **Verwaltungsakte** dar. Mit der **Auskunftsverpflichtung** nach § 40 Abs. 4 BDSG nF wird der Adressat der Maßnahme rechtsverbindlich verpflichtet, konkrete Fragen im Zusammenhang mit dem Schutz personenbezogener Daten zu beantworten.[36] Bezüglich des Betretens von Grundstücken und Geschäftsräumen und des Zugangs zu Datenverarbeitungsanlagen und -geräten kommt es wiederum auf die Frage an, ob eine Prüfanordnung erlassen wurde (→ Rn. 14 und 17). Das Verlangen nach § 40 Abs. 6 S. 2 BDSG nF, einen Datenschutzbeauftragten abzuberufen, stellt einen Verwaltungsakt dar, zumal die Maßnahme regelnden Charakter hat. Mit der **Abberufung** ist auch eine nicht unerhebliche Rechtsfolge verbunden, indem auch für die Vergangenheit festgestellt wurde, dass ein Datenschutzbeauftragter nicht ordnungsgemäß bestellt wurde, was den Tatbestand

---

34 EuGH C-362/14, NJW 2015, 3151 Rn. 65.
35 Ehmann/Selmayr/*Selmayr* Art. 58 Rn. 35.
36 Vgl. für § 17 Abs. 1 HWO VG Hannover GewArch 2008, 408 Rn. 25.

einer Ordnungswidrigkeit nach Art. 83 Abs. 4 lit. a erfüllen kann. Mit der Beratungs- und Unterstützungs-verpflichtung nach § 40 Abs. 6 S. 1 BDSG nF ist der Erlass eines Verwaltungsakts hingegen nicht verbunden.

Artikel 59   Tätigkeitsbericht

[1]Jede Aufsichtsbehörde erstellt einen Jahresbericht über ihre Tätigkeit, der eine Liste der Arten der gemeldeten Verstöße und der Arten der getroffenen Maßnahmen nach Artikel 58 Absatz 2 enthalten kann. [2]Diese Berichte werden dem nationalen Parlament, der Regierung und anderen nach dem Recht der Mitgliedstaaten bestimmten Behörden übermittelt. [3]Sie werden der Öffentlichkeit, der Kommission und dem Ausschuss zugänglich gemacht.

I. Vorbemerkung, Entstehungsgeschichte und Zwecke

Nach Art. 59 ist die Aufsichtsbehörde zu einer besonderen Tätigkeit verpflichtet, nämlich der Erstellung eines Jahresberichts. Die Vorschrift bestimmt weiter, wer Zugang zu diesem Tätigkeitsbericht haben muss.   1

Der Tätigkeitsbericht hat einerseits die Funktion,[1] die Öffentlichkeit über datenschutzrechtliche Entwicklungen, Verstöße gegen geltendes Datenschutzrecht, getroffene Abhilfemaßnahmen und gegebenenfalls Sanktionen zu informieren. Diese **Informationsfunktion** sowohl der Tätigkeit der Aufsichtsbehörde als auch des Zustands des Datenschutzrechts kann etwa durch die Bereitstellung statistischer Angaben im Zusammenhang mit der Aufgabenerfüllung durch die Aufsichtsbehörde erfüllt werden. Daneben soll eine **Meinungsbildung** über die maßgeblichen technischen und rechtlichen Entwicklungen und den künftigen Schutz personenbezogener Daten angeregt werden. Ausführungen in einem Tätigkeitsbericht können auch Impulse für eine parlamentarische Diskussion liefern; diese Zielrichtung wird auch dadurch deutlich, dass S. 2 ausdrücklich die Übermittlung des Tätigkeitsberichts an die Exekutive und Legislative vorsieht. Für Verantwortliche und Auftragsverarbeiter kann darüber hinaus eine **disziplinierende Wirkung** entstehen, indem ermittelte Datenschutzmängel erläutert und öffentlich gemacht werden. Die Ausführungen in den Tätigkeitsberichten sind ferner geeignet, den in der Datenschutzpraxis erkannten **Gesetzgebungsbedarf** zu formulieren und diesen mit Empfehlungen und Vorschlägen an das jeweilige Parlament weiter zu leiten. Schließlich werden auch **andere Aufsichtsbehörden** mit dem Tätigkeitsbericht über Schwerpunkte und Ausrichtungen, aber auch erkannte Probleme unterrichtet. Dem europäischen Gesetzgeber wird damit zudem ein Vergleich ermöglicht. Der Tätigkeitsbericht steht damit in engem Zusammenhang mit den Aufgaben der Aufsichtsbehörden aus Art. 57 Abs. 1 lit. b, c, d, g, i und u. Die Behörden nutzen dazu auch die über die Aufgabe aus Art. 57 Abs. 1 lit. u geführten Verzeichnisse. Eine Befugnis zur Benennung konkreter Verantwortlicher oder Auftragsverarbeiter kann sich dabei aus Art. 58 Abs. 3 lit. b ergeben (→ Art. 58 Rn. 39). Art. 59 konkretisiert diese Aufgaben und Inhalte.   2

Art. 28 Abs. 5 DSRL sah bereits eine Verpflichtung der Aufsichtsbehörden vor, einen **regelmäßigen Tätigkeitsbericht** vorzulegen. Nähere Vorgaben, etwa zu den Adressaten oder zum konkreten Zeitraum, innerhalb dessen der Tätigkeitsbericht zu erstellen war, fehlten allerdings und waren den Mitgliedstaaten anheimgestellt, so dass sich erhebliche Unterschiede zwischen den Mitgliedstaaten ergaben. § 26 BDSG aF sah eine zweijährige Berichtspflicht des oder der BfDI vor gegenüber dem Bundestag und der Öffentlichkeit. Die bisherigen Erfahrungen und Erkenntnisse sind auf Art. 59 weitgehend übertragbar.   3

Der KOM-E sah noch keine zeitlichen Vorgaben vor; der Parl-E forderte eine zweijährliche, der Rat eine **jährliche Berichtspflicht**. Letztere blieb im Trilog erhalten. Auch bezüglich der Konkretisierung der Adressaten war der Rat entscheidend. Im Trilog wurde die Präzisierung hinsichtlich der Inhalte eingeführt.   4

II. Inhalte

Mit der Formulierung **Jahresbericht** werden die in den Mitgliedstaaten bestehenden Unterschiede bei den Berichtszeiträumen beseitigt. Dabei erfolgt eine Anpassung des Berichtszeitraums an das Haushaltsjahr.[2]   5

Art. 59 nennt – ebenso wie § 15 BDSG nF – keine verbindlichen **Inhalte** jenseits des Berichts über die Tätigkeit. S. 2 erläutert lediglich nicht abschließend mögliche Inhalte, nämlich eine Liste der Arten der gemeldeten Verstöße und der Arten der getroffenen Maßnahmen. Die Ausgestaltung des Berichts steht also im Ermessen der Aufsichtsbehörde. Bei den **gemeldeten Verstößen** sind zB Verletzungen nach Art. 33 zu erfassen. Die Preisgabe personenbezogener Daten bedarf einer eigenen Rechtfertigung, zB der Einwilligung der Be-   6

---

1   S. zu den Funktionen des Tätigkeitsberichts, wenngleich noch unter der DSRL, *Dammann/Simitis* Art. 28 Rn. 18.
2   Ehmann/Selmayr/*Selmayr* Art. 59 Rn. 9.

troffenen. Durch die Zusammenfassung in Listen wird den datenschutzrechtlichen Anforderungen Rechnung getragen und verhindert, dass es zu einem Shaming von Personen und Unternehmen kommt, die durch Maßnahmen erfasst waren. Dies entspricht auch dem Gedanken der DSGVO, dass nur ausnahmsweise die Öffentlichkeit über Verstöße zu unterrichten ist. Grundrechtsrelevante Eingriffe etwa in die Privatheits-, Datenschutz-, Berufs- und Eigentumsfreiheit können so vermieden werden. Werden dagegen identifizierbare Vorgänge bezeichnet, ist sorgfältig zu prüfen, ob diese Informationseingriffe gerechtfertigt sind und woraus sich eine Befugnis der Aufsichtsbehörden ergibt (→ Art. 58 Rn. 39). Dies wird wohl nur bei schweren und schwersten Verstößen der Fall sein.[3]

7   Hinsichtlich der **Wahrnehmung der Abhilfebefugnisse** sollte im Tätigkeitsbericht nach den Maßnahmen nach Art. 58 Abs. 2 lit. a bis j differenziert werden. Dabei ist aber gleichzeitig darauf zu achten, dass gewichtige Fälle anonymisiert, uU vereinfachend, dargestellt werden, einschließlich der Schilderung der ergriffenen Maßnahmen der Behörde. Hier kann, wie im Übrigen auch, durchaus auf bisherige Erfahrungen zurückgegriffen werden.

8   Weiterhin wird eine Liste der **Adressaten** in S. 2 und S. 3 formuliert, an die der Tätigkeitsbericht zur Kenntnis zu geben ist. Der Verordnungstext unterscheidet dabei zwei Arten der Kenntnisgabe in Abhängigkeit vom Adressaten: An das nationale Parlament, die nationale Regierung und andere nach dem Recht der Mitgliedstaaten bestimmte Behörden (von der letzten Option hat der Bundesgesetzgeber in § 15 BDSG nF keinen Gebrauch gemacht) wird der Bericht übermittelt, der Öffentlichkeit, der KOM und dem Ausschuss wird er dagegen zugänglich gemacht. Dem lässt sich entnehmen, dass es im ersteren Fall einer aktiven Kenntnisnahme durch die Adressaten bedarf, ohne dass allerdings geregelt ist, ob es bspw. einer Aussprache darüber bedarf; im zweiten Fall dagegen genügt es, dass die Adressaten zur Kenntnis nehmen können. Das nationale Recht kann weitere Adressaten verpflichtend machen; über den Begriff der Öffentlichkeit ist aber ohnehin ein weiter Adressatenkreis zumindest ansprechbar.

9   Die **Zugänglichmachung** kann und sollte über verschiedene mediale Wege erfolgen, die eine möglichst hohe Effektivität in Bezug auf den konkreten Adressaten gewährleisten. Dies erfordert zB für die Zugänglichmachung nach S. 3, dass ein oder mehrere Medien gewählt werden, die ein möglichst breites Publikum den Zugang ermöglichen. Den Aufsichtsbehörden ist nicht verwehrt, über die Zugänglichmachung hinaus auch gegenüber Öffentlichkeit, Kommission und Ausschuss eine gezielte Kenntnisgabe zu betreiben. Der Tätigkeitsbericht sollte über die Homepages der Aufsichtsbehörden abrufbar sein, idealerweise auch mit Links versehen auf die Tätigkeitsberichte der anderen Aufsichtsbehörden verweisen, um so eine möglichst breite Öffentlichkeit zu erreichen. Gleichzeitig sollte über Pressemitteilungen und -konferenzen, aber auch durch Versendung gedruckter Exemplare sowie Verteilung per Email an ausgewählte Informationsmediäre wie thematisch einschlägige Blogger, Experten, NGOs, Wissenschaftler, Rechtsanwälte und Unternehmen eine gezielte Verbreitung erreicht werden. KOM und Ausschuss sollten über die üblichen Kommunikationskanäle informiert werden, zusätzlich können auch hier andere Möglichkeiten der Kenntnisgabe gewählt werden. Die Aufsichtsbehörde kann gezielt auch andere Aufsichtsbehörden über ihren Tätigkeitsbericht informieren. Es besteht – anders als nach S. 2 (→ Rn. 8) – keine Verpflichtung der in S. 3 Genannten, die ihnen zugänglich gemachten Unterlagen tatsächlich zur Kenntnis zu nehmen oder gar dazu Stellung zu beziehen. Dies gilt gerade auch für KOM und Ausschuss.

---

3   Ähnlich auch Kühling/Buchner/*Boehm* Art. 59 Rn. 6.

Kapitel VII
Zusammenarbeit und Kohärenz
Abschnitt 1
Zusammenarbeit

Artikel 60 Zusammenarbeit zwischen der federführenden Aufsichtsbehörde und den anderen betroffenen Aufsichtsbehörden

(1) ¹Die federführende Aufsichtsbehörde arbeitet mit den anderen betroffenen Aufsichtsbehörden im Einklang mit diesem Artikel zusammen und bemüht sich dabei, einen Konsens zu erzielen. ²Die federführende Aufsichtsbehörde und die betroffenen Aufsichtsbehörden tauschen untereinander alle zweckdienlichen Informationen aus.

(2) Die federführende Aufsichtsbehörde kann jederzeit andere betroffene Aufsichtsbehörden um Amtshilfe gemäß Artikel 61 ersuchen und gemeinsame Maßnahmen gemäß Artikel 62 durchführen, insbesondere zur Durchführung von Untersuchungen oder zur Überwachung der Umsetzung einer Maßnahme in Bezug auf einen Verantwortlichen oder einen Auftragsverarbeiter, der in einem anderen Mitgliedstaat niedergelassen ist.

(3) ¹Die federführende Aufsichtsbehörde übermittelt den anderen betroffenen Aufsichtsbehörden unverzüglich die zweckdienlichen Informationen zu der Angelegenheit. ²Sie legt den anderen betroffenen Aufsichtsbehörden unverzüglich einen Beschlussentwurf zur Stellungnahme vor und trägt deren Standpunkten gebührend Rechnung.

(4) Legt eine der anderen betroffenen Aufsichtsbehörden innerhalb von vier Wochen, nachdem sie gemäß Absatz 3 des vorliegenden Artikels konsultiert wurde, gegen diesen Beschlussentwurf einen maßgeblichen und begründeten Einspruch ein und schließt sich die federführende Aufsichtsbehörde dem maßgeblichen und begründeten Einspruch nicht an oder ist der Ansicht, dass der Einspruch nicht maßgeblich oder nicht begründet ist, so leitet die federführende Aufsichtsbehörde das Kohärenzverfahren gemäß Artikel 63 für die Angelegenheit ein.

(5) ¹Beabsichtigt die federführende Aufsichtsbehörde, sich dem maßgeblichen und begründeten Einspruch anzuschließen, so legt sie den anderen betroffenen Aufsichtsbehörden einen überarbeiteten Beschlussentwurf zur Stellungnahme vor. ²Der überarbeitete Beschlussentwurf wird innerhalb von zwei Wochen dem Verfahren nach Absatz 4 unterzogen.

(6) Legt keine der anderen betroffenen Aufsichtsbehörden Einspruch gegen den Beschlussentwurf ein, der von der federführenden Aufsichtsbehörde innerhalb der in den Absätzen 4 und 5 festgelegten Frist vorgelegt wurde, so gelten die federführende Aufsichtsbehörde und die betroffenen Aufsichtsbehörden als mit dem Beschlussentwurf einverstanden und sind an ihn gebunden.

(7) ¹Die federführende Aufsichtsbehörde erlässt den Beschluss und teilt ihn der Hauptniederlassung oder der einzigen Niederlassung des Verantwortlichen oder gegebenenfalls des Auftragsverarbeiters mit und setzt die anderen betroffenen Aufsichtsbehörden und den Ausschuss von dem betreffenden Beschluss einschließlich einer Zusammenfassung der maßgeblichen Fakten und Gründe in Kenntnis. ²Die Aufsichtsbehörde, bei der eine Beschwerde eingereicht worden ist, unterrichtet den Beschwerdeführer über den Beschluss.

(8) Wird eine Beschwerde abgelehnt oder abgewiesen, so erlässt die Aufsichtsbehörde, bei der die Beschwerde eingereicht wurde, abweichend von Absatz 7 den Beschluss, teilt ihn dem Beschwerdeführer mit und setzt den Verantwortlichen in Kenntnis.

(9) ¹Sind sich die federführende Aufsichtsbehörde und die betreffenden Aufsichtsbehörden darüber einig, Teile der Beschwerde abzulehnen oder abzuweisen und bezüglich anderer Teile dieser Beschwerde tätig zu werden, so wird in dieser Angelegenheit für jeden dieser Teile ein eigener Beschluss erlassen. ²Die federführende Aufsichtsbehörde erlässt den Beschluss für den Teil, der das Tätigwerden in Bezug auf den Verantwortlichen betrifft, teilt ihn der Hauptniederlassung oder einzigen Niederlassung des Verantwortlichen oder des Auftragsverarbeiters im Hoheitsgebiet ihres Mitgliedstaats mit und setzt den Beschwerdeführer hiervon in Kenntnis, während die für den Beschwerdeführer zuständige Aufsichtsbehörde den Beschluss für den Teil erlässt, der die Ablehnung oder Abweisung dieser Beschwerde betrifft, und ihn diesem Beschwerdeführer mitteilt und den Verantwortlichen oder den Auftragsverarbeiter hiervon in Kenntnis setzt.

(10) ¹Nach der Unterrichtung über den Beschluss der federführenden Aufsichtsbehörde gemäß den Absätzen 7 und 9 ergreift der Verantwortliche oder der Auftragsverarbeiter die erforderlichen Maßnahmen, um die Verarbeitungstätigkeiten all seiner Niederlassungen in der Union mit dem Beschluss in Einklang zu bringen. ²Der Verantwortliche oder der Auftragsverarbeiter teilt der federführenden Aufsichtsbehörde die Maßnahmen mit, die zur Einhaltung des Beschlusses ergriffen wurden; diese wiederum unterrichtet die anderen betroffenen Aufsichtsbehörden.

(11) Hat – in Ausnahmefällen – eine betroffene Aufsichtsbehörde Grund zu der Annahme, dass zum Schutz der Interessen betroffener Personen dringender Handlungsbedarf besteht, so kommt das Dringlichkeitsverfahren nach Artikel 66 zur Anwendung.

(12) Die federführende Aufsichtsbehörde und die anderen betroffenen Aufsichtsbehörden übermitteln einander die nach diesem Artikel geforderten Informationen auf elektronischem Wege unter Verwendung eines standardisierten Formats.

Literatur: *Albrecht, J.*, Das neue EU-Datenschutzrecht – von der Richtlinie zur Verordnung, CR 2016, 88.

I. Vorbemerkung

1   Die Zusammenarbeit der federführenden Aufsichtsbehörde und der anderen betroffenen Aufsichtsbehörden ist ein Kernstück der Neuerungen der DSGVO mit dem Ziel, für eine einheitliche Rechtsdurchsetzung zu sorgen. Die Kooperation ist überdies von zentraler Bedeutung für die Erleichterung der **Rechtsschutzmöglichkeiten** von weiteren Verfahrensbeteiligten. Durch das Konzept eines **One-Stop-Shops** wird es vermieden, dass sich Verantwortliche und Auftragsverarbeiter im Rahmen einer grenzüberschreitenden Verarbeitung an mehrere Aufsichtsbehörden wenden müssen und womöglich widersprüchlichen Entscheidungen ausgesetzt sind. Die Rechtssicherheit und Einheitlichkeit wird damit insgesamt erhöht und strategische Sitzentscheidungen von Unternehmen zum Nachteil effektiven Datenschutzes werden vermieden.[1] Die federführende Aufsichtsbehörde bleibt für diese Stellen nach Art. 56 Abs. 6 der **einzige Ansprechpartner** (→ Art. 56 Rn. 16). Als solcher erlässt die federführende Aufsichtsbehörde nach Abs. 7 verbindliche Beschlüsse, gegen die ggf. vor dem nach Art. 78 Abs. 3 örtlich zuständigen Gericht vorgegangen werden kann. Die Vorschriften adressieren insbes. Internetdienstleister, die fast immer grenzüberschreitende Dienstleistungen anbieten, sowie die vielen internationalen Informationsdienstleister.

2   Nach Art. 55 Abs. 1 iVm Art. 56 Abs. 2 bleibt jede Aufsichtsbehörde dafür zuständig, sich mit einer bei ihr **eingereichten Beschwerde** oder einem etwaigen Verstoß gegen die Verordnung zu befassen, wenn der Gegenstand nur mit einer Niederlassung in ihrem Mitgliedstaat zusammenhängt oder betroffene Personen nur ihres Mitgliedstaats erheblich beeinträchtigt (→ Art. 55 Rn. 1; → Art. 56 Rn. 10). In diesem Fall findet Art. 60 keine Anwendung. Art. 60 findet nach Art. 55 Abs. 2 auch dann keine Anwendung, wenn die Verarbeitung durch Behörden oder private Stellen auf der Grundlage von Art. 6 Abs. 1 lit. c oder e erfolgt.

3   Im Rahmen des One-Stop-Shops werden auch die **Rechtsschutzmöglichkeiten betroffener Personen** optimiert, indem nach Abs. 8 Klagemöglichkeiten vor den Gerichten des eigenen Mitgliedstaates in Anspruch genommen werden können. Damit wird dem im Falle einer Beschwerde auftretenden Dreiecksverhältnis Rechnung getragen, weil die Aufsichtsbehörde die Datenverarbeitung des Verantwortlichen oder Auftragsverarbeiters prüft und gegebenenfalls Maßnahmen erlässt, aber durch die Beschwerde auch die betroffene Person Beteiligter des Verwaltungsverfahrens ist. Dies könnte zu einer Erschwernis der Rechtsdurchsetzung des Betroffenen führen, wenn die federführende und damit die Beschluss erlassende Aufsichtsbehörde in einem anderen Staat belegen ist und er daher auch nach dem dortigen Recht Rechtsmittel betreiben müsste. Auf diese Weise wurden für die betroffenen Personen **orts- und damit rechtsnahe Rechtsschutzmöglichkeiten** geschaffen,[2] da diese ihre Beschwerden nach Maßgabe von Art. 77 Abs. 1 bei den Aufsichtsbehörden jener Mitgliedstaaten einreichen werden, in denen sie sich aufhalten, sie ihrer beruflichen Tätigkeit nachgehen oder in welchen der mutmaßliche Verstoß begangen wurde.

---

1   *Albrecht* CR 2016, 88 (96); *Hornung* ZD 2012, 99 (105); *Caspar* ZD 2012, 555 (556).
2   *Albrecht/Jotzo*, S. 121.

Die Vorschriften sind keine Verletzung der in Art. 8 Abs. 3 GRCh und Art. 16 Abs. 2 S. 2 AEUV sowie 4
Art. 52 garantierten Unabhängigkeit der Aufsichtsbehörden.[3]

II. Zusammenarbeit nach dem Konsensprinzip und Informationsaustausch (Abs. 1)

Die federführende Aufsichtsbehörde (Art. 56 Abs. 1) arbeitet nach Abs. 1 S. 1 mit den anderen betroffenen 5
Aufsichtsbehörden (Art. 4 Nr. 22) zusammen und bemüht sich dabei, einen Konsens zu erzielen. Daraus erwächst für die federführende Aufsichtsbehörde eine Verpflichtung zur Zusammenarbeit mit den anderen
Behörden. Für diese werden in EG 124 S. 2 drei Konstellationen benannt, nämlich dass ein Verantwortlicher oder Auftragsverarbeiter eine Niederlassung im Hoheitsgebiet ihres Mitgliedstaats hat, zum zweiten,
weil die Verarbeitung erhebliche Auswirkungen auf betroffene Personen mit Wohnsitz in ihrem Hoheitsgebiet hat und drittens der Fall, dass bei einer Aufsichtsbehörde eine Beschwerde eingelegt wurde. Denkbar
ist etwa, dass der Verantwortliche oder Auftragsverarbeiter in mehreren Mitgliedstaaten niedergelassen ist,
so dass dann auch **mehrere betroffene Aufsichtsbehörden** in die Zusammenarbeit einzubeziehen sind. Gleiches gilt, wenn betroffene Personen bei den Aufsichtsbehörden verschiedener Mitgliedstaaten Beschwerden
wegen einer Verarbeitung desselben Verantwortlichen oder Auftragsverarbeiters einlegen und damit gleichfalls mehrere betroffene Aufsichtsbehörden existieren. Gerade in dem Fall, dass eine Beschwerde nicht bei
der federführenden Aufsichtsbehörde, sondern bei einer anderen Aufsichtsbehörde eingereicht wurde, muss
die federführende Aufsichtsbehörde im Hinblick auf Maßnahmen mit rechtlicher Wirkung gegenüber dem
Verantwortlichen oder Auftragsverarbeiter den Standpunkt dieser anderen Aufsichtsbehörde weitestgehend
berücksichtigen (EG 130 S. 2). Abs. 1 erwähnt dabei nur das **Bemühen, einen Konsens zu erzielen**, hingegen
keine Verpflichtung. Dies erfordert vor allem, dass den betroffenen Aufsichtsbehörden ausreichend Gelegenheit gegeben wird, im Verfahren nach Art. 60 eigene Rechtspositionen darzulegen, und dass deren
Standpunkte bei der Beurteilung eines Sachverhalts durch die federführende Aufsichtsbehörde einfließen.
Nach dem Wortlaut ist die Verpflichtung zum Bemühen allein der federführenden Aufsichtsbehörde zugewiesen, was auf deren verantwortungsvolle Stellung zurückzuführen ist. Diese hat sich vor allem mit dem
jeweiligen Sachverhalt zu befassen (Art. 56 Abs. 4), sie bleibt für die Verantwortlichen und Auftragsverarbeiter einziger Ansprechpartner (Art. 56 Abs. 6), und ihr obliegt die Vorbereitung und Umsetzung von Beschlüssen (Abs. 5, 7 und 9).

Die federführende Aufsichtsbehörde und die betroffenen Aufsichtsbehörden tauschen nach Abs. 1 S. 2 un- 6
tereinander alle zweckdienlichen Informationen aus. Im Gegensatz zum Bemühen um einen Konsens, welches ausschließlich der federführenden Aufsichtsbehörde zugewiesen ist, handelt es sich hier um eine bei-
derseitige Verpflichtung. Für die betroffenen Aufsichtsbehörden besteht hier (ebenso) eine **Mitwirkungsob-
liegenheit**, die dem Bemühen der federführenden Aufsichtsbehörde letztlich zum Erfolg verhelfen soll. Hinsichtlich der Beurteilung der **Zweckdienlichkeit** ist nach der Form des Informationsaustausches zu differenzieren. Handelt es sich um **konkrete Maßnahmen**, die gegen einen Verantwortlichen oder Auftragsverarbeiter verhängt werden sollen, so ist es zweckdienlich, etwa die im Rahmen der Befugnisse nach Art. 58 Abs. 1
im eigenen Hoheitsgebiet ermittelten Informationen auszutauschen. Dies gilt vor allem in Bezug auf alle
Maßnahmen, die für den Erlass des Beschlusses nach Abs. 7, 8 oder 9 sowie für die Unterrichtung untereinander nach Abs. 10 von Bedeutung sind. Bei Informationen, die noch nicht auf eine konkrete Maßnahme
bezogen sind, kann der Austausch von **allgemeinen Informationen** zweckdienlich sein, indem etwa Hinweise zu maßgeblichen Entwicklungen der Informations- und Kommunikationstechnologie und der Geschäftspraktiken (Art. 57 Abs. 1 lit. i) erteilt werden. Entsprechende Informationen können vor allem im Hinblick
auf die Entscheidung über die Frage von Bedeutung sein, ob eine Untersuchung durchgeführt werden soll
(Abs. 2).

Im Rahmen der **Zusammenarbeit** stimmen sich die federführende Aufsichtsbehörde und die betroffenen 7
Aufsichtsbehörden im Vorfeld untereinander ab, ob etwa eine konkrete Maßnahme gegenüber einem Verantwortlichen oder Auftragsverarbeiter getroffen werden sollen. Dabei wird auch erörtert, ob die Durchführung gemeinsamer Maßnahmen nach Art. 62 angezeigt ist. Dies soll sicherstellen, dass zum einen die
Rechtsprechung des EuGH nicht dazu führt, dass neue Durchsetzungslücken entstehen, die die DSGVO gerade vermeiden will. Zum anderen soll damit eine **vollumfängliche Überwachung** der Einhaltung der Vorschriften der DSGVO sichergestellt werden, die dem Umstand Rechnung trägt, dass viele Datenverarbeitungen dezentral, verteilt und an verschiedensten Orten stattfinden.

---

3 Ebenso Kühling/Buchner/*Dix* Art. 60 Rn. 4.

III. Amtshilfe (Abs. 2)

8   Nach Abs. 2 unterstützen sich die Aufsichtsbehörden gegenseitig durch Amtshilfeersuchen nach Art. 61. Dies ist insbes. in späteren Verfahrensschritten von Bedeutung. Vor dem Erlass eines verbindlichen Beschlusses kann es für die federführende und die anderen betroffenen Aufsichtsbehörden notwendig sein, zunächst Untersuchungsbefugnisse im jeweils eigenen Hoheitsgebiet gegenüber der Hauptniederlassung und den anderen Niederlassungen des Verantwortlichen oder Auftragsverarbeiters auszuüben. Die **Untersuchungsbefugnisse** nach Art. 58 Abs. 1 können auch dazu wahrgenommen werden, die Umsetzung des verbindlichen Beschlusses zu kontrollieren.

IV. Beschlussverfahren (Abs. 3 bis 10)

9   Abs. 3 bis 10 enthalten ein völlig neuartiges, relativ komplexes Beschlussverfahren. Dieses kann in zwei Phasen unterteilt werden: Zum einen eine Vorbereitungsphase, in der Informationen, Entwürfe und Einsprüche ausgetauscht werden (Abs. 3 bis 6), zum anderen die eigentliche Beschlussfassung (Abs. 6 bis 9). Abs. 10 regelt die Umsetzung durch Verantwortliche und Auftragsverarbeiter. Eingeleitet wird das Beschlussverfahren nach Art. 56 Abs. 3 und 4 (→ Art. 56 Rn. 13 f.).

10   **1. Informationspflichten, Beschlussentwurf und Einsprüche (Abs. 3 bis 6).** Die Stellung der federführenden Aufsichtsbehörde kann als Rolle des primus inter pares beschrieben werden. Sie übernimmt zur Vorbereitung des eigentlichen Beschlusses die wesentlichen Aktionen, ist aber verpflichtet, auf die Positionen der anderen Aufsichtsbehörden angemessen einzugehen und diese zu integrieren. Ein Alleingang ist nicht möglich. Daher sieht Abs. 3 S. 1 zunächst eine (im Unterschied zu Abs. 1 S. 2 konkrete, also verfahrensbezogene) **Informationspflicht** der federführenden Behörde vor. Ihr obliegt es ferner nach Abs. 3 S. 2, einerseits einen Beschlussentwurf auszufertigen, andererseits aber bereits in diesem die Standpunkte der anderen betroffenen Aufsichtsbehörden zu integrieren (Abs. 3 S. 2 spricht von „gebührender" Berücksichtigung; anders im Fall von Art. 56 Abs. 4 S. 3: dort „weitestgehend") und ihnen diesen Entwurf schließlich zur Stellungnahme vorzulegen. Damit – wie auch mit den folgenden Verfahrensschritten – wird dem in Abs. 1 normierten Konsens- und Kollegialprinzip Rechnung getragen und gleichzeitig vermieden, dass es dauerhaft und mit Folgen für die Datenverarbeiter zu abweichenden Positionen unter den Aufsichtsbehörden kommt.

11   Der Verordnungsgeber hat den anderen betroffenen Aufsichtsbehörden nach Abs. 4 eine Frist von vier Wochen eingeräumt, um den Beschlussentwurf zu prüfen. Legt eine der anderen betroffenen Aufsichtsbehörden innerhalb dieser Frist gegen den Beschlussentwurf einen **maßgeblichen und begründeten Einspruch** (Art. 4 Nr. 24 → Art. 4 Rn. 4; nach EG 124 aE wird dies durch Leitlinien des EDSA konkretisiert) ein, bestehen nach Abs. 4 und Abs. 5 **zwei Optionen**: Zum einen kann sich die federführende Aufsichtsbehörde diesem Einspruch nach Abs. 4 nicht anschließen, bzw. sie ist, zum anderen, der Ansicht, dass der Einspruch nicht maßgeblich oder nicht begründet ist. In jedem dieser beiden Unterfälle leitet die federführende Aufsichtsbehörde das Kohärenzverfahren nach Art. 63 ein. Auch hierin äußert sich ihre besondere Stellung. Wegen Abs. 1 S. 1 ist die federführende Aufsichtsbehörde verpflichtet, die Einsprüche anderer betroffener Aufsichtsbehörden sorgfältig und konsensorientiert im Hinblick auf die Einhaltung der Vorschriften der DSGVO zu prüfen. **Beschlüsse des Ausschusses** (Art. 65 Abs. 1 lit. a) können von den betroffenen Aufsichtsbehörden mit einer Nichtigkeitsklage nach Art. 263 AEUV binnen einer Frist von zwei Monaten nach Übermittlung des Beschlusses angefochten werden (EG 143 S. 2).[4]

12   Hält die federführende Aufsichtsbehörde dagegen den Einspruch nach Abs. 5 für maßgeblich und begründet (lässt sie sich mit anderen Worten von der Ansicht einer oder mehrerer anderer Behörden überzeugen), ist sie – auch wenn das in der Vorschrift nicht so deutlich zum Ausdruck kommt – verpflichtet, sich dem Einspruch anzuschließen. Sie legt sodann nach Abs. 5 S. 1 den anderen Aufsichtsbehörden einen **überarbeiteten Beschlussentwurf** zur Stellungnahme vor. Damit beginnt gemäß Abs. 5 S. 2 erneut das Verfahren nach Abs. 4, dh die anderen betroffenen Aufsichtsbehörden erhalten Gelegenheit zur Stellungnahme und zum Einspruch. Allerdings wird die Frist von vier Wochen nach Abs. 4 S. 1 durch Abs. 5 S. 2 auf zwei Wochen verkürzt.[5]

13   Für den Fall, dass es in diesem zweiten Verfahren erneut zu einem Einspruch kommt und die federführende Aufsichtsbehörde sich diesem weiteren Einspruch anschließen möchte, wird vertreten, dass sie verpflichtet sei, statt eines nunmehr dritten Entwurfsverfahrens ein Kohärenzverfahren einzuleiten, da alles andere dem Ziel des Art. 60 zuwiderlaufen würde, innerhalb vorgesehener Fristen zu einem Beschluss zu kommen.[6] Dem steht jedoch der Wortlaut von Abs. 5 S. 2 entgegen: Es ist ein Verfahren nach Abs. 4 durchzuführen.

---

4   Ehmann/Selmayr/*Klabunde* Art. 60 Rn. 19.
5   *Laue/Nink/Kremer*, § 10 Rn. 40.
6   *Laue/Nink/Kremer*, § 10 Rn. 42.

Innerhalb dieses Verfahrens kann die federführende Aufsichtsbehörde zu dem Ergebnis kommen, dass der eigene Beschlussentwurf nach Maßgabe des Einspruchs zu überarbeiten ist. Sie wird daher erneut den anderen betroffenen Aufsichtsbehörden einen überarbeiteten Beschlussentwurf vorlegen, was eine **erneute zwei-wöchige Einspruchsfrist** in Gang setzt. Eine weitere Begrenzung dieses Verfahrens ist nicht vorgesehen, so dass praktisch eine Vielzahl solcher Abstimmungsrunden stattfinden kann, wenn sich federführende und betroffene Aufsichtsbehörden nicht einigen können.

Gehen **Einsprüche von zwei oder mehreren betroffenen Aufsichtsbehörden** ein, wird die Einleitung des Ko- 14 härenzverfahrens bereits dann notwendig, wenn sich die federführende Aufsichtsbehörde nur einem der eingelegten Einsprüche nicht anschließen möchte.

2. Beschlüsse (Abs. 6 bis 9). Legt nach Abs. 6 keine der anderen betroffenen Aufsichtsbehörden Einspruch 15 gegen den letztmaligen Beschlussentwurf der federführenden Aufsichtsbehörde ein, gelten die federführende Aufsichtsbehörde und die betroffenen Aufsichtsbehörden als mit dem Beschlussentwurf einverstanden. Damit sind die Aufsichtsbehörden an ihn gebunden. Ist diese **Bindungswirkung** eingetreten, so wird der Beschluss im Regelfall (Abs. 7) von der federführenden Aufsichtsbehörde sowie in Ausnahmefällen von einer betroffenen Aufsichtsbehörde (Abs. 8) bzw. in geteilter Form durch beide Aufsichtsbehörden gemeinsam (Abs. 9) erlassen. Nach dem Wortlaut von Abs. 6 bindet der Beschluss, gegen den kein Einspruch eingelegt wurde, nur die federführende Aufsichtsbehörde (Art. 56 Abs. 1) und die beteiligten betroffenen Aufsichtsbehörden (Art. 4 Nr. 22). Für andere **Aufsichtsbehörden, die keine betroffenen Aufsichtsbehörden sind oder die fälschlich nicht als betroffene Aufsichtsbehörden beteiligt wurden**, tritt keine entsprechende Bindungswirkung ein. Nach der Systematik der Vorschrift (Abs. 1–4) muss den anderen Aufsichtsbehörden zunächst die Möglichkeit eingeräumt werden, sich zum Sachverhalt zu äußern und zweckdienliche Informationen von der federführenden Aufsichtsbehörde zu erhalten. Auch nach EG 125 S. 2 ist vorab eine enge Einbindung und Koordinierung der betroffenen Aufsichtsbehörden im Entscheidungsprozess sicherzustellen. Ohne eine solche Beteiligung kann für eine Aufsichtsbehörde keine Bindungswirkung eintreten.

Im Falle ordnungsgemäßer Beteiligung der betroffenen Aufsichtsbehörden tritt die Bindungswirkung für 16 diese und die federführende Aufsichtsbehörde nach dem Wortlaut von Abs. 6 mit **Fristablauf** ein. Ein bestätigender Beschluss ist hierzu nicht erforderlich; es handelt sich um eine Fiktion.[7] Der in Abs. 7 erwähnte Beschluss betrifft nur die Maßnahme in Form eines Beschlusses gegenüber dem Verantwortlichen oder Auftragsverarbeiter. Bereits der **bindende Beschlussentwurf** nach Abs. 6 kann für den Verantwortlichen oder Auftragsverarbeiter eine belastende Wirkung und damit eine Beschwer entfalten, bildet dieser doch die Grundlage für den Erlass des Beschlusses nach Abs. 7. Folglich kann sich der Verantwortliche oder Auftragsverarbeiter gegen diesen rechtsverbindlichen Beschlussentwurf mit einem **gerichtlichen Rechtsbehelf** nach Art. 78 Abs. 1 zur Wehr setzen. In Betracht kommt dabei, dass im Wege einer Feststellungsklage (§ 43 Abs. 1 VwGO) eine Prüfung erfolgt.

Im Regelfall erlässt die federführende Aufsichtsbehörde den Beschluss und teilt ihn gemäß Abs. 7 S. 1 der 17 Hauptniederlassung oder der einzigen Niederlassung des Verantwortlichen oder gegebenenfalls des Auftragsverarbeiters mit und setzt die anderen betroffenen Aufsichtsbehörden und den Ausschuss von dem Beschluss einschließlich einer Zusammenfassung der maßgeblichen Fakten und Gründe in Kenntnis, was auf elektronischem Wege zu erfolgen hat (Abs. 12). Im Beschluss an den Verantwortlichen oder Auftragsverarbeiter gemäß Abs. 7 S. 1 macht die federführende Aufsichtsbehörde von ihren Befugnissen, vor allem den Abhilfebefugnissen nach Art. 58 Abs. 2 Gebrauch. Der Beschluss im Rahmen des von Art. 60 geregelten Verfahrens bedarf also einer Befugnis aus Art. 58 oder sonstigen Rechtsvorschriften. Handelt es sich bei den mit dem Beschluss erlassenen Maßnahmen um Verwaltungsakte nach § 35 S. 1 (L)VwVfG (→ Art. 58 Rn. 7), so sind die Verantwortlichen oder Auftragsverarbeiter nach den nationalen Verfahrensvorschriften (§ 28 (L)VwVfG) vorab anzuhören. Die Verpflichtung einer vorherigen Anhörung wird ferner unabhängig von der Frage der **Verwaltungsaktqualität** auch in EG 129 S. 5 erwähnt. Dabei wird die **Anhörung notwendig**, bevor unter den beteiligten Aufsichtsbehörden nach Maßgabe von Abs. 6 ein rechtsverbindlicher Beschlussentwurf geschaffen wird, zumal dieser bereits eine Beschwer entfaltet (→ Art. 58 Rn. 64). Eine **wiederholte Anhörung** wird dann erforderlich, wenn etwa wegen neuer Erkenntnisse zum Sachverhalt der Beschlussentwurf (Abs. 6) keine tragfähige Grundlage für den Erlass eines Beschlusses mehr bildet und dabei eine Änderung des Beschlussentwurfs nach den nationalen Verfahrensvorschriften in Betracht kommt.

Gegen die damit verbundenen verwaltungsrechtlichen Maßnahmen kann sich der Verantwortliche oder der 18 Auftragsverarbeiter unter Berücksichtigung der nationalen Verfahrensregelungen nach Art. 78 Abs. 1 zur Wehr setzen und letztlich eine gerichtliche Prüfung des **verbindlichen Beschlusses** (vgl. EG 126 S. 1) erwirken. Sofern der Beschluss auf eine Beschwerde einer betroffenen Person erfolgt, und dieser mit dem Be-

---

7 Ebenso Kühling/Buchner/*Dix* Art. 60 Rn. 18.

schluss im Ergebnis vollständig stattgegeben wird, so entfaltet die Maßnahme keine belastende Wirkung. Aus diesem Grunde ist in Abs. 7 S. 2 grundsätzlich nur eine schlichte Unterrichtung des Beschwerdeführers über den Beschluss durch die Aufsichtsbehörde, bei der die Beschwerde eingereicht wurde, vorgesehen.

19   Abs. 8 sieht eine Ausnahme zu Abs. 7 und der dort vorgesehenen einfachen Unterrichtung eines Beschwerdeführers vor, wenn dessen Beschwerde vollumfänglich abgelehnt oder abgewiesen wird. In diesen Fällen erlässt die Aufsichtsbehörde, bei der die Beschwerde eingereicht wurde, abweichend von Abs. 7 den Beschluss, teilt ihn dem Beschwerdeführer mit und setzt den Verantwortlichen in Kenntnis. Damit sollen für den Beschwerdeführer beziehungsweise für die betroffene Person **ortsnahe Rechtsschutzmöglichkeiten** gewährleistet sein (vgl. EG 129 S. 9). Den verbindlichen Beschluss der federführenden Aufsichtsbehörde kann der Beschwerdeführer in dem Mitgliedstaat gerichtlich überprüfen lassen, in dem jene Aufsichtsbehörde ihren Sitz hat, bei der die Beschwerde eingereicht wurde, Art. 78 Abs. 3. Die Ausnahmeregelung des Abs. 8 erstreckt sich auch auf die Einhaltung der sonstigen Informationspflichten nach Abs. 7 S. 1.[8]

20   Wurden **Beschwerden bei verschiedenen anderen betroffenen Aufsichtsbehörden** wegen desselben mutmaßlichen Verstoßes gegen die Verordnung eingelegt, und wurden diese Beschwerden infolge des verbindlichen Beschlussentwurfs abgelehnt oder abgewiesen, so muss auch jede der mit einer Beschwerde kontaktierten anderen betroffenen Aufsichtsbehörden einen selbstständigen und selbstständig gerichtlich angreifbaren Beschluss erlassen und diesen den jeweiligen Beschwerdeführern mitteilen. Dabei spielt es keine Rolle, ob derselbe Beschwerdeführer bei zwei oder mehreren Aufsichtsbehörden wegen derselben Datenverarbeitung eine Beschwerde einreicht oder mehr als ein Beschwerdeführer bei zwei oder mehreren Aufsichtsbehörden wegen derselben Datenverarbeitung Beschwerden einreicht: In allen genannten Fällen muss jede dieser Aufsichtsbehörden Beschlüsse fassen, auch wenn dies zu gleichlautenden Beschlüsse führt. Anderenfalls würde möglicherweise der bestehende **Rechtsschutz** beschränkt, der nach den nationalen Vorschriften der Mitgliedstaaten unterschiedlich ausgestaltet sein kann.

21   Auch Abs. 9 ist eine Ausnahme von Abs. 7 bezüglich der Aufsichtsbehörde, die den Beschluss erlässt. Ist die Beschwerde nur teilweise zulässig und begründet, sollen also **Teile der Beschwerde** abgelehnt oder abgewiesen werden, wird in dieser Angelegenheit für jeden dieser Teile ein eigener Beschluss erlassen. Es kommt also zu mehreren Beschlüssen in einer gesamtheitlichen Angelegenheit nach gesamtheitlicher Beurteilung durch die Aufsichtsbehörden. Der Datenverarbeiter erhält, wenn er nicht ohnehin Adressat ist, Kenntnis von den anderen Beschlüssen. Die Zuständigkeitsverteilung auf die verschiedenen Aufsichtsbehörden folgt der Logik des Abs. 7 und Abs. 8 in Bezug auf die einzelnen Teile, führt aber insbes. dann zu einer unglücklichen Rechtswegspaltung für ein und denselben Vorgang bzw. ein und dieselbe Beschwerde, wenn nunmehr sowohl der Verantwortliche als auch der Beschwerdeführer jeweils nach Art. 78 Abs. 3 bei dem für die unterschiedlichen Aufsichtsbehörden zuständigen Gericht klagen; eine Lösung für die damit verbundenen potenziellen Konflikte bietet die DSGVO nicht an.

22   Die federführende Aufsichtsbehörde erlässt den Beschluss für den Teil, der gegenüber dem Verantwortlichen eine belastende Maßnahme auf der Basis von Art. 58 oder anderen Vorschriften vorsieht, teilt ihn der Hauptniederlassung oder der einzigen Niederlassung des Verantwortlichen oder des Auftragsverarbeiters im Hoheitsgebiet ihres Mitgliedstaats mit und setzt den Beschwerdeführer hiervon in Kenntnis. Dagegen erlässt die für den Beschwerdeführer zuständige Aufsichtsbehörde den Beschluss für den Teil, der die Ablehnung oder Abweisung der Beschwerde betrifft. Sie teilt ihn diesem Beschwerdeführer mit und setzt den Verantwortlichen oder den Auftragsverarbeiter hiervon in Kenntnis. Auch hierbei kann der Fall eintreten, dass wegen desselben Verstoßes gegen die Verordnung zwei oder mehrere Aufsichtsbehörden im Beschwerdewege kontaktiert wurden und nun jede dieser Aufsichtsbehörden gegenüber ihren jeweiligen Beschwerdeführern einen **selbstständigen und selbstständig gerichtlich angreifbaren Beschluss** erlassen muss. Auch wenn Abs. 9, anders als Abs. 7, keine ausdrückliche Verpflichtung vorsieht, die anderen betroffenen Aufsichtsbehörden und den EDSA in Kenntnis zu setzen, so hat dies gleichwohl zu geschehen.[9] Sieht man darin nicht nur ein Redaktionsversehen, ergibt sich das schon aus der Informationspflicht des Abs. 1 S. 2.

23   **3. Pflichten der Verantwortlichen und Auftragsverarbeiter (Abs. 10).** Abs. 10 regelt den **Vollzug der über den Beschluss** nach Abs. 7, 8 oder 9 getroffenen Maßnahmen: Klarstellend wird noch einmal die Verpflichtung des Verantwortlichen bzw. Auftragsverarbeiters normiert, die im Beschluss aufgegebenen Maßnahmen befolgen zu müssen. Um nachzuhalten, ob dem Folge geleistet wird, muss der Verantwortliche oder der Auftragsverarbeiter nach Abs. 10 S. 2 der federführenden Aufsichtsbehörde die Maßnahmen mitteilen, die zur Einhaltung des Beschlusses ergriffen wurden. Weiterhin steht der Verantwortliche bzw. Auftragsverarbeiter nur mit der federführenden Aufsichtsbehörde in Kommunikationsbeziehungen. Die federführende

---

8 Ebenso Kühling/Buchner/*Dix* Art. 60 Rn. 24.
9 So auch Kühling/Buchner/*Dix* Art. 60 Rn. 26.

Aufsichtsbehörde unterrichtet daher ihrerseits die anderen betroffenen Aufsichtsbehörden. Dies entlastet den Verantwortlichen bzw. Auftragsverarbeiter.

Kommt ein Verantwortlicher oder ein Auftragsverarbeiter seinen Verpflichtungen aus dem Beschluss nicht 24 nach, obliegt es der federführenden Behörde, **im eigenen Hoheitsbereich** gegenüber der Hauptniederlassung oder der einzigen Niederlassung dieser Stellen im Wege der **Verwaltungsvollstreckung** vorzugehen und die Einhaltung des Beschlusses zu erzwingen. Im Falle der Nichtbefolgung einer Anweisung der federführenden Aufsichtsbehörde nach Art. 58 Abs. 2 kommt nach **Eintritt der Bestandskraft** des entsprechenden Verwaltungsakts auch die **Verhängung eines Bußgeldes** nach Art. 83 Abs. 6 in Betracht.

Eine erhebliche Regelungslücke enthält die DSGVO für den Fall, dass die federführende Aufsichtsbehörde 25 trotz fehlender Maßnahmen des Verantwortlichen bzw. Auftragsverarbeiters von Vollzugsmaßnahmen Abstand nimmt oder nach der Auffassung einer der anderen betroffenen Aufsichtsbehörden nicht ausreichend die Vollstreckung betreibt. Zwar kann für diese Fälle das Verfahren vor dem EDSA nach Art. 64 Abs. 2 aE auf Antrag betrieben werden. Als ultima ratio wird, bei besonders hartnäckiger Weigerung der federführenden Aufsichtsbehörde, ein Vertragsverletzungsverfahren der KOM in Betracht kommen, das aber seinerseits erheblichen Unsicherheiten unterliegt und durch die betroffenen Aufsichtsbehörden nicht erzwungen werden kann. Die Möglichkeiten der betroffenen Person, die Aufsichtsbehörde zum Tätigwerden zu zwingen, richtet sich nach Art. 78 (→ Art. 78 Rn. 11).

V. Dringender Handlungsbedarf (Abs. 11)

Gelangt die betroffene Aufsichtsbehörde zu der Auffassung, es bestehe ein dringender Handlungsbedarf, 26 um Interessen (regelmäßig **Rechte und Freiheiten**) von betroffenen Personen zu schützen, so kommt in Ausnahmefällen[10] abweichend vom Verfahren der Zusammenarbeit zwischen der federführenden Aufsichtsbehörde und den anderen betroffenen Aufsichtsbehörden gemäß Abs. 11 das Dringlichkeitsverfahren nach Art. 66 zur Anwendung.

VI. Elektronische Kommunikation (Abs. 12)

Abs. 12 enthält eine Vorschrift zum **E-Government**: Danach ist der Austausch im Rahmen des Art. 60 (ausschließlich) auf elektronischem Wege durchzuführen. Dies verhindert zwar nicht, dass darüber hinaus auch andere Formen der Kommunikation, etwa fernmündlich, persönlich oder auch schriftlich, gewählt werden. Soweit allerdings damit eine bestehende Verpflichtung zur Information erfüllt werden soll, muss der elektronische Weg gewählt werden. Dies entspricht auch den Vorstellungen zur Transparenz und sichert, dass alle beteiligten Aufsichtsbehörden über einheitliche Informationen verfügen. Zudem entlastet es die Kommunikation von Wechseln in der Zuständigkeit der einzelnen Aufsichtsbehörden, die bspw. durch nationale Zuständigkeitsregeln bei mehreren nationalen Aufsichtsbehörden auftreten können. Damit soll einerseits die Erreichbarkeit der Aufsichtsbehörden untereinander sowie die **fristgemäße und datensichere Kommunikation** sichergestellt werden.

Eine vergleichbare Sonderregelung für die Amtshilfe findet sich in Art. 61 Abs. 6, der allerdings Ausnahmen 28 zulässt (→ Art. 61 Rn. 18). Dort enthält Art. 61 Abs. 9 eine explizite Befugnis der KOM, im Wege von **Durchführungsrechtsakten** das standardisierte Format festzulegen. Ob sich diese Befugnis auch auf die Formate nach Abs. 12 erstreckt, ist umstritten.[11] Gegen eine Erstreckung spricht der Wortlaut von Abs. 12, der keine dem Art. 61 Abs. 9 entsprechende Befugnis für die KOM regelt. Letztlich ergibt sich auch aus Art. 93 Abs. 2, dass das für die Durchführungsrechtsakte vorgesehene Prüfverfahren nur dann zur Anwendung kommt, wenn auf dieses verwiesen wird.

Artikel 61   Gegenseitige Amtshilfe

(1) [1]Die Aufsichtsbehörden übermitteln einander maßgebliche Informationen und gewähren einander Amtshilfe, um diese Verordnung einheitlich durchzuführen und anzuwenden, und treffen Vorkehrungen für eine wirksame Zusammenarbeit. [2]Die Amtshilfe bezieht sich insbesondere auf Auskunftsersuchen und aufsichtsbezogene Maßnahmen, beispielsweise Ersuchen um vorherige Genehmigungen und eine vorherige Konsultation, um Vornahme von Nachprüfungen und Untersuchungen.

---

10 Art. 66 Abs. 1 formuliert abweichend „unter außergewöhnlichen Umständen"; dabei handelt es sich aber um unterschiedliche Übersetzungen des im Englischen einheitlichen „exceptional circumstances".
11 Dafür Paal/Pauly/*Koerffer* Art. 60 Rn. 14; aA Kühling/Buchner/*Dix* Art. 60 Rn. 31.

(2) ¹Jede Aufsichtsbehörde ergreift alle geeigneten Maßnahmen, um einem Ersuchen einer anderen Aufsichtsbehörde unverzüglich und spätestens innerhalb eines Monats nach Eingang des Ersuchens nachzukommen. ²Dazu kann insbesondere auch die Übermittlung maßgeblicher Informationen über die Durchführung einer Untersuchung gehören.

(3) ¹Amtshilfeersuchen enthalten alle erforderlichen Informationen, einschließlich Zweck und Begründung des Ersuchens. ²Die übermittelten Informationen werden ausschließlich für den Zweck verwendet, für den sie angefordert wurden.

(4) Die ersuchte Aufsichtsbehörde lehnt das Ersuchen nur ab, wenn

a) sie für den Gegenstand des Ersuchens oder für die Maßnahmen, die sie durchführen soll, nicht zuständig ist oder

b) ein Eingehen auf das Ersuchen gegen diese Verordnung verstoßen würde oder gegen das Unionsrecht oder das Recht der Mitgliedstaaten, dem die Aufsichtsbehörde, bei der das Ersuchen eingeht, unterliegt.

(5) ¹Die ersuchte Aufsichtsbehörde informiert die ersuchende Aufsichtsbehörde über die Ergebnisse oder gegebenenfalls über den Fortgang der Maßnahmen, die getroffen wurden, um dem Ersuchen nachzukommen. ²Die ersuchte Aufsichtsbehörde erläutert gemäß Absatz 4 die Gründe für die Ablehnung des Ersuchens.

(6) Die ersuchten Aufsichtsbehörden übermitteln die Informationen, um die von einer anderen Aufsichtsbehörde ersucht wurde, in der Regel auf elektronischem Wege unter Verwendung eines standardisierten Formats.

(7) ¹Ersuchte Aufsichtsbehörden verlangen für Maßnahmen, die sie aufgrund eines Amtshilfeersuchens getroffen haben, keine Gebühren. ²Die Aufsichtsbehörden können untereinander Regeln vereinbaren, um einander in Ausnahmefällen besondere aufgrund der Amtshilfe entstandene Ausgaben zu erstatten.

(8) ¹Erteilt eine ersuchte Aufsichtsbehörde nicht binnen eines Monats nach Eingang des Ersuchens einer anderen Aufsichtsbehörde die Informationen gemäß Absatz 5, so kann die ersuchende Aufsichtsbehörde eine einstweilige Maßnahme im Hoheitsgebiet ihres Mitgliedstaats gemäß Artikel 55 Absatz 1 ergreifen. ²In diesem Fall wird von einem dringenden Handlungsbedarf gemäß Artikel 66 Absatz 1 ausgegangen, der einen im Dringlichkeitsverfahren angenommenen verbindlichen Beschluss des Ausschuss gemäß Artikel 66 Absatz 2 erforderlich macht.

(9) ¹Die Kommission kann im Wege von Durchführungsrechtsakten Form und Verfahren der Amtshilfe nach diesem Artikel und die Ausgestaltung des elektronischen Informationsaustauschs zwischen den Aufsichtsbehörden sowie zwischen den Aufsichtsbehörden und dem Ausschuss, insbesondere das in Absatz 6 des vorliegenden Artikels genannte standardisierte Format, festlegen. ²Diese Durchführungsrechtsakte werden gemäß dem in Artikel 93 Absatz 2 genannten Prüfverfahren erlassen.

Literatur: *Isensee, J.*, § 126 Idee und Gestalt des Föderalismus im Grundgesetz, in: Isensee, J./Kirchhof, P. (Hrsg.), Handbuch des Staatsrechts, Bd. VI, 2008; *Schneider, J.-P./Hofmann H.C.H./Ziller, J.* (Hrsg.), ReNEUAL-Musterentwurf für ein EU-Verwaltungsverfahrensrecht, 2015; *Spiecker gen. Döhmann, I.*, Amtshilfe und Informationsmanagement als Gegenstand des Europäischen Verwaltungsrechts, in: Schneider, J.-P./Rennert, K./Marsch, N. (Hrsg.), ReNEUAL Musterentwurf für ein EU-Verwaltungsverfahrensrecht Tagungsband, 2016, 231; *Wettner, F.*, Das allgemeine Verfahrensrecht der gemeinschaftsrechtlichen Amtshilfe, in: Schmidt-Aßmann, E./Schöndorf-Haubold, B., Der Europäische Verwaltungsverbund, 2005, 181; *Wettner, F.*, Die Amtshilfe im Europäischen Verwaltungsrecht, 2005.

I. Vorbemerkung, Entstehungsgeschichte und Zwecke

1 Art. 61 enthält grundlegende Vorschriften zur Kooperation der Aufsichtsbehörden untereinander jenseits des speziell geregelten Kohärenzverfahrens. Die einheitliche Durchführung und Anwendung der DSGVO muss durch **Austausch der maßgeblichen Informationen** sowie dadurch sichergestellt werden, dass jede Behörde die anderen Behörden auf deren Ersuchen nach ihren eigenen Kompetenzen mit der Durchführung geeigneter Maßnahmen unterstützt. Der in Abs. 1 besonders hervorgehobene Informationsaustausch sowie

das sonstige Tätigwerden zur Hilfestellung erfolgen im Wege der Amtshilfe.[1] Amtshilfe stellt die Informations- und Handlungseinheit zwischen den beteiligten Stellen sicher und verhindert so ineffiziente Doppelarbeit und Friktionen durch ein nicht aufeinander abgestimmtes Handeln verschiedener staatlicher Stellen.[2] Die Amtshilfe im Rahmen der DSGVO prägt außerdem, dass die Aufsichtsbehörden sich dadurch gegenseitig die notwendige Unterstützung zukommen lassen, um die Grundrechte und Grundfreiheiten natürlicher Personen und insbes. deren Recht auf Schutz personenbezogener Daten zu schützen. Die Amtshilfe-Regelungen wirken sowohl nach innen – innerhalb der aufsichtsbehördlichen Strukturen in deren Präzisierung – als auch nach außen gegenüber dem Bürger bzw. dem Adressaten späterer Maßnahmen – in der Qualitätssicherung der Entscheidung.[3] Gleichzeitig wird durch die Vorschriften verhindert, dass quasi durch die Hintertür eine Kontrolle der Tätigkeit der ersuchenden Aufsichtsbehörde durch die ersuchte Behörde erfolgen könnte. Dies würde der vertrauensvollen Atmosphäre, die ein kooperatives Verhältnis voraussetzt und deren ein solches zwingend bedarf, widersprechen.[4]

Art. 61 stellt eine Spezialregelung der horizontalen Amtshilfe unter den datenschutzrechtlichen Aufsichtsbehörden dar. Daneben besteht weiterhin die Möglichkeit, auch sonstige Behörden in den Mitgliedsstaaten und der EU auf dem Wege der Amtshilfe zur Durchführung von Maßnahmen, etwa der Informationshilfe, zu ersuchen,[5] ohne dass es allerdings dafür bisher eindeutige Regelungen im europäischen Verwaltungsrecht gäbe.[6] Vielfach ist grenzüberschreitende Amtshilfe immer noch auf die lückenhaften sektoralen Regelungen im EU-Sekundärrecht sowie auf eventuelle zusätzliche Vereinbarungen zwischen den Mitgliedstaaten angewiesen. 2

Anders als die Regelungen in Art. 56 und 60 setzt Art. 61 nicht voraus, dass es um Fälle einer grenzüberschreitenden Datenverarbeitung iSv Art. 4 Nr. 23 (→ Art. 4 Nr. 23 Rn. 1) geht. Umgekehrt ist der Anwendungsbereich der Vorschrift aber auch nicht auf Fälle ohne diesen Charakter beschränkt. Mit anderen Worten sperrt das Verfahren nach Art. 60 nicht etwa die Amtshilfepflichten nach Art. 61. Dies eröffnet beispielsweise auch einer betroffenen Aufsichtsbehörde die Möglichkeit, Amtshilfeersuchen an die zuständige Aufsichtsbehörde zu richten, denen letztere nachkommen muss. 3

Art. 28 Abs. 6 DSRL sah bereits bisher vor, dass die Aufsichtsbehörden sich wechselseitig um die Ausübung ihrer Befugnisse ersuchen konnten. Zudem waren sie zum Austausch sachdienlicher Informationen verpflichtet.[7] 4

Die Vorstellungen zur Amtshilfe und Zusammenarbeit wandelten sich im Gesetzgebungsprozess zum Teil erheblich; ua wurde die Koordinierung der Amtshilfe bei grenzüberschreitenden Sachverhalten durch die federführende Aufsichtsbehörde, die Art. 55 KOM-E zugrunde lag, aufgegeben. EP und Rat haben zudem eine Reihe von Konkretisierungen durchgesetzt, ua die Begründungspflicht für die Ablehnung der Amtshilfe sowie zur Kostentragung. 5

II. Maßnahmen der Amtshilfe

1. Ersuchte und ersuchende Behörde. Aufsichtsbehörden (Art. 4 Nr. 21) leisten sich gegenseitig Amtshilfe. Dem Recht, als Behörde um Amtshilfe zu ersuchen, steht die Verpflichtung der ersuchten Behörde gegenüber, Amtshilfe zu leisten. Art. 61 ist nicht als Ermessensvorschrift ausgestaltet. Die beschriebene wechselseitige **Verteilung von Rechten und Pflichten** führt zu einer Stellung als ersuchte oder ersuchende Behörde. Die ersuchende Behörde wird zunächst prüfen, zu welcher Aufsichtsbehörde in den Mitgliedstaaten Kontakt aufgenommen werden soll. Dies kann mitunter schwierig sein, wenn vor allem nicht bekannt ist, welche Aufsichtsbehörde über maßgebliche Informationen verfügt oder eine anderweitige Hilfestellung bieten kann. Die gegenseitige Amtshilfe nach Art. 61 gebietet aber nicht, hierfür Register aufzustellen, zumal die Aufstellung und Pflege solcher Register keine leistbare Aufgabe darstellen würde. Vielmehr wird die ersuchte Behörde ein Ersuchen um Amtshilfe stets prüfen und der ersuchenden Behörde einschlägige bzw. vorhan- 6

---

1 *Albrecht/Jotzo*, S. 117.
2 So die verallgemeinerbaren Ausführungen von *Isensee* in: Isensee/Kirchhof (Hrsg.), Handbuch des Staatsrechts, Bd. VI, 2008, § 126, 3 (133).
3 *Spiecker gen.Döhmann* in: Schneider/Rennert/Marsch (Hrsg.), ReNEUAL Tagungsband, 2016, 231 (237 f.).
4 Vgl. *Spiecker gen.Döhmann* in: Schneider/Rennert/Marsch (Hrsg.), ReNEUAL Tagungsband, 2016, 231 (239).
5 Auf europäischer Ebene existiert eine solche kohärente Regelung der Amtshilfe bislang nicht, vielmehr sind die Vorschriften auf einen Strauß bereichsspezifischer Vorschriften verteilt, wie eben Art. 61, näher *Wettner* in: Schmidt-Aßmann/Schöndorf-Haubold (Hrsg.), Der Europäische Verwaltungsverbund, 2005, 181 (182 f.). Zwar verpflichtet Art. 4 Abs. 3 EUV die Union und die Mitgliedstaaten auf den Grundsatz der loyalen Zusammenarbeit, ist aber alleine zu unkonkret, um pflichtenerzeugend zu wirken, Calliess/Ruffert/*Calliess/Kahl/ Puttler* EUV Art. 4 Rn. 45.
6 *Schneider/Hofmann/Ziller* (Hrsg.), ReNEUAL-Musterentwurf für ein EU-Verwaltungsverfahrensrecht, 2015, enthält einen aussichtsreichen Vorschlag zur Kodifizierung von Mindestanforderungen an die europäische Amtshilfe.
7 Siehe dazu *Dammann/Simitis* Art. 28 Rn. 19.

dene Informationen mitteilen und eine sonstige Unterstützung leisten, wenn dies zum Kreis ihrer Aufgaben und Befugnisse zählt.

7 **2. Gegenstand der Amtshilfe (Abs. 1).** Gegenstand der Amtshilfe nach Abs. 1 können alle Arten von **aufsichtsbezogenen Maßnahmen** in jedem Schritt eines aufsichtsbehördlichen Verfahrens und **zur Unterstützung** jeglicher aufsichtsbehördlicher Pflichten und Befugnisse sein. Im Wesentlichen wird die Amtshilfe durch Informationshilfe geleistet, die dementsprechend in Abs. 1 S. 1 besonders hervorgehoben wird und trotz der missverständlichen Formulierung („und") ein Unterfall der Amtshilfe ist. Diese besteht nicht nur in der Aufbereitung, Zur-Verfügung-Stellung und Übermittlung bereits vorhandener Informationen, sondern auch in der Gewinnung neuer Informationen oder in der Erhebung von Informationen bei Dritten. Mittels Amtshilfe kann Information auf legitimen Wegen innerhalb der bestehenden Organisationsstrukturen nachgefragt werden; Amtshilfe ermöglicht der ersuchenden Aufsichtsbehörde den Zugriff auf Kenntnisse, die sie anderenfalls nicht hätte und nicht gewinnen könnte, nicht zuletzt aus territorialen Gründen.[8] Typischerweise wird dies bei Verantwortlichen mit mehreren Niederlassungen und mehreren Verarbeitungsorten der Fall sein, denn die federführende Aufsichtsbehörde kann Maßnahmen nur auf ihrem eigenen Hoheitsgebiet, nicht aber auch in anderen Mitgliedstaaten vornehmen.

8 Abs. 1 S. 1 verpflichtet die Aufsichtsbehörden überdies dazu, für die Amtshilfe und den Informationsaustausch **Vorkehrungen** für eine wirksame Zusammenarbeit zu treffen. Mit anderen Worten dürfen die Behörden nicht abwarten, bis sie mit entsprechenden Ersuchen konfrontiert werden, sondern müssen proaktiv entsprechende Verfahren einrichten. Dem dient insbes. der standardisierte Austausch nach Abs. 6 ($\rightarrow$ Rn. 18).

9 Abs. 1 S. 2 nennt exemplarisch, aber nicht abschließend, einige typische Amtshilfemaßnahmen. Als solche kommen Maßnahmen zur Aufgabenerfüllung nach Art. 58 in Betracht. Die ersuchte Aufsichtsbehörde kann etwa gebeten werden, eine Genehmigungsbefugnis nach Art. 58 Abs. 3 wahrzunehmen oder Untersuchungen in Form von Datenschutzüberprüfungen gemäß Art. 58 Abs. 1 lit. b durchzuführen. Die übermittelten Informationen können sich auch auf die **Mitteilung von Ermittlungsergebnissen** aus einer Nachprüfung oder Untersuchung beziehen. Dabei erfolgt die Übermittlung der Informationen nach Abs. 6 in der Regel auf elektronischem Wege unter Verwendung eines standardisierten Formats ($\rightarrow$ Rn. 18). Auffällig ist der Unterschied zu Art. 62 Abs. 1, der explizit auch Durchsetzungsmaßnahmen erwähnt. Daraus kann man schließen, dass die Amtshilfe sich nicht auf die Verhängung von Geldbußen und Vollstreckungsmaßnahmen erstreckt.[9] Dies entspricht auch der Vorstellung des EuGH.[10] Als Ausdruck des kooperativen Verhältnisses zwischen den Aufsichtsbehörden kann die genannte Konsultation verstanden werden: Die Aufsichtsbehörden können und sollen sich wechselseitig beraten.

10 **3. Fristen und Dringlichkeitsmaßnahmen (Abs. 2 und 8).** Abs. 2 S. 1 setzt der Durchführung der Amtshilfe enge zeitliche Grenzen. Fristverlängerungen, wie sie ansonsten üblich sind, etwa wegen des besonders schwierigen Sachverhalts, sind nicht vorgesehen. Dabei stellt der Wortlaut darauf ab, dass die ersuchte Aufsichtsbehörde innerhalb eines Monats **alle geeigneten Maßnahmen ergreift**, um dem Ersuchen nachzukommen. Hieraus folgt zum einen, dass die Monatsfrist eine Höchstfrist darstellt. Die Formulierung „unverzüglich" macht deutlich, dass eine Ausschöpfung der Monatsfrist nicht in Betracht kommt, wenn die Maßnahme früher möglich ist. Zum anderen ist Abs. 2 zu entnehmen, dass die ersuchte Aufsichtsbehörde zwar innerhalb der Monatsfrist dem Amtshilfeersuchen nachkommen muss. Folglich sind notwendige Maßnahmen fristgemäß zu ergreifen. Deren Erledigung muss innerhalb der Monatsfrist aber **nicht zwingend abgeschlossen** sein.[11]

11 Der **Abschluss einer Amtshilfemaßnahme** durch die ersuchte Aufsichtsbehörde kann folglich einen längeren Zeitraum in Anspruch nehmen, insbes. dadurch, dass der Verantwortliche oder Auftragsverarbeiter verfügte Maßnahmen angefochten hat oder die Auswertung von Ermittlungsergebnissen einer Prüfung vor Ort aufgrund des Umfanges und der zu prüfenden Rechtsfragen noch andauert. Ferner wäre auch nicht vorstellbar, dass die ersuchte Aufsichtsbehörde unverzüglich und in jedem Fall spätestens innerhalb eines Monats ein Genehmigungsverfahren abschließt, indem etwa eine Zertifizierungsstelle nach Art. 58 Abs. 3 lit. e akkreditiert oder nach Art. 58 Abs. 3 lit. f eine Zertifizierung erteilt oder Zertifizierungskriterien gebilligt werden. Bei Genehmigungen nach Art. 58 Abs. 3 lit. h bis j ist darüber hinaus zu beachten, dass nach Maßgabe von Art. 46 Abs. 4, 47 Abs. 1 zunächst ein **Kohärenzverfahren** nach Art. 63 durchzuführen ist. Der Verordnungsgeber hat daher in Abs. 5 klargestellt, dass sich die zu übermittelnden Informationen der er-

---

8 *Spiecker gen.Döhmann* in: Schneider/Rennert/Marsch (Hrsg.), ReNEUAL Tagungsband, 2016, 231 (237).
9 So Kühling/Buchner/*Dix* Art. 61 Rn. 10.
10 EuGH C 230/14, NJW 2015, 3636 – Weltimmo.
11 Paal/Pauly/*Körffer* Art. 61 Rn. 4.

suchten Behörde auf Ergebnisse oder den **Fortgang von Maßnahmen** beziehen können, die getroffen wurden, um dem Ersuchen nachzukommen (→ Rn. 17). Für die Einhaltung der Frist nach Abs. 2 ist es daher mindestens erforderlich, dass die ersuchte Aufsichtsbehörde tätig wird und Maßnahmen ergreift, indem sie das Notwendige veranlasst.

Wird die ersuchte Aufsichtsbehörde nicht fristgemäß tätig, so kann die ersuchende Aufsichtsbehörde eine 12 **einstweilige Maßnahme** im Hoheitsgebiet ihres Mitgliedstaats gemäß Art. 55 Abs. 1 ergreifen. Nach Abs. 8 S. 2 wird in diesem Fall von einem dringenden Handlungsbedarf iSv Art. 66 Abs. 1 ausgegangen (ähnlich Art. 62 Abs. 7 S. 2 → Art. 62 Rn. 15).

4. Inhalt des Ersuchens (Abs. 3). Auf der Basis von Amtshilfe findet **kein regelmäßiger Informationsaus-** 13 **tausch** statt. Vielmehr muss es sich um die Übermittlung von Informationen im Einzelfall handeln, die für eine konkrete Aufgabenerfüllung einer Aufsichtsbehörde erforderlich sind. Hinzu kommt eine strenge **Zweckbindung**, die in Abs. 3 S. 2 zum Ausdruck kommt, wonach die übermittelten Informationen ausschließlich für den Zweck verwendet werden können, für den sie angefordert wurden.

Das Ersuchen trifft auf **verschiedenartige Rechtsvorstellungen und Verpflichtungen**, denen Abs. 4 lit. b 14 Rechnung trägt. Zur Beurteilung benötigt die ersuchte Behörde Informationen über das Ersuchen selbst und über die Begründung, warum Amtshilfe verlangt wird; dies wird durch Abs. 3 vorgegeben. Dazu gehört deshalb auch eine aktive Aufklärung über die weitere Verwendung der mit Amtshilfe erlangten Leistungen, speziell der Informationen, nach dem Recht des Empfängerstaates. Für die ersuchte Behörde muss erkennbar sein, wer zu welchen Zwecken die gewünschte Amtshilfeleistung erhält und wer sie dann möglicherweise weiterverwenden kann. Nur so können die Risiken für Rechte weiterer Betroffener, etwa aus urheber-, marken-, patent-, wettbewerbs- oder berufs- und geheimnisrechtlichen Positionen, eingeschätzt werden und damit eine kompetente Beurteilung durch die ersuchte Behörde erfolgen, ob sie zur Amtshilfeleistung rechtlich und faktisch imstande ist. Diese Risiken entstehen auch dadurch, dass Informationen der ersuchten Behörde nicht zwingend freiwillig mitgeteilt wurden und gesetzliche Informationszugriffsrechte der Mitgliedstaaten typischerweise nicht zwischen inländischen und ausländischen Informationen differenzieren.[12] Zudem steigert die Weitergabe von Informationen die Risiken für Betroffene, da die Weiterverfolgung dieser Informationen und damit auch etwaige Rechtsbehelfe erschwert werden.[13] Für die ersuchte Aufsichtsbehörde ist daher eine präzise Umschreibung der Zwecke und der Verwendung ersuchter Informationen von großer Bedeutung. Abs. 3 S. 2 stellt somit klar, dass eine enge Zweckbindung besteht. Diese ist eine Spezialregelung gegenüber Art. 5 und Art. 6.

5. Ablehnung eines Ersuchens (Abs. 4). Abs. 4 sieht in abschließender Regelung (darauf verweist das Wort 15 „nur") zwei eng umschriebene Gründe vor, wegen derer die ersuchte Behörde das Ersuchen ablehnen kann. Danach kommen insbes. die **fehlende Zuständigkeit** der ersuchten Aufsichtsbehörde für die Durchführung der Maßnahme (lit. a) oder ein **Rechtsverstoß durch die Durchführung der Maßnahme** gegen Unionsrecht, die Vorgaben der DSGVO oder mitgliedstaatliches Recht der ersuchten Behörde (lit. b) als Ablehnungsgrund in Betracht.[14]

Ersteres kann der Fall sein, wenn die Maßnahmen sich für die ersuchte Aufsichtsbehörde auf das **Hoheits-** 16 **gebiet anderer Mitgliedstaaten** erstrecken sollen und damit eine Aufgabenwahrnehmung außerhalb des eigenen Kompetenzbereichs nach Maßgabe von Art. 57 Abs. 1 erfolgen würde. Die Aufsichtsbehörde lehnt das Ersuchen nach Abs. 4 lit. b ferner ab, wenn ein Eingehen auf das Ersuchen gegen die Verordnung verstoßen würde oder gegen das Unionsrecht oder das Recht der Mitgliedstaaten, dem die Aufsichtsbehörde, bei der das Ersuchen eingeht, unterliegt. Amtshilfe kann vor diesem Hintergrund grundsätzlich nicht geleistet werden, wenn die ersuchte Aufsichtsbehörde nach § 5 Abs. 2 S. 1 Nr. 1 (L)VwVfG aus rechtlichen Gründen hierzu nicht in der Lage ist, was etwa bei der drohenden Verletzung von Geheimhaltungs- und Verschwiegenheitspflichten der Fall sein kann. Weiterhin ist die Ablehnung eines Ersuchens zulässig, wenn gemäß § 5 Abs. 2 S. 1 Nr. 2 (L)VwVfG durch die Hilfeleistung dem Wohl des Bundes oder eines Landes erhebliche Nachteile bereitet würden.[15]

6. Informationspflicht (Abs. 5). Abs. 5 regelt Informationspflichten zwischen der ersuchten Behörde und 17 der ersuchenden Behörde. Diese erfassen die gesamte Zeitdauer der Amtshilfe bis hin zum Abschluss der ersuchten Maßnahme. Im Fall der **Ablehnung** (Abs. 4) ergibt sich aus der gegenüber Art. 60 Abs. 1 speziel-

---

12 *Spiecker gen.Döhmann* in: Schneider/Rennert/Marsch (Hrsg.), ReNEUAL Tagungsband, 2016, 231 (240).
13 *Spiecker gen.Döhmann* in: Schneider/Rennert/Marsch (Hrsg.), ReNEUAL Tagungsband, 2016, 231 (240).
14 Zu weiteren ungeschriebene Grenzen unionsrechtlicher Amtshilfeverpflichtungen *Wettner*, Die Amtshilfe im europäischen Verwaltungsrecht, 2005, 250ff. sowie *ders.* in: Schmidt-Aßmann/Schöndorf-Haubold Hrsg.), Der Europäische Verwaltungsverbund, 2005, 199ff., insbes. 201.
15 Roßnagel/*Hofmann*, Europ. DSGVO, S. 198. § 3 Rn. 314

leren Pflicht zur Zusammenarbeit im Rahmen der Amtshilfe des Abs. 1 eine Pflicht der ersuchten Behörde, die Ablehnung gegenüber der ersuchenden Behörde unverzüglich mitzuteilen und gemäß Abs. 5 S. 2 zu erläutern. Hierzu gehört auch die etwaige Beantwortung von Nachfragen bzw. der Eintritt in eine Erörterung der Gründe für die Ablehnung. Kommt eine ersuchte Aufsichtsbehörde den Verpflichtungen zur Amtshilfe nicht nach, so kann die ersuchende Aufsichtsbehörde unter den Voraussetzungen des Art. 64 Abs. 2 beantragen, dass der **Ausschuss** dies prüft, um eine Stellungnahme zu erhalten. Anders als nach den allgemeinen, wenngleich ungeschriebenen, Regeln der Amtshilfe[16] ist keine Ablehnung aus Gründen der Verhältnismäßigkeit, insbes. wegen des hohen Aufwands, vorgesehen.

18   **7. Form der Informationsübermittlung (Abs. 6).** Abs. 6 regelt den für die Praxis überaus wichtigen Vorgang der technischen Übermittlung der Informationen. Die elektronische Form unter Verwendung eines standardisierten Formats soll dabei auch den Vorstellungen von Transparenz und Nachvollziehbarkeit genügen. Die Formulierung „in der Regel" deutet darauf hin, dass die Vorschrift Ausnahmen zulässt, um im Einzelfall eine **Flexibilisierung, hohe Schnelligkeit und Effektivität** ohne großen Zeitverzug zu ermöglichen. Andererseits wird vorgesehen, dass ein Nachweis und eine Nachverfolgbarkeit – gerade auch im Zeitalter der Informationsfreiheitsgesetze – gewährleistet bleibt. Dies ebnet den Weg für die Steigerung von Effizienz und Schnelligkeit, weil direkte Kommunikation zwischen ersuchter und ersuchender Aufsichtsbehörde möglich bleibt, ohne dass informelle, für den Bürger nicht mehr kontrollierbare Verständigungen befördert werden.[17]

19   **8. Gebührenfreiheit und Erstattung sonstiger Ausgaben (Abs. 7).** Abs. 7 S. 1 sieht den Grundsatz der **Gebührenfreiheit** für Maßnahmen der Amtshilfe vor. Dahinter steht die Vorstellung, dass Amtshilfe sich in einem wechselseitigen Beistand erschöpft, der fiktiv als Gegenseitigkeitsverhältnis angenommen wird: Es wird davon ausgegangen, dass die Amtshilfeleistungen sich jedenfalls im Prinzip ausgleichen und sich Mehrkosten für die Amtshilfe in Grenzen halten.[18] Zudem steht dahinter die Vorstellung, dass die Amtshilfe regelmäßig nur für einzelne und kleinere Maßnahmen in Anspruch genommen wird.

20   Die Ausnahmeregelung des S. 2 erkennt an, dass dieses Grundprinzip den Bedingungen von Kooperation und den tatsächlich erfolgenden Leistungen der ersuchten im Verhältnis zur ersuchenden Behörde nicht immer gerecht wird. Denn es kann sein, dass die ersuchte Behörde faktisch erhebliche und aufwendige Dienstleistungen gleichsam mit übernimmt. Dies kann die ersuchte Behörde in erheblicher Weise in ihren Kapazitäten für ihre eigenen Aufgaben und deren Erfüllung binden. Zudem sind die Infrastrukturleistungen, die seitens einzelner Behörden vorgenommen werden und die sie möglicherweise besonders für Amtshilfeleistungen prädestinieren, als Investitionsleistungen teilweise so erheblich, dass vom **Prinzip der Kostenfreiheit** Abstand genommen werden muss.[19] S. 2 trägt diesem Problem Rechnung, indem die aufgrund der Amtshilfe entstandenen Ausgaben erstattet werden können. Der Begriff ist im Sinne von Auslagen zu verstehen, also Kosten, die der Behörde zusätzlich entstehen, die nach S. 2 ausnahmsweise bei Vorliegen besonderer Vereinbarungen zu erstatten sind. Dies deckt sich auch mit den anderen Sprachversionen („fee" versus „expenditure bzw. „frais" versus "dédommagements"). Damit können, wie es guter Praxis in einem kooperativen Verhältnis entspricht, nur tatsächlich entstandene Kosten berücksichtigt werden,[20] nicht aber die Infrastrukturleistungen als solche. S. 2 macht aber auch deutlich, dass es sich um Regelungen in **Ausnahmefällen** handelt, also gewahrt sein muss, dass die Amtshilfeleistungen grundsätzlich ohne Kostenerstattung erfolgen. Dies verhindert auch, dass die Aufsichtsbehörden womöglich ein internes System der wechselseitigen Kostenerstattung etablieren und damit fehlende Investitionen eines Mitgliedstaats ausgleichen können.

III. Durchführungsrechtsakte (Abs. 9)

21   Abs. 9 enthält eine der wenigen verbliebenen Ermächtigungen der KOM zum Erlass von Durchführungsrechtsakten und zwar im Hinblick auf Form und Verfahren der Amtshilfe. Dies ermöglicht ua eine Vereinheitlichung der Vorschriften der europäischen Amtshilfe insgesamt.[21] Die Befugnis erstreckt sich insbes. auf technische Details des **elektronischen Informationsaustauschs** und eröffnet die rechtsverbindliche Festlegung von Standards. Dies dient der Effizienz der Zusammenarbeit insbes. bei Prozessen und Vorgängen, die

---

16   Siehe zB *Schneider/Hofmann/Ziller* (Hrsg.), ReNEUAL-Musterentwurf für ein EU-Verwaltungsverfahrensrecht, 2015, Art. V-4 Abs. 4 lit. d.
17   Vgl. *Spiecker gen.Döhmann* in: Schneider/Rennert/Marsch (Hrsg.), ReNEUAL Tagungsband, 2016, 231 (240, 243).
18   So zur Amtshilfe nach deutschem Recht mittelbar auch Stelkens/Bonk/Sachs/*Schmitz*, VwVfG, 9. Aufl. 2018, § 8 Rn. 2, 11.
19   *Spiecker gen.Döhmann* in: Schneider/Rennert/Marsch (Hrsg.), ReNEUAL Tagungsband, 2016, 231 (241).
20   Vgl. *Spiecker gen.Döhmann* in: Schneider/Rennert/Marsch (Hrsg.), ReNEUAL Tagungsband, 2016, 231 (241).
21   Vgl. etwa *Schneider/Hofmann/Ziller* (Hrsg.), ReNEUAL-Musterentwurf für ein EU-Verwaltungsverfahrensrecht, 2015, dort insbes. Buch V – Amtshilfe.

sich häufig wiederholen. Das Verfahren zum Erlass der Durchführungsrechtsakte richtet sich nach Art. 93 Abs. 2 (→ Art. 93 Rn. 7).

Artikel 62   Gemeinsame Maßnahmen der Aufsichtsbehörden

(1) Die Aufsichtsbehörden führen gegebenenfalls gemeinsame Maßnahmen einschließlich gemeinsamer Untersuchungen und gemeinsamer Durchsetzungsmaßnahmen durch, an denen Mitglieder oder Bedienstete der Aufsichtsbehörden anderer Mitgliedstaaten teilnehmen.

(2) ¹Verfügt der Verantwortliche oder der Auftragsverarbeiter über Niederlassungen in mehreren Mitgliedstaaten oder werden die Verarbeitungsvorgänge voraussichtlich auf eine bedeutende Zahl betroffener Personen in mehr als einem Mitgliedstaat erhebliche Auswirkungen haben, ist die Aufsichtsbehörde jedes dieser Mitgliedstaaten berechtigt, an den gemeinsamen Maßnahmen teilzunehmen. ²Die gemäß Artikel 56 Absatz 1 oder Absatz 4 zuständige Aufsichtsbehörde lädt die Aufsichtsbehörde jedes dieser Mitgliedstaaten zur Teilnahme an den gemeinsamen Maßnahmen ein und antwortet unverzüglich auf das Ersuchen einer Aufsichtsbehörde um Teilnahme.

(3) ¹Eine Aufsichtsbehörde kann gemäß dem Recht des Mitgliedstaats und mit Genehmigung der unterstützenden Aufsichtsbehörde den an den gemeinsamen Maßnahmen beteiligten Mitgliedern oder Bediensteten der unterstützenden Aufsichtsbehörde Befugnisse einschließlich Untersuchungsbefugnisse übertragen oder, soweit dies nach dem Recht des Mitgliedstaats der einladenden Aufsichtsbehörde zulässig ist, den Mitgliedern oder Bediensteten der unterstützenden Aufsichtsbehörde gestatten, ihre Untersuchungsbefugnisse nach dem Recht des Mitgliedstaats der unterstützenden Aufsichtsbehörde auszuüben. ²Diese Untersuchungsbefugnisse können nur unter der Leitung und in Gegenwart der Mitglieder oder Bediensteten der einladenden Aufsichtsbehörde ausgeübt werden. ³Die Mitglieder oder Bediensteten der unterstützenden Aufsichtsbehörde unterliegen dem Recht des Mitgliedstaats der einladenden Aufsichtsbehörde.

(4) Sind gemäß Absatz 1 Bedienstete einer unterstützenden Aufsichtsbehörde in einem anderen Mitgliedstaat im Einsatz, so übernimmt der Mitgliedstaat der einladenden Aufsichtsbehörde nach Maßgabe des Rechts des Mitgliedstaats, in dessen Hoheitsgebiet der Einsatz erfolgt, die Verantwortung für ihr Handeln, einschließlich der Haftung für alle von ihnen bei ihrem Einsatz verursachten Schäden.

(5) ¹Der Mitgliedstaat, in dessen Hoheitsgebiet der Schaden verursacht wurde, ersetzt diesen Schaden so, wie er ihn ersetzen müsste, wenn seine eigenen Bediensteten ihn verursacht hätten. ²Der Mitgliedstaat der unterstützenden Aufsichtsbehörde, deren Bedienstete im Hoheitsgebiet eines anderen Mitgliedstaats einer Person Schaden zugefügt haben, erstattet diesem anderen Mitgliedstaat den Gesamtbetrag des Schadenersatzes, den dieser an die Berechtigten geleistet hat.

(6) Unbeschadet der Ausübung seiner Rechte gegenüber Dritten und mit Ausnahme des Absatzes 5 verzichtet jeder Mitgliedstaat in dem Fall des Absatzes 1 darauf, den in Absatz 4 genannten Betrag des erlittenen Schadens anderen Mitgliedstaaten gegenüber geltend zu machen.

(7) ¹Ist eine gemeinsame Maßnahme geplant und kommt eine Aufsichtsbehörde binnen eines Monats nicht der Verpflichtung nach Absatz 2 Satz 2 des vorliegenden Artikels nach, so können die anderen Aufsichtsbehörden eine einstweilige Maßnahme im Hoheitsgebiet ihres Mitgliedstaats gemäß Artikel 55 ergreifen. ²In diesem Fall wird von einem dringenden Handlungsbedarf gemäß Artikel 66 Absatz 1 ausgegangen, der eine im Dringlichkeitsverfahren angenommene Stellungnahme oder einen im Dringlichkeitsverfahren angenommenen verbindlichen Beschluss des Ausschusses gemäß Artikel 66 Absatz 2 erforderlich macht.

I. Vorbemerkung

Mit Art. 62 schafft der Verordnungsgeber ein **eigenständiges kooperatives Instrument**, das über Maßnah- 1 men der Amtshilfe, über das Kohärenzverfahren und über die allgemeine Pflicht zur Zusammenarbeit hinausgeht, nämlich die sog gemeinsamen Maßnahmen (s. ganz knapp auch in EG 134). Wann solche überhaupt in Betracht kommen und was sie sind, wird in Abs. 2 geregelt.

Gemäß Art. 62 sieht der Verordnungsgeber gemeinsame Maßnahmen der Aufsichtsbehörden einschließlich 2 gemeinsamer Untersuchungen und gemeinsamer Durchsetzungsmaßnahmen vor. Teilnehmende Aufsichtsbehörden ergreifen dabei Maßnahmen im **Hoheitsgebiet eines anderen Mitgliedstaats**. Im Gegensatz dazu zeichnet sich die gegenseitige Amtshilfe nach Art. 61 dadurch aus, dass nach dem Ersuchen der Aufsichtsbehörde eines fremden Mitgliedstaats die ersuchte Aufsichtsbehörde im **Hoheitsbereich ihres eigenen Mitgliedstaats** Maßnahmen durchführt.[1] Im Bereich der gemeinsamen Maßnahmen nach Art. 62 existiert eine einladende Aufsichtsbehörde und mindestens eine unterstützende Aufsichtsbehörde. Die **unterstützende Aufsichtsbehörde** wird dabei in jenem Mitgliedstaat tätig, in welchem die **einladende Aufsichtsbehörde** ihren Sitz hat. Gemeinsame Maßnahmen sind daher von einem Zusammenwirken der Aufsichtsbehörden im Mitgliedstaat der einladenden Aufsichtsbehörde geprägt. Gemeint ist nicht der Fall, in welchem zwei oder mehrere Aufsichtsbehörden eine koordinierte Prüfung der Datenverarbeitung eines Verantwortlichen oder Auftragsverarbeiters vornehmen wollen, welcher in zwei oder mehreren Mitgliedstaaten über Niederlassungen verfügt, wobei jede Aufsichtsbehörde in ihrem eigenen Hoheitsbereich jeweils allein tätig wird. Maßnahmen nach Art. 62 sind vielmehr von einer grenzüberschreitenden Unterstützung in einem fremden Hoheitsbereich gekennzeichnet. Deutlich wird dies auch gemäß Abs. 4, wonach Bedienstete einer unterstützenden Aufsichtsbehörde in einem anderen Mitgliedstaat gemäß Abs. 1 im Einsatz sind. Daraus folgt, dass der Bedeutungsinhalt in Abs. 1 auf eine Unterstützungshandlung in einem anderen Mitgliedstaat hinweist.

II. Gemeinsame Maßnahmen

3   **1. Grundsätze (Abs. 1).** Die Durchführung gemeinsamer Maßnahmen erfolgt **gegebenenfalls.** Die damit zum Ausdruck kommende Einschränkung besteht deshalb, weil die Entscheidung der Behörde, eine gemeinsame Maßnahme durchzuführen, nach Zweckmäßigkeit und Angemessenheit getroffen wird.[2] Abs. 1 erwähnt im Gegensatz zu Art. 61 Abs. 1 neben den Untersuchungen auch **Durchsetzungsmaßnahmen**, wodurch auch die Verhängung von Geldbußen und Vollstreckungsmaßnahmen erfasst wird (→ Art. 61 Rn. 9). Bedeutung erlangt die Durchführung gemeinsamer Maßnahmen auch im Rahmen von Art. 56 Abs. 5, wenn sich die federführende Aufsichtsbehörde dafür entscheidet, den Fall nicht selbst zu übernehmen und dann die andere Aufsichtsbehörde sich mit dem Sachverhalt befasst (→ Art. 56 Rn. 15).

4   **2. Beteiligte Aufsichtsbehörden (Abs. 2).** Abs. 2 bestimmt, wann ein gemeinsames Vorgehen überhaupt in Betracht kommt. Dazu werden zwei Alternativen angeführt. Zum einen kann ein Verantwortlicher oder Auftragsverarbeiter über Niederlassungen in mehreren Mitgliedstaaten verfügen. Zum anderen können der oder die Verarbeitungsvorgänge voraussichtlich auf eine bedeutende Zahl betroffener Personen in mehr als einem Mitgliedstaat erhebliche Auswirkungen haben. In beiden Fällen sind zwangsläufig **mehrere Aufsichtsbehörden** möglicherweise betroffen.

5   Im Hinblick auf die zweite Alternative wird der Begriff der **bedeutenden Zahl betroffener Personen** in der DSGVO nicht definiert und vor allem zahlenmäßig nicht konkretisiert. Eine entsprechend große Personengruppe wird aber spätestens dann gegeben sein, wenn ein Diensteangebot via Internet in mehr als einem Mitgliedstaat erreichbar ist und damit das Potential besteht, breite Bevölkerungskreise anzusprechen und deren personenbezogene Daten zu verarbeiten. Durch die Formulierung „**voraussichtlich**" wird der prognostische Charakter deutlich. Die potenzielle Reichweite eines Dienstes kann bereits ausreichen. Gleiches gilt, wenn ein bestimmtes Produkt oder Verfahren, bei dem personenbezogene Verarbeitungsvorgänge erfolgen, über die geografischen Grenzen eines Mitgliedstaates hinaus angeboten wird. Eine entsprechende Reichweite kann zudem gegeben sein, wenn die Produkte oder Verfahren aufgrund der medialen Wirkung von Werbemaßnahmen nicht nur lokal eng begrenzt wahrgenommen werden können, der Verantwortliche oder Auftragsverarbeiter im europäischen Markt bereits etabliert ist oder gar eine marktbeherrschende Stellung einnimmt und ein besonderer Kaufanreiz auf breite Bevölkerungskreise ausgeübt wird, weil die Produkte oder Verfahren günstig oder sogar kostenfrei angeboten werden und damit Einsparpotentiale auf Käuferseite zu erwarten sind. **Erhebliche Auswirkungen** sind dann gegeben, wenn für die breiten Bevölkerungskreise allgemeine Risiken bestehen, die etwa durch eine umfassende Verarbeitung, insbes. besonderer Kategorien von Daten nach Art. 9 und 10, oder durch den Einsatz besonderer Technologien zur Datenverarbeitung gegeben sein können.

6   Als Rechtsfolge ist in Abs. 2 vorgesehen, dass die Aufsichtsbehörde jedes dieser Mitgliedstaaten **berechtigt** ist, an den gemeinsamen Maßnahmen teilzunehmen. Eine Verpflichtung zur Teilnahme besteht nach dem Wortlaut der Vorschrift nicht. Hierin besteht ein Unterschied zur gegenseitigen Amtshilfe nach Art. 61, bei welcher für die Aufsichtsbehörden eine wechselseitige Verpflichtung normiert wurde (→ Art. 61 Rn. 3).

7   Die **federführende Aufsichtsbehörde** iSv Art. 56 Abs. 1 (→ Art. 56 Rn. 4) leitet das Verfahren zur Durchführung gemeinsamer Maßnahmen und prüft vorab, ob die Voraussetzungen für gemeinsame Maßnahmen

---

1   Roßnagel/*Hofmann*, Europ. DSGVO, § 3 Rn. 289.
2   Paal/Pauly/*Körffer* Art. 62 Rn. 1.

vorliegen und welche Aufsichtsbehörden kontaktiert werden sollen. Aufgrund dieser zentralen Stellung wird sie auch als einladende Aufsichtsbehörde tätig. Maßgebend ist folglich der Ort der Hauptniederlassung oder der einzigen Niederlassung des Verantwortlichen oder Auftragsverarbeiters in der Union. Alternativ zur federführenden Aufsichtsbehörde kommt die unterrichtende Aufsichtsbehörde nach Art. 56 Abs. 5 in Betracht, wenn sich die federführende Aufsichtsbehörde dazu entscheidet, sich mit dem Fall nicht selbst zu befassen (→ Art. 56 Rn. 15). Abs. 2 S. 2 verweist insoweit zwar auf Art. 56 Abs. 4, dabei handelt es sich aber um ein Redaktionsversehen. Gemeint ist Art. 56 Abs. 5, zumal dort auf die Anwendung von Art. 62 verwiesen wird. Die **unterrichtende Aufsichtsbehörde** wird dann als einladende Aufsichtsbehörde tätig. Werden in diesem Fall gemeinsame Untersuchungen und Durchsetzungsmaßnahmen in demjenigen Mitgliedstaat geplant, in dem die unterrichtende und zugleich einladende Aufsichtsbehörde ihren Sitz haben, so erscheint dies nur sinnvoll, wenn sich in diesem Mitgliedstaat auch eine Niederlassung des Verantwortlichen oder Auftragsverarbeiters befindet, die als taugliches Prüfobjekt in Betracht kommt. Anderenfalls könnte die unterrichtende Aufsichtsbehörde im Fall des Art. 56 Abs. 5 keine gemeinsamen Maßnahmen nach Art. 62 initiieren. Sie könnte dann allenfalls ein Verfahren der gegenseitigen Amtshilfe nach Art. 61 anstoßen und andere Aufsichtsbehörden ersuchen, in ihren eigenen Hoheitsbereichen aufsichtsbezogene Maßnahmen gegen dort vorhandene Niederlassungen durchzuführen.

3. Ausübung und Übertragung von Befugnissen (Abs. 3). Abs. 3 sieht die Möglichkeit arbeitsteiligen Vorgehens vor, indem eine andere als die federführende oder unterrichtende Aufsichtsbehörde tätig werden darf, nämlich die sog unterstützende Aufsichtsbehörde. Zudem werden damit **territoriale Kompetenzüberschreitungen** möglich. Dieses Vorgehen wird der Zulässigkeit nach dem jeweiligen mitgliedstaatlichen Recht der einladenden Aufsichtsbehörde unterstellt. Je nach federführender Aufsichtsbehörde kann dieses Vorgehen also zulässig oder unzulässig sein. Zudem sieht die Vorschrift diverse Maßnahmen vor, um die Souveränität der beteiligten Mitgliedstaaten im Rahmen einer solchen Arbeitsteilung zu wahren.

Nach Abs. 3 sind zwei Alternativen für die einladende Aufsichtsbehörde möglich. Zum einen kann sie **Befugnisse einschließlich Untersuchungsbefugnisse** an eine andere Aufsichtsbehörde übertragen (Abs. 3 S. 1 Alt. 1). Zum anderen kann sie den Mitgliedern oder Bediensteten der unterstützenden Aufsichtsbehörde gestatten, ihre Untersuchungsbefugnisse nach dem Recht des Mitgliedstaats der unterstützenden Aufsichtsbehörde auszuüben (Abs. 3 S. 1 2. Alt.). Durch die Einbeziehung der Untersuchungsbefugnisse könnten die Mitglieder oder Bediensteten der unterstützenden Aufsichtsbehörde dann nach Maßgabe von Art. 58 Abs. 1 etwa Untersuchungen in Form von Datenschutzüberprüfungen durchführen, vom Verantwortlichen oder Auftragsverarbeiter Zugang zu allen personenbezogenen Daten und Informationen erhalten, die zur Erfüllung ihrer Aufgaben notwendig sind oder auch den Zugang zu den Geschäftsräumen, einschließlich Datenverarbeitungsanlagen und -geräten, des Verantwortlichen und des Auftragsverarbeiters erhalten.

Die Vorschrift erfasst die **Mitglieder sowie die Bediensteten** der unterstützenden Aufsichtsbehörden. Dies umfasst die gewählten Mitglieder (Art. 53 Abs. 1; → Art. 53 Rn. 1) sowie die sonstigen Beschäftigten bzw. Bediensteten (Art. 54 Abs. 2; → Art. 54 Rn. 16).

Begleitende Sicherungsmaßnahmen sind folgende: Die Ausübung der Untersuchungsbefugnisse ist nach Abs. 3 S. 2 nur unter Leitung und in Gegenwart der Mitglieder oder Bediensteten der einladenden Aufsichtsbehörde zulässig. Nach Abs. 3 S. 3 unterliegen die Mitglieder oder Bediensteten der unterstützenden Aufsichtsbehörde dem Recht des Mitgliedstaats der einladenden Aufsichtsbehörde. Zudem sehen die Absätze 4 bis 6 konkrete Regelungen für Schadensersatz bei dieser Tätigkeit vor (→ Rn. 13ff.).

Die Übertragung der Befugnisse muss gemäß dem Recht des Mitgliedstaats der einladenden Aufsichtsbehörde erfolgen. Da die Untersuchungsbefugnisse als Teilmenge der Befugnisse genannt sind, liegt es nahe, dass sämtliche Befugnisse nach Art. 58 gemäß dem Recht des Mitgliedstaats der einladenden Aufsichtsbehörde übertragen werden könnten. Hierfür spricht auch der Wortlaut von Abs. 1, wonach gemeinsame Untersuchungen und **gemeinsame Durchsetzungsmaßnahmen** durchgeführt werden. Es bedarf allerdings einer besonderen Ermächtigung im Recht des jeweiligen Mitgliedstaats, damit die einladende Aufsichtsbehörde einer unterstützenden Aufsichtsbehörde etwa die Wahrnehmung von Abhilfebefugnissen nach Art. 58 Abs. 2 übertragen kann. Hiermit verbunden muss dann auch eine hoheitliche Befugnis der unterstützenden Aufsichtsbehörde sein, gegen Verantwortliche oder Auftragsverarbeiter mit Sitz im Hoheitsgebiet der einladenden Aufsichtsbehörde verbindliche Maßnahmen wie etwa Verwaltungsakte nach § 35 S. 1 (L)VwVfG zu erlassen. Im BDSG nF wurde eine solche **Befugnis für unterstützende Aufsichtsbehörden nicht** normiert. Auch aus anderen nationalen allgemeinen verwaltungsrechtlichen Bestimmungen können solche Befugnisse nicht abgeleitet werden. Damit fehlt derzeit eine entsprechende Regelung. Beschränkt auf Untersuchungsbefugnisse nach Art. 58 Abs. 1 soll es gemäß Abs. 3 S. 1 zulässig sein, diese als unterstützende Aufsichtsbehörde im Hoheitsgebiet der einladenden Aufsichtsbehörde nach dem Recht des Mitgliedstaats der unterstützenden Aufsichtsbehörde wahrzunehmen, wenn eine entsprechende Gestattung vorliegt. Auch für den letzteren Fall bedarf es einer besonderen Ermächtigung im Recht des Mitgliedstaats der einladenden Aufsichtsbehörde.

13   **4. Haftung für Schäden (Abs. 4 bis 6).** Abs. 4 bis 6 regeln die **staatshaftungsrechtlichen Konsequenzen** einschließlich des Ausgleichs zwischen den Mitgliedstaaten. Ausweislich Abs. 4 übernimmt der Mitgliedstaat der einladenden Aufsichtsbehörde nach eigenem Recht die Verantwortung für das Handeln von Bediensteten einer unterstützenden Aufsichtsbehörde, die in einem anderen Mitgliedstaat im Einsatz sind, einschließlich der Haftung für alle von ihnen bei ihrem Einsatz verursachten Schäden. Gemäß Abs. 5 S. 1 ersetzt der Mitgliedstaat, in dessen Hoheitsgebiet der Schaden verursacht wurde, diesen so, wie er ihn ersetzen müsste, wenn seine eigenen Bediensteten ihn verursacht hätten. Ein Anspruch gegen eine unterstützende Aufsichtsbehörde, die für eine deutsche federführende Aufsichtsbehörde nach Abs. 2 vorgegangen ist, könnte im Einzelfall also etwa auf Art. 34 GG iVm § 839 BGB gestützt werden, wenn die entsprechenden **Voraussetzungen der Amtshaftung** vorliegen. Die Bediensteten der unterstützenden Aufsichtsbehörde werden im Rahmen der übertragenen Untersuchungsbefugnisse als Inhaber eines öffentlichen Amtes tätig. Ihr Handeln ist einer hoheitlichen Tätigkeit zuzurechnen. Dabei müsste im Rahmen des Einsatzes beziehungsweise der Wahrnehmung aufsichtsbehördlicher Maßnahmen eine gegenüber einem Dritten **obliegende Amtspflicht** verletzt worden sein. Ferner müssten die Bediensteten der unterstützenden Aufsichtsbehörde einen adäquaten Schaden schuldhaft verursacht haben und der Anspruch darf nach Maßgabe der §§ 195, 199 Abs. 1 BGB nicht verjährt sein. Schließlich ist zu prüfen, ob die Verantwortlichkeit des Bundes oder des Landes etwa durch die Vorgaben des § 839 Abs. 1 S. 2 und Abs. 3 BGB eingeschränkt wird.

14   Ist der Mitgliedstaat der einladenden Aufsichtsbehörde verpflichtet, einem Dritten den Schaden auf Basis eines Amtshaftungsanspruchs zu begleichen, der durch Bedienstete der unterstützenden Aufsichtsbehörde verursacht wurde, so erstattet der Mitgliedstaat der unterstützenden Aufsichtsbehörde nach Abs. 5 S. 2 den **Gesamtbetrag des Schadensersatzes**, der an den berechtigten Dritten geleitet wurde. Im Übrigen ist die **Verzichtsregelung** in Abs. 6 zu berücksichtigen.[3]

15   **5. Dringender Handlungsbedarf (Abs. 7).** Nach Abs. 7 sind einstweilige Maßnahmen in zwei Konstellationen möglich, wenn erstens binnen der Monatsfrist eine **Einladung durch die zuständige Aufsichtsbehörde unterbleibt** oder zweitens auf ein Ersuchen einer Aufsichtsbehörde um Teilnahme **nicht geantwortet** wird (Abs. 2 S. 2). Um die **Monatsfrist** in Gang zu setzen, wird es allerdings nicht ausreichen, dass lediglich die in Abs. 2 skizzierte Situation eingetreten ist, wonach ein Verantwortlicher oder Auftragsverarbeiter über Niederlassungen in mehreren Mitgliedstaaten verfügt oder die Verarbeitungsvorgänge voraussichtlich auf eine bedeutende Zahl betroffener Personen in mehr als einem Mitgliedstaat erhebliche Auswirkungen haben. Hinzukommen muss nach Abs. 7, dass eine **gemeinsame Maßnahme geplant** ist, was zumindest eine Willensbekundung zur Durchführung einer gemeinsamen Untersuchung oder Durchsetzungsmaßnahme voraussetzen wird.

16   Die Rechtsfolge der Regelung ähnelt Art. 61 Abs. 8 S. 2, allerdings mit einem Unterschied: Während dort stets eine aufgrund der Dringlichkeit gegebene Erforderlichkeit eines verbindlichen Beschlusses gegeben ist, kann im Rahmen von Abs. 7 S. 2 auch eine **angenommene Stellungnahme** genügen.

Abschnitt 2
Kohärenz

Artikel 63   Kohärenzverfahren

Um zur einheitlichen Anwendung dieser Verordnung in der gesamten Union beizutragen, arbeiten die Aufsichtsbehörden im Rahmen des in diesem Abschnitt beschriebenen Kohärenzverfahrens untereinander und gegebenenfalls mit der Kommission zusammen.

Literatur: *Ashkar, D.,* Durchsetzung und Sanktionierung des Datenschutzrechts nach den Entwürfen der Datenschutz-Grundverordnung, DuD 2015, 796; *Caspar, J.,* Das aufsichtsbehördliche Verfahren nach der EU-Datenschutz-Grundverordnung – Defizite und Alternativregelungen, ZD 2012, 555; *Dix, A.,* Unabhängige Datenschutzkontrolle als vorgezogener Grundrechtsschutz, in: Kröger, M./Pilniok, A. (Hrsg.), Unabhängiges Verwalten in der Europäischen Union, 2016, 121; *Hoffmann-Riem, W.,* Kohärenz hinsichtlich verfassungsrechtlicher Maßstäbe für die Verwaltung in Europa, in: Trute, H.-H./Groß, T./Röhl, H. C./Möllers, C. (Hrsg.), Allgemeines Verwaltungsrecht – zur Tragfähigkeit eines Konzepts, 2008, 749; *Kahler, T.,* Die Europarechtswidrigkeit der Kommissionsbefugnisse in der Grundverordnung, RDV 2013, 69; *Kühling, J./Martini, M.,* Die Datenschutz-Grundverordnung:

---

3   Diese erfasst nach Auernhammer/*Lachmayer* DSGVO Art. 62 Rn. 22 im Wesentlichen Fälle, in denen ein Bediensteter der einladenden oder der unterstützenden Behörde dem jeweils anderen Mitgliedstaat einen Schaden zufügt; dies erscheint als eine sinnvolle Auslegung der missverständlich formulierten Regelung.

Revolution oder Evolution im europäischen und deutschen Datenschutzrecht?, EuZW 2016, 448; *Masing, J.*, Herausforderungen des Datenschutzes, NJW 2012, 2305; *Nguyen, A. M.*, Die zukünftige Datenschutzaufsicht in Europa – Anregungen für den Trilog zu Kap. VI bis VII der DS-GVO, ZD 2015, 265; *Piltz, C.*, Die Datenschutz-Grundverordnung – Teil 5: Internationale Zusammenarbeit, Rechtsbehelfe und Sanktionen, K&R 2017, 85; *Ronellenfitsch, M.*, Kohärenz und Vielfalt, DuD 2016, 357; *Roßnagel, A./ Kroschwald, S.*, Was wird aus der Datenschutzgrundverordnung? – Die Entschließung des Europäischen Parlaments über ein Verhandlungsdokument, ZD 2014, 495; *Ziebarth, W.*, Demokratische Legitimation und Unabhängigkeit der deutschen Datenschutzbehörden – Warum das durch die Rechtsprechung des EuGH (Rs. C-518/07, CR 2010, 339 und Rs. C-614/10) Erreichte durch den Entwurf für eine Datenschutz-Grundverordnung gefährdet wird, CR 2013, 60.

I. Entstehungsgeschichte, Gegenstand, Zweck und Systematik

Die Artt. 63ff. schaffen ein neues Instrument im Zusammenwirken der Aufsichtsbehörden und gehören zu **1** den zentralen Neuerungen der DSGVO. Mit dem Kohärenzverfahren soll die **einheitliche Anwendung der DSGVO in den Mitgliedstaaten** gewährleistet werden (EG 135 S. 1).[1] Hierzu wird die Kooperation zwischen den mitgliedstaatlichen Aufsichtsbehörden prozedural und institutionell ausgestaltet[2] und mit einem besonderen Entscheidungsmechanismus versehen, der europaweit seinesgleichen sucht. Dazu nimmt der Verordnungsgeber in Kauf, die auch von Art. 16 Abs. 2 S. 2 und Art. 52 gewährleistete Unabhängigkeit der mitgliedstaatlichen Aufsichtsbehörden zwar letztlich nicht zu verletzen, aber doch immerhin zu beeinträchtigen. Nicht zuletzt kann diese Beeinträchtigung aber mit der Effektivierung des Grundrechtsschutzes durch die zur Konsistenz verpflichteten Aufsichtsbehörden gerechtfertigt werden.[3]

Die **DSRL** sah ein derartiges Verfahren nicht vor. Dies führte zu einem der Grundprobleme der fehlenden **2** Harmonisierung des Vollzugs in den Mitgliedstaaten und trug letztlich auch zum bestehenden Vollzugsdefizit bei, da einheitliche Entscheidungen der Aufsichtsbehörden nicht erzwingbar waren und noch nicht einmal ein echter Abstimmungsmodus vorgesehen war.[4] Ähnlichkeiten bestehen lediglich mit der bisherigen sog. **Art.-29-Gruppe**, die zu einer einheitlichen Rechtsanwendung beitragen sollte, aber – anders als der EDSA im Kohärenzverfahren – lediglich beratende Funktion innehatte und keine verbindlichen Entscheidungen treffen konnte.[5] Diese Ähnlichkeiten werden durch den EDSA selbst verstärkt, indem er schon in seiner ersten Sitzung eine Reihe von Richtlinien und Empfehlungen der Art.-29-Gruppe übernahm[6] und sich damit faktisch in dessen Rechtstradition einordnete.

Das EU-Recht kennt den Begriff der Kohärenz[7] als unscharfen Rechtsbegriff, dem bislang feste Konturen, **3** ein einheitliches Konzept und mehr als spezifische Anwendungsfelder fehlen.[8] In den europäischen Verträgen wird der Begriff in unterschiedlichen Zusammenhängen verwendet und etwa in Art. 7 AEUV als allgemeines Grundprinzip allen Unionspolitiken vorangestellt.[9] Die DSGVO verwendet den Begriff der **Kohärenz im Sinne einheitlicher Rechtsanwendung.**[10]

Das Kohärenzverfahren baut auf dem **One-Stop-Shop-Grundsatz** (→ Art. 56 Rn. 1) auf, schränkt die durch **4** diesen entstandene inhaltliche Gestaltungsmacht der federführenden Aufsichtsbehörde allerdings gerade ein.[11] Es ist künftig für die effektive Umsetzung eines einheitlichen Datenschutzrechts in der EU von ent-

---

1   *Reding* ZD 2012, 195 (197); *Gierschmann* ZD 2016, 51 (51); *Ashkar* DuD 2015, 796 (799); *Paal/Pauly/Körffer* Art. 63 Rn. 1; *Plath/ Hullen* DSGVO Art. 63 Rn. 1; Ehmann/Selmayr/*Klabunde* Art. 63 Rn. 1; *Laue/Nink/Kremer*, § 10 Rn. 49; Roßnagel/*Hofmann*, Europ. DSGVO, § 3 Rn. 290.
2   Sydow/*Schöndorf-Haubold* Art. 63 Rn. 1.
3   Zur Rolle der Aufsichtsbehörden als effektive und vorgezogene Hüter der Grundrechte, vgl. *Spiecker gen. Döhmann* in: Kröger/Pilniok (Hrsg.), Unabhängiges Verwalten in der Europäischen Union, 2016, 97 (107ff., 117ff.); ähnlich *Dix* ebd., 121 (127, 129).
4   Siehe auch *Spiecker gen. Döhmann* K&R 2012, 717 (718ff.); *dies.* in: Kröger/Pilniok (Hrsg.), Unabhängiges Verwalten in der Europäischen Union, 2016, 97 (105ff.).
5   Vgl. auch Sydow/*Schöndorf-Haubold* Art. 63 Rn. 6; Gola/*Eichler* Art. 63 Rn. 2.
6   *European Data Protection Board*, Endorsement of WP29 Documents 1/2018, https://edpb.europa.eu/sites/edpb/files/files/news/endorse ment_of_wp29_documents_en_0.pdf.
7   Vgl. zum Rechtsbegriff „Kohärenz" *Ronellenfitsch* DuD 2016, 357 (357); *Hoffmann-Riem* in: Trute/Groß/Röhl/Möllers (Hrsg.), Allgemeines Verwaltungsrecht – zur Tragfähigkeit eines Konzepts, 2008, 749.
8   Ebenso Sydow/*Schöndorf-Haubold* Art. 63 Rn. 2.
9   Der Begriff findet sich weiter in Art. 181, 196, 256, 329, 349 AEUV sowie Art. 11, 13, 16, 17, 21 EUV; vgl. zur Verwendung des Kohärenzbegriffs im europäischen Verträgen *Schmidt-Aßmann* in FS Wahl, 2011, 819ff.
10 Ausführlich dazu Sydow/*Schöndorf-Haubold* Art. 63 Rn. 2.
11 Kühling/Buchner/*Caspar* Art. 63 Rn. 7 f.

scheidender Bedeutung.[12] Während mit dem One-Stop-Shop gemäß Art. 56 Abs. 6 ein einheitlicher Ansprechpartner für Verantwortliche und Auftragsverarbeiter geschaffen wird, wird mit dem Kohärenzverfahren verhindert, dass dies zu einem Übergewicht dieser Aufsichtsbehörde in der Auslegung und Durchsetzung der DSGVO führt. Die Effektivität eines **vereinheitlichten europäischen Rechtsregimes** hängt maßgeblich von der Effektivität der nationalen Aufsichtsbehörden und deren Kooperation untereinander (→ Art. 60 Rn. 1ff.) sowie von einer einheitlichen Anwendung der datenschutzrechtlichen Vorschriften auch auf Vollzugsebene ab.[13] Deshalb soll das Kohärenzverfahren dafür sorgen, dass sich die nationalen Aufsichtsbehörden abstimmen und ihr Vorgehen konzertiert erfolgt. Einem **Forum Shopping** durch Unternehmen, das durch den One-Stop-Shop gefördert werden könnte und schon unter der DSRL zu beobachten war, wird somit entgegengewirkt.[14] Mit Art. 65 wird daher ein Verfahren institutionalisiert, das eine gemeinsame, verbindliche, mehrheitliche Beschlussfassung in streitigen Angelegenheiten ermöglicht, während das Verfahren nach Art. 64 dazu beiträgt, grundlegende Fragestellungen einheitlich zu regeln. Art. 66 betrifft Dringlichkeitsmaßnahmen und schafft damit Handlungsfähigkeit auch in Eilfällen.

5   Das Kohärenzverfahren wird umfassend und abschließend in den **Artt. 63ff. in einem eigenen Abschnitt der DSGVO** geregelt. Eine Umsetzung in nationales Recht oder eine Konkretisierung der Norm selbst ist nicht zulässig, da das Kohärenzverfahren selbst auf eine **Vollharmonisierung durch eine Zentralisierung der Letztentscheidung** zielt.[15] Öffnungsklauseln sind nicht vorgesehen. Das Kohärenzverfahren steht inhaltlich und systematisch in enger Verbindung zwischen der in Artt. 60–62 geregelten Zusammenarbeit einzelner Aufsichtsbehörden und dem in Artt. 68–76 geschaffenen EDSA.[16] Als Interpretationshilfe dienen EG 135–138. Unmittelbare Vorbilder für die Regelungsstruktur existieren nicht, wenngleich sich im Unionsrecht einzelne Mechanismen identifizieren lassen, denen eine ähnliche Funktion zukommt,[17] zB im Telekommunikationsrecht. Dort ist allerdings angesichts fehlender vergleichbarer Unabhängigkeit der Aufsichtsbehörden und erheblicher Einwirkungsmöglichkeiten der KOM, etwa im Marktdefinitionsverfahren, ein völlig anderes Verfahren und Zusammenspiel der Beteiligten als im Datenschutzrecht etabliert, so dass sich Anleihen verbieten. Mit dem datenschutzrechtlichen Kohärenzverfahren institutionalisiert die DSGVO ein gänzlich **neues Instrument des europäischen Verwaltungsrechts**. Dieses zeichnet sich dadurch aus, dass zwar eine supranationale Institution, der EDSA, geschaffen wird, dieser Vorgang aber nicht etwa, vergleichbar den europäischen Agenturen, zu einer vollständigen Verlagerung der Kompetenzen und Befugnisse führt, da die institutionelle Ausgestaltung auf eine umfängliche Einbindung der nationalen Aufsichtsbehörden ausgerichtet ist. Die neu geschaffene Hierarchieebene bewahrt und manifestiert in einem kooperativen Mechanismus wesentliche Befugnisse und Kompetenzen der Aufsichtsbehörden.[18]

6   Um eine vollständige Harmonisierung auf der Ebene der Rechtsanwendung zu gewährleisten, arbeiten zunächst primär die Aufsichtsbehörden untereinander zusammen (→ Art. 51 Rn. 19ff.). Das nachfolgende Kohärenzverfahren ist eine Konkretisierung dieser Zusammenarbeitspflicht; der EDSA ist ihre Institutionalisierung.

7   Das Kohärenzverfahren kennt **drei Verfahren**: das Stellungnahmeverfahren (Art. 64), das Streitbeilegungsverfahren (Art. 65) sowie das Dringlichkeitsverfahren (Art. 66). Die verschiedenen Verfahren normieren jeweils unterschiedliche Anforderungen an die Beteiligten. Im **Stellungnahmeverfahren** muss nach Art. 64 Abs. 1 die zuständige Aufsichtsbehörde vor dem Erlass bestimmter Maßnahmen bzw. kann nach Art. 64 Abs. 2 jede Aufsichtsbehörde, der Vorsitz des Ausschusses oder die KOM eine Stellungnahme des EDSA einholen. In diesem Verfahren werden typischerweise Rechtsfragen von allgemeiner Bedeutung, wie sie in Art. 64 Abs. 1 exemplifiziert werden, einheitlich geklärt (→ Art. 64 Rn. 1, 8ff.). Wegen der rechtlichen Unverbindlichkeit der Stellungnahme entfaltet sie vor allem faktische Wirkungen (→ Art. 64 Rn. 6ff.). Das **Streitbeilegungsverfahren** (Art. 65) dient dagegen vorrangig der verbindlichen Klärung konkreter Rechtsfragen, die in einem Verwaltungsverfahren regelungsbedürftig werden, aber auch der Herstellung von Verbindlichkeit der Stellungnahmen im Falle von Uneinigkeit mit der federführenden Aufsichtsbehörde (→ Art. 64 Rn. 6ff.). Im Hinblick auf das angestrebte Ziel einer Vollharmonisierung ist Art. 65 somit Kernstück

---

12 *Nguyen* ZD 2015, 265 (265).
13 *Nguyen* ZD 2015, 265 (265); *Kühling/Martini* EuZW 2016, 448 (452); *Roßnagel/Kroschwald* ZD 2014, 495 (499); BeckOK DatenschutzR/*Marsch* DSGVO Art. 63 Rn. 1.
14 *Roßnagel/Hofmann* Europ. DSGVO, § 3 Rn. 290; *Schantz* NJW 2016, 1841 (1847).
15 BeckOK DatenschutzR/*Marsch* DSGVO Art. 63 Rn. 17 f.; Kühling/Buchner/*Caspar* Art. 63 Rn. 28.
16 Ähnlich BeckOK DatenschutzR/*Marsch* DSGVO Art. 63 Rn. 4; Ehmann/Selmayr/*Klabunde* Art. 63 Rn. 5; Kühling/Buchner/*Caspar* Art. 63 Rn. 1.
17 Hierzu ausführlich im Hinblick auf den Gemeinsamen Ausschuss der Mitgliedstaaten nach der REACH-Verordnung, dem Streitschlichtungsverfahren nach dem ReNEUAL-Entwurf sowie im Rahmen des europäischen Bankenaufsichtsrechts Sydow/*Schöndorf-Haubold* Art. 63 Rn. 19ff.
18 So auch Sydow/*Schöndorf-Haubold* Art. 63 Rn. 16 f.

des Kohärenzverfahrens.[19] Schließlich regelt Art. 66 für Fälle der **Dringlichkeit**, dass eine betroffene Aufsichtsbehörde ausnahmsweise ohne vorherige Abstimmung mit den anderen Aufsichtsbehörden einstweilige Maßnahmen erlassen kann, die aber strikten Voraussetzungen unterliegen. Allen drei Verfahren ist immanent, dass zwischen den Beteiligten ein **effektiver Informationsaustausch und eine echte Kooperation**, im Stellungnahme- und Streitbeilegungsverfahren auch eine **mehrheitliche inhaltliche Einigung**, stattfinden muss. Das in Art. 63 enthaltene Kooperationsgebot durchzieht also das gesamte Kohärenzverfahren samt seinen Vorbereitungshandlungen; Art. 67 spezifiziert die Vorgaben für den Informationsaustausch.

II. Gesetzgebungsgeschichte

Die Regelungen zum Kohärenzverfahren waren von Anfang an höchst umstritten, sodass sie im Laufe der **8** Verhandlungen mehrfach verändert wurden.[20] Das betraf insbes. die **Rolle der KOM**, da diese sich im KOM-E zunächst eine starke Stellung zugeschrieben hatte und vergleichbar einer obersten Behörde eingebunden werden sollte. Im KOM-E umfasste das Kohärenzverfahren sieben Artikel (Artt. 57–63 KOM-E), die der **KOM umfangreiche Befugnisse** einräumten. So sollte die KOM etwa befugt sein, Stellungnahmen zu Maßnahmen des EDSA abzugeben (Art. 59 Nr. 1 KOM-E). Diesen Stellungnahmen sollte die betroffene Aufsichtsbehörde dann so weit wie möglich Rechnung tragen (Art. 59 Nr. 2 KOM-E). Hier sind durchaus Ähnlichkeiten mit dem telekommunikationsrechtlichen Verfahren erkennbar gewesen.[21] Ebenso sollte die KOM befugt sein, geplante Maßnahmen der Aufsichtsbehörden auszusetzen (Art. 60 Nr. 1 KOM-E). Dabei sollte sie auch die zeitliche Frist für die Aussetzung der Maßnahme bestimmen können (Art. 60 Nr. 2 KOM-E), wobei als Obergrenze eine Zwölf-Wochen-Frist festgelegt wurde, in deren Zeitraum die Aufsichtsbehörde die geplante Maßnahme nicht erlassen durfte (Art. 60 Nr. 3 KOM-E). Damit wäre der KOM faktisch ein Recht zugekommen, Maßnahmen der unabhängigen Aufsichtsbehörden auf nicht unbeachtliche Zeit zu blockieren. Sie wäre insoweit Rechts- und teilweise auch Fachaufsichtsbehörde der nationalen Aufsichtsbehörden geworden, da sie auf diesem Wege die Möglichkeit gehabt hätte, die ihrer Ansicht nach zweckmäßige und verordnungskonforme Möglichkeit der zu erlassenen Maßnahme zu fordern.[22] Dies wäre ein eklatanter Verstoß gegen die in Art. 8 Abs. 3 GRCh und Art. 16 Abs. 2 AEUV garantierte Unabhängigkeit der Aufsichtsbehörden (→ Art. 52 Rn. 5ff.) gewesen.[23] Schließlich sollte die KOM die Möglichkeit erhalten, zahlreiche Durchführungsrechtsakte zu erlassen (Art. 62 KOM-E), was insbes. die Anerkennung von Standard-Datenschutzklauseln (Art. 62 Nr. 1 lit. b KOM-E), die Festlegung der Form und der Verfahren für die Anwendung des Kohärenzverfahrens (Art. 62 Nr. 1 lit. c KOM-E) und die Festlegung der Ausgestaltung des elektronischen Informationsaustauschs zwischen den Aufsichtsbehörden sowie zwischen den Aufsichtsbehörden und dem EDSA (Art. 62 Nr. 1 lit. d KOM-E) betraf. Deshalb stieß diese Konstruktion des Kohärenzverfahrens bei aller Zustimmung zum Grundprinzip eines vereinheitlichenden Abstimmungsmechanismus' der Aufsichtsbehörden untereinander bereits in seiner Anfangsphase auf erhebliche und berechtigte Kritik.[24]

Darum enthielt der **Parl-E** bezüglich der Rolle der KOM zahlreiche Änderungen. Deren Einwirkungsmög- **9** lichkeiten wurden vollständig gestrichen. Ebenso wurde die Möglichkeit zum Erlass von Durchführungsrechtsakten erheblich beschnitten. Auch im **Rat-E** wurden die umfangreichen Einwirkungsmöglichen der KOM gestrichen, wobei sich dieser weitestgehend am Parl-E orientierte.

Die zunächst angedachte starke Stellung der KOM konnte sich in der endgültigen Fassung der DSGVO **10** dementsprechend nicht durchsetzen. Die **KOM** spielt im **Kohärenzverfahren** deshalb **keine tragende Rolle**.[25] Sie kann aber immerhin mit ihrem Antragsrecht aus Art. 64 Abs. 2 (→ Art. 64 Rn. 24) sowie dem Vorlagerecht aus Art. 65 Abs. 1 lit. c (→ Art. 65 Rn. 18) nicht ganz beiläufigen Einfluss auf die Agenda des EDSA nehmen. Zudem ist sie immer noch zur Teilnahme an Sitzungen des Ausschusses und damit auch zu inhaltlichen Äußerungen befugt, wobei ihr kein Stimmrecht zusteht (→ Art. 68 Rn. 14).[26] Zudem kann sie die Grundlagen für den elektronischen Informationsaustausch schaffen (→ Art. 67 Rn. 3).

19 BeckOK DatenschutzR/*Marsch* DSGVO Art. 63 Rn. 13.
20 Paal/Pauly/*Körffer* Vorb. zu Art. 60 bis 76 Rn. 8; BeckOK DatenschutzR/*Marsch* DSGVO Art. 63 Rn. 3ff.; Kühling/Buchner/*Caspar* Art. 63 Rn. 12 f.; Sydow/*Schöndorf-Haubold* Art. 63 Rn. 7 f.; *Caspar* ZD 2012, 555 (556 f.); *Ziebarth* CR 2013, 60 (67 f.); *Kahler* RDV 2013, 69ff.; *Roßnagel/Kroschwald* ZD 2014, 495 (499); einen Überblick über die unterschiedlichen Entwürfe im Vergleich zueinander bietet die Synopse der DS-GVO: *Bayerisches Landesamt für Datenschutzaufsicht*, Trilog-Synopse der DS-GVO, https://www.lda.bayern .de/media/baylda_synopse.pdf.
21 Vgl. zB § 10 Abs. 2 S. 3 und § 11 Abs. 3 S. 1 TKG: Weitestmögliche Berücksichtigung der Empfehlung bzw. Leitlinien der KOM.
22 *Ziebarth* CR 2013, 60 (68).
23 *Kahler* RDV 2013, 69; Kühling/Buchner/*Caspar* Art. 63 Rn. 13.
24 *Caspar* ZD 2015, 555 (556 f.); *Hornung* ZD 2012, 99 (105 f.); *Kahler* RDV 2013, 69 (70); *Ziebarth* CR 2013, 60 (67 f.).
25 *Nguyen* ZD 2015, 265 (268); Gola/*Eichler* Art. 63 Rn. 2; Sydow/*Schöndorf-Haubold* Art. 63 Rn. 15.
26 Hierzu auch Sydow/*Schöndorf-Haubold* Art. 63 Rn. 8.

11 Die Zielsetzung des Art. 63 hat sich im Laufe des Gesetzgebungsverfahrens nur wenig verändert. Der **Zweck des Kohärenzverfahrens** ist nunmehr dahingehend bestimmt, dass es einen wesentlichen **Beitrag zur einheitlichen Anwendung der Verordnung in der gesamten Union** leisten soll (EG 135).

III. Normtext

12 **1. Anwendbarkeit des Kohärenzverfahrens.** Dem Wortlaut lässt sich nicht entnehmen, ob das Kohärenzverfahren nur zur **Anwendung** kommt, wenn **grenzüberschreitende Datenverarbeitungen** iSd Art. 4 Nr. 23 vorliegen.[27] Systematisch spricht dagegen, dass das Verfahren im Rahmen der Stellungnahme nach Art. 64 Abs. 1 bei der Erstellung von Listen für Verarbeitungsvorgänge, die den Anforderungen einer Datenschutz-Folgenabschätzung unterliegen sollen (lit. a), der Billigung von Kriterien für die Akkreditierung einer Stelle oder einer Zertifizierungsstelle (lit. c), bei der Festlegung von Standard-Datenschutzklauseln (lit. d), der Genehmigung von Vertragsklauseln (lit. e) oder der Annahme unternehmensinterner Vorschriften (lit. f) anwendbar ist,[28] dort aber nicht zwingend grenzüberschreitende Datenverarbeitungen gegeben sind. Allerdings ist das Kohärenzverfahren in Kapitel VII angesiedelt, das die Zusammenarbeit der Aufsichtsbehörden in vielen Fragen grenzüberschreitender Datenverarbeitung regelt, weshalb man das Kohärenzverfahren darauf beschränkt sehen könnte.[29] Da in diesem Kapitel aber zB in Art. 61 auch **Maßnahmen wie Amtshilfe und Informationsaustausch** zwischen den Aufsichtsbehörden vorgesehen sind, die nicht zwingend nur bei grenzüberschreitenden Datenverarbeitungen iSd Art. 4 Nr. 23 anfallen können, wäre eine solche Lesart zu eng. Hätte der Gesetzgeber das ganze Kapitel VII oder jedenfalls die Artt. 63ff. darauf beschränken wollen, hätte eine Verwendung des Begriffs, der ja sogar legaldefiniert wird, nahegelegen. Ein solches Verständnis entspräche auch nicht der Intention des Gesetzgebers aus EG 135. Dort werden beispielhaft („insbesondere") Maßnahmen mit grenzüberschreitendem Bezug genannt, die gegenüber der Legaldefinition des Art. 4 Nr. 23 sogar noch etwas enger gefasst sind. So wird darin eine „bedeutende Zahl betroffener Personen" gefordert gegenüber „betroffene Personen" sowie Auswirkungen „in mehreren Mitgliedstaaten" gegenüber „in mehr als einem Mitgliedstaat". Hätte der Gesetzgeber hier eine Beschränkung auf grenzüberschreitende Datenverarbeitungen im Kohärenzverfahren vorgesehen, würde dieses **Beispiel in EG 135** ins Leere greifen, weil es ohnehin erfasst wäre. Und auch die Regelung des Art. 64 Abs. 2 ergäbe keinen Sinn, wonach in Alt. 2 „Auswirkungen in mehr als einem Mitgliedstaat" für die Eröffnung des Stellungnahmeverfahrens auf Antrag gefordert werden, weil dieses dann ohnehin schon konstitutiv wäre. Dem steht auch nicht entgegen, dass in Art. 65 Abs. 1 lit. a und b Streitigkeiten zwischen federführender und betroffener Aufsichtsbehörde adressiert sind, also grenzüberschreitende Sachverhalte vorliegen. Damit werden lediglich besondere Fälle in den Katalog des Art. 65 Abs. 1 aufgenommen. Insofern soll der EDSA zwar auf Antrag nur unter Einschränkungen befasst werden können, in anderen Fällen aber auch ohne unmittelbaren grenzüberschreitenden Bezug. Dem ist auch unter dem Gesichtspunkt zuzustimmen, dass die meisten der in Art. 64 Abs. 1 genannten Vorhaben, auch wenn sie nur für einen Mitgliedstaat erfolgen soll, bereits eine gewisse **Selbstbindung der nationalen Aufsichtsbehörde(n)** entfalten und eine freie inhaltliche Auseinandersetzung darüber im EDSA nicht mehr möglich wäre. Im Interesse einer möglichst **neutralen, allgemeinwohlorientierten, europäisch harmonisierenden Herangehensweise** ist daher der EDSA so früh wie möglich und nicht erst bei grenzüberschreitenden Sachverhalten zu befassen. Dieses Ergebnis entspricht auch der Vorstellung von der DSGVO, dafür zu sorgen, dass es nicht mehr zu parallelen und abweichenden Entscheidungen verschiedener Aufsichtsbehörden kommt, die in der Sache gleiche Vorgänge behandeln, wie dies unter der DSRL der Fall war. Deshalb sind die Aufsichtsbehörden ohnehin angehalten zusammenzuarbeiten (Artt. 57 Abs. 1 lit. g; 51 Abs. 2 S. 2), ohne dass zusätzliche Hürden wie eine Vereinbarung zwischen den Mitgliedstaaten über die Leistung von Amtshilfe (Art. 61) oder über eine derartige Zusammenarbeit zu nehmen wären (vgl. EG 123). Inwiefern sich die Zusammenarbeit aber als fruchtbar erweist, wird wesentlich davon abhängen, ob die Aufsichtsbehörden versuchen werden, die Befassung des Ausschusses zu vermeiden, oder bestrebt sein werden, umstrittene Fragen möglichst schnell im Rahmen des Kohärenzverfahrens zu klären.[30] Dies wiederum wird dadurch bedingt, inwieweit sich der EDSA als kompetentes, entscheidungsfähiges Gremium selbst organisiert. Es hängt aber eben auch davon ab, inwiefern die Aufsichtsbehörden den EDSA befassen müssen und dies auch tun.

13 Das **Kohärenzverfahren** ist **nicht bei** der **Datenverarbeitung durch öffentliche Stellen anwendbar** (EG 128). Denn diese können sich für Datenverarbeitungen auf Art. 6 Abs. 1 lit. c und lit. e stützen, für die nach

---

27 So auch Paal/Pauly/*Körffer* Art. 64 Rn. 1.
28 *Ashkar* DuD 2015, 796 (799); *Hornung* ZD 2012, 99 (101).
29 Paal/Pauly/*Körffer* Art. 64 Rn. 1; Kühling/Buchner/*Caspar* Art. 64 Rn. 5; BeckOK DatenschutzR/*Marsch* DSGVO Art. 63 Rn. 7.
30 Vgl. BeckOK DatenschutzR/*Marsch* DSGVO Art. 63 Rn. 6.

Spiecker gen. Döhmann

Art. 55 Abs. 2 nur die Aufsichtsbehörde des betroffenen Mitgliedstaates zuständig ist.[31] In der Folge ist das Kohärenzverfahren auf Fälle der Datenverarbeitung im nicht-öffentlichen Bereich beschränkt.[32]

2. Allgemeines. Art. 63 ist die **Grundnorm des Kohärenzverfahrens**.[33] Das dort festgelegte Ziel, zur einheit- 14
lichen Anwendung durch **Zusammenarbeit** beizutragen, durchzieht sämtliche Vorschriften und ist eine
wichtige Auslegungshilfe, etwa bei der Bestimmung des Anwendungsbereichs (→ Rn. 4) oder der Vorprü-
fung durch den EDSA (→ Art. 64 Rn. 33ff.).

Beteiligte des Kohärenzverfahrens sind die federführende Aufsichtsbehörde und die sonstigen nationalen 15
Aufsichtsbehörden, die KOM sowie der EDSA, auch wenn dieser im Normtext nicht erwähnt wird, obwohl
er die zentrale Rolle im Kohärenzverfahren einnimmt, da er maßgeblich im Stellungnahme- (Art. 64) und
Streitbeilegungsverfahren (Art. 65) involviert ist.[34] Das erklärt sich daraus, dass die Beteiligten auch jeweils
Mitglieder des EDSA sind. Die Stellung der KOM ist gegenüber den sonstigen Beteiligten abgeschwächt, da
sie gemäß Art. 68 Abs. 5 lediglich mit beratender Stimme teilnimmt. Allerdings sollte die **Möglichkeit der
Einflussnahme**, die dadurch für die KOM entsteht, allein wegen deren Spezialisierung und Ressourcen nicht
unterschätzt werden.[35]

Eine **Mitwirkung von Verfahrensbeteiligten** des Verwaltungsverfahrens im Mitgliedstaat, welches das Kohä- 16
renzverfahren auslöst, etwa von Verantwortlichen, Auftragsverarbeitern oder den betroffenen Personen, ist
im Kohärenzverfahren **nicht vorgesehen**. Daher ist der Entscheidungsprozess für diesen Personenkreis nicht
transparent; wegen der Verbindlichkeit des Beschlusses des EDSA jedenfalls im Streitbeilegungsverfahren
nach Art. 65 Abs. 1 ist dies unter dem Gesichtspunkt der **Gewährung rechtlichen Gehörs**, Art. 41 Abs. 2
lit. a GRCh bzw. den nationalen Rechten, fragwürdig. Immerhin wird allerdings die nationale Aufsichtsbehörde im Rahmen ihrer jeweiligen Verfahrensvorschriften rechtliches Gehör gewähren müssen; dies könnte
dahingehend verstanden werden, dass sie den Standpunkt der Verfahrensbeteiligten aktiv im Kohärenzverfahren einbringen muss (→ Art. 65 Rn. 23). Im Übrigen wird dadurch die Einbeziehung von Fach- und Spe-
zialwissen verhindert. Ebenso ist die **Beteiligung von Interessenvertretern, Verbänden oder der Öffentlichkeit nicht vorgesehen**, obwohl diese ermöglichen könnten, dass im Rahmen des Verfahrens weitere wesentliche Belange, insbes. praktischer und technischer Natur, berücksichtigt werden würden, etwa durch Gutachten, fachkundige Stellungnahmen und Erfahrungsberichte.[36] Allein durch die allgemeine Vorschrift des
Art. 70 Abs. 4 (→ Art. 70 Rn. 13) wird dies berücksichtigt; auch die Geschäftsordnung geht darüber kaum
hinaus.[37] Dem EDSA steht im Rahmen verwaltungsrechtlicher Grundsätze frei, sich gezielt weiteren Sachverstands zu bedienen; die Vertraulichkeit nach Art. 76 Abs. 1 ist allerdings unbedingt zu wahren. Immerhin sieht die Geschäftsordnung in Art. 33 vor, dass grundsätzlich Öffentlichkeit gegeben ist. Die
geringe Beteiligung ist problematisch jedenfalls für allgemeine Stellungnahmen, die den Charakter von
Normkonkretisierungen aufweisen, weniger dagegen für ein konkretes Verfahren, das womöglich sogar auf
die Beschwerde eines Betroffenen zurückgeht. In den ersten Fällen könnte eine Einbeziehung dieser Perso-
nenkreise unter bestimmten Bedingungen die **Akzeptanz** der im Kohärenzverfahren ergangenen Entscheidungen erhöhen und damit gleichzeitig auch dem Einlegen möglicher Rechtsmittel effektiv vorbeugen können. Andererseits ist auch festzuhalten, dass dadurch der EDSA als **Fachgremium und unabhängiger Ent-
scheider** gestärkt wird. Auch strategisches Verhalten wird sich dann wesentlich nur in Bezug auf die Mitglieder des EDSA selbst ausprägen können; dem Zeitdruck des Kohärenzverfahrens wird im konzentrierten
Verfahren besser Rechnung getragen. Es bleibt aber schwierig, dass die Stellungnahmen und Beschlüsse des
EDSA erhebliches Gewicht aufweisen, während die direkten und indirekten Rechtsschutzmöglichkeiten dagegen aber wenige und zudem langwierige sind.

Mit der Schaffung des EDSA und damit eines neuen unabhängigen Gremiums mit Entscheidungsbefugnis- 17
sen gegenüber mitgliedstaatlichen Aufsichtsbehörden werden auch Fragen der **rechtsstaatlichen Bindung,
der Unabhängigkeit** sowie der **demokratischen Legitimation** virulent.[38]

So kann der EDSA in Form von verbindlichen Beschlüssen im Rahmen von Art. 65 die Entscheidung der 18
nationalen Aufsichtsbehörden vorgeben. Diese agieren dann möglicherweise nicht mehr unabhängig; der
EDSA könnte als vergleichbar einer **Fachaufsicht** gesehen werden. In der Tat hat der EuGH in mehreren

---

31 Ebenso BeckOK DatenschutzR/*Marsch* DSGVO Art. 63 Rn. 7; Kühling/Buchner/*Caspar* Art. 63 Rn. 19; *Kühling/Martini et al.,* S. 242.
32 *Die Bundesbeauftragte für den Datenschutz und die Informationssicherheit,* Info 6 – Datenschutz-Grundverordnung, S. 19, http://www
    .bfdi.bund.de/SharedDocs/Publikationen/Infobroschueren/INFO6.pdf?__blob=publicationFile&v=7.
33 Sydow/*Schöndorf-Haubold* Art. 63 Rn. 9.
34 So auch *Piltz* K&R 2017, 85 (86).
35 So auch BeckOK DatenschutzR/*Marsch* DSGVO Art. 63 Rn. 11 f.
36 Kritisch ebenso Plath/*Hullen* DSGVO Art. 64 Rn. 2; aA BeckOK DatenschutzR/*Marsch* DSGVO Art. 64 Rn. 14.1.
37 Art. 30 Geschäftsordnung EDSA.
38 Dazu Sydow/*Schöndorf-Haubold* DSGVO Art. 63 Rn. 18; kritisch auch hinsichtlich der demokratischen und föderalen Perspektive *Ma-
    sing* NJW 2012, 2305 (2311).

Entscheidungen die Unabhängigkeit der Aufsichtsbehörden herausgehoben.[39] Dabei hat er vor allem deren funktionale und institutionelle Unabhängigkeit betont.[40] Diese bleibt weitgehend unangetastet vom Kohärenzverfahren;[41] sie gilt in gleicher Weise auch für den EDSA (→ Art. 69 Rn. 4). Vor allem hätte der europäische Gesetzgeber auch die Anforderungen des Primärrechts durch die Institutionalisierung einer – unabhängigen – einheitlichen europäischen Datenschutzaufsicht wahren können. Das Mehrebenensystem der Aufsichtsbehörden auf nationaler und europäischer Ebene, das durchdrungen ist von einem einheitlichen Verständnis der Unabhängigkeit, ermöglicht eine weitere Beteiligung der nationalen Behörden. Auch wenn man die Voraussetzungen für die Einrichtung einer europäischen Aufsichtsbehörde als nicht gegeben ansieht, bleibt die unabhängige nationale Behörde immer noch beteiligt an einem Verfahren lauter unabhängiger Behörden und hat damit an der gemeinsamen Unabhängigkeit teil.

19 Auch unter dem Aspekt der **geringen Einflussnahme** der einzelnen Aufsichtsbehörde kann man Bedenken in Bezug auf deren Unabhängigkeit äußern.[42] Denn im EDSA gibt es keine Vetorechte; das Mehrheitsprinzip reduziert die Einflussmöglichkeiten der Aufsichtsbehörden auf das Prinzip „**one agency – one vote**". Dieses Problem wird für die deutschen Aufsichtsbehörden noch dadurch verstärkt, dass sie sich ja bereits im föderalistischen Staat auf eine einheitliche Position für den EDSA nach § 18 BDSG nF verständigen müssen, die Position einer einzelnen Aufsichtsbehörde im föderalen Staat also möglicherweise in den EDSA gar nicht mehr vordringen kann. Auch hier gilt, dass über die Hintertür der Unabhängigkeit keine institutionelle Bestandsgarantie für die nationalen Aufsichtsbehörden etabliert werden kann. Gerade die Gleichberechtigung der Stimmanteile jeder einzelnen Aufsichtsbehörde wahrt vielmehr eine gleichgewichtige inhaltliche Einflussnahmemöglichkeit. Als problematisch kann auch gesehen werden, dass der EDSA in manchen Fällen nicht umhinkommt, möglicherweise die **Übereinstimmung der Anwendung nationalen Rechts** mit der DSGVO zu überprüfen.[43] Dies könnte unter Souveränitätsaspekten als kritisch beurteilt werden. Es ist allerdings nicht überzeugend, darin einen Akt übergreifender europäischer Einflussnahme zu sehen, zumal der EDSA sich im Wesentlichen aus den nationalen Aufsichtsbehörden konstituiert.

20 Fraglich ist daneben auch die **demokratische Legitimation**, die der Ausschuss und die in ihm getroffenen Entscheidungen allein durch dessen Einrichtung durch den europäischen Gesetzgeber erfahren.[44] Kritisieren lässt sich, dass hierfür eine legitimierende primärrechtliche Grundlage in den Verträgen der EU fehlt. Allerdings verlangen Art. 8 Abs. 3 GRCh und Art. 16 Abs. 2 AEUV nur die Einrichtung von unabhängigen Stellen zur Überwachung der Einhaltung datenschutzrechtlicher Vorschriften, hingegen nicht unbedingt mitgliedstaatliche Stellen. Zudem lässt sich kritisch betrachten, dass die personelle demokratische Legitimation der im Ausschuss Tätigen allein über die unabhängigen nationalen Datenschutzbehörden gewährleistet ist und eine inhaltliche Legitimierung im Wesentlichen über den vorzulegenden Tätigkeitsbericht erfolgt. Hier könnte man über eine zusätzliche, genuin europäische Legitimationskette nachdenken.[45] Jedenfalls aus Sicht des EuGH dürfte eine solche Legitimierung nicht geboten sein; einem Demokratieverständnis, wie es das BVerfG entwickelt hat und das dieser Argumentation zugrunde liegt, steht er gerade distanziert gegenüber.[46]

21 **3. Zusammenarbeit der Aufsichtsbehörden untereinander.** Eine Reihe von Vorschriften konkretisiert die Kooperations- und **Zusammenarbeitspflicht** der mitgliedstaatlichen Aufsichtsbehörden aus Art. 63, insbes. Artt. 52 Abs. 2, 60ff. und 63ff. Im Rahmen des Kohärenzverfahrens wird diese Zusammenarbeit durch den EDSA institutionalisiert. Im Stellungnahme- und Streitbeilegungsverfahren kommt ihm die **zentrale Stellung** zu, sodass die Entscheidungsbefugnis einzelner Aufsichtsbehörden zu Gunsten des Ausschusses beschränkt wird.[47] Das Dringlichkeitsverfahren ist dagegen insofern eine Regelung der Zusammenarbeit, als aufgrund außergewöhnlicher Umstände eine einstweilige Maßnahme ohne Rücksicht auf die anderen Aufsichtsbehörden vorübergehend sofort erlassen werden kann. Dieser Zustand wird aber nicht perpetuiert, sondern über Kenntnisgabepflichten und die nachfolgende erneute Zusammenarbeit gezielt als Ausnahme ausgestaltet.

22 Wesentlich für eine **effektive Zusammenarbeit** der Aufsichtsbehörden untereinander ist deren **Ausstattung mit ausreichenden Personal-, Sach- und Finanzmitteln.** Nur wenn die jeweiligen Aufsichtsbehörden in den

---

39 EuGH C-518/07 NJW 2010, 1265 – KOM/Deutschland; C-614/10, ZD 2012, 563 – Kommission/Österreich); C-288/12, EuGRZ 2014, 410 – KOM/Ungarn); dazu *Spiecker gen. Döhmann* in Kröger/Pilniok (Hrsg.), Unabhängiges Verwalten in der Europäischen Union, 2016, 97 (99ff.).
40 Zu den verschiedenen Arten der Unabhängigkeit vgl. BeckOK DatenschutzR/*Schneider* DSGVO Art. 52 Rn. 9ff.
41 Kritisch zB Roßnagel/*ders.*, Das neue DSR, § 6 Rn. 124f.
42 Ehmann/Selmayr/*Klabunde* Art. 63 Rn. 6.
43 So jedenfalls Sydow/*Schöndorf-Haubold* DSGVO Art. 63 Rn. 18.
44 So auch Sydow/*Schöndorf-Haubold* DSGVO Art. 63 Rn. 18.
45 So BeckOK DatenschutzR/*Marsch* DSGVO Art. 63 Rn. 5, wobei nicht deutlich wird, wie diese aussehen soll.
46 Vgl. EuGH C-518/07 NJW 2010, 1265 – KOM/Deutschland.
47 Paal/Pauly/*Körffer* Art. 63 Rn. 3.

Mitgliedstaaten über genügend Ressourcen verfügen, können sie die ihnen nach der DSGVO zugewiesenen Aufgaben (Art. 51ff. sowie insbes. → Art. 57 Rn. 7ff.) wirkmächtig erfüllen. Das betrifft auch die wirksame Partizipation am Kohärenzverfahren. Deshalb muss jeder Mitgliedstaat sicherstellen, dass die jeweilige Aufsichtsbehörde mit den personellen, technischen und finanziellen Ressourcen, Räumlichkeiten und Infrastrukturen ausgestattet wird, die sie benötigt, um ihre Aufgaben und Befugnisse auch im Rahmen der Amtshilfe, Zusammenarbeit und Mitwirkung im EDSA effektiv wahrnehmen zu können (Art. 52 Abs. 4). Dabei darf nicht vernachlässigt werden, dass wesentliche Elemente des Kohärenzverfahrens künftig in Brüssel vorbereitet und voraussichtlich auf Englisch stattfinden werden. Eine wesentliche **Gefährdung der Erreichung des Zwecks des Kohärenzverfahrens** (→ Rn. 1ff.) besteht also darin, dass die Mitgliedstaaten ihre jeweiligen Aufsichtsbehörden nicht mit den notwendigen Ressourcen ausstatten. Personell notwendig sind fachlich ausgebildete Personen, die sich vor allem mit juristischen und technischen Anforderungen auskennen und auch multikomplexe Sachverhalte erfassen und aufbereiten können. In sachlicher Hinsicht müssen die Aufsichtsbehörden auf eine Infrastruktur zurückgreifen können, die es ihnen ermöglicht, die umfangreichen Aufgaben bewältigen zu können. Insgesamt ist hierfür eine ausreichend finanzielle Absicherung der Aufsichtsbehörden unerlässlich, da nur so eine effektive Zusammenarbeit der Aufsichtsbehörden sichergestellt wird.[48]

Die Zusammenarbeit der Aufsichtsbehörden untereinander ist wesentlich vom **Konsensprinzip** geprägt (→ Art. 60 Rn. 5), sodass die federführende Aufsichtsbehörde nach Art. 56 Abs. 1 und die anderen betroffenen Aufsichtsbehörden nach Art. 4 Nr. 22 angehalten sind, zu einvernehmlichen Lösungen zu gelangen. Art. 64 Abs. 2, der eine Stellungnahme des EDSA vorsieht, wenn eine zuständige Aufsichtsbehörde den Verpflichtungen zur Amtshilfe nach Art. 61 oder zu gemeinsamen Maßnahmen nach Art. 62 nicht nachkommt, ist davon Ausdruck. 23

Weitere Maßnahmen, um das Zusammenwirken durchzusetzen, insbes. einen effektiven Rechtsschutz, enthält die DSGVO für das Kohärenzverfahren allerdings nicht. Die DSGVO lässt die Frage offen, welche Maßnahmen ergriffen werden können, wenn ein verbindlicher **Beschluss** des EDSA vorliegt, eine andere Aufsichtsbehörde diesen Beschluss aber **faktisch nicht vollzieht** und somit ersichtlich wider das Prinzip der Zusammenarbeit handelt. In diesen Fällen kann eine andere Aufsichtsbehörde zumindest einstweilige Maßnahmen im Hoheitsgebiet ihres eigenen Mitgliedstaates ergreifen (→ Art. 62 Rn. 15 f.). Im Übrigen kann ein Vertragsverletzungsverfahren nach Art. 259 AEUV angestrebt werden, da das gesamte Primär- und Sekundärrecht der EU Gegenstand eines Vertragsverletzungsverfahrens sein kann, was auch das Unterlassen der Umsetzung eines Beschlusses darstellen kann.[49] Auf die Unabhängigkeit seiner nationalen Aufsichtsbehörden könnte sich in einem solchen Fall der beklagte Mitgliedstaat nicht berufen, da auch von der Regierung unabhängige Organe im Vertragsverletzungsverfahren angegriffen werden können.[50] Immerhin kann sich der Betroffene über Art. 78 Abs. 2 dagegen zur Wehr setzen, dass die Aufsichtsbehörde einen Beschluss nicht vollzieht. Fällt sie dagegen eine Entscheidung, die inhaltlich abweicht, greift Art. 78 Abs. 1. 24

4. Zusammenarbeit der Aufsichtsbehörden mit der Kommission. Art. 63 sieht nicht nur für die Aufsichtsbehörden untereinander, sondern auch für das Verhältnis **zwischen Aufsichtsbehörden und KOM** das **Kooperationsprinzip** vor. Dabei handelt es sich zwar um ein abgeschwächtes Verhältnis, weil sich KOM und Aufsichtsbehörden angesichts der Stellung der KOM (→ Rn. 15) im Kohärenzverfahren nicht auf rechtlicher Augenhöhe begegnen. Zudem arbeiten Aufsichtsbehörden und KOM nur „gegebenenfalls" zusammen.[51] Die Formulierung intendiert eine Abstufung zwischen Aufsichtsbehörden und KOM, die der rechtlichen und tatsächlichen Distanz von Aufsichtsbehörden und KOM Rechnung trägt.[52] **An erster Stelle sollen die Aufsichtsbehörden miteinander kooperieren** und im Konsens tragfähige Lösungen entwickeln.[53] Gleichwohl wird von beiden Seiten, also von Aufsichtsbehörden und KOM, gleichermaßen verlangt, miteinander fair und nach Möglichkeit um Konsensualität bemüht umzugehen. 25

Konkretisierte Ausprägungen finden sich insbes. im Hinblick auf den **Informationsaustausch** zwischen beiden Institutionen im Rahmen des Stellungnahme-, Streitbeilegungs- und Dringlichkeitsverfahrens. 26

5. Zusammenarbeit der Aufsichtsbehörden mit dem EDSA. Die Aufsichtsbehörden arbeiten nicht nur untereinander (→ Rn. 21ff.) und mit der KOM (→ Rn. 25 f.) zusammen, sondern auch – ohne dass der Wort- 27

---

48 S. umfassend zu den neuen Aufgaben der Behörden und den daraus abzuleitenden zusätzlichen Bedarfen *Roßnagel*, Datenschutzaufsicht nach der EU-Datenschutz-Grundverordnung. Neue Aufgaben und Befugnisse der Aufsichtsbehörden, 2017.

49 Vgl. Calliess/Ruffert/*Cremer* AEUV Art. 258 Rn. 28 mwN; von der Groeben/Schwarze/Hatje/*Wunderlich* AEUV Art. 258 Rn. 5; Grabitz/Hilf/Nettesheim/*Karpenstein* AEUV Art. 258 Rn. 25.

50 Calliess/Ruffert/*Cremer* AEUV Art. 258 Rn. 28 mwN; EuGH C-77/69, Slg. 1970, 237, Rn. 15/16.

51 Auch die englische Fassung spricht von „shall cooperate with each other and, where relevant, with the Commission".

52 Ähnlich Sydow/*Schöndorf-Haubold* Art. 63 Rn. 10.

53 Kühling/Buchner/*Caspar* Art. 63 Rn. 3.

laut der Norm dies allerdings explizit erwähnt – mit dem Ausschuss. Da die Aufsichtsbehörden im EDSA vertreten sind, wirken sie auch dort auf der Basis des Art. 63 zusammen.[54] Rechtliche Folgen sind aus der fehlenden Nennung des Ausschusses in Art. 63 nicht abzuleiten;[55] der europäische Gesetzgeber dürfte bei der Formulierung eher im Sinn gehabt haben, dass der EDSA das **Instrument des Zusammenwirkens** iSd Norm ist. **Konkretisiert** wird die Zusammenarbeitspflicht ua mit Informationspflichten im Rahmen des Stellungnahme-, Streitbeilegungs- und Dringlichkeitsverfahrens, zB Art. 64 Abs. 4 und 5 für das Stellungnahmeverfahren oder Art. 65 Abs. 5 für das Streitbeilegungsverfahren. Materiell-rechtlich entspricht dem Prinzip der Zusammenarbeit auch, dass die im EDSA gefundenen Kompromisse und getroffenen Entscheidungen selbst im Stellungnahmeverfahren weitestgehend zu berücksichtigen sind, Art. 64 Abs. 7, und dass die Aufsichtsbehörde nach Art. 64 Abs. 6 zuwarten muss, bis der EDSA hätte entscheiden müssen. Diese Instrumente stärken die Zusammenarbeit und verhindern, dass aus nationalen oder sonstigen strategischen Interessen die Zusammenarbeit unterlaufen werden kann.

Artikel 64   Stellungnahme des Ausschusses

(1) [1]Der Ausschuss gibt eine Stellungnahme ab, wenn die zuständige Aufsichtsbehörde beabsichtigt, eine der nachstehenden Maßnahmen zu erlassen. [2]Zu diesem Zweck übermittelt die zuständige Aufsichtsbehörde dem Ausschuss den Entwurf des Beschlusses, wenn dieser

a)   der Annahme einer Liste der Verarbeitungsvorgänge dient, die der Anforderung einer Datenschutz-Folgenabschätzung gemäß Artikel 35 Absatz 4 unterliegen,

b)   eine Angelegenheit gemäß Artikel 40 Absatz 7 und damit die Frage betrifft, ob ein Entwurf von Verhaltensregeln oder eine Änderung oder Ergänzung von Verhaltensregeln mit dieser Verordnung in Einklang steht,

c)   der Billigung der Anforderungen an die Akkreditierung einer Stelle nach Artikel 41 Absatz 3, einer Zertifizierungsstelle nach Artikel 43 Absatz 3 oder der Kriterien für die Zertifizierung gemäß Artikel 42 Absatz 5 dient,

d)   der Festlegung von Standard-Datenschutzklauseln gemäß Artikel 46 Absatz 2 Buchstabe d und Artikel 28 Absatz 8 dient,

e)   der Genehmigung von Vertragsklauseln gemäß Artikels 46 Absatz 3 Buchstabe a dient, oder

f)   der Annahme verbindlicher interner Vorschriften im Sinne von Artikel 47 dient.

(2) Jede Aufsichtsbehörde, der Vorsitz des Ausschusses oder die Kommission können beantragen, dass eine Angelegenheit mit allgemeiner Geltung oder mit Auswirkungen in mehr als einem Mitgliedstaat vom Ausschuss geprüft wird, um eine Stellungnahme zu erhalten, insbesondere wenn eine zuständige Aufsichtsbehörde den Verpflichtungen zur Amtshilfe gemäß Artikel 61 oder zu gemeinsamen Maßnahmen gemäß Artikel 62 nicht nachkommt.

(3) [1]In den in den Absätzen 1 und 2 genannten Fällen gibt der Ausschuss eine Stellungnahme zu der Angelegenheit ab, die ihm vorgelegt wurde, sofern er nicht bereits eine Stellungnahme zu derselben Angelegenheit abgegeben hat. [2]Diese Stellungnahme wird binnen acht Wochen mit der einfachen Mehrheit der Mitglieder des Ausschusses angenommen. [3]Diese Frist kann unter Berücksichtigung der Komplexität der Angelegenheit um weitere sechs Wochen verlängert werden. [4]Was den in Absatz 1 genannten Beschlussentwurf angeht, der gemäß Absatz 5 den Mitgliedern des Ausschusses übermittelt wird, so wird angenommen, dass ein Mitglied, das innerhalb einer vom Vorsitz angegebenen angemessenen Frist keine Einwände erhoben hat, dem Beschlussentwurf zustimmt.

(4) Die Aufsichtsbehörden und die Kommission übermitteln unverzüglich dem Ausschuss auf elektronischem Wege unter Verwendung eines standardisierten Formats alle zweckdienlichen Informationen, einschließlich – je nach Fall – einer kurzen Darstellung des Sachverhalts, des Beschlussentwurfs, der Gründe, warum eine solche Maßnahme ergriffen werden muss, und der Standpunkte anderer betroffener Aufsichtsbehörden.

(5) Der Vorsitz des Ausschusses unterrichtet unverzüglich auf elektronischem Wege

a)   unter Verwendung eines standardisierten Formats die Mitglieder des Ausschusses und die Kommission über alle zweckdienlichen Informationen, die ihm zugegangen sind. Soweit erforderlich stellt das Sekretariat des Ausschusses Übersetzungen der zweckdienlichen Informationen zur Verfügung und

---

54   Ähnlich Kühling/Buchner/*Caspar* Art. 63 Rn. 14.
55   BeckOK DatenschutzR/*Marsch* DSGVO Art. 63 Rn. 9.

b) je nach Fall die in den Absätzen 1 und 2 genannte Aufsichtsbehörde und die Kommission über die Stellungnahme und veröffentlicht sie.

(6) Die in Absatz 1 genannte zuständige Aufsichtsbehörde nimmt den in Absatz 1 genannten Beschlussentwurf nicht vor Ablauf der in Absatz 3 genannten Frist an.

(7) Die in Absatz 1 genannte zuständige Aufsichtsbehörde trägt der Stellungnahme des Ausschusses weitestgehend Rechnung und teilt dessen Vorsitz binnen zwei Wochen nach Eingang der Stellungnahme auf elektronischem Wege unter Verwendung eines standardisierten Formats mit, ob sie den Beschlussentwurf beibehalten oder ändern wird; gegebenenfalls übermittelt sie den geänderten Beschlussentwurf.

(8) Teilt die in Absatz 1 genannte zuständige Aufsichtsbehörde dem Vorsitz des Ausschusses innerhalb der Frist nach Absatz 7 des vorliegenden Artikels unter Angabe der maßgeblichen Gründe mit, dass sie beabsichtigt, der Stellungnahme des Ausschusses insgesamt oder teilweise nicht zu folgen, so gilt Artikel 65 Absatz 1.

Literatur: *Art.-29-Gruppe*, Opinion 01/2016 on the EU-U.S. Privacy Shield draft adequacy decision, 16/EN WP 238; *Dieckhoff, A.*, Datenschutzrechtliche Compliance und Haftung nach der Safe-Harbor-Entscheidung des EuGH, ZWH 2015, 341; *Grau, T./ Granetzny, T.*, EU-US-Privacy Shield – Wie sieht die Zukunft des transatlantischen Datenverkehrs aus?, NZA 2016, 405; *Hoeren, T.*, EU-Standardvertragsklauseln, BCR und Safe Harbor Principles – Instrumente für ein angemessenes Datenschutzniveau, RDV 2012, 271; *Kranig, T./Peintinger, S.*, Selbstregulierung im Datenschutzrecht – Rechtslage in Deutschland, Europa und den USA unter Berücksichtigung des Vorschlags zur DS-GVO, ZD 2014, 3; *Molnár-Gábor, F./Kaffenberger, L.*, EU-US-Privacy-Shield – ein Schutzschild mit Löchern?, ZD 2017, 18; *Weichert, T.*, EU-US-Privacy-Shield – Ist der transatlantische Datentransfer nun grundrechtskonform?, ZD 2016, 209; *Piltz, C.*, Die Datenschutz-Grundverordnung – Teil 5: Internationale Zusammenarbeit, Rechtshilfe und Sanktionen, K&R 2017, 85; *Schreiber, K./Kohm, S.*, Rechtssicherer Datentransfer unter dem EU-US-Privacy-Shield? – Der transatlantische Datentransfer in der Unternehmenspraxis, ZD 2016, 255; *Spindler, G.*, Selbstregulierung und Zertifizierungsverfahren nach der DS-GVO – Reichweite und Rechtsfolgen der genehmigten Verhaltensregeln, ZD 2016, 407; *Wisskirchen, G.*, Grenzüberschreitender Transfer von Arbeitnehmerdaten – Welche Anforderungen müssen Global Player beim internationalen Datentransfer erfüllen?, CR 2004, 862.

I. Systematik, Entstehungsgeschichte und Zwecke

Art. 64 regelt das **Stellungnahmeverfahren**. Dieses bezweckt einen möglichst **einheitlichen Vollzug der** **1** **DSGVO**. Dazu sollen die mitgliedstaatlichen Aufsichtsbehörden im EDSA eine gemeinsame Stellungnahme (Art. 288 Abs. 5 EUV) beschließen. Dies kann **obligatorisch** (Abs. 1) oder **auf Antrag** fakultativ (Abs. 2) erfolgen. Damit wird abweichenden Interpretationen in den Mitgliedstaaten und Fragmentierungen in der Durchsetzungspraxis entgegengewirkt.[1] Auch wenn das Stellungnahmeverfahren typischerweise im **Rahmen eines gestuften Verwaltungsverfahrens (Abs. 1)** erfolgt, ist doch vorgesehen, dass solche gemeinsamen Rechtspositionen nicht nur bei **konkreten Maßnahmen** erarbeitet werden, sondern auch grundlegende Fragestellungen auf Antrag **proaktiv** adressiert werden können (Abs. 2). Zeitlich nicht stringent wird das Verfahren der eigentlichen Stellungnahme in Abs. 3 vor den Vorgaben für die Vorlage von Aufsichtsbehörden und KOM in Abs. 4 geregelt. Abs. 4 präzisiert die Informationsgrundlage des EDSA und regelt damit Grundbedingungen der Entscheidungsvorbereitung. Abs. 5 beschreibt das Vorgehen bezüglich der weiteren

---

[1] Vgl. auch BeckOK DatenschutzR/*Marsch* DSGVO Art. 64 Rn. 1; Gola/*Eichler* Art. 64 Rn. 1; Ehmann/Selmayr/*Klabunde* Art. 64 Rn. 4.

Unterrichtung durch den Vorsitz des EDSA nach Eröffnung des Stellungnahmeverfahrens. Abs. 6 enthält eine Verpflichtung der zuständigen Aufsichtsbehörde, das Verfahren vor dem EDSA nicht durch einen vorschnellen Beschluss für den konkreten Fall obsolet werden zu lassen. Abs. 7 befasst sich mit der weiteren Vorgehensweise nach Übersendung der Stellungnahme durch den Ausschuss an die zuständige Aufsichtsbehörde. Schließlich regelt Abs. 8 das Prozedere, wenn die zuständige Aufsichtsbehörde der Stellungnahme des Ausschusses insgesamt oder teilweise nicht folgen möchte. Jenseits von Art. 64 kennt die DSGVO weitere Stellungnahmen des EDSA in Art. 70.

2   Die Einholung einer Stellungnahme schränkt die **Unabhängigkeit der Aufsichtsbehörden** letztlich nicht ein (→ Art. 52 Rn. 3). Denn die Aufsichtsbehörden führen weiterhin unmittelbar die Bestimmungen der DSGVO aus (→ Art. 63 Rn. 27). Für die Stellungnahme nach Abs. 1 folgt dies schon daraus, dass sie ein interadministrativer Akt ist, der EDSA also erst aufgrund und im Rahmen eines konkreten, gestuften Verwaltungsverfahrens unter Leitung einer Aufsichtsbehörde tätig wird und dieser ein Letztentscheidungsrecht verbleibt, auch wenn dieses dann möglicherweise in das Streitbeilegungsverfahren nach Art. 65 mündet. Zudem ist der EDSA seinerseits unabhängig, Art. 69.

3   Da das Kohärenzverfahren in der DSRL **keine echte Vorgängernorm** findet, gibt es auch zum Stellungnahmeverfahren keine Regelungen, die mit Art. 64 abgeändert wurden. Allerdings nahm **die Art.-29-Gruppe** eine dem Vorgehen nach Art. 64 ähnliche, wenngleich deutlich zurückgenommene Funktion wahr, indem sie nach Art. 30 DSRL Stellungnahmen und Empfehlungen abgab.[2] Diese zurückgenommene Funktion resultierte aus ihrer im Wesentlichen **auf Beratung reduzierten Rechtsposition**, die durch die Verbindlichkeit der Maßnahmen des EDSA in der DSGVO **deutlich aufgewertet** wird. Vergleichbar mit den Aufgaben der Abs. 1 und 2 sowie der Zielrichtung des Kohärenzverfahrens war vor allem die Aufgabe nach Art. 30 Abs. 1 lit. a DSRL ausgestaltet, wonach die Art.-29-Gruppe alle Fragen adressieren konnte, die im Rahmen der Umsetzung der DSRL auftraten, um zu einer einheitlichen Anwendung beizutragen. Diese ganz allgemeine Befassungsaufgabe und -befugnis findet sich nunmehr in Abs. 2. Von der inhaltlichen Aufgabe her mit Abs. 1 vergleichbar war Art. 30 Abs. 1 lit. d DSRL, der vorsah, dass zu Verhaltensregeln nach Art. 27 DSRL (jetzt: Art. 40 DSGVO) Stellungnahmen abzugeben waren.

4   Die Ausgestaltung des Kohärenzverfahrens, nicht aber seine eigentliche Institutionalisierung, waren im Gesetzgebungsverfahren heftig umstritten; dies erfasste auch Art. 64. Gegenüber **Art. 58 KOM-E** wurde Art. 64 insbes. im Hinblick auf diejenigen Maßnahmen modifiziert, bei denen eine Stellungnahme eingeholt werden sollte.[3] Die Stellungnahmemöglichkeit der KOM (Art. 59 KOM-E) wurde gänzlich gestrichen. Damit wurde insbes. ihrer zunächst angedachten starken Stellung entgegengewirkt (→ Art. 63 Rn. 8ff.).[4] Zudem wurden weitreichende Verpflichtungen zur Einholung von Stellungnahmen, insbes. in Bezug auf Verarbeitungstätigkeiten, die ähnlich weit umschrieben waren wie das Marktortprinzip des Art. 3 Abs. 2, gestrichen und damit der Kreis der Maßnahmen, bei denen der EDSA obligatorisch zu beteiligen war, verringert (Art. 58 Abs. 2 lit. a und b KOM-E). In Abs. 2 wurde der Anwendungsbereich durch Aufnahme des Passus „Angelegenheiten mit allgemeiner Geltung" verengt. Nicht durchsetzen konnte sich der Vorschlag des EP in Art. 66 Abs. 1 Parl-E, selbst den EDSA um eine Stellungnahme ersuchen zu können. In der **Berichtigung vom April 2018** wurde der Begriff der zuständigen Behörde auf diejenige aus Abs. 1 präzisiert und bei Abs. 1 lit. c der Anwendungsbereich auf die Kriterien für die Zertifizierung gemäß Art. 42 Abs. 5 ausgedehnt.

5   Ob das Stellungnahmeverfahren nur bei geplanten Maßnahmen und Angelegenheiten mit **grenzüberschreitender Bedeutung** zur Anwendung kommt, ist dem Wortlaut von Art. 64 nicht eindeutig zu entnehmen (→ Art. 63 Rn. 12). Die nach Abs. 1 aufgezählten Maßnahmen deuten jedenfalls nicht darauf hin, dass eine grenzüberschreitende Datenverarbeitung zwingend notwendig ist,[5] da die entsprechenden Maßnahmen fast überwiegend ebenso ausschließlich in einem Mitgliedsstaat der EU durchgeführt werden können, ohne dass hierfür ein grenzüberschreitender Sachverhalt von Bedeutung wäre. EG 135 hierfür heranzuziehen, scheitert gleichfalls daran, dass dessen Formulierungen in S. 2 und S. 3 dieses Merkmal uneinheitlich heranziehen und zudem in S. 2 auch nur von „insbesondere" die Rede ist. Auch aus **systematischen** und **teleologischen Erwägungen** ist das Stellungnahmeverfahren nicht nur bei Maßnahmen und Angelegenheiten mit **grenzüberschreitender Bedeutung** durchzuführen,[6] zumal Kapitel VII nicht nur grenzüberschreitende Sachverhalte erfasst. Diesem widerspricht für Art. 64 auch nicht, dass in Abs. 1 lit. b auf Art. 40 Abs. 7 (Entwurf von Verhaltensregeln) verwiesen wird, wonach nur der Entwurf von Verhaltensregeln bei Verarbeitungstä-

---

2 Vgl. zur bisherigen Rechtslage unter Geltung der DSRL Sydow/*Schöndorf-Haubold* Art. 64 Rn. 2ff.
3 Ausführlich Sydow/*Schöndorf-Haubold* Art. 64 Rn. 5ff.
4 Vgl. auch BeckOK DatenschutzR/*Marsch* DSGVO Art. 64 Rn. 3.
5 Ebenso BeckOK DatenschutzR/*Marsch* DSGVO Art. 64 Rn. 7.
6 So aber Plath/*Hullen* DSGVO Art. 64 Rn. 1; Kühling/Buchner/*Caspar* Art. 64 Rn. 5.

tigkeiten in mehreren Mitgliedstaaten dem Kohärenzverfahren unterfällt.[7] Dass einzelne Regelungen dies voraussetzen, macht vielmehr gerade deutlich, dass nur ausnahmsweise ein grenzüberschreitender Bezug gegeben sein soll. Vielmehr werden einzelne Tatbestände höchstens ausnahmsweise dieses Merkmal erfüllen können, etwa lit. a oder das Akkreditierungskriterium nach lit. c oder aber, wie lit. e, allein im Verhältnis zu Verarbeitern in Drittländern. Der Streit wird ohnehin darüber entschärft, dass Abs. 2 ermöglicht, dass auch in Angelegenheiten mit allgemeiner Geltung auf Antrag auch nur einer Aufsichtsbehörde im Ausschuss mit dem Ziel einer Stellungnahme geprüft werden können. Selbst wenn eine Aufsichtsbehörde also von sich aus den EDSA nach Abs. 1 nicht befasst, weil sie auf dem Standpunkt steht, dass ein grenzüberschreitender Bezug erforderlich ist, kann dieser dennoch in der Sache über Abs. 2 tätig werden.

Die vom EDSA erlassene **Stellungnahme** entfaltet im Sinne der europarechtlichen Handlungsformenlehre 6 zunächst **unmittelbar keine Rechtswirkung** gegenüber der Aufsichtsbehörde, da Stellungnahmen nicht rechtsverbindlich sind (Art. 288 Abs. 5 AEUV). Zweck einer Stellungnahme ist es, der zuständigen Aufsichtsbehörde ein bestimmtes Verhalten nahezulegen, ohne sie zu binden.[8] Diese fehlende Verbindlichkeit wird aus Abs. 7 deutlich, wonach die Aufsichtsbehörde die Stellungnahme nur zu berücksichtigen, ihr aber nicht zu folgen hat. Die Stellungnahme ist gleichwohl rechtlich nicht bedeutungslos, da sie zur „weichen" influenzierenden Steuerung eingesetzt werden kann.[9] Diese allgemeine Wirkung wird über Abs. 7 und über Abs. 8 noch verstärkt, weil Abs. 7 von der Aufsichtsbehörde die „weitestgehende" Beachtung der Stellungnahme des EDSA verlangt und Abs. 8 im Falle der Nicht- oder nur Teilweise-Befolgung das Streitbeilegungsverfahren anordnet, das mit einem verbindlichen Beschluss des EDSA endet, Art. 65 Abs. 2. Ändert der EDSA seine Ansicht im Verfahren von Art. 65 nicht, wird die in der Stellungnahme bereits zum Ausdruck gekommene rechtliche Position **in letzter Konsequenz** für die zuständige Aufsichtsbehörde **verbindlich**.[10] Damit entfaltet die Stellungnahme faktische **Vorwirkungen**, weil sich die Aufsichtsbehörden bei Antizipation dieses weiteren Verfahrensgangs üblicherweise im Einklang mit der Stellungnahme verhalten werden, es sei denn, sie gehen davon aus, dass die in Art. 65 Abs. 2 grundsätzlich vorgesehene Zwei-Drittel-Mehrheit nicht erreicht werden kann.[11]

Zudem hat das Erfordernis einer Stellungnahme eine verfahrensrechtliche Wirkung: Eine **unterlassene, nach** 7 **Abs. 1 notwendige Stellungnahme** hat jedenfalls die **Rechtswidrigkeit des Beschlusses der Aufsichtsbehörde zur Folge**.[12] Dies ist zwar nicht unmittelbar dem Normtext zu entnehmen, folgt aber aus EG 138 S. 1. Darüber hinaus reichende rechtliche Konsequenzen und insbes. die Möglichkeit der Heilung sind dem allgemeinen Verwaltungsrecht der Mitgliedstaaten zu entnehmen. Eine unmittelbare **rechtliche Kontrolle** – etwa mithilfe einer Nichtigkeitsklage nach Art. 263 AEUV – ist aufgrund der fehlenden Bindungswirkung hingegen **nicht möglich**.[13]

II. Verpflichtende Stellungnahme (Abs. 1)

1. Allgemeines. Abs. 1 lit. a bis lit. f normieren diejenigen Fälle, in denen eine **Stellungnahme des EDSA verpflichtend** einzuholen ist.[14] Im Umkehrschluss ist die zuständige Aufsichtsbehörde (→ Art. 55 Rn. 5ff.) nicht frei darin, welche Maßnahmen sie in diesen Fällen ergreift. Beteiligt sie den EDSA nicht, ist die von ihr erlassene Maßnahme **rechtswidrig**.[15] Erfasst sind von Abs. 1 sechs Konstellationen samt Unterfällen. In diesen hält der Gesetzgeber es für besonders geboten, das Ziel der Vollharmonisierung durch das Mittel des Kohärenzverfahrens voranzutreiben.

Nicht eindeutig ist, ob die in **Abs. 1** aufgezählten Maßnahmen **abschließend** sind oder ob es darüber hinaus 9 weitere Maßnahmen gibt, die dem Stellungnahmeverfahren nach Abs. 1 zwingend unterfallen. Die klar strukturierte Aufzählung einzeln spezifisch benannter Maßnahmen in Abs. 1 spricht für eine abschließende Aufzählung.[16] Allerdings sehen einige Vorschriften in der DSGVO außerhalb von Art. 64 zunächst vom Wortlaut her die Vorlage eines Entwurfs der entsprechenden Entscheidung durch die Aufsichtsbehörde an

---

7 Anders *Spindler* ZD 2016, 407 (410).

8 Vgl. von der Groeben/Schwarze/Hatje/*Geismann* AEUV Art. 288 Rn. 64; *Piltz* K&R 2017, 85 (86); Roßnagel/*Hofmann*, Europ. DSGVO, § 3 Rn. 290.

9 Calliess/Ruffert/*Ruffert* AEUV Art. 288 Rn. 95; Grabitz/Hilf/Nettesheim/*Nettesheim* AEUV Art. 288 Rn. 200ff.

10 Paal/Pauly/*Körffer* Art. 64 Rn. 2.

11 Und selbst dann würde nach weiteren zwei Wochen gemäß Art. 65 Abs. 3 wieder die einfache Mehrheit ausschlaggebend.

12 BeckOK DatenschutzR/*Marsch* DSGVO Art. 64 Rn. 8; Kühling/Buchner/*Caspar* Art. 64 Rn. 18; *Laue/Nink/Kremer*, § 10 Rn. 49.

13 Vgl. Grabitz/Hilf/Nettesheim/*Nettesheim* AEUV Art. 288 Rn. 207; von der Groeben/Schwarze/Hatje/*Geismann* AEUV Art. 288 Rn. 68; BeckOK DatenschutzR/*Marsch* DSGVO Art. 64 Rn. 19.1; *Kühling/Martini et al.*, S. 248.

14 Paal/Pauly/*Körffer* Art. 64 Rn. 1; BeckOK DatenschutzR/*Marsch* DSGVO Art. 64 Rn. 5; Kühling/Buchner/*Caspar* Art. 64 Rn. 3.

15 BeckOK DatenschutzR/*Marsch* DSGVO Art. 64 Rn. 4; Kühling/Buchner/*Caspar* Art. 64 Rn. 18; *Laue/Nink/Kremer*, § 10 Rn. 49.

16 So auch Gola/*Eichler* Art. 64 Rn. 3; Sydow/*Schöndorf-Haubold* Art. 64 Rn. 13; Auernhammer/*Rossi* Art. 64 Rn. 4; wie hier aA Kühling/Buchner/*Caspar* Art. 64 Rn. 6; BeckOK DatenschutzR/*Marsch* DSGVO Art. 64 Rn. 5.

den EDSA vor, ohne dass damit korrespondierend in Art. 64 eine Befassung des Ausschusses vorgesehen ist. Diese Diskrepanz der Normtexte ist grundsätzlich dahingehend aufzulösen, dass die Vorschriften **nebeneinander anzuwenden** sind.[17] Sowohl in den in Abs. 1 gelisteten Fällen als auch in den in sonstigen Vorschriften der DSGVO erwähnten Fällen ist das Stellungnahmeverfahren zwingend durchzuführen.[18] Denn dahinter steht jeweils die Überlegung, dass in diesen Fällen eine vereinheitlichte Durchführung der DSGVO geboten ist, um eben den unter der DSRL entstandenen Schwierigkeiten der Uneinheitlichkeit entgegenzuwirken. Sowohl die in Abs. 1 als auch in sonstigen Vorschriften der DSGVO angesprochenen Konstellationen bergen in sich die **besondere und typische Gefahr**, bei uneinheitlicher Anwendung zu einer **wesentlichen Zersplitterung des Datenschutzrechts** zu führen. Geregelt werden diese Fälle zum einen gesondert für die Spezialfälle, darüber hinaus aber eben auch generalisiert in Abs. 1. Dem Gesetzgeber ist allerdings der Vorwurf zu machen, nicht konsequent eine Spiegelung der Spezialfälle in Abs. 1 vorgenommen zu haben. Auf die außerhalb von Art. 64 angeordneten Verfahren der Stellungnahme sind die sonstigen Vorschriften, die auf Abs. 1 Bezug nehmen, **entsprechend anzuwenden**. Es ist allerdings sehr genau zu prüfen, ob tatsächlich ein solcher Fall vorliegt (zB → Rn. 23).

10 Die zuständige Aufsichtsbehörde muss ferner nach dem Wortlaut **beabsichtigen**, eine der aufgezählten Maßnahmen zu erlassen. Sie muss einen **konkreten Handlungsbedarf** angenommen haben und unmittelbar vor dem Erlass einer solchen Maßnahme stehen, die im Falle einer übereinstimmenden Stellungnahme des EDSA ergehen kann. Dies folgt schon aus dem Wortlaut, der die Übermittlung eines Beschlussentwurfs vorsieht. Dies ist nur möglich, wenn die Ermittlung des Tatbestands einschließlich einer nach dem jeweiligen Verfahrensrecht vorgesehenen Anhörung des potentiellen Adressaten der Maßnahme und etwaiger Beteiligung weiterer Interessierter sowie die rechtliche Bewertung abgeschlossen sind. Denn dieser Entwurf muss – jenseits der dem EDSA vorgelegten inhaltlichen Fragestellung – **rechtmäßig erlassen werden** können. Vorstufen der Erwägung, etwa ein bisher noch nicht existierender Fall oder allgemeine Erwägungen ohne konkrete rechtliche Beurteilung und ohne benannten Adressaten, genügen nicht. Dies ist auch ein Schutz des EDSA vor einer übermäßigen Belastung. Liegt keine Absicht vor, ist eine **Umdeutung** des Vorgehens der zuständigen Aufsichtsbehörde in einen Antrag nach Abs. 2 zu erwägen.

11 Die zuständige Aufsichtsbehörde ist verpflichtet, dem EDSA den **Entwurf des Beschlusses** nach Abs. 4 nebst den sonstigen zweckdienlichen Informationen zu übermitteln (→ Rn. 43ff.).

12 Die Entscheidung nach Abs. 1 ist eine **gebundene Entscheidung**. Ein Ermessen steht der Aufsichtsbehörde nicht zu, ob sie vorlegt oder nicht.[19]

13 **2. Liste für Verarbeitungsvorgänge einer Datenschutz-Folgenabschätzung nach Art. 35 Abs. 4 (lit. a).** Eine **Stellungnahme des Ausschusses** ist erforderlich, wenn die zuständige Aufsichtsbehörde eine Liste von Verarbeitungsvorgängen annehmen möchte, die einer **Datenschutz-Folgenabschätzung** gemäß Art. 35 Abs. 4 unterliegen.

14 Hier stellt sich das geschilderte Problem des Verhältnisses zwischen der Regelung in Abs. 1 und anderen Regelungen innerhalb der DSGVO (→ Rn. 9). Abs. 1 lit. a sieht das Kohärenzverfahren als geboten an in den Fällen des Art. 35 Abs. 4, also bei der Abfassung von Positivlisten über durchzuführende Datenschutz-Folgenabschätzungen. Dagegen sieht Art. 35 Abs. 6 vor, dass sowohl **Positivlisten nach Art. 35 Abs. 4** als auch **Negativlisten nach Art. 35 Abs. 5** in das Kohärenzverfahren einzubringen sind. Nach oben Gesagtem (→ Rn. 9) gilt, dass beide Vorschriften anwendbar sind, also sowohl Positiv- als auch Negativlisten erfasst sind. Eines Rückgriffs auf ein Redaktionsversehen (→ Art. 35 Rn. 54) bedarf es dann nicht,[20] auch wenn dies angesichts der Formulierung sowohl von Art. 35 Abs. 4 bis Abs. 6 als auch von Art. 64 Abs. 1 lit. a durch den Rat-E naheliegt.[21] Erschwert wird dieses grundsätzliche Problem allerdings dadurch, dass Art. 35 Abs. 6 zwar einerseits weiter ist als Abs. 1 lit. a, nämlich für Positiv- wie Negativlisten gilt, andererseits aber enger ist, weil nur bestimmte Listen erfasst sein sollen, nämlich solche, die mit dem Angebot von Waren oder Dienstleistungen für betroffene Personen oder der Beobachtung des Verhaltens dieser Personen in mehreren Mitgliedstaaten im Zusammenhang stehen oder die den freien Verkehr personenbezogener Daten innerhalb der Union erheblich beeinträchtigen könnten. Damit ist etwas anderes als die Notwendigkeit des Vorliegens grenzüberschreitender Sachverhalte (→ Rn. 5) gemeint. Positivlisten sind wegen Abs. 1 lit. a stets, Negativlisten aber nur dann in das Kohärenzverfahren einzubringen sind, wenn sie den Voraussetzungen des

---

17 Ebenso BeckOK DatenschutzR/*Marsch* DSGVO Art. 64 Rn. 5.

18 Auflistung der in Betracht kommenden Vorschriften bei BeckOK DatenschutzR/*Marsch* DSGVO Art. 64 Rn. 6, wenngleich dieser das Problem als breiter schildert als es tatsächlich ist, weil in einer Reihe der Fälle der augenscheinliche Konflikt gar keiner ist.

19 So auch Sydow/*Schöndorf-Haubold* Art. 64 Rn. 33.

20 So aber Paal/Pauly/*Körffer* Art. 64 Rn. 3.

21 Dies könnte auch umgekehrt in Art. 64 Abs. 1 lit. a gesehen werden, wenn der Verweis auf Art. 35 Abs. 6 statt Abs. 4 hätte gerichtet sein sollen und in Abs. 4 lediglich eine Informationspflicht enthalten gewesen wäre. Wie nahezu jedes Redaktionsversehen lässt sich dies aber nicht mit Bestimmtheit feststellen; der Wortlaut weist insoweit in eine andere Richtung.

Art. 35 Abs. 6 entsprechen (aA → Art. 35 Rn. 53 f.). Dies gilt auch deshalb, weil Art. 35 Abs. 5 den Aufsichtsbehörden lediglich die Befugnis zur Abfassung von Negativlisten einräumt, anders als Art. 35 Abs. 4 solche Listen aber nicht vorschreibt (→ Art. 35 Rn. 50). Im Ergebnis kommt damit solchen Negativlisten eine geringere faktische Wirkung zu, weil nicht davon ausgegangen werden kann, dass diese Einschätzung auch von anderen Aufsichtsbehörden geteilt wird und es daher europaweit nicht zu Maßnahmen aufgrund solcher Verarbeitungen kommen wird. Da aber nicht einmal die Konsultation der Aufsichtsbehörde und deren Einschätzung im konkreten Fall verbindlich ist (→ Art. 36 Rn. 38), ist dies hinnehmbar.

3. Entwurf, Änderung oder Ergänzung von Verhaltensregeln nach Art. 40 Abs. 7 (lit. b). Eine Stellungnah- **15** me des Ausschusses ist bei dem Entwurf, der Änderung oder Ergänzung von **Verhaltensregeln** nötig, die sich in mehreren Mitgliedstaaten auswirken.[22]

Die rechtlichen Wirkungen des Kohärenzverfahrens bei Verhaltensregeln sind nur rudimentär geregelt (→ **16** Art. 40 Rn. 81).[23] Bestätigt die Stellungnahme des Ausschusses den Entwurf der Verhaltensregeln bzw. deren Änderung oder Erweiterung, so **übermittelt** der Ausschuss seine **Stellungnahme der KOM**, die sodann die Verhaltensregeln für in der EU allgemeingültig erklären kann (→ Art. 40 Abs. 8 und 9).[24] Die Stellungnahme des EDSA weist hier die Besonderheit auf, dass zusätzlich noch die KOM eingebunden wird, die im Wege eines **Durchführungsrechtsakts im Komitologieverfahren** die Allgemeingültigkeit von Verhaltensregeln beschließen kann.[25] Ob die KOM den Verhaltensregeln allgemeine Gültigkeit verleiht, steht nach der DSGVO in ihrem **freien Ermessen**.[26]

Erklärt die KOM die Verhaltensregeln nicht für allgemeingültig in der EU, so muss die Stellungnahme je- **17** denfalls **gegenüber den betroffenen Mitgliedstaaten** gelten, in denen die Verhaltensregeln nach Art. 40 Abs. 7 anwendbar sein sollen, da nur so das mit dem Kohärenzverfahren verfolgte primäre Ziel einer einheitlichen Rechtsanwendung in der EU erreicht werden kann.[27] Inwiefern **Verhaltensregeln als Instrument der regulierten Selbstregulierung** Anreize für eigene Normierungsprozesse insbes. von Wirtschaftsverbänden setzen werden, wird sich künftig erst noch erweisen müssen.[28]

4. Akkreditierung einer Stelle nach Art. 41 Abs. 3 oder einer Zertifizierungsstelle nach Art. 43 Abs. 3 (lit. 18 c). Eine **Stellungnahme** des Ausschusses ist bei der Billigung der Anforderungen an die **Akkreditierung einer Überwachungsstelle** nach Art. 41 Abs. 3 oder einer **Zertifizierungsstelle** nach Art. 43 Abs. 3 oder – seit der Berichtigung vom April 2018 – der **Kriterien für die Zertifizierung** gemäß Art. 42 Abs. 5 nötig. Die erste Variante betrifft die Akkreditierung einer Stelle zur Überwachung der Einhaltung von Verhaltensregeln, die zweite Variante bezieht sich auf die Akkreditierung von Zertifizierungsstellen.[29] Die dritte Variante erfasst Kriterien des Ausschusses, die nach S. 2 zu einer gemeinsamen Zertifizierung, dem Europäischen Datenschutzsiegel, führen können.

5. Festlegung von Standard-Datenschutzklauseln (lit. d). Für die Praxis besonders relevant ist die Stellung- **19** nahme des Ausschusses bei der Festlegung von **Standard-Datenschutzklauseln** nach Art. 46 Abs. 2 lit. d und Art. 28 Abs. 8.[30] Das betrifft diejenigen Fälle, in denen die zuständige Aufsichtsbehörde Standard-Datenschutzklauseln für den Transfer in Drittländer, Art. 46 Abs. 2 lit. d, oder Standard-Datenschutzklauseln für Verträge zur Auftragsdatenverarbeitung, Art. 28 Abs. 8, festlegen möchte. Die Festlegung von Standard-Datenschutzklauseln kann von jeder nicht-öffentlichen datenverarbeitenden Stelle eingesetzt werden, ohne dass auf dieser Grundlage erfolgende Datenübermittlungen einer zusätzlichen Genehmigung einer Aufsichtsbehörde bedürfen (→ Art. 46 Rn. 31).[31]

6. Genehmigung von Vertragsklauseln (lit. e). Wie bei Abs. 1 lit. a stellt sich auch bei Abs. 1 lit. e das Prob- **20** lem **unterschiedlicher Regelungen** in Abs. 1 und in anderen Vorschriften der DSGVO; wie dort (→ Rn. 14) lässt es sich grundsätzlich über eine parallele Anwendung beider Vorschriften lösen, die hier allerdings nicht zum Tragen kommt. Abs. 1 lit. e verweist ausschließlich auf **Art. 46 Abs. 3 lit. a**. Demnach können die zuständigen Aufsichtsbehörden geeignete Garantien bei der Datenübermittlung an ein Drittland oder eine internationale Organisation genehmigen, wenn es sich um Vertragsklauseln handelt, die mit dem Empfänger im Drittland oder der internationalen Organisation vereinbart wurden. Nach **Art. 46 Abs. 3 lit. b iVm**

22 *Spindler* ZD 2016, 407 (410); Plath/*Hullen* DSGVO Art. 64 Rn. 3.
23 *Spindler* ZD 2016, 407 (410).
24 Kritisch dazu *Kranig/Peintinger* ZD 2014, 3 (7); Paal/Pauly/*Paal* Art. 40 Rn. 28.
25 Sydow/*Schöndorf-Haubold* Art. 64 Rn. 17.
26 Sydow/*Schöndorf-Haubold* Art. 64 Rn. 18.
27 AA wohl *Spindler* ZD 2016, 407 (412).
28 Hierzu auch Sydow/*Schöndorf-Haubold* Art. 64 Rn. 21.
29 So auch *Spindler* ZD 2016, 407 (410).
30 *Piltz* K&R 2017, 85 (86).
31 Paal/Pauly/*Pauly* Art. 46 Rn. 19.

Art. 46 Abs. 4 sind die zuständigen Aufsichtsbehörden jedoch dem Wortlaut nach darüber hinaus auch dann verpflichtet, das Kohärenzverfahren durchzuführen, wenn geeignete Garantien in Bestimmungen bestehen, die in Verwaltungsvereinbarungen zwischen Behörden und öffentlichen Stellen aufzunehmen sind und die durchsetzbare und wirksame Rechte für die betroffenen Personen einschließen. Abs. 1 lit. e nennt diesen Fall jedoch richtigerweise nicht, denn Art. 46 Abs. 3 lit. b hat Datenübermittlungen von Behörden oder öffentlichen Stellen an Behörden oder öffentliche Stellen in Drittländern oder an internationale Organisationen zum Gegenstand, das Kohärenzverfahren ist aber auf Fälle der Datenverarbeitung im nicht-öffentlichen Bereich beschränkt (→ Art. 63 Rn. 13).[32] Auch EG 134 macht deutlich, dass das Kohärenzverfahren keine Anwendung finden sollte, wenn die Verarbeitung durch Behörden bzw. private Stellen im öffentlichen Interesse erfolgt. Deshalb ist von einem Redaktionsversehen in Art. 46 Abs. 4 auszugehen,[33] sodass das Kohärenzverfahren **nur in den Fällen des Art. 46 Abs. 3 lit. a** anzuwenden ist.

21   Im Gegensatz zu Standard-Vertragsklauseln (→ Rn. 19) handelt es sich bei Vertragsklauseln um **individuelle vertragliche Regelungen** (→ Art. 46 Rn. 78).[34] Der mit dem Genehmigungsverfahren sowie der Durchführung des Kohärenzverfahrens verbundene bürokratische und zeitliche Aufwand macht derartige Vertragsklauseln jedoch **praktisch wenig attraktiv**. Wird sich die Datenübermittlung auf andere Übermittlungsalternativen stützen lassen (etwa einen Angemessenheitsbeschluss der EU oder Standard-Datenschutzklauseln), wird regelmäßig dieser Weg vorzugswürdig sein, sodass dem Kohärenzverfahren bei der Genehmigung von individuellen Vertragsklauseln keine größere Bedeutung zukommen dürfte.

22   **7. Annahme verbindlicher interner Vorschriften (lit. f).** Schließlich bedarf es einer **Stellungnahme** des Ausschusses bei der Annahme verbindlicher interner Vorschriften (sog. **Binding Corporate Rules**) im Sinne von Art. 47. Bei diesen handelt es sich um interne Unternehmensrichtlinien, die in der Form eines Gruppenvertrages alle einbezogenen Unternehmenseinheiten binden und für diese einen verbindlichen Datenschutzstandard schaffen (→ Art. 47 Rn. 1). Die bisherige Art.-29-Gruppe hat die konkreten Anforderungen an solche Vorschriften in verschiedenen Arbeitspapieren fortlaufend präzisiert und weiterentwickelt, sodass zu erwarten ist, dass hierauf zurückgegriffen werden kann.[35]

III. Stellungnahme auf Antrag (Abs. 2)

23   Eine **Stellungnahme** des Ausschusses ist ferner in den **fakultativen Fällen** von Abs. 2 vorgesehen. Im Gegensatz zu den verpflichtenden Fällen von Abs. 1 wird der EDSA hier nur **auf Antrag** tätig. Abs. 2 ist gegenüber Abs. 1 als **Auffangnorm** zu verstehen: Fälle, die in Abs. 1 nicht vorgesehen sind, können gleichwohl über Abs. 2 dem EDSA angetragen werden zur Befassung und Stellungnahme. Auch hier ist bei Vorliegen der Voraussetzungen **kein Ermessen des EDSA** eröffnet, da der Ausschuss in den in den Abs. 1 und 2 genannten Fällen eine Stellungnahme zu der Angelegenheit „abgibt".[36] Daher griffe es auch zu kurz, Abs. 2 dahingehend zu verstehen, dass die Befassung nach Abs. 2 einer gemeinschaftlichen Einschätzung der Aufsichtsbehörden und der KOM zur Sinnhaftigkeit eines solchen Verfahrens unterliege:[37] Es genügt gerade der **Antrag nur eines Antragsberechtigten**, selbst wenn alle übrigen Mitglieder des EDSA nicht von einer Notwendigkeit der Befassung ausgehen.

24   **Antragsbefugt** ist jede Aufsichtsbehörde, der Vorsitz des Ausschusses oder die KOM. Die Antragsbefugnis erstreckt sich auf jede, also nicht etwa nur betroffene Aufsichtsbehörden; EG 135 S. 3 ist insoweit als irreführender Restbestand vorheriger Überlegungen im Gesetzgebungsverfahren zu werten. Die Antragsbefugnis ist Ausdruck und wichtiges Element der primärrechtlich verankerten **Unabhängigkeit der Aufsichtsbehörden**, weil ihnen dies im gestuften Kohärenzverfahren eine inhaltliche Gestaltungshoheit zuweist. Daher steht die Ausübung der Antragsbefugnis, anders als in Abs. 1, auch in deren **Ermessen**. Gleichzeitig ermöglicht dies jeder Aufsichtsbehörde, ihre individuellen Vorstellungen von bedeutsamen Fragestellungen, die im EDSA behandelt werden sollen, einzubringen und schützt damit das verfahrensrechtliche Grundprinzip der Gleichrangigkeit der einzelnen Aufsichtsbehörden schon bei der Frage, mit welchen Gegenständen sich der EDSA befassen soll. Dagegen ist die **Möglichkeit der KOM zur Antragstellung** unter Unabhängigkeitsgesichtspunkten zumindest fragwürdig,[38] wird doch damit der KOM als nicht mit Unabhängigkeit ausgestat-

32 *Die Bundesbeauftragte für den Datenschutz und die Informationssicherheit*, Info 6 – Datenschutz-Grundverordnung, S. 19, http://www .bfdi.bund.de/SharedDocs/Publikationen/Infobroschueren/INFO6.pdf?__blob=publicationFile&v=7.

33 Ebenso Paal/Pauly/*Körffer* Art. 64 Rn. 3; aA ohne Begründung Sydow/*Schöndorf-Haubold* Art. 64 Rn. 30; Kühling/Buchner/*Caspar* Art. 64 Rn. 6 sieht das Redaktionsversehen gerade bei Art. 64 Abs. 1 lit. e.

34 Paal/Pauly/*Pauly* Art. 46 Rn. 42.

35 Eine Liste von gültigen Binding Corporate Rules ist abrufbar unter http://ec.europa.eu/justice/data-protection/international-transfers/bi nding-corporate-rules/bcr_cooperation/index_en.htm.

36 So auch Sydow/*Schöndorf-Haubold* Art. 64 Rn. 38.

37 So – möglicherweise irreführend formuliert – BeckOK DatenschutzR/*Marsch* DSGVO Art. 64 Rn. 2.

38 Noch kritischer Paal/Pauly/*Körffer* Art. 52 Rn. 5.

teter Institution ein inhaltliches Gestaltungsrecht ermöglicht. Da sie zudem an den Beratungen zum Gegenstand beteiligt ist und somit auch argumentativ mitwirkt, ist ihr Beitrag über Abs. 2 auch nicht auf eine rein punktuelle Mitwirkung beschränkt. Ihre Inklusion in die Antragsberechtigten lässt sich wohl nur im Hinblick darauf, dass ihr keine formale Abstimmungsbefugnis eingeräumt ist (Art. 68 Abs. 5), als vereinbar mit der Unabhängigkeit des EDSA vertreten und ist dann vom Gestaltungsspielraum des Gesetzgebers[39] gedeckt.

In **materieller Hinsicht** ist ein solcher Antrag zulässig bei allen **Angelegenheiten mit allgemeiner Geltung** 25 oder **mit Auswirkungen in mehr als einem Mitgliedstaat** im Rahmen des Anwendungsbereichs der DSGVO. Ausgeschlossen wird durch diese Formulierung lediglich die Befassung des Ausschusses mit einzelnen, dh singulären, oder rein innerstaatlichen Einzelfallentscheidungen, die nicht in dessen Aufgaben- und Zuständigkeitsbereich fallen,[40] sowie mit rein hypothetischen Entwicklungen. Der **Anwendungsbereich** ist weit zu fassen. Denn anders als in Abs. 1 bedarf es keiner konkretisierten, schon in einen Beschlussentwurf mündenden Absicht einer Aufsichtsbehörde, in diesem Bereich tätig zu werden.[41] Zudem sind die Voraussetzungen, unter denen das Stellungnahmeverfahren beantragt werden kann, weit gefasst (→ Rn. 27ff.) und ermöglichen dem EDSA auf diese Weise, zu nahezu allen großen Fragestellungen, die von der DSGVO erfasst werden können, Stellung zu beziehen. Dass zunächst vorrangig andere Instrumente, insbes. diejenigen aus Art. 60, zur Vereinheitlichung heranzuziehen sind, beschränkt die materiell-rechtliche Befassungsmöglichkeit nicht.[42]

Wie weit die inhaltliche Befassung reichen kann, wird durch die **Regelbeispiele** sichtbar: Eine Stellungnah- 26 me auf der Basis von Abs. 2 ist auch möglich, wenn eine zuständige Aufsichtsbehörde den Verpflichtungen zur Amtshilfe gemäß Art. 61 oder zu gemeinsamen Maßnahmen gemäß Art. 62 nicht nachkommt. Das Stellungnahmeverfahren kann also auch dazu genutzt werden, die **fehlenden oder jedenfalls schwierigen Rechtsschutzmöglichkeiten** bei Verstößen gegen Artt. 61 oder 62 auszugleichen und auf diese Weise zu einer einheitlichen Rechtsanwendung beizutragen.

Bei der ersten Alternative, den **Angelegenheiten mit allgemeiner Geltung,** handelt es sich um einen **unbe-** 27 **stimmten Rechtsbegriff** ohne Parallelnorm in der DSGVO. Er ist weit auszulegen. Darunter ist jedenfalls ein Sachverhalt zu verstehen, der Rechtswirkungen für eine allgemein und abstrakt umrissene Personengruppe bewirkt.[43] Eine quantitative Beschränkung darauf, dass eine große Anzahl von Personen aktuell oder in naher Zukunft betroffen sein muss,[44] griffe aber zu kurz. Denn eine allgemeine Bedeutung kann sich auch aus der qualitativen Besonderheit einer Technologie ergeben, die besondere Gefahren für die Rechte und Freiheiten betroffener Personen mit sich bringt. Vorstellbar ist im Sinne der Zielsetzung der DSGVO (→ Art. 1 Rn. 5) auch, dass ein bestimmtes Vorgehen in besonderer Weise geeignet ist, den freien Datenverkehr zu beeinträchtigen.

Mögliche **Beispiele** für solche Angelegenheiten mit allgemeiner Geltung sind die Zulässigkeit der Datenver- 28 arbeitung aufgrund neuer Privatsphärenbestimmungen eines europaweit genutzten Dienstes, die Anwendung biometrischer Verfahren bei der Suche von Personen in sozialen Netzwerken, das Erheben und Speichern von Daten aus WLAN-Netzen, invasive Methoden des Friend-Finding durch Diensteanbieter oder das Verbot anonymer und pseudonymer Nutzung.[45] Darüber hinaus ist zu denken an Formen intelligenter Videoüberwachung,[46] Erhebung von Daten in Mobilitätssystemen, Datenverarbeitung in intelligenten Energienetzen oder Geoblocking-Verfahren.

Der Begriff ist auch **zeitlich weit** zu verstehen. Als Angelegenheit iSd Abs. 2 ist zB auch ein Sachverhalt in 29 Bezug auf eine Technologie einzuordnen, der erst noch **in der Zukunft** Industriereife erlangen wird und sich erst im fortgeschrittenen, nicht mehr nur hypothetischen wissenschaftlichen Forschungs- und Entwicklungsstadium befindet. Denn Abs. 2 gibt dem EDSA die Möglichkeit, frühzeitig auf Entwicklungen Einfluss zu nehmen. Das wird ua daraus ersichtlich, dass es anders als bei Abs. 1 **keiner aufsichtsbehördlichen Absicht** zum Tätigwerden (→ Rn. 10) bedarf.

Unklar bliebe der Anwendungsbereich der zweiten Alternative („**Auswirkungen in mehr als einem Mitglied-** 30 **staat**"), wenn man dieses Merkmal als ungeschriebene Tatbestandsvoraussetzung dem Kohärenzverfahren als solches bereits zugrunde legte (→ Rn. 5 sowie → Art. 63 Rn. 12). Die Formulierung ist erstmalig im Tri-

39 Vgl. auch BeckOK DatenschutzR/*Marsch* DSGVO Art. 64 Rn. 12.
40 Sydow/*Schöndorf-Haubold* Art. 64 Rn. 35.
41 Dies verkennt Sydow/*Schöndorf-Haubold* Art. 64 Rn. 1.
42 AA wohl BeckOK DatenschutzR/*Marsch* DSGVO Art. 64 Rn. 13.
43 Angelehnt an die allgemeine Geltung einer Verordnung. Vgl. von der Groeben/Schwarze/Hatje/*Geismann* AEUV Art. 288 Rn. 33. Für eine unbestimmte Anzahl Kühling/Buchner/*Caspar* Art. 64 Rn. 7.
44 BeckOK DatenschutzR/*Marsch* DSGVO Art. 64 Rn. 13.
45 So Kühling/Buchner/*Caspar* Art. 64 Rn. 8.
46 S. zu verschiedenen Formen etwa *Bretthauer*, Intelligente Videoüberwachung, 2017, 24ff.

log in Art. 58 Abs. 2 ohne nähere Begründung aufgenommen worden. Sie macht deutlich, dass bei Abs. 2, anders als bei den klar umrissenen, grundlegenden Fragestellungen des Abs. 1, nunmehr für die darüber hinaus reichende Befassung des EDSA erforderlich ist, dass ein gewisser, bereits aktualisierter Bezug zu mehr als einem Mitgliedstaat erforderlich ist. Der damit für den Ausschuss eröffnete Bereich der Befassung mit inhaltlichen Fragestellungen geht über grenzüberschreitende Tätigkeiten iSv Art. 4 Nr. 23 hinaus, sind dort doch „erhebliche" Auswirkungen in mehr als einem Mitgliedstaat verlangt. Dies ist auch nachvollziehbar, wird doch damit für den EDSA die Möglichkeit zur einheitlichen Stellungnahme und damit zur rechtssicheren und einheitlichen Anwendung der Vorschriften der DSGVO eröffnet.

IV. Verfahren (Abs. 3 bis Abs. 5)

31   Die Abs. 3, 4 und 5 machen Vorgaben für den **allgemeinen Verfahrensablauf** des Stellungnahmeverfahrens. Dem Zusammenspiel der Vorgaben aus Art. 64 lässt sich entnehmen, dass das Verfahren eröffnet wird durch die Übermittlung des Beschlussentwurfs nach Abs. 1 bzw. den Antrag nach Abs. 2 an den EDSA. Abs. 4 verlangt die unverzügliche Übermittlung der zweckdienlichen Informationen einschließlich des Beschlussentwurfs bei Abs. 1 durch Aufsichtsbehörden und KOM; der Vorsitz des EDSA übermittelt nach Abs. 5 lit. a alle weiteren ihm zugegangenen Informationen. Innerhalb von **höchstens acht Wochen**, Abs. 3 S. 2, bzw. bei komplexen Sachverhalten **höchstens 14 Wochen**, Abs. 3 S. 3, entscheidet der EDSA mit **einfacher Mehrheit**, Abs. 3 S. 2, über die Stellungnahme zum Beschlussentwurf nach Abs. 1 bzw. zur Angelegenheit nach Abs. 2. Der Vorsitz informiert die zuständige Aufsichtsbehörde sowie die KOM über die Stellungnahme und veröffentlicht diese, Abs. 5 lit. b. Ein Rechtsschutzverfahren oder andere Selbstkontrollverfahren sind nicht vorgesehen. Diese Vorgaben zum Verfahren unterscheiden sich in mehrfacher Hinsicht von denjenigen für das Streitbeilegungs- nach Art. 65 und erst recht für das Dringlichkeitsverfahren nach Art. 66. Sie werden durch die **Geschäftsordnung des EDSA** ergänzt und präzisiert; eine solche hat dieser sich in seiner ersten Sitzung gegeben.[47]

32   Die Stellungnahme darf **materiell-rechtlich über die Vorgaben der DSGVO** nicht hinausgehen; der EDSA darf sich also nicht zu Angelegenheiten äußern, die nicht Gegenstand einer Regelung im Rahmen der DSGVO sein könnten. Jenseits des Verfahrens nach Art. 64 steht dem EDSA dagegen ein weiterer Rahmen für **sonstige Stellungnahmen** zu, wie etwa – aber nicht nur – Art. 70 lit. b deutlich macht.

33   **1. Stellungnahme des Ausschusses (Abs. 3).** Der Ausschuss gibt in den in den Fällen des Abs. 1 (→ Rn. 8ff.) und 2 (→ Rn. 23ff.) eine Stellungnahme ab. Diesbezüglich besteht **kein Ermessen**; auf Vorlage des Beschlussentwurfs der zuständigen Aufsichtsbehörde nach Abs. 1 bzw. auf Antrag nach Abs. 2 muss der EDSA sich mit der Angelegenheit befassen und eine Stellungnahme abgeben.

34   Etwas anderes gilt nur, sofern der Ausschuss eine **Stellungnahme zu derselben Angelegenheit bereits abgegeben** hat, Abs. 3 S. 1 Hs. 2. Damit soll der EDSA vor unnötiger **Arbeitsbelastung** durch wiederholte Befassung geschützt werden.[48] Dies kann zu **Abgrenzungsschwierigkeiten** führen.[49] Voraussetzung ist die inhaltliche Deckungsgleichheit zwischen einer vom Ausschuss bereits erfolgten Stellungnahme zu einer bestimmten Angelegenheit und der nun erneut vorgelegten Angelegenheit. Die Vorstellungen zu **Rechtskraft und Rechtshängigkeit** helfen regelmäßig nur hinsichtlich der inhaltlichen streitgegenständlichen Identität weiter, da in der Regel bei Abs. 1 keine Identität der Beteiligten gegeben sein wird und bei Abs. 2 häufig ohnehin keine konkreten Verfahrensbeteiligten existieren. Die Entscheidung darüber trifft der EDSA in einem **mehrheitlichen Beschluss** und nicht etwa allein der Vorsitz; Art. 10 Nr. 4 der Geschäftsordnung stellt dies insoweit klar. Dass allerdings der Vorsitz hierzu eine Frist setzen darf, ist angesichts der Bedeutung der Entscheidung nicht unproblematisch. Der Ausschuss kann aber trotz des insoweit missverständlichen Wortlauts stets auch beschließen, sich trotz bereits abgegebener Stellungnahme **erneut mit der Angelegenheit zu befassen**. Ansonsten wäre mit einer einmal erfolgten Stellungnahme eine Revision durch eine erneute Befassung unmöglich. Liegt in der Angelegenheit bereits ein Beschluss im Rahmen eines Streitbeilegungsverfahrens nach Art. 65 vor, hat die Behörde diesen ohnehin zu beachten; fehlt es an einem solchen, weil bisher nur eine Stellungnahme ergangen ist, greifen Abs. 7 und 8.

35   **Nicht geregelt** ist, ob bei der **Zurückweisung** einer Befassung das in Abs. 3 vorgesehene **Verfahren** durchzuführen ist, oder der EDSA unverzüglich die Befassung mit der Angelegenheit zurückweist.[50] Dem Wortlaut lässt sich entnehmen, dass die Fristen unmittelbar nur für die Abgabe der Stellungnahme selbst gelten. Daraus lässt sich folgern, dass der EDSA jederzeit, also auch bis spätestens Fristablauf für die Abgabe einer

---

47   https://edpb.europa.eu/about-edpb/board/rules-procedure-and-memorandum-understanding_de.
48   Sydow/*Schöndorf-Haubold* Art. 64 Rn. 8.
49   Kühling/Buchner/*Caspar* Art. 64 Rn. 11.
50   Paal/Pauly/*Körffer* Art. 64 Rn. 6; BeckOK DatenschutzR/*Marsch* DSGVO Art. 64 Rn. 16.

Stellungnahme, die Entscheidung treffen kann, dass er bereits eine Stellungnahme zu derselben Angelegenheit abgegeben hat. Denn diese Feststellung kann bei komplexen Sachverhalten eine längere Zeit in Anspruch nehmen, sodass die in Abs. 3 für die Stellungnahme normierten Fristen (acht Wochen in einfachen Angelegenheiten, 14 Wochen in komplexen Angelegenheiten) analog anzuwenden sind. Dem entspricht § 11 Nr. 3 der Geschäftsordnung.

In **einfachen Angelegenheiten** muss der Ausschuss innerhalb von **acht Wochen** die Stellungnahme abgeben, **36** Abs. 3 S. 2. Die Frist dient insbes. der raschen Klärung von offenen Fragen und damit einer zügigen Herbeiführung von Rechtssicherheit in der Praxis.[51] Da die DSGVO selbst keine Regelung(en) für die Fristberechnung vorsieht, muss dazu auf allgemeine Grundsätze des europäischen Verwaltungsrechts zurückgegriffen werden; ein Rückgriff auf nationales Recht, etwa § 31 VwVfG iVm §§ 187ff. BGB, scheidet aus. Die Frist beginnt mit der vollständigen Einreichung der Unterlagen, so dass sich der EDSA ein Bild von der Angelegenheit machen und entscheiden kann (→ Rn. 11, 45).[52]

In **besonders komplexen Angelegenheiten** kann die nach Abs. 3 S. 2 bestimmte achtwöchige Frist um weitere **37** sechs Wochen **auf insges. 14 Wochen** verlängert werden, Abs. 3 S. 3. Wann dies gegeben ist, lässt die DSGVO offen. Angelegenheiten können jedenfalls als komplex angesehen werden, wenn sie aufgrund der **Unsicherheit der Technik** und ihrer Auswirkungen oder der **juristischen Bewertung und Bewertungsgrundlagen** und der Vielfalt der zu berücksichtigenden Aspekte, zB der abzuwägenden Interessen und Rechte, etwa in **Mehreckskonstellationen**,[53] schwierig durchschaubar sind, eine hohe **Dynamik** aufweisen und **viel weitergehender Sachverhaltsermittlung** bedürfen, um sie einordnen zu können. Neue technische Entwicklungen der Datenverarbeitung können darunterfallen, müssen es aber nicht. Auch ein hoher Diskussionsbedarf zwischen den Mitgliedern des EDSA kann eine solche komplexe Angelegenheit begründen. Angesichts des Fristbeginns erst mit Vorliegen der zweckdienlichen Informationen (→ Rn. 11, 45) dürften sachverhaltsbedingte Komplexitäten aber zumeist erst dann eine Fristverlängerung begründen können, wenn sich neue Erkenntnisse während der laufenden Frist ergeben haben. Die Einschätzung in Bezug auf die Komplexität einer Angelegenheit obliegt dem EDSA ebenso wie die Entscheidung über die Fristverlängerung, die auch kürzer als sechs Wochen ausfallen kann. Angesichts der in anderen Vorschriften deutlichen Unterscheidung zwischen EDSA und Vorsitz sowie der Bedeutung der Entscheidung obliegt die **Entscheidung** sowohl über das Vorliegen/Nicht-Vorliegen von Komplexität als auch die Bestimmung der **Verlängerungsfrist dem EDSA gesamtheitlich.**[54] Die Geschäftsordnung, die in § 10 Nr. 2 S. 2 dies dem Vorsitz überlässt oder aber dem Antrag von 1/3 der Mitglieder des EDSA anheimstellt, verkennt dies.

Ein **Unterlassen** des EDSA, in der vorgegebenen Zeit eine Stellungnahme anzunehmen, bewirkt keine un- **38** mittelbaren rechtlichen Konsequenzen. Dies kann etwa dann eintreten, wenn es verschiedene Ansichten innerhalb des EDSA gibt, von denen keine eine Mehrheit auf sich vereinigen kann. Eine solche Situation kann zwar möglicherweise durch den Vorsitz durch geschickte Abstimmungsorganisation vermieden werden, ist aber grundsätzlich nicht auszuschließen. Insbes. eine Untätigkeitsklage nach Art. 265 AEUV kommt nicht in Betracht, da eine Stellungnahme kein tauglicher Beschwerdegegenstand ist;[55] zudem wäre das Klageziel einer Einigung wohl kaum justiziabel. Allenfalls entsteht über die Sperrfrist des Abs. 6 (→ Rn. 54) ein gewisser faktischer Druck auf den EDSA, da nach Ablauf der Frist jedenfalls bei obligatorischen Stellungnahmen nach Abs. 1 die zuständige Aufsichtsbehörde nunmehr wirksam eine Maßnahme ergreifen kann.

Die Stellungnahme ist mit der **einfachen Mehrheit** der Mitglieder des EDSA anzunehmen, Abs. 3 S. 2. Hier- **39** bei ist die Zustimmung der Mehrheit der Mitglieder und nicht eine bloße Mehrheit der abgegebenen Stimmen erforderlich,[56] denn der Wortlaut verlangt die „einfache Mehrheit der Mitglieder des Ausschusses" und nicht etwa der Anwesenden. Wie insgesamt im Kohärenzverfahren werden alle Mitglieder des EDSA gleichwertig behandelt; es gilt das Prinzip „one-agency-one-vote".

Für **Stellungnahmen nach Abs. 1** (→ Rn. 8ff.) sieht Abs. 3 S. 4 eine **Sonderregelung für den Mehrheitsent-** **40** **scheid** vor. Danach wird fingiert, dass ein Mitglied des Ausschusses, das innerhalb einer vom Vorsitz angegebenen angemessenen Frist keine Einwände erhoben hat, dem Beschlussentwurf zustimmt. Damit wird sichergestellt, dass der EDSA zügig entscheiden kann. Für die Aufsichtsbehörden wird die Fiktion angesichts knapper Zeit und beschränkter Ressourcen eine hohe Relevanz haben.[57] Die vom Vorsitz bestimmte

51 Vgl. *Piltz* K&R 2017, 85 (87); vgl. auch BeckOK DatenschutzR/*Marsch* DSGVO Art. 64 Rn. 2.
52 Ebenso Gola/*Eichler* Art. 64 Rn. 8 f; aA wohl Kühling/Buchner/*Caspar* Art. 64 Rn. 12 f. Wie hier jetzt auch § 10 Nr. 4 S. 2 Geschäftsordnung.
53 Dazu *Spiecker gen. Döhmann* CMLR 52 (2016) 1033ff.
54 AA Sydow/*Schöndorf-Haubold* Art. 64 Rn. 41 nach welcher der Vorsitz über die Notwendigkeit einer etwaigen Fristverlängerung entscheidet.
55 Vgl. auch Calliess/Ruffert/*Cremer* AEUV Art. 265 Rn. 4ff.
56 BeckOK DatenschutzR/*Marsch* DSGVO Art. 64 Rn. 18.
57 Kühling/Buchner/*Caspar* Art. 64 Rn. 16.

angemessene Frist unterliegt keiner Standardisierung, sondern bemisst sich nach der jeweiligen Komplexität und Schwierigkeit der Angelegenheit. Zudem setzt die Fiktion voraus, dass der Zugang der Dokumente und der Fristsetzung sichergestellt und nachweisbar ist, was insofern durch das standardisierte Format nach Art. 67 gewährleistet sein muss.[58] Die gegenwärtige Regelung der Geschäftsordnung sieht hierzu allerdings nicht die erforderliche Bestimmung der Angemessenheit vor.[59]

41   Art. 64 sieht keine Regelung für den Fall vor, dass der EDSA **die Voraussetzungen als nicht gegeben** ansieht, also etwa, weil noch keine Absicht nach Abs. 1 oder kein Fall des Abs. 1 lit. a bis lit. f. zu erkennen ist, ohne dass eine Umdeutung auf Abs. 2 möglich wäre (→ Rn. 10), oder weil nach Abs. 2 weder allgemeine Geltung noch Auswirkungen in mehr als einem Mitgliedstaat angenommen werden. Dies erfasst nicht das Problem, ob bei Vorliegen der Voraussetzungen dem EDSA Ermessen zukommt, sich zu befassen (→ Rn. 23), sondern setzt früher an der Frage an, ob der EDSA überhaupt die Voraussetzungen für sein Tätigwerden prüfen darf. Abs. 3 formuliert lediglich, dass der EDSA eine Stellungnahme zu der Angelegenheit abgibt, die ihm „vorgelegt" wird. Auch die englische Sprachfassung („submitted") präzisiert nicht. Dem könnte man entnehmen, dass dem EDSA **kein Selbstprüfungsrecht** zusteht, ob er sich tatsächlich mit der Angelegenheit befassen muss, sondern es ausreichend ist, dass überhaupt vorgelegt wird. Dies entspräche aber weder der Beschränkung der Aufgaben des EDSA, die Abs. 1 und Abs. 2 bei aller Weite zu entnehmen ist, noch dem zentralen Anliegen der DSGVO nach Vereinheitlichung der Rechtsanwendung (→ Einl. Rn. 185ff.), wozu das Kohärenzverfahren als wesentlicher Verfahrensschritt der Zusammenarbeit der Aufsichtsbehörden beiträgt, Art. 63, noch dem Verständnis von Unabhängigkeit der mitgliedstaatlichen Aufsichtsbehörden. Denn diese sollen weiterhin die zentralen Durchsetzungsinstitutionen sein; eine zentrale Datenschutzrechtsbehörde soll der EDSA gerade nicht, sondern auf Vereinheitlichungsanliegen beschränkt sein. Daher gibt es kein Selbstbefassungsrecht für ihn, sondern bedarf es eines **Antrags einer Aufsichtsbehörde oder der KOM**. Dies wird durch einen materiellen Mindeststandard abgesichert. Dieser liefe faktisch leer, wenn der EDSA nicht selbst überprüfen könnte, ob er tatsächlich zur Befassung berufen ist. Für Abs. 2 wird dies auch dadurch deutlich, dass ein „Antrag" (englisch: „request") gestellt wird, der zu bescheiden ist.

42   **Rechtsschutz** gegen die Zurückweisung eines Antrags auf Abgabe einer Stellungnahme besteht ebenso wenig wie die Möglichkeit für eine in der Mehrheitsentscheidung unterlegene Aufsichtsbehörde, die Entscheidung über Annahme oder Ablehnung des Antrags überprüfen zu lassen. Auch kann die KOM gerade kein Weisungsrecht ausüben; dies wäre ein ganz erheblicher und nicht zu rechtfertigender Eingriff in die Unabhängigkeit des EDSA, Art. 69. Dem Ausschuss kommt in den Fällen von Abs. 2 deshalb eine besonders gewichtige Rolle zu, da er die **Entscheidungshoheit** über die zu behandelnden Angelegenheiten besitzt. Daher ist im Zweifel zugunsten einer Befassung zu entscheiden.

43   **2. Information der Aufsichtsbehörden und der KOM (Abs. 4).** Abs. 4 regelt die Voraussetzungen der Vorlage für **Stellungnahmen nach Abs. 1 und 2** im Wesentlichen durch **Informationspflichten**. Die Vorschrift richtet sich zunächst nur an die Aufsichtsbehörden und die KOM, nicht aber auch an den Vorsitz. Dies klingt danach, als sei nur die Stellungnahme nach Abs. 1 erfasst. Es wäre aber nicht nachvollziehbar, warum im Fall von Abs. 2 nicht gleichfalls seitens der antragstellenden Aufsichtsbehörde die wesentlichen Informationen beizubringen wären. Die Erwähnung der KOM in diesem Zusammenhang ergibt auch nur Sinn, wenn Abs. 2 erfasst ist, wo diese ein Antragsrecht hat; nach Abs. 1 würde die KOM ohnehin nie beibringen können. Zudem lässt sich der Begriff „Aufsichtsbehörden" teleologisch auch auf den Vorsitz, der in Abs. 2 zusätzlich genannt ist, erweitern, denn dieser wird ja stets von einer der Aufsichtsbehörden gestellt, die im ESDA vertreten sind.

44   Die **Vorlage** der Antragsbefugten nach Abs. 4 muss das Vorliegen der materiellen Voraussetzungen für eine Stellungnahme wenigstens kurz darlegen.[60] Abs. 4 listet unter dem Überbegriff **„zweckdienliche Information"** beispielhaft und nicht abschließend[61] die Darstellung des Sachverhalts, im Falle von Abs. 1 den in Aussicht genommenen Beschlussentwurf, eine Begründung der Maßnahme auf. Auch die Standpunkte anderer betroffener Aufsichtsbehörden sind bereits beizubringen. Der **unbestimmte Rechtsbegriff** der zweckdienlichen Information umfasst alle Informationen, die erforderlich sind, um eine Befassung des EDSA zu ermöglichen. In der Praxis wird es oftmals schwierig zu beurteilen sein, ob bereits sämtliche Informationen zu einem Sachverhalt vorliegen. Für Stellungnahmen nach Abs. 1 ist dies leichter zu beurteilen als für Abs. 2: Da gemäß Abs. 1 ein Beschlussentwurf vorliegen und das Verfahren, das zu ihm führt, bereits so fortgeschritten sein muss, dass ein Beschluss ergehen könnte (→ Rn. 10), sind alle Informationen zu übermitteln,

---

58   Paal/Pauly/*Körffer* Art. 64 Rn. 7.
59   Art. 10 Nr. 1 Rules of Procedure EDSA.
60   Paal/Pauly/*Körffer* Art. 64 Rn. 4.
61   Paal/Pauly/*Körffer* Art. 64 Rn. 5; BeckOK DatenschutzR/*Marsch* DSGVO Art. 64 Rn. 14.

die für diesen Beschlussentwurf und seine Herleitung und Begründung erforderlich sind. Auch **gegen den Beschluss sprechende Erwägungen und Tatsachen**, welche die Aufsichtsbehörde in Betracht gezogen hat, sind mitzuteilen. Ähnliches gilt für Verfahren nach Abs. 2, wenn ihnen konkrete Beschlussentwürfe zugrunde liegen. Geht es dagegen in Verfahren nach Abs. 2 um eher allgemeine Sachverhalte, sind diejenigen Informationen beizubringen, die für die Aufsichtsbehörde, den Vorsitz oder die KOM ausschlaggebend für den Antrag gewesen sind. Die Geschäftsordnung billigt dem Sekretariat zu, **Nachfragen** zu stellen und Fristen zu deren Beantwortung und der Beibringung weiterer Informationen zu setzen, ohne allerdings Sanktionen bei Verstößen vorzusehen.[62] Welche Informationen vorliegen, kann auch davon abhängen, inwieweit Verantwortliche oder Auftragsverarbeiter ihrer **Auskunftspflicht** nachgekommen sind oder Zugang zu allen personenbezogenen Daten, die zur Aufgabenerfüllung der Aufsichtsbehörde notwendig sind, bzw. zu den Geschäftsräumen einschließlich aller Datenverarbeitungsanlagen und -geräte gewährt haben.[63] Insofern ist ein **vorheriger Informationsaustausch** zwischen den betroffenen Aufsichtsbehörden erforderlich. Damit wird mittelbar – insbes. im Hinblick auf die typischerweise im Verfahren vorhandenen personenbezogenen Daten – dem **Datenminimierungsgrundsatz** nach Art. 5 Abs. 1 lit. c entsprochen. Abs. 4 überträgt auf die zuständige Behörde nach Abs. 1 bzw. den Antragsteller nach Abs. 2 eine nicht beiläufige Beibringungspflicht.

Erst mit vollständiger Übermittlung aller zweckdienlichen Informationen beginnt die **Frist des Abs. 3 S. 1** zu laufen und hat der EDSA zu prüfen, ob er sich mit der Angelegenheit zu befassen hat (→ Rn. 11, 36).[64] Man könnte aus den unterschiedlich beizubringenden Informationen nach Abs. 1 („übermittelt […] den Entwurf des Beschlusses") und Abs. 4 („übermitteln […] alle zweckdienlichen Informationen") den Schluss ziehen, dass die Frist des Abs. 3 bereits mit der Übermittlung des Beschlussentwurfs zu laufen beginnt und erst danach die Pflicht nach Abs. 4 greift. Abs. 1 würde dann das Verfahren eröffnen, Abs. 4 statuierte Verfahrenspflichten. Eine solche Lesart hätte auch den Vorteil, dass strategisches Verhalten der Aufsichtsbehörde und des EDSA zur faktischen Verlängerung der Bearbeitungsmöglichkeiten erschwert würde, weil damit die verspätete Vorlage zweckdienlicher Informationen darüber sanktioniert wäre, dass der EDSA gleichwohl innerhalb der vorlegenden Frist entscheiden müsste. Zeitliche Spielräume zu Lasten der Rechtssicherheit und der zügigen Behandlung der Angelegenheit würden so vermieden. Allerdings nennt Abs. 4 als zu den vorzulegenden zweckdienlichen Informationen gehörig gerade den Beschlussentwurf selbst. Zudem wäre es unsinnig, dem EDSA die enge Frist nach Abs. 3 zu setzen, wenn dieser gar nicht entscheidungsfähig sein kann, weil ihm die notwendigen Informationen nicht zur Verfügung stehen und er darauf auch keinen Zugriff haben kann.

Die Informationen sind unter Verwendung eines **standardisierten Formats** (→ Art. 67 Rn. 1) ausschließlich auf **elektronischem Wege** zu übermitteln. Dies erleichtert die Informationsverarbeitung bei den Mitgliedern des EDSA. Hierbei ist insbes. an einer Übertragung per (verschlüsselter) E-Mail zu denken. Aber auch standardisierte Dokumentenplattformen oder vergleichbare bereitgestellte Tools können eine elektronische Übermittlung ermöglichen.[65]

3. Information durch den Vorsitz (Abs. 5). Abs. 5 etabliert den Vorsitz des EDSA als zentralen Informationsmittler und zentrale Koordinationsstelle für die Mitglieder des Ausschusses, aber auch für die Öffentlichkeit (lit. b aE). Die Vorschrift unterscheidet zwischen der Informationsübermittlung während eines laufenden Stellungnahmeverfahrens (lit. a) und der Informationsübermittlung nach Abgabe einer Stellungnahme (lit. b).

a) Im laufenden Verfahren (Abs. 5 lit. a). Während des laufenden Verfahrens leitet der **Vorsitz alle ihm zugegangenen zweckdienlichen Informationen** weiter. Abs. 5 knüpft also unmittelbar an Abs. 4 an, der die Informations- und Beibringungspflichten derjenigen regelt, die das Verfahren nach Art. 64 in Gang bringen. Die Begrifflichkeit der Zweckdienlichkeit ist objektiv zu bestimmen und entspricht daher Abs. 4. Der Vorsitz hat keine Befugnis, eine eigenständige Wertung etwa derart vorzunehmen, dass er vorgelegte Informationen nicht weiterleiten könnte. Lediglich offenkundig nicht zweckdienliche Informationen können zurückgehalten werden.

Die Weiterleitung erfolgt **unverzüglich**, also zum nächstmöglichen Zeitpunkt. Die Übermittlung erfolgt in **standardisierter Weise** auf **elektronischem Wege** (→ Art. 67 Rn. 1). Dadurch wird die Einhaltung der engen Fristen des Art. 64 überhaupt erst möglich.

---

62 Art. 10 Nr. 1 Rules of Procedure EDSA.
63 Gola/*Eichler* Art. 64 Rn. 9.
64 Ebenso Gola/*Eichler* Art. 64 Rn. 8.
65 Ähnlich auch *Bräuchle/Bretthauer*, in: Dreier/Fischer/van Raay/Spiecker gen. Döhmann (Hrsg.), Informationen der öffentlichen Hand – Zugang und Nutzung, 2016, 395 (399ff.); vgl. auch Ehmann/Selmayr/*Klabunde* Art. 64 Rn. 16 f.

Spiecker gen. Döhmann

50 Das Sekretariat des EDSA stellt nach Abs. 5 lit. a S. 2 **Übersetzungen** in der jeweiligen Landessprache zur Verfügung, **soweit** dies **erforderlich** ist. Die Norm lässt offen, in welchen Fällen eine Übersetzung als erforderlich anzusehen ist. Angesichts der Komplexität der Sachverhalte und der erforderlichen Präzision der Beschreibung von Vorgaben und Maßnahmen, die der Stellungnahme zugrunde liegen, kann grundsätzlich jede betroffene Aufsichtsbehörde verlangen, dass die zweckdienlichen Informationen in ihrer Landessprache zur Verfügung gestellt werden. Das Sekretariat des EDSA muss daher entsprechend mit personellen und sachlichen Mitteln ausgestattet sein, da andernfalls eine effektive Wahrnehmung der Aufgaben (Art. 75) nicht möglich ist. Die Geschäftsordnung sieht vor, dass die Übersetzung von der zuständigen Behörde bestätigt werden muss.[66] Damit wird sichergestellt, dass die Aufsichtsbehörde ihrer Stellung als Herrin des Verfahrens gemäß auch die Kontrolle über den vorgelegten Text behält.

51 Art. 64 sieht nicht vor, dass **Informationen von Dritten** insbes. sachverständigen Personen eingeholt werden. Auch eine **Beteiligung des Verantwortlichen oder der betroffenen Person**, die im Ausgangsverfahren, das zur Stellungnahme nach Abs. 1 führt, Beteiligte sind, ist nicht geregelt. Auch sonstige Interessierte wie Stakeholder, Verbände, andere Verantwortliche oder gar die Öffentlichkeit werden nicht durch Vorschriften des Art. 64 zwingend verfahrensmäßig eingebunden, sondern allein durch die allgemeine Vorschrift des Art. 70 Abs. 4 (→ Art. 70 Rn. 13); auch die Geschäftsordnung geht darüber nicht hinaus.[67] Weder ist eine Anhörung, eine förmliche Konsultation oder auch nur die Einholung von Gutachten und fachkundigen Stellungnahmen vorgesehen. Die Geschäftsordnung lässt zwar zu, dass ausländische Nicht-EU-Aufsichtsbehörden den Status eines Beobachters einnehmen,[68] aber regelt dies nicht gezielt für das Verfahren nach Art. 64. Auch zur Frage, ob bspw. Sitzungen des EDSA speziell im Rahmen von Art. 64 unter welchen Bedingungen öffentlich sind, gibt es über Art. 76 hinaus keine Regelungen. Die Geschäftsordnung des EDSA sieht nun vor, dass nach Art. 33 grundsätzlich, also auch bei Art. 64 Verfahren, **Öffentlichkeit** gegeben ist. Diese geringe Regelung der Einbeziehung Dritter und der unmittelbar Betroffenen ist angesichts der Bedeutung der Stellungnahme und der geringen und eher indirekten Rechtsschutzmöglichkeiten dagegen zumindest kritisch zu beurteilen, auch wenn der Zeitdruck erheblich ist. Dies gilt erst recht in den Verfahren, in denen eine konkrete Maßnahme gegenüber konkreten Adressaten im Raum steht; hier kann über eine Verletzung rechtlichen Gehörs durchaus nachgedacht werden (→ Art. 63 Rn. 16). Um dieses Ergebnis zu vermeiden, könnte die Aufsichtsbehörde in beständigem Kontakt mit den Beteiligten deren Position in das Verfahren im EDSA einbringen. Eine **echte Gewähr rechtlichen Gehörs** bedeutete dies allerdings zumeist nicht; dies wird nur die Aufsichtsbehörde selbst gewähren können und müssen. In allgemeinen Fragen könnte eine frühzeitige Einbindung in das Kohärenzverfahren auch zu einer größeren Akzeptanz und damit insgesamt zu einer Verfahrensbeschleunigung führen (→ Art. 63 Rn. 16).

52 **b) Nach Abschluss der Stellungnahme (Abs. 5 lit. b).** Abs. 5 lit. b verlangt vom Vorsitz des EDSA die **Unterrichtung der zuständigen, vorlegenden Aufsichtsbehörde** im Verfahren nach Abs. 1 sowie ggf. derjenigen Aufsichtsbehörde, der ein Verstoß gegen die Verpflichtungen der DSGVO[69] vorgeworfen wird sowie der antragstellenden Aufsichtsbehörde oder KOM nach Abs. 2. Die Formulierung könnte insoweit irreführend verstanden werden, als scheinbar die KOM nach der Systematik stets zu benachrichtigen wäre. Ihre Nennung und ihre Benachrichtigung erfolgt aber aufgrund ihrer in Abs. 2 vorgesehenen Antragsbefugnis, wenn sie tatsächlich im konkreten Verfahren den Anstoß für die Befassung gegeben hat. Dies ergibt sich aus der Formulierung „je nach Fall".

53 Zudem obliegt dem Vorsitz die Aufgabe der Herstellung einer **Publizitätswirkung der Stellungnahme**. Gerade in den Fällen des Abs. 1 ist die Signalwirkung über das konkrete Verfahren hinaus beträchtlich; angesichts der möglichen Sperrwirkung des Abs. 3 S. 1 Hs. 2 bereits abgegebener Stellungnahmen (→ Rn. 34) ist die Kenntnisnahmemöglichkeit nicht nur der Aufsichtsbehörden, sondern auch der breiten Öffentlichkeit von erheblicher Bedeutung für die Wirkmächtigkeit der Stellungnahmen des EDSA. Die Art der Veröffentlichung liegt im Ermessen des Vorsitzes des EDSA; sie sollte bspw. auf den Internetseiten des EDSA erfolgen und kann darüber hinaus zB auch in einem öffentlichen Register stattfinden, in dem der Ausschuss seine Berichte, Stellungnahmen, Beschlüsse, Empfehlungen, Leitlinien oder sonstige Äußerungen veröffentlicht. Eine **Pflicht zur Aufnahme in Art. 70 Abs. 1 lit. y** lässt sich allerdings dieser Norm nicht entnehmen (→ Art. 70 Rn. 11), da nur Beschlüsse der Aufsichtsbehörden und Gerichte im Kohärenzverfahren erfasst sind, Stellungnahmen aber gerade keine Beschlüsse sind.[70] Auf jeden Fall enthält Art. 70 Abs. 3 eine Pflicht des Ausschusses, auch seine Stellungnahmen zu veröffentlichen, und es wäre widersinnig, hierfür ein zusätzli-

---

66 Art. 10 Nr. 1 Rules of Procedure EDSA.
67 Art. 30 Geschäftsordnung EDSA.
68 Art. 8 Nr. 1 Geschäftsordnung des EDSA.
69 So auch Sydow/*Schöndorf-Haubold* Art. 64 Rn. 47.
70 AA wohl BeckOK DatenschutzR/*Marsch* DSGVO Art. 64 Rn. 18.3; Gola/*Eichler* Art. 64 Rn. 5.

ches elektronisches Register neben dem aus Art. 70 Abs. 1 lit. y aufzubauen. Dementsprechend hat der EDSB in seiner Geschäftsordnung vorgesehen, dass „all final documents", und dazu gehören auch Stellungnahmen, auf seiner Homepage veröffentlicht werden.[71]

4. Sperrfrist der zuständigen Aufsichtsbehörde (Abs. 6). Solange das Stellungnahmeverfahren nach Abs. 1 54 andauert und die Frist nach Abs. 3 (→ Rn. 31, 36 f.) noch nicht abgelaufen ist, darf die, seit der korrigierten Fassung vom April 2018 in Abs. 1 genannte zuständige Aufsichtsbehörde, den Beschlussentwurf nicht in die Tat umsetzen. Damit wird verhindert, dass durch einen vorschnellen Beschluss der Aufsichtsbehörde im konkreten Fall das Stellungnahmeverfahren obsolet würde. Ein solches Vorgehen würde zur **Rechtswidrigkeit des gleichwohl ergangenen Beschlusses** führen; auch über eine **Nichtigkeit** wegen eines schwerwiegenden Verstoßes ist durchaus nachzudenken.[72] Zudem kann ein Vertragsverletzungsverfahren nach Artt. 258, 259 AEUV eingeleitet werden. Die Behörde wird durch den Ablauf der Sperrfrist allerdings nicht gänzlich frei: Sie darf nicht jeglichen Beschluss fassen, sondern lediglich den dem EDSA **vorgelegten Beschlussentwurf.** Auch deshalb ist entscheidend, dass ein konkreter Vorgang vorgelegt wird, der in eine konkrete Maßnahme münden kann (→ Rn. 10).

5. Entscheidung der Aufsichtsbehörde (Abs. 7). Abs. 7 regelt eine wichtige Rechtsfolge der Stellungnahme 55 in Bezug auf die zuständige Aufsichtsbehörde: Diese wird verpflichtet, der Stellungnahme des Ausschusses **weitestgehend Rechnung** zu tragen. Durch die konsolidierte Fassung vom April 2018 wurde klargestellt, dass es sich um die nach Abs. 1 „zuständige" Aufsichtsbehörde handelt. Die Verpflichtung zur weitestgehenden Berücksichtigung entspricht dem in Art. 63 explizierten Anliegen des Kohärenzverfahrens zur Sicherung einer einheitlichen Anwendung der DSGVO. Sie belässt die **Entscheidungshoheit bei der zuständigen Aufsichtsbehörde** und sichert damit deren Unabhängigkeit. Denn Abs. 7 normiert anders als etwa Art. 65 Abs. 1 keine Rechtsverbindlichkeit. Vom Wortlaut her ist die Mitteilungspflicht wie auch die „qualifizierte Berücksichtigungspflicht"[73] nur auf Stellungnahmeverfahren nach Abs. 1 anwendbar. Eine **analoge Anwendung auch auf Abs. 2** scheidet angesichts der unterschiedlichen Konkretisierungsgrade der Verfahrenseinleitung nach Abs. 1 und Abs. 2 aus.

Die DSGVO spezifiziert nicht, worin die **Abweichung der zuständigen Aufsichtsbehörde** überhaupt noch 56 bestehen kann, ohne Abs. 7 zu verletzen. Dies gilt erst recht vor dem Hintergrund, dass die Aufsichtsbehörde einen konkreten Beschlussentwurf vorlegt, dieser also bereits alle konkreten Umstände berücksichtigt. Daher sind besonders begründete Ausnahmefälle[74] eher selten vorstellbar. Anzunehmen dürfte eine Abweichung jedenfalls dann sein, wenn der EDSA eine **Sondersituation** des vorgelegten Falls selbst gesehen hat, die Stellungnahme aber einen allgemeinen Charakter aufweisen sollte und daher den Besonderheiten des Falles nur eingeschränkt Rechnung tragen konnte. Auch zwischenzeitlich eingetretene Veränderungen auf der Sachverhaltsebene können eine Abweichung begründen. Dazu gehört zB die Erweiterung des Adressatenkreises des Beschlusses. Zudem ist vorstellbar, dass die Aufsichtsbehörde überdies weitere Maßnahmen ergreift, die aber von Abs. 1 nicht erfasst sind.

Abs. 7 regelt darüber hinaus im Zusammenspiel mit Abs. 8, wie **Kenntnis des EDSA** darüber hergestellt 57 wird, wie die Aufsichtsbehörde mit dem ursprünglichen Beschlussentwurf umgeht. Dies dient der **Transparenz und Nachverfolgung** und damit dem Ziel der DSGVO – und speziell des Kohärenzverfahrens nach Art. 63 – zu einer einheitlichen Rechtsanwendung und -auslegung beizutragen. Denn nur, wenn der EDSA Kenntnis davon hat, wie sich die zuständige Aufsichtsbehörde zu der Stellungnahme verhält, kann dieser reagieren. Abs. 7 regelt hierzu die Kenntnisgabe des weiteren Umgangs mit dem Beschlussentwurf an den Vorsitz des EDSA. Innerhalb von **zwei Wochen** nach Eingang der Stellungnahme bei der Aufsichtsbehörde teilt diese dem Vorsitz mit, ob sie den Beschlussentwurf beibehalten oder – auch nur teilweise – ändern wird. Bei Beachtung genügt eine **einfache Nachricht;** damit ist das Stellungnahmeverfahren abgeschlossen.[75] Für den Fall einer Änderung des Beschlussentwurfs übermittelt sie den geänderten Beschlussentwurf, gemäß Abs. 8 samt der maßgeblichen Gründe (→ Rn. 60 f.) bei Abweichung von der Stellungnahme. Eine Rechtsfolge für eine Verfristung der Mitteilung ist nicht vorgesehen (→ Rn. 60). Auch hierfür bestehen **Formvorgaben:** Die Mitteilung der Aufsichtsbehörde ist auf elektronischem Wege (→ Rn. 46) unter Verwendung eines standardisierten Formats an den Vorsitz zu übermitteln.

Abs. 7 knüpft – anders als Abs. 8 – inhaltlich nicht daran an, ob die Stellungnahme befolgt wird, sondern 58 formal an die Frage, ob der ursprünglich vorgelegte Beschlussentwurf geändert wird. Die zuständige Aufsichtsbehörde hat also möglicherweise doppelte Mitteilungspflichten, nämlich je nachdem, ob die Stellung-

---

71 Art. 38 Nr. 1 Rules of Procedure EDSA.
72 So auch Sydow/*Schöndorf-Haubold* Art. 64 Rn. 48.
73 Sydow/*Schöndorf-Haubold* Art. 64 Rn. 48.
74 Sydow/*Schöndorf-Haubold* Art. 64 Rn. 49.
75 Paal/Pauly/*Körffer* Art. 64 Rn. 9.

nahme ihrem Beschlussentwurf entspricht oder nicht (Abs. 7) und ob sie der Stellungnahme folgt oder nicht (Abs. 8). Beide Mitteilungen können **gleichzeitig** erfolgen. Eine Rechtsfolge für den Fall, dass die Aufsichtsbehörde den Beschlussentwurf ändert – in der Reaktion auf eine Stellungnahme – ist nicht vorgesehen und auch nicht erforderlich. Ein **erneutes Stellungnahmeverfahren**[76] in einem solchen Fall wäre ein Formalismus.

59   **6. Nichtannahme der Stellungnahme (Abs. 8).** Abs. 8 ordnet die Durchführung des Streitbeilegungsverfahrens nach Art. 65 Abs. 1 an, falls die zuständige Aufsichtsbehörde[77] der **Stellungnahme** des Ausschusses **insgesamt** oder **teilweise nicht nachkommt.** Abs. 7 **ergänzende Formvorgaben** (Angabe von Gründen) sind mit dieser zentralen Aussage des Abs. 8 vermengt.

60   Voraussetzung für die Rechtsfolge der Eröffnung des Streitbeilegungsverfahrens nach Art. 65 scheint zu sein, dass die zuständige Aufsichtsbehörde **innerhalb der Frist des Abs. 7** (→ Rn. 57) ihre Mitteilung vornimmt. Dies würde allerdings den Mechanismus des Abs. 8 in sein Gegenteil verkehren, denn die Aufsichtsbehörde hätte es damit in der Hand, durch Verfristung zu verhindern, dass das Streitbeilegungsverfahren durchgeführt wird. Vielmehr handelt es sich um eine **verunglückt formulierte Obliegenheit der zuständigen Aufsichtsbehörde,** nicht allein das geplante Abweichen von der Stellungnahme mitzuteilen, sondern innerhalb dieser Frist auch die Gründe für die Abweichung mitzuteilen. Kommt die Behörde dieser Verpflichtung nicht nach, erschwert sie damit zwar faktisch das Streitbeilegungsverfahren, weil der EDSA sich ohne ihre Ausführungen mit der Angelegenheit befassen muss. Darüber hinaus ergeben sich aber keine rechtlichen Konsequenzen. Insbesondere kann die Aufsichtsbehörde noch im Streitbeilegungsverfahren ihre Gründe vorbringen, eine **Präklusion** enthält Abs. 8 **nicht.**

61   Die teilweise oder gänzliche Nicht-Befolgung der Stellungnahme ist dem EDSA mitzuteilen. Abs. 8 knüpft damit, anders als Abs. 7, an die **inhaltliche Übereinstimmung** des letztlich ergehenden Beschlusses an die Stellungnahme an. Die **Begründung für die Nichtannahme der Stellungnahme** dient als weitere Diskussionsgrundlage. Daher muss die Aufsichtsbehörde die ausschlaggebenden Argumente vorbringen, darf sich aber auch darauf beschränken. Eine vollständige Abbildung ihres Entscheidungs- und Abwägungsvorgangs ist nicht angeordnet, da lediglich die **maßgeblichen Gründe** mitzuteilen sind. Damit wird der bereits erfolgten Positionierung der Aufsichtsbehörde Rechnung getragen: Sie bringt die für sie entscheidenden Gründe vor. Gleichzeitig bleibt der EDSA inhaltlich unabhängig, weil er nicht Gefahr läuft, aufgrund der vollständigen Vorstrukturierung des Falls durch die vollständige Mitteilung des Entscheidungsprozesses der Aufsichtsbehörde bereits determiniert zu werden.

62   Fraglich ist, inwieweit auch eine **Untätigkeit der Aufsichtsbehörde** als ein Fall des Nicht-Befolgens iSv Abs. 8 zu verstehen ist. Dies könnte man im Hinblick darauf verneinen, dass die Stellungnahme als eine Stufe im Rahmen eines mehrstufigen Verfahrens erfolgt, dessen Herrin die Aufsichtsbehörde nach Abs. 1 ist. Man könnte dann in der Gleichsetzung von Nicht-Befolgung und Untätigkeit eine Verletzung der Unabhängigkeit der Aufsichtsbehörde sehen. Allerdings erfolgt eine – durch die Ziele der Vereinheitlichung der Rechtsanwendung und die Entscheidungshoheit der Aufsichtsbehörde noch wahrende gerechtfertigte – Einschränkung der Unabhängigkeit ohnehin durch das Stellungnahmeverfahren nach Abs. 1. Diese Einschränkung liefe ins Leere, wenn die Aufsichtsbehörde zwar daran gehindert wäre, die Stellungnahme aktiv nicht zu befolgen, indem sie einen dieser entgegenlaufenden Beschluss erlässt, nicht aber der faktisch gleichgelagerte Fall erfasst wäre, dass sie gar nicht handelt, die Stellungnahme also nicht umsetzt. Mit der Vorlage des Beschlussentwurfs nach Abs. 1 verliert die zuständige Aufsichtsbehörde richtigerweise einen Teil ihrer Entscheidungshoheit, denn ansonsten würde die Vereinheitlichung durch das Kohärenzverfahren teilweise leerlaufen können. Dass damit nicht etwa ein vollständiger Verlust der Entscheidungshoheit einhergeht, sichert die Anwendbarkeit von Abs. 8 allein auf die Verfahren nach Abs. 1, welche die Konkretisierung durch die konsolidierte Fassung von April 2018 noch einmal deutlich macht. Eines Rückgriffs auf den Wortlaut der Parallelvorschrift des Art. 65 Abs. 1 lit. c S. 2[78] bedarf es daher nicht. Denn auch hier gilt erneut, dass beide Vorschriften ergänzend zu lesen sind (→ Rn. 34), so dass die Engführung des Wortlauts des Art. 65 Abs. 1 lit. c S. 2 nicht auf Abs. 8 durchschlägt.

V. Rechtsschutz

63   Die aufgrund einer Stellungnahme des Ausschusses getroffenen Maßnahmen der nationalen Aufsichtsbehörden können nach dem Recht des jeweiligen Mitgliedstaats angefochten werden und unterliegen gemäß

---

76   So wohl Paal/Pauly/*Körffer* Art. 64 Rn. 9.
77   Die konsolidierte Fassung vom April 2018 stellt klar, dass es sich statt der „betroffenen" um die „nach Abs. 1 zuständige" Aufsichtsbehörde handelt.
78   BeckOK DatenschutzR/*Marsch* DSGVO Art. 64 Rn. 19 mwN.

Art. 78 Abs. 3 der mitgliedstaatlichen Rechtsprechungskontrolle.[79] Stellungnahmen des Ausschusses sind wie grundsätzlich alle Stellungnahmen des EU-Rechts mangels fehlender Bindungswirkung und mangels spezieller Anordnung in der DSGVO rechtlich nicht unmittelbar überprüfbar.[80] Ein Rechtsschutzverfahren oder andere Selbstkontrollverfahren sind nicht vorgesehen (→ Rn. 31). Das gilt gerade auch in Bezug auf die Zurückweisung nach Abs. 3 (→ Rn. 42). Die Durchsetzung der weitest möglichen Beachtung der Stellungnahme durch die Aufsichtsbehörden nach Abs. 7 kann auf dem Rechtswege im Wesentlichen nur über ein **Vertragsverletzungsverfahren** erreicht werden (→ Rn. 24).

Artikel 65   Streitbeilegung durch den Ausschuss

(1) Um die ordnungsgemäße und einheitliche Anwendung dieser Verordnung in Einzelfällen sicherzustellen, erlässt der Ausschuss in den folgenden Fällen einen verbindlichen Beschluss:

a) wenn eine betroffene Aufsichtsbehörde in einem Fall nach Artikel 60 Absatz 4 einen maßgeblichen und begründeten Einspruch gegen einen Beschlussentwurf der federführenden Aufsichtsbehörde eingelegt hat und sich die federführende Aufsichtsbehörde dem Einspruch nicht angeschlossen hat oder den Einspruch als nicht maßgeblich oder nicht begründet abgelehnt hat. Der verbindliche Beschluss betrifft alle Angelegenheiten, die Gegenstand des maßgeblichen und begründeten Einspruchs sind, insbesondere die Frage, ob ein Verstoß gegen diese Verordnung vorliegt;

b) wenn es widersprüchliche Standpunkte dazu gibt, welche der betroffenen Aufsichtsbehörden für die Hauptniederlassung zuständig ist,

c) wenn eine zuständige Aufsichtsbehörde in den in Artikel 64 Absatz 1 genannten Fällen keine Stellungnahme des Ausschusses einholt oder der Stellungnahme des Ausschusses gemäß Artikel 64 nicht folgt. In diesem Fall kann jede betroffene Aufsichtsbehörde oder die Kommission die Angelegenheit dem Ausschuss vorlegen.

(2) [1]Der in Absatz 1 genannte Beschluss wird innerhalb eines Monats nach der Befassung mit der Angelegenheit mit einer Mehrheit von zwei Dritteln der Mitglieder des Ausschusses angenommen. [2]Diese Frist kann wegen der Komplexität der Angelegenheit um einen weiteren Monat verlängert werden. [3]Der in Absatz 1 genannte Beschluss wird begründet und an die federführende Aufsichtsbehörde und alle betroffenen Aufsichtsbehörden übermittelt und ist für diese verbindlich.

(3) [1]War der Ausschuss nicht in der Lage, innerhalb der in Absatz 2 genannten Fristen einen Beschluss anzunehmen, so nimmt er seinen Beschluss innerhalb von zwei Wochen nach Ablauf des in Absatz 2 genannten zweiten Monats mit einfacher Mehrheit der Mitglieder des Ausschusses an. [2]Bei Stimmengleichheit zwischen den Mitgliedern des Ausschusses gibt die Stimme des Vorsitzes den Ausschlag.

(4) Die betroffenen Aufsichtsbehörden nehmen vor Ablauf der in den Absätzen 2 und 3 genannten Fristen keinen Beschluss über die dem Ausschuss vorgelegte Angelegenheit an.

(5) [1]Der Vorsitz des Ausschusses unterrichtet die betroffenen Aufsichtsbehörden unverzüglich über den in Absatz 1 genannten Beschluss. [2]Er setzt die Kommission hiervon in Kenntnis. [3]Der Beschluss wird unverzüglich auf der Website des Ausschusses veröffentlicht, nachdem die Aufsichtsbehörde den in Absatz 6 genannten endgültigen Beschluss mitgeteilt hat.

(6) [1]Die federführende Aufsichtsbehörde oder gegebenenfalls die Aufsichtsbehörde, bei der die Beschwerde eingereicht wurde, trifft den endgültigen Beschluss auf der Grundlage des in Absatz 1 des vorliegenden Artikels genannten Beschlusses unverzüglich und spätestens einen Monat, nachdem der Europäische Datenschutzausschuss seinen Beschluss mitgeteilt hat. [2]Die federführende Aufsichtsbehörde oder gegebenenfalls die Aufsichtsbehörde, bei der die Beschwerde eingereicht wurde, setzt den Ausschuss von dem Zeitpunkt, zu dem ihr endgültiger Beschluss dem Verantwortlichen oder dem Auftragsverarbeiter bzw. der betroffenen Person mitgeteilt wird, in Kenntnis. [3]Der endgültige Beschluss der betroffenen Aufsichtsbehörden wird gemäß Artikel 60 Absätze 7, 8 und 9 angenommen. [4]Im endgültigen Beschluss wird auf den in Absatz 1 genannten Beschluss verwiesen und festgelegt, dass der in Absatz 1 des vorliegenden Artikels genannte Beschluss gemäß Absatz 5 auf der Website des Ausschusses veröffentlicht wird. [5]Dem endgültigen Beschluss wird der in Absatz 1 des vorliegenden Artikels genannte Beschluss beigefügt.

79   So auch Ehmann/Selmayr/*Klabunde* Art. 64 Rn. 18.
80   Grabitz/Hilf/Nettesheim/*Nettesheim* AEUV Art. 288 Rn. 207; von der Groeben/Schwarze/Hatje/*Geismann* AEUV Art. 288 Rn. 68; BeckOK DatenschutzR/*Marsch* DSGVO Art. 64 Rn. 20.1.

Kühling, J./Martini, M., Die Datenschutz-Grundverordnung: Revolution oder Evolution im europäischen und deutschen Datenschutzrecht?, EuZW 2016, 448; *Nguyen, A. M.,* Die zukünftige Datenschutzaufsicht in Europa – Anregungen für den Trilog zu Kap. VI bis VII der DS-GVO, ZD 2015, 265; *Piltz, C.,* Die Datenschutz-Grundverordnung – Teil 5: Internationale Zusammenarbeit, Rechtsbehelfe und Sanktionen, K&R 2017, 85; *Reding, V.,* Sieben Grundbausteine der europäischen Datenschutzreform, ZD 2012, 195; *Schantz, P.,* Die Datenschutz-Grundverordnung – Beginn einer neuen Zeitrechnung im Datenschutzrecht, NJW 2016, 1841.

I. Ziele, Zwecke und Systematik

1   Art. 65 normiert mit dem Streitbeilegungsverfahren das **zentrale Instrument des Kohärenzverfahrens**. Dieses ist im Datenschutzrecht[1] und auch im übrigen EU-Recht ohne Vorbild;[2] die Art.-29-Gruppe hatte keinerlei auch nur annähernd vergleichbar starke Stellung. Vor allem aus der Verbindlichkeit der das Verfahren beendenden Beschlüsse nach Abs. 1 für die Aufsichtsbehörden ergibt sich die besondere Wirkmächtigkeit des Kohärenzverfahrens zur Herstellung einer einheitlichen und effektiven Auslegungs- und Durchsetzungspraxis der mitgliedstaatlichen Aufsichtsbehörden. Damit sollen insbes. **Rechtssicherheit, Rechtseinheit und Wettbewerbsgleichheit** geschaffen werden.[3] Allerdings soll das Instrument der Streitbeilegung nur in Einzelfällen zur Anwendung kommen; die beteiligten Akteure sollen zunächst untereinander einen Konsens erzielen (→ Art. 60 Rn. 5ff.). Damit wird auch der **Unabhängigkeit der Aufsichtsbehörden** Rechnung getragen; durch die Verbindlichkeit der Beschlüsse im Streitbeilegungsverfahren nach Abs. 1 wird diese immerhin nicht unerheblich eingeschränkt, wenngleich in letzter Konsequenz nicht verletzt. Denn der EDSA ist selbst unabhängig; er besteht zudem – jedenfalls hinsichtlich des Stimmrechts – aus den unabhängigen Aufsichtsbehörden selbst, hat also an deren Unabhängigkeit teil, und zu guter Letzt verbleibt ein Restbestand an unabhängiger Entscheidung dadurch bei den Aufsichtsbehörden, dass nicht der EDSA die Entscheidungsbefugnis übernimmt, sondern diese für den konkreten Fall nach Abs. 6 immer noch bei den Aufsichtsbehörden selbst verbleibt (→ Art. 63 Rn. 27). Dies gilt ohnehin für die Durchsetzung der auf der Basis des Streitbeilegungsverfahrens ergangenen Rechtsakte.

2   **Abs. 1** benennt diejenigen Angelegenheiten, in denen der Ausschuss das Streitbeilegungsverfahren durchführt. Anders als für das Stellungnahmeverfahren nach Art. 64 Abs. 1 kennt die DSGVO keine über Abs. 1 hinausgehenden Zuweisungen in das Streitbeilegungsverfahren. Die **Abs. 2 bis 5** normieren das Verfahren der Streitbeilegung in seinen Einzelheiten bis hin zur Information der Öffentlichkeit und etwaiger Beschwerdeführer; Abs. 4 legt, vergleichbar Art. 64 Abs. 6, der Aufsichtsbehörde eine **Sperrfrist** auf, während derer diese nicht tätig werden darf. **Abs. 6** bestimmt Vorgaben für die aufsichtsbehördliche Entscheidung auf der Basis des im Verfahren nach Art. 65 ergangenen Beschlusses.

II. Entstehungsgeschichte

3   Die Norm wurde in ihrer jetzigen Form erst aufgrund der Vorschläge des EP und des Rats in die DSGVO aufgenommen.[4] Art. 58 a Abs. 7 Parl-E regelte, dass „der EDSA [...] eine Maßnahme beschließen [kann], die für die Aufsichtsbehörde bindend ist". Art. 58 a **Rat-E** präzisierte dahingehend, dass bereits die Überschrift der Norm von „Beschlüsse[n] des Europäischen Datenschutzausschusses" sprach. Dieser Vorschlag wurde weitestgehend in die geltende DSGVO implementiert. Die Übertragung einer **Letztentscheidungsbefugnis** an den Ausschuss war somit eine zentrale Änderung, die EP und Rat gegenüber dem ursprünglichen

---

1   Zur bisherigen Rechtslage sowie ähnlichen Verfahren im Datenschutzrecht Sydow/*Schöndorf-Haubold* Art. 65 Rn. 3ff.
2   Der Vergleich mit der Gemeinsamen Kontrollinstanz im Rahmen des Europol-Beschlusses hinkt institutionell und funktional schon daran, dass es sich bei Europol um eine eigenständige supranationale Institution handelt, deren Kontrollgremium ganz andere Zwecke verfolgt. Dies sieht auch selbst Sydow/*Schöndorf-Haubold* Art. 65 Rn. 5.
3   *Reding* ZD 2012, 195 (196); Gola/*Eichler* Art. 65 Rn. 1.
4   Paal/Pauly/*Körffer* Art. 65 Rn. 1; Sydow/*Schöndorf-Haubold* Art. 65 Rn. 7.

Entwurf der KOM durchgesetzt haben.[5] Somit hat der Ausschuss die Möglichkeit, **rechtsverbindliche Beschlüsse** gemäß Art. 288 AEUV zu erlassen.[6] Die Vorschrift ist durch die **Konsolidierung im April 2018** in Bezug auf Abs. 1 lit. a auch inhaltlich verändert worden: Ergänzend wurde für die erste Alternative hinzugefügt, dass sich die Aufsichtsbehörde dem Einspruch nicht angeschlossen hat.

III. Anwendbarkeit des Streitbeilegungsverfahrens (Abs. 1)

Abs. 1 lit. a bis lit. c normieren diejenigen Fälle, in denen ein **verbindlicher Beschluss des Ausschusses erforderlich** ist; weitere Fälle kennt die DSGVO nicht. Die Vorschrift nennt drei Fälle: divergierende Auffassungen der Aufsichtsbehörden in den Fällen des Art. 60 Abs. 4 (Abs. 1 lit. a), Streitigkeiten über die zuständige Aufsichtsbehörde für die Hauptniederlassung (Abs. 1 lit. b) sowie Fälle, in denen die zuständige Aufsichtsbehörde eine notwendige Stellungnahme des Ausschusses nicht einholt oder der Stellungnahme des Ausschusses nicht folgt (Abs. 1 lit. c). Aus dem Charakter der genannten Anwendungsfälle wird deutlich, dass der Gesetzgeber sich gezielt auf wenige Fälle beschränkt hat. Da allerdings hinter den gelisteten Fällen **weitreichende weite Anwendungsbereiche** stehen, insbes. bei Art. 60 Abs. 4 sowie bei Art. 64 Abs. 1 und Abs. 2, kann das Streitbeilegungsverfahren in einer Vielzahl inhaltlicher Fragestellungen zum Tragen kommen und damit dem EDSA weitreichende verbindliche Entscheidungen ermöglichen. Anders als das Stellungnahmeverfahren kann der EDSA allerdings das wegen der Verbindlichkeit in seiner Wirkmächtigkeit höher einzuschätzende Streitbeilegungsverfahren nicht selbst betreiben. 4

1. Divergierende Auffassungen der Aufsichtsbehörden (Abs. 1 lit. a). Abs. 1 lit. a enthält **zwei Tatbestandsalternativen.** Beide setzen eine **federführende Aufsichtsbehörde** sowie einen **Einspruch** gegen einen Beschlussentwurf von ihr voraus; in beiden Fällen muss ein Dissens der federführenden und mindestens einer betroffenen Aufsichtsbehörde vorliegen, um das Kohärenzverfahren auszulösen. Unterscheidungskriterium ist allerdings, worüber der Dissens besteht: Alt. 1 betrifft einen **inhaltlichen Dissens,** wie seit der Konsolidierung von April 2018 deutlich gemacht wird, Alt. 2 einen Dissens über **Maßgeblichkeit oder Begründetheit des Einspruchs.** 5

Abs. 1 lit. a S. 1 Alt. 1 sieht vor, dass sich die federführende Aufsichtsbehörde dem Einspruch **nicht angeschlossen** hat, sich also von der Argumentation des Einspruchs nicht hat überzeugen lassen. 6

Nach **Abs. 1 lit. a S. 1 Alt. 2** ist ein Beschluss im Streitbeilegungsverfahren ferner notwendig, wenn die federführende Behörde den Einspruch einer anderen betroffenen Behörde als **nicht maßgeblich oder nicht begründet abgelehnt** hat. Hier ist also das Vorliegen der Kriterien der Legaldefinition aus Art. 4 Nr. 24 strittig. Wann ein Einspruch maßgeblich und begründet ist, soll ua durch **Leitlinien des EDSA** präzisiert werden, die dieser nach EG 124 S. 4 im Rahmen von Art. 64 dazu erarbeiten soll (→ Art. 60 Rn. 11). Maßgeblich ist der Einspruch, wenn er sich auf den konkreten Beschlussentwurf bezieht, ersichtlich diesen argumentativ ins Visier nimmt und somit nicht allgemeine und generalisierte Bedenken vorträgt, sondern am konkreten Fall und auf diesen bezogen **präzise Einwände und Überlegungen** äußert (→ Art. 4 Nr. 24 Rn. 4). Diese Präzisierung wird durch die weiteren Vorgaben von Nr. 24 (→ Art. 4 Nr. 24 Rn. 3) angeleitet, beschränkt sich aber nicht auf diese. Begründet ist der Einspruch, wenn er argumentativ valide begleitet wird, so dass für die federführende Aufsichtsbehörde bzw. den EDSA erkennbar wird, warum die betroffene Aufsichtsbehörde sich gegen den Beschlussentwurf wendet. Es ist also ein eher **formales Kriterium,** während sich die Maßgeblichkeit auf inhaltliche Erwägungen stützt. 7

Der sodann in diesen Fällen vom Ausschuss erlassene Beschluss betrifft alle **Angelegenheiten,** die Gegenstand des maßgeblichen und begründeten Einspruchs sind. Dabei ist insbes. zu klären, ob ein Verstoß gegen die DSGVO vorliegt. Allerdings dürfen nur solche Angelegenheiten des Einspruchs Gegenstand des sich anschließenden Beschlusses sein, die zwischen den Aufsichtsbehörden strittig sind.[7] Auch unstrittige (Teil-)Angelegenheiten können deshalb nicht zum Gegenstand des Beschlusses werden, sodass immer konkret zu prüfen ist, welcher Sachverhalt im konkreten Fall umstritten ist. Dies hängt wesentlich vom Gegenstand des Einspruchs ab. 8

Nicht einfach zu durchdringen ist die Regelung hinsichtlich der **sich aus dem Einspruch ergebenden rechtlichen Folgen.**[8] Dazu ist streng zwischen Abs. 1 lit. a S. 1 Alt. 1 und Abs. 1 lit. b Alt. 2 zu differenzieren. **Abs. 1 lit. a S. 1 Alt. 1** meint solche Fälle, in denen der EDSA die Rechtsansicht der betroffenen Aufsichtsbehörde teilt und den Einspruch als maßgeblich und begründet erachtet. Damit ist noch nicht gesagt, dass der EDSA die im Einspruch zum Ausdruck kommende Rechtsansicht teilt: Er muss einen verbindlichen Be- 9

---

5 BeckOK DatenschutzR/*Marsch* DSGVO Art. 65 Rn. 2.

6 Vgl. auch *Piltz* K&R 2017, 85 (87); *Kühling/Martini* EuZW 2016, 448; *Schantz* NJW 2016, 1841 (1847); Plath/*Hullen* DSGVO Art. 65 Rn. 1; BeckOK DatenschutzR/*Marsch* DSGVO Art. 65 Rn. 1.

7 Paal/Pauly/*Körffer* Art. 65 Rn. 3; BeckOK DatenschutzR/*Marsch* DSGVO Art. 65 Rn. 5; Kühling/Buchner/*Caspar* Art. 65 Rn. 3.

8 Siehe auch Paal/Pauly/*Körffer* Art. 65 Rn. 3; BeckOK DatenschutzR/*Marsch* DSGVO Art. 65 Rn. 4ff.

schluss erlassen, der alle Angelegenheiten, die Gegenstand des maßgeblichen und begründeten Einspruchs sind, betrifft und dazu das in den Abs. 2–6 normierte Streitbeilegungsverfahren durchführen. Dabei kann er auch zu dem Ergebnis kommen dass die federführende Aufsichtsbehörde sich zu Recht dem Einspruch inhaltlich nicht angeschlossen hat (→ Rn. 6), auch wenn dieser Einspruch formal korrekt begründet war (→ Rn. 7) und die vorgebrachten Überlegungen den Anforderungen des Art. 4 Nr. 24 an die Maßgeblichkeit (→ Art. 4 Nr. 24 Rn. 4) entsprachen.

10 **Abs. 1 lit. a S. 1 Alt. 2** meint hingegen diejenigen Fälle, in denen die betroffene Aufsichtsbehörde ihren Einspruch für maßgeblich und begründet hält, die federführende Aufsichtsbehörde diese Rechtsansicht jedoch nicht teilt und den Einspruch daher als nicht maßgeblich und nicht begründet abgelehnt hat. In dieser Situation kann sich der EDSA entweder der Rechtsansicht der federführenden Behörde oder der betroffenen Behörde zur Maßgeblichkeit und Begründetheit des Einspruchs anschließen. Dafür ist jeweils das in den Abs. 2–6 normierte Streitbeilegungsverfahren durchzuführen. **Schließt sich der Ausschuss der federführenden Behörde an,** hält er also den Einspruch für nicht maßgeblich oder nicht begründet, so kann diese ihren ursprünglich gefassten Beschluss erlassen, Art. 60 Abs. 7.

11 **Folgt der Ausschuss** im Falle von Alt. 2 nach Durchführung des Verfahrens gemäß Abs. 2–6 hinsichtlich der Frage der Begründetheit und Maßgeblichkeit **hingegen der betroffenen Behörde,** hält er also den Einspruch für begründet und maßgeblich, ist die Rechtsfolge dieser Beurteilung durch den EDSA für das weitere Vorgehen unklar.[9] In Betracht kommt sowohl, dass der EDSA die Angelegenheit an die federführende Aufsichtsbehörde **zurückverweist,** um dieser nochmalige Gelegenheit zur inhaltlichen Prüfung des Einspruchs zu geben, als ebenso dass er selbst das Streitbeilegungsverfahren nach den Abs. 2–6 auch inhaltlich durchführt.[10] **Für eine nochmalige Befassung** der federführenden Aufsichtsbehörde spricht, dass die Entscheidungskompetenz des EDSA dem Wortlaut von lit. a S. 1 Alt. 2 nach auf die Frage beschränkt ist, ob der Einspruch maßgeblich und begründet ist.[11] Dagegen spricht, dass man in der Ablehnung des Einspruchs eine grundsätzliche Haltung der federführenden Aufsichtsbehörde erkennen kann, dass sie nicht beabsichtigt, diesen zu berücksichtigen, sodass eine Zurückverweisung einen unnötigen Zeitverlust darstellte.[12] Zu entscheiden ist der Streit unter Berücksichtigung der Besonderheiten sowie der Ziele und Zwecke des Streitbeilegungs- und insgesamt des Kohärenzverfahrens: Dieses soll, wie die zahlreichen engen Fristen zeigen, möglichst zügig durchgeführt werden. Es soll gleichzeitig die **Unabhängigkeit der Aufsichtsbehörden** weitgehend trotz der zusätzlichen Hierarchieebene des EDSA wahren, indem bspw. der Beschluss gegenüber dem Verantwortlichen oder auch im Falle einer Beschwerde durch eine betroffene Person trotz Entscheidung im Streitbeilegungs- oder im Stellungnahmeverfahren nicht etwa durch den EDSA ergeht, sondern weiterhin durch die zuständige Aufsichtsbehörde. Zudem erhält das Kohärenzverfahren trotz aller Verlagerung von Entscheidungsbefugnissen auf den EDSA die zentrale Position der zuständigen Aufsichtsbehörde. Diese Wertigkeiten werden auch dann noch beibehalten, wenn man scheinbar dem Wortlaut des **Abs. 1 lit. a S. 2** gemäß dem EDSA zugesteht, nicht nur über die Maßgeblichkeit und Begründetheit zu entscheiden, sondern gleich über „alle Angelegenheiten, die Gegenstand des maßgeblichen und begründeten Einspruchs" sind. Allerdings verkennte eine solche Ansicht, dass damit die **Entscheidungshoheit der federführenden Aufsichtsbehörde** erheblich beschnitten würde. Denn die Einwände anderer betroffener Aufsichtsbehörden sollen von der federführenden Aufsichtsbehörde in ihre Entscheidung integriert werden. Irrt sie – wie es der Fall des Abs. 1 lit. a S. 2 voraussetzt –, über die Beachtlichkeit des Vorbringens anderer Behörden – kann sie sehr wohl noch nach Aufklärung über ihre Fehleinschätzung durch den EDSA zu einer anderen Entscheidung kommen. Ihr **Ermessen,** maßgebliche und begründete Einwände in einen klugen Beschluss umzumünzen, würde durch eine vollumfängliche Kompetenz des EDSA beschnitten. Davon auszugehen, dass eine Institution nicht auch lernfähig ist, wird der Qualität der Aufsichtsbehörden und ihrem Selbstverständnis nicht gerecht und entspricht nicht dem Bild von **Selbstkontrolle der Verwaltung,** das letztlich hinter Abs. 1 lit. a Alt. 2 steckt. Dem entspricht auch der Wortlaut des Abs. 1 lit. a S. 2, denn dieser bezieht sich bei präziser Lesart lediglich auf Alt. 1, weil er ein Einverständnis über einen maßgeblichen und begründeten Einspruch voraussetzt, nicht aber die Klärung überhaupt, ob ein solcher vorliegt. Letztlich entspricht dieses Ergebnis auch der Stellung der nationalen Aufsichtsbehörden gegenüber dem EDSA, dass sie **Herrin des jeweiligen Verfahrens** bleiben und daher die Befugnisse des EDSA restriktiv ausgelegt werden: Da es rechtlich keine effektive und schnelle Möglichkeit gibt, den Beschluss des EDSA seinerseits zu überprüfen, erhielte der EDSA eine herausgehobene Stellung ohne echte Kontrolle, wenn schon Zweifel an der Maßgeblichkeit und Begründetheit eines Einspruchs ihm die Entscheidung über den Beschlussentwurf gleich mit zugestün-

---

9 Vgl. auch Paal/Pauly/*Körffer* Art. 65 Rn. 3; BeckOK DatenschutzR/*Marsch* DSGVO Art. 65 Rn. 5.1.
10 So BeckOK DatenschutzR/*Marsch* DSGVO Art. 65 Rn. 5.1.
11 So Paal/Pauly/*Körffer* Art. 65 Rn. 3.
12 So BeckOK DatenschutzR/*Marsch* DSGVO Art. 65 Rn. 5.1.

den. Sollte die Aufsichtsbehörde sich nach erneuter Prüfung dem nunmehr als maßgeblich und begründet festgestellten Einwand nicht angemessen stellen, kann die zuständige Aufsichtsbehörde erneut über Art. 60 Abs. 4 iVm Art. 65 Abs. 1 lit. a, dann aber Alt. 1, vorgehen. Eine Bedrohung der Ziele und Zwecke des Kohärenzverfahrens und der Einheitlichkeit der Rechtsanwendung geht damit also nicht einher. Daher ist im Falle des Abs. 1 lit. a S. 1 Alt. 2 von einer **Zurückverweisung an die Aufsichtsbehörde zur erneuten Prüfung** auszugehen.[13]

Es stellt sich die Frage, ob Art. 60 Abs. 4 eine abschließende Regelung dahingehend ist, dass nur die feder- 12 führende Aufsichtsbehörde in diesen Fällen des Abs. 1 lit. a das Streitbeilegungsverfahren betreibt oder ob der **EDSA von Amts wegen** tätig werden kann und muss. Es gilt, dass Abs. 1 und Art. 60 Abs. 4 nebeneinander gelten. Das Streitbeilegungsverfahren nach Abs. 1 lit. a ist nur der letzte Baustein eines mehrstufigen Verfahrens, mittels dessen eine einheitliche Anwendung der DSGVO sichergestellt werden soll. Daher hat neben der federführenden Aufsichtsbehörde auch der EDSA selbst die Möglichkeit, das Verfahren einzuleiten.[14] Einer gesonderten Anordnung, wie sie etwa in Abs. 1 lit. c S. 2 existiert, bedarf es dazu nicht, zumal auch diese weiter zu verstehen ist und auch dort eine Möglichkeit des Tätigwerdens von Amts wegen vorgesehen ist (→ Rn. 18).

2. Zuständigkeitsstreitigkeiten über Federführung (Abs. 1 lit. b). Das Streitbeilegungsverfahren ist durchzu- 13 führen, wenn es **widersprüchliche Standpunkte** darüber gibt, welche bei mehreren betroffenen Aufsichtsbehörden für die Hauptniederlassung, Art. 4 Nr. 16, zuständig und damit als federführende Aufsichtsbehörde agiert (Art. 56 Abs. 1). Sinn und Zweck der Regelung ist, dass der EDSA einen verbindlichen Beschluss erlässt. Dem Ausschuss wird somit letztendlich die Entscheidung über die Zuständigkeit nach dem neuen **One-Stop-Shop-Verfahren** übertragen.[15]

Fraglich ist, zwischen wem der Dissens bestehen muss, weil dies Auswirkungen darauf hat, wer das Verfah- 14 ren initiieren kann (→ Rn. 16). In Betracht kommt vor allem der Fall, dass sich **zwei oder mehrere betroffene Aufsichtsbehörden** darüber streiten, in welchem Mitgliedstaat die Hauptniederlassung eines Verantwortlichen, Art. 4 Nr. 7, oder Auftragsverarbeiters, Art. 4 Nr. 8, liegt. Dies dürfte der typische Fall sein; er wird spätestens dann greifbar sein, wenn eine Aufsichtsbehörde im Rahmen des Verfahrens nach Art. 60 einen Beschlussentwurf vorlegt und damit konkludent ihre Auffassung mitteilt, sie sei federführende Aufsichtsbehörde. Vorstellbar ist aber auch, dass ein **Konflikt zwischen Aufsichtsbehörde(n) und Verantwortlichem** bzw. Auftragsverarbeiter besteht, und auch **betroffene Person und Verantwortlicher** bzw. Auftragsverarbeiter können unterschiedliche Standpunkte vertreten. Antwort auf die Frage geben die Vorwirkungen des Verfahrens nach Art. 60 selbst: Der One-Stop-Shop soll für mehr **Rechtssicherheit und einen einheitlichen Ansprechpartner** für Unternehmen in der EU sorgen (→ Art. 60 Rn. 1). Die daraus folgenden Konsequenzen für die anderen, nicht federführenden Aufsichtsbehörden werden dadurch wettgemacht, dass die federführende Aufsichtsbehörde und die anderen betroffenen Aufsichtsbehörden zusammenarbeiten sollen (→ Art. 60 Rn. 5ff.), erweitert sogar um das Konsensprinzip (→ Art. 60 Rn. 5). Dem entspricht, bevor das Verfahren von Art. 60 tatsächlich eingeleitet wird, die allgemeine Kooperationspflicht nach Art. 51 Abs. 2 S. 2 (→ Art. 51 Rn. 22). Daher wird der Konflikt in dem Moment relevant, in dem eine Aufsichtsbehörde Maßnahmen erwägt oder – zeitlich vorgelagert – von einem Verantwortlichen bzw. Auftragsverarbeiter oder einer betroffenen Person adressiert wird. Denn, wie EG 124 S. 2 und EG 130 S. 2 verdeutlichen, es soll der Standpunkt der anderen Aufsichtsbehörden weitestgehend berücksichtigt werden. Daher bedarf es einer frühestmöglichen Einbindung der anderen Aufsichtsbehörden. Dazu gehört gerade auch die Information über die Ansicht, **federführende Aufsichtsbehörde** zu sein, und entsprechend auch die entgegengesetzte Information einer anderen betroffenen Aufsichtsbehörde über ihre Ansicht, dass dies nicht zutreffend sei. Diesem Rechtsgedanken jedenfalls entspricht auch das Verfahren nach Art. 56 Abs. 3, auch wenn das Verfahren nach Art. 56 Abs. 2 nicht von Abs. 1 lit. b erfasst ist.[16] Wendet sich ein Verantwortlicher bzw. Auftragsverarbeiter an eine vermeintliche federführende Aufsichtsbehörde, welche diese Einschätzung über ihre besondere Zuständigkeit nicht teilt, würde gleichfalls ein entsprechender Austausch unter den Aufsichtsbehörden beginnen. Der Dissens wird also typischerweise im Rahmen des Verfahrens nach Art. 60 relevant, und damit **zwischen den Aufsichtsbehörden**; darauf kommt es an.[17]

Die Norm steht in enger Verbindung mit Art. 4 Nr. 16 und Art. 60, so dass sich im Kern Schwierigkeiten 15 ergeben einerseits bei der **Bestimmung der Hauptniederlassung** sowie andererseits bei der Frage, ob über-

---

13 Ebenso Paal/Pauly/*Körffer* Rn. 3.
14 AA Sydow/*Schöndorf-Haubold* Art. 65 Rn. 16.
15 Sydow/*Schöndorf-Haubold* Art. 65 Rn. 23.
16 In diese Richtung auch BeckOK DatenschutzR/*Marsch* DSGVO Art. 65 Rn. 7.
17 Ebenso wohl, weitgehend ohne Problembewußtsein, Sydow/*Schöndorf-Haubold* Art. 65 Rn. 27; Plath/*Hullen* DSGVO Art. 65 Rn. 4.

haupt eine **grenzüberschreitende Datenverarbeitung** vorliegt.[18] Grundsätzlich ist für die Bestimmung der Hauptniederlassung der Ort der Hauptverwaltung maßgeblich, sofern die Datenverarbeitung nicht überwiegend in einer anderen Niederlassung erfolgt (→ Art. 4 Nr. 16 Rn. 5ff.). Als objektive Kriterien sind heranzuziehen die effektive und tatsächliche Ausübung von Managementtätigkeiten durch eine feste Einrichtung und für den Fall, dass keine Hauptverwaltung in der Union besteht, der Ort der wesentlichen Verarbeitungstätigkeiten in der Union (→ Art. 4 Nr. 16 Rn. 10).[19] Hat eine Datenverarbeitung nur lokale Auswirkungen (→ Art. 56 Rn. 10ff.), so ist nur diejenige Aufsichtsbehörde zuständig, die im entsprechenden Mitgliedstaat verantwortlich ist. Auch über die lokalen Auswirkungen einer Datenverarbeitung können entsprechende Streitigkeiten entstehen, sodass der Ausschuss im Ergebnis **inzident zu prüfen** hat, inwiefern eine Datenverarbeitung mehrere Mitgliedstaaten betrifft. Der Ausschuss wird deshalb besonders intensiv zu klären haben, in welchem Mitgliedstaat die Hauptniederlassung angesiedelt ist. Soweit europaweit nur eine Niederlassung besteht, dürfte ein Streit nicht stattfinden.[20]

16 Die **verfahrensrechtlichen Fragen**, insbes. zur **Einleitung des Verfahrens** nach Abs. 1 lit. b, regelt die Norm grundsätzlich nicht.[21] Sobald ein Zuständigkeitskonflikt besteht, greift das Verfahren der Zusammenarbeit nach Art. 60 noch nicht, da noch keine federführende Aufsichtsbehörde feststeht. Es gilt allerdings auf alle Fälle die **allgemeine Kooperationspflicht** nach Art. 51 Abs. 2 S. 2 (→ Art. 51 Rn. 19ff.) sowie Vorwirkungen der besonderen Kooperationspflicht nach Art. 60 Abs. 1 S. 1, so dass die streitenden Aufsichtsbehörden zunächst einen eigenen Austausch mit dem Willen zur Kooperation und zum Konsens ernsthaft zu betreiben haben. Die Einleitung des Verfahrens setzt in der Folge weder einen vorherigen formalen Einspruch einer betroffenen Aufsichtsbehörde noch die gemeinschaftliche Entscheidung der beteiligten Aufsichtsbehörden über die Einholung einer Stellungnahme des Ausschusses voraus.[22] **Jede der beteiligten Aufsichtsbehörden** kann das Streitbeilegungsverfahren initiieren;[23] dabei darf es aber nicht zu einem Verstoß gegen die Kooperationspflicht aus Art. 51 Abs. 2 S. 2 kommen. Darüber hinaus können bei Vorliegen eines solchen Dissens' zwischen den Aufsichtsbehörden auch **vom konkreten Verfahren betroffene Personen, Datenverarbeiter oder Auftragsverarbeiter** das Streitbeilegungsverfahren beim EDSA **initiieren**, ebenso wie dieser selbst. Dagegen fehlt es nicht am Zuständigkeitsstreit der beteiligten Behörden – also nicht betroffene Aufsichtsbehörden nach Art. 4 Nr. 22 –, Unternehmen und betroffenen Personen an einem kompetenziellen Interesse an einer Entscheidung des EDSA.[24]

17 **3. Unterlassene Stellungnahme sowie Nicht-Befolgung einer Stellungnahme (Abs. 1 lit. c).** Im Gegensatz zu den Fällen in Abs. 1 lit. a und lit. b betrifft Abs. 1 lit. c Konflikte zwischen einer Aufsichtsbehörde und dem EDSA.[25] Die Vorschrift erfasst **zwei Alternativen**. Gemäß **Abs. 1 lit. c S. 1 Alt. 1** hat die zuständige Aufsichtsbehörde in den in Art. 64 Abs. 1 genannten obligatorischen Fällen gleichwohl keine Stellungnahme des Ausschusses einholt. Der EDSA befasst sich dann im Rahmen des Streitbeilegungsverfahrens erstmalig mit der Angelegenheit. Nach **Abs. 1 lit. c S. 1 Alt. 2** dagegen liegt eine Stellungnahme des Ausschusses zwar vor, die zuständige Aufsichtsbehörde folgt ihr aber ganz oder teilweise nicht (→ Art. 64 Rn. 56, 59ff.). In der Folge hat sich der EDSA zwar bereits mit einer Stellungnahme hervorgetan; gleichwohl ist das Streitbeilegungsverfahren nicht etwa auf eine Wiederholung der vorangegangenen Stellungnahme beschränkt, sondern der EDSA entscheidet neu über die Angelegenheit, sodass er auch von seiner ursprünglichen Stellungnahme abweichen kann.[26] Da – anders als im Verfahren nach Art. 64 – im Streitbeilegungsverfahren grundsätzlich mit Zwei-Drittel-Mehrheit zu entscheiden ist, kann eine andere Entscheidung auch auf diesem Umstand beruhen.

18 **Antragsbefugt** ist dem Wortlaut nach in beiden Fällen **jede betroffene Aufsichtsbehörde** oder die **KOM**. Unklar ist, ob der EDSA darüber hinaus auch **von Amts wegen** tätig wird. Der Wortlaut spricht nur scheinbar dafür, dass ein entsprechender Antrag notwendig ist.[27] Denn das Streitbeilegungsverfahren nach Abs. 1 lit. c ist nur der letzte Baustein eines **mehrstufigen Verfahrens**, mittels dessen eine einheitliche Anwendung der DSGVO sichergestellt werden soll. Dieses mit den Regelungen der Art. 64 und 65 komplex ausgestaltete

---

18 Ebenso Paal/Pauly/*Körffer* Art. 65 Rn. 4 und Rn. 5; BeckOK DatenschutzR/*Marsch* DSGVO Art. 65 Rn. 6; Gola/*Eichler* Art. 65 Rn. 5.
19 EG 36; Kühling/Buchner/*Caspar* Art. 65 Rn. 8.
20 Kühling/Buchner/*Caspar* Art. 65 Rn. 7.
21 Sydow/*Schöndorf-Haubold* Art. 65 Rn. 25; Ehmann/Selmayr/*Klabunde* Art. 65 Rn. 9.
22 Sydow/*Schöndorf-Haubold* Art. 65 Rn. 25.
23 So auch Ehmann/Selmayr/*Klabunde* Art. 65 Rn. 10.
24 In diese Richtung auch Sydow/*Schöndorf-Haubold* Art. 65 Rn. 26; zu weit BeckOK DatenschutzR/*Marsch* DSGVO Art. 65 Rn. 6; Plath/*Hullen* DSGVO Art. 65 Rn. 5.
25 Ehmann/Selmayr/*Klabunde* Art. 65 Rn. 11.
26 Sydow/*Schöndorf-Haubold* Art. 65 Rn. 36.
27 BeckOK DatenschutzR/*Marsch* DSGVO Art. 65 Rn. 8 und Sydow/*Schöndorf-Haubold* Art. 65 Rn. 33 stellen nur auf die Antragsbefugnis ab; zu Recht kritisch dazu Kühling/Buchner/*Caspar* Art. 65 Rn. 11.

Spiecker gen. Döhmann

Verfahren würde letztlich leerlaufen, wenn keine **automatische Sanktionierung** vorgesehen wäre und es tatsächlich eines Antrags bedürfte. Wenn schon angeordnet ist, dass nur einige Stellungnahmen, nämlich solche nach Art. 64 Abs. 1, obligatorisch einzuholen sind (→ Art. 64 Rn. 8), und dass Stellungnahmen „weitestmöglich" zu beachten sind (→ Art. 64 Rn. 55 f.), dann führt dies auch dazu, dass der EDSA sich selbst damit **von Amts wegen** befassen kann und muss. Besonders deutlich wird dies für das nicht beachtete Stellungnahmeverfahren: Hier hat der Ausschuss seinen Standpunkt bereits zum Ausdruck gebracht; deshalb normiert Art. 64 Abs. 8 auch die Durchführung des Streitbeilegungsverfahrens. Insofern muss dieses unabhängig von einem Antrag einer betroffenen Aufsichtsbehörde oder der KOM durchgeführt werden können.[28]

Der EDSA trifft im Rahmen des Streitbeilegungsverfahrens ausschließlich einen Beschluss über die Frage, welche Aufsichtsbehörde für die Hauptniederlassung zuständig ist. Weiter reicht seine **Entscheidungskompetenz** nicht; die nun festgelegte Aufsichtsbehörde führt dann das **Verfahren in der Sache** selbst durch.   19

IV. Verfahrensablauf (Abs. 2–6)

Der **Verfahrensgang** des Streitbeilegungsverfahrens ist detailliert in den Abs. 2–6 geregelt.[29] Abs. 2 betrifft die Vorgehensweise des Ausschusses im Rahmen der Befassung einer Angelegenheit nach Abs. 1 einschließlich der Vorgaben für eine Zwei-Drittel-Mehrheit, Frist, Begründung und weitere Übermittlung. Abs. 3 verändert das **Mehrheitserfordernis zu einer einfachen Mehrheit**, sofern der Ausschuss innerhalb der in Abs. 2 genannten Fristen einen Beschluss nicht annehmen kann. Abs. 4 normiert eine **Sperrfrist**, innerhalb derer die betroffenen Aufsichtsbehörden einen Beschluss über die dem Ausschuss vorgelegte Angelegenheit nicht erlassen dürfen. Abs. 5 verpflichtet den EDSA zur **Publizität** des Beschlusses bezüglich der Unterrichtung der am Verfahren Beteiligten und der Öffentlichkeit. Schließlich enthält Abs. 6 ausführliche Vorgaben für den endgültigen **Beschluss der federführenden Aufsichtsbehörde**.   20

1. Beschluss des Ausschusses (Abs. 2). Über die in Abs. 1 normierten Angelegenheiten muss der Ausschuss grundsätzlich **innerhalb eines Monats** nach der Befassung einen Beschluss erlassen, Abs. 2 S. 1. Die Vorschrift schweigt dazu, was unter „Befassung" zu verstehen ist, wann die Frist also zu laufen beginnt. Einerseits kann dies bedeuten, dass mit der erstmaligen Befassung der Angelegenheit die Monatsfrist zu laufen beginnt (Bearbeitungsfrist). Andererseits kann dies aber auch dahingehend interpretiert werden, dass erst nach vollständiger und abgeschlossener Befassung mit der Angelegenheit, sodass Entscheidungsreife vorliegt, die Frist zu laufen beginnt (Entscheidungsfrist). Da unter die Fälle des Abs. 1 auch Fälle zu subsumieren sind, in denen der EDSA überhaupt erst Kenntnis davon erlangen muss, dass er sich zu befassen hat, wie etwa nach Abs. 1 lit. c S. 1 Alt. 1, kann jedenfalls an das Verhalten der Aufsichtsbehörde, etwa die Mitteilung nach Art. 64 Abs. 8, nicht angeknüpft werden. Andererseits kann es nicht im Ermessen des EDSA bzw. des Vorsitzes alleine liegen, wann im Fall des Abs. 1 auf die Tagesordnung einer Sitzung gesetzt wird; dies würde dem Ziel einer zeitnah erfolgenden, Rechtssicherheit herbeiführenden Entscheidung widersprechen und zudem wegen des veränderten Mehrheitserfordernisses nach Abs. 3 nach Fristablauf (→ Rn. 26) erhebliche faktische Wirkungen nach sich ziehen können. Ebenso wenig kann es in der Hand des Ausschusses liegen, wann er Entscheidungsreife für gegeben ansieht, da er darüber das Verfahren in die Länge ziehen und mögliche Entscheidungen blockieren könnte. Daher ist auf die Kenntnis des EDSA vom Vorliegen eines Falls nach Abs. 1 abzustellen, und zwar nicht allein des Vorsitzes, sondern des gesamten EDSA. Hierzu hat der Vorsitz unverzüglich die sonstigen Mitglieder des EDSA zu informieren. Zu denken ist hier entweder an die allgemeine Kooperationspflicht der Aufsichtsbehörden aus Art. 51 Abs. 2 S. 2 (→ Art. 51 Rn. 19 ff.) oder sogar an eine analoge Anwendung von Art. 64 Abs. 4 und 5. Der EDSA selbst geht davon aus, dass Fristbeginn mit der Entscheidung des Vorsitzes und der zuständigen Aufsichtsbehörde bzw. der KOM eintritt, dass die Unterlagen vollständig vorliegen.[30] Dies ist zumindest im Hinblick daraufhin zweifelhaft, dass hiermit Verzögerungs- und taktisches Verhalten Tür und Tor geöffnet wird, weil es danach eines einverständlichen Vorgehens von Vorsitz und Aufsichtsbehörde/KOM bedarf, um den Fristbeginn zu initiieren.   21

In **besonders komplexen Angelegenheiten** kann die Monatsfrist um einen weiteren Monat verlängert werden, Abs. 2 S. 2. Hier kann auf das zu Art. 64 Abs. 3 S. 3 Gesagte (→ Art. 64 Rn. 37) verwiesen werden: Angelegenheiten können jedenfalls als komplex angesehen werden, wenn sie aufgrund der Unsicherheit der Technik und deren Auswirkungen oder der juristischen Bewertung und Bewertungsgrundlagen oder der Vielfalt der zu berücksichtigenden Aspekte, zB der abzuwägenden Interessen und Rechte, etwa in **Mehr-**   22

---

28 AA BeckOK DatenschutzR/*Marsch* DSGVO Art. 65 Rn. 8.
29 Vgl. hierzu auch Ehmann/Selmayr/*Klabunde* Art. 65 Rn. 14 ff.
30 Art. 11 Nr. 4 Geschäftsordnung EDSA.

eckskonstellationen,[31] schwierig durchschaubar sind, eine hohe Dynamik aufweisen und viel weitergehender Sachverhaltsermittlung bedürfen, um sie einordnen zu können. **Neue technische Entwicklungen** der Datenverarbeitung können darunter fallen, müssen es aber nicht. Auch ein hoher Diskussionsbedarf zwischen den Mitgliedern des EDSA kann eine solche komplexe Angelegenheit begründen. Je nach Anwendungsfall des Abs. 1 lit. a bis c können unterschiedliche Maßstäbe anzulegen sein, weil der Vor-Kenntnisstand des EDSA dementsprechend erheblich variieren kann. Ob und wann die Voraussetzungen hierfür vorliegen, ergibt sich aus der Einschätzungskompetenz des Ausschusses.[32]

23 In diesem Abschnitt des Streitbeilegungsverfahrens ist eine **qualifizierte Mehrheit** mit einem Quorum **von zwei Dritteln seiner Mitglieder** notwendig, um den verbindlichen Beschluss erlassen zu können. Dieses besondere Quorum stärkt zwar die Legitimation des Beschlusses, stellt aber gleichzeitig in strittigen Fragen eine mögliche Hürde für eine Entscheidung der Ausschussmitglieder dar, deren Überwindung allerdings Abs. 3 erlaubt.[33] Gleichzeitig führt dazu, dass eine zwar nach Art. 64 Abs. 3 S. 2 verabschiedete Stellungnahme vorliegen kann, diese sich aber im Rahmen der gesteigerten Anforderungen des Abs. 2 nicht aufrecht erhalten lässt. Unklar ist, ob bei der **Berechnung** von einer einfachen Zwei-Drittel-Mehrheit, also der abgegebenen Stimmen, oder von einer absoluten Zwei-Drittel-Mehrheit, also der Gesamtheit der Stimmen einschließlich der Enthaltungen, auszugehen ist. Der Wortlaut spricht von „den Mitgliedern des Ausschusses", was nahelegt, dass es sich um eine Zwei-Drittel-Mehrheit aller, auch der abwesenden, Mitglieder und damit auch nicht nur der abgegebenen Stimmen, handelt. Die Geschäftsordnung des EDSA hat im Rahmen der Kompetenzen nach Art. 72 Abs. 2 sich auf das Prinzip festgelegt, dass es auf die Stimmen aller Mitglieder ankommt.[34] Wie auch bei Art. 64 (→ Art. 64 Rn. 39), gilt hier das Prinzip des „one-agency-one-vote".

24 Für den vom Ausschuss erlassenen Beschluss besteht eine **Begründungspflicht**, Abs. 2 S. 3. Der Ausschuss muss die maßgeblichen Erwägungen anführen, die zum Beschluss geführt haben. Insofern reichen pauschale Begründungen nicht aus. Darüber hinaus gibt es **keine weiteren Verfahrens- oder Formvorschriften**. Insbesondere fehlt es auch hier in problematischer Weise (→ Art. 63 Rn. 16) an Vorschriften zur **Gewährung rechtlichen Gehörs** (Art. 41 Abs. 2 lit. a GRCh) der am Ausgangsverfahren Beteiligten. Für sie ist der Entscheidungsprozess im Streitbeilegungsverfahren, der erhebliche Auswirkungen auf ihre Angelegenheit hat, jenseits der allgemeinen Öffentlichkeitsvorschriften nicht zugänglich und nicht transparent; ihre Positionen finden keinen Eingang, auch wenn die nationale Aufsichtsbehörde im Rahmen deren jeweiligen Verfahrensvorschriften rechtliches Gehör gewähren muss. Selbst wenn sie in der Folge den Standpunkt der Verfahrensbeteiligten aktiv im Kohärenzverfahren einzubringen hat, ist dies doch weiterhin fragwürdig, da die Aufsichtsbehörde ja gerade selbst Verfahrensbeteiligte mit eigenen Interessen ist.

25 Der **Beschluss** muss sodann an die federführende Aufsichtsbehörde sowie an alle betroffenen Aufsichtsbehörden **übermittelt** werden. Der Begriff der Übermittlung ist unschön; die englische Fassung („addressed") macht deutlicher, dass der Beschluss an die federführende und alle betroffenen Aufsichtsbehörden zu richten ist. An die sonstigen Aufsichtsbehörden ist der Beschluss nicht zu übermitteln; wegen der Publizitätspflicht aus Abs. 5 S. 3 erhalten sie aber ohnehin die Möglichkeit der Kenntnisnahme.

26 Die eigentliche Bedeutung von Abs. 2 S. 3 liegt – neben der Begründungspflicht, die sich aber auch schon aus allgemeinen verwaltungsrechtlichen Grundlagen ergibt – in der Anordnung der **Verbindlichkeit des Beschlusses** gegenüber der federführenden und den betroffenen Aufsichtsbehörden. Damit wird die Verbindlichkeit aus Abs. 1 präzisiert.

27 **2. Fristverlängerung sowie einfacher Mehrheitsbeschluss (Abs. 3).** Für diejenigen Fälle, in denen der Ausschuss in der nach Abs. 2 vorgeschriebenen Fristen (→ Rn. 20 f.) nicht in der Lage ist, einen Beschluss zu erlassen, ermöglicht Abs. 3 eine **Fristverlängerung** (Abs. 3 S. 1) um weitere zwei Wochen. Der EDSA entscheidet damit spätestens nach zehn Wochen. Die Ursachen dafür, dass der Ausschuss „nicht in der Lage" ist, können mannigfaltig sein. Hiervon sind insbes. diejenigen Fallkonstellationen betroffen, in denen die nach Abs. 2 erforderliche Zwei-Drittel-Mehrheit nicht erreicht wird. Deshalb fordert Abs. 3 einen Beschluss nur noch mit **einfacher Mehrheit** der Mitglieder des Ausschusses. Solche Entscheidungen mit einfacher Mehrheit sind als ultima ratio im Interesse von Rechtssicherheit wünschenswert, damit Verfahren nicht ergebnislos verlaufen.[35] Im Rat wurde die Möglichkeit, bindende Beschlüsse auch mit einfacher Mehrheit anzunehmen, gleichwohl heftig kritisiert.[36]

---

31 Dazu *Spiecker gen. Döhmann* CMLR 52 (2015), 1033.
32 Kühling/Buchner/*Caspar* Art. 65 Rn. 12; Sydow/*Schöndorf-Haubold* Art. 65 Rn. 38.
33 Sydow/*Schöndorf-Haubold* Art. 65 Rn. 39.
34 Art. 22 Nr. 3 Geschäftsordnung EDSA.
35 *Nguyen* ZD 2015, 265 (268).
36 *Piltz* K&R 2017, 85 (87).

Sollte Stimmgleichheit zwischen den Mitgliedern des Ausschusses bestehen, so hat der **Ausschussvorsitzen-** 28
de ein **Letztentscheidungsrecht** (Abs. 3 S. 2). Dieser Fall wird erst bei einer Veränderung der Anzahl der
Mitgliedstaaten zu einer ungeraden Anzahl relevant werden. Dem Vorsitz kommt damit die Stellung eines
primus inter pares zu; seine Stimme erhält ein besonderes Gewicht. Inwiefern jedoch das Letztentscheidungsrecht in der täglichen Praxis zur Anwendung kommt, dürfte fraglich sein. Da es immer nur ultima
ratio sein kann, sind die Mitglieder des Ausschusses angehalten, frühzeitig einen gemeinsamen Standpunkt
zu erarbeiten, um die ordnungsgemäße und einheitliche Anwendung der Verordnung sicherzustellen und
möglichst das Letztentscheidungsrecht zu vermeiden. Zudem beeinflusst das Wissen um die Sonderstellung
des Vorsitzes auch das Abstimmungsverhalten der Mitglieder.

Nur scheinbar schwieriger und in Art. 65 nicht geregelt ist der Fall zu beurteilen, dass sich der Ausschuss 29
nicht auf einen gemeinsamen Beschluss einigen kann.[37] In diesen Fällen bleibt dem Ausschuss nur die Möglichkeit, das Streitbeilegungsverfahren **einzustellen.**[38] Zunächst aber obliegt es dem Vorsitz, über verschiedene, und damit auch möglicherweise einander widersprechende, Vorschläge abstimmen zu lassen, so dass
er damit eine Entscheidung herbeiführen kann. Diese kann durchaus auch in der gesamten Ablehnung bestehen.

Abs. 3 enthält keine Angaben vergleichbar denjenigen in Abs. 2 S. 3 zur **Begründungspflicht** und zur **Ver-** 30
bindlichkeit; diese Vorgaben sind aber analog auf sämtliche Beschlüsse des EDSA im Rahmen von Art. 65
anzuwenden. Denn es ist nicht ersichtlich, warum der Beschluss des EDSA nur im Falle einer Zwei-Drittel-
Mehrheit zu begründen wäre, gerade aber dann nicht, wenn er mit einfacher Mehrheit angenommen wurde. Abs. 3 ändert allein das Mehrheitserfordernis. Auch das Fehlen einer Verbindlichkeitserklärung ist unbeachtlich, denn schon Abs. 1 erklärt sämtliche im Streitbeilegungsverfahren ergehenden Beschlüsse für verbindlich.

3. Sperrfrist (Abs. 4). Solange das Streitbeilegungsverfahren andauert und die Fristen nach Abs. 2 (→ 31
Rn. 20 f.) und Abs. 3 noch nicht abgelaufen sind, dürfen die betroffenen Aufsichtsbehörden – vergleichbar
Art. 64 Abs. 6 (→ Art. 64 Rn. 54) – **keinen Beschluss über die dem Ausschuss vorgelegte Angelegenheit** erlassen. Damit wird sichergestellt, dass das Streitbeilegungsverfahren zunächst vollständig durchgeführt
wird und dieser Beschluss sich auf das auslösende konkrete Verwaltungsverfahren tatsächlich auch auswir-
ken kann und nicht etwa durch eine vorwegnehmende Entscheidung der Aufsichtsbehörde obsolet wird.
Wird die betroffene Aufsichtsbehörde dennoch vor Ablauf der in Abs. 2 oder Abs. 3 genannten Fristen tätig, kann die KOM oder ein anderer betroffener Mitgliedstaat gegen dieses vertragswidrige Verhalten ein
Vertragsverletzungsverfahren einleiten (→ Rn. 42; Art. 64 Rn. 54); zudem ist der Beschluss rechtswidrig
(EG 138), womöglich sogar nichtig.

4. Unterrichtung der Beteiligten (Abs. 5). Abs. 5 verlangt vom Vorsitz, die betroffenen Aufsichtsbehörden 32
unverzüglich über den erfolgten Beschluss zu **unterrichten**, ebenso die KOM, ihnen also Kenntnis zu geben.
Die Formulierung des Abs. 5 S. 2, die so klingt, als informiere der Vorsitz die KOM darüber, dass die Aufsichtsbehörden informiert worden sind, ist insoweit irreführend: Es geht darum, dass die KOM Kenntnis
von der in dem Beschluss zum Ausdruck kommenden Rechtsvorstellung des EDSA erhält, so dass auch der
Inhalt mitzuteilen ist.

Über die Art und Weise der Mitteilung schweigt die Vorschrift; sie ist nicht vergleichbar detailliert wie die 33
Parallelvorschrift **in Art. 64 Abs. 5** (→ Art. 64 Rn. 47ff.) ausgestaltet. Weitere Bestimmungen für die Verwendung von Kommunikationsmitteln, Übertragungsverfahren oder Formaten enthält die Regelung nicht.
Allerdings sind die dort **niedergelegten Grundsätze analog anwendbar.**[39] Um eine möglichst einheitliche
und schnelle Informationsübermittlung zu ermöglichen, sollten insbes. nach Art. 67 eingesetzte elektronische Verfahren und einheitliche Formate zur Anwendung kommen.[40] Auch im Rahmen des Verfahrens
nach Art. 65 sind alle **zweckdienlichen Informationen** vorzulegen.[41] Die Geschäftsordnung des EDSA bildet
dementsprechend das Verfahren für Beschlüsse nach Art. 65 weitgehend dem Verfahren für Stellungnahmen
nach Art. 64 nach.[42]

Der endgültige Beschluss muss schließlich nach Abs. 5 S. 3 auf der Website des Ausschusses unverzüglich 34
veröffentlicht werden, sodass **Publizität** erreicht werden kann. Für das Ziel, **Rechtssicherheit** herbeizufüh-

---

37 Als problematisch betonen dies BeckOK DatenschutzR/*Marsch* DSGVO Art. 65 Rn. 13; Paal/Pauly/*Körffer* Art. 65 Rn. 10.
38 BeckOK DatenschutzR/*Marsch* DSGVO Art. 65 Rn. 13; Paal/Pauly/*Körffer* Art. 65 Rn. 10.
39 So auch Plath/*Hullen* DSGVO Art. 65 Rn. 6; BeckOK DatenschutzR/*Marsch* DSGVO Art. 65 Rn. 10.
40 Ehmann/Selmayr/*Klabunde* Art. 65 Rn. 18.
41 Ebenso BeckOK DatenschutzR/*Marsch* DSGVO Art. 65 Rn. 10. Dem entspricht ausdrücklich jetzt Art. 11 Nr. 2 und Nr. 3 Geschäftsordnung EDSA.
42 Siehe nur Art. 11 Nr. 2 Geschäftsordnung EDSA, wo selbst die Übersetzung thematisiert und nahezu wortgleich mit der Ausgestaltung
in Art. 10 Nr. 1 Geschäftsordnung EDSA geregelt wird.

ren, ist dies ein wichtiger Schritt, wird dadurch doch auch den nicht am Verfahren Beteiligten ermöglicht, die Rechtsauffassung des EDSA zur Kenntnis zu nehmen und sich darauf einzurichten. Die Veröffentlichung ist Aufgabe des beim EDSB angesiedelten Sekretariats des EDSA.[43] Die genaue **zeitliche Bestimmung** der Pflicht zur Veröffentlichung hängt davon ab, dass die zuständige Aufsichtsbehörde ihren endgültigen Beschluss nach Abs. 6 mitgeteilt hat. Dies kann nach Abs. 6 S. 1 entweder die federführende Aufsichtsbehörde oder die Aufsichtsbehörde, bei der eine Beschwerde eingereicht wurde, sein.

35　**5. Erlass des endgültigen Beschlusses (Abs. 6).** Der unglücklich formulierte Abs. 6 regelt die **Verfahrensweise** beim **Erlass des endgültigen Beschlusses** und stellt insoweit einen **Systembruch** mit den sonstigen Regelungen des Art. 65 dar, die sich – jenseits der allgemeinen Publizitätspflicht in Abs. 5 S. 3 – mit der Binnenstruktur des EDSA und seinen Mitgliedern im Streitbeilegungsverfahren befassen. Nicht der Ausschuss erlässt gegenüber dem Verantwortlichen, dem Auftragsverarbeiter oder der betroffenen Person einen Beschluss,[44] sondern die federführende Aufsichtsbehörde oder diejenige Aufsichtsbehörde, bei der die Beschwerde eingereicht wurde.[45]

36　In **zeitlicher Hinsicht** ist die nationale Datenschutzbehörde verpflichtet, ihren endgültigen Beschluss unverzüglich, aber spätestens **einen Monat**, nachdem der Ausschuss seinen Beschluss mitgeteilt hat, zu treffen. Dadurch wird ihr Zeit gegeben, die Rechtsauffassung des EDSA auf ihren konkreten Fall anzuwenden. Sie teilt dem EDSA den **Zeitpunkt des Erlasses** mit (Abs. 6 S. 2).

37　Für das weitere Verfahren des Beschlusses der Aufsichtsbehörde gelten die Art. 60 Abs. 7, 8 und 9 (Abs. 6 S. 3). Gegenüber den dortigen Anforderungen steigert Abs. 6 S. 4 und 5 die **formalen Voraussetzungen**: Als Mindestanforderung muss im endgültigen Beschluss einerseits auf den **Beschluss des Ausschusses** verwiesen werden (Abs. 6 S. 4). Zudem muss dieser eine Angabe darüber enthalten, dass der Beschluss des Ausschusses auf dessen Webseite veröffentlicht wird. Die Wortwahl „festgelegt" ist insoweit irreführend, da die Verpflichtung zur Veröffentlichung bereits aus Abs. 5 S. 3 folgt und nicht etwa durch die Aufsichtsbehörde dies erst entschieden wird. Vielmehr geht es um den Hinweis an den Adressaten, dass sich der Beschluss der Aufsichtsbehörde auf einen Beschluss im Kohärenzverfahren nach Abs. 1 bezieht und wo dieser zu finden ist, nämlich auf der **Website des EDSA**. Dem entspricht die englische Textfassung („specify"). Zur Vereinfachung für den Adressaten sieht aber Abs. 6 S. 5 ohnehin vor, dass der im Kohärenzverfahren ergangene Beschluss nach Abs. 1 beigefügt wird.

V.　Rechtsschutz

38　Im Rahmen eines **Rechtsschutzverfahrens**[46] ist streng zwischen dem Rechtsschutz gegen Beschlüsse des Ausschusses sowie dem Rechtsschutz gegen endgültige Beschlüsse der Aufsichtsbehörden zu differenzieren.

39　**1. Rechtsschutz gegen Beschlüsse des Ausschusses.** Beschlüsse des Ausschusses sind unmittelbar für die federführende Aufsichtsbehörde und alle anderen betroffenen Aufsichtsbehörden rechtlich bindend (Abs. 1). Als Adressaten solcher Beschlüsse können sowohl die federführende Aufsichtsbehörde sowie die **betroffenen Aufsichtsbehörden** eine **Nichtigkeitsklage nach Art. 263 AEUV** erheben.[47] Unklar ist, ob die Aufsichtsbehörden als teilprivilegierte Kläger bereits nach Art. 263 Abs. 3 AEUV oder erst unter den zusätzlichen Voraussetzungen nach Art. 263 Abs. 4 AEUV klagebefugt sind.[48] Neben den bereits am Ausgangsverfahren beteiligten Aufsichtsbehörden ist auch den erst aufgrund des Kohärenzverfahrens beteiligten Aufsichtsbehörden eine entsprechende Klagebefugnis einzuräumen, sofern diese ebenfalls Adressat des Beschlusses sind.[49] Die Klage muss **binnen zwei Monaten** nach Übermittlung des Beschlusses an die betroffenen Aufsichtsbehörden erhoben werden (Art. 263 AEUV bzw. EG 143).

40　Die von dem Beschluss nur mittelbar betroffenen Personen, wie die datenschutzrechtlich betroffene Person, der Verantwortliche und der Auftragsverarbeiter können den Beschluss des Ausschusses grundsätzlich selbst nicht unmittelbar rechtlich überprüfen lassen. Diese Möglichkeit – ebenfalls in Form einer **Nichtigkeitsklage nach Art. 263 AEUV** – kommt nur **ausnahmsweise** dann in Betracht, sofern Beschlüsse des Ausschusses den Verantwortlichen, den Auftragsverarbeiter oder den Beschwerdeführer **unmittelbar und individuell betreffen** (EG 143). In diesen Fällen ergibt sich die Klagebefugnis für die nicht-privilegierten individu-

---

43　Sydow/*Schöndorf-Haubold* Art. 65 Rn. 51.
44　Vgl. auch Sydow/*Schöndorf-Haubold* Art. 65 Rn. 46.
45　*Schantz* NJW 2016, 1841 (1847); *Piltz* K&R 2017, 85 (87).
46　Ausführlich zu den Rechtsmitteln *Nguyen* ZD 2015, 265 (268).
47　Vgl. EG 143; Kühling/Buchner/*Caspar* Art. 65 Rn. 17; nach Sydow/*Schöndorf-Haubold* Art. 65 Rn. 52 sollen in diesen Fällen die Mitgliedstaaten Klage erheben können.
48　Vgl. dazu Grabitz/Hilf/Nettesheim/*Dörr* AEUV Art. 263 Rn. 55ff.; Streinz/*Ehricke* AEUV Art. 263 Rn. 9.
49　Ebenso Plath/*Hullen* DSGVO Art. 65 Rn. 15.

ellen Kläger aus Art. 263 Abs. 4 AEUV.[50] Diese Personen können dann binnen zwei Monaten nach der Veröffentlichung der betreffenden Beschlüsse auf der Webseite des Ausschusses eine Nichtigkeitsklage nach Art. 263 AEUV erheben.[51]

2. Rechtsschutz gegen den endgültigen Beschluss der Aufsichtsbehörde. Der **endgültige Beschluss** der Aufsichtsbehörde wird in der Regel als Verwaltungsakt gegenüber dem Verantwortlichen, Auftragsverarbeiter oder Beschwerdeführer nach den jeweiligen verfahrensrechtlichen Bestimmungen des Mitgliedstaats erlassen.[52] Allerdings kann jede natürliche oder juristische Person den endgültigen Beschluss der Aufsichtsbehörde nach Art. 78 vor den zuständigen einzelstaatlichen Gerichten überprüfen lassen;[53] inzident ist dann auch der Beschluss des EDSA zu prüfen. Insofern ist vor den **nationalen Verwaltungsgerichten** die **Anfechtungsklage** in der Regel **statthafte Klageart.** Art. 78 Abs. 4 regelt für den hier einschlägigen Fall des Beschlusses einer Aufsichtsbehörde, dem eine Stellungnahme oder ein Beschluss des EDSA im Rahmen des Kohärenzverfahrens vorangegangen ist, dass die beklagte Aufsichtsbehörde die Stellungnahme oder den Beschluss dem Gericht zuleiten muss. 41

Ist im einzelstaatlichen Verfahren die Anwendung und Auslegung der DSGVO Gegenstand des Rechtsstreits, so gelten die allgemeinen Grundsätze. EG 143 S. 8 lässt zwar anklingen, dass Gerichte, also auch Instanzgerichte, Beschlüsse des EDSA nicht kontrollieren dürfen. Dies bedeutete aber einen Bruch mit dem sonstigen Europarecht und ist wohl auch nicht gemeint, da die Gerichte „im Einklang mit Art. 267" den Gerichtshof mit der Frage befassen. Daraus darf gefolgert werden, dass nicht etwa erweiterte Rechtsschutzmöglichkeiten institutionalisiert werden sollen, sondern wie sonst auch vorgesehen lediglich letztinstanzliche Gerichte der Vorlagepflicht unterliegen, im Übrigen aber der reguläre Rechtsweg beschritten werden muss. Dafür spricht auch die Erwägung, dass ein EG ansonsten derartig weite Konsequenzen anordnen könnte. Der EG ist angesichts der möglichen Tragweite, je nach Verständnis, äußerst unklar formuliert. Die Vorlagefrage muss dabei für den konkreten Rechtsstreit entscheidungserheblich sein.[54] Das gilt für die Entscheidungen im Rahmen des Streitbeilegungsverfahrens unproblematisch. Allerdings besteht ein **Ausschluss des Vorabentscheidungsverfahrens** durch das nationale Gericht, wenn die klagende Person selbst die Gelegenheit hatte, eine Klage auf Nichtigkeit des Beschlusses des Ausschusses zu erheben und sie diese Gelegenheit nicht innerhalb der Frist nach Art. 263 AEUV genutzt hat. Dies gilt nur für solche Fälle, in denen sie unmittelbar und individuell vom Beschluss des Ausschusses betroffen war (→ Rn. 39).[55] Sinn und Zweck der Sperrwirkung ist ein Umgehungsverbot der für das Nichtigkeitsverfahren nach Art. 263 AEUV geltenden Zweimonatsfrist, da der Kläger andernfalls diese Frist mittels einer angestrebten Inzidentkontrolle des Beschlusses des Ausschusses umgehen könnte. 42

Weicht eine Aufsichtsbehörde vom Beschluss des Ausschusses ab, sodass sich ihr endgültiger Beschluss nicht in den rechtlichen Grenzen des vom Ausschuss erlassenen Beschlusses hält, kann die KOM oder ein anderer betroffener Mitgliedstaat ein Vertragsverletzungsverfahren nach Artt. 258, 259 AEUV initiieren, da auch Handlungen von der Regierung eines Mitgliedstaates unabhängigen Organen im Vertragsverletzungsverfahren angegriffen werden können, sodass Beschlüsse der nationalen Aufsichtsbehörden hiervon erfasst sind.[56] 43

Artikel 66   Dringlichkeitsverfahren

(1) ¹Unter außergewöhnlichen Umständen kann eine betroffene Aufsichtsbehörde abweichend vom Kohärenzverfahren nach Artikel 63, 64 und 65 oder dem Verfahren nach Artikel 60 sofort einstweilige Maßnahmen mit festgelegter Geltungsdauer von höchstens drei Monaten treffen, die in ihrem Hoheitsgebiet rechtliche Wirkung entfalten sollen, wenn sie zu der Auffassung gelangt, dass dringender Handlungsbedarf besteht, um Rechte und Freiheiten von betroffenen Personen zu schützen. ²Die Aufsichtsbehörde setzt die anderen betroffenen Aufsichtsbehörden, den Ausschuss und die Kommission unverzüglich von diesen Maßnahmen und den Gründen für deren Erlass in Kenntnis.

---

50 Grabitz/Hilf/Nettesheim/*Dörr* AEUV Art. 263 Rn. 56ff.; Streinz/*Ehricke* AEUV Art. 263 Rn. 39ff.
51 Vgl. EG 143.
52 Plath/*Hullen* DSGVO Art. 65 Rn. 14.
53 Sa EG 143; BeckOK DatenschutzR/*Marsch* DSGVO Art. 65 Rn. 17; *Albrecht/Jotzo*, Teil 7 Rn. 15.
54 Grabitz/Hilf/Nettesheim/*Karpenstein* AEUV Art. 267 Rn. 25ff.
55 Vgl. EG 143.
56 Calliess/Ruffert/*Cremer* AEUV Art. 258 Rn. 28.

(2) Hat eine Aufsichtsbehörde eine Maßnahme nach Absatz 1 ergriffen und ist sie der Auffassung, dass dringend endgültige Maßnahmen erlassen werden müssen, kann sie unter Angabe von Gründen im Dringlichkeitsverfahren um eine Stellungnahme oder einen verbindlichen Beschluss des Ausschusses ersuchen.

(3) Jede Aufsichtsbehörde kann unter Angabe von Gründen, auch für den dringenden Handlungsbedarf, im Dringlichkeitsverfahren um eine Stellungnahme oder gegebenenfalls einen verbindlichen Beschluss des Ausschusses ersuchen, wenn eine zuständige Aufsichtsbehörde trotz dringenden Handlungsbedarfs keine geeignete Maßnahme getroffen hat, um die Rechte und Freiheiten von betroffenen Personen zu schützen.

(4) Abweichend von Artikel 64 Absatz 3 und Artikel 65 Absatz 2 wird eine Stellungnahme oder ein verbindlicher Beschluss im Dringlichkeitsverfahren nach den Absätzen 2 und 3 binnen zwei Wochen mit einfacher Mehrheit der Mitglieder des Ausschusses angenommen.

I. Ziele, Entstehungsgeschichte und Systematik

1   Art. 66 DSGVO **normiert** in seinen Abs. 1–4 das **Dringlichkeitsverfahren**. Dieses Verfahren ist geboten, sofern das Kohärenzverfahren nach Artt. 63–65 oder das Verfahren nach Art. 60 jeweils zu langwierig ist, da eine Maßnahme dringend erforderlich ist, um Rechte und Freiheiten von betroffenen Personen zu schützen. Das Verfahren ermöglicht der **zuständigen Aufsichtsbehörde, eigenständige Maßnahmen** zu ergreifen, ohne diese zuvor mit den anderen betroffenen Aufsichtsbehörden abzustimmen,[1] obwohl dies eigentlich nach Art. 60 oder nach Artt. 63ff. geboten wäre. Damit findet im Rahmen von Art. 66 ein differenziertes Ausgestalten der verschiedenen Ziele von Effektivität des Vollzugs und Verständigung der Aufsichtsbehörden untereinander statt. Art. 66 ist trotz seiner systematischen Stellung in Abschn. 2 zur Kohärenz eine darüber deutlich **hinaus reichende Sonderregelung**, da die Norm nicht ausschließlich für das Kohärenzverfahren nach Artt. 63, 64 und 65 gilt, sondern auch für die **Zusammenarbeit der Aufsichtsbehörden** untereinander, die in Abschn. 1 (Artt. 60–62) näher geregelt ist. Gemeinsam ist dem Kohärenzverfahren sowie dem Verfahren nach Art. 60 in den in Art. 66 Abs. 1 geregelten Fällen, dass das Ergreifen einer schnellen Maßnahme durch die betroffene Aufsichtsbehörde wegen **außergewöhnlicher Umstände** nötig ist. Damit soll insbes. ein effektiver Schutz von Grundrechten – vor allem von Artt. 7 und 8 GRCh – der betroffenen Personen erreicht werden.[2] Die Aufsichtsbehörden können hier entsprechend sowohl aus **eigenen Befugnissen** heraus als auch zur Abhilfe gegen **Beschwerden** tätig werden.[3] Vor allem in den Fällen des Art. 60 Abs. 11 dürfte das Verfahren einen wichtigen Baustein zu einer einheitlichen und konsequenten, Vollzugsdefizite vermeidenden Praxis der Aufsichtsbehörden darstellen.[4]

2   Die Norm ist weitestgehend mit dem Vorschlag in **Art. 61 KOM-E** identisch und hat nur geringfügige Änderungen und Ergänzungen im weiteren Verfahrensverlauf erfahren, die auf Veränderungen in Art. 65 reagierten.

3   **Abs. 1** regelt die **materiellen Voraussetzungen** von **einstweiligen Maßnahmen**, während **Abs. 2** die Anforderungen für den Erlass von daran anschließenden **endgültigen Maßnahmen** normiert. **Abs. 3** betrifft den Sonderfall der **Untätigkeit einer zuständigen Aufsichtsbehörde**. **Abs. 4** bestimmt das genaue Ausmaß der **Fristverkürzung** sowie der veränderten **Mehrheitsanforderungen** bei Stellungnahmen und Beschlüssen des Ausschusses im Dringlichkeitsverfahren vorsieht. Damit regeln Abs. 2 bis Abs. 4 das eigentliche Dringlichkeitsverfahren,[5] Abs. 1 hingegen eine originäre Handlungsbefugnis der betroffenen Aufsichtsbehörde, die gerade unabhängig von einem Tätigwerden des EDSA besteht. Bei der Auslegung der Norm ist EG 137 heranzuziehen.

---

1   Paal/Pauly/*Körffer* Art. 66 Rn. 1.
2   Ehmann/Selmayr/*Klabunde* Art. 66 Rn. 2.
3   Sydow/*Schöndorf-Haubold* Art. 66 Rn. 1.
4   Ähnlich Kühling/Buchner/*Caspar* Art. 66 Rn. 2.
5   Ähnlich Sydow/*Schöndorf-Haubold* Art. 66 Rn. 1 f.

II. Materielle Voraussetzungen einstweiliger Maßnahmen (Abs. 1)

Eine betroffene Aufsichtsbehörde (Art. 4 Nr. 22) kann unter außergewöhnlichen Umständen sofort einst- 4
weilige Maßnahmen mit einer **Höchstgeltungsdauer von drei Monaten** treffen, die in ihrem Hoheitsgebiet
rechtliche Wirkung entfalten sollen, wenn die Aufsichtsbehörde zu der Auffassung gelangt, dass dringender
Handlungsbedarf besteht, um Rechte und Freiheiten der betroffenen Person zu schützen. Die Aufsichtsbehörde ist verpflichtet, alle anderen betroffenen Aufsichtsbehörden sowie den Ausschuss und die KOM unverzüglich von dieser Maßnahme in Kenntnis zu setzen und ihre Beweggründe darzulegen. Abs. 1 befreit
damit die handelnde Aufsichtsbehörde von den ansonsten zwingend vorgeschriebenen bzw. aus dem Kooperationsgebot des Art. 51 Abs. 2 S. 2 oder Art. 63 folgenden Abstimmungen mit den anderen Aufsichtsbehörden.

1. Zuständigkeit. Zuständig ist im Dringlichkeitsverfahren **jede betroffene Aufsichtsbehörde.** Auch die fe- 5
derführende Aufsichtsbehörde (Art. 56) ist betroffene Aufsichtsbehörde, weil es sich nach Art. 56 Abs. 1
um die Behörde der Haupt- oder einzigen Niederlassung handelt, und die örtliche Zuständigkeit für eine
Niederlassung die Behörde zugleich nach Art. 4 Nr. 22 lit. a betroffen sein lässt.[6]

2. Tatbestandsvoraussetzungen. Das Dringlichkeitsverfahren ist nur beim Vorliegen von **außergewöhnli-** 6
chen Umständen zulässig. Dabei handelt es sich um einen **unbestimmten Rechtsbegriff**, der gleichwohl der
gerichtlichen Kontrolle vollumfänglich zugänglich ist und objektiv bestimmt wird. Sie liegen immer dann
vor, wenn die Situation über das gewohnte und übliche Maß hinausgeht und die Aufsichtsbehörde deshalb
zu der Auffassung gelangt, dass dringender Handlungsbedarf besteht, um Rechte und Freiheiten von betroffenen Personen sofort zu schützen. Da Verfahrensregelungen ebenso zur Verwirklichung von Grundrechten beitragen, ist das Merkmal im Lichte der Grundrechte des Datenschutzes und der Achtung der Privatsphäre **grundsätzlich weit auszulegen.**[7] Der **präventive Charakter des Datenschutzrechts** (→ Einl. Rn. 17,
38; Art. 1 Rn. 4) schlägt hier in vollem Umfang durch. Die prognostische Beurteilung erlaubt deshalb eine
risikogeneigte Bewertung des Nicht-Wissens.[8] Solche außergewöhnliche Umstände können beispielsweise
vorliegen, wenn eine erhebliche Behinderung der Durchsetzung des Rechts einer betroffenen Person droht
(EG 137 S. 1). Vorstellbar sind auch technische Entwicklungen, die in quantitativer und qualitativer Weise
besonders intensive Datenverarbeitungen ermöglichen; eine weitreichende Weitergabe an eine Vielzahl von
Dritten oder auch eine neuartige Konstellation der Einwilligung wären weitere denkbare Fallkonstellationen ebenso wie eine spontane, gravierende Veränderung der rechtlichen Situation in einem Drittstaat.
Gleichwohl verbleiben bei der Auslegung des Tatbestandsmerkmals erhebliche Rechtsunsicherheiten, sodass abzuwarten bleibt, wie die betroffenen mitgliedstaatlichen Aufsichtsbehörden in ihrem Hoheitsgebiet
von der Möglichkeit des Dringlichkeitsverfahrens Gebrauch machen werden.

Für den Erlass einer einstweiligen Maßnahme genügt das Vorliegen außergewöhnlicher Umstände alleine 7
aber nicht. Zusätzlich muss die Aufsichtsbehörde zur Auffassung gelangen, dass **dringender Handlungsbe-**
darf besteht, um die Rechte und Freiheiten betroffener Personen zu schützen. Die Aufsichtsbehörde muss
also eine **Abwägung** vornehmen, ob sich die Gefährdung, die sich durch die außergewöhnlichen Umstände
ergibt, auch tatsächlich als so schwerwiegend und zeitlich zwingend erweist, dass ein Zuwarten nicht möglich ist und ein unverzügliches Tätigwerden zur Gefahrenabwehr notwendig erscheint. Dazu sind auch die
Rechte der Datenverarbeiter einzustellen. Auch hier ist prognostisch vorzugehen, auch hier ist dem präventiven Charakter des Datenschutzrechts Rechnung zu tragen (→ Rn. 6). Daher kann grundsätzlich – wegen
des nur vorübergehenden, einstweiligen Tätigwerdens der Aufsichtsbehörde – schärfer vorgegangen werden
als bei einer endgültigen Maßnahme (Abs. 2), weil dem Verantwortlichen oder dem Auftragsverarbeiter
eher zugemutet werden kann, mit der Durchführung seiner Datenverarbeitung zuzuwarten. Dadurch, dass
Abs. 1 S. 1 auf die **Auffassung der Aufsichtsbehörde** zur Beurteilung abstellt,[9] besteht insoweit eine **Ein-**
schätzungsprärogative, da sich aus ihrer **subjektiven Sichtweise** der dringende Handlungsbedarf ergeben
muss.[10]

Als **gesetzlich vermutete**[11] **Unterfälle** des dringenden Handlungsbedarfs, die aber deshalb nicht von der Prü- 8
fung des Vorliegens außergewöhnlicher Umstände entbinden, lassen sich Vorschriften der DSGVO verstehen, in denen eine einstweilige Maßnahme nach Art. 66 erlassen werden kann. Besonders deutlich wird dies
bei Art. 61 Abs. 8 und Art. 62 Abs. 7, welche sich hinsichtlich der hier relevanten Regelungselemente nur in

---

6 So iE auch Kühling/Buchner/*Caspar* Art. 66 Rn. 14.
7 Kühling/Buchner/*Caspar* Art. 66 Rn. 5.
8 S. *Spiecker gen. Döhmann* Entscheidung unter Unsicherheit, iE 2019.
9 So auch Kühling/Buchner/*Caspar* Art. 66 Rn. 5.
10 BeckOK Datenschutz/*Marsch* DSGVO Art. 66 Rn. 4.
11 Sydow/*Schöndorf-Haubold* Art. 66 Rn. 12; Kühling/Buchner/*Caspar* Art. 66 Rn. 4 spricht von einer Fiktion.

Spiecker gen. Döhmann

der Rechtsfolge (Beschluss bzw. Beschluss oder Stellungnahme) unterscheiden. Der Gesetzgeber sieht hier für den Fall der nicht erfolgenden Amtshilfe in der Form der **Informationshilfe** nach Art. 61 Abs. 5 einen Sonderfall und ebenso für die nicht angenommene **Einladung zu gemeinsamen Maßnahmen** nach Art. 62 Abs. 2 S. 2, der jeweils ein Handeln im Eilverfahren gebietet. Grundsätzlich wird in diesen beiden Fällen allerdings, wie Art. 61 Abs. 8 S. 2 und Art. 62 Abs. 7 S. 2 statuieren, allein das Merkmal des „dringenden Handlungsbedarf" bereits angenommen. Die spezifische Störung der Kooperations- bzw. Amtshilfebeziehung, die den beiden Vorschriften vorangeht, wird dann mit der Vermutung des dringenden Handlungsbedarfs beantwortet, ohne dass aber in vergleichbarer Weise per se vom Vorliegen außergewöhnlicher Umstände ausgegangen werden dürfe.[12] In aller Regel dürfte in diesen Fällen auch das **weitere Tatbestandsmerkmal der außergewöhnlichen Umstände** erfüllt sein, denn dass eine Aufsichtsbehörde ihrer rechtlichen Verpflichtung sowie der Verpflichtung zur Kooperation offenkundig nicht nachkommt, muss in einem Rechtsstaat, der Mitglied der EU ist, eine außergewöhnliche Besonderheit sein. Es ist aber sehr wohl vorstellbar, dass die außergewöhnlichen Umstände im konkreten Fall nicht auf **Eilbedürftigkeit** der Regelungsnotwendigkeit stoßen. **Art. 60 Abs. 11** wiederholt dagegen lediglich die Voraussetzungen von Art. 66, indem – in der deutschen Sprachfassung leicht unterschiedlich zu Abs. 1[13] – „in Ausnahmefällen" das Kriterium der „außergewöhnlichen Umstände" ersetzt. Hier handelt es sich um eine **Rechtsgrundverweisung**.

9   **3. Erlass einstweiliger Maßnahmen.** Liegen außergewöhnliche Umstände vor (→ Rn. 6), ist die betroffene Aufsichtsbehörde berechtigt, **einstweilige Maßnahmen** zu erlassen. Grundsätzlich kommen dazu jegliche Maßnahmen in Betracht, die eine Aufsichtsbehörde ergreifen kann (Art. 58). In praktischer Hinsicht können etwa der Verantwortliche oder Auftragsverarbeiter angewiesen werden, ein bestimmtes Verhalten zu unterlassen. Aber auch sonstige Maßnahmen, auch gegenüber Dritten oder gegenüber der Öffentlichkeit, sind grundsätzlich vorstellbar.[14]

10   Solche Maßnahmen haben nur einen vorläufigen Charakter und weisen in der Regel gegenüber ihren Adressaten **Verwaltungsaktqualität** auf. Als problematisch erweisen sich einstweilige Maßnahmen, die faktisch einer **endgültigen Maßnahme** gleichkommen.[15] Solche sind gegeben, wenn sie aus rechtlichen oder aus tatsächlichen Gründen nach der endgültigen Entscheidung nicht mehr rückgängig gemacht werden können. Zu denken ist zB an eine Anweisung an den Verantwortlichen, die von einer Datenpanne betroffenen Personen zu benachrichtigen, oder die Untersagung einer Datenverarbeitung, die im Zusammenhang mit einem einmalig stattfindenden, unmittelbar bevorstehenden Ereignis geplant ist.[16] Diese Fälle sind problematisch, weil Abs. 1 nur einstweilige Maßnahmen als Rechtsfolge vorsieht und Abs. 2 gezielt endgültige Maßnahmen adressiert, es also gerade nicht zu einer **Vorwegnahme der Hauptsache** kommen soll. Abs. 2 geht allerdings von dem Fall aus, dass bereits eine vorläufige Maßnahme ergriffen wurde, betrifft also den hier problematischen Fall allenfalls insofern, als darüber noch einmal deutlich wird, dass der Gesetzgeber nur ganz ausnahmsweise im Verfahren nach Abs. 1 endgültige Maßnahmen zulässt. Eine solche **Ausnahme** kann nur dann in Betracht kommen, sofern für die betroffene Person bei Nichterlassen der Maßnahme **schwere und unzumutbare Nachteile drohen** würden[17] und zusätzlich auch die nach Abs. 4 abgekürzten Fristen nicht zu einer rechtzeitigen Abhilfe führen würden. Da mit einer solchen Maßnahme die Vorgaben des Abs. 2 – nämlich die Durchführung des Dringlichkeitsverfahrens – umgangen werden könnten, ist die Anordnung einer endgültigen Maßnahme nach Abs. 1 als nur höchst ausnahmsweise zulässig anzusehen.

11   Bei Vorliegen der Voraussetzungen steht der Erlass einer Maßnahme **im Ermessen** der zuständigen Aufsichtsbehörde.[18] Eine **Ermessensreduktion auf Null** kommt in Betracht, soweit die **Rechte und Freiheiten** von betroffenen Personen **in gravierender Weise bedroht** sind, da der Schutz natürlicher Personen bei der Verarbeitung personenbezogener Daten sowie der Schutz der Grundrechte und Grundfreiheiten natürlicher Personen und insbes. deren Recht auf Schutz personenbezogener Daten grundsätzlich Vorrang genießt (→ Art. 1 Rn. 36). Dies muss sich gerade in unklaren, aber zeitlich drängenden Situationen durchsetzen.

12   **4. Höchstgeltungsdauer.** Da die von der betroffenen Aufsichtsbehörde erlassene Maßnahme nur vorläufigen Charakter aufweist, korrespondiert damit eine zeitlich **befristete Geltungsdauer**. Diese ist im Einzelfall festzulegen, darf aber **drei Monate** nicht überschreiten. Nur innerhalb dieses Zeitraums ist die einstweilige Maßnahme wirksam; sie ist also zu befristen. Fehlt es daran, ist die Maßnahme gleichwohl nach drei Mo-

---

12   AA Sydow/*Schöndorf-Haubold* Art. 66 Rn. 9, die entgegen des Wortlauts auch von einem Eilbedürfnis ausgeht. Wie hier wohl auch Kühling/Buchner/*Dix* Art. 61 Rn. 21 und Art. 62 Rn. 19, unklar Rn. 18.
13   Im Englischen wird in beiden Fällen „in exceptional circumstances" verwendet.
14   Zu eng nur auf Auftragsverarbeiter und verantwortliche Person abstellend Sydow/*Schöndorf-Haubold* Art. 66 Rn. 11.
15   Sa Paal/Pauly/*Körffer* Art. 66 Rn. 5; Kühling/Buchner/*Caspar* Art. 66 Rn. 8.
16   Paal/Pauly/*Körffer* Art. 66 Rn. 5.
17   Ebenso Paal/Pauly/*Körffer* Art. 66 Rn. 5; BeckOK DatenschutzR/*Marsch* Art. 66 Rn. 5.1.
18   Paal/Pauly/*Körffer* Art. 66 Rn. 2; BeckOK DatenschutzR/*Marsch* Art. 66 Rn. 4.

naten unwirksam. Damit soll verhindert werden, dass durch das Dringlichkeitsverfahren Entscheidungen einzelner Aufsichtsbehörden zur Umgehung von Zusammenarbeit und Kohärenzverfahren genutzt werden.[19] Ist die Aufsichtsbehörde der Auffassung, dass eine **endgültige Maßnahme** notwendig ist und erlassen werden muss, so kann sie nach Abs. 2 um eine Stellungnahme oder einen verbindlichen Beschluss des Ausschusses ersuchen (→ Rn. 15 f.).

5. Territoriale Begrenztheit der einstweiligen Maßnahme. Da die betroffenen nationalen Aufsichtsbehör- 13 den nur **im Hoheitsgebiet** ihres eigenen Mitgliedstaates zuständig sind (Art. 55 Abs. 1), ist die einstweilige Maßnahme territorial begrenzt und darf daher **nur im Mitgliedstaat** Wirkung entfalten. Das gilt in gleichem Maße auch für die einzelnen Bundesländer in Deutschland. Diese Beschränkung greift nicht für die Stellungnahmen und Beschlüsse des EDSA nach Abs. 4 (→ Rn. 20).

6. Benachrichtigungspflicht (Abs. 1 S. 2). Die Aufsichtsbehörde, die eine einstweilige Maßnahme erlassen 14 hat, muss alle **anderen betroffenen Aufsichtsbehörden** sowie den **EDSA** und die **KOM** von diesen Maßnahmen unverzüglich in Kenntnis setzen. Daneben muss sie die Gründe für den Erlass darlegen. Dazu gehören auch die Gründe, aus denen heraus außergewöhnliche Umstände sowie ein dringender Handlungsbedarf angenommen wurden. Für den Informationsaustausch ist Art. 67 maßgeblich. Für die handelnde Aufsichtsbehörde dürfte nicht immer einfach in Erfahrung zu bringen sein, ob noch weitere Aufsichtsbehörden betroffen sind. In diesen Fällen bietet sich an, dass bereits **bei einem begründeten Verdacht** vorsorglich sämtliche mitgliedstaatlichen Aufsichtsbehörden über das Vorgehen informiert werden. Dies lässt sich aus dem allgemeinen Kooperationsprinzip des Art. 51 Abs. 2 S. 2 sowie dem besonderen im Rahmen des Kohärenzverfahrens nach Art. 63 ableiten.

III. Notwendigkeit einer endgültigen Maßnahme (Abs. 2)

Abs. 2 trägt dem Umstand Rechnung, dass eine Eilmaßnahme nach Abs. 1 der Gefahr nicht dauerhaft ab- 15 hilft und die betroffene Aufsichtsbehörde zu der Auffassung gelangt, dass dringend **endgültige Maßnahmen** erlassen werden müssen. Die Vorschrift eröffnet dann die Möglichkeit, im Dringlichkeitsverfahren, dh mit den verkürzten Fristen und der herabgestuften Mehrheitsanforderung des Abs. 4, eine Stellungnahme oder einen verbindlichen Beschluss des EDSA zu erreichen und damit die Angelegenheit **dauerhaft und endgültig** zu regeln. Voraussetzung ist, dass auch hier eine besondere **Dringlichkeit**, also ein besonderer zeitlicher Druck (→ Rn. 7 f.) vorliegt, der sich bei Abs. 2 allerdings gerade auf die Endgültigkeit der Maßnahme beziehen muss. Außerdem muss bereits eine einstweilige Maßnahme ergangen sein. Dies unterscheidet den Fall des Abs. 2 von dem Fall der Anordnung einer Maßnahme nach Abs. 1, die – nur höchst ausnahmsweise zulässig (→ Rn. 6) – den Charakter einer endgültigen Maßnahme annimmt. Daher muss die Aufsichtsbehörde ihr Ersuchen auch mit einer **Begründung** versehen. Der Ausschuss hat dann zu entscheiden; **Entscheidungsermessen** steht ihm nicht zu. Dies ist darüber begründet, dass ansonsten gerade in den besonders eiligen und schwerwiegenden Eingriffen eine Maßnahme zur Einhaltung der Vorschriften der DSGVO nicht mehr möglich wäre und damit der Vollzug der DSGVO in Frage gestellt wäre.

Der Rückgriff auf das Dringlichkeitsverfahren ist in Abs. 2 als **Ermessensentscheidung** der Aufsichtsbehör- 16 de ausgestaltet. Eine Ausnahme erfolgt allerdings nach **Art. 61 Abs. 8 S. 2** und **Art. 62 Abs. 7 S. 2**, wonach das Dringlichkeitsverfahren **zwingend** durchgeführt werden muss. Für **Art. 61 Abs. 8** ist sogar vorgeschrieben, dass ein verbindlicher Beschluss herbeigeführt werden muss; bei Art. 62 Abs. 7 liegt es im Ermessen der betroffenen Aufsichtsbehörde, ob sie eine Stellungnahme oder einen verbindlichen Beschluss herbeiführen möchte. Der Grund für diese unterschiedliche Behandlung dürfte darin liegen, dass bei der Amtshilfe ein aktives Tätigwerden der ersuchten Behörde in ihrem Aufgabenbereich eingefordert wird, der Eingriff in deren Souveränität und Aufgaben also größer ist. Das Verfahren kann nach Abs. 2 nur durch ein entsprechendes Ersuchen der Aufsichtsbehörde eingeleitet werden; Vorsitz, nicht betroffene Aufsichtsbehörden oder KOM können nicht von sich aus von Amts wegen tätig werden. Damit wird die **Unabhängigkeit der Aufsichtsbehörden** gesichert. Ihnen steht allerdings frei, den regulären Weg über Art. 64 Abs. 2 oder Art. 65 Abs. 1 einzuschlagen.

IV. Untätigkeit der zuständigen Aufsichtsbehörde (Abs. 3)

Abs. 3 bestimmt, dass in Fällen dringenden Handlungsbedarfs, indem gleichwohl keine geeigneten Maß- 17 nahmen getroffen worden sind, **jede andere Aufsichtsbehörde** um eine Stellungnahme oder einen verbindlichen Beschluss des Ausschusses ersuchen kann. Damit stellt die Vorschrift sicher, dass die DSGVO durchgesetzt wird und es nicht zu einem Vollzugsdefizit kommt. Die ersuchende Aufsichtsbehörde ist zur **Begrün-**

---

19 Ehmann/Selmayr/*Klabunde* Art. 66 Rn. 11.

dung verpflichtet. Aus dem **Kooperationsprinzip** des Art. 51 Abs. 2 S. 2 und Art. 63 folgend ist zuvor mit der zuständigen Aufsichtsbehörde zu klären, ob diese die für erforderlich gehaltene Maßnahme tatsächlich nicht selbst erlassen will.[20] **Ermessen** sichert zusätzlich ab, dass die Aufsichtsbehörden untereinander nach dem Kooperationsprinzip verfahren; ob das Stellungnahmeverfahren oder das Beschlussverfahren gewählt wird, ist gleichfalls in das Ermessen der tätig werdenden Aufsichtsbehörde gestellt.[21] Art. 60 Abs. 11 ist **Rechtsgrundverweisung** für den dort beschriebenen Sonderfall (→ Art. 60 Rn. 26).

V. Stellungnahmen und Beschlüsse im Dringlichkeitsverfahren (Abs. 4)

18 Das Dringlichkeitsverfahren ermöglicht schnellere und leichter erzielbare Entscheidungen des EDSA. Zum einen können Stellungnahmen oder Beschlüsse abweichend von Art. 65 Abs. 2 S. 1 mittels **einfacher Mehrheit der Mitglieder des Ausschusses** angenommen werden. Zum anderen gilt für den Erlass von Stellungnahmen oder Beschlüssen eine **verkürzte Frist von zwei Wochen**, entgegen der üblichen Fristen nach Art. 64 Abs. 3 und Art. 65 Abs. 2. Ob der Ausschuss innerhalb dieser deutlich verkürzten Fristen aber überhaupt zu einer Mehrheitsentscheidung kommt, muss die Praxis zeigen;[22] für den EDSA bedeutet dies eine erhebliche Herausforderung, sich innerhalb so kurzer Zeit auf ein Vorgehen zu verständigen, auch wenn gleichzeitig mit der Fristverschärfung eine Erleichterung hinsichtlich der Mehrheitsregelung einhergeht. Ungeregelt sind die möglichen Konsequenzen, die ein **Verstreichen der Frist** nach sieht zieht. Handelte es sich um eine Ausschlussfrist, könnte der EDSA danach jedenfalls nicht mehr mit der erleichterten Mehrheitsregelung tätig werden.[23] Faktisch bedeutete dies allerdings jedenfalls für das Streitbeilegungsverfahren wegen Art. 65 Abs. 3 nur eine **geringe Einschränkung**, die allerdings vor allem zu Lasten des Adressaten der Maßnahme geht, wenn die Frist des Abs. 1 S. 1 noch nicht verstrichen ist. Tatsächlich ist die Frist des Abs. 4 darauf gerichtet, dem EDSA eine zügige Klärung zu ermöglichen. Ist dies nicht möglich – etwa weil größerer Abstimmungsbedarf besteht –, kann nicht die Entscheidungskompetenz des EDSA über Abs. 4 eingeschränkt werden.[24] Verstreicht die Frist also, so kann der EDSA im normalen Verfahren nach Art. 65 weiterhin tätig werden.

19 Weitere Verfahrenserleichterungen sieht Abs. 4 nicht vor; insbes. kann aus dem Fehlen der ausdrücklichen Anordnung von **Informations- und Publizitätspflichten** nicht geschlossen werden, dass die im Verfahren nach Abs. 4 ergangenen Stellungnahmen und Beschlüsse womöglich nicht mitgeteilt werden müssten. Vielmehr sind die entsprechenden **Vorschriften der Verfahren nach Artt. 64 und 65 analog** heranzuziehen, soweit sich dies mit der Eilbedürftigkeit des Dringlichkeitsverfahrens vereinbaren lässt. Das ergibt sich schon daraus, dass die Maßnahmen nach Abs. 4 endgültig sind und damit die Rechtsauffassung des EDSA in gleicher Weise widerspiegeln wie Stellungnahmen und Beschlüsse im regulären Verfahren. Dies gilt auch für die **Binnenkommunikation** (Art. 67). Wenig praxisnah sieht die Geschäftsordnung des EDSA vor, dass auch die Dokumente im Rahmen des Dringlichkeitsverfahrens übersetzt werden.[25]

20 **Inhaltlich** sind die Stellungnahmen und Beschlüsse nicht an die Einschränkungen der einstweiligen Maßnahmen aus Abs. 1 gebunden. Das betrifft insbes. die territoriale Beschränkung auf das Hoheitsgebiet (→ Rn. 13), aber auch die Beachtung der Vorläufigkeit (→ Rn. 10). Der EDSA hat **kein Ermessen**, ob er sich mit den vorgelegten Angelegenheiten befasst, wie sich aus Art. 64 (→ Rn. 8) und Art. 65 (→ Rn. 4) ergibt, wenn die Voraussetzungen vorliegen.

VI. Rechtsschutz gegen einstweilige Maßnahmen

21 Erlässt eine betroffene Aufsichtsbehörde eine einstweilige Maßnahme nach Abs. 1 in ihrem Hoheitsgebiet, können sich die **Adressaten** gegen die Maßnahme vor den **nationalen Verwaltungsgerichten** zur Wehr setzen.[26] Dabei kommen insbes. die **Anfechtungsklage** im Hauptsacheverfahren, sowie im Verfahren des vorläufigen Rechtsschutzes ein **Rechtsschutzantrag nach § 80 Abs. 5 VwGO** in Betracht. Stellungnahmen (→ Art. 64 Rn. 63) sowie Beschlüsse (→ Art. 65 Rn. 37ff.) des EDSA können nicht unmittelbar durch die Adressaten überprüft werden.

---

20 In diese Richtung auch Kühling/Buchner/*Caspar* Art. 66 Rn. 11; Paal/Pauly/*Körffer* Art. 66 Rn. 10; BeckOK DatenschutzR/*Marsch* DSGVO Art. 66 Rn. 11.

21 Insoweit aus dem Wort „gegebenenfalls" zu weite Folgerungen auf ein Regel-Ausnahmeverhältnis ziehend, für das es keine sachliche Begründung gibt, Sydow/*Schöndorf-Haubold* Art. 66 Rn. 23.

22 BeckOK DatenschutzR/*Marsch* DSGVO Art. 66 Rn. 6; Gola/*Eichler* Art. 66 Rn. 5.

23 Ebenso iE Sydow/*Schöndorf-Haubold* Art. 66 Rn. 29 f.

24 Ähnlich Sydow/*Schöndorf-Haubold* Art. 66 Rn. 30.

25 Art. 23 Nr. 4 Geschäftsordnung EDSA.

26 So auch Ehmann/Selmayr/*Klabunde* Art. 66 Rn. 15.

Artikel 67 Informationsaustausch

Die Kommission kann Durchführungsrechtsakte von allgemeiner Tragweite zur Festlegung der Ausgestaltung des elektronischen Informationsaustauschs zwischen den Aufsichtsbehörden sowie zwischen den Aufsichtsbehörden und dem Ausschuss, insbesondere des standardisierten Formats nach Artikel 64, erlassen.

Diese Durchführungsrechtsakte werden gemäß dem Prüfverfahren nach Artikel 93 Absatz 2 erlassen.

Literatur: *Bock, K./Meissner, S.*, Datenschutz-Schutzziele im Recht, DuD 2012, 425; *Kahler, T.*, Die Europarechtswidrigkeit der Kommissionsbefugnisse in der Grundverordnung, RDV 2013, 69; *Koós, C.*, Das Vorhaben eines einheitlichen Datenschutzes in Europa – Aktueller Stand des europäischen Gesetzgebungsverfahrens, ZD 2014, 9; *Rost, M./Pfitzmann, A.*, Datenschutz-Schutzziele – revisited, DuD 2009, 353; *Schmidl, M.*, Aspekte des Rechts der IT-Sicherheit, NJW 2010, 476; *Voßhoff, A./Büttgen, P.*, Verschlüsselung tut Not, ZRP 2014, 232.

I. Ziele, Entstehungsgeschichte, Systematik

Art. 67 ermächtigt die KOM zum **Erlass von Durchführungsrechtsakten** (Art. 291 AEUV) zur Festlegung **1** der Ausgestaltung des **elektronischen Informationsaustauschs** zwischen den am Kohärenzverfahren Beteiligten (mit Ausnahme der KOM (→ Rn. 5)). Sinn und Zweck des **Informationsaustauschs auf elektronischem Wege** ist die effiziente Abwicklung der einzelnen Verfahrensschritte, um Verzögerungen des Verfahrens, etwa durch Postlaufzeiten im internationalen Austausch, zu verhindern.[1] Bereits heute findet in der Praxis der Informationsaustausch überwiegend auf elektronischem Wege statt; angesichts der strengen Fristenregelungen in den Artt. 64 und 65 ist eine zügige, zeitnahe und leicht zugängliche Übermittlung der Informationen dringend geboten.[2] Spezifische Regeln über Datenformate oder Übertragungsprotokolle bestehen allerdings nicht. Deshalb soll die KOM die Möglichkeit erhalten, den Informationsaustausch technisch auszugestalten, einschließlich standardisierter Formate, und somit eine weitergehende Automatisierung der Informationsverarbeitung im EDSA ermöglichen.[3] Insgesamt soll durch die Regelung die **Digitalisierung der Kommunikations- und Verwaltungsvorgänge** befördert werden.[4] In gewisser Weise kann die Vorschrift als **Dienstleistungsaufgabe** der KOM für den EDSA und die Aufsichtsbehörden gesehen werden; es darf aber nicht verkannt werden, dass über die Vorgabe von Standards auch Verfahrensvorgaben gemacht werden können (→ Rn. 4).

Art. 62 Abs. 1 KOM-E stattete die KOM wesentlich umfangreicher mit Gestaltungsmöglichkeiten in Form **2** von Durchführungsrechtsakten in Bezug auf das Kohärenzverfahren aus, was auch auf die im KOM-E insgesamt vorgesehene starke Rolle der KOM zurückzuführen war. Dem heutigen Art. 67 entsprach Art. 62 Abs. 1 lit. d KOM-E. Nach heftiger Kritik an der starken Stellung der KOM[5] wurde die Norm im weiteren Verlauf sowohl im Parl-E als auch im Rat-E erheblich verkürzt und zunächst eingeräumte Kompetenzen der KOM weitestgehend gestrichen. Der Parl-E sprach, anders als der Rat-E, erstmalig allgemein von Durchführungsrechtakten „mit allgemeiner Geltung"; der Rat-E hat daraus „von allgemeiner Tragweite" gemacht; dies ist nach Wegfall der sonstigen Ermächtigungen für Durchführungsrechtsakte im Rahmen des Kohärenzverfahrens in den Text des Art. 67 übernommen worden. In allen Fassungen war die KOM als Kommunikationspartner nicht erwähnt (→ Rn. 1).

Unklar ist, ob die Regelung ausschließlich für das **Kohärenzverfahren** gilt oder sich darüber hinaus auch **3** auf Abschn. 1 und die Zusammenarbeit der Aufsichtsbehörden untereinander nach Art. 60 bezieht. Aus der systematischen Stellung der Norm folgt, dass sie nur für das Kohärenzverfahren (Art. 63–67) und nicht auch für die Zusammenarbeit der Aufsichtsbehörden untereinander gilt. Die Stellung im Zweiten Abschnitt spricht dafür, dass nur das Kohärenzverfahren gemeint ist; die Nennung einer eigenen Rechtsgrundlage für Durchführungsrechtsakte in Art. 61 Abs. 9 streitet gleichfalls dafür, in Art. 67 **keine generelle Befugnis** der KOM zur Ausgestaltung der Kommunikation zwischen den Aufsichtsbehörden untereinander sowie mit dem EDSA zu sehen.[6] Dem widerspricht auch nicht Art. 60 Abs. 12; hier wird lediglich der Austausch auf elektronischem Wege festgelegt; dass dies durch einen Durchführungsrechtsakt nach Art. 67 präzisiert wird, lässt sich daraus nicht ableiten. Faktisch werden sich die Aufsichtsbehörden möglicherweise aus pragmatischen Gründen auch hier dem bereits etablierten elektronischen Verfahren anschließen, wenn die KOM von

---

1 Ehmann/Selmayr/*Klabunde* Art. 67 Rn. 1.
2 So auch BeckOK DatenschutzR/*Marsch* DSGVO Art. 67 Rn. 2; Paal/Pauly/*Körffer* Art. 67 Rn. 3; Plath/*Hullen* DSGVO Art. 67 Rn. 1.
3 Ehmann/Selmayr/*Klabunde* Art. 67 Rn. 3.
4 Vgl. auch Plath/*Hullen* DSGVO Art. 67 Rn. 1.
5 Siehe dazu Paal/Pauly/*Körffer* Art. 67 Rn. 1; *Koós* ZD 2014, 9 (14); *Kahler* RDV 2013, 69 (71).
6 AA BeckOK DatenschutzR/*Marsch* DSGVO Art. 67 Rn. 1 sowie Ehmann/Selmayr/*Klabunde* Art. 67 Rn. 8; unklar insoweit Sydow/*Schöndorf-Haubold* Art. 67 Rn. 6.

ihrer Befugnis Gebrauch macht, könnten aber auch zur **Sicherung ihrer Unabhängigkeit** davon absehen (→ Rn. 5).

II. Inhalt

4   Berechtigt zum Erlass von Durchführungsrechtsakten zur Ausgestaltung des elektronischen Informationsaustauschs ist ausschließlich die KOM.[7] Darin kann sie insbes. das standardisierte Format nach Art. 64 (der Sache nach: Abs. 4–8) festlegen, ist darauf aber wegen des Wortlauts („insbesondere") nicht beschränkt. Allerdings kann Art. 67 nicht dahingehend ausgelegt werden, dass sich darin eine allgemeine **Befugnis zur Konkretisierung des Verfahrens** der KOM verbirgt.[8] Denn Art. 67 gestattet nur die Einwirkung auf die **technische Seite des Kommunikationsvorgangs**. Und selbst hier ist zu berücksichtigen, dass diese möglicherweise Auswirkungen auf das Verfahren haben kann, so dass Technik Recht bestimmt („code is law"). Die Grenzen sind im Einzelnen schwierig zu bestimmen (→ Rn. 1).

5   In der Ausgestaltungsmöglichkeit der KOM über Art. 67 könnte man einen **Verstoß gegen die** primärrechtlich abgesicherte **Unabhängigkeit** der Aufsichtsbehörden sehen (Art. 8 Abs. 3 GRCh).[9] Allerdings bleiben der EDSA und die Aufsichtsbehörden jeweils Herrin des Verfahrens und können, etwa in der Geschäftsordnung des EDSA oder durch eigene sonstige Festlegungen, Verfahrensvorgaben machen. Diese sind, zur Wahrung der Unabhängigkeit, für die KOM bindend; darüber können der EDSA bzw. die Aufsichtsbehörden auch immer wieder technische Regelungen verändern, wenn diese in das Verfahren eingreifen. **Etwaige Vorgaben des EDSA** sind im Rahmen des **Ermessens**, das Art. 67 der KOM einräumt, zu berücksichtigen, ob und wie sie solche Durchführungsrechtsakte erlässt bzw. ändert. Zulässig ist also etwa, dass die KOM Mail-, Verschlüsselungs-, Identifizierungs-, und Dateiformatstandards vorgibt, also zB eine geschützte Plattform aufsetzt, innerhalb derer die Kommunikation stattfindet und auf die Dokumente im Sinne eines **Online-Repository** eingestellt werden, dass sie **Verschlüsselungsstandards** setzt oder Passwörter und Zugangsberechtigungen vergibt, aktualisiert und erneuert. Vorstellbar wäre auch die **Entwicklung eigener technischer Systeme** sowohl für den spontanen Austausch als auch für die Archivierung. Dagegen zählt nicht dazu, dass sie **Fristen** bestimmt, die Menge an eingestellten Dokumenten begrenzt, den Aufsichtsbehörden nur alle 24 Stunden die neuen Informationen zukommen lässt oder **Beiträge moderiert** und verändert. In diesen letzten Fällen wäre jeweils nicht mehr allein die technische Ausgestaltung Regelungsgegenstand, sondern würde über das Verfahren auf die spätere Entscheidung eingewirkt. Dies ist der KOM allerdings nur mit beratender Stimme, Art. 68 Abs. 5, und nicht etwa als vollwertiges Mitglied des EDSA (→ Art. 68 Rn. 14) gestattet.

6   Geregelt werden kann der Informationsaustausch zwischen den einzelnen Aufsichtsbehörden der Mitgliedstaaten sowie zwischen den Aufsichtsbehörden und dem EDSA. Die KOM ist mit gutem Grund im Normtext **nicht automatisch** vorgesehen als Teilhaber an den von ihr nach Art. 67 festgelegten Formaten der elektronischen Kommunikation der Aufsichtsbehörden untereinander und mit dem EDSA. Dies bewahrt deren **Unabhängigkeit**, denn die Regelung erlaubt einen eigenständigen Austausch untereinander, wenn dies gewünscht sein sollte.[10] Da die KOM zwar antragsberechtigt nach Art. 64 Abs. 2 ist, aber keine Stimm-, sondern nur Teilnahmerechte hat (Art. 68 Abs. 5), ist ihre Information gegenüber den Aufsichtsbehörden und dem EDSA nicht von gleicher Bedeutung. Gleichwohl kann die KOM vorsehen, dass die Vorgaben zum Informationsaustausch auf der technischen Seite auch die Kommunikation mit der KOM bestimmen. Aus praktischen Gründen mag es ohnehin zu einer **einheitlichen Praxis** kommen.

7   Für den Erlass dieser Durchführungsrechtsakte gilt nach Art. 67 UAbs. 2 iVm Art. 93 Abs. 2 das umfangreiche Prüfverfahren als anzuwendendes **Komitologieverfahren** nach Art. 5 VO (EU) Nr. 182/2011.[11] Über die mitgliedstaatlichen Vertreter können die Aufsichtsbehörden zusätzlich mittelbar Einfluss zu nehmen versuchen. Die verfahrensrechtlichen Einzelheiten werden ausführlich in Art. 5 VO(EU) Nr. 182/2001 normiert.[12]

8   **Inhaltliche Vorgaben** macht Art. 67 nur indirekt. Zum einen macht der Passus „von allgemeiner Tragweite" (englisch: „general scope") deutlich, dass die Durchführungsrechtsakte **keine Einzelfallregelungen** sein können.[13] Zum anderen sind die Vorgaben der DSGVO zu beachten, also sowohl die **Prinzipien und Daten-**

---

7   Zur rechtspolitischen Kritik an der Norm vgl. BeckOK DatenschutzR/*Marsch* DSGVO Art. 67 Rn. 3.

8   So auch Sydow/*Schöndorf-Haubold* Art. 67 Rn. 6.

9   In diese Richtung zB BeckOK DatenschutzR/*Marsch* DSGVO Art. 67 Rn. 4; Paal/Pauly/*Körffer* Art. 67 Rn. 1.

10 Daher ist die Nicht-Regelung deutlich gewichtiger als nur eine gesetzgeberische Ungenauigkeit, so aber BeckOK DatenschutzR/*Marsch* DSGVO Art. 67 Rn. 6.

11 Ausführlich zu den europarechtlichen Vorgaben Sydow/*Schöndorf-Haubold* Art. 67 Rn. 7ff.; Ehmann/Selmayr/*Klabunde* Art. 67 Rn. 5ff.

12 Siehe hierzu auch Sydow/*Schöndorf-Haubold* Art. 67 Rn. 11.

13 Ebenso BeckOK DatenschutzR/*Marsch* DSGVO Art. 67 Rn. 7.

schutz-Schutzziele aus Art. 5 wie auch **Vertraulichkeit, Authentizität oder Nichtabstreitbarkeit.**[14] Damit wird gleichzeitig auch gewährleistet, dass der elektronische Informationsaustausch nachvollziehbar und belegbar bleibt, etwa für die Zwecke der Fristbestimmung oder für ein Gerichtsverfahren. Zudem sind **hohe technische Sicherheitsanforderungen** einzuhalten, die insbes. die Integrität und Vertraulichkeit der Daten bei ihrer Übermittlung im Rahmen des Kohärenzverfahrens gewährleisten.[15] Die KOM sollte sich hierbei zweckmäßigerweise an **international anerkannten Standards der IT-Sicherheit** orientieren, die allerdings wie die ISO/IEC 27001-Normen, relativ abstrakt bleiben (→ Art. 32 Rn. 78). Auch wenn Art. 67 dies nicht erwähnt, wird es empfehlenswert sein, die **Europäische Agentur für Netz- und Informationssicherheit (ENISA)** einzubeziehen. Ergänzend kann auch auf nationale Vorarbeiten wie etwa den **deutschen IT-Grundschutzkatalog** oder den Leitfaden zur Informationssicherheit des Bundesamts für Sicherheit in der Informationstechnik (BSI) zurückgegriffen werden.

III. Rechtsschutz

Durchführungsrechtsakte der KOM können im Wege der **Nichtigkeitsklage gemäß Art. 263** AEUV angefochten werden.[16] Einzelne Aufsichtsbehörden oder der EDSA können als direkte Betroffene dieses Instrument ebenfalls nutzen.[17]   9

Abschnitt 3
Europäischer Datenschutzausschuss

Artikel 68   Europäischer Datenschutzausschuss

(1) Der Europäische Datenschutzausschuss (im Folgenden „Ausschuss") wird als Einrichtung der Union mit eigener Rechtspersönlichkeit eingerichtet.

(2) Der Ausschuss wird von seinem Vorsitz vertreten.

(3) Der Ausschuss besteht aus dem Leiter einer Aufsichtsbehörde jedes Mitgliedstaats und dem Europäischen Datenschutzbeauftragten oder ihren jeweiligen Vertretern.

(4) Ist in einem Mitgliedstaat mehr als eine Aufsichtsbehörde für die Überwachung der Anwendung der nach Maßgabe dieser Verordnung erlassenen Vorschriften zuständig, so wird im Einklang mit den Rechtsvorschriften dieses Mitgliedstaats ein gemeinsamer Vertreter benannt.

(5) ¹Die Kommission ist berechtigt, ohne Stimmrecht an den Tätigkeiten und Sitzungen des Ausschusses teilzunehmen. ²Die Kommission benennt einen Vertreter. ³Der Vorsitz des Ausschusses unterrichtet die Kommission über die Tätigkeiten des Ausschusses.

(6) In den in Artikel 65 genannten Fällen ist der Europäische Datenschutzbeauftragte nur bei Beschlüssen stimmberechtigt, die Grundsätze und Vorschriften betreffen, die für die Organe, Einrichtungen, Ämter und Agenturen der Union gelten und inhaltlich den Grundsätzen und Vorschriften dieser Verordnung entsprechen.

Literatur: *Ehmann, E.,* Der weitere Weg zur Datenschutzgrundverordnung – Näher am Erfolg, als viele glauben?, ZD 2015, 6; *Nguyen, A. M.,* Die zukünftige Datenschutzaufsicht in Europa – Anregungen für den Trilog zu Kap. VI bis VII der DS-GVO, ZD 2015, 265; *Härting, N.,* Starke Behörden, schwaches Recht – der neue EU-Datenschutzentwurf, BB 2012, 459.

---

14 Vgl. etwa *Voßhoff/Büttgen* ZRP 2014, 232; *Bock/Meissner* DuD 2012, 425; *Schmidl* NJW 2010, 476; *Rost/Pfitzmann* DuD 2009, 353.
15 Ebenso Paal/Pauly/*Körffer* Art. 67 Rn. 3.
16 Ehmann/Selmayr/*Klabunde* Art. 67 Rn. 16.
17 Ehmann/Selmayr/*Klabunde* Art. 67 Rn. 17.

I. Entstehungsgeschichte

1 Mit dem EDSA, dem der gesamte dritte Abschnitt des Kapitels VII gewidmet ist, schafft die DSGVO eine **zentrale Datenschutzbehörde für die EU**.[1] Die Gestaltung der Datenschutzaufsicht war **eines der am heftigsten umstrittenen Themen in den Verhandlungen des Rats** zur DSGVO.[2] So hat sich dieser immer wieder auf Ministerebene mit der Thematik befasst. Eine Einigung im Rat über die Kapitel VI und VII der DSGVO erfolgte erst im März 2015.[3] Auch die **KOM** hat die **Kompetenzen und die Zusammenarbeit der Aufsichtsbehörden** in Datenschutzfragen immer **als ein besonders zentrales Element des Gesetzgebungsprozesses betrachtet**.[4] Dabei hat die KOM mit Blick auf eine einheitliche Anwendung und Durchsetzung der DSGVO zum einen dafür plädiert, die nationalen Behörden zu stärken und deren Zusammenarbeit zu intensivieren.[5] Zum anderen sollten die Unternehmen, die auf dem europäischen Markt agieren, nur mit jeweils einer mitgliedstaatlichen Aufsichtsbehörde in Kontakt treten müssen (Prinzip des „one-stop-shop").[6] Dabei handelt es sich um die Aufsichtsbehörde desjenigen Mitgliedstaats, in dem die Hauptniederlassung des Unternehmens liegt. Dieser Ansatz wurde mit Modifikationen in den Regelungen zur federführenden Aufsichtsbehörde (Art. 56) umgesetzt. Allerdings können die Aufsichtsbehörden trotz dieses Prinzips ihre Kompetenzen nur innerhalb der Hoheitsgewalt ihres Mitgliedstaats ausüben.[7]

2 Neben der Einführung des Kohärenzverfahrens (nunmehr Art. 63ff.) sollte nach dem KOM-E auch der Ausbau der Art.-29-Gruppe zu einem „unabhängigen Europäischen Datenschutzausschuss" zu einer kohärenteren Anwendung der Datenschutzvorschriften beitragen und gleichzeitig eine Grundlage für die Zusammenarbeit der mitgliedstaatlichen Datenschutzbehörden untereinander und mit dem EDSB bieten.[8] Um eine effiziente Struktur auf europäischer Ebene zu etablieren, sollte der EDSA auf das Sekretariat des EDSB zurückgreifen, was dann auch in Art. 75 Abs. 1 in die Tat umgesetzt wurde.[9]

3 Die grundlegende Norm des Art. 68 geht auf Art. 64 KOM-E zurück. Dieser war durch den Parl-E nicht verändert worden. Ihre endgültige Struktur erhielt die Norm durch den Rat-E. Dieser schlug erfolgreich die explizite Normierung der eigenen Rechtspersönlichkeit in Abs. 1, die Aufnahme einer Vertretungsregelung (Abs. 1 b Rat-E, jetzt Abs. 2), die Möglichkeit der Teilnahme von Vertretern in Abs. 3 sowie den Verweis auf die nationalen Bestimmungen in Abs. 4 vor. Demgegenüber konnte sich der Rat nicht damit durchsetzen, dem EDSB denselben (lediglich beratenden) Status zuzuerkennen wie der KOM. Im Trilog wurde stattdessen der nunmehr in Abs. 6 enthaltene Kompromiss gefunden, nachdem der EDSB prinzipiell stimmberechtigt ist, nicht jedoch im Streitbeilegungsverfahren nach Art. 65 (→ Rn. 1ff.).

II. Aufgaben und Struktur

4 Der EDSA **ersetzt die bisherige Art.-29-Gruppe** (eingerichtet durch Art. 29 DSRL und dort als „Gruppe für den Schutz von Personen bei der Verarbeitung personenbezogener Daten" bezeichnet),[10] ist aber anders als diese nicht auf eine beratende Funktion beschränkt,[11] sondern besitzt ein **breites, vielfältiges Aufgabenspektrum** einschließlich der Möglichkeit, im Rahmen der Streitbeilegung **verbindliche Beschlüsse** zu fassen (Art. 70 Abs. 1 lit. a iVm Art. 65 Abs. 1 → Art. 65 Rn. 21ff.). Der EDSA soll nach EG 139 S. 1 insbes. sicherstellen, dass die **DSGVO in den EU-Mitgliedstaaten einheitlich angewandt** wird. Die Förderung der einheitlichen Anwendung der DSRL war nach Art. 30 Abs. 1 lit. a DSRL bereits eines der Ziele der Art.-29-Gruppe.[12] Allerdings war die als unbefriedigend empfundene uneinheitliche Anwendung der DSRL einer der maßgeblichen Gründe für die Schaffung der neuen DSGVO.[13] Das zentrale Anliegen der DSGVO, eine effektive Durchsetzung der Vorschriften der DSGVO zu gewährleisten, wird vor allem in den detaillierten

---

1 S. auch *Härting* BB 2012, 459 (460); Plath/*Roggenkamp* DSGVO Art. 76 Rn. 1.
2 Vgl. *Ehmann* ZD 2015, 6; *Nguyen* ZD 2015, 265.
3 Vgl. Pressemitteilung des Rats vom 13.3.2015, Datenschutz: Rat einigte sich auf allgemeine Grundsätze und das Prinzip der zentralen Kontaktstelle, http://www.consilium.europa.eu/de/press/press-releases/2015/03/13/data-protection-council-agrees-general-principles-and-one-stop-shop-mechanism/.
4 Vgl. KOM(2012) 9 endg., S. 3.
5 S. KOM(2012) 9 endg., S. 3.
6 Vgl. zu den diskutierten Vorschlägen zum „one stop shop" *Ehmann* ZD 2015, 6 (10 f).
7 S. dazu *Albrecht/Jotzo*, S. 57, 115ff.
8 Vgl. KOM(2012) 9 endg., S. 3.
9 S. KOM(2012) 9 endg., S. 3. Kritisch zu der Tatsache, dass der EDSA kein eigenes Sekretariat erhalten, hat *Nguyen* ZD 2015, 265 (269).
10 S. EG 139 S. 4. Zur Art.-29-Gruppe vgl. die Website unter http://ec.europa.eu/newsroom/just/item-detail.cfm?item_id=50083.
11 Die Aufgabe der Art.-29-Gruppe bestand nach Art. 30 DSRL rechtlich im Wesentlichen in der Beratung der KOM. Rein faktisch hatte sie sich allerdings va durch eine Vielzahl von Stellungnahmen zur Auslegung von Normen und zur rechtlichen Bewertung von Datenverarbeitungsprozessen (s. die Aufgabe in Art. 30 Abs. 3 DSRL) eine deutlich stärkere Position erarbeitet.
12 Vgl. hierzu unter https://secure.edps.europa.eu/EDPSWEB/edps/lang/de/Cooperation/Art. 29.
13 So ausdrücklich EG 9. Vgl. dazu auch *Albrecht/Jotzo*, S. 113 f.

Regelungen der DSGVO zur Behördenstruktur, zur Aufgabenverteilung und zur Zusammenarbeit der unterschiedlichen Behörden deutlich.[14] Hier kommt dem neuen EDSA eine zentrale Koordinierungsfunktion zu, etwa bei der Unterstützung der **Zusammenarbeit zwischen den Aufsichtsbehörden**. Darüber hinaus soll der EDSA die **KOM beraten**, etwa bei der Frage eines angemessenen Datenschutzniveaus in einem Drittstaat oder bei einer internationalen Organisation (Art. 70 Abs. 1 lit. s.). Der EDSA ist mit viel weitreichenderen Kompetenzen ausgestattet und soll eine deutlich stärkere Rolle im europäischen Datenschutz spielen als die bisherige Art.-29-Gruppe.[15]

III. Rechtsstellung (Abs. 1)

Der EDSA wird als sekundärrechtlich geschaffene **Einrichtung der Union** gestaltet. Er ist kein primärrecht- 5 lich vorgesehenes Organ im Sinne des Art. 13 EUV, sondern zählt zu den vielfältigen weiteren Gremien, die an der Gestaltung und Umsetzung der europäischen Politik beteiligt sind. Anders als die durch den Vertrag von Lissabon zum Organ der EU gekürte EZB ist der EDSA zwar kein Unionsorgan, er besitzt aber wie die EZB (vgl. Art. 282 Abs. 3 S. 1 AEUV) Rechtspersönlichkeit. Die Verleihung von **Rechtspersönlichkeit** an den EDSA sichert die unabhängige Stellung, die der Verordnungsgeber für den EDSA vorsieht (Art. 69), institutionell ab und sichert die Befugnis, rechtsverbindliche Entscheidungen treffen zu können.[16]

IV. Vertretung (Abs. 2)

Die Außenvertretung des Ausschusses obliegt dem jeweils aus dem Kreis der Mitglieder des EDSA auf fünf 6 Jahre gewählten Vorsitzenden (→ Art. 73 Rn. 3 f.). Der Vorsitzende vertritt den Ausschuss insbes. in der Zusammenarbeit mit der KOM, mit sämtlichen anderen Organen und Einrichtungen der Union und bei der Zusammenarbeit mit den mitgliedstaatlichen Aufsichtsbehörden.

V. Zusammensetzung (Abs. 3)

Die **Zusammensetzung** des EDSA folgt aus seinem Aufgabenspektrum. Dementsprechend besteht der EDSA 7 nach Abs. 3 (sa EG 139 S. 5) aus **jeweils einem Leiter einer Aufsichtsbehörde jedes EU-Mitgliedstaats**. Der Leiter kann auch einen Vertreter benennen, der für ihn und gegebenenfalls nach seiner Weisung das Stimmrecht im EDSA ausübt. Dies entspricht weitgehend Art. 29 Abs. 2 DSRL. Neben den Vertretern der mitgliedstaatlichen Aufsichtsbehörden gehört nach Abs. 3 auch der **EDSB** dem EDSA an. Er kann ebenfalls im Einzelfall oder auch generell einen Vertreter in den EDSA entsenden. Der EDSB hat grundsätzliche dasselbe Stimmrecht wie die Leiter der mitgliedstaatlichen Aufsichtsbehörden der Mitgliedstaaten. Eine Ausnahme gilt für das Verfahren der Streitbeilegung nach Art. 65, Abs. 6 (→ Rn. 35ff.). Zudem ist nach Abs. 5 auch die KOM teilnahmeberechtigt.

VI. Bestimmung der Mitglieder in den Mitgliedstaaten (Abs. 4)

In Mitgliedstaaten mit mehreren Aufsichtsbehörden – etwa aufgrund von föderalen Strukturen, wie dies in 8 der Bundesrepublik Deutschland der Fall ist – muss ein **gemeinsamer Vertreter** für den betreffenden Mitgliedstaat benannt werden; neben Abs. 4 ergibt sich dies auch aus Art. 51 Abs. 3 (→ Art. 51 Rn. 23 f.). Das Verfahren für die Bestellung eines gemeinsamen Vertreters richtet sich nach dem nationalen Recht. Die DSGVO macht insoweit keine Vorgaben, so dass ein weiter Handlungsspielraum besteht. Allerdings legt Abs. 4 fest, dass nur „ein" gemeinsamer Vertreter sowie nach Abs. 3 ein Vertreter dieses Vertreters benannt werden darf. Mit anderen Worten hat sich der europäische Gesetzgeber gegen die ebenfalls denkbare, organisatorisch jedoch sehr aufwändige Lösung entschieden, in konkreten Fällen der Streitbeilegung nach Art. 65 die jeweils nach nationalem Recht zuständige federführende Aufsichtsbehörde (Art. 56) als Vertreterin des gesamten Mitgliedstaats im EDSA zu beteiligen. Dies ist aus Gründen der Verfahrensklarheit nachvollziehbar, verlagert freilich die Abstimmungsprozesse – wie aus § 17 BDSG nF ersichtlich ist – in das innerstaatliche Recht, weil das Problem gelöst werden muss, ob und wie die Rechtsauffassung der federführenden innerstaatlichen Behörde auch dann im Streitbeilegungsverfahren Berücksichtigung findet, wenn diese Auffassung von den anderen innerstaatlichen Behörden oder dem gemeinsamen Vertreter nach Abs. 4 nicht geteilt wird.

---

14 Hierzu *Härting* BB 2012, 459 (460ff.), der diesbezüglich kritisiert, dass die materiellen Datenschutzregelungen in der DSGVO demgegenüber in den Hintergrund treten würden. *Albrecht/Jotzo*, S. 113, bezeichnen die Kapitel über die Aufsichtsbehörden (Kapitel VI) und deren Zusammenarbeit (Kapitel VII) als die „wohl wichtigsten Kapitel der DSGVO".
15 Vgl. auch Paal/Pauly/*Körffer* Art. 68 Rn. 1; BeckOK DatenschutzR/*Brink* DSGVO Art. 68 Rn. 2; Kühling/Buchner/*Dix* Art. 68 Rn. 1.
16 S. auch Kühling/Buchner/*Dix* Art. 68 Rn. 3, 5; BeckOK DatenschutzR/*Brink* Art. 68 Rn. 11; Gola/*Nguyen* Art. 68 Rn. 3.

9   In Deutschland erschwert insbes. das Mischgefüge zwischen Bundes- und Landeszuständigkeiten die Benennung eines gemeinsamen Vertreters. Einzelheiten sind nunmehr im 5. Kapitel des BDSG nF geregelt. § 17 BDSG nF enthält eine **Kompromissformel**, indem er zunächst in Abs. 1 S. 1 grundsätzlich bestimmt, dass **die oder der BfDI** als **Gemeinsamer Vertreter der Bundesrepublik im EDSA** und als zentrale Anlaufstelle fungieren soll. Der oder die BfDI erhält gemäß § 17 Abs. 1 S. 2 BDSG nF einen **Stellvertreter**, der vom Bundesrat gewählt wird. Hierbei muss es sich um **einen Leiter der Aufsichtsbehörde eines Landes** handeln. Wird im EDSA über eine **Angelegenheit** verhandelt oder abgestimmt, für welche die **Länder das alleinige Recht zur Gesetzgebung** haben, oder welche die **Einrichtung oder das Verfahren von Landesbehörden betrifft**, so überträgt der oder die BfDI dem Stellvertreter auf dessen Verlangen hin nach § 17 Abs. 2 BDSG nF sowohl die Verhandlungsführung als auch das Stimmrecht für die Bundesrepublik Deutschland im EDSA. Mit dieser Regelung wird sowohl den Kompetenzen und Interessen des Bundes als auch der Länder im Datenschutz Rechnung getragen.

10   Die **Wahl des Stellvertreters** erfolgt gemäß § 17 Abs. 1 S. 3 BDSG nF **auf fünf Jahre**. Mit dieser nicht zu kurzen Zeitspanne soll eine gewisse Kontinuität gewährleistet und damit eine sinnvolle Arbeit im EDSA ermöglicht werden. Die **Wiederwahl** des Stellvertreters ist nach § 17 Abs. 1 S. 5 BDSG nF **zulässig**. Da die Vorschrift die Wiederwahl generell für zulässig erklärt, erscheint auch eine mehrfache Wiederwahl nicht ausgeschlossen. Scheidet der Leiter einer Aufsichtsbehörde eines Landes aus dem Amt, so endet hiermit nach § 17 Abs. 1 S. 4 BDSG nF auch automatisch seine Funktion als Stellvertreter im EDSA.

11   Die oder der **BfDI** und die **Aufsichtsbehörden der Länder** werden gemäß **§ 18 Abs. 1 S. 1 BDSG nF** zur **Zusammenarbeit mit dem Ziel einer einheitlichen Anwendung der DSGVO** und der JI-Richtlinie verpflichtet. Insbesondere werden die Aufsichtsbehörden des Bundes und der Länder in § 18 Abs. 1 S. 2 BDSG nF verpflichtet, sich wechselseitig vor der Übermittlung eines gemeinsamen Standpunkts an die Aufsichtsbehörden der anderen Mitgliedstaaten, an die KOM oder an den EDSA frühzeitig Gelegenheit zur Stellungnahme zu geben. Hierfür müssen sie nach S. 3 untereinander alle **zweckdienlichen Informationen austauschen**.

12   Gelingt es den Aufsichtsbehörden nicht, sich auf einen **gemeinsamen Standpunkt** zu einigen, so legen nach § 18 Abs. 2 BDSG nF die federführende Behörde oder der gemeinsame Vertreter und sein Stellvertreter einen Vorschlag für einen gemeinsamen Standpunkt vor. Können sich der oder die BfDI und der Stellvertreter nicht auf einen Vorschlag für einen gemeinsamen Standpunkt einigen, so legt der oder die **BfDI** einen Vorschlag fest (Abs. 2 S. 3). In Angelegenheiten, für welche die Länder das alleinige Recht zur Gesetzgebung haben oder welche die Einrichtung oder das Verfahren von Landesbehörden betreffen, legt der Stellvertreter den Vorschlag für den gemeinsamen Standpunkt fest (Abs. 2 S. 2). Grundsätzlich ist der vorgeschlagene Standpunkt nach Abs. 2 S. 4 als Ausgangspunkt für die Verhandlungen zu Grunde zu legen. Allerdings können die Aufsichtsbehörden von Bund und Ländern einen anderen Standpunkt mit einfacher Mehrheit beschließen. Bei der Abstimmung entfallen auf den Bund und auf jedes Bundesland jeweils eine Stimme. Enthaltungen werden nicht gezählt.

13   Der oder die BfDI und der Stellvertreter sind gemäß § 18 Abs. 3 BDSG nF an den gemeinsamen Standpunkt gebunden. Sie sind dementsprechend verpflichtet, ihre Verhandlungsführung an dem gemeinsamen Standpunkt einvernehmlich auszurichten. Sollte es dem oder der BfDI auf der einen Seite und dem Stellvertreter auf der anderen Seite nicht gelingen, sich einvernehmlich auf eine Verhandlungsführung festzulegen, so entscheidet der oder die BfDI über das Konzept. Etwas anderes gilt in den Angelegenheiten, für welche die Länder das alleinige Recht zur Gesetzgebung innehaben, oder welche die Einrichtung oder das Verfahren von Landesbehörden betreffen. In diesen Fällen entscheidet der Stellvertreter über die weitere Verhandlungsführung.

VII. Beteiligung der Kommission (Abs. 5)

14   **1. Teilnahme an den Sitzungen.** Ein **Vertreter der KOM** kann gemäß Abs. 5 S. 1 und 2 (sa EG 139 S. 6) zur besseren Abstimmung der Ausschussarbeit mit der KOM an den Sitzungen des EDSA teilnehmen. Er besitzt aber dort kein Stimmrecht.

15   **2. Information der Kommission.** Der Ausschussvorsitzende muss nach Abs. 5 S. 3 die KOM über die Tätigkeiten des EDSA einschließlich der Sitzungstermine informieren, damit diese ihr Recht zur Teilnahme aus Abs. 5 S. 1 effektiv wahrnehmen kann. Die mitgliedstaatlichen Aufsichtsbehörden besitzen damit maßgeblichen Einfluss im EDSA und nicht die KOM.[17]

---

17   Im Vergleich zu Art. 64 Abs. 4 KOM-E ist die Position der KOM im EDSA erheblich geschwächt worden. Grund hierfür war Kritik an den Einflussmöglichkeiten der KOM, auf welche der Rat mit Änderungsvorschlägen reagiert hat, vgl. Paal/Pauly/*Körffer* vor Art. 60 Rn. 8.

VIII. Beteiligung EDSB (Abs. 6)

Anders als für die KOM konnte sich der Rat nicht mit dem Vorschlag durchsetzen, auch dem EDSB ledig- **16** lich eine beratende Funktion zuzubilligen. Im Grundsatz ist dieser nunmehr vollwertiges stimmberechtigtes Mitglied. Abs. 6 bestimmt hiervon allerdings eine wichtige Ausnahme für das Verfahren der Streitbeilegung nach Art. 65. In diesem Verfahren ist der EDSB nur bei denjenigen Beschlüssen stimmberechtigt, die Grundsätze und Vorschriften betreffen, die für die Organe, Einrichtungen, Ämter und Agenturen der Union gelten und inhaltlich den Vorschriften der DSGVO entsprechen.[18] Diese Einschränkung folgt aus der grundsätzlichen Zuständigkeit des EDSB.[19]

Artikel 69   Unabhängigkeit

(1) Der Ausschuss handelt bei der Erfüllung seiner Aufgaben oder in Ausübung seiner Befugnisse gemäß den Artikeln 70 und 71 unabhängig.

(2) Unbeschadet der Ersuchen der Kommission gemäß Artikel 70 Absätze 1 und 2 ersucht der Ausschuss bei der Erfüllung seiner Aufgaben oder in Ausübung seiner Befugnisse weder um Weisung noch nimmt er Weisungen entgegen.

Literatur: *Masing J.*, Herausforderungen des Datenschutzes, NJW 2012, 2305.

I.   Entstehungsgeschichte und Ziel der Vorschrift

Wie die nationalen Datenschutzbehörden (Art. 52) und die bisherige Art.-29-Gruppe (Art. 29 Abs. 1 S. 2 **1** DSRL) ist auch der EDSA bei der Ausübung seiner Tätigkeit einschließlich der Berichterstattung gemäß Abs. 1 **unabhängig** und **weisungsfrei**; dies hebt auch EG 139 S. 8 hervor. Insoweit werden die Eckpfeiler der Tätigkeit der Aufsichtsbehörden auch auf ihr Kooperationsorgan übertragen.

Die **Unabhängigkeit** der nationalen und europäischen Aufsichtsbehörden bildet einen der tragenden Pfeiler **2** des europäischen Datenschutzrechts, was auch durch die herausgehobene Erwähnung dieses Merkmals im europäischen Primärrecht (Art. 8 Abs. 3 GRCh und Art. 16 Abs. 2 Abs. 1 S. 2 AEUV) unterstrichen wird.[1] Wegen der Gleichgelagertheit kann für den EDSA auf die Ausführungen zur Unabhängigkeit der nationalen Aufsichtsbehörden in Art. 52 verwiesen werden. In der DSGVO erhalten diese tendenziell eine noch stärkere Stellung als in der DSRL, so dass die Unabhängigkeit der Behörden im Vergleich weiter gestärkt wird. Mit seinen starken, unabhängigen Aufsichtsbehörden grenzt sich das europäische Datenschutzrecht auch vom Datenschutzsystem in den USA ab.[2]

Vor dem Hintergrund dieser **primärrechtlichen Vorgaben zur Unabhängigkeit der Aufsichtsbehörden** er **3** scheint die Regelung in Art. 69 praktisch zwingend. Die Zusammenarbeit der Aufsichtsbehörden im EDSA führt dazu, dass dieser verbindliche Entscheidungen auch gegen den Willen einer einzelnen Behörde treffen kann, die letztere umsetzen müssen. Im System der DSGVO sind die Aufsichtsbehörden damit gegenüber jedermann unabhängig – außer gegenüber dem EDSA. Dies lässt sich sowohl gegenüber dem Wortlaut als auch der Ratio von Art. 8 Abs. 3 GRC und Art. 16 Abs. 2 UA 1 S. 2 AEUV nur dann rechtfertigen, wenn der EDSA selbst unabhängig agiert.

II.   Unabhängigkeit (Abs. 1)

Gemäß Abs. 1 ist der EDSA unabhängig, wenn es um Aufgaben oder Befugnisse nach Artt. 70 und 71 geht. **4** Art. 69 enthält keine ausdrücklichen Unabhängigkeitsregelungen für den Vorsitzenden und die Mitglieder

---

18 Die Beschränkung des Stimmrechts des EDSB stellt einen Kompromiss zwischen der Position des EP, das sich – ebenso wie der KOM-E – für ein Stimmrecht des EDSB ausgesprochen hatte, und des Rats dar, der wegen der unterschiedlichen Zuständigkeiten des EDSB einerseits und des EDSA andererseits ein Stimmrecht des EDSB ablehnte vgl. Rat Dok. 14318/15, (7), http://data.consilium.europa.eu/doc /document/ST-14318-2015-INIT/en/pdf.

19 Vgl. Art. 41ff. DSVO 45/2001/EG.

1 Hierzu auch *Albrecht/Jotzo*, S. 114.

2 Vgl. dazu *Schiedermair* in: Dörr/Weaver (Hrsg.), The Right to Privacy in the Light of Media Convergence, Perspectives from three Continents, 2012, 357 (365ff.). Zu Datenschutzkonflikten zwischen den USA und der EU und möglichen Lösungsansätzen *Baumann*, Datenschutzkonflikte zwischen der EU und den USA, 2016, 203ff.

des EDSA, da diese bereits über Artt. 52 Abs. 3 und 53 an das Unabhängigkeitserfordernis gebunden sind.[3] Insofern bedarf es keiner detaillierten Regelungen zu den handelnden Personen wie in Art. 52. Allerdings erschöpft sich Unabhängigkeit nicht in Weisungsfreiheit, sondern umfasst auch die faktischen Möglichkeiten, unabhängig zu handeln. Dies stellt für die Aufsichtsbehörden Art. 52 Abs. 4–6 sicher. Es ist deshalb problematisch, dass Art. 69 **keine Regelung zur Ausstattung des EDSA** mit hinreichenden Haushaltsmitteln enthält.[4] Eine solche Regelung hätte etwa parallel zu Art. 52 Abs. 4 formuliert werden können, der die Mitgliedstaaten im Hinblick auf die nationalen Aufsichtsbehörden zu einer angemessenen personellen, technischen sowie finanziellen Ausstattung verpflichtet. Gleichwohl wird man davon ausgehen können, dass das Merkmal der Unabhängigkeit auch eine **funktionsangemessene Finanzierung des EDSA** in sich trägt.[5] Adressat eines entsprechenden Anspruchs auf funktionsangemessene Finanzierung kann dabei nicht der EDSB, sondern nur der für den Haushalt verantwortliche Unionsgesetzgeber sein.

III. Weisungsfreiheit (Abs. 2)

5 Für den EDSA gilt gem. Abs. 2 der Grundsatz der Weisungsfreiheit. Er darf weder um Weisungen ersuchen noch darf er solche von Dritten entgegen nehmen. An der inhaltlichen Unabhängigkeit des EDSA ändert auch die Tatsache nichts, dass die KOM sich vom Ausschuss in allen Fragen des Schutzes personenbezogener Daten beraten lassen und in diesem Zusammenhang bei dringlichen Sachverhalten dem Ausschuss eine Frist zur Äußerung setzen kann. Der EDSA ist allerdings verpflichtet, dem jeweiligen Ersuchen der KOM nachzukommen. Diese hat damit die Möglichkeit eines gewissen „agenda setting" im Hinblick auf den ED-SA. In welcher Form und mit welchem Inhalt der Ausschuss den Anfragen der KOM nachkommt, bleibt aber – abgesehen von der zeitlichen Vorgabe der Frist in dringenden Angelegenheiten – seinem Ermessen überlassen, so dass der Einfluss der KOM wiederum begrenzt erscheint.[6] Das **Verhältnis** zwischen der **KOM** und dem **EDSA** wird daher auch davon abhängen, wie und in welchem Umfang die KOM diese Möglichkeit der Einflussnahme auf die vom Ausschuss behandelten Themen nutzen und wie dieser hierauf reagieren wird.

IV. Justiziabilität von Maßnahmen des EDSA

6 Die **Tätigkeit der Aufsichtsbehörden bleibt** – gemäß dem in den Mitgliedstaaten der EU und auch für die EU selbst als allgemeinem Rechtsgrundsatz geltenden Rechtsstaatsprinzip – trotz der Unabhängigkeit des EDSA **justiziabel**.[7] Dementsprechend müssen die Mitgliedstaaten nach Art. 78 wirksame gerichtliche Rechtsbehelfe zur Überprüfung der Maßnahmen ihrer Aufsichtsbehörden vorsehen. Dies ermöglicht auch eine mittelbare gerichtliche Kontrolle der Tätigkeit des EDSA (→ Art. 70 Rn. 3ff.).

Artikel 70   Aufgaben des Ausschusses

(1) [1]Der Ausschuss stellt die einheitliche Anwendung dieser Verordnung sicher. [2]Hierzu nimmt der Ausschuss von sich aus oder gegebenenfalls auf Ersuchen der Kommission insbesondere folgende Tätigkeiten wahr:

a) Überwachung und Sicherstellung der ordnungsgemäßen Anwendung dieser Verordnung in den in den Artikeln 64 und 65 genannten Fällen unbeschadet der Aufgaben der nationalen Aufsichtsbehörden;

b) Beratung der Kommission in allen Fragen, die im Zusammenhang mit dem Schutz personenbezogener Daten in der Union stehen, einschließlich etwaiger Vorschläge zur Änderung dieser Verordnung;

c) Beratung der Kommission über das Format und die Verfahren für den Austausch von Informationen zwischen den Verantwortlichen, den Auftragsverarbeitern und den Aufsichtsbehörden in Bezug auf verbindliche interne Datenschutzvorschriften;

d) Bereitstellung von Leitlinien, Empfehlungen und bewährten Verfahren zu Verfahren für die Löschung gemäß Artikel 17 Absatz 2 von Links zu personenbezogenen Daten oder Kopien oder Replikationen dieser Daten aus öffentlich zugänglichen Kommunikationsdiensten;

---

3   Ebenso Paal/Pauly/*Körffer* Art. 69 Rn. 2.

4   So auch kritisch Paal/Pauly/*Körffer* Art. 69 Rn. 2.

5   Vgl. etwa BeckOK DatenschutzR/*Brink* DSGVO Art. 69 Rn. 15, wo die funktionsgerechte Ausstattung zu Recht als eine wesentliche Dimension der Unabhängigkeit betrachtet wird; aA Kühling/Buchner/*Dix* Art. 69 Rn. 5, demzufolge der EDSA davon abhängig ist, dass der EDSB die für ihn erforderlichen Haushaltsmittel einwirbt.

6   S. auch BeckOK DatenschutzR/*Brink* DSGVO Art. 69 Rn. 17ff. AA Paal/Pauly/*Körffer* Art. 69 Rn. 3, der davon ausgeht, dass die KOM „die Themen, mit denen sich der EDSA befasst, in weitem Maße bestimmen" könne.

7   Dies betont auch EG 118.

e) Prüfung – von sich aus, auf Antrag eines seiner Mitglieder oder auf Ersuchen der Kommission – von die Anwendung dieser Verordnung betreffenden Fragen und Bereitstellung von Leitlinien, Empfehlungen und bewährten Verfahren zwecks Sicherstellung einer einheitlichen Anwendung dieser Verordnung;

f) Bereitstellung von Leitlinien, Empfehlungen und bewährten Verfahren gemäß Buchstabe e des vorliegenden Absatzes zur näheren Bestimmung der Kriterien und Bedingungen für die auf Profiling beruhenden Entscheidungen gemäß Artikel 22 Absatz 2;

g) Bereitstellung von Leitlinien, Empfehlungen und bewährten Verfahren gemäß Buchstabe e des vorliegenden Absatzes für die Feststellung von Verletzungen des Schutzes personenbezogener Daten und die Festlegung der Unverzüglichkeit im Sinne des Artikels 33 Absätze 1 und 2, und zu den spezifischen Umständen, unter denen der Verantwortliche oder der Auftragsverarbeiter die Verletzung des Schutzes personenbezogener Daten zu melden hat;

h) Bereitstellung von Leitlinien, Empfehlungen und bewährten Verfahren gemäß Buchstabe e des vorliegenden Absatzes zu den Umständen, unter denen eine Verletzung des Schutzes personenbezogener Daten voraussichtlich ein hohes Risiko für die Rechte und Freiheiten natürlicher Personen im Sinne des Artikels 34 Absatz 1 zur Folge hat;

i) Bereitstellung von Leitlinien, Empfehlungen und bewährten Verfahren gemäß Buchstabe e des vorliegenden Absatzes zur näheren Bestimmung der in Artikel 47 aufgeführten Kriterien und Anforderungen für die Übermittlungen personenbezogener Daten, die auf verbindlichen internen Datenschutzvorschriften von Verantwortlichen oder Auftragsverarbeitern beruhen, und der dort aufgeführten weiteren erforderlichen Anforderungen zum Schutz personenbezogener Daten der betroffenen Personen;

j) Bereitstellung von Leitlinien, Empfehlungen und bewährten Verfahren gemäß Buchstabe e des vorliegenden Absatzes zur näheren Bestimmung der Kriterien und Bedingungen für die Übermittlungen personenbezogener Daten gemäß Artikel 49 Absatz 1;

k) Ausarbeitung von Leitlinien für die Aufsichtsbehörden in Bezug auf die Anwendung von Maßnahmen nach Artikel 58 Absätze 1, 2 und 3 und die Festsetzung von Geldbußen gemäß Artikel 83;

l) Überprüfung der praktischen Anwendung der Leitlinien, Empfehlungen und bewährten Verfahren;

m) Bereitstellung von Leitlinien, Empfehlungen und bewährten Verfahren gemäß Buchstabe e des vorliegenden Absatzes zur Festlegung gemeinsamer Verfahren für die von natürlichen Personen vorgenommene Meldung von Verstößen gegen diese Verordnung gemäß Artikel 54 Absatz 2;

n) Förderung der Ausarbeitung von Verhaltensregeln und der Einrichtung von datenschutzspezifischen Zertifizierungsverfahren sowie Datenschutzsiegeln und -prüfzeichen gemäß den Artikeln 40 und 42;

o) Genehmigung der Zertifizierungskriterien gemäß Artikel 42 Absatz 5 und Führung eines öffentlichen Registers der Zertifizierungsverfahren sowie von Datenschutzsiegeln und -prüfzeichen gemäß Artikel 42 Absatz 8 und der in Drittländern niedergelassenen zertifizierten Verantwortlichen oder Auftragsverarbeiter gemäß Artikel 42 Absatz 7;

p) Genehmigung der in Artikel 43 Absatz 3 genannten Anforderungen im Hinblick auf die Akkreditierung von Zertifizierungsstellen gemäß Artikel 43;

q) Abgabe einer Stellungnahme für die Kommission zu den Zertifizierungsanforderungen gemäß Artikel 43 Absatz 8;

r) Abgabe einer Stellungnahme für die Kommission zu den Bildsymbolen gemäß Artikel 12 Absatz 7;

s) Abgabe einer Stellungnahme für die Kommission zur Beurteilung der Angemessenheit des in einem Drittland oder einer internationalen Organisation gebotenen Schutzniveaus einschließlich zur Beurteilung der Frage, ob das Drittland, das Gebiet, ein oder mehrere spezifische Sektoren in diesem Drittland oder eine internationale Organisation kein angemessenes Schutzniveau mehr gewährleistet. Zu diesem Zweck gibt die Kommission dem Ausschuss alle erforderlichen Unterlagen, darunter den Schriftwechsel mit der Regierung des Drittlands, dem Gebiet oder spezifischen Sektor oder der internationalen Organisation;

t) Abgabe von Stellungnahmen im Kohärenzverfahren gemäß Artikel 64 Absatz 1 zu Beschlussentwürfen von Aufsichtsbehörden, zu Angelegenheiten, die nach Artikel 64 Absatz 2 vorgelegt wurden und um Erlass verbindlicher Beschlüsse gemäß Artikel 65, einschließlich der in Artikel 66 genannten Fälle;

u) Förderung der Zusammenarbeit und eines wirksamen bilateralen und multilateralen Austauschs von Informationen und bewährten Verfahren zwischen den Aufsichtsbehörden;

v) Förderung von Schulungsprogrammen und Erleichterung des Personalaustausches zwischen Aufsichtsbehörden sowie gegebenenfalls mit Aufsichtsbehörden von Drittländern oder mit internationalen Organisationen;

w) Förderung des Austausches von Fachwissen und von Dokumentationen über Datenschutzvorschriften und -praxis mit Datenschutzaufsichtsbehörden in aller Welt;

Schiedermair

x) Abgabe von Stellungnahmen zu den auf Unionsebene erarbeiteten Verhaltensregeln gemäß Artikel 40 Absatz 9 und

y) Führung eines öffentlich zugänglichen elektronischen Registers der Beschlüsse der Aufsichtsbehörden und Gerichte in Bezug auf Fragen, die im Rahmen des Kohärenzverfahrens behandelt wurden.

(2) Die Kommission kann, wenn sie den Ausschuss um Rat ersucht, unter Berücksichtigung der Dringlichkeit des Sachverhalts eine Frist angeben.

(3) Der Ausschuss leitet seine Stellungnahmen, Leitlinien, Empfehlungen und bewährten Verfahren an die Kommission und an den in Artikel 93 genannten Ausschuss weiter und veröffentlicht sie.

(4) [1]Der Ausschuss konsultiert gegebenenfalls interessierte Kreise und gibt ihnen Gelegenheit, innerhalb einer angemessenen Frist Stellung zu nehmen. [2]Unbeschadet des Artikels 76 macht der Ausschuss die Ergebnisse der Konsultation der Öffentlichkeit zugänglich.

I. Entstehungsgeschichte

1 Das **Aufgabenspektrum des EDSA** ist **vielfältig**.[1] Die Aufzählung seiner Aufgaben in Art. 70 erweist sich als **nicht abschließend,** wie der Wortlaut des Abs. 1 S. 2 („insbesondere") deutlich macht.[2] Die jetzige Form der Aufgabenaufzählung in Art. 70, die im Trilogverfahren nochmals verändert wurde, beruht auf dem Vorschlag des Rats.[3] Sie ist erheblich weiter und deutlich präziser als die Vorgängerregelung in Art. 30 DS-RL zur Art.-29-Gruppe.

II. Tätigwerden des EDSA

2 Der EDSA wird gemäß Abs. 1 S. 2 entweder **aus eigenem Antrieb** tätig oder **auf Ersuchen der KOM** nach Abs. 1 S. 2 lit. b, c und e, wobei auch in diesem Fall die Unabhängigkeit und Weisungsfreiheit des EDSA gemäß Art. 69 gilt (→ Art. 69 Rn. 4 f.). Alle anderen Akteure, etwa die Mitgliedstaaten oder von einer Datenverarbeitung betroffene Personen, müssen sich an die nationalen Aufsichtsbehörden wenden.[4] Die KOM kann den EDSA gemäß Abs. 2 lediglich „ersuchen", tätig zu werden. In welcher Form der EDSA diesem Ersuchen nachkommt, liegt dann in seinem **Entscheidungsermessen.** Gleiches gilt für die Tätigkeit des EDSA nach Abs. 1 S. 2 lit. e. Im Rahmen dieser Generalklausel, die die Aufgaben des EDSA generell umschreibt,[5] prüft dieser entweder von sich aus, auf Antrag eines Mitglieds oder auf Ersuchen der KOM Fragen der Anwendung der DSGVO und stellt Leitlinien und Empfehlungen für die einheitliche Anwendung der Verordnung bereit. Angesichts des erheblichen Ermessensspielraums des EDSA wird sich dessen Einfluss auf das Datenschutzrecht in Europa in der Praxis noch herauskristallisieren müssen. Der Erfolg der DSGVO in der Praxis wird nicht zuletzt davon abhängen, wie es dem EDSA gelingen wird, die ihm anvertrauten **Aufgaben in der Praxis** auch **umzusetzen.**

III. Aufgaben im Einzelnen (Abs. 1 S. 2)

3 Die unterschiedlichen **Aufgaben des EDSA** dienen sämtlich der **Sicherstellung der einheitlichen Anwendung der DSGVO** (Abs. 1 S. 1) als ihrem zentralen Anliegen.[6] Die Pflichtaufgaben des EDSA sind in Art. 70 und 71 im Detail aufgezählt. Sie lassen sich in verschiedene Gruppen einteilen, nämlich (1) die Aufgaben im

---

1 S. auch *Härting*, S. 187.
2 Ebenso Plath/*Roggenkamp* DSGVO Art. 68–76 Rn. 12.
3 Vgl. Paal/Pauly/*Körffer* Art. 70 Rn. 1.
4 S. auch Paal/Pauly/*Körffer* Art. 70 Rn. 2; jedenfalls haben sie keinen Anspruch auf Tätigwerden, vergleichbar einem Petenten, BeckOK DatenschutzR/*Brink* DSGVO Art. 70 Rn. 9.
5 Kühling/Buchner/*Dix* Art. 70 Rn. 10; auch BeckOK DatenschutzR/*Brink* DSGVO Art. 70 Rn. 15; Ehmann/Selmayr/*Albrecht* Art. 70 Rn. 7.
6 Vgl. auch EG 139.

Rahmen des Kohärenzverfahrens (→ Rn. 4), (2) Beratungsaufgaben (→ Rn. 5), (3) Erstellung von Leitlinien, Empfehlungen und bewährten Verfahren (→ Rn. 6ff.), (4) Aufgaben im Bereich der regulierten Selbstregulierung (Verhaltensregeln und Zertifizierung) (→ Rn. 9) sowie (5) die Zusammenarbeit mit Dritten (→ Rn. 10 f.).

1. Kohärenzverfahren, lit. a und t. Der EDSA hat eine wichtige und neue Funktion im Bereich des Kohä- 4
renzverfahrens. Er ist dort nach **lit. a und t** zur **Abgabe von Stellungnahmen** in den in Artt. 64-66 aufgezählten Fällen verpflichtet. Die KOM, jede Aufsichtsbehörde eines Mitgliedstaats und der Vorsitzende des EDSA haben nach Art. 64 Abs. 2 das Recht, Stellungnahmen beim EDSA anzufordern. Dies gilt insbes., wenn eine zuständige Aufsichtsbehörde den Verpflichtungen zur Amtshilfe gemäß Art. 61 oder zu gemeinsamen Maßnahmen gemäß Art. 62 nicht nachkommt. Darüber hinaus gibt der EDSA eine Stellungnahme ab, wenn die zuständige Aufsichtsbehörde beabsichtigt, eine konkrete Maßnahme nach Art. 64 Abs. 1 zu erlassen. Im **Dringlichkeitsverfahren** kann eine Aufsichtsbehörde gemäß Art. 66 Abs. 2 unter Angabe von Gründen um eine **Stellungnahme** oder einen **verbindlichen Beschluss** des EDSA Ausschusses ersuchen, wenn sie der Auffassung ist, dass dringend endgültige Maßnahmen erlassen werden müssen (→ Art. 66 Rn. 9ff.). Dies gilt nach Art. 66 Abs. 3 auch für den Fall, dass eine zuständige Aufsichtsbehörde trotz dringenden Handlungsbedarfs keine geeignete Maßnahme getroffen hat, um die Rechte und Freiheiten von betroffenen Personen zu schützen. Die betreffenden Stellungnahmen und Beschlüsse im Dringlichkeitsverfahren werden innerhalb von zwei Wochen mit einfacher Mehrheit der Mitglieder des EDSA angenommen.

2. Beratungsaufgaben, lit. b, c, e, q, r, s., Abs. 2. Ein wesentlicher Aspekt der Ausschusstätigkeit ist ferner 5
die **Beratung der KOM** im Hinblick auf alle Fragen des Datenschutzes (**lit. b, c, e, q, r, s**). Hierzu zählen nach lit. b über **Vorschläge zur Änderung der DSGVO**.[7] Aufgrund der weiten Formulierung ist lit. b eine allgemeine Beratungsaufgabe zu entnehmen, die lit. c, e, q, r, s. konkretisiert.[8] Insbesondere berät der EDSA die KOM in der Frage, ob das **datenschutzrechtliche Schutzniveau in einem Drittland** oder bei einer internationalen Organisation (noch) als **angemessen** beurteilt werden kann (**lit. s** → Art. 45 Rn. 3ff.).[9] Der EDSA gibt zu dieser Frage eine Stellungnahme gegenüber der KOM ab. Damit er seine Stellungnahme anfertigen kann, muss die KOM ihm alle hierfür erforderlichen Unterlagen überlassen (**lit. s S. 2**). Der EDSA berät die KOM auch, welche Verfahren für den Informationsaustausch zwischen den Verantwortlichen und den Datenschutzbehörden im Hinblick auf die Schaffung verbindlicher unternehmensinterner Datenschutzvorschriften angewandt werden können (**lit. c**). Die KOM kann dem EDSA, wenn sie ihn um Rat in dringenden Angelegenheiten ersucht, gemäß Abs. 2 eine Frist setzen.

3. Leitlinien, Empfehlungen und bewährte Verfahren (lit. d–m). Allgemein obliegt dem EDSA die **Prüfung** 6
aller Fragen, die die einheitliche Anwendung der DSGVO betreffen. Zu diesem Zweck erstellt der EDSA **Leitlinien**, spricht **Empfehlungen** aus und stellt „bewährte Verfahren" bereit. Der EDSA kann dabei teilweise auch auf die von der Art.-29-Gruppe erarbeiteten Leitlinien zurückgreifen.[10] Die Erstellung von Leitlinien, Empfehlungen und bewährten Verfahren stellt einen **zentralen Teil der Arbeit des EDSA** dar.[11] Sie betrifft

- Verfahren für die Löschung gemäß Art. 17 Abs. 2 von Links zu personenbezogenen Daten oder Kopien oder Replikationen dieser Daten aus öffentlich zugänglichen Kommunikationsdiensten (**lit. d**)
- Die Sicherstellung einer einheitlichen Anwendung der DSGVO (**lit. e**)
- Die nähere Bestimmung der Kriterien und Bedingungen für die auf Profiling beruhenden Entscheidungen gemäß Art. 22 Abs. 2 (**lit. f**)
- Die Feststellung von Verletzungen des Schutzes personenbezogener Daten und die Festlegung der Unverzüglichkeit im Sinne des Art. 33 Abs. 1 und 2, und zu den Umständen, unter denen der Verantwortliche oder der Auftragsverarbeiter die Verletzung des Schutzes personenbezogener Daten zu melden hat (**lit. g**)
- Die Umstände, unter denen eine Verletzung des Schutzes personenbezogener Daten voraussichtlich ein hohes Risiko für die Rechte und Freiheiten natürlicher Personen im Sinne des Art. 34 Abs. 1 zur Folge hat (**lit. h**)
- Die Bestimmung der in Art. 47 aufgeführten Kriterien und Anforderungen für die Übermittlungen personenbezogener Daten, die auf verbindlichen internen Datenschutzvorschriften von Verantwortlichen

---

7 Dies ist va für die Evaluierung nach Art. 97 Abs. 5 bedeutsam (→ Art. 97 Rn. 11).
8 Vgl. Gola/*Nguyen* Art. 70 Rn. 4 f.
9 S. auch EG 139, 103–108.
10 Vgl. die entsprechenden Leitlinien unter http://ec.europa.eu/newsroom/article29/news.cfm?item_type=1360&tpa_id=6936.
11 Paal/Pauly/*Körffer* Art. 70 Rn. 6 spricht von der „Kernaufgabe" des EDSA.

oder Auftragsverarbeitern beruhen, und der dort aufgeführten weiteren erforderlichen Anforderungen zum Schutz personenbezogener Daten der betroffenen Personen (**lit. i**)

■ Die Bestimmung von Kriterien und Bedingungen für die Übermittlungen personenbezogener Daten gemäß Art. 49 Abs. 1 (**lit. j**)

■ Die Anwendung von Maßnahmen nach Art. 58 Abs. 1, 2 und 3 und die Festsetzung von Geldbußen gemäß Art. 83 (**lit. k**)

■ Die Überprüfung der praktischen Anwendung der unter den Buchstaben e und f. genannten Leitlinien, Empfehlungen und bewährten Verfahren (**lit. l**)

■ Die Festlegung gemeinsamer Verfahren für die von natürlichen Personen vorgenommene Meldung von Verstößen gegen diese Verordnung gemäß Art. 54 Abs. 2 (**lit. m**)[12]

7 Die diesbezügliche Tätigkeit des EDSA soll die im KOM-E vorgesehenen Befugnisse der KOM zur Ausgestaltung der DSGVO in Form von Durchführungsrechtsakten und delegierten Rechtsakten weitgehend ersetzen.[13] Im internationalen Datenschutz bildet die Erstellung von – rechtlich unverbindlichen – Leitlinien ein verbreitetes Verfahren. So haben sich die zuletzt 2013 aktualisierten Leitlinien der OECD zum Datenschutz als zwar unverbindliches, aber gleichwohl einflussreiches Instrument des internationalen Datenschutzes erwiesen (→ Einl. Rn. 119ff.). Zwar sind die von der OECD am 23.9.1980 verabschiedeten Leitlinien als solche rechtlich unverbindlich. Sie haben aber als erstes ausformuliertes internationales Datenschutzdokument eine enorme faktische Ausstrahlungskraft entwickelt, etwa durch ihre Einwirkung auf die Gesetzgebungsprozesse zu den ersten Datenschutzgesetzen in den verschiedenen Staaten.[14] Angelehnt an die Leitlinien der OECD haben die Vereinten Nationen eigene Datenschutz-Leitlinien erlassen, die als Empfehlung der Generalversammlung gemäß Art. 10 UNC ebenfalls rechtlich unverbindlich sind. Die hiermit verbundene Hoffnung, dass die Datenschutz-Leitlinien der UNO eine Entwicklung hin zu einem internationalen Mindeststandard im Datenschutz anstoßen, hat sich allerdings nicht erfüllt.[15] Gleichwohl bleibt mit der Erstellung von zunächst unverbindlichen Leitlinien die Perspektive verknüpft, dass diese Leitlinien sich zu Gewohnheitsrecht oder sogar zu verbindlichem Vertrags- oder Gesetzesrecht weiterentwickeln können, wie dies bei den Leitlinien der OECD teilweise der Fall war.

8 **Für den Erfolg der DSGVO** stellt die Erstellung von **Leitlinien durch den EDSA** ein **wichtiges Element** dar. Das Ziel der DSGVO, eine einheitlichere Anwendung des europäischen Datenschutzrechts zu verwirklichen, hängt ganz wesentlich von einem funktionierenden System der Datenschutzaufsicht ab. Die einheitlichen Vorgaben, die der EDSA als „europäische Datenschutzstandards" verabschieden soll, bilden einen wichtigen Baustein in dem Bemühen, die unterschiedliche Durchsetzung des europäischen Datenschutzrechts durch die mitgliedstaatlichen Aufsichtsbehörden schrittweise abzubauen. Der Erfolg der DSGVO wird nicht zuletzt davon abhängen, inwieweit den mitgliedstaatlichen Aufsichtsbehörden die Zusammenarbeit im EDSA gelingt.

9 **4. Regulierte Selbstregulierung (Verhaltensregeln und Zertifizierung) (Abs. 1 S. 2 lit. n-q, x).** Im Bereich der Verhaltensregeln und der **Zertifizierung** obliegen dem EDSA ebenfalls Aufgaben (Abs. 1 S. 2 n-q). Er fördert Ausarbeitung von Verhaltensregeln und die Einrichtung von Zertifizierungsverfahren, Datenschutzsiegeln und -prüfzeichen (**lit. n**). Auch die **Akkreditierung von Zertifizierungsstellen** und deren turnusgemäße Überprüfung fällt in das Aufgabenspektrum des EDSA (Abs. 1 **lit. o**, s. Art. 42, 43). Der EDSA führt zudem ein öffentlich zugängliches Register der Zertifizierungsverfahren und der Datenschutzsiegel. Weitere Aufgaben betreffen die Präzisierung der Akkreditierungsanforderungen (**lit. p**) und die Abgabe einer Stellungnahme zu den Zertifizierungsanforderungen, die die KOM in delegierten Rechtsakten zum Zertifizierungsverfahren festlegen kann (**lit. q**). Eine solche Stellungnahme gibt der EDSA nach **lit. x** auch für die Durchführungsrechtsakte ab, mit denen Verhaltensregeln nach Art. 40 Abs. 9 allgemeine Gültigkeit erhalten (→ Art. 40 Rn. 76ff.).

10 **5. Zusammenarbeit mit anderen Stellen und Informationsaustausch (Abs. 1 S. 2 lit. u, v, w, y).** Zur Förderung der einheitlichen Anwendung der DSGVO gehört auch das Wirken des EDSA als Kommunikationsplattform. So fördert er die **Zusammenarbeit und den Austausch** zwischen den Aufsichtsbehörden der EU-Mitgliedstaaten (**Abs. 1 S. 2 lit. u**, sa EG 139 S. 7), aber auch mit Drittländern und internationalen Organisationen und Datenschutzaufsichtsbehörden in der ganzen Welt (**lit. w**; sa Art. 50). Die **Verbesserung der**

---

12 Kühling/Buchner/*Dix* Art. 70 Rn. 9 hält die Formulierung des lit. m für missglückt, richtiger wäre ein Verweis auf Art. 77 gewesen; Art. 54 Abs. 2 erwähne nur den Aspekt der Geheimhaltung der Behandlung von Eingaben natürlicher Personen; Sydow/*Schöndorf-Haubold* Art. 70 Rn. 14 geht entgegen des Wortlauts davon aus, dass sich die Norm nicht auf Art. 54 Abs. 2, sondern Art. 56 Abs. 2 bezieht.

13 Vgl. Rat Dok. 5419/1/16/REV1/ADD1(29), http://data.consilium.europa.eu/doc/document/ST-5419-2016-REV-1-ADD-1/en/pdf.

14 Vgl. *Schiedermair*, Der Schutz des Privaten als internationales Grundrecht, 2012, 150 f.; *Kirby*, Privacy protection, a new beginning: OECD principles 20 years on, PrivLawPRpr 41 (1999).

15 Vgl. *Schiedermair*, Der Schutz des Privaten als internationales Grundrecht, 2012, 125 f.

Zusammenarbeit zwischen den Aufsichtsbehörden der Mitgliedstaaten gehört zu den **zentralen Zielen der DSGVO**. Die verbesserte Kooperation soll mit dazu beitragen, das Vollzugsdefizit des europäischen Datenschutzes, das bei der Anwendung der DSRL immer wieder zutage getreten ist, abzubauen.[16] Auf dieser Linie liegt es, wenn dem EDSA nach **Abs. 1 S. 2 lit. v und w** auch die Förderung von Schulungsprogrammen, der Austausch von Fachwissen und die Erleichterung des Personalaustausches auch über inner- und außereuropäische Grenzen hinweg zur Aufgabe gemacht werden.

Der Kommunikationsfunktion des EDSA im Hinblick auf die Öffentlichkeit dient auch die **Führung eines**   11
öffentlich zugänglichen elektronischen Registers, in welchem nach lit. y die Beschlüsse der Aufsichtsbehörden und der Gerichte, die das Kohärenzverfahren betreffen, zugänglich gemacht werden. Dies dient der immensen Aufgabe des Informationsaustauschs, die gerade in den ersten Jahren der DSGVO eine erhebliche Bedeutung haben wird, weil erste Beschlüsse und Entscheidungen aus den Mitgliedstaaten europaweite Beachtung finden werden und sollten. Ergänzt wird dieses Register durch die Dokumentation über Datenschutzvorschriften, -praxis und -aufsichtsbehörden „in aller Welt" (**lit. w**). Schließlich obliegt dem EDSA eine **Berichtspflicht** nach Art. 71, der er durch seinen Jahresbericht nachkommt (→ Rn. 2). Der Bericht muss vom EDSA publiziert und dem EP, dem Rat sowie der KOM zugeleitet werden.

IV. Weiterleitung und Veröffentlichung der Ergebnisse der Ausschussarbeit (Abs. 3)

Die Stellungnahmen, Leitlinien, Empfehlungen und bewährten Verfahren des EDSA werden gemäß Abs. 3   12
an die KOM sowie an den Ausschuss nach Art. 93 weitergeleitet und auch der Öffentlichkeit zugänglich gemacht.[17] Die Publizität ist von besonderer Bedeutung, weil ansonsten die Konkretisierungsfunktion der Dokumente des EDSA verfehlt würde.

V. Konsultationspflicht (Abs. 4)

Wenn er dies für zielführend hält, kann der EDSA „interessierte Kreise" konsultieren und ihnen die Mög-   13
lichkeit zur Stellungnahme innerhalb einer angemessenen Frist geben. Zu den „interessierten Kreisen" zählen neben Datenschutzexperten aus Wissenschaft und Praxis auch sonstige in Datenschutzfragen aktive Gruppen. Die Konsultationtationsergebnisse muss der EDSA der Öffentlichkeit zugänglich machen.

VI. Verbindliche Beschlüsse und Rechtsschutz

Soweit der EDSA nach Art. 65 verbindliche Beschlüsse im Rahmen der Streitbeilegung bei Meinungsver-   14
schiedenheiten zwischen einzelnen Aufsichtsbehörden erlässt, stellt sich die Frage des Rechtsschutzes. Dieser richtet sich nach Art. 263 AEUV (vgl. auch den insoweit deklaratorischen EG 143). Die Klagebefugnis richtet sich folglich nach Art. 263 Abs. 4 AEUV, der sowohl die Adressaten des Rechtsakts als auch unmittelbar und individuell Betroffene erfasst.

Ersteres betrifft die Aufsichtsbehörden. **Gegen die verbindlichen Beschlüsse des EDSA** nach Abs. 1 lit. a und   15
t iVm Art. 65 Abs. 1 können folglich die nationalen Aufsichtsbehörden **Nichtigkeitsklage gemäß Art. 263 AEUV** erheben, worauf auch EG 143 hinweist.[18] Die Aufsichtsbehörden sind hierbei nach Art. 263 Abs. 4 AEUV klageberechtigt. Statthafter Klagegegenstand ist gemäß Art. 263 Abs. 1 S. 2 AEUV jede Handlung einer Einrichtung der Union mit Rechtswirkung gegenüber Dritten. Der EDSA stellt eine Einrichtung der EU mit Rechtspersönlichkeit dar. Die verbindlichen Beschlüsse des EDSA entfalten Rechtswirkungen gegenüber den betroffenen Aufsichtsbehörden und stellen damit Handlungen einer Einrichtung der Union mit Rechtswirkung gegenüber Dritten im Sinne des Art. 263 Abs. 1 S. 2 AEUV dar.[19] In einem solchen Fall liegt auch die nach Art. 263 Abs. 4 AEUV bei Individualklagen erforderliche Klagebefugnis der betroffenen Aufsichtsbehörden vor.

Sonstige Akteure (Verantwortliche, Auftragsverarbeiter, betroffene Personen) können klagen, sofern sie un-   16
mittelbar und individuell betroffen sind. Im Regelfall wird dies nicht der Fall sein, weil die Beschlüsse nach Art. 65 noch Maßnahmen der zuständigen Aufsichtsbehörde nach sich ziehen, so dass es bei der inzidenten Kontrolle bleibt (→ Rn. 17). Die Klage richtet sich unmittelbar gegen den EDSA.[20] Für die Klageerhebung gilt die Zweimonatsfrist des Art. 263 Abs. 6 AEUV, die ab Bekanntgabe des Beschlusses läuft. Für die Bekanntgabe genügt nach EG 143 die Bekanntgabe des Beschlusses auf der Website des EDSA. Die Zustän-

---

16 Hierzu auch *Albrecht/Jotzo*, S. 57, 113 f.
17 Zu dem vom EDSA abzugrenzenden Ausschuss nach Art. 93 → Art. 93 Rn. 5 f.
18 S. auch *Albrecht/Jotzo*, S. 118, 126.
19 Vgl. auch *Albrecht/Jotzo*, S. 118 f., 126.
20 S. *Albrecht/Jotzo*, S. 126.

digkeit für die betreffenden Individualklagen liegt nach Art. 256 Abs. 1 UA 1 S. 1 AEUV beim Europäischen Gericht erster Instanz.

17 **Inzident** können die verbindlichen **Beschlüsse des EDSA** auch **durch den EuGH überprüft** werden. Hat eine natürliche oder juristische Person nach Art. 78 bei einem mitgliedstaatlichen Gericht einen Rechtsbehelf gegen einen Beschluss einer Aufsichtsbehörde eingelegt, der gegenüber dieser Person Rechtswirkungen entfaltet, so kann das betreffende Gericht gegebenenfalls auftretende europarechtliche Fragen nach **Art. 267 AEUV** dem EuGH zur Vorabentscheidung vorlegen. In diesem Fall kann der EuGH grundsätzlich auch eventuell vorliegende Beschlüsse des EDSA inzident auf ihre Konformität mit dem übrigen Europarecht überprüfen.

Artikel 71 Berichterstattung

(1) [1]Der Ausschuss erstellt einen Jahresbericht über den Schutz natürlicher Personen bei der Verarbeitung in der Union und gegebenenfalls in Drittländern und internationalen Organisationen. [2]Der Bericht wird veröffentlicht und dem Europäischen Parlament, dem Rat und der Kommission übermittelt.

(2) Der Jahresbericht enthält eine Überprüfung der praktischen Anwendung der in Artikel 70 Absatz 1 Buchstabe l genannten Leitlinien, Empfehlungen und bewährten Verfahren sowie der in Artikel 65 genannten verbindlichen Beschlüsse.

I. Entstehungsgeschichte

1 Art. 71 geht auf Art. 67 KOM-E zurück, erhielt seine jetzige Version aber im Rat-E. KOM und EP hatten sich zusätzlich zu den turnusmäßigen Berichten für die Pflicht des EDSA eingesetzt, „regelmäßig und zeitnah über die Ergebnisse seiner Tätigkeiten" zu berichten (Art. 67 Abs. 1 S. 1 KOM-E und Parl-E). Dies konnte sich ebenso wenig durchsetzen wie der Vorschlag des EP, lediglich alle zwei Jahre einen Bericht des Ausschusses vorzugeben.

II. Jahresbericht (Abs. 1)

2 Zu den Pflichtaufgaben des EDSA gehört die **Abfassung eines Jahresberichts** über den Schutz natürlicher Personen bei der Verarbeitung in der Union und in Drittländern und internationalen Organisationen. Hinsichtlich der Verarbeitung in Drittländern und internationale Organisationen besteht die Berichtspflicht nur „gegebenenfalls", muss also in irgendeiner Weise einen Bezug zur europäischen Verarbeitungslage aufweisen. Dies kann aber auch darin bestehen, dass über datenschutzrechtsrelevante Entwicklungen weltweit berichtet wird. Der Bericht muss nach Abs. 1 S. 2 vom Ausschuss **veröffentlicht** und **dem EP, dem Rat und der KOM übermittelt** werden; dies entspricht den Publizitätsvorgaben für die nationalen Berichte in Art. 59 S. 2 und 3. Der Jahresbericht gehört zu den Pflichtaufgaben des EDSA, mit dessen Funktion als Kommunikationsplattform auch eine Pflicht zur Öffentlichkeitsarbeit einhergeht.

III. Inhaltliche Vorgaben (Abs. 2)

3 Bei der inhaltlichen Gestaltung seines Jahresberichts ist der EDSA grundsätzlich frei. Allerdings muss der Bericht eine Überprüfung der praktischen Anwendung der in Art. 70 Abs. 1 lit. l genannten Leitlinien, Empfehlungen und bewährten Verfahren sowie der in Art. 65 genannten verbindlichen Beschlüsse enthalten. Indem lit. l auf die Generalklausel des lit. e (→ Art. 70 Rn. 5) verweist, erstreckt sich die Pflicht faktisch auf alle Leitlinien, Empfehlungen und bewährten Verfahren nach Art. 70 Abs. 1.[1] Der Bericht orientiert sich folglich an der zentralen Aufgabe des EDSA, maßgeblich zur einheitlichen Anwendung der DSGVO beizutragen. Zugleich dient der Bericht auch der Fortentwicklung des Datenschutzes, nicht nur im Hinblick auf den Datenschutz in der EU, sondern auch im Hinblick auf den internationalen Datenschutz.[2] Der Jahresbericht stellt somit – wie bisher der Bericht der Art.-29-Gruppe – einen Statusbericht über die Lage des Datenschutzes in der Union dar.[3]

---

1 Vgl. dazu auch Kühling/Buchner/*Dix* Art. 70 Rn. 12; BeckOK DatenschutzR/*Brink* DSGVO Art. 70 Rn. 17; Ehmann/Selmayr/*Albrecht* Art. 70 Rn. 7 bezeichnet die ausschließlich lit. e erfassende Formulierung des lit. l sogar als Redaktionsfehler.
2 Vgl. auch Paal/Pauly/*Körffer* Art. 71 Rn. 1.
3 S. Paal/Pauly/*Körffer* Art. 71 Rn. 2.

Artikel 72   Verfahrensweise

(1) Sofern in dieser Verordnung nichts anderes bestimmt ist, fasst der Ausschuss seine Beschlüsse mit einfacher Mehrheit seiner Mitglieder.

(2) Der Ausschuss gibt sich mit einer Mehrheit von zwei Dritteln seiner Mitglieder eine Geschäftsordnung und legt seine Arbeitsweise fest.

I.   Entstehungsgeschichte

Die Vorschrift regelt die interne Beschlussfassung und Arbeitsweise des EDSA. Art. 68 Abs. 1 KOM-E hatte   1
noch ausnahmslos die einfache Mehrheit vorgesehen, der Parl-E wollte dem EDSA die Möglichkeit geben, in seiner Geschäftsordnung abweichende Mehrheitserfordernisse vorzusehen. Durchgesetzt hat sich Art. 68 Abs. 1 Rat-E zwar nicht in der Formulierung (die explizit auf abweichende Normen der DSGVO verwies), wohl aber in der Sache. Für Abs. 2 gilt dasselbe auch für den Wortlaut. Das Erfordernis einer Zweidrittelmehrheit war weder im KOM-E noch im Parl-E enthalten.

II.   Beschlussfassung (Abs. 1)

Die **Beschlussfassung im EDSA** erfolgt **grundsätzlich** mit der **einfachen Mehrheit seiner Mitglieder**; dies ent-   2
spricht Art. 29 Abs. 3 DSRL für die Art.-29-Gruppe. Die Formulierung „Beschlussfassung" ist weit zu verstehen und meint alle Entscheidungen des EDSA.[1] Die grundsätzliche Entscheidung durch Mehrheitsbeschluss und nicht durch Einstimmigkeit schafft die Möglichkeit, dass der EDSA Streitfragen zwischen den Aufsichtsbehörden verbindlich entscheiden kann.[2] Die DSGVO sieht aber **Abweichungen** von dieser Grundregel vor. So werden Beschlüsse im Rahmen der Streitbeilegung durch den EDSA nach Art. 65 mit **Zweidrittelmehrheit** verabschiedet (Art. 65 Abs. 2 → Art. 65 Rn. 20 ff.). Auch die Geschäftsordnung des EDSA muss nach Abs. 2 mit einer Zweidrittelmehrheit der Ausschussmitglieder erlassen werden. Art. 73 enthält seinem Wortlaut nach eine Abweichung „nach unten". Während nämlich an allen anderen Stellen der DSGVO von Beschlüssen des EDSA „mit einfacher Mehrheit seiner Mitglieder" die Rede ist (Art. 65 Abs. 3, Art. 66 Abs. 4, Art. 72 Abs. 1), heißt es in Art. 73 Abs. 1, dass der Vorsitzende und seine Stellvertreter „mit einfacher Mehrheit" gewählt werden. Im Sinne einer möglichst effektiven Arbeit des EDSA, die nur auf der Basis einer engen Zusammenarbeit seiner Mitglieder gelingen kann, ist allerdings auch an dieser Stelle davon auszugehen, dass eine Wahl mit der einfachen Mehrheit der Mitglieder gemeint sein soll.[3]

III.   Geschäftsordnung (Abs. 2)

Ebenso wie nach Art. 29 Abs. 6 DSRL die Art.-29-Gruppe gibt sich der EDSA eine Geschäftsordnung. In   3
dieser sind zwei Dinge verbindlich zu regeln, nämlich die Aufteilung der Aufgaben zwischen dem Vorsitzenden und dessen Stellvertretern (Art. 74 Abs. 2→ Art. 74 Rn. 4) sowie Fragen der Vertraulichkeit (Art. 76 Abs. 1 → Art. 76 Rn. 3 f.). Darüber hinaus werden üblicherweise bestimmte Verfahrensabläufe geregelt, etwa der Turnus für die Sitzungen, der Sitzungsort, die Einladung für die Sitzungen, der regelmäßige Ablauf der Sitzungen, der Ablauf der Abstimmungen, die Frage, bis zu welchem Zeitpunkt und in welcher Form Anträge auf Behandlung einer Sache gestellt werden müssen, wer das Protokoll führt und wie es zugänglich gemacht wird und unter welchen Voraussetzungen eine Änderung der Geschäftsordnung möglich ist. Hier kann auch auf die Geschäftsordnung der Art.-29-Gruppe zurückgegriffen werden.[4]

Artikel 73   Vorsitz

(1) Der Ausschuss wählt aus dem Kreis seiner Mitglieder mit einfacher Mehrheit einen Vorsitzenden und zwei stellvertretende Vorsitzende.

(2) Die Amtszeit des Vorsitzenden und seiner beiden Stellvertreter beträgt fünf Jahre; ihre einmalige Wiederwahl ist zulässig.

---

1 Kühling/Buchner/*Dix* Art. 72 Rn. 5.
2 S. auch *Albrecht* CR 2016, 88 (96).
3 AA Gola/*Ngyuen* Art. 73 Rn. 2, der die Mehrheit der anwesenden Mitglieder ausreichen lässt.
4 Vgl. unter http://ec.europa.eu/justice/data-protection/article-29/files/rules-art-29_en.pdf.

I. Entstehungsgeschichte

1 Art. 73 geht auf Art. 69 KOM-E zurück, wurde im Gesetzgebungsverfahren aber verändert. Den **Vorsitz im EDSA** übernimmt – wie dies auch bei der Art.-29-Gruppe der Fall war (Art. 29 Abs. 4 DSRL) – ein **Mitglied des EDSA**. Der Vorschlag in Art. 69 Abs. 1 KOM-E, den Vorsitz oder einen seiner Vertreter zwingend mit dem EDSB zu besetzen, stieß beim Rat und beim EP auf Widerstand und wurde dementsprechend gestrichen. Die explizite Erwähnung der Wahl mit einfacher Mehrheit in Abs. 1 erfolgte auf Vorschlag des Rats; dasselbe gilt für die Beschränkung auf eine einmalige Wiederwahl in Abs. 2, 2. Hs.

2 Der Vorschlag in Art. 69 Abs. 2 lit. a KOM-E, die Stelle des **Vorsitzes als Vollzeitstelle** mit einer Befreiung von anderen Funktionen auszuweisen, setzte sich im Trilog nicht **durch**. Auch wenn man Bedenken ob der zeitlichen Vereinbarkeit des Vorsitzes mit der Leitung einer mitgliedstaatlichen Aufsichtsbehörde hegen kann, so ist andererseits zu bedenken, dass die Ausübung derartiger Funktionen in einem Mitgliedstaat die praktische Anbindung des Vorsitzes an die Fragestellungen des EDSA gewährleistet.[1]

II. Vorsitz (Abs. 1)

3 Abs. 1 hat **drei Regelungsgehalte**. Er gibt die zu Wählenden vor (Vorsitzender und zwei Stellvertreter), normiert den Kreis der passiv Wahlberechtigten (alle Mitglieder des EDSA) und das Mehrheitserfordernis. Die für Abs. 1 relevanten Mitglieder werden in Art. 68 Abs. 3 bestimmt („Der Ausschuss besteht aus…"). Der nach Art. 68 Abs. 5 S. 1 nicht stimmberechtigte Vertreter der KOM kann danach weder als Vorsitzender noch als Stellvertreter gewählt werden. Auch die Wahl des EDSB zum Vorsitzenden wird überwiegend mindestens als wenig sinnvoll abgelehnt.[2] Die Wahl erfolgt mit einfacher Mehrheit. Dies ist allerdings nicht als Abweichung von der sonst in der DSGVO für die Beschlüsse im EDSA vorgesehene Abstimmung mit der „einfachen Mehrheit der Mitglieder" auszulegen. Vielmehr benötigen auch der Vorsitzende und seine Stellvertreter die Mehrheit der Mitglieder des Ausschusses für ihre Wahl (→ Art. 72 Rn. 2).[3]

III. Amtszeit (Abs. 2)

4 Der Vorsitz wird auf **grundsätzlich fünf** und im Falle der nur einmal möglichen Wiederwahl auf **maximal zehn Jahre gewählt**. Gleiches gilt für die beiden Stellvertreter des Vorsitzenden, die ebenfalls von den Mitgliedern des EDSA gewählt werden. Bei der Art.-29-Gruppe betrug die Amtszeit noch deutlich kürzere zwei Jahre, dafür war aber eine unbegrenzte Wiederwahl möglich (Art. 29 Abs. 4 S. 2, 3 DSRL). Die Beschränkung der Amtszeit und auch der Wiederwahlmöglichkeit garantiert, dass sich die Mitgliedstaaten beim Vorsitz im EDSA abwechseln. Der oder die Vorsitzende **vertritt den EDSA nach außen** (Art. 68 Abs. 2) und führt in Zusammenarbeit mit den Stellvertretern und dem Sekretariat die Geschäfte des EDSA.[4] Einzelheiten ergeben sich aus Art. 74.

Artikel 74   Aufgaben des Vorsitzes

(1) Der Vorsitz hat folgende Aufgaben:

a) Einberufung der Sitzungen des Ausschusses und Erstellung der Tagesordnungen,

b) Übermittlung der Beschlüsse des Ausschusses nach Artikel 65 an die federführende Aufsichtsbehörde und die betroffenen Aufsichtsbehörden,

c) Sicherstellung einer rechtzeitigen Ausführung der Aufgaben des Ausschusses, insbesondere der Aufgaben im Zusammenhang mit dem Kohärenzverfahren nach Artikel 63.

(2) Der Ausschuss legt die Aufteilung der Aufgaben zwischen dem Vorsitzenden und dessen Stellvertretern in seiner Geschäftsordnung fest.

I. Entstehungsgeschichte

1 Art. 74 regelt die Aufgaben des nach Art. 73 gewählten Vorsitzes. Im Trilog war die Vorschrift überwiegend unstrittig. Allerdings wurden auf Initiative des Rats Abs. 1 lit. b eingefügt (s. Art. 70 Abs. 1 lit. aa Rat-E) sowie im jetzigen lit. c die Aufgabe der Sicherstellung einer rechtzeitigen „Erfüllung" der Aufgaben des EDSA (so Art. 70 Abs. 1 lit. b KOM-E und Parl-E) durch „Ausführung" ersetzt.

---

1 Paal/Pauly/*Körffer* Art. 73 Rn. 1.
2 S. BeckOK DatenschutzR/*Brink* DSGVO Art. 73 Rn. 9; Kühling/Buchner/*Dix* Art. 73 Rn. 5.
3 AA Gola/*Nguyen* Art. 73 Rn. 2, der die Mehrheit der anwesenden Mitglieder ausreichen lässt.
4 S. auch Paal/Pauly/*Körffer* Art. 68 Rn. 3.

II. Aufgaben des Vorsitzes (Abs. 1)

Die **Aufgaben des Vorsitzes** sind einerseits **administrativer Natur**. So obliegt es dem Vorsitz, die Ausschuss- **2** sitzungen einzuberufen und die Tagesordnung zu erstellen (Abs. 1 lit. a) sowie die Beschlüsse des EDSA nach dem Verfahren der Streitbeilegung gemäß Art. 65 an die federführende Aufsichtsbehörde sowie an die von dem Beschluss betroffenen Aufsichtsbehörden zu übermitteln (Abs. 1 lit. b; sa Art. 65 Abs. 5 → Art. 65 Rn. 32ff.). Es ist aber gleichzeitig auch Aufgabe des Vorsitzes, für die **rechtzeitige Ausführung der Aufgaben des EDSA** zu sorgen (Abs. 1 lit. c). Dies gilt insbes. für die Aufgaben des EDSA im Rahmen des Kohärenzverfahrens.

Neben den in Abs. 1 geregelten Aufgaben obliegen dem Vorsitz weitere Aufgaben, die die DSGVO nicht **3** explizit an dieser Stelle, sondern an anderer Stelle regelt. Dazu gehört über die spezifischen Aufgaben in Abs. 1 hinaus die allgemeine Führung der Geschäfte, die insbes. die Anweisungen an das Sekretariat (Art. 75 Abs. 2 → Art. 75 Rn. 1 f., 6 f.) umfasst. Weitere Informationspflichten bestehen zB gegenüber der KOM (Art. 68 Abs. 5 S. 2). Gemäß Art. 68 Abs. 2 obliegt dem Vorsitz überdies die Außenvertretung des EDSA. Ferner nennt Abs. 1 nicht das Recht des Vorsitzes, Sitzungen des EDSA zu leiten, das Wort zu erteilen und zu entziehen, Tagesordnungspunkte aufzurufen und zu schließen und Abstimmungen einzuleiten und durchzuführen.[1]

III. Aufgabenverteilung durch Geschäftsordnung (Abs. 2)

Die genaue Aufgabenverteilung zwischen dem Vorsitzenden und seinen Stellvertretern muss in der Ge- **4** schäftsordnung des EDSA festgelegt werden (Art. 72 Abs. 2 → Art. 72 Rn. 3). Denkbar ist etwa eine thematische Verteilung der in Art. 70 geregelten Aufgaben. Dabei könnten etwa die mit der Zertifizierung zusammenhängenden Fragen in Art. 70 Abs. 1 S. 2 lit. n–q, x von einem Mitglied des Vorsitzes koordiniert werden. Die Außenvertretung wird regelmäßig dem Vorsitzenden zukommen, solange dieser nicht verhindert ist. Daneben sollten Vertretungsregelungen der drei Mitglieder untereinander aufgenommen werden.

Artikel 75   Sekretariat

(1) Der Ausschuss wird von einem Sekretariat unterstützt, das von dem Europäischen Datenschutzbeauftragten bereitgestellt wird.

(2) Das Sekretariat führt seine Aufgaben ausschließlich auf Anweisung des Vorsitzes des Ausschusses aus.

(3) Das Personal des Europäischen Datenschutzbeauftragten, das an der Wahrnehmung der dem Ausschuss gemäß dieser Verordnung übertragenen Aufgaben beteiligt ist, unterliegt anderen Berichtspflichten als das Personal, das an der Wahrnehmung der dem Europäischen Datenschutzbeauftragten übertragenen Aufgaben beteiligt ist.

(4) Soweit angebracht, erstellen und veröffentlichen der Ausschuss und der Europäische Datenschutzbeauftragte eine Vereinbarung zur Anwendung des vorliegenden Artikels, in der die Bedingungen ihrer Zusammenarbeit festgelegt sind und die für das Personal des Europäischen Datenschutzbeauftragten gilt, das an der Wahrnehmung der dem Ausschuss gemäß dieser Verordnung übertragenen Aufgaben beteiligt ist.

(5) Das Sekretariat leistet dem Ausschuss analytische, administrative und logistische Unterstützung.

(6) Das Sekretariat ist insbesondere verantwortlich für

a)   das Tagesgeschäft des Ausschusses,

b)   die Kommunikation zwischen den Mitgliedern des Ausschusses, seinem Vorsitz und der Kommission,

c)   die Kommunikation mit anderen Organen und mit der Öffentlichkeit,

d)   den Rückgriff auf elektronische Mittel für die interne und die externe Kommunikation,

e)   die Übersetzung sachdienlicher Informationen,

f)   die Vor- und Nachbereitung der Sitzungen des Ausschusses,

g)   die Vorbereitung, Abfassung und Veröffentlichung von Stellungnahmen, von Beschlüssen über die Beilegung von Streitigkeiten zwischen Aufsichtsbehörden und von sonstigen vom Ausschuss angenommenen Dokumenten.

---

1   BeckOK DatenschutzR/*Brink* DSGVO Art. 74 Rn. 2 bezeichnet dies als „Königsrecht".

I. Entstehungsgeschichte

1 Ein effektiv arbeitender und angemessen ausgestatteter Mitarbeiterstab erweist sich als Grundvoraussetzung für die in Art. 69 normierte Unabhängigkeit des EDSA. Der EDSA wird bei seiner Tätigkeit durch das **Sekretariat** unterstützt. Dieses wird gemäß Abs. 1 durch den **EDSB** bereitgestellt (sa EG 140 S. 1). Art. 29 Abs. 5 DSRL schrieb für die Art.-29-Gruppe kein selbstständiges Sekretariat vor, sondern ließ „die Sekretariatsgeschäfte" von der KOM wahrnehmen.

2 Das Sekretariat bildet den Arbeitsstab des EDSA. Der Vorschlag der Art.-29-Gruppe, den EDSA mit einem eigenständigen Verwaltungsapparat auszustatten, konnte sich im Normsetzungsprozess nicht durchsetzen.[1] Umgekehrt setzte sich aber auch der Rat nicht mit dem Vorschlag durch, in Abs. 1 aufzunehmen, dass es sich bei dem Sekretariat „um das Sekretariat des EDSB" handeln sollte. Erfolgreich war der Rat dagegen mit seinen Vorschlägen für die jetzigen Abs. 2, 3 und 4 sowie für die Erweiterung von lit. g um die Beschlüsse zur Streitbeilegung. Im Trilog wurden noch die jetzigen Abs. 6 lit. b und c aufgespalten, die zuvor in einem Buchstaben enthalten waren.

II. Struktur, Weisungen und Verhältnis zum EDSB (Abs. 1 bis 4)

3 Zwar konnten sich Forderungen nach einem selbstständigen Verwaltungsunterbau des EDSA nicht durchsetzen (→ Rn. 2). Bereits aus Abs. 1 folgt jedoch eine gewisse organisatorische Selbstständigkeit des Sekretariats, da es sich nicht um das Sekretariat des EDSB handelt, sondern der EDSB lediglich die Ressourcen für das Sekretariat des EDSA „bereitstellt". Diese Formulierung macht es unmöglich, ad hoc wechselnde Beschäftigte des EDSB mit Aufgaben des Ausschusses zu betrauen. Es bedarf vielmehr einer gewissen stabilen Organisation. Dagegen lässt sich aus Art. 75 nicht ableiten, dass das Personal ausschließlich für den EDSA tätig sein darf (dies folgt aus Abs. 4 aE, wonach Personal an den Aufgaben „beteiligt ist").[2] Auch eine räumliche Trennung ist nicht erforderlich.

4 Die Notwendigkeit der organisatorischen Verfestigung des Sekretariats wird durch seine funktionale Selbstständigkeit gestärkt. So unterliegt das Sekretariat des EDSA nach Abs. 2 (sa EG 140 S. 2) **ausschließlich** den **Anweisungen des Ausschussvorsitzes**. Eine zu veröffentlichende **Vereinbarung** zwischen dem EDSA und dem EDSB kann nach Abs. 4 die Einzelheiten der Zusammenarbeit im Hinblick auf das Sekretariat regeln. Dies gilt insbes. im Hinblick auf das **Personal des EDSB**, das **auch für den EDSA tätig** wird.[3] Die entsprechenden Mitarbeiter unterliegen gemäß Abs. 3 anderen Berichtspflichten als die sonstigen Mitarbeiter des EDSB, sie berichten über ihre Tätigkeit für den EDSA an dessen Vorsitz, nicht an den EDSB.

5 Ob sich die fremdbestimmte Personalauswahl, -führung und -beförderung auf die Unabhängigkeit des EDSA auswirken wird, bleibt abzuwarten.[4] Dasselbe gilt für denkbare Interessenkonflikte, wenn beispielsweise der EDSB nicht am Vorsitz beteiligt ist, in einer Entscheidung des EDSA überstimmt wird, sein Personal aber nunmehr einen solchen Beschluss vollziehen muss.

III. Aufgaben des Sekretariats (Abs. 5 und 6)

6 Abs. 5 enthält zunächst eine generelle Aufgabenbeschreibung für das Sekretariat. Die drei Dimensionen der Unterstützung lassen sich nicht trennscharf abgrenzen, was allerdings auch nicht erforderlich ist. „Analytisch" bezieht sich eher auf inhaltliche Arbeiten, „administrativ" auf allgemeine Verwaltungstätigkeiten wie die Aktenführung und die Öffentlichkeitsarbeit, „logistisch" etwa auf die Organisation der Arbeitssitzungen.

7 Zu den in Abs. 6 spezifizierten **Tätigkeiten des Sekretariats** im Auftrag des EDSA zählen die Organisation des Tagesgeschäfts (lit. a), die Kommunikation zwischen den Ausschussmitgliedern sowie die Kommunikation des EDSA nach außen – auch mit der KOM, den anderen Organen der EU sowie der Öffentlichkeit (lit. b und c). Das Sekretariat unterstützt somit insbes. den Vorsitz bei dessen administrativen Tätigkeiten; dies gilt gerade auch für die elektronische Kommunikation (lit. d). Darüber hinaus liefert das Sekretariat Übersetzungsarbeiten für den EDSA (lit. e) und verantwortet die Vorbereitung und Nachbereitung der Sitzungen (lit. f) sowie die Vorbereitung, Abfassung und Veröffentlichung von Stellungnahmen, Beschlüssen

---

1 S. *Nguyen* ZD 2015, 265 (268).
2 AA Kühling/Buchner/*Dix* Art. 75 Rn. 7, der eine strikte personelle Trennung zwischen den Beschäftigten, die im EDSA tätig sind und denen, die Aufgaben des EDSB erledigen, annimmt. *Dix* leitet aus der Berichtspflicht des Abs. 3 auch eine Verschwiegenheitspflicht gegenüber dem EDSB ab.
3 S. auch „Proposition regarding the European Data Protection Board Internal Structure" v. 25.9.2015, S. 2, http://ec.europa.eu/justice/dat a-protection/article-29/documentation/other-document/files/2015/20150925_edpb_internal_structure.pdf.
4 So die bei BeckOK DatenschutzR/*Brink* DSGVO Art. 69 Rn. 16 geäußerte Befürchtung.

über die Beilegung von Streitigkeiten zwischen Aufsichtsbehörden sowie allen sonstigen angenommenen Dokumenten (lit. g).[5]

Artikel 76   Vertraulichkeit

(1) Die Beratungen des Ausschusses sind gemäß seiner Geschäftsordnung vertraulich, wenn der Ausschuss dies für erforderlich hält.

(2) Der Zugang zu Dokumenten, die Mitgliedern des Ausschusses, Sachverständigen und Vertretern von Dritten vorgelegt werden, wird durch die Verordnung (EG) Nr. 1049/2001 des Europäischen Parlaments und des Rates[1] geregelt.

I.   Entstehungsgeschichte

Die DSGVO sieht an mehreren Stellen **Transparenzpflichten** für die Arbeit des EDSA vor. Dieser erstellt 1 einen Jahresbericht (Art. 71), führt ein öffentliches Register zum Kohärenzverfahren (Art. 70 Abs. 1 lit. y), veröffentlicht seine Stellungnahmen, Leitlinien, Empfehlungen und bewährten Verfahren (Art. 70 Abs. 3) sowie die Vereinbarung zur Zusammenarbeit mit dem EDSB in Fragen des Sekretariats (Art. 75 Abs. 4). Demgegenüber eröffnet Art. 76 die Möglichkeit der **vertraulichen Beratung**.

Art. 72 Abs. 1 KOM-E und Rat-E hatten jeweils vorgeschlagen, diese Vertraulichkeit ausnahmslos vorzuse- 2 hen. Die Einbeziehung der Geschäftsordnung geht (in abweichender Form) auf den Parl-E zurück. Dieser hatte überdies noch die verpflichtende Veröffentlichung der Tagesordnung der Sitzungen vorgesehen, konnte sich damit aber nicht durchsetzen. Demgegenüber geht Abs. 2 in seiner jetzigen Fassung auf den Rat-E zurück. KOM und EP wollten es neben der VO 1049/2001 auch zulassen, wenn die Dokumente „auf andere Weise vom EDSA der Öffentlichkeit zugänglich gemacht werden".

II.   Öffentlichkeit (Abs. 1)

Ausweislich des Wortlauts von Abs. 1 **kann** der EDSA die **Beratungen für vertraulich erklären**, sofern er 3 dies für erforderlich hält. Hieraus lässt sich im Umkehrschluss ableiten, dass die Beratungen im EDSA grundsätzlich öffentlich sind. Die Geschäftsordnung des EDSA kann einzelne Beratungen aber für vertraulich erklären.[2] Der Ermessensspielraum des EDSA erfährt seine äußerste rechtliche Grenze im rechtsstaatlichen Willkürverbot.

Die Möglichkeit der Vertraulichkeit der Beratungen dient insbes. dem Zweck, dass keine personenbezoge- 4 nen Daten in der Öffentlichkeit diskutiert werden. Dasselbe gilt für andere **geheimhaltungsbedürftige Fragen**, die Gegenstand der Beratungen sind. Zulässig wäre es auch, in der Geschäftsordnung die Möglichkeit eines Ausschlusses der Öffentlichkeit im Einzelfall vorzusehen, sobald sich in den Beratungen entsprechende Gegenstände offenbaren.

III.   Informationszugangsrecht (Abs. 2)

Für den **Zugang zu Dokumenten**, die Bürger dem EDSA, Sachverständigen oder Vertretern vorlegen, gilt 5 gemäß Abs. 2 die **Verordnung über den Zugang der Öffentlichkeit zu Dokumenten des EP, des Rates und der KOM**.[3] Bei Abs. 2 handelt es sich um eine Spezialregelung zu Art. 86, der das Verhältnis zwischen Datenschutz und Informationszugangsfreiheit in den Mitgliedstaaten sowie für die Einrichtungen der Union allgemein regelt.

Ziel der Verordnung Nr. 1049/2001 ist es, den Bürgern in Konkretisierung ihres Grundrechts aus Art. 42 6 GRCh den Zugang zu Dokumenten der europäischen Organe zu erleichtern. Dementsprechend hat grundsätzlich jeder Unionsbürger und jede Person mit Wohnsitz oder Sitz in einem Mitgliedstaat ein Recht auf Zugang zu den Dokumenten, die sich bei den Organen der Union befinden. Die Bedingungen für den Zugang zu den Dokumenten regelt die Verordnung.[4] Der Zugang zu Dokumenten kann verweigert werden,

---

5 Hierbei handelt es sich nicht um eine maßgebliche inhaltliche, sondern organisatorische Unterstützung, vgl. auch Paal/Pauly/*Körffer* Art. 75 Rn. 3.

1 **Amtl. Anm.:** Verordnung (EG) Nr. 1049/2001 des Europäischen Parlaments und des Rates vom 30. Mai 2001 über den Zugang der Öffentlichkeit zu Dokumenten des Europäischen Parlaments, des Rates und der Kommission (ABl. L 145 vom 31.5.2001, S. 43).

2 S. auch Paal/Pauly/*Körffer* Art. 76 Rn. 1.

3 VO Nr. 1049/2001 des EP und des Rates vom 30.5.2001 über den Zugang der Öffentlichkeit zu Dokumenten des EP, des Rates und der KOM (ABl. L 145, S. 43).

4 S. EG 4 der VO Nr. 1049/2001.

wenn der Schutz des öffentlichen Interesses, der Privatsphäre eines Einzelnen oder der Schutz geschäftlicher Interessen, auch des geistigen Eigentums, dies gebieten und das öffentliche Interesse an dem Zugang nicht überwiegt.[5] In diesen Fällen ist eine **Abwägung** zwischen dem öffentlichen Interesse am Zugang einerseits und dem grundrechtlich motivierten Geheimhaltungsinteresse andererseits vorzunehmen.

---

5   Vgl. Art. 4 Abs. 1 lit. b der VO Nr. 1049/2001.

Artikel 77   Recht auf Beschwerde bei einer Aufsichtsbehörde

(1) Jede betroffene Person hat unbeschadet eines anderweitigen verwaltungsrechtlichen oder gerichtlichen Rechtsbehelfs das Recht auf Beschwerde bei einer Aufsichtsbehörde, insbesondere in dem Mitgliedstaat ihres gewöhnlichen Aufenthaltsorts, ihres Arbeitsplatzes oder des Orts des mutmaßlichen Verstoßes, wenn die betroffene Person der Ansicht ist, dass die Verarbeitung der sie betreffenden personenbezogenen Daten gegen diese Verordnung verstößt.

(2) Die Aufsichtsbehörde, bei der die Beschwerde eingereicht wurde, unterrichtet den Beschwerdeführer über den Stand und die Ergebnisse der Beschwerde einschließlich der Möglichkeit eines gerichtlichen Rechtsbehelfs nach Artikel 78.

Literatur: *Albrecht, J.P./Jotzo, F.,* Das neue Datenschutzrecht der EU, 2017; *Roßnagel, A.,* Europäische Datenschutz-Grundverordnung, 2017.

I. Allgemeines

1. Überblick. Art. 77 beinhaltet ebenso wie die darauf folgenden Artikel Regelungen zur praktischen **1** Durchsetzbarkeit der Rechte der DSGVO. Er soll, wie das ganze Kapitel VIII, das Durchsetzungsdefizit der vergangenen Jahre überwinden. Jede betroffene Person hat gem. Art. 77 Abs. 1 das Recht, bei der Aufsichtsbehörde ihrer Wahl eine **Beschwerde** einzureichen, wenn sie der Ansicht ist, in ihren aus der Verordnung garantierten Rechten verletzt zu sein. Im zweiten Absatz regelt Art. 77 die damit einhergehenden verfahrensrechtlichen Pflichten der Aufsichtsbehörden. Diese muss die betroffene Person über den Stand und die Ergebnisse der Beschwerde unterrichten sowie das Ergebnis mit einer Rechtsbehelfsbelehrung versehen. Das Ziel einer Beschwerde nach Art. 77 ist dabei zum einen, dass die Aufsichtsbehörde im Falle eines Verstoßes darauf hinwirkt, dass dieser abgestellt wird.[1] Zum anderen kann die betroffene Person die Stellungnahme der Aufsichtsbehörde in anderen Verfahren, zB in einem Verfahren nach Art. 79, verwenden.[2] Der korrespondierende EG ist 141. Er wiederholt im Wesentlichen (hier mit Bezug auf Art. 77) die Verpflichtung der Aufsichtsbehörde aus Art. 57 Abs. 2 zur Erleichterung des Beschwerdeverfahrens (elektronisches Beschwerdeformular) und die in Art. 57 Abs. 1 lit. f festgelegte Aufgabe der Aufsichtsbehörde zur „angemessenen" Untersuchung des Einzelfalls sowie zur Mitteilung eines Zwischenstandes an die betroffene Person, sollten sich weitere Untersuchungen oder die Abstimmung mit einer anderen Aufsichtsbehörde für notwendig erweisen.

2. Entstehungsgeschichte. a) Vergleich zur DSRL. Schon Art. 28 Abs. 4 DSRL enthielt ein **Anrufungsrecht,** **2** das es der betroffenen Person ermöglichte, sich mit einer Eingabe an die Datenschutzaufsichtsbehörde zu wenden und von dieser über den Umgang mit der Eingabe informiert zu werden.[3] Dies bedeutete, dass auch eine inhaltliche Prüfung der Eingabe und eine Unterrichtung über die Ergebnisse der Untersuchung zu erfolgen hatte.[4] Unterschiede der jetzigen zur vorherigen Regelung der DSRL bestehen allerdings insbes. hinsichtlich der Zuständigkeit der Aufsichtsbehörde (→ Rn. 4, 10) und der im Unterschied zur DSRL ausdrücklich normierten Pflicht einer Rechtsbehelfsbelehrung (→ Rn. 18).

---

1 Paal/Pauly/*Körffer* Art. 77 Rn. 5; Kühling/Buchner/*Bergt* Art. 77 Rn. 17.
2 Paal/Pauly/*Körffer* Art. 77 Rn. 10.
3 Dieses war durch § 21 BDSG aF umgesetzt worden.
4 *Dammann/Simitis* Art. 28 Rn. 15; Sydow/*Sydow* Art. 77 Rn. 3.

3 **b) Regelungsvorschläge der DSGVO im Vergleich.** Das Recht auf Beschwerde war schon im **Kommissionsentwurf** enthalten (Art. 73 KOM-Entwurf). Allerdings sah dieser erste Vorschlag nicht nur das Beschwerderecht für betroffene Personen vor, sondern regelte im gleichen Artikel auch das Verbandsklagerecht. Diese gemeinsame Regelung hat sich jedoch nicht durchgesetzt. Stattdessen wurde das Verbandsklagerecht in geänderter Form in einem eigenen Artikel geregelt (→ Art. 80 Rn. 12ff.).

4 Konkretisiert wurde durch den Rat die **zuständige Aufsichtsbehörde.** Während in den Entwürfen von Kommission und EU-Parlament nur vom Einreichen der Beschwerde „bei einer mitgliedsstaatlichen Aufsichtsbehörde" die Rede war, wurde durch den Rat spezifiziert, dass die Beschwerde insbes. in dem Mitgliedsstaat des gewöhnlichen Aufenthaltsortes der betroffenen Person eingebracht werden sollte. Dennoch besteht weiterhin die Möglichkeit, bei jeder mitgliedstaatlichen Aufsichtsbehörde die Beschwerde einzubringen.

II. Recht auf Beschwerde bei einer Aufsichtsbehörde

5 **1. Beschwerde gegenüber einer Aufsichtsbehörde (Abs. 1). a) Voraussetzungen für eine Beschwerde.** Gem. Art. 77 Abs. 1 sind nur **betroffene Personen beschwerdeberechtigt,** wobei eine Vertretung durch Verbände möglich ist (Art. 80 Abs. 1).[5] Der Begriff der „betroffenen Person" wird in Art. 4 Nr. 1 definiert (→ Art. 4 Nr. 1 Rn. 1ff.). Dem Wortlaut nach ist es ausreichend, wenn eine Person „der Ansicht" ist, dass die ihre personenbezogene Daten betreffende Verarbeitung (jede Person iSv Art. 4 Nr. 1) gegen die Verordnung verstößt. Die Formulierung erinnert an die Klagebefugnis aus § 42 Abs. 2 VwGO, wonach ein Sachverhalt vorgetragen werden muss, der die Möglichkeit einer Verletzung begründet.[6] Ein konkreter Nachweis der betroffenen Person, dass ihre Daten wirklich verarbeitet wurden, wird nicht verlangt.[7] Eine derartige Nachweispflicht wäre zum einen nicht mit der EuGH-Rechtsprechung im Schrems-Fall vereinbar, in dem der Gerichtshof es für die Beschwerdeberechtigung hat ausreichen lassen, dass die Daten des Beschwerdeführers in das Drittland übermittelt „wurden oder werden könnten".[8] Zudem würde sie Art. 24 Abs. 1 entgegenstehen, der dem Verantwortlichen ausdrücklich die Pflicht zum Nachweis der Rechtskonformität der Datenverarbeitung auferlegt (→ Art. 24 Rn. 9ff.).

6 Vor dem Hintergrund des Anspruchs auf Transparenz der Datenverarbeitung (→ Art. 12 Rn. 12ff.) reicht es aus, dass der Beschwerdeführer plausibel darlegt, dass Daten über seine Person verarbeitet wurden.[9] An die Darlegung des Verstoßes sind mithin **nur geringe Anforderungen** zu stellen.[10] Der Sachverhalt muss in dem Umfang dargelegt werden, dass die Aufsichtsbehörde im Rahmen der gebotenen Amtsermittlung die erforderlichen Feststellungen treffen kann.[11] Eine Schlüssigkeit im zivilprozessrechtlichen Sinne ist jedoch nicht erforderlich, da es der Aufsichtsbehörde obliegt, die rechtliche Würdigung vorzunehmen.[12] Gegen zu hohe Anforderungen spricht auch, dass eine genaue Kenntnis darüber, welche Daten wie verarbeitet wurden, oft nicht möglich ist. Ua deswegen legt Art. 24 dem Verantwortlichen die Pflicht zum Nachweis der Rechtskonformität der Datenverarbeitung auf (→ Art. 24 Rn. 1ff.). Das Beschwerderecht würde dann vielfach leerlaufen.[13] Zudem gewährt die DSGVO auch an anderen Stellen Rechte, die noch keine tatsächliche Verarbeitung personenbezogener Daten erfordern, zum Beispiel die Informationspflicht nach Art. 12 oder das Auskunftsrecht nach Art. 15 Abs. 1 S. 1.[14]

7 Die Beschwerde darf jedoch **nicht offensichtlich unbegründet oder exzessiv** sein (→ Art. 57 Rn. 56ff.). Sie ist aber neben anderen Rechtsbehelfen zulässig („unbeschadet eines anderweitigen, verwaltungsgerichtlichen oder gerichtlichen Rechtsbehelfs"). Nach Art. 77 kann parallel zur Beschwerde bei einer Aufsichtsbehörde auch eine Klage nach Art. 79 erhoben werden (zur Parallelität der Rechtswege → Art. 79 Rn. 16). Weiterhin besteht die Möglichkeit für Verbände und Organisationen, Beschwerde nach Maßgabe des Art. 80 Abs. 1 im Namen betroffener Personen und ggf., wenn im mitgliedstaatlichen Recht vorgesehen, nach Art. 80 Abs. 2, im eigenen Namen, einzulegen (→ Art. 80 Rn 12ff.). Das BDSG nF hat hierzu keine Regelung vorgesehen.

8 **b) Aufsichtsbehörde.** Die betroffene Person kann sich an **jede Aufsichtsbehörde innerhalb der EU** wenden. Beispielhaft, aber nicht abschließend, sind Aufsichtsbehörden im Mitgliedsstaat deren gewöhnlichen Auf-

---

5 Sydow/*Sydow* Art. 77 Rn. 20.
6 BeckOK DatenschutzR/*Mundil* DSGVO Art. 77 Rn. 6.
7 EuGH NJW 2015, 3151, ECLI:EU:C:2015:650, Rn. 63; so auch Kühling/Buchner/*Bergt* Art. 77. Rn. 5.
8 EuGH NJW 2015, 3151, ECLI:EU:C:2015:650, Rn. 58.
9 Paal/Pauly/*Körffer* Art. 77 Rn. 2; BeckOK DatenschutzR/*Mundil* DSGVO Art. 77 Rn. 6.
10 Kühling/Buchner/*Bergt* Art. 77 Rn. 10.
11 Kühling/Buchner/*Bergt* Art. 77 Rn. 10.
12 Kühling/Buchner/*Bergt* Art. 77 Rn. 10.
13 Kühling/Buchner/*Bergt* Art. 77 Rn. 5.
14 Kühling/Buchner/*Bergt* Art. 77 Rn. 5.

enthaltsortes oder Arbeitsplatzes sowie des Orts des mutmaßlichen Verstoßes genannt. Es werden keine zwingenden Kriterien angeführt, nach denen die betroffene Person die Aufsichtsbehörde auswählen muss. Die betroffene Person ist damit frei in ihrer Entscheidung, an welche Aufsichtsbehörde sie sich wendet. Diese Wahlfreiheit vereinfacht damit deutlich die Möglichkeiten des Einzelnen, seine Rechte durchzusetzen. Sie ermöglicht auch den Abbau sprachlicher Hürden.[15]

Diese **Wahlfreiheit** bedeutet aber nicht, dass die betroffene Person sich an verschiedene Aufsichtsbehörden gleichzeitig wenden kann, zB wenn Ort des Arbeitsplatzes und Ort des mutmaßlichen Verstoßes auseinander fallen.[16] Das ergibt sich aus EG 141, der klarstellt, dass die Beschwerde nur bei einer einzigen Aufsichtsbehörde eingereicht werden kann. **9**

Die **Zuständigkeitsregeln der Art. 55 f.** bleiben unberührt.[17] Die durch Art. 77 Abs. 1 begründete Möglichkeit, sich an jede Aufsichtsbehörde zu wenden, führt maW nicht dazu, dass diese Behörde auch zuständig ist. Art. 56 Abs. 1 regelt grundsätzlich die Zuständigkeit der Aufsichtsbehörde am Ort der Hauptniederlassung oder der einzigen Niederlassung des Verantwortlichen oder des Auftragsverarbeiters (→ Art. 56 Rn. 6ff.). Art. 56 Abs. 2 stellt klar, dass „jede Aufsichtsbehörde dafür zuständig (ist), sich mit einer bei ihr eingereichten Beschwerde oder einem etwaigen Verstoß gegen diese Verordnung zu befassen, wenn der Gegenstand nur mit einer Niederlassung in ihrem Mitgliedstaat zusammenhängt oder betroffene Personen nur ihres Mitgliedstaats erheblich beeinträchtigt".[18] Erfolgt die Beschwerde bei einer unzuständigen Behörde, hat nach Art. 57 Abs. 1 lit. e, g eine Information über die zuständige Behörde sowie eine Abgabe an diese zu erfolgen. Dies wird innerstaatlich durch § 19 Abs. 2 BDSG nF präzisiert. **10**

c) Formaler Rahmen. Art. 57 Abs. 2 enthält als spezifische Zielvorgabe, dass die Aufsichtsbehörden das Erheben einer Beschwerde für die betroffene Person erleichtern müssen. Dazu können sie Maßnahmen ergreifen, wie die **Bereitstellung eines elektronischen Beschwerdeformulars** (so auch EG 141). Allerdings darf kein Kommunikationsmittel ausgeschlossen werden, so dass auch auf analogem Wege Beschwerden eingelegt werden können. Werden elektronische Kommunikationsmittel eröffnet, so ist dabei auf die technische Sicherheit besonderer Wert zu legen.[19] Da ansonsten keine Vorgaben bezüglich der Form der Beschwerde gemacht werden, kann geschlussfolgert werden, dass die Voraussetzungen für das Einreichen einer Beschwerde möglichst gering sein sollen. Bestätigt wird dies auch durch die Kostenregelung in Art. 57 Abs. 3 und 4. Art. 57 Abs. 3 regelt, dass der betroffenen Person bei Inanspruchnahme der Aufsichtsbehörden keine Kosten entstehen dürfen. Nur unter den strengen Voraussetzungen von Art. 57 Abs. 4 dürfen finanzielle Forderungen gestellt werden. (→ Art. 57 Rn. 59ff.). **11**

Auch ist **keine Frist für die Einreichung der Beschwerde** vorgesehen.[20] Seine **Identität** muss der Beschwerdeführer nur insoweit mitteilen, als dies für die Prüfung der Beschwerdeberechtigung erforderlich ist.[21] **12**

2. Pflichten der Aufsichtsbehörden beim Einlegen einer Beschwerde (Abs. 2). Art. 77 Abs. 2 enthält **verfahrensrechtliche Regelungen** zur Unterrichtung des Beschwerdeführers über Stand und Ergebnisse der Beschwerde und über die Möglichkeit eines gerichtlichen Rechtsbehelfs nach Art. 78. **13**

a) Inhaltlicher Prüfungsmaßstab. Die Aufsichtsbehörde muss gem. Art. 77 Abs. 2 den Beschwerdeführer über das **Ergebnis** unterrichten. Diese Pflicht impliziert, was in Art. 57 Abs. 1 lit. f ausdrücklich geregelt ist: Die Aufsichtsbehörde muss sich mit der Beschwerde auseinandersetzen und diese inhaltlich prüfen. Erfolgt keine Benachrichtigung über den Zwischenstand oder das Ergebnis innerhalb einer Drei-Monatsfrist, kann gegen die Untätigkeit der Aufsichtsbehörde geklagt werden (Art. 78 Abs. 2). Die Behörde ist also verpflichtet, der Beschwerde nachzugehen und zu bewerten, ob ein Verstoß vorliegt. Über das Ergebnis ist der Beschwerdeführer in jedem Fall zu informieren. Art. 57 Abs. 4 enthält lediglich eine Ausnahme von der Bearbeitungspflicht bei „offenkundig unbegründeten oder – insbes. im Fall von häufiger Wiederholung – exzessiven Anfragen". Allerdings trägt in diesem Fall „die Aufsichtsbehörde die Beweislast für den offenkundig unbegründeten oder exzessiven Charakter der Anfrage" (→ Art. 57 Rn. 58). **14**

Art. 77 Abs. 2 trifft keine Aussage über den **Prüfungsumfang.** Diesbezügliche Vorgaben sind in Art. 57 Abs. 1 lit. f und EG 141 enthalten. Danach müssen die Untersuchungen so weit gehen, wie dies im Einzelfall angemessen ist. Der EuGH geht hinsichtlich der Vorgängervorschrift des Art. 28 Abs. 4 DSRL von einer Pflicht zur sorgfältigen Prüfung der Beschwerde aus;[22] dies gilt auch für die DSGVO. Darüber hinaus legt **15**

15 Roßnagel/*Nebel*, Europ. DSGVO, § 2 Rn. 115; Sydow/*Sydow* Art. 77 Rn. 5.
16 Roßnagel/*Nebel*, Europ. DSGVO, § 2 Rn. 114.
17 Sydow/*Sydow* Art. 77 Rn. 15.
18 Dazu ausführlich *Albrecht/Jotzo*, Teil 8 Rn. 5; Paal/Pauly/*Körffer* Art. 77 Rn. 6 f.
19 Kühling/Buchner/*Bergt* Art. 77 Rn. 11.
20 Ausführlich dazu: Kühling/Buchner/*Bergt* Art. 77 Rn. 12.
21 Kühling/Buchner/*Bergt* Art. 77 Rn. 13.
22 EuGH NJW 2015, 3151, ECLI:EU:C:2015:650, Rn. 63.

Art. 57 Abs. 1 lit. f fest, dass Beschwerden in angemessenem Umfang untersucht werden müssen. Maßstab für den Umfang der Ermittlungen im Rahmen des Amtsermittlungsgrundsatzes sind vor allem die Schwere des zu prüfenden Verstoßes und die in Art. 83 Abs. 2 genannten Kriterien.[23]

16 Hinsichtlich des Prüfungsumfanges haben die Aufsichtsbehörden mithin ein gewisses **Ermessen**. Zur Konkretisierung der inhaltlichen Prüfungsplichten wird häufig ein Vergleich mit dem Petitionsrecht aus Art. 17 GG vorgenommen, da Art. 77 ebenso wie Art. 17 GG keine bestimmten Vorgaben für das Beschwerdeverfahren enthalte.[24] Ähnlich wurde schon zu Art. 28 Abs. 4 DSRL argumentiert.[25] Die Folge wäre, dass die Aufsichtsbehörde die Beschwerde sachlich und in einem angemessen Umfang prüfen müsste und anschließend den Beschwerdeführer bescheidet.[26] Allerdings ist der Vergleich mit dem Petitionsrecht nur bedingt geeignet, um den Prüfungsumfang der Aufsichtsbehörden festzulegen. Im Gegensatz zur datenschutzrechtlichen Beschwerde steht das Petitionsrecht jedermann unabhängig von einer individuellen Beschwer zu.[27] Art. 77 Abs. 1 erfordert aber eine Selbstbetroffenheit („wenn die betroffene Person der Ansicht ist, dass die Verarbeitung der sie betreffenden personenbezogenen Daten gegen diese Verordnung verstößt"). Daher wird teilweise das Beschwerderecht als ein besonderes Petitionsrecht mit Merkmalen eines Widerspruchs bezeichnet, da es unabhängig von einem gerichtlichen Verfahren nach Art. 78 besteht.[28] Darüber hinaus ergibt sich aus EG 143 und Art. 78 Abs. 1, dass die Ablehnung oder Abweisung von Beschwerden nach Art. 77 als rechtlich bindende Maßnahme verstanden wird. Dafür spricht auch die in Art. 77 Abs. 2 vorgesehene Rechtsbehelfsbelehrung. Eine inhaltliche Abweisung einer Petition hat dagegen keine rechtlich bindende Wirkung. Ein abgelehnter Petitionsbescheid stellt nämlich keinen Verwaltungsakt dar und regelt nichts mit unmittelbarer rechtlicher Außenwirkung, sondern stellt nur die tatsächliche Erfüllung der Verpflichtung aus Art. 17 GG dar.[29] Auch muss gem. Art. 77 Abs. 2 die Behörde dem Beschwerdeführer das Ergebnis ihrer Prüfung mitteilen und dieses auch anhand der in Art. 83 Abs. 2 genannten Kriterien geprüft haben. Eine Begründung des Ergebnisses, das nicht nur wie im Rahmen der Petition auf ein Mindestmaß an Informationen über die Art und Weise der Entscheidung[30] reduziert ist, kann der Beschwerdeführer also erwarten. Hingegen steht dem Beschwerdeführer kein Anspruch auf eine bestimmte aufsichtsrechtliche Maßnahme zu (→ Art. 57 Rn. 4, 7ff.).[31]

17 **b) Unterrichtungspflicht und Rechtsbehelfsbelehrung.** Die Aufsichtsbehörde ist nicht nur dazu verpflichtet, das Ergebnis der Prüfung innerhalb von drei Monaten (Art. 78 Abs. 2) mitzuteilen, sondern auch während des Prüfverfahrens über den **Stand der Beschwerde** innerhalb derselben Frist Auskunft zu geben. Art. 57 Abs. 1 lit. f und EG 141 konkretisieren, dass ein Zwischenstand immer dann kommuniziert werden muss, wenn weitere Untersuchungen oder die Abstimmung mit einer anderen Aufsichtsbehörde erforderlich sind. Die Aufzählung in Art. 57 Abs. 1 lit. f ist allerdings nicht abschließend („insbesondere") und deutet darauf hin, dass es weitere Gründe geben kann, die eine Aufsichtsbehörde zur Mitteilung eines Zwischenstandes zwingen. Dies wird immer dann der Fall sein, wenn sich aufgrund der Untersuchung der Aufsichtsbehörde eine längere Verfahrensdauer ergibt[32] oder Umstände vorliegen, die einen entscheidenden Einfluss auf den weiteren Gang des Verfahrens haben[33], zB wenn sich die Ausgangslage der Untersuchung gravierend ändert.

18 Darüber hinaus ist nach Art. 77 Abs. 2 der Beschwerdeführer auf die Möglichkeit eines **gerichtlichen Rechtsbehelfs** nach Art. 78 hinzuweisen. Diese Mitteilungspflicht bezieht sich auf die Bekanntgabe des Ergebnisses der Aufsichtsbehörde. Mitteilungen über den Zwischenstand erfordern hingegen keine Rechtsbehelfsbelehrung.[34]

III. Nationales Recht

19 Während der materielle Gehalt des Beschwerderechts in der DSGVO verbindlich geregelt ist, sind die Regelungen über das **Verfahren einer mitgliedsstaatlichen Regelung** zugänglich. Es besteht demnach etwa die

---

23 Kühling/Buchner/*Bergt* Art. 77 Rn. 16.
24 Paal/Pauly/*Körffer* Art. 77 Rn. 5.
25 *Ehmann/Helfrich* Art. 28 Rn. 11; im Ergebnis ebenso *Damann/Simitis* Art. 28 Rn. 15; BayVGH ZD 2015, 229 (330), mit Bezug auf Art. 9 BayDSG, der auf Art. 24 Abs. 4 DSRL beruht.
26 BVerfG NJW 1953, 817.
27 Maunz/Dürig/*Klein* Art. 17 Rn. 60.
28 BeckOK DatenschutzR/*Mundil* DSGVO Art. 77 Rn. 1.
29 BVerwG NJW 1977, 118; BGH NJW 1965, 1017; BVerfG NJW 1953, 817.
30 BVerfG NJW 1953, 817.
31 Gola/*Nguyen* Art. 57 Rn. 7.
32 Paal/Pauly/*Körffer* Art. 77 Rn. 5.
33 Plath/*Becker* DSGVO Art. 77 Rn. 10.
34 Kühling/Buchner/*Bergt* Art. 77 Rn. 23.

Boehm

Möglichkeit, ein weitergehendes Beschwerderecht einzuführen.[35] Das Verfahren darf jedoch nicht so ausgestaltet werden, dass es den Vorgaben der DSGVO widerspricht.[36] Vor diesem Hintergrund sind die Regelungen im BDSG nF zu erklären. So findet sich in § 19 Abs. 2 BDSG nF eine verfahrensrechtliche Regelung, die das Vorgehen bei Einreichung einer Beschwerde bei einer unzuständigen Behörde festschreibt. Darüber hinaus übernehmen die künftigen nationalen Regelungen in § 14 Abs. 1 Nr. 6, Abs. 3, Abs. 4 BDSG nF zwar die identischen Pflichten der Aufsichtsbehörde im Zusammenhang mit der Beschwerde. Mit dieser Passage wird allerdings lediglich die korrespondierende Passage aus der Richtlinie 680/2016/EU in nationalstaatliches Recht transformiert. Auch die das Beschwerderecht regelnde Vorschrift des § 60 BDSG nF findet sich allein deshalb im nationalstaatlichen Recht, weil eine Umsetzung der Richtlinie erforderlich ist. Das Beschwerderecht und die korrespondierenden Pflichten der Aufsichtsbehörde sind somit zwar in unterschiedlichen Rechtsquellen geregelt. Inhaltlich besteht jedoch ein Gleichlauf bezüglich der Rechte und Pflichten.

Artikel 78   Recht auf wirksamen gerichtlichen Rechtsbehelf gegen eine Aufsichtsbehörde

(1) Jede natürliche oder juristische Person hat unbeschadet eines anderweitigen verwaltungsrechtlichen oder außergerichtlichen Rechtsbehelfs das Recht auf einen wirksamen gerichtlichen Rechtsbehelf gegen einen sie betreffenden rechtsverbindlichen Beschluss einer Aufsichtsbehörde.

(2) Jede betroffene Person hat unbeschadet eines anderweitigen verwaltungsrechtlichen oder außergerichtlichen Rechtbehelfs das Recht auf einen wirksamen gerichtlichen Rechtsbehelf, wenn die nach den Artikeln 55 und 56 zuständige Aufsichtsbehörde sich nicht mit einer Beschwerde befasst oder die betroffene Person nicht innerhalb von drei Monaten über den Stand oder das Ergebnis der gemäß Artikel 77 erhobenen Beschwerde in Kenntnis gesetzt hat.

(3) Für Verfahren gegen eine Aufsichtsbehörde sind die Gerichte des Mitgliedstaats zuständig, in dem die Aufsichtsbehörde ihren Sitz hat.

(4) Kommt es zu einem Verfahren gegen den Beschluss einer Aufsichtsbehörde, dem eine Stellungnahme oder ein Beschluss des Ausschusses im Rahmen des Kohärenzverfahrens vorangegangen ist, so leitet die Aufsichtsbehörde diese Stellungnahme oder diesen Beschluss dem Gericht zu.

Literatur: *Albrecht, J.P./Jotzo, F.,* Das neue Datenschutzrecht der EU, 2017; *Roßnagel, A.,* Europäische Datenschutz-Grundverordnung, 2017.

I. Allgemeines

1. Überblick. Art. 78 schafft die Voraussetzungen für einen **gerichtlichen Rechtsschutz gegen die Aufsichts**- **1** **behörden**. Es handelt sich um einen eigenständigen gerichtlichen Rechtsbehelf, der eine Ausprägung des in Art. 47 GRCh vorgesehen Rechts auf einen wirksamen Rechtsbehelf darstellt und der neben anderen verwaltungsrechtlichen oder außergerichtlichen Rechtsbehelfen natürlichen oder juristischen Personen zusteht. Der Artikel ist wie folgt **gegliedert:** Art. 78 Abs. 1 sieht das Recht auf einen wirksamen gerichtlichen **2** Rechtsbehelf gegen einen rechtsverbindlichen Beschluss der Aufsichtsbehörde für jedermann vor, der von

---

35 Kühling/Buchner/*Bergt* Art. 77 Rn. 25.
36 Kühling/Buchner/*Bergt* Art. 77 Rn. 26.

einer Maßnahme betroffen sein kann, also neben der betroffenen Person auch Dritte, Behörden, Unternehmen, Datenverarbeiter und Auftragsverarbeiter. Abs. 2 enthält das Recht einer betroffenen Person, bei Untätigkeit der Aufsichtsbehörde oder bei Ausbleiben der Mitteilung über den Zwischenstand innerhalb der vorgesehenen Dreimonatsfrist gegen die Aufsichtsbehörde, zu klagen. Abs. 3 und 4 enthalten Verfahrensregeln hinsichtlich der Zuständigkeit der Gerichte und zum Umgang mit vorausgegangenen Stellungnahmen oder Beschlüssen des Ausschusses im Rahmen des Kohärenzverfahrens. Die korrespondierenden EG sind 141 und 143.

3 **2. Entstehungsgeschichte.** Schon **Art. 28 Abs. 3 S. 2** DSRL sah vor, dass gegen beschwerende Entscheidungen der Aufsichtsbehörden der Rechtsweg offenstehen muss. Weitere konkretisierende Angaben, wie sie nun in Art. 78 enthalten sind, waren jedoch nicht geregelt. Eine Umsetzung ins deutsche Recht erfolgte nicht, war wegen der Regelungen der VwGO aber auch nicht erforderlich.

4 Schon im **Vorschlag der Kommission** befand sich bereits ein „Recht auf gerichtlichen Rechtsbehelf gegen eine Aufsichtsbehörde", das gegen Entscheidungen der Aufsichtsbehörde sowie gegen ihre Untätigkeit gerichtet war (Art. 74 Kom-E). Durch das Parlament eingefügt wurde, dass das Recht auf einen Rechtsbehelf nach Art. 77 unbeschadet anderweitiger administrativer oder außergerichtlicher Rechtsbehelfe bestehen soll. Der Rat stellte klar, dass der Rechtsbehelf wirksam und die Entscheidung der Aufsichtsbehörde rechtsverbindlich sein muss. Abs. 4 geht auf einen Vorschlag des Rats zurück.

II. Rechtsbehelfe gegen Beschlüsse einer Aufsichtsbehörde (Abs. 1)

5 **1. Vorbemerkungen. Art. 47 GRCh** verpflichtet dazu, einen wirksamen gerichtlichen Rechtsschutz zu gewährleisten. Daher muss selbstverständlich auch im Hinblick auf Maßnahmen der Aufsichtsbehörden ein gerichtlicher Rechtsschutz bestehen. Ausdrücklich ist dies in Art. 58 Abs. 4 geregelt, der klarstellt, dass die Aufsichtsbehörden ihre Befugnisse nur dann ausüben dürfen, wenn wirksame gerichtliche Rechtsbehelfe und ordnungsgemäße Verfahren nach dem Unionsrecht und dem Recht der Mitgliedstaaten bestehen.[1] Auch im Schrems-Urteil hat der EuGH noch einmal das Recht auf einen wirksamen Rechtsbehelf betont.[2] Hinsichtlich der Ausübung der Rechtsbehelfe verweist EG 143 auf das Verfahrensrecht der Mitgliedstaaten; es sind mithin die nationalen Gerichte unter Berücksichtigung der europäischen Vorgaben zuständig.[3] In Deutschland ist die VwGO als verfahrensrechtliches Regelungswerk anzuwenden, da die Aufsichtsbehörden hoheitliche Befugnisse ausüben;[4] dies wird durch § 20 Abs. 1 BDSG nF klargestellt. Folge der Anwendbarkeit des nationalen Verfahrensrechts und speziell der VwGO ist, dass hauptsächlich Anfechtungsklagen, Verpflichtungsklagen und Leistungsklagen die statthaften Klagearten sind.[5]

6 **2. Anforderungen an die Rechtsbehelfe.** Der Wortlaut des Art. 78 setzt einen wirksamen gerichtlichen Rechtsbehelf voraus. Im Primärrecht verankert ist das Recht in Art. 47 GRCh, auf den sich auch EG 141 bezieht. Die **Begriffsbestimmung** richtet sich daher nach Art. 47 GRCh und nicht nach mitgliedstaatlichem Recht.[6]

7 **a) Rechtsverbindlichkeit der Beschlüsse.** Neben den allgemeinen Anforderungen, die sich aus Art. 47 GRCh ergeben[7], spezifiziert EG 143 die Bedingungen für den speziellen Kontext der Aufsichtsbehörden. Die Rechtsbehelfe des Art. 78 Abs. 1 sind gegen **Beschlüsse** von Aufsichtsbehörden gerichtet. Diese betreffen gem. EG 143 insbes. „die **Ausübung von Untersuchungs-, Abhilfe- und Genehmigungsbefugnissen** durch die Aufsichtsbehörde oder die Ablehnung oder Abweisung von Beschwerden". Diese Befugnisse sind in Art. 58 Abs. 1 bis 3 geregelt. Dazu zählen ua auch Beschlüsse, die auf den Widerruf der Zertifizierung oder die Anweisung an die Zertifizierungsstelle eine bestimmte Zertifizierung zu widerrufen, gerichtet sind (Art. 58 Abs. 2 h). Beschlüsse von Aufsichtsbehörden sind auch an anderer Stelle der DSGVO geregelt und umfassen zB die Anweisung an den Verantwortlichen, die betroffene Person über die Verletzung des Schutzes ihrer personenbezogenen Daten zu unterrichten (Art. 34 Abs. 4). Da auch ein Bußgeldbescheid einen rechtlich verbindlichen Beschluss einer Aufsichtsbehörde darstellt, kann über Art. 78 Abs. 1 auch gegen diesen gerichtlich vorgegangen werden.[8] Auch kann nach EG 143 gegen **Ablehnung oder Abweisung** einer Be-

---

1 Kühling/Buchner/*Bergt* Art. 78 Rn. 5; BeckOK DatenschutzR/*Mundil* DSGVO Art. 78 Rn. 1.
2 EuGH C-362/14, ECLI:EU:C:2015:650, NJW 2015, 3151, Rn. 95.
3 Paal/Pauly/*Körffer* Art. 78 Rn. 2; *Albrecht/Jotzo*, Teil 8 Rn. 8ff; Roßnagel/*Nebel*, Europ. DSGVO, § 2 Rn. 122.
4 Paal/Pauly/*Körffer* Art. 78 Rn. 2; nur in Bezug auf Abs. 1: *Albrecht/Jotzo*, Teil 8 Rn. 11.
5 Roßnagel/*Nebel*, Europ. DSGVO, § 2 Rn. 122.
6 So schon EuGH C-97/91, ECLI:EU:C:1992:491 Rn. 14 zum allgemeinen Grundsatz, neuere Rechtsprechung: EuGH C-362/14, ECLI:EU:C:2015:650, NJW 2015, 3151, Rn. 95
7 Siehe dazu Jarass/*Jarass* Art. 47 Rn. 1ff.; Callies/Ruffert/*Blanke* GRCh Art. 47 Rn. 1 ff.
8 Gola/Pötters/*Werkmeister* Art. 78 Rn. 4.

schwerde geklagt werden, nicht aber gegen rechtlich nicht bindende Maßnahmen, wie Stellungnahmen oder Empfehlungen. „Insbesondere" zeigt, dass die in EG 143 genannte Aufzählung nicht abschließend ist. Aus dem Verweis auf Art. 47 GRCh in EG 141 ergibt sich, dass es sich insgesamt um belastende Maßnahmen mit Rechtswirkung handeln muss.[9] Umstritten ist nur der Fall, ob von Abs. 1 auch eine Beschwerde wegen einer missbräuchlichen Inanspruchnahme des Beschwerderechts, die als unzulässig abgewiesen wird, umfasst ist[10] oder diese Situation in Abs. 2 geregelt wird.[11] Für die erstgenannte Ansicht spricht der Wortlaut, nach dem die Abweisung als unzulässig als ein rechtsverbindlicher Beschluss einzuordnen ist.[12]

b) Berechtigte. Kläger können alle natürlichen und juristischen Personen sein, die von dem rechtsverbindlichen Beschluss der Aufsichtsbehörde betroffen sind bzw. der ihnen gegenüber **„Rechtswirkungen entfaltet"** (EG 143). Eine Vertretung durch Verbände ist möglich (Art. 80 Abs. 1). Dabei sind geringe Anforderungen an die Betroffenheit zu stellen.[13] Beschwerdeberechtigt können daher sowohl der Beschwerdeführer nach Art. 77 als auch der betroffene Auftragsverarbeiter, der Verantwortliche oder der Adressat einer Anweisung nach Art. 58 Abs. 2 sein.[14] Als juristische Personen kommen auch Behörden in Betracht.[15] Der „Normalfall" ist eine Entscheidung der Aufsichtsbehörde, die an den Kläger gerichtet ist.[16] Allerdings können Genehmigungen auch für Dritte belastend wirken, wie zB die Übermittlung personenbezogener Daten in Drittstaaten.[17] Gleiches kann aber auch für belastende Beschlüsse gelten, bspw. wenn einem Auftragsverarbeiter eine konkrete Datenverarbeitung untersagt wird (Art. 58 Abs. 2 lit. f). Der Auftraggeber, der nicht Adressat des Verbots ist, könnte dort mittelbar durch dieses Verbot betroffen sein. In diesen Fällen kommt möglicherweise eine Drittanfechtung in Betracht. Im deutschen Recht werden über § 42 Abs. 2 VwGO dabei strenge Anforderungen an eine Klagebefugnis gestellt, indem die Möglichkeit der Verletzung eines subjektiven Rechts verlangt wird.[18] Im Europarecht muss eine drittbetroffene Person zwar rechtlich unmittelbar und individuell in ihren eigenen Rechten betroffen sein, die Betroffenheit in einem subjektiven Recht wird allerdings nicht verlangt.[19] § 42 VwGO stellt also strengere Anforderungen an die Klagebefugnis als das europäische Recht. Für die Anwendbarkeit der Anforderungen der VwGO spricht jedenfalls der Wortlaut des EG 143, wonach die Verfahren gegen Aufsichtsbehörden im Einklang mit dem Verfahrensrecht der Mitgliedsstaaten durchgeführt werden sollen.[20] Welcher Maßstab letztlich herangezogen werden soll, kann endgültig nur durch europäische Rechtsprechung geklärt werden.[21]

c) Rechtsbehelfe nach der VwGO. Neben den zu beachtenden europäischen Vorgaben spricht EG 143 von einer Anwendung im Einklang mit **nationalem Verfahrensrecht**.[22] Dies ordnet im nationalen Recht auch § 20 Abs. 1 BDSG nF an. Bei den Beschlüssen der Aufsichtsbehörde wird es sich häufig um Verwaltungsakte iSd § 35 S. 1 VwVfG handeln.[23] Ausgehend davon, dass sich im deutschen Verwaltungsprozessrecht die Klageart nach dem Begehren des Klägers richtet, kommen als Klagearten daher die Anfechtungs- und Fortsetzungsfeststellungsklagen in Betracht. Wird der Erlass eines Verwaltungsakts begehrt, kann dies mit einer Verpflichtungsklage erreicht werden.[24] Handelt es sich nicht um einen Verwaltungsakt, sondern um ein schlichtes Verwaltungshandeln, kann dieses mit einer Leistungsklage angegriffen werden.[25] Das deutsche Recht sieht damit Rechtsschutzmöglichkeiten gegen alle belastenden Maßnahmen der Aufsichtsbehörden vor.[26]

9 Paal/Pauly/*Körffer* Art. 78 Rn. 3; Kühling/Buchner/*Bergt* Art. 78 Rn. 6; *Albrecht/Jotzo*, Teil 8 Rn. 11.
10 Kühling/Buchner/*Bergt* Art. 78 Rn. 7.
11 Paal/Pauly/*Körffer* Art. 78 Rn. 8.
12 So auch Kühling/Buchner/*Bergt* Art. 78 Rn. 7.
13 Kühling/Buchner/*Bergt* Art. 78 Rn. 9 mwN; siehe auch EuGH C-362/14, ECLI:EU:C:2015:650, NJW 2015, 3151, Rn. 58.
14 Kühling/Buchner/*Bergt* Art. 78 Rn. 10.
15 Kühling/Buchner/*Bergt* Art. 78 Rn. 8.
16 Kühling/Buchner/*Bergt* Art. 78 Rn. 10.
17 Kühling/Buchner/*Bergt* Art. 78 Rn. 10.
18 BeckOK VwGO/*Schmidt-Kötters* § 42 Rn. 108, 137; BeckOK DatenschutzR/*Mundil* DSGVO Art. 78 Rn. 10; Paal/Pauly/*Körffer* Art. 78 Rn. 6.
19 Am Beispiel der Nichtigkeitsklage nach Art. 263 AEUV, die eine Drittanfechtung ausdrücklich anerkennt, siehe auch Von der Groeben/*Gaitanides*, AEUV Art. 263 Rn. 78ff.; BeckOK DatenschutzR/*Mundil* DSGVO Art. 78 Rn. 10; vgl. auch BeckOK VwGO/*Schmidt-Kötters* § 42 Rn. 165ff.
20 BeckOK DatenschutzR/*Mundil* DSGVO Art. 78 Rn. 10.
21 BeckOK DatenschutzR/*Mundil* DSGVO Art. 78 Rn. 10.
22 Ausführlich hierzu: BeckOK DatenschutzR/*Mundil* DSGVO Art. 78 Rn. 10ff.; Paal/Pauly/*Körffer* Art. 78 Rn. 6; Kühling/Buchner/*Bergt* Art. 78 Rn. 34.
23 BeckOK DatenschutzR/*Mundil* DSGVO Art. 78 Rn. 4.
24 Paal/Pauly/*Körffer* Art. 78 Rn. 3.
25 Paal/Pauly/*Körffer* Art. 78 Rn. 3
26 Paal/Pauly/*Körffer* Art. 78 Rn. 3.

10 d) **Verhältnis zu anderen Rechtsbehelfen.** Der Rechtsbehelf des Art. 78 Abs. 1 findet „**unbeschadet eines anderweitigen verwaltungsgerichtlichen oder außergerichtlichen Rechtsbehelfs**" Anwendung. „Unbeschadet" ist so zu verstehen, dass der Rechtsbehelf auch neben anderen Rechtsbehelfen im nationalen Recht oder der DSGVO bestehen soll, also nicht subsidiär ist. Das bestätigt der Wortlaut des Art. 79 Abs. 1, der ebenfalls die Formulierung „unbeschadet eines verfügbaren verwaltungsgerichtlichen oder außergerichtlichen Rechtsbehelf" enthält und in diesem Zusammenhang eine Beschwerde nach Art. 77 als Beispiel nennt. Ein Vorverfahren ist gem. § 20 Abs. 6 BDSG nF nach deutschem Recht allerdings ausgeschlossen. Zur Begründung wird auf die fehlende übergeordnete Behörde einer Aufsichtsbehörde verwiesen, wodurch der eigentlich mit einem Vorverfahren angestrebte Devolutiveffekt nicht erreicht werden würde.[27]

11 **3. Rechtsbehelfe bei Untätigkeit einer Aufsichtsbehörde (Abs. 2). a) Klagegegenstand und Berechtigte.** Art. 78 Abs. 2 regelt die Möglichkeit einer **Klage gegen Aufsichtsbehörden** für diejenigen Personen, Einrichtungen, Organisationen oder Vereinigungen ohne Gewinnerzielungsabsicht (Art. 80 Abs. 1), die eine Beschwerde nach Art. 77 eingereicht haben. Auch dieser Rechtsbehelf kann „unbeschadet eines anderweitigen verwaltungsgerichtlichen oder außergerichtlichen Rechtsbehelfs" geltend gemacht werden.

12 Dabei müssen **zwei Szenarien** unterschieden werden, die unterschiedliche Formen der Untätigkeit der Aufsichtsbehörde erfassen: Ein Klagerecht besteht zum einen, wenn die zuständige Aufsichtsbehörde sich erst gar nicht mit der eingereichten Beschwerde befasst und der Beschwerdeführer positive Kenntnis darüber erhält.[28] Zum anderen besteht ein Klagerecht dann, wenn die Aufsichtsbehörde nicht innerhalb von drei Monaten über den Zwischenstand oder das Ergebnis informiert und zwar entweder weil sie ohne Wissen des Klägers untätig bleibt[29] (bei Kenntnis Klage nach Variante 1) oder schlichtweg zu langsam ist.

13 **b) Dreimonatsfrist.** Der Rechtsbehelf aus Art. 78 Abs. 2 Var. 2 setzt voraus, dass die Aufsichtsbehörde die betroffene Person nicht innerhalb von **drei Monaten** über den Zwischenstand oder das Ergebnis der Beschwerde in Kenntnis gesetzt hat. Der Wortlaut des Art. 78 Abs. 2 iVm EG 141 lässt darauf schließen, dass die Aufsichtsbehörde prinzipiell nach drei Monaten das Verfahren abgeschlossen haben sollte und es sich bei der Mitteilung an die betroffene Person um die Mitteilung des Ergebnisses handeln sollte. Im Fall von notwendig gewordenen weiteren Untersuchungen oder zur Abstimmung mit anderen Aufsichtsbehörden (EG 141), also bei komplexen und internationalen Sachverhalten[30], kann es sich bei der Frist auch nur um die Mitteilung des Zwischenstandes handeln. Nach welcher Frist dann allerdings das Ergebnis der betroffenen Person mitgeteilt werden soll und ob die Gesamtdauer von drei Monaten in diesem Fall überschritten werden darf, geht jedoch weder aus EG 141 noch aus den Art. 77 und 78 hervor. Die DSGVO lässt diese Frage mithin offen. Möglicherweise könnte aus der grundsätzlich vorgeschriebenen Dreimonatsfrist abgeleitet werden, dass eine Information an die betroffene Person in diesem Fall mindestens alle drei Monate erfolgen soll. Ein konkreter Anhaltspunkt dafür findet sich in der Verordnung aber nicht.

14 **c) Rechtsbehelfe nach der VwGO.** Das Begehren des Klägers ist entweder darauf gerichtet, dass die Aufsichtsbehörde sich mit der Beschwerde befasst oder dass sie ihm den Zwischenstand oder das Ergebnis mitteilt. Hier muss unterschieden werden, ob der Kläger einen Verwaltungsakt (Ergebnis) oder reines Tätigwerden/Verwaltungshandeln (Befassen mit der Beschwerde) der Behörde verlangt. Mehrfach wird pauschal davon ausgegangen, dass für eine Klage nach Abs. 2 entweder die Leistungsklage oder die Untätigkeitsklage (§ 75 VwGO) als besondere Form der Verpflichtungsklage einschlägig ist.[31] Letztere kommt allerdings nur beim Hinwirken auf Verwaltungsakte in Betracht,[32] also bei schlichtes Verwaltungshandeln, ist die Leistungsklage die statthafte Klageart. Eine Untätigkeitsklage kommt mithin nur dann in Betracht, wenn der Kläger das Mitteilen des Ergebnisses begehrt, nicht aber, wenn er lediglich verlangt, dass die Behörde sich mit der Beschwerde befasst oder ihn über einen Zwischenstand in Kenntnis setzt. In den beiden letztgenannten Fällen ist das Begehren hingegen lediglich auf ein reines Tätigwerden gerichtet, so dass ausschließlich eine Leistungsklage in Betracht kommt.

III. Zuständigkeits- und Verfahrensregelungen (Abs. 3 und Abs. 4)

15 **1. Klagegegner und zuständiges Gericht (Abs. 3).** Nach Art. 78 Abs. 3 ist für Klagen gegen Aufsichtsbehörden das Gericht des Mitgliedstaates zuständig, in dem die Aufsichtsbehörde ihren Sitz hat. Anders als in den meisten Fällen im nationalen Recht (§ 78 Abs. 1 VwGO) ist gemäß den europäischen Vorgaben, die

27 Gesetzentwurf DSAnpUG-EU vom 2.2.2017, BR-Drs. 110/17, 92.
28 BeckOK DatenschutzR/*Mundil* DSGVO Art. 78 Rn. 18; Kühling/Buchner/*Bergt* Art. 78 Rn. 18.
29 Paal/Pauly/*Körffer* Art. 78 Rn. 8.
30 Paal/Pauly/*Körffer* Art. 78 Rn. 10; Kühling/Buchner/*Bergt* Art. 78 Rn. 19.
31 Paal/Pauly/*Körffer* Art. 78 Rn. 9; *Albrecht/Jotzo*, Teil 8 Rn. 13; Kühling/Buchner/*Bergt* Art. 78 Rn. 35.
32 BeckOK DatenschutzR/*Mundil* DSGVO Art. 78 Rn. 20.

nunmehr durch § 20 Abs. 3 BDSG nF komplementär geregelt werden, nicht der jeweilige Rechtsträger der Aufsichtsbehörde, sondern diese selbst Klagegegner. Nach EG 143 richtet sich die Zuständigkeit innerhalb des Mitgliedsstaates nach dem jeweiligen Verfahrensrecht. Dies wäre an sich die VwGO, allerdings wird die Zuständigkeit speziell durch § 20 Abs. 3 BDSG nF geregelt (sachlich ist das Verwaltungsgericht, örtlich das Gericht zuständig, in dessen Bezirk die Aufsichtsbehörde ihren Sitz hat). Bei **grenzüberschreitenden Sachverhalten** mit Beteiligung mehrerer Aufsichtsbehörden stellt sich indes die Frage, welche Aufsichtsbehörde der richtige Klagegegner ist und somit welches Gericht zuständig ist. Bei der Beantwortung dieser Frage kann zwischen dem Verfahren nach Abs. 1 und dem Abs. 2 differenziert werden:

Gem. Art. 78 Abs. 1 richtet sich der **Rechtsbehelf gegen den Beschluss einer Aufsichtsbehörde**.[33] Geklagt wird also gegen die Aufsichtsbehörde, die den Beschluss erlassen hat.[34] Im Fall des Art. 60 Abs. 7 ist dies die federführende Aufsichtsbehörde (Art. 56). Da gem. Art. 60 Abs. 8 bei abgewiesenen oder abgelehnten Beschlüssen die Aufsichtsbehörde den Beschluss erlässt, bei der die Beschwerde eingereicht wurde, richtet sich die Klage gegen diese Aufsichtsbehörde. Dies hat den Vorteil für den Beschwerdeführer, dass sich der Klageort nach der Aufsichtsbehörde richtet, die er im Beschwerdeverfahren frei wählen konnte (→ Art. 77 Rn. 8ff.). Erlässt eine Aufsichtsbehörde unter Verstoß gegen diese Zuständigkeitsregeln einen Beschluss, ist sie unabhängig davon Klagegegnerin.   16

Gem. Art. 78 Abs. 2 richtet sich der **Rechtsbehelf gegen die Untätigkeit einer Aufsichtsbehörde**.[35] Die federführende Aufsichtsbehörde ist daher unabhängig vom Ausgang des Beschwerdeverfahrens stets der richtige Klagegegner, da sie den Beschluss erlässt (Art. 60 Abs. 7).[36] Da sie sich inhaltlich mit der Beschwerde befasst, ist sie auch der richtige Anlaufpunkt für Zwischenstand- oder Ergebnismitteilungen. Dies hat allerdings zur Folge, dass die Klage im Ausland erhoben werden muss, was für den Kläger eine Hürde darstellen kann. Besteht die Untätigkeit allerdings im Nichtweiterleiten der Beschwerde an die zuständige Aufsichtsbehörde, kann auch die Ausgangsbehörde der richtige Klagegegner sein.[37]   17

2. Verfahren bei vorherigem Kohärenzverfahren (Abs. 4). Ist der Entscheidung der Aufsichtsbehörde ein **Kohärenzverfahren vorausgegangen,** dh liegt eine Stellungnahme oder ein Beschluss des Ausschusses vor, so muss die beklagte Aufsichtsbehörde diesen Beschluss dem Gericht nach Art. 78 Abs. 4 zur Verfügung stellen. Gemäß den Grundsätzen des Unionsrechts kann das Gericht – wie EG 143 hervorhebt – den europäischen Beschluss nicht selbst für ungültig erklären, sondern muss, da es um die Auslegung von Unionsrecht (DSGVO) geht, im Wege eines Vorabentscheidungsverfahrens nach Art. 267 AEUV den Gerichtshof anrufen. EG 143 stellt schließlich in Bezugnahme auf die Rechtsprechung des EuGH[38] klar, dass das mitgliedstaatliche Gericht den EuGH nicht mit der Anfrage einer natürlichen oder juristischen Person zur Gültigkeit des Beschlusses des Ausschusses befassen darf, „wenn diese Person Gelegenheit hatte, eine Klage auf Nichtigerklärung dieses Beschlusses zu erheben – insbes. wenn sie unmittelbar und individuell von dem Beschluss betroffen war –, diese Gelegenheit jedoch nicht innerhalb der Frist gemäß Artikel 263 AEUV genutzt hat". Diese Gelegenheit ist ebenfalls in EG 143 genannt und bezieht sich auf die Möglichkeit der Adressaten des Beschlusses, gem. Art. 263 AEUV Nichtigkeitsklage gegen den Beschluss des Ausschusses zu erheben, wenn der Beschluss sie unmittelbar und individuell betrifft. Die betroffene Person muss in einem solchen Fall Nichtigkeitsklage nach Art. 263 Abs. 4 AEUV erheben und dabei insbes. die Zwei-Monats-Frist des Art. 263 Abs. 6 AEUV beachten.   18

Die damit verbundene – auf die Rechtsprechung des EuGH zurückgehende – **Einschränkung des Rechtsschutzes** nach Art. 267 AEUV kann kritisiert werden, da die frühzeitige Klage einen erheblichen Aufwand für die betroffenen Parteien bedeutet und sie schon vor dem Beschluss der Aufsichtsbehörde zwingt, sich über den inhaltlichen Ablauf des Kohärenzverfahrens zu informieren und im Falle einer möglichen individuellen Betroffenheit sicherheitshalber auch einen Nichtigkeitsantrag beim EuGH zu stellen.[39] Ein solcher Aufwand des Klägers erscheint vor dem Hintergrund des Gebots eines effektiven gerichtlichen Rechtsschutzes nicht zulässig, wenn er nicht über einen ihn individuell betreffenden Beschluss des Ausschusses informiert wird.[40]   19

---

33 Zu Anfechtungs- und Verpflichtungsklagen nach Art. 78 Abs. 1 ausführlich Sydow/*Sydow* Art. 78 Rn. 20ff.
34 Paal/Pauly/*Körffer* Art. 78 Rn. 14; BeckOK DatenschutzR/*Mundil* DSGVO Art. 78 Rn. 25; Kühling/Buchner/*Bergt* Art. 78 Rn. 26.
35 Zu den nicht von Art. 78 Abs. 2 erfassten Konstellationen Sydow/*Sydow* Art. 78 Rn. 29.
36 So auch Kühling/Buchner/*Bergt* Art. 78 Rn. 27.
37 Kühling/Buchner/*Bergt* Art. 78 Rn. 27.
38 EuGH EuZW 1994, 248, 2. Leitsatz.
39 Kühling/Buchner/*Bergt* Art. 78 Rn. 33; BeckOK DatenschutzR/*Mundil* DSGVO Art. 78 Rn. 31.
40 Kühling/Buchner/*Bergt* Art. 78 Rn. 33.

IV. Nationales Recht

20 § 20 BDSG nF trifft Regelungen zum **gerichtlichen Rechtschutz** nach Art. 78. Nach § 20 Abs. 1 BDSG nF ist für Streitigkeiten zwischen einer natürlichen oder einer juristischen Person und einer Aufsichtsbehörde des Bundes oder eines Landes über die Rechte gemäß Art. 78 der Verwaltungsrechtsweg ausdrücklich eröffnet. Nach § 20 Abs. 2 BDSG nF ist die VwGO anzuwenden und nach § 20 Abs. 6 BDSG nF findet ein Vorverfahren nicht statt. Die Abs. 3 bis 5 enthalten Zuständigkeits- und Beteiligungsregelungen. Abs. 7 schließt die Anordnung der sofortigen Vollziehung durch die Aufsichtsbehörde gegenüber anderen Behörden oder deren Rechtsträgern aus; im Umkehrschluss ist eine solche Anordnung gegenüber nicht-öffentlichen Stellen zulässig.

21 Für den Anwendungsbereich der **JI-Richtlinie** regelt § 61 BDSG nF die Möglichkeit des **Rechtsschutzes gegen Entscheidungen der oder des Bundesbeauftragten** oder bei deren oder dessen Untätigkeit. Nach § 61 Abs. 1 BDSG nF kann jede natürliche oder juristische Person unbeschadet anderer Rechtsbehelfe gerichtlich gegen verbindliche Anordnungen der oder des Bundesbeauftragten vorgehen. § 61 Abs. 2 BDSG nF regelt den Fall der Untätigkeit. Befasst sich die oder der Bundesbeauftragte nicht mit einer Beschwerde oder informiert sie oder er nicht über Stand oder Ergebnis binnen drei Monaten, so besteht das Recht nach § 61 Abs. 1 BDSG nF, gerichtlich dagegen vorzugehen.

Artikel 79 Recht auf wirksamen gerichtlichen Rechtsbehelf gegen Verantwortliche oder Auftragsverarbeiter

(1) Jede betroffene Person hat unbeschadet eines verfügbaren verwaltungsrechtlichen oder außergerichtlichen Rechtsbehelfs einschließlich des Rechts auf Beschwerde bei einer Aufsichtsbehörde gemäß Artikel 77 das Recht auf einen wirksamen gerichtlichen Rechtsbehelf, wenn sie der Ansicht ist, dass die ihr aufgrund dieser Verordnung zustehenden Rechte infolge einer nicht im Einklang mit dieser Verordnung stehenden Verarbeitung ihrer personenbezogenen Daten verletzt wurden.

(2) ¹Für Klagen gegen einen Verantwortlichen oder gegen einen Auftragsverarbeiter sind die Gerichte des Mitgliedstaats zuständig, in dem der Verantwortliche oder der Auftragsverarbeiter eine Niederlassung hat. ²Wahlweise können solche Klagen auch bei den Gerichten des Mitgliedstaats erhoben werden, in dem die betroffene Person ihren gewöhnlichen Aufenthaltsort hat, es sei denn, es handelt sich bei dem Verantwortlichen oder dem Auftragsverarbeiter um eine Behörde eines Mitgliedstaats, die in Ausübung ihrer hoheitlichen Befugnisse tätig geworden ist.

Literatur: *Benecke, A./Wagner, J.,* Öffnungsklauseln in der Datenschutz-Grundverordnung und das deutsche BDSG – Grenzen und Gestaltungsspielräume für ein nationales Datenschutzrecht, DVBl 2016, 600; *Laue, P./Nink, J./Kremer, S.,* Das neue Datenschutzrecht in der betrieblichen Praxis, 2016; *Piltz, C.,* Die Datenschutz-Grundverordnung, K&R 2017, 85; *Schantz, P./Wolff, H.A.,* Das neue Datenschutzrecht, 2017; *Spiecker gen. Döhmann, I.,* Die Anerkennung von Rechtskraftwirkungen ausländischer Urteile, 2002.

I. Allgemeines

1 **1. Überblick.** Art. 79 komplettiert die Rechtsbehelfe der Art. 77 und Art. 78, die das Recht auf Beschwerde bei einer Aufsichtsbehörde und Rechtsbehelfe gegen eine Aufsichtsbehörde zum Gegenstand haben, um den Rechtsbehelf gegen Verantwortliche und Auftragsverarbeiter. Er vervollständigt auf diesem Weg das **umfangreiche Rechtsschutzkonzept** der Verordnung.[1]

2 **Abs. 1** beinhaltet das Recht auf einen wirksamen gerichtlichen Rechtsbehelf, wenn die betroffene Person der Ansicht ist, dass die ihr aus der Verordnung zustehenden Rechte von einem Verantwortlichen oder

---

1 Paal/Pauly/*Martini* Art. 79 Rn. 2.

einem Auftragsverarbeiter verletzt wurden. Geltend gemacht werden können insbes. Unterlassungs-, Auskunfts- und Informationsansprüche.[2] Ausdrücklich genannt sind in Art. 82 Schadensersatzansprüche.

Abs. 2 regelt die gerichtliche Zuständigkeit. So wie auch Art. 77 und Art. 78 ist dieser Artikel eine bereichsspezifische Ausprägung des in Art. 47 Abs. 1 GRCh genannten Rechts auf einen wirksamen Rechtsbehelf. Korrespondierende EG sind 144, 145 und teilweise 146, wobei sich letzter hauptsächlich auf Art. 82 bezieht. 3

2. Entstehungsgeschichte. Schon die DSRL enthielt in Art. 22 die Anforderung an die Mitgliedsstaaten, Rechtsbehelfe zu schaffen, die den betroffenen Personen bei der Verletzung ihrer Rechte zustehen. Diese Regelung ist allerdings kaum mit der heutigen Fassung in der DSGVO vergleichbar. Sie bildet höchstens den Ausgangspunkt für die heute unmittelbar geltende ausdifferenzierte Regelung.[3] 4

Der **Kom-E** enthielt bereits einen Artikel, der einen Rechtsbehelf gegen Verantwortliche und Auftragsverarbeiter vorsah (Art. 75 Kom-E). Er wurde im Laufe des Gesetzgebungsverfahrens nur wenig verändert. Die auffälligste Änderung erfolgte durch den Rat, der den Kom-E dahin gehend umformulierte, dass nicht jede natürliche Person, sondern nur eine betroffene Person das Recht haben solle, Klage zu erheben. Entgegen dem ersten Eindruck handelte es sich dabei jedoch nicht um eine Einschränkung des Klagerechts, sondern nur um eine Klarstellung. Denn bereits aus dem Kom-E wurde durch Abs. 1 aE deutlich, dass aus Sicht des Klageberechtigten Anzeichen für eine Verletzung im Umgang mit seinen personenbezogenen Daten vorliegen müssen. Dies implizierte bereits, dass nur Personen, die von einer Datenverarbeitung betroffen sein könnten, ein Recht zur Klage haben sollten. Die Umformulierung seitens des Rates führte also zu keinen inhaltlichen Neuerungen. 5

Eine weitere Änderung betraf die in Abs. 2 S. 2 geregelte Ausnahme bezüglich der **Zuständigkeit** für die Klage. Während S. 1 des Kom-E die Zuständigkeit der Gerichte am Niederlassungsort des beklagten Verantwortlichen bzw. Auftragsverarbeiters festlegte, gewährte S. 2 die alternative Möglichkeit einer Klageerhebung am gewöhnlichen Aufenthaltsort der betroffenen Person. Diese Möglichkeit wurde seitens der Kommission jedoch für den Fall ausgeschlossen, dass es sich bei dem für die Verarbeitung Verantwortlichen um eine Behörde handelte, die in Ausübung ihrer hoheitlichen Befugnisse tätig geworden ist. Das Parlament wollte diese Ausnahme dahin gehend klarstellen, dass sie sowohl für mitgliedsstaatliche Behörden als auch für Behörden der Union gilt. Dieser Änderungsvorschlag des Parlaments wurde jedoch nicht angenommen. Stattdessen erfolgte im Rahmen des Trilogs die erforderliche Harmonisierung zwischen S. 1 und S. 2. Denn während die grundsätzliche Zuständigkeitsregel in Abs. 2 S. 1 für Klagen gegen Verantwortliche oder Auftragsverarbeiter galt, bezog sich der in Abs. 2 S. 2 enthaltene Ausschluss für die alternative Klageerhebung am gewöhnlichen Aufenthaltsort nur auf Verantwortliche. Die Ergänzung um Auftragsarbeiter sorgte also für die notwendige Anpassung im dort verankerten Regel-Ausnahme-Verhältnis. 6

Die ursprünglich vorgesehenen Abs. 3 und 4 wurden gestrichen. Sie enthielten die Möglichkeit der Aussetzung des gerichtlichen Verfahrens, wenn dieselbe Maßnahme, Entscheidung oder Vorgehensweise auch Gegenstand des Kohärenzverfahrens ist (ex. Art. 75 Abs. 3) und die Verpflichtung für die Mitgliedsstaaten die endgültigen Gerichtsentscheidungen zu vollstrecken. Gibt es bereits einen Beschluss oder eine Stellungnahme im Rahmen des Kohärenzverfahrens, so muss dieser bzw. diese dem Gericht nach Art. 78 Abs. 4 zugeleitet werden. Außerdem ergibt sich eine gewisse Bindungswirkung des mitgliedsstaatlichen Gerichts an den Beschluss (vgl. EG 143 sowie Kommentierung zu Art. 78 Abs. 4 → Art. 78 Rn. 18). Sinnvoll erscheint es jedoch, die Verfahren grundsätzlich bis zur Entscheidung im Rahmen des Kohärenzverfahrens auszusetzen, da dieser Entscheidung eine gewisse Bindungswirkung zukommt. Ein widersprechendes, zuvor ergangenes Urteil könnte diese Bindungswirkung zwar nicht zerstören, würde aber zur Rechtsunsicherheit beitragen. Aus Rechtsschutzgründen könnte man ausnahmsweise für dringende Fälle eine vorläufige Entscheidung des Gerichts in Betracht ziehen. Vor diesem Hintergrund dürfte es den Mitgliedsstaaten nur eingeschränkt erlaubt sein, Regeln zu erlassen. Da die DSGVO diese Situation nicht mehr explizit regelt, besteht zwar keine offensichtliche „Sperre". Allerdings würde eine von der og Regelung abweichende Vorschrift der von der DSGVO intendierten Lösung widersprechen und insofern dafür sorgen, dass das Europarecht nicht effektiv durchgesetzt würde. Im Sinne der DSGVO kann den Mitgliedsstaaten daher lediglich erlaubt sein, die og Regel verbindlich festzuschreiben. Abs. 4 wurde vom Parlament und vom Rat gestrichen, da die geplante Vollstreckungspflicht weit in die Souveränität der Mitgliedsstaaten eingegriffen hätte und auch Art. 45 EuGVVO umgangen worden wäre.[4] Dieser Artikel verleiht Gerichten das Recht, die Anerkennung eines ausländischen Urteils aus bestimmten dort aufgeführten Gründen zu versagen, ua wenn es gegen die 7

---

2   Kühling/Buchner/*Bergt* Art. 79 Rn. 1.
3   Ähnlich: BeckOK DatenschutzR/*Mundil* DSGVO Art. 79 Vor Rn. 1.
4   Kühling/Buchner/*Bergt* Art. 79 Rn. 3; Paal/Pauly/*Martini* Art. 79 Rn. 6.

öffentliche Ordnung (ordre public) des ersuchten Mitgliedstaates verstößt oder einer früheren Entscheidung in diesem Mitgliedstaat widerspricht.[5]

II. Recht auf einen wirksamen gerichtlichen Rechtsbehelf (Abs. 1)

8   Art. 79 Abs. 1 verbürgt das Recht auf einen wirksamen gerichtlichen Rechtsbehelf aus Art. 47 GRCh als bereichsspezifische Ausprägung auch gegen private Verantwortliche oder Auftragsverarbeiter.

9   **1. Klageberechtigung. Klageberechtigt** sind nur betroffene Personen iSv Art. 4 Nr. 1 (→ Art. 4 Nr. 1 Rn. 24ff.), wobei eine Vertretung durch Verbände möglich ist (Art. 80 Abs. 1). Klagen nach Art. 79 können demnach nur von natürlichen Personen erhoben werden. Nur ausnahmsweise ist unter den Voraussetzungen von Art. 80 Abs. 2 eine Klageerhebung einer juristischen Person im eigenen Namen möglich (→ Art. 80 Rn. 12ff.). Wie im Rahmen der Beschwerdeberechtigung des Art. 77 ist folglich ein konkreter Nachweis der betroffenen Person nicht erforderlich, dass ihre Daten wirklich unter Verstoß gegen die datenschutzrechtlichen Vorschriften verarbeitet wurden (→ Art. 77 Rn. 5).[6]

10   **2. Verletzungshandlung.** Dem Wortlaut des Art. 79 Abs. 1 zufolge kann nur bei **Verletzung eigener Rechte** geklagt werden („ihr aufgrund dieser Verordnung zustehenden Rechte"). Durch die Betonung der dem Kläger zustehenden Rechte wird eindeutig ausgeschlossen, dass es zu Popularklagen kommt.[7] Zudem wird der Streitgegenstand auf die Frage der Rechtmäßigkeit der Verarbeitung personenbezogener Daten festgelegt.[8] Denn die das Klagerecht begründende Rechtsverletzung muss aus einer der Verordnung widersprechenden Verarbeitung resultieren. Die dem Kläger aufgrund der Verordnung zustehenden Rechte sind weit zu verstehen. Sie umfassen die in Art. 7 und 8 GRCh und die nach Art. 1 Abs. 2 DSGVO geschützten (Grund-)Rechte und Grundfreiheiten[9] sowie eine Verletzung der aufgrund der Verordnung erlassenen delegierten Rechtsakte, Durchführungsrechtsakte oder der von den Mitgliedstaaten zur Präzisierung erlassenen Rechtsvorschriften (EG 146 in Bezug auf den Schadenersatz). Hauptsächlich wird es sich dabei um Vorschriften mit individualschützendem Charakter (subjektives Recht) handeln. Allerdings kann auch die Verletzung eigentlich objektiv ausgestalteter Vorschriften, wie Privacy by Design oder by Default Gegenstand einer Klage nach 79 Abs. 1 sein, wenn sie Auswirkungen auf Rechte der betroffenen Person haben.[10]

11   Die Ausweitung des Klageanspruchs auf Verstöße gegen die in EG 146 genannten, **von den Mitgliedstaaten zur Präzisierung erlassenen Rechtsvorschriften** ist diskussionswürdig. So ist nicht eindeutig, wie weit das Klagerecht gehen soll. Zum einen wird vertreten, dass aufgrund des EG das gesamte Datenschutzrecht erfasst ist, das auf der DSGVO beruht.[11] Jedoch ist in EG 146 ausdrücklich von Präzisierungen die Rede, also nur von Vorschriften, die Normen der DSGVO näher ausführen.[12] Nicht darunter fallen würden dann Vorschriften, die den Mitgliedstaaten Handlungsaufträge aufgeben, im nationalen Recht bestimmte Sachverhalte zu regeln, wie zB Art. 85. Zur Beantwortung dieser Frage kann möglicherweise EG 8 herangezogen werden, der zwischen Präzisierungen und Einschränkungen unterscheidet.[13] Da der Gesetzgeber in EG 8 zwischen diesen Begriffen trennt, könnte man argumentieren, dass dies auch bei Art. 79 erforderlich ist. Unter Einschränkungen wären danach echte Öffnungsklauseln zu verstehen, unter Präzisierungen dagegen Regelungsaufträge.[14] Entsprechend wären Verstöße gegen echte Öffnungsklauseln nicht erfasst, dh die nationalen Gesetzgeber könnten materiell abweichende Regelungen schaffen.[15] Beide genannten Einschränkungen des Klagegegenstandes werden jedoch in der Praxis nicht umzusetzen sein. Gegen eine einschränkende Auslegung des Art. 79 Abs. 1, mithin für ein Erfassen auch von Rechtsvorschriften auf Basis echter Öffnungsklauseln, spricht indes, dass auch für diese nach Art. 47 GRCh ein Rechtsbehelf vorgesehen sein muss, handelt es sich doch um die Durchführung von Unionsrecht.[16]

12   **3. Adressat der Klage. Adressat der Klage** ist jedenfalls der **Verantwortliche und der Auftragsverarbeiter.** Das ergibt sich zwar nicht aus Abs. 1, der keinen Normadressaten nennt, wohl aber aus der Überschrift des

---

5   *Spiecker gen. Döhmann*, Die Anerkennung von Rechtskraftwirkungen ausländischer Urteile, 2002, S. 62.
6   Kühling/Buchner/*Bergt* Art. 79 Rn. 7; zur „Ansicht" der betroffenen Person bei einer verordnungswidrigen Datenverarbeitung Sydow/*Kreße* Art. 79 Rn. 20ff; *Piltz* K&R 2017, 85 (89).
7   Kühling/Buchner/*Bergt* Art. 79 Rn. 5.
8   Kühling/Buchner/*Bergt* Art. 79 Rn. 5.
9   Paal/Pauly/*Martini* Art. 79 Rn. 22.
10   Kühling/Buchner/*Bergt* Art. 79 Rn. 5.
11   Plath/*Becker* DSGVO Art. 82 Rn. 3.
12   Kühling/Buchner/*Bergt* Art. 82 Rn. 24.
13   Paal/Pauly/*Martini* Art. 79 Rn. 20.
14   Paal/Pauly/*Martini* Art. 79 Rn. 20; ausführlich zu Öffnungsklauseln in der DSGVO *Benecke/Wagner* DVBl 2016, 600 (600ff.).
15   Kühling/Buchner/*Bergt* Art. 79 Rn. 8; Paal/Pauly/*Martini* Art. 79 Rn. 20.
16   Kühling/Buchner/*Bergt* Art. 79 Rn. 8.

Artikels. Daraus, dass in Abs. 1 nicht explizit gesagt wird, an wen der Rechtsbehelf adressiert werden soll, könnte aber gefolgert werden, dass über die Auftragsverarbeiter und Verantwortliche hinaus noch weitere Adressaten in Frage kommen könnten, zB Vertreter[17] oder Dritte (Art. 4 Nr. 10). Dagegen spricht aber zum einen die eindeutige Formulierung der Überschrift und zum anderen die Tatsache, dass Abs. 2 eine Regelung zum Gerichtsstand nur für Auftragsverarbeiter und Verantwortliche trifft.[18]

Da Abs. 1 des Artikels keine Vorgaben dazu macht, ob nur gegen einen der beiden Adressaten gerichtlicher 13 Rechtsschutz gesucht werden kann, muss davon ausgegangen werden, dass dies zeitgleich gegen beide möglich ist. Dies entspricht auch dem Ziel eines größtmöglichen Rechtsschutzes. Der Betroffene kann außerdem auch parallel ein Beschwerdeverfahren gegen die Aufsichtsbehörde durchführen (Art. 77) und dieses gerichtlich nach weiterverfolgen (Art. 78).[19]

4. Wirksamkeit des gerichtlichen Rechtsbehelfs. Insoweit kann auf die Ausführungen zu Art. 78 Rn. ($\rightarrow$ 14 Art. 78 Rn. 5 f.) verwiesen werden.

5. Unbeschadet anderweitiger Rechtsbehelfe. Hier kann auf die Ausführungen zu Art. 78 ($\rightarrow$ Art. 78 15 Rn. 10) verwiesen werden.

6. Verhältnis zu Art. 77. Die Parallelität des Beschwerderechts (Art. 77) bei einer Aufsichtsbehörde mit dem 16 Recht auf einen wirksamen gerichtlichen Rechtsbehelf (Art. 79) kann zu Problemen in der Praxis führen. So erscheint es nicht ausgeschlossen, dass am Ende konträre Entscheidungen verschiedener Institutionen stehen. Durch die parallelen Verfahren sind zudem die Unternehmen mit einem doppelten Verfahrensrisiko belastet.[20] Um widersprüchliche Entscheidungen zu verhindern, wäre eine Abstimmung zwischen den beteiligten Stellen zwar denkbar,[21] sie ist aber mit Blick auf die Unabhängigkeit beider Institutionen, insbes. der Unabhängigkeit der Justiz, keine gangbare Lösung. Ein Abwarten des Gerichts bis zur Entscheidung der Aufsichtsbehörde wäre eine Möglichkeit. Die dazu erforderliche Aussetzung ist jedoch nur in Bezug auf anhängige Verfahren in anderen Mitgliedsstaaten möglich (siehe Art. 81). Auch das Abwarten der Aufsichtsbehörde auf eine gerichtliche Entscheidung kann in Anbetracht der oft langen Dauer von Gerichtsverfahren keine sinnvolle Lösung sein. Höchstwahrscheinlich wird in der Praxis zunächst die Beschwerde bei einer Aufsichtsbehörde entschieden, die dann Eingang in das gerichtliche Verfahren finden wird. Ausnahmen werden bei gerichtlichen Eilverfahren bestehen. Bei unterschiedlichen Ansichten wird letztlich das Gericht entscheiden, da sich entweder der betroffene Verantwortliche oder Auftragsverarbeiter oder die betroffene Person gegen die behördliche Entscheidung wehren wird.

III. Gerichtliche Zuständigkeit (Abs. 2)

Nach Art. 79 Abs. 2 können Klagen von betroffenen Personen gegen Verantwortliche oder Auftragsverar- 17 beiter bei den Gerichten des Mitgliedstaates eingereicht werden, in dem diese eine **Niederlassung** haben (S. 1) **oder wahlweise** bei den Gerichten des Mitgliedstaates, in dem die **betroffene Person** ihren **gewöhnlichen Aufenthaltsort** hat (S. 2). Abs. 2 regelt damit lediglich die internationale Zuständigkeit, nicht aber die örtliche Zuständigkeit in den Mitgliedstaaten. Diese richtet sich in Deutschland bei zivilrechtlichen Ansprüchen grundsätzlich nach den §§ 112ff. ZPO.[22] Um staatliches Handeln nicht einer fremden Gerichtsbarkeit zu unterwerfen[23], müssen Klagen gegen hoheitliches Handeln von Behörden eines Mitgliedstaates jedoch nach Art. 78 Abs. 2 S. 2 Hs. 2 vor den zuständigen Gerichten der jeweiligen Mitgliedstaaten verhandelt werden. Nach EG 147 geht Abs. 2 den allgemeinen gerichtlichen Zuständigkeitsnormen, insbes. der EuGVVO[24] vor (lex specialis). Für Gerichtsverfahren zur Inanspruchnahme des Rechts auf Schadenersatz verweist Art. 82 Abs. 6 nochmals ausdrücklich auf die Regelung des Art. 79 Abs. 2. Aufgrund des schützenden Charakters dieser Norm und der Sicherheit im (europäischen) Rechtsverkehr wird davon ausgegangen, dass es sich bei Art. 79 Abs. 2 um eine unabdingbare Norm handelt, so dass davon abweichende Vereinbarungen nach deutschem AGB-Recht gegenüber Verbrauchern unwirksam wären.[25]

---

17 Siehe zu dieser Frage ausführlich Paal/Pauly/*Martini* Art. 79 Rn. 11.
18 Kühling/Buchner/*Bergt* Art. 79 Rn. 10; aA Paal/Pauly/*Martini* Art. 79 Rn. 11.
19 BeckOK DatenschutzR/*Mundil* DSGVO Art. 79 vor Rn. 1; Paal/Pauly/*Martini* Art. 79 Rn. 12; Ehmann/Selmayr/*Nemitz* Art. 79 Rn. 8.
20 BeckOK DatenschutzR/*Mundil* DSGVO Art. 77 Rn. 18.
21 Paal/Pauly/*Körffer* Art. 77 Rn. 9.
22 S. die Begründung zum DSAnpUG-EU, BT-Drs. 18/11325, S. 109.
23 BeckOK DatenschutzR/*Mundil* DSGVO Art. 79 Rn. 19.
24 Verordnung (EU) Nr. 1215/2012 des EP und des Rates vom 12.12.2012 über die gerichtliche Zuständigkeit und die Anerkennung und Vollstreckung von Entscheidungen in Zivil- und Handelssachen (ABl. L 351 vom 20.12.2012, S. 1).
25 *Laue/Nink/Kremer*, § 11 Rn. 36.

18 **1. Ort der Niederlassung.** Klagen gegen den Verantwortlichen oder den Auftragsverarbeiter können in dem Mitgliedstaat eingereicht werden, in dem diese eine **Niederlassung** haben. Dabei muss es sich nicht um die Hauptniederlassung (zum Niederlassungsbegriff s. Art. 4 Nr. 16, Art. 56 → Art. 4 Nr. 16 Rn. 3 f.) handeln. EG 22 wiederholt die EuGH-Rechtsprechung zum Ort der Niederlassung[26] und stellt fest, dass eine Niederlassung die effektive und tatsächliche Ausübung einer Tätigkeit durch eine feste Einrichtung voraussetzt. Nach EG 22 kommt es dabei nicht auf die Rechtsform an. Die Niederlassung kann danach auch eine Tochtergesellschaft oder Zweigstelle sein. Laut der Entscheidung des EuGH im Weltimmo-Urteil genügt selbst eine geringfügige Tätigkeit bzw. Verbindung, um eine Niederlassung annehmen zu können, nämlich ein Postfach und eine Bankverbindung.[27] Aus den geringen Anforderungen des EuGH an den Niederlassungsbegriff lässt sich entnehmen, dass eine Niederlassung schon dann vorliegt, wenn der Beklagte seine Tätigkeit auf den jeweiligen Mitgliedsstaat ausgerichtet hat[28] bzw. wenn in dem jeweiligen Mitgliedsstaat datenschutzrechtlich relevante Vorgänge erfolgen.[29]

19 **2. Gewöhnlicher Aufenthaltsort.** Neben der Möglichkeit, am Niederlassungsort des Verantwortlichen bzw. Auftragsverarbeiters zu klagen, kann die betroffene Person wahlweise auch in dem Mitgliedsstaat klagen, in dem sie ihren gewöhnlichen **Aufenthaltsort** hat. Die Regelung in Art. 79 Abs. 2 S. 2 wird in EG 145 wiederholt. Sinn und Zweck des Wahlrechts ist es, der betroffenen Person „Zugang zur vertrauten nationalen Justiz" zu verschaffen.[30]

20 Das Recht, am gewöhnlichen Aufenthaltsort zu klagen, besteht nach Abs. 2 S. 2 Hs. 2 wiederum nicht, wenn der Verantwortliche bzw. Auftragsverarbeiter eine **Behörde** ist, die hoheitlich gehandelt hat. Die Rückausnahme soll gewährleisten, dass Behörden nur von ihrem eigenen Staat kontrolliert werden, soweit sie hoheitlich tätig werden.[31] Dies entspricht einerseits dem Subsidiaritätsprinzip des Art. 5 EUV,[32] andererseits aber auch dem völkerrechtlichen Grundsatz der Staatenimmunität.[33] Aus letzterem Grund wird daher richtigerweise vorgeschlagen, die Regelung ebenfalls auf hoheitlich tätige Behörden von Drittstaaten (analog) anzuwenden.[34]

21 Eine Behörde handelt „**in Ausübung ihrer hoheitlichen Befugnisse**" wenn sie nicht privatrechtlich handelt und ihr Handeln einem öffentlichen Zweck dient.[35] Hoheitlich handelt eine Behörde jedenfalls innerhalb der eigentlichen Verwaltungstätigkeit. Nimmt sie privatrechtliche Hilfsgeschäfte oder wirtschaftliche Tätigkeiten wahr, handelt sie außerhalb des Anwendungsbereichs von Art. 79 Abs. 2.[36]

22 Der **Behördenbegriff** ist autonom bzw. nach europäischem Recht auszulegen. Gemeint sind staatliche oder dem Staat zuzuordnende Entitäten, die Aufgaben der öffentlichen Verwaltung in gewisser Selbstständigkeit und in der Regel mit Wirkung im Außenverhältnis wahrnehmen.[37] Er entspricht damit weitestgehend dem Verständnis von § 1 Abs. 4 VwVfG.[38] Als Behörde gelten demnach auch Beliehene, nicht jedoch Verwaltungshelfer. Entsprechend gilt auch nicht der Rechtsträger der Behörde und der jeweilige Organwalter als Behörde.

IV. Nationales Recht

23 Eine spezielle Regelung, wie sie Art. 79 vorsieht, gab es im deutschen Recht bislang nicht. Es bestand aufgrund der allgemeinen Rechtsschutzregeln – Art. 19 Abs. 4 GG und dem Justizgewährleistungsanspruch sowie den Zuständigkeitsregeln der VwGO und der ZPO, die Klagen gegen Verantwortliche im öffentlichen und nicht-öffentlichen Bereich eröffnen – auch keine Notwendigkeit dafür. Art. 79 Abs. 2 fordert nun, dass bei einem Verantwortlichen mit einer Niederlassung in Deutschland ein deutsches Gericht zuständig sein muss. § 44 BDSG nF regelt, welches Gericht innerstaatlich dafür zuständig ist. Örtlich zuständig ist nach § 44 Abs. 1 BDSG nF sowohl das Gericht an der Niederlassung des Verantwortlichen oder Auftragsverarbeiters (S. 1) als auch am gewöhnlichen Aufenthaltsort der betroffenen Person (S. 2). Beides gilt gemäß § 44 Abs. 2 BDSG nF allerdings nicht für Klagen gegen Behörden, soweit dies in Ausübung ihrer hoheitlichen

---

26 EuGH C-230/14, ECLI:EU:C:2015:639, NJW 2015, 3636, Rn. 31.
27 EuGH C-230/14, ECLI:EU:C:2015:639, NJW 2015, 3636, Rn. 31.
28 Kühling/Buchner/*Bergt* Art. 79 Rn. 16.
29 BeckOK DatenschutzR/*Mundil* DSGVO Art. 79 Rn. 16.
30 BeckOK DatenschutzR/*Mundil* DSGVO Art. 79 Rn. 17.
31 BeckOK DatenschutzR/*Mundil* DSGVO Art. 79 Rn. 19.
32 Paal/Pauly/*Martini* Art. 79 Rn. 29.
33 Kühling/Buchner/*Bergt* Art. 79 Rn. 14 mit Bezug auf *Jarass* Art. 25 Rn. 12; Schantz/Wolff/*Schantz*, Rn. 1262.
34 Kühling/Buchner/*Bergt* Art. 79 Rn. 14.
35 BeckOK DatenschutzR/*Mundil* DSGVO Art. 79 Rn. 19; Kühling/Buchner/*Bergt* Art. 79 Rn. 14; Paal/Pauly/*Martini* Art. 79 Rn. 30.
36 Kühling/Buchner/*Bergt* Art. 79 Rn. 14; Paal/Pauly/*Martini* Art. 79 Rn. 30; BeckOK DatenschutzR/*Mundil* DSGVO Art. 79 Rn. 19.
37 Paal/Pauly/*Martini* Art. 79 Rn. 29.
38 Paal/Pauly/*Martini* Art. 79 Rn. 29.

Befugnisse erfolgt. § 44 Abs. 3 BDSG nF ordnet an, dass ein Vertreter nach Art. 27 Abs. 1 als bevollmächtigt gilt, Zustellungen in zivilgerichtlichen Verfahren entgegenzunehmen (→ Art. 27 Rn. 27 f.).

Artikel 80   Vertretung von betroffenen Personen

(1) Die betroffene Person hat das Recht, eine Einrichtung, Organisationen oder Vereinigung ohne Gewinnerzielungsabsicht, die ordnungsgemäß nach dem Recht eines Mitgliedstaats gegründet ist, deren satzungsmäßige Ziele im öffentlichem Interesse liegen und die im Bereich des Schutzes der Rechte und Freiheiten von betroffenen Personen in Bezug auf den Schutz ihrer personenbezogenen Daten tätig ist, zu beauftragen, in ihrem Namen eine Beschwerde einzureichen, in ihrem Namen die in den Artikeln 77, 78 und 79 genannten Rechte wahrzunehmen und das Recht auf Schadensersatz gemäß Artikel 82 in Anspruch zu nehmen, sofern dieses im Recht der Mitgliedstaaten vorgesehen ist.

(2) Die Mitgliedstaaten können vorsehen, dass jede der in Absatz 1 des vorliegenden Artikels genannten Einrichtungen, Organisationen oder Vereinigungen unabhängig von einem Auftrag der betroffenen Person in diesem Mitgliedstaat das Recht hat, bei der gemäß Artikel 77 zuständigen Aufsichtsbehörde eine Beschwerde einzulegen und die in den Artikeln 78 und 79 aufgeführten Rechte in Anspruch zu nehmen, wenn ihres Erachtens die Rechte einer betroffenen Person gemäß dieser Verordnung infolge einer Verarbeitung verletzt worden sind.

Literatur: *Albrecht, J.P./Jotzo, F.,* Das neue Datenschutzrecht der EU, 2017; *Dönch, J.,* Verbandsklagen bei Verstößen gegen das Datenschutzrecht – neue Herausforderungen für die Datenschutz-Compliance, BB 2016, 962; *Gierschmann, S.,* Was „bringt" deutschen Unternehmen die DS-GVO? – Mehr Pflichten, aber die Rechtsunsicherheit bleibt, ZD 2016, 51; *Halfmeier, A.,* Die neue Datenschutzverbandsklage, NJW 2016, 1126; *Gola, P./Wronka, G.,* Datenschutzrecht im Fluss, RDV 2015, 3; *Ritter, F./Schwichtenberg, S.,* Die Reform des UKlaG zur Eliminierung des datenschutzrechtlichen Vollzugsdefizits – neuer Weg, neue Chancen?, VuR 2016, 95; *Schantz, P.,* Die Datenschutz-Grundverordnung – Beginn einer neuen Zeitrechnung im Datenschutzrecht, NJW 2016, 1841; *Schlacke, S.,* Überindividueller Rechtsschutz, 2008; *Spindler, G.,* Verbandsklagen und Datenschutz – das neue Verbandsklagerecht – Neuregelungen und Probleme, ZD 2016, 114; *Wagner, J./Benecke, B.,* National Legislation within the Framework of the GDPR, EDPL 2016, 353; *Wagner, J./Benecke, A.,* Öffnungsklauseln in der Datenschutz-Grundverordnung und das deutsche BDSG – Grenzen und Gestaltungsspielräume für ein nationales Datenschutzrecht, DVBl. 2016, 600.

I. Allgemeines

1. Überblick. Neben der Möglichkeit der betroffenen Person, die Rechtsbehelfe nach Art. 77–79 selbst einzulegen sowie ihr Recht auf Schadensersatz nach Art. 82 geltend zu machen, stellt Art. 80 zwei zusätzliche Maßnahmen für Verbände zur Verfügung, im Verfahren und im Prozess aufzutreten. Zum einen kann sich die betroffene Person in verwaltungsrechtlichen und/oder gerichtlichen Verfahren vertreten lassen (Abs. 1). Zum anderen wird Verbänden ein eigenständiges Beschwerde- bzw. Klagerecht eingeräumt (Abs. 2), wenn der Mitgliedstaat von der Möglichkeit Gebrauch gemacht hat, diese im nationalen Recht vorzusehen. **1**

Insgesamt erweitert Art. 80 die Vorschriften zur praktischen Durchsetzung der Rechte und Vorgaben der DSGVO um ein kollektives Element.[1] Es soll zu einer effektiveren Nutzung der Rechtsbehelfe führen und damit die Durchsetzung und Beachtung der datenschutzrechtlichen Vorgaben verbessern.[2] Auch sollen Hemmschwellen bei den betroffenen Personen abgebaut werden, ihre Rechte tatsächlich durchzusetzen und die damit verbundene behördliche oder gerichtliche Auseinandersetzung mitsamt ihren Risiken auf sich zu nehmen.[3] Zudem sind die Sachverhalte und die darauf beruhende rechtliche Beurteilung häufig sehr komplex und für die einzelne betroffene Person schwer zu durchdringen,[4] so dass Art. 80 auch dazu dienen soll, sich einen effektiven Beistand zu sichern. Solche Hemmschwellen können gesenkt werden, wenn sich betroffene Personen vertreten lassen und dadurch ihren eigenen Beschwerdeaufwand verringern können oder **2**

---

1   *Albrecht/Jotzo,* Teil 8 Rn. 31.
2   Paal/Pauly/*Frenzel* Art. 80 Rn. 1; Sydow/*Kreße* Art. 80 Rn. 1; *Gierschmann* ZD 2016, 51 (53).
3   *Lauel/Nink/Kremer,* § 11 Rn. 38; *Spindler* ZD 2016, 114 (115).
4   Plath/*Becker* DSGVO Art. 80 Rn. 1; *Spindler* ZD 2016, 114 (115).

sogar selbst gar nicht tätig werden, sondern sich durch Verbände vertreten lassen. Gleichzeitig wird auf Seiten der vertretenden Einrichtungen das Vorgehen gegen rechtswidrige Datenverarbeitungen konzentriert und dadurch effektiver gestaltet.[5]

3   **2. Entstehungsgeschichte. a) Vergleich zur DSRL.** Im Vergleich zur DSRL zeigt sich eine **Ausweitung der Vorschriften zur praktischen Durchsetzbarkeit der Datenschutzvorgaben.** Rechtsbehelfe konnten zwar von betroffenen Personen gem. Art. 22 DSRL eingelegt werden, dennoch wurde davon selten Gebrauch gemacht.[6] Die Vertretungsmöglichkeit eines Verbands bestand nur im Rahmen von Art. 28 Abs. 4 DSRL, wonach jede Person oder ein sie vertretender Verband Beschwerden bei einer Aufsichtsbehörde einreichen konnte. Dabei hat die betroffene Person oder der ihn vertretene Verband keinen Anspruch, eine bestimmte Handlung der Aufsichtsbehörde herbeizuführen.[7] Außerdem musste der Verband nachweisen, dass er die betroffene Person vertritt[8]. Soweit demnach ein Verband das Recht aus Art. 77 geltend macht, entspricht Art. 80 Abs. 1 Art. 28 Abs. 4 DSRL. Ein darüberhinausgehendes Tätigwerden seitens des Verbands ohne einen solchen Nachweis, in Bezug auf die Geltendmachung anderer Rechte oder ohne Beauftragung iSd Art. 80 Abs. 2 war nicht vorgesehen.

4   **b) Gesetzgebungsgeschichte.** Der Kom-E sah in Art. 73 Abs. 2 das Recht vor, dass „Einrichtungen, Organisationen oder Verbände, die sich den Schutz der Rechte und Interessen der betroffenen Personen in Bezug auf den Schutz ihrer personenbezogenen Daten zum Ziel gesetzt haben", im Namen einer oder mehrerer betroffener Personen **Beschwerde** bei einer Aufsichtsbehörde einlegen können. Daneben gab es in Art. 73 Abs. 3 Kom-E ein Verbandsbeschwerderecht, dass „unabhängig von der Beschwerde einer betroffenen Person" geltend gemacht werden konnte, wenn die Einrichtungen, Verbände oder Organisationen der Auffassung waren, dass „der Schutz personenbezogener Daten verletzt wurde". Außerdem sah Art. 76 Abs. 1 Kom-E vor, dass die in Art. 73 Abs. 2 Kom-E genannten Einrichtungen, Organisationen oder Verbände im Namen der betroffenen Person gegen Aufsichtsbehörden oder gegen Verantwortliche und Auftragsverarbeiter **klagen** konnten.

5   Das Parlament änderte die Zielsetzung der Einrichtungen, Organisationen und Verbände in Art. 73 Abs. 2 Kom-E dahin gehend ab, dass diese im öffentlichen Interesse handeln müssten. Außerdem weitete es die Vertretungsmöglichkeit für Betroffene auf Schadensersatzklagen aus. Diese Möglichkeit wurde jedoch in den Trilog-Verhandlungen mit dem Rat unter Rücksicht auf mitgliedstaatliches Recht auf eine fakultative Öffnungsklausel (nun Abs. 1 letzter Halbsatz) reduziert. Überdies wurde Art. 73 Abs. 3 aus dem Artikel zum Beschwerderecht (nunmehr Art. 77) herausgelöst und gemeinsam mit den übrigen Rechten in Art. 80 Abs. 2 aufgenommen – allerdings, anders als von Kommission und Parlament vorgeschlagen, nicht als Vorgabe für die Mitgliedstaaten, sondern lediglich optional. Die im Entwurf ursprünglich vorgesehene unmittelbar geltende Verbandsbeschwerde gibt es demnach in der DSGVO nicht mehr. Schließlich wurde sich im Trilog darauf verständigt, beide vorgeschlagenen Zielrichtungen der Verbände in die Norm aufzunehmen.

II. Beauftragung der Vertretung durch die betroffene Person, Abs. 1

6   Nach Abs. 1 hat die betroffene Person das Recht, bestimmte Einrichtungen, Organisationen oder Vereinigungen damit zu **beauftragen**, in ihrem Namen eine Beschwerde einzureichen, die in den Art. 77–79 genannten Rechte und das Recht auf Schadensersatz nach Art. 82 wahrzunehmen. Die Wahrnehmung des Rechts auf Schadensersatz ist allerdings nur möglich, sofern dies im Recht des Mitgliedsstaates vorgesehen ist. Im Gegensatz zu Abs. 2 muss die betroffene Person einen Auftrag erteilen. Es handelt sich um eine weitere in der DSGVO vorgesehene **individuelle Rechtsschutzmöglichkeit**, die lediglich das Verfahren durch die Vertretung erleichtert.[9]

7   **1. Anforderungen an die Einrichtungen, Organisationen oder Vereinigungen.** Die Einrichtungen, Organisationen oder Vereinigungen müssen **ohne Gewinnerzielungsabsicht** handeln, nach dem Recht eines Mitgliedsstaates gegründet sein, ihre satzungsmäßigen Ziele müssen im öffentlichen Interesse liegen und sie müssen im Bereich des Schutzes der Rechte und Freiheiten von betroffenen Personen in Bezug auf den Schutz ihrer personenbezogenen Daten tätig sein. Da sowohl Einrichtungen, Organisationen als auch Vereinigungen genannt werden, kommt grundsätzlich jegliche **Organisationsform** in Betracht, unabhängig von der konkreten Gesellschaftsform oder von öffentlich- oder privat-rechtlicher Organisation.[10] Der Wortlaut

---

5   Paal/Pauly/*Frenzel* Art. 80 Rn. 1; Plath/*Becker* DSGVO Art. 80 Rn. 2.
6   Vgl. bspw. § 2 Abs. 2 S. 1 Nr. 11 UKlaG.
7   *Dammann/Simitis* Art. 28 Rn. 15.
8   *Dammann/Simitis* Art. 28 Rn. 14.
9   Paal/Pauly/*Frenzel* Art. 80 Rn. 6.
10   Kühling/Buchner/*Bergt* Art. 80 Rn. 5.

„Einrichtungen, Organisationen oder Vereinigungen [..], die [.] nach dem Recht eines Mitgliedstaates gegründet ist" impliziert lediglich, dass natürliche Personen nicht vertretungsberechtigt sind.

Das Merkmal, dass die Einrichtung ohne **Gewinnerzielungsabsicht** handeln muss, kam in den Trilog-Ver- 8
handlungen hinzu. Es soll sog Abmahn-Geschäftsmodellen entgegenwirken („aim to avoid the development of a commercial claims culture in the field of data protection").[11] Die Einrichtung darf zwar nicht beabsichtigen, Gewinne zu erzielen, allerdings darf sie die ihr entstanden Kosten für angefallene Tätigkeiten ersetzt verlangen.[12] Die satzungsmäßigen Ziele müssen außerdem im öffentlichen Interesse liegen. Das bedeutet zum einen, dass eine festgeschriebene Satzung existieren muss, damit die Ziele überprüft werden können.[13] Wobei aus dem Wortlaut der englischen Fassung „statutory" folgt, dass es sich nicht um eine Satzung im formellen Sinne handeln muss, sondern jede Form von verbindlich festgelegten Zielen ausreicht. Zum anderen muss es sich um eine gemeinnützige Einrichtung handeln.[14] Ob eine solche **Gemeinnützigkeit** vorliegt, ist durch Auslegung der Satzung zu ermitteln. Dabei kommt es auf die Einrichtung im Ganzen an. Verfolgt nur ein Teil der Einrichtung gemeinnützige Zwecke, ist das nicht ausreichend.[15] Unerheblich ist auch, ob die Gemeinnützigkeit staatlich anerkannt ist oder ob die Einrichtung steuerlich anders beurteilt wird.[16] Schließlich muss sie im Bereich des Schutzes der Rechte und Freiheiten der betroffenen Personen in Bezug auf den Schutz ihrer personenbezogenen Daten tätig sein. Das schließt wiederum nicht aus, dass die Einrichtung auch anderen Tätigkeiten nachgehen darf.[17] Auch muss sie nicht zwangsläufig nur Rechte des Betroffenen vertreten; sie kann auch generell im Bereich des Datenschutzrechts beratend tätig werden oder lediglich für Partikularinteressen im Datenschutzrecht eintreten.[18] Beispiele für solche Einrichtungen sind neben Verbraucherschutzverbänden auch Berufsverbände,[19] politische Parteien, Bürgerinitiativen oder Gewerkschaften.[20]

2. Beauftragung. Die betroffene Person muss die Einrichtung **beauftragen**. Zunächst sind die Anforderun- 9
gen der DSGVO als Europarecht autonom und unabhängig vom deutschen Recht auszulegen.[21] Daher handelt es sich nicht um einen „Auftrag" iSd § 662 BGB. Teilweise wird angenommen, dass der Auftrag schriftlich erklärt werden muss. Andernfalls wäre die Rechtssicherheit gefährdet und es bestünde eine zu hohe Missbrauchsgefahr.[22] Diese Anforderung ergibt sich allerdings nicht aus dem Wortlaut der Norm. Dieser enthält explizit keine solche Einschränkung und auch im Gesetzgebungsprozess wurde eine solche Einschränkung nicht diskutiert. Auch kann der genannten Gefahr auf andere Weise im nationalen Recht entgegengewirkt werden, bspw. durch das Einfordern einer Vollmacht des Vertretenden bei aufsichtsbehördlichen und/oder bei gerichtlichen Verfahren durch die Behörde oder das Gericht.[23]

Die genannten Organisationen können im Namen der betroffenen Person Beschwerde oder Klage einrei- 10
chen. Die etwas verwirrende deutsche Sprachversion (die betroffene Person kann eine Einrichtung beauftragen, *in ihrem Namen* tätig zu werden) könnte dahin gehend missverstanden werden, dass die Einrichtung in ihrem eigenen Namen tätig wird, also ein fremdes Recht im eigenen Namen geltend macht. Dann würde es sich um eine echte (gewillkürte) Prozessstandschaft handeln.[24] Zieht man aber ergänzend den englischen Text hinzu (on his or her behalf und eben nicht on one's. own behalf) wird deutlich, dass sich „in ihrem Namen" auf die betroffene Person bezieht.[25] Dafür spricht auch, dass in EG 142 aE von „im Namen einer betroffenen Person" gesprochen wird – dies explizit allerdings nur in Bezug auf das Schadensersatzrecht. Es wäre aber äußerst unwahrscheinlich, wenn nur dieses im Namen der betroffenen Person geltend gemacht werden könnte, zumal diese Möglichkeit in keiner Weise vom Wortlaut gedeckt wäre. Schließlich ergibt sich aus der Systematik, dass es sich um eine bloße Vertretung handeln muss. Denn in Abs. 2 ist gerade der Fall erfasst, dass die Einrichtung selbst Beschwerde oder Klage einreicht, also im eigenen Namen handelt

11 5419/1/16 REV 1 ADD 1, 31; Paal/Pauly/*Frenzel* Art. 80 Rn. 8.
12 Kühling/Buchner/*Bergt* Art. 80 Rn. 7.
13 Kühling/Buchner/*Bergt* Art. 80 Rn. 8.
14 Plath/*Becker* DSGVO Art. 80 Rn. 2.
15 Plath/*Becker* DSGVO Art. 80 Rn. 2; Kühling/Buchner/*Bergt* Art. 80 Rn. 6.
16 Plath/*Becker* DSGVO Art. 80 Rn. 2.
17 Plath/*Becker* DSGVO Art. 80 Rn. 2.
18 Kühling/Buchner/*Bergt* Art. 80 Rn. 9.
19 Paal/Pauly/*Frenzel* Art. 80 Rn. 8 nennt bspw. den Berufsverband der Datenschutzbeauftragten Deutschlands -BvD).
20 Diese Beispiele nennt Plath/*Becker* DSGVO Art. 80 Rn. 2.
21 EuGH BeckEuRS 1982, 97921, ECLI:EU:C:1982:371 Rn. 10; BeckEuRS 1977, 60501, ECLI:EU:C:1977:188 Rn. 22, 27; BeckEuRS 1981, 89948, ECLI:EU:C:1981:120 Rn. 11; BeckEuRS 1982, 97876, ECLI:EU:C:1982:5 Rn. 8; BeckEuRS 1983, 105380, ECLI:EU:C:1983:87 Rn. 9 f.; EuZW 2009, 655, ECLI:EU:C:2009:465 Rn. 27; EuZW 2012, 635, ECLI:EU:C:2012:244 Rn. 33.
22 Paal/Pauly/*Frenzel* Art. 80 Rn. 9.
23 Vgl. für Deutschland § 14 Abs. 1 S. 3 VwVfG, § 80 S. 1 ZPO, § 67 Abs. 6 S. 1 VwGO.
24 So offenbar Laue/Nink/*Kremer*, § 11 Rn. 40.
25 Paal/Pauly/*Frenzel* Art. 80 Rn. 7; anders und schwer nachvollziehbar *Albrecht/Jotzo*, Teil 8 Fn. 47; vgl. zur Auslegung der englischen Version auch *Wagner/Benecke* EDPL 2016, 353 (355).

(→ Rn. 12). Es handelt sich mithin nicht um eine Prozessstandschaft, sondern um eine **gewöhnliche Vertretungsregel**.[26]

11 Die Einrichtungen können im Namen der betroffenen Person Beschwerden einlegen und die Rechte nach Art. 77–79 alternativ oder kumulativ wahrnehmen.[27] Zusätzlich gibt es die Möglichkeit, im Namen der betroffenen Person das **Recht auf Schadensersatz** nach Art. 82 geltend zu machen, wenn es im Recht des betreffenden Mitgliedsstaats vorgesehen ist. Diese Öffnungsklausel wird unterschiedlich eingeordnet. Sie kann im Sinne einer strengen Akzessorietät zum mitgliedstaatlichen Recht verstanden werden, was heißen würde, dass die Mitgliedsstaaten Art und Umfang des Vertretungsrechts festlegen dürften.[28] Dafür spricht, dass das Vertretungsrecht in den Mitgliedsstaaten sehr unterschiedlich ausgestaltet ist und sich im Gesetzgebungsprozess daher ausdrücklich darauf geeinigt wurde, die Vertretungsregelung in Schadenersatzprozessen den Mitgliedsstaaten zu überlassen. Auch trifft die DSGVO keine weiteren Regelungen zur Ausgestaltung des Vertretungsrechts in diesem speziellen Fall. Allerdings könnte die Öffnungsklausel auch so zu verstehen sein, dass die Mitgliedsstaaten nur über das „Ob" der Vertretung entscheiden dürfen,[29] was bedeuten würde, dass sie keine weiteren Voraussetzungen bezüglich des Vertretungsrechts festlegen dürfen. Dies lässt sich allerdings weder aus dem Wortlaut der Norm noch aus der Systematik des in diesem Abschnitt geregelten Vertretungsrechts ableiten. Verfahrensrechtliche Regelungen, die lediglich das Vertretungsrecht spezifizieren, aber die in der DSGVO festgelegten Grundsätze achten, sind also möglich.

III. Verbandsbeschwerde und Verbandsklage, Abs. 2

12 Art. 80 ermöglicht den Mitgliedsstaaten für die in Abs. 1 genannten Einrichtungen, Organisationen oder Vereinigungen ein vom Auftrag der betroffenen Person unabhängiges **Beschwerde- und Klagerecht** vorzusehen. Der Verband kann dann im eigenen Namen tätig werden. Die Geltendmachung von Schadenersatzklagen durch Einrichtungen, Organisationen oder Vereinigungen ist dagegen nicht gestattet (EG 142, letzter Satz).

13 Der Wortlaut von Art. 80 Abs. 2 setzt die Verletzung von individuellen Rechten („Rechte einer betroffenen Person") für die **Verbandsklage** voraus. Die Verletzung von rein objektivem Recht reicht nicht aus.[30] Für die dogmatische Einordnung würde sich daraus ergeben, dass es sich nicht um eine eigentliche Verbandsklage[31] bzw. -beschwerde handelt, da dafür überindividuelle Interessen durchgesetzt werden müssten.[32] Die vorausgesetzte Verletzung individueller Rechte darf jedoch auch nicht dahin gehend verstanden werden, dass im Einzelfall überprüft wird, ob das Recht einer bestimmte Person verletzt ist. Denn in dem Fall würde diese Person unter Umständen ohne ihr Wissen zum Gegenstand eines staatlichen Gerichtsverfahrens.[33] Stattdessen wird man annehmen müssen, dass abstrakt geprüft wird, ob subjektive Rechte irgendeiner Person verletzt sein könnten. Da solche Verletzungen wiederum bei einer Vielzahl unterschiedlicher Personen bzw. Verarbeitungsvorgänge auftreten, handelt es sich auch um überindividuelle Interessen, die der Verband in dem Fall vertritt.[34] Nur insofern kann von einer echten Verbandsklage ausgegangen werden.[35] Die Möglichkeit, eine Verbandsklage einzureichen, besteht gegenüber Aufsichtsbehörden (Verweis auf Art. 78) sowie gegenüber Verantwortlichen und Auftragsverarbeitern (Verweis auf Art. 79).

14 Die Möglichkeit einer **Verbandsbeschwerde** iSd des Art. 80 Abs. 2 wird überwiegend so verstanden, dass die Beschwerdemöglichkeit unabhängig von einer möglichen Verletzung der Rechte der betroffenen Person, also auch bei objektiven Rechtsverstößen, besteht.[36] Auch wenn der Blick auf den Wortlaut des Art. 80 Abs. 2 selbst unergiebig ist, da sich der letzte Halbsatz sowohl auf den ganzen Absatz beziehen könnte als auch lediglich auf das Verbandsklagerecht, wird EG 142 S. 2 deutlicher. Er grenzt die Voraussetzungen für das Beschwerderecht deutlicher von denen des Klagerechts ab. Daraus kann abgeleitet werden, dass für die Einreichung einer Beschwerde durch einen Verband die mögliche subjektive Verletzung der Rechte der betroffenen Person keine Voraussetzung ist.[37]

---

26 Paal/Pauly/*Frenzel* Art. 80 Rn. 7; wohl auch Plath/*Becker* DSGVO Art. 80 Rn. 2, der von Vertretung spricht; aA *Schantz* NJW 2016, 1841 (1847) „Art Prozessstandschaft"; Kühling/Buchner/*Bergt* Art. 80 Rn. 10 „(modifizierte) Prozessstandschaft".
27 Paal/Pauly/*Frenzel* Art. 80 Rn. 9.
28 Paal/Pauly/*Frenzel* Art. 80 Rn. 9; *Albrecht/Jotzo*, Teil 8 Fn. 47.
29 So wohl Plath/*Becker* DSGVO Art. 80 Rn. 3.
30 So auch Kühling/Buchner/*Bergt* Art. 80 Rn. 14.
31 Insoweit auch Paal/Pauly/*Frenzel* Art. 80 Rn. 10.
32 *Schlacke*, Überindividueller Rechtsschutz, 2008, S. 17.
33 So auch Paal/Pauly/*Frenzel* Art. 80 Rn. 11.
34 Vgl. hierzu auch BVerfG NJW 1984, 419 (422).
35 So Kühling/Buchner/*Bergt* Art. 80 Rn. 13.
36 Paal/Pauly/*Frenzel* Art. 80 Rn. 10; Kühling/Buchner/*Bergt* Art. 80 Rn. 14.
37 So Paal/Pauly/*Frenzel* Art. 80 Rn. 10; Kühling/Buchner/*Bergt* Art. 80 Rn. 14.

Auf den zweiten Blick spricht Art. 80 Abs. 2 aber von Beschwerde und verweist damit auf den Begriff, der   15
auch in Art. 77 genannt wird. Dort meint „Beschwerde" den Rechtsbehelf, der eingelegt werden kann,
wenn die betroffene Person der Ansicht ist, dass die Verarbeitung der sie betreffenden personenbezogenen
Daten gegen diese Verordnung verstößt. Es widerspräche der Systematik, wenn die Begriffe in dem Kapitel
unterschiedlich benutzt werden. Historisch gesehen war allerdings lediglich eine gemischt subjektiv-objekti-
ve Rechtsverletzung in Art. 73 Abs. 3 Kom-E als Voraussetzung für die Verbandsbeschwerde genannt
(„wenn sie der Ansicht sind, dass der Schutz personenbezogener Daten verletzt wurde"). Da die Gesetz gewordene Fassung allerdings nicht denselben Bezug wie der Kom-E aufweist, kann davon ausgegangen werden, dass eine **mögliche subjektive Rechtsverletzung** als Voraussetzung für das Beschwerderecht auch in
Art. 80 Abs. 2 dazu gelesen werden muss. Damit geht das Verbandsbeschwerderecht nicht weiter als das
Recht der betroffenen Person, die nach Art. 77 eine mögliche subjektive Rechtsverletzung vorweisen muss
(→ Art. 77 Rn. 5).

Die Verbandsbeschwerde bzw. -klage gilt nur, sofern sie im Recht des Mitgliedsstaats vorgesehen ist. Auch   16
in Abs. 2 kann man den oben angesprochenen dogmatischen Streit über die **Einordnung der Öffnungsklausel** führen (→ Rn. 11). Dürfen die Mitgliedsstaaten also nur festlegen, *ob* Verbänden die Beschwerde- bzw.
Klagerechte zustehen sollen oder dürfen sie auch weitere Voraussetzungen festlegen[38], von der Möglichkeit
mit anderen Worten nur teilweise Gebrauch machen? Für die letztere Möglichkeit spricht, dass an dieser
Stelle keine Vollharmonisierung erreicht werden soll, sondern es den Ländern überlassen wird, ob sie überhaupt eine Regelung einführen wollen. Auch verfolgt die betroffene Person mit der Klage naturgemäß nur
ihr eigenes Interesse, wohingegen Verbände die eventuell unterschiedlichen Interessen Vieler beachten müssen. Es kann daher interessengerecht sein, die Klage von Verbänden von zusätzlichen Voraussetzungen abhängig zu machen. Regelungen, die lediglich das Vertretungsrecht spezifizieren, sonst aber die in der
DSGVO festgelegten Grundsätze achten, müssen also möglich sein.[39] Ansonsten gilt, wie bereits bei der
Öffnungsklausel in Abs. 1 (→ Rn. 11), dass der nationale Gesetzgeber von der Klausel keinen Gebrauch
machen muss.

IV. Nationales Recht

Teilweise wird vertreten, dass **Anpassungsbedarf im RDG** vorliegt. Insbesondere bei den Regeln für die au-   17
ßergerichtliche Vertretung (also beim Verfahren nach Art. 77) sollen die Voraussetzungen in den
§§ 6, 7 RDG nicht ausreichen, um die Voraussetzungen des Art. 80 Abs. 1 umzusetzen.[40] Allerdings ist
nach § 3 RDG die selbstständige Erbringung außergerichtlicher Rechtsdienstleistungen nur in dem Umfang
zulässig, in dem sie durch das RDG *oder ein anderes Gesetz* erlaubt wird. Ein solches anderes Gesetz ist
auch die DSGVO, die für diesen Fall explizit die Erbringung bestimmter außergerichtlicher Rechtsdienstleistungen erlaubt. Das RDG muss daher nicht angepasst werden.

Weiterhin enthält Art. 80 zwei Öffnungsklauseln für die Mitgliedsstaaten (→ Rn. 11 und 16), von denen   18
der deutsche Gesetzgeber im DSAnpUG-EU bisher keinen Gebrauch gemacht hat.

In anderen Rechtsgebieten, wie dem **Verbraucherschutzrecht**, sind Vertretungsregelungen vorhanden. Gem.   19
§ 79 Abs. 2 S. 2 Nr. 3 ZPO ist es zulässig, dass ua Verbraucherzentralen den Verbraucher, wozu betroffene
Personen in den meisten Fällen gehören werden, bei der Einziehung von Forderungen gerichtlich vertreten.
Zu solchen Forderungen können auch Schadensersatzforderungen gehören.

Die Regelung des Verbandsklagerechts existiert teilweise schon in § 2 Abs. 2 S. 1 Nr. 11 UKlaG. Nach   20
§ 2 Abs. 2 S. 1 Nr. 11 UKlaG können Unternehmer auf Beseitigung und Unterlassung von bestimmten Datenverarbeitungen (für Zwecke der Werbung, der Markt- und Meinungsforschung, des Betreibens einer
Auskunftei, des Erstellens von Persönlichkeits- und Nutzungsprofilen, des Adresshandels, des sonstigen Datenhandels oder zu vergleichbaren kommerziellen Zwecken)[41] in Anspruch genommen werden. Im Gegensatz zur DSGVO gilt der Anspruch allerdings nur gegenüber Unternehmern iSd § 14 BGB und nicht allgemein gegenüber Aufsichtsbehörden, Verantwortlichen und Auftragsdatenverarbeitern. Außerdem müssen
gem. § 2 Abs. 2 S. 1 Nr. 11 UKlaG personenbezogene Daten von Verbrauchern, nicht allein von betroffenen
Personen verarbeitet worden sein.[42] Bezüglich der Verarbeitungsvorgänge und deren Rechtmäßigkeit verweist § 2 Abs. 2 S. 1 Nr. 11 UKlaG auf die materiellen Datenschutzvorschriften, wozu alle innerstaatlich
anwendbaren Regelungen zählen, auch das EU-Recht.[43] Flankiert wird § 2 Abs. 2 S. 1 Nr. 11 UKlaG von

---

38 So die hM: Plath/*Becker* DSGVO Art. 80 Rn. 6.
39 So wohl Paal/Pauly/*Frenzel* Art. 80 Rn. 14.
40 Kühling/Buchner/*Bergt* Art. 80 Rn. 19.
41 *Halfmeier* NJW 2016, 1126 (1127 f.).
42 *Halfmeier* NJW 2016, 1126 (1127).
43 BT-Drs. 18/1631, 23.

einer Reihe weiterer Vorschriften, die bei der Geltendmachung beachtet werden müssen, insbes. den Anhörungsrechten nach § 12 a UKlaG oder den Berichtspflichten nach § 4 Abs. 2 lit. a UKlaG.[44] Die Regelungen des UKlaG entsprechen also nur teilweise den in der DSGVO genannten Möglichkeiten,[45] sind aber jedenfalls mit ihr konform.[46]

Artikel 81   Aussetzung des Verfahrens

(1) Erhält ein zuständiges Gericht in einem Mitgliedstaat Kenntnis von einem Verfahren zu demselben Gegenstand in Bezug auf die Verarbeitung durch denselben Verantwortlichen oder Auftragsverarbeiter, das vor einem Gericht in einem anderen Mitgliedstaat anhängig ist, so nimmt es mit diesem Gericht Kontakt auf, um sich zu vergewissern, dass ein solches Verfahren existiert.

(2) Ist ein Verfahren zu demselben Gegenstand in Bezug auf die Verarbeitung durch denselben Verantwortlichen oder Auftragsverarbeiter vor einem Gericht in einem anderen Mitgliedstaat anhängig, so kann jedes später angerufene zuständige Gericht das bei ihm anhängige Verfahren aussetzen.

(3) Sind diese Verfahren in erster Instanz anhängig, so kann sich jedes später angerufene Gericht auf Antrag einer Partei auch für unzuständig erklären, wenn das zuerst angerufene Gericht für die betreffenden Klagen zuständig ist und die Verbindung der Klagen nach seinem Recht zulässig ist.

Literatur: *Albrecht, J.P./Jotzo, F.,* Das neue Datenschutzrecht der EU, 2017; *McGuire, M.,* Verfahrenskoordination und Verjährungsunterbrechung im Europäischen Prozessrecht, 2004; *Musielak, H./Voit, W.,* Zivilprozessordnung, 14. Aufl. 2017; *Saenger, I.,* Zivilprozessordnung, 7. Aufl. 2016.

I. Allgemeines

1 **1. Überblick.** Art. 81 DSGVO verpflichtet die Gerichte der verschiedenen Mitgliedsstaaten zur Zusammenarbeit in parallelen Verfahren. **Zweck** dieser Regelung ist nach EG 144, die Einheitlichkeit gerichtlicher Entscheidungen sicherzustellen. Auf diese Weise soll Rechtsunsicherheit verhindert werden, die dadurch entstehen kann, dass einander widersprechende Urteile zum selben Verfahrensgegenstand (→ Rn. 5) ergehen.[1] Bei seiner Auslegung sind sowohl das Recht auf effektiven Rechtsschutz (Art. 47 GRCh) als auch der Justizgewährungsanspruch zu berücksichtigen. Art. 81 beruht auf Art. 30 EuGVVO, der eine ähnlich weitgehende Regelung für die gerichtliche Zuständigkeit in europäischen Zivil- und Handelssachen enthält. Der dazugehörige EG 144 präzisiert einige der in Art. 81 enthaltenen Anforderungen. Art. 81 regelt das Problem von parallelen Verfahren vor Zivil- und Verwaltungsgerichten nicht (→ Rn. 16ff.).

2 **2. Entstehungsgeschichte.** Die DSRL enthielt keine entsprechende Vorschrift. In Art. 75 Abs. 3 Kom-E zur DSGVO war vorgesehen, dass das Gericht das Verfahren aussetzen konnte, wenn dieselbe Maßnahme, Entscheidung oder Vorgehensweise Gegenstand des Kohärenzverfahrens war. Ausnahmsweise war dies nicht zulässig, wenn die Rechte der betroffenen Person dringend geschützt werden mussten und es deshalb nicht möglich war, den Ausgang des Kohärenzverfahrens abzuwarten. Dies wurde ersatzlos gestrichen, um eine Verschränkung von behördlichem und gerichtlichem Verfahren zu vermeiden (→ Art. 79 Rn. 5).[2]

3 Art. 76 Abs. 3 **Kom-E** entsprach in seiner Zielrichtung dem Art. 81 Abs. 1. Im Gesetzgebungsprozess hat sich allerdings die Terminologie auf Ebene der Tatbestandsmerkmale geändert. Während die Kom-E auf die Anhängigkeit eines Parallelverfahrens abstellte, wurde durch den Rat eine Formulierung vorgeschlagen, die

---

44 Ausführlich zu den weiteren Vorschriften *Halfmeier* NJW 2016, 1126 (1129).

45 Zur Kritik daran *Spindler* ZD 2016, 114 (116); *Ritter/Schwichtenberg* VuR 2016, 95 (97 f.); abgeschwächt: *Dönch* BB 2016, 962 (964).

46 Kühling/Buchner/*Bergt* Art. 80 Rn. 13; *Halfmeier* NJW 2016, 1126 (1129); *Dönch* BB 2016, 962 (966); *Wagner/Benecke* DVBl. 2016, 600 (602).

1 Kühling/Buchner/*Bergt* Art. 81 Rn. 1; Ehmann/Selmayr/*Nemitz* Art. 81 Rn. 1; ausführlich dazu *McGuire*, Verfahrenskoordination und Verjährungsunterbrechung im Europäischen Prozessrecht, 2004, S. 40ff.

2 Paal/Pauly/*Frenzel* Art. 81 Rn. 3.

das anhängige Verfahren näher umschreibt. Diese fand letztlich Eingang in die finale Fassung der DSGVO. Ob diese Änderung lediglich klarstellender Natur war oder inhaltliche Auswirkungen haben sollte, wird an späterer Stelle diskutiert (→ Rn. 10).

Nach Art. 76 Abs. 4 Kom-E konnte das Gericht sein Verfahren aussetzen, wenn das Parallelverfahren in   4 einem anderen Mitgliedsstaat dieselbe Maßnahme, Entscheidung oder Vorgehensweise betraf. Dieser Regelung entspricht nun Art. 81 Abs. 2. Der endgültige Wortlaut des Art. 81 DSGVO wurde durch Art. 76 a Rat-E eingebracht. Er orientiert sich stärker als zuvor an Art. 30 Abs. 1, 2 EuGVVO. Hinzugekommen ist die Möglichkeit für das später angerufene Gericht, sich nach Abs. 3 auf Antrag einer Partei für unzuständig zu erklären.

II. Kontaktaufnahme mit anderem Gericht (Abs. 1)

Art. 81 Abs. 1 regelt die Kontaktaufnahme zwischen den zuständigen Gerichten. Sie ist verpflichtend, so-   5 bald ein Gericht eines Mitgliedsstaates Kenntnis davon erhält, dass bei einem Gericht eines anderen Mitgliedsstaates ein Verfahren zum selben Gegenstand in Bezug auf die Verarbeitung durch denselben Verantwortlichen oder Auftragsverarbeiter anhängig ist. Die Verpflichtung zur Kontaktaufnahme dient dazu, sich der Existenz eines solchen Verfahrens zu vergewissern. Grundsätzlich ist in diesem Zusammenhang auch denkbar, dass ein anderes Verfahren im selben Mitgliedsstaat anhängig ist. Der Wortlaut des Art. 81 DSGVO regelt jedoch nur den Fall, dass ein **Verfahren in einem anderen Mitgliedsstaat** anhängig ist. Innerhalb desselben Mitgliedsstaats gelten daher weiterhin die nationalen Verfahrensordnungen zur Klärung.[3] Die Voraussetzungen des Art. 81 Abs. 1 werfen einige Unklarheiten auf. Sie resultieren nicht nur daraus, dass zentrale Tatbestandsvoraussetzungen nicht definiert sind, sondern ergeben sich auch aus den Widersprüchen mit dem zugehörigen EG 144.

1. Derselbe Gegenstand. Art. 81 Abs. 1 setzt voraus, dass das Gericht Kenntnis von „einem Verfahren zu   6 demselben Gegenstand in Bezug auf die Verarbeitung durch denselben Verantwortlichen oder Auftragsverarbeiter" erhält. Unter welchen Umständen von einem Verfahren mit „demselben Gegenstand" auszugehen ist, ist in der DSGVO jedoch nicht erläutert. Aus dem nationalen Recht ist zwar mit dem „Streitgegenstand" ein ähnlicher Begriff bekannt. Auf diesen kann jedoch zur Interpretation der unmittelbar geltenden Verordnung nicht zurückgegriffen werden. Stattdessen ist eine autonome Auslegung geboten.[4] Dabei ist der zugehörige EG 144 als Rechtsquelle einzubeziehen.

Dieser trägt allerdings zunächst eher zur Vergrößerung als zur Überwindung der Unklarheit hinsichtlich der   7 Auslegung bei. Denn EG 144 ist ähnlich formuliert wie Art. 81 Abs. 1, knüpft dem Wortlaut zufolge aber nicht an die Kenntnis von anhängigen Verfahren zu „demselben Gegenstand" an, sondern an die Kenntnis von Verfahren, die dieselbe Verarbeitung betreffen. Wann ein Verfahren dieselbe Verarbeitung betrifft, wird wiederum anhand von zwei Beispielen erläutert. So soll ein Verfahren dieselbe Verarbeitung betreffen, wenn es um „denselben Gegenstand in Bezug auf die Verarbeitung durch denselben Verantwortlichen oder Auftragsverarbeiter" oder wenn es um „denselben Anspruch" geht.

EG 144 und Art. 81 Abs. 1 weichen damit trotz ihrer Ähnlichkeit voneinander ab. Ein erläuterndes Beispiel   8 in EG 144 ist als verbindliche Voraussetzung des Art. 81 Abs. 1 in das Gesetz aufgenommen worden. Diese Ungereimtheit lässt sich dadurch erklären, dass im Rahmen der Trilogverhandlungen offensichtlich erkannt wurde, dass das zweite Beispiel keinen inhaltlichen Mehrwert bringt, sondern zu einem Zirkelschluss führt. Denn bei demselben Anspruch müsste wiederum geklärt werden, wann identische Ansprüche vorliegen. Dies würde zwangsläufig auf eine Auseinandersetzung mit dem Gegenstand des Verfahrens zurückführen.

Das einzig sinnvolle Kriterium zur Ermittlung, wann ein dieselbe Verarbeitung betreffendes Verfahren iSd   9 EG 144 vorliegt, ist also die Bewertung des Gegenstandes des Verfahrens. Da es letztendlich entscheidend auf dieses Kriterium ankommt, ergab es Sinn, dieses Kriterium direkt in das Gesetz aufzunehmen. So konnte die interpretationsbedürftige, unbestimmte Formulierung „dieselbe Verarbeitung betreffendes Verfahren" vermieden werden.

Diese ist jedoch weiterhin als Ursprung für die Auslegung der final gewählten gesetzlichen Formulierung   10 heranzuziehen. Vor diesem Hintergrund wird auch deutlich, dass der Terminologiewechsel von „Parallelverfahren" im Kom-E (→ Rn. 3) zur Formulierung in der verabschiedeten Fassung nur aus Gründen der Klarstellung erfolgte, ohne inhaltliche Änderungen nach sich zu ziehen. Parallelverfahren sind „dieselbe Verarbeitung betreffende Verfahren", was wiederum anhand des Gegenstands des Verfahrens zu ermitteln ist.

---

3 Paal/Pauly/*Frenzel* Art. 81 Rn. 9.
4 Kühling/Buchner/*Bergt* Art. 81 Rn. 7.

11 Auf Basis dieser Erkenntnis lässt sich sodann aus EG 144 ein weiterer Anhaltspunkt für die Auslegung des Tatbestandsmerkmals „derselbe Gegenstand" entnehmen. Dort wird gefordert, dass bei Anlass zur Vermutung, dass ein „dieselbe Verarbeitung betreffendes Verfahren" vor einem anderen mitgliedsstaatlichen Gericht anhängig ist, Kontakt zu diesem aufgenommen wird, um sich über die Existenz eines „solchen verwandten Verfahrens" zu vergewissern. Verfahren, die dieselbe Verarbeitung betreffen, müssen also einen **Verwandtschaftsgrad** aufweisen. Ein Verfahren zu „demselben Gegenstand" als gesetzliche Konkretisierung des in EG 144 genutzten unbestimmten Begriffs muss also zwangsläufig eine verwandtschaftliche Beziehung zu dem am anderen Gericht anhängigen Verfahren aufweisen.

12 Diese Verwandtschaft wird dem Wortlaut des Art. 81 Abs. 1 sowie des EG 144 zufolge durch die Bezugnahme auf die Verarbeitung durch denselben Verantwortlichen oder Auftragsverarbeiter hergestellt. Eine verwandtschaftliche Beziehung besteht folglich immer dann, wenn es um die Verarbeitung identischer personenbezogener Daten durch denselben Verarbeiter geht. Es genügt jedoch für die Annahme der Verwandtschaft bereits, dass der **identische Verarbeitungsvorgang durch denselben Verarbeiter** vor einem anderen Gericht verhandelt wird.[5] Dies lässt sich aus EG 144 S. 3 folgern.

13 Danach gelten parallele Verfahren als verwandt, wenn zwischen ihnen eine so enge Beziehung gegeben ist, dass eine gemeinsame Verhandlung und Entscheidung geboten erscheint, um zu vermeiden, dass in getrennten Verfahren einander widersprechende Entscheidungen ergehen. Diese Formulierung ist an Art. 30 Abs. 3 EuGVVO angelehnt. Ist die Art und Weise der Verarbeitung des konkreten Verarbeiters in den Verfahren übereinstimmend, wie beispielsweise bei fehlenden Sicherheitsmaßnahmen eines Verpflichteten nach Art. 32 DSGVO in sämtlichen seiner europäischen Niederlassungen, kann von einer so engen Beziehung ausgegangen werden, dass eine gemeinsame Verhandlung und Entscheidung geboten ist.[6] Denn es drohen einander widersprechende Entscheidungen, die Art. 81 Abs. 1 gerade verhindern will.

14 Daraus folgt, dass für „denselben Gegenstand" eine vollständige Identität der zu entscheidenden Materie nicht zwingend ist. Weil eine identische Art und Weise der Verarbeitung durch denselben Verarbeiter ausreichend ist, um eine enge Beziehung der Verfahren herzustellen, ist es **unschädlich, wenn personenbezogene Daten unterschiedlicher Personen betroffen** sind.[7] Entscheidend ist demgegenüber, dass in den anhängigen Verfahren über eine Verarbeitung desselben Verantwortlichen oder Auftragsverarbeiters entschieden wird.[8]

15 Die Abhängigkeit von diesem Kriterium führt schließlich dazu, dass von „demselben Gegenstand" auch ausgegangen werden kann, wenn am jeweiligen Verfahren völlig unterschiedliche Personen als Kläger bzw. Beklagter beteiligt sind. Verdeutlichen lässt sich dies an der Konstellation, in der verschiedene betroffene Personen Beschwerden über dieselbe Verarbeitung bei Aufsichtsbehörden in unterschiedlichen Mitgliedsstaaten einreichen und anschließend gegen deren abweisende Entscheidung klagen. Weil es sich in beiden Fällen um eine Verarbeitung durch denselben Verantwortlichen oder Auftragsverarbeiter handelt, umfasst Art. 81 Abs. 1 diese Konstellation. Dass überhaupt keine Parteiidentität besteht, ändert nichts daran, dass es sich um „denselben Gegenstand" handelt.[9]

16 Nicht so eindeutig ist hingegen, ob Verfahren in **unterschiedlichen Gerichtsbarkeiten** „denselben Gegenstand" behandeln können. So könnte einerseits ein verwaltungsgerichtliches Verfahren laufen, weil der Verantwortliche gegen eine ihm gegenüber erlassene aufsichtsbehördliche Maßnahme klagt, und andererseits vor einem ordentlichen Gericht eines anderen Mitgliedsstaates eine Klage einer betroffenen Person gegen die identische vermeintlich rechtswidrige Verarbeitung anhängig sein.[10] Auch in diesem Zusammenhang entstammt die Unsicherheit einem Dissens zwischen dem Wortlaut des Art. 81 Abs. 1 und EG 144.

17 EG 144 zufolge sind Verfahren des Art. 81 Abs. 1 auf „Verfahren gegen die Entscheidung einer Aufsichtsbehörde" bezogen. Diese Bezugnahme wird zum Teil so interpretiert, dass nur gerichtliche Verfahren zur Nachprüfung einer behördlichen Entscheidung in den Anwendungsbereich der Norm fallen sollen. Stehen sich hingegen zwei private Parteien im Zivilrechtsweg gegenüber, sei Art. 81 Abs. 1 nicht anwendbar. Nur dieses beschränkende Verständnis solle mit der Funktion des Art. 81 zu vereinbaren sein. Denn lediglich bei einem Gleichlauf der Verfahren sei es gerechtfertigt, den Gerichten eine Pflicht zum Austausch aufzuerlegen und die Möglichkeit zur Aussetzung zu gewähren.[11]

---

5   So auch iErg Sydow/*Kreße* Art. 81 Rn. 5.
6   Kühling/Buchner/*Bergt* Art. 81 Rn. 9.
7   Kühling/Buchner/*Bergt* Art. 81 Rn. 9; aA Sydow/*Kreße* Art. 81 Rn. 11: es muss sich beim denselben Gegenstand um dieselben personenbezogenen Daten der betroffenen Person handeln.
8   Paal/Pauly/*Frenzel* Art. 81 Rn. 4.
9   Kühling/Buchner/*Bergt* Art. 81 Rn. 9; aA Paal/Pauly/*Frenzel* Art. 81 Rn. 4.
10 Paal/Pauly/*Frenzel* Art. 81 Rn. 5; Sydow/*Kreße* Art. 81 Rn. 11.
11 Paal/Pauly/*Frenzel* Art. 81 Rn. 5.

Boehm

Dem steht jedoch entgegen, dass der Wortlaut des Art. 81 Abs. 1 selbst diese Beschränkung nicht enthält.[12] 18
Der Norm selbst ist aber stets eine höhere Autorität zuzumessen als den Erwägungsgründen, die nur der
Auslegung dienen. Da die Norm zudem bereits aus Gründen der Klarstellung in Bezug auf das Verfahren
einen anderen Wortlaut als die EG 144 aufweist (→ Rn. 8ff.), kann davon ausgegangen werden, dass auch
die betreffende Einschränkung bewusst nicht im Art. 81 Abs. 1 verankert wurde. Hinzu kommt, dass der
Anwendungsbereich des Art. 81 Abs. 3 leerliefe, würde man nur Klagen gegen Aufsichtsbehörden unter
Art. 81 fassen.[13] Art. 81 **umfasst also zivil- und verwaltungsrechtliche Verfahren** und geht damit über ausschließlich gegen die Aufsichtsbehörde gerichtete Verfahren hinaus.[14] „Derselbe Gegenstand" kann also
auch bei Verfahren in unterschiedlichen Gerichtszweigen vorliegen.

2. Kenntnis. Die zweite umstrittene Voraussetzung des Art. 81 Abs. 1 ist die der Kenntniserlangung des zu- 19
ständigen Gerichts über das Verfahren zu demselben Gegenstand. Die Unklarheit bezüglich der Auslegung
dieses Tatbestandmerkmals resultiert wiederum aus unterschiedlichen Formulierungen, die im Zusammenhang mit dieser Norm erscheinen.

So stellte Art. 76 Abs. 3 Kom-E darauf ab, dass das Gericht einen „Grund zur Annahme" eines parallelen 20
Verfahrens haben müsse. Art. 76a Rat-E sah demgegenüber vor, dass eine Kenntniserlangung notwendig
sei. Gleichzeitig wurde allerdings im zugehörigen EG 113a Rat-E gefordert, dass das Gericht Anlass zur
Vermutung eines denselben Gegenstand betreffenden Verfahrens haben müsse. Der Wortlaut der Version
des Rates hat letztlich trotz seiner Uneinheitlichkeit Eingang in die finale Fassung gefunden.

Eine gesetzliche Normierung hat aber immer eine höhere Autorität als die erläuternden Erwägungsgründe, 21
die ihrerseits nur Auslegungshilfe sind. Der Widerspruch zwischen Art. 81 Abs. 1 und EG 144 ist also dahin
gehend aufzulösen, dass Kenntnis vom Parallelverfahren erlangt werden muss. Ableiten lässt sich daraus,
dass die Anforderungen bezüglich des Tatbestandsmerkmals im Gesetzgebungsprozess erhöht wurden.
Denn ein Grund zur Annahme eines parallelen Verfahrens oder ein diesbezüglicher Anlass zur Vermutung
setzen ein geringeres Maß an sicherem Wissen voraus als die Kenntnis.

Offen bleibt damit aber die Frage, wie es zur Kenntniserlangung kommt. Möglich wäre, dass es zu einer 22
Kenntniserlangung nur kommen kann, wenn das Gericht von einer Partei aktiv auf das parallele Verfahren
hingewiesen wurde. Mit vollkommen gegensätzlichen Auswirkungen für das Gericht ließe sich auch vertreten, dass das Gericht aktiv werden muss, um sich Kenntnis zu verschaffen. Ein Kompromiss zwischen diesen beiden Alternativen wäre, dass das Gericht zwar nicht aktiv nachforschen muss, aber Kenntnis auch
erlangt, wenn es zufällig von einem parallelen Verfahren erfährt.

Für eine Pflicht zur Nachforschung spricht der vom Gesetzgeber angestrebte Zweck. Um die Rechtspre- 23
chung zu vereinheitlichen, wäre es am effektivsten, das Gericht würde selbst Nachforschungen anstellen.[15]
Einer solchen Interpretation begegnen allerdings Bedenken. In der Praxis werden Gerichte für diese **Nach-
forschungstätigkeit** wenig zeitlichen und personellen Spielraum haben; in Anbetracht der möglichen Vielzahl der zu entscheidenden Fälle wäre die Belastung zu hoch. Zudem sind die sprachlichen Hürden nicht zu
unterschätzen. Deutliche Verzögerungen des Verfahrens wären also nicht auszuschließen, was in Anbetracht des Grundsatzes auf effektiven Rechtsschutz (Art. 47 GRCh) problematisch erscheint.[16]

Vor dem Hintergrund liegt es nahe, von einer Kenntniserlangung nur dann auszugehen, wenn die Parteien 24
das Gericht auf ein paralleles Verfahren hingewiesen haben. Dafür spricht auch der Wortlaut, der durch die
Nutzung des Verbs „erlangen" einen eher passiven Prozess beschreibt.[17] Dem steht allerdings entgegen,
dass dies dem Wunsch nach weitgehender Einheitlichkeit des Datenschutzrechts innerhalb des Geltungsbereichs der DSGVO widerspricht. Wenn nur das Parteivorbringen zur Kenntniserlangung des Gerichts führt,
dürfte es relativ selten zur Kontaktaufnahme zwischen den Gerichten und in der Folge zur Aussetzung von
Verfahren kommen. Die Gefahr einander widersprechender Entscheidungen erhöht sich dadurch. Um dieser Gefahr entgegenzuwirken, muss es ebenso ausreichen, wenn das Gericht auf anderen Wegen, etwa
durch Lektüre einer Zeitschrift, von einem parallelen Verfahren erfährt. Bloße **Zufallserkenntnisse** können
daher ebenso zur Kenntniserlangung und somit zur Anwendung der Vorschrift führen wie das Vorbringen
durch die Prozessparteien.[18]

Daran anknüpfend stellen sich weitere Fragen bezüglich der Kenntniserlangung. Zum einen betreffen sie 25
den **Grad der Kenntnis.** Der Wortlaut des Art. 81 Abs. 1 ließe sich so deuten, dass eine positive Kenntnis

---

12 BeckOK DatenschutzR/*Mundil* DSGVO Art. 81 Rn. 8.
13 Mit einleuchtender Begründung: Kühling/Buchner/*Bergt* Art. 81 Rn. 10.
14 BeckOK DatenschutzR/*Mundil* DSGVO Art. 81 Rn. 8; ebenfalls dafür, dass sowohl zivil- als auch verwaltungsrechtliche Prozesse um-
    fasst sind, allerdings ohne Begründung: *Albrecht/Jotzo*, Teil 8 Rn. 12.
15 BeckOK DatenschutzR/*Mundil* DSGVO Art. 81 Rn. 5.
16 IErg daher auch so Plath/*Becker* DSGVO Art. 81 Rn. 2.
17 Plath/*Becker* DSGVO Art. 81 Rn. 2.
18 BeckOK DatenschutzR/*Mundil* DSGVO Art. 81 Rn. 5.

vom parallelen Verfahren erlangt werden muss.[19] Diese Auslegung verträgt sich jedoch nicht mit der Rechtsfolge des Art. 81 Abs. 1. Sie zielt auf die Vergewisserung, dass ein Verfahren zu demselben Gegenstand anhängig ist. Eine Vergewisserung macht aber nur Sinn, wenn noch keine vollständige Überzeugung gebildet wurde. Daher muss es ausreichen, dass das Gericht in solchem Maß Kenntnis erlangt, dass die Existenz eines anderen Verfahrens plausibel erscheint. Zweifel hinsichtlich eines parallelen Verfahrens hindern also nicht daran, dass das Gericht Kenntnis erlangt hat. Nur diese Interpretation führt zu einer effektiven Verwirklichung des Zweckes der Vorschrift. Müsste stets positive Kenntnis erlangt werden, würde es nur relativ selten zur Kontaktaufnahme zwischen den Gerichten kommen. Die intendierte Vereinheitlichung der Rechtsanwendung würde so erschwert.

26 Zum zweiten stellt sich aus praktischer Sicht die Frage nach der **Zurechnung** von Kenntnis. Die Norm stellt auf „das Gericht" als einheitlichen Spruchkörper ab. Die Erlangung der Kenntnis kann jedoch auch durch einen Richter dieser Spruchkammer erfolgen, der seine Erkenntnis mit dem Kollegium teilt. Dabei ist auch außerhalb des Gerichts erlangte Kenntnis einzubeziehen, etwa wenn ein Richter im Rahmen einer Konferenz von einem parallelen Verfahren erfährt. Eine solch weite Zurechnung ist geboten, damit Zufallserkenntnisse (→ Rn. 24) tatsächlich Berücksichtigung finden und es auf diesem Wege wahrscheinlicher zur Kontaktaufnahme zwischen Gerichten im Interesse einer einheitlichen Rechtsanwendung kommt.

27 Als Drittes ist schließlich offen, bis wann die Kenntnis vom Parallelverfahren vorliegen muss. Auszugehen ist davon, dass eine Kenntniserlangung bis zum **Zeitpunkt** der letzten mündlichen Verhandlung möglich ist. Dafür spricht zum einen, dass nur dieses Verständnis gewährleistet, dass die Kommunikation zwischen den Gerichten im gesetzlich intendierten Umfang zustande kommt. Zum anderen kann sich auch nur bei einer solchen Interpretation Art. 81 Abs. 3 effektiv verwirklichen. Der Zeitpunkt der Kenntniserlangung ist im Rahmen der Ermessensentscheidungen nach Abs. 2 und Abs. 3 zu berücksichtigen. Ein späterer Zeitpunkt der Kenntniserlangung im weit fortgeschrittenen Verfahren könnte dafür sprechen, dass eine Aussetzung durch das später angerufene Gericht ermessensfehlerhaft wäre.

28 **3. Zuständiges Gericht.** Die Pflicht zur Kontaktaufnahme mit Gerichten anderer Mitgliedsstaaten besteht nur im Falle der Zuständigkeit des später angerufenen Gerichts. Dessen Zuständigkeit richtet sich nach Art. 78 Abs. 3 und Art. 79 Abs. 2, die lex specialis zu den allgemeinen Zuständigkeitsnormen und damit insbes. zur EuGVVO sind.[20] Ebenso muss die **Pflicht zur Kontaktaufnahme entfallen, wenn die Klage aus anderen Gründen unzulässig** ist. Wie im Falle der Unzuständigkeit besteht in solchen Fällen keine Gefahr, dass es zu Widersprüchen mit Entscheidungen in etwaigen Parallelverfahren kommt.[21] Stattdessen kann das später angerufene Gericht die Klage ohne materielle Prüfung aus prozessualen Gründen abweisen.

29 **4. Anhängigkeit des Verfahrens.** Das parallele Verfahren muss bei dem anderen Gericht bereits anhängig sein. Auch bezüglich der Bestimmung des **Zeitpunkts**, ab wann die Klage anhängig ist, trifft die DSGVO keine eigenen Regelungen. Zurückgegriffen werden könnte allerdings auf die Regelung in Art. 32 EuGVVO. Sie enthält eine Definition im Zusammenhang mit Art. 30 EuGVVO. Da diese Vorschrift als Vorbild für Art. 81 diente (→ Rn. 1), eignet sie sich auch zur Klärung der Anhängigkeit eines Verfahrens iSd Art. 81.[22] Es ist demnach der Tag entscheidend, an dem die Klage bei Gericht eingereicht wurde, oder, falls zuvor eine Zustellung an den Gegner zu erfolgen hat, der Tag der Einreichung bei der für die Zustellung zuständigen Stelle.

30 **5. Kontaktaufnahme.** Erhält das später angerufene Gericht Kenntnis von einem anderen Verfahren, hat es Kontakt mit dem anderen Gericht aufzunehmen. Die Pflicht besteht nicht nur in Bezug auf ein Gericht, das möglicherweise ein Parallelverfahren verhandelt, sondern bezüglich jedes Gerichts, bei dem ein identisches Verfahren anhängig sein könnte. Nur so wird das Ziel erreicht, die Gefahr widersprüchlicher gerichtlicher Bewertungen identischer Sachverhalte zu minimieren. Offen ist, in welcher **Form** die Kontaktaufnahme zu erfolgen hat. In Betracht käme beispielsweise eine telefonische, schriftliche oder elektronische Anfrage bei dem anderen Gericht. Da Art. 81 Abs. 1 DSGVO jedoch fordert, dass sich das später angerufene Gericht zu „vergewissern" hat, ob ein Parallelverfahren besteht, ist eine gewisse Verbindlichkeit der angeforderten Auskünfte zu fordern. Eine solche Verbindlichkeit lässt sich durch eine schriftliche Anfrage jedenfalls besser erreichen als durch eine bloße telefonische Auskunft.

31 Um dem Sinn des Art. 81 nachzukommen, ist das kontaktierte Gericht verpflichtet, dem anfragenden Gericht alle notwendigen Informationen zu erteilen, damit dieses die Entscheidungen nach Abs. 2 und 3 treffen kann. Dazu muss das kontaktierte Gericht nicht nur mitteilen, ob ein paralleles Verfahren existiert, son-

---

19 So Kühling/Buchner/*Bergt* Art. 81 Rn. 5.
20 Kühling/Buchner/*Bergt* Art. 79 Rn. 15.
21 Kühling/Buchner/*Bergt* Art. 81 Rn. 16.
22 Kühling/Buchner/*Bergt* Art. 81 Rn. 15.

dern auch aufgrund welcher tatsächlichen Umstände es sich für zuständig hält, zu welchem Zeitpunkt es angerufen wurde, ob es sich um eine Hauptsache oder nur um ein Verfahren im einstweiligen Rechtsschutz handelt und welche Rechtsfolge begehrt wird.[23]

III. Aussetzung des Verfahrens (Abs. 2)

Besteht nach dem Vorgehen nach Abs. 1 Gewissheit, dass dasselbe Verfahren bei einem anderen Gericht an- 32
hängig ist, wird dem oder den später angerufenen Gericht(en) Ermessen eingeräumt, das bei ihm/ihnen an-hängige Verfahren auszusetzen. Dies ermöglicht dem später angerufenen Gericht das Abwarten der Ent-scheidung des anderen Gerichts, um eine abweichende Entscheidung zu vermeiden.[24]

Für den theoretisch möglichen Fall, dass die Definition der Anhängigkeit aus Art. 32 EuGVVO (→ Rn. 29) 33
zur Feststellung desselben Tages führt, fehlt eine Regelung, welches als späteres Gericht einzustufen ist. Eine subsidiäre Anknüpfung an den exakten Zeitpunkt der Einreichung erscheint unrealistisch, da die Pra-xis dahin geht, nur den Tag des Eingangs ohne genaue Uhrzeit festzuhalten. Gelöst werden könnte diese Problematik, indem den Gerichten zugestanden wird, sich untereinander bzgl. der Reihenfolge der Anru-fung zu einigen. Um eine solche aus Sicht der Parteien intransparente Regelung zu vermeiden, sprechen die besseren Gründe jedoch dafür, eindeutige Vorgaben für den Fall gleichzeitiger Anhängigkeit zu etablieren. Denkbar wäre insofern, das sich nach einem Parallelverfahren erkundigende Gericht als später angerufenes Gericht einzustufen. Durch diese Einordnung entstünde für Gerichte der Anreiz, sich möglichst schnell über identische Verfahren zu erkundigen.

Das aussetzende Gericht ist jedoch nicht an die Entscheidung des anderen Gerichts gebunden.[25] Zwar be- 34
treffen die Verfahren eine Datenverarbeitung durch denselben Verantwortlichen oder Auftragsverarbeiter, jedoch sind unterschiedliche Personen beteiligt oder der Zuständigkeitsbereich unterschiedlicher Aufsichts-behörden tangiert.[26] Zudem handelt es sich innerhalb des europäischen Rechtsraums um eine horizontale Verknüpfung der Gerichte, so dass sich keine Bindungswirkung wie bei einer vertikalen Vernetzung ablei-ten lässt.[27] Eine verbindliche Klärung ist daher weiterhin nur im Wege des Vorabentscheidungsverfahrens des Art. 267 AEUV zu erreichen.[28]

Die Entscheidung über die Aussetzung liegt im **Ermessen** des Gerichts („kann"). Zu berücksichtigen ist da- 35
bei das Recht auf wirksamen Rechtsschutz gem. Art. 47 GRCh und das Ziel der einheitlichen Rechtsanwen-dung der DSGVO. Eine zu lange Verfahrensdauer aufgrund der Aussetzung dürfte jedenfalls Art. 47 GRCh widersprechen.[29] Dies muss bei der Ermessensentscheidung des Gerichts stets berücksichtigt werden, vor al-lem wenn ein gesteigertes Interesse des Betroffenen an möglichst schneller Klärung besteht. Ein anderes Er-gebnis dürfte sich nur ergeben, wenn das andere Gericht bereits eine Vorlagefrage an den EuGH gerichtet hat.[30] Da die Entscheidung über die Aussetzung im Ermessen des Gerichts liegt und das Gericht auch nicht an die Entscheidung im Parallelverfahren gebunden ist, ist auch eine Rücknahme der Aussetzung, zB bei sich ändernden Umständen, denkbar. Da die DSGVO auf nationales Prozessrecht verweist, kommt als Rechtsmittel gegen die Aussetzung § 252 ZPO für Zivilverfahren oder § 146 Abs. 1 VwGO für Verwal-tungsverfahren in Betracht.

IV. Unzuständigkeitserklärung (Abs. 3)

Das später angerufene Gericht kann sich gem. Art. 81 Abs. 3 für **unzuständig** erklären. Voraussetzung da- 36
für ist, dass beide Verfahren in erster Instanz anhängig sind und der Antrag mindestens einer Prozesspartei vorliegt. Darüber hinaus muss auch das zuerst angerufene Gericht für die betreffenden Klagen zuständig und die Verbindung der Klagen nach seinem Recht zulässig sein. Gerade die letzte Voraussetzung hängt ent-scheidend von der Ausgestaltung der jeweiligen nationalen Prozessordnung ab. Denn eine internationale Zuständigkeit kraft Sachzusammenhang existiert jedenfalls nicht.[31] Der Anwendungsbereich von Art. 81 Abs. 3 ist daher eher gering.

---

23 Sydow/*Kreße* Art. 81 Rn. 18.
24 BeckOK DatenschutzR/*Mundil* DSGVO Art. 81 Rn. 9.
25 Paal/Pauly/*Frenzel* Art. 81 Rn. 10; BeckOK DatenschutzR/*Mundil* DSGVO Art. 81 Rn. 9.
26 Paal/Pauly/*Frenzel* Art. 81 Rn. 10.
27 Paal/Pauly/*Frenzel* Art. 81 Rn. 10.
28 Paal/Pauly/*Frenzel* Art. 81 Rn. 10; BeckOK DatenschutzR/*Mundil* DSGVO Art. 81 Rn. 9.
29 Zur überlangen Verfahrensdauer: Calliess/Ruffert/Blanke, GRCh Art. 47 Rn. 17.
30 BeckOK DatenschutzR/*Mundil* DSGVO Art. 81 Rn. 10.
31 Kühling/Buchner/*Bergt* Art. 81 Rn. 19 mit Verweis auf EuGH C-420/97, NJW 2000, 721, Rn. 38.

37 Eine **Anwendung des Art. 81 Abs. 3 auf die Klagen von betroffenen Personen** wird entgegen dem offenen Wortlaut zu Recht abgelehnt.[32] Dies würde nicht nur dem Anliegen der DSGVO nach effektiver und leicht zugänglicher Rechtsdurchsetzung, sondern auch dem Recht auf effektiven Rechtschutz nach Art. 47 GRCh widersprechen. Zwar wird die betroffene Person dadurch geschützt, dass das andere Gericht für die Klage zuständig und die Verbindung der Klagen zulässig sein muss. Aber dennoch würde sie an ein anderes als das ursprünglich zuständige Gericht sowie auf eine fremde Prozessordnung verwiesen. Dieser Verweis erfordert es, neuerliche, professionelle und uU kostenintensive Hilfe in Anspruch zu nehmen. Insbesondere im Hinblick auf Art. 79 Abs. 2 (→ Art. 79 Rn. 17), der es den betroffenen Personen bei Klagen gegen Verantwortliche oder Auftragsverarbeiter (nicht bei Behörden) ermöglicht, entweder den Niederlassungsort des Klagegegners oder seinen eigenen gewöhnlichen Aufenthaltsort zu wählen, wäre das Ziel der DSGVO, die Betroffenenrechte besser als zuvor durchzusetzen,[33] konterkariert. Könnte das Gericht sich in diesen Fällen für unzuständig erklären und an ein nicht vom Kläger gewähltes Gericht verweisen, würde Art. 81 Abs. 3 der Regelung des Art. 79 Abs. 2 widersprechen. Auch müsste nicht nur die betroffene Person, sondern auch das später angerufene Gericht sich ausführlich mit den Voraussetzungen für die Zuständigkeit des anderen Gerichts auseinandersetzen. Besonders im Zusammenhang mit Klagen von betroffenen Personen steht der damit verbundene Zeit- und Arbeitsaufwand im Spannungsverhältnis zum Grundsatz der Effektivität des Rechtschutzes.

38 Für den Antrag auf Unzuständigkeitserklärung sieht Art. 81 Abs. 3 **keine Frist** vor.[34] Sie kann aber im nationalen Recht vorgesehen werden. Zudem dürfte eine Grenze für den Antrag wohl dann anzunehmen sein, wenn der Antrag rechtsmissbräuchlich wäre, etwa weil die Partei zunächst eine erste Einschätzung des Gerichts abwarten wollte.[35]

V. Nationales Recht

39 Art. 81 überlagert innerhalb seines Anwendungsbereichs das nationale Prozessrecht.[36] Ergänzend gelten außerdem die Vorschriften der EuGVVO, allerdings ist **Art. 81 lex specialis** zu diesen Vorschriften. Art. 81 Abs. 2 eröffnet damit eine weitere Möglichkeit, ein Verfahren auszusetzen und ergänzt damit die §§ 148ff. ZPO.

40 Die Unzuständigkeitserklärung nach Abs. 3 darf nur erfolgen, wenn das zuerst angerufene Gericht für die betreffenden Klagen zuständig ist und die Verbindung der Klagen nach seinem Recht zulässig ist. Nach deutschem Prozessrecht können zivilgerichtliche Klagen nach § 147 ZPO verbunden werden, verwaltungsrechtliche Klagen nach § 93 VwGO, wenn sie vor demselben Gericht anhängig sind; dieser Fall wird von Art. 81 nicht geregelt. Über die Verbindung von Klagen, die nicht am selben Gericht anhängig sind, wie sie Art. 81 Abs. 3 vorsieht, müsste der Gesetzgeber erst entscheiden.[37]

Artikel 82 Haftung und Recht auf Schadenersatz

(1) Jede Person, der wegen eines Verstoßes gegen diese Verordnung ein materieller oder immaterieller Schaden entstanden ist, hat Anspruch auf Schadenersatz gegen den Verantwortlichen oder gegen den Auftragsverarbeiter.

(2) ¹Jeder an einer Verarbeitung beteiligte Verantwortliche haftet für den Schaden, der durch eine nicht dieser Verordnung entsprechende Verarbeitung verursacht wurde. ²Ein Auftragsverarbeiter haftet für den durch eine Verarbeitung verursachten Schaden nur dann, wenn er seinen speziell den Auftragsverarbeitern auferlegten Pflichten aus dieser Verordnung nicht nachgekommen ist oder unter Nichtbeachtung der rechtmäßig erteilten Anweisungen des für die Datenverarbeitung Verantwortlichen oder gegen diese Anweisungen gehandelt hat.

(3) Der Verantwortliche oder der Auftragsverarbeiter wird von der Haftung gemäß Absatz 2 befreit, wenn er nachweist, dass er in keinerlei Hinsicht für den Umstand, durch den der Schaden eingetreten ist, verantwortlich ist.

---

32 Kühling/Buchner/*Bergt* Art. 81 Rn. 22; Paal/Pauly/*Frenzel* Art. 81 Rn. 13.
33 Ergibt sich mittelbar aus EG 145; auch: Paal/Pauly/*Frenzel* Art. 79 Rn. 23; Kühling/Buchner/*Bergt* Art. 81 Rn. 22.
34 Dazu Kühling/Buchner/*Bergt* Art. 81 Rn. 21.
35 Kühling/Buchner/*Bergt* Art. 81 Rn. 21.
36 Paal/Pauly/*Frenzel* Art. 81 Rn. 14.
37 BeckOK DatenschutzR/*Mundil* DSGVO Art. 81 Rn. 11.

(4) Ist mehr als ein Verantwortlicher oder mehr als ein Auftragsverarbeiter bzw. sowohl ein Verantwortlicher als auch ein Auftragsverarbeiter an derselben Verarbeitung beteiligt und sind sie gemäß den Absätzen 2 und 3 für einen durch die Verarbeitung verursachten Schaden verantwortlich, so haftet jeder Verantwortliche oder jeder Auftragsverarbeiter für den gesamten Schaden, damit ein wirksamer Schadensersatz für die betroffene Person sichergestellt ist.

(5) Hat ein Verantwortlicher oder Auftragsverarbeiter gemäß Absatz 4 vollständigen Schadenersatz für den erlittenen Schaden gezahlt, so ist dieser Verantwortliche oder Auftragsverarbeiter berechtigt, von den übrigen an derselben Verarbeitung beteiligten für die Datenverarbeitung Verantwortlichen oder Auftragsverarbeitern den Teil des Schadenersatzes zurückzufordern, der unter den in Absatz 2 festgelegten Bedingungen ihrem Anteil an der Verantwortung für den Schaden entspricht.

(6) Mit Gerichtsverfahren zur Inanspruchnahme des Rechts auf Schadenersatz sind die Gerichte zu befassen, die nach den in Artikel 79 Absatz 2 genannten Rechtsvorschriften des Mitgliedstaats zuständig sind.

Literatur: *Benecke, A./Wagner, J.*, Öffnungsklauseln in der Datenschutz-Grundverordnung und das deutsche BDSG – Grenzen und Gestaltungsspielräume für ein nationales Datenschutzrecht, DVBl 2016, 600; *Brühann, U./Zerdick, T.*, Umsetzung der EG-Datenschutzrichtlinie, CR 1996, 429; *E. Deutsch*, Allgemeines Haftungsrecht, 1996; *Gola, P./Piltz, C.*, Die Datenschutz-Haftung nach geltendem und zukünftigem Recht – ein vergleichender Ausblick auf Art. 77 DS-GVO, RDV 2015, 279; *Kopp, F.*, Das EG-Richtlinienvorhaben zum Datenschutz, RDV 1993, 1; *Larenz, K./Canaris, C.-W.*, Lehrbuch des Schuldrechts Band II/2: Besonderer Teil 2. Halbband, 13. Aufl. 1994; *Lissner, B. I.*, Auftragsdatenverarbeitung nach der DSGVO – Was kommt, was bleibt? in: *Taeger, J.* (Hrsg.), Smart World – Smart Law?, Tagungsband Herbstakademie 2016, 401; *Lütkemeier, S.*, EU-Datenschutzrichtlinie – Umsetzung in nationales Recht, DuD 1995, 597; *Schantz, P.*, Die Datenschutz-Grundverordnung – Beginn einer neuen Zeitrechnung im Datenschutzrecht, NJW 2016, 1841; *Schwarze, J./Becker, U./Hatje, A./Schoo, J.*, EU-Kommentar, 3. Aufl. 2012; *Spickhoff, A.*, beck-online.GROSSKOMMENTAR BGB, Stand 15.10.2016; *Spindler, G.*, Die neue EU-Datenschutz-Grundverordnung, DB 2016, 937; *Wagner, G.*, Verhandlungen des 66. Juristentages Stuttgart 2006 Band I: Gutachten / Teil A: Neue Perspektiven im Schadensersatzrecht – Kommerzialisierung, Strafschadensersatz, Kollektivschaden, 2006; *Weitenberg, M.*, Der Begriff der Kausalität in der haftungsrechtlichen Rechtsprechung der Unionsgeschichte – Zugleich ein Beitrag zur Kohärenz der EU-Haftungssysteme, 2014; *Wybitul, T.*, DS-GVO veröffentlicht – Was sind die neuen Anforderungen an die Unternehmen?, ZD 2016, 253.

I. Allgemeines

1. Überblick. Die Norm bildet das **Herzstück zur praktischen Durchsetzung der Schutzvorschriften der DSGVO** und komplementiert so den individuellen Rechtsschutz der Art. 77–79. Sie ist die zentrale Norm für den Schadenersatz und ermöglicht es jeder Person gegenüber öffentlichen oder privaten Verantwortlichen oder Auftragsverarbeitern einen materiellen oder immateriellen Schaden geltend zu machen. Der Anspruch erstreckt sich auf sämtliche Verstöße gegen die Verordnung. Damit können theoretisch auch nicht eingeführte präventive Maßnahmen einen Anspruch auf Schadensersatz begründen (zum Problem der Kausalität → Rn. 13). Die Norm geht damit weiter als §§ 7, 8 BDSG aF.[1] Der Regelungsgehalt von § 7 BDSG aF (für private Verantwortliche) wird beispielsweise insofern erweitert, als nun auch explizit immaterielle Schäden geltend gemacht werden können.[2] Im Rahmen von § 8 BDSG aF (für öffentliche Stellen) war das nach Abs. 2 nur bei schweren Verletzungen möglich; Ähnliches galt auch in den Landesdatenschutzgesetzen. Der Anspruch auf Schadenersatz wird ergänzt um allgemeine zivilrechtliche Bestimmungen, etwa über die gesamtschuldnerische Haftung (Abs. 4) oder den Innenausgleich (Abs. 5). Art. 82 überlagert in dieser Hinsicht die Regelungen des BGB.[3] Insgesamt wird ein eigenes System eines datenschutzrechtlichen Schadenersatzrechts geschaffen, das zum einen die betroffene Person umfassend schützt und zum anderen den

1

---

1 Paal/Pauly/*Frenzel* Art. 82 Rn. 1; Plath/*Becker* DSGVO Art. 82 Rn. 1.
2 Zum Streit, ob nach § 7 BDSG aF auch ein immaterieller Schaden zu ersetzen ist: Simitis/*Simitis* § 7 Rn. 32.
3 Paal/Pauly/*Frenzel* Art. 82 Rn. 1.

Ausgleich zwischen mehreren Verantwortlichen regelt. Die Norm bezweckt, ebenso wie die Art. 77–80 und 83, die **Einhaltung der materiellen Datenschutzregeln** durch Verantwortliche und Auftragsverarbeiter und schafft präventiv Anreize zu deren Durchsetzung.[4] Die dazugehörigen EG sind 146 und 147.

2   **2. Aufbau der Norm.** Abs. 1 normiert einen generellen **Schadenersatzanspruch**, der jeder Person wegen Verstößen gegen die Verordnung gegen den Verantwortlichen oder Auftragsverarbeiter zusteht. Abs. 2 benennt unterschiedliche Haftungsmaßstäbe für Verantwortliche und Auftragsverarbeiter bei der Verarbeitung von Daten. Die in Abs. 2 benannten Haftungsmaßstäbe werden in Abs. 3 konkretisiert, indem für Verantwortliche und Auftragsverarbeiter eine Exkulpationsmöglichkeit eröffnet wird. Abs. 4 regelt die gesamtschuldnerische Haftung bei mehreren Verantwortlichen bzw. Auftragsverarbeitern. Abs. 5 normiert Regeln für den Innenausgleich zwischen den Gesamtschuldnern. Abschließend enthält Abs. 6 gerichtliche Zuständigkeitsregeln.

3   **3. Entstehungsgeschichte. a) Vergleich zur DSRL.** Der Schadenersatzanspruch bei rechtswidrigen Verarbeitungen oder Verstößen gegen die Richtlinie durch den Verantwortlichen war schon in **Art. 23 DSRL** vorgesehen. Sein Abs. 2 enthielt ebenfalls eine Exkulpationsmöglichkeit. Eine Regelung für den Auftragsverarbeiter fand sich dagegen nicht. Schon bisher durfte der Schadenersatz nach Art. 23 DSRL nicht summenmäßig begrenzt werden und er umfasste nach der Interpretation Vieler auch immateriellen Schaden.[5] Allerdings waren letztere Bedingungen nicht explizit geregelt, was zu unterschiedlichen Auslegungen in den Mitgliedstaaten führte (zur Regelung im BDSG aF → Rn. 1). Die DSGVO stellt hingegen klar, dass auch immaterielle Schäden umfasst sind. Allgemeine zivilrechtliche Regelungen zum Innenausgleich oder der gesamtschuldnerischen Haftung enthielt die DSRL nicht.

4   **b) Gesetzgebungsgeschichte.** Der **Kom-E** orientierte sich stärker an Art. 23 DSRL als die endgültige Fassung. Er erwähnte in Art. 77 Abs. 1 noch nicht ausdrücklich, dass sowohl materielle als auch immaterielle Schäden umfasst sind. Erst das Parlament stellte dies klar. Als tatbestandsmäßige Handlung war sowohl im Kom-E als auch im Parl-E „eine rechtswidrige Verarbeitung oder eine andere mit dieser Verordnung nicht zu vereinbarende Handlung" vorgesehen. Die Bedeutung des Wortes „Handlung" wurde nicht spezifiziert und entspricht wohl dem Ergebnis des Trilogs, das als tatbestandsmäßige Handlung den „Verstoß gegen diese Verordnung" vorsieht.[6] Schon Art. 77 Abs. 2 Kom-E sah eine gesamtschuldnerische Haftung bei mehreren Beteiligten vor, ebenso wie eine Exkulpationsmöglichkeit, die nah an den Wortlaut des Art. 23 DSRL angelehnt war (Abs. 3).

5   Die jetzige Struktur des Artikels basiert im Wesentlichen auf dem **Rat-E**, der den Kom-E im Hinblick auf immaterielle Schäden, die Haftungsverteilung, das Auftragsverarbeiterprivileg in Abs. 2 (→ Rn. 17) sowie den Innenausgleich und die gerichtlichen Zuständigkeitsregeln spezifiziert und der im Trilog verabschiedeten Position sehr nahekommt.

II.   Der Schadenersatzanspruch (Abs. 1-3)

6   **1. Allgemeines (Abs. 1).** Art. 82 Abs. 1 ist eine **eigene Anspruchsgrundlage**[7] für Schadenersatzansprüche, die neben mitgliedstaatlichem Recht oder Verträgen besteht.[8] Für den Anspruch nach Abs. 1 kommt es auf den ersten Blick nicht auf ein Verschulden des Verantwortlichen bzw. Auftragsverarbeiters an. Allerdings können sich diese nach Abs. 3 von der Haftung befreien, wenn sie nachweisen, dass sie nicht für den Umstand verantwortlich sind, durch den der Schaden eingetreten ist. Die dogmatische Einordnung ist daher umstritten.[9] Während teilweise von einer Verschuldenshaftung mit vermutetem Verschulden[10] ausgegangen wird, ist es auch möglich, den Haftungstatbestand in Abs. 1 isoliert zu betrachten und dementsprechend von einem verschuldensunabhängigen Charakter auszugehen.[11] Dogmatisch ließe sich das damit begründen, dass Abs. 3 keine Haftungsvoraussetzung aufstellt.[12] Damit der Anspruch entsteht, kommt es also nicht auf ein Verschulden an. Abs. 3 ist dann eine rechtsvernichtende Einwendung. In der Praxis wird es allerdings häufig auf Abs. 3 ankommen, da Verantwortliche in der Regel versuchen werden, darzulegen, dass sie ihre Pflichten erfüllt haben. Jedenfalls handelt es sich nicht um eine „Gefährdungshaftung mit

---

4   BeckOK DatenschutzR/*Quaas* DSGVO Art. 82 Rn. 1.
5   *Dammann/Simitis* Art. 23 Rn. 5; *Brühann/Zerdick* CR 1996, 429 (435); *Kopp* RDV 1993, 1 (8); *Lütkemeier* DuD 1995, 597 (600).
6   So auch Kühling/Buchner/*Bergt* Art. 82 Rn. 6.
7   Paal/Pauly/*Frenzel* Art. 82 Rn. 6; *Albrecht/Jotzo*, Teil 8 Rn. 20.
8   Kühling/Buchner/*Bergt* Art. 82 Rn. 12.
9   Kühling/Buchner/*Bergt* Art. 82 Rn. 12.
10 *Spindler* DB 2016, 937 (947); *Härting*, Rn. 234; wohl auch *Laue/Nink/Kremer*, § 11 Rn. 9; *Albrecht/Jotzo*, Teil 8 Rn. 22.
11 Paal/Pauly/*Frenzel* Art. 82 Rn. 6; *Wybitul* ZD 2016, 253.
12 Paal/Pauly/*Frenzel* Art. 82 Rn. 6.

Exkulpationsmöglichkeit",[13] da die Gefährdungshaftung von einem Verschulden grundsätzlich unabhängig ist.

Der Anspruch ist übertragbar und vererblich, da er vor allem präventiv wirken soll.[14] 7

2. Anspruchsvoraussetzungen. a) Anspruchsberechtigter. Anspruchsberechtigter ist nach dem Wortlaut des 8
Art. 82 Abs. 1 „jede Person". Die Norm selbst gibt keine Auskunft darüber, ob auch juristische Personen vom Anwendungsbereich erfasst sind. Dagegen spricht allerdings die Systematik des Artikels. In Abs. 4 wird im Rahmen der gesamtschuldnerischen Haftung auf die betroffene Person abgestellt, was nur Sinn ergibt, wenn auch in Abs. 1 bereits nur die betroffene Person umfasst sein soll. Diese Auslegung wird auch von EG 146 S. 6 und S. 8 gestützt, die von der „betroffenen Person" sprechen. Eine betroffene Person meint nach Art. 4 Nr. 1 stets eine natürliche Person. Allerdings kam der letzte Halbsatz in Abs. 4, der sich auf die betroffene Person bezieht, erst im Trilog hinzu. In den vorherigen Entwürfen war lediglich von „Person" die Rede. Der Halbsatz sollte lediglich klarstellen, dass sich der Gesamtschuldnerausgleich nicht zulasten des Geschädigten auswirken darf. Auch EG 146 ist nicht eindeutig, da dort auch teilweise (zB S. 1) nur von der Person gesprochen wird. Entscheidend ist letztlich, dass die Zielrichtung der DSGVO sowie des Datenschutzrechts allgemein auf den Schutz der Grundrechte natürlicher Personen (→ Art. 1 Rn. 28ff., 36ff.) ausgerichtet ist.[15] Juristische Personen wären dann im Rahmen des unions- oder des mitgliedstaatlichen Rechts, im deutschen Recht also vor allem durch deliktsrechtliche Ansprüche aus § 823 BGB oder dem Wettbewerbsrecht, zu schützen. Der Anspruch nach Art. 82 kann demnach nur von natürlichen Personen geltend gemacht werden.[16]

Darüber hinaus ergibt sich aus der Norm auch nicht, ob **Dritte** Schadenersatzansprüche gelten machen 9
können, also solche Personen, die nicht iSv Art. 4 Nr. 1 betroffen sind. Dafür ließen sich ebenfalls das zuvor genannte systematische sowie das aus den Erwägungsgründen abgeleitete Argument anführen. Allerdings können diese aus den genannten Gründen nicht überzeugen. Gegen eine Einbeziehung Dritter soll der Schutzzweck der Norm sprechen. Der Schadenersatzanspruch entstehe schließlich, weil solche Pflichten missachtet werden, die den Umgang mit Daten der betroffenen Person regeln. Dementsprechend dürften auch nur diese geschützt werden.[17] Diese Schlussfolgerung ist allerdings nicht zwingend. Nur weil sich die Pflichten auf den Umgang mit den Daten der betroffenen Person beziehen, heißt das nicht, dass deswegen nur diese geschützt werden soll. Die Auswirkungen eines Verstoßes gegen die Verordnung können gerade auch Dritte natürliche Personen treffen.[18] Falsche Bonitätsinformationen über den Gesellschafter einer GbR können sich beispielsweise auf die Gesellschafter der GbR auswirken.[19] Im Ergebnis sprechen die besseren Gründe dafür, einen Dritten in den Kreis der Anspruchsberechtigten einzubeziehen.[20]

b) Verletzungshandlung. Als Verletzungshandlung kommt nach dem Wortlaut des Art. 82 Abs. 1 **jeder Ver- 10
stoß** gegen die Verordnung in Betracht. EG 146 S. 1, Art. 82 Abs. 2 und 4 setzen allerdings noch voraus, angelehnt an den ursprünglichen Wortlaut des Kom-E, dass die Schäden durch eine Verarbeitung von Daten entstanden sind. Dadurch wird klargestellt, dass der Vorwurf darin liegt, die Datenverarbeitung durchgeführt zu haben, ohne dass sämtliche in der DSGVO statuierten Pflichten eingehalten wurden und deshalb ein Schaden entstanden ist. Das vorwerfbare Verhalten muss damit nicht zwangsläufig die Datenverarbeitung an sich sein.[21] So wird häufig die Verarbeitung erst dadurch rechtswidrig, dass im Vorfeld Maßnahmen nicht ergriffen wurden (bspw. keine technisch-organisatorischen Schutzmaßnahmen eingeführt wurden), so dass in dem Fall die eigentlich verletzende Handlung bereits vor der Datenverarbeitung lag. Konsequenterweise kann daher bereits der Verstoß gegen solche Pflichten einen Anspruch auf Schadensersatz begründen. Verletzungshandlungen liegen damit vor, wenn die Rechte der betroffenen Personen oder Grundsätze der Datenverarbeitung unzureichend beachtet werden.[22] Das schließt, wenn es dadurch zu einem Schaden kommt, jede Missachtung der Verpflichtungen des Verantwortlichen oder Auftragsverarbeiters, wie beispielsweise die fehlende Bestellung eines Datenschutzbeauftragten oder die vergessene Datenschutz-

---

13 So aber Plath/*Becker* DSGVO Art. 82 Rn. 5.
14 Vgl. Kühling/Buchner/*Bergt* Art. 82 Rn. 65.
15 *Laue/Nink/Kremer*, § 11 Rn. 7; Simitis/*Simitis* § 7 Rn. 9 noch zum BDSG aF.
16 So auch Kühling/Buchner/*Bergt* Art. 82 Rn. 13–15; Gola/*Gola/Piltz* Art. 82 Rn. 10.
17 Plath/*Becker* DSGVO Art. 82 Rn. 2; *Albrecht/Jotzo*, Teil 8 Rn. 20.
18 Kühling/Buchner/*Bergt* Art. 82 Rn. 14 f.; *Laue/Nink/Kremer*, § 11 Rn. 7, jeweils mit anschaulichen Beispielen.
19 Kühling/Buchner/*Bergt* Art. 82 Rn. 15.
20 AA Paal/Pauly/*Frenzel* Art. 82 Art. 7: Dritte kommen als Anspruchsberechtigte nicht in Betracht; Schantz/Wolff/*Schantz,* Rn. 1247: Ansprüche von Dritten können nur bei materiellen Schäden entstehen.
21 Unklar insoweit *Albrecht/Jotzo*, Teil 8 Rn. 22; *Wybitul* ZD 2016, 253 (253 f.); Kühling/Buchner/*Bergt* Art. 82 Rn. 21ff., die anscheinend nur auf die Verarbeitung abstellen. Sydow/*Kreße* Art. 82 Rn. 13: nur eine verordnungswidrige Datenverarbeitung kann eine Haftung begründen; wegen anderen Verletzungen wie zB Informationspflichten nach Art. 12–15 kann kein Schadensersatz verlangt werden.
22 Paal/Pauly/*Frenzel* Art. 82 Rn. 8.

folgenabschätzung, mit ein.[23] Art. 82 Abs. 1 geht damit deutlich über die Anforderungen der bisherigen §§ 7, 8 BDSG aF hinaus, wonach immer eine unzulässige oder unrichtige Datenverarbeitung vorliegen musste.

EG 146 S. 5 stellt klar, dass zu einer Verarbeitung, die nicht mit der Verordnung in Einklang steht, auch die Verarbeitung zählt, „die nicht mit den nach Maßgabe der vorliegenden Verordnung erlassenen delegierten Rechtsakten und Durchführungsrechtsakten und Rechtsvorschriften der Mitgliedstaaten zur Präzisierung von Bestimmungen der vorliegenden Verordnung in Einklang steht". Inwieweit allerdings Schadenersatzansprüche durch die Verletzung mitgliedstaatlichen Rechts auf Basis des Art. 82 eingeklagt werden können, bleibt unklar. Die Beantwortung dieser Frage wird in der Praxis danach zu beurteilen sein, ob die mitgliedstaatliche Vorschrift die DSGVO präzisiert oder von der DSGVO unabhängiges Recht aufstellt.[24]

11 **c) Schaden.** Der **Schadensbegriff** sollte nach EG 146 S. 3 „weit auf eine Art und Weise ausgelegt werden, die den Zielen dieser Verordnung in vollem Umfang entspricht." Im Gegensatz zu § 7 BDSG aF[25] und Art. 23 DSRL, der es den Mitgliedsstaaten überließ, ob immaterielle Schäden umfasst sein sollen,[26] umfasst Art. 82 Abs. 1 nun eindeutig materielle und immaterielle Schäden. Eine Einschränkung erfährt der Begriff insoweit, als der Schaden erlitten worden, also tatsächlich entstanden sein muss und nicht nur befürchtet werden darf.[27]

12 Auf eine genauere Umschreibung des Schadens verzichtet die Norm. Das wäre angesichts der zahlreichen Ausgestaltungen im Einzelfall auch nicht sinnvoll.[28] Stattdessen sind in den EG zahlreiche **Beispiele** für Handlungen, die zum Schadenersatz berechtigen, genannt. In EG 75 findet sich eine Liste nicht abschließender Beispiele. Danach kann eine Verarbeitung zu einem „physischen, materiellen oder immateriellen Schaden führen [...], insbesondere wenn die Verarbeitung zu einer Diskriminierung, einem Identitätsdiebstahl oder -betrug, einem finanziellen Verlust, einer Rufschädigung, einem Verlust der Vertraulichkeit von dem Berufsgeheimnis unterliegenden personenbezogenen Daten, der unbefugten Aufhebung der Pseudonymisierung oder anderen erheblichen wirtschaftlichen oder gesellschaftlichen Nachteilen führen kann." Diese Handlungen werden teilweise in EG 85 noch einmal genannt.

13 **d) Kausalität.** Der Verstoß gegen die Verordnung muss **kausal** für den Schaden gewesen sein (Wortlaut: „wegen eines Verstoßes (...) entstanden ist"). Es braucht also eine haftungsbegründende Kausalität zwischen der Verletzungshandlung und dem Schaden. Auch im europäischen Recht gilt die conditio-sine-qua-non-Formel.[29] Unmittelbare Schäden sind deshalb in jedem Fall kausal verursacht worden.[30]

14 Der EuGH hat die Kausalität in Ermangelung europäischer Vorschriften nach den jeweiligen Vorschriften des Mitgliedsstaats bestimmt. Bei der Auslegung mitgliedstaatlicher Vorschriften sind allerdings der **Äquivalenz- und Effektivitätsgrundsatz** zu beachten, um eine wirksame Anwendung des Europarechts zu gewährleisten.[31] Für den Kausalitätsbegriff in Art. 82 bedeutet das, dass er europarechtlich weit ausgelegt werden muss. Auch Schäden, die nicht unmittelbar aus einer Verletzungshandlung folgen, sind danach kausal im Sinne der Vorschrift.[32] Weiterhin reicht eine Mitursächlichkeit (kumulative Kausalität) aus,[33] und ein einseitiges Dazwischentreten Dritter unterbricht nicht den Kausalzusammenhang.[34] Dennoch muss die Schädigung vorhersehbar gewesen sein, was bedeutet, dass die konkrete Schädigung eine typische Folge des konkreten Verstoßes und diese auch für den Verantwortlichen oder Auftragsverarbeiter erkennbar gewesen sein muss (adäquat verursachte Kausalität).[35] Atypische und außerhalb der gewöhnlichen Lebensumstände eintretende Kausalverläufe sind daher ausgeschlossen.[36]

---

23 Ähnlich *Laue/Nink/Kremer*, § 11 Rn. 4.
24 Kühling/Buchner/*Bergt* Art. 82 Rn. 24 mit Bezug auf Art. 85 DSGVO als Bespiel für von der DSGVO unabhängiges Recht. Vgl. zu den unterschiedlichen Arten an Öffnungsklauseln *Benecke/Wagner* DVBl. 2016, 600.
25 Sa Simitis/*Simitis* § 7 Rn. 32; BGH NJW 2017, 800, Rn. 5 f.
26 Simitis/*Simitis* § 7 Rn. 4.
27 Paal/Pauly/*Frenzel* Art. 82 Rn. 10.
28 So bereits Simitis/*Simitis* § 7 Rn. 31 zu § 7 BDSG aF.
29 *Weitenberg*, Der Begriff der Kausalität in der haftungsrechtlichen Rechtsprechung der Unionsgerichte, 2014, S. 364ff.
30 Kühling/Buchner/*Bergt* Art. 82 Rn. 44 mit Verweis auf EuGH C-64/76, 113/76, 167/78, 239/78, 27/79, 28/79 und 45/79, Slg 1979, 3091 Rn. 21; C-199/11, ECLI:EU:C:2012:684 Rn. 65.
31 EuGH C-557/12, ECLI:EU:C:2014:1317 Rn. 24–26.
32 EuGH C-557/12, ECLI:EU:C:2014:1317 Rn. 33 zu Wettbewerbsverstößen.
33 Kühling/Buchner/*Bergt* Art. 82 Rn. 45 mit Verweis auf GA Kokott SchlA 30.1.2014 – C-557/12, ECLI:EU:C:2014:45 Rn. 36.
34 Kühling/Buchner/*Bergt* Art. 82 Rn. 45 mit Verweis auf EuG T-320/00, ECLI:EU:T:2005:452, Rn. 177 f.; EuGH C-557/12, ECLI:EU:C:2014:1317 Rn. 34.
35 EuGH EuZW 2014, 586 Rn. 34; ausführlich zur Bestimmung der Kausalität im Unionsrecht *Weitenberg*, Der Begriff der Kausalität in der haftungsrechtlichen Rechtsprechung der Unionsgerichte, 2014, S. 373ff.; Kühling/Buchner/*Bergt* Art. 82 Rn. 45.
36 Kühling/Buchner/*Bergt* Art. 82 Rn. 45.

Boehm

e) Anspruchsgegner und Haftung (Abs. 2). Anspruchsgegner kann sowohl der **Verantwortliche** iSd Art. 4   15
Nr. 7 als auch der **Auftragsverarbeiter** iSd Art. 4 Nr. 8 sein. Damit ist sowohl die im BDSG aF vorgenommene Differenzierung zwischen privaten (§ 7 BDSG aF) und öffentlichen Stellen (§ 8 BDSG aF) aufgehoben als auch die bisher fehlende haftungsrechtliche Verantwortlichkeit von Auftragsverarbeitern gegenüber dem Geschädigten.[37] Gegen sonstige in Betracht kommende Personen (Datenschutzbeauftragte, Mitarbeiter des Verantwortlichen oder Auftragsverarbeiters) kommt ein Anspruch aus Art. 82 nicht in Betracht.[38] Insofern verbleibt es bei den nationalen Bestimmungen, wobei der nationale Gesetzgeber nach Art. 84 auch dazu berechtigt ist, weitergehende Bestimmungen zu treffen (→ Art. 84 Rn. 5).

Art. 82 Abs. 2 S. 1 besagt, dass für die **Haftung** des Verantwortlichen allein seine Beteiligung an der Verar-   16
beitung ausreicht.[39] Nicht erforderlich ist es, ihm die Verletzungshandlung zuzurechnen.[40] Der Begriff der Beteiligung ist in dem Zusammenhang weit auszulegen.[41] Sinn und Zweck der Norm gebieten es, dem Individuum einen umfassenden Schadensersatzanspruch zu gewähren.[42] Außerdem kann sich der Verantwortliche nach Abs. 3 von der Haftung befreien.[43] Ob es allerdings ausreicht, dass ein Verantwortlicher die Daten rechtmäßig erhebt, an einen anderen weiterleitet und dieser die Daten dann rechtswidrig verarbeitet, muss bezweifelt werden.[44] Das Verhalten des Verantwortlichen dürfte in dieser Konstellation regelmäßig nicht adäquat kausal für die Schädigung sein.[45] In jedem Fall ist die Exkulpationsmöglichkeit des Abs. 3 zu berücksichtigen.

Abs. 2 S. 2 enthält eine **Privilegierung für den Auftragsverarbeiter.** Im Gegensatz zum Verantwortlichen   17
reicht bei ihm nicht die bloße Beteiligung an der Verarbeitung, um die Haftung auszulösen. Er haftet stattdessen nur, wenn er seinen spezifischen Pflichten als Auftragsverarbeiter nicht nachgekommen ist, die er entweder nach der Verordnung zu erfüllen hat oder die ihm vom Verantwortlichen rechtmäßig erteilt wurden. Dahinter steht der Gedanke, dass der Verantwortliche die Ziele und Zwecke der Verarbeitung bestimmt und selbige damit „in den Händen hält“.[46] Nur für darüberhinausgehende Handlungen soll der Auftragsverarbeiter zur Rechenschaft gezogen werden können. Das ändert sich, wenn der Auftragsverarbeiter seine untergeordnete Stellung verlässt. Für den Fall ordnet Art. 28 Abs. 10 an, dass der Auftragsverarbeiter selbst Verantwortlicher wird, sofern er die Zwecke und Mittel der Verarbeitung bestimmt. Um diesem Regelungszweck im Rahmen von Art. 82 gerecht zu werden, muss die Privilegierung aus Abs. 2 S. 2 dann ebenfalls wegfallen.[47] Keine Auswirkung hat insofern die Sonderregel des Art. 28 Abs. 4 S. 2 (→ Art. 28 Rn. 84 f.). Setzt der Auftragsverarbeiter Unterauftragsverarbeiter ein, so haftet er lediglich dem Verantwortlichen gegenüber für die Einhaltung der Pflichten des Unterauftragsverarbeiters. Gegenüber dem Geschädigten kann sich der Auftragsverarbeiter allerdings weiterhin auf die Privilegierung nach Abs. 2 S. 2 berufen[48] (zur Auswirkung auf den Innenausgleich nach Abs. 5 → Rn. 35). Nach dem ausdrücklichen Wortlaut von Art. 28 Abs. 4 ist auch der Unterauftragsverarbeiter ein „Auftragsverarbeiter“ iSv Art. 4 Nr. 8. Auch er haftet deshalb im Rahmen von Art. 82 Abs. 1, Abs. 2 S. 2 für die Verletzung der dort genannten Pflichten. Im Rahmen von Abs. 2 S. 2 wird kein Verschulden gefordert.[49] Auf ein solches kann es nur im Zusammenhang mit dem Haftungsausschluss nach Abs. 3 ankommen (→ Rn. 22).

Als Pflichten, die dem Auftragsverarbeiter vom Verantwortlichen auferlegt werden, sind insbes. die **Pflich-**   18
ten aus Art. 28 zu nennen. Aber auch sonst stellt die Verordnung an vielen Stellen weitreichende Pflichten für den Auftragsverarbeiter auf.[50] Beispielsweise muss er nach Art. 32 Abs. 1 eigenständig technisch-organisatorische Maßnahmen zur Datensicherheit ergreifen. Weiterhin kommen sämtliche vertraglichen oder vertragsähnlichen Regelungen iSd Art. 28 Abs. 3 S. 1 in Betracht.[51] Der Wortlaut der Verordnung in Abs. 2 S. 2 unterscheidet zwischen Nichtbeachtung dieser Regeln und Handeln entgegen der Regelungen.[52] Diese Un-

---

37   Nach bisherigem Recht haftete der Auftragsverarbeiter nur gegenüber dem Verantwortlichen. Dazu: Simitis/*Simitis* § 7 Rn. 11.
38   Kühling/Buchner/*Bergt* Art. 82 Rn. 16.
39   Paal/Pauly/*Frenzel* Art. 82 Rn. 13.
40   BeckOK DatenschutzR/*Quaas* DSGVO Art. 82 Rn. 39.
41   Paal/Pauly/*Frenzel* Art. 82 Rn. 13.
42   BeckOK DatenschutzR/*Quaas* DSGVO Art. 82 Rn. 39.
43   Kühling/Buchner/*Bergt* Art. 82 Rn. 22.
44   AA Paal/Pauly/*Frenzel* Art. 82 Rn. 13.
45   AA Paal/Pauly/*Frenzel* Art. 82 Rn. 13, der nur auf die äquivalente Kausalität abstellt.
46   Ähnlich Paal/Pauly/*Frenzel* Art. 82 Rn. 14.
47   Kühling/Buchner/*Bergt* Art. 82 Rn. 38; BeckOK DatenschutzR/*Quaas* DSGVO Art. 82 Rn. 40.
48   Kühling/Buchner/*Bergt* Art. 82 Rn. 39.
49   Paal/Pauly/*Frenzel* Art. 82 Rn. 14.
50   Ausführlich dazu Kühling/Buchner/*Bergt* Art. 82 Rn. 27 ff.
51   BeckOK DatenschutzR/*Quaas* DSGVO Art. 82 Rn. 41.
52   Kühling/Buchner/*Bergt* Art. 82 Rn. 25.

terscheidung dürfte nur deklaratorischer Natur sein und lediglich klarstellen, dass der Auftragsverarbeiter immer haftet, wenn er den Anweisungen des Verarbeiters nicht nachkommt.[53]

19 Die einzige Ausnahme besteht nach Abs. 2 S. 2 dann, wenn die Anweisung nicht rechtmäßig erteilt ist. Daher ist dies unter Umständen inzident zu überprüfen. Der Begriff „rechtmäßig" dürfte in dem Zusammenhang aber einschränkend auszulegen sein. Nach dem Sinn und Zweck, die betroffene Person umfassend zu schützen, kann es nur darauf ankommen, ob Anweisungen im Zusammenhang mit der Verarbeitung rechtmäßig erteilt wurden. Sonstige Anweisungen aus dem Vertragsverhältnis, die beispielsweise die Bezahlung oÄ betreffen, sind insoweit irrelevant. Erkennt der Auftragsverarbeiter, dass die Anweisung rechtswidrig ist, darf er sie nicht befolgen und muss den Verarbeiter darauf hinweisen.[54] Erweist sich eine Anweisung erst später als rechtswidrig und führt der Auftragsverarbeiter sie aus, weil er irrig davon ausgeht, dass sie rechtmäßig war, kommt ihm nicht das Privileg aus Abs. 2 S. 2 zu Gute. Die Exkulpationsmöglichkeit nach Abs. 3 bleibt davon allerdings unberührt. Führt er die eigentlich rechtswidrige Anweisung nicht aus, kann er sich – in dem seltenen Ausnahmefall, dass durch diese Untätigkeit ein Schaden entsteht – allerdings auf die Privilegierung berufen, obwohl er eine Anweisung nicht beachtet hat.[55]

20 Nach EG 21 S. 1 bleiben die **Vorschriften der eCommerce-RL**, insbes. die Art. 12 bis 15, von der DSGVO **unberührt**. Das dort geregelte Providerprivileg bleibt also unangetastet. Während sog Access-Provider generell und somit auch bei Datenverarbeitungen von der Haftung befreit sind, gilt das bei sog Host-Providern nach Art. 14 eCommerce-RL nur, wenn sie den Verstoß nicht kennen, dieser nicht offensichtlich war oder sie nicht unverzüglich nach Kenntniserlangung die Inhalte sperren oder entfernen. Allerdings gilt die eCommerce-RL nur für Dienste der Informationsgesellschaft, also „jede in der Regel gegen Entgelt elektronisch im Fernabsatz und auf individuellen Abruf eines Empfängers erbrachte Dienstleistung"[56] (s. Art. 4 Nr. 25 → Art. 4 Rn. 5ff.). Wird kein Dienst der Informationsgesellschaft erbracht, bleibt es bei der Haftung nach Art. 82.[57]

21 f) **Haftungsbefreiung (Abs. 3).** Nach Abs. 3 kann sich der Verantwortliche oder Auftragsverarbeiter **von der Haftung gemäß Abs. 2 befreien**, wenn er nachweist (zur Beweislast → Rn. 31), dass er in keinerlei Hinsicht für den Umstand verantwortlich ist, durch den der Schaden eingetreten ist. Gemeint ist nicht die Verantwortlichkeit iSv Art. 4 Nr. 7,[58] sondern das Verschulden.[59] Kann der Verantwortliche oder der Auftragsverarbeiter nachweisen, dass ihn kein Verschulden an dem eingetretenen Schaden trifft, kann er sich exkulpieren.

22 Der **Verantwortlichkeits- bzw. Verschuldensbegriff** wird europarechtlich und nicht nach § 276 Abs. 1 BGB ausgelegt.[60] Nach Art. 83 Abs. 2 lit. b, unterscheidet die DSGVO zwischen Vorsatz und Fahrlässigkeit. Missachten Verantwortliche oder Auftragsverarbeiter bewusst, also vorsätzlich, oder fahrlässig eine in der DSGVO genannte Pflicht, trifft sie das Verschulden und sie haften gem. Art. 82. Da der Verantwortliche oder Auftragsverarbeiter nachweisen muss, dass er in keinerlei Hinsicht für den Umstand verantwortlich ist, umfasst der **Haftungsmaßstab** Vorsatz und alle Formen der Fahrlässigkeit, inklusive leichter Fahrlässigkeit.[61] Entlasten kann sich der Verantwortliche oder Auftragsverarbeiter bei eindeutigen Fällen zB wenn der Schaden auf höhere Gewalt oder ausschließlich auf das Verhalten des Geschädigten zurückzuführen ist.[62] Zertifizierungen oder genehmigte Verhaltensregeln schließen die Haftung nicht aus, vgl. zB Art. 42 Abs. 4.[63]

23 Die Exkulpationsmöglichkeit gem. Art. 82 Abs. 3 besteht nicht beim Handeln durch eigene **Mitarbeiter**. Das gilt sowohl dann, wenn diese es unterlassen haben, Sicherungsmaßnahmen zu ergreifen und Dritte deshalb unberechtigt auf Daten zugreifen können, als auch, falls die Mitarbeiter selbst unberechtigt Daten verarbeiten.[64]

---

53 Anders *Gola/Piltz* RDV 2015, 279 (282), die davon ausgehen, dass der Auftragsverarbeiter dann bereits selbst Verantwortlicher wird.
54 Kühling/Buchner/*Bergt* Art. 82 Rn. 36; *Gola/Piltz* RDV 2015, 279 (282).
55 Kühling/Buchner/*Bergt* Art. 82 Rn. 36.
56 Art. 2 lit. a der eCommerce-RL iVm Art. 1 Nr. 2 lit. a RL 98/34/EG in der Fassung der RL 98/48/EG.
57 Dazu auch Kühling/Buchner/*Bergt* Art. 82 Rn. 40; Schantz/Wolff/*Schantz*, Rn. 1252.
58 Paal/Pauly/*Frenzel* Art. 82 Rn. 15; Kühling/Buchner/*Bergt* Art. 82 Rn. 49.
59 So auch die hM Kühling/Buchner/*Bergt* Art. 82 Rn. 36; *Spindler* DB 2016, 937 (947); *Gola/Piltz* RDV 2015, 279 (284); *Lauel/Nink/ Kremer*, § 11 Rn. 9; *Albrecht/Jotzo*, Teil 8 Rn. 22; BeckOK DatenschutzR/*Quaas* DSGVO Art. 82 Rn. 17; wohl auch Plath/*Becker* DSGVO Art. 82 Rn. 5; aA Paal/Pauly/*Frenzel* Art. 82 Rn. 15.
60 EuGH C-135/81, Slg 1982, 3799 Rn. 10; C-43/77, Slg 1977, 2175 Rn. 22/27; C-157/80, Slg 1981, 1391 Rn. 11; C-64/81, Slg 1982, 13 Rn. 8; C-34/82, Slg 1983 Rn. 9 f.; C-5/08, Slg 2009, I-06569 Rn. 27; C-510/10, ECLI:EU:C:2012:244 Rn. 33.
61 Kühling/Buchner/*Bergt* Art. 82 Rn. 54; *Lauel/Nink/Kremer*, § 11 Rn. 11.
62 Kühling/Buchner/*Bergt* Art. 82 Rn. 54; *Lauel/Nink/Kremer*, § 11 Rn. 11.
63 Kühling/Buchner/*Bergt* Art. 82 Rn. 50.
64 Paal/Pauly/*Frenzel* Art. 82 Rn. 15; Kühling/Buchner/*Bergt* Art. 82 Rn. 55; *Lauel/Nink/Kremer*, § 11 Rn. 10.

Umstritten ist die **Haftung des Verantwortlichen für seine Auftragsverarbeiter**, wenn diese eine rechtmäßige 24
Weisung des Verantwortlichen missachten. Gegen eine solche Haftung spricht der Wortlaut des Abs. 3, der
den Verantwortlichen exkulpiert, wenn er nachweist, in keinerlei Hinsicht für den Umstand, durch den der
Schaden eingetreten ist, verantwortlich zu sein. Schließlich hätte er seine Pflichten aus der DSGVO durch
Erteilung der rechtmäßigen Weisung erfüllt. Auch bezieht Abs. 2 S. 2 explizit den Auftragsverarbeiter in die
Haftung mit ein.[65] Die Folge der Exkulpation des Verantwortlichen wäre allerdings, dass die betroffene
Person nicht nur das Prozess- und Insolvenzrisiko aufgebürdet bekommt, sondern auch gegen ihr unbekannte Auftragsverarbeiter vorgehen muss, mit denen sie in keiner vertraglichen Beziehungen steht und die
ggf. im Ausland niedergelassen sind.[66] Diese hohen Hürden widersprechen nicht nur dem in Art. 82 Abs. 4
und EG 146 S. 6 genannten und vom Unionsrecht geforderten „wirksamen Schadenersatz", sondern auch
dem Gedanken der Auftragsverarbeitung, der – auch wenn die DSGVO den Auftragsverarbeitern eine ge-
wichtigere Rolle als zuvor zukommen lässt (→ Art. 28 Rn. 15 f.) – davon geprägt ist, dass der Verantwortliche gegenüber der betroffenen Person weiterhin Ansprechpartner bleibt.[67]

Ein **vertraglicher Haftungsausschluss** des Art. 82 kommt selbst bei leichter Fahrlässigkeit nicht in Betracht. 25
Dafür spricht der Wortlaut von Abs. 3, wonach der Verantwortliche oder Auftragsverarbeiter in keinerlei
Hinsicht verantwortlich sein darf. Der eindeutige Wille des europäischen Gesetzgebers würde andernfalls
missachtet. Außerdem würde ein solcher Ausschluss der präventiven Wirkung des Schadenersatzes widersprechen, wenn der Verantwortliche oder Auftragsverarbeiter sich auf diese Weise wieder von seiner Verpflichtung lösen könnte.[68]

3. Rechtsfolge: Schadenersatz. Der Schadensbegriff soll nach EG 146 S. 3 nicht nur weit (→ Rn. 11), son- 26
dern auch im Lichte der Rechtsprechung des EuGH ausgelegt werden. Dieser betont die **Wiedergutma-
chungsfunktion** des Schadenersatzes.[69] Konkret bedeutet das, dass der Schaden tatsächlich und wirksam
ausgeglichen oder ersetzt werden muss.[70] Dementsprechend müssen nach EG 146 S. 6 „die betroffenen Personen [...] einen vollständigen und wirksamen Schadenersatz für den erlittenen Schaden erhalten." Wirksam bedeutet schließlich, dass der Schadenersatz spürbar sein muss.[71] Anknüpfungspunkt ist die, auch vom
EuGH betonte, **präventive Wirkung** des Schadenersatzes.[72] Die materielle (Geld-)Einbuße des Schädigers
soll ihn im Vorhinein davon abhalten, sich schädigend zu verhalten. Nur so kann der Einzelne dazu angehalten werden, die Vorgaben der Verordnung, insbes. die präventiven Schutzmaßnahmen, auch einzuhalten.[73] Vollständig ist der Schadenersatz, wenn nicht bloß ein Teil des Schadens ersetzt wird, sondern der
ganze Schaden. Das entspricht den Prinzipien des deutschen Schadenersatzrechts, das ebenfalls grundsätzlich vom Alles-oder-Nichts Prinzip ausgeht[74] (zur Frage, ob ein Mitverschulden angerechnet wird → Rn.
30).

Allgemein werden alle zurechenbaren Nachteile ausgeglichen.[75] Ausgangspunkt für die **Berechnung des im-** 27
materiellen Schadensersatzes ist der weit auszulegende europarechtliche Schadensbegriff (→ Rn. 11). Konkret bedeutet das, die Beträge hoch anzusetzen, um die geforderte wirksame und abschreckende Wirkung
zu erzielen.[76] Festgelegte Kriterien zur Bestimmung dieser Höhe enthält Art. 82 nicht. Kann allerdings der
Wert der Daten – bei allen damit verbundenen Schwierigkeiten – bestimmt werden, zB bei einer kommerziellen Nutzung der Daten, kann dieser berücksichtigt werden.[77] Auch können die Kriterien des
Art. 340 AEUV herangezogen werden. Diese sind jedoch recht variabel[78] und werden nicht auf alle Fälle
der DSGVO anwendbar sein. Geeigneter sind die insbes. in Art. 83 Abs. 2 genannten Kriterien, die sich allerdings auf die Verhängung von Geldbußen beziehen und ein Strafschadensersatz im Rahmen des Art. 82
gerade nicht gewährt werden soll (→ Rn. 26). Dennoch lassen sich aus den in Art. 83 genannten Kriterien
wertvolle Anhaltspunkte auch für die Bemessung des Schadenersatzes in Art. 82 ziehen.

Bei **materiellen Schäden** wird der jeweilige Vermögensnachteil ersetzt. Dazu zählen alle Begleitkosten bei 28
der Durchsetzung des Anspruchs, wie beispielsweise Abmahn-, Anwalts- oder Gerichtskosten, sowie Ent-

---

65 *Spindler* DB 2016, 937 (947).
66 Im Detail dazu Kühling/Buchner/*Bergt* Art. 82 Rn. 55.
67 Kühling/Buchner/*Bergt* Art. 82 Rn. 55.
68 Kühling/Buchner/*Bergt* Art. 82 Rn. 56; Paal/Pauly/*Frenzel* Art. 82 Rn. 19; vgl. dazu auch bereits Simitis/*Simitis* § 7 Rn. 46 f.
69 EuGH EuZW 2016, 183, ECLI:EU:C:2015:831 Rn. 33; C-271/91, Slg 1993, I-04367, ECLI:EU:C:1993:335 Rn. 31.
70 EuGH EuZW 2016, 183, ECLI:EU:C:2015:831 Rn. 45.
71 Vgl. EUGH C-271/91, Slg 1993, I-04367, ECLI:EU:C:1993:335 Rn. 24; NZA 2007, 1271, ECLI:EU:C:2007:601 Rn. 45.
72 EuGH EuZW 2016, 183, ECLI:EU:C:2015:831 Rn. 45; C-460/06, Slg 2007, I-08511, ECLI:EU:C:2007:601 Rn. 45.
73 *Schantz* NJW 2016, 1841 (1847); Plath/*Becker* DSGVO Art. 82 Rn. 4.
74 *Wagner*, Gutachten für den 66. Deutschen Juristentag, A53; MüKoBGB/*Oetker* § 254 Rn. 2.
75 Kühling/Buchner/*Bergt* Art. 82 Rn. 19; *Albrecht/Jotzo*, Teil 8 Rn. 24.
76 Vgl. auch Plath/*Becker* DSGVO Art. 82 Rn. 4.
77 BGH NJW 1995, 861 (865); Simitis/*Simitis* § 7 Rn. 33; Plath/*Becker* DSGVO Art. 82 Rn. 4.
78 Schwarze/*Augsberg* AEUV Art. 340 Rn. 71.

gelte für IT-Dienstleister, die den Schädiger ermitteln oder helfen entstandene immaterielle Nachteile zu beseitigen.[79] Daneben können der entgangene Gewinn und Zinsen verlangt werden.[80] Ersatzfähig sind damit beispielsweise Mehraufwendungen des Geschädigten infolge einer rechtswidrigen Datenverarbeitung oder der entgangene Gewinn aufgrund eines nicht zustande gekommenen Vertrags.

29 **Keine Rechtsfolge** ist die Beseitigung oder Unterlassung des Verstoßes.[81] Art. 82 regelt explizit nur den Schadenersatz. Sonstige Ansprüche gegen den Verantwortlichen, insbes. die Beseitigung, das Löschen und/oder das Unterlassen können nach Art. 79 gelten gemacht werden.

30 Die Frage, ob ein **Mitverschulden angerechnet wird**, wird von der DSGVO nicht eindeutig beantwortet. Zwar besagt der Wortlaut von Abs. 3, dass eine Haftungsbefreiung nur eintritt, wenn dem Verantwortlichen oder Auftragsverarbeiter in keinerlei Hinsicht der Schaden zur Last gelegt werden kann.[82] Das betrifft aber nur den vollständigen Haftungsausschluss auf Tatbestandsebene. Zu der Frage, ob daneben auf Rechtsfolgenseite auch eine Verantwortlichkeit des Geschädigten berücksichtigt werden kann, trifft die Norm keine Aussage. Da das Europarecht im Rahmen der EuGH-Rechtsprechung zur unionsrechtlichen Haftung gem. Art. 340 AEUV das Mitverschulden im Rahmen der Haftungsverteilung berücksichtigt,[83] sollte dies bei Art. 82 auch Anwendung finden. Nicht in Betracht kommt eine Anrechnung des Mitverschuldens über § 254 BGB[84] im Rahmen des Art. 82 Abs. 3, da es sich um die Auslegung von EU-Recht handelt.

31 **4. Beweislast.** Explizit nennt Art. 82 **keine allgemeine Beweislastregel** und es müsste auf die nationalen Regelungen rekurriert werden, wonach jeder die ihm günstigen Tatsachen beweisen muss.[85] Allerdings enthält die DSGVO von diesem Grundsatz Ausnahmen, die bei der Beweislastverteilung berücksichtigt werden müssen.[86] Die wichtigste Ausnahme ist das nunmehr prominent in Abs. 5 Abs. 2 normierte und ua in Art. 24 Abs. 1 spezifizierte Prinzip der Rechenschaftspflicht („Accountability").[87] Danach muss der Verantwortliche oder Auftragsverarbeiter nicht nur sämtliche Vorschriften der DSGVO umsetzen, sondern auch den Nachweis für diese Umsetzung erbringen können.[88] Eine ähnliche Formulierung enthält Abs. 3, der vom Verantwortlichen oder Auftragsverarbeiter ebenso einen Nachweis verlangt, nicht für das schädigende Ereignis verantwortlich zu sein. Grundsätzlich wird sein Verschulden also vermutet.[89] Daher dürfte der Exkulpationsbeweis für den Verantwortlichen oder Auftragsverarbeiter schwer zu führen sein. So muss er zB sämtliche Datenverarbeitungen dokumentieren, um nachweisen zu können, dass die unrechtmäßige Verarbeitung durch Außenstehende veranlasst wurde oder dass er ausreichende technische und organisatorische Abwehrmaßnahmen ergriffen hatte.[90]

32 **5. Konkurrierende Ansprüche.** Art. 82 enthält keine Regelung zu konkurrierenden Ansprüchen aus unionsoder mitgliedstaatlichem Recht oder Verträgen. EG 146 S. 4 stellt allerdings klar, dass Schadenersatzansprüche aufgrund von Verstößen gegen andere unionsrechtliche Vorschriften oder das Recht der Mitgliedsstaaten weiterhin geltend gemacht werden können. Die **allgemeinen Schadenersatzansprüche** des deutschen Rechts auf Grundlage von § 823 Abs. 1 BGB iVm Art. 2 Abs. 1, Art. 1 Abs. 1 GG bleiben daher weiterhin anwendbar.[91] Gleiches gilt für sonstige Schadenersatzansprüche, beispielsweise Amtshaftungsansprüche. Ebenso sind andere unionsrechtliche Vorschriften daneben anwendbar. Auch vertragliche Schadenersatzansprüche sind neben Art. 82 weiterhin möglich.[92] Alle diese Ansprüche können aber nicht auf eine Verletzung gerade der Vorschriften der DSGVO gestützt werden, insbes. nicht über § 823 Abs. 2 BGB, da die DSGVO insofern das speziellere Gesetz ist. Als Vorschriften der DSGVO gelten nach EG 146 S. 5 Tertiärrecht, das auf Grundlage der DSGVO erlassen wurde, sowie Rechtsvorschriften der Mitgliedstaaten zur Präzisierung von Bestimmungen der DSGVO. Schadensersatzansprüche wegen eines Verstoßes gegen solche

79 Kühling/Buchner/*Bergt* Art. 82 Rn. 19.
80 EuGH C-295/04 bis C-298/04, Slg 2006, I-06619, ECLI:EU:C:2006:461 Rn. 95.
81 So aber Paal/Pauly/*Frenzel* Art. 82 Rn. 10.
82 So *Laue/Nink/Kremer*, § 11 Rn. 11; Kühling/Buchner/*Bergt* Art. 82 Rn. 59.
83 EuGH C-472/00 P, Slg 2003, I-07541, ECLI:EU:C:2003:399 Rn. 122 ff.; C-308/87, Slg 1994 I-00341 Rn. 16 f.; C-145/83, Slg 1985, 3539, ECLI:EU:C:1985:448 Rn. 53 ff. (Adams/Kommission); Calliess/Ruffert/*Ruffert* AEUV Art. 340 Rn. 32; Grabitz/Hilf/Nettesheim/*Jacob/Kottmann* AEUV Art. 340 Rn. 31.
84 So ähnlich aber Paal/Pauly/*Frenzel* Art. 82 Rn. 19; Plath/*Becker* DSGVO Art. 82 Rn. 4.
85 Kühling/Buchner/*Bergt* Art. 82 Rn. 46; *Spindler* DB 2016, 937 (947).
86 Zur Beweislast hinsichtlich der Kausalität ausführlich Kühling/Buchner/*Bergt* Art. 82 Rn. 47 f.
87 Kühling/Buchner/*Bergt* Art. 82 Rn. 46; *Wybitul* ZD 2016, 253 (254).
88 Schantz/Wolff/*Schantz*, Rn. 1250.
89 Kühling/Buchner/*Bergt* Art. 82 Rn. 51; Plath/*Becker* DSGVO Art. 82 Rn. 5; BeckOK DatenschutzR/*Quaas* DSGVO Art. 82 Rn. 18.
90 Kühling/Buchner/*Bergt* Art. 82 Rn. 46; *Wybitul* ZD 2016, 253 (254); BeckOK DatenschutzR/*Quaas* DSGVO Art. 82 Rn. 19; *Lissner* in: Taeger, Smart World – Smart Law?, Tagungsband Herbstakademie 2016, 401 (412); zu Geheimhaltungsvereinbarungen zwischen Verantwortlichem und Auftragsverarbeiter ebd. (416).
91 Gola/*Gola/Piltz* Art. 82 Rn. 20.
92 Paal/Pauly/*Frenzel* Art. 82 Rn. 20.

Boehm

Bestimmungen müssen also mittels Art. 82 und nicht mittels sonstiger Anspruchsgrundlagen geltend gemacht werden.

III. Gesamtschuldnerische Haftung und Innenausgleich (Abs. 4–5)

1. Gesamtschuldnerische Haftung (Abs. 4). Abs. 4 normiert eine gesamtschuldnerische Haftung, sofern der 33
Anspruchsberechtigte aus demselben sachlichen Grund von mehr als einem Verantwortlichen oder Auftragsverarbeiter Schadenersatz verlangen kann. Der Schadenersatzanspruch muss entstanden sein. Sollte ein Verantwortlicher sich bspw. exkulpieren können oder der Auftragsverarbeiter nach Abs. 2 S. 2 nicht haftbar sein, ist Abs. 4 selbstverständlich nicht abwendbar. Der Anspruchsberechtigte hat die freie Wahl, von welchem der Anspruchsgegner er den Schaden ersetzt haben möchte, unabhängig davon, wie hoch das Verschulden der Gesamtschuldner war oder ob einer von ihnen finanzkräftiger ist als der andere.[93]

Nach EG 146 S. 8 soll es möglich sein, Verantwortliche oder Auftragsverarbeiter anteilig zu verurteilen, so- 34
fern sie nach dem (Prozess-)Recht der Mitgliedstaaten (zur Situation in Deutschland → Rn. 39) zu demselben Verfahren hinzugezogen werden können. Der Anteil soll dann dem des Abs. 5 entsprechen. Es muss aber sichergestellt sein, dass die betroffene Person einen vollständigen und wirksamen Schadenersatz erhält. Diese anteilige Verurteilung dürfte jedoch mit dem Wortlaut von Abs. 4 nicht vereinbar sein, wonach jeder für den gesamten Schaden haftet, damit ein wirksamer Schadenersatz für die betroffene Person sichergestellt ist. Wird ein Gesamtschuldner nur anteilig verurteilt, haftet er eben nur für einen Teil des Schadens. Dieser Einwand ließe sich entkräften, wenn im Urteil eine subsidiäre, volle Haftung jedes Gesamtschuldners festgeschrieben würde. Dann trüge der Geschädigte aber das Ausfallrisiko, wenn der erste Gesamtschuldner, der bereits einen Teil des Schadens ausgeglichen hat, in der Zeit insolvent wird, während der Geschädigte versucht, von den restlichen Gesamtschuldnern ihren Anteil einzutreiben. Ein wirksamer Schadensersatz kann aufgrund dieser Regelung also nicht erreicht werden.[94] Möglicherweise ist der EG 146 auch nur dahin gehend zu verstehen, dass die Mitgliedstaaten ihr Prozessrecht anpassen können, um es den Gerichten zu ermöglichen, im Erstprozess bereits über die interne Verteilung zu entscheiden.[95]

2. Regeln über den Innenausgleich (Abs. 5). Abs. 5 knüpft an Abs. 4 an und regelt als eigene Anspruchs- 35
grundlage den **Innenausgleich** zwischen Verantwortlichen und/oder Auftragsverarbeitern. Sie geht § 426 BGB vor. Erfüllt also ein Gesamtschuldner iSv Abs. 4 den Anspruch des Anspruchstellers, kann er im Innenverhältnis Ausgleich verlangen. Nach dem Sinn und Zweck der Norm gilt dies auch, wenn ein Verantwortlicher oder Auftragsverarbeiter einen höheren Anteil übernommen hat, als er im Innverhältnis eigentlich tragen müsste.[96]

Maßstab für den Innenausgleich sind zunächst die in Abs. 2 festgelegten Bedingungen. Der Verantwortliche 36
haftet also, sobald er beteiligt ist, der Auftragsverarbeiter nur unter den in Abs. 2 S. 2 aufgestellten Voraussetzungen. Danach ist maßgeblich, inwiefern ein Gesamtschuldner den Schaden zu verantworten, also zu verschulden, hat.[97] Hat ein Gesamtschuldner diesen in besonderem Maße zu verantworten, kann er den Schaden im Innenverhältnis uU sogar alleinig zu tragen haben. Kann einer der Gesamtschuldner nicht zahlen, dürfte dessen Anteil der ursprünglichen Quote entsprechend auf die übrigen aufgeteilt werden.[98] Zu beachten ist ferner die Sonderregel des Art. 28 Abs. 4 S. 2. Setzt der Auftragsverarbeiter Unterauftragsverarbeiter ein, so haftet er dem Verantwortlichen gegenüber für die Einhaltung der Pflichten des Unterauftragsverarbeiters. Entsteht der Schaden also beim Unterauftragsverarbeiter und kann dieser nicht zahlen, ist im Verhältnis zum Verantwortlichen allein der Auftragsverarbeiter zur Zahlung verpflichtet.[99]

IV. Zuständigkeit des Gerichts (Abs. 6)

Abs. 6 verweist für die gerichtliche Zuständigkeit auf die Regel des Art. 79 Abs. 2 (→ Art. 79 Rn. 17 ff.). Als 37
Konsequenz gilt also für das Recht auf Schadenersatz dieselbe gerichtliche Zuständigkeit wie für alle anderen Ansprüche gegen den Verantwortlichen oder Auftragsverarbeiter. Damit soll verhindert werden, dass unterschiedliche Gerichte über denselben Datenverarbeitungsvorgang entscheiden und so ggf. die Rechtmäßigkeit des zu Grunde liegenden Verarbeitungsvorgangs unterschiedlich beurteilt wird.[100]

---

93 Kühling/Buchner/*Bergt* Art. 82 Rn. 57; *Laue/Nink/Kremer*, § 11 Rn. 13.
94 Skeptisch auch Kühling/Buchner/*Bergt* Art. 82 Rn. 58.
95 Kühling/Buchner/*Bergt* Art. 82 Rn. 58.
96 Kühling/Buchner/*Bergt* Art. 82 Rn. 60; *Laue/Nink/Kremer*, § 11 Rn. 14; Sydow/*Kreße* Art. 82 Rn. 23.
97 *Laue/Nink/Kremer*, § 11 Rn. 14.
98 Kühling/Buchner/*Bergt* Art. 82 Rn. 61.
99 Kühling/Buchner/*Bergt* Art. 82 Rn. 39.
100 Paal/Pauly/*Frenzel* Art. 82 Rn. 18.

V. Nationales Recht

38 Art. 82 enthält eine umfassende Regelung zum Schadenersatz, die zumeist den allgemeinen nationalen Regelungen vorgeht. Es bleibt lediglich Raum für allgemeine zivilrechtliche Regelungen, die sich nicht aus Art. 82 ergeben. Dazu gehören beispielsweise die Regeln zu Verjährung, Verzicht, Übertragbarkeit, Erfüllung etc[101] EG 146 S. 4 stellt klar, dass Schadenersatzansprüche nach deutschem Recht anwendbar bleiben (→ Rn. 32). In Betracht kommt hier vor allem der Anspruch aus § 823 Abs. 1 BGB iVm Art. 2 Abs. 1 und Art. 1 Abs. 1 GG.

Die in § 83 BDSG nF genannte Schadenersatzvorschrift setzt lediglich Art. 56 JI-Richtlinie um. Dieser Anspruch bleibt allerdings hinter den in Art. 82 genannten Garantien zurück, so dass der Schutz des Betroffenen bei Datenverarbeitungen für die Verhütung, Ermittlung, Aufdeckung, Verfolgung oder Ahndung von Straftaten oder Ordnungswidrigkeiten schwächer ist als in den übrigen von der Verordnung umfassten Fällen.

39 In Deutschland sollte es nach § 72 ZPO auch möglich sein, andere Verantwortliche oder Auftragsverarbeiter zu einem Verfahren hinzuzuziehen. Das kann insbes. von Vorteil sein, wenn es nach EG 146 S. 8 möglich ist, bereits im Erstprozess über die interne Verteilungsquote zu befinden (→ Rn. 36).

Artikel 83   Allgemeine Bedingungen für die Verhängung von Geldbußen

(1) Jede Aufsichtsbehörde stellt sicher, dass die Verhängung von Geldbußen gemäß diesem Artikel für Verstöße gegen diese Verordnung gemäß den Absätzen 4, 5 und 6 in jedem Einzelfall wirksam, verhältnismäßig und abschreckend ist.

(2) [1]Geldbußen werden je nach den Umständen des Einzelfalls zusätzlich zu oder anstelle von Maßnahmen nach Artikel 58 Absatz 2 Buchstaben a bis h und j verhängt. [2]Bei der Entscheidung über die Verhängung einer Geldbuße und über deren Betrag wird in jedem Einzelfall Folgendes gebührend berücksichtigt:

a) Art, Schwere und Dauer des Verstoßes unter Berücksichtigung der Art, des Umfangs oder des Zwecks der betreffenden Verarbeitung sowie der Zahl der von der Verarbeitung betroffenen Personen und des Ausmaßes des von ihnen erlittenen Schadens;

b) Vorsätzlichkeit oder Fahrlässigkeit des Verstoßes;

c) jegliche von dem Verantwortlichen oder dem Auftragsverarbeiter getroffenen Maßnahmen zur Minderung des den betroffenen Personen entstandenen Schadens;

d) Grad der Verantwortung des Verantwortlichen oder des Auftragsverarbeiters unter Berücksichtigung der von ihnen gemäß den Artikeln 25 und 32 getroffenen technischen und organisatorischen Maßnahmen;

e) etwaige einschlägige frühere Verstöße des Verantwortlichen oder des Auftragsverarbeiters;

f) Umfang der Zusammenarbeit mit der Aufsichtsbehörde, um dem Verstoß abzuhelfen und seine möglichen nachteiligen Auswirkungen zu mindern;

g) Kategorien personenbezogener Daten, die von dem Verstoß betroffen sind;

h) Art und Weise, wie der Verstoß der Aufsichtsbehörde bekannt wurde, insbesondere ob und gegebenenfalls in welchem Umfang der Verantwortliche oder der Auftragsverarbeiter den Verstoß mitgeteilt hat;

i) Einhaltung der nach Artikel 58 Absatz 2 früher gegen den für den betreffenden Verantwortlichen oder Auftragsverarbeiter in Bezug auf denselben Gegenstand angeordneten Maßnahmen, wenn solche Maßnahmen angeordnet wurden;

j) Einhaltung von genehmigten Verhaltensregeln nach Artikel 40 oder genehmigten Zertifizierungsverfahren nach Artikel 42 und

k) jegliche anderen erschwerenden oder mildernden Umstände im jeweiligen Fall, wie unmittelbar oder mittelbar durch den Verstoß erlangte finanzielle Vorteile oder vermiedene Verluste.

(3) Verstößt ein Verantwortlicher oder ein Auftragsverarbeiter bei gleichen oder miteinander verbundenen Verarbeitungsvorgängen vorsätzlich oder fahrlässig gegen mehrere Bestimmungen dieser Verordnung, so übersteigt der Gesamtbetrag der Geldbuße nicht den Betrag für den schwerwiegendsten Verstoß.

(4) Bei Verstößen gegen die folgenden Bestimmungen werden im Einklang mit Absatz 2 Geldbußen von bis zu 10 000 000 EUR oder im Fall eines Unternehmens von bis zu 2 % seines gesamten weltweit erzielten Jahresumsatzes des vorangegangenen Geschäftsjahrs verhängt, je nachdem, welcher der Beträge höher ist:

---

101 BeckOK DatenschutzR/*Quaas* DSGVO Art. 82 Rn. 5.

a) die Pflichten der Verantwortlichen und der Auftragsverarbeiter gemäß den Artikeln 8, 11, 25 bis 39, 42 und 43;

b) die Pflichten der Zertifizierungsstelle gemäß den Artikeln 42 und 43;

c) die Pflichten der Überwachungsstelle gemäß Artikel 41 Absatz 4.

(5) Bei Verstößen gegen die folgenden Bestimmungen werden im Einklang mit Absatz 2 Geldbußen von bis zu 20 000 000 EUR oder im Fall eines Unternehmens von bis zu 4 % seines gesamten weltweit erzielten Jahresumsatzes des vorangegangenen Geschäftsjahrs verhängt, je nachdem, welcher der Beträge höher ist:

a) die Grundsätze für die Verarbeitung, einschließlich der Bedingungen für die Einwilligung, gemäß den Artikeln 5, 6, 7 und 9;

b) die Rechte der betroffenen Person gemäß den Artikeln 12 bis 22;

c) die Übermittlung personenbezogener Daten an einen Empfänger in einem Drittland oder an eine internationale Organisation gemäß den Artikeln 44 bis 49;

d) alle Pflichten gemäß den Rechtsvorschriften der Mitgliedstaaten, die im Rahmen des Kapitels IX erlassen wurden;

e) Nichtbefolgung einer Anweisung oder einer vorübergehenden oder endgültigen Beschränkung oder Aussetzung der Datenübermittlung durch die Aufsichtsbehörde gemäß Artikel 58 Absatz 2 oder Nichtgewährung des Zugangs unter Verstoß gegen Artikel 58 Absatz 1.

(6) Bei Nichtbefolgung einer Anweisung der Aufsichtsbehörde gemäß Artikel 58 Absatz 2 werden im Einklang mit Absatz 2 des vorliegenden Artikels Geldbußen von bis zu 20 000 000 EUR oder im Fall eines Unternehmens von bis zu 4 % seines gesamten weltweit erzielten Jahresumsatzes des vorangegangenen Geschäftsjahrs verhängt, je nachdem, welcher der Beträge höher ist.

(7) Unbeschadet der Abhilfebefugnisse der Aufsichtsbehörden gemäß Artikel 58 Absatz 2 kann jeder Mitgliedstaat Vorschriften dafür festlegen, ob und in welchem Umfang gegen Behörden und öffentliche Stellen, die in dem betreffenden Mitgliedstaat niedergelassen sind, Geldbußen verhängt werden können.

(8) Die Ausübung der eigenen Befugnisse durch eine Aufsichtsbehörde gemäß diesem Artikel muss angemessenen Verfahrensgarantien gemäß dem Unionsrecht und dem Recht der Mitgliedstaaten, einschließlich wirksamer gerichtlicher Rechtsbehelfe und ordnungsgemäßer Verfahren, unterliegen.

(9) [1]Sieht die Rechtsordnung eines Mitgliedstaats keine Geldbußen vor, kann dieser Artikel so angewandt werden, dass die Geldbuße von der zuständigen Aufsichtsbehörde in die Wege geleitet und von den zuständigen nationalen Gerichten verhängt wird, wobei sicherzustellen ist, dass diese Rechtsbehelfe wirksam sind und die gleiche Wirkung wie die von Aufsichtsbehörden verhängten Geldbußen haben. [2]In jeden Fall müssen die verhängten Geldbußen wirksam, verhältnismäßig und abschreckend sein. [3]Die betreffenden Mitgliedstaaten teilen der Kommission bis zum 25. Mai 2018 die Rechtsvorschriften mit, die sie aufgrund dieses Absatzes erlassen, sowie unverzüglich alle späteren Änderungsgesetze oder Änderungen dieser Vorschriften.

Literatur: *Albrecht, J.*, Das neue EU-Datenschutzrecht – von der Richtlinie zur Verordnung, CR 2016, 88; *Ashkar, D.*, Durchsetzung und Sanktionierung des Datenschutzrechts nach den Entwürfen der Datenschutz-Grundverordnung, DuD 2015, 796; *Bergt, M.*, Sanktionierung von Verstößen gegen die Datenschutz-Grundverordnung, DuD 2017, 555; *Böse, M.*, Strafen und Sanktionen im europäischen Gemeinschaftsrecht, 1996; *Cornelius, K.*, Die „datenschutzrechtliche Einheit" als Grundlage des bußgeldrechtlichen Unternehmensbegriffs nach der EU-DSGVO, NZWiSt 2016, 421; *Faust, S./Spittka, T./Wybitul, T.*, Milliardenbußgelder nach der DS-GVO? Ein Überblick über die neuen Sanktionen bei Verstößen gegen den Datenschutz, ZD 2016, 120; FRA Datenschutz in der europäischen Union: Die Rolle der nationalen Datenschutzbehörden – Stärkung der Grundrechte-Architektur in der EU – Teil II, 2010; *Gröblinghoff, S.*, Die Verpflichtungen des deutschen Strafgesetzgebers zum Schutz der Interessen der Europäischen Gemeinschaften, 1996; *Hecker, B.*, Europäisches Strafrecht, 5. Aufl. 2015; *Jescheck, H.*, Möglichkeiten und Grenzen eines europäischen Strafrechts, Greifswalder Universitätsreden, 1997; *Joecks, W./Miebach, K.*, Münchener Kommentar zum StGB, Band 2, 3. Aufl. 2016; *Maas, H.*, EU-Datenschutz-Grundverordnung: Datensouveränität in der digitalen Gesellschaft, DuD 2015, 579; *Satzger, H.*, Die Europäisierung des Strafrechts, 2001; *Scheffler, U.*, Die Mindeststandards des Europarates vs. Die Mindeststandards des Rates der Europäischen Union, in: Joerden, C./Szwarc, A. (Hrsg.), Europäisierung des Strafrechts in Polen und Deutschland – rechtsstaatliche Grundlagen, 2007, 97; *Schwarze, J.*, Rechtsstaatliche Grenzen der gesetzlichen und richterlichen Qualifikation von Verwaltungssanktionen im europäischen Gemeinschaftsrecht, EuZW 2003, 261; *Spindler, G.*, Die neue EU-Datenschutz-Grundverordnung, DB 2016, 937; *Trstenjak, V./Beysen, E.*, Das Prinzip der Verhältnismäßigkeit in der Unionsrechtsordnung, EuR 2012, 265; *Tiedemann, K.*, Europäisches Gemeinschaftsrecht und Strafrecht, NJW 1993, 23.

I. Allgemeines

1 **1. Überblick über die Norm.** Eines der wichtigsten Instrumente zur Durchsetzung und Einhaltung des Datenschutzrechts ist die Möglichkeit, wirksame und abschreckende Sanktionen im Fall der Nichtbeachtung zu erlassen. Art. 83 regelt diesen Bereich in umfangreicher Weise, indem er eine Vielzahl **verwaltungsrechtlicher Sanktionen für Verstöße** gegen die Verordnung vorschreibt und hohe Geldbußen zur Durchsetzung des Datenschutzrechts vorsieht. Damit wird den Aufsichtsbehörden ihr wichtigstes Durchsetzungsinstrument in Form der Verhängung von Geldbußen an die Hand gegeben. Die Vorgaben gem. Art. 83 sind im Gegensatz zur DSRL (Art. 24) wesentlich konkreter gefasst und dienen vor allem der Verwirklichung von „gleichwertige(n) Sanktionen in allen Mitgliedstaaten" (EG 13). Ziele sind, die äußerst unterschiedliche Sanktionierungspraxis in den Mitgliedstaaten zu harmonisieren, einheitliche Wettbewerbsbedingungen im Binnenmarkt zu schaffen und den Persönlichkeitsschutz EU-weit auf ein einheitliches Niveau zu bringen (s. EG 9, 11, 13 und 150).

2 Art. 83 steht im **Zusammenhang mit Art. 84**, der von den Mitgliedstaaten Sanktionen für Verstöße gegen die Verordnung fordert, die nicht von Art. 83 umfasst sind. Während sich Art. 83 zunächst nur auf verwaltungsrechtliche Sanktionen gegen Private bezieht, die im Rahmen ihrer Kompetenz durch die EU geregelt werden können, bezieht sich Art. 84 überwiegend auf strafrechtliche Sanktionen, die nur von den Mitgliedstaaten bestimmt werden können (→ Art. 84 Rn. 5 f.). Art. 83 ist außerdem im Zusammenhang mit Art. 82 als generalpräventive Vorschrift einzuordnen, die Verantwortliche dazu anhalten soll, nicht nur die Verarbeitung an sich rechtskonform zu gestalten, sondern darüber hinaus die in der Verordnung genannten präventiven Maßnahmen (zB Datenschutzfolgenabschätzung, Ernennung eines Datenschutzbeauftragten) einzuhalten. Während Art. 83 staatliche Stellen ermächtigt, Sanktionen gegen Datenverarbeiter zu erlassen, können betroffene Personen nach Art. 82 Schadensersatz verlangen. Relevante Erwägungsgründe sind vor allem 148, 150 und 151.

3 Die Höhe der Geldbußen und der rechtspolitische Ansatz der Norm sind mit denen der **kartellrechtlichen Vorschriften** vergleichbar.[1] Dies wird insbes. in EG 150 deutlich, der den kartellrechtlichen Unternehmensbegriff gem. Art. 101 und 102 AEUV für die Auslegung des in Art. 83 genannten Unternehmensbegriffs heranzieht.

4 **2. Aufbau der Norm.** Die Norm ist wie folgt **strukturiert**: Abs. 1 und Abs. 2 S. 1 beinhalten allgemeine Vorschriften und Zumessungskriterien, die für alle Geldbußen gelten (bspw. Zuständigkeiten, Adressaten).

---

1 Kühling/Buchner/*Bergt* Art. 83 Rn. 2; *Maas* DuD 2015, 580.

Abs. 2 S. 2 spezifiziert die allgemeinen Kriterien und enthält eine Liste mit konkreten Merkmalen, die bei der Sanktionierung des Verstoßes und bei der Berechnung zu berücksichtigen sind. Abs. 3 regelt die Zumessung, falls mehrere Verstöße in Tateinheit begangen werden. Die Abs. 4–6 enthalten Sanktionstatbestände und Höchstgrenzen für Geldbußen, die allerdings zunächst nur gegenüber Privaten gelten. Gegen öffentliche Stellen und Behörden sind Sanktionen nur dann möglich, wenn die Mitgliedstaaten von der Öffnungsklausel in Abs. 7 Gebrauch machen (→ Rn. 56). Abs. 8 enthält eine Vorschrift über vorzusehende Verfahrensgarantien und Abs. 9 beinhaltet eine Anpassungsklausel, falls im Rechtssystem eines Mitgliedstaates keine verwaltungsrechtlichen Sanktionen vorgesehen sind.

3. Primärrechtliche und grundrechtliche Anforderungen. Da die EU keine Kompetenz im Bereich des Strafrechts hat,[2] sind in der Verordnung und insbes. in Art. 83 keine Strafvorschriften enthalten. Art. 84 überlässt diese Regelungen explizit den Mitgliedstaaten. Allerdings darf die EU innerhalb ihres Kompetenzbereichs Sanktionen für Verstöße gegen das Unionsrecht festlegen, um EU-Regelungen effektiv durchsetzen zu können.[3] Im Bereich des Datenschutzes bildet Art. 16 Abs. 2 AEUV die Rechtsgrundlage für Sanktionsvorschriften bei Datenschutzverstößen.[4] Sanktionsvorschriften, die wie im Fall der DSGVO sogar strafähnlichen Charakter haben können,[5] was vom Unionsrecht durchaus umfasst ist,[6] müssen dementsprechend die Vorgaben der GRCh beachten, hier insbes. die justiziellen Rechte der Art. 47–50 GRCh. Dazu zählt das in Art. 47 GRCh verbürgte Recht auf einen wirksamen Rechtsbehelf und ein unparteiisches Gericht, das in Art. 78 seinen Niederschlag gefunden hat. Ebenso finden die Unschuldsvermutung und die Verteidigungsrechte (Art. 48 GRCh), das Gesetzlichkeits- und Verhältnismäßigkeitsprinzip (Art. 49 GRCh) sowie das Doppelbestrafungsverbot (Art. 50 GRCh) Anwendung.

4. Entstehungsgeschichte. a) Vergleich mit der DSRL. Die DSRL enthält einen kurzen Artikel zu Sanktionen, überließ allerdings den Mitgliedstaaten die konkrete Festlegung hinsichtlich der Art und des Umfangs von Sanktionen (zB Höhe von Geldbußen).[7] Art. 24 DSRL forderte von den Mitgliedstaaten lediglich, geeignete Maßnahmen zu ergreifen, um die volle Anwendung der Bestimmungen der Richtlinie sicherzustellen. Dazu zählten insbes. die Sanktionen bei Verstößen. Die Mitgliedstaaten konnten daher sowohl Strafvorschriften als auch verwaltungsrechtliche Sanktionen, wie zB Bußgelder vorsehen.[8] Dabei kam es zu **signifikanten Unterschieden in der Umsetzung**, da die Richtlinie lediglich Vorgaben hinsichtlich des zu verwirklichenden Ziels enthielt, nicht aber hinsichtlich der Anwendungskriterien.[9] Unterschiede in der einzelstaatlichen Gesetzgebung sowie der Rechtspraxis führten zu großen Abweichungen bei der Durchsetzung von Rechtsansprüchen und Entschädigungen, sowie bezüglich der Verurteilung und Bestrafung von Verantwortlichen bei Verstößen gegen Bestimmungen der jeweiligen nationalen Umsetzungsregelungen der DSRL.[10] So waren die Datenschutzbehörden nicht in allen Mitgliedstaaten befugt, finanzielle Sanktionen anzuwenden; in anderen Mitgliedstaaten konnten nur gütliche Lösungen mit den Verantwortlichen für Verstöße ausgehandelt werden.[11]

b) Gesetzgebungsverfahren. Die Regelungen des Art. 83 waren im Gesetzgebungsverfahren umstritten und sind mehrfach geändert worden. Der Kom-E enthielt noch zwei verschiedene Artikel zu Sanktionen: Art. 78 enthielt eine generelle Regelung zur Notwendigkeit von Sanktionen, während Art. 79 detaillierter die möglichen verwaltungsrechtlichen Sanktionen regelte und auch Vorgaben zur Höhe von Geldbußen machte. Diese Höhe war im Laufe des Gesetzgebungsverfahrens ständiger Gegenstand von Diskussionen und variierte stark je nach vorschlagendem Akteur. Im Folgenden sind die wichtigsten Änderungen aufgeführt.[12]

aa) Geldbußen. Abhängig von der Art des Verstoßes sah der Kom-E Geldbußen von bis zu 250.000/500.000/1.000.000 EUR oder bei Unternehmen von 0,5/1/2 Prozent des weltweiten Jahresumsatzes vor. Gem. Art. 79 Abs. 7 Kom-E wurde die Kommission ermächtigt, diese Beträge zu aktualisieren. Der

---

2 EuGH C-41/69, Slg 1970, 661 (728), ECLI:EU:1970:71; C-44/69, Slg 1970, 769 (811), ECLI:EU:C:1970:72; C-8/77, Slg 1977, 1495 (1503), ECLI:EU:1997:131; C-203/80, Slg 1981, 2595 (2618), ECLI:EU:C:1981:261; C-186/87, Slg 1989, 195 (221 f.), ECLI:EU:C:1989:47; Tiedemann NJW 1993, 23; Böse, Strafen und Sanktionen im Europäischen Gemeinschaftsrecht, 1996, S. 55; Jescheck, Möglichkeiten und Grenzen eines europäischen Strafrechts, Greifswalder Universitätsreden, 1997, S. 19.

3 EuGH C-440/05, Slg 2007, I-09097, ECLI:EU:C:2007:625; *Schwarze* EuZW 2003, 261.

4 BeckOK DatenschutzR/*Holländer* DSGVO Art. 83 Rn. 4.

5 Kühling/Buchner/*Bergt* Art. 83 Rn. 19.

6 Calliess/Ruffert/*Blanke* Art. 50 Rn. 1.

7 *Dammann/Simitis* Art. 24 Rn. 5; *Ashkar* DuD 2015, 796 (797).

8 *Dammann/Simitis* Art. 24 Rn. 5.

9 FRA Datenschutz in der europäischen Union: Die Rolle der nationalen Datenschutzbehörden, S. 33; BeckOK DatenschutzR/*Holländer* DSGVO Art. 83 Rn. 1.

10 FRA Datenschutz in der europäischen Union: Die Rolle der nationalen Datenschutzbehörden, S. 33, 35.

11 FRA Datenschutz in der europäischen Union: Die Rolle der nationalen Datenschutzbehörden, S. 37.

12 Zu den Änderungen im Detail: Kühling/Buchner/*Bergt* Art. 83 Rn. 3–17.

Parl-E sah Geldbußen in Höhe von bis zu 100.000.000 EUR oder im Fall eines Unternehmens 5 Prozent seines weltweiten Jahresumsatzes vor, je nachdem welcher Betrag höher anzusehen war. Der Rat-E normierte die Höhe der Geldbuße in Art. 79 a gesondert und stufte sie wieder auf Höhe des Kom-E zurück. Im Fall von Unternehmen sollte auf den „gesamten weltweit erzielten Jahresumsatz[es] des vorangegangenen Geschäftsjahres" abgestellt werden. Die Befugnis der Kommission, die Beträge zu aktualisieren, wurde durch den Rat gestrichen. Im **Trilog** einigte man sich schließlich auf deutlich höhere Geldbußen. Vorgesehen sind nun Höchstbeträge von bis zu 10.000.000/20.000.000 EUR oder im Fall eines Unternehmens von bis zu 2/4 Prozent seines gesamten weltweit erzielten Jahresumsatzes des vorangegangenen Geschäftsjahrs, je nachdem welcher der Beträge höher ist.

9 Die **Kriterien für die Festlegung der Höhe** der Geldbußen wurden, ebenso wie die Höhe selbst, mehrfach im Gesetzgebungsprozess geändert. Allen Entwürfen sowie der endgültigen Fassung ist gemein, dass die Geldbußen in jedem Einzelfall wirksam, verhältnismäßig und abschreckend sein müssen (vgl. Abs. 1). Während der Kom-E eine kurze, abschließende Liste von zu berücksichtigenden Faktoren enthielt, erweiterte der Parl-E die Liste um zahlreiche weitere Kriterien. Auch sollten gem. Art. 79 Abs. 2 c lit. l Parl-E auch „jegliche anderen erschwerenden oder mildernden Umstände im Einzelfall" zu berücksichtigen sein. Im Rat-E wurde diese Liste insgesamt überarbeitet.

10 Im **Trilog** wurde in EG 150 eine Schutzvorschrift für Verantwortliche und Auftragsverarbeiter hinzugefügt, bei denen es sich nicht um Unternehmen handelt. Bei der Bemessung der Höhe ihrer Geldbußen ist dem allgemeinen Einkommensniveau im betreffenden Mitgliedstaat und der wirtschaftlichen Lage der Person Rechnung zu tragen. Außerdem wurde der Unternehmensbegriff an das kartellrechtliche Verständnis gem. Art. 101 und 102 AEUV angepasst.

11 **bb) Verpflichtung zur Verhängung von Sanktionen.** Im Laufe des Gesetzgebungsverfahrens wurde mehrfach geändert, ob die Verhängung von Geldbußen im Ermessen der Aufsichtsbehörden liegen sollte, oder ob eine **Verpflichtung zur Sanktionierung** bestehen soll.[13] Letztlich einigte man sich im Trilog auf die Verpflichtung.[14] Hinsichtlich der Auswahl zwischen den Sanktionsmöglichkeiten ist die Aufsichtsbehörde allerdings frei.

12 **cc) Art der Verstöße.** Hinsichtlich der **Art der Verstöße** einigte man sich erst im Trilog auf die nun in Art. 83 enthaltenen Listen zu den Verstößen. Während der Kom-E verschiedene Kategorien von Verstößen mit unterschiedlichen Höchstgeldbußen vorsah, wollte das Parlament keinerlei Kategorisierung vornehmen und stattdessen alle Verstöße gegen die Verordnung mit einer Sanktion belegen. Erst der Rat-E nahm, nach einigen Überarbeitungen der Kriterien, wieder die Kategorien des Kom-E auf. In der jetzigen Fassung sind verschiedene Gruppen von Verstößen definiert, wobei nur allgemein auf die einzelnen korrespondierenden Vorschriften verwiesen und die Art des Verstoßes nicht näher umrissen wird.[15]

13 **dd) Adressaten.** Während in den Entwürfen der Kommission und des Parlaments nicht zwischen Privaten und öffentlichen Stellen unterschieden wurde und Geldbußen für „jeden", der gegen die jeweiligen Vorschriften verstieß, vorgesehen waren, wurde durch den Rat (Art. 79 Abs. 3 b Rat-E) die aktuelle Klausel des Abs. 7 eingeführt. Danach bleibt es den Mitgliedstaaten überlassen, zu bestimmen, ob gegen öffentliche Stellen Geldbußen verhängt werden können. Somit gelten die in Art. 83 genannten Sanktionen zunächst nur für Private.

II. Regelungen des Art. 83

14 **1. Zuständigkeit der Aufsichtsbehörden und allgemeine Zumessungskriterien für Geldbußen (Abs. 1). a) Zuständigkeit und Ermessen.** Gem. Art. 83 Abs. 1 sind die **Aufsichtsbehörden** für die Verhängung von Geldbußen **zuständig.** Dies entspricht der in Art. 58 Abs. 2 lit. i genannten Befugnis. Danach verfügt die Aufsichtsbehörde über eine Befugnis, die es ihr „gestattet", Geldbußen „zusätzlich zu oder anstelle" der übrigen in Art. 58 Abs. 2 genannten Maßnahmen zu verhängen.

15 Art. 83 eröffnet in allen Varianten den Aufsichtsbehörden bei der Verhängung von Geldbußen ein Ermessen hinsichtlich der Höhe. Demgegenüber ist unklar und umstritten, ob es auch ein Entschließungsermessen hinsichtlich des „Ob" der Verhängung besteht. Nach dem Wortlaut scheint es zunächst eine Differenzierung zwischen Abs. 4–6 und Abs. 2 zu geben: Nach Abs. 4–6 „werden" Bußgelder „verhängt" (müssen also offenbar verhängt werden). Der Wortlaut in Art. 83 Abs. 2 ist allerdings weniger eindeutig.[16] Einerseits be-

---

13 Ausführlich dazu: Kühling/Buchner/*Bergt* Art. 83 Rn. 8.
14 Ausführlich dazu: Kühling/Buchner/*Bergt* Art. 83 Rn. 8 und 30.
15 Ausführlich dazu: Kühling/Buchner/*Bergt* Art. 83 Rn. 9.
16 Vgl. auch *Spindler* DB 2016, 937 (947), der von einem widersprüchlichen Wortlaut der DSGVO spricht.

sagt er, dass die Aufsichtsbehörden die aufgelisteten Zumessungskriterien nicht nur bei der Höhe des Betrages, sondern auch bereits bei „der Entscheidung über die Verhängung einer Geldbuße" (also offenbar auch für das „Ob") berücksichtigen sollen. Andererseits lässt der Wortlaut von Art. 83 Abs. 2 S. 1 auch die gegenteilige Lesart zu. Er deutet an, dass die Aufsichtsbehörde nicht entscheiden kann, ob sie eine Geldbuße verhängt („Geldbußen werden […] verhängt"). Das wird durch EG 148 S. 1 gestützt, der vorschreibt, dass Geldbußen verhängt werden „sollten". Auch ergibt sich aus der Entstehungsgeschichte, dass sich der **Gesetzgeber bewusst gegen ein Entschließungsermessen entschieden** hat. Denn in den Trilog Verhandlungen wurde der Ratszusatz gestrichen, wonach die Aufsichtsbehörde Geldbußen verhängen „konnte".[17]

Die noch in den Erwägungsgründen zu findenden anderen Formulierungen (vergleiche EG 148 S. 2) könnten auf ein Redaktionsversehen bei der Bearbeitung unter enormen Zeitdruck in der Endphase der Verabschiedung der DSGVO zurückzuführen sein.[18] Das Interesse des Gesetzgebers an der in Abs. 1 genannten wirksamen und abschreckenden Wirkung von Geldbußen und insbes. die Gesetzgebungsgeschichte sprechen jedenfalls gegen ein Entschließungsermessen.[19] Die praktische Relevanz dieser Frage wird sich allerdings als eher gering erweisen. Denn bei einem geringen Verstoß wird die Behörde anhand der Kriterien wohl ein Bußgeld verhängen, das sehr gering sein wird. **16**

Nach Abs. 2 S. 1 können Geldbußen unter Art. 83 „zusätzlich zu oder anstelle" von Maßnahmen nach Art. 58 Abs. 2 verhängt werden. Diese **Non-Exklusivität** wird im gleichen Maße in Art. 58 Abs. 2 lit. i betont; die Sanktionen von Art. 83 können immer auch durch andere Maßnahmen ergänzt werden. Das entspricht dem Anliegen der DSGVO, für eine effektive Durchsetzung des Rechts zu sorgen. Bei einer Kumulation von Maßnahmen muss indes stets in besonderem Maße geprüft werden, ob die Verhältnismäßigkeit insgesamt noch gewahrt ist. **17**

b) Allgemeine Zumessungskriterien für die Verhängung von Geldbußen (Abs. 1). Art. 83 Abs. 1 schreibt vor, dass die Verhängung von Geldbußen im Sinne von Abs. 4, 5 und 6 in jedem Einzelfall **wirksam, abschreckend und verhältnismäßig** sein muss. Die regelmäßig in EU-Dokumenten verwendete „Mindesttrias"[20] geht auf die Rechtsprechung des EuGH[21] zur Verhängung von Sanktionen zurück. **18**

aa) Wirksamkeit und Abschreckung. Art. 83 Abs. 1 nutzt dieselbe Formulierung im Hinblick auf Geldbußen wie Art. 84 in Bezug auf Sanktionen. Sie ist gleich zu interpretieren. Die **Begriffe „wirksam" und „abschreckend"** werden als Kriterien betrachtet, die Prävention generell, speziell, positiv und negativ anstreben.[22] Teilweise wird zwischen den Begriffen differenziert und Wirksamkeit so verstanden, dass die Sanktion sowohl den Einzelnen als auch die Allgemeinheit positiv zur Befolgung der betreffenden Normen antreiben solle (positive Spezial- bzw. positive Generalprävention).[23] Abschreckung hingegen sei das Abhalten vom Rechtsverstoß durch die Strafandrohung (negative Generalprävention).[24] Werden beide Begriffe zusammen benutzt, kann es zu Überschneidungen kommen, weshalb diese „künstliche" Differenzierung teilweise abgelehnt wird.[25] Begrenzt werden wirksame wie abschreckende Geldbußen (Art. 83) bzw. Sanktionen (Art. 84) durch den europäischen Verhältnismäßigkeitsgrundsatz (→ Rn. 21) und die Notwendigkeit, jeden Einzelfall gesondert zu beurteilen. **19**

Insgesamt stellen die in Abs. 1 genannten Kriterien der Wirksamkeit und Abschreckung ein bloßes **Mindesterfordernis** dar. Verletzt ist dieses Mindesterfordernis erst dann, wenn die mitgliedstaatlich normierte Geldbuße oder Sanktion offensichtlich nicht imstande ist, abschreckende Wirkung zu erzielen (sog symbolische Strafe).[26] Dieser Fall soll durch die in Abs. 2 genannten Kriterien vermieden werden. **20**

bb) Verhältnismäßigkeit. Der in Abs. 1 genannte **Verhältnismäßigkeitsgrundsatz** bei der Auferlegung von Geldbußen richtet sich nach europäischem Begriffsverständnis.[27] Demnach ist das Kriterium der Verhältnis- **21**

---

17 Kühling/Buchner/*Bergt* Art. 83 Rn. 30, 32; *Albrecht* CR 2016, 88 (96); vgl. Art. 79a Abs. 1, 2 und 3 Rat-E.
18 So auch Kühling/Buchner/*Bergt* Art. 83 Rn. 32; *Bergt* DuD 2017, 557.
19 AA Schantz/Wolff/*Wolff*, Rn. 1123.
20 Joerden/Szwarc/*Scheffler*, Europäisierung des Strafrechts in Deutschland und Polen, 2007, S. 109.
21 Erstmals in EuGH C-68/88, Slg 1989, 2965, ECLI:EU:C:1989:339 – Maisurteil.
22 *Satzger*, Die Europäisierung des Strafrechts, 2001, S. 368 mit Verweis auf Generalanwältin *Rozès*, die im Schlussantrag vom 31.1.1994 zu C-14/83 die Begriffe synonym verwendet; *Hecker*, Europäisches Strafrecht, 2015, S. 239.
23 *Gröblinghoff*, Die Verpflichtungen des deutschen Strafgesetzgebers zum Schutz der Interessen der Europäischen Gemeinschaften, 1996, S. 25.
24 *Gröblinghoff*, Die Verpflichtungen des deutschen Strafgesetzgebers zum Schutz der Interessen der Europäischen Gemeinschaften, 1996, S. 26.
25 *Satzger*, Die Europäisierung des Strafrechts, 2001, S. 368; Ehmann/Selmayr/*Nemitz* Art. 83 Rn. 7.
26 Im Hinblick auf das Strafrecht: *Hecker*, Europäisches Strafrecht, 2015, § 7 Rn. 63; *Satzger*, Die Europäisierung des Strafrechts, 2001, S. 369.
27 Calliess/Ruffert/*Calliess* AEUV Art. 5 Rn. 44; *Trstenjak/Beysen* EuR 2012, 265 (271).

mäßigkeit vor allem als ein Mindesterfordernis anzusehen.[28] Die Schwere des Verstoßes muss in einem angemessenen Verhältnis zur minimalen Sanktion stehen.[29] Verhältnismäßigkeit liegt dann nicht vor, wenn der Verstoß bedeutende Interessen der Europäischen Union betrifft, die Aufsichtsbehörde dies allerdings nur mit einem kleinen Bußgeld ahndet.[30] In diesem Sinne bildet der Grundsatz der Verhältnismäßigkeit eine Untergrenze der Sanktionierungspflicht.[31] Allerdings spielen diese unionsrechtlichen Überlegungen vor dem Hintergrund der im Detail geregelten Bußgeldvorschriften in Art. 83 eher eine untergeordnete Rolle. Sie sind vor allem bei den in Art. 84 genannten strafrechtlichen Sanktionen relevant, da die Mitgliedstaaten das strafrechtliche Sanktionsrecht aufgrund der mangelnden EU-Kompetenz in diesem Bereich eigenständig ausgestalten (→ Art. 84 Rn. 5ff. nnn).

22 **2. Spezielle Zumessungskriterien für die Verhängung von Geldbußen (Abs. 2).** Abs. 2 beinhaltet einen umfangreichen **Kriterienkatalog für die Bemessung der Geldbußen.** Er soll „bei der Entscheidung über die Verhängung einer Geldbuße und über deren Betrag" berücksichtigt werden. Ein Entschließungsermessen über das „Ob" der Geldbuße gem. den Abs. 4–6 wird der nationalen Aufsichtsbehörde damit allerdings nicht eingeräumt (→ Rn. 15). Hinsichtlich der Höhe der Geldbuße steht den Aufsichtsbehörden allerdings ein **umfassendes Auswahlermessen** zu.[32] Dabei müssen die in Abs. 2 S. 2 aufgeführten Umstände „gebührend berücksichtigt" werden. Der Zusatz „gebührend" deutet, dass nicht jedes Kriterium gleichgewichtig ist, sondern die Beurteilung noch einer Gewichtung im Einzelfall seitens der Aufsichtsbehörde bedarf.[33] Da die Mehrzahl der in Abs. 2 genannten Kriterien von den Normadressaten beeinflussbar sind (beispielsweise die Maßnahmen zur Minderung des Schadens oder die Art und Weise, wie die Aufsichtsbehörde Kenntnis vom Verstoß erlangt hat), kann Abs. 2 auch als ein positiver Anreiz verstanden werden, die datenschutzrechtlichen Vorgaben einzuhalten.[34]

23 Abs. 2 lit. a bis lit. k beinhalten eine **große Anzahl** an Umständen, die der Aufsichtsbehörde als Kriterien dabei dienen sollen, in welcher Höhe sie Geldbußen verhängen.[35] Wie sich aus lit. k ergibt, ist die Liste in Abs. 2 nicht abschließend. Teilweise handelt es sich um einen risikobasierten Ansatz. Konkret bedeutet das: Neigt eine Verarbeitung eher dazu, die Rechte des Einzelnen zu verletzen, beispielsweise weil Art, Umfang und Zweck (lit. a) dafür spricht, weil der Verantwortliche keine Maßnahmen zur Minderung des Schadens eingeführt hat (lit. c) oder weil bestimmte sensible Kategorien von Daten betroffen sind (lit. g), wirkt sich das (Vor-)Verhalten des Verantwortlichen/Auftragsverarbeiters bei der Zumessung der Geldbuße aus. Trotz Beachtung und Beurteilung jedes Einzelfalls sollen vergleichbare Verstöße indes auch ähnlich behandelt werden, um eine einheitliche Rechtsanwendung und Rechtsdurchsetzung zu erreichen.[36] Nach Art. 70 Abs. 1 lit. k entwickelt der Ausschuss dazu Leitlinien für die Festsetzung der Geldbußen. Für die Bemessung der Höhe der Geldbuße für Personen, die keine Unternehmen sind, spielt gem. EG 150 S. 4 allerdings auch das allgemeine Einkommensniveau des jeweiligen Mitgliedstaates und die wirtschaftliche Lage der Person eine Rolle.

24 **a) Art, Schwere, Dauer des Verstoßes (lit. a).** Unter Berücksichtigung der Art, des Umfangs und des Zwecks der Verarbeitung, der Anzahl der betroffenen Personen sowie des Schadensausmaßes sollen Art, Schwere und Dauer des Verstoßes als Kriterien für die Höhe der Geldbuße herangezogen werden. Die Differenzierung zwischen den einzelnen Kriterien wird nicht in jedem Einzelfall gelingen und ist auch für die Bemessung der Höhe nicht entscheidend. Es kommt auf den „Gesamtschaden" an, bei dessen Bemessung allerdings verschiedene Schweregrade[37] eine Rolle spielen können. Es lässt sich beispielsweise nach der Art der Beteiligungsform differenzieren (Täterschaft, Teilnahme).[38] Aufgrund der Unbestimmtheit der Begriffe lassen sich verschiedenste Umstände zur Bestimmung der Geldbuße und ihrer Höhe erfassen.

---

28 *Gröblinghoff*, Die Verpflichtungen des deutschen Strafgesetzgebers zum Schutz der Interessen der Europäischen Gemeinschaften, 1996, S. 26 mit Verweis auf EuGH C-14/83, Slg 1984, 1891; ECLI:EU:C:1984:153.

29 Joerden/*Scheffler*, Europäisierung des Strafrechts in Deutschland und Polen, 2007, S. 110; *Satzger*, Die Europäisierung des Strafrechts, 2001, S. 372.

30 *Hecker*, Europäisches Strafrecht, 2015, § 7 Rn. 66; *Satzger*, Die Europäisierung des Strafrechts, 2001, S. 373.

31 *Hecker*, Europäisches Strafrecht, 2015, § 7 Rn. 66.

32 BeckOK DatenschutzR/*Holländer* DSGVO Art. 83 Rn. 27.

33 Plath/*Becker* Art. 83 Rn. 8; auf eine einheitliche Auslegung der Kriterien verständigte sich die Artikel-29-Datenschutzgruppe in Arbeitspapier WP 253 (angenommen durch den Europäischen Datenschutzausschuss am 25.05.2018): Leitlinien für die Anwendung und Festsetzung von Geldbußen im Sinne der Verordnung (EU) 2016/679.

34 Paal/Pauly/*Frenzel* Art. 83 Rn. 14.

35 BeckOK DatenschutzR/*Holländer* DSGVO Art. 83 Rn. 26 f.; *Laue/Nink/Kremer*, § 11 Rn. 19; zu den einzelnen Kriterien auch die Artikel-29-Datenschutzgruppe in Arbeitspapier WP 253 (angenommen durch den Europäischen Datenschutzausschuss am 25.05.2018): Leitlinien für die Anwendung und Festsetzung von Geldbußen im Sinne der Verordnung (EU) 2016/679, 9-17.

36 Kühling/Buchner/*Bergt* Art. 83 Rn. 51.

37 BeckOK DatenschutzR/*Holländer* DSGVO Art. 83 Rn. 32.

38 Ähnlich BeckOK DatenschutzR/*Holländer* DSGVO Art. 83 Rn. 32.

b) Vorsatz oder Fahrlässigkeit (lit. b). **Vorsätzlichkeit oder Fahrlässigkeit** sollen nach lit. b berücksichtigt 25
werden; dies ist der Sache nach eine Ausprägung der Art und Schwere des Verstoßes nach lit. a. Im europäischen Recht findet eine mit dem deutschen Recht vergleichbare Differenzierung zwischen den verschiedenen Vorsatz- und Fahrlässigkeitsformen nicht statt.[39] Dennoch spricht viel dafür, bei der Schwere des Verstoßes nicht nur Vorsatz und Fahrlässigkeit, sondern auch ihre Unterformen heranzuziehen, um differenzierter den Unrechtsgehalt eines bestimmten Verhaltens widerzuspiegeln. Danach ist grobe Fahrlässigkeit
schwerer zu ahnden als leichte Fahrlässigkeit, was auch dem in diesem Absatz zum Ausdruck kommenden
Willen des Gesetzgebers entspricht.

Eine Frage, die sich aus der Berücksichtigung von Vorsatz und Fahrlässigkeit ergibt, ist, ob Verstöße nur 26
sanktioniert werden können, soweit **schuldhaft gegen die Verordnung verstoßen wurde** oder ob die Aufsichtsbehörde auch bei einem schuldlosen Verstoß Sanktionen verhängen kann. Teilweise wird ein Verschulden gefordert, insbes. aufgrund des teils strafähnlichen Charakters der Geldbußen in Art. 83.[40] Allerdings wird dabei zur Begründung auf das im deutschen Strafrecht herrschende und im deutschen Verfassungsrecht verankerte Schuldprinzip verwiesen, das im Rahmen des Abs. 1 als Teil der Verhältnismäßigkeit
mit zu beachten sei.[41] Dieses Prinzip findet sich jedoch nicht ohne Weiteres im Europarecht bzw. in der
europäischen Rechtsprechung. Vielmehr ist der EuGH der Auffassung, dass eine bloß objektiv basierte
Strafbarkeit zulässig ist, soweit der Verhältnismäßigkeitsgrundsatz gewahrt bleibt.[42] Für die Möglichkeit,
eine Geldbuße auch ohne Verschulden verhängen zu können,[43] spricht weiter, dass während des Gesetzgebungsprozesses in etlichen Tatbeständen der Verweis auf Fahrlässigkeit und Vorsatz gestrichen wurde. Dass
nun die einzig verbliebene Nennung von Fahrlässigkeit und Vorsatz bei der Bemessung der Höhe der Geldbuße zu finden ist, deutet darauf hin, dass diese Kriterien dann auch nur für die Bemessung der Geldbuße
relevant sind.[44] Demnach ist es legitim, eine Geldbuße ohne Verschulden zu verhängen, wenn das fehlende
Verschulden nur bei der Bemessung der Geldbuße berücksichtigt wird. Auch werden Verantwortliche oder
Auftragsverarbeiter nach Abs. 3 im Rahmen der Bemessung der Höhe der Geldbuße bei miteinander verbundenen Verarbeitungsvorgängen nur bei vorsätzlichen oder fahrlässigen Verhalten privilegiert. Dies aber
müsste extra erwähnt werden, wenn ohnehin nur vorsätzliches oder fahrlässiges Verhalten sanktioniert werden kann.

c) Maßnahmen zur Minderung des Schadens (lit. c). Das Ziel von lit. c ist es, Verantwortliche oder Auf- 27
tragsverarbeiter zu motivieren, nach einem Verstoß schnellstmöglich aktiv zu werden, um den **Schaden für**
die betroffene Person so gering wie möglich zu halten. Die Minderung des Schadens kann zB mittels einer
freiwilligen Schadenswiedergutmachung in Form eines materiellen Schadensausgleichs erfolgen. Eine ideelle
Kompensation, beispielsweise eine Entschuldigung, wie sie im Strafrecht als „positives Nachtatverhalten"
strafmildernd berücksichtigt wird, kommt allerdings nicht in Frage.[45] Sie ist nämlich nicht dazu in der
Lage, den Schaden faktisch zu mindern.[46]

d) Verantwortung vor dem Hintergrund technisch-organisatorischer Maßnahmen (lit. d). Ebenso soll bei 28
der Bemessung der Höhe der Geldbuße und bei der Entscheidung über ihre Verhängung der Grad der Verantwortung des Verantwortlichen oder Auftragsverarbeiters anhand der **technisch-organisatorischen Maß-**
nahmen, die nach den Art. 25 und 32 getroffen wurden, berücksichtigt werden. Es können also unterschiedlich hohe Bußgelder für eine fehlerhafte Datenverarbeitung je nach Verantwortung verhängt werden.
Ist aus ex-ante Perspektive kein Vorwurf zu machen, soll der Verantwortliche oder Auftragsverarbeiter entlastet werden.[47] Im Einzelfall muss überprüft werden, wie viele solcher Maßnahmen ergriffen wurden und
wie gründlich dies erfolgte (quantitative und qualitative Betrachtung). Die sich schnell ändernden technischen Anforderungen erfordern vom Verantwortlichen oder Auftragsverarbeiter eine ständige Überprüfung
und Anpassung seiner Systeme. Führt er regelmäßige Prüfungen durch und passt er seine Systeme an den
neuesten Stand der Technik an, wird dies im Rahmen von lit. d berücksichtigt.

e) Frühere einschlägige Verstöße (lit. e). Kommt es zu nach einem erstmaligen Verstoß im Anschluss zu 29
ähnlich gelagerten weiteren Verstößen und/oder Verstößen mit einem vergleichbaren oder identischen Un-

---

39 So auch BeckOK DatenschutzR/*Holländer* DSGVO Art. 83 Rn. 34.
40 BeckOK DatenschutzR/*Holländer* DSGVO Art. 83 Rn. 18; Paal/Pauly/*Frenzel* Art. 83 Rn. 14; Plath/*Becker* DSGVO Art. 83 Rn. 11.
41 BeckOK DatenschutzR/*Holländer* DSGVO Art. 83 Rn. 18; Paal/Pauly/*Frenzel* Art. 83 Rn. 14; *Bergt* DuD 2017, 558.
42 EuGH C-443/13, ECLI:EU:C:2014:2370 Rn. 42.
43 Dafür auch Ehmann/Selmayr/*Nemitz* Art. 83 Rn. 17; *Härting*, Rn. 253.
44 Kühling/Buchner/*Bergt* Art. 83 Rn. 35.
45 Vgl. MüKo-StGB/*Miebach/Maier* § 46 Rn. 259.
46 Missverständlich daher BeckOK DatenschutzR/*Holländer* DSGVO Art. 83 Rn. 36.
47 BeckOK DatenschutzR/*Holländer* DSGVO Art. 83 Rn. 36.

rechtsgehalt,[48] so deutet dies auf die fehlende Einsicht des Verantwortlichen oder Auftragsverarbeiters hin. Eine höhere Geldbuße als bei einem erstmaligen Verstoß ist die Folge dieses Verhaltens.

30 **f) Zusammenarbeit mit der Aufsichtsbehörde zur Abhilfe oder Minderung des Schadens (lit. f).** Ein weiteres Zumessungskriterium für die Bußgeldbemessung ist der **Umfang der Zusammenarbeit mit der Aufsichtsbehörde,** um einen Verstoß abzustellen oder seine nachteiligen Folgen abzuschwächen. Das positiv zu berücksichtigende Verhalten kann sich sowohl auf das „Nachtatverhalten" beziehen wie auch auf noch andauernde Verstöße. Positiv berücksichtigt werden kann beispielsweise, wenn der Aufsichtsbehörde freiwillig uneingeschränkter Zugang zu allen relevanten Informationen wie zB Beweismaterial[49] gegeben wird oder der Verantwortliche oder Auftragsverarbeiter sogar selbstständig einen Verstoß offenlegt.

31 **g) Kategorien personenbezogener Daten (lit. g).** Berücksichtigt werden sollen auch die von dem Verstoß betroffenen **Kategorien personenbezogener Daten.** Verstöße bei der Verarbeitung besonders geschützter Daten können danach höher geahndet werden als Verstöße bezüglich anderer Datenkategorien. Neben den in Art. 9 genannten Datenkategorien können auch andere besonders geschützte Daten in Betracht kommen. Werden beispielsweise keinerlei Maßnahmen getroffen, um bei der Verarbeitung von Daten über Kinder diese besonders zu schützen (vgl. EG 38), kann dies bei der Bußgeldbemessung berücksichtigt werden.[50] Lit. g ermöglicht so eine Anpassung der Geldbußen an den Unrechtsgehalt des Verstoßes vor dem Hintergrund der jeweiligen Art des Datums.

32 **h) Art und Weise des Bekanntwerdens des Verstoßes (lit. h).** Auch spielt die **Art und Weise,** wie der Verstoß der Aufsichtsbehörde bekannt wurde, eine Rolle. Es soll honoriert werden, wenn eine proaktive Information der Aufsichtsbehörde über den Verstoß erfolgt und die Aufsichtsbehörde nicht durch andere Quellen von dem Verstoß erfährt. Berücksichtigt werden soll auch der **Umfang** der Informationen, die der Aufsichtsbehörde über den Verstoß mitgeteilt werden. Lit. h steht in Zusammenhang mit lit. c und lit. f.

33 **i) Einhaltung der nach Art. 58 Abs. 2 angeordneten Maßnahmen (lit. i).** Sind Maßnahmen der Aufsichtsbehörde in Bezug auf denselben Gegenstand gem. Art. 58 Abs. 2 (→ Art. 58 Rn. 24ff.) gegen den Verantwortlichen oder Auftragsverarbeiter vorausgegangen, kann die Einhaltung oder Missachtung dieser Maßnahmen bei der Zumessung der Geldbuße berücksichtigt werden. Lit. i definiert nicht, wann derselbe Gegenstand vorliegt (zur Auslegung → Art. 81 Rn. 6ff.).

34 **j) Einhaltung von genehmigten Verhaltensregeln oder Zertifizierungsverfahren (lit. j).** Ebenso soll die **Einhaltung oder die Missachtung von genehmigten Verhaltensregeln** nach Art. 40 – beispielsweise zur fairen und transparenten Verarbeitung (Abs. 2 lit. a) oder zur Ausübung der Rechte betroffener Personen (Abs. 2 lit. f)) – oder von genehmigten **Zertifizierungsverfahren** nach Art. 42 sich bei der Zumessung auswirken. Dabei ist eine Auslegung in zwei verschiedene Richtungen denkbar. Einerseits kann davon ausgegangen werden, dass schon die Existenz von freiwilligen Verhaltensregeln an sich positiv zu betrachten ist und aus diesem Grund eine Missachtung dieser Regeln und damit zugleich der Verordnung nicht so schwer wiegen soll, wie ein Verstoß nur gegen die Verordnung ohne die Existenz von Verhaltensregeln. Andererseits lässt sich argumentieren, dass ein Verstoß gegen Verhaltensregeln gravierender ist, als ein Verstoß nur gegen die Verordnung, da es sich bei den Verhaltensregeln um werbewirksame Maßnahmen handeln kann, die den betroffenen Personen zur Nutzung des Dienstes oder Angebots erst bewogen haben. Daher sollte die Missachtung von Verhaltensregeln sich jedenfalls bußgelderhöhend auswirken, wenn der Verantwortliche oder Auftragsverarbeiter mit den Verhaltensregeln geworben hat.

35 **k) Andere erschwerende oder mildernde Umstände (lit. k).** Lit. k dient als **Auffangtatbestand** für die nicht schon durch die in lit. a bis lit. j genannten Umstände. Als Beispiel werden in der Norm unmittelbar oder mittelbar durch den Verstoß erlangte finanzielle Vorteile oder vermiedene Verluste genannt. Ein weiterer erschwerender Umstand kann beispielsweise die aktive Behinderung der Arbeit der Aufsichtsbehörde sein.[51] Mildernde Umstände könnten eine unklare Rechtslage bezüglich der in Rede stehenden Datenverarbeitung sein oder widersprüchliche Aussagen verschiedener Datenschutzbehörden zu dem gleichen Verarbeitungsvorgang.

36 **3. Gleiche oder miteinander verbundene Verarbeitungsvorgänge (Abs. 3).** Abs. 3 enthält eine **Privilegierung** für Verstöße gegen mehrere Bestimmungen der Verordnung im Fall gleicher oder miteinander verbundener Verarbeitungsvorgänge. Die Begriffe „gleich" oder „miteinander verbunden" sind in Abs. 3 nicht näher er-

---

48 Kühling/Buchner/*Bergt* Art. 83 Rn. 56; BeckOK DatenschutzR/*Holländer* DSGVO Art. 83 Rn. 34.
49 BeckOK DatenschutzR/*Holländer* DSGVO Art. 83 Rn. 38.
50 Mit weiteren Beispielen Plath/*Becker* Art. 83 DSGVO Rn. 16.
51 BeckOK DatenschutzR/*Holländer* DSGVO Art. 83 Rn. 43.

Boehm

läutert. Da sich die Verarbeitung immer auf personenbezogene Daten bezieht, wird ein gleicher Verarbeitungsvorgang anzunehmen sein, wenn es sich gleichzeitig um dieselbe betroffene Person und um den gleichen Verarbeitungsgegenstand handelt, also zB ein Fitness-Tracker mehrmals personenbezogene Daten einer Person unberechtigter Weise an den Hersteller schickt.[52] Bei miteinander verbundenen Verarbeitungsvorgängen handelt es sich um verschiedene Personen als Adressaten eines rechtswidrigen, identischen Verarbeitungsvorgangs, also zB wenn das Gerät Daten mehrerer Personen unberechtigt an den Hersteller sendet.[53] Auch wenn es sich dabei um unterschiedliche betroffene Personen handelt, so handelt es sich aufgrund der sachlich identischen Vorgänge doch um Tateinheit, da die Vorgänge verbunden werden.[54] In beiden Fällen muss eine zeitliche Nähe der Handlungen zueinander bestehen.[55] Rechtsfolge ist laut Abs. 3, dass der **Gesamtbetrag** nicht den Betrag für den schwerwiegendsten Verstoß übersteigen darf. Damit geht eine Privilegierung desjenigen einher, der mehrere Verstöße begeht. Das heißt allerdings nicht, dass der Betrag, den die Behörde im Einzelfall für die schwerwiegendste Tat festgesetzt hat, die Obergrenze darstellt. Dies ergibt sich aus dem Wortlaut der englischen Sprachfassung: „the total amount of the administrative finde shall not exceed the amount specified for the gravest infringement", dh die Geldbußen aller Verstöße werden zusammengezählt, sind dann aber auf den vom Gesetzgeber abstrakt für Verstöße festgelegten Höchstbetrag, der für die schwerwiegendste Tat angedroht ist, gekappt.[56]

4. Sanktionierte Tatbestände (Abs. 4–6). a) Allgemeines. Abs. 4–6 nennen einen **umfangreichen Katalog an** **37** **Tatbeständen**, die bei Verstößen mit hohen Sanktionen bewährt sind. Die Adressaten sind überwiegend Verantwortliche und Auftragsverarbeiter. Die Höhe der Geldbußen richtet sich nach dem verwirklichten Unrechtsgehalt der in den Abs. 4–6 genannten Verstöße. Um dieses zu bestimmen, ziehen die Behörden die Kriterien des Abs. 2 zu Rate (→ Rn. 18ff., 22ff.). Die Abs. 5 und 6 sehen dabei die Möglichkeit vor, doppelt so hohe Bußgelder als nach Abs. 4 zu verhängen. Das könnte darauf zurückzuführen sein, dass Abs. 4 vielfach lediglich Verstöße gegen administrative Pflichten regelt (jedenfalls bzgl. Pflichten nach den Art. 25–39), Abs. 5 aber beispielsweise die Grundsätze der Datenverarbeitung oder die Übermittlung personenbezogener Daten in Drittländer zum Gegenstand hat, also besonders schwere Verstöße.[57] Diese Trennung lässt sich indes nicht konsequent durchhalten. Denn dass einem Verstoß gegen den in Art. 8 (über Art. 83 Abs. 4 lit. a) kodifizierten Minderjährigenschutz ein so deutlich geringerer Unrechtsgehalt immanent sein soll, erweist sich als nicht darstellbar.[58] Eine überzeugende Erklärung dafür, dass in den Fällen des Abs. 4 die Höchstgrenze der Bußgelder nur der Hälfte dessen entspricht, was in den Abs. 5 und 6 festgelegt ist, ist daher nicht zu finden.

Verstöße gegen die DSGVO, die nicht nach den Abs. 4-6 geahndet werden, zum Beispiel Verstöße gegen **38** Art. 10,[59] können über Art. 84 durch den nationalen Gesetzgeber geregelt werden. Nur in dessen Rahmen besteht die Möglichkeit, solche Schutzlücken zu schließen (→ Art. 84 Rn. 5ff.).

b) Unternehmen. Ist der Adressat in den Abs. 4–6 ein Unternehmen, gilt für ihn ein **gesonderter Maßstab** **39** **bei der Höhe der Geldbußen**. In diesem Fall stellen die Beträge von 10.000.000 bzw. 20.000.000 Euro nicht die Höchstgrenze dar, wenn 2 % bzw. 4 % des Jahresumsatzes des Unternehmens diese Summen überschreiten. Da bei Unternehmen folglich über die genannten Beträge hinaus noch weit höhere Bußgelder möglich sind, ist der dort zugrunde gelegte Unternehmensbegriff von besonderer Bedeutung. Nach EG 150 S. 3 soll er hinsichtlich der Bußgeldtatbestände kartellrechtlich iSd Art. 101 und 102 AEUV verstanden werden. Problematisch ist, dass dieser kartellrechtliche Unternehmensbegriff erheblich weiter ist als die Legaldefinition, die Art. 4 Nr. 18 an sich für die DSGVO enthält.

In der europäischen **kartellrechtlichen Rechtsprechung** wird der **Unternehmensbegriff funktional und weit** **40** verstanden.[60] Das heißt, dass „jede eine Wirtschaftstätigkeit ausübende Einheit" als Unternehmen angesehen wird.[61] Welche Rechtsform diese Einheit hat oder wie sie sich finanziert, ist irrelevant, solange sie nicht

---

52 Ähnlich Kühling/Buchner/*Bergt* Art. 83 Rn. 60.
53 Ähnlich Kühling/Buchner/*Bergt* Art. 83 Rn. 60.
54 Paal/Pauly/*Frenzel* Art. 83 Rn. 16; dagegen sowohl von Tateinheit als auch Tatmehrheit ausgehend: ähnlich Kühling/Buchner/*Bergt* Art. 83 Rn. 60.
55 Paal/Pauly/*Frenzel* Art. 83 Rn. 16.
56 Siehe Kühling/Buchner/*Bergt* Art. 83 Rn. 62; Paal/Pauly/*Frenzel* Art. 83 Rn. 17; BeckOK DatenschutzR/*Holländer* DSGVO Art. 83 Rn. 46.
57 *Spindler* DB 2016, 937 (947); Kühling/Buchner/*Bergt* Art. 83 Rn. 63; BeckOK DatenschutzR/*Holländer* DSGVO Art. 83 Rn. 52.
58 Ebenso Paal/Pauly/*Frenzel* Art. 83 Rn. 22.
59 BeckOK DatenschutzR/*Holländer* DSGVO Art. 83 Rn. 49; Kühling/Buchner/*Bergt* Art. 83 Rn. 66 mit Verweis darauf, dass Art. 10 „offensichtlich vergessen" wurde.
60 EuGH C-364/92, Slg 1994, I-55, ECLI:EU:C:1994:7 Rn. 18.
61 EuGH C-264/01, C306/01, C-354/01, C-355/01, Slg 2004, I-02493, ECLI:EU:C:2004:150 Rn. 46; Kühling/Buchner/*Bergt* Art. 83 Rn. 40 mit weiteren Nachweisen; Calliess/Ruffert/*Weiß* AUEV Art. 101 Rn. 25.

nur gelegentlich oder vorübergehend am Wirtschaftsverkehr teilnimmt.[62] Nicht umfasst sind hoheitliche Tätigkeiten oder solche für ausschließlich private Zwecke.[63] Es kommt auch nicht darauf an, wer innerhalb dieser Einheit gehandelt hat.[64] Das kann ein einzelner untergeordneter Mitarbeiter sein, Führungspersonal oder mehrere Mitarbeiter. Es muss auch nicht ermittelt werden, wer genau die rechtswidrige Verarbeitung zu verantworten hat.[65] Umfasst sind Tochtergesellschaften und Unternehmen, die aus mehreren juristischen Personen bestehen. Wird also für die Berechnung der Geldbuße der kartellrechtliche Unternehmensbegriff herangezogen, ergeben sich sehr hohe Beträge. Die Verhängung daran orientierter Geldbußen kann damit im Einzelfall für Tochtergesellschaften eines großen Konzerns einschneidende Auswirkungen haben.[66]

41 Art. 4 Nr. 18 **definiert ein Unternehmen** demgegenüber als „eine natürliche und juristische Person, die eine wirtschaftliche Tätigkeit ausübt, unabhängig von ihrer Rechtsform, einschließlich Personengesellschaften oder Vereinigungen, die regelmäßig einer wirtschaftlichen Tätigkeit nachgehen" (→ Art. 4 Nr. 18 Rn. 1ff.). Diesem Begriff wird in Art. 4 Nr. 19 der Begriff der Unternehmensgruppe gegenübergestellt. Danach ist eine „Unternehmensgruppe" eine Gruppe, die aus einem herrschenden Unternehmen und den von diesem abhängigen Unternehmen besteht (→ Art. 4 Nr. 19 Rn. 1ff.). Dies entspricht der Sache nach dem weiten Begriff des Unternehmens in der erläuterten kartellrechtlichen Rechtsprechung. Da nur der Begriff des Unternehmens in Art. 83 genannt wird, könnte daraus geschlossen werden, dass Unternehmensgruppen nicht unter Art. 83 fallen und die Umsätze nur in Bezug auf ein einzelnes Unternehmen iSv Art. 4 Nr. 18 zu bestimmen sind. Allerdings wird in der englischen Sprachfassung, in der die Verordnung verhandelt wurde, in EG 150 sowie in Art. 83 der kartellrechtliche Begriff „undertaking" benutzt, in Art. 4 Nr. 18 hingegen der Begriff „enterprise". Dies spricht gegen eine Gleichsetzung der Unternehmensbegriffe aus Art. 4 Nr. 18 und Art. 83.[67]

42 Da es nach der DSGVO im Unterschied zum Kartellrecht kein Konzernprivileg gibt und eine vollständige Parallele zum Kartellrecht auch bei einer Gegenüberstellung der Adressaten der Verbotsnormen der DSGVO und einer wirtschaftlichen Einheit im Sinne des Kartellrechts fehlt, wird eine Kompromisslösung vorgeschlagen. Es muss danach an eine datenschutzrechtliche Einheit angeknüpft werden, dh entscheidend ist, ob das einflussreichere Unternehmen das andere Unternehmen zum Einhalten datenschutzrechtlicher Vorgaben verpflichten kann.[68]

43 Für die **weite Auslegung** im Sinne des Kartellrechts spricht aber schließlich die **historische Auslegung** des in EG 150 eingefügten Verweises auf Art. 101 und 102 AEUV sowie der **Sinn und Zweck** der Sanktionsregelungen. Letztere sollen den Einzelnen umfassend vor rechtswidrigen Datenverarbeitungen schützen. Große Unternehmen, insbes. im Internetbereich, sollen von Verstößen gegen die Verordnung general- und spezialpräventiv abgehalten werden. Dies kann nur gelingen, wenn für multinationale Weltkonzerne die Sanktionen auch spürbar sind. Könnten sie die Datenverarbeitung in umsatzschwache Tochterfirmen ausgliedern und so die Geldbuße verringern, wäre dieses Ziel nicht erreicht. Ebenso spricht die historische Auslegung für eine weite Auslegung des Unternehmensbegriffs. Der entscheidende S. 3 in EG 150, der auf Art. 101 und 102 AEUV verweist, wurde erst in den gemeinsamen Trilog-Verhandlungen eingefügt und gilt so als Kompromiss zwischen den Parteien. Die Ratsversion, in der von „Unternehmen mit Erwerbscharakter" die Rede war, wurde verworfen. Mithin ist von einer Geltung des kartellrechtlichen Unternehmensbegriffs auszugehen.[69]

44 c) **Tatbestände nach Abs. 4. Adressaten** des Abs. 4 sind Verantwortliche und Auftragsverarbeiter (lit. a), Zertifizierungs- (lit. b) oder Überwachungsstellen (lit. c). Die DSGVO folgt auch hier einer funktionalen Betrachtungsweise der Organisation, dh es ist unerheblich, welche natürliche Person rechtswidrig gehandelt hat, entscheidend ist der Verstoß der Einheit gegen ihre Pflichten.[70] Der Verstoß gegen die in Abs. 4 genannten Tatbestände wird mit einer Geldbuße von bis zu 10.000.000 Euro oder im Fall eines Unternehmens mit bis zu 2 % des weltweiten Jahresumsatzes geahndet, je nach dem welcher Betrag höher ist.

45 Lit. a normiert **Verstöße gegen die Pflichten der Verantwortlichen oder Auftragsverarbeiter**, die sich aus den Art. 8, 11, 25 bis 39, 42 und 43 ergeben. Ein wenig irritierend ist dabei die Wortwahl der lit. a–c (oder

62 EuGH C-264/01, C306/01, C-354/01, C-355/01, Slg 2004, I-02493, ECLI:EU:C:2004:150 Rn. 46; Kühling/Buchner/*Bergt* Art. 83 Rn. 40 mit weiteren Nachweisen.

63 Calliess/Ruffert/*Weiß* AUEV Art. 101 Rn. 29; *Faust/Spittka/Wybitul* ZD 2016, 120 (121).

64 *Faust/Spittka/Wybitul* ZD 2016, 120 (121).

65 *Faust/Spittka/Wybitul* ZD 2016, 120 (121); Kühling/Buchner/*Bergt* Art. 83 Rn. 20; BeckOK DatenschutzR/ *Holländer* DSGVO Art. 83 Rn. 11.

66 Siehe Kühling/Buchner/*Bergt* Art. 83 Rn. 41.

67 Kühling/Buchner/*Bergt* Art. 83 Rn. 43; *Cornelius* NZWiSt 2016, 421 (423 f.).

68 *Cornelius* NZWiSt 2016, 421 (425 f.).

69 So auch im Ergebnis Ehmann/Selmayr/*Nemitz* Art. 83 Rn. 43; aA Schantz/Wolff/*Wolff*, Rn. 1123.

70 Kühling/Buchner/*Bergt* Art. 83 Rn. 21.

auch bei Abs. 5 lit. d), die in allen drei Fällen von einem Verstoß gegen „Pflichten" ausgeht. Teilweise normieren die genannten Artikel allerdings keine direkten Pflichten, sondern enthalten freiwillige Maßnahmen. So muss sich der Verantwortliche nach Art. 42 Abs. 3 nicht zertifizieren lassen; dies ist freiwillig. Mithin besteht keine Zertifizierungspflicht gemäß Art. 42, obwohl man nach dem Wortlaut von Art. 83 Abs. 4 lit. a davon ausgehen könnte. Allerdings wird der Pflichtenbegriff vom EuGH grundsätzlich weit verstanden, dh dass Pflichten sich auch aus dem Kontext der Norm ergeben können.[71] Bezogen auf das Zertifizierungsbeispiel bedeutet dies, dass den Verantwortlichen keine Zertifizierungspflicht trifft. Entscheidet er sich allerdings freiwillig dafür, muss er selbstverständlich die Zertifizierungsanforderungen erfüllen, so dass dann auch von einer Pflicht gesprochen werden kann. Eine Selbstverpflichtung steht einer Pflicht gleich.

Verwiesen wird im Einzelnen: 46

- für den Verantwortlichen oder Auftragsverarbeiter in lit. a auf:
    - die Bedingungen für die Einwilligung eines Kindes (Art. 8)
    - die Verarbeitung, für die eine Identifizierung der betroffenen Person nicht erforderlich ist (Art. 11)
    - die Pflichten von Verantwortlichen bzw. Auftragsverarbeitern (Art. 25 bis 39)
    - die Pflichten, die entstehen, sofern sich ein Verantwortlicher bzw. Auftragsverarbeiter hat zertifizieren lassen oder zertifiziert werden will (Art. 42 und 43)
- für die Zertifizierungsstelle in lit. b auf:
    - ihre Pflichten nach Art. 42 und 43
- für die Überwachungsstelle in lit. c auf:
    - ihre Pflichten nach Art. 41 Abs. 4

d) Tatbestände nach Abs. 5. Abs. 5 benennt seinen **Adressaten** im Gegensatz zu Abs. 4 nicht explizit. Die   47 Normadressaten müssen daher den materiellen Regelungen entnommen werden; im Ergebnis wird es sich folglich regelmäßig um Verantwortliche oder Auftragsverarbeiter handeln. Zu beachten ist allerdings in diesem Zusammenhang Abs. 5 lit. d, der Sanktionen vorsieht, wenn gegen die Rechtsvorschriften verstoßen wird, die die Mitgliedstaaten im Rahmen des Kapitels IX (Vorschriften für besondere Verarbeitungssituationen) erlassen. Denn in diesen Fällen kann der Mitgliedstaat festlegen, wer zu belangen ist. Auch für die Nichtbefolgung von Anweisungen nach Art. 58 Abs. 2 (Art. 83 Abs. 5 lit. e) kommen als Adressaten Verantwortliche und Auftragsverarbeiter, aber auch Zertifizierungsstellen in Betracht. Teilweise wird in diesem Zusammenhang vertreten, dass auch derjenige mit einer Geldbuße belegt werden kann, der nicht Adressat der Anweisung selber ist, aber innerhalb einer Unternehmensstruktur dafür zuständig ist, die Anweisung umzusetzen.[72] Dies überzeugt in indes nicht, da nur der Adressat der Anweisung diese auch befolgen muss. Nur er kann folglich mit einer Geldbuße belegt werden.

Bei den in Abs. 5 genannten Verstößen handelt es sich häufig um die „konkrete Gefährdung oder Schädi-   48 gungen des Persönlichkeitsrechts der betroffenen Person".[73] Allerdings enthält auch schon Abs. 4 Verstöße gegen materielles Recht, insbes. drohen auch bei Verstößen gegen Art. 8 schwere Gefahren für das Persönlichkeitsrecht (Abs. 4 lit. a).

Verwiesen wird im Einzelnen auf: 49

- Lit. a: einen Verstoß gegen die Verarbeitungsbedingungen, einschließlich der Einwilligungserfordernisse gem. den Art. 5–7 und 9
- Lit. b: einen Verstoß gegen die Rechte der betroffenen Person aus den Art. 12–22
- Lit. c: Verstöße gegen die Vorschriften zur Übermittlung an Drittstaaten oder internationale Organisationen gem. den Art. 44–49
- Lit. d: die Pflichten, die durch die Mitgliedstaaten gemäß dem Kapitel IX (Vorschriften für besondere Verarbeitungssituationen), insbes. gem. Art. 85–91 erlassen wurden
- Lit. e enthält verschiedene Varianten:
    - Var. 1: Verstöße im Sinne der Nichtbefolgung einer Anweisung der Aufsichtsbehörde gem. Art. 58 Abs. 2
    - Var. 2: Verstöße im Sinne der Nichtbefolgung einer vorübergehenden oder endgültigen Beschränkung oder Aussetzung der Datenübermittlung durch die Aufsichtsbehörde gem. Art. 58 Abs. 2
    - Var. 3: Nichtgewährung des Zugangs unter Verstoß gegen die in Art. 58 Abs. 1 genannten Untersuchungsbefugnisse

---

71 Kühling/Buchner/*Bergt* Art. 83 Rn. 65 mit Verweis auf EuGH C-69/74, ECLI:EU:C:1975:19.
72 Widersprüchlich BeckOK DatenschutzR/*Holländer* DSGVO Art. 84 Rn. 12 zu Art. 83 Rn. 20; Kühling/Buchner/*Bergt* Art. 83 Rn. 23.
73 Kühling/Buchner/*Bergt* Art. 83 Rn. 63.

50 Verstöße gegen die in Abs. 5 genannten Tatbestände werden mit einer Geldbuße von bis zu 20.000.000 EUR oder im Fall eines Unternehmens von bis zu 4 % des weltweiten Jahresumsatzes geahndet, je nachdem welcher Betrag höher ist.

51 **e) Tatbestand nach Abs. 6.** Abs. 6 sieht für den Fall der Nichtbefolgung einer vollstreckbaren Anweisung der Aufsichtsbehörde gemäß Art. 58 Abs. 2 eine Geldbuße vor.[74] Damit wiederholt er Teile des in Abs. 5 lit. e genannten Tatbestands. Da Abs. 6 zusätzlich auch die gleiche (Maximal-)Höhe der Geldbuße vorsieht, ist er mit Abs. 5 lit. e inhaltlich vollständig deckungsgleich. Es existiert damit kein eigener Anwendungsbereich des Abs. 6.

52 **f) Bestimmtheit der Tatbestände und der Höhe der Sanktionen.** Art. 83 sanktioniert teilweise Verstöße gegen **weit gefasste Normen und Tatbestände** wie beispielsweise die Grundsätze der Verarbeitung gem. Art. 5–7 (gem. Art. 83 Abs. 5 lit. a). Art. 5 legt zB die Verarbeitungsgrundsätze generalklauselartig fest, indem die Verarbeitung nach Treu und Glauben erfolgen muss. Es stellt sich die Frage, ob ein Verantwortlicher wirklich vorhersehen kann, wann seine Verarbeitung diese Vorgabe erfüllt, bzw. in welchen Fällen die Aufsichtsbehörden bei einer rechtswidrigen Verarbeitung einen Verstoß gegen Trau und Glauben annehmen und von der Möglichkeit Gebrauch machen wird, eine sehr hohe Geldbuße nach Art. 83 zu verhängen[75] (sa → Art. 5 Rn. 18). Auch kann die Höhe der Geldbußen für Unternehmen schwer vorhersehbar sein, da die Verordnung für sie keine absolute, sondern nur eine relative Obergrenze festlegt.[76] Zudem wird kritisiert, dass den Mitgliedstaaten teilweise ein erheblicher Regulierungsspielraum verbleibe, der es dem Einzelnen unmöglich mache, direkt aus der Norm zu entnehmen, welches Verhalten sanktioniert werde.[77] Aus diesen Gründen werden die Tatbestände von Art. 83 teilweise als problematisch im Hinblick auf den Bestimmtheitsgrundsatz angesehen,[78] der wie dieses Recht auch auf europäischer Ebene gilt.[79]

53 Die DSGVO sieht an verschiedenen Stellen allerdings **Konkretisierungsmöglichkeiten** der als zu unbestimmt kritisierten Tatbestände mittels verschiedener Instrumente vor. Zum Beispiel können Maßnahmen durch die Aufsichtsbehörden konkretisiert werden (zB Art. 35 Abs. 4).[80] Dazu zählen Leitlinien, Empfehlungen und Verfahren des Ausschusses (Art. 70), Standardvertragsklauseln (Art. 28 Abs. 6), Standarddatenschutzklauseln (Art. 46 Abs. 3 lit. a), Verhaltensregeln (Art. 40), Zertifizierungen (Art. 42) und die Veröffentlichung von Tätigkeitsberichten (Art. 59).[81] Bei der Untersuchung möglicher Verstöße gegen den Bestimmtheitsgrundsatz ist über den Normtext hinaus aber auch die Rechtsprechung in den Blick zu nehmen, was sich insbes. aus der kartellrechtlichen EU-Rechtsprechung zur EG-Verordnung 1/2003 ergibt.[82] Auch sie enthält hohe Sanktionsandrohungen und teilweise unbestimmte Rechtsbegriffe und Tatbestände. Ihren Art. 23 VO 1/2003, der ähnlich unbestimmt Geldbußen vorschreibt, hat der EuGH für wirksam erachtet.[83] Die „Klarheit des Gesetzes [sei] nicht nur anhand des Wortlauts der einschlägigen Bestimmung, sondern auch anhand der Präzisierungen durch eine ständige und veröffentlichte Rechtsprechung zu beurteilen".[84] Handelt es sich um Vorschriften, die aus der DSRL hervorgegangen sind, kann folglich auch auf die dazu ergangene Rechtsprechung zurückgegriffen werden.[85] Eine pauschale Einordnung mancher zunächst als unbestimmt anmutender Tatbestände des Art. 83 kann also nicht vorgenommen werden. Vielmehr muss im Einzelfall geprüft werden, ob der Sanktionierte hinreichend vorhersehen konnte, ob das sanktionierte Verhalten bußgeldbewehrt war.

54 Hinsichtlich der Höhe der Geldbußen bei Unternehmen schaffen die aufgezählten Instrumente überwiegend keine Klarheit. Es kommt einzig eine Konkretisierung durch den Ausschuss auf Basis des Art. 70 Abs. 1 lit. k in Betracht, die indes vor dem Hintergrund des Demokratieprinzips und der Gewaltenteilung kritikwürdig ist.[86] Als hilfreich erweist sich auch an dieser Stelle wieder ein Blick in die kartellrechtliche Rechtsprechung. Dort wird davon ausgegangen, dass der Grundsatz der Gesetzmäßigkeit auch noch dann erfüllt

74 Paal/Pauly/*Frenzel* Art. 83 Rn. 25.
75 Vgl. BeckOK DatenschutzR/ *Holländer* DSGVO Art. 83 Rn. 6; Paal/Pauly/*Frenzel* Art. 83 Rn. 24.
76 BeckOK DatenschutzR/*Holländer* DSGVO Art. 83 Rn. 7.
77 Roßnagel/*Hohmann,* Europ. DSGVO, § 3 Rn. 331.
78 BeckOK DatenschutzR/*Holländer* DSGVO Art. 83 Rn. 6 f.; Kühling/Buchner/*Bergt* Art. 83 Rn. 45ff.; Paal/Pauly/*Frenzel* Art. 83 Rn. 24.
79 EuGH C-74/95, Slg 1996, I-06609, ECLI:EU:C:1996:491 Rn. 25; EuGH C-117/83, Slg 1984, 03291, ECLI:EU:C:1984:288 Rn. 11; EuGH C-70/83, Slg 1984, 01075, ECLI:EU:C:1984:71 Rn. 11; EuG T-99/04, ECLI:EU:T:2008:256 Rn. 139.
80 BeckOK DatenschutzR/*Holländer* DSGVO Art. 83 Rn. 48; Plath/*Becker* DSGVO Art. 83 Rn. 21.
81 Siehe Kühling/Buchner/*Bergt* Art. 83 Rn. 47.
82 Verordnung (EG) Nr. 1/2003 des Rates vom 16.12.2002 zur Durchführung der in den Art. 81 und 82 des Vertrags niedergelegten Wettbewerbsregeln.
83 EuGH C-501/11 P, ECLI:EU:C:2013:522.
84 EuGH C-501/11 P, ECLI:EU:C:2013:522 Rn. 57.
85 Kühling/Buchner/*Bergt* Art. 83 Rn. 47.
86 BeckOK DatenschutzR/*Holländer* DSGVO Art. 83 Rn. 7.1.

ist, wenn „die Höhe der Geldbußen [...] im Voraus nicht genau in Erfahrung" zu bringen ist.[87] Von einem „verständigen Wirtschaftsteilnehmer" kann – ggf. mithilfe eines Rechtsbeistands – erwartet werden, „hinreichend genau die Berechnungsmethode und die Größenordnung der Geldbußen" vorherzusehen, die ihm bei einem bestimmten Verhalten drohen.[88] Auf Basis des Jahresumsatzes lässt sich schließlich jedenfalls eine ungefähre Vorstellung darüber gewinnen, wie hoch die Geldbuße absolut ausfallen wird. An der Bestimmtheit bestehen damit keine Zweifel.

5. Geldbußen gegen öffentliche Stellen und Behörden (Abs. 7). Abs. 7 eröffnet den Mitgliedstaaten die   55
Möglichkeit, **Geldbußen gegenüber Behörden und öffentlichen Stellen** zu erlassen. Dem Mitgliedstaat ist es dabei ausdrücklich überlassen, ob und in welchem Umfang er von dieser Möglichkeit überhaupt Gebrauch machen möchte. Grundsätzlich kommen daher die durch Art. 83 festzulegenden Geldbußen bei Verstößen auch gegen öffentliche Adressaten in Betracht. Abs. 7 stellt noch einmal ausdrücklich klar, dass die Abhilfebefugnisse der Aufsichtsbehörden gem. Art. 58 Abs. 2 von Abs. 7 unberührt bleiben und ggf. auch gegen Behörden und öffentliche Stellen angewendet werden können. Die Möglichkeit, Geldbußen auch gegenüber öffentlichen Stellen und Behörden zu verhängen, war von Beginn an in der DSGVO vorgesehen und wurde erst in den Ratsverhandlungen, ua auf Drängen Deutschlands, als optional ausgestaltet, da dem deutschen Recht ein solcher Ansatz fremd sei (vgl. §§ 29, 30 OWiG).[89] Sie erscheint im Angesicht der einheitlichen und effektiven Durchsetzung des Datenschutzrechts[90] und im Hinblick auf offensichtliche Datenschutzprobleme bei einzelnen Behörden[91] auch nicht als überflüssig oder als bloße „Verschiebung von Finanzmitteln innerhalb der öffentlichen Haushalte".[92] Daran ändert auch die Tatsache nichts, dass Behörden aufgrund des Rechtsstaatsprinzips daran gebunden sind, die Vorgaben der DSGVO einzuhalten.[93] Im Einzelfall mag nämlich erst die Entziehung öffentlicher Gelder durch die Verhängung von Geldbußen manche Behörde zu datenschutzkonformem Verhalten zwingen. Der deutsche Gesetzgeber hat von dieser Öffnungsklausel im BDSG nF keinen Gebrauch gemacht. § 43 Abs. 3 BDSG nF stellt sogar ausdrücklich klar, dass gegen Behörden und öffentliche Stellen keine Geldbußen verhängt werden.

6. Rechtsbehelfe und Verfahrensgarantien, Abs. 8. Die Ausübung der Befugnisse einer Aufsichtsbehörde   56
unter Art. 83 unterliegt angemessenen Verfahrensgarantien, wie sie in Art. 47–50 GRCh festgeschrieben sind. Dazu zählen insbes. der wirksame gerichtliche Rechtsbehelf und ordnungsgemäße Verfahren (→ Rn. 5). Von besonderer Bedeutung ist das Doppelbestrafungsverbot. Dieses wird für den Fall relevant, dass eine Geldbuße unter Art. 83 als strafähnlich zu qualifizieren ist, der nationale Gesetzgeber aber zusätzlich von seinem Recht aus Art. 84 Gebrauch machen möchte, eine strafrechtliche Sanktion festzuschreiben.

7. Anpassungsvorschriften für Rechtssysteme, die keine Geldbußen vorsehen, Abs. 9. Abs. 9 enthält eine   57
Spezialvorschrift für Mitgliedstaaten, deren Rechtsordnungen keine Geldbußen durch Behörden vorsehen. Dies betrifft gem. EG 151 Dänemark und Estland. Abs. 9 in Verbindung mit EG 151 sieht daher vor, dass die Geldbußen von der Aufsichtsbehörde in die Wege geleitet werden und von den zuständigen nationalen Gerichten verhängt werden. Die verhängten Geldbußen müssen allerdings die gleiche Wirkung (wirksam, verhältnismäßig und abschreckend) wie die von den Aufsichtsbehörden verhängten Geldbußen erzielen, und die Rechtsbehelfe müssen wirksam sein.

8. Verjährung. In der DSGVO befindet sich keine Regelung zur Verjährung. Daher muss auf das nationale   58
Recht zurückgegriffen werden.[94] Eine Ausnahme gilt nur insofern, als die Verjährungsregelung des Mitgliedstaats nicht die Abschreckungswirkung des Art. 83 unterlaufen darf.[95] Um dies zu gewährleisten wird eine Orientierung an den Verjährungsvorschriften der Verordnung 2988/74 und Art. 25, 26 KartellverfahrensVO vorgeschlagen.[96]

III. Nationales Recht

Art. 83 DSGVO tritt an die Stelle des aufgehobenen § 43 BDSG aF **§ 41 BDSG nF** regelt ergänzend Sank-   59
tionen. Dort wird differenziert zwischen den Verstößen an sich und dem formellen Verfahren, um Verstöße

---

87 EuGH C-501/11 P, ECLI:EU:C:2013:522 Rn. 58.
88 EuGH C-501/11 P, ECLI:EU:C:2013:522 Rn. 58.
89 Vgl. COD (2012) 11, 16; vgl. auch BeckOK DatenschutzR/*Holländer* DSGVO Art. 83 Rn. 27.
90 Kühling/Buchner/*Bergt* Art. 83 Rn. 26.
91 Kühling/Buchner/*Bergt* Art. 83 Rn. 26 mit Verweis auf das Verhalten des BND im Rahmen des NSA Untersuchungsausschusses.
92 So aber BeckOK DatenschutzR/*Holländer* DSGVO Art. 83 Rn. 79.1.
93 Kühling/Buchner/*Bergt* Art. 83 Rn. 26; BeckOK DatenschutzR/*Holländer* DSGVO Art. 83 Rn. 79.1; Paal/Pauly/*Frenzel* Art. 83 Rn. 27.
94 Plath/*Becker* DSGVO Art. 83 Rn. 3; *Bergt* DuD 2017, 560.
95 Kühling/Buchner/*Bergt* Art. 83 Rn. 113.
96 Kühling/Buchner/*Bergt* Art. 83 Rn. 113.

zu ahnden. Für Verstöße nach Art. 83 Abs. 4 bis 6 DSGVO wird in § 41 Abs. 1 S. 1 BDSG nF das OWiG sinngemäß für anwendbar erklärt. Die §§ 17, 35 und 36 OWiG finden nach § 41 Abs. 1 S. 2 BDSG nF keine Anwendung. Hintergrund ist, dass deren Regelungsbereich bereits von Art. 83 DSGVO erfasst wird: § 17 OWiG wird nicht angewendet, da die Höhe des Bußgeldes in Art. 83 DSGVO abschließend geregelt ist;[97] die §§ 35 und 36 OWiG finden keine Anwendung, da sich aus Art. 83 DSGVO bereits ergibt, dass die Aufsichtsbehörden für die Verhängung von Bußgeldern zuständig sind.[98] Für Verfahren wegen eines Verstoßes nach Art. 83 Abs. 4 bis 6 DSGVO gelten nach § 41 Abs. 2 BDSG nF ebenfalls die Vorschriften des OWiG mit Ausnahme der §§ 56 bis 58, 87, 88, 99, 100 OWiG: Die §§ 56 bis 58 OWiG finden keine Anwendung, da die Verwarnung bereits in Art. 58 Abs. 2 lit. b DSGVO geregelt ist; durch die Nichtanwendung der §§ 87, 88, 99, 100 OWiG ist die Anwendung einzelner Vorschriften zu Geldbußen gegen eine juristische Person und zu Nebenfolgen sowie zur Vollstreckung von Nebenfolgen ausgeschlossen. Weiterhin finden für das Verfahren die allgemeinen Gesetze über Strafverfahren (StPO und GVG) entsprechende Anwendung. Zudem findet gemäß § 41 Abs. 2 S. 3 BDSG nF § 69 Abs. 4 S. 2 OWiG mit der Maßgabe Anwendung, dass die Staatsanwaltschaft das Verfahren nur mit Zustimmung der Aufsichtsbehörde einstellen kann, die den Bußgeldbescheid erlassen hat.

60 Darüber hinaus ist zu beachten, dass das Recht der Mitgliedstaaten unionsrechtsfreundlich ausgelegt werden muss. Insofern ist fraglich, ob eine **strikte Anwendung des § 10 OWiG**, auf den § 41 BDSG nF verweist, unionsrechtskonform wäre. Gemäß § 10 OWiG kann als Ordnungswidrigkeit nur vorsätzliches Handeln geahndet werden, außer wenn das Gesetz fahrlässiges Handeln ausdrücklich mit Geldbuße bedroht. Die DSGVO nennt aber ein Verschulden gerade nicht ausdrücklich als Voraussetzung für die Geldbuße (→ Rn. 26). Dies würde durch eine strikte Anwendung des § 10 OWiG konterkariert.[99] § 10 OWiG muss also unionsrechtskonform ausgelegt werden, so dass auch fahrlässiges Handeln zu einer Geldbuße auf der Basis von Art. 83 DSGVO führen kann.

Artikel 84   Sanktionen

(1) ¹Die Mitgliedstaaten legen die Vorschriften über andere Sanktionen für Verstöße gegen diese Verordnung – insbesondere für Verstöße, die keiner Geldbuße gemäß Artikel 83 unterliegen – fest und treffen alle zu deren Anwendung erforderlichen Maßnahmen. ²Diese Sanktionen müssen wirksam, verhältnismäßig und abschreckend sein.

(2) Jeder Mitgliedstaat teilt der Kommission bis zum 25. Mai 2018 die Rechtsvorschriften, die er aufgrund von Absatz 1 erlässt, sowie unverzüglich alle späteren Änderungen dieser Vorschriften mit.

Literatur: *Frisch, W.*, Voraussetzungen und Grenzen staatlichen Strafens, NStZ 2016, 16; *Gröblinghoff, S.*, Die Verpflichtungen des deutschen Strafgesetzgebers zum Schutz der Interessen der Europäischen Gemeinschaften, 1996; *Gurreck, M./Otto, P. C.*, Das Vertragsverletzungsverfahren, JuS 2015, 1079; *Jarass, H. D.*, Strafrechtliche Grundrechte im Unionsrecht, NStZ 2012, 611; *Scheffler, U.*, Die Mindeststandards des Europarates vs. Die Mindeststandards des Rates der Europäischen Union, in: Joerden, C./Szwarc, A. (Hrsg.), Europäisierung des Strafrechts in Polen und Deutschland – rechtsstaatliche Grundlagen, 2007, 97; *Wabnitz, H. B./Janovsky, T.*, Handbuch des Wirtschafts- und Steuerstrafrechts, 4. Aufl. 2014; *Wagner, G.*, Verhandlungen des 66. Juristentages Stuttgart 2006, Band I: Gutachten / Teil A: Neue Perspektiven im Schadenersatzrecht – Kommerzialisierung, Strafschadenersatz, Kollektivschaden, 2006; *Rengeling, H. W./Middeke, A./Gellermann, M.*, Handbuch des Rechtsschutzes in der Europäischen Union, 3. Aufl. 2014.

---

97 Gesetzesbegründung zum BDSG Entwurf der Bundesregierung vom 24.2.2017, BT-Drs. 18/11325 S. 108.
98 Gesetzesbegründung zum BDSG Entwurf der Bundesregierung vom 24.2.2017, BT-Drs. 18/11325 S. 108.
99 Paal/Pauly/*Frenzel* Art. 83 Rn. 31; *Bergt* DuD 2017, 559.

I. Allgemeines

1. Überblick. Art. 84 Abs. 1 S. 1 verleiht den Mitgliedstaaten das Recht, **Sanktionen im nationalen Recht** 1
vorzusehen. Entsprechend der allgemeinen Kompetenzverteilung zwischen der EU und den Mitgliedstaaten
(Art. 5 EUV) bleibt es letzteren vorbehalten, strafrechtliche Konsequenzen von Datenschutzverstößen zu regeln.[1] Insofern geht deren Kompetenz über die der DSGVO hinaus, da diese nur administrative Sanktionen
in Form von Geldbußen umfasst (Art. 83). Allerdings ist die Norm nicht bloß auf den Erlass von Strafvorschriften beschränkt. EG 152 stellt klar, dass die Mitgliedstaaten auch weitere administrative Bußgeldvorschriften oder andere Maßnahmen erlassen können. Als Beispiel sind Sanktionen für besonders schwere
Verstöße oder verwaltungsrechtliche Sanktionen genannt, die die DSGVO nicht harmonisiert. Auch der
Wortlaut des Art. 84 selbst („insbesondere") deutet die Möglichkeit an, weitere Maßnahmen zu erlassen.
Die Sanktionen müssen wirksam, verhältnismäßig und abschreckend sein (→ Art. 83 Rn. 18ff.).[2]

2. Entstehungsgeschichte. a) Vergleich zur DSRL. Art. 24 DSRL sah bereits die Pflicht vor, Sanktionen im 2
nationalen Recht zu regeln. Sie sollten die effektive Anwendung der Richtlinienbestimmungen sicherstellen.[3] Es blieb allerdings dem Mitgliedstaat überlassen, die Sanktionsart zu wählen, also straf-, zivil- oder
verwaltungsrechtliche Maßnahmen zu erlassen.[4] EG 55 DSRL stellte klar, dass die Sanktionen jede juristische Person treffen mussten, die die einzelstaatlichen Vorschriften zur Umsetzung der Richtlinie nicht ein-
hielt. Nicht vorgegeben war allerdings, welche Tatbestände sanktionsbewehrt sein sollten. Dies blieb dem
Ermessen der Mitgliedstaaten überlassen.

b) Regelungsvorschläge der DSGVO im Vergleich. Art. 84 in seiner jetzigen Fassung wurde **erstmalig durch** 3
den Rat eingefügt (Art. 79 b Rat-E). Dieser geht wiederum auf Art. 78 Kom-E zurück, der noch stark an
Art. 24 DSRL angelehnt war.[5] Im Trilog-Verfahren wurde die vom Rat vorgeschlagene Formulierung unverändert übernommen.

Die Art. 84 berührenden **Erwägungsgründe** fanden sich bereits im Kom-E. EG 119 Kom-E enthielt die ge- 4
nerelle Forderung nach wirksamen, verhältnismäßigen und abschreckenden Sanktionen. EG 120 Kom-E
betraf speziell verwaltungsrechtliche Sanktionen und betonte ebenfalls, dass die Sanktion verhältnismäßig
sein müsse. Der Parl-E ergänzte EG 119 um die Klarstellung, dass die Sanktionen den unionsrechtlichen
Verfahrensgarantien unterliegen und das Doppelbestrafungsverbot wahren müssen. Der Rat hat schließlich
die EG 119 und 120 neu strukturiert und erweitert und dies in den EG 118 b–120 a Rat-E niedergelegt.
Diese entsprechen in der jetzigen Fassung den EG 148–152.

II. Recht des Mitgliedstaats, Sanktionen zu regeln (Abs. 1)

1. Anwendungsbereich. Nach Art. 84 Abs. 1 S. 1 legen die Mitgliedstaaten Sanktionen für Verstöße gegen 5
die DSGVO fest, insbes. für Verstöße, die keiner Geldbuße gemäß Artikel 83 unterliegen. Der Wortlaut
(„legen fest") deutet an, dass es sich dabei um eine **Verpflichtung** der Mitgliedstaaten handelt.[6] EG 152 betont, dass diese Pflicht insbes. besteht, sofern die Verordnung keine Verwaltungssanktionen vorschreibt
oder für den Fall schwerwiegender Verletzungen der Verordnung. Letzteres bezieht sich insbes. auf die Einführung von **strafrechtlichen Sanktionen**.[7] Die Wahl der Sanktionsart – verwaltungs- oder strafrechtlich –
bleibt allerdings den Mitgliedstaaten überlassen (EG 152). Gemäß dem Leitsatz „*tort does not pay*"[8] können durch die nationalen Vorschriften insbes. auch etwaige **Gewinne abgeschöpft** werden, die durch Verstöße gegen die DSGVO entstanden sind. Dies hebt auch EG 149 S. 2 hervor. Das im Straf-, Ordnungswidrig-
keiten- und Wettbewerbsrecht anerkannte Prinzip der Gewinnabschöpfung[9] darf folglich von den Mitgliedstaaten im Rahmen von Art. 84 eingeführt werden.[10] Dahinter stehen zwei Gedanken: Zum einen soll die
durch die Tat herbeigeführte Bereicherung wieder beseitigt werden (Restitution).[11] Zum anderen wird angeführt, dass von gewinnorientierten Straftaten nur erfolgreich abgeschreckt werden könne, wenn die

---

1 Plath/*Becker* DSGVO Art. 84 Rn. 1; Paal/Pauly/*Frenzel* Art. 84 Rn. 1.
2 Zu Risiken durch Auslagerung weiterer straf- und verwaltungsrechtlicher Sanktionen auf die Mitgliedstaaten s. Ehmann/Selmayr/
   Nemitz Art. 84 Rn. 2.
3 *Dammann/Simitis* Art. 24 Rn. 6.
4 *Dammann/Simitis* Art. 24 Rn. 4 f.; *Ehmann/Helfrich* Art. 24 Rn. 4; Grabitz/Hilf/*Brühann* DSRL Art. 24 Rn. 5.
5 KOM(2012) 11 endg., 104.
6 So auch *Kühling/Martini et al.*, S. 278; BeckOK DatenschutzR/*Holländer* DSGVO Art. 84 Rn. 2.
7 Paal/Pauly/*Frenzel* Art. 84 Rn. 1.
8 House of Lords [1964] AC 1129 – Rookes v. Barnard.
9 Siehe §§ 73ff. StGB, §§ 17 Abs. 4, 29 a OWiG, § 10 UWG, § 34 a GWB.
10 Plath/*Becker* DSGVO Art. 84 Rn. 1; Kühling/Buchner/*Bergt* Art. 84 Rn. 9.
11 BVerfG NJW 2004, 2073 (2074).

durch die Tat entstandenen Vorteile auch wieder entzogen werden (Abschreckung).[12] Bei der Einführung von weiteren Sanktionstatbeständen durch die Mitgliedstaaten darf es allerdings nicht zu einer Verletzung des „ne bis in idem" Grundsatzes kommen (EG 149 → Rn. 8). EG 149 regelt weiterhin, dass Sanktionen für Verstöße gegen nationale Vorschriften, die in Umsetzung der DSGVO erlassen wurden, auch unter Art. 84 fallen können.

6 Gemäß Art. 84 dürfen nur Sanktionen erlassen werden, die nicht bereits unter Art. 83 fallen (lex specialis). Aufgrund der bereits recht umfangreichen Tatbestandsliste in Art. 83 werden sich die Bußgeldvorschriften unter Art. 84 im Wesentlichen darin unterscheiden, dass sie **Adressaten** betreffen, die nicht bereits von Art. 83 umfasst sind.[13] Beispiele sind der Vertreter des Verantwortlichen bzw. des Auftragsverarbeiters (Art. 30 und 31), die Angestellten des Verantwortlichen bzw. Auftragsverarbeiters (Art. 29), der Datenschutzbeauftragte (Art. 38 und 39) oder Vereinigungen und Verbände (Art. 37).[14] Auch Verstöße gegen Art. 10 (Verarbeitung von personenbezogenen Daten über strafrechtliche Verurteilungen und Straftaten), der in der Auflistung des Art. 83 fehlt, können nach Art. 84 geahndet werden.

7 **2. Ausgestaltung der Sanktionsvorschrift.** Der jeweilige Mitgliedstaat ist frei zu entscheiden, wie er die Sanktionsvorschriften ausgestaltet. Ihm kommt dabei ein weiter Ermessensspielraum zu.[15] Art. 84 Abs. 1 S. 2 enthält allerdings die Vorgabe, dass nationale Sanktionen **wirksam, abschreckend und verhältnismäßig** sein müssen. Die regelmäßig in EU-Dokumenten verwendete „Mindesttrias"[16] geht auf die Rechtsprechung des EuGH[17] zur Verhängung von Sanktionen zurück.[18] Diese Kriterien sind nicht nur auf die Rechtsfolge, sondern gleichermaßen auf den Tatbestand einer Sanktionsvorschrift anzuwenden[19] und wie in Art. 83 auszulegen (→ Art. 83 Rn. 18–21).

8 **3. Verbot der Doppelbestrafung.** EG 149 S. 3 hebt ausdrücklich hervor, dass die Verhängung von strafrechtlichen Sanktionen nicht zu einer Verletzung des **Doppelbestrafungsverbots** („ne bis in idem") führen darf. Diese Hervorhebung ist allerdings eher deklaratorischer Natur, da sich das Doppelbestrafungs- und Doppelverfolgungsverbot bereits aus Art. 50 GRCh ergibt.[20] Führen die Mitgliedstaaten das Unionsrecht aus, sind sie gemäß Art. 51 Abs. 1 GRCh ebenfalls daran gebunden.[21]

9 Das Doppelbestrafungsverbot ist nicht nur auf formell strafrechtliche, sondern auch auf „strafähnliche" Sanktionen anwendbar.[22] Unter den weit auszulegenden europäischen Strafrechtsbegriff des Art. 50 GRCh wird beispielsweise auch das deutsche Ordnungswidrigkeitenrecht gefasst,[23] auch wenn es nach § 21 OWiG innerstaatlich vom formellen Strafrecht abgegrenzt wird. Sowohl hinsichtlich der Bußgelder nach Art. 83, als auch bei den auf der Grundlage von Art. 84 erlassenen Sanktionen stellt sich demnach die Frage, wann diese einen Strafcharakter iSd Art. 50 GRCh annehmen. Ist eine Geldbuße demnach unter Art. 83 als „strafähnlich" zu qualifizieren, verbietet das Doppelbestrafungsverbot eine zusätzliche strafrechtliche bzw. strafähnliche Sanktionierung durch den nationalen Gesetzgeber unter Art. 84.

10 Zur **Beurteilung des Strafcharakters einer Sanktion** bedient sich der EuGH regelmäßig der vom EGMR entwickelten sogenannten Engel-Kriterien.[24] Diese sind (1) die rechtliche Einordnung der Zuwiderhandlung durch den Gesetzgeber, (2) die Art der Zuwiderhandlung und (3) die Art und die Schweregrad der angedrohten Sanktion.[25] Das erste Kriterium ist allerdings lediglich ein Indiz, da es ansonsten der Willkür der Vertragsstaaten überlassen wäre, zu bestimmen, ob der ne bis in idem Grundsatz anwendbar ist.[26] Die zwei letzten Kriterien sind außerdem nicht notwendigerweise kumulativ zu erfüllen.[27] Bezogen auf die DSGVO wird gemäß dem ersten Kriterium ermittelt, wie der Verordnungs-Gesetzgeber einen datenschutzrechtlichen Verstoß einordnet. Da die EU keine Kompetenz zum Erlass strafrechtlicher Normen hat, ist davon auszuge-

---

12 BVerfG NJW 2004, 2073 (2075).
13 Kühling/Buchner/*Bergt* Art. 84 Rn. 11.
14 Beispiele entnommen aus: Kühling/Buchner/*Bergt* Art. 84 Rn. 11 mit weiteren Beispielen.
15 BeckOK DatenschutzR/*Holländer* DSGVO Art. 84 Rn. 5.
16 Joerden/*Scheffler*, Europäisierung des Strafrechts in Deutschland und Polen, 2007, S. 109.
17 Erstmals in EuGH C-68/88, Slg 1989, 2965, ECLI:EU:C:1989-02965 – Maisurteil.
18 Wabnitz/Janovsky/*Dannecker/Bülte*, 2. Kapitel Rn. 185.
19 EuGH C-210/12, ECLI:EU:C:2012:64 Rn. 54; C-501/14, ECLI:EU:C:2016:777 Rn. 41; *Gröblinghoff*, Die Verpflichtungen des deutschen Strafgesetzgebers zum Schutze der Interessen der Europäischen Gemeinschaften, 1996, S. 25.
20 BeckOK DatenschutzR/*Holländer* DSGVO Art. 84 Rn. 6.
21 Jarass/*Jarass* Art. 50 Rn. 3.
22 Callies/Ruffert/*Blanke* GRCh Art. 50 Rn. 1.
23 Meyer/*Eser* Art. 48 Rn. 11; siehe zu Art. 6 EMRK: EGMR 8544/79 (Öztürk) Rn. 53; weitere Beispiele bei BeckOK DatenschutzR/*Holländer* DSGVO Art. 84 Rn. 3.
24 EGMR 5100/71 (Engel) Rn. 82; EuGH C-489/10, ECLI:EU:C:2012:319 Rn. 37 mit Verweis auf EGMR 8544/79 (Öztürk) Rn. 50.
25 EuGH C-489/10, ECLI:EU:C:2012:319 Rn. 37 mit Verweis auf EGMR 8544/79 (Öztürk) Rn. 50.
26 EGMR 14939/03 (Zolotukhin/Russland) Rn. 52.
27 EGMR 41604/11 (Boman/Finnland) Rn. 30.

Boehm

hen, dass der Verordnungsgeber kompetenzkonform mit Art. 83 keine Strafnorm erlassen wollte. Das zweite „Engel"-Kriterium bezieht sich auf die Art der Zuwiderhandlung. Hierbei wird berücksichtigt, ob die geschützten Güter typischerweise durch Strafnormen geschützt werden und wer Adressat der Norm ist.[28] Der Schutz personenbezogener Daten ist dabei nicht eindeutig ein Gegenstand, der typischerweise dem Strafrecht zuzuordnen ist. Im deutschen Recht werden Daten beispielsweise sowohl strafrechtlich im Rahmen der §§ 202 a ff. StGB, als auch über das Ordnungswidrigkeitenrecht in Form von § 43 BDSG aF geschützt. Aufschluss über die Strafähnlichkeit einer Sanktion geben nach dem dritten Kriterium weiterhin die Art und der Schweregrad der angedrohten Sanktion. Es ist anerkannt, dass solche Sanktionen als nicht-strafähnlich qualifiziert werden, die restitutiv oder primär präventiv sind,[29] also etwa solche, die auf den Entzug eines rechtswidrig erlangten Vorteils beschränkt sind.[30] Die Sanktionen nach Art. 83 sollen hingegen eindeutig das Vergehen ahnden und abschreckend wirken, was beides typische Merkmale einer Straftat sind.[31] Bezüglich der Höhe einer angedrohten Sanktion ist auf die vom Gesetz vorgesehene Höchststrafe abzustellen.[32] Art. 83 sieht dabei sehr hohe Geldbußen vor, so dass von einem Strafcharakter der Norm ausgegangen werden kann.[33]

4. Durchsetzung. Für die Einschlägigkeit des **Doppelbestrafungsverbots** ist weiterhin erforderlich, dass es 11 sich bei der sanktionierten Tat um „dieselbe Tat" handelt.[34] Nach europäischer Rechtsprechung setzt dies die „Identität des Sachverhalts, des Zuwiderhandelnden und des geschützten Rechtsguts" voraus.[35] Als Beispiel für eine mögliche Kollision mit dem Grundsatz „ne bis in indem" kann die Verhängung einer Geldbuße gegen Unternehmen gem. Art. 83 und § 30 OWiG (Geldbuße gegen juristische Personen und Personenvereinigungen) genannt werden.[36]

Art. 84 Abs. 1 fordert nicht nur, dass die Mitgliedstaaten die Sanktionen festlegen, sondern auch, dass sie 12 **„alle zu deren Anwendung erforderlichen Maßnahmen" durchführen.** Dieser Verweis ist lediglich deklaratorischer Natur und knüpft an das Loyalitätsprinzip des Art. 4 Abs. 3 S. 2 EUV an, wonach die Mitgliedstaaten alle geeigneten Maßnahmen ergreifen müssen, die zur Erfüllung der unionsrechtlichen Verpflichtungen erforderlich sind.[37] Kommen sie dieser Pflicht nicht nach, verstoßen sie gegen das unionsrechtliche Primärrecht[38] und müssen alle Folgen in Kauf nehmen, die daraus entstehen können.[39] Ein Mitgliedstaat muss die Durchsetzung also derart gestalten, dass die strafbare Handlung wirtschaftlich so unattraktiv wird, dass ein potenzieller Täter davon absehen wird, sie durchzuführen.[40]

III. Notifizierungspflicht (Abs. 2)

Art. 84 Abs. 2 setzt den Mitgliedstaaten schließlich eine Frist bis zum 25.5.2018, um die betreffenden 13 Rechtsvorschriften der Kommission mitzuteilen, damit sie die Einhaltung überprüfen kann.[41] Zukünftige Änderungen müssen unverzüglich mitgeteilt werden. Der Wortlaut des Art. 84 Abs. 2 bezieht die **Notifizierungspflicht** nur auf die zu erlassenden Rechtsvorschriften und nicht auf bereits bestehende. Allerdings ist es geboten, dass die Mitgliedstaaten aus Gründen der Rechtssicherheit auch die bestehenden Vorschriften melden.[42]

IV. Nationales Recht

Den Mitgliedstaaten wird durch Art. 84 **nicht vorgeschrieben,** wann eine Sanktion durch das Strafrecht 14 oder das Ordnungswidrigkeitenrecht geregelt werden sollte. Maßgebend ist nur das jeweilige nationale Verfassungsrecht, das in Deutschland das Strafrecht als „ultima ratio" für die Ahndung von Rechtsgutverlet-

---

28 Vgl. EGMR 14939/03 (Zolotukhin/Russland) Rn. 55.
29 Kühling/Buchner/*Bergt* Art. 84 Rn. 16; sa *Jarass* NStZ 2012, 611 (612); *Jarass* Art. 48 Rn. 6.
30 EuGH, C-150/10, ECLI:EU:C:2011:507 Rn. 70.
31 EGMR 39665/98 und 40086/98 (Ezeh und Connors/GB) Rn. 102; 14939/03 (Zolotukhin/Russland) Rn. 55.
32 EGMR 14939/03 (Zolotukhin/Russland) Rn. 56.
33 Kühling/Buchner/*Bergt* Art. 84 Rn. 17 f.; Paal/Pauly/*Frenzel* Art. 84 Rn. 6; wohl auch BeckOK DatenschutzR/*Holländer* DSGVO Art. 84 Rn. 6.
34 *Jarass* Art. 50 Rn. 9.
35 EuGH C-617/10, ECLI:EU:C:2013:105 (Akerberg Fransson) Rn. 35; EuGH C-204/00, Slg 2004, I-00123, ECLI:EU:C:2004:6 Rn. 338.
36 Kühling/Buchner/*Bergt* Art. 84 Rn. 19.
37 Vgl. EuGH Schlussantrag GA Tesauro vom 30.6.1989, C 68/88, Rn. 12, BeckEuRS 1989, 153418.
38 EuGH C-68/88, ECLI:EU:C:1989:339 Rn. 23ff.
39 Ausführlich dazu *Gurreck/Otto* JuS 2015, 1079 (1081 f.).
40 Ausführlich zur Durchsetzung: Kühling/Buchner/*Bergt* Art. 84 Rn. 20–22; Vgl. EuGH C-304/02, Slg 2005, I-06263, ECLI:EU:C:2005:444 Rn. 37.
41 Kühling/Buchner/*Bergt* Art. 84 Rn. 23.
42 Paal/Pauly/*Frenzel* Art. 84 Rn. 7.

zungen ansieht.[43] Das deutsche Ordnungswidrigkeitenrecht hat demgegenüber im Wesentlichen den Zweck, Taten zu sanktionieren, die ein Rechtsgut nicht verletzen, sondern nur gefährden oder die nicht besonders verwerflich sind.[44] Eine strafrechtliche Regelung der Sanktion ist daher nur vorzunehmen, wenn bei einer Regelung durch das Ordnungswidrigkeitenrecht dem Unrechtsgehalt der Verhaltensweise nicht ausreichend Rechnung getragen würde.[45]

15 **1. Umsetzung von Art. 84 DSGVO im BDSG nF.** Umgesetzt wird Art. 84 durch §§ 42, 43 BDSG nF In den ersten zwei Absätzen des § 42 BDSG sind zweierlei Strafvorschriften festgeschrieben. Unter Strafe gestellt werden das wissentliche und gewerbsmäßige Übermitteln oder Zugänglichmachen von personenbezogenen Daten an eine große Zahl von Personen (Abs. 1) sowie das durch unrichtige Angaben Erschleichen und unberechtigte Verarbeiten personenbezogener Daten gegen Entgelt oder mit Bereicherungs- oder Schädigungsabsicht (Abs. 2). Wie bereits unter dem BDSG aF werden die Straftaten gemäß § 42 Abs. 3 BDSG nF nur auf Antrag verfolgt. In § 42 Abs. 4 BDSG nF wird für die Meldepflichten der Art. 33 und 34 geregelt, dass der Inhalt der Meldungen nur mit Zustimmung des Meldepflichtigen in einem Strafverfahren verwendet werden darf. Damit wird das, bereits in § 42 a S. 6 BDSG aF niedergeschriebene und sowohl nach nationalem Verfassungsrecht,[46] als auch europarechtlich[47] anerkannte Recht, sich nicht selbst bezichtigen zu müssen (nemo tenetur) im einfachen Recht verankert. Die Gesetzesbegründung weist ergänzend auf Art. 49 Abs. 1 S. 3 GRCh hin.[48] Dieser schreibt das „Gebot der rückwirkenden Anwendung des milderen Strafgesetzes" fest.[49] Zwar spricht der Wortlaut nur davon, dass eine mildere Strafe zu verhängen, doch nach dem Sinn und Zweck soll dem Täter jede ihn begünstigende Änderung zu Gute kommen.[50] Das kann insofern relevant werden, als dass manche strafbare Verhaltensweisen nach § 44 Abs. 1 BDSG aF iVm § 43 Abs. 2 BDSG aF nach § 42 BDSG nF nicht mehr strafbewehrt sind.

16 Nach § 43 Abs. 1 BDSG nF handeln **Stellen zur Bonitätsbewertung** ordnungswidrig, wenn sie vorsätzlich oder fahrlässig Auskunftsersuchen aus anderen Mitgliedsstaaten anders behandeln als inländische. Ebenso ordnungswidrig handeln Stellen, die ein Kreditersuchen aufgrund einer solchen Bonitätsbewertung ablehnen und den Verbraucher nicht ordnungsgemäß darüber informieren. Die Norm dient der Umsetzung von Art. 9 der Verbraucherkredit-RL.[51] Die Geldbuße beträgt nach Abs. 2 bis zu 50.000 EUR. Abs. 4 enthält eine zu § 42 Abs. 4 BDSG nF identische Vorschrift (→ Rn. 15).

17 Im Referentenentwurf waren noch sämtliche Verstöße gegen die Tatbestände nach Art. 83 Abs. 5 strafbewehrt, sofern die Person gegen Entgelt oder mit Bereicherungs- oder Schädigungsabsicht gehandelt hat. Dies wurde allerdings in der Endfassung geändert. Gestrichen wurde die Ordnungswidrigkeit, die ein Mitarbeiter beging, wenn er einen der Tatbestände nach Art. 83 Abs. 4–6 verwirklichte. Dies erfolgte womöglich, weil der deutsche Gesetzgeber irrig davon ausging, Mitarbeiter könnten auch im Rahmen von Art. 83 sanktioniert werden,[52] was allerdings nur in Ausnahmefällen möglich ist.

18 **2. Sonstige Sanktionsmöglichkeiten.** Im deutschen Recht gibt es **Sanktionsmittel**, die ebenfalls heranzuziehen sind, um einen Datenschutzverstoß zu ahnden. Dazu zählen insbes.: die Haftung eines Unternehmens (§§ 130, 9, 30 OWiG), Gewerbeuntersagung wegen Unzuverlässigkeit (§ 35 GewO), Zwangsmittel zur Abstellung von Gesetzesverstößen (§§ 6ff. VwVfG), Abhörverbot (§ 148 TKG), Geheimhaltungspflicht der Betreiber von Empfangsanlagen (§ 89 TKG), Missbrauch von Sende- oder sonstigen Telekommunikationsanlagen (§§ 148, 90 TKG). Im Strafrecht sind folgende Straftatbestände relevant: Verletzung der Vertraulichkeit des Worts (§ 201 StGB), Verletzung des höchstpersönlichen Lebensbereichs durch Bildaufnahmen (§ 201 a StGB), Ausspähen und Abfangen von Daten und dessen Vorbereitung (§§ 202 a, 202 b, 202 c StGB), Datenhehlerei (§ 202 d StGB), Verletzung von Privatgeheimnissen und Verwertung fremder Geheimnisse (§§ 203, 204 StGB), Verletzung des Post- und Fernmeldegeheimnisses (§ 206 StGB), Fälschung technischer Aufzeichnungen und beweiserheblicher Daten (§§ 268, 269 StGB), Täuschung im Rechtsverkehr bei Datenverarbeitung (§ 270 StGB), etwa im Rahmen eines Betruges, mittelbare Falschbeurkundung

43 BVerfG NJW 1975, 573 (576).
44 Simitis/*Ehmann* § 43 Rn. 7.
45 *Frisch* NStZ 2016, 16 (24 f.).
46 Vgl. zu § 55 StPO: BVerfG 2 BvR 504/08 – BeckRS 2010, 49081.
47 Vgl. zu Art. 6 EMRK: EGMR 18731/91 Rn. 45.
48 Gesetzesbegründung zum BDSG Entwurf der Bundesregierung vom 24.2.2017, BT-Drs. 18/11325, S. 109.
49 *Jarass* Art. 49 Rn. 15.
50 Meyer/*Eser* Art. 49 Rn. 34.
51 BT-Drs. 18/11325, 109.
52 So BeckOK DatenschutzR/*Holländer* DSGVO Art. 84 Rn. 12, der allerdings im Rahmen des Art. 83 Rn. 20 den widersprüchlichen Schluss zieht, dass aufgrund des Wortlauts von Art. 83 Abs. 3 auch im Rahmen von Art. 84 nur Verantwortliche und Auftragsverarbeiter Adressaten sein dürfen, obwohl in Art. 83 Abs. 4 auch ausdrücklich die Zertifizierungsstelle und Überwachungsstelle als Adressat genannt werden.

(§ 271 StGB), Urkundenunterdrückung (§ 274 StGB) und die Datenveränderung und Computersabotage (§§ 303 a, 303 b StGB). Daneben können als spezielle Rechtsfolge, neben der Strafe, folgende Maßnahmen ergriffen werden: Verfall (§§ 73ff. StGB, § 29 a OWiG) und Einziehung (§§ 74ff. StGB, §§ 22ff. OWiG).

Artikel 85 Verarbeitung und Freiheit der Meinungsäußerung und Informationsfreiheit

(1) Die Mitgliedstaaten bringen durch Rechtsvorschriften das Recht auf den Schutz personenbezogener Daten gemäß dieser Verordnung mit dem Recht auf freie Meinungsäußerung und Informationsfreiheit, einschließlich der Verarbeitung zu journalistischen Zwecken und zu wissenschaftlichen, künstlerischen oder literarischen Zwecken, in Einklang.

(2) Für die Verarbeitung, die zu journalistischen Zwecken oder zu wissenschaftlichen, künstlerischen oder literarischen Zwecken erfolgt, sehen die Mitgliedstaaten Abweichungen oder Ausnahmen von Kapitel II (Grundsätze), Kapitel III (Rechte der betroffenen Person), Kapitel IV (Verantwortlicher und Auftragsverarbeiter), Kapitel V (Übermittlung personenbezogener Daten an Drittländer oder an internationale Organisationen), Kapitel VI (Unabhängige Aufsichtsbehörden), Kapitel VII (Zusammenarbeit und Kohärenz) und Kapitel IX (Vorschriften für besondere Verarbeitungssituationen) vor, wenn dies erforderlich ist, um das Recht auf Schutz der personenbezogenen Daten mit der Freiheit der Meinungsäußerung und der Informationsfreiheit in Einklang zu bringen.

(3) Jeder Mitgliedstaat teilt der Kommission die Rechtsvorschriften, die er aufgrund von Absatz 2 erlassen hat, sowie unverzüglich alle späteren Änderungsgesetze oder Änderungen dieser Vorschriften mit.

Literatur: *Albrecht, J./Janson, N. J.,* Datenschutz und Meinungsfreiheit nach der Datenschutzgrundverordnung, CR 2016, 500; *Arning, M./Moos, F./Schefzig,* J., Vergiss(,) Europa!, CR 2014, 447; *Art.-29-Gruppe,* Empfehlung 1/97, Datenschutzrecht und Medien, XV/5012/97-DE, WP 1; *dies.,* Leitlinien für die Umsetzung des Urteils des Gerichtshofs der Europäischen Union in der Rechtssache C-131/12 „Google Spanien und Inc/Agencia Espanola de Protección de Datos (AEPD) und Mario Costeja González", 14/DE, WP 225; *dies.,* Opinion 02/2016 on the publication of Personal Data for Transparency purposes in the Public Sector, 16/EN, WP 239; *Benecke, A./Wagner, J.,* Öffnungsklauseln in der Datenschutz-Grundverordnung und das deutsche BDSG – Grenzen und Gestaltungsspielräume für ein nationales Datenschutzrecht, DVBl. 2016, 600; *Blome, T.,* Ein Auskunftsanspruch zu Lasten Dritter aus Art. 5 I 2 Var. 1 GG?, NVwZ 2016, 1211; *Britz, G.,* Europäisierung des grundrechtlichen Datenschutzes?, EuGRZ 2009, 1; *Caspar, J.,* Datenschutz im Verlagswesen: Zwischen Kommunikationsfreiheit und informationeller Selbstbestimmung, NVwZ 2010, 1451; *Council of Europe, Committee of Experts on Data Protection,* Data protection and media, 1990; *Corrales, M.,* Japan: „Recht auf Vergessenwerden", ZD 2018, XVIII; *Docksey, C.,* Four fundamental rights: finding the balance, IDPL 2016, 195; *Gounalakis, G./Klein, C.,* Zulässigkeit von personenbezogenen Bewertungsplattformen – Die „Spickmich"-Entscheidung des BGH vom 23.6.2009, NJW 2010, 566; *Greve, H./Schärdel, F.,* Der digitale Pranger – Bewertungsportale im Internet, MMR 2008, 644; *Hoffmann-Riem, W.,* Informationelle Selbstbestimmung in der Informationsgesellschaft – Auf dem Weg zu einem neuen Konzept des Datenschutzes, AöR 123 (1998), 513; *Hoffmann, J./Rudolphi, V.,* Die Durchführung des Unionsrechts durch die Mitgliedstaaten, DÖV 2012, 597; *Hornung, G.,* Persönlichkeitsrechtliche Grenzen des presserechtlichen Auskunftsanspruchs, AfP 2017, 390; *ders./Hofmann, K.,* Ein „Recht auf Vergessenwerden"? Anspruch und Wirklichkeit eines neuen Datenschutzrechts, JZ 2013, 163; *dies.,* Die Auswirkungen der europäischen Datenschutzreform auf die Markt- und Meinungsforschung, ZD-Beilage 4/2017, 1; *Kaufmann, N.,* Für immer und ewig beschuldigt? Verdachtsberichterstattung im Internet und Onlinearchive, MMR 2010, 520; *Kokott, J./Sobotta, C.,* The distinction between privacy and data protection in the jurisprudence of the CJEU and the ECtHR, IDPL 2013, 222; *Kutscha, M./Thome,* S., Grundrechtsschutz im Internet?, 2013; *Lauber-Rönsberg, A.,* Internetveröffentlichungen und Medienprivileg – Verhältnis zwischen datenschutz- und medienzivilrechtlichem Persönlichkeitsschutz, ZD 2014, 177; *Lazarakos, G.,* Das datenschutzrechtliche Medienprivileg, 2003; *Michel, E. M.,* Datenschutz und Medienprivileg, in: *Rehbinder, M.* (Hrsg.), FS für Günter Herrmann zum 70. Geb., 2002, 109; *Lynskey, O.,* Deconstructing Data Protection: The ‚added value' of a Right to Data Protection in the EU Legal Order, International and Comparative Law Quarterly 2014, 569; *Mihail, S.,* Does Privacy Overpower Journalistic Freedom?, EDPL 2016, 130; *Milstein, A.,* Weder Verantwortlichkeit noch „Pflicht zu Vergessen" von Suchmaschinenbetreibern nach EU-Datenschutzrecht – Zugleich Kommentar zu Generalanwalt Jääskinen, Schlussanträge v. 25. 6. 2013 -Rs. C-131/12 – Google Spain SL, Google Inc. gegen Agencia Espanola de Protección de Datos (AEPD), Costeja Gonzalez, M., K&R 2013, 446; *Paal, B.,* Persönlichkeitsrechtsschutz in Online-Bewertungsportalen, NJW 2016, 2081; *ders.,* Online-Suchmaschinen – Persönlichkeitsrechts- und Datenschutz – Internationale Zuständigkeit, anwendbares Recht und sachrechtliche Fragen, ZEuP 2016, 591; *Petri, T.,* Datenschutzrechtliche Zweckbindung und die Weiterverbreitung bereits veröffentlichter Daten – Betrachtungen anlässlich der Google-Spain-Entscheidung des Europäischen Gerichtshofs, in: Hruschka, J./Joerden, J. (Hrsg.), Jahrbuch für Recht und Ethik, Bd. 23, 2015, 197; *Pötters, S./Traut, J.,* Bewertungsportale und Abwehrrechte Betroffener, RDV 2015, 117; *Rupp, M.,* Die grundrechtliche Schutzpflicht des Staates für das Recht auf informationelle Selbstbestimmung im Pressesektor, 2013; *Schertz, C.,* Der Schutz des Individuums in der modernen Mediengesellschaft, NJW 2013, 721; *Schiedermair, S.,* Datenschutz in den Medien, in: *Dörr, D./Kreile, M./Cole, C.* (Hrsg.), Handbuch Medienrecht – Recht der elektronischen Massenmedien, 2011, 339; *Schilde-Stenzel, A.,* „Lehrevaluation" oder Prangerseite im Internet – http://www.meinprof.de – Eine datenschutzrechtliche Bewertung, RDV 2006, 104; *Schneider, J.,* Fokus und Raster des Datenschutzes im nichtöffentlichen Bereich: Hinterfragung und Erneuerung, in: Garstka, H./Coy, W. (Hrsg.), Wovon – für wen – wozu, Systemdenken wider die Diktatur der Daten, Wilhelm Steinmüller zum Gedächtnis, 2014, 225; *Schnoor, C./Giesen, T./Addicks, L.,* Mitteilungen der Staatsanwaltschaften an die Presse ohne Datenschutz?, NStZ 2016, 256; *Schumacher, V./Spindler, J.,* Suchmaschinen und das datenschutzrechtliche Medienprivileg, DuD 2015, 606; *Simitis, S.,* Abschied vom „Medienprivileg" – Vorbemerkungen zu einer notwendigen Neuregelung, in: FS für Helmut Ridder zum 70. Geb., 1989, 125; *ders.,* Datenschutz und „Medienprivileg", AfP 1990,

14; *Spiecker gen. Döhmann, I.*, A new framework for information markets – the ECJ Google Spain decision, Common Market Law Review 52 (2015), 1033; *Spindler, J.*, Persönlichkeitsschutz im Internet – Anforderungen und Grenzen einer Regulierung, Gutachten F zum 69. Deutschen Juristentag, 2012; *Stollwerck, C.*, Berliner Pressegesetz – Ein praxisorientierter Streifzug, LKV 2017, 49; *Stürner, R.*, Empfiehlt es sich, die Rechte und Pflichten der Medien präziser zu regeln und dabei den Rechtsschutz des einzelnen zu verbessern?, Gutachten A zum 58. DJT, 1990; *Verweyen, U./Schulz, T. F.*, Die Rechtsprechung zu den „Onlinearchiven", AfP 2008, 133; *Walz, S.*, EG-Datenschutzrichtlinie und Selbstregulierung – Umsetzungsdefizite beim Medienprivileg des BDSG, in: Bizer, J./Lutterbeck, B./Rieß, J. (Hrsg.), Umbruch von Regelungssystemen in der Informationsgesellschaft, Freundesgabe für Alfred Büllesbach, 2002, 301.

I. Vorbemerkung

Die Grundrechte auf Achtung des Privatlebens (Art. 7 GRCh) und auf Schutz personenbezogener Daten **1** (Art. 8 GRCh) sind wie das Recht auf informationelle Selbstbestimmung als Grundbedingungen für kommunikative Selbstbestimmung[1] und als Grundrecht kommunikativer Entfaltung[2] zu verstehen. Es steht in engem Zusammenhang mit und nicht von vornherein im Gegensatz zu anderen zentralen Kommunikationsgrundrechten wie der Meinungsfreiheit und der Informationsfreiheit.[3] Keines der genannten Grundrechte kann einen prinzipiellen Vorrang vor dem anderen beanspruchen (→ Rn. 20). Ihnen ist gemeinsam, dass sie die **Kommunikation in einer freiheitlichen Gesellschaft** ermöglichen sollen[4] und damit nicht allein individuelle Interessen, sondern zugleich das **Gemeinwohl** schützen. Während die Freiheit der Berichterstattung konstituierend für ein demokratisches Gemeinwesen ist und nach der Rechtsprechung des EuGH eine der wesentlichen Grundlagen für eine demokratische und pluralistische Gesellschaft darstellt, auf die sich die Union nach Art. 2 EUV gründet,[5] sichert das Recht auf informationelle Selbstbestimmung über individuelle Entfaltungschancen hinaus auch die Funktionsfähigkeit „eines auf die Handlungs- und Mitwirkungsmöglichkeiten seiner Bürger begründeten freiheitlichen demokratischen Gemeinwesens".[6] Die Informationsfreiheit ist ihrerseits faktisch Voraussetzung sowohl für die Wahrnehmung des Rechts auf informationelle Selbstbestimmung als auch des Rechts auf freie Meinungsäußerung (→ Art. 12 Rn. 3).[7] Gleichwohl ist das **Verhältnis** zwischen dem Grundrecht auf Datenschutz nach Art. 8 GRCh und den anderen zentralen Kommunikationsgrundrechten, insbes. der Meinungsfreiheit und Informationsfreiheit, vor allem dann **nicht spannungsfrei**, wenn unterschiedliche Grundrechtsträger betroffen sind. Es ist deshalb mittlerweile auch international anerkannt, dass die Regelungen des Datenschutzes nicht uneingeschränkt auf solche Formen der Verarbeitung personenbezogener Daten angewandt werden können, die im Schutzbereich von Meinungsäußerungsfreiheit und Informationsfreiheit stattfinden.[8] Da es in diesem Spannungsfeld bisher keine gemeinsamen europäischen Standards gibt, hat der Unionsgesetzgeber für die **Mitgliedstaaten** die Pflicht statuiert, einen sachgerechten Ausgleich zwischen den betroffenen Grundrechten herbeizuführen (→ Rn. 5 f.).[9] Ein Verstoß gegen die von den Mitgliedstaaten in diesem Zusammenhang statuierten Pflichten kann nach Art. 83 Abs. 5 lit. d mit einer Geldbuße geahndet werden,[10] ohne dass die Mitgliedstaaten hiervon Ausnahmen nach Abs. 2 vorsehen könnten (→ Rn. 26).

---

1   Simitis/*Simitis* § 1 Rn. 35 f. mwN.
2   So *Hoffmann-Riem*, AöR 123 (1998), 513 (519ff.).
3   So die *Art.-29-Gruppe* in ihrem ersten, schon 1997 beschlossenen Arbeitspapier WP 1, S. 5; idS auch bereits BVerfGE 65, 1 (43); vgl. auch *Docksey* IDPL 2016, 195ff.
4   Simitis/*Dix* § 41 Rn. 1; vgl. Taeger/Gabel/*Westphal* BDSG § 41 Rn. 18.
5   So der EuGH in ständiger Rechtsprechung C-203/15 u. C-698/15, NJW 2017, 717 Rn. 95 mwN – Tele 2 Sverige AB u. Secretary of State for the Home Department.
6   BVerfGE 65, 1 (43).
7   Vgl. EGMR, Urt. v. 8.11.2016, Beschwerde Nr. 18030/11 Rn. 149ff. – Magyar Helsinki Bizottsag.
8   Vgl. die geänderten OECD-Guidelines governing the Protection of Privacy and Transborder Flows of Personal Data v. 11.7.2013, Ziff. 3 lit. b: „The principles in these Guidelines are complementary and should be read as a whole. They should not be interpreted…in a manner which unduly limits freedom of expression".
9   *Albrecht/Jotzo*, Teil 9 Rn. 5.
10 Paal/Pauly/*Pauly* Art. 85 Rn. 3.

II. Entstehungsgeschichte

2 Breits im Jahre 1970 hatte die Parlamentarische Versammlung des **Europarats** in einer Entschließung zum Verhältnis zwischen dem Recht auf Schutz der Privatsphäre und dem Recht auf freie Meinungsäußerung betont, dass die Ausübung der freien Meinungsäußerung die Existenz der Privatsphäre nicht zerstören darf.[11] Die Konvention des Europarats No. 108 zum Schutz des Menschen bei der automatischen Verarbeitung personenbezogener Daten von 1981 lässt Abweichungen von den meisten materiellen Datenschutzbestimmungen zu, wenn sie durch das Recht der Konventionsstaaten vorgesehen und in einer demokratischen Gesellschaft eine notwendige Maßnahme zum Schutz der Rechte und Freiheiten Dritter ist.[12] Abweichungen von der Vorschrift zur **Datensicherheit**[13] legitimiert die Konvention dagegen auch zum Schutz der Meinungsfreiheit nicht.

3 Die DSRL enthält in Art. 9 eine Vorschrift, die den Mitgliedstaaten aufgibt, für die Verarbeitung personenbezogener Daten **allein** zu journalistischen, künstlerischen oder literarischen Zwecken Abweichungen und Ausnahmen allerdings nur von bestimmten Vorgaben der Richtlinie und „nur" insofern vorzusehen, als sich dies als notwendig erweist, um das Recht auf Privatsphäre mit den für die Meinungsfreiheit geltenden Vorschriften in Einklang zu bringen.

4 Die KOM hatte sich in ihrem Vorschlag für eine DSGVO noch sehr an Art. 9 DSRL orientiert, wobei sie allerdings über die Richtlinie hinaus auch Ausnahmen und Beschränkungen von der Vorschrift über Verhaltensregeln (Art. 40 und 41) vorsehen wollte. Das EP schlug vor, die Begrenzung der gesondert zu regelnden Datenverarbeitung auf journalistische, künstlerische und literarische Zwecke zu streichen; dementsprechend wären die Mitgliedstaaten ermächtigt worden, wo erforderlich ganz allgemein das Recht auf Schutz der Privatsphäre und die Freiheit der Meinungsäußerung in Einklang zu bringen.[14] Der Rat dagegen sprach sich für eine Beibehaltung dieser Zweckbestimmungen aus und ergänzte sie noch um die spezielle Meinungsäußerungsfreiheit von Wissenschaftlern (*academic expression*) (→ Rn. 19). Außerdem teilte der Rat die Vorschrift in zwei Absätze auf, deren erster die Pflicht der Mitgliedstaaten regeln sollte, das Recht auf Datenschutz mit dem Recht auf freie Meinungsäußerung und Informationsfreiheit einschließlich der Verarbeitung zu journalistischen, künstlerischen und literarischen Zwecken in Einklang zu bringen. In einem zweiten, neuen Absatz sollten die Mitgliedstaaten aufgefordert werden, für Verarbeitungen zu denselben Zwecken durch Rechtsvorschriften bestimmte **Ausnahmen und Beschränkungen** von allen wesentlichen Bestimmungen der DSGVO vorzusehen, **soweit** dies **notwendig** ist, um das Recht auf Datenschutz mit der Meinungsäußerungs- und Informationsfreiheit in Einklang zu bringen. Diese Fassung der Vorschrift fand im Trilog schließlich allgemeine Zustimmung. Keine Zustimmung fand dagegen ein Vorschlag des Rats, dem Datenschutz in einem Erwägungsgrund einen prinzipiellen Vorrang vor dem Informationsinteresse des Nutzers einzuräumen.[15] Die Mitteilungspflicht nach Abs. 3 bezieht sich nur auf Rechtsvorschriften nach Abs. 2.

III. Struktur und Anwendungsbereich der Vorschrift

5 Art. 85 weist insbes. in den beiden ersten Absätzen eine **wenig plausible Struktur** auf. In Abs. 1 werden die Mitgliedstaaten trotz der deskriptiven Formulierung („bringen in Einklang") dazu verpflichtet, Rechtsvorschriften zu erlassen („shall by law reconcile"), durch die das Recht auf Datenschutz gemäß dieser Verordnung mit dem Recht auf Meinungsfreiheit und Informationsfreiheit **einschließlich** der Verarbeitung zu bestimmten privilegierten Zwecken in Einklang gebracht werden soll. Abs. 2 des Art. 85 sieht eine Verpflichtung der Mitgliedstaaten zum Erlass von Rechtsvorschriften[16] vor, wenn Ausnahmen und Abweichungen von der DSGVO erforderlich sind, um das Recht auf Datenschutz mit der Freiheit der Meinungsäußerung und der Informationsfreiheit in Einklang zu bringen. Diese Verpflichtung der Mitgliedstaaten, Ausnahmen und Abweichungen nach Abs. 2 vorzusehen, betrifft im Gegensatz zu Abs. 1 **ausschließlich** die Verarbeitung zu den privilegierten Zwecken. Diese Einschränkung findet sich zwar nicht im Text der Vorschrift, wohl aber in dem zugrunde liegenden EG 153 (→ Rn. 8). Die Abs. 1 und 2 des Art. 85 haben demnach sich überschneidende Anwendungsbereiche, soweit die Verarbeitung zu journalistischen, wissenschaftlichen, künstle-

11 Resolution 428 (1970): „*There is an area in which the exercise of the right to freedom of expression may conflict with the right to privacy, protected by Article 8 of the Convention on Human Rights. The exercise of the former right must not be allowed to destroy the existence of the latter.*" (zit. nach Council of Europe, Committee of Experts on Data Protection (1990)).

12 Art. 9 Abs. 2 lit. b Konvention No. 108 v. 28.1.1981; ebenso bereits Art. 8 Abs. 2 EMRK.

13 Art. 7 Konvention No. 108.

14 Vgl. bereits die Entschließung des EP v. 6.7.2011 zur Mitteilung der KOM über ein Gesamtkonzept für den Datenschutz (2011/2015(INI)), Ziff. 5, abgedruckt bei *Albrecht/Jotzo*, S. 323, 328.

15 Vgl. die Nachweise bei *Albrecht/Janson* CR 2016, 500 (506).

16 Deutlicher als der deutsche Text macht dies wiederum der englische Text der Verordnung: „…Member States shall provide for exemptions and derogations…"

rischen oder literarischen Zwecken erfolgt. Der Regelungsauftrag an die Mitgliedstaaten nach Abs. 2 ist durch die Bedingung eingeschränkt, dass Ausnahmen und Abweichungen **erforderlich**[17] sind, um Datenschutz einerseits und Meinungs- und Informationsfreiheit andererseits in Einklang zu bringen. Abs. 1 enthält diese Einschränkung nicht. Allerdings wäre es mit dem gleichrangigen Schutz der Grundrechte auf Datenschutz und Meinungs- bzw. Informationsfreiheit (→ Rn. 20) nicht zu vereinbaren, wenn Einschränkungen des Datenschutzes aufgrund von Abs. 1 vorgesehen würden, die nicht notwendig wären, um einen Einklang mit der Meinungsfreiheit und Informationsfreiheit herzustellen. Dies ergibt sich schon aus dem Begriff des „In-Einklang-Bringens". Soweit die konkurrierenden Grundrechte bereits miteinander in Einklang stehen, sind zusätzliche Rechtsvorschriften auf mitgliedstaatlicher Ebene weder erforderlich noch zulässig.

Allerdings reicht der Anwendungsbereich des Abs. 1 über den des Abs. 2 insoweit hinaus, als der Regelungsauftrag nach Abs. 1 die Verarbeitung zu Zwecken der journalistischen, wissenschaftlichen, künstlerischen und literarischen Äußerung einschließt, sich aber nicht auf sie beschränkt. Insofern stellt sich die Frage, ob die Mitgliedstaaten nach Abs. 1 aufgefordert sind, auch dort das Grundrecht auf Datenschutz mit den Grundrechten auf freie Meinungsäußerung und Informationsfreiheit in Einklang zu bringen, wo es um Datenverarbeitung geht, die anderen als den genannten privilegierten Zwecken dient. Das betrifft insbes. **nicht-journalistische und sonstige Meinungsäußerungen**, die in den Anwendungsbereich der DSGVO fallen, also nicht ausschließlich persönliche oder familiäre Tätigkeiten sind (Art. 2 Abs. 2 lit. c, → Art. 2 Rn. 23ff.). Diese Frage ist aus mehreren Gründen zu verneinen.[18] Zum einen hat sich der Vorschlag des EPs, die Mitgliedstaaten ganz allgemein und unabhängig von bestimmten Verarbeitungszwecken zur Herstellung eines Ausgleichs zwischen Datenschutz und Meinungs- bzw. Informationsfreiheit zu verpflichten, nicht durchgesetzt. Auf Vorschlag des Rats fand eine Regelung Eingang in die Verordnung, in der drei Zwecke beispielhaft für die Meinungs- und Informationsfreiheit genannt werden.[19] Zum anderen würde die Mitteilungspflicht nach Abs. 3 sonst keinen Sinn ergeben, die sich nur auf mitgliedstaatliche Vorschriften nach Abs. 2 beschränkt. Hätten die Mitgliedstaaten einen davon unabhängigen Regelungsauftrag nach Abs. 1, müsste sich die Mitteilungspflicht nach Abs. 3 auch auf Vorschriften beziehen, die nach Abs. 1 erlassen würden.[20] Schließlich würde ein allgemeiner Regelungsauftrag an die Mitgliedstaaten, den Datenschutz auch im Bereich der nicht-journalistischen Meinungsäußerungen generell mit der Meinungs- und Informationsfreiheit in Einklang zu bringen, dem Ziel der europäischen Harmonisierung des Datenschutzes zuwiderlaufen und im Gegenteil die völlige Rechtszersplitterung in einem wichtigen Bereich fördern.[21] Trotz seiner missverständlichen Formulierung verpflichtet Abs. 1 deshalb die Mitgliedstaaten nicht dazu, über die – zB in Deutschland – vorhandene Rechtsprechung im Bereich des Äußerungs- und Medienzivilrechts[22] hinaus das Verhältnis zwischen Datenschutz und Meinungsfreiheit durch Rechtsvorschriften zu klären. Die eigenständige Bedeutung des Abs. 1 gegenüber Abs. 2 liegt in einem allgemeinen **Abwägungsgebot**[23] und den notwendigen **Anpassungen des mitgliedstaatlichen Rechts** im Bereich der journalistischen Datenverarbeitung sowie der künstlerischen, wissenschaftlichen oder literarischen Kommunikation (→ Rn. 19), die keine Ausnahmen und Abweichungen vom Datenschutzrecht, sondern **positive Regelungen zum Schutz der genannten Zwecke** vorsehen können (→ Rn. 11, 32).

Die Vorschrift ist nicht nur auf die automatisierte, sondern auch die manuelle Verarbeitung von personenbezogenen Daten dann anzuwenden, wenn die Daten in einem **Dateisystem** gespeichert sind oder gespeichert werden sollen (Art. 2 Abs. 1). Damit hat der Unionsgesetzgeber den sachlichen Anwendungsbereich technologieneutral beschrieben, so dass nur solche Akten und publizistischen, wissenschaftlichen oder literarischen Materialsammlungen (zB Fotoarchive) nicht in den Anwendungsbereich der Vorschrift fallen, die nicht nach bestimmten Kriterien geordnet sind (→ EG 15, s. näher → Art. 2 Rn. 16). Derartig **unstrukturierte (Papier-)Sammlungen**, deren Speicherung in einem Dateisystem nicht geplant ist, dürften allerdings angesichts ihrer eingeschränkten Nutzbarkeit und vor dem Hintergrund der zunehmenden Digitalisierung

---

17 Noch strikter EG 153 („notwendig").
18 Ebenso *Kühling/Martini et al.*, S. 287ff.; Kühling/Buchner/*Buchner/Tinnefeld* Art. 85 Rn. 12; Sydow/*Specht* Art. 85 Rn. 16; aA Roßnagel/*Hoidn*, Europ. DSGVO, § 4 Rn. 178ff.
19 EG 153 verweist allerdings in S. 1 darauf, dass die Vorschriften der Mitgliedstaaten über die freie Meinungsäußerung und Informationsfreiheit „auch" von Journalisten, Wissenschaftlern, Künstlern und/oder Schriftstellern mit dem Recht auf Datenschutz in Einklang gebracht werden sollten. Das könnte für einen weiten Regelungsauftrag sprechen. S. 2 des EG 153 wiederum lässt Abweichungen und Ausnahmen von bestimmten Vorschriften der DSGVO nur zu, soweit personenbezogene Daten „ausschließlich" zu den privilegierten Zwecken verarbeitet werden.
20 *Kühling/Martini et al.*, S. 288.
21 Kühling/Buchner/*Buchner/Tinnefeld* Art. 85 Rn. 12. Dass der Unionsgesetzgeber die unterschiedlichen nationalen Regelungen in diesem Bereich nicht völlig einebnen will, ergibt sich indirekt aus EG 153 S. 6, wonach bei unterschiedlichen Abweichungen und Ausnahmen das Recht des Mitgliedstaates maßgeblich ist, dem der Verantwortliche unterliegt.
22 Vgl. dazu Ehmann/Selmayr/*Schiedermair* Art. 85 Rn. 15.
23 Vgl. auch Ehmann/Selmayr/*Schiedermair* Art. 85 Rn. 8ff.; Schantz/Wolff/*Schantz*, Rn. 1316.

ohnehin nur noch ausnahmsweise vorzufinden sein. Jede Veröffentlichung im Internet erfolgt in einem Dateisystem und wird deshalb – soweit nicht andere Ausnahmen vom Anwendungsbereich eingreifen – von Art. 85 erfasst.[24]

8 Die Nennung des Rechts auf **Informationsfreiheit** in Abs. 1 und 2 wirft die Frage nach dem Verhältnis zwischen Art. 85 und Art. 86 auf. Während Art. 85 die (herzustellende) Konkordanz zwischen dem Recht auf Datenschutz (Art. 8 GRCh) und der Informationsfreiheit (Art. 11 S. 2 GRCh) nennt,[25] bezieht sich die speziellere Vorschrift des Art. 86 auf den Zugang zu amtlichen Dokumenten, die Behörden und private Einrichtungen nach dem Unionsrecht oder dem Recht der Mitgliedstaaten offenzulegen haben (→ Art. 86 Rn. 4). Die Informationsfreiheit iSd Art. 85 bezieht sich demgegenüber in erster Linie auf den Zugang zu und die Nutzung von Informationen, die entweder von Unternehmen und anderen nichtöffentlichen Verantwortlichen verarbeitet werden, oder zu Informationen bei Behörden, die den Medien darüber Auskünfte erteilen (→ Rn. 32).

IV. Regelungsauftrag an die Mitgliedstaaten (Abs. 1)

9 Abs. 1 enthält über eine bloße Öffnungsklausel hinaus einen **verpflichtenden Regelungsauftrag** an die Mitgliedstaaten,[26] der darauf gerichtet ist, das Recht auf Datenschutz „gemäß dieser Verordnung" mit dem Recht auf freie Meinungsäußerung und Informationsfreiheit in Einklang zu bringen. Damit verweist der Verordnungsgeber zunächst darauf, dass die DSGVO nach Art. 1 Abs. 2 „**die Grundrechte und Grundfreiheiten natürlicher Personen und insbesondere deren Recht auf Schutz personenbezogener Daten**" schützt. Die DSGVO konkretisiert den Schutzbereich des Art. 8 GRCh.[27] Der Auftrag an die Mitgliedstaaten ist damit auf die **Herstellung praktischer Konkordanz** zwischen den konkurrierenden Grundrechten auf Datenschutz einerseits und auf freie Meinungsäußerung und Informationsfreiheit andererseits gerichtet (→ Rn. 19). Damit werden in erster Linie die unionsrechtlichen Grundrechtsgarantien des Art. 8 GRCh und des Art. 11 GRCh angesprochen.[28] Die Nennung der wissenschaftlichen und künstlerischen Verarbeitungszwecke verweist zudem auf die Garantie des Art. 13 GRCh. Zugleich hat die EMRK, die in Art. 8 und Art. 10 ebenfalls sowohl den Schutz der Privatsphäre als auch der freien Meinungsäußerung und der Informationsfreiheit garantiert, erhebliche Auswirkungen auf die notwendige Balance zwischen den in Art. 85 angesprochenen Rechten, denn zum einen sind alle Mitgliedstaaten an die EMRK gebunden und zum anderen strahlt die Konvention nach Art. 52 Abs. 3 GRCh in das Unionsrecht aus (→ Einl. Rn. 163ff.).[29] Die EMRK wird daher auch vom EuGH[30] als Richtschnur[31] für die von den Mitgliedstaaten nach Abs. 1 vorzunehmende Abwägung angesehen werden. Die Frage, inwieweit daneben auch Grundrechtsgarantien der nationalen Verfassungen anwendbar sind, ist eher dogmatischer Natur,[32] weil auch das BVerfG die Rechtsprechung des EGMR als Auslegungshilfe heranzieht.[33]

10 Zunächst ist festzuhalten, dass die **DSGVO** mit ihren umfangreichen Regelungen zum Schutz personenbezogener Daten und gerade mit dem sehr allgemein gehaltenen Regelungsauftrag an die Mitgliedstaaten in Art. 85 **nicht** selbst deshalb **gegen die** Gemeinschaftsgrundrechte auf **freie Meinungsäußerung und Informationsfreiheit verstößt**, weil es aufgrund des Handlungsspielraums für die Mitgliedstaaten an Vorhersehbarkeit für die betroffenen Personen mangelt.[34] Der EuGH hat bereits früh darauf hingewiesen, dass der notwendige Ausgleich zwischen den konkurrierenden Grundrechten „eher auf nationaler Ebene" im Stadium der Anwendung der die DSRL umsetzenden nationalen Regelungen auf konkrete Fälle gefunden werden muss.[35] In Ermangelung von innerstaatlichen Rechtsvorschriften lassen sich keine Pflichten der beteiligten

24 Vgl. EuGH C-101/01, EuGRZ 2003, 714 Rn. 26 – Lindqvist.
25 Vgl. dazu *Docksey* IDPL 2016, 195 (196, 202ff.).
26 Vgl. *Albrecht/Janson* CR 2016, 500 (502), die sowohl von einer Öffnungsklausel als auch von einer Regelungspflicht sprechen. Für *Benecke/Wagner* DVBl. 2016, 600 (602 f.), steht der Regelungsauftrag im Vordergrund.
27 *Albrecht/Janson* CR 2016, 500 (507).
28 Vgl. *Kühling/Martini et al.*, S. 288 f.
29 So zutreffend *Albrecht/Janson* CR 2016, 500 (507).
30 Vgl. zB EuGH C-275/06, MMR 2008, 2271 Rn. 63ff. – Promusicae.
31 *Albrecht/Janson*, 500 (507 f.), sprechen von der EMRK als einer Demarkationslinie. Vgl. auch *Hoffmann/Rudolphi* DÖV 2012, 597 (601 f.) sowie *Britz* EuGRZ 2009, 1 (2 f., 6 f.).
32 Dazu näher *Kühling/Buchner et al.*, S. 288 f., sowie *Albrecht/Janson* CR 2016, 500 (505, 507). Für eine aktive Rolle der nationalen Gerichte (zB durch Vorlagen an den EuGH) bei der Entwicklung des gesamteuropäischen grundrechtlichen Datenschutzes *Britz* EuGRZ 2009, 1 (11).
33 *Albrecht/Janson* CR 2016, 500 (505, 508).
34 Vgl. EuGH C-101/01, EuGRZ 2003, 714 Rn. 84, 90 – Lindqvist zu Art. 9 DSRL.
35 EuGH C-101/01, EuGRZ 2003, 714 Rn. 85 – Lindqvist; bestätigt durch EuGH C-73/07, MMR 2009, 175 Rn. 54 – Satamedia.

Grundrechtsträger, bestimmte Formen der Datenverwendung durch Medien hinzunehmen oder diese zu unterlassen, aus Abs. 1 selbst ableiten.[36]

Welche **Rechtsvorschriften** der Mitgliedstaaten den Datenschutz mit der freien Meinungsäußerung und der **11** Informationsfreiheit in Einklang bringen können, richtet sich wie bei Art. 23 nach innerstaatlichem Recht. Da diese Rechtsvorschriften zwingend in die beteiligten Grundrechte eingreifen müssen, um einen angemessenen Ausgleich zwischen ihnen zu ermöglichen, muss es sich zumindest nach deutschem Verfassungsrecht um **Parlamentsgesetze** handeln (→ Art. 23 Rn. 10).[37] Die nach Abs. 1 gebotene Abwägung können aber auch mitgliedstaatliche Gerichte aufgrund von vorhandenen Rechtsvorschriften (zB des Zivilrechts) vornehmen (→ Rn. 5). Gesetzgeberischer Bedarf besteht allerdings jedenfalls im Bereich der Datenverarbeitung durch Medienunternehmen und Rundfunkveranstalter (→ Rn. 31). Wer in diesem Bereich die **Gesetzgebungskompetenz** hat, richtet sich nach innerstaatlichem Recht. In Deutschland sind dies im Bereich des Rundfunks seit jeher[38] und im Pressebereich seit der Föderalismusreform von 2006 allein die Bundesländer. Allerdings billigt das BVerwG dem Bund bei allen ihm zugewiesenen Sachmaterien eine Annexkompetenz zur Regelung von Auskunftsansprüchen der Presse zu.[39] Da der Bundesgesetzgeber bisher von dieser Regelungskompetenz keinen Gebrauch gemacht hat, wendet das BVerwG den verfassungsunmittelbaren Auskunftsanspruch der Presse nach Art. 5 Abs. 1 S. 2 GG an und misst ihn an dem Vertraulichkeitsinteresse der jeweiligen Bundesbehörde und ihrer Vertragspartner, ohne darin einen Verstoß gegen den Vorbehalt des Gesetzes zu sehen.[40] Abs. 1 enthält insofern einen Regelungsauftrag an den Bundesgesetzgeber zur Schaffung einer normenklaren Rechtsgrundlage für die Beauskunftung von personenbezogenen Daten durch Bundes-, aber auch Landesbehörden gegenüber der Presse, die bisher fehlt (→ Rn. 21, 32).[41]

Die Mitgliedstaaten können ihren Regelungsauftrag nicht allein dadurch erfüllen, dass sie die gebotene Ab- **12** wägung zwischen den betroffenen Grundrechten der **Selbstregulierung** durch Verbände überlassen. Vorstellbar ist dagegen ein **Konzept der regulierten Selbstregulierung**,[42] bei dem die Mitgliedstaaten einen Rechtsrahmen vorgeben, der von Wirtschaftsverbänden durch Verhaltenskodizes ausgefüllt wird. Das gilt unabhängig davon, ob solche Verhaltensregeln nach Art. 40 genehmigt oder für unionsweit gültig erklärt worden sind oder nicht. So kann zB der Pressekodex des Deutschen Presserates in einem solchen Konzept nach dem Inkrafttreten des DSGVO nur im Zusammenspiel mit einer **Rahmenregelung** durch die Gesetzgeber in Bund (→ Rn. 10) und Ländern zur Erfüllung des unionsrechtlichen Regelungsauftrags beitragen (→ Rn. 31).[43] Das setzt zumindest aber voraus, dass Presseunternehmen, die einen solchen Kodex für sich nicht als verbindlich ansehen, stattdessen einer staatlichen Regelung unterliegen.[44] Anderenfalls liegt eine unionsrechtliche **Schutzpflichtunterschreitung** (→ Rn. 1) des betreffenden Mitgliedstaats vor,[45] was zum Anwendungsvorrang der DSGVO in Einzelfallabwägung mit den Grundrechten nach Art. 11 und 13 GRCh führt.[46]

Anders als Art. 9 DSRL verlangt Art. 85 in beiden Absätzen nicht ausdrücklich, dass nur bei einer Daten- **13** verarbeitung, die „allein" journalistischen und anderen privilegierten Zwecken dient, ein Ausgleich mit den berührten Grundrechten herbeigeführt werden muss. Dem EG 153 ist allerdings zu entnehmen, dass diese Beschränkung des bisherigen Sekundärrechts jedenfalls bezüglich der Ausnahmen und Abweichungen nach

---

36 Vgl. so GA Kokott, Schlussanträge in C-73/07, MMR 2009, 175 Rn. 101 – Satamedia für die DSRL.

37 EG 153 verwendet allerdings nur in Bezug auf Art. 85 Abs. 2 den Begriff Gesetzgebungsmaßnahmen.

38 Mit Ausnahme der Deutschen Welle.

39 BVerwGE 146, 56 Rn. 22ff., 25; BVerwGE 151, 348 Rn. 11ff.

40 Vgl. BVerwGE 151, 348 Rn. 24ff., 41. Dagegen zutreffend *Blome* NVwZ 2016, 1211 (1215 f.) sowie *Hornung*, AfP 2017, 390 (394 f.).

41 Die deutschen Landespressegesetze enthalten bisher nur die unbestimmte Vorgabe, dass Behörden Auskünfte verweigern können, wenn durch sie ein schutzwürdiges privates Interesse verletzt würde, vgl. zB § 4 Abs. 2 Nr. 4 BlnPresseG.

42 Dazu *Hoffmann-Riem* AöR 123 (1998), 513 (537 f.).

43 Demgegenüber haben *Roßnagel/Pfitzmann/Garstka*, S. 161, vor Verabschiedung der DSGVO vorgeschlagen, dass die gesetzlichen Regelungen nur so lange gelten sollten, bis die Verbände sie durch anerkannte Verhaltensregeln ablösen würden.

44 Dies sehen in Ansätzen bisher nur das Hamburgische Pressegesetz (§ 11 a S. 2) und das Saarländische Mediengesetz (§ 11 b) vor, die für die Unternehmen, die nicht der Selbstregulierung durch den Pressekodex unterliegen, die Regelungen in § 41 Abs. 3 und Abs. 4 S. 1 BDSG aF für entsprechend anwendbar erklären. Während das HmbPresseG eine Verweisung enthält, die mit dem Inkrafttreten des BDSG nF ins Leere läuft, enthält das SMG eine entsprechende eigenständige Regelung, deren Vereinbarkeit mit Unionsrecht allerdings zweifelhaft ist (→ Rn. 31). Materielle Regelungen zur Datenverarbeitung für Presse- oder Medienunternehmen gelten nämlich darüber hinaus aber auch in diesen Ländern nicht. Nach Angaben des Deutschen Presserates hat lediglich die Mehrzahl der Verlagshäuser eine Selbstverpflichtungserklärung zur Einhaltung des Pressekodex abgegeben, vgl. http://www.presserat.de/presserat/selbstverpflichtungserklaerung/; vgl. näher Simitis/*Dix* § 41 Rn. 20.

45 Vgl. den für die bisherige Rechtslage in Deutschland geprägten verfassungsrechtlichen Begriff von *Rupp*, Schutzpflicht des Staates für das Recht auf informationelle Selbstbestimmung, 233 ff., 238 ff.

46 Einen anderen Weg ist der britische Gesetzgeber gegangen, der dem Information Commissioner die Regelungen dieser Fragen durch einen Code of Practice übertragen hat, Secs. 124, 125 Data Protection Act 2018 (c.12).

Abs. 2 beibehalten werden sollte.[47] Allerdings schließt ein sekundäres kommerzielles Motiv die journalistische Verarbeitung iSd Vorschrift nicht aus (→ Rn. 14, 18).

14 Was unter der **Verarbeitung zu journalistischen Zwecken** zu verstehen ist, hat der EuGH in seiner Rechtsprechung zur Vorgängervorschrift des Art. 9 DSRL vor dem Hintergrund der Bedeutung der freien Meinungsäußerung in jeder demokratischen Gesellschaft **weit ausgelegt;**[48] dies gilt ausweislich EG 153 letzter Satz auch für Art. 85. Damit ist nicht allein die Datenverarbeitung durch Medienunternehmen gemeint; vielmehr kann **jede Person, die journalistisch tätig ist,** journalistische Zwecke verfolgen, ohne dass eine dabei verfolgte **Gewinnerzielungsabsicht** diese Zwecke ausschließt.[49] Aufgrund dieser **weiten Auslegung der journalistischen Zweckbestimmung** ist für ihre Annahme auch keine redaktionelle Bearbeitung der Daten erforderlich. Auch die Bereitstellung personenbezogener „Rohdaten" kann einen Beitrag zur öffentlichen Diskussion leisten.[50] Als entscheidend für die Annahme eines journalistischen Verarbeitungszwecks wird man die Absicht ansehen müssen, dass objektiv Informationen und Ideen über Fragen des öffentlichen Interesses vermittelt werden sollen.[51] Nur dann bedarf die Einschränkung solcher Tätigkeiten in Ausübung der Medienfreiheit zugunsten des Datenschutzes einer besonderen Rechtfertigung durch eine entsprechende Rechtsvorschrift.[52] Informationen sind nach Auffassung der Generalanwältin beim EuGH Kokott dann von öffentlichem Interesse, wenn sie sich entweder auf eine bereits öffentlich geführte Debatte oder öffentliche Gerichtsverfahren, die Transparenz des politischen Lebens oder Einstellungen des politischen Führungspersonals beziehen. Dagegen ist das öffentliche Interesse zu bezweifeln, wenn lediglich die **private Neugier** der Mediennutzer befriedigt werden soll oder Einzelheiten aus dem Privatleben verbreitet werden, die keinerlei Bezug zur öffentlichen Funktion der betroffenen Person haben oder wenn deren legitime Erwartung auf Achtung ihrer Privatsphäre verletzt wird.[53] Dieser Befürwortung eines werthaltigen Beurteilungsmaßstabs ist zuzustimmen, auch wenn der EuGH ihn nicht aufgegriffen hat. Allerdings zeigt eine solche Definition des öffentlichen Interesses zugleich ein **grundsätzliches Dilemma** auf: Medien können ein legitimes Interesse daran haben, durch Publikation personenbezogener Informationen ein öffentliches Interesse überhaupt erst zu schaffen. Deshalb geraten staatliche Stellen, die das Vorliegen journalistischer Zwecke zu restriktiv überprüfen, häufig in die Nähe einer grundrechtswidrigen Vorzensur.[54]

15 Der EuGH hat die Vorläufervorschrift des Art. 9 DSRL auch insofern weit ausgelegt, als der **Publikationskanal** für die Einordnung des journalistischen Zwecks irrelevant ist.[55] Sowohl Veröffentlichungen im Rundfunk oder in Printmedien als auch im **Internet** (→ Rn. 7) können journalistischen Zwecken selbst dann dienen, wenn sie Daten aus Dokumenten zum Gegenstand haben, die nach dem Recht des jeweiligen Mitgliedstaates der Öffentlichkeit ohnehin zugänglich sind.[56] In diesem Zusammenhang stellt sich die Frage, inwieweit auch **Blogger** journalistische Zwecke iSd Art. 85 verfolgen können. Die beschriebene weite Interpretation des EuGH spricht dafür. Der EGMR hat in seiner jüngeren Rechtsprechung ebenfalls Bloggern eine den klassischen Presseorganen vergleichbare **Funktion eines „Wachhundes"** zugesprochen.[57] Damit erhalten Blogger, die mit ihren Beiträgen am Prozess der öffentlichen Meinungsbildung teilhaben wollen,[58] zum einen ähnliche Rechte wie herkömmliche Medien (zB auf Auskunft).[59] Zum anderen werden sie aber auch stärker zur Beachtung der Privatsphäre von Personen verpflichtet, über die sie berichten, und müssen bei Verletzung dieser Pflichten damit rechnen, auf Schadensersatz oder Veröffentlichung einer Gegendarstellung in Anspruch genommen zu werden.[60] Dafür wird man nach der DSGVO keine professionell-journalis-

---

47 AA Kühling/Buchner/*Buchner/Tinnefeld* Art. 85 Rn. 14; Ehmann/Selmayr/*Schiedermair* Art. 85 Rn. 17.
48 EuGH C-73/07, MMR 2009, 175 Rn. 56 – Satamedia.
49 EuGH C-73/07, MMR 2009, 175 Rn. 59 – Satamedia.
50 GA Kokott, Schlussanträge in C-73/07, MMR 2009, 175 Rn. 67 – Satamedia.
51 GA Kokott, Schlussanträge in C-73/07, MMR 2009, 175 Rn. 68 – Satamedia.
52 So ausdrücklich GA Kokott, Schlussanträge in C-73/07, MMR 2009, 175 Rn. 69 – Satamedia.
53 GA Kokott, Schlussanträge in C-73/07, MMR 2009, 175 Rn. 73 f. – Satamedia; vgl. EGMR, Beschwerden Nr. 40660/08 und 60641/08, NJW 2012, 1053 Rn. 97 – Caroline v. Hannover II.
54 Darauf weist GA Kokott selbst hin, vgl. Schlussanträge in C-73/07, MMR 2009, 175 Rn. 78 – Satamedia.
55 Schantz/Wolff/*Schantz*, Rn. 1322.
56 EuGH C-73/07, MMR 2009, 175 Rn. 61 – Satamedia. Im konkreten Fall ging es um Steuerdaten, die nach finnischem Recht öffentlich zugänglich sind.
57 EGMR, Urt. v. 4.10.2010, Beschwerde Nr. 40984/07 – Fatullayev; Urt. v. 2.5.2012, Beschwerde Nr. 20240/08 – Panter; Urt. v. 4.2.2015 Beschwerde Nr. 30162/19 – Braun.
58 Die Rechtsprechung in Deutschland beurteilt die Frage, ob dafür auch nur gelegentliche aktuelle Blog-Beiträge ausreichen, unterschiedlich. Zustimmend KG, Beschl. v. 28.11.2016, – 10 W 173/16 –; enger im Sinne einer redaktionellen Tätigkeit demgegenüber VGH Baden-Württemberg NJW 2014, 2667 und BayVGH ZD 2017, 348. Angesichts der Rechtsprechung des EuGH (C-73/07, MMR 2009, 175 Rn. 59 – Satamedia) erscheint die Begrenzung auf redaktionelle Tätigkeiten, wie sie auch in § 41 BDSG aF und § 57 RStV verlangt wird, allerdings nicht mehr haltbar.
59 BayVGH ZD 2017, 348.
60 Vgl. das Urt. des EGMR v. 2.5.2012 Beschwerde Nr. 20240/08 – Panter.

tische Tätigkeit oder Berufsausbildung von Bloggern verlangen können.[61] Allerdings ist auch nach Art. 85 ein Mindestmaß an journalistischer, wissenschaftlicher oder künstlerischer Aufbereitung bzw. Bearbeitung der Daten erforderlich.[62] Das bloße Bereitstellen von Adresslisten, Adressbüchern, Telefon- oder Branchenverzeichnissen rechtfertigt keine Sonderregelung oder Ausnahme von den Regelungen der DSGVO. Der EuGH interpretiert den Begriff der journalistischen Tätigkeit zwar so weit, dass auch die bloße Verbreitung von Informationen in der Öffentlichkeit darunter fällt, hat dies aber bisher auf die Weiterverbreitung von Informationen begrenzt, die nach nationalem Recht bereits öffentlich sind.[63] Datenverarbeitungen, die nicht den aufgezählten privilegierten Zwecken dienen, aber gleichwohl dem Schutzbereich der Meinungs- oder Informationsfreiheit zuzurechnen sind, lösen keinen Anpassungsbedarf nach Abs. 1 aus (→ Rn. 5 f.).

Andererseits fällt die **administrativ-wirtschaftliche Tätigkeit** von Medienunternehmen oder Rundfunkver-   16
anstaltern nicht unter die in Art. 85 adressierten journalistischen Zwecke. So dient etwa die Verarbeitung der **Daten von Abonnenten oder Rundfunkteilnehmern** zB zum Beitragseinzug oder die **Anzeigenverwaltung** ebenso wenig journalistischen Zwecken wie die Verarbeitung der **Daten der Beschäftigten** von Medienunternehmen, Verlagen oder Rundfunkveranstaltern.[64] Insoweit besteht deshalb weder ein Regelungsauftrag noch eine Regelungsmöglichkeit für die Mitgliedstaaten, den Datenschutz mit der Meinungsfreiheit und der Informationsfreiheit in Einklang zu bringen, weil in diesen Bereichen kein Grundrechtskonflikt besteht. Das gilt auch für die Abweichungen und Ausnahmen nach Abs. 2 (→ Rn. 26ff.). Die DSGVO gilt in diesen Bereichen deshalb uneingeschränkt. Die Verantwortlichen sind gehalten, die Datenbestände in einen publizistischen und einen administrativen Bereich aufzuteilen.[65] Die administrativ-wirtschaftliche Tätigkeit unterliegt der Kontrolle durch unabhängige (staatliche) Aufsichtsbehörden iSd Art. 51 und darf zB nicht der Kontrolle durch **Rundfunkbeauftragte für den Datenschutz** vorbehalten werden.[66]

Der Verordnungsgeber hat den Regelungsauftrag des Abs. 1 ausdrücklich auch auf den Bereich **audiovisuel-**   17
ler Medien und **Presse- u. Nachrichtenarchive** bezogen.[67] Damit sollen wichtige Institutionen geschützt werden, die für die demokratische Gesellschaft aufgrund ihrer Schlüsselfunktion für die Meinungsbildung von zentraler Bedeutung sind.[68] Dies leuchtet unmittelbar ein für Presse- und Nachrichtenarchive, die von Beschäftigten der Verlage und Rundfunkveranstalter zu Recherchezwecken genutzt werden. Aber auch soweit derartige Archive oder Bibliotheken zur Online-Nutzung und Recherche durch Dritte auf kommerzieller Basis geöffnet werden,[69] gilt Abs. 1. Die von den deutschen Datenschutzbeauftragten zu § 41 BDSG aF vertretene Auffassung, die Anbieter kommerziell genutzter Medienarchive könnten sich nicht auf das Medienprivileg berufen,[70] lässt sich nicht aufrechterhalten, denn ein sekundäres kommerzielles Motiv schließt den journalistischen Zweck iSd Abs. 1 nicht aus (→ Rn. 13). Ein Online-Medium lässt sich ohnehin nicht sinnvoll von einem Nachrichtenarchiv unterscheiden. Gleichwohl sind die in ihrer Bedeutung durch die Rechtsprechung des EuGH zu Suchmaschinen gestärkten Anbieter von Online-Archiven[71] von der Beachtung der Betroffenenrechte nicht vollständig freigestellt (→ Rn. 28).

Schließlich stellt sich auch die Frage, inwieweit Tätigkeiten, bei denen das **kommerzielle Interesse** im Vor-   18
dergrund steht, unter Abs. 1 fallen können. Dabei geht es nicht um solche Tätigkeiten, bei denen zB journalistische oder künstlerische Zwecke mit einer Gewinnerzielungsabsicht verbunden werden, denn ohne ein solches verbundenes Motiv könnten diese Zwecke auf Dauer nicht verfolgt werden (→ Rn. 13).[72] Vielmehr sind solche Verarbeitungen gemeint, die primär **Werbezwecken** dienen. In der US-amerikanischen verfassungsrechtlichen Diskussion wird dieser Fragenkreis als „**commercial speech**" bezeichnet, weil auch dort

---

61 So noch Simitis/*Dix* § 41 Rn. 11 für die Regelung in § 41 aF.
62 S. auch Kühling/Buchner/*Buchner/Tinnefeld* Art. 85 Rn. 24; Schantz/Wolff/*Schantz*, Rn. 1323; zu § 41 BDSG aF vgl. auch BGH, Urt. v. 20.2.2018, Az. VI ZR 30/17, ECLI:DE:BGH:2018:200218UVIZR30.17.0, jameda III, Rn. 10; OVG Nordrhein-Westfalen Urt. v. 19.10.2017 ECLI:DE:OVGNRW:2017:1019.16A770.17.00 (fahrerbewertung.de), Rn. 71ff.
63 EuGH C-73/07, MMR 2009, 175 Rn. 61 – Satamedia. In diesem Fall ging es um Steuerdaten, die nach finnischem Recht zu veröffentlichen sind.
64 Vgl. Simitis/*Dix* § 41 Rn. 15 mwN Der EuGH hat in seinem Urteil C-465/00, C-138/01 u. C-139/01, afp 2004, 243 – Österreichischer Rundfunk - die Anwendbarkeit des Art. 9 DSRL nicht geprüft.
65 Vgl. *Simitis* AfP 1990, 14 (19 f.); skeptisch bezüglich dieser Möglichkeit *Michel* in: Rehbinder (Hrsg.), FS Herrmann, 2002, 109 (113).
66 AA *Schiedermair* in: Dörr/Kreile/Cole, (Hrsg.), Handbuch Medienrecht, 2011, 339 (386 f.); Sydow/*Ziebarth* Art. 51 Rn. 15. Die für die Gegenauffassung ins Feld geführten verfassungsrechtlichen Gesichtspunkte (zB die Staatsferne) können gegenüber dem Unionsrecht keinen Vorrang beanspruchen.
67 EG 153 (→ Rn. 28). Zur deutschen Rechtsprechung zu Online-Archiven näher *Verweyen/Schulz* AfP 2008, 133.
68 So *Albrecht/Janson* CR 2016, 500 (507), die von Nachrichtenarchiven und Pressebibliotheken sprechen.
69 Für die Rechtslage in Deutschland vgl. dazu die Rspr. des BGH CR 2010, 184 (187) mAnm *Kaufmann* (Sedlmayr-Mord I); NJW 2010, 2432 (2436) – (Sedlmayr-Mord II); NJW 2010, 2728 (2731) – (Sedlmayr-Mord III) sowie NJW-RR 2017, 31 – (K.O.-Tropfen). Die Rspr. des BGH ist inzwischen vom EGMR bestätigt worden (→ Art. 17 Rn. 30).
70 Vgl. Simitis/*Dix* § 41 Rn. 17 mwN.
71 *Spiecker gen. Döhmann* CMLR 52 (2015), 1033 (1057).
72 EuGH C-73/07, MMR 2009, 175 Rn. 59 – Satamedia.

die Frage Gegenstand der Rechtsprechung war, inwieweit sich Werbetreibende auf die Meinungsfreiheit berufen können.[73] Der EGMR hält zwar auch kommerzielle Meinungsäußerungen für von der Meinungsfreiheit geschützt, billigt den Unterzeichnerstaaten der EMRK aber bei solchen Meinungsäußerungen einen **besonders großen Ermessenspielraum** zu, wenn sie Beschränkungen der Meinungsfreiheit vorsehen.[74] Der EuGH hat seinerseits die Frage verneint, ob der Betreiber einer **Suchmaschine** Informationen in deren Trefferlisten „allein zu journalistischen Zwecken" nach Art. 9 DSRL verarbeitet.[75] Auch wenn dieses Ausschließlichkeitskriterium nach Abs. 1 nicht mehr maßgeblich ist (wohl aber für Abs. 2, → Rn. 13), dürfte die vom EuGH vorgenommene Abwägung der Grundrechte nach Art. 7 und 8 GRCh mit den Interessen der Suchmaschinenbetreiber und der Öffentlichkeit auch für die Auslegung des Art. 85 maßgeblich sein.[76] Der Betreiber einer Suchmaschine kann sich außerdem ebenso wenig wie der **Anbieter eines sozialen Netzwerks** auf das Recht auf freie Meinungsäußerung berufen, weil er lediglich fremde Meinungen wiedergibt.[77]

19 **Wissenschaftliche, künstlerische und literarische Zwecke** werden in Abs. 1 den journalistischen Zwecken gleichgestellt, zumal die Freiheit von Wissenschaft und Kunst in Art. 13 GRCh – wie Privatsphäre und Datenschutz – als Grundrecht geschützt ist. Allerdings beschränkt sich der Anwendungsbereich von Abs. 1 und Abs. 2 auf **Unterfälle der Meinungsäußerungs- und Informationsfreiheit.**[78] Die deutsche Fassung der Verordnung ist insoweit ungenau. Während in der englischen Fassung von Art. 85 der Begriff „processing for…purposes of academic, artistic oder literary *expression*" verwendet wird, ist in Art. 89 allgemeiner von „scientific or historical research purposes" die Rede. Der deutsche Verordnungstext spricht demgegenüber in beiden Fällen von der „Verarbeitung zu „wissenschaftliche Zwecken" bzw. „Forschungszwecken". Nach richtiger Lesart beschränkt sich daher Art. 85 neben der Verarbeitung zu journalistischen Zwecken auf Fälle der Wissenschafts- oder künstlerischen **Kommunikation,** also der **Veröffentlichung** von Forschungsergebnissen und Kunstwerken (Belletristik oder Fachliteratur).[79] Fragen der Datenerhebung und Weiterverarbeitung fallen nicht unter Art. 85, wohl aber – bezogen auf die wissenschaftliche Forschung – unter Art. 89 (→ Art. 89 Rn. 10ff., 31ff.). Soweit Autoren bei ihrer Verarbeitung personenbezogener Daten dem Anwendungsbereich der DSGVO (Art. 2 Abs. 1) unterliegen, müssen sie bei der Veröffentlichung das Privatleben und die Intimsphäre der von ihnen beschriebenen realen Personen achten.[80]

20 Die Verordnung enthält selbst keine Hinweise darauf, **wie** die Mitgliedstaaten das Recht auf Schutz personenbezogener Daten mit dem Recht auf freie Meinungsäußerung und Informationsfreiheit **in Einklang bringen** sollen.[81] Die Schutzpflicht der Mitgliedstaaten (→ Rn. 1) ist darauf gerichtet, statt einer schematischen Abwägung allen beteiligten Grundrechten **zur größtmöglichen Wirksamkeit** zu verhelfen, indem ihnen im notwendigen und verhältnismäßigen Umfang Grenzen gezogen werden.[82] Keines dieser Grundrechte hat absoluten Vorrang vor den anderen; auch gebührt der Pressefreiheit nicht „im Zweifel" der Vorrang vor anderen Grundrechten.[83] Insofern ist der im deutschen Datenschutzrecht[84] gebräuchliche Begriff „Medienprivileg" irreführend.[85] Abs. 1 statuiert daher **weder ein Medienprivileg noch ein allgemeines Meinungsprivileg.**[86] Der EuGH spricht ausdrücklich von einem Gleichgewicht zwischen dem Recht auf freie Meinungsäußerung und auf Schutz der Privatsphäre, das die Mitgliedstaaten herzustellen haben.[87]

---

73 Seit dem Urteil des U.S. Supreme Court, 360 U.S. 52 (1942) – Valentine v. Christensen hat dieser die Frage mehrheitlich verneint.

74 Vgl. EGMR, Beschwerde Nr. 53649/09, NJW 2016, 781 Rn. 45 f. – H. In dem Fall verneinte der EGMR eine Verletzung von Art. 8 EMRK durch die deutschen Gerichte, die eine Klage von Ernst August v. Hannover gegen einen Zigarettenhersteller auf Zahlung einer Entschädigung abgewiesen hatten, nachdem eine satirische Werbekampagne unter Verwendung seines Namens untersagt worden war.

75 EuGH C-131/12, NJW 2014, 2257 Rn. 85, 97 – Google Spain.

76 Dazu eingehend *Petri*, Jahrbuch für Recht und Ethik 23, 2015, 197 (211 f.) mwN; ferner in: Ehmann/Selmayr/*Schiedermair* Art. 85 Rn. 8ff.

77 Davon zu trennen ist die Verantwortlichkeit des Suchmaschinenbetreibers für die Datenverarbeitung, die der EuGH bejaht hat, vgl. Schantz/Wolff/*Schantz*, Rn. 361, 1323.

78 So zutreffend *Hornung/Hofmann* ZD-Beilage 4/2017, 1 (12 f.); für die Einbeziehung der gesamten Datenverarbeitung zu diesen Zwecke dagegen Ehmann/Selmayr/*Schiedermair* Art. 85 Rn. 16; zu undifferenziert auch Kühling/Buchner/*Buchner/Tinnefeld* Art. 85 Rn. 11; Auernhammer/*v. Lewinski*, DSGVO Art. 85 Rn. 7.

79 *Hornung/Hofmann* ZD-Beilage 4/2017, 1 (12 f.).

80 BVerfGE 119, 1 – Roman Esra.

81 Das gilt auch für Art. 17 Abs. 3 lit. a (→ Art. 17 Rn. 30); aA offenbar Schantz/Wolff/*Schantz*, Rn. 1315.

82 Vgl. *Hesse*, Grundzüge des Verfassungsrechts, 1999, Rn. 72.

83 Vgl. Konferenz der unabhängigen Datenschutzbehörden des Bundes und der Länder, Entschließung v. 9.11.2017 „Umsetzung der DSGVO im Medienrecht", https://www.bfdi.bund.de/SharedDocs/Publikationen/Entschliessungssammlung/DSBundLaender/DSK_ZuArtikel85DSGVO.html?nn=5217228; aA Spindler/Schuster/*Mann-Smid*, Kap. Presserecht im Internet und „elektronische Presse", Rn. 108, sowie *Schiedermair*, in: Dörr/Kreile/Cole (Hrsg.), Handbuch Medienrecht, 339 (382 f.).

84 Vgl. § 41 BDSG aF.

85 Vgl. *Schumacher/Spindler* DuD 2015, 606 (607).

86 So zu § 41 BDSG aF auch BVerwG CR 2016, 154 f.; aA *Schumacher/Spindler* DuD 2015, 606 (610).

87 EuGH C-73/07, MMR 2009, 175 Rn. 56 – Satamedia.

Der erforderliche Einklang wird nicht schon dadurch hergestellt, dass in Rechtsvorschriften pauschal auf 21
den Schutz der Privatsphäre oder noch allgemeiner auf schutzwürdige private Interessen Bezug genommen
wird. Damit wird nicht die unionsrechtlich gebotene **Vorhersehbarkeit** hergestellt.[88] Daher sind die in
Deutschland geltenden **Landespressegesetze**, wonach Behörden gegenüber der Presse Auskünfte verweigern
können, soweit durch sie ein schutzwürdiges privates Interesse verletzt würde,[89] keine den Anforderungen
des Unionsrechts genügenden, normenklaren Rechtsvorschriften. (→ Rn. 11, 32).[90]

Der EuGH hat in seiner Rechtsprechung Hinweise darauf gegeben, auf welche Weise die nationalen Gerich- 22
te die Zulässigkeit von Eingriffen in den Schutz der Privatsphäre zu prüfen haben. Dabei hat er Art. 8
EMRK als Maßstab für die Auslegung der DSRL herangezogen.[91] Das nationale Recht ist stets unionskonform auszulegen,[92] was allerdings wenig weiterführt, wenn das Unionsrecht wie in Art. 85 seinerseits auf
die Rechtsvorschriften der Mitgliedstaaten verweist. Im **Satamedia-Urteil** hat der **EuGH** die Frage der konkreten Konkordanz zwischen Datenschutz und Meinungsfreiheit selbst offen gelassen und den nationalen
Gerichten zugewiesen.[93] Nachdem die finnische Datenschutzbehörde in diesem Fall den Umfang der umstrittenen Publikation der Steuerdaten von 1,2 Millionen Bürgern beanstandet und begrenzt hatte,[94] hat der
EGMR in dieser Entscheidung darin keine Verletzung des Rechts auf freie Meinungsäußerung gesehen.[95]
Bemerkenswert an dieser Entscheidung ist, dass der EGMR dem quantitativen Aspekt solche Bedeutung
beigemessen hat, obwohl die Veröffentlichung der personenbezogenen Steuerdaten nach innerstaatlichem
Recht an sich unbegrenzt zulässig war.[96] Die EMRK enthält zwar im Gegensatz zu Art. 8 GRCh kein ausdrückliches Recht auf Schutz personenbezogener Daten, der EGMR sieht dieses Recht aber implizit ebenfalls durch die Konvention als geschützt an.

Die Anwendungsbereiche des Rechts auf Schutz der Privatsphäre und des Rechts auf Schutz personenbezo- 23
gener Daten (Art. 7 und 8 GRCh) sind nicht identisch, überschneiden sich aber teilweise (→ Einl.
Rn. 167ff.).[97] Abs. 1 nennt nur das Recht auf Datenschutz. Dieses kann nicht allein auf den Persönlichkeitsschutz als eigentliches Schutzgut bezogen verstanden werden.[98] Das Recht auf **Datenschutz bietet** bezüglich
der von der Verarbeitung ihrer personenbezogenen Daten betroffenen Person einen **entscheidenden Mehrwert**,[99] indem es ihr auch für den Fall bestimmte Rechte (zB auf Auskunft, Sperrung, Übertragbarkeit oder
Löschung) einräumt, in dem ihre Privatsphäre nicht tangiert ist, etwa in der Öffentlichkeit. Auch die Pflichten des Verantwortlichen nach Art. 12 und seine Verantwortung nach Art. 24 bestehen unabhängig von
einer Beeinträchtigung der Privatsphäre. Dennoch ist die inzwischen umfangreiche Rechtsprechung des
EGMR zum Schutz der Privatsphäre auch in diesem Zusammenhang von Bedeutung, denn sie kann Anhaltspunkte dafür geben, wie Konflikte zwischen dem Recht auf Privatheitsschutz iwS und der freien Meinungsäußerung zu lösen sind. Dabei ist allerdings zu berücksichtigen, dass der EGMR stets nur Einzelfälle
zu entscheiden hat und nicht letztverbindlich für die nationalen Gerichte das einzig richtige Abwägungser-
gebnis determiniert.[100] Die Konventionsstaaten haben insofern einen erheblichen Regelungsspielraum
(„margin of appreciation"). So hat der EGMR entschieden, dass die Verurteilung zur Zahlung einer mode-
raten Entschädigung an das Opfer von extremen Beleidigungen und Drohungen über die anonyme Kom-
mentarfunktion einer Website keine Beschränkung der Meinungsfreiheit des Anbieters der Website ist.[101]

Hinsichtlich der Abwägung zwischen dem Recht auf Datenschutz und der **Informationsfreiheit**, insbes. dem 24
Informationsinteresse der Öffentlichkeit, hat der EuGH im **Google Spain-Urteil** Hinweise auf die bei der
Herstellung der nötigen Balance zu berücksichtigenden Gesichtspunkte gegeben. Er hat einen Ausgleich

---

88 Vgl. EuGH C-465/00, C-138/01 und C-139/01, afp 2004, 243 Rn. 77ff. – Österreichischer Rundfunk.
89 Vgl. zB § 4 Abs. 2 Nr. 4 Berliner Pressegesetz; die Pressegesetze der übrigen Länder und der Rundfunkstaatsvertrag enthalten entspre-
    chende Vorschriften.
90 Eingehend dazu *Schnoor/Giesen/Adicks* NStZ 2016, 256 (259 f.).
91 EuGH C-465/00, C-138/01 und C-139/01, afp 2004, 243 Rn. 91 – Österreichischer Rundfunk.
92 EuGH C-465/00, C-138/01 und C-139/01, afp 2004, 243 Rn. 93 – Österreichischer Rundfunk.
93 EuGH C-73/07, MMR 2009, 175 Rn. 50ff. – Satamedia.
94 Die Veröffentlichung von personenbezogenen Steuerdaten ist in Finnland rechtmäßig und wurde von der Datenschutzbehörde auch
    nicht grundsätzlich untersagt.
95 EGMR Beschwerde Nr. 931/13 afp 2016, 346 – Satamedia; das Urteil ist wegen Verweisung an die Große Kammer des EGMR noch
    nicht endgültig. Vgl. dazu *Mihail* EDPL 2016, 130ff.
96 Krit. dazu das *dissenting vote* der Richterin Tsotsoria, Rn. 10.
97 Dazu *Kokott/Sobotta* IDPL 2013, 222ff.; *Schneider* in: Garstka/Coy (Hrsg.), Gedächtnisschrift W. Steinmüller, S. 225 (237). Der
    EuGH nennt die beiden Grundrechte allerdings häufig nebeneinander, ohne zwischen ihnen genauer zu unterscheiden, vgl. zB EuGH
    C-203/15 u. 698/15, NJW 2017, 717 Rn. 62ff., 112 – Tele 2 Sverige u. Secretary of State for the Home Department; krit. dazu *Dock-
    sey* IDPL 2016, 195 (199ff.).
98 AA *Schneider* in: Garstka/Coy (Hrsg.), GS W. Steinmüller, 225 (240ff.); *Schumacher/Spindler* DuD 2015, 606 (610).
99 So der Begriff von *Lynskey* International and Comparative Law Quarterly 2014, 569 (583); vgl. Auch *Docksey* IDPL 2016, 195
    (198 f.).
100 So *Pötters/Traut* RDV 2015, 117 (123).
101 EGMR Beschwerde Nr. 64569/09, NJW 2015, 2863 – Delfi AS.

zwischen den Grundrechten der betroffenen Person aus Art. 7 und 8 GRCh mit dem Interesse der Öffentlichkeit, insbes. der Internetnutzer am Zugang zu den personenbezogenen Informationen, für nötig gehalten. Zwar überwögen die Rechte der betroffenen Person im Allgemeinen nicht nur gegenüber dem wirtschaftlichen Interesse des Suchmaschinen-Betreibers, sondern auch gegenüber den Interessen der Internetnutzer. Diese könnten aber in besonders gelagerten Fällen abhängig von der **Rolle**, die die betroffene Person **im öffentlichen Leben** spielt, höher zu gewichten sein.[102] Umgekehrt kann die Sensitivität der Daten und die zeitliche Distanz zu ihrer erstmaligen Erhebung dafür sprechen, dass das Recht auf Datenschutz überwiegt. Hierzu hat die Art. 29-Gruppe eine Liste von gemeinsamen Kriterien aufgestellt, die die europäischen Aufsichtsbehörden bei der Behandlung von Beschwerden zugrunde legen.[103]

25 Schließlich stellt sich die Frage, inwieweit die Mitgliedstaaten in Bezug auf **Intermediäre** (zB auch Betreiber von **Bewertungsplattformen**) regeln müssen, auf welche Weise das Recht auf Datenschutz mit dem Recht auf freie Meinungsäußerung und Informationsfreiheit in Einklang zu bringen ist. Die Rechtsprechung des BGH ist insoweit inkonsistent. Er hatte in der spickmich-Entscheidung noch die Anwendung des § 41 BDSG aF auf den Betreiber einer Bewertungsplattform abgelehnt, zugleich aber datenschutzrechtliche Löschungsansprüche verneint.[104] In späteren Entscheidungen hat er solche Ansprüche dagegen unter bestimmten Voraussetzungen bejaht.[105] Der EuGH verwehrt dem Betreiber einer Suchmaschine die Berufung auf Art. 8 GRCh (→ Rn. 18).[106] Es liegt nahe, andere Intermediäre (wie die Anbieter von Bewertungsportalen und sozialen Netzwerken) jedenfalls dann ähnlich zu beurteilen, wenn sie lediglich fremde Meinungen wiedergeben, ohne sie sich zu eigen zu machen oder gar redaktionell zu bearbeiten und zu korrigieren.[107] Werden lediglich fremde Meinungen ohne redaktionelle Bearbeitung vermittelt, greift Abs. 1 nicht ein und die Grundverordnung gilt uneingeschränkt.[108]

V. Abweichungen und Ausnahmen für die Verarbeitung zu privilegierten Zwecken (Abs. 2)

26 Neben dem ausdrücklichen Regelungsauftrag in Abs. 1 sieht die DSGVO in Abs. 2 eine Befugnis der Mitgliedstaaten vor, von nahezu allen materiellen Bestimmungen der DSGVO Abweichungen und Ausnahmen vorzusehen, soweit dies erforderlich ist, um das Recht auf Datenschutz mit der Freiheit der Meinungsäußerung und der Informationsfreiheit in Einklang zu bringen.[109] Ausgenommen ist allerdings das Kapitel VIII, dessen Haftungs- und Sanktionsregeln indes stark eingeschränkt werden durch mitgliedstaatliche Abweichungen von den materiellen Vorschriften zB nach Art. 14 Abs. 5 lit. c und d, Art. 17 Abs. 3 lit. a und b, Art. 22 Abs. 2 lit. b sowie Art. 23, auf die sie verweisen.[110] Diese Befugnis wird allerdings ebenfalls zum **verpflichtenden Regelungsauftrag**, wenn ohne derartige Abweichungen oder Ausnahmen durch die uneingeschränkte Anwendung des Datenschutzrechts die Meinungs- oder Informationsfreiheit verletzt würden. Zugleich enthält die Verordnung selbst eine Ausnahme von einem Betroffenenrecht, dem Recht auf Löschung und auf Information der Empfänger von zu löschenden Daten, wenn die Verarbeitung zur Ausübung des Rechts auf freie Meinungsäußerung und Information erforderlich ist (Art. 17 Abs. 3 lit. a). Schließlich eröffnet Art. 89 Abs. 2 die Möglichkeit für die Union und die Mitgliedstaaten, Ausnahmen von den Art. 15, 16, 18 und 21 vorzusehen, wenn die Ausübung dieser Rechte voraussichtlich die Verwirklichung statistischer, wissenschaftlicher oder historischer Forschungszwecke unmöglich machen oder ernsthaft beeinträchtigen würde und wenn solche Ausnahmen für die Erfüllung dieser Zwecke notwendig sind (→ Art. 89 Rn. 57 f.). Die Befugnis des Art. 85 Abs. 2 enthält zugleich eine Begrenzung des Harmonisierungsanspruchs, denn die Mitgliedstaaten können – im Rahmen der Grundsätze der DSGVO – unterschiedliche Abweichungen und

---

102 EuGH C-131/12, NJW 2014, 2257 Rn. 81 – Google Spain.

103 *Art. 29-Gruppe*, WP 225, S. 14ff.

104 BGHZ 181, 328 = NJW 2009, 2888 – spickmich.de; zustimmend *Gounalakis/Klein* NJW 2010, 566, 568; *Greve/Schärdel* MMR 2008, 644 (647 f.); krit. demgegenüber zB *Schilde-Stenzel* RDV 2006, 104ff.; *Kutscha/Thome*, Grundrechtsschutz im Internet?, 2013, S. 85ff., 90. Allgemein zu Bewertungsportalen *Paal* NJW 2016, 2081ff.

105 BGH Urt. v. 20.2.2018, Az. VI ZR 30/17, ECLI:DE:BGH:2018:200218UVIZR30.17.0, jameda III, Rn. 8ff. Vgl. auch BGH MMR 2012, 124 (126 Rn. 23ff.) – Blog-Eintrag; GRUR 2016, 855 – Arztbewertungsportal; in den beiden letztgenannten Entscheidungen geht der BGH auf datenschutzrechtliche Bestimmungen nicht ein; krit. *Lauber-Rönsberg*, ZD 2014, 177 (182) mwN.

106 EuGH C-131/12, NJW 2014, 2257 Rn. 85 – Google Spain. AA *Milstein* K&R 2013, 446 (447) sowie *Arning/Moos/Schefzig* CR 2014, 447 (453); vgl. auch die Kritik von *Paal* ZeuP 2016, 591 (610). Allerdings hat das OLG Celle K&R 2017, 203, in die Abwägung auch die Pressefreiheit des für den zulässigerweise veröffentlichten Inhalt Verantwortlichen einbezogen, JurPC Web-Dok. 22/2017 – DOI 10.7328/jurpcb201732222.

107 So auch der BGH GRUR 2017, 844 mAnm *Hofmann* – Klinikbewertungen.

108 So auch *Spindler*, Gutachten zum 69. DJT, F 75 f. Gegen einen prinzipiellen Vorrang der Kommunikationsfreiheit zugunsten der Betreiber von Bewertungsportalen auch Kühling/Buchner/*Buchner/Petri*, Art. 6 Rn. 169. Demgegenüber halten es *Albrecht/Janson* CR 2016, 500 (508) für möglich, dass die Mitgliedstaaten abstrakte Ausnahmen nach der Art. des § 41 BDSG aF treffen.

109 Paal/Pauly/*Pauly* DSGVO Art. 85 Rn. 10 meint, dass Ausnahmevorschriften nur in einer eng begrenzten Zahl von Fällen erlassen werden dürfen; aA Sydow/*Specht* Art. 85 Rn. 16.

110 Vgl. *Dammann/Simitis* Art. 9 Rn. 5 zur Vorgängerregelung in der DSRL.

Ausnahmen vorsehen.[111] Daraus ergibt sich auch die Bedeutung der Notifizierungspflicht nach Abs. 3 (→ Rn. 30).

Wie Abs. 1 setzt auch Abs. 2 voraus, dass ein **Konflikt** zwischen dem Recht auf Datenschutz, wie er in den 27 genannten Kapiteln der DSGVO konkretisiert ist, und der freien Meinungsäußerung oder der Informationsfreiheit besteht. Nur dann und nur insoweit müssen die Mitgliedstaaten einen Einklang zwischen den konkurrierenden Grundrechten herstellen, indem Abweichungen und Ausnahmen von bestimmten Regelungen der Verordnung vorgesehen werden.[112] An einem solchen Konflikt fehlt es im Bereich der **Datensicherheit** und der nach **Art. 32** gebotenen technisch-organisatorischen Maßnahmen. Schon EG 37 DSRL sieht vor, dass keine Ausnahmen bei den Maßnahmen zur Gewährleistung der Sicherheit der Verarbeitung vorzusehen sind. Solche Maßnahmen beeinträchtigen auch weder die Meinungsfreiheit noch die Informationsfreiheit. In Übereinstimmung mit der Datenschutzkonvention des Europarats (→ Rn. 2) ist Abs. 2 deshalb dahin gehend auszulegen, dass Abweichungen und **Ausnahmen von Art. 32 nicht zulässig** sind. Etwas anderes gilt dagegen für die Frage, wer die Einhaltung dieser Vorschrift zB in Medienunternehmen zu überprüfen hat. Hier ist eine externe Kontrolle durch die Aufsichtsbehörde nach Art. 58 auf den administrativ-wirtschaftlichen Bereich eines Medienunternehmens oder einer Rundfunkanstalt zu beschränken. Entsteht einer betroffenen Person dagegen ein Schaden durch mangelhafte Datensicherungsmaßnahmen in einem Medienunternehmen, ist auch eine Haftung nach Art. 82 denkbar.

Bei der Verarbeitung personenbezogener Daten in **Online-Archiven** stellt sich die Frage, inwieweit den betroffenen Personen Löschungsansprüche zugestanden werden können, ohne dass dadurch die Meinungs- und Informationsfreiheit beeinträchtigt wird (→ Art. 17 Rn. 30). Die Rechtsprechung der deutschen Zivilgerichte hat hierzu bisher nur eine Abwägung mit dem Persönlichkeitsrecht der betroffenen Personen vorgenommen und in Fällen der langfristigen Speicherung von Berichten über Verurteilungen wegen Kapitalverbrechen die Anwendung des Datenschutzrechts verneint.[113] Auch hat der BGH in einem vergleichbaren Fall einen Anspruch des verurteilten Straftäters auf Anonymisierung des in einem Online-Archiv zugänglichen Berichts über seinen Fall abgelehnt, wobei er in Übereinstimmung mit dem BVerfG[114] anerkannt hat, dass das Interesse der Öffentlichkeit mit zunehmendem Zeitablauf gegenüber dem Persönlichkeitsrecht und Resozialisierungsinteresse des Straftäters an Gewicht verliert.[115] Zumindest in Fällen, in denen über eingestellte Strafverfahren berichtet wird, sollten die vom EuGH in der Google-Spain-Entscheidung entwickelten Grundsätze in der Weise entsprechend angewandt werden, dass die Auffindbarkeit des Berichts über die Namenseingabe technisch ausgeschlossen oder zumindest erschwert werden sollte.[116] Auch hier liegt es nahe, dass die Mitgliedstaaten die vom EuGH entwickelten Grundsätze zum (fälschlich so benannten) „Recht auf Vergessenwerden" (→ Art. 17 Rn. 1) durch Rechtsvorschriften präzisieren und – soweit notwendig – auch Ausnahmen vom Recht der betroffenen Person nach Art. 17 Abs. 2 vorsehen. Der EGMR hat es abgelehnt, aus Art. 8 EMRK Löschungsansprüche gegen die Anbieter von Online-Archiven abzuleiten, wohl aber hält er die Aufnahme eines Hinweises in das Online-Archiv für geboten, dass die ursprüngliche Print-Veröffentlichung unzulässig war.[117]

Da **Intermediäre (soziale Netzwerke, Bewertungsportale)** in aller Regel lediglich Plattformen für die Äußerung und den Austausch fremder Meinungen anbieten, sind sie trotz ihrer teilweise erheblichen ökonomischen Bedeutung nicht Träger der Meinungsfreiheit (→ Rn. 25). Deshalb sind **Abweichungen und Ausnahmen von Informations- und Auskunftspflichten** jedenfalls unter dem Gesichtspunkt des Abs. 2 **nicht gerechtfertigt**. Soweit der Betreiber eines Bewertungsportals dagegen einen unverhältnismäßigen Aufwand treiben müsste, um die Kontaktdaten der betroffenen Personen ausfindig zu machen, wäre er bereits nach Art. 14 Abs. 5 lit. b Alt. 2 von der Informationspflicht befreit. Er hätte dann allerdings kompensatorische

---

111   Für diesen Fall sieht EG 153 S. 6 vor, dass das Recht des Mitgliedstaates maßgeblich ist, dem der Verantwortliche unterliegt.

112   Vgl. Konferenz der unabhängigen Datenschutzbehörden des Bundes und der Länder, Entschließung v. 9.11.2017 „Umsetzung der DSGVO im Medienrecht", https://www.bfdi.bund.de/SharedDocs/Publikationen/Entschliessungssammlung/DSBundLaender/DSK_Zu Artikel85DSGVO.html?nn=5217228.

113   BGH CR 2010, 184 (187) mAnm *Kaufmann* – Sedlmayr-Mord I; BGH NJW 2010, 2432 (2436) – Sedlmayr-Mord II; BGH NJW 2010, 2728 (2731) – Sedlmayr-Mord III sowie BGH NJW-RR 2017, 31 – K.O.-Tropfen. Die beim EGMR hiergegen eingelegten Beschwerden wurden zurückgewiesen, vgl EGMR, Urt. v. 28.6.2018 M.L. et W.W. c. Allemagne, AZ. 60798/10 und 65599/10, http://hu doc.echr.coe.int/eng?i=001-183947. Krit. zur BGH-Rechtsprechung *Caspar* NVwZ 2010, 1451 (1455 f.) sowie *Schertz* NJW 2013, 721ff. Zu vergleichbaren Fällen vgl. die Entscheidungen des britischen High Court v. 13.4.2018, (2018) EWHC 799 (QB) und des Obersten Gerichtshofs Japans v. 31.1.2017, vgl. dazu *Corrales*, ZD 2018, XVIIIf. In allen Fällen wurden die Löschungsverlangen der verurteilten Straftäter im Ergebnis zurückgewiesen.

114   Vgl. BVerfGE 35, 202.

115   BGH K&R 2013, 110 – Apollonia. Gegen das Urteil ist Verfassungsbeschwerde erhoben worden (→ Art. 17 Rn. 21).

116   So das HansOLG NJ 2015, 474ff. mAnm *Kummermehr/Peter*.

117   EGMR Beschwerde Nr. 33846/07, afp 2014, 517 Rn. 66.

Maßnahmen zum Schutz der Rechte und berechtigten Interessen der betroffenen Personen zB durch eine allgemeine Publikation zu treffen (→ Art. 14 Rn. 25).

VI. Mitteilungspflicht gegenüber der Kommission (Abs. 3)

30 Die Mitgliedstaaten sind nach dem Wortlaut der Vorschrift nur verpflichtet, die KOM über die nach Abs. 2 nach Wirksamwerden der DSGVO erlassenen Rechtsvorschriften und alle späteren Änderungen dieser Vorschriften zu informieren. Sinn und Zweck der Mitteilungspflicht ist es allerdings, der KOM einen Überblick über alle – möglicherweise divergierenden (→ Rn. 26) – mitgliedstaatlichen Vorschriften zu ermöglichen, damit sie ihre Aufgabe nach Art. 17 Abs. 1 EUV (Überwachung der Anwendung des Unionsrechts) erfüllen kann. Daraus folgt, dass die Mitteilungspflicht nach Abs. 3 sich auch auf Rechtsvorschriften erstreckt, die bei Inkrafttreten der Grundverordnung schon galten (→ Art. 90 Rn. 35).[118] Weshalb der Verordnungsgeber eine solche Informationspflicht nicht explizit auch für die nach Abs. 1 bereits erlassenen Rechtsvorschriften vorgesehen hat, ist nicht einsichtig. Gerade wegen der unterschiedlichen Vorstellungen in den Mitgliedstaaten im Bereich der Meinungs- und Informationsfreiheit besteht ein gleichwertiges Informationsinteresse der KOM hinsichtlich der nach Abs. 1 erlassenen Rechtsvorschriften. Wahrscheinlich ist diese **Inkonsistenz der Regelung** darauf zurückzuführen, dass die Abs. 1 und 2 erst im Trilog auf Vorschlag des Rats separiert wurden. Zugleich spricht diese Regelung dafür, den Anpassungsauftrag des Abs. 1 restriktiv auszulegen (→ Rn. 5 f.).

VII. Konsequenzen für das deutsche Recht

31 Uneinheitlich wird die Frage beurteilt, ob eine materielle **Beibehaltung der Vorschriften des § 41 BDSG aF**[119] und der §§ 47 sowie 57 RStV den Vorgaben des Unionsrechts genügen würde.[120] Teilweise wird dies mit dem Argument bejaht, die DSGVO schreibe im Wesentlichen den bisherigen Rechtszustand in Deutschland fort.[121] Diese Auffassung verkennt zum einen, dass schon § 41 BDSG aF und die übrigen Bestimmungen des Mediendatenschutzrechts dem bisherigen Unionsrecht nicht in allen Punkten genügten.[122] Zum anderen ist **Art. 85 weiter gefasst** als die Vorläufervorschrift des Art. 9 DSRL.[123] Der Bund hatte aber schon seit der Föderalismusreform 2006 keine Kompetenz mehr zur Änderung oder Ersetzung des § 41 BDSG aF[124] (diese steht allein den Ländern zu (vgl. Art. 125a Abs. 1 S. 2 GG)) und hat deshalb auf eine Anschlussregelung verzichtet. Lediglich für die Deutsche Welle hat der Bund nach wie vor die Gesetzgebungskompetenz, von der er allerdings im BDSG nF keinen Gebrauch gemacht hat.[125]

32 Die Gesetzgeber in Bund und Ländern sind deshalb aufgefordert, die **notwendigen Anpassungen** in den Gesetzen und Staatsverträgen zu den entsprechenden Rundfunkanstalten,[126] den Landesmedien- und Landespressegesetzen[127] vorzunehmen und dabei die Wertungswidersprüche und unzureichende Berücksichtigung des Unionsrechts im bisherigen deutschen Mediendatenschutzrecht zu vermeiden. So müssen die zu weitgehende und undifferenzierte Freistellung der Medien von datenschutzrechtlichen Regelungen[128] und das be-

---

118 Ebenso Paal/Pauly/*Pauly* Art. 85 Rn. 11; Sydow/*Specht* Art. 85 Rn. 18 sowie für die Parallelvorschrift des Art. 90 Abs. 3 Sydow/*Tiedemann* Art. 90 Rn. 21; ähnlich Kühling/Buchner/*Herbst* Art. 90 Rn. 24; aA BeckOK DatenschutzR/*Stender-Vorwachs* DSGVO Art. 85 Rn. 32.

119 Das BDSG nF sieht keine dem § 41 BDSG aF entsprechende Vorschrift vor.

120 Die Verweisungen auf § 41 BDSG aF in § 57 RfStV und dem übrigen Landesrecht gehen ohnehin ins Leere, wenn § 41 BDSG aF am 25.5.2018 außer Kraft tritt.

121 So etwa Albrecht/Janson CR 2016, 500 (508); aA Kühling/Buchner/*Buchner/Tinnefeld* Art. 85 Rn. 2, 27, 31; BeckOK DatenschutzR/*Stender-Vorwachs* DSGVO Art. 85 Rn. 33.

122 Dazu näher Simitis/*Dix* § 41 Rn. 6, 20, 29; *Lazarakos*, Medienprivileg, 2003, 131ff.; *Walz*, in: Bizer/Lutterbeck/Rieß (Hrsg.), Umbruch von Regelungssystemen in der Informationsgesellschaft, 2002, 301 (306 f.). Krit. zum Medienprivileg schon vor Verabschiedung der DSRL Simitis in: FS für Ridder, 1989, 125 (129 f.).

123 Vgl. auch Benecke/Wagner DVBl. 2016, 600 (602 f.).

124 Sachs/*Degenhart* Art. 125a Rn. 6 f.; aA Maunz/Dürig/Herzog/Scholz/*Uhle*, Art. 125a Rn. 27 f.; vgl. auch in: Spindler/Schuster/*Spindler/Nink*, § 41 BDSG aF Rn. 2.

125 Auch § 41 Abs. 3 u. 4 sowie § 42 aF traten deshalb am 25.5.2018 ersatzlos außer Kraft.

126 Vgl. bisher § 57 Abs. 1 RStV (betr. Telemedien); § 17 ZDF-StV; § 17 Abs. 1 Deutschlandradio-StV; § 49 Abs. 1 WDR-Gesetz.

127 Die Rechtslage ist insoweit uneinheitlich. Zumeist verweisen die Landesgesetze und Staatsverträge auf einzelne bisher für die Deutsche Welle geltende Regelungen des § 41 BDSG aF bzw. § 57 RfStV oder enthalten selbst entsprechende Regelungen, so etwa § 49 Abs. 2 LMedienG Baden-Württemberg; § 54 S. 1 MedienStV Berlin-Brandenburg; § 37 Abs. 2 MStV Hamburg-Schleswig-Holstein; § 61 S. 2 HPRG; § 12 Abs. 2 LMG Rheinland-Pfalz; §§ 11, 11a–c SMG; § 44 SächsPRG; § 54 Abs. 1 NMedienG; § 46 LMG NRW. Für den Pressebereich vgl. etwa § 22a BlnPresseG. Danach sind nur Regelungen zur Datensicherheit auf Medien anwendbar. Darüber hinausgehend ordnet das BayMG (Art. 20 Abs. 2) auch die Anwendung der Vorschriften des BayDSG zur Auftragsdatenverarbeitung und zu automatisierten Abrufverfahren auf private Rundfunk- und Telemedienanbieter an. § 58 Abs. 2 S. 3 BremLMG enthält einen Berichtigungsanspruch gegen private Rundfunkveranstalter und Telemedienanbieter.

128 So auch Kühling/Buchner/*Buchner/Tinnefeld* Art. 85 Rn. 31.

stehende **Schutzgefälle** für die betroffenen Personen **gegenüber den Print- und Funkmedien**[129] ebenso beseitigt werden wie die ungerechtfertigte Sonderbehandlung der **öffentlich-rechtlichen Rundfunkanstalten**, deren Verarbeitung von Teilnehmerdaten im administrativ-wirtschaftlichen Bereich (beim Beitragsservice) nur in vier Bundesländern[130] der Kontrolle der unabhängigen Aufsichtsbehörden unterliegt (→ Rn. 16).[131] Auch ist ein **Regulierungsrahmen für die Selbstregulierung** durch Medienverbände wie den Deutschen Presserat zu schaffen, die zusätzliche materielle Regelungen zur Datenverarbeitung und effektive Sanktionsmechanismen einschließen muss; der Verweis auf den bisher geltenden Pressekodex genügt dem Unionsrecht nicht[132] (→ Rn. 11). Die bisher vorliegenden Gesetze einzelner Bundesländer zur Umsetzung der DSGVO lassen befürchten, dass der bisherige, nicht unionskonforme Rechtszustand im Wesentlichen beibehalten oder sogar verschlechtert werden soll.[133] Auch die Grenzen von Auskunftsansprüchen der Medien müssen so präzisiert werden, dass die Öffentlichkeitsarbeit der Behörden datenschutzgerecht erfolgen kann (→ Rn. 11, 21). Dabei können die in § 41 Abs. 2 und 3 BDSG aF enthaltenen Rechtsgedanken in Folgeregelungen durchaus aufgegriffen werden, denn die **Beschränkung des Auskunftsanspruchs** gegen Journalisten und Verlage auf die Zeit nach der Berichterstattung und der **Quellenschutz** sind Gesichtspunkte, die den Datenschutz mit der Berichterstattungsfreiheit in Einklang bringen können. Auch muss es investigativen Journalisten erlaubt sein, personenbezogene Daten ohne Einwilligung der betroffenen Personen zu erheben.[134] Das **Recht am eigenen Bild** mit den im Kunsturhebergesetz[135] genannten Einschränkungen gilt auch unter der DSGVO fort.[136] Rechtsgrundlage für die Erhebung personenbezogener Daten durch **Fotojournalisten** ist dabei Art. 6 Abs. 1 lit. f, wobei das berechtigte Interesse im Lichte des Kunsturhebergesetzes auszulegen ist. Allerdings besteht auch insoweit erheblicher Regelungsbedarf im deutschen Recht, um den Umfang von Informations-, Auskunfts- und Löschungspflichten in angemessener Weise zu begrenzen und die gegenwärtige Rechtsunsicherheit zu beseitigen.[137] Solange die genannten gesetzlichen Regelungen ausbleiben, ist es Sache der deutschen Gerichte, im Einzelfall unter Abwägung der betroffenen Grundrechte und unter Berücksichtigung der Rechtsprechung von EuGH und EGMR sachgerechte Entscheidungen zu treffen. Angesichts der Bedeutung der von öffentlichen und privaten Medienveranstaltern zu verantwortenden Datenverarbeitung darf die unionsrechtlich gebotene Abwägung allerdings nicht vollständig (anders als im Medienzivilrecht → Rn. 6, 11) und auf Dauer der Rechtsprechung überlassen werden.

Artikel 86   Verarbeitung und Zugang der Öffentlichkeit zu amtlichen Dokumenten

Personenbezogene Daten in amtlichen Dokumenten, die sich im Besitz einer Behörde oder einer öffentlichen Einrichtung oder einer privaten Einrichtung zur Erfüllung einer im öffentlichen Interesse liegenden Aufgabe befinden, können von der Behörde oder der Einrichtung gemäß dem Unionsrecht oder dem Recht des Mitgliedstaats, dem die Behörde oder Einrichtung unterliegt, offengelegt werden, um den Zugang der Öffentlichkeit zu amtlichen Dokumenten mit dem Recht auf Schutz personenbezogener Daten gemäß dieser Verordnung in Einklang zu bringen.

Literatur: *Blatt, H./Franßen, G.*, Rechtsschutz im Informationsrecht, NWVBl. 2014, 412; *Frenzel, E. M.*, Der presserechtliche Auskunftsanspruch – Begründung, Reichweite, Zukunftsfähigkeit, in: Dix, A. et al. (Hrsg.), Jahrbuch Informationsfreiheit 2013, 79; *Gersdorf, H./Paal, B.*, Informations- und Medienrecht, 2014, IFG, UIG, VIG, BeckOK 14. Ed. 2016; *Hermerschmidt, S.*, Auswirkungen der Europäischen Datenschutzreform auf die Informationsfreiheit, in: Dix, A. et al. (Hrsg.), Jahrbuch Informationsfreiheit 2013, 35; *Hornung, G.*, Persönlichkeitsrechtliche Grenzen des presserechtlichen Auskunftsanspruchs, AfP 2017, 390; *Löffler, M.*, Presserecht, 6. Aufl. 2015; *Maatsch, A./Schnabel, C.*, Das Hamburgische Transparenzgesetz, 2015; *Roßnagel, A.*, Konflikte zwischen Informationsfreiheit und Datenschutz?, MMR 2007, 16; *Schnabel, C.*, Der Schutz personenbezogener Daten bei informationsfreiheitsrechtlichen Ansprüchen nach § 11 HmbIFG, DuD 2012, 520; *ders.*, Aktuelle Rechtsprechung zum Datenschutz

---

129   Dazu Simitis/*Dix* § 41 Rn. 29.
130   Berlin, Brandenburg, Bremen und Hessen; vgl. dazu Simitis/*Dix* § 41 Rn. 42.
131   Vgl. dazu Konferenz der unabhängigen Datenschutzbehörden des Bundes und der Länder, Entschließung v. 9.11.2017 „Umsetzung der DSGVO im Medienrecht", https://www.lfd.niedersachsen.de/startseite/.
132   Vgl. Kühling/Buchner/*Buchner/Tinnefeld* Art. 85 Rn. 32. Das seit dem 1.1.2017 tätige Deutsche Medienschiedsgericht in Leipzig wird trotz seiner relativ weit gefassten Schiedsgerichtsordnung in der Praxis vor allem der außergerichtlichen Streitbeilegung zwischen Medienunternehmen bzw. zwischen diesen und Urhebern dienen.
133   Vgl. Art. 38 BayDSG v. 15.5.2018, GVBl. S. 230; § 28 BrbDSG v. 8.5.2018, GVBl. I/18 idF des Gesetzes vom 26.4.2018, SächsGVBl. S. 198.
134   Kühling/Buchner/*Buchner/Tinnefeld* Art. 85 Rn. 28.
135   §§ 22, 23 KUG.
136   OLG Köln, Beschl. v. 18.6.2018, Az. 15 W 27/18, ECLI:DE:OLGK:2018:0618.15W27.18.00.
137   Vgl. die Stellungnahme der EAID zum Referentenentwurf des BMI für ein Zweites Gesetz zur Snpassung des Datenschutzrechts an die Verordnung (EU) 2016/679 und zur Umsetzung der Richtlinie (EU) 2016/680 v. 16.7.2018, https://www.eaid-berlin.de/wp-content/uploads/2018/07/EAID-Stellungnahme-Referentenentwurf-2.-DSAnpUG-EU.pdf.

bei Auskunftsansprüchen, RDV 2015, 293; *ders.*, Auskunftsansprüche bei Grundstücksgeschäften mit öffentlichen Stellen, ZfIR 2016, 658; *ders.*, Die Zukunft des presserechtlichen Auskunftsanspruchs gegen Bundesbehörden, NJW 2016, 1692; *Schoch, F.*, Informationszugangsfreiheit des Einzelnen und Informationsverhalten des Staates, AfP 2010, 313; *ders.*, Informationsrecht in einem grenzüberschreitenden und europäischen Kontext, EuZW 2011, 388; *ders.*, Informationsfreiheit versus Datenschutz?, in: Dix, A. et al. (Hrsg.), Jahrbuch Informationsfreiheit 2012, 123; *ders.*, IFG, 2. Aufl. 2016; *Wegener, B.*, Aktuelle Fragen der Umweltinformationsfreiheit, NVwZ 2015, 609.

I. Einführung und Entstehungsgeschichte

1 Bei Art. 86 handelt es sich um eine der **Öffnungsklauseln der DSGVO**. Sie soll einen Ausgleich von Datenschutz und Informationszugangsfreiheit ermöglichen. Mit seinem Absolutheitsanspruch gerät das Datenschutzrecht unweigerlich in Konflikt mit anderen Grundrechten, Bürgerrechten und Verfassungswerten, wie dem Recht auf freie Meinungsäußerung und der Informationsfreiheit (s. Art. 85) sowie dem öffentlichen Interesse an Archiven, Forschung und Statistik (s. Art. 89). Daher waren Öffnungsklauseln für nationale Sonderregelungen erforderlich. Art. 86 ist eine fakultative Öffnungsklausel, sie enthält keine Pflicht zum Erlass entsprechender Regelungen.[1]

2 In Art. 86 wird nicht die Informationsfreiheit aus Art. 5 Abs. 1 S. 1 Alt. 2 GG und Art. 11 Abs. 1 S. 2 GRCh geregelt,[2] die das Recht schützt, sich aus öffentlich zugänglichen Quellen ungehindert zu unterrichten.[3] Sie ist Gegenstand von Art. 85 (→ Art. 85 Rn. 1ff.; zur Abgrenzung → Rn. 4). Der Inhalt von Art. 86 ist das **voraussetzungslose Recht auf Zugang zu vorhandenen amtlichen Informationen**. Hierfür wird (in Anlehnung an den Namen des IFG: „Informationsfreiheitsgesetz") oftmals ebenfalls der Begriff „Informationsfreiheit" verwendet, was gelegentlich zu Begriffsverwirrungen führt. Wenn im Folgenden die Informationsfreiheit gemeint ist iSd Rechts, sich aus öffentlich zugänglichen Quellen ungehindert zu unterrichten, wird dies ausdrücklich kenntlich gemacht. Die Informationszugangsfreiheit ist nach hM **in Deutschland nicht verfassungsrechtlich garantiert**.[4] Zwar ist diese Erkenntnis nicht unumstößlich, selbst bei gleichbleibendem Verfassungstext.[5] Auch für die Pressefreiheit des Art. 5 Abs. 1 S. 2 Alt. 1 GG war lange nahezu unbestritten, dass sie keinen Anspruch auf Informationszugang gewährt.[6] Vor einiger Zeit hat aber das BVerwG entschieden, dass dies von nun an anders zu sehen sei und sich aus der Pressefreiheit des Grundgesetzes ein Anspruch auf Auskunftserteilung der Presse ergibt.[7] Auch bei der Informationszugangsfreiheit wurde schon verschiedentlich versucht, ihr durch allgemeine rechtsstaatliche und demokratietheoretische Erwägungen Verfassungsrang zu verleihen.[8] Die hM sieht aber weiterhin in der Informationsfreiheit des Art. 5 Abs. 1 S. 1 Alt. 2 GG keinen Anspruch auf voraussetzungslosen Zugang zu Informationen. Das BVerfG hat allerdings vor Kurzem erkannt, dass die Reichweite von Art. 5 Abs. 1 S. 1 Alt. 2 GG gesetzlich definiert wird, da das einfache Recht bestimmt, welche Quellen „allgemein zugänglich" sind. Besteht ein Gesetz, das den voraussetzungslosen Zugang zu amtlichen Informationen gewährt, so untersteht dies dem Schutz von Art. 5

---

1 *Kühling/Martini et al.*, S. 296; Gola/*Piltz* Art. 86 Rn. 10.
2 Unzutr. daher *Paal/Pauly* Art. 86 Rn. 1, die auf Art. 11 GRCh verweisen.
3 S. zum GG Sachs/*Bethge* GG, 7. Aufl. 2014, Art. 5 Rn. 51ff.; zu Art. 11 GRCh s. Meyer/*Bernsdorff* Art. 11 Rn. 12ff.
4 *Schoch*, IFG, Einl. Rn. 59; *Schnabel* NVwZ 2012, 854 (855); BVerfG NJW 2001, 1633; Sachs/*Bethge*, GG, 7. Aufl. 2014, Art. 5 Rn. 60; *Caspar* DÖV 2013, 371 (373).
5 Allg. zu einem sich wandelnden Grundrechtsverständnis bei unverändertem Verfassungstext *Hornung*, Grundrechtsinnovationen, 2015, S. 173ff., 329ff., 410ff.; zu den Landesverfassungen: S. 306ff.
6 So BVerfG NJW-RR 2008, 1069; BVerwG NJW 1985, 1655; OVG Berlin-Brandenburg NVwZ-RR 2012, 107 Rn. 22.
7 So BVerwGE 146, 56 und BVerwG NVwZ 2015, 1388; das BVerfG hat dies vorerst gebilligt und darin zumindest keine Verletzung der Pressefreiheit erkennen können: BVerfG NVwZ 2016, 50 mAnm *Kindler*; ausf. zu dieser Thematik *Schnabel* NJW 2016, 1692.
8 S. zB *Albers* ZJS 2009, 614 (619); *Lukaßen*, Die Fallpraxis der Informationsbeauftragten und ihr Beitrag zur Entwicklung des Informationsfreiheitsrechts, 2010, S. 36ff.; *Wirtz/Brink* NVwZ 2015, 1166; *Gusy* in: Dix et al. (Hrsg.), JB Informationsfreiheit 2015, 1ff.; *Nolte* NVwZ 2018, 521ff.

Abs. 1 S. 1 Alt. 2 GG.[9] Für die Systematik der DSGVO hat diese auf das deutsche Verfassungsrecht beschränkte Erkenntnis keine unmittelbaren Auswirkungen.

Auf europäischer Ebene enthält **Art. 42 GRCh** ein Recht auf Zugang zu amtlichen Dokumenten, das allerdings auf Dokumente der Organe, Einrichtungen und sonstigen Stellen der Union beschränkt ist.[10] Dieses Recht wird ua durch die **TransparenzVO (EG) Nr. 1049/2001** näher ausgestaltet (→ Rn. 38).   3

Für die Anwendbarkeit von Art. 86 kommt es ua auf die **Abgrenzung zu Art. 85** an (→ Art. 85 Rn. 8).   4
Nach Art. 85 haben die Mitgliedstaaten das Recht, den Schutz personenbezogener Daten mit dem Recht auf freie Meinungsäußerung und der Informationsfreiheit, einschließlich der Verarbeitung zu journalistischen Zwecken und zu wissenschaftlichen, künstlerischen oder literarischen Zwecken, durch den Erlass von Rechtsvorschriften in Einklang zu bringen. Nach dem nationalen Verfassungsrecht sollen Informationen, die dem Anwendungsbereich einer Regelung mit einem voraussetzungslosen Zugangsanspruch unterfallen, auch in den Schutzbereich der grundrechtlich garantierten Informationsfreiheit nach Art. 5 Abs. 1 S. 1 Alt. 2 GG fallen.[11] Übertrüge man diese Auffassung auf die europäische Ebene, so hätte Art. 86 keinen Anwendungsbereich mehr. Sämtliche Dokumente, die einer Vorschrift unterfallen, die den Zugang der Öffentlichkeit zu amtlichen Dokumenten regeln, wären damit von Art. 85 erfasst. Sinnvoller erscheint es, wie folgt zu unterscheiden: Art. 86 betrifft die Zugangsregelungen, also Ansprüche der Öffentlichkeit auf Zugang zu amtlichen Dokumenten. Der **Umgang mit den Inhalten dieser Dokumente durch Private**, also die Verarbeitung zu journalistischen, wissenschaftlichen, künstlerischen oder literarischen Zwecken wird durch Art. 85 geregelt. Deutlich wird dies am Bsp. der presserechtlichen Auskunftsansprüche: Die Herausgabe der Information durch die auskunftspflichtige Stelle stellt selbst keine Verarbeitung zu journalistischen Zwecken dar, sie ist daher an Art. 86 zu messen (→ Rn. 53). Die Vorschriften zur Nutzung der durch den Auskunftsanspruch gewonnen Informationen durch Mitglieder der Presse ist an Art. 85 zu messen, denn dabei handelt es sich Datenverarbeitungen zu journalistischen Zwecken.

Die Einführung von Art. 86 geht auf eine Stellungnahme des finnischen Justizministeriums vom 22.12.2011   5
zurück. Darin wurde eine Ergänzung um einen Art. 80 a mit folgendem Wortlaut vorgeschlagen:

Processing of personal data and access to documents

1. *Member States may provide in their national legislation for rules (necessary in a democratic society) to reconcile the right of access to public documents with the principles in Chapter II.*
2. *Each Member State shall notify to the Commission provisions of its law which it adopts pursuant to paragraph 1 by the date specified in Article 91(2) at the latest and, without delay, any subsequent amendment affecting them.*

Auf Anregung des Berliner LfDI beschloss die Konferenz der Informationsfreiheitsbeauftragten (IFK) auf ihrer 25. Sitzung, diesen Vorschlag zu unterstützen.[12] Im KOM-E fand sich dieser Vorschlag nicht wieder. Durch Art. 80 a Parl-E wurde die Thematik jedoch aufgegriffen. In Art. 80 a Rat-E erhielt Art. 86 dann seine wesentliche sprachliche Form.[13] Inhaltlich besteht die wesentliche Änderung gegenüber dem Parl-E in der Aufnahme bestimmter privater Einrichtungen sowie in der Streichung der Notifizierungspflicht (anders zB Art. 85 Abs. 3, Art. 88 Abs. 3, Art. 90 Abs. 2). Demgegenüber konnte sich der Rat nicht mit dem Vorschlag einer weiteren Norm zur Regelung des Verhältnisses zwischen Datenschutz und Informationsweiterverwendung durchsetzen (Art. 80aa Rat-E); das Verhältnis wird nunmehr in EG 154 angesprochen (→ Rn. 8).

Aus rechtlicher Sicht hat Art. 86 eine nicht unerhebliche Bedeutung. Es ist unbestritten, dass das **Recht auf**   6
Zugang zu amtlichen Informationen einen ganz wesentlichen Einfluss auf die individuelle und gesellschaftliche Meinungsbildung und daraus resultierende Wahl- und sonstige Entscheidungen haben kann. Moderne IFG sind daher als Strukturmerkmale staatlichen Handelns anzusehen, welche der Emanzipation des Bürgers vom bloßen Gewaltunterworfenen zum durch Information mündigen Partner der Verwaltung dienen.[14] Man muss konstatieren, dass die vormaligen Informationsmöglichkeiten des Einzelnen gegenüber der öffentlichen Verwaltung den Interessen der Bürger in einer modernen Informationsgesellschaft nicht mehr ge-

---

9 BVerfG ZD 2017, 476 Rn. 20 f.; ebenso *Lukaßen*, Die Fallpraxis der Informationsbeauftragten und ihr Beitrag zur Entwicklung des Informationsfreiheitsrechts, 2010, S. 43ff.
10 S. dazu Meyer/*Magiera* Art. 42 Rn. 6ff.
11 BVerfG ZD 2017, 476 Rn. 20 f.
12 Protokoll der 25. IFK v. 27.11.2012, TOP 7 S. 12, https://www.datenschutz-hamburg.de/uploads/media/Protokoll_IFK_25._Sitzung_27. 11.2012_in_Mainz.
13 Ausf. zur Entstehungsgeschichte Kühling/Buchner/*Herbst* Art. 86 Rn. 6ff.; Sydow/*Specht* Art. 86 Rn. 5 f.
14 So VG Hamburg DVBl 2016, 130.

nügen.[15] Die begehrten Informationen enthalten häufig personenbezogene Daten, die einer Herausgabe nicht per se im Weg stehen dürfen, zumal sie häufig gar nicht das eigentliche Interesse der Informationsbegehrenden darstellen.[16] Informationspflichtige Stellen werden bisweilen zu sehr überzeugten Datenschützern, wenn sich dadurch die Herausgabe einer Information verhindern lässt und auch Politiker, die sich gegen den Erlass eines IFG aussprechen, berufen sich regelmäßig auf den Datenschutz.[17] Umso wichtiger ist es, entsprechenden Bedenken mit einer ausgewogenen gesetzlichen Regelung zu begegnen.

7 Auch die DSRL enthielt einen Verweis auf die **Informationszugangsfreiheit**. EG 72 lautete: „Diese Richtlinie erlaubt bei der Umsetzung der mit ihr festgelegten Grundsätze die Berücksichtigung des Grundsatzes des öffentlichen Zugangs zu amtlichen Dokumenten." Die DSRL zielte auf eine Vollharmonisierung, gab also nicht lediglich Mindeststandards vor.[18] Die Frage der Europarechtskonformität der datenschutzrechtlichen Regelungen in den Informationsfreiheitssatzungen stand allerdings selten im Mittelpunkt der Erörterungen. Nationale Gerichtsentscheidungen dazu sind nicht bekannt; die Literatur kam in den wenigen ausführlicheren Auseinandersetzungen zu dem Ergebnis, dass zumindest § 5 IFG den unionsrechtlichen Vorgaben entsprach.[19] Dies dürfte auch für die datenschutzrechtlichen Regelungen in anderen Gesetzen gegolten haben, die häufig § 5 IFG nachgebildet wurden, sofern nicht ohnehin direkt auf das IFG des Bundes verwiesen wird.

II. Zugeordnete Erwägungsgründe und ihre Relevanz

8 Die **Bedeutung** des zugeordneten EG 154 für das Verständnis von Art. 86 ist begrenzt. Der EG wiederholt lediglich den Normtext. Danach wird ausführlich festgehalten, dass die PSI-RL 2003/98/EG keine Anwendung finden soll. Dies erscheint übertrieben angesichts der Tatsache, dass dies in Art. 1 Abs. 4 PSI-RL ausdrücklich steht. Gleiches ergibt sich auch aus den Erwägungsgründen zur PSI-RL 2003/98/EG.[20] Insgesamt ist der Mehrwert von EG 154 daher **begrenzt**.

III. Regelungskompetenz

9 Es stellt sich die Frage, ob der Unionsgesetzgeber überhaupt die Kompetenz besitzt, den Mitgliedsstaaten datenschutzrechtliche Vorgaben für das Recht der Informationszugangsfreiheit zu machen. Eine allgemeine Kompetenz für dieses Rechtsgebiet besteht insoweit nicht.[21] Gem. Art. 5 Abs. 1 und 2 EUV gilt der Grundsatz der begrenzten Einzelermächtigung. Eine Europäisierung des mitgliedsstaatlichen Informationsrechts kann daher nur **bereichsspezifisch** erfolgen, zB im Bereich der Umweltinformationen.[22] Der europäische Normgeber stützt die Kompetenz zum Erlass der DSGVO allgemein auf Art. 16 Abs. 2 AEUV. Nach dem Wortlaut gewährt dieser aber lediglich die Kompetenz zur Regelung der Verarbeitung von Daten durch Unionsorgane und durch Mitgliedstaaten *„im Rahmen der Ausübung von Tätigkeiten, die in den Anwendungsbereich des Unionsrechts fallen, und über den freien Datenverkehr"*.

10 Eine Verarbeitung personenbezogener Daten durch Unionsorgane wird durch Art. 86 nicht geregelt, da die DSGVO auf Unionsorgane nach Art. 2 Abs. 3 keine Anwendung findet. Die Gewährung freien Informationszugangs fällt nicht allgemein in den Anwendungsbereich des Unionsrechts, sondern lediglich bereichsspezifisch,[23] so dass der europäische Normgeber seine Kompetenz daher auch nicht aus dieser Grundlage herleiten kann. Der „freie Datenverkehr" ist eine besondere Ausprägung der allgemeinen Binnenmarktkompetenz des Art. 114 AEUV.[24] Um eine Kompetenz zu begründen wäre also eine Binnenmarktrelevanz erforderlich, die für das allgemeine Informationsfreiheitsrecht allerdings nicht erkennbar ist. Voneinander abweichende Regelungen zur Informationszugangsfreiheit in den Mitgliedstaaten dürften wohl kaum die Verwirklichung eines einheitlichen Binnenmarkts ver- oder behindern.[25] Aus Art. 16 Abs. 2 AEUV lässt sich daher insgesamt **keine Kompetenz für das allgemeine Informationsfreiheitsrecht** ableiten. Art. 15 AEUV verpflichtet lediglich die in Art. 15 Abs. 3 AEUV genannten Unionsorgane und –einrichtungen dazu, An-

---

15 So auch BW-LT-Drs. 15/7720, S. 13 zum Erlass des LIFG BW.
16 *Schnabel* DuD 2012, 520.
17 IFG werden dann als „Schnüffelgesetze" denunziert: Frankfurter Rundschau v. 23.3.2010, abrufbar unter www.fr.de/1043643.
18 EuGH C-101/01, MMR 2004, 95 Rn. 96 mAnm *Roßnagel*; EuGH C-524/06, MMR 2009, 171 Rn. 51; EuGH C-468/10 ua, CR 2012, 29 Rn. 29 mAnm *Freund*.
19 *Hermerschmidt*, in: Dix et al. (Hrsg.), JB Informationsfreiheit 2013, 35 (38ff.); *Schoch*, IFG, § 5 Rn. 14ff.
20 Gola/*Piltz* Art. 86, Rn. 18ff.
21 Ebenso Roßnagel/*Hoidn*, Europ. DSGVO, § 4 Rn. 185.
22 *Schoch* EuZW 2011, 388 (389); dem folgend Roßnagel/*Hoidn*, Europ. DSGVO, § 4 Rn. 185.
23 *Schoch* EuZW 2011, 388 (389); dem folgend Roßnagel/*Hoidn*, Europ. DSGVO, § 4 Rn. 185.
24 Callies/Ruffert/*Kingreen* AEUV Art. 16 Rn. 7.
25 Roßnagel/*Hoidn*, Europ. DSGVO § 4 Rn. 186.

tragstellern Informationszugang zu gewähren. Auch aus Art. 15 AEUV ergibt sich daher keine weitergehende Regelungskompetenz.

Bei genauerer Betrachtung bestehen daher **erhebliche Zweifel an der Kompetenz des europäischen Normgebers** im Hinblick auf Art. 86.[26] Allerdings deutet die bisherige Rspr. des EuGH zu Kompetenzfragen nicht darauf hin, dass die Kompetenz der EU im Hinblick auf Art. 86 oder die DSGVO in ihrer Gesamtheit scharf geprüft werden wird und bei einem Kompetenzverstoß entsprechende Konsequenzen gezogen werden.[27] Ferner wären die Konsequenzen überschaubar, selbst wenn der EuGH zu der Erkenntnis käme, dass es für Art. 86 keine Gesetzgebungskompetenz gibt, da das Ziel von Art. 86 im Wesentlichen eine Freistellung der Informationszugangsfreiheit von der DSGVO ist. Fehlt es dem Unionsgesetzgeber aber an einer Gesetzgebungskompetenz für das allgemeine Informationszugangsfreiheitsrecht, so bedarf es gar keiner Freistellung, da ja auch die Einschränkungen durch die DSGVO unwirksam sind. Dies ändert aber nichts an der Tatsache, dass keine allgemeine Kompetenz des EU-Normgebers für die Informationsfreiheit besteht. Diese Ausführungen beziehen sich auf die Auswirkungen von Art. 86 auf die allgemeine Informationszugangsfreiheit. In spezielleren Bereichen **wie UIG und VIG wird man jeweils im Einzelfall zu prüfen** haben, ob eine Kompetenz der EU besteht oder nicht. Bei dem Erfordernis einer Prüfung in jedem Einzelfall handelt es sich um einen „Geburtsfehler" der DSGVO. Die avisierte Einheitlichkeit wird sich kaum jemals einstellen, von einer Vereinfachung ganz abgesehen. Diese Probleme sind nicht auf Art. 86 beschränkt.[28] Im Folgenden wird Art. 86 unter der Prämisse kommentiert, dass eine Kompetenz der EU grundsätzlich besteht.

11

12

IV. Kommentierung des Normtexts

Die im Normtext verwendeten Begriffe werden teilweise von der DSGVO definiert („personenbezogene Daten"), weit überwiegend ist dies jedoch nicht der Fall. Bei der Auslegung kann nicht ohne weiteres auf die Definitionen im deutschen Recht zurückgegriffen werden. Zwar handelt es sich bei Art. 86 um eine Öffnungsklausel, die vom Normgeber des Mitgliedsstaats auszufüllen ist. Die Entscheidung über die Reichweite der Öffnungsklausel wird jedoch von der DSGVO selbst getroffen, weshalb die Begriffe einer **Auslegung nach Unionsrecht** zu unterziehen sind. Gleichzeitig lässt sich aber nicht ignorieren, dass die Auslegung von Art. 86 im Hinblick auf die deutschen Regelungen zur Informationsfreiheit durch deutsche Gerichte erfolgen wird, die mit den Begriffen schon einige Erfahrung haben (wenn auch in anderen Normtexten). Es ist deshalb alles andere als unwahrscheinlich, dass die deutschen Gerichte auf die existierenden Definitionen in den deutschen Rechtstexten zurückgreifen werden. Im Folgenden wird zur Auslegung der Begriffe dann auf deutsches Recht (auch im Hinblick auf deutsche Urteile und deutsche Fachliteratur) zurückgegriffen, wenn das Unionsrecht keine klaren Antworten liefert.

13

1. Personenbezogene Daten. Die Norm gilt nicht für alle amtlichen Dokumente, sondern nur für solche, in denen personenbezogene Daten enthalten sind. Nach Art. 4 Nr. 1 sind für die **Identifizierbarkeit die Mittel und Möglichkeiten zu berücksichtigen,** die der datenverarbeitenden Stelle konkret zur Verfügung stehen (→ Art. 4 Nr. 1 Rn. 1 ff.). Die Rechtslage hat sich durch die DSGVO im Vergleich zur DSRL nicht grundlegend geändert. Daher ist auf die hierzu bereits ergangene Rspr. zurückzugreifen:[29] Begehrt ein Antragsteller zB vom Umweltministerium umfangreiche Informationen über Waldumwandlungsgenehmigungen und über die Ausgleichsmaßnahmen, so ist fraglich, ob es sich bei den begehrten Informationen zu den Grundstücken um personenbezogene Daten handelt, da diese nur mit Zusatzinformationen auf Personen bezogen werden können. Entscheidend ist, ob es sich um Zusatzinformationen handelt, die mit einem vertretbaren Aufwand beschafft werden können. Ferner darf es sich nicht nur um eine rein theoretische Möglichkeit handeln. Es ist darauf abzustellen, welche Zusatzinformationen der datenverarbeitenden Stelle im konkreten Fall zur Verfügung stehen und ob diese beabsichtigt, sich weitere Informationen zu verschaffen.[30] Bei den Gehältern zweier Geschäftsführer war fraglich, ob nicht wenigstens die insgesamt an beide zusammen gezahlte Summe bekanntzugeben sei. Das OVG Berlin-Brandenburg hat dies abgelehnt, da bei nur zwei Geschäftsführern die Möglichkeit einer Deanonymisierung sehr hoch sei. Es genügten Kenntnisse über eine der beiden Personen und das Gehalt der anderen würde ebenfalls unmittelbar öffentlich.[31] Die Auskunft

14

---

26 Unklar insoweit Roßnagel/*Hoidn*, Europ. DSGVO, § 4 Rn. 184ff.

27 *Oppermann/Claasen/Nettesheim*, Europarecht, 7. Aufl. 2016, § 11 Rn. 3 mwN: Der EuGH zeigt sich wenig daran interessiert, „die Grenzen der Kompetenzen randscharf abzustecken und gegenüber dem EU-Normgeber durchzusetzen."

28 Kritisch dazu *Roßnagel*, Europ. DSGVO, Vorwort S. 5: „eine sehr schwer durchschaubare Gemengelage aus Unionsrecht, weitergeltendem deutschen Datenschutzrecht und neu zu erlassenden Datenschutzvorschriften [...] hohes Maß an Rechtsunsicherheit."

29 Alle folgenden Beispiele aus der Rspr., s. dazu *Schnabel* RDV 2015, 293.

30 VG Potsdam LKV 2013, 284; krit. dazu *Götze* LKV 2013, 241 (247).

31 OVG Berlin-Brandenburg, Beschl. v. 9.3.2015 – OVG 12 N 44.13.

über von der Bundestagsverwaltung aufgrund von Anträgen von Parlamentarischen Geschäftsführern der Fraktionen herausgegebene Hausausweise an Lobbyistenverbände ist nicht personenbezogen, weder für die Verbandsvertreter noch für die Parlamentarischen Geschäftsführer der Fraktionen, die für die Hausausweise gezeichnet hatten, oder für die Abgeordneten, die sich mit den Verbandsvertretern trafen.[32] Diese Beispiele aus der Rspr. zeigen, wie mit der Berücksichtigung der zur Verfügung stehenden Mittel und Möglichkeiten umzugehen ist. Die Gerichte stellen ausnahmslos auf die Umstände des konkreten Einzelfalles ab. Behörden und datenverarbeitende Stellen, die dies nicht tun, sondern auf der Basis generalisierter Vorgaben entscheiden, werden vor Gericht voraussichtlich auf wenig Verständnis stoßen.[33]

15 **2. Amtliche Dokumente.** Der Begriff der amtlichen Dokumente (englisch „official documents", französisch „documents officiels") stammt aus dem Unionsrecht: Art. 15 Abs. 3 UAbs. 1 AEUV, Art. 42 GRCh und Art. 1 a und Art. 2 Abs. 1 VO 1049/2001/EG gewähren jeweils einen Anspruch auf Zugang zu „Dokumenten".[34] Im deutschen Recht herrscht keine Einheitlichkeit im Hinblick auf Begrifflichkeiten. Während das brandenburgische AIG[35] und das Berliner IFG[36] sich auf „Akten" beziehen, regeln die anderen IFG der Länder und des Bundes den Anspruch auf Zugang zu „Informationen"[37]. Der Begriff des „Dokuments" wird in Deutschland im Rahmen von Informationsfreiheitsregelungen soweit ersichtlich gar nicht verwendet. Die Wiederholung des europäischen Begriffs in der DSGVO ist grundsätzlich zu begrüßen, weil dadurch das zB in Deutschland herrschende Begriffs-Wirrwarr vermieden wird. Allerdings ist der Begriff des „Dokuments" so eng, dass er nicht immer zu befriedigenden Ergebnissen führt. Zwar ist der Begriff des „Dokuments" im europäischen Informationszugangsrecht weit auszulegen[38], auch Art. 3 a VO 1049/2001/EG definiert Dokumente als **„Inhalte unabhängig von der Form des Datenträgers"**. Trotzdem kann im Einzelfall, zB bei Datenbanken, eine Information vorliegen, die kein Dokument ist.[39] Der EuGH hat hierzu entschieden, dass es sich dann um ein „existierendes Dokument" handelt, wenn die Information aus einer elektronischen Datenbank im Rahmen ihrer üblichen Nutzung mithilfe vorprogrammierter Suchfunktionen extrahiert werden können. Dies ist nicht der Fall, wenn hierfür zuerst die Organisation der Datenbank oder die Suchfunktion geändert werden müsste.[40]

16 Trotz dieses Kunstgriffs in der Auslegung sind die **Begriffe „Dokument" und „Information" nicht deckungsgleich**. Bei einer bloßen Übernahme des unionsrechtlichen Begriffsverständnisses gäbe es ein Delta an Informationen mit personenbezogenen Daten, zu denen nach nationalem Recht ein Zugang möglich sein soll, die aber nicht von der Öffnungsklausel des Art. 86 erfasst sind. Die Öffnungsklausel soll wohl kaum darauf gerichtet sein, nur einzelne Ansprüche auf Informationszugang zu erfassen, andere nicht. Deshalb erscheint es überzeugend, im hier vorliegenden Kontext davon auszugehen, dass von Art. 86 alle unionsrechtlichen und nationalen Regelungen über den voraussetzungslosen Zugang zu amtlichen Informationen erfasst sein sollen, unabhängig von der konkreten Formulierung im Einzelfall.[41]

17 Art. 86 spricht ferner von **„amtlichen" Dokumenten**. Diese Begrifflichkeit ist dem Unionsrecht ansonsten fremd, Art. 15 Abs. 3 Uabs. 1 AEUV, Art. 42 GRCh und Art. 1 a und Art. 2 Abs. 1 VO 1049/2001/EG regeln den Zugang zu „Dokumenten der Organe", die Einschränkung „amtlich" findet sich nicht. Der Begriff ist hingegen **aus dem nationalen Recht bekannt**, weshalb sich auch hier ein Rückgriff auf das nationale Recht anbietet (zur Bedeutung des nationalen Rechts für die Auslegung der DSGVO → Rn. 13). Die deutschen IFG beziehen sich stets auf „amtliche Informationen" (s. für den Bund § 1 Abs. 1 S. 1 IFG). Von auskunftpflichtiger Seite wurde häufig versucht, in den Begriff eine Beschränkung auf hoheitliche Tätigkeiten oder Verwaltungshandeln hineinzulesen. In der Rspr. zeichnet sich hingegen eine Tendenz ab, den Anwendungsbereich des IFG auszuweiten.[42] Der Begriff der Amtlichkeit spielt in der gerichtlichen Praxis daher keine wesentliche Rolle mehr, er dient lediglich der Abgrenzung zu rein privaten Informationen,[43] also zB Urlaubsfotos, die sich trotz ihrer rein privaten Natur auf dienstlichen PCs befinden können. Das entscheidende Merkmal ist die **Zweckbestimmung des Dokuments**: Betrifft dieses eine auskunftspflichtige Stelle oder ist es in Erfüllung einer amtlichen Aufgabe angefallen oder steht es im Zusammenhang mit der Aufga-

32 VG Berlin, Urt. v. 18.6.2015 – 2 K 176.14.
33 S. dazu am Beispiel der Videoüberwachung *Schnabel* PharmR 2016, 177 (182 f.) zu VG Saarland, ZD 2016, 549.
34 S. dazu *Schoch*, IFG, Einl. Rn. 91 ff.
35 Akteneinsichts- und Informationszugangsgesetz v. 10.3.1998.
36 Gesetz zur Förderung der Informationsfreiheit im Land Berlin v. 15.10.1999.
37 Zur „Information" als von dem Informationsträger trennbarer Inhalt s. OVG Hamburg Beschl. v. 21.7.2016 – 1 Bf 29/12.Z.
38 *Wägenbaur* EuZW 2001, 680 (682); *Partsch* NJW 2001, 3154 (3156).
39 Zutr. *Schoch*, IFG, Einl. Rn. 119 mwN.
40 EuGH C-491/15 P, ZD 2017, 182 f.; ähnlich zur Addition vorhandener Zahlen: BVerwGE 151, 1 Rn. 37.
41 IErg ebenso *Paal/Pauly* Art. 86 Rn. 4; BeckOK DatenschutzR/*Schiedermair* DSGVO Art. 86 Rn. 4.
42 Zutr. *Schoch* NVwZ 2017, 97. Ebenfalls zutr. ist der Hinweis auf den gleichzeitig großzügigen Umgang mit den Anforderungen an das Vorliegen von Ausnahmetatbeständen, s. anhand der „Inneren Sicherheit" *Schnabel* ZGS 2018, 91 ff.
43 So schon *Kugelmann* NJW 2005, 3609 (3610).

benerfüllung der auskunftspflichtigen Stelle, so handelt es sich um eine amtliche Information.[44] Weitere Anforderungen an die Amtlichkeit einer Information oder eines Dokuments bestehen nicht,[45] ein Hineinlesen in den Gesetzestext wäre unzulässig. Ein Bezug zu einem konkreten Verwaltungsvorgang ist nicht erforderlich.[46] **Herkunft, Urheberschaft und Aufbewahrungsort der Information oder des Dokuments sind unerheblich.**[47] IErg sind daher auch ursprünglich private Informationen und Dokumente wie Anträge, Gutachten und Stellungnahmen amtliche Dokumente iSv Art. 86, wenn die auskunftspflichtige Stelle sie zu amtlichen Zwecken erhält. Dies gilt auch für jugendgefährdende Medien, wenn die Behörde diese zum Zweck einer amtlichen Prüfung bekommt.[48] Hingegen soll frei erwerbbare Fachliteratur keine amtliche Information darstellen.[49]

3. Auskunftspflichtige Stellen. Als mögliche auskunftspflichtige Stellen benennt Art. 86 Behörden, öffentliche Einrichtungen und private Einrichtungen zur Erfüllung einer im öffentlichen Interesse liegenden Aufgabe. Das Ziel von Art. 86 dürfte die weitgehende Einbeziehung sämtlicher Ansprüche auf Informationszugang sein. | 18

a) Behörde. Der Begriff der Behörde wird in der DSGVO nicht definiert. Im sonstigen Informationsfreiheitsrecht der Union findet sich allerdings eine Definition in Art. 2 Nr. 2 der Umweltinformationsrichtlinie 2003/4/EG (UI-RL). Diese ist nicht konsistent mit der Dreiteilung in Art. 86, weil zB private Stellen, die öffentliche Aufgaben wahrnehmen, nach Art. 2 Nr. 2 lit. c UI-RL Behörden iSd Umweltinformationsrechts sind.[50] Zurückgreifen kann man aber auf lit. a: Danach ist eine Behörde „**die Regierung oder eine andere Stelle der öffentlichen Verwaltung, einschließlich öffentlicher beratender Gremien**". Zur Ausnahme in Art. 2 Nr. 2 S. 2 UI-RL (Möglichkeit der Mitgliedstaaten eine Ausnahme zu schaffen für Gremien oder Einrichtungen „soweit sie in gerichtlicher oder gesetzgebender Eigenschaft handeln") hat der EuGH entschieden, dass sich dies nach nationalem Recht richtet „unter dem Vorbehalt, dass die praktische Wirksamkeit der Richtlinie nicht beeinträchtigt wird."[51] Auch für den Behördenbegriff in Art. 86 liegt es daher nahe, auf das nationale Recht abzustellen. Im deutschen Recht wird der Begriff der „Behörde" nicht einheitlich verstanden; nicht einmal im IFG ist die Verwendung einheitlich.[52] Der konkret geltende Behördenbegriff muss für jedes Gesetz individuell herausgearbeitet werden.[53] Im IFG wird von einem **funktionellen Behördenbegriff** ausgegangen.[54] Ein vergleichbarer Begriff sollte auch im Hinblick auf Art. 86 Anwendung finden. | 19

Danach ist als Behörde jede Stelle anzusehen, die eine **Verwaltungsaufgabe** wahrnimmt.[55] Als Verwaltungsaufgabe wird im Wege der Subtraktion jede staatliche Aufgabe verstanden, die weder Gesetzgebung noch Rspr. ist.[56] Unproblematisch erfasst ist daher jede Tätigkeit einer Behörde im Rahmen des **hoheitlichen oder schlicht-hoheitlichen Handelns, fiskalische Hilfsgeschäfte**,[57] die **administrative Rechtssetzung**[58] **und informelles Handeln.**[59] Verfassungsrechtlich hat sich der Begriff des Regierungshandelns (Staatsleitung) in Abgrenzung zum „niederen" Verwaltungshandeln etabliert. Im Informationszugangsrecht ist diese Unterscheidung unerheblich; auch Regierungshandeln ist erfasst.[60] Dass die administrative Vorbereitung von Gesetzgebungsvorhaben in Ministerien zur „Verwaltungstätigkeit" gehört, zeigt ein Blick in die extra für diese Fälle geschaffene Ausnahmemöglichkeit in Art. 2 Nr. 2 S. 2 UI-RL (umgesetzt in § 2 Abs. 1 Nr. 1 S. 3 lit. a UIG). Wäre die Vorbereitungstätigkeit für Gesetzgebungsvorhaben nicht erfasst, bestünde keine Notwendigkeit für einen Ausnahmevorbehalt. Im allgemeinen nationalen Informationszugangsrecht ging man man- | 20

---

44 *Schoch*, IFG, § 2 Rn. 50 mwN; ähnlich Paal/Pauly/*Pauly* Art. 86 Rn. 4: es handelt sich um ein öffentliches Dokument, wenn dieses zur Erfüllung einer öffentlichen oder behördlichen Angelegenheit erstellt wird.

45 *Rossi*, Möglichkeiten und Grenzen des Informationshandelns des Bundesrechnungshofes, 2012, S. 105.

46 VG Berlin NVwZ-RR 2010, 339 (340).

47 *Maatsch/Schnabel*, HmbTG, 2015, § 2 Rn. 8 mwN; ähnlich Sydow/*Specht* Art. 86 Rn. 9; dies verkennt Kühling/Buchner/*Herbst* Art. 86 Rn. 12, der nur vom Amt verfasste Dokumente erfasst sehen will; ebenso Gierschmann/Schlender/Stentzel/Veil/*Heilmann*/*Schulz* Art. 86 Rn. 17; Ehmann/Selmayr/*Ehmann* Art. 86 Rn. 7 stellt va auf das Merkmal des Besitzes der Dokumente ab.

48 OVG NRW MMR 2017, 63ff.

49 IErg begrüßenswert: VGH BW VBlBW 2017, 70.

50 IErg aber unerheblich, weil für diese privaten Stellen nach Art. 86 die gleichen Rechtsfolgen gelten wie für Behörden, auch wenn begrifflich unterschieden wird.

51 EuGH C-515/11, EuZW 2013, 708.

52 *Schoch*, IFG, § 1 Rn. 110 mwN zur Abweichung zwischen § 1 Abs. 4 und § 48 Abs. 4 S. 1 VwVfG.

53 *Schoch*, IFG, § 1 Rn. 110 aE.

54 S. nur BVerwG NVwZ 2015, 1603 mAnm *Schnabel*.

55 BVerwG NVwZ 2013, 431 Rn. 23.

56 So zum UIG: BVerwG DVBl. 2006, 182 (183) mAnm *Schoch*.

57 Zu Grundstücksgeschäften: *Schnabel* ZfIR 2016, 658 (660); BVerwGE 150, 383.

58 OVG NRW NVwZ-RR 2011, 965 (966 f.).

59 VG Berlin K&R 2011, 430 und OVG Berlin-Brandenburg NVwZ 2012, 1196: „Geburtstagsparty Ackermann".

60 BVerwGE 141, 122 Rn. 20, nach anfänglich anderer Rspr. des VG Berlin AfP 2008, 107 (109).

gels ausdrücklicher Ausnahme ohnehin von einer Erfassung der administrativen Vorbereitung von Gesetzesvorhaben aus.[61]

21 **b) Öffentliche Einrichtung.** Auch der Begriff der öffentlichen Einrichtung ist in der DSGVO nicht legal definiert. Unionsrechtlich tritt der Begriff zB in Art. 2 Nr. 2 PSI-RL 2003/98/EG auf. Danach handelt es sich um **Einrichtungen**, die zu dem **besonderen Zweck gegründet** wurden, im **Allgemeininteresse liegende Aufgaben zu erfüllen**, die nicht gewerblicher Art sind, und Rechtspersönlichkeit besitzen und überwiegend vom Staat, von Gebietskörperschaften oder von anderen Einrichtungen des öffentlichen Rechts finanziert werden oder hinsichtlich ihrer Leitung der Aufsicht durch letztere unterliegen oder deren Verwaltungs-, Leitungs- oder Aufsichtsorgan mehrheitlich aus Mitgliedern besteht, die vom Staat, von Gebietskörperschaften oder von anderen Einrichtungen des öffentlichen Rechts ernannt worden sind. In Art. 2 Nr. 2 lit. b UI-RL sind diese Stellen ebenfalls umschrieben: „natürliche oder juristische Personen, die aufgrund innerstaatlichen Rechts Aufgaben der öffentlichen Verwaltung, einschließlich bestimmter Pflichten, Tätigkeiten oder Dienstleistungen im Zusammenhang wahrnehmen". In Deutschland kommen va die juristischen Personen des öffentlichen Rechts in Betracht, die als **mittelbare Staatsverwaltung** bekannt sind: Körperschaften, Anstalten und Stiftungen.[62] Dies betrifft zB Kammern,[63] Universitäten.[64] Kliniken,[65] öffentlich-rechtliche Rundfunkanstalten[66] und andere Einrichtungen, sofern diese nicht ausdrücklich vom Anwendungsbereich des jeweiligen Gesetzes ausgenommen werden.

22 **c) Private Einrichtung zur Erfüllung einer öffentlichen Aufgabe.** Die Öffnungsklausel des Art. 86 erfasst auch Auskunftsansprüche gegen private Einrichtungen, sofern diese eine öffentliche Aufgabe erfüllen. Mangels eigener Definition ist auf die Verwendung des Begriffs „öffentlicher Aufgaben" im Umweltinformationsrecht zurückzugreifen. Dort hat der Unionsgesetzgeber in Art. 2 Abs. 2 lit. c UI-RL natürliche und juristische Personen zu auskunftspflichtigen Stellen erklärt, wenn diese aufgrund innerstaatlichen Rechts Aufgaben der öffentlichen Verwaltung, einschließlich bestimmter Pflichten, Tätigkeiten oder Dienstleistungen im Zusammenhang mit der Umwelt, wahrnehmen die unter der Kontrolle einer Behörde stehen und im Zusammenhang mit der Umwelt öffentliche Zuständigkeiten haben, öffentliche Aufgaben wahrnehmen oder öffentliche Dienstleistungen erbringen. Die Voraussetzungen, wann von einer „Kontrolle" durch öffentliche Stellen auszugehen ist, sind der UI-RL nicht zu entnehmen. Hier bietet sich ein Blick in die Umsetzung der unionsrechtlichen Vorgabe in § 2 Abs. 2 UIG an. Nach § 2 Abs. 2 UIG liegt die „Kontrolle" der natürlichen oder juristischen Person des Privatrechts vor, wenn die Person des Privatrechts bei der Wahrnehmung der öffentlichen Aufgabe oder bei der Erbringung der öffentlichen Dienstleistung gegenüber Dritten **besonderen Pflichten unterliegt oder über besondere Rechte verfügt**, insbes. ein Kontrahierungszwang oder ein Anschluss- und Benutzungszwang besteht, oder eine oder mehrere juristische Personen des öffentlichen Rechts allein oder zusammen, unmittelbar oder mittelbar die Mehrheit des gezeichneten Kapitals des Unternehmens besitzen, über die Mehrheit der mit den Anteilen des Unternehmens verbundenen Stimmrechte verfügen oder mehr als die Hälfte der Mitglieder des Verwaltungs-, Leitungs- oder Aufsichtsorgans des Unternehmens bestellen können, oder mehrere juristische Personen des öffentlichen Rechts zusammen unmittelbar oder mittelbar über eine Mehrheit in diesem Sinne verfügen und der überwiegende Anteil an dieser Mehrheit juristischen Personen des öffentlichen Rechts zuzuordnen ist.[67] Diese Voraussetzungen sollten auch im Rahmen des Art. 86 Anwendung finden.[68] In der Praxis ist es noch vergleichsweise selten, dass umweltinformationsrechtliche Auskunftsansprüche gegen Private geltend gemacht werden; Rspr. dazu ist rar.[69]

23 Im nationalen Informationszugangsrecht ist die **Einbeziehung Privater eher die Ausnahme**. Sie erfolgt nach § 1 Abs. 1 S. 3 IFG nur, wenn sich eine Behörde natürlicher oder juristischer Personen des Privatrechts zur Erfüllung öffentlich-rechtlicher Aufgaben bedient. Der Fall der materiellen Aufgabenprivatisierung soll nicht erfasst sein[70] und Anspruchsgegner bleibt die Behörde[71]. Bislang hatten nur wenige deutsche Parla-

---

61 *Schoch* NVwZ 2015, 1 (5) mwN.
62 Allg. dazu *Maurer*, Allg. Verwaltungsrecht, 18. Aufl. 2011, § 23 Rn. 1ff.
63 VG Berlin, Urt. v. 15.5.2013 – 2 K 8.13 und Urt. v. 2.9.2016 – 2 K 87.15; *Ewer* AnwBl 2017, 98.
64 OVG Berlin-Brandenburg, Beschl. v. 21.4.2016 – OVG 12 N 41.14.
65 VG Hamburg DVBl 2016, 130; OVG Hamburg, Urt. v. 2.7.2018 – 3 Bf 153/15.
66 *Schnabel* ZUM 2010, 412; OVG NRW ZD 2012, 288 mAnm *Schnabel*; SächsOVG, Beschl. v. 2.2.2018 – 3 A 755/17.
67 S. dazu BeckOK/*Karg* UIG § 12 Rn. 54ff.; *Maatsch/Schnabel*, HmbTG, 2015, § 2 Rn. 24ff. jew. mwN aus der umweltinformationsrechtlichen Literatur.
68 Ebenso Kühling/Buchner/*Herbst* Art. 86 Rn. 13ff.
69 S. aber VG Berlin LKV 2013, 279 – DB ProjektBau GmbH; BVerwG NVwZ 2017, 1775 – DB Netz AG; VG Hamburg, Urt. v. 10.12.2014 – 17 K 1679/14 – SAGA GWG.
70 *Schoch*, IFG, § 1 Rn. 231ff.
71 *Schoch*, IFG, § 1 Rn. 234ff.

mente den Mut, Auskunftsansprüche auch ohne eine unionsrechtliche Erforderlichkeit direkt auf private Einrichtungen zu erstrecken.[72] Dies ist für das deutsche Recht so ungewöhnlich, dass sich die auskunftspflichtigen Stellen mit der Anerkennung einer eigenen Auskunftspflicht schwer tun.[73] Im Presserecht haben die deutschen Gerichte für eine Ausweitung der Auskunftspflicht auf kommunale und staatliche Unternehmen gesorgt, wenn diese von der öffentlichen Hand beherrscht und zur Erfüllung öffentlicher Aufgaben, etwa im Bereich der Daseinsvorsorge, eingesetzt werden.[74] Art. 86 zeigt bei der Einbeziehung privater Stellen Weitblick.[75] Wäre die Öffnungsklausel nicht darauf erstreckt worden, hätte dies zu Problemen führen können, denn Art. 86 fände keine Anwendung und eine Auskunftserteilung wäre unter Umständen unmöglich, soweit personenbezogene Daten betroffen sind. Für die Einbeziehung Beliehener ist die Erstreckung allerdings nicht erforderlich; sie fallen nach deutschem Verständnis bereits unter den (funktionellen) Behördenbegriff.[76]

4. Offenlegung. Art. 86 erlaubt die „Offenlegung" personenbezogener Daten.[77] Diese ist ein Akt der Da- 24
tenverarbeitung gem. Art. 4 Nr. 2.[78] Der Begriff der Offenlegung umfasst zunächst die **Herausgabe von Informationen und Dokumenten auf Antrag** als den klassischen Gegenstand des Informationszugangsrechts.
Darüber hinaus dürfte aber auch die antragsunabhängige Veröffentlichung zB im Internet gemeint sein.[79]
Dies ist von Bedeutung, weil es in Deutschland immer mehr IFG mit Veröffentlichungspflichten gibt. Diese
(wohl nach dem hamburgischen Vorbild) allgemein als Transparenzgesetze bezeichneten Regelungen werden also ebenfalls von Art. 86 umfasst. Hinzu kommen Veröffentlichungspflichten für personenbezogene
Daten aus Einzelregelungen.

Im Unionsrecht sind **Veröffentlichungspflichten** deutlich weiter verbreitet. Art. 7 UI-RL sieht aktive Veröf- 25
fentlichungspflichten vor, die in §§ 7, 10 UIG umgesetzt wurden.[80] Diese können auch personenbezogene
Daten enthalten.[81] Gleiches gilt für die in VO Nr. 1306/2013 und VO Nr. 908/2014 enthaltenen Regelungen zur Veröffentlichung von Subventionsempfängern, die im AIFG[82] umgesetzt wurden. Der Vorgänger
dieser Regelung wurde vom EuGH wegen Verstoßes gegen den Datenschutz in Art. 7, 8 GRCh verworfen.[83]
Die neue Regelung soll die Anforderungen des EuGH angemessen umsetzen.[84]

5. „Zugang der Öffentlichkeit". Ziel der Informationszugangsregelung muss der Zugang der „Öffentlich- 26
keit" sein. Auch dieser Begriff ist in der DSGVO nicht definiert. Wegen der starken Kontextabhängigkeit
bietet sich auch ein Rückgriff auf andere Verwendungen des Begriffs nicht an. Ein Informationszugang der
Öffentlichkeit steht im Gegensatz zum Informationszugang einer Gruppe, die bestimmte Voraussetzungen
erfüllen muss. So ist jede **allgemeine Veröffentlichung im Internet** an die „Öffentlichkeit" gerichtet, da eine
weltweite, unbeschränkte Zugriffs- und Abrufmöglichkeit besteht. Bei Informationsansprüchen, die durch
individuellen Antrag geltend gemacht werden müssen, ist danach zu unterscheiden, welche Anforderungen
die Anspruchsgrundlage an den Anspruchsteller richtet: Handelt es sich um individuelle Anforderungen,
wie zB eine persönliche Betroffenheit, ein eigenes rechtliches Interesse oder eine andere Voraussetzung, die
einen spezifischen Zusammenhang zwischen der Information und der anspruchsberechtigten Person herstellt, so ist die Regelung nicht auf die Herstellung von „Öffentlichkeit" gerichtet. Dies betrifft zB den datenschutzrechtlichen Auskunftsanspruch und Einsichtsrechte Verfahrensbeteiligter nach § 29 VwVfG oder
Prozessbeteiligter nach §§ 147, 475 StPO (ggf. iVm § 46 Abs. 1 und § 49 b OWiG); § 299 Abs. 2 ZPO (ggf.
iVm § 46 Abs. 2 S. 1 ArbGG oder § 4 InsO oder § 173 S. 1 VwGO oder § 155 S. 1 FGO oder § 202 S. 1
SGG).

Nicht an die Öffentlichkeit gerichtet sind auch Informationen, deren Verwendung nicht freigestellt ist, de- 27
ren Weiterverwendung also Einschränkungen unterliegt im Hinblick auf die Möglichkeit einer öffentlichen
Bekanntgabe. So unterfallen Regelungen zur Information von Parlamentariern schon dann nicht Art. 86,

---

72 Vgl. aber § 2 Abs. 3 und 4 HmbTG, s. dazu *Maatsch/Schnabel*, HmbTG, 2015, § 2 Rn. 18ff.
73 *Wegener* NVwZ 2015, 609 (612); *Götze* LKV 2013, 241 (244 f.). In Hamburg haben mehrere Unternehmen, die im Eigentum des Landes Hamburg stehen, Gutachten in Auftrag gegeben, um eine Informationspflichtigkeit nach dem HmbTG zu umgehen, vgl. Bürgerschafts-Drs. 20/14633.
74 BGH NJW 2005, 1720.; *Köhler* NJW 2005, 2337; *Schnabel* BayVBl. 2016, 114 (115); zuletzt BGH NJW 2017, 3153 mAnm *Huff*.
75 Ebenso Gierschmann/Schlender/Stentzel/Veil/*Heilmann*/*Schulz* Art. 86 Rn. 18: „bemerkenswert weit formuliert".
76 *Schoch*, IFG, § 1 Rn. 126; für eine Einbeziehung in Art. 86, ohne Klärung, ob „Beliehene" nicht ohnehin unter den Behördenbegriff fallen: Plath/*Grages* DSGVO Art. 86 Rn. 3, *Paal/Pauly* Art. 86 Rn. 7 und BeckOK DatenschutzR/*Schiedermair* DSGVO Art. 86 Rn. 4.
77 Anders die Überschrift von Art. 86: „Zugang".
78 *Gola*/*Piltz* Art. 86 Rn. 8.
79 Ebenso Plath/*Grages* DSGVO Art. 86 Rn. 2; Gierschmann/Schlender/Stentzel/Veil/*Heilmann*/*Schulz* Art. 86 Rn. 15.
80 S. dazu BeckOK/*Karg* UIG § 10 Rn. 1ff.
81 *Kümper/Wittmann* ZUR 2011, 840 (844).
82 Agrar- und Fischereifonds-Informationen-Gesetz v. 26.11.2208, BGBl. 2008, 2330.
83 EuGH C-92/09 EuZW 2010, 939 auf Vorlage des VG Wiesbaden K&R 2009, 354 mAnm *Schnabel*.
84 So *Schoch* VWBlBW 2014, 361 (363).

wenn sie Geheimschutzregelungen unterliegen und von den Parlamentariern nicht unbeschränkt weiterverwendet werden dürfen.[85] Dies gilt unabhängig von der Frage, ob durch die Begrenzung der Anspruchsberechtigung auf Abgeordnete überhaupt von einer Zugangsregelung für die Öffentlichkeit ausgegangen werden kann.

28 Es gibt Fälle, in denen zwar vom Anspruchsberechtigten bestimmte Eigenschaften erwartet werden, diese aber sehr weit verbreitet sind. Dies betrifft zB Ansprüche, die auf EU-Bürger oder Staatsbürger des veröffentlichenden Mitgliedsstaats begrenzt sind oder auf Personen, die im EU-Raum oder dem Mitgliedstaat ihren Wohnort haben. Aufgrund der Weite kann in diesen Fällen kaum von einer echten „Beschränkung" ausgegangen werden, zumal auch die Vertretung durch einen solchen Berechtigten unproblematisch möglich ist. Auch solche Ansprüche sind deshalb an die Öffentlichkeit gerichtet. Problematischer sind die **Auskunftsrechte der Presse** nach § 4 des jeweiligen LPresseG. Die Geltendmachung dieses Anspruchs ist „Pressevertretern" vorbehalten.[86] Anspruchsberechtigt sind Reporter, Redakteure, freie Mitarbeiter, aber auch Verleger und Herausgeber, wobei insgesamt eine Vertretung durch Schreibkräfte oder Hausjuristen möglich ist.[87] Hinzu kommen die nach § 9a RStV auskunftsberechtigten Rundfunk- und Fernsehsender[88] sowie die nach § 9a iVm § 55 Abs. 3 RStV auskunftsberechtigten Anbieter journalistisch-redaktionell gestalteter Telemedien.[89] Neben dieser iErg sehr großen Zahl tatsächlich Auskunftsberechtigter ist die Funktion der Berechtigten als Multiplikatoren in die Wertung aufzunehmen: Die presserechtliche Auskunft erfolgt, damit die hierdurch gewonnenen Informationen von der Presse, dem Sender oder dem Telemedienangebot weiter verbreitet werden können; sie sind an die Öffentlichkeit gerichtet. IErg ist es daher überzeugend, auch diese Auskunftsansprüche als „Zugang der Öffentlichkeit" anzusehen.

29 **6. „in Einklang mit dieser Verordnung".** Die eigentliche Regelung in Art. 86 besteht in der Feststellung, dass auch personenbezogene Daten offengelegt werden dürfen, um die Informationszugangsfreiheit und den Datenschutz „gemäß dieser Verordnung in Einklang zu bringen". Hier zeigt sich der Unionsgesetzgeber von seiner schwachen Seite. Das Ergebnis ist eine **unklare Formulierung**.[90]

30 Einigkeit besteht zunächst einmal insoweit, als es sich um eine Öffnungsklausel handelt.[91] Diese besteht in einem bedingten Regelungsauftrag an die Mitgliedstaaten. Entscheiden diese sich (was ihnen unionsrechtlich frei steht) zum Erlass eines nationalen IFG, das auch die Herausgabe personenbezogener Daten vorsieht, so müssen diese eine Regelung enthalten, die das **Spannungsverhältnis zwischen Informationszugang und Datenschutz** regelt. Fraglich ist aber, wie weit die Öffnungsklausel reicht. Der Wortlaut ermöglicht keine völlige Freistellung von den Vorgaben der DSGVO. Gleichzeitig kann mit dem Begriff „in Einklang bringen" auch nicht lediglich gemeint sein, dass die Offenlegung von personenbezogenen Daten in amtlichen Dokumenten eine „Aufgabe im öffentlichen Interesse" nach Art. 6 Abs. 1 lit. e ist[92] (→ Art. 6 Abs. 1 Rn. 70ff.). Diese Feststellung hätte auch in einem EG zu Art. 6 erfolgen können und keinen eigenen Artikel erfordert,[93] weil in Art. 6 Abs. 3 ohnehin eine Öffnungsklausel für Abs. 1 lit. e besteht. Die Formulierung „in Einklang bringen" findet sich auch in Art. 85 Abs. 1 (→ Art. 85 Rn. 8ff.). Dessen Abs. 2 enthält weitere Vorgaben zum Verständnis. Danach sehen die Mitgliedstaaten Abweichungen oder Ausnahmen von den Regelungen in den Kapiteln II bis VII und IX vor, wenn dies erforderlich ist, um den Datenschutz mit der Meinungs- und der Informationsfreiheit (hier: Informationsfreiheit nach Art. 11 GRCh → Art. 85 Rn. 7) in Einklang zu bringen. Dies soll „mitgliedsstaatliche Sonderwege" ermöglichen.[94] Da ein solcher Abs. in Art. 86 nicht enthalten ist, kann dem Artikel wohl kaum der gleiche Erklärungsgehalt zugemessen werden.[95] Auch fehlt es an einer Pflicht zur Mitteilung über abweichende Regelungen wie in Art. 85 Abs. 3 (→ Art. 85 Rn. 29ff.).[96]

---

85 Zur Bedeutung der Geheimschutzordnung für die Beantwortung parlamentarischer Fragen s. *Harks* LKV 2016, 163.
86 Die Terminologie ist uneinheitlich „Medienvertreter", „Presse", in der gerichtlichen Praxis sind diese Unterschiede aber nahezu ohne Belang, s. *Burkhardt* in: Löffler (Hrsg.), Presserecht, 6. Aufl. 2015, § 4 Rn. 46.
87 *Schnabel* BayVBl. 2016, 114 mwN.
88 ZB VG Berlin, Beschl. v. 26.1.2017 – 27 L 43.17.
89 Zu den Anforderungen an das Telemedium s. SächsOVG, Urt. v. 10.5.2017 – 3 A 726/16 (iErg abgelehnt).
90 *Paal/Pauly* Art. 86 Rn. 8: „keine ausdr. Aussage"; Roßnagel/*Hoidn*, Europ. DSGVO § 4 Rn. 184: „keine spezifischen Regelungen"; freundlicher Plath/*Grages* DSGVO Art. 85 Rn. 1, der die Bedeutung der Ausnahmen für „bislang noch nicht ganz eindeutig geklärt" hält.
91 Plath/*Grages* DSGVO Art. 85 Rn. 4; Kühling/Buchner/*Herbst* Art. 86 Rn. 3; BeckOK DatenschutzR/*Schiedermair* DSGVO Art. 86 Rn. 2.
92 So aber Kühling/Buchner/*Herbst* Art. 86 Rn. 3: „deklaratorische Funktion"; Gola/*Piltz* Art. 86 Rn. 1: „in gewisser Weise deklaratorisch".
93 Dies war im KOM-E noch der Fall, Kühling/Buchner/*Herbst* Art. 86 Rn. 7.
94 *Albrecht* CR 2016, 88 (97).
95 Kühling/Buchner/*Herbst* Art. 86 Rn. 23; aA Plath/*Grages* DSGVO Art. 86 Rn. 4 verweist auf Art. 85.
96 S. dazu Plath/*Grages* DSGVO Art. 85 Rn. 10 f.

Art. 86 soll zwei grundsätzlich berechtigte und anerkannte Interessen in Einklang bringen. Obwohl sich im Einzelfall stets eine der beiden Interessen durchsetzen wird, kann nicht aus grundsätzlichen Erwägungen dem einen oder dem anderen Interesse völliger Vorrang gewährt werden.[97] Also bleibt nur ein **Mittelweg**, um beiden Rechten ausreichenden Gehalt zu ermöglichen. Fallen die Extremlösungen (also die Anwendbarkeit aller Vorgaben der DSGVO[98] und völlige Freistellung von den Vorgaben des DSGVO) weg, so kann nur ein vermittelnder Weg gemeint sein.[99] Die Art. 86 unterfallenden Regelungen dürfen das Mindestniveau der DSGVO nicht unterschreiten.[100] Dies bezieht sich sowohl auf Verfahrensfragen als auch auf die materielle Einordnung von personenbezogenen Daten hinsichtlich ihrer Herausgabefähigkeit. Innerhalb der DSGVO sind Grundsätze und spezifische Vorgaben zu identifizieren, die auf die Informationszugangsfreiheit sinnvoll angewendet werden können. Diese Bestimmungen werden durch die Öffnungsklausel in Art. 86 verbindlich vorgegeben und bilden dann einen Rahmen für die Mitgliedstaaten, wenn diese das Spannungsverhältnis zwischen Informationszugangsfreiheit und Datenschutz regeln. Bei Vorgaben der Union zum voraussetzungslosen Zugangsanspruch im Hinblick auf personenbezogene Daten ist zunächst das Verhältnis zwischen der DSGVO und dem zugangsanspruchsgewährenden Rechtsakt zu untersuchen. Nur wenn die DSGVO Vorrang genießt, kann es erforderlich sein, diese Rechtsakte daraufhin zu prüfen, ob sie die Anforderungen von Art. 86 erfüllen. **31**

Die **wichtigsten allgemeinen Grundsätze** für die Verarbeitung personenbezogener Daten finden sich in Art. 5 (→ Art. 5 Rn. 31ff.). Sie sind im Hinblick auf ihre Anwendbarkeit zu überprüfen. Nach Art. 5 Abs. 1 lit. a sind personenbezogene Daten **rechtmäßig, nach Treu und Glauben und transparent** zu verarbeiten. Diese Anforderungen lassen sich ohne Weiteres auf die Informationszugangsfreiheit übertragen. Die Offenlegung amtlicher Dokumente mit personenbezogenen Daten hat auf der Grundlage einer Rechtsnorm oder einer Einwilligung zu erfolgen. Die Rechtsnorm des Unionsrechts oder des Rechts eines Mitgliedstaats muss Ausdruck eines Rechtsguts oder öffentlichen Interesses sein, das so gewichtig ist, dass es eine Einschränkung des Datenschutzes rechtfertigt. Dies wird man für die Informationszugangsfreiheit unterstellen können, da Art. 86 ansonsten in seiner Gesamtheit überflüssig wäre. Ferner lautet EG 154 S. 2: „Der Zugang der Öffentlichkeit zu amtlichen Dokumenten kann als öffentliches Interesse betrachtet werden." Die Datenverarbeitung hat nach Treu und Glauben zu erfolgen. Dieser Begriff ist im deutschen Recht zwar bekannt, muss für die DSGVO jedoch autonom als EU-Norm ausgelegt werden.[101] Die Regelung ist gewollt unscharf und bietet so die Möglichkeit zur wertenden Betrachtung im Einzelfall. Ihre Bedeutung für die Rechtmäßigkeit von Normen dürfte begrenzt sein. Die Datenverarbeitung muss ferner transparent erfolgen, wobei hieran nicht dieselben Anforderungen zu stellen sind wie sie die DSGVO vorsieht. Im Regelfall muss eine Benachrichtigungspflicht existieren. Eine Regelung, die keinerlei Benachrichtigungspflicht vorsähe, stünde wohl kaum „in Einklang" mit der DSGVO. Gegen die Offenlegung muss betroffenen Personen gerichtlicher Rechtsschutz möglich sein, was voraussetzt, dass sie von der Offenlegung wissen, bevor sie erfolgt. **32**

Die **Zweckbindung** nach Art. 5 Abs. 1 lit. b ergibt im Zusammenhang mit der Informationszugangsfreiheit keinen Sinn, weil personenbezogene Daten niemals erhoben werden, um für eine Offenlegung zur Verfügung zu stehen. Sie kann sich auch nicht auf eine Zweckbindung nach Offenlegung beziehen, da der Anspruch voraussetzungslos ist und damit insbes. ohne Begründungserfordernis besteht.[102] Gleiches gilt für den Grundsatz der **Datenminimierung** nach Art. 5 Abs. 1 lit. c. Da diese sich ebenfalls am Zweck der Datenverarbeitung orientiert, Informationszugangsregelungen jedoch keinen Zweck für den einzelnen Antrag kennen, kommt eine Übernahme ebenfalls nicht in Betracht. Erfolgt allerdings eine Abwägung im Rahmen des Informationszugangsrechts, sind die dortigen Zwecke durchaus zu beachten. **33**

Das **Kriterium der Richtigkeit** nach Art. 5 Abs. 1 lit. d kann nicht einheitlich beurteilt werden. Seine pauschale Anwendung ohne jede Berücksichtigung des Informationsinteresses ist nicht zielführend: Ziel der Informationszugangsfreiheit ist der Zugriff auf die vorhandenen, amtlichen Informationen. Soweit diese personenbezogene Daten umfassen, ist es ein wichtiges Erkenntnisziel, wenn die Informationen falsch sind. Würden sie vor Herausgabe an den Antragsteller ohne einen entsprechenden Hinweis korrigiert, entfiele eine mögliche Fehlerkontrolle. Die Kontrolle staatlichen Handelns ist aber ein wesentlicher Zweck der **34**

---

97 So aber zB EuGH C-28/08 P, EuGRZ 2010, 469; *Schoch* in: Dix et al. (Hrsg.), JB Informationsfreiheit, 2012, 123 (149) spricht von einer Fehlentscheidung.

98 So aber Gola/*Piltz* Art. 86 Rn. 16: „Vorgaben der DSGVO bleiben…unangetastet und anwendbar"; aA Gierschmann/Schlender/Stentzel/Veil/*Heilmann/Schulz* 2018 Art. 86 Rn. 4.

99 Roßnagel/*Hoidn*, Europ. DSGVO, § 4 Rn. 196 geht hingegen von „weiten Regelungsspielräumen" aus, aber die Begründung überzeugt nicht.

100 Gierschmann/Schlender/Stentzel/Veil/*Heilmann/Schulz* Art. 86 Rn. 19.

101 Kühling/Buchner/*Herbst* Art. 5 Rn. 13.

102 Allg. zum Erlöschen der datenschutzrechtlichen Zweckbindung im Rahmen der Informationsfreiheit *Schnabel* DuD 2012, 520 (523 f.) mwN.

IFG.[103] Verwendet eine staatliche Stelle personenbezogene Daten hingegen zielgerichtet zur Information der Öffentlichkeit, so müssen diese zutreffend sein.[104] § 6 Abs. 3 VIG, der eine ausdrückliche Freistellung von der Pflicht enthält, Informationen auf ihre Richtigkeit hin zu überprüfen, ist daher kritisch zu sehen.[105] Das Kriterium der Richtigkeit dürfte daher teilweise zu berücksichtigen sein.

35 Nach Art. 5 Abs. 1 lit. f. sind **geeignete technische und organisatorische Maßnahmen** zur Sicherung von Vertraulichkeit und Integrität der personenbezogenen Daten zu treffen. Die Sicherung der Vertraulichkeit ist im Zusammenhang mit der Informationszugangsfreiheit kein Problem, da die Daten ja dazu verarbeitet werden sollen, die Öffentlichkeit zu unterrichten. Die Integrität personenbezogener Daten ist stets zu sichern. Informationszugangsansprüche beziehen sich in aller Regel auf Informationen, die aus anderen Gründen bei öffentlichen Stellen vorhanden sind und dann genutzt werden, um die Öffentlichkeit zu informieren auf der Grundlage einer entsprechenden Norm. Die Integritätsanforderung gilt stets, nicht nur während der vorübergehenden Nutzung zur Befriedigung eines öffentlichen Informationsinteresses. Sie gewinnt aber eigenständige Bedeutung, wenn personenbezogene Daten erhoben werden, um die Öffentlichkeit zu informieren. Dies betrifft va die öffentlich zugänglichen Transparenzportale in den Bundesländern[106] und Veröffentlichungspflichten aus dem Fachrecht des Bundes, zB § 40 Abs. 1 a LFGB[107], § 6 Abs. 1 S. 3 VIG und § 115 Abs. 1 a SGB XI. Für diese Datenverarbeitungsvorgänge der Veröffentlichung gilt die Anforderung aus Art. 5 Abs. 1 lit. f. zum Schutz von Integrität und Vertraulichkeit.

36 Zu den anwendbaren Grundsätzen aus Art. 5 kommen noch das Prinzip der **Verhältnismäßigkeit** sowie die **Zuständigkeit der unabhängigen Aufsichtsbehörde**, denen die DSGVO offensichtlich hohe Priorität einräumt. Die Verhältnismäßigkeit verlangt, dass die Rechtsnorm ein abgestuftes Datenschutzkonzept vorzusehen hat, das nicht zu schematisch ist und die Möglichkeit einer den Besonderheiten des Einzelfalls angemessenen Rechtsfolge einschließt, im Idealfall eine Interessenabwägung.[108] Nach Art. 6 Abs. 3 S. 4 (→ Art. 6 Abs. 3 Rn. 32ff.) muss das Verhältnismäßigkeitsprinzip entweder in die Regelungen integriert werden oder es muss die Möglichkeit ihrer Berücksichtigung im Rahmen der Rechtsanwendung gegeben sein.[109] Ferner wären Ausnahmen von der Zuständigkeit der vollständig unabhängigen Aufsichtsbehörde wohl unzulässig. An diesen Anforderungen sind die nationalen Regelungen zu messen (→ Rn. 40ff.).

37 Die verbindliche Klärung, welche Voraussetzungen die DSGVO an mitgliedsstaatliche Transparenzregelungen konkret stellt und va, ob diese durch die verschiedenen deutschen Regelungen erfüllt werden, wird **dem EuGH vorbehalten** sein.[110] Dies ist aus zwei Gründen bedauerlich: Zum einen neigen die Gerichte der Union zu einer einseitigen Bevorzugung des Datenschutzes vor der Transparenz, zB bei der Nennung von Subventionsempfängern[111] oder dem Schutz von Lobbyisten.[112] Obwohl es auf nationaler Ebene – im Gegensatz zur europäischen Ebene – mangels verfassungsrechtlicher Fundierung der Informationszugangsfreiheit lange Zeit kein verfassungsrechtliches Gleichgewicht gab,[113] sind die deutschen Gerichte deutlich transparenzfreudiger, auch wenn es zulasten des Datenschutzes geht.[114] Es steht zu befürchten, dass mit der DSGVO und der abschließenden Zuständigkeit des EuGH harte Zeiten für die Transparenz anbrechen werden, insbes. seitdem sich der Gerichtshof als Grundrechtsgericht neu erfunden und dabei den Datenschutz zu seiner Lieblingsmaterie erkoren hat.[115] Zum anderen sind die Ausführungen des EuGH zu häufig so einzelfallbezogen und begründungsarm,[116] dass eine Übertragung auf andere Fallkonstellationen nur schwer möglich ist oder gar vollständig ausscheidet. Es ist daher davon auszugehen, dass zahlreiche Fälle, die die Offenlegung personenbezogener Daten aufgrund von Transparenzregelungen betreffen, von den nationalen

---

103 Vgl. § 1 Abs. 1 HmbTG.

104 So schon die Mindestanforderung nach der Rspr. des BVerfG an die Rechtmäßigkeit staatlicher Publikumsinformation auch ohne personenbezogene Daten: Zuständigkeit, Sachlichkeit, Richtigkeit und Angemessenheit, vgl. BVerfGE 105, 252 „Glykol"; allg. kritisch zum Verzicht auf das Erfordernis einer Rechtsgrundlage bei Grundrechtseingriffen durch Informationstätigkeit *Schoch* VWBlBW 2014, 361 (366 f.); *ders.* NVwZ 2011, 193.

105 Krit. aus haftungsrechtlicher Sicht Beck-OK/*Rossi* VIG § 6 Rn. 10.

106 Berlin: http://daten.berlin.de/; Bremen: http://transparenz.bremen.de/; Hamburg: http://transparenz.hamburg.de/.

107 S. dazu BVerfG NVwZ 2018, 1056.

108 *Kühling/Buchner/Herbst* Art. 86 Rn. 24; BeckOK DatenschutzR/*Schiedermair* DSGVO Art. 86 Rn. 5.

109 *Gola/Piltz* Art. 86 Rn. 12 verweist auf Art. 6 Abs. 2 und 3.

110 BeckOK DatenschutzR/*Schiedermair* DSGVO Art. 86 Rn. 5 aE.

111 EuGH C-92/09, EuZW 2010, 939 mAnm *Guckelberger*.

112 EuGH C-28/08, EuGRZ, 2010, 469 „Bavarian Lager" m. krit. Anm. *Erd* K&R 2010, 562 sowie *Hüttner* VuR 2010 243.

113 S. dazu *Schoch*, IFG, § 5 Rn. 17; neurdings BVerfG ZD 2017, 476 Rn. 20 f.

114 ZB BVerfG NJW 2008, 1435: Bezüge Krankenkassenvorstände; VG Berlin, Urt. v. 15.5.2013 – 2 K 8.13: Wahlergebnisse IHK; VG Würzburg DuD 2015, 559: Name Demonstrationsveranstalter.

115 *Bergt* in: Dix et al. (Hrsg.), JB Informationsfreiheit, 2015, 303 (317) sieht im EuGH ein „BVerfG 2.0" und meint, das Gericht habe sich als „Verteidiger der Grundrechte positioniert".

116 *Schoch* in: Dix et al. (Hrsg.), JB Informationsfreiheit, 2012, 123 (149) zu EuGH C-28/08, EuGRZ, 2010, 469 „Bavarian Lager": „undifferenzierte und unterkomplexe Entscheidung".

Gerichten dem EuGH vorgelegt werden. Aufgrund der Verfahrensdauer von EuGH-Verfahren beeinträchtigt dies die Interessen der Klägerinnen und Kläger sowie die Rechtssicherheit im Allgemeinen. Die Verantwortung hierfür liegt beim Unionsgesetzgeber, der sich nicht zu einer eindeutigen Formulierung durchdringen konnte.[117]

V. Unionsrecht

Nach Art. 86 soll die Öffnungsklausel auch für die Offenbarung personenbezogener Daten aufgrund von 38 Unionsrecht gelten. Es ist unklar, welches Unionsrecht hiermit gemeint sein könnte. So gilt die Transparenz-VO (EG) Nr. 1049/2001 nach Art. 2 iVm Art. 1 lit. a nur für das EP, den Rat und die KOM.[118] Auf diese ist die DSGVO nach Art. 2 Abs. 3 (→ Art. 2 Rn. 44ff.) aber nicht anwendbar. Für die Anordnung eines allgemeinen Informationszugangsrechts in den Mitgliedsstaaten fehlt der EU die Rechtssetzungskompetenz.[119] Die PSI-RL ist nach Art. 1 Abs. 4 PSI-RL ausdrücklich nicht auf personenbezogene Daten anwendbar. Dies wird in § 1 Abs. 3 IWG, mit dem die PSI-RL umgesetzt wird, noch einmal wiederholt (→ Rn. 7).

Richtlinien wie die UI-RL sehen zwar die Offenlegung personenbezogener Daten durch nationales Recht 39 vor, sie gelten aber grundsätzlich nicht unmittelbar, sondern müssen umgesetzt werden (zur Prüfung der Umsetzungsgesetze → Rn. 47ff.). Ferner stehen Richtlinien einer Verordnung im Rang nicht nach. Keine Regelung ist daher zwangsläufig an der anderen zu messen. IErg bleibt insgesamt unklar, an welche Regelungen der Verordnungsgeber gedacht hat.

VI. Recht der Mitgliedsstaaten

Bedeutung kann Art. 86 va bei der Schaffung nationaler Regelungen erhalten und im Rahmen der Umset- 40 zung des Unionsrechts. Im Folgenden wird beispielhaft das IFG des Bundes im Hinblick darauf betrachtet, bei anderen Normen wird nur auf erwähnenswerte Besonderheiten eingegangen.

1. IFG. Der Umgang mit personenbezogenen Daten wird im **IFG in** § 5 geregelt, der aufgrund der Verwei- 41 sung in § 1 S. 1 SIFG auch im Saarland gilt. In den Ländern ist der Datenschutz geregelt in § 5 LIFG BW, § 6 BerlIFG, § 5 AIG, § 5 Brem IFG, § 4 HmbTG, § 7 IFG-MV, § 9 NRWIFG, § 16 LTranspG RP, § 5 IZG LSA, § 10 IZG SH und § 9 ThürIFG; mehrere Bundesländer verfügen immer noch nicht über IFG.

Unter der Anforderung, dass die Offenlegung personenbezogener Daten in amtlichen Dokumenten zur Er- 42 füllung von Auskunftsansprüchen mit der DSGVO „in Einklang" zu bringen sind, wird man die **Berücksichtigung tragender Prinzipien der DSGVO** zu verstehen haben (→ Rn. 29). Die Offenlegung muss auf Grundlage einer Rechtsnorm oder einer Einwilligung erfolgen. § 5 Abs. 1 S. 1 IFG lautet: „Zugang zu personenbezogenen Daten darf nur gewährt werden, soweit das Informationsinteresse des Antragstellers das schutzwürdige Interesse des Dritten am Ausschluss des Informationszugangs überwiegt oder der Dritte eingewilligt hat." Damit ist das Erfordernis einer bestimmten Rechtsgrundlage erfüllt.[120] Gleichzeitig ermöglicht die Abwägung ein Abstellen auf den Einzelfall und die Berücksichtigung der Verhältnismäßigkeit.[121] Darüber hinaus verfügt § 5 IFG über Sonderregelungen für weniger schützenswerte Daten wie amtliche Kontaktinformationen in den Abs. 3 und 4[122] und vom Informationszugang ausgenommene Daten mit Mandatsbezug in Abs. 2.[123] Dies zeugt von einem abgestuften Datenschutzkonzept. Die Formulierung, dass das Informationsinteresse des Antragstellers das schutzwürdige Interesse des Dritten am Ausschluss des Informationszugangs überwiegen muss, macht deutlich, dass der Gesetzgeber dem Datenschutz einen Vorrang vor der Transparenz einräumt: Bei Gleichwertigkeit beider Interessen hat das Informationsinteresse zurückzustehen. Dies ist aus rechtspolitischer Sicht zu kritisieren,[124] stellt aber keinen Verstoß gegen Anforderungen der DSGVO dar. Problematisch ist die Ausnahme für sensible Daten nach § 3 Abs. 9 BDSG aF in § 5 Abs. 1 S. 2 IFG. Dies ist zwar im Geiste der DSGVO. Allerdings geht der Verweis auf das dann nicht mehr in dieser Form gültige BDSG ins Leere und die momentane Aufzählung der besonders schützenswer-

---

117 Allg. zum Zustandekommen der DSGVO und der daraus resultierenden Verfehlung der avisierten Ziele *Roßnagel*, Europ. DSGVO § 5 Rn. 1.
118 Ausf. zur TransparenzVO *Schoch* in: Dix et al. (Hrsg.), JB Informationsfreiheit, 2011, 23ff.
119 *Schmitz/Jastrow* NVwZ 2005, 984 (897); *Schomerus/Tolkmitt* DÖV 2007, 985 (987); *Schoch*, IFG, Einl. Rn. 166.
120 Zu den Anforderungen an die Einwilligung nach Art. 7 s. *Roßnagel/Hoidn*, Europ. DSGVO, § 4 Rn. 200 f.
121 *Schoch*, IFG, § 5 Rn. 38ff.; *Maatsch/Schnabel*, HmbTG, 2015, § 4 Rn. 37ff.
122 Zum nahezu endlosen Streit über Telefonlisten von Behördenmitarbeitern und Richtern s. nur *Wirtz* LKRZ 2015, 4; *Debus* NJW 2015, 981; BVerwG NJW 2017, 1256.
123 BVerwG NVwZ 2015, 669 mAnm *Gurlit* AfP 2015, 184 (186 f.); krit. *Schoch* in: Dix et al. (Hrsg.), JB Informationsfreiheit 2014, 175 (195ff.).
124 Zutr. *Schoch* in: Dix et al. (Hrsg.), JB Informationsfreiheit, 2012, 123 (140): „einseitige Bevorzugung des Datenschutzes"; ebenso *Maatsch/Schnabel*, HmbTG, 2015, § 4 Rn. 4; aA *Roßnagel* MMR 2007, 16 (21).

ten Datenarten erfasst im Gegensatz zu Art. 9 Abs. 1 DSGVO nicht die genetischen und biometrischen Daten sowie Daten über die sexuelle Orientierung. Hier besteht Anpassungsbedarf,[125] der zweckmäßigerweise durch einen Verweis auf Art. 9 Abs. 1 DSGVO oder § 46 Nr. 14 BDSG nF erfüllt werden sollte.

43 Die Rechtsnorm muss **Ausdruck eines Rechtsguts oder öffentlichen Interesses** sein, das so gewichtig ist, dass es eine Einschränkung des Datenschutzes rechtfertigt. Dies wird durch EG 154 S. 2 klargestellt: „Der Zugang der Öffentlichkeit zu amtlichen Dokumenten kann als öffentliches Interesse betrachtet werden." Die verfassungsrechtliche Bewertung in Deutschland ist entsprechend.[126] Also ist auch dieses Erfordernis durch § 5 IFG erfüllt. Die Datenverarbeitung muss außerdem so transparent sein, dass die betroffenen Personen die Möglichkeit haben, vor der Bekanntgabe ihrer personenbezogenen Daten **effektiven Rechtsschutz** zu suchen. Dazu enthält § 8 IFG umfangreiche Vorschriften, die einer verfahrensrechtlichen Absicherung der materiellen Rechtsposition dienen.[127] Danach ist der betroffenen Person Gelegenheit zur Stellungnahme zu geben, die Entscheidung ist ihr bekannt zu geben und darf erst vollstreckt werden, wenn sie bestandskräftig oder sofort vollziehbar ist.[128] Damit sind auch die Anforderungen an einen effektiven Rechtsschutz und eine transparente Datenverarbeitung grundsätzlich erfüllt. Probleme könnten sich ergeben, soweit vertreten wird, dass es eines Drittbeteiligungsverfahrens in den Fällen des § 5 Abs. 3 und 4 IFG nur dann bedürfe, wenn greifbare Anhaltspunkte dafür vorliegen, dass die gesetzliche Vermutung widerlegt werden kann.[129] Es ist zweifelhaft, dass dies mit den Grundwertungen der DSGVO in Einklang steht.

44 Ferner müsste die **Zuständigkeit der unabhängigen Aufsichtsbehörde** nach Art. 51ff. gegeben sein. Bei Datenschutzverletzungen durch eine unrichtige Anwendung des IFG könnte sowohl die Bundesbeauftragte für Datenschutz als auch die Bundesbeauftragte für Informationsfreiheit tätig werden.[130] Aufgrund der Doppelfunktion der oder des BfDI wird die Aufgabe in Personenidentität wahrgenommen.[131] Es ist deswegen aber keineswegs unerheblich, in welcher Funktion die Bundesbeauftragte tätig wird. Da die Rechtsstellung der BfDI durch die Änderung der §§ 22ff. BDSG nF den unionsrechtlichen Vorgaben angepasst wurde,[132] ist zwar die nach Art. 52 erforderliche vollständige Unabhängigkeit gegeben. Allerdings sind die Befugnisse der Bundesdatenschutzbeauftragten nicht identisch mit denen der Bundesinformationsfreiheitbeauftragten. Während diese im Datenschutzbereich mit den Befugnissen der DSGVO ausgestattet ist (→ Art. 58), hat sie im IFG-Bereich nahezu eine reine Beratungsfunktion.[133] Die Befugnisse im IFG ergeben sich aus einer konstitutiven und dynamischen Verweisung in § 12 Abs. 3 IFG auf das BDSG aF[134] für Kontrollaufgaben (§ 24 Abs. 1 und 3 bis 5 BDSG aF), Beanstandungen (§ 25 Abs. 1 S. 1 Nr. 1 und 4, S. 2 und Abs. 2 und 3 BDSG aF) sowie die weiteren Aufgaben (§ 26 Abs. 1 bis 3 BDSG aF). Da diese Regelungen im BDSG nF nicht mehr enthalten sind, muss das IFG noch angepasst werden, was bis Redaktionsschluss nicht erfolgte. Es ist nicht davon auszugehen, dass im IFG-Bereich dieselben Befugnisse geschaffen werden wie im europäischen Datenschutzrecht.

45 Vor Inkrafttreten der DSGVO dürften bei der BfDI eingehenden Beschwerden über eine Verletzung der datenschutzrechtlichen Vorgaben in § 5 IFG vom IFG-Referat auf der Grundlage des IFG bearbeitet worden sein. Zukünftig wäre dies nicht mehr ausreichend, da die oder der Informationsfreiheitsbeauftragte nicht über die nach Art. 51ff. erforderlichen Kompetenzen verfügt. Geht es um behauptete Datenschutzverletzungen durch die Offenbarung amtlicher Dokumente, so muss die oder der BfDI (und ihre Länderkolleginnen und -kollegen) nach Maßgabe der DSGVO tätig werden. Dies gilt unabhängig davon, welche Person oder welches Referat bei der BfDI die entsprechenden Anrufungen bearbeitet. Aus der DSGVO sind die einschlägigen Fristen, die Pflicht zum Tätigwerden und die zur Verfügung stehenden Maßnahmen (→ Art. 58) anzuwenden. Nur dann wird die Anforderung von Art. 86 erfüllt.

46 Zusammenfassend ist festzuhalten, dass die Anforderungen der DSGVO durch die beispielhaft geprüften Regelungen des IFG **grundsätzlich erfüllt** werden.[135] Im Detail besteht jedoch Anpassungsbedarf.[136]

---

125 Roßnagel/*Hoidn*, Europ. DSGVO, § 4 Rn. 199.
126 BVerfG NJW 2008, 1435 (1436).
127 *Greve* ZD 2014, 336 (339).
128 S. ausf. zu diesen Anforderungen: *Schoch*, IFG, § 8 Rn. 16ff.; BeckOK/*Sicko* IFG § 8 Rn. 8 ff.; allg. zum Rechtsschutz Drittbetroffener im Informationsrecht *Blatt/Franßen* NWVBl. 2014, 412ff.
129 VG Berlin, Urt. v. 17.3.2016 – VG 2 K 185.14, Rn. 25; Urt. v. 11.11.2016 – 2 K 107.16, Rn. 27; *Schoch*, IFG, § 8 Rn. 53.
130 Zur nicht geschlechtsneutralen Amtsbezeichnung s. BeckOK/*Schnabel* IFG § 12 Rn. 1 a.
131 *Schoch*, IFG, § 12 Rn. 57 f.; BeckOK/*Schnabel* IFG § 12 Rn. 6.
132 BeckOK/*Schnabel* IFG § 12 Rn. 7 a; *Roßnagel* ZD 2015, 106 (107ff.).
133 BeckOK/*Schnabel* IFG§ 12 Rn. 36; zum Ablauf bei Anrufung der BfDI s. *Schaar/Schultze* in: Dix et al. (Hrsg.), JB Informationsfreiheit, 2009, 147.
134 *Schoch*, IFG, § 12 Rn. 63.
135 IErg ebenso, allerdings ohne vertiefte Prüfung: Kühling/Buchner/*Herbst* Art. 86 Rn. 24; Plath/*Grages* DSGVO Art. 86 Rn. 6.
136 AA *Kühling/Martini et al.*, S. 296 f.

Schnabel

2. UIG. Die Regelungen zum Datenschutz im Umweltinformationsrecht sind in § 9 UIG enthalten. § 9   **47** Abs. 1 S. 1 UIG sieht vor, dass, soweit durch das Bekanntgeben einer Umweltinformation personenbezogene Daten offenbart und dadurch Interessen der betroffenen Person erheblich beeinträchtigt würden, dies nur auf Grundlage einer Einwilligung der betroffenen Person möglich ist oder wenn das öffentliche Interesse an der Bekanntgabe überwiegt.[137] Zwar spielen personenbezogene Daten in der umweltinformationsrechtlichen Praxis keine wesentliche Rolle,[138] eine Analyse zeigt dennoch mehrere Probleme im Hinblick auf die Vereinbarkeit mit der DSGVO.

Nach § 9 Abs. 1 S. 1 Nr. 1 UIG genügt die Offenbarung personenbezogener Daten noch nicht für das Erfor-   **48** dernis einer Abwägung oder einer Einwilligung. Vielmehr muss die Offenbarung zu einer **erheblichen Beeinträchtigung der Interessen der betroffenen Person** führen. Dies ist mit deutschem Verfassungsrecht unvereinbar, da das BVerfG entschieden hat, dass personenbezogene Daten stets schutzbedürftig sind und ihre Verarbeitung ausnahmslos einer Rechtfertigung bedarf. Allerdings dürfte hier das Unionsrecht Vorrang genießen, auf dem das UIG beruht.[139] Ferner kann der Zugang zu Umweltinformationen über Emissionen nach § 9 Abs. 1 S. 2 UIG nicht unter Berufung auf den Datenschutz abgelehnt werden. Diese schematische Vorgabe stellt einen Verstoß gegen tragende Grundsätze der DSGVO dar.

Allerdings stellt sich die Frage, ob die DSGVO im Hinblick auf die das Erfordernis einer zusätzlichen Beeinträchtigung und den Ausschluss des Datenschutzes bei Auskunftsanträgen zu Emissionen überhaupt   **49** Vorrang genießt. Es besteht kein allgemeiner Vorrang von Verordnungen vor Richtlinien; beide sind Teil des europäischen Sekundärrechts. Eine Verdrängung der UI-RL durch die DSGVO kann sich nur aufgrund der allgemeinen Auslegungsgrundsätze ergeben.[140] Als Auslegungsgrundsätze kommen hier lex posterior derogat legi priori und lex specialis derogat legi generali in Betracht. Sie sind auf jeden Fall eines Konflikts zwischen einer Vorgabe aus Art. 5 DSGVO und der UI-RL anzuwenden. Vorliegend liefert dies allerdings keine eindeutigen Ergebnisse. Die DSGVO ist zwar das deutlich jüngere Recht, regelt den Datenschutz aber nur allgemein, auch im Hinblick auf das Verhältnis zur Informationszugangsfreiheit. Die UI-RL ist zwar älter, regelt die Frage des Datenschutzes zumindest im Hinblick auf Emissionen aber spezieller. Im Verhältnis beider Regelungen zueinander gilt der Grundsatz **lex posterior generalis non derogat legi speciali priori**.[141] Die Spezialregelung zum Datenschutz im Umweltinformationsrecht zu Emissionen in § 9 Abs. 1 S. 2 UIG setzt sich daher als älteres, aber spezielleres Recht durch.[142] Das Erfordernis einer erheblichen Beeinträchtigung in § 9 Abs. 1 S. 1 Nr. 1 UIG ist hingegen allgemein und genießt daher keinen Vorrang vor der DSGVO.

Die **BfDI** hat wiederholt die **Zuständigkeit für das gesamte UIG** gefordert,[143] allerdings nach eigener An-   **50** sicht bislang nicht bekommen.[144] Dies gilt aber nur für die Frage, ob sich Antragsteller aufgrund ihres verletzten Auskunftsrechts an die oder den BfDI wenden können, also eine informationsfreiheitsrechtliche Zuständigkeit. Bei Datenschutzverletzungen durch die Offenbarung personenbezogener Daten aufgrund eines UIG-Antrags besteht hingegen unzweifelhaft eine Zuständigkeit der BfDI aufgrund der DSGVO und von § 60 Abs. 1 S. 1 BDSG nF. Reagiert die BfDI auf eine Anrufung nach den Regeln der DSGVO, so genügt der Drittbetroffenen zu gewährende Rechtsschutz den Grundanforderungen der DSGVO.[145]

3. VIG. Im Verbraucherinformationsrecht ist der Datenschutz in § 3 S. 1 Nr. 2 lit. a und S. 2 VIG geregelt.   **51** Personenbezogene Daten dürfen danach herausgegeben werden, wenn der Betroffene eingewilligt hat oder das öffentliche Interesse an der Bekanntgabe überwiegt.[146] Damit verfügt das VIG über eine **Abwägungsklausel**, die im Einzelfall angemessene Ergebnisse ermöglicht. Über den Verweis in § 3 S. 4 VIG auf § 5 Abs. 1 S. 2 VwGO werden die sensiblen Daten nach § 3 Abs. 9 BDSG aF geschützt. Besondere Probleme bestehen nur bei § 3 S. 6 VIG, der unter bestimmten Voraussetzungen die Offenlegung jedes Gliedes der Lieferkette fordert und eine Berufung auf den Datenschutz ausschließt. Diese Norm wird schon aufgrund

---

137 S. dazu BeckOK/*Karg* UIG § 9 Rn. 6ff.

138 *Wegener* NVwZ 2015, 609 (614); wortgleich *Stollwerck* LKV 2016, 538 (541).

139 *Schnabel* ZfIR 2016, 658 (664); wohl aA BeckOK/*Karg* UIG § 9 Rn. 12.

140 Streinz/*Schroeder* AEUV Art. 288 Rn. 24; *Biervert*, in: Schwarze/Becker/Hatje/Schoo, EU-Kommentar, 3. Aufl. 2012, Art. 288 Rn. 12.

141 BFHE 169, 564 (569); BVerwGE 111, 200 Rn. 26.

142 AA *Nettesheim* EuR 2006, 737 (764f.), der vertritt, dass der Erlass einer Verordnung implizit die Aufhebung entgegenstehender Regelungen in Richtlinien bedeute. Danach wäre immer das jüngere Recht das Entscheidende.

143 *BfDI*, 4. TB IFG, 2012/2013, Rn. 2.1.4; ebenso *Rossi* ZRP 2014, 201 (203f.); *Ziekow/Debus/Musch*, Evaluationsgutachten IFG, 2012, S. 432; *Schoch*, IFG, § 12 Rn. 101.

144 Nach richtiger Ansicht besteht zumindest ein Kontrollrecht für sämtliche Regelungen der Informationsfreiheit, also auch für UIG und VIG, s. *Schoch*, IFG, § 12 Rn. 70; BeckOK/*Schnabel* IFG § 12 Rn. 40.

145 S. zu den Anforderungen des Rechtsschutzes nach UIG und UIG NRW *Blatt/Franßen* NWVBl. 2014, 412; ferner *Voland* DVBl. 2011, 1262 (1267f.).

146 Nur zur Abwägung BeckOK/*Rossi* VIG § 3 Rn. 27ff.

deutschen Verfassungsrechts massiv kritisiert.[147] Auch im Hinblick auf die DSGVO bestehen Zweifel an der Verhältnismäßigkeit der Norm.

52 Der Betroffene ist nach § 5 Abs. 1 VIG im Rahmen einer **Anhörung nach § 28 VwGO** zu beteiligen. Er kann seine Rechte dann durch einen Drittwiderspruch und eine Anfechtungsklage wahren.[148] Hat die Behörde nach § 80 Abs. 2 S. 1 Nr. 4 VwGO die sofortige Vollziehung angeordnet oder liegt ein Fall von § 5 Abs. 4 S. 1 iVm § 2 Abs. 1 S. 1 Nr. 1 VIG vor, so gilt trotzdem nach § 5 Abs. 4 S. 2 und 3 VIG eine Frist von maximal 14 Tagen, in denen die Entscheidung dem oder der Dritten bekannt zu geben ist und diese die Einlegung von Rechtsbehelfen prüfen können sollen. Diese Zeit kann der Dritte nutzen, um beim zuständigen Verwaltungsgericht gem. § 80 a Abs. 3 iVm § 80 Abs. 5 S. 1 VwGO die Wiederherstellung der aufschiebenden Wirkung seines Widerspruchs zu beantragen.[149] Damit sind Anforderungen der DSGVO an die Transparenz der Datenverarbeitung gewahrt.

53 **4. Presserechtlicher Auskunftsanspruch.** Der presserechtliche Auskunftsanspruch ist landesrechtlich geregelt, meist in § 4 des jeweiligen LPresseG.[150] Für diesen Anspruch ist fraglich, ob er zu den von Art. 86 erfassten Informationszugangsregelungen gehört. Es handelt sich um einen **Anspruch auf Zugang der „Öffentlichkeit"**, da die Gruppe der Anspruchsberechtigten ausgesprochen groß ist und sie als Multiplikatoren agieren (→ Rn. 26 ff.). Trotzdem könnten die Auskunftsansprüche nach § 4 LPresseG vom Anwendungsbereich des Art. 86 ausgenommen sein, weil sie unter Art. 85 fallen, der eine Ausnahme ua für die Datenverarbeitung zu journalistischen Zwecken vorsieht. Die presserechtlichen Auskunftsansprüche nach § 4 LPresseG regeln die **Pflicht von Behörden, auf Anfragen von Vertretern der Presse wahrheitsgemäße Antworten** zu geben.[151] § 4 LPresseG regelt weder das Recht, Fragen zu stellen (welches ohne Pflicht zur Antwort ohnehin wertlos wäre), noch wie mit den erhaltenen Auskünften umzugehen ist. Datenverarbeitungen, die journalistischen Zwecken dienen, werden von Journalisten vorgenommen, und ihre Zulässigkeit ist keine Frage von § 4 LPresseG. Behörden, die Ansprüche nach § 4 LPresseG erfüllen, verfolgen in diesem Zusammenhang keine journalistischen Zwecke. Ihr Antwortverhalten unterliegt keinen journalistischen Regeln, sondern ergibt sich aus dem Grundsatz der Gesetzesbindung der Verwaltung. Es ist ihnen sogar untersagt, bei der Gesetzesanwendung journalistische Kriterien zugrunde zu legen.[152] § 4 LPresseG kann daher nicht als Regelung über die Datenverarbeitung zu journalistischen Zwecken gesehen werden. Art. 85 ist nicht einschlägig (AA → Art. 85 Rn. 11, 21, 32) und die gesetzlichen Auskunftsansprüche sind an Art. 86 zu messen.

54 Die Auskunftsansprüche sind **in aller Regel gleich aufgebaut** und nennen den Datenschutz nicht ausdrücklich als Auskunftsverweigerungsgrund;[153] dennoch ist der Datenschutz in allen Auskunftsgesetzen als Ausnahme anerkannt und fällt unter allgemeine Formulierungen zu schutzwürdigen privaten Interessen.[154] Die Abwägung, ob eine Herausgabe zu erfolgen hat, orientiert sich am Sphärenmodell des BVerfG, das nach Sozial-, Privat- und Intimsphäre unterscheidet.[155]

55 Es ist zweifelhaft, ob die Abwägungsklauseln der Landespressegesetze den Anforderungen der DSGVO genügen.[156] Zwar gibt die Abwägung die Möglichkeit, einzelfallgerechte Entscheidungen zu fällen. Es fehlt aber an einer **hinreichend klaren und bestimmten Rechtsgrundlage** für die Weitergabe personenbezogener Daten durch eine staatliche Stelle. Es besteht kein Ausschluss für besondere Kategorien personenbezogener Daten; dies kann nur im Rahmen der Abwägung erfolgen. Bislang ist nicht ersichtlich, dass dabei § 46 Nr. 14 BDSG nF oder gar die DSRL eine Rolle gespielt hätten. Probleme bestehen auch im Hinblick auf die Frage des wirksamen Rechtsschutzes der betroffenen Person gegen die Erteilung von Auskünften. Es ist keine Bekanntgabe an den Dritten vorgesehen und keine Frist, innerhalb derer er Rechtsschutz suchen könnte. Aufgrund der Irreversibilität und den schwer zu kontrollierenden Auswirkungen einer Informationsertei-

---

147 BeckOK/*Rossi* VIG § 3 Rn. 39; *Leisner* GewA 2014, 57 (62); *Schoch* NVwZ 2012, 1497 (1499); *Grube/Immel* ZLR 2011, 175 (181); zu § 6 Abs. 1 S. 3 VIG *Zott*, Aktive Informationen des Staates im Internet, 2016, 383.

148 BeckOK/*Rossi* VIG § 5 Rn. 19.

149 BeckOK/*Rossi* VIG § 5 Rn. 25.

150 Übersicht bei *Burkhard* in: Löffler (Hrsg.), Presserecht, 6. Aufl. 2015, § 4 LPG.

151 *Schnabel* BayVBl. 2016, 114.

152 VG Dresden AfP 2009, 301 Rn. 89 zur Frage, ob Behörden das Vorliegen eines Berichterstattungsinteresses prüfen dürfen.

153 Ausnahme: § 4 Abs. 2 S. 2 ThürPresseG.

154 Übersicht bei *Burkhard* in: Löffler (Hrsg.), Presserecht, 6. Aufl. 2015, § 4 LPG Rn. 122 mwN aus der Rspr.; dies gilt auch für Art. 4 Abs. 2 S. 2 BayPresseG, der eine Verschwiegenheitspflicht aufgrund gesetzlicher Vorschriften fordert, s. dazu *Schnabel* BayVBl. 2016, 114 (116 f.).

155 BVerfG NJW 2009, 3357; NJW 2011, 740; NJW 2012, 1500; *Ricker/Weberling* HdB des Presserechts, 2012, Kap. 20 Rn. 10 und *Burkhardt* in: Löffler (Hrsg.), Presserecht, 6. Aufl. 2015, § 4 LPG Rn. 122 jew. mwN aus der Rspr.; ebenso *Schoch* AfP 2010, 313 (320); *Schnabel* BayVBl. 2016, 114 (117 f.).

156 Wie hier schon aufgrund der verfassungsrechtlichen Anforderungen des Rechts auf informationelle Selbstbestimmung *Hornung* AfP 2017, 390.

lung[157] ist dies höchst bedenklich. Vereinzelt wird deshalb vorgetragen, der Anspruch auf rechtliches Gehör ergebe sich aus dem Grundrechtsschutz durch Verfahren, und die in anderen Gesetzen enthaltenen Schutzvorkehrungen seien verallgemeinerbar und sollten allgemein befolgt werden.[158] Zwar sind diese Forderungen begrüßenswert; sie können aber nicht darüber hinwegtäuschen, dass die momentane Rechtslage defizitär ist.

IErg bestehen erhebliche Zweifel daran, dass die presserechtlichen Auskunftsregelungen gem. Art. 86 „in   **56** Einklang" mit der DSGVO sind. Die **Gesetzgeber müssen hier nachbessern**; die von der Rspr. entwickelten Kriterien sind kein wirksamer Ersatz für eine angemessene, den Vorgaben der DSGVO entsprechende Rechtsgrundlage.

Die geltend gemachten Bedenken bestehen erst Recht beim presserechtlichen Auskunftsanspruch gegen   **57** Bundesbehörden. Dieser wurde Jahrzehnte lang ebenfalls über die landesrechtlichen Presseregelungen gewährt, ohne dass es nennenswerte Kritik daran gegeben hätte.[159] Diese Übereinkunft endete mit einem Urteil des BVerwG am 20.2.2013. Das Gericht erkannte darin, dass es den Ländern an der Gesetzgebungskompetenz fehlt, um Auskunftsansprüche gegen Bundesbehörden zu erlassen.[160] Dies stehe nur dem Bundesgesetzgeber zu; solange dieser untätig bleibe, könne sich ein Auskunftsanspruch gegen Bundesbehörden nur aus dem **Grundrecht der Pressefreiheit** nach Art. 5 Abs. 1 S. 2 Alt. 1 GG ergeben, der auf ein **Mindestmaß** begrenzt sei. In der Folge machte das Gericht deutlich, dass sich hieraus möglichst keine Änderungen für den presserechtlichen Auskunftsanspruch ergeben sollten.[161] Das Urteil wurde von der Literatur heftig kritisiert.[162] Da der Bundesgesetzgeber sich gegen den Erlass eines bundesrechtlichen Presseauskunftsanspruchs entschieden hat[163] und das BVerfG in der bisherigen Linie zumindest keine Verletzung der Pressefreiheit erkennen konnte,[164] ist dies jedoch der Status quo.

Als Grundlage für den Eingriff einer Behörde in das Recht der informationellen Selbstbestimmung durch   **58** Weitergabe personenbezogener Daten an die Presse steht daher in der Praxis nur das Grundrecht der Pressefreiheit aus Art. 5 Abs. 1 S. 2 Alt. 1 GG zur Verfügung. Ob dies den verfassungsrechtlichen Anforderungen genügt, kann schon mit der bisherigen Rechtslage bezweifelt werden.[165] Angesichts der komplexen und detaillierten Anforderungen der DSGVO wird man aber nun wohl kaum mehr an einer Konformität mit dem EU-Recht festhalten können.[166] **Der Gesetzgeber muss tätig werden** und eine detaillierte Norm erlassen, die die betroffenen Interessen in einen angemessenen Ausgleich bringt und die Anforderungen der DSGVO erfüllt.[167]

6. Allgemeine Einsichts- und Auskunftsrechte. Das deutsche Recht kennt noch zahlreiche weitere Informa-   **59** tionszugangs-, Einsichts- und Auskunftsrechte, die sich im Einzelfall auf personenbezogene Daten beziehen können. Dazu gehören ua das **Archivrecht** mit § 5 Abs. 1 S. 1 BarchG,[168] § 6 Abs. 1 und 2 und § 43 S. 1 **Stasi-Unterlagen-Gesetz**, die **Einsichtsrechte in Gerichtsakten**,[169] parlamentarische **Auskunftsrechte**[170] und die **Registerrechte** wie die Urheberrolle nach § 138 UrhG, das Vereinsregister nach § 78 BGB, das Handelsregister nach §§ 8 Abs. 1, 9 Abs. 1 HGB, das Zentrale Fahrzeugregister nach § 39 StVG, das Grundbuch nach § 12 GBO,[171] das Melderegister nach § 21 MRRG, das Patentregister nach §§ 30, 31 PatG, das Mar-

---

157 *Schoch* AfP 2010, 313 (314 f.); *ders.* VBlBW 2014, 361 (362).

158 *Schoch* AfP 2010, 313 (323).

159 S. *Ricker/Weberling*, HdB des Presserechts, 6. Aufl. 2012, Kap. 19 Rn. 11 mwN aus der Rspr.; *Germelmann* DÖV 2013, 667 mwN: „weitgehend als unproblematisch empfundene Praxis"; s. aber schon früher *Hecker* DVBl 2006, 1416.

160 BVerwG NVwZ 2013, 1006 m. krit. Anm. *Huber*.

161 BVerwG NVwZ 2015, 1388; zusammenfassend *Schnabel* NJW 2016, 1692.

162 S. *Partsch* NJW 2013, 2858 (2860); *Huber* NVwZ 2013, 1010; *Müller* K&R 2013, 822; *Sachs/Jasper* NRWVBl 2013, 389; *Cornils* DÖV 2013, 657; *Kloepfer* JZ 2013, 892; *Koreng* K&R 2013, 513; *Alexander* ZUM 2013, 614; *Müller-Neuhof* AfP 2013, 304; *Germelmann* DÖV 2013, 667 (675 f.); aA *Fechner/Krischok/Pelz* AfP 2014, 213; *Frenzel* in: Dix et al. (Hrsg.), JB Informationsfreiheit, 2013, 79 (98 ff.); *Schnabel* BayVBl. 2016, 114 (115 f.).

163 BT-Drs. 17/12484.

164 BVerfG NVwZ 2016, 50. mAnm *Kindler*.

165 *Blome* NVwZ 2016, 1211; *Hornung* AfP 2017, 390.

166 *Schnabel* BeckOK InfoMedienR, § 4 HbgPresseG Rn. 18.

167 Zur Forderung nach einem gesetzlichen Auskunftsanspruchs gegen Bundesbehörden s. *Konferenz der Informationsfreiheitsbeauftragten*, Entschließung v. 27.6.2013 „Für einen effektiven presserechtlichen Auskunftsanspruch gegenüber allen Behörden – auch des Bundes", abrufbar unter https://www.datenschutz-hamburg.de/uploads/media/IFK-Entschliessung_presserechtlicher_Auskunftsanspruch_v om_27.6.2013.pdf.

168 ZB BVerwG NVwZ 2010, 905 „Eichmann", mAnm *Schnabel*.

169 §§ 147, 475 StPO (ggf. iVm § 46 Abs. 1 und § 49 b OWiG); § 299 Abs. 2 ZPO (ggf. iVm § 46 Abs. 2 S. 1 ArbGG oder § 4 InsO oder § 173 S. 1 VwGO oder § 155 S. 1 FGO oder § 202 S. 1 SGG).

170 ZB BVerfG NVwZ 2017, 137 mAnm *Glauben*; HmbVerfG NVwZ 2014, 135 und 139 sowie NVwZ-RR 2011, 267 jew. mAnm *Schnabel*.

171 OLG München NJW-RR 2017, 171; OLG München NZM 2017, 55; OLG München ZD 2017, 191; *Schnabel* ZfIR 2016, 658 (664).

kenregister nach § 62 Abs. 1 MarkenG, das Statistikrecht usw.[172] Für jedes einzelne Auskunfts- oder Einsichtsrecht ist zunächst zu klären, ob es sich überhaupt um eine Regelung iSv Art. 86 handelt, also eine Offenlegung, um den Zugang der Öffentlichkeit zu amtlichen Dokumenten zu ermöglichen (→ Rn. 14ff.) und dann zu beurteilen, ob die dargestellten Normen den Anforderungen von Art. 86 genügen. Schon auf den ersten Blick sind Probleme erkennbar, zB beim Rechtsschutz gegen Einblicke in das Grundbuch, bei denen es keinen Anspruch auf Anhörung zur Verteidigung der eigenen Rechte geben soll.[173] Hier kommt auf den Gesetzgeber voraussichtlich noch erhebliche Arbeit zu.

60 **7. Veröffentlichungspflichten.** Im nationalen Recht gibt es inzwischen zahlreiche Veröffentlichungspflichten. So werden in § 3 HmbTG umfangreiche Veröffentlichungspflichten für Behörden und staatliche Unternehmen festgeschrieben.[174] Auch § 11 BremIFG[175], § 17 BerlIFG[176] und § 11 IFG[177] verfügen über Veröffentlichungspflichten, Rheinland-Pfalz hat als erstes Flächenland ein Transparenzgesetz beschlossen.[178] Die aufgrund der Vorgaben in Transparenzgesetzen zu veröffentlichenden Daten sind zum Teil personenbezogen.[179] Ferner existieren in anderen nationalen Vorschriften wie § 40 Abs. 1 a LFGB,[180] § 6 Abs. 1 S. 3 VIG und § 115 Abs. 1 a SGB XI ebenfalls Veröffentlichungspflichten[181] für Daten, die sich zwar auf Unternehmen und Betriebe beziehen, die aber unter bestimmten Voraussetzungen Personenbezug haben können. Hinzu kommen Regelungen zur Offenlegung von Vergütungen, zB nach dem Gesetz zur Schaffung von mehr Transparenz in öffentlichen Unternehmen in NRW[182] oder die öffentliche Bekanntmachung der Vergütungen der Vorstände von Krankenkassen nach § 35 a Abs. 6 S. 2 SGB IV.[183] Auch bei Ihnen handelt es sich um Vorschriften, die an Art. 86 zu messen sind, soweit sie auf personenbezogene Daten angewendet werden. Auch diese Prüfung hat im Einzelfall zu erfolgen und kann hier nicht für jede Konstellation und jede Norm vorgenommen werden.

Artikel 87 Verarbeitung der nationalen Kennziffer

[1]Die Mitgliedstaaten können näher bestimmen, unter welchen spezifischen Bedingungen eine nationale Kennziffer oder andere Kennzeichen von allgemeiner Bedeutung Gegenstand einer Verarbeitung sein dürfen. [2]In diesem Fall darf die nationale Kennziffer oder das andere Kennzeichen von allgemeiner Bedeutung nur unter Wahrung geeigneter Garantien für die Rechte und Freiheiten der betroffenen Person gemäß dieser Verordnung verwendet werden.

Literatur: *Art.-29-Gruppe*, Stellungnahme 2/2002 über die Verwendung eindeutiger Kennungen bei Telekommunikationsendeinrichtungen: das Beispiel IPv 6, 10750/02/DE WP 58; *dies.*, Stellungnahme 6/2002 zur Übermittlung von Informationen aus Passagierlisten und anderen Daten von Fluggesellschaften an die Vereinigten Staaten, 11647/02/DE WP 66; *dies.*, Stellungnahme 4/2007 zum Begriff „personenbezogene Daten", 07/DE WP 136; *dies.*, Opinion 03/2013 on purpose limitation, 13/EN WP 203; *dies.*, Stellungnahme 5/2014 zu Anonymisierungstechniken, 14/DE WP 216; *Buitelaar, H.* (Hrsg.), Study on ID Number Policies, D13.3, FIDIS – Future of Identity in the Information Society, 2007, http://www.fidis.net/fileadmin/fidis/deliverables/fidis-wp13-del13_3_n umber_policies_final.pdf; *KOM*, First report on the implementation of the Data Protection Directive (95/46/EC), COM(2003) 265 final, mit Annex „Analysis and impact study on the implementation of Directive EC95/46 in Member States"; *Hansen, M., et al.*, Ergebnisse und Handlungsempfehlungen, in: Hansen, M./Meissner, S. (Hrsg.), Verkettung digitaler Identitäten, Unabhängiges Landeszentrum für Datenschutz Schleswig-Holstein, 2007, 208; *Hornung, G.*, Die digitale Identität, Rechtsprobleme von Chipkartenausweisen: digitaler Personalausweis, elektronische Gesundheitskarte, JobCard-Verfahren, 2005; *Huysmans, X.*, Legal aspects of global vs. sector-specific identification numbers, in: Buitelaar, H. (Hrsg.), Study on ID Number Policies, D13.3, FIDIS, 2007, 20; *Martini, M./Wagner, D./Wenzel, M.*, Rechtliche Grenzen einer Personen- bzw. Unternehmenskennziffer in staatlichen Registern, 2017; *Vandezande, N.*, Identification numbers as pseudonyms in the EU public sector, European Journal of Law and Technology, Vol. 2, No. 2, 2011; *Weichert, T.*, Die Wiederbelebung des Personenkennzeichens, RDV 2002, 170.

---

172 S. dazu *Schoch*, IFG, § 1 Rn. 303-378 im Hinblick auf die Konkurrenz nach § 1 Abs. 3 IFG.
173 BVerfG NJW 2001, 503 (506); krit. *Schoch* AfP 2010, 313 (323).
174 S. *Maatsch/Schnabel*, HmbTG, 2015, § 3 Rn. 1ff.; zur Entstehungsgeschichte des HmbTG *Schnabel* NordÖR 2012, 431; zum HmbTG als Einschnitt in der Geschichte der deutschen Informationsfreiheit *Caspar* ZD 2012, 445 und *ders.* in: Dix et al. (Hrsg.), JB Informationsfreiheit 2013, 49.
175 S. dazu *Hagen* Recht und Politik 2015, 205.
176 Allg. zum BerlIFG *Stollwerck* LKV 2016, 1.
177 BeckOK/*Schnabel* IFG § 11 Rn. 1ff.
178 *Brink/Wirtz* in: Dix et al. (Hrsg.), JB Informationsfreiheit, 2015, 37 (47ff.).
179 ZB § 4 Abs. 1 S. 2 Nr. 1–5 HmbTG; s. dazu *Maatsch/Schnabel*, HmbTG, 2015, § 4 Rn. 10ff.
180 S. dazu BVerfG NVwZ 2018, 1056.
181 S. dazu *Zott*, Aktive Information des Staates im Internet, 2016, 315; allg. *Schoch* VBlBW 2014, 361; *Bäcker* JZ 2016, 595.
182 Artikelgesetz, Gesetz v. 17.12.2009, GV. NRW. 2009 Nr. 44 v. 30.12.2009 S. 949–976; s. dazu *Otto/Quick* NWVBl 2013, 271; *Kreutz* DÖV 2012, 89; *Pommer* NWVBl 2010, 459; *Dietlein/Riedel* NWVBl 2010, 463.
183 Von BVerfG NJW 2008, 1435 (1436) als legitimer Zweck der Gesetzgebung anerkannt: „In einer demokratischen Gesellschaft tragen solche Informationen zum öffentlichen Meinungsbildungsprozess bei."

I. Überblick

Art. 87 eröffnet den Mitgliedstaaten die Möglichkeit, selbst festzulegen, ob und unter welchen Bedingungen **1** eine **nationale Kennziffer** wie bspw. ein staatlich vergebenes und eindeutig zugeordnetes Personenkennzeichen verarbeitet werden darf. Dasselbe gilt für andere Kennzeichen allgemeiner Bedeutung. Es handelt sich bei der Regelung um eine von den Mitgliedstaaten fakultativ auszufüllende Öffnungsklausel. Macht ein Mitgliedstaat davon Gebrauch, müssen geeignete Garantien für die Rechte und Freiheiten der betroffenen Person gewahrt werden.

Die Norm erlaubt den Mitgliedstaaten in **Kontinuität mit der Vorgängerregelung des Art. 8 Abs. 7 DSRL**, **2** nationale Kennzeichen einzuführen und zu verwenden, die in der kulturellen und administrativen Tradition des Landes stehen.[1] Solche Kennzeichen können zur eindeutigen Identifizierung der Bürger oder zur Verarbeitung der personenbezogenen Daten durch die sektorenübergreifende Verwaltung dienen. Es ist davon auszugehen, dass die meisten Mitgliedstaaten die bei ihnen vorhandenen Systeme und Regelungen zu nationalen Kennziffern und Kennzeichen zunächst beibehalten werden.[2] Art. 87 schließt aber auch eine unionsweite Standardisierung nicht aus.[3] Durch die Notwendigkeit geeigneter Garantien im Sinne der DSGVO wird ein strengerer Rahmen vorgegeben, als dies in der DSRL der Fall war.

II. Entstehungsgeschichte

1. Diskussion zu nationalen Kennziffern in Deutschland. In der Bundesrepublik Deutschland stehen natio- **3** nale Kennziffern **seit vielen Jahrzehnten in der Diskussion**. Der Versuch der Regierung in den 1970er Jahren, im Meldewesen ein bundeseinheitliches Personenkennzeichen einzuführen und die Daten der Bürger in einer zentralen Datei zu verwalten,[4] stieß auf öffentliche Ablehnung. Diese basierte insbes. auf der historischen Erfahrung, dass im Nationalsozialismus solche Personenkennzeichen zu einer Selektion von Gruppen der Bevölkerung und deren Unterdrückung geführt hatten.[5] In mehreren Entscheidungen erklärte das BVerfG eine sektorübergreifend verwendete nationale Personenkennziffer für mit der Menschenwürde nicht vereinbar[6] und daher für **verfassungswidrig**.[7] Ähnliche kritische Entscheidungen sind für Kfz-Kennzeichen[8] oder Telekommunikationskennungen[9] ergangen, die als Kennzeichen von allgemeiner Bedeutung verstanden werden können. Als unbedenklich gelten Pass- oder Ausweisnummern, solange sie lediglich für eng begrenzte Zwecke verwendet werden,[10] so dass die Erstellung umfassender Persönlichkeitsprofile nicht möglich ist. Zu anderen Mitgliedstaaten vgl. → Rn. 31 (Belgien, Dänemark, Finnland, Frankreich, Griechenland, Irland, Luxemburg, Portugal, Schweden, Spanien) sowie → Rn. 32 (Österreich).

In der **DDR** gab es seit 1970 eine **einheitliche Personenkennzahl** für jede dort lebende Person. Neugebore- **4** nen wurde diese von den Standesämtern zugewiesen.[11] Die Personenkennzahl wurde bis zur deutschen Einheit in der Zentralen Personendatenbank gespeichert; sie diente sektorübergreifend als Schlüssel für Ver-

---

1 *Dammann/Simitis* Art. 8 Rn. 32.
2 Überblick über nationale Kennziffern und sonstige ID-Nummern in anderen Staaten: *Buitelaar* (Hrsg.), Study on ID Number Policies, FIDIS – Future of Identity in the Information Society, 2007; *KOM*, First report on the implementation of the Data Protection Directive (95/46/EC), COM(2003) 265 final, mit Annex „Analysis and impact study on the implementation of Directive EC 95/46 in Member States"; *Hornung*, Die digitale Identität, 2005, S. 93ff.; *Vandezande*, Identification numbers as pseudonyms in the EU public sector, EJLT 2011.
3 *Albrecht/Jotzo*, Teil 9 Rn. 2. Schon jetzt wird die Interoperabilität von Kennungen zwischen den Mitgliedstaaten wichtig, s. VO (EU) Nr. 910/2014 über elektronische Identifizierung und Vertrauensdienste für elektronische Transaktionen im Binnenmarkt (eIDAS-Verordnung).
4 BT-Drs. 7/1059, 1973, Dritter Abschnitt „Personenkennzeichen", S. 5ff.
5 *Black*, IBM und der Holocaust: Die Verstrickung des Weltkonzerns in die Verbrechen der Nazis, 2002, S. 19ff., 52ff., 89ff.
6 BVerfGE 27, 1 (6) – Mikrozensus.
7 BVerfGE 65, 1 (53, 57) – Volkszählung; dort direkte Nennungen: „einheitliches Personenkennzeichen oder sonstiges Ordnungsmerkmal", „einheitliches, für alle Register und Dateien geltendes Personenkennzeichen oder dessen Substitut".
8 BVerfGE 120, 378 – Automatisierte Kennzeichenerfassung.
9 BVerfGE 125, 260 – Vorratsdatenspeicherung.
10 Kühling/Buchner/*Weichert* Art. 87 Rn. 14.
11 5. Regierung der DDR: Beschluß über Maßnahmen zur Einführung einer einheitlichen Personenkennzahl für alle in der DDR lebenden Personen, DC 20-I/4/2070, 95. Sitzung des Präsidiums des Ministerrats vom 15. Oktober 1969, Anlage 7.

waltungsaufgaben. Die regelmäßigen Datenübermittlungen aus dieser Personendatenbank an diverse Verwaltungsstellen umfassten auch Meldungen an die Kreisdienststellen der Staatssicherheit;[12] die Personenkennzahl unterstützte damit auch die Beobachtung durch die Stasi.[13]

5 **2. Entwicklung der Norm im Gesetzgebungsprozess.** Art. 87 knüpft an **Art. 8 Abs. 7 DSRL** an. Die in Art. 87 S. 2 **explizite Angemessenheitsregelung** mit dem Verweis auf geeignete Garantien für die Rechte und Freiheiten der betroffenen Person fehlte in der DSRL. Art. 8 DSRL adressierte die besonderen Kategorien von personenbezogenen Daten, die nun in Art. 9 geregelt sind (→ Art. 9 Rn. 1). Die Art.-29-Gruppe leitet aus der Verortung der Vorschrift in Art. 8 und EG 33 DSRL ab, dass der Gesetzgeber die Sensibilität nationaler Kennziffern erkannt habe, denn sie ermöglichten „ein so einfaches und eindeutiges Kombinieren verschiedener Informationen über eine bestimmte Person".[14] Allerdings gehörten diese Daten nicht zu den üblichen besonderen Kategorien personenbezogener Daten, wie sie in Art. 8 Abs. 1 DSRL definiert seien, und mehrere Mitgliedstaaten hätten Bedingungen für die Verarbeitung einer nationalen Kennziffer festgelegt.[15]

6 Der KOM-E hatte keine eigene Regelung zu derartigen Kennzeichen vorgesehen; auch im Parl-E fehlte sie. Die jetzige Regel wurde **nahezu unverändert von Art. 80 b Rat-E** übernommen.[16]

7 Art. 87 sind **keine speziellen EGe** zugeordnet. Jedoch nennt EG 35 S. 2 als ein Beispiel für personenbezogene Gesundheitsdaten auch „Nummern, Symbole oder Kennzeichen" zur eindeutigen Identifikation einer Person für gesundheitliche Zwecke. Dabei kann es sich um Kennzeichen von allgemeiner Bedeutung gem. Art. 87 handeln.[17]

III. Kommentierung des Normtexts

8 **1. Bedeutung der Vorschrift.** Art. 87 beinhaltet eine **optionale Öffnungsklausel** für Mitgliedstaaten bezüglich der Verarbeitung einer nationalen Kennziffer oder anderer Kennzeichen von allgemeiner Bedeutung. Da ein großer Anteil von Mitgliedstaaten Kennziffern oder Kennzeichen verarbeiten,[18] stellt diese Vorschrift klar, dass dies nur unter Wahrung geeigneter Garantien für die Rechte und Freiheiten der betroffenen Person zulässig ist. Damit führt Art. 87 eine Angemessenheitsregelung ein,[19] die **Vorgaben an etwaige gesetzliche Normen** der Mitgliedstaaten beinhaltet (→ Rn. 22).[20]

9 Die Vorschrift begrenzt also einerseits die **Verarbeitung** von Kennziffern und Kennzeichen; andererseits zeigt sie auf, dass es den Mitgliedstaaten nicht von vornherein verwehrt ist, diese zu verarbeiten. Angesichts der mit solchen Identifikatoren typischerweise einhergehenden Risiken (→ Rn. 19) könnte man andernfalls zu dem Schluss kommen, dass die Verarbeitung grundsätzlich nicht mit der DSGVO vereinbar ist.[21]

10 **2. Nationales Kennzeichen oder andere Kennziffern allgemeiner Bedeutung.** Ebenso wie in Art. 8 Abs. 7 der DSRL werden in Art. 87 weder nationale Kennziffern noch der Überbegriff der Kennzeichen von allgemeiner Bedeutung definiert. Aus dem Anwendungsbereich der DSGVO lässt sich folgern, dass die Norm lediglich die **Verarbeitung von personenbezogenen Kennziffern oder Kennzeichen** umfasst; zudem sind Verarbeitungen in Sektoren außerhalb der Regelungskompetenz der EU nicht Bestandteil der Regelung.[22]

11 Der Begriff des Kennzeichens von allgemeiner Bedeutung ist weit auszulegen. Er umfasst nicht nur nationale Kennzeichen von allgemeiner Bedeutung, denn dann wäre der Begriff „national" wiederholt worden. Für die Charakterisierung als Kennzeichen von allgemeiner Bedeutung ist nicht erforderlich, dass das Kennzeichen im staatlichen Interesse oder im Interesse der Allgemeinheit verarbeitet werden soll. Auch muss es sich bei solchen Kennzeichen nicht zwangsläufig um gleichartig aufgebaute Zeichenketten handeln, sondern

---

12 *Mörs et al.*, DuD 1991, 509 (510).
13 *Weichert* RDV 2002, 172 mwN § 2 Abs. 2 S. 1 Nr. 4 des Stasi-Unterlagen-Gesetzes erlaubt dem Bundesbeauftragten für die Unterlagen des Staatssicherheitsdienstes der ehemaligen DDR eine Nutzung der Personenkennzahl im Rahmen der Erfüllung seiner Aufgaben.
14 *Art.-29-Gruppe*, WP 136, S. 17.
15 *Art.-29-Gruppe*, Advice paper on special categories of data ("sensitive data"), Ref. Ares(2011)444105 – 20/04/2011, April 2011, S. 6, 8.
16 In einer früheren Version des Rat-E wurde explizit auf die Notwendigkeit gesetzlicher Regelungen abgestellt, statt allgemein auf geeignete Garantien zu referenzieren, Art. 80 b S. 2 im Ratsdokument 17831/13 vom 16.12.2013, S. 232: „Member State law shall provide for specific and suitable measures to safeguard the rights and freedoms of the data subject."
17 Der Begriff „Kennzeichen" in Art. 87 muss iS eines Identifikators allgemeiner verstanden werden als in EG 35 S. 2, wo er nur scheinbar von Nummern und Symbolen unterschieden wird. Denn in der englischen Sprachfassung, in der Art. 87 den Begriff „identifier" für „Kennzeichen" verwendet, lautet die Textstelle in EG 35 S. 2: „a number, symbol or particular assigned to a natural person to uniquely identify the natural person for health purposes".
18 *KOM*, First report on the implementation of the Data Protection Directive (95/46/EC), COM(2003) 265 final, Annex „Analysis and impact study on the implementation of Directive EC95/46 in Member States", S. 16.
19 *Kühling/Buchner/Weichert* Art. 87 Rn. 2.
20 *Paal/Pauly/Pauly* Art. 87 Rn. 3.
21 *Ehmann/Selmayr/Ehmann* Art. 87 Rn. 1.
22 *Paal/Pauly/Pauly* Art. 87 Rn. 2; *Dammann/Simitis* Art. 8 Rn. 32.

Kennzeichen können sich auch aus einer **Kombination verschiedener Attribute** zusammensetzen. Solche Kennzeichen sind auch nicht auf Zeichenketten beschränkt, und sie müssen nicht von einer dritten Stelle gebildet und einer Person zugewiesen werden (wie eine Personalausweisnummer),[23] wie es das Beispiel von biometrischen Daten zeigt (→ Rn. 13). So ist die DNA einer Person ein Kennzeichen von allgemeiner Bedeutung. Zudem ist nicht erforderlich, dass die Information über eine Zuordnung zwischen dem Kennzeichen und dem bürgerlichen Namen einer Person in einem Register gespeichert ist. Zwar fungiert das Kennzeichen als **Identifikator für eine Person** und stellt damit ein **personenbezogenes Datum** dar, doch allein aus der Identifizierbarkeit folgt nicht, dass aus dem Kennzeichen selbst für einen Verantwortlichen oder für Dritte in jedem Fall der Name oder weitere Informationen über die Person erkennbar sind (→ Art. 4 Nr. 5 Rn. 51ff.).[24]

Eine nationale Kennziffer ist ein Beispiel für ein Kennzeichen von allgemeiner Bedeutung. IdR handelt es sich bei der nationalen Kennziffer um eine **Zeichenkette**, die für eine Verarbeitung innerhalb der staatlichen Sphäre verwendet wird. Dazu gehören staatlich zugeteilte Kennzeichen, die jeweils **eindeutig einen bestimmten Bürger oder einen Einwohner identifizieren** und umfassend[25] oder zumindest für mehrere definierte Sektoren oder Lebensbereiche verwendet werden. Solche nationalen Kennziffern können bereits bei der Geburt für eine Person vergeben werden und das ganze Leben lang unverändert bleiben; es ist aber auch möglich, dass die Kennziffern einer Person nur für eine gewisse Zeit zugeordnet bleiben. Typischerweise werden solche nationalen Kennziffern vom Mitgliedstaat selbst eingeführt und zugeordnet. Die Regelung ist aber nicht darauf beschränkt, so dass auch Kennziffern aus anderen Quellen mit einer Verarbeitung im staatlichen Bereich davon umfasst sein können. 12

Die Art.-29-Gruppe hat in mehreren Stellungnahmen zur DSRL Kennzeichen von allgemeiner Bedeutung aufgegriffen: Die **eindeutige Kennung**, die das **Netzwerkprotokoll IPv 6** für ein im Netz kommunizierendes Gerät vorsieht, wird demnach als Kennung von allgemeiner Bedeutung eingestuft.[26] Ihre Verwendung sei im innerstaatlichen Recht der EU-Mitgliedstaaten geregelt.[27] Ebenso betont die Art.-29-Gruppe, dass **biometrische Kennzeichen** eine eindeutige Identifizierung von Personen ermöglichen und deren Übermittlung als Kennzeichen allgemeiner Bedeutung unter Art. 8 Abs. 7 DSRL fallen können.[28] Die allgemeine Bedeutung ergibt sich bei der IPv 6-Adresse daraus, dass Nutzende dieselbe technische Kennung für alle möglichen Aktivitäten im Netz verwenden können. Im Fall der biometrischen Daten resultiert die allgemeine Bedeutung aus den physiologischen oder verhaltensbedingten Merkmalen einer Person, die ebenfalls in verschiedenen Lebensbereichen erkennbar oder beobachtbar sein können. Als Kennzeichen von allgemeiner Bedeutung sind demnach auch zweckübergreifend verwendete biometrische Daten umfasst.[29] 13

Für die Anwendbarkeit des Art. 87 ist nicht erforderlich, dass Kennziffern oder Kennzeichen in einer großen Zahl von Sektoren oder Lebensbereichen verwendet werden, solange sie von **allgemeiner Bedeutung** sein können. So unterfallen nicht nur **Personalausweis- oder Reisepassnummern** dieser Regelung, sondern auch **Steuer-, Sozialversicherungs- oder Krankenversicherungsnummern** (EG 35 S. 2).[30] Es kann also auch eine Verwendung in nur einem spezifischen Verwaltungsbereich genügen.[31] Es ist nicht relevant, ob das Kennzeichen im öffentlichen oder im nichtöffentlichen Bereich zum Einsatz kommt.[32] Als nicht von der Regelung umfasst werden „rein interne Vorgangsnummern, Aktenzeichen usw in Behörden" eingestuft,[33] da 14

---

23 Die deutsche Personalausweisnummer ist nicht inhaber-, sondern ausweisbezogen; es handelt sich nicht um eine nationale Personenkennziffer, s. *Hornung*, Die digitale Identität, 2005, S. 49.

24 *Art.-29-Gruppe*, WP 216, S. 11: Kennziffern bieten sowohl die Möglichkeit des Herausgreifens (s. EG 26 S. 3 unter dem Begriff „Aussondern", Englisch: „singling out") als auch der Verknüpfbarkeit. Inwieweit auch eine Inferenz ermöglicht ist, hängt vom Einzelfall ab; bei sprechenden Kennzeichen ist dies gegeben.

25 Kühling/Buchner/*Weichert* Art. 87 Rn. 9.

26 *Art.-29-Gruppe*, WP 58, S. 3, 7. In der deutschen Sprachfassung wird der Begriff „Kennung" statt „Kennzeichen" verwendet; die englische Version der Stellungnahme nutzt dieselbe Formulierung: „identifier of general application".

27 *Art.-29-Gruppe*, WP 58, S. 3.

28 *Art.-29-Gruppe*, WP 66, S. 9. Allerdings hat der EuGH in seinem Urteil EuGH C-446/12, ZD 2015, 420, in dem einem Mitgliedstaat eine Nutzung biometrischer Daten zu anderen Zwecken als zur Ausstellung von Pässen und Reisedokumenten gestattet wurde, nicht Art. 8 Abs. 7 DSRL herangezogen.

29 Bspw. Fingerabdruck-Templates, die nicht nur für einen Zweck, wie etwa Strafverfolgung oder Identifikation in ausländerrechtlichen Verfahren, sondern für weitergehende Zwecke verwendet werden, Kühling/Buchner/*Weichert* Art. 87 Rn. 10.

30 Ehmann/Selmayr/*Ehmann* Art. 87 Rn. 3.

31 Ehmann/Selmayr/*Ehmann* Art. 87 Rn. 5.

32 Kühling/Buchner/*Weichert* Art. 87 Rn. 11.

33 Ehmann/Selmayr/*Ehmann* Art. 87 Rn. 3.

diese keine allgemeine Bedeutung aufweisen.[34] Auch ein Kennzeichen, das lediglich „für eine eng begrenzte Zahl konkreter Anwendungen"[35] verwendet wird, würde keine allgemeine Bedeutung aufweisen.

15 Eine nationale Kennziffer oder ein Kennzeichen von allgemeiner Bedeutung **repräsentiert die zugeordneten Personen** und kann als deren **Pseudonym** gem. Art. 4 Nr. 5 (→ Art. 4 Nr. 5 Rn. 25ff.) aufgefasst werden. Ein „sprechendes Kennzeichen" erlaubt unmittelbar Aufschluss auf bestimmte Eigenschaften der Person, der es zugeordnet ist, bspw. wenn das Geburtsdatum oder Geschlecht aus der Zeichenkette hervorgehen[36] oder Teile des Namens Bestandteil des Kennzeichens sind. Es handelt sich bei der Vergabe einer solchen Kennziffer oder eines Kennzeichens nur dann um eine Pseudonymisierung, wenn die Zuordnung zu einer spezifischen Person nur unter Hinzuziehung zusätzlicher Informationen möglich ist, die gezielt nicht verfügbar gemacht werden (→ Art. 4 Nr. 5 Rn. 31 f.). Dies ist regelmäßig bei sprechenden Kennzeichen nicht der Fall.

16 Digitale Kennziffern oder Kennzeichen erleichtern durch ihre jeweils standardisierte Struktur (zB definierte Länge, bekannte Menge möglicher Zeichen) die Verarbeitung mithilfe von Informationssystemen und können aufgrund der eindeutigen Zuordenbarkeit **Verwechslungen** vermeiden.[37] Regelmäßig wird die Zuordnung von nationalen Kennziffern und Kennzeichen zu Personen in Registern gespeichert. Bei nationalen Kennziffern kann die Speicherung und Vergabe unmittelbar nach der Geburt geschehen. Ein solcher Registereintrag nach den Regeln des Staates, ggf. mit Zuordnung einer nationalen Kennziffer, ist häufig die Bedingung dafür, dass die **Person Rechte wahrnehmen** kann.[38] Zudem kann eine Verarbeitung, die lediglich auf Basis von nichtsprechenden Zeichenketten – dh ohne Ansehen der Person – basiert, vor einer **Diskriminierung** oder anderer **Ungleichbehandlung schützen**.[39]

17 **3. Gegenstand einer Verarbeitung.** Die Vorschrift ist nicht auf die Einführung von nationalen Kennziffern oder anderen Kennzeichen von allgemeiner Bedeutung beschränkt, sondern umfasst jede Art ihrer Verarbeitung. Die deutsche Formulierung „Gegenstand einer Verarbeitung sein" in S. 1 ist identisch zu Art. 8 Abs. 7 DSRL gewählt; in der englischsprachigen Entsprechung wird das allgemeine „processing" verwendet, womit gem. Art. 4 Nr. 2 (→ Art. 4 Nr. 2 Rn. 10ff.) **alle Arten der Verarbeitung eingeschlossen** werden. Die Formulierung „Gegenstand einer Verarbeitung sein dürfen" ist also als äquivalent zu „verarbeitet werden dürfen" zu betrachten. Insbes. erstreckt sich der Anwendungsbereich des Art. 87 auch auf solche nationale Kennziffern oder andere Kennzeichen von allgemeiner Bedeutung, die nicht von dem Mitgliedstaat selbst eingeführt oder zugeordnet, aber von ihm in anderer Hinsicht verarbeitet werden. Zwar ist die Regelungskompetenz der einzelnen Mitgliedstaaten nicht für die Einführung nationenübergreifender, europäischer oder internationaler Kennungen gegeben; dies würde eine eigene Rechtsgrundlage erfordern.[40] Der Mitgliedstaat kann aber nach Art. 87 eigene Regelungen in Bezug auf solche Kennungen von allgemeiner Bedeutung erlassen und muss dafür Sorge tragen, dass geeignete Garantien für die Rechte und Freiheiten umgesetzt sind.

18 In S. 2 wird die „**Verwendung**" (englisch: „use") in den Vordergrund gestellt. Nach Art. 4 Nr. 2 (→ Art. 4 Nr. 2 Rn. 24) wird „verwenden" neben vielen anderen Verarbeitungsarten aufgezählt; der Begriff beinhaltet aber als Auffangtatbestand alle möglichen Arten der **zweckgerichteten Nutzung**. So ist die Formulierung „Verwenden einer Kennziffer oder eines Kennzeichens" weit auszulegen. Selbst technisch bedingte oder interne Nutzungen solcher Kennungen bei der Datenverarbeitung des Verantwortlichen sind damit umfasst und müssen an geeignete Garantien gebunden werden.

19 **4. Risiken.** Nationale Kennziffern oder Kennzeichen von allgemeiner Bedeutung können einen schnelleren Zugriff auf gespeicherte Daten und deren erleichterte Auffindbarkeit bedeuten. Bereits aufgrund der eindeutigen Zuordnung einer Kennung zu genau einer Person besteht das **Risiko der Identifizierbarkeit** innerhalb einer Gruppe von Personen. Selbst wenn die exakte Zuordnung der Kennung nicht bekannt ist, ermöglicht diese sowohl ein Herausgreifen als auch eine Verknüpfung der mit der Kennung in Zusammen-

---

34 *Dammann/Simitis* Art. 8 Rn. 32: „Darüber hinaus erfaßt die RL keineswegs alle Personen-Numerierungs-Systeme, sondern ausschließlich Kennzeichen von allgemeiner Bedeutung, wobei das an erster Stelle genannte Modell der nationalen Kennziffer den Maßstab für die allgemeine Bedeutung abgibt." Im Volkszählungsurteil heißt es: „Etwas anderes würde nur gelten, soweit eine unbeschränkte Verknüpfung der erhobenen Daten mit den bei den Verwaltungsbehörden vorhandenen, zum Teil sehr sensitiven Datenbeständen oder gar die Erschließung eines derartigen Datenverbundes durch ein einheitliches Personenkennzeichen oder sonstiges Ordnungsmerkmal möglich wäre; [...]" BVerfGE 65, 1 (53).

35 Kühling/Buchner/*Weichert* Art. 87 Rn. 11.

36 Wie bei der belgischen „Rijksregisternummer", der schwedischen „Personnummer" oder der Personenkennzahl der DDR.

37 Gola/*Gola* Art. 87 Rn. 1.

38 Jedes Kind muss unverzüglich nach seiner Geburt in ein Register eingetragen werden und einen Namen erhalten, Art. 24 Abs. 2 IPbpR; Art. 7 des Übereinkommens über die Rechte des Kindes; UNHCR Berlin, Verpflichtung zur Registrierung von neugeborenen Kindern Asylsuchender und Flüchtlinge, 2003, 1: „Bei fehlender Registrierung besteht die Gefahr, dass das Kind staatenlos wird bzw. mangels Rechtspersönlichkeit gezwungen ist, eine Existenz in der Illegalität zu führen."

39 Kühling/Buchner/*Weichert* Art. 87 Rn. 16.

40 Kühling/Buchner/*Weichert* Art. 87 Rn. 7.

hang stehenden Daten.[41] Aufgrund der Verknüpfbarkeit anhand der eindeutigen Kennung ist die Zusammenführung von Informationen über die Person aus verschiedenen Sektoren oder Lebenszusammenhängen sowie die **Erstellung eines umfassenden Persönlichkeitsprofils** möglich.[42] Solche Profile sind für die betroffenen Personen kaum zu kontrollieren, da ihnen nicht bekannt ist, welche Daten auf welche Weise zusammentragen werden und welche Schlüsse auf ihre Persönlichkeit gezogen werden.[43] Selbst wenn bei der Generierung und Ausgabe einer Kennung vorgesehen ist, dass sie nur in einem beschränkten Bereich verwendet wird, kann eine Verwendung in weiteren Bereichen nicht ausgeschlossen werden:[44] So können ein Verantwortlicher oder eine betroffene Person selbst es als praktisch empfinden, wenn sie keine neue bereichsspezifische Kennung erzeugen müssen, sondern eine eindeutig zugeordnete, der Person bekannte Kennung für die Datenverarbeitung verwendet wird oder die Person unter dieser Kennung, die zu Identifikations- oder Authentifizierungszwecken nutzbar ist, agiert.

Ein weiteres **Risiko** besteht dann, wenn die **Kennung als sprechendes Kennzeichen** gestaltet ist und bei jeder   20
Verwendung überschießende Informationen transportiert werden (→ Rn. 15). Ein derartiges Kennzeichen mindert auch die Möglichkeit einer Pseudonymisierung. Sind die sprechenden Kennzeichen direkt aus den personenbezogenen Informationen einer Person abgeleitet, besteht das Risiko des Ableitens oder Erratens der zugehörigen Kennungen, so dass sie in der Regel nicht Bestandteil der pseudonymisierten Daten bleiben dürfen, sondern von diesen zu trennen sind. Zu bevorzugen sind daher Kennzeichen aus Zufallswerten ohne weiteren Aufschluss auf die damit in Zusammenhang stehenden Daten.

An eine nationale Kennziffer oder ein Kennzeichen von allgemeiner Bedeutung können besondere Berechti-   21
gungen gebunden sein (→ Rn. 16). Bspw. kann das **Fehlen einer entsprechenden Kennung** für die betroffene Person bedeuten, dass bestimmte Rechte nicht oder nur erschwert wahrgenommen werden können. Die Erbringung von Dienstleistungen, zB der Verwaltung, kann bei entsprechender Realisierung die Nennung einer Kennung oder den Nachweis der Zugehörigkeit der Kennung zu einer Person, zB mit einem Ausweis, erfordern. So ist in mehreren Mitgliedstaaten vor einer Verwaltungsdienstleistung die Angabe der Sozialversicherungsnummer notwendig. Wem keine Kennung zugeordnet wurde, wer diese nicht mehr weiß oder die Zuordnung nicht nachweisen kann, muss sich in solchen Fällen zunächst um die Zuteilung einer neuen Kennung oder Neuausstellung von Dokumenten zum Nachweis der Zuordnung kümmern. Problematisch sind zudem **Identitätsvortäuschungen oder Identitätsdiebstähle**, wenn die Kennungen einer betroffenen Person unberechtigt von anderen verwendet werden. Diese Risiken bestehen insbes. dann, wenn die mit der Kennung zusammenhängende Berechtigung lediglich an das Wissen der Kennung oder an den Besitz eines kopierbaren oder weitergebbaren Nachweisdokuments gebunden ist. Zudem ergeben sich Risiken dann, wenn das Wissen über die Kennung es ermöglicht, auf weitere personenbezogene – ggf. sensible – Daten zuzugreifen.[45]

5. Geeignete Garantien. Nach der Regelung können die Mitgliedstaaten die Bedingungen an die Verarbei-   22
tung einer nationalen Kennziffer oder anderer Kennzeichen von allgemeiner Bedeutung spezifizieren. Es handelt sich allerdings in S. 1 nicht um eine Bereichsausnahme, in denen die **Mitgliedstaaten vollkommen frei bestimmen** könnten, wie die Verarbeitung erfolgt.[46] Stattdessen – so wird es auch in S. 2 betont – sind die Anforderungen der DSGVO einzuhalten.[47]

S. 2 fordert die Wahrung geeigneter Garantien für die Rechte und Freiheiten der betroffenen Person. Im   23
Entstehungsprozess der DSGVO enthielt eine frühe Version des Art. 80 b Rat-E eine Formulierung, die zu diesem Zweck auf ein mitgliedstaatliches Gesetz abstellte, das geeignete Maßnahmen vorsehen sollte (→ Rn. 6). Diese Formulierung wurde durch den allgemeineren Begriff der Garantien ersetzt, der **gesetzliche, technische und organisatorische Maßnahmen** umfasst. IdR wird ein Mitgliedstaat, der von der Öffnungs-

---

41   *Art.-29-Gruppe*, WP 216, S. 11. Die Verknüpfbarkeit (auch: Verkettbarkeit) von Daten ist grundlegend für die Risiken, denen der Datenschutz begegnen will; eine Verkettung kann aber durchaus erwünscht oder notwendig für den Zweck einer Verarbeitung sein. Jedoch sind stets die Risiken zu betrachten und dementsprechend Verkettung und (Un-)Verkettbarkeit unter Bedingungen stellen, *Hansen et al.* in: Hansen/Meissner (Hrsg.), Verkettung digitaler Identitäten, 2007, 208 (209ff.).

42   BVerfGE 27, 1 (6); BVerfGE 65, 1 (53).

43   BVerfGE 65, 1 (42).

44   Kühling/Buchner/*Weichert* Art. 87 Rn. 18.

45   Aus den auf dem schwedischen ePass aufgedruckten Daten einschließlich der eindeutigen Kennung konnte der kryographische Schlüssel für den Chip abgeleitet werden, auf dem auch das biometrische Gesichtsbild gespeichert war: „Cryptographic weaknesses in the central access control mechanism called Basic Access Control (BAC); in addition in many cases BAC is not effective as together with the epass the BAC key has to be handed over to private organisations, especially hotels; in Sweden data needed to calculate the BAC key was publicly accessible for all Swedish citizens.", *Meints/Gasson* in: Rannenberg et al. (Hrsg.), The Future of Identity in the Information Society, 2009, 130 (178).

46   Ehmann/Selmayr/*Ehmann* Art. 87 Rn. 5 weist auf die gewählten Formulierungen „näher bestimmen" und „unter welchen spezifischen Bedingungen" hin.

47   Ehmann/Selmayr/*Ehmann* Art. 87 Rn. 4.

klausel Gebrauch machen will, gesetzliche Normen schaffen,[48] aus denen direkt Anforderungen an technische und organisatorische Maßnahmen hervorgehen oder sich solche unmittelbar ableiten lassen. Dies ist dem Mitgliedstaat gemäß der Öffnungsklausel in Art. 6 Abs. 1 UAbs. 1 lit. e iVm Abs. 3 S. 1 lit. b möglich.

24 Die Formulierung „Garantien für die Rechte und Freiheiten der betroffenen Person gemäß dieser Verordnung" wird nicht nur in Art. 87 verwendet, sondern auch in Art. 89 und dem zugehörigen EG 156 (→ Art. 89 Rn. 63), dort jedoch angereichert um den Verweis auf technische und organisatorische Maßnahmen sowie den Grundsatz der Datenminimierung. Der Bezug auf die DSGVO selbst bedeutet zwar nicht, dass diese vollständig und unverändert umzusetzen ist, wenn ein Mitgliedstaat von dieser Öffnungsklausel Gebrauch machen möchte. Jedoch muss der Wesensgehalt der Rechte und Freiheiten der betroffenen Person, also insbes. Art. 7 und 8 GRCh, gewährleistet sein. Dadurch ergibt sich ein **Mindestschutzniveau**, das erfüllt werden muss.[49] Die Vorgaben der DSGVO sind also dem Grunde nach umzusetzen.[50] Zumindest wird es nötig sein, dass die geeigneten Garantien geprägt sind von den Datenschutz-Grundsätzen in Art. 5 (→ Art. 5 Rn. 20ff.). Den Mitgliedstaaten bleiben Gestaltungsspielräume erhalten.[51]

25 Da die Norm eine Verwendung der nationalen Kennziffer oder eines Kennzeichens von allgemeiner Bedeutung lediglich unter Wahrung geeigneter Garantien gestattet, ist bei jeder Abweichung von der DSGVO zu prüfen, ob das **notwendige Schutzniveau aufrecht erhalten** bleibt. Sofern keine geeigneten Garantien vorgesehen oder möglich sind, darf die Verarbeitung nicht erfolgen. Auch wenn die Geeignetheit der Garantien für die Verarbeitung nicht oder nicht mehr gegeben ist, muss die konkrete Verwendung der nationalen Kennziffer oder der Kennzeichen von allgemeiner Bedeutung unterbleiben. Es werden jedoch nicht die bestmöglichen Garantien gefordert, sondern ein Mitgliedstaat, der von der Öffnungsklausel Gebrauch machen möchte, muss lediglich die **Geeignetheit** der vorgesehenen Garantien für die Rechte und Freiheiten der betroffenen Person belegen können. Die Geeignetheit muss aber nicht nur in dem Moment der Gesetzgebung oder der Ausgabe von Kennungen gegeben sein, sondern ist **für den gesamten Lebenszyklus der Verarbeitung und der Kennungen** zu gewährleisten.

26 Geeignete Garantien müssen in ihrer Gesamtheit gewährleisten, dass das Risiko für die Rechte und Freiheiten der betroffenen Person ausreichend eingedämmt wird. Dies erfordert eine Begrenzung des Eingriffs in diese Rechte und Freiheiten. Dabei spielen verschiedene Arten von Verantwortlichen eine Rolle, die verpflichtet werden können, Bedingungen an die Verarbeitung der Kennungen zu erfüllen: zum einen die Entitäten, die für die Generierung, Ausgabe und Zuordnung und ggf. den Rückruf der Kennungen zuständig sind, und zum anderen die Anwender, die die Kennungen oder damit in Zusammenhang stehende Daten im Rahmen ihrer Zwecke verarbeiten. In **Deutschland** ist die Begrenzung des Eingriffs insbes. durch einen **Verzicht auf eine Personenkennziffer** und eine Gesetzgebung erfolgt, die für andere Kennzeichen von allgemeiner Bedeutung übermäßige Eingriffe in das Persönlichkeitsrecht wie das Erstellen umfassender Persönlichkeitsprofile (→ Rn. 19) oder das Einschränken der Wahrnehmung der Rechte verhindern soll.[52] Es gilt der **Grundsatz der Zweckbindung**; eine zweckübergreifende Nutzung wird vermieden; die Verwendung von Kennzeichen wird begrenzt. Beispiele dafür in Deutschland sind die Seriennummer des Personalausweises (s. die Verwendungsbeschränkungen in §§ 16, 20 Abs. 3 PAuswG), des Reisepasses (§§ 16, 18 Abs. 2 PassG), die Steuer-Identifikationsnummer (§ 139 b AO) und die Krankenversichertennummer (§ 290 SGB V; sie muss sich von der Rentenversicherungsnummer unterscheiden, § 290 Abs. 1 S. 4 SGB V).

27 Neben Regelungen zur Zweckbindung können **Verwendungs- oder Weitergabebeschränkungen** bestehen,[53] zB §§ 14–20 PAuswG, die Regelungen für den öffentlichen und den nichtöffentlichen Bereich enthalten. Beschränkungen können dadurch erreicht werden, dass abschließend normiert wird, welche Stellen zu welcher Verarbeitung zu welchen Zwecken befugt sind und welche personenbezogenen Daten davon umfasst sind. Die **Form der Verarbeitung** – bspw. ob eine elektronische Speicherung, ein elektronischer Abruf oder

---

48 Auch aufgrund der grundrechtlichen Gefahren bedarf es in Deutschland gesetzlicher Regelungen, Kühling/Buchner/*Weichert* Art. 87 Rn. 15.

49 Paal/Pauly/*Pauly* Art. 87 Rn. 3.

50 Ehmann/Selmayr/*Ehmann* Art. 87 Rn. 6 geht davon aus, dass Abweichungen nur statthaft seien, „soweit es erforderlich ist, um die Kennziffer oder das Kennzeichen effektiv einsetzen zu können". Das Argument der Effektivität kann jedoch nicht das Vorsehen geeigneter Garantien verdrängen; das Schutzniveau der DSGVO und die Anforderungen der GRCh dürfen also nicht unterlaufen werden.

51 *Albrecht/Jotzo*, Teil 9 Rn. 2.

52 BFH DuD 2012, 279: Die Steuer-Identifikationsnummer und die dazu gespeicherten Daten „stellen kein Persönlichkeitsprofil des Steuerpflichtigen dar, bilden seine Persönlichkeit auch nicht teilweise ab und lassen keine Einblicke in oder Rückschlüsse auf Art und Intensität von Beziehungen, Kommunikationsverhalten und Kommunikationsinhalt, soziales Umfeld, persönliche Angelegenheiten, Interessen, Neigungen und Gewohnheiten sowie Einkommens- und Vermögensverhältnisse zu. Die Speicherung der Daten beeinträchtigt nicht die grundrechtlich geschützte Freiheit des Einzelnen, aus eigener Selbstbestimmung zu planen und zu entscheiden, und ist auch nicht geeignet, ihn einzuschüchtern oder an der Ausübung von Grundrechten zu hindern."

53 *Huysmans* in: Buitelaar (Hrsg.), Study on ID Number Policies, FIDIS, 2007, 20 (30ff.).

ein Scannen zulässig ist – kann begrenzt werden. Die Zusammenführung von Datenbeständen lässt sich rechtlich untersagen.

Auch die **Gestaltung des Kennzeichens** selbst und der Prozess des Ausgebens einer solchen Kennung ist aus   28
Datenschutzperspektive wichtig: Nichtsprechende Kennungen sind zu bevorzugen, da sie überschießende Informationen sowie Diskriminierungsrisiken vermeiden und damit dem Datenschutzgrundsatz der Datenminimierung Rechnung tragen (→ Rn. 20).[54] In Deutschland ordnen zB §§ 5 Abs. 8 PAuswG, 16 Abs. 1 PassG explizit an, dass die Seriennummern der Personalausweisdokumente nicht sprechend sind. Sofern ein Mitgliedstaat sprechende Kennziffern verwendet und eine Verarbeitung dieser Kennungen durch Verantwortliche nicht unterbindet, müssen diese im Rahmen der sonstigen Anforderungen der DSGVO eigenständig prüfen, welche Maßnahmen zur Risikoeindämmung zu treffen sind. Bspw. könnten iS einer frühestmöglichen Pseudonymisierung (→ Art. 25 Rn. 67) Umcodierungen der sprechenden Kennziffern geboten sein.[55] Zudem müsste dem Risiko einer Verknüpfbarkeit Rechnung getragen werden, wenn über Weitergaben oder Veröffentlichungen der Kennziffern zu entscheiden wäre.

Bei der Festlegung des Zeitraums, in dem eine Kennung einer Person zugeordnet bleibt, ist zu berücksichtigen, dass lang andauernde, bspw. lebenslange, Zuteilungen das Risiko einer ebenso langen **Verknüpfbarkeit**   29
und Identifizierbarkeit bergen. Es kann geboten sein, vor einer Neuzuteilung derselben Kennung zu einer anderen Person ausreichend Zeit verstreichen zu lassen, um Verwechslungen zu vermeiden. Für den Fall, dass **Anhaltspunkte einer unberechtigten Nutzung** des Kennzeichens durch eine andere Person – insbes. Identitätsvortäuschung oder Identitätsdiebstahl – bestehen (→ Rn. 21), müssen **Abhilfemöglichkeiten** geschaffen werden, bspw. Neuzuteilung einer Kennung und Sperrung der alten Kennung oder die Korrektur von unter der Kennung fehlerhaft erfassten Daten.

Dem **Datenschutzgrundsatz der Transparenz** (Art. 5 Abs. 1 Nr. 1) folgend, sind die betroffenen Personen geeignet über die Erhebung, Speicherung und Nutzung der Kennungen sowie der damit zusammenhängenden   30
Daten zu informieren.[56] Besonders im Fall einer heimlichen Verarbeitung solcher Kennziffern oder Kennzeichen muss die **Gewährung von Rechtsschutz** für die betroffenen Personen sichergestellt werden.[57] Weiterhin können **Sanktionstatbestände** für den Fall des Verstoßes gegen die Regeln geschaffen werden, um eine Abschreckungswirkung zu erreichen.

Mehrere **Mitgliedstaaten**, die nationale Kennziffern zulassen, haben in der Vergangenheit besondere Bedingungen formuliert, um die Anforderungen nach Art. 8 Abs. 7 DSRL umzusetzen:[58] Irland, Frankreich und   31
Belgien sehen Nutzungsbeschränkungen vor. In Luxemburg, Portugal und Belgien sind Verknüpfungen von zugehörigen Daten nur mit spezieller Genehmigung von Behörden erlaubt; dies gilt in Griechenland ähnlich, sofern besondere Kategorien von Daten umfasst sind. In Spanien ist es verboten, bei der Verarbeitung von Kennziffern aus dem Ausweis oder Pass solche sensiblen Daten einzubeziehen. Vergleichsweise weitreichende Nutzungsmöglichkeiten bestehen in den skandinavischen Ländern wie Schweden, Dänemark und Finnland.

Zu den geeigneten Garantien gehören auch **technische und organisatorische Maßnahmen**. Davon umfasst   32
sind allgemeine Maßnahmen für die Verarbeitung, die im Sinne von Art. 25 oder 32 zu treffen sind. Spezifisch für Kennungen sind bspw. Prüfziffern als integritätssichernder Bestandteil einer Kennziffer oder eines Kennzeichens. Besondere Aufmerksamkeit verdienen technisch-organisatorische Gestaltungen, mit denen etwaige Risiken von Kennungen möglichst weitgehend vermieden werden. Dies betrifft insbes. eine Umsetzung, die einer sektorübergreifenden Verwendung und einer Erstellung von Persönlichkeitsprofilen entgegenwirkt. Eine solche Möglichkeit bieten **attributbasierte Berechtigungsnachweise**, bei deren Nutzung pro Sektor oder Anwendung verschiedene, nicht für Dritte verknüpfbare Pseudonyme zum Einsatz kommen können.[59] Österreich hat mit seiner **Bürgerkarte** ein System geschaffen, bei dem bereichsspezifische Personenkennzeichen (bPK) zum Einsatz kommen. Diese bPK ergeben sich aus pro Verwaltungsbereich gesonderter Verschlüsselung der pro Bürger eindeutigen Zahl aus dem Zentralen Melderegister (ZMR-Zahl). Dies wirkt dem Risiko einer Zusammenführung der Daten aus verschiedenen Verwaltungsbereichen entgegen.[60]

---

54   Kühling/Buchner/*Weichert* Art. 87 Rn. 16.

55   *Huysmans* in: Buitelaar (Hrsg.), Study on ID Number Policies, FIDIS, 2007, 20 (31 f.).

56   *Hornung,* Die digitale Identität, 2005, S. 162ff.

57   Kühling/Buchner/*Weichert* Art. 87 Rn. 17.

58   *KOM,* First report on the implementation of the Data Protection Directive (95/46/EC), COM(2003) 265 final, Annex „Analysis and impact study on the implementation of Directive EC95/46 in Member States", S. 16 f.; *Vandezande,* Identification numbers as pseudonyms in the EU public sector, EJLT 2011.

59   *Rannenberg/Camenisch/Sabouri* (Hrsg.), Attribute-based Credentials for Trust: Identity in the Information Society, 2015; *Camenisch/Lysyanskaya,* An efficient system for non-transferable anonymous credentials with optional anonymity revocation, in: Proc. EURO-CRYPT 2001, LNCS 2045, 93; *Alpár/Hoepman/Siljee,* Journal of Information System Security, 9 (1), 2013, 23.

60   https://www.buergerkarte.at/.

IV. Künftige Entwicklung

33 Mit Geltung der DSGVO wird **in Deutschland der rechtliche Rahmen für eine nationale Kennziffer** und insbes. die Möglichkeit bereichsspezifischer Personenkennzeichen nach dem österreichischen Modell (→ Rn. 32) erneut diskutiert. Dies wird für rechtlich zulässig gehalten, sofern ausreichende rechtliche, technische und organisatorische Sicherungsmechanismen – etwa Anforderungen an die Zweckbindung, Reglementierung des innerbehördlichen Datenaustausches und Sanktionsmöglichkeiten – vorgesehen sind, insbes. um eine umfassende Profilerstellung zu erschweren oder zu verhindern.[61]

34 Die frühen Urteile des BVerfG nahmen einzelne Kennungen in den Fokus. Zwar spielen eindeutige Identifikatoren noch immer eine herausgehobene Rolle bei dem Verknüpfen von Datenbeständen, doch ermöglichen Big-Data-Analysen auch Zusammenführungen von Kombinationen von Daten, die in ihrer Gesamtheit unmittelbar oder mit einer gewissen Wahrscheinlichkeit identifizierend wirken und damit zum Verknüpfen verwendet werden können. Aus diesem Grund ist es wichtig, bei der Interpretation der Norm nicht lediglich an einzelne Zeichenketten zu denken, sondern auch die Möglichkeit von **Attributkombinationen als Kennzeichen von allgemeiner Bedeutung** in Betracht zu ziehen (→ Rn. 11) und dies bei der Risikoanalyse und der Festlegung geeigneter Garantien zu berücksichtigen.

Artikel 88 Datenverarbeitung im Beschäftigungskontext

(1) Die Mitgliedstaaten können durch Rechtsvorschriften oder durch Kollektivvereinbarungen spezifischere Vorschriften zur Gewährleistung des Schutzes der Rechte und Freiheiten hinsichtlich der Verarbeitung personenbezogener Beschäftigtendaten im Beschäftigungskontext, insbesondere für Zwecke der Einstellung, der Erfüllung des Arbeitsvertrags einschließlich der Erfüllung von durch Rechtsvorschriften oder durch Kollektivvereinbarungen festgelegten Pflichten, des Managements, der Planung und der Organisation der Arbeit, der Gleichheit und Diversität am Arbeitsplatz, der Gesundheit und Sicherheit am Arbeitsplatz, des Schutzes des Eigentums der Arbeitgeber oder der Kunden sowie für Zwecke der Inanspruchnahme der mit der Beschäftigung zusammenhängenden individuellen oder kollektiven Rechte und Leistungen und für Zwecke der Beendigung des Beschäftigungsverhältnisses vorsehen.

(2) Diese Vorschriften umfassen geeignete und besondere Maßnahmen zur Wahrung der menschlichen Würde, der berechtigten Interessen und der Grundrechte der betroffenen Person, insbesondere im Hinblick auf die Transparenz der Verarbeitung, die Übermittlung personenbezogener Daten innerhalb einer Unternehmensgruppe oder einer Gruppe von Unternehmen, die eine gemeinsame Wirtschaftstätigkeit ausüben, und die Überwachungssysteme am Arbeitsplatz.

(3) Jeder Mitgliedstaat teilt der Kommission bis zum 25. Mai 2018 die Rechtsvorschriften, die er aufgrund von Absatz 1 erlässt, sowie unverzüglich alle späteren Änderungen dieser Vorschriften mit.

Literatur zu Art. 88 DSGVO und dem Beschäftigtendatenschutz im Unionsrecht: *Art. 29-Datenschutzgruppe*, Stellungnahme 2/2017 zur Datenverarbeitung am Arbeitsplatz, 17/DE WP 249; *Art. 29-Gruppe*, Opinion 8/2001 on the processing of personal data in the employment context, 5062/01/EN/Final WP 48; *Art. 29-Gruppe*, Opinion 1/2006 on the application of EU data protection rules to internal whistleblowing schemes in the fields of accounting, internal accounting controls, auditing matters, fight against bribery, banking and financial crime, WP 117; *Benecke, A./Wagner, J.*, Öffnungsklauseln in der Datenschutz-Grundverordnung und das deutsche BDSG – Grenzen und Gestaltungsspielräume für ein nationales Datenschutzrecht, DVBl. 2016, 600; *Byers, Ph.*, Die Zulässigkeit heimlicher Mitarbeiterkontrollen nach dem neuen Datenschutzrecht, NZA 2017, 1086; *Däubler, W./Wedde, P./Weichert, Th./Sommer, I.*, EU-Datenschutz-Grundverordnung und BDSG-neu, 2018; *Düwell, F. J./Brink, S.*, Die EU-Datenschutz-Grundverordnung und der Beschäftigtendatenschutz, NZA 2016, 665; *Ernst, S.*, Die Einwilligung nach der Datenschutzgrundverordnung: Anmerkungen zur Definition nach Art. 4 Nr. 11 DSGVO, ZD 2017, 110; *Franzen, M.*, Datenschutz-Grundverordnung und Arbeitsrecht, EuZA 2017, 313; *ders.*, Beschäftigtendatenschutz: Was wäre besser als der Status quo?, RDV 2014, 200; *ders./Gallner, J./Oetker, H.*, Kommentar zum europäischen Arbeitsrecht, 2016; *Freedland, M.*, Data Protection and Employment in the European Union, 1999, abrufbar unter: http://ec.europa.eu/social/main.jsp?catId=708; *Gierschmann, S./Schlender, K./Stentzel, R./Veil, W.*, Kommentar Datenschutz-Grundverordnung, 2017; *Gola, P./Pötters, S./Thüsing, G.*, Art. 82 DSGVO: Öffnungsklausel für nationale Regelungen zum Beschäftigtendatenschutz – Warum der deutsche Gesetzgeber jetzt handeln muss, RDV 2016, 57; *Hendrickx, F.*, Study on the protection of workers' personal data in the European Union: general issues and sensitive data, 2001, abrufbar unter: http://ec.europa.eu/social/main.jsp?catId=708; *Hendrickx, F.*, Study on the protection of workers' personal data in the European Union: surveillance and monitoring at work, 2002, abrufbar unter: http://ec.europa.eu/social/main.jsp?catId=708; *Körner, M.*, Wirksamer Beschäftigtendatenschutz im Lichte der Europäischen Datenschutz-Grundverordnung (DSGVO), 2017; *dies.*, Die Datenschutz-Grundverordnung und nationale Regelungsmöglichkeiten für Beschäftigtendatenschutz, NZA 2016, 1383; *Kort, M.*, Arbeitnehmerdatenschutz gemäß der EU-Datenschutz-Grundverordnung, DB 2016, 711; *ders.*, Die Zukunft des deutschen Beschäftigtendatenschutzes: Erfüllung der Vorgaben der DSGVO, ZD 2016, 555; *Kühling, J./Buchner, B.*,

---

61 *Martini/Wagner/Wenzel*, Rechtliche Grenzen einer Personen- bzw. Unternehmenskennziffer in staatlichen Registern, 2017, S. 62 f.

DSGVO/BDSG, 2. Aufl. 2018; *Maier N.*, Der Beschäftigtendatenschutz nach der Datenschutz-Grundverordnung: Getrennte Regelungen für den öffentlichen und den nicht öffentlichen Bereich?, DuD 2017, 169; *Pötters, St.*, Grundrechte und Beschäftigtendatenschutz, 2013; *Preis, U./Sagan, A.*, Europäisches Arbeitsrecht: Grundlagen – Richtlinien – Folgen für das deutsche Arbeitsrecht, 2015; *Schrey, J./Kielkokwski, J.*, Die datenschutzrechtliche Betriebsvereinbarung in DS-GVO und BDSG 2018 – Viel Lärm um nichts?, BB 2018, 629; *Seifert, A.*, Employee Data Protection in the Transnational Company, in: Hendrickx, F./De Stefano, Valerio (Hrsg.), Game Changers in Labour Law – Shaping the Future of Work, Bulletin of Comparative Labour Relations 100, 2018, 177; *Seifert, S.*, Arbeitszeitrechtlicher Arbeitnehmerbegriff – Horizontalwirkung des Rechts auf bezahlten Urlaub (Art. 31 Abs. 2 GRCh), EuZA 2015, 500; *Taeger, J./Rose, E.*, Zum Stand des deutschen und europäischen Beschäftigtendatenschutzes, BB 2016, 819; *Wybitul, T.*, Der neue Beschäftigtendatenschutz nach § 26 BDSG und Art. 88 DSGVO, NZA 2017, 413; *ders.*, Was ändert sich mit dem neuen EU-Datenschutzrecht für Arbeitgeber und Betriebsräte? Anpassungsbedarf bei Beschäftigtendatenschutz und Betriebsvereinbarungen, ZD 2016, 203.

Literatur zu § 26 BDSG nF und § 32 BDSG aF: *Anke, H.-U./Zacharias, D.*, Das Kirchensteuereinzugsverfahren aus Sicht des Verfassungsrechts, DÖV 2003, 140; *Augsberg, St.*, Verfassungsrechtliche Aspekte einer gesetzlichen Offenlegungspflicht für Vorstandsbezüge, ZRP 2005, 105; *Barton, D.-M.*, Betriebliche Übung und private Nutzung des Internetarbeitsplatzes – „Arbeitsrechtliche Alternativen" zur Wiedereinführung der alleinigen dienstlichen Verwendung, NZA 2006, 460; *Baums, T.*, Vorschlag eines Gesetzes zur Verbesserung der Transparenz von Vorstandsvergütungen, ZIP 2004, 1877; *Bayreuther, F.*, Zulässigkeit und Verwertbarkeit von Videoaufzeichnungen am Arbeitsplatz, DB 2012, 2222; *Behrens, M.*, Eignungsuntersuchungen und Datenschutz, NZA 2014, 401; *Berndt, Th./Hoppler, I.*, Whistleblowing – ein integraler Bestandteil effektiver Corporate Governance, BB 2005, 2623; *Bier, S.*, Internet und Email am Arbeitsplatz, DuD 2004, 277; *Bijok, B.-Chr./Class, Th.*, Arbeitsrechtliche und datenschutzrechtliche Aspekte des Internet-Einsatzes (insbesondere E-Mail), RDV 2001, 52; *Biltzinger, P.*, Biometrie und Datenschutz – Datenschutzgerechter Einsatz biometrischer Verfahren in Sicherheitsinfrastrukturen, DuD 2005, 726; *Boecken, W./Gebert, Chr.*, Zur Zustimmung des Beschäftigten nach § 84 Abs. 2 SGB IX, VSSR 2013, 77; *Böker, K.-H.*, Elektronische Personalakten, Betriebs- und Dienstvereinbarungen – Kurzauswertungen, Hans-Böckler-Stiftung, 2010; *Braun, M./Wybitul, T.*, Übermittlung von Arbeitnehmerdaten bei Due Diligence – Rechtliche Anforderungen und Gestaltungsmöglichkeiten, BB 2008, 782; *Brink, St./Schmidt, St.*, Die rechtliche (Un-)Zulässigkeit von Mitarbeiterscreenings – Vom schmalen Pfad der Legalität, MMR 2010, 592; *Byers, Ph./Pracka, J.*, Die Zulässigkeit der Videoüberwachung am Arbeitsplatz, BB 2013, 760; *Carpenter, D.*, Assessment Center generell rechtlich unbedenklich?, NZA 2015, 466; *Däubler, W.*, Gläserne Belegschaften, 7. Aufl., 2017; *ders.*, Sonderarbeitsrecht für Finanzdienstleister?, AuR 2012, 380; *ders.*, Internet und Arbeitsrecht, 5. Aufl., 2015; *ders.*, Gläserne Belegschaften? Die Verwendung von Gendaten im Arbeitsverhältnis, RDV 2003, 7; *ders.*, Ein Gesetz über den Arbeitnehmerdatenschutz, RDV 1999, 243; *Däubler, W./Kittner, M./Klebe, Th./Wedde, P.*, BetrVG – Betriebsverfassungsgesetz; Kommentar für die Praxis mit Wahlordnung und EBR-Gesetz, 15. Aufl., 2016; *Dann, M./Gastell, R.*, Geheime Mitarbeiterkontrollen: Straf- und arbeitsrechtliche Risiken bei unternehmensinterner Aufklärung, NJW 2008, 2945; *Deinert, O.*, Kündigungsprävention und betriebliches Eingliederungsmanagement, NZA 2010, 969; *Diller, M.*, „Konten-Ausspäh-Skandal" bei der Deutschen Bahn: Wo ist das Problem?, BB 2009, 438; *Diller, M./Schuster, F.*, Rechtsfragen der elektronischen Personalakte, DB 2008, 928; *Diller, M./Powietzka, A.*, Drogenscreenings und Arbeitsrecht, NZA 2001, 1227; *Erfurth, R.*, Der „neue" Arbeitnehmerdatenschutz im BDSG, NJOZ 2009, 2914; *Etzel, G./Bader, P./Fischermeier, E.*, KR – Gemeinschaftskommentar zum Kündigungsschutzgesetz und zu sonstigen kündigungsschutzrechtlichen Vorschriften, 11. Aufl., 2016; *Fitting, K./Engels, G./Schmidt, I./Trebinger, Y./Linsenmaier, W. (FESTL)*, BetrVG, 29.Aufl. 2018; *Fleischer, H.*, Das Vorstandsvergütungs-Offenlegungsgesetz, DB 2005, 1611; *Franzen, M.*, Rechtliche Rahmenbedingungen psychologischer Tests, NZA 2013, 1; *ders.*, Arbeitnehmerdatenschutz – rechtspolitische Perspektiven, RdA 2010, 257; *ders.*, Die Zulässigkeit der Erhebung und Speicherung von Gesundheitsdaten der Arbeitnehmer nach dem novellierten BDSG, RDV 2003, 1; *Fricke, Chr./Schütte, M.*, Die gesundheitliche Eignung für eine Verbeamtung – eine Rechtsprechungsübersicht für die Verwaltungspraxis, DöD 2012, 121; *Fuhlrott, M./Hoppe, Chr.*, Einstellungsuntersuchungen und Gentests von Bewerbern, ArbR-Aktuell 2010, 183; *Gagel, A.*, Betriebliches Eingliederungsmanagement – Rechtspflicht und Chance, NZA 2004, 1359; *Genenger, A.*, Das neue Gendiagnostikgesetz, NJW 2010, 113; *Gliss, H./Kramer, Ph.*, Arbeitnehmerdatenschutz – Aktionsfelder für Betriebsräte, 2006; *Gola, P.*, Der „neue" Beschäftigtendatenschutz nach § 26, BDSG n.F., BB 2017, 1462; *ders.*, Die Erhebung von Bewerberdaten – ein Vergleich der geltenden Rechtslage mit (eventuellem) künftigem Recht, RDV 2011, 109; *ders.*, Datenschutz bei der Kontrolle „mobiler" Arbeitnehmer – Zulässigkeit und Transparenz, NZA 2007, 1139; *ders.*, Betriebsrat und Datenschutz, ZBVR 2003, 206; *ders.*, Die Einwilligung als Legitimation für die Verarbeitung von Arbeitnehmerdaten, RDV 2002, 109; *Gola, P./Thüsing, G./Schmidt, M.*, Was wird aus dem Beschäftigtendatenschutz? Die DSGVO, das DS-AnpUG und § 26 BDSG-neu, DuD 2017, 244; *Gola, P./Pötters, S./Wronka, G.*, Handbuch zum Arbeitnehmerdatenschutz – Rechtsfragen und Handlungshilfen, 7. Aufl. 2016; *dies.*, Arbeitnehmerdatenverarbeitung beim Betriebs-/Personalrat und der Datenschutz, NZA 1991, 790; *Grobys, M.*, Nutzung von E-Mail/Internet am Arbeitsplatz, NJW-Spezial 2004, 273; *Gundermann, L./Oberberg, M.*, Datenschutzkonforme Gestaltung des betrieblichen Eingliederungsmanagements und Beteiligung des Betriebsrates, RDV 2007, 103; *Henssler, M./Willemsen H.J./Kalb, H.-J.*, Arbeitsrecht – Kommentar, 7. Aufl. 2016; *Herbert, M./Oberrath, J.-D.*, Der Anspruch des Arbeitgebers auf Erstattung der Kosten für die Überwachung des Arbeitnehmers, BB 2011, 2936; *Hey, T./Linse, C.*, Alkohol, Drogen und Sucht – Arbeitsrechtliche Anforderungen einer suchtbedingten Kündigung unter Berücksichtigung (auch zukünftiger) datenschutzrechtlicher Vorgaben, BB 2012, 2881; *Hoffmann/Wolf*, Mitarbeiterbeurteilung durch Kollegen – datenschutzkonform? Feedbackverfahren zwischen Persönlichkeitseingriff und betrieblichem Steuerungsinstrument, ZD 2017, 120; *Hofmann, K.*, Smart Factory – Arbeitnehmerdatenschutz in der Industrie 4.0: datenschutzrechtliche Besonderheiten und Herausforderungen, ZD 2016, 12; *Hohenstatt, K. A./Stamer, K./Hinrichs, L.*, Background Checks von Bewerbern in Deutschland: Was ist erlaubt?, NZA 2006, 1065; *Hoppe, R./Braun, F.*, Arbeitnehmer-E-Mails: Vertrauen ist gut – Kontrolle ist schlecht, Auswirkungen der neuesten Rechtsprechung des BVerfG auf das Arbeitsverhältnis, MMR 2010, 80; *Hornung, G./Hofmann, K.*, Industrie 4.0 und das Recht: Drei zentrale Herausforderungen, 2017; *dies.*, Datenschutz als Herausforderung der Arbeit in der Industrie 4.0, in: *Hirsch-Kreinsen, H./Ittermann, P./Niehaus, J.* (Hrsg.), Digitalisierung industrieller Arbeit: Die Vision Industrie 4.0 und ihre sozialen Herausforderungen, 2015, 165; *Hornung, G./Steidle, R.*, Biometrie am Arbeitsplatz – sichere Kontrollverfahren versus ausuferndes Kontrollpotential, AuR 2005, 201; *Iraschko-Luscher, St./Kiekenbeck, P.*, Welche Krankheitsdaten darf der Arbeitgeber von seinem Mitarbeiter abfragen?, NZA 2009, 1239; *Jofer, R./Wegerich, Chr.*, Betriebliche Nutzung von E-Mail-Diensten – Kontrollbefugnisse des Arbeitgebers, K&R 2002, 235; *Joussen, J.*, Kollektivrechtliche Aspekte des Arbeitnehmerdatenschutzes, ZfA 2012, 235; *ders.*, Die Neufassung des

§ 32 BDSG – Neues zum Arbeitnehmerdatenschutz?, JB des Arbeitsrechts (47) 2010, 68; *ders.*, Die Zulässigkeit von vorbeugenden Torkontrollen nach dem neuen BDSG, NZA 2010, 254; *ders.*, Schwerbehinderung, Fragerecht und positive Diskriminierung nach dem AGG, NZA 2007, 174; *Kania, Th./Sansone, P.*, Möglichkeiten und Grenzen des Pre-Employment-Screenings, NZA 2012, 360; *Keller, U.*, Die ärztliche Untersuchung des Arbeitnehmers im Rahmen des Arbeitsverhältnisses, NZA 1988, 561; *Kempen, O./Zachert, U.* (Hrsg.), Tarifvertragsgesetz, 5. Aufl. 2014; *Klebe, Th.*, Mitbestimmung bei technischer Überwachung, NZA 1985, 44; *Klösel, D./Mahnhold, T.*, Die Zukunft der datenschutzrechtlichen Betriebsvereinbarung - Mindestanforderungen und betriebliche Ermessensspielräume nach DS-GVO und BDSG nF, NZA 2017, 1428; *Koch, F.*, Rechtsprobleme privater Nutzung betrieblicher elektronischer Kommunikationsmittel, NZA 2008, 911; *Kock, M./Francke, J.*, Mitarbeiterkontrolle durch systematischen Datenabgleich zur Korruptionsbekämpfung, NZA 2009, 646; *Kort, M.*, Schranken des Anspruchs des Betriebsrats auf Information gem. § 80 BetrVG über Personaldaten der Arbeitnehmer, NZA 2010, 1267; *ders.*, Zum Verhältnis von Datenschutz und Compliance im geplanten Beschäftigtendatenschutzgesetz, DB 2011, 651; *ders.*, Grenzen des Zugriffs des Sprecherausschusses auf Personaldaten leitender Angestellter, NZA-RR 2015, 113; *ders.*, Informationsrechte des Betriebsrats nach § 80 II BetrVG bei Mitarbeitergesprächen, Zielvereinbarungen und Talent Management, NZA 2015, 520; *Kramer, St.*, Internetnutzung als Kündigungsgrund, NZA 2004, 457; *Kursawe, St./Nebel, J.*, „Sozialübliche innerbetriebliche Kommunikation" – zum Anwendungsbereich des Beschäftigtendatenschutzes, BB 2012, 516; *Küpferle, O.*, Arbeitnehmerdatenschutz im Spannungsfeld von Bundesdatenschutzgesetz und Betriebsverfassungsgesetz, 1986; *Lambrich, Th./Cahlik, N.*, Austausch von Arbeitnehmerdaten in multinationalen Konzernen – Datenschutz- und betriebsverfassungsrechtliche Rahmenbedingungen, RDV 2002, 287; *Langohr-Plato, U.*, Betriebliche Altersversorgung, 7. Aufl. 2016; *Langohr-Plato, U./Sopora, Y.*, Neue gesetzliche Rahmenbedingungen für Zeitwertkonten, NZA 2008, 1377; *Löwisch, M./Mysliwiec, K.*, Datenschutz bei Anforderung und Nutzung erweiterter Führungszeugnisse, NJW 2012, 2389; *Löwisch, M./Rieble, V.*, Tarifvertragsgesetz – Kommentar, 4. Aufl. 2017; *Mahnhold, T.*, „Global Whistle" oder „deutsche Pfeife" – Whistleblowing-Systeme im Jurisdiktionskonflikt, NZA 2008, 737; *Maschmann, F.*, Zuverlässigkeitstests durch Verführung illoyaler Mitarbeiter?, NZA 2002, 13; *Mengel, A.*, Compliance und Arbeitsrecht: Implementierung – Durchsetzung – Organisation, 2009; *dies.*, Kontrolle der E-Mail- und Internetkommunikation am Arbeitsplatz, BB 2004, 2014; *Mengel, A./Th. Ullrich, Th.*, Arbeitsrechtliche Aspekte unternehmensinterner Investigations, NZA 2006, 240; *Menke, R./Porsch, W.*, Verfassungs- und europarechtliche Grenzen eines Gesetzes zur individualisierten Zwangsoffenlegung der Vergütung der Vorstandsmitglieder, BB 2004, 2533; *Meyer, C.*, Fragerecht nach der Gewerkschaftsmitgliedschaft bei Arbeitsbeginn?, BB 2011, 2362; *Michel, L./Wiese, G.*, Zur rechtlichen und psychologischen Problematik graphologischer Gutachten, NZA 1986, 505; *Möller, R.*, Betriebsvereinbarungen zur Internetnutzung – Mitbestimmungsrechte bei Einführung und Ausgestaltung der Internet- und E-Mail-Nutzung, ITRB 2009, 44; *Müller-Glöge, R./Preis, U./Schmidt, I.*, Erfurter Kommentar zum Arbeitsrecht, 17. Aufl. 2017; *Nebe, K.*, Betriebliches Eingliederungsmanagement, in: H. Plagemann, Münchener Anwaltshandbuch Sozialrecht, 5. Aufl. 2018, § 21; *ders.*, Bewerberprofilerstellung durch das Internet – Verstoß gegen das Datenschutzrecht?, BB 2008, 1562; *Raab, Th.* Das Fragerecht des Arbeitgebers nach schwebenden Strafverfahren und die Unschuldsvermutung des Bewerbers, RdA 1995, 36; *Raffler, A./Hellich, P.*, Unter welchen Voraussetzungen ist die Überwachung von Arbeitnehmer-emails zulässig?, NZA 1997, 862; *Raif, A.*, Gesundheitsdaten im Arbeitsverhältnis, AuA 2010, 34; *Reichold, H.*, Datenschutz im Arbeitsverhältnis, in: Richardi, R./Wißmann, H./Wlotzke, O./Oetker, H.*, Münchener Handbuch zum Arbeitsrecht, 4. Aufl. 2018, Band 1, § 95; *Richardi, R./Dörner, H.-J./Weber, Chr.*, Personalvertretungsrecht – Bundespersonalvertretungsgesetz und Personalvertretungsgesetze der Länder, 4. Aufl. 2012; *Richardi, R.*, Betriebsverfassungsgesetz: BetrVG mit Wahlordnung, 16. Aufl. 2018; *Riesenhuber, K.*, Kein Fragerecht des Arbeitgebers – ein Beitrag zum System des Datenschutzes und zur Systematik des BDSG, NZA 2012, 771; *Roeder, J.-J./Buhr, M.*, Die unterschätzte Pflicht zum Terrorlistenscreening von Mitarbeitern, BB 2011, 1333; *dies.*, Tatsächlich unterschätzt: Die Pflicht zum Terroristenscreening von Mitarbeitern, BB 2012, 193; *Sander, C./Schumacher, P./Kühne, R.*, Weitergabe von Arbeitnehmerdaten in Unternehmenstransaktionen, ZD 2017, 105; *Sassenberg, T./Mantz, R.*, Die (private) E-Mail-Nutzung im Unternehmen, BB 2013, 889; *Schlarmann, H./Spiegel, J.-P.*, Terror und kein Ende – Konsequenzen der EG-Verordnungen zur Bekämpfung des internationalen Terrorismus für in Deutschland tätige Unternehmen, NJW 2007, 870; *Schmid, A.*, Die Eignung als Zugangskriterium für ein öffentliches Amt unter besonderer Berücksichtigung des Fragerechts des Dienstherren, 2009; *Schmidt, B.*, Vertrauen ist gut, Compliance ist besser! – Anforderungen an die Datenverarbeitung im Rahmen der Compliance-Überwachung, BB 2009, 1295; *Schmitz-Witte, A./Kilian, V.*, Die Dokumentations- und Meldepflichten nach dem Mindestlohngesetz – Die Last der Bürokratie, NZA 2015, 415; *Schriever, M.*, Neue Löschungsfristen von Bewerberdaten – von der Interessenabwägung zur Einwilligung, BB 2011, 2680; *Seifert, S.*, Der Beschäftigtendatenschutz im transnationalen Konzern, 2015; *Selzer, D.*, Die Frage nach der Gewerkschaftszugehörigkeit, SAE 2016, 46; *Simitis, S.*, Schutz von Arbeitnehmerdaten: Regelungsdefizite – Lösungsvorschläge, 1980; *ders.*, Mitbestimmung als Regulativ einer technisierten Kontrolle von Arbeitnehmern, NJW 1985, 401; *ders.*, Zur Mitbestimmung bei der Verarbeitung von Arbeitnehmerdaten – eine Zwischenbilanz, RDV 1989, 49; *ders.*, Arbeitnehmerdatenschutzgesetz – Realistische Erwartungen oder Lippenbekenntnis?, AuR 2001, 429; *ders.*, Arbeitnehmerdatenschutz, RdA 2003, Sonderbeilage zu Heft 5, 43; *ders.*, Whistleblowing – Vom individuellen Risiko zur staatlichen und unternehmenspolitischen Instrumentalisierung, in: Deiseroth, D./Falter, A. (Hrsg.), Whistleblower in Altenpflege und Infektionsforschung, 2007, 63; *Sorber, D.*, Die Rechtsstellung des Bewerbers im Einstellungsverfahren: Eine arbeitsrechtliche Untersuchung der Zulässigkeitsvoraussetzungen von Datenerhebungen und Assessment Center, 2017; *ders.*, Assessment-Center vs. Willkür bei der Bewerberauswahl, in: Latzel, C./Picker, C. (Hrsg.), Neue Arbeitswelt, 2014, 211; *Spindler, G.*, Das Gesetz über die Offenlegung von Vorstandsvergütungen – VorstOG, NZG 2005, 689; *Sprenger, M.*, Tarifpluralität und die Frage nach der Gewerkschaftszugehörigkeit – Die unliebsame Kehrseite der Medaille, NZA 2015, 719; *Stahlhacke, E./Preis, U./Vossen, R.*, Kündigung und Kündigungsschutz im Arbeitsverhältnis, 11. Aufl. 2015; *Steinkühler, B.*, BB-Forum: Kein Datenproblem bei der Deutschen Bahn AG? Mitnichten!, BB 2009, 1294; *Thüsing, G.*, Beschäftigtendatenschutz und Compliance – effektive Compliance im Spannungsfeld von BDSG, Persönlichkeitsschutz und betrieblicher Mitbestimmung, 2. Aufl., 2010; *ders.*, Datenschutz im Arbeitsverhältnis – kritische Gedanken zum neuen § 32 BDSG, NZA 2009, 865; *ders.*, Das Gesetz über die Offenlegung von Vorstandsvergütungen, ZIP 2005, 1389; *ders./Lambrich, Th.*, Das Fragerecht des Arbeitgebers – aktuelle Probleme zu einem klassischen Thema, BB 2002, 1146; *Thum, R./Szczesny, Chr.*, Background Checks im Einstellungsverfahren: Zulässigkeit und Risiken für Arbeitgeber, BB 2007, 2405; *Tinnefeld, M.-Th./Viethen, H.-P.*, Das Recht am eigenen Bild als besondere Form des allgemeinen Persönlichkeitsrechts – Grundgedanken und spezielle Fragen des Arbeitnehmerdatenschutzes, NZA 2003, 468; *Vietmeyer, K./Byers, Ph.*, Der Arbeitgeber als TK-Anbieter im Arbeitsverhältnis – Geplante BDSG-Novelle lässt Anwendbarkeit des TKG im Arbeitsverhältnis unangetastet, MMR 2010, 807; *von Campenhausen, A./de Wall, H.*, Staatskirchenrecht, 4. Aufl. 2006; *Wasmuth, J./Schiller, G.*, Verfassungsrechtliche Problematik der Inpflichtnahme von

Arbeitnehmer und Arbeitgeber beim Kirchenlohnsteuereinzug, NVwZ 2001, 852; *Waltermann, R.,* Anspruch auf private Internetnutzung durch betriebliche Übung?, NZA 2007, 529; *Weber-Rey, D.,* Whistleblowing zwischen Corporate Governance und Better Regulation, AG 2006, 406; *Weichert, T.,* Gesundheitsdaten von Bewerbern und Beschäftigten, RDV 2007, 189; *Wellhöner, A./Byers, Ph.,* Datenschutz im Betrieb – Alltägliche Herausforderung für den Arbeitgeber?!, BB 2009, 2310; *Werner, S.,* Die rechtliche Zulässigkeit routinemäßiger Eignungsuntersuchungen im laufenden Beschäftigungsverhältnis, insbesondere die Untersuchungen nach „G 25" und „G 41", AuR 2017, 280; *Wiese, G.,* Gendiagnostikgesetz und Arbeitsleben, BB 2009, 2198; *ders.,* Zur gesetzlichen Regelung der Genomanalyse an Arbeitnehmern, RdA 1988, 217; *ders.,* Der Persönlichkeitsschutz des Arbeitnehmers gegenüber dem Arbeitgeber, ZfA 1971, 273; *Wiese, G./Kreutz, P./Oetker, H./Raab, Th. /Weber, Chr./Franzen, M.,* Gemeinschaftskommentar zum Betriebsverfassungsgesetz (GK-BetrVG), 2 Bände, 10. Aufl. 2014; *Willemsen, H. J./Hohenstatt, K-St./Schweibert, U./Seibl, Ch.,* Umstrukturierung von Unternehmen, 5. Aufl. 2016; *Wisskirchen, G./Bissels, A.,* Das Fragerecht des Arbeitgebers bei Einstellung unter Berücksichtigung des AGG, NZA 2007, 169; *Wronka, G.,* Versand einer Wirtschaftszeitung an die Privatanschriften von Arbeitnehmern, RDV 2007, 202; *Wybitul, T.,* Das neue Bundesdatenschutzgesetz: Verschärfte Regeln für Compliance und interne Ermittlungen – Vertrauen ist gut, Kontrolle verboten?, BB 2009, 1582; *ders./ Schultze-Melling, J.,* Datenschutz im Unternehmen, 2. Aufl. 2014.

I. Grundlagen

1 **1. Zweck der Vorschrift.** Die **DSGVO** ist grundsätzlich auch auf die **Verarbeitung von Beschäftigtendaten** im Rahmen eines Beschäftigungsverhältnisses anwendbar. Dies ergibt sich aus der Vorschrift des Art. 2 Abs. 1 über den sachlichen Geltungsbereich und lässt sich auch einzelnen Regelungen wie zB Art. 9 Abs. 2 lit. b entnehmen. Die DSGVO schützt somit auch Beschäftigte vor einer unzulässigen Verarbeitung ihrer personenbezogenen Daten. Bereichsspezifische Vorschriften zum Beschäftigtendatenschutz mit einer vollharmonisierenden Wirkung sieht die DSGVO indessen nicht vor; insofern hat sich gegenüber der Rechtslage unter der DSRL nichts geändert (zu letzterer → Rn. 4).

2 Die im Gesetzgebungsverfahren der DSGVO stark umstrittene Vorschrift des Art. 88 (→ Rn. 7) enthält eine **Ausnahme zugunsten nationaler Regelungen des Beschäftigtendatenschutzes.** Abs. 1 räumt den Mitgliedstaaten die Befugnis ein, durch Rechtsvorschriften oder Kollektivvereinbarungen spezifischere Vorschriften auf dem Gebiet des Beschäftigungsdatenschutzes zu erlassen und weicht auf diese Weise den vollharmonisierenden Charakter der DSGVO[1] für den Beschäftigtendatenschutz auf (dazu näher → Rn. 4). Abs. 2 macht diese Öffnung der DSGVO zugunsten spezifischerer Rechtsvorschriften der Mitgliedstaaten inhaltlich von angemessenen und besonderen Maßnahmen zur Wahrung der menschlichen Würde, der berechtigten Interessen sowie der Grundrechte der betroffenen Personen abhängig und bringt damit zum Ausdruck, dass durch den Erlass von nationalen Vorschriften zum Beschäftigtendatenschutz nicht der **Grundrechtsschutz von Beschäftigten** unterlaufen werden darf. Abs. 3 schließlich ordnet für die Mitgliedstaaten, die von der Öffnungsklausel des Abs. 1 Gebrauch machen, eine **Pflicht zur Notifizierung** der von ihnen erlassenen spezifischeren Vorschriften zum Beschäftigtendatenschutz gegenüber der KOM an.

3 **2. Entwicklung des Beschäftigtendatenschutzes auf Unionsebene.** Eine gesetzliche Regelung des Beschäftigtendatenschutzes ist von einzelnen Datenschutzrechtlern seit den späten 1970er Jahren immer wieder gefordert worden.[2] Im Vordergrund der rechtspolitischen Diskussion stand dabei zunächst die Schaffung nationaler Regeln in den Mitgliedstaaten, die dann auch punktuell durchaus erfolgt ist. Der 2009 geschaffene § 32 BDSG aF ist die späte und zugleich unvollkommene Frucht dieser Bemühungen um eine gesetzliche Regelung des Beschäftigtendatenschutzes in Deutschland. Doch auch in anderen Mitgliedstaaten ist inzwischen eine Reihe von gesetzlichen Regeln über den Beschäftigtendatenschutz geschaffen worden, etwa zur Videoüberwachung und anderen Formen der automatisierten Überwachung von Beschäftigten oder zur Zulässigkeit einer Einwilligung von Beschäftigten in die Verarbeitung ihrer personenbezogenen Daten durch den Arbeitgeber.[3]

4 Erst die Arbeiten an der DSRL in den frühen 1990er Jahren haben den Diskussionsrahmen allmählich auf die Ebene des Gemeinschaftsrechts verschoben. Allerdings schuf die EG mit der Verabschiedung der DSRL nur einen allgemeinen Rahmen für das Datenschutzrecht, der nur wenige Vorschriften zum bereichsspezifischen Datenschutz im Arbeitsverhältnis enthielt und insoweit hinter dem Recht des Europarates zurückfiel, dessen Ministerkomitee bereits am 18.1.1989 eine Empfehlung an die Mitglieder des Europarates über

---

1 Zur vollharmonisierenden Wirkung der DSGVO s. EG 10.
2 Für den deutschen Kontext s. insbes. *Simitis*, Schutz von Arbeitnehmerdaten: Regelungsdefizite – Lösungsvorschläge, 1980; *ders.* AuR 2001, 429; *ders.* RdA 2003, Sonderbeilage zu Heft 5, 43.
3 Für einen rechtsvergleichenden Überblick über die wesentlichen Vorschriften des Arbeitnehmerdatenschutzes in den Mitgliedstaaten der EU s. *Hendrickx*, Protection of workers' personal data in the EU, 2002, 92ff.

den Beschäftigtendatenschutz verabschiedete.[4] Die **DSRL** fand zwar auch auf Arbeitsverhältnisse Anwendung und regelte somit auch den Umgang von Arbeitgebern mit Beschäftigtendaten. Dies folgte aus der insoweit keine Einschränkungen enthaltenden Regelung des Art. 3 DSRL über den Geltungsbereich. Besondere Bestimmungen zum Beschäftigtendatenschutz enthielt allerdings nur **Art. 8 Abs. 2 b DSRL**, der die Verarbeitung sensibler Daten zuließ, wenn deren Verarbeitung erforderlich war, um den Rechten und Pflichten des für die Verarbeitung Verantwortlichen auf dem Gebiet des Arbeitsrechts Rechnung zu tragen, sofern dies aufgrund von einzelstaatlichem Recht zulässig war, das angemessene Garantien vorsah. Im Übrigen hatte der Richtliniengeber die Absicht, den datenschutzrechtlichen Sockel der DSRL durch bereichsspezifische Regeln des Datenschutzes zu ergänzen oder zu präzisieren, die mit den Grundsätzen der DSRL in Einklang stehen (vgl. **EG 68 DSRL**); dies galt auch und vor allem für den Beschäftigtendatenschutz.

In der Folgezeit unternahm die KOM tatsächlich einen Vorstoß zur Schaffung einer **RL zum Schutz der personenbezogenen Daten von Arbeitnehmern**.[5] Nach Einholung von rechtswissenschaftlichen Gutachten[6] setzte die KOM am 27.8.2001 ein Verfahren zur Anhörung der europäischen Sozialpartner nach Art. 138 Abs. 2 EGV (= Art. 154 Abs. 2 AEUV) über die RL zum Beschäftigtendatenschutz in Gang.[7] Überraschenderweise setzte sich die **Art. 29-Gruppe** in ihrer **Stellungnahme vom 13.9.2001** zum Beschäftigtendatenschutz nicht explizit mit dem Richtlinienvorhaben der KOM auseinander, sondern untersuchte nach Maßgabe von Art. 30 Abs. 1 a DSRL lediglich die Anwendung der DSRL auf den Beschäftigtenkontext, um zu einer einheitlichen Anwendung beizutragen.[8] Die **Einschätzungen der europäischen Sozialpartner** zum Ob einer Regelung des Beschäftigtendatenschutzes durch die Union und zum möglichen Inhalt einer RL hierzu gingen jedoch weit auseinander.[9] Die KOM identifizierte als besondere Gegenstände einer solchen RL die Einwilligung des Arbeitnehmers, die Verarbeitung von Gesundheitsdaten des Arbeitnehmers, die Frage der Zulässigkeit von Drogentests und genetischen Tests sowie die Begrenzung der Überwachung der Arbeitnehmer am Arbeitsplatz. Wegen der unüberbrückbaren Meinungsverschiedenheiten zwischen den europäischen Sozialpartnern nahm die KOM indessen Abstand von ihrem Vorhaben und legte in der Folge keinen Vorschlag für eine RL zum Arbeitnehmerdatenschutz vor. Auch in der jüngeren Zeit hat es keine Initiativen der KOM zum Beschäftigtendatenschutz gegeben; im „Strategic Plan 2016–2020 – Employment, Social Affairs and Inclusion DG", den die KOM im März 2016 vorgelegt hat, wird der Beschäftigtendatenschutz überhaupt nicht erwähnt.[10]

Trotz des Fehlens bereichsspezifischer Regeln der EU zum Beschäftigtendatenschutz hat die Union über die Jahre hinweg an einzelnen Stellen **punktuelle Regelungen** geschaffen, welche die Verarbeitung personenbezogener Daten von Beschäftigten zum Gegenstand haben. Dies gilt vor allem für die Erhebung von Gesundheitsdaten der Beschäftigten, die einzelne Vorschriften des Arbeitsschutzrechtes für zulässig erklären. So ordnet **Art. 9 Abs. 1 lit. a Richtlinie 2003/88/EG** über bestimmte Aspekte der Arbeitszeit[11] eine regelmäßige unentgeltliche ärztliche Untersuchung von Nachtarbeitern an und unterwirft die in diesem Rahmen erhobenen Gesundheitsdaten der ärztlichen Schweigepflicht (vgl. Art. 9 Abs. 2 Richtlinie 2003/88/EG). **Art. 10 Richtlinie 98/24/EG** zum Schutz von Gesundheit und Sicherheit der Arbeitnehmer vor der Gefährdung durch chemische Arbeitsstoffe bei der Arbeit vom 7.4.1998[12] verpflichtet Arbeitgeber zur Anlegung einer Gesundheits- und Expositionsakte für Arbeitnehmer, die gefährlichen chemischen Stoffen ausgesetzt sind und die aufgrund einer Risikobeurteilung des Arbeitgebers ein besonderes Gesundheitsrisiko erkennen lassen. Für strahlenexponierte Arbeitskräfte verlangt die **RL 2013/59/Euratom** zur Festlegung grundlegender Sicherheitsnormen für den Schutz vor den Gefahren einer Exposition gegenüber ionisierender Strahlung[13] in ihrem Art. 45 Abs. 3 die regelmäßige Durchführung von arbeitsmedizinischen Untersuchungen

---

4   Recommendation No. R (89) 2 of the Committee of Ministers to the Member States on the Protection of Personal Data used for Employment Purposes.

5   Zu den Bestrebungen der KOM, den Arbeitnehmer-Datenschutz bereichsspezifisch zu regeln und den Gründen des Scheiterns instruktiv *Simitis* AuR 2001, 429 (430ff.) mwN; *ders.* RdA 2003, Sonderbeilage zu Heft 5, 43 (46ff.).

6   Vgl. *Freedland*, Data Protection and Employment in the European Union, 1999; sa die kurze Zeit nach dem Beginn des Sozialen Dialogs vorgelegten Studien von *Hendrickx*, Study on the protection of workers' personal data in the European Union: general issues and sensitive data, 2001 und *ders.*, Study on the protection of workers' personal data in the European Union: surveillance and monitoring at work, 2002.

7   European Commission, Communication „First stage consultation of social partners on the protection of workers' personal data".

8   Vgl. *Art. 29-Gruppe*, Opinion 8/2001 on the processing of personal data in the employment context, 5062/01/EN/Final WP 48. Angesichts des im Raume stehenden Richtlinienvorhabens hätte es näher gelegen, eine Stellungnahme nach Art. 30 Abs. 1 lit. c DSRL zu dem Vorhaben der KOM abzugeben; zur berechtigten Kritik an dieser Stellungnahme eingehend *Simitis* AuR 2001, 429 (430).

9   Zu den Einzelheiten s. European Commission, Second stage consultation of social partners on the protection of workers' personal data.

10   European Commission – Employment, Social Affairs and Inclusion DG: Strategic Plan 2016-2020, abrufbar unter: https://ec.europa.eu/info/publications/strategic-plan-2016-2020-employment-social-affairs-and-inclusion_en.

11   ABl. EG Nr. L 299/9.

12   ABl. EG Nr. L 131/11.

13   ABl. EU Nr. L 13/1.

und in ihrem Art. 48 die Erstellung einer Gesundheitsakte für diese Personen. Abgesehen von der Anordnung einer ärztlichen Schweigepflicht in Art. 9 Abs. 2 Richtlinie 2003/88/EG enthalten diese Richtlinienvorschriften jedoch keine datenschutzrechtliche Flankierung. Jenseits dieser sehr begrenzten Vorschriften hat die Union es bislang nicht geschafft, einen weitergehenden Beschäftigtendatenschutz zu verankern.

7 **3. Entstehungsgeschichte.** Art. 88 hat eine sehr wechselhafte Entstehungsgeschichte, die von großen Kontroversen über Umfang und Grenzen der Öffnungsklausel für den Beschäftigtendatenschutz gekennzeichnet war. Der **KOM-E** sah in Art. 82 Abs. 1 eine ähnliche Formulierung wie Abs. 1 vor, ließ aber Regelungen der Mitgliedstaaten im Beschäftigtendatenschutz nur „per Gesetz" zu und räumte diesen eine Regelungsbefugnis nur „in den Grenzen dieser Verordnung" ein; somit war ursprünglich weder von „spezifischeren Vorschriften" noch von Kollektivvereinbarungen die Rede. Die in Art. 82 Abs. 2 KOM-E vorgesehene Notifizierungspflicht entspricht dem heutigen Abs. 3. Art. 82 Abs. 3 KOM-E ermächtigte die KOM, delegierte Rechtsakte zu erlassen, „um die Kriterien und Anforderungen in Bezug auf die Garantien für die Verarbeitung personenbezogener Daten für die in Abs. 1 genannten [beschäftigungsdatenschutzrechtlichen] Zwecke festzulegen".

8 Der vom EP angenommene Text änderte die Öffnungsklausel für die Datenverarbeitung im Beschäftigungskontext erheblich ab und nahm überdies eine Reihe von Ergänzungen vor. Die wesentliche Änderung von Art. 82 Abs. 1 bestand darin, den Mitgliedstaaten die Befugnis zur Regelung von Fragen des Beschäftigtendatenschutzes einzuräumen und auch Konkretisierungen der Vorschriften des Art. 82 durch Kollektivverträge zuzulassen (vgl. Abs. 1 S. 2). Der vom EP neu hinzugefügte Art. 82 Abs. 1a stellte sicher, dass der Zweck der Verarbeitung von Beschäftigtendaten auf den Beschäftigtenkontext beschränkt bleibt und eine Verwendung der Daten für sekundäre Zwecke nicht zulässig ist. Art. 82 Abs. 1b beschränkte die Zulässigkeit von Einwilligungen des Arbeitnehmers auf die Fälle, in denen diese freiwillig erteilt wird, ohne jedoch diesen Tatbestand näher zu konturieren. Der ebenfalls vom EP eingefügte Art. 82 Abs. 1c legte einzelne Mindeststandards fest, welche die spezifischeren Rechtsvorschriften der Mitgliedstaaten zum Schutz der Beschäftigten iSv Art. 82 Abs. 1 umfassen sollten. So sollte die **Verarbeitung von Beschäftigtendaten ohne Kenntnis des Arbeitnehmers** unzulässig sein (Abs. 1c lit. a). Art. 82 Abs. 1c lit. b schrieb als weiteren Mindeststandard die Unzulässigkeit von Maßnahmen der offenen optisch-elektronischen und/oder akustisch-elektronischen **Überwachung der nicht öffentlich zugänglichen Teile des Betriebs**, die überwiegend der privaten Lebensgestaltung des Arbeitnehmers dienen, sowie der heimlichen Überwachung (zB Sanitär-, Umkleide- und Pausenräume) vor. Bei der **Durchführung von ärztlichen Untersuchungen oder Eignungstests** im Rahmen von Einstellungsverfahren sollte den Bewerbern der Zweck zu erläutern, die Ergebnisse mitzuteilen und auf Anfrage auch zu erklären sein; genetische Tests sollten grundsätzlich untersagt werden (Abs. 1c lit. c). Schließlich sollte auch die **private Nutzung betrieblicher Kommunikationsmittel** wie Telefon, Email und Internet zu regeln sein, wobei eine Regelung durch Kollektivvereinbarung zulässig sein und bei Fehlen einer solchen der Arbeitgeber mit dem Arbeitnehmer unmittelbar eine entsprechende Vereinbarung treffen sollte; allerdings sollte dem Arbeitgeber bei Vorliegen von tatsächlichen Anhaltspunkten einer Straftat oder schweren Pflichtverletzung des Arbeitnehmers aufgrund eines Gesetzes die Erhebung von Kommunikationsdaten des Arbeitnehmers unter Wahrung des Verhältnismäßigkeitsgrundsatzes erlaubt sein (Abs. 1c lit. d). Eine Sonderregelung zur **Verarbeitung sensibler Daten im Beschäftigungsverhältnis** enthielt Art. 82 Abs. 1c lit. e: Danach sollte die Erstellung von schwarzen Listen zu sensiblen Daten der Beschäftigten unzulässig und Verstöße gegen diese Pflicht angemessen zu sanktionieren sein. Art. 82 Abs. 1d sah ein „**Konzernprivileg**" vor, das die Unternehmensgruppe insgesamt als datenschutzrechtlich Verantwortlichen qualifizierte und die Übermittlung von Beschäftigtendaten zwischen Konzernunternehmen erlaubte. Die Notifizierungspflicht (Art. 82 Abs. 2) sowie die Ermächtigung der KOM zum Erlass delegierter Rechtsakte (Art. 82 Abs. 3) blieben hingegen weitgehend unverändert.

9 Die **Einigung im Rat Justiz und Inneres**, die am 15.6.2015 nach langwierigen Verhandlungen gefunden wurde, wich erheblich von dem Text ab, den das EP beschlossen hatte. Ebenso wie die Parlamentsfassung wollte auch der Rat eine Öffnung zugunsten von konkretisierenden Kollektivvereinbarungen zum Beschäftigtendatenschutz ermöglichen. Mit Blick auf die Einwilligung des Arbeitnehmers räumte der Rat den Mitgliedstaaten die Befugnis ein, deren Zulässigkeitsvoraussetzungen durch nationale Rechtsvorschriften festzulegen. Die Mindeststandards in Art. 82 Abs. 1c sowie das Konzernprivileg des Art. 82 Abs. 1d wurden vollständig gestrichen. Der Rat näherte sich somit wieder dem KOM-E an, allerdings ohne die in dessen Art. 82 Abs. 3 vorgesehene Ermächtigung zum Erlass delegierter Rechtsakte durch die KOM.

10 In den sich anschließenden **Trilog-Verhandlungen** zwischen KOM, EP und Rat wurde die Öffnungsklausel für den Bereich des Beschäftigtendatenschutzes in ihrer Bedeutung wieder erheblich zurückgeschraubt. So legte der Rat darauf Wert, dass die Vorschriften zum Beschäftigtendatenschutz, die das EP in Art. 82 Abs. 1a in den Entwurf eingefügt hatte, wieder gestrichen wurden. Insbesondere die deutsche Bundesregierung machte sich für eine schlanke Öffnungsklausel im Beschäftigtendatenschutz stark.

4. Beschäftigtendatenschutz als Regelungsproblem. Beschäftigungsverhältnisse, insbes. Arbeitsverhältnisse, **11**
werfen datenschutzrechtlich besondere Regelungsprobleme auf, die für eine **bereichsspezifische Regelung**
des Datenschutzes sprechen, wie sie die Öffnungsklausel des Art. 88 zumindest auf nationaler Ebene ermöglicht. In kaum einem anderen privatrechtlichen Vertragsverhältnis wird eine so große Zahl personenbezogener Daten eines Vertragspartners erhoben und sind die Informationserwartungen so hoch geschraubt.[14]

Ein Spezifikum des Beschäftigungsverhältnisses ist die **strukturelle Unterlegenheit des Beschäftigten** gegen- **12**
über seinem Vertragspartner (Arbeitgeber) oder seinem Dienstherrn in Beamtenverhältnissen.[15] Für den Arbeitnehmer findet das bereits im Arbeitnehmerbegriff seinen Ausdruck, für den das Merkmal der persönlichen Abhängigkeit vom Vertragspartner konstitutiv ist (vgl. nunmehr § 611a Abs. 1 S. 1 BGB). Eine vergleichbare Ungleichgewichtslage besteht auch bei den nach öffentlichem Recht strukturierten Beschäftigungsverhältnissen, namentlich beim **Beamtenverhältnis**, denn auch sie sind bei der Erbringung ihrer Arbeitsleistung weisungsgebunden (für Bundesbeamte vgl. § 62 Abs. 1 S. 2 BBG). Beschäftigte sind wegen dieses strukturellen Ungleichgewichts typischerweise nicht in der Lage, einen angemessenen Schutz ihrer personenbezogenen Daten im Beschäftigungsverhältnis mit den Mitteln privatautonomer Gestaltung zu erreichen. Ein besonders deutliches Beispiel hierfür ist die Einwilligung von Arbeitnehmern in eine Verarbeitung
ihrer Daten durch den Arbeitgeber, an deren Freiwilligkeit es oftmals fehlen dürfte, wenn diese nur im Interesse des Arbeitgebers erteilt wird. Es ist deshalb durchaus plausibel, dass der deutsche Gesetzgeber in
§ 26 Abs. 2 BDSG nF die Zulässigkeit einer Einwilligung von Beschäftigten in die Verarbeitung ihrer Daten
einschränkt (→ Rn. 215ff.).

Mit dieser strukturellen Unterlegenheit des Beschäftigten eng verknüpft ist das Interesse von Arbeitgebern **13**
und Dienstherrn, die **Erbringung der Arbeitsleistung kontrollieren** zu können (dazu und zu den datenschutzrechtlichen Grenzen eingehend → Rn. 77ff. mwN). Ziel ist somit, insbes. durch den Einsatz technischer Überwachungseinrichtungen, ein vertragskonformes Verhalten des Beschäftigten sicherzustellen und
dessen Arbeitsertrag sowohl quantitativ als auch qualitativ zu optimieren. In diesem Zusammenhang wird
in Betrieben inzwischen eine große Masse von Daten über Beschäftigte durch die verschiedensten Kontroll-
formen (zB Überwachung der Telekommunikation wie Telefon oder Email, Videoüberwachung, GPS, Erfassung biometrischer Daten usw) verarbeitet (→ Rn. 133ff.). In engem Zusammenhang damit stehen auch die
in den vergangenen Jahren erheblich angewachsenen **Compliance-Anforderungen an Unternehmen,**[16] die
eine Erhebung von Beschäftigtendaten mit sich bringen können (zB im Rahmen von Hinweisgeber-Syste-
men). Hintergrund dieser Compliance-Systeme ist die Zunahme von Haftungsrisiken für Unternehmen in
so unterschiedlichen Bereichen wie zB dem Kartellrecht, dem Wertpapierhandelsrecht, dem Umweltrecht
oder dem Arbeitsrecht.[17] Auch das Datenschutzrecht selbst macht eine „Datenschutz-Compliance" erforderlich (vgl. hierzu die Sanktionsregelungen der Art. 82ff.). Ausdrückliche gesetzliche Organisationspflich-
ten ergeben sich insbes. aus **§ 91 Abs. 2 AktG** für den Vorstand der AG zur frühzeitigen Erkennung be-
standsgefährdender Entwicklungen,[18] aus **§ 25b KWG** für die Einhaltung der gesetzlichen Bestimmungen
bei der Besorgung von Zahlungsaufträgen („Finanztransfergeschäfte"), aus **§ 33 Abs. 1 WpHG** für die Einhaltung des Verbots von Insidergeschäften,[19] sowie aus **§ 12 AGG** für die Einhaltung der antidiskriminie-
rungsrechtlichen Pflichten, die auf Arbeitgebern lasten.

Ein weiteres spezifisches Problem des Beschäftigungsverhältnisses sind die hohen Informationserwartungen **14**
von Arbeitgebern oder Dienstherrn sowie von staatlichen Stellen. Die Sammlung von Beschäftigtendaten
entspricht einmal dem **Interesse von Arbeitgebern und Dienstherrn**, durch eine möglichst umfassende Information über ihre Beschäftigten einen **effizienten Personaleinsatz** sicherstellen zu können. Die nicht nur
auf die reine Personalverwaltung beschränkte Personalplanung und -entwicklung bedarf, um möglichst ziel-
genau ausgerichtet zu werden, auch zahlreicher Daten der Beschäftigten. Hierzu ist eine präzise Kenntnis
der Qualifikationen und Fähigkeiten der Beschäftigten erforderlich. Doch auch die mittel- bis langfristige
Planung der betrieblichen Personalpolitik erfordert die Erhebung personenbezogener Daten der beim Arbeitgeber beschäftigten Arbeitnehmer.

---

14   Vgl. bereits *Simitis,* Schutz von Arbeitnehmerdaten, 1980, 9; *ders.* NJW 1984, 394 (401); *Däubler*, Gläserne Belegschaften, 2017, § 2
     Rn. 24.
15   In diesem Sinne auch *Däubler* RDV 1999, 243 (244).
16   Ausführlich zur Compliance *Thüsing*, Beschäftigtendatenschutz und Compliance, 2014, § 1 Rn. 8ff. sowie *Mengel*, Compliance und Ar-
     beitsrecht: Implementierung – Durchsetzung – Organisation, 2009; vgl. auch *Wybitul* BB 2009, 1582, jeweils mwN; zum Verhältnis
     von Compliance und Datenschutz im RegE Gesetz zur Regelung des Beschäftigtendatenschutzes s. *Kort* DB 2011, 651.
17   Dazu im Überblick *Hauschka* NJW 2004, 257 mwN.
18   Ziffer 4.1.3. des von der Regierungskommission Corporate Governance aufgrund von § 161 Abs. 1 AktG ausgearbeiteten Deutschen
     Corporate Governance Kodex (DCGK) verlangt von den Vorständen börsennotierter Aktiengesellschaften sogar insgesamt, für die Ein-
     haltung der gesetzlichen Bestimmungen zu sorgen und auf deren Beachtung durch die Konzernunternehmen hinzuwirken.
19   Dazu ausführlich *Mahnhold*, Compliance und Arbeitsrecht, 2004, 34ff. mwN.

15 Die massive Erhebung von Beschäftigtendaten ist schließlich auch Ergebnis zahlreicher gesetzlicher **Verpflichtungen von Arbeitgebern** gegenüber der öffentlichen Verwaltung auf Speicherung oder Übermittlung von Beschäftigtendaten. Man denke nur an die Pflicht des Arbeitgebers, die Lohnsteuer vom Arbeitslohn des Arbeitnehmers einzubehalten (§ 38 Abs. 3 S. 1 EStG) und die ihm auferlegten Meldepflichten gegenüber den Trägern der gesetzlichen **Sozialversicherung** (§ 28 a SGB IV): Zur Ermittlung der genauen Höhe der von diesem abzuführenden Lohnsteuer und Sozialversicherungsbeiträge bedarf es einer Reihe von personenbezogenen Daten der betroffenen Arbeitnehmer. Die Erhebung von Beschäftigtendaten kann sich ferner aus einer gesetzlichen Pflicht von Arbeitgebern zur Weitergabe von Beschäftigtendaten an die Verwaltung zum Zwecke der **Erstellung von Statistiken** ergeben.[20] Obgleich die Statistikbelastungen in den letzten Jahren verringert worden sind,[21] ist das Arbeitsverhältnis nach wie vor ein wichtiger Anknüpfungspunkt für die Erlangung von personenbezogenen Daten von Beschäftigten.[22] Ein Beispiel einer gesetzlichen Verpflichtung von Arbeitgebern, Beschäftigtendaten an Behörden zu übermitteln, ist § 87 WpHG, wonach Wertpapierhandelsunternehmen der Bundesanstalt für Finanzdienstaufsicht (BaFin) Mitarbeiter anzeigen müssen, die mit der Anlageberatung betraut sind, und zwar bevor diese ihre Tätigkeit aufnehmen; auch Beschwerden, die gegen Mitarbeiter in der Anlageberatung erhoben werden, sind der BaFin mitzuteilen.[23] Die auf diese Weise erhobenen Daten sind von der BaFin in einer eigens hierfür geschaffenen Datenbank zu speichern (vgl. § 87 Abs. 7 WpHG iVm §§ 9–11 WpHGMaAnzV). In all diesen Fällen tritt der **Arbeitgeber als Verwaltungshelfer** auf, der die von seinen Arbeitnehmern erhobenen personenbezogenen Daten an die öffentliche Verwaltung übermittelt; er ist lediglich „Durchgangsstation" personenbezogener Beschäftigtendaten. Diese staatliche Datenbeschaffung mithilfe des Arbeitgebers stellt sich gleichsam als Kehrseite des modernen Leistungsstaates dar.[24] Auch wenn Adressat dieser Datenerhebungen die öffentliche Verwaltung ist, besteht die Gefahr, dass die einmal erhobenen Daten des Arbeitnehmers von Arbeitgebern auch zu anderen Zwecken genutzt werden: Man denke nur an die Zugehörigkeit von Arbeitnehmern zu einer Religionsgemeinschaft, die auf der Lohnsteuerkarte vermerkt ist und für das Arbeitsverhältnis grundsätzlich keine Bedeutung haben sollte (zur Frage nach der Zugehörigkeit eines Beschäftigten zu einer Religionsgemeinschaft näher → Rn. 85 mwN).

II. Reichweite der Öffnungsklausel

16 **1. Persönlicher Geltungsbereich.** Die Öffnungsklausel des Art. 88 gilt für den Schutz von Beschäftigtendaten im Beschäftigungskontext. Ihr Umfang bestimmt sich in persönlicher Hinsicht somit nach dem **Beschäftigtenbegriff**, der bei der Auslegung von Art. 88 zugrunde zu legen ist.

17 Art. 88 spricht ebenso wie § 26 BDSG nF von der Verarbeitung personenbezogener Beschäftigtendaten. Der persönliche Geltungsbereich der Vorschrift knüpft somit am Beschäftigtenbegriff an und suggeriert dem unbefangenen deutschen Leser, dass das europäische Datenschutzrecht einen ähnlich weitgehenden Beschäftigtenbegriff vorsieht, wie er für das deutsche Recht in § 26 Abs. 8 BDSG nF festgelegt ist. Bei dem Art. 88 zugrunde zu legenden Beschäftigtenbegriff handelt es sich jedoch um einen **Rechtsbegriff des Unionsrechts**, der autonom und nicht im Lichte nationalen Rechts (zB des deutschen § 26 Abs. 8 BDSG nF) zu bestimmen ist.[25] Da die DSGVO im Unterschied zu einzelnen arbeitsrechtlichen RL der Union keinen eigenständigen allgemeinen Beschäftigtenbegriff vorsieht,[26] stellt sich die Frage nach den subsidiär anzuwendenden Grundsätzen. Soweit ein unionsrechtlicher Rechtsakt den zugrunde zu legenden Arbeitnehmerbegriff nicht definiert, besteht in der Rechtsprechung des EuGH die Tendenz, den zu **Art. 45 AEUV** entwickelten freizügig-

---

20 Dazu im Überblick *Bundesministerium für Wirtschaft und Technologie*, Bericht über den Stand der Initiative „Abbau bürokratischer Hemmnisse", 7.3.2001, 42ff.

21 Insbesondere durch die drei Statistik-Bereinigungsgesetze sowie durch die drei Gesetze zum Abbau bürokratischer Hemmnisse, insbes. der mittelständischen Wirtschaft, sind die Statistikbelastungen von Unternehmen stark reduziert worden; dazu im Überblick *Bundesministerium für Wirtschaft und Technologie*, Bericht über den Stand der Initiative „Abbau bürokratischer Hemmnisse", 7.3.2001, 43ff.

22 So zB das Gesetz über die Lohnstatistik vom 18.5.1956 idF v. 21.12.2006 (BGBl. I 1956 S. 429), nach dessen § 12 Abs. 1 S. 2 die Auskunftspflicht die an der Erhebung teilnehmenden Arbeitgeber trifft. Vgl. auch § 8 AÜG, der Verleihern die Pflicht auferlegt, der Erlaubnisbehörde halbjährlich eine Reihe von Informationen zur erfolgten Arbeitnehmerüberlassung mitzuteilen.

23 Die Einzelheiten der Anzeigepflicht der betroffenen Arbeitgeber sind in den §§ 7ff. WpHGMaAnzV (BGBl. I 2011, 3116) geregelt. Eingehender zu § 87 Abs. 1 WpHG (= § 32d Abs. 1 WpHG aF) *Rößler/Yoo* BKR 2011, 377; s. auch *Däubler* AuR 2012, 380, (383ff.) mit verfassungsrechtlichen Einwendungen gegen die verstoßunabhängige Speicherung von Mitarbeiterdaten in der bei der BaFin geführten Datenbank nach § 34d Abs. 5 WpHG aF (= § 87 Abs. 7 WpHG nF).

24 So die zutreffende Charakterisierung von *Walz* Mitb 1986, 294.

25 Ebenso Kühling/Buchner/*Maschmann* Art. 88 Rn. 8; vgl. auch *Körner*, Wirksamer Beschäftigtendatenschutz im Lichte der Europäischen DSGVO, 2017, S. 52.

26 Einen für die jeweilige RL geltenden Arbeitnehmerbegriff enthält zB Art. 3 lit. a RL 89/391/EWG über die Durchführung von Maßnahmen zur Verbesserung der Sicherheit und des Gesundheitsschutzes der Arbeitnehmer bei der Arbeit.

keitsrechtlichen **Arbeitnehmerbegriff** heranzuziehen:[27] In der Rechtssache *May*[28] hat der Gerichtshof sogar die Auffassung vertreten, dass der Arbeitnehmerbegriff des Art. 45 AEUV für die Rechtsakte nach Art. 288 AEUV gelten soll. Legt man die Begriffsbestimmung des EuGH zu Art. 45 AEUV zugrunde, gilt danach als Arbeitnehmer jede Person, die **Dienste für einen anderen nach dessen Weisungen und gegen Entgelt** leistet.[29]

Geht man bei der Auslegung von Art. 88 vom Arbeitnehmerbegriff des Art. 45 AEUV aus, zeigt sich, dass   18
der persönliche Geltungsbereich des deutschen Beschäftigtendatenschutzes in § 26 Abs. 8 BDSG nF und die Grenzen des durch Art. 88 gezogenen Beschäftigtendatenschutzes der Union zwar in weiten Teilen übereinstimmen, jedoch nicht vollständig deckungsgleich sind (zu § 26 Abs. 8 BDSG nF → Rn. 58ff.). Deckungsgleichheit besteht insoweit, als unter den für die Auslegung von Art. 88 zugrunde zu legenden freizügigkeitsrechtlichen Arbeitnehmerbegriff ebenso wie unter den Beschäftigtenbegriff des § 26 Abs. 8 BDSG nF nicht nur sämtliche Arbeitnehmer iSd deutschen Arbeitsrechts (einschließlich der auf Teilzeitbasis und befristet Beschäftigten), sondern auch Beschäftigte, deren Beschäftigungsverhältnis sich nach den Vorschriften des öffentlichen Rechts bestimmt (zB **Beamte, Richter** oder **Soldaten**),[30] Personen, die zu ihrer **Berufsausbildung** „unter den Bedingungen einer Tätigkeit im Lohn- oder Gehaltsverhältnis beschäftigt werden",[31] sowie Personen, die zu ihrer **Wiedereingliederung** beschäftigt werden (zB Rehabilitanden oder Beschäftigte in Behindertenwerkstätten), fallen.[32] Auch **leitende Angestellte** und **Geschäftsführer einer GmbH** können als Arbeitnehmer iSv Art. 88 einzuordnen sein,[33] obwohl Letztere nach deutschem Recht im Regelfall keinen Arbeitnehmerstatus besitzen;[34] allerdings sind sie nach deutschem Recht Beschäftigte iSv § 26 Abs. 8 Nr. 1 BDSG nF (→ Rn. 62). In zeitlicher Hinsicht geht der Arbeitnehmerstatus des Art. 88 über den Zeitraum, für den tatsächlich ein Arbeitsverhältnis auf der Grundlage eines privatrechtlichen Vertrages oder von öffentlich-rechtlichen Vorschriften besteht, hinaus. Als Arbeitnehmer gelten nämlich zum einen auch **Bewerber** für ein Beschäftigungsverhältnis. Dies ergibt sich bereits aus Abs. 1 selbst, der spezifischere Vorschriften zum Beschäftigtendatenschutz ua auch „für Zwecke der Einstellung" zulässt. Zum anderen sind Beschäftigte iSd Art. 88 auch **Personen**, deren **Beschäftigungsverhältnis beendet** worden ist, soweit es um nachvertragliche Pflichten aus dem Arbeitsverhältnis geht.[35] Zwar ergibt sich dieser nachwirkende Arbeitnehmerstatus für den Bereich der Arbeitnehmerfreizügigkeit aus Art. 45 Abs. 3 lit. d AEUV und ist auf Besonderheiten des Freizügigkeitsrechts zugeschnitten, doch muss eine solche Nachwirkung auch für das Datenschutzrecht gelten, da auch für die Zeit nach der Beendigung des Beschäftigungsverhältnisses für den Arbeitnehmer ein besonderes Schutzbedürfnis bestehen kann (→ Rn. 193 mwN).

Dagegen fallen **arbeitnehmerähnliche Personen** grundsätzlich nicht unter den persönlichen Geltungsbereich   19
des Art. 88;[36] das Unionsrecht geht somit nicht so weit wie das deutsche Datenschutzrecht, das diese Personengruppe nach **§ 26 Abs. 8 Nr. 6 BDSG** nF (= § 3 Abs. 11 Nr. 6 BDSG aF) als Beschäftigte im datenschutzrechtlichen Sinne ansieht (→ Rn. 58).[37] Bei arbeitnehmerähnlichen Personen handelt es sich um Personen, die im Unterschied zum Arbeitnehmer im arbeitsrechtlichen Sinne nicht persönlich, sondern wirtschaftlich von ihrem Vertragspartner abhängig und einem Arbeitnehmer vergleichbar sozial schutzbedürftig sind.[38]

---

27 Zu dieser allgemeinen Tendenz in der Rechtsprechung des EuGH *Sagan*, in: Preis/Sagan, Europäisches Arbeitsrecht: Grundlagen – Richtlinien – Folgen für das deutsche Arbeitsrecht, 2015, § 1 Rn. 112 mwN; für die Heranziehung des Arbeitnehmerbegriffs des Art. 45 AEUV auch *Körner*, Wirksamer Beschäftigtendatenschutz im Lichte der DSGVO, 2017, S. 52.

28 EuGH C-519/09, Slg 2011, I 4 2763 – Dieter May/AOK Rheinland/Hamburg – Die Gesundheitskasse.

29 St. Rspr.: vgl. zB EuGH C-316/13, NZA 2015, 1444 – Fenoll.

30 Vgl. zB EuGH Rs 66/85, Slg 1986, 2121 – Lawrie-Blum.

31 Grundlegend hierzu EuGH Rs 66/85, Slg 1986, 2121 – Lawrie-Blum. Dies dürfte für sämtliche Formen der Berufsbildung iSv § 1 Abs. 1 BBiG gelten, also für die Berufsausbildungsvorbereitung, die Berufsausbildung, die berufliche Fortbildung und die berufliche Umschulung.

32 Vgl. EuGH C-316/13, NZA 2015, 1444 – Fenoll; dazu ausführlich *Seifert* EuZA 2015, 500.

33 Zum GmbH-Geschäftsführer siehe insbes. EuGH Rs. 232/09, Slg 2010, I-11405 – Danosa.

34 Vgl. BAG NZA 1999, 987 (988 f.); dazu im Überblick statt vieler ErfK/*Preis* BGB § 611 a Rn. 88ff. mwN.

35 Vgl. BeckOK DatenschutzR/*Riesenhuber* DSGVO Art. 88 Rn. 64; Kühling/Buchner/*Maschmann* Art. 88 Rn. 14; *Steinmeyer*, in: Franzen/Gallner/Oetker, Kommentar zum Europäischen Arbeitsrecht, AEUV Art. 45 Rn. 14.

36 An der Einbeziehung der arbeitnehmerähnlichen Personen wohl zumindest zweifelnd, allerdings ohne Begründung Sydow/*Tiedemann* Art. 88 Rn. 4.

37 Die Frage der Einbeziehung der arbeitnehmerähnlichen Personen in den Geltungsbereich des Art. 88 wird im Schrifttum so gut wie überhaupt nicht thematisiert: vgl. zB Gola/Pötters/Wronka, HdB Arbeitnehmerdatenschutz, 2016, Rn. 505; ebenso wenig findet sich bei Kühling/Buchner/*Maschmann* Art. 88 Rn. 11ff. Soweit überhaupt der Beschäftigtenbegriff des Art. 88 erörtert wird (zB Ehmann/Selmayr/*Selk* Art. 88 Rn. 34ff.), erfolgt keine Auseinandersetzung mit der Frage, ob der § 26 Abs. 8 Nr. 6 BDSG nF mit vom Beschäftigtenbegriff des Art. 88 abgedeckt ist; vgl. zB *Körner*, Wirksamer Beschäftigtendatenschutz im Lichte der Europäischen DSGVO, 2017, S. 51 f. sowie *dies.* NZA 2016, 1383 (1384).

38 Ausführlich zum Begriff der arbeitnehmerähnlichen Person statt vieler ErfK/*Franzen* TVG § 12 a Rn. 4ff. mwN.

Sie sind in den persönlichen Schutzbereich einzelner arbeitsrechtlicher Vorschriften einbezogen.[39] Für die Gruppe der **Heimarbeiter** hat der Gesetzgeber mit dem Heimarbeitsgesetz (HAG) sogar ein eigenständiges Regelwerk geschaffen, im Fall der **Einfirmenvertreter** erlaubt § 92a HGB die Schaffung von Mindestvertragsbedingungen durch Rechtsverordnung. Arbeitnehmerähnliche Personen sind typischerweise nicht an Weisungen ihres Auftraggebers gebunden und erfüllen deshalb nicht den Arbeitnehmertatbestand des Art. 45 AEUV; sie sind als Selbständige einzuordnen.[40] Gegen eine Einbeziehung dieser Beschäftigtengruppe in den persönlichen Geltungsbereich des Art. 88 sprechen außerdem auch andere Sprachfassungen der Verordnungsvorschrift: So ist in der englischen Version des Abs. 1 von *„employee"* – nicht aber von *„worker"*, zu denen nach englischem Arbeitsrecht auch die *„self-employed"* gehören, –[41] die Rede, und die französische Sprachfassung spricht von *„employés"*, zu denen wirtschaftlich abhängige Selbständige nicht zählen;[42] dieses enge Verständnis des Beschäftigtenbegriffs stützen auch andere Sprachversionen des Art. 88.[43] Datenschutzrechtlich unterliegen die Vertragsverhältnisse arbeitnehmerähnlicher Personen mit ihren Auftraggebern somit nicht der Öffnungsklausel des Art. 88, so dass für ihre Vertragsverhältnisse die Regeln der DSGVO in vollem Umfang gelten. § 28 Abs. 8 Nr. 6 BDSG nF ist folglich unionsrechtswidrig und nicht anzuwenden.

20 **2. Sachlicher Geltungsbereich.** In sachlicher Hinsicht gilt die Öffnungsklausel des Art. 88 lediglich für die **ganz oder teilweise automatisierte Verarbeitung personenbezogener Daten von Beschäftigten** sowie für die nichtautomatisierte Verarbeitung ihrer personenbezogenen Daten, die in einem Datensystem gespeichert sind oder gespeichert werden sollen (vgl. Art. 2 Abs. 1 → zu Einzelheiten Art. 2 Rn. 13ff.). Die nichtautomatisierte Verarbeitung von Beschäftigtendaten ist im Übrigen nicht von Art. 88 erfasst. So trivial diese Feststellung zunächst klingt, ist sie doch für das deutsche Recht nicht ohne Bedeutung, denn § 26 Abs. 7 BDSG nF bezieht die gesamte nichtautomatisierte Verarbeitung von Beschäftigtendaten in seinen Geltungsbereich ein und geht damit über den sachlichen Geltungsbereich von Art. 88 hinaus. Diese Erweiterung ist von der Öffnungsklausel in Abs. 1 gedeckt (→ Rn. 71). Während Personalakten oder Sammlungen von Personalakten nur unter den Geltungsbereich der DSGVO fallen, soweit sie nach bestimmten Kriterien geordnet sind (vgl. EG 15 S. 3), erfasst § 26 Abs. 7 BDSG nF auch nicht geordnete Personalaktenbestände sowie alle anderen Formen einer manuellen Erhebung von Beschäftigtendaten, die nicht in einem Dateisystem gespeichert sind oder gespeichert werden sollen, wie etwa die Erhebung von Daten im mündlichen Gespräch (zB Bewerbungsgespräch) mit anschließender schriftlicher Fixierung (→ Rn. 72 mwN).

21 **3. Spezifischere Vorschriften zum Beschäftigtendatenschutz.** Abs. 1 ermächtigt die Mitgliedstaaten, spezifischere Vorschriften zum Beschäftigtendatenschutz vorzusehen. Der Unionsgesetzgeber hat damit die Möglichkeit eröffnet, die allgemeinen Vorschriften der DSGVO über die Datenverarbeitung durch **bereichsspezifische Regeln für Beschäftigungsverhältnisse** zu ergänzen. Damit können die Mitgliedstaaten die oftmals nur unbestimmten Rechtsbegriffe der DSGVO über die Verarbeitung personenbezogener Daten für den Beschäftigungskontext konkretisieren und diesen schärfere Konturen verleihen. So präzisieren die Vorschriften des § 26 Abs. 1 BDSG nF und die hierzu ergangene Rechtsprechung der Arbeitsgerichte die allgemeine Vorschrift des Art. 6 Abs. 1 lit. b, welche insbes. die Verarbeitung personenbezogener Daten für die Erfüllung eines Vertrages, dessen Vertragspartei die betroffene Person ist, an den Erforderlichkeitsgrundsatz bindet. Ferner bestimmen die noch spezielleren Regeln der §§ **19–22 GenDG** über die grundsätzliche Unzulässigkeit genetischer Untersuchungen von Beschäftigten, die Verarbeitung genetischer Daten und damit die Bedeutung von Art. 9 für das Beschäftigungsverhältnis näher. Die §§ 106ff. BBG über die Führung von Personalakten über Beamte konkretisieren vor allem Art. 6 Abs. 1 lit. f sowie Art. 9, soweit es um die Verarbeitung sensibler Beamtendaten in der Personalakte geht. Auch die nur sehr allgemeinen Regeln des Art. 7

---

39 ZB § 2 S. 2 BUrlG, § 11 EFZG, § 7 Abs. 1 Nr. 3 PflegeZG, § 2 Abs. 2 Nr. 3 ArbSchG, § 12a TVG, § 5 Abs. 1 S. 2 BetrVG, § 5 Abs. 1 S. 2 ArbGG.

40 Zu dieser Funktion des Merkmals der Weisungsgebundenheit des Beschäftigten für die Abgrenzung zum Selbständigen s. *Steinmeyer*, in: Franzen/Gallner/Oetker, Kommentar zum Europäischen Arbeitsrecht, AEUV Art. 45 Rn. 12 sowie *Sagan*, in: Preis/Sagan, Europäisches Arbeitsrecht, § 1 Rn. 111 mwN.

41 Zum Begriff des *worker* statt vieler *Deakin/Morris*, Labour Law, 6. Aufl. 2012, S. 174ff. mwN.

42 Das französische Arbeitsrecht gebraucht zwar nicht den Begriff des *employé*, um den Arbeitnehmer zu bezeichnen, sondern spricht von *salarié*. Wohl aber gehört der *employé* zur Gruppe der *salariés*. Für den Status eines *salarié* reicht allerdings nicht eine wirtschaftliche Abhängigkeit vom Vertragspartner aus, sondern es bedarf eines *lien de subordination*, der in etwa mit dem Erfordernis der persönlichen Abhängigkeit des Beschäftigten (§ 611a Abs. 1 S. 1 BGB) vergleichbar ist; dazu statt vieler *Pélissier/Auzero/Dockès*, Droit du travail, 27. Aufl. 2013, Rn. 204 mwN.

43 So spricht die italienische Sprachfassung des Art. 88 Abs. 1 von *rapporti di lavoro* sowie der *esecuzione del contratto di lavoro* und bezieht damit gerade nicht die Gruppe wirtschaftlich Selbständiger (*parasubordinati*) ein. Die niederländische Version gebraucht den Begriff des *werknemer* (Arbeitnehmer) und spricht zB von der *uitvoering van de arbeidsovereenkomst* (Durchführung des Arbeitsvertrages); ebenso wenig stützt somit auch diese Sprachfassung eine Einbeziehung von arbeitnehmerähnlichen Personen in den Beschäftigtenbegriff des Art. 88 nicht.

Abs. 4 über die **Freiwilligkeit der Einwilligung des Betroffenen** können von den Mitgliedstaaten schärfer konturiert werden, wovon der deutsche Gesetzgeber mit § 26 Abs. 2 S. 1 und 2 BDSG nF Gebrauch gemacht hat; ferner hat er in § 26 Abs. 2 S. 3 BDSG nF eine **Schriftform für die Einwilligung** des Beschäftigten angeordnet (→ Rn. 219 mwN).

Eine seit dem Entstehungsprozess der DSGVO stark diskutierte Frage ist, ob die beschäftigungsdaten- **22** schutzrechtliche Öffnungsklausel die Mitgliedstaaten auch dazu berechtigt, Rechtsvorschriften zum Beschäftigtendatenschutz zu erlassen, die von der DSGVO zum Nachteil der betroffenen Arbeitnehmer abweichen. Für die Zulässigkeit von **Abweichungen „nach unten"** könnte streiten, dass der Art. 82 Abs. 1 KOM-E noch von den Mitgliedstaaten verlangte, nur solche spezifischeren Vorschriften für den Beschäftigungskontext zu erlassen, welche die „Grenzen der Verordnung" respektieren, und sich diese Einschränkung nicht mehr in Abs. 1 findet. Eine solche sich an der Textgeschichte des Abs. 1 orientierende Auslegung greift jedoch zu kurz. Vielmehr legt der Wortsinn des Tatbestandsmerkmals „spezifischere Vorschriften" die Annahme nahe, dass es sich nicht um Vorschriften handelt, die den durch die DSGVO gewährleisteten Schutzstandard verschlechtern, sondern diesen lediglich ergänzen, um die umfassend geltenden Regeln der Verordnung für den Beschäftigungskontext zu präzisieren (→ Rn. 21). Dass diese Wortwahl des Unionsgesetzgebers kein Zufall ist, belegt ein Blick auf die Öffnungsklausel des Art. 85, die in ihrem Abs. 2 nationale Vorschriften zugunsten des Rechts auf freie Meinungsäußerung und Informationsfreiheit zulässt: Dem Unionsgesetzgeber ist somit der Unterschied zwischen spezifischeren und abweichenden Vorschriften durchaus bewusst.[44] Schließlich lässt sich auch der Begrenzung der Öffnungsklausel in Abs. 2 die Wertentscheidung des Unionsgesetzgebers entnehmen, dass der Schutz der Grundrechte der betroffenen Arbeitnehmer durch die Inanspruchnahme der Öffnungsklausel seitens der Mitgliedstaaten grundsätzlich gewahrt werden soll. Somit enthält die DSGVO einen Schutzstandard, der nicht durch spezifischere Vorschriften iSd Abs. 1 unterschritten werden darf und anderenfalls zur Unionsrechtswidrigkeit der nationalen Vorschriften führen würde.[45]

Ebenfalls umstritten ist, ob die Öffnungsklausel des Abs. 1 **Abweichungen „nach oben"** und damit günsti- **23** gere nationale Vorschriften für Beschäftigte zulässt. Dagegen wird von einzelnen Autoren ins Feld geführt, dass Abs. 1 lediglich spezifischere Vorschriften des Beschäftigtendatenschutzes erlaubt, nicht aber günstigere Vorschriften.[46] Gegen diese enge Auslegung von Abs. 1 spricht jedoch, dass spezifischere Vorschriften nicht selten über die allgemeinen Regeln der DSGVO für den Bereich des Beschäftigtendatenschutzes hinausgehen werden und infolgedessen zwangsläufig auch Abweichungen von der Verordnung „nach oben" enthalten. So verlangt § 26 Abs. 2 S. 3 BDSG nF für die Einwilligung des Beschäftigten in die Verarbeitung seiner personenbezogenen Daten die Schriftform und geht über die allgemeine Regel des Art. 7 Abs. 2 hinaus, die kein Formerfordernis für die Einwilligung vorsieht. Ein generelles Verbot von günstigeren nationalen Vorschriften würde dazu führen, dass die Bewegungsfreiheit der Mitgliedstaaten, nationale Vorschriften über einen bereichsspezifischen Beschäftigtendatenschutz zu erlassen, stark eingeengt und auf diese Weise die Verwirklichung von Sinn und Zweck des Abs. 1 weitgehend vereitelt werden würde. Eine teleologische Auslegung der Vorschrift spricht deshalb für die Zulässigkeit nationaler Abweichungen „nach oben". Hingegen lässt sich für eine Zulässigkeit von Abweichungen zugunsten der Beschäftigten nicht ins Feld führen, dass die Union nur für den allgemeinen Datenschutz eine Zuständigkeit aus Art. 16 Abs. 2 AEUV für eine Vollharmonisierung habe, nicht aber für das Arbeitsrecht, da für dieses nach Art. 153 Abs. 1 und 2 iVm Art. 114 Abs. 2 AEUV lediglich eine Mindestharmonisierung zulässig sei:[47] Auch wenn die DSGVO mit Art. 88 auch Fragen des Arbeitsrechts zum Gegenstand hat, liegt doch der Schwerpunkt der gesamten VO eindeutig auf dem Datenschutzrecht,[48] so dass ausschließliche Kompetenzgrundlage für die DSGVO Art. 16 Abs. 2 AEUV ist.

4. Rechtsvorschriften und Kollektivvereinbarungen. Die Öffnungsklausel des Abs. 1 lässt spezifische Re- **24** gelungen der Mitgliedstaaten durch Rechtsvorschriften und durch Kollektivvereinbarungen zu und legt da-

44 In diesem Sinne auch *Gola/Pötters/Wronka*, HdB Arbeitnehmerdatenschutz, 2016, Rn. 514 sowie *Gola/Pötters/Thüsing* RDV 2016, 57 (59 f.).

45 Ebenso auch *Gola/Pötters/Wronka*, HdB Arbeitnehmerdatenschutz, 2016, Rn. 513; *Gola/Pötters/Thüsing* RDV 2016, 57 (59); Kühling/Buchner/*Maschmann* Art. 88 Rn. 32 ff.; Plath/Stamer/*Kuhnke* DSGVO Art. 88 Rn. 6; *Kort* DB 2016, 711 (714 f.); *ders.* ZD 2016, 555; *Wybitul* NZA 2017, 413; *Körner*, Wirksamer Beschäftigtendatenschutz im Lichte der Europäischen DSGVO, 2017, S. 54 ff.; *dies.* NZA 2016, 1383; *Spelge* DuD 2016, 775 (776); wohl auch *Düwell/Brink* NZA 2016, 665 (666) sowie *Taeger/Rose* BB 2016, 819 (830); unklar hingegen *Benecke/Wagner* DVBl. 2016, 600 (603).

46 In diesem Sinne insbes. Kühling/Buchner/*Maschmann* Art. 88 Rn. 32 ff.; Gierschmann/Schlender/Stentzel/Veil/*Nolte* DSGVO Art. 88 Rn. 22, unter Verweis auf die Entstehungsgeschichte und die Gefahr für das reibungslose Funktionieren des Binnenmarktes.

47 So aber *Franzen* RDV 2014, 200 (201) sowie *Körner* NZA 2016, 1383.

48 Zur Abgrenzung nach dem Schwerpunkt eines Rechtsaktes der EU, wenn mehrere Zuständigkeitsvorschriften einschlägig sind, s. statt vieler *König*, Gesetzgebung in: Schulze/Zuleeg/Kadelbach, Europarecht, HdB für die deutsche Rechtspraxis, 3. Aufl. 2015, § 2 Rn. 15 mwN.

mit den Kreis der **Rechtsquellen** fest, durch die im nationalen Recht der Mitgliedstaaten von der Regelungsfreiheit auf dem Gebiet des Beschäftigtendatenschutz Gebrauch gemacht werden darf.

25 **a) Rechtsvorschriften.** Unter den Begriff der **Rechtsvorschriften** fallen sämtliche von einem Mitgliedstaat erlassenen Rechtsnormen, also vor allem **Gesetze und Rechtsverordnungen** (vgl. EG 41 S. 1). Außerdem können auch Rechtsnormen, die im Range unterhalb eines Gesetzes oder einer Rechtsverordnung stehen, spezifische Rechtsvorschriften iSv Abs. 1 sein: Dies lässt sich EG 41 S. 1 entnehmen. Aus diesem Grunde können zB auch **Unfallverhütungsvorschriften** der Berufsgenossenschaften (§ 15 SGB VII) den Tatbestand des Abs. 1 erfüllen, sofern sie die Erhebung von Beschäftigtendaten zum Gegenstand haben; zu denken ist hier etwa an die Verarbeitung von Gesundheitsdaten von Beschäftigten im Rahmen von arbeitsmedizinischen Vorsorgeuntersuchungen, deren Durchführung durch eine Unfallverhütungsvorschrift nach § 15 Abs. 1 S. 1 Nr. 3 SGB VII zur Pflicht gemacht wird und in deren Zusammenhang aufgrund von § 15 Abs. 2 SGB VII auch Gesundheitsdaten des Beschäftigten verarbeitet werden dürfen (→ Rn. 90; 117 mwN). Das nationale Rechtsvorschriften auslegende und dadurch konkretisierende **Richterrecht** nationaler Gerichte bildet indessen keine eigenständige Kategorie von Rechtsvorschriften iSv Abs. 1, sondern ist Bestandteil der Rechtsvorschriften, auf die es sich bezieht. So konkretisiert beispielsweise die Rechtsprechung zum Fragerecht des Arbeitgebers, die ein berechtigtes, billigenswertes und schutzwürdiges Interesse des Arbeitgebers verlangt (→ Rn. 77ff. mwN), oder zur Zulässigkeit von Videoüberwachungen der Beschäftigten (→ Rn. 134ff. mwN) den Begriff der Erforderlichkeit in § 26 Abs. 1 S. 1 BDSG nF. Dies gilt jedoch nicht für Regeln, die im Wege der **richterlichen Rechtsfortbildung** entwickelt worden sind.[49] Für deren Anerkennung als Rechtsvorschriften iSv Abs. 1 lässt sich zwar ins Feld führen, dass es sich bei ihnen trotz fehlenden Rechtsnormcharakters um Regeln handelt, die als Präjudizien eine allgemeine faktische Wirkung im Rechtsleben entfalten und wie vom Gesetzgeber erlassene Gesetze wirken. Gegen eine solche Ausweitung des Begriffs der Rechtsvorschriften in Abs. 1 spricht allerdings, dass dann auch im Wege der richterlichen Rechtsfortbildung entwickelte Regeln der Notifizierungspflicht des Abs. 3 unterliegen würden: Zumindest Entscheidungen des Großen Senats des BAG – nach § 45 Abs. 4 ArbGG hat der Große Senat einen gesetzlichen Auftrag zur Rechtsfortbildung – wären dann von der Bundesregierung der KOM nach Maßgabe von Abs. 3 mitzuteilen. Es ist nur schwer vorstellbar, dass diese Rechtsfolge vom Unionsgesetzgeber gewollt ist.

26 **b) Kollektivvereinbarungen.** Abs. 1 weitet den Kreis möglicher Rechtsgrundlagen für den Beschäftigtendatenschutz auch auf Kollektivvereinbarungen und damit auch auf die autonomen Rechtsquellen des Arbeitsrechts aus. Der deutsche Gesetzgeber hat dies in § 26 Abs. 4 BDSG nF ausdrücklich anerkannt. Im deutschen Recht gehören hierzu neben **Tarifverträgen** nach Maßgabe der Vorschriften des TVG auch die Kollektivverträge zwischen Arbeitgeber und gesetzlich institutionalisierten Arbeitnehmervertretungen, also zwischen Arbeitgeber und Betriebsrat geschlossene **Betriebsvereinbarungen** (§ 77 BetrVG), die in EG 155 auf Betreiben Deutschlands ausdrücklich genannt werden.[50]

27 Doch auch die **Gesamtbetriebsvereinbarung** und die **Konzernbetriebsvereinbarung**, die zwischen Arbeitgeber und Sprecherausschuss zustande gekommenen **Sprecherausschussrichtlinien** (§ 28 SpAuG) sowie die zwischen Dienststelle und Personalrat abgeschlossenen **Dienstvereinbarungen** (§ 73 BPersVG) fallen unter den Begriff der Kollektivvereinbarung des Abs. 1, die spezifischere Vorschriften auf dem Gebiet des Beschäftigtendatenschutzes vorsehen dürfen: Denn sowohl die Beschäftigten des öffentlichen Dienstes (einschließlich der Beamten) als auch die leitenden Angestellten sind Beschäftigte iSv Abs. 1 (→ Rn. 18), so dass die Kollektivvereinbarungen, die ihre besonderen Interessenvertretungen mit dem Arbeitgeber abschließen, nicht anders als Betriebsvereinbarungen behandelt werden dürfen. Ebenso handelt es sich bei **Dienstvereinbarungen**, die Mitarbeitervertretungen **mit kirchlichen Arbeitgebern** nach Maßgabe der Mitarbeitervertretungsordnungen der katholischen Kirche[51] oder der Mitarbeitervertretungsgesetze der evangelischen Landeskirchen[52] abgeschlossen werden, um Kollektivvereinbarungen iSv Abs. 1: Auch wenn diese Dienstvereinbarungen in autonomem Kirchenrecht ihre Grundlage haben, können sie spezifischere Vorschriften für den Beschäftigtendatenschutz kirchlicher Arbeitnehmer vorsehen, da sie auch von staatlichem Recht wegen des verfassungsrechtlich in Art. 140 GG iVm Art. 137 Abs. 3 WRV gewährleisteten Selbstbestimmungsrechts der Religionsgesellschaften als Rechtsquelle für die kirchlichen Beschäftigungsverhältnisse anerkannt sind;[53] sie sind auch nicht von der „Kirchenklausel" des Art. 91 erfasst, da diese Vorschrift nur einen Bestandsschutz für autonom von den Kirchen und religiösen Vereinigungen oder Gemeinschaften geschaffene

---

49 So aber *Franzen* EuZA 2017, 313 (347). Grundsätzlich zur Unterscheidung zwischen gesetzeskonkretisierendem Richterrecht und richterlicher Rechtsfortbildung s. *Rüthers/Fischer/Birk*, Rechtstheorie, 10. Aufl. 2018, Rn. 796ff. mwN.
50 Zur Betriebsvereinbarung mit datenschutzrechtlichem Inhalt im Überblick *Schrey/Kielkowski* BB 2018, 629ff. mwN.
51 Vgl. § 38 MAVO.
52 Vgl. § 36 MVG-EKD.
53 Vgl. BVerfGE 46, 73 (94).

Datenschutzvorschriften gewährt, nicht aber auch die Regelung des kirchlichen Datenschutzes durch Dienstvereinbarungen zum Gegenstand hat (zu den Einzelheiten der „Kirchenklausel" des Art. 91 → Art. 91 Rn. 1ff. mwN).

Nicht unter den Begriff der Kollektivvereinbarung fallen nur schuldrechtlich wirkende **Regelungsabreden** 28 zwischen Arbeitgeber und Betriebsrat, Dienststellenleitung und Personalrat oder zwischen Arbeitgeber und Sprecherausschuss.[54] Grund hierfür ist, dass Kollektivvereinbarungen nur dann als spezifischere Rechtsvorschriften iSd Abs. 1 anerkannt werden können, wenn sie vergleichbar den staatlichen Rechtsvorschriften unmittelbar und zwingend auf die Arbeitsverhältnisse einwirken.

Der Beschäftigtendatenschutz kann – wie bereits erwähnt – grundsätzlich auch durch **Tarifvertrag** geregelt 29 werden. Gegenständlich handelt es sich dabei um Arbeits- und Wirtschaftsbedingungen iSv Art. 9 Abs. 3 S. 1 GG, wozu die Gesamtheit der Bedingungen zu rechnen ist, unter denen abhängige Arbeit geleistet wird.[55] Rechtsnormen von Tarifverträgen über Fragen des Beschäftigtendatenschutzes haben somit an der verfassungsrechtlich gewährleisteten Rechtsetzungsbefugnis der Tarifvertragsparteien teil. Dem trägt auch das TVG Rechnung. Da der Schutz von Beschäftigtendaten eine Frage des Abschlusses, Inhalts oder der Beendigung des Beschäftigungsverhältnisses sein kann, ist denkbar, dass er durch tarifvertragliche Abschluss-, Inhalts- oder Beendigungsnormen iSv § 1 Abs. 1 TVG geregelt wird. Abs. 1 trifft keine Festlegung, auf welcher Ebene die Tarifvertragsparteien spezifischere Vorschriften durch Tarifvertrag schaffen dürfen.[56] Insoweit verfügen die Mitgliedstaaten über Gestaltungsfreiheit. Nach deutschem Recht (vgl. § 2 Abs. 1 TVG) können tarifliche Rechtsnormen iSv Abs. 1 sowohl auf der Unternehmensebene („Firmentarifvertrag") als auch durch Verbandstarifvertrag geschaffen werden.

Nur in wenigen Fällen haben die Tarifvertragsparteien tatsächlich auch Fragen des Beschäftigtendaten- 30 schutzes geregelt. Die Rechtsnormen dieser Tarifverträge bestehen aufgrund von Abs. 1 auch unter der Geltung der DSGVO fort, sofern sie spezifischere Vorschriften enthalten und die Grenzen des Abs. 2 respektieren. Zu erwähnen ist hier insbes. der von der IG-Druck und Papier im Frühjahr 1978 abgeschlossene Tarifvertrag über Einführung und Anwendung rechnergesteuerter Textsysteme („**RTS-Tarifvertrag**"), der in § 14 Abs. 4 S. 1 anordnet, dass Eingabesysteme eines rechnergesteuerten Textsystems nicht als Hilfsmittel zur individuellen Leistungskontrolle eingesetzt werden dürfen. Damit ist die Erhebung von Beschäftigtendaten zum Zweck der Leistungskontrolle eingeschränkt. Auch gehört in diesen Zusammenhang der zwischen der ÖTV Berlin und den öffentlichen Arbeitgebern des Bundeslandes am 12.12.1990 abgeschlossene „**Tarifvertrag über die Arbeitsbedingungen an Geräten der Informationstechnik**",[57] dessen § 9 Abs. 2 verbietet, dass personenbezogene Daten, die ausschließlich zur Datenschutzkontrolle, zur Datensicherung oder zur Sicherstellung des ordnungsgemäßen Betriebs einer Datenverarbeitungsanlage mithilfe von Geräten der Informationstechnik gespeichert werden, zur individuellen Leistungskontrolle der Bedienungskräfte und zur Kontrolle ihres Verhaltens nur insoweit verwendet werden, als dies zur Datenschutzkontrolle, zur Datensicherung oder zur Sicherung des ordnungsgemäßen Betriebs einer Datenverarbeitungsanlage erforderlich ist. Der zwischen der Deutschen Postgewerkschaft (DPG) und der Deutschen Telekom AG geschlossene **Tarifvertrag über Telearbeit** enthält zwar ebenfalls Rechtsnormen zum Datenschutz (vgl. § 9), doch liegt der Fokus hier auf dem Schutz der Daten Dritter in der häuslichen Arbeitsstätte des Telearbeiters.[58] Insgesamt darf somit festgehalten werden, dass der tarifvertragliche Beschäftigtendatenschutz bislang nur ansatzweise existiert. Das datenschutzrechtliche Schutzpotenzial der Tarifautonomie ist sicherlich bei Weitem noch nicht ausgeschöpft.[59]

5. Grenzen der Öffnung (Abs. 2). a) Allgemeines. Abs. 2 regelt die **Außengrenzen der Öffnungsklausel** des 31 Abs. 1. Die Bestimmung verlangt, dass die spezifischeren Vorschriften der Mitgliedstaaten zum Beschäftigtendatenschutz angemessene und besondere Maßnahmen zur Wahrung der menschlichen Würde, der berechtigten Interessen und der Grundrechte der betroffenen Personen vorsehen. Die Vorschrift normiert nicht abschließend die Grenzen der beschäftigungsdatenschutzrechtlichen Regelungsbefugnis der Mitgliedstaaten, sondern legt diese nur exemplarisch fest. Als Beispiele für Gegenstände solcher **Maßnahmen der Mitgliedstaaten zur Grundrechtssicherung** nennt Abs. 2 den Erlass von Vorschriften über die Transparenz der Verarbeitung, die Übermittlung personenbezogener Daten innerhalb einer Unternehmensgruppe und Überwachungssysteme am Arbeitsplatz. Im Kern zielt die Vorschrift darauf, sicherzustellen, dass Mitgliedstaaten, soweit sie von der Öffnungsbefugnis des Abs. 1 Gebrauch machen, die Grundrechte der betroffe-

---

54 Ebenso Kühling/Buchner/*Maschmann* Art. 88 Rn. 27.
55 Zum Begriff der Arbeits- und Wirtschaftsbedingungen statt vieler ErfK/*Linsenmaier* GG Art. 9 Rn. 72ff. mwN.
56 So auch Kühling/Buchner/Maschmann Art. 88 Rn. 28.
57 Abgedruckt in: NZA 1990, 265.
58 Der Tarifvertrag ist abgedruckt in: NZA 1990, 265. Dazu auch *Kempen/Zachert* TVG § 1 Rn. 519.
59 So auch die Einschätzung von *Kempen/Zachert* TVG § 1 Rn. 519.

nen Beschäftigten, wie sie durch die GRCh, insbes. durch das **Grundrecht auf Privatleben** in deren Art. 7 und **auf angemessenen Datenschutz** in deren Art. 8 (und außerdem in Art. 16 Abs. 1 AEUV), gewährleistet sind, respektieren. Auch die Wertungen des **Grundrechts auf Achtung des Privat- und Familienlebens aus Art. 8 EMRK** sind zu berücksichtigen. Dies ergibt sich zum einen daraus, dass Art. 7 GRCh im Wesentlichen Art. 8 EMRK nachgebildet ist und deshalb nach Art. 52 Abs. 3 GRCh die gleiche Bedeutung und Tragweite wie Art. 8 EMRK hat. Zum anderen gehört das Grundrecht aus Art. 8 EMRK zu den allgemeinen Grundsätzen des Unionsrechts nach Art. 6 Abs. 3 EUV.[60]

32 Der Regelung des Abs. 2 hätte es jedoch nicht bedurft, da die Mitgliedstaaten ohnehin an die Grundrechte der GRCh gebunden sind, wenn sie von der Öffnungsbefugnis des Abs. 1 Gebrauch machen.[61] Nach **Art. 51 Abs. 1 S. 1 GRCh** gilt dies nämlich auch für die Mitgliedstaaten bei der **Durchführung von Unionsrecht.** Für das Richtlinienrecht der Union hat der EuGH bereits entschieden, dass eine Pflicht der Mitgliedstaaten zur Einhaltung der Grundrechte der Charta dann besteht, wenn diese im Anwendungsbereich des Unionsrechts handeln, insbes. durch Maßnahmen des nationalen Gesetzgebers zur Umsetzung von Richtlinien der Union.[62] Nichts anderes kann für Verordnungen der Union gelten, deren unmittelbare Geltung (Art. 288 Abs. 2 S. 2 AEUV) zugunsten eines Regelungsspielraumes der Mitgliedstaaten eingeschränkt ist. Bei der Ausübung dieser Regelungsbefugnis durch die Mitgliedstaaten sind diese somit an die Grundrechte der GRCh in gleicher Weise gebunden wie die Organe, Einrichtungen und sonstigen Stellen der Union. Abs. 2 besitzt deshalb lediglich eine **deklaratorische Wirkung.** Es ist deshalb durchaus zu Recht an der Vorschrift kritisiert worden, dass sie zur Harmonisierung des Datenschutzrechts in der Union praktisch nichts beitragen könne.[63]

33 Die Bindung des nationalen Gesetzgebers beim Erlass spezifischerer Rechtsvorschriften iSv Abs. 1 hat zur Folge, dass dieser insbes. das in Art. 8 GRCh verankerte **Grundrecht auf angemessenen Datenschutz** zu wahren hat. Im Einzelnen verlangt die Wahrung der Grundrechte der betroffenen Beschäftigten, dass die Mitgliedstaaten den **Wesensgehalt** des Grundrechts auf angemessenen Datenschutz achten sowie den **Verhältnismäßigkeitsgrundsatz** wahren, wenn sie von der Öffnungsklausel des Abs. 1 Gebrauch machen (vgl. Art. 52 Abs. 1 GRCh). Letzteres setzt voraus, dass die Grundrechtsbeschränkung erforderlich ist und den von der Union anerkannten dem Gemeinwohl dienenden Zielsetzungen oder dem Erfordernis des Schutzes der Rechte und Freiheiten anderer tatsächlich entspricht. Zieht man zur Auslegung des Art. 52 Abs. 1 GRCh die Erläuterungen zur Charta heran, die nach Art. 52 Abs. 6 GRCh als Anleitung für deren Auslegung verfasst worden sind und von den Gerichten der Union und der Mitgliedstaaten gebührend zu berücksichtigen sind, ist im Rahmen der Verhältnismäßigkeitsprüfung bei einer Abwägung zu ermitteln, ob der Grundrechtseingriff noch tragbar ist und nicht den Wesensgehalt des Grundrechts antastet. Es bedarf somit grundsätzlich einer Abwägung zwischen dem mit dem Eingriff verfolgten Ziel und dem Schutz des Grundrechts, welche die widerstreitenden Rechtspositionen im Sinne eines schonenden Ausgleichs einander zuordnet.[64] In diesem Rahmen können die Mitgliedstaaten durchaus auch das Grundrecht von Arbeitgebern auf unternehmerische Freiheit aus Art. 16 GRCh berücksichtigen.[65]

34 **b) Zu regelnde Fragen. aa) Transparenz der Datenverarbeitung.** Nationale Vorschriften der Mitgliedstaaten, die aufgrund von Abs. 1 erlassen worden sind, müssen angemessene und besondere Maßnahmen zur Wahrung der Grundrechte der Betroffenen insbes. im Hinblick auf die Transparenz der Datenverarbeitung umfassen. Das Erfordernis einer transparenten Datenverarbeitung gehört zu den Grundprinzipien einer rechtmäßigen Datenverarbeitung (vgl. **Art. 5 Abs. 1 lit. a**). Betroffene müssen Klarheit über die Verarbeitung ihrer personenbezogenen Daten erlangen, die Informationen hierzu haben leicht zugänglich und verständlich sowie in klarer und einfacher Sprache abgefasst zu sein (vgl. EG 39). Die Einzelheiten des datenschutzrechtlichen Transparenzgebotes hat der Verordnungsgeber in den **Art. 12–15** näher ausgeformt (zu den Einzelheiten → Art. 5 Rn. 49ff. mwN). Gerade bei verdeckten oder heimlichen Überwachungsmaßnahmen von Arbeitgebern (zB Videoüberwachungen) ist das Transparenzgebot beschränkt.

35 Seinem Wortlaut nach verlangt Abs. 2 nicht, dass sämtliche Regeln der DSGVO, insbes. die Art. 12–15, beachtet werden, wenn ein Mitgliedstaat von der Öffnungsklausel des Abs. 1 Gebrauch macht, sondern nur, soweit es zur Wahrung der Grundrechte der betroffenen Beschäftigten erforderlich ist. Da die DSGVO aber einen Mindeststandard festschreibt, den der nationale Gesetzgeber nicht unterschreiten darf, wenn er spezi-

---

60 Vgl. EuGH C-249/86 Slg. 1989, 01263 (01290) – Kommission/Bundesrepublik Deutschland.
61 In diesem Sinne auch Kühling/Buchner/*Maschmann* Art. 88 Rn. 43; wohl auch *Körner*, Wirksamer Beschäftigtendatenschutz im Lichte der Europäischen DSGVO, 2017, S. 56; *Albrecht/Janson* CR 2016, 500 (zur Öffnungsklausel des Art. 85).
62 Vgl. EuGH C-617/10, NJW 2013, 1415 f. – Åkerberg Fransson; EuGH C-195/12, EnWZ 2013, 547 (548) – IBV.
63 So pronociert *Dammann* ZD 2016, 307 (310).
64 Statt vieler *Jarass* Art. 52 Rn. 41 mwN.
65 Daher nicht überzeugend *Körner* NZA 2016, 1383 (1384) sowie *dies.*, Wirksamer Beschäftigtendatenschutz im Lichte der Europäischen DSGVO, 2017, S. 56.

fischere Vorschriften zum Beschäftigtendatenschutz erlässt (→ Rn. 22 f.), ist zu verlangen, dass die Rechte der Beschäftigten, die sich aus dem Transparenzgebot in der DSGVO ergeben, nicht verkürzt werden. Allerdings lässt die DSGVO in ihrem Art. 23 Einschränkungen des Transparenzprinzips zu (→ Art. 23 Rn. 9ff.).[66] Für Beschäftigungsverhältnisse dürfte insbes. der Tatbestand des Art. 23 Abs. 1 lit. d von Bedeutung sein, der die Einschränkung der Transparenzvorschriften der DSGVO zur Verhütung, Ermittlung, Aufdeckung oder Verfolgung von Straftaten zulässt. Überdies erlaubt Art. 23 Abs. 1 lit. i Einschränkungen zum Schutz der Rechte und Freiheiten anderer, und Art. 23 Abs. 1 lit. j lässt ein Abweichen von den Transparenzvorschriften zur Durchsetzung zivilrechtlicher Ansprüche zu. Voraussetzung ist aber stets, dass die Beschränkung „im Wege von Gesetzgebungsmaßnahmen" erfolgt, sofern sie den Wesensgehalt der Grundrechte und Grundfreiheiten achtet und in einer demokratischen Gesellschaft eine notwendige und verhältnismäßige Maßnahme darstellt. Diese Schranke für die datenschutzrechtliche Transparenz gilt nicht nur für Gesetze im formellen Sinne, sondern auch für Kollektivvereinbarungen. Insoweit sind Abs. 1 und 2 als lex specialis zu Art. 23 zu begreifen.[67] Auch Tarifverträge und Betriebsvereinbarungen können somit grundsätzlich spezifische Transparenzvorschriften im Verhältnis zur DSGVO schaffen.

Derartige spezifischere Vorschriften müssen allerdings **angemessene und besondere Maßnahmen zur Wah-** **rung der Grundrechte** der betroffenen Beschäftigten umfassen. Bei einer verdeckten Überwachung von Beschäftigten könnte dies die Anordnung von hohen Entschädigungspflichten für den Fall sein, dass Arbeitgeber unter Verletzung geltender Vorschriften die Überwachung durchführen: Solche Sanktionen sollen und können auch präventive Wirkung entfalten und die Einhaltung der datenschutzrechtlichen Transparenzvorschriften stärken. Auch kann die gesetzliche Pflicht zur Beteiligung der Interessenvertretung der Beschäftigten (zB nach § 87 Abs. 1 Nr. 6 BetrVG) eine solche Maßnahme darstellen. 36

bb) Datenverarbeitung im Konzern. Abs. 2 verpflichtet die Mitgliedstaaten, die von der Öffnungsklausel 37 des Abs. 1 Gebrauch machen, insbes. auch im Hinblick auf die Übermittlung personenbezogener Daten innerhalb einer Unternehmensgruppe oder einer Gruppe von Unternehmen, die eine gemeinsame Wirtschaftstätigkeit ausüben, für angemessene und besondere Maßnahmen zur Wahrung der menschlichen Würde Sorge zu tragen. Eine Vorschrift zum Beschäftigtendatenschutz in Konzernen und anderen Unternehmensverbünden sah der KOM-E noch nicht vor. Erst **Art. 82 Abs. 1 d Parl-E** sah ein Konzernprivileg vor, das die Übermittlung von Beschäftigtendaten zwischen Konzernunternehmen erlaubte, soweit dies für Geschäftszwecke und für die Durchführung von Geschäftstätigkeiten und Verwaltungsabläufen erforderlich ist und nicht die Interessen und Grundrechte der betroffenen Beschäftigten verletzt; bei Datenübermittlungen in Drittländer sollten allerdings strengere Anforderungen gelten. Dieser Gedanke findet sich nunmehr noch in EG 48 S. 1, wonach Verantwortliche, die Teil einer Unternehmensgruppe oder einer Gruppe von Einrichtungen sind, die einer zentralen Stelle zugeordnet sind, ein berechtigtes Interesse haben können, personenbezogene Daten für interne Verwaltungszwecke zu übermitteln, wozu ausdrücklich auch die Verarbeitung von Beschäftigtendaten gezählt wird. Abs. 2 schafft indessen **kein „Konzernprivileg"** für die Verarbeitung von Beschäftigtendaten, sondern legt den Akzent vielmehr auf die Grenzen einer zulässigen Verarbeitung im Konzern oder anderen Unternehmensverbünden und betont damit, dass Beschäftigtendaten hier besonderen Gefährdungen ausgesetzt sind.

Abs. 2 knüpft **nicht** am **nationalen Konzernbegriff**, wie er in § 18 AktG für das deutsche Recht ausgeformt 38 ist, sondern am **Begriff der Unternehmensgruppe** an. Nach der Definition des Art. 4 Nr. 19 handelt es sich dabei um eine Gruppe, die aus einem herrschenden Unternehmen und den von diesen abhängigen Unternehmen besteht (→ Art. 4 Nr. 19 Rn. 1 f.). Unter herrschendem Unternehmen soll dasjenige zu verstehen sein, das zB aufgrund der Eigentumsverhältnisse, der finanziellen Beteiligung oder der für das Unternehmen geltenden Vorschriften oder der Befugnis, Datenschutzvorschriften umsetzen zu lassen, einen beherrschenden Einfluss auf die übrigen Unternehmen ausüben kann (vgl. EG 37). Der datenschutzrechtliche Begriff der Unternehmensgruppe entspricht weitgehend anderen unionsrechtlichen Vorschriften zum Konzernrecht[68] sowie teilweise den Kriterien des deutschen Überordnungskonzerns iSv § 18 Abs. 1 AktG.

Abs. 2 knüpft außerdem am Begriff der **Gruppe von Unternehmen**, die eine **gemeinsame Wirtschaftstätig-** 39 **keit ausüben**, an, ohne dass dieser Begriff aber in der Verordnung definiert wird.[69] Dabei geht es letztlich um Formen einer Zusammenarbeit zwischen Unternehmen, die unterhalb der Schwelle zu einer Unternehmensgruppe iSv Art. 4 Nr. 19 liegen, aber zu einer gemeinsamen Verarbeitung von personenbezogenen Da-

---

66 So zu Recht auch der Hinweis von Kühling/Buchner/*Maschmann* Art. 88 Rn. 47.
67 Wohl aA Paal/Pauly/*Pauly* Art. 88 Rn. 14.
68 Vgl. zB Art. 2 Abs. 1 lit. b iVm Art. 3 Richtlinie 2009/38/EG über die Einsetzung eines Europäischen Betriebsrats oder die Schaffung eines Verfahrens zur Unterrichtung und Anhörung der Arbeitnehmer in gemeinschaftsweit operierenden Unternehmen und Unternehmensgruppen (ABl. 2009 Nr. L 122/28).
69 Der Begriff wird ebenfalls in Art. 4 Nr. 20 sowie in Art. 47 Abs. 1 lit. 1 und in Art. 88 Abs. 2 vorausgesetzt.

ten von Beschäftigten führen kann. Zu denken ist in diesem Zusammenhang an Unternehmensverbünde oder Netzwerke, welche die gleiche wirtschaftliche Tätigkeit ausüben (zB durch ein **Gemeinschaftsunternehmen**) oder aber um arbeitsteilig miteinander verflochtene Unternehmen, etwa im Rahmen von **Fertigungsketten**. Auch bei solchen Kooperationsformen von Unternehmen kann es zu einer unternehmensübergreifenden Verarbeitung von Beschäftigtendaten kommen, insbes. wenn Beschäftigte nicht nur in einem, sondern in mehreren Unternehmen innerhalb des Verbundes eingesetzt werden.

40 Abs. 2 verlangt **angemessene und besondere Maßnahmen zur Wahrung der Grundrechte** der betroffenen Beschäftigung bei einer Verarbeitung ihrer Daten im Konzern oder in Gruppen von Unternehmen, die eine gemeinsame Wirtschaftätigkeit ausüben. Beispiele für solche Schutzmaßnahmen gibt der Verordnungsgeber allerdings weder in Abs. 2 noch in den EG an die Hand. Soweit eine Verarbeitung von Beschäftigtendaten im Konzern überhaupt zulässig ist (→ Rn. 175ff.), ist eine gesamtheitliche Betrachtung der konkreten Umstände und der konkret ergriffenen Maßnahmen anzustellen. Als Maßnahme ist zB die **Bestellung eines Konzerndatenschutzbeauftragten** (Art. 37 Abs. 2) denkbar, der konzernweit die Einhaltung des Datenschutzrechts der DSGVO und der mit ihr in Einklang stehenden spezifischeren Vorschriften der Mitgliedstaaten kontrolliert.[70] Auch handelt es sich bei der Beteiligung des Konzernbetriebsrates in Fragen, die den Arbeitnehmerdatenschutz berühren,[71] um eine angemessene Maßnahme zur Sicherung der Grundrechte der betroffenen Beschäftigten. In transnationalen Konzernen mit Unternehmen in Drittländern ist denkbar, durch **transnationale Kollektivvereinbarungen** (zB internationale Rahmenabkommen) Verfahren über die Kontrolle der Einhaltung der DSGVO in den Niederlassungen in Drittländern zu implementieren.[72]

41 Für die Praxis von großer Wichtigkeit dürfte sein, dass spezifischere Vorschriften iSv Abs. 1 und die Maßnahmen zur Sicherung der Grundrechte der Beschäftigten auch durch **Konzernbetriebsvereinbarung** eingeführt werden dürfen. Der Begriff der Kollektivvereinbarung in Art. 88 Abs. 1 und EG 155 schließt diese als kollektiven arbeitsrechtlichen Gestaltungsfaktor auf der Konzernebene ein (→ Rn. 27).

42 **cc) Überwachungssysteme am Arbeitsplatz.** Abs. 2 verlangt schließlich, dass nationale Vorschriften der Mitgliedstaaten, welche die Öffnungsklausel des Abs. 1 nutzen, Maßnahmen zur Wahrung der Grundrechte der Betroffenen insbes. im Hinblick auf die **Überwachungssysteme am Arbeitsplatz** umfassen müssen. Die Überwachung von Beschäftigten am Arbeitsplatz besitzt große praktische Bedeutung und kann die unterschiedlichsten Gestalten annehmen: Man denke nur an die Überwachung der Kommunikation von Beschäftigten (zB Kontrolle des Email-Verkehrs oder des Gebrauchs des Internets während der Arbeitszeit), an eine Videoüberwachung des Arbeitsplatzes oder an den Einsatz von Ortungssystemen zur Überwachung mobiler Beschäftigter (zu den einzelnen Überwachungsformen und ihrer Zulässigkeit eingehend → Rn. 133ff.). Unklar ist, was diese Überwachungsformen zu „Systemen" iSd Abs. 2 macht. Der von der Vorschrift vorausgesetzte systematische Charakter der Überwachung könnte dafür sprechen, dass diese nicht nur örtlich oder zeitlich punktuell, sondern umfassend zu sein hat. Allerdings könnte dies die Tragweite dieses Tatbestandsmerkmals in Abs. 2 zweckwidrig einschränken, gerade auch mit Blick auf den Schutz der Grundrechte der betroffenen Arbeitnehmer aus Art. 7 und 8 GrCh, Art. 8 EMRK und Art. 2 Abs. 1 iVm Art. 1 Abs. 1 GG. Zu Recht wird der Begriff des Überwachungssystems am Arbeitsplatz deshalb im Sinne einer automatisierten Überwachung verstanden.[73]

43 Auch die **angemessenen und besonderen Maßnahmen zur Wahrung der Grundrechte der Betroffenen** bei der Zulassung von Überwachungssystemen am Arbeitsplatz durch die Mitgliedstaaten sind in Abs. 2 nicht näher umrissen. Dass die Kontrolle von Beschäftigten am Arbeitsplatz zB durch eine (verdeckte) Videoüberwachung in das verfassungsrechtlich gewährleistete allgemeine Persönlichkeitsrecht der Betroffenen ebenso intensiv eingreifen kann wie in ihr Grundrecht auf Achtung des Privatlebens (Art. 7 GRCh, Art. 8 EMRK) und das Grundrecht auf angemessenen Datenschutz (Art. 8 GRCh), liegt auf der Hand; nichts anderes gilt für andere Formen der Überwachung von Beschäftigten am Arbeitsplatz. Die Mitgliedstaaten müssen deshalb bei der Schaffung von spezifischeren Vorschriften dafür Sorge tragen, dass die Zulassung einer Überwachung einen Ausgleich mit den Grundrechtspositionen des Arbeitnehmers unter Wahrung des Verhältnis-

---

70 Zum Konzerndatenschutzbeauftragten nach dem alten BDSG eingehend *S. Seifert*, Der Beschäftigtendatenschutz im transnationalen Konzern, S. 225ff.

71 Vgl. insbes. § 87 Abs. 1 Nr. 6 BetrVG (Mitbestimmung bei technischen Überwachungseinrichtungen), § 94 BetrVG (Personalfragebögen, Beurteilungsgrundsätze) und § 95 BetrVG (Auswahlrichtlinien). Die originäre Zuständigkeit des Konzernbetriebsrates setzt nach § 58 Abs. 2 BetrVG voraus, dass es sich um Angelegenheiten handelt, die den Konzern oder mehrere Konzernunternehmen betreffen und nicht durch die einzelnen Gesamtbetriebsräte geregelt werden können; für eine Zuständigkeit des Konzernbetriebsrates bei der Ausübung des Mitbestimmungsrechts nach § 87 Abs. 1 Nr. 6 BetrVG (technische Einrichtungen zur Überwachung der Arbeitnehmer) siehe zB BAG AP Nr. 5 zu § 58 BetrVG 1972.

72 Dazu näher *A. Seifert*, Employee Data Protection in the Transnational Company, 177 (188ff.) mwN.

73 So auch BeckOK DatenschutzR/*Riesenhuber* DSGVO Art. 88 Rn. 91; Paal/Pauly/*Pauly* Art. 88 Rn. 14; wohl auch *Wybitul* ZD 2016, 203 (208).

mäßigkeitsprinzips vornimmt. Dies muss für jede einzelne Form der Beschäftigtenüberwachung im Rahmen einer Abwägung der widerstreitenden Grundrechte in einer Gesamtschau ermittelt werden. Jenseits dieser Vorgaben für die materiellen Prüfkriterien der Zulässigkeit einer Beschäftigtenüberwachung wird man aber auch die **Beteiligung der Interessenvertretungen der Beschäftigten** bei der Einführung und Ausgestaltung von Systemen der Überwachung am Arbeitsplatz als Maßnahme zur Sicherung der Grundrechte der betroffenen Beschäftigten ansehen können: So kommt etwa dem Mitbestimmungsrecht des Betriebsrates nach § 87 Abs. 1 Nr. 6 BetrVG auch die Funktion einer Sicherung des Persönlichkeitsrechts der Arbeitnehmer im Betrieb durch kollektives Verfahren (Prozeduralisierung des Beschäftigtendatenschutzes) zu (→ Rn. 231).

dd) Andere Bereiche. Die Aufzählung in Abs. 2 ist nur exemplarisch („insbesondere") und hebt besondere **44** Formen einer Verarbeitung von Beschäftigtendaten als für die Wahrung der Grundrechte der Beschäftigten besonders risikobehaftet hervor. Doch auch andere Formen einer **Verarbeitung von Beschäftigtendaten** können ein hohes „Gefährdungspotenzial"[74] für die Grundrechte der Betroffenen aufweisen. Zu denken ist etwa an die Datenverarbeitung bei der Begründung von Beschäftigungsverhältnissen. Für sämtliche dieser Fälle enthält Abs. 2 den Auftrag, eine **Abwägung zwischen den Grundrechten** der von einer Verarbeitung betroffenen Beschäftigten und denen des Arbeitgebers unter Wahrung des Verhältnismäßigkeitsgrundsatzes vorzunehmen und, soweit sich dies als erforderlich erweist, durch Ergreifung von besonderen Maßnahmen zum Schutze der Grundrechte der Beschäftigten.

c) Rechtsfolgen von Verstößen. Verstößt eine nationale Vorschrift (einschließlich einer Kollektivvereinba- **45** rung) eines Mitgliedstaates auf dem Gebiet des Beschäftigtendatenschutzes gegen die Vorgaben des Abs. 2, gilt der **Vorrang des Unionsrechts vor dem nationalen Recht.** Die betroffene nationale Vorschrift ist nicht anwendbar, und es finden die einschlägigen Regeln der DSGVO wieder Anwendung.[75] Der vollharmonisierende Charakter der DSGVO, der für den Bereich des Beschäftigtendatenschutzes aufgrund von Art. 88 eingeschränkt werden kann, wird in diesem Falle somit wiederhergestellt. Die betroffenen Vorschriften des nationalen Rechts, die den Anforderungen von Abs. 2 nicht entsprechen, sind aus Gründen der Rechtsklarheit von dem Mitgliedstaat aufzuheben.[76]

III. Notifizierungspflicht

Abs. 3 normiert für die Mitgliedstaaten eine **Notifizierungspflicht** für den Fall, dass sie von der Öffnungs- **46** klausel des Abs. 1 Gebrauch machen und durch Rechtsvorschriften (zum Begriff → Rn. 25) spezifischere Vorschriften zum Beschäftigtendatenschutz erlassen. Danach sind der KOM bis zum 25.5.2018, also bis zum Beginn der Geltung der Verordnung (vgl. Art. 99 Abs. 2 → Art. 99 Rn. 4), die Rechtsvorschriften mitzuteilen, die der Mitgliedstaat aufgrund von Abs. 1 erlässt. Auch wenn der Wortlaut der Vorschrift insoweit nicht ganz eindeutig ist, bezieht sich diese Pflicht auch auf Vorschriften, die bereits vor dem Inkrafttreten der Verordnung am 25.5.2016 erlassen wurden und fortgelten. **Kollektivvereinbarungen** sind von den Mitgliedstaaten hingegen **nicht zu notifizieren.** Eine Mitteilung von Kollektivvereinbarungen mit spezifischeren Vorschriften über den Beschäftigtendatenschutz wäre auch nur mit erheblichem Aufwand zu leisten.[77] So müsste das beim Bundesministerium für Arbeit und Soziales geführte Tarifregister, an das die Tarifvertragsparteien kostenfrei die Urschrift oder eine beglaubigte Abschrift sowie zwei weitere Abschriften eines jeden Tarifvertrages übersenden müssen,[78] von Beamten des Ministeriums systematisch auf Bestehen von Tarifverträgen durchforstet werden, deren Rechtsnormen spezifischere Regeln iSv Abs. 1 enthalten; für Betriebs- und Dienstvereinbarungen besteht sogar überhaupt keine gesetzliche Registrierungspflicht, so dass für die Erfüllung einer entsprechenden Notifizierung gegenüber der KOM überhaupt erst die gesetzlichen Voraussetzungen im BetrVG und in den PersVG des Bundes und der Länder geschaffen werden müssten.

Nach seinem Wortlaut schließt Abs. 3 aus, dass Rechtsvorschriften iSv Abs. 1 von Mitgliedstaaten noch **47** nach dem 25.5.2018 der KOM notifiziert werden können. Vergleicht man Abs. 3 mit anderen Notifizierungspflichten der Mitgliedstaaten, die innerhalb der DSGVO geregelt sind, zeigt sich, dass die Verordnung Mitteilungspflichten teilweise mit einer **Frist** ausstattet (zB Art. 84 Abs. 2, Art. 90 Abs. 2 → Art. 84 Rn. 13, →Art. 90 Rn. 33), teilweise aber auch nicht (zB Art. 85 Abs. 3 → Art. 85 Rn. 30). Eine Auslegung von Abs. 1 nach dem Wortlaut und im Lichte anderer Vorschriften der DSGVO könnte deshalb für die Annahme sprechen, dass es sich bei der Frist in Abs. 3 um eine Ausschlussfrist handelt, die Befugnis der Mitgliedstaaten nach Abs. 1 deshalb nur zeitlich begrenzt besteht und sie ihre Kompetenz zur Schaffung neuer spe-

---

74 So der treffende Ausdruck von BeckOK DatenschutzR/*Riesenhuber* DSGVO Art. 88 Rn. 81.
75 *Gola/Pötters/Thüsing* RDV 2016, 57 (59).
76 So auch *Gola/Pötters/Thüsing* RDV 2016, 57 (59).
77 Ebenso *Gola/Pötters/Thüsing* RDV 2016, 57 (58).
78 Vgl. § 7 TVG und §§ 14ff. Verordnung v. 16.1.1989 zur Durchführung des TVG (BGBl. I S. 76).

zifischerer Rechtsvorschriften zum Beschäftigtendatenschutz verlören, sollten sie nicht bis zum 25.5.2018 solche Regeln geschaffen und der KOM gemeldet worden sein.[79]

48 Diesem engen Verständnis von Abs. 3 folgt allerdings ein Teil des Schrifttums nicht und räumt den Mitgliedstaaten die Befugnis ein, auch noch nach dem 25.5.2018 neue Rechtsvorschriften zum Beschäftigtendatenschutz zu erlassen, die unter Abs. 1 fallen und nicht nur Änderungen bereits bestehender Rechtsvorschriften darstellen.[80] Die Befristung in Abs. 3 sei lediglich „als Merkposten zu verstehen".[81] Gegen diese Auslegung der Vorschrift ihrem ausdrücklichen Wortlaut zuwider spricht indessen die **Funktion** der Notifizierungspflicht. Sie soll die KOM in die Lage versetzen, beurteilen zu können, ob mitgliedstaatliche Rechtsvorschriften auf dem Gebiet des Beschäftigtendatenschutzes mit den Vorgaben von Abs. 1 und 2 vereinbar sind. Die Pflicht der Mitgliedstaaten zur Mitteilung unterstützt somit die KOM in der effektiven Erfüllung ihrer Aufgabe als „Hüterin der Verträge". Dieser Normzweck des Abs. 3 spricht für die Annahme, dass eine nicht fristgerechte Mitteilung von spezifischeren Rechtsvorschriften iSv Abs. 1 nicht die Befugnis der Mitgliedstaaten hinsichtlich des betreffenden beschäftigungsdatenschutzrechtlichen Regelungsgegenstandes sperrt. Sicherlich ist Abs. 3 rechtspolitisch missglückt, da der mit der Mitteilungspflicht verknüpfte Regelungszweck im Bereich des Beschäftigtendatenschutzes nur sehr lückenhaft verwirklicht werden kann. Denn immerhin sind Kollektivvereinbarungen nicht von der Pflicht erfasst, was zur Folge haben wird, dass eine sehr große Zahl von nationalen Regelungen mit beschäftigtendatenschutzrechtlichen Inhalten nicht unter sie fällt. Auch ordnet Art. 91 für die in den Mitgliedstaaten bestehenden Datenschutzvorschriften von Kirchen und religiösen Vereinigungen oder Gemeinschaften überhaupt keine Notifizierungspflicht an, obwohl dadurch datenschutzrechtliche Sonderordnungen insbes. der deutschen Kirchen anerkannt werden (dazu ausführlich → Art. 91 Rn. 23 mwN). Trotz dieser rechtspolitischen Einwände gegen die Bestimmung ist sie bindendes Recht. Abs. 3 stellt allerdings späteren Änderungen von ordnungsgemäß notifizierten Rechtsvorschriften iSv Abs. 1 nicht entgegen, wie Abs. 3 Alt. 2 ausdrücklich klarstellt.

49 Die **Folgen** dieser Ausschlussfrist halten sich jedoch in Grenzen. Sie gilt nämlich schon dem Wortlaut der Vorschrift nach nicht für **spätere Änderungen von Rechtsvorschriften** iSv Abs. 1, die bereits nach Abs. 3 notifiziert worden sind. Teilt der Bundesgesetzgeber der KOM § 26 BDSG nF als spezifischere Vorschrift mit, bleibt es ihm unbenommen, zu einem späteren Zeitpunkt diese allgemeine Regelung durch besondere Vorschriften zum Beschäftigtendatenschutz schärfer zu konturieren und auszudifferenzieren, etwa in Gestalt eines eigenständigen **Beschäftigtendatenschutzgesetzes**, wie es bereits im Jahre 2013 von der Bundesregierung vorgeschlagen worden war.[82]

IV. § 26 BDSG nF als spezifischere Vorschrift iSv Abs. 1

50 **1. Grundlagen. a) Entstehung und Einordnung.** § 26 BDSG nF ist durch Art. 1 DSAnpUG-EU vom 30.6.2017 (BGBl. 2017 I, 2097) eingeführt worden und ersetzt § 32 BDSG aF. Mit der Vorschrift will der Gesetzgeber ausweislich der Begründung des Regierungsentwurfes **von der Öffnungsklausel des Abs. 1 Gebrauch machen**.[83] § 26 BDSG nF ist zwar ebenso wie § 32 BDSG aF die zentrale Vorschrift des Beschäftigtendatenschutzes, sie wird jedoch durch eine Reihe spezialgesetzlicher Vorschriften des Bundes nach § 1 Abs. 2 S. 1 BDSG nF verdrängt; bei diesen spezielleren Vorschriften des Bundes handelt es sich ebenfalls um spezifischere Vorschriften iSv Abs. 1. Zu nennen sind hier beispielsweise die beamtenrechtlichen Vorschriften über die Führung von Personalakten (§ 50 BeamtStG und §§ 106ff. BBG) sowie die §§ 19–22 GenDG über die Zulässigkeit genetischer Untersuchungen von Beschäftigten. Außer diesen bundesgesetzlichen Spezialregelungen des Beschäftigtendatenschutzes existieren auch auf Landesebene einzelne gesetzliche Vorschriften über den Datenschutz von Beschäftigten des öffentlichen Dienstes der betreffenden Länder. Sie gehen ebenfalls den allgemeinen Regeln des § 26 BDSG nF vor (→ Rn. 73 mwN).

51 § 26 BDSG nF schreibt § 32 BDSG aF fort und nimmt mit § 26 Abs. 8 BDSG nF die Vorschriften von § 3 Abs. 11 BDSG aF über den Beschäftigtenbegriff mit geringfügigen Abänderungen auf. § 26 BDSG nF geht allerdings über § 32 BDSG aF insoweit hinaus, als in Abs. 1 S. 1 auch die Datenverarbeitung durch Interessenvertretungen der Beschäftigten normiert ist und Abs. 2 erstmals eine Regelung zur Wirksamkeit einer Einwilligung von Beschäftigten in die Verarbeitung ihrer personenbezogenen Daten enthält. Auch sieht § 26 Abs. 3 BDSG nF besondere Regeln für die Verarbeitung sensibler Daten von Beschäftigten vor, und § 26

---

79 So insbes. *Gola/Pötters/Thüsing* RDV 2016, 57 (59) sowie *Gola/Pötters/Wronka*, HdB Arbeitnehmerdatenschutz, 2016, Rn. 511; *Kort* ZD 2016, 555; ebenso *Taeger/Rose* BB 2016, 819 (831); wohl auch Plath/*Stamer/Kuhnke* DSGVO Art. 88 Rn. 11.

80 Kühling/Buchner/*Maschmann* Art. 88 Rn. 57; BeckOK DatenschutzR/*Riesenhuber* Art. 88 Rn. 95; DWWS/*Däubler* Art. 88 Rn. 59; vgl. auch *Körner*, Wirksamer Beschäftigtendatenschutz im Lichter der Europäischen DSGVO, 2017, S. 59 f.

81 So ausdrücklich Kühling/Buchner/*Maschmann* Art. 88 Rn. 57.

82 Entwurf eines Gesetzes zur Regelung des Beschäftigtendatenschutzes, BT-Drs. 17/4230.

83 Vgl. BT-Drs. 18/11325, S. 96 f.

Abs. 4 BDSG nF erkennt ausdrücklich an, dass die Verarbeitung von Beschäftigtendaten auf der Grundlage von Kollektivvereinbarungen zulässig ist.

Unter der Geltung des § 32 BDSG aF war umstritten, ob die Vorschrift als **spezifischere Vorschrift** angese- 52 hen werden konnte und den Tatbestand der Öffnungsklausel des Abs. 1 überhaupt erfüllt hätte. Zweifel hieran wurden vor allem auf die „vage Formulierung" der Vorschrift (Erforderlichkeitskriterium) gestützt.[84] Die ganz überwiegende Ansicht[85] sah jedoch zu Recht in § 32 BDSG aF eine spezifischere Vorschrift, da § 32 Abs. 1 S. 1 BDSG aF eine Klarstellung insofern herbeiführte, als sie die Rechtsprechung des BAG gesetzlich absicherte, und § 32 Abs. 1 S. 2 BDSG aF eine besondere Vorschrift für die Verarbeitung von Beschäftigtendaten beim Verdacht der Begehung einer strafbaren Handlung im Beschäftigungsverhältnis enthielt. Nichts Anderes kann für die Bewertung von § 26 Abs. 1 BDSG nF gelten: Die Vorschrift unterwirft überdies im Unterschied zu § 32 Abs. 1 S. 1 BDSG aF ausdrücklich auch die Verarbeitung von Beschäftigtendaten durch Interessenvertreter der Arbeitnehmer dem Erforderlichkeitskriterium. Doch auch bei den übrigen Absätzen der Vorschrift handelt es sich um spezifischere Vorschriften iSd Art. 88 Abs. 1. So konkretisiert beispielsweise § 26 Abs. 2 BDSG nF das Kriterium der Freiwilligkeit der Einwilligung, wie es in Art. 7 zugrunde gelegt wird, und § 26 Abs. 4 BDSG nF erkennt die Kollektivvereinbarung als Rechtsgrundlage für die Verarbeitung von Beschäftigtendaten ausdrücklich an.

b) Rechtsgrundlagen der Datenverarbeitung (§ 26 Abs. 4 BDSG nF). Die Verarbeitung personenbezogener 53 Daten der Beschäftigten erfolgt vor allem, wie die Verarbeitung personenbezogener Daten in anderen Bereichen auch, auf der Grundlage gesetzlicher Vorschriften, welche Voraussetzungen und Umfang der Beschränkungen des Grundrechts auf informationelle Selbstbestimmung klar und für den Bürger erkennbar festlegen.[86] § 26 Abs. 1 BDSG nF ist insoweit die zentrale gesetzliche Grundlage und wird durch einzelne weitere gesetzliche Vorschriften ergänzt (zB §§ 106ff. BBG). Doch auch auf gesetzlicher Grundlage erlassene **Rechtsverordnungen** (zB die ArbMedVV) oder **autonomes Satzungsrecht** wie zB Unfallverhütungsvorschriften aufgrund von § 15 SGB VII können eine Verarbeitung von Beschäftigtendaten rechtfertigen (→ Rn. 25ff.).

§ 26 Abs. 4 S. 1 BDSG nF weitet den Kreis möglicher Rechtsgrundlagen für die Verarbeitung von Beschäf- 54 tigtendaten allerdings auf **Kollektivvereinbarungen** aus. Damit hat der deutsche Gesetzgeber von der in Abs. 1 eingeräumten Befugnis Gebrauch gemacht, die Schaffung spezifischerer Vorschriften zum Beschäftigtendatenschutz durch Kollektivvereinbarungen zuzulassen (→ Rn. 26f.).[87] Schon nach bisherigem Recht war diese Befugnis jedenfalls für die Rechtsnormen eines Tarifvertrages anerkannt,[88] im Falle der Regelungen einer Betriebsvereinbarung war umstritten, ob diese als „andere Rechtsvorschriften" iSv § 4 Abs. 1 BDSG aF Rechtsgrundlage für eine Verarbeitung von Beschäftigtendaten sein konnten.[89] Der **Begriff der Kollektivvereinbarung** in § 26 Abs. 4 S. 1 BDSG nF ist an Art. 88 Abs. 1 angelehnt.[90] Demnach können nicht nur Tarifverträge und Betriebsvereinbarungen (auch Gesamt- und Konzernbetriebsvereinbarungen) Rechtsgrundlage einer Verarbeitung von Beschäftigtendaten sein: Auch Dienstvereinbarungen (§ 73 BPersVG) sowie Sprecherausschussrichtlinien (§ 28 SpAuG) sind Kollektivvereinbarungen iSv § 26 Abs. 4 S. 1 BDSG nF (→ Rn. 26 f.). Nicht unter den Begriff der Kollektivvereinbarung fallen indessen die nur schuldrechtlich zwischen Arbeitgeber und Betriebsrat wirkenden Regelungsabreden.

Kollektivvereinbarungen iSv § 26 Abs. 4 S. 1 BDSG nF dürfen – ebenso wie nationale Rechtsvorschriften, 55 die von der Öffnungsklausel des Art. 88 Abs. 1 Gebrauch machen –, nur **spezifischere Vorschriften zum Beschäftigtendatenschutz** schaffen. Dies bedeutet, dass sie die allgemeinen Vorschriften der DSGVO durch bereichsspezifische Regeln zum Schutz von Beschäftigtendaten ergänzen können. Es gelten auch für Kollektivvereinbarungen aber auch die dem Art. 88 Abs. 1 immanenten Grenzen. So dürfen Vorschriften von Kollektivvereinbarungen den in der DSGVO ausgeformten Datenschutz nicht verschlechtern: Abweichungen von deren Schutzstandards „nach unten" sind grundsätzlich nicht zulässig (→ Rn. 22 mwN). Wohl aber ist denkbar, dass Kollektivvereinbarungen gegenüber der DSGVO günstigere Vorschriften zum Schutz perso-

---

84 So insbes. *Körner*, Wirksamer Beschäftigtendatenschutz im Lichte der Europäischen DSGVO, 2017, S. 68; *dies.* NZA 2016, 1383 (1384).

85 *Gola/Pötters/Thüsing* RDV 2016, 57 (60); *Maier* DuD 2017, 169 (171); BeckOK DatenschutzR/*Riesenhuber* DSGVO Art. 88 Rn. 97; Plath/*Stamer/Kuhnke* DSGVO Art. 88 Rn. 5ff.; *Kort* DB 2016, 711 (714); *Düwell/Brink* NZA 2016, 665 (667 f.); *Taeger/Rose* BB 2016, 819 (830); eingeschränkt (mit Ausnahme von § 32 Abs. 2 BDSG aF) *Spelge* DuD 2016, 775 (777ff.); skeptisch allerdings Kühling/Buchner/*Maschmann* Art. 88 Rn. 62ff.

86 Hierfür grundlegend BVerfGE 65, 1. Vergleichbare Vorgaben macht Art. 52 Abs. 1 S. 1 GRCh für die Rechtfertigung von Eingriffen in das Grundrecht auf Datenschutz nach Art. 8 GRCh; dazu *Jarass* Art. 52 Rn. 23ff., insbes. Rn. 27 mwN.

87 Vgl. den RegE zu § 26 BDSG nF, BT-Drucks. 18/11325 S. 98.

88 Statt vieler Simitis/*Scholz/Sokol* § 4 Rn. 11 mwN.

89 Grundlegend BAG, AP Nr. 15 zu § 87 BetrVG 1972 Überwachung. Dazu näher Simitis/*Seifert* § 32 Rn. 167 mwN.

90 So die Begründung zum RegE zu § 26 BDSG nF, BT-Drucks. 18/11325 S. 98.

nenbezogener Daten von Beschäftigten festlegen, wenn sie spezifischere Vorschriften über die Verarbeitung von Beschäftigtendaten vorsehen (→ Rn. 23 mwN). Darüber hinaus gelten für Kollektivvereinbarungen über die Verarbeitung von Beschäftigtendaten nach § 26 Abs. 2 S. 2 BDSG nF die **Grenzen des Art. 88 Abs. 2.** Die Vorschrift besitzt lediglich deklaratorische Wirkung, da Art. 88 Abs. 2 als Verordnungsvorschrift nach Art. 288 Abs. 2 S. 2 AEUV unmittelbare Wirkung entfaltet. Eine solche Wiederholung von Unionsrecht durch nationales Recht ist zwar grundsätzlich nur in engen Grenzen zulässig, insbes. wenn die wiederholende nationale Regelung die Rechtssicherheit nicht beeinträchtigt und auch die Auslegungshoheit des EuGH hinsichtlich der Rechtsvorschriften unionsrechtlicher Herkunft nicht ausgehöhlt wird.[91] Für die DSGVO erlaubt aber EG 8 den Mitgliedstaaten, sofern Präzisierungen oder Einschränkungen der Vorschriften der DSGVO durch das Recht der Mitgliedstaaten vorgesehen sind, Teile der Verordnung in ihr nationales Recht zu übernehmen, soweit dies erforderlich ist, um die Kohärenz zu wahren und die nationalen Rechtsvorschriften für die Personen, für die sie gelten, verständlicher zu machen. Gerade der Verweis des § 26 Abs. 4 S. 2 BDSG nF auf die Grenzen des Abs. 2 kann dazu beitragen, dass die Parteien von Kollektivvereinbarungen sich über diese inhaltlichen Grenzen der Kollektivvereinbarungsautonomie auf dem Gebiet des Beschäftigtendatenschutzes klarer werden. EG 8, der bei der Auslegung von Art. 88 zu berücksichtigen ist, spricht deshalb dafür, die Verweisung des § 26 Abs. 4 S. 2 BDSG nF auf Art. 88 Abs. 2 als unionsrechtlich zulässig anzusehen. Anlass zur Diskussion hat ferner die Frage gegeben, ob bereits **vor dem Inkrafttreten der DSGVO geschlossene Kollektivvereinbarungen** unter deren Geltung in Kraft bleiben. Zwar hat weder der Gesetzgeber des § 26 BDSG nF noch der Unionsgesetzgeber eine ausdrückliche Übergangsregel für Altvereinbarungen geschaffen. Zu Recht ist aber darauf hingewiesen worden, dass in der zweijährigen Übergangsfrist zwischen der Verkündung und dem Inkrafttreten der DSGVO ausreichend Zeit bestanden hat, um eventuell erforderliche Anpassungen an das neue Datenschutzrecht insbes. bei bestehenden Betriebsvereinbarungen herbeizuführen und sicherzustellen, dass die Vorschriften der DSGVO beachtet werden.[92] Mit Blick darauf ist es sachgerecht, von einer Fortgeltung der unter dem alten Recht abgeschlossenen Kollektivvereinbarungen auszugehen.[93] Es ist aber nicht zu leugnen, dass für zahlreiche Kollektivvereinbarungen, insbes. für Betriebsvereinbarungen, ein nicht zu unterschätzender **Anpassungsbedarf** bestanden hat bzw. möglicherweise immer noch besteht.

56 **c) Erforderlichkeit als zentraler Beurteilungsmaßstab.** § 26 Abs. 1 S. 1 BDSG nF knüpft die Rechtmäßigkeit einer Verarbeitung von Beschäftigtendaten an deren **Erforderlichkeit** für die Begründung, Durchführung oder Beendigung eines Beschäftigungsverhältnisses und konkretisiert insbes. die allgemeine Verarbeitungsvorschrift des Art. 6 Abs. 1 lit. b. Ausweislich der Entstehungsmaterialien von § 32 BDSG aF, der Vorläufervorschrift, wollte der Gesetzgeber mit dieser Festschreibung des Erforderlichkeitsgrundsatzes lediglich die damals bereits bestehende Rechtsprechung der Arbeitsgerichte zum Datenschutz im Beschäftigungsverhältnis kodifizieren:[94] Als Beispiele nennen die Entstehungsmaterialien zu § 32 BDSG aF insbes. Entscheidungen des BAG zum Fragerecht des Arbeitgebers (→ Rn. 77ff.). Für die Konkretisierung des Erforderlichkeitserfordernisses von § 26 Abs. 1 S. 1 BDSG nF wird man an diese zu § 32 Abs. 1 S. 1 BDSG aF geltenden Grundsätze weitgehend anknüpfen können.[95]

57 Der Grundsatz der Erforderlichkeit wurzelt im Schutz der Grundrechte der Beschäftigten, den Abs. 2 besonders hervorhebt. So verpflichtet das Grundrecht auf informationelle Selbstbestimmung staatliches Handeln zum Schutz der schwächeren Vertragspartei in Fällen einer gestörten Vertragsparität zwischen den Parteien und verlangt, dass vertragliche Vereinbarungen einer Inhaltskontrolle unterzogen werden, um eine angemessene Zuordnung von Geheimhaltungsinteresse der schwächeren und von Offenbarungsinteresse der stärkeren Vertragspartei sicherzustellen.[96] Nichts anderes gilt für die Auslegung von Art. 8 GRCh. Diese Verankerung in der grundrechtlichen Werteordnung hat Folgen für die Konkretisierung des Begriffs der Erforderlichkeit in § 26 Abs. 1 S. 1 BDSG nF. Es handelt sich letztlich um einen Topos, welcher einer **Abwägung widerstreitender Grundrechtspositionen** im Sinne der Herstellung von praktischer Konkordanz den Weg weisen soll. Die Verarbeitung von personenbezogenen Daten von Beschäftigten muss somit geeignet und zugleich das relativ mildeste Mittel sein, um den unternehmerischen Interessen bei der Begründung, aber auch bei der Durchführung und Beendigung von Beschäftigungsverhältnissen Rechnung zu tragen. Die

91   Dazu eingehend *Benecke/Wagner* DVBl. 2016, 600 (604ff.) mwN aus der Rechtsprechung des EuGH.
92   So insbes. DWWS/*Däubler* § 26 Rn. 253.
93   Vgl. DWWS/*Däubler* § 26 Rn. 253; Plath/*Stamer/Kuhnke* § 26 Rn. 11 f.; *Wybitul* ZD 2016, 203 (206 f.); aA allerdings BeckOK/*Riesenhuber* § 26 Rn. 55.1.
94   Vgl. BT-Drs. 16/13657, S. 35 f.
95   So auch die Einschätzung von *Wybitul* NZA 2017, 413 (415).
96   Dies hat das BVerfG RDV 2007, 20 insbes. im Hinblick auf die in einem Lebensversicherungsvertrag enthaltene Pflicht des Versicherungsnehmers auf eine umfassende Schweigepflichtentbindung bei Eintritt des Versicherungsfalles entschieden; dazu eingehend *Petri* RDV 2007, 153.

Konkretisierung dieses allgemeinen Grundsatzes ist im Rahmen der einzelnen Formen der Verarbeitung personenbezogener Beschäftigtendaten vorzunehmen.

2. Geltungsbereich des Beschäftigtendatenschutzes. a) Persönlicher Geltungsbereich (§ 26 Abs. 8 BDSG nF). § 26 Abs. 8 BDSG nF bestimmt den **datenschutzrechtlichen Beschäftigtenbegriff** und steckt somit den persönlichen Geltungsbereich des Beschäftigtendatenschutzes ab, wobei allerdings der Beschäftigtenbegriff des Art. 88 Abs. 1 hierfür unionsrechtliche Grenzen zieht (→ Rn. 16ff. mwN). Die Vorschrift entspricht weitgehend § 3 Abs. 11 BDSG aF, der durch Art. 1 Nr. 2 des Gesetzes zur Änderung datenschutzrechtlicher Vorschriften vom 14.8.2009 (BGBl. I S 2814) eingeführt worden war. Der datenschutzrechtliche Beschäftigtenbegriff geht weit über den arbeitsrechtlichen und den sozialversicherungsrechtlichen Arbeitnehmerbegriff (vgl. § 7 Abs. 1 SGB IV)[97] hinaus und bezieht insbes. auch Personen ein, die auf der Grundlage eines öffentlich-rechtlichen Beschäftigungsverhältnisses Dienste erbringen; es ist vor diesem Hintergrund somit zu engführend, von Arbeitnehmerdatenschutz im Zusammenhang mit § 26 BDSG nF zu sprechen. Dieser sehr weite Beschäftigtenbegriff ist mit Blick auf Sinn und Zweck des Beschäftigtendatenschutzes plausibel, wie er derzeit vor allem in § 26 BDSG nF ausgeformt ist. Die Risiken, vor denen der Beschäftigtendatenschutz den Einzelnen bewahren soll, nämlich die Beeinträchtigung seines Persönlichkeitsrechts durch den Umgang mit seinen personenbezogenen Daten im Rahmen eines bestehenden Beschäftigungsverhältnisses, können sich außer in Arbeitsverhältnissen in gleicher Weise auch in rechtlich anders strukturierten Beschäftigungsverhältnissen wie dem Beamtenverhältnis oder anderen öffentlich-rechtlichen Beschäftigungsverhältnissen realisieren. Zentraler Gedanke bei der Bestimmung des datenschutzrechtlichen Beschäftigtenbegriffes hat letztlich zu sein, dass das im deutschen Verfassungsrecht gewährleistete Grundrecht auf informationelle Selbstbestimmung, aber auch das unionsrechtliche Grundrecht auf Datenschutz (Art. 8 GRCh) beim Umgang mit ihren personenbezogenen Daten nicht privatautonom durch vertragliche Vereinbarung sichergestellt werden kann, sondern aufgrund eines typischerweise bestehenden strukturellen Ungleichgewichts zu lasten desjenigen, welcher die Dienste erbringt, besonderen Risiken ausgesetzt ist.

Beschäftigte iSd Datenschutzrechts sind zunächst **Arbeitnehmerinnen und Arbeitnehmer** (Nr. 1). Damit sind 59 Beschäftigte im arbeitsrechtlichen Sinne gemeint.[98] Nach der ständigen Rechtsprechung des BAG,[99] die nunmehr in einem neuen § 611a Abs. 1 S. 1 BGB gesetzlich übernommen worden ist, ist Arbeitnehmer, wer aufgrund eines privatrechtlichen Vertrags im Dienste eines anderen zur Leistung weisungsgebundener, fremdbestimmter Arbeit in persönlicher Abhängigkeit verpflichtet ist. Das arbeitsvertraglich eingeräumte Weisungsrecht kann Inhalt, Durchführung, Zeit, Dauer und Ort der Tätigkeit betreffen; wegen der Einzelheiten wird auf arbeitsrechtliche Kommentierungen verwiesen.[100] Unter § 26 Abs. 8 Nr. 1 BDSG nF fallen sämtliche Arbeitnehmer, die bei nicht-öffentlichen Stellen (§ 2 Abs. 1 Nr. 3 BDSG nF) sowie bei öffentlichen Stellen des Bundes und der Länder iSv § 2 Abs. 1 Nr. 1 und 2 BDSG nF beschäftigt sind. Auch **leitende Angestellte** (vgl. § 5 Abs. 3 BetrVG, § 14 Abs. 2 S. 1 KSchG) gehören demnach grundsätzlich zum Kreis der Beschäftigten nach Nr. 1.[101]

Keine Arbeitnehmer iSv § 26 Abs. 8 Nr. 1 BDSG nF sind **Arbeitnehmer kirchlicher Einrichtungen**. Die Da- 60 tenverarbeitung im Rahmen kirchlicher Beschäftigungsverhältnisse haben die Kirchen autonom durch kirchliche Datenschutzgesetze geregelt. Dies gilt für die evangelischen Landeskirchen und die EKD[102] in gleicher Weise wie für den Bereich der katholischen Kirche.[103] Dieser datenschutzrechtliche Sonderstatus der Kirchen hat seinen rechtlichen Ursprung in der verfassungsrechtlichen Garantie der Religionsgesellschaften (Art. 140 GG iVm Art. 137 Abs. 3 WRV) und genießt aufgrund von Art. 91 im Grundsatz unionsrechtlichen Bestandsschutz (zu den Einzelheiten → Art. 91 Rn. 8ff. mwN).

§ 26 Abs. 8 Nr. 1 BDSG nF bestimmt im Unterschied zu § 3 Abs. 11 Nr. 1 BDSG aF ausdrücklich, dass 61 **Leiharbeitnehmer** im Verhältnis zum Entleiher als Arbeitnehmer und somit auch als Beschäftigte im datenschutzrechtlichen Sinne anzusehen sind. Der Gesetzgeber hat somit die unter der Geltung des § 3 Abs. 11 Nr. 1 BDSG aF umstrittene Einordnung von Leiharbeitnehmern im Sinne eines effektiven Beschäftigtendatenschutzes gelöst.[104]

---

97   So ausdrücklich die Beschlussempfehlung des Innenausschusses des Deutschen Bundestags, BT-Drs. 16/13657, S. 17.
98   Ebenso DWWS/*Däubler* BDSG § 26 Rn. 6 f. sowie *Lembke*, in: Henssler/Willemsen/Kalb Vor BDSG Rn. 17.
99   Statt vieler ErfK/*Preis* BGB § 611a Rn. 32ff. mwN.
100 Ausführlich zum Arbeitnehmerbegriff ErfK/*Preis* BGB § 611a Rn. 32ff. mwN.
101 Ebenso *Bergmann/Möhrle/Herb* BDSG § 3 Rn. 191; *Gola/Pötters/Wronka*, HdB Arbeitnehmerdatenschutz, 2016, Rn. 191ff.
102 Vgl. § 49 EKD-Datenschutzgesetz („Verarbeitung personenbezogener Daten bei Dienst- und Arbeitsverhältnissen"), der in weiten Teilen § 26 BDSG nF entspricht.
103 Vgl. § 53 Gesetz über den kirchlichen Datenschutz (KDG).
104 Zu dem Streit eingehend Simitis/*Seifert* § 3 Rn. 283 mwN.

62 Unklar ist, ob auch **Organmitglieder juristischer Personen** (zB Geschäftsführer einer GmbH oder Mitglieder des Vorstands einer AG) als Arbeitnehmer iSv § 26 Abs. 8 Nr. 1 BDSG nF zu qualifizieren sind.[105] Der Beschäftigtenbegriff des Art. 88 schließt auch diese Personengruppe ein (→ Rn. 18 mwN). Nach der ständigen Rechtsprechung des BAG besitzen GmbH-Geschäftsführer oder Vorstandsmitglieder einer AG in der Regel keinen Arbeitnehmerstatus, da sich ihre Rechtsbeziehung zu der Gesellschaft nicht durch die für die Arbeitnehmereigenschaft erforderliche persönliche Abhängigkeit kennzeichnet.[106] Sie werden im Regelfall aufgrund eines selbstständigen Dienstvertrages für die Gesellschaft tätig, der rechtlich missverständlich in der Praxis als „Anstellungsvertrag" bezeichnet wird. Allerdings wendet die Rechtsprechung auf GmbH-Geschäftsführer wegen deren sozialer Schutzbedürftigkeit einzelne arbeitsrechtliche Vorschriften auf ihre Anstellungsverträge entsprechend an.[107] Es spricht sehr viel dafür, auch die Organmitglieder juristischer Personen in den persönlichen Schutzbereich des BDSG einzubeziehen und den Arbeitnehmerbegriff des § 26 Abs. 8 S. 1 Nr. 1 BDSG nF deshalb weit auszulegen. Auch wenn sie nicht wie typische Arbeitnehmer von ihrem Vertragspartner persönlich abhängig sind, sehen sie sich doch denselben Risiken wie ein Arbeitnehmer beim Umgang mit ihren personenbezogenen Daten im Zusammenhang mit der Begründung, Durchführung oder Beendigung ihres selbstständigen Dienstvertrages mit der Gesellschaft (Anstellungsverhältnis) ausgesetzt. Eine Auslegung des datenschutzrechtlichen Arbeitnehmerbegriffes in § 26 Abs. 8 S. 1 Nr. 1 BDSG nF im Lichte der grundrechtssichernden Zielsetzung des BDSG führt deshalb dazu, die Vorschrift weit auszulegen und auch auf Organmitglieder juristischer Personen anzuwenden.[108]

63 Ebenfalls als Beschäftigte im datenschutzrechtlichen Sinne werden die **zu ihrer Berufsbildung Beschäftigten** behandelt (**Nr. 2**). § 26 Abs. 8 S. 1 Nr. 2 BDSG nF, der § 3 Abs. 11 Nr. 2 BDSG aF wortgleich übernimmt, verweist damit auf den Begriff der Berufsbildung, wie er in § 1 Abs. 1 BbiG ausgeformt ist, und erfasst die Berufsausbildungsvorbereitung, die Berufsausbildung, die berufliche Fortbildung sowie die berufliche Umschulung.[109] Der Begriff der Beschäftigung zur Berufsbildung geht infolgedessen weit über den der Berufsausbildung hinaus. Erfasst sind folglich auch Volontäre, Praktikanten und Anlernlinge (§ 26 BBiG), soweit sie sich nicht bereits in einem Arbeitsverhältnis iSv § 26 Abs. 8 S. 1 Nr. 1 BDSG nF befinden.[110]

64 § 26 Abs. 8 S. 1 Nr. 3 BDSG nF ist inhaltsidentisch mit § 3 Abs. 11 Nr. 3 BDSG aF und erstreckt den datenschutzrechtlichen Beschäftigtenbegriff auf Personen, die zur Eingliederung bzw. Wiedereingliederung in den Arbeitsmarkt oder aus Gründen ihrer Rehabilitation beschäftigt werden. Erfasst sind erstens **Teilnehmerinnen und Teilnehmer an Leistungen zur Teilhabe am Arbeitsleben**. Was Leistungen zur Teilhabe am Arbeitsleben sind, ergibt sich aus dem Sozialrecht. Damit sind vor allem Personen gemeint, die in Arbeitsgelegenheiten („Ein-Euro-Jobs") auf der Grundlage von § 16 d SGB II beschäftigt sind.[111] Ihr Beschäftigungsverhältnis ist kein Arbeitsverhältnis iSd Arbeitsrechts (vgl. § 16 d Abs. 7 S. 2 SGB II), so dass sie nicht bereits nach § 26 Abs. 8 S. 1 Nr. 1 BDSG nF Beschäftigte im datenschutzrechtlichen Sinne sind; es handelt sich um ein öffentlich-rechtliches Beschäftigungsverhältnis.[112] Des Weiteren erfasst Nr. 3 auch **Teilnehmerinnen und Teilnehmer an Abklärungen der beruflichen Eignung**. Bei dieser Personengruppe handelt es sich namentlich um Rehabilitanden wie Personen in Arbeitstherapie (§§ 27 Abs. 1 S. 2 Nr. 6, 42 SGB V), Beschäftigte in Einrichtungen der beruflichen Rehabilitation iSv § 35 SGB IX (insbes. Berufsbildungswerke, Berufsförderungswerke) und um Personen, die nach einer längeren Krankheit (vgl. § 74 SGB V) mit einem „Arbeitgeber" ein Wiedereingliederungsverhältnis eingehen; nach der ständigen Rechtsprechung des BAG liegt in den Fällen eines solchen Wiedereingliederungsverhältnisses kein Arbeitsverhältnis iSd Arbeitsrechts, sondern ein Rechtsverhältnis eigener Art vor,[113] so dass auch diese Personen nicht bereits aufgrund von § 26 Abs. 8 S. 1 Nr. 1 BDSG nF Beschäftigte im datenschutzrechtlichen Sinne sind.

65 Eng mit der Beschäftigtengruppe nach Nr. 3 verbunden sind die Personen, die unter **Nr. 4** fallen. Die Vorschrift entspricht § 3 Abs. 11 Nr. 4 BDSG aF. Nach § 26 Abs. 8 S. 1 Nr. 4 BDSG nF gelten auch **Beschäftigte in Behindertenwerkstätten** als Beschäftigte im datenschutzrechtlichen Sinne. Bei den Behindertenwerkstätten handelt es sich um Einrichtungen zur Teilhabe behinderter Menschen am Arbeitsleben und zur Einglie-

---

105 Offengelassen von *Gola/Pötters/Wronka*, HdB Arbeitnehmerdatenschutz, 2016, Rn. 193.

106 BAG AP Nr. 10 zu § 35 GmbHG; ErfK/*Preis* BGB § 611 a Rn. 88. Eingehend zu der Problematik *Diller*, Gesellschafter und Gesellschaftsorgane als Arbeitnehmer, 1994, S. 65 ff.

107 Dazu im Überblick Henssler/Willemsen/Kalb/*Thüsing* BGB Vor § 611 Rn. 104 mwN; vgl. auch ErfK/*Preis* BGB § 611 Rn. 138.

108 AA allerdings Taeger/Gabel/*Zöll* BDSG § 32 Rn. 13; *Wybitul* BB 2009, 1582, Fußnote 9 unter Hinweis auf die Beschlussempfehlung und den Bericht des Innenausschusses des Deutschen Bundestages, BT-Drs. 16/13657, die dieses Ergebnis aber gerade nicht hergibt.

109 Ebenso DWWS/*Däubler* BDSG § 26 Rn. 8.

110 Zu den anderen Vertragsverhältnissen iSv § 26 BBiG s. statt vieler ErfK/*Schlachter* BBiG § 26 Rn. 1 ff. mwN.

111 Ebenso *Däubler*, Gläserne Belegschaften, 2017, § 5 Rn. 183; DWWS/*Däubler* BDSG § 26 Rn. 9.

112 BAG NZA 2007, 53 (54); NZA 2007, 644 (645); NZA 2007, 1422 (1423); NZA-RR 2008, 401 (402); ebenso BVerwG NZA-RR 2007, 499 (500). Im Überblick ErfK/*Preis* BGB § 611 a Rn. 113.

113 S. BAG NZA 1999, 1295 f.; AP Nr. 2 zu § 74 SGB V; NZA 1992, 643 (644); ausführlich *von Hoyningen-Huene* NZA 1992, 49 (52); zweifelnd hingegen ErfK/*Preis* BGB § 611 a Rn. 114.

derung ins Arbeitsleben (vgl. § 136 Abs. 1 S. 1 SGB IX). Ihr Ziel ist es, behinderten Menschen, die wegen Art oder Schwere der Behinderung nicht, noch nicht oder noch nicht wieder auf dem allgemeinen Arbeitsmarkt beschäftigt werden können, eine angemessene berufliche Bildung und eine Beschäftigung zu einem ihrer Leistung angemessenen Arbeitsentgelt aus dem Arbeitsergebnis anzubieten und zu ermöglichen, dass sie ihre Leistungs- oder Erwerbsfähigkeit erhalten, entwickeln, erhöhen oder wiedergewinnen und dabei ihre Persönlichkeit weiterentwickeln (§ 136 Abs. 1 S. 2 SGB IX). Die Rechtsstellung behinderter Menschen in den Werkstätten kann sich (ausnahmsweise) nach Arbeitsrecht richten, wenn die Voraussetzungen des allgemeinen Arbeitnehmerbegriffs vorliegen (vgl. § 611a Abs. 1 S. 1 BGB).[114] Für diese Fälle ergibt sich der datenschutzrechtliche Beschäftigtenstatus dieser Personen bereits aus § 26 Abs. 8 S. 1 Nr. 1 BDSG nF. Im Übrigen stehen sie zu den Werkstätten in einem arbeitnehmerähnlichen Rechtsverhältnis, soweit sich aus dem zugrunde liegenden Sozialleistungsverhältnis nichts anderes ergibt (§ 138 Abs. 1 SGB IX). Der Inhalt dieses arbeitnehmerähnlichen Rechtsverhältnisses wird durch „Werkstattverträge" zwischen den behinderten Menschen und den Träger der Werkstatt konkretisiert (§ 138 Abs. 3 SGB IX); die Sozialverbände haben hierzu Musterverträge erarbeitet.[115]

Nach § 26 Abs. 1 S. 1 Nr. 5 BDSG nF fallen unter den Beschäftigtenschutz des BDSG ferner zum einen Personen, die nach dem **Jugendfreiwilligendienstegesetz** (JFDG) vom 16.5.2008 (BGBl. I S. 842) beschäftigt sind. Der nach diesem Gesetz vorgesehene Jugendfreiwilligendienst kann entweder in Form eines **freiwilligen sozialen Jahrs** (§ 3 JFDG) oder eines **freiwilligen ökologischen Jahrs** (§ 4 JFDG) erbracht werden. Bei dem zwischen dem bzw. der Freiwilligen und dem Träger des Jugendfreiwilligendienstes bestehenden Vertragsverhältnis (zum Inhalt s. § 11 Abs. 1 und 2 JFDG) handelt es sich weder um ein Arbeitsverhältnis[116] noch um ein Berufsausbildungsverhältnis iSv § 10 BbiG,[117] sondern um ein „Rechtsverhältnis eigener Art",[118] auf das nur einzelne arbeitsrechtliche Bestimmungen Anwendungen finden. Nach der Aufzählung des § 13 S. 1 JFDG sind dies ausschließlich die Arbeitsschutzbestimmungen und das BUrlG. Zum anderen ordnet § 26 Abs. 8 S. 1 Nr. 5 BDSG nF Personen dem datenschutzrechtlichen Beschäftigtenbegriff zu, die einen **Dienst nach dem Gesetz über den Bundesfreiwilligendienst** (Bundesfreiwilligendienstgesetz – BFDG) vom 28.4.2011 (BGBl. I S. 687) leisten. Die Vorschrift weicht insoweit von der Vorläufervorschrift des § 3 Abs. 1 Nr. 5 BDSG aF ab, welche diesen Personenkreis – jedenfalls nicht ausdrücklich – in den Beschäftigtendatenschutz einbezog.[119]

§ 26 Abs. 8 S. 1 Nr. 6 BDSG nF übernimmt wortgleich § 3 Abs. 11 Nr. 5 BDSG aF und integriert **arbeitnehmerähnliche Personen** einschließlich der in Heimarbeit Beschäftigten und der ihnen Gleichgestellten in den datenschutzrechtlichen Beschäftigtenbegriff. Bei arbeitnehmerähnlichen Personen handelt es sich um Personen, die im Unterschied zum Arbeitnehmer im arbeitsrechtlichen Sinne nicht persönlich, sondern lediglich wirtschaftlich von ihrem Vertragspartner abhängig, jedoch einem Arbeitnehmer vergleichbar sozial schutzbedürftig sind.[120] Diese Ausdehnung des Beschäftigtenbegriffs auf arbeitnehmerähnliche Personen ist jedoch nicht vom Beschäftigtenbegriff des Art. 88 abgedeckt (→ Rn. 19). Für diese Beschäftigtengruppe gilt die Öffnungsklausel des Abs. 1 deshalb entgegen dem Wortlaut von § 26 Abs. 8 S. 1 Nr. 6 BDSG nF nicht, so dass es bei der unmittelbaren Geltung der Vorschriften der DSGVO bleibt.

Nach § 26 Abs. 8 S. 1 Nr. 7 BDSG nF sind auch Beamtinnen und Beamte des Bundes, Richterinnen und Richter des Bundes, Soldatinnen und Soldaten sowie Zivildienstleistende Beschäftigte im datenschutzrechtlichen Sinne. Für Landesbeamte sowie Richter im Landesdienst gilt das BDSG wegen fehlender Gesetzgebungszuständigkeit des Bundes nicht.[121] Wer **Beamter** ist, ergibt sich aus dem BeamtStG. Darüber hinaus sind auch **Richter** (DRiG) Beschäftigte. Ebenso fallen wehrpflichtige oder aufgrund freiwilliger Verpflichtung ihren Dienst erbringende **Soldaten** (vgl. § 1 Abs. 1 SG) und **Zivildienstleistende** (vgl. ZivilDG) unter den Beschäftigtenbegriff von § 26 Abs. 8 S. 1 Nr. 8. Zu den Wehrpflichtigen gehören auch Personen, die sich für mindestens sechs Jahre zum ehrenamtlichen Dienst als **Helfer im Zivil- oder Katastrophenschutz**

66

67

68

---

114 Vgl. *Plagemann/Tolmein*, Münch. Anwaltshandbuch Sozialrecht, 2018, § 28 Rn. 125; BSG AP Nr. 1 zu § 52 SchwbG; LAG Saarland RsDE 89 (92); ArbG Koblenz NZA-RR 2003, 188.

115 Dazu näher *Plagemann/Tolmein*, Münch. Anwaltshandbuch Sozialrecht, 2018, § 28 Rn. 126 mwN.

116 Vgl. BAG AP Nr. 52 zu § 5 BetrVG 1972; LAG Schleswig-Holstein 2 Ta 163/08, BeckRS 2011, 6637; ArbG Lübeck 6 Ca 2077 b/08 (juris-doc.); ebenso bereits OVG Lüneburg Nds. MBl. 1990, 202.

117 BAG AP Nr. 52 zu § 5 BetrVG 1972; ArbG Lübeck 6 Ca 2077 b/08 (juris-doc.); vgl. auch OVG Lüneburg Nds. MBl. 1990, 202.

118 So die Formulierung von BAG AP Nr. 52 zu § 5 BetrVG 1972: Die Entscheidung betrifft die Beschäftigung aufgrund des Gesetzes zur Förderung eines freiwilligen sozialen Jahres, ist aber auf die Beschäftigungsverhältnisse von Personen nach dem JFDG ohne Weiteres übertragbar.

119 Für eine Einbeziehung dieser Personengruppe in den Beschäftigtendatenschutz bereits nach altem Recht durch eine analoge Anwendung von § 3 Abs. 11 Nr. 5 BDSG aF, s. Simitis/*Seifert* § 3 Rn. 288. Zum Bundesfreiwilligendienst im Überblick *Düwell* jurisPR-ArbR 29/2011 Anm. 7.

120 Ausführlich zum Begriff der arbeitnehmerähnlichen Person statt vieler ErfK/*Franzen* TVG § 12a Rn. 4ff. mwN.

121 Für sie gelten die Bestimmungen des jeweils anwendbaren LDSG.

(§ 13 a WehrPflG), sowie Wehrpflichtige, die sich zu einem mindestens zweijährigen **Entwicklungsdienst** bei einem anerkannten Träger verpflichtet haben (§ 13 b WehrPflG). Allerdings besitzt die Einbeziehung von Wehrpflichtigen in den Beschäftigtendatenschutz seit der mit dem Wehrrechtsänderungsgesetz vom 28.4.2011 (BGBl. I S. 678) erfolgten Aussetzung der Wehrpflicht zum 1.7.2011 keine praktische Bedeutung mehr. Die Einbeziehung dieser Personengruppen in den persönlichen Geltungsbereich des Beschäftigtendatenschutzes ist auch mit dem Art. 88 Abs. 1 zugrunde liegenden Beschäftigtenbegriff (→ Rn. 17 mwN) vereinbar, da sie im Dienste eines anderen nach dessen Weisungen gegen Entgelt Dienste erbringen: Auf die geringe Höhe des Entgelts kommt es hierbei nicht an.[122] **Kirchliche Beamte**, die auf der Grundlage besonderer Beamtengesetze der staatlich anerkannten Religionsgemeinschaften (vgl. Art. 140 GG iVm Art. 137 Abs. 3 WRV) bei diesen beschäftigt sind, besitzen indessen keinen Beschäftigtenstatus nach § 26 Abs. 8 S. 1 Nr. 7 BDSG nF. Die Vorschrift bezieht sich ausschließlich auf Beamte des Bundes. Kirchliche Beamte unterliegen nicht dem staatlichen Beamtenrecht (des Bundes), sondern ausschließlich dem Kirchenrecht.[123] Für sie gelten die kirchlichen Datenschutzregelungen (zu den Einzelheiten → Art. 91 Rn. 6).

69 § 26 Abs. 8 S. 2 BDSG nF erweitert den Beschäftigtenbegriff in zeitlicher Hinsicht auf die Phase der **Begründung eines Beschäftigtenverhältnisses** sowie auf die Zeit nach der Beendigung eines Beschäftigtenverhältnisses. Der Tatbestand ist zu Recht vom Katalog des S. 1 getrennt, da sich die Bestimmung auf sämtliche Beschäftigungsverhältnisse iSv S. 1 bezieht und diese gegenüber den allgemeinen Grundsätzen zeitlich ausweitet.[124] Im Übrigen erfolgt die Einbeziehung von Bewerbern auch durch § 26 Abs. 1 S. 1 BDSG nF, der auch die Entscheidung über die Begründung des Beschäftigungsverhältnisses in den Geltungsbereich des Beschäftigtendatenschutzes ausdrücklich einbezieht. Auch **nach Beendigung des Beschäftigungsverhältnisses** bleibt Beschäftigten der datenschutzrechtliche Schutz erhalten. § 26 Abs. 8 S. 2 BDSG nF zieht insoweit keine zeitliche Grenze. Somit unterliegt auch die Jahre nach der Beendigung eines Beschäftigungsverhältnisses erfolgende Verarbeitung von personenbezogenen Daten eines ehemaligen Beschäftigten in vollem Umfang den Bindungen des BDSG nF.

70 **b) Sachlicher Geltungsbereich. In sachlicher Hinsicht** erfasst § 26 Abs. 7 BDSG nF neben der automatisierten Verarbeitung von Beschäftigtendaten auch die Verarbeitung ihrer Daten, ohne dass diese in einem Dateisystem gespeichert sind oder gespeichert werden sollen. Die Vorschrift entspricht § 32 Abs. 2 BDSG aF. Der gegenüber § 32 Abs. 2 BDSG aF geänderte Wortlaut des § 26 Abs. 7 BDSG nF erklärt sich aus der Anpassung an Art. 2 Abs. 1.[125] Inhaltliche Änderungen gegenüber der alten Rechtslage sind mit diesem geänderten Wortlaut nicht verbunden. Es kann somit auch unter der neuen Rechtslage an den zu § 32 Abs. 2 BDSG aF entwickelten Grundsätzen angeknüpft werden.

71 § 26 Abs. 7 BDSG nF geht über den sachlichen Geltungsbereich der DSGVO hinaus. Während die DSGVO nach Art. 2 Abs. 1 grundsätzlich nur für die ganz oder teilweise automatisierte Verarbeitung personenbezogener Daten sowie für die nichtautomatisierte Verarbeitung personenbezogener Daten gilt, die in einem Dateisystem gespeichert sind oder gespeichert werden sollen, finden die für Beschäftigungsverhältnisse geltenden Vorschriften des § 26 Abs. 1–6 BDSG nF auch dann Anwendung, wenn die **Verarbeitung von Beschäftigtendaten erfolgt, ohne dass sie in einem Dateisystem gespeichert sind oder gespeichert werden sollen.** § 26 Abs. 7 BDSG nF hat zur Folge, dass § 26 Abs. 1–6 BDSG nF nicht auf einen Datenschutz im ursprünglichen und eigentlichen Sinne, nämlich auf den Schutz vor den Risiken und Gefahren, die Beschäftigten aus einer automatisierten Datenverarbeitung erwachsen, beschränkt ist.[126] Dieser gegenüber der DSGVO (vgl. Art. 2 Abs. 1) weitere sachliche Geltungsbereich von § 26 Abs. 1–6 BDSG nF ist mit der DSGVO vereinbar. Art. 88 hindert den nationalen Gesetzgeber nicht an der Beibehaltung der Vorschrift, da sich die durch die Verordnung bewirkte Vollharmonisierung aufgrund von Art. 2 Abs. 1 sachlich nur auf die ganz oder teilweise automatisierte Datenverarbeitung erstreckt:[127] Nationale Regelungen auf dem Gebiet des Datenschutzes jenseits des sachlichen Geltungsbereichs der DSGVO sind aber auch weiterhin zulässig. Es handelt sich deshalb bei § 26 Abs. 7 BDSG nF nicht um eine Regelung, die von der DSGVO „nach oben" abweicht.[128] Im Übrigen wäre eine solche Abweichung mit Abs. 1 vereinbar (→ Rn. 23).

72 § 26 Abs. 7 BDSG nF erweitert den sachlichen Geltungsbereich des Beschäftigtendatenschutzrechts nicht unwesentlich. Zu der Verarbeitung von Beschäftigtendaten, ohne dass sie in einem Dateisystem gespeichert

---

122 Statt vieler *Streinz/Franzen* AEUV Art. 45 Rn. 25 mwN.
123 Zum Beamtenrecht der Kirchen im Überblick *von Campenhausen/de Wall*, Staatskirchenrecht, 2006, S. 252ff. mwN.
124 Ganz anders noch unter der Geltung des alten BDSG, wo die Einbeziehung der Bewerber durch § 3 Abs. 11 Nr. 7 BDSG aF erfolgte; zur Kritik an der alten Regelung Simitis/*Seifert* § 3 Rn. 290.
125 Vgl. BT-Drs. 18/11325, S. 999.
126 So vor allem *Franzen* RdA 2010, 257 (258), dem zufolge die mit § 32 Abs. 2 BDSG aF (= § 26 Abs. 7 BDSG nF) einhergehende „Aufhebung der Unterscheidung von Persönlichkeitsrechtsschutz und Arbeitnehmerdatenschutz" in Frage gestellt sei.
127 In diesem Sinne auch *Gola/Thüsing/Schmidt* DuD 2017, 244 (248) sowie Kühling/Buchner/*Kühling/Raab* Art. 2 Rn. 19.
128 So aber *Spelge* DuD 2016, 775 (777 f.).

sind oder gespeichert werden sollen, gehören insbes. die **Direkterhebung** von personenbezogenen Daten bei Beschäftigten durch individuelle Gespräche, die der Arbeitgeber mit ihnen geführt hat (zB Einstellungsgespräch vor Begründung eines Beschäftigungsverhältnisses oder „Mitarbeitergespräch" im bestehenden Beschäftigungsverhältnis),[129] die **manuelle Verarbeitung von Beschäftigtendaten**, die **aus Fragebögen** des Arbeitgebers gewonnen,[130] oder die im Rahmen einer **Spindkontrolle** des Arbeitgebers erhoben worden sind,[131] aber auch die Verarbeitung von Beschäftigtendaten in (**nicht elektronischen**) **Personalakten**,[132] **Karteien** oder handschriftlichen Notizen des Arbeitgebers.[133] Ebenso erfasst § 26 Abs. 7 BDSG nF Beschäftigtendaten, die im Rahmen der Anhörung eines verdächtigen Beschäftigten vor dem Ausspruch einer Verdachtskündigung erhoben worden sind.[134] Diese Ausweitung des sachlichen Geltungsbereichs des Beschäftigtendatenschutzrechts entspricht der bereits vor Inkrafttreten des § 32 Abs. 2 BDSG aF existierenden Rechtsprechung des BAG und dem vor der Reform von 2009 bestehenden § 12 Abs. 4 BDSG aF.[135] § 26 Abs. 7 BDSG nF spiegelt somit eine bereits seit längerem bestehende Rechtslage wider.[136]

c) Verhältnis zu anderen Vorschriften. Die Vorschriften des § 26 BDSG nF treten nach § 1 Abs. 2 S. 1 73 BDSG nF hinter bereichsspezifische Sonderregeln des Bundes zurück bzw. werden durch diese ergänzt. Dies gilt beispielsweise für die Vorschriften der **§§ 19–22 GenDG** über die Vornahme genetischer Untersuchungen sowie für die **beamtenrechtlichen Bestimmungen** des § 50 BeamtStG und der **§§ 106ff.** BBG zur Erstellung und Führung von **Personalakten** der Beamten des Bundes. Die Beteiligungsrechte der Interessenvertretungen der Beschäftigten auf dem Gebiet des Datenschutzes (zB §§ 87 Abs. 1 Nr. 6, 94 BetrVG, § 75 Abs. 3 Nr. 8 und 17 BpersVG) ergänzen den (individualrechtlichen) Beschäftigtendatenschutz des § 26 BDSG nF und verdrängen somit nicht die Vorschriften des § 26 BDSG nF. Für die Behandlung von **Sozialdaten** der Beschäftigten – also der Einzelangaben über persönliche oder sachliche Verhältnisse einer bestimmten oder bestimmbaren natürlichen Person (Betroffener), die von einer in § 35 SGB I genannten Stelle im Hinblick auf ihre Aufgaben nach diesem Gesetzbuch erhoben, verarbeitet oder genutzt werden (§ 67 Abs. 1 SGB X) – gelten die Sondervorschriften der §§ 67ff. SGB X.[137] § 39 Abs. 8 EstG schließlich erlegt dem Arbeitgeber Pflichtenbindungen im Hinblick auf die in der Lohnsteuerkarte enthaltenen Merkmale auf und verbietet ihm, diese ohne Zustimmung des Arbeitnehmers zu offenbaren. § 1 Abs. 2 S. 1 BDSG nF gilt indessen nicht im Verhältnis von § 26 BDSG nF und den Vorschriften einzelner **LDSG** über den Datenschutz bei Dienst- und Arbeitsverhältnissen.[138] Die Vorschrift des § 1 Abs. 2 S. 1 BDSG nF bezieht sich nur auf Bundesgesetze, da das BDSG nicht die bundesstaatliche Zuständigkeitsordnung verändern kann. Die landesgesetzlichen Regeln gelten nur für die öffentlichen Stellen der Bundesländer, der Gemeinden und Landkreise und sind somit in ihrem Geltungsbereich begrenzt.

§ 26 BDSG nF wird von den Vorschriften der DSGVO verdrängt, soweit diese trotz der Öffnungsklausel 74 des Abs. 1 und 2 unmittelbare Geltung besitzen. Diese Vorrangregel ergibt sich bereits aus **Art. 288 Abs. 2 S. 2 AEUV**. Die gleichlautende Regel des § **1 Abs. 5 BDSG nF** besitzt wegen des Vorrangs des Unionsrechts vor dem Recht der Mitgliedstaaten nur deklaratorische Bedeutung.

3. Begründung des Beschäftigungsverhältnisses. Der Beschäftigtendatenschutz findet bereits auf die Daten- 75 verarbeitung zum Zwecke der Begründung des Beschäftigungsverhältnisses Anwendung. Dies ergibt sich aus dem datenschutzrechtlichen Beschäftigtenbegriff, der nach § 26 Abs. 8 S. 2 BDSG nF auch **Bewerber** um einen Arbeitsplatz zum Kreise der Beschäftigten zählt, sowie aus § 26 Abs. 1 S. 1 BDSG nF unmittelbar (→ Rn. 69). Die Norm erlaubt nämlich die Verarbeitung personenbezogener Daten, soweit es für die Entscheidung über die Begründung des Beschäftigungsverhältnisses erforderlich ist, was voraussetzt, dass auch Bewerber zum Kreis der Beschäftigten gehören.

Gerade in der **Phase der vertraglichen Anbahnung eines Beschäftigungsverhältnisses** ist die Gefahr einer 76 Ausforschung von Bewerbern besonders groß. Diese erfolgt nicht nur durch Direkterhebung von Daten beim Bewerber (zB durch Wahrnehmung des Fragerechts oder Vorlage von Dokumenten des Bewerbers), sondern auch durch Erhebung von Daten bei Dritten oder in öffentlich zugänglichen Quellen (zB Internet);

---

129 DWWS/*Däubler* BDSG § 26 Rn. 18ff.; *Vogel/Glas* DB 2009, 1749; vgl. auch *Riesenhuber* NZA 2012, 771 (774).
130 Vgl. BAG NZA 2012, 555 (558).
131 *Spelge* DuD 2016, 775, (778 f.); zu einer Anwendung von § 32 Abs. 2 BDSG aF tendierend BAG NZA 2014, 143 (146).
132 So BAG NZA 2011, 453 (454).
133 Vgl. *Gola* RDV 2011, 109 (117).
134 Dazu BAG NZA 2015, 741 (747).
135 Davon ging auch der Gesetzgeber des § 32 BDSG aF aus: vgl. Beschlussempfehlung und Bericht des Innenausschusses des Deutschen Bundestages, BT-Drs. 16/13657, S. 37 unter Hinweis auf BAG DB 1987, 2571 und BAG NZA 2007, 269.
136 Ebenso *Joussen*, JB des Arbeitsrechts 2009, 2010, S. 69, S. 87.
137 Dazu *Steinbach* NZS 2002, 15 mwN.
138 Vgl. § 36 LDSG BW; § 18 BlnDSG iVm §§ 26, 32 bis 37, 41, 43 und 44 BDSG nF; § 26 BbgDSG; § 20 BremDSG; § 10 HmbDSG; § 34 HDSG; § 10 DSG M-V; § 18 DSG NRW; § 20 LDSG Rh-Pf; § 22 SaarDSG; § 28 DSG LSA; § 15 DSG Schl-Hol.

im Zusammenhang mit Letzterem wird auch von „**Background Checks**" oder von „Pre-Employment-Screening" gesprochen.[139] Arbeitgeber und Dienstherren haben ein starkes Interesse daran, möglichst ein vollständiges Persönlichkeitsprofil von Bewerbern zu erstellen, um eine zuverlässige Prognose darüber anstellen zu können, ob ein Bewerber die für die Tätigkeit erforderliche fachliche Kompetenz und persönliche Zuverlässigkeit besitzt. Immerhin geht es um die Begründung eines Dauerschuldverhältnisses, für dessen erfolgreiche Durchführung es wesentlich auf die Person des Beschäftigten ankommt. Dieser Gedanke des höchstpersönlichen Charakters der Dienstleistung des Beschäftigten findet für das Arbeitsrecht in § 613 S. 1 BGB seinen besonderen Ausdruck, gilt aber in gleicher Weise auch für andere Beschäftigungsverhältnisse wie etwa das Beamtenverhältnis, zu dem nach Art. 33 Abs. 2 GG und § 9 BeamtStG Personen nur nach Eignung, Befähigung und fachlicher Leistung Zugang haben.

77 **a) Fragerecht des Arbeitgebers und Dienstherrn.** Bis zur Schaffung von § 32 BDSG aF 2009, der im Wesentlichen die Rechtsprechung des BAG generalklauselartig kodifizierte, hatte die Rechtsprechung der Arbeitsgerichte die wesentlichen Beschränkungen des Fragerechts des Arbeitgebers bei der Begründung eines Arbeitsverhältnisses entwickelt, nämlich auf Fragen, an deren Beantwortung der Arbeitgeber ein **berechtigtes, billigenswertes und schutzwürdiges Interesse** hat.[140] Dies sollte nur dann der Fall sein, wenn die Datenerhebung durch den Arbeitgeber für das in Aussicht genommene Beschäftigungsverhältnis erforderlich ist. Die Begrenzung der Informationsbeschaffung des Arbeitgebers diente dem Schutz des allgemeinen Persönlichkeitsrechts des Bewerbers, personenbezogene Daten aus seiner Privatsphäre nicht offenbaren zu müssen. Dieses Recht wurde durch ein „Recht zur Lüge" in den Fällen abgesichert, in denen der Arbeitgeber unzulässige Fragen stellt. An diesen Grund-sätzen hatte sich durch die Einführung von § 32 BDSG aF im Ergebnis nichts geändert; dies lässt sich den Entstehungsmaterialien zu § 32 BDSG aF ausdrücklich entnehmen.[141] Nichts anderes kann für die insoweit wortgleiche Nachfolgevorschrift des § 26 Abs. 1 S. 1 BDSG nF gelten. Es kann somit weiterhin an der umfangreichen Rechtsprechung und Literatur aus der Zeit vor dem Inkrafttreten des § 32 BDSG aF zum Fragerecht des Arbeitgebers angeknüpft werden.

78 Mit § 32 Abs. 1 S. 1 BDSG aF und § 26 Abs. 1 S. 1 BDSG nF ist allerdings eine konzeptionelle Änderung verbunden: Konnte vor Inkrafttreten des § 32 BDSG aF noch von einem „Recht" des Arbeitgebers auf Beschaffung der ihm wichtig erscheinenden Informationen über Bewerber und damit von einer grundsätzlichen Zulässigkeit der Informationsbeschaffung ausgegangen werden, schlägt das Datenschutzrecht den gegenläufigen Weg ein, denn die allgemeine Vorschrift des Art. 6 Abs. 1 S. 1 geht ebenso wie § 4 Abs. 1 BDSG aF von einem grundsätzlichen Verbot der Datenerhebung aus und verlangt für deren Zulässigkeit das Vorliegen eines Erlaubnistatbestandes.[142] Einen solchen Erlaubnistatbestand stellt § 26 Abs. 1 S. 1 BDSG nF dar, der durch das Erforderlichkeitskriterium zugleich wieder eingeschränkt wird. An die Stelle des bisher von der Rechtsprechung zugrunde gelegten berechtigten Interesses des Arbeitgebers an der Beantwortung einer Frage durch den Bewerber tritt somit deren **Erforderlichkeit für die Begründung des Beschäftigungsverhältnisses.** Aufgrund der Ausweitung des sachlichen Anwendungsbereichs des Beschäftigtendatenschutzes durch § 26 Abs. 7 BDSG nF auf die nicht automatisierte Verarbeitung von Beschäftigtendaten erfasst § 26 Abs. 1 S. 1 BDSG nF auch die „manuelle" Erhebung von Bewerberdaten im Rahmen von Vorstellungsgesprächen (zu § 26 Abs. 7 BDSG nF ausführlicher → Rn. 71 mwN).

79 Erforderlich in diesem Sinne sind insbes. Fragen des Arbeitgebers nach den **Qualifikationen** und dem **beruflichen Werdegang des Bewerbers**; zur Überprüfung der Angaben des Bewerbers darf der Arbeitgeber grundsätzlich die diese belegenden Prüfungs- und Arbeitszeugnisse des Bewerbers anfordern.[143] Auch kann er nach **Wettbewerbsverboten** für den Bewerber fragen, sofern diese auch seine Tätigkeit beim Arbeitgeber einschließen.[144] Nach **Vorstrafen** des Bewerbers darf ein Arbeitgeber grundsätzlich nur insoweit fragen, als diese für die konkrete Arbeitsbeziehung relevant und somit „einschlägig" sind (zB Vermögensdelikte für einen Buchhalter oder einen Kassierer oder Straßenverkehrsdelikte für einen Kraftfahrer).[145] Dies gilt jedoch dann nicht, wenn eine einschlägige Vorstrafe bereits aus dem Zentralregister nach Maßgabe der

---

139 Zu solchen „Background Checks" oder „Pre-Employment-Screenings", den Hintergründen und ihrer Zulässigkeit s. *Kania/Sansone* NZA 2012, 360; *Thum/Szczesny* BB 2007, 2405; *Hohenstatt/Stamer/Hinrichs* NZA 2006, 1065.
140 Grundlegend BAG NJW 1958, 516. Für einen Überblick über die Rechtsprechung des BAG s. *Thüsing/Lambrich* BB 2002, 1146ff. mwN.
141 BT-Drs. 16/13657, S. 21.
142 Überzeugend zu § 32 BDSG aF bereits *Riesenhuber* NZA 2012, 771 (773ff.).
143 So auch *Kania/Sansone* NZA 2012, 360 (361), sowie *Hohenstatt/Stamer/Hinrichs* NZA 2006, 1065 (1069), die zu Recht auch darauf hinweisen, dass die Prüfungszeugnisse grundsätzlich im Original oder in beglaubigter Kopie vom Bewerber vorzulegen sind.
144 Statt vieler ErfK/*Preis* BGB § 611 a Rn. 280.
145 St. Rspr.: vgl. etwa BAG, AP Nr. 2 und 50 zu § 123 BGB; NJW 1999, 3653; BGH NJW 2001, 2023; *Kania/Sansone* NZA 2012, 360 (361 f.); *FESTL* BetrVG § 94 Rn. 19; DKKW/*Klebe* BetrVG § 94 Rn. 16; *Gola/Pötters/Wronka*, HdB Arbeitnehmerdatenschutz, 2016, Rn. 675ff.; *Thüsing*, Beschäftigtendatenschutz und Compliance, 2014, § 7 Rn. 34.

§§ 45 ff. BZRG getilgt worden ist.[146] Selbst das Verschweigen von bereits getilgten Verurteilungen bei der Einstellung in den Justizvollzugsdienst kann eine andere Beurteilung nicht rechtfertigen.[147] § 51 Abs. 1 BZRG enthält die klare Entscheidung, dass bei einer Tilgung von Eintragungen über strafgerichtliche Verurteilungen oder einer Pflicht zur Eintragungstilgung weder die Tat noch die Verurteilung dem Betroffenen im Rechtsverkehr vorgehalten und zu seinem Nachteil verwertet werden dürfen. Der Verurteilte darf sich dann grundsätzlich als unbestraft bezeichnen und braucht den seiner Verurteilung zugrunde liegenden Sachverhalt nicht zu offenbaren (vgl. § 53 Abs. 1 Nr. 2 BZRG).

Auch kann ein Arbeitgeber grundsätzlich nach laufenden **staatsanwaltschaftlichen Ermittlungsverfahren gegen den Bewerber** wegen solcher Delikte fragen, die einen Arbeitsplatzbezug aufweisen.[148] Handelt es sich um ein längeres Bewerbungsverfahren, kann ein Arbeitgeber den Bewerber auch verpflichten, die nachträgliche Einleitung eines Ermittlungsverfahrens dem Arbeitgeber mitzuteilen, selbst wenn er in einem früheren Stadium des Bewerbungsverfahrens bereits die Frage wahrheitsmäßig beantwortet hat.[149] Die unspezifizierte Frage nach eingestellten Ermittlungsverfahren ist dagegen grundsätzlich nicht zur Begründung eines Beschäftigungsverhältnisses erforderlich und verstößt deshalb gegen § 26 Abs. 1 S. 1 BDSG nF.[150] Sie widerspricht der Wertentscheidung des § 53 Abs. 1 BZRG, denn nur Verurteilungen und nicht auch eingestellte staatsanwaltschaftliche Ermittlungsverfahren sind in ein Führungszeugnis aufzunehmen und nur über sie ist gegenüber Gerichten und Behörden nach § 53 Abs. 2 iVm § 41 BZRG Auskunft zu erteilen; insoweit ist unerheblich, ob das Ermittlungsverfahren mangels Beweisen nach § 170 Abs. 2 StPO oder nach § 153 StPO wegen geringfügiger Schuld eingestellt worden ist.

Besonderheiten gelten indessen **im Beamtenrecht.** Bei der Begründung eines Beamtenverhältnisses kann der Dienstherr generell nach bestehenden Vorstrafen des Bewerbers fragen. Dieser im Vergleich zum arbeitsrechtlichen Bewerberschutz schwächer ausgestaltete Schutz im Beamtenrecht folgt aus dem Erfordernis der charakterlichen Eignung des Bewerbers für das in Aussicht genommene Amt (vgl. Art. 33 Abs. 2 GG), für die das Fehlen von Vorstrafen ein wichtiges Kriterium ist.[151] Entsprechendes gilt auch für die Frage des Dienstherrn nach laufenden Ermittlungsverfahren gegen den Bewerber.[152]

Strenge Anforderungen müssen für Fragen nach dem **Gesundheitszustand des Bewerbers** gelten. Die aufgrund dessen erhobenen Gesundheitsdaten genießen als sensible Daten den besonderen Schutz des Art. 9 und können nach den gegenüber § 26 Abs. 1 S. 1 BDSG nF gesteigerten Anforderungen des § 26 Abs. 3 S. 1 BDSG nF nur verarbeitet werden, wenn sie zur Ausübung von Rechten aus dem Arbeitsrecht erforderlich sind und kein Grund zu der Annahme besteht, dass das schutzwürdige Interesse des betroffenen Bewerbers am Ausschluss der Datenverarbeitung überwiegt. Daraus folgt, dass die Fragen grundsätzlich durch spezifische, arbeitsplatzbedingte Anforderungen und Gefahren gerechtfertigt sein müssen;[153] die Frage nach dem allgemeinen Gesundheitszustand oder nach Vorerkrankungen ist somit im Regelfall unzulässig.[154] Die Frage nach **ansteckenden Krankheiten** ist indessen wegen der von diesen für Kunden des Arbeitgebers und für Kollegen ausgehenden Gesundheitsgefahr durchaus erlaubt. Auch dürfte im Regelfall die Frage nach einer **Alkohol- oder Drogenabhängigkeit** zulässig sein, da sich ihr Bestehen auf die Eignung des Bewerbers für die allermeisten Tätigkeiten negativ auswirkt.[155] Nicht erlaubt ist hingegen die generelle Frage, ob der Bewerber Raucher ist.[156] Ebenso wenig ist die Frage nach einer **HIV-Infektion** zulässig, da ein solcher Befund keine aussagekräftige Prognose über eine zukünftige Beeinträchtigung der Arbeitsfähigkeit des Bewerbers erlaubt;[157] wegen der bestehenden Ansteckungsgefahr kann die Frage aber zulässig sein, wenn ein Arbeitsplatz zu besetzen ist, bei dem die Gefahr eines Kontaktes mit infiziertem Blut besteht.[158] Zum Schutz der

146 *Gola/Pötters/Wronka,* HdB Arbeitnehmerdatenschutz, 2016, Rn. 682.

147 Vgl. BAG AP Nr. 73 zu § 123 BGB m. zust. Anm. *Kort.*

148 Vgl. etwa BAG AP Nr. 2 und 50 zu § 123 BGB; BGH NJW 2001, 2023; Hess LAG 14 Sa 1119/14, Rn. 41 (juris-doc.); *Gola* RDV 2011, 109 (112); *Th. Raab* RdA 1995, 36 (42ff.); *FESTL* BetrVG § 94 Rn. 19; DKKW/*Klebe* BetrVG § 94 Rn. 16; *Gola/Pötters/Wronka* HdB Arbeitnehmerdatenschutz, 2016, Rn. 678ff.

149 BAG AP Nr. 50 zu § 123 BGB.

150 So auch BAG AP Nr. 73 zu § 123 BGB und BAG NZA 2013, 429 (432 f.).

151 Dazu *Schmid,* Die Eignung als Zugangskriterium für ein öffentliches Amt unter besonderer Berücksichtigung des Fragerechts des Dienstherren, 2009, 169ff. mwN.

152 Ausführlich *Schmid,* Die Eignung als Zugangskriterium für ein öffentliches Amt unter besonderer Berücksichtigung des Fragerechts des Dienstherren, 2009, 181ff. mwN.

153 *Thüsing,* Beschäftigtendatenschutz und Compliance, 2014, § 7 Rn. 27; *Iraschko-Luscher/Kiekenbeck* NZA 2009, 1239 (1240); *FESTL* BetrVG § 94 Rn. 25 f.; DKKW/*Klebe* BetrVG § 94 Rn. 13; *Gola/Pötters/Wronka,* HdB Arbeitnehmerdatenschutz, 2016, Rn. 695ff.; *Franzen* RDV 2003, 4.

154 ErfK/*Preis* BGB § 611 a Rn. 282.

155 Statt vieler *Gola/Pötters/Wronka,* HdB Arbeitnehmerdatenschutz, 2016, Rn. 733 mwN.

156 Ebenso *Gola/Pötters/Wronka,* HdB Arbeitnehmerdatenschutz, 2016, Rn. 670.

157 *Gola/Pötters/Wronka,* HdB Arbeitnehmerdatenschutz, 2016, Rn. 724; ebenso ErfK/*Preis* BGB § 611 a Rn. 274 c.

158 Vgl. ErfK/*Preis* BGB § 611 a Rn. 282.

auf diese Weise erhobenen Gesundheitsdaten des Bewerbers hat der Arbeitgeber allerdings angemessene und spezifische Maßnahmen zu ergreifen (§ 26 Abs. 3 S. 3 iVm § 22 Abs. 2 BDSG nF), etwa die Beschränkung des Zugangs zu diesen Daten (vgl. § 22 Abs. 2 S. 2 Nr. 5 BDSG nF).

82   Fragen, die sich auf die **Vermögensverhältnisse** des Bewerbers beziehen, sind allenfalls zulässig, wenn es zu den Aufgaben des Arbeitsplatzinhabers gehört, mit größeren Geldsummen oder Vermögenswerten umzugehen bzw. wenn eine besondere Vertrauensstellung eingeräumt werden soll.[159] In diesem Zusammenhang darf auch nach den wirtschaftlichen Verhältnissen des Bewerbers und nach Tatsachen gefragt werden, bei deren Vorliegen dessen Zuverlässigkeit ernsthaft in Zweifel gezogen ist (zB Abgabe einer eidesstaatlichen Versicherung nach § 807 ZPO oder die Durchführung eines Verbraucherinsolvenzverfahrens).[160] Nur in diesen besonderen Fällen kann der Arbeitgeber vom Bewerber verlangen, eine Bankauskunft[161] oder gegebenenfalls auch einen Auszug aus dem Gewerbezentralregister beizubringen.[162] In engem Zusammenhang damit steht die Frage nach bestehenden **Lohnpfändungen oder -abtretungen.** Sie ist im Regelfall unzulässig, da ihre Beantwortung normalerweise keine Aussage über die Eignung eines Bewerbers trifft; etwas Anderes gilt nur für Beschäftigte in gehobenen Stellungen und Vertrauenspositionen.[163]

83   Besonderheiten gelten für den **Zugang zum öffentlichen Dienst.** Zwar genießen Personen, die sich um die Begründung eines Arbeits- oder eines Beamtenverhältnisses mit dem Staat bewerben, auch den Schutz der informationellen Selbstbestimmung und des Grundrechts auf Datenschutz (Art. 8 GRCh). Wegen § 26 Abs. 8 Nr. 7 BDSG nF ist deshalb auch das Fragerecht des Dienstherrn beim Zugang zum Beamtenverhältnis grundsätzlich am Erforderlichkeitsmaßstab des § 26 Abs. 1 S. 1 BDSG nF zu messen, so dass die Zulässigkeit einer Datenerhebung im Regelfall auf Fragen mit Bezug auf die in Aussicht genommene Beamtenstelle beschränkt ist. Zur Klärung der **Verfassungstreue von Bewerbern** – sie ist Teil der zu prüfenden Eignung des Bewerbers für das in Aussicht genommene Amt oder die Stelle im öffentlichen Dienst (vgl. Art. 33 Abs. 2 GG) –[164] kann der öffentliche Arbeitgeber bzw. der Dienstherr sachdienliche Fragen stellen, insbes. nach der Mitgliedschaft in einer verfassungsfeindlichen Partei oder nach der Zugehörigkeit zu einer Vereinigung mit verfassungsfeindlichem Charakter, und zwar unabhängig von der konkret anvisierten Funktion im Beamtenverhältnis.[165] Lediglich soweit es um die Begründung eines Arbeitsverhältnisses im öffentlichen Dienst geht, nimmt die Rechtsprechung eine funktionsbezogene Betrachtung vor.[166] Nach der deutschen Vereinigung hat das Fragerecht zur Klärung der Verfassungstreue von Bewerbern unter dem Blickwinkel einer **Tätigkeit von Bewerbern für die Staatssicherheit der DDR** Aktualität erlangt. Grundlage hierfür ist der Sonderkündigungstatbestand im Einigungsvertrag[167] für Angehörige des öffentlichen Dienstes wegen Tätigkeiten für das Ministerium für Staatssicherheit gewesen. Nach ständiger Rechtsprechung gehört grundsätzlich auch eine frühere Tätigkeit für das Ministerium für Staatssicherheit zu den die Verfassungstreue von Bewerbern betreffenden Umständen und rechtfertigt entsprechende Fragen des Arbeitgebers oder Dienstherrn im Einstellungsverfahren. Deshalb gilt auch die Frage an Bewerber nach einer früheren Tätigkeit für die Stasi grundsätzlich als erforderlich und damit als zulässig, es sei denn es wird auch nach Vorgängen gefragt, die vor dem Jahre 1970 abgeschlossen waren.[168]

84   Stand bei der Einschränkung des Fragerechts des Arbeitgebers durch die Rechtsprechung ursprünglich der Schutz des allgemeinen Persönlichkeitsrechts von Bewerbern im Vordergrund, scheint sich das juristische Gravitationszentrum seit Inkrafttreten des AGG im Jahre 2006 ins **Diskriminierungsrecht** zu verlagern. Auch wenn an Fragen im Rahmen von Bewerbungsverfahren keine unmittelbaren Nachteile für den Bewer-

---

159   *Gola* RDV 2011, 109 (112); *Gola/Pötters/Wronka,* HdB Arbeitnehmerdatenschutz, 2016, Rn. 644; ebenso ErfK/*Preis* BGB § 611a Rn. 279.

160   *Gola/Pötters/Wronka,* HdB Arbeitnehmerdatenschutz, 2016, Rn. 644 f.

161   Vgl. *Kania/Sansone* NZA 2012, 360 (361).

162   Dazu *Thum/Szczesny* BB 2007, 2405 (2407). In dem vom Bundesamt für Justiz geführten Gewerbezentralregister sind insbes. Verwaltungsentscheidungen einzutragen, durch die wegen Unzuverlässigkeit oder Ungeeignetheit die Ausübung eines Gewerbes untersagt worden ist, sowie rechtskräftige Bußgeldentscheidungen, die im Zusammenhang mit der Ausübung eines Gewerbes verhängt worden sind (vgl. § 149 Abs. 2 GewO). Nur der Betroffene ist berechtigt, von der Registerbehörde Auskunft über den ihn betreffenden Inhalt des Registers zu verlangen (vgl. § 150 GewO).

163   Vgl. ErfK/*Preis* BGB § 611 a Rn. 280 mwN.

164   Grundsätzlich zur Verfassungstreuepflicht des Beamten BVerfGE 39, 334 (346ff.); für einen Überblick s. Maunz/Dürig/*Badura* GG Art. 33 Rn. 30 mwN.

165   BVerwG ZBR 1983, 181. Vgl. ebenso: BVerwGE 61, 176 (183); BVerwG 2 B 183/81 (juris-doc.); *Gola/Pötters/Wronka,* HdB Arbeitnehmerdatenschutz, 2016, Rn. 686.

166   Vgl. zuletzt BAG NZA-RR 2012, 43 (45); s. auch BAG NJW 1983, 782.

167   Nach Art. 20 Abs. 1 iVm Anlage I, Kapitel XIX Sachgebiet A, Abschnitt III Nr. 1 Abs. 5 Nr. 2 Einigungsvertrag ist ein wichtiger Grund für eine außerordentliche Kündigung von Arbeitsverhältnissen des öffentlichen Dienstes insbes. dann gegeben, wenn der Arbeitnehmer für das frühere Ministerium für Staatssicherheit/Amt für nationale Sicherheit tätig war.

168   Vgl. BAG NJW 2000, 2444 (2446); NZA 1996, 202 (203); NZA 1994, 25 (26); BVerfG NZA 1997, 992 (994ff.); *Gola/Pötters/Wronka,* HdB Arbeitnehmerdatenschutz, 2016, Rn. 686; vgl. auch ErfK/*Preis* BGB § 611 a Rn. 285; *G. Wisskirchen/Bissels* NZA 2007, 169 (173 f.).

ber geknüpft sind und es sich nur um Vorbereitungshandlungen für eine Einstellungsentscheidung von Arbeitgeber oder Dienstherr handelt, gebietet doch ein effektiver Diskriminierungsschutz, Fragen, die in eine diskriminierende Einstellungsentscheidung münden, wegen Verstoßes gegen §§ 1, 7 Abs. 1, 24 AGG als unzulässig anzusehen.[169] Sie lösen die besonderen Rechtsfolgen des AGG aus (zB Schadensersatz oder Entschädigung nach § 15 Abs. 1 oder Abs. 2 AGG) und können deshalb nicht als erforderlich iSv § 26 Abs. 1 S. 1 BDSG nF angesehen werden. Der Beschäftigtendatenschutz des BDSG besitzt somit gegenüber den Vorschriften des AGG lediglich Komplementärfunktion.[170]

Mit Blick auf die Geschlechterdiskriminierung hat die **Frage nach der Schwangerschaft** von Bewerberinnen   85 größere praktische Bedeutung erlangt. Sie stellt eine unmittelbare Benachteiligung wegen des Geschlechts dar (vgl. § 3 Abs. 1 S. 2 AGG und Art. 2 Abs. 2 lit. c Richtlinie 2006/54/EG) und ist nach der Rechtsprechung des EuGH nicht nur bei der Begründung eines unbefristeten, sondern auch eines befristeten Arbeitsverhältnisses unzulässig.[171] Art. 2 Abs. 2 lit. c Richtlinie 2006/54/EG[172] sieht nunmehr ausdrücklich vor, dass jegliche ungünstigere Behandlung einer Frau im Zusammenhang mit Schwangerschaft als Diskriminierung wegen des Geschlechts angesehen wird. Bei Einstellungsverfahren im Bereich der unmittelbaren oder mittelbaren Bundesverwaltung legt § 7 Abs. 2 BGleiG ausdrücklich fest, dass in Vorstellungs- oder Auswahlgesprächen Fragen nach einer bestehenden oder geplanten Schwangerschaft unzulässig sind; die Vorschrift geht § 26 Abs. 1 S. 1 BDSG nF als lex specialis vor (§ 1 Abs. 2 S. 1 BDSG nF). Nach derselben Vorschrift sind auch Fragen nach bestehenden oder geplanten Familien- oder Pflegeaufgaben wegen Verletzung des Verbots der Geschlechterdiskriminierung unzulässig.[173] Zu Recht wird auch die **Frage nach der Ableistung des Wehr- oder Zivildienstes** als Diskriminierung wegen des Geschlechts angesehen.[174] Dies gilt auch nach der Aussetzung der Wehrpflicht (vgl. § 2 WPflG): Obwohl der seit der Aussetzung der Wehrpflicht existierende freiwillige Wehrdienst (§ 4 Abs. 3 WPflG) grundsätzlich auch Frauen offen steht (vgl. §§ 58 b ff. SG), betrifft doch die Frage von Arbeitgebern nach Ableistung eines Wehrdienstes immer noch ganz überwiegend Männer und benachteiligt diese jedenfalls mittelbar (§ 3 Abs. 2 AGG).

Fragen nach der **Religion oder Weltanschauung** von Bewerbern stellen grundsätzlich ebenfalls eine Benach-   86 teiligung dar und sind nach §§ 1, 7 Abs. 1 AGG verboten.[175] Nur wenn die Zugehörigkeit zu einer bestimmten Religion oder Konfession eine wesentliche und entscheidende berufliche Anforderung für die anvisierte Arbeit darstellt, ist die Frage zulässig (vgl. § 8 AGG). Dies gilt insbes. für die **Beschäftigung in einer Religionsgemeinschaft** iSv Art. 140 GG iVm Art. 137 Abs. 5 WRV (vgl. § 9 AGG und Art. 4 Abs. 2 Richtlinie 2000/78/EG).[176] Ihnen steht es trotz des Benachteiligungsverbotes der §§ 1, 7 AGG frei, Bewerber nach ihrer Religionszugehörigkeit zu fragen, jedenfalls soweit es um Tätigkeiten geht, die den verkündigungsnahen Bereich betreffen.[177] Auch die Pflicht des Arbeitgebers zur Abführung der Kirchensteuer kann vor Begründung des Beschäftigungsverhältnisses nicht die Frage nach der Zugehörigkeit zu einer Religionsgemeinschaft rechtfertigen. Ausreichend dürfte hier ein Auskunftsanspruch im bestehenden Arbeitsverhältnis sein. Da es sich bei der Religion und Weltanschauung um **sensible Daten** handelt (Art. 9 Abs. 1), gelten die strengen Anforderungen des § 26 Abs. 3 BDSG nF, sofern ein entsprechendes Fragerecht überhaupt bestehen sollte. Der Arbeitgeber hat nach § 26 Abs. 3 S. 3 iVm § 22 Abs. 2 BDSG nF diese Bewerberdaten besonders zu schützen und hierzu angemessene und spezifische Maßnahmen zu ergreifen wie zB die Beschränkung des Zugangs zu diesen Daten (vgl. § 22 Abs. 2 S. 2 Nr. 5 BDSG nF).

Die **Frage nach einer anerkannten Schwerbehinderung** des Bewerbers ist nach bisheriger Rechtsprechung   87 des BAG als zulässig angesehen worden.[178] Allerdings dürfte diese Rechtsprechung nach der Einführung

---

169   Statt vieler ErfK/*Schlachter* AGG § 7 Rn. 2; sowie *Joussen* NZA 2007, 174 (177).

170   Im gleichen Sinne *Thüsing*, Beschäftigtendatenschutz und Compliance, 2014, § 87 Rn. 1. Wohl auch *Riesenhuber* NZA 2012, 771 (775).

171   EuGH Slg 2000, I-549 – Mahlburg und BAG AP Nr. 21 zu § 611a BGB mAnm *Kamanabrou* für den Zugang zu einer unbefristeten Beschäftigung. Dies gilt auch für eine befristete Beschäftigung, auch wenn bei Abschluss des Arbeitsvertrages bereits feststand, dass die Arbeitnehmerin aufgrund ihrer Schwangerschaft während eines wesentlichen Teils der Vertragslaufzeit nicht würde arbeiten können (EuGH Slg 2001, I-6993 – Tele Danmark) oder wenn der Beschäftigung der Schwangeren ein Beschäftigungsverbot entgegenstehen sollte (vgl. EuGH Slg I 1994, I-1657 – Habermann-Beltermann). Zu dieser Rechtsprechung von EuGH und BAG im Überblick *Thüsing*, Europäisches Arbeitsrecht, 3. Aufl. 2017, § 3 Rn. 52ff. mwN.

172   Richtlinie 2006/54/EG v. 5.7.2006 zur Verwirklichung des Grundsatzes der Chancengleichheit und Gleichbehandlung von Männern und Frauen in Arbeits- und Beschäftigungsfragen (Neufassung) (ABl. EG Nr. L 204/23).

173   Ähnlich auch § 9 Abs. 2 HGlG und § 7 Abs. 4 BremGlG für die Einstellung in die Landesverwaltung.

174   Vgl. DWWS/*Däubler* BDSG § 26, Rn. 31; *Gola/Pötters/Wronka*, HdB Arbeitnehmerdatenschutz, 2016, Rn. 640 f; LAG Baden-Württemberg DB 1985, 2567; wohl auch *FESTL* BetrVG § 94 Rn. 23.

175   Statt vieler *Thüsing*, Beschäftigtendatenschutz und Compliance, 2014, § 7 Rn. 26.

176   Vgl. DWWS/*Däubler* BDSG § 26, Rn. 33; *Däubler*, Gläserne Belegschaften, 2017, Rn. 213; HWK-*Thüsing* BGB § 123 Rn. 16; *FESTL* BetrVG § 94 Rn. 17; GK-*Kraft/Raab* BetrVG § 94 Rn. 38.

177   ErfK/*Preis* BGB § 611a Rn. 274; *G. Wisskirchen/Bissels* NZA 2007, 169 (173).

178   BAG NZA 1999, 584; NZA 1996, 371.

des Verbots der Diskriminierung wegen der Behinderung (§§ 1, 7 AGG, § 164 Abs. 2 S. 1 SGB IX) nicht mehr aufrecht zu erhalten sein:[179] Jedenfalls in Fällen, in denen das Fehlen einer Behinderung keine wesentliche und entscheidende berufliche Anforderung für die in Aussicht genommene Tätigkeit darstellt (vgl. § 8 Abs. 1 AGG), erweist sich die Frage als verbotene Benachteiligung wegen der Behinderung und ist deshalb grundsätzlich unzulässig. Die Frage nach der Schwerbehinderung kann aber ausnahmsweise zulässig sein, wenn mit ihr der Zweck verfolgt wird, eine positive Maßnahme iSv § 5 AGG betrieblich umzusetzen (zB der Erfüllung einer angemessenen Beschäftigungsquote schwerbehinderter Menschen dient, die in einer Inklusionsvereinbarung nach § 166 Abs. 3 Nr. 2 SGB IX festgelegt worden ist).[180] Der Umstand, dass die Einstellung eines schwerbehinderten Beschäftigten für den Arbeitgeber die Pflicht begründet, geeignete Maßnahmen für eine behindertengerechte Beschäftigung zu ergreifen (vgl. § 164 Nr. 4 SGB IX), rechtfertigt die Frage nach einer Schwerbehinderung nicht bereits in der Bewerbungsphase; im bestehenden Beschäftigungsverhältnis kann der Arbeitgeber jedoch grundsätzlich nach diesem Umstand fragen (→ Rn. 119 mwN). Ebenso wie die Frage nach der Schwerbehinderung ist auch die **Frage nach der sexuellen Orientierung von Bewerbern** grundsätzlich als Diskriminierung anzusehen und nach §§ 1, 7 AGG ausgeschlossen.[181]

88 Auch wenn das Merkmal der Gewerkschaftszugehörigkeit nicht unter den Verbotskatalog der §§ 1, 7 AGG fällt, ist die **Frage nach der Gewerkschaftszugehörigkeit** eines Bewerbers grundsätzlich unzulässig; ihr Verbot ergibt sich unmittelbar aus dem Grundrecht der Koalitionsfreiheit, das nach Art. 9 Abs. 3 S. 2 GG unmittelbare Drittwirkung entfaltet ("Maßnahmen") (zur Frage nach der Gewerkschaftszugehörigkeit im bestehenden Arbeitsverhältnis → Rn. 122 mwN).[182] Hinzu kommt, dass es sich bei der Gewerkschaftsmitgliedschaft um ein sensibles personenbezogenes Datum von Beschäftigten handelt, das nach Art. 9 und § 26 Abs. 3 BDSG nF einem gesteigerten Schutz unterliegt. Ebenso unzulässig ist die **Frage nach genetischen Eigenschaften** eines Bewerbers oder genetisch verwandten Person desselben, wie sich aus dem GenDG (vgl. § 21 Abs. 1 iVm § 3 Nr. 12 lit. g GenDG) ergibt;[183] auch insoweit gelten die strengeren Anforderungen des Art. 9 und des § 26 Abs. 3 BDSG nF an eine Verarbeitung dieser sensiblen Daten, soweit eine solche überhaupt zulässig ist.

89 Der Arbeitnehmerschutz bei der Erhebung von Bewerberdaten im Rahmen von Einstellungsverfahren wird betriebsverfassungsrechtlich durch ein **Mitbestimmungsrecht des Betriebsrates und des Personalrates** bei der Aufstellung von Fragebögen (vgl. § 94 Abs. 1 BetrVG, § 75 Abs. 3 Nr. 8 BPersVG) sowie bei der Aufstellung von Auswahlrichtlinien (§ 95 Abs. 1 und 2 BetrVG, § 76 Abs. 2 S. 1 Nr. 8 BPersVG) verstärkt (→ Rn. 233, 237 mwN).

90 **b) Ärztliche Untersuchungen und psychologische Tests.** Die Anordnung von ärztlichen Untersuchungen und psychologischen Tests (zB Assessment Center) eines Bewerbers unterliegt neben den Grenzen aus § 26 Abs. 1 S. 1 BDSG nF auch noch den besonderen Bindungen für die **Verarbeitung sensibler Daten** (Art. 9 und § 26 Abs. 3 BDSG nF; regelmäßig handelt es sich um Gesundheitsdaten iSv Art. 4 Nr. 15 → Art. 4 Nr. 15 Rn. 2ff.). Erforderlichkeit für die Entscheidung über die Begründung eines Beschäftigungsverhältnisses reicht deshalb nicht aus. Vielmehr muss die mit ihr verbundene Erhebung und weitere Verarbeitung von Gesundheitsdaten des Bewerbers zur Ausübung von Rechten aus dem Arbeitsrecht, dem Recht der sozialen Sicherheit oder des Sozialschutzes erforderlich sein, und es darf nicht das schutzwürdige Interesse des Bewerbers überwiegen (§ 26 Abs. 3 S. 1 BDSG nF). Im Grundsatz wird dies der bisherigen Rechtsprechung zur Zulässigkeit von ärztlichen Untersuchungen von Bewerbern entsprechen.[184] Die Untersuchung muss sich danach auf die gesundheitliche Eignung des Bewerbers für den konkret in Aussicht genommenen Arbeitsplatz beschränken. Die **Arbeitsplatzbezogenheit der Gesundheitsuntersuchung** bildet somit zugleich ihre Voraussetzung wie ihre rechtliche Grenze.[185] Für die meisten Tätigkeiten wird es einer solchen ärztlichen Eignungsuntersuchung gar nicht bedürfen und deshalb das schutzwürdige Interesse des Bewerbers an der Nichtvornahme eines solchen Eingriffs in sein Persönlichkeitsrecht überwiegen. Allerdings besteht in

---

179 Ebenso Hess. LAG 6/7 Sa 1373/09 (juris-doc.); LAG Hamm 15 Sa 740/06 (juris-doc.); *Gola* RDV 2011, 109 (114); *Gola/Pötters/Wronka*, HdB Arbeitnehmerdatenschutz, 2016, Rn. 633; *Düwell* BB 2006, 1741 (1743); *Thüsing*, Beschäftigtendatenschutz und Compliance, 2014, § 7 Rn. 23; *Thüsing/Lambrich* BB 2002, 1146 (1148 f.); *G. Wisskirchen/Bissels* NZA 2007, 169 (173); *Joussen* NZA 2007, 174 (175ff.).

180 Dazu näher *J. Joussen* NZA 2007, 174 (177 f.).

181 Vgl. DWWS/*Däubler* BDSG § 26 Rn. 40.

182 BAG NZA 2000, 1294; NZA 1988, 64 (65). Ebenso *Thüsing*, Beschäftigtendatenschutz und Compliance, 2014, § 7 Rn. 30; DWWS/*Däubler* BDSG § 26 Rn. 41; *FESTL* BetrVG § 94 Rn. 17; *Meyer* BB 2011, 2362 (2363).

183 Statt vieler ErfK/*Franzen* GenDG § 21 Rn. 1.

184 So BAG AP Nr. 1 zu § 7 BAT; AP Nr. 26 zu § 123 BGB. S. auch ErfK/*Preis* BGB § 611a Rn. 293; *Fuhlrott/Hoppe* ArbR-Aktuell 2010, 183ff.; *Iraschko-Luscher/Kiekenbeck* NZA 2009, 1239 (1240); *Keller* NZA 1988, 561 (562).

185 Eingehend *Keller* NZA 1988, 561 (562); ebenso *Fuhlrott/Hoppe* ArbR-Aktuell 2010, 183; *Hohenstatt/Stamer/Hinrichs* NZA 2006, 1065 (1069) sowie *Diller/Powietzka* NZA 2001, 1227 (1228).

einzelnen Fällen sogar eine **gesetzliche Pflicht zur Durchführung einer ärztlichen Eignungsuntersuchung** von Bewerbern wie zB nach § 32 Abs. 1 JArbSchG für die Beschäftigung jugendlicher Arbeitnehmer, nach § 43 Abs. 1 Infektionsschutzgesetz (IfSG) für Tätigkeiten im Lebensmittelbereich oder nach § 81 Abs. 1 SeemG zur Ermittlung der Seediensttauglichkeit als Voraussetzung für die Beschäftigung als Kapitän oder Besatzungsmitglied;[186] darüber hinaus können nach § 15 Abs. 1 Nr. 3 SGB VII auch **Unfallverhütungsvorschriften** der Unfallversicherungsträger eine Pflicht zur Durchführung arbeitsmedizinischer Vorsorgeuntersuchungen für Arbeiten anordnen, die mit arbeitsbedingten Gefahren für Leben und Gesundheit verbunden sind. Sind vom Arbeitgeber auf diese Weise Gesundheitsdaten des Bewerbers erhoben worden, gelten die besonderen Pflichtenbindungen des § 26 Abs. 3 S. 3 iVm § 22 Abs. 2 BDSG nF.

Dieselben Grundsätze gelten auch für die Durchführung von **Blut- und Urinproben zur Feststellung eines**   91 **bestehenden Alkoholmissbrauches oder Drogenkonsums** des Bewerbers. Ein allgemeines, von den konkreten Anforderungen des in Aussicht genommenen Arbeitsplatzes abgelöstes Drogenscreening ist deshalb mit § 26 Abs. 1 S. 1 BDSG nF unvereinbar.[187] Grundsätzlich hat der Bewerber freie Arztwahl, es sei denn der Arbeitgeber hat insoweit eine Festlegung getroffen. Regelmäßig wird der Arbeitgeber die ärztliche Untersuchung von Bewerbern durch den Betriebsarzt durchführen lassen, da dieser ohnehin die Aufgabe hat, die Arbeitnehmer des Betriebes zu untersuchen und arbeitsmedizinisch zu beurteilen (vgl. § 3 Abs. 1 S. 2 Nr. 2 ASiG) und die besonderen arbeitsmedizinischen Anforderungen an die Arbeitsplätze im Betrieb – im Unterschied zu externen Ärzten – gut kennen wird. Ist eine ärztliche Einstellungsuntersuchung durchgeführt worden, dürfen weder die **Diagnose** noch die vom Arzt ermittelte **Krankheitsgeschichte** an den Arbeitgeber weitergegeben werden. Der untersuchende Arzt darf lediglich ein allgemeines Urteil über die gesundheitliche Eignung des Bewerbers für die in Aussicht genommene Tätigkeit abgeben (zB „(uneingeschränkt) geeignet", „eingeschränkt/bedingt geeignet" oder „ungeeignet");[188] dieser **allgemeine Rechtsgrundsatz** findet in § 15 Abs. 2 Nr. 9 SGB VII für arbeitsmedizinische Vorsorgeuntersuchungen aufgrund von Unfallverhütungsvorschriften der Unfallversicherungsträger sowie in verschiedenen LDSG seinen Ausdruck.[189]

Besonderheiten gelten für die **Begründung von Beamtenverhältnissen des Bundes** (§ 26 Abs. 8 Nr. 7 BDSG   92 nF) und der Länder. Die gesundheitliche Eignung eines Bewerbers ist Teil der Eignung für das anvisierte öffentliche Amt iSv Art. 33 Abs. 2 GG und – für den Bund – § 9 BeamtStG;[190] für die Länder gelten entsprechende Regelungen. Maßstab für die gesundheitliche Eignung des Bewerbers ist, dass die Möglichkeit künftiger Erkrankungen oder des Eintritts dauernder Dienstunfähigkeit vor Erreichen der Altersgrenze nicht mit einem hohen Grad an Wahrscheinlichkeit ausgeschlossen werden kann.[191] Dabei hat die Eignung nicht nur für das in Aussicht genommene konkrete Amt, sondern für die vorgesehene Beamtenlaufbahn im Ganzen zu bestehen.[192] Der Begriff der Erforderlichkeit in § 26 Abs. 1 S. 1 BDSG nF ist somit wegen des grundsätzlich auf Lebenszeit angelegten Beamtenverhältnisses (vgl. § 4 Abs. 1 BeamtStG) nicht nur konkret-funktional, sondern abstrakt-funktional auszulegen, um die Eignung des Bewerbers für die gesamte in Aussicht genommene Beamtenlaufbahn festzustellen. Die Beamtengesetze des Bundes und der Länder verlangen zu einer solchen Ermittlung der gesundheitlichen Eignung die Durchführung einer ärztlichen Untersuchung des Bewerbers.[193] Diese Feststellung der gesundheitlichen Untersuchung von Bewerbern für das Beamtenverhältnis geht somit weiter als bei der Einstellung von Arbeitnehmern zulässige ärztliche Untersuchungen: Dies lässt sich einzig und allein mit der besonderen, in Art. 33 GG angelegten Rechtsnatur des Beamtenverhältnisses rechtfertigen. Doch auch hier muss zumindest ein (abstrakter) Bezug zu den anvisierten Tätigkeiten des Bewerbers gegeben sein. Die Durchführung von Untersuchungen, die über dieses Ziel hinausgehen, ist grundsätzlich nicht mit § 26 Abs. 1 S. 1 BDSG nF vereinbar. Eine tarifvertragliche Angleichung der Pflichten von Bewerbern für ein Arbeitsverhältnis im öffentlichen Dienst an das Beamtenrecht sieht beispielsweise § 7 Abs. 1 Bundesangestelltentarifvertrag (**BAT**) vor, der trotz des Inkrafttretens des Tarifver-

---

186   Weitere Beispiele für gesetzlich angeordnete ärztliche Untersuchungen von Bewerbern bei ErfK/*Preis* BGB § 611a Rn. 295.

187   Vgl. DWW/ *Däubler* BDSG § 26 Rn. 61. *Raif* AuA 2010, 34 (35). Wesentlich großzügiger und dem Arbeitgeber „weitergehende Freiheiten" einräumend *Fuhlrott/Hoppe* ArbR-Aktuell 2010, 183 f. Zur grundsätzlichen Unzulässigkeit einer Durchführung von Alkohol- und Drogentest im bestehenden Arbeitsverhältnis ohne sachlichen Grund s. BAG NJW 2000, 604 (605 f.).

188   *Däubler*, Gläserne Belegschaften, 2017, Rn. 230; ErfK/*Preis* BGB § 611a Rn. 296; *Fuhlrott/Hoppe* ArbR-Aktuell 2010, 183; *Raif* AuA 2010, 34 (35); *Iraschko-Luscher/Piekenbrock* NZA 2009, 1239 (1240); *Keller* NZA 1988, 561 (564); *FESTL* BetrVG § 94 Rn. 25; DKKW/*Klebe* BetrVG § 94 Rn. 11. Allerdings kann der Bewerber vom Arzt Mitteilung des Untersuchungsergebnisses verlangen; so auch § 32a Abs. 1 S. 3 RegE Gesetz zur Regelung des Beschäftigtendatenschutzes, BT-Drs. 17/4230.

189   Dieser Grundsatz hat auch in verschiedenen Landesdatenschutzgesetzen seinen Ausdruck gefunden: vgl. zB § 26 Abs. 5 S. 3 BbgDSG; § 20 Abs. 3 S. 2 BremDSG; § 10 Abs. 4 S. 2 DSG M-V; § 27 Abs. 3 S. 2 ThürDSG.

190   St. Rspr. der Verwaltungsgerichte: vgl. insbes. BVerwG Buchholz 232.1 § 7 BLV mwN; ausführlicher hierzu *Fricke/Schütte* DöD 2012, 121.

191   Vgl. BVerwG Buchholz 232.1 § 7 BLV mwN; ausführlicher hierzu *Fricke/Schütte* DöD 2012, 121.

192   Vgl. BVerwG NVwZ 2014, 300 sowie NVwZ 2014, 372 (374); OVG Münster NVwZ-RR 2010, 808 f.; vgl. auch *Fricke/Schütte*, DöD 2012, 121 (122).

193   ZB § 8 Abs. 5 NdsBG.

trags für den öffentlichen Dienst (TVöD) und des Tarifvertrages für den öffentlichen Dienst der Länder (TV-L) noch für einzelne öffentliche Arbeitgeber gilt und dem Angestellten die Pflicht auferlegt, auf Verlangen des Arbeitgebers vor seiner Einstellung seine körperliche Eignung durch das Zeugnis eines vom Arbeitgeber bestimmten Arztes nachzuweisen. Zwar kann eine Kollektivvereinbarung Grundlage einer solchen Datenverarbeitung sein (vgl. § 26 Abs. 4 S. 1 BDSG nF), doch ist eine solche Rechtsnorm eines Tarifvertrages im Lichte grundrechtlicher Wertungen, insbes. des Persönlichkeitsrechts von Bewerbern,[194] einschränkend auszulegen. Die Vorschrift berechtigt deshalb nur zur Vornahme einer ärztlichen Untersuchung von Bewerbern, die sich strikt auf die gesundheitliche Eignung zu der konkret in Aussicht genommenen Tätigkeit beschränkt. Vor dem Hintergrund dieser Problematik ist es zu begrüßen, dass der **TVöD** insgesamt auf die Durchführung einer Einstellungsuntersuchung verzichtet.[195]

93 Zahlreiche Unternehmen, aber auch Teile der öffentlichen Verwaltung[196] führen im Rahmen des Bewerbungsverfahrens psychologische Tests oder andere Eignungstests durch. Besonders verbreitet sind Assessment Center. Auch die **Durchführung psychologischer Tests** oder anderer Eignungstests ist nur insoweit mit § 26 Abs. 1 S. 1 BDSG nF vereinbar, als sie erforderlich ist, um die persönliche Eignung des Bewerbers für den in Aussicht genommenen Arbeitsplatz beurteilen zu können.[197] Der Test muss somit einen konkreten Bezug zu der anvisierten Tätigkeit aufweisen; allgemeine Persönlichkeitstests, die einen solchen Bezug vermissen lassen, sind deshalb grundsätzlich nicht zulässig.[198] Die Grenzen werden aber oftmals schwierig zu ziehen sein, zumal bei der Durchführung von Tests (zB eines Assessment Centers) in der konkreten Gesprächs- oder Fragesituation die Grenzen immer wieder verwischt und zum Nachteil des Bewerbers verschoben werden können. Auch ist zweifelhaft, ob die in Assessment Center verbreitete Durchführung einer **Gruppendiskussion**, mit der für die Bewerber intensive Eingriffe in ihre Persönlichkeitsrechte verbunden sein können, tatsächlich stets erforderlich ist.[199] In nicht wenigen Fällen dürften Einzelgespräche mit dem Bewerber ausreichen, um den gewünschten Eindruck zu gewinnen. Der Bewerberschutz ist an dieser Stelle auch weiterhin nur sehr unvollkommen ausgeformt. Insbesondere besteht kein kollektiver Schutz durch den Betriebsrat, da ein Teilnahmerecht von Betriebsratsmitgliedern gesetzlich nicht verankert ist.[200] Die Erforderlichkeit von Eignungstests wie Assessment Centern setzt außerdem voraus, dass diese nach den bestehenden wissenschaftlichen Standards durchgeführt werden. Denn die Durchführung von Eignungstests, die aus der Perspektive der Psychologie oder anderer Verhaltenswissenschaften mit fragwürdigen Methoden erfolgt und deren Aussagekraft hinsichtlich der Persönlichkeit des Bewerbers als nicht ausreichend gesichert angesehen werden kann, darf nicht als erforderliche Maßnahme zur Begründung eines Beschäftigungsverhältnisses qualifiziert werden und ist deshalb mit § 26 Abs. 1 S. 1 BDSG nF unvereinbar. Grundlage für eine solche Standardisierung kann die DIN-Norm 33430 über „Anforderungen an Verfahren und deren Einsatz bei berufsbezogenen Eignungsbeurteilungen" sein.[201] Besteht ein Betriebsrat, ist darüber hinaus auch dessen Beteiligungsrecht bei der Aufstellung von Personalfragebögen (§ 94 Abs. 1 BetrVG) zu beachten (dazu näher → Rn. 223 mwN).[202] Ist die Durchführung eines psychologischen Tests nach diesen Grundsätzen überhaupt zulässig, entspricht es dem Grundsatz der Erforderlichkeit des § 26 Abs. 1 S. 1 BDSG nF, dass dem Arbeitgeber von dem die Tests durchführenden Psychologen lediglich ein Gesamtergebnis hinsichtlich der Eignung und nicht die Einzelergebnisse des Tests mitgeteilt werden;[203] insoweit kann nichts anderes gelten als für die Mitteilung der Ergebnisse einer ärztlichen Untersuchung des Bewerbers (→ Rn. 89ff. mwN).

---

194 Dies gilt für das allgemeine Persönlichkeitsrecht nach dem GG in gleicher Weise wie für Art. 7 GRCh und Art. 8 EMRK.
195 Dazu *Wendl* in: Böhle/Bepler/Martin/Stöhr, TVöD § 3 Rn. 11. § 3 Abs. 4 TVöD berechtigt den Arbeitgeber lediglich, in einem bestehenden Arbeitsverhältnis bei begründeter Veranlassung vom Beschäftigten durch ärztliche Untersuchung den Nachweis zu erbringen, dass er zur Leistung der arbeitsvertraglich geschuldeten Tätigkeit in der Lage ist.
196 So verlangen verschiedene Bundesländer die Durchführung eines Assessment Centers vor einer beamtenrechtlichen Einstellungs- oder Beförderungsentscheidung. Dazu *Sorber*, Rechtsstellung des Bewerbers im Einstellungsverfahren, 2017, S. 442ff. mwN aus der verwaltungsgerichtlichen Rechtsprechung hierzu.
197 Vgl. *Franzen* NZA 2013, 1 (2); ErfK/*Preis* § 611a BGB Rn. 309.
198 *Gola/Pötters/Wronka*, HdB Arbeitnehmerdatenschutz, 2016, Rn. 740; *Däubler*, Gläserne Belegschaften, 2017, Rn. 231.
199 Dazu ausführlicher *Carpenter* NZA 2015, 466 (467 f.) unter Hinweis auf empirische Studien, welche die regelmäßig geringere Eignung von Gruppendiskussionen im Vergleich zu Einzelübungen belegen.
200 Zu denken wäre hier an Regelungen, wie sie bereits in § 178 Abs. 2 S. 4 SGB IX für die Schwerbehindertenvertretung und einzelnen Landesgleichstellungsgesetzen für die Gleichstellungsbeauftragten verankert worden sind; vgl. zB § 16 Abs. 1 S. 2 Nr. 3 HessGlG.
201 Die DIN 33430 ist abgedruckt in: *Westhoff/Hagemeister/Kersting/Lang/Moosbrugger/Reimer/Stemmler* (Hrsg.), Grundwissen für die berufsbezogene Eignungsbeurteilung nach der DIN 33430, 3. Aufl. 2010, 232ff. Zur arbeitsrechtlichen Bedeutung der DIN 33430 näher *Sorber*, Rechtsstellung des Bewerbers im Einstellungsverfahren, 2017, 464ff. sowie *ders.*, in: Latzel/Picker, Neue Arbeitswelt, 2014, S. 211, S. 225ff., jew. mwN.
202 Ebenso *Franzen* NZA 2013, 1.
203 Ebenso *Däubler*, Gläserne Belegschaften, 2017, Rn. 231 unter Hinweis auf § 20 Abs. 4 S. 3 BremDSG.

Aus guten Gründen behandelt die Rechtsprechung die **Einholung von graphologischen Gutachten** von Be- 94
werbern restriktiver. Nach Auffassung des *BAG* soll sie nur mit Einwilligung des betroffenen Bewerbers zulässig sein.[204] Gegen eine Zulässigkeit graphologischer Gutachten ohne Einwilligung des Betroffenen
spricht vor allem aber die wissenschaftliche Fragwürdigkeit dieser Methode zur Ermittlung von Persönlichkeitsmerkmalen.[205] Eine Einwilligung des Bewerbers in die Einholung eines graphologischen Gutachtens
dürfte jedenfalls unter der Geltung des § 26 Abs. 2 BDSG nF nicht mehr zulässig sein. Gegen die Freiwilligkeit einer Einwilligung spricht, dass eine Weigerung eines Bewerbers in die Einholung eines solchen Gutachtens, das auf methodisch fragwürdiger Grundlage erstellt worden ist, in den allermeisten Fällen dazu
führen würde, dass er im weiteren Bewerbungsverfahren nicht mehr berücksichtigt werden würde. Die
schon ältere Rechtsprechung des BAG zum graphologischen Gutachten ist somit überholt.

c) Genetische Untersuchungen. Bei genetischen Daten von Bewerbern (Art. 4 Nr. 13 → Art. 4 Nr. 13 Rn. 3) 95
handelt es sich um sensible Daten, die dem besonderen Schutz des Art. 9 unterliegen. Hinsichtlich der
Durchführung von genetischen Untersuchungen von Bewerbern tritt § 26 Abs. 1 S. 1 BDSG nF nach § 1
Abs. 2 S. 1 BDSG nF hinter den Sonderregeln des Gesetzes über genetische Untersuchungen bei Menschen
(**GenDG**) vom 31.7.2009 (BGBl. I S. 2529) zurück.[206] Bei diesen handelt es sich ebenso wie bei § 26 BDSG
nF um **spezifischere Vorschriften iSv Abs. 1.** Das GenDG normiert die Voraussetzungen für genetische Untersuchungen und im Rahmen genetischer Untersuchungen durchgeführte genetische Analysen sowie für
die Verwendung genetischer Proben und Daten und soll eine Benachteiligung aufgrund genetischer Eigenschaften verhindern, um insbes. die staatliche Verpflichtung zur Achtung und zum Schutz der Würde des Menschen und des Rechts auf informationelle Selbstbestimmung zu wahren (vgl. § 1 GenDG). Gerade im Arbeitsleben ist die Durchführung genetischer Untersuchungen oder genetischer Analysen mit großen Risiken
verbunden. Sie ermöglichen dem Arbeitgeber eine Prognose über den Ausbruch bestimmter Erkrankungen
und damit über die Entstehung von Fehlzeiten und Arbeitsausfällen beim Arbeitnehmer und können deshalb zu Benachteiligungen von chronisch erkrankten Erwerbern bei Einstellungsverfahren führen.[207]

Die §§ 19, 20 Abs. 1 GenDG ordnen ein **grundsätzliches Verbot genetischer Untersuchungen und Analysen** 96
vor oder nach der Begründung eines Beschäftigungsverhältnisses an; auch darf der Arbeitgeber vom Beschäftigten nicht die Mitteilung von Ergebnissen bereits vorgenommener genetischer Untersuchungen oder
Analysen verlangen, entgegennehmen oder verwenden (§ 19 Nr. 2 GenDG). Das Verbot gilt grundsätzlich
auch für arbeitsmedizinische Vorsorgeuntersuchungen (§ 20 Abs. 1 GenDG). Ausnahmsweise sind **im Rahmen arbeitsmedizinischer Vorsorgeuntersuchungen** diagnostische genetische Untersuchungen durch Gen-
produktanalyse zulässig, soweit sie zur Feststellung genetischer Eigenschaften erforderlich sind, die für
schwerwiegende Erkrankungen oder schwerwiegende gesundheitliche Störungen, welche bei einer Beschäftigung an einem bestimmten Arbeitsplatz oder mit einer bestimmten Tätigkeit entstehen können, ursächlich
oder mitursächlich sind (§ 20 Abs. 2 S. 1 GenDG). Von der ihr durch § 20 Abs. 3 GenDG eingeräumten Befugnis, durch Rechtsverordnung in begrenzten Fällen im Rahmen von arbeitsmedizinischen Vorsorgeuntersuchungen diagnostische genetische Untersuchungen bei bestimmten gesundheitsgefährdenden Tätigkeiten
von Beschäftigten zuzulassen, hat die Bundesregierung bislang noch keinen Gebrauch gemacht.

d) Datenerhebung mithilfe von Dritten. Die für die Begründung eines Beschäftigungsverhältnisses erforder- 97
lichen Daten sind grundsätzlich beim Bewerber als dem Betroffenen zu erheben. Auch für die Begründung
von Beschäftigungsverhältnissen gilt der **Grundsatz der Direkterhebung** von Daten. Dies ergibt sich zwar
nicht ausdrücklich aus der DSGVO (anders noch § 4 Abs. 2 S. 1 BDSG aF), doch resultiert der Grundsatz
aus dem Transparenz- und Verhältnismäßigkeitsprinzip (→ Art. 5 Rn. 49ff. mwN).[208] Mit ihm soll sichergestellt werden, dass der Bewerber weiß und selbst darüber bestimmen kann, welche personenbezogenen
Daten an einen potenziellen Vertragspartner weitergegeben werden. Allerdings gilt der Grundsatz der Direkterhebung nicht einschränkungslos. Eine Erhebung von Bewerberdaten bei Dritten kann insbes. erfol-

---

204 Vgl. BAG NJW 1984, 446. Ebenso bereits LAG Freiburg NJW 1976, 310; *Gola* RDV 2002, 109, 112; *Gola/Pötters/Wronka*, HdB
Arbeitnehmerdatenschutz, 2016, Rn. 745; *Hohenstatt/Stamer/Hinrichs* NZA 2006, 1065 (1069).
205 Dazu eingehend und informativ *Michel/Wiese* NZA 1986, 505 (507ff.) mwN.
206 Zur arbeitsrechtlichen Bedeutung des GenDG im Überblick *Genenger* NJW 2010, 113 (116ff); *Wiese* BB 2009, 2198ff.; *Düwell*,
jurisPR-ArbR 7/2010 Anm. 1. Zu früheren Gesetzgebungsinitiativen in diesem Bereich s. *Däubler* RDV 2003, 7ff. mwN.
207 Zur Notwendigkeit einer gesetzlichen Regelung von Gentests im Arbeitsverhältnis bereits *Wiese* RdA 1988, 217ff.; vgl. auch *Däubler*
RDV 2003, 7 (8). Die Durchführung von Gentests kann aber nicht nur der Prognose künftiger Arbeits- oder Dienstunfähigkeit dienen:
Denkbar ist auch, dass sie zur Aufklärung eines Fehlverhaltens des Arbeitnehmers durchgeführt werden: So hat in dem Sachverhalt,
welcher der Entscheidung des VGH Baden-Württemberg NJW 2001, 1082 zugrunde gelegen hat, der Arbeitgeber bei einem Beschäf-
tigten einen heimlichen DNA-Test durchführen lassen und den Speichelproben an den Umschlägen anonymer Briefe an den
Arbeitgeber mit beleidigendem Inhalt vergleichen lassen, um zu klären, ob der betroffene Beschäftigte Urheber der Briefe war; als der
DNA-Vergleich diesen Verdacht erhärtete, erklärte der Arbeitgeber ua darauf gestützt eine außerordentliche Verdachtskündigung.
208 In diesem Sinne auch *Buchner* DuD 2016, 156 (156); ebenso Kühling/Buchner/*Bäcker* Art. 13 Rn. 3.

gen, wenn sie sich als erforderlich erweist, da eine Direkterhebung von Daten nicht ausreicht. Für die Datenerhebung bei Begründung von Arbeitsverhältnissen war bereits vor der Datenschutznovelle von 2009 anerkannt, dass eine Datenerhebung bei Dritten nur insoweit erfolgen kann, wie der Arbeitgeber ein Fragerecht gegenüber dem Bewerber besitzt, er also ein berechtigtes, billigenswertes und **schutzwürdiges Interesse an der Informationsgewinnung** hat. An diesem Bewertungsmaßstab ist auch unter der Geltung von § 26 Abs. 1 S. 1 BDSG nF festzuhalten.[209]

98 Von praktischer Bedeutung ist insbes. die Einholung von **Erkundigungen über den Bewerber beim bisherigen Arbeitgeber oder Dienstherrn**. Das *BAG*[210] hat die Erteilung von Auskünften durch den bisherigen Arbeitgeber gegenüber Personen, mit denen der Arbeitnehmer in Verhandlungen über den Abschluss eines Arbeitsvertrages steht, in einer älteren Entscheidung grundsätzlich für zulässig erachtet; lediglich das Zugänglichmachen der Personalakte oder von Teilen derselben sei verboten. Dagegen spricht indessen, dass eine solche Informationsbeschaffung beim bisherigen Arbeitgeber zu einer Umgehung des Verbotes von Geheimzeichen in Zeugnissen (§ 109 Abs. 2 S. 2 GewO) führen kann[211] und schon deshalb nicht für den Abschluss eines Arbeitsvertrages erforderlich ist. Auch ist zweifelhaft, ob eine Einwilligung des Bewerbers eine solche Datenerhebung rechtfertigen kann: Geht es um Arbeitszeugnisse eines alten Arbeitgebers, wird der Bewerber sie regelmäßig im Bewerbungsverfahren vorlegen. Es kann dem einstellenden Arbeitgeber also lediglich um zusätzliche Informationen zum Bewerber gehen, die im Arbeitszeugnis keinen Ausdruck gefunden haben. Einer solchen Einwilligung wird es aber an der erforderlichen Freiwilligkeit fehlen, da ein Bewerber, der die Einwilligung verweigert, befürchten muss, im Bewerbungsverfahren nicht weiter berücksichtigt zu werden. Eine Einwilligung in eine solche Datenerhebung beim alten Arbeitgeber könnte überdies zu einer Umgehung des in § 109 Abs. 2 S. 2 GewO enthaltenen Verbotes von Geheimzeichen führen, was nicht zulässig sein kann. Eine Verallgemeinerung des Gedankens einzelner **LDSG**, die eine Übermittlung von Beschäftigtendaten an einen künftigen Dienstherrn oder Arbeitgeber nur mit Einwilligung des Betroffenen zulassen,[212] auf andere Beschäftigte ist deshalb unter der Geltung von Art. 7 Abs. 3 und § 26 Abs. 2 BDSG nF ausgeschlossen.

99 Entsprechendes gilt auch für die Datenerhebung des Arbeitgebers bei anderen Dritten. So bestehen in einzelnen Wirtschaftszweigen **Informationsdienste**, bei denen Informationen über in der Branche tätige Personen abrufbar sind (zB die Auskunftsstelle über den Versicherungsaußendienst – AVAD). Die Einholung solcher Auskünfte ist jedoch grundsätzlich nicht gerechtfertigt und bedarf deshalb einer Einwilligung des Bewerbers.[213] Dasselbe gilt auch für die Einholung von Auskünften über einen Bewerber bei einer „**AGG-Hopper-Datei**", wie sie von einer großen Rechtsanwaltskanzlei betrieben worden ist.[214]

100 Die Beschränkungen des § 26 Abs. 1 S. 1 BDSG nF bei der Erhebung von Bewerberdaten bei Dritten gelten grundsätzlich auch für den **Zugang zum öffentlichen Dienst**. Auch die beamtenrechtliche *lex specialis* des § 106 Abs. 4 BBG schränkt die Befugnis des Dienstherrn, personenbezogene Daten über Bewerber zu erheben, auf die Fälle ein, in denen dies zur Begründung des Dienstverhältnisses erforderlich oder durch eine Rechtsvorschrift erlaubt ist. Eine solche Erlaubnisnorm stellt das **Sicherheitsüberprüfungsgesetz** (SÜG) dar. Danach sind Personen, die mit einer sicherheitsempfindlichen Tätigkeit betraut werden sollen, einer behördlichen Sicherheitsüberprüfung zu unterziehen.[215] Dagegen sind **Routineanfragen bei den Verfassungsschutzbehörden** zur Ermittlung einer möglicherweise verfassungsfeindlichen Gesinnung und Betätigung von Bewerbern nicht *per se* mit § 26 Abs. 1 S. 1 BDSG nF vereinbar:[216] Trotz eines insoweit bestehenden Fragerechts (vgl. → Rn. 83) kann eine Anfrage bei den Verfassungsschutzbehörden nur dann als erforderlich angesehen werden, wenn tatsächliche Anhaltspunkte für eine verfassungsfeindliche Gesinnung oder Betätigung des Bewerbers vorliegen oder es sich um sicherheitsempfindliche Tätigkeiten handelt;[217] nur in diesem

---

209 Dies war auch unter der Geltung des § 32 Abs. 1 BDSG aF anerkannt: vgl. *Däubler*, Gläserne Belegschaften, 2017, Rn. 241; wohl auch DKWW/ *Däubler* BDSG, 4. Aufl., § 32 Rn. 56; *Taeger/Gabel/Zöll* BDSG § 32 Rn. 19.

210 Vgl. BAG NJW 1986, 341 f.; *Gola* RDV 2002, 109 (113).

211 So insbes. ArbG Herford v. 1.4.2009 - 2 Ca 1502/08 (juris-doc.).

212 So zB § 26 Abs. 1 BbgDSG; § 34 Abs. 2 S. 2 HDSG.

213 Insoweit kann nichts Anderes gelten als im Falle einer Übermittlung von personenbezogenen Beschäftigtendaten an den AVAD, die grundsätzlich unzulässig ist.

214 S. dazu *BlnBfDI*, Bericht 2009, S. 99; *Kalmbach* DSB 7+8/2007, 26. Zur Unvereinbarkeit des AGG-Hopping mit der Richtlinie 2000/78/EG zur Festlegung eines allgemeinen Rahmens für die Verwirklichung der Gleichbehandlung in Beschäftigung und Beruf s. EuGH C-423/15, NJW 2016, 2796 – Kratzer/ R + V Allgemeine Versicherung AG.

215 Eingehend zur Sicherheitsüberprüfung *Däubler*, Gläserne Belegschaften, 2017, Rn. 916ff. mwN.

216 Das Bundesamt für Verfassungsschutz darf nach § 19 Abs. 1 des Gesetzes über die Zusammenarbeit des Bundes und der Länder in Angelegenheiten des Verfassungsschutzes und über das Bundesamt für Verfassungsschutz (Bundesverfassungsschutzgesetz) personenbezogene Daten an inländische öffentliche Stellen übermitteln, wenn dies zur Erfüllung ihrer Aufgaben erforderlich ist.

217 Allerdings verfügen privatwirtschaftliche Arbeitgeber grundsätzlich nicht über die Möglichkeit einer solchen Anfrage bei den Verfassungsschutzbehörden: Insoweit fehlt es bereits an einer Ermächtigungsgrundlage im BVerfSchG. So auch ArbG München AiB 1988, 266 (267) – Degen; *Däubler* RDV 1999, 243 (245).

Fall eines konkreten Verdachts erscheint es gerechtfertigt, das Grundrecht des Bewerbers auf informationelle Selbstbestimmung und auf einen angemessenen Datenschutz (Art. 8 GRCh) durch eine Informationsbeschaffung bei Verfassungsschutzbehörden zu beschränken. Dasselbe gilt auch für eine **Anfrage beim Bundesbeauftragten für die Unterlagen des Staatssicherheitsdienstes**; § 21 Abs. 1 Nr. 6 StUG ist keine Ermächtigungsnorm für solche Anfragen. Um möglichen Problemen aus dem Wege zu gehen, verlangen die öffentlichen Arbeitgeber und Dienstherren regelmäßig von Bewerbern die Erteilung von Einwilligungen für die Durchführung solcher Routineanfragen, doch ist zweifelhaft, ob sie freiwillig iSv § 26 Abs. 2 BDSG nF erfolgen, muss doch der Bewerber ernsthaft befürchten, dass seine Einstellung in den öffentlichen Dienst nicht erfolgt, wenn er die Einwilligung nicht erteilt.

Eine Sonderstellung im Zusammenhang mit der Datenerhebung durch Dritte nimmt das Verlangen einer **101** Auskunft der Schutzgemeinschaft für Allgemeine Kreditsicherung (**SCHUFA**) über den Bewerber ein. Denn die Einholung einer solchen Auskunft kann nur auf Antrag des Betroffenen erfolgen; Arbeitgeber oder Dienstherr sind somit auf ein Tätigwerden des Bewerbers angewiesen. Eine Datenerhebung bei Dritten liegt daher nicht vor. Die Zulässigkeit einer solchen Eigenauskunft von Bewerbern bemisst sich aber nach § 26 Abs. 1 S. 1 BDSG nF. Denn die Informationsbeschaffung von Arbeitgebern durch Ausübung ihres Fragerechts könnte in unzulässiger Weise erweitert werden, wenn die Einholung einer Eigenauskunft bei der SCHUFA nicht auf das für die Begründung des Beschäftigungsverhältnisses Erforderliche begrenzt wäre. Die SCHUFA-Auskunft gibt aber umfassend über die wirtschaftlichen und finanziellen Verhältnisse von Personen Aufschluss und listet nicht nur die für ein Beschäftigungsverhältnis relevanten Umstände auf (zB das Bestehen von Lohnpfändungen gegen den Bewerber oder die Vornahme einer eidesstattlichen Versicherung gemäß § 807 ZPO), sondern offenbart auch verschiedene, dem Privatleben zuzuordnende Umstände des Betroffenen (zB Kreditaufnahmen oder Leasingverträge mit Betrag und Laufzeit, Kundenkonten bei Handelsunternehmen usw); auch erfolgt die SCHUFA-Auskunft standardisiert und kann Informationen über Umstände enthalten, deren Richtigkeit nicht hinreichend festgestellt ist (zB Zahlungsverzug, geringfügige Verstöße gegen vertragliche Pflichten).[218] Das Verlangen von Arbeitgebern, eine SCHUFA-Auskunft einzuholen, ist deshalb grundsätzlich nicht erforderlich und verstößt infolgedessen gegen § 26 Abs. 1 S. 1 BDSG nF.[219]

Vergleichbares gilt auch für das Verlangen von Arbeitgebern, dass Bewerber ein **polizeiliches Führungszeugnis** **102** vorlegen. Weil ein solches Führungszeugnis Angaben auch über rechtskräftige strafrechtliche Verurteilungen enthält, die nicht tätigkeitsbezogen sind und vom Arbeitgeber nicht erfragt werden dürfen, stellt sich ein entsprechendes Verlangen des Arbeitgebers im Regelfall als nicht erforderlich iSv § 26 Abs. 1 S. 1 BDSG nF dar.[220] Es ist nicht ohne Grund, dass § 30 Abs. 4 BZRG generell die Übersendung des Führungszeugnisses an eine andere Person als den Antragsteller untersagt. Allerdings kann ein Arbeitgeber dann die Vorlage eines polizeilichen Führungszeugnisses von Bewerbern verlangen, wenn die generelle Gesetzestreue für den in Aussicht genommenen Arbeitsplatz erforderlich ist. Dies dürfte namentlich bei Compliance-Beauftragten von Unternehmen der Fall sein.[221] Doch auch öffentliche Arbeitgeber und Dienstherrn verfügen insoweit über weiterreichende Befugnisse als normale Arbeitgeber der Privatwirtschaft (zur Frage des Dienstherrn nach Vorstrafen eines Beamtenbewerbers → Rn. 79 mwN):[222] Die Rechtstreue des Beamten ist nämlich Teil der von ihm zu erwartenden charakterlichen Eignung (vgl. Art. 33 Abs. 2 GG, § 9 S. 1 BBG)[223] und lässt sich nur durch die Vorlage eines polizeilichen Führungszeugnisses überprüfen. Für einzelne Beschäftigtengruppen ist die Einholung eines polizeilichen Führungszeugnisses sogar ausdrücklich gesetzlich angeordnet: Hierzu gehören **Beschäftigte der Luftsicherheit** (vgl. § 7 Abs. 3 Nr. 3 LuftSiG), aber auch **Personen, die in der Kinder- und Jugendhilfe (§ 72 a SGB VIII) beschäftigt** sind. Für letztere Gruppe ordnet § 72 a Abs. 1 S. 1 SGB VIII an, dass die Träger der öffentlichen Jugendhilfe für die Wahrnehmung der Aufgaben in der Kinder- und Jugendhilfe keine Person beschäftigen oder vermitteln, die rechtskräftig wegen einer Straftat gegen die sexuelle Selbstbestimmung, die körperliche Unversehrtheit und die Freiheit von Minderjähri-

---

218 Zum SCHUFA-Verfahren ausführlich *Bruchner* in: *Schimansky/Bunte/Lwowski*, Bankrechts-HdB, Band I, § 41 Rn. 3 ff. mwN. Eine Lösung könnte darin bestehen, dass die SCHUFA eine besondere Auskunftsform zur Vorlage bei Arbeitgebern oder Dienstherrn entwickelt: in diesem Sinne *Hohenstatt/Stamer/Hinrichs* NZA 2006, 1065 (1069).

219 Ebenso *Kania/Sansone* NZA 2012, 360 (361); *Däubler*, Gläserne Belegschaften, 2017, Rn. 220 c; *Thum/Szczesny* BB 2007, 2405 (2407). Zu weitgehend dagegen *Hohenstatt/Stamer/Hinrichs* NZA 2006, 1065 (1069).

220 *Kania/Sansone* NZA 2012, 360 (362); *Thüsing*, Beschäftigtendatenschutz und Compliance, 2014, § 7 Rn. 37; *Thum/Szczesn*, BB 2007, 2405 (2406). Zu weit gehen deshalb vor allem *Hohenstatt/Stamer/Hinrichs* NZA 2006, 1065 (1067), denen zufolge es Unternehmen, die dem US-amerikanischen Sarbanes-Oxley-Act unterliegen und deshalb zum Erlass eines „Ethik-Kodex" für die Führungskräfte verpflichtet sind (Sec. 406), erlaubt sein soll, von Bewerbern die Vorlage eines Führungszeugnisses zu verlangen, um festzustellen, ob sie wirtschaftsstrafrechtlich relevante Vorstrafen aufweisen.

221 Vgl. zB *Gola* RDV 2011, 109 (112 f.).

222 *Gola* RDV 2011, 109 (112); *Gola/Pötters/Wronka*, HdB Arbeitnehmerdatenschutz, 2016, Rn. 684.

223 Zu Einzelheiten statt vieler *Battis* BBG, 5. Aufl. 2017, § 9 Rn. 7 mwN.

gen verurteilt worden ist. Um die in diesem Rahmen erforderliche Eignungsprüfung durchführen zu können, sollen sie sich bei der Einstellung oder Vermittlung und in regelmäßigen Abständen von den betroffenen Personen ein Führungszeugnis nach § 30 Abs. 5 und § 30a Abs. 1 BZRG vorlegen lassen.[224] *De lege ferenda* bedenkenswert ist aber, gesetzlich im BZRG die Möglichkeit der Erteilung eines „Arbeitgeberführungszeugnisses" einzuführen, das nur diejenigen Vorstrafen ausweist, die einen konkreten Bezug zu dem zu besetzenden Arbeitsplatz besitzen.[225]

103 **e) Erhebung allgemein zugänglicher Daten.** Von immer größerer praktischer Tragweite wird die Erhebung und Verwertung von personenbezogenen Daten der Bewerber aus öffentlich zugänglichen Quellen.[226] Vor allem das Internet bietet eine geradezu unerschöpfliche Fundgrube von Informationen, um von Bewerbern ein Profil zu erstellen (zB durch eine **„google-Recherche"**).[227] Personalabteilungen von Unternehmen machen von diesem Instrument der Datenerhebung bei Einstellungsverfahren in größerem Umfang Gebrauch.[228] Zum Teil haben die Betroffenen die Informationen selbst ins Internet gestellt (zB bei „Facebook", „Xing", „LinkedIn" oder anderen **sozialen Netzwerken**, Erstellung einer eigenen Website), zum Teil aber auch nicht; man denke nur an Zeitungsartikel, in denen vom Betroffenen die Rede ist, an Firmen-Websites ehemaliger Arbeitgeber, die (noch) Informationen über den Bewerber enthalten, Websites von Vereinen bzw. Clubs oder an sog Bewertungsprotale, die Bewertungen für Lehrer (zB „spickmich.de"), Hochschullehrer (zB „MeinProf.de") oder andere Berufsgruppen öffentlich zugänglich machen.[229]

104 Ausgangspunkt für die Beurteilung der Zulässigkeit einer Erhebung von Bewerberdaten im Internet hat auch hier der **Grundsatz der Direkterhebung von Daten** zu sein (zur Begründung → Art. 14 Rn. 1). Bereits die Erhebung von Daten, die der Bewerber selbst ins Internet gestellt hat (zB auf einer eigenen Website), ist vor diesem Hintergrund datenschutzrechtlich nicht unproblematisch, da diese im Regelfall auch und gerade dessen Privatleben betreffen und deshalb nicht zur Begründung eines Beschäftigungsverhältnisses erforderlich iSv § 26 Abs. 1 S. 1 BDSG nF sind. Selbst wenn man in der Einstellung der Daten auf eine Website eine Einwilligung in deren Verarbeitung sehen sollte, was zweifelhaft ist, da in dieser Handlung jedenfalls nicht eine Einwilligung der betroffenen Person in Datenverarbeitungen zu allen möglichen Zwecken gesehen werden kann, steht es dem betroffenen Bewerber frei, diese Einwilligung jederzeit zu widerrufen (Art. 7 Abs. 3 S. 1); ein solcher Widerruf muss auch gegenüber dem Arbeitgeber zulässig sein, der ohne Mitwirkung des Bewerbers Daten im Internet erhebt. Der Arbeitgeber hat deshalb den Bewerber grundsätzlich darauf hinzuweisen (zB in der Stellenausschreibung), um ihm die Möglichkeit einer Erwiderung zu geben.[230]

105 Weitaus problematischer ist indessen die Erhebung von personenbezogenen Daten des Bewerbers, die dieser nicht ins Internet gestellt hat. Ließe man solche **Internetrecherchen von Arbeitgebern** unbegrenzt zu, nur weil das Internet diese Informationen öffentlich zugänglich macht, könnte dies dazu führen, dass personenbezogene Daten über Bewerber ohne deren Mitwirkung erhoben werden könnten und der Grundsatz der Direkterhebung praktisch ausgehebelt würde. Dies würde in Fällen von Datenerhebungen durch Internetrecherchen den Grundsatz der Datenrichtigkeit (Art. 5 Abs. 1 lit. d) beeinträchtigen und damit gegen § 26 Abs. 5 BDSG nF verstoßen. Arbeitgeber müssen deshalb den Bewerber mit den im Internet erhobenen Daten konfrontieren und ihm die Chance geben, uU erforderliche Richtigstellungen vorzunehmen.[231]

106 **f) Einschaltung einer Arbeitsvermittlung oder einer Personalberatung.** In vielen Fällen erfolgt die Begründung eines Arbeitsverhältnisses unter Beteiligung einer Arbeitsvermittlung. Um Angebot und Nachfrage auf dem Arbeitsmarkt zueinander bringen zu können, benötigt die Arbeitsvermittlungseinrichtung ausreichende Informationen über den Bewerber. Soweit die Arbeitsvermittlung über die **Agentur für Arbeit** erfolgt (§ 35 SGB III), ist sie den bereichsspezifischen Datenschutzvorschriften der §§ 67ff. SGB X unterworfen, die nach § 1 SGB X auch für die Arbeitsverwaltung gelten. Auch für sie gilt somit der Erforderlichkeitsgrundsatz bei der Datenerhebung (vgl. § 67a Abs. 1 S. 1 SGB X).

107 Erfolgt die Vermittlung durch einen **privaten Arbeitsvermittler** auf der Grundlage der §§ 296ff. SGB III, kommen die besonderen datenschutzrechtlichen Vorschriften des § 298 SGB III zur Anwendung; sie gehen

---

224 Zu den datenschutzrechtlichen Problemen des erweiterten Führungszeugnisses näher *Löwisch/Mysliwiec* NJW 2012, 2389 mwN.
225 So insbes. § 12 Abs. 3 Diskussionsentwurf eines Arbeitsvertragsgesetzes des Arbeitskreises Deutsche Rechtseinheit im Arbeitsrecht, abgedruckt in: Verhandlungen des 59. Deutschen Juristentags 1992, Band I, München 1992, Gutachten D, 22; ebenso § 12 Arbeitsvertragsgesetzentwurf des Landes Brandenburg, BR-Drs. 671/96; vgl. auch *Hohenstatt//Stamer/Hinrichs* NZA 2006, 1065 (1068).
226 Dazu im Überblick auch *Bayreuther* in: Hornung/Müller-Terpitz (Hrsg.), Rechtshandbuch Social Media, 2015, Kap. 8 Rn. 56 ff.
227 Dazu eingehend *Oberwetter* BB 2008, 1562.
228 Vgl. *Oberwetter* BB 2008, 1562 mwN.
229 Zur Zulässigkeit einer Erhebung, Speicherung und Übermittlung personenbezogener Daten im Rahmen von Bewertungsportalen s. BGH NJW 2009, 2888.
230 In diesem Sinne auch Art. 29-Datenschutzgruppe, Stellungnahme 2/2017, 13; ebenso DWWS/*Däubler* BDSG § 26 Rn. 45.
231 Zur alten Rechtslage ähnlich wohl *Oberwetter* BB 2008, 1562 mwN sowie *Wellhöner/Byers* BB 2009, 2310 (2315).

Seifert

nach § 1 Abs. 2 S. 1 BDSG nF der Vorschrift des § 26 BDSG nF vor.[232] Nach § 298 Abs. 1 S. 1 SGB III dürfen Vermittler Daten über zu besetzende Ausbildungs- und Arbeitsplätze und über Ausbildungsuchende und Beschäftigte nur erheben, verarbeiten und nutzen, soweit dies für die Verrichtung ihrer Vermittlungstätigkeit erforderlich ist; insoweit gilt derselbe Zulässigkeitsmaßstab wie bei der Begründung von Beschäftigungsverhältnissen nach § 26 Abs. 1 S. 1 BDSG nF. Die Übermittlung von personenbezogenen Bewerberdaten an potenzielle Arbeitgeber erfordert eine Einwilligung der betroffenen Bewerber im Einzelfall (vgl. § 298 Abs. 1 S. 2 SGB III). Einer Verschlüsselung oder Pseudonymisierung der Bewerberdaten zur Vermeidung der Ermittlung der Identität der betroffenen Arbeitssuchenden bedarf es hierbei nicht;[233] eine solche datenschutzrechtliche Organisationspflicht stünde im Regelfall nicht in einem angemessenen Verhältnis zum angestrebten datenschutzrechtlichen Schutzzweck und erweist sich deshalb nicht mehr als erforderlich.[234] Übermittelt ein privater Arbeitsvermittler personenbezogene Daten von Bewerbern an einen potenziellen Arbeitgeber, darf dieser die Bewerberdaten ausschließlich zu dem Zweck verarbeiten oder nutzen, zu dem sie ihm befugt übermittelt worden sind (§ 298 Abs. 1 S. 3 SGB III), also zur Feststellung, ob einzelne Bewerber das Anforderungsprofil der zu besetzenden Stelle erfüllen und deshalb in die engere Wahl zu ziehen sind; dies folgt bereits aus dem Zweckbindungsgrundsatz des Art. 5 Abs. 1 b. Die von den betroffenen Bewerbern zur Verfügung gestellten Unterlagen sind unmittelbar nach Abschluss der Vermittlungstätigkeit vom Arbeitsvermittler zurückzugeben (§ 298 Abs. 2 S. 1 SGB III). Die übrigen Geschäftsunterlagen des Vermittlers sind nach Abschluss der Vermittlungstätigkeit noch drei weitere Jahre aufzubewahren, müssen aber nach Ablauf der Aufbewahrungspflicht gelöscht werden, soweit es sich um personenbezogene Daten der betroffenen Bewerber handelt (§ 298 Abs. 2 S. 2 und 3 SGB III).

Sind **Personalberatungsunternehmen** mit der Durchführung von Bewerbungsverfahren, insbes. in Gestalt   108
von Eignungstests (zB Assessment Centern), von einem Arbeitgeber beauftragt worden, muss der Arbeitgeber die Bewerbungsunterlagen an die Personalberatung weiterleiten. Diese Übermittlung von Bewerberdaten ist, die Zulässigkeit der Eignungstests im konkreten Fall unterstellt (→ Rn. 93 f. mwN), durch den Erforderlichkeitsgrundsatz des § 26 Abs. 1 S. 1 BDSG nF begrenzt. Auch sind die Bewerberdaten nach Abschluss des Bewerbungsverfahrens von der Personalberatung zu löschen. Die Erstellung von Dateien über potenzielle Bewerber ist deshalb ohne deren ausdrückliche Einwilligung grundsätzlich unzulässig.

g) Datennutzung und Speicherdauer. Der Verantwortliche darf lediglich die Angaben verwenden, die für   109
die Anbahnung des Beschäftigungsverhältnisses **objektiv erforderlich** sind. Es gilt der Grundsatz der Zweckbindung (Art. 5 Abs. 1 lit. b) der erhobenen Bewerberdaten. Arbeitgeber und Dienstherren dürfen deshalb bei der Bearbeitung von **Bewerbungsunterlagen** grundsätzlich alle für den Auswahlprozess benötigten Angaben verwenden.[235] Die **Bewerberdaten** dürfen allerdings grundsätzlich nur bis zum **Zeitpunkt der Entscheidung** verwendet werden. Sobald die Auswahlentscheidung getroffen worden ist, sind die Bewerberdaten der nicht eingestellten Bewerber zu löschen: Für ihren Erhebungszweck, die Einstellung eines Beschäftigten, ist ihre Verarbeitung dann nicht mehr notwendig (Art. 17 Abs. 1 lit. a). Allerdings gilt dies nach Art. 17 Abs. 3 lit. e nicht, soweit die Verarbeitung der Bewerberdaten zur Verteidigung von Rechtsansprüchen erforderlich ist. Dies ist der Fall, soweit der Arbeitgeber noch mit Klagen abgelehnter Bewerber auf Schadensersatz (§ 15 Abs. 1 AGG) oder auf Zahlung einer Entschädigung nach § 15 Abs. 2 AGG wegen einer Benachteiligung iSv §§ 1, 7 AGG rechnen muss.[236] Die Frist für die (schriftliche) Geltendmachung von Entschädigungsansprüchen von Bewerbern beträgt zwei Monate, und zwar ab dem Zugang der Ablehnung der Bewerbung beim Bewerber (§ 15 Abs. 4 AGG); nach ordnungsgemäßer Geltendmachung des Entschädigungsanspruches muss innerhalb von drei Monaten Klage beim Arbeitsgericht erhoben werden (§ 61 b Abs. 1 ArbGG). Ist innerhalb dieser zweistufigen Ausschlussfrist keine Klage erhoben worden, sind die Unterlagen zu vernichten, wenn der Bewerber deren Rückgabe nicht erwartet (zB Einsendung von Zeugniskopien oder in der Ausschreibung wurde ausdrücklich auf die Vernichtung der Unterlagen hingewiesen). Ansonsten sind die Unterlagen dem Bewerber zurückzugeben. Bei der **Begründung eines Beamtenverhältnisses** ist für den Wegfall der Erforderlichkeit einer weiteren Speicherung personenbezogener Daten nicht berücksichtigter Bewerber grundsätzlich auf den Zeitpunkt der Ernennung, also auf die Aushändigung der Ernennungsurkunde (§ 8 Abs. 2 S. 1 BeamtStG), abzustellen, denn mit der Ernennung entfällt das Rechtsschutzbedürfnis für eine Konkurrentenklage, sofern der unterlegene Bewerber seinen grundrechtlich aus Art. 33 Abs. 2 GG folgenden Bewerbungsverfahrensanspruch vor der Ernennung in der grundrechtlich

---

232   Zu den Einzelheiten s. *Fuchs* in: Gagel SGB III, 2018, § 298 mwN.
233   So auch VG Berlin CR 2012, 191.
234   Zu der entsprechenden Vorschrift des § 9 BDSG aF s. VG Berlin CR 2012, 191.
235   Vgl. auch BAG AP Nr. 7 zu § 611 BGB Persönlichkeitsrecht.
236   Ebenso bereits BAG AP Nr. 7 zu § 611 BGB Persönlichkeitsrecht; vgl. auch *Schriever* BB 2011, 2680 (2681).

gebotenen (vgl. Art. 19 Abs. 4 GG) Weise geltend machen konnte.[237] Diese Möglichkeit wird im Regelfall bestehen.

110 Die Bewerbung ist an die Erwartung geknüpft, eine bestimmte, dem Bewerber bekannte Stelle zu erhalten. Nur im Hinblick darauf findet er sich bereit, Informationen zu seiner Person offenzulegen. Dieser Zweck der Datenweitergabe schränkt zugleich den Verwendungszeitraum ein. Der Arbeitgeber darf deshalb weder den Wunsch des Bewerbers unterstellen, sich auch auf künftig freiwerdende Stellen im Unternehmen des Arbeitgebers oder anderer Unternehmen im Konzern zu bewerben, noch auf das eigene Interesse verweisen, sich im Hinblick auf künftige Vakanzen rechtzeitig mit Datenmaterial zu versorgen. Allerdings handelt es sich beim Bewerbungsschreiben des Bewerbers und dem Absageschreiben des Arbeitgebers um Geschäftsbriefe, die der **handelsrechtlichen Aufbewahrungsfrist** von sechs Jahren unterliegen (vgl. § 257 Abs. 1 Nr. 2 und 3 HGB); insoweit besteht eine Berechtigung des Arbeitgebers zur Speicherung über den Ablauf der zweistufigen Ausschlussfrist von § 15 Abs. 4 AGG und § 61 b Abs. 1 ArbGG hinaus.

111 **4. Durchführung des Beschäftigungsverhältnisses.** Auch die Verarbeitung von personenbezogenen Beschäftigtendaten zu Zwecken der Durchführung des Beschäftigungsverhältnisses muss sich nach § 26 Abs. 1 S. 1 BDSG nF am Erforderlichkeitsgrundsatz messen lassen. Die sich daraus ergebenden Grenzen sind nicht statisch, sondern dynamisch, ist doch das privatrechtlich oder öffentlich-rechtlich strukturierte Beschäftigungsverhältnis ein **Dauerschuldverhältnis**, das erheblichen Veränderungen im Laufe seiner Durchführung ausgesetzt sein kann, die nicht nur eine Anpassung der Beschäftigungsbedingungen, sondern auch eine Erhebung und Verarbeitung weiterer Beschäftigtendaten erforderlich machen kann (zB zur Berechnung eines geänderten Arbeitsentgelts usw). Bei der Erhebung und Verarbeitung der Daten von Beschäftigten genügt es deshalb nicht, die jeweils aktuellen Angaben zu berücksichtigen, vielmehr sind auch Daten einzubeziehen, die für die **künftige Entwicklung des Beschäftigungsverhältnisses** wichtig sind. Der enge Bezug zum bestehenden Beschäftigungsverhältnis und die Verknüpfung mit der weiteren innerbetrieblichen Beschäftigung sind die beiden Kriterien, an denen es sich dabei zu orientieren gilt, um eine noch erforderliche Verwendung von einer unzulässigen Vorratsspeicherung abzugrenzen.[238]

112 **Personalplanung** und **Regelbeurteilung** sind die beiden wichtigsten Beispiele einer tendenziell immer auch **prospektiven Verarbeitung** von Beschäftigtendaten. Beide stellen bewusst nicht einen konkreten Vorgang in den Mittelpunkt, sondern gehen von längeren Zeiträumen aus und tragen damit nicht nur Erwartungen des Arbeitgebers, sondern auch dem Interesse der Beschäftigten Rechnung, punktuelle und deshalb oft zufällige Reaktionen zu vermeiden. In beiden Fällen lässt sich somit die Berechtigung einer Verarbeitung nicht bestreiten, die bis zu einem gewissen Grad einer **Vorratsspeicherung** gleichkommt.[239] Umso wichtiger ist es, sicherzustellen, dass weder die Personalplanung noch die Regelbeurteilung als Blankoermächtigungen verstanden werden, den Kreis der zu verwendenden Beschäftigtendaten immer weiter zu ziehen. Erst recht geht es nicht an, die jeweils für Personalplanung und Regelbeurteilungen entwickelten Regeln einfach auf andere Verarbeitungsvorgänge zu übertragen, also auch und vor allem auf sämtliche Beurteilungen.[240]

113 **a) Daten über die Privatsphäre des Arbeitnehmers.** § 26 Abs. 1 S. 1 BDSG nF erlaubt in einem bestehenden Arbeitsverhältnis nur die Verarbeitung von Beschäftigtendaten, die zur Durchführung des Beschäftigungsverhältnisses erforderlich sind. Daten, welche einen solchen Beschäftigungsbezug nicht aufweisen und der **Privatsphäre des Beschäftigten** zuzurechnen sind, können deshalb grundsätzlich nicht verarbeitet werden. Ihre Verarbeitung würde überdies gegen das Recht der Beschäftigten auf informationelle Selbstbestimmung, gegen Art. 8 EMRK sowie gegen Art. 7 und 8 GrCh verstoßen. Die Abgrenzung zwischen Beschäftigungsbezug und Privatsphäre ist somit ein erstes wichtiges Kriterium für die Bestimmung der Zulässigkeit einer Verarbeitung von Beschäftigtendaten.

114 Eindeutig zur **Privatsphäre** gehören Angaben zu Freizeitbeschäftigungen, Hobbies, kulinarischen Vorlieben und anderen persönlichen Interessen des Beschäftigten.[241] Auch Angaben zu der Art und Weise, wie der Beschäftigte sein Arbeitsentgelt zur Bestreitung seines Lebensunterhaltes einsetzt, insbes. sein **Konsumverhalten**, sind einer Verarbeitung nach § 26 Abs. 1 S. 1 BDSG nF grundsätzlich nicht zugänglich. Eine Ausnahme gilt lediglich für Einzelfälle: so etwa für die Abwicklung von **Personalrabatten**, die der Arbeitgeber seinen Beschäftigten gewährt, von Mietverhältnissen mit Beschäftigten, die mit dem Beschäftigungsverhältnis ver-

---

237 Zu den Möglichkeiten eines vorläufigen Rechtsschutzes unterlegener Bewerber nach Maßgabe von § 123 VwGO eingehend BVerwG NJW 2011, 695 (697 f.). Zum Wegfall des Rechtsschutzbedürfnisses für eine beamtenrechtliche Konkurrentenklage aufgrund der Ernennung s. auch BVerwG ZBR 1989, 281; BVerwGE 80, 127; zu dieser Rechtsprechung im Überblick statt vieler *Leppek*, Beamtenrecht, 12. Aufl. 2015, Rn. 281 mwN.

238 Dazu auch BAG AP Nr. 3 zu § 75 BPersVG; Nr. 14 zu § 87 BetrVG 1972; Nr. 2 zu § 23 BDSG 77; *Lambrich/Cahlik* RDV 2002, 290 f.

239 Zur Regelbeurteilung von Arbeitnehmern im öffentlichen Dienst s. BAG AP Nr. 1 zu § 13 BAT.

240 Zu weitgehend BAG AP Nr. 3 zu § 75 BPersVG.

241 Ebenso DWWS/*Däubler* BDSG § 26 Rn. 82ff.

knüpft sind ("**Werkwohnungen**" iSd §§ 576ff. BGB), oder von **Arbeitgeberdarlehen**. In diesen Fällen ragt die Abwicklung dieser mit einem Beschäftigungsverhältnis verknüpften Vertragsverhältnisse zwangsläufig in die Privatsphäre des Beschäftigten hinein. Allerdings dürfen die auf diese Weise gewonnenen Daten nicht für Zwecke des Beschäftigungsverhältnisses eingesetzt werden. So ist ausgeschlossen, dass zB Daten über ein mögliches Fehlverhalten des Beschäftigten im Rahmen seines mit dem Arbeitgeber bestehenden Mietverhältnisses (zB eine nächtliche Ruhestörung) oder ein Zahlungsverzug bei der Rückzahlung eines Arbeitgeberdarlehens für Leistungsbeurteilungen des Beschäftigten herangezogen werden; die Miet- bzw. Kreditakte des Beschäftigten ist somit getrennt von seiner Personalakte zu führen. Auch gebietet § 26 Abs. 1 S. 1 BDSG nF, dass die Daten nach der Abwicklung der mit dem Beschäftigungsverhältnis "verbundenen Verträge" unverzüglich nach Maßgabe von Art. 17 gelöscht werden. Ein bestimmtes Konsumverhalten, das aufgrund einer Inanspruchnahme eines Personalrabatts erkennbar wird, darf nicht auch als Grundlage für Beurteilungen des Arbeitnehmers oder Beförderungsentscheidungen herangezogen werden.

b) Stammdaten. Die Stammdaten eines Beschäftigten bezeichnen die wichtigen Grunddaten zu seiner Person, die nicht einer ständigen Veränderung unterliegen. Zu ihnen gehören insbes. das **Geschlecht**, der **Familienstand**, das **Alter**, die **Adresse**,[242] die private Telefonnummer[243] sowie die **Ausbildungen und Qualifikationen**, über die der Beschäftigte verfügt. Ihre Speicherung ist überwiegend zur Durchführung des Arbeitsverhältnisses erforderlich und deshalb grundsätzlich zulässig. Allerdings lassen sich auch hier keine allgemeinen Aussagen treffen. Ausschlaggebend ist vielmehr, ob das konkrete Datum tatsächlich für die Durchführung des jeweiligen Beschäftigungsverhältnisses erforderlich ist.   115

Das gilt namentlich für das **Geschlecht des Beschäftigten**, das insbes. im Rahmen der betrieblichen Personalentwicklung ein bedeutsames personenbezogenes Datum sein kann.[244] Auch bedarf es der Kenntnis dieses personenbezogenen Datums, um Maßnahmen zur Förderung der Frau im Arbeitsleben durchführen zu können. Im öffentlichen Dienst besteht teilweise sogar eine gesetzliche Pflicht zur Erstellung einer Statistik über den Anteil der weiblichen und männlichen Beschäftigten: So verpflichtet beispielsweise § 5 Thür-GleichG Dienststellen, die einen Gleichstellungsplan aufzustellen haben, gleichstellungsbezogene Statistiken zu erstellen.[245] Die Speicherung der Daten zum **Familienstand** des Beschäftigten (verheiratet, Zahl der Kinder) kann erforderlich sein, wenn sie zur Berechnung von Leistungen des Arbeitgebers (zB Familienzuschlag)[246] oder bei Auswahlentscheidungen für eine Entsendung (zB ins Ausland) bzw. für die soziale Auswahl nach § 1 Abs. 3 KSchG benötigt wird.[247] Auch Daten zur **Ausbildung** des Beschäftigten, insbes. abgeschlossene Berufsausbildungen, Studienabschlüsse (einschließlich der Hochschule, an welcher der Abschluss erworben wurde), sonstige Weiterbildungen (zB von anerkannten Trägern) sowie erworbene Fremdsprachenkenntnisse, können grundsätzlich vom Arbeitgeber gespeichert werden, da sie Aufschluss über die Einsatzmöglichkeiten des Beschäftigten geben.[248] Ferner wird die **Speicherung des Alters** des Beschäftigten in den meisten Fällen zur Durchführung des Beschäftigungsverhältnisses erforderlich sein: Sieht man einmal von den mit Blick auf das Verbot der Altersdiskriminierung (§§ 1, 7 AGG) problematischen Altersstufenregelungen bei der Vergütung ab,[249] ist doch die Kenntnis des Alters zumindest der Arbeitnehmer wegen der vielfach noch bestehenden arbeitsvertraglichen oder tarifvertraglichen Altersgrenzenregelungen unabdingbar, um den genauen Zeitpunkt der Beendigung des Arbeitsverhältnisses bestimmen zu können.[250]   116

c) Daten zum Gesundheitszustand des Beschäftigten. Daten über den Gesundheitszustand eines Beschäftigten (Art. 4 Nr. 15) sind sensible Daten iSv Art. 9 Abs. 1, die einen **gesteigerten Schutz** genießen. § 26 Abs. 3   117

---

242 Das BAG hat es bislang aber offen gelassen, ob im Falle einer Adressänderung beim Arbeitnehmer dieser eine Mitteilungspflicht gegenüber dem Arbeitgeber hat: vgl. BAG AP Nr. 10 zu § 130 BGB; ebenso LAG Düsseldorf v. 15.8.2017 – 3 Sa 348/17 Rn. 57 (juris-doc.).

243 Hingegen wird eine Mobiltelefonnummer des Beschäftigten im Regelfall nicht zu den Stammdaten gehören und ihre Mitteilung an den Arbeitgeber deshalb nicht erforderlich zur Durchführung des Beschäftigungsverhältnisses sein: Die Mobiltelefonnummer eröffnet nämlich die Möglichkeit einer Kontaktaufnahme mit dem Beschäftigten zu jeder Zeit sowie an jedem Ort und greift deshalb noch intensiver als eine Kommunikation über den Festnetzanschluss in die Privatsphäre des Beschäftigten ein; so zu Recht LAG Thüringen v. 16.5.2018 – 6 Sa 442/17, juris-doc.

244 BAG NJW 1987, 2459 (2460); ebenso die Vorinstanz LAG Baden-Württemberg DB 1985, 2567 f.

245 Ähnlich § 5 Abs. 2 HGlG.

246 ZB nach tarifvertraglichen Regelungen oder für Bundesbeamte nach den §§ 39ff. BBesG.

247 Vgl. BAG NJW 1987, 2459 (2460); LAG Baden-Württemberg DB 1985, 2567 f. Eine Nutzung für die Durchführung der sozialen Auswahl nach § 1 Abs. 3 KSchG betrifft allerdings die Erforderlichkeit für die Beendigung des Beschäftigungsverhältnisses (→ Rn. 198ff.).

248 BAG NJW 1987, 2459 (2460); LAG Baden-Württemberg DB 1985, 2567 f.

249 Vgl. EuGH NZA 2011, 883ff. sowie BAG NZA 2012, 161ff.

250 Tarifvertragliche Altersgrenzenregelungen sind nach der Rechtsprechung des EuGH in weitem Umfang mit dem Verbot der Altersdiskriminierung in Art. 1 Richtlinie 2000/78/EG vereinbar: vgl. EuGH C-411/05, NZA 2007, 1219 – Palacios de la Villa; EuGH C-45/09 – Rosenbladt. Zu Recht grundsätzlich kritisch gegenüber tarifvertraglichen Altersgrenzenregelungen *Simitis* RdA 1994, 257; *ders.* NJW 1994, 1453.

S. 1 BDSG nF lässt deren Verarbeitung zu, wenn sie zur Ausübung von Rechten oder zur Erfüllung rechtlicher Pflichten aus dem Arbeitsrecht, dem Recht der sozialen Sicherheit und des Sozialschutzes erforderlich sind und kein Grund zu der Annahme besteht, dass das schutzwürdige Interesse der betroffenen Person an dem Ausschluss der Verarbeitung überwiegt. Der Beschäftigte ist deshalb grundsätzlich nicht verpflichtet, dem Arbeitgeber, Dienstherrn oder Auftraggeber Auskunft über seinen gesundheitlichen Zustand zu erteilen. Obgleich dieser einen erheblichen Einfluss auf die Durchführung des Beschäftigungsverhältnisses haben kann, ist die Verarbeitung von Daten hierüber im Regelfall nicht für die Durchführung des Beschäftigungsverhältnisses erforderlich.[251]

118 Allerdings kennt dieser Grundsatz **Ausnahmen**. Hinsichtlich der **Durchführung arbeitsmedizinischer Untersuchungen** gilt, dass der Arbeitnehmer aus Treu und Glauben (§ 242 BGB) verpflichtet sein kann, eine arbeitsmedizinische Eignungsuntersuchung seines Gesundheitszustandes zu dulden.[252] Es müssen jedoch tatsächliche Anhaltspunkte dafür vorliegen, welche Zweifel an der gesundheitlichen Tauglichkeit des Beschäftigten, den Anforderungen des Arbeitsplatzes dauerhaft gerecht zu werden,[253] oder andere sachliche Gründe bestehen, welche die Durchführung einer ärztlichen Untersuchung rechtfertigen (zB Versetzung auf einen anderen Arbeitsplatz, für den gesteigerte gesundheitliche Anforderungen bestehen). Einfache Routineuntersuchungen, mit denen vorbeugend eine möglicherweise bestehende **Alkohol- oder Drogenabhängigkeit des Arbeitnehmers** geklärt werden soll („verdachtsunabhängiges Drogenscreening"), sind dagegen unzulässig; zu ihrer Rechtfertigung bedarf es grundsätzlich des Vorliegens konkreter Anhaltspunkte für eine Alkohol- oder Drogenabhängigkeit des Arbeitnehmers, die im Betrieb eine Gefahr für diesen selbst oder andere Betriebsangehörige darstellt.[254] Auch ist dafür Sorge zu tragen, dass eine solche Untersuchung, ihre Zulässigkeit unterstellt, eine „hinreichende Richtigkeitsgewähr" bietet: Insoweit fordert das Grundrecht auf informationelle Selbstbestimmung verfahrensförmige Vorkehrungen und Sicherungen (zB die Vornahme einer sog „B-Probe" bei Drogenverdacht aufgrund eines ersten Tests).[255] Diesem Maßstab müssen auch ärztliche Untersuchungen aufgrund eines Tarifvertrages oder einer Betriebsvereinbarung genügen. Die **Vornahme genetischer Untersuchungen** ist dagegen grundsätzlich unzulässig (insoweit gilt dasselbe wie bei der Begründung von Beschäftigungsverhältnissen: vgl. → Rn. 94 f. mwN). In Einzelfällen ordnet das Gesetz die Vornahme ärztlicher Untersuchungen sogar ausdrücklich an (zB §§ 33–35 JArbSchG);[256] andere Vorschriften geben einzelnen Arbeitnehmern hingegen einen Anspruch, sich einer ärztlichen Untersuchung freiwillig zu unterziehen (zB Nachtarbeitnehmer nach § 6 Abs. 3 ArbZG). Die im Rahmen der ärztlichen Untersuchung erhobenen Gesundheitsdaten dürfen indessen nicht an den Arbeitgeber weitergegeben werden: Lediglich eine allgemeine ärztliche Feststellung der gesundheitlichen Eignung des Arbeitnehmers darf an den Arbeitgeber übermittelt werden; insoweit gelten dieselben Grundsätze wie für die Durchführung von ärztlichen Untersuchungen vor der Begründung des Beschäftigungsverhältnisses (→ Rn. 90ff.).

119 Arbeitnehmer treffen allerdings einzelne gesetzliche Informationspflichten im Hinblick auf ihren Gesundheitszustand. Bei **krankheitsbedingter Arbeitsunfähigkeit des Arbeitnehmers** hat der Arbeitgeber im Regelfall einen Anspruch auf unverzügliche Mitteilung der Arbeitsunfähigkeit und von deren voraussichtlicher Dauer (§ 5 Abs. 1 S. 1 EFZG), nicht aber auch auf Mitteilung des medizinischen Befundes. Etwas anderes gilt ausnahmsweise, wenn es sich um eine ansteckende Krankheit handelt und die Information für den Arbeitgeber erforderlich ist, um entsprechende Vorkehrungen innerbetrieblich treffen zu können.[257] Auch die bei einer Arbeitsunfähigkeit von mehr als drei Kalendertagen Dauer vorzulegende ärztliche Bescheinigung (§ 5 Abs. 1 S. 2 EFZG) enthält keinerlei Angaben zum medizinischen Befund. Bestehen Zweifel an der Arbeitsunfähigkeit, sind die Krankenkassen verpflichtet, eine gutachterliche Stellungnahme des medizinischen Dienstes der Krankenversicherung einzuholen (§ 275 Abs. 1 Nr. 3 lit. b SGB V). Die Speicherung dieser Daten zur krankheitsbedingten Arbeitsunfähigkeit des Arbeitnehmers ist zwar nur bis zu einer Dauer von 12 Monaten nach Beginn der ersten Arbeitsunfähigkeit erforderlich, denn nur bis dahin ist der Arbeitgeber von der Pflicht befreit, erneut Entgeltfortzahlung bis zu sechs Wochen zu leisten (§ 3 Abs. 1 S. 2 Nr. 2

251 Allgemeine Ansicht: statt vieler *Gola/Pötters/Wronka*, HdB Arbeitnehmerdatenschutz, 2016, Rn. 809.
252 Dazu näher *Behrens* NZA 2014, 401, (404 f.); ebenso *Werner* AuR 2017, 280 (282).
253 BAG NJW 2000, 604 (605 f.); AP Nr. 142 zu § 626 BGB. Vgl. auch *Behrens* NZA 2014, 401 (404).
254 Ebenso BAG NJW 2000, 604 (605 f.); *Hey/Linse* BB 2012, 2881 (2882); *Diller/Powietzka* NZA 2001, 1227 (1229); *Keller* NZA 1988, 561 (564 f.); *Weichert* RDV 2007, 189 (194); *Willemsen/Brune* DB 1988, 2304 (2306); *Künzl* BB 1993, 1581; DWWS/*Däubler* BDSG § 26 Rn. 61. In demselben Sinne wohl auch BVerfG NVwZ 2005, 571 mit Blick auf ein „verdachtsunabhängiges, routinemäßiges Drogenscreening" von Personen, die ihren Grundwehrdienst bei der Bundeswehr ableisten.
255 Zu dieser Pflicht zur Sicherung des Grundrechts auf informationelle Selbstbestimmung durch Verfahren s. insbes. BVerfG NVwZ 2005, 571 (572).
256 Weitere Beispiele für gesetzlich angeordnete ärztliche Untersuchungen von Bewerbern bei ErfK/*Preis* BGB § 611 a Rn. 295.
257 *Gola/Pötters/Wronka*, HdB Arbeitnehmerdatenschutz, 2016, Rn. 812 f.; ErfK/*Reinhard* EFZG § 5 Rn. 5.

EFZG): Allerdings kann eine längere Speicherung der krankheitsbedingten Fehlzeiten wegen der Vorbereitung einer krankheitsbedingten Kündigung des Arbeitnehmers zulässig sein.[258]

Werdende Mütter sollen dem Arbeitgeber ihre **Schwangerschaft** und den mutmaßlichen Tag der Entbindung mitteilen, sobald ihnen ihr Zustand bekannt ist, und auf dessen Verlangen das Zeugnis eines Arztes oder einer Hebamme vorlegen (§ 5 Abs. 1 S. 1 und 2 MuSchG). Dabei handelt es sich aber nicht um eine Rechtspflicht der schwangeren Arbeitnehmerin, die im Falle der Nichteinhaltung in irgendeiner Weise sanktionierbar ist, sondern um eine dringende Empfehlung des Gesetzgebers an diese, entsprechend zu verfahren.[259] Der Arbeitgeber hat unverzüglich die Aufsichtsbehörde davon zu unterrichten, darf aber die Mitteilung nicht unbefugt bekanntgeben (§ 5 Abs. 1 S. 3 und 4 MuSchG). 120

Kehrt der Beschäftigte aus einer Arbeitsunfähigkeit wieder in das Arbeitsleben zurück, ist er nach dem Gesagten grundsätzlich nicht verpflichtet, bei einem „**Krankengespräch**" mit seinem Arbeitgeber nach einer krankheitsbedingten Arbeitsunfähigkeit über seine Krankheit Auskunft zu erteilen:[260] Es besteht auch keine Pflicht zur Entbindung des behandelnden Arztes von der Schweigepflicht. Um zu verhindern, dass dem Arbeitnehmer aus einer Zurückhaltung von Informationen über seinen Gesundheitszustand Nachteile erwachsen können, muss die Aufnahme einer Notiz über das „Krankengespräch" zur Personalakte als ein Verstoß gegen § 26 Abs. 1 S. 1 BDSG nF betrachtet werden.[261] Diese Maßstäbe gelten indessen nicht für ein **Betriebliches Eingliederungsmanagement** (BEM) nach § 167 Abs. 2 SGB IX nF (= § 84 Abs. 2 SGB IX aF).[262] Beschäftigte, die innerhalb eines Jahres länger als sechs Wochen arbeitsunfähig waren, können in diesem Rahmen mit dem Arbeitgeber klären, wie die Arbeitsunfähigkeit möglichst überwunden und mit welchen Leistungen oder Hilfen erneuter Arbeitsunfähigkeit vorgebeugt und der Arbeitsplatz erhalten werden kann. Voraussetzung für die Durchführung eines BEM ist allerdings die Zustimmung des Arbeitnehmers (§ 167 Abs. 2 S. 1 SGB IX). Ihre Wirksamkeit erfordert, dass der Arbeitnehmer zuvor auf die Ziele des BEM sowie auf Art und Umfang der hierfür erhobenen und verwendeten personenbezogenen Daten hingewiesen worden ist (§ 167 Abs. 2 S. 3 SGB IX); § 167 Abs. 2 S. 1 SGB IX ist somit eine spezifischere Vorschrift iSv Abs. 1 zur Einwilligung des Beschäftigten und mit der DSGVO vereinbar. Ist eine diesen Anforderungen genügende Zustimmung erteilt worden, muss der Arbeitgeber das Verfahren nach § 167 Abs. 2 SGB IX in Gang setzen. Zwar kann sich im Rahmen des dann anschließenden BEM-Verfahrens die Verarbeitung von Gesundheitsdaten des betroffenen Arbeitnehmers als erforderlich erweisen, um das BEM erfolgreich durchführen zu können. Der Arbeitgeber hat jedoch gegen den Arbeitnehmer keinen Anspruch auf Mitteilung der für die Durchführung des BEM-Verfahrens erforderlichen personenbezogenen Daten. Vielmehr bleibt dieser in jeder Phase „Herr des Verfahrens" und muss zu jedem weiteren im Rahmen des BEM unternommenen Schritt (zB Einschaltung des Betriebsarztes oder des Integrationsamtes bei schwerbehinderten Arbeitnehmern) seine Zustimmung gesondert erteilen.[263] Die Erhebung und weitere Verarbeitung von Daten des Arbeitnehmers hängt somit grundsätzlich von dessen Einwilligung, die den Anforderungen von § 26 Abs. 2 BDSG nF genügen muss, ab und lässt sich nicht auf den Erforderlichkeitsgrundsatz des § 26 Abs. 1 S. 1 BDSG nF stützen.[264] Sollen im Rahmen des BEM Gesundheitsdaten (Art. 4 Nr. 15) des Arbeitnehmers verarbeitet werden, muss sich die **Einwilligung des Arbeitnehmers** in die Datenverarbeitung ausdrücklich auf diese Daten beziehen (§ 26 Abs. 3 S. 2 Hs. 2 BDSG nF).[265] Der Arbeitgeber muss dann allerdings angemessene und spezifische Maßnahmen zur Wahrung der Interessen des betroffenen Arbeitnehmers vorsehen (§ 26 Abs. 3 S. 3 iVm § 22 Abs. 2 BDSG nF). So hat er sicherzustellen, dass diese sensiblen personenbezogenen Daten getrennt von der Personalakte des Arbeitnehmers aufbewahrt werden: Zu denken ist vor allem an eine Aufbewahrung bei dem nach den Vorschriften des ASiG für den Betrieb bestellten Betriebsarzt, der regelmäßig am BEM-Verfahren beteiligt sein dürfte (vgl. § 167 Abs. 2 S. 2 SGB IX) und aufgrund von § 8 Abs. 1 S. 3 ASiG zur Verschwiegenheit verpflichtet ist. Der Betriebsrat hat gegen den Arbeitgeber einen An- 121

---

258 Vgl. BAG AP Nr. 1 zu § 5 MuSchG.

259 Vgl. BAG NZA 1996, 1154.

260 *Gola/Pötters/Wronka*, HdB Arbeitnehmerdatenschutz, 2016, Rn. 809; *Raif* AuA 2010, 34 (36); *Iraschko-Luscher/Kiekenbeck* NZA 2009, 1239 (1241 f.); *Weichert* RDV 2007, 189 (193). Ebenso *Däubler*, Gläserne Belegschaften, 2017, Rn. 274, der zu Recht auch auf die Vorschriften des EFZG verweist, welche dem Arbeitgeber lediglich ein Recht auf Mitteilung der Arbeitsunfähigkeit, nicht aber auch auf die medizinischen Gründe der Arbeitsunfähigkeit einräumen. Die „Führung formalisierter Krankengespräche zur Aufklärung eines überdurchschnittlichen Krankenstandes" unterliegt überdies der Mitbestimmung des Betriebsrates nach § 87 Abs. 1 Nr. 1 BetrVG: vgl. BAG NZA 1995, 857 (858).

261 So wohl auch *Iraschko-Luscher/Kiekenbeck* NZA 2009, 1239 (1242); ebenso *Däubler*, Gläserne Belegschaften, 2017, Rn. 274. AA jedoch ArbG Frankfurt/Main RDV 1998, 76; *Weichert* RDV 2007, 189 (193).

262 Zum betrieblichen Eingliederungsmanagement statt vieler *Gagel* NZA 2004, 1359 mwN.

263 Vgl. *Gagel* NZA 2004, 1359 (1360 f.); *Plagemann/Nebe*, Münchener Anwaltshandbuch Sozialrecht, 2018, § 20 Rn. 17.

264 Ebenso wie hier *Boecken/Gebert* VSSR 2013, 77 (87ff.); aA *Weichert* RDV 2007, 189 (191); *Gundermann/Oberberg* RDV 2007, 103 (105).

265 Zur alten Rechtslage ebenso statt vieler *Plagemann/Nebe*, Münchener Anwaltshandbuch Sozialrecht, 2018, § 20 Rn. 21; vgl. auch *Deinert* NZA 2010, 969 (973).

spruch aus § 80 Abs. 1 Nr. 1 und Abs. 2 S. 2 BetrVG iVm § 167 Abs. 2 S. 7 SGB IX auf regelmäßige (zB quartalsweise) Mitteilung der Namen der Arbeitnehmer, die im zurückliegenden Zeitraum länger als sechs Wochen arbeitsunfähig krank waren, um darüber wachen zu können, dass der Arbeitgeber seine ihm nach § 167 Abs. 2 SGB IX obliegenden Verpflichtungen erfüllt;[266] einen entsprechenden Anspruch hat der Personalrat gegenüber dem Arbeitgeber aus § 68 Abs. 1 Nr. 1 und Abs. 2 S. 1 BPersVG iVm § 167 Abs. 2 S. 7 SGB IX.[267] Der Anspruch beinhaltet allerdings nicht die Übermittlung der Antwortschreiben der betroffenen Arbeitnehmer, die vom Arbeitgeber wegen der Durchführung eines BEM kontaktiert worden sind.[268] Die im Rahmen eines BEM vom Arbeitgeber erhobenen Gesundheitsdaten des Beschäftigten sind nach Art. 17 Abs. 1 lit. a zu löschen, sobald das BEM abgeschlossen ist:[269] Diese Pflicht des Arbeitgebers folgt aus der Zweckbindung der Datenverarbeitung im Rahmen eines BEM, die deren Grundlage und zugleich auch Grenze darstellt.[270] Dem Arbeitgeber ist es deshalb grundsätzlich verwehrt, die im Rahmen des BEM erhobenen Gesundheitsdaten für andere Zwecke wie zB die Vorbereitung einer krankheitsbedingten Kündigung des Arbeitnehmers zu nutzen.[271] Allerdings hindert weder ein ordnungsgemäß durchgeführtes BEM noch dessen pflichtwidrige Unterlassung den Arbeitgeber daran, das Arbeitsverhältnis aus krankheitsbedingten Gründen zu kündigen, da die Durchführung eines BEM keine formelle Wirksamkeitsvoraussetzung für eine krankheitsbedingte Kündigung ist.[272]

122 In engem Zusammenhang mit der Problematik der Gesundheitsdaten des Beschäftigten steht die Frage, ob der Arbeitgeber ein Recht auf Information über eine bestehende **Schwerbehinderung des Beschäftigten** hat. Die Frage ist bei der Begründung des Beschäftigungsverhältnisses wegen ihres diskriminierenden Charakters unzulässig (→ Rn. 87). Etwas anderes gilt jedoch für eine solche Datenerhebung im Rahmen eines bereits bestehenden Beschäftigungsverhältnisses: Die mit dem Schwerbehindertenstatus verbundenen besonderen Rechtsfolgen – zB die Gewährung von Zusatzurlaub (§ 208 SGB IX), die Pflicht zur Zahlung einer Ausgleichsabgabe bei Nichterfüllung der Beschäftigungspflicht (§§ 154 ff. SGB IX) sowie der für Schwerbehinderte geltende besondere Kündigungsschutz (§§ 168 ff. SGB IX) – machen es erforderlich, dass der Arbeitgeber von diesem Kenntnis erlangt.[273]

123 Gesundheitsdaten von Arbeitnehmern können zwar in deren **Personalakte** aufbewahrt werden. Der Arbeitgeber hat allerdings nach Maßgabe von § 26 Abs. 3 S. 3 iVm § 22 Abs. 2 BDSG nF angemessene und spezifische Maßnahmen zur Wahrung der Interessen der betroffenen Person vorzusehen, insbes. hat er Vorkehrungen dafür zu treffen, dass die Personalakten sorgfältig verwahrt werden und der Zugang zu ihnen beschränkt ist (vgl. § 22 Abs. 2 S. 2 Nr. 5 BDSG nF), so dass eine zufällige Kenntnisnahme durch Unbefugte verhindert wird; nicht erforderlich ist aber, dass für Arbeitnehmer eine gesonderte Gesundheitsakte geführt wird.[274] Besonderheiten gelten für das **Beamtenrecht**. Da der Dienstherr im Rahmen von Beihilfeverfahren (§ 80 BBG iVm BBhV) Kenntnis von Gesundheitsdaten des Beamten erlangen kann, bedarf es für das Beamtenverhältnis einer besonderen Regelung, um das Recht des Beamten auf informationelle Selbstbestimmung zu schützen. Deshalb ordnen § 108 Abs. 1 S. 1–3 BBG an, dass die Beihilfeunterlagen von Bundesbeamten als Teilakte zu führen, von der übrigen Personalakte getrennt aufzubewahren sind und in einer von der übrigen Personalabteilung getrennten Organisationseinheit bearbeitet werden sollen, zu der nur Beschäftigte dieser Organisationseinheit Zugang haben; ferner darf die Beihilfeakte für andere als Beihilfezwecke grundsätzlich nur mit Einwilligung des betroffenen Beamten genutzt und weitergegeben werden (§ 108 Abs. 1 S. 4 BBG). Dieselben Grundsätze gelten auch für die Landesbeamten.[275]

124 **d) Andere sensible Beschäftigtendaten.** Ähnlich strenge Maßstäbe gelten auch für die Verarbeitung anderer sensibler Daten iSv Art. 9 Abs. 1. So ist die Erhebung von Daten zur **Religionszugehörigkeit** der Beschäftigten bereits wegen Verstoßes gegen §§ 1, 7 AGG grundsätzlich unzulässig und mangels Erforderlichkeit nicht mit § 26 Abs. 1 S. 1 BDSG nF vereinbar. Eine Ausnahme gilt lediglich für Arbeitnehmer und Beamte, die kirchensteuerpflichtig sind: Um seiner gesetzlichen Pflicht zur Abführung der **Kirchensteuer** genügen zu

---

266 Vgl. BAG BB 2012, 2310 m. zust. Anm. *Neufeld*.
267 So auch BVerwGE 137, 148 (151 f.) zur entsprechenden Vorschrift des LPVG Berlin.
268 Vgl. BVerwGE 137, 148 (154).
269 AA *Weichert* RDV 2007, 189 (195) sowie *Gundermann/Oberberg* RDV 2007, 103 (109), die von einer Aufbewahrungsbefugnis von bis zu drei Jahren ausgehen.
270 Vgl. *Plagemann/Nebe*, Münchener Anwaltshandbuch Sozialrecht, 2018, § 20 Rn. 21.
271 Ebenso *Plagemann/Nebe*, Münchener Anwaltshandbuch Sozialrecht, 2018, § 20 Rn. 21 sowie *Deinert* NZA 2010, 969 (973), jew. mwN.
272 Zu den Einzelheiten statt vieler ErfK/*Rolfs* SGB IX § 167 Rn. 10ff. mwN.
273 So BAG NZA 2012, 555 (556ff.); *Gola/Pötters/Wronka*, HdB Arbeitnehmerdatenschutzrecht, 2016, Rn. 858; *Wisskirchen/Bissels* NZA 2007, 169 (173); *Thüsing/Lambrich* BB 2002, 1146 (1148); *Franzen* RDV 2003, 1; *Rolfs/Paschke* BB 2002, 1260 (1261).
274 Vgl. BAG NZA 2007, 269 (272).
275 Vgl. zB § 82 Abs. 1 ThürBG.

Seifert

können („Lohnabzugsverfahren"),[276] muss der Arbeitgeber bzw. der Dienstherr das Recht haben, die Zugehörigkeit des Arbeitnehmers oder Beamten zu einer Religionsgemeinschaft speichern zu dürfen.[277] Allerdings stellt § 39b Abs. 1 S. 4 EStG sicher, dass der Arbeitgeber die auf der Lohnsteuerkarte eingetragenen Merkmale des Arbeitnehmers, also auch die Zugehörigkeit zu einer anerkannten Religionsgemeinschaft, nur für die Einbehaltung der Lohnsteuer und zu keinem anderen Zweck verwerten darf. Ebenfalls grundsätzlich unzulässig und mit § 26 Abs. 1 S. 1 BDSG nF unvereinbar ist die Speicherung von Daten über die **Mitgliedschaft in einer politischen Partei.**

Anders ist die Frage nach einer **Gewerkschaftsmitgliedschaft** des Beschäftigten zu beurteilen. Im Unterschied zur Frage nach der Gewerkschaftsmitgliedschaft bei der Begründung eines Beschäftigungsverhältnisses kann sie in bestehenden Arbeitsverhältnissen durchaus erforderlich sein. Nur durch ihre Beantwortung wird der Arbeitgeber herausfinden können, ob **Tarifgebundenheit** eines Arbeitnehmers (vgl. § 3 Abs. 1 TVG) besteht und deshalb die Rechtsnormen des im Betrieb geltenden Tarifvertrages für sein Arbeitsverhältnis unmittelbar und zwingend gelten (§ 4 Abs. 1 S. 1 TVG).[278] Allerdings ist die Frage nach der Gewerkschaftsmitgliedschaft im Regelfall gleichwohl nicht erforderlich, da die Arbeitsverträge normalerweise Bezugnahmeklauseln enthalten und der Arbeitgeber somit bei der Tarifgeltung nicht nach organisierten und nicht organisierten Arbeitnehmern differenziert.[279] Etwas anderes kann in Einzelfällen bei einer Tarifpluralität im Betrieb gelten, die in der Folge der Aufgabe des Grundsatzes der Tarifeinheit durch das BAG möglich geworden ist[280] und auch nach dem gesetzlich im neuen § 4a TVG verankerten Prinzip der Tarifeinheit noch möglich ist, da nach der Vorschrift des § 4a Abs. 2 S. 1 TVG der Arbeitgeber an mehrere Tarifverträge unterschiedlicher Gewerkschaften gebunden sein kann. Finden mehrere Tarifverträge nebeneinander im Betrieb Anwendung (Tarifpluralität), kann es für die Durchführung seiner Arbeitsverhältnisse erforderlich sein, Kenntnis von der Gewerkschaftszugehörigkeit seiner Arbeitnehmer zu erlangen. Handelt es sich um kollidierende Tarifverträge, sollen nach § 4a Abs. 2 S. 2 TVG im Betrieb nur die Rechtsnormen des Tarifvertrags derjenigen Gewerkschaft anwendbar sein, die zum Zeitpunkt des Abschlusses des zuletzt kollidierenden Tarifvertrages im Betrieb die meisten in einem Arbeitsverhältnis stehenden Mitglieder hat. Auch zur Feststellung dieser relativen Mehrheit muss der Arbeitgeber die gewerkschaftliche Mitgliedschaft seiner Arbeitnehmer erheben dürfen; in diesem Falle ist eine Verarbeitung dieses sensiblen Datums nach § 26 Abs. 3 S. 1 BDSG nF rechtmäßig. Das BAG hat jüngst für den Fall, dass ein Arbeitgeber während laufender Tarifvertragsverhandlungen mit einer Gewerkschaft von seinen Arbeitnehmern die Gewerkschaftsmitgliedschaft abfragt, um feststellen zu können, ob Arbeitnehmer an einen mit einer anderen Gewerkschaft bereits geschlossenen Tarifvertrag oder an den noch abzuschließenden Tarifvertrag gebunden sind, einen Verstoß gegen die kollektive Koalitionsfreiheit der betroffenen Gewerkschaft angenommen, jedoch ausdrücklich offen gelassen, ob in einer solchen Frage nach der Gewerkschaftsmitgliedschaft generell und ausnahmslos eine rechtswidrige Beeinträchtigung der kollektiven Koalitionsfreiheit zu sehen sei.[281] Fälle einer solchen Tarifpluralität dürften in der Praxis aber eher selten sein.

Gegen § 26 Abs. 3 S. 1 BDSG nF verstößt hingegen die Kenntnis des Arbeitgebers von der Gewerkschaftszugehörigkeit seiner Arbeitnehmer, um die fällig werdenden **Gewerkschaftsbeiträge** der organisierten Arbeitnehmer an die Gewerkschaft abzuführen. Insoweit erfüllt der Arbeitgeber nicht eine rechtliche Pflicht aus dem Arbeitsrecht, da die Abführung der Gewerkschaftsbeiträge der organisierten Arbeitnehmer deren sich nach vereinsrechtlichen Grundsätzen richtende Mitgliedschaftsverhältnisse in der Gewerkschaft und nicht deren Arbeitsverhältnis betrifft. Sollte es ausnahmsweise eine solche Vereinbarung zwischen Arbeitgeber und Gewerkschaft über die Abführung von Gewerkschaftsbeiträgen im Wege eines Lohnabzugsverfahrens geben (zB aufgrund eines Tarifvertrages), überwiegen jedenfalls schutzwürdige Belange der betroffenen Arbeitnehmer, insbes. der Schutz ihres Grundrechts der Koalitionsfreiheit (Art. 9 Abs. 3 GG) und der Vereinigungsfreiheit (Art. 12 GRCh und Art. 11 EMRK).

---

276 Art. 140 GG iVm Art. 137 Abs. 6 WRV räumt Religionsgemeinschaften, welche Körperschaften des öffentlichen Rechts sind, das Recht ein, aufgrund der bürgerlichen Steuerlisten nach Maßgabe der landesrechtlichen Bestimmungen Steuern zu erheben. Rechtsgrundlage der Kirchensteuer sind somit kirchenrechtliche Vorschriften. Zur Kirchensteuer im Überblick *von Campenhausen/de Wall*, Staatskirchenrecht, 4. Aufl. 2006, 226ff. mwN.

277 Zur Verfassungsmäßigkeit der Pflicht zur Eintragung der Religionsangehörigkeit auf der Lohnsteuerkarte s. BVerfGE 44, 103; BVerfGE 46, 266; BVerfGE 49, 375; *BVerfG* NVwZ 2001, 909; ebenso BFHE 116, 485; *Anke/Zacharias* DÖV 2003, 140; kritisch zu dieser Rechtsprechung: *Wasmuth/Schiller* NVwZ 2001, 852; *Adam* NZA 2003, 1375 (1379 f.); LAG Baden-Württemberg DB 1987, 2567. Zur Vereinbarkeit mit Art. 8 und 9 EMRK siehe EGMR v. 17.2.2011, Beschwerde-Nr. 12884/03 (*Wasmuth/Deutschland*).

278 Ebenso *Löwisch/Rieble* TVG § 3 Rn. 341.

279 So auch *Löwisch/Rieble* TVG § 3 Rn. 342.

280 Zur Aufgabe des äußerst umstrittenen richterrechtlichen Grundsatzes der Tarifeinheit grundlegend BAG NZA 2010, 645 (650ff.) sowie BAG NZA 2010, 1068 (1071ff.); wie hier für eine begrenzte Zulassung der Frage des Arbeitgebers im laufenden Arbeitsverhältnis nach der Gewerkschaftszugehörigkeit *Meyer* BB 2011, 2362 (2363 f.).

281 Vgl. BAG NZA 2015, 306; kritisch hierzu *Sprenger* NZA 2015, 719 (721ff.) sowie *Selzer* SAE 2016, 46 (49ff.).

127 **e) Arbeitszeit.** Die vom Arbeitnehmer geleistete Arbeitszeit ist Grundlage für die Bemessung seines Entgelt-anspruchs; dies gilt jedenfalls für Zeitlohnsysteme. Schon aus diesem Grunde muss der Arbeitgeber grund-sätzlich die Befugnis besitzen, die Arbeitszeit der Arbeitnehmer zu erfassen.[282] Die Arbeitszeiterfassung gilt nicht nur für „starre" Arbeitszeitsysteme, sondern auch für **flexible Arbeitszeitmodelle** (zB Gleitzeit, Arbeitszeitkonten iSv § 7 b SGB IV). Bei **Arbeitszeitkonten** („Wertguthabenvereinbarungen") unterliegt der Arbeitgeber sogar einer gesetzlichen Pflicht, diese als Arbeitsentgeltguthaben zu führen (§ 7 d Abs. 1 S. 1 SGB IV), was eine genaue Erfassung der vom Arbeitnehmer geleisteten Arbeitsstunden voraussetzt.[283] Nur bei der völlig ins Ermessen des Arbeitnehmers gestellten „Vertrauensarbeitszeit" findet eine Zeiterfassung durch den Arbeitgeber nicht statt.[284] Somit kann der Arbeitgeber grundsätzlich eine Arbeitszeiterfassung am Betriebstor oder durch eine Stechkarte oder Magnetkarte durchführen.[285]

128 § 26 Abs. 1 S. 1 BDSG nF wird im Bereich der Arbeitszeit durch einzelne Sonderregeln verdrängt, die sogar eine Arbeitszeiterfassung und eine Aufbewahrung dieser Beschäftigtendaten durch den Arbeitgeber anord-nen. So ist der Arbeitgeber aus **§ 16 Abs. 2 ArbZG** verpflichtet, die über die werktägliche Arbeitszeit von acht Stunden hinausgehende Arbeitszeit der Arbeitnehmer aufzuzeichnen und ein Verzeichnis der Arbeit-nehmer zu führen, die in eine Verlängerung der Arbeitszeit gemäß § 7 Abs. 7 ArbZG eingewilligt haben; die Nachweise sind mindestens zwei Jahre aufzubewahren. Das **MiLoG** verpflichtet den Arbeitgeber in seinem **§ 17 Abs. 1 S. 1** Beginn, Ende und Dauer der täglichen Arbeitszeit von Arbeitnehmern, die geringfügig be-schäftigt sind (vgl. § 8 Abs. 1 SGB IV) oder in einem der nach der Wertung des Gesetzgebers für besonders anfällig für Verstöße gegen das MiLoG geltenden Wirtschaftsbereiche oder Wirtschaftszweige nach § 2 a SchwArbG beschäftigt sind (zB Baugewerbe, Gaststätten- und Beherbergungsgewerbe, Gebäudereinigung), spätestens bis zum Ablauf des siebten auf den Tag der Arbeitsleistung folgenden Kalendertages aufzuzeich-nen und diese Aufzeichnungen mindestens zwei Jahre aufzubewahren; diese Dokumentationspflicht gilt auch für Entleiher, die Leiharbeitnehmer in einem der in § 2 a SchwArbG genannten Wirtschaftszweige be-schäftigen (vgl. § 17 Abs. 1 S. 2 MiLoG).[286] Die auf der Grundlage von § 17 Abs. 4 MiLoG erlassene Min-destlohndokumentationsVO v. 1.8.2015 hat diese Dokumentationspflicht aber dahingehend eingeschränkt, dass Arbeitnehmer, deren verstetigtes regelmäßiges Monatsgehalt brutto 2.958 Euro nicht überschreitet, ausgenommen sind (§ 1 Abs. 1). Für den Bereich der **Arbeitnehmerentsendung** erlegt § 19 Abs. 1 AEntG dem Arbeitgeber ebenfalls die Pflicht auf, Beginn, Ende und Dauer der täglichen Arbeitszeit der Arbeitneh-mer aufzuzeichnen und diese Aufzeichnungen mindestens zwei Jahre aufzubewahren.

129 Auch die genaue **Ermittlung von Abwesenheitszeiten** eines Beschäftigten (zB wegen Krankheit oder unent-schuldigten Fernbleibens) entspricht einem berechtigten Interesse des Arbeitgebers und ist als erforderlich iSv § 26 Abs. 1 S. 1 BDSG nF anzusehen.[287] Allerdings ist darauf zu achten, dass die Speicherung nur so lange erfolgt, wie dies für die Durchführung des Beschäftigungsverhältnisses (oder dessen Beendigung) er-forderlich ist. So muss es dem Arbeitgeber möglich sein, krankheitsbedingte Fehlzeiten so lange zu spei-chern, wie sie für eine **krankheitsbedingte Kündigung** (wegen häufiger Kurzerkrankungen) herangezogen werden dürfen.[288] Die Speicherung von **Abwesenheitszeiten des Arbeitnehmers nach § 616 BGB** ist nur so lange zulässig, wie ihre Erfassung für die Abrechnung des Arbeitsentgelts in dem betroffenen Zeitraum er-forderlich ist. Auch ist die Speicherung einer **urlaubsbedingten Abwesenheit** (Erholungsurlaub nach dem BUrlG oder Bildungsurlaub nach einem der in einzelnen Bundesländern geltenden Bildungsurlaubsgesetze) nur zulässig, soweit diese für dessen Gewährung erforderlich ist.

130 **f) Arbeitsentgelt und Aufwendungsersatz.** Die Bestimmung der Höhe und die Auszahlung des arbeitsver-traglich geschuldeten Arbeitsentgelts erfordert die Erhebung und Verarbeitung einer Vielzahl von personen-bezogenen Daten des Arbeitnehmers. So differenzieren die meisten betrieblichen und tarifvertraglichen Ent-geltordnungen bei der **Entgelthöhe** nach wie vor nach dem Lebensalter des Arbeitnehmers, der Dauer der Betriebszugehörigkeit, der beruflichen Ausbildung, nach seinem Familienstand und der Anzahl der Kinder. Im Rahmen der **Auszahlung des Arbeitsentgelts** erlangt der Arbeitgeber Kenntnis von bereits erfolgten Ge-

---

282 Vgl. DWWS/*Däubler* BDSG § 26 Rn. 86; Taeger/Gabel/Zöll BDSG § 32 Rn. 25; *Wellhöner/Byers* BB 2009, 2310 (2315).

283 Zur Kritik an der Vorschrift s. *Langohr-Plato/Sopora* NZA 2008, 1377 (1378).

284 Zur Vertrauensarbeitszeit s. *Biswas*, Vertrauensarbeitszeit und Arbeitszeitfreiheit im arbeitszeitrechtlichen und betriebsverfassungs-rechtlichen Kontext, 2004, S. 31 ff. mwN.

285 *Wellöner/Byers* BB 2009, 2310 (2314 f.).

286 Zur rechtspolitischen Kritik an dieser öffentlich-rechtlichen Dokumentationspflicht von Arbeitgebern s. *Schmitz-Witte/Kilian* NZA 2015, 415.

287 BAG NZA 1986, 526 (528); *Wellöner/Byers* BB 2009, 2310 (2314 f.); *Iraschko-Luscher/Kiekenbeck* NZA 2009, 1239 (1241).

288 *Iraschko-Luscher/Kiekenbeck* NZA 2009, 1239 (1241); ebenso *Franzen* RDV 2003, 1 (8). Nach der Rspr. des BAG ist als Regelzeit-raum für die Vornahme einer Negativprognose durch den Arbeitgeber ein Zeitraum von zwei Jahren zugrunde zu legen, wenngleich sich eine schematische Festlegung verbietet: s. statt vieler *Stahlhacke/Preis/Vossen*, Kündigung und Kündigungsschutz im Arbeitsver-hältnis, 2015, Rn. 1263 mwN.

haltspfändungen gegen den Arbeitnehmer (vgl. § 829 Abs. 2 S. 1 ZPO); auch erfährt er durch die Lohnsteuerkarte des Arbeitnehmers von dessen Zugehörigkeit zu einer Religionsgemeinschaft iSv Art. 140 GG iVm Art. 137 Abs. 5 WRV. Der Arbeitgeber darf diese Arbeitnehmerdaten nur insoweit zur Ermittlung der Entgelthöhe und der Auszahlung des Entgelts erheben und verarbeiten, als sie für diese Zwecke tatsächlich auch notwendig sind, wie sich aus § 39 Abs. 8 S. 4 EStG für die Abführung der Kirchensteuer ausdrücklich ergibt.

Den Arbeitgeber trifft allerdings aus verschiedenen Vorschriften sogar die **Pflicht, Lohnunterlagen für eine** 131 **bestimmte Dauer aufzubewahren**. So besteht die abgabenrechtliche Verpflichtung, die Lohnberechnungsunterlagen als „sonstige Unterlagen" sechs Jahre aufzubewahren (**§ 147 Abs. 1 Nr. 5 iVm Abs. 3 AO**).[289] Sie wird ergänzt durch die Vorschrift des **§ 41 Abs. 1 S. 9 EStG**, die für Lohnkonten ebenfalls eine sechsjährige Aufbewahrungspflicht vorsieht. Entsprechendes ergibt sich aus **§ 257 Abs. 1 Nr. 4 iVm § 238 Abs. 1 HGB** für Quittungsbelege über den Arbeitslohn. Findet auf das Arbeitsverhältnis ein für allgemeinverbindlich erklärter Tarifvertrag nach den §§ 4, 5 Nr. 1–3 und § 6 AEntG oder eine entsprechende Rechtsverordnung nach § 7 AEntG Anwendung, ist der Arbeitgeber verpflichtet, auch **Lohnunterlagen der entsandten Arbeitnehmer** bis zu einer Dauer von zwei Jahren für die kontrollierende Zollverwaltung bereitzuhalten (§ 19 Abs. 2 S. 1 AEntG).

Arbeitnehmer wie Beamte können im Rahmen der Durchführung ihrer Beschäftigungsverhältnisse **Ansprüche** 132 **che auf Ersatz von Aufwendungen** (§ 670 BGB analog) erwerben, die sie für den Arbeitgeber oder Dienstherrn getätigt haben (zB Reisekosten oder Umzugskosten).[290] Sie können sich aus Individual- oder Kollektivvertrag (Tarifvertrag, Betriebsvereinbarung), aber auch aus Gesetz oder gesetzesvertretendem Richterrecht ergeben. Das Beamtenrecht sieht gar einen gesetzlich besonders ausgeformten Aufwendungsersatzanspruch von Beamten für den Fall von notwendigen Dienstreisen vor (vgl. § 81 BBG, das Bundesreisekostengesetz sowie die Reisekostengesetze der Bundesländer); diese beamtenrechtlichen Reisekostenvorschriften gelten aufgrund der Verweisungsvorschrift des § 44 Abs. 1 TVöD auch für die Arbeiter und Angestellten des öffentlichen Dienstes. Auch für die Erstattung von Umzugskosten an Beamte bestehen gesetzliche Regelungen (zB § 82 Abs. 1 und 2 BBG), die durch § 44 Abs. 1 TVöD ebenfalls auf Arbeitnehmer des öffentlichen Dienstes ausgedehnt worden sind. Um die Begründetheit von Aufwendungsersatzansprüchen ihrer Beschäftigten ermitteln zu können, dürfen Arbeitgeber und Dienstherrn die hierfür erforderlichen Daten der Beschäftigten grundsätzlich verarbeiten (zB Vorlage von Hotelrechnungen, Tankrechnung, gegebenenfalls auch die entsprechenden Quittungen der EC-Karte oder der Kreditkarte des Beschäftigten usw).[291] Die in diesem Rahmen erhobenen Beschäftigtendaten dürfen von Arbeitgebern und Dienstherrn allerdings nicht unbegrenzt gespeichert werden. Ihre Speicherung ist grundsätzlich nur so lange erforderlich iSv § 26 Abs. 1 S. 1 BDSG nF, wie die Abwicklung des Aufwendungsersatzes noch nicht abschließend erfolgt ist.

g) Kontrolle des Beschäftigtenverhaltens. Der Arbeitgeber hat grundsätzlich ein berechtigtes Interesse da- 133 ran, das Verhalten seiner Beschäftigten während der Arbeitszeit sowie deren Arbeitsergebnisse zu kontrollieren. Derartige Kontrollen ermöglichen es ihm, festzustellen, ob sich die Beschäftigten entsprechend ihrer vertraglichen Verpflichtungen und den Weisungen des Arbeitgebers oder Dienstherrn verhalten. Die **technologische Entwicklung der vergangenen Jahre** hat die Möglichkeiten einer Beschäftigtenüberwachung drastisch intensiviert. Das Recht der Beschäftigten auf informationelle Selbstbestimmung sowie auf Schutz der Privatsphäre und auf angemessenen Datenschutz (Art. 7 und 8 GRCh) kann dabei in ganz erheblicher Weise berührt sein. Allgemein lässt sich mit Blick auf die rechtliche Beurteilung einer Überwachung des Beschäftigtenverhaltens sagen, dass eine umfassende oder ständige Überwachung („Totalüberwachung") grundsätzlich in unverhältnismäßiger Weise in deren Grundrechte eingreift und deshalb unzulässig ist.[292] Hinsichtlich der Einzelheiten der **Zulässigkeit** ist allerdings zwischen den verschiedenen Formen einer Kontrolle von Beschäftigten zu unterscheiden.

aa) Videoüberwachung. Ein inzwischen sehr verbreitetes Kontrollinstrument des Verhaltens der Beschäftig- 134 ten ist die **Videoüberwachung** während der Arbeitszeit (zur praktischen Bedeutung der Videoüberwachung im heutigen Leben → Art. 6 Abs. 4 Rn. 5ff. mwN).Sie wird insbes. in Kaufhäusern, Supermärkten, anderen größeren Einzelhandelsgeschäften oder Tankstellen eingesetzt, wobei es in diesen Fällen oftmals nicht in erster Linie um die Überwachung der Beschäftigten, sondern um den Schutz des Eigentums des Arbeitgebers vor Straftaten der Kunden (zB Diebstahl) geht; dasselbe gilt auch für Überwachungskameras, die in Bankfilialen installiert sind. Doch auch der heimliche Einsatz von Videokameras zur Kontrolle der Beschäf-

---

289   Statt vieler *Koenig/Cöster*, AO, 3. Aufl. 2014, § 147 Rn. 14 mwN.
290   Zum Anspruch auf Aufwendungsersatz im Rahmen des Arbeitsverhältnisses s. den Überblick bei ErfK/*Preis* BGB § 611a Rn. 553ff. mwN.
291   Ebenso *Kursawe/Nebel* BB 2012, 516 (518).
292   Vgl. statt vieler *Kort* RdA 2018, 24 (25) mwN.

tigten kommt immer wieder vor (verdeckt installierte Kameras oder Videoüberwachung einzelner Beschäftigter durch Detektive).[293] Die DSGVO enthält im Unterschied zu § 4 BDSG nF (= § 6 b BDSG aF) noch nicht einmal eine partielle Vorschrift, welche die Zulässigkeit von Videoüberwachungen ausdrücklich regelt. **Art. 82 Abs. 1 c lit. b Parl-E** sah vor, dass die Mitgliedstaaten als Mindeststandard ua die optisch-elektronische Überwachung von Beschäftigten an öffentlich nicht zugänglichen Teilen des Betriebes, die von den Beschäftigten zu privaten Zwecken genutzt werden (zB Wasch-, Umkleide-, Pausen- oder Schlafräume), sowie jede Form der heimlichen Videoüberwachung oder akustischen Überwachung zu verbieten haben. Insbesondere das generelle Verbot der verdeckten Videoüberwachung wäre über die Rechtsprechung des BAG hinausgegangen (→ Rn. 138). Zu einer Regelung der Videoüberwachung in der DSGVO ist es letztlich jedoch nicht gekommen, was angesichts der großen Bedeutung dieser Überwachungsform zu kritisieren ist.[294] Stattdessen haben nach Art. 88 Abs. 2 die spezifischeren Vorschriften der Mitgliedstaaten zum Beschäftigtendatenschutz Maßnahmen zur Wahrung der Grundrechte der Betroffenen im Hinblick auf die „Überwachungssysteme am Arbeitsplatz" (→ Rn. 42 f.) zu umfassen.

135 Umfang und Grenzen der Zulässigkeit von Videoüberwachungen der Beschäftigten ergeben sich aus den allgemeinen Vorschriften der DSGVO über die Rechtmäßigkeit von Datenverarbeitungen. Zentrale Rechtsgrundlage ist **Art. 6 Abs. 1 S. 1 lit. f**, wonach die Verarbeitung rechtmäßig ist, wenn sie **zur Wahrung der berechtigten Interessen** des Verantwortlichen oder Dritter erforderlich ist und nicht die Interessen oder Grundrechte und Grundfreiheiten der betroffenen Person, die den Schutz personenbezogener Daten erfordern, überwiegen (zur Anwendung auf die Videoüberwachung ausführlich → Anh. 4 zu Art. 6 Rn. 24). Die Unterscheidung zwischen öffentlich zugänglichen und nicht öffentlich zugänglichen Bereichen, die dem bisherigen Recht zur Videoüberwachung zugrunde liegt, findet sich in dieser Verordnungsvorschrift nicht explizit, wohl aber auf der Ebene der **Datenschutz-Folgenabschätzung**, denn Art. 35 Abs. 3 lit. c nennt als einen der Regelfälle, in denen eine solche Abschätzung vorzunehmen ist, die systematische umfangreiche Überwachung öffentlich zugänglicher Bereiche (vgl. auch EG 91): Verstöße gegen diese Pflicht führen jedoch nicht zur Rechtswidrigkeit der damit verbundenen Datenverarbeitung, sondern können von der Aufsichtsbehörde mit einschneidenden Geldbußen belegt werden (Art. 83 Abs. 4 lit. a).

136 Obwohl die DSGVO nicht zwischen öffentlich zugänglichen und nicht öffentlich zugänglichen Bereichen differenziert und auch nicht die Unterscheidung zwischen offener und verdeckter Überwachung kennt, spricht doch einiges dafür, die vom BAG zu § 32 Abs. 1 BDSG aF entwickelten Grundsätze auch nach der neuen Rechtslage zur Konkretisierung heranzuziehen. Art. 6 Abs. 1 S. 1 lit. f liegt nämlich ebenso wie der Rechtsprechung des BAG der Gedanke einer Abwägung zwischen den Grundrechten der betroffenen Personen und dem Verantwortlichen zugrunde, welche die Zulässigkeit von Videoüberwachungen nach der mit ihnen verbundenen Intensität von Grundrechtseingriffen abstuft. Sicherlich darf die DSGVO als sekundäres Unionsrecht nicht im Lichte nationalen Rechts ausgelegt werden. Die mit dem bisherigen deutschen Recht vergleichbare dogmatische Konstruktion erlaubt es aber, die vom BAG entwickelten und weitgehend überzeugenden Grundsätze auch für die Auslegung von Art. 6 Abs. 1 S. 1 lit. f heranzuziehen.

137 Die Zulässigkeit einer offenen Videoüberwachung von Beschäftigten **in öffentlich zugänglichen Räumen** des Arbeitgebers (zB Verkaufsräume in einem Kaufhaus) setzt nach § 4 Abs. 1 Nr. 3 BDSG nF voraus, dass die Überwachungsmaßnahme zur **Wahrnehmung berechtigter Interessen des Arbeitgebers** für konkret festgelegte Zwecke (zB Schutz des Eigentums des Arbeitgebers) erforderlich ist und keine Anhaltspunkte dafür bestehen, dass schutzwürdige Interessen der betroffenen Beschäftigten überwiegen. Im Unterschied zu § 4 Abs. 2 BDSG nF kennt Art. 6 indessen keine Pflicht des Verantwortlichen, die Überwachung durch geeignete Maßnahmen erkennbar zu machen.

138 In Ausnahmefällen kann aber auch eine **verdeckte Videoüberwachung öffentlich zugänglicher Räume** zur Kontrolle von Beschäftigten zulässig sein. Rechtsgrundlage hierfür ist nicht § 4 BDSG nF, sondern Art. 6 Abs. 1 lit. f iVm § 26 Abs. 1 S. 1 BDSG nF.[295] Voraussetzung hierfür ist, dass die verdeckte Videoüberwachung das einzige Mittel zur Überführung von Beschäftigten ist, gegen die ein konkreter Tatverdacht wegen der Begehung von Straftaten oder anderer schwerwiegender Verfehlungen besteht.[296] In diesen Fällen richtet sich die Zulässigkeit der Videoüberwachung nach § 26 Abs. 1 BDSG nF. Eine lediglich **abstrakte Gefahr** reicht somit nicht aus: Diese Einschränkung folgt aus § 26 Abs. 1 S. 2 BDSG nF, der für die Erhebung von Beschäftigtendaten zur Aufdeckung von Straftaten verlangt, dass ein tatsächlicher Verdacht der Begehung einer Straftat gegen den Beschäftigten vorliegt.[297] Die verdeckte Überwachung muss allerdings das relativ

---

293 Eingehend zur praktischen Bedeutung der Videoüberwachung im Arbeitsleben *Tinnefeld/Viethen* NZA 2003, 468 (471).
294 Zur berechtigten Kritik Kühling/Buchner/*Jandt* Art. 35 Rn. 12.
295 Ebenso *Byers* NZA 2017, 1086 (1089 f.).
296 BAG BB 2013, 125 (126); eingehend hierzu *Bayreuther* DB 2012, 2222; *Byers/Pracka* BB 2013, 760 (763ff.).
297 Ebenso *Däubler*, Gläserne Belegschaften, 2017, Rn. 306.

mildeste Mittel und somit auch erforderlich sein. Ob dies der Fall ist, hängt von einer umfassenden **Einzelfallbetrachtung** ab: Stets ist zu prüfen, ob statt einer Videoüberwachung andere Formen der Ermittlungen innerhalb des Betriebes oder der Dienststelle gleich effektiv sind (zB die Befragung anderer Beschäftigter, ggf. auch von Kunden oder von Lieferanten).[298]

Bei der offenen Videoüberwachung von Beschäftigten **in nicht öffentlich zugänglichen Räumen** (zB in Werkshallen oder Büroräumen) lässt sich an den Wertungen anknüpfen, die für die offene Überwachung in öffentlich zugänglichen Räumen gelten.[299] Allerdings ist Rechtsgrundlage der Überwachungsmaßnahme in diesen Fällen § 26 Abs. 1 BDSG nF und nicht § 4 BDSG nF: Erfolgt die Überwachung zur Aufdeckung einer Straftat, gelten die Anforderungen des § 26 Abs. 1 S. 2 BDSG nF, während für präventive Überwachungen und solche zur Aufdeckung von schweren Verfehlungen, die keine Straftaten sind, § 26 Abs. 1 S. 1 BDSG nF Anwendung findet. Die Überwachung muss somit zur Wahrung von berechtigten Interessen des Arbeitgebers wie zB dem Schutz seines Eigentums erforderlich sein, und es darf nicht das Interesse der betroffenen Beschäftigten überwiegen. Bei der Abwägung sind insbes. Umfang und Dauer der Überwachung sowie die Intensität der Auswertung der Aufzeichnungen zu berücksichtigen. | 139

Weitaus strengere Maßstäbe gelten allerdings für die **verdeckte Videoüberwachung in öffentlich nicht zugänglichen Räumen**. Wegen der besonderen Eingriffsintensität solcher heimlichen Überwachungsmaßnahmen ist die Rechtfertigungsschwelle hoch anzusetzen. Eine nur **präventive Videoüberwachung ohne Anlass** genügt den Anforderungen des § 26 Abs. 1 S. 1 BDSG nF grundsätzlich nicht, wie bereits eine Auslegung im Lichte von § 26 Abs. 1 S. 2 BDSG nF zeigt.[300] Zu verlangen ist deshalb, dass „der konkrete Verdacht einer strafbaren Handlung oder einer schweren Verfehlung zulasten des Arbeitgebers besteht, weniger einschneidende Mittel zur Aufklärung des Verdachts ergebnislos ausgeschöpft worden sind, die verdeckte Videoüberwachung damit das praktisch einzig verbleibende Mittel darstellt und sie insgesamt nicht unverhältnismäßig ist".[301] | 140

bb) Überwachung mobiler Beschäftigter. Die Kontrolle des Beschäftigtenverhaltens von extern bzw. mobil tätigen Beschäftigten kann insbes. durch den **Einsatz von Ortungssystemen** erfolgen. So kann mithilfe eines **Global Positioning System (GPS)**, das als Navigationssystem in einem KFZ installiert ist, genau ermittelt werden, wo der Beschäftigte sich gerade befindet, mit welcher Geschwindigkeit er fährt und welche Wegestrecke bereits wo zurückgelegt wurde; im Nachhinein können auf dieser Grundlage regelrechte Bewegungs- und Verhaltensprofile von Fahrern angefertigt werden.[302] Bei der Erstellung solcher Bewegungsprofile handelt es sich um eine Erhebung von personenbezogenen Daten der Beschäftigten (Art. 4 Nr. 1).[303] Der Einsatz von GPS-Geräten ist zur Durchführung des Beschäftigungsverhältnisses nicht unbegrenzt zulässig. Er kann nur dann als erforderlich angesehen werden, wenn eine Ortung zur Sicherheit der Beschäftigten oder (auch) von sehr wertvollem Arbeitgebereigentum bzw. diesem anvertrauten sehr wertvollen Gegenständen notwendig ist (beides zB bei der Ortung eines Geldtransporters). Eine heimliche Erstellung von Bewegungsprofilen der Beschäftigten mittels eines GPS (zB durch einen vom Arbeitgeber beauftragten Detektiv, um dem Arbeitgeber eine Beweisführung zu ermöglichen) ist allerdings nur in Ausnahmefällen mit § 26 Abs. 1 BDSG nF vereinbar:[304] Es bedarf insoweit eines konkreten Tatverdachtes gegen den betroffenen Beschäftigten, der Erforderlichkeit des angefertigten Bewegungsprofils für die Klärung der Beweisfrage sowie des Fehlens milderer Mittel, die zur Herbeiführung desselben Erfolges vom Arbeitgeber eingesetzt werden könnten. Die Interessen des Arbeitgebers müssen gegenüber dem Persönlichkeitsrecht des betroffenen Beschäftigten klar überwiegen. Vergleichbares gilt für die Nutzung von **Fahrzeugtelematik-Systemen** oder von **Unfalldatenspeichern**, die außer den Standortdaten auch Daten zum Fahrverhalten des Beschäftigten speichern. So dürfen mithilfe solcher Systeme zwar relevante Daten über einen Unfall des Fahrzeugs gesammelt werden (zB Fahrverhalten vor dem Unfall wie plötzliches Bremsen oder Richtungsänderungen), doch ist ihr Einsatz (zB Überwachung mit Webcams) nicht mehr zur Durchführung als erforderlich iSv § 26 Abs. 1 S. 1 | 141

---

298 Ähnlich *Byers/Pracka* BB 2013, 760 (763).

299 Ebenso BeckOK DatenschutzR/*Riesenhuber* BDSG § 26 Rn. 152 sowie Plath/*Stamer/Kuhnke* BDSG § 26 Rn. 125, jew. mwN.

300 So auch *Däubler*, Gläserne Belegschaften, 2017, Rn. 312b. Ebenso zur Rechtslage vor Inkrafttreten des § 32 BDSG aF BAG NZA 2008, 1187. Vgl. auch BVerfG NVwZ 2007, 688 (691), das für den Fall einer Videoüberwachung eines Kunstwerks im öffentlichen Raum die hohe Intensität des damit verbundenen Eingriffs in das Recht auf informationelle Selbstbestimmung unterstrichen hat, da die Überwachung verdachtsunabhängig erfolgte und mit einer „großen Streubreite" verbunden war.

301 Vgl. BAG NZA 2017, 112 (114); NZA 2014, 243 (248); NJW 2003, 3436 (3437). Ebenso *Gola/Pötters/Wronka*, HdB Arbeitnehmerdatenschutz, 2016, Rn. 871.

302 Eingehend zu den Möglichkeiten eines GPS zur Arbeitnehmerüberwachung *Gola* NZA 2007, 1139 (1143).

303 Zum Vorliegen des Tatbestandes eines personenbezogenen Datums unter der Geltung des § 3 Abs. 1 BDSG aF ausführlich BGH NJW 2013, 2530 (2532ff.).

304 Insoweit lassen sich die Grundsätze von BGH NJW 2013, 2530 (2532ff.), die sich auf die heimliche Überwachung von Personen (zB Ehegatten, Partner usw) mittels Erstellung eines GPS-gestützten Bewegungsprofiles seitens eines Detektivs beziehen, auch auf den Beschäftigtendatenschutz in § 26 Abs. 1 BDSG nF übertragen.

BDSG nF anzusehen, wenn mit ihnen der Beschäftigte ständig überwacht wird.[305] Insoweit stehen Arbeitgebern Mittel zur Unfallverhütung zur Verfügung, die weniger einschneidend in die Grundrechte der betroffenen Beschäftigten eingreifen (zB Notbremssysteme oder Spurhalteassistenten). Der **Einsatz eines RIBAS-Systems**, das Fahrern (zB von Bussen) elektronische Signale bei unwirtschaftlicher Fahrweise gibt (zB scharfes Bremsen, hochtourige Fahrweise, Leerlaufzeitüberschreitungen, überhöhte Beschleunigung und Geschwindigkeitsüberschreitungen) erweist sich hingegen als zur Durchführung des Beschäftigungsverhältnisses erforderlich, da es sich dabei nicht um eine ständige Überwachung des Beschäftigten handelt.[306]

142 Eine Überwachung von Beschäftigten kann auch über eine **Handy-Ortung** erfolgen, mit deren Hilfe der Arbeitgeber ein genaues Bewegungsprofil des Beschäftigten erlangen kann.[307] Der Arbeitgeber muss hierfür als Teilnehmer gegenüber dem Anbieter des Telekommunikationsdienstes (§ 3 Nr. 24 TKG) seine Einwilligung in die Erhebung der Standortdaten eines Mobilanschlusses erklären (§ 98 Abs. 1 S. 1 TKG). Allerdings hat er die das Handy nutzenden Beschäftigten über die von ihm erteilte Einwilligung zu unterrichten (§ 98 Abs. 1 S. 2 TKG). § 26 Abs. 1 S. 1 BDSG nF zieht einer Beschäftigtenüberwachung durch Handy-Ortung ähnliche Grenzen wie einer Überwachung mittels GPS-Systemen. Eine generelle Überwachung von außerhalb des Betriebs tätigen Beschäftigten mithilfe einer solchen Handy-Ortung kann deshalb nur dann zulässig sein, wenn die Ortung der Beschäftigten zu deren Sicherheit erfolgt oder aber für den Schutz äußerst wertvoller Gegenstände des Arbeitgebers erforderlich ist.[308] Darüber hinaus sieht aber auch das TKG für gewisse Telekommunikationsverbindungen von einer „Handy-Ortung" ab.

143 Eine Kontrolle von LKW- und Busfahrern kann darüber hinaus auch noch durch den **digitalen Fahrtenschreiber** erfolgen, der in jedem LKW mit einem ZGG von 3,5 Tonnen und mehr sowie in Bussen mit mehr als neun Sitzplätzen zu installieren ist.[309] Dieser ermöglicht es dem Arbeitgeber, die Einhaltung der Lenk- und Ruhezeiten, die gefahrene Geschwindigkeit sowie die vom Fahrer zurückgelegte Wegstrecke im Nachhinein zu kontrollieren.[310] § 21 a Abs. 7 S. 2 ArbZG verpflichtet den Arbeitgeber, die Aufzeichnungen aus dem Fahrtenschreiber mindestens zwei Jahre aufzubewahren.

144 **cc) Überwachung der Telekommunikation.** Einen sehr großen Stellenwert in der Diskussion der vergangenen Jahre hat die Überwachung der Telekommunikation der Beschäftigten am Arbeitsplatz eingenommen. Das gilt vor allem für die **Überwachung des E-Mail-Verkehrs** und der **Internet-Nutzung der Beschäftigten.** Obgleich das Bedürfnis der betrieblichen Praxis nach einer Grenzziehung des für Arbeitgeber Zulässigen in diesem Bereich besonders groß ist, ist der Gesetzgeber bislang seiner Verantwortung nicht nachgekommen. Art. 88 enthält hierzu im Gegensatz zu Art. 82 Abs. 1 c lit. d Parl-E keine ausdrückliche Regelung. § 26 Abs. 1 S. 1 BDSG nF lässt sich lediglich entnehmen, dass die Überwachungsmaßnahme zur Durchführung oder zur Beendigung des Beschäftigungsverhältnisses erforderlich zu sein hat. Dabei ist von der Regel auszugehen, dass es grundsätzlich der Arbeitgeber ist, der im Rahmen des ihm zustehenden Weisungsrechts (§ 106 GewO) darüber entscheidet, welche Kommunikationsmittel zu welchen Zwecken von den Beschäftigten genutzt werden; auch legt er durch Weisung den Umfang der zulässigen privaten Nutzung der den Arbeitnehmern zugänglichen Telekommunikationsmittel fest.[311] Erforderlich ist nicht eine ausdrückliche **Einwilligung** in die Nutzung der betrieblichen Kommunikationsmittel zu privaten Zwecken: Auch eine konkludente Einwilligung ist ausreichend; sie kann uU auch durch betriebliche Übung erfolgen.[312] In Einzelfällen kann zweifelhaft sein, ob eine Nutzung aus betrieblichen oder aus privaten Gründen erfolgt.[313] Die Erlaubnis zu einer Nutzung zu privaten Zwecken kann vom Arbeitgeber nach allgemeinen Grundsätzen wieder zurückgenommen werden: Hat der Beschäftigte keinen Rechtsanspruch aus betrieblicher Übung oder sonst aus Arbeitsvertrag, kann der Arbeitgeber die Erlaubnis zurücknehmen, ansonsten muss er eine Änderungskündigung (§ 2 KSchG) aussprechen.[314]

---

305 So auch Art. 29-Datenschutzgruppe, Stellungnahme 2/2017, 23 ff.
306 Vgl. BAG NZA 2017, 394 (396 ff.).
307 Einzelheiten zur Handy-Ortung bei *Gola* NZA 2007, 1139 (1143); vgl. ebenso *Gola/Pötters/Wronka*, HdB Arbeitnehmerdatenschutz, 2016, Rn. 1242 ff.
308 Wohl auch DWWS/*Däubler* BDSG § 26 Rn. 131; ebenso *Gola* NZA 2007, 1139 (1143).
309 Eine Pflicht zur Installation eines „Kontrollgerätes" besteht aufgrund von Art. 10 Abs. 5 lit. a der VO (EG) Nr. 561/2006 v. 15.3.2006 zur Harmonisierung bestimmter Sozialvorschriften im Straßenverkehr und zur Änderung der Verordnungen (EWG) Nr. 3821/85 und (EG) Nr. 2135/98 des Rates sowie zur Aufhebung der Verordnung (EWG) Nr. 3820/85 des Rates (ABl. Nr. L 102/1).
310 Dazu näher *Gola* NZA 2007, 1139 (1142).
311 *Gola/Pötters/Wronka*, HdB Arbeitnehmerdatenschutz, 2016, Rn. 1265; DWWS/*Däubler* BDSG § 26 Rn. 142 f.; *Bijok/Class* RDV 2001, 52 f.
312 Ebenso hier *Sassenberg/Mantz* BB 2013, 889 (892); *Koch* NZA 2008, 911; *Barton* NZA 2006, 460 (461); aA indessen *Waltermann* NZA 2007, 529.
313 Dazu *Gola/Pötters/Wronka*, HdB Arbeitnehmerdatenschutz, 2016, Rn. 1272.
314 Vgl. *Gola/Pötters/Wronka*, HdB Arbeitnehmerdatenschutz, 2016, Rn. 1283 f.

Erfolgt die Nutzung des Telekommunikationsmittels durch den Beschäftigten auch zu privaten Zwecken, **145** bestimmt sich die Zulässigkeit einer Überwachung nach überwiegender Ansicht nicht nur nach § 26 Abs. 1 S. 1 BDSG nF, sondern auch nach den **bereichsspezifischen Datenschutzvorschriften des TKG und des TMG** (→ Rn. 150). Wegen des zugunsten des Beschäftigten geltenden Fernmeldegeheimnisses (§ 88 TKG) ist ein Zugriff auf seine private Telekommunikation grundsätzlich unzulässig. Nur ganz ausnahmsweise kann er zulässig sein, namentlich wenn die Einsichtnahme zur Aufdeckung einer Straftat unter den Voraussetzungen des § 26 Abs. 1 S. 2 BDSG nF erfolgt (→ Rn. 159ff.).[315] Konkret bedeutet dies jedoch, dass die verdachtsunabhängige und lediglich zu vorbeugenden Zwecken erfolgende Überprüfung der auch privaten Telekommunikation von Beschäftigten im Rahmen von Compliance-Maßnahmen grundsätzlich nicht von § 26 Abs. 1 S. 2 BDSG nF gedeckt ist.[316]

(1) Telefonüberwachung. Grundsätzlich bestimmt der Arbeitgeber darüber, ob der Beschäftigte einen **146** dienstlichen Telefonanschluss auch zu privaten Zwecken nutzen kann.[317] Erlaubt er auch eine private Nutzung, ist er Telekommunikationsdienstleister iSd TKG. Ein **heimliches Mithören von Telefongesprächen** der Beschäftigten ist wegen Verstoßes gegen das Recht am eigenen Wort als Teil des allgemeinen Persönlichkeitsrechts und des Rechts auf Achtung des Privat- und Familienlebens (Art. 7 GRCh und Art. 8 EMRK) grundsätzlich unzulässig; der Umstand, dass die Gespräche von einem dienstlichen Anschluss geführt werden, ist insoweit ohne Bedeutung.[318] Allerdings sind Arbeitgeber grundsätzlich befugt, Angaben über Telefongespräche, etwa im Rahmen einer Kosten- und Wirtschaftlichkeitskontrolle, zu verarbeiten, die von dienstlichen Anschlüssen ausgeführt werden.[319] Daten, die eine Identifizierung der Angerufenen erlauben, müssen jedoch bis auf die Fälle einer Missbrauchskontrolle unzugänglich bleiben.[320] Genauso ist bei der **Speicherung** von Angaben über eingehende Privatgespräche zu verfahren. Auch insoweit gehen die schutzwürdigen Belange der betroffenen Beschäftigten und der jeweiligen Anrufer vor.[321] Erst recht scheidet eine Registrierung der **Gespräche mit Betriebsärzten und –psychologen** aus:[322] Diese Personen unterliegen einer besonderen berufsrechtlichen Pflicht zur Wahrung der Vertraulichkeit (vgl. § 8 Abs. 1 S. 3 ASiG), die strafrechtlich sanktioniert ist (§ 203 StGB). Auch eine Registrierung der Telefongespräche der Interessenvertretung der Beschäftigten (**Betriebs- und Personalräte**) ist ausgeschlossen. Selbst wenn sie, etwa bei Ferngesprächen, für statthaft angesehen werden sollte,[323] darf die Registrierung in keinem Fall dazu benutzt werden, in die Tätigkeit der Arbeitnehmervertretung einzugreifen;[324] ein solches Vorgehen ist mit dem betriebsverfassungs- bzw. personalvertretungsrechtlichen **Behinderungsverbot** (§ 78 S. 1 BetrVG, § 8 BPersVG) nicht zu vereinbaren.

Diese restriktiven Grundsätze gelten im Allgemeinen auch für **Beschäftigte in Callcentern.** Allerdings ist ein **147** Mithören von Telefongesprächen von Beschäftigten während deren Probezeit zur Einarbeitung und die Nutzung dieser Daten zur Erstellung von „Bedienplatzreports" zulässig.[325]

(2) Überwachung des Email-Verkehrs und der Internetnutzung. Nach denselben restriktiven Grundsätzen **148** ist auch die in Rechtsprechung und Schrifttum äußerst kontrovers diskutierte Verarbeitung der im betrieblichen oder behördlichen **E-Mail-Server** gespeicherten Daten zu beurteilen.[326] Von einer durch die Organisa-

---

315 Ebenso *Sassenberg/Mantz* BB 2013, 889 (892).

316 Vgl. *Sassenberg/Mantz* BB 2013, 889 (892 f.).

317 *Wellhöner/Byers* BB 2009, 2310 (2312).

318 Vgl. BVerfG NZA 1992, 307 (308); BAG NZA 1998, 307 (308 f.); DWWS/*Däubler* BDSG § 26 Rn. 145; *Gola/Pötters/Wronka*, HdB Arbeitnehmerdatenschutz, 2016, Rn. 1282; wohl auch *Dann/Gastell* NJW 2008, 2945 (2948).

319 St. Rspr.: vgl. etwa BAG AP Nr. 15 zu § 87 BetrVG 1972 Überwachung; AP Nr. 3 zu § 23 BDSG 77; AP Nr. 24 zu § 611 BGB Persönlichkeitsrecht; BVerwG NJW 1982, 840 und NVwZ 1990, 71; LAG Sachsen-Anhalt NZA-RR 2000, 476; VGH Baden-Württemberg RDV 1991, 145; sowie *BfD* 14. TB, 64ff., 15. TB, 148ff; *HDSB* 15. TB, 194ff.; *LfD NDS* 11. TB, 65; *FESTL* BetrVG § 87 Rn. 245; DKKW/*Klebe* BetrVG § 87 Rn. 167; Richardi/Dörner/Weber/*Kaiser* BPersVG § 75 Rn. 545; *Gola/Pötters/Wronka*, HdB Arbeitnehmerdatenschutz, 2016, Rn. 1287ff.; *Däubler*, Gläserne Belegschaften, 2017, Rn. 793 f.; *Linnenkohl* RDV 1992, 205ff.; *Kort* CR 1992, 617 f.; *ders.* RdA 1992, 385.

320 In diesem Sinne wohl auch *Gola/Pötters/Wronka*, HdB Arbeitnehmerdatenschutz, 2016, Rn. 1282.

321 Vgl. auch *HDSB* 29. TB, 164 und demgegenüber *BWHinwBDSG* Dok. B 1.41, Nr. 36, Ziff. 5.

322 Zur Unzulässigkeit einer Erfassung der Zielnummern eines angestellten Psychologen BAG NZA 1987, 515; vgl. auch *Gola/Pötters/Wronka*, HdB Arbeitnehmerdatenschutz, 2016, Rn. 1295 f.

323 So insbes. BVerwG NVwZ 1990, 71 sowie BAG AP Nr. 20 zu Art. 56 ZA-Nato-Truppenstatut.

324 Vgl. auch BVerwG NVwZ 1990, 71; *Gola/Pötters/Wronka*, HdB Arbeitnehmerdatenschutz, 2016, Rn. 1298 f.; diesen Gesichtspunkt des Schutzes der Funktionsfähigkeit der Interessenvertretung der Beschäftigten verkennt hingegen LAG Sachsen-Anhalt NZA-RR 2000, 476 (478), das bei einer sich ausschließlich gegen einen Betriebsratsvorsitzenden richtenden Telefondatenerfassung auf § 75 BetrVG abstellt.

325 S. BAG NZA 1996, 218 (221); *Gola/Pötters/Wronka*, HdB Arbeitnehmerdatenschutz, 2016, Rn. 1293 f.

326 *DSBK* v. 7./8.3.2002 zur datenschutzgerechten Nutzung von E-Mail und anderen Internet-Diensten am Arbeitsplatz, Dok. F 230; *BlnDSB* JB 1998, 170 f.; *HDSB* 29. TB, 163ff.; *Tinnefeld/Ehmann/Gerling* Einführung, 220 f.; *Gola/Pötters/Wronka*, HdB Arbeitnehmerdatenschutz, 2016, Rn. 1316ff.; *Däubler*, Internet, 2015, Rn. 249ff.; *Däubler*, Gläserne Belegschaften, 2017, Rn. 351ff.; *Raffler/Hellich* NZA 1997, 862ff.; *Bijok/Class* RDV 2001, 52ff.; *Barton* CR 2003, 839ff.; *Bier* DuD 2004, 277ff.; *Mengel* BB 2004, 2014ff.

tionsbefugnis und das Aufsichtsrecht der Arbeitgeber generell gedeckten Einsichtnahme und Auswertung der im Server enthaltenen Daten[327] kann jedenfalls angesichts des Erforderlichkeitserfordernisses in § 26 Abs. 1 S. 1 BDSG nF keine Rede sein. Im Einzelnen ist für die rechtliche Beurteilung von Kontrollmaßnahmen des Arbeitgebers zwischen dem Verbot einer privaten Nutzung des E-Mail-Accounts und der vom Arbeitgeber erlaubten privaten Nutzung desselben zu differenzieren.

149 Ist lediglich eine **dienstliche Nutzung von E-Mails** am Arbeitsplatz erlaubt,[328] gehen die Kontrollbefugnisse des Arbeitgebers weiter. Der Arbeitgeber darf dann auf den E-Mail-Account des Beschäftigten zugreifen und die **Verbindungsdaten** der E-Mails seiner Arbeitnehmer kontrollieren, auch wenn diese den Zugang verweigern; auf diese Weise kann er feststellen, ob seine Arbeitnehmer ihre E-Mail-Accounts lediglich zu betrieblichen Zwecken nutzen,[329] oder kann im Rahmen von Compliance-Maßnahmen ermitteln, ob gesetzliche Vorschriften eingehalten werden.[330] Allerdings verlangt auch hier § 26 Abs. 1 S. 1 BDSG nF, dass der Zugriff tatsächlich erforderlich ist:[331] Insbesondere in den Fällen, in denen der Arbeitgeber wegen einer Abwesenheit des Beschäftigten keinen Zugang zu bestimmten geschäftlichen Daten hat, kann sich ein Zugriff auf den E-Mail-Account des nicht erreichbaren Beschäftigten als erforderlich erweisen, um den normalen Geschäftsgang aufrecht zu erhalten. Jedenfalls sofern die begehrten Geschäftsdaten nicht durch einen anderen Beschäftigten in zumutbarer Weise erlangt werden können, dürften die Voraussetzungen des § 26 Abs. 1 S. 1 BDSG nF für eine Datenerhebung vorliegen. Umstritten ist hingegen, inwieweit sich das Kontrollrecht des Arbeitgebers auch auf den Inhalt der Emails seiner Arbeitnehmer erstreckt. Nach einer Ansicht sollen dienstliche E-Mails Telefongesprächen gleichzustellen sein, so dass ihre „Inhaltskontrolle" durch den Arbeitgeber insgesamt ausgeschlossen wäre.[332] Dem ist zu Recht entgegen gehalten worden, dass die geschäftliche E-Mail dem Geschäftsbrief weitaus näher steht, auch wenn die Geschwindigkeit des E-Mailverkehrs weit über diejenige der traditionellen Briefkorrespondenz hinausgeht.[333] Der Arbeitgeber kann somit grundsätzlich auch den Inhalt dienstlicher E-Mails seiner Beschäftigten zur Kenntnis nehmen. Dies heißt jedoch nicht, dass der Arbeitgeber, ähnlich wie bei der geschäftlichen Briefkorrespondenz, ohne Weiteres Einsicht in den dienstlichen E-Mail-Account des Arbeitnehmers verlangen kann.[334] Ausgeschlossen ist jedenfalls eine Kontrolle des Inhalts von Emails an die betriebliche Interessenvertretung der Beschäftigten (zB Betriebs- oder Personalrat, Jugend- und Auszubildendenvertretung, Schwerbehindertenvertretung), an den Betriebsarzt, an eine betriebliche Beschwerdestelle iSv § 13 AGG oder an eine vom Arbeitgeber geschaffene Whistleblower-Stelle.[335]

150 Hat der Arbeitgeber eine **private Nutzung des E-Mail-Systems** erlaubt, tritt er aufgrund von § 99 Abs. 1 S. 4 TKG und § 11 Abs. 1 Nr. 1 TMG als Anbieter von Telekommunikationsleistungen auf[336] und ist aus § 88 TKG verpflichtet, das **Fernmeldegeheimnis** seiner Arbeitnehmer zu wahren. Ausschlaggebend hierfür ist die Überlegung, dass der Arbeitgeber gegenüber seinen Beschäftigten ein geschäftsmäßiger Anbieter von Telekommunikationsdiensten ist (vgl. § 3 Nr. 6 TKG), wenn er diesen erlaubt, ihren betrieblichen E-Mail-Account auch zu privaten Zwecken zu nutzen. Die vom Arbeitgeber beschäftigten Arbeitnehmer sind in diesem Falle als „Dritte" iSv § 3 Nr. 10 TKG anzusehen. Die Geschäftsmäßigkeit der Erbringung von Telekommunikationsdiensten scheitert auch nicht daran, dass der Arbeitgeber mit der Einräumung der privaten Nutzungsmöglichkeit keine Gewinnerzielungsabsicht verfolgt, denn § 3 Nr. 10 TKG stellt ausdrücklich klar, dass es darauf gerade nicht ankommt. Diese Einordnung ist weder formalistisch noch begriffsjuristisch, auch wenn die Diskussion um die Zulässigkeit einer privaten E-Mailnutzung zuweilen diesen Charakter aufweist. Ausschlaggebend für die Anwendung des Fernmeldegeheimnisses im Verhältnis von Arbeitnehmer und Arbeitgeber ist der Gedanke, dass in diesen Fällen eine staat-liche Schutzpflicht aus dem Grundrecht des Art. 10 GG (bzw. aus Art. 7 GRCh, soweit die deutschen Regelungen nunmehr im Rahmen der Öffnungsklausel des Art. 88 in den Bereich der „Durchführung des Rechts der Union" iSv Art. 51 Abs. 1 S. 1

---

327 So wohl der *BerHessL* LT-Drs. 14/3086, S. 91.
328 Zur dienstlichen Nutzung eines E-Mail-Accounts eines Beschäftigten gehört allerdings nicht die Verbreitung eines Streikaufrufes gegen den Arbeitgeber innerhalb des unternehmensbezogenen Intranets. Der Arbeitgeber hat in einem solchen Falle einen Unterlassungsanspruch aus § 1004 Abs. 1 S. 2 BGB analog: vgl. BAG AP Nr. 181 zu Art. 9 GG Arbeitskampf; im Ergebnis ebenso LAG Berlin-Brandenburg BB 2013, 702 ff., das den Unterlassungsanspruch des Arbeitgebers allerdings auf § 74 Abs. 2 S. 1 BetrVG gestützt hat.
329 *Dann/Gastell* NJW 2008, 2945 (2947); *Grobys* NJW-Spezial 2004, 273.
330 Dazu *Mengel/Ullrich* NZA 2006, 240 (242).
331 Vgl. *Sassenberg/Mantz* BB 2013, 889 (892). Problematisch deshalb OLG Dresden NJW-RR 2013, 27 (28), das ohne Weiteres von einer Zugriffsmöglichkeit des Arbeitgebers ausgeht.
332 So insbes. DWWS/*Däubler* BDSG § 26 Rn. 151ff.; ebenso *Däubler*, Gläserne Belegschaften, 2017, Rn. 351.
333 *Gola/Pötters/Wronka*, HdB Arbeitnehmerdatenschutz, 2016, Rn. 1320; *Jofer/Wegerich* K&R 2002, 235 (237).
334 So aber insbes. *Jofer/Wegerich* K&R 2002, 235 (237).
335 Ähnlich auch DWWS/*Däubler* BDSG § 26 Rn. 151.
336 BeckOK DatenschutzR/*Riesenhuber* BDSG § 26 Rn. 171; DWWS/*Wedde* BDSG § 26 Rn. 142ff.; *Däubler*, Gläserne Belegschaften, 2017, Rn. 336ff.; *Gola/Pötters/Wronka*, HdB Arbeitnehmerdatenschutz, 2016, Rn. 1325; *Vietmeyer/Byers* MMR 2010, 807 (808). Dagegen insbes. *Thüsing*, Beschäftigtendatenschutz und Compliance, 2014, § 3 Rn. 74ff.

GRCh gelangt sind) dahin gehend besteht, das Fernmeldegeheimnis der Arbeitnehmer auch gegenüber ihrem Arbeitgeber zu gewährleisten. Diese Ansicht darf immer noch als im Schrifttum vorherrschend bezeichnet werden, wenngleich nicht zu übersehen ist, dass die kritischen Stimmen in jüngster Zeit an Zahl zugenommen haben.[337] Auch einzelne instanzgerichtliche Entscheidungen haben diese Betrachtungsweise verworfen, wenngleich ohne substantielle Argumentation, die in der Diskussion weiterführen könnte: Dies gilt namentlich für das vielzitierte Urteil des LAG Niedersachsen vom 31.5.2010[338] und für das Urteil des LAG Berlin-Brandenburg vom 16.2.2011.[339] Wegen der Bindung des Arbeitgebers an das Fernmeldegeheimnis des § 88 TKG in diesen Fällen darf er somit nicht den Inhalt des E-Mail-Verkehrs seiner Arbeitnehmer ausforschen. Auch wenn er an das Fernmeldegeheimnis nur mit Blick auf die privaten E-Mails des Arbeitnehmers gebunden ist, hat die Regelung doch erhebliche Auswirkungen auf die Kontrolle von dessen geschäftlichem E-Mail-Verkehr: Denn zur Bestimmung des geschäftlichen oder privaten Charakters von E-Mails müsste der Arbeitgeber den Inhalt des E-Mail-Verkehrs überhaupt erst kontrollieren dürfen. Im Ergebnis ist somit der Inhalt der gesamten E-Mail-Korrespondenz des Arbeitnehmers seinem Zugriff entzogen.[340]

Auch bei der **privaten Nutzung eines betrieblichen Internetanschlusses** durch den Beschäftigten während der Arbeitszeit finden die genannten Grundsätze Anwendung. Das „Surfen" im Internet während der Arbeitszeit ist unzulässig, wenn der Arbeitgeber dies ausdrücklich verboten hat. Kontrollen des Arbeitgebers sind nur in engen Grenzen mit Art. 8 EMRK vereinbar:[341] So ist bei der Verhältnismäßigkeitsprüfung insbes. zu berücksichtigen, ob der Arbeitnehmer im Voraus über die Möglichkeit einer Überwachung informiert worden ist (1), in welcher Intensität in das Grundrecht des Arbeitnehmers eingegriffen wird (2), welche berechtigten Interessen der Arbeitgeber geltend machen kann (3), welche Folgen die Überwachung für den Arbeitnehmer hat (4), ob ein weniger einschneidendes Überwachungssystem möglich wäre (5) und ob dem Arbeitnehmer bestimmte Garantien eingeräumt worden sind (6). Insbesondere die Informationspflicht vor Durchführung der Überwachungsmaßnahme dürfte von besonderer praktischer Bedeutung sein: Da die Große Kammer des EGMR in der Rechtssache Bărbulescu an der bisherigen Rechtsprechung des Gerichtshofs zur verdeckten Videoüberwachung festgehalten hat, spricht doch Einiges dafür, dass diese Informationspflicht des Arbeitgebers nur bei anlasslosen Überwachungsmaßnahmen, nicht aber auch bei Kontrollen aufgrund eines konkreten Verdachts gegen den Arbeitnehmer besteht.[342] Hat er hingegen die Nutzung des Internets auch zu privaten Zwecken gestattet oder duldet er diese zumindest, kann eine private Internetznutzung „im normalen bzw. angemessenen zeitlichen Umfang" erfolgen;[343] auch für diesen Fall ist der Arbeitgeber an das Fernmeldegeheimnis (§ 88 TKG) gebunden. Wann die Grenzen für eine Internetnutzung in angemessenem zeitlichem Umfang überschritten sind und die Nutzung des Internets zu privaten Zwecken zu einer erheblichen Beeinträchtigung der Arbeitspflicht des Beschäftigten führt, ist eine Einzelfallfrage; im Regelfall dürfte es sich aber um eine Verletzung der arbeitsvertraglichen Arbeitspflicht handeln, wenn die Internetnutzung zu privaten Zwecken die gesamten, dem Beschäftigten zustehenden Pausenzeiten übersteigt.[344] Zur Kontrolle der Einhaltung dieser Grenzen einer zulässigen Internetnutzung durch Beschäftigte darf der Arbeitgeber keine anlasslose und verdachtsunabhängige Software-Keylogger einsetzen: Sie ist ohne das Vorliegen eines konkreten Verdachtes gegen Beschäftigte nicht erforderlich zur Durchführung des Beschäftigungsverhältnisses und überschreitet deshalb die Grenzen des § 26 Abs. 1 S. 1 BDSG nF;[345] der mit einer solchen Überwachung verbundene Eingriff in das Persönlichkeitsrecht der Beschäftigten ist mit einer heimlichen Videoüberwachung vergleichbar und infolgedessen nur in sehr engen Grenzen zulässig.

Die Einführung und nähere Ausgestaltung der Internet- und E-Mail-Nutzung durch die Beschäftigten im Betrieb unterliegt der **Mitbestimmung des Betriebsrates** nach § 87 Abs. 1 Nr. 6 BetrVG.[346] Jedenfalls in den Fällen, in denen keine Anonymisierung der Protokolldaten erfolgt, erlauben Internetarbeitsplätze wegen der Protokollierung der Vorgänge eine Überwachung des Arbeitnehmerverhaltens. Dagegen unterliegt das Ver-

151

152

---

337 Vgl. zB Plath/*Stamer/Kuhnke* BDSG § 32 Rn. 95ff.
338 LAG Niedersachsen NZA-RR 2010, 406.
339 LAG Berlin-Brandenburg BB 2011, 2298; ebenso LAG Berlin-Brandenburg v. 14.1.2016 – 5 Sa 657/15 Rn. 116, juris-doc. Wohl auch VG Karlsruhe NVwZ-RR 2013, 797 (800 f.); im gleichen Sinne bereits Hess VGH NJW 2009, 2470ff.
340 Vgl. zB BeckOK DatenschutzR/*Riesenhuber* BDSG § 26 Rn. 175.
341 Dazu insbes. EGMR ZD 2017, 571 (573) Rn. 121 – Bărbulescu/Rumänien; zur Kritik an der Entscheidung und zu ihren Folgen siehe die Besprechung von *Seifert* EuZA 2018, 502ff. (im Erscheinen).
342 So auch *Hembach* ZD 2018, 265 (266); *Sörup* ZD 2017, 573 (574); ebenso A. *Seifert* EuZA 2018, 502 (509 f.) (im Erscheinen).
343 BAG NZA 2006, 98 (100); *Kramer* NZA 2004, 457 (458 f.); wohl auch *Däubler*, Gläserne Belegschaften, 2017, Rn. 361.
344 In diesem Sinne wohl BAG NZA 2006, 98 (100), wo ein Arbeitnehmer an mehreren Arbeitstagen jeweils weitaus mehr als eine Stunde im Internet zu privaten Zwecken surfte.
345 Vgl. BAG AP Nr. 263 zu § 626 BGB m.Anm. *Jacobs/Holle*.
346 *Däubler*, Gläserne Belegschaften, 2017, Rn. 833 f.; *Möller* ITRB 2009, 44 (45). Zum Mitbestimmungsrecht des § 87 Abs. 1 Nr. 6 BetrVG ausführlicher unten Rn. 156ff. mwN.

bot des Arbeitgebers, Internet und E-Mail zu privaten Zwecken zu nutzen, grundsätzlich nicht dem Mitbestimmungsrecht des Betriebsrates: Insbesondere ist der Mitbestimmungstatbestand des § 87 Abs. 1 Nr. 1 BetrVG nicht erfüllt, da es sich bei der privaten Nutzung von Internet und E-Mail um ein mitbestimmungsfreies Arbeitsverhalten der Beschäftigten handelt; auch scheidet § 87 Abs. 1 Nr. 10 BetrVG aus, denn die Entscheidung des Arbeitgebers über die Abschaffung einer freiwilligen sozialen Leistung ist mitbestimmungsfrei.[347]

153 **dd) Erfassung biometrischer Daten.** Unternehmen setzen immer mehr biometrische **Authentisierungs- und Zutrittskontrollsysteme** in ihren Betrieben ein. An Stelle der Eingabe einer bestimmten PIN-Nr. durch den Beschäftigten wird der Zugang zu bestimmten Räumen oder Einrichtungen (zB IT-Systeme) von einer Identifizierung des Beschäftigten mit bestimmten biometrischen Daten desselben (Art. 4 Nr. 14 → Art. 4 Nr. 14 Rn. 7ff.; zB Fingerabdruck, Gesichts- oder Iriserkennung, Stimmerkennung) abhängig gemacht.[348]

154 Wegen der für das **Recht auf informationelle Selbstbestimmung** und für das Recht auf angemessenen Datenschutz (Art. 8 GRCh) der Beschäftigten verbundenen Gefahren ist der Einsatz von biometrischen Verfahren im Beschäftigungsverhältnis nur unter engen Voraussetzungen zulässig. § 26 Abs. 3 S. 1 BDSG nF verlangt, dass keine weniger in die Rechtsposition der Beschäftigten eingreifenden Sicherungsverfahren zur Verfügung stehen. Bei der Interessenabwägung spielt auch der Grad der Sicherheitsempfindlichkeit der zu schützenden Einrichtung des Arbeitgebers (zB Produktionsgeheimnisse, deren Preisgabe dessen Wettbewerbsstellung empfindlich beeinträchtigen würde) eine Rolle.

155 Doch auch wenn der Einsatz biometrischer Verfahren ausnahmsweise zulässig sein sollte, hat der Arbeitgeber angemessene und spezifische Maßnahmen zur Wahrung der Interessen der betroffenen Person vorzusehen (§ 26 Abs. 3 S. 3 iVm § 22 Abs. 2 BDSG nF). So ist dafür Sorge zu tragen, dass die biometrischen Daten von Beschäftigten nur ihrer **Zweckbestimmung** entsprechend (zB Zugangskontrolle zu betrieblichen Einrichtungen) und nicht auch darüber hinaus verwendet werden (§ 22 Abs. 2 S. 2 Nr. 2 BDSG nF iVm Art. 5 Abs. 1 lit. b). Die Gefahr einer zweckwidrigen Verwendung biometrischer Daten ist groß, da einzelne biometrische Daten Rückschlüsse auf den Gesundheitszustand der Beschäftigten zulassen.[349] Zur Vermeidung der Gefahr solcher Zweckentfremdungen ist im Regelfall die Erstellung einer zentralen Datenbank mit biometrischen Daten der Beschäftigten nicht zulässig, wohl aber ist die Führung einer dezentralen Datenbank denkbar, sofern der Arbeitgeber angemessene technische und organisatorische Maßnahmen zu deren Sicherung ergreift (vgl. Art. 32). Milderes Mittel dürfte normalerweise trotz der bestehenden Verlustgefahr die Speicherung der betreffenden biometrischen Daten auf Chipkarten sein.[350]

156 **ee) Sonstige Überwachungsformen.** Auch andere Formen der Überwachung der Beschäftigten unterliegen den Schranken des § 26 Abs. 1 S. 1 BDSG nF und sind nur zulässig, soweit sie für die Durchführung des Beschäftigungsverhältnisses erforderlich sind. Das gilt namentlich für die **heimliche Überwachung durch Detektive,**[351] für die Durchführung von **Torkontrollen** durch den Arbeitgeber,[352] die Durchführung von **Testkäufen** oder die Durchführung von **Zuverlässigkeits- oder Ehrlichkeitstests.**[353] Sie alle sind grundsätzlich nur zulässig, wenn konkrete Verdachtsmomente gegen einzelne Beschäftigte vorliegen oder aber die Überwachungsform die einzige Möglichkeit einer Kontrolle für den Arbeitgeber oder den Dienstherren ist;[354] dabei kann die Feststellung des Vorliegens eines konkreten Tatverdachts im Einzelfall durchaus Schwierigkeiten bereiten.[355] Bei der Ermittlung der Erforderlichkeit der Überwachung sind konkrete Handlungsalternativen in Betracht zu ziehen: So ist bei Zweifeln an der Richtigkeit einer vom Arbeitnehmer vorgelegten ärztlichen Arbeitsunfähigkeitsbescheinigung (§ 5 EFZG) grundsätzlich das in § 275 SGB V vorgesehene Verfahren zur gutachterlichen Stellungnahme durch den medizinischen Dienst der gesetzlichen

---

347 Ebenso LAG Hamm NZA-RR 2007, 20 (21); *Möller* ITRB 2009, 44 (45); GK-BetrVG/*Wiese* § 87 Rn. 188 mwN; aA *Däubler*, Gläserne Belegschaften, 2017, Rn. 836.

348 Zu den Erscheinungsformen eingehend *Biltzinger* DuD 2005, 726 mwN; ausführlicher dazu auch *Gola* NZA 2007, 1139 (1140) mwN.

349 Dazu *Hornung/Steidle* AuR 2005, 201 (206) mwN: So soll aus der Iris erkennbar sein, ob der Betreffende an Diabetes oder Bluthochdruck leidet.

350 Ebenso *Hornung/Steidle* AuR 2005, 201 (206) mwN; *Gola* NZA 2007, 1139 (1141); in der Tendenz auch DWWS/*Däubler* BDSG § 26 Rn. 99, der jedoch wegen der Verlustgefahr von Chipkarten deren Ausgabe nur im Einzelfall als milderes Mittel anerkennen will.

351 Dazu BAG NZA-RR 2011, 231 (232); vgl. auch BAG NZA 2009, 1300; ist die Überwachung mit § 26 Abs. 1 BDSG vereinbar, trifft den überwachten Arbeitnehmer gegenüber dem Arbeitgeber grundsätzlich die Pflicht, die durch das Tätigwerden eines Detektivs entstandenen notwendigen Kosten zu ersetzen: BAG NZA-RR 2011, 231 (232); NZA 2009, 1300 (1301 f.); NZA 1998, 1334 (1335); vgl. auch *Herbert/Oberrath* BB 2011, 2936.

352 Dazu insbes. *Joussen* NZA 2010, 254.

353 Vgl. BAG AP Nr. 32 zu § 626 BGB Verdacht strafbarer Handlung. Eingehend dazu *Maschmann* NZA 2002, 13.

354 Vgl. BAG NZA-RR 2011, 231 (232); BAG NZA 2009, 1300; BAG NZA-RR 2011, 231 (232); NZA 2009, 1300 (1301 f.); NZA 1998, 1334 (1335); *Herbert/Oberrath* BB 2011, 2936.

355 Dazu mit einzelnen Beispielen *Herbert/Oberrath* BB 2011, 2936 (2938) mwN.

Seifert

Krankenversicherung das günstigere und sachgerechtere Mittel zur Beseitigung von Zweifeln an der Arbeitsunfähigkeit des Arbeitnehmers und lässt deshalb die Überwachung des Arbeitnehmers durch einen Detektiv im Regelfall nicht als erforderlich iSv § 26 Abs. 1 S. 1 BDSG nF erscheinen.[356]

Insbesondere in großen transnationalen Unternehmen finden sich seit einigen Jahren vermehrt **Whistle-**   **157** **blowing-Systeme** als weitere Form der Überwachung und Kontrolle von Beschäftigten. Sie sind ein Instrument der Compliance im Unternehmen und begünstigen eine Kontrolle von Beschäftigten durch ihre Kollegen. Mit diesen Whistleblowing-Systemen schaffen Arbeitgeber einen mehr oder weniger institutionalisierten Rahmen, der es Beschäftigten ermöglichen soll, ohne Nachteile befürchten zu müssen, Kollegen anzuzeigen, die gegen gesetzliche Vorschriften (zB des Bilanzierungsrechts oder des Kartellrechts) verstoßen oder im Verdacht stehen, solche Verstöße zu begehen oder begangen zu haben. Teilweise sind Unternehmen sogar gesetzlich verpflichtet, Whistleblowing-Systeme zu errichten: Dies gilt namentlich für US-Amerikanische Unternehmen, die dem Sarbanes-Oxley-Act (SOX) unterliegen oder die an der New York Stock Exchange gelistet sind.[357] Ob bei einer solchen unternehmensweiten Institutionalisierung des Whistleblowing im Dienste der Compliance überhaupt noch von einem Whistleblowing gesprochen werden kann, erscheint zweifelhaft: Immerhin wandelt sich das Whistleblowing von einem Akt der Bürgercourage zu einer Handlungsweise, zu der Beschäftigte sogar arbeitsvertraglich verpflichtet sind.[358]

Die konkrete Ausgestaltung solcher Whistleblowing-Systeme variiert von Unternehmen zu Unternehmen.   **158** Nicht wenige dieser Systeme begründen für die Beschäftigten Meldepflichten im Hinblick auf compliance-relevante Rechtsverstöße von Kollegen.[359] Fehlt es an einer solchen ausdrücklich angeordneten Hinweispflicht der Beschäftigten, erfolgen derartige Hinweise von Beschäftigten regelmäßig auf freiwilliger Grundlage. Allerdings kann sich dieses Hinweisrecht von Beschäftigten auch ohne ausdrückliche Verankerung im Arbeitsvertrag oder in Compliance-Richtlinien des Arbeitgebers zu einer Hinweispflicht verdichten, wenn die arbeitsvertraglich gegenüber dem Arbeitgeber geschuldete Rücksichtnahme (vgl. § 241 Abs. 2 BGB) dies verlangt, um Schäden vom Arbeitgeber abzuwenden.[360] Die datenschutzrechtliche Zulässigkeit einer Verarbeitung von Beschäftigtendaten durch den Arbeitgeber, die aufgrund von Hinweisen aus dem Kreise der Beschäftigten des Unternehmens oder aber auch von unternehmensexternen Dritten (zB Kunden, Lieferanten) gewonnen worden sind, ist bislang noch nicht geklärt. Immerhin hat die Art. 29-Gruppe zu der Problematik bereits eine Stellungnahme abgegeben, in der sie das Interesse von Unternehmen an einer Errichtung von Whistleblowing-Programmen zwar grundsätzlich anerkennt, jedoch für die Durchführung solcher Programme und der sich anschließenden Ermittlungen gegen den belasteten Beschäftigten die Einhaltung der Vorschriften der DSRL anmahnt.[361] Zentraler Beurteilungsmaßstab muss hier – ebenso wie bei anderen Formen der Überwachung von Beschäftigten – § 26 Abs. 1 S. 1 BDSG nF sein. Eine Erhebung und weitere Verarbeitung der auf diesem Wege gewonnenen Beschäftigtendaten muss somit für die Durchführung des Beschäftigungsverhältnisses der betroffenen Beschäftigten erforderlich sein. Erlangt ein Arbeitgeber aufgrund einer bei ihm bestehenden „Telefon-Hotline" für Beschäftigte Kenntnis von Verstößen einzelner seiner Beschäftigten gegen gesetzliche Vorschriften (zB gegen das Kartell- oder Bilanzierungsrecht oder gegen Antikorruptionsvorschriften) oder rechtfertigen die durch einen Hinweis erlangten Verdachtsmomente gegen einzelne Beschäftigte die Durchführung weiterer Ermittlungen (vgl. § 26 Abs. 1 S. 2 BDSG nF), ist die Speicherung dieser Daten durch § 26 Abs. 1 S. 1 BDSG nF grundsätzlich legitimiert. Der Beschäftigte, gegen den aufgrund einer Anzeige eines „Whistleblowers" unternehmensinterne Ermittlungen eingeleitet werden, ist grundsätzlich darüber nach Art. 14 Abs. 1 zu benachrichtigen, es sei denn eine Benachrichtigung würde die Ermittlungen erschweren oder gar den Ermittlungserfolg vereiteln.[362] Unklar ist indessen, ob auch die Erhebung von Beschäftigtendaten aufgrund von anonymen Anzeigen zulässig ist. Die Art. 29-Gruppe hält es für angebracht, anonyme Anzeigen nur ausnahmsweise zuzulassen, da diese mit dem datenschutzrechtlichen Grundsatz einer fairen Datenerhebung brechen würden.[363] Auch wenn nicht zu verkennen ist, dass der Erfolg von Whistleblowing-Systemen stark von der Möglichkeit abhängen kann, Informationen über unter-

---

356   So auch BAG NZA 2009, 1300 (1302); vgl. auch *Herbert/Oberrath* BB 2011, 2936 (2938).

357   Dazu ausführlich *Mahnhold* NZA 2008, 737; ebenso *Berndt/Hoppler* BB 2005, 2623; *Weber-Rey* AG 2006, 406 (408); für einen Überblick s. *Mengel*, Compliance und Arbeitsrecht, S. 200 mwN.

358   Zu diesem Wandel des Whistleblowing s. vor allem *Simitis*, in: Deiseroth/Falter (Hrsg.), Whistleblower in Altenpflege und Infektionsforschung, 2007, 63.

359   Dazu *Mahnhold* NZA 2008, 737 (738 f.).

360   *Schmidt* BB 2009, 1295 (1298); *Mengel*, Compliance und Arbeitsrecht, S. 15; *Wybitul/Schultze-Melling*, Handbuch Datenschutz im Unternehmen, Rn. 189.

361   Vgl. *Art. 29-Gruppe*, Opinion 1/2006 on the application of EU data protection rules to internal whistleblowing schemes in the fields of accounting, internal accounting controls, auditing matters, fight against bribery, banking and financial crime, WP 117.

362   So auch *Art. 29-Gruppe*, Opinion 1/2006, 13 f.; ebenso *Gola/Pötters/Wronka*, HdB Arbeitnehmerdatenschutz, 2016, Rn. 1445.

363   Vgl. *Art. 29-Gruppe*, Opinion 1/2006, 11.

nehmensinterne Gesetzesverstöße anonym mitzuteilen,[364] gebieten die mit einer solchen Praxis verbundenen Risiken für die „angeschwärzten" Beschäftigten es, deren Interessen ausreichend zu wahren: So ist vor allem dafür Sorge zu tragen, dass zunächst nur ein ganz enger Kreis von Mitarbeitern („Compliance-Officern") Kenntnis von den Vorwürfen erlangt und diese lediglich dann weiteren Personen übermittelt werden, sofern sich die Vorwürfe nach einer ersten Prüfung – gegebenenfalls verknüpft mit einer Rückfrage beim Hinweisgeber – als plausibel erweisen sollten.[365] Die Vereinbarkeit einer Erhebung von Beschäftigtendaten aufgrund von anonymen Hinweisen wird deshalb vor allem an den verfahrensförmigen Garantien, die in Whistleblowing-Systemen von Unternehmen zugunsten der belasteten Beschäftigten verankert sind, zu messen sein.

159 **h) Aufdeckung von Straftaten.** Ein datenschutzrechtlich besonders sensibler Bereich ist die Aufdeckung von Straftaten der Beschäftigten durch den Arbeitgeber. Liegt ein konkreter Tatverdacht vor und will der Arbeitgeber den Beschäftigten deswegen kündigen („Verdachtskündigung"), verlangt die Rechtsprechung von ihm sogar, alle ihm zumutbaren Aufklärungsmaßnahmen vor Ausspruch der Kündigung ergriffen zu haben.[366] Einzelne Arbeitgeber haben jedoch auch ohne Vorliegen konkreter Verdachtsmomente ihre Beschäftigten Kontrollen unterzogen, um die Begehung von Straftaten zu verhindern oder Straftaten leichter aufklären zu können.[367] Die DSGVO sieht hierzu keine ausdrückliche Regelung vor: **Art. 82 Abs. 1 d lit. a Parl-E**, der den Mitgliedstaaten erlaubte, bei Vorliegen eines Verdachts gegen einen Beschäftigten wegen der Begehung eines Verbrechens oder einer schwerwiegenden Pflichtverletzung im Zusammenhang mit dem Beschäftigtenverhältnis die Erhebung von Daten insoweit zuzulassen, soweit dies erforderlich und verhältnismäßig zur Aufklärung des Vorwurfes ist, fand aufgrund der Trilog-Verhandlungen nicht Eingang in Art. 88. Vielmehr hat sich der Unionsgesetzgeber damit begnügt, spezifischere nationale Vorschriften für Zwecke des Schutzes des Eigentums des Arbeitgebers oder der Kunden zuzulassen, was die Datenerhebung zur Aufklärung von Straftaten im Rahmen des Beschäftigungsverhältnisses nur partiell einschließt. Da Art. 88 Abs. 1 den Kreis möglicher Zwecke von spezifischeren Vorschriften nur beispielhaft nennt, ist davon auszugehen, dass die Mitgliedstaaten auch umfassendere Vorschriften über die Datenerhebung zur Aufklärung von Straftaten im Rahmen des Beschäftigungsverhältnisses einführen dürfen. § 26 Abs. 1 S. 2 BDSG nF macht in Ausfüllung dieses Regelungsrahmens des Abs. 1 die Zulässigkeit von Ermittlungtätigkeiten des Arbeitgebers zur Aufdeckung von Straftaten der Beschäftigten vom Vorliegen eines **konkreten Tatverdachts** abhängig und unterwirft die Maßnahmen dem Verhältnismäßigkeitsgrundsatz, um zu verhindern, dass die Schwere der im Raume stehenden Straftat und die Intensität des mit der Aufklärung verbundenen Eingriffs in das Grundrecht auf informationelle Selbstbestimmung außer Verhältnis stehen. Die Vorschrift ist wortidentisch mit § 32 Abs. 1 S. 2 BDSG aF und orientiert sich am wortgleichen § 100 Abs. 3 S. 1 TKG sowie an der Rechtsprechung des BAG zur verdeckten Überwachung von Arbeitnehmern.[368]

160 § 26 Abs. 1 S. 2 BDSG nF betrifft nur die **Aufdeckung von Straftaten im Beschäftigungsverhältnis**. Damit sind gleich zwei Grenzziehungen verbunden. Zum einen muss es sich um den Verdacht einer **Straftat** handeln, also um Verbrechen oder Vergehen (§ 12 StGB); der Verdacht von Ordnungswidrigkeiten (§ 1 OWiG) reicht demgegenüber nicht aus, um die Eingriffsbefugnis des Arbeitgebers nach § 26 Abs. 1 S. 2 BDSG nF auszulösen.[369] Zum anderen muss der Verdacht bestehen, dass der betroffene Beschäftigte die Straftat **im Rahmen des Beschäftigungsverhältnisses** begangen hat. Die Straftat muss somit einen Zusammenhang zum Beschäftigungsverhältnis aufweisen; Straftaten, die der Beschäftigte in seinem privaten Bereich begangen hat, können deshalb grundsätzlich keinen Eingriff nach § 26 Abs. 1 S. 2 BDSG nF rechtfertigen. Beispiele für Straftaten im Beschäftigungsverhältnis sind etwa die Unterschlagung von Gegenständen des Arbeitgebers, die Veruntreuung von Geldern des Arbeitgebers, Betrug zum Nachteil des Arbeitgebers (zB Spesenbetrug), Verrat von Geschäfts- oder Betriebsgeheimnissen (vgl. § 17 UWG) oder die vorsätzliche Beschädigung von Arbeitgebereigentum, aber auch Straftaten gegenüber Arbeitskollegen oder gegenüber Kunden des Arbeitgebers (zB Diebstahl bei der Durchführung von Arbeiten beim Kunden).

161 Weiterhin müssen **tatsächliche Anhaltspunkte** vorliegen, die den **Verdacht** einer solchen Straftat begründen. Somit können auf § 26 Abs. 1 S. 2 BDSG nF grundsätzlich **keine präventiven Maßnahmen des Arbeitgebers** zur Verhinderung oder Bekämpfung von Straftaten in seinem Unternehmen gestützt werden (zB „Massen-

---

364 Dazu *Mengel*, Compliance und Arbeitsrecht, S. 201 mwN.

365 In diesem Sinne wohl auch *Mengel*, Compliance und Arbeitsrecht, S. 201.

366 Zur Verdachtskündigung statt vieler *Stahlhacke/Preis/Vossen*, Kündigung und Kündigungsschutz im Arbeitsverhältnis, Rn. 709ff. mwN.

367 Zu den großen Datenschutzskandalen insbes. bei Aldi, Lidl und Telekom s. statt vieler *Däubler*, Gläserne Belegschaften, 2017, Rn. 2aff. mwN.

368 So ausdrücklich die Beschlussempfehlung und der Bericht des Innenausschusses des Deutschen Bundestages, BT-Drs. 16/13657, 21 unter Bezugnahme auf BAG NZA 2003, 1193 und auf BAG NZA 2008, 1187.

369 Zu § 32 BDSG aF siehe zB *Taeger/Gabel-Zöll* BDSG § 32 Rn. 39.

screenings" von Beschäftigtendaten zur innerbetrieblichen Korruptionsbekämpfung). Die Durchführung einer effektiven **Compliance** von Unternehmen lässt sich somit nur in engen Grenzen mit dieser Vorschrift vereinbaren. Kontrollen des Verhaltens und der Leistung von Beschäftigten zur Verhinderung von Straftaten und sonstigen Rechtsverstößen sind ausschließlich unter den Voraussetzungen von § 26 Abs. 1 S. 1 BDSG nF zulässig (zur Kontrolle des Verhaltens der Beschäftigten → Rn. 133ff. mwN).[370] Das gilt insbes. für eine „betriebliche Rasterfahndung", etwa in Gestalt eines systematischen Abgleichs zwischen den Stammdaten von Beschäftigten mit denen von Lieferanten des Unternehmens des Arbeitgebers.[371]

Das Gesetz präzisiert nicht, welcher **Verdachtsgrad** vorliegen muss, um den Arbeitgeber zur Nachforschung zu berechtigen. Nach einer Auffassung sollen tatsächliche Anhaltspunkte dafür vorliegen müssen, dass der Beschäftigte „mit hoher Wahrscheinlichkeit" eine Straftat begangen hat,[372] was dem strafprozessualen dringenden Tatverdacht (§ 112 Abs. 1 S. 1 StPO) entspräche.[373] Einer anderen Ansicht zufolge soll aber bereits ein einfacher **Anfangsverdacht** (vgl. § 152 Abs. 2 StPO) ausreichen:[374] Es komme somit auf das Vorliegen „zureichender tatsächlicher Anhaltspunkte" an.[375] Die letztgenannte Ansicht verdient Zustimmung: Es ist nämlich zu berücksichtigen, dass auch bei Vorliegen eines Anfangsverdachts iSv § 152 Abs. 2 StPO nicht ohne Weiteres die Verarbeitung von Beschäftigtendaten zur Aufdeckung von Straftaten durch den Arbeitgeber gerechtfertigt ist. Vielmehr muss sie sich auch am Maßstab des Verhältnismäßigkeitsgrundsatzes als begründet erweisen. Die Schwere des Verdachts ist ein Abwägungskriterium im Rahmen der Verhältnismäßigkeitsprüfung.[376] Bei schweren Eingriffen in das Grundrecht des Beschäftigten auf informationelle Selbstbestimmung (Art. 2 Abs. 1 iVm Art. 1 Abs. 1 GG) und auf Datenschutz (Art. 8 GrCh), insbes. bei der Verarbeitung von sensiblen Beschäftigtendaten (Art. 9 Abs. 1, § 26 Abs. 3 BDSG nF) oder bei der heimlichen Datenerhebung, dürfte ein einfacher Anfangsverdacht regelmäßig nicht ausreichen.

Die **tatsächlichen Anhaltspunkte**, welche den Verdacht begründen, müssen nach der ausdrücklichen Anordnung von § 26 Abs. 1 S. 2 BDSG nF **dokumentiert** werden, um ex post überprüfen zu können, ob die Verarbeitungsanforderungen der Vorschrift vorgelegen haben. Die Dokumentationspflicht ist Rechtmäßigkeitsvoraussetzung für eine Verarbeitung von Beschäftigtendaten zur Aufdeckung von Straftaten, die Beschäftigte im Beschäftigungsverhältnis begangen haben. Wird durch eine solche Datenverarbeitung (zB eine Videoüberwachung) eine Straftat aufgedeckt, die ein anderer Beschäftigter begangen hat, gilt die Dokumentationspflicht hinsichtlich der tatsächlichen Anhaltspunkte, welche den Verdacht begründen, jedoch nicht:[377] § 26 Abs. 1 S. 2 BDSG nF stellt nämlich auf die Finalität der Datenverarbeitung ab („zur Aufdeckung einer Straftat") und erstreckt sich somit nicht auf „Zufallsfunde". Besondere Anforderungen an die Dokumentation der Verdachtsmomente legt § 26 Abs. 1 S. 2 BDSG nF indessen nicht fest.

Weiterhin muss die (verdeckte) Verarbeitung von Beschäftigtendaten zur Aufdeckung der Straftat auch **erforderlich** sein. Es ist somit stets im Einzelfall zu prüfen, ob die Aufklärung der Straftat auch mit weniger intensiven Eingriffen in die informationelle Selbstbestimmung oder das Recht auf angemessenen Datenschutz (Art. 8 GRCh) des betroffenen Beschäftigten erfolgen kann. Nicht unter § 26 Abs. 1 S. 2 BDSG nF fällt die Anhörung eines Beschäftigten vor Ausspruch einer Verdachtskündigung:[378] Denn die Anhörung stellt keine Überwachungsmaßnahme zur Aufdeckung einer Straftat dar, sondern eine offene Konfrontation des Verdächtigen mit den vorliegenden Verdachtsmomenten.

Schließlich muss sich im Rahmen einer **Abwägung** erweisen, dass das schutzwürdige Interesse des Arbeitgebers an einer Verarbeitung der personenbezogenen Daten von Beschäftigten zur Aufdeckung einer Straftat überwiegt. § 26 Abs. 1 S. 2 BDSG nF nennt als ein Abwägungskriterium die Unverhältnismäßigkeit von Art und Ausmaß des Eingriffs in die informationelle Selbstbestimmung des Beschäftigten im Hinblick auf dessen Anlass. Der Anlass der Datenverarbeitung ist folglich mit der Art und Schwere der Straftat sowie mit der Schwere des im Raume stehenden Verdachts in Beziehung zu bringen.[379] An einer solchen Verhältnismäßigkeit der Zweck-Mittel-Relation dürfte es insbes. dann fehlen, wenn die aufzuklärende Straftat nur ein

---

370   So bereits der Innenausschuss des Deutschen Bundestages, BT-Drs. 16/13657, 24; DWWS/ *Däubler* BDSG § 26 Rn. 167; *Wybitul* BB 2009, 1582 (1584); *Thüsing* NZA 2009, 865 (868).

371   Beispiele für solche „Rasterfahndungen" geben die Datenschutzskandale bei der Deutschen Bahn AG sowie bei der Deutschen Telekom AG. Dazu näher *Kock/Francke* NZA 2009, 646; *Diller* BB 2009, 438; *Steinkühler* BB 2009, 1294.

372   So insbes. DWWS/*Wedde* BDSG § 26 Rn. 164.

373   Zum Begriff des dringenden Tatverdachts statt vieler *Meyer-Goßner/Schmitt*, StPO, 60. Aufl. 2017, § 112 Rn. 5 mwN.

374   So insbes. BAG NJW 2017, 1193 (1195 f.) mwN.

375   Zum Begriff des Anfangsverdachts statt vieler *Meyer-Goßner/Schmitt*, StPO, 60. Aufl. 2017, § 152 Rn. 4 mwN.

376   So auch BT-Drs. 16/13657, 21.

377   Vgl. BAG NJW 2017, 112 (115).

378   Vgl. BAG NZA 2015, 741 (747).

379   Vgl. BT-Drs. 16/13657, 21.

Randnummern: 162, 163, 164, 165

Bagatelldelikt darstellt und die Intensität des Eingriffs in die informationelle Selbstbestimmung des Beschäftigten hierzu außer Verhältnis steht.[380]

166   i) „Terrorlistenscreening". Beschäftigtenscreenings erfolgen nicht nur zur Aufdeckung von Straftaten oder anderen Pflichtenverstößen von Arbeitnehmern. Seit den Terroranschlägen vom 11.9.2001 kann ein Beschäftigtenscreening auch erforderlich sein, damit der Arbeitgeber seine gesetzlichen Pflichten erfüllen kann, terrorverdächtigen Personen und Organisationen keine Gelder oder wirtschaftliche Ressourcen zur Verfügung zu stellen. Solche „Embargo-Pflichten" entspringen namentlich der **Verordnung (EG) 881/2002**[381] sowie der **Verordnung (EG) Nr. 2580/2001.**[382] Beide Verordnungen enthalten in ihren Anhängen Listen von natürlichen Personen und Organisationen, die Terrorgruppen zugerechnet werden und denen von niemandem Gelder oder wirtschaftliche Ressourcen zur Verfügung gestellt werden dürfen. Zu den wirtschaftlichen Ressourcen wird auch die Auszahlung des Arbeitsentgelts an Arbeitnehmer gerechnet, die dem Kreis der aufgelisteten terrorverdächtigen Personen angehören.[383] Diese Pflichten treffen in erster Linie Unternehmen der Außenwirtschaft. Sie haben somit einen Abgleich zwischen den Terrorlisten der Verordnungen und ihren eigenen Beschäftigten durchzuführen. Ein solches Screening von Arbeitnehmern lässt sich nicht auf § 26 Abs. 1 S. 1 BDSG nF stützen, da dieses nicht zur Durchführung eines Beschäftigungsverhältnisses erforderlich ist. Seine Zulässigkeit stützt sich vielmehr auf die beiden genannten Verordnungen:[384] Auch wenn die beiden Unionsverordnungen nicht ausdrücklich ein Screening erlauben, ist seine Durchführung notwendige Voraussetzung dafür, dass ein Arbeitgeber seinen gesetzlichen Pflichten im Rahmen der Terrorbekämpfung genügen kann. Da die Kreditinstitute aufgrund von § 25 h KWG ohnehin einen Datenabgleich vorzunehmen haben, wird indessen darüber nachgedacht, das „Terrorlistenscreening" aus den betroffenen Unternehmen in die kontoführenden Kreditinstitute zu verlagern.[385] Allerdings ist ein solches „Outsourcing" nicht ohne Weiteres von § 26 Abs. 1 S. 1 BDSG nF gedeckt.[386] Die Durchführung des „Terroristenscreening" durch den Arbeitgeber unterliegt nicht der Mitbestimmung des Betriebsrates nach § 87 Abs. 1 Nr. 6 BetrVG.[387]

167   j) Personalaktenführung. Die im Rahmen des Bewerbungsverfahrens und des laufenden Beschäftigungsverhältnisses erhobenen Beschäftigtendaten werden vom Arbeitgeber typischerweise in Personalakten zusammengefasst. Zur Personalakte gehören sämtliche Urkunden und sonstigen Vorgänge, welche die persönlichen und dienstlichen Verhältnisse des Beschäftigten betreffen und in einem inneren Zusammenhang mit dem Beschäftigungsverhältnis stehen.[388] Auf die **Erhebungsmodalitäten** kommt es dabei ebenso wenig an wie auf den **Umfang oder die Form der Verarbeitung.** Konsequenterweise spielt es auch keine Rolle, wo sich die Daten genau befinden, insbes. ob sie in der eigentlichen Personalakte, in Neben- oder in Sonderakten enthalten sind.[389] Zugrunde zu legen ist somit kein formeller, sondern ausschließlich ein **materieller Personalaktenbegriff.** Eine Ausnahme besteht indessen für die vom Betriebsarzt erhobenen Gesundheitsdaten von Beschäftigten: Sie sind von der eigentlichen Personalakte getrennt zu führen und vor einem Zugriff durch den Arbeitgeber und andere unbefugte Dritte zu schützen.[390] Erlangt der Arbeitgeber Kenntnis von einer Alkohol- oder sonstigen Suchterkrankung eines seiner Arbeitnehmer, hat dieser zwar grundsätzlich ein berechtigtes Interesse daran, diese Daten in die Personalakte des betroffenen Arbeitnehmers aufnehmen: Immerhin können diese personenbezogenen Daten für die Beurteilung der Wirksamkeit einer krankheitsbe-

---

380   Ebenso DWWS/*Däubler* BDSG § 26 Rn. 166.
381   Verordnung (EG) 881/2002 vom 27.5.2002 über die Anwendung bestimmter spezifischer restriktiver Maßnahmen gegen bestimmte Personen und Organisationen, die mit Osama bin Laden, dem Al-Qaida-Netzwerk und den Taliban in Verbindung stehen, und zur Aufhebung der Verordnung (EG) Nr. 467/2001 des Rates über das Verbot der Ausfuhr bestimmter Waren und Dienstleistungen nach Afghanistan, über die Ausweitung des Flugverbots und des Einfrierens von Geldern und anderen Finanzmitteln betreffend die Taliban von Afghanistan (ABl. EG 2002 Nr. L 139/9). Zum „Terrorlistenscreening" im Überblick *Roeder/Buhr* BB 2011, 1333 sowie *dies.* BB 2012, 193, jeweils mwN.
382   Verordnung (EG) Nr. 2580/2001 v. 27.12.2001 über spezifische, gegen bestimmte Personen und Organisationen gerichtete restriktive Maßnahmen zur Bekämpfung des Terrorismus (ABl. EG Nr. L 344/70).
383   Dazu *Schlarmann/Spiegel* NJW 2007, 870 (872); wohl auch *Roeder/Buhr* BB 2011, 1333.
384   So auch *Brink/Schmidt* MMR 2010, 592 (595).
385   So ausdrücklich *Brink/Schmidt* MMR 2010, 592 (595).
386   Dieser Aspekt wird von *Brink/Schmidt* MMR 2010, 592 (595), überhaupt nicht problematisiert.
387   Vgl. BAG NZA 2018, 673.
388   St. Rspr.: vgl. BAG AP Nr. 100 zu § 611 BGB Fürsorgepflicht mwN; ebenso die st. Rspr. des BVerwG zum Personalaktenrecht der Beamten: vgl. BVerwGE 36, 134 (137ff.) sowie 50, 301 (304).
389   Vgl. auch *FESTL* BetrVG § 83 Rn. 3ff.; DKKW/*Buschmann* BetrVG § 83 Rn. 3ff.; *Gola/Pötters/Wronka*, HdB Arbeitnehmerdatenschutz, 2016, Rn. 111ff.
390   *Weichert* RDV 2007, 189 (191); *Reichold* in: MünchArbR-HB § 95 Rn. 5; LAG Bremen DB 1977, 1006 (1007). Betriebsärzte haben grundsätzlich die Regeln über die ärztliche Schweigepflicht zu beachten (§ 8 Abs. 1 S. 3 ASiG). Allerdings haben sie auf Wunsch des Arbeitnehmers diesem das Ergebnis arbeitsmedizinischer Untersuchungen mitzuteilen (§ 3 Abs. 2 S. 1 ASiG).

dingten Kündigung große Bedeutung entfalten. Der Arbeitgeber ist allerdings verpflichtet, die erforderliche Vertraulichkeit zu wahren (→ näher dazu Rn. 118).

Den Arbeitgeber treffen im Hinblick auf die Personalakten seiner Beschäftigten gewisse **Sicherungspflich-** **168** **ten,** die nach der Sensibilität der in ihnen enthaltenen Beschäftigtendaten abgestuft sind.[391] So hat er grundsätzlich dafür Sorge zu tragen, dass die Personalakten nicht den im Betrieb tätigen Personen allgemein zugänglich sind und sorgfältig verwahrt werden. Der Kreis der informationsberechtigten Personen ist möglichst eng zu halten. Handelt es sich um so sensible Daten wie Gesundheitsdaten (Art. 4 Nr. 15), bestehen weitergehende Schutzpflichten des Arbeitgebers aus § 26 Abs. 3 S. 3 iVm § 22 Abs. 2 BDSG nF. Sind der Personalakte beispielsweise amtsärztliche Gutachten[392] oder ist Schriftverkehr beigefügt, aus dem eine Alkohol- oder sonstige Suchterkrankung des Arbeitnehmers ersichtlich ist, hat der Arbeitgeber über die ohnehin bestehenden Sicherungsmaßnahmen hinaus dafür zu sorgen, dass solche Schreiben nicht offen in der Personalakte, sondern in einem verschlossenen Umschlag aufbewahrt werden, um eine zufällige Kenntniserlangung dieser Daten durch unbefugte Dritte zu vermeiden.[393] Diese restriktiven Grundsätze im Umgang mit den Personalakten der Beschäftigten gelten auch für die **Durchführung von Compliance-Maßnahmen,** insbes. bei unternehmensinternen „Investigations". Auch in diesen Fällen hat der Arbeitgeber die Vertraulichkeit der Personalakten zu wahren und hat den Kreis derjenigen, die Zugang zu den Akten erlangen, so eng wie möglich zu halten. Nur soweit dies erforderlich ist, dürfen ausnahmsweise auch unternehmensexterne Dritte Einsicht in Personalakten von Beschäftigten nehmen und dies auch nur dann, wenn sie zur Verschwiegenheit gesetzlich verpflichtet sind (zB Rechtsanwälte oder Wirtschaftsprüfer nach § 203 Abs. 1 Nr. 3 StGB) oder eine ausdrückliche Verschwiegenheitsverpflichtung unterzeichnet haben.[394]

§ 26 Abs. 1 S. 1 BDSG nF beschränkt das Recht von Arbeitgebern und Dienstherren zur Führung von Per- **169** sonalakten dahin gehend, dass ausschließlich diejenigen Beschäftigtendaten in ihnen zusammengefasst werden dürfen, welche für die Durchführung des Beschäftigungsverhältnisses oder zu dessen Beendigung erforderlich sind. Ist die Speicherung einzelner Daten nicht mehr erforderlich, sind sie zu löschen. Dies gilt etwa für die **Löschung einer Abmahnung,** wenn sie wegen Zeitablaufs nicht mehr Grundlage einer Kündigung des Arbeitnehmers sein kann (→ zur Löschung wegen Zeitablaufs siehe auch Rn. 201 mwN). Die allgemeine Regelung des § 26 Abs. 1 S. 1 BDSG nF wird allerdings durch verschiedene **arbeitsrechtliche und beamtenrechtliche Sonderregeln** nach § 1 Abs. 2 S. 1 BDSG nF verdrängt.

Eine gesetzliche Pflicht des Arbeitgebers zur Führung formeller Personalakten über seine Arbeitnehmer be- **170** steht grundsätzlich nicht.[395] Dem Arbeitgeber steht es deshalb grundsätzlich auch frei, sein Personalaktensystem auf **elektronische Personalakten** umzustellen.[396] Nur für einzelne Beschäftigtendaten bestehen gesetzliche Aufzeichnungs- und Aufbewahrungspflichten (zB Aufbewahrung der Quittungsbelege über den Arbeitslohn nach § 257 HGB und der Lohnkonten nach § 41 Abs. 1 S. 9 EStG).[397] Die § 83 BetrVG, § 26 Abs. 2 S. 1 SprAuG[398] enthalten Sondervorschriften über den Zugang der Arbeitnehmer zu ihren Personalakten. § 83 Abs. 1 S. 1 BetrVG gibt ihnen ein Recht zur **Einsicht in die Personalakte,** wofür sie ein Betriebsratsmitglied hinzuziehen können (§ 83 Abs. 1 S. 2 BetrVG). Auch kann der Arbeitnehmer vom Arbeitgeber verlangen, dass Erklärungen von ihm zum Inhalt der Personalakte beizufügen sind (§ 83 Abs. 2 BetrVG). Dabei handelt es sich jedoch nicht um einen besonderen Berichtigungsanspruch, der Art. 16 ergänzt, denn das Recht zur Gegendarstellung in § 83 Abs. 2 BetrVG setzt nicht voraus, dass durch die Erklärungen des betroffenen Arbeitnehmers unrichtige Angaben in der Personalakte berichtigt (zum Berichtigungsanspruch → Art. 16 Rn. 6 ff. mwN). Zu denken ist insbes. an **Gegendarstellungen** zu dienstlichen Beurteilungen oder zu Abmahnungen, die vom Arbeitnehmer als unberechtigt empfunden werden.[399] Für Arbeitnehmer des öffentlichen Dienstes formen **§ 3 Abs. 5 TvöD** und **§ 3 Abs. 6 TV-L** das Einsichtsrecht der Arbeitnehmer näher aus und geben ihnen das Recht, Auszüge oder Kopien aus ihren Personalakten zu er-

---

391 BAG NJW 2007, 269 (272); NZA 1988, 53 (54); für das Beamtenrecht entsprechend BVerwG NJW 1987, 1214. *Wiese* ZfA 1971, 273 (302).

392 Vgl. BAG NZA 1988, 53 (54).

393 BAG NJW 2007, 269 (272).

394 Wohl auch *Mengel*, Compliance und Arbeitsrecht, S. 114; sowie *Mengel/Ullrich* NZA 2006, 240 (242).

395 BAG AuR 1981, 124 (126); *Reichold*, in: MünchArbR-HB, Band 1, § 95 Rn. 7 mwN.

396 Instruktiv zur Praxis der elektronischen Personalakte und ihre Regelung durch Betriebsvereinbarung *Böker*, Elektronische Personalakten, S. 8 ff. Zu den rechtlichen Problemen, die mit der Einführung elektronischer Personalakten verbunden sein können, s. *Diller/Schuster* DB 2008, 928.

397 Dasselbe gilt nach § 147 AO für Lohnberechnungsunterlagen und nach § 28 f Abs. 1 S. 1 SGB IV für sämtliche Lohnunterlagen. Dazu *Diller/Schuster* DB 2008, 928 (931 f.).

398 Im kirchlichen Bereich sehen einzelne Arbeitsvertragsrichtlinien ein Einsichtsrecht der Beschäftigten vor: so zB § 4 Arbeitsvertragsrichtlinien der Diakonie. Die Vorschrift des § 68 Abs. 2 S. 3 BPersVG gibt lediglich der Personalvertretung ein Einblicksrecht, nicht aber dem einzelnen Beschäftigten. Zu den Einzelheiten s. Richardi/Dörner/Weber/*Gräfl* BPersVG § 68 Rn. 96ff.

399 Statt vieler *FESTL* BetrVG § 83, Rn. 14.

halten; § 3 Abs. 6 TV-L räumt dem Arbeitnehmer sogar ein Anhörungsrecht vor Aufnahme einer für ihn nachteiligen Beschwerde oder Behauptung in die Personalakte ein. Es handelt sich bei diesen Tarifnormen um spezifischere Kollektivvereinbarungen iSv Abs. 1, die das Recht von Arbeitnehmern des öffentlichen Dienstes auf Information (Art. 14) konkretisieren.

171 Besonderheiten gelten für die Führung von **Personalakten der Beamten,** auf die beamtenrechtliche Sonderregeln Anwendung finden, welche den Regeln des BDSG nach § 1 Abs. 2 S. 1 BDSG nF vorgehen.[400] Diese bereichsspezifischen Datenschutzvorschriften gehen auf das Neunte Gesetz zur Änderung dienstrechtlicher Vorschriften (BGBl. I 1992 S. 1030) zurück und befinden sich seit dem Gesetz vom 5.2.2009 in § 50 BeamtStG und den §§ 106ff. BBG. Immerhin liegt damit wenigstens für einen Teil der Beschäftigten eine detaillierte Regelung über die Personalaktenführung vor, die traditionelle Ansatzpunkte wie das Einsichtsrecht (§ 110 BBG) oder einen weit gefassten, materiell verstandenen Personalaktenbegriff (§ 106 Abs. 1 BBG) aufgreift und verfeinert. Die dem § 26 Abs. 1 S. 1 BDSG nF weitgehend entsprechende Erhebungsvorschrift des § 106 Abs. 4 BBG, aber auch die Übermittlungsbeschränkungen der § 111 BBG sind ebenso bezeichnend dafür wie etwa die Zweckbindung bei der automatisierten Verarbeitung von Personalaktendaten (§ 114 Abs. 1 BBG).

172 **k) Übermittlung von Beschäftigtendaten an Dritte. aa) Abgrenzung zur Auftragsverarbeitung.** Die Übermittlung von Beschäftigtendaten an Dritte ist zunächst von den Fällen der Auftragsverarbeitung (zur Auftragsverarbeitung ausführlich Art. 4 Nr. 8 → Art. 4 Nr. 8 Rn. 5 ff.; Art. 28) zu unterscheiden. Diese ist dadurch gekennzeichnet, dass der Auftragsverarbeiter nicht über die Zwecke und Mittel der Verarbeitung von personenbezogenen Daten entscheidet: Diese Entscheidungsbefugnis besitzt der Verantwortliche (Art. 4 Nr. 7), während der Auftragsverarbeiter im Rahmen dieser Zweck- und Mittelfestlegung personenbezogene Daten in dessen „Auftrag" verarbeitet und dabei die Vorgaben des Art. 28 einhalten muss. Das Kriterium tritt an die Stelle des Weisungsrechts der verantwortlichen Stelle nach § 11 Abs. 3 BDSG aF.[401] Bei der Weitergabe von Daten vom Verantwortlichen an den Auftragsverarbeiter handelt es sich zwar um eine Datenübermittlung iSv Art. 4 Nr. 2. Die Verantwortung für die Einhaltung der Vorschriften der DSGVO liegt allerdings beim Verantwortlichen (Art. 24 Abs. 1). Wann ein Fall der Auftragsdatenverarbeitung vorliegt, ist nicht immer leicht zu bestimmen. Im einen wie im anderen Fall werden Daten an andere weitergegeben und die Nutzung von personenbezogenen Daten erfolgt außerhalb der verantwortlichen Stelle. Beispiele für eine Auftragsdatenverarbeitung im Beschäftigungsbereich können insbes. die Auslagerung der **Lohn- und Gehaltsabrechnung** durch Arbeitgeber auf einen externen Dienstleister oder auf ein anderes Konzernunternehmen,[402] aber auch die Einrichtung und Unterhaltung eines konzerneigenen Cloud-Computing („Private" oder „Corporate Cloud") (→ Art. 28 Rn. 18ff.) durch einen Webdienst sein.[403]

173 Diese Grundsätze gelten in gleicher Weise, wenn der **Auftragsverarbeiter** seinen Sitz in einem **anderen Mitgliedstaat der EU** oder innerhalb des EWR hat sowie für die Datenweitergabe an einen Auftragsverarbeiter mit **Sitz in einem Drittland:** Im Unterschied zum alten BDSG enthält die Verordnung keine Privilegierung von Auftragsverarbeitern im Binnenmarkt und behandelt Auftragsverarbeiter in Drittländern in den Art. 24ff. wie solche, die in einem Mitgliedstaat der EU ihren Sitz haben. Zusätzlich gelten allerdings die Zulässigkeitsanforderungen der Art. 44ff. für die Übermittlung personenbezogener Daten an Drittländer (→ siehe Art. 28 Rn. 61).

174 **bb) Arbeitnehmerüberlassung.** Von besonderer praktischer Bedeutung ist die Übermittlung von Beschäftigtendaten im Rahmen der Arbeitnehmerüberlassung nach den Vorschriften des AÜG. So hat der Entleiher nach § 12 Abs. 1 S. 4 AÜG dem Verleiher in den zwischen beiden zustande gekommenen Vertrag anzugeben, welche besonderen Merkmale die für den Leiharbeitnehmer vorgesehene Tätigkeit hat und welche berufliche Qualifikation dafür erforderlich ist; im Gegenzug kann der Entleiher verlangen, dass er die Profile der in Betracht kommenden Arbeitnehmer des Verleihers erhält. Man wird indessen mit Blick auf § 26 Abs. 1 S. 1 BDSG nF verlangen müssen, dass die Profile der in engere Wahl zu ziehenden Beschäftigten zunächst anonymisiert oder pseudonymisiert mitgeteilt werden und erst dann eine Weitergabe personenbezogener Daten an den Entleiher erfolgt, wenn die Auswahlentscheidung getroffen worden ist. Doch auch dann ist strikt darauf zu achten, dass nur diejenigen Daten übermittelt werden, die für die Überlassung der betroffenen Beschäftigten auch erforderlich sind. Erforderlich dürfte regelmäßig die Weitergabe von Informationen über die Ausbildung der Beschäftigten und ihre Berufserfahrung sein; unter Umständen kann aus Gründen des Arbeitsschutzes auch das Lebensalter oder eine eventuell bestehende Behinderung darunter

---

400 Vgl. BVerwG NJW 2003, 3217 (3218).

401 So auch *Härting*, Rn. 579.

402 Arbeitsbericht der ad-hoc-Arbeitsgruppe „Konzerninterner Datentransfer", 3; aA aber *Wronka* RDV 2003, 133, da in diesen Fällen über die mit der Aufgabe verbundene Datenverarbeitung hinaus der „Auftragnehmer" noch weitere Ziele erreichen wolle.

403 Zur Einordnung als Auftragsverarbeitung statt vieler *Petri* ZD 2015, 305.

fallen. Angaben zum Familienstand oder zu unterhaltspflichtigen Kindern sind dagegen grundsätzlich nicht erforderlich: Denn die Pflicht zur Zahlung des Arbeitsentgelts, zu deren Erfüllung diese Angaben insbes. notwendig sind, obliegt grundsätzlich dem Verleiher. Dieselben Einschränkungen gelten auch für die **Arbeitnehmerüberlassung innerhalb eines Konzerns** (§ 1 Abs. 3 Nr. 2 AÜG) sowie für die sog „Kollegenleihe" iSv § 1 Abs. 3 Nr. 1 AÜG.

cc) Datenübermittlung innerhalb eines Konzerns. Die Übermittlung von Beschäftigtendaten innerhalb von   175
Konzernen entspricht einem verbreiteten praktischen Bedürfnis.[404] Die Gründe hierfür sind durchaus vielfältig. Teilweise erfolgt sie im Rahmen von Strategien des Konzerns, bestimmte unternehmerische Funktionen zu bündeln (zB **Schaffung einer konzernweiten Personalverwaltung**) und auf ein Unternehmen innerhalb des Konzerns zu übertragen. Auch der Aufbau sog „**Skill-Datenbanken**" sämtlicher Beschäftigten des Konzerns kommt einem praktischen Bedürfnis entgegen: Eine solche Datenbank bildet nicht nur eine solide Grundlage für den Personaleinsatz und die Personalentwicklung innerhalb des Konzerns, sondern effektiviert auch einen bestehenden konzernweiten Arbeitsmarkt.

Weder die DSGVO noch § 26 BDSG nF sieht für die Verarbeitung von Beschäftigtendaten im Konzern ein   176
ausdrückliches „**Konzernprivileg**" vor. Art. 88 Abs. 2 verlangt lediglich, dass die spezifischeren Vorschriften der Mitgliedstaaten angemessene Maßnahmen zur Wahrung der Grundrechte der Beschäftigten insbes. im Hinblick auf „die Übermittlung personenbezogener Daten innerhalb einer Unternehmensgruppe oder einer Gruppe von Unternehmen, die eine gemeinsame Wirtschaftstätigkeit ausüben", umfassen (→ zum Fehlen eines „Konzernprivilegs" siehe Rn. 37). Art. 82 Abs. 1 d Parl-E, welcher die Übermittlung von Beschäftigtendaten zwischen Konzernunternehmen zuließ, soweit dies für Geschäftszwecke und für die Durchführung von Geschäftstätigkeiten und Verwaltungsabläufen erforderlich ist und nicht die Interessen und Grundrechte der betroffenen Beschäftigten verletzt, wurde zwar nicht vollständig gestrichen, wohl aber als EG 48 S. 1 „abgeschwächt", wonach Verantwortliche im Konzern ein berechtigtes Interesse haben können, personenbezogene Daten – explizit auch Beschäftigtendaten – für interne Verwaltungszwecke zu übermitteln. Deshalb sind die einzelnen konzernangehörigen Unternehmen zwar Verantwortliche iSv Art. 4 Nr. 7, sodass die Übermittlung von Beschäftigtendaten an andere Konzernunternehmen datenschutzrechtlich grundsätzlich wie eine Datenübermittlung an Dritte behandelt wird. Das Datenschutzrecht beschreitet insoweit einen anderen Weg als etwa die §§ 54ff. BetrVG sowie § 5 MitbestG und § 2 DrittelbG, welche die besondere Konzernsituation durch Einbeziehung von Unternehmen in einem Überordnungskonzern in die Unternehmensmitbestimmung anerkennen. Es knüpft somit an den Konzerntatbestand einer einheitlichen wirtschaftlichen Leitung der Konzernunternehmen keine begünstigenden Rechtsfolgen. Auch für den Datenaustausch innerhalb von Unternehmen eines und desselben Konzerns gilt somit der Erforderlichkeitsgrundsatz des § 26 Abs. 1 S. 1 BDSG nF.

Bei der Auslegung des § 26 Abs. 1 S. 1 BDSG nF ist allerdings der gerade erwähnte EG 48 zu berücksichti-   177
gen, wonach ein **berechtigtes Interesse iSv Art. 6 Abs. 1 lit. f** an einer Datenübermittlung innerhalb einer Unternehmensgruppe für interne Verwaltungszwecke, einschließlich der Verarbeitung personenbezogener Daten von Beschäftigten, bestehen kann. Somit sprechen bereits die allgemeinen Verarbeitungsgrundsätze der DSGVO für die Annahme, dass ein Transfer von Beschäftigtendaten innerhalb des Konzerns zulässig sein *kann*. Allerdings gilt dies **ausschließlich für interne Verwaltungszwecke** wie etwa die Personalplanung.

Sollen Beschäftigtendaten an eine bei der Konzernspitze oder bei einem anderen Konzernunternehmen an-   178
gesiedelte **Personalverwaltung des Konzerns** weitergegeben werden, kann es sich um eine Auftragsverarbeitung iSv Art. 4 Nr. 10 handeln (zur Auftragsverarbeitung von Beschäftigtendaten → Rn. 172 mwN), so dass es bereits an einer Datenübermittlung an Dritte fehlt. Dies setzt allerdings voraus, dass die Datenverarbeitung durch das andere Konzernunternehmen nach Weisung des Daten weitergebenden Arbeitgebers erfolgt. Liegt keine Auftragsverarbeitung vor, gelten die Verarbeitungsgrundsätze des § 26 Abs. 1 S. 1 BDSG nF. Die Datenübermittlung an ein oder mehrere andere Konzernunternehmen muss somit für die Begründung, Durchführung oder Beendigung des betreffenden Beschäftigungsverhältnisses erforderlich sein.

Mit Blick auf die durch § 26 Abs. 1 S. 1 BDSG nF gezogenen Grenzen legitimiert das durchaus nachvoll-   179
ziehbare Interesse von Unternehmen an einer konzernweiten Personalpolitik für sich genommen noch nicht eine Übermittlung von Beschäftigtendaten innerhalb des Konzerns.[405] Das gilt insbes. für den Aufbau einer konzernweiten „Skill-Datenbank" oder Personalverwaltung. Für solche Datenbanken dürfte im Regelfall zunächst eine Anonymisierung oder Pseudonymisierung der gespeicherten Beschäftigtendaten ausreichen. Wird ein bestimmtes Anforderungsprofil konzernweit gesucht und in der „Skill-Datenbank" gefunden, kann das nachfragende Konzernunternehmen die ins Profil passende Person bei der „Skill-Datenbank" an-

---

404   Zur praktischen Bedeutung mit Beispielen s. *S. Seifert*, Der Beschäftigtendatenschutz im transnationalen Konzern, S. 18ff.
405   Ebenso *Gola* RDV 2002, 109 (114).

fordern und veranlassen, dass deren Identität durch den Arbeitgeber des Beschäftigten offengelegt wird.[406] Nur ausnahmsweise kommt eine Datenübermittlung innerhalb eines Konzerns in Betracht. Dies gilt vor allem für **Arbeitsverhältnisse mit Konzernbezug** (zB bei einzelnen Führungskräften oder Spezialisten).[407] Ist der konzernweite Einsatz des Arbeitnehmers bereits arbeitsvertraglich vorgesehen (zB durch eine konzernweite Versetzungsklausel), ist eine Übermittlung seiner Daten an andere Unternehmen des Konzerns jedenfalls insoweit von § 26 Abs. 1 S. 1 BDSG nF gedeckt, als die Daten des Beschäftigten für seinen Einsatz in anderen Konzernunternehmen erforderlich sind.[408] Im Übrigen kann eine Übermittlung von Beschäftigtendaten innerhalb eines Konzerns auch durch **Konzernbetriebsvereinbarung** geregelt werden;[409] dies folgt nunmehr aus § 26 Abs. 4 BDSG nF. Die Einholung einer **Einwilligung** der betroffenen Beschäftigten im Konzern als Rechtsgrundlage eines Datentransfers ist zwar theoretisch unter den Voraussetzungen des § 26 Abs. 2 BDSG nF denkbar, scheitert jedoch an mangelnder Praktikabilität, da nicht jeder Betroffene bereit sein wird, sie zu erteilen, und diese überdies jederzeit frei widerruflich ist (vgl. Art. 7 Abs. 3 S. 1).

180   Erfolgt die **Datenübermittlung an ein anderes Konzernunternehmen mit Sitz in einem anderen Mitgliedstaat der EU**, gelten indessen die Vorschriften der DSGVO. Insoweit ist zwischen der Übermittlung in andere Mitgliedstaaten der EU oder in einen Vertragsstaat des EWR einerseits und in ein Drittland andererseits zu unterscheiden. Eine Datenübermittlung an Konzernunternehmen mit Sitz in einem anderen **Mitgliedstaat der EU** oder in einem **Vertragsstaat des EWR** (Island, Liechtenstein und Norwegen) wird grundsätzlich wie eine Datenübermittlung im Inland behandelt. Insoweit findet § 26 BDSG nF Anwendung. Erfolgt die Datenübermittlung hingegen in ein Konzernunternehmen, das seinen **Sitz in einem Drittland** hat, gelten die besonderen Anforderungen der Art. 44ff.; die Vorschriften finden auch auf die Datenübermittlung durch Auftragsverarbeiter (vgl. Art. 44) Anwendung. Eine Übermittlung in ein Drittland ist zulässig, wenn die KOM festgestellt hat, dass das betreffende Drittland ein angemessenes Schutzniveau bietet (zu den Einzelheiten s. Art. 45). Auf der Grundlage von Art. 25 Abs. 6 DSRL hat die KOM bereits für verschiedene Staaten festgestellt, ob sie über ein angemessenes Datenschutzniveau verfügen; dazu gehören allerdings nicht die USA (dazu ausführlich → Art. 45 Rn. 41ff. mwN). Liegt kein solcher Kommissionsbeschluss vor, darf eine Übermittlung von Beschäftigtendaten in ein Drittland nach Art. 46 nur erfolgen, sofern das verantwortliche Unternehmen oder der Auftragsverarbeiter geeignete Garantien vorgesehen hat (zB verbindliche Unternehmensregeln, **Verhaltenskodizes, Standarddatenschutzklauseln**) und sofern den betroffenen Beschäftigten durchsetzbare Rechte und wirksame Rechtsbehelfe zur Verfügung stehen (zu den Einzelheiten s. → Art. 46 Rn. 6ff. mwN).[410]

181   **dd) Datenübermittlung beim Unternehmenskauf.** Zur Übermittlung personenbezogener Daten von Beschäftigten kann es auch im Zusammenhang mit Unternehmenskäufen kommen. Dem Abschluss eines Unternehmenskaufvertrages geht im Regelfall eine von Kaufinteressenten durchgeführte **Due Diligence** voraus, in deren Rahmen das Zielunternehmen geprüft wird;[411] die Inhalte des Prüfprogramms können dabei zum Teil erheblich variieren. Die zur Durchführung einer Due Diligence erforderlichen Daten des Zielunternehmens sind hierzu offen zu legen. Für den Beschäftigtendatenschutz von Interesse ist, dass dabei regelmäßig auch Daten über Beschäftigungsverhältnisse, insbes. von Arbeitnehmern in leitenden Positionen, dem Kaufinteressenten zur Verfügung gestellt werden, um die **personelle Struktur des Unternehmens und die Qualität der Beschäftigten zu ermitteln.**[412]

182   Die Weitergabe von Beschäftigtendaten (zB Arbeitsverträge oder Auszüge aus Personalakten, Angaben zum Arbeitsentgelt einzelner Beschäftigter) ist jedoch grundsätzlich nicht für die Durchführung der Beschäftigungsverhältnisse des Verkäuferunternehmens erforderlich und deshalb nicht von § 26 Abs. 1 S. 1 BDSG nF abgedeckt. Wohl aber kann in diesen Fällen die Weitergabe von Beschäftigtendaten zur Wahrung der berechtigten Interessen des Arbeitgebers und des Kaufinteressenten nach Maßgabe von **Art. 6 Abs. 1 lit. f** erforderlich und somit rechtmäßig sein. Allerdings dürfte regelmäßig ausreichend sein, dem Kaufinteressenten nur anonymisierte, statistische oder pseudonymisierte (vgl. Art. 4 Nr. 5) Beschäftigtendaten zur

---

406   Zu diesem abgestuften Vorgehen bei „Skill-Datenbanken" eingehend *Gliss/Kramer*, Arbeitnehmerdatenschutz, S. 64 f.

407   Namentlich die Rechtsprechung zum konzerndimensionalen Weiterbeschäftigungsanspruch im Rahmen des § 1 Abs. 2 S. 2 KSchG liefert hierzu Anschauungsmaterial: dazu im Überblick *Stahlhacke/Preis/Vossen*, Kündigung und Kündigungsschutz im Arbeitsverhältnis, Rn. 998ff. mwN.

408   So auch *Gola* RDV 2002, 109 (114); *Gola/Pötters/Wronka*, HdB Arbeitnehmerdatenschutz, 2016, Rn. 936; *Däubler*, Gläserne Belegschaften, 2017, Rn. 454.

409   So bereits zur alten Rechtslage BAG NZA 1996, 945ff. sowie *Gola/Pötters/Wronka*, HdB Arbeitnehmerdatenschutz, 2016, Rn. 947ff.

410   Ausführlich auch S. *Seifert*, Der Beschäftigtendatenschutz im transnationalen Konzern, S. 185ff.

411   Statt vieler *Fleischer/Körber* BB 2001, 841 mwN; vgl. auch *Sander/Schumacher/Kühne* ZD 2017, 105.

412   Eingehend zur „arbeitsrechtlichen Due Diligence" *Grimm/Böker* NZA 2002, 193 mwN; s. auch die ebd., 198ff. abgedruckte „Checkliste".

Verfügung zu stellen (zB Musterarbeitsverträge, Entgelttabellen).[413] Normalerweise wird sich die Durchführung der Due Diligence auf die Einsichtnahme der von dem Veräußerer-Unternehmen verwendeten Standardarbeitsverträge beschränken, ohne dass es überhaupt der Übermittlung von Daten der einzelnen Beschäftigten bedarf. Diese Pflicht zur Anonymisierung von Beschäftigtendaten gilt unabhängig von der Unternehmensgröße:[414] Auch bei der Veräußerung von Kleinunternehmen stellt diese Vorgehensweise im Normalfall das mildere Mittel dar, wenngleich nicht zu verkennen ist, dass eine Reindividualisierung der Datenreihen weitaus einfacher möglich ist als in einem Großunternehmen. Dieser Grundsatz gilt auch für die **Daten von Führungskräften:** Auch sie dürfen grundsätzlich nicht individualisiert oder individualisierbar an Kaufinteressenten übermittelt werden;[415] für sie reicht zunächst eine anonymisierte und pseudonymisierte Mitteilung der den Kaufinteressenten interessierenden Umstände (zB Vereinbarung von Wettbewerbsverboten, Kündbarkeit der Anstellungsverträge, individuelle Sondervereinbarungen). Allenfalls in Fällen eines drohenden Scheiterns der Transaktion wegen nicht erfolgender Offenlegung von Daten über das Management kann eine Individualisierung der Daten erfolgen.[416] Doch auch dann kommt eine Einsichtnahme in die Personalakte der betreffenden leitenden Angestellten (Angaben zu krankheitsbedingten Fehlzeiten, etc) grundsätzlich nicht in Betracht.[417]

ee) Veröffentlichung von Beschäftigtendaten. Am Erforderlichkeitskriterium des § 26 Abs. 1 S. 1 BDSG nF   **183** muss sich auch die Veröffentlichung von personenbezogenen Daten über Beschäftigte auf Firmen- oder Behördenwebsites oder über sonstige Medien (zB auf dem schwarzen Brett des Betriebs) messen lassen. Dabei sind auch die Grundrechte der Beschäftigten zu berücksichtigen. Für die Veröffentlichung personenbezogener Daten von Empfängern von Agrarbeihilfen der EU auf einer Internetseite eines Mitgliedstaates hat der EUGH entschieden, dass diese unverhältnismäßig in Art. 7 und Art. 8 GRCh eingreift und deshalb unzulässig sei, soweit sie natürliche Personen betrifft.[418] Eine **Einstellung von Beschäftigtendaten auf der firmeneigenen Website** (zB Name, Vorname, Funktion, Lebenslauf oder Telefonnummer des Beschäftigten) kann somit nur dann datenschutzrechtlich unbedenklich sein, wenn die Veröffentlichung der Daten tatsächlich auch für die „werbende" Tätigkeit des Arbeitgeberunternehmens oder zur Sicherstellung einer „bürgerfreundlichen" Verwaltung erforderlich ist.[419] Dies mag insbes. für Beschäftigte gelten, die im Außendienst sind oder in Kundenkontakt treten. Nicht mit § 26 Abs. 1 S. 1 BDSG nF vereinbar ist hingegen die Veröffentlichung von Daten der Beschäftigten, deren Wirkung sich ausschließlich auf den Innenbereich des Unternehmens beschränkt (zB Buchhaltung, Personalverwaltung). Auch ist die Veröffentlichung von Beschäftigtendaten im Internet unzulässig, wenn dadurch die Sicherheit der Beschäftigten in Frage gestellt werden könnte.[420] Ebenso unterliegt die Veröffentlichung von Beschäftigtendaten auf dem betriebseigenen **„schwarzen Brett", Intranet** oder in **Werkszeitungen** den Schranken des § 26 Abs. 1 S. 1 BDSG nF: So ist etwa die Veröffentlichung von Abmahnungen einzelner Beschäftigter auf diesem Wege grundsätzlich unzulässig.[421]

Bei Behörden des Bundes und bei Behörden von inzwischen 12 Bundesländern sind jedoch die **Sondervor-**   **184** **schriften der jeweiligen Informationsfreiheitsgesetze** (im Bund: IFG) zu beachten (ausführlich zum Verhältnis zwischen Datenschutz und Informationsfreiheit → Art. 86 Rn. 29ff.). Nach § 1 Abs. 1 S. 1 IFG hat jedermann gegenüber den Behörden des Bundes grundsätzlich einen Anspruch auf Zugang zu amtlichen Informationen und damit zu allen amtlichen Zwecken dienenden Aufzeichnungen, unabhängig von der Art ihrer Speicherung (vgl. § 2 Nr. 1 S. 1 IFG). Hierzu gehören zwar durchaus auch Namen, dienstliche Durchwahlnummern oder E-Mail-Adressen der in der Behörde zuständigen Sachbearbeiter.[422] Im Einzelfall kann diesem Informationsanspruch aber entgegenstehen, dass **die schutzwürdigen Interessen der betroffenen Beschäftigten** als Dritter gegenüber dem Informationsinteresse des Bürgers nach § 5 Abs. 1 IFG überwiegen. Zwar stellt § 5 Abs. 4 IFG klar, dass Name, Titel, akademischer Grad, Berufs- und Funktionsbezeichnung, Büroanschrift und –telekommunikationsnummern von Bearbeitern vom Informationszugang nicht ausgeschlossen sind, soweit sie Ausdruck und Folge der amtlichen Tätigkeit sind und kein Ausnahmetatbe-

413 Ebenso *Willemsen/Hohenstatt/Schweibert/Seibt*, Umstrukturierung und Übertragung von Unternehmen, K Rn. 18; *Gola* RDV 2002, 109 (115); *Braun/Wybitul* BB 2008, 782; DWWS/*Wedde* BDSG § 26 Rn. 186.
414 AA *Willemsen/Hohenstatt/Schweibert/Seibt*, Umstrukturierung und Übertragung von Unternehmen, K Rn. 18 sowie *Braun/Wybitul* BB 2008, 782 (785), die eine Individualisierung von Beschäftigtendaten beim Verkauf von Kleinunternehmen zulassen wollen.
415 AA *Braun/Wybitul* BB 2008, 782 (785).
416 Ebenso *Gola/Pötters/Wronka*, HdB Arbeitnehmerdatenschutz, 2016, Rn. 1040.
417 Vgl. *Gola* RDV 2002, 109 (114); *Diller/Deutsch* K&R 1998, 16 und 19.
418 Vgl. EuGH C-92/09 und C-93/09, MMR 2011, 122 – Schecke GbR und Eifert/Land Hessen.
419 So auch schon zur alten Rechtslage *Wellhöner/Byers* BB 2009, 2310 (2314); wohl auch *Gola* RDV 2002, 109 (113); *Gola/Pötters/Wronka*, HdB Arbeitnehmerdatenschutz, 2016, Rn. 990 f. Vgl. auch BVerwG DuD 2008, 696; OVG Rheinland-Pfalz RDV 2008, 27; LAG Schleswig-Holstein RDV 2008, 212 f.
420 So auch BVerwG DuD 2008, 696; OVG Rheinland-Pfalz RDV 2008, 27; LAG Schleswig-Holstein RDV 2008, 212 f.
421 Zur Unzulässigkeit solcher Maßnahmen auch ArbG Regensburg AiB 1989, 354 f.
422 So auch VG Leipzig K&R 2013, 208; insoweit zustimmend *Eichelberger* K&R 2013, 211; ebenso VG Karlsruhe NJOZ 2012, 300.

stand erfüllt ist. Nur für den Regelfall mag dies eine Interessenabwägung zugunsten des Informationsinteresses des Antragstellers begründen, entbindet jedoch nicht von einer Interessenabwägung im Einzelfall: Insbesondere die persönliche Sicherheit der Beschäftigten kann eine Verweigerung eines entsprechenden Informationsbegehrens rechtfertigen.[423] Ein allgemeiner Anspruch auf Mitteilung der dienstlichen Durchwahlnummern sämtlicher Sachbearbeiter einer Behörde (zB Agentur für Arbeit) lässt sich deshalb auf § 1 Abs. 1 IFG grundsätzlich nicht stützen; es bedarf insoweit einer Anknüpfung an konkrete Verwaltungsvorgänge und einer konkreten Interessenabwägung, die dem Grundrecht auf informationelle Selbstbestimmung sowie der Grundrechte der Beschäftigten aus Art. 7 und Art. 8 GrCh angemessen Rechnung trägt.[424]

185 Eine Ausnahme vom grundsätzlichen Verbot der Veröffentlichung von personenbezogenen Daten von Beschäftigten gilt allerdings für die **Vergütung von Mitgliedern des Vorstandes einer börsennotierten Aktiengesellschaft** (zum Beschäftigtenstatus von Organmitgliedern juristischer Personen → Rn. 62). Im Anhang zum Jahresabschluss der Gesellschaft sowie im Konzernanhang sind nämlich nach § 285 S. 1 Nr. 9 a S. 4 und § 314 Abs. 1 S. 1 Nr. 6 a S. 5 HGB, der aufgrund des Gesetzes über die Offenlegung der Vorstandsvergütungen (VorstOG) vom 3.8.2005 (BGBl. I S. 2267) eingeführt wurde, unter Namensnennung die Bezüge jedes einzelnen Vorstandsmitglieds, aufgeteilt nach erfolgsunabhängigen und erfolgsbezogenen Komponenten sowie Komponenten mit langfristiger Anreizwirkung, gesondert anzugeben. Die Hauptversammlung kann aber mit einer Mehrheit von drei Vierteln des bei der Beschlussfassung vertretenen Grundkapitals für die Dauer von höchstens fünf Jahren beschließen, dass eine individualisierte Veröffentlichung der Vorstandsbezüge unterbleibt (§ 286 Abs. 5 HGB). Bei einer nicht börsennotierten AG reicht grundsätzlich die Nennung der im Geschäftsjahr gewährten Gesamtbezüge des Vorstandes aus (§ 285 S. 1 Nr. 9 a S. 1 HGB); unterbleibt diese, sollten sich anhand dieser Angaben die Bezüge eines Mitglieds dieser Organe feststellen lassen (§ 286 Abs. 4 HGB). Es bestehen indessen Zweifel an der Vereinbarkeit dieser für Vorstandsmitglieder von börsennotierten Aktiengesellschaften geltenden erhöhten Publizitätspflicht mit dem Grundrecht auf informationelle Selbstbestimmung (Art. 2 Abs. 1 iVm Art. 1 Abs. 1 GG).[425] Der Gesetzgeber verfolgt mit der Publizität der Vergütung von Vorstandsmitgliedern das Ziel, in börsennotierten Gesellschaften die Feststellung darüber zu erleichtern, ob die Bezüge der Vorstandsmitglieder entsprechend § 87 Abs. 1 AktG in einem angemessenen Verhältnis zu deren Aufgaben und zur Lage der Gesellschaft stehen; damit soll zugleich die Information der Anleger verbessert und der Anlegerschutz verstärkt werden.[426] Ob die Veröffentlichung von Vergütungen zur Erreichung dieser gesetzgeberischen Ziele tatsächlich erforderlich ist und insbes. die beabsichtigte Mäßigung bei der Festlegung von Vorstandsbezügen fördert, muss als wenig empirisch gesichert angesehen werden;[427] Doch auch wenn man dem Gesetzgeber insoweit eine weitreichende Einschätzungsprärogative einräumt und ihm eine vertretbare Prognose, welche die zugänglichen Erkenntnismittel ausgeschöpft hat, attestiert,[428] ist dieser verpflichtet, die bei Verabschiedung des VorstOG im Jahre 2005 (noch) vertretbar gewürdigten tatsächlichen Wirkungszusammenhänge bei der Veröffentlichung von Vorstandsvergütungen zu überprüfen und die handelsrechtliche Publizität derselben wieder einzuschränken, sollte sich erweisen, dass der mit der Pflicht intendierte Anlegerschutz nicht erforderlich ist, da Anlageentscheidungen nicht aufgrund dieser Vergütungsinformationen getroffen werden.[429]

186 Noch strengere Maßstäbe gelten für die Einstellung von **Fotos der Beschäftigten** auf der Website des Arbeitgebers. Der durch eine solche Veröffentlichung verbundene Eingriff in das Recht auf Privatsphäre der betroffenen Beschäftigten und das Recht auf angemessenen Datenschutz bedarf einer Rechtfertigung. Nach bisherigem Recht verdrängte die Spezialvorschrift des **§ 22 KUG** die allgemeine Norm des § 32 Abs. 1 S. 1 BDSG aF[430] und es durften Bildnisse grundsätzlich nur mit Einwilligung des Abgebildeten verbreitet oder öffentlich zur Schau gestellt werden. Es ist aber mehr als zweifelhaft, ob die nicht auf den Beschäftigungs-

---

423 Vgl. BVerwG DuD 2008, 696; in diesem Sinne wohl auch VG Leipzig K&R 2013, 208; VG Karlsruhe NJOZ 2012, 300 (301).

424 Ähnlich *Eichelberger* K&R 2013, 211 (212). Anders allerdings BVerwG NJW 2017, 1258 f., das einen Informationsanspruch mit dem alleinigen Argument ablehnt, das Bekanntwerden der Tel.-Nr. von Sachbearbeitern in der Agentur für Arbeit gefährde die öffentliche Sicherheit (§ 3 Nr. 2 IFG), namentlich die Funktionsfähigkeit der Verwaltung.

425 Zu diesen verfassungsrechtlichen Zweifeln eingehend *Augsberg* ZRP 2005, 105 (106ff.); ebenso *Menke/Porsch* BB 2004, 2533; aA allerdings *Langenbucher*, Aktien- und Kapitalmarktrecht, 3. Aufl. 2015, § 4 Rn. 24; wohl auch *Spindler* NZG 2005, 689 (691 f.).

426 Vgl. die Begründung des RegE eines Gesetzes über die Offenlegung der Vorstandsvergütungen, BR-Drs. 398/05, 1.

427 Vgl. *Fleischer* DB 2005, 1611 (1614); MüKo AktG/*Spindler* § 87 Rn. 228; insoweit zweifelnd *Augsberg* ZRP 2005, 105 (108), sowie *Menke/Porsch* BB 2004, 2533 (2535) unter Hinweis auf Erfahrungen in den USA.

428 So die ganz überwiegende Ansicht im aktienrechtlichen Schrifttum: vgl. insbes. *Spindler* NZG 2005, 689 (691 f.); MüKo AktG/*Spindler*. § 87 Rn. 228; *Thüsing* ZIP 2005, 1389 (1395 f.); Fleischer DB 2005, 1611 (1614 f.). Noch weitergehend Baums ZIP 2004, 1877 (1883).

429 Zu dieser verfassungsrechtlichen Pflicht des Gesetzgebers zur Korrektur von Rechtsnormen, die auf eine Tatsachenprognose gestützt sind, welche sich im Nachhinein als irrtümlich herausstellt, ausführlich BVerfGE 50, 291, Rn. 110ff. mwN (Mitbestimmung).

430 *Gola/Pötters/Wronka*, HdB Arbeitnehmerdatenschutz, 2016, Rn. 999; allgemein zum öffentlichen Zurschaustellen isv § 22 KUG durch das Einstellen eines Bildes ins Internet Paschke/Berlit/Meyer/*Kröner*, Hamburger Kommentar Gesamtes Medienrecht, 32. Abschn., Rn. 17 sowie *Gounalakis/Rhode*, Persönlichkeitsschutz im Internet, Rn. 55.

kontext beschränkte Vorschrift des § 22 KUG als spezifischere Vorschrift iSv Abs. 1 angesehen werden kann. Auch nach neuem Recht wird man für die Veröffentlichung von Fotos der Beschäftigten gleichwohl grundsätzlich deren Einwilligung verlangen müssen, wobei allerdings Art. 7 sowie § 26 Abs. 2 BDSG nF nunmehr den Maßstab bilden. Zur Beurteilung der Freiwilligkeit der Einwilligung sind insbes. die Umstände zu berücksichtigen, unter denen sie erteilt worden ist. Zumeist wird es jedenfalls an einem wirtschaftlichen oder rechtlichen Vorteil für den Beschäftigten (§ 26 Abs. 2 S. 2 BDSG nF) fehlen.[431] Dies spricht dafür, dass eine Einwilligung von Beschäftigten in die Veröffentlichung eines Fotos von ihnen nur in Ausnahmefällen zulässig ist, insbes. wenn der Arbeitgeber ein berechtigtes Interesse von Gewicht an der Veröffentlichung geltend machen kann. Dieselben Beschränkungen gelten auch für **Filmaufnahmen von Beschäftigten**, die veröffentlicht werden (zB auf der Firmenwebsite zu Werbezwecken). Die Einwilligung des Beschäftigten endet jedoch grundsätzlich mit der Beendigung des Beschäftigungsverhältnisses. Zumindest wird man aber dem Beschäftigten das **Recht zum jederzeitigen Widerruf seiner Einwilligung** (Art. 7 Abs. 3 S. 1) zugestehen müssen. Das BAG[432] hat deshalb zu Unrecht im Fall der Veröffentlichung eines Videos mit Beschäftigten auf der unternehmenseigenen Website angenommen, die ursprünglich von dem klagenden Beschäftigten erteilte Einwilligung habe nach Beendigung des Beschäftigungsverhältnisses von diesem nicht mehr widerrufen werden können. Jedenfalls unter der Geltung der DSGVO ist diese Rechtsprechung nicht mehr aufrecht zu halten.

Kein Fall der Veröffentlichung von Beschäftigtendaten liegt in der Befugnis der BaFin, Untersagungsverfügungen gegenüber Wertpapierhandelsunternehmen, bestimmte Mitarbeiter in der Anlageberatung wegen fehlender Sachkunde oder Zuverlässigkeit nicht mehr zu beschäftigen, öffentlich bekannt zu machen (vgl. § 34 d Abs. 4 S. 2 WpHG): Denn § 32 d Abs. 4 S. 3 WpHG ordnet ausdrücklich an, dass die öffentliche Bekanntmachung ohne Nennung des Namens des betroffenen Mitarbeiters zu erfolgen hat (zu § 34 d WpHG → Rn. 15 mwN). 187

ff) Datenübermittlung an andere Dritte. Übermittlungen von Beschäftigtendaten an Dritte (Art. 4 Nr. 10) sind im Regelfall nicht zur Durchführung des Beschäftigungsverhältnisses erforderlich und sind deshalb in den meisten Fällen nicht von § 26 Abs. 1 S. 1 BDSG nF abgedeckt. In bestimmten Fällen kann sich eine solche Datenübermittlung aber als rechtmäßig erweisen. So werden Beschäftigtendaten nicht selten an eine **gemeinsame Einrichtung der Tarifvertragsparteien** (§ 4 Abs. 2 TVG) übermittelt. Dies gilt insbes. für die **Sozialkassen des Baugewerbes** („SOKA-Bau"), denen gegenüber die unter den Geltungsbereich der Sozialkassentarifverträge fallenden Arbeitgeber des Baugewerbes tarifvertraglich verpflichtet sind, die Stammdaten ihrer Arbeitnehmer vor Aufnahme ihrer Tätigkeit zu übermitteln.[433] Gemeinsame Einrichtungen der Tarifvertragsparteien sind datenschutzrechtlich als „Dritte" iSv Art. 4 Nr. 10 zu behandeln, da sie gegenüber dem Arbeitgeber ein rechtlich verselbständigtes Dasein führen. Da durch die Errichtung von Gemeinsamen Einrichtungen der Tarifvertragsparteien regelmäßig einzelne Arbeitgeberfunktionen auf der Branchenebene „vergemeinschaftet" werden – das gilt namentlich für die Auszahlung des Urlaubsentgeltes durch die Urlaubs- und Lohnausgleichkasse des Baugewerbes (ULAK) oder die Entrichtung der Beiträge an sie sowie für die Auszahlung von Betriebsrenten von in zahlreichen Branchen bestehenden Zusatzversorgungskassen –[434] und die bestehenden Tarifverträge zumeist allgemeinverbindlich sind (vgl. § 5 Abs. 4 S. 1 TVG), erweist sich in diesen Fällen die Übermittlung von Beschäftigtendaten an die Gemeinsame Einrichtung als für die Durchführung der unter den Geltungsbereich des Tarifvertrages fallenden Beschäftigungsverhältnisse erforderlich. 188

Übermittlungen von Beschäftigtendaten an **zentrale Auskunftsstellen der Arbeitgeber**, wie etwa die Auskunftsstelle über den Versicherungsaußendienst (AVAD), sind von § 26 Abs. 1 S. 1 BDSG nF hingegen nicht gedeckt.[435] Den Arbeitgebern geht es zwar dabei um ein durchaus verständliches Ziel. Der Informationsaustausch soll eine rechtzeitige und umfassende Information über potenzielle Beschäftigte ermöglichen und damit die Beschäftigungsrisiken mindern. § 26 Abs. 1 S. 1 BDSG nF lässt jedoch lediglich Übermittlungen zu, die mit dem konkreten Beschäftigungsverhältnis in Zusammenhang stehen und sich strikt an dessen Zwecken orientieren.[436] Weitergaben, die diesen Anforderungen nicht genügen, können deshalb grundsätz- 189

---

431 Zweifelnd auch *Ernst* ZD 2017, 110 (112).
432 Vgl. BAG NZA 2015, 604 (607 f.).
433 Vgl. § 5 Abs. 2 Nr. 1 bis 6 des Tarifvertrages über das Sozialkassenverfahren im Baugewerbe (VTV) vom 18. 12. 2009, der zwischen dem Zentralverband des Deutschen Baugewerbes eV, dem Hauptverband der Deutschen Bauindustrie eV und der Industriegewerkschaft Bauen-Agrar-Umwelt abgeschlossen wurde.
434 Zu den Leistungen der SOKA-Bau im Überblick *Sahl* NZA 2010 Beilage Nr. 1, 8. Eingehend zu Gemeinsamen Einrichtungen in der Tarifpraxis Kempen/Zachert/*Seifert* TVG § 4 Rn. 298ff. mwN.
435 Vgl. auch LAG Berlin DB 1979, 2187 f.; ArbG Bremen DuD 1984, 248; *HDSB* 6. TB, LT-Drs. 8/3962, 25; *Gola/Pötters/Wronka*, HdB Arbeitnehmerdatenschutz, 2016, Rn. 1048; *Gola* RDV 2002, 113; einschränkend LAG München RDV 1986, 278.
436 DWWS/*Däubler* BDSG § 26 Rn. 194 f.; vgl. auch LAG Berlin DB 1979, 2187.

lich nur in Kenntnis der betroffenen Beschäftigten und allenfalls mit deren Einwilligung erfolgen. Es ist indessen sehr zweifelhaft, ob eine solche Einwilligung von Beschäftigten als freiwillig angesehen werden kann und den Anforderungen des Art. 7 iVm § 26 Abs. 2 BDSG nF genügt: Insbesondere dürfte es an deren Freiwilligkeit fehlen, da sie für den Beschäftigten keinen rechtlichen oder wirtschaftlichen Vorteil bewirkt oder Arbeitgeber und beschäftigte Person gleichgelagerte Interessen verfolgen (vgl. § 26 Abs. 2 S. 2 BDSG nF → Rn. 217ff.). Nichts anderes gilt für Übermittlungen an eine von den Arbeitgebern eingerichtete **überbetriebliche Prüfstelle**.[437]

190 Ebenso wenig rechtfertigt § 26 Abs. 1 S. 1 BDSG nF die **Übermittlung von Beschäftigtendaten an Gewerkschaften**, um beispielsweise Gewerkschaftsbeiträge zutreffend berechnen[438] oder ihre korrekte Entrichtung kontrollieren zu können.[439] Arbeitsvertrag und gewerkschaftliche Mitgliedschaft der Beschäftigten sind sorgfältig zu trennen. § 26 Abs. 1 S. 1 BDSG nF knüpft am Arbeitsvertrag an und lässt lediglich Übermittlungen zu, die für dessen Durchführung erforderlich sind. Die jeweiligen Beschäftigungsbedingungen sind zwar Gegenstand des gewerkschaftlichen Handelns, die gewerkschaftliche Mitgliedschaft vollzieht sich aber außerhalb des Beschäftigungsverhältnisses. Abgesehen davon ist eine solche Übermittlung zwangsläufig mit der Verwendung von Angaben zur Gewerkschaftszugehörigkeit verbunden. Insoweit hängt die Zulässigkeit einer Datenübermittlung von der Einwilligung der Beschäftigten (Art. 7 und § 26 Abs. 2 BDSG nF) ab. Ebenso wenig darf ein Arbeitgeber die privaten Adressdaten seiner Arbeitnehmer an einen Verlag übermitteln, damit dieser an die Arbeitnehmer eine arbeitgebernahe Zeitschrift („AKTIV") versenden kann, da nicht erkennbar ist, warum eine solche Übermittlung von Beschäftigtendaten zur Durchführung des Beschäftigungsverhältnisses erforderlich sein soll.[440]

191 Die durchaus zulässige **Verarbeitung von Mitgliederdaten durch eine Gewerkschaft** selbst (auf der Grundlage einer Einwilligung oder von Art. 9 Abs. 2 lit. d → Art. 9 Rn. 50ff. – Datenvereinarbeitung durch „Tendenzorganisationen") berechtigt den Arbeitgeber selbst dann nicht, Beschäftigtendaten weiterzugeben, wenn er sich tarifvertraglich verpflichtet hat, die Gewerkschaftsbeiträge seiner Beschäftigten einzubehalten („**Beitragseinzugsverfahren**"). Die Verarbeitungsgrenzen werden durch den Arbeits- und nicht den Tarifvertrag gezogen, jedenfalls soweit es um eine Verwendung von personenbezogenen Daten geht, die nicht für die Durchführung des Arbeitsverhältnisses erforderlich sind. Kollektivvertragliche Vereinbarungen wirken sich deshalb zwar auf den Inhalt des Arbeitsverhältnisses aus und können so den Verarbeitungsspielraum des Arbeitgebers beeinflussen. Sie berühren jedoch nicht seine Verpflichtung, die Entscheidung über die Übermittlung von Daten stets auf die Fälle zu begrenzen, in denen sie für die Durchführung des individuellen Arbeitsverhältnisses erforderlich ist. Eine Gewerkschaft kann daher die von ihr gewünschte Information nur von den **Mitgliedern selbst** bekommen. Sie muss sich also an ihre Mitglieder wenden und deren Einwilligung einholen.

192 **Übermittlungen zu Werbezwecken** sind ebenso wie ausschließlich dafür vorgenommene Speicherungen zur Durchführung des Beschäftigungsverhältnisses nicht erforderlich, wie die Werbung nicht ausdrücklich zum Vertragsinhalt zählt, ohne Rücksicht im Übrigen darauf, ob es um Daten über Kunden, Beschäftigte oder Geschäftspartner geht.[441] Eine entsprechende Einwilligung der Beschäftigten (Art. 7 Abs. 4) scheitern, da normalerweise kein wirtschaftlicher oder rechtlicher Vorteil iSv § 26 Abs. 2 S. 2 BDSG nF ersichtlich ist, der durch die Weitergabe ihrer Daten an Dritte erreicht werden könnte. Allenfalls in Fällen, in denen der Beschäftigte aus einer konkreten Werbung Vorteile iSv § 26 Abs. 2 S. 2 BDSG nF ziehen kann, lässt sich die Zulässigkeit seiner Einwilligung begründen; dies erfordert aber, dass eine Übermittlung zu Werbezwecken nur auf bestimmte Händler beschränkt ist und zu Werbezwecken erfolgt, die in der Einwilligung vom Beschäftigten näher festgelegt sind (Zweckbindung).

193 Die **Übermittlungsform** ist gleichgültig. § 26 Abs. 1 S. 1 BDSG nF muss auch bei einer vom Arbeitgeber **mündlich erteilten Auskunft** aus Dateien beachtet werden. Genauso wenig kommt es darauf an, ob das **Beschäftigungsverhältnis** zum Zeitpunkt der Übermittlung noch besteht oder bereits aufgelöst worden ist. Die Parteien sind auch nach dem Ende ihres Beschäftigungsverhältnisses verpflichtet, Rücksicht auf die beiderseitigen Interessen zu nehmen. Das Beschäftigungsverhältnis wirkt insofern nach (vgl. § 26 Abs. 8 S. 2 Alt. 2 BDSG nF).

194 Kein Fall einer Datenübermittlung an Dritte ist mit der Erfüllung eines **Auskunftsanspruches von Beschäftigten** zur Überprüfung der Einhaltung des Entgeltgleichheitsgebotes nach den §§ 10ff. des Gesetzes zur Förderung der Transparenz von Entgeltstrukturen vom 30.6.2017 (BGBl. 2017 I, 2152) verbunden. Denn

---

437 Vgl. LAG Hamburg RDV 1990, 39.
438 Vgl. *Gola/Pötters/Wronka*, HdB Arbeitnehmerdatenschutz, 2016, Rn. 1049ff.; *Simitis*, Schutz von Arbeitnehmerdaten, S. 93ff.
439 Vgl. BAG AP Nr. 3 zu § 23 BDSG 1977.
440 AA hingegen *Wronka* RDV 2007, 202 sowie *Gola/Pötters/Wronka*, HdB Arbeitnehmerdatenschutz, 2016, Rn. 1127ff., die zu Unrecht von einem Fall der Auftragsverarbeitung ausgehen.
441 Vgl. auch *BWHinwBDSG*, Dok. B 1.10, Nr. 9, Ziff. 3.2; *Breinlinger* RDV 1997, 248; *Lambrich/Cahlik* RDV 2002, 290.

§ 12 Abs. 3 S. 2 EntgTranspG verlangt zur Wahrung des Schutzes der personenbezogenen Daten der vom Auskunftsverlangen betroffenen Beschäftigten, dass das Vergleichsentgelt nicht anzugeben ist, wenn die Vergleichstätigkeit von weniger als sechs Beschäftigten des jeweils anderen Geschlechts ausgeübt wird. Damit dürfte das Risiko einer Individualisierbarkeit der Angaben zu Vergleichsentgelten minimiert sein.

l) **Datennutzung durch Beurteilung der Beschäftigten.** Arbeitgeber und Dienstherren haben grundsätzlich 195 das Recht, auf der Grundlage der erhobenen und gespeicherten Beschäftigtendaten regelmäßig Beurteilungen der Eignung, Befähigung und fachlichen Leistung der Beschäftigten vorzunehmen. Solche **Regelbeurteilungen** sind für Beamte aufgrund beamtenrechtlicher Vorschriften vorzunehmen.[442] Darüber hinaus können **Anlassbeurteilungen** von Beamten erforderlich sein, etwa bei der Vorbereitung von Personalentscheidungen wie Beförderungen.[443] Obgleich entsprechende Vorschriften im Arbeitsrecht nicht existieren, hat das *BAG* das Recht des Arbeitgebers anerkannt, Regelbeurteilungen seiner Arbeitnehmer vorzunehmen.[444] Dem liegt die Überlegung zugrunde, dass Regelbeurteilungen objektiver als Zweckbeurteilungen ausfallen und mehrere von ihnen zusammen genommen ein objektiveres Bild der Leistungen des Beschäftigten geben. Bei der Vornahme der Beurteilung kommt dem Arbeitgeber und Dienstherrn ein **Beurteilungsspielraum** zu. Dieser wird allerdings dadurch bis zu einem gewissen Grade gebändigt, dass der Beschäftigte eine Erläuterung der Beurteilung und der Tatsachen, auf welche sie sich stützt, verlangen kann.[445] Auch muss der Beurteilende dafür Sorge tragen, dass er sich ein eigenes vollständiges Bild von den Leistungen des zu Beurteilenden macht und sich die fehlenden Kenntnisse von anderen Personen beschafft (zB früheren Vorgesetzten des zu Beurteilenden).[446] Für das Verfahren und den Maßstab für die Beurteilung von Beamten des Bundes gilt § 50 BundeslaufbahnVO.

Problematisch ist allerdings eine **automatisierte Beurteilung** von Beschäftigten. Denn bei einer Automatisie- 196 rung besteht stets die Gefahr einer **Entkontextualisierung** von Daten, was insbes. bei der Bewertung von Persönlichkeitsmerkmalen von Beschäftigten gravierend ist. Die Zulässigkeit solcher automatisierten Verfahren ist grundsätzlich am Maßstab des Art. 22 zu messen. Einzelne LDSG enthalten hierzu spezifischere Vorschriften iSv Abs. 1 und verbieten ausdrücklich dienstliche Beurteilungen von Angehörigen des öffentlichen Dienstes des jeweiligen Landes, soweit diese sich ausschließlich auf Informationen gründen, die in einem automatisierten Verfahren ermittelt worden sind.[447] Eine vergleichbare Regelung enthält auch § 114 Abs. 4 BBG für die Beurteilung von Beamten des Bundes.

Datenschutzrechtlich problematisch sind auch sog „**Kollegenbeurteilungen**".[448] So kommt es inzwischen in 197 Unternehmen dazu, dass Beschäftigte sich gegenseitig beurteilen und in diesem Rahmen personenbezogene Daten des Beurteilten an die beurteilenden Kollegen weitergegeben werden (zB Daten zum Leistungsverhalten des Beurteilten). Im Regelfall dürfte es an der Erforderlichkeit für die Durchführung des Arbeitsverhältnisses fehlen.[449] Die Beurteilung des Arbeitnehmers ist nämlich vom Arbeitgeber bzw. einem von ihm bevollmächtigten Vertreter (zB dem Vorgesetzten des beurteilten Arbeitnehmers) vorzunehmen. Er verfügt normalerweise über die hierzu notwendigen Leistungsdaten des Arbeitnehmers. Dies entspricht auch der Wertung von § 630 S. 4 BGB iVm § 109 GewO, der den Arbeitgeber zum Schuldner des Zeugnisanspruches des Arbeitnehmers macht. § 26 Abs. 1 S. 1 BDSG nF schließt indessen nicht aus, dass der Arbeitgeber auch Kollegen des beurteilten Arbeitnehmers zu bestimmten Aspekten von dessen Leistung befragt (zB Teamfähigkeit): Handelt es sich um eine ergänzende Erhebung von Daten des beurteilten Arbeitnehmers, kann sich dies als erforderlich erweisen, sofern eine Übermittlung von personenbezogenen Daten des Beurteilten an die Kollegen damit nicht verbunden ist. Eine **Einwilligung** der zu beurteilenden Arbeitnehmer in die Weitergabe einzelner ihrer beschäftigungsbezogenen Daten an Kollegen erfüllt nicht den Tatbestand des § 26 Abs. 2 S. 1 und 2 BDSG nF, da es an der hierfür erforderlichen Freiwilligkeit der Einwilligung fehlt: Für die fehlende Freiwilligkeit dürfte schon der hohe tatsächliche Zwang sprechen, der in solchen Fällen auf Beschäftigten lastet, eine solche Einwilligung zu erteilen. Überdies ist mit der Datenübermittlung an Kollegen weder ein wirtschaftlicher oder rechtlicher Vorteil für den Arbeitnehmer verbunden, noch bestehen inso-

---

442 ZB § 48 BundeslaufbahnVO. Der Regelbeurteilungszeitraum beträgt höchstens drei Jahre: vgl. die Allgemeine Verwaltungsvorschrift zur BundeslaufbahnVO vom 14.7.2009 (zu §§ 48 bis 50 – Dienstliche Beurteilung).

443 Vgl. § 48 Abs. 1 Alt. 2 BundeslaufbahnVO. Aus der jüngeren Rechtsprechung s. insbes. BVerwG, NJW 2011, 695 (699 f.).

444 BAG AP Nr. 3 zu § 75 BPersVG; AP Nr. 1 zu § 13 BAT; ebenso *Gola/Pötters/Wronka*, HdB Arbeitnehmerdatenschutz, 2016, Rn. 899.

445 Zur Begründungspflicht des beurteilenden Arbeitgebers s. BAG AP Nr. 3 zu § 75 BPersVG; *Gola/Pötters/Wronka*, HdB Arbeitnehmerdatenschutz, 2016, Rn. 902. Eine vergleichbare Begründungspflicht lässt sich für den Bund gegenüber seinen Beamten aus § 50 Abs. 3 S. 1 BundeslaufbahnVO herleiten.

446 Für den Fall der Beförderung zum Präsidenten eines OLG s. BVerwG NJW 2011, 695 (699).

447 Vgl. etwa die § 29 Abs. 7 DSG NRW; § 31 Abs. 6 SDSG.

448 Dazu *Hoffmann/Wolf* ZD 2017, 120; ebenfalls kritisch *Kort* RdA 2018, 24 (29).

449 In diesem Sinne wohl auch *Hoffmann/Wolf* ZD 2017, 120 (121).

weit gleichgelagerte Arbeitgeber- und Arbeitnehmerinteressen (vgl. § 26 Abs. 2 S. 2 BDSG nF; zur Freiwilligkeit der Einwilligung von Beschäftigten in die Verarbeitung ihrer Daten → Rn. 215ff. mwN).

198 **5. Beendigung von Beschäftigungsverhältnissen. a) Beendigung von Arbeitsverhältnissen.** § 26 Abs. 1 S. 1 BDSG nF erstreckt das Gebot der Erforderlichkeit einer Erhebung und Verarbeitung von personenbezogenen Beschäftigtendaten auch auf die Beendigung des Beschäftigungsverhältnisses. Unter „Beendigung" des Beschäftigungsverhältnisses ist nicht nur jeder rechtliche Akt oder jedes Ereignis zu verstehen, der bzw. das zu seiner Beendigung führt (zB Kündigung oder Aufhebungsvertrag), sondern zugleich auch der gesamte Vorgang der **Abwicklung des Beschäftigungsverhältnisses** aufgrund seiner Beendigung.[450]

199 Die Entscheidung des Arbeitgebers über die Beendigung eines Arbeitsverhältnisses, insbes. dessen Kündigungsentscheidung, erfordert im Regelfall die Erhebung und Verarbeitung einer Reihe von personenbezogenen Daten des Arbeitnehmers. Diese sind für ihn unabdingbar, um seiner Pflicht zur ordnungsgemäßen Betriebsratsanhörung (§ 102 BetrVG), aber auch um seiner ihm aufgrund von § 1 Abs. 2 S. 4 KSchG obliegenden Darlegungs- und Beweislast im arbeitsgerichtlichen Kündigungsschutzverfahren zu genügen. Das gilt einmal für die vor dem Ausspruch einer **betriebsbedingten Kündigung** gesetzlich vorgeschriebene „soziale Auswahl" (§ 1 Abs. 3 S. 1 KSchG). Beschränkte sich die Vorschrift früher noch darauf, ganz allgemein „soziale Gesichtspunkte" beim Ausspruch einer betriebsbedingten Kündigung zu berücksichtigen, hat der Gesetzgeber durch das Gesetz zu Reformen am Arbeitsmarkt vom 24.12.2003 (BGBl. I S. 3002) die Auswahlentscheidung auf bestimmte soziale Gesichtspunkte beschränkt, nämlich auf die Dauer der Betriebszugehörigkeit, das Lebensalter, die den Arbeitnehmer treffenden Unterhaltspflichten sowie seine Schwerbehinderung des Arbeitnehmers.[451] Diese Daten wird der Arbeitgeber überwiegend bereits als Stammdaten des Arbeitnehmers gespeichert haben (dazu → Rn. 115 f. mwN). Da dies nicht immer der Fall sein dürfte (zB bestehende Unterhaltspflichten des Arbeitnehmers), wird man dem Arbeitgeber das Recht einräumen müssen, insoweit Beschäftigtendaten zu erheben und zu verarbeiten, damit er seiner gesetzlichen Pflicht aus § 1 Abs. 3 S. 1 KSchG zur ordnungsgemäßen Vornahme einer sozialen Auswahl gerecht werden kann.[452]

200 Doch auch jenseits der sozialen Auswahl nach § 1 Abs. 3 KSchG verlangt eine Kündigungsentscheidung des Arbeitgebers die Erhebung und Verwendung einer Vielzahl personenbezogener Daten. Dies gilt für die im Rahmen von § 1 Abs. 2 KSchG bei ordentlichen Kündigungen und von § 626 Abs. 1 BGB bei außerordentlichen Kündigungen vom Arbeitgeber vorzunehmende umfassende **Interessenabwägung**. In dem Maße, wie sich die Tendenz einer möglichst individualisierten Entscheidung verstärkt, nehmen freilich auch die Versuche zu, in größerem Umfang personenbezogene Daten, nicht zuletzt auch zum Arbeitseinkommen des Ehegatten oder Lebenspartners und überhaupt zu dessen Vermögenslage einzubeziehen.[453] Es besteht infolgedessen eine Tendenz zu einer **vorsorglichen Verarbeitung** mit Rücksicht auf später einmal vielleicht nicht zu vermeidende betriebsbedingte Kündigungen.[454] Umso mehr kommt es darauf an, die Interessenabwägung strikt auf Daten des Arbeitnehmers zu beschränken, die sich ausschließlich auf sein Arbeitsverhältnis beziehen.[455] Berücksichtigungsfähig sind somit die **Dauer der Betriebszugehörigkeit**,[456] das **Lebensalter** des Arbeitnehmers,[457] sein **Familienstand** und seine **Arbeitsmarktperspektiven**. Grundsätzlich unbeachtlich sind im Rahmen der Interessenabwägung indessen die auf dem Arbeitnehmer lastenden **Unterhaltsverpflichtungen**,[458] das **Einkommen des Ehe- oder Lebenspartners** sowie seine sonstige **Vermögenslage**.[459]

201 Vor dem Ausspruch einer ordentlichen oder außerordentlichen **verhaltensbedingten Kündigung** ist grundsätzlich die Erteilung einer **Abmahnung** erforderlich. Um dieser Anforderung zu genügen, besitzt der Arbeitgeber deshalb nach § 26 Abs. 1 S. 1 BDSG nF die Befugnis, die Abmahnung zu speichern und diese zur Personalakte des betreffenden Arbeitnehmers zu nehmen. Allerdings kann sich der Arbeitgeber nicht zeitlich unbegrenzt auf das mit einer Abmahnung gerügte Fehlverhalten des Arbeitnehmers berufen: Auch wenn es keine Regelfrist (zB in Anlehnung an §§ 43, 44 BZRG von zwei Jahren) gibt, kann die Abmahnung im Einzelfall unter Berücksichtigung der besonderen Umstände ihre Bedeutung verlieren[460] und ist dann mangels Erforderlichkeit zu **löschen** (Art. 17 Abs. 1 lit. a). Ist das Arbeitsverhältnis beendet worden,

---

450 So die Entstehungsgeschichte von § 32 BDSG aF: vgl. die Beschlussempfehlung und den Bericht des Innenausschusses des Deutschen Bundestags, BT-Drs. 16/13657, 21.
451 Zu den Einzelheiten statt vieler *Stahlhacke/Preis/Vossen*, Kündigung und Kündigungsschutz im Arbeitsverhältnis, Rn. 1075ff. mwN.
452 Vgl. *Gola* RDV 2002, 109.
453 Vgl. etwa Däubler/Deinert/Zwanziger/*Deinert* KSchG, 10. Aufl. 2017, § 1 Rn. 650ff.
454 Vgl. etwa Oetker/Preis/*Franzen* EAS B 5300 Rn. 52.
455 Vgl. auch *Stahlhacke/Preis/Vossen*, Kündigung und Kündigungsschutz im Arbeitsverhältnis, Rn. 555.
456 St. Rspr.: vgl. BAG NZA 2006, 491; Ascheid/Preis/Schmidt/*Vossen*, Kündigungsrecht, BGB § 626 Rn. 100.
457 BAG NJW 1981, 298; Ascheid/Preis/Schmidt/*Vossen*, Kündigungsrecht, BGB § 626 Rn. 102.
458 BAG AP Nr. 101 zu § 626 BGB; ebenso *Stahlhacke/Preis/Vossen,* Kündigung und Kündigungsschutz im Arbeitsverhältnis, Rn. 555 sowie KR/*Fischermeier* BGB § 626 Rn. 241.
459 Statt vieler KR/*Fischermeier* BGB § 626 Rn. 241.
460 Vgl. BAG EzA Nr. 1 zu § 626 BGB Unkündbarkeit mwN; KR/*Fischermeier* BGB § 626 Rn. 274; *H. Pauly* NZA 1995, 449 (452).

hat der Arbeitgeber normalerweise kein berechtigtes Interesse mehr an einer weiteren Speicherung und ist deshalb zu deren Löschung grundsätzlich verpflichtet. Ein Anspruch des Arbeitnehmers auf Entfernung der Abmahnung aus der Personalakte soll nach inzwischen gefestigter Rechtsprechung des BAG hingegen ab Beendigung des Arbeitsverhältnisses im Regelfall nicht mehr bestehen, es sei denn, es gibt objektive Anhaltspunkte dafür, dass die Abmahnung dem Arbeitnehmer noch schaden kann.[461] Diese Rechtsprechung des BAG steht indessen im Widerspruch zu Art. 17 Abs. 1 lit. a, wonach der Arbeitgeber als Verantwortlicher verpflichtet ist, personenbezogene Daten zu löschen, sofern sie für die Zwecke, für die sie erhoben wurden, nicht mehr notwendig sind: Da der bisherige Arbeitgeber nach Beendigung des Arbeitsverhältnisses die Abmahnung nicht mehr zur Vorbereitung einer Kündigung benötigt, erweist sich deren weitere Speicherung als nicht mehr notwendig bzw. erforderlich iSv § 26 Abs. 1 S. 1 BDSG nF und ist deshalb zu löschen; etwas Anderes kann lediglich ausnahmsweise gelten (→ zu den Ausnahmen siehe Rn. 205ff. mwN).

Zur Vorbereitung einer **krankheitsbedingten Kündigung** kann der Arbeitgeber grundsätzlich die angefallenen krankheitsbedingten Fehlzeiten eines Arbeitnehmers speichern. Eine schematische **Festlegung des Referenzzeitraums**, der bei der Negativprognose vom Arbeitgeber zugrunde zu legen ist, verbietet sich indessen bereits wegen des großen Spektrums möglicher Krankheitsbilder.[462] Wohl aber wird man als Richtwert einen **Zeitraum von mindestens zwei Jahren** anerkennen müssen, um sicherzustellen, dass die Prognose ausreichend fundiert ist.[463] Dabei ist es dem Arbeitgeber aber grundsätzlich verwehrt, auch die im Rahmen eines **betrieblichen Eingliederungsmanagements** (§ 167 Abs. 2 SGB IX) erlangten Gesundheitsdaten des Arbeitnehmers zur Vorbereitung einer krankheitsbedingten Kündigung zu verwenden: Die Einwilligung des Arbeitnehmers nach § 167 Abs. 2 SGB IX umfasst nämlich nicht zugleich die Verwendung der Gesundheitsdaten zu Kündigungszwecken.[464] Hat der Arbeitgeber Anhaltspunkte dafür, dass die Arbeitsunfähigkeit eines Arbeitnehmers auf einen Rückfall in eine **Alkoholabhängigkeit** zurückzuführen ist, kann dieser den Arbeitnehmer dazu befragen. Dieses Fragerecht erstreckt sich indessen nicht auf die Gründe des Rückfalls in den Alkoholismus;[465] Wohl aber muss sich der Arbeitnehmer einer ärztlichen Untersuchung zur Frage der schuldhaften Herbeiführung des Rückfalls unterziehen und hat insoweit seinen Arzt von der ärztlichen Schweigepflicht zu entbinden, wenn der Arbeitgeber objektive Anhaltspunkte für ein Verschulden des Rückfalls in die Alkoholabhängigkeit im Kündigungsschutzprozess vorträgt.[466]

b) Beendigung von Beamtenverhältnissen. § 26 Abs. 1 S. 1 BDSG nF gilt auch für die Beendigung von Beamten- und Richterverhältnissen des Bundes (vgl. § 26 Abs. 8 Nr. 7 BDSG nF). Die Erhebung von personenbezogenen Daten des Beamten muss somit etwa für eine **Entlassung** (§§ 21 Nr. 1, 22, 23 BeamtStG), den **Verlust der Beamtenrechte** (§ 24 BeamtStG), für die **Entfernung aus dem Beamtenverhältnis** nach den Disziplinargesetzen oder für die **Versetzung in den Ruhestand** (§§ 21 Nr. 4, 25ff. BeamtStG) erforderlich sein, um datenschutzrechtlich zulässig zu sein. So muss der Dienstherr beispielsweise vor einer **Versetzung in den Ruhestand wegen Dienstunfähigkeit** (vgl. § 32 BeamtStG, § 44 BBG) Daten über den körperlichen oder gesundheitlichen Zustand des Beamten erheben dürfen; die Ermittlung der Dienstunfähigkeit durch amtsärztliche Untersuchung hat allerdings unter Einhaltung der ärztlichen Schweigepflicht zu erfolgen (zu den Einzelheiten → Rn. 92).

c) Abwicklung des Beschäftigungsverhältnisses. Zur Beendigung des Beschäftigungsverhältnisses iSv § 26 Abs. 1 S. 1 BDSG nF gehört auch dessen Abwicklung (→ hierzu Rn. 198 mN). Es dürfen somit Beschäftigtendaten erhoben oder verarbeitet werden, die zur Abwicklung des Beschäftigungsverhältnisses erforderlich sind. Typischerweise wird aber ein Arbeitgeber bereits über die erforderlichen Beschäftigtendaten verfügen, um zB das **noch ausstehende Entgelt** abzurechnen, den **nicht genommenen Urlaub** nach § 7 Abs. 4 BUrlG abzugelten oder ein **Arbeitszeugnis** zu erteilen (§ 630 BGB, § 109 GewO, § 16 BbiG); die Erhebung von Beschäftigtendaten aus Gründen der Abwicklung des Beschäftigtenverhältnisses dürfte deshalb nicht im Vordergrund stehen. § 26 Abs. 1 S. 1 BDSG nF gilt auch für den Abschluss von „**Abwicklungsverträgen**", welche die Modalitäten für die Auflösung eines Arbeitsverhältnisses regeln.[467]

d) Datenverarbeitung nach Ende des Beschäftigungsverhältnisses. Personenbezogene Daten von Beschäftigten sind nach der Beendigung des Beschäftigungsverhältnisses grundsätzlich zu **löschen**, da ihre Verarbeitung ab dann im Regelfall nicht mehr notwendig ist (Art. 17 Abs. 1 lit. a). Das gilt insbes. für die vom Arbeitgeber herauszugebenden **Arbeitspapiere**, es sei denn, der Beschäftigte hat in eine Speicherung auch nach

202

203

204

205

---

461 Vgl. BAG NZA 2017, 394 (398).
462 So insbes. *Stahlhacke/Preis/Vossen*, Kündigung und Kündigungsschutz im Arbeitsverhältnis, Rn. 1254.
463 Vgl. KR/*Griebeling* KschG § 1 Rn. 330.
464 So auch *Weichert* RDV 2007, 189 (194); *Gundermann/Oberberg* RDV 2007, 108.
465 So aber noch die ältere Rechtsprechung des BAG: vgl. BAG NZA 1992, 69 mwN; aufgegeben durch BAG NZA 2015, 801 (805).
466 BAG NZA 2015, 801 (804 f.).
467 Zu arbeitsrechtlichen Abwicklungsverträgen im Überblick ErfK/*Müller-Glöge* BGB § 620 Rn. 7 mwN.

Beendigung des Beschäftigungsverhältnisses nach Maßgabe von § 26 Abs. 2 BDSG nF eingewilligt. Ist das Arbeitsverhältnis durch eine Kündigung des Arbeitgebers beendet worden, muss ihm das Recht zugestanden werden, die Personaldaten des ausscheidenden Arbeitnehmers noch so lange aufzubewahren, wie dieser die Kündigung durch Erhebung einer Kündigungsschutzklage vor dem Arbeitsgericht angreifen kann: Hierfür gilt grundsätzlich die dreiwöchige Klageerhebungsfrist des § 4 KSchG, die sich aber durch das Recht des Arbeitnehmers, bei Fristversäumnis einen Antrag auf nachträgliche Zulassung der Klage unter den Voraussetzungen von § 5 Abs. 1 KSchG zu stellen, verlängern kann. Allerdings begrenzt § 5 Abs. 3 S. 1 KSchG den Zeitraum, innerhalb dessen der gekündigte Arbeitnehmer einen solchen Antrag stellen kann, auf sechs Monate ab der versäumten dreiwöchigen Frist des § 4 KSchG. Solange der Antrag auf nachträgliche Zulassung der Klage noch nicht rechtskräftig entschieden ist und somit noch die Möglichkeit einer arbeitsgerichtlichen Überprüfung der Wirksamkeit der Kündigung im Rahmen eines Kündigungsschutzverfahrens besteht, ist die weitere Speicherung der personenbezogenen Daten des gekündigten Arbeitnehmers grundsätzlich zulässig. Dieselben Grundsätze finden auch auf den Fall Anwendung, dass ein befristet beschäftigter Arbeitnehmer die Rechtsunwirksamkeit der Befristung seines Arbeitsvertrages arbeitsgerichtlich geltend machen möchte: Auch insoweit besteht eine dreiwöchige Klageerhebungsfrist (§ 17 S. 1 TzBfG), für welche die Regeln des § 5 KSchG ebenfalls gelten (vgl. § 17 S. 2 TzBfG).

206 Allerdings gibt es von diesem Grundsatz einzelne **Ausnahmen** durch gesetzliche Sondervorschriften. So müssen **Lohnunterlagen** sechs Jahre aufbewahrt werden (§ 257 Abs. 1 Nr. 4 HGB) und für **Lohnberechnungsunterlagen** sowie für **Lohnkonten** besteht nach § 147 Abs. 1 Nr. 4 bzw. 5 iVm Abs. 3 S. 1 AO und § 41 Abs. 1 S. 9 EstG ebenfalls eine sechsjährige Aufbewahrungspflicht.[468] Nachweise über **Arbeitszeiten**, welche über den Achtstundentag hinausgehen, sind zwei Jahre aufzubewahren (§ 16 Abs. 2 S. 2 ArbZG). Diese Aufbewahrungspflichten erlöschen nicht mit der Beendigung des Arbeitsverhältnisses.

207 Auch ist die Speicherung von personenbezogenen Daten des Beschäftigten über die Beendigung des Beschäftigungsverhältnisses zulässig, wenn dies erforderlich ist, um **nachvertragliche Pflichten** aus dem Beschäftigungsverhältnis zu erfüllen. Zu denken ist hier einmal an Pflichten aus einer Zusage des Arbeitgebers für eine **betriebliche Altersversorgung** von Arbeitnehmern. Insbesondere die personenbezogenen Daten, die erforderlich sind, um eine Direktzusage erfüllen zu können, müssen auch nach Beendigung des Arbeitsverhältnisses gespeichert und verarbeitet werden dürfen.[469] Ferner kann auch die Weitergabe von personenbezogenen Daten ehemaliger Beschäftigter an eine Pensions- oder Unterstützungskasse erforderlich sein, um das Ruhestandsverhältnis durchzuführen. Zu Zwecken der gesetzlichen Insolvenzsicherung sind bestimmte Daten von Beschäftigten, welche deren betriebliche Altersversorgung betreffen, an den **Pensionssicherungsverein aG** (§ 11 Abs. 1 BetrAVG) zu übermitteln. Bei Eröffnung des Insolvenzverfahrens gegen den Arbeitgeber, hat der Insolvenzverwalter dem Pensionssicherungsverein Namen und Anschriften der Versorgungsempfänger und die Höhe ihrer Versorgung unverzüglich mitzuteilen (§ 11 Abs. 3 S. 1 BetrAVG). Ferner kann der Arbeitgeber vom Beschäftigten nach Beendigung des Beschäftigungsverhältnisses Daten erheben und verarbeiten, die erforderlich zur Berechnung einer **Karenzentschädigung** sind (zB Änderung des Familienstandes oder der Anzahl der unterhaltspflichtigen Kinder), sofern die Parteien ein **nachvertragliches Wettbewerbsverbot** nach Maßgabe des § 74 HGB vereinbart haben.

208 Solange die Aufbewahrung für die Beendigung des Beschäftigungsverhältnisses erforderlich ist, kann der Arbeitgeber die **Personalakten seiner ehemaligen Arbeitnehmer** aufbewahren. Allerdings ist eine solche über die Beendigung des Beschäftigungsverhältnisses hinausgehende Aufbewahrung nicht generell mit § 26 Abs. 1 S. 1 BDSG nF vereinbar. Sie kann insoweit zulässig sein, als sie erforderlich ist, um einer arbeitsgerichtlichen Kündigungsschutzklage eines Arbeitnehmers entgegentreten zu können (→ zu Ausnahmen vom Grundsatz der Löschung von Personaldaten Rn. 205 mwN). Zu weit geht aber das BAG,[470] wenn es einem Arbeitnehmer aus § 241 Abs. 2 BGB iVm Art. 2 Abs. 1 und Art. 1 Abs. 1 GG einen Anspruch auf Einsicht seiner Personalakte auch nach Beendigung des Arbeitsverhältnisses einräumt und dabei ohne jede weitere Problematisierung von einem generell bestehenden Recht des Arbeitgebers ausgeht, die Personalakten ehemaliger Arbeitnehmer weiter aufzubewahren: Eine solche Befugnis überschreitet die Grenzen einer Verarbeitung von Arbeitnehmerdaten, die nach § 26 Abs. 1 S. 1 BDSG nF eine Erforderlichkeit für die Beendigung des Beschäftigungsverhältnisses verlangt. **Sonderregeln** gelten **im Beamtenrecht**. Nach § 113 Abs. 1 S. 1 BBG sind Personalakten von Beamten des Bundes nach ihrem Abschluss von der personalaktenführenden Behörde fünf Jahre aufzubewahren. § 113 Abs. 1 S. 2 Nr. 1–3 BBG regelt die Einzelheiten, wann Personalakten bei einer Beendigung des Beamtenverhältnisses ohne Versorgungsansprüche oder durch Tod des

---

468 Dazu näher *Diller/Schuster* DB 2008, 928 (931 f.).

469 *Erfurth* NJOZ 2009, 2014 (2918); Taeger/Gabel/*Zöll* BDSG § 32 Rn. 37. Eingehend hierzu *Langohr-Plato*, Betriebliche Altersversorgung, Rn. 1323.

470 BAG BB 2011, 1212.

Beamten zu schließen sind. Beihilfeakten sind fünf Jahre nach Ablauf des Jahres aufzubewahren, in dem die Bearbeitung des einzelnen Vorgangs abgeschlossen wurde (§ 112 Abs. 2 S. 1 BBG). Versorgungsakten sind grundsätzlich zehn Jahre nach Ablauf des Jahres aufzubewahren, in dem die letzte Versorgungszahlung geleistet worden ist (§ 113 Abs. 3 S. 1 BBG).[471] Nach Ablauf der gesetzlichen Aufbewahrungsfrist sind die Personalakten im Regelfall zu vernichten (§ 113 Abs. 4 BBG).[472]

6. Datenverarbeitung durch Interessenvertretungen der Beschäftigten. Im Rahmen der Erfüllung der ihnen 209 gesetzlich zugewiesenen Aufgaben und Befugnisse erlangen Betriebsräte und ihre Mitglieder[473] zwangsläufig Zugang zu einer Fülle von personenbezogenen Daten über die im Betrieb beschäftigten Arbeitnehmer. Man denke nur an die Daten, die dem Betriebsrat aufgrund seines Beteiligungsrechts aus § 99 BetrVG bei personellen Einzelmaßnahmen zufließen, an die nach § 102 BetrVG vor dem Ausspruch einer Kündigung durchzuführende Anhörung oder an die bei der Verhandlung eines Sozialplanes (§ 112 Abs. 1 S. 2 BetrVG) dem Betriebsrat mitgeteilten Sozialdaten der von einer geplanten Betriebsänderung betroffenen Arbeitnehmer; auch das aufgabenbezogene Unterrichtungsrecht aus § 80 Abs. 2 S. 1 BetrVG kann dem Betriebsrat eine Vielzahl von Arbeitnehmerdaten in die Hände spielen (zB im Rahmen seiner Überwachungsaufgabe nach § 80 Abs. 1 Nr. 1 BetrVG oder aufgrund einer Einsichtnahme der Bruttolohn- und Gehaltslisten, § 80 Abs. 2 S. 2 HS 2 BetrVG). Ferner ergreifen Betriebsräte zuweilen selbst die Initiative, um an Daten der von ihnen vertretenen Arbeitnehmer zu gelangen, etwa indem sie eine **Fragebogenaktion** bei diesen durchführen, um bestimmte beteiligungsrelevante Informationen zu erlangen und die Stimmungslage innerhalb der Belegschaft auszuloten (zB im Hinblick auf eine zu verhandelnde Betriebsvereinbarung).[474] In größeren Betrieben bauen Betriebsräte zuweilen gar eigene Datenbanken über die Arbeitnehmer auf, um im Einzelfall wirksamer Arbeitnehmerinteressen wahrnehmen zu können. Auch **Betriebsräte und andere Interessenvertretungen** der Beschäftigten (zB Personalräte oder Sprecherausschüsse) werden somit zu **Instanzen der Datenverarbeitung im Betrieb**, wenn sie dadurch auch nicht zu datenschutzrechtlichen Verantwortlichen iSv Art. 4 Nr. 7 werden.

An diesem Befund knüpft § 26 Abs. 1 S. 1 BDSG nF an, wenn die Vorschrift anordnet, dass die Verarbei- 210 tung personenbezogener Daten von Beschäftigten zur Ausübung oder Erfüllung der sich aus einem Gesetz oder einem Tarifvertrag, einer Betriebs- oder Dienstvereinbarung (Kollektivvereinbarung) ergebenden Rechte und Pflichten der Interessenvertretung der Beschäftigten erforderlich sein muss. Der Wortlaut der Vorschrift geht insoweit über § 32 Abs. 1 S. 1 BDSG aF hinaus, obgleich auch unter dessen Geltung anerkannt war, dass die Nutzung von Beschäftigtendaten durch die Interessenvertretung der Beschäftigten datenschutzrechtlichen Bindungen unterliegt.[475]

Die Erforderlichkeit einer Verarbeitung von Beschäftigtendaten durch Betriebs- und Personalräte sowie 211 Sprecherausschüsse ergibt sich in erster Linie aus dem BetrVG, den PersVG der Länder und des Bundes sowie aus dem SprAuG: Sie legen die Rechte und Pflichten der Interessenvertretungen der Beschäftigten näher fest. Die Rechtsstellung von Betriebsräten kann aber teilweise durch Tarifvertrag oder auch durch Betriebsvereinbarung modifiziert werden: So können Tarifverträge die Beteiligungsrechte des Betriebsrates durch betriebsverfassungsrechtliche Normen (§§ 1 Abs. 1, 3 Abs. 2 TVG) grundsätzlich erweitern;[476] auch erlaubt das BetrVG an einzelnen Stellen eine abweichende Regelung in bestimmten organisatorischen Fragen durch Tarifvertrag oder Betriebsvereinbarung ausdrücklich.[477] Die Rechtsstellung von Personalräten ist demgegenüber in weitaus geringerem Umfang einer gesetzesabweichenden Regelung durch Tarifvertrag oder Dienstvereinbarung zugänglich: Nach § 3 BPersVG kann von der gesetzlichen Regelung der Personalvertretung nicht durch Tarifvertrag abgewichen werden und § 73 Abs. 1 S. 1 BPersVG lässt Dienstvereinbarungen nur zu, soweit sie das BPersVG ausdrücklich vorsieht, insbes. bei der Ausübung von Mitbestimmungsrechten (vgl. §§ 75 Abs. 3, 76 Abs. 2 BPersVG). Das SprAuG enthält nur ausnahmsweise Regelungen über die Zulässigkeit gesetzesabweichender Richtlinien von Arbeitgeber und Sprecherausschuss (zB § 16 Abs. 2 S. 2 SprAuG).

---

471 Besteht die Möglichkeit eines Wiederauflebens des Anspruchs, sind die Akten 30 Jahre aufzubewahren (§ 113 Abs. 3 S. 2 BBG).
472 Eine Ausnahme von dieser Regel gilt nach § 113 Abs. 4 BBG nur in den Fällen, in denen Personalakten von Beamten des Bundes nach § 2 Bundesarchivgesetz vom Bundesarchiv oder einem Landesarchiv übernommen werden.
473 Jedes Betriebsratsmitglied verfügt aufgrund von § 34 Abs. 3 BetrVG über das unabdingbare Recht, die Unterlagen des Betriebsrats und seiner Ausschüsse jederzeit einzusehen, und hat somit Zugriff auf personenbezogene Daten der im Betrieb beschäftigten Arbeitnehmer, die der Betriebsrat verarbeitet hat. Zu den Unterlagen iSv § 34 Abs. 3 BetrVG gehören auch alle Aufzeichnungen, die in Dateiform elektronisch auf Datenträgern gespeichert sind; es besteht somit sogar ein „Leserecht auf elektronischem Wege": vgl. BAG NZA 2009, 1218 (1219 f.).
474 So der Sachverhalt, der BAG AP Nr. 10 zu § 80 BetrVG 1972 zugrunde gelegen hat.
475 Zur alten Rechtslage im Überblick Simitis/*Seifert* § 32 Rn. 169 ff. mwN.
476 Vgl. statt vieler Kempen/Zachert/*Kempen* TVG § 3 Rn. 31.
477 Vgl. zB §§ 47 Abs. 4, 55 Abs. 4, 38 Abs. 1 S. 5, 102 Abs. 6 BetrVG.

212 Die Erhebung und Speicherung von Arbeitnehmerdaten durch den Betriebsrat findet ihre **Grundlage und Grenze in** § 26 Abs. 1 S. 1 BDSG nF iVm **den Aufgabennormen des** § 80 Abs. 1 Nr. 1–9 BetrVG, insbes. in der Kontrollaufgabe nach Nr. 1;[478] entsprechende Aufgabennormen bestehen für die Tätigkeit von Personalräten (zB § 68 Abs. 1 Nr. 2 BPersVG) und von Sprecherausschüssen (vgl. § 25 Abs. 1 SprAuG). Eine Verarbeitung von Arbeitnehmerdaten durch den Betriebsrat muss deshalb stets mit einem Aufgabenbezug gerechtfertigt und im arbeitsgerichtlichen Beschlussverfahren (§ 2 a Abs. 1 Nr. 1, §§ 80ff. ArbGG) vom Betriebsrat substantiiert dargelegt werden.[479] Verlangt der Betriebsrat vom Arbeitgeber die Übermittlung von personenbezogenen Arbeitnehmerdaten aufgrund von § 80 Abs. 2 S. 1 BetrVG, muss die Unterrichtung überdies auch erforderlich für die Erfüllung von Betriebsratsaufgaben sein. Ein allgemeines Recht des Betriebsrates oder seiner Mitglieder, auf das Personalinformationssystem des Arbeitgebers zuzugreifen, besteht nicht; insbes. existiert kein Überwachungsrecht des Betriebsrates durch einen Online-Zugriff von Dateien mit Beschäftigtendaten, das nicht auf die nach § 80 Abs. 2 S. 1 BetrVG vorlagepflichtigen Informationen beschränkt ist.[480] Gewährt das Betriebsverfassungsrecht dem Betriebsrat lediglich ein Recht auf Einsichtnahme, ist es dem Betriebsrat grundsätzlich sogar verwehrt, die Daten zu speichern oder selbst weiterzuverarbeiten.[481] Das BetrVG räumt indessen dem Betriebsrat das Recht ein, Stichproben vorzunehmen[482] und auch den Zutritt zu ansonsten nur beschränkt zugänglichen Bereichen zu verlangen, wie etwa dem Sicherheitsbereich der Rechenzentren.[483] Auch ist grundsätzlich die Erhebung von Daten durch Betriebsräte im Rahmen einer „Fragebogenaktion"[484] oder der Erstellung und Verwendung einer betriebsratseigenen „**Mitarbeiterdatei**"[485] zulässig, soweit dies durch die gesetzlich definierten Aufgaben des Betriebsrates abgedeckt ist. Ferner steht es dem Betriebsrat frei, im Rahmen des betriebsverfassungsrechtlich abgesteckten Handlungsrahmens Informationen über Arbeitnehmer aus allgemein zugänglichen Quellen (zB Zeitungen, Internet usw) zu speichern und auch zu verwenden.[486]

213 Auch die **Zulässigkeit einer Übermittlung von Arbeitnehmerdaten** durch den Betriebsrat an Dritte ergibt sich grundsätzlich aus betriebsverfassungsrechtlichen Vorschriften als Sondervorschrift. So unterliegen Betriebsratsmitglieder betriebsverfassungsrechtlichen Verschwiegenheitspflichten (vgl. §§ 79, 82 Abs. 2 S. 3, 83 Abs. 1 S. 3, 99 Abs. 1 S. 3, 102 Abs. 2 S. 5 BetrVG), so dass eine Weitergabe von Arbeitnehmerdaten an Dritte schon aus diesem Grunde grundsätzlich unzulässig sein wird.[487] Ebenso ist die **Weitergabe von Arbeitnehmerdaten an die im Betrieb vertretene(n) Gewerkschaft(en)** unzulässig, da sie nicht zur Ausübung oder Erfüllung der Rechte oder Pflichten des Betriebsrates aus dem BetrVG erforderlich ist: Der Hinweis auf das Gebot der vertrauensvollen Zusammenarbeit im Zusammenwirken mit den im Betrieb vertretenen Gewerkschaften (§ 2 Abs. 1 BetrVG) reicht für eine Rechtfertigung einer solchen Datenweitergabe nicht aus.[488] Eine Datenübermittlung ließe sich allenfalls auf eine **Einwilligung** der betroffenen Arbeitnehmer stützen, die den Anforderungen des § 26 Abs. 2 BDSG nF zu genügen hätte.[489]

214 Dem Grundsatz der Erforderlichkeit in § 26 Abs. 1 S. 1 BDSG nF lässt sich auch die Verpflichtung von Betriebsräten und anderen Interessenvertretungen der Beschäftigten entnehmen, die Verwendung personenbezogener Daten möglichst zu vermeiden, in jedem Fall aber auf ein Mindestmaß zu beschränken (**Grundsatz der Datenminimierung**, Art. 5 Abs. 1 lit. c). Diese müssen deshalb auf personenbezogene Daten so lange

---

478 Treffend insoweit LAG Hamburg v. 26.11.2009 – 7 TaBV 2/09, juris-doc.

479 Dazu LAG Hamburg 7 TaBV 2/09, juris-doc.

480 Vgl. BAG NZA 2012, 342 (344); NZA-RR 2011, 462 (464); LAG Berlin-Brandenburg DuD 2013, 321; eingehender *Kort* NZA 2015, 520; zu der vergleichbaren Problematik im SprAuG *Kort* NZA-RR 2015, 113. Verstöße gegen dieses Verbot können einen Ausschluss des rechtswidrig handelnden Betriebsratsmitgliedes aus dem Betriebsrat nach § 23 Abs. 1 BetrVG begründen.

481 Mit Blick auf die Zulässigkeit einer Speicherung von Personaldaten durch den Personalrat, die ohne Weiteres auf das BetrVG übertragbar ist, siehe BVerwG NJW 1991, 375; *Däubler*, Gläserne Belegschaften, 2017, Rn. 636 b; *Gola/Pötters/Wronka*, HdB Arbeitnehmerdatenschutz, 2016, Rn. 2135 sowie *Gola* ZBVR 2003, 208.

482 Dazu DKKW/*Buschmann* BetrVG § 80 Rn. 117ff.; *Däubler*, Gläserne Belegschaften, 2017, Rn. 637.

483 Vgl. *FESTL* BetrVG § 80 Rn. 80; DKKW/*Buschmann* BetrVG § 80 Rn. 23ff.; *Küpferle*, Arbeitnehmerdatenschutz, 1986, Rn. 272; *Däubler*, Gläserne Belegschaften, 2017, Rn. 637.

484 Dazu BAG AP Nr. 10 zu § 80 BetrVG 1972; *Vogelgesang* CR 1992, 166; *Gola/Pötters/Wronka*, HdB Arbeitnehmerdatenschutz, 2016, Rn. 2156.

485 Eingehend zur Zulässigkeit von Personalinformationssystemen einer Mitarbeitervertretung *Gola/Pötters/Wronka*, HdB Arbeitnehmerdatenschutz, 2016, Rn. 2159ff. mwN.

486 Ebenso *Däubler*, Gläserne Belegschaften, 2017, Rn. 637 a; DKKW/*Buschmann* BetrVG § 80, Rn. 122.

487 LAG Berlin RDV 1987, 252; DKKW/*Buschmann* BetrVG § 79 Rn. 40ff.; *Gola/Pötters/Wronka*, HdB Arbeitnehmerdatenschutz, 2016, Rn. 2170ff.; *Vogelgesang* CR 1992, 167.

488 Vgl. auch HessStGH DVBl. 1986, 936; sowie BerHessL 14 TB, LT-Drs. 15/2950, S. 26 f.

489 Zur vergleichbaren Rechtslage unter § 32 BDSG aF s. *Gola/Pötters/Wronka*, HdB Arbeitnehmerdatenschutz, 2016, Rn. 383ff.; unklar *Däubler*, Gläserne Belegschaften, 2017, Rn. 456; *Vogelgesang* CR 1992, 167 und demgegenüber *Küpferle*, Arbeitnehmerdatenschutz, 1986, Rn. 154ff.

verzichten, wie sie ihre Aufgaben auch mithilfe **anonymisierter Angaben** erfüllen können.[490] Nicht zulässig ist etwa der Aufbau von **Parallelsystemen zum Personalinformationssystem des Arbeitgebers**, um möglichst sämtliche, dem Arbeitgeber zur Verfügung stehende Daten ebenfalls verarbeiten zu können.[491] Die Interessenvertretungen der Beschäftigten sind gehalten, ihre Beteiligungsrechte primär als Mittel zu verstehen, um die für ihre je spezifische Aufgabe erforderlichen, vom Arbeitgeber bereits gespeicherten Daten bei diesem einzusehen. Betriebsräte müssen sich im Übrigen grundsätzlich an die Betroffenen wenden und ihre Einwilligung einholen.[492] Auch eine beabsichtigte Rationalisierung der Betriebsratstätigkeit rechtfertigt nicht einen Verzicht auf die **Einwilligung der Betroffenen.** Soweit es an deren Einwilligung fehlt, kommt lediglich eine Verwendung in Betracht, die durch die gesetzlichen Aufgaben des Betriebsrats abgedeckt ist. Diese und nicht etwa der Zweck des Arbeitsverhältnisses sind der Zulässigkeitsmaßstab.[493] Schließlich wäre es mit der sich aus § 80 Abs. 1 BetrVG ergebenden Zweckbindung der Unterrichtungspflicht des Arbeitgebers nach § 80 Abs. 2 S. 1 BetrVG unvereinbar, wenn dem Betriebsrat ein unbeschränkter Zugriff auf die Beschäftigtendaten gewährt würde, die der Arbeitgeber verarbeitet hat,[494] denn § 80 Abs. 1 BetrVG gibt zwingend den Aufgabenkreis des Betriebsrates vor.

7. Die Einwilligung des Beschäftigten als Erlaubnistatbestand. § 26 Abs. 2 BDSG nF geht von der **Zulässig-** 215 **keit einer freiwilligen Einwilligung des Beschäftigten** in die Verarbeitung seiner personenbezogenen Daten im Rahmen des Beschäftigungsverhältnisses aus und formuliert konkrete Anforderungen an deren Rechtmäßigkeit. Überlegungen, die Einwilligung von Beschäftigten insgesamt für unzulässig zu erklären – sowohl nach § 32 l Abs. 1 Reg-E eines Gesetzes zur Regelung des Beschäftigtendatenschutzes[495] als auch nach Art. 82 Abs. 1 b Parl-E sollte eine Einwilligung von Beschäftigten im Regelfall unzulässig sein –,[496] hat somit weder die DSGVO noch der deutsche Gesetzgeber aufgegriffen. Die Bestimmung des § 26 Abs. 2 BDSG nF schafft im Verhältnis zu den allgemeinen Regeln der DSGVO über die Einwilligung spezifischere Vorschriften iSv Abs. 1. Dabei ist es unschädlich, dass Art. 88 Abs. 1 die Einwilligung des Beschäftigten nicht bei der Festlegung der gegenständlichen Reichweite der Öffnungsklausel ausdrücklich nennt: Die aufgelisteten Gegenstände (zB Zwecke der Einstellung) stellen nur Beispiele dar und sind nicht abschließend („insbesondere"). EG 155 stellt klar, dass das Recht der Mitgliedstaaten spezifische Rechtsvorschriften insbes. über die Bedingungen vorsehen kann, unter denen personenbezogene Daten im Beschäftigungskontext auf der Grundlage der Einwilligung der Beschäftigten verarbeitet werden dürfen.

Nach der allgemeinen Vorschrift des Art. 6 Abs. 1 Uabs. 1 lit. b kann wie auch nach bisherigem Recht (vgl. 216 Art. 7 lit. a DSRL, § 4 Abs. 1 BDSG aF), eine Einwilligung der betroffenen Person Grundlage einer Verarbeitung personenbezogener Daten sein. Allerdings macht Art. 7 die Rechtmäßigkeit einer Einwilligung von verschiedenen Voraussetzungen abhängig. So muss die Einwilligung freiwillig erteilt worden sein, wie sich Art. 7 Abs. 4 entnehmen lässt (→ ausführlich zur Freiwilligkeit siehe Art. 7 Rn. 48 ff.). Bei der Beurteilung der **Freiwilligkeit** ist das **Kopplungsverbot des Art. 7 Abs. 4** zu berücksichtigen: Es ist danach dem Umstand größtmöglich Rechnung zu tragen, ob unter anderem die Erfüllung eines Vertrages, einschließlich der Erbringung einer Dienstleistung, von der Einwilligung zur Verarbeitung von personenbezogenen Daten abhängig ist, die für die Erfüllung des Vertrags nicht erforderlich sind. EG 43 konkretisiert dies dahin gehend, dass namentlich in Fällen eines klaren Ungleichgewichts zwischen der betroffenen Person und dem Verantwortlichen die Einwilligung mangels Freiwilligkeit keine Grundlage für eine Datenverarbeitung bilden kann. Als Beispiel nennt EG 43 S. 1 den Fall, dass Verantwortlicher eine Behörde ist und deshalb die freiwillige Erteilung der Einwilligung durch die betroffene Person unwahrscheinlich ist. Diese Vermutung muss aber auch für das Arbeitsverhältnis gelten, das sich wegen der personellen Abhängigkeit des Arbeitnehmers, in welcher dieser seine vertraglich geschuldete Arbeitsleistung erbringt (vgl. § 611 a Abs. 1 S. 1 BGB), durch eine strukturelle Ungleichgewichtslage zum Nachteil des Arbeitnehmers kennzeichnet.

§ 26 Abs. 2 BDSG nF setzt an dieser rechtlichen Ausgangslage der DSGVO an und gibt einzelne **Kriterien** 217 für die Beurteilung der Freiwilligkeit einer Einwilligung von Beschäftigten in die Verarbeitung ihrer personenbezogenen Daten an die Hand. Nach § 26 Abs. 2 S. 1 BDSG nF sollen insbes. die im Beschäftigungsverhältnis bestehende Abhängigkeit der beschäftigten Person sowie die Umstände, unter denen die Einwilli-

---

490 Zum Grundsatz der Datensparsamkeit nach § 3 a BDSG aF vgl. LAG Hamburg 7 TaBV 2/09, juris-doc.; auch DKKW/*Klebe* BetrVG § 94 Rn. 53; *Warga* in: FS für *Gnade*, 1992, 251ff.

491 Ebenso bereits BVerwG NJW 1991, 375; LAG Hamburg 7 TaBV 2/09, juris-doc.; *HDSB* 18. TB, 99 f.; ebenso *Joussen* ZfA 2012, 235 (251); *Kort* NZA 2010, 1267 (1269 f.); ausführlich *Gola/Pötters/Wronka,* HdB Arbeitnehmerdatenschutz, 2016, Rn. 2159ff.; *Gola/Pötters/Wronka* NZA 1991, 790 (792).

492 Vgl. auch BVerwG NJW 1991, 375; HessStGH DVBl. 1986, 936; LAG Hamburg 7 TaBV 2/09, juris-doc.

493 Vgl. auch *Kersten* PersV 2001, 312.

494 So auch *Joussen* ZfA 2012, 235 (251).

495 Vgl. BT-Drs. 17/4230.

496 Vgl. BT-Drs. 17/4230, S. 10 u. S. 22; EP-PE_TC1-COD(2012)0011.

gung vom Beschäftigten erteilt worden ist, zu berücksichtigen sein; damit knüpft die Vorschrift weitgehend an EG 43 an. Eine Einwilligung von Beschäftigten soll nach der konkretisierenden Regel des § 26 Abs. 2 S. 2 BDSG nF insbes. dann freiwillig sein, wenn für den Beschäftigten ein **rechtlicher oder wirtschaftlicher Vorteil** erreicht wird. Die Begründung des Regierungsentwurfes zu § 26 BDSG nF nennt als Beispiele für die Erlangung eines rechtlichen oder wirtschaftlichen Vorteils des Beschäftigten die Einführung eines betrieblichen Gesundheitsmanagements zur Gesundheitsförderung sowie die Erlaubnis zur Privatnutzung betrieblicher IT-Systeme.[497] Denkbar sind aber auch andere rechtliche oder wirtschaftliche Vorteile, die ein Beschäftigter infolge einer Verarbeitung seiner personenbezogenen Daten durch den Arbeitgeber erlangen kann: Genannt werden in diesem Zusammenhang die Aufnahme von Beschäftigtendaten in **konzernweite Personalentwicklungssysteme** oder in ein **Firmenrabattsystem**, das vom Arbeitgeber gewährt wird.[498] Auch die Einwilligung des Beschäftigten in die Verarbeitung seiner Daten zum Zwecke der Begründung und Durchführung eines Mietverhältnisses über **Werkmietwohnungen** (§ 576 BGB) oder **Werkdienstwohnungen** (§ 576 b BGB) oder die **Gewährung eines Darlehens durch den Arbeitgeber** kann einen Vorteil iSv § 26 Abs. 2 S. 2 BDSG nF darstellen. Ebenso lässt sich die Einwilligung von Beschäftigten in die Verarbeitung ihrer Gesundheitsdaten im Rahmen eines BEM als rechtlichen Vorteil qualifizieren (→ zum Schutz der Gesundheitsdaten von Beschäftigten und zum BEM siehe Rn. 121). Darüber hinaus vermutet § 26 Abs. 2 S. 2 BDSG nF den freiwilligen Charakter der Einwilligung eines Beschäftigten in die Verarbeitung seiner Daten, wenn Arbeitgeber und Beschäftigter **gleichgelagerte Interessen** verfolgen. Als Beispiele nennt die Begründung zum Regierungsentwurf die Aufnahme von Name und Geburtsdatum in eine **Geburtstagsliste** sowie „die **Nutzung von Fotos für das Intranet,** bei der Arbeitgeber und Beschäftigter im Sinne eines betrieblichen Miteinanders zusammenwirken".[499] Gerade bei letzterem Beispiel ist der Gleichlauf von Arbeitgeber und Beschäftigteninteressen aber nicht eindeutig, ist doch denkbar, dass der abgebildete Beschäftigte die Verbreitung eines Fotos, auf dem er abgebildet ist, innerhalb des Betriebs oder Unternehmens nicht wünscht (zur Zulässigkeit einer Veröffentlichung von Beschäftigtendaten im Internet oder Intranet des Arbeitgebers → Rn. 183 mwN).[500] Ebenso wenig dürfte ein rechtlicher oder wirtschaftlicher Vorteil für den Beschäftigten bei einer Übermittlung seiner personenbezogenen Daten an eine zentrale Auskunftsstelle der Arbeitgeber bestehen (→ Rn. 189) oder eine Einwilligung in die Datenübermittlung an Kollegen zum Zwecke einer „Kollegenbeurteilung" von § 26 Abs. 2 S. 2 BDSG nF gedeckt sein (→ Rn. 197). Es ist somit stets genau zu untersuchen, ob es sich tatsächlich um eine Gleichlagerung von Arbeitgeber- und Beschäftigteninteressen handelt, die eine Einwilligung des Beschäftigten als freiwillig erscheinen lässt.

218 Ist weder ein wirtschaftlicher oder rechtlicher Vorteil, der dem Beschäftigten aus einer Einwilligung in die Verarbeitung seiner personenbezogenen Daten erwachsen kann, noch ein gleichgelagertes Interesse von Arbeitgeber und Beschäftigtem erkennbar, greift das **Kopplungsverbot** mit der Folge, dass die Einwilligung des Beschäftigten nicht als freiwillig angesehen werden kann und deshalb nach § 134 BGB unwirksam ist.

219 § 26 Abs. 2 S. 3 und 4 BDSG nF schafft darüber hinaus auch noch über Art. 7 hinausgehende formelle Voraussetzungen für die Rechtmäßigkeit einer Einwilligung von Beschäftigten in die Verarbeitung ihrer personenbezogenen Daten. So verlangt § 26 Abs. 2 S. 3 BDSG nF für die Einwilligung von Beschäftigten die **Einhaltung der Schriftform.** Damit soll die Nachweispflicht des Arbeitgebers aus Art. 7 Abs. 1 konkretisiert werden.[501] Die Schriftform erfüllt für den betroffenen Beschäftigten nicht nur eine Warn-, sondern überdies auch eine Beweisfunktion und konkretisiert auf diese Weise die dem Verantwortlichen durch Art. 7 Abs. 1 zugewiesene Darlegungs- und Beweislast hinsichtlich des Vorliegens einer Einwilligung in die Datenverarbeitung.[502] Auf das Schriftformerfordernis finden die allgemeinen Regeln des § **126 Abs. 1 BGB** Anwendung, da § 26 Abs. 2 S. 3 BDSG nF im Rahmen einer Öffnungsklausel (Abs. 1) erlassen wurde und deshalb insoweit nationales Recht zur Anwendung kommen kann.[503] An die Stelle der Schriftform kann als gleichwertige Form nach § 126 Abs. 3 BGB die **elektronische Form** treten (§ 126 a BGB), da sich aus § 26 Abs. 2 BDSG nF nichts anderes ergibt. Die Schriftform gilt nach § 26 Abs. 2 S. 3 BDSG für die Einwilligung nur, soweit nicht **wegen besonderer Umstände eine andere Form angemessen** ist; der Tatbestand ist § 4 a Abs. 1 S. 3 BDSG aF nachgebildet. Wegen des mit dem Schriftformerfordernis verfolgten Schutzzwecks ist jedoch Zurückhaltung bei der Zulassung einer weniger strengen Form als der Schriftform (zB Textform nach

---

497 Vgl. BT-Drucks 18/11325, S. 97.
498 Beide Beispiele finden sich bei *Ernst* ZD 2017, 110 (112).
499 Vgl. BT-Drucks 18/11325, S. 97.
500 Ähnlich auch *Ernst* ZD 2017, 110 (112); diese Zweifel werden durch den Sachverhalt bestätigt, welcher BAG, NZA 2015, 604 zugrunde gelegen hat.
501 Vgl. BT-Drucks 18/11325, S. 97.
502 So ausdrücklich BT-Drucks 18/11325, S. 97.
503 Demgegenüber ist die in mehreren Normen der DSGVO vorgegebene Schriftform jeweils autonom auszulegen.

§ 126 b BGB) geboten.[504] Insbesondere reicht hierfür nicht aus, dass die Schriftform uU einen erheblichen Verwaltungsaufwand mit sich bringt. Teilweise wird eine Einwilligung per E-Mail als ausreichend erachtet, sofern ein Beschäftigter in „Home-Arbeit" tätig ist oder ein Bewerbungsverfahren vollständig online durchläuft:[505] Doch auch in diesen Fällen ist nicht erkennbar, warum das Schriftformerfordernis nicht angemessen sein sollte, zumal die Zulassung einer solchen Ausnahme wegen der Zunahme der E-Mail-Kommunikation im Arbeitsleben dazu führen könnte, dass das Schriftformerfordernis des § 26 Abs. 2 S. 3 BDSG nF erheblich an Bedeutung verliert. Verstöße gegen das Schriftformerfordernis des § 26 Abs. 2 S. 3 BDSG nF haben nach § 125 S. 1 BGB die Nichtigkeit der Einwilligung des Beschäftigten zur Folge. Als weitere formelle Voraussetzung der Einwilligung von Beschäftigten ordnet § 26 Abs. 2 S. 4 BDSG nF an, den Beschäftigten über den **Zweck** der Datenverarbeitung und über sein jederzeitiges **Widerrufsrecht**, das nach Maßgabe von Art. 7 Abs. 3 besteht, und dessen Folgen in Textform aufzuklären. Für die Textform gilt die allgemeine Vorschrift des § 126 b BGB. Erfolgt die Information über das Widerrufsrecht pflichtwidrig nicht oder nicht zumindest in Textform, ist die Einwilligung des Beschäftigten nach § 134 BGB nichtig.

8. Besonderheiten bei der Verarbeitung sensibler Beschäftigtendaten. § 26 Abs. 3 BDSG nF regelt die **Verarbeitung von besonderen Kategorien von Beschäftigtendaten** (vgl. Art. 9 Abs. 1) – zB Gesundheitsdaten, rassische und ethnische Herkunft, politische Meinungen, Religion oder die Gewerkschaftszugehörigkeit – für Zwecke des Beschäftigungsverhältnisses. Nach Art. 9 Abs. 1 ist die Verarbeitung dieser sensiblen Daten grundsätzlich unzulässig, es sei denn ein Ausnahmetatbestand des Art. 9 Abs. 2 ist erfüllt. Auf die Verarbeitung von besonderen Kategorien von Beschäftigtendaten ist bereits an verschiedenen Stellen eingegangen worden (zur Verarbeitung von Gesundheitsdaten → Rn. 90 f. sowie → Rn. 81; zur Verarbeitung von Religionsdaten → Rn. 86 und zur Verarbeitung des Datums der Gewerkschaftszugehörigkeit von Beschäftigten → Rn. 88). 220

§ 26 Abs. 3 S. 1 BDSG nF übernimmt inhaltsgleich den Ausnahmetatbestand des Art. 9 Abs. 2 lit. b. Wegen der unmittelbaren Wirkung der Verordnung (vgl. Art. 288 Abs. 2 S. 2 AEUV) besitzt die Bestimmung des § 26 Abs. 3 S. 1 BDSG nF nur **deklaratorische Wirkung** und stellt keine spezifischere Vorschrift iSv Abs. 1 dar. Gleichwohl ist sie unionsrechtlich zulässig, da das grundsätzliche Verbot nationaler Vorschriften lediglich wiederholenden Inhaltes wegen EG 8 nicht gilt.[506] Nach § 26 Abs. 3 S. 1 BDSG nF ist die Verarbeitung sensibler Daten für Zwecke des Beschäftigungsverhältnisses zulässig, wenn sie zur Ausübung von Rechten oder zur Erfüllung rechtlicher Pflichten aus dem Arbeitsrecht, dem Recht der sozialen Sicherheit und des Sozialschutzes erforderlich ist und kein Grund zu der Annahme besteht, dass das schutzwürdige Interesse des betroffenen Beschäftigten an dem Ausschluss der Verarbeitung überwiegt. Von besonderer Bedeutung ist dies für die Verarbeitung von **Gesundheitsdaten** des Beschäftigten insbes. bei der Begründung sowie bei der Durchführung des Beschäftigungsverhältnisses (dazu ausführlich → Rn. 90 ff. sowie → Rn. 117 ff., jeweils mwN) sowie von genetischen Daten (→ Rn. 95 f.), aber auch für die **Religionszugehörigkeit** zum Zwecke der Abführung der Kirchensteuer durch den Arbeitgeber (dazu → Rn. 86, 124) und die Gewerkschaftszugehörigkeit von Beschäftigten (→ Rn. 88, 125). Gesetzliche Vorschriften über die Verarbeitung von Gesundheitsdaten im **Recht der sozialen Sicherheit** enthalten insbes. die §§ 67 ff. SGB X über den **Sozialdatenschutz**.[507] 221

§ 26 Abs. 3 S. 3 BDSG nF verlangt für die Zulässigkeit einer Verarbeitung sensibler Beschäftigtendaten zusätzlich, dass die Anforderungen des § 22 Abs. 2 BDSG nF erfüllt sind. Daraus ergibt sich insbes. die Pflicht des Arbeitgebers oder Dienstherrn, **angemessene und spezifische Maßnahmen** vorzusehen. Mit dieser Verweisung wollte der Gesetzgeber Art. 9 Abs. 2 lit. b umsetzen,[508] wonach das Recht der Mitgliedstaaten „geeignete Garantien für die Grundrechte und die Interessen der betroffenen Personen" vorzusehen hat. § 22 Abs. 2 S. 2 Nr. 1–10 enthält einen Beispielskatalog für solche Maßnahmen. Für das Beschäftigungsverhältnis dürften von besonderem Interesse die Sensibilisierung der an Verarbeitungsvorgängen Beteiligten (Nr. 3), die Benennung eines Datenschutzbeauftragten (Nr. 4), die Beschränkung des Zugangs zu den Daten (Nr. 5), deren Verschlüsselung (Nr. 7) und die Gewährleistung der Datensicherheit durch regelmäßige Überprüfung (Nr. 9) sein. 222

Besonderheiten gelten auch für die **Einwilligung von Beschäftigten in die Verarbeitung ihrer sensiblen personenbezogenen Daten** für Zwecke des Beschäftigungsverhältnisses. § 26 Abs. 3 S. 2 Hs. 1 BDSG nF verweist auf die in Abs. 2 genannten Anforderungen an eine zulässige Einwilligung in die Verarbeitung von Beschäftigtendaten. Es bedarf somit einer freiwilligen Einwilligung, die den Anforderungen von Art. 9 223

---

504 So auch DWWS/*Däubler*, BDSG § 26 Rn. 229.
505 So insbes. *Gola*, BB 2017, 1462 (1467 f.) mN.
506 Dazu mit ausführlicher Begründung *Benecke/Wagner* DVBl. 2016, 600 (604 ff.) mwN.
507 Statt vieler Kühling/Buchner/*Weichert* Art. 9 Rn. 60.
508 Vgl. BT-Drucks 18/11325, S. 98.

Abs. 2 lit. a und § 26 Abs. 2 BDSG nF entspricht (zu den Einzelheiten → Rn. 215ff. mwN). Ebenso muss in formeller Hinsicht die **Schriftform** gewahrt werden (vgl. § 126 BGB) und die Aufklärung über die Widerruflichkeit der Einwilligung und deren Folgen in Textform (§ 126 b BGB) erfolgen. Darüber hinaus verlangt § 26 Abs. 2 S. 2 Hs. 2 BDSG nF allerdings, dass sich die Einwilligung ausdrücklich auf die betreffende(n) Kategorie(n) besonderer Daten bezieht. Dieses Erfordernis ergibt sich bereits aus Art. 9 Abs. 2 lit. a und gilt somit bereits aufgrund der DSGVO unmittelbar für das deutsche Recht; § 26 Abs. 2 S. 2 Hs. 2 BDSG nF besitzt insoweit lediglich deklaratorische Wirkung.

224 **9. Einhaltung der Verarbeitungsgrundsätze von Art. 5 (§ 26 Abs. 5 BDSG nF).** § 26 Abs. 5 BDSG nF verpflichtet den Verantwortlichen, geeignete Maßnahmen zu ergreifen, um sicherzustellen, dass insbes. die in Art. 5 festgelegten Verarbeitungsgrundsätze bei der Verarbeitung von Beschäftigtendaten eingehalten werden. Die Vorschrift nimmt somit besonders auf das Gebot einer Datenverarbeitung nach Treu und Glauben, der Transparenz, der Zweckbindung, der Richtigkeit, der Speicherbegrenzung, der Datenminimierung und der Integrität und Vertraulichkeit Bezug (Art. 5 Abs. 1); doch auch die Rechenschaftspflicht des Verantwortlichen hinsichtlich der Einhaltung dieser Grundsätze (Art. 5 Abs. 2) ist von der Verweisung des § 26 Abs. 5 BDSG nF erfasst.

225 Nach der Begründung des RegE zum DSAnpUG-EU[509] soll § 26 Abs. 5 BDSG nF gewährleisten, dass „der Verantwortliche geeignete Maßnahmen zur Wahrung der Grundrechte und Interessen der Beschäftigten [vorsieht]". Einer solchen Regelung hätte es innerhalb des sachlichen Geltungsbereichs der DSGVO (vgl. Art. 2) indessen nicht bedurft, da die Verarbeitungsgrundsätze des Art. 5 ohnehin unmittelbar gelten (Art. 288 Abs. 2 S. 2 AEUV) und keiner weiteren Transformation in deutsches Recht bedürfen.[510] Auch ist die Wahrung der Grundrechte der betroffenen Beschäftigten, auf die der Gesetzgeber mit der Vorschrift abzielt, bereits durch die unmittelbar geltende Vorschrift des Abs. 2 sowie durch die Anwendung der Grundrechte der GRCh, insbes. deren Art. 7 und 8, sichergestellt (→ hierzu auch Rn. 31ff.). § 26 Abs. 5 BDSG nF ist deshalb **keine „spezifischere Vorschrift"** iSv Abs. 1. Lediglich im Bereich der nicht automatisierten Datenverarbeitung, soweit sie nicht von der DSGVO erfasst ist (→ Rn. 20), entfaltet § 26 Abs. 5 BDSG nF eine konstitutive Wirkung dadurch, dass die Vorschrift die Verarbeitungsgrundsätze des Art. 5 auch auf die nicht automatisierte Verarbeitung von Beschäftigtendaten erstreckt.[511] Deren Verarbeitung (zB durch „manuelle" Führung von Personalakten) muss somit insbes. transparent gestaltet und sachlich richtig sein sowie vertraulich erfolgen.

226 **10. Beteiligungsrechte der Interessenvertretungen der Beschäftigten (§ 26 Abs. 6). a) Grundlagen.** § 26 Abs. 6 BDSG nF übernimmt § 32 Abs. 3 BDSG aF und stellt klar, dass die Beteiligungsrechte der Interessenvertretungen der Beschäftigten unberührt bleiben. Der kollektive Beschäftigtendatenschutz, wie er insbes. im BetrVG ausgeformt ist, wird somit durch die beschäftigtendatenschutzrechtlichen Vorschriften des § 26 Abs. 1–5 BDSG nF nicht geändert. Die **Vorschrift** liegt jenseits der **Vollharmonisierung durch die Verordnung** und damit auch der **Öffnungsklausel des Abs. 1**, da die Verordnung nicht die nach dem nationalen Recht der Mitgliedstaaten bestehenden Beteiligungsrechte auf dem Gebiet des Beschäftigtendatenschutzes normieren will. Eine solche Harmonisierungsintention des Unionsgesetzgebers kommt an keiner Stelle der DSGVO zum Ausdruck. Hätte er auch Beteiligungsrechte der nach nationalem Recht errichteten Arbeitnehmervertretungen harmonisieren wollen, wäre zu erwarten gewesen, dass er ebenso, wie er dies in verschiedenen anderen arbeitsrechtlichen Rechtsakten getan hat (zB in der Richtlinie 2002/12/EG zur Festlegung eines allgemeinen Rahmens für die Unterrichtung und Anhörung der Arbeitnehmer in der Europäischen Gemeinschaft),[512] eine solche Angleichung der nationalen Vorschriften (zB über die Beteiligung von Arbeitnehmervertretern bei der Überwachung des Arbeitnehmerverhaltens im Betrieb) ausdrücklich anordnet. Dass nach Art. 88 Abs. 1 spezifischere Vorschriften zum Beschäftigtendatenschutz auch durch Kollektivvereinbarungen vorgesehen werden dürfen, wozu EG 155 ausdrücklich auch die zwischen Arbeitgeber und Betriebsrat abgeschlossenen Betriebsvereinbarungen zählt, widerspricht diesem Verständnis nicht, denn Betriebsvereinbarungen können im Bereich der sog freiwilligen Mitbestimmung (vgl. § 88 BetrVG) auch abgeschlossen werden, ohne dass der Betriebsrat über ein Beteiligungsrecht verfügt. Weil die Beteiligung der Interessenvertretungen der Beschäftigten nicht durch die DSGVO harmonisiert worden ist und auch im Übrigen insoweit keine unionsrechtlichen Vorschriften eingreifen, sind auch Art. 7, 8 GRCh nicht anwendbar, da die Beteiligungsvorschriften nicht der Durchführung von Unionsrecht dienen (vgl. Art. 51 Abs. 1 GRCh).

---

509 Vgl. BT-Drs. 18/11325, S. 98.

510 Die Vorschrift besitzt somit lediglich wiederholenden Charakter, verstößt aber wegen EG 8 nicht gegen das unionsrechtliche Verbot wiederholender nationaler Vorschriften; dazu eingehend *Benecke/Wagner* DVBl. 2016, 600 (604ff.) mwN.

511 So der zutreffende Hinweis von *Wybitul* NZA 2017, 413 (418).

512 Zur Harmonisierung der Beteiligungsrechte der nach nationalem Recht bestehenden Arbeitnehmervertretungen im Überblick *Seifert* in: Schulze/Zuleeg/Kadelbach, Europarecht: HdB für die deutsche Rechtspraxis, 3. Aufl. 2015, § 39 Rn. 162ff. mwN.

Bereits seit Langem nimmt das kollektive Arbeitsrecht eine zentrale Stellung im Beschäftigtendatenschutz **227** ein. Dies gilt insbes. für das Betriebsverfassungs- und das Personalvertretungsrecht, die Beteiligungsrechte des Betriebs- bzw. des Personalrats im Bereich des Beschäftigtendatenschutzes vorsehen. Die Entscheidung über den Ablauf und die Modalitäten der Verwendung von Beschäftigtendaten ist infolge der Beteiligung der Interessenvertreter der Beschäftigten nicht mehr allein Sache des Arbeitgebers oder Dienstherrn. Das kollektive Arbeitsrecht weist den Interessenvertretungen der Beschäftigten die Aufgabe zu, die Beschäftigten auch und gerade vor den Gefahren zu schützen, die mit der Verarbeitung ihrer personenbezogenen Daten im Rahmen ihres Beschäftigungsverhältnisses verknüpft sind. Die gesetzlich abgesicherte Intervention der Interessenvertretung soll deshalb nicht nur eine **wirksame Kontrolle** der Verwendung von Beschäftigtendaten ermöglichen, sondern zugleich die Voraussetzungen für eine **präventive Einwirkung** auf die Verarbeitung schaffen, sie also, wenigstens teilweise, an Bedingungen knüpfen, die der informationellen Selbstbestimmung der Beschäftigten angemessen Rechnung tragen.[513] Das kollektive Arbeitsrecht schafft somit die Voraussetzungen für eine **Prozeduralisierung des Beschäftigtendatenschutzes auf kollektiver Ebene** und sichert auf diese Weise das Grundrecht der Beschäftigten auf informationelle Selbstbestimmung verfahrensförmig ab.

Die Vorschrift des § 26 Abs. 6 BDSG nF knüpft an diesen bereits bestehenden kollektivrechtlichen Beschäf- **228** tigtendatenschutz an und stellt klar, dass die Beteiligungsrechte der Interessenvertretungen der Beschäftigten unberührt bleiben. Die Schutzvorschriften des § 26 Abs. 1–5 BDSG nF und die Vorschriften des Arbeitnehmerdatenschutzes im kollektiven Arbeitsrecht treten somit in ein Komplementärverhältnis. **Interessenvertretungen der Beschäftigten** iSv § 26 Abs. 6 BDSG nF sind in erster Linie die auf der Grundlage des BetrVG gebildeten Betriebsräte sowie die in den öffentlichen Dienststellen des Bundes, der Länder und sonstigen Körperschaften des öffentlichen Rechts zu bildenden Personalräte. Darüber hinaus gehören zu ihnen aber auch die auf der Grundlage des SprAuG errichteten Sprecherausschüsse der leitenden Angestellten. Keine Interessenvertretung der Beschäftigten iSv § 32 Abs. 3 ist indessen der **betriebliche Datenschutzbeauftragte** (Art. 37 Abs. 1 lit. b und c iVm § 38 BDSG nF):[514] Er wird vom Arbeitgeber benannt (vgl. Art. 37 Abs. 1, § 38 Abs. 1 S. 1 BDSG nF) und ist somit im Unterschied zu Betriebs- und Personalrat oder Sprecherausschuss kein Repräsentant der Beschäftigten, der von diesen zu wählen ist.

Die **personelle Reichweite eines datenschutzrechtlichen Schutzes durch Interessenvertretungen der Beschäf- 229 tigten** bleibt jedoch hinter dem persönlichen Geltungsbereich des Beschäftigtendatenschutzrechts, wie er in § 26 Abs. 8 BDSG nF abgesteckt ist, zurück: Insbesondere „Ein-Euro-Jobber", aber auch arbeitnehmerähnliche Personen verfügen – sieht man einmal von Heimarbeitern ab, die nach Maßgabe des § 5 Abs. 1 S. 2 BetrVG in die Betriebsverfassung integriert sind – über keine institutionalisierte Interessenvertretung. Der kollektive Beschäftigtendatenschutz ist somit gegenüber den in § 26 Abs. 1–5 BDSG nF geregelten Grundsätzen lückenhaft.

b) Betriebsrat. Als Interessenvertretung der Beschäftigten iSv § 26 Abs. 6 BDSG nF ist zunächst der Be- **230** triebsrat angesprochen. Dieser verfügt über weitreichende Beteiligungsrechte auf dem Gebiet des Beschäftigtendatenschutzes. Er repräsentiert sämtliche im Betrieb beschäftigten **Arbeitnehmer** iSv § 5 BetrVG.

aa) Aufgaben- und Zielnormen des BetrVG. (1) Freie Entfaltung der Persönlichkeit der Arbeitnehmer. § 75 **231** Abs. 2 S. 1 BetrVG verpflichtet Arbeitgeber und Betriebsrat, die **freie Entfaltung der Persönlichkeit** der im Betrieb Beschäftigten zu schützen und zu fördern. Die Vorschrift ist eine Zielnorm der Betriebsverfassung und wird zu Recht zusammen mit dem Gebot der vertrauensvollen Zusammenarbeit (§ 2 Abs. 1 BetrVG) als die „Magna Charta" der Betriebsverfassung bezeichnet.[515] Die Betriebspartner sind somit an das Grundrecht der freien Entfaltung der Persönlichkeit gebunden.[516] Bedeutung entfaltet § 75 Abs. 2 S. 1 BetrVG zum einen als Auslegungsregel, die eine freiheitsschützende und -fördernde Auslegung der Vorschriften des BetrVG verlangt.[517] Zum anderen errichtet sie eine Schranke für die Regelungsbefugnis der Betriebspartner und den Inhalt der von ihnen getroffenen Vereinbarungen.[518] Arbeitgeber und Betriebsrat müssen somit gemeinsam dafür Sorge tragen, dass die Arbeitsbedingungen im Betrieb nicht das Persönlichkeitsrecht der Beschäftigten verletzen.[519]

---

513 Vgl. auch *FESTL* BetrVG § 87 Rn. 215; DKKW/*Klebe* BetrVG § 87 Rn. 166; *Däubler*, Gläserne Belegschaften, 2017, Rn. 689; *Gola* ZBVR 2003, 206.

514 In diesem Sinne ist wohl auch BAG AP Nr. 1 zu § 36 BDSG zu verstehen, wenn es den betrieblichen Datenschutzbeauftragten als „verlängerten Arm" des Arbeitgebers einordnet.

515 So *Richardi/Maschmann* BetrVG § 75 Rn. 1.

516 Vgl. BAG AP Nr. 41 und 42 zu § 87 BetrVG 1972 Überwachung; *Richardi/Maschmann* BetrVG § 75 Rn. 3.

517 Vgl. *Richardi/Maschmann* BetrVG § 75 Rn. 46.

518 Vgl. BAG AP Nr. 41 und 42 zu § 87 BetrVG 1972 Überwachung.

519 Vgl. etwa *FESTL* BetrVG § 75 Rn. 136ff.; DKKW/*Berg* BetrVG § 75 Rn. 114ff.

232 Da das **Recht auf informationelle Selbstbestimmung** Teil des allgemeinen Persönlichkeitsrechts ist, gilt dies auch für die Verarbeitung von Beschäftigtendaten im Betrieb.[520] Dem Betriebsrat kann es infolgedessen nicht gleichgültig sein, ob und in welchem Umfang sich der Arbeitgeber für eine Verarbeitung personenbezogener Daten der Beschäftigten ausspricht. Er muss sich im Gegenteil der Verarbeitung so lange widersetzen, wie nicht Vorkehrungen gegen mögliche Verletzungen des Persönlichkeitsrechts der Beschäftigten getroffen worden sind. § 75 Abs. 2 S. 1 BetrVG hält zugleich den Arbeitgeber gerade bei Maßnahmen, die sich auf das Persönlichkeitsrecht der Beschäftigten auswirken könnten an, den Betriebsrat nicht zu übergehen, sondern mit ihm zusammenzuarbeiten, um mögliche Rechtsverletzungen zu vermeiden. Einseitige Entscheidungen verstoßen deshalb gegen das Kooperationsgebot des § 75 Abs. 2 S. 1 BetrVG.[521]

233 **(2) Allgemeine Überwachungsaufgabe des Betriebsrats.** Dem Betriebsrat kommt nach § 80 Abs. 1 Nr. 1 BetrVG eine umfassende **Überwachungsaufgabe** zu. Er hat darüber zu wachen, dass die zugunsten der Arbeitnehmer geltenden Rechtsvorschriften durchgeführt werden. Zu diesen Vorschriften gehören auch die Bestimmungen des BDSG sowie der DSGVO, soweit diese auch Arbeitnehmer schützen.[522] Das gilt in besonderer Weise für die Vorschriften über den Beschäftigtendatenschutz in § 26 Abs. 1–6 BDSG nF. Ebenso wie es zu den selbstverständlichen Aufgaben der Betriebsräte gehört, die Anwendung der Vorschriften über die Arbeitssicherheit zu kontrollieren, müssen sie die Einhaltung der DSGVO- und BDSG-Bestimmungen in ihrem Betrieb überprüfen.

234 Die Überwachungsaufgabe der Betriebsräte wird weder durch die DSGVO noch durch das BDSG nF berührt. Ihre Kontrollkompetenz gründet sich auf das Betriebsverfassungsrecht und ist im Übrigen von vornherein auf einen ganz bestimmten Ausschnitt der jeweils vom Verantwortlichen verwendeten Daten beschränkt. Das BDSG institutionalisiert zwar vor dem Hintergrund seiner Vorschriften und der in diesen enthaltenen Verarbeitungsanforderungen besondere Kontrollinstanzen, ohne aber deshalb bereits vorhandene, anders angelegte und mit deutlich anderen Funktionen betraute Kontrollstellen zu verdrängen. Weder die Bestellung eines internen Datenschutzbeauftragten (Art. 37 iVm § 38 BDSG nF) noch die Kontrolltätigkeit der Aufsichtsbehörde (Art. 51ff.) ändern infolgedessen an den Kontrollpflichten des Betriebsrates aus § 80 Abs. 1 Nr. 1 BetrVG etwas. Interne Datenschutzbeauftragte müssen deshalb ebenso wie Aufsichtsbehörden bei ihren Aktivitäten den gesetzlich vorgeschriebenen Aufgaben der Arbeitnehmervertretungen Rechnung tragen. Für den **internen Beauftragten** folgt daraus die **Verpflichtung, mit dem Betriebsrat zusammenzuarbeiten**, um den bestmöglichen Schutz der Arbeitnehmerdaten sicherzustellen (zum Zusammenspiel auch → Art. 37 Rn. 53 f.).

235 Allerdings vermittelt § 80 Abs. 1 Nr. 1 BetrVG dem Betriebsrat **kein eigenständiges Teilhabe-recht** zur Durchführung seiner Überwachungsaufgabe. Er ist deshalb darauf beschränkt, die Verletzung von Rechtsvorschriften zugunsten von Arbeitnehmern zu beanstanden und auf Abhilfe zu drängen.[523] Wohl aber ist der Betriebsrat zur Durchführung seiner Aufgaben vom Arbeitgeber rechtzeitig und umfassend zu unterrichten (§ 80 Abs. 2 S. 1 iVm Abs. 1 Nr. 1 BetrVG).[524] Der **allgemeine Unterrichtungsanspruch des Betriebsrats** bezieht sich somit auch auf die Durchführung der Bestimmungen der DSGVO und des BDSG, die Arbeitnehmer schützen. § 80 Abs. 2 S. 2 BetrVG verpflichtet den Arbeitgeber überdies, dem Betriebsrat die für die Wahrnehmung des Unterrichtungsanspruches **erforderlichen Unterlagen** vorzulegen.

236 **bb) Datenschutzrechtlich relevante Mitbestimmungsrechte.** Betriebsräten steht ferner in einer Reihe von Fällen, die unmittelbar mit der Verarbeitung von Beschäftigtendaten verbunden sind, ein **Mitbestimmungsrecht** zu, das durch Spruch der Einigungsstelle erzwingbar ist (vgl. § 76 BetrVG).

237 **(1) Erstellung von Personalfragebögen.** So hängt die Verwendung von **Fragebögen** von der Zustimmung des Betriebsrates ab (§ 94 Abs. 1 BetrVG). Der Gesetzgeber schränkt damit das Fragerecht des Arbeitgebers ein (zum Fragerecht des Arbeitgebers und des Dienstherrn ausführlich → Rn. 77ff). Welche Fragen gestellt werden dürfen, richtet sich keineswegs ausschließlich nach seinen Vorstellungen. Rechtlich zulässig sind vielmehr nur Informationserwartungen, die auch vom Betriebsrat gebilligt werden. Nichts anderes gilt übrigens für spezielle, auf bestimmte dem Arbeitgeber obliegenden Leistungen ausgerichtete Erhebungsbögen,[525]

520 Vgl. *FESTL* BetrVG § 75 Rn. 143.
521 *Simitis,* Schutz von Arbeitnehmerdaten, 1980, S. 29 f.
522 Zum alten BDSG vgl. BAG AP Nr. 29 zu § 80 BetrVG 1972; LAG Niedersachsen EzA § 37 BetrVG Nr. 64; LAG Frankfurt ARSt 1994, 13; *FESTL* BetrVG § 80 Rn. 7; *Richardi/Thüsing* BetrVG § 80, Rn. 10; DKKW/*Buschmann* BetrVG § 80 Rn. 14; *Simitis,* Schutz von Arbeitnehmerdaten, 1980, S. 30ff.; *Lambrich/Cahlik* RDV 2002, 287 (297); *Battis/Schulte-Trux* CR 1991, 359; *Vogelgesang* CR 1992, 165; *Kort* RdA 1992, 383; *Hornung/Steidle* AuR 2005, 203, jeweils mwA.
523 S. BAG AP Nr. 39 zu § 87 BetrVG 1972 Ordnung des Betriebes.
524 Vgl. BAG AP Nr. 29 zu § 80 BetrVG 1972.
525 Vgl. BVerwG RDV 1994, 131.

oder eine mündliche Befragung auf der Grundlage formularmäßig zusammengefasster Fragen.[526] Der Betriebsrat hat infolgedessen einerseits das Recht, die Erhebung mitzugestalten, andererseits aber die Pflicht, sie an der informationellen Selbstbestimmung der Befragten zu messen, also die geforderte Information vor allem auf die für das **konkrete Arbeitsverhältnis objektiv wirklich notwendigen Daten** zu beschränken. Kurzum, die Intervention des Betriebsrats wirkt sich direkt auf die Art und den Umfang der Angaben aus, zu denen der Arbeitgeber über einen Fragebogen Zugang bekommt, und bewirkt somit ein **Speicherungsverbot** für sämtliche personenbezogenen Daten von Beschäftigten jenseits des mitbestimmten Fragebogens.[527]

Mit ihrer gemeinsamen Entscheidung über den Fragebogen legen Arbeitgeber und Betriebsrat grundsätzlich 238
ebenfalls den **späteren Umgang** mit den aufgrund dessen erhobenen Daten fest.[528] Weil jede Frage einer besonderen, am je spezifischen Arbeitsverhältnis orientierten Rechtfertigung bedarf, spiegeln sich im Fragebogen immer auch die für die Aufnahme der jeweiligen Fragen ausschlaggebenden Vorstellungen über den Verarbeitungszweck wieder.[529] Konsequenterweise sind Betriebsräte berechtigt, ihre Zustimmung davon abhängig zu machen, dass **Aussagen zum Zweck** bestimmter Fragen und zur **beschränkten Verwendbarkeit** einzelner Antworten im Text des Erhebungsformulars enthalten sein sollen.[530] Ebenso folgerichtig ist es, vom Arbeitgeber zu erwarten, sich an den ursprünglich besprochenen und akzeptierten Verarbeitungszweck zu halten. Eine **Zweckänderung** darf deshalb nur unter den auch ansonsten geltenden Voraussetzungen stattfinden (Art. 5 Abs. 1 lit. b). Sie ist also von ihrer Kompatibilität mit dem Erhebungszweck oder von der Einwilligung der betroffenen Beschäftigten abhängig zu machen.[531]

Der Mitbestimmung des Betriebsrates unterliegen darüber hinaus auch persönliche Angaben der Beschäftig- 239
ten in **Formulararbeitsverträgen** (§ 94 Abs. 2 BetrVG). Mit diesem Mitbestimmungsrecht soll verhindert werden, dass die Mitbestimmung bei der Erstellung von Personalfragebögen dadurch umgangen wird, dass die vom Arbeitgeber begehrten persönlichen Angaben der Beschäftigten nicht in einem Personalfragebogen erfragt, sondern in den Arbeitsvertrag aufgenommen werden.[532]

(2) Aufstellung allgemeiner Beurteilungsgrundsätze. Der Mitbestimmung des Betriebsrates ist ferner die 240
Aufstellung allgemeiner Beurteilungsgrundsätze unterworfen (§ 94 Abs. 2 BetrVG). Dabei handelt es sich um Regelungen, welche eine Bewertung des Verhaltens oder der Leistung der Arbeitnehmer verobjektivieren und nach einheitlichen Kriterien ausrichten sollen.[533] Auf diese Weise wird das Beurteilungsrecht des Arbeitgebers inhaltlich gebunden und betrieblich vereinheitlicht, so dass **Bewertungen von Arbeitnehmern vergleichbar** sind. Das Mitbestimmungsrecht erstreckt sich nicht nur auf die Festlegung der materiellen Kriterien, die bei der Beurteilung zugrunde zu legen sind, sondern auch auf das bei der Beurteilung von Arbeitnehmern zu beachtende Verfahren (zB Festlegung der beurteilenden Personen, Durchführung von psychologischen Tests, Assessment-Centern,[534] ärztlichen Untersuchungen, Verwendung von Beurteilungsformularen);[535] die Beurteilung im Einzelfall bleibt hingegen mitbestimmungsfrei. Die mit dem Mitbestimmungsrecht des § 94 Abs. 2 BetrVG einhergehende Vereinheitlichung der Bewertungsmaßstäbe soll die Vergleichbarkeit von Beurteilungsergebnissen herstellen.[536] Es liegt auf der Hand, dass der Betriebsrat aufgrund seines Mitbestimmungsrechts aus § 94 Abs. 2 BetrVG bei der Aufstellung von allgemeinen Beurteilungsgrundsätzen einen starken Einfluss auf die Erhebung und Nutzung personenbezogener Daten der Beschäftigten des Betriebes hat und diese Datenerhebungen und -nutzungen zum Schutze von deren Recht auf informationelle Selbstbestimmung mitsteuern kann. Ein Initiativrecht zur Aufstellung solcher allgemeinen Beurteilungsgrundsätze hat der Betriebsrat aufgrund von § 94 Abs. 2 BetrVG indessen nicht: Das Mitbestim-

---

526 BAG AP Nr. 4 zu § 94 BetrVG 1972; sowie *FESTL* BetrVG § 94 Rn. 8; DKKW/*Klebe* BetrVG § 94 Rn. 3 f.; *Gola/Pötters/Wronka*, HdB Arbeitnehmerdatenschutz, 2016, Rn. 1908; *Däubler*, Gläserne Belegschaften, 2017, Rn. 676; *Simitis* RDV 1989, 49 (58).

527 Vgl. insbes. BAG AP Nr. 2 zu § 23 BDSG; *FESTL* BetrVG § 94 Rn. 9ff.; DKKW/*Klebe* BetrVG § 94 Rn. 5ff.; *Boewer* RDV 1988, 13f.; *Simitis* RDV 1989, 49 (56ff.); *Schwarz*, Arbeitnehmerüberwachung, 1982, S. 126ff.; *Däubler*, Gläserne Belegschaften, 2017, Rn. 675; *Vogelgesang* CR 1992, 405.

528 Vgl. auch *FESTL* BetrVG § 94 Rn. 10ff.; DKKW/*Klebe* BetrVG § 94 Rn. 7; *Däubler*, Gläserne Belegschaften, 2017, Rn. 678; *Simitis* AuR 1977, 103; *ders.*, Schutz von Arbeitnehmerdaten, 1980, S. 39; *ders.* RDV 1989, 49 57f.; *Gola/Pötters/Wronka*, HdB Arbeitnehmerdatenschutz, 2016, Rn. 1917ff.; *Vogelgesang* CR 1992, (406 f.); aA aber GK-BetrVG/*Raab* § 94 Rn. 21.

529 Vgl. freilich *Boewer* RDV 1988, 17 f.

530 Vgl. auch *FESTL* BetrVG § 94 Rn. 10.

531 Vgl. *Simitis* RDV 1989, 49 (58).

532 Vgl. BT-Drs. VI 2729, S. 30.

533 St. Rspr.: vgl. statt vieler BAG NZA 1985, 224; vgl. auch *FESTL* BetrVG § 94 Rn. 29.

534 Statt vieler *Franzen* NZA 2013, 1 (3) mwN.

535 *FESTL* BetrVG § 94 Rn. 30; DKKW/*Klebe* BetrVG § 94 Rn. 39.

536 Vgl. BAG AP Nr. 33 zu § 87 BetrVG 1972 Überwachung; *FESTL* BetrVG § 94 Rn. 29; *Gola/Pötters/Wronka*, HdB Arbeitnehmerdatenschutz, 2016, Rn. 1932.

mungsrecht wird nur ausgelöst, sofern der Arbeitgeber die Verwendung allgemeiner Beurteilungsgrundsätze beabsichtigt oder diese bereits verwendet.[537]

241 **(3) Auswahlrichtlinien.** Auch Richtlinien über die **personelle Auswahl** bei Einstellungen, Versetzungen, Umgruppierungen und Kündigungen bedürfen der Zustimmung des Betriebsrates (§ 95 Abs. 1 BetrVG). Es handelt sich dabei um abstrakt-generelle Grundsätze, „die zu berücksichtigen sind, wenn bei beabsichtigten personellen Einzelmaßnahmen, für die mehrere Arbeitnehmer oder Bewerber in Betracht kommen, zu entscheiden ist, welchen gegenüber sie vorgenommen werden sollen";[538] bloße Anforderungsprofile, in denen für einen bestimmten Arbeitsplatz die fachlichen, persönlichen und sonstigen Anforderungen abstrakt festgelegt werden, die ein Stelleninhaber erfüllen soll, fallen jedoch nicht unter den Begriff der Auswahlrichtlinie.[539] Mit dem Mitbestimmungsrecht soll eine Versachlichung und eine Erhöhung der Transparenz personeller Einzelentscheidungen erfolgen. Die Aufstellung solcher **Auswahlrichtlinien** beeinflusst zwangsläufig die Erhebung und Nutzung von Beschäftigtendaten: Sofern der Arbeitgeber nicht bereits über die in Auswahlrichtlinien vorausgesetzten personenbezogenen Daten seiner Beschäftigten verfügt, müssen diese zur Durchführung der Richtlinie erhoben werden. Das Mitbestimmungsrecht bezieht sich auf die Festlegung der materiellen Auswahlkriterien (zB Betriebszugehörigkeit, Alter, Unterhaltspflichten, sonstige zu berücksichtigende soziale Gesichtspunkte) sowie auf das Auswahlverfahren und die Auswahlmethode.[540] In Betrieben mit 500 oder weniger Arbeitnehmern hat der Betriebsrat nur ein Mitbestimmungsrecht, wenn der Arbeitgeber Auswahlrichtlinien aufstellen will; dagegen besitzt er in Betrieben mit mehr als 500 Arbeitnehmern ein Initiativrecht (§ 95 Abs. 2 BetrVG).

242 **(4) Mitbestimmung bei der Überwachung des Arbeitnehmerverhaltens.** Im Zentrum der Beteiligungsrechte des Betriebsrates steht ohne Zweifel das Mitbestimmungsrecht bei der Überwachung des Arbeitnehmerverhaltens nach **§ 87 Abs. 1 Nr. 6 BetrVG.** Es spielt in der betrieblichen Praxis, aber auch in der Rechtsprechung der Arbeitsgerichte die größte Rolle unter den betriebsverfassungsrechtlichen Bestimmungen, die einen Bezug zum Beschäftigtendatenschutz aufweisen. Sinn und Zweck dieses Mitbestimmungsrechts ist der Schutz der Arbeitnehmer vor den besonderen Gefahren, die mit einer Überwachung ihrer Arbeitsleistung durch technische Einrichtungen des Arbeitgebers verbunden sein können.[541] Einigen sich Arbeitgeber und Betriebsrat nicht auf eine Regelung in Fragen der **Überwachung des Arbeitnehmerverhaltens im Betrieb,** können beide zusammen oder einer von ihnen die Einigungsstelle anrufen, deren Spruch die Einigung zwischen Arbeitgeber und Betriebsrat in dieser Angelegenheit ersetzt (§ 87 Abs. 2 iVm § 76 BetrVG). Eine Regelung ist somit im Wege der betrieblichen Zwangsschlichtung durchsetzbar. Allerdings steht das Mitbestimmungsrecht des Betriebsrates in den sozialen Angelegenheiten des § 87 Abs. 1 Nr. 1–13 BetrVG unter dem Gesetzes- und Tarifvorbehalt des § 87 Abs. 1 BetrVG.[542]

243 Das Mitbestimmungsrecht des § 87 Abs. 1 Nr. 6 BetrVG erfasst ausschließlich die Arbeitnehmerüberwachung durch **technische Einrichtungen.** Eine Überwachung des Arbeitnehmerverhaltens durch Personen (zB durch Vorgesetzte, den **Einsatz von Detektiven**[543] oder von **Testkunden**)[544] ist deshalb nicht von dem Mitbestimmungstatbestand erfasst; insoweit kann aber das Mitbestimmungsrecht des § 87 Abs. 1 Nr. 1 BetrVG eröffnet sein.[545] Bei diesen Formen der Arbeitnehmerüberwachung verwirklichen sich nicht die mit technischen Einrichtungen typischerweise verknüpften Gefahren für das Persönlichkeitsrecht der Arbeitnehmer. Der Begriff der technischen Einrichtung iSv § 87 Abs. 1 Nr. 6 BetrVG ist indessen immer noch sehr weit und erfasst so unterschiedliche Kontrolleinrichtungen wie etwa Videokameras, klassische Stechuhren, die früher als Messgeräte für die Auslastung von Maschinen eingesetzten Produktographen, Installationen zum Mithören von Telefongesprächen, Fahrtenschreiber, Internet- oder Email-Anschlüsse am Arbeitsplatz oder Fingerprint-Scanner-Systeme beim Zugang zum Betrieb oder einzelne seiner Einrichtungen.[546] Auch beim Einsatz von Cyber-Physical Systems (CPS) im Rahmen einer Produktion unter den Bedingungen von Indus-

---

537 Statt vieler *FESTL* BetrVG § 94 Rn. 28.

538 Vgl. BAG AP Nr. 43 zu § 95 BetrVG 1972; *FESTL* BetrVG § 95 Rn. 7 mwN.

539 St. Rspr.: s. BAG AP Nr. 2 und 3 zu § 95 BetrVG 1972.

540 Vgl. *FESTL* BetrVG § 95 Rn. 18ff. mwN.

541 So der Entwurf der Bundesregierung zum BetrVG 1972: vgl. BT-Drs. VI/1786, S. 48 f.

542 Neben dem Tarifvorbehalt kommt nicht auch noch der Tarifvorrang des § 77 Abs. 3 BetrVG in Betracht. Es gilt die Vorrang- und nicht die sog Zwei-Schranken-Theorie: grundlegend BAG (GS) AP Nr. 51 zu § 87 BetrVG 1972 Lohngestaltung; vgl. auch *FESTL* BetrVG § 59 f. mwN.

543 BAG AP Nr. 37 zu § 80 BetrVG 1972; Nr. 21 zu § 87 BetrVG 1972 Überwachung; *FESTL* BetrVG § 87 Rn. 224; DKKW/*Klebe* BetrVG § 87 Rn. 168; GK-BetrVG/*Wiese* § 87 Rn. 504.

544 Vgl. BAG AP Nr. 33 zu § 87 BetrVG 1972 Überwachung.

545 Statt vieler *FESTL* BetrVG § 87 Rn. 74 sowie DKKW/*Klebe* BetrVG § 87 Rn. 64 mwN.

546 Für einen Überblick über das Spektrum technischer Einrichtungen iSv § 87 Abs. 1 Nr. 6 BetrVG s. *FESTL* BetrVG § 87 Rn. 244ff. mwN.

trie 4.0 und der damit verbundenen Verarbeitung von reinen Betriebsdaten über Werkstücke oder Maschinen kann ein Mitbestimmungsrecht nach § 87 Abs. 1 Nr. 6 BetrVG gegeben sein, wenn diese Daten (zB Dauer der Bearbeitung eines Werkstücks, auftretende Fehler usw) durch Verknüpfung zB mit Schichtplänen einzelnen Beschäftigten zugerechnet werden können.[547]

Die Einführung und Anwendung solcher technischen Einrichtungen muss zur **Überwachung** des Verhaltens **244** oder der Leistung der Arbeitnehmer bestimmt sein. Der Wortlaut des § 87 Abs. 1 Nr. 6 BetrVG spricht für die Annahme, dass die technische Einrichtung zum Zwecke der Arbeitnehmerüberwachung eingeführt wird, insoweit also eine Finalität gegeben sein muss. Das BAG hat jedoch bereits frühzeitig den Tatbestand des § 87 Abs. 1 Nr. 6 BetrVG weit ausgelegt und lässt für die Bestimmung zur Überwachung ausreichen, dass eine **objektive Eignung der technischen Einrichtung zur Überwachung des Verhaltens oder der Leistung der Arbeitnehmer** gegeben ist.[548] Wie die Kontrolle erfolgt, insbes. ob sie unmittelbar oder nur mittelbar vorgenommen wird, spielt dabei keine Rolle. Das Gesetz verlangt nur, dass die Überwachung das Ergebnis der Benutzung einer technischen Einrichtung ist.[549] An einer Überwachung der Leistung und des Verhaltens der Arbeitnehmer fehlt es allerdings bei einem automatisierten Datenabgleich aufgrund der Anti-Terror-Verordnungen der EU (→ zum „Terrorlistenscreening" siehe Rn. 166).[550]

Der Tatbestand des § 87 Abs. 1 Nr. 6 BetrVG, der durch die BetrVG-Reform von 1972 mit Blick auf die **245** Überwachung von Arbeitnehmern durch **Produktographen** eingeführt wurde,[551] hat inzwischen weitreichende Folgen für den Beschäftigtendatenschutz. Beispielhaft seien an dieser Stelle folgende **der Mitbestimmung unterliegende Angelegenheiten** genannt: die Installation von **Arbeitszeiterfassungssystemen** (zB „Stechuhren"),[552] die Anbringung von **Videokameras** im Betrieb,[553] die Einführung von **Bildschirmarbeitsplätzen**, die Anweisung des Arbeitgebers, dass sich Arbeitnehmer einer **biometrischen Zugangskontrolle** (zB durch einen Fingerprint-Scanner) unterziehen müssen,[554] die **Erfassung der Telefondaten der Beschäftigten**[555] sowie die **Einrichtung einer vom Arbeitgeber betriebenen Facebookseite**, soweit Besucher über die Funktion „Besucher-Einträge" das Verhalten und die Leistung der Arbeitnehmer bewerten können.[556] Auch die Einführung einer betrieblichen Belastungsstatistik, mit der dauerhaft einzelne Arbeitsschritte und damit das wesentliche Arbeitsverhalten der Arbeitnehmer anhand quantitativer Kriterien während ihrer Arbeitszeit erfasst, gespeichert und ausgewertet werden, löst das Mitbestimmungsrecht des § 87 Abs. 1 Nr. 6 BetrVG aus.[557] Die Bedeutung des Mitbestimmungsrechtes dürfte durch die Einführung von Industrie 4.0 sogar noch deutlich zunehmen: Denn auch wenn beim Einsatz von Cyber-Physischen Systemen (CPS) zunächst einmal Betriebsdaten (Daten über Maschinen oder Werkstücke) ohne konkreten Personenbezug gespeichert werden, lassen sich diese doch durch Verknüpfung mit anderen Daten individualisieren, so dass uU eine lückenlose Überwachung von Beschäftigten ermöglicht wird.[558]

Ein besonders wichtiger Anwendungsfall von § 87 Abs. 1 Nr. 6 BetrVG ist die **Einführung von Personalin-** **246** **formationssystemen**.[559] Personalinformationssysteme werden, genauso wie Betriebsdatenerfassungssysteme, für sehr verschiedene Ziele eingesetzt und sind verständlicherweise unterschiedlich ausgestaltet.[560] Weder eine verlässliche Personaladministration noch eine konsequente Personalplanung lassen sich letztlich ohne ein Informationssystem durchführen, das nicht nur in der Lage ist, jederzeit ebenso umfassend wie exakt Auskunft über Leistung und Verhalten der Beschäftigten zu geben, sondern zugleich dem Arbeitgeber ermöglicht, die jeweils vorhandenen Daten gezielt für alle Überlegungen zur Organisation des Arbeitsprozesses sowie zur weiteren Entwicklung des Unternehmens aufzubereiten.[561] Die systematische Verarbeitung

547 Sehr instruktiv zum Datenschutz bei Einsatz von Industrie 4.0: *Hornung/Hofmann*, Industrie 4.0 und das Recht: Drei zentrale Herausforderungen, 2017, 16 ff.; *dies.* in: Hirsch-Kreinsen/Ittermann/Niehaus (Hrsg.), Digitalisierung industrieller Arbeit: Die Vision Industrie 4.0 und ihre sozialen Herausforderungen, 2015, 165 ff.; *K. Hofmann* ZD 2016, 12.

548 St. Rspr.: grundlegend BAG AP Nr. 1 zu § 87 BetrVG Überwachung; vgl. auch DKKW/*Klebe* BetrVG § 87 Rn. 168. mwN.

549 Vgl. insbes. BAG AP Nr. 2, 9, 13, 14, 41 zu § 87 BetrVG 1972 Überwachung; BVerwG DVBl. 1988, 355; *FESTL* BetrVG § 87 Rn. 235; DKKW/*Klebe* BetrVG § 87 Rn. 168; *Däubler*, Gläserne Belegschaften, 2017, Rn. 755 ff.; *Simitis* RDV 1989, 49 (50); *Vogelgesang* CR 1992, 408; *Kort* CR 1992, 611 ff.; *ders.* RdA 1992, 385 f.; *Gola* ZBVR 2003, 212 f.

550 Vgl. BAG NZA 2018, 673 (674 f.).

551 Zu diesem entstehungsgeschichtlichen Hintergrund der Vorschrift s. GK-BetrVG/*Wiese* § 87 Rn. 482 mwN.

552 DKKW/*Klebe* BetrVG § 87 Rn. 202 mwN.

553 DKKW/*Klebe* BetrVG § 87 Rn. 201; BAG NZA 2008, 1187 (1189).

554 Vgl. BAG NZA 2004, 556 ff.

555 Grundlegend BAG AP Nr. 15 zu § 87 BetrVG 1972 Überwachung; anders aber zu § 75 Abs. 1 Nr. 12 NdsPVG BVerwG AP Nr. 3 zu § 75 LPVG Niedersachsen.

556 BAG NZA 2017, 657.

557 Vgl. BAG NZA 2017, 1205.

558 Dazu vor allem *K. Hofmann* ZD 2016, 12 (14).

559 Grundlegend BAG AP Nr. 14 zu § 87 BetrVG 1972 Überwachung; *FESTL* BetrVG § 87 Rn. 244; DKKW/*Klebe* BetrVG § 87 Rn. 201; *Simitis*, Schutz von Arbeitnehmerdaten, 1980, S. 36 ff. sowie *ders.* RDV 1989, 49., jeweils mwN.

560 Dazu *FESTL* BetrVG § 92 Rn. 24 f.

561 Vgl. bereits *Simitis*, Schutz von Arbeitnehmerdaten, 1980, S. 37 f.

von Arbeitnehmerdaten impliziert eine Kontrolle der Beschäftigten und löst deshalb das Mitbestimmungs-recht des Betriebsrates aus, das sich keineswegs nur auf die Modalitäten der beabsichtigten Kontrolle,[562] sondern ebenso auf die Verwendung der in diesem Rahmen erhobenen Beschäftigtendaten (zB Aufbewah-rungsdauer, Löschung usw) erstreckt.[563]

247 Schon die bloße **Absicht des Arbeitgebers, die Verarbeitung zu automatisieren**, reicht für ein erzwingbares Mitbestimmungsrecht des Betriebsrates nach § 87 Abs. 1 Nr. 6 BetrVG aus.[564] Ob und ggf. inwieweit von Anfang an bestimmte als „**Leistungs- und Verhaltensdaten**" definierte Angaben einbezogen werden, kann schon deshalb nicht von Bedeutung sein, weil eine multifunktionale Nutzung der gespeicherten Angaben ein zentraler Vorteil automatisierter Systeme ist.

248 **cc) Grenzen der Betriebsautonomie.** Betriebsräte und Arbeitgeber können über den Bereich der nach § 87 Abs. 1 Nr. 6 BetrVG mitbestimmungspflichtigen Angelegenheiten hinaus **freiwillige Betriebsvereinbarungen** über den Beschäftigtendatenschutz abschließen. § 88 BetrVG erlaubt den Abschluss von Betriebsvereinba-rungen über sämtliche Fragen, die Gegenstand tarifvertraglicher Inhaltsnormen sein können.[565] Hierzu ge-hören unstreitig auch Fragen des betrieblichen Beschäftigtendatenschutzes. **Beispiele** für solche freiwilligen Betriebsvereinbarungen gibt es viele. So kann die **private Nutzung von Internet und E-Mail** während der Arbeitszeit durch eine freiwillige Betriebsvereinbarung näher geregelt und begrenzt werden.[566] Auch kann das Recht auf **Personalakteneinsicht** (§ 83 BetrVG) durch Betriebsvereinbarungen näher ausgeformt wer-den.[567] Denkbar ist auch, dass dem Arbeitgeber durch freiwillige Betriebsvereinbarungen Vorgaben für die **Auswahl der betrieblich eingesetzten Hardware** gemacht werden.[568] Auch kann ausgeschlossen werden, dass sich der Arbeitgeber **Informationen über Bewerber im Internet** verschafft. Schließlich ist denkbar, dass durch freiwillige Betriebsvereinbarung das Mitbestimmungsrecht des Betriebsrates aus § 87 Abs. 1 Nr. 6 BetrVG ausgeweitet wird (zB auch auf die Frage des „Ob" von technischen Einrichtungen zur Überwa-chung der Arbeitnehmer).[569]

249 Allerdings sind der Betriebsautonomie im Bereich des Beschäftigtendatenschutzes **Grenzen** gezogen. So ha-ben Betriebsvereinbarungen über den betrieblichen Datenschutz die Grenzen zu beachten, die sich aus § 26 Abs. 4 S. 2 BDSG nF iVm Art. 88 Abs. 2 ergeben (→ Rn. 55 mwN): Namentlich die Grundrechte der be-troffenen Beschäftigten (Art. 7, 8 GrCh) müssen geschützt werden. Aber auch der Schutz des Grundrechts der Beschäftigten auf informationelle Selbstbestimmung ist sicherzustellen.[570] Jenseits dieser Grenzen müs-sen freiwillige Betriebsvereinbarungen iSv § 88 BetrVG insbes. den **Tarifvorrang des § 77 Abs. 3 BetrVG** wahren: Da sich die Tarifautonomie bislang des Beschäftigtendatenschutzes nur in wenigen Fällen ange-nommen hat, dürfte der Tarifvorrang für die betriebsverfassungsrechtliche Praxis jedoch nur ausnahmswei-se zum Problem werden.

250 **dd) Unterrichtungsrechte des Betriebsrats.** Betriebsräte verfügen schließlich über eine Reihe von **Informati-onsrechten.** Sie sind entweder allgemein formuliert (§ 80 Abs. 2 S. 1 BetrVG) oder beziehen sich auf beson-dere Vorgänge wie etwa die Planung von technischen Anlagen, Arbeitsverfahren und Arbeitsabläufen (§ 90 Nr. 2 und 3 BetrVG) sowie die Personalplanung (§ 92 Abs. 1 BetrVG). Der Arbeitgeber muss in jedem die-ser Fälle den Betriebsrat auch und vor allem darüber unterrichten, wie sich die jeweils beabsichtigten Maß-nahmen auf die Verwendung von Beschäftigtendaten auswirken.[571] Mehr als die Möglichkeit, eine Stellung-nahme abzugeben und unter Umständen Gegenvorschläge zu machen, folgt daraus jedenfalls so lange nicht, wie die Information nicht Vorstufe eines Mitwirkungs- oder Mitbestimmungsrechtes ist.

251 **c) Personalrat.** In den **Dienststellen der öffentlichen Verwaltung** (§§ 1, 6 BPersVG) tritt an die Stelle des Be-triebsrats der Personalrat als Interessenvertretung der Beschäftigten (vgl. § 130 BetrVG, § 112 BPersVG).

---

562 *Simitis* NJW 1985, 401.
563 Vgl. *FESTL* BetrVG § 87 Rn. 245; DKKW/*Klebe* BetrVG § 87 Rn. 190 f; *Wilke* RDV 2002, 225 (229); *Klebe* NZA 1985, 44; *Hinrichs* AuR 1986, 287; *Simitis* RDV 1989, 49 (50 f.); *Däubler*, Gläserne Belegschaften, 2017, Rn. 764ff.; *Roßnagel* CR 1993, 508; *Wilke* RDV 2002, 225 (229 f.).
564 Vgl. *Simitis* RDV 1989, 49 (53); ebenso *FESTL* BetrVG § 87 Rn. 248; DKKW/*Klebe* BetrVG § 87 Rn. 171; *Schwarz*, Arbeitnehmer-überwachung, 1982, S. 63ff.
565 St. Rspr.: vgl. BAG AP Nr. 94 zu § 77 BetrVG 1972; (GS) AP Nr. 46 zu § 77 BetrVG 1972 Betriebsvereinbarung; ebenso *FESTL* BetrVG § 77 Rn. 45 und § 88 Rn. 2 m. zahlreichen wN.
566 Zu Betriebsvereinbarungen zur Internetnutzung näher *Möller* ITRB 2009, 44.
567 Statt vieler *FESTL* BetrVG § 83 Rn. 3 mwN.
568 Vgl. *Gola/Pötters/Wronka*, HdB Arbeitnehmerdatenschutz, 2016, Rn. 2054.
569 Zur grundsätzlichen Zulässigkeit einer Erweiterung der Mitbestimmungsrechte des Betriebsrates durch freiwillige Betriebsvereinba-rung s. BAG AP Nr. 11 zu § 77 BetrVG 1972 Nachwirkung; *FESTL* BetrVG § 87 Rn. 6.
570 Mit Blick auf die Grundrechte des GG besteht allerdings nur eine mittelbare Drittwirkung: vgl. BVerfG AP Nr. 28 zu Art. 2 GG sowie BAG AP Nr. 159 zu § 112 BetrVG 1972.
571 Vgl. auch *FESTL* BetrVG § 92 Rn. 24 f.

Seifert

Dieser repräsentiert sämtliche Beschäftigten des öffentlichen Dienstes, also die Beamten und Arbeitnehmer einschließlich der zu ihrer Berufsausbildung Beschäftigten sowie Richter (§ 4 Abs. 1 BPersVG).

Auch der Personalrat verfügt über verschiedene Beteiligungsrechte auf dem Gebiet des Beschäftigtendaten- 252 schutzes, die aufgrund von § 26 Abs. 6 BDSG nF unberührt bleiben. Allerdings sind mit § 26 Abs. 6 BDSG nF lediglich die Personalvertretungen gemeint, die für **öffentliche Stellen des Bundes** gelten, soweit sie nicht als öffentlich-rechtliche Unternehmen am Wettbewerb teilnehmen: Nur für sie gelten die Bestimmungen des BDSG (vgl. § 1 Abs. 1 S. 1 Nr. 1 BDSG nF). § 26 Abs. 6 BDSG nF verweist somit auf die Beteiligungsrechte der Personalvertretungen der Behörden, Organe der Rechtspflege und anderer öffentlich-rechtlich organisierter Einrichtungen des Bundes, der bundesunmittelbaren Körperschaften, Anstalten und Stiftungen des öffentlichen Rechts sowie deren Vereinigungen ungeachtet ihrer Rechtsform (vgl. § 2 Abs. 1 BDSG nF). Die Beteiligungsrechte der Personalvertretungen von Dienststellen der Länder, Gemeinden und anderer Körperschaften, Anstalten und Stiftungen des öffentlichen Rechts ergeben sich aus den PersVG der Bundesländer.

Der personalvertretungsrechtliche Beschäftigtendatenschutz gleicht strukturell im Wesentlichen demjenigen 253 des BetrVG. Es besteht also kein unterschiedliches Niveau des kollektiven Beschäftigtendatenschutzes in der Privatwirtschaft und im öffentlichen Dienst. Allerdings fehlt eine § 75 Abs. 2 S. 1 BetrVG entsprechende Vorschrift, die es Arbeitgeber und Personalrat zur Pflicht macht, die **freie Entfaltung der Persönlichkeit der Beschäftigten** zu fördern.[572] Dagegen hat der Personalrat aus § 68 Abs. 1 Nr. 2 BPersVG die Aufgabe, darüber zu wachen, dass die zugunsten der Beschäftigten geltenden Gesetze, Verordnungen, Tarifverträge, Dienstvereinbarungen und Verwaltungsanordnungen durchgeführt werden; es gelten hierfür dieselben Grundsätze wie für die allgemeine **Überwachungsaufgabe** des Betriebsrates nach § 80 Abs. 1 Nr. 1 BetrVG.[573]

Ebenso wie der Betriebsrat hat auch der Personalrat **Mitbestimmungsrechte**, die den Beschäftigtendaten- 254 schutz verstärken. Das gilt einmal für den **Inhalt von Personalfragebögen** für Arbeitnehmer und Beamte (§§ 75 Abs. 3 Nr. 8, 76 Abs. 2 Nr. 2 BPersVG); wegen des Inhalts dieser Mitbestimmungsrechte der Personalrates kann auf das zum Betriebsrat Gesagte verwiesen werden (→ Rn. 233ff. mwN). Im Bereich des § 75 Abs. 3 Nr. 8 BPersVG verfügt der Personalrat jedoch nur über ein eingeschränktes Initiativrecht (vgl. § 70 Abs. 2 BPersVG): Entspricht der Leiter der Dienststelle einem schriftlichen Vorschlag des Personalrats, der die Mitbestimmung über den Inhalt von Personalfragebögen betrifft, nicht, kann dieser die Sache auf dem Dienstweg der übergeordneten Dienststelle vorlegen, die darüber verbindlich entscheidet; kommt dort eine Einigung nicht zustande, kann im Unterschied zu den Mitbestimmungtatbeständen, die in § 70 Abs. 1 BPersVG aufgezählt sind, kein Einigungsstellenverfahren eingeleitet werden.

Auch hat der Personalrat in gleicher Weise wie der Betriebsrat (vgl. § 87 Abs. 1 Nr. 6 BetrVG) ein Mitbe- 255 stimmungsrecht bei der **Einführung und Anwendung von technischen Einrichtungen**, die dazu bestimmt sind, das Verhalten oder die Leistung der Beschäftigten zu überwachen (§ 75 Abs. 3 Nr. 17 BPersVG).[574] Insoweit verfügt der Personalrat über ein Initiativrecht nach § 70 Abs. 1 BPersVG: Der Personalrat kann somit dem Leiter der Dienststelle Maßnahmen im Bereich des Mitbestimmungsrechts schriftlich vorschlagen; lehnt dieser den Vorschlag ab, entscheidet letztlich die Einigungsstelle (§ 70 Abs. 1 iVm § 69 Abs. 4 S. 1 BPersVG).

d) Sprecherausschuss der leitenden Angestellten. Leitende Angestellte iSv § 5 Abs. 3 BetrVG werden nicht 256 vom Betriebsrat repräsentiert. An die Stelle des Betriebsrates tritt in Betrieben mit in der Regel mindestens zehn leitenden Angestellten der Sprecherausschuss der leitenden Angestellten (§ 1 Abs. 1 SprAuG). Ebenso wie Arbeitgeber und Betriebsrat (vgl. § 75 Abs. 2 S. 1 BetrVG) haben auch Arbeitgeber und Sprecherausschuss die freie Entfaltung der Persönlichkeit der leitenden Angestellten des Betriebs zu schützen und zu fördern (§ 27 Abs. 2 SprAuG). Im Unterschied zum Betriebs- oder Personalrat verfügt der Sprecherausschuss jedoch nicht über echte Mitbestimmungsrechte, die mithilfe eines Einigungsstellenspruches durchsetzbar sind. Er hat lediglich einen Unterrichtungs- und Beratungsanspruch bei einer Änderung der Gehaltsgestaltung und sonstiger allgemeiner Arbeitsbedingungen (§ 30 S. 1 Nr. 2 SprAuG). Spezifisch datenschutzrechtlich relevante Beteiligungtatbestände bestehen somit im Sprecherausschussrecht nicht. Allerdings kann die Änderung sonstiger allgemeiner Arbeitsbedingungen auch die Erhebung oder Verarbeitung personenbezogener Daten der leitenden Angestellten betreffen (zB Festlegung des Inhalts von Fragebögen oder Maßnahmen bzw. technische Einrichtungen zu ihrer Überwachung). Ist dies der Fall, haben Arbeitgeber

---

572 Vgl. Richardi/Dörner/Weber/*Gräfl* BPersVG § 67 Rn. 4 mwN.

573 Zu den Einzelheiten Richardi/Dörner/Weber/*Gräfl* BPersVG § 68 Rn. 13ff. mwN.

574 Zur Konkretisierung dieses Mitbestimmungtatbestandes kann auf die zu § 87 Abs. 1 Nr. 6 BetrVG entwickelten Grundsätze zurückgegriffen werden: vgl. BVerwG, NZA 1988, 513; Richardi/Dörner/Weber/*Kaiser* BPersVG § 75 Rn. 536. Einen Überblick über die § 75 Abs. 3 Nr. 17 PersVG entsprechenden Regelungen der PersVG der Länder gibt Richardi/Dörner/Weber/*Kaiser* BPersVG § 75 Rn. 554 f.

und Sprecherausschuss das Grundrecht der leitenden Angestellten auf informationelle Selbstbestimmung zu wahren. Dieses Handlungsgebot folgt aus § 27 Abs. 2 SprAuG: Das Recht auf freie Entfaltung der Persönlichkeit der leitenden Angestellten schließt auch deren Grundrecht auf informationelle Selbstbestimmung ein.[575]

Artikel 89 Garantien und Ausnahmen in Bezug auf die Verarbeitung zu im öffentlichen Interesse liegenden Archivzwecken, zu wissenschaftlichen oder historischen Forschungszwecken und zu statistischen Zwecken

(1) [1]Die Verarbeitung zu im öffentlichen Interesse liegenden Archivzwecken, zu wissenschaftlichen oder historischen Forschungszwecken oder zu statistischen Zwecken unterliegt geeigneten Garantien für die Rechte und Freiheiten der betroffenen Person gemäß dieser Verordnung. [2]Mit diesen Garantien wird sichergestellt, dass technische und organisatorische Maßnahmen bestehen, mit denen insbesondere die Achtung des Grundsatzes der Datenminimierung gewährleistet wird. [3]Zu diesen Maßnahmen kann die Pseudonymisierung gehören, sofern es möglich ist, diese Zwecke auf diese Weise zu erfüllen. [4]In allen Fällen, in denen diese Zwecke durch die Weiterverarbeitung, bei der die Identifizierung von betroffenen Personen nicht oder nicht mehr möglich ist, erfüllt werden können, werden diese Zwecke auf diese Weise erfüllt.

(2) Werden personenbezogene Daten zu wissenschaftlichen oder historischen Forschungszwecken oder zu statistischen Zwecken verarbeitet, können vorbehaltlich der Bedingungen und Garantien gemäß Absatz 1 des vorliegenden Artikels im Unionsrecht oder im Recht der Mitgliedstaaten insoweit Ausnahmen von den Rechten gemäß der Artikel 15, 16, 18 und 21 vorgesehen werden, als diese Rechte voraussichtlich die Verwirklichung der spezifischen Zwecke unmöglich machen oder ernsthaft beeinträchtigen und solche Ausnahmen für die Erfüllung dieser Zwecke notwendig sind.

(3) Werden personenbezogene Daten für im öffentlichen Interesse liegende Archivzwecke verarbeitet, können vorbehaltlich der Bedingungen und Garantien gemäß Absatz 1 des vorliegenden Artikels im Unionsrecht oder im Recht der Mitgliedstaaten insoweit Ausnahmen von den Rechten gemäß der Artikel 15, 16, 18, 19, 20 und 21 vorgesehen werden, als diese Rechte voraussichtlich die Verwirklichung der spezifischen Zwecke unmöglich machen oder ernsthaft beeinträchtigen und solche Ausnahmen für die Erfüllung dieser Zwecke notwendig sind.

(4) Dient die in den Absätzen 2 und 3 genannte Verarbeitung gleichzeitig einem anderen Zweck, gelten die Ausnahmen nur für die Verarbeitung zu den in diesen Absätzen genannten Zwecken.

Literatur: *Hornung, G./Hofmann, K.*, Die Auswirkungen der europäischen Datenschutzreform auf die Markt- und Meinungsforschung, ZD-Beilage 2017, Heft 4, 1; *Johannes, P. C./Richter, P.*, Privilegierte Verarbeitung im BDSG-E, DuD 2017, 300; *Pommerening, K. et al.*, Leitfaden zum Datenschutz in medizinischen Forschungsprojekten: Generische Lösungen der TMF 2.0, 2014; *Richter, P.*, Big Data, Statistik und die Datenschutz-Grundverordnung, DuD 2016, 581; *Schaar, K.*, DS-GVO: Geänderte Vorgaben für die Wissenschaft, ZD 2016, 224; *Weichert, T.*, Medizinische Forschung und der Datenschutz: Plädoyer für ein Bund-Länder-Forschungsgremium, in: Smart Data Begleitforschung (Hrsg.), Die Zukunft des Datenschutzes im Kontext der Forschung und Smart Data, 2016, 27.

I. Normzweck und Entstehungsgeschichte

1 Art. 89 stellt für eine Verarbeitungstrias von Archiv-, Forschungs- und Statistikzwecken besondere Regelungen auf, die Öffnungsklauseln zur Abweichung von den Betroffenenrechten zugunsten des Rechts der Mitgliedstaaten bzw. der Union enthalten. Gleichzeitig erweisen sich die Verarbeitungszwecke als tatbestandli-

---

575 So wohl auch *Hromadka/Sieg* SprAuG § 27 Rn. 44.

che Anknüpfungspunkte für weitere, verstreut in einzelnen Bestimmungen der DSGVO aufgeführte spezielle Privilegierungen.

Besondere Bedeutung im Kontext der Verarbeitungstrias kommt dem Zweck der Forschung zu. Die Daten- 2
verarbeitung zu wissenschaftlichen Zwecken wird bereits in Art. 85 Abs. 1 vor die Klammer gezogen und
erhält dort eine Abweichungsregelung zugunsten der Mitgliedstaaten.[1] Insoweit stellt Art. 89 eine Sonderregelung zu Art. 85 dar, die weitergehende Anforderungen und Einschränkungsvorbehalte für den Bereich der
wissenschaftlichen Forschung formuliert.[2] Die Datenverarbeitung zum Zweck der Forschung untersteht
einer **doppelten Öffnungsklausel** und ist nicht frei von Widersprüchen.

Der Schutz des informationellen Selbstbestimmungsrechts und die Forschungsfreiheit stehen in einem 3
grundsätzlichen Kollisionsverhältnis, soweit die Gewinnung wissenschaftlicher Erkenntnisse die Verarbeitung von personenbezogenen Daten voraussetzt. Die Forschungsfreiheit wird als Grundrecht durch Art. 13
GRCh garantiert wie auch durch die Ausrichtung in Art. 179 AEUV im Primärrecht der Union hervorgehoben.[3] Im Grundgesetz wird die Wissenschaftsfreiheit, zu der neben der Freiheit der Lehre auch die Freiheit
der Forschung gehört, in Art. 5 Abs. 3 GG als sog **vorbehaltloses Grundrecht** garantiert und damit keinem
ausdrücklichen Gesetzesvorbehalt unterstellt. Damit genießt die Forschungsfreiheit einen herausgehobenen
Stellenwert innerhalb sowohl der nationalen als auch der gemeinschaftsweiten Rechtsordnung.[4]

Das dokumentiert sich nicht zuletzt an der Privilegierung, die eine Verarbeitung von Daten zu Forschungs- 4
zwecken bereits in der Vergangenheit sowohl im Rahmen der DSRL als auch im BDSG aF einnahmen. Die
DSRL enthielt Sonderregelungen für diesen Bereich und eröffnete insbes. den Mitgliedstaaten weite Regelungsspielräume. Die DSRL sah neben der Datenverarbeitung für die historische und wissenschaftliche Forschung auch für statistische Zwecke Abweichungen vor. So enthielten Art. 11 Abs. 2 und 13 Abs. 2 DS-
RL eingeschränkte Informations- und Auskunftspflichten im Zusammenhang mit Daten für Zwecke der
wissenschaftlichen Forschung. Gleichfalls wurde die Weiterverarbeitung personenbezogener Daten für historische, statistische oder wissenschaftliche Zwecke im Allgemeinen gem. Art. 6 Abs. 1 lit. b DSRL nicht als
unvereinbar mit den Zwecken der vorausgegangenen Datenerhebung angesehen, und die verarbeiteten Daten durften nach lit. e länger aufbewahrt werden, wenn der Mitgliedstaat geeignete Garantien vorsah.[5]

In § 40 BDSG aF fand sich eine besondere Vorschrift für die Zweckbindung, ein Anonymisierungsgebot so- 5
wie besondere Veröffentlichungsregelungen für die Verarbeitung und Nutzung personenbezogener Daten
durch Forschungseinrichtungen. § 28 Abs. 6 S. 1 Nr. 4 BDSG aF erleichterte die Erhebung und Speicherung
besonderer Arten personenbezogener Daten zu wissenschaftlichen Forschungszwecken.[6] Insgesamt regelten
die Normen des BDSG aF eine Abweichung von den allgemeinen Verarbeitungsgrundsätzen, die den Zugang zu und die Verarbeitung von personenbezogenen Daten zu Forschungszwecken im Interesse der wissenschaftlichen Forschung erleichterte.[7]

Das vorbehaltlose Grundrecht der Forschungsfreiheit in Art. 5 Abs. 3 GG setzt den verfassungsrechtlichen 6
weiten Maßstab dieser Bereichsprivilegierung.[8] Das BDSG nF sieht in § 27 nun ebenfalls weitergehende
Freistellungen für den Bereich der Forschung vor.[9]

Entstehungsgeschichtlich ist zu beachten, dass ursprünglich der KOM-E und der Parl-E darauf abzielten, 7
die Datenverarbeitung zu den hier maßgeblichen Zwecken durch eigene Vorgaben einzuschränken, während die endgültige Regelung in Art. 89 das Ziel verfolgt, Ausnahmen von den Betroffenenrechten für den
nationalen Bereich bzw. durch die EU zu ermöglichen. Der Schutz betroffener Personen soll vorwiegend
durch technisch-organisatorische Maßnahmen auf der Verfahrensebene erreicht werden. Insbesondere
durch den Rat wurde der datenschutzrelevante Ansatz des Entwurfs des EP und der KOM zurückgenommen und in Richtung einer verarbeiterfreundlicheren Regelung verändert.[10]

Neben dem hohen gesamtgesellschaftlichen Stellenwert der Forschungsfreiheit wird ein öffentliches Interes- 8
se an der Verarbeitung von Daten zu **Dokumentations- und Prognosezwecke**n insgesamt gesehen. Daher
dehnt die DSGVO die Privilegierungen auch für den Bereich der Datenverarbeitung zu statistischen Zwecken sowie darüber hinaus auf Archive aus (s. EG 159). Im Zeitalter von Big Data, Data Mining und Pre-

---

1 Diese erfasst allerdings zumindest nach dem englischen Wortlaut („academic expression") lediglich den Bereich wissenschaftlicher Veröffentlichungen, → Art. 85 Rn. 18.
2 DWWS/*Weichert* DSGVO Art. 89 Rn. 1.
3 Dazu *Oppermann/Classen/Nettesheim*, Europarecht, 7. Aufl. 2016, S. 561ff.
4 S. dazu auch Roßnagel/*Johannes*, Das neue DSR, § 7 Rn. 342 mwN.
5 Vgl. ferner EG 34 und Art. 32 Abs. 3 DSRL.
6 Dazu auch BeckOK DatenschutzR/*Eichler* DSGVO Art. 89 Rn. 9 f.
7 Vgl. Simitis/*Simitis* § 40 Rn. 1.
8 *Gola/Schomerus* § 40 Rn. 4; vgl. ferner § 4 a Abs. 2 BDSG aF zum herabgesetzten Formerfordernis für eine wirksame Einwilligung, sowie die Einschränkung von Benachrichtigungspflichten gegenüber dem Betroffenen gem. § 33 Abs. 2 BDSG aF.
9 S. zu dieser Norm zB Roßnagel/*Johannes*, Das neue DSR, § 7 Rn. 162–175.
10 Siehe näher zur Entstehungsgeschichte Ehmann/Selmayr/*Raum* Art. 89 Rn. 7ff.; Kühling/Buchner/*Buchner*/Tinnefeld Art. 89 Rn. 6 f.

dictive Analytics werden die Innovations- und Wertschöpfungspotentiale von personenbezogenen Daten daher in einer herausgehobener Weise innerhalb der DSGVO behandelt. Die Gleichstellung dieser Zwecktrias entspricht den Zielvorgaben des Gesetzgebers zur Stärkung der Forschung, zumal gerade Archive und Statistiken als Informationsquellen eine zentrale Bedeutung für die Gewinnung wissenschaftlicher Erkenntnisse haben.

9 Innerhalb der Regelungskonzeption der DSGVO und darüber hinaus auch im Verhältnis zum nationalen Recht besteht bei der Verarbeitung von Daten zu Zwecken der Forschung ein Dickicht aus Verweisungen, Rückverweisungen, parallelen Öffnungsklauseln (Abs. 2, Art. 85, Art. 9 Abs. 2 lit. j) und weitgehend abstrakten rechtlichen Abwägungsvorgaben. Dies erschwert nicht nur das Verständnis dieser Vorschriften, sondern wird auch deren rechtssichere Umsetzung in der Praxis erschweren.[11]

II. Schutzbereich der Trias der Verarbeitungszwecke

10 **1. Wissenschaftliche und historische Forschung.** Angesichts der in zahlreichen Bestimmungen der DSGVO verstreut geregelten Privilegierungen ist die tatbestandliche Bestimmung des Anwendungsbereichs des Abs. 1 von hoher Bedeutung. Der Begriff „historische und wissenschaftliche Forschung" findet in der DSGVO keine Legaldefinition, obwohl die Formulierung an vielen Stellen verwendet wird. Insoweit liegt es nahe, den Begriff der Forschungszwecke im Lichte der Freiheit der Meinungsäußerung und Informationsfreiheit in Art. 11 GRCh sowie insbes. im Lichte der Freiheit von Kunst und Wissenschaft (Art. 13 GRCh) auszulegen. EG 159 verweist im Übrigen auf das in Art. 179 AEUV festgeschriebene Ziel, einen europäischen Raum der Forschung zu schaffen. Zu berücksichtigen ist dabei, dass die Regelungen in Art. 85 ff. nur für „besondere" Verarbeitungssituationen – so die Überschrift in Kapitel 9 – Privilegierungen schaffen sollen, damit also eine beschränkende Auslegung der hier geregelten Verarbeitungszwecke geboten ist.

11 Mit der Beschränkung auf den Begriff der Forschung hat sich der europäische Gesetzgeber nicht auf einen Begriff der Wissenschaft fokussiert, der sowohl Wissenschaft als auch **Lehre** umfasst. Geschützt wird hier der **engere Bereich** der Forschung: Dieser kann auch für die DSGVO angelehnt an die gängige Diktion des BVerfG als „jede geistige Tätigkeit mit dem Ziel, in methodischer, systematischer und nachprüfbarer Weise neue Erkenntnisse zu gewinnen" verstanden werden.[12] Die wissenschaftliche Lehre gehört daher nicht zum Anwendungsbereich. Das ist bereits mit Blick auf die Ausrichtung auf Studierende, an die Wissen zu vermitteln ist, konsequent: Die Beschränkung von deren Betroffenenrechten kann nicht durch eine Privilegierung eines besonders geschützten Vermittlungsinteresses seitens des Lehrenden gerechtfertigt werden.

12 Unter den Forschungsbegriff fällt nach EG 159 S. 2 nicht nur die **Grundlagenforschung**, sondern auch die angewandte und auch die **privatfinanzierte Forschung**. Grundsätzlich erstreckt sich der Schutz der wissenschaftlichen Tätigkeit auf alles, was „nach Inhalt und Form als ernsthafter planmäßiger Versuch zur Ermittlung von Wahrheit anzusehen ist".[13] In diesem Sinne wird in den EG auf den großen sozialen Nutzen von Forschung in den unterschiedlichen Bereichen verwiesen, insbes. in EG 159 S. 2. Darüber hinaus solle sie nach EG 159 S. 3 dem in Art. 179 Abs. 1 AEUV festgeschriebenen Ziel, einen europäischen Raum der Forschung zu schaffen, Rechnung tragen. Die Ausdehnung auf die **Lehrtätigkeit** zumindest für den Fall, dass diese von der Erkenntnissuche getragen ist, erscheint nicht unproblematisch, da diese eine Weiterverwendung der Daten gegenüber einer unbegrenzten Anzahl von Personen möglich machte, ist aber durch den Begriff „Demonstration" in EG 159 S. 2 angedacht.[14]

13 Ferner wird darauf verwiesen, dass die Verknüpfung von Informationen auf ganz unterschiedlichen Gebieten großen gesellschaftlichen Wert hat. Hierzu gehören Volkskrankheiten wie Herz-/Kreislauferkrankungen, Krebs und Depressionen, aber auch der gesamte Bereich der Sozialwissenschaften und der historischen Forschung, wobei Kenntnisse über Arbeitslosigkeit und Bildung, aber auch politische Phänomene wie Totalitarismus, Völkermord, Holocaust oder Kriegsverbrechen dazu zählen (EG 157, 158).

14 Für die Diskussion, welche Kriterien für den Forschungsbegriff heranzuziehen sind, kann die nationale Debatte nur begrenzt Orientierung bieten. Diese ist geprägt von einer **Verengung des Forschungsbegriffs** zT auf institutionell-organisatorische Aspekte. So wird mit Blick auf die Begrifflichkeit in der Überschrift zu § 40 BDSG aF vertreten, dass im BDSG aF der Begriff auf Forschungseinrichtungen beschränkt bleibt, die einen bestimmten Autonomiegrad der Verselbständigung erreichen und für die eine besondere Unabhängigkeit prägend ist,[15] was den Einfluss durch externe wissenschaftliche, staatliche oder sonstige Interessen ausschließt.

---

11   Kritsch zB Ehmann/Selmayr/*Raum* Art. 89 Rn. 12–14; zur Gesamteinschätzung Sydow/*Hense* Art. 89 Rn. 23.
12   Vgl. für das deutsche Recht BVerfGE 35, 79; idS Roßnagel/*Johannes*, Das neue DSR, § 7 Rn. 246.
13   Etwa BVerfGE 47, 327 (367).
14   IdS aber wohl DWWS/*Weichert* DSGVO Art. 89 Rn. 6.
15   Hierzu etwa Simitis/*Simitis* § 40 Rn. 37 f,; Gola/*Schomerus* § 40 Rn. 7ff.

Caspar

Diesem eher engen Forschungsbegriff des nationalen Rechts dürfte im Licht von Art. 13 GRCh, der Zielbe-   15
stimmung in Art. 179 Abs. 1 AEUV sowie nunmehr der weiten Auslegungsdirektive in EG 159 für Art. 89
nicht zu folgen sein.[16] Dennoch ist den Tendenzen einer weiten Ausdehnung des Anwendungsbereichs kritisch entgegenzuhalten, dass gerade in der Informationsgesellschaft, die auf technische Innovation und die
massenhafte Auswertung von Daten abzielt, der Forschungsbegriff nicht der Beliebigkeit preisgegeben werden darf. Stets muss Maßstab der Zweck des Gesetzgebers sein, die besondere Behandlung der Datenverarbeitung aus dem Motiv wissenschaftlicher Forschung zu rechtfertigen. Aus der Systematik der DSGVO ergibt sich, dass die Regelungen in Art. 85ff. nur für **besondere Verarbeitungssituationen** – so die Überschrift
in Kapitel 9 – Privilegierungen schaffen sollen. Insoweit erscheint die Formulierung „historische und wissenschaftliche Forschung" sprachlich nur auf den ersten Blick tautologisch. Die Forschung wird in Fragestellung und Methodik wissenschaftlich betrieben, so dass sie als geisteswissenschaftliche Disziplin sprachlich doch auch wissenschaftliche Forschung darstellt. Ebenfalls nicht ohne Redundanz erscheint der Zusatz
des wissenschaftlichen Forschungszwecks. Forschung setzt bereits eine spezifische Form der Wissenschaftlichkeit voraus. Es ist anzunehmen, dass dem Gesetzgeber gerade dieses klar war und dass er den Begriff
wissenschaftliche Forschung bewusst wählte.[17]

Zur Bestimmung des Begriffs der Wissenschaftlichkeit der Forschung sind einschränkende Kriterien heran-   16
zuziehen, die den Anwendungsbereich gegenüber **rein kommerziellen Vorhaben** abgrenzen. Dort, wo das
Ziel einer transparenten Erkenntnisgenerierung für die Allgemeinheit regelmäßig fehlt, wo es hauptsächlich
um die Verbesserung von exklusiven Markt-, Wettbewerbs- und Absatzpositionen geht, ist der Begriff der
wissenschaftlichen Forschung nicht einschlägig. Wichtige Indikatoren, ob für Forschung, die außerhalb
wissenschaftlicher Institutionen durchgeführt, die Privilegierung eingreift, sind ua die Ausrichtung auf eine
soziale Zwecksetzung jenseits reiner Wirtschaftlichkeitserwägungen, eine transparente Veröffentlichung der
Ergebnisse, deren allgemeine Zugänglichmachung und Diskussion und schließlich die Unabhängigkeit der
am Verfahren der Erkenntnisgenerierung beteiligten Personen von Unternehmensentscheidungen bzw. von
externen Entscheidungen Dritter. Dieses gilt nicht zuletzt auch mit Blick auf den Begriff des öffentlichen
Interesses, der nur für die Verarbeitung von Archivzwecken, sondern auch auf die Forschungszwecke
sowie auf die statistischen Zwecke bezogen werden muss.

Damit ist es nicht vereinbar, **Industrieforschung und Großforschung** grundsätzlich unter die Privilegierung   17
der DSGVO fallen zu lassen.[18] Zwar erwähnt EG 159 S. 2 in diesem Zusammenhang neben der angewandten auch die privat finanzierte Forschung. Ob diese in ausschließlich privat finanzierter Form hierher gehört, erscheint jedoch fraglich.[19] Die Ausrichtung der Norm ausdrücklich auf eine „wissenschaftliche" Forschung spricht dagegen. Anderenfalls wäre jede sinnhafte Suche nach Erkenntnissen gerade zur Verbesserung von Algorithmen im Anwendungsbereich von Massendatenverarbeitung (Big Data, Data Mining, Profiling, Predictive Analytics) letztlich als Forschung zu qualifizieren und müsste damit gegenüber dem allgemeinen Datenschutzrecht privilegiert werden. Vielmehr dürfte der Begriff so zu verstehen sein, dass damit
zB auch eine sog „**Drittmittelforschung**" an Universitäten, die zwar anwendungsorientiert und privat finanziert abläuft, aber die Unabhängigkeit der Forschung achtet, umfasst ist, nicht aber eine reine Auftragsforschung.

Für den Bereich der **Markt- und Meinungsforschung** ist danach zweifelhaft, ob sie vom Begriff der wissen-   18
schaftlichen Forschung erfasst werden kann.[20] Dieses lässt sich nicht pauschal dartun, sondern erfordert
eine Bestimmung im Einzelfall. Dabei ist die Markforschung mit Ausrichtung auf künftige Produkt- und
Absatzstrategien anders zu beurteilen als die Meinungsforschung zur Untersuchung demokratischer Wahl-
entscheidungen und an politischen Willensbildungsprozessen ausgerichtete Prognosen, denen im Rechtsstaat eben auch ein starkes öffentliches Interesse zukommen kann.

Zu beachten ist schließlich, insbes. für die genannte historische Forschung, dass die DSGVO keine Anwen-   19
dung finden soll auf die personenbezogenen Daten **Verstorbener** (EG 158 S. 1).

2. Statistische Zwecke. Unter dem Begriff „statistischer Zweck" versteht die DSGVO jeden für die Durch-   20
führung statistischer Untersuchungen und die Erstellung statistischer Ergebnisse erforderlichen Vorgang der
Erhebung und Verarbeitung personenbezogener Daten (vgl. EG 162 S. 3). Statistik bezeichnet dabei den
wissenschaftlich abgesicherten methodischen Umgang mit empirischen Daten.[21] Danach sind Bezüge zu

---

16 Deutlich in diese Richtung *Hornung/Hofmann* ZD Beilage 4/2017, 1 (4 f.).
17 Dies gilt dann auch für die DSRL, der der Begriff „wissenschaftliche Forschung" bereits zugrunde lag.
18 IdS Roßnagel/*Johannes*, Europ. DSGVO, § 4 Rn. 60; kritisch zu Recht Kühling/Buchner/*Buchner/Tinnefeld* Art. 89 Rn. 12.
19 Bejahend Auernhammer/*Greve* DSGVO Art. 89 Rn. 4.
20 So aber *Hornung/Hofmann* ZD Beilage 4/2017, 1 (5); abl. *Johannes/Richter* DuD 2017, 300 (301); Roßnagel/*Johannes*, Das neue DSR,
    § 7 Rn. 247.
21 Kühling/Buchner/*Buchner/Tinnefeld* Art. 89 Rn. 15.

wissenschaftlichen Forschungszwecken nicht erforderlich. Nach EG 162 S. 4 können statistische Ergebnisse jedoch auch für Forschungszwecke weiterverwendet werden: Die methodische Ausrichtung und das Erkenntnisinteresse, das darauf gerichtet ist, eine Verbindung zwischen Theorie und Erfahrungswissen herzustellen, nähert die Statistik dem Begriff der Forschung an.[22] Dennoch ist der Begriff der Statistik im allgemeinen Sprachgebrauch weiter und umfasst grundsätzlich wissenschaftlich abgesicherte, auf statistischer Methodik basierende Verfahren auf der Basis von Wahrscheinlichkeiten im Umgang mit Daten.

21 Eine extensive Auslegung ist aus grundrechtsimmanenten Gründen nicht geboten und erscheint mit Blick auf die Unschärfe des Begriffs im Hinblick auf den Schutz des informationellen Selbstbestimmungsrechts betroffener Personen auch nicht geboten.

22 Die Vielzahl der Anwendungen der Datenanalyse zu iwS statistischen Zwecken reicht von der **Werbung** und dem **Direktmarketing** über die Markt- und Meinungsforschung, wobei Verfahren wie Data Mining, Big Data oder Profiling, Tracking und Scoring zum Einsatz kommen können.[23] Aus der Systematik der DSGVO ergibt sich, dass die Regelungen in Art. 85ff. nur für besondere Verarbeitungssituationen – so die Überschrift in Kapitel 9 – Privilegierungen schaffen sollen. Damit ist eine beschränkende Auslegung erforderlich, die nach Maßgabe des Schutzzwecks das Ausblenden der allgemeinen Betroffenenrechte nur auf bestimmte besonders schützenswerte Tätigkeitsfelder rechtfertigt.

23 Insofern ist eine Beschränkung auf die **amtliche Statistik** oder zumindest eine im Zusammenhang mit öffentlichen Interessen stehende statistische Datenverarbeitung gefordert. Dieses Ziel liegt auch EG 163 S. 1 zugrunde, in dem mit Blick auf die Schutzrichtung festgestellt wird: „Die vertraulichen Informationen, die die statistischen Behörden der Union und der Mitgliedstaaten zur Erstellung der amtlichen nationalen Statistiken erheben, sollten geschützt werden". Die Bezugnahme auf die statistischen Behörden stellt insoweit den besonderen Rahmen der Geltung der Privilegierung dar. Gerade im Aufzeigen der Erkenntnisse über ökonomische und soziale Zusammenhänge liegt die besondere Bedeutung der Statistik für Planungen und Entscheidungen zur Gestaltung des Gemeinwesens, insbes. der **sozialen Grundversorgung**.[24]

24 Art. 89 erfasst denn auch nicht die statistische Zwecke überlagernden maßgeblichen wirtschaftlichen Zwecksetzungen, wie etwa Analysen über **Kundenverhalten** oder die Eintrittswahrscheinlichkeit bestimmter zu versichernder Risiken im Rahmen von Big Data-Analysen. Insbesondere fällt die Erhebung und Verarbeitung von Nutzungsdaten für private Zwecke von Dienstleistern, etwa zu Werbezwecken oder zum Zweck der „Verbesserung des Nutzungserlebnisses", nicht unter diese Privilegierung. Gleiches gilt für die Entwicklung und den Einsatz von Algorithmen. Bei diesen immer wieder in den Nutzungsbedingungen genannten Verarbeitungszwecken handelt es sich weder um Statistik noch um eine Verarbeitung zum Zweck der wissenschaftlichen Forschung (→ Rn. 10ff.).

25 Unmittelbar verknüpft mit dem Begriff der statistischen Zwecke ist nach EG 162 Satz 4 die Annahme, dass die Ergebnisse der Verarbeitung zu statistischen Zwecken aggregierte Daten sind und diese Ergebnisse oder personenbezogenen Daten nicht für Maßnahmen oder Entscheidungen gegenüber einzelnen natürlichen Personen verwendet werden. Damit bleibt vorausgesetzt, dass das Verfahren statistischer Auswertungen zunächst mit einer Verarbeitung personenbezogener Informationen beginnt, zumal personenbezogene Daten die Grundlage für eine Massendatenverarbeitung sind, aus denen sich dann am Ende aggregierte, zumeist nicht (mehr) personenbezogene Daten ergeben. Eine Weiterverwendung der Daten mit Personenbezug, die im Rahmen der nach Art. 5 Abs. 1 lit. b gelockerten Bindung an die Zweckbestimmung für den Bereich der privilegierten Datenverarbeitung zulässig wäre (→ Art. 5 Rn. 103), ist nach Maßgabe einer restriktiven Auslegung der Zwecke statistischer Analysen daher nicht möglich. Insoweit lässt sich eine Auswertung statistischer Daten auf Ebene des Personenbezugs auch nicht über diese Bestimmung rechtfertigen.[25]

26 **3. Archivzwecke.** Als weiterer Begriff von Art. 89 sind die im öffentlichen Interesse liegenden Archivzwecke genannt. Nach EG 158 S. 2 dient das Erfordernis des **öffentlichen Interesses** zur Eingrenzung des Anwendungsbereichs auf Behörden, öffentliche oder private Stellen, die nach dem Recht der Union oder der Mitgliedstaaten verpflichtet sind, Aufzeichnungen von bleibendem Wert für das allgemeine öffentliche Interesse zu erwerben, zu erhalten, zu bewerten, aufzubereiten, zu beschreiben, mitzuteilen, zu fördern, zu verbreiten sowie Zugang dazu bereitzustellen. Damit fallen zu **wirtschaftlichen Zwecken** archivierte Informationen nicht hierunter.

27 Soweit Suchmaschinen betroffen sind, mögen diese auch an der Verbreitung von wichtigen Informationen für die Öffentlichkeit beteiligt sein. Einem öffentlichen Interesse hingegen dienen sie aufgrund ihrer wirtschaftlichen Zwecksetzung unmittelbar nicht, auch wenn sie das Auffinden von Informationen für die All-

---

22 So auch im Ansatz Paal/Pauly/*Pauly* Art. 89 Abs. 8.
23 Mit dem Hinweis auf die Big Data-Analysen durch die sog explorative Statistik Roßnagel/*Richter*, Europ. DSGVO, § 4 Rn. 100.
24 DWWS/*Weichert* DSGVO Art. 89 Rn. 20.
25 Roßnagel/*Richter*, Europ. DSGVO, § 4 Rn. 103.

gemeinheit erleichtern.[26] Letztlich geht es gerade bei horizontalen Suchmaschinen lediglich darum, ausnahmslos alle Webinhalte zu durchsuchen und zu indexieren, so dass mit der nicht näher begrenzten Informationsaufarbeitung keine spezifische normative Ausrichtung verbunden ist.

Anders dagegen sieht es bei **Online-Archiven** von Medienunternehmen aus. Die Rechtsfolgen zwischen 28 Art. 89 und Art. 85 können durchaus unterschiedlich ausfallen. Dieses gilt insbes. vor dem Hintergrund verschiedenartiger Öffnungsklauseln für den Rechtssetzer. Gleichwohl sind auch Pressearchive grundsätzlich Informationsquellen für die Allgemeinheit. Es ist jedoch zu beachten, dass die Regelung in Art. 85 über die Verarbeitung der Daten zu journalistischen Zwecken, soweit sie auf Pressearchive anwendbar sind, grundsätzlich Vorrang hat. Mitgliedstaatliche **Medienprivilegien** gehen insoweit als Spezialnormen den allgemeinen Bestimmungen für Archive in Art. 89 vor, da diese gerade zur Effektivierung grundrechtlicher Betätigungen (Pressefreiheit, Freiheit der Meinungsäußerung, Informationsfreiheit) beitragen sollen.

Das Archivieren von Aufzeichnungen im öffentlichen Interesse durch ein funktionierendes Archivwesen soll 29 ausweislich EG 158 S. 2 dazu beitragen, Informationen, die von bleibendem Wert sind, über einen langen Zeitraum hinweg zu erhalten, zu bewerten, aufzubereiten, zu beschreiben, mitzuteilen, zu fördern, zu verbreiten sowie den Zugang daran bereitzustellen. Den Mitgliedstaaten ist nach EG 158 S. 3 ferner erlaubt vorzusehen, personenbezogene Daten zu Archivzwecken weiterzuverarbeiten. Genannt wird beispielsweise die Bereitstellung spezifischer Informationen im Zusammenhang mit dem politischen Verhalten unter ehemaligen totalitären Regimen, Völkermord, Verbrechen gegen die Menschlichkeit, insbes. dem Holocaust, und Kriegsverbrechen.

Wie auch im Kontext mit den historischen Forschungszwecken (→ Rn. 10) ist zu beachten, dass die 30 DSGVO nach EG 158 S. 1 nicht für verstorbene Personen gelten soll. Über die Spanne eines Menschenlebens hinausreichende Datenverarbeitungen, soweit sie keinen Bezug auf lebende Personen aufweisen, bleiben daher grundsätzlich außer Betracht.

4. Umfang der Privilegierung im Rahmen der DSGVO. Die Formulierung „zu im öffentlichen Interesse lie- 31 genden Archivzwecke, zu wissenschaftlichen oder historischen Forschungszwecken oder zu statistischen Zwecken" ist nicht nur für die Anwendbarkeit des Art. 89 von Bedeutung. Als Scharnierbegriff eröffnet die **Verarbeitungstrias** gleichzeitig die Geltung von Sondervorschriften aus verstreuten Bereichen der DSGVO. Damit sind Ausnahmen gegenüber den allgemeinen Vorschriften verbunden, die sich in einer die Verarbeitungszwecke privilegierenden Weise auswirken.

a) Zweckbindung. So ist nach Art. 5 Abs. 1 lit. b der Grundsatz der Zweckbindung für im öffentlichen In- 32 teresse liegende Archivzwecke, für wissenschaftliche oder historische Forschungszwecke und für statistische Zwecke insoweit gelockert, als eine Weiterverarbeitung auch bei Zweckänderung grundsätzlich zulässig ist (→ Art. 5 Rn. 103ff.). Die Möglichkeit zur Weitergabe setzt aber voraus, dass sich die Weiterverarbeitung im Rahmen der Trias in dieser Vorschrift hält und dass eine entsprechende Ermächtigungsgrundlage zur Verarbeitung vorliegt.[27]

Die weitgehende **Außerkraftsetzung** des **Zweckbindungsgrundsatzes** in Art. 5 Abs. 1 lit. b ermöglicht es, 33 pauschal Daten zu den in Abs. 1 genannten Zwecken zu übermitteln, zu erheben, auszuwerten und weiter zu verarbeiten.[28] Im Ergebnis erscheint dies problematisch, da somit für die Weiterverarbeitung nach Maßgabe des EG 50 S. 2 keine andere gesonderte Rechtsgrundlage erforderlich sein soll,[29] als diejenige für die Erhebung der personenbezogenen Daten. Das führt zu einer generellen Freistellung von den Bindungen an die Grundsätze von Zweckbindung und Zweckvereinbarkeit. Mitunter wird die Auffassung vertreten, dass es sich bei dem zugrundeliegenden EG 50 S. 2 um einen Redaktionsfehler handele.[30] Damit bedürfte dann die zweckändernde Weiterverarbeitung neben der Zweckvereinbarkeit einer eigenständigen Rechtsgrundlage (sa ausführlich → Art. 6 Abs. 1 Rn. 12ff. und 93ff. sowie → Art. 6 Abs. 4 . Rn. 41 f.).

Auch wenn man diesen weitreichenden Schluss eines **Redaktionsversehens**, für den sich im Übrigen kaum 34 Anhaltspunkte ergeben, nicht ziehen mag, gilt zu beachten, dass die „geeigneten Garantien für die Rechte und Freiheiten der betroffenen Personen" in Abs. 1 zu beachten sind.[31] Das setzt aber voraus, dass diese Bestimmung eine Spezialermächtigung für den Bereich der Verarbeitungstrias enthält. Art. 5 Abs. 1 lit. b kann eben nicht als eine die Zweckvereinbarkeit konsumierende Generalklausel verstanden werden, die

26 Dazu vgl. die Google-Spain-Entscheidung des EuGH C-131/12, NJW 2014, 2257.
27 So auch Ehmann/Selmayr/*Raum* Art. 89 Rn. 22.
28 S. für das Beispiel der wissenschaftlichen Forschung Roßnagel/*Johannes*, Europ. DSGVO, § 4 Rn. 64; vgl. ferner Paal/Pauly/*Frenzel* Art. 5 Rn. 33 mit Hinweis darauf, dass daneben auch Art. 6 Abs. 4 Sekundärzwecke zulässt.
29 AA *Schantz* NJW 2016, 1841 (1844); *Albrecht* CR 2016, 88 (92).
30 Kühling/Buchner/*Herbst* Art. 5 Rn. 49; *Schantz* NJW 2016, 1841 (1844); wohl offengelassen bei *Hornung/Hofmann*, ZD-Beilage 4/2017, 1, (7 f.).
31 Ähnlich *Hornung/Hofmann* ZD-Beilage 4/2017, 1 (8).

pauschal von einer eigenständigen, gesonderten Rechtsgrundlage für die Weiterverarbeitung dispensiert.[32] Das folgt gerade auch einer grundrechtskonformen Auslegung. Anderenfalls wäre das Grundrecht auf Datenschutz in Art. 8 Abs. 1 GRCh, wozu ausdrücklich auch das Zweckbindungsgebot gehört („für festgelegte Zwecke"), durch diese Bestimmung ausgehebelt. Eine Vorschrift, die das Zweckbindungsgebot für alle Daten im weiten Bereich der Datenverarbeitung beseitigt, begegnet erheblichen grundrechtlichen Bedenken. Das gilt umso mehr, als eine entsprechende Privilegierung im Primärrecht durch das kollidierende Grundrecht der Wissenschaftsfreiheit gar nicht gerechtfertigt ist. Eine Weiterverarbeitung zu Zwecken, die **außerhalb der Forschungsfreiheit** liegen, wird gerade nicht durch das Grundrecht der Forschungsfreiheit gefordert. Eine Erstreckung auf Bereiche, die nicht von der Privilegierung betroffen sind, stellt eine unverhältnismäßige Einschränkung von Betroffenenrechten dar.

35 Für statistische Zwecke, die eine besondere Bedeutung für **Big Data-Analysen** haben, gilt nach EG 162 S. 5 ohnehin die Vorgabe, dass die Ergebnisse der Verarbeitung keine personenbezogenen, sondern aggregierte Daten sein sollen. Damit ist die Anwendung der Ergebnisse anonymer, durch statistische Verfahren errechneter Datensätze auf einzelne Personen nicht mehr von der Privilegierung gedeckt. Eine personenbezogene Anwendung ist damit aber nicht ausgeschlossen, sondern kann als Verarbeitung zu einem anderen Zweck nach Maßgabe von Art. 6 Abs. 4 zulässig sein.[33]

36 **b) Der Grundsatz der Speicherbegrenzung.** Vom Grundsatz der Speicherbegrenzung, wonach Daten zur Identifizierung einer Person nur so lange gespeichert werden sollen, wie es für die Zwecke, für die sie verarbeitet werden, erforderlich ist, sieht Art. 5 Abs. 1 lit. e für die in Art. 89 genannten Verarbeitungszwecke einen Dispens vor. Dabei ist jedoch die Befreiung von einer Befristung der Speicherung an der von Abs. 1 geforderten technischen und organisatorischen Garantien zur Sicherung der Rechte betroffener Personen zu messen. Eine unbeschränkte Speicherung der Daten betroffener Personen ist danach nur zulässig, soweit dies dem Schutz der Betroffenenrechte und dem allgemeinen Gebot der Erforderlichkeit nicht zuwiderläuft.[34] Diese **Rückverweisung** ergibt sich im Übrigen bereits aus der Bestimmung des Art. 5 Abs. 1 lit. e, der ausdrücklich selbst auf geeignete technische und organisatorische Maßnahmen verweist und damit doppelt begrenzt wird. Insoweit liegt hier bereits eine tatbestandsimmanente Beschränkung der eingeschränkten Speicherbegrenzung vor.

37 **c) Verarbeitung von Gesundheitsdaten. Einwilligungsbasiert** kann die Verarbeitung von **Gesundheitsdaten** (Art. 4 Nr. 15) nach Maßgabe von Art. 9 Abs. 2 lit. a erfolgen. Für die Erteilung von Einwilligungen zur Verarbeitung von Daten zum Zweck der wissenschaftlichen Forschung, wozu traditionell gerade Gesundheitsdaten gehören, sieht EG 33 erleichterte Voraussetzungen vor. Eine zulässige Datenverarbeitung setzt angesichts der Definition in Art. 4 Nr. 11 grundsätzlich ua voraus, dass diese „für den bestimmten Fall" und „in informierter Weise" erteilt wird. Nach EG 33 soll es betroffenen Personen erlaubt sein, ihre Einwilligung für bestimmte Bereiche der wissenschaftlichen Forschung zu geben, wenn dies unter Einhaltung der anerkannten ethischen Standards der wissenschaftlichen Forschung geschieht. Die Einwilligungen können dann für bestimmte Forschungsbereiche oder Teile von Forschungsprojekten insgesamt abgegeben werden. Im Rahmen der wissenschaftlichen Forschung ist die spezielle Verarbeitungssituation dadurch geprägt, dass die konkreten Forschungsfragen mitunter noch gar nicht bekannt sind, sondern sich erst im Laufe der Zeit ergeben oder sich während des Forschungsprojekts verändern. Gerade die stetig zunehmende Zahl von **Bio- und/oder Datenbanken**[35] dokumentiert, dass die Forschung auf eine breit angelegte Sammlung von Daten und Biomaterial angewiesen ist, um ihren ständig neuen Forschungsfragen nachgehen zu können. Gleichzeitig werden die Forschungsfragen immer spezieller. Vor diesem Hintergrund war schon bislang anerkannt, dass die Einwilligung unter bestimmten Voraussetzungen „breiter" gefasst sein kann (sog **broad consent**).[36] Es ist daher eine Entscheidung der betroffenen Personen, „inwieweit sie auch eine Einwilligungserklärung mit einer weiteren Formulierung für die Zwecke der Studie unterschreiben".[37]

38 Dieser weitergehenden Zweckoffenheit der Forschung trägt EG 33 Rechnung, indem er im Rahmen der Bestimmtheit der Einwilligung beim Forschungszweck und bei der **Informiertheit** der Probanden gewisse Abstriche zulässt.[38] Gleichwohl muss auch hier das Recht auf informationelle Selbstbestimmung der Probanden gewahrt werden. Es gilt, „Risiken, die durch eine längerfristige, vergleichsweise zweckoffene und breit nutzbare Speicherung medizinischer Daten entstehen, [...] durch entsprechende technische und organisato-

---

32 Kühling/Buchner/*Herbst* Art. 5 Rn. 49.
33 *Richter* DuD, 2016, 581 (584 f.), mit dem Hinweis der Missbrauchsanfälligkeit und der leichten Umgehbarkeit des Art. 6 Abs. 4.
34 Vgl. Ehmann/Selmayr/*Heberlein* Art. 5 Rn. 26.
35 Zu Biobanken siehe Ehmann/Selmayr/*Raum* Art. 89 Rn. 33.
36 Zum „broad consent" auch Ehmann/Selmayr/*Raum* Art. 89 Rn. 26.
37 *Metschke/Wellbrock*, Datenschutz in Wissenschaft und Forschung, 3. Aufl. 2002, S. 27.
38 Vgl. Ehmann/Selmayr/*Raum* Art. 89 Rn. 26 mwN.

rische Maßnahmen und eine langfristig klar geregelte Verantwortlichkeit auszubalancieren."[39] Insbesondere ist zu beachten, dass zumindest eine Eingrenzung auf „bestimmte Forschungsbereiche oder Teile von Forschungsprojekten" im Sinne des EG 33 erfolgt.

Dem Einwilligenden ist dann zu ermöglichen, über die Weiterverarbeitung seiner Daten, etwa zur genetischen Forschung oder über deren Übermittlung zu Forschungsarbeiten außerhalb der EU, selbst zu entscheiden. Dabei kann es die individuelle Bestimmungskompetenz erforderlich machen, dass die Weiterverarbeitung für bestimmte Bereiche nicht im Rahmen eines Opt-Out, sondern im Sinne eines **Opt-In** als Einwilligung erfolgen muss. Hier sind dann klare Vorgaben zu machen, die der betroffenen Person erkennen lassen, welche Forschungszwecke gerade nicht mit seiner Einwilligung verbunden werden können (etwa militärische Forschung oder Genomanalysen). 39

Ebenfalls wichtig ist, dass eine jederzeitige **Rücknahme** der Einwilligung möglich sein muss, eine entsprechende Widerrufsbelehrung erfolgt und ein Recht auf Löschung besteht. Ferner muss im Rahmen der Informationspflicht nach Art. 13 der Proband grundsätzlich über die Dauer, für die seine personenbezogenen Daten gespeichert werden, informiert werden. 40

Eine begleitende dauerhafte Information über Forschungsprojekte im Sinne eines „**dynamic consent**"[40] kann dabei einem höheren Grad der Unbestimmtheit der Einwilligung durch Transparenz entgegenwirken. Das gilt gerade vor dem Hintergrund, dass die betroffenen Personen jederzeit die Möglichkeit haben, ihre Einwilligung zu widerrufen und damit die Löschung ihrer Daten zu bewirken. Schwierigkeiten, mit den betroffenen Personen über einen längeren Zeitraum in Verbindung zu bleiben, können dadurch kompensiert werden, dass statt des Einzelnen die Öffentlichkeit insgesamt über den Fortgang eines Forschungsprojektes informiert wird.[41] 41

EG 33 bezieht sich unmittelbar nur auf die Bestimmung in Art. 89.[42] Über die Frage der Zulässigkeit der Verarbeitung von besonders sensiblen Daten, insbes. von genetischen Daten nach Art. 4 Nr. 13 sowie von Gesundheitsdaten nach Art. 4 Nr. 15, bleibt daneben Spielraum im Rahmen des Art. 9 Abs. 2. Hier enthält Abs. 2 lit. j eine Öffnungsklausel für die Mitgliedstaaten, die – anders als Art. 89 Abs. 2 – nicht nur eine Absenkung der Betroffenenrechte, sondern auch deren Stärkung vorsieht (→ Art. 9 Rn. 96ff.). Die Verarbeitung muss aufgrund von Rechtsvorschriften erfolgen, die in angemessenem Verhältnis zu dem verfolgten Ziel stehen, den Wesensgehalt des Rechts auf Datenschutz wahren und angemessene und spezifische Maßnahmen zur Wahrung der Grundrechte und Interessen der betroffenen Person vorsehen. Unter diesen Bedingungen sind auch Gesundheitsdaten im Rahmen der Zwecktrias von der grundsätzlichen Untersagung in Art. 9 Abs. 1 ausgenommen. 42

Die Forderung, für datenschutzrechtlich besonders anspruchsvolle Forschungsprojekte zusätzliche Anforderungen in Gestalt von staatlichen **Melde- und Genehmigungspflichten** im nationalen Recht anzuordnen,[43] entspricht daher durchaus den rechtlichen Möglichkeiten der DSGVO. Sie ist im Übrigen von der Öffnungsklausel des Art. 85 Abs. 1 gedeckt, die eine mitgliedstaatliche Kompetenz vorsieht, Vorschriften zum Schutz personenbezogener Daten auch im Bereich der Verarbeitung zu wissenschaftlichen Zwecken vorzusehen.[44] 43

d) Informationspflicht. Art. 14 Abs. 5 lit. b sieht von einer Informationspflicht der Verarbeitung für im öffentlichen Interesse liegende Archivzwecke, für wissenschaftliche oder historische Forschungszwecke oder für statistische Zwecke für Fälle der Dritterhebung ab. Dies gilt insbes. für den Fall der **wirtschaftlichen** bzw. **faktischen Unmöglichkeit**. 44

e) Recht auf Löschung. Ein ähnlicher Ausschluss ergibt sich für das Recht auf Löschung aus Art. 17 Abs. 1. Nach Art. 17 Abs. 3 lit. d wird dieses Recht für den Bereich der Zwecktrias eingeschränkt, soweit die Löschung voraussichtlich die Verwirklichung der Ziele der Verarbeitung unmöglich macht oder ernsthaft beeinträchtigt (→ Art. 17 Rn. 34ff.). 45

f) Widerspruch. Art. 21 Abs. 6 beschränkt das Recht betroffener Personen, gegenüber Datenverarbeitung zu wissenschaftlichen oder historischen Forschungszwecken oder zu statistischen Zwecken Widerspruch einzulegen, soweit die Verarbeitung zur Erfüllung einer im öffentlichen Interesse liegenden Aufgabe erforderlich ist (→ Art. 21 Rn. 42). 46

---

39 *Pommerening et al.*, Leitfaden zum Datenschutz in medizinischen Forschungsprojekten, 2014, unter 4.2.2.

40 Zu „dynamic consent" auch Ehmann/Selmayr/*Raum* Art. 89 Rn. 27.

41 *Weichert* in: Smart Data Begleitforschung (Hrsg.), Die Zukunft des Datenschutzes im Kontext der Forschung und Smart Data, 2016, 27 (33).

42 Ehmann/Selmayr/*Raum* Art. 89 Rn. 26.

43 So *Weichert* in: Smart Data Begleitforschung (Hrsg.), Die Zukunft des Datenschutzes im Kontext der Forschung und Smart Data, 2016, 27 (31ff.).

44 AA → Art. 85 Rn. 18: wonach Art. 85 Abs. 1 insoweit lediglich Wissenschaftskommunikation deckt.

47 **g) Zusammenfassung.** Insgesamt erfordert das Verhältnis der **Privilegierungen** in den einzelnen Bestimmungen der DSGVO zu der Verarbeitungstrias in Art. 89 ein permanentes Hin- und Herwandern des Blicks des Rechtsanwenders: Um den Umfang der Privilegierung zu bestimmen, muss zunächst die Bestimmung mit Blick auf den jeweiligen Tatbestand näher betrachtet werden, um sodann zu klären, inwieweit wiederum auf die Garantien in Art. 89 (geeignete Garantien für die Rechte und Freiheiten der betroffenen Person, technische und organisatorische Maßnahmen) zurückzugreifen ist. Die Systematik der Gesetzgebung ist zirkulär und erfordert zudem in erheblichem Maße die Auslegung unbestimmter Rechtsbegriffe. Die in anderweitigen Vorschriften der DSGVO geregelten Privilegierungen des Verarbeitungszwecks scheinen von der Vorschrift des Art. 89 unabhängig zu sein. Tatsächlich ergibt sich jedoch die Frage, inwieweit Abs. 1 auf die Befreiungstatbestände zurückwirkt und sie quasi als Schranken-Schranke begrenzt.

III. Beschränkung der Datenverarbeitung zu privilegierten Zwecken (Abs. 1)

48 Abs. 1 enthält eine tatbestandliche Einschränkung für die Verarbeitung im Bereich der Zwecktrias. Diese Bestimmung regelt das *datenschutzrechtliche Minimum*, durch das Abs. 1 die privilegierten Verarbeitungen datenschutzgerecht einhegt. So ordnet Abs. 1 S. 1 an, dass die hier genannten Verarbeitungszwecke geeigneten Garantien für die Rechte und Freiheiten der betroffenen Personen unterliegen und zieht gerade für die durch die anderen Bestimmungen erfolgten Lockerungen wiederum Grenzen ein.

49 Als Kompensation für eine von wichtigen Grundsätzen der Zweckbindung und Speicherbegrenzung dispensierte Datenverarbeitung werden in Abs. 1 S. 2 technisch-organisatorische Maßnahmen als Garantien zum Schutz der betroffenen Personen gefordert, damit der Grundsatz der Datenminimierung nach Art. 5 Abs. 1 lit. c, auf den ausdrücklich („insbesondere") hingewiesen wird, realisiert wird. Abs. 1 S. 3 nennt als mögliche Maßnahme exemplarisch die Pseudonymisierung von Daten, soweit es möglich ist, die privilegierten Verarbeitungszwecke auf diese Weise zu erfüllen. Der Hinweis auf allgemeine Garantien der DSGVO lässt ferner den Rückgriff auf weitere Vorgaben zu: So kommen die Grundsätze von Privacy by Design und Privacy by Default in Art. 25 ebenso zur Anwendung wie die anderen Grundsätze über die Verarbeitung personenbezogener Daten in Art. 5 oder die über die Grundsätze der Sicherheit der Verarbeitung in Art. 32.[45]

50 Der Begriff der **Pseudonymisierung** wird in Art. 4 lit. 5 legal definiert (→ Art. 4 Rn. 13). Nach Maßgabe des EG 28 kann die Anwendung von Pseudonymisierungsverfahren die Risiken für die betroffenen Personen senken und die Verantwortlichen wie auch die Auftragsverarbeiter bei der Einhaltung ihrer Datenschutzpflichten unterstützen. Hierfür sind gerade im Bereich der medizinischen Forschung elaborierte, teilweise mehrfach gestufte Pseudonymisierungskonzepte entwickelt worden.

51 Allerdings hat die Pseudonymisierung keinen Vorrang vor weitergehenden Maßnahmen. Denn in EG 28 wird ausdrücklich darauf hingewiesen, dass die DSGVO nicht beabsichtigt, andere Datenschutzmaßnahmen auszuschließen. Hierzu zählt dann insbes. die **Anonymisierung** von Daten. Diese führt dazu, dass personenbezogene Daten in einer Weise behandelt werden, dass nach EG 26 S. 5 die betroffene Person nicht oder nicht mehr identifiziert werden kann. Auch wenn für anonyme Informationen die Grundsätze des Datenschutzes nicht direkt gelten und eine Anwendung auch auf anonyme Daten ausscheidet, die für statistische oder für Forschungszwecke verwendet werden (vgl. EG 26 S. 6), bietet sich die Anonymisierung nach Maßgabe des Verhältnismäßigkeitsgrundsatzes sowie des Grundsatzes der Datenminimierung gerade für statistische oder für Forschungszwecke an.[46]

52 Der Sache nach wird die Anonymisierung in Abs. 1 zwar nicht ausdrücklich angesprochen. Dennoch bleibt das Eliminieren des Personenbezugs im Rahmen eines gestuften Konzepts nach Maßgabe der Datenminimierung für einen Verantwortlichen stets zu prüfen.[47] In diesem Sinne erhält Abs. 1 S. 4 eine geschachtelte Umschreibung der Anonymisierung: In allen Fällen, in denen die Zwecke durch eine Weiterverarbeitung, bei der die Identifizierung von betroffenen Personen nicht oder nicht mehr möglich ist, erfüllt werden können, werden diese Zwecke auf diese Weise erfüllt. Also ist dort, wo die Zwecke der Verarbeitung mit anonymen Daten zu erreichen sind, trotz möglicher Privilegierungen vom **Vorrang der Anonymisierung** auszugehen.

53 Ausdrücklich sieht dies künftig das **BDSG nF** in § 27 Abs. 3 mit Blick auf besondere Kategorien der personenbezogenen Daten aus Art. 9 Abs. 1 vor.[48] Danach sind zu wissenschaftlichen oder historischen Forschungszwecken oder zu statistischen Zwecken verarbeitete besondere Kategorien personenbezogener Da-

---

45 Kühling/Buchner/*Buchner/Tinnefeld* Art. 89 Rn. 19; zu den Verarbeitungsgrundsätzen der DSGVO ausführlich Roßnagel/*Roßnagel,* Das neue DSR, § 3 Rn. 42–85.

46 Vgl. hierzu *Schaar* ZD 2016, 224 (225); EG 26.

47 Paal/Pauly/*Pauly* Art. 89 Rn. 12, der idS von einem „abgestuften Ansatz" spricht; ähnlich Schantz/Wolff/*Schantz*, Rn. 1353.

48 Dies folgt EG 156 S. 4, wonach die Mitgliedstaaten entsprechende Garantien vorsehen. In Art. 89 Abs. 1 wird ein solcher Regelungsauftrag dagegen nicht deutlich; s. dazu Schantz/Wolff/*Schantz*, Rn. 1354.

ten iSd Art. 9 Abs. 1 zu anonymisieren, sobald dies nach dem Forschungs- oder Statistikzweck möglich ist, es sei denn, berechtigte Interessen der betroffenen Person stehen dem entgegen. Letztlich wiederholt das nationale Recht für einen Teilbereich weitgehend lediglich eine Regelung, die im Unionsrecht bereits hierfür geregelt ist.

Sind Veränderungen von personenbezogenen Daten möglich, so dass diese sich nicht auf eine identifizierte 54
oder identifizierbare natürliche Person beziehen (EG 26) oder können diese nach dem bisherigen Verständnis nur mit einem unverhältnismäßig großen Aufwand an Zeit, Kosten und Arbeitskraft der bestimmten oder bestimmbaren natürlichen Person zugeordnet werden (vgl. § 3 Abs. 6 BDSG aF), muss zunächst geklärt werden, ob die Verarbeitungszwecke eine Identifizierung von betroffenen Personen nicht erfordern; bejahendenfalls ist dies umzusetzen. Kommt eine Anonymisierung nicht in Betracht, bleibt die anschließende Prüfung der Verwendung von pseudonymisierten Maßnahmen zu erwägen.

In vielen Fällen lassen sich Datensätze gerade im Bereich der Forschung mit Gesundheitsdaten (genetische 55
Daten/Biodatenbanken/Kohortenstudien) nicht hinlänglich anonymisieren. Insbesondere die aus Biomaterialien zB mittels genetischer Analyse ermittelbaren Daten sind stets auf einzelne Individuen, die Träger des Genoms oder Merkmals zurückführbar. Aber auch angesichts der technischen Möglichkeiten einer Reanonymisierung von aggregierten Daten ist das Anonymisieren kein Königsweg.[49]

Neben der Pseudonymisierung sind auch andere **technisch-organisatorische Verfahren** zu nutzen, die einen 56
effektiven Schutz von betroffenen Personen darstellen. Im Wesentlichen ist darauf zu achten, dass die in diesem Bereich ausgeschlossenen materiellrechtlichen Datenschutzstandards für den Zweck der privilegierten Verarbeitung durch hinreichende technisch-organisatorische Maßnahmen kompensiert werden. Insbesondere sind die Bestimmungen in Art. 24, 25, und 32 anwendbar. So kommen etwa die Datensicherheit optimierende *Verschlüsselungstechnologien*, insbes. beim Einsatz von Cloud Computing, in Betracht. Bei Planung und Durchführung von Verfahren, die insbes. die Mitwirkung betroffener Personen erfordern, sind die Grundsätze von *Privacy by Design* und *Privacy by Default* zu beachten (Art. 25). *Transparenz* und *Verständlichkeit* sind im Rahmen erforderlicher Einwilligungsverfahren, insbes. bei Gesundheitsstudien, an denen die betroffenen Personen freiwillig teilnehmen und Informationen zu Gesundheitsdaten abgeben, zu optimieren (vgl. Art. 9 Abs. 2 lit. j). *Verschlüsselung*, *Zugriffs- sowie Zugangskontrollen* gilt es anzuordnen und umzusetzen. Ferner können genehmigte *Verhaltensregelungen* (Art. 40 f.) oder *Zertifizierungsverfahren* (Art. 42 f.) ebenfalls als Maßnahmen dienen, um Rechte und Freiheiten betroffener Personen bei der Verarbeitung von Daten zu diesen Zwecken zu gewährleisten; weitere Vorgaben ergeben sich aus Art. 32.

IV. Öffnungsklauseln (Abs. 2 und Abs. 3)

Anders als Abs. 1, in dem die privilegierten Verarbeitungszwecke dem Erfordernis technisch-organisatori- 57
scher Maßnahmen zur Sicherung unterworfen werden, statuieren Abs. 2 und Abs. 3 Ausnahmeregelungen von Betroffenenrechten durch Öffnungsklauseln zugunsten von Mitgliedstaaten und Union. Diese stellen **negative Öffnungsklauseln** mit ausschließlich datenschutzreduktivem Charakter dar. Hierdurch wird über den Bereich der eingegrenzten Grundsätze und der ohnehin bestehenden Möglichkeit, eine Beschränkung von Datenschutzrechten durch anderweitige Bestimmungen der DSGVO vorzunehmen (s. etwa Art. 9 Abs. 2 und Abs. 4; Art. 23 Abs. 1), weitergehend Raum zur Einschränkung der Datenschutzrechte Betroffener mit Blick auf die Art. 15, 16, 18 und 21, im Fall von Abs. 3 überdies Art. 19 und 20, gegeben.

Für den Bereich der wissenschaftlichen und statistischen Datenverarbeitung ist das Auskunftsrecht in 58
Art. 15, das Recht auf Berichtigung in Art. 16, das Recht auf Einschränkung der Verarbeitung in Art. 18 und das Widerspruchsrecht in Art. 21 von der Öffnungsklausel des Abs. 2 betroffen. Von dieser macht § 27 Abs. 2 BDSG nF Gebrauch. Nach S. 1 sind die in den Art. 15, 16, 18 und 21 vorgesehenen Rechte der betroffenen Person insoweit beschränkt, als diese Rechte voraussichtlich die Verwirklichung der Forschungs- oder Statistikzwecke unmöglich machen oder ernsthaft beinträchtigen und die Beschränkung für die Erfüllung der Forschungs- oder Statistikzwecke notwendig ist. § 27 Abs. 2 S. 2 BDSG nF schließt überdies das Auskunftsrecht des Art. 15 aus, wenn die Auskunftserteilung einen unverhältnismäßigen Aufwand erfordern würde; dies gilt allerdings nur für die wissenschaftliche Forschung.[50]

Während Abs. 2 eine Ausnahme zu Forschungs- und zu statistischen Zwecken vorsieht, formuliert Abs. 3 59
eine solche Öffnung zu Archivzwecken. Für die Datenverarbeitung zu im öffentlichen Interesse liegenden Archivzwecken sieht § 28 BDSG nF eine entsprechende Einschränkungsklausel des nationalen Rechts vor.[51]

---

49 Kühling/Buchner/*Buchner/Tinnefeld* Art. 89 Rn. 17 f.; *Weichert* in: Smart -Data Begleitforschung (Hrsg.), Die Zukunft des Datenschutzes im Kontext der Forschung und Smart Data, 2016, 27 (31 ff.).

50 Kritisch Schantz/Wolff/*Schantz*, Rn. 1357; zur Angemessenheitsprüfung nach § 27 Abs. 2 S. 2 Roßnagel/*Johannes*, Das neue DSR, § 7 Rn. 284.

51 Zu § 28 BDSG nF Roßnagel/*Richter*, Das neue DSR, § 7 Rn. 217 ff.; Schantz/Wolff/*Schantz*, Rn. 1358 ff.

60 Auch ohne diese generalklauselartigen Ausführungsbestimmungen des nationalen Rechts ergeben sich aufgrund von Abs. 2 und Abs. 3 hinreichende Regelungen im nationalen Recht, die im Rahmen der nationalen *Archiv- und Statistikgesetze* (Bundes- und Landesarchivgesetz, Bundes- und Landesstatistikgesetz) sowie in *Krebsregister- und Krankenhausgesetzen*, die sog Forschungsklauseln enthalten, Einschränkungen der Betroffenenrechte anzuordnen.[52]

61 *Verstöße* gegen die hierzu ergangenen Vorschriften, die nicht zuletzt – freilich in einer nivellierten Weise – auch die Rechte Betroffener schützende nationale Datenschutzbestimmungen darstellen, sind nach Art. 83 Abs. 5 lit. d mit bis zu 20 Mio. EUR oder im Fall eines Unternehmens mit 4 % des weltweiten Jahresumsatzes sanktioniert.[53] Zwar erlauben Abs. 2 und 3 Ausnahmen von den Betroffenenrechten der DSGVO und enthalten damit Ermächtigungen zur Absenkung des Datenschutzniveaus. Gleichzeitig eröffnet die Öffnungsklausel in Art. 6 Abs. 2 in Verbindung mit Art. 6 Abs. 1 lit. e. die Möglichkeit, im nationalen Recht Vorschriften zu erlassen, die spezifischere Anforderungen für die Verarbeitung zur Wahrnehmung einer Aufgabe, die im öffentlichen Interesse liegt oder in Ausübung öffentlicher Gewalt erfolgt, einzuführen oder beizubehalten, ohne dass dies im Zusammenhang mit der Einschränkung von Betroffenenrechte einhergehen muss. Damit sind auch spezifische Vorschriften, die besondere datenschutzrechtliche Bestimmungen im Zusammenhang mit den Statistikgesetzen in Bund und Ländern wie auch in den Archivgesetzen regeln, künftig zulässig.[54]

62 Die *Ausnahmen* für die *Datenverarbeitung zu Archivzwecken* in Abs. 3 sind durch einen gegenüber Abs. 2 erweiterten Anwendungsbereich gekennzeichnet. Hier tritt zu den bereits vorbenannten zurückgenommenen Rechten auch die Befugnis zur Einschränkung der Mitteilungspflicht im Zusammenhang mit der Berichtigung oder Löschung personenbezogener Daten in Art. 19 sowie die Begrenzung des Rechts auf Datenübertragbarkeit aus Art. 20 hinzu. Der **Ausschluss** der **Datenportabilität** im Bereich der Archivzwecke dürfte im Wesentlichen darauf zurückzuführen sein, dass die Implementierung einer Infrastruktur, durch die personenbezogene Daten in einem interoperablen Verfahren an die betroffenen Personen oder an einen anderen Verantwortlichen (Art. 20 Abs. 2) ausgeleitet werden können, im Bereich des Archivwesens als eher unangemessen und als aufwändiger anzusehen ist als in den anderen, datenschutzrechtlich eingriffsintensiveren Bereichen.[55]

63 Sowohl die Öffnungsklausel in Abs. 2 als auch diejenige in Abs. 3 stehen unter dem Vorbehalt, dass die technisch-organisatorischen Garantien in Abs. 1 gewährleistet werden (→ Rn. 49ff.). Dies ist durch das Recht der Mitgliedstaaten nicht disponibel. Dies gilt auch hinsichtlich der geeigneten Garantien für die Rechte und Freiheiten der betroffenen Person.

64 Voraussetzung sowohl für Einschränkungen nach Abs. 2 als auch nach Abs. 3 ist eine **qualifizierte Erforderlichkeitsprüfung** dahin gehend, dass die Betroffenenrechte voraussichtlich die Verwirklichung der spezifischen Zwecke unmöglich machen oder ernsthaft beeinträchtigen und solche Ausnahmen für die Erfüllung dieser Zwecke notwendig sind.[56] Dafür bedarf es einer wertenden Prognose, wobei die Auslegung der Begriffe „*voraussichtlich*" und „*ernsthaft beeinträchtigen*" vom individuellen Vorverständnis des konkreten Rechtsanwenders geleitet sein dürfte. Dass der Zweck der Verarbeitung durch die Rechte betroffener Personen beeinträchtigt werden kann, ist zumindest beim Auskunftsrecht nicht schwer vorstellbar. Eine Beeinträchtigung dürfte hier nur insoweit anzunehmen sein, als die Benachrichtigung betroffener Personen übermäßige, überobligationsmäßige Anstrengungen des Verantwortlichen beanspruchen würde, etwa weil sie exorbitante Personalaufwände für Recherche und die Kontaktaufnahme mit den betroffenen Personen erfordert. Bloße, für den Verantwortlichen als belastend empfundene finanzielle Auswirkungen wegen erforderlicher Aufwendungen, die im Zusammenhang mit der Gewährleistung des Rechts betroffener Personen verbunden sind, reichen für eine ernsthafte Beeinträchtigung der mit der Verarbeitung verfolgten Zwecke nicht aus. Vielmehr ist für dieses Tatbestandsmerkmal zu fordern, dass eine nahezu **prohibitive Wirkung** von der Umsetzung der Betroffenenrechten für die Verarbeitung ausgeht.

65 Vor dem Hintergrund der bereits bestehenden Einschränkungsklausel der Betroffenenrechte durch Art. 23 erscheinen die Regelungen in Abs. 2 und Abs. 3 als weitere Einschränkungsmöglichkeiten des Rechts auf informationelle Selbstbestimmung, mit denen die hohen Hürden der Einschränkung in Art. 23 (→ Art. 23 Rn. 1) für die privilegierten Zwecke in Art. 89 deutlich unterlaufen werden. Sowohl bei einschränkenden Regelungen nach Abs. 2 als auch nach Abs. 3 sollten daher sowohl die Eignung als auch die Erforderlich-

---

52 Kühling/Buchner/*Buchner*/*Tinnefeld* Art. 89 Rn. 30.
53 Ehmann/Selmayr/*Raum* Art. 89 Rn. 42.
54 *Richter* DuD 2016, 581 (585) mit Hinweis auf §§ 9, 10ff. und 17 BStatG; dies gelte jedoch nicht für das Verbot der Reidentifizierung in § 21 BStatG, soweit sich diese Bestimmung auf dritte Stellen, die auf rein privatwirtschaftlicher Grundlage handeln, bezieht.
55 Vgl. Paal/Pauly/*Pauly* Art. 89 Rn. 16.
56 S. zB Paal/Pauly/*Pauly* Art. 89 Rn. 14, 17: Verhältnismäßigkeitsprüfung.

keit und Angemessenheit von Eingriffsregelungen kritisch hinterfragt werden; eine Überprüfung muss hier im Lichte der Datenschutzgrundrechte der Art. 7 und 8 GRCh einen strengen Maßstab anlegen.

V. Parallele Verarbeitungszwecke (Abs. 4)

Abs. 4 regelt den Fall, dass neben den in Abs. 2 und Abs. 3 genannten Verarbeitungszwecken **weitere Zwecke** für die Verarbeitung der Daten bestehen, für die jedoch nicht die Privilegierungen des Art. 89 gelten. Die Vorschrift zielt darauf ab zu verhindern, dass Datenverarbeiter anderweitige Zwecke verfolgen und sich dennoch auf die Privilegierung des Art. 89 berufen können.[57] Ein Unterlaufen der Rechte betroffener Personen soll dadurch verhindert werden. Insoweit gilt, dass die Ausnahmen in Abs. 2 und Abs. 3 durch den privilegierten Verarbeitungszweck begrenzt werden.[58] Die Bestimmung lässt im Übrigen erkennen, dass der Gesetzgeber keineswegs davon ausgegangen ist, dass eine zweckändernde Weiterverarbeitung keine eigenständige Rechtsgrundlage für diese Weiterverarbeitung erfordert. Eines Abs. 4 hätte es sonst nicht bedurft. 66

Bei derartigen Mehrfachzwecken ist zu differenzieren: Liegen im Zeitpunkt der Datenverarbeitung mehrere Zwecke vor, etwa im Fall eines Forschungsprojekts mit darüber hinausreichender zusätzlicher kommerzieller Ausrichtung, so ist Art. 89 grundsätzlich anwendbar. Denn allein die private Finanzierung lässt Art. 89 nicht per se entfallen (siehe EG 159, S. 2; näher zum Begriffsverständnis → Rn. 16). Allerdings ist zu berücksichtigen, dass die Privilegierungen auch nur für denjenigen Teil der Verarbeitung greifen, die zu den Zwecken nach Abs. 1 durchgeführt wird – im genannten Beispiel also nicht für einen überschießenden kommerziellen Teil. Die Verarbeitung zu den anderen Zwecken muss sich an den hierfür geltenden Regelungen messen lassen. Letztlich gilt dann, dass die Privilegierung nur so weit reicht wie der Zweck, der für diese maßgeblich ist. Im Einzelfall kann die Abgrenzung schwierig sein; im Zweifel ist dann insgesamt von der Notwendigkeit einer vollständigen, nicht von der Privilegierung des Art. 89 erfassten datenschutzrechtlichen Konformität auszugehen. 67

Der Fall einer **nachträglichen weiteren** Datenverarbeitung, die dann etwa zur wirtschaftlichen Verwertung der Ergebnisse durchgeführt wird, ohne dass damit noch Zwecke aus Art. 89 verbunden sind, kann nicht auf die Vorschrift des Art. 89 gestützt werden.[59] Die Zulässigkeit der weiteren Verarbeitung richtet sich dann nach den allgemeinen Bestimmungen der DSGVO, so dass Abs. 2 und Abs. 3 für die weitergehende Verarbeitung keine Anwendung finden.[60] 68

Artikel 90   Geheimhaltungspflichten

(1) ¹Die Mitgliedstaaten können die Befugnisse der Aufsichtsbehörden im Sinne des Artikels 58 Absatz 1 Buchstaben e und f gegenüber den Verantwortlichen oder den Auftragsverarbeitern, die nach Unionsrecht oder dem Recht der Mitgliedstaaten oder nach einer von den zuständigen nationalen Stellen erlassenen Verpflichtung dem Berufsgeheimnis oder einer gleichwertigen Geheimhaltungspflicht unterliegen, regeln, soweit dies notwendig und verhältnismäßig ist, um das Recht auf Schutz der personenbezogenen Daten mit der Pflicht zur Geheimhaltung in Einklang zu bringen. ²Diese Vorschriften gelten nur in Bezug auf personenbezogene Daten, die der Verantwortliche oder der Auftragsverarbeiter bei einer Tätigkeit erlangt oder erhoben hat, die einer solchen Geheimhaltungspflicht unterliegt.

(2) Jeder Mitgliedstaat teilt der Kommission bis zum 25. Mai 2018 die Vorschriften mit, die er aufgrund von Absatz 1 erlässt, und setzt sie unverzüglich von allen weiteren Änderungen dieser Vorschriften in Kenntnis.

Literatur: *Däubler/Klebe/Wedder/Weichert,* Bundesdatenschutzgesetz. Kommentar, 5. Aufl. 2016; *Weichert, T.,* Datenschutz auch bei Anwälten?, NJW 2009, 550; *Zikesch, P./Kramer, R.,* Datenschutz bei freien Berufen – Anwendungsbereich und Grenzen des BDSG und das Berufsrecht der Rechtsanwälte, Steuerberater und Wirtschaftsprüfer, ZD 2015, 461.

---

57 S. Sydow/*Hense* Art. 89 Rn. 19; Paal/Pauly/*Pauly* Art. 89 Rn. 18.
58 Paal/Pauly/*Pauly* Art. 89 Rn. 18; Kühling/Buchner/*Buchner/Tinnefeld* Art. 89 Rn. 27.
59 IdS Ehmann/Selmayr/*Raum* Art. 89 Rn. 41; Auernhammer/*Greve* Art. 89 Rn. 12.
60 Vgl. Plath/*Grages* DSGVO Art. 90 Rn. 13.

I. Normzweck und Entstehungsgeschichte

1   Art. 90 betrifft die Schnittstelle zwischen den besonderen Anforderungen an Geheimhaltungspflichten durch bestimmte Berufsgruppen und den parallel bestehenden Anforderungen der Datenschutzaufsicht. Die Regelung enthält eine **fakultative Öffnungsklausel** für die Mitgliedstaaten und legt es damit in deren Hände, das **Spannungsverhältnis** zwischen **Berufsgeheimnisträgern** und den die **Datenschutzregelungen** überwachenden Aufsichtsbehörden selbst zu regeln. Durch die Übertragung der Regelungskompetenz auf die Mitgliedstaaten trägt der europäische Gesetzgeber dem Faktum unterschiedlicher Regelungskonzeptionen innerhalb der Mitgliedstaaten Rechnung.

2   Dieser Ansatz entspricht weitgehend Art. 84 Kom-E; die endgültige Fassung wurde bis auf kleine Änderungen aus dem Rat-E übernommen. Art. 84 Parl-E hatte demgegenüber noch eine Regelungspflicht für die Mitgliedstaaten enthalten, einen Ausgleich zwischen Datenschutzkontrolle und Geheimnisträgern vorzunehmen.[1]

3   Die DSRL enthielt keine Vorgängerregelung. Auch vor diesem Hintergrund wurde die **Kontrollkompetenz der Aufsichtsbehörden** im Bereich von Geheimhaltungsverpflichtungen im BDSG aF seit jeher in Frage gestellt.[2] Obwohl sich die Kontrolle der Datenverarbeitung von personenbezogenen Daten auch auf Berufsgeheimnisträger erstreckt, wurde ein Ausschluss gerade gegenüber dem anwaltlichen Bereich der Berufs- und Amtsgeheimnisträger vertreten.[3] So sollte die Verpflichtung zur Wahrung gesetzlicher Geheimhaltungspflichten eines Rechtsanwalts dem Herausgabeverlangen von mandantenbezogenen Informationen nach § 38 Abs. 3 BDSG aF durch die Aufsichtsbehörde entgegenstehen.[4]

4   Dagegen wird und wurde von großen Teilen des Schrifttums eine **Ausklammerung der Berufs- und Amtsgeheimnisträger** aufgrund von berufsrechtlichen Sonderregelungen abgelehnt.[5] Auch die Geheimnisträger müssen grundsätzlich der Kontrolle der Datenverarbeitung durch die zuständige Aufsichtsbehörde unterliegen. Eine Übernahme der Datenschutzkontrolle durch **datenschutzfremde Berufsfachverbände** ist keine geeignete Alternative. Gerade die Tatsache, dass die Daten bei den Aufsichtsbehörden einer strengen Zweckbindung unterliegen,[6] macht die Gefahr einer Offenbarung von Geheimnissen im Ergebnis hier sehr unwahrscheinlich. Gleiches galt auch bislang im Anwendungsbereich der DSRL.

5   Dieses Verständnis wird auch durch die gesetzlichen Regelungen des BDSG aF gestützt: § 38 Abs. 4 S. 3 BDSG aF ordnete an, dass § 24 Abs. 6 BDSG aF entsprechend galt, der seinerseits bestimmte, dass § 24 Abs. 2 BDSG aF für die öffentlichen Stellen in den Ländern für die Kontrolle der Einhaltung der Vorschriften über den Datenschutz Anwendung findet. Der Hauptschwerpunkt der Datenschutzkontrolle bei Berufsgeheimnisträgern liegt in der Zuständigkeit der Länder; diese sind für einen Großteil der Krankenhäuser, vor allem aber auch für die niedergelassenen Ärzte, für Rechtsanwälte usw zuständig. Über den in § 24 Abs. 6 BDSG aF enthaltenen Verweis auf den dortigen Abs. 2 erstreckte sich die Datenschutzkontrolle auch und gerade auf personenbezogene Daten, „die einem Berufs- oder besonderen Amtsgeheimnis" unterliegen (§ 24 Abs. 2 S. 1 Nr. 2 BDSG aF).

6   Die Kontrolltätigkeit nach § 38 BDSG aF, so diese Auffassung, dürfe die durch die besondere Gestaltung des Rechtsverhältnisses bestehenden Vertrauensbeziehungen nicht unverhältnismäßig beeinträchtigen.[7] Anwendbarkeit und Durchsetzung der Vorschriften zum Datenschutz setzten die Kontroll- und Untersuchungsbefugnisse im Rahmen des Erforderlichen voraus. Wo eine Beeinträchtigung von Geheimnisinteressen nicht in Betracht kommt, stehen die Kontrollbefugnisse bereits per se nicht in Frage. So steht etwa die datenschutzrechtliche Kontrolle zur Gewährleistung des **Arbeitnehmerdatenschutzes** vor Ort grundsätzlich nicht in Konflikt mit dem Schutz von Patienten-, Mandanten- oder sonstigen Klientengeheimnissen. Gleiches gilt für die Überwachung von **Arztpraxen** oder **Anwaltskanzleien** auf die **Einhaltung technisch-organisatorischer Maßnahmen** zur Datensicherheit, etwa die Überwachung der Verschlüsselung besonders sensibler Daten. Ebenfalls nicht mit Berufsgeheimnissen zugunsten Dritter kollidiert ein **Informations- bzw. Auskunftsersuchen** von Personen, **gegenüber** denen die Geheimhaltung **gerade angeordnet** wird. Dies ist der Fall, wenn gerade Mandanten oder Patienten datenschutzrechtliche Ansprüche gegenüber dem zur Geheimhaltung verpflichteten Personenkreis, etwa Ärzten oder Rechtsanwälten, geltend machen.

7   Abs. 1 nimmt nun die Kollision zwischen Geheimhaltungs- bzw. Verschwiegenheitspflichten einerseits und dem Datenschutz andererseits auf und überlässt entsprechende Regelungen zur Einschränkung der Daten-

---

1   Zur Entstehungsgeschichte auch Kühling/Buchner/*Herbst* Art. 90 Rn. 5.
2   Zum Streitstand Simitis/*Dix* § 1 Rn. 175ff.; *Zikesch/Kramer* ZD 2015, 461 (461 f.).
3   Vgl. *Redeker* NJW 2009, 554; dagegen *Weichert* NJW 2009, 550.
4   IdS KG Berlin NJW 2011, 324 f.
5   MwN *Gola/Schomerus* § 38 Rn. 4.
6   Vgl. dazu DKWW/*Weichert* § 38 Rn. 15.
7   IdS Simitis/*Petri* § 38 Rn. 22ff.; DKWW/*Weichert* § 38 Rn. 11ff.; ferner *Gola/Schomerus* § 38 Rn. 22.

schutzkontrolle dem nationalen Rechtssetzer. Dieser bleibt zukünftig zuständig, an der Schnittstelle des Berufsrechts und des Datenschutzrechts die jeweiligen Vorgaben zu formulieren.

II. Umfang der Öffnungsklausel (Abs. 1)

1. Personeller und sachlicher Anwendungsbereich. Die Vorschrift enthält eine **partielle Auflösung des Spannungsverhältnisses** zwischen dem Recht der Berufsgeheimnisträger und den Befugnissen der Aufsichtsbehörden zur eigenständigen Überwachung und Kontrolle des Datenschutzes. Abs. 1 S. 1 spricht von dem nach Unionsrecht oder nach dem Recht der Mitgliedstaaten oder nach einer von den zuständigen nationalen Stellen erlassenen Verpflichtung vorgesehenen **Berufsgeheimnis** oder einer **gleichwertigen** von Unionsrecht oder dem Recht der Mitgliedstaaten geregelten **Geheimhaltungspflicht**. Rechtsquellen sind hier die nach Unionsrecht in Art. 288 AEUV enthaltenen Verordnungen, Richtlinien[8] und Beschlüsse, im nationalen Recht sowohl das formelle Recht in Bundes- und Ländergesetzen sowie das materielle Recht in Form von Verordnungen und berufsständischen Satzungen.[9] 8

Der **Begriff der Berufsgeheimnisse** wird in der DSGVO nicht definiert. Dies sind Geheimnisse, die sich für den Geheimnisträger aus der Zugehörigkeit zu einer beruflichen Gruppe ergeben, für die sich eine besondere Vertrauensstellung ergibt.[10] Hier können die Begriffselemente des Berufsgeheimnisses aus Art. 339 AEUV ergänzend herangezogen werden. Danach wird für erforderlich angesehen, dass die Daten lediglich einem begrenzten Personenkreis bekannt sind, ihr Bekanntwerden zu einem Nachteil der betroffenen Personen werden kann und dass das Geheimnis, dem die besondere Verschwiegenheitspflicht zu dienen bestimmt ist, objektiv schutzwürdig ist.[11] 9

Als übergeordneter Begriff sind **gleichwertige Geheimhaltungspflichten** zu verstehen als alle Verschwiegenheitspflichten, die an bestimmte berufliche Positionen oder Pflichten anknüpfen.[12] Nicht direkt, aber mittelbar zu dieser Gruppe gehört die Aufzählung an Pflichten in § 203 StGB, da diese Norm zunächst keine Geheimhaltungspflicht schafft, sondern streng genommen an die Verletzung bereits bestehender Geheimhaltungspflichten strafrechtliche Folgen knüpft.[13] Gleichwohl ist zu berücksichtigen, dass strafrechtlich bewehrte Verschwiegenheitspflichten eine besondere Bedeutung haben, die ihre strafrechtliche Sanktionierung erst rechtfertigt. Die in § 203 StGB geschützten Geheimhaltungspflichten sind daher ebenfalls von Art. 90 umfasst. 10

Die Auffassung, wonach unter die **gleichwertigen Geheimhaltungspflichten** in erster Linie Amtsgeheimnisse zu fassen seien, die **besondere Verpflichtungen** bei der Ausübung eines öffentlichen Amtes statuieren,[14] ist abzulehnen. Dies würde dazu führen, dass verschiedene öffentlich-rechtliche Datenverarbeitungen, etwa im Bereich des Sozial-, Steuer- und Statistikgeheimnisses, die traditionell und in bewährter Weise einer Datenschutzkontrolle durch Aufsichtsbehörden unterliegen, künftig davon in weiten Teilen ausgenommen wären.[15] So werden allgemeine Verschwiegenheitspflichten der Beamten nach beamtenrechtlichen Vorschriften und das Meldegeheimnis hierzu gezählt. Eine so **weitreichende Ausnahme der aufsichtsbehördlichen Kompetenzen** (→ Rn. 18) würde weite Bereiche besonders sensibler Datenverarbeitung im Bereich öffentlicher Stellen weitgehend leerlaufen lassen. Die DSGVO mit ihrem hohen Schutzanspruch wollte hier indes nur die Regelung eines besonderen Ausschnitts von einzelnen, gerade gegenüber einer staatlichen Kontrolle besonders zu schützenden Verschwiegenheitspflichten ermöglichen, nicht aber eine Blankoermächtigung einräumen, staatliche verantwortliche Stellen der Datenschutzkontrolle zu entziehen. **Gleichwertige Geheimhaltungspflichten** sind daher **Kategorien von Verschwiegenheitspflichten**, die weder an eine Berufs-, noch an eine Amtsstellung, aber etwa an besondere spezialgesetzliche Regelungen wie im Bereich des Post- oder des Fernmeldegeheimnisses (§ 39 PostG, §§ 88ff. TKG) anknüpfen können. Auch ist dies zB bei § 65 SGB VIII der Fall, der im Bereich der Kinder- und Jugendhilfe eine über das normale, ohnehin zu Klienten bestehende Verhältnis hinausgehende Vertrauensbeziehung voraussetzt. Insgesamt ist hier wegen des genannten Schutzanspruchs eine restriktive Auslegung der datenschutzrechtlichen Privilegierung geboten. 11

Bereits ohne die Amtsgeheimnisse ist der Anwendungsbereich der gesetzlich besonders angeordneten Geheimhaltungspflichten **denkbar weit gefasst**: Hierzu zählen Ärzte (§ 9 MBO-Ä) und Rechtsanwälte (§ 43 a Abs. 2 BRAO), aber auch etliche Versicherungszweige, Berufspsychologen und Apotheker. Ferner gehören 12

---

8 Kritsch zu Richtlinien im Zusammenhang mit Art. 90 Kühling/Buchner/*Herbst* Art. 90 Rn. 10.
9 Kühling/Buchner/*Herbst* Art. 90 Rn. 10 f.
10 Vgl. Simitis/*Simitis* § 1 Rn. 177.
11 So mit Verweis auf Calliess/Ruffert/*Kingreen/Werner* AEUV Art. 339 Rn. 2 Ehmann/Selmayr/*Ehmann/Kranig* Art. 90 Rn. 7.
12 BeckOK DatenschutzR/*Gusy* BDSG § 1 Rn. 85.
13 Simitis/*Dix* § 3 Rn. 180.
14 Paal/Pauly/*Pauly* Art. 90 Rn. 6.
15 So aber Kühling/Buchner/*Herbst* Art. 90 Rn. 15.

hierzu etwa das Notargeheimnis (§ 18 BNotO) sowie Verschwiegenheitspflichten von Steuerberatern (§ 57 Abs. 1 StBerG) und Wirtschaftsprüfern (§ 43 Abs. 1 S. 1 WiPrG). Durch die Einbeziehung von zB Ehe-, Familien-, Erziehungs- oder Jugendberatern sowie von staatlich anerkannten Sozialarbeitern und Sozialpädagogen (vgl. § 203 Abs. 1 Nr. 4 und 5 StGB) dehnt sich der praktische Anwendungsbereich von Abs. 1 zusätzlich auf breite Bereiche des alltäglichen Lebens aus.

13 Im Hinblick auf den sachlichen Anwendungsbereich ist Abs. 1 S. 2 von entscheidender Bedeutung. Die besondere Geheimhaltungspflicht knüpft an die ebenso **besondere Vertrauensstellung** an, die der Geheimnisverpflichtete gegenüber dem **Geheimnisberechtigten** (Klient, Patient, Kunde, Mandant, Vertrauensperson) innehat. Konsequenterweise lässt Abs. 1 S. 2 eine nationale Regelung sodann auch nur in demjenigen Umfang zu, in dem dieses Vertrauensverhältnis besteht. Einem Verantwortlichen oder Auftragsverarbeiter die Privilegierung, die in Abs. 1 S. 1 angelegt und im nationalen Recht eventuell umgesetzt ist, auch für personenbezogene Daten zuzubilligen, die er in **anderen Zusammenhängen verarbeitet**, scheidet somit schon europarechtlich aus.

14 **2. Von der Öffnungsklausel erfasste Befugnisse.** Ausdrücklich bezieht Abs. 1 die Einschränkungsprärogative des Gesetzgebers auf die Befugnisse der Aufsichtsbehörde iSd **Art. 58 Abs. 1 lit. e und f.** Diese regeln die **Untersuchungsbefugnisse von Aufsichtsbehörden**, Zugang zu den personenbezogenen Daten und Informationen der Verantwortlichen zur Erfüllung der aufsichtsbehördlichen Pflichten zu erhalten (lit. e → Art. 58 Rn. 17ff.). Gleichzeitig wird den Aufsichtsbehörden der Zugang zu den Geschäftsräumen, einschließlich aller Datenverarbeitungsanlagen und Geräte die für die Datenverarbeitung Verantwortlichen bzw. des Auftragsverarbeiters eingeräumt (lit. f → Art. 58 Rn. 22 f.).

15 Weitergehende **Abhilfe-, Beratungs- oder Genehmigungsbefugnisse** iSd Art. 58 sind von der Öffnungsklausel jedoch nicht umfasst.[16] Im Umkehrschluss gelten insoweit daher grundsätzlich alle anderen aufsichtsbehördlichen Befugnisse gegenüber Berufsgeheimnisträgern auch weiterhin.[17] Dennoch stellt das Recht des Zugangs eine zentrale Befugnis für eine datenschutzrechtliche Kontrolle dar. Ohne diese wird die Aufsichtsbehörde weder anlasslose Kontrollen durchführen noch bestimmte Verdachtsmomente auf Verstöße gegen Datenschutzbestimmung konkret belegen können.

16 Der **deutsche Gesetzgeber** hat von seiner Ermächtigung vollumfänglich Gebrauch gemacht. § 29 Abs. 3 BDSG nF ordnet an, dass gegenüber den in § 203 Abs. 1, 2 a und 3 StGB genannten Personen oder deren Auftragsverarbeitern die Untersuchungsbefugnisse der Aufsichtsbehörden gemäß Art. 58 Abs. 1 lit. e und f. DSGVO nicht bestehen, soweit die Inanspruchnahme der Befugnisse zu einem Verstoß gegen die Geheimhaltungspflichten dieser Personen führen würde. Damit wird die Möglichkeit der Aufsichtsbehörden massiv beschränkt, die Verarbeitung von besonderen Geheimhaltungsverpflichtungen unterliegenden Daten zu kontrollieren.

17 Dies führt zu einer **einseitigen Auflösung des Spannungsverhältnisses** zwischen Geheimhaltungsverpflichtung und Kontrollbefugnis zulasten des Datenschutzrechts betroffener Personen. Eine **praktische Konkordanz**,[18] die beide kollidierenden Rechtsbereiche schonend auflöst und die Abs. 1 einfordert – auf der einen Seite das Bedürfnis des Mandanten, dass die von ihm anvertrauten Informationen nur eingeschränkt offenbart werden dürfen, auf der anderen Seite die Datenschutzrechte betroffener Personen sowie die hierauf gründende staatliche Kontrollzuständigkeit – wird so verfehlt.

18 Zwar ist auch künftig die Überprüfung der Einhaltung der Regelungen des Datenschutzes im Bereich von **Beschäftigtendaten** etwa in Arztpraxen, Rechtsanwalts- und Wirtschaftsprüfungskanzleien weiterhin möglich. Denn hier wird die Kontrollkompetenz durch **keine entgegenstehende Geheimhaltungspflicht** durchbrochen. Davon abgesehen werden aufsichtsbehördliche Prüfungen jedoch stark eingeschränkt. So wird die Überprüfung der **technisch-organisatorischen Maßnahmen** der Datenhaltung, deren Außerachtlassung künftig nach Maßgabe der DSGVO **bußgeldbewehrt** ist, immer dann **nicht** in Betracht kommen, wenn hierfür ein Zugang zu Daten erforderlich ist, auf die sich die Verpflichtung der verantwortlichen Stelle zur Geheimhaltung bezieht.[19] Selbst offenkundige Verstöße wie eine **fehlende Verschlüsselung** sensibler Daten oder die Außerachtlassung der umfassenden Verpflichtungen zur **Datensicherheit** nach Art. 32 dürften im Regelfall kaum nachweisbar sein, ohne dass den Aufsichtsbehörden ein Zugang zu den informationstechnischen Systemen der verantwortlichen Stelle eingeräumt wird, bei dem eine Kenntnisnahme der geheimhaltungsbedürftigen Daten durchaus möglich wäre. Eine konkretisierte proaktive Verhinderung von Datenlecks und Eingriffen in die Rechte betroffener Personen ist dadurch ganz wesentlich erschwert. Ferner wird die fehlende Überprüfbarkeit der Datenhaltung künftig auch **Sanktionen** von **Datenschutzverstößen** verhin-

---

16 Paal/Pauly/*Pauly* Art. 90 Rn. 8.
17 Ehmann/Selmayr/*Ehmann/Kranig* Art. 90 Rn. 2.
18 S. Sydow/*Tiedemann* Art. 90 Rn. 17; Ehmann/Selmayr/*Ehmann/Kranig* Art. 90 Rn. 4.
19 Sa Sydow/*Tiedemann* Art. 90 Rn. 18.

Caspar

dern. Damit dürfte auch die abschreckende Wirkung, die mit der DSGVO verbunden sein sollte, auf Seiten der verantwortlichen Stellen kaum mehr bestehen.

Relevante Prüfungsverfahren, wie etwa die **Auswertung der Zugriffe** auf die **elektronische Patientenakte** 19 von Krankenhäusern und Universitätskliniken[20] oder die **Weitergabe von Patientendaten an Abrechnungsstellen**, werden ebenso verhindert, wie die Suche nach **papierenen Patientenakten**, auf denen durch das Krankenhaus ein roter Punkt für Aidspatienten angebracht wurde oder die Überprüfung der Speicherung von Patientendaten in der I-Cloud.[21]

Der durch die Geheimhaltungspflicht **Begünstigte** kann jedoch eine **Einwilligung** für die Überprüfung seiner 20 personenbezogenen Daten durch die Aufsichtsbehörde abgeben. Damit könnte immerhin eine Prüfung mit Blick auf den individuellen Fall erfolgen. Soweit jedoch der Zugang auf informationstechnische Systeme auch die Daten anderer betroffener Personen eines Berufsgeheimnisträgers offenbaren könnte, bleibt die Kompetenz der Aufsichtsbehörde für die Durchführung von Prüfungen fraglich. Gerade für die Durchführung von **anlassunabhängigen Prüfungen** dürfte somit in der Praxis nur wenig Raum bleiben, es sei denn, der Geheimnisträger machte dies seinerseits stets zur Grundlage seiner vertraglichen Beziehungen.

Erlangt eine Aufsichtsbehörde im Rahmen einer Untersuchung Kenntnis von Daten, die einer Geheimhal- 21 tungspflicht im Sinne des S. 1 unterliegen, gilt die Geheimhaltungspflicht nach § 29 Abs. 3 S. 2 BDSG nF auch für diese Aufsichtsbehörde. Damit ist eine Perpetuierung der Geheimhaltungspflicht verbunden, deren Existenz für sich genommen völlig ausreichen würde, um die Interessen der von der Geheimhaltungspflicht begünstigten Personen in ausreichendem Maß zu sichern. Einer Einschränkung der Prüfungsbefugnisse der Aufsichtsbehörden hätte es demgegenüber nicht bedurft.

Durch die Einbeziehung der Auftragsverarbeiter in § 29 Abs. 3 S. 1 BDSG nF werden die Verschwiegen- 22 heitspflichten auch auf die **IT-Dienstleister verlängert**, denen sich die Berufsgeheimnisträger zur Verarbeitung der Daten im Auftrag häufig bedienen. Damit sind auch **Datenschutzkontrollen bei Auftragsverarbeitern**, die insbes. von Ärzten und Rechtsanwaltskanzleien eingesetzt werden, nur noch bedingt möglich.

3. Schranken der Öffnungsklausel. Die Öffnungsklausel beinhaltet gerade keine Befugnis, materiellrechtli- 23 che Einschnitte in den in Abschnitt 2 der DSGVO genannten Betroffenenrechten, etwa den Auskunftspflichten, anzuordnen, sondern regelt lediglich die **Einschränkung der aufsichtsbehördlichen Kontrollkompetenz**. Parallel zum Abbau der Überwachungsbefugnisse erfolgt in § 29 Abs. 1 und 2 BDSG nF eine materiellrechtliche Beschränkung der Rechte Betroffener auf Information und auf Auskunft nach Maßgabe des Art. 23. Insoweit sollen im nationalen Datenschutzrecht die geheimhaltungsrechtlichen Anforderungen an eine Verschwiegenheit von Berufsgeheimnisträgern in einer **extensiven Weise** zulasten aufsichtsbehördlicher Kontrollbefugnisse wie auch von Auskunfts- und Informationsrechten Betroffener umgesetzt werden. Die Vereinbarkeit dieser nationalen Regelung mit der Öffnungsklausel erscheint überaus fraglich (→ Rn. 25ff.).

Wie auch in Art. 23 steht die Öffnungsklausel in Art. 90 unter dem Vorbehalt des Verhältnismäßigkeits- 24 grundsatzes und formuliert danach datenschutzrechtlich eine **Schranken-Schranke**. Ausdrücklich bestimmt Art. 90, dass die nationale Regelung notwendig und verhältnismäßig sein muss, um das Recht auf Schutz der personenbezogenen Daten mit der Pflicht zur Geheimhaltung in Einklang zu bringen. Eine **Blankoermächtigung zur Einschränkung** der behördlichen Aufsichtskompetenzen ist damit gerade nicht verbunden. Die Öffnungsklausel steht unter dem Vorbehalt, dass zwischen der Geheimhaltungspflicht und den Rechten betroffener Personen ein angemessener Ausgleich im Sinne einer praktischen Konkordanz (→ Rn. 17) hergestellt wird. Diese Regelungen hat der nationale Gesetzgeber daher mit der nötigen Zurückhaltung umzusetzen.[22]

Die EU-Rechtskonformität eines umfassenden und uneingeschränkten Ausschlusses datenschutzrechtlicher 25 Kontrolle bei Berufsgeheimnisträgern ist mit Blick auf die Bestimmung des § 29 Abs. 3 BDSG nF fraglich. Reicht bereits die Geltendmachung einer Verschwiegenheitspflicht, um eine **unabhängige Kontrolle der Datenverarbeitung** bei der zur Geheimhaltung verpflichteten verantwortlichen Stelle insgesamt zu unterbinden, ist in der Praxis ein effizienter Grundrechtsschutz nicht mehr herzustellen, denn eine neutrale Überwachung der Datenschutzregelungen ist dann sachgerecht nicht mehr möglich.

Gerade das Absehen von einer effizienten Datenschutzaufsicht mit Blick auf den besonders sensiblen Be- 26 reich der **Patientendaten** ist vor dem Hintergrund, dass Art. 90 dies nicht einfordert, sondern lediglich eine ausgleichende nationale Regelung erlaubt, fragwürdig. Zudem ergeben sich erhebliche Zweifel aus den primärrechtlichen Bestimmungen des Art. 16 Abs. 2 AEUV sowie des Art. 8 Abs. 3 GRCh, die die Überwa-

---

20 Dazu Tätigkeitsbericht des Hamburgischen Beauftragten für Datenschutz und Informationsfreiheit 2014/2015, S. 35.
21 Entsprechende Fälle entstammen der tatsächlichen Praxis einer Aufsichtsbehörde und dürften künftig so nicht mehr dokumentierbar sein.
22 Zur Verhältnismäßigkeit auch Paal/Pauly/*Pauly* Art. 90 Rn. 9; vgl. EG 164.

chung der Einhaltung der Vorschriften des Datenschutzes durch **unabhängige Behörden** vorsehen.[23] Die Aufgaben der unabhängigen Stelle durch die **berufsständischen Organisationen** erledigen zu lassen, die ihrerseits der Überwachung durch Datenschutzbehörden unterstehen und idR über keine aufsichtsbehördlichen Sachkenntnisse für den Datenschutz sowohl in technisch-organisatorischer als auch in juristischer Hinsicht verfügen, dürfte vorliegend zu kurz greifen. Den Anforderungen eines effizienten Datenschutzes können die Aufsichtsbehörden für weite Bereiche geheimhaltungspflichtiger Beziehungen zwischen betroffenen Personen und verantwortlichen Stellen nicht mehr hinlänglich Rechnung tragen.

27 Informationen, die einer Geheimhaltungspflicht unterliegen, lassen sich nicht per se einer aufsichtsbehördlichen Kontrolle entziehen.[24] Vielmehr ist aus Art. 90 sowie aus den Vorgaben des EU-Primärrechts zu folgern, dass eine nationale Regelung einen **Vorrang der Geheimhaltung im Einzelfall** nur vorsehen darf, wenn die Pflicht zur Wahrung des Berufsgeheimnisses tatsächlich mit dem Recht auf Datenschutz in Kollision tritt und das Bestehen einer aufsichtsbehördlichen Eingriffskompetenz das Recht tatsächlich unterläuft. Ist dies ersichtlich nicht der Fall, widerspricht eine Beschränkung der Kontrollkompetenz dem grundrechtlichen Schutz der Daten der betroffenen Personen, da die Einschränkungen nicht zum Schutz relevanter, im Einzelfall bestehender Geheimhaltungspflichten **erforderlich** sind.[25] Ein **pauschaler Vorrang** der Berufsgeheimnisse gegenüber der Datenschutzkontrolle ist daher mit dem Gebot der Erforderlichkeit nicht vereinbar.[26] So tritt eine datenschutzrechtliche Untersuchung, die auf Veranlassung der betroffenen Person vorgenommen wird, der zugleich der Verschwiegenheitsberechtigte ist, grundsätzlich nicht mit dem Gebot der Verschwiegenheitspflicht in Kollision. Letztere bezweckt ja gerade nicht, die zur Geheimhaltung verpflichtete Stelle vor einer Datenschutzkontrolle zu bewahren, sondern die Person zu schützen, die diese der Verpflichtung zur Geheimhaltung unterliegenden Informationen anvertraut hat.

28 Entsprechendes gilt im Ergebnis auch für **technisch-organisatorische Prüfungen**, die gerade **keine Berufsgeheimnisse** betreffen, sondern umgekehrt diese gerade – wie im Fall der Überprüfung des Einsatzes von Verschlüsselungstechnik – zu schützen bezwecken. Dabei hat es der nationale Gesetzgeber in der Hand, eine Regelung zu schaffen, die – wie von der DSGVO vorgegeben – einen Einklang mit den Anforderungen beider kollidierenden Rechtswerte der Verschwiegenheitspflicht und des Datenschutzes herstellt. Die Öffnungsklausel begründet eine Regelungsbefugnis auch nur in dem Umfang, „soweit" dies für einen solchen Einklang notwendig und verhältnismäßig ist.

29 An vielen anderen Stellen geht der nationale Gesetzgeber wie selbstverständlich davon aus, dass berufsmäßig tätige Gehilfen ebenfalls der Verschwiegenheitspflicht unterfallen und eine Offenbarung der geheim zuhaltenden Informationen diesen gegenüber unproblematisch ist. Ohne jede Frage ist auch die Offenbarung des Geheimnisses gegenüber dritten Stellen zulässig, soweit eine gesetzliche Regelung dies erlaubt wie zB bei der Mitbehandlung oder der Durchsetzung eigener Forderungen der Geheimnisträger. Gerade **der Vergleich zu den berufsmäßig tätigen Gehilfen** (vgl. § 203 Abs. 3 StGB) zeigt, dass die Geheimhaltungsverpflichtung zum Schutz und im Interesse der Klienten auf dritte Personen erstreckt werden kann. Dies mündet sogar in der Möglichkeit einer **Zeugnisverweigerung** (vgl. § 53 a StPO) sowie in einem **Beschlagnahmeverbot** bei diesen (vgl. § 97 Abs. 4 StPO).

30 Eine solche gesetzliche Konstellation bietet sich auch **gegenüber den Datenschutzaufsichtsbehörden** an: Die Befugnisse der Aufsichtsbehörden sollten auch gegenüber Berufsgeheimnisträgern dem Grunde nach uneingeschränkt bleiben. Soweit hierbei die Kenntnisnahme von dem Geheimnis unterliegenden Daten erforderlich wird, sollte die Verschwiegenheitspflicht auch auf die Aufsichtsbehörde erstreckt werden, einschließlich Zeugnisverweigerungsrecht und Beschlagnahmeverbot. Eine solche Verschwiegenheitspflicht sieht nunmehr § 29 Abs. 3 S. 2 BDSG nF auch vor, allerdings in Kombination mit dem Ausschluss der Kontrollbefugnis.

31 Die Regelung bezieht sich deshalb offenbar auf personenbezogene Daten, die die Aufsichtsbehörden auf anderem Wege als nach Art. 58 Abs. 1 lit. e und f. DSGVO erlangt haben. In der Sache ist wegen § 29 **Abs. 3 S. 2 BDSG nF** die Notwendigkeit für eine Beschränkung der Aufsichtsbefugnisse nach S. 1 für einen Einklang beider Rechtsbereiche aber nicht gegeben. Auch der Gefahr einer **Ausforschung des Rechtsanwaltes** durch dessen Gegenseite via Einschaltung der Aufsichtsbehörde wird durch § 29 Abs. 3 S. 2 BDSG nF hinreichend begegnet, da die Offenbarung inhaltlicher Erkenntnisse aus einer Prüfung an die Gegenseite hierdurch gesetzlich beschränkt wird.

32 Insgesamt ist eine Realisierung sowohl des Datenschutzrechts als auch einer Geheimhaltungsverpflichtung durch differenzierte nationale Gesetze möglich. Einer weitreichenden Einschränkung der Aufsichtsbefugnis

---

23 Ehmann/Selmayr/*Ehmann/Kranig* Art. 90 Rn. 4.
24 So Paal/Pauly/*Pauly* Art. 90 Rn. 9, der davon ausgeht, dass die Verhältnismäßigkeitsprüfung im Rahmen des Art. 90 den Regelungsspielraum zulasten des Datenschutzes einengt.
25 Vgl. Plath/*Grages* DSGVO Art. 90 Rn. 6.
26 So DWWS/*Weichert* Art. 90 Rn. 23.

bedarf es hierzu nicht, auch und gerade nicht, um das Recht auf Schutz der personenbezogenen Daten mit der Pflicht zur Geheimhaltung in Einklang zu bringen. Insoweit ist § 29 Abs. 3 BDSG nF mit den einschränkenden Vorgaben der Verhältnismäßigkeit und der praktischen Konkordanz der Öffnungsklausel in Abs. 1 **nicht vereinbar**.

III. Mitteilungspflichten (Abs. 2)

Die Mitgliedstaaten sind nach Abs. 2 bis spätestens zum Geltungsdatum der DSGVO, dem 25.8.2018 (Art. 99 Abs. 2), verpflichtet, der KOM die Vorschriften mitzuteilen, die sie aufgrund der Bestimmung des Abs. 1 erlassen haben. Die Regelung in Abs. 2 gilt nicht für Entwürfe von Rechtsvorschriften. **33**

Ein Verstoß hiergegen hindert nicht etwa das Inkrafttreten nationaler Abweichungsregelungen oder führt zu deren Nichtanwendbarkeit.[27] Die Vorschrift ermöglicht vielmehr der KOM **zu überprüfen**, ob die Voraussetzungen der Einschränkungen des Rechts auf Schutz der personenbezogenen Daten bzw. für die Verringerung der Aufsichtsbefugnisse nach Abs. 1 für den jeweils betroffenen Regelungsbereich tatsächlich vorliegen und im Anschluss hieran, ggf. ein **Vertragsverletzungsverfahren nach Art. 258 AEUV** zu eröffnen.[28] **34**

Abs. 2 gilt nicht nur für **neue, nach dem Geltungsdatum** der DSGVO in Kraft tretende Neuregelungen oder Änderungen bestehender mitgliedstaatlicher Regelungen, sondern auch für Altregelungen, die bereits vor dem Inkrafttreten der DSGVO galten. Insoweit ist der Wortlaut der Vorschriften, „die der Mitgliedstaat erlässt" weit auszulegen. Abs. 2 will der KOM die Kenntnisse über Einschränkungen des Schutzes des Rechts auf Datenschutz vermitteln. Von Sinn und Zweck der Bestimmung her ist es grundsätzlich unbeachtlich, ob diese Wirkung von Regelungen ausgeht, die bereits in Geltung sind oder die neu geschaffen werden.[29] **35**

Das „unverzügliche" weitere In-Kenntnissetzen durch die Mitgliedstaaten bei Änderungen der Vorschriften soll eine ohne schuldhaftes Verzögern ermöglichte Kenntnisnahme der KOM garantieren. **36**

Artikel 91 Bestehende Datenschutzvorschriften von Kirchen und religiösen Vereinigungen oder Gemeinschaften

(1) Wendet eine Kirche oder eine religiöse Vereinigung oder Gemeinschaft in einem Mitgliedstaat zum Zeitpunkt des Inkrafttretens dieser Verordnung umfassende Regeln zum Schutz natürlicher Personen bei der Verarbeitung an, so dürfen diese Regeln weiter angewandt werden, sofern sie mit dieser Verordnung in Einklang gebracht werden.

(2) Kirchen und religiöse Vereinigungen oder Gemeinschaften, die gemäß Absatz 1 umfassende Datenschutzregeln anwenden, unterliegen der Aufsicht durch eine unabhängige Aufsichtsbehörde, die spezifischer Art sein kann, sofern sie die in Kapitel VI niedergelegten Bedingungen erfüllt.

Literatur: *von Campenhausen/de Wall*, Staatskirchenrecht, 4. Auflage, München 2006; *Claessen, H.*, Datenschutz in der evangelischen Kirche: Praxiskommentar zum Kirchengesetz über den Datenschutz der EKD, 2. Aufl.1998; *Dammann, U.*, Erfolge und Defizite der EU-Datenschutzgrundverordnung – Erwarteter Fortschritt, Schwächen und überraschende Innovationen, ZD 2016, 307; *ders.*, Die Anwendung des neuen Bundesdatenschutzgesetzes auf die öffentlichrechtlichen Religionsgesellschaften, NVwZ 1992, 1147; *Deutsche Bischofskonferenz*, Datenschutz und Melderecht der katholischen Kirche 2006, Arbeitshilfe Nr. 206, 4. Auflage, Bonn 2018; *Diözesandatenschutzbeauftragter des Erzbistums Hamburg, der Bistümer Hildesheim, Osnabrück und des Bischöflich Münsterschen Offizialats in Vechta i.O.*, Datenschutz im Pfarrbüro – Eine Arbeitshilfe für kirchliche Einrichtungen, Arbeitshilfe Nr. 200, 5/2018; *Fachet, S.*, Datenschutz in der katholischen Kirche: Praxiskommentar zur Anordnung über den kirchlichen Datenschutz, 1998; *Germann, M.*, Das kirchliche Datenschutzrecht als Ausdruck kirchlicher Selbstbestimmung, ZevKR 48 (2003), 446; *Heinig, H.*, Öffentlich-rechtliche Religionsgesellschaften – Studien zur Rechtsstellung der nach Art. 137 Abs. 5 WRV korporierten Religionsgesellschaften in Deutschland und in der Europäischen Union, 2003; *Hoeren, T.*, Kirchen und Datenschutz: kanonistische und staatskirchenrechtliche Probleme der automatisierten Datenverarbeitung, 1986; *Hoeren, T.*, Die Kirchen und das neue Bundesdatenschutzgesetz, NVwZ 1993, 1625; *Hoeren, T.*, Kirchlicher Datenschutz nach der Datenschutzgrundverordnung – Eine Vergleichsstudie zum Datenschutzrecht der evangelischen und der katholischen Kirche, NVwZ 2018, 373; *Jeand'Heur, B./ Korioth, S.*, Grundzüge des Staatskirchenrechts, 2000; *Listl, J./Pirson, D.* (Hrsg.), Handbuch des Staatskirchenrechts der Bundesrepublik Deutschland, 2. Aufl., Erster Band 1994 u. Zweiter Band 1995; *Listl, J./Schmitz, H.* (Hrsg.), Handbuch des katholischen Kirchenrechts, 2. Aufl., 1999; *Lorenz, D.*, Die Novellierung des Bundesdatenschutzgesetzes in ihren Auswirkungen auf die Kirchen, DVBl. 2001, 428; *Lorenz, D.*, Kirchliche Datenverarbeitung unter staatlicher Kontrolle, ZevKR 45 (2000), 356; *Losem, U.*, Arbeitnehmerdatenschutz in der Kirche im Spannungsfeld zwischen europäischem und nationalem Recht, KuR 2013, 231; *Lührs, H.*, Kirchliche Arbeitsbeziehungen – die Entwicklung der Beschäftigungsverhältnisse in den beiden großen Kirchen und ihren

---

27 Ehmann/Selmayr/*Ehmann/Kranig* Art. 90 Rn. 9.
28 Kühling/Buchner/*Herbst* Art. 90 Rn. 24.
29 IdS Paal/Pauly/*Pauly* Art. 90 Rn. 11; Kühling/Buchner/*Herbst* Art. 90 Rn. 24; Auernhammer/*Jacob* Art. 90 Rn. 10; anders Plath/*Grages* DSGVO Art. 90 Rn. 7.

Wohlfahrtsverbänden, Universität Tübingen – Wirtschaft und Politik (WiP) Working Paper Nr. 33 – 2006; *Mückl, S.*, Europäisierung des Staatskirchenrechts, 2005; *Preuß, T.*, Das Datenschutzrecht der Religionsgemeinschaften – eine Untersuchung de lege lata und de lege ferenda nach Inkrafttreten der DS-GVO, ZD 2015, 217; *Rhode, U.*, Kirchenrecht, 2015; *Stein, A.*, Rechtstheologische Erwägungen zur Grundlegung eigenständigen kirchlichen Datenschutzes, ZevKR 41 (1996), 19; *Stolleis, M.*, Staatliche und kirchliche Zuständigkeit im Datenschutzrecht, ZevKR 23 (1978), 230; *Weber, H.*, Religionsrecht und Religionspolitik der EU, NVwZ 2011, 1485; *Weber, H.*, Geltungsbereiche des primären und sekundären Europarechts für die Kirchen, ZevKR 47 (2002), 221; *Ziegenhorn, G./von Aswege, H.*, Kirchlicher Datenschutz nach staatlichen Gesetzen? Zur Auffangfunktion des staatlichen und den Spielräumen des innerkirchlichen Datenschutzrechts, KuR 2015, 580; *Ziekow, J.*, Datenschutz und evangelisches Kirchenrecht: Eigenständigkeit und Eigengeartetheit des Datenschutzgesetzes der EKD, 2002.

I. Grundlagen

1 **1. Zweck der Vorschrift.** Die Vorschrift normiert in ihrem Abs. 1 einen begrenzten Bestandsschutz zugunsten datenschutzrechtlicher Regelungen von Kirchen und religiösen Vereinigungen oder Gemeinschaften in den Mitgliedstaaten, soweit diese Bestimmungen mit der DSGVO in Einklang gebracht werden und bereits zum Zeitpunkt des Inkrafttretens der DSGVO angewandt worden sind. Abs. 2 stellt klar, dass auch Kirchen und religiöse Vereinigungen oder Gemeinschaften der Aufsicht durch eine unabhängige Aufsichtsbehörde unterliegen, soweit sie eigene umfassende Datenschutzregeln anwenden, erlaubt aber zugleich die Schaffung einer unabhängigen Aufsichtsbehörde, die spezifischer Art sein kann, sofern sie die in Kapitel VI der DSGVO („Unabhängige Aufsichtsbehörden") niedergelegten Bedingungen erfüllt. Eine vergleichbare Vorschrift zugunsten kirchlicher Datenschutzregeln enthielt die DSRL nicht. Art. 91 trägt dem primärrechtlichen Auftrag des **Art. 17 AEUV** Rechnung, dessen Abs. 1 die Union verpflichtet, den Status, den Kirchen und religiöse Vereinigungen oder Gemeinschaften in den Mitgliedstaaten nach deren Rechtsvorschriften genießen, zu achten und ihn nicht zu beeinträchtigen.[1] Diese Zielsetzung von Art. 91 hat der Verordnungsgeber in EG 165 klar zum Ausdruck gebracht. Der mit der Vorschrift intendierte Bestandsschutz von Regelungen der Kirchen und religiösen Vereinigungen oder Gemeinschaften in den Mitgliedstaaten findet auch in einzelnen anderen Rechtsakten der EU, insbes. auf dem Gebiet des Arbeitsrechts, eine Entsprechung.[2]

2 Art. 91 ist, soweit ersichtlich, vor allem für das deutsche Recht von praktischer Bedeutung.[3] **Art. 140 GG iVm Art. 137 Abs. 3 S. 1 WRV** gewährleistet nämlich Religionsgesellschaften das Recht, ihre Angelegenheiten selbständig innerhalb der für sie geltenden Gesetzes zu ordnen und zu verwalten. Bei den eigenen Angelegenheiten handelt es sich um einen autonom von den Religionsgesellschaften festzulegenden Begriff, der nur eingeschränkter staatlicher Kontrolle unterliegt;[4] insoweit verfügen diese über eine Kompetenz-Kompetenz und können den normativen Umfang ihres Autonomieraumes weitgehend selbst bestimmen. Nach ganz überwiegender[5] Ansicht sollen die Religionsgesellschaften wegen des ihnen verfassungsrechtlich zustehenden Selbstbestimmungsrechts nicht an staatliches Datenschutzrecht gebunden sein (**Exemtionslösung**).[6] Demgegenüber sehen einzelne Autoren auch die Religionsgesellschaften an das staatliche Datenschutzrecht im Grundsatz gebunden, da es sich um **für alle geltende Gesetze** handele, die auch für die Religionsgesellschaften nach Art. 140 GG iVm Art. 137 Abs. 3 WRV grundsätzlich gelten sollen.[7]

3 Diese Unklarheiten über die **Stellung der Religionsgesellschaften** haben sich in den deutschen **Datenschutzgesetzen** fortgesetzt. Sie ist seit langem Gegenstand intensiver Diskussionen.[8] Sowohl das alte als auch das neue BDSG enthalten hierzu keine ausdrückliche Regelung. Ebenso wie die LDSG hat es das BDSG vermie-

---

1 Zu Art. 17 AEUV s. auch *Weber* NVwZ 2011, 1485 (1486 f. mwN); iÜ Ehmann/Selmayr/*Ehmann/Kranig* Art. 95 Rn. 1 f.
2 Dazu im Überblick *Weber* ZevKR 47 (2002), 221 (235ff.).
3 Für einen Überblick über das Verhältnis von Staat und Kirchen in den Rechtsordnungen einzelner Mitgliedstaaten s. *Mückl*, Europäisierung des Staatskirchenrechts, 2005, S. 75ff. mwN.
4 St. Rspr. des BVerfG: vgl. zB BVerfGE 46, 73 (85f.); sowie BVerfGE 53, 366 (391).
5 Vgl. *Stolleis* ZevKR 23 (1978), 230; *Hoeren* NVwZ 1993, 650 (651); *Ziegenhorn/von Aswege* KuR 2015, 198 (204); *von Campenhausen/de Wall*, Staatskirchenrecht, 2006, S. 294 f.; einschränkend aber *Germann* ZevKR 48 (2003), 446 (462ff.).
6 Vgl. zum Streitstand auch Gola/*Gola* Art. 91 Rn. 4; Paal/Pauly/*Pauly* Art. 91 Rn. 5ff.; Sydow/*Hense* Art. 91 Rn. 6 f.
7 Mit beachtlichen Argumenten *Dammann* NVwZ 1992, 1147 (1148ff.); ebenso Simitis/*Dammann* § 2 Rn. 90ff.
8 Dazu im Überblick Simitis/*Dammann* § 2 Rn. 84ff. mwN.

den, die Einrichtungen von Religionsgesellschaften, etwa vergleichbar der im Arbeitsrecht bestehenden zahlreichen Ausnahmeregelungen zu ihren Gunsten,[9] von der Geltung des staatlichen Datenschutzrechts ausdrücklich auszunehmen. Eine Herausnahme erfolgte lediglich durch eine Beschränkung des Begriffes der verantwortlichen Stelle: So waren Kirchen und andere Religionsgesellschaften, welche in der Rechtsform einer Körperschaft des öffentlichen Rechts organisiert sind, **keine öffentlichen Stellen** des Bundes iSv § 1 **Abs. 2 Nr. 1 BDSG aF** oder solche der Länder nach den LDSG. Auch erfüllten sie nicht den Tatbestand von nicht-öffentlichen Stellen iSv § 1 Abs. 2 Nr. 3 BDSG aF. § 15 Abs. 4 BDSG aF ging von einer grundsätzlichen Nichtanwendbarkeit der Regeln des BDSG auf öffentlich-rechtliche Religionsgesellschaften aus. Privatrechtlich organisierte kirchliche Einrichtungen (zB Stiftungen) unterlagen jedenfalls dann nicht dem alten BDSG, „wenn sie nach kirchlichem Selbstverständnis ihrem Zweck oder ihrer Aufgabe entsprechend berufen sind, ein Stück Auftrag der Kirche in dieser Welt wahrzunehmen und zu erfüllen" (→ zum Schutz kirchlicher Einrichtungen durch Art. 140 GG iVm Art. 137 Abs. 3 WRV näher Rn. 9ff.). Vereinzelt wurde jedoch die Ansicht vertreten, dass nicht nur die privatrechtlich, sondern auch die in der Rechtsform einer Körperschaft des öffentlichen Rechts organisierten Einrichtungen der Religionsgesellschaften zumindest nach den für Private geltenden Rechtsvorschriften des BDSG zu behandeln sein sollen, es sei denn die Datenverarbeitung berührt den Kernbereich des Selbstbestimmungsrechts der Religionsgesellschaften (zB Mitgliedschaft, Innehabung kirchlicher Funktionen).[10] Demgegenüber bezieht **Art. 2** sämtliche Religionsgesellschaften als Verantwortliche in den Geltungsbereich der Verordnung ein und gewährt bestehenden kirchlichen Datenschutzregelungen im Rahmen von Art. 91 Bestandsschutz.

2. Entwicklung des Datenschutzes der Religionsgesellschaften. Eine Art. 91 vergleichbare Bereichsausnahme zugunsten des Datenschutzes von Kirchen und Religionsgemeinschaften in den Mitgliedstaaten enthielt die **DSRL** noch nicht.[11] Der Kommissionsvorschlag für die Richtlinie sah zunächst überhaupt keine Ausnahmebestimmung zu ihren Gunsten vor. Erst nach einer Intervention der beiden großen deutschen Kirchen wurden in **Art. 8 Abs. 2 lit. d und Abs. 4 DSRL** Sonderregeln aufgenommen, die vor allem der besonderen rechtlichen Stellung der Religionsgesellschaften in der Bundesrepublik Deutschland Rechnung tragen sollten.[12] So galt nach Art. 8 Abs. 2 DSRL (= Art. 9 Abs. 2 lit. d DSGVO), durch § 28 Abs. 9 BDSG aF in deutsches Recht umgesetzt, das grundsätzliche Verbot für die Verarbeitung sensibler Daten und damit auch von Daten, aus denen religiöse Überzeugungen hervorgehen, nicht, sofern die Verarbeitung auf der Grundlage angemessener Garantien durch eine religiös ausgerichtete Stiftung, Vereinigung oder sonstige Organisation erfolgte, die keinen Erwerbszweck verfolgt; allerdings musste die Datenverarbeitung im Rahmen ihrer rechtmäßigen Tätigkeiten und unter der Voraussetzung erfolgen, dass sich die Verarbeitung nur auf die Mitglieder der Organisation oder auf Personen bezog, die im Zusammenhang mit deren Tätigkeitszweck regelmäßige Kontakte mit ihr unterhielten, und die Daten nicht ohne Einwilligung der betroffenen Person an Dritte weitergegeben wurden. **Art. 8 Abs. 4 DSRL** ermächtigte die Mitgliedstaaten gar, aus Gründen eines wichtigen öffentlichen Interesses noch weitere Ausnahmen vom Verbot der Verarbeitung sensibler Daten zuzulassen: Nach EG 35 DSRL sollte die Verarbeitung personenbezogener Daten durch staatliche Stellen für verfassungsrechtlich oder im Völkerrecht niedergelegte Zwecke von staatlich anerkannten Religionsgesellschaften ein solches wichtiges öffentliches Interesse darstellen, das eine nationale Ausnahmeregelung rechtfertigen könnte. Damit war die staatliche Übermittlung von Meldedaten sowie von personenbezogenen Daten von Kirchenmitgliedern zur Ermittlung der Kirchensteuer an kirchliche Stellen unionsrechtlich legitimiert.[13]

Mit der DSGVO will der Unionsgesetzgeber nicht nur die bereits unter der Geltung der DSRL bestehenden Regeln zum Verhältnis von Staat und Kirchen auf dem Gebiet des Datenschutzrechts aufrecht erhalten,[14] sondern die in einzelnen Mitgliedstaaten bestehenden autonomen Datenschutzordnungen der Religionsgemeinschaften insgesamt privilegieren, soweit sie mit den Standards der Verordnung in Einklang gebracht werden. Bereits **Art. 85 KOM-E** sah eine allgemeine Ausnahmeregel zugunsten der Kirchen, religiösen Vereinigungen oder Gemeinschaften vor und erkannte deren Besonderheiten ausdrücklich an. Während des Gesetzgebungsverfahrens wurden im **LIBE-Ausschuss** von einzelnen Abgeordneten Änderungen vorgeschlagen. So beantragten einzelne Abgeordnete die vollständige Streichung der Vorschrift, da jegliche Vorzugsbe-

4

5

---

9   Vgl. zB § 118 Abs. 2 BetrVG, § 112 BPersVG, § 1 Abs. 4 S. 2 MitbestG, § 1 Abs. 2 S. 2 DrittelBG.
10 So insbes. *Dammann* NVwZ 1992, 1147 (1151); ebenso Simitis/*Dammann* § 2 Rn. 107ff.
11 Insbes. fiel die Datenverarbeitung durch Religionsgesellschaften nicht unter die Geltungsausnahme des Art. 3 Abs. 2 DSRL für persönliche und familiäre Tätigkeiten, vgl. EuGH C-101/01, Slg 2003, I-12971, Rn. 45ff – Bodil Lindqvist; Ehmann/Selmayr/*Ehmann/Kranig* Art. 91 Rn. 4; Kühling/Buchner/*Herbst* Art. 91 Rn. 4; Paal/Pauly/*Pauly* Art. 91 Rn. 1; BeckOK DatenschutzR/*Mundil* DSGVO Art. 91 Rn. 6.
12 Dazu im Überblick *Weber* ZevKR 47 (2002), 221 (230ff. mwN).
13 Vgl. *Weber* NVwZ 2011, 1485 (1488).
14 Vgl. EG 55 sowie Art. 9 Abs. 2 lit. d.

handlung von Kirchen und Religionsgesellschaften im Datenschutzrecht unangemessen sei und die Interessen der Kirchen überdies bereits durch den Schutz der religiösen Überzeugung in Art. 9 berücksichtigt seien.[15] Andere Abgeordnete verlangten hingegen einen Ausbau der Kirchenklausel, etwa dahin gehend, dass auch spätere Änderungen der kirchlichen Datenschutzgesetze den Schutz der Vorschrift genießen sollen,[16] sowie die Einführung einer Klausel, wonach die kirchlichen Datenschutzgesetze nur einen angemessenen Datenschutz aufweisen müssen, um den Bestandsschutz der Kirchenklausel zu erlangen.[17] Diese Vorschläge konnten sich indessen nicht durchsetzen; Änderungen wurden nur in Abs. 2 Hs. 2 vorgenommen. Auch der **Rat** änderte die Vorschrift nochmals in Abs. 2 Hs. 2. Während die KOM lediglich eine Vorgabe für die Einrichtung einer unabhängigen Datenschutzaufsicht vorgeben wollte, kann diese nunmehr „spezifischer Art" sein (→ zur Aufsichtsbehörde siehe Rn. 24 f.). Im Unterschied zu zahlreichen anderen Vorschriften der DSGVO wurde die Ausnahme zugunsten von Kirchen und religiösen Vereinigungen oder Gemeinschaften somit **nur geringfügig im Gesetzgebungsprozess** abgeändert und mit der Ausnahme in Abs. 2 Hs. 2 so verabschiedet, wie sie im KOM-E vorgeschlagen worden war.

6 **3. Kirchlicher Datenschutz in Deutschland.** In Wahrnehmung des verfassungsrechtlich verbrieften Selbstbestimmungsrechts der Religionsgesellschaften aus Art. 140 GG iVm Art. 137 Abs. 3 WRV haben sowohl die katholische Kirche als auch die in der EKD zusammengeschlossenen evangelischen Landeskirchen eigene Datenschutzgesetze erlassen. Für die katholische Kirche waren dies über lange Zeit hinweg die in den einzelnen Diözesen erlassenen Anordnungen über den kirchlichen Datenschutz, die im Wesentlichen inhaltsgleich mit der als Mustergesetz von der Vollversammlung des Verbandes der Diözesen Deutschlands beschlossenen „**Anordnung über den kirchlichen Datenschutz (KDO)**" waren. An die Stelle der KDO ist nunmehr das Gesetz über den kirchlichen Datenschutz getreten, das von der Vollversammlung des Verbandes der Diözesen Deutschlands am 20.11.2017 verabschiedet worden ist und mit dem die katholische Kirche „den Einklang mit der EU-DSGVO [herstellen]" will in ihrem autonomen Datenschutzrecht.[18] Den Datenschutz für sämtliche Stellen der evangelischen Kirche – also die EKD, die Landeskirchen sowie die ihnen zugeordneten kirchlichen und diakonischen Werke und Einrichtungen ohne Rücksicht auf deren Rechtsform und rechtsfähigen Stiftungen des bürgerlichen Rechts – regelt das **Kirchengesetz über den Datenschutz der Evangelischen Kirche in Deutschland (DSG-EKD)**, das zuletzt ebenso wie das katholische Datenschutzrecht mit Blick auf die Einführung der DSGVO grundlegend überarbeitet worden ist.[19] Die Datenschutzgesetze beider großen Kirchen in Deutschland weisen große Übereinstimmungen auf[20] und sind weitgehend dem Regelungsmodell des BDSG aF bzw. nunmehr der DSGVO nachgebildet:[21] So hat das kirchliche Datenschutzrecht nicht nur die Grundbegriffe des staatlichen Datenschutzes, sondern darüber hinaus auch grundlegende Regelungen und Rechtsinstitute des staatlichen Datenschutzes wie beispielsweise das Verbot mit Erlaubnisvorbehalt, die Einwilligung, die Grundsätze über die Zulässigkeit von Datenverarbeitungen sowie die Betroffenenrechte vollständig übernommen. Über diesen allgemeinen Datenschutz hinaus haben die beiden großen Kirchen aber auch einen **bereichsspezifischen Datenschutz** geschaffen. So bestehen Kirchengesetze über den **Schutz von Patientendaten,**[22] zum **kirchlichen Archivrecht,**[23] zum Schutz personenbezogener Daten im **kirchlichen Friedhofswesen**[24] sowie über den **Datenschutz in Schulen;**[25] auch existieren

15 So Amendment 3100 (*Sophia in't Veld*) und Amendment 3101 (*Josef Weidenholzer* und *Birgit Sippel*), European Parliament – Committee on Civil Liberties, Justice and Home Affairs 2012/0011(COD).

16 Vgl. Amendment 3102 (*Bastiaan Belder*) und Amendment 3103 (*Agustín Díaz de Mera García Consuegra*), European Parliament – Committee on Civil Liberties, Justice and Home Affairs 2012/0011(COD).

17 So Amendment 3102 (*Bastiaan Belder*).

18 Vgl. Präambel des KDG. Für einen knappen Überblick über das KDG siehe *Hoeren* NVwZ 2018, 373 (374ff.).

19 Vgl. DSG-EKD vom 15.11.2017 (ABl. EKD 2017, 353); dazu ebenfalls der Überblick bei *Hoeren* NVwZ 2018, 373 (374ff.).

20 Für einen Vergleich der Gemeinsamkeiten und Unterschiede zwischen KDG und DSG-EKD siehe *Hoeren* NVwZ 2018, 373 (374ff.).

21 So auch die Einschätzung von *Hoeren* NVwZ 1993, 650 (652) und von *Losem* KuR 2013, 231 (233); näher *Roßnagel/Arlt*, HB DSch, Kap. 8.15 Rn. 19; ausführlich zum Datenschutzrecht der evangelischen Kirchen *Germann* ZevKR 48 (2003), 446 (473ff.). Eine Synopse der Vorschriften des BDSG aF und der bisherigen KDO findet sich bei *Fachet*, Datenschutz in der katholischen Kirche, 1998, III f.

22 Für den Bereich der Evangelischen Kirchen s. zB die Verordnung zum Schutz von Patientendaten in kirchlichen Krankenhäusern der Bremischen Evangelischen Kirche v. 21.2.2008, GVM 2008 Nr. 1, 63. Für den Bereich der katholischen Kirche vgl. beispielsweise die Ordnung der Diözese Osnabrück zum Schutz von Patientendaten in katholischen Krankenhäusern, KABl. 48, Nr. 41.

23 Vgl. zB die Anordnung des Erzbistums Hamburg über die Sicherung und Nutzung der kirchlichen Archive im Erzbistum Hamburg (Kirchliche Archivanordnung – KAO) v. 7.3.2014, KABl. 2014 (20) Nr. 3, Art. 35, 41 für den Bereich der katholischen Kirche und das Kirchengesetz über die Sicherung und Nutzung von Archivgut der Evangelischen Kirche in Deutschland (EKD-Archiv-Gesetz) v. 9.11.1995 (ABl. EKD 1995, 579).

24 ZB die Verordnung des Rates der Konföderation evangelischer Kirchen in Niedersachsen v. 12.12.1995 sowie die Ordnung zum Schutz von personenbezogenen Daten bei Friedhöfen in kirchlicher Trägerschaft für den oldenburgischen Teil des Bistums Münster, KABl. v. 15.12.1992, Nr. 24, Art. 236, 181.

25 Vgl. zB Anordnung des Erzbistums Hamburg zum Schutz personenbezogener Daten in katholischen Schulen in freier Trägerschaft (SchulDO), KABl. v. 15.2.2009, Nr. 2, Art. 15, 52 ff.

im Bereich der EKD Regelungen zum **Beschäftigtendatenschutz**, namentlich zum Personalaktenrecht.[26] Neben den beiden großen Kirchen hat auch die **Neuapostolische Kirche** eigene Datenschutzregeln erlassen.[27] Weitere autonome Datenschutzregeln, insbes. von Jüdischen Gemeinden oder von muslimischen Einrichtungen, konnten indessen nicht ermittelt werden.[28]

4. Praktische Bedeutung der kirchlichen Datenverarbeitung. Die Verarbeitung personenbezogener Daten   7
durch Einrichtungen der Religionsgesellschaften ist von großer praktischer Bedeutung. Zu Recht ist darauf hingewiesen worden, dass die Kirchen „zu den größten Verarbeitern personenbezogener Daten in Deutschland" zählen.[29] So verarbeiten alleine die beiden großen Kirchen und die ihnen zugeordneten Einrichtungen die **personenbezogenen Daten von ca. 1,2 Millionen bei ihnen beschäftigten Arbeitnehmern**[30] und **Kirchenbeamten**. Hinzu kommen die personenbezogenen Daten ihrer **Mitglieder**, die sie von diesen selbst erheben oder vom Staat übermittelt bekommen haben, namentlich deren Meldedaten (vgl. § 42 BMG; → Rn. 18). Große praktische Relevanz besitzt außerdem die Verarbeitung der personenbezogenen Daten der Benutzer der zahlreichen karitativen Einrichtungen der Kirchen: Zu denken ist hier an die Verarbeitung der personenbezogenen Daten von Patienten in kirchlichen **Krankenhäusern**, von Kindern in kirchlichen **Schulen und Kindertagesstätten**, von Schwerbehinderten in **Behinderteneinrichtungen** sowie von älteren Menschen in den **Alten- und Pflegeheimen** der Kirchen. Gerade in Krankenhäusern, Alten- und Pflegeheimen und uU auch in schulischen Einrichtungen oder Kindertagesstätten werden auch in größerem Umfang Gesundheitsdaten und damit **sensible Daten** iSv Art. 9 verarbeitet.

II.   Umfang des Bestandsschutzes nach Art. 91 Abs. 1

1. Geltungsbereich. Abs. 1 privilegiert umfassende datenschutzrechtliche Regeln von **Kirchen, religiösen**   8
Vereinigungen oder Gemeinschaften in einem Mitgliedstaat; **weltanschauliche Gemeinschaften**, welche die Union nach Art. 17 Abs. 2 AEUV in gleicher Weise achten soll, werden hingegen ohne nachvollziehbaren Grund nicht von der Privilegierung des Abs. 1 erfasst.[31] Damit stellt sich die Frage, welche Vereinigungen unter den Begriff der Kirche bzw. der religiösen Vereinigung oder Gemeinschaft fallen. Abs. 1 verwendet insoweit dieselben Begriffe wie die primärrechtliche „Kirchenklausel" des Art. 17 AEUV, deren Grundsätze somit zur Auslegung von Abs. 1 herangezogen werden können, zumal EG 165 insoweit ausdrücklich auf Art. 17 AEUV Bezug nimmt. Nach Art. 17 Abs. 1 AEUV achtet die Union den Status, den Kirchen und religiöse Vereinigungen oder Gemeinschaften in den Mitgliedstaaten nach deren Rechtsvorschriften genießen. Im deutschen Recht ist der Geltungsbereich von Art. 17 Abs. 1 AEUV und damit auch des Abs. 1 durch das   9
Selbstbestimmungsrecht der Religionsgesellschaften bestimmt, das verfassungsrechtlich in Art. 140 GG iVm Art. 137 Abs. 3 WRV gewährleistet ist.[32] Hierzu gehören die als Körperschaft des öffentlichen Rechts nach Art. 137 Abs. 5 WRV anerkannten Religionsgesellschaften in gleicher Weise wie die privatrechtlich organisierten Religionsgesellschaften (zB als eV).[33] Unter den Begriff der Religionsgesellschaft iSd Verfassungsvorschrift fallen insoweit nicht nur die organisierte Kirche und deren rechtlich selbstständige Teile wie zB Diözesen oder Pfarreien. Vielmehr hat das BVerfG in seiner zu § 118 Abs. 2 BetrVG ergangenen **Goch-Entscheidung** den Geltungsbereich des kirchlichen Selbstbestimmungsrechts auch auf alle der Kirche in bestimmter Weise zugeordneten Einrichtungen ohne Rücksicht auf ihre Rechtsform erstreckt, „wenn sie nach kirchlichem Selbstverständnis ihrem Zweck oder ihrer Aufgabe entsprechend berufen sind, ein Stück Auftrag der Kirche in dieser Welt wahrzunehmen und zu erfüllen".[34] Diese Ausdehnung des Selbstbestimmungsrechts der Religionsgesellschaften über den Kreis der verfassten Kirche hinaus begründet das BVerfG ua auch mit Art. 140 GG iVm Art. 138 Abs. 2 WRV, wonach das Eigentum und andere Rechte der Religionsgesellschaften auch an ihren für Kultus-, Unterrichts- und Wohltätigkeitszwecke bestimmten Anstalten, Stiftungen und sonstigen Vermögen gewährleistet werden. Ausschlaggebend ist bei der Zuordnung jedoch nicht, dass die Religionsgesellschaft einen „*entscheidenden* Einfluss auf die Verwaltung" der Einrichtung hat.[35]

---

26   Richtlinie der EKD zur Regelung des Personalaktenrechts v. 11.9.1993 (ABl. EKD 1994, 1).
27   Vgl. zB Richtlinie der Neuapostolischen Kirche Westdeutschland v. 24.4.2018, abrufbar unter: https://www.nak-west.de/db/7295504/M eldungen/Neue-Datenschutzrichtlinie-verabschiedet.
28   So wohl auch Gola/*Gola* Art. 91 Rn. 3.
29   So insbes. *Hoeren* NVwZ 1993, 650; eingehender *ders.*, Kirchen und Datenschutz, 1986, S. 37 (37 f.); Ehmann/Selmayr/*Ehmann/ Kranig* Art. 91 Rn. 6.
30   Die Zahl bezieht sich auf das Jahr 2004. Zu den Einzelheiten *Lührs*, Kirchliche Arbeitsbeziehungen, 2006, S. 38.
31   Ebenso Kühling/Buchner/*Herbst* Art. 91 Rn. 8; Ehmann/Selmayr/*Ehmann/Kranig* Art. 91 Rn. 3.
32   So auch Streinz/*Streinz* AEUV Art. 17 Rn. 6; sowie Calliess/Ruffert/*Waldhoff* AEUV Art. 17 Rn. 18.
33   Dazu statt vieler Maunz/Dürig/*Korioth* Art. 137 WRV Rn. 18 mwN.
34   BVerfGE 46, 73 (85); ebenso BVerfGE 53, 366 (391).
35   So aber noch BAG NJW 1976, 1165.

10 Dementsprechend genießen nicht nur die als **Körperschaften des öffentlichen Rechts** organisierten evangelischen Landeskirchen, die EKD, die Diözesen der katholischen Kirche, die Neuapostolische Kirche, die verschiedenen jüdischen Gemeinden und der Zentralrat der Juden in Deutschland sowie die muslimische Ahmadiyya-Gemeinde den Schutz von Art. 140 GG iVm Art. 137 Abs. 3 WRV.[36] Auch privatrechtlich organisierte Religionsgesellschaften wie zB zahlreiche muslimische Gemeinden genießen das Selbstbestimmungsrecht der Religionsgesellschaften. Gleichfalls sind die in den **Einrichtungen des Diakonischen Werkes** der EKD zusammengeschlossenen Vereinigungen sowie die **Einrichtungen des Deutschen Caritasverbandes und der Diözesancaritasverbände** geschützt. Auch Schulen oder ähnliche Einrichtungen von muslimischen Gemeinden gehören hierzu. Keine Zuordnung zu einer Religionsgesellschaft und infolgedessen auch kein besonderer verfassungsrechtlicher Schutz des Art. 140 GG iVm Art. 137 Abs. 3 WRV besteht indessen bei Wirtschaftsbetrieben der Kirchen wie zB bischöflichen Weingütern.

11 **2. Kirchlicher Datenschutz im Einklang mit der DSGVO.** Die Vorschrift des Abs. 1 stellt den autonom geschaffenen Datenschutz von Kirchen und Religionsgemeinschaften nicht von den Regeln der DSGVO frei. Vielmehr müssen sie „mit dieser Verordnung in Einklang gebracht werden". Im Ergebnis läuft diese Konzeption der DSGVO auf ein **einheitliches Niveau staatlichen und kirchlichen Datenschutzrechts in den Mitgliedstaaten** hinaus, dem sich auch die Kirchen und Religionsgemeinschaften in Mitgliedstaaten nicht unter Hinweis auf eine ihnen nach nationalem Recht zustehende Autonomie wie der des Art. 140 GG iVm Art. 137 Abs. 3 WRV entziehen können. Die mit Abs. 1 verbundene grundsätzliche Erstreckung des Datenschutzrechts der DSGVO auch auf Kirchen und Religionsgemeinschaften ist letztlich wegen des **Grundrechts auf Schutz personenbezogener Daten** (Art. 8 GRCh), an das der Unionsgesetzgeber aufgrund von Art. 51 Abs. 1 S. 1 GRCh und Art. 6 Abs. 1 UAbs. 1 Hs. 2 EUV gebunden ist (→ Einl. Rn. 182), unionsrechtlich geboten: Denn das normgeprägte Grundrecht auf Schutz personenbezogener Daten, das sich ausweislich der Erläuterungen zu Art. 8 GRCh, die bei der Auslegung gebührend zu berücksichtigen sind,[37] auch auf die DSRL und damit auf das Vorläuferinstrument zur DSGVO stützt, begründet für den Unionsgesetzgeber auch eine positive Pflicht zur Schaffung eines angemessenen Datenschutzes.[38] Bereichsausnahmen, etwa für die Religionsgesellschaften, sieht dieses Grundrecht nicht vor. Diese grundrechtlichen Wertungen lassen sich auch nicht durch Art. 17 Abs. 1 AEUV aushebeln. Zulässig sind somit zwar bereichsspezifische, nicht aber das Schutzniveau absenkende Regelungen des Datenschutzes in Kirchen und Religionsgemeinschaften.

12 Abs. 1 privilegiert nur **umfassende Datenschutzregeln** von Kirchen, religiösen Vereinigungen und Gemeinschaften.[39] Die Bedeutung des umfassenden Charakters der Regelungen ist unklar und lässt sich nicht mithilfe der Entstehungsgeschichte der Vorschrift erhellen. In der englischen Sprachfassung ist von *comprehensive rules* und im französischen Text von *ensemble complet de règles* die Rede. Daraus lässt sich der Schluss ziehen, dass der Unionsgesetzgeber nicht lediglich isoliert bestehende kirchenrechtliche Vorschriften zum Datenschutz, sondern ausschließlich ganze datenschutzrechtliche Regelungskomplexe, die eine eigenständige Kohärenz und Regelungssystematik aufweisen, privilegieren möchte.[40] In inhaltlicher Hinsicht ist für einen umfassenden Charakter des kirchlichen Datenschutzrechts zu verlangen, dass sie neben Grundsätzen der Datenverarbeitung auch Betroffenenrechte sowie eine unabhängige Aufsicht vorsieht. Dies schließt Verweisungen auf staatliche Datenschutzregeln nicht aus.[41] Umgekehrt ist für den umfassenden Charakter nicht ausschlaggebend, ob die kirchlichen Regelungen vollständig dem staatlichen Regelungsmodell entsprechen; die Datenschutzregelung einer Religionsgesellschaft kann somit auch umfassend sein, wenn sie von Standards der DSGVO abweicht. Vielmehr ist der Begriff der umfassenden Datenschutzregeln im Lichte von **Art. 17 Abs. 1 AEUV großzügig auszulegen**, um den vom Unionsgesetzgeber intendierten Bestandsschutz kirchlicher Datenschutzregeln (vgl. EG 165) zu gewährleisten. Das DSG-EKD und das KDG der katholischen Kirche weisen wegen ihrer mit dem BDSG vergleichbaren Regelungsstruktur (→ Rn. 6 mwN) durchaus einen solchen umfassenden Regelungscharakter auf und erfüllen deshalb diese Anforderung von Abs. 1.[42] Doch auch der **bereichsspezifische Datenschutz der Kirchen** kann den für Abs. 1 erforderlichen umfassenden Charakter der Regelung aufweisen: Dies gilt namentlich für die bereits erwähnten

---

36 Zur rechtstatsächlichen Bedeutung der in der Körperschaft des öffentlichen Rechts organisierten Religionsgesellschaften statt vieler *Jeand'heur/Korioth*, Grundzüge des Staatskirchenrechts, 2000, Rn. 224ff. mwN. Allgemein zu ihrem rechtlichen Status *Heinig*, Öffentlich-rechtliche Religionsgesellschaften, 256ff mwN.
37 Vgl. Art. 6 Abs. 1 UAbs. 3 EUV und Art. 52 Abs. 7 GRCh.
38 Dazu statt vieler *Jarass* Art. 8 Rn. 10.
39 S. hierzu auch Paal/Pauly/*Pauly* Art. 91 Rn. 21ff.; BeckOK DatenschutzR/*Mundil* DSGVO Art. 91 Rn. 19; Sydow/*Hense* Art. 91 Rn. 18.
40 In diesem Sinne auch Plath/*Grages* DSGVO Art. 91 Rn. 2.
41 So aber wohl *Preuß* ZD 2015, 217 (224).
42 So auch Kühling/Buchner/*Herbst* Art. 91 Rn. 11; Gola/*Gola* Art. 91 Rn. 8ff.; Paal/Pauly/*Pauly* Art. 91 Rn. 24; Sydow/*Hense* Art. 91 Rn. 19.

Regelungen der beiden großen Kirchen zum Schutz von Patientendaten, zum Datenschutz in Schulen sowie im Rahmen des kirchlichen Friedhofswesens (→ Rn. 6 f. mwN).

Das **autonome Kirchenrecht** (der deutschen Religionsgesellschaften) wird zwar aufgrund von Abs. 1, der letztlich auf die primärrechtliche Vorschrift des Art. 17 Abs. 1 AEUV iVm Art. 140 GG und Art. 137 Abs. 3 WRV zurückgeht, als Rechtsquelle des Datenschutzrechts ausdrücklich anerkannt, doch sind der inhaltlichen Autonomie der Religionsgemeinschaften auf dem Gebiet des Datenschutzes weitgehende Grenzen durch die Bestimmungen der DSGVO gezogen. Das autonome Datenschutzrecht von Kirchen und Religionsgemeinschaften muss nämlich mit der DSGVO in Einklang gebracht werden. Die genaue Bedeutung dieser Einschränkung ist noch nicht vollständig geklärt. Auch in anderen Vorschriften der DSGVO wird dieses Tatbestandsmerkmal verwendet (vgl. zB Art. 85 Abs. 1), ohne aber auch dort schärfere Konturen zu besitzen. Liest man Abs. 1 im Lichte von Art. 17 Abs. 1 AEUV, dessen Ausformung für den Bereich des Datenschutzrechts dieser Vorschrift dient, dürfte das Gebot, dass der kirchliche Datenschutz im Einklang mit der DSGVO zu stehen hat, vor allem so zu verstehen sein, dass die Kirchen und Religionsgesellschaften ihre autonomen datenschutzrechtlichen Regelungen beibehalten dürfen, soweit sie den Wertungen der DSGVO entsprechen.[43] Damit ist den Kirchen und Religionsgemeinschaften ein **gewisser Regelungsspielraum** eingeräumt. Allerdings haben sie mit ihrem autonomen Datenschutzrecht sicherzustellen, dass die Wertungen der DSGVO auch im kirchlichen Bereich verwirklicht werden. Der Sache nach läuft dies auf eine *obligation de résultat*, eine **Ergebnisverpflichtung der Kirchen und Religionsgesellschaften**, hinaus. Abs. 1 führt deshalb dazu, dass die Verordnung im Bereich der Kirchen und Religionsgesellschaften praktisch wie eine Richtlinie iSv Art. 288 Abs. 3 AEUV wirkt. Auch spricht nichts dagegen, **Abweichungen** durch die autonomen Regelwerke der Kirchen und Religionsgemeinschaften „nach oben" im Sinne eines **strengeren Niveaus gegenüber der DSGVO** zuzulassen: Die vollharmonisierende Wirkung der DSGVO ist insoweit eingeschränkt.

Es ist nicht Aufgabe der vorliegenden Kommentierung, im Detail zu prüfen, ob und inwieweit die Datenschutzgesetze der beiden großen Kirchen im Einklang mit der DSGVO stehen und somit weitergelten dürfen. Gleichwohl sollen **einzelne zentrale Bereiche des kirchlichen Datenschutzes** herausgegriffen werden, die für die künftige Diskussion darüber, ob sich die kirchlichen Datenschutzgesetze noch im Rahmen des Abs. 1 bewegen, von besonderer Relevanz sein werden.

So wird man davon auszugehen haben, dass insbes. die in Art. 5 niedergelegten **Grundsätze für die Verarbeitung personenbezogener Daten** sowie die **Grundsätze über die Rechtmäßigkeit der Datenverarbeitung** in Art. 6 zu den grundlegenden Regelungen der Verordnung gehören, mit denen die Gesetze über den kirchlichen Datenschutz in Einklang stehen müssen. Für den kirchlichen Bereich hat dies vor allem Auswirkungen auf die nach wie vor umstrittene datenschutzrechtliche Zulässigkeit einer Mitteilung von Kirchenaustritten durch den Pfarrer gegenüber der Kirchengemeinde. Die **Abkündigung von Kirchenaustritten**, gleichviel ob sie während des Gottesdienstes von der Kanzel oder durch Veröffentlichung von Kirchenaustritten im Pfarrblatt erfolgt, wird von einzelnen Instanzgerichten[44] und einem Teil des Schrifttums für datenschutzrechtlich zulässig gehalten.[45] Die rechtliche Beurteilung von solchen Datenübermittlungen bestimmt sich auch unter der Geltung des Abs. 1 nach den Datenschutzgesetzen der Kirchen. Dabei sind allerdings die Wertungen der DSGVO, namentlich von **Art. 6 Abs. 1 lit. f**, zu beachten, wonach eine Datenverarbeitung rechtmäßig ist, wenn die Verarbeitung zur Wahrung der berechtigten Interessen des Verantwortlichen oder eines Dritten erforderlich ist, sofern nicht die Interessen oder Grundrechte und Grundfreiheiten der betroffenen Person überwiegen. Diesem Maßstab halten Abkündigungen gegenüber dem Kirchenvolk grundsätzlich nicht stand. Zwar haben die Pfarrer der betroffenen Gemeinden den seelsorgerischen Auftrag, die ausgetretenen Mitglieder nach Möglichkeit wieder in die Kirche zurückzuholen.[46] Hierzu kann es auch zweckmäßig sein, dass eine Unterstützung durch einzelne Gemeindemitglieder erfolgt.[47] Eine Kirche kann somit durchaus ein berechtigtes Interesse an einer Verarbeitung des personenbezogenen Datums Kirchenaustritt ins Feld führen. Eine **öffentliche Mitteilung von Austritten** gegenüber den Gemeindemitgliedern – und uU auch von Nichtmitgliedern, die das Pfarrblatt lesen oder beim Gottesdienst anwesend sind – schießt aber

---

43 Mit Blick auf den insoweit gleichlautenden Art. 85 Abs. 1 Plath/*Grages* DSGVO Art. 85 Rn. 2.

44 Vgl. LG Zweibrücken NVwZ 1998, 879 (879 f.); AG Landau ZevKR 40 (1995), 344 (346 f.).

45 So insbes. *Lorenz*, HbStKirchR I, S. 740; *von Campenhausen/de Wall*, Staatskirchenrecht, 2006, S. 296 (Fn. 38); wohl auch *Germann* ZevKR 48 (2003), 446 (483 ff.). Für eine Abwägung im Einzelfall plädierend *Fachet*, Datenschutz in der katholischen Kirche, 1998, S. 261 f.; die Frage offen lassend *Hammer*, Datenschutz und Melderecht der katholischen Kirche, 2006, S. 97 ff. Gegen die Zulässigkeit solcher Abkündigungen insbes. *Diözesandatenschutzbeauftragter des Erzbistums Hamburg, der Bistümer Hildesheim, Osnabrück und des Bischöflich Münsterschen Offizialats in Vechta i.O.*, Datenschutz in der katholischen Kirche, 20 („strikt unzulässig").

46 Für das katholische Kirchenrecht s. Can. 528 § 1 CIC, dem zufolge die Pfarrer sich „mit aller Kraft, auch unter Beiziehung der Hilfe von Gläubigen, darum zu bemühen [hat], dass die Botschaft des Evangeliums auch zu jenen gelangt, die religiös abständig geworden sind oder sich nicht zum wahren Glauben bekennen".

47 So ausdrücklich Can. 528 § 1 CIC.

über das Maß des Erforderlichen hinaus und ist nicht mehr von einem berechtigten Interesse der Kirche gedeckt, zumal es sich dabei um ein sensibles Datum iSv Art. 9 Abs. 1 handelt. Allenfalls in Ausnahmefällen lässt es sich rechtfertigen, dass einzelne Gemeindemitglieder gebeten werden, den Ausgetretenen zur Umkehr zu bewegen; doch darf dies auch nur unter der Bedingung geschehen, dass diese zur Verschwiegenheit verpflichtet werden. Problematisch ist auch die öffentliche Äußerung eines Pfarrers in einer konkreten kommunalpolitischen Auseinandersetzung darüber, dass ein Kommunalpolitiker aus der Kirche ausgetreten sei.[48] Der Schutz des ausgetretenen Gemeindemitglieds geht aber nicht so weit, dass es die Löschung der über seine Person im Taufbuch der Gemeinde geführten Daten verlangen kann.[49]

16 Zweifel an der Vereinbarkeit mit den Vorschriften der DSGVO bestehen auch im Hinblick auf die **Durchsetzung des Datenschutzrechts der Kirchen**. Diese fußt im Wesentlichen auf den Datenschutzbeauftragten der Kirchen, die das funktionale Äquivalent der Datenschutzbehörden im staatlichen Datenschutzrecht bilden (→ Rn. 25 mwN). Die Eingriffsbefugnisse der Datenschutzbeauftragten bleiben weit hinter denjenigen der staatlichen Aufsichtsbehörden zurück. Die DSGVO verlangt aber, dass Betroffenen ein **Recht auf einen wirksamen gerichtlichen Rechtsbehelf** gegen Entscheidungen der Aufsichtsbehörde (Art. 78) und gegen Verantwortliche sowie Auftragsverarbeiter (Art. 79) zur Verfügung stehen muss; aufgrund von Art. 47 Abs. 1 GRCh besitzt dieses Recht sogar grundrechtliche Qualität. Gerade an einem solchen wirksamen gerichtlichen Rechtsschutz fehlt es jedoch im Datenschutzrecht der Kirchen. Zwar können Betroffene ihre Rechte vor kirchlichen Gerichten geltend machen: Im Bereich der evangelischen Kirchen können sie bei den Verwaltungsgerichten der jeweiligen Landeskirche[50] Klage erheben; für den Bereich der katholischen Kirche hat die Deutsche Bischofskonferenz sogar eine eigene Kirchliche Datenschutzgerichtsordnung (KDSGO) erlassen, auf deren Grundlage ein „Interdiözesanes Datenschutzgericht" als erste Instanz und ein „Datenschutzgericht der Deutschen Bischofskonferenz" als zweite Instanz errichtet wird. Der kirchliche Rechtsschutz krankt indessen grundsätzlich daran, dass kirchengerichtliche Entscheidungen im Unterschied zu staatlichen Gerichtsentscheidungen nicht der Zwangsvollstreckung unterliegen. Diese strukturellen Defizite des kirchlichen Rechtsschutzes lassen sich nur durch eine Ausweitung des staatlichen Rechtsschutzes ausgleichen. Das BVerwG hat in seiner neuesten Rechtsprechung ohnehin anerkannt, dass auch im innerkirchlichen Bereich stets der Zugang zu staatlichen Gerichten eröffnet ist, soweit es um die Überprüfung von Maßnahmen einer Religionsgesellschaft mit staatlichem Recht geht und der kircheninterne Rechtsweg ausgeschöpft worden ist.[51] Bei der Überprüfung von Akten der Religionsgesellschaften haben die staatlichen Gerichte zwar dem Selbstbestimmungsrecht der Religionsgesellschaften nach Art. 140 GG iVm Art. 137 Abs. 3 WRV angemessen Rechnung zu tragen: Dabei gilt grundsätzlich, dass die Intensität einer Überprüfung durch staatliche Gerichte in dem Maße abnimmt, wie die Nähe des streitgegenständlichen Aktes der Religionsgesellschaft zum Kernbereich des Selbstbestimmungsrechts zunimmt.[52] Dies kann indessen nicht für Rechtsstreitigkeiten aus dem kirchlichen Datenschutz gelten: Auch wenn es sich dabei um innere Angelegenheiten der Religionsgesellschaften handelt, müssen deren Akte mit datenschutzrechtlicher Relevanz der **vollen Überprüfung durch staatliche Gerichte** unterliegen, da ansonsten die Pflicht der Bundesrepublik Deutschland zur Gewährleistung eines wirksamen gerichtlichen Rechtsbehelfs aus Art. 78 und Art. 79 im kirchlichen Bereich nicht erfüllt würde.

17 Keine Probleme mit Blick auf die DSGVO wirft die **Kirchensteuer** auf. Denn praktisch alle Religionsgesellschaften, die in der Rechtsform einer Körperschaft des öffentlichen Rechts organisiert sind und nach Art. 140 GG iVm Art. 137 Abs. 6 WRV das Recht haben, Kirchensteuern zu erheben, bedienen sich des **Lohnsteuerabzugsverfahrens** und nehmen somit die Hilfe der staatlichen Finanzbehörden in Anspruch.[53] Dies hat zur Folge, dass die staatlichen Behörden keine personenbezogenen Daten der Mitglieder einer Religionsgesellschaft und deren Angehörigen über deren Vermögensverhältnisse an Religionsgesellschaften übermitteln. Erheben Religionsgesellschaften ein allgemeines Kirchgeld, werden von ihnen personenbezogene Daten der Mitglieder über deren Einkommensverhältnisse verarbeitet, wozu sie in den Grenzen des Art. 9 Abs. 2 lit. d berechtigt sind: Eine Datenübermittlung von staatlichen Behörden an die Religionsgesellschaften erfolgt außerhalb des § 42 BMG (→ Rn. 18) jedoch nicht.

---

48 AA aber LG Bonn NJW-RR 1986, 612.
49 Zumindest entzieht sich dies einer Überprüfung durch die staatlichen Gerichte: vgl. VGH München NJW 2015, 1625 (1626).
50 Vgl. § 47 Abs. 1 DSG-EKD.
51 BVerwG NVwZ 2014, 1101 (1104). In diesem Sinne auch die Rspr. des BGH, vgl. BGH NJW 2000, 1555 (1556); BGH NJW 2003, 2097 (2098).
52 In diesem Sinne BVerwG NVwZ 2014, 1101 (1103).
53 Zum Lohnsteuerabzugsverfahren eingehend *Marré*, HbStKR I, S. 1131ff., sowie *von Campenhausen/de Wall*, Staatskirchenrecht, 2006, S. 235ff. mwN.

Ebenso steht der **Datentransfer von staatlichen Meldedaten an kirchliche Einrichtungen** mit den Vorschrif- 18
ten der DSGVO in Einklang.[54] So dürfen die Meldebehörden nach Maßgabe von § **42 Abs. 1 BMG** an öffentlich-rechtliche Religionsgesellschaften Meldedaten von deren Mitgliedern zur Erfüllung ihrer Aufgaben
übermitteln. § **42 Abs. 2 BMG** weitet diese Befugnis auf Familienangehörige der Mitglieder aus. Verschiedene Religionsgesellschaften, die in der Rechtsform einer Körperschaft des öffentlichen Rechts organisiert
sind, haben aufgrund von Konkordaten sogar einen Rechtsanspruch auf Übermittlung dieser Meldedaten.[55]
Die Übermittlung von personenbezogenen Daten der Mitgliedern und deren Familienangehörigen nach
§ 42 BMG ist an den Erforderlichkeitsgrundsatz gebunden und darf nur zur Erfüllung kirchlicher Aufgaben
erfolgen. Damit dürfte sie die Verarbeitungsvoraussetzungen von Art. 6 Abs. 1 lit. e erfüllen, wonach Verarbeitungen erfolgen dürfen, wenn sie für die Wahrnehmung einer Aufgabe erforderlich sind, die im öffentlichen Interesse liegt: EG 55 stellt nämlich klar, dass die Verarbeitung personenbezogener Daten durch staatliche Stellen zu verfassungsrechtlich und völkerrechtlich verankerten Zielen von staatlich anerkannten Religionsgemeinschaften aus Gründen des öffentlichen Interesses erfolgt.

3. Bestehen der Regeln zum Zeitpunkt des Inkrafttretens der DSGVO. Schließlich müssen die Datenschutz- 19
regeln von den Kirchen, religiösen Vereinigungen oder Gemeinschaften zum Zeitpunkt des Inkrafttretens
der DSGVO, also am 25.5.2018 (vgl. Art. 99 Abs. 2), angewandt worden sein. Nach dem Wortlaut des
Abs. 1 sollen ausschließlich zu diesem Zeitpunkt bereits bestehende umfassende Regelungen der Religionsgesellschaften zum Datenschutz fortbestehen und somit später geschaffene Regelwerke der Religionsgesellschaften nicht in den Genuss der Privilegierung dieser Vorschrift gelangen.[56] Gegen die Geltung dieses
Stichtages ist ins Feld geführt worden, dass der mit Art. 91 verfolgte Regelungszweck, den Status von Religionsgesellschaften zu achten, welche diese nach dem Verfassungsrecht der Mitgliedstaaten besitzen (vgl.
EG 165), auch die Einbeziehung ihrer autonomen datenschutzrechtlichen Regelungen verlange, welche
nach dem Inkrafttreten der DSGVO erlassen werden.[57] Tatsächlich ist die Stichtagsregelung wenig glücklich
formuliert und mit Sinn und Zweck des Abs. 1 nur schwer zu vereinbaren. Gleichwohl ist von ihr als geltendem Recht im Grundsatz auszugehen. Sie schließt deshalb jedenfalls aus, dass sich Kirchen, oder religiöse Vereinigungen oder Gemeinschaften, die bisher nicht über umfassenden Regeln zum Datenschutz verfügt
haben, solche noch nach Inkrafttreten der DSGVO geben. Insoweit beschränkt die Vorschrift den Autono-
mieraum des Art. 140 GG iVm Art. 137 Abs. 3 WRV. In dieser grundsätzlichen zeitlichen Begrenzung der
Privilegierung des Abs. 1 auf „Altregelungen" liegt keine Verletzung deutschen Verfassungsrechts oder gar
von Art. 17 Abs. 1 AEUV.[58] Denn die autonome Regelungsbefugnis der Religionsgesellschaften ist durch
die Vorschrift ohnehin inhaltlich stark begrenzt („mit dieser Verordnung in Einklang gebracht") und erlaubt diesen nur in geringem Umfang, inhaltlich eigenständige Wege auf dem Gebiet des Datenschutzes zu
gehen. Art. 91 Abs. 1 ist ein für alle geltendes Gesetz iSv Art. 140 GG iVm Art. 137 Abs. 3 Satz 1 WRV: Es
ist nicht erkennbar, dass die Religionsgesellschaften durch die zeitliche Begrenzung ihrer autonomen Rechtsetzungsbefugnis auf dem Gebiet des Datenschutz und die damit einhergehende volle Anwendbarkeit der
DSGVO in ihrer Besonderheit als Kirche härter als andere Rechtssubjekte betroffen werden.[59] Trotz dieser
Beschränkung der Privilegierung auf Regelungskomplexe, die bereits bei Inkrafttreten der DSGVO bestanden, wird man aber sagen können, dass Art. 91 Abs. 1 eine spätere Novellierung einzelner Vorschriften (zB
des KDG oder des DSG-EKD) nicht generell ausschließt, verpflichtet doch die Verordnungsbestimmung
Kirchen und religiöse Vereinigungen oder Gemeinschaften, ihre Datenschutzvorschriften mit der DSGVO
„in Einklang" zu bringen, was angesichts der großen Dynamik des Datenschutzrechts nur als ein fortlau-
fender Anpassungsprozess begriffen werden kann. Eine Nachjustierung bereits bestehender kirchlicher Regeln, etwa um einer konkretisierenden EuGH-Rechtsprechung zur DSGVO Rechnung zu tragen oder den
Datenschutz zu verstärken, widerspricht deshalb nicht Abs. 1.

4. Rechtsfolgen der Privilegierung. Liegen die Tatbestandsvoraussetzungen des Abs. 1 vor, gilt als grund- 20
sätzliche Rechtsfolge, dass die bestehenden datenschutzrechtlichen Regeln von Kirchen oder religiösen Vereinigungen oder Gemeinschaften weiter angewendet werden dürfen. Für das deutsche Recht bewirkt die
Vorschrift somit einen **Bestandsschutz zugunsten der Datenschutzgesetze der Kirchen,** soweit sie mit der

---

54   AA wohl Gola/*Gola* Art. 91 Rn. 16.
55   Dazu *von Campenhausen/de Wall*, Staatskirchenrecht, 2006, S. 298 mwN.
56   Ausführlich zum zeitlichen Aspekt auch Ehmann/Selmayr/*Ehmann/Kranig* Art. 91 Rn. 13ff.; Paal/Pauly/*Pauly* Art. 91 Rn. 27 f.; Sydow/
      Hense Art. 91 Rn. 13ff.
57   So insbes. Plath/*Grages* DSGVO Art. 91 Rn. 3.
58   So wohl unausgesprochen Plath/*Grages* DSGVO Art. 91 Rn. 3, wenn dieser sich unter Berufung auf die Zielsetzung von Art. 91 über
      die Stichtagsregelung hinwegsetzt. Dazu kritisch und im Ergebnis wie hier Kühling/Buchner/*Herbst* Art. 91 Rn. 13.
59   Zum Begriff des für alle geltenden Gesetzes iSv Art. 137 Abs. 3 WRV siehe aus der st. Rspr. des BVerfG zB BVerfGE 53, 366 (400).

DSGVO in Einklang stehen. Das DSG-EKD sowie das KDG der katholischen Kirche können deshalb weiterbestehen, soweit diese Kirchengesetze im Einklang mit der DSGVO stehen.

21 Stehen kirchliche Datenschutzregelungen nicht mit der DSGVO in Einklang, genießen diese grundsätzlich nicht den Bestandsschutz des Abs. 1 und entfalten keine Rechtswirkung mehr. Wegen des Vorrangs des Unionsrechts vor dem nationalen Recht[60] kommen **im Fall eines Verstoßes kirchlicher Datenschutzregelungen gegen die DSGVO** die einschlägigen Vorschriften der Verordnung zur Anwendung. Diese entfalten dann entsprechend Art. 288 Abs. 2 S. 2 AEUV **unmittelbare Wirkung** im Bereich der Religionsgesellschaft, deren autonomes Datenschutzrecht nicht mit der DSGVO in Einklang steht. Verstöße der Religionsgesellschaften gegen die begrenzte Öffnung des Abs. 1 haben somit zur Folge, dass dann insoweit ihre datenschutzrechtliche Privilegierung entfällt und in diesem Umfang die vollharmonisierende Wirkung der DSGVO wiederhergestellt ist.

22 Haben Religionsgesellschaften **kein eigenes autonomes Datenschutzrecht** für ihre Vereinigung geschaffen – dies dürfte namentlich bei kleinen Religionsgesellschaften zumeist der Fall sein –, ist die Privilegierung des Abs. 1 gegenstandslos, und die Vorschriften der DSGVO gelten unmittelbar auch für die Verarbeitung personenbezogener Daten dieser Religionsgesellschaft. In diesem Falle entfaltet die DSGVO für die betroffene Religionsgesellschaft somit ebenfalls ihre vollharmonisierende Wirkung.

23 Art. 91 ordnet für Mitgliedstaaten, die von der Privilegierung ihrer Religionsgesellschaften Gebrauch machen, **keine Notifizierungspflicht** gegenüber der KOM an.[61] Dies ist überraschend, sieht doch der Unionsgesetzgeber in anderen Fällen, in denen die Mitgliedstaaten von der DSGVO durch eigene Regelungen abweichen dürfen und auf diese Weise die vollharmonisierende Wirkung der Verordnung einschränken, stets eine solche Notifizierungspflicht vor, etwa in Art. 85 zum Schutz der Meinungsäußerung und der Informationsfreiheit oder in Art. 88 Abs. 1 für die Datenverarbeitung im Beschäftigungskontext. Mit der Pflicht der Mitgliedstaaten zur Mitteilung von abweichenden Vorschriften an die KOM soll diese als „Hüterin der Verträge" in die Lage versetzt werden, die Konformität der nationalen Vorschriften mit Unionsrecht zu überprüfen.[62] Das Fehlen einer entsprechenden Notifizierungspflicht der Mitgliedstaaten in Art. 91 stellt einen Systembruch dar, verschafft doch die Verordnungsvorschrift der KOM nicht die Informationen, die für eine effektive Kontrolle der Einhaltung der Bestandsschutzklausel zugunsten von Kirchen, religiösen Gemeinschaften oder Vereinigungen erforderlich sind.[63]

III. Unabhängige behördliche Aufsicht (Abs. 2)

24 Haben Kirchen oder Religionsgemeinschaften ihr eigenes autonomes Datenschutzrecht nach Maßgabe von Abs. 1 geschaffen, unterliegen sie nach Abs. 2 – ebenso wie alle anderen Verantwortlichen iSv Art. 4 Nr. 7 auch – grundsätzlich der Aufsicht durch eine unabhängige Aufsichtsbehörde. Allerdings kann die **unabhängige Aufsichtsbehörde „spezifischer Art"** sein, sofern sie die für die Aufsichtsbehörden in Kapitel VI der DSGVO niedergelegten Anforderungen erfüllt. Religionsgesellschaften sind somit nicht von der behördlichen Aufsicht freigestellt, soweit es um Fragen der Datenverarbeitung geht. Der spezifische Charakter, den Aufsichtsbehörden im kirchlichen Bereich besitzen dürfen, kann dahin gehend verstanden werden, dass besondere staatliche Aufsichtsbehörden für den kirchlichen Datenschutz errichtet werden dürfen.[64] Näherliegend ist indessen, den Tatbestand des Abs. 2 so zu verstehen, dass die Mitgliedstaaten die Errichtung von eigenen Aufsichtsbehörden der Religionsgesellschaften zulassen dürfen.[65] Das Spezifische der Aufsichtsbehörden für den kirchlichen Bereich liegt dann darin, dass es sich um **autonome Stellen auf kirchenrechtlicher Grundlage** handelt und deren Zuständigkeit nicht nur territorial bestimmt ist (zB Gebiet einer Diözese oder einer Landeskirche), sondern darüber hinaus auch noch an der Mitgliedschaft der betroffenen Personen in der jeweiligen Kirche, religiösen Vereinigung oder Gemeinschaft anknüpft. Dieses Verständnis des Abs. 2 entspricht dessen Zielsetzung, dem kirchlichen Datenschutz einen möglichst weitreichenden Bestandsschutz einzuräumen (vgl. EG 165).

25 Die großen Kirchen haben auf der Grundlage ihrer autonomen Datenschutzgesetze eine eigenständige **Datenschutzaufsicht** geschaffen, welche die Aufgaben der im staatlichen Datenschutzrecht bestehenden Auf-

---

60 St. Rspr. des EuGH: grundlegend EuGH Rs. 6/64, Slg 1964, 1251, 1269 f – Costa/E.N.E.L.
61 Zum Fehlen einer Notifizierungspflicht siehe auch Ehmann/Selmayr/*Ehmann/Kranig* Art. 91 Rn. 21.
62 Zu der entsprechenden Zielsetzung der Notifizierungspflicht der Mitgliedstaaten im Beihilferecht (vgl. Art. 108 Abs. 3 AEUV) s. Grabitz/Hilf/Nettesheim/*Wallenberg/Schütte* AEUV Art. 108 Rn. 8.
63 Ebenfalls kritisch zum Fehlen einer Notifizierungspflicht in Art. 91 *Dammann* ZD 2016, 307 (310 f.).
64 Vgl. zur Einrichtung „spezifischer Art" auch BeckOK DatenschutzR/*Mundil* DSGVO Art. 91 Rn. 22.
65 In diesem Sinne auch Plath/*Grages* DSGVO Art. 91 Rn. 6, der in diesem Zusammenhang von „selbstverwaltete(n) Aufsichtsinstitutionen der Kirchen und Religionsgemeinschaften" spricht; vgl. auch Kühling/Buchner/*Herbst* Art. 91 Rn. 18; ebenso *Albrecht/Jotzo*, S. 136.

sichtsbehörden für ihren jeweiligen Wirkungskreis wahrnehmen.[66] So wachen über die Einhaltung des DSG-EKD **unabhängige kirchliche Aufsichtsbehörden für den Datenschutz** (§ 39 Abs. 1–3 DSG-EKD): Die EKD hat aufgrund dessen einen **Beauftragten für den Datenschutz der EKD** bestellt (§ 39 Abs. 2 DSG-EKD) und die Gliedkirchen und deren gliedkirchliche Zusammenschlüsse werden jeweils gesonderte Aufsichtsbehörden errichtet, wobei aber nach § 39 Abs. 3 S. 1 DSG-EKD auch gemeinschaftliche Aufsichtsbehörden errichtet oder die aufsichtsbehördlichen Aufgaben auf die Aufsichtsbehörde der EKD übertragen werden können. Im **Bereich der Katholischen Kirche** sind gemäß § 42 Abs. 1 Satz 1 KDG für die einzelnen Diözesen jeweils **Diözesandatenschutzbeauftragte** zu bestellen. In neuerer Zeit zeichnet sich jedoch eine Tendenz zur Bestellung gemeinsamer Datenschutzbeauftragter für mehrere Diözesen ab:[67] Dies gilt namentlich für die norddeutschen (Erz-)Bistümer Hildesheim, Osnabrück, Hamburg und den oldenburgischen Teil des Bistums Münster[68] sowie für die (Erz-)Diözesen Köln, Paderborn, Aachen, Essen und Münster, die im Jahre 2016 ein **Katholisches Datenschutzzentrum** in Dortmund errichtet haben.[69] Für **Orden päpstlichen Rechts** (zB Benediktiner und Jesuiten) gibt es seit 2015 auf der Grundlage der jeweiligen Ordens-KDO einen eigenen **Gemeinsamen Ordensdatenschutzbeauftragten der Deutschen Ordensobernkonferenz.**[70]

Die Aufsichtsbehörden der Kirchen oder anderen Religionsgesellschaften müssen unabhängig sein, wie   **26** Abs. 2 ausdrücklich hervorhebt. Die **Unabhängigkeit der Aufsichtsbehörden** ist ein grundlegender Pfeiler des Aufsichtssystems, deren Elemente sich aus Art. 52 ergeben und die auch für den kirchlichen Datenschutz Geltung beanspruchen; durch Art. 8 Abs. 3 GRCh hat sie sogar grundrechtliche Qualität erlangt. An der Unabhängigkeit der kirchlichen Datenschutzbeauftragten bestehen aber schon deshalb grundsätzliche Bedenken, da sie im Unterschied zu den staatlichen Datenschutzbeauftragten nicht ausreichend von der zu kontrollierenden kirchlichen Stelle institutionell verselbständigt sind.[71] Sieht man einmal von diesem grundsätzlichen Einwand ab, bestehen aber auch noch weitere Bedenken an der Unabhängigkeit der kirchlichen Datenschutzbeauftragten. Traditionell gehört zu dieser nämlich die **Weisungsfreiheit der Mitglieder der Aufsichtsbehörde** bei der Erfüllung ihrer Aufgaben und der Ausübung ihrer Befugnisse und das Verbot ihrer direkten oder indirekten Beeinflussung von außen,[72] was zwar auch in den kirchlichen Datenschutzgesetzen anerkannt ist.[73] Weiterhin haben die Mitglieder der Aufsichtsbehörde sämtliche mit ihrem Amt unvereinbaren Handlungen zu unterlassen und dürfen insbes. während ihrer Amtszeit keine andere mit ihrem Amt nicht zu vereinbarende entgeltliche oder unentgeltliche Tätigkeit ausüben (vgl. Art. 52 Abs. 3): Das Inkompatibilitätsverbot des Art. 52 Abs. 3, das weitgehend § 23 Abs. 2 BDSG aF entspricht, läuft der Sache nach auf das **Gebot der Hauptamtlichkeit einer Tätigkeit für die Aufsichtsbehörde** hinaus (dazu → Art. 52 Rn. 12).[74] Gerade die Einhaltung dieses Gebotes warf im kirchlichen Bereich aber bisher Probleme auf, übten doch nicht wenige kirchliche Datenschutzbeauftragte ihr Amt nur im Nebenamt aus.[75] Die beiden großen Kirchen haben zwar durch die jüngsten Reformen ihrer Datenschutzgesetze die Hauptamtlichkeit der in den Aufsichtsbehörden Tätigen anerkannt.[76] Als problematisch könnte sich indessen die in Art. 52 Abs. 4 niedergelegte Pflicht erweisen, die Aufsichtsbehörden mit den für eine effektive Aufgabenerfüllung erforderlichen personellen, technischen und finanziellen **Ressourcen, Räumlichkeiten und Infrastrukturen** auszustatten. Insbesondere die personelle Ausstattung der kirchlichen Datenschutzbeauftragten ist in kirch-

---

66   Diese Einrichtungen einer kirchenautonomen Datenschutzaufsicht bilden das funktionale Äquivalent zu den staatlichen Aufsichtsbehörden und sind nicht mit den betrieblichen Datenschutzbeauftragten zu verwechseln, die in den Datenschutzgesetzen der Kirchen ebenfalls vorgesehen sind: vgl. §§ 36 ff. KDG ("betriebliche Datenschutzbeauftragte") sowie §§ 36 ff. DSG-EKD ("örtliche Beauftragte für den Datenschutz").

67   Dies ist nach § 42 Abs. 1 Satz 2 KDG zulässig.

68   Zum Gemeinsamen Diözesandatenschutzbeauftragen des Erzbistums Hamburg, der Bistümer Hildesheim, Osnabrück und des Bischöflich Münsterschen Offizialats in Vechta i.O. s. dessen Website unter: https://www.datenschutz-kirche.de/di%C3%B6zesandatenschutzbeauftragter1.

69   Nähere Informationen zum KDSZ sind auf dessen Website abrufbar unter: http://www.katholisches-datenschutzzentrum.de/.

70   Informationen über den Gemeinsamen Ordensdatenschutzbeauftragten der Deutschen Ordensobernkonferenz (DOK) sind auf dessen Website abrufbar unter: https://www.orden.de/ueber-die-dok/aufgaben-einrichtungen/gemeinsamer-ordensdatenschutz-beauftragter-dok.

71   So gilt nach EuGH C-518/07, EuZW 2010, 296 (297) – KOM/Bundesrepublik Deutschland die in Art. 28 Abs. 1 DSRL verankerte Unabhängigkeit der nationalen Kontrollstellen auch im Verhältnis zu den Mitgliedstaaten.

72   Vgl. Art. 52 Abs. 2. In diesem Sinne wohl auch schon EuGH C-518/07, EuZW 2010, 296 (297) – KOM/Bundesrepublik Deutschland zu Art. 28 Abs. 1 DSRL: Der Gerichtshof verlangte nämlich für die Unabhängigkeit der nationalen Kontrollen u.a., dass diese auch vor einer Einflussnahme seitens der kontrollierten Einrichtungen sicher sein müssen, was letztlich entgeltliche oder unentgeltliche Tätigkeiten von Beschäftigten der Kontrollstellen, welche zu einer Einflussnahme und infolgedessen zur Unvereinbarkeit mit dem Aufsichtsamt führen können, ausschließt.

73   Vgl. § 39 Abs. 4 S. 4 DSG-EKD sowie § 43 Abs. 1 KDG.

74   Zu § 23 Abs. 2 BDSG eingehend *Simitis/Dammann* § 23 Rn. 9ff. mwN.

75   Für den Bereich der katholischen Kirche s. 2. Jahresbericht des Diözesandatenschutzbeauftragten der (Erz-) Bistümer Berlin, Hamburg, Hildesheim, Magdeburg, Osnabrück und des Bischöflich Münsterschen Offizialats in Vechta i.O., 2016, S. 6.

76   Vgl. § 39 Abs. 4 S. 4 DSG-EKD sowie § 43 Abs. 2 S. 1 KDG.

lichen Kreisen vereinzelt kritisiert worden.[77] Gerade bei den gemeinsamen, für mehrere Diözesen oder Landeskirchen zuständigen Aufsichtsbehörden könnte sich die Frage stellen, ob sie für eine effektive Erfüllung ihrer Aufgaben innerhalb ihres (erweiterten) Wirkungskreises eine ausreichende Ressourcenausstattung haben.

27 Zu den in Kapitel VI der DSGVO niedergelegten Anforderungen an die datenschutzrechtliche Aufsicht, auf die Abs. 2 verweist, gehören auch die Befugnisse der Aufsichtsbehörden, wie sie in Art. 58 ausgeformt sind. Auch die **Befugnisse der kirchlichen Aufsichtsbehörden** müssen diesen Anforderungen genügen. Dabei zeigt sich indessen, dass sowohl das KDG als auch das DSG-EKD nicht unerhebliche Defizite aufweisen, die von den kirchlichen Gesetzgebern noch auszuräumen sind, um eine volle Weitergeltung der kirchlichen Datenschutzgesetze sicherzustellen. Zwar entsprechen die **Untersuchungsbefugnisse**, die den kirchlichen Datenschutzbeauftragten eingeräumt sind, weitgehend denjenigen der (staatlichen) Aufsichtsbehörden nach Maßgabe von Art. 58 Abs. 1: Sie können insbes. die datenschutzrechtlich Verantwortlichen zur **Bereitstellung von Informationen** anweisen, die für die Erfüllung ihrer Aufgaben erforderlich sind[78] und können sich erforderlichenfalls auch **Zugang zu den Geschäftsräumen**, einschließlich aller Datenverarbeitungsanlagen und -geräte des Verantwortlichen verschaffen.[79] Allerdings bleiben die kirchlichen Datenschutzgesetze bei den **Abhilfebefugnissen der Aufsichtsbehörden** weit hinter dem Standard des Art. 58 Abs. 3 zurück. So können die kirchlichen Datenschutzbeauftragten kirchliche Stellen in ihrem Wirkungskreis nicht anweisen, Verarbeitungsvorgänge ggf. auf bestimmte Weise und innerhalb eines bestimmten Zeitraums in Einklang mit der DSGVO zu bringen.[80] Auch lässt das Datenschutzrecht der Kirchen nicht die Verhängung einer vorübergehenden oder endgültigen Beschränkung der Verarbeitung, einschließlich eines Verbotes, zu. Die Datenschutzbeauftragten der Kirchen besitzen lediglich ein **Beanstandungsrecht**, ohne dass damit echte Zwangsbefugnisse verbunden sind.[81] Schließlich verfügen die Aufsichtsbehörden der Kirchen auch nicht über das von der DSGVO verlangte Sanktionsinstrumentarium. So kann die staatliche Aufsichtsbehörde nach Art. 58 Abs. 2 eine **Geldbuße gegen einen Verantwortlichen oder einen Auftragsverarbeiter** verhängen. Zwar haben die Kirchen in ihre Datenschutzgesetze jüngst die Befugnis ihrer Aufsichtsbehörden zur Verhängung von Geldbußen erstmals normiert. Sie stehen jedoch insoweit nicht in Einklang mit der DSGVO, als der in ihnen vorgesehene Bußgeldrahmen mit einer maximalen Geldbuße von 500.000 Euro[82] weit hinter dem Rahmen des Art. 83 (bis zu 20.000.000 Euro) zurückbleibt und deshalb ernsthafte Zweifel an deren Effektivität bestehen. Auch können im Geltungsbereich des KDG Geldbußen nicht gegen kirchliche Stellen selbst verhängt werden, soweit sie im weltlichen Rechtskreis öffentlich-rechtlich verfasst sind.[83] Schließlich existieren nur im katholischen Datenschutzrecht Regeln über die Vollstreckung von Bußgeldbescheiden,[84] nicht hingegen im DSG-EKD. Gleichwertige Sanktionen, welche diese Defizite ausgleichen könnten, sieht das kirchliche Datenschutzrecht nicht vor. Wegen all dieser Defizite können die kirchlichen Datenschutzbeauftragten nicht in gleicher Weise wie Aufsichtsbehörden für die Einhaltung und Durchsetzung des Datenschutzrechts sorgen. Das Fehlen wirksamer Sanktionsmechanismen des kirchlichen Datenschutzrechts lässt sich auch nicht mit Art. 83 Abs. 7 rechtfertigen, wonach die Mitgliedstaaten festlegen dürfen, ob und in welchem Umfang gegen Behörden und öffentliche Stellen, welche auf ihrem Gebiet niedergelassen sind, Geldbußen verhängt werden können:[85] Sieht man einmal davon ab, dass die Ausnahmevorschrift allenfalls für Religionsgesellschaften in Betracht käme, die den Status einer Körperschaft des öffentlichen Rechts nach Maßgabe von Art. 137 Abs. 5 WRV besitzen, spricht gegen eine Übertragung der Privilegierung des Art. 83 Abs. 7 auf Art. 91 zentral das Argument, dass der deutsche Gesetzgeber mit dem DSGAnpUG-EU gerade nicht von der Öffnungsklausel des Art. 83 Abs. 7 Gebrauch gemacht hat. Es ist nicht einsichtig, warum Religionsgesellschaften insoweit privilegiert werden sollten; eine solche Besserstellung lässt sich auch nicht Art. 140 GG iVm Art. 137 Abs. 3 WRV entnehmen. Die Defizite der kirchlichen

---

77 So insbes. der 2. Jahresbericht des Diözesandatenschutzbeauftragten der (Erz-) Bistümer Berlin, Hamburg, Hildesheim, Magdeburg, Osnabrück und des Bischöflich Münsterschen Offizialats in Vechta i.O., 2016, S. 6 f. mit der Feststellung: „Der Datenschützer als Einzelkämpfer reicht heute nicht mehr aus."

78 Vgl. Art. 58 Abs. 1 lit. a, dem § 44 Abs. 1 S. 1 DSG-EKD sowie § 44 Abs. 2 lit. b KDG weitgehend entsprechen.

79 Vgl. Art. 58 Abs. 1 lit. f. Ein entsprechendes Zutrittsrecht räumen § 44 Abs. 1 S. 1 DSG-EKD und § 44 Abs. 2 lit. b KDG den kirchlichen Datenschutzaufsichtsbehörden ein.

80 Für die staatlichen Aufsichtsbehörden ergibt sich diese Abhilfebefugnis aus Art. 58 Abs. 2 lit. d.

81 Vgl. § 44 Abs. 2 DSG-EKD und § 47 KDG. Zur berechtigten Kritik daran Roßnagel/*Arlt*, HB DSch, Kap. 8.15 Rn. 28.

82 Vgl. 51 Abs. 5 KDG und § 45 Abs. 5 DSG-EKD.

83 Zur Kritik an dieser Ausnahmeregelung zugunsten der als Körperschaften des öffentlichen Rechts verfassten Einrichtungen der katholischen Kirche siehe *Hoeren* NVwZ 2018, 373 (375).

84 So sieht § 51 Abs. 9 KDG vor, dass die kirchliche Datenschutzaufsicht „einen Vorgang, in welchem sie einen objektiven Verstoß gegen das KDG festgestellt hat, einschließlich der von ihr verhängten Höhe der Geldbuße an die nach staatlichem Recht zuständige Vollstreckungsbehörde weiterleitet." Es wird somit die staatliche Verwaltungsvollstreckung von Bußgeldbescheiden (vgl. § 90 Abs. 1 OWiG iVm VwVG) in Anspruch genommen.

85 So wohl Sydow/*Hense* Art. 91 Rn. 29.

Seifert

Datenschutzgesetze der evangelischen und katholischen Religionsgesellschaften sind deshalb trotz der erst jüngst vorgenommenen Reformen als so schwerwiegend anzusehen, dass sie nicht die in Kapitel VI der DSGVO niedergelegten Bedingungen erfüllen, wie Abs. 2 dies verlangt. Insoweit besteht nach wie vor ein erheblicher Nachholbedarf des kirchlichen Datenschutzrechts.

Schließlich hat jede Aufsichtsbehörde nach Maßgabe von Art. 59 einen **Jahresbericht über ihre Tätigkeit** zu 28 erstellen, der eine Liste der Arten der gemeldeten Verstöße und der Arten der getroffenen Maßnahmen zur Abhilfe enthalten kann. Mit dieser Berichtspflicht soll die Durchsetzung des gesetzlichen Datenschutzes verstärkt werden. Die Datenschutzgesetze der beiden großen Kirchen sehen zwar eine solche öffentliche Berichtspflicht der Aufsichtsbehörden vor, vgl. § 41 DSG-EKD und § 44 Abs. 6 KDG. Die Berichtspflicht der Aufsichtsbehörden besteht nach Art. 59 S. 1 im jährlichen Turnus. Diese Anforderung erfüllt jedoch nur § 44 Abs. 6 KDG, nicht hingegen § 41 DSG-EKD (zweijährliche Berichtspflicht).

Keine sich aus Abs. 2 ergebende Anforderung für die Ausgestaltung der kirchlichen Aufsichtsbehörden ist 29 die Regelung ihrer **Zusammenarbeit mit anderen Aufsichtsbehörden und der KOM.** Abs. 2 verweist nämlich lediglich auf das Kapitel VI und nicht auch auf das die Zusammenarbeit der Datenschutzbehörden ausformende Kapitel VII der DSGVO. Allerdings hat die Ausgestaltung der kirchlichen Datenschutzbehörden nach Abs. 1 in Einklang mit der Verordnung zu stehen und muss deshalb auch eine Möglichkeit der Zusammenarbeit kirchlicher Datenschutzbeauftragter mit den staatlichen Aufsichtsbehörden ermöglichen. Insbesondere muss eine gegenseitige Amtshilfe zwischen staatlicher und kirchlicher Datenschutzaufsicht nach Maßgabe von Art. 61 möglich sein: Gerade im Meldewesen, an dem staatliche und kirchliche Stellen beteiligt sind (vgl. § 42 BMG), erfordert eine effektive Datenschutzaufsicht eine solche Zusammenarbeit.[86] Nach seinem derzeitigen Stand sieht das Datenschutzrecht der Kirchen allerdings nur ganz allgemein eine Zusammenarbeit zwischen den Datenschutzbeauftragten der Kirchen und einen Erfahrungsaustausch mit den staatlichen Aufsichtsbehörden vor, vgl. § 43 Abs. 9 S. 2 DSG-EKD sowie § 46 KDG. Eine konkrete Ausformung der Zusammenarbeit mit staatlichen Aufsichtsbehörden – zB gegenseitige Amtshilfe (Art. 61) oder die Vornahme gemeinsamer Maßnahmen kirchlicher und staatlicher Aufsichtsbehörden – fehlt vollständig. Insoweit bleibt der kirchliche Datenschutz weit hinter den Vorgaben der Art. 60ff. zurück. Auch hier hat das kirchliche Datenschutzrecht noch einen erheblichen Anpassungsbedarf.[87]

Die **Rechtsfolgen** für den Fall, dass eine autonome Datenschutzaufsicht der Kirchen nicht den Anforderun- 30 gen der Vorschriften von Kapitel VI der DSGVO genügt, regelt Abs. 2 nicht. Es ist davon auszugehen, dass bei einer fehlenden Erfüllung der Vorgaben des Abs. 2 auch für die Kirchen und deren Einrichtungen **subsidiär die staatliche Aufsichtsbehörde zuständig** ist, in deren Hoheitsgebiet diese liegen, vgl. Art. 55 Abs. 1. Diese Auffangzuständigkeit der staatlichen Datenschutzaufsicht lässt sich damit begründen, dass es sich bei der Befugnis zur Schaffung spezifischer Aufsichtsbehörden um eine Ausnahmebestimmung handelt und der Vorschrift des Abs. 2 das Bestreben des Unionsgesetzgebers entnommen werden darf, eine möglichst umfassende Datenschutzaufsicht zu gewährleisten, die den Kriterien der Art. 51ff. entspricht.

---

86 Darüber hinaus ist in Einzelfällen auch an eine Teilnahme der kirchlichen Datenschutzaufsicht am Kohärenzverfahren (Art. 63ff.) zu denken: Dies gilt namentlich für die Fälle des Art. 64 Abs. 1 Satz 2 a und b.
87 So auch Kühling/Buchner/*Herbst* Art. 91 Rn. 22.

Artikel 92   Ausübung der Befugnisübertragung

(1) Die Befugnis zum Erlass delegierter Rechtsakte wird der Kommission unter den in diesem Artikel festgelegten Bedingungen übertragen.

(2) Die Befugnis zum Erlass delegierter Rechtsakte gemäß Artikel 12 Absatz 8 und Artikel 43 Absatz 8 wird der Kommission auf unbestimmte Zeit ab dem 24. Mai 2016 übertragen.

(3) [1]Die Befugnisübertragung gemäß Artikel 12 Absatz 8 und Artikel 43 Absatz 8 kann vom Europäischen Parlament oder vom Rat jederzeit widerrufen werden. [2]Der Beschluss über den Widerruf beendet die Übertragung der in diesem Beschluss angegebenen Befugnis. [3]Er wird am Tag nach seiner Veröffentlichung im *Amtsblatt der Europäischen Union* oder zu einem im Beschluss über den Widerruf angegebenen späteren Zeitpunkt wirksam. [4]Die Gültigkeit von delegierten Rechtsakten, die bereits in Kraft sind, wird von dem Beschluss über den Widerruf nicht berührt.

(4) Sobald die Kommission einen delegierten Rechtsakt erlässt, übermittelt sie ihn gleichzeitig dem Europäischen Parlament und dem Rat.

(5) [1]Ein delegierter Rechtsakt, der gemäß Artikel 12 Absatz 8 und Artikel 43 Absatz 8 erlassen wurde, tritt nur in Kraft, wenn weder das Europäische Parlament noch der Rat innerhalb einer Frist von drei Monaten nach Übermittlung dieses Rechtsakts an das Europäische Parlament und den Rat Einwände erhoben haben oder wenn vor Ablauf dieser Frist das Europäische Parlament und der Rat beide der Kommission mitgeteilt haben, dass sie keine Einwände erheben werden. [2]Auf Veranlassung des Europäischen Parlaments oder des Rates wird diese Frist um drei Monate verlängert.

Literatur: *Eschbach*, A., Delegierte Rechtsakte und Durchführungsrechtsakte im Europarecht, 2015; *Haselmann*, C., Delegation und Durchführung gemäß Art. 290 und 291 AEUV, 2012; *Möllers*, C./*von Achenbach*, J., Die Mitwirkung des Europäischen Parlamentes an der abgeleiteten Rechtsetzung der Europäischen Kommission nach dem Lissabonner Vertrag, EuR 2011, 39.

I. Überblick

1   Kapitel X überträgt mit Abs. 1 der KOM die Möglichkeit, unter bestimmten näher aufgeführten Bedingungen **delegierte Rechtsakte** zu erlassen. Art. 92 stellt damit eine **Ausgestaltung des** mit dem Vertrag von Lissabon neu eingeführten **Art. 290 Abs. 1 AEUV** dar, der die Möglichkeit vorsieht, der KOM in Gesetzgebungsakten die Kompetenz zum Erlass von Rechtsakten ohne Gesetzescharakter zu übertragen. Art. 290 AEUV ersetzt zusammen mit Art. 291 AEUV den vorher geltenden Art. 202 EGV, der die Rechtsgrundlage für den Komitologiebeschluss[1] und das Komitologieverfahren bildete.[2] Die Möglichkeit der **exekutiven Rechtsetzung durch die KOM** soll zu einer Entlastung des EP und des Rats führen, indem Detailfragen der Regelung durch die KOM überlassen werden.[3]

II. Entstehungsgeschichte

2   Während die KOM-E 26 Ermächtigungen an die KOM zum Erlass delegierter Rechtsakte vorsah, beließ das EP in seinem Entwurf der KOM nur zehn Ermächtigungen für delegierte Rechtsakte.[4] Der Rat ging noch sehr viel weiter als das EP und strich fast alle Ermächtigungen der KOM. Im Trilogverfahren mit Vertretern des Rats, des EP und der KOM blieben nur zwei Ermächtigungen der KOM übrig, delegierte

---

1   Beschluss des Rats 1999/468/EG zur Festlegung der Modalitäten für die Ausübung der der KOM übertragenen Durchführungsbefugnisse in der Fassung des Beschlusses 2006/512/EG v. 17.7.2006 zur Änderung des Beschlusses 1999/468/EG, ABl. 2007 C 255, 4; ABl. L 200, 11.

2   S. auch *Möllers/von Achenbach* EuR 2011, 39 (40ff.).

3   *Streinz*, Europarecht, 10. Aufl. 2016, § 6 Rn. 565; *Oppermann/Classen/Nettesheim*, Europarecht, 7. Aufl. 2016, § 11 Rn. 34ff.; *Bieber/Epiney/Haag/Kotzur*, Die Europäische Union, 12. Aufl. 2016, § 7 Rn. 26ff.; *Haratsch/Koenig/Pechstein*, Europarecht, 10. Aufl. 2016, Rn. 343ff.

4   Vgl. hierzu Roßnagel/*ders.*, Europ. DSGVO, § 1 Rn. 17, 21.

Rechtsakte zu erlassen.[5] Die damit verbundene **Machtverschiebung weg von der KOM** hin zum Europäischen Datenschutzausschuss entspricht der für das europäische Datenschutzrecht insgesamt charakteristischen Grundidee, die Datenschutzaufsicht so unabhängig wie möglich zu organisieren. Zugleich geht damit auch eine stärkere Einbindung und Verantwortlichkeit der nationalen Aufsichtsbehörden einher. Ob der EDSA die in ihn gesetzten Erwartungen erfüllen wird, als starke, unabhängige Datenschutzaufsichtsbehörde eine effektivere Umsetzung europäischen Datenschutzrechts in den Mitgliedstaaten zu bewirken, bleibt abzuwarten.

III. Delegierte Rechtsakte (Abs. 1)

Delegierte Rechtsakte sind keine Gesetzgebungsakte im formellen Sinne des Art. 289 Abs. 3 AEUV, begründen aber gleichwohl **verbindliches Recht.**[6] Verstöße gegen delegierte Rechtsakte sind daher vom Sanktionsregime der DSGVO mitumfasst.[7] Es handelt sich um Akte der materiellen Gesetzgebung,[8] die auch als **tertiäres EU-Recht** bezeichnet werden.[9] Die delegierten Rechtsakte müssen als in der Normenhierarchie untergeordnete Rechtsakte **mit dem gesamten europäischen Primärrecht und** auch dem gesamten europäischen **Sekundärrecht in Einklang** stehen.[10] Zwischen den verschiedenen delegierten Rechtsakten besteht kein Rangverhältnis; hier gelten vielmehr die allgemeinen Grundsätze zur Kollision von Rechtsnormen (etwa die lex-specialis-Regelung).[11] Die von der KOM in Ausübung ihres Rechts aus Art. 92 erlassenen delegierten Rechtsakte müssen folglich im Einklang mit der DSGVO und mit europäischen Grundrechten stehen, was der EuGH, wenn er angerufen wird, auch überprüfen kann. **3**

Im Bereich der DSGVO ist die KOM nach Abs. 2 **in zwei Fällen** zum Erlass entsprechender Rechtsakte befugt. Im ersten Fall wird die KOM nach **Art. 12 Abs. 8** ermächtigt, durch einen Rechtsakt zu bestimmen, welche Informationen bei der Unterrichtung von betroffenen Personen über die Verarbeitung ihrer **Daten durch Bildsymbole** dargestellt werden müssen. Zusätzlich kann die KOM Rechtsakte zum Verfahren für die Bereitstellung standardisierter Bildsymbole erlassen (→ Art. 12 Rn. 38ff.). Der zweite Fall betrifft die Zertifizierungsstellen. Hier erhält die KOM die Befugnis, durch Rechtsakte die **Anforderungen für die Datenschutz-Zertifizierungsverfahren** sowie die Datenschutzsiegel und Datenschutzprüfzeichen nach **Art. 42 Abs. 1** festzulegen (→ Art. 42 Rn. 18 ff.). **4**

Inhaltliche Abweichungen von den Vorgaben des Primär- oder Sekundärrechts in delegierten Rechtsakten sind unwirksam. Der delegierte Rechtsakt darf gemäß Art. 290 Abs. 1 UAbs. 1 1 AEUV lediglich den **ermächtigenden Sekundärrechtsakt ändern** – aber auch dies nur, wenn es der **Ergänzung oder Änderung** konkret bestimmter, nicht wesentlicher Vorschriften dient.[12] Die Ergänzung fügt dem Basisrechtsakt neue, nicht wesentliche Vorschriften hinzu. Die förmliche Änderung kann den Wortlaut eines oder mehrerer Artikel des Basisrechtsakts betreffen,[13] im Fall der DSGVO also die Art. 12 Abs. 8 und 43 Abs. 8. Der Basisrechtsakt darf allerdings nicht in seiner Zielsetzung verschoben werden;[14] dieses Risiko dürfte bei den Art. 12 Abs. 8, Art. 43 Abs. 8 allerdings nicht bestehen. **5**

Der Gesetzgebungsakt muss gemäß Art. 290 Abs. 1 UAbs. 2 S. 1 AEUV die **Ziele,** den **Inhalt,**[15] den **Geltungsbereich** und die **Dauer der Delegation** (zur Frage der zulässigen Dauer der Delegation nach Abs. 2 → Art. 92 Rn. 8) ausdrücklich festlegen. Die **wesentlichen Entscheidungen** müssen nach Art. 290 Abs. 2 UAbs. 2 AEUV **in dem betreffenden Gesetzgebungsakt** vom Europäischen Gesetzgeber getroffen werden, ansonsten ist der Rechtsakt nichtig.[16] Der EuGH betont in seiner ständigen Rechtsprechung, dass sich die delegierten Rechtsakte in dem durch den Basisgesetzgebungsakt definierten rechtlichen Rahmen bewegen **6**

---

5   Vgl. auch Roßnagel/*ders.*, Europ. DSGVO, § 1 Rn. 24; zur Entstehungsgeschichte auch zB Sydow/*ders.* Art. 92 Rn. 13-16; Kühling/ Bucher/*Herbst* Art. 92 Rn. 4 f.

6   S. auch Dauses/*Beckmann*, EU-Wirtschaftsrecht, 40. EL Juni 2016, Rn. 108; Grabitz/Hilf/Nettesheim/*Nettesheim* AEUV Art. 290 Rn. 31; *Streinz*, Europarecht, 10. Aufl. 2016, § 6 Rn. 567; Auernhammer/*Witzleb* DSGVO Art. 92 Rn. 2.

7   Vgl. EG 146 S. 5; s. auch Laue/Nink/*Kremer*, S. 76.

8   Vgl. *Eschbach*, Delegierte Rechtsakte und Durchführungsrechtsakte im Europarecht, 2015, S. 60.

9   Zum Begriff des Tertiärrechts s. *Eschbach*, Delegierte Rechtsakte und Durchführungsrechtsakte im Europarecht, 2015, S. 115 f. mwN.

10   S. auch Grabitz/Hilf/Nettesheim/*Nettesheim* AEUV Art. 290 Rn. 54, 56.

11   Vgl. Grabitz/Hilf/Nettesheim/*Nettesheim* AEUV Art. 290 Rn. 56.

12   Eine weitere Delegation in dem betreffenden Rechtsakt der KOM etwa an ein anderes Unionsorgan scheidet damit aus. Hierdurch wird die Beteiligung des EP bei der Bestimmung des Delegationsumfangs sichergestellt und somit dem Demokratieprinzip Rechnung getragen, vgl. KOM(2009) 673 endg. S. 2 f.

13   Vgl. KOM(2009) 673 endg., S. 2 f.; Durchführungsrechtsakte dürfen hingegen keine Änderung des Basisrechtsakts mit sich bringen, vgl. EuGH C-88/14, ECLI:EU:C:2015:499, Rn. 31; EuGH, C-65/13, ECLI:EU:C:2014, Rn. 45.

14   S. *Eschbach*, Delegierte Rechtsakte und Durchführungsrechtsakte im Europarecht, 2015, S. 60.

15   Eine entsprechende Regelung enthält bereits Art. 1 Abs. 1 S. 2 des alten Komitologiebeschlusses, 1999/468/EG, ABl. 1999 Nr. L 184/23, wonach die Hauptbestandteile der delegierten Befugnisse im Basisrechtsakt festzulegen sind.

16   S. Calliess/Ruffert/*Ruffert* AEUV Art. 290 Rn. 11.

müssen.[17] Hält sich die KOM nicht an die im Rechtsakt enthaltenen Vorgaben, verstößt der delegierte Rechtsakt gegen die Ermächtigung und ist unwirksam.[18] Abs. 2 verweist auf Art. 12 Abs. 8 sowie auf Art. 43 Abs. 8. Aus diesen Vorschriften – in Verbindung mit den systematisch zugehörigen Normen – folgen die Ziele, der genaue Inhalt sowie der inhaltliche Geltungsbereich der Delegation (zu den Voraussetzungen der beiden Normen → Art. 12 Rn. 41 und → Art. 43 Rn. 28ff.). Damit stehen die Ziele, der Inhalt und der Geltungsbereich der Delegation zwar nicht ausdrücklich in Art. 92. Die **in Abs. 2 enthaltene Verweisung** auf Art. 12 Abs. 8 und auf Art. 43 Abs. 8 genügt aber dem Regelungsgebot aus Art. 290 Abs. 1 UAbs. 2 S. 1 AEUV, da sich Ziele, Inhalt und Geltungsbereich der Delegation aus der DSGVO insgesamt als dem relevanten Gesetzgebungsakt ergeben. Der Inhalt der Befugnisübertragung muss zwar genau angegeben werden. Der Inhalt der Regelung selbst obliegt jedoch dem Entscheidungsspielraum der KOM.[19]

7 Nach Abs. 2 hat die KOM seit dem 24.5.2016 die Befugnis zum Erlass delegierter Rechtsakte und kann dementsprechend das **Verfahren zu ihrem Erlass** einleiten. Hierfür wird sie Sachverständige der nationalen Behörden aller Mitgliedstaaten, die letztlich für die Durchführung delegierter Rechtsakte verantwortlich sind, möglichst frühzeitig konsultieren. EG 166 S. 3 betont ausdrücklich, es sei von „besonderer Bedeutung, dass die KOM im Zuge ihrer Vorbereitungsarbeit angemessene Konsultationen, auch auf der Ebene von Sachverständigen, durchführt." Zu diesem Zweck kann die KOM Expertengruppen bilden oder bereits bestehende Expertengruppen heranziehen.[20] Auch die Zusammenarbeit mit dem EDSA ist hier möglich und angezeigt (→ Art. 68 Rn. 14 f.). Die Experten sind allerdings auf eine ausschließlich beratende Funktion beschränkt. Die aus den Beratungen zu ziehenden Schlussfolgerungen für den Rechtsakt trifft allein die KOM.[21] Der **delegierte Rechtsakt** muss gemäß Art. 290 Abs. 3 AEUV **als solcher bezeichnet** werden. Nach seinem Erlass ergreift die KOM die erforderlichen Maßnahmen, damit dieser unverzüglich veröffentlicht wird.[22]

IV. Dauer der Befugnisübertragung (Abs. 2)

8 Für die **Dauer der Übertragung** sehen Abs. 2-5 ein ausführliches System an Regelungen vor. Die KOM erhält die Befugnis zum Erlass delegierter Rechtsakte gemäß Abs. 2 ab dem 24.5.2016 **grundsätzlich auf unbestimmte Zeit**. Eine Übertragung an die KOM auf unbestimmte Zeit ist in Kombination mit dem durch Abs. 3-5 vorgesehenen umfassenden System von Widerrufs- und Einspruchsmöglichkeiten des Rats und des EP[23] mit Art. 290 Abs. 1 UAbs. 2 S. 1 vereinbar.[24]

V. Widerrufsmöglichkeit (Abs. 3)

9 Mit der in Abs. 3 vorgesehenen **Widerrufsmöglichkeit** können **Rat** oder **EP** der KOM die in Abs. 2 übertragenen Befugnisse generell und vollständig entziehen. Die Regelung stellt eine Ausgestaltung dieser in Art. 290 Abs. 2 UAbs. 1 lit. a. AEUV enthaltenen Möglichkeit dar. Für den Widerruf ist gemäß Art. 290 Abs. 2 UAbs. 2 AEUV im EP die Mehrheit der Mitglieder und im Rat eine qualifizierte Mehrheit[25] erforderlich. Das Widerrufsrecht sichert – ebenso wie das Einspruchsrecht (→ Art. 92 Rn. 12 f.) – den entscheidenden Einfluss des Unionsgesetzgebers auf das Verfahren und trägt damit dem demokratischen **Wesentlichkeitsgrundsatz** Rechnung.[26]

---

17 S. EuGH C-25/70, Slg 1970, 1161 Rn. 6; EuGH C-427/12, ECLI:EU:C:2014:170, Rn. 38. Hierzu auch *Gärditz* DÖV 2010, 453 (456); Grabitz/Hilf/Nettesheim/*Nettesheim* AEUV Art. 290 Rn. 44 f.

18 S. Calliess/Ruffert/*Ruffert* AEUV Art. 290 Rn. 11. Zum Wesentlichkeitsgrundsatz auf europäischer Ebene vgl. etwa EuGH C–240/90, NJW 1993, 47 (48); Calliess/Ruffert/*Ruffert* AEUV Art. 290 Rn. 10; *Rieckhoff*, Der Vorbehalt des Gesetzes im Europarecht, 2007, S. 176ff.; *Siegel* DÖV 2010, 1 (6); *Möllers/von Achenbach* EuR 2011, 39 (50ff.).

19 Vgl. Calliess/Ruffert/*Ruffert* AEUV Art. 290 Rn. 13; so auch das Selbstverständnis der KOM, s. KOM(2009) 673 endg., S. 6 f.

20 Vgl. hierzu KOM(2009) 673 endg., S. 7.

21 Vgl. hierzu KOM(2009) 673 endg., S. 7.

22 Vgl. KOM(2009) 673 endg., S. 9-11.

23 Die Kontrollmöglichkeiten von Rat und EP gehen dabei weit über die Möglichkeiten hinaus, die im Rahmen des Komitologieverfahrens für den Erlass von Durchführungsrichtlinien bestanden (Art. 10 RL 92/75/EWG).

24 Dazu auch Kühling/Buchner/*Herbst* Art. 92 Rn. 7. Die Alternative wäre die Regelung einer „Sunset-Clause", mit der die Befugnisübertragung an die KOM automatisch zu einem bestimmten fixen Termin befristet wird. Eine derartige Klausel verlangt Art. 290 AEUV jedoch nicht explizit, vgl. dazu auch KOM(2009) 673 endg., S. 3 f.

25 Für die qualifizierte Mehrheit im Rat ist nach Art. 238 Abs. 2 AEUV eine Mehrheit von mindestens 72% der Mitglieder des Rats nötig, wobei die von den betreffenden Mitgliedern vertretenen Mitgliedstaaten mindestens 65% der Bevölkerung der Union ausmachen müssen.

26 Die weitergehenden Kontrollbefugnisse von Rat und EP nach Art. 290 AEUV (vgl. Fn. 42), die im Zuge des Vertrages von Lissabon eingeführt worden sind, sind im Lichte des allgemeinen Anliegens des Vertrages von Lissabon zu sehen, die demokratische Struktur der EU zu stärken und weiter auszubauen.

Das EP und der Rat können die **Übertragung jederzeit ohne Angabe von Gründen widerrufen** und damit 10
das Verfahren wieder an sich ziehen.[27] Der Entzug der Befugnisse der KOM wirkt unmittelbar – einen Tag
nach der amtlichen Veröffentlichung des Beschlusses des Rats oder des EP über den Widerruf erlischt die
Befugnis der KOM zum Erlass delegierter Rechtsakte nach Abs. 3 S. 3. Der diesbezügliche **Beschluss des EP
oder des Rats** wirkt somit **rechtsgestaltend**. Das EP und der Rat können in ihrem Beschluss auch einen späteren Zeitpunkt für den unmittelbaren Entzug der Befugnis angeben. Bereits in Kraft getretene delegierte
Rechtsakte bleiben jedoch gemäß Abs. 3 S. 4 aus Gründen der Rechtssicherheit bestehen.

VI. Übermittlung an Rat und Parlament (Abs. 4)

Damit Rat und EP von dem Rechtsakt der KOM Kenntnis erlangen und ihr Recht aus Abs. 5, Einwände zu 11
erheben, auch ausüben können, muss die KOM gemäß Abs. 4 nach dem Erlass eines delegierten Rechtsakts
diesen Rechtsakt **zeitgleich, rechtzeitig und auf angemessene Weise** an den Rat und an das EP übermitteln.[28] Die Formulierung des Abs. 2 („Sobald die KOM einen delegierten Rechtsakt erlässt...") zeigt, dass
die Information nach dem Erlass des Rechtsakts unverzüglich übermittelt werden muss. Fehlt es an einer
Übermittlung, so kann dies einen Verfahrensfehler darstellen, der als Verletzung einer wesentlichen Formvorschrift iSd Art. 263 Abs. 2 AEUV mit der Nichtigkeitsklage gerügt werden kann.[29] Der Öffentlichkeit
muss der Rechtsakt hingegen nicht zugänglich gemacht werden. Mit der Mitteilung an den Rat und an das
EP wird gemäß Abs. 5 Satz 1 die **Dreimonatsfrist für das Recht auf Einwände ausgelöst**, das aufschiebende
Wirkung hat und somit das Inkrafttreten delegierter Rechtsakte zunächst aussetzt.[30] Der Rat und das EP
haben nach dieser Vorschrift auch die Möglichkeit, der KOM zu signalisieren, dass sie keine Einwände erheben werden. In diesem Fall tritt der Rechtsakt der KOM auch schon vor dem Ablauf der Dreimonatsfrist
in Kraft. Handelt es sich um eine komplexe oder politisch besonders umstrittene Angelegenheit, so können
der Rat oder das EP nach Abs. 5 S. 2 verlangen, dass die Einspruchsfrist um weitere drei Monate verlängert
wird. Eine Begründung muss für die Fristverlängerung nicht angegeben werden.

VII. Möglichkeit für Einwände (Abs. 5)

Abs. 5 S. 1 sieht dementsprechend vor, dass ein delegierter Rechtsakt der KOM nur dann in Kraft tritt, 12
wenn EP oder Rat nicht innerhalb von drei Monaten **Einwände gegen den Rechtsakt** erhoben haben.[31] Haben das EP oder der Rat Einwände gegen einen bestimmten delegierten Rechtsakt der KOM, so müssen sie
diese Einwände daher zügig vorbringen. Nach Abs. 5 S. 2 wird die Frist auf Veranlassung des EP oder des
Rats um drei Monate verlängert. Hat mindestens eines der beiden Organe Einwände erhoben, kann die
KOM entweder einen die Einwände berücksichtigenden neuen delegierten Rechtsakt erlassen oder darauf
verzichten, tätig zu werden.[32] Während der Widerruf nach Abs. 3 nicht der Angabe von Gründen bedarf,[33]
wird mit dem **Einspruchsrecht** ein spezifischer Einwand gegen einen ganz bestimmten delegierten Rechtsakt
geltend gemacht.[34] Für die Einwände ist gemäß Art. 290 Abs. 2 UAbs. 2 AEUV im EP die Mehrheit der
Mitglieder und im Rat eine qualifizierte Mehrheit[35] erforderlich.

Das in Abs. 2-5 vorgesehene System der Übertragung einer grundsätzlich unbefristeten Befugnis zum Erlass 13
delegierter Rechtsakte an die KOM, flankiert mit der Möglichkeit von Einwänden (Abs. 5) und des Widerrufs der Ermächtigung (Abs. 3), **entspricht den Vorgaben des Art. 290 Abs. 2 UAbs. 1 AEUV**, wo die Möglichkeit des Widerrufs durch den Rat oder das EP (Art. 290 Abs. 2 UAbs. 1 1 lit. a) und die Möglichkeit von
Einwänden durch den Rat oder das EP (Art. 290 Abs. 2 UAbs. 1 lit. b) ausdrücklich vorgesehen sind. Die
Übertragung an die KOM auf unbestimmte Zeit, ergänzt durch Widerrufs- und Einspruchsmöglichkeiten

---

27 Die KOM plädierte hingegen für eine Begründung des Widerrufs, damit transparent werde, aus welchen Gründen der Widerruf erfolg-
    te, so dass die KOM ihr Verhalten in künftigen Fällen hieran ausrichten könne, vgl. auch KOM(2009) 673 endg., S. 8 f. Die Ansicht der
    KOM erscheint überzeugend und für die Praxis auch empfehlenswert. Allerdings kann dem Wortlaut des Art. 290 AEUV keine Pflicht
    entnommen werden, eine Begründung für den Widerruf im Basisrechtsakt vorzusehen.
28 S. EG 166.
29 Hierzu auch *Möllers/von Achenbach* EuR 2011, 39 (59).
30 S. auch KOM(2009) 673 endg., S. 9-11.
31 Auch hier sieht Art. 290 AEUV keine ausdrückliche Begründungspflicht für Rat und EP vor. Allerdings besitzt der Ausdruck „Einwände
    erheben" aus Art. 290 Abs. 2 UAbs. 1 lit. b AEUV eine inhaltliche Komponente, so dass viel dafür spricht, eine mindestens kurze Erläu-
    terung des Einwände erhebenden Organs zu fordern, damit auch hier die KOM ihr zukünftiges Verhalten daran ausrichten kann. So
    auch die KOM, s. KOM(2009) 673 endg., S. 9-11.
32 Vgl. KOM(2009) 673 endg., S. 10.
33 So auch Kühling/Buchner/*Herbst* Art. 290 Rn. 16.
34 Vgl. auch KOM(2009) 673 endg., S. 8.
35 Für die qualifizierte Mehrheit im Rat vgl. Fn. 28.

des Unionsgesetzgebers, ist dementsprechend eine zulässige Option und bildet auch den Regelfall bei den delegierten Rechtsakten.[36]

VIII. Rechtsschutz gegen delegierte Rechtsakte

14 **Rechtsschutz** gegen einen delegierten Rechtsakt kann im Wege der **Nichtigkeitsklage nach Art. 263 AEUV** erlangt werden.[37] Die Klage richtet sich dabei gegen den delegierten Rechtsakt, der als rechtlich verbindliche „Handlung" der KOM iSd Art. 263 Abs. 1 S. 1 AEUV zu qualifizieren ist. Als Kläger kommen unterschiedliche Beteiligte in Betracht. Zunächst können das **EP** und der **Rat** ein Interesse daran haben, gegen einen von der KOM erlassenen delegierten Rechtsakt vorzugehen. Die Tatsache, dass EP und Rat bereits im Vorfeld Einfluss auf die Entstehung des delegierten Rechtsakts nehmen können, erweist sich im Einzelfall als eine Frage des Rechtsschutzbedürfnisses, schließt jedoch nicht deren Beteiligtenfähigkeit aus.[38] Als privilegiert Klagebefugte müssen EP und Rat gemäß Art. 263 Abs. 2 AEUV keine eigenen Rechte oder Interessen im Sinne einer Klagebefugnis geltend machen. Dasselbe gilt für die **Mitgliedstaaten**, die ebenfalls ein Interesse haben können, gegen einen delegierten Rechtsakt vorzugehen. Auch eine **natürliche** oder eine **juristische Person** kann gegen einen delegierten Rechtsakt vorgehen, muss hierfür allerdings gemäß Art. 263 Abs. 4 AEUV ihre unmittelbare Betroffenheit durch den delegierten Rechtsakt im Sinne einer Klagebefugnis darlegen. Ein Rechtsschutzbedürfnis wird trotz der für EP und Rat bestehenden Kontrollbefugnisse beim Erlass delegierter Rechtsakte regelmäßig bestehen und nur bei der äußersten Grenze der rechtsmißbräuchlich erscheinenden Ausübung des Klagerechts nach Art. 263 AEUV entfallen. Der delegierte Rechtsakt kann durch den EuGH in formeller Hinsicht voll überprüft werden. In materieller Hinsicht ist das Ermessen der KOM zu beachten, welches aber ebenfalls auf Ermessensfehler hin gerichtlich überprüft werden kann.[39]

Artikel 93 Ausschussverfahren

(1) [1]Die Kommission wird von einem Ausschuss unterstützt. [2]Dieser Ausschuss ist ein Ausschuss im Sinne der Verordnung (EU) Nr. 182/2011.

(2) Wird auf diesen Absatz Bezug genommen, so gilt Artikel 5 der Verordnung (EU) Nr. 182/2011.

(3) Wird auf diesen Absatz Bezug genommen, so gilt Artikel 8 der Verordnung (EU) Nr. 182/2011 in Verbindung mit deren Artikel 5.

Literatur: *Eschbach*, A., Delegierte Rechtsakte und Durchführungsrechtsakte im Europarecht, 2015; *Haselmann*, C., Delegation und Durchführung gemäß Art. 290 und 291 AEUV, 2012.

I. Überblick

1 **Art. 93** regelt die Einsetzung eines **Ausschusses zur Unterstützung der KOM**. Die Vorschrift ersetzt Art. 31 DSRL und bezieht sich ausschließlich auf den **Erlass von Durchführungsrechtsakten**.[1] Nach **Art. 291 Abs. 1 AEUV** ist es grundsätzlich Aufgabe der Mitgliedstaaten, nach ihrem innerstaatlichen Recht diejenigen Maßnahmen zu ergreifen, die zur Durchführung von verbindlichen Unionsrechtsakten erforderlich sind. Allerdings können gemäß Art. 291 Abs. 2 AEUV der KOM und auch dem Rat[2] Durchführungsbefugnisse per Rechtsakt übertragen werden, wenn für die Durchführung einheitliche Bedingungen erforderlich sind. Die

---

36 S. auch KOM(2009) 673 endg.; Anhang, S. 12-14; Calliess/Ruffert/*Ruffert* AEUV Art. 290 Rn. 15.
37 Vgl. hierzu näher *Eschbach*, Delegierte Rechtsakte und Durchführungsrechtsakte im Europarecht, 2015, S. 220ff.
38 So auch *Eschbach*, Delegierte Rechtsakte und Durchführungsrechtsakte im Europarecht, 2015, S. 222.
39 Vgl. auch *Eschbach*, Delegierte Rechtsakte und Durchführungsrechtsakte im Europarecht, 2015, S. 221.
1 Zu Art. 31 DSRL im Zusammenhang mit Art. 93 Kühling/Buchner/*Herbst* Art. 93 Rn. 4.
2 Die DSGVO sieht keine Durchführungsbefugnisse für den Rat, sondern ausschließlich für die KOM vor, vgl. auch Plath/*Jenny* DSGVO Art. 93 Rn. 3.

VO Nr. 182/2011, auf die sich Abs. 1 bezieht, regelt die Rahmenbedingungen für den Erlass entsprechender Durchführungsrechtsakte durch die KOM (vgl. Art. 1 VO Nr. 182/2011).[3]

II. Entstehungsgeschichte

Von den 23 Ermächtigungen zum Erlass von Durchführungsrechtsakten im KOM-E blieb im Parl-E nur   2 eine Ermächtigung für Durchführungsrechtsakte übrig.[4] Im Trilogverfahren erhielt die KOM schließlich acht Ermächtigungen für Durchführungsrechtsakte (→ Rn. 4).[5] Damit einher geht ein Machtverlust der KOM in diesem Bereich (→ Art. 92 Rn. 2).[6]

III. Durchführungsrechtsakte

In der DSGVO wird die KOM an acht Stellen zum Erlass von Durchführungsrechtsakten ermächtigt.[7] Die   3 **Durchführungsrechtsakte**[8] der KOM nach Art. 291 AEUV dienen nicht primär der Entlastung des Unionsgesetzgebers, sondern sollen einen einheitlichen administrativen Vollzug des Basisrechtsakts sicherstellen.[9] Anders als beim delegierten Rechtsakt (hierzu bereits unter → Art. 92 Rn. 3ff.)[10] werden die Voraussetzungen für den Erlass eines Durchführungsrechtsakts im allgemeinen Unionsrecht nicht näher konkretisiert. Seine Gestaltung folgt aus dem in Art. 291 Abs. 2 AEUV angegebenen Zweck, der Notwendigkeit einheitlicher Bedingungen für die Durchführung des Unionsrechts.[11] Die Befugnis zum Erlass von Durchführungsrechtsakten nach Art. 291 AEUV ist damit **rein exekutiver Natur**.[12] Die Durchführungsrechtsakte beschränken sich in der Regel auf Durchführungsmodalitäten.[13] Sie stellen jedoch verbindliches Recht dar, so dass Verstöße gegen Durchführungsrechtsakte dem **Sanktionsregime der DSGVO** unterfallen.[14]

Die einzelnen Übertragungen in der DSGVO sind: 4

- **Art. 28 Abs. 7** überträgt der KOM Befugnisse für die Festlegung von Standardvertragsklauseln bei der Auftragsdatenverarbeitung.[15]
- In **Art. 40 Abs. 9** wird die KOM ermächtigt, Verhaltensregeln im Sinne des Art. 40 für allgemein gültig in der Union zu erklären (→ Art. 40 Rn. 80ff.).
- Auch für die Festlegung von technischen Standards für Zertifizierungsverfahren und Datenschutzsiegel und -prüfzeichen sowie Mechanismen zur Förderung und Anerkennung dieser Zertifizierungsverfahren und Datenschutzsiegel und -prüfzeichen nach **Art. 43 Abs. 9** (→ Art. 43 Rn. 28ff.) erhält die KOM Durchführungsbefugnisse.
- Gleiches gilt für die Feststellung der Angemessenheit des Schutzniveaus gemäß **Art. 45 Abs. 3, 5** UAbs. 1 bei der Datenübermittlung in Drittländer oder an internationale Organisationen (→ Art. 45 Rn. 19ff., 25 f.).
- Auch bei Standarddatenschutzklauseln in diesem Bereich erhält die KOM Durchführungsbefugnisse gemäß **Art. 46 Abs. 2 lit. c, d** (→ Art. 46 Rn. 30ff.).
- Ferner verweist **Art. 47 Abs. 3**, mit dem die KOM die Möglichkeit erhält, das Format und die Verfahren für den Informationsaustausch über verbindliche interne Datenschutzvorschriften nach Art. 47 festzulegen (→ Art. 47 Rn. 37), auf das Prüfverfahren nach Abs. 2.
- Auch **Art. 61 Abs. 9** sieht für die Festlegung von Form und Verfahren der Amtshilfe und die Ausgestaltung des elektronischen Informationsaustauschs der Aufsichtsbehörden untereinander und mit dem ED-

---

3   VO (EU) Nr. 182/2011 vom 16.2.2011 zur Festlegung der allgemeinen Regeln und Grundsätze, nach denen die Mitgliedstaaten die Wahrnehmung der Durchführungsbefugnisse durch die KOM kontrollieren (sog Komitologie-VO), ABl. 2011 L 55, 13. Die Verordnung ersetzt den Beschluss 1999/468/EG des Rats, ABl. 1999 L 184, 23. Zur neuen Komitologieverordnung vgl. von der Groeben/Schwarze/*Schmidt* AEUV Art. 291 Rn. 28ff.

4   Vgl. hierzu Roßnagel/*ders.*, Europ. DSGVO, § 1 Rn. 21; Kühling/Buchner/*Herbst* Art. 93 Rn. 7 mwN.

5   Vgl. auch Roßnagel/*ders.*, Europ. DSGVO, § 1 Rn. 24. (Art. 28 Abs. 7 fehlt in der dortigen Aufzählung).

6   Zur Entstehungsgeschichte auch Kühling/Buchner/*Herbst* Art. 93 Rn. 4ff.; Sydow/*ders.* Art. 93 Rn. 8.

7   Vgl. auch EG 168.

8   S. auch EG 167-169.

9   Vgl. KOM(2009) 673 endg., 3 f.; Danner/Theobald/*Fischerauer*, Energierecht, 88. EL März 2016, Rn. 17. Ausführlich zur Abgrenzung zwischen delegierten Rechtsakten und Durchführungsrechtsakten *Haselmann*, Delegation und Durchführung gemäß Art. 290 und 291 AEUV, 2012, S. 52ff., 152ff. sowie *Eschbach*, Delegierte Rechtsakte und Durchführungsrechtsakte im Europarecht, 2015, S. 101ff., Zu den Voraussetzungen der Rechtmäßigkeit von Durchführungsrechtsakten s. EuGH C-65/13, ECLI:EU:C:2014:2289 Rn. 39ff.

10   Der Anwendungsbereich der beiden Rechtsakte überschneidet sich nicht, wie bereits die beiden mit unterschiedlichen Verfahren verknüpften Vorschriften zeigen; s. auch von der Groeben/Schwarze/*Schmidt* AEUV Art. 290 Rn. 10.

11   S. KOM(2009) 673 endg., 3 f.

12   Vgl. KOM(2009) 673 endg., 3 f.; s. auch Plath/*Jenny* DSGVO Art. 92 Rn. 2.

13   S. auch Streinz/*Kopp*, EUV/AEUV, 2. Aufl. 2012, Rn. 73.

14   Vgl. EG 146; s. auch *Laue/Nink/Kremer*, S. 76.

15   Ausführlich zu den einzelnen von Art. 93 Abs. 2 erfassten Befugnisübertragungen Auernhammer/*Witzleb* DSGVO Art. 93 Rn. 7ff.

SA die Befugnis der KOM vor, Durchführungsrechtsakte im Prüfverfahren nach Abs. 2 zu erlassen (→ Art. 61 Rn. 21).

- Schließlich überträgt auch **Art. 67** der KOM entsprechende Befugnisse für die Ausgestaltung des elektronischen Informationsaustauschs zwischen den Aufsichtsbehörden und mit dem EDSA (→ Art. 67 Rn. 4 ff.).

IV. Ausschuss (Abs. 1)

5 Der **Ausschuss nach Art. 93** ist als Gremium **vom EDSA** nach Art. 68 ff. zu **unterscheiden** (→ Art. 68 Rn. 4 ff.). In der deutschen Sprachfassung werden beide Gremien als „Ausschuss" bezeichnet. Die englische Fassung unterscheidet zwischen dem EDSA als `board´ und dem Ausschuss nach Art. 93 als `committee´. Dass es sich um zwei von einander zu unterscheidende Gremien handelt, zeigt auch Art. 70 Abs. 3, der die Pflicht des EDSA formuliert, seine Stellungnahmen, Leilinien, Empfehlungen und bewährten Verfahren an die KOM und an den Ausschuss nach Art. 93 weiterzuleiten.

6 Der Ausschuss nach Art. 93 setzt sich **aus Vertretern der Mitgliedstaaten** zusammen (vgl. Abs. 1 S. 2 iVm Art. 3 Abs. 2 VO 182/2011). Den Vorsitz im Ausschuss führt ein Vertreter der KOM. Er legt dem Ausschuss den Entwurf des Durchführungsrechtsakts der KOM vor, nimmt aber nicht an den Abstimmungen im Ausschuss teil.[16]

V. Prüfverfahren (Abs. 2)

7 Die VO Nr. 182/2011 sieht zwei Verfahren für den Erlass von Durchführungsrechtsakten vor. Der Ausschuss nach Abs. 1 besitzt im Beratungsverfahren nach Art. 4 VO 182/2011 lediglich beratende Funktion. Dagegen muss er im Prüfverfahren nach Art. 5 VO 182/2011 grundsätzlich eine befürwortende Stellungnahme zum Erlass eines Durchführungsrechtsakts erteilen.[17] In weiten Bereichen reicht nach Art. 5 Abs. 4 VO 182/2011 allerdings auch der Verzicht des Ausschusses auf eine Stellungnahme aus. Abs. 2 verweist auf **Art. 5 VO 182/2011** und damit auf das **Prüfverfahren**, welches somit **für die DSGVO ausschließlich** Anwendung findet, da alle Normen der DSGVO, die eine Ermächtigung zu Durchführungsrechtsakten besitzen, auf Abs. 2 verweisen.

VI. Sofort geltende Durchführungsrechtsakte (Abs. 3)

8 Für besonders dringende Fälle sieht Abs. 3 mit seinem Verweis auf Art. 8 iVm Art. 5 VO 182/2011 die Möglichkeit zum **Erlass von sofort geltenden Durchführungsrechtsakten** vor. In diesem Fall erlässt die KOM nach Art. 8 Abs. 2 VO 182/2011 einen Durchführungsrechtsakt, der sofort gilt, ohne dass er vorher einem Ausschuss unterbreitet wurde. Der entsprechende Rechtsakt gilt grundsätzlich nur für höchstens sechs Monate. Allerdings muss der Rechtsakt spätestens 14 Tage nach seinem Erlass dem Ausschuss zur Stellungnahme vorgelegt werden. Im Falle einer ablehnenden Stellungnahme des Ausschusses hebt die KOM den Durchführungsrechtsakt unverzüglich wieder auf. Die DSGVO enthält nur einen einzigen Fall einer solchen Ermächtigung für sofort geltende Durchführungsrechtsakte, nämlich in Art. 45 Abs. 5 UAbs. 2, in dem es um die Datenübermittlung in Drittländer oder an internationale Organisationen geht.

---

16 Für die detaillierte Regelung des Verfahrens im Ausschuss nach Art. 93 vgl. Art. 3 der VO 182/2011; s. zur Zusammensetzung des Ausschusses Auernhammer/*Witzleb* DSGVO Art. 93 Rn. 3.

17 Zur Ausgestaltung des Prüfverfahrens s. mit Blick auf die DSGVO zB Auernhammer/*Witzleb* DSGVO Art. 93 Rn. 4 ff.; Paal/Pauly/*Pauly* Art. 93 Rn. 9 ff.

Artikel 94   Aufhebung der Richtlinie 95/46/EG

(1) Die Richtlinie 95/46/EG wird mit Wirkung vom 25. Mai 2018 aufgehoben.

(2) [1]Verweise auf die aufgehobene Richtlinie gelten als Verweise auf die vorliegende Verordnung. [2]Verweise auf die durch Artikel 29 der Richtlinie 95/46/EG eingesetzte Gruppe für den Schutz von Personen bei der Verarbeitung personenbezogener Daten gelten als Verweise auf den kraft dieser Verordnung errichteten Europäischen Datenschutzausschuss.

I. Vorbemerkung

Art. 94 befasst sich mit den für die DSRL verbundenen Konsequenzen durch das Inkrafttreten der DSGVO **1** und garantiert zusammen mit Art. 99 einen bruchlosen Übergang zwischen den beiden potenziell konkurrierenden Rechtsakten. Das betrifft konkret **die Aufhebung der vormals geltenden DSRL** nach Abs. 1 (→ Rn. 2ff.) sowie **die Fortgeltung bisheriger Verweise auf die DSRL** nach Abs. 2 (→ Rn. 10ff.). Die Norm hat im Laufe des europäischen Gesetzgebungsprozesses gegenüber Art. 88 KOM-E keine Änderungen erfahren. Als Auslegungshilfe ist EG 171 zu berücksichtigen, der insbes. auf die Fortgeltung von Einwilligungen rekurriert, die nach den Umsetzungsgesetzen zur DSRL erteilt wurden (→ Rn. 7). **Art. 59 JI-Richtlinie** enthält eine Parallelvorschrift, mit der der Rahmenbeschluss 2008/988/JI mit Wirkung vom 6.5.2018 aufgehoben wird (Abs. 1) und Verweise auf diesen als Verweise auf die JI-Richtlinie gelten (Abs. 2). Nicht aufgehoben wird die **DSVO 45/2001/EG** für die Organe der EU; für diese gilt bis zum Abschluss der aktuellen Reformbestrebungen weiterhin das alte Recht (→ Einl. Rn. 219ff.).

II. Aufhebung der DSRL (Abs. 1)

1. Allgemeines. Die **DSRL** wurde mit Wirkung vom **25.5.2018 aufgehoben.** Bis zu diesem Zeitpunkt galt **2** sie unbeschränkt weiter[1] (zu den Umsetzungsgesetzen → Rn. 8). Gleichzeitig **gilt die DSGVO** nach Art. 99 Abs. 1 ab dem **25.5.2018**. Sie löste damit die DSRL unmittelbar ab; eine Rechtslücke entstand nicht.

Da die DSGVO nach Art. 99 Abs. 1 bereits am **24.5.2016 in Kraft trat** (→ Art. 99 Rn. 2),[2] entstand ein **3** **zweijähriger Übergangszeitraum**, während dessen die DSRL unverändert weitergalt. Diese Übergangsfrist ermöglichte den datenverarbeitenden Stellen, über den 25.5.2018 hinaus andauernde Datenverarbeitungen mit den Anforderungen der DSGVO in Einklang zu bringen (EG 171 S. 2). Zudem erhielten sie die Möglichkeit, ihre Datenverarbeitungsprozesse bereits frühzeitig an das neue Rechtsregime anzupassen.

Gleichzeitig eröffnete der Übergangszeitraum den Mitgliedstaaten an sich einen hinreichenden Zeitraum, **4** die **nationale Gesetzgebung** an die unionsrechtlichen Vorgaben anzupassen und von den enthaltenen Öffnungsklauseln Gebrauch zu machen. Fehlt es seit der Geltung der DSGVO an mitgliedstaatlichen Spezifikationen, gilt grundsätzlich die DSGVO; das bisherige Recht kann nur insoweit Geltung entfalten als es im Einklang mit Öffnungsklauseln steht. Als Vorreiter in der EU haben sich hier insbes. Deutschland (Bund → Einl. Rn. 274ff. und Länder → Einl. Rn. 285ff.)[3] und Österreich[4] hervorgetan, die bereits frühzeitig sog Datenschutz-Anpassungsgesetze erlassen haben. In anderen Mitgliedstaaten, etwa in Luxemburg[5] oder Estland,[6] existierten bei Wirksamkeitsbeginn konkrete Vorschläge zur Anpassung der nationalen Vorschriften

---

1 BeckOK DatenschutzR/*Schild* DSGVO Art. 94 Rn. 1; *Piltz* K&R 2016, 557 (560).
2 Ehmann/Selmayr/*Ehmann* Art. 99 Rn. 3; Kühling/Buchner/*Kühling/Raab* Art. 94 Rn. 2.
3 S. für den Bund BGBl. I Nr. 44/2017.
4 BGBl. I Nr. 120/2017.
5 Gesetzesvorlage Nr. 7184 zur Umsetzung der Datenschutz-Grundverordnung (DSGVO), http://www.chd.lu/wps/portal/public/Accueil/TravailALaChambre/Recherche/RoleDesAffaires?action=doDocpaDetails&backto=/wps/portal/public/Accueil/Actualite&id=7184.
6 http://www.aki.ee/en/news/dont-panic-how-be-compliant-new-gdpr-5-steps.

an die DSGVO; viele andere Mitgliedstaaten haben indes noch keine gesetzgeberischen Aktivitäten entfaltet.[7]

5 Das **BDSG nF trat parallel zur DSGVO** am 25.5.2018 in Kraft.[8] Mit nunmehr 85 Paragrafen finden sich fast doppelt so viele Vorschriften wie im BDSG aF mit 48 Paragrafen,[9] wobei sich dies für einen Großteil der Vorschriften dadurch erklärt, dass sie der notwendigen Umsetzung der JI-Richtlinie, der Stellung des BfDI sowie den Verarbeitungsgrundlagen für Behörden auf der Basis der Öffnungsklausel des Art. 6 Abs. 1 UAbs. 1 lit. e, Abs. 2 und Abs. 3 dienen (→ Einl. Rn. 279ff.). Um der Intention der mit der DSGVO verfolgten europäischen Rechtsvereinheitlichung ein Stück näher zu kommen, hätte der deutsche Gesetzgeber gut daran getan, sich darauf zu beschränken; nun finden sich einige überschießende, europarechtlich problematische Regelungen (zB zur Videoüberwachung in § 4 BDSG nF → Anh. 1 zu Art. 6 Rn. 23 f. und bei der Verarbeitung zu wissenschaftlichen und statistischen Zwecken in § 27 BDSG nF → Art. 16 Rn. 36; sa → Einl. Rn. 283). Auch die KOM sieht die deutsche Umsetzung deshalb teilweise als problematisch an.[10]

6 **2. Folgen für bisher rechtmäßige Datenverarbeitungen.** Mit der Aufhebung der DSRL stellt sich die Frage, wie die unter ihrer Geltung erfolgten oder begonnenen rechtmäßigen Datenverarbeitungen nunmehr zu beurteilen sind.[11] Eine explizite Regelung dazu findet sich in Art. 94 nicht. Für Datenverarbeitungen, die am **24.5.2018 abgeschlossen** waren, besteht der Rechtsgrund weiterhin. Abgesehen davon, dass dieser im jeweiligen nationalen Umsetzungsgesetz liegt und deshalb der Vorschrift und der DSGVO insgesamt gar nicht direkt erfasst wird, erfolgte die Aufhebung der DSRL ohnehin ex nunc, nicht ex tunc. Für Datenverarbeitungen, die über den **25.5.2018 hinaus andauern**, zB bei fortdauernder Speicherung, gilt Folgendes: Bisher rechtmäßige Datenverarbeitungen auf der Rechtsgrundlage des jeweiligen Umsetzungsgesetzes blieben bis einschließlich 24.5.2018 rechtmäßig. Ab dem 25.5.2018 müssen sie sich an den Anforderungen der DSGVO messen lassen.[12] Dafür hat der Normgeber eigens den Übergangszeitraum von zwei Jahren geschaffen (→ Rn. 3); diese Intention ergibt sich auch aus EG 171 S. 2. Deshalb kamen Datenverarbeiter unter Compliance-Gesichtspunkten nicht umhin, in der Übergangszeit die Zulässigkeit der Datenverarbeitungen **doppelt zu bewerten**: anhand der bis zum 24.5.2018 geltenden DSRL sowie bereits im Vorgriff und zur Risikoabschätzung anhand der ab dem 25.5.2018 geltenden DSGVO.[13] Die Bewertung am Maßstab der DSGVO kann – gerade unter dem Aspekt der Nachweispflicht aus Artt. 5 Abs. 2, 24 Abs. 1 S. 1, der gesteigerten Informationspflichten nach Artt. 12ff. oder der Datenschutz-Folgenabschätzung gemäß Art. 35 – dazu führen, dass die Rahmenbedingungen der Datenverarbeitung ab dem 25.5.2018 verändert werden mussten, auch wenn die Rechtsgrundlage der Verarbeitung als Legitimation fortwirkt (zB eine Einwilligung) oder sogar identisch bleibt (zB ein nationales Gesetz, das im Rahmen einer Öffnungsklausel weitergelten kann). Die Prüfung kann deshalb dazu führen, dass eine Datenverarbeitung nach dem 25.5.2018 zumindest bis zur Anpassung der Verarbeitungsvorgänge oder auch wegen Wegfalls einer zulässigen Rechtsgrundlage ganz zu unterbleiben hat; einen **Vertrauens- oder Bestandsschutz** gibt es nicht, gerade auch wegen der Übergangszeit.

7 Beruht die Datenverarbeitung auf einer unter einem **Umsetzungsgesetz zur DSRL** rechtmäßig erteilten Einwilligung, hat der Datenverarbeiter zu überprüfen, ob die Einwilligung weiterhin als Rechtsgrundlage für die Verarbeitung herangezogen werden kann. Es ist aber nicht erforderlich, dass die betroffene Person erneut ihre Einwilligung erteilt, wenn die Art und Reichweite der bereits erteilten Einwilligung den Bedingungen der DSGVO entspricht (EG 171 S. 3). In diesem Fall kann der Verantwortliche die Verarbeitung nach dem Zeitpunkt der Anwendung der DSGVO rechtmäßig fortsetzen. Die Beurteilung der Fortgeltung einer erteilten Einwilligung bedarf dementsprechend einer **Kompatibilitäts- bzw. Konformitätsprüfung**[14] im Hinblick auf die in Art. 7 und 8 und ggf. Art. 9 iVm nationalstaatlichen Regelungen normierten Voraussetzungen. Angesichts der nur punktuell konkretisierten Voraussetzungen der Einwilligung gegenüber der DSRL dürften rechtswirksam erteilte Einwilligungen grundsätzlich die Anforderungen der DSGVO erfüllen. Augenmerk ist allerdings auf das Kopplungsverbot und die Altersgrenze des Art. 8 zu legen;[15] Schwierigkeiten können auch die Informationspflichten bereiten. Unabhängig von diesen Problemen ist es der Rechtssicherheit dienlich, Einwilligungen zeitnah zu aktualisieren, zumal dies ohnehin regelmäßig zu erfolgen hat,

7 S. zum Stand in den einzelnen Ländern *Spiecker gen. Döhmann/Bretthauer*, Dokumentation zum Datenschutz, Kap. D.
8 Vgl. Art. 8 Abs. 1 DSAnpUG-EU.
9 Kritisch Sydow/*ders.* Art. 94 Rn. 5.
10 Vgl. https://www.heise.de/-3689759.
11 S. dazu auch Gola/*Piltz* Art. 94 Rn. 4ff.; Sydow/*ders.* Art. 94 Rn. 2ff.
12 So auch Sydow/*ders.* Art. 94 Rn. 8 f.
13 Sydow/*ders.* Art. 94 Rn. 9.
14 So auch Gola/*Piltz* Art. 94 Rn. 6.
15 Beschluss der Aufsichtsbehörden für den Datenschutz im nicht-öffentlichen Bereich (Düsseldorfer Kreis v. 13./14.9.2016), https://www.lda.bayern.de/media/dk_einwilligung.pdf.

denn von einer informierten Einwilligung kann wohl nach einigen Jahren und der Dynamik der technischen Weiterentwicklung kaum noch ausgegangen werden.

3. Folgen für nationale Umsetzungsgesetze. Die Aufhebung der DSRL hat **keine unmittelbaren Rechtsfol-** 8 **gen für bestehende nationale Umsetzungsnormen** wie beispielsweise das TMG, die noch nicht angepassten LDSG oder die vielen Normen des bereichsspezifischen Datenschutzrechts der öffentlichen Verwaltung. Deren Geltung beruht auf dem jeweiligen Gesetzesbeschluss der Parlamente, auch wenn eine europarechtliche Verpflichtung zu entsprechenden Gesetzesbeschlüssen bestand.[16] Gleichwohl nimmt die bisherige Rechtsgeltung und -wirkung der nationalen Gesetze ab, da bei einem Konflikt mit den Vorschriften der DSGVO diese den nationalen Normen vorgeht. Das folgt nicht erst aus Art. 99 Abs. 2 (→ Art. 99 Rn. 4ff.), sondern bereits aus dem Grundsatz des **Anwendungsvorrangs** des Europarechts.[17] Zur Klarstellung sollten die Gesetzgeber von Bund und Ländern die verbleibenden europarechtswidrigen Regelungen im Anwendungsbereich der DSGVO zügig überarbeiten.

4. Weitergeltung von Kommissionsentscheidungen und -beschlüssen sowie aufsichtsbehördlichen Genehmi- 9 **gungen.** Auf der DSRL bzw. den Umsetzungsgesetzen beruhende **Entscheidungen bzw. Beschlüsse der KOM** und **Genehmigungen der Aufsichtsbehörden bleiben in Kraft,** bis sie geändert, ersetzt oder aufgehoben werden (EG 171 S. 4). Auch hier zeigt sich die Ex-Nunc-Wirkung von Abs. 1. Die wichtigsten Fälle von EG 171 S. 4 hat der Gesetzgeber in den Normtext aufgenommen, nämlich in Art. 45 Abs. 9 die Entscheidungen der KOM zur Angemessenheit des Schutzniveaus in einem Drittstaat (Art. 25 Abs. 6 DSRL) sowie in Art. 46 Abs. 5 zum Vorliegen angemessener Standardvertragsklauseln (Art. 26 Abs. 4 DSRL), ebenso wie Genehmigungen von Standardvertragsklauseln durch die Aufsichtsbehörden (Art. 26 Abs. 2 DSRL iVm dem jeweiligen Umsetzungsgesetz). Allerdings kann dies dazu führen, dass existierende Beschlüsse und Entscheidungen selbst dann wirksam bleiben, wenn sie die neuen Anforderungen der DSGVO nicht erfüllen, jedenfalls solange bis die KOM ihrer Monitoringpflicht nachgekommen ist (→ Art. 45 Rn. 33; → Art. 46 Rn. 82).[18] Dies ist aus Gründen der Rechtssicherheit hinzunehmen, zumal Aufsichtsbehörden und KOM jederzeit aktiv werden können und absehbar auch müssen.

III. Verweise auf die bisher geltende DSRL (Abs. 2)

Zahlreiche Rechtsakte der EU und der Mitgliedstaaten verweisen bisher auf die DSRL oder einzelne ihrer 10 Normen, zB die VO (EG) Nr. 45/2001,[19] ohne dass diese ihrerseits nun geändert oder aufgehoben werden. Abs. 2 regelt die **Konsequenzen** von solchen Verweisen auf die DSRL (S. 1) sowie die **vormalige Art.-29-Gruppe** (S. 2) sowohl unmittelbar für Verweise in Rechtsakten der EU als auch mittelbar – iVm dem Grundsatz des Vorrangs des Europarechts – für Verweise in mitgliedstaatlichen Normen im Anwendungsbereich der DSGVO. Diese Gesetzestechnik des einfachen Verweises entbindet die europäischen und nationalen Normgeber von der Aufgabe, im Einzelnen zu prüfen, welche Vorschriften auf die DSRL verweisen. Dies entspricht der allgemeinen Regelungstechnik der EU.[20] Schon aus Gründen der Rechtssicherheit sollten die deutschen Gesetzgeber in Bund und Ländern allerdings überall dort eine Anpassung vornehmen, wo auf die DSRL verwiesen wird (zB § 13 Abs. 1 TMG).

1. Verweise auf die DSRL (S. 1). Erfasst sind **Globalverweise,** also pauschalierte Verweise auf die gesamte 11 DSRL. Finden sich solche Globalverweise in Normen, die nicht vom Anwendungsbereich der DSGVO erfasst sind, oder im mitgliedstaatlichem Recht, das nicht Öffnungsklauseln der DSGVO nutzt, ist nach den mitgliedstaatlichen Auslegungsregeln zu ermitteln, ob nunmehr, vergleichbar Abs. 2, auf die Regelungen der DSGVO verwiesen werden soll.[21]

Ob auch Einzelverweise auf konkrete Normen der DSRL von der Wirkung des Abs. 2 erfasst sind, ist je- 12 weils im **Einzelfall** zu ermitteln. Regelmäßig ist dies der Fall, wenn der referenzierte Art. weiterhin von Art und Inhalt her fortbesteht, also **qualitativ wesensgleich** ist, auch wenn die DSGVO anders als andere Rechtsakte keine Entsprechungstabelle mit einer Auflistung der neuen und alten Normen und ihrer Entsprechung enthält.[22] Anderenfalls entstünden Schutzlücken.[23] Fehlt in der DSGVO eine identische Rege-

---

16 Vgl. Sydow/*ders.* Art. 94 Rn. 2 mwN.
17 Vgl. allgemein zum Anwendungsvorrang Grabitz/Hilf/Nettesheim/*Nettesheim* AEUV Art. 1 Rn. 71ff.; Calliess/Ruffert/*Ruffert* AEUV Art. 1 Rn. 16ff.
18 So bereits Gola/*Piltz* Art. 94 Rn. 19.
19 S. für eine erste Auflistung BeckOK DatenschutzR/*Schild* DSGVO Art. 94 Rn. 8ff.
20 Sydow/*ders.* Art. 94 Rn. 14.
21 Vgl. auch Kühling/Buchner/*Kühling/Raab* Art. 94 Rn. 6.
22 Vgl. etwa RL (EU) 2015/2302, Anhang III.
23 So auch Paal/Pauly/*Pauly* Art. 94 Rn. 10; Gola/*Piltz* Art. 94 Rn. 16; Kühling/Buchner/*Kühling/Raab* Art. 94 Rn. 7.

lung, ist durch Auslegung eine sinngemäß entsprechende Regelung in der DSGVO zu ermitteln.[24] Gelingt dies nicht, geht die Verweisung ins Leere und ist nicht zu beachten.

13 In **privatrechtlichen Verträgen** finden sich häufig Verweise auf die DSRL. Allerdings sind diese Verweise nicht automatisch auch als Verweise auf die DSGVO zu verstehen, da dies einen Eingriff in die Privatautonomie der Vertragsparteien bedeuten würde.[25] Vielmehr ist im Wege der **Auslegung** nach §§ 133, 157 BGB als einschlägigem nationalem Recht zu ermitteln, wie der Regelungsgehalt des Vertrags zu verstehen ist. Stimmen die entsprechenden Regelungen der DSGVO mit den Regelungen der DSRL überein, spricht im Regelfall nichts dagegen, eine solche Verweisung nunmehr auf die DSGVO anzunehmen.[26] Bei besonderer Bedeutung des Verweises, etwa bei Bestimmung des wesentlichen Vertragsinhalts, und bei fehlenden entsprechenden Regelungen in der DSGVO kommt eine **Störung der Geschäftsgrundlage** in Betracht (§ 313 BGB). Zumeist wird der Vertrag sodann nach § 313 Abs. 1 BGB auf Verlangen einer Partei anzupassen sein; in Ausnahmefällen kann es gemäß § 313 Abs. 3 BGB auch zum Rücktritt bzw. zur Kündigung kommen.

14 **2. Verweise auf die ehemalige Art.-29-Gruppe, S. 2.** Verweise auf die bisherige **Art.-29-Gruppe** gelten nunmehr als direkte Verweise auf den nach Art. 68ff. eingerichteten EDSA. Durch diesen Übergang werden Kontinuität und Rechtssicherheit der Äußerungen, Stellungnahmen und Working Papers gewährleistet.[27] Gleichzeitig ist Abs. 2 auch Ausdruck des Willens des Verordnungsgebers, dass der EDSA an die Stelle der Art.-29-Gruppe tritt (EG 139 S. 4) und grundsätzlich die schon der Art.-29-Gruppe überantworteten Aufgaben wahrnehmen wird. Dass er darüber hinaus deutlich umfassendere Aufgaben und Befugnisse zum Treffen rechtsverbindlicher Entscheidungen erhalten hat (→ Art. 68 Rn. 4), schadet nicht. Verweisungen iSv Abs. 2 S. 2 finden sich beispielsweise im Durchführungsbeschluss der KOM zum sog Privacy Shield mit den USA[28] oder in der VO (EG) Nr. 45/2001 2001.[29] Der EDSA hat bereits in seiner ersten Sitzung eine Reihe von Äußerungen der Art.-29.-Gruppe übernommen.[30]

Artikel 95   Verhältnis zur Richtlinie 2002/58/EG

Diese Verordnung erlegt natürlichen oder juristischen Personen in Bezug auf die Verarbeitung in Verbindung mit der Bereitstellung öffentlich zugänglicher elektronischer Kommunikationsdienste in öffentlichen Kommunikationsnetzen in der Union keine zusätzlichen Pflichten auf, soweit sie besonderen in der Richtlinie 2002/58/EG festgelegten Pflichten unterliegen, die dasselbe Ziel verfolgen.

Literatur: *Art.-29-Gruppe,* Opinion 03/2016 on the evaluation and review of the ePrivacy Directive (2002/58/EC), 16/EN WP 240; *dies.,* Opinion 01/2017 on the Proposed Regulation for the ePrivacy Regulation (2002/58/EC), 17/EN WP 247; *Ausschuss Bürgerliche Freiheiten, Justiz und Inneres des Europäisches Parlaments* (LIBE), Report on the proposal for a regulation of the European Parliament and of the Council concerning the respect for private life and the protection of personal data in electronic communications and repealing Directive 2002/58/EC (Regulation on Privacy and Electronic Communications) (COM(2017)0010 – C8-0009/2017 – 2017/0003(COD)); *Der Hamburgische Beauftragte für Datenschutz und Informationsfreiheit,* 25. Tätigkeitsbericht Datenschutz, 2016, https://www.datenschutz-hamburg.de/uploads/media/25._Taetigkeitsbericht_Datenschutz_2014-2015_H mbBfDI_01.pdf; *Deusch, F./Eggendorfer, T.,* Fernmeldegeheimnis im Spannungsfeld aktueller Kommunikationstechnologien, DS-RITB 2016, 725; *Die Bundesbeauftragte für den Datenschutz und die Informationsfreiheit,* 26. Tätigkeitsbericht zum Datenschutz 2015 – 2016, https://www.bfdi.bund.de/SharedDocs/Publikationen/Taetigkeitsberichte/TB_BfDI/26TB_15_16.html; *Engler, M.,* Der staatliche Twitter-Auftritt, MMR 2017, 651; *ders./Felber, W.,* Entwurf der ePrivacy-VO aus Perspektive der aufsichtsbehördlichen Praxis, ZD 2017, 251; *Europäischer Datenschutz-Ausschuss,* Statement of the EDPB on the revision of the ePrivacy Regulation and its impact on the protection of individuals with regard to the privacy and confidentiality of their communications, 25.5.2018, https://edpb.europa.eu/sites/edpb/files/files/file1/edpb_statement_on_eprivacy_en.pdf; *Gersdorf, H.,* Telekommunikationsrechtliche Einordnung von OTT-Diensten am Beispiel Gmail, K&R 2016, 91; *Grünwald, A./Nüßing, C.,* Kommunikation over the Top Regulierung für Skype, WhatsApp oder Gmail?, MMR 2016, 91; *Jandt, S./Steidle, R.,* Datenschutz im Internet; 2018; *Keppeler, L.,* Was bleibt vom TMG-Datenschutz nach der DS-GVO? – Lösung und Schaffung von Abgrenzungsproblemen im Multimedia-Datenschutz, MMR 2015, 779; *Kugelmann, D.,* Datenfinanzierte Internetangebote – Regelung- und Schutzmechanismen der DSGVO, DuD 2016, 566; *Kühling, J./Schall, T.,* WhatsApp, Skype & Co. – OTT-Kommunikationsdienste im Spiegel des geltenden Telekommunikationsrechts, CR 2015, 641; *dies.,* E-Mail-Dienste sind Telekommunikationsdienste i.S.d. § 3 Nr. 24 TKG, CR 2016, 185; *Marosi, J.,* One (smart) size fits all? – Das (Datenschutz-)TMG heute – und morgen?, DSRITB 2016, 435; *Nebel, M./Richter, P.,* Datenschutz bei Internetdiensten nach der DS-GVO Vergleich der deutschen Rechtslage mit dem Kommissi-

---

24 Ehmann/Selmayr/*Ehmann* Art. 94 Rn. 5.
25 Paal/Pauly/*Pauly* Art. 94 Rn. 9.
26 Paal/Pauly/*Pauly* Art. 94 Rn. 9; Kühling/Buchner/*Kühling/Raab* Art. 94 Rn. 8.
27 Vgl. BeckOK DatenschutzR/*Schild* DSGVO Art. 94 Rn. 16.
28 KOM (2016) 4176, EG 147.
29 Art. 46 lit. g VO (EG) Nr. 45/2001.
30 https://edpb.europa.eu/.

onsentwurf, ZD 2012, 407; *Schneider, M.*, WhatsApp & Co. – Dilemma um anwendbare Datenschutzregeln, ZD 2014, 231; *Schuster, F.*, E-Mail-Dienste als Telekommunikationsdienste?, CR 2016, 173.

I. Überblick

Art. 95 normiert das Verhältnis der Vorgaben der DSGVO zur ePrivacyRL und ordnet nach wohl hM die [1] Spezialität im Kollisionsfall gegenüber der allgemeineren DSGVO an.[1] Trotz des Anspruches der DSGVO, eine allumfassende Regelung des Datenschutzes auch und gerade im digitalen Binnenmarkt vorzunehmen,[2] ließ der europäische Gesetzgeber den Telekommunikationssektor mit seinem speziellen datenschutzrechtlichen Rechtsregime bestehen und erteilte in EG 173 lediglich einen Auftrag für die Überarbeitung der entsprechenden Rechtsgrundlagen an die KOM. Die vorrangige Anwendung der kommunikationsrechtlichen Datenschutzvorgaben gilt allerdings nur bei der Verarbeitung personenbezogener Daten zum Zweck der Bereitstellung von elektronischen Kommunikationsdiensten in öffentlichen Kommunikationsnetzen und wenn die Vorgaben der kommunikationsrechtlichen Datenschutzvorgaben dasselbe Ziel wie die DSGVO verfolgen.

Die Vorgaben des Art. 95 wirken sich zudem auf die Anwendung des nationalen Rechts aus. Die konkreten Folgen werden allerdings nicht vollständig deutlich. Für Deutschland betrifft dies vor allem die datenschutzrechtliche Regulierung der Telekommunikationsanbieter, die, soweit sie auf der ePrivacyRL beruhen, weiterhin Geltung beanspruchen darf, sowie die auf europäischer Ebene als solche nicht gesondert regulierte Verarbeitung personenbezogener Daten[3] durch Telemediendienstanbieter aufgrund des TMG, das allerdings durch die DSGVO verdrängt wird.[4] Die Situation wird sich in absehbarer Zukunft noch einmal verändern, wenn die geplante ePrivacyVO in Kraft tritt, weil deren Anwendungsbereich weiter gefasst sein soll als derjenige der ePrivacyRL.[5] Allerdings wird durch das Inkrafttreten der DSGVO die Geltung der ePrivacyRL nicht beeinträchtigt und die bestehenden Pflichten gelten weiterhin.[6]

II. Entstehungsgeschichte, Zweck und Systematische Stellung

Eine Vorgängerregelung zu Art. 95 existiert nicht, denn die Normierung betrifft das Verhältnis zwischen [2] der DSGVO und der ePrivacyRL, die jünger ist als die DSRL.[7] Allerdings sah bereits Art. 1 Abs. 2 ePrivacyRL vor, dass deren Vorschriften eine *Detaillierung und Ergänzung* der DSRL darstellen und gegenüber dieser als telekommunikationsspezifische Regelung spezieller sind (sa EG 4 ePrivacyRL). Ausweislich EG 12 ePrivacyRL zielte diese auf die Ergänzung der Vorgaben der DSRL, nicht aber auf eine zusätzliche Erweiterung der bereits zur Umsetzung dieser Richtlinie erlassen nationalen Vorschriften ab.[8]

Dieses Verhältnis übernahm Art. 89 Kom-E, dessen Formulierung, getragen vom Rat, mit der nunmehr [3] endgültigen Fassung des Art. 95 identisch ist. Zusätzlich hatte die KOM vorgeschlagen, Art. 1 Abs. 2 ePrivacyRL aufzuheben. Dieser Vorschlag setzte sich nicht durch, was letztlich den Wunsch des Gesetzgebers unterstreicht, der ePrivacyRL Spezialität zu verleihen.[9] Der Vorschlag des EP, einen verbindlichen Auftrag zur Novellierung der ePrivacyRL zu normieren, wurde nicht übernommen. Der gesetzgeberische Auftrag findet sich nunmehr in EG 173 wieder.

---

1 So der *LIBE-Ausschuss*, Report on Regulation on Privacy and Electronic Communications COM(2017)0010 – C8-0009/2017 – 2017/0003(COD), S. 91 und die einhellige Kommentarliteratur, s. BeckOK DatenschutzR/*Holländer* DSGVO Art. 95 Rn. 6; Kühling/Buchner/*Kühling/Raab* Art. 95 Rn. 1; Paal/Pauly/*Pauly* Art. 95 Rn. 2; Gola/*Piltz* Art. 95 Rn. 4; Ehmann/Selmayr/*Klabunde/Selmayr* Art. 95 Rn. 1 ff.

2 *Kugelmann* DuD 2016, 566; *Keppeler* MMR 2015, 779 (780).

3 BeckRTD/*Schulz* TMG § 11 Rn. 16.

4 *Engler* MMR 2017, 651 (652 f.); *Nebel/Richter* ZD 2012, 407 (409).

5 S. auch *LIBE-Ausschuss des EP*, Report on Regulation on Privacy and Electronic Communications COM(2017)0010 – C8-0009/2017 – 2017/0003(COD).

6 EDSA, Statement on ePrivacy, Ziff. 2.

7 Kühling/Buchner/*Kühling/Raab* Art. 95 Rn. 4.

8 EG 12 ePrivacyRL.

9 Kühling/Buchner/*Kühling/Raab* Art. 95 Rn. 4; aA Gola/*Piltz* Art. 95 Rn. 1, der die Bestimmtheit der Formulierung des Art. 95 für unzureichend hält.

III. Anwendungsbereich – Bereitstellung von Kommunikationsdiensten

4 Die Kollisionsregel des Art. 95 betrifft ausschließlich das Verhältnis der datenschutzrechtlichen Pflichten der DSGVO zu den Vorgaben der ePrivacyRL im Hinblick auf die Verarbeitung von personenbezogener Daten durch die Betreiber von öffentlich zugänglichen elektronischen Kommunikationsdiensten über öffentliche Kommunikationsnetze mit dem Zweck der Bereitstellung derselben.

5 **1. Kommunikationsdienst in öffentlichen Kommunikationsnetzen.** Erfasst werden somit nur Kommunikationsdienste in öffentlichen Kommunikationsnetzen. Der Begriff des öffentlichen **Kommunikationsnetzes** ist in der DSGVO nicht legal definiert. Auch in dem bisher durch die EU erlassenen einschlägigen Sekundärrecht existiert, soweit ersichtlich, keine entsprechende Definition. Allerdings enthält Art. 2 lit. b Universaldiensterichtlinie[10] eine Begriffsbestimmung des öffentlichen Telefonnetzes. Dabei handelt es sich um *„ein elektronisches Kommunikationsnetz, das zur Bereitstellung öffentlich zugänglicher Telefondienste genutzt wird; es ermöglicht die Übertragung gesprochener Sprache zwischen Netzabschlusspunkten sowie andere Arten der Kommunikation wie Telefax- und Datenübertragung"*. Die zusammen mit der DSGVO zu novellierende ePrivacyRL sieht ebenfalls keine Definition des Begriffs des öffentlichen Kommunikationsnetzes vor. Im Entwurf der Kommission für eine Richtlinie über den europäischen Kodex für die elektronische Kommunikation[11] definiert Art. 1 elektronische Kommunikationsnetze als *„Übertragungssysteme, [...] die die Übertragung von Signalen über Kabel, Funk, optische oder andere elektromagnetische Einrichtungen ermögliche."* Dazu zählen zudem *„Satellitennetze, feste (leitungs- und paketvermittelte, einschließlich Internet) und mobile terrestrische Netze, Stromleitungssysteme, soweit sie zur Signalübertragung genutzt werden, Netze für Hör- und Fernsehfunk sowie Kabelfernsehnetze, unabhängig von der Art der übertragenen Informationen."* Dieser Definition folgt auch der Entwurf des EU-Parlaments[12] über den Vorschlag für die ePrivacyVO. Das EP übernimmt die Formulierung der KOM für den Kodex für die elektronische Kommunikation. Als Kommunikationsnetz iSd Art. 95 muss nach dem europäischen Verständnis daher jedes Übertragungssystem verstanden werden, über welches Signale, unabhängig von ihrer Art, übertragen werden können.[13] Die Formulierung ist erkennbar technologieneutral und entwicklungsoffen gehalten und schließt sämtliche technologischen Formen der Signalübertragung mit ein.

6 Zudem muss es sich bei dem jeweiligen Kommunikationsnetz um ein **öffentliches bzw. öffentlich zugängliches Netz** handeln. Auch in diesem Punkt liefern weder die DSGVO noch die bisherigen Richtlinien und Entwürfe der europäischen Regulierung des Telekommunikationsrechts eine Legaldefinition. Insoweit kommt es auf die teleologische Auslegung des Begriffes an. Zweck der ePrivacyRL ist insbes. der Schutz der in Art. 7 GRCh gewährleisteten Vertraulichkeit der Kommunikation und – zumindest bezogen auf natürliche Personen – darüber hinaus der Schutz des Privat- und Familienlebens der Nutzer der Kommunikationsnetze und -dienste.[14] Die Vertraulichkeit der Kommunikation muss insbes. gegen Betreiber der Kommunikationsnetze und -dienste gewährleistet werden. Denn bei der Kommunikation verlieren die Nutzer die Kontrolle über die kommunizierten Informationen und müssen dem Netz- und Dienstbetreiber das Vertrauen entgegenbringen, die Informationen nur zum Zweck der Übermittlung zu verwenden und Dritten gegenüber, zB staatlichen Stellen, nicht zu offenbaren.[15] Dieses spezifische Vertrauen wird durch die ePrivacyRL und zukünftig die ePrivacyVO geschützt. Eines Schutzes des beschriebenen Vertrauens bedarf es nicht, wenn die Kommunikation zwischen den Kommunikationspartnern über eine von ihnen selbst kontrollierte oder vertrauenswürdige Stelle erfolgt. Dazu zählen zB die Nutzung unternehmens- oder dienststelleneigener Kommunikationsnetzwerke, welche nur den jeweiligen Beschäftigten des Unternehmens oder der Behörde offenstehen, zur rein beruflich veranlassten Kommunikation zweier Beschäftigter. Kommunikationsdienste in sogenannten geschlossenen Benutzergruppen wie rein innerbehördlichen und innerbetrieblichen Kommunikationsnetzen und -diensten,[16] wie zB den Landesnetzen der einzelnen Bundesländer, unterfallen damit nicht dem Anwendungsbereich des Art. 95. Denn damit entfällt die Notwendigkeit des Schutzes des Vertrauens. Die Kommunikation erfolgt dann entweder im eigenen Interesse des Betreibers, oder die Nutzer des Netzes kontrollieren selbst die Verarbeitung der Informationen. Zur Abgrenzung geschlossener von öffentlichen Kommunikationsnetzen wird man die genauen Umstände, unter denen Zugang zum Kommunikationsnetz gewährt und aufrechterhalten wird, betrachten müssen. Technische Zugangsbeschränkun-

10 RL 2002/22/EG des EP und des Rates vom 7.3.2002 über den Universaldienst und Nutzerrechte bei elektronischen Kommunikationsnetzen und -diensten.
11 2016/0288 (COD).
12 COM(2017)0010 – C8-0009/2017 – 2017/0003(COD) v. 9.6.2017.
13 Vgl. für das deutsche Verständnis des Telekommunikationsnetzes Spindler/Schuster/*Ricke* TKG § 3 Rn. 46.
14 EG 1 ePrivacyVO-E; Ehmann/Selmayr/*Klabunde/Selmayr* Art. 95 Rn. 4.
15 Vgl. zu Art. 10 GG BVerfG NJW 2016, 3508 (3510) Rn. 36; BVerfGE 100, 313 (359) = NJW 2000, 55 (57).
16 BeckOK DatenschutzR/*Holländer* DSGVO Art. 95 Rn. 4.

gen wie Passwörter reichen freilich für eine Abgrenzung nicht aus. Maßgeblich ist vielmehr, ob eine sachliche Beschränkung der Nutzer anhand abstrakt definierter Kriterien erfolgt und das entsprechende Netz nicht für „jedermann" zur Nutzung offensteht. Allerdings können im Prinzip geschlossene Kommunikationsnetze durch Duldung einer nicht bestimmungsgemäßen Nutzung die Eigenschaft eines geschlossenen Netzes verlieren, wenn zB Firmen-, Vereins- oder Hochschulnetze etwa Ehemaligen, Gästen und Dritten großzügig die Nutzung gestattet oder eine Weiternutzung zugelassen wird. Allerdings bedeutet die Verneinung des Merkmals der Öffentlichkeit im Ergebnis auch, dass die Verarbeitung personenbezogener Daten, die bei der Durchführung der Kommunikation anfallen, damit immer noch nach der DSGVO rechtlich zu bewerten ist. **Öffentlich** sind Kommunikationsnetze somit, wenn sie einer vorher nicht definierbaren Anzahl Dritter zur Nutzung angeboten werden und die Kommunikation der Beteiligten nicht oder nicht ausschließlich im Interesse oder für den Betreiber des Netzes erfolgt.

Eine eigenständige Definition des Begriffs **Kommunikationsdienst** sieht die DSGVO nicht vor. Art. 2 lit. c 7 Universaldienstrichtlinie definiert den Begriff des öffentlich zugänglichen Telefondienstes als „*ein der Öffentlichkeit zur Verfügung stehender Dienst für das Führen von Inlands- und Auslandsgesprächen und für Notrufe über eine oder mehrere Nummern in einem nationalen oder internationalen Telefonnummernplan*". Die DSGVO nimmt lediglich ein weiteres Mal in Art. 70 Abs. 1 lit. d zur Anwendung, allerdings in einem anderen Zusammenhang zu diesem Begriff, Bezug. Zusammen mit der ePrivacyRL und der Durchsetzung der Rechte Betroffener im Internet verwendet die DSGVO auch die Formulierung **Dienste der Informationsgesellschaft** wie in Art. 8 Abs. 1, Art. 17 Abs. 1 lit. f. oder Art. 21 Abs. 5. Der Begriff Dienst der Informationsgesellschaft wird wiederum durch die DSGVO definiert und entspricht gemäß Art. 4 Nr. 25 der Definition des Art. 1 Nr. 1 lit. b der RL 2015/1535[17]. Danach handelt es sich um eine in der Regel gegen Entgelt elektronisch im Fernabsatz und auf individuellen Abruf eines Empfängers erbrachte Dienstleistung, *die mittels Geräten für die elektronische Verarbeitung (einschließlich digitaler Kompression) und Speicherung von Daten am Ausgangspunkt gesendet und am Endpunkt empfangen wird* (→ Art. 4 Rn. 5).

Deutlich wird, dass damit nicht die in Art. 95 erwähnten Kommunikationsdienste gemeint sind, denn Diens- 8 te der Informationsgesellschaft werden nicht von der ePrivacyRL erfasst. Art. 2 S. 1 ePrivacyRL verweist zur Definition des Begriffs des Kommunikationsdienstes auf Art. 2 lit. c der Rahmenrichtlinie[18], wonach elektronische Kommunikationsdienste *gewöhnlich gegen Entgelt erbrachte Dienste, die ganz oder überwiegend in der Übertragung von Signalen über elektronische Kommunikationsnetze bestehen, einschließlich Telekommunikations- und Übertragungsdienste in Rundfunknetzen*, sind. Explizit ausgenommen werden *Dienste, die Inhalte über elektronische Kommunikationsnetze und -dienste anbieten oder* über die eine *redaktionelle Kontrolle* ausgeübt wird und eben *Dienste der Informationsgesellschaft*.

Abgrenzungskriterium ist der inhaltliche Schwerpunkt des angebotenen Dienstes. Bei den Diensten der In- 9 formationsgesellschaft kommt es maßgeblich auf das kommerzielle Angebot der Dienstleistung an, die auf dem elektronischen Weg erbracht wird.[19] Die Art der Übertragung bzw. der Umstand, dass eine Übertragung stattfindet, ist für die Dienstleistung selbst sekundär. Entscheidungserheblich ist die inhaltliche Ausgestaltung des Dienstes. Klassische Beispiele sind das Online-Banking, Verkauf digitaler Fahrkarten, On-Demand Streaming-Angebote etc.

Im Sinne eines technischen Schichtenmodells übernehmen Kommunikationsdienste den Transport und/oder 10 die Vermittlung von Signalen.[20] Bedeutsam ist für diese Dienste, dass der Dienstanbieter für den Nutzer Informationen iwS übermittelt und somit der Schwerpunkt dieser Dienste im Signaltransport liegt.[21] Art und Inhalt bzw. Bedeutung der Signale sind dabei unerheblich. Zu diesen Diensten zählen im klassischen Sinn die Telekommunikationsdienste wie Telefon und Telefax.

Sogenannte **OTT-Kommunikationsdienste** (Over-the-Top-Dienste)[22], also Dienste, die auf der Anwen- 11 dungsschicht über Netzinfrastrukturen den Signaltransport[23] anbieten, sind nach umstrittener Ansicht wohl

---

17 RL (EU) 2015/1535 des EP und des Rates vom 9.9.2015 über ein Informationsverfahren auf dem Gebiet der technischen Vorschriften und der Vorschriften für die Dienste der Informationsgesellschaft, Abl. L 241 S. 1.
18 RL 2002/21/EG des EP und des Rates vom 7.3.2002 über einen gemeinsamen Rechtsrahmen für elektronische Kommunikationsnetze und -dienste, ABl. L 108 S. 33.
19 BeckRTD/*Gitter* TMG § 1 Rn. 16.
20 Geppert/*Schütz* TKG § 3 Rn. 78 f.
21 *Schuster* CR 2016, 173 (178); *Gersdorf* K&R 2016, 91 (93); *Kremer/Völkel* CR 2015, 501 (503); *Kühling/Schall* CR 2015, 641 (645); BeckRTD/*Gitter* TMG § 1 Rn. 24.
22 Erläuterung bei *BfDI* 26. Tätigkeitsbericht Ziff. 17.2.4.1.
23 *Kühling/Schall* CR 2016, 641 (643).

von der ePrivacyRL nicht erfasst,[24] obwohl sie aus funktionaler Betrachtungsweise mit den herkömmlichen Telekommunikationsdiensten häufig zumindest teilweise identisch sind (zB individuelle Messenger-Kommunikation statt SMS-Versand).[25] Zu diesen Diensten zählen Webmail-Angebote wie Gmail, Outlook, Yahoo Mail, Posteo etc, Messengerdienste für den individuellen Nachrichtenaustausch wie WhatsApp, Threema, Signal, ICQ etc oder (Bild-)Telefoniedienste wie Hangout, Skype, Facetime etc Alle Angebote vereint, dass die Anbieter ohne eigene technische Infrastruktur über das offene Internet den technischen Transport der Nachrichten vornehmen, aber keine Kontrolle über die zum Transport der Signale verwendete technische Kommunikationsinfrastruktur wie die klassischen Telekommunikationsanbieter haben. Es ergeben sich aber insbes. aus telekommunikations- und datenschutzrechtlicher Sicht vielfach identische[26] rechtliche Fragestellungen wie bei den herkömmlichen Anbietern, zB in Bezug auf Meldepflichten oder die Beachtung der Vertraulichkeit der Kommunikation.[27] Aus daten- und verbraucherschutzrechtlicher Sicht wurde vor allem im Hinblick auf die Gewährleistung der Vertraulichkeit der Kommunikation immer wieder auf die Parallelen zu den herkömmlichen Telekommunikationsdiensten hingewiesen[28] und eine rechtliche Gleichbehandlung dahin gehend gefordert, dass auch die OTT-Kommunikationsdienste die Vertraulichkeitsvorgaben zu beachten hätten.[29] Teilweise wurde dies in der nationalen Praxis der Datenschutzaufsichtsbehörden entsprechend umgesetzt.[30] Die dargestellte Diskussion erlangt somit Relevanz für die Bestimmung des Anwendungsbereiches des Art. 95 im Hinblick auf OTT-Kommunikationsdienste. Denn je nachdem wie OTT-Kommunikationsdienste rechtlich eingeordnet werden, unterfallen sie im Einzelfall unterschiedlichen datenschutzrechtlichen Vorgaben.[31]

12 Aus rechtspolitischer Sicht ist die Erstreckung des telekommunikationsdienstspezifischen Regimes der ePrivacyRL auf OTT-Kommunikationsdienste im Hinblick auf die effektive Durch- und Umsetzung der Vertraulichkeitsanforderungen des Art. 7 GRCh erforderlich. Erklärtes Ziel der ePrivacyRL ist ausweislich ihres EG 2 die Achtung der Grundrechte und insbes. die uneingeschränkte Gewährleistung der in den Art. 7 und 8 GRCh niedergelegten Rechte. Zu diesen zählt der Schutz der Vertraulichkeit der Kommunikation, wobei Kommunikation in diesem Zusammenhang in Abgrenzung zu Art. 11 GRCh den Schutz der Individualkommunikation gewährleistet und entwicklungsoffen gestaltet ist.[32] Durch Art. 7 GRCh soll das Vertrauen der Nutzer in die Wahrung der Vertraulichkeit ihrer (Fern-)Kommunikation geschützt werden.[33] Der sekundärrechtlichen Umsetzung dieses Schutzes dient die ePrivacyRL und insbes. Art. 5 Abs. 1 ePrivacyRL.[34] Die Vorschrift soll explizit die Vertraulichkeit der übertragenen Nachrichten **und** Verkehrsdaten (Metadaten) gewährleisten. Denn die neuen, über das Internet allgemein zugänglichen elektronischen Kommunikationsdienste bieten einerseits neue Möglichkeiten für die Nutzer, rufen andererseits durch die zunehmenden Fähigkeiten zur automatischen Speicherung und Verarbeitung von Daten neuartige Risiken für den Schutz der personenbezogenen Daten, die Privatsphäre und die Vertraulichkeit der Kommunikation hervor.[35] Das grundrechtlich geschützte Vertrauen in die Vertraulichkeit der Kommunikation der Nutzer beschränkt sich eben nicht allein auf die althergebrachten „Strippenzieher", sondern auch auf die technisch moderneren Formen der fernvermittelten Individualkommunikation.[36] Insoweit ist in grundrechtskonformer Auslegung der Begriff des Kommunikationsdienstes iSd Art. 95 auch auf OTT-Kommunikationsdienste auszudehnen. Diese Auslegung von Art. 7 GRCh muss letztlich auch bei der Entscheidung über den Anwendungsbereich der geplanten ePrivacyVO berücksichtigt werden.[37] Diese Wertung enthält auf nationaler Ebene im Übrigen bereits § 11 Abs. 3 TMG.

24 Vorschlag für eine VO des EP und des Rates über die Achtung des Privatlebens und den Schutz personenbezogener Daten in der elektronischen Kommunikation und zur Aufhebung der RL 2002/58/EG (VO über Privatsphäre und elektronische Kommunikation) COM(2017) 10 final, Ziff. 1.1; *Engeler/Felber* ZD 2017, 251 (252); *Schuster* CR 2016, 173 (181); *Gersdorf* K&R 2016, 91 (99); Beck-RTD/*Gitter* TMG § 1 Rn. 23.

25 *Scherer/Heinickel* MMR 2017, 71; so auch *BfDI* 26. Tätigkeitsbericht Ziff. 17.2.4.1.

26 Zustimmend VG Köln MMR 2016, 141; wohl ablehnend *Grünwald/Nüßing* MMR 2016, 91 (93).

27 LG Berlin ZD 2016, 182 (185); *Deusch/Eggendorfer* DSRITB 2016, 725 (732 f.).

28 So zuletzt vor allem *Kühling/Schall* CR 2015, 641 (648, 652 f.); wohl auch *Schneider* ZD 2014, 231 (237); aA *Schuster* CR 2016, 173 (175 f.), der auf das Betreiben der technischen Leistung auf der Grundlage der Netzwerktechnik und der Verarbeitung und Übertragung der Nachrichten abstellt; ebenso im Ergebnis *Gersdorf* K&R 2016, 91 (98); Überblick über den gesamten Streitstand bei *Kühling/Schall* CR 2016, 185 (187) mwN, wobei die Diskussion maßgeblich im Hinblick auf die Auslegung des § 3 Nr. 24 TKG geführt wird.

29 *Art.-29-Gruppe*, WP 240 Ziff. 2.

30 *HmbBfDI* 25. Tätigkeitsbericht Ziff. 2.3; zweifelnd *BfDI* 26. Tätigkeitsbericht Ziff. 2.3., 17.3.1, 178.

31 S. dazu speziell für das Datenschutzrecht *Schneider* ZD 2014, 231 (233).

32 Calliess/Ruffert/*Kingreen* GRCh Art. 7 Rn. 10.

33 BeckOK Informations- und Medienrecht/*Gersdorf* GRCh Art. 7 Rn. 35.

34 EuGH C-203/15 und C-698/15, NJW 2017, 717 Rn. 84.

35 EuGH C-203/15 und C-698/15, NJW 2017, 717 Rn. 83; EG 6 ePrivacyRL.

36 So im Ergebnis auch Gola/*Piltz* Art. 95 Rn. 10.

37 So auch *KOM*, COM(2017) 10 final, Ziff. 2.3.

Vertreter der Gegenauffassung, die einen engeren Telekommunikationsdienstbegriff annehmen, würden die 13
Verarbeitung personenbezogener Daten durch Anbieter von OTT-Kommunikationsdienste jedenfalls vollständig den Vorgaben der DSGVO unterwerfen müssen. Aufgrund der aus den Artt. 7 und 8 GRCh fließen-
den Verpflichtung zur Achtung und Wahrung der Vertraulichkeit der Kommunikation müssten die Vorgaben der DSGVO im Hinblick auf die Zulässigkeit der Datenverarbeitung dann allerdings in deren Lichte
ausgelegt und angewandt werden. So ist die Wertung der Artt. 7 und 8 GRCh sowie der Rechtsgedanke des
Art. 5 Abs. 1 ePrivacyRL bezüglich der Vertraulichkeit der Kommunikation in Abwägungsklauseln zu berücksichtigen. Wenn die Verarbeitung personenbezogener Daten zB gemäß Art. 6 lit. f auf die Verfolgung
berechtigter Interessen des Kommunikationsdienstanbieters gestützt wird, so muss in den Abwägungsprozess einfließen, dass die gegenläufigen schutzwürdigen Interessen des Betroffenen gerade solche sind, die
durch Artt. 7 und Art. 8 GRCh besonders geschützt werden. Aufgrund des entwicklungsoffenen und technikneutralen Ansatzes der Artt. 7 und Art. 8 GRCh muss es bei einer schutzzielorientierten Betrachtung der
Schutzgewährung für die Betroffenen im Ergebnis unerheblich sein, welche Technologie bei der Individualkommunikation zum Einsatz kommt. Das Schutzniveau der Vertraulichkeit muss bei der Verwendung herkömmlicher Telekommunikationsdienste im Verhältnis zu den OTT-Diensten im Ergebnis identisch sein.
Ein unterschiedliches Niveau aus formalrechtlichen Gründen wäre rechtlich fehlerhaft, rechtspolitisch nicht
vertretbar und auch gegenüber den Betroffenen nicht vermittelbar. Mit einer zukünftigen ePrivacyVO wäre
der dargestellte Streit über die konkrete Reichweite obsolet, wenn – wie derzeit erwartet wird – der materielle Anwendungsbereich der ePrivacyVO auch auf OTT-Dienste erstreckt wird.

2. Bereitstellung des Dienstes. Zweites Tatbestandsmerkmal des Art. 95 ist die Beschränkung auf die Verar- 14
beitung personenbezogener Daten zum Zweck der **Bereitstellung** des Kommunikationsdienstes.[38] Nur wenn
die Daten auch tatsächlich zur Erbringung der Individualkommunikation verarbeitet werden, wie es zB bei
Bestands- und Verkehrsdaten der Fall ist, wird die Anwendung der DSGVO eingeschränkt. Nicht erfasst
werden Verarbeitungen, die nicht mit der Erfüllung dieses Zwecks im Zusammenhang stehen. Dies betrifft
etwa die Verwendung der Daten von Nutzern eines Kommunikationsdienstes zu Zwecken der Werbung für
andere Angebote des Diensteanbieters oder die Datenverarbeitung im Rahmen der Beschäftigungsverhältnisse der Mitarbeiter des Anbieters. Durch die Zweckbegrenzung im Hinblick auf die Verarbeitung der Daten erfolgt eine Beschränkung des materiellen Anwendungsbereiches des Art. 95 auf den Sektor der Telekommunikation.

IV. Rechtsfolge und Verhältnis zur ePrivacyRL

Art. 95 regelt das Verhältnis zur (noch) bestehenden ePrivacyRL bei der Verarbeitung personenbezogener 15
Daten durch Anbieter von Kommunikationsdiensten dahin gehend, dass die *lex posteriori*-Regel nicht eingreift, weil durch Art. 95 deutlich wird, dass das bereits zwischen der DSRL und der ePrivacyRL bestehende Verhältnis auch im Hinblick auf die DSGVO gelten soll.[39]
Zwar wird die Formulierung des konkreten Verhältnisses verklausuliert dargestellt und als unklar[40] und 16
komplizierter datenschutzrechtlicher Dschungel[41] bezeichnet. Gleichzeitig geht die Kommentarliteratur fast
übereinstimmend davon aus, dass durch Art. 95 eine Spezialität im Sinne der *lex specialis*-Regel angeordnet
wird.[42] Die Begründung wird regelmäßig auf die Formulierung der Erläuterung in EG 173 gestützt, wonach
die DSGVO Anwendung findet, wenn die jeweilige Verarbeitung der Daten *nicht den in der ePrivacyRL bestimmte Pflichten, die dasselbe Ziel verfolgen, unterliegen*. Im Ergebnis ist dieser Einschätzung dahin gehend zuzustimmen, dass die bereichsspezifischen Datenschutzvorgaben des telekommunikationsrechtlichen
Regimes durch die Vorgaben der DSGVO nicht modifiziert oder aufgehoben werden sollten.
Zudem ergibt sich aus dem Wortlaut, dass die DSGVO keine **zusätzlichen** Pflichten vorsieht, wenn Anbieter 17
von Kommunikationsdienstleistungen zur Erbringung des Dienstes personenbezogene Daten verarbeiten.
Daraus kann geschlossen werden, dass Anbieter keine ergänzenden oder weiterführenden Anforderungen
im Hinblick auf die Datenverarbeitung erfüllen müssen. Es bleibt insoweit bei den Vorgaben der ePrivacyRL. Das Vorrangprinzip zugunsten der ePrivacyRL wird durch die DSGVO jedoch modifiziert. Nur
wenn die fraglichen Vorgaben der ePrivacyRL auch **dasselbe Ziel** verfolgen, sollen diese Vorrang haben. Allerdings entsprechen die Normierungsziele der ePrivacyRL nicht notwendigerweise immer den Zielen der

---

38 Gola/*Piltz* Art. 95 Rn. 10.
39 Gola/*Piltz* Art. 95 Rn. 11 s. → Rn. 1.
40 Gola/*Piltz* Art. 95 Rn. 1.
41 BeckOK DatenschutzR/*Holländer* DSGVO Art. 95 Rn. 6.
42 BeckOK DatenschutzR/*Holländer* DSGVO Art. 95 Rn. 6; Kühling/Buchner/*Kühling/Raab* Art. 95 Rn. 1; Paal/Pauly/*Pauly* Art. 95 Rn. 2;
    Gola/*Piltz* Art. 95 Rn. 4, Sydow/*ders.* Art. 95 Rn. 3; Ehmann/Selmayr/*Klabunde/Selmayr* Art. 95 Rn. 9.

DSGVO.[43] Daher muss im konkreten Einzelfall geprüft werden, ob der Zweck der vorrangbeanspruchenden Norm der Schutz personenbezogener Daten ist. Unklar erscheint zudem, ob zwischen der Zwecksetzung der spezielleren Vorgaben der ePrivacyRL und den Zwecken der DSGVO Identität bestehen muss. Denn es muss sich dem Wortlaut des Art. 95 nach jeweils um dasselbe Ziel handeln. Auch ein Blick in die englischsprachige Version – *the same objective* – lässt grammatikalisch wenig Spielraum. Bedeutsam wäre die Vorgabe in den Fällen, in denen der Schutz personenbezogener Daten auch oder nur eine untergeordnete Rolle spielt, wie zB bei der Regulierung der Rufnummernunterdrückung gemäß Art. 10 ePrivacyRL, der Zusendung von Direktwerbung gemäß Art. 13 ePrivacyRL,[44] oder den Vorgaben der Datensicherheit gemäß Art. 14 ePrivacyRL. In allen Fällen lässt sich der datenschutzrechtliche Kern nicht verleugnen. Allerdings enthalten diese Vorgaben auch weitere verbraucherschutz- und wettbewerbsrechtliche Zwecksetzungen. Aus teleologischer Sicht wird man trotz der Dichotomie der Zwecke von einem Vorrang der Vorgaben der ePrivacyRL ausgehen, wenn der Schutz personenbezogener Daten zumindest eine Teilmenge der Gesamtzwecksetzung der entsprechenden Norm ist. Denn die Verfolgung weiterer Ziele ist insoweit unschädlich.

18 Keinen Vorrang können die Vorgaben der ePrivacyRL vor der DSGVO beanspruchen, wenn sie selbst **Rückausnahmen** enthalten bzw. auf die nicht mehr geltende DSRL verweisen, wie zB Art. 2 lit. f. oder Art. 5 Abs. 3 ePrivacyRL, die zur Normierung der rechtlichen Anforderungen an die Einwilligung auf die DSRL referenziert. In diesen Konstellationen kommen die Vorgaben der DSGVO weiterhin zu Anwendung.

V. Auswirkung auf das nationale Recht

19 Die mitgliedsstaatlichen Umsetzungen der ePrivacyRL teilen das Schicksal der Richtlinie und sind, vorausgesetzt sie verfolgen dasselbe Ziel wie die DSGVO, weiterhin vorrangig gegenüber der DSGVO anzuwenden. Im Verhältnis zur DSGVO können Anbieter von Kommunikationsdienstleistungen auf die bestehenden nationalstaatlichen Vorgaben zurückgreifen, wenn sie ihre Datenverarbeitung legitimieren wollen, müssen aber auch die entsprechenden Begrenzungen einhalten.[45]

20 **1. Telemediengesetz.** Die datenschutzrechtliche Normierung der Verarbeitung personenbezogener Daten von Telemediendienstanbietern durch das TMG wird durch den Geltungsbeginn der DSGVO unanwendbar[46], soweit sie nicht die Vorgaben der ePrivacyRL umsetzen, was allerding teilweise zutrifft.[47] Denn die ePrivacyRL kann mit Art. 95 eine fortgesetzte Geltung unter der DSGVO beanspruchen. Die sie umsetzenden nationalen Vorschriften werden ebenfalls erfasst und sind als speziellere Vorschriften auf nationaler Ebene für Diensteanbieter verbindlich. In räumlicher Hinsicht verweist § 3 Abs. 3 Nr. 4 TMG auf die allgemeinen Regeln des Datenschutzrechts zur Bestimmung des anzuwendenden Rechts beim Schutz personenbezogener Daten. Nach Geltungsbeginn der DSGVO finden sich diese allgemeinen Regeln für die vom bisherigen TMG erfassten Sachverhalte in § 1 Abs. 4 BDSG nF. Danach kommen die nationalen datenschutzrechtlichen Vorgaben zur Anwendung, wenn die Verantwortlichen im Inland als Telemedienanbieter personenbezogene Daten verarbeiten (§ 1 Abs. 4 S. 1 Nr. 1 BDSG nF), im Inland niedergelassen sind (Nr. 2) oder Art. 3 Abs. 2 unterfallen (Nr. 3).[48] Die auf der Grundlage der ePrivacyRL in nationales Recht umgesetzten Vorschriften gehen zudem gemäß § 1 Abs. 2 BDSG nF den Vorgaben des BDSG nF vor, soweit es hierbei zu Tatbestandskongruenzen kommt.[49] In europarechtskonformer Auslegung müsste dann allerdings geprüft werden, ob die Regelung des TMG die Verarbeitung personenbezogener Daten **zur Bereitstellung eines Kommunikationsdienstes** durch einen entsprechenden Anbieter iSd Art. 95 betrifft, um zu vermeiden, dass Verantwortliche, die dem personellen Anwendungsbereich des TMG unterfallen, aber keine Anbieter iSd des Art. 95 sind, sich ihren Verpflichtungen gemäß der DSGVO entziehen.

21 So könnte weiterhin die unter dem Begriff „**Cookie-Regelung**" diskutierte Verpflichtung für Dienstanbieter gemäß Art. 5 Abs. 3 ePrivacyRL Anwendung beanspruchen. Danach müssen Anbieter, bevor sie auf den Endgeräten der Nutzer Informationen, zB durch die als Cookies bezeichneten Textdateien,[50] abspeichern oder Zugriff auf die auf den Endgeräten der Nutzer gespeicherten Informationen nehmen, eine mit den Vorgaben der DSRL im Einklang stehende Einwilligung der Nutzer einholen. Nach der hM der Rechtspre-

---

43 Darauf weisen Ehmann/Selmayr/*Klabunde/Selmayr* Art. 95 Rn. 8 f.
44 Zum datenschutzrechtlichen Zweck der Norm s. EG 41 ePrivacyRL.
45 Vgl. hierzu auch Gola/*Piltz* Art. 95 Rn. 16 ff.
46 *Engler* MMR 2017, 651 (652 f.).
47 So Auernhammer/*Schreibauer* TMG Vor § 11 Rn. 2.
48 Zur Problematik dieser Regelung → Art. 3 Rn. 12.
49 BT-Drs. 18/11325, S. 79.
50 Hoeren/Sieber/Holznagel/*Boemke*, Teil 11 Rn. 100 f.

chung,[51] der deutschen Aufsichtsbehörden[52], der Bundesregierung[53] und der Literatur[54] handelt es sich dabei um eine europarechtliche Vorgabe, die durch das TMG in nationales Recht umgesetzt wird bzw. werden muss. Allerdings würde selbst diese Vorgabe das Schicksal des TMG teilen. Denn werden die in Frage kommenden Dienste als Dienste iSd Art. 2 lit. c ePrivacyRL eingestuft, käme in Deutschland das TKG zur Anwendung. Im gegenteiligen Fall würde dies zu einer Anwendung der DSGVO führen, was dann wiederum die Anwendung des TMG blockierte.[55] Selbst bei der Anwendung der derzeitigen Regelung des TMG käme man zu diesem Ergebnis. Denn § 11 Abs. 3 TMG sieht bisher vor, dass für Dienste, die überwiegend in der Übertragung von Signalen über Telekommunikationsnetze bestehen, für die Erhebung und Verwendung personenbezogener Daten der Nutzer nur § 15 Absatz 8 und § 16 Absatz 2 Nummer 4 TMG gelten. Ansonsten sind die Vorgaben des TKG anwendbar.[56] Damit verbleibt es weiterhin bei der Verweisung der Regulierung der Datenverarbeitung personenbezogener Daten für die Bereitstellung von Diensten der Individualkommunikation auf die telekommunikationsrechtlichen Vorgaben und im gegenteiligen Fall beim Anwendungsvorrang der DSGVO. Allerdings hat sich damit die Diskussion um die Umsetzung des Art. 5 Abs. 3 ePrivacyRL nicht erledigt. Denn eine Umsetzung desselben im TKG hat bisher unstreitig nicht stattgefunden.

2. Telekommunikationsgesetz. Art. 95 führt dagegen im Wesentlichen zur **Fortgeltung des TKG**, denn dieses setzt die Vorgaben der ePrivacyRL in nationales Recht um. Dies wird auch dann zu beachten sein, wenn die Regelungen des TKG über die Vorgaben der ePrivacyRL hinausgehen.[57] Allerdings gilt diesbezüglich auch die Beschränkung des Art. 95 im Hinblick auf die Zwecksetzung. Nur wenn die telekommunikationsrechtlichen Regeln dem Zweck des Schutzes der personenbezogenen Daten iSd Art. 1 entsprechen, können diese vom Anwendungsvorrang der DSGVO auf nationaler Ebene ausgenommen werden. Diese inhaltliche Ausgestaltung setzt sich im nationalen Bereich fort und ist vom Rechtsanwender im Einzelfall zu beachten. Damit werden Anbieter von Kommunikationsdiensten auf nationaler Ebene nur dann von der Anwendung der DSGVO ausgenommen, wenn die Datenverarbeitung zum Zweck der Bereitstellung des Kommunikationsdienstes für die Nutzer erfolgt.

VI.   Normierungsauftrag der DSGVO

Entsprechend dem Normierungsauftrag in EG 173 veröffentlichte die KOM am 10.1.2017 einen Vorschlag für die Novellierung der ePrivacyRL.[58] Die gravierendste Änderung wird demnach daraus folgen, dass die KOM sich bei der Rechtsformwahl für eine Verordnung entschieden hat.[59] Dies wird viele der nationalen datenschutzrechtlichen Vorgaben des Telekommunikationsrechts obsolet werden lassen. Die KOM klärte zudem die Diskussion um den Anwendungsbereich dahin gehend, dass auch die sogenannten OTT-Dienste in die Regulierung einbezogen werden sollen. Dies trägt der technologischen Entwicklung und den sich daraus ergebenen Folgen Rechnung.[60]

Eine bereits die Anwendung des Art. 95 klärende Aussage enthält der Vorschlag der KOM zur ePrivacyVO. Diese erstreckt die in Art. 95 normierte Spezialität auf das Verhältnis zu einer zukünftigen Verordnung. Danach soll die künftige ePrivacyVO zwar *lex specialis* zur DSGVO sein, jedoch nur soweit die Verarbeitung personenbezogener Daten im Hinblick auf die elektronische Kommunikation normiert wird. Sie soll zudem die DSGVO **präzisieren und ergänzen**, nicht aber ersetzen. Denn sämtliche Sachverhalte, die in der zukünftigen Verordnung nicht spezifisch geregelt sind, werden weiterhin von der DSGVO erfasst sein. Zudem soll die kommende Verordnung das durch die DSGVO gesetzte Schutzniveau nicht absenken.[61] Dieser Position haben sich der EDSA[62], die Art.-29-Gruppe und das EP angeschlossen.[63] Nunmehr liegt der Entwurf beim

22

23

24

51   OLG Frankfurt/M MMR 2016, 245 (246).
52   Umlaufentschließung der Datenschutzbeauftragten des Bundes und der Länder vom 5.2.2015 https://www.bfdi.bund.de/SharedDocs/Publikationen/Entschliessungssammlung/DSBundLaender/Entschliessung_Cookies.html.
53   Überblick zum Streitstand und Position der Bundesregierung *Jandt*/Steidle/*Karg*, A II 3 d) Rn. 106; *Engeler*/Felber ZD 2017, 251 (252 mwN).
54   *Rauer*/Ettig ZD 2016, 423 (424); BeckRTD/*Bizer*/Hornung TMG § 12 Rn. 29; *Schürmann* DSRITB 2013, 797 (810).
55   So auch Gola/*Piltz* Art. 95 Rn. 19; *Marosi* DSRITB 2016, 435 (447); *Keppler* ZD 2015, 779 (781).
56   Spindler/Schuster/*Spindler*/Nink TMG § 11 Rn. 28.
57   Kühling/Buchner/*Kühling*/Raab Art. 95 Rn. 1.
58   KOM, COM(2017) 10 final.
59   Hierzu auch Ehmann/Selmayr/*Klabunde*/Selmayr Art. 95 Rn. 22.
60   *KOM*, Vorschlag für eine Verordnung über Privatsphäre und elektronische Kommunikation) COM(2017) 10 final, Ziff. 1.3. S. zu diesem Punkt bereits oben → Rn. 12.
61   *KOM*, Vorschlag für eine Verordnung über Privatsphäre und elektronische Kommunikation, COM(2017) 10 final, Ziff. 1.2. und EG 5.
62   Statement, Ziff. 1.
63   *Art.-29-Gruppe*, WP 247, Ziff. 46; *LIBE-Ausschuss*, Draft Report on Regulation on Privacy and Electronic Communications (COM(2017)0010 – C8-0009/2017 – 2017/0003(COD)), S. 85.

Rat, und es ist zu erwarten, das erst nach entsprechenden Trilog-Verhandlungen der Regelungsauftrag der DSGVO erfüllt ist.[64]

Artikel 96   Verhältnis zu bereits geschlossenen Übereinkünften

Internationale Übereinkünfte, die die Übermittlung personenbezogener Daten an Drittländer oder internationale Organisationen mit sich bringen, die von den Mitgliedstaaten vor dem 24. Mai 2016 abgeschlossen wurden und die im Einklang mit dem vor diesem Tag geltenden Unionsrecht stehen, bleiben in Kraft, bis sie geändert, ersetzt oder gekündigt werden.

I. Bedeutung und Entstehungsgeschichte

1   Art. 96 enthält eine **Übergangsregelung für internationale Verträge**, die von den **Mitgliedstaaten** bereits vor dem Inkrafttreten der DSGVO abgeschlossen wurden und die eine Datenübermittlung in Drittländer oder an internationale Organisationen nach sich ziehen.[1] Eine entsprechende Norm war weder KOM-E noch im Parl-E enthalten, sondern wurde erst vom Rat in etwas modifizierter Form eingebracht.[2]

II. Einhaltung bereits geschlossener Übereinkünfte

2   Die diesbezüglichen völkerrechtlichen Verträge der Mitgliedstaaten bleiben auch nach dem Inkrafttreten der DSGVO bestehen. Hierzu zählen insbes. der justiziellen Zusammenarbeit mit anderen Staaten dienende **Rechtshilfeabkommen**, die häufig die Befugnis zur Übermittlung personenbezogener Daten enthalten.[3] Mangels einer Kompetenz der Union in Strafsachen handelt es sich dabei regelmäßig um gemischte Abkommen, bei denen auf der einen Seite die Union und die Mitgliedstaaten und auf der anderen Seite die Drittstaat stehen. Die gemischten Abkommen stellen normale multilaterale Verträge im Sinne des Art. 2 Abs. 1 lit. a Wiener Vertragsrechtsübereinkommen (WVK)[4] dar.

3   Die Regelung, dass bereits geschlossene völkerrechtliche Übereinkünfte durch den Abschluss der DSGVO unangetastet bleiben, ist aus völkerrechtlicher Sicht selbstverständlich, da die Mitgliedstaaten auch nach dem Erlass der DSGVO weiterhin an die von ihnen abgeschlossenen internationalen Verträge in diesem Bereich gebunden sind. Dies folgt aus dem Grundsatz *pacta sunt servanda*, der für die Stabilität und Verlässlichkeit des internationalen Rechts ebenso grundlegend ist wie für den Vertrauensschutz des Vertragspartners.[5] Den Besonderheiten des internationalen Rechts ist es geschuldet, dass die Vertragspartner ihr jeweiliges nationales Recht dabei nicht als Einrede gegen die Erfüllung ihrer Verpflichtungen aus internationalen Verträge geltend machen können.[6] Dieser völkergewohnheistrechtlich anerkannte Grundsatz muss auch für das supranationale Unionsrecht gelten, das ebenfalls nicht als Einrede gegen bestehende völkerrechtliche Verpflichtungen der Staaten verwendet werden kann. Nur mit diesem in Art. 27 WVK verankerten anerkannten Grundsatz kann der Vertragspartner vor etwaigen Überraschungen des nationalen (oder supranationalen) Rechts seines vertraglichen Gegenübers, dessen Kenntnis ihm nicht zuzumuten ist, geschützt werden.[7]

4   Etwas anderes gilt gemäß Art. 27 S. 2 iVm Art. 46 WVK, wenn es für den Vertragspartner offenkundig zu erkennen war, dass der Vertrag unter Verstoß gegen eine innerstaatliche Rechtsvorschrift von grundlegender Bedeutung geschlossen wurde. In einem solchen Fall wird der Vertragspartner als nicht schutzwürdig betrachtet. Diese auch völkergewohnheitsrechtlich geltende Ausnahme ist allerdings eng auszulegen. Es bedarf der genauen Prüfung, ob beide Voraussetzungen des Art. 46 WVK, nämlich die Verletzung einer innerstaatlichen Rechtsvorschrift von grundlegender Bedeutung sowie die Offenkundigkeit dieser Verletzung, kumulativ vorliegen.[8]

---

64   Stand 20.12.2017.
1   S. auch Plath/*Jenny* DSGVO Art. 96 Rn. 1.
2   S. auch Kühling/Buchner/*Kühling/Plath* Art. 96 Rn. 2; Sydow/*Towfigh/Ulrich* Art. 9 Rn. 3.
3   Vgl. EG 115 S. 2; vgl. auch Paal/Pauly/*Pauly* Art. 96 Rn. 8. Beispiele für datenschutzbezogene Abkommen, die nicht unter Art. 96 fallen, bei Auernhammer/*v. Lewinski* DSGVO Art. 96 Rn. 5ff.
4   Wiener Übereinkommens über das Recht der Verträge vom 23.5.1969 (WVK), BGBl. 1985 II 927.
5   Die Regelung *pacta sunt servanda* ist nicht nur in Art. 26 WVK enthalten und gilt somit für alle Vertragsstaaten der WVK, sondern beansprucht zugleich auch völkergewohnheitsrechtliche Geltung für alle Staaten unabhängig von deren Unterzeichnung der WVK; *v. Arnauld*, Völkerrecht, 3. Aufl. 2016, Rn. 207 ff.; *Ipsen*, Völkerrecht, 6. Aufl. 2014, § 16 Rn. 2.
6   *v. Arnauld*, Völkerrecht, 3. Aufl. 2016, Rn. 208.
7   *Herdegen*, Völkerrecht, 16. Aufl. 2017, § 15 Rn. 16.
8   Als offenkundig gilt eine Verletzung gemäß der Legaldefinition des Art. 46 Abs. 2 WVK, wenn sie für jeden Staat, der sich hierbei im Einklang mit der allgemeinen Übung und nach Treu und Glauben verhält, ojektiv erkennbar ist.

Der Wechsel des Datenschutz-Regimes der EU von der bisherigen DSRL zu der jetzt unmittelbar in den 5
Mitgliedstaaten geltenden DSGVO führt damit nicht zu einer automatischen Änderung der von den Mitgliedstaaten in diesem Bereich abgeschlossenen Verträge. Die **mitgliedstaatlichen Verträge** genießen vielmehr **Bestandsschutz**. Gleiches gilt für die internationalen Verträge der EU mit Drittstaaten oder mit anderen internationalen Organisationen.[9] Voraussetzung ist allerdings gemäß Art. 96, dass die von den Mitgliedstaaten abgeschlossenen Verträge **im Einklang mit dem vor dem 24.5.2016 geltenden Unionsrecht** stehen.[10] Diese Regelung ist aus der Sicht des Unionsrechts konsequent. Allerdings gelten die internationalen Verträge der Mitgliedstaaten grundsätzlich auch nach Inkrafttreten der DSGVO weiter und zwar unabhängig von ihrer Vereinbarkeit mit dem Unionsrecht. Die Bedingung der Unionsrechtskonformität aus Art. 96 darf daher nicht so verstanden werden, als würden internationale Verträge der Mitgliedstaaten, die sich nicht im Einklang mit dem vor dem 24.5.2016 geltenden Unionsrecht befinden, automatisch außer Kraft treten. Derartige Verträge entfalten, wenn sie rechtswirksam abgeschlossen wurden, volle Verbindlichkeit im internationalen Recht.

Die Mitgliedstaaten sind aber aus ihrer Bindung an die Unionsrechtsordnung heraus verpflichtet, **die beste-** 6
henden Verträge an den neuen Rechtsrahmen der DSGVO **anzupassen**.[11] Auch hier sind die Mitgliedstaaten allerdings an die generellen Vorgaben gebunden, die das internationale Recht für die **Änderung, Suspendierung und Beendigung von Verträgen** macht.[12] Die Tatsache, dass die Mitgliedstaaten durch ihre Verpflichtung aus dem Unionsrecht mit der DSGVO einem politischen und rechtlichen Wechsel im Datenschutz unterworfen sind, stellt als solche noch keinen für den Vertragspartner zwingenden Grund zur Anpassung eines Vertrages dar. Vielmehr ist es Sache der Vertragsparteien, Änderungen auszuhandeln, wobei die Mitgliedstaaten hier verpflichtet sind, ihre unionsrechtlichen Bindungen umzusetzen.

Im Übrigen steht es den **Mitgliedstaaten** ausweislich EG 102 S. 2 **frei, internationale Verträge** etwa zur 7
Übermittlung personenbezogener Daten an Drittländer oder an andere internationale Organisationen **abzuschließen**. Allerdings müssen diese Verträge die Vorgaben des Unionsrechts einschließlich der Vorgaben der DSGVO beachten. Sie dürfen sich auch nicht auf die DSGVO oder auf andere Bestimmungen des Unionsrechts auswirken und müssen vor allem ein angemessenes Schutzniveau für die Grundrechte der betroffenen Personen – insbes. für das Grundrecht auf Datenschutz – gewährleisten.

III. Internationale Zusammenarbeit

Neben der Vorschrift behandeln auch andere Normen der DSGVO die internationale Zusammenarbeit. Die 8
DSGVO fordert die Mitgliedstaaten insgesamt zu einer verstärkten internationalen Zusammenarbeit in Datenschutzfragen auf. So verpflichtet der neu geschaffene Art. 50 die Aufsichtsbehörden der Mitgliedstaaten, Mechanismen der internationalen Zusammenarbeit zu entwickeln, welche die wirksame Durchsetzung von Datenschutzvorschriften erleichtern (lit. a), und gegenseitige Amtshilfe bei der Durchsetzung von Datenschutzvorschriften zu leisten (lit. b; → Art. 50 Rn. 10). Rechtshilfeabkommen bilden einen wesentlichen Schritt zur Realisierung der mit Art. 50 in den Blick genommenen internationalen Zusammenarbeit. Noch unklar in der momentanen politischen Situation nach den Wahlen in den USA ist, ob das seit 2009 zwischen der EU und den USA verhandelte Rahmenabkommen (`Umbrella Agreement´), das den Datenschutz bei der Zusammenarbeit im Strafrechtsbereich sichern soll, tatsächlich realisiert wird. Das EP hat sich am 1.12.2016 für das Abkommen ausgesprochen.[13] Der Rat genehmigte am 2.12.2016 den Abschluss des Rahmenabkommens durch die EU.[14] Das Abkommen soll insbes. Fragen des Datenschutzes in Rechtshilfeangelegenheiten zwischen der EU und den USA klären.[15] Gegenstand des Abkommens sind alle zwischen der EU und den USA zum Zwecke der Prävention und der Verfolgung von Straftaten, einschließlich terroristischer Taten, ausgetauschten personenbezogenen Daten. EU-Bürgern wird in dem Abkommen die Möglichkeit

---

9   Vgl. hierzu EG 102. Auch dies folgt aus dem Grundsatz *pacta sunt servanda*.

10   Als Stichtag regelt Art. 96 also denjenigen Tag, an dem die DSGVO in Kraft getreten ist. Gemäß Art. 99 Abs. 1 tritt die DSGVO am 20. Tag nach ihrer Veröffentlichung im ABl. in Kraft. Die DSGVO wurde am 4.5.2016 in ABl. veröffentlicht, vgl. ABl. L 119/1 vom 4.5.2016, und trat somit am 24.5.2016 in Kraft. Sie gilt allerdings entsprechend Art. 99 Abs. 2 ab dem 25.5.2018 → Art. 99 Rn. 4 ff.

11   Dies folgt etwa aus dem Grundsatz der loyalen Zusammenarbeit nach Art. 4 Abs. 3 EUV. Der EuGH spricht seit der grundlegenden Entscheidung Rs. 6/64, Slg 1964, 1257 (1259, 1270 f.) – Costa v. E.N.E.L., von den unbedingten Verpflichtungen der Mitgliedstaaten aus den Europäischen Verträgen, die den Vorrang des Unionsrechts begründen und die auch durch spätere Gesetzgebungsakte der Mitgliedstaaten nicht in Frage gestellt werden dürfen. Zur Begründung verweist der EuGH auch auf das Instrument der VO, die verbindlich ist und unmittelbar in jedem Mitgliedstaat gilt (vgl. den heutigen Art. 288 Abs. 2 AEUV); sa Kühling/Buchner/*Kühling/Raab* Art. 96 Rn. 5.

12   Hierfür sind die Teile IV und V der WVK zu beachten, bei denen es sich ebenfalls um kodifiziertes Völkergewohnheitsrecht handelt.

13   ABl 2016 L 336/3-18 v. 10.12.2016.

14   Vgl. http://www.consilium.europa.eu/de/press/press-releases/2016/12/02-umbrella-agreement/.

15   S. unter http://europa.eu/rapid/press-release_MEMO-16-4183_en.htm?locale=en.

eingeräumt, ihre Rechte im Falle einer Datenschutzverletzung wie US-Bürger vor amerikanischen Gerichten geltend zu machen.

Artikel 97 Berichte der Kommission

(1) ¹Bis zum 25. Mai 2020 und danach alle vier Jahre legt die Kommission dem Europäischen Parlament und dem Rat einen Bericht über die Bewertung und Überprüfung dieser Verordnung vor. ²Die Berichte werden öffentlich gemacht.

(2) Im Rahmen der Bewertungen und Überprüfungen nach Absatz 1 prüft die Kommission insbesondere die Anwendung und die Wirkungsweise

a) des Kapitels V über die Übermittlung personenbezogener Daten an Drittländer oder an internationale Organisationen insbesondere im Hinblick auf die gemäß Artikel 45 Absatz 3 der vorliegenden Verordnung erlassenen Beschlüsse sowie die gemäß Artikel 25 Absatz 6 der Richtlinie 95/46/EG erlassenen Feststellungen,

b) des Kapitels VII über Zusammenarbeit und Kohärenz.

(3) Für den in Absatz 1 genannten Zweck kann die Kommission Informationen von den Mitgliedstaaten und den Aufsichtsbehörden anfordern.

(4) Bei den in den Absätzen 1 und 2 genannten Bewertungen und Überprüfungen berücksichtigt die Kommission die Standpunkte und Feststellungen des Europäischen Parlaments, des Rates und anderer einschlägiger Stellen oder Quellen.

(5) Die Kommission legt erforderlichenfalls geeignete Vorschläge zur Änderung dieser Verordnung vor und berücksichtigt dabei insbesondere die Entwicklungen in der Informationstechnologie und die Fortschritte in der Informationsgesellschaft.

I. Bedeutung und Entstehungsgeschichte

1 Art. 97 löst die Vorschrift des Art. 33 DSRL ab, die eine regelmäßige Berichtspflicht der KOM hinsichtlich der Anwendung der DSRL vorsah. Dieser Pflicht sollte die KOM erstmals drei Jahre nach Ablauf der Umsetzungsfrist nachkommen. Wegen der schleppenden Umsetzung der DSRL in den Mitgliedstaaten legte die KOM ihren ersten Bericht zur Umsetzung der DSRL im Mai 2003 mit 18 Monaten Verspätung vor.[1] Weitere Berichte nach Art. 33 DSRL wurden nicht erarbeitet.[2]

2 Art. 90 KOM-E hatte sich noch stark an Art. 33 DSRL orientiert, allerdings zusätzlich eine Pflicht zur Unterbreitung geeigneter Anpassungsvorschläge für andere Rechtsinstrumente enthalten. Dieser Vorschlag war durch die Position des EP nicht geändert worden. Die Position des Rats verwies erstmals explizit auf Kapitel VII. Im Trilog wurde die Frage der Überprüfung anderer Rechtsakte in einen separaten Artikel (nunmehr Art. 98) ausgelagert, der weitere Verweis auf Kapitel V aufgenommen sowie die zuvor nicht enthaltenen Abs. 2 und Abs. 3 eingefügt. In der so verabschiedeten Version sollte mit Art. 97 nunmehr eine gegenüber Art. 33 DSRL effizientere Regelung geschaffen werden.[3]

II. Berichtszeitraum und Verfahren (Abs. 1)

3 Die Vorschrift enthält **detailliertere und konkretere Vorgaben** bezüglich der **Berichtspflicht der KOM.** Der erste Berichtszeitraum bis zum 25.5.2020 (Abs. 1 S. 1) orientiert sich an der in Art. 99 Abs. 2 vorgesehenen Geltung der DSGVO ab dem 25.5.2018 (Art. 99). Dieser Zeitraum ist im Vergleich zur Vorgängerregelung knapp gehalten und unterstreicht den generellen Anspruch der DSGVO, Fortschritte im Hinblick auf eine effektivere Umsetzung des Datenschutzes in der EU zu erzielen. Allerdings ist bei dieser knappen ersten Frist zu bedenken, dass die DSGVO bereits zum 24.5.2016 in Kraft getreten ist (Art. 99). Stellt man auf

---

1 S. Bericht der KOM – Erster Bericht über die Durchführung der Datenschutzrichtlinie (EG 95/46), KOM(2003) 0265 endg. v. 15.5.2003.

2 Vgl. hierzu auch Kühling/Buchner/*Kühling/Raab* Art. 97 Rn. 2; Plath/*Jenny* DSGVO Art. 98 Rn. 1.

3 Vgl. hierzu auch Kühling/Buchner/*Kühling/Raab* Art. 97 Rn. 3.

den Zeitpunkt des Inkrafttretens ab, so hat die KOM damit auch für ihren ersten Bericht bereits vier Jahre Zeit. Im Folgenden obliegt der KOM dann eine **Berichtspflicht im Vierjahresrhytmus**.

Die KOM muss ihren Bericht gemäß Abs. 1 S. 1 alle vier Jahre **dem EP und dem Rat vorlegen**. Beide Orga- 4 ne gemeinsam müssen als primäre Rechtssetzungsinstanz in der EU über Entwicklungen bei der Anwendung und Umsetzung der DSGVO informiert sein, um gegebenenfalls gesetzgeberisch tätig werden zu können.

Darüber hinaus müssen die Berichte nach Abs. 1 S. 2 **öffentlich gemacht** werden. Diesem Erfordernis wird 5 die Publikation auf den Internetseiten der KOM gerecht. Die Berichte können aber auch im (ebenfalls online zugänglichen) Amtsblatt der EU unter der Rubrik C (Communication) publiziert werden. Sinn und Zweck der Publikationspflicht ist eine erhöhte Transparenz der Anwendung der DSGVO und die damit verbundene bessere Möglichkeit der Kontrolle durch die Öffentlichkeit.[4]

III. Umfang der Berichtspflicht (Abs. 2)

In ihrem Bericht soll die KOM eine **Bewertung und Überprüfung der DSGVO** vornehmen. Für den **Inhalt** 6 **des Kommissionsberichts** enthält die DSGVO deutlich konkretere Vorgaben als Art. 33 DSRL. Auch hier kommt das Bemühen der DSGVO um eine effektivere Regelung zum Ausdruck. Danach muss die KOM für ihren Bericht insbes. die Anwendung und die Wirkungsweise des Kapitels V (Übermittlung personenbezogener Daten an Drittländer oder an internationale Organisationen) prüfen. Dabei geht es gemäß dem Wortlaut des Art. 97 Abs. 2 lit. a va um den nach Art. 45 Abs. 3 zu erlassenden Durchführungsrechtsakt und die hierfür relevante Frage, ob ein Drittstaat oder eine andere internationale Organisation ein **angemessenes Schutzniveau** im Sinne von Art. 45 Abs. 2 bietet.[5] Die Frage des angemessenen Schutzniveaus, von der die Zulässigkeit der Datenübermittlung aus der EU heraus in einen Drittstaat oder an eine andere internationale Organisation maßgeblich abhängt, führt immer wieder zu Auseinandersetzungen mit anderen Staaten – etwa mit den USA.

Neben der Frage des angemessenen Schutzniveaus muss der Bericht der KOM auch Ausführungen über die 7 **Anwendung und Wirkweise des VII. Kapitels** enthalten, in dem es um die Zusammenarbeit zwischen den Aufsichtsbehörden untereinander sowie zwischen den Aufsichtsbehörden und der KOM – auch im Rahmen des neu eingeführten Kohärenzverfahrens – geht.

Abs. 2 nennt zwar exemplarisch zwei Berichtsgegenstände, diese sind allerdings ausweislich des Wortlauts 8 („insbesondere") nicht abschließend. Denkbare und sinnvolle Berichtsgegenstände wären etwa:

- Erkenntnisse über neue Gefahren für die Persönlichkeitsrechte der Bürgerinnen und Bürger, insbes. mit Blick auf die Entwicklung der Informationstechnologie (sa Abs. 4)
- Berichte aus der Praxis zu Problemen des Übergangs von der DSRL zur DSGVO
- Berichte aus den Mitgliedstaaten und der Praxis zu denjenigen Regelungen der DSGVO, die entweder keine Vorgängervorschriften in der DSRL hatten oder wesentlich geändert worden sind
- Die nationalen Ausführungsvorschriften, die nach Inkrafttreten der DSGVO erlassen wurden, einschließlich etwaiger Unterschiede zwischen den Mitgliedstaaten
- Wichtige Rechtsprechung insbes. der nationalen Gerichte, einschließlich solcher, die nicht überall verfügbar ist
- Erkenntnisse über den Verwaltungsvollzug durch die Mitgliedstaaten (insbes. auch hinsichtlicher der Praxis der erweiterten Sanktionen)
- Die internationale Entwicklung vergleichbarer Rechtsinstrumente und das Ineinandergreifen mit den Bestimmungen der DSGVO
- Berichte und Stellungnahmen von Sachverständigen und aus der Wissenschaft.

IV. Informationen der Mitgliedstaaten und ihrer Aufsichtsbehörden (Abs. 3)

Um der KOM die Erstellung des Berichts zu erleichtern, darf sie gemäß Abs. 3 von den Mitgliedstaaten so- 9 wie von den Aufsichtsbehörden die **Bereitstellung von Informationen** verlangen. Ob die KOM sich zunächst an die sachnahen Aufsichtsbehörden oder direkt an die Regierung des betreffenden Mitgliedstaats wendet, steht in ihrem Ermessen. Es wird im Sinne eines reibungslosen Informationsaustausches und zum Aufbau informationeller Netzwerkstrukturen aber regelmäßig sinnvoll sein, dass sich die KOM direkt mit den betreffenden Aufsichtsbehörden in Verbindung setzt. Das Informationsrecht der KOM erweist sich als wichtig, da nur eine solide Informationsbasis ein Bild von der Anwendung der DSGVO liefern kann, das die

---

4 So auch Ehmann/Selmayr/*Ehmann* Art. 97 Rn. 3.
5 Der ebenfalls im Wortlaut des Art. 97 Abs. 2 lit.a erwähnte Art. 25 Abs. 6 DSRL enthält die Vorgängerregelung der DSRL, die ebenfalls die Feststellung eines angemessenen Schutzniveaus in einem Drittstaat durch die KOM vorsah.

Realität in den Mitgliedstaaten angemessen widerspiegelt. In welcher **Form** die Aufsichtsbehörden und die Mitgliedstaaten der KOM die Informationen übergeben müssen, ist nicht geregelt. Grundsätzlich wird die KOM hier im Rahmen des Üblichen angeben können, welche Informationen sie in welcher Form und innerhalb welcher (angemessenen) **Frist** übermittelt haben möchte. Um dem Sinn und Zweck des Art. 97 Abs. 1 gerecht zu werden, erscheint es angezeigt, dass die Behörden und die Mitgliedstaaten **grundsätzlich** verpflichtet sind, der KOM **alle Informationen** zur Verfügung zu stellen, die sie zur ordnungsgemäßen Erstellung ihres Berichts nach Art. 97 Abs. 1 benötigt. Möglicherweise im Einzelfall vorhandene Geheimhaltungsinteressen der Mitgliedstaaten müssen sorgfältig abgewogen werden. Insbesondere muss geprüft werden, ob es nicht zur Pflichterfüllung ausreicht, dass der Mitgliedstaat die gewünschte Information zwar an die KOM weitergibt, diese aber die betreffende Information nicht in den zu veröffentlichenden Bericht aufnimmt.

V. Weitere Quellen (Abs. 4)

10 In ihrem Bericht muss die KOM für ihre Bewertung der Anwendung der DSGVO auch die Standpunkte und Feststellungen des EP, des Rats und anderer einschlägiger Stellen oder Quellen miteinbeziehen. Der **Bericht** soll also nicht nur den Blickwinkel der KOM widerspiegeln, sondern ein **möglichst umfassendes Bild der Anwendung der DSGVO** bieten. Zu den ebenfalls heranzuziehenden einschlägigen Quellen zählen etwa die Berichte und Stellungnahmen der nationalen Datenschutz-Aufsichtsbehörden und des EDSB.[6]

VI. Vorschläge zur Rechtsänderung (Abs. 5)

11 Hält die KOM dies für erforderlich, so kann sie als dasjenige EU-Organ, dem das alleinige Recht zur Gesetzinitiative obliegt, gemäß Abs. 5 geeignete **Vorschläge zur Änderung der DSGVO** vorlegen. Hierbei soll sie insbes. neue technologische Entwicklungen und die Fortschritte in der Informationsgesellschaft berücksichtigen. Die Formulierung des Abs. 5 („erforderlichenfalls") gibt dabei der KOM ein grundsätzliches Entscheidungsermessen, eröffnet zugleich aber auch die Möglichkeit, die Ermessensausübung der KOM einer Kontrolle – etwa durch den EuGH – zu unterziehen. Angesichts der schnellen technologischen Entwicklungen, die neue Gefährdungen für den Datenschutz und somit auch legislatorischen Anpassungsbedarf mit sich bringen können, erscheint eine regelmäßige Überprüfung der Wirksamkeit der DSGVO und gegebenenfalls eine schnelle Änderung zweckdienlich. So wurde die DSRL lange Zeit als veraltet im Hinblick auf die technische Entwicklung betrachtet. Allerdings liegt eine mehr oder weniger schnelle Reaktion auf neue technische Entwicklungen in Datenschutzfragen maßgeblich in der Hand des europäischen Gesetzgebers, also des Rats und des EP. Die KOM kann hier vorbereitend tätig werden, indem sie ihrer Berichtspflicht umfassend und sorgfältig nachkommt, Informationen sammelt, Kontakte pflegt und erweitert und gegebenenfalls Änderungsvorschläge einbringt.

Artikel 98 Überprüfung anderer Rechtsakte der Union zum Datenschutz

¹Die Kommission legt gegebenenfalls Gesetzgebungsvorschläge zur Änderung anderer Rechtsakte der Union zum Schutz personenbezogener Daten vor, damit ein einheitlicher und kohärenter Schutz natürlicher Personen bei der Verarbeitung sichergestellt wird. ²Dies betrifft insbesondere die Vorschriften zum Schutz natürlicher Personen bei der Verarbeitung solcher Daten durch die Organe, Einrichtungen, Ämter und Agenturen der Union und zum freien Verkehr solcher Daten.

Literatur: *Art.-29-Gruppe*, Opinion 01/2017 on the proposed regulation for the ePrivacy Regulation (2002/58/EG), 17/EN, WP 247; *Engeler, M./Felber, W.*, Entwurf der ePrivacy-VO aus Perspektive der aufsichtsbehördlichen Praxis. Reguliert der Entwurf an der technischen Realität vorbei?, ZD 2017, 251; *Johannes, P.C./Weinhold, R.*, Neues Datenschutzrecht für Polizei, Strafverfolgung und Gefahrenabwehr, 2018; *Maier, N./Schaller, F.*, ePrivacy-VO – alle Risiken der elektronischen Kommunikation gebannt? Entwurf ohne datenschutzrechtliche Regelungen für P2P-Kommunikationsdienste, ZD 2017, 373; *Roßnagel, A.*, Entwurf einer E-Privacy-Verordnung – Licht und Schatten, ZRP 2017, 33; *ders.*, Aktuelles Stichwort: E-Privacy-Verordnung der Europäischen Union, MedienWirtschaft 2018, Heft 1, 32; *Schleipfer, S.*, Datenschutzkonformes Webtracking nach Wegfall des TMG, ZD 2017, 460; *Weinhold, R./Johannes, P. C.*, Europäischer Datenschutz in Strafverfolgung und Gefahrenabwehr, DVBl. 2017, 1501.

---

6 https://secure.edps.europa.eu/EDPSWEB/edps/lang/de/EDPS/Publications; zu weiteren Quellen nach Abs. 4 mit weiteren Bsp. auch Auernhammer/*Witzleb* DSGVO Art. 97 Rn. 7; BeckOK DatenschutzR/*Brink* Art. 97 Rn. 18.

I. Ziel und Funktion der Vorschrift

Die Vorschrift enthält keine vollziehbaren Regelungen, sondern beschränkt sich darauf, solche anzukündigen. Sie verpflichtet[1] die **KOM**, künftig weitere **Gesetzgebungsvorschläge** zu erarbeiten,[2] die letztlich einen einheitlichen und kohärenten[3] Schutz natürlicher Personen bei der Verarbeitung personenbezogener Daten[4] in der EU und ihren Mitgliedstaaten sicherstellen sollen.[5] Sie stellt diese Verpflichtung aber unter einen so weiten gesetzgeberischen Ermessensspielraum („gegebenenfalls"), dass rechtliche Folgen nur bei einer hartnäckigen Verweigerung der KOM, überhaupt zu prüfen, ob Gesetzgebungsvorschläge zum kohärenten Grundrechtsschutz notwendig oder opportun sind, vorstellbar sind. **1**

II. Entstehungsgeschichte

Der Vorschrift entspricht unmittelbar keine Regelung in der DSRL. Vom Ansatz her könnte Art. 33 S. 2 DS-RL als eine Vorläuferregelung angesehen werden, nach dem die KOM insbes. die Anwendung der DS-RL auf die Verarbeitung personenbezogener Bild- und Tondaten zu prüfen und geeignete Vorschläge zu unterbreiten hat, „die sich unter Berücksichtigung der Entwicklung der Informationstechnologie und der Arbeiten über die Informationsgesellschaft als notwendig erweisen könnten". Auch das BDSG aF enthielt keine vergleichbare Regelung. **2**

Die KOM legte in Art. 90 Abs. 1 S. 4 einen Satz 1 der Vorschrift vergleichbare Vorschrift vor. Das EP strich Art. 90 insgesamt. Der **Rat** übernahm den Vorschlag der KOM als eigenen Abs. 4 in seinen Entwurf des Art. 90. Im **Trilog** wurde daraus Satz 1 der Vorschrift. Satz 2 wurde erst im Trilog hinzugefügt. **3**

Den **Überarbeitungsbedarf** für bestehende Datenschutzregelungen der EU spricht EG 17 an. Die **Überarbeitung der ePrivacyRL** kündigt EG 173 an. Hierfür liegen inzwischen Vorschläge vor (→ Rn. 13ff.). **4**

III. Systematische Stellung

Nach Art. 2 Abs. 2 lit. d findet die DSGVO keine Anwendung auf die Verarbeitung personenbezogener Daten „durch die zuständigen Behörden zum Zwecke der Verhütung, Ermittlung, Aufdeckung oder Verfolgung von Straftaten oder der Strafvollstreckung, einschließlich des Schutzes vor und der Abwehr von Gefahren für die öffentliche Sicherheit" (→ Art. 2 Rn. 37ff.). Um diesen nicht erfassten Bereich zusammen mit der DSGVO zu regeln, wurde zeitgleich mit ihr die **JI-Richtlinie** erlassen.[6] Eine Spezialregelung zur DSGVO stellt auch die am gleichen Tag verabschiedete **RL 2016/681** des EPs und des Rats vom 27.4.2016 über die Verwendung von Fluggastdatensätzen (PNR-Daten) zur Verhütung, Aufdeckung, Ermittlung und Verfolgung von terroristischen Straftaten und schwerer Kriminalität dar.[7] **5**

Mit Blick auf die **DSVO 45/2001/EG** stellt Art. 2 Abs. 3 fest, dass diese Verordnung zwar weiter gilt, allerdings an die Grundsätze und Vorschriften der DSGVO angepasst werden soll. **6**

Art. 95 bestimmt das Verhältnis der DSGVO zur **ePrivacyRL** und sieht vor, dass deren Regelungen den Regelungen der DSGVO vorgehen (→ Art. 95 Rn. 4ff.);[8] Die DSGVO hat nur dort eine Auffangfunktion, wo die Vorschriften der ePrivacyRL keine Regelungen treffen. **7**

Die **Evaluation der DSGVO** ist **nicht** das Thema dieser Vorschrift, sondern des Art. 97 (→ Art. 97 Rn. 1ff.). Danach legt die KOM dem EP und dem Rat nach zwei Jahren einen ersten öffentlichen Bericht über die Bewertung und Überprüfung der DSGVO vor und danach alle vier Jahre. **8**

---

1 Sie bietet nicht nur eine „Möglichkeit" – so aber Gola/*Piltz* Art. 98 Rn. 2, 5.
2 Abgeschwächt Ehmann/Selmayr/*Zerdick* Art. 98 Rn. 1 und 6: „Prüfauftrag", aber „keine rechtliche Verpflichtung Gesetzgebungsvorschläge vorzulegen".
3 Zum Kohärenzgebot s. Art. 7 AEUV.
4 Zum Grundrechtsschutz s. Art. 8 GRCh und Art. 16 AEUV.
5 AA Sydow/*Sydow* Art. 98 Rn. 1: „politische Absichtserklärung"; Kühling/Buchner/*Kühling/Raab* Art. 98 Rn. 2: „Appellcharakter"; Gola/*Piltz* Art. 98 Rn. 5: „Klarstellung".
6 Die JI-Richtlinie enthält in Art. 62 Abs. 6 eine der Vorschrift vergleichbare Regelung.
7 ABl. 2016 L 119, 132.
8 S. hierzu Roßnagel/*Geminn/Richter*, Das neue DSR, § 8 Rn. 45; *Laue/Nink/Kremer*, S. 76ff.

IV. Überprüfung anderer Rechtsakte der Union zum Datenschutz

9   Satz 1 verpflichtet die **KOM**, gegebenenfalls Gesetzgebungsvorschläge zur Änderung anderer Rechtsakte der EU zum Schutz personenbezogener Daten vorzulegen, damit ein einheitlicher und kohärenter Schutz natürlicher Personen bei der Verarbeitung sichergestellt wird. Diese Regelung gibt der KOM zwar diese rechtspolitische Zielsetzung vor und konkretisiert sie insbes. auf die Datenschutzregelungen für die Organe, Einrichtungen, Ämter und Agenturen der EU. Sie räumt aber zugleich der KOM durch das Wort „gegebenenfalls" einen weiten gesetzgeberischen **Entscheidungsspielraum** ein.[9]

10 Dieser Verpflichtung hat die KOM weitgehend durch die **JI-Richtlinie** vorgegriffen, die zeitgleich mit der DSGVO am 27.4.2016 verabschiedet wurde (→ Rn. 11 f.). Die KOM hat diese Verpflichtung außerdem durch ihre Entwürfe für eine **ePrivacyVO** (→ Rn. 13ff.) und für eine **Verordnung über den Schutz personenbezogener Daten in den Organen und Einrichtungen der EU** (→ Rn. 19ff.) vom 10.1.2017 vorerfüllt.

V. JI-Richtlinie und Fluggastdaten-Richtlinie 2016/681

11 Eine wichtige Datenschutzregelung neben der DSGVO ist die nach Art. 2 Abs. 2 lit. d (→ Art. 2 Rn. 37) aus dem Anwendungsbereich der DSGVO ausgenommene **JI-Richtlinie**. Sie wurde in einem Gesetzespaket mit der DSGVO verabschiedet und ist gleichzeitig mit ihr in Kraft getreten (→ Art. 2 Rn. 38ff.) und war bis zum 6.5.2018 umzusetzen.[10] Am gleichen Tag wurde auch die **RL 2016/681** vom 27.4.2016 über die Verwendung von Fluggastdatensätzen erlassen. Sie war bis zum 25.5.2018 von den Mitgliedstaaten umzusetzen. Beide Richtlinien verfolgen den gleichen Schutzansatz wie die DSGVO und entsprechen daher bereits weitgehend dem Kohärenzgebot.[11]

12 Die JI-Richtlinie wurde durch die Teile 1 (§§ 1 bis 21) und 3 (§§ 45 bis 84) des **BDSG nF** vom 30.6.2017 umgesetzt,[12] die Richtlinie über die Verwendung von Fluggastdatensätzen durch das Fluggastdatengesetz (FlugDaG) vom 6.6.2017.[13] Beide Gesetze traten mit ihren Umsetzungsregelungen nach Art. 8 DSAnpUG-EU und § 18 FlugDaG am 25.5.2018 in Kraft.

VI. Vorschlag einer ePrivacy-Verordnung

13 Die neben der DSGVO wichtigsten Datenschutzregelungen für die Wirtschaft enthält die in Art. 95 erwähnte ePrivacyRL aus dem Jahr 2002 (→ Rn. 7). Sie geht der DSGVO als lex specialis vor.[14] Indem sie auch die Daten von juristischen Personen schützt, geht sie über die DSGVO hinaus.[15] EG 173 kündigte bereits ihre Überarbeitung an (→ Rn. 4). Einen Vorschlag hierzu hat die KOM am 10.1.2017 als **Entwurf** einer ePrivacyVO[16] in das Gesetzgebungsverfahren eingebracht.[17] Sie verfolgt das Ziel, sowohl den Schutz des Privatlebens zu erhöhen als auch zugleich Unternehmen neue Geschäftsmöglichkeiten zu eröffnen. Diese Verordnung soll die ePrivacyRL ersetzen und die DSGVO bereichsspezifisch ergänzen. Die Richtlinie wurde zwar 2009 durch die RL 2009/136/EG des EPs und des Rats vom 25.11.2009 novelliert und um Regelungen zu Cookies erweitert,[18] ist aber aufgrund neuer technischer Möglichkeiten und neuer Geschäftsmodelle nicht mehr zeitgemäß. Die ePrivacyVO soll die Datenschutzregelungen in der EU vereinheitlichen und modernisieren.

14 Mit diesem Entwurf gibt die KOM ihr Regelungskonzept der Technikneutralität, das sie für die DSGVO verfolgt hat,[19] bei der ersten Gelegenheit auf. Sie wendet auf die elektronische Kommunikation gerade nicht die abstrakten und allgemeinen Regelungen der DSGVO an, sondern schlägt viele davon abweichende **technik- und risikospezifische Regelungen** vor.[20] Diese Abkehr von der Ideologie der Technik- und damit Risikoneutralität[21] ist sehr zu begrüßen, weil das Recht nur so spezifischen Risiken der Informationstech-

---

9   Ähnlich Ehmann/Selmayr/*Zerdick* Art. 98 Rn. 6 und 8.
10 *Bäcker/Hornung* ZD 2012, 147; Roßnagel/*Weinhold*, Das neue DSR, § 7 Rn. 53ff.; *Weinhold/Johannes*, DVBl. 2017, 1501; *Johannes/Weinhold*, Neues DatschR für Polizei, Strafverfolgung und Gefahrenabwehr, 2018.
11 S. hierzu auch Kühling/Buchner/*Kühling/Raab* Art. 98 Rn. 2.
12 S. zu diesen Regelungen *Johannes/Weinhold*, Neues Datenschutzrecht für Polizei, Strafverfolgung und Gefahrenabwehr, 2018.
13 BGBl. I 2015, 1484.
14 So auch für die geplante ePrivacyVO zB *Engeler/Felber* ZD 2017, 251 (253).
15 *Engeler/Felber* ZD 2017, 251 (252 f.).
16 COM(2017) 10 endg.
17 S. zu diesem Entwurf zB *Art.-29-Gruppe*, WP 247; *Engeler/Felber* ZD 2017, 251; *Maier/Schaller* ZD 2017, 373; *Roßnagel* ZRP 2017, 33; *Schleipfer* ZD 2017, 460 (463ff.); Roßnagel/*Geminn/Richter*, Das neue DSR, § 8 Rn. 43ff.; *Roßnagel* MedienWirtschaft 2018, Heft 1, 32ff.
18 ABl. 2011 L 337, 11.
19 S. EG 15.
20 *Roßnagel* ZRP 2017, 33; *Engeler/Felber* ZD 2017, 251; *Maier/Schaller* ZD 2017, 373.
21 S. hierzu kritisch *Roßnagel*, in: Eifert/Hoffmann-Riem (Hrsg.), Innovationsfördernde Regulierung, 2009, 323.

nik gerecht werden kann.[22] Dadurch verbessern die vorgeschlagenen Regelungen in vielen Fällen den Datenschutz im Vergleich zur Verordnung.[23]

Als **Verbesserungen des Datenschutzes** sind zu werten, dass der Entwurf den Anwendungsbereich über die 15 klassischen Formen wie Telefon, Mail oder SMS auf neueste Formen internetbasierter Kommunikationsdienste wie Bildtelefon, Messenger und Social Networks erweitert.[24] Die Erfassung von Metadaten und Inhalten elektronischer Kommunikation wird grundsätzlich auf das funktional Notwendige begrenzt und das Tracking im Internet untersagt. Für andere Zwecke wird die Nutzung der Daten nur erlaubt, wenn sie anonymisiert sind oder der Nutzer ausdrücklich eingewilligt hat. Diese datenschutzfreundlichen Regelungen stoßen auf heftige Kritik von Wirtschaftsverbänden.[25]

Ein **Rückschritt im Datenschutz** bedeutet, dass der Entwurf viele Ausnahmen zugunsten der Datenverarbei- 16 ter enthält, dass er von ihnen kein „Privacy by Design or Default" (wie in Art. 25) verlangt,[26] dass er das Online-Tracking unzureichend regelt,[27] das Offline-Tracking ermöglicht[28] und Direktmarketing erleichtert. Bei diesen Regelungen hat sich – was ein Vergleich zu einem geleakten Entwurf aus dem Dezember 2016[29] zeigt – der Einfluss von Wirtschaftslobbys durchgesetzt. Dies wiederum kritisieren Datenschutz- und Verbraucherverbände.[30] Im Ergebnis ist festzuhalten, dass der Entwurf nicht in der Lage ist, beide Ziele – Datenschutz und neue Geschäftsmöglichkeiten – befriedigend zu verbinden. Zugleich geht der Entwurf nicht weit genug und enthält zu neusten Entwicklungen in der elektronischen Kommunikation wie zB der Peer-to-Peer-Kommunikation in Ad-Hoc-Netzen keine geeigneten Regelungen.[31]

Zu diesem Entwurf der KOM liegt seit dem 20.10.2017 eine **Stellungnahme des EPs** vor,[32] die 166 Ände- 17 rungsanträge enthält. Sie akzeptiert die Struktur und die Regelungsinhalte des Kommissionsentwurfs, enthält aber viele Änderungsvorschläge, die den Datenschutz verbessern sollen. Die Stellungnahme schlägt ua vor, den Schutz auf die elektronische Kommunikation natürlicher Personen und die in ihren Endeinrichtungen verarbeiteten Informationen zu beschränken, die Erlaubnistatbestände für die Verarbeitung von Kommunikationsdaten zu präzisieren und einzugrenzen und ein Kopplungsverbot einzuführen, nach dem einem Nutzer der Zugang zu einem Dienst der Informationsgesellschaft nicht verweigert werden darf, weil er eine Einwilligung in die Verarbeitung seiner Daten nicht gegeben hat. Außerdem schlägt die Stellungnahme eine elektronische Einwilligung zu bestimmten Zwecken und für bestimmte aktiv ausgewählte Anbieter vor und fordert Privacy by Default für die Verhinderung von Tracking sowie Privacy by Design für Mitteilung von Einwilligungen oder Widersprüchen an andere Anbieter. Weitere wichtige Vorschläge betreffen die Präzisierung und Begrenzung der Öffnungsklauseln für die Mitgliedstaaten, um Maßnahmen zum Schutz der inneren Sicherheit durchzuführen, die Stärkung der technischen Sicherung elektronischer Kommunikation und insbes. ihrer Verschlüsselung sowie die Präzisierung der Tatbestände, für die die hohen Bußgelder verhängt werden können.

Der **Rat** arbeitet an seiner Stellungnahme, für die viele Änderungsvorschläge gegenüber dem Entwurf der 18 KOM und der Stellungnahme des EPs zu erwarten sind. Die Regierungen der Mitgliedstaaten stehen unter einem starken Lobby-Einfluss der betroffenen Unternehmen in ihrem Mitgliedstaat, so dass in dieser Stellungnahme mit Abschwächungen und Ausnahmen gegenüber den bisherigen Vorschlägen zu rechnen ist. In Deutschland begrüßte der Bundesrat in seiner Stellungnahme vom 2.6.2017 grundsätzlich den Entwurf, mahnte aber Änderungen ua bei den risikospezifischen Regelungen des Kommissionsentwurfs, eine stärkere Berücksichtigung von Sicherheitsbelangen und eine Überarbeitung der Zuständigkeitsregelungen für die Aufsichtsbehörden an.[33]

---

22 S. hierzu Roßnagel/*Roßnagel*, Das neue DSR, § 1 Rn. 41 f.; *Roßnagel* DuD 2016, 564 f.
23 *Roßnagel* ZRP 2017, 33; *Engeler/Felber* ZD 2017, 251 (252); *Maier/Schaller* ZD 2017, 373 (374 f.).
24 S. Roßnagel/*Geminn/Richter*, Das neue DSR, § 8 Rn. 48; *Roßnagel* MedienWirtschaft 2018, Heft 1, 32ff.
25 S. zB die Stellungnahme von bitkom vom 10.1.2016.
26 S. hierzu zB kritisch *Engeler/Felber* ZD 2017, 251 (256); *Maier/Schaller* ZD 2017, 373 (375 f.).
27 *Schleipfer* ZD 2017, 460 (465ff.); *Engeler/Felber* ZD 2017, 251 (254 f.); *Forum Privatheit*, Tracking: Beschreibung und Bewertung neuer Methoden, White Paper, 2018.
28 S. *Engeler/Felber* ZD 2017, 251 (255 f.); *Roßnagel* MedienWirtschaft 2018, Heft 1, 32ff.
29 S. www.politico.eu/wp-content/uploads/2016/12/POLITICO-e-privacy-directive-review-draft-december.pdf.
30 S. zB *Dachwitz*, ePrivacy-Novelle: EU-Kommission bleibt beim Datenschutz auf halber Strecke stehen, Netzpolitik.org vom 10.1.2017, https://netzpolitik.org/2017/eprivacy-novelle-eu-kommission-bleibt-beim-datenschutz-auf-halber-strecke-stehen/.
31 S. zB *Maier/Schaller* ZD 2017, 373ff.; Roßnagel/*Geminn/Richter*, Das neue DSR, § 8 Rn. 48; *Roßnagel* MedienWirtschaft 2018, Heft 1, 32ff.
32 Plenarsitzungsdokument A8-0324/2017; *Roßnagel* MedienWirtschaft 2018, Heft 1, 32ff.
33 BR-Drs. 145/17.

VII. Vorschlag einer Verordnung über Datenschutz in Institutionen der Union

19 Satz 2 rückt die Notwendigkeit einer Anpassung der Datenschutzvorschriften für die Organe, Einrichtungen, Ämter und Agenturen der Union in den Mittelpunkt der Aufmerksamkeit. Er greift damit die Regelung des Art. 2 Abs. 3 auf (→ Art. 2 Rn. 51). Nach dessen Satz 1 gilt die **DSVO 45/2001/EG** über die Verarbeitung personenbezogener Daten durch die Organe, Einrichtungen, Ämter und Agenturen der Union weiter und geht der DSGVO vor. Nach Satz 2 sollen jedoch sie „und sonstige Rechtsakte der Union, die diese Verarbeitung personenbezogener Daten regeln, … im Einklang mit" der Vorschrift „an die Grundsätze und Vorschriften der vorliegenden Verordnung angepasst" werden. Nach EG 17 sollen „die erforderlichen Anpassungen der DSVO 45/2001/EG im Anschluss an den Erlass" der DSGVO „vorgenommen werden, damit sie gleichzeitig" mit der DSGVO „angewandt werden können".

20 Einen Vorschlag hierzu hat die KOM am 10.1.2017 als **Entwurf** einer Verordnung über die Verarbeitung personenbezogener Daten durch die Organe, Einrichtungen, Ämter und Agenturen der Union, zum freien Datenverkehr und zur Aufhebung der DSVO 45/2001/EG und der Entscheidung 1247/2002/EG[34] in das Gesetzgebungsverfahren eingebracht. Der Entwurf ist mit seinen 76 Erwägungsgründen und 73 Artikeln sehr stark **der DSGVO nachgebildet**. Er verfolgt die gleichen Ziele, übernimmt die gleichen Begriffe, die gleichen Grundsätze und weitgehend die gleiche Struktur und den gleichen Aufbau wie die DSGVO. Er enthält gleiche Anforderungen an die Einwilligung der betroffenen Person und lässt die Datenverarbeitung unter den gleichen Bedingungen zu wie die DSGVO mit Ausnahme der Interessenabwägung. Auch die Rechte der betroffenen Person sind den Rechten in der DSGVO nachgebildet. Die grundsätzliche Verantwortung des Verantwortlichen und viele seiner Pflichten sowie sein Verhältnis zu Auftragsverarbeitern entsprechen den Vorgaben der DSGVO. Übernommen wurden auch die Anforderungen an die Datensicherheit und die Informationspflichten bei Daten sowie die Pflicht zur Bestellung eines behördlichen Datenschutzbeauftragten, zur Datenschutz-Folgenabschätzung und Konsultation. Das Gleiche gilt für die Regelungen zur Übertragung personenbezogener Daten in Drittstaaten und an internationale Organisationen. Vergleichbar regelt der Entwurf auch das Recht auf Beschwerde, gerichtlichen Schutz, Ansprüche auf Schadensersatz und Vertretung durch Verbände.

21 Die Verordnung ist nach Art. 2 des Entwurfs anwendbar für die ganz oder teilweise automatisierte Verarbeitung personenbezogener Daten sowie für die nichtautomatisierte Verarbeitung personenbezogener Daten, die in einem Dateisystem gespeichert sind oder gespeichert werden sollen, durch alle Institutionen und Einrichtungen der Union, soweit diese für Tätigkeiten durchgeführt wird, die ganz oder teilweise in den Anwendungsbereich des Unionsrechts fallen. **Neu** im Entwurf sind die Regelungen zum EDSB, dessen Berufung, dessen Unabhängigkeit und dessen Aufgaben und Befugnisse. Auch wird dessen Beteiligung an Gesetzgebungsverfahren und seine Pflicht zur Kooperation mit den Aufsichtsbehörden der Mitgliedstaaten geregelt. Angepasst wurden die Regelungen für Sanktionen gegenüber Institutionen und deren Mitarbeiter.

22 **Nicht übernommen** hat der Entwurf die stark auf den nichtöffentlichen Bereich bezogenen Regelungen wie zu Verhaltensregeln oder zur Zertifizierung. Auch waren Regelungen zur Zusammenarbeit der Mitgliedstaaten und zur Gewährleistung von Kohärenz ihrer Aufsichtstätigkeit sowie die Regelungen zum EDSA in dem Entwurf nicht erforderlich. Außerdem enthält der Entwurf keine Vorschriften zu besonderen Verarbeitungssituationen. Die neue Verordnung für Institutionen und Einrichtungen der Union sollte wie die DSGVO zum 25.5.2018 in Kraft treten.

VIII. Weitere Datenschutzregelungen der Union

23 Nach Art. 2 Abs. 3 S. 2 sollen auch „sonstige Rechtsakte der Union, die diese Verarbeitung personenbezogener Daten regeln … an die Grundsätze und Vorschriften" der DSGVO „angepasst" werden. Solche **weiteren Datenschutzregelungen** der Union finden sich in folgenden Rechtsakten:[35]

- Rechtsakt 95/C des Rates vom 26.7.1995 über die Fertigstellung des Übereinkommens über den Einsatz der Informationstechnologie im Zollbereich,[36]
- Verordnung (EG) Nr. 2725/2000 des Rates vom 11.12.2000 über die Einrichtung von „Eurodac" für den Vergleich von Fingerabdrücken zum Zwecke der effektiven Anwendung des Dubliner Übereinkommens,[37]

---

34 COM(2017) 8 endg.
35 S. hierzu näher *Böhm*, Information Sharing and Data Protection in the Area of Freedom, Security and Justice, 2012, 175ff.; *Albrecht/Jotzo*, S. 141.
36 ABl. 1995 C 316, 33.
37 ABl. 2012 L 316, 1.

- Rahmenbeschluss 2001/413/JI des Rates vom 28.5.2001 zur Bekämpfung von Betrug und Fälschung im Zusammenhang mit unbaren Zahlungsmitteln,[38]
- Beschluss 2002/187/JI des Rates vom 28.2.2002 über die Errichtung von Eurojust zur Verstärkung der Bekämpfung der schweren Kriminalität,[39]
- Beschluss 2004/579/EG des Rates vom 29.4.2004 über den Abschluss – im Namen der Europäischen Gemeinschaft – des Übereinkommens der Vereinten Nationen gegen die grenzüberschreitende organisierte Kriminalität,[40]
- Verordnung (EG) Nr. 1987/2006 vom 20.12.2006 über die Einrichtung, den Betrieb und die Nutzung des Schengener Informationssystems der zweiten Generation (SIS II),[41]
- Beschluss 2008/615/JI des Rates vom 23.6.2008 zur Vertiefung der grenzüberschreitenden Zusammenarbeit, insbes. zur Bekämpfung des Terrorismus und der grenzüberschreitenden Kriminalität,[42]
- Verordnung (EG) Nr. 767/2008 des vom 9.7.2008 über das Visa-Informationssystem (VIS) und den Datenaustausch zwischen den Mitgliedstaaten über Visa für einen kurzfristigen Aufenthalt (VIS-Verordnung),[43]
- Beschluss 2009/316/JI des Rats vom 6.4.2009 zur Einrichtung des Europäischen Strafregisterinformationssystems (ECRIS) gemäß Artikel 11 des Rahmenbeschlusses 2009/315/JI,[44]
- Richtlinie 2014/41/EU vom 3.4.2014 über die Europäische Ermittlungsanordnung in Strafsachen,[45]
- Richtlinie (EU) 2015/849 vom 20.5.2015 zur Verhinderung der Nutzung des Finanzsystems zum Zwecke der Geldwäsche und der Terrorismusfinanzierung, zur Änderung der Verordnung (EU) Nr. 648/2012 und zur Aufhebung der Richtlinie 2005/60/EG und der Richtlinie 2006/70/EG,[46]
- Richtlinie (EU) 2016/681 vom 27.4.2016 über die Verwendung von Fluggastdatensätzen (PNR-Daten) zur Verhütung, Aufdeckung, Ermittlung und Verfolgung von terroristischen Straftaten und schwerer Kriminalität,[47]
- Verordnung (EU) 2016/794 vom 11.5.2016 über die Agentur der EU für die Zusammenarbeit auf dem Gebiet der Strafverfolgung (Europol) und zur Ersetzung und Aufhebung der Beschlüsse 2009/371/JI, 2009/934/JI, 2009/935/JI, 2009/936/JI und 2009/968/JI des Rates,[48]
- Richtlinie (EU) 2016/1148 vom 6.7.2016 über Maßnahmen zur Gewährleistung eines hohen gemeinsamen Sicherheitsniveaus von Netz- und Informationssystemen in der Union[49]
- Verordnung (EU) 2016/1624 vom 14.9.2016 über die Europäische Grenz- und Küstenwache und zur Änderung der Verordnung (EU) 2016/399 sowie zur Aufhebung der Verordnung (EG) Nr. 863/2007, der Verordnung (EG) Nr. 2007/2004 und der Entscheidung 2005/267/EG.[50]

Soweit diese Rechtsakte zeitgleich mit der DSGVO oder nach deren Inkrafttreten erlassen worden sind, 24 dürften keine Anpassungen an die Grundsätze und Vorgaben der Verordnung erforderlich sein. Dies dürfte auch weitgehend für die Rechtsakte gelten, die während des Gesetzgebungsprozesses der Verordnung entstanden sind. Für sie dürfte weitgehend „ein einheitlicher und kohärenter Schutz natürlicher Personen bei der Verarbeitung" personenbezogener Daten sichergestellt sein. Dagegen kann für alle Rechtsakte, die vor 2013 erlassen worden sind, angenommen werden, dass sie einen mehr oder minder großen **Anpassungsbedarf** haben. Aber für alle gilt die Aufforderung der Vorschrift an die KOM, die Datenschutzregelungen der EU auf ihren Anpassungsbedarf hin zu überprüfen. Je nach Ergebnis, kann diese dann von ihrem Entscheidungsspielraum Gebrauch machen und „gegebenenfalls" Gesetzgebungsvorschläge zur Änderung dieser Rechtsakte vorlegen.

---

38 ABl. 2017 L 149, 1. Zu dem Vorschlag der KOM für eine Richtlinie über die strafrechtliche Bekämpfung von gegen die finanziellen Interessen der EU gerichtetem Betrug, COM(2012) 363 endg., wurde am 8.12.2016 im Trilog eine Einigung erzielt.
39 ABl. 2002 L 63,1ff., geändert durch Beschluss 2003/659/JI, ABl. 2003 L 245, 44, und durch Beschluss 2009/426/JI, ABl. 2009 L 138, 14. Derzeit in Überarbeitung auf Grundlage des Vorschlags für eine Verordnung betreffend die Agentur der EU für justizielle Zusammenarbeit in Strafsachen (Eurojust), COM/2013/0535 final.
40 ABl. 2004 L 261, 69.
41 ABl. 2004 L 381, 4.
42 ABl. 2017 L 210, 1.
43 ABl. 2008 L 218, 60.
44 ABl. 2009 L 93, 33.
45 ABl. 2016 L 130, 1.
46 ABl. 2015 L 141, 73.
47 ABl. 2016 L 119, 132.
48 ABl. 2016 L 135, 53.
49 ABl. 2009 L 194, 1.
50 ABl. 2017 L 251, 1.

IX. Ausblick

25 Um einen einheitlichen und kohärenten Schutz natürlicher Personen bei der Verarbeitung personenbezogener Daten sicherzustellen und alle Datenschutzregelungen der Union auf das Mindestniveau der Verordnung zu bringen, ist die Vorschrift geboten. Sie gibt der KOM eine klare Zielsetzung vor, lässt ihr aber auch einen ausreichenden Entscheidungsspielraum, so dass sie politisch entscheiden kann, welche Rechtsakte sie wie an die Verordnung anpasst. Dass sie diesen Anpassungsprozess in dem gebotenen Umfang und mit der geforderten Dringlichkeit durchführt, ist ihre **politische Verantwortung** und sollte auch von ihr politisch eingefordert werden.

26 Die Verordnungsentwürfe für die ePrivacyVO und die Verordnung für den Datenschutz in den Institutionen der Union befinden sich im **Gesetzgebungsprozess.** Obwohl für die Verordnung für den Datenschutz in den Institutionen der Union mit keinem allzu großem Meinungsstreit im Gesetzgebungsverfahren zu rechnen ist, war es nicht möglich, diese gemeinsam mit der Verordnung im Mai 2018 zur Anwendung kommen zu lassen. Bezogen auf die ePrivacyVO dürften jedoch EP und Rat unterschiedliche Interessen verfolgen und differierende Änderungsvorschläge vorlegen. Ein Trilog zwischen beiden und der KOM muss dann den Kompromiss bringen, der am Ende als Verordnung verabschiedet werden kann. Der ehrgeizige Zeitplan der KOM, die ePrivacyVO zeitgleich mit der DSGVO am 25.5.2018 in allen Mitgliedstaaten wirksam werden zu lassen, war nicht einzuhalten.[51] Mit einer Verabschiedung ist allenfalls Ende 2018 zu rechnen.

Artikel 99   Inkrafttreten und Anwendung

(1) Diese Verordnung tritt am zwanzigsten Tag nach ihrer Veröffentlichung im *Amtsblatt der Europäischen Union* in Kraft.

(2) Sie gilt ab dem 25. Mai 2018.

I. Vorbemerkung

1 **Art. 99** ist die Komplementärvorschrift zu Art. 94 Abs. 1 und regelt, voneinander abweichend, die Zeitpunkte des **Inkrafttretens** (Abs. 1) sowie der **Geltung** (Abs. 2) **der DSGVO.** Im Gesetzgebungsprozess wurde die Norm in der englischen Verhandlungssprache nicht verändert.[1] Im Deutschen dagegen sprach Art. 91 Abs. 2 KOM-E von der „Anwendung", während nun von Geltung die Rede ist; der Begriff der Anwendung findet sich aber noch in der Überschrift. Von Anfang an war unumstritten, dass es einen **zweijährigen Übergangszeitraum** geben sollte, so dass sich die verantwortlichen Stellen auf die neuen Vorgaben einstellen und ihre Verarbeitungsprozesse entsprechend verändern sowie die Mitgliedstaaten ihre datenschutzrechtlichen Gesetze anpassen und auf die Öffnungsklauseln ausrichten konnten (→ Rn. 5).[2] Angesichts der gerade im prozeduralen Bereich liegenden Veränderungen (→ Einl. Rn. 213 f.), der Vielzahl und Unbestimmtheit der Öffnungsklauseln sowie der nunmehr massiven Sanktionen der DSGVO (→ Einl. Rn. 213 f., 250, 272) war diese Übergangsfrist angemessen, auch wenn angesichts der Dynamik im IT-Bereich eine schnellere Reaktion auf die Vollzugsdefizite und die bereits hinreichend praktizierte Ausübung eines „Rechts des Stärkeren"[3] zulasten des Datenschutzes wünschenswert gewesen wäre. Die Parallelvorschrift in **Art. 63 Abs. 1 JI-Richtlinie** gewährt ebenfalls eine zweijährige Frist zur Umsetzung in nationales Recht; diese begann allerdings früher und lief bereits am 6.5.2018 ab.[4] Für den Bund ist die Anpassung insoweit mit dem BDSG nF (va Teil 3) erfolgt, wobei der Gesetzgeber auf einen differenzierten Geltungsbeginn verzichtet hat (Art. 8 DSAnpUG-EU: einheitlich 25.5.2018). Dies ist an sich europarechtswidrig, mit Blick auf das ineinander verwobene System des BDSG nF jedoch nachvollziehbar.

---

51 Die Stellungnahme des EPs sieht daher in Art. 29 für die Geltung der ePrivacyVO auch nicht das Datum 25.5.2018 vor, sondern ein Jahr nach Inkrafttreten.

1 Die Überschrift („application") und Abs. 2 („apply") blieben in allen Entwürfen identisch.

2 Kühling/Buchner/*Kühling/Raab* Art. 99 Rn. 4; EG 171 S. 2.

3 *Spiecker gen. Döhmann* K&R 2012, 717 (725).

4 Eine Ausnahmemöglichkeit für die Protokollierungsregelung in Art. 25 Abs. 1 JI-Richtlinie enthält Art. 63 Abs. 2. Die Mitgliedstaaten können danach vorsehen, diese erst bis zum 6.5.2023 umzusetzen, wenn dies ansonsten bei bis 6.5.2016 bereits eingeführten Verarbeitungssystemen einen unverhältnismäßigen Aufwand bedeuten würde; Art. 63 Abs. 3 verlängert dies in „außergewöhnlichen Umständen" nochmals bis maximal zum 6.5.2026.

Hornung/Spiecker gen. Döhmann

II. Inkrafttreten der DSGVO (Abs. 1)

Die DSGVO trat am zwanzigsten Tag nach ihrer Veröffentlichung im Amtsblatt der EU in Kraft. Der Ab- **2** satz hat rein **deklaratorische Wirkung,** da der Zeitpunkt des Inkrafttretens in gleicher Weise mangels abweichenden Zeitpunkts unmittelbar aus Art. 297 Abs. 1 UAbs. 3 S. 2 AEUV folgt, der die Zwanzig-Tage-Frist normiert.[5] Die Veröffentlichung der DSGVO erfolgte am 4.5.2016 im Amtsblatt der EU.[6] Maßgeblich und rechtsverbindlich ist die elektronische Fassung der Veröffentlichung.[7] Somit ist die DSGVO **seit dem 24.5.2016 in Kraft.**[8]

Die **praktische Bedeutung** von Abs. 1 liegt in den Vorauswirkungen der DSGVO (→ Rn. 1, 5). Die **rechtli- 3 che Bedeutung** von Abs. 1 ist demgegenüber begrenzt, weil mit Art. 91 Abs. 1 lediglich eine einzige andere Vorschrift auf das Inkrafttreten der DSGVO und damit auf Abs. 1 verweist. Die Kirchen dürfen nach Art. 91 grundsätzlich diejenigen Datenschutzvorschriften anwenden, die bereits bei Inkrafttreten, also am 24.5.2016, bestanden haben. Die politische Einigung im Trilog hatte solche Verweise noch in weiteren Vorschriften enthalten, diese wurden aber durch das konkrete Datum des Inkrafttretens, also den 24.5.2016, ersetzt (Art. 54 Abs. 1 lit. d, Art. 92 Abs. 2, Art. 96).

III. Anwendung der DSGVO (Abs. 2)

Die DSGVO gilt seit dem 25.5.2018, 0:00 Uhr; damit endete die Übergangsfrist. Mit dem Begriff der **Gel- 4 tung** – oder dem der Anwendung, wie es in der deutschen Überschrift abweichend heißt (→ Rn. 1) – wird umschrieben, dass nunmehr in der EU – und aufgrund des Marktortprinzips nach Art. 3 Abs. 2 auch für viele Datenverarbeiter außerhalb der EU – ein neues Datenschutzrechtsregime verbindlich ist, also unmittelbar allgemeine rechtliche Beachtung verlangt. Ab diesem Zeitpunkt können die Vorgaben der DSGVO vollumfänglich durch die Aufsichtsbehörden durchgesetzt werden und Betroffene ihre diesbezüglichen Rechte ausüben. Aufsichts- und sonstige Behörden sowie Gerichte werden für vor dem 25.5.2018 liegende Verstöße gegen die DSRL dagegen noch nach dem bisherigen Rechtsregime tätig, also nach den nationalen Umsetzungsgesetzen. Konsequenterweise wird die DSRL mit Geltung der DSGVO aufgehoben (Art. 94 Abs. 1). Daraus ergeben sich weitere Konsequenzen für bisher rechtmäßige sowie andauernde Datenverarbeitungen unter der DSRL (→ Art. 94 Rn. 6), insbes. aufgrund einer Einwilligung (→ Art. 94 Rn. 7), für aufgrund der DSRL erlassene nationale Umsetzungsgesetze (→ Art. 94 Rn. 8), für Entscheidungen und Beschlüsse der KOM (→ Art. 94 Rn. 9) sowie für Verweise auf die DSRL (→ Art. 94 Rn. 10ff.).

Das bewusst vom europäischen Normgeber gewählte Auseinanderfallen des Inkrafttretens der DSGVO (→ 5 Rn. 2) einerseits sowie der Aufhebung der DSRL (Art. 94) und der Geltung der DSGVO (→ Rn. 4) andererseits bewirkt einen **zweijährigen Übergangszeitraum.** Aufgrund dessen konnten zum einen die **verantwortlichen Stellen sowie die Aufsichtsbehörden** ihre Verarbeitungs-, Vertrags- und Kontrollprozesse an die neuen Regelungen anpassen sowie zum anderen die **Mitgliedstaaten** ihre bisherige, von der Umsetzung der DSRL und damit von erheblichen Spielräumen geprägte Gesetzeslage überprüfen, anpassen und von den Öffnungsklauseln Gebrauch machen. Das Zusammenspiel von Abs. 2 und Art. 94 Abs. 1 führt dazu, dass zu keiner Zeit eine **Konkurrenz** zwischen beiden Rechtsregimen besteht, aber auch keine **Wahlmöglichkeit:** Weder Datenverarbeiter noch Mitgliedstaaten konnten rechtmäßig innerhalb dieser Zeit bereits auf Vorgaben der DSGVO umstellen, falls diese im Widerspruch zu Vorgaben etwa des mitgliedstaatlichen Rechts unter der DSRL standen. Das hätte etwa bei der Bestimmung der Datenschutzbeauftragten der Fall sein können. Der **deutsche Bundesgesetzgeber** hat erfreulicherweise bereits frühzeitig reagiert und das DSAnpUG-EU mit dem BDSG nF sowie erste bereichsspezifische Überarbeitungen auf den Weg gebracht (→ Einl. Rn. 274ff., 303 f.); die LDSG sind bereits gefolgt oder befinden sich in der Anpassung, wobei die JI-Richtlinie noch nicht vollständig umgesetzt wurde (→ Einl. Rn. 286ff.). Sowohl die **deutsche Datenschutzkonferenz** mit **Kurzpapieren** als auch die **Art.-29-Gruppe** mit **Working Papers** haben die Übergangszeit genutzt, ihr Verständnis von einzelnen Vorschriften darzulegen, die als erste Orientierung für deren Auslegung dienen können.[9] Eine rechtliche Verbindlichkeit dieser Veröffentlichungen besteht allerdings mangels entspre-

---

5 Ebenso Ehmann/Selmayr/*Ehmann* Art. 99 Rn. 3.
6 ABl 2016 L 119/1.
7 Art. 1 Abs. 1 VO (EU) Nr. 216/2013; ebenso Ehmann/Selmayr/*Ehmann* Art. 99 Rn. 3.
8 Berechnung gemäß Art. 3 Abs. 1 UAbs. 2 iVm Art. 3 Abs. 2 lit. b VO (EWG, Euratom) Nr. 1182/71, ABl. 1971 L 124, 1; ebenso Kühling/Buchner/*Kühling/Raab* Art. 99 Rn. 1; Gola/*Piltz* Art. 99 Rn. 3; Paal/Pauly/*Pauly* Art. 99 Rn. 1; Auernhammer/*v. Lewinski* Art. 99 Rn. 5; Plath/*Jenny* DSGVO Art. 99 Rn. 1; Ehmann/Selmayr/*Zerdick* Art. 96 Rn. 3; aA Ehmann/Selmayr/*Ehmann* Art. 99 Rn. 3; Sydow/*Sydow* Art. 99 Rn. 1: 25.5.2016; die Bedeutung dieses Streits ist denkbar gering.
9 Vgl. hierzu *Spiecker gen. Döhmann/Bretthauer,* Dokumentation zum Datenschutz, Kap. G.

chender Regelung in der DSGVO, insbes. bei den Vorschriften zum EDSA, ebenso wenig wie für die Kurz-papiere einiger Landesaufsichtsbehörden.[10]

6 Von einigen Mitgliedstaaten wurde die Frist als zu kurz kritisiert.[11] Diese **Kritik** ist insoweit zutreffend, als der Zeitrahmen für Verantwortliche zusätzlich dadurch verkürzt wird, dass der letztverbindliche Rechts-rahmen erst dann endgültig feststeht, wenn der jeweilige nationale Gesetzgeber von den Öffnungsklauseln Gebrauch gemacht und seine Gesetzgebung angepasst hat.[12] Da dies in vielen Mitgliedstaaten noch nicht der Fall ist, besteht in der Tat erhebliche **Rechtsunsicherheit**. Allerdings gibt es, nicht zuletzt aufgrund des Verordnungscharakters, eine Vielzahl von Regelungen, bei denen dem nationalen Gesetzgeber gerade keine Spezifikations- oder Gestaltungsmöglichkeit eingeräumt wurde. Zudem haben sich materiellrechtlich nur wenige Inhalte verändert. Schließlich hatte sich der Gesetzgebungsprozess bereits so lange hingezogen, dass zu befürchten war, die Neuregelungen könnten bei Geltung der DSGVO angesichts der Dynamik im IT-Sek-tor schon wieder veraltet sein.

---

10 Vgl. etwa https://www.lda.bayern.de/de/datenschutz_eu.html oder https://www.datenschutz.hessen.de/neuesdatenschutzrecht.htm.
11 Ratsdokument 9657/15, v. 8.6.2015, S. 268 Fn. 646; Gola/*Piltz* Art. 99 Rn. 9.
12 Vgl. auch Paal/Pauly/*Pauly* Art. 99 Rn. 2.

Hornung/Spiecker gen. Döhmann

Fundstellenverzeichnis BDSG neu

BDSG nF	Fundstelle
§ 1	Einl. Rn. 279, 284; Art. 2 Rn. 47–51; Art. 3 Rn. 2, 6, 10, 12 f., 15 f., 64; Art. 6 Abs. 2 Rn. 34; Anh. 1 zu Art. 6 Rn. 38, 47; Art. 23 Rn. 29; Art. 88 Rn. 73 f., 85, 95, 107, 171, 252; Art. 95 Rn. 20
§ 2	Einl. Rn. 279; Art. 2 Rn. 48 f.; Art. 4 Nr. 3 Rn. 34; Art. 4 Nr. 7 Rn. 17 f.; Art. 6 Abs. 1 Rn. 80, 83; Art. 6 Abs. 2 Rn. 34; Anh. 1 zu Art. 6 Abs. 4 Rn. 29, 58; Art. 37 Rn. 8; Art. 88 Rn. 59, 252
§ 3	Einl. Rn. 279; Art. 6 Abs. 1 Rn. 84 Art. 6 Abs. 2 Rn. 28; Art. 6 Abs. 3 Rn. 23
§ 4	Einl. Rn. 279, 283; Art. 5 Rn. 10 Anh. 1 zu Art. 6 Rn. 3, 20, 22-25, 28 f., 33 f., 37, 47, 55 f., 63, 67-69, 72 f., 75, 91, 103, 113- 115, 117 f., 125, 128, 130 f., 136, 138, 145; Art. 10 Rn. 22; Art. 88 Rn. 134, 137ff.; Art. 94 Rn. 5
§ 5	Einl. Rn. 279; Art. 6 Abs. 2 Rn. 34; Art. 37 Rn. 5
§ 6	Einl. Rn. 279; Art. 6 Abs. 2 Rn. 34; Art. 37 Rn. 37, 59, 62; Art. 38 Rn. 5, 36, 50, 53; Art. 39 Rn. 28, 49
§ 7	Einl. Rn. 279; Art. 6 Abs. 2 Rn. 34; Art. 39 Rn. 4, 32
§ 8	Einl. Rn. 279; Art. 8 Rn. 97; Art. 7 Rn. 97; Art. 10 Rn. 19; Art. 52 Rn. 26; Art. 54 Rn. 3 f., 12
§ 9	Einl. Rn. 279; Art. 55 Rn. 19
§ 10	Einl. Rn. 279; Art. 52 Rn. 1, 25
§ 11	Einl. Rn. 279; Art. 53 Rn. 5, 8, 12; Art. 54 Rn. 5- 8

BDSG nF	Fundstelle
§ 25	Einl. Rn. 280; Art. 6 Abs. 4 Rn. 29; Art. 24 Rn. 10
§ 26	Einl. Rn. 280; Art. 3 Rn. 16; Art. 5 Rn. 19; Art. 6 Abs. 1 Rn. 116; Art. 6 Abs. 2 Rn. 35; Anh. 1 zu Art. 6 Rn. 30, 62; Anh. 2 zu Art. 6 Rn. 120; Anh. 4 zu Art. 6 Rn. 11 f.; Art. 7 Rn. 15, 41, 66; Art. 9 Rn. 33, 40; Art. 10 Rn. 3, 23; Art. 23 Rn. 12; Art. 29 Rn. 9; Art. 88 Rn. 12, 17- 21, 23, 25 f., 49, 50-75, 78, 80 f., 83-86, 88, 90-95, 97 f., 100- 102, 104 f., 107 f., 111, 113 f, 117, 121, 123- 126, 128 f., 132, 138- 142, 144 f., 148 f., 154- 156, 158- 166, 168 f., 171, 174, 176 f., 179 f., 182 f., 186, 188- 190, 192 f., 197 f., 201, 203- 205, 208, 210, 212-215, 217, 219-226, 228- 230, 233, 252
§ 27	Einl. Rn. 280; 283 Art. 4 Nr. 4 Rn. 1; Art. 5 Rn. 145; Art. 6 Abs. 2 Rn. 35; Anh. 4 zu Art. 6 Rn. 5, 8-10, 33; Art. 7 Rn. 26; Art. 15 Rn. 36; Art. 21 Rn. 43; Art. 89 Rn. 6, 53, 58; Art. 94 Rn. 5
§ 28	Einl. Rn. 280; Art. 4 Nr. 10 Rn. 4; Art. 6 Abs. 2 Rn. 35; Art. 21 Rn. 43; Art. 88 Rn. 19; Art. 89 Rn. 59
§ 29	Einl. Rn. 280; Art. 13 Rn. 23; Art. 14 Rn. 30; Art. 15 Rn. 36; Art. 23 Rn. 34; Art. 33 Rn. 15; Art. 34 Rn. 12; Art. 58 Rn. 21 f.; Art. 90 Rn. 16, 21- 23, 25, 30- 32
§ 30	Einl. Rn. 280, 283; Art. 5 Rn. 10 Anh. 2 zu Art. 6 Rn. 2ff.; Art. 23 Rn. 25; Art. 57 Rn. 37
§ 31	Einl. Rn. 280, 283; Art. 5 Rn. 10, 119; Art. 6 Abs. 1 Rn. 133, 137; Anh. 2 zu Art. 6 Rn. 13ff.; Art. 22 Rn. 45; Art. 37 Rn. 44; Art. 57 Rn. 37

BDSG nF	Fundstelle
§ 32	Einl. Rn. 281; Anh. 1 zu Art. 6 Rn. 130; Art. 13 Rn. 7, 23; Art. 14 Rn. 28; Art. 23 Rn. 18, 25
§ 33	Einl. Rn. 281, 283; Anh. 1 zu Art. 6 Rn. 130; Art. 13 Rn. 23; Art. 14 Rn. 26, 28; Art. 23 Rn. 18, 25, 36
§ 34	Einl. Rn. 281; Art. 15 Rn. 11, 21, 36; Art. 23 Rn. 18, 31 f.
§ 35	Einl. Rn. 281; Art. 15 Rn. 21; Art. 17 Rn. 29, 32; Art. 18 Rn. 6; Art. 23 Rn. 18, 32 f.
§ 37	Einl. Rn. 281; Art. 4 Nr. 13 Rn. 8; Art. 9 Rn. 5; Art. 22 Rn. 39, 48- 51; Art. 88 Rn. 228, 234
§ 38	Einl. Rn. 282; Art. 3 Rn. 13, 16; Art. 4 Nr. 4 Rn. 1; Art. 24 Rn. 28; Art. 37 Rn. 14, 37, 39, 43, 58 f., 62; Art. 38 Rn. 36, 50, 53; Art. 39 Rn. 28, 33, 49; Art. 58 Rn. 74; Art. 88 Rn. 228, 234;
§ 39	Einl. Rn. 282; Art. 24 Rn. 28; Art. 41 Rn. 13; Art. 42 Rn. 55; Art. 43 Rn. 6; Art. 57 Rn. 43, 46; Art. 58 Rn. 57
§ 40	Einl. Rn. 282; Art. 7 Rn. 97; Art. 10 Rn. 19; Art. 31 Rn. 8; Art. 37 Rn. 55; Art. 38 Rn. 52; Art. 51 Rn. 26; Art. 58 Rn. 1, 7, 13, 17 f., 22, 74 f.
§ 41	Einl. Rn. 282; Art. 39 Rn. 56 f.; Art. 83 Rn. 59 f.
§ 42	Einl. Rn. 282; Art. 33 Rn. 25; Art. 39 Rn. 56 f.; Art. 58 Rn. 71; Art. 84 Rn. 15 f.

BDSG nF	Fundstelle
§ 43	Einl. Rn. 217, 282; Art. 13 Rn. 26; Art. 33 Rn. 25; Art. 34 Rn. 20; Art. 36 Rn. 40; Art. 83 Rn. 55; Art. 84 Rn. 15 f.
§ 44	Art. 4 Nr. 17 Rn. 4; Art. 27 Rn. 7, 27, 32; Art. 79 Rn. 23
§ 45	Einl. Rn. 284; Art. 2 Rn. 42 Art. 10 Rn. 7, 13
§ 46	Art. 4 Nr. 7 Rn. 2, 10; Art. 4 Nr. 8 Rn. 3; Art. 4 Nr. 9 Rn. 2; Art. 4 Nr. 10 Rn. 3; Art. 4 Nr. 14 Rn. 12; Art. 4 Nr. 15 Rn. 11; Art. 6 Abs. 2 Rn. 28; Art. 7 Rn. 15; Art. 86 Rn. 42, 55
§ 50	Art. 4 Nr. 4 Rn. 1
§ 51	Art. 6 Abs. 1 Rn. 2; Art. 7 Rn. 15
§ 52	Art. 29 Rn. 6
§ 54	Einl. Rn. 217
§ 60	Art. 77 Rn. 19; Art. 86 Rn. 50
§ 61	Art. 78 Rn. 21
§ 62	Einl. Rn. 217; Art. 28 Rn. 17; Art. 29 Rn. 6
§ 63	Art. 26 Rn. 7
§ 64	Art. 29 Rn. 6, Art. 32 Rn. 5, 52, 81 f.
§ 67	Einl. Rn. 217; Art. 35 Rn. 3
§ 68	Art. 31 Rn. 1
§ 69	Art. 36 Rn. 9, 24, 41
§ 70	Art. 30 Rn. 9
§ 73	Art. 4 Nr. 4 Rn. 1
§ 76	Einl. Rn. 217; Art. 32 Rn. 81
§ 78	Art. 44 Rn. 3; Art. 45 Rn. 2
§ 79	Art. 44 Rn. 3
§ 80	Art. 44 Rn. 3
§ 81	Einl. Rn. 217
§ 83	Art. 82 Rn. 38
§ 84	Art. 39 Rn. 56 f.

Stichwortverzeichnis

Fette Zahlen bezeichnen die Paragrafen, magere die Randnummern.